上

公益诉讼检察

办案实务手册

最高人民检察院公益诉讼检察厅 编

2024年版

中国检察出版社

图书在版编目（CIP）数据

公益诉讼检察办案实务手册：2024年版：上下册 / 最高人民检察院公益诉讼检察厅编．-- 北京：中国检察出版社，2024．-- ISBN 978-7-5102-2985-5

Ⅰ．D925.09

中国国家版本馆CIP数据核字第2024UH4687号

公益诉讼检察办案实务手册（2024年版）

最高人民检察院公益诉讼检察厅　编

责任编辑：王　欢　杜英琴

技术编辑：王英英

封面设计：王秋萍

出版发行：中国检察出版社

社　　址：北京市石景山区香山南路109号（100144）

网　　址：中国检察出版社（www.zgjccbs.com）

编辑电话：（010）86423780

发行电话：（010）86423726　86423727　86423728

（010）86423730　86423732

经　　销：新华书店

印　　刷：北京盛通印刷股份有限公司

开　　本：710 mm×960 mm　16开

印　　张：232.5

字　　数：5933千字

版　　次：2024年12月第一版　　2025年5月第二次印刷

书　　号：ISBN 978-7-5102-2985-5

定　　价：460.00元（上下）

编写说明

为深入贯彻党的二十大关于“完善公益诉讼制度”部署要求，落实最高检党组提出的“高质效办好每一个案件”的新时代新征程检察履职办案基本价值追求，切实推动以“可诉性”提升公益诉讼办案精准性和规范性，最高检公益诉讼检察厅结合业务学习和办案工作需要，将公益诉讼检察工作中必备的、常用的法律、法规、规章、司法解释等规范性文件进行全面梳理，在《检察公益诉讼办案实务手册（2019年版）》的基础上，编撰出版《公益诉讼检察办案实务手册（2024年版）》一书。

本书的主要特点在于：

第一，适应公益诉讼检察业务各领域新发展格局。检察公益诉讼制度经过十年探索，案件范围持续拓展，目前已经形成了“4+11+N”的办案领域格局。本书全面收录公益诉讼检察工作所需法律文件，并按照办案领域分类，满足各级公益诉讼办案人员的法律法规查询需求。

第二，涵盖最新立法的修订完善内容。本书收录涉及各类国家利益和社会公共利益执法、司法适用的现行有效的法律条文，包括最新修订增加检察公益诉讼条款的《中华人民共和国文物保护法》等，全面指引公益诉讼办案人员及相关司法工作者学习掌握和适用法律。

第三，创新编排方式突出重点。检察公益诉讼制度自探索建立以来，制度体系不断完善，形成了多层级、全方位、立体化的立法规范体系。同时，办理各领域公益诉讼案件的法律文件体系庞大、数量众多。本书在编排过程中，对各领域效力层级高、适用频繁的法律文件全文印制，部分法律文件则在相关领域后附二维码，以电子文件收录，方便查阅。

希望本书的出版能为各级检察机关高质效办理每一个检察公益诉讼案件，充分履职尽责，促进法治政府建设，维护国家利益和社会公共利益，助推国家利益现代化发挥重要参考作用。

《公益诉讼检察办案实务手册》编委会

2024年12月

总目录

上册目录

上编　公益诉讼基本规范

一、检察机关提起公益诉讼一般规范

二、民事公益诉讼一般规范

三、行政公益诉讼一般规范

下编　公益诉讼各领域规范

一、生态环境保护类规范

（一）综　合

（二）水污染类

（三）大气污染类

（四）土壤污染类

（五）固体废物、噪声污染类

（六）垃圾污染类

（七）核与辐射污染类

（八）海洋污染类

二、资源保护类规范

（一）土地类资源

（二）林业、草原类资源

（三）矿产类资源

（四）水资源

（五）动植物类资源

（六）其　他

三、食品、药品安全类规范

（一）综　合

（二）食品安全类

（三）药品安全类

（四）农产品安全类

四、国有财产保护类规范

（一）国家各项补贴类

（二）经营性、事业性国有财产类

（三）税收类国有财产

（四）社会保险类国有财产

（五）其 他

上编
公益诉讼基本规范

一、检察机关提起公益诉讼一般规范

中华人民共和国人民检察院组织法

（1979年7月1日第五届全国人民代表大会第二次会议通过，根据1983年9月2日第六届全国人民代表大会常务委员会第二次会议《关于修改〈中华人民共和国人民检察院组织法〉的决定》第一次修正，根据1986年12月2日第六届全国人民代表大会常务委员会第十八次会议《关于修改〈中华人民共和国地方各级人民代表大会和地方各级人民政府组织法〉的决定》第二次修正，2018年10月26日第十三届全国人民代表大会常务委员会第六次会议修订）

第一章　总　　则

第一条　为了规范人民检察院的设置、组织和职权，保障人民检察院依法履行职责，根据宪法，制定本法。

第二条　人民检察院是国家的法律监督机关。

人民检察院通过行使检察权，追诉犯罪，维护国家安全和社会秩序，维护个人和组织的合法权益，维护国家利益和社会公共利益，保障法律正确实施，维护社会公平正义，维护国家法制统一、尊严和权威，保障中国特色社会主义建设的顺利进行。

第三条　人民检察院依照宪法、法律和全国人民代表大会常务委员会的决定设置。

第四条　人民检察院依照法律规定独立行使检察权，不受行政机关、社会团体和个人的干涉。

第五条　人民检察院行使检察权在适用法律上一律平等，不允许任何组织和个人有超越法律的特权，禁止任何形式的歧视。

第六条　人民检察院坚持司法公正，以事实为根据，以法律为准绳，遵守法定程序，尊重和保障人权。

第七条　人民检察院实行司法公开，法律另有规定的除外。

第八条　人民检察院实行司法责任制，建立健全权责统一的司法权力运行机制。

第九条　最高人民检察院对全国人民代表大会及其常务委员会负责并报告工作。地方各级人民检察院对本级人民代表大会及其常务委员会负责并报告工作。

各级人民代表大会及其常务委员会对本级人民检察院的工作实施监督。

第十条　最高人民检察院是最高检察机关。

最高人民检察院领导地方各级人民检察院和专门人民检察院的工作，上级人民检察院领导下级人民检察院的工作。

第十一条　人民检察院应当接受人民群众监督，保障人民群众对人民检察院工作依法享有知情权、参与权和监督权。

第二章　人民检察院的设置和职权

第十二条　人民检察院分为：

（一）最高人民检察院；

（二）地方各级人民检察院；

（三）军事检察院等专门人民检察院。

第十三条　地方各级人民检察院分为：

（一）省级人民检察院，包括省、自治区、直辖市人民检察院；

（二）设区的市级人民检察院，包括省、自治区辖市人民检察院，自治州人民检察院，省、自治区、直辖市人民检察院分院；

（三）基层人民检察院，包括县、自治县、不设区的市、市辖区人民检察院。

第十四条　在新疆生产建设兵团设立的人民检察院的组织、案件管辖范围和检察官任免，依照全国人民代表大会常务委员会的有关规定。

第十五条　专门人民检察院的设置、组织、职权和检察官任免，由全国人民代表大会常务委员会规定。

第十六条　省级人民检察院和设区的市级人民检察院根据检察工作需要，经最高人民检察院和省级有关部门同意，并提请本级人民代表大会常务委员会批准，可以在辖区内特定区域设立人民检察院，作为派出机构。

第十七条　人民检察院根据检察工作需要，可以在监狱、看守所等场所设立检察室，行使派出它的人民检察院的部分职权，也可以对上述场所进行巡回检察。

省级人民检察院设立检察室，应当经最高人民检察院和省级有关部门同意。设区的市级人民检察院、基层人民检察院设立检察室，应当经省级人民检察院和省级有关部门同意。

第十八条　人民检察院根据检察工作需要，设必要的业务机构。检察官员额较少的设区的市级人民检察院和基层人民检察院，可以设综合业务机构。

第十九条　人民检察院根据工作需要，可以设必要的检察辅助机构和行政管理机构。

第二十条　人民检察院行使下列职权：

（一）依照法律规定对有关刑事案件行使侦查权；

（二）对刑事案件进行审查，批准或者决定是否逮捕犯罪嫌疑人；

（三）对刑事案件进行审查，决定是否提起公诉，对决定提起公诉的案件支持公诉；

（四）依照法律规定提起公益诉讼；

（五）对诉讼活动实行法律监督；

（六）对判决、裁定等生效法律文书的执行工作实行法律监督；

（七）对监狱、看守所的执法活动实行法律监督；

（八）法律规定的其他职权。

第二十一条　人民检察院行使本法第二十条规定的法律监督职权，可以进行调查核实，并依法提出抗诉、纠正意见、检察建议。有关单位应当予以配合，并及时将采纳纠正意见、检察建议的情况书面回复人民检察院。

抗诉、纠正意见、检察建议的适用范围及其程序，依照法律有关规定。

第二十二条　最高人民检察院对最高人民法院的死刑复核活动实行监督，对报请核准追诉的案件进行审查，决定是否追诉。

第二十三条　最高人民检察院可以对属于检察工作中具体应用法律的问题进行解释。

最高人民检察院可以发布指导性案例。

第二十四条　上级人民检察院对下级人民检察院行使下列职权：

（一）认为下级人民检察院的决定错误的，指令下级人民检察院纠正，或者依法撤销、变更；

（二）可以对下级人民检察院管辖的案

件指定管辖；

（三）可以办理下级人民检察院管辖的案件；

（四）可以统一调用辖区的检察人员办理案件。

上级人民检察院的决定，应当以书面形式作出。

第二十五条　下级人民检察院应当执行上级人民检察院的决定；有不同意见的，可以在执行的同时向上级人民检察院报告。

第二十六条　人民检察院检察长或者检察长委托的副检察长，可以列席同级人民法院审判委员会会议。

第二十七条　人民监督员依照规定对人民检察院的办案活动实行监督。

第三章　人民检察院的办案组织

第二十八条　人民检察院办理案件，根据案件情况可以由一名检察官独任办理，也可以由两名以上检察官组成办案组办理。

由检察官办案组办理的，检察长应当指定一名检察官担任主办检察官，组织、指挥办案组办理案件。

第二十九条　检察官在检察长领导下开展工作，重大办案事项由检察长决定。检察长可以将部分职权委托检察官行使，可以授权检察官签发法律文书。

第三十条　各级人民检察院设检察委员会。检察委员会由检察长、副检察长和若干资深检察官组成，成员应当为单数。

第三十一条　检察委员会履行下列职能：

（一）总结检察工作经验；

（二）讨论决定重大、疑难、复杂案件；

（三）讨论决定其他有关检察工作的重大问题。

最高人民检察院对属于检察工作中具体应用法律的问题进行解释、发布指导性案例，应当由检察委员会讨论通过。

第三十二条　检察委员会召开会议，应当有其组成人员的过半数出席。

检察委员会会议由检察长或者检察长委托的副检察长主持。检察委员会实行民主集中制。

地方各级人民检察院的检察长不同意本院检察委员会多数人的意见，属于办理案件的，可以报请上一级人民检察院决定；属于重大事项的，可以报请上一级人民检察院或者本级人民代表大会常务委员会决定。

第三十三条　检察官可以就重大案件和其他重大问题，提请检察长决定。检察长可以根据案件情况，提交检察委员会讨论决定。

检察委员会讨论案件，检察官对其汇报的事实负责，检察委员会委员对本人发表的意见和表决负责。检察委员会的决定，检察官应当执行。

第三十四条　人民检察院实行检察官办案责任制。检察官对其职权范围内就案件作出的决定负责。检察长、检察委员会对案件作出决定的，承担相应责任。

第四章　人民检察院的人员组成

第三十五条　人民检察院的检察人员由检察长、副检察长、检察委员会委员和检察员等人员组成。

第三十六条　人民检察院检察长领导本院检察工作，管理本院行政事务。人民检察院副检察长协助检察长工作。

第三十七条　最高人民检察院检察长由全国人民代表大会选举和罢免，副检察长、检察委员会委员和检察员由检察长提请全国人民代表大会常务委员会任免。

第三十八条　地方各级人民检察院检察长由本级人民代表大会选举和罢免，副检察长、检察委员会委员和检察员由检察长提请本级人民代表大会常务委员会任免。

地方各级人民检察院检察长的任免，须报上一级人民检察院检察长提请本级人民代表大会常务委员会批准。

省、自治区、直辖市人民检察院分院检察长、副检察长、检察委员会委员和检察员，由省、自治区、直辖市人民检察院检察长提请本级人民代表大会常务委员会任免。

第三十九条 人民检察院检察长任期与产生它的人民代表大会每届任期相同。

全国人民代表大会常务委员会和省、自治区、直辖市人民代表大会常务委员会根据本级人民检察院检察长的建议，可以撤换下级人民检察院检察长、副检察长和检察委员会委员。

第四十条 人民检察院的检察官、检察辅助人员和司法行政人员实行分类管理。

第四十一条 检察官实行员额制。检察官员额根据案件数量、经济社会发展情况、人口数量和人民检察院层级等因素确定。

最高人民检察院检察官员额由最高人民检察院商有关部门确定。地方各级人民检察院检察官员额，在省、自治区、直辖市内实行总量控制、动态管理。

第四十二条 检察官从取得法律职业资格并且具备法律规定的其他条件的人员中选任。初任检察官应当由检察官遴选委员会进行专业能力审核。上级人民检察院的检察官一般从下级人民检察院的检察官中择优遴选。

检察长应当具有法学专业知识和法律职业经历。副检察长、检察委员会委员应当从检察官、法官或者其他具备检察官、法官条件的人员中产生。

检察官的职责、管理和保障，依照《中华人民共和国检察官法》的规定。

第四十三条 人民检察院的检察官助理在检察官指导下负责审查案件材料、草拟法律文书等检察辅助事务。

符合检察官任职条件的检察官助理，经遴选后可以按照检察官任免程序任命为检察官。

第四十四条 人民检察院的书记员负责案件记录等检察辅助事务。

第四十五条 人民检察院的司法警察负责办案场所警戒、人员押解和看管等警务事项。

司法警察依照《中华人民共和国人民警察法》管理。

第四十六条 人民检察院根据检察工作需要，可以设检察技术人员，负责与检察工作有关的事项。

第五章 人民检察院行使职权的保障

第四十七条 任何单位或者个人不得要求检察官从事超出法定职责范围的事务。

对于领导干部等干预司法活动、插手具体案件处理，或者人民检察院内部人员过问案件情况的，办案人员应当全面如实记录并报告；有违法违纪情形的，由有关机关根据情节轻重追究行为人的责任。

第四十八条 人民检察院采取必要措施，维护办案安全。对妨碍人民检察院依法行使职权的违法犯罪行为，依法追究法律责任。

第四十九条 人民检察院实行培训制度，检察官、检察辅助人员和司法行政人员应当接受理论和业务培训。

第五十条 人民检察院人员编制实行专项管理。

第五十一条 人民检察院的经费按照事权划分的原则列入财政预算，保障检察工作需要。

第五十二条 人民检察院应当加强信息化建设，运用现代信息技术，促进司法公开，提高工作效率。

第六章 附 则

第五十三条 本法自 2019 年 1 月 1 日起施行。

中华人民共和国检察官法

（1995年2月28日第八届全国人民代表大会常务委员会第十二次会议通过，根据2001年6月30日第九届全国人民代表大会常务委员会第二十二次会议《关于修改〈中华人民共和国检察官法〉的决定》第一次修正，根据2017年9月1日第十二届全国人民代表大会常务委员会第二十九次会议《关于修改〈中华人民共和国法官法〉等八部法律的决定》第二次修正，2019年4月23日第十三届全国人民代表大会常务委员会第十次会议修订）

第一章　总　　则

第一条　为了全面推进高素质检察官队伍建设，加强对检察官的管理和监督，维护检察官合法权益，保障人民检察院依法独立行使检察权，保障检察官依法履行职责，保障司法公正，根据宪法，制定本法。

第二条　检察官是依法行使国家检察权的检察人员，包括最高人民检察院、地方各级人民检察院和军事检察院等专门人民检察院的检察长、副检察长、检察委员会委员和检察员。

第三条　检察官必须忠实执行宪法和法律，维护社会公平正义，全心全意为人民服务。

第四条　检察官应当勤勉尽责，清正廉明，恪守职业道德。

第五条　检察官履行职责，应当以事实为根据，以法律为准绳，秉持客观公正的立场。

检察官办理刑事案件，应当严格坚持罪刑法定原则，尊重和保障人权，既要追诉犯罪，也要保障无罪的人不受刑事追究。

第六条　检察官依法履行职责，受法律保护，不受行政机关、社会团体和个人的干涉。

第二章　检察官的职责、义务和权利

第七条　检察官的职责：

（一）对法律规定由人民检察院直接受理的刑事案件进行侦查；

（二）对刑事案件进行审查逮捕、审查起诉，代表国家进行公诉；

（三）开展公益诉讼工作；

（四）开展对刑事、民事、行政诉讼活动的监督工作；

（五）法律规定的其他职责。

检察官对其职权范围内就案件作出的决定负责。

第八条　人民检察院检察长、副检察长、检察委员会委员除履行检察职责外，还应当履行与其职务相适应的职责。

第九条　检察官在检察长领导下开展工作，重大办案事项由检察长决定。检察长可以将部分职权委托检察官行使，可以授权检察官签发法律文书。

第十条　检察官应当履行下列义务：

（一）严格遵守宪法和法律；

（二）秉公办案，不得徇私枉法；

（三）依法保障当事人和其他诉讼参与

人的诉讼权利；

（四）维护国家利益、社会公共利益，维护个人和组织的合法权益；

（五）保守国家秘密和检察工作秘密，对履行职责中知悉的商业秘密和个人隐私予以保密；

（六）依法接受法律监督和人民群众监督；

（七）通过依法办理案件以案释法，增强全民法治观念，推进法治社会建设；

（八）法律规定的其他义务。

第十一条 检察官享有下列权利：

（一）履行检察官职责应当具有的职权和工作条件；

（二）非因法定事由、非经法定程序，不被调离、免职、降职、辞退或者处分；

（三）履行检察官职责应当享有的职业保障和福利待遇；

（四）人身、财产和住所安全受法律保护；

（五）提出申诉或者控告；

（六）法律规定的其他权利。

第三章 检察官的条件和遴选

第十二条 担任检察官必须具备下列条件：

（一）具有中华人民共和国国籍；

（二）拥护中华人民共和国宪法，拥护中国共产党领导和社会主义制度；

（三）具有良好的政治、业务素质和道德品行；

（四）具有正常履行职责的身体条件；

（五）具备普通高等学校法学类本科学历并获得学士及以上学位；或者普通高等学校非法学类本科及以上学历并获得法律硕士、法学硕士及以上学位；或者普通高等学校非法学类本科及以上学历，获得其他相应学位，并具有法律专业知识；

（六）从事法律工作满五年。其中获得法律硕士、法学硕士学位，或者获得法学博士学位的，从事法律工作的年限可以分别放宽至四年、三年；

（七）初任检察官应当通过国家统一法律职业资格考试取得法律职业资格。

适用前款第五项规定的学历条件确有困难的地方，经最高人民检察院审核确定，在一定期限内，可以将担任检察官的学历条件放宽为高等学校本科毕业。

第十三条 下列人员不得担任检察官：

（一）因犯罪受过刑事处罚的；

（二）被开除公职的；

（三）被吊销律师、公证员执业证书或者被仲裁委员会除名的；

（四）有法律规定的其他情形的。

第十四条 初任检察官采用考试、考核的办法，按照德才兼备的标准，从具备检察官条件的人员中择优提出人选。

人民检察院的检察长应当具有法学专业知识和法律职业经历。副检察长、检察委员会委员应当从检察官、法官或者其他具备检察官条件的人员中产生。

第十五条 人民检察院可以根据检察工作需要，从律师或者法学教学、研究人员等从事法律职业的人员中公开选拔检察官。

除应当具备检察官任职条件外，参加公开选拔的律师应当实际执业不少于五年，执业经验丰富，从业声誉良好，参加公开选拔的法学教学、研究人员应当具有中级以上职称，从事教学、研究工作五年以上，有突出研究能力和相应研究成果。

第十六条 省、自治区、直辖市设立检察官遴选委员会，负责初任检察官人选专业能力的审核。

省级检察官遴选委员会的组成人员应当包括地方各级人民检察院检察官代表、其他从事法律职业的人员和有关方面代表，其中检察官代表不少于三分之一。

省级检察官遴选委员会的日常工作由省

级人民检察院的内设职能部门承担。

遴选最高人民检察院检察官应当设立最高人民检察院检察官遴选委员会，负责检察官人选专业能力的审核。

第十七条　初任检察官一般到基层人民检察院任职。上级人民检察院检察官一般逐级遴选；最高人民检察院和省级人民检察院检察官可以从下两级人民检察院遴选。参加上级人民检察院遴选的检察官应当在下级人民检察院担任检察官一定年限，并具有遴选职位相关工作经历。

第四章　检察官的任免

第十八条　检察官的任免，依照宪法和法律规定的任免权限和程序办理。

最高人民检察院检察长由全国人民代表大会选举和罢免，副检察长、检察委员会委员和检察员，由检察长提请全国人民代表大会常务委员会任免。

地方各级人民检察院检察长由本级人民代表大会选举和罢免，副检察长、检察委员会委员和检察员，由检察长提请本级人民代表大会常务委员会任免。

地方各级人民检察院检察长的任免，须报上一级人民检察院检察长提请本级人民代表大会常务委员会批准。

省、自治区、直辖市人民检察院分院检察长、副检察长、检察委员会委员和检察员，由省、自治区、直辖市人民检察院检察长提请本级人民代表大会常务委员会任免。

省级人民检察院和设区的市级人民检察院依法设立作为派出机构的人民检察院的检察长、副检察长、检察委员会委员和检察员，由派出的人民检察院检察长提请本级人民代表大会常务委员会任免。

新疆生产建设兵团各级人民检察院、专门人民检察院的检察长、副检察长、检察委员会委员和检察员，依照全国人民代表大会常务委员会的有关规定任免。

第十九条　检察官在依照法定程序产生后，在就职时应当公开进行宪法宣誓。

第二十条　检察官有下列情形之一的，应当依法提请免除其检察官职务：

（一）丧失中华人民共和国国籍的；

（二）调出所任职人民检察院的；

（三）职务变动不需要保留检察官职务的，或者本人申请免除检察官职务经批准的；

（四）经考核不能胜任检察官职务的；

（五）因健康原因长期不能履行职务的；

（六）退休的；

（七）辞职或者依法应当予以辞退的；

（八）因违纪违法不宜继续任职的。

第二十一条　对于不具备本法规定条件或者违反法定程序被选举为人民检察院检察长的，上一级人民检察院检察长有权提请本级人民代表大会常务委员会不批准。

第二十二条　发现违反本法规定的条件任命检察官的，任命机关应当撤销该项任命；上级人民检察院发现下级人民检察院检察官的任命违反本法规定的条件的，应当要求下级人民检察院依法提请任命机关撤销该项任命。

第二十三条　检察官不得兼任人民代表大会常务委员会的组成人员，不得兼任行政机关、监察机关、审判机关的职务，不得兼任企业或者其他营利性组织、事业单位的职务，不得兼任律师、仲裁员和公证员。

第二十四条　检察官之间有夫妻关系、直系血亲关系、三代以内旁系血亲以及近姻亲关系的，不得同时担任下列职务：

（一）同一人民检察院的检察长、副检察长、检察委员会委员；

（二）同一人民检察院的检察长、副检察长和检察员；

（三）同一业务部门的检察员；

（四）上下相邻两级人民检察院的检察

长、副检察长。

第二十五条 检察官的配偶、父母、子女有下列情形之一的，检察官应当实行任职回避：

（一）担任该检察官所任职人民检察院辖区内律师事务所的合伙人或者设立人的；

（二）在该检察官所任职人民检察院辖区内以律师身份担任诉讼代理人、辩护人，或者为诉讼案件当事人提供其他有偿法律服务的。

第五章 检察官的管理

第二十六条 检察官实行员额制管理。检察官员额根据案件数量、经济社会发展情况、人口数量和人民检察院层级等因素确定，在省、自治区、直辖市内实行总量控制、动态管理，优先考虑基层人民检察院和案件数量多的人民检察院办案需要。

检察官员额出现空缺的，应当按照程序及时补充。

最高人民检察院检察官员额由最高人民检察院商有关部门确定。

第二十七条 检察官实行单独职务序列管理。

检察官等级分为十二级，依次为首席大检察官、一级大检察官、二级大检察官、一级高级检察官、二级高级检察官、三级高级检察官、四级高级检察官、一级检察官、二级检察官、三级检察官、四级检察官、五级检察官。

第二十八条 最高人民检察院检察长为首席大检察官。

第二十九条 检察官等级的确定，以检察官德才表现、业务水平、检察工作实绩和工作年限等为依据。

检察官等级晋升采取按期晋升和择优选升相结合的方式，特别优秀或者工作特殊需要的一线办案岗位检察官可以特别选升。

第三十条 检察官的等级设置、确定和晋升的具体办法，由国家另行规定。

第三十一条 初任检察官实行统一职前培训制度。

第三十二条 对检察官应当有计划地进行政治、理论和业务培训。

检察官的培训应当理论联系实际、按需施教、讲求实效。

第三十三条 检察官培训情况，作为检察官任职、等级晋升的依据之一。

第三十四条 检察官培训机构按照有关规定承担培训检察官的任务。

第三十五条 检察官申请辞职，应当由本人书面提出，经批准后，依照法律规定的程序免除其职务。

第三十六条 辞退检察官应当依照法律规定的程序免除其职务。

辞退检察官应当按照管理权限决定。辞退决定应当以书面形式通知被辞退的检察官，并列明作出决定的理由和依据。

第三十七条 检察官从人民检察院离任后两年内，不得以律师身份担任诉讼代理人或者辩护人。

检察官从人民检察院离任后，不得担任原任职检察院办理案件的诉讼代理人或者辩护人，但是作为当事人的监护人或者近亲属代理诉讼或者进行辩护的除外。

检察官被开除后，不得担任诉讼代理人或者辩护人，但是作为当事人的监护人或者近亲属代理诉讼或者进行辩护的除外。

第三十八条 检察官因工作需要，经单位选派或者批准，可以在高等学校、科研院所协助开展实践性教学、研究工作，并遵守国家有关规定。

第六章 检察官的考核、奖励和惩戒

第三十九条 人民检察院设立检察官考评委员会，负责对本院检察官的考核工作。

第四十条 检察官考评委员会的组成人员为五至九人。

检察官考评委员会主任由本院检察长担任。

第四十一条　对检察官的考核，应当全面、客观、公正，实行平时考核和年度考核相结合。

第四十二条　对检察官的考核内容包括：检察工作实绩、职业道德、专业水平、工作能力、工作作风。重点考核检察工作实绩。

第四十三条　年度考核结果分为优秀、称职、基本称职和不称职四个等次。

考核结果作为调整检察官等级、工资以及检察官奖惩、免职、降职、辞退的依据。

第四十四条　考核结果以书面形式通知检察官本人。检察官对考核结果如果有异议，可以申请复核。

第四十五条　检察官在检察工作中有显著成绩和贡献的，或者有其他突出事迹的，应当给予奖励。

第四十六条　检察官有下列表现之一的，应当给予奖励：

（一）公正司法，成绩显著的；

（二）总结检察实践经验成果突出，对检察工作有指导作用的；

（三）在办理重大案件、处理突发事件和承担专项重要工作中，做出显著成绩和贡献的；

（四）对检察工作提出改革建议被采纳，效果显著的；

（五）提出检察建议被采纳或者开展法治宣传、解决各类纠纷，效果显著的；

（六）有其他功绩的。

检察官的奖励按照有关规定办理。

第四十七条　检察官有下列行为之一的，应当给予处分；构成犯罪的，依法追究刑事责任：

（一）贪污受贿、徇私枉法、刑讯逼供的；

（二）隐瞒、伪造、变造、故意损毁证据、案件材料的；

（三）泄露国家秘密、检察工作秘密、商业秘密或者个人隐私的；

（四）故意违反法律法规办理案件的；

（五）因重大过失导致案件错误并造成严重后果的；

（六）拖延办案，贻误工作的；

（七）利用职权为自己或者他人谋取私利的；

（八）接受当事人及其代理人利益输送，或者违反有关规定会见当事人及其代理人的；

（九）违反有关规定从事或者参与营利性活动，在企业或者其他营利性组织中兼任职务的；

（十）有其他违纪违法行为的。

检察官的处分按照有关规定办理。

第四十八条　检察官涉嫌违纪违法，已经被立案调查、侦查，不宜继续履行职责的，按照管理权限和规定的程序暂时停止其履行职务。

第四十九条　最高人民检察院和省、自治区、直辖市设立检察官惩戒委员会，负责从专业角度审查认定检察官是否存在本法第四十七条第四项、第五项规定的违反检察职责的行为，提出构成故意违反职责、存在重大过失、存在一般过失或者没有违反职责等审查意见。检察官惩戒委员会提出审查意见后，人民检察院依照有关规定作出是否予以惩戒的决定，并给予相应处理。

检察官惩戒委员会由检察官代表、其他从事法律职业的人员和有关方面代表组成，其中检察官代表不少于半数。

最高人民检察院检察官惩戒委员会、省级检察官惩戒委员会的日常工作，由相关人民检察院的内设职能部门承担。

第五十条　检察官惩戒委员会审议惩戒事项时，当事检察官有权申请有关人员回避，有权进行陈述、举证、辩解。

第五十一条 检察官惩戒委员会作出的审查意见应当送达当事检察官。当事检察官对审查意见有异议的，可以向惩戒委员会提出，惩戒委员会应当对异议及其理由进行审查，作出决定。

第五十二条 检察官惩戒委员会审议惩戒事项的具体程序，由最高人民检察院商有关部门确定。

第七章 检察官的职业保障

第五十三条 人民检察院设立检察官权益保障委员会，维护检察官合法权益，保障检察官依法履行职责。

第五十四条 除下列情形外，不得将检察官调离检察业务岗位：

（一）按规定需要任职回避的；

（二）按规定实行任职交流的；

（三）因机构调整、撤销、合并或者缩减编制员额需要调整工作的；

（四）因违纪违法不适合在检察业务岗位工作的；

（五）法律规定的其他情形。

第五十五条 任何单位或者个人不得要求检察官从事超出法定职责范围的事务。

对任何干涉检察官办理案件的行为，检察官有权拒绝并予以全面如实记录和报告；有违纪违法情形的，由有关机关根据情节轻重追究有关责任人员、行为人的责任。

第五十六条 检察官的职业尊严和人身安全受法律保护。

任何单位和个人不得对检察官及其近亲属打击报复。

对检察官及其近亲属实施报复陷害、侮辱诽谤、暴力侵害、威胁恐吓、滋事骚扰等违法犯罪行为的，应当依法从严惩治。

第五十七条 检察官因依法履行职责遭受不实举报、诬告陷害、侮辱诽谤，致使名誉受到损害的，人民检察院应当会同有关部门及时澄清事实，消除不良影响，并依法追究相关单位或者个人的责任。

第五十八条 检察官因依法履行职责，本人及其近亲属人身安全面临危险的，人民检察院、公安机关应当对检察官及其近亲属采取人身保护、禁止特定人员接触等必要保护措施。

第五十九条 检察官实行与其职责相适应的工资制度，按照检察官等级享有国家规定的工资待遇，并建立与公务员工资同步调整机制。

检察官的工资制度，根据检察工作特点，由国家另行规定。

第六十条 检察官实行定期增资制度。

经年度考核确定为优秀、称职的，可以按照规定晋升工资档次。

第六十一条 检察官享受国家规定的津贴、补贴、奖金、保险和福利待遇。

第六十二条 检察官因公致残的，享受国家规定的伤残待遇。检察官因公牺牲、因公死亡或者病故的，其亲属享受国家规定的抚恤和优待。

第六十三条 检察官的退休制度，根据检察工作特点，由国家另行规定。

第六十四条 检察官退休后，享受国家规定的养老金和其他待遇。

第六十五条 对于国家机关及其工作人员侵犯本法第十一条规定的检察官权利的行为，检察官有权提出控告。

第六十六条 对检察官处分或者人事处理错误的，应当及时予以纠正；造成名誉损害的，应当恢复名誉、消除影响、赔礼道歉；造成经济损失的，应当赔偿。对打击报复的直接责任人员，应当依法追究其责任。

第八章 附　　则

第六十七条 国家对初任检察官实行统一法律职业资格考试制度，由国务院司法行政部门商最高人民检察院等有关部门组织实施。

第六十八条 人民检察院的检察官助理

在检察官指导下负责审查案件材料、草拟法律文书等检察辅助事务。

人民检察院应当加强检察官助理队伍建设，为检察官遴选储备人才。

第六十九条　有关检察官的权利、义务和管理制度，本法已有规定的，适用本法的规定；本法未作规定的，适用公务员管理的相关法律法规。

第七十条　本法自2019年10月1日起施行。

全国人民代表大会常务委员会关于修改《中华人民共和国民事诉讼法》和《中华人民共和国行政诉讼法》的决定

（2017年6月27日第十二届全国人民代表大会常务委员会第二十八次会议通过，2017年6月27日公布，自2017年7月1日起施行）

第十二届全国人民代表大会常务委员会第二十八次会议决定：

一、对《中华人民共和国民事诉讼法》作出修改

第五十五条增加一款，作为第二款：“人民检察院在履行职责中发现破坏生态环境和资源保护、食品药品安全领域侵害众多消费者合法权益等损害社会公共利益的行为，在没有前款规定的机关和组织或者前款规定的机关和组织不提起诉讼的情况下，可以向人民法院提起诉讼。前款规定的机关或者组织提起诉讼的，人民检察院可以支持起诉。”

四、对《中华人民共和国行政诉讼法》作出修改

第二十五条增加一款，作为第四款：“人民检察院在履行职责中发现生态环境和资源保护、食品药品安全、国有财产保护、国有土地使用权出让等领域负有监督管理职责的行政机关违法行使职权或者不作为，致使国家利益或者社会公共利益受到侵害的，应当向行政机关提出检察建议，督促其依法履行职责。行政机关不依法履行职责的，人民检察院依法向人民法院提起诉讼。”

本决定自2017年7月1日起施行。

《中华人民共和国民事诉讼法》和《中华人民共和国行政诉讼法》根据本决定作相应修改，重新公布。

最高人民法院、最高人民检察院关于检察公益诉讼案件适用法律若干问题的解释

（2018年2月23日最高人民法院审判委员会第1734次会议、2018年2月11日最高人民检察院第十二届检察委员会第73次会议通过，根据2020年12月23日最高人民法院审判委员会第1823次会议、2020年12月28日最高人民检察院第十三届检察委员会第58次会议修正）

一、一般规定

第一条 为正确适用《中华人民共和国民法典》《中华人民共和国民事诉讼法》《中华人民共和国行政诉讼法》关于人民检察院提起公益诉讼制度的规定，结合审判、检察工作实际，制定本解释。

第二条 人民法院、人民检察院办理公益诉讼案件主要任务是充分发挥司法审判、法律监督职能作用，维护宪法法律权威，维护社会公平正义，维护国家利益和社会公共利益，督促适格主体依法行使公益诉权，促进依法行政、严格执法。

第三条 人民法院、人民检察院办理公益诉讼案件，应当遵守宪法法律规定，遵循诉讼制度的原则，遵循审判权、检察权运行规律。

第四条 人民检察院以公益诉讼起诉人身份提起公益诉讼，依照民事诉讼法、行政诉讼法享有相应的诉讼权利，履行相应的诉讼义务，但法律、司法解释另有规定的除外。

第五条 市（分、州）人民检察院提起的第一审民事公益诉讼案件，由侵权行为地或者被告住所地中级人民法院管辖。

基层人民检察院提起的第一审行政公益诉讼案件，由被诉行政机关所在地基层人民法院管辖。

第六条 人民检察院办理公益诉讼案件，可以向有关行政机关以及其他组织、公民调查收集证据材料；有关行政机关以及其他组织、公民应当配合；需要采取证据保全措施的，依照民事诉讼法、行政诉讼法相关规定办理。

第七条 人民法院审理人民检察院提起的第一审公益诉讼案件，适用人民陪审制。

第八条 人民法院开庭审理人民检察院提起的公益诉讼案件，应当在开庭三日前向人民检察院送达出庭通知书。

人民检察院应当派员出庭，并应当自收到人民法院出庭通知书之日起三日内向人民法院提交派员出庭通知书。派员出庭通知书应当写明出庭人员的姓名、法律职务以及出庭履行的具体职责。

第九条 出庭检察人员履行以下职责：

（一）宣读公益诉讼起诉书；

（二）对人民检察院调查收集的证据予以出示和说明，对相关证据进行质证；

（三）参加法庭调查，进行辩论并发表意见；

（四）依法从事其他诉讼活动。

第十条 人民检察院不服人民法院第一审判决、裁定的，可以向上一级人民法院提起上诉。

第十一条　人民法院审理第二审案件，由提起公益诉讼的人民检察院派员出庭，上一级人民检察院也可以派员参加。

第十二条　人民检察院提起公益诉讼案件判决、裁定发生法律效力，被告不履行的，人民法院应当移送执行。

二、民事公益诉讼

第十三条　人民检察院在履行职责中发现破坏生态环境和资源保护，食品药品安全领域侵害众多消费者合法权益，侵害英雄烈士等的姓名、肖像、名誉、荣誉等损害社会公共利益的行为，拟提起公益诉讼的，应当依法公告，公告期间为三十日。

公告期满，法律规定的机关和有关组织、英雄烈士等的近亲属不提起诉讼的，人民检察院可以向人民法院提起诉讼。

人民检察院办理侵害英雄烈士等的姓名、肖像、名誉、荣誉的民事公益诉讼案件，也可以直接征询英雄烈士等的近亲属的意见。

第十四条　人民检察院提起民事公益诉讼应当提交下列材料：

（一）民事公益诉讼起诉书，并按照被告人数提出副本；

（二）被告的行为已经损害社会公共利益的初步证明材料；

（三）已经履行公告程序、征询英雄烈士等的近亲属意见的证明材料。

第十五条　人民检察院依据民事诉讼法第五十五条第二款的规定提起民事公益诉讼，符合民事诉讼法第一百一十九条第二项、第三项、第四项及本解释规定的起诉条件的，人民法院应当登记立案。

第十六条　人民检察院提起的民事公益诉讼案件中，被告以反诉方式提出诉讼请求的，人民法院不予受理。

第十七条　人民法院受理人民检察院提起的民事公益诉讼案件后，应当在立案之日起五日内将起诉书副本送达被告。

人民检察院已履行诉前公告程序的，人民法院立案后不再进行公告。

第十八条　人民法院认为人民检察院提出的诉讼请求不足以保护社会公共利益的，可以向其释明变更或者增加停止侵害、恢复原状等诉讼请求。

第十九条　民事公益诉讼案件审理过程中，人民检察院诉讼请求全部实现而撤回起诉的，人民法院应予准许。

第二十条　人民检察院对破坏生态环境和资源保护，食品药品安全领域侵害众多消费者合法权益，侵害英雄烈士等的姓名、肖像、名誉、荣誉等损害社会公共利益的犯罪行为提起刑事公诉时，可以向人民法院一并提起附带民事公益诉讼，由人民法院同一审判组织审理。

人民检察院提起的刑事附带民事公益诉讼案件由审理刑事案件的人民法院管辖。

三、行政公益诉讼

第二十一条　人民检察院在履行职责中发现生态环境和资源保护、食品药品安全、国有财产保护、国有土地使用权出让等领域负有监督管理职责的行政机关违法行使职权或者不作为，致使国家利益或者社会公共利益受到侵害的，应当向行政机关提出检察建议，督促其依法履行职责。

行政机关应当在收到检察建议书之日起两个月内依法履行职责，并书面回复人民检察院。出现国家利益或者社会公共利益损害继续扩大等紧急情形的，行政机关应当在十五日内书面回复。

行政机关不依法履行职责的，人民检察院依法向人民法院提起诉讼。

第二十二条　人民检察院提起行政公益诉讼应当提交下列材料：

（一）行政公益诉讼起诉书，并按照被告人数提出副本；

（二）被告违法行使职权或者不作为，致使国家利益或者社会公共利益受到侵害的证明材料；

（三）已经履行诉前程序，行政机关仍不依法履行职责或者纠正违法行为的证明材料。

第二十三条　人民检察院依据行政诉讼法第二十五条第四款的规定提起行政公益诉讼，符合行政诉讼法第四十九条第二项、第三项、第四项及本解释规定的起诉条件的，人民法院应当登记立案。

第二十四条　在行政公益诉讼案件审理过程中，被告纠正违法行为或者依法履行职责而使人民检察院的诉讼请求全部实现，人民检察院撤回起诉的，人民法院应当裁定准许；人民检察院变更诉讼请求，请求确认原行政行为违法的，人民法院应当判决确认违法。

第二十五条　人民法院区分下列情形作出行政公益诉讼判决：

（一）被诉行政行为具有行政诉讼法第七十四条、第七十五条规定情形之一的，判决确认违法或者确认无效，并可以同时判决责令行政机关采取补救措施；

（二）被诉行政行为具有行政诉讼法第七十条规定情形之一的，判决撤销或者部分撤销，并可以判决被诉行政机关重新作出行政行为；

（三）被诉行政机关不履行法定职责的，判决在一定期限内履行；

（四）被诉行政机关作出的行政处罚明显不当，或者其他行政行为涉及对款额的确定、认定确有错误的，可以判决予以变更；

（五）被诉行政行为证据确凿，适用法律、法规正确，符合法定程序，未超越职权，未滥用职权，无明显不当，或者人民检察院诉请被诉行政机关履行法定职责理由不成立的，判决驳回诉讼请求。

人民法院可以将判决结果告知被诉行政机关所属的人民政府或者其他相关的职能部门。

四、附　　则

第二十六条　本解释未规定的其他事项，适用民事诉讼法、行政诉讼法以及相关司法解释的规定。

第二十七条　本解释自2018年3月2日起施行。

最高人民法院、最高人民检察院之前发布的司法解释和规范性文件与本解释不一致的，以本解释为准。

人民检察院公益诉讼办案规则

（2020年9月28日最高人民检察院第十三届检察委员会第五十二次会议通过，2021年6月29日最高人民检察院公告公布，自2021年7月1日起施行）

第一章　总　　则

第一条　为了规范人民检察院履行公益诉讼检察职责，加强对国家利益和社会公共利益的保护，根据《中华人民共和国人民检察院组织法》《中华人民共和国民事诉讼法》《中华人民共和国行政诉讼法》等法律规定，结合人民检察院工作实际，制定本规则。

第二条　人民检察院办理公益诉讼案件的任务，是通过依法独立行使检察权，督促行政机关依法履行监督管理职责，支持适格主体依法行使公益诉权，维护国家利益和社会公共利益，维护社会公平正义，维护宪法和法律权威，促进国家治理体系和治理能力现代化。

第三条　人民检察院办理公益诉讼案件，应当遵守宪法、法律和相关法规，秉持客观公正立场，遵循相关诉讼制度的基本原则和程序规定，坚持司法公开。

第四条　人民检察院通过提出检察建议、提起诉讼和支持起诉等方式履行公益诉讼检察职责。

第五条　人民检察院办理公益诉讼案件，由检察官、检察长、检察委员会在各自职权范围内对办案事项作出决定，并依照规定承担相应司法责任。

检察官在检察长领导下开展工作。重大办案事项，由检察长决定。检察长可以根据案件情况，提交检察委员会讨论决定。其他办案事项，检察长可以自行决定，也可以授权检察官决定。

以人民检察院名义制发的法律文书，由检察长签发；属于检察官职权范围内决定事项的，检察长可以授权检察官签发。

第六条　人民检察院办理公益诉讼案件，根据案件情况，可以由一名检察官独任办理，也可以由两名以上检察官组成办案组办理。由检察官办案组办理的，检察长应当指定一名检察官担任主办检察官，组织、指挥办案组办理案件。

检察官办理案件，可以根据需要配备检察官助理、书记员、司法警察、检察技术人员等检察辅助人员。检察辅助人员依照法律规定承担相应的检察辅助事务。

第七条　负责公益诉讼检察的部门负责人对本部门的办案活动进行监督管理。需要报请检察长决定的事项，应当先由部门负责人审核。部门负责人可以主持召开检察官联席会议进行讨论，也可以直接报请检察长决定。

第八条　检察长不同意检察官处理意见的，可以要求检察官复核，也可以直接作出决定，或者提请检察委员会讨论决定。

检察官执行检察长决定时，认为决定错误的，应当书面提出意见。检察长不改变原决定的，检察官应当执行。

第九条　人民检察院提起诉讼或者支持起诉的民事、行政公益诉讼案件，由负责民事、行政检察的部门或者办案组织分别履行诉讼监督的职责。

第十条　最高人民检察院领导地方各级人民检察院和专门人民检察院的公益诉讼检察工作，上级人民检察院领导下级人民检察院的公益诉讼检察工作。

上级人民检察院对下级人民检察院作出的决定，有权予以撤销或者变更；发现下级人民检察院办理的案件有错误的，有权指令下级人民检察院予以纠正。

下级人民检察院对上级人民检察院的决定应当执行。如果认为有错误的，应当在执行的同时向上级人民检察院报告。

第十一条　人民检察院办理公益诉讼案件，实行一体化工作机制，上级人民检察院根据办案需要，可以交办、提办、督办、领办案件。

上级人民检察院可以依法统一调用辖区的检察人员办理案件，调用的决定应当以书面形式作出。被调用的检察官可以代表办理案件的人民检察院履行调查、出庭等职责。

第十二条　人民检察院办理公益诉讼案件，依照规定接受人民监督员监督。

第二章　一般规定

第一节　管　　辖

第十三条　人民检察院办理行政公益诉讼案件，由行政机关对应的同级人民检察院立案管辖。

行政机关为人民政府，由上一级人民检察院管辖更为适宜的，也可以由上一级人民检察院立案管辖。

第十四条　人民检察院办理民事公益诉讼案件，由违法行为发生地、损害结果地或者违法行为人住所地基层人民检察院立案管辖。

刑事附带民事公益诉讼案件，由办理刑事案件的人民检察院立案管辖。

第十五条　设区的市级以上人民检察院管辖本辖区内重大、复杂的案件。公益损害范围涉及两个以上行政区划的公益诉讼案件，可以由共同的上一级人民检察院管辖。

第十六条　人民检察院立案管辖与人民法院诉讼管辖级别、地域不对应的，具有管辖权的人民检察院可以立案，需要提起诉讼的，应当将案件移送有管辖权人民法院对应的同级人民检察院。

第十七条　上级人民检察院可以根据办案需要，将下级人民检察院管辖的公益诉讼案件指定本辖区内其他人民检察院办理。

最高人民检察院、省级人民检察院和设区的市级人民检察院可以根据跨区域协作工作机制规定，将案件指定或移送相关人民检察院跨行政区划管辖。基层人民检察院可以根据跨区域协作工作机制规定，将案件移送相关人民检察院跨行政区划管辖。

人民检察院对管辖权发生争议的，由争议双方协商解决。协商不成的，报共同的上级人民检察院指定管辖。

第十八条　上级人民检察院认为确有必要的，可以办理下级人民检察院管辖的案件，也可以将本院管辖的案件交下级人民检察院办理。

下级人民检察院认为需要由上级人民检察院办理的，可以报请上级人民检察院决定。

第二节　回　　避

第十九条　检察人员具有下列情形之一的，应当自行回避，当事人、诉讼代理人有权申请其回避：

（一）是行政公益诉讼行政机关法定代表人或者主要负责人、诉讼代理人近亲属，或者有其他关系，可能影响案件公正办理的；

（二）是民事公益诉讼当事人、诉讼代理人近亲属，或者有其他关系，可能影响案件公正办理的。

应当回避的检察人员，本人没有自行回避，当事人及其诉讼代理人也没有申请其回避的，检察长或者检察委员会应当决定其回避。

前两款规定，适用于翻译人员、鉴定人、勘验人等。

第二十条　检察人员自行回避的，应当书面或者口头提出，并说明理由。口头提出的，应当记录在卷。

第二十一条　当事人及其诉讼代理人申请回避的，应当书面或者口头提出，并说明理由。口头提出的，应当记录在卷。

被申请回避的人员在人民检察院作出是否回避的决定前，不停止参与本案工作。

第二十二条　检察长的回避，由检察委员会讨论决定；检察人员和其他人员的回避，由检察长决定。检察委员会讨论检察长回避问题时，由副检察长主持。

第二十三条　人民检察院对当事人提出的回避申请，应当在收到申请后三日内作出决定，并通知申请人。申请人对决定不服的，可以在接到决定时向原决定机关申请复议一次。人民检察院应当在三日内作出复议决定，并通知复议申请人。复议期间，被申请回避的人员不停止参与本案工作。

第三节　立　　案

第二十四条　公益诉讼案件线索的来源包括：

（一）自然人、法人和非法人组织向人民检察院控告、举报的；

（二）人民检察院在办案中发现的；

（三）行政执法信息共享平台上发现的；

（四）国家机关、社会团体和人大代表、政协委员等转交的；

（五）新闻媒体、社会舆论等反映的；

（六）其他在履行职责中发现的。

第二十五条 人民检察院对公益诉讼案件线索实行统一登记备案管理制度。重大案件线索应当向上一级人民检察院备案。

人民检察院其他部门发现公益诉讼案件线索的，应当将有关材料及时移送负责公益诉讼检察的部门。

第二十六条 人民检察院发现公益诉讼案件线索不属于本院管辖的，应当制作《移送案件线索通知书》，移送有管辖权的同级人民检察院，受移送的人民检察院应当受理。受移送的人民检察院认为不属于本院管辖的，应当报告上级人民检察院，不得自行退回原移送线索的人民检察院或者移送其他人民检察院。

人民检察院发现公益诉讼案件线索属于上级人民检察院管辖的，应当制作《报请移送案件线索意见书》，报请移送上级人民检察院。

第二十七条 人民检察院应当对公益诉讼案件线索的真实性、可查性等进行评估，必要时可以进行初步调查，并形成《初步调查报告》。

第二十八条 人民检察院经过评估，认为国家利益或者社会公共利益受到侵害，可能存在违法行为的，应当立案调查。

第二十九条 对于国家利益或者社会公共利益受到严重侵害，人民检察院经初步调查仍难以确定不依法履行监督管理职责的行政机关或者违法行为人的，也可以立案调查。

第三十条 检察官对案件线索进行评估后提出立案或者不立案意见的，应当制作《立案审批表》，经过初步调查的附《初步调查报告》，报请检察长决定后制作《立案决定书》或者《不立案决定书》。

第三十一条 负责公益诉讼检察的部门在办理公益诉讼案件过程中，发现涉嫌犯罪或者职务违法、违纪线索的，应当依照规定移送本院相关检察业务部门或者其他有管辖权的主管机关。

第四节 调 查

第三十二条 人民检察院办理公益诉讼案件，应当依法、客观、全面调查收集证据。

第三十三条 人民检察院在调查前应当制定调查方案，确定调查思路、方法、步骤以及拟收集的证据清单等。

第三十四条 人民检察院办理公益诉讼案件的证据包括书证、物证、视听资料、电子数据、证人证言、当事人陈述、鉴定意见、专家意见、勘验笔录等。

第三十五条 人民检察院办理公益诉讼案件，可以采取以下方式开展调查和收集证据：

（一）查阅、调取、复制有关执法、诉讼卷宗材料等；

（二）询问行政机关工作人员、违法行为人以及行政相对人、利害关系人、证人等；

（三）向有关单位和个人收集书证、物证、视听资料、电子数据等证据；

（四）咨询专业人员、相关部门或者行业协会等对专门问题的意见；

（五）委托鉴定、评估、审计、检验、检测、翻译；

（六）勘验物证、现场；

（七）其他必要的调查方式。

人民检察院开展调查和收集证据不得采取限制人身自由或者查封、扣押、冻结财产等强制性措施。

第三十六条 人民检察院开展调查和收集证据，应当由两名以上检察人员共同进行。检察官可以组织司法警察、检察技术人员参加，必要时可以指派或者聘请其他具有专门知识的人参与。根据案件实际情况，也可以商请相关单位协助进行。

在调查收集证据过程中，检察人员可以依照有关规定使用执法记录仪、自动检测仪等办案设备和无人机航拍、卫星遥感等技术手段。

第三十七条 询问应当个别进行。检察人员在询问前应当出示工作证，询问过程中应当制作《询问笔录》。被询问人确认无误后，签名或者盖章。被询问人拒绝签名盖章的，应当在笔录上注明。

第三十八条 需要向有关单位或者个人调取物证、书证的，应当制作《调取证据通知书》和《调取证据清单》，持上述文书调取有关证据材料。

调取书证应当调取原件，调取原件确有困难或者因保密需要无法调取原件的，可以调取复制件。书证为复制件的，应当注明调取人、提供人、调取时间、证据出处和“本复制件与原件核对一致”等字样，并签字、盖章。书证页码较多的，加盖骑缝章。

调取物证应当调取原物，调取原物确有困难的，可以调取足以反映原物外形或者内容的照片、录像或者复制品等其他证据材料。

第三十九条 人民检察院应当收集提取视听资料、电子数据的原始存储介质，调取原始存储介质确有困难或者因保密需要无法调取的，可以调取复制件。调取复制件的，应当说明其来源和制作经过。

人民检察院自行收集提取视听资料、电子数据的，应当注明收集时间、地点、收集人员及其他需要说明的情况。

第四十条 人民检察院可以就专门性问题书面或者口头咨询有关专业人员、相关部门或者行业协会的意见。

口头咨询的，应当制作笔录，由接受咨询的专业人员签名或者盖章。书面咨询的，应当由出具咨询意见的专业人员或者单位签名、盖章。

第四十一条 人民检察院对专门性问题认为确有必要鉴定、评估、审计、检验、检测、翻译的，可以委托具备资格的机构进行鉴定、评估、审计、检验、检测、翻译，委托时应当制作《委托鉴定（评估、审计、检验、检测、翻译）函》。

第四十二条 人民检察院认为确有必要的，可以勘验物证或者现场。

勘验应当在检察官的主持下，由两名以上检察人员进行，可以邀请见证人参加。必要时，可以指派或者聘请有专门知识的人进行。勘验情况和结果应当制作笔录，由参加勘验的人员、见证人签名或者盖章。

检察技术人员可以依照相关规定在勘验过程中进行取样并进行快速检测。

第四十三条 人民检察院办理公益诉讼案件，需要异地调查收集证据的，可以自行调查或者委托当地同级人民检察院进行。委托时应当出具委托书，载明需要调查的对象、事项及要求。受委托人民检察院应当在收到委托书之日起三十日内完成调查，并将情况回复委托的人民检察院。

第四十四条 人民检察院可以依照规定组织听证，听取听证员、行政机关、违法行为人、行政相对人、受害人代表等相关各方意见，了解有关情况。

听证形成的书面材料是人民检察院依法办理公益诉讼案件的重要参考。

第四十五条 行政机关及其工作人员拒绝或者妨碍人民检察院调查收集证据的，人民检察院可以向同级人大常委会报告，向同级纪检监察机关通报，或者通过上级人民检察院向其上级主管机关通报。

第五节 提起诉讼

第四十六条 人民检察院对于符合起诉条件的公益诉讼案件，应当依法向人民法院提起诉讼。

人民检察院提起公益诉讼，应当向人民法院提交公益诉讼起诉书和相关证据材料。起诉书的主要内容包括：

（一）公益诉讼起诉人；

（二）被告的基本信息；

（三）诉讼请求及所依据的事实和

理由。

公益诉讼起诉书应当自送达人民法院之日起五日内报上一级人民检察院备案。

第四十七条　人民检察院办理行政公益诉讼案件，审查起诉期限为一个月，自检察建议整改期满之日起计算。

人民检察院办理民事公益诉讼案件，审查起诉期限为三个月，自公告期满之日起计算。

移送其他人民检察院起诉的，受移送的人民检察院审查起诉期限自收到案件之日起计算。

重大、疑难、复杂案件需要延长审查起诉期限的，行政公益诉讼案件经检察长批准后可以延长一个月，还需要延长的，报上一级人民检察院批准，上一级人民检察院认为已经符合起诉条件的，可以依照本规则第十七条规定指定本辖区内其他人民检察院提起诉讼。民事公益诉讼案件经检察长批准后可以延长一个月，还需要延长的，报上一级人民检察院批准。

第四十八条　人民检察院办理公益诉讼案件，委托鉴定、评估、审计、检验、检测、翻译期间不计入审查起诉期限。

第六节　出席第一审法庭

第四十九条　人民检察院提起公益诉讼的案件，应当派员出庭履行职责，参加相关诉讼活动。

人民检察院应当自收到人民法院出庭通知书之日起三日内向人民法院提交《派员出庭通知书》。《派员出庭通知书》应当写明出庭人员的姓名、法律职务以及出庭履行的职责。

人民检察院应当指派检察官出席第一审法庭，检察官助理可以协助检察官出庭，并根据需要配备书记员担任记录及其他辅助工作。涉及专门性、技术性问题，可以指派或者聘请有专门知识的人协助检察官出庭。

第五十条　人民法院通知人民检察院派员参加证据交换、庭前会议的，由出席法庭的检察人员参加。人民检察院认为有必要的，可以商人民法院组织证据交换或者召开庭前会议。

第五十一条　出庭检察人员履行以下职责：

（一）宣读公益诉讼起诉书；

（二）对人民检察院调查收集的证据予以出示和说明，对相关证据进行质证；

（三）参加法庭调查、进行辩论，并发表出庭意见；

（四）依法从事其他诉讼活动。

第五十二条　出庭检察人员应当客观、全面地向法庭出示证据。根据庭审情况合理安排举证顺序，分组列举证据，可以使用多媒体等示证方式。质证应当围绕证据的真实性、合法性、关联性展开。

第五十三条　出庭检察人员向被告、证人、鉴定人、勘验人等发问应当遵循下列要求：

（一）围绕案件基本事实和争议焦点进行发问；

（二）与调查收集的证据相互支撑；

（三）不得使用带有人身攻击或者威胁性的语言和方式。

第五十四条　出庭检察人员可以申请人民法院通知证人、鉴定人、有专门知识的人出庭作证或者提出意见。

第五十五条　出庭检察人员在法庭审理期间，发现需要补充调查的，可以在法庭休庭后进行补充调查。

第五十六条　出庭检察人员参加法庭辩论，应结合法庭调查情况，围绕双方在事实、证据、法律适用等方面的争议焦点发表辩论意见。

第五十七条　出庭检察人员应当结合庭审情况，客观公正发表出庭意见。

第七节　上　诉

第五十八条　人民检察院应当在收到人

民法院第一审公益诉讼判决书、裁定书后三日内报送上一级人民检察院备案。

人民检察院认为第一审公益诉讼判决、裁定确有错误的，应当提出上诉。

提出上诉的，由提起诉讼的人民检察院决定。上一级人民检察院应当同步审查进行指导。

第五十九条　人民检察院提出上诉的，应当制作公益诉讼上诉书。公益诉讼上诉书的主要内容包括：

（一）公益诉讼上诉人；

（二）被上诉人的基本情况；

（三）原审人民法院名称、案件编号和案由；

（四）上诉请求和事实理由。

第六十条　人民检察院应当在上诉期限内通过原审人民法院向上一级人民法院提交公益诉讼上诉书，并将副本连同相关证据材料报送上一级人民检察院。

第六十一条　上一级人民检察院认为上诉不当的，应当指令下级人民检察院撤回上诉。

上一级人民检察院在上诉期限内，发现下级人民检察院应当上诉而没有提出上诉的，应当指令下级人民检察院依法提出上诉。

第六十二条　被告不服第一审公益诉讼判决、裁定上诉的，人民检察院应当在收到上诉状副本后三日内报送上一级人民检察院，提起诉讼的人民检察院和上一级人民检察院应当全面审查案卷材料。

第六十三条　人民法院决定开庭审理的上诉案件，提起诉讼的人民检察院和上一级人民检察院应当共同派员出席第二审法庭。

人民检察院应当在出席第二审法庭之前向人民法院提交《派员出庭通知书》，载明人民检察院出庭检察人员的姓名、法律职务以及出庭履行的职责等。

第八节　诉讼监督

第六十四条　最高人民检察院发现各级人民法院、上级人民检察院发现下级人民法院已经发生法律效力的公益诉讼判决、裁定确有错误，损害国家利益或者社会公共利益的，应当依法提出抗诉。

第六十五条　人民法院决定开庭审理的公益诉讼再审案件，与人民法院对应的同级人民检察院应当派员出席法庭。

第六十六条　人民检察院发现人民法院公益诉讼审判程序违反法律规定，或者审判人员有《中华人民共和国法官法》第四十六条规定的违法行为，可能影响案件公正审判、执行的，或者人民法院在公益诉讼案件判决生效后不依法移送执行或者执行活动违反法律规定的，应当依法向同级人民法院提出检察建议。

第三章　行政公益诉讼

第一节　立案与调查

第六十七条　人民检察院经过对行政公益诉讼案件线索进行评估，认为同时存在以下情形的，应当立案：

（一）国家利益或者社会公共利益受到侵害；

（二）生态环境和资源保护、食品药品安全、国有财产保护、国有土地使用权出让、未成年人保护等领域对保护国家利益或者社会公共利益负有监督管理职责的行政机关可能违法行使职权或者不作为。

第六十八条　人民检察院对于符合本规则第六十七条规定的下列情形，应当立案：

（一）对于行政机关作出的行政决定，行政机关有强制执行权而怠于强制执行，或者没有强制执行权而怠于申请人民法院强制执行的；

（二）在人民法院强制执行过程中，行政机关违法处分执行标的的；

（三）根据地方裁执分离规定，人民法院将行政强制执行案件交由有强制执行权的行政机关执行，行政机关不依法履职的；

（四）其他行政强制执行中行政机关违法行使职权或者不作为的情形。

第六十九条　对于同一侵害国家利益或者社会公共利益的损害后果，数个负有不同监督管理职责的行政机关均可能存在不依法履行职责情形的，人民检察院可以对数个行政机关分别立案。

人民检察院在立案前发现同一行政机关对多个同一性质的违法行为可能存在不依法履行职责情形的，应当作为一个案件立案。在发出检察建议前发现其他同一性质的违法行为的，应当与已立案案件一并处理。

第七十条　人民检察院决定立案的，应当在七日内将《立案决定书》送达行政机关，并可以就其是否存在违法行使职权或者不作为、国家利益或者社会公共利益受到侵害的后果、整改方案等事项进行磋商。

磋商可以采取召开磋商座谈会、向行政机关发送事实确认书等方式进行，并形成会议记录或者纪要等书面材料。

第七十一条　人民检察院办理行政公益诉讼案件，围绕以下事项进行调查：

（一）国家利益或者社会公共利益受到侵害的事实；

（二）行政机关的监督管理职责；

（三）行政机关不依法履行职责的行为；

（四）行政机关不依法履行职责的行为与国家利益或者社会公共利益受到侵害的关联性；

（五）其他需要查明的事项。

第七十二条　人民检察院认定行政机关监督管理职责的依据为法律法规规章，可以参考行政机关的“三定”方案、权力清单和责任清单等。

第七十三条　调查结束，检察官应当制作《调查终结报告》，区分情况提出以下处理意见：

（一）终结案件；

（二）提出检察建议。

第七十四条　经调查，人民检察院认为存在下列情形之一的，应当作出终结案件决定：

（一）行政机关未违法行使职权或者不作为的；

（二）国家利益或者社会公共利益已经得到有效保护的；

（三）行政机关已经全面采取整改措施依法履行职责的；

（四）其他应当终结案件的情形。

终结案件的，应当报检察长决定，并制作《终结案件决定书》送达行政机关。

第二节　检察建议

第七十五条　经调查，人民检察院认为行政机关不依法履行职责，致使国家利益或者社会公共利益受到侵害的，应当报检察长决定向行政机关提出检察建议，并于《检察建议书》送达之日起五日内向上一级人民检察院备案。

《检察建议书》应当包括以下内容：

（一）行政机关的名称；

（二）案件来源；

（三）国家利益或者社会公共利益受到侵害的事实；

（四）认定行政机关不依法履行职责的事实和理由；

（五）提出检察建议的法律依据；

（六）建议的具体内容；

（七）行政机关整改期限；

（八）其他需要说明的事项。

《检察建议书》的建议内容应当与可能提起的行政公益诉讼请求相衔接。

第七十六条　人民检察院决定提出检察建议的，应当在三日内将《检察建议书》送达行政机关。

行政机关拒绝签收的，应当在送达回证上记录，把《检察建议书》留在其住所地，并可以采用拍照、录像等方式记录送达过程。

人民检察院可以采取宣告方式向行政机关送达《检察建议书》，必要时，可以邀请人大代表、政协委员、人民监督员等参加。

第七十七条 提出检察建议后，人民检察院应当对行政机关履行职责的情况和国家利益或者社会公共利益受到侵害的情况跟进调查，收集相关证据材料。

第七十八条 行政机关在法律、司法解释规定的整改期限内已依法作出行政决定或者制定整改方案，但因突发事件等客观原因不能全部整改到位，且没有怠于履行监督管理职责情形的，人民检察院可以中止审查。

中止审查的，应当经检察长批准，制作《中止审查决定书》，并报送上一级人民检察院备案。中止审查的原因消除后，应当恢复审查并制作《恢复审查决定书》。

第七十九条 经过跟进调查，检察官应当制作《审查终结报告》，区分情况提出以下处理意见：

（一）终结案件；

（二）提起行政公益诉讼；

（三）移送其他人民检察院处理。

第八十条 经审查，人民检察院发现有本规则第七十四条第一款规定情形之一的，应当终结案件。

第三节 提起诉讼

第八十一条 行政机关经检察建议督促仍然没有依法履行职责，国家利益或者社会公共利益处于受侵害状态的，人民检察院应当依法提起行政公益诉讼。

第八十二条 有下列情形之一的，人民检察院可以认定行政机关未依法履行职责：

（一）逾期不回复检察建议，也没有采取有效整改措施的；

（二）已经制定整改措施，但没有实质性执行的；

（三）虽按期回复，但未采取整改措施或者仅采取部分整改措施的；

（四）违法行为人已经被追究刑事责任或者案件已经移送刑事司法机关处理，但行政机关仍应当继续依法履行职责的；

（五）因客观障碍导致整改方案难以按期执行，但客观障碍消除后未及时恢复整改的；

（六）整改措施违反法律法规规定的；

（七）其他没有依法履行职责的情形。

第八十三条 人民检察院可以根据行政机关的不同违法情形，向人民法院提出确认行政行为违法或者无效、撤销或者部分撤销违法行政行为、依法履行法定职责、变更行政行为等诉讼请求。

依法履行法定职责的诉讼请求中不予载明行政相对人承担具体义务或者减损具体权益的事项。

第八十四条 在行政公益诉讼案件审理过程中，行政机关已经依法履行职责而全部实现诉讼请求的，人民检察院可以撤回起诉。确有必要的，人民检察院可以变更诉讼请求，请求判决确认行政行为违法。

人民检察院决定撤回起诉或者变更诉讼请求的，应当经检察长决定后制作《撤回起诉决定书》或者《变更诉讼请求决定书》，并在三日内提交人民法院。

第四章 民事公益诉讼

第一节 立案与调查

第八十五条 人民检察院经过对民事公益诉讼线索进行评估，认为同时存在以下情形的，应当立案：

（一）社会公共利益受到损害；

（二）可能存在破坏生态环境和资源保护，食品药品安全领域侵害众多消费者合法权益，侵犯未成年人合法权益，侵害英雄烈士等的姓名、肖像、名誉、荣誉等损害社会公共利益的违法行为。

第八十六条 人民检察院立案后，应当调查以下事项：

（一）违法行为人的基本情况；

（二）违法行为人实施的损害社会公共利益的行为；

（三）社会公共利益受到损害的类型、具体数额或者修复费用等；

（四）违法行为与损害后果之间的因果关系；

（五）违法行为人的主观过错情况；

（六）违法行为人是否存在免除或者减轻责任的相关事实；

（七）其他需要查明的事项。

对于污染环境、破坏生态等应当由违法行为人依法就其不承担责任或者减轻责任，及其行为与损害后果之间不存在因果关系承担举证责任的案件，可以重点调查（一）（二）（三）项以及违法行为与损害后果之间的关联性。

第八十七条 人民检察院办理涉及刑事犯罪的民事公益诉讼案件，在刑事案件的委托鉴定评估中，可以同步提出公益诉讼案件办理的鉴定评估需求。

第八十八条 刑事侦查中依法收集的证据材料，可以在基于同一违法事实提起的民事公益诉讼案件中作为证据使用。

第八十九条 调查结束，检察官应当制作《调查终结报告》，区分情况提出以下处理意见：

（一）终结案件；

（二）发布公告。

第九十条 经调查，人民检察院发现存在以下情形之一的，应当终结案件：

（一）不存在违法行为的；

（二）生态环境损害赔偿权利人与赔偿义务人经磋商达成赔偿协议，或者已经提起生态环境损害赔偿诉讼的；

（三）英雄烈士等的近亲属不同意人民检察院提起公益诉讼的；

（四）其他适格主体依法向人民法院提起诉讼的；

（五）社会公共利益已经得到有效保护的；

（六）其他应当终结案件的情形。

有前款（二）（三）（四）项情形之一，人民检察院支持起诉的除外。

终结案件的，应当报请检察长决定，并制作《终结案件决定书》。

第二节 公 告

第九十一条 经调查，人民检察院认为社会公共利益受到损害，存在违法行为的，应当依法发布公告。公告应当包括以下内容：

（一）社会公共利益受到损害的事实；

（二）告知适格主体可以向人民法院提起诉讼，符合启动生态环境损害赔偿程序条件的案件，告知赔偿权利人启动生态环境损害赔偿程序；

（三）公告期限；

（四）联系人、联系电话；

（五）公告单位、日期。

公告应当在具有全国影响的媒体发布，公告期间为三十日。

第九十二条 人民检察院办理侵害英雄烈士等的姓名、肖像、名誉、荣誉的民事公益诉讼案件，可以直接征询英雄烈士等的近亲属的意见。被侵害的英雄烈士等人数众多、难以确定近亲属，或者直接征询近亲属意见确有困难的，也可以通过公告的方式征询英雄烈士等的近亲属的意见。

第九十三条 发布公告后，人民检察院应当对赔偿权利人启动生态环境损害赔偿程序情况、适格主体起诉情况、英雄烈士等的近亲属提起民事诉讼情况，以及社会公共利益受到损害的情况跟进调查，收集相关证据材料。

第九十四条 经过跟进调查，检察官应当制作《审查终结报告》，区分情况提出以下处理意见：

（一）终结案件；

（二）提起民事公益诉讼；

（三）移送其他人民检察院处理。

第九十五条 经审查，人民检察院发现有本规则第九十条规定情形之一的，应当终结案件。

第三节 提起诉讼

第九十六条 有下列情形之一，社会公共利益仍然处于受损害状态的，人民检察院应当提起民事公益诉讼：

（一）生态环境损害赔偿权利人未启动生态环境损害赔偿程序，或者经过磋商未达成一致，赔偿权利人又不提起诉讼的；

（二）没有适格主体，或者公告期满后适格主体不提起诉讼的；

（三）英雄烈士等没有近亲属，或者近亲属不提起诉讼的。

第九十七条 人民检察院在刑事案件提起公诉时，对破坏生态环境和资源保护，食品药品安全领域侵害众多消费者合法权益，侵犯未成年人合法权益，侵害英雄烈士等的姓名、肖像、名誉、荣誉等损害社会公共利益的违法行为，可以向人民法院提起刑事附带民事公益诉讼。

第九十八条 人民检察院可以向人民法院提出要求被告停止侵害、排除妨碍、消除危险、恢复原状、赔偿损失等诉讼请求。

针对不同领域案件，还可以提出以下诉讼请求：

（一）破坏生态环境和资源保护领域案件，可以提出要求被告以补植复绿、增殖放流、土地复垦等方式修复生态环境的诉讼请求，或者支付生态环境修复费用，赔偿生态环境受到损害至修复完成期间服务功能丧失造成的损失、生态环境功能永久性损害造成的损失等诉讼请求，被告违反法律规定故意污染环境、破坏生态造成严重后果的，可以提出惩罚性赔偿等诉讼请求；

（二）食品药品安全领域案件，可以提出要求被告召回并依法处置相关食品药品以及承担相关费用和惩罚性赔偿等诉讼请求；

（三）英雄烈士等的姓名、肖像、名誉、荣誉保护案件，可以提出要求被告消除影响、恢复名誉、赔礼道歉等诉讼请求。

人民检察院为诉讼支出的鉴定评估、专家咨询等费用，可以在起诉时一并提出由被告承担的诉讼请求。

第九十九条 民事公益诉讼案件可以依法在人民法院主持下进行调解。调解协议不得减免诉讼请求载明的民事责任，不得损害社会公共利益。

诉讼请求全部实现的，人民检察院可以撤回起诉。人民检察院决定撤回起诉的，应当经检察长决定后制作《撤回起诉决定书》，并在三日内提交人民法院。

第四节 支持起诉

第一百条 下列案件，人民检察院可以支持起诉：

（一）生态环境损害赔偿权利人提起的生态环境损害赔偿诉讼案件；

（二）适格主体提起的民事公益诉讼案件；

（三）英雄烈士等的近亲属提起的维护英雄烈士等的姓名、肖像、名誉、荣誉的民事诉讼案件；

（四）军人和因公牺牲军人、病故军人遗属提起的侵害军人荣誉、名誉和其他相关合法权益的民事诉讼案件；

（五）其他依法可以支持起诉的公益诉讼案件。

第一百零一条 人民检察院可以采取提供法律咨询、向人民法院提交支持起诉意见书、协助调查取证、出席法庭等方式支持起诉。

第一百零二条 人民检察院在向人民法院提交支持起诉意见书后，发现有以下不适合支持起诉情形的，可以撤回支持起诉：

（一）原告无正当理由变更、撤回部分诉讼请求，致使社会公共利益不能得到有效保护的；

（二）原告撤回起诉或者与被告达成和

解协议，致使社会公共利益不能得到有效保护的；

（三）原告请求被告承担的律师费以及为诉讼支出的其他费用过高，对社会公共利益保护产生明显不利影响的；

（四）其他不适合支持起诉的情形。

人民检察院撤回支持起诉的，应当制作《撤回支持起诉决定书》，在三日内提交人民法院，并发送原告。

第一百零三条　人民检察院撤回支持起诉后，认为适格主体提出的诉讼请求不足以保护社会公共利益，符合立案条件的，可以另行立案。

第五章　其他规定

第一百零四条　办理公益诉讼案件的人民检察院对涉及法律适用、办案程序、司法政策等问题，可以依照有关规定向上级人民检察院请示。

第一百零五条　本规则所涉及的法律文书格式，由最高人民检察院统一制定。

第一百零六条　各级人民检察院办理公益诉讼案件，应当依照有关规定及时归档。

第一百零七条　人民检察院提起公益诉讼，不需要交纳诉讼费用。

第六章　附　　则

第一百零八条　军事检察院等专门人民检察院办理公益诉讼案件，适用本规则和其他有关规定。

第一百零九条　本规则所称检察官，包括检察长、副检察长、检察委员会委员、检察员。

本规则所称检察人员，包括检察官和检察辅助人员。

第一百一十条　《中华人民共和国军人地位和权益保障法》《中华人民共和国安全生产法（2021修正）》等法律施行后，人民检察院办理公益诉讼案件的范围相应调整。

第一百一十一条　本规则未规定的其他事项，适用民事诉讼法、行政诉讼法及相关司法解释的规定。

第一百一十二条　本规则自2021年7月1日起施行。

最高人民检察院以前发布的司法解释和规范性文件与本规则不一致的，以本规则为准。

最高人民法院、最高人民检察院关于人民检察院提起刑事附带民事公益诉讼应否履行诉前公告程序问题的批复

（2019年9月9日最高人民法院审判委员会第1776次会议、2019年9月12日最高人民检察院第十三届检察委员会第二十四次会议通过，2019年11月25日公布，自2019年12月6日起施行）

各省、自治区、直辖市高级人民法院、人民检察院，解放军军事法院、军事检察院，新疆维吾尔自治区高级人民法院生产建设兵团分院、新疆生产建设兵团人民检察院：

近来，部分高级人民法院、省级人民检察院就人民检察院提起刑事附带民事公益诉讼应否履行诉前公告程序的问题提出请示。经研究，批复如下：

人民检察院提起刑事附带民事公益诉讼，应履行诉前公告程序。对于未履行诉前公告程序的，人民法院应当进行释明，告知人民检察院公告后再行提起诉讼。

因人民检察院履行诉前公告程序，可能影响相关刑事案件审理期限的，人民检察院可以另行提起民事公益诉讼。

此复。

人民检察院检察建议工作规定

（2018年12月25日最高人民检察院第十三届检察委员会第十二次会议通过，2019年2月26日最高人民检察院公告公布，自公布之日起施行）

第一章 总 则

第一条 为了进一步加强和规范检察建议工作，确保检察建议的质量和效果，充分发挥检察建议的作用，根据《中华人民共和国人民检察院组织法》等法律规定，结合检察工作实际，制定本规定。

第二条 检察建议是人民检察院依法履行法律监督职责，参与社会治理，维护司法公正，促进依法行政，预防和减少违法犯罪，保护国家利益和社会公共利益，维护个人和组织合法权益，保障法律统一正确实施的重要方式。

第三条 人民检察院可以直接向本院所办理案件的涉案单位、本级有关主管机关以及其他有关单位提出检察建议。

需要向涉案单位以外的上级有关主管机关提出检察建议的，应当层报被建议单位的同级人民检察院决定并提出检察建议，或者由办理案件的人民检察院制作检察建议书后，报被建议单位的同级人民检察院审核并转送被建议单位。

需要向下级有关单位提出检察建议的，应当指令对应的下级人民检察院提出检察建议。

需要向异地有关单位提出检察建议的，应当征求被建议单位所在地同级人民检察院意见。被建议单位所在地同级人民检察院提出不同意见，办理案件的人民检察院坚持认为应当提出检察建议的，层报共同的上级人民检察院决定。

第四条 提出检察建议，应当立足检察职能，结合司法办案工作，坚持严格依法、准确及时、必要审慎、注重实效的原则。

第五条 检察建议主要包括以下类型：

（一）再审检察建议；

（二）纠正违法检察建议；

（三）公益诉讼检察建议；

（四）社会治理检察建议；

（五）其他检察建议。

第六条 检察建议应当由检察官办案组或者检察官办理。

第七条 制发检察建议应当在统一业务应用系统中进行，实行以院名义统一编号、统一签发、全程留痕、全程监督。

第二章 适用范围

第八条 人民检察院发现同级人民法院已经发生法律效力的判决、裁定具有法律规定的应当再审情形的，或者发现调解书损害国家利益、社会公共利益的，可以向同级人民法院提出再审检察建议。

第九条 人民检察院在履行对诉讼活动的法律监督职责中发现有关执法、司法机关具有下列情形之一的，可以向有关执法、司法机关提出纠正违法检察建议：

（一）人民法院审判人员在民事、行政审判活动中存在违法行为的；

（二）人民法院在执行生效民事、行政判决、裁定、决定或者调解书、支付令、仲裁裁决书、公证债权文书等法律文书过程中存在违法执行、不执行、怠于执行等行为，或者有其他重大隐患的；

（三）人民检察院办理行政诉讼监督案件或者执行监督案件，发现行政机关有违反法律规定、可能影响人民法院公正审理和执行的行为的；

（四）公安机关、人民法院、监狱、社区矫正机构、强制医疗执行机构等在刑事诉讼活动中或者执行人民法院生效刑事判决、裁定、决定等法律文书过程中存在普遍性、倾向性违法问题，或者有其他重大隐患，需要引起重视予以解决的；

（五）诉讼活动中其他需要以检察建议形式纠正违法的情形。

第十条　人民检察院在履行职责中发现生态环境和资源保护、食品药品安全、国有财产保护、国有土地使用权出让等领域负有监督管理职责的行政机关违法行使职权或者不作为，致使国家利益或者社会公共利益受到侵害，符合法律规定的公益诉讼条件的，应当按照公益诉讼案件办理程序向行政机关提出督促依法履职的检察建议。

第十一条　人民检察院在办理案件中发现社会治理工作存在下列情形之一的，可以向有关单位和部门提出改进工作、完善治理的检察建议：

（一）涉案单位在预防违法犯罪方面制度不健全、不落实，管理不完善，存在违法犯罪隐患，需要及时消除的；

（二）一定时期某类违法犯罪案件多发、频发，或者已发生的案件暴露出明显的管理监督漏洞，需要督促行业主管部门加强和改进管理监督工作的；

（三）涉及一定群体的民间纠纷问题突出，可能导致发生群体性事件或者恶性案件，需要督促相关部门完善风险预警防范措施，加强调解疏导工作的；

（四）相关单位或者部门不依法及时履行职责，致使个人或者组织合法权益受到损害或者存在损害危险，需要及时整改消除的；

（五）需要给予有关涉案人员、责任人员或者组织行政处罚、政务处分、行业惩戒，或者需要追究有关责任人员的司法责任的；

（六）其他需要提出检察建议的情形。

第十二条　对执法、司法机关在诉讼活动中的违法情形，以及需要对被不起诉人给予行政处罚、处分或者需要没收其违法所得，法律、司法解释和其他有关规范性文件明确规定应当发出纠正违法通知书、检察意见书的，依照相关规定执行。

第三章　调查办理和督促落实

第十三条　检察官在履行职责中发现有应当依照本规定提出检察建议情形的，应当报经检察长决定，对相关事项进行调查核实，做到事实清楚、准确。

第十四条　检察官可以采取以下措施进行调查核实：

（一）查询、调取、复制相关证据材料；

（二）向当事人、有关知情人员或者其他相关人员了解情况；

（三）听取被建议单位意见；

（四）咨询专业人员、相关部门或者行业协会等对专门问题的意见；

（五）委托鉴定、评估、审计；

（六）现场走访、查验；

（七）查明事实所需要采取的其他措施。

进行调查核实，不得采取限制人身自由和查封、扣押、冻结财产等强制性措施。

第十五条 检察官一般应当在检察长作出决定后两个月以内完成检察建议事项的调查核实。情况紧急的，应当及时办结。

检察官调查核实完毕，应当制作调查终结报告，写明调查过程和认定的事实与证据，提出处理意见。认为需要提出检察建议的，应当起草检察建议书，一并报送检察长，由检察长或者检察委员会讨论决定是否提出检察建议。

经调查核实，查明相关单位不存在需要纠正或者整改的违法事实或者重大隐患，决定不提出检察建议的，检察官应当将调查终结报告连同相关材料订卷存档。

第十六条 检察建议书要阐明相关的事实和依据，提出的建议应当符合法律、法规及其他有关规定，明确具体、说理充分、论证严谨、语言简洁、有操作性。

检察建议书一般包括以下内容：

（一）案件或者问题的来源；

（二）依法认定的案件事实或者经调查核实的事实及其证据；

（三）存在的违法情形或者应当消除的隐患；

（四）建议的具体内容及所依据的法律、法规和有关文件等的规定；

（五）被建议单位提出异议的期限；

（六）被建议单位书面回复落实情况的期限；

（七）其他需要说明的事项。

第十七条 检察官依据本规定第十一条的规定起草的检察建议书，报送检察长前，应当送本院负责法律政策研究的部门对检察建议的必要性、合法性、说理性等进行审核。

检察建议书正式发出前，可以征求被建议单位的意见。

第十八条 检察建议书应当以人民检察院的名义送达有关单位。送达检察建议书，可以书面送达，也可以现场宣告送达。

宣告送达检察建议书应当商被建议单位同意，可以在人民检察院、被建议单位或者其他适宜场所进行，由检察官向被建议单位负责人当面宣读检察建议书并进行示证、说理，听取被建议单位负责人意见。必要时，可以邀请人大代表、政协委员或者特约检察员、人民监督员等第三方人员参加。

第十九条 人民检察院提出检察建议，除另有规定外，应当要求被建议单位自收到检察建议书之日起两个月以内作出相应处理，并书面回复人民检察院。因情况紧急需要被建议单位尽快处理的，可以根据实际情况确定相应的回复期限。

第二十条 涉及事项社会影响大、群众关注度高、违法情形具有典型性、所涉问题应当引起有关部门重视的检察建议书，可以抄送同级党委、人大、政府、纪检监察机关或者被建议单位的上级机关、行政主管部门以及行业自律组织等。

第二十一条 发出的检察建议书，应当于五日内报上一级人民检察院对口业务部门和负责法律政策研究的部门备案。

第二十二条 检察长认为本院发出的检察建议书确有不当的，应当决定变更或者撤回，并及时通知有关单位，说明理由。

上级人民检察院认为下级人民检察院发出的检察建议书确有不当的，应当指令下级人民检察院变更或者撤回，并及时通知有关单位，说明理由。

第二十三条 被建议单位对检察建议提出异议的，检察官应当立即进行复核。经复核，异议成立的，应当报经检察长或者检察委员会讨论决定后，及时对检察建议书作出修改或者撤回检察建议书；异议不成立的，应当报经检察长同意后，向被建议单位说明理由。

第二十四条 人民检察院应当积极督促和支持配合被建议单位落实检察建议。督促落实工作由原承办检察官办理，可以采取询问、走访、不定期会商、召开联席会议等方式，并制作笔录或者工作记录。

第二十五条 被建议单位在规定期限内经督促无正当理由不予整改或者整改不到位的，经检察长决定，可以将相关情况报告上级人民检察院，通报被建议单位的上级机关、行政主管部门或者行业自律组织等，必要时可以报告同级党委、人大，通报同级政府、纪检监察机关。符合提起公益诉讼条件的，依法提起公益诉讼。

第四章 监督管理

第二十六条 各级人民检察院检察委员会应当定期对本院制发的检察建议的落实效果进行评估。

第二十七条 人民检察院案件管理部门负责检察建议的流程监控和分类统计，定期组织对检察建议进行质量评查，对检察建议工作情况进行综合分析。

第二十八条 人民检察院应当将制发检察建议的质量和效果纳入检察官履职绩效考核。

第二十九条 上级人民检察院应当加强对下级人民检察院开展检察建议工作的指导，及时通报情况，帮助解决检察建议工作中的问题。

第五章 附 则

第三十条 法律、司法解释和其他有关规范性文件对再审检察建议、纠正违法检察建议和公益诉讼检察建议的办理有规定的，依照其规定办理；没有规定的，参照本规定办理。

第三十一条 本规定由最高人民检察院负责解释。

第三十二条 本规定自公布之日起施行，2009年印发的《人民检察院检察建议工作规定（试行）》同时废止。

人民检察院公益诉讼办案听证工作指引

（2022年1月5日最高人民检察院公益诉讼检察厅印发）

第一章 总 则

第一条 为进一步规范人民检察院公益诉讼办案听证工作，更好地实现维护公益目的，促进司法全过程民主，根据《人民检察院公益诉讼办案规则》《人民检察院审查案件听证工作规定》（以下简称《听证工作规定》）等有关规定，结合公益诉讼检察工作实际，制定本指引。

第二条 人民检察院以听证方式办理公益诉讼案件，应当秉持客观公正立场，以事实为依据，以法律为准绳，依法独立行使检察权，充分保障人民群众的知情权、参与权和监督权。

第三条 人民检察院对于符合条件的公益诉讼案件，可以在办理案件过程中组织召开听证会，就事实认定、法律适用、案件处理等问题听取听证员和其他参加人意见。

第四条 公益诉讼案件符合下列情形之一的，可以组织召开听证会：

（一）国家利益或者社会公共利益是否受到侵害，或者受到侵害的程度存在争议的；

（二）被监督行政机关难以确定或者行政机关是否负有监督管理职责存在争议的；

（三）行政机关是否依法全面履职存在争议的；

（四）整改方案是否科学合理、切实可行难以判断的；

（五）整改工作需要多个行政主体合力

解决的；

（六）整改效果是否有效维护国家利益和社会公共利益需要评估的；

（七）适用法律法规需要进行释法说理的；

（八）民事公益诉讼案件调解和解的；

（九）属于涉众型、新类型，或者有社会影响的案件，召开听证可以起到“办理一件、警示一片、教育影响社会面”的良好办案效果的；

（十）人民检察院认为其他需要召开听证会的情形。

第五条 听证会一般公开举行。涉及国家秘密、个人隐私或者法律另有规定的除外；涉及商业秘密，当事人申请不公开听证的，可以不公开。

第六条 下级人民检察院办理的案件，确有必要的，可以报请上一级人民检察院，联合组织召开听证会。

上级人民检察院办理的案件，必要时也可以联合下级人民检察院组织召开听证会。

第七条 公益诉讼案件涉及其他检察业务的，根据办案需要，负责公益诉讼检察的部门可以联合其他检察业务部门组织召开听证会。

第八条 地方各级人民检察院根据办案需要，可以联合军事检察院等专门人民检察院组织召开听证会。

第二章 听证会参加人

第九条 人民检察院应当根据案件具体情况，确定听证参加人。听证参加人包括案件当事人及其委托代理人、听证员、第三人、证人、鉴定人以及人民检察院认为需要参加听证的其他人员。

第十条 人民检察院可以邀请人大代表、政协委员、专家学者、律师、公益诉讼志愿者等作为听证员参加听证，听证员须符合《听证工作规定》第七条的规定并且与案件无直接利害关系。

涉及环境资源、食品药品、财税审计、安全生产、网络信息、文物保护等方面专门性问题的，必要时应当邀请有专门知识的人担任听证员。

参加听证会的听证员一般为三至七人。

第十一条 人民检察院可以邀请人民监督员参加听证会，依照有关规定接受人民监督员监督。

第十二条 听证会一般由承办案件的检察官或者办案组的主办检察官主持。

检察长、部门负责人承办案件的，应当担任主持人。

第三章 听证会程序

第十三条 人民检察院根据案件办理需要，决定是否召开听证会。当事人及其代理人向办理案件的人民检察院申请召开听证会的，人民检察院应当及时作出决定并告知申请人。不同意召开听证会的，应当说明理由。

人民检察院决定召开听证会的，应当经检察长批准。

第十四条 人民检察院决定召开听证会的，应当做好以下准备工作：

（一）制定听证方案，确定听证会参加人；

（二）在听证三日前告知听证会参加人案由、听证时间和地点；

（三）告知当事人主持听证会的检察官及听证员的姓名、身份，并告知当事人有申请回避的权利，确定是否申请回避；

（四）决定公开听证的，发布听证会公告。

第十五条 人民检察院决定公开听证的，应当在公开听证三日前发布公开听证公告。公告可通过两微一端、告示栏或当地新媒体、报纸、电视等方式对外发布。

公开听证公告应当包含下列内容：

（一）公开听证的案件名称；

（二）公开听证的时间、地点；

（三）旁听人员和新闻媒体的人数、报名条件、方法及有关权利义务；

（四）其他需要公告的事项。

第十六条　听证员确定后，人民检察院应当向听证员介绍案件情况、需要听证的问题和相关法律规定。

必要时，可以在听证前组织听证员实地查看，听取涉案区域周边群众或利益相关群众的意见。

第十七条　听证会一般在人民检察院检察听证室举行。有特殊情形的，经检察长批准也可以在其他场所举行。

听证会席位设置按照有关规定执行。

第十八条　公开听证可以采用互联网直播方式。

线下听证的案件，公民可以申请旁听，人民检察院也可以邀请媒体、公益受损地的基层组织、公益诉讼志愿者或者群众代表等参加旁听。

第十九条　听证会开始前，书记员应当核对当事人和其他参加人身份，并确认听证员是否到场，宣布听证会的程序和纪律。

第二十条　听证会一般按照下列步骤进行：

（一）主持人宣布听证开始，宣布听证参加人名单，告知当事人听证权利、义务；

（二）承办案件的检察官介绍案件基本情况和需要听证的问题；

（三）当事人、其他听证参加人就需要听证的问题分别说明情况；

（四）听证员向当事人或其他听证参加人提问；

（五）主持人宣布休会，听证员就听证事项进行讨论；

（六）主持人宣布复会，根据案件情况，可以由听证员或者听证员代表发表意见；

（七）主持人可以根据需要安排当事人发表最后陈述意见；

（八）主持人对听证会进行总结。

第二十一条　听证过程应当由书记员制作笔录，并全程录音录像。

听证笔录由听证会主持人、承办检察官、听证会参加人和记录人签名或者盖章；无正当理由拒绝签字或者盖章的，应当在听证笔录中予以载明。听证笔录应当归入案件卷宗。

第二十二条　听证过程中，听证参加人、旁听人员应当遵守听证纪律，服从主持人指挥；听证参加人、旁听人员违反听证纪律的，主持人应当予以制止。司法警察负责协助维护听证现场秩序。

第二十三条　行政机关经人民检察院依法通知拒不参加听证或者未经许可中途退场，影响案件正常办理的，人民检察院可以将相关情况报告同级党委、人大常委会，通报同级人民政府、行政机关上级部门依法处理。

第二十四条　听证员评议过程一般不公开进行。听证员发表听证意见，一般应当公开，确有必要的，可不公开。

听证员经评议形成一致意见的，可指派一名代表发表意见；意见不同的，可以分别发表意见。

第二十五条　听证员的意见是人民检察院依法处理案件的重要参考。

第二十六条　人民检察院充分听取各方意见后，根据已经查明的事实、证据和有关法律规定，能够当场作出决定的，应当由听证会主持人当场宣布决定并说明理由；不能当场作出决定的，应当在听证会后依法作出决定，向当事人宣告、送达，并将作出的决定和理由告知听证员。

第二十七条　听证结束后，人民检察院根据已经查明的案件事实和证据，结合听证评议意见，依法作出制发检察建议、提起公益诉讼、终结案件等决定。

第二十八条　听证过程中发现社会治理中存在的问题，人民检察院可以向有关单位提出改进工作、完善治理的检察建议。

第二十九条 经检察长批准，人民检察院可以通过中国检察听证网和其他公共媒体，对听证会进行图文、音频、视频直播或者录播。

公开听证直播、录播涉及的相关技术和工作规范，依照有关规定执行。

第三十条 听证活动中有下列情形之一的，人民检察院可以决定延期举行：

（一）当事人申请延期，有正当理由的；

（二）听证过程中出现新的事实、理由和依据，需要进一步调查核实的；

（三）当事人临时提出回避申请的；

（四）其他可以延期的情形。

延期听证的，人民检察院应当通知听证参加人员；决定恢复听证的，应当通知听证参加人员。

第三十一条 听证的期间计入办案期限。

第四章 附 则

第三十二条 人民检察院听证活动经费按照人民检察院财务管理办法有关规定执行，不得向当事人收取费用。

第三十三条 参加不公开听证的人员应当严格遵守有关保密规定。

故意或者过失泄露国家秘密、商业秘密或者办案秘密的，依纪依法追究责任人员的纪律责任和法律责任。

第三十四条 本指引中涉及检察人员、听证员、翻译人员、鉴定人、勘验人等的回避事项，参照《人民检察院公益诉讼办案规则》执行。

检察公益诉讼跨行政区划管辖指导意见（试行）

（2022年3月18日最高人民检察院公益诉讼检察厅印发）

第一条 为规范人民检察院跨行政区划管辖公益诉讼案件，提高办案协同性，加强国家利益和社会公共利益保护，根据《中华人民共和国行政诉讼法》《中华人民共和国民事诉讼法》《人民检察院公益诉讼办案规则》等有关规定，制定本意见。

第二条 本意见适用于人民检察院通过指定、移送、协商等方式，跨县级以上行政区划确定检察公益诉讼管辖的情形。

第三条 人民检察院应当从有利于秉持客观公正立场、提高办案效率、维护公共利益出发，遵循法律规定和诉讼程序，适用检察公益诉讼跨行政区划管辖。

第四条 具有下列情形之一的，上级人民检察院可以根据办案需要，将下级人民检察院管辖的案件指定其他下级人民检察院管辖办理：

（一）属地管辖存在明显阻力障碍，案件办理确有困难；

（二）符合立案条件未及时立案，或立案后无正当理由办案进度迟缓，影响涉案问题解决；

（三）符合起诉条件，无正当理由未在法定审查起诉期限内依法提起诉讼；

（四）下级人民检察院认为不适宜由其办理，报请改变管辖；

（五）其他需要指定管辖的情形。

上级人民检察院认为确有必要的，可以提级办理下级人民检察院管辖的案件。

第五条 上级人民检察院指定跨行政区划管辖时，可以优先考虑以下人民检察院：

（一）专司跨区划管辖职能的人民检

察院。

（二）集中管辖行政诉讼、环境资源、互联网等案件的人民法院对应的人民检察院；

（三）具有属地管辖权的人民检察院相邻地区的人民检察院。

案件需要提起诉讼的，上级人民检察院应当加强与同级人民法院协商，确保人民检察院管辖与人民法院管辖衔接顺畅。

第六条　上级人民检察院决定指定下级人民检察院跨行政区划管辖案件的，应当制作指定管辖决定书，并于作出决定之日起 7 日内送达被指定管辖的人民检察院以及具有属地管辖权的人民检察院。属地管辖人民检察院应当在收到指定管辖通知之日起 15 日内办理案件移交手续。

上级人民检察院决定提级办理下级人民检察院管辖案件的，下级人民检察院应当在收到上级人民检察院通知之日起 7 日内办理案件移交手续。

下级人民检察院认为不适宜由其办理，报请上级人民检察院改变管辖的，应当书面说明原因。上级人民检察院应当在收到请示之日起 15 日内答复，决定改变管辖的，按前两款之规定办理。

第七条　人民检察院发现公益诉讼案件线索不属于本院管辖的，应在发现之日起 7 日内移送有管辖权的人民检察院。受移送的人民检察院未依法及时处置回复的，移送线索的人民检察院可以层报共同的上级人民检察院，督促受移送的人民检察院及时依法处置线索并书面回复。共同的上级人民检察院认为案件线索符合本意见第四条规定之情形的，可以指定跨行政区划管辖。

第八条　人民检察院对管辖权发生争议的，由争议各方根据以下规则协商解决。

（一）民事公益诉讼案件违法行为地、损害结果地或违法主体所在地跨县级以上行政区划，多个人民检察院具有管辖权的，可以优先由损害结果主要发生地的人民检察院管辖。

（二）行政公益诉讼案件涉及不同行政区划、不同层级多个行政机关的，多个人民检察院具有管辖权的，可以优先由承担主要监管职责的行政机关对应的同级人民检察院管辖。

协商不成的，报共同的上级人民检察院决定。

第九条　跨行政区划管辖的人民检察院到违法行为地、损害结果地或违法主体所在地异地调查取证、送达法律文书等，需要属地人民检察院协助的，应当向属地人民检察院出具委托书，属地人民检察院应积极协助配合。对于协助事项有异议的，可以协商解决或层报共同的上级人民检察院决定。

被指定跨行政区划管辖的人民检察院应当加强与属地人民检察院的协调沟通，共同做好检察建议督促落实、裁判执行监督、受损公益修复等工作。

第十条　被指定跨行政区划管辖的人民检察院作出终结案件决定前，应当报请作出指定管辖决定的上级人民检察院同意。

第十一条　海洋、河流、湖泊、山脉相邻地区或同一区域发展规划范围内的人民检察院，可以建立跨区划管辖协作机制，明确指定、移送管辖案件的范围、程序以及办案协作等事项。

第十二条　本意见自公布之日起施行。

二、民事公益诉讼一般规范

中华人民共和国民法典

（2020年5月28日第十三届全国人民代表大会第三次会议通过，2020年5月28日公布，自2021年1月1日起施行）

第一编 总 则

第一章 基本规定

第一条 为了保护民事主体的合法权益，调整民事关系，维护社会和经济秩序，适应中国特色社会主义发展要求，弘扬社会主义核心价值观，根据宪法，制定本法。

第二条 民法调整平等主体的自然人、法人和非法人组织之间的人身关系和财产关系。

第三条 民事主体的人身权利、财产权利以及其他合法权益受法律保护，任何组织或者个人不得侵犯。

第四条 民事主体在民事活动中的法律地位一律平等。

第五条 民事主体从事民事活动，应当遵循自愿原则，按照自己的意思设立、变更、终止民事法律关系。

第六条 民事主体从事民事活动，应当遵循公平原则，合理确定各方的权利和义务。

第七条 民事主体从事民事活动，应当遵循诚信原则，秉持诚实，恪守承诺。

第八条 民事主体从事民事活动，不得违反法律，不得违背公序良俗。

第九条 民事主体从事民事活动，应当有利于节约资源、保护生态环境。

第十条 处理民事纠纷，应当依照法律；法律没有规定的，可以适用习惯，但是不得违背公序良俗。

第十一条 其他法律对民事关系有特别规定的，依照其规定。

第十二条 中华人民共和国领域内的民事活动，适用中华人民共和国法律。法律另有规定的，依照其规定。

第二章 自 然 人

第一节 民事权利能力和民事行为能力

第十三条 自然人从出生时起到死亡时止，具有民事权利能力，依法享有民事权利，承担民事义务。

第十四条 自然人的民事权利能力一律平等。

第十五条 自然人的出生时间和死亡时间，以出生证明、死亡证明记载的时间为准；没有出生证明、死亡证明的，以户籍登记或者其他有效身份登记记载的时间为准。有其他证据足以推翻以上记载时间的，以该证据证明的时间为准。

第十六条 涉及遗产继承、接受赠与等胎儿利益保护的，胎儿视为具有民事权利能力。但是，胎儿娩出时为死体的，其民事权利能力自始不存在。

第十七条 十八周岁以上的自然人为成

年人。不满十八周岁的自然人为未成年人。

第十八条　成年人为完全民事行为能力人，可以独立实施民事法律行为。

十六周岁以上的未成年人，以自己的劳动收入为主要生活来源的，视为完全民事行为能力人。

第十九条　八周岁以上的未成年人为限制民事行为能力人，实施民事法律行为由其法定代理人代理或者经其法定代理人同意、追认；但是，可以独立实施纯获利益的民事法律行为或者与其年龄、智力相适应的民事法律行为。

第二十条　不满八周岁的未成年人为无民事行为能力人，由其法定代理人代理实施民事法律行为。

第二十一条　不能辨认自己行为的成年人为无民事行为能力人，由其法定代理人代理实施民事法律行为。

八周岁以上的未成年人不能辨认自己行为的，适用前款规定。

第二十二条　不能完全辨认自己行为的成年人为限制民事行为能力人，实施民事法律行为由其法定代理人代理或者经其法定代理人同意、追认；但是，可以独立实施纯获利益的民事法律行为或者与其智力、精神健康状况相适应的民事法律行为。

第二十三条　无民事行为能力人、限制民事行为能力人的监护人是其法定代理人。

第二十四条　不能辨认或者不能完全辨认自己行为的成年人，其利害关系人或者有关组织，可以向人民法院申请认定该成年人为无民事行为能力人或者限制民事行为能力人。

被人民法院认定为无民事行为能力人或者限制民事行为能力人的，经本人、利害关系人或者有关组织申请，人民法院可以根据其智力、精神健康恢复的状况，认定该成年人恢复为限制民事行为能力人或者完全民事行为能力人。

本条规定的有关组织包括：居民委员会、村民委员会、学校、医疗机构、妇女联合会、残疾人联合会、依法设立的老年人组织、民政部门等。

第二十五条　自然人以户籍登记或者其他有效身份登记记载的居所为住所；经常居所与住所不一致的，经常居所视为住所。

第二节　监　　护

第二十六条　父母对未成年子女负有抚养、教育和保护的义务。

成年子女对父母负有赡养、扶助和保护的义务。

第二十七条　父母是未成年子女的监护人。

未成年人的父母已经死亡或者没有监护能力的，由下列有监护能力的人按顺序担任监护人：

（一）祖父母、外祖父母；

（二）兄、姐；

（三）其他愿意担任监护人的个人或者组织，但是须经未成年人住所地的居民委员会、村民委员会或者民政部门同意。

第二十八条　无民事行为能力或者限制民事行为能力的成年人，由下列有监护能力的人按顺序担任监护人：

（一）配偶；

（二）父母、子女；

（三）其他近亲属；

（四）其他愿意担任监护人的个人或者组织，但是须经被监护人住所地的居民委员会、村民委员会或者民政部门同意。

第二十九条　被监护人的父母担任监护人的，可以通过遗嘱指定监护人。

第三十条　依法具有监护资格的人之间可以协议确定监护人。协议确定监护人应当尊重被监护人的真实意愿。

第三十一条　对监护人的确定有争议的，由被监护人住所地的居民委员会、村民委员会或者民政部门指定监护人，有关当事人对指定不服的，可以向人民法院申请指定监护人；有关当事人也可以直接向人民法院申请指定监护人。

居民委员会、村民委员会、民政部门或者人民法院应当尊重被监护人的真实意愿，按照最有利于被监护人的原则在依法具有监护资格的人中指定监护人。

依据本条第一款规定指定监护人前，被监护人的人身权利、财产权利以及其他合法权益处于无人保护状态的，由被监护人住所地的居民委员会、村民委员会、法律规定的有关组织或者民政部门担任临时监护人。

监护人被指定后，不得擅自变更；擅自变更的，不免除被指定的监护人的责任。

第三十二条 没有依法具有监护资格的人的，监护人由民政部门担任，也可以由具备履行监护职责条件的被监护人住所地的居民委员会、村民委员会担任。

第三十三条 具有完全民事行为能力的成年人，可以与其近亲属、其他愿意担任监护人的个人或者组织事先协商，以书面形式确定自己的监护人，在自己丧失或者部分丧失民事行为能力时，由该监护人履行监护职责。

第三十四条 监护人的职责是代理被监护人实施民事法律行为，保护被监护人的人身权利、财产权利以及其他合法权益等。

监护人依法履行监护职责产生的权利，受法律保护。

监护人不履行监护职责或者侵害被监护人合法权益的，应当承担法律责任。

因发生突发事件等紧急情况，监护人暂时无法履行监护职责，被监护人的生活处于无人照料状态的，被监护人住所地的居民委员会、村民委员会或者民政部门应当为被监护人安排必要的临时生活照料措施。

第三十五条 监护人应当按照最有利于被监护人的原则履行监护职责。监护人除为维护被监护人利益外，不得处分被监护人的财产。

未成年人的监护人履行监护职责，在作出与被监护人利益有关的决定时，应当根据被监护人的年龄和智力状况，尊重被监护人的真实意愿。

成年人的监护人履行监护职责，应当最大程度地尊重被监护人的真实意愿，保障并协助被监护人实施与其智力、精神健康状况相适应的民事法律行为。对被监护人有能力独立处理的事务，监护人不得干涉。

第三十六条 监护人有下列情形之一的，人民法院根据有关个人或者组织的申请，撤销其监护人资格，安排必要的临时监护措施，并按照最有利于被监护人的原则依法指定监护人：

（一）实施严重损害被监护人身心健康的行为；

（二）怠于履行监护职责，或者无法履行监护职责且拒绝将监护职责部分或者全部委托给他人，导致被监护人处于危困状态；

（三）实施严重侵害被监护人合法权益的其他行为。

本条规定的有关个人、组织包括：其他依法具有监护资格的人，居民委员会、村民委员会、学校、医疗机构、妇女联合会、残疾人联合会、未成年人保护组织、依法设立的老年人组织、民政部门等。

前款规定的个人和民政部门以外的组织未及时向人民法院申请撤销监护人资格的，民政部门应当向人民法院申请。

第三十七条 依法负担被监护人抚养费、赡养费、扶养费的父母、子女、配偶等，被人民法院撤销监护人资格后，应当继续履行负担的义务。

第三十八条 被监护人的父母或者子女被人民法院撤销监护人资格后，除对被监护人实施故意犯罪的外，确有悔改表现的，经其申请，人民法院可以在尊重被监护人真实意愿的前提下，视情况恢复其监护人资格，人民法院指定的监护人与被监护人的监护关系同时终止。

第三十九条　有下列情形之一的，监护关系终止：

（一）被监护人取得或者恢复完全民事行为能力；

（二）监护人丧失监护能力；

（三）被监护人或者监护人死亡；

（四）人民法院认定监护关系终止的其他情形。

监护关系终止后，被监护人仍然需要监护的，应当依法另行确定监护人。

第三节　宣告失踪和宣告死亡

第四十条　自然人下落不明满二年的，利害关系人可以向人民法院申请宣告该自然人为失踪人。

第四十一条　自然人下落不明的时间自其失去音讯之日起计算。战争期间下落不明的，下落不明的时间自战争结束之日或者有关机关确定的下落不明之日起计算。

第四十二条　失踪人的财产由其配偶、成年子女、父母或者其他愿意担任财产代管人的人代管。

代管有争议，没有前款规定的人，或者前款规定的人无代管能力的，由人民法院指定的人代管。

第四十三条　财产代管人应当妥善管理失踪人的财产，维护其财产权益。

失踪人所欠税款、债务和应付的其他费用，由财产代管人从失踪人的财产中支付。

财产代管人因故意或者重大过失造成失踪人财产损失的，应当承担赔偿责任。

第四十四条　财产代管人不履行代管职责、侵害失踪人财产权益或者丧失代管能力的，失踪人的利害关系人可以向人民法院申请变更财产代管人。

财产代管人有正当理由的，可以向人民法院申请变更财产代管人。

人民法院变更财产代管人的，变更后的财产代管人有权请求原财产代管人及时移交有关财产并报告财产代管情况。

第四十五条　失踪人重新出现，经本人或者利害关系人申请，人民法院应当撤销失踪宣告。

失踪人重新出现，有权请求财产代管人及时移交有关财产并报告财产代管情况。

第四十六条　自然人有下列情形之一的，利害关系人可以向人民法院申请宣告该自然人死亡：

（一）下落不明满四年；

（二）因意外事件，下落不明满二年。

因意外事件下落不明，经有关机关证明该自然人不可能生存的，申请宣告死亡不受二年时间的限制。

第四十七条　对同一自然人，有的利害关系人申请宣告死亡，有的利害关系人申请宣告失踪，符合本法规定的宣告死亡条件的，人民法院应当宣告死亡。

第四十八条　被宣告死亡的人，人民法院宣告死亡的判决作出之日视为其死亡的日期；因意外事件下落不明宣告死亡的，意外事件发生之日视为其死亡的日期。

第四十九条　自然人被宣告死亡但是并未死亡的，不影响该自然人在被宣告死亡期间实施的民事法律行为的效力。

第五十条　被宣告死亡的人重新出现，经本人或者利害关系人申请，人民法院应当撤销死亡宣告。

第五十一条　被宣告死亡的人的婚姻关系，自死亡宣告之日起消除。死亡宣告被撤销的，婚姻关系自撤销死亡宣告之日起自行恢复。但是，其配偶再婚或者向婚姻登记机关书面声明不愿意恢复的除外。

第五十二条　被宣告死亡的人在被宣告死亡期间，其子女被他人依法收养的，在死亡宣告被撤销后，不得以未经本人同意为由主张收养行为无效。

第五十三条　被撤销死亡宣告的人有权请求依照本法第六编取得其财产的民事主体返还财产；无法返还的，应当给予适当补偿。

利害关系人隐瞒真实情况，致使他人被宣告死亡而取得其财产的，除应当返还财产外，还应当对由此造成的损失承担赔偿责任。

第四节　个体工商户和农村承包经营户

第五十四条　自然人从事工商业经营，经依法登记，为个体工商户。个体工商户可以起字号。

第五十五条　农村集体经济组织的成员，依法取得农村土地承包经营权，从事家庭承包经营的，为农村承包经营户。

第五十六条　个体工商户的债务，个人经营的，以个人财产承担；家庭经营的，以家庭财产承担；无法区分的，以家庭财产承担。

农村承包经营户的债务，以从事农村土地承包经营的农户财产承担；事实上由农户部分成员经营的，以该部分成员的财产承担。

第三章　法　　人

第一节　一般规定

第五十七条　法人是具有民事权利能力和民事行为能力，依法独立享有民事权利和承担民事义务的组织。

第五十八条　法人应当依法成立。

法人应当有自己的名称、组织机构、住所、财产或者经费。法人成立的具体条件和程序，依照法律、行政法规的规定。

设立法人，法律、行政法规规定须经有关机关批准的，依照其规定。

第五十九条　法人的民事权利能力和民事行为能力，从法人成立时产生，到法人终止时消灭。

第六十条　法人以其全部财产独立承担民事责任。

第六十一条　依照法律或者法人章程的规定，代表法人从事民事活动的负责人，为法人的法定代表人。

法定代表人以法人名义从事的民事活动，其法律后果由法人承受。

法人章程或者法人权力机构对法定代表人代表权的限制，不得对抗善意相对人。

第六十二条　法定代表人因执行职务造成他人损害的，由法人承担民事责任。

法人承担民事责任后，依照法律或者法人章程的规定，可以向有过错的法定代表人追偿。

第六十三条　法人以其主要办事机构所在地为住所。依法需要办理法人登记的，应当将主要办事机构所在地登记为住所。

第六十四条　法人存续期间登记事项发生变化的，应当依法向登记机关申请变更登记。

第六十五条　法人的实际情况与登记的事项不一致的，不得对抗善意相对人。

第六十六条　登记机关应当依法及时公示法人登记的有关信息。

第六十七条　法人合并的，其权利和义务由合并后的法人享有和承担。

法人分立的，其权利和义务由分立后的法人享有连带债权，承担连带债务，但是债权人和债务人另有约定的除外。

第六十八条　有下列原因之一并依法完成清算、注销登记的，法人终止：

（一）法人解散；

（二）法人被宣告破产；

（三）法律规定的其他原因。

法人终止，法律、行政法规规定须经有关机关批准的，依照其规定。

第六十九条　有下列情形之一的，法人解散：

（一）法人章程规定的存续期间届满或者法人章程规定的其他解散事由出现；

（二）法人的权力机构决议解散；

（三）因法人合并或者分立需要解散；

（四）法人依法被吊销营业执照、登记证书，被责令关闭或者被撤销；

（五）法律规定的其他情形。

第七十条　法人解散的，除合并或者分立的情形外，清算义务人应当及时组成清算组进行清算。

法人的董事、理事等执行机构或者决策机构的成员为清算义务人。法律、行政法规另有规定的，依照其规定。

清算义务人未及时履行清算义务，造成损害的，应当承担民事责任；主管机关或者利害关系人可以申请人民法院指定有关人员组成清算组进行清算。

第七十一条　法人的清算程序和清算组职权，依照有关法律的规定；没有规定的，参照适用公司法律的有关规定。

第七十二条　清算期间法人存续，但是不得从事与清算无关的活动。

法人清算后的剩余财产，按照法人章程的规定或者法人权力机构的决议处理。法律另有规定的，依照其规定。

清算结束并完成法人注销登记时，法人终止；依法不需要办理法人登记的，清算结束时，法人终止。

第七十三条　法人被宣告破产的，依法进行破产清算并完成法人注销登记时，法人终止。

第七十四条　法人可以依法设立分支机构。法律、行政法规规定分支机构应当登记的，依照其规定。

分支机构以自己的名义从事民事活动，产生的民事责任由法人承担；也可以先以该分支机构管理的财产承担，不足以承担的，由法人承担。

第七十五条　设立人为设立法人从事的民事活动，其法律后果由法人承受；法人未成立的，其法律后果由设立人承受，设立人为二人以上的，享有连带债权，承担连带债务。

设立人为设立法人以自己的名义从事民事活动产生的民事责任，第三人有权选择请求法人或者设立人承担。

第二节　营利法人

第七十六条　以取得利润并分配给股东等出资人为目的成立的法人，为营利法人。

营利法人包括有限责任公司、股份有限公司和其他企业法人等。

第七十七条　营利法人经依法登记成立。

第七十八条　依法设立的营利法人，由登记机关发给营利法人营业执照。营业执照签发日期为营利法人的成立日期。

第七十九条　设立营利法人应当依法制定法人章程。

第八十条　营利法人应当设权力机构。

权力机构行使修改法人章程，选举或者更换执行机构、监督机构成员，以及法人章程规定的其他职权。

第八十一条　营利法人应当设执行机构。

执行机构行使召集权力机构会议，决定法人的经营计划和投资方案，决定法人内部管理机构的设置，以及法人章程规定的其他职权。

执行机构为董事会或者执行董事的，董事长、执行董事或者经理按照法人章程的规定担任法定代表人；未设董事会或者执行董事的，法人章程规定的主要负责人为其执行机构和法定代表人。

第八十二条　营利法人设监事会或者监事等监督机构的，监督机构依法行使检查法人财务，监督执行机构成员、高级管理人员执行法人职务的行为，以及法人章程规定的其他职权。

第八十三条　营利法人的出资人不得滥用出资人权利损害法人或者其他出资人的利益；滥用出资人权利造成法人或者其他出资人损失的，应当依法承担民事责任。

营利法人的出资人不得滥用法人独立地位和出资人有限责任损害法人债权人的利益；滥用法人独立地位和出资人有限责任，

逃避债务，严重损害法人债权人的利益的，应当对法人债务承担连带责任。

第八十四条 营利法人的控股出资人、实际控制人、董事、监事、高级管理人员不得利用其关联关系损害法人的利益；利用关联关系造成法人损失的，应当承担赔偿责任。

第八十五条 营利法人的权力机构、执行机构作出决议的会议召集程序、表决方式违反法律、行政法规、法人章程，或者决议内容违反法人章程的，营利法人的出资人可以请求人民法院撤销该决议。但是，营利法人依据该决议与善意相对人形成的民事法律关系不受影响。

第八十六条 营利法人从事经营活动，应当遵守商业道德，维护交易安全，接受政府和社会的监督，承担社会责任。

第三节 非营利法人

第八十七条 为公益目的或者其他非营利目的成立，不向出资人、设立人或者会员分配所取得利润的法人，为非营利法人。

非营利法人包括事业单位、社会团体、基金会、社会服务机构等。

第八十八条 具备法人条件，为适应经济社会发展需要，提供公益服务设立的事业单位，经依法登记成立，取得事业单位法人资格；依法不需要办理法人登记的，从成立之日起，具有事业单位法人资格。

第八十九条 事业单位法人设理事会的，除法律另有规定外，理事会为其决策机构。事业单位法人的法定代表人依照法律、行政法规或者法人章程的规定产生。

第九十条 具备法人条件，基于会员共同意愿，为公益目的或者会员共同利益等非营利目的设立的社会团体，经依法登记成立，取得社会团体法人资格；依法不需要办理法人登记的，从成立之日起，具有社会团体法人资格。

第九十一条 设立社会团体法人应当依法制定法人章程。

社会团体法人应当设会员大会或者会员代表大会等权力机构。

社会团体法人应当设理事会等执行机构。理事长或者会长等负责人按照法人章程的规定担任法定代表人。

第九十二条 具备法人条件，为公益目的以捐助财产设立的基金会、社会服务机构等，经依法登记成立，取得捐助法人资格。

依法设立的宗教活动场所，具备法人条件的，可以申请法人登记，取得捐助法人资格。法律、行政法规对宗教活动场所有规定的，依照其规定。

第九十三条 设立捐助法人应当依法制定法人章程。

捐助法人应当设理事会、民主管理组织等决策机构，并设执行机构。理事长等负责人按照法人章程的规定担任法定代表人。

捐助法人应当设监事会等监督机构。

第九十四条 捐助人有权向捐助法人查询捐助财产的使用、管理情况，并提出意见和建议，捐助法人应当及时、如实答复。

捐助法人的决策机构、执行机构或者法定代表人作出决定的程序违反法律、行政法规、法人章程，或者决定内容违反法人章程的，捐助人等利害关系人或者主管机关可以请求人民法院撤销该决定。但是，捐助法人依据该决定与善意相对人形成的民事法律关系不受影响。

第九十五条 为公益目的成立的非营利法人终止时，不得向出资人、设立人或者会员分配剩余财产。剩余财产应当按照法人章程的规定或者权力机构的决议用于公益目的；无法按照法人章程的规定或者权力机构的决议处理的，由主管机关主持转给宗旨相同或者相近的法人，并向社会公告。

第四节 特别法人

第九十六条 本节规定的机关法人、农村集体经济组织法人、城镇农村的合作经济组织法人、基层群众性自治组织法人，为特别法人。

第九十七条　有独立经费的机关和承担行政职能的法定机构从成立之日起，具有机关法人资格，可以从事为履行职能所需要的民事活动。

第九十八条　机关法人被撤销的，法人终止，其民事权利和义务由继任的机关法人享有和承担；没有继任的机关法人的，由作出撤销决定的机关法人享有和承担。

第九十九条　农村集体经济组织依法取得法人资格。

法律、行政法规对农村集体经济组织有规定的，依照其规定。

第一百条　城镇农村的合作经济组织依法取得法人资格。

法律、行政法规对城镇农村的合作经济组织有规定的，依照其规定。

第一百零一条　居民委员会、村民委员会具有基层群众性自治组织法人资格，可以从事为履行职能所需要的民事活动。

未设立村集体经济组织的，村民委员会可以依法代行村集体经济组织的职能。

第四章　非法人组织

第一百零二条　非法人组织是不具有法人资格，但是能够依法以自己的名义从事民事活动的组织。

非法人组织包括个人独资企业、合伙企业、不具有法人资格的专业服务机构等。

第一百零三条　非法人组织应当依照法律的规定登记。

设立非法人组织，法律、行政法规规定须经有关机关批准的，依照其规定。

第一百零四条　非法人组织的财产不足以清偿债务的，其出资人或者设立人承担无限责任。法律另有规定的，依照其规定。

第一百零五条　非法人组织可以确定一人或者数人代表该组织从事民事活动。

第一百零六条　有下列情形之一的，非法人组织解散：

（一）章程规定的存续期间届满或者章程规定的其他解散事由出现；

（二）出资人或者设立人决定解散；

（三）法律规定的其他情形。

第一百零七条　非法人组织解散的，应当依法进行清算。

第一百零八条　非法人组织除适用本章规定外，参照适用本编第三章第一节的有关规定。

第五章　民事权利

第一百零九条　自然人的人身自由、人格尊严受法律保护。

第一百一十条　自然人享有生命权、身体权、健康权、姓名权、肖像权、名誉权、荣誉权、隐私权、婚姻自主权等权利。

法人、非法人组织享有名称权、名誉权和荣誉权。

第一百一十一条　自然人的个人信息受法律保护。任何组织或者个人需要获取他人个人信息的，应当依法取得并确保信息安全，不得非法收集、使用、加工、传输他人个人信息，不得非法买卖、提供或者公开他人个人信息。

第一百一十二条　自然人因婚姻家庭关系等产生的人身权利受法律保护。

第一百一十三条　民事主体的财产权利受法律平等保护。

第一百一十四条　民事主体依法享有物权。

物权是权利人依法对特定的物享有直接支配和排他的权利，包括所有权、用益物权和担保物权。

第一百一十五条　物包括不动产和动产。法律规定权利作为物权客体的，依照其规定。

第一百一十六条　物权的种类和内容，由法律规定。

第一百一十七条 为了公共利益的需要，依照法律规定的权限和程序征收、征用不动产或者动产的，应当给予公平、合理的补偿。

第一百一十八条 民事主体依法享有债权。

债权是因合同、侵权行为、无因管理、不当得利以及法律的其他规定，权利人请求特定义务人为或者不为一定行为的权利。

第一百一十九条 依法成立的合同，对当事人具有法律约束力。

第一百二十条 民事权益受到侵害的，被侵权人有权请求侵权人承担侵权责任。

第一百二十一条 没有法定的或者约定的义务，为避免他人利益受损失而进行管理的人，有权请求受益人偿还由此支出的必要费用。

第一百二十二条 因他人没有法律根据，取得不当利益，受损失的人有权请求其返还不当利益。

第一百二十三条 民事主体依法享有知识产权。

知识产权是权利人依法就下列客体享有的专有的权利：

（一）作品；

（二）发明、实用新型、外观设计；

（三）商标；

（四）地理标志；

（五）商业秘密；

（六）集成电路布图设计；

（七）植物新品种；

（八）法律规定的其他客体。

第一百二十四条 自然人依法享有继承权。

自然人合法的私有财产，可以依法继承。

第一百二十五条 民事主体依法享有股权和其他投资性权利。

第一百二十六条 民事主体享有法律规定的其他民事权利和利益。

第一百二十七条 法律对数据、网络虚拟财产的保护有规定的，依照其规定。

第一百二十八条 法律对未成年人、老年人、残疾人、妇女、消费者等的民事权利保护有特别规定的，依照其规定。

第一百二十九条 民事权利可以依据民事法律行为、事实行为、法律规定的事件或者法律规定的其他方式取得。

第一百三十条 民事主体按照自己的意愿依法行使民事权利，不受干涉。

第一百三十一条 民事主体行使权利时，应当履行法律规定的和当事人约定的义务。

第一百三十二条 民事主体不得滥用民事权利损害国家利益、社会公共利益或者他人合法权益。

第六章 民事法律行为

第一节 一般规定

第一百三十三条 民事法律行为是民事主体通过意思表示设立、变更、终止民事法律关系的行为。

第一百三十四条 民事法律行为可以基于双方或者多方的意思表示一致成立，也可以基于单方的意思表示成立。

法人、非法人组织依照法律或者章程规定的议事方式和表决程序作出决议的，该决议行为成立。

第一百三十五条 民事法律行为可以采用书面形式、口头形式或者其他形式；法律、行政法规规定或者当事人约定采用特定形式的，应当采用特定形式。

第一百三十六条 民事法律行为自成立时生效，但是法律另有规定或者当事人另有约定的除外。

行为人非依法律规定或者未经对方同意，不得擅自变更或者解除民事法律行为。

第二节 意思表示

第一百三十七条 以对话方式作出的意

思表示，相对人知道其内容时生效。

以非对话方式作出的意思表示，到达相对人时生效。以非对话方式作出的采用数据电文形式的意思表示，相对人指定特定系统接收数据电文的，该数据电文进入该特定系统时生效；未指定特定系统的，相对人知道或者应当知道该数据电文进入其系统时生效。当事人对采用数据电文形式的意思表示的生效时间另有约定的，按照其约定。

第一百三十八条 无相对人的意思表示，表示完成时生效。法律另有规定的，依照其规定。

第一百三十九条 以公告方式作出的意思表示，公告发布时生效。

第一百四十条 行为人可以明示或者默示作出意思表示。

沉默只有在有法律规定、当事人约定或者符合当事人之间的交易习惯时，才可以视为意思表示。

第一百四十一条 行为人可以撤回意思表示。撤回意思表示的通知应当在意思表示到达相对人前或者与意思表示同时到达相对人。

第一百四十二条 有相对人的意思表示的解释，应当按照所使用的词句，结合相关条款、行为的性质和目的、习惯以及诚信原则，确定意思表示的含义。

无相对人的意思表示的解释，不能完全拘泥于所使用的词句，而应当结合相关条款、行为的性质和目的、习惯以及诚信原则，确定行为人的真实意思。

第三节 民事法律行为的效力

第一百四十三条 具备下列条件的民事法律行为有效：

（一）行为人具有相应的民事行为能力；

（二）意思表示真实；

（三）不违反法律、行政法规的强制性规定，不违背公序良俗。

第一百四十四条 无民事行为能力人实施的民事法律行为无效。

第一百四十五条 限制民事行为能力人实施的纯获利益的民事法律行为或者与其年龄、智力、精神健康状况相适应的民事法律行为有效；实施的其他民事法律行为经法定代理人同意或者追认后有效。

相对人可以催告法定代理人自收到通知之日起三十日内予以追认。法定代理人未作表示的，视为拒绝追认。民事法律行为被追认前，善意相对人有撤销的权利。撤销应当以通知的方式作出。

第一百四十六条 行为人与相对人以虚假的意思表示实施的民事法律行为无效。

以虚假的意思表示隐藏的民事法律行为的效力，依照有关法律规定处理。

第一百四十七条 基于重大误解实施的民事法律行为，行为人有权请求人民法院或者仲裁机构予以撤销。

第一百四十八条 一方以欺诈手段，使对方在违背真实意思的情况下实施的民事法律行为，受欺诈方有权请求人民法院或者仲裁机构予以撤销。

第一百四十九条 第三人实施欺诈行为，使一方在违背真实意思的情况下实施的民事法律行为，对方知道或者应当知道该欺诈行为的，受欺诈方有权请求人民法院或者仲裁机构予以撤销。

第一百五十条 一方或者第三人以胁迫手段，使对方在违背真实意思的情况下实施的民事法律行为，受胁迫方有权请求人民法院或者仲裁机构予以撤销。

第一百五十一条 一方利用对方处于危困状态、缺乏判断能力等情形，致使民事法律行为成立时显失公平的，受损害方有权请求人民法院或者仲裁机构予以撤销。

第一百五十二条 有下列情形之一的，撤销权消灭：

（一）当事人自知道或者应当知道撤销事由之日起一年内、重大误解的当事人自知道或者应当知道撤销事由之日起九十日内没有行使撤销权；

（二）当事人受胁迫，自胁迫行为终止之日起一年内没有行使撤销权；

（三）当事人知道撤销事由后明确表示或者以自己的行为表明放弃撤销权。

当事人自民事法律行为发生之日起五年内没有行使撤销权的，撤销权消灭。

第一百五十三条 违反法律、行政法规的强制性规定的民事法律行为无效。但是，该强制性规定不导致该民事法律行为无效的除外。

违背公序良俗的民事法律行为无效。

第一百五十四条 行为人与相对人恶意串通，损害他人合法权益的民事法律行为无效。

第一百五十五条 无效的或者被撤销的民事法律行为自始没有法律约束力。

第一百五十六条 民事法律行为部分无效，不影响其他部分效力的，其他部分仍然有效。

第一百五十七条 民事法律行为无效、被撤销或者确定不发生效力后，行为人因该行为取得的财产，应当予以返还；不能返还或者没有必要返还的，应当折价补偿。有过错的一方应当赔偿对方由此所受到的损失；各方都有过错的，应当各自承担相应的责任。法律另有规定的，依照其规定。

第四节 民事法律行为的附条件和附期限

第一百五十八条 民事法律行为可以附条件，但是根据其性质不得附条件的除外。附生效条件的民事法律行为，自条件成就时生效。附解除条件的民事法律行为，自条件成就时失效。

第一百五十九条 附条件的民事法律行为，当事人为自己的利益不正当地阻止条件成就的，视为条件已经成就；不正当地促成条件成就的，视为条件不成就。

第一百六十条 民事法律行为可以附期限，但是根据其性质不得附期限的除外。附生效期限的民事法律行为，自期限届至时生效。附终止期限的民事法律行为，自期限届满时失效。

第七章 代 理

第一节 一般规定

第一百六十一条 民事主体可以通过代理人实施民事法律行为。

依照法律规定、当事人约定或者民事法律行为的性质，应当由本人亲自实施的民事法律行为，不得代理。

第一百六十二条 代理人在代理权限内，以被代理人名义实施的民事法律行为，对被代理人发生效力。

第一百六十三条 代理包括委托代理和法定代理。

委托代理人按照被代理人的委托行使代理权。法定代理人依照法律的规定行使代理权。

第一百六十四条 代理人不履行或者不完全履行职责，造成被代理人损害的，应当承担民事责任。

代理人和相对人恶意串通，损害被代理人合法权益的，代理人和相对人应当承担连带责任。

第二节 委托代理

第一百六十五条 委托代理授权采用书面形式的，授权委托书应当载明代理人的姓名或者名称、代理事项、权限和期限，并由被代理人签名或者盖章。

第一百六十六条 数人为同一代理事项的代理人的，应当共同行使代理权，但是当事人另有约定的除外。

第一百六十七条 代理人知道或者应当知道代理事项违法仍然实施代理行为，或者被代理人知道或者应当知道代理人的代理行为违法未作反对表示的，被代理人和代理人应当承担连带责任。

第一百六十八条　代理人不得以被代理人的名义与自己实施民事法律行为，但是被代理人同意或者追认的除外。

代理人不得以被代理人的名义与自己同时代理的其他人实施民事法律行为，但是被代理的双方同意或者追认的除外。

第一百六十九条　代理人需要转委托第三人代理的，应当取得被代理人的同意或者追认。

转委托代理经被代理人同意或者追认的，被代理人可以就代理事务直接指示转委托的第三人，代理人仅就第三人的选任以及对第三人的指示承担责任。

转委托代理未经被代理人同意或者追认的，代理人应当对转委托的第三人的行为承担责任；但是，在紧急情况下代理人为了维护被代理人的利益需要转委托第三人代理的除外。

第一百七十条　执行法人或者非法人组织工作任务的人员，就其职权范围内的事项，以法人或者非法人组织的名义实施的民事法律行为，对法人或者非法人组织发生效力。

法人或者非法人组织对执行其工作任务的人员职权范围的限制，不得对抗善意相对人。

第一百七十一条　行为人没有代理权、超越代理权或者代理权终止后，仍然实施代理行为，未经被代理人追认的，对被代理人不发生效力。

相对人可以催告被代理人自收到通知之日起三十日内予以追认。被代理人未作表示的，视为拒绝追认。行为人实施的行为被追认前，善意相对人有撤销的权利。撤销应当以通知的方式作出。

行为人实施的行为未被追认的，善意相对人有权请求行为人履行债务或者就其受到的损害请求行为人赔偿。但是，赔偿的范围不得超过被代理人追认时相对人所能获得的利益。

相对人知道或者应当知道行为人无权代理的，相对人和行为人按照各自的过错承担责任。

第一百七十二条　行为人没有代理权、超越代理权或者代理权终止后，仍然实施代理行为，相对人有理由相信行为人有代理权的，代理行为有效。

第三节　代理终止

第一百七十三条　有下列情形之一的，委托代理终止：

（一）代理期限届满或者代理事务完成；

（二）被代理人取消委托或者代理人辞去委托；

（三）代理人丧失民事行为能力；

（四）代理人或者被代理人死亡；

（五）作为代理人或者被代理人的法人、非法人组织终止。

第一百七十四条　被代理人死亡后，有下列情形之一的，委托代理人实施的代理行为有效：

（一）代理人不知道且不应当知道被代理人死亡；

（二）被代理人的继承人予以承认；

（三）授权中明确代理权在代理事务完成时终止；

（四）被代理人死亡前已经实施，为了被代理人的继承人的利益继续代理。

作为被代理人的法人、非法人组织终止的，参照适用前款规定。

第一百七十五条　有下列情形之一的，法定代理终止：

（一）被代理人取得或者恢复完全民事行为能力；

（二）代理人丧失民事行为能力；

（三）代理人或者被代理人死亡；

（四）法律规定的其他情形。

第八章　民事责任

第一百七十六条　民事主体依照法律规定或者按照当事人约定，履行民事义务，承担民事责任。

第一百七十七条　二人以上依法承担按份责任，能够确定责任大小的，各自承担相应的责任；难以确定责任大小的，平均承担责任。

第一百七十八条　二人以上依法承担连带责任的，权利人有权请求部分或者全部连带责任人承担责任。

连带责任人的责任份额根据各自责任大小确定；难以确定责任大小的，平均承担责任。实际承担责任超过自己责任份额的连带责任人，有权向其他连带责任人追偿。

连带责任，由法律规定或者当事人约定。

第一百七十九条　承担民事责任的方式主要有：

（一）停止侵害；

（二）排除妨碍；

（三）消除危险；

（四）返还财产；

（五）恢复原状；

（六）修理、重作、更换；

（七）继续履行；

（八）赔偿损失；

（九）支付违约金；

（十）消除影响、恢复名誉；

（十一）赔礼道歉。

法律规定惩罚性赔偿的，依照其规定。

本条规定的承担民事责任的方式，可以单独适用，也可以合并适用。

第一百八十条　因不可抗力不能履行民事义务的，不承担民事责任。法律另有规定的，依照其规定。

不可抗力是不能预见、不能避免且不能克服的客观情况。

第一百八十一条　因正当防卫造成损害的，不承担民事责任。

正当防卫超过必要的限度，造成不应有的损害的，正当防卫人应当承担适当的民事责任。

第一百八十二条　因紧急避险造成损害的，由引起险情发生的人承担民事责任。

危险由自然原因引起的，紧急避险人不承担民事责任，可以给予适当补偿。

紧急避险采取措施不当或者超过必要的限度，造成不应有的损害的，紧急避险人应当承担适当的民事责任。

第一百八十三条　因保护他人民事权益使自己受到损害的，由侵权人承担民事责任，受益人可以给予适当补偿。没有侵权人、侵权人逃逸或者无力承担民事责任，受害人请求补偿的，受益人应当给予适当补偿。

第一百八十四条　因自愿实施紧急救助行为造成受助人损害的，救助人不承担民事责任。

第一百八十五条　侵害英雄烈士等的姓名、肖像、名誉、荣誉，损害社会公共利益的，应当承担民事责任。

第一百八十六条　因当事人一方的违约行为，损害对方人身权益、财产权益的，受损害方有权选择请求其承担违约责任或者侵权责任。

第一百八十七条　民事主体因同一行为应当承担民事责任、行政责任和刑事责任的，承担行政责任或者刑事责任不影响承担民事责任；民事主体的财产不足以支付的，优先用于承担民事责任。

第九章　诉讼时效

第一百八十八条　向人民法院请求保护民事权利的诉讼时效期间为三年。法律另有规定的，依照其规定。

诉讼时效期间自权利人知道或者应当知道权利受到损害以及义务人之日起计算。法律另有规定的，依照其规定。但是，自权利受到损害之日起超过二十年的，人民法院不予保护，有特殊情况的，人民法院可以根据权利人的申请决定延长。

第一百八十九条　当事人约定同一债务分期履行的，诉讼时效期间自最后一期履行期限届满之日起计算。

第一百九十条　无民事行为能力人或者限制民事行为能力人对其法定代理人的请求权的诉讼时效期间，自该法定代理终止之日起计算。

第一百九十一条　未成年人遭受性侵害的损害赔偿请求权的诉讼时效期间，自受害人年满十八周岁之日起计算。

第一百九十二条　诉讼时效期间届满的，义务人可以提出不履行义务的抗辩。

诉讼时效期间届满后，义务人同意履行的，不得以诉讼时效期间届满为由抗辩；义务人已经自愿履行的，不得请求返还。

第一百九十三条　人民法院不得主动适用诉讼时效的规定。

第一百九十四条　在诉讼时效期间的最后六个月内，因下列障碍，不能行使请求权的，诉讼时效中止：

（一）不可抗力；

（二）无民事行为能力人或者限制民事行为能力人没有法定代理人，或者法定代理人死亡、丧失民事行为能力、丧失代理权；

（三）继承开始后未确定继承人或者遗产管理人；

（四）权利人被义务人或者其他人控制；

（五）其他导致权利人不能行使请求权的障碍。

自中止时效的原因消除之日起满六个月，诉讼时效期间届满。

第一百九十五条　有下列情形之一的，诉讼时效中断，从中断、有关程序终结时起，诉讼时效期间重新计算：

（一）权利人向义务人提出履行请求；

（二）义务人同意履行义务；

（三）权利人提起诉讼或者申请仲裁；

（四）与提起诉讼或者申请仲裁具有同等效力的其他情形。

第一百九十六条　下列请求权不适用诉讼时效的规定：

（一）请求停止侵害、排除妨碍、消除危险；

（二）不动产物权和登记的动产物权的权利人请求返还财产；

（三）请求支付抚养费、赡养费或者扶养费；

（四）依法不适用诉讼时效的其他请求权。

第一百九十七条　诉讼时效的期间、计算方法以及中止、中断的事由由法律规定，当事人约定无效。

当事人对诉讼时效利益的预先放弃无效。

第一百九十八条　法律对仲裁时效有规定的，依照其规定；没有规定的，适用诉讼时效的规定。

第一百九十九条　法律规定或者当事人约定的撤销权、解除权等权利的存续期间，除法律另有规定外，自权利人知道或者应当知道权利产生之日起计算，不适用有关诉讼时效中止、中断和延长的规定。存续期间届满，撤销权、解除权等权利消灭。

第十章　期间计算

第二百条　民法所称的期间按照公历年、月、日、小时计算。

第二百零一条　按照年、月、日计算期间的，开始的当日不计入，自下一日开始计算。

按照小时计算期间的，自法律规定或者当事人约定的时间开始计算。

第二百零二条　按照年、月计算期间的，到期月的对应日为期间的最后一日；没有对应日的，月末日为期间的最后一日。

第二百零三条　期间的最后一日是法定

休假日的，以法定休假日结束的次日为期间的最后一日。

期间的最后一日的截止时间为二十四时；有业务时间的，停止业务活动的时间为截止时间。

第二百零四条　期间的计算方法依照本法的规定，但是法律另有规定或者当事人另有约定的除外。

第二编　物　权

第一分编　通　则

第一章　一般规定

第二百零五条　本编调整因物的归属和利用产生的民事关系。

第二百零六条　国家坚持和完善公有制为主体、多种所有制经济共同发展，按劳分配为主体、多种分配方式并存，社会主义市场经济体制等社会主义基本经济制度。

国家巩固和发展公有制经济，鼓励、支持和引导非公有制经济的发展。

国家实行社会主义市场经济，保障一切市场主体的平等法律地位和发展权利。

第二百零七条　国家、集体、私人的物权和其他权利人的物权受法律平等保护，任何组织或者个人不得侵犯。

第二百零八条　不动产物权的设立、变更、转让和消灭，应当依照法律规定登记。动产物权的设立和转让，应当依照法律规定交付。

第二章　物权的设立、变更、转让和消灭

第一节　不动产登记

第二百零九条　不动产物权的设立、变更、转让和消灭，经依法登记，发生效力；未经登记，不发生效力，但是法律另有规定的除外。

依法属于国家所有的自然资源，所有权可以不登记。

第二百一十条　不动产登记，由不动产所在地的登记机构办理。

国家对不动产实行统一登记制度。统一登记的范围、登记机构和登记办法，由法律、行政法规规定。

第二百一十一条　当事人申请登记，应当根据不同登记事项提供权属证明和不动产界址、面积等必要材料。

第二百一十二条　登记机构应当履行下列职责：

（一）查验申请人提供的权属证明和其他必要材料；

（二）就有关登记事项询问申请人；

（三）如实、及时登记有关事项；

（四）法律、行政法规规定的其他职责。

申请登记的不动产的有关情况需要进一步证明的，登记机构可以要求申请人补充材料，必要时可以实地查看。

第二百一十三条　登记机构不得有下列行为：

（一）要求对不动产进行评估；

（二）以年检等名义进行重复登记；

（三）超出登记职责范围的其他行为。

第二百一十四条　不动产物权的设立、变更、转让和消灭，依照法律规定应当登记的，自记载于不动产登记簿时发生效力。

第二百一十五条　当事人之间订立有关设立、变更、转让和消灭不动产物权的合同，除法律另有规定或者当事人另有约定外，自合同成立时生效；未办理物权登记的，不影响合同效力。

第二百一十六条　不动产登记簿是物权归属和内容的根据。

不动产登记簿由登记机构管理。

第二百一十七条　不动产权属证书是权利人享有该不动产物权的证明。不动产权属证书记载的事项，应当与不动产登记簿一致；记载不一致的，除有证据证明不动产登记簿确有错误外，以不动产登记簿为准。

第二百一十八条　权利人、利害关系人可以申请查询、复制不动产登记资料，登记机构应当提供。

第二百一十九条　利害关系人不得公开、非法使用权利人的不动产登记资料。

第二百二十条　权利人、利害关系人认为不动产登记簿记载的事项错误的，可以申请更正登记。不动产登记簿记载的权利人书面同意更正或者有证据证明登记确有错误的，登记机构应当予以更正。

不动产登记簿记载的权利人不同意更正的，利害关系人可以申请异议登记。登记机构予以异议登记，申请人自异议登记之日起十五日内不提起诉讼的，异议登记失效。异议登记不当，造成权利人损害的，权利人可以向申请人请求损害赔偿。

第二百二十一条　当事人签订买卖房屋的协议或者签订其他不动产物权的协议，为保障将来实现物权，按照约定可以向登记机构申请预告登记。预告登记后，未经预告登记的权利人同意，处分该不动产的，不发生物权效力。

预告登记后，债权消灭或者自能够进行不动产登记之日起九十日内未申请登记的，预告登记失效。

第二百二十二条　当事人提供虚假材料申请登记，造成他人损害的，应当承担赔偿责任。

因登记错误，造成他人损害的，登记机构应当承担赔偿责任。登记机构赔偿后，可以向造成登记错误的人追偿。

第二百二十三条　不动产登记费按件收取，不得按照不动产的面积、体积或者价款的比例收取。

第二节　动产交付

第二百二十四条　动产物权的设立和转让，自交付时发生效力，但是法律另有规定的除外。

第二百二十五条　船舶、航空器和机动车等的物权的设立、变更、转让和消灭，未经登记，不得对抗善意第三人。

第二百二十六条　动产物权设立和转让前，权利人已经占有该动产的，物权自民事法律行为生效时发生效力。

第二百二十七条　动产物权设立和转让前，第三人占有该动产的，负有交付义务的人可以通过转让请求第三人返还原物的权利代替交付。

第二百二十八条　动产物权转让时，当事人又约定由出让人继续占有该动产的，物权自该约定生效时发生效力。

第三节　其他规定

第二百二十九条　因人民法院、仲裁机构的法律文书或者人民政府的征收决定等，导致物权设立、变更、转让或者消灭的，自法律文书或者征收决定等生效时发生效力。

第二百三十条　因继承取得物权的，自继承开始时发生效力。

第二百三十一条　因合法建造、拆除房屋等事实行为设立或者消灭物权的，自事实行为成就时发生效力。

第二百三十二条　处分依照本节规定享有的不动产物权，依照法律规定需要办理登记的，未经登记，不发生物权效力。

第三章　物权的保护

第二百三十三条　物权受到侵害的，权利人可以通过和解、调解、仲裁、诉讼等途径解决。

第二百三十四条　因物权的归属、内容发生争议的，利害关系人可以请求确认权利。

第二百三十五条　无权占有不动产或者动产的，权利人可以请求返还原物。

第二百三十六条　妨害物权或者可能妨害物权的，权利人可以请求排除妨害或者消除危险。

第二百三十七条　造成不动产或者动产

毁损的，权利人可以依法请求修理、重作、更换或者恢复原状。

第二百三十八条 侵害物权，造成权利人损害的，权利人可以依法请求损害赔偿，也可以依法请求承担其他民事责任。

第二百三十九条 本章规定的物权保护方式，可以单独适用，也可以根据权利被侵害的情形合并适用。

第二分编 所有权

第四章 一般规定

第二百四十条 所有权人对自己的不动产或者动产，依法享有占有、使用、收益和处分的权利。

第二百四十一条 所有权人有权在自己的不动产或者动产上设立用益物权和担保物权。用益物权人、担保物权人行使权利，不得损害所有权人的权益。

第二百四十二条 法律规定专属于国家所有的不动产和动产，任何组织或者个人不能取得所有权。

第二百四十三条 为了公共利益的需要，依照法律规定的权限和程序可以征收集体所有的土地和组织、个人的房屋以及其他不动产。

征收集体所有的土地，应当依法及时足额支付土地补偿费、安置补助费以及农村村民住宅、其他地上附着物和青苗等的补偿费用，并安排被征地农民的社会保障费用，保障被征地农民的生活，维护被征地农民的合法权益。

征收组织、个人的房屋以及其他不动产，应当依法给予征收补偿，维护被征收人的合法权益；征收个人住宅的，还应当保障被征收人的居住条件。

任何组织或者个人不得贪污、挪用、私分、截留、拖欠征收补偿费等费用。

第二百四十四条 国家对耕地实行特殊保护，严格限制农用地转为建设用地，控制建设用地总量。不得违反法律规定的权限和程序征收集体所有的土地。

第二百四十五条 因抢险救灾、疫情防控等紧急需要，依照法律规定的权限和程序可以征用组织、个人的不动产或者动产。被征用的不动产或者动产使用后，应当返还被征用人。组织、个人的不动产或者动产被征用或者征用后毁损、灭失的，应当给予补偿。

第五章 国家所有权和集体所有权、私人所有权

第二百四十六条 法律规定属于国家所有的财产，属于国家所有即全民所有。

国有财产由国务院代表国家行使所有权。法律另有规定的，依照其规定。

第二百四十七条 矿藏、水流、海域属于国家所有。

第二百四十八条 无居民海岛属于国家所有，国务院代表国家行使无居民海岛所有权。

第二百四十九条 城市的土地，属于国家所有。法律规定属于国家所有的农村和城市郊区的土地，属于国家所有。

第二百五十条 森林、山岭、草原、荒地、滩涂等自然资源，属于国家所有，但是法律规定属于集体所有的除外。

第二百五十一条 法律规定属于国家所有的野生动植物资源，属于国家所有。

第二百五十二条 无线电频谱资源属于国家所有。

第二百五十三条 法律规定属于国家所有的文物，属于国家所有。

第二百五十四条 国防资产属于国家所有。

铁路、公路、电力设施、电信设施和油气管道等基础设施，依照法律规定为国家所有的，属于国家所有。

第二百五十五条 国家机关对其直接支配的不动产和动产，享有占有、使用以及依

照法律和国务院的有关规定处分的权利。

第二百五十六条　国家举办的事业单位对其直接支配的不动产和动产，享有占有、使用以及依照法律和国务院的有关规定收益、处分的权利。

第二百五十七条　国家出资的企业，由国务院、地方人民政府依照法律、行政法规规定分别代表国家履行出资人职责，享有出资人权益。

第二百五十八条　国家所有的财产受法律保护，禁止任何组织或者个人侵占、哄抢、私分、截留、破坏。

第二百五十九条　履行国有财产管理、监督职责的机构及其工作人员，应当依法加强对国有财产的管理、监督，促进国有财产保值增值，防止国有财产损失；滥用职权，玩忽职守，造成国有财产损失的，应当依法承担法律责任。

违反国有财产管理规定，在企业改制、合并分立、关联交易等过程中，低价转让、合谋私分、擅自担保或者以其他方式造成国有财产损失的，应当依法承担法律责任。

第二百六十条　集体所有的不动产和动产包括：

（一）法律规定属于集体所有的土地和森林、山岭、草原、荒地、滩涂；

（二）集体所有的建筑物、生产设施、农田水利设施；

（三）集体所有的教育、科学、文化、卫生、体育等设施；

（四）集体所有的其他不动产和动产。

第二百六十一条　农民集体所有的不动产和动产，属于本集体成员集体所有。

下列事项应当依照法定程序经本集体成员决定：

（一）土地承包方案以及将土地发包给本集体以外的组织或者个人承包；

（二）个别土地承包经营权人之间承包地的调整；

（三）土地补偿费等费用的使用、分配办法；

（四）集体出资的企业的所有权变动等事项；

（五）法律规定的其他事项。

第二百六十二条　对于集体所有的土地和森林、山岭、草原、荒地、滩涂等，依照下列规定行使所有权：

（一）属于村农民集体所有的，由村集体经济组织或者村民委员会依法代表集体行使所有权；

（二）分别属于村内两个以上农民集体所有的，由村内各该集体经济组织或者村民小组依法代表集体行使所有权；

（三）属于乡镇农民集体所有的，由乡镇集体经济组织代表集体行使所有权。

第二百六十三条　城镇集体所有的不动产和动产，依照法律、行政法规的规定由本集体享有占有、使用、收益和处分的权利。

第二百六十四条　农村集体经济组织或者村民委员会、村民小组应当依照法律、行政法规以及章程、村规民约向本集体成员公布集体财产的状况。集体成员有权查阅、复制相关资料。

第二百六十五条　集体所有的财产受法律保护，禁止任何组织或者个人侵占、哄抢、私分、破坏。

农村集体经济组织、村民委员会或者其负责人作出的决定侵害集体成员合法权益的，受侵害的集体成员可以请求人民法院予以撤销。

第二百六十六条　私人对其合法的收入、房屋、生活用品、生产工具、原材料等不动产和动产享有所有权。

第二百六十七条　私人的合法财产受法律保护，禁止任何组织或者个人侵占、哄抢、破坏。

第二百六十八条　国家、集体和私人依法可以出资设立有限责任公司、股份有限公司或者其他企业。国家、集体和私人所有的不动产或者动产投到企业的，由出资人按照约定或者出资比例享有资产收益、重大决策以及选择经营管理者等权利并履行义务。

第二百六十九条 营利法人对其不动产和动产依照法律、行政法规以及章程享有占有、使用、收益和处分的权利。

营利法人以外的法人，对其不动产和动产的权利，适用有关法律、行政法规以及章程的规定。

第二百七十条 社会团体法人、捐助法人依法所有的不动产和动产，受法律保护。

第六章 业主的建筑物区分所有权

第二百七十一条 业主对建筑物内的住宅、经营性用房等专有部分享有所有权，对专有部分以外的共有部分享有共有和共同管理的权利。

第二百七十二条 业主对其建筑物专有部分享有占有、使用、收益和处分的权利。业主行使权利不得危及建筑物的安全，不得损害其他业主的合法权益。

第二百七十三条 业主对建筑物专有部分以外的共有部分，享有权利，承担义务；不得以放弃权利为由不履行义务。

业主转让建筑物内的住宅、经营性用房，其对共有部分享有的共有和共同管理的权利一并转让。

第二百七十四条 建筑区划内的道路，属于业主共有，但是属于城镇公共道路的除外。建筑区划内的绿地，属于业主共有，但是属于城镇公共绿地或者明示属于个人的除外。建筑区划内的其他公共场所、公用设施和物业服务用房，属于业主共有。

第二百七十五条 建筑区划内，规划用于停放汽车的车位、车库的归属，由当事人通过出售、附赠或者出租等方式约定。

占用业主共有的道路或者其他场地用于停放汽车的车位，属于业主共有。

第二百七十六条 建筑区划内，规划用于停放汽车的车位、车库应当首先满足业主的需要。

第二百七十七条 业主可以设立业主大会，选举业主委员会。业主大会、业主委员会成立的具体条件和程序，依照法律、法规的规定。

地方人民政府有关部门、居民委员会应当对设立业主大会和选举业主委员会给予指导和协助。

第二百七十八条 下列事项由业主共同决定：

（一）制定和修改业主大会议事规则；

（二）制定和修改管理规约；

（三）选举业主委员会或者更换业主委员会成员；

（四）选聘和解聘物业服务企业或者其他管理人；

（五）使用建筑物及其附属设施的维修资金；

（六）筹集建筑物及其附属设施的维修资金；

（七）改建、重建建筑物及其附属设施；

（八）改变共有部分的用途或者利用共有部分从事经营活动；

（九）有关共有和共同管理权利的其他重大事项。

业主共同决定事项，应当由专有部分面积占比三分之二以上的业主且人数占比三分之二以上的业主参与表决。决定前款第六项至第八项规定的事项，应当经参与表决专有部分面积四分之三以上的业主且参与表决人数四分之三以上的业主同意。决定前款其他事项，应当经参与表决专有部分面积过半数的业主且参与表决人数过半数的业主同意。

第二百七十九条 业主不得违反法律、法规以及管理规约，将住宅改变为经营性用房。业主将住宅改变为经营性用房的，除遵守法律、法规以及管理规约外，应当经有利害关系的业主一致同意。

第二百八十条 业主大会或者业主委员会的决定，对业主具有法律约束力。

业主大会或者业主委员会作出的决定侵害业主合法权益的，受侵害的业主可以请求人民法院予以撤销。

第二百八十一条　建筑物及其附属设施的维修资金，属于业主共有。经业主共同决定，可以用于电梯、屋顶、外墙、无障碍设施等共有部分的维修、更新和改造。建筑物及其附属设施的维修资金的筹集、使用情况应当定期公布。

紧急情况下需要维修建筑物及其附属设施的，业主大会或者业主委员会可以依法申请使用建筑物及其附属设施的维修资金。

第二百八十二条　建设单位、物业服务企业或者其他管理人等利用业主的共有部分产生的收入，在扣除合理成本之后，属于业主共有。

第二百八十三条　建筑物及其附属设施的费用分摊、收益分配等事项，有约定的，按照约定；没有约定或者约定不明确的，按照业主专有部分面积所占比例确定。

第二百八十四条　业主可以自行管理建筑物及其附属设施，也可以委托物业服务企业或者其他管理人管理。

对建设单位聘请的物业服务企业或者其他管理人，业主有权依法更换。

第二百八十五条　物业服务企业或者其他管理人根据业主的委托，依照本法第三编有关物业服务合同的规定管理建筑区划内的建筑物及其附属设施，接受业主的监督，并及时答复业主对物业服务情况提出的询问。

物业服务企业或者其他管理人应当执行政府依法实施的应急处置措施和其他管理措施，积极配合开展相关工作。

第二百八十六条　业主应当遵守法律、法规以及管理规约，相关行为应当符合节约资源、保护生态环境的要求。对于物业服务企业或者其他管理人执行政府依法实施的应急处置措施和其他管理措施，业主应当依法予以配合。

业主大会或者业主委员会，对任意弃置垃圾、排放污染物或者噪声、违反规定饲养动物、违章搭建、侵占通道、拒付物业费等损害他人合法权益的行为，有权依照法律、法规以及管理规约，请求行为人停止侵害、排除妨碍、消除危险、恢复原状、赔偿损失。

业主或者其他行为人拒不履行相关义务的，有关当事人可以向有关行政主管部门报告或者投诉，有关行政主管部门应当依法处理。

第二百八十七条　业主对建设单位、物业服务企业或者其他管理人以及其他业主侵害自己合法权益的行为，有权请求其承担民事责任。

第七章　相邻关系

第二百八十八条　不动产的相邻权利人应当按照有利生产、方便生活、团结互助、公平合理的原则，正确处理相邻关系。

第二百八十九条　法律、法规对处理相邻关系有规定的，依照其规定；法律、法规没有规定的，可以按照当地习惯。

第二百九十条　不动产权利人应当为相邻权利人用水、排水提供必要的便利。

对自然流水的利用，应当在不动产的相邻权利人之间合理分配。对自然流水的排放，应当尊重自然流向。

第二百九十一条　不动产权利人对相邻权利人因通行等必须利用其土地的，应当提供必要的便利。

第二百九十二条　不动产权利人因建造、修缮建筑物以及铺设电线、电缆、水管、暖气和燃气管线等必须利用相邻土地、建筑物的，该土地、建筑物的权利人应当提供必要的便利。

第二百九十三条　建造建筑物，不得违反国家有关工程建设标准，不得妨碍相邻建筑物的通风、采光和日照。

第二百九十四条　不动产权利人不得违反国家规定弃置固体废物，排放大气污染物、水污染物、土壤污染物、噪声、光辐射、电磁辐射等有害物质。

第二百九十五条 不动产权利人挖掘土地、建造建筑物、铺设管线以及安装设备等，不得危及相邻不动产的安全。

第二百九十六条 不动产权利人因用水、排水、通行、铺设管线等利用相邻不动产的，应当尽量避免对相邻的不动产权利人造成损害。

第八章 共 有

第二百九十七条 不动产或者动产可以由两个以上组织、个人共有。共有包括按份共有和共同共有。

第二百九十八条 按份共有人对共有的不动产或者动产按照其份额享有所有权。

第二百九十九条 共同共有人对共有的不动产或者动产共同享有所有权。

第三百条 共有人按照约定管理共有的不动产或者动产；没有约定或者约定不明确的，各共有人都有管理的权利和义务。

第三百零一条 处分共有的不动产或者动产以及对共有的不动产或者动产作重大修缮、变更性质或者用途的，应当经占份额三分之二以上的按份共有人或者全体共同共有人同意，但是共有人之间另有约定的除外。

第三百零二条 共有人对共有物的管理费用以及其他负担，有约定的，按照其约定；没有约定或者约定不明确的，按份共有人按照其份额负担，共同共有人共同负担。

第三百零三条 共有人约定不得分割共有的不动产或者动产，以维持共有关系的，应当按照约定，但是共有人有重大理由需要分割的，可以请求分割；没有约定或者约定不明确的，按份共有人可以随时请求分割，共同共有人在共有的基础丧失或者有重大理由需要分割时可以请求分割。因分割造成其他共有人损害的，应当给予赔偿。

第三百零四条 共有人可以协商确定分割方式。达不成协议，共有的不动产或者动产可以分割且不会因分割减损价值的，应当对实物予以分割；难以分割或者因分割会减损价值的，应当对折价或者拍卖、变卖取得的价款予以分割。

共有人分割所得的不动产或者动产有瑕疵的，其他共有人应当分担损失。

第三百零五条 按份共有人可以转让其享有的共有的不动产或者动产份额。其他共有人在同等条件下享有优先购买的权利。

第三百零六条 按份共有人转让其享有的共有的不动产或者动产份额的，应当将转让条件及时通知其他共有人。其他共有人应当在合理期限内行使优先购买权。

两个以上其他共有人主张行使优先购买权的，协商确定各自的购买比例；协商不成的，按照转让时各自的共有份额比例行使优先购买权。

第三百零七条 因共有的不动产或者动产产生的债权债务，在对外关系上，共有人享有连带债权、承担连带债务，但是法律另有规定或者第三人知道共有人不具有连带债权债务关系的除外；在共有人内部关系上，除共有人另有约定外，按份共有人按照份额享有债权、承担债务，共同共有人共同享有债权、承担债务。偿还债务超过自己应当承担份额的按份共有人，有权向其他共有人追偿。

第三百零八条 共有人对共有的不动产或者动产没有约定为按份共有或者共同共有，或者约定不明确的，除共有人具有家庭关系等外，视为按份共有。

第三百零九条 按份共有人对共有的不动产或者动产享有的份额，没有约定或者约定不明确的，按照出资额确定；不能确定出资额的，视为等额享有。

第三百一十条 两个以上组织、个人共同享有用益物权、担保物权的，参照适用本章的有关规定。

第九章 所有权取得的特别规定

第三百一十一条 无处分权人将不动产

或者动产转让给受让人的，所有权人有权追回；除法律另有规定外，符合下列情形的，受让人取得该不动产或者动产的所有权：

（一）受让人受让该不动产或者动产时是善意；

（二）以合理的价格转让；

（三）转让的不动产或者动产依照法律规定应当登记的已经登记，不需要登记的已经交付给受让人。

受让人依据前款规定取得不动产或者动产的所有权的，原所有权人有权向无处分权人请求损害赔偿。

当事人善意取得其他物权的，参照适用前两款规定。

第三百一十二条　所有权人或者其他权利人有权追回遗失物。该遗失物通过转让被他人占有的，权利人有权向无处分权人请求损害赔偿，或者自知道或者应当知道受让人之日起二年内向受让人请求返还原物；但是，受让人通过拍卖或者向具有经营资格的经营者购得该遗失物的，权利人请求返还原物时应当支付受让人所付的费用。权利人向受让人支付所付费用后，有权向无处分权人追偿。

第三百一十三条　善意受让人取得动产后，该动产上的原有权利消灭。但是，善意受让人在受让时知道或者应当知道该权利的除外。

第三百一十四条　拾得遗失物，应当返还权利人。拾得人应当及时通知权利人领取，或者送交公安等有关部门。

第三百一十五条　有关部门收到遗失物，知道权利人的，应当及时通知其领取；不知道的，应当及时发布招领公告。

第三百一十六条　拾得人在遗失物送交有关部门前，有关部门在遗失物被领取前，应当妥善保管遗失物。因故意或者重大过失致使遗失物毁损、灭失的，应当承担民事责任。

第三百一十七条　权利人领取遗失物时，应当向拾得人或者有关部门支付保管遗失物等支出的必要费用。

权利人悬赏寻找遗失物的，领取遗失物时应当按照承诺履行义务。

拾得人侵占遗失物的，无权请求保管遗失物等支出的费用，也无权请求权利人按照承诺履行义务。

第三百一十八条　遗失物自发布招领公告之日起一年内无人认领的，归国家所有。

第三百一十九条　拾得漂流物、发现埋藏物或者隐藏物的，参照适用拾得遗失物的有关规定。法律另有规定的，依照其规定。

第三百二十条　主物转让的，从物随主物转让，但是当事人另有约定的除外。

第三百二十一条　天然孳息，由所有权人取得；既有所有权人又有用益物权人的，由用益物权人取得。当事人另有约定的，按照其约定。

法定孳息，当事人有约定的，按照约定取得；没有约定或者约定不明确的，按照交易习惯取得。

第三百二十二条　因加工、附合、混合而产生的物的归属，有约定的，按照约定；没有约定或者约定不明确的，依照法律规定；法律没有规定的，按照充分发挥物的效用以及保护无过错当事人的原则确定。因一方当事人的过错或者确定物的归属造成另一方当事人损害的，应当给予赔偿或者补偿。

第三分编　用益物权

第十章　一般规定

第三百二十三条　用益物权人对他人所有的不动产或者动产，依法享有占有、使用和收益的权利。

第三百二十四条　国家所有或者国家所有由集体使用以及法律规定属于集体所有的自然资源，组织、个人依法可以占有、使用和收益。

第三百二十五条　国家实行自然资源有

偿使用制度，但是法律另有规定的除外。

第三百二十六条 用益物权人行使权利，应当遵守法律有关保护和合理开发利用资源、保护生态环境的规定。所有权人不得干涉用益物权人行使权利。

第三百二十七条 因不动产或者动产被征收、征用致使用益物权消灭或者影响用益物权行使的，用益物权人有权依据本法第二百四十三条、第二百四十五条的规定获得相应补偿。

第三百二十八条 依法取得的海域使用权受法律保护。

第三百二十九条 依法取得的探矿权、采矿权、取水权和使用水域、滩涂从事养殖、捕捞的权利受法律保护。

第十一章 土地承包经营权

第三百三十条 农村集体经济组织实行家庭承包经营为基础、统分结合的双层经营体制。

农民集体所有和国家所有由农民集体使用的耕地、林地、草地以及其他用于农业的土地，依法实行土地承包经营制度。

第三百三十一条 土地承包经营权人依法对其承包经营的耕地、林地、草地等享有占有、使用和收益的权利，有权从事种植业、林业、畜牧业等农业生产。

第三百三十二条 耕地的承包期为三十年。草地的承包期为三十年至五十年。林地的承包期为三十年至七十年。

前款规定的承包期限届满，由土地承包经营权人依照农村土地承包的法律规定继续承包。

第三百三十三条 土地承包经营权自土地承包经营权合同生效时设立。

登记机构应当向土地承包经营权人发放土地承包经营权证、林权证等证书，并登记造册，确认土地承包经营权。

第三百三十四条 土地承包经营权人依照法律规定，有权将土地承包经营权互换、转让。未经依法批准，不得将承包地用于非农建设。

第三百三十五条 土地承包经营权互换、转让的，当事人可以向登记机构申请登记；未经登记，不得对抗善意第三人。

第三百三十六条 承包期内发包人不得调整承包地。

因自然灾害严重毁损承包地等特殊情形，需要适当调整承包的耕地和草地的，应当依照农村土地承包的法律规定办理。

第三百三十七条 承包期内发包人不得收回承包地。法律另有规定的，依照其规定。

第三百三十八条 承包地被征收的，土地承包经营权人有权依据本法第二百四十三条的规定获得相应补偿。

第三百三十九条 土地承包经营权人可以自主决定依法采取出租、入股或者其他方式向他人流转土地经营权。

第三百四十条 土地经营权人有权在合同约定的期限内占有农村土地，自主开展农业生产经营并取得收益。

第三百四十一条 流转期限为五年以上的土地经营权，自流转合同生效时设立。当事人可以向登记机构申请土地经营权登记；未经登记，不得对抗善意第三人。

第三百四十二条 通过招标、拍卖、公开协商等方式承包农村土地，经依法登记取得权属证书的，可以依法采取出租、入股、抵押或者其他方式流转土地经营权。

第三百四十三条 国家所有的农用地实行承包经营的，参照适用本编的有关规定。

第十二章 建设用地使用权

第三百四十四条 建设用地使用权人依法对国家所有的土地享有占有、使用和收益的权利，有权利用该土地建造建筑物、构筑物及其附属设施。

第三百四十五条 建设用地使用权可以在土地的地表、地上或者地下分别设立。

第三百四十六条　设立建设用地使用权，应当符合节约资源、保护生态环境的要求，遵守法律、行政法规关于土地用途的规定，不得损害已经设立的用益物权。

第三百四十七条　设立建设用地使用权，可以采取出让或者划拨等方式。

工业、商业、旅游、娱乐和商品住宅等经营性用地以及同一土地有两个以上意向用地者的，应当采取招标、拍卖等公开竞价的方式出让。

严格限制以划拨方式设立建设用地使用权。

第三百四十八条　通过招标、拍卖、协议等出让方式设立建设用地使用权的，当事人应当采用书面形式订立建设用地使用权出让合同。

建设用地使用权出让合同一般包括下列条款：

（一）当事人的名称和住所；

（二）土地界址、面积等；

（三）建筑物、构筑物及其附属设施占用的空间；

（四）土地用途、规划条件；

（五）建设用地使用权期限；

（六）出让金等费用及其支付方式；

（七）解决争议的方法。

第三百四十九条　设立建设用地使用权的，应当向登记机构申请建设用地使用权登记。建设用地使用权自登记时设立。登记机构应当向建设用地使用权人发放权属证书。

第三百五十条　建设用地使用权人应当合理利用土地，不得改变土地用途；需要改变土地用途的，应当依法经有关行政主管部门批准。

第三百五十一条　建设用地使用权人应当依照法律规定以及合同约定支付出让金等费用。

第三百五十二条　建设用地使用权人建造的建筑物、构筑物及其附属设施的所有权属于建设用地使用权人，但是有相反证据证明的除外。

第三百五十三条　建设用地使用权人有权将建设用地使用权转让、互换、出资、赠与或者抵押，但是法律另有规定的除外。

第三百五十四条　建设用地使用权转让、互换、出资、赠与或者抵押的，当事人应当采用书面形式订立相应的合同。使用期限由当事人约定，但是不得超过建设用地使用权的剩余期限。

第三百五十五条　建设用地使用权转让、互换、出资或者赠与的，应当向登记机构申请变更登记。

第三百五十六条　建设用地使用权转让、互换、出资或者赠与的，附着于该土地上的建筑物、构筑物及其附属设施一并处分。

第三百五十七条　建筑物、构筑物及其附属设施转让、互换、出资或者赠与的，该建筑物、构筑物及其附属设施占用范围内的建设用地使用权一并处分。

第三百五十八条　建设用地使用权期限届满前，因公共利益需要提前收回该土地的，应当依据本法第二百四十三条的规定对该土地上的房屋以及其他不动产给予补偿，并退还相应的出让金。

第三百五十九条　住宅建设用地使用权期限届满的，自动续期。续期费用的缴纳或者减免，依照法律、行政法规的规定办理。

非住宅建设用地使用权期限届满后的续期，依照法律规定办理。该土地上的房屋以及其他不动产的归属，有约定的，按照约定；没有约定或者约定不明确的，依照法律、行政法规的规定办理。

第三百六十条　建设用地使用权消灭的，出让人应当及时办理注销登记。登记机构应当收回权属证书。

第三百六十一条　集体所有的土地作为建设用地的，应当依照土地管理的法律规定办理。

第十三章　宅基地使用权

第三百六十二条　宅基地使用权人依法对集体所有的土地享有占有和使用的权利，有权依法利用该土地建造住宅及其附属设施。

第三百六十三条　宅基地使用权的取得、行使和转让，适用土地管理的法律和国家有关规定。

第三百六十四条　宅基地因自然灾害等原因灭失的，宅基地使用权消灭。对失去宅基地的村民，应当依法重新分配宅基地。

第三百六十五条　已经登记的宅基地使用权转让或者消灭的，应当及时办理变更登记或者注销登记。

第十四章　居住权

第三百六十六条　居住权人有权按照合同约定，对他人的住宅享有占有、使用的用益物权，以满足生活居住的需要。

第三百六十七条　设立居住权，当事人应当采用书面形式订立居住权合同。

居住权合同一般包括下列条款：

（一）当事人的姓名或者名称和住所；

（二）住宅的位置；

（三）居住的条件和要求；

（四）居住权期限；

（五）解决争议的方法。

第三百六十八条　居住权无偿设立，但是当事人另有约定的除外。设立居住权的，应当向登记机构申请居住权登记。居住权自登记时设立。

第三百六十九条　居住权不得转让、继承。设立居住权的住宅不得出租，但是当事人另有约定的除外。

第三百七十条　居住权期限届满或者居住权人死亡的，居住权消灭。居住权消灭的，应当及时办理注销登记。

第三百七十一条　以遗嘱方式设立居住权的，参照适用本章的有关规定。

第十五章　地役权

第三百七十二条　地役权人有权按照合同约定，利用他人的不动产，以提高自己的不动产的效益。

前款所称他人的不动产为供役地，自己的不动产为需役地。

第三百七十三条　设立地役权，当事人应当采用书面形式订立地役权合同。

地役权合同一般包括下列条款：

（一）当事人的姓名或者名称和住所；

（二）供役地和需役地的位置；

（三）利用目的和方法；

（四）地役权期限；

（五）费用及其支付方式；

（六）解决争议的方法。

第三百七十四条　地役权自地役权合同生效时设立。当事人要求登记的，可以向登记机构申请地役权登记；未经登记，不得对抗善意第三人。

第三百七十五条　供役地权利人应当按照合同约定，允许地役权人利用其不动产，不得妨害地役权人行使权利。

第三百七十六条　地役权人应当按照合同约定的利用目的和方法利用供役地，尽量减少对供役地权利人物权的限制。

第三百七十七条　地役权期限由当事人约定；但是，不得超过土地承包经营权、建设用地使用权等用益物权的剩余期限。

第三百七十八条　土地所有权人享有地役权或者负担地役权的，设立土地承包经营权、宅基地使用权等用益物权时，该用益物权人继续享有或者负担已经设立的地役权。

第三百七十九条　土地上已经设立土地承包经营权、建设用地使用权、宅基地使用权等用益物权的，未经用益物权人同意，土地所有权人不得设立地役权。

第三百八十条　地役权不得单独转让。土地承包经营权、建设用地使用权等转让的，地役权一并转让，但是合同另有约定的除外。

第三百八十一条　地役权不得单独抵押。土地经营权、建设用地使用权等抵押的，在实现抵押权时，地役权一并转让。

第三百八十二条　需役地以及需役地上的土地承包经营权、建设用地使用权等部分转让时，转让部分涉及地役权的，受让人同时享有地役权。

第三百八十三条　供役地以及供役地上的土地承包经营权、建设用地使用权等部分转让时，转让部分涉及地役权的，地役权对受让人具有法律约束力。

第三百八十四条　地役权人有下列情形之一的，供役地权利人有权解除地役权合同，地役权消灭：

（一）违反法律规定或者合同约定，滥用地役权；

（二）有偿利用供役地，约定的付款期限届满后在合理期限内经两次催告未支付费用。

第三百八十五条　已经登记的地役权变更、转让或者消灭的，应当及时办理变更登记或者注销登记。

第四分编　担保物权

第十六章　一般规定

第三百八十六条　担保物权人在债务人不履行到期债务或者发生当事人约定的实现担保物权的情形，依法享有就担保财产优先受偿的权利，但是法律另有规定的除外。

第三百八十七条　债权人在借贷、买卖等民事活动中，为保障实现其债权，需要担保的，可以依照本法和其他法律的规定设立担保物权。

第三人为债务人向债权人提供担保的，可以要求债务人提供反担保。反担保适用本法和其他法律的规定。

第三百八十八条　设立担保物权，应当依照本法和其他法律的规定订立担保合同。担保合同包括抵押合同、质押合同和其他具有担保功能的合同。担保合同是主债权债务合同的从合同。主债权债务合同无效的，担保合同无效，但是法律另有规定的除外。

担保合同被确认无效后，债务人、担保人、债权人有过错的，应当根据其过错各自承担相应的民事责任。

第三百八十九条　担保物权的担保范围包括主债权及其利息、违约金、损害赔偿金、保管担保财产和实现担保物权的费用。当事人另有约定的，按照其约定。

第三百九十条　担保期间，担保财产毁损、灭失或者被征收等，担保物权人可以就获得的保险金、赔偿金或者补偿金等优先受偿。被担保债权的履行期限未届满的，也可以提存该保险金、赔偿金或者补偿金等。

第三百九十一条　第三人提供担保，未经其书面同意，债权人允许债务人转移全部或者部分债务的，担保人不再承担相应的担保责任。

第三百九十二条　被担保的债权既有物的担保又有人的担保的，债务人不履行到期债务或者发生当事人约定的实现担保物权的情形，债权人应当按照约定实现债权；没有约定或者约定不明确，债务人自己提供物的担保的，债权人应当先就该物的担保实现债权；第三人提供物的担保的，债权人可以就物的担保实现债权，也可以请求保证人承担保证责任。提供担保的第三人承担担保责任后，有权向债务人追偿。

第三百九十三条　有下列情形之一的，担保物权消灭：

（一）主债权消灭；

（二）担保物权实现；

（三）债权人放弃担保物权；

（四）法律规定担保物权消灭的其他情形。

第十七章　抵押权

第一节　一般抵押权

第三百九十四条　为担保债务的履行，

债务人或者第三人不转移财产的占有，将该财产抵押给债权人的，债务人不履行到期债务或者发生当事人约定的实现抵押权的情形，债权人有权就该财产优先受偿。

前款规定的债务人或者第三人为抵押人，债权人为抵押权人，提供担保的财产为抵押财产。

第三百九十五条 债务人或者第三人有权处分的下列财产可以抵押：

（一）建筑物和其他土地附着物；

（二）建设用地使用权；

（三）海域使用权；

（四）生产设备、原材料、半成品、产品；

（五）正在建造的建筑物、船舶、航空器；

（六）交通运输工具；

（七）法律、行政法规未禁止抵押的其他财产。

抵押人可以将前款所列财产一并抵押。

第三百九十六条 企业、个体工商户、农业生产经营者可以将现有的以及将有的生产设备、原材料、半成品、产品抵押，债务人不履行到期债务或者发生当事人约定的实现抵押权的情形，债权人有权就抵押财产确定时的动产优先受偿。

第三百九十七条 以建筑物抵押的，该建筑物占用范围内的建设用地使用权一并抵押。以建设用地使用权抵押的，该土地上的建筑物一并抵押。

抵押人未依据前款规定一并抵押的，未抵押的财产视为一并抵押。

第三百九十八条 乡镇、村企业的建设用地使用权不得单独抵押。以乡镇、村企业的厂房等建筑物抵押的，其占用范围内的建设用地使用权一并抵押。

第三百九十九条 下列财产不得抵押：

（一）土地所有权；

（二）宅基地、自留地、自留山等集体所有土地的使用权，但是法律规定可以抵押的除外；

（三）学校、幼儿园、医疗机构等为公益目的成立的非营利法人的教育设施、医疗卫生设施和其他公益设施；

（四）所有权、使用权不明或者有争议的财产；

（五）依法被查封、扣押、监管的财产；

（六）法律、行政法规规定不得抵押的其他财产。

第四百条 设立抵押权，当事人应当采用书面形式订立抵押合同。

抵押合同一般包括下列条款：

（一）被担保债权的种类和数额；

（二）债务人履行债务的期限；

（三）抵押财产的名称、数量等情况；

（四）担保的范围。

第四百零一条 抵押权人在债务履行期限届满前，与抵押人约定债务人不履行到期债务时抵押财产归债权人所有的，只能依法就抵押财产优先受偿。

第四百零二条 以本法第三百九十五条第一款第一项至第三项规定的财产或者第五项规定的正在建造的建筑物抵押的，应当办理抵押登记。抵押权自登记时设立。

第四百零三条 以动产抵押的，抵押权自抵押合同生效时设立；未经登记，不得对抗善意第三人。

第四百零四条 以动产抵押的，不得对抗正常经营活动中已经支付合理价款并取得抵押财产的买受人。

第四百零五条 抵押权设立前，抵押财产已经出租并转移占有的，原租赁关系不受该抵押权的影响。

第四百零六条 抵押期间，抵押人可以转让抵押财产。当事人另有约定的，按照其约定。抵押财产转让的，抵押权不受影响。

抵押人转让抵押财产的，应当及时通知抵押权人。抵押权人能够证明抵押财产转让可能损害抵押权的，可以请求抵押人将转让所得的价款向抵押权人提前清偿债务或者提存。转让的价款超过债权数额的部分归抵押人所有，不足部分由债务人清偿。

第四百零七条　抵押权不得与债权分离而单独转让或者作为其他债权的担保。债权转让的，担保该债权的抵押权一并转让，但是法律另有规定或者当事人另有约定的除外。

第四百零八条　抵押人的行为足以使抵押财产价值减少的，抵押权人有权请求抵押人停止其行为；抵押财产价值减少的，抵押权人有权请求恢复抵押财产的价值，或者提供与减少的价值相应的担保。抵押人不恢复抵押财产的价值，也不提供担保的，抵押权人有权请求债务人提前清偿债务。

第四百零九条　抵押权人可以放弃抵押权或者抵押权的顺位。抵押权人与抵押人可以协议变更抵押权顺位以及被担保的债权数额等内容。但是，抵押权的变更未经其他抵押权人书面同意的，不得对其他抵押权人产生不利影响。

债务人以自己的财产设定抵押，抵押权人放弃该抵押权、抵押权顺位或者变更抵押权的，其他担保人在抵押权人丧失优先受偿权益的范围内免除担保责任，但是其他担保人承诺仍然提供担保的除外。

第四百一十条　债务人不履行到期债务或者发生当事人约定的实现抵押权的情形，抵押权人可以与抵押人协议以抵押财产折价或者以拍卖、变卖该抵押财产所得的价款优先受偿。协议损害其他债权人利益的，其他债权人可以请求人民法院撤销该协议。

抵押权人与抵押人未就抵押权实现方式达成协议的，抵押权人可以请求人民法院拍卖、变卖抵押财产。

抵押财产折价或者变卖的，应当参照市场价格。

第四百一十一条　依据本法第三百九十六条规定设定抵押的，抵押财产自下列情形之一发生时确定：

（一）债务履行期限届满，债权未实现；

（二）抵押人被宣告破产或者解散；

（三）当事人约定的实现抵押权的情形；

（四）严重影响债权实现的其他情形。

第四百一十二条　债务人不履行到期债务或者发生当事人约定的实现抵押权的情形，致使抵押财产被人民法院依法扣押的，自扣押之日起，抵押权人有权收取该抵押财产的天然孳息或者法定孳息，但是抵押权人未通知应当清偿法定孳息义务人的除外。

前款规定的孳息应当先充抵收取孳息的费用。

第四百一十三条　抵押财产折价或者拍卖、变卖后，其价款超过债权数额的部分归抵押人所有，不足部分由债务人清偿。

第四百一十四条　同一财产向两个以上债权人抵押的，拍卖、变卖抵押财产所得的价款依照下列规定清偿：

（一）抵押权已经登记的，按照登记的时间先后确定清偿顺序；

（二）抵押权已经登记的先于未登记的受偿；

（三）抵押权未登记的，按照债权比例清偿。

其他可以登记的担保物权，清偿顺序参照适用前款规定。

第四百一十五条　同一财产既设立抵押权又设立质权的，拍卖、变卖该财产所得的价款按照登记、交付的时间先后确定清偿顺序。

第四百一十六条　动产抵押担保的主债权是抵押物的价款，标的物交付后十日内办理抵押登记的，该抵押权人优先于抵押物买受人的其他担保物权人受偿，但是留置权人除外。

第四百一十七条　建设用地使用权抵押后，该土地上新增的建筑物不属于抵押财产。该建设用地使用权实现抵押权时，应当将该土地上新增的建筑物与建设用地使用权一并处分。但是，新增建筑物所得的价款，抵押权人无权优先受偿。

第四百一十八条 以集体所有土地的使用权依法抵押的，实现抵押权后，未经法定程序，不得改变土地所有权的性质和土地用途。

第四百一十九条 抵押权人应当在主债权诉讼时效期间行使抵押权；未行使的，人民法院不予保护。

第二节 最高额抵押权

第四百二十条 为担保债务的履行，债务人或者第三人对一定期间内将要连续发生的债权提供担保财产的，债务人不履行到期债务或者发生当事人约定的实现抵押权的情形，抵押权人有权在最高债权额限度内就该担保财产优先受偿。

最高额抵押权设立前已经存在的债权，经当事人同意，可以转入最高额抵押担保的债权范围。

第四百二十一条 最高额抵押担保的债权确定前，部分债权转让的，最高额抵押权不得转让，但是当事人另有约定的除外。

第四百二十二条 最高额抵押担保的债权确定前，抵押权人与抵押人可以通过协议变更债权确定的期间、债权范围以及最高债权额。但是，变更的内容不得对其他抵押权人产生不利影响。

第四百二十三条 有下列情形之一的，抵押权人的债权确定：

（一）约定的债权确定期间届满；

（二）没有约定债权确定期间或者约定不明确，抵押权人或者抵押人自最高额抵押权设立之日起满二年后请求确定债权；

（三）新的债权不可能发生；

（四）抵押权人知道或者应当知道抵押财产被查封、扣押；

（五）债务人、抵押人被宣告破产或者解散；

（六）法律规定债权确定的其他情形。

第四百二十四条 最高额抵押权除适用本节规定外，适用本章第一节的有关规定。

第十八章 质　　权

第一节 动产质权

第四百二十五条 为担保债务的履行，债务人或者第三人将其动产出质给债权人占有的，债务人不履行到期债务或者发生当事人约定的实现质权的情形，债权人有权就该动产优先受偿。

前款规定的债务人或者第三人为出质人，债权人为质权人，交付的动产为质押财产。

第四百二十六条 法律、行政法规禁止转让的动产不得出质。

第四百二十七条 设立质权，当事人应当采用书面形式订立质押合同。

质押合同一般包括下列条款：

（一）被担保债权的种类和数额；

（二）债务人履行债务的期限；

（三）质押财产的名称、数量等情况；

（四）担保的范围；

（五）质押财产交付的时间、方式。

第四百二十八条 质权人在债务履行期限届满前，与出质人约定债务人不履行到期债务时质押财产归债权人所有的，只能依法就质押财产优先受偿。

第四百二十九条 质权自出质人交付质押财产时设立。

第四百三十条 质权人有权收取质押财产的孳息，但是合同另有约定的除外。

前款规定的孳息应当先充抵收取孳息的费用。

第四百三十一条 质权人在质权存续期间，未经出质人同意，擅自使用、处分质押财产，造成出质人损害的，应当承担赔偿责任。

第四百三十二条 质权人负有妥善保管质押财产的义务；因保管不善致使质押财产

毁损、灭失的，应当承担赔偿责任。

质权人的行为可能使质押财产毁损、灭失的，出质人可以请求质权人将质押财产提存，或者请求提前清偿债务并返还质押财产。

第四百三十三条　因不可归责于质权人的事由可能使质押财产毁损或者价值明显减少，足以危害质权人权利的，质权人有权请求出质人提供相应的担保；出质人不提供的，质权人可以拍卖、变卖质押财产，并与出质人协议将拍卖、变卖所得的价款提前清偿债务或者提存。

第四百三十四条　质权人在质权存续期间，未经出质人同意转质，造成质押财产毁损、灭失的，应当承担赔偿责任。

第四百三十五条　质权人可以放弃质权。债务人以自己的财产出质，质权人放弃该质权的，其他担保人在质权人丧失优先受偿权益的范围内免除担保责任，但是其他担保人承诺仍然提供担保的除外。

第四百三十六条　债务人履行债务或者出质人提前清偿所担保的债权的，质权人应当返还质押财产。

债务人不履行到期债务或者发生当事人约定的实现质权的情形，质权人可以与出质人协议以质押财产折价，也可以就拍卖、变卖质押财产所得的价款优先受偿。

质押财产折价或者变卖的，应当参照市场价格。

第四百三十七条　出质人可以请求质权人在债务履行期限届满后及时行使质权；质权人不行使的，出质人可以请求人民法院拍卖、变卖质押财产。

出质人请求质权人及时行使质权，因质权人怠于行使权利造成出质人损害的，由质权人承担赔偿责任。

第四百三十八条　质押财产折价或者拍卖、变卖后，其价款超过债权数额的部分归出质人所有，不足部分由债务人清偿。

第四百三十九条　出质人与质权人可以协议设立最高额质权。

最高额质权除适用本节有关规定外，参照适用本编第十七章第二节的有关规定。

第二节　权利质权

第四百四十条　债务人或者第三人有权处分的下列权利可以出质：

（一）汇票、本票、支票；

（二）债券、存款单；

（三）仓单、提单；

（四）可以转让的基金份额、股权；

（五）可以转让的注册商标专用权、专利权、著作权等知识产权中的财产权；

（六）现有的以及将有的应收账款；

（七）法律、行政法规规定可以出质的其他财产权利。

第四百四十一条　以汇票、本票、支票、债券、存款单、仓单、提单出质的，质权自权利凭证交付质权人时设立；没有权利凭证的，质权自办理出质登记时设立。法律另有规定的，依照其规定。

第四百四十二条　汇票、本票、支票、债券、存款单、仓单、提单的兑现日期或者提货日期先于主债权到期的，质权人可以兑现或者提货，并与出质人协议将兑现的价款或者提取的货物提前清偿债务或者提存。

第四百四十三条　以基金份额、股权出质的，质权自办理出质登记时设立。

基金份额、股权出质后，不得转让，但是出质人与质权人协商同意的除外。出质人转让基金份额、股权所得的价款，应当向质权人提前清偿债务或者提存。

第四百四十四条　以注册商标专用权、专利权、著作权等知识产权中的财产权出质的，质权自办理出质登记时设立。

知识产权中的财产权出质后，出质人不得转让或者许可他人使用，但是出质人与质权人协商同意的除外。出质人转让或者许可他人使用出质的知识产权中的财产权所得的价款，应当向质权人提前清偿债务或者提存。

第四百四十五条 以应收账款出质的，质权自办理出质登记时设立。

应收账款出质后，不得转让，但是出质人与质权人协商同意的除外。出质人转让应收账款所得的价款，应当向质权人提前清偿债务或者提存。

第四百四十六条 权利质权除适用本节规定外，适用本章第一节的有关规定。

第十九章 留置权

第四百四十七条 债务人不履行到期债务，债权人可以留置已经合法占有的债务人的动产，并有权就该动产优先受偿。

前款规定的债权人为留置权人，占有的动产为留置财产。

第四百四十八条 债权人留置的动产，应当与债权属于同一法律关系，但是企业之间留置的除外。

第四百四十九条 法律规定或者当事人约定不得留置的动产，不得留置。

第四百五十条 留置财产为可分物的，留置财产的价值应当相当于债务的金额。

第四百五十一条 留置权人负有妥善保管留置财产的义务；因保管不善致使留置财产毁损、灭失的，应当承担赔偿责任。

第四百五十二条 留置权人有权收取留置财产的孳息。

前款规定的孳息应当先充抵收取孳息的费用。

第四百五十三条 留置权人与债务人应当约定留置财产后的债务履行期限；没有约定或者约定不明确的，留置权人应当给债务人六十日以上履行债务的期限，但是鲜活易腐等不易保管的动产除外。债务人逾期未履行的，留置权人可以与债务人协议以留置财产折价，也可以就拍卖、变卖留置财产所得的价款优先受偿。

留置财产折价或者变卖的，应当参照市场价格。

第四百五十四条 债务人可以请求留置权人在债务履行期限届满后行使留置权；留置权人不行使的，债务人可以请求人民法院拍卖、变卖留置财产。

第四百五十五条 留置财产折价或者拍卖、变卖后，其价款超过债权数额的部分归债务人所有，不足部分由债务人清偿。

第四百五十六条 同一动产上已经设立抵押权或者质权，该动产又被留置的，留置权人优先受偿。

第四百五十七条 留置权人对留置财产丧失占有或者留置权人接受债务人另行提供担保的，留置权消灭。

第五分编 占有

第二十章 占有

第四百五十八条 基于合同关系等产生的占有，有关不动产或者动产的使用、收益、违约责任等，按照合同约定；合同没有约定或者约定不明确的，依照有关法律规定。

第四百五十九条 占有人因使用占有的不动产或者动产，致使该不动产或者动产受到损害的，恶意占有人应当承担赔偿责任。

第四百六十条 不动产或者动产被占有人占有的，权利人可以请求返还原物及其孳息；但是，应当支付善意占有人因维护该不动产或者动产支出的必要费用。

第四百六十一条 占有的不动产或者动产毁损、灭失，该不动产或者动产的权利人请求赔偿的，占有人应当将因毁损、灭失取得的保险金、赔偿金或者补偿金等返还给权利人；权利人的损害未得到足够弥补的，恶意占有人还应当赔偿损失。

第四百六十二条 占有的不动产或者动产被侵占的，占有人有权请求返还原物；对妨害占有的行为，占有人有权请求排除妨害或者消除危险；因侵占或者妨害造成损害的，占有人有权依法请求损害赔偿。

占有人返还原物的请求权，自侵占发生之日起一年内未行使的，该请求权消灭。

第三编　合　　同

第一分编　通　　则

第一章　一般规定

第四百六十三条　本编调整因合同产生的民事关系。

第四百六十四条　合同是民事主体之间设立、变更、终止民事法律关系的协议。

婚姻、收养、监护等有关身份关系的协议，适用有关该身份关系的法律规定；没有规定的，可以根据其性质参照适用本编规定。

第四百六十五条　依法成立的合同，受法律保护。

依法成立的合同，仅对当事人具有法律约束力，但是法律另有规定的除外。

第四百六十六条　当事人对合同条款的理解有争议的，应当依据本法第一百四十二条第一款的规定，确定争议条款的含义。

合同文本采用两种以上文字订立并约定具有同等效力的，对各文本使用的词句推定具有相同含义。各文本使用的词句不一致的，应当根据合同的相关条款、性质、目的以及诚信原则等予以解释。

第四百六十七条　本法或者其他法律没有明文规定的合同，适用本编通则的规定，并可以参照适用本编或者其他法律最相类似合同的规定。

在中华人民共和国境内履行的中外合资经营企业合同、中外合作经营企业合同、中外合作勘探开发自然资源合同，适用中华人民共和国法律。

第四百六十八条　非因合同产生的债权债务关系，适用有关该债权债务关系的法律规定；没有规定的，适用本编通则的有关规定，但是根据其性质不能适用的除外。

第二章　合同的订立

第四百六十九条　当事人订立合同，可以采用书面形式、口头形式或者其他形式。

书面形式是合同书、信件、电报、电传、传真等可以有形地表现所载内容的形式。

以电子数据交换、电子邮件等方式能够有形地表现所载内容，并可以随时调取查用的数据电文，视为书面形式。

第四百七十条　合同的内容由当事人约定，一般包括下列条款：

（一）当事人的姓名或者名称和住所；

（二）标的；

（三）数量；

（四）质量；

（五）价款或者报酬；

（六）履行期限、地点和方式；

（七）违约责任；

（八）解决争议的方法。

当事人可以参照各类合同的示范文本订立合同。

第四百七十一条　当事人订立合同，可以采取要约、承诺方式或者其他方式。

第四百七十二条　要约是希望与他人订立合同的意思表示，该意思表示应当符合下列条件：

（一）内容具体确定；

（二）表明经受要约人承诺，要约人即受该意思表示约束。

第四百七十三条　要约邀请是希望他人向自己发出要约的表示。拍卖公告、招标公告、招股说明书、债券募集办法、基金招募说明书、商业广告和宣传、寄送的价目表等为要约邀请。

商业广告和宣传的内容符合要约条件的，构成要约。

第四百七十四条　要约生效的时间适用本法第一百三十七条的规定。

第四百七十五条　要约可以撤回。要约的撤回适用本法第一百四十一条的规定。

第四百七十六条 要约可以撤销，但是有下列情形之一的除外：

（一）要约人以确定承诺期限或者其他形式明示要约不可撤销；

（二）受要约人有理由认为要约是不可撤销的，并已经为履行合同做了合理准备工作。

第四百七十七条 撤销要约的意思表示以对话方式作出的，该意思表示的内容应当在受要约人作出承诺之前为受要约人所知道；撤销要约的意思表示以非对话方式作出的，应当在受要约人作出承诺之前到达受要约人。

第四百七十八条 有下列情形之一的，要约失效：

（一）要约被拒绝；

（二）要约被依法撤销；

（三）承诺期限届满，受要约人未作出承诺；

（四）受要约人对要约的内容作出实质性变更。

第四百七十九条 承诺是受要约人同意要约的意思表示。

第四百八十条 承诺应当以通知的方式作出；但是，根据交易习惯或者要约表明可以通过行为作出承诺的除外。

第四百八十一条 承诺应当在要约确定的期限内到达要约人。

要约没有确定承诺期限的，承诺应当依照下列规定到达：

（一）要约以对话方式作出的，应当即时作出承诺；

（二）要约以非对话方式作出的，承诺应当在合理期限内到达。

第四百八十二条 要约以信件或者电报作出的，承诺期限自信件载明的日期或者电报交发之日开始计算。信件未载明日期的，自投寄该信件的邮戳日期开始计算。要约以电话、传真、电子邮件等快速通讯方式作出的，承诺期限自要约到达受要约人时开始计算。

第四百八十三条 承诺生效时合同成立，但是法律另有规定或者当事人另有约定的除外。

第四百八十四条 以通知方式作出的承诺，生效的时间适用本法第一百三十七条的规定。

承诺不需要通知的，根据交易习惯或者要约的要求作出承诺的行为时生效。

第四百八十五条 承诺可以撤回。承诺的撤回适用本法第一百四十一条的规定。

第四百八十六条 受要约人超过承诺期限发出承诺，或者在承诺期限内发出承诺，按照通常情形不能及时到达要约人的，为新要约；但是，要约人及时通知受要约人该承诺有效的除外。

第四百八十七条 受要约人在承诺期限内发出承诺，按照通常情形能够及时到达要约人，但是因其他原因致使承诺到达要约人时超过承诺期限的，除要约人及时通知受要约人因承诺超过期限不接受该承诺外，该承诺有效。

第四百八十八条 承诺的内容应当与要约的内容一致。受要约人对要约的内容作出实质性变更的，为新要约。有关合同标的、数量、质量、价款或者报酬、履行期限、履行地点和方式、违约责任和解决争议方法等的变更，是对要约内容的实质性变更。

第四百八十九条 承诺对要约的内容作出非实质性变更的，除要约人及时表示反对或者要约表明承诺不得对要约的内容作出任何变更外，该承诺有效，合同的内容以承诺的内容为准。

第四百九十条 当事人采用合同书形式订立合同的，自当事人均签名、盖章或者按指印时合同成立。在签名、盖章或者按指印之前，当事人一方已经履行主要义务，对方接受时，该合同成立。

法律、行政法规规定或者当事人约定合

同应当采用书面形式订立，当事人未采用书面形式但是一方已经履行主要义务，对方接受时，该合同成立。

第四百九十一条　当事人采用信件、数据电文等形式订立合同要求签订确认书的，签订确认书时合同成立。

当事人一方通过互联网等信息网络发布的商品或者服务信息符合要约条件的，对方选择该商品或者服务并提交订单成功时合同成立，但是当事人另有约定的除外。

第四百九十二条　承诺生效的地点为合同成立的地点。

采用数据电文形式订立合同的，收件人的主营业地为合同成立的地点；没有主营业地的，其住所地为合同成立的地点。当事人另有约定的，按照其约定。

第四百九十三条　当事人采用合同书形式订立合同的，最后签名、盖章或者按指印的地点为合同成立的地点，但是当事人另有约定的除外。

第四百九十四条　国家根据抢险救灾、疫情防控或者其他需要下达国家订货任务、指令性任务的，有关民事主体之间应当依照有关法律、行政法规规定的权利和义务订立合同。

依照法律、行政法规的规定负有发出要约义务的当事人，应当及时发出合理的要约。

依照法律、行政法规的规定负有作出承诺义务的当事人，不得拒绝对方合理的订立合同要求。

第四百九十五条　当事人约定在将来一定期限内订立合同的认购书、订购书、预订书等，构成预约合同。

当事人一方不履行预约合同约定的订立合同义务的，对方可以请求其承担预约合同的违约责任。

第四百九十六条　格式条款是当事人为了重复使用而预先拟定，并在订立合同时未与对方协商的条款。

采用格式条款订立合同的，提供格式条款的一方应当遵循公平原则确定当事人之间的权利和义务，并采取合理的方式提示对方注意免除或者减轻其责任等与对方有重大利害关系的条款，按照对方的要求，对该条款予以说明。提供格式条款的一方未履行提示或者说明义务，致使对方没有注意或者理解与其有重大利害关系的条款的，对方可以主张该条款不成为合同的内容。

第四百九十七条　有下列情形之一的，该格式条款无效：

（一）具有本法第一编第六章第三节和本法第五百零六条规定的无效情形；

（二）提供格式条款一方不合理地免除或者减轻其责任、加重对方责任、限制对方主要权利；

（三）提供格式条款一方排除对方主要权利。

第四百九十八条　对格式条款的理解发生争议的，应当按照通常理解予以解释。对格式条款有两种以上解释的，应当作出不利于提供格式条款一方的解释。格式条款和非格式条款不一致的，应当采用非格式条款。

第四百九十九条　悬赏人以公开方式声明对完成特定行为的人支付报酬的，完成该行为的人可以请求其支付。

第五百条　当事人在订立合同过程中有下列情形之一，造成对方损失的，应当承担赔偿责任：

（一）假借订立合同，恶意进行磋商；

（二）故意隐瞒与订立合同有关的重要事实或者提供虚假情况；

（三）有其他违背诚信原则的行为。

第五百零一条　当事人在订立合同过程中知悉的商业秘密或者其他应当保密的信息，无论合同是否成立，不得泄露或者不正当地使用；泄露、不正当地使用该商业秘密或者信息，造成对方损失的，应当承担赔偿责任。

第三章　合同的效力

第五百零二条　依法成立的合同，自成立时生效，但是法律另有规定或者当事人另有约定的除外。

依照法律、行政法规的规定，合同应当办理批准等手续的，依照其规定。未办理批准等手续影响合同生效的，不影响合同中履行报批等义务条款以及相关条款的效力。应当办理申请批准等手续的当事人未履行义务的，对方可以请求其承担违反该义务的责任。

依照法律、行政法规的规定，合同的变更、转让、解除等情形应当办理批准等手续的，适用前款规定。

第五百零三条　无权代理人以被代理人的名义订立合同，被代理人已经开始履行合同义务或者接受相对人履行的，视为对合同的追认。

第五百零四条　法人的法定代表人或者非法人组织的负责人超越权限订立的合同，除相对人知道或者应当知道其超越权限外，该代表行为有效，订立的合同对法人或者非法人组织发生效力。

第五百零五条　当事人超越经营范围订立的合同的效力，应当依照本法第一编第六章第三节和本编的有关规定确定，不得仅以超越经营范围确认合同无效。

第五百零六条　合同中的下列免责条款无效：

（一）造成对方人身损害的；

（二）因故意或者重大过失造成对方财产损失的。

第五百零七条　合同不生效、无效、被撤销或者终止的，不影响合同中有关解决争议方法的条款的效力。

第五百零八条　本编对合同的效力没有规定的，适用本法第一编第六章的有关规定。

第四章　合同的履行

第五百零九条　当事人应当按照约定全面履行自己的义务。

当事人应当遵循诚信原则，根据合同的性质、目的和交易习惯履行通知、协助、保密等义务。

当事人在履行合同过程中，应当避免浪费资源、污染环境和破坏生态。

第五百一十条　合同生效后，当事人就质量、价款或者报酬、履行地点等内容没有约定或者约定不明确的，可以协议补充；不能达成补充协议的，按照合同相关条款或者交易习惯确定。

第五百一十一条　当事人就有关合同内容约定不明确，依据前条规定仍不能确定的，适用下列规定：

（一）质量要求不明确的，按照强制性国家标准履行；没有强制性国家标准的，按照推荐性国家标准履行；没有推荐性国家标准的，按照行业标准履行；没有国家标准、行业标准的，按照通常标准或者符合合同目的的特定标准履行。

（二）价款或者报酬不明确的，按照订立合同时履行地的市场价格履行；依法应当执行政府定价或者政府指导价的，依照规定履行。

（三）履行地点不明确，给付货币的，在接受货币一方所在地履行；交付不动产的，在不动产所在地履行；其他标的，在履行义务一方所在地履行。

（四）履行期限不明确的，债务人可以随时履行，债权人也可以随时请求履行，但是应当给对方必要的准备时间。

（五）履行方式不明确的，按照有利于实现合同目的的方式履行。

（六）履行费用的负担不明确的，由履行义务一方负担；因债权人原因增加的履行费用，由债权人负担。

第五百一十二条　通过互联网等信息网络订立的电子合同的标的为交付商品并采用快递物流方式交付的，收货人的签收时间为交付时间。电子合同的标的为提供服务的，生成的电子凭证或者实物凭证中载明的时间为提供服务时间；前述凭证没有载明时间或者载明时间与实际提供服务时间不一致的，以实际提供服务的时间为准。

电子合同的标的物为采用在线传输方式交付的，合同标的物进入对方当事人指定的特定系统且能够检索识别的时间为交付时间。

电子合同当事人对交付商品或者提供服务的方式、时间另有约定的，按照其约定。

第五百一十三条　执行政府定价或者政府指导价的，在合同约定的交付期限内政府价格调整时，按照交付时的价格计价。逾期交付标的物的，遇价格上涨时，按照原价格执行；价格下降时，按照新价格执行。逾期提取标的物或者逾期付款的，遇价格上涨时，按照新价格执行；价格下降时，按照原价格执行。

第五百一十四条　以支付金钱为内容的债，除法律另有规定或者当事人另有约定外，债权人可以请求债务人以实际履行地的法定货币履行。

第五百一十五条　标的有多项而债务人只需履行其中一项的，债务人享有选择权；但是，法律另有规定、当事人另有约定或者另有交易习惯的除外。

享有选择权的当事人在约定期限内或者履行期限届满未作选择，经催告后在合理期限内仍未选择的，选择权转移至对方。

第五百一十六条　当事人行使选择权应当及时通知对方，通知到达对方时，标的确定。标的确定后不得变更，但是经对方同意的除外。

可选择的标的发生不能履行情形的，享有选择权的当事人不得选择不能履行的标的，但是该不能履行的情形是由对方造成的除外。

第五百一十七条　债权人为二人以上，标的可分，按照份额各自享有债权的，为按份债权；债务人为二人以上，标的可分，按照份额各自负担债务的，为按份债务。

按份债权人或者按份债务人的份额难以确定的，视为份额相同。

第五百一十八条　债权人为二人以上，部分或者全部债权人均可以请求债务人履行债务的，为连带债权；债务人为二人以上，债权人可以请求部分或者全部债务人履行全部债务的，为连带债务。

连带债权或者连带债务，由法律规定或者当事人约定。

第五百一十九条　连带债务人之间的份额难以确定的，视为份额相同。

实际承担债务超过自己份额的连带债务人，有权就超出部分在其他连带债务人未履行的份额范围内向其追偿，并相应地享有债权人的权利，但是不得损害债权人的利益。其他连带债务人对债权人的抗辩，可以向该债务人主张。

被追偿的连带债务人不能履行其应分担份额的，其他连带债务人应当在相应范围内按比例分担。

第五百二十条　部分连带债务人履行、抵销债务或者提存标的物的，其他债务人对债权人的债务在相应范围内消灭；该债务人可以依据前条规定向其他债务人追偿。

部分连带债务人的债务被债权人免除的，在该连带债务人应当承担的份额范围内，其他债务人对债权人的债务消灭。

部分连带债务人的债务与债权人的债权同归于一人的，在扣除该债务人应当承担的份额后，债权人对其他债务人的债权继续存在。

债权人对部分连带债务人的给付受领迟延的，对其他连带债务人发生效力。

第五百二十一条　连带债权人之间的份额难以确定的，视为份额相同。

实际受领债权的连带债权人，应当按比例向其他连带债权人返还。

连带债权参照适用本章连带债务的有关规定。

第五百二十二条 当事人约定由债务人向第三人履行债务，债务人未向第三人履行债务或者履行债务不符合约定的，应当向债权人承担违约责任。

法律规定或者当事人约定第三人可以直接请求债务人向其履行债务，第三人未在合理期限内明确拒绝，债务人未向第三人履行债务或者履行债务不符合约定的，第三人可以请求债务人承担违约责任；债务人对债权人的抗辩，可以向第三人主张。

第五百二十三条 当事人约定由第三人向债权人履行债务，第三人不履行债务或者履行债务不符合约定的，债务人应当向债权人承担违约责任。

第五百二十四条 债务人不履行债务，第三人对履行该债务具有合法利益的，第三人有权向债权人代为履行；但是，根据债务性质、按照当事人约定或者依照法律规定只能由债务人履行的除外。

债权人接受第三人履行后，其对债务人的债权转让给第三人，但是债务人和第三人另有约定的除外。

第五百二十五条 当事人互负债务，没有先后履行顺序的，应当同时履行。一方在对方履行之前有权拒绝其履行请求。一方在对方履行债务不符合约定时，有权拒绝其相应的履行请求。

第五百二十六条 当事人互负债务，有先后履行顺序，应当先履行债务一方未履行的，后履行一方有权拒绝其履行请求。先履行一方履行债务不符合约定的，后履行一方有权拒绝其相应的履行请求。

第五百二十七条 应当先履行债务的当事人，有确切证据证明对方有下列情形之一的，可以中止履行：

（一）经营状况严重恶化；

（二）转移财产、抽逃资金，以逃避债务；

（三）丧失商业信誉；

（四）有丧失或者可能丧失履行债务能力的其他情形。

当事人没有确切证据中止履行的，应当承担违约责任。

第五百二十八条 当事人依据前条规定中止履行的，应当及时通知对方。对方提供适当担保的，应当恢复履行。中止履行后，对方在合理期限内未恢复履行能力且未提供适当担保的，视为以自己的行为表明不履行主要债务，中止履行的一方可以解除合同并可以请求对方承担违约责任。

第五百二十九条 债权人分立、合并或者变更住所没有通知债务人，致使履行债务发生困难的，债务人可以中止履行或者将标的物提存。

第五百三十条 债权人可以拒绝债务人提前履行债务，但是提前履行不损害债权人利益的除外。

债务人提前履行债务给债权人增加的费用，由债务人负担。

第五百三十一条 债权人可以拒绝债务人部分履行债务，但是部分履行不损害债权人利益的除外。

债务人部分履行债务给债权人增加的费用，由债务人负担。

第五百三十二条 合同生效后，当事人不得因姓名、名称的变更或者法定代表人、负责人、承办人的变动而不履行合同义务。

第五百三十三条 合同成立后，合同的基础条件发生了当事人在订立合同时无法预见的、不属于商业风险的重大变化，继续履行合同对于当事人一方明显不公平的，受不利影响的当事人可以与对方重新协商；在合理期限内协商不成的，当事人可以请求人民法院或者仲裁机构变更或者解除合同。

人民法院或者仲裁机构应当结合案件的实际情况，根据公平原则变更或者解除合同。

第五百三十四条　对当事人利用合同实施危害国家利益、社会公共利益行为的，市场监督管理和其他有关行政主管部门依照法律、行政法规的规定负责监督处理。

第五章　合同的保全

第五百三十五条　因债务人怠于行使其债权或者与该债权有关的从权利，影响债权人的到期债权实现的，债权人可以向人民法院请求以自己的名义代位行使债务人对相对人的权利，但是该权利专属于债务人自身的除外。

代位权的行使范围以债权人的到期债权为限。债权人行使代位权的必要费用，由债务人负担。

相对人对债务人的抗辩，可以向债权人主张。

第五百三十六条　债权人的债权到期前，债务人的债权或者与该债权有关的从权利存在诉讼时效期间即将届满或者未及时申报破产债权等情形，影响债权人的债权实现的，债权人可以代位向债务人的相对人请求其向债务人履行、向破产管理人申报或者作出其他必要的行为。

第五百三十七条　人民法院认定代位权成立的，由债务人的相对人向债权人履行义务，债权人接受履行后，债权人与债务人、债务人与相对人之间相应的权利义务终止。债务人对相对人的债权或者与该债权有关的从权利被采取保全、执行措施，或者债务人破产的，依照相关法律的规定处理。

第五百三十八条　债务人以放弃其债权、放弃债权担保、无偿转让财产等方式无偿处分财产权益，或者恶意延长其到期债权的履行期限，影响债权人的债权实现的，债权人可以请求人民法院撤销债务人的行为。

第五百三十九条　债务人以明显不合理的低价转让财产、以明显不合理的高价受让他人财产或者为他人的债务提供担保，影响债权人的债权实现，债务人的相对人知道或者应当知道该情形的，债权人可以请求人民法院撤销债务人的行为。

第五百四十条　撤销权的行使范围以债权人的债权为限。债权人行使撤销权的必要费用，由债务人负担。

第五百四十一条　撤销权自债权人知道或者应当知道撤销事由之日起一年内行使。自债务人的行为发生之日起五年内没有行使撤销权的，该撤销权消灭。

第五百四十二条　债务人影响债权人的债权实现的行为被撤销的，自始没有法律约束力。

第六章　合同的变更和转让

第五百四十三条　当事人协商一致，可以变更合同。

第五百四十四条　当事人对合同变更的内容约定不明确的，推定为未变更。

第五百四十五条　债权人可以将债权的全部或者部分转让给第三人，但是有下列情形之一的除外：

（一）根据债权性质不得转让；

（二）按照当事人约定不得转让；

（三）依照法律规定不得转让。

当事人约定非金钱债权不得转让的，不得对抗善意第三人。当事人约定金钱债权不得转让的，不得对抗第三人。

第五百四十六条　债权人转让债权，未通知债务人的，该转让对债务人不发生效力。

债权转让的通知不得撤销，但是经受让人同意的除外。

第五百四十七条　债权人转让债权的，受让人取得与债权有关的从权利，但是该从权利专属于债权人自身的除外。

受让人取得从权利不因该从权利未办理转移登记手续或者未转移占有而受到影响。

第五百四十八条　债务人接到债权转让通知后，债务人对让与人的抗辩，可以向受让人主张。

第五百四十九条 有下列情形之一的，债务人可以向受让人主张抵销：

（一）债务人接到债权转让通知时，债务人对让与人享有债权，且债务人的债权先于转让的债权到期或者同时到期；

（二）债务人的债权与转让的债权是基于同一合同产生。

第五百五十条 因债权转让增加的履行费用，由让与人负担。

第五百五十一条 债务人将债务的全部或者部分转移给第三人的，应当经债权人同意。

债务人或者第三人可以催告债权人在合理期限内予以同意，债权人未作表示的，视为不同意。

第五百五十二条 第三人与债务人约定加入债务并通知债权人，或者第三人向债权人表示愿意加入债务，债权人未在合理期限内明确拒绝的，债权人可以请求第三人在其愿意承担的债务范围内和债务人承担连带债务。

第五百五十三条 债务人转移债务的，新债务人可以主张原债务人对债权人的抗辩；原债务人对债权人享有债权的，新债务人不得向债权人主张抵销。

第五百五十四条 债务人转移债务的，新债务人应当承担与主债务有关的从债务，但是该从债务专属于原债务人自身的除外。

第五百五十五条 当事人一方经对方同意，可以将自己在合同中的权利和义务一并转让给第三人。

第五百五十六条 合同的权利和义务一并转让的，适用债权转让、债务转移的有关规定。

第七章　合同的权利义务终止

第五百五十七条 有下列情形之一的，债权债务终止：

（一）债务已经履行；

（二）债务相互抵销；

（三）债务人依法将标的物提存；

（四）债权人免除债务；

（五）债权债务同归于一人；

（六）法律规定或者当事人约定终止的其他情形。

合同解除的，该合同的权利义务关系终止。

第五百五十八条 债权债务终止后，当事人应当遵循诚信等原则，根据交易习惯履行通知、协助、保密、旧物回收等义务。

第五百五十九条 债权债务终止时，债权的从权利同时消灭，但是法律另有规定或者当事人另有约定的除外。

第五百六十条 债务人对同一债权人负担的数项债务种类相同，债务人的给付不足以清偿全部债务的，除当事人另有约定外，由债务人在清偿时指定其履行的债务。

债务人未作指定的，应当优先履行已经到期的债务；数项债务均到期的，优先履行对债权人缺乏担保或者担保最少的债务；均无担保或者担保相等的，优先履行债务人负担较重的债务；负担相同的，按照债务到期的先后顺序履行；到期时间相同的，按照债务比例履行。

第五百六十一条 债务人在履行主债务外还应当支付利息和实现债权的有关费用，其给付不足以清偿全部债务的，除当事人另有约定外，应当按照下列顺序履行：

（一）实现债权的有关费用；

（二）利息；

（三）主债务。

第五百六十二条 当事人协商一致，可以解除合同。

当事人可以约定一方解除合同的事由。解除合同的事由发生时，解除权人可以解除合同。

第五百六十三条 有下列情形之一的，当事人可以解除合同：

（一）因不可抗力致使不能实现合同

目的；

（二）在履行期限届满前，当事人一方明确表示或者以自己的行为表明不履行主要债务；

（三）当事人一方迟延履行主要债务，经催告后在合理期限内仍未履行；

（四）当事人一方迟延履行债务或者有其他违约行为致使不能实现合同目的；

（五）法律规定的其他情形。

以持续履行的债务为内容的不定期合同，当事人可以随时解除合同，但是应当在合理期限之前通知对方。

第五百六十四条　法律规定或者当事人约定解除权行使期限，期限届满当事人不行使的，该权利消灭。

法律没有规定或者当事人没有约定解除权行使期限，自解除权人知道或者应当知道解除事由之日起一年内不行使，或者经对方催告后在合理期限内不行使的，该权利消灭。

第五百六十五条　当事人一方依法主张解除合同的，应当通知对方。合同自通知到达对方时解除；通知载明债务人在一定期限内不履行债务则合同自动解除，债务人在该期限内未履行债务的，合同自通知载明的期限届满时解除。对方对解除合同有异议的，任何一方当事人均可以请求人民法院或者仲裁机构确认解除行为的效力。

当事人一方未通知对方，直接以提起诉讼或者申请仲裁的方式依法主张解除合同，人民法院或者仲裁机构确认该主张的，合同自起诉状副本或者仲裁申请书副本送达对方时解除。

第五百六十六条　合同解除后，尚未履行的，终止履行；已经履行的，根据履行情况和合同性质，当事人可以请求恢复原状或者采取其他补救措施，并有权请求赔偿损失。

合同因违约解除的，解除权人可以请求违约方承担违约责任，但是当事人另有约定的除外。

主合同解除后，担保人对债务人应当承担的民事责任仍应当承担担保责任，但是担保合同另有约定的除外。

第五百六十七条　合同的权利义务关系终止，不影响合同中结算和清理条款的效力。

第五百六十八条　当事人互负债务，该债务的标的物种类、品质相同的，任何一方可以将自己的债务与对方的到期债务抵销；但是，根据债务性质、按照当事人约定或者依照法律规定不得抵销的除外。

当事人主张抵销的，应当通知对方。通知自到达对方时生效。抵销不得附条件或者附期限。

第五百六十九条　当事人互负债务，标的物种类、品质不相同的，经协商一致，也可以抵销。

第五百七十条　有下列情形之一，难以履行债务的，债务人可以将标的物提存：

（一）债权人无正当理由拒绝受领；

（二）债权人下落不明；

（三）债权人死亡未确定继承人、遗产管理人，或者丧失民事行为能力未确定监护人；

（四）法律规定的其他情形。

标的物不适于提存或者提存费用过高的，债务人依法可以拍卖或者变卖标的物，提存所得的价款。

第五百七十一条　债务人将标的物或者将标的物依法拍卖、变卖所得价款交付提存部门时，提存成立。

提存成立的，视为债务人在其提存范围内已经交付标的物。

第五百七十二条　标的物提存后，债务人应当及时通知债权人或者债权人的继承人、遗产管理人、监护人、财产代管人。

第五百七十三条　标的物提存后，毁损、灭失的风险由债权人承担。提存期间，标的物的孳息归债权人所有。提存费用由债权人负担。

第五百七十四条 债权人可以随时领取提存物。但是，债权人对债务人负有到期债务的，在债权人未履行债务或者提供担保之前，提存部门根据债务人的要求应当拒绝其领取提存物。

债权人领取提存物的权利，自提存之日起五年内不行使而消灭，提存物扣除提存费用后归国家所有。但是，债权人未履行对债务人的到期债务，或者债权人向提存部门书面表示放弃领取提存物权利的，债务人负担提存费用后有权取回提存物。

第五百七十五条 债权人免除债务人部分或者全部债务的，债权债务部分或者全部终止，但是债务人在合理期限内拒绝的除外。

第五百七十六条 债权和债务同归于一人的，债权债务终止，但是损害第三人利益的除外。

第八章 违约责任

第五百七十七条 当事人一方不履行合同义务或者履行合同义务不符合约定的，应当承担继续履行、采取补救措施或者赔偿损失等违约责任。

第五百七十八条 当事人一方明确表示或者以自己的行为表明不履行合同义务的，对方可以在履行期限届满前请求其承担违约责任。

第五百七十九条 当事人一方未支付价款、报酬、租金、利息，或者不履行其他金钱债务的，对方可以请求其支付。

第五百八十条 当事人一方不履行非金钱债务或者履行非金钱债务不符合约定的，对方可以请求履行，但是有下列情形之一的除外：

（一）法律上或者事实上不能履行；

（二）债务的标的不适于强制履行或者履行费用过高；

（三）债权人在合理期限内未请求履行。

有前款规定的除外情形之一，致使不能实现合同目的的，人民法院或者仲裁机构可以根据当事人的请求终止合同权利义务关系，但是不影响违约责任的承担。

第五百八十一条 当事人一方不履行债务或者履行债务不符合约定，根据债务的性质不得强制履行的，对方可以请求其负担由第三人替代履行的费用。

第五百八十二条 履行不符合约定的，应当按照当事人的约定承担违约责任。对违约责任没有约定或者约定不明确，依据本法第五百一十条的规定仍不能确定的，受损害方根据标的的性质以及损失的大小，可以合理选择请求对方承担修理、重作、更换、退货、减少价款或者报酬等违约责任。

第五百八十三条 当事人一方不履行合同义务或者履行合同义务不符合约定的，在履行义务或者采取补救措施后，对方还有其他损失的，应当赔偿损失。

第五百八十四条 当事人一方不履行合同义务或者履行合同义务不符合约定，造成对方损失的，损失赔偿额应当相当于因违约所造成的损失，包括合同履行后可以获得的利益；但是，不得超过违约一方订立合同时预见到或者应当预见到的因违约可能造成的损失。

第五百八十五条 当事人可以约定一方违约时应当根据违约情况向对方支付一定数额的违约金，也可以约定因违约产生的损失赔偿额的计算方法。

约定的违约金低于造成的损失的，人民法院或者仲裁机构可以根据当事人的请求予以增加；约定的违约金过分高于造成的损失的，人民法院或者仲裁机构可以根据当事人的请求予以适当减少。

当事人就迟延履行约定违约金的，违约方支付违约金后，还应当履行债务。

第五百八十六条 当事人可以约定一方向对方给付定金作为债权的担保。定金合同自实际交付定金时成立。

定金的数额由当事人约定；但是，不得超过主合同标的额的百分之二十，超过部分不产生定金的效力。实际交付的定金数额多于或者少于约定数额的，视为变更约定的定金数额。

第五百八十七条　债务人履行债务的，定金应当抵作价款或者收回。给付定金的一方不履行债务或者履行债务不符合约定，致使不能实现合同目的的，无权请求返还定金；收受定金的一方不履行债务或者履行债务不符合约定，致使不能实现合同目的的，应当双倍返还定金。

第五百八十八条　当事人既约定违约金，又约定定金的，一方违约时，对方可以选择适用违约金或者定金条款。

定金不足以弥补一方违约造成的损失的，对方可以请求赔偿超过定金数额的损失。

第五百八十九条　债务人按照约定履行债务，债权人无正当理由拒绝受领的，债务人可以请求债权人赔偿增加的费用。

在债权人受领迟延期间，债务人无须支付利息。

第五百九十条　当事人一方因不可抗力不能履行合同的，根据不可抗力的影响，部分或者全部免除责任，但是法律另有规定的除外。因不可抗力不能履行合同的，应当及时通知对方，以减轻可能给对方造成的损失，并应当在合理期限内提供证明。

当事人迟延履行后发生不可抗力的，不免除其违约责任。

第五百九十一条　当事人一方违约后，对方应当采取适当措施防止损失的扩大；没有采取适当措施致使损失扩大的，不得就扩大的损失请求赔偿。

当事人因防止损失扩大而支出的合理费用，由违约方负担。

第五百九十二条　当事人都违反合同的，应当各自承担相应的责任。

当事人一方违约造成对方损失，对方对损失的发生有过错的，可以减少相应的损失赔偿额。

第五百九十三条　当事人一方因第三人的原因造成违约的，应当依法向对方承担违约责任。当事人一方和第三人之间的纠纷，依照法律规定或者按照约定处理。

第五百九十四条　因国际货物买卖合同和技术进出口合同争议提起诉讼或者申请仲裁的时效期间为四年。

第二分编　典型合同

第九章　买卖合同

第五百九十五条　买卖合同是出卖人转移标的物的所有权于买受人，买受人支付价款的合同。

第五百九十六条　买卖合同的内容一般包括标的物的名称、数量、质量、价款、履行期限、履行地点和方式、包装方式、检验标准和方法、结算方式、合同使用的文字及其效力等条款。

第五百九十七条　因出卖人未取得处分权致使标的物所有权不能转移的，买受人可以解除合同并请求出卖人承担违约责任。

法律、行政法规禁止或者限制转让的标的物，依照其规定。

第五百九十八条　出卖人应当履行向买受人交付标的物或者交付提取标的物的单证，并转移标的物所有权的义务。

第五百九十九条　出卖人应当按照约定或者交易习惯向买受人交付提取标的物单证以外的有关单证和资料。

第六百条　出卖具有知识产权的标的物的，除法律另有规定或者当事人另有约定外，该标的物的知识产权不属于买受人。

第六百零一条　出卖人应当按照约定的时间交付标的物。约定交付期限的，出卖人可以在该交付期限内的任何时间交付。

第六百零二条　当事人没有约定标的物

的交付期限或者约定不明确的，适用本法第五百一十条、第五百一十一条第四项的规定。

第六百零三条 出卖人应当按照约定的地点交付标的物。

当事人没有约定交付地点或者约定不明确，依据本法第五百一十条的规定仍不能确定的，适用下列规定：

（一）标的物需要运输的，出卖人应当将标的物交付给第一承运人以运交给买受人；

（二）标的物不需要运输，出卖人和买受人订立合同时知道标的物在某一地点的，出卖人应当在该地点交付标的物；不知道标的物在某一地点的，应当在出卖人订立合同时的营业地交付标的物。

第六百零四条 标的物毁损、灭失的风险，在标的物交付之前由出卖人承担，交付之后由买受人承担，但是法律另有规定或者当事人另有约定的除外。

第六百零五条 因买受人的原因致使标的物未按照约定的期限交付的，买受人应当自违反约定时起承担标的物毁损、灭失的风险。

第六百零六条 出卖人出卖交由承运人运输的在途标的物，除当事人另有约定外，毁损、灭失的风险自合同成立时起由买受人承担。

第六百零七条 出卖人按照约定将标的物运送至买受人指定地点并交付给承运人后，标的物毁损、灭失的风险由买受人承担。

当事人没有约定交付地点或者约定不明确，依据本法第六百零三条第二款第一项的规定标的物需要运输的，出卖人将标的物交付给第一承运人后，标的物毁损、灭失的风险由买受人承担。

第六百零八条 出卖人按照约定或者依据本法第六百零三条第二款第二项的规定将标的物置于交付地点，买受人违反约定没有收取的，标的物毁损、灭失的风险自违反约定时起由买受人承担。

第六百零九条 出卖人按照约定未交付有关标的物的单证和资料的，不影响标的物毁损、灭失风险的转移。

第六百一十条 因标的物不符合质量要求，致使不能实现合同目的的，买受人可以拒绝接受标的物或者解除合同。买受人拒绝接受标的物或者解除合同的，标的物毁损、灭失的风险由出卖人承担。

第六百一十一条 标的物毁损、灭失的风险由买受人承担的，不影响因出卖人履行义务不符合约定，买受人请求其承担违约责任的权利。

第六百一十二条 出卖人就交付的标的物，负有保证第三人对该标的物不享有任何权利的义务，但是法律另有规定的除外。

第六百一十三条 买受人订立合同时知道或者应当知道第三人对买卖的标的物享有权利的，出卖人不承担前条规定的义务。

第六百一十四条 买受人有确切证据证明第三人对标的物享有权利的，可以中止支付相应的价款，但是出卖人提供适当担保的除外。

第六百一十五条 出卖人应当按照约定的质量要求交付标的物。出卖人提供有关标的物质量说明的，交付的标的物应当符合该说明的质量要求。

第六百一十六条 当事人对标的物的质量要求没有约定或者约定不明确，依据本法第五百一十条的规定仍不能确定的，适用本法第五百一十一条第一项的规定。

第六百一十七条 出卖人交付的标的物不符合质量要求的，买受人可以依据本法第五百八十二条至第五百八十四条的规定请求承担违约责任。

第六百一十八条 当事人约定减轻或者免除出卖人对标的物瑕疵承担的责任，因出卖人故意或者重大过失不告知买受人标的物瑕疵的，出卖人无权主张减轻或者免除责任。

第六百一十九条　出卖人应当按照约定的包装方式交付标的物。对包装方式没有约定或者约定不明确，依据本法第五百一十条的规定仍不能确定的，应当按照通用的方式包装；没有通用方式的，应当采取足以保护标的物且有利于节约资源、保护生态环境的包装方式。

第六百二十条　买受人收到标的物时应当在约定的检验期限内检验。没有约定检验期限的，应当及时检验。

第六百二十一条　当事人约定检验期限的，买受人应当在检验期限内将标的物的数量或者质量不符合约定的情形通知出卖人。买受人怠于通知的，视为标的物的数量或者质量符合约定。

当事人没有约定检验期限的，买受人应当在发现或者应当发现标的物的数量或者质量不符合约定的合理期限内通知出卖人。买受人在合理期限内未通知或者自收到标的物之日起二年内未通知出卖人的，视为标的物的数量或者质量符合约定；但是，对标的物有质量保证期的，适用质量保证期，不适用该二年的规定。

出卖人知道或者应当知道提供的标的物不符合约定的，买受人不受前两款规定的通知时间的限制。

第六百二十二条　当事人约定的检验期限过短，根据标的物的性质和交易习惯，买受人在检验期限内难以完成全面检验的，该期限仅视为买受人对标的物的外观瑕疵提出异议的期限。

约定的检验期限或者质量保证期短于法律、行政法规规定期限的，应当以法律、行政法规规定的期限为准。

第六百二十三条　当事人对检验期限未作约定，买受人签收的送货单、确认单等载明标的物数量、型号、规格的，推定买受人已经对数量和外观瑕疵进行检验，但是有相关证据足以推翻的除外。

第六百二十四条　出卖人依照买受人的指示向第三人交付标的物，出卖人和买受人约定的检验标准与买受人和第三人约定的检验标准不一致的，以出卖人和买受人约定的检验标准为准。

第六百二十五条　依照法律、行政法规的规定或者按照当事人的约定，标的物在有效使用年限届满后应予回收的，出卖人负有自行或者委托第三人对标的物予以回收的义务。

第六百二十六条　买受人应当按照约定的数额和支付方式支付价款。对价款的数额和支付方式没有约定或者约定不明确的，适用本法第五百一十条、第五百一十一条第二项和第五项的规定。

第六百二十七条　买受人应当按照约定的地点支付价款。对支付地点没有约定或者约定不明确，依据本法第五百一十条的规定仍不能确定的，买受人应当在出卖人的营业地支付；但是，约定支付价款以交付标的物或者交付提取标的物单证为条件的，在交付标的物或者交付提取标的物单证的所在地支付。

第六百二十八条　买受人应当按照约定的时间支付价款。对支付时间没有约定或者约定不明确，依据本法第五百一十条的规定仍不能确定的，买受人应当在收到标的物或者提取标的物单证的同时支付。

第六百二十九条　出卖人多交标的物的，买受人可以接收或者拒绝接收多交的部分。买受人接收多交部分的，按照约定的价格支付价款；买受人拒绝接收多交部分的，应当及时通知出卖人。

第六百三十条　标的物在交付之前产生的孳息，归出卖人所有；交付之后产生的孳息，归买受人所有。但是，当事人另有约定的除外。

第六百三十一条　因标的物的主物不符合约定而解除合同的，解除合同的效力及于从物。因标的物的从物不符合约定被解除的，解除的效力不及于主物。

第六百三十二条 标的物为数物，其中一物不符合约定的，买受人可以就该物解除。但是，该物与他物分离使标的物的价值显受损害的，买受人可以就数物解除合同。

第六百三十三条 出卖人分批交付标的物的，出卖人对其中一批标的物不交付或者交付不符合约定，致使该批标的物不能实现合同目的的，买受人可以就该批标的物解除。

出卖人不交付其中一批标的物或者交付不符合约定，致使之后其他各批标的物的交付不能实现合同目的的，买受人可以就该批以及之后其他各批标的物解除。

买受人如果就其中一批标的物解除，该批标的物与其他各批标的物相互依存的，可以就已经交付和未交付的各批标的物解除。

第六百三十四条 分期付款的买受人未支付到期价款的数额达到全部价款的五分之一，经催告后在合理期限内仍未支付到期价款的，出卖人可以请求买受人支付全部价款或者解除合同。

出卖人解除合同的，可以向买受人请求支付该标的物的使用费。

第六百三十五条 凭样品买卖的当事人应当封存样品，并可以对样品质量予以说明。出卖人交付的标的物应当与样品及其说明的质量相同。

第六百三十六条 凭样品买卖的买受人不知道样品有隐蔽瑕疵的，即使交付的标的物与样品相同，出卖人交付的标的物的质量仍然应当符合同种物的通常标准。

第六百三十七条 试用买卖的当事人可以约定标的物的试用期限。对试用期限没有约定或者约定不明确，依据本法第五百一十条的规定仍不能确定的，由出卖人确定。

第六百三十八条 试用买卖的买受人在试用期内可以购买标的物，也可以拒绝购买。试用期限届满，买受人对是否购买标的物未作表示的，视为购买。

试用买卖的买受人在试用期内已经支付部分价款或者对标的物实施出卖、出租、设立担保物权等行为的，视为同意购买。

第六百三十九条 试用买卖的当事人对标的物使用费没有约定或者约定不明确的，出卖人无权请求买受人支付。

第六百四十条 标的物在试用期内毁损、灭失的风险由出卖人承担。

第六百四十一条 当事人可以在买卖合同中约定买受人未履行支付价款或者其他义务的，标的物的所有权属于出卖人。

出卖人对标的物保留的所有权，未经登记，不得对抗善意第三人。

第六百四十二条 当事人约定出卖人保留合同标的物的所有权，在标的物所有权转移前，买受人有下列情形之一，造成出卖人损害的，除当事人另有约定外，出卖人有权取回标的物：

（一）未按照约定支付价款，经催告后在合理期限内仍未支付；

（二）未按照约定完成特定条件；

（三）将标的物出卖、出质或者作出其他不当处分。

出卖人可以与买受人协商取回标的物；协商不成的，可以参照适用担保物权的实现程序。

第六百四十三条 出卖人依据前条第一款的规定取回标的物后，买受人在双方约定或者出卖人指定的合理回赎期限内，消除出卖人取回标的物的事由的，可以请求回赎标的物。

买受人在回赎期限内没有回赎标的物，出卖人可以以合理价格将标的物出卖给第三人，出卖所得价款扣除买受人未支付的价款以及必要费用后仍有剩余的，应当返还买受人；不足部分由买受人清偿。

第六百四十四条 招标投标买卖的当事人的权利和义务以及招标投标程序等，依照有关法律、行政法规的规定。

第六百四十五条 拍卖的当事人的权利

和义务以及拍卖程序等，依照有关法律、行政法规的规定。

第六百四十六条　法律对其他有偿合同有规定的，依照其规定；没有规定的，参照适用买卖合同的有关规定。

第六百四十七条　当事人约定易货交易，转移标的物的所有权的，参照适用买卖合同的有关规定。

第十章　供用电、水、气、热力合同

第六百四十八条　供用电合同是供电人向用电人供电，用电人支付电费的合同。

向社会公众供电的供电人，不得拒绝用电人合理的订立合同要求。

第六百四十九条　供用电合同的内容一般包括供电的方式、质量、时间，用电容量、地址、性质，计量方式，电价、电费的结算方式，供用电设施的维护责任等条款。

第六百五十条　供用电合同的履行地点，按照当事人约定；当事人没有约定或者约定不明确的，供电设施的产权分界处为履行地点。

第六百五十一条　供电人应当按照国家规定的供电质量标准和约定安全供电。供电人未按照国家规定的供电质量标准和约定安全供电，造成用电人损失的，应当承担赔偿责任。

第六百五十二条　供电人因供电设施计划检修、临时检修、依法限电或者用电人违法用电等原因，需要中断供电时，应当按照国家有关规定事先通知用电人；未事先通知用电人中断供电，造成用电人损失的，应当承担赔偿责任。

第六百五十三条　因自然灾害等原因断电，供电人应当按照国家有关规定及时抢修；未及时抢修，造成用电人损失的，应当承担赔偿责任。

第六百五十四条　用电人应当按照国家有关规定和当事人的约定及时支付电费。用电人逾期不支付电费的，应当按照约定支付违约金。经催告用电人在合理期限内仍不支付电费和违约金的，供电人可以按照国家规定的程序中止供电。

供电人依据前款规定中止供电的，应当事先通知用电人。

第六百五十五条　用电人应当按照国家有关规定和当事人的约定安全、节约和计划用电。用电人未按照国家有关规定和当事人的约定用电，造成供电人损失的，应当承担赔偿责任。

第六百五十六条　供用水、供用气、供用热力合同，参照适用供用电合同的有关规定。

第十一章　赠与合同

第六百五十七条　赠与合同是赠与人将自己的财产无偿给予受赠人，受赠人表示接受赠与的合同。

第六百五十八条　赠与人在赠与财产的权利转移之前可以撤销赠与。

经过公证的赠与合同或者依法不得撤销的具有救灾、扶贫、助残等公益、道德义务性质的赠与合同，不适用前款规定。

第六百五十九条　赠与的财产依法需要办理登记或者其他手续的，应当办理有关手续。

第六百六十条　经过公证的赠与合同或者依法不得撤销的具有救灾、扶贫、助残等公益、道德义务性质的赠与合同，赠与人不交付赠与财产的，受赠人可以请求交付。

依据前款规定应当交付的赠与财产因赠与人故意或者重大过失致使毁损、灭失的，赠与人应当承担赔偿责任。

第六百六十一条　赠与可以附义务。

赠与附义务的，受赠人应当按照约定履行义务。

第六百六十二条　赠与的财产有瑕疵的，赠与人不承担责任。附义务的赠与，赠与的财产有瑕疵的，赠与人在附义务的限度内承担与出卖人相同的责任。

赠与人故意不告知瑕疵或者保证无瑕疵，造成受赠人损失的，应当承担赔偿责任。

第六百六十三条 受赠人有下列情形之一的，赠与人可以撤销赠与：

（一）严重侵害赠与人或者赠与人近亲属的合法权益；

（二）对赠与人有扶养义务而不履行；

（三）不履行赠与合同约定的义务。

赠与人的撤销权，自知道或者应当知道撤销事由之日起一年内行使。

第六百六十四条 因受赠人的违法行为致使赠与人死亡或者丧失民事行为能力的，赠与人的继承人或者法定代理人可以撤销赠与。

赠与人的继承人或者法定代理人的撤销权，自知道或者应当知道撤销事由之日起六个月内行使。

第六百六十五条 撤销权人撤销赠与的，可以向受赠人请求返还赠与的财产。

第六百六十六条 赠与人的经济状况显著恶化，严重影响其生产经营或者家庭生活的，可以不再履行赠与义务。

第十二章 借款合同

第六百六十七条 借款合同是借款人向贷款人借款，到期返还借款并支付利息的合同。

第六百六十八条 借款合同应当采用书面形式，但是自然人之间借款另有约定的除外。

借款合同的内容一般包括借款种类、币种、用途、数额、利率、期限和还款方式等条款。

第六百六十九条 订立借款合同，借款人应当按照贷款人的要求提供与借款有关的业务活动和财务状况的真实情况。

第六百七十条 借款的利息不得预先在本金中扣除。利息预先在本金中扣除的，应当按照实际借款数额返还借款并计算利息。

第六百七十一条 贷款人未按照约定的日期、数额提供借款，造成借款人损失的，应当赔偿损失。

借款人未按照约定的日期、数额收取借款的，应当按照约定的日期、数额支付利息。

第六百七十二条 贷款人按照约定可以检查、监督借款的使用情况。借款人应当按照约定向贷款人定期提供有关财务会计报表或者其他资料。

第六百七十三条 借款人未按照约定的借款用途使用借款的，贷款人可以停止发放借款、提前收回借款或者解除合同。

第六百七十四条 借款人应当按照约定的期限支付利息。对支付利息的期限没有约定或者约定不明确，依据本法第五百一十条的规定仍不能确定，借款期间不满一年的，应当在返还借款时一并支付；借款期间一年以上的，应当在每届满一年时支付，剩余期间不满一年的，应当在返还借款时一并支付。

第六百七十五条 借款人应当按照约定的期限返还借款。对借款期限没有约定或者约定不明确，依据本法第五百一十条的规定仍不能确定的，借款人可以随时返还；贷款人可以催告借款人在合理期限内返还。

第六百七十六条 借款人未按照约定的期限返还借款的，应当按照约定或者国家有关规定支付逾期利息。

第六百七十七条 借款人提前返还借款的，除当事人另有约定外，应当按照实际借款的期间计算利息。

第六百七十八条 借款人可以在还款期限届满前向贷款人申请展期；贷款人同意的，可以展期。

第六百七十九条 自然人之间的借款合同，自贷款人提供借款时成立。

第六百八十条 禁止高利放贷，借款的利率不得违反国家有关规定。

借款合同对支付利息没有约定的，视为

没有利息。

借款合同对支付利息约定不明确，当事人不能达成补充协议的，按照当地或者当事人的交易方式、交易习惯、市场利率等因素确定利息；自然人之间借款的，视为没有利息。

第十三章　保证合同

第一节　一般规定

第六百八十一条　保证合同是为保障债权的实现，保证人和债权人约定，当债务人不履行到期债务或者发生当事人约定的情形时，保证人履行债务或者承担责任的合同。

第六百八十二条　保证合同是主债权债务合同的从合同。主债权债务合同无效的，保证合同无效，但是法律另有规定的除外。

保证合同被确认无效后，债务人、保证人、债权人有过错的，应当根据其过错各自承担相应的民事责任。

第六百八十三条　机关法人不得为保证人，但是经国务院批准为使用外国政府或者国际经济组织贷款进行转贷的除外。

以公益为目的的非营利法人、非法人组织不得为保证人。

第六百八十四条　保证合同的内容一般包括被保证的主债权的种类、数额，债务人履行债务的期限，保证的方式、范围和期间等条款。

第六百八十五条　保证合同可以是单独订立的书面合同，也可以是主债权债务合同中的保证条款。

第三人单方以书面形式向债权人作出保证，债权人接收且未提出异议的，保证合同成立。

第六百八十六条　保证的方式包括一般保证和连带责任保证。

当事人在保证合同中对保证方式没有约定或者约定不明确的，按照一般保证承担保证责任。

第六百八十七条　当事人在保证合同中约定，债务人不能履行债务时，由保证人承担保证责任的，为一般保证。

一般保证的保证人在主合同纠纷未经审判或者仲裁，并就债务人财产依法强制执行仍不能履行债务前，有权拒绝向债权人承担保证责任，但是有下列情形之一的除外：

（一）债务人下落不明，且无财产可供执行；

（二）人民法院已经受理债务人破产案件；

（三）债权人有证据证明债务人的财产不足以履行全部债务或者丧失履行债务能力；

（四）保证人书面表示放弃本款规定的权利。

第六百八十八条　当事人在保证合同中约定保证人和债务人对债务承担连带责任的，为连带责任保证。

连带责任保证的债务人不履行到期债务或者发生当事人约定的情形时，债权人可以请求债务人履行债务，也可以请求保证人在其保证范围内承担保证责任。

第六百八十九条　保证人可以要求债务人提供反担保。

第六百九十条　保证人与债权人可以协商订立最高额保证的合同，约定在最高债权额限度内就一定期间连续发生的债权提供保证。

最高额保证除适用本章规定外，参照适用本法第二编最高额抵押权的有关规定。

第二节　保证责任

第六百九十一条　保证的范围包括主债权及其利息、违约金、损害赔偿金和实现债权的费用。当事人另有约定的，按照其约定。

第六百九十二条　保证期间是确定保证人承担保证责任的期间，不发生中止、中断和延长。

债权人与保证人可以约定保证期间，但是约定的保证期间早于主债务履行期限或者与主债务履行期限同时届满的，视为没有约定；没有约定或者约定不明确的，保证期间为主债务履行期限届满之日起六个月。

债权人与债务人对主债务履行期限没有约定或者约定不明确的，保证期间自债权人请求债务人履行债务的宽限期届满之日起计算。

第六百九十三条　一般保证的债权人未在保证期间对债务人提起诉讼或者申请仲裁的，保证人不再承担保证责任。

连带责任保证的债权人未在保证期间请求保证人承担保证责任的，保证人不再承担保证责任。

第六百九十四条　一般保证的债权人在保证期间届满前对债务人提起诉讼或者申请仲裁的，从保证人拒绝承担保证责任的权利消灭之日起，开始计算保证债务的诉讼时效。

连带责任保证的债权人在保证期间届满前请求保证人承担保证责任的，从债权人请求保证人承担保证责任之日起，开始计算保证债务的诉讼时效。

第六百九十五条　债权人和债务人未经保证人书面同意，协商变更主债权债务合同内容，减轻债务的，保证人仍对变更后的债务承担保证责任；加重债务的，保证人对加重的部分不承担保证责任。

债权人和债务人变更主债权债务合同的履行期限，未经保证人书面同意的，保证期间不受影响。

第六百九十六条　债权人转让全部或者部分债权，未通知保证人的，该转让对保证人不发生效力。

保证人与债权人约定禁止债权转让，债权人未经保证人书面同意转让债权的，保证人对受让人不再承担保证责任。

第六百九十七条　债权人未经保证人书面同意，允许债务人转移全部或者部分债务，保证人对未经其同意转移的债务不再承担保证责任，但是债权人和保证人另有约定的除外。

第三人加入债务的，保证人的保证责任不受影响。

第六百九十八条　一般保证的保证人在主债务履行期限届满后，向债权人提供债务人可供执行财产的真实情况，债权人放弃或者怠于行使权利致使该财产不能被执行的，保证人在其提供可供执行财产的价值范围内不再承担保证责任。

第六百九十九条　同一债务有两个以上保证人的，保证人应当按照保证合同约定的保证份额，承担保证责任；没有约定保证份额的，债权人可以请求任何一个保证人在其保证范围内承担保证责任。

第七百条　保证人承担保证责任后，除当事人另有约定外，有权在其承担保证责任的范围内向债务人追偿，享有债权人对债务人的权利，但是不得损害债权人的利益。

第七百零一条　保证人可以主张债务人对债权人的抗辩。债务人放弃抗辩的，保证人仍有权向债权人主张抗辩。

第七百零二条　债务人对债权人享有抵销权或者撤销权的，保证人可以在相应范围内拒绝承担保证责任。

第十四章　租赁合同

第七百零三条　租赁合同是出租人将租赁物交付承租人使用、收益，承租人支付租金的合同。

第七百零四条　租赁合同的内容一般包括租赁物的名称、数量、用途、租赁期限、租金及其支付期限和方式、租赁物维修等条款。

第七百零五条　租赁期限不得超过二十年。超过二十年的，超过部分无效。

租赁期限届满，当事人可以续订租赁合同；但是，约定的租赁期限自续订之日起不得超过二十年。

第七百零六条　当事人未依照法律、行政法规规定办理租赁合同登记备案手续的，不影响合同的效力。

第七百零七条　租赁期限六个月以上的，应当采用书面形式。当事人未采用书面形式，无法确定租赁期限的，视为不定期租赁。

第七百零八条　出租人应当按照约定将租赁物交付承租人，并在租赁期限内保持租赁物符合约定的用途。

第七百零九条　承租人应当按照约定的方法使用租赁物。对租赁物的使用方法没有约定或者约定不明确，依据本法第五百一十条的规定仍不能确定的，应当根据租赁物的性质使用。

第七百一十条　承租人按照约定的方法或者根据租赁物的性质使用租赁物，致使租赁物受到损耗的，不承担赔偿责任。

第七百一十一条　承租人未按照约定的方法或者未根据租赁物的性质使用租赁物，致使租赁物受到损失的，出租人可以解除合同并请求赔偿损失。

第七百一十二条　出租人应当履行租赁物的维修义务，但是当事人另有约定的除外。

第七百一十三条　承租人在租赁物需要维修时可以请求出租人在合理期限内维修。出租人未履行维修义务的，承租人可以自行维修，维修费用由出租人负担。因维修租赁物影响承租人使用的，应当相应减少租金或者延长租期。

因承租人的过错致使租赁物需要维修的，出租人不承担前款规定的维修义务。

第七百一十四条　承租人应当妥善保管租赁物，因保管不善造成租赁物毁损、灭失的，应当承担赔偿责任。

第七百一十五条　承租人经出租人同意，可以对租赁物进行改善或者增设他物。

承租人未经出租人同意，对租赁物进行改善或者增设他物的，出租人可以请求承租人恢复原状或者赔偿损失。

第七百一十六条　承租人经出租人同意，可以将租赁物转租给第三人。承租人转租的，承租人与出租人之间的租赁合同继续有效；第三人造成租赁物损失的，承租人应当赔偿损失。

承租人未经出租人同意转租的，出租人可以解除合同。

第七百一十七条　承租人经出租人同意将租赁物转租给第三人，转租期限超过承租人剩余租赁期限的，超过部分的约定对出租人不具有法律约束力，但是出租人与承租人另有约定的除外。

第七百一十八条　出租人知道或者应当知道承租人转租，但是在六个月内未提出异议的，视为出租人同意转租。

第七百一十九条　承租人拖欠租金的，次承租人可以代承租人支付其欠付的租金和违约金，但是转租合同对出租人不具有法律约束力的除外。

次承租人代为支付的租金和违约金，可以充抵次承租人应当向承租人支付的租金；超出其应付的租金数额的，可以向承租人追偿。

第七百二十条　在租赁期限内因占有、使用租赁物获得的收益，归承租人所有，但是当事人另有约定的除外。

第七百二十一条　承租人应当按照约定的期限支付租金。对支付租金的期限没有约定或者约定不明确，依据本法第五百一十条的规定仍不能确定，租赁期限不满一年的，应当在租赁期限届满时支付；租赁期限一年以上的，应当在每届满一年时支付，剩余期限不满一年的，应当在租赁期限届满时支付。

第七百二十二条　承租人无正当理由未支付或者迟延支付租金的，出租人可以请求承租人在合理期限内支付；承租人逾期不支付的，出租人可以解除合同。

第七百二十三条　因第三人主张权利，

致使承租人不能对租赁物使用、收益的，承租人可以请求减少租金或者不支付租金。

第三人主张权利的，承租人应当及时通知出租人。

第七百二十四条 有下列情形之一，非因承租人原因致使租赁物无法使用的，承租人可以解除合同：

（一）租赁物被司法机关或者行政机关依法查封、扣押；

（二）租赁物权属有争议；

（三）租赁物具有违反法律、行政法规关于使用条件的强制性规定情形。

第七百二十五条 租赁物在承租人按照租赁合同占有期限内发生所有权变动的，不影响租赁合同的效力。

第七百二十六条 出租人出卖租赁房屋的，应当在出卖之前的合理期限内通知承租人，承租人享有以同等条件优先购买的权利；但是，房屋按份共有人行使优先购买权或者出租人将房屋出卖给近亲属的除外。

出租人履行通知义务后，承租人在十五日内未明确表示购买的，视为承租人放弃优先购买权。

第七百二十七条 出租人委托拍卖人拍卖租赁房屋的，应当在拍卖五日前通知承租人。承租人未参加拍卖的，视为放弃优先购买权。

第七百二十八条 出租人未通知承租人或者有其他妨害承租人行使优先购买权情形的，承租人可以请求出租人承担赔偿责任。但是，出租人与第三人订立的房屋买卖合同的效力不受影响。

第七百二十九条 因不可归责于承租人的事由，致使租赁物部分或者全部毁损、灭失的，承租人可以请求减少租金或者不支付租金；因租赁物部分或者全部毁损、灭失，致使不能实现合同目的的，承租人可以解除合同。

第七百三十条 当事人对租赁期限没有约定或者约定不明确，依据本法第五百一十条的规定仍不能确定的，视为不定期租赁；当事人可以随时解除合同，但是应当在合理期限之前通知对方。

第七百三十一条 租赁物危及承租人的安全或者健康的，即使承租人订立合同时明知该租赁物质量不合格，承租人仍然可以随时解除合同。

第七百三十二条 承租人在房屋租赁期限内死亡的，与其生前共同居住的人或者共同经营人可以按照原租赁合同租赁该房屋。

第七百三十三条 租赁期限届满，承租人应当返还租赁物。返还的租赁物应当符合按照约定或者根据租赁物的性质使用后的状态。

第七百三十四条 租赁期限届满，承租人继续使用租赁物，出租人没有提出异议的，原租赁合同继续有效，但是租赁期限为不定期。

租赁期限届满，房屋承租人享有以同等条件优先承租的权利。

第十五章 融资租赁合同

第七百三十五条 融资租赁合同是出租人根据承租人对出卖人、租赁物的选择，向出卖人购买租赁物，提供给承租人使用，承租人支付租金的合同。

第七百三十六条 融资租赁合同的内容一般包括租赁物的名称、数量、规格、技术性能、检验方法，租赁期限，租金构成及其支付期限和方式、币种，租赁期限届满租赁物的归属等条款。

融资租赁合同应当采用书面形式。

第七百三十七条 当事人以虚构租赁物方式订立的融资租赁合同无效。

第七百三十八条 依照法律、行政法规的规定，对于租赁物的经营使用应当取得行政许可的，出租人未取得行政许可不影响融资租赁合同的效力。

第七百三十九条 出租人根据承租人对出卖人、租赁物的选择订立的买卖合同，出卖人应当按照约定向承租人交付标的物，承租人享有与受领标的物有关的买受人的权利。

第七百四十条　出卖人违反向承租人交付标的物的义务，有下列情形之一的，承租人可以拒绝受领出卖人向其交付的标的物：

（一）标的物严重不符合约定；

（二）未按照约定交付标的物，经承租人或者出租人催告后在合理期限内仍未交付。

承租人拒绝受领标的物的，应当及时通知出租人。

第七百四十一条　出租人、出卖人、承租人可以约定，出卖人不履行买卖合同义务的，由承租人行使索赔的权利。承租人行使索赔权利的，出租人应当协助。

第七百四十二条　承租人对出卖人行使索赔权利，不影响其履行支付租金的义务。但是，承租人依赖出租人的技能确定租赁物或者出租人干预选择租赁物的，承租人可以请求减免相应租金。

第七百四十三条　出租人有下列情形之一，致使承租人对出卖人行使索赔权利失败的，承租人有权请求出租人承担相应的责任：

（一）明知租赁物有质量瑕疵而不告知承租人；

（二）承租人行使索赔权利时，未及时提供必要协助。

出租人怠于行使只能由其对出卖人行使的索赔权利，造成承租人损失的，承租人有权请求出租人承担赔偿责任。

第七百四十四条　出租人根据承租人对出卖人、租赁物的选择订立的买卖合同，未经承租人同意，出租人不得变更与承租人有关的合同内容。

第七百四十五条　出租人对租赁物享有的所有权，未经登记，不得对抗善意第三人。

第七百四十六条　融资租赁合同的租金，除当事人另有约定外，应当根据购买租赁物的大部分或者全部成本以及出租人的合理利润确定。

第七百四十七条　租赁物不符合约定或者不符合使用目的的，出租人不承担责任。但是，承租人依赖出租人的技能确定租赁物或者出租人干预选择租赁物的除外。

第七百四十八条　出租人应当保证承租人对租赁物的占有和使用。

出租人有下列情形之一的，承租人有权请求其赔偿损失：

（一）无正当理由收回租赁物；

（二）无正当理由妨碍、干扰承租人对租赁物的占有和使用；

（三）因出租人的原因致使第三人对租赁物主张权利；

（四）不当影响承租人对租赁物占有和使用的其他情形。

第七百四十九条　承租人占有租赁物期间，租赁物造成第三人人身损害或者财产损失的，出租人不承担责任。

第七百五十条　承租人应当妥善保管、使用租赁物。

承租人应当履行占有租赁物期间的维修义务。

第七百五十一条　承租人占有租赁物期间，租赁物毁损、灭失的，出租人有权请求承租人继续支付租金，但是法律另有规定或者当事人另有约定的除外。

第七百五十二条　承租人应当按照约定支付租金。承租人经催告后在合理期限内仍不支付租金的，出租人可以请求支付全部租金；也可以解除合同，收回租赁物。

第七百五十三条　承租人未经出租人同意，将租赁物转让、抵押、质押、投资入股或者以其他方式处分的，出租人可以解除融资租赁合同。

第七百五十四条　有下列情形之一的，出租人或者承租人可以解除融资租赁合同：

（一）出租人与出卖人订立的买卖合同

解除、被确认无效或者被撤销，且未能重新订立买卖合同；

（二）租赁物因不可归责于当事人的原因毁损、灭失，且不能修复或者确定替代物；

（三）因出卖人的原因致使融资租赁合同的目的不能实现。

第七百五十五条 融资租赁合同因买卖合同解除、被确认无效或者被撤销而解除，出卖人、租赁物系由承租人选择的，出租人有权请求承租人赔偿相应损失；但是，因出租人原因致使买卖合同解除、被确认无效或者被撤销的除外。

出租人的损失已经在买卖合同解除、被确认无效或者被撤销时获得赔偿的，承租人不再承担相应的赔偿责任。

第七百五十六条 融资租赁合同因租赁物交付承租人后意外毁损、灭失等不可归责于当事人的原因解除的，出租人可以请求承租人按照租赁物折旧情况给予补偿。

第七百五十七条 出租人和承租人可以约定租赁期限届满租赁物的归属；对租赁物的归属没有约定或者约定不明确，依据本法第五百一十条的规定仍不能确定的，租赁物的所有权归出租人。

第七百五十八条 当事人约定租赁期限届满租赁物归承租人所有，承租人已经支付大部分租金，但是无力支付剩余租金，出租人因此解除合同收回租赁物，收回的租赁物的价值超过承租人欠付的租金以及其他费用的，承租人可以请求相应返还。

当事人约定租赁期限届满租赁物归出租人所有，因租赁物毁损、灭失或者附合、混合于他物致使承租人不能返还的，出租人有权请求承租人给予合理补偿。

第七百五十九条 当事人约定租赁期限届满，承租人仅需向出租人支付象征性价款的，视为约定的租金义务履行完毕后租赁物的所有权归承租人。

第七百六十条 融资租赁合同无效，当事人就该情形下租赁物的归属有约定的，按照其约定；没有约定或者约定不明确的，租赁物应当返还出租人。但是，因承租人原因致使合同无效，出租人不请求返还或者返还后会显著降低租赁物效用的，租赁物的所有权归承租人，由承租人给予出租人合理补偿。

第十六章　保理合同

第七百六十一条 保理合同是应收账款债权人将现有的或者将有的应收账款转让给保理人，保理人提供资金融通、应收账款管理或者催收、应收账款债务人付款担保等服务的合同。

第七百六十二条 保理合同的内容一般包括业务类型、服务范围、服务期限、基础交易合同情况、应收账款信息、保理融资款或者服务报酬及其支付方式等条款。

保理合同应当采用书面形式。

第七百六十三条 应收账款债权人与债务人虚构应收账款作为转让标的，与保理人订立保理合同的，应收账款债务人不得以应收账款不存在为由对抗保理人，但是保理人明知虚构的除外。

第七百六十四条 保理人向应收账款债务人发出应收账款转让通知的，应当表明保理人身份并附有必要凭证。

第七百六十五条 应收账款债务人接到应收账款转让通知后，应收账款债权人与债务人无正当理由协商变更或者终止基础交易合同，对保理人产生不利影响的，对保理人不发生效力。

第七百六十六条 当事人约定有追索权保理的，保理人可以向应收账款债权人主张返还保理融资款本息或者回购应收账款债权，也可以向应收账款债务人主张应收账款债权。保理人向应收账款债务人主张应收账款债权，在扣除保理融资款本息和相关费用后有剩余的，剩余部分应当返还给应收账款债权人。

第七百六十七条　当事人约定无追索权保理的，保理人应当向应收账款债务人主张应收账款债权，保理人取得超过保理融资款本息和相关费用的部分，无需向应收账款债权人返还。

第七百六十八条　应收账款债权人就同一应收账款订立多个保理合同，致使多个保理人主张权利的，已经登记的先于未登记的取得应收账款；均已经登记的，按照登记时间的先后顺序取得应收账款；均未登记的，由最先到达应收账款债务人的转让通知中载明的保理人取得应收账款；既未登记也未通知的，按照保理融资款或者服务报酬的比例取得应收账款。

第七百六十九条　本章没有规定的，适用本编第六章债权转让的有关规定。

第十七章　承揽合同

第七百七十条　承揽合同是承揽人按照定作人的要求完成工作，交付工作成果，定作人支付报酬的合同。

承揽包括加工、定作、修理、复制、测试、检验等工作。

第七百七十一条　承揽合同的内容一般包括承揽的标的、数量、质量、报酬，承揽方式，材料的提供，履行期限，验收标准和方法等条款。

第七百七十二条　承揽人应当以自己的设备、技术和劳力，完成主要工作，但是当事人另有约定的除外。

承揽人将其承揽的主要工作交由第三人完成的，应当就该第三人完成的工作成果向定作人负责；未经定作人同意的，定作人也可以解除合同。

第七百七十三条　承揽人可以将其承揽的辅助工作交由第三人完成。承揽人将其承揽的辅助工作交由第三人完成的，应当就该第三人完成的工作成果向定作人负责。

第七百七十四条　承揽人提供材料的，应当按照约定选用材料，并接受定作人检验。

第七百七十五条　定作人提供材料的，应当按照约定提供材料。承揽人对定作人提供的材料应当及时检验，发现不符合约定时，应当及时通知定作人更换、补齐或者采取其他补救措施。

承揽人不得擅自更换定作人提供的材料，不得更换不需要修理的零部件。

第七百七十六条　承揽人发现定作人提供的图纸或者技术要求不合理的，应当及时通知定作人。因定作人怠于答复等原因造成承揽人损失的，应当赔偿损失。

第七百七十七条　定作人中途变更承揽工作的要求，造成承揽人损失的，应当赔偿损失。

第七百七十八条　承揽工作需要定作人协助的，定作人有协助的义务。定作人不履行协助义务致使承揽工作不能完成的，承揽人可以催告定作人在合理期限内履行义务，并可以顺延履行期限；定作人逾期不履行的，承揽人可以解除合同。

第七百七十九条　承揽人在工作期间，应当接受定作人必要的监督检验。定作人不得因监督检验妨碍承揽人的正常工作。

第七百八十条　承揽人完成工作的，应当向定作人交付工作成果，并提交必要的技术资料和有关质量证明。定作人应当验收该工作成果。

第七百八十一条　承揽人交付的工作成果不符合质量要求的，定作人可以合理选择请求承揽人承担修理、重作、减少报酬、赔偿损失等违约责任。

第七百八十二条　定作人应当按照约定的期限支付报酬。对支付报酬的期限没有约定或者约定不明确，依据本法第五百一十条的规定仍不能确定的，定作人应当在承揽人交付工作成果时支付；工作成果部分交付的，定作人应当相应支付。

第七百八十三条　定作人未向承揽人支付报酬或者材料费等价款的，承揽人对完成的工作成果享有留置权或者有权拒绝交付，但是当事人另有约定的除外。

第七百八十四条 承揽人应当妥善保管定作人提供的材料以及完成的工作成果，因保管不善造成毁损、灭失的，应当承担赔偿责任。

第七百八十五条 承揽人应当按照定作人的要求保守秘密，未经定作人许可，不得留存复制品或者技术资料。

第七百八十六条 共同承揽人对定作人承担连带责任，但是当事人另有约定的除外。

第七百八十七条 定作人在承揽人完成工作前可以随时解除合同，造成承揽人损失的，应当赔偿损失。

第十八章 建设工程合同

第七百八十八条 建设工程合同是承包人进行工程建设，发包人支付价款的合同。

建设工程合同包括工程勘察、设计、施工合同。

第七百八十九条 建设工程合同应当采用书面形式。

第七百九十条 建设工程的招标投标活动，应当依照有关法律的规定公开、公平、公正进行。

第七百九十一条 发包人可以与总承包人订立建设工程合同，也可以分别与勘察人、设计人、施工人订立勘察、设计、施工承包合同。发包人不得将应当由一个承包人完成的建设工程支解成若干部分发包给数个承包人。

总承包人或者勘察、设计、施工承包人经发包人同意，可以将自己承包的部分工作交由第三人完成。第三人就其完成的工作成果与总承包人或者勘察、设计、施工承包人向发包人承担连带责任。承包人不得将其承包的全部建设工程转包给第三人或者将其承包的全部建设工程支解以后以分包的名义分别转包给第三人。

禁止承包人将工程分包给不具备相应资质条件的单位。禁止分包单位将其承包的工程再分包。建设工程主体结构的施工必须由承包人自行完成。

第七百九十二条 国家重大建设工程合同，应当按照国家规定的程序和国家批准的投资计划、可行性研究报告等文件订立。

第七百九十三条 建设工程施工合同无效，但是建设工程经验收合格的，可以参照合同关于工程价款的约定折价补偿承包人。

建设工程施工合同无效，且建设工程经验收不合格的，按照以下情形处理：

（一）修复后的建设工程经验收合格的，发包人可以请求承包人承担修复费用；

（二）修复后的建设工程经验收不合格的，承包人无权请求参照合同关于工程价款的约定折价补偿。

发包人对因建设工程不合格造成的损失有过错的，应当承担相应的责任。

第七百九十四条 勘察、设计合同的内容一般包括提交有关基础资料和概预算等文件的期限、质量要求、费用以及其他协作条件等条款。

第七百九十五条 施工合同的内容一般包括工程范围、建设工期、中间交工工程的开工和竣工时间、工程质量、工程造价、技术资料交付时间、材料和设备供应责任、拨款和结算、竣工验收、质量保修范围和质量保证期、相互协作等条款。

第七百九十六条 建设工程实行监理的，发包人应当与监理人采用书面形式订立委托监理合同。发包人与监理人的权利和义务以及法律责任，应当依照本编委托合同以及其他有关法律、行政法规的规定。

第七百九十七条 发包人在不妨碍承包人正常作业的情况下，可以随时对作业进度、质量进行检查。

第七百九十八条 隐蔽工程在隐蔽以前，承包人应当通知发包人检查。发包人没有及时检查的，承包人可以顺延工程日期，并有权请求赔偿停工、窝工等损失。

第七百九十九条　建设工程竣工后，发包人应当根据施工图纸及说明书、国家颁发的施工验收规范和质量检验标准及时进行验收。验收合格的，发包人应当按照约定支付价款，并接收该建设工程。

建设工程竣工经验收合格后，方可交付使用；未经验收或者验收不合格的，不得交付使用。

第八百条　勘察、设计的质量不符合要求或者未按照期限提交勘察、设计文件拖延工期，造成发包人损失的，勘察人、设计人应当继续完善勘察、设计，减收或者免收勘察、设计费并赔偿损失。

第八百零一条　因施工人的原因致使建设工程质量不符合约定的，发包人有权请求施工人在合理期限内无偿修理或者返工、改建。经过修理或者返工、改建后，造成逾期交付的，施工人应当承担违约责任。

第八百零二条　因承包人的原因致使建设工程在合理使用期限内造成人身损害和财产损失的，承包人应当承担赔偿责任。

第八百零三条　发包人未按照约定的时间和要求提供原材料、设备、场地、资金、技术资料的，承包人可以顺延工程日期，并有权请求赔偿停工、窝工等损失。

第八百零四条　因发包人的原因致使工程中途停建、缓建的，发包人应当采取措施弥补或者减少损失，赔偿承包人因此造成的停工、窝工、倒运、机械设备调迁、材料和构件积压等损失和实际费用。

第八百零五条　因发包人变更计划，提供的资料不准确，或者未按照期限提供必需的勘察、设计工作条件而造成勘察、设计的返工、停工或者修改设计，发包人应当按照勘察人、设计人实际消耗的工作量增付费用。

第八百零六条　承包人将建设工程转包、违法分包的，发包人可以解除合同。

发包人提供的主要建筑材料、建筑构配件和设备不符合强制性标准或者不履行协助义务，致使承包人无法施工，经催告后在合理期限内仍未履行相应义务的，承包人可以解除合同。

合同解除后，已经完成的建设工程质量合格的，发包人应当按照约定支付相应的工程价款；已经完成的建设工程质量不合格的，参照本法第七百九十三条的规定处理。

第八百零七条　发包人未按照约定支付价款的，承包人可以催告发包人在合理期限内支付价款。发包人逾期不支付的，除根据建设工程的性质不宜折价、拍卖外，承包人可以与发包人协议将该工程折价，也可以请求人民法院将该工程依法拍卖。建设工程的价款就该工程折价或者拍卖的价款优先受偿。

第八百零八条　本章没有规定的，适用承揽合同的有关规定。

第十九章　运输合同

第一节　一般规定

第八百零九条　运输合同是承运人将旅客或者货物从起运地点运输到约定地点，旅客、托运人或者收货人支付票款或者运输费用的合同。

第八百一十条　从事公共运输的承运人不得拒绝旅客、托运人通常、合理的运输要求。

第八百一十一条　承运人应当在约定期限或者合理期限内将旅客、货物安全运输到约定地点。

第八百一十二条　承运人应当按照约定的或者通常的运输路线将旅客、货物运输到约定地点。

第八百一十三条　旅客、托运人或者收货人应当支付票款或者运输费用。承运人未按照约定路线或者通常路线运输增加票款或者运输费用的，旅客、托运人或者收货人可以拒绝支付增加部分的票款或者运输费用。

第二节 客运合同

第八百一十四条 客运合同自承运人向旅客出具客票时成立，但是当事人另有约定或者另有交易习惯的除外。

第八百一十五条 旅客应当按照有效客票记载的时间、班次和座位号乘坐。旅客无票乘坐、超程乘坐、越级乘坐或者持不符合减价条件的优惠客票乘坐的，应当补交票款，承运人可以按照规定加收票款；旅客不支付票款的，承运人可以拒绝运输。

实名制客运合同的旅客丢失客票的，可以请求承运人挂失补办，承运人不得再次收取票款和其他不合理费用。

第八百一十六条 旅客因自己的原因不能按照客票记载的时间乘坐的，应当在约定的期限内办理退票或者变更手续；逾期办理的，承运人可以不退票款，并不再承担运输义务。

第八百一十七条 旅客随身携带行李应当符合约定的限量和品类要求；超过限量或者违反品类要求携带行李的，应当办理托运手续。

第八百一十八条 旅客不得随身携带或者在行李中夹带易燃、易爆、有毒、有腐蚀性、有放射性以及可能危及运输工具上人身和财产安全的危险物品或者违禁物品。

旅客违反前款规定的，承运人可以将危险物品或者违禁物品卸下、销毁或者送交有关部门。旅客坚持携带或者夹带危险物品或者违禁物品的，承运人应当拒绝运输。

第八百一十九条 承运人应当严格履行安全运输义务，及时告知旅客安全运输应当注意的事项。旅客对承运人为安全运输所作的合理安排应当积极协助和配合。

第八百二十条 承运人应当按照有效客票记载的时间、班次和座位号运输旅客。承运人迟延运输或者有其他不能正常运输情形的，应当及时告知和提醒旅客，采取必要的安置措施，并根据旅客的要求安排改乘其他班次或者退票；由此造成旅客损失的，承运人应当承担赔偿责任，但是不可归责于承运人的除外。

第八百二十一条 承运人擅自降低服务标准的，应当根据旅客的请求退票或者减收票款；提高服务标准的，不得加收票款。

第八百二十二条 承运人在运输过程中，应当尽力救助患有急病、分娩、遇险的旅客。

第八百二十三条 承运人应当对运输过程中旅客的伤亡承担赔偿责任；但是，伤亡是旅客自身健康原因造成的或者承运人证明伤亡是旅客故意、重大过失造成的除外。

前款规定适用于按照规定免票、持优待票或者经承运人许可搭乘的无票旅客。

第八百二十四条 在运输过程中旅客随身携带物品毁损、灭失，承运人有过错的，应当承担赔偿责任。

旅客托运的行李毁损、灭失的，适用货物运输的有关规定。

第三节 货运合同

第八百二十五条 托运人办理货物运输，应当向承运人准确表明收货人的姓名、名称或者凭指示的收货人，货物的名称、性质、重量、数量，收货地点等有关货物运输的必要情况。

因托运人申报不实或者遗漏重要情况，造成承运人损失的，托运人应当承担赔偿责任。

第八百二十六条 货物运输需要办理审批、检验等手续的，托运人应当将办理完有关手续的文件提交承运人。

第八百二十七条 托运人应当按照约定的方式包装货物。对包装方式没有约定或者约定不明确的，适用本法第六百一十九条的规定。

托运人违反前款规定的，承运人可以拒绝运输。

第八百二十八条 托运人托运易燃、易爆、有毒、有腐蚀性、有放射性等危险物品的，应当按照国家有关危险物品运输的规定对危险物品妥善包装，做出危险物品标志和标签，并将有关危险物品的名称、性质和防范措施的书面材料提交承运人。

托运人违反前款规定的，承运人可以拒绝运输，也可以采取相应措施以避免损失的发生，因此产生的费用由托运人负担。

第八百二十九条　在承运人将货物交付收货人之前，托运人可以要求承运人中止运输、返还货物、变更到达地或者将货物交给其他收货人，但是应当赔偿承运人因此受到的损失。

第八百三十条　货物运输到达后，承运人知道收货人的，应当及时通知收货人，收货人应当及时提货。收货人逾期提货的，应当向承运人支付保管费等费用。

第八百三十一条　收货人提货时应当按照约定的期限检验货物。对检验货物的期限没有约定或者约定不明确，依据本法第五百一十条的规定仍不能确定的，应当在合理期限内检验货物。收货人在约定的期限或者合理期限内对货物的数量、毁损等未提出异议的，视为承运人已经按照运输单证的记载交付的初步证据。

第八百三十二条　承运人对运输过程中货物的毁损、灭失承担赔偿责任。但是，承运人证明货物的毁损、灭失是因不可抗力、货物本身的自然性质或者合理损耗以及托运人、收货人的过错造成的，不承担赔偿责任。

第八百三十三条　货物的毁损、灭失的赔偿额，当事人有约定的，按照其约定；没有约定或者约定不明确，依据本法第五百一十条的规定仍不能确定的，按照交付或者应当交付时货物到达地的市场价格计算。法律、行政法规对赔偿额的计算方法和赔偿限额另有规定的，依照其规定。

第八百三十四条　两个以上承运人以同一运输方式联运的，与托运人订立合同的承运人应当对全程运输承担责任；损失发生在某一运输区段的，与托运人订立合同的承运人和该区段的承运人承担连带责任。

第八百三十五条　货物在运输过程中因不可抗力灭失，未收取运费的，承运人不得请求支付运费；已经收取运费的，托运人可以请求返还。法律另有规定的，依照其规定。

第八百三十六条　托运人或者收货人不支付运费、保管费或者其他费用的，承运人对相应的运输货物享有留置权，但是当事人另有约定的除外。

第八百三十七条　收货人不明或者收货人无正当理由拒绝受领货物的，承运人依法可以提存货物。

第四节　多式联运合同

第八百三十八条　多式联运经营人负责履行或者组织履行多式联运合同，对全程运输享有承运人的权利，承担承运人的义务。

第八百三十九条　多式联运经营人可以与参加多式联运的各区段承运人就多式联运合同的各区段运输约定相互之间的责任；但是，该约定不影响多式联运经营人对全程运输承担的义务。

第八百四十条　多式联运经营人收到托运人交付的货物时，应当签发多式联运单据。按照托运人的要求，多式联运单据可以是可转让单据，也可以是不可转让单据。

第八百四十一条　因托运人托运货物时的过错造成多式联运经营人损失的，即使托运人已经转让多式联运单据，托运人仍然应当承担赔偿责任。

第八百四十二条　货物的毁损、灭失发生于多式联运的某一运输区段的，多式联运经营人的赔偿责任和责任限额，适用调整该区段运输方式的有关法律规定；货物毁损、灭失发生的运输区段不能确定的，依照本章规定承担赔偿责任。

第二十章　技术合同

第一节　一般规定

第八百四十三条　技术合同是当事人就技术开发、转让、许可、咨询或者服务订立的确立相互之间权利和义务的合同。

第八百四十四条　订立技术合同，应当有利于知识产权的保护和科学技术的进步，促进科学技术成果的研发、转化、应用和推广。

第八百四十五条　技术合同的内容一般包括项目的名称，标的的内容、范围和要求，履行的计划、地点和方式，技术信息和资料的保密，技术成果的归属和收益的分配办法，验收标准和方法，名词和术语的解释等条款。

与履行合同有关的技术背景资料、可行性论证和技术评价报告、项目任务书和计划书、技术标准、技术规范、原始设计和工艺文件，以及其他技术文档，按照当事人的约定可以作为合同的组成部分。

技术合同涉及专利的，应当注明发明创造的名称、专利申请人和专利权人、申请日期、申请号、专利号以及专利权的有效期限。

第八百四十六条　技术合同价款、报酬或者使用费的支付方式由当事人约定，可以采取一次总算、一次总付或者一次总算、分期支付，也可以采取提成支付或者提成支付附加预付入门费的方式。

约定提成支付的，可以按照产品价格、实施专利和使用技术秘密后新增的产值、利润或者产品销售额的一定比例提成，也可以按照约定的其他方式计算。提成支付的比例可以采取固定比例、逐年递增比例或者逐年递减比例。

约定提成支付的，当事人可以约定查阅有关会计账目的办法。

第八百四十七条　职务技术成果的使用权、转让权属于法人或者非法人组织的，法人或者非法人组织可以就该项职务技术成果订立技术合同。法人或者非法人组织订立技术合同转让职务技术成果时，职务技术成果的完成人享有以同等条件优先受让的权利。

职务技术成果是执行法人或者非法人组织的工作任务，或者主要是利用法人或者非法人组织的物质技术条件所完成的技术成果。

第八百四十八条　非职务技术成果的使用权、转让权属于完成技术成果的个人，完成技术成果的个人可以就该项非职务技术成果订立技术合同。

第八百四十九条　完成技术成果的个人享有在有关技术成果文件上写明自己是技术成果完成者的权利和取得荣誉证书、奖励的权利。

第八百五十条　非法垄断技术或者侵害他人技术成果的技术合同无效。

第二节　技术开发合同

第八百五十一条　技术开发合同是当事人之间就新技术、新产品、新工艺、新品种或者新材料及其系统的研究开发所订立的合同。

技术开发合同包括委托开发合同和合作开发合同。

技术开发合同应当采用书面形式。

当事人之间就具有实用价值的科技成果实施转化订立的合同，参照适用技术开发合同的有关规定。

第八百五十二条　委托开发合同的委托人应当按照约定支付研究开发经费和报酬，提供技术资料，提出研究开发要求，完成协作事项，接受研究开发成果。

第八百五十三条　委托开发合同的研究开发人应当按照约定制定和实施研究开发计划，合理使用研究开发经费，按期完成研究开发工作，交付研究开发成果，提供有关的技术资料和必要的技术指导，帮助委托人掌握研究开发成果。

第八百五十四条　委托开发合同的当事人违反约定造成研究开发工作停滞、延误或者失败的，应当承担违约责任。

第八百五十五条　合作开发合同的当事人应当按照约定进行投资，包括以技术进行投资，分工参与研究开发工作，协作配合研究开发工作。

第八百五十六条　合作开发合同的当事人违反约定造成研究开发工作停滞、延误或者失败的，应当承担违约责任。

第八百五十七条　作为技术开发合同标的的技术已经由他人公开，致使技术开发合同的履行没有意义的，当事人可以解除合同。

第八百五十八条　技术开发合同履行过程中，因出现无法克服的技术困难，致使研究开发失败或者部分失败的，该风险由当事人约定；没有约定或者约定不明确，依据本法第五百一十条的规定仍不能确定的，风险由当事人合理分担。

当事人一方发现前款规定的可能致使研究开发失败或者部分失败的情形时，应当及时通知另一方并采取适当措施减少损失；没有及时通知并采取适当措施，致使损失扩大的，应当就扩大的损失承担责任。

第八百五十九条　委托开发完成的发明创造，除法律另有规定或者当事人另有约定外，申请专利的权利属于研究开发人。研究开发人取得专利权的，委托人可以依法实施该专利。

研究开发人转让专利申请权的，委托人享有以同等条件优先受让的权利。

第八百六十条　合作开发完成的发明创造，申请专利的权利属于合作开发的当事人共有；当事人一方转让其共有的专利申请权的，其他各方享有以同等条件优先受让的权利。但是，当事人另有约定的除外。

合作开发的当事人一方声明放弃其共有的专利申请权的，除当事人另有约定外，可以由另一方单独申请或者由其他各方共同申请。申请人取得专利权的，放弃专利申请权的一方可以免费实施该专利。

合作开发的当事人一方不同意申请专利的，另一方或者其他各方不得申请专利。

第八百六十一条　委托开发或者合作开发完成的技术秘密成果的使用权、转让权以及收益的分配办法，由当事人约定；没有约定或者约定不明确，依据本法第五百一十条的规定仍不能确定的，在没有相同技术方案被授予专利权前，当事人均有使用和转让的权利。但是，委托开发的研究开发人不得在向委托人交付研究开发成果之前，将研究开发成果转让给第三人。

第三节　技术转让合同和技术许可合同

第八百六十二条　技术转让合同是合法拥有技术的权利人，将现有特定的专利、专利申请、技术秘密的相关权利让与他人所订立的合同。

技术许可合同是合法拥有技术的权利人，将现有特定的专利、技术秘密的相关权利许可他人实施、使用所订立的合同。

技术转让合同和技术许可合同中关于提供实施技术的专用设备、原材料或者提供有关的技术咨询、技术服务的约定，属于合同的组成部分。

第八百六十三条　技术转让合同包括专利权转让、专利申请权转让、技术秘密转让等合同。

技术许可合同包括专利实施许可、技术秘密使用许可等合同。

技术转让合同和技术许可合同应当采用书面形式。

第八百六十四条　技术转让合同和技术许可合同可以约定实施专利或者使用技术秘密的范围，但是不得限制技术竞争和技术发展。

第八百六十五条　专利实施许可合同仅在该专利权的存续期限内有效。专利权有效期限届满或者专利权被宣告无效的，专利权人不得就该专利与他人订立专利实施许可合同。

第八百六十六条 专利实施许可合同的许可人应当按照约定许可被许可人实施专利，交付实施专利有关的技术资料，提供必要的技术指导。

第八百六十七条 专利实施许可合同的被许可人应当按照约定实施专利，不得许可约定以外的第三人实施该专利，并按照约定支付使用费。

第八百六十八条 技术秘密转让合同的让与人和技术秘密使用许可合同的许可人应当按照约定提供技术资料，进行技术指导，保证技术的实用性、可靠性，承担保密义务。

前款规定的保密义务，不限制许可人申请专利，但是当事人另有约定的除外。

第八百六十九条 技术秘密转让合同的受让人和技术秘密使用许可合同的被许可人应当按照约定使用技术，支付转让费、使用费，承担保密义务。

第八百七十条 技术转让合同的让与人和技术许可合同的许可人应当保证自己是所提供的技术的合法拥有者，并保证所提供的技术完整、无误、有效，能够达到约定的目标。

第八百七十一条 技术转让合同的受让人和技术许可合同的被许可人应当按照约定的范围和期限，对让与人、许可人提供的技术中尚未公开的秘密部分，承担保密义务。

第八百七十二条 许可人未按照约定许可技术的，应当返还部分或者全部使用费，并应当承担违约责任；实施专利或者使用技术秘密超越约定的范围的，违反约定擅自许可第三人实施该项专利或者使用该项技术秘密的，应当停止违约行为，承担违约责任；违反约定的保密义务的，应当承担违约责任。

让与人承担违约责任，参照适用前款规定。

第八百七十三条 被许可人未按照约定支付使用费的，应当补交使用费并按照约定支付违约金；不补交使用费或者支付违约金的，应当停止实施专利或者使用技术秘密，交还技术资料，承担违约责任；实施专利或者使用技术秘密超越约定的范围的，未经许可人同意擅自许可第三人实施该专利或者使用该技术秘密的，应当停止违约行为，承担违约责任；违反约定的保密义务的，应当承担违约责任。

受让人承担违约责任，参照适用前款规定。

第八百七十四条 受让人或者被许可人按照约定实施专利、使用技术秘密侵害他人合法权益的，由让与人或者许可人承担责任，但是当事人另有约定的除外。

第八百七十五条 当事人可以按照互利的原则，在合同中约定实施专利、使用技术秘密后续改进的技术成果的分享办法；没有约定或者约定不明确，依据本法第五百一十条的规定仍不能确定的，一方后续改进的技术成果，其他各方无权分享。

第八百七十六条 集成电路布图设计专有权、植物新品种权、计算机软件著作权等其他知识产权的转让和许可，参照适用本节的有关规定。

第八百七十七条 法律、行政法规对技术进出口合同或者专利、专利申请合同另有规定的，依照其规定。

第四节 技术咨询合同和技术服务合同

第八百七十八条 技术咨询合同是当事人一方以技术知识为对方就特定技术项目提供可行性论证、技术预测、专题技术调查、分析评价报告等所订立的合同。

技术服务合同是当事人一方以技术知识为对方解决特定技术问题所订立的合同，不包括承揽合同和建设工程合同。

第八百七十九条 技术咨询合同的委托

人应当按照约定阐明咨询的问题，提供技术背景材料及有关技术资料，接受受托人的工作成果，支付报酬。

第八百八十条　技术咨询合同的受托人应当按照约定的期限完成咨询报告或者解答问题，提出的咨询报告应当达到约定的要求。

第八百八十一条　技术咨询合同的委托人未按照约定提供必要的资料，影响工作进度和质量，不接受或者逾期接受工作成果的，支付的报酬不得追回，未支付的报酬应当支付。

技术咨询合同的受托人未按期提出咨询报告或者提出的咨询报告不符合约定的，应当承担减收或者免收报酬等违约责任。

技术咨询合同的委托人按照受托人符合约定要求的咨询报告和意见作出决策所造成的损失，由委托人承担，但是当事人另有约定的除外。

第八百八十二条　技术服务合同的委托人应当按照约定提供工作条件，完成配合事项，接受工作成果并支付报酬。

第八百八十三条　技术服务合同的受托人应当按照约定完成服务项目，解决技术问题，保证工作质量，并传授解决技术问题的知识。

第八百八十四条　技术服务合同的委托人不履行合同义务或者履行合同义务不符合约定，影响工作进度和质量，不接受或者逾期接受工作成果的，支付的报酬不得追回，未支付的报酬应当支付。

技术服务合同的受托人未按照约定完成服务工作的，应当承担免收报酬等违约责任。

第八百八十五条　技术咨询合同、技术服务合同履行过程中，受托人利用委托人提供的技术资料和工作条件完成的新的技术成果，属于受托人。委托人利用受托人的工作成果完成的新的技术成果，属于委托人。当事人另有约定的，按照其约定。

第八百八十六条　技术咨询合同和技术服务合同对受托人正常开展工作所需费用的负担没有约定或者约定不明确的，由受托人负担。

第八百八十七条　法律、行政法规对技术中介合同、技术培训合同另有规定的，依照其规定。

第二十一章　保管合同

第八百八十八条　保管合同是保管人保管寄存人交付的保管物，并返还该物的合同。

寄存人到保管人处从事购物、就餐、住宿等活动，将物品存放在指定场所的，视为保管，但是当事人另有约定或者另有交易习惯的除外。

第八百八十九条　寄存人应当按照约定向保管人支付保管费。

当事人对保管费没有约定或者约定不明确，依据本法第五百一十条的规定仍不能确定的，视为无偿保管。

第八百九十条　保管合同自保管物交付时成立，但是当事人另有约定的除外。

第八百九十一条　寄存人向保管人交付保管物的，保管人应当出具保管凭证，但是另有交易习惯的除外。

第八百九十二条　保管人应当妥善保管保管物。

当事人可以约定保管场所或者方法。除紧急情况或者为维护寄存人利益外，不得擅自改变保管场所或者方法。

第八百九十三条　寄存人交付的保管物有瑕疵或者根据保管物的性质需要采取特殊保管措施的，寄存人应当将有关情况告知保管人。寄存人未告知，致使保管物受损失的，保管人不承担赔偿责任；保管人因此受损失的，除保管人知道或者应当知道且未采取补救措施外，寄存人应当承担赔偿责任。

第八百九十四条　保管人不得将保管物转交第三人保管，但是当事人另有约定的除外。

保管人违反前款规定，将保管物转交第三人保管，造成保管物损失的，应当承担赔偿责任。

第八百九十五条 保管人不得使用或者许可第三人使用保管物，但是当事人另有约定的除外。

第八百九十六条 第三人对保管物主张权利的，除依法对保管物采取保全或者执行措施外，保管人应当履行向寄存人返还保管物的义务。

第三人对保管人提起诉讼或者对保管物申请扣押的，保管人应当及时通知寄存人。

第八百九十七条 保管期内，因保管人保管不善造成保管物毁损、灭失的，保管人应当承担赔偿责任。但是，无偿保管人证明自己没有故意或者重大过失的，不承担赔偿责任。

第八百九十八条 寄存人寄存货币、有价证券或者其他贵重物品的，应当向保管人声明，由保管人验收或者封存；寄存人未声明的，该物品毁损、灭失后，保管人可以按照一般物品予以赔偿。

第八百九十九条 寄存人可以随时领取保管物。

当事人对保管期限没有约定或者约定不明确的，保管人可以随时请求寄存人领取保管物；约定保管期限的，保管人无特别事由，不得请求寄存人提前领取保管物。

第九百条 保管期限届满或者寄存人提前领取保管物的，保管人应当将原物及其孳息归还寄存人。

第九百零一条 保管人保管货币的，可以返还相同种类、数量的货币；保管其他可替代物的，可以按照约定返还相同种类、品质、数量的物品。

第九百零二条 有偿的保管合同，寄存人应当按照约定的期限向保管人支付保管费。

当事人对支付期限没有约定或者约定不明确，依据本法第五百一十条的规定仍不能确定的，应当在领取保管物的同时支付。

第九百零三条 寄存人未按照约定支付保管费或者其他费用的，保管人对保管物享有留置权，但是当事人另有约定的除外。

第二十二章 仓储合同

第九百零四条 仓储合同是保管人储存存货人交付的仓储物，存货人支付仓储费的合同。

第九百零五条 仓储合同自保管人和存货人意思表示一致时成立。

第九百零六条 储存易燃、易爆、有毒、有腐蚀性、有放射性等危险物品或者易变质物品的，存货人应当说明该物品的性质，提供有关资料。

存货人违反前款规定的，保管人可以拒收仓储物，也可以采取相应措施以避免损失的发生，因此产生的费用由存货人负担。

保管人储存易燃、易爆、有毒、有腐蚀性、有放射性等危险物品的，应当具备相应的保管条件。

第九百零七条 保管人应当按照约定对入库仓储物进行验收。保管人验收时发现入库仓储物与约定不符合的，应当及时通知存货人。保管人验收后，发生仓储物的品种、数量、质量不符合约定的，保管人应当承担赔偿责任。

第九百零八条 存货人交付仓储物的，保管人应当出具仓单、入库单等凭证。

第九百零九条 保管人应当在仓单上签名或者盖章。仓单包括下列事项：

（一）存货人的姓名或者名称和住所；

（二）仓储物的品种、数量、质量、包装及其件数和标记；

（三）仓储物的损耗标准；

（四）储存场所；

（五）储存期限；

（六）仓储费；

（七）仓储物已经办理保险的，其保险

金额、期间以及保险人的名称；

（八）填发人、填发地和填发日期。

第九百一十条　仓单是提取仓储物的凭证。存货人或者仓单持有人在仓单上背书并经保管人签名或者盖章的，可以转让提取仓储物的权利。

第九百一十一条　保管人根据存货人或者仓单持有人的要求，应当同意其检查仓储物或者提取样品。

第九百一十二条　保管人发现入库仓储物有变质或者其他损坏的，应当及时通知存货人或者仓单持有人。

第九百一十三条　保管人发现入库仓储物有变质或者其他损坏，危及其他仓储物的安全和正常保管的，应当催告存货人或者仓单持有人作出必要的处置。因情况紧急，保管人可以作出必要的处置；但是，事后应当将该情况及时通知存货人或者仓单持有人。

第九百一十四条　当事人对储存期限没有约定或者约定不明确的，存货人或者仓单持有人可以随时提取仓储物，保管人也可以随时请求存货人或者仓单持有人提取仓储物，但是应当给予必要的准备时间。

第九百一十五条　储存期限届满，存货人或者仓单持有人应当凭仓单、入库单等提取仓储物。存货人或者仓单持有人逾期提取的，应当加收仓储费；提前提取的，不减收仓储费。

第九百一十六条　储存期限届满，存货人或者仓单持有人不提取仓储物的，保管人可以催告其在合理期限内提取；逾期不提取的，保管人可以提存仓储物。

第九百一十七条　储存期内，因保管不善造成仓储物毁损、灭失的，保管人应当承担赔偿责任。因仓储物本身的自然性质、包装不符合约定或者超过有效储存期造成仓储物变质、损坏的，保管人不承担赔偿责任。

第九百一十八条　本章没有规定的，适用保管合同的有关规定。

第二十三章　委托合同

第九百一十九条　委托合同是委托人和受托人约定，由受托人处理委托人事务的合同。

第九百二十条　委托人可以特别委托受托人处理一项或者数项事务，也可以概括委托受托人处理一切事务。

第九百二十一条　委托人应当预付处理委托事务的费用。受托人为处理委托事务垫付的必要费用，委托人应当偿还该费用并支付利息。

第九百二十二条　受托人应当按照委托人的指示处理委托事务。需要变更委托人指示的，应当经委托人同意；因情况紧急，难以和委托人取得联系的，受托人应当妥善处理委托事务，但是事后应当将该情况及时报告委托人。

第九百二十三条　受托人应当亲自处理委托事务。经委托人同意，受托人可以转委托。转委托经同意或者追认的，委托人可以就委托事务直接指示转委托的第三人，受托人仅就第三人的选任及其对第三人的指示承担责任。转委托未经同意或者追认的，受托人应当对转委托的第三人的行为承担责任；但是，在紧急情况下受托人为了维护委托人的利益需要转委托第三人的除外。

第九百二十四条　受托人应当按照委托人的要求，报告委托事务的处理情况。委托合同终止时，受托人应当报告委托事务的结果。

第九百二十五条　受托人以自己的名义，在委托人的授权范围内与第三人订立的合同，第三人在订立合同时知道受托人与委托人之间的代理关系的，该合同直接约束委托人和第三人；但是，有确切证据证明该合同只约束受托人和第三人的除外。

第九百二十六条　受托人以自己的名义与第三人订立合同时，第三人不知道受托人与委托人之间的代理关系的，受托人因第三人的原因对委托人不履行义务，受托人应当向委托人披露第三人，委托人因此可以行使受托人对第三人的权利。但是，第三人与受托人订立合同时如果知道该委托人就不会订立合同的除外。

受托人因委托人的原因对第三人不履行义务，受托人应当向第三人披露委托人，第三人因此可以选择受托人或者委托人作为相对人主张其权利，但是第三人不得变更选定的相对人。

委托人行使受托人对第三人的权利的，第三人可以向委托人主张其对受托人的抗辩。第三人选定委托人作为其相对人的，委托人可以向第三人主张其对受托人的抗辩以及受托人对第三人的抗辩。

第九百二十七条 受托人处理委托事务取得的财产，应当转交给委托人。

第九百二十八条 受托人完成委托事务的，委托人应当按照约定向其支付报酬。

因不可归责于受托人的事由，委托合同解除或者委托事务不能完成的，委托人应当向受托人支付相应的报酬。当事人另有约定的，按照其约定。

第九百二十九条 有偿的委托合同，因受托人的过错造成委托人损失的，委托人可以请求赔偿损失。无偿的委托合同，因受托人的故意或者重大过失造成委托人损失的，委托人可以请求赔偿损失。

受托人超越权限造成委托人损失的，应当赔偿损失。

第九百三十条 受托人处理委托事务时，因不可归责于自己的事由受到损失的，可以向委托人请求赔偿损失。

第九百三十一条 委托人经受托人同意，可以在受托人之外委托第三人处理委托事务。因此造成受托人损失的，受托人可以向委托人请求赔偿损失。

第九百三十二条 两个以上的受托人共同处理委托事务的，对委托人承担连带责任。

第九百三十三条 委托人或者受托人可以随时解除委托合同。因解除合同造成对方损失的，除不可归责于该当事人的事由外，无偿委托合同的解除方应当赔偿因解除时间不当造成的直接损失，有偿委托合同的解除方应当赔偿对方的直接损失和合同履行后可以获得的利益。

第九百三十四条 委托人死亡、终止或者受托人死亡、丧失民事行为能力、终止的，委托合同终止；但是，当事人另有约定或者根据委托事务的性质不宜终止的除外。

第九百三十五条 因委托人死亡或者被宣告破产、解散，致使委托合同终止将损害委托人利益的，在委托人的继承人、遗产管理人或者清算人承受委托事务之前，受托人应当继续处理委托事务。

第九百三十六条 因受托人死亡、丧失民事行为能力或者被宣告破产、解散，致使委托合同终止的，受托人的继承人、遗产管理人、法定代理人或者清算人应当及时通知委托人。因委托合同终止将损害委托人利益的，在委托人作出善后处理之前，受托人的继承人、遗产管理人、法定代理人或者清算人应当采取必要措施。

第二十四章 物业服务合同

第九百三十七条 物业服务合同是物业服务人在物业服务区域内，为业主提供建筑物及其附属设施的维修养护、环境卫生和相关秩序的管理维护等物业服务，业主支付物业费的合同。

物业服务人包括物业服务企业和其他管理人。

第九百三十八条 物业服务合同的内容一般包括服务事项、服务质量、服务费用的标准和收取办法、维修资金的使用、服务用房的管理和使用、服务期限、服务交接等条款。

物业服务人公开作出的有利于业主的服务承诺，为物业服务合同的组成部分。

物业服务合同应当采用书面形式。

第九百三十九条　建设单位依法与物业服务人订立的前期物业服务合同，以及业主委员会与业主大会依法选聘的物业服务人订立的物业服务合同，对业主具有法律约束力。

第九百四十条　建设单位依法与物业服务人订立的前期物业服务合同约定的服务期限届满前，业主委员会或者业主与新物业服务人订立的物业服务合同生效的，前期物业服务合同终止。

第九百四十一条　物业服务人将物业服务区域内的部分专项服务事项委托给专业性服务组织或者其他第三人的，应当就该部分专项服务事项向业主负责。

物业服务人不得将其应当提供的全部物业服务转委托给第三人，或者将全部物业服务支解后分别转委托给第三人。

第九百四十二条　物业服务人应当按照约定和物业的使用性质，妥善维修、养护、清洁、绿化和经营管理物业服务区域内的业主共有部分，维护物业服务区域内的基本秩序，采取合理措施保护业主的人身、财产安全。

对物业服务区域内违反有关治安、环保、消防等法律法规的行为，物业服务人应当及时采取合理措施制止、向有关行政主管部门报告并协助处理。

第九百四十三条　物业服务人应当定期将服务的事项、负责人员、质量要求、收费项目、收费标准、履行情况，以及维修资金使用情况、业主共有部分的经营与收益情况等以合理方式向业主公开并向业主大会、业主委员会报告。

第九百四十四条　业主应当按照约定向物业服务人支付物业费。物业服务人已经按照约定和有关规定提供服务的，业主不得以未接受或者无需接受相关物业服务为由拒绝支付物业费。

业主违反约定逾期不支付物业费的，物业服务人可以催告其在合理期限内支付；合理期限届满仍不支付的，物业服务人可以提起诉讼或者申请仲裁。

物业服务人不得采取停止供电、供水、供热、供燃气等方式催交物业费。

第九百四十五条　业主装饰装修房屋的，应当事先告知物业服务人，遵守物业服务人提示的合理注意事项，并配合其进行必要的现场检查。

业主转让、出租物业专有部分、设立居住权或者依法改变共有部分用途的，应当及时将相关情况告知物业服务人。

第九百四十六条　业主依照法定程序共同决定解聘物业服务人的，可以解除物业服务合同。决定解聘的，应当提前六十日书面通知物业服务人，但是合同对通知期限另有约定的除外。

依据前款规定解除合同造成物业服务人损失的，除不可归责于业主的事由外，业主应当赔偿损失。

第九百四十七条　物业服务期限届满前，业主依法共同决定续聘的，应当与原物业服务人在合同期限届满前续订物业服务合同。

物业服务期限届满前，物业服务人不同意续聘的，应当在合同期限届满前九十日书面通知业主或者业主委员会，但是合同对通知期限另有约定的除外。

第九百四十八条　物业服务期限届满后，业主没有依法作出续聘或者另聘物业服务人的决定，物业服务人继续提供物业服务的，原物业服务合同继续有效，但是服务期限为不定期。

当事人可以随时解除不定期物业服务合同，但是应当提前六十日书面通知对方。

第九百四十九条　物业服务合同终止的，原物业服务人应当在约定期限或者合理期限内退出物业服务区域，将物业服务用房、相关设施、物业服务所必需的相关资料等交还给业主委员会、决定自行管理的业主或者其指定的人，配合新物业服务人做好交接工作，并如实告知物业的使用和管理状况。

原物业服务人违反前款规定的，不得请求业主支付物业服务合同终止后的物业费；造成业主损失的，应当赔偿损失。

第九百五十条 物业服务合同终止后，在业主或者业主大会选聘的新物业服务人或者决定自行管理的业主接管之前，原物业服务人应当继续处理物业服务事项，并可以请求业主支付该期间的物业费。

第二十五章 行纪合同

第九百五十一条 行纪合同是行纪人以自己的名义为委托人从事贸易活动，委托人支付报酬的合同。

第九百五十二条 行纪人处理委托事务支出的费用，由行纪人负担，但是当事人另有约定的除外。

第九百五十三条 行纪人占有委托物的，应当妥善保管委托物。

第九百五十四条 委托物交付给行纪人时有瑕疵或者容易腐烂、变质的，经委托人同意，行纪人可以处分该物；不能与委托人及时取得联系的，行纪人可以合理处分。

第九百五十五条 行纪人低于委托人指定的价格卖出或者高于委托人指定的价格买入的，应当经委托人同意；未经委托人同意，行纪人补偿其差额的，该买卖对委托人发生效力。

行纪人高于委托人指定的价格卖出或者低于委托人指定的价格买入的，可以按照约定增加报酬；没有约定或者约定不明确，依据本法第五百一十条的规定仍不能确定的，该利益属于委托人。

委托人对价格有特别指示的，行纪人不得违背该指示卖出或者买入。

第九百五十六条 行纪人卖出或者买入具有市场定价的商品，除委托人有相反的意思表示外，行纪人自己可以作为买受人或者出卖人。

行纪人有前款规定情形的，仍然可以请求委托人支付报酬。

第九百五十七条 行纪人按照约定买入委托物，委托人应当及时受领。经行纪人催告，委托人无正当理由拒绝受领的，行纪人依法可以提存委托物。

委托物不能卖出或者委托人撤回出卖，经行纪人催告，委托人不取回或者不处分该物的，行纪人依法可以提存委托物。

第九百五十八条 行纪人与第三人订立合同的，行纪人对该合同直接享有权利、承担义务。

第三人不履行义务致使委托人受到损害的，行纪人应当承担赔偿责任，但是行纪人与委托人另有约定的除外。

第九百五十九条 行纪人完成或者部分完成委托事务的，委托人应当向其支付相应的报酬。委托人逾期不支付报酬的，行纪人对委托物享有留置权，但是当事人另有约定的除外。

第九百六十条 本章没有规定的，参照适用委托合同的有关规定。

第二十六章 中介合同

第九百六十一条 中介合同是中介人向委托人报告订立合同的机会或者提供订立合同的媒介服务，委托人支付报酬的合同。

第九百六十二条 中介人应当就有关订立合同的事项向委托人如实报告。

中介人故意隐瞒与订立合同有关的重要事实或者提供虚假情况，损害委托人利益的，不得请求支付报酬并应当承担赔偿责任。

第九百六十三条 中介人促成合同成立的，委托人应当按照约定支付报酬。对中介人的报酬没有约定或者约定不明确，依据本法第五百一十条的规定仍不能确定的，根据中介人的劳务合理确定。因中介人提供订立合同的媒介服务而促成合同成立的，由该合同的当事人平均负担中介人的报酬。

中介人促成合同成立的，中介活动的费用，由中介人负担。

第九百六十四条　中介人未促成合同成立的，不得请求支付报酬；但是，可以按照约定请求委托人支付从事中介活动支出的必要费用。

第九百六十五条　委托人在接受中介人的服务后，利用中介人提供的交易机会或者媒介服务，绕开中介人直接订立合同的，应当向中介人支付报酬。

第九百六十六条　本章没有规定的，参照适用委托合同的有关规定。

第二十七章　合伙合同

第九百六十七条　合伙合同是两个以上合伙人为了共同的事业目的，订立的共享利益、共担风险的协议。

第九百六十八条　合伙人应当按照约定的出资方式、数额和缴付期限，履行出资义务。

第九百六十九条　合伙人的出资、因合伙事务依法取得的收益和其他财产，属于合伙财产。

合伙合同终止前，合伙人不得请求分割合伙财产。

第九百七十条　合伙人就合伙事务作出决定的，除合伙合同另有约定外，应当经全体合伙人一致同意。

合伙事务由全体合伙人共同执行。按照合伙合同的约定或者全体合伙人的决定，可以委托一个或者数个合伙人执行合伙事务；其他合伙人不再执行合伙事务，但是有权监督执行情况。

合伙人分别执行合伙事务的，执行事务合伙人可以对其他合伙人执行的事务提出异议；提出异议后，其他合伙人应当暂停该项事务的执行。

第九百七十一条　合伙人不得因执行合伙事务而请求支付报酬，但是合伙合同另有约定的除外。

第九百七十二条　合伙的利润分配和亏损分担，按照合伙合同的约定办理；合伙合同没有约定或者约定不明确的，由合伙人协商决定；协商不成的，由合伙人按照实缴出资比例分配、分担；无法确定出资比例的，由合伙人平均分配、分担。

第九百七十三条　合伙人对合伙债务承担连带责任。清偿合伙债务超过自己应当承担份额的合伙人，有权向其他合伙人追偿。

第九百七十四条　除合伙合同另有约定外，合伙人向合伙人以外的人转让其全部或者部分财产份额的，须经其他合伙人一致同意。

第九百七十五条　合伙人的债权人不得代位行使合伙人依照本章规定和合伙合同享有的权利，但是合伙人享有的利益分配请求权除外。

第九百七十六条　合伙人对合伙期限没有约定或者约定不明确，依据本法第五百一十条的规定仍不能确定的，视为不定期合伙。

合伙期限届满，合伙人继续执行合伙事务，其他合伙人没有提出异议的，原合伙合同继续有效，但是合伙期限为不定期。

合伙人可以随时解除不定期合伙合同，但是应当在合理期限之前通知其他合伙人。

第九百七十七条　合伙人死亡、丧失民事行为能力或者终止的，合伙合同终止；但是，合伙合同另有约定或者根据合伙事务的性质不宜终止的除外。

第九百七十八条　合伙合同终止后，合伙财产在支付因终止而产生的费用以及清偿合伙债务后有剩余的，依据本法第九百七十二条的规定进行分配。

第三分编　准合同

第二十八章　无因管理

第九百七十九条　管理人没有法定的或

者约定的义务，为避免他人利益受损失而管理他人事务的，可以请求受益人偿还因管理事务而支出的必要费用；管理人因管理事务受到损失的，可以请求受益人给予适当补偿。

管理事务不符合受益人真实意思的，管理人不享有前款规定的权利；但是，受益人的真实意思违反法律或者违背公序良俗的除外。

第九百八十条 管理人管理事务不属于前条规定的情形，但是受益人享有管理利益的，受益人应当在其获得的利益范围内向管理人承担前条第一款规定的义务。

第九百八十一条 管理人管理他人事务，应当采取有利于受益人的方法。中断管理对受益人不利的，无正当理由不得中断。

第九百八十二条 管理人管理他人事务，能够通知受益人的，应当及时通知受益人。管理的事务不需要紧急处理的，应当等待受益人的指示。

第九百八十三条 管理结束后，管理人应当向受益人报告管理事务的情况。管理人管理事务取得的财产，应当及时转交给受益人。

第九百八十四条 管理人管理事务经受益人事后追认的，从管理事务开始时起，适用委托合同的有关规定，但是管理人另有意思表示的除外。

第二十九章　不当得利

第九百八十五条 得利人没有法律根据取得不当利益的，受损失的人可以请求得利人返还取得的利益，但是有下列情形之一的除外：

（一）为履行道德义务进行的给付；

（二）债务到期之前的清偿；

（三）明知无给付义务而进行的债务清偿。

第九百八十六条 得利人不知道且不应当知道取得的利益没有法律根据，取得的利益已经不存在的，不承担返还该利益的义务。

第九百八十七条 得利人知道或者应当知道取得的利益没有法律根据的，受损失的人可以请求得利人返还其取得的利益并依法赔偿损失。

第九百八十八条 得利人已经将取得的利益无偿转让给第三人的，受损失的人可以请求第三人在相应范围内承担返还义务。

第四编　人格权

第一章　一般规定

第九百八十九条 本编调整因人格权的享有和保护产生的民事关系。

第九百九十条 人格权是民事主体享有的生命权、身体权、健康权、姓名权、名称权、肖像权、名誉权、荣誉权、隐私权等权利。

除前款规定的人格权外，自然人享有基于人身自由、人格尊严产生的其他人格权益。

第九百九十一条 民事主体的人格权受法律保护，任何组织或者个人不得侵害。

第九百九十二条 人格权不得放弃、转让或者继承。

第九百九十三条 民事主体可以将自己的姓名、名称、肖像等许可他人使用，但是依照法律规定或者根据其性质不得许可的除外。

第九百九十四条 死者的姓名、肖像、名誉、荣誉、隐私、遗体等受到侵害的，其配偶、子女、父母有权依法请求行为人承担民事责任；死者没有配偶、子女且父母已经死亡的，其他近亲属有权依法请求行为人承担民事责任。

第九百九十五条 人格权受到侵害的，受害人有权依照本法和其他法律的规定请求行为人承担民事责任。受害人的停止侵害、排除妨碍、消除危险、消除影响、恢复名誉、赔礼道歉请求权，不适用诉讼时效的规定。

第九百九十六条　因当事人一方的违约行为，损害对方人格权并造成严重精神损害，受损害方选择请求其承担违约责任的，不影响受损害方请求精神损害赔偿。

第九百九十七条　民事主体有证据证明行为人正在实施或者即将实施侵害其人格权的违法行为，不及时制止将使其合法权益受到难以弥补的损害的，有权依法向人民法院申请采取责令行为人停止有关行为的措施。

第九百九十八条　认定行为人承担侵害除生命权、身体权和健康权外的人格权的民事责任，应当考虑行为人和受害人的职业、影响范围、过错程度，以及行为的目的、方式、后果等因素。

第九百九十九条　为公共利益实施新闻报道、舆论监督等行为的，可以合理使用民事主体的姓名、名称、肖像、个人信息等；使用不合理侵害民事主体人格权的，应当依法承担民事责任。

第一千条　行为人因侵害人格权承担消除影响、恢复名誉、赔礼道歉等民事责任的，应当与行为的具体方式和造成的影响范围相当。

行为人拒不承担前款规定的民事责任的，人民法院可以采取在报刊、网络等媒体上发布公告或者公布生效裁判文书等方式执行，产生的费用由行为人负担。

第一千零一条　对自然人因婚姻家庭关系等产生的身份权利的保护，适用本法第一编、第五编和其他法律的相关规定；没有规定的，可以根据其性质参照适用本编人格权保护的有关规定。

第二章　生命权、身体权和健康权

第一千零二条　自然人享有生命权。自然人的生命安全和生命尊严受法律保护。任何组织或者个人不得侵害他人的生命权。

第一千零三条　自然人享有身体权。自然人的身体完整和行动自由受法律保护。任何组织或者个人不得侵害他人的身体权。

第一千零四条　自然人享有健康权。自然人的身心健康受法律保护。任何组织或者个人不得侵害他人的健康权。

第一千零五条　自然人的生命权、身体权、健康权受到侵害或者处于其他危难情形的，负有法定救助义务的组织或者个人应当及时施救。

第一千零六条　完全民事行为能力人有权依法自主决定无偿捐献其人体细胞、人体组织、人体器官、遗体。任何组织或者个人不得强迫、欺骗、利诱其捐献。

完全民事行为能力人依据前款规定同意捐献的，应当采用书面形式，也可以订立遗嘱。

自然人生前未表示不同意捐献的，该自然人死亡后，其配偶、成年子女、父母可以共同决定捐献，决定捐献应当采用书面形式。

第一千零七条　禁止以任何形式买卖人体细胞、人体组织、人体器官、遗体。

违反前款规定的买卖行为无效。

第一千零八条　为研制新药、医疗器械或者发展新的预防和治疗方法，需要进行临床试验的，应当依法经相关主管部门批准并经伦理委员会审查同意，向受试者或者受试者的监护人告知试验目的、用途和可能产生的风险等详细情况，并经其书面同意。

进行临床试验的，不得向受试者收取试验费用。

第一千零九条　从事与人体基因、人体胚胎等有关的医学和科研活动，应当遵守法律、行政法规和国家有关规定，不得危害人体健康，不得违背伦理道德，不得损害公共利益。

第一千零一十条　违背他人意愿，以言语、文字、图像、肢体行为等方式对他人实施性骚扰的，受害人有权依法请求行为人承担民事责任。

机关、企业、学校等单位应当采取合理的预防、受理投诉、调查处置等措施，防止和制止利用职权、从属关系等实施性骚扰。

第一千零一十一条 以非法拘禁等方式剥夺、限制他人的行动自由，或者非法搜查他人身体的，受害人有权依法请求行为人承担民事责任。

第三章 姓名权和名称权

第一千零一十二条 自然人享有姓名权，有权依法决定、使用、变更或者许可他人使用自己的姓名，但是不得违背公序良俗。

第一千零一十三条 法人、非法人组织享有名称权，有权依法决定、使用、变更、转让或者许可他人使用自己的名称。

第一千零一十四条 任何组织或者个人不得以干涉、盗用、假冒等方式侵害他人的姓名权或者名称权。

第一千零一十五条 自然人应当随父姓或者母姓，但是有下列情形之一的，可以在父姓和母姓之外选取姓氏：

（一）选取其他直系长辈血亲的姓氏；

（二）因由法定扶养人以外的人扶养而选取扶养人姓氏；

（三）有不违背公序良俗的其他正当理由。

少数民族自然人的姓氏可以遵从本民族的文化传统和风俗习惯。

第一千零一十六条 自然人决定、变更姓名，或者法人、非法人组织决定、变更、转让名称的，应当依法向有关机关办理登记手续，但是法律另有规定的除外。

民事主体变更姓名、名称的，变更前实施的民事法律行为对其具有法律约束力。

第一千零一十七条 具有一定社会知名度，被他人使用足以造成公众混淆的笔名、艺名、网名、译名、字号、姓名和名称的简称等，参照适用姓名权和名称权保护的有关规定。

第四章 肖像权

第一千零一十八条 自然人享有肖像权，有权依法制作、使用、公开或者许可他人使用自己的肖像。

肖像是通过影像、雕塑、绘画等方式在一定载体上所反映的特定自然人可以被识别的外部形象。

第一千零一十九条 任何组织或者个人不得以丑化、污损，或者利用信息技术手段伪造等方式侵害他人的肖像权。未经肖像权人同意，不得制作、使用、公开肖像权人的肖像，但是法律另有规定的除外。

未经肖像权人同意，肖像作品权利人不得以发表、复制、发行、出租、展览等方式使用或者公开肖像权人的肖像。

第一千零二十条 合理实施下列行为的，可以不经肖像权人同意：

（一）为个人学习、艺术欣赏、课堂教学或者科学研究，在必要范围内使用肖像权人已经公开的肖像；

（二）为实施新闻报道，不可避免地制作、使用、公开肖像权人的肖像；

（三）为依法履行职责，国家机关在必要范围内制作、使用、公开肖像权人的肖像；

（四）为展示特定公共环境，不可避免地制作、使用、公开肖像权人的肖像；

（五）为维护公共利益或者肖像权人合法权益，制作、使用、公开肖像权人的肖像的其他行为。

第一千零二十一条 当事人对肖像许可使用合同中关于肖像使用条款的理解有争议的，应当作出有利于肖像权人的解释。

第一千零二十二条 当事人对肖像许可使用期限没有约定或者约定不明确的，任何一方当事人可以随时解除肖像许可使用合同，但是应当在合理期限之前通知对方。

当事人对肖像许可使用期限有明确约定，肖像权人有正当理由的，可以解除肖像许可使用合同，但是应当在合理期限之前通知对方。因解除合同造成对方损失的，除不可归责于肖像权人的事由外，应当赔偿损失。

第一千零二十三条　对姓名等的许可使用，参照适用肖像许可使用的有关规定。

对自然人声音的保护，参照适用肖像权保护的有关规定。

第五章　名誉权和荣誉权

第一千零二十四条　民事主体享有名誉权。任何组织或者个人不得以侮辱、诽谤等方式侵害他人的名誉权。

名誉是对民事主体的品德、声望、才能、信用等的社会评价。

第一千零二十五条　行为人为公共利益实施新闻报道、舆论监督等行为，影响他人名誉的，不承担民事责任，但是有下列情形之一的除外：

（一）捏造、歪曲事实；

（二）对他人提供的严重失实内容未尽到合理核实义务；

（三）使用侮辱性言辞等贬损他人名誉。

第一千零二十六条　认定行为人是否尽到前条第二项规定的合理核实义务，应当考虑下列因素：

（一）内容来源的可信度；

（二）对明显可能引发争议的内容是否进行了必要的调查；

（三）内容的时限性；

（四）内容与公序良俗的关联性；

（五）受害人名誉受贬损的可能性；

（六）核实能力和核实成本。

第一千零二十七条　行为人发表的文学、艺术作品以真人真事或者特定人为描述对象，含有侮辱、诽谤内容，侵害他人名誉权的，受害人有权依法请求该行为人承担民事责任。

行为人发表的文学、艺术作品不以特定人为描述对象，仅其中的情节与该特定人的情况相似的，不承担民事责任。

第一千零二十八条　民事主体有证据证明报刊、网络等媒体报道的内容失实，侵害其名誉权的，有权请求该媒体及时采取更正或者删除等必要措施。

第一千零二十九条　民事主体可以依法查询自己的信用评价；发现信用评价不当的，有权提出异议并请求采取更正、删除等必要措施。信用评价人应当及时核查，经核查属实的，应当及时采取必要措施。

第一千零三十条　民事主体与征信机构等信用信息处理者之间的关系，适用本编有关个人信息保护的规定和其他法律、行政法规的有关规定。

第一千零三十一条　民事主体享有荣誉权。任何组织或者个人不得非法剥夺他人的荣誉称号，不得诋毁、贬损他人的荣誉。

获得的荣誉称号应当记载而没有记载的，民事主体可以请求记载；获得的荣誉称号记载错误的，民事主体可以请求更正。

第六章　隐私权和个人信息保护

第一千零三十二条　自然人享有隐私权。任何组织或者个人不得以刺探、侵扰、泄露、公开等方式侵害他人的隐私权。

隐私是自然人的私人生活安宁和不愿为他人知晓的私密空间、私密活动、私密信息。

第一千零三十三条　除法律另有规定或者权利人明确同意外，任何组织或者个人不得实施下列行为：

（一）以电话、短信、即时通讯工具、电子邮件、传单等方式侵扰他人的私人生活安宁；

（二）进入、拍摄、窥视他人的住宅、宾馆房间等私密空间；

（三）拍摄、窥视、窃听、公开他人的私密活动；

（四）拍摄、窥视他人身体的私密

部位；

（五）处理他人的私密信息；

（六）以其他方式侵害他人的隐私权。

第一千零三十四条　自然人的个人信息受法律保护。

个人信息是以电子或者其他方式记录的能够单独或者与其他信息结合识别特定自然人的各种信息，包括自然人的姓名、出生日期、身份证件号码、生物识别信息、住址、电话号码、电子邮箱、健康信息、行踪信息等。

个人信息中的私密信息，适用有关隐私权的规定；没有规定的，适用有关个人信息保护的规定。

第一千零三十五条　处理个人信息的，应当遵循合法、正当、必要原则，不得过度处理，并符合下列条件：

（一）征得该自然人或者其监护人同意，但是法律、行政法规另有规定的除外；

（二）公开处理信息的规则；

（三）明示处理信息的目的、方式和范围；

（四）不违反法律、行政法规的规定和双方的约定。

个人信息的处理包括个人信息的收集、存储、使用、加工、传输、提供、公开等。

第一千零三十六条　处理个人信息，有下列情形之一的，行为人不承担民事责任：

（一）在该自然人或者其监护人同意的范围内合理实施的行为；

（二）合理处理该自然人自行公开的或者其他已经合法公开的信息，但是该自然人明确拒绝或者处理该信息侵害其重大利益的除外；

（三）为维护公共利益或者该自然人合法权益，合理实施的其他行为。

第一千零三十七条　自然人可以依法向信息处理者查阅或者复制其个人信息；发现信息有错误的，有权提出异议并请求及时采取更正等必要措施。

自然人发现信息处理者违反法律、行政法规的规定或者双方的约定处理其个人信息的，有权请求信息处理者及时删除。

第一千零三十八条　信息处理者不得泄露或者篡改其收集、存储的个人信息；未经自然人同意，不得向他人非法提供其个人信息，但是经过加工无法识别特定个人且不能复原的除外。

信息处理者应当采取技术措施和其他必要措施，确保其收集、存储的个人信息安全，防止信息泄露、篡改、丢失；发生或者可能发生个人信息泄露、篡改、丢失的，应当及时采取补救措施，按照规定告知自然人并向有关主管部门报告。

第一千零三十九条　国家机关、承担行政职能的法定机构及其工作人员对于履行职责过程中知悉的自然人的隐私和个人信息，应当予以保密，不得泄露或者向他人非法提供。

第五编　婚姻家庭

第一章　一般规定

第一千零四十条　本编调整因婚姻家庭产生的民事关系。

第一千零四十一条　婚姻家庭受国家保护。

实行婚姻自由、一夫一妻、男女平等的婚姻制度。

保护妇女、未成年人、老年人、残疾人的合法权益。

第一千零四十二条　禁止包办、买卖婚姻和其他干涉婚姻自由的行为。禁止借婚姻索取财物。

禁止重婚。禁止有配偶者与他人同居。

禁止家庭暴力。禁止家庭成员间的虐待和遗弃。

第一千零四十三条　家庭应当树立优良家风，弘扬家庭美德，重视家庭文明建设。

夫妻应当互相忠实，互相尊重，互相关

爱；家庭成员应当敬老爱幼，互相帮助，维护平等、和睦、文明的婚姻家庭关系。

第一千零四十四条　收养应当遵循最有利于被收养人的原则，保障被收养人和收养人的合法权益。

禁止借收养名义买卖未成年人。

第一千零四十五条　亲属包括配偶、血亲和姻亲。

配偶、父母、子女、兄弟姐妹、祖父母、外祖父母、孙子女、外孙子女为近亲属。

配偶、父母、子女和其他共同生活的近亲属为家庭成员。

第二章　结　　婚

第一千零四十六条　结婚应当男女双方完全自愿，禁止任何一方对另一方加以强迫，禁止任何组织或者个人加以干涉。

第一千零四十七条　结婚年龄，男不得早于二十二周岁，女不得早于二十周岁。

第一千零四十八条　直系血亲或者三代以内的旁系血亲禁止结婚。

第一千零四十九条　要求结婚的男女双方应当亲自到婚姻登记机关申请结婚登记。符合本法规定的，予以登记，发给结婚证。完成结婚登记，即确立婚姻关系。未办理结婚登记的，应当补办登记。

第一千零五十条　登记结婚后，按照男女双方约定，女方可以成为男方家庭的成员，男方可以成为女方家庭的成员。

第一千零五十一条　有下列情形之一的，婚姻无效：

（一）重婚；

（二）有禁止结婚的亲属关系；

（三）未到法定婚龄。

第一千零五十二条　因胁迫结婚的，受胁迫的一方可以向人民法院请求撤销婚姻。

请求撤销婚姻的，应当自胁迫行为终止之日起一年内提出。

被非法限制人身自由的当事人请求撤销婚姻的，应当自恢复人身自由之日起一年内提出。

第一千零五十三条　一方患有重大疾病的，应当在结婚登记前如实告知另一方；不如实告知的，另一方可以向人民法院请求撤销婚姻。

请求撤销婚姻的，应当自知道或者应当知道撤销事由之日起一年内提出。

第一千零五十四条　无效的或者被撤销的婚姻自始没有法律约束力，当事人不具有夫妻的权利和义务。同居期间所得的财产，由当事人协议处理；协议不成的，由人民法院根据照顾无过错方的原则判决。对重婚导致的无效婚姻的财产处理，不得侵害合法婚姻当事人的财产权益。当事人所生的子女，适用本法关于父母子女的规定。

婚姻无效或者被撤销的，无过错方有权请求损害赔偿。

第三章　家庭关系

第一节　夫妻关系

第一千零五十五条　夫妻在婚姻家庭中地位平等。

第一千零五十六条　夫妻双方都有各自使用自己姓名的权利。

第一千零五十七条　夫妻双方都有参加生产、工作、学习和社会活动的自由，一方不得对另一方加以限制或者干涉。

第一千零五十八条　夫妻双方平等享有对未成年子女抚养、教育和保护的权利，共同承担对未成年子女抚养、教育和保护的义务。

第一千零五十九条　夫妻有相互扶养的义务。

需要扶养的一方，在另一方不履行扶养义务时，有要求其给付扶养费的权利。

第一千零六十条　夫妻一方因家庭日常生活需要而实施的民事法律行为，对夫妻双方发生效力，但是夫妻一方与相对人另有约定的除外。

夫妻之间对一方可以实施的民事法律行为范围的限制，不得对抗善意相对人。

第一千零六十一条 夫妻有相互继承遗产的权利。

第一千零六十二条 夫妻在婚姻关系存续期间所得的下列财产，为夫妻的共同财产，归夫妻共同所有：

（一）工资、奖金、劳务报酬；

（二）生产、经营、投资的收益；

（三）知识产权的收益；

（四）继承或者受赠的财产，但是本法第一千零六十三条第三项规定的除外；

（五）其他应当归共同所有的财产。

夫妻对共同财产，有平等的处理权。

第一千零六十三条 下列财产为夫妻一方的个人财产：

（一）一方的婚前财产；

（二）一方因受到人身损害获得的赔偿或者补偿；

（三）遗嘱或者赠与合同中确定只归一方的财产；

（四）一方专用的生活用品；

（五）其他应当归一方的财产。

第一千零六十四条 夫妻双方共同签名或者夫妻一方事后追认等共同意思表示所负的债务，以及夫妻一方在婚姻关系存续期间以个人名义为家庭日常生活需要所负的债务，属于夫妻共同债务。

夫妻一方在婚姻关系存续期间以个人名义超出家庭日常生活需要所负的债务，不属于夫妻共同债务；但是，债权人能够证明该债务用于夫妻共同生活、共同生产经营或者基于夫妻双方共同意思表示的除外。

第一千零六十五条 男女双方可以约定婚姻关系存续期间所得的财产以及婚前财产归各自所有、共同所有或者部分各自所有、部分共同所有。约定应当采用书面形式。没有约定或者约定不明确的，适用本法第一千零六十二条、第一千零六十三条的规定。

夫妻对婚姻关系存续期间所得的财产以及婚前财产的约定，对双方具有法律约束力。

夫妻对婚姻关系存续期间所得的财产约定归各自所有，夫或者妻一方对外所负的债务，相对人知道该约定的，以夫或者妻一方的个人财产清偿。

第一千零六十六条 婚姻关系存续期间，有下列情形之一的，夫妻一方可以向人民法院请求分割共同财产：

（一）一方有隐藏、转移、变卖、毁损、挥霍夫妻共同财产或者伪造夫妻共同债务等严重损害夫妻共同财产利益的行为；

（二）一方负有法定扶养义务的人患重大疾病需要医治，另一方不同意支付相关医疗费用。

第二节 父母子女关系和其他近亲属关系

第一千零六十七条 父母不履行抚养义务的，未成年子女或者不能独立生活的成年子女，有要求父母给付抚养费的权利。

成年子女不履行赡养义务的，缺乏劳动能力或者生活困难的父母，有要求成年子女给付赡养费的权利。

第一千零六十八条 父母有教育、保护未成年子女的权利和义务。未成年子女造成他人损害的，父母应当依法承担民事责任。

第一千零六十九条 子女应当尊重父母的婚姻权利，不得干涉父母离婚、再婚以及婚后的生活。子女对父母的赡养义务，不因父母的婚姻关系变化而终止。

第一千零七十条 父母和子女有相互继承遗产的权利。

第一千零七十一条 非婚生子女享有与婚生子女同等的权利，任何组织或者个人不得加以危害和歧视。

不直接抚养非婚生子女的生父或者生母，应当负担未成年子女或者不能独立生活的成年子女的抚养费。

第一千零七十二条　继父母与继子女间，不得虐待或者歧视。

继父或者继母和受其抚养教育的继子女间的权利义务关系，适用本法关于父母子女关系的规定。

第一千零七十三条　对亲子关系有异议且有正当理由的，父或者母可以向人民法院提起诉讼，请求确认或者否认亲子关系。

对亲子关系有异议且有正当理由的，成年子女可以向人民法院提起诉讼，请求确认亲子关系。

第一千零七十四条　有负担能力的祖父母、外祖父母，对于父母已经死亡或者父母无力抚养的未成年孙子女、外孙子女，有抚养的义务。

有负担能力的孙子女、外孙子女，对于子女已经死亡或者子女无力赡养的祖父母、外祖父母，有赡养的义务。

第一千零七十五条　有负担能力的兄、姐，对于父母已经死亡或者父母无力抚养的未成年弟、妹，有扶养的义务。

由兄、姐扶养长大的有负担能力的弟、妹，对于缺乏劳动能力又缺乏生活来源的兄、姐，有扶养的义务。

第四章　离　婚

第一千零七十六条　夫妻双方自愿离婚的，应当签订书面离婚协议，并亲自到婚姻登记机关申请离婚登记。

离婚协议应当载明双方自愿离婚的意思表示和对子女抚养、财产以及债务处理等事项协商一致的意见。

第一千零七十七条　自婚姻登记机关收到离婚登记申请之日起三十日内，任何一方不愿意离婚的，可以向婚姻登记机关撤回离婚登记申请。

前款规定期限届满后三十日内，双方应当亲自到婚姻登记机关申请发给离婚证；未申请的，视为撤回离婚登记申请。

第一千零七十八条　婚姻登记机关查明双方确实是自愿离婚，并已经对子女抚养、财产以及债务处理等事项协商一致的，予以登记，发给离婚证。

第一千零七十九条　夫妻一方要求离婚的，可以由有关组织进行调解或者直接向人民法院提起离婚诉讼。

人民法院审理离婚案件，应当进行调解；如果感情确已破裂，调解无效的，应当准予离婚。

有下列情形之一，调解无效的，应当准予离婚：

（一）重婚或者与他人同居；

（二）实施家庭暴力或者虐待、遗弃家庭成员；

（三）有赌博、吸毒等恶习屡教不改；

（四）因感情不和分居满二年；

（五）其他导致夫妻感情破裂的情形。

一方被宣告失踪，另一方提起离婚诉讼的，应当准予离婚。

经人民法院判决不准离婚后，双方又分居满一年，一方再次提起离婚诉讼的，应当准予离婚。

第一千零八十条　完成离婚登记，或者离婚判决书、调解书生效，即解除婚姻关系。

第一千零八十一条　现役军人的配偶要求离婚，应当征得军人同意，但是军人一方有重大过错的除外。

第一千零八十二条　女方在怀孕期间、分娩后一年内或者终止妊娠后六个月内，男方不得提出离婚；但是，女方提出离婚或者人民法院认为确有必要受理男方离婚请求的除外。

第一千零八十三条　离婚后，男女双方自愿恢复婚姻关系的，应当到婚姻登记机关重新进行结婚登记。

第一千零八十四条　父母与子女间的关系，不因父母离婚而消除。离婚后，子女无论由父或者母直接抚养，仍是父母双方的子女。

离婚后，父母对于子女仍有抚养、教育、保护的权利和义务。

离婚后，不满两周岁的子女，以由母亲直接抚养为原则。已满两周岁的子女，父母双方对抚养问题协议不成的，由人民法院根据双方的具体情况，按照最有利于未成年子女的原则判决。子女已满八周岁的，应当尊重其真实意愿。

第一千零八十五条　离婚后，子女由一方直接抚养的，另一方应当负担部分或者全部抚养费。负担费用的多少和期限的长短，由双方协议；协议不成的，由人民法院判决。

前款规定的协议或者判决，不妨碍子女在必要时向父母任何一方提出超过协议或者判决原定数额的合理要求。

第一千零八十六条　离婚后，不直接抚养子女的父或者母，有探望子女的权利，另一方有协助的义务。

行使探望权利的方式、时间由当事人协议；协议不成的，由人民法院判决。

父或者母探望子女，不利于子女身心健康的，由人民法院依法中止探望；中止的事由消失后，应当恢复探望。

第一千零八十七条　离婚时，夫妻的共同财产由双方协议处理；协议不成的，由人民法院根据财产的具体情况，按照照顾子女、女方和无过错方权益的原则判决。

对夫或者妻在家庭土地承包经营中享有的权益等，应当依法予以保护。

第一千零八十八条　夫妻一方因抚育子女、照料老年人、协助另一方工作等负担较多义务的，离婚时有权向另一方请求补偿，另一方应当给予补偿。具体办法由双方协议；协议不成的，由人民法院判决。

第一千零八十九条　离婚时，夫妻共同债务应当共同偿还。共同财产不足清偿或者财产归各自所有的，由双方协议清偿；协议不成的，由人民法院判决。

第一千零九十条　离婚时，如果一方生活困难，有负担能力的另一方应当给予适当帮助。具体办法由双方协议；协议不成的，由人民法院判决。

第一千零九十一条　有下列情形之一，导致离婚的，无过错方有权请求损害赔偿：

（一）重婚；

（二）与他人同居；

（三）实施家庭暴力；

（四）虐待、遗弃家庭成员；

（五）有其他重大过错。

第一千零九十二条　夫妻一方隐藏、转移、变卖、毁损、挥霍夫妻共同财产，或者伪造夫妻共同债务企图侵占另一方财产的，在离婚分割夫妻共同财产时，对该方可以少分或者不分。离婚后，另一方发现有上述行为的，可以向人民法院提起诉讼，请求再次分割夫妻共同财产。

第五章　收　　养

第一节　收养关系的成立

第一千零九十三条　下列未成年人，可以被收养：

（一）丧失父母的孤儿；

（二）查找不到生父母的未成年人；

（三）生父母有特殊困难无力抚养的子女。

第一千零九十四条　下列个人、组织可以作送养人：

（一）孤儿的监护人；

（二）儿童福利机构；

（三）有特殊困难无力抚养子女的生父母。

第一千零九十五条　未成年人的父母均不具备完全民事行为能力且可能严重危害该未成年人的，该未成年人的监护人可以将其送养。

第一千零九十六条　监护人送养孤儿的，应当征得有抚养义务的人同意。有抚养义务的人不同意送养、监护人不愿意继续履行监护职责的，应当依照本法第一编的规定另行确定监护人。

第一千零九十七条　生父母送养子女，应当双方共同送养。生父母一方不明或者查找不到的，可以单方送养。

第一千零九十八条　收养人应当同时具备下列条件：

（一）无子女或者只有一名子女；

（二）有抚养、教育和保护被收养人的能力；

（三）未患有在医学上认为不应当收养子女的疾病；

（四）无不利于被收养人健康成长的违法犯罪记录；

（五）年满三十周岁。

第一千零九十九条　收养三代以内旁系同辈血亲的子女，可以不受本法第一千零九十三条第三项、第一千零九十四条第三项和第一千一百零二条规定的限制。

华侨收养三代以内旁系同辈血亲的子女，还可以不受本法第一千零九十八条第一项规定的限制。

第一千一百条　无子女的收养人可以收养两名子女；有子女的收养人只能收养一名子女。

收养孤儿、残疾未成年人或者儿童福利机构抚养的查找不到生父母的未成年人，可以不受前款和本法第一千零九十八条第一项规定的限制。

第一千一百零一条　有配偶者收养子女，应当夫妻共同收养。

第一千一百零二条　无配偶者收养异性子女的，收养人与被收养人的年龄应当相差四十周岁以上。

第一千一百零三条　继父或者继母经继子女的生父母同意，可以收养继子女，并可以不受本法第一千零九十三条第三项、第一千零九十四条第三项、第一千零九十八条和第一千一百条第一款规定的限制。

第一千一百零四条　收养人收养与送养人送养，应当双方自愿。收养八周岁以上未成年人的，应当征得被收养人的同意。

第一千一百零五条　收养应当向县级以上人民政府民政部门登记。收养关系自登记之日起成立。

收养查找不到生父母的未成年人的，办理登记的民政部门应当在登记前予以公告。

收养关系当事人愿意签订收养协议的，可以签订收养协议。

收养关系当事人各方或者一方要求办理收养公证的，应当办理收养公证。

县级以上人民政府民政部门应当依法进行收养评估。

第一千一百零六条　收养关系成立后，公安机关应当按照国家有关规定为被收养人办理户口登记。

第一千一百零七条　孤儿或者生父母无力抚养的子女，可以由生父母的亲属、朋友抚养；抚养人与被抚养人的关系不适用本章规定。

第一千一百零八条　配偶一方死亡，另一方送养未成年子女的，死亡一方的父母有优先抚养的权利。

第一千一百零九条　外国人依法可以在中华人民共和国收养子女。

外国人在中华人民共和国收养子女，应当经其所在国主管机关依照该国法律审查同意。收养人应当提供由其所在国有权机构出具的有关其年龄、婚姻、职业、财产、健康、有无受过刑事处罚等状况的证明材料，并与送养人签订书面协议，亲自向省、自治区、直辖市人民政府民政部门登记。

前款规定的证明材料应当经收养人所在国外交机关或者外交机关授权的机构认证，并经中华人民共和国驻该国使领馆认证，但是国家另有规定的除外。

第一千一百一十条　收养人、送养人要求保守收养秘密的，其他人应当尊重其意愿，不得泄露。

第二节 收养的效力

第一千一百一十一条 自收养关系成立之日起，养父母与养子女间的权利义务关系，适用本法关于父母子女关系的规定；养子女与养父母的近亲属间的权利义务关系，适用本法关于子女与父母的近亲属关系的规定。

养子女与生父母以及其他近亲属间的权利义务关系，因收养关系的成立而消除。

第一千一百一十二条 养子女可以随养父或者养母的姓氏，经当事人协商一致，也可以保留原姓氏。

第一千一百一十三条 有本法第一编关于民事法律行为无效规定情形或者违反本编规定的收养行为无效。

无效的收养行为自始没有法律约束力。

第三节 收养关系的解除

第一千一百一十四条 收养人在被收养人成年以前，不得解除收养关系，但是收养人、送养人双方协议解除的除外。养子女八周岁以上的，应当征得本人同意。

收养人不履行抚养义务，有虐待、遗弃等侵害未成年养子女合法权益行为的，送养人有权要求解除养父母与养子女间的收养关系。送养人、收养人不能达成解除收养关系协议的，可以向人民法院提起诉讼。

第一千一百一十五条 养父母与成年养子女关系恶化、无法共同生活的，可以协议解除收养关系。不能达成协议的，可以向人民法院提起诉讼。

第一千一百一十六条 当事人协议解除收养关系的，应当到民政部门办理解除收养关系登记。

第一千一百一十七条 收养关系解除后，养子女与养父母以及其他近亲属间的权利义务关系即行消除，与生父母以及其他近亲属间的权利义务关系自行恢复。但是，成年养子女与生父母以及其他近亲属间的权利义务关系是否恢复，可以协商确定。

第一千一百一十八条 收养关系解除后，经养父母抚养的成年养子女，对缺乏劳动能力又缺乏生活来源的养父母，应当给付生活费。因养子女成年后虐待、遗弃养父母而解除收养关系的，养父母可以要求养子女补偿收养期间支出的抚养费。

生父母要求解除收养关系的，养父母可以要求生父母适当补偿收养期间支出的抚养费；但是，因养父母虐待、遗弃养子女而解除收养关系的除外。

第六编 继　　承

第一章 一般规定

第一千一百一十九条 本编调整因继承产生的民事关系。

第一千一百二十条 国家保护自然人的继承权。

第一千一百二十一条 继承从被继承人死亡时开始。

相互有继承关系的数人在同一事件中死亡，难以确定死亡时间的，推定没有其他继承人的人先死亡。都有其他继承人，辈份不同的，推定长辈先死亡；辈份相同的，推定同时死亡，相互不发生继承。

第一千一百二十二条 遗产是自然人死亡时遗留的个人合法财产。

依照法律规定或者根据其性质不得继承的遗产，不得继承。

第一千一百二十三条 继承开始后，按照法定继承办理；有遗嘱的，按照遗嘱继承或者遗赠办理；有遗赠扶养协议的，按照协议办理。

第一千一百二十四条 继承开始后，继承人放弃继承的，应当在遗产处理前，以书面形式作出放弃继承的表示；没有表示的，视为接受继承。

受遗赠人应当在知道受遗赠后六十日内，作出接受或者放弃受遗赠的表示；到期没有表示的，视为放弃受遗赠。

第一千一百二十五条 继承人有下列行为之一的，丧失继承权：

（一）故意杀害被继承人；

（二）为争夺遗产而杀害其他继承人；

（三）遗弃被继承人，或者虐待被继承人情节严重；

（四）伪造、篡改、隐匿或者销毁遗嘱，情节严重；

（五）以欺诈、胁迫手段迫使或者妨碍被继承人设立、变更或者撤回遗嘱，情节严重。

继承人有前款第三项至第五项行为，确有悔改表现，被继承人表示宽恕或者事后在遗嘱中将其列为继承人的，该继承人不丧失继承权。

受遗赠人有本条第一款规定行为的，丧失受遗赠权。

第二章 法定继承

第一千一百二十六条 继承权男女平等。

第一千一百二十七条 遗产按照下列顺序继承：

（一）第一顺序：配偶、子女、父母；

（二）第二顺序：兄弟姐妹、祖父母、外祖父母。

继承开始后，由第一顺序继承人继承，第二顺序继承人不继承；没有第一顺序继承人继承的，由第二顺序继承人继承。

本编所称子女，包括婚生子女、非婚生子女、养子女和有扶养关系的继子女。

本编所称父母，包括生父母、养父母和有扶养关系的继父母。

本编所称兄弟姐妹，包括同父母的兄弟姐妹、同父异母或者同母异父的兄弟姐妹、养兄弟姐妹、有扶养关系的继兄弟姐妹。

第一千一百二十八条 被继承人的子女先于被继承人死亡的，由被继承人的子女的直系晚辈血亲代位继承。

被继承人的兄弟姐妹先于被继承人死亡的，由被继承人的兄弟姐妹的子女代位继承。

代位继承人一般只能继承被代位继承人有权继承的遗产份额。

第一千一百二十九条 丧偶儿媳对公婆，丧偶女婿对岳父母，尽了主要赡养义务的，作为第一顺序继承人。

第一千一百三十条 同一顺序继承人继承遗产的份额，一般应当均等。

对生活有特殊困难又缺乏劳动能力的继承人，分配遗产时，应当予以照顾。

对被继承人尽了主要扶养义务或者与被继承人共同生活的继承人，分配遗产时，可以多分。

有扶养能力和有扶养条件的继承人，不尽扶养义务的，分配遗产时，应当不分或者少分。

继承人协商同意的，也可以不均等。

第一千一百三十一条 对继承人以外的依靠被继承人扶养的人，或者继承人以外的对被继承人扶养较多的人，可以分给适当的遗产。

第一千一百三十二条 继承人应当本着互谅互让、和睦团结的精神，协商处理继承问题。遗产分割的时间、办法和份额，由继承人协商确定；协商不成的，可以由人民调解委员会调解或者向人民法院提起诉讼。

第三章 遗嘱继承和遗赠

第一千一百三十三条 自然人可以依照本法规定立遗嘱处分个人财产，并可以指定遗嘱执行人。

自然人可以立遗嘱将个人财产指定由法定继承人中的一人或者数人继承。

自然人可以立遗嘱将个人财产赠与国家、集体或者法定继承人以外的组织、个人。

自然人可以依法设立遗嘱信托。

第一千一百三十四条 自书遗嘱由遗嘱

人亲笔书写，签名，注明年、月、日。

第一千一百三十五条　代书遗嘱应当有两个以上见证人在场见证，由其中一人代书，并由遗嘱人、代书人和其他见证人签名，注明年、月、日。

第一千一百三十六条　打印遗嘱应当有两个以上见证人在场见证。遗嘱人和见证人应当在遗嘱每一页签名，注明年、月、日。

第一千一百三十七条　以录音录像形式立的遗嘱，应当有两个以上见证人在场见证。遗嘱人和见证人应当在录音录像中记录其姓名或者肖像，以及年、月、日。

第一千一百三十八条　遗嘱人在危急情况下，可以立口头遗嘱。口头遗嘱应当有两个以上见证人在场见证。危急情况消除后，遗嘱人能够以书面或者录音录像形式立遗嘱的，所立的口头遗嘱无效。

第一千一百三十九条　公证遗嘱由遗嘱人经公证机构办理。

第一千一百四十条　下列人员不能作为遗嘱见证人：

（一）无民事行为能力人、限制民事行为能力人以及其他不具有见证能力的人；

（二）继承人、受遗赠人；

（三）与继承人、受遗赠人有利害关系的人。

第一千一百四十一条　遗嘱应当为缺乏劳动能力又没有生活来源的继承人保留必要的遗产份额。

第一千一百四十二条　遗嘱人可以撤回、变更自己所立的遗嘱。

立遗嘱后，遗嘱人实施与遗嘱内容相反的民事法律行为的，视为对遗嘱相关内容的撤回。

立有数份遗嘱，内容相抵触的，以最后的遗嘱为准。

第一千一百四十三条　无民事行为能力人或者限制民事行为能力人所立的遗嘱无效。

遗嘱必须表示遗嘱人的真实意思，受欺诈、胁迫所立的遗嘱无效。

伪造的遗嘱无效。

遗嘱被篡改的，篡改的内容无效。

第一千一百四十四条　遗嘱继承或者遗赠附有义务的，继承人或者受遗赠人应当履行义务。没有正当理由不履行义务的，经利害关系人或者有关组织请求，人民法院可以取消其接受附义务部分遗产的权利。

第四章　遗产的处理

第一千一百四十五条　继承开始后，遗嘱执行人为遗产管理人；没有遗嘱执行人的，继承人应当及时推选遗产管理人；继承人未推选的，由继承人共同担任遗产管理人；没有继承人或者继承人均放弃继承的，由被继承人生前住所地的民政部门或者村民委员会担任遗产管理人。

第一千一百四十六条　对遗产管理人的确定有争议的，利害关系人可以向人民法院申请指定遗产管理人。

第一千一百四十七条　遗产管理人应当履行下列职责：

（一）清理遗产并制作遗产清单；

（二）向继承人报告遗产情况；

（三）采取必要措施防止遗产毁损、灭失；

（四）处理被继承人的债权债务；

（五）按照遗嘱或者依照法律规定分割遗产；

（六）实施与管理遗产有关的其他必要行为。

第一千一百四十八条　遗产管理人应当依法履行职责，因故意或者重大过失造成继承人、受遗赠人、债权人损害的，应当承担民事责任。

第一千一百四十九条　遗产管理人可以依照法律规定或者按照约定获得报酬。

第一千一百五十条　继承开始后，知道被继承人死亡的继承人应当及时通知其他继承人和遗嘱执行人。继承人中无人知道被继承人死亡或者知道被继承人死亡而不能通知的，由被继承人生前所在单位或者住所地的居民委员会、村民委员会负责通知。

第一千一百五十一条　存有遗产的人，应当妥善保管遗产，任何组织或者个人不得侵吞或者争抢。

第一千一百五十二条　继承开始后，继承人于遗产分割前死亡，并没有放弃继承的，该继承人应当继承的遗产转给其继承人，但是遗嘱另有安排的除外。

第一千一百五十三条　夫妻共同所有的财产，除有约定的外，遗产分割时，应当先将共同所有的财产的一半分出为配偶所有，其余的为被继承人的遗产。

遗产在家庭共有财产之中的，遗产分割时，应当先分出他人的财产。

第一千一百五十四条　有下列情形之一的，遗产中的有关部分按照法定继承办理：

（一）遗嘱继承人放弃继承或者受遗赠人放弃受遗赠；

（二）遗嘱继承人丧失继承权或者受遗赠人丧失受遗赠权；

（三）遗嘱继承人、受遗赠人先于遗嘱人死亡或者终止；

（四）遗嘱无效部分所涉及的遗产；

（五）遗嘱未处分的遗产。

第一千一百五十五条　遗产分割时，应当保留胎儿的继承份额。胎儿娩出时是死体的，保留的份额按照法定继承办理。

第一千一百五十六条　遗产分割应当有利于生产和生活需要，不损害遗产的效用。

不宜分割的遗产，可以采取折价、适当补偿或者共有等方法处理。

第一千一百五十七条　夫妻一方死亡后另一方再婚的，有权处分所继承的财产，任何组织或者个人不得干涉。

第一千一百五十八条　自然人可以与继承人以外的组织或者个人签订遗赠扶养协议。按照协议，该组织或者个人承担该自然人生养死葬的义务，享有受遗赠的权利。

第一千一百五十九条　分割遗产，应当清偿被继承人依法应当缴纳的税款和债务；但是，应当为缺乏劳动能力又没有生活来源的继承人保留必要的遗产。

第一千一百六十条　无人继承又无人受遗赠的遗产，归国家所有，用于公益事业；死者生前是集体所有制组织成员的，归所在集体所有制组织所有。

第一千一百六十一条　继承人以所得遗产实际价值为限清偿被继承人依法应当缴纳的税款和债务。超过遗产实际价值部分，继承人自愿偿还的不在此限。

继承人放弃继承的，对被继承人依法应当缴纳的税款和债务可以不负清偿责任。

第一千一百六十二条　执行遗赠不得妨碍清偿遗赠人依法应当缴纳的税款和债务。

第一千一百六十三条　既有法定继承又有遗嘱继承、遗赠的，由法定继承人清偿被继承人依法应当缴纳的税款和债务；超过法定继承遗产实际价值部分，由遗嘱继承人和受遗赠人按比例以所得遗产清偿。

第七编　侵权责任

第一章　一般规定

第一千一百六十四条　本编调整因侵害民事权益产生的民事关系。

第一千一百六十五条　行为人因过错侵害他人民事权益造成损害的，应当承担侵权责任。

依照法律规定推定行为人有过错，其不能证明自己没有过错的，应当承担侵权责任。

第一千一百六十六条　行为人造成他人民事权益损害，不论行为人有无过错，法律规定应当承担侵权责任的，依照其规定。

第一千一百六十七条　侵权行为危及他人人身、财产安全的，被侵权人有权请求侵权人承担停止侵害、排除妨碍、消除危险等侵权责任。

第一千一百六十八条 二人以上共同实施侵权行为，造成他人损害的，应当承担连带责任。

第一千一百六十九条 教唆、帮助他人实施侵权行为的，应当与行为人承担连带责任。

教唆、帮助无民事行为能力人、限制民事行为能力人实施侵权行为的，应当承担侵权责任；该无民事行为能力人、限制民事行为能力人的监护人未尽到监护职责的，应当承担相应的责任。

第一千一百七十条 二人以上实施危及他人人身、财产安全的行为，其中一人或者数人的行为造成他人损害，能够确定具体侵权人的，由侵权人承担责任；不能确定具体侵权人的，行为人承担连带责任。

第一千一百七十一条 二人以上分别实施侵权行为造成同一损害，每个人的侵权行为都足以造成全部损害的，行为人承担连带责任。

第一千一百七十二条 二人以上分别实施侵权行为造成同一损害，能够确定责任大小的，各自承担相应的责任；难以确定责任大小的，平均承担责任。

第一千一百七十三条 被侵权人对同一损害的发生或者扩大有过错的，可以减轻侵权人的责任。

第一千一百七十四条 损害是因受害人故意造成的，行为人不承担责任。

第一千一百七十五条 损害是因第三人造成的，第三人应当承担侵权责任。

第一千一百七十六条 自愿参加具有一定风险的文体活动，因其他参加者的行为受到损害的，受害人不得请求其他参加者承担侵权责任；但是，其他参加者对损害的发生有故意或者重大过失的除外。

活动组织者的责任适用本法第一千一百九十八条至第一千二百零一条的规定。

第一千一百七十七条 合法权益受到侵害，情况紧迫且不能及时获得国家机关保护，不立即采取措施将使其合法权益受到难以弥补的损害的，受害人可以在保护自己合法权益的必要范围内采取扣留侵权人的财物等合理措施；但是，应当立即请求有关国家机关处理。

受害人采取的措施不当造成他人损害的，应当承担侵权责任。

第一千一百七十八条 本法和其他法律对不承担责任或者减轻责任的情形另有规定的，依照其规定。

第二章 损害赔偿

第一千一百七十九条 侵害他人造成人身损害的，应当赔偿医疗费、护理费、交通费、营养费、住院伙食补助费等为治疗和康复支出的合理费用，以及因误工减少的收入。造成残疾的，还应当赔偿辅助器具费和残疾赔偿金；造成死亡的，还应当赔偿丧葬费和死亡赔偿金。

第一千一百八十条 因同一侵权行为造成多人死亡的，可以以相同数额确定死亡赔偿金。

第一千一百八十一条 被侵权人死亡的，其近亲属有权请求侵权人承担侵权责任。被侵权人为组织，该组织分立、合并的，承继权利的组织有权请求侵权人承担侵权责任。

被侵权人死亡的，支付被侵权人医疗费、丧葬费等合理费用的人有权请求侵权人赔偿费用，但是侵权人已经支付该费用的除外。

第一千一百八十二条 侵害他人人身权益造成财产损失的，按照被侵权人因此受到的损失或者侵权人因此获得的利益赔偿；被侵权人因此受到的损失以及侵权人因此获得的利益难以确定，被侵权人和侵权人就赔偿数额协商不一致，向人民法院提起诉讼的，由人民法院根据实际情况确定赔偿数额。

第一千一百八十三条 侵害自然人人身权益造成严重精神损害的，被侵权人有权请求精神损害赔偿。

因故意或者重大过失侵害自然人具有人身意义的特定物造成严重精神损害的，被侵权人有权请求精神损害赔偿。

第一千一百八十四条　侵害他人财产的，财产损失按照损失发生时的市场价格或者其他合理方式计算。

第一千一百八十五条　故意侵害他人知识产权，情节严重的，被侵权人有权请求相应的惩罚性赔偿。

第一千一百八十六条　受害人和行为人对损害的发生都没有过错的，依照法律的规定由双方分担损失。

第一千一百八十七条　损害发生后，当事人可以协商赔偿费用的支付方式。协商不一致的，赔偿费用应当一次性支付；一次性支付确有困难的，可以分期支付，但是被侵权人有权请求提供相应的担保。

第三章　责任主体的特殊规定

第一千一百八十八条　无民事行为能力人、限制民事行为能力人造成他人损害的，由监护人承担侵权责任。监护人尽到监护职责的，可以减轻其侵权责任。

有财产的无民事行为能力人、限制民事行为能力人造成他人损害的，从本人财产中支付赔偿费用；不足部分，由监护人赔偿。

第一千一百八十九条　无民事行为能力人、限制民事行为能力人造成他人损害，监护人将监护职责委托给他人的，监护人应当承担侵权责任；受托人有过错的，承担相应的责任。

第一千一百九十条　完全民事行为能力人对自己的行为暂时没有意识或者失去控制造成他人损害有过错的，应当承担侵权责任；没有过错的，根据行为人的经济状况对受害人适当补偿。

完全民事行为能力人因醉酒、滥用麻醉药品或者精神药品对自己的行为暂时没有意识或者失去控制造成他人损害的，应当承担侵权责任。

第一千一百九十一条　用人单位的工作人员因执行工作任务造成他人损害的，由用人单位承担侵权责任。用人单位承担侵权责任后，可以向有故意或者重大过失的工作人员追偿。

劳务派遣期间，被派遣的工作人员因执行工作任务造成他人损害的，由接受劳务派遣的用工单位承担侵权责任；劳务派遣单位有过错的，承担相应的责任。

第一千一百九十二条　个人之间形成劳务关系，提供劳务一方因劳务造成他人损害的，由接受劳务一方承担侵权责任。接受劳务一方承担侵权责任后，可以向有故意或者重大过失的提供劳务一方追偿。提供劳务一方因劳务受到损害的，根据双方各自的过错承担相应的责任。

提供劳务期间，因第三人的行为造成提供劳务一方损害的，提供劳务一方有权请求第三人承担侵权责任，也有权请求接受劳务一方给予补偿。接受劳务一方补偿后，可以向第三人追偿。

第一千一百九十三条　承揽人在完成工作过程中造成第三人损害或者自己损害的，定作人不承担侵权责任。但是，定作人对定作、指示或者选任有过错的，应当承担相应的责任。

第一千一百九十四条　网络用户、网络服务提供者利用网络侵害他人民事权益的，应当承担侵权责任。法律另有规定的，依照其规定。

第一千一百九十五条　网络用户利用网络服务实施侵权行为的，权利人有权通知网络服务提供者采取删除、屏蔽、断开链接等必要措施。通知应当包括构成侵权的初步证据及权利人的真实身份信息。

网络服务提供者接到通知后，应当及时将该通知转送相关网络用户，并根据构成侵权的初步证据和服务类型采取必要措施；未及时采取必要措施的，对损害的扩大部分与该网络用户承担连带责任。

权利人因错误通知造成网络用户或者网络服务提供者损害的，应当承担侵权责任。法律另有规定的，依照其规定。

第一千一百九十六条 网络用户接到转送的通知后，可以向网络服务提供者提交不存在侵权行为的声明。声明应当包括不存在侵权行为的初步证据及网络用户的真实身份信息。

网络服务提供者接到声明后，应当将该声明转送发出通知的权利人，并告知其可以向有关部门投诉或者向人民法院提起诉讼。网络服务提供者在转送声明到达权利人后的合理期限内，未收到权利人已经投诉或者提起诉讼通知的，应当及时终止所采取的措施。

第一千一百九十七条 网络服务提供者知道或者应当知道网络用户利用其网络服务侵害他人民事权益，未采取必要措施的，与该网络用户承担连带责任。

第一千一百九十八条 宾馆、商场、银行、车站、机场、体育场馆、娱乐场所等经营场所、公共场所的经营者、管理者或者群众性活动的组织者，未尽到安全保障义务，造成他人损害的，应当承担侵权责任。

因第三人的行为造成他人损害的，由第三人承担侵权责任；经营者、管理者或者组织者未尽到安全保障义务的，承担相应的补充责任。经营者、管理者或者组织者承担补充责任后，可以向第三人追偿。

第一千一百九十九条 无民事行为能力人在幼儿园、学校或者其他教育机构学习、生活期间受到人身损害的，幼儿园、学校或者其他教育机构应当承担侵权责任；但是，能够证明尽到教育、管理职责的，不承担侵权责任。

第一千二百条 限制民事行为能力人在学校或者其他教育机构学习、生活期间受到人身损害，学校或者其他教育机构未尽到教育、管理职责的，应当承担侵权责任。

第一千二百零一条 无民事行为能力人或者限制民事行为能力人在幼儿园、学校或者其他教育机构学习、生活期间，受到幼儿园、学校或者其他教育机构以外的第三人人身损害的，由第三人承担侵权责任；幼儿园、学校或者其他教育机构未尽到管理职责的，承担相应的补充责任。幼儿园、学校或者其他教育机构承担补充责任后，可以向第三人追偿。

第四章　产品责任

第一千二百零二条 因产品存在缺陷造成他人损害的，生产者应当承担侵权责任。

第一千二百零三条 因产品存在缺陷造成他人损害的，被侵权人可以向产品的生产者请求赔偿，也可以向产品的销售者请求赔偿。

产品缺陷由生产者造成的，销售者赔偿后，有权向生产者追偿。因销售者的过错使产品存在缺陷的，生产者赔偿后，有权向销售者追偿。

第一千二百零四条 因运输者、仓储者等第三人的过错使产品存在缺陷，造成他人损害的，产品的生产者、销售者赔偿后，有权向第三人追偿。

第一千二百零五条 因产品缺陷危及他人人身、财产安全的，被侵权人有权请求生产者、销售者承担停止侵害、排除妨碍、消除危险等侵权责任。

第一千二百零六条 产品投入流通后发现存在缺陷的，生产者、销售者应当及时采取停止销售、警示、召回等补救措施；未及时采取补救措施或者补救措施不力造成损害扩大的，对扩大的损害也应当承担侵权责任。

依据前款规定采取召回措施的，生产者、销售者应当负担被侵权人因此支出的必要费用。

第一千二百零七条 明知产品存在缺陷仍然生产、销售，或者没有依据前条规定采取有效补救措施，造成他人死亡或者健康严重损害的，被侵权人有权请求相应的惩罚性赔偿。

第五章　机动车交通事故责任

第一千二百零八条　机动车发生交通事故造成损害的，依照道路交通安全法律和本法的有关规定承担赔偿责任。

第一千二百零九条　因租赁、借用等情形机动车所有人、管理人与使用人不是同一人时，发生交通事故造成损害，属于该机动车一方责任的，由机动车使用人承担赔偿责任；机动车所有人、管理人对损害的发生有过错的，承担相应的赔偿责任。

第一千二百一十条　当事人之间已经以买卖或者其他方式转让并交付机动车但是未办理登记，发生交通事故造成损害，属于该机动车一方责任的，由受让人承担赔偿责任。

第一千二百一十一条　以挂靠形式从事道路运输经营活动的机动车，发生交通事故造成损害，属于该机动车一方责任的，由挂靠人和被挂靠人承担连带责任。

第一千二百一十二条　未经允许驾驶他人机动车，发生交通事故造成损害，属于该机动车一方责任的，由机动车使用人承担赔偿责任；机动车所有人、管理人对损害的发生有过错的，承担相应的赔偿责任，但是本章另有规定的除外。

第一千二百一十三条　机动车发生交通事故造成损害，属于该机动车一方责任的，先由承保机动车强制保险的保险人在强制保险责任限额范围内予以赔偿；不足部分，由承保机动车商业保险的保险人按照保险合同的约定予以赔偿；仍然不足或者没有投保机动车商业保险的，由侵权人赔偿。

第一千二百一十四条　以买卖或者其他方式转让拼装或者已经达到报废标准的机动车，发生交通事故造成损害的，由转让人和受让人承担连带责任。

第一千二百一十五条　盗窃、抢劫或者抢夺的机动车发生交通事故造成损害的，由盗窃人、抢劫人或者抢夺人承担赔偿责任。盗窃人、抢劫人或者抢夺人与机动车使用人不是同一人，发生交通事故造成损害，属于该机动车一方责任的，由盗窃人、抢劫人或者抢夺人与机动车使用人承担连带责任。

保险人在机动车强制保险责任限额范围内垫付抢救费用的，有权向交通事故责任人追偿。

第一千二百一十六条　机动车驾驶人发生交通事故后逃逸，该机动车参加强制保险的，由保险人在机动车强制保险责任限额范围内予以赔偿；机动车不明、该机动车未参加强制保险或者抢救费用超过机动车强制保险责任限额，需要支付被侵权人人身伤亡的抢救、丧葬等费用的，由道路交通事故社会救助基金垫付。道路交通事故社会救助基金垫付后，其管理机构有权向交通事故责任人追偿。

第一千二百一十七条　非营运机动车发生交通事故造成无偿搭乘人损害，属于该机动车一方责任的，应当减轻其赔偿责任，但是机动车使用人有故意或者重大过失的除外。

第六章　医疗损害责任

第一千二百一十八条　患者在诊疗活动中受到损害，医疗机构或者其医务人员有过错的，由医疗机构承担赔偿责任。

第一千二百一十九条　医务人员在诊疗活动中应当向患者说明病情和医疗措施。需要实施手术、特殊检查、特殊治疗的，医务人员应当及时向患者具体说明医疗风险、替代医疗方案等情况，并取得其明确同意；不能或者不宜向患者说明的，应当向患者的近亲属说明，并取得其明确同意。

医务人员未尽到前款义务，造成患者损害的，医疗机构应当承担赔偿责任。

第一千二百二十条　因抢救生命垂危的

患者等紧急情况，不能取得患者或者其近亲属意见的，经医疗机构负责人或者授权的负责人批准，可以立即实施相应的医疗措施。

第一千二百二十一条 医务人员在诊疗活动中未尽到与当时的医疗水平相应的诊疗义务，造成患者损害的，医疗机构应当承担赔偿责任。

第一千二百二十二条 患者在诊疗活动中受到损害，有下列情形之一的，推定医疗机构有过错：

（一）违反法律、行政法规、规章以及其他有关诊疗规范的规定；

（二）隐匿或者拒绝提供与纠纷有关的病历资料；

（三）遗失、伪造、篡改或者违法销毁病历资料。

第一千二百二十三条 因药品、消毒产品、医疗器械的缺陷，或者输入不合格的血液造成患者损害的，患者可以向药品上市许可持有人、生产者、血液提供机构请求赔偿，也可以向医疗机构请求赔偿。患者向医疗机构请求赔偿的，医疗机构赔偿后，有权向负有责任的药品上市许可持有人、生产者、血液提供机构追偿。

第一千二百二十四条 患者在诊疗活动中受到损害，有下列情形之一的，医疗机构不承担赔偿责任：

（一）患者或者其近亲属不配合医疗机构进行符合诊疗规范的诊疗；

（二）医务人员在抢救生命垂危的患者等紧急情况下已经尽到合理诊疗义务；

（三）限于当时的医疗水平难以诊疗。

前款第一项情形中，医疗机构或者其医务人员也有过错的，应当承担相应的赔偿责任。

第一千二百二十五条 医疗机构及其医务人员应当按照规定填写并妥善保管住院志、医嘱单、检验报告、手术及麻醉记录、病理资料、护理记录等病历资料。

患者要求查阅、复制前款规定的病历资料的，医疗机构应当及时提供。

第一千二百二十六条 医疗机构及其医务人员应当对患者的隐私和个人信息保密。泄露患者的隐私和个人信息，或者未经患者同意公开其病历资料的，应当承担侵权责任。

第一千二百二十七条 医疗机构及其医务人员不得违反诊疗规范实施不必要的检查。

第一千二百二十八条 医疗机构及其医务人员的合法权益受法律保护。

干扰医疗秩序，妨碍医务人员工作、生活，侵害医务人员合法权益的，应当依法承担法律责任。

第七章　环境污染和生态破坏责任

第一千二百二十九条 因污染环境、破坏生态造成他人损害的，侵权人应当承担侵权责任。

第一千二百三十条 因污染环境、破坏生态发生纠纷，行为人应当就法律规定的不承担责任或者减轻责任的情形及其行为与损害之间不存在因果关系承担举证责任。

第一千二百三十一条 两个以上侵权人污染环境、破坏生态的，承担责任的大小，根据污染物的种类、浓度、排放量，破坏生态的方式、范围、程度，以及行为对损害后果所起的作用等因素确定。

第一千二百三十二条 侵权人违反法律规定故意污染环境、破坏生态造成严重后果的，被侵权人有权请求相应的惩罚性赔偿。

第一千二百三十三条 因第三人的过错污染环境、破坏生态的，被侵权人可以向侵权人请求赔偿，也可以向第三人请求赔偿。侵权人赔偿后，有权向第三人追偿。

第一千二百三十四条 违反国家规定造成生态环境损害，生态环境能够修复的，国家规定的机关或者法律规定的组织有权请求侵权人在合理期限内承担修复责任。侵权人在期限内未修复的，国家规定的机关或者法律规定的组织可以自行或者委托他人进行修复，所需费用由侵权人负担。

第一千二百三十五条　违反国家规定造成生态环境损害的，国家规定的机关或者法律规定的组织有权请求侵权人赔偿下列损失和费用：

（一）生态环境受到损害至修复完成期间服务功能丧失导致的损失；

（二）生态环境功能永久性损害造成的损失；

（三）生态环境损害调查、鉴定评估等费用；

（四）清除污染、修复生态环境费用；

（五）防止损害的发生和扩大所支出的合理费用。

第八章　高度危险责任

第一千二百三十六条　从事高度危险作业造成他人损害的，应当承担侵权责任。

第一千二百三十七条　民用核设施或者运入运出核设施的核材料发生核事故造成他人损害的，民用核设施的营运单位应当承担侵权责任；但是，能够证明损害是因战争、武装冲突、暴乱等情形或者受害人故意造成的，不承担责任。

第一千二百三十八条　民用航空器造成他人损害的，民用航空器的经营者应当承担侵权责任；但是，能够证明损害是因受害人故意造成的，不承担责任。

第一千二百三十九条　占有或者使用易燃、易爆、剧毒、高放射性、强腐蚀性、高致病性等高度危险物造成他人损害的，占有人或者使用人应当承担侵权责任；但是，能够证明损害是因受害人故意或者不可抗力造成的，不承担责任。被侵权人对损害的发生有重大过失的，可以减轻占有人或者使用人的责任。

第一千二百四十条　从事高空、高压、地下挖掘活动或者使用高速轨道运输工具造成他人损害的，经营者应当承担侵权责任；但是，能够证明损害是因受害人故意或者不可抗力造成的，不承担责任。被侵权人对损害的发生有重大过失的，可以减轻经营者的责任。

第一千二百四十一条　遗失、抛弃高度危险物造成他人损害的，由所有人承担侵权责任。所有人将高度危险物交由他人管理的，由管理人承担侵权责任；所有人有过错的，与管理人承担连带责任。

第一千二百四十二条　非法占有高度危险物造成他人损害的，由非法占有人承担侵权责任。所有人、管理人不能证明对防止非法占有尽到高度注意义务的，与非法占有人承担连带责任。

第一千二百四十三条　未经许可进入高度危险活动区域或者高度危险物存放区域受到损害，管理人能够证明已经采取足够安全措施并尽到充分警示义务的，可以减轻或者不承担责任。

第一千二百四十四条　承担高度危险责任，法律规定赔偿限额的，依照其规定，但是行为人有故意或者重大过失的除外。

第九章　饲养动物损害责任

第一千二百四十五条　饲养的动物造成他人损害的，动物饲养人或者管理人应当承担侵权责任；但是，能够证明损害是因被侵权人故意或者重大过失造成的，可以不承担或者减轻责任。

第一千二百四十六条　违反管理规定，未对动物采取安全措施造成他人损害的，动物饲养人或者管理人应当承担侵权责任；但是，能够证明损害是因被侵权人故意造成的，可以减轻责任。

第一千二百四十七条　禁止饲养的烈性犬等危险动物造成他人损害的，动物饲养人或者管理人应当承担侵权责任。

第一千二百四十八条　动物园的动物造成他人损害的，动物园应当承担侵权责任；但是，能够证明尽到管理职责的，不承担侵权责任。

第一千二百四十九条 遗弃、逃逸的动物在遗弃、逃逸期间造成他人损害的，由动物原饲养人或者管理人承担侵权责任。

第一千二百五十条 因第三人的过错致使动物造成他人损害的，被侵权人可以向动物饲养人或者管理人请求赔偿，也可以向第三人请求赔偿。动物饲养人或者管理人赔偿后，有权向第三人追偿。

第一千二百五十一条 饲养动物应当遵守法律法规，尊重社会公德，不得妨碍他人生活。

第十章 建筑物和物件损害责任

第一千二百五十二条 建筑物、构筑物或者其他设施倒塌、塌陷造成他人损害的，由建设单位与施工单位承担连带责任，但是建设单位与施工单位能够证明不存在质量缺陷的除外。建设单位、施工单位赔偿后，有其他责任人的，有权向其他责任人追偿。

因所有人、管理人、使用人或者第三人的原因，建筑物、构筑物或者其他设施倒塌、塌陷造成他人损害的，由所有人、管理人、使用人或者第三人承担侵权责任。

第一千二百五十三条 建筑物、构筑物或者其他设施及其搁置物、悬挂物发生脱落、坠落造成他人损害，所有人、管理人或者使用人不能证明自己没有过错的，应当承担侵权责任。所有人、管理人或者使用人赔偿后，有其他责任人的，有权向其他责任人追偿。

第一千二百五十四条 禁止从建筑物中抛掷物品。从建筑物中抛掷物品或者从建筑物上坠落的物品造成他人损害的，由侵权人依法承担侵权责任；经调查难以确定具体侵权人的，除能够证明自己不是侵权人的外，由可能加害的建筑物使用人给予补偿。可能加害的建筑物使用人补偿后，有权向侵权人追偿。

物业服务企业等建筑物管理人应当采取必要的安全保障措施防止前款规定情形的发生；未采取必要的安全保障措施的，应当依法承担未履行安全保障义务的侵权责任。

发生本条第一款规定的情形的，公安等机关应当依法及时调查，查清责任人。

第一千二百五十五条 堆放物倒塌、滚落或者滑落造成他人损害，堆放人不能证明自己没有过错的，应当承担侵权责任。

第一千二百五十六条 在公共道路上堆放、倾倒、遗撒妨碍通行的物品造成他人损害的，由行为人承担侵权责任。公共道路管理人不能证明已经尽到清理、防护、警示等义务的，应当承担相应的责任。

第一千二百五十七条 因林木折断、倾倒或者果实坠落等造成他人损害，林木的所有人或者管理人不能证明自己没有过错的，应当承担侵权责任。

第一千二百五十八条 在公共场所或者道路上挖掘、修缮安装地下设施等造成他人损害，施工人不能证明已经设置明显标志和采取安全措施的，应当承担侵权责任。

窨井等地下设施造成他人损害，管理人不能证明尽到管理职责的，应当承担侵权责任。

附 则

第一千二百五十九条 民法所称的“以上”、“以下”、“以内”、“届满”，包括本数；所称的“不满”、“超过”、“以外”，不包括本数。

第一千二百六十条 本法自2021年1月1日起施行。《中华人民共和国婚姻法》、《中华人民共和国继承法》、《中华人民共和国民法通则》、《中华人民共和国收养法》、《中华人民共和国担保法》、《中华人民共和国合同法》、《中华人民共和国物权法》、《中华人民共和国侵权责任法》、《中华人民共和国民法总则》同时废止。

中华人民共和国民事诉讼法

（1991年4月9日第七届全国人民代表大会第四次会议通过，根据2007年10月28日第十届全国人民代表大会常务委员会第三十次会议《关于修改〈中华人民共和国民事诉讼法〉的决定》第一次修正，根据2012年8月31日第十一届全国人民代表大会常务委员会第二十八次会议《关于修改〈中华人民共和国民事诉讼法〉的决定》第二次修正，根据2017年6月27日第十二届全国人民代表大会常务委员会第二十八次会议《关于修改〈中华人民共和国民事诉讼法〉和〈中华人民共和国行政诉讼法〉的决定》第三次修正，根据2021年12月24日第十三届全国人民代表大会常务委员会第三十二次会议《关于修改〈中华人民共和国民事诉讼法〉的决定》第四次修正，根据2023年9月1日第十四届全国人民代表大会常务委员会第五次会议《关于修改〈中华人民共和国民事诉讼法〉的决定》第五次修正）

第一编　总　　则

第一章　任务、适用范围和基本原则

第一条　中华人民共和国民事诉讼法以宪法为根据，结合我国民事审判工作的经验和实际情况制定。

第二条　中华人民共和国民事诉讼法的任务，是保护当事人行使诉讼权利，保证人民法院查明事实，分清是非，正确适用法律，及时审理民事案件，确认民事权利义务关系，制裁民事违法行为，保护当事人的合法权益，教育公民自觉遵守法律，维护社会秩序、经济秩序，保障社会主义建设事业顺利进行。

第三条　人民法院受理公民之间、法人之间、其他组织之间以及他们相互之间因财产关系和人身关系提起的民事诉讼，适用本法的规定。

第四条　凡在中华人民共和国领域内进行民事诉讼，必须遵守本法。

第五条　外国人、无国籍人、外国企业和组织在人民法院起诉、应诉，同中华人民共和国公民、法人和其他组织有同等的诉讼权利义务。

外国法院对中华人民共和国公民、法人和其他组织的民事诉讼权利加以限制的，中华人民共和国人民法院对该国公民、企业和组织的民事诉讼权利，实行对等原则。

第六条　民事案件的审判权由人民法院行使。

人民法院依照法律规定对民事案件独立进行审判，不受行政机关、社会团体和个人的干涉。

第七条　人民法院审理民事案件，必须以事实为根据，以法律为准绳。

第八条　民事诉讼当事人有平等的诉讼权利。人民法院审理民事案件，应当保障和

便利当事人行使诉讼权利，对当事人在适用法律上一律平等。

第九条　人民法院审理民事案件，应当根据自愿和合法的原则进行调解；调解不成的，应当及时判决。

第十条　人民法院审理民事案件，依照法律规定实行合议、回避、公开审判和两审终审制度。

第十一条　各民族公民都有用本民族语言、文字进行民事诉讼的权利。

在少数民族聚居或者多民族共同居住的地区，人民法院应当用当地民族通用的语言、文字进行审理和发布法律文书。

人民法院应当对不通晓当地民族通用的语言、文字的诉讼参与人提供翻译。

第十二条　人民法院审理民事案件时，当事人有权进行辩论。

第十三条　民事诉讼应当遵循诚信原则。

当事人有权在法律规定的范围内处分自己的民事权利和诉讼权利。

第十四条　人民检察院有权对民事诉讼实行法律监督。

第十五条　机关、社会团体、企业事业单位对损害国家、集体或者个人民事权益的行为，可以支持受损害的单位或者个人向人民法院起诉。

第十六条　经当事人同意，民事诉讼活动可以通过信息网络平台在线进行。

民事诉讼活动通过信息网络平台在线进行的，与线下诉讼活动具有同等法律效力。

第十七条　民族自治地方的人民代表大会根据宪法和本法的原则，结合当地民族的具体情况，可以制定变通或者补充的规定。自治区的规定，报全国人民代表大会常务委员会批准。自治州、自治县的规定，报省或者自治区的人民代表大会常务委员会批准，并报全国人民代表大会常务委员会备案。

第二章　管　　辖

第一节　级别管辖

第十八条　基层人民法院管辖第一审民事案件，但本法另有规定的除外。

第十九条　中级人民法院管辖下列第一审民事案件：

（一）重大涉外案件；

（二）在本辖区有重大影响的案件；

（三）最高人民法院确定由中级人民法院管辖的案件。

第二十条　高级人民法院管辖在本辖区有重大影响的第一审民事案件。

第二十一条　最高人民法院管辖下列第一审民事案件：

（一）在全国有重大影响的案件；

（二）认为应当由本院审理的案件。

第二节　地域管辖

第二十二条　对公民提起的民事诉讼，由被告住所地人民法院管辖；被告住所地与经常居住地不一致的，由经常居住地人民法院管辖。

对法人或者其他组织提起的民事诉讼，由被告住所地人民法院管辖。

同一诉讼的几个被告住所地、经常居住地在两个以上人民法院辖区的，各该人民法院都有管辖权。

第二十三条　下列民事诉讼，由原告住所地人民法院管辖；原告住所地与经常居住地不一致的，由原告经常居住地人民法院管辖：

（一）对不在中华人民共和国领域内居住的人提起的有关身份关系的诉讼；

（二）对下落不明或者宣告失踪的人提起的有关身份关系的诉讼；

（三）对被采取强制性教育措施的人提起的诉讼；

（四）对被监禁的人提起的诉讼。

第二十四条　因合同纠纷提起的诉讼，由被告住所地或者合同履行地人民法院管辖。

第二十五条　因保险合同纠纷提起的诉讼，由被告住所地或者保险标的物所在地人民法院管辖。

第二十六条　因票据纠纷提起的诉讼，由票据支付地或者被告住所地人民法院管辖。

第二十七条　因公司设立、确认股东资格、分配利润、解散等纠纷提起的诉讼，由公司住所地人民法院管辖。

第二十八条　因铁路、公路、水上、航空运输和联合运输合同纠纷提起的诉讼，由运输始发地、目的地或者被告住所地人民法院管辖。

第二十九条　因侵权行为提起的诉讼，由侵权行为地或者被告住所地人民法院管辖。

第三十条　因铁路、公路、水上和航空事故请求损害赔偿提起的诉讼，由事故发生地或者车辆、船舶最先到达地、航空器最先降落地或者被告住所地人民法院管辖。

第三十一条　因船舶碰撞或者其他海事损害事故请求损害赔偿提起的诉讼，由碰撞发生地、碰撞船舶最先到达地、加害船舶被扣留地或者被告住所地人民法院管辖。

第三十二条　因海难救助费用提起的诉讼，由救助地或者被救助船舶最先到达地人民法院管辖。

第三十三条　因共同海损提起的诉讼，由船舶最先到达地、共同海损理算地或者航程终止地的人民法院管辖。

第三十四条　下列案件，由本条规定的人民法院专属管辖：

（一）因不动产纠纷提起的诉讼，由不动产所在地人民法院管辖；

（二）因港口作业中发生纠纷提起的诉讼，由港口所在地人民法院管辖；

（三）因继承遗产纠纷提起的诉讼，由被继承人死亡时住所地或者主要遗产所在地人民法院管辖。

第三十五条　合同或者其他财产权益纠纷的当事人可以书面协议选择被告住所地、合同履行地、合同签订地、原告住所地、标的物所在地等与争议有实际联系的地点的人民法院管辖，但不得违反本法对级别管辖和专属管辖的规定。

第三十六条　两个以上人民法院都有管辖权的诉讼，原告可以向其中一个人民法院起诉；原告向两个以上有管辖权的人民法院起诉的，由最先立案的人民法院管辖。

第三节　移送管辖和指定管辖

第三十七条　人民法院发现受理的案件不属于本院管辖的，应当移送有管辖权的人民法院，受移送的人民法院应当受理。受移送的人民法院认为受移送的案件依照规定不属于本院管辖的，应当报请上级人民法院指定管辖，不得再自行移送。

第三十八条　有管辖权的人民法院由于特殊原因，不能行使管辖权的，由上级人民法院指定管辖。

人民法院之间因管辖权发生争议，由争议双方协商解决；协商解决不了的，报请它们的共同上级人民法院指定管辖。

第三十九条　上级人民法院有权审理下级人民法院管辖的第一审民事案件；确有必要将本院管辖的第一审民事案件交下级人民法院审理的，应当报请其上级人民法院批准。

下级人民法院对它所管辖的第一审民事案件，认为需要由上级人民法院审理的，可以报请上级人民法院审理。

第三章　审判组织

第四十条　人民法院审理第一审民事案件，由审判员、人民陪审员共同组成合议庭或者由审判员组成合议庭。合议庭的成员人数，必须是单数。

适用简易程序审理的民事案件，由审判员一人独任审理。基层人民法院审理的基本事实清楚、权利义务关系明确的第一审民事案件，可以由审判员一人适用普通程序独任审理。

人民陪审员在参加审判活动时，除法律另有规定外，与审判员有同等的权利义务。

第四十一条 人民法院审理第二审民事案件，由审判员组成合议庭。合议庭的成员人数，必须是单数。

中级人民法院对第一审适用简易程序审结或者不服裁定提起上诉的第二审民事案件，事实清楚、权利义务关系明确的，经双方当事人同意，可以由审判员一人独任审理。

发回重审的案件，原审人民法院应当按照第一审程序另行组成合议庭。

审理再审案件，原来是第一审的，按照第一审程序另行组成合议庭；原来是第二审的或者是上级人民法院提审的，按照第二审程序另行组成合议庭。

第四十二条 人民法院审理下列民事案件，不得由审判员一人独任审理：

（一）涉及国家利益、社会公共利益的案件；

（二）涉及群体性纠纷，可能影响社会稳定的案件；

（三）人民群众广泛关注或者其他社会影响较大的案件；

（四）属于新类型或者疑难复杂的案件；

（五）法律规定应当组成合议庭审理的案件；

（六）其他不宜由审判员一人独任审理的案件。

第四十三条 人民法院在审理过程中，发现案件不宜由审判员一人独任审理的，应当裁定转由合议庭审理。

当事人认为案件由审判员一人独任审理违反法律规定的，可以向人民法院提出异议。人民法院对当事人提出的异议应当审查，异议成立的，裁定转由合议庭审理；异议不成立的，裁定驳回。

第四十四条 合议庭的审判长由院长或者庭长指定审判员一人担任；院长或者庭长参加审判的，由院长或者庭长担任。

第四十五条 合议庭评议案件，实行少数服从多数的原则。评议应当制作笔录，由合议庭成员签名。评议中的不同意见，必须如实记入笔录。

第四十六条 审判人员应当依法秉公办案。

审判人员不得接受当事人及其诉讼代理人请客送礼。

审判人员有贪污受贿，徇私舞弊，枉法裁判行为的，应当追究法律责任；构成犯罪的，依法追究刑事责任。

第四章 回　避

第四十七条 审判人员有下列情形之一的，应当自行回避，当事人有权用口头或者书面方式申请他们回避：

（一）是本案当事人或者当事人、诉讼代理人近亲属的；

（二）与本案有利害关系的；

（三）与本案当事人、诉讼代理人有其他关系，可能影响对案件公正审理的。

审判人员接受当事人、诉讼代理人请客送礼，或者违反规定会见当事人、诉讼代理人的，当事人有权要求他们回避。

审判人员有前款规定的行为的，应当依法追究法律责任。

前三款规定，适用于法官助理、书记员、司法技术人员、翻译人员、鉴定人、勘验人。

第四十八条 当事人提出回避申请，应当说明理由，在案件开始审理时提出；回避事由在案件开始审理后知道的，也可以在法庭辩论终结前提出。

被申请回避的人员在人民法院作出是否

回避的决定前，应当暂停参与本案的工作，但案件需要采取紧急措施的除外。

第四十九条 院长担任审判长或者独任审判员时的回避，由审判委员会决定；审判人员的回避，由院长决定；其他人员的回避，由审判长或者独任审判员决定。

第五十条 人民法院对当事人提出的回避申请，应当在申请提出的三日内，以口头或者书面形式作出决定。申请人对决定不服的，可以在接到决定时申请复议一次。复议期间，被申请回避的人员，不停止参与本案的工作。人民法院对复议申请，应当在三日内作出复议决定，并通知复议申请人。

第五章 诉讼参加人

第一节 当 事 人

第五十一条 公民、法人和其他组织可以作为民事诉讼的当事人。

法人由其法定代表人进行诉讼。其他组织由其主要负责人进行诉讼。

第五十二条 当事人有权委托代理人，提出回避申请，收集、提供证据，进行辩论，请求调解，提起上诉，申请执行。

当事人可以查阅本案有关材料，并可以复制本案有关材料和法律文书。查阅、复制本案有关材料的范围和办法由最高人民法院规定。

当事人必须依法行使诉讼权利，遵守诉讼秩序，履行发生法律效力的判决书、裁定书和调解书。

第五十三条 双方当事人可以自行和解。

第五十四条 原告可以放弃或者变更诉讼请求。被告可以承认或者反驳诉讼请求，有权提起反诉。

第五十五条 当事人一方或者双方为二人以上，其诉讼标的是共同的，或者诉讼标的是同一种类、人民法院认为可以合并审理并经当事人同意的，为共同诉讼。

共同诉讼的一方当事人对诉讼标的有共同权利义务的，其中一人的诉讼行为经其他共同诉讼人承认，对其他共同诉讼人发生效力；对诉讼标的没有共同权利义务的，其中一人的诉讼行为对其他共同诉讼人不发生效力。

第五十六条 当事人一方人数众多的共同诉讼，可以由当事人推选代表人进行诉讼。代表人的诉讼行为对其所代表的当事人发生效力，但代表人变更、放弃诉讼请求或者承认对方当事人的诉讼请求，进行和解，必须经被代表的当事人同意。

第五十七条 诉讼标的是同一种类、当事人一方人数众多在起诉时人数尚未确定的，人民法院可以发出公告，说明案件情况和诉讼请求，通知权利人在一定期间向人民法院登记。

向人民法院登记的权利人可以推选代表人进行诉讼；推选不出代表人的，人民法院可以与参加登记的权利人商定代表人。

代表人的诉讼行为对其所代表的当事人发生效力，但代表人变更、放弃诉讼请求或者承认对方当事人的诉讼请求，进行和解，必须经被代表的当事人同意。

人民法院作出的判决、裁定，对参加登记的全体权利人发生效力。未参加登记的权利人在诉讼时效期间提起诉讼的，适用该判决、裁定。

第五十八条 对污染环境、侵害众多消费者合法权益等损害社会公共利益的行为，法律规定的机关和有关组织可以向人民法院提起诉讼。

人民检察院在履行职责中发现破坏生态环境和资源保护、食品药品安全领域侵害众多消费者合法权益等损害社会公共利益的行为，在没有前款规定的机关和组织或者前款规定的机关和组织不提起诉讼的情况下，可以向人民法院提起诉讼。前款规定的机关或者组织提起诉讼的，人民检察院可以支持起诉。

第五十九条 对当事人双方的诉讼标的，第三人认为有独立请求权的，有权提起诉讼。

对当事人双方的诉讼标的，第三人虽然没有独立请求权，但案件处理结果同他有法律上的利害关系的，可以申请参加诉讼，或者由人民法院通知他参加诉讼。人民法院判决承担民事责任的第三人，有当事人的诉讼权利义务。

前两款规定的第三人，因不能归责于本人的事由未参加诉讼，但有证据证明发生法律效力的判决、裁定、调解书的部分或者全部内容错误，损害其民事权益的，可以自知道或者应当知道其民事权益受到损害之日起六个月内，向作出该判决、裁定、调解书的人民法院提起诉讼。人民法院经审理，诉讼请求成立的，应当改变或者撤销原判决、裁定、调解书；诉讼请求不成立的，驳回诉讼请求。

第二节　诉讼代理人

第六十条 无诉讼行为能力人由他的监护人作为法定代理人代为诉讼。法定代理人之间互相推诿代理责任的，由人民法院指定其中一人代为诉讼。

第六十一条 当事人、法定代理人可以委托一至二人作为诉讼代理人。

下列人员可以被委托为诉讼代理人：

（一）律师、基层法律服务工作者；

（二）当事人的近亲属或者工作人员；

（三）当事人所在社区、单位以及有关社会团体推荐的公民。

第六十二条 委托他人代为诉讼，必须向人民法院提交由委托人签名或者盖章的授权委托书。

授权委托书必须记明委托事项和权限。诉讼代理人代为承认、放弃、变更诉讼请求，进行和解，提起反诉或者上诉，必须有委托人的特别授权。

侨居在国外的中华人民共和国公民从国外寄交或者托交的授权委托书，必须经中华人民共和国驻该国的使领馆证明；没有使领馆的，由与中华人民共和国有外交关系的第三国驻该国的使领馆证明，再转由中华人民共和国驻该第三国使领馆证明，或者由当地的爱国华侨团体证明。

第六十三条 诉讼代理人的权限如果变更或者解除，当事人应当书面告知人民法院，并由人民法院通知对方当事人。

第六十四条 代理诉讼的律师和其他诉讼代理人有权调查收集证据，可以查阅本案有关材料。查阅本案有关材料的范围和办法由最高人民法院规定。

第六十五条 离婚案件有诉讼代理人的，本人除不能表达意思的以外，仍应出庭；确因特殊情况无法出庭的，必须向人民法院提交书面意见。

第六章　证　据

第六十六条 证据包括：

（一）当事人的陈述；

（二）书证；

（三）物证；

（四）视听资料；

（五）电子数据；

（六）证人证言；

（七）鉴定意见；

（八）勘验笔录。

证据必须查证属实，才能作为认定事实的根据。

第六十七条 当事人对自己提出的主张，有责任提供证据。

当事人及其诉讼代理人因客观原因不能自行收集的证据，或者人民法院认为审理案件需要的证据，人民法院应当调查收集。

人民法院应当按照法定程序，全面地、客观地审查核实证据。

第六十八条 当事人对自己提出的主张应当及时提供证据。

人民法院根据当事人的主张和案件审理

情况，确定当事人应当提供的证据及其期限。当事人在该期限内提供证据确有困难的，可以向人民法院申请延长期限，人民法院根据当事人的申请适当延长。当事人逾期提供证据的，人民法院应当责令其说明理由；拒不说明理由或者理由不成立的，人民法院根据不同情形可以不予采纳该证据，或者采纳该证据但予以训诫、罚款。

第六十九条　人民法院收到当事人提交的证据材料，应当出具收据，写明证据名称、页数、份数、原件或者复印件以及收到时间等，并由经办人员签名或者盖章。

第七十条　人民法院有权向有关单位和个人调查取证，有关单位和个人不得拒绝。

人民法院对有关单位和个人提出的证明文书，应当辨别真伪，审查确定其效力。

第七十一条　证据应当在法庭上出示，并由当事人互相质证。对涉及国家秘密、商业秘密和个人隐私的证据应当保密，需要在法庭出示的，不得在公开开庭时出示。

第七十二条　经过法定程序公证证明的法律事实和文书，人民法院应当作为认定事实的根据，但有相反证据足以推翻公证证明的除外。

第七十三条　书证应当提交原件。物证应当提交原物。提交原件或者原物确有困难的，可以提交复制品、照片、副本、节录本。

提交外文书证，必须附有中文译本。

第七十四条　人民法院对视听资料，应当辨别真伪，并结合本案的其他证据，审查确定能否作为认定事实的根据。

第七十五条　凡是知道案件情况的单位和个人，都有义务出庭作证。有关单位的负责人应当支持证人作证。

不能正确表达意思的人，不能作证。

第七十六条　经人民法院通知，证人应当出庭作证。有下列情形之一的，经人民法院许可，可以通过书面证言、视听传输技术或者视听资料等方式作证：

（一）因健康原因不能出庭的；

（二）因路途遥远，交通不便不能出庭的；

（三）因自然灾害等不可抗力不能出庭的；

（四）其他有正当理由不能出庭的。

第七十七条　证人因履行出庭作证义务而支出的交通、住宿、就餐等必要费用以及误工损失，由败诉一方当事人负担。当事人申请证人作证的，由该当事人先行垫付；当事人没有申请，人民法院通知证人作证的，由人民法院先行垫付。

第七十八条　人民法院对当事人的陈述，应当结合本案的其他证据，审查确定能否作为认定事实的根据。

当事人拒绝陈述的，不影响人民法院根据证据认定案件事实。

第七十九条　当事人可以就查明事实的专门性问题向人民法院申请鉴定。当事人申请鉴定的，由双方当事人协商确定具备资格的鉴定人；协商不成的，由人民法院指定。

当事人未申请鉴定，人民法院对专门性问题认为需要鉴定的，应当委托具备资格的鉴定人进行鉴定。

第八十条　鉴定人有权了解进行鉴定所需要的案件材料，必要时可以询问当事人、证人。

鉴定人应当提出书面鉴定意见，在鉴定书上签名或者盖章。

第八十一条　当事人对鉴定意见有异议或者人民法院认为鉴定人有必要出庭的，鉴定人应当出庭作证。经人民法院通知，鉴定人拒不出庭作证的，鉴定意见不得作为认定事实的根据；支付鉴定费用的当事人可以要求返还鉴定费用。

第八十二条　当事人可以申请人民法院通知有专门知识的人出庭，就鉴定人作出的鉴定意见或者专业问题提出意见。

第八十三条　勘验物证或者现场，勘验人必须出示人民法院的证件，并邀请当地基层组织或者当事人所在单位派人参加。当事人或者当事人的成年家属应当到场，拒不到场的，不影响勘验的进行。

有关单位和个人根据人民法院的通知，有义务保护现场，协助勘验工作。

勘验人应当将勘验情况和结果制作笔录，由勘验人、当事人和被邀参加人签名或者盖章。

第八十四条　在证据可能灭失或者以后难以取得的情况下，当事人可以在诉讼过程中向人民法院申请保全证据，人民法院也可以主动采取保全措施。

因情况紧急，在证据可能灭失或者以后难以取得的情况下，利害关系人可以在提起诉讼或者申请仲裁前向证据所在地、被申请人住所地或者对案件有管辖权的人民法院申请保全证据。

证据保全的其他程序，参照适用本法第九章保全的有关规定。

第七章　期间、送达

第一节　期　　间

第八十五条　期间包括法定期间和人民法院指定的期间。

期间以时、日、月、年计算。期间开始的时和日，不计算在期间内。

期间届满的最后一日是法定休假日的，以法定休假日后的第一日为期间届满的日期。

期间不包括在途时间，诉讼文书在期满前交邮的，不算过期。

第八十六条　当事人因不可抗拒的事由或者其他正当理由耽误期限的，在障碍消除后的十日内，可以申请顺延期限，是否准许，由人民法院决定。

第二节　送　　达

第八十七条　送达诉讼文书必须有送达回证，由受送达人在送达回证上记明收到日期，签名或者盖章。

受送达人在送达回证上的签收日期为送达日期。

第八十八条　送达诉讼文书，应当直接送交受送达人。受送达人是公民的，本人不在交他的同住成年家属签收；受送达人是法人或者其他组织的，应当由法人的法定代表人、其他组织的主要负责人或者该法人、组织负责收件的人签收；受送达人有诉讼代理人的，可以送交其代理人签收；受送达人已向人民法院指定代收人的，送交代收人签收。

受送达人的同住成年家属，法人或者其他组织的负责收件的人，诉讼代理人或者代收人在送达回证上签收的日期为送达日期。

第八十九条　受送达人或者他的同住成年家属拒绝接收诉讼文书的，送达人可以邀请有关基层组织或者所在单位的代表到场，说明情况，在送达回证上记明拒收事由和日期，由送达人、见证人签名或者盖章，把诉讼文书留在受送达人的住所；也可以把诉讼文书留在受送达人的住所，并采用拍照、录像等方式记录送达过程，即视为送达。

第九十条　经受送达人同意，人民法院可以采用能够确认其收悉的电子方式送达诉讼文书。通过电子方式送达的判决书、裁定书、调解书，受送达人提出需要纸质文书的，人民法院应当提供。

采用前款方式送达的，以送达信息到达受送达人特定系统的日期为送达日期。

第九十一条　直接送达诉讼文书有困难的，可以委托其他人民法院代为送达，或者邮寄送达。邮寄送达的，以回执上注明的收件日期为送达日期。

第九十二条　受送达人是军人的，通过其所在部队团以上单位的政治机关转交。

第九十三条　受送达人被监禁的，通过其所在监所转交。

受送达人被采取强制性教育措施的，通过其所在强制性教育机构转交。

第九十四条　代为转交的机关、单位收到诉讼文书后，必须立即交受送达人签收，以在送达回证上的签收日期，为送达日期。

第九十五条　受送达人下落不明，或者用本节规定的其他方式无法送达的，公告送达。自发出公告之日起，经过三十日，即视为送达。

公告送达，应当在案卷中记明原因和经过。

第八章　调　　解

第九十六条　人民法院审理民事案件，根据当事人自愿的原则，在事实清楚的基础上，分清是非，进行调解。

第九十七条　人民法院进行调解，可以由审判员一人主持，也可以由合议庭主持，并尽可能就地进行。

人民法院进行调解，可以用简便方式通知当事人、证人到庭。

第九十八条　人民法院进行调解，可以邀请有关单位和个人协助。被邀请的单位和个人，应当协助人民法院进行调解。

第九十九条　调解达成协议，必须双方自愿，不得强迫。调解协议的内容不得违反法律规定。

第一百条　调解达成协议，人民法院应当制作调解书。调解书应当写明诉讼请求、案件的事实和调解结果。

调解书由审判人员、书记员署名，加盖人民法院印章，送达双方当事人。

调解书经双方当事人签收后，即具有法律效力。

第一百零一条　下列案件调解达成协议，人民法院可以不制作调解书：

（一）调解和好的离婚案件；

（二）调解维持收养关系的案件；

（三）能够即时履行的案件；

（四）其他不需要制作调解书的案件。

对不需要制作调解书的协议，应当记入笔录，由双方当事人、审判人员、书记员签名或者盖章后，即具有法律效力。

第一百零二条　调解未达成协议或者调解书送达前一方反悔的，人民法院应当及时判决。

第九章　保全和先予执行

第一百零三条　人民法院对于可能因当事人一方的行为或者其他原因，使判决难以执行或者造成当事人其他损害的案件，根据对方当事人的申请，可以裁定对其财产进行保全、责令其作出一定行为或者禁止其作出一定行为；当事人没有提出申请的，人民法院在必要时也可以裁定采取保全措施。

人民法院采取保全措施，可以责令申请人提供担保，申请人不提供担保的，裁定驳回申请。

人民法院接受申请后，对情况紧急的，必须在四十八小时内作出裁定；裁定采取保全措施的，应当立即开始执行。

第一百零四条　利害关系人因情况紧急，不立即申请保全将会使其合法权益受到难以弥补的损害的，可以在提起诉讼或者申请仲裁前向被保全财产所在地、被申请人住所地或者对案件有管辖权的人民法院申请采取保全措施。申请人应当提供担保，不提供担保的，裁定驳回申请。

人民法院接受申请后，必须在四十八小时内作出裁定；裁定采取保全措施的，应当立即开始执行。

申请人在人民法院采取保全措施后三十日内不依法提起诉讼或者申请仲裁的，人民法院应当解除保全。

第一百零五条　保全限于请求的范围，或者与本案有关的财物。

第一百零六条　财产保全采取查封、扣押、冻结或者法律规定的其他方法。人民法院保全财产后，应当立即通知被保全财产的人。

财产已被查封、冻结的，不得重复查封、冻结。

第一百零七条 财产纠纷案件，被申请人提供担保的，人民法院应当裁定解除保全。

第一百零八条 申请有错误的，申请人应当赔偿被申请人因保全所遭受的损失。

第一百零九条 人民法院对下列案件，根据当事人的申请，可以裁定先予执行：

（一）追索赡养费、扶养费、抚养费、抚恤金、医疗费用的；

（二）追索劳动报酬的；

（三）因情况紧急需要先予执行的。

第一百一十条 人民法院裁定先予执行的，应当符合下列条件：

（一）当事人之间权利义务关系明确，不先予执行将严重影响申请人的生活或者生产经营的；

（二）被申请人有履行能力。

人民法院可以责令申请人提供担保，申请人不提供担保的，驳回申请。申请人败诉的，应当赔偿被申请人因先予执行遭受的财产损失。

第一百一十一条 当事人对保全或者先予执行的裁定不服的，可以申请复议一次。复议期间不停止裁定的执行。

第十章 对妨害民事诉讼的强制措施

第一百一十二条 人民法院对必须到庭的被告，经两次传票传唤，无正当理由拒不到庭的，可以拘传。

第一百一十三条 诉讼参与人和其他人应当遵守法庭规则。

人民法院对违反法庭规则的人，可以予以训诫，责令退出法庭或者予以罚款、拘留。

人民法院对哄闹、冲击法庭，侮辱、诽谤、威胁、殴打审判人员，严重扰乱法庭秩序的人，依法追究刑事责任；情节较轻的，予以罚款、拘留。

第一百一十四条 诉讼参与人或者其他人有下列行为之一的，人民法院可以根据情节轻重予以罚款、拘留；构成犯罪的，依法追究刑事责任：

（一）伪造、毁灭重要证据，妨碍人民法院审理案件的；

（二）以暴力、威胁、贿买方法阻止证人作证或者指使、贿买、胁迫他人作伪证的；

（三）隐藏、转移、变卖、毁损已被查封、扣押的财产，或者已被清点并责令其保管的财产，转移已被冻结的财产的；

（四）对司法工作人员、诉讼参加人、证人、翻译人员、鉴定人、勘验人、协助执行的人，进行侮辱、诽谤、诬陷、殴打或者打击报复的；

（五）以暴力、威胁或者其他方法阻碍司法工作人员执行职务的；

（六）拒不履行人民法院已经发生法律效力的判决、裁定的。

人民法院对有前款规定的行为之一的单位，可以对其主要负责人或者直接责任人员予以罚款、拘留；构成犯罪的，依法追究刑事责任。

第一百一十五条 当事人之间恶意串通，企图通过诉讼、调解等方式侵害国家利益、社会公共利益或者他人合法权益的，人民法院应当驳回其请求，并根据情节轻重予以罚款、拘留；构成犯罪的，依法追究刑事责任。

当事人单方捏造民事案件基本事实，向人民法院提起诉讼，企图侵害国家利益、社会公共利益或者他人合法权益的，适用前款规定。

第一百一十六条 被执行人与他人恶意串通，通过诉讼、仲裁、调解等方式逃避履行法律文书确定的义务的，人民法院应当根据情节轻重予以罚款、拘留；构成犯罪的，依法追究刑事责任。

第一百一十七条 有义务协助调查、执行的单位有下列行为之一的，人民法院除责令其履行协助义务外，并可以予以罚款：

（一）有关单位拒绝或者妨碍人民法院调查取证的；

（二）有关单位接到人民法院协助执行通知书后，拒不协助查询、扣押、冻结、划拨、变价财产的；

（三）有关单位接到人民法院协助执行通知书后，拒不协助扣留被执行人的收入、办理有关财产权证照转移手续、转交有关票证、证照或者其他财产的；

（四）其他拒绝协助执行的。

人民法院对有前款规定的行为之一的单位，可以对其主要负责人或者直接责任人员予以罚款；对仍不履行协助义务的，可以予以拘留；并可以向监察机关或者有关机关提出予以纪律处分的司法建议。

第一百一十八条　对个人的罚款金额，为人民币十万元以下。对单位的罚款金额，为人民币五万元以上一百万元以下。

拘留的期限，为十五日以下。

被拘留的人，由人民法院交公安机关看管。在拘留期间，被拘留人承认并改正错误的，人民法院可以决定提前解除拘留。

第一百一十九条　拘传、罚款、拘留必须经院长批准。

拘传应当发拘传票。

罚款、拘留应当用决定书。对决定不服的，可以向上一级人民法院申请复议一次。复议期间不停止执行。

第一百二十条　采取对妨害民事诉讼的强制措施必须由人民法院决定。任何单位和个人采取非法拘禁他人或者非法私自扣押他人财产追索债务的，应当依法追究刑事责任，或者予以拘留、罚款。

第十一章　诉讼费用

第一百二十一条　当事人进行民事诉讼，应当按照规定交纳案件受理费。财产案件除交纳案件受理费外，并按照规定交纳其他诉讼费用。

当事人交纳诉讼费用确有困难的，可以按照规定向人民法院申请缓交、减交或者免交。

收取诉讼费用的办法另行制定。

第二编　审判程序

第十二章　第一审普通程序

第一节　起诉和受理

第一百二十二条　起诉必须符合下列条件：

（一）原告是与本案有直接利害关系的公民、法人和其他组织；

（二）有明确的被告；

（三）有具体的诉讼请求和事实、理由；

（四）属于人民法院受理民事诉讼的范围和受诉人民法院管辖。

第一百二十三条　起诉应当向人民法院递交起诉状，并按照被告人数提出副本。

书写起诉状确有困难的，可以口头起诉，由人民法院记入笔录，并告知对方当事人。

第一百二十四条　起诉状应当记明下列事项：

（一）原告的姓名、性别、年龄、民族、职业、工作单位、住所、联系方式，法人或者其他组织的名称、住所和法定代表人或者主要负责人的姓名、职务、联系方式；

（二）被告的姓名、性别、工作单位、住所等信息，法人或者其他组织的名称、住所等信息；

（三）诉讼请求和所根据的事实与理由；

（四）证据和证据来源，证人姓名和住所。

第一百二十五条　当事人起诉到人民法院的民事纠纷，适宜调解的，先行调解，但当事人拒绝调解的除外。

第一百二十六条　人民法院应当保障当

事人依照法律规定享有的起诉权利。对符合本法第一百二十二条的起诉，必须受理。符合起诉条件的，应当在七日内立案，并通知当事人；不符合起诉条件的，应当在七日内作出裁定书，不予受理；原告对裁定不服的，可以提起上诉。

第一百二十七条 人民法院对下列起诉，分别情形，予以处理：

（一）依照行政诉讼法的规定，属于行政诉讼受案范围的，告知原告提起行政诉讼；

（二）依照法律规定，双方当事人达成书面仲裁协议申请仲裁、不得向人民法院起诉的，告知原告向仲裁机构申请仲裁；

（三）依照法律规定，应当由其他机关处理的争议，告知原告向有关机关申请解决；

（四）对不属于本院管辖的案件，告知原告向有管辖权的人民法院起诉；

（五）对判决、裁定、调解书已经发生法律效力的案件，当事人又起诉的，告知原告申请再审，但人民法院准许撤诉的裁定除外；

（六）依照法律规定，在一定期限内不得起诉的案件，在不得起诉的期限内起诉的，不予受理；

（七）判决不准离婚和调解和好的离婚案件，判决、调解维持收养关系的案件，没有新情况、新理由，原告在六个月内又起诉的，不予受理。

第二节 审理前的准备

第一百二十八条 人民法院应当在立案之日起五日内将起诉状副本发送被告，被告应当在收到之日起十五日内提出答辩状。答辩状应当记明被告的姓名、性别、年龄、民族、职业、工作单位、住所、联系方式；法人或者其他组织的名称、住所和法定代表人或者主要负责人的姓名、职务、联系方式。人民法院应当在收到答辩状之日起五日内将答辩状副本发送原告。

被告不提出答辩状的，不影响人民法院审理。

第一百二十九条 人民法院对决定受理的案件，应当在受理案件通知书和应诉通知书中向当事人告知有关的诉讼权利义务，或者口头告知。

第一百三十条 人民法院受理案件后，当事人对管辖权有异议的，应当在提交答辩状期间提出。人民法院对当事人提出的异议，应当审查。异议成立的，裁定将案件移送有管辖权的人民法院；异议不成立的，裁定驳回。

当事人未提出管辖异议，并应诉答辩或者提出反诉的，视为受诉人民法院有管辖权，但违反级别管辖和专属管辖规定的除外。

第一百三十一条 审判人员确定后，应当在三日内告知当事人。

第一百三十二条 审判人员必须认真审核诉讼材料，调查收集必要的证据。

第一百三十三条 人民法院派出人员进行调查时，应当向被调查人出示证件。

调查笔录经被调查人校阅后，由被调查人、调查人签名或者盖章。

第一百三十四条 人民法院在必要时可以委托外地人民法院调查。

委托调查，必须提出明确的项目和要求。受委托人民法院可以主动补充调查。

受委托人民法院收到委托书后，应当在三十日内完成调查。因故不能完成的，应当在上述期限内函告委托人民法院。

第一百三十五条 必须共同进行诉讼的当事人没有参加诉讼的，人民法院应当通知其参加诉讼。

第一百三十六条 人民法院对受理的案件，分别情形，予以处理：

（一）当事人没有争议，符合督促程序规定条件的，可以转入督促程序；

（二）开庭前可以调解的，采取调解方

式及时解决纠纷；

（三）根据案件情况，确定适用简易程序或者普通程序；

（四）需要开庭审理的，通过要求当事人交换证据等方式，明确争议焦点。

第三节　开庭审理

第一百三十七条　人民法院审理民事案件，除涉及国家秘密、个人隐私或者法律另有规定的以外，应当公开进行。

离婚案件，涉及商业秘密的案件，当事人申请不公开审理的，可以不公开审理。

第一百三十八条　人民法院审理民事案件，根据需要进行巡回审理，就地办案。

第一百三十九条　人民法院审理民事案件，应当在开庭三日前通知当事人和其他诉讼参与人。公开审理的，应当公告当事人姓名、案由和开庭的时间、地点。

第一百四十条　开庭审理前，书记员应当查明当事人和其他诉讼参与人是否到庭，宣布法庭纪律。

开庭审理时，由审判长或者独任审判员核对当事人，宣布案由，宣布审判人员、法官助理、书记员等的名单，告知当事人有关的诉讼权利义务，询问当事人是否提出回避申请。

第一百四十一条　法庭调查按照下列顺序进行：

（一）当事人陈述；

（二）告知证人的权利义务，证人作证，宣读未到庭的证人证言；

（三）出示书证、物证、视听资料和电子数据；

（四）宣读鉴定意见；

（五）宣读勘验笔录。

第一百四十二条　当事人在法庭上可以提出新的证据。

当事人经法庭许可，可以向证人、鉴定人、勘验人发问。

当事人要求重新进行调查、鉴定或者勘验的，是否准许，由人民法院决定。

第一百四十三条　原告增加诉讼请求，被告提出反诉，第三人提出与本案有关的诉讼请求，可以合并审理。

第一百四十四条　法庭辩论按照下列顺序进行：

（一）原告及其诉讼代理人发言；

（二）被告及其诉讼代理人答辩；

（三）第三人及其诉讼代理人发言或者答辩；

（四）互相辩论。

法庭辩论终结，由审判长或者独任审判员按照原告、被告、第三人的先后顺序征询各方最后意见。

第一百四十五条　法庭辩论终结，应当依法作出判决。判决前能够调解的，还可以进行调解，调解不成的，应当及时判决。

第一百四十六条　原告经传票传唤，无正当理由拒不到庭的，或者未经法庭许可中途退庭的，可以按撤诉处理；被告反诉的，可以缺席判决。

第一百四十七条　被告经传票传唤，无正当理由拒不到庭的，或者未经法庭许可中途退庭的，可以缺席判决。

第一百四十八条　宣判前，原告申请撤诉的，是否准许，由人民法院裁定。

人民法院裁定不准许撤诉的，原告经传票传唤，无正当理由拒不到庭的，可以缺席判决。

第一百四十九条　有下列情形之一的，可以延期开庭审理：

（一）必须到庭的当事人和其他诉讼参与人有正当理由没有到庭的；

（二）当事人临时提出回避申请的；

（三）需要通知新的证人到庭，调取新的证据，重新鉴定、勘验，或者需要补充调查的；

（四）其他应当延期的情形。

第一百五十条　书记员应当将法庭审理的全部活动记入笔录，由审判人员和书记员签名。

法庭笔录应当当庭宣读，也可以告知当事人和其他诉讼参与人当庭或者在五日内阅读。当事人和其他诉讼参与人认为对自己的陈述记录有遗漏或者差错的，有权申请补正。如果不予补正，应当将申请记录在案。

法庭笔录由当事人和其他诉讼参与人签名或者盖章。拒绝签名盖章的，记明情况附卷。

第一百五十一条 人民法院对公开审理或者不公开审理的案件，一律公开宣告判决。

当庭宣判的，应当在十日内发送判决书；定期宣判的，宣判后立即发给判决书。

宣告判决时，必须告知当事人上诉权利、上诉期限和上诉的法院。

宣告离婚判决，必须告知当事人在判决发生法律效力前不得另行结婚。

第一百五十二条 人民法院适用普通程序审理的案件，应当在立案之日起六个月内审结。有特殊情况需要延长的，经本院院长批准，可以延长六个月；还需要延长的，报请上级人民法院批准。

第四节 诉讼中止和终结

第一百五十三条 有下列情形之一的，中止诉讼：

（一）一方当事人死亡，需要等待继承人表明是否参加诉讼的；

（二）一方当事人丧失诉讼行为能力，尚未确定法定代理人的；

（三）作为一方当事人的法人或者其他组织终止，尚未确定权利义务承受人的；

（四）一方当事人因不可抗拒的事由，不能参加诉讼的；

（五）本案必须以另一案的审理结果为依据，而另一案尚未审结的；

（六）其他应当中止诉讼的情形。

中止诉讼的原因消除后，恢复诉讼。

第一百五十四条 有下列情形之一的，终结诉讼：

（一）原告死亡，没有继承人，或者继承人放弃诉讼权利的；

（二）被告死亡，没有遗产，也没有应当承担义务的人的；

（三）离婚案件一方当事人死亡的；

（四）追索赡养费、扶养费、抚养费以及解除收养关系案件的一方当事人死亡的。

第五节 判决和裁定

第一百五十五条 判决书应当写明判决结果和作出该判决的理由。判决书内容包括：

（一）案由、诉讼请求、争议的事实和理由；

（二）判决认定的事实和理由、适用的法律和理由；

（三）判决结果和诉讼费用的负担；

（四）上诉期间和上诉的法院。

判决书由审判人员、书记员署名，加盖人民法院印章。

第一百五十六条 人民法院审理案件，其中一部分事实已经清楚，可以就该部分先行判决。

第一百五十七条 裁定适用于下列范围：

（一）不予受理；

（二）对管辖权有异议的；

（三）驳回起诉；

（四）保全和先予执行；

（五）准许或者不准许撤诉；

（六）中止或者终结诉讼；

（七）补正判决书中的笔误；

（八）中止或者终结执行；

（九）撤销或者不予执行仲裁裁决；

（十）不予执行公证机关赋予强制执行效力的债权文书；

（十一）其他需要裁定解决的事项。

对前款第一项至第三项裁定，可以上诉。

裁定书应当写明裁定结果和作出该裁定的理由。裁定书由审判人员、书记员署名，加盖人民法院印章。口头裁定的，记入笔录。

第一百五十八条　最高人民法院的判决、裁定，以及依法不准上诉或者超过上诉期没有上诉的判决、裁定，是发生法律效力的判决、裁定。

第一百五十九条　公众可以查阅发生法律效力的判决书、裁定书，但涉及国家秘密、商业秘密和个人隐私的内容除外。

第十三章　简易程序

第一百六十条　基层人民法院和它派出的法庭审理事实清楚、权利义务关系明确、争议不大的简单的民事案件，适用本章规定。

基层人民法院和它派出的法庭审理前款规定以外的民事案件，当事人双方也可以约定适用简易程序。

第一百六十一条　对简单的民事案件，原告可以口头起诉。

当事人双方可以同时到基层人民法院或者它派出的法庭，请求解决纠纷。基层人民法院或者它派出的法庭可以当即审理，也可以另定日期审理。

第一百六十二条　基层人民法院和它派出的法庭审理简单的民事案件，可以用简便方式传唤当事人和证人、送达诉讼文书、审理案件，但应当保障当事人陈述意见的权利。

第一百六十三条　简单的民事案件由审判员一人独任审理，并不受本法第一百三十九条、第一百四十一条、第一百四十四条规定的限制。

第一百六十四条　人民法院适用简易程序审理案件，应当在立案之日起三个月内审结。有特殊情况需要延长的，经本院院长批准，可以延长一个月。

第一百六十五条　基层人民法院和它派出的法庭审理事实清楚、权利义务关系明确、争议不大的简单金钱给付民事案件，标的额为各省、自治区、直辖市上年度就业人员年平均工资百分之五十以下的，适用小额诉讼的程序审理，实行一审终审。

基层人民法院和它派出的法庭审理前款规定的民事案件，标的额超过各省、自治区、直辖市上年度就业人员年平均工资百分之五十但在二倍以下的，当事人双方也可以约定适用小额诉讼的程序。

第一百六十六条　人民法院审理下列民事案件，不适用小额诉讼的程序：

（一）人身关系、财产确权案件；

（二）涉外案件；

（三）需要评估、鉴定或者对诉前评估、鉴定结果有异议的案件；

（四）一方当事人下落不明的案件；

（五）当事人提出反诉的案件；

（六）其他不宜适用小额诉讼的程序审理的案件。

第一百六十七条　人民法院适用小额诉讼的程序审理案件，可以一次开庭审结并且当庭宣判。

第一百六十八条　人民法院适用小额诉讼的程序审理案件，应当在立案之日起两个月内审结。有特殊情况需要延长的，经本院院长批准，可以延长一个月。

第一百六十九条　人民法院在审理过程中，发现案件不宜适用小额诉讼的程序的，应当适用简易程序的其他规定审理或者裁定转为普通程序。

当事人认为案件适用小额诉讼的程序审理违反法律规定的，可以向人民法院提出异议。人民法院对当事人提出的异议应当审查，异议成立的，应当适用简易程序的其他规定审理或者裁定转为普通程序；异议不成立的，裁定驳回。

第一百七十条　人民法院在审理过程中，发现案件不宜适用简易程序的，裁定转为普通程序。

第十四章　第二审程序

第一百七十一条　当事人不服地方人民法院第一审判决的，有权在判决书送达之日起十五日内向上一级人民法院提起上诉。

当事人不服地方人民法院第一审裁定的，有权在裁定书送达之日起十日内向上一级人民法院提起上诉。

第一百七十二条　上诉应当递交上诉状。上诉状的内容，应当包括当事人的姓名，法人的名称及其法定代表人的姓名或者其他组织的名称及其主要负责人的姓名；原审人民法院名称、案件的编号和案由；上诉的请求和理由。

第一百七十三条　上诉状应当通过原审人民法院提出，并按照对方当事人或者代表人的人数提出副本。

当事人直接向第二审人民法院上诉的，第二审人民法院应当在五日内将上诉状移交原审人民法院。

第一百七十四条　原审人民法院收到上诉状，应当在五日内将上诉状副本送达对方当事人，对方当事人在收到之日起十五日内提出答辩状。人民法院应当在收到答辩状之日起五日内将副本送达上诉人。对方当事人不提出答辩状的，不影响人民法院审理。

原审人民法院收到上诉状、答辩状，应当在五日内连同全部案卷和证据，报送第二审人民法院。

第一百七十五条　第二审人民法院应当对上诉请求的有关事实和适用法律进行审查。

第一百七十六条　第二审人民法院对上诉案件应当开庭审理。经过阅卷、调查和询问当事人，对没有提出新的事实、证据或者理由，人民法院认为不需要开庭审理的，可以不开庭审理。

第二审人民法院审理上诉案件，可以在本院进行，也可以到案件发生地或者原审人民法院所在地进行。

第一百七十七条　第二审人民法院对上诉案件，经过审理，按照下列情形，分别处理：

（一）原判决、裁定认定事实清楚，适用法律正确的，以判决、裁定方式驳回上诉，维持原判决、裁定；

（二）原判决、裁定认定事实错误或者适用法律错误的，以判决、裁定方式依法改判、撤销或者变更；

（三）原判决认定基本事实不清的，裁定撤销原判决，发回原审人民法院重审，或者查清事实后改判；

（四）原判决遗漏当事人或者违法缺席判决等严重违反法定程序的，裁定撤销原判决，发回原审人民法院重审。

原审人民法院对发回重审的案件作出判决后，当事人提起上诉的，第二审人民法院不得再次发回重审。

第一百七十八条　第二审人民法院对不服第一审人民法院裁定的上诉案件的处理，一律使用裁定。

第一百七十九条　第二审人民法院审理上诉案件，可以进行调解。调解达成协议，应当制作调解书，由审判人员、书记员署名，加盖人民法院印章。调解书送达后，原审人民法院的判决即视为撤销。

第一百八十条　第二审人民法院判决宣告前，上诉人申请撤回上诉的，是否准许，由第二审人民法院裁定。

第一百八十一条　第二审人民法院审理上诉案件，除依照本章规定外，适用第一审普通程序。

第一百八十二条　第二审人民法院的判决、裁定，是终审的判决、裁定。

第一百八十三条　人民法院审理对判决的上诉案件，应当在第二审立案之日起三个月内审结。有特殊情况需要延长的，由本院院长批准。

人民法院审理对裁定的上诉案件，应当在第二审立案之日起三十日内作出终审裁定。

第十五章　特别程序

第一节　一般规定

第一百八十四条　人民法院审理选民资格案件、宣告失踪或者宣告死亡案件、指定遗产管理人案件、认定公民无民事行为能力或者限制民事行为能力案件、认定财产无主案件、确认调解协议案件和实现担保物权案件，适用本章规定。本章没有规定的，适用本法和其他法律的有关规定。

第一百八十五条　依照本章程序审理的案件，实行一审终审。选民资格案件或者重大、疑难的案件，由审判员组成合议庭审理；其他案件由审判员一人独任审理。

第一百八十六条　人民法院在依照本章程序审理案件的过程中，发现本案属于民事权益争议的，应当裁定终结特别程序，并告知利害关系人可以另行起诉。

第一百八十七条　人民法院适用特别程序审理的案件，应当在立案之日起三十日内或者公告期满后三十日内审结。有特殊情况需要延长的，由本院院长批准。但审理选民资格的案件除外。

第二节　选民资格案件

第一百八十八条　公民不服选举委员会对选民资格的申诉所作的处理决定，可以在选举日的五日以前向选区所在地基层人民法院起诉。

第一百八十九条　人民法院受理选民资格案件后，必须在选举日前审结。

审理时，起诉人、选举委员会的代表和有关公民必须参加。

人民法院的判决书，应当在选举日前送达选举委员会和起诉人，并通知有关公民。

第三节　宣告失踪、宣告死亡案件

第一百九十条　公民下落不明满二年，利害关系人申请宣告其失踪的，向下落不明人住所地基层人民法院提出。

申请书应当写明失踪的事实、时间和请求，并附有公安机关或者其他有关机关关于该公民下落不明的书面证明。

第一百九十一条　公民下落不明满四年，或者因意外事件下落不明满二年，或者因意外事件下落不明，经有关机关证明该公民不可能生存，利害关系人申请宣告其死亡的，向下落不明人住所地基层人民法院提出。

申请书应当写明下落不明的事实、时间和请求，并附有公安机关或者其他有关机关关于该公民下落不明的书面证明。

第一百九十二条　人民法院受理宣告失踪、宣告死亡案件后，应当发出寻找下落不明人的公告。宣告失踪的公告期间为三个月，宣告死亡的公告期间为一年。因意外事件下落不明，经有关机关证明该公民不可能生存的，宣告死亡的公告期间为三个月。

公告期间届满，人民法院应当根据被宣告失踪、宣告死亡的事实是否得到确认，作出宣告失踪、宣告死亡的判决或者驳回申请的判决。

第一百九十三条　被宣告失踪、宣告死亡的公民重新出现，经本人或者利害关系人申请，人民法院应当作出新判决，撤销原判决。

第四节　指定遗产管理人案件

第一百九十四条　对遗产管理人的确定有争议，利害关系人申请指定遗产管理人的，向被继承人死亡时住所地或者主要遗产所在地基层人民法院提出。

申请书应当写明被继承人死亡的时间、申请事由和具体请求，并附有被继承人死亡的相关证据。

第一百九十五条　人民法院受理申请后，应当审查核实，并按照有利于遗产管理的原则，判决指定遗产管理人。

第一百九十六条 被指定的遗产管理人死亡、终止、丧失民事行为能力或者存在其他无法继续履行遗产管理职责情形的，人民法院可以根据利害关系人或者本人的申请另行指定遗产管理人。

第一百九十七条 遗产管理人违反遗产管理职责，严重侵害继承人、受遗赠人或者债权人合法权益的，人民法院可以根据利害关系人的申请，撤销其遗产管理人资格，并依法指定新的遗产管理人。

第五节 认定公民无民事行为能力、限制民事行为能力案件

第一百九十八条 申请认定公民无民事行为能力或者限制民事行为能力，由利害关系人或者有关组织向该公民住所地基层人民法院提出。

申请书应当写明该公民无民事行为能力或者限制民事行为能力的事实和根据。

第一百九十九条 人民法院受理申请后，必要时应当对被请求认定为无民事行为能力或者限制民事行为能力的公民进行鉴定。申请人已提供鉴定意见的，应当对鉴定意见进行审查。

第二百条 人民法院审理认定公民无民事行为能力或者限制民事行为能力的案件，应当由该公民的近亲属为代理人，但申请人除外。近亲属互相推诿的，由人民法院指定其中一人为代理人。该公民健康情况许可的，还应当询问本人的意见。

人民法院经审理认定申请有事实根据的，判决该公民为无民事行为能力或者限制民事行为能力人；认定申请没有事实根据的，应当判决予以驳回。

第二百零一条 人民法院根据被认定为无民事行为能力人、限制民事行为能力人本人、利害关系人或者有关组织的申请，证实该公民无民事行为能力或者限制民事行为能力的原因已经消除的，应当作出新判决，撤销原判决。

第六节 认定财产无主案件

第二百零二条 申请认定财产无主，由公民、法人或者其他组织向财产所在地基层人民法院提出。

申请书应当写明财产的种类、数量以及要求认定财产无主的根据。

第二百零三条 人民法院受理申请后，经审查核实，应当发出财产认领公告。公告满一年无人认领的，判决认定财产无主，收归国家或者集体所有。

第二百零四条 判决认定财产无主后，原财产所有人或者继承人出现，在民法典规定的诉讼时效期间可以对财产提出请求，人民法院审查属实后，应当作出新判决，撤销原判决。

第七节 确认调解协议案件

第二百零五条 经依法设立的调解组织调解达成调解协议，申请司法确认的，由双方当事人自调解协议生效之日起三十日内，共同向下列人民法院提出：

（一）人民法院邀请调解组织开展先行调解的，向作出邀请的人民法院提出；

（二）调解组织自行开展调解的，向当事人住所地、标的物所在地、调解组织所在地的基层人民法院提出；调解协议所涉纠纷应当由中级人民法院管辖的，向相应的中级人民法院提出。

第二百零六条 人民法院受理申请后，经审查，符合法律规定的，裁定调解协议有效，一方当事人拒绝履行或者未全部履行的，对方当事人可以向人民法院申请执行；不符合法律规定的，裁定驳回申请，当事人可以通过调解方式变更原调解协议或者达成新的调解协议，也可以向人民法院提起诉讼。

第八节 实现担保物权案件

第二百零七条 申请实现担保物权，由

担保物权人以及其他有权请求实现担保物权的人依照民法典等法律，向担保财产所在地或者担保物权登记地基层人民法院提出。

第二百零八条　人民法院受理申请后，经审查，符合法律规定的，裁定拍卖、变卖担保财产，当事人依据该裁定可以向人民法院申请执行；不符合法律规定的，裁定驳回申请，当事人可以向人民法院提起诉讼。

第十六章　审判监督程序

第二百零九条　各级人民法院院长对本院已经发生法律效力的判决、裁定、调解书，发现确有错误，认为需要再审的，应当提交审判委员会讨论决定。

最高人民法院对地方各级人民法院已经发生法律效力的判决、裁定、调解书，上级人民法院对下级人民法院已经发生法律效力的判决、裁定、调解书，发现确有错误的，有权提审或者指令下级人民法院再审。

第二百一十条　当事人对已经发生法律效力的判决、裁定，认为有错误的，可以向上一级人民法院申请再审；当事人一方人数众多或者当事人双方为公民的案件，也可以向原审人民法院申请再审。当事人申请再审的，不停止判决、裁定的执行。

第二百一十一条　当事人的申请符合下列情形之一的，人民法院应当再审：

（一）有新的证据，足以推翻原判决、裁定的；

（二）原判决、裁定认定的基本事实缺乏证据证明的；

（三）原判决、裁定认定事实的主要证据是伪造的；

（四）原判决、裁定认定事实的主要证据未经质证的；

（五）对审理案件需要的主要证据，当事人因客观原因不能自行收集，书面申请人民法院调查收集，人民法院未调查收集的；

（六）原判决、裁定适用法律确有错误的；

（七）审判组织的组成不合法或者依法应当回避的审判人员没有回避的；

（八）无诉讼行为能力人未经法定代理人代为诉讼或者应当参加诉讼的当事人，因不能归责于本人或者其诉讼代理人的事由，未参加诉讼的；

（九）违反法律规定，剥夺当事人辩论权利的；

（十）未经传票传唤，缺席判决的；

（十一）原判决、裁定遗漏或者超出诉讼请求的；

（十二）据以作出原判决、裁定的法律文书被撤销或者变更的；

（十三）审判人员审理该案件时有贪污受贿，徇私舞弊，枉法裁判行为的。

第二百一十二条　当事人对已经发生法律效力的调解书，提出证据证明调解违反自愿原则或者调解协议的内容违反法律的，可以申请再审。经人民法院审查属实的，应当再审。

第二百一十三条　当事人对已经发生法律效力的解除婚姻关系的判决、调解书，不得申请再审。

第二百一十四条　当事人申请再审的，应当提交再审申请书等材料。人民法院应当自收到再审申请书之日起五日内将再审申请书副本发送对方当事人。对方当事人应当自收到再审申请书副本之日起十五日内提交书面意见；不提交书面意见的，不影响人民法院审查。人民法院可以要求申请人和对方当事人补充有关材料，询问有关事项。

第二百一十五条　人民法院应当自收到再审申请书之日起三个月内审查，符合本法规定的，裁定再审；不符合本法规定的，裁定驳回申请。有特殊情况需要延长的，由本院院长批准。

因当事人申请裁定再审的案件由中级人民法院以上的人民法院审理，但当事人依照本法第二百一十条的规定选择向基层人民法院申请再审的除外。最高人民法院、高级人民法院裁定再审的案件，由本院再审或者交其他人民法院再审，也可以交原审人民法院再审。

第二百一十六条　当事人申请再审，应当在判决、裁定发生法律效力后六个月内提出；有本法第二百一十一条第一项、第三项、第十二项、第十三项规定情形的，自知道或者应当知道之日起六个月内提出。

第二百一十七条　按照审判监督程序决定再审的案件，裁定中止原判决、裁定、调解书的执行，但追索赡养费、扶养费、抚养费、抚恤金、医疗费用、劳动报酬等案件，可以不中止执行。

第二百一十八条　人民法院按照审判监督程序再审的案件，发生法律效力的判决、裁定是由第一审法院作出的，按照第一审程序审理，所作的判决、裁定，当事人可以上诉；发生法律效力的判决、裁定是由第二审法院作出的，按照第二审程序审理，所作的判决、裁定，是发生法律效力的判决、裁定；上级人民法院按照审判监督程序提审的，按照第二审程序审理，所作的判决、裁定是发生法律效力的判决、裁定。

人民法院审理再审案件，应当另行组成合议庭。

第二百一十九条　最高人民检察院对各级人民法院已经发生法律效力的判决、裁定，上级人民检察院对下级人民法院已经发生法律效力的判决、裁定，发现有本法第二百一十一条规定情形之一的，或者发现调解书损害国家利益、社会公共利益的，应当提出抗诉。

地方各级人民检察院对同级人民法院已经发生法律效力的判决、裁定，发现有本法第二百一十一条规定情形之一的，或者发现调解书损害国家利益、社会公共利益的，可以向同级人民法院提出检察建议，并报上级人民检察院备案；也可以提请上级人民检察院向同级人民法院提出抗诉。

各级人民检察院对审判监督程序以外的其他审判程序中审判人员的违法行为，有权向同级人民法院提出检察建议。

第二百二十条　有下列情形之一的，当事人可以向人民检察院申请检察建议或者抗诉：

（一）人民法院驳回再审申请的；

（二）人民法院逾期未对再审申请作出裁定的；

（三）再审判决、裁定有明显错误的。

人民检察院对当事人的申请应当在三个月内进行审查，作出提出或者不予提出检察建议或者抗诉的决定。当事人不得再次向人民检察院申请检察建议或者抗诉。

第二百二十一条　人民检察院因履行法律监督职责提出检察建议或者抗诉的需要，可以向当事人或者案外人调查核实有关情况。

第二百二十二条　人民检察院提出抗诉的案件，接受抗诉的人民法院应当自收到抗诉书之日起三十日内作出再审的裁定；有本法第二百一十一条第一项至第五项规定情形之一的，可以交下一级人民法院再审，但经该下一级人民法院再审的除外。

第二百二十三条　人民检察院决定对人民法院的判决、裁定、调解书提出抗诉的，应当制作抗诉书。

第二百二十四条　人民检察院提出抗诉的案件，人民法院再审时，应当通知人民检察院派员出席法庭。

第十七章　督促程序

第二百二十五条　债权人请求债务人给付金钱、有价证券，符合下列条件的，可以向有管辖权的基层人民法院申请支付令：

（一）债权人与债务人没有其他债务纠纷的；

（二）支付令能够送达债务人的。

申请书应当写明请求给付金钱或者有价证券的数量和所根据的事实、证据。

第二百二十六条　债权人提出申请后，

人民法院应当在五日内通知债权人是否受理。

第二百二十七条　人民法院受理申请后，经审查债权人提供的事实、证据，对债权债务关系明确、合法的，应当在受理之日起十五日内向债务人发出支付令；申请不成立的，裁定予以驳回。

债务人应当自收到支付令之日起十五日内清偿债务，或者向人民法院提出书面异议。

债务人在前款规定的期间不提出异议又不履行支付令的，债权人可以向人民法院申请执行。

第二百二十八条　人民法院收到债务人提出的书面异议后，经审查，异议成立的，应当裁定终结督促程序，支付令自行失效。

支付令失效的，转入诉讼程序，但申请支付令的一方当事人不同意提起诉讼的除外。

第十八章　公示催告程序

第二百二十九条　按照规定可以背书转让的票据持有人，因票据被盗、遗失或者灭失，可以向票据支付地的基层人民法院申请公示催告。依照法律规定可以申请公示催告的其他事项，适用本章规定。

申请人应当向人民法院递交申请书，写明票面金额、发票人、持票人、背书人等票据主要内容和申请的理由、事实。

第二百三十条　人民法院决定受理申请，应当同时通知支付人停止支付，并在三日内发出公告，催促利害关系人申报权利。公示催告的期间，由人民法院根据情况决定，但不得少于六十日。

第二百三十一条　支付人收到人民法院停止支付的通知，应当停止支付，至公示催告程序终结。

公示催告期间，转让票据权利的行为无效。

第二百三十二条　利害关系人应当在公示催告期间向人民法院申报。

人民法院收到利害关系人的申报后，应当裁定终结公示催告程序，并通知申请人和支付人。

申请人或者申报人可以向人民法院起诉。

第二百三十三条　没有人申报的，人民法院应当根据申请人的申请，作出判决，宣告票据无效。判决应当公告，并通知支付人。自判决公告之日起，申请人有权向支付人请求支付。

第二百三十四条　利害关系人因正当理由不能在判决前向人民法院申报的，自知道或者应当知道判决公告之日起一年内，可以向作出判决的人民法院起诉。

第三编　执行程序

第十九章　一般规定

第二百三十五条　发生法律效力的民事判决、裁定，以及刑事判决、裁定中的财产部分，由第一审人民法院或者与第一审人民法院同级的被执行的财产所在地人民法院执行。

法律规定由人民法院执行的其他法律文书，由被执行人住所地或者被执行的财产所在地人民法院执行。

第二百三十六条　当事人、利害关系人认为执行行为违反法律规定的，可以向负责执行的人民法院提出书面异议。当事人、利害关系人提出书面异议的，人民法院应当自收到书面异议之日起十五日内审查，理由成立的，裁定撤销或者改正；理由不成立的，裁定驳回。当事人、利害关系人对裁定不服的，可以自裁定送达之日起十日内向上一级人民法院申请复议。

第二百三十七条　人民法院自收到申请执行书之日起超过六个月未执行的，申请执行人可以向上一级人民法院申请执行。上一级人民法院经审查，可以责令原人民法院在一定期限内执行，也可以决定由本院执行或者指令其他人民法院执行。

第二百三十八条 执行过程中，案外人对执行标的提出书面异议的，人民法院应当自收到书面异议之日起十五日内审查，理由成立的，裁定中止对该标的的执行；理由不成立的，裁定驳回。案外人、当事人对裁定不服，认为原判决、裁定错误的，依照审判监督程序办理；与原判决、裁定无关的，可以自裁定送达之日起十五日内向人民法院提起诉讼。

第二百三十九条 执行工作由执行员进行。

采取强制执行措施时，执行员应当出示证件。执行完毕后，应当将执行情况制作笔录，由在场的有关人员签名或者盖章。

人民法院根据需要可以设立执行机构。

第二百四十条 被执行人或者被执行的财产在外地的，可以委托当地人民法院代为执行。受委托人民法院收到委托函件后，必须在十五日内开始执行，不得拒绝。执行完毕后，应当将执行结果及时函复委托人民法院；在三十日内如果还未执行完毕，也应当将执行情况函告委托人民法院。

受委托人民法院自收到委托函件之日起十五日内不执行的，委托人民法院可以请求受委托人民法院的上级人民法院指令受委托人民法院执行。

第二百四十一条 在执行中，双方当事人自行和解达成协议的，执行员应当将协议内容记入笔录，由双方当事人签名或者盖章。

申请执行人因受欺诈、胁迫与被执行人达成和解协议，或者当事人不履行和解协议的，人民法院可以根据当事人的申请，恢复对原生效法律文书的执行。

第二百四十二条 在执行中，被执行人向人民法院提供担保，并经申请执行人同意的，人民法院可以决定暂缓执行及暂缓执行的期限。被执行人逾期仍不履行的，人民法院有权执行被执行人的担保财产或者担保人的财产。

第二百四十三条 作为被执行人的公民死亡的，以其遗产偿还债务。作为被执行人的法人或者其他组织终止的，由其权利义务承受人履行义务。

第二百四十四条 执行完毕后，据以执行的判决、裁定和其他法律文书确有错误，被人民法院撤销的，对已被执行的财产，人民法院应当作出裁定，责令取得财产的人返还；拒不返还的，强制执行。

第二百四十五条 人民法院制作的调解书的执行，适用本编的规定。

第二百四十六条 人民检察院有权对民事执行活动实行法律监督。

第二十章 执行的申请和移送

第二百四十七条 发生法律效力的民事判决、裁定，当事人必须履行。一方拒绝履行的，对方当事人可以向人民法院申请执行，也可以由审判员移送执行员执行。

调解书和其他应当由人民法院执行的法律文书，当事人必须履行。一方拒绝履行的，对方当事人可以向人民法院申请执行。

第二百四十八条 对依法设立的仲裁机构的裁决，一方当事人不履行的，对方当事人可以向有管辖权的人民法院申请执行。受申请的人民法院应当执行。

被申请人提出证据证明仲裁裁决有下列情形之一的，经人民法院组成合议庭审查核实，裁定不予执行：

（一）当事人在合同中没有订有仲裁条款或者事后没有达成书面仲裁协议的；

（二）裁决的事项不属于仲裁协议的范围或者仲裁机构无权仲裁的；

（三）仲裁庭的组成或者仲裁的程序违反法定程序的；

（四）裁决所根据的证据是伪造的；

（五）对方当事人向仲裁机构隐瞒了足以影响公正裁决的证据的；

（六）仲裁员在仲裁该案时有贪污受贿，徇私舞弊，枉法裁决行为的。

人民法院认定执行该裁决违背社会公共利益的，裁定不予执行。

裁定书应当送达双方当事人和仲裁机构。

仲裁裁决被人民法院裁定不予执行的，当事人可以根据双方达成的书面仲裁协议重新申请仲裁，也可以向人民法院起诉。

第二百四十九条　对公证机关依法赋予强制执行效力的债权文书，一方当事人不履行的，对方当事人可以向有管辖权的人民法院申请执行，受申请的人民法院应当执行。

公证债权文书确有错误的，人民法院裁定不予执行，并将裁定书送达双方当事人和公证机关。

第二百五十条　申请执行的期间为二年。申请执行时效的中止、中断，适用法律有关诉讼时效中止、中断的规定。

前款规定的期间，从法律文书规定履行期间的最后一日起计算；法律文书规定分期履行的，从最后一期履行期限届满之日起计算；法律文书未规定履行期间的，从法律文书生效之日起计算。

第二百五十一条　执行员接到申请执行书或者移交执行书，应当向被执行人发出执行通知，并可以立即采取强制执行措施。

第二十一章　执行措施

第二百五十二条　被执行人未按执行通知履行法律文书确定的义务，应当报告当前以及收到执行通知之日前一年的财产情况。被执行人拒绝报告或者虚假报告的，人民法院可以根据情节轻重对被执行人或者其法定代理人、有关单位的主要负责人或者直接责任人员予以罚款、拘留。

第二百五十三条　被执行人未按执行通知履行法律文书确定的义务，人民法院有权向有关单位查询被执行人的存款、债券、股票、基金份额等财产情况。人民法院有权根据不同情形扣押、冻结、划拨、变价被执行人的财产。人民法院查询、扣押、冻结、划拨、变价的财产不得超出被执行人应当履行义务的范围。

人民法院决定扣押、冻结、划拨、变价财产，应当作出裁定，并发出协助执行通知书，有关单位必须办理。

第二百五十四条　被执行人未按执行通知履行法律文书确定的义务，人民法院有权扣留、提取被执行人应当履行义务部分的收入。但应当保留被执行人及其所扶养家属的生活必需费用。

人民法院扣留、提取收入时，应当作出裁定，并发出协助执行通知书，被执行人所在单位、银行、信用合作社和其他有储蓄业务的单位必须办理。

第二百五十五条　被执行人未按执行通知履行法律文书确定的义务，人民法院有权查封、扣押、冻结、拍卖、变卖被执行人应当履行义务部分的财产。但应当保留被执行人及其所扶养家属的生活必需品。

采取前款措施，人民法院应当作出裁定。

第二百五十六条　人民法院查封、扣押财产时，被执行人是公民的，应当通知被执行人或者他的成年家属到场；被执行人是法人或者其他组织的，应当通知其法定代表人或者主要负责人到场。拒不到场的，不影响执行。被执行人是公民的，其工作单位或者财产所在地的基层组织应当派人参加。

对被查封、扣押的财产，执行员必须造具清单，由在场人签名或者盖章后，交被执行人一份。被执行人是公民的，也可以交他的成年家属一份。

第二百五十七条　被查封的财产，执行员可以指定被执行人负责保管。因被执行人的过错造成的损失，由被执行人承担。

第二百五十八条　财产被查封、扣押后，执行员应当责令被执行人在指定期间履行法律文书确定的义务。被执行人逾期不履行的，人民法院应当拍卖被查封、扣押的财产；不适于拍卖或者当事人双方同意不进行拍卖的，人民法院可以委托有关单位变卖或者自行变卖。国家禁止自由买卖的物品，交有关单位按照国家规定的价格收购。

第二百五十九条 被执行人不履行法律文书确定的义务，并隐匿财产的，人民法院有权发出搜查令，对被执行人及其住所或者财产隐匿地进行搜查。

采取前款措施，由院长签发搜查令。

第二百六十条 法律文书指定交付的财物或者票证，由执行员传唤双方当事人当面交付，或者由执行员转交，并由被交付人签收。

有关单位持有该项财物或者票证的，应当根据人民法院的协助执行通知书转交，并由被交付人签收。

有关公民持有该项财物或者票证的，人民法院通知其交出。拒不交出的，强制执行。

第二百六十一条 强制迁出房屋或者强制退出土地，由院长签发公告，责令被执行人在指定期间履行。被执行人逾期不履行的，由执行员强制执行。

强制执行时，被执行人是公民的，应当通知被执行人或者他的成年家属到场；被执行人是法人或者其他组织的，应当通知其法定代表人或者主要负责人到场。拒不到场的，不影响执行。被执行人是公民的，其工作单位或者房屋、土地所在地的基层组织应当派人参加。执行员应当将强制执行情况记入笔录，由在场人签名或者盖章。

强制迁出房屋被搬出的财物，由人民法院派人运至指定处所，交给被执行人。被执行人是公民的，也可以交给他的成年家属。因拒绝接收而造成的损失，由被执行人承担。

第二百六十二条 在执行中，需要办理有关财产权证照转移手续的，人民法院可以向有关单位发出协助执行通知书，有关单位必须办理。

第二百六十三条 对判决、裁定和其他法律文书指定的行为，被执行人未按执行通知履行的，人民法院可以强制执行或者委托有关单位或者其他人完成，费用由被执行人承担。

第二百六十四条 被执行人未按判决、裁定和其他法律文书指定的期间履行给付金钱义务的，应当加倍支付迟延履行期间的债务利息。被执行人未按判决、裁定和其他法律文书指定的期间履行其他义务的，应当支付迟延履行金。

第二百六十五条 人民法院采取本法第二百五十三条、第二百五十四条、第二百五十五条规定的执行措施后，被执行人仍不能偿还债务的，应当继续履行义务。债权人发现被执行人有其他财产的，可以随时请求人民法院执行。

第二百六十六条 被执行人不履行法律文书确定的义务的，人民法院可以对其采取或者通知有关单位协助采取限制出境，在征信系统记录、通过媒体公布不履行义务信息以及法律规定的其他措施。

第二十二章 执行中止和终结

第二百六十七条 有下列情形之一的，人民法院应当裁定中止执行：

（一）申请人表示可以延期执行的；

（二）案外人对执行标的提出确有理由的异议的；

（三）作为一方当事人的公民死亡，需要等待继承人继承权利或者承担义务的；

（四）作为一方当事人的法人或者其他组织终止，尚未确定权利义务承受人的；

（五）人民法院认为应当中止执行的其他情形。

中止的情形消失后，恢复执行。

第二百六十八条 有下列情形之一的，人民法院裁定终结执行：

（一）申请人撤销申请的；

（二）据以执行的法律文书被撤销的；

（三）作为被执行人的公民死亡，无遗产可供执行，又无义务承担人的；

（四）追索赡养费、扶养费、抚养费案件的权利人死亡的；

（五）作为被执行人的公民因生活困难无力偿还借款，无收入来源，又丧失劳动能力的；

（六）人民法院认为应当终结执行的其他情形。

第二百六十九条　中止和终结执行的裁定，送达当事人后立即生效。

第四编　涉外民事诉讼程序的特别规定

第二十三章　一般原则

第二百七十条　在中华人民共和国领域内进行涉外民事诉讼，适用本编规定。本编没有规定的，适用本法其他有关规定。

第二百七十一条　中华人民共和国缔结或者参加的国际条约同本法有不同规定的，适用该国际条约的规定，但中华人民共和国声明保留的条款除外。

第二百七十二条　对享有外交特权与豁免的外国人、外国组织或者国际组织提起的民事诉讼，应当依照中华人民共和国有关法律和中华人民共和国缔结或者参加的国际条约的规定办理。

第二百七十三条　人民法院审理涉外民事案件，应当使用中华人民共和国通用的语言、文字。当事人要求提供翻译的，可以提供，费用由当事人承担。

第二百七十四条　外国人、无国籍人、外国企业和组织在人民法院起诉、应诉，需要委托律师代理诉讼的，必须委托中华人民共和国的律师。

第二百七十五条　在中华人民共和国领域内没有住所的外国人、无国籍人、外国企业和组织委托中华人民共和国律师或者其他人代理诉讼，从中华人民共和国领域外寄交或者托交的授权委托书，应当经所在国公证机关证明，并经中华人民共和国驻该国使领馆认证，或者履行中华人民共和国与该所在国订立的有关条约中规定的证明手续后，才具有效力。

第二十四章　管　　辖

第二百七十六条　因涉外民事纠纷，对在中华人民共和国领域内没有住所的被告提起除身份关系以外的诉讼，如果合同签订地、合同履行地、诉讼标的物所在地、可供扣押财产所在地、侵权行为地、代表机构住所地位于中华人民共和国领域内的，可以由合同签订地、合同履行地、诉讼标的物所在地、可供扣押财产所在地、侵权行为地、代表机构住所地人民法院管辖。

除前款规定外，涉外民事纠纷与中华人民共和国存在其他适当联系的，可以由人民法院管辖。

第二百七十七条　涉外民事纠纷的当事人书面协议选择人民法院管辖的，可以由人民法院管辖。

第二百七十八条　当事人未提出管辖异议，并应诉答辩或者提出反诉的，视为人民法院有管辖权。

第二百七十九条　下列民事案件，由人民法院专属管辖：

（一）因在中华人民共和国领域内设立的法人或者其他组织的设立、解散、清算，以及该法人或者其他组织作出的决议的效力等纠纷提起的诉讼；

（二）因与在中华人民共和国领域内审查授予的知识产权的有效性有关的纠纷提起的诉讼；

（三）因在中华人民共和国领域内履行中外合资经营企业合同、中外合作经营企业合同、中外合作勘探开发自然资源合同发生纠纷提起的诉讼。

第二百八十条　当事人之间的同一纠纷，一方当事人向外国法院起诉，另一方当事人向人民法院起诉，或者一方当事人既向外国法院起诉，又向人民法院起诉，人民法院依照本法有管辖权的，可以受理。当事人订立排他性管辖协议选择外国法院管辖且不违反本法对专属管辖的规定，不涉及中华人民共和国主权、安全或者社会公共利益的，人民法院可以裁定不予受理；已经受理的，裁定驳回起诉。

第二百八十一条 人民法院依据前条规定受理案件后，当事人以外国法院已经先于人民法院受理为由，书面申请人民法院中止诉讼的，人民法院可以裁定中止诉讼，但是存在下列情形之一的除外：

（一）当事人协议选择人民法院管辖，或者纠纷属于人民法院专属管辖；

（二）由人民法院审理明显更为方便。

外国法院未采取必要措施审理案件，或者未在合理期限内审结的，依当事人的书面申请，人民法院应当恢复诉讼。

外国法院作出的发生法律效力的判决、裁定，已经被人民法院全部或者部分承认，当事人对已经获得承认的部分又向人民法院起诉的，裁定不予受理；已经受理的，裁定驳回起诉。

第二百八十二条 人民法院受理的涉外民事案件，被告提出管辖异议，且同时有下列情形的，可以裁定驳回起诉，告知原告向更为方便的外国法院提起诉讼：

（一）案件争议的基本事实不是发生在中华人民共和国领域内，人民法院审理案件和当事人参加诉讼均明显不方便；

（二）当事人之间不存在选择人民法院管辖的协议；

（三）案件不属于人民法院专属管辖；

（四）案件不涉及中华人民共和国主权、安全或者社会公共利益；

（五）外国法院审理案件更为方便。

裁定驳回起诉后，外国法院对纠纷拒绝行使管辖权，或者未采取必要措施审理案件，或者未在合理期限内审结，当事人又向人民法院起诉的，人民法院应当受理。

第二十五章 送达、调查取证、期间

第二百八十三条 人民法院对在中华人民共和国领域内没有住所的当事人送达诉讼文书，可以采用下列方式：

（一）依照受送达人所在国与中华人民共和国缔结或者共同参加的国际条约中规定的方式送达；

（二）通过外交途径送达；

（三）对具有中华人民共和国国籍的受送达人，可以委托中华人民共和国驻受送达人所在国的使领馆代为送达；

（四）向受送达人在本案中委托的诉讼代理人送达；

（五）向受送达人在中华人民共和国领域内设立的独资企业、代表机构、分支机构或者有权接受送达的业务代办人送达；

（六）受送达人为外国人、无国籍人，其在中华人民共和国领域内设立的法人或者其他组织担任法定代表人或者主要负责人，且与该法人或者其他组织为共同被告的，向该法人或者其他组织送达；

（七）受送达人为外国法人或者其他组织，其法定代表人或者主要负责人在中华人民共和国领域内的，向其法定代表人或者主要负责人送达；

（八）受送达人所在国的法律允许邮寄送达的，可以邮寄送达，自邮寄之日起满三个月，送达回证没有退回，但根据各种情况足以认定已经送达的，期间届满之日视为送达；

（九）采用能够确认受送达人收悉的电子方式送达，但是受送达人所在国法律禁止的除外；

（十）以受送达人同意的其他方式送达，但是受送达人所在国法律禁止的除外。

不能用上述方式送达的，公告送达，自发出公告之日起，经过六十日，即视为送达。

第二百八十四条　当事人申请人民法院调查收集的证据位于中华人民共和国领域外，人民法院可以依照证据所在国与中华人民共和国缔结或者共同参加的国际条约中规定的方式，或者通过外交途径调查收集。

在所在国法律不禁止的情况下，人民法院可以采用下列方式调查收集：

（一）对具有中华人民共和国国籍的当事人、证人，可以委托中华人民共和国驻当事人、证人所在国的使领馆代为取证；

（二）经双方当事人同意，通过即时通讯工具取证；

（三）以双方当事人同意的其他方式取证。

第二百八十五条　被告在中华人民共和国领域内没有住所的，人民法院应当将起诉状副本送达被告，并通知被告在收到起诉状副本后三十日内提出答辩状。被告申请延期的，是否准许，由人民法院决定。

第二百八十六条　在中华人民共和国领域内没有住所的当事人，不服第一审人民法院判决、裁定的，有权在判决书、裁定书送达之日起三十日内提起上诉。被上诉人在收到上诉状副本后，应当在三十日内提出答辩状。当事人不能在法定期间提起上诉或者提出答辩状，申请延期的，是否准许，由人民法院决定。

第二百八十七条　人民法院审理涉外民事案件的期间，不受本法第一百五十二条、第一百八十三条规定的限制。

第二十六章　仲　　裁

第二百八十八条　涉外经济贸易、运输和海事中发生的纠纷，当事人在合同中订有仲裁条款或者事后达成书面仲裁协议，提交中华人民共和国涉外仲裁机构或者其他仲裁机构仲裁的，当事人不得向人民法院起诉。

当事人在合同中没有订有仲裁条款或者事后没有达成书面仲裁协议的，可以向人民法院起诉。

第二百八十九条　当事人申请采取保全的，中华人民共和国的涉外仲裁机构应当将当事人的申请，提交被申请人住所地或者财产所在地的中级人民法院裁定。

第二百九十条　经中华人民共和国涉外仲裁机构裁决的，当事人不得向人民法院起诉。一方当事人不履行仲裁裁决的，对方当事人可以向被申请人住所地或者财产所在地的中级人民法院申请执行。

第二百九十一条　对中华人民共和国涉外仲裁机构作出的裁决，被申请人提出证据证明仲裁裁决有下列情形之一的，经人民法院组成合议庭审查核实，裁定不予执行：

（一）当事人在合同中没有订有仲裁条款或者事后没有达成书面仲裁协议的；

（二）被申请人没有得到指定仲裁员或者进行仲裁程序的通知，或者由于其他不属于被申请人负责的原因未能陈述意见的；

（三）仲裁庭的组成或者仲裁的程序与仲裁规则不符的；

（四）裁决的事项不属于仲裁协议的范围或者仲裁机构无权仲裁的。

人民法院认定执行该裁决违背社会公共利益的，裁定不予执行。

第二百九十二条　仲裁裁决被人民法院裁定不予执行的，当事人可以根据双方达成的书面仲裁协议重新申请仲裁，也可以向人民法院起诉。

第二十七章　司法协助

第二百九十三条　根据中华人民共和国缔结或者参加的国际条约，或者按照互惠原则，人民法院和外国法院可以相互请求，代为送达文书、调查取证以及进行其他诉讼行为。

外国法院请求协助的事项有损于中华人民共和国的主权、安全或者社会公共利益的，人民法院不予执行。

第二百九十四条　请求和提供司法协助，应当依照中华人民共和国缔结或者参加的国际条约所规定的途径进行；没有条约关系的，通过外交途径进行。

外国驻中华人民共和国的使领馆可以向该国公民送达文书和调查取证，但不得违反中华人民共和国的法律，并不得采取强制措施。

除前款规定的情况外，未经中华人民共和国主管机关准许，任何外国机关或者个人不得在中华人民共和国领域内送达文书、调查取证。

第二百九十五条 外国法院请求人民法院提供司法协助的请求书及其所附文件，应当附有中文译本或者国际条约规定的其他文字文本。

人民法院请求外国法院提供司法协助的请求书及其所附文件，应当附有该国文字译本或者国际条约规定的其他文字文本。

第二百九十六条 人民法院提供司法协助，依照中华人民共和国法律规定的程序进行。外国法院请求采用特殊方式的，也可以按照其请求的特殊方式进行，但请求采用的特殊方式不得违反中华人民共和国法律。

第二百九十七条 人民法院作出的发生法律效力的判决、裁定，如果被执行人或者其财产不在中华人民共和国领域内，当事人请求执行的，可以由当事人直接向有管辖权的外国法院申请承认和执行，也可以由人民法院依照中华人民共和国缔结或者参加的国际条约的规定，或者按照互惠原则，请求外国法院承认和执行。

在中华人民共和国领域内依法作出的发生法律效力的仲裁裁决，当事人请求执行的，如果被执行人或者其财产不在中华人民共和国领域内，当事人可以直接向有管辖权的外国法院申请承认和执行。

第二百九十八条 外国法院作出的发生法律效力的判决、裁定，需要人民法院承认和执行的，可以由当事人直接向有管辖权的中级人民法院申请承认和执行，也可以由外国法院依照该国与中华人民共和国缔结或者参加的国际条约的规定，或者按照互惠原则，请求人民法院承认和执行。

第二百九十九条 人民法院对申请或者请求承认和执行的外国法院作出的发生法律效力的判决、裁定，依照中华人民共和国缔结或者参加的国际条约，或者按照互惠原则进行审查后，认为不违反中华人民共和国法律的基本原则且不损害国家主权、安全、社会公共利益的，裁定承认其效力；需要执行的，发出执行令，依照本法的有关规定执行。

第三百条 对申请或者请求承认和执行的外国法院作出的发生法律效力的判决、裁定，人民法院经审查，有下列情形之一的，裁定不予承认和执行：

（一）依据本法第三百零一条的规定，外国法院对案件无管辖权；

（二）被申请人未得到合法传唤或者虽经合法传唤但未获得合理的陈述、辩论机会，或者无诉讼行为能力的当事人未得到适当代理；

（三）判决、裁定是通过欺诈方式取得；

（四）人民法院已对同一纠纷作出判决、裁定，或者已经承认第三国法院对同一纠纷作出的判决、裁定；

（五）违反中华人民共和国法律的基本原则或者损害国家主权、安全、社会公共利益。

第三百零一条 有下列情形之一的，人民法院应当认定该外国法院对案件无管辖权：

（一）外国法院依照其法律对案件没有管辖权，或者虽然依照其法律有管辖权但与案件所涉纠纷无适当联系；

（二）违反本法对专属管辖的规定；

（三）违反当事人排他性选择法院管辖的协议。

第三百零二条 当事人向人民法院申请承认和执行外国法院作出的发生法律效力的判决、裁定，该判决、裁定涉及的纠纷与人民法院正在审理的纠纷属于同一纠纷的，人民法院可以裁定中止诉讼。

外国法院作出的发生法律效力的判决、裁定不符合本法规定的承认条件的，人民法院裁定不予承认和执行，并恢复已经中止的诉讼；符合本法规定的承认条件的，人民法院裁定承认其效力；需要执行的，发出执行令，依照本法的有关规定执行；对已经中止的诉讼，裁定驳回起诉。

第三百零三条　当事人对承认和执行或者不予承认和执行的裁定不服的，可以自裁定送达之日起十日内向上一级人民法院申请复议。

第三百零四条　在中华人民共和国领域外作出的发生法律效力的仲裁裁决，需要人民法院承认和执行的，当事人可以直接向被执行人住所地或者其财产所在地的中级人民法院申请。被执行人住所地或者其财产不在中华人民共和国领域内的，当事人可以向申请人住所地或者与裁决的纠纷有适当联系的地点的中级人民法院申请。人民法院应当依照中华人民共和国缔结或者参加的国际条约，或者按照互惠原则办理。

第三百零五条　涉及外国国家的民事诉讼，适用中华人民共和国有关外国国家豁免的法律规定；有关法律没有规定的，适用本法。

第三百零六条　本法自公布之日起施行，《中华人民共和国民事诉讼法（试行）》同时废止。

最高人民法院关于适用《中华人民共和国民事诉讼法》的解释

（2014年12月18日最高人民法院审判委员会第1636次会议通过，根据2020年12月23日最高人民法院审判委员会第1823次会议通过的《最高人民法院关于修改〈最高人民法院关于人民法院民事调解工作若干问题的规定〉等十九件民事诉讼类司法解释的决定》第一次修正，根据2022年3月22日最高人民法院审判委员会第1866次会议通过的《最高人民法院关于修改〈最高人民法院关于适用《中华人民共和国民事诉讼法》的解释〉的决定》第二次修正，该修正自2022年4月10日起施行）

2012年8月31日，第十一届全国人民代表大会常务委员会第二十八次会议审议通过了《关于修改〈中华人民共和国民事诉讼法〉的决定》。根据修改后的民事诉讼法，结合人民法院民事审判和执行工作实际，制定本解释。

一、管　　辖

第一条　民事诉讼法第十九条第一项规定的重大涉外案件，包括争议标的额大的案件、案情复杂的案件，或者一方当事人人数众多等具有重大影响的案件。

第二条 专利纠纷案件由知识产权法院、最高人民法院确定的中级人民法院和基层人民法院管辖。

海事、海商案件由海事法院管辖。

第三条 公民的住所地是指公民的户籍所在地，法人或者其他组织的住所地是指法人或者其他组织的主要办事机构所在地。

法人或者其他组织的主要办事机构所在地不能确定的，法人或者其他组织的注册地或者登记地为住所地。

第四条 公民的经常居住地是指公民离开住所地至起诉时已连续居住一年以上的地方，但公民住院就医的地方除外。

第五条 对没有办事机构的个人合伙、合伙型联营体提起的诉讼，由被告注册登记地人民法院管辖。没有注册登记，几个被告又不在同一辖区的，被告住所地的人民法院都有管辖权。

第六条 被告被注销户籍的，依照民事诉讼法第二十三条规定确定管辖；原告、被告均被注销户籍的，由被告居住地人民法院管辖。

第七条 当事人的户籍迁出后尚未落户，有经常居住地的，由该地人民法院管辖；没有经常居住地的，由其原户籍所在地人民法院管辖。

第八条 双方当事人都被监禁或者被采取强制性教育措施的，由被告原住所地人民法院管辖。被告被监禁或者被采取强制性教育措施一年以上的，由被告被监禁地或者被采取强制性教育措施地人民法院管辖。

第九条 追索赡养费、扶养费、抚养费案件的几个被告住所地不在同一辖区的，可以由原告住所地人民法院管辖。

第十条 不服指定监护或者变更监护关系的案件，可以由被监护人住所地人民法院管辖。

第十一条 双方当事人均为军人或者军队单位的民事案件由军事法院管辖。

第十二条 夫妻一方离开住所地超过一年，另一方起诉离婚的案件，可以由原告住所地人民法院管辖。

夫妻双方离开住所地超过一年，一方起诉离婚的案件，由被告经常居住地人民法院管辖；没有经常居住地的，由原告起诉时被告居住地人民法院管辖。

第十三条 在国内结婚并定居国外的华侨，如定居国法院以离婚诉讼须由婚姻缔结地法院管辖为由不予受理，当事人向人民法院提出离婚诉讼的，由婚姻缔结地或者一方在国内的最后居住地人民法院管辖。

第十四条 在国外结婚并定居国外的华侨，如定居国法院以离婚诉讼须由国籍所属国法院管辖为由不予受理，当事人向人民法院提出离婚诉讼的，由一方原住所地或者在国内的最后居住地人民法院管辖。

第十五条 中国公民一方居住在国外，一方居住在国内，不论哪一方向人民法院提起离婚诉讼，国内一方住所地人民法院都有权管辖。国外一方在居住国法院起诉，国内一方向人民法院起诉的，受诉人民法院有权管辖。

第十六条 中国公民双方在国外但未定居，一方向人民法院起诉离婚的，应由原告或者被告原住所地人民法院管辖。

第十七条 已经离婚的中国公民，双方均定居国外，仅就国内财产分割提起诉讼的，由主要财产所在地人民法院管辖。

第十八条 合同约定履行地点的，以约定的履行地点为合同履行地。

合同对履行地点没有约定或者约定不明确，争议标的为给付货币的，接收货币一方所在地为合同履行地；交付不动产的，不动产所在地为合同履行地；其他标的，履行义务一方所在地为合同履行地。即时结清的合同，交易行为地为合同履行地。

合同没有实际履行，当事人双方住所地都不在合同约定的履行地的，由被告住所地人民法院管辖。

第十九条 财产租赁合同、融资租赁合同以租赁物使用地为合同履行地。合同对履行地有约定的，从其约定。

第二十条　以信息网络方式订立的买卖合同，通过信息网络交付标的的，以买受人住所地为合同履行地；通过其他方式交付标的的，收货地为合同履行地。合同对履行地有约定的，从其约定。

第二十一条　因财产保险合同纠纷提起的诉讼，如果保险标的物是运输工具或者运输中的货物，可以由运输工具登记注册地、运输目的地、保险事故发生地人民法院管辖。

因人身保险合同纠纷提起的诉讼，可以由被保险人住所地人民法院管辖。

第二十二条　因股东名册记载、请求变更公司登记、股东知情权、公司决议、公司合并、公司分立、公司减资、公司增资等纠纷提起的诉讼，依照民事诉讼法第二十七条规定确定管辖。

第二十三条　债权人申请支付令，适用民事诉讼法第二十二条规定，由债务人住所地基层人民法院管辖。

第二十四条　民事诉讼法第二十九条规定的侵权行为地，包括侵权行为实施地、侵权结果发生地。

第二十五条　信息网络侵权行为实施地包括实施被诉侵权行为的计算机等信息设备所在地，侵权结果发生地包括被侵权人住所地。

第二十六条　因产品、服务质量不合格造成他人财产、人身损害提起的诉讼，产品制造地、产品销售地、服务提供地、侵权行为地和被告住所地人民法院都有管辖权。

第二十七条　当事人申请诉前保全后没有在法定期间起诉或者申请仲裁，给被申请人、利害关系人造成损失引起的诉讼，由采取保全措施的人民法院管辖。

当事人申请诉前保全后在法定期间内起诉或者申请仲裁，被申请人、利害关系人因保全受到损失提起的诉讼，由受理起诉的人民法院或者采取保全措施的人民法院管辖。

第二十八条　民事诉讼法第三十四条第一项规定的不动产纠纷是指因不动产的权利确认、分割、相邻关系等引起的物权纠纷。

农村土地承包经营合同纠纷、房屋租赁合同纠纷、建设工程施工合同纠纷、政策性房屋买卖合同纠纷，按照不动产纠纷确定管辖。

不动产已登记的，以不动产登记簿记载的所在地为不动产所在地；不动产未登记的，以不动产实际所在地为不动产所在地。

第二十九条　民事诉讼法第三十五条规定的书面协议，包括书面合同中的协议管辖条款或者诉讼前以书面形式达成的选择管辖的协议。

第三十条　根据管辖协议，起诉时能够确定管辖法院的，从其约定；不能确定的，依照民事诉讼法的相关规定确定管辖。

管辖协议约定两个以上与争议有实际联系的地点的人民法院管辖，原告可以向其中一个人民法院起诉。

第三十一条　经营者使用格式条款与消费者订立管辖协议，未采取合理方式提请消费者注意，消费者主张管辖协议无效的，人民法院应予支持。

第三十二条　管辖协议约定由一方当事人住所地人民法院管辖，协议签订后当事人住所地变更的，由签订管辖协议时的住所地人民法院管辖，但当事人另有约定的除外。

第三十三条　合同转让的，合同的管辖协议对合同受让人有效，但转让时受让人不知道有管辖协议，或者转让协议另有约定且原合同相对人同意的除外。

第三十四条　当事人因同居或者在解除婚姻、收养关系后发生财产争议，约定管辖的，可以适用民事诉讼法第三十五条规定确定管辖。

第三十五条　当事人在答辩期间届满后未应诉答辩，人民法院在一审开庭前，发现案件不属于本院管辖的，应当裁定移送有管辖权的人民法院。

第三十六条 两个以上人民法院都有管辖权的诉讼，先立案的人民法院不得将案件移送给另一个有管辖权的人民法院。人民法院在立案前发现其他有管辖权的人民法院已先立案的，不得重复立案；立案后发现其他有管辖权的人民法院已先立案的，裁定将案件移送给先立案的人民法院。

第三十七条 案件受理后，受诉人民法院的管辖权不受当事人住所地、经常居住地变更的影响。

第三十八条 有管辖权的人民法院受理案件后，不得以行政区域变更为由，将案件移送给变更后有管辖权的人民法院。判决后的上诉案件和依审判监督程序提审的案件，由原审人民法院的上级人民法院进行审判；上级人民法院指令再审、发回重审的案件，由原审人民法院再审或者重审。

第三十九条 人民法院对管辖异议审查后确定有管辖权的，不因当事人提起反诉、增加或者变更诉讼请求等改变管辖，但违反级别管辖、专属管辖规定的除外。

人民法院发回重审或者按第一审程序再审的案件，当事人提出管辖异议的，人民法院不予审查。

第四十条 依照民事诉讼法第三十八条第二款规定，发生管辖权争议的两个人民法院因协商不成报请它们的共同上级人民法院指定管辖时，双方为同属一个地、市辖区的基层人民法院的，由该地、市的中级人民法院及时指定管辖；同属一个省、自治区、直辖市的两个人民法院的，由该省、自治区、直辖市的高级人民法院及时指定管辖；双方为跨省、自治区、直辖市的人民法院，高级人民法院协商不成的，由最高人民法院及时指定管辖。

依照前款规定报请上级人民法院指定管辖时，应当逐级进行。

第四十一条 人民法院依照民事诉讼法第三十八条第二款规定指定管辖的，应当作出裁定。

对报请上级人民法院指定管辖的案件，下级人民法院应当中止审理。指定管辖裁定作出前，下级人民法院对案件作出判决、裁定的，上级人民法院应当在裁定指定管辖的同时，一并撤销下级人民法院的判决、裁定。

第四十二条 下列第一审民事案件，人民法院依照民事诉讼法第三十九条第一款规定，可以在开庭前交下级人民法院审理：

（一）破产程序中有关债务人的诉讼案件；

（二）当事人人数众多且不方便诉讼的案件；

（三）最高人民法院确定的其他类型案件。

人民法院交下级人民法院审理前，应当报请其上级人民法院批准。上级人民法院批准后，人民法院应当裁定将案件交下级人民法院审理。

二、回　避

第四十三条 审判人员有下列情形之一的，应当自行回避，当事人有权申请其回避：

（一）是本案当事人或者当事人近亲属的；

（二）本人或者其近亲属与本案有利害关系的；

（三）担任过本案的证人、鉴定人、辩护人、诉讼代理人、翻译人员的；

（四）是本案诉讼代理人近亲属的；

（五）本人或者其近亲属持有本案非上市公司当事人的股份或者股权的；

（六）与本案当事人或者诉讼代理人有其他利害关系，可能影响公正审理的。

第四十四条 审判人员有下列情形之一的，当事人有权申请其回避：

（一）接受本案当事人及其受托人宴请，或者参加由其支付费用的活动的；

（二）索取、接受本案当事人及其受托人财物或者其他利益的；

（三）违反规定会见本案当事人、诉讼代理人的；

（四）为本案当事人推荐、介绍诉讼代理人，或者为律师、其他人员介绍代理本案的；

（五）向本案当事人及其受托人借用款物的；

（六）有其他不正当行为，可能影响公正审理的。

第四十五条　在一个审判程序中参与过本案审判工作的审判人员，不得再参与该案其他程序的审判。

发回重审的案件，在一审法院作出裁判后又进入第二审程序的，原第二审程序中审判人员不受前款规定的限制。

第四十六条　审判人员有应当回避的情形，没有自行回避，当事人也没有申请其回避的，由院长或者审判委员会决定其回避。

第四十七条　人民法院应当依法告知当事人对合议庭组成人员、独任审判员和书记员等人员有申请回避的权利。

第四十八条　民事诉讼法第四十七条所称的审判人员，包括参与本案审理的人民法院院长、副院长、审判委员会委员、庭长、副庭长、审判员和人民陪审员。

第四十九条　书记员和执行员适用审判人员回避的有关规定。

三、诉讼参加人

第五十条　法人的法定代表人以依法登记的为准，但法律另有规定的除外。依法不需要办理登记的法人，以其正职负责人为法定代表人；没有正职负责人的，以其主持工作的副职负责人为法定代表人。

法定代表人已经变更，但未完成登记，变更后的法定代表人要求代表法人参加诉讼的，人民法院可以准许。

其他组织，以其主要负责人为代表人。

第五十一条　在诉讼中，法人的法定代表人变更的，由新的法定代表人继续进行诉讼，并应向人民法院提交新的法定代表人身份证明书。原法定代表人进行的诉讼行为有效。

前款规定，适用于其他组织参加的诉讼。

第五十二条　民事诉讼法第五十一条规定的其他组织是指合法成立、有一定的组织机构和财产，但又不具备法人资格的组织，包括：

（一）依法登记领取营业执照的个人独资企业；

（二）依法登记领取营业执照的合伙企业；

（三）依法登记领取我国营业执照的中外合作经营企业、外资企业；

（四）依法成立的社会团体的分支机构、代表机构；

（五）依法设立并领取营业执照的法人的分支机构；

（六）依法设立并领取营业执照的商业银行、政策性银行和非银行金融机构的分支机构；

（七）经依法登记领取营业执照的乡镇企业、街道企业；

（八）其他符合本条规定条件的组织。

第五十三条　法人非依法设立的分支机构，或者虽依法设立，但没有领取营业执照的分支机构，以设立该分支机构的法人为当事人。

第五十四条　以挂靠形式从事民事活动，当事人请求由挂靠人和被挂靠人依法承担民事责任的，该挂靠人和被挂靠人为共同诉讼人。

第五十五条　在诉讼中，一方当事人死亡，需要等待继承人表明是否参加诉讼的，裁定中止诉讼。人民法院应当及时通知继承人作为当事人承担诉讼，被继承人已经进行的诉讼行为对承担诉讼的继承人有效。

第五十六条　法人或者其他组织的工作人员执行工作任务造成他人损害的，该法人或者其他组织为当事人。

第五十七条　提供劳务一方因劳务造成他人损害，受害人提起诉讼的，以接受劳务一方为被告。

第五十八条　在劳务派遣期间，被派遣的工作人员因执行工作任务造成他人损害的，以接受劳务派遣的用工单位为当事人。当事人主张劳务派遣单位承担责任的，该劳务派遣单位为共同被告。

第五十九条　在诉讼中，个体工商户以营业执照上登记的经营者为当事人。有字号的，以营业执照上登记的字号为当事人，但应同时注明该字号经营者的基本信息。

营业执照上登记的经营者与实际经营者不一致的，以登记的经营者和实际经营者为共同诉讼人。

第六十条　在诉讼中，未依法登记领取营业执照的个人合伙的全体合伙人为共同诉讼人。个人合伙有依法核准登记的字号的，应在法律文书中注明登记的字号。全体合伙人可以推选代表人；被推选的代表人，应由全体合伙人出具推选书。

第六十一条　当事人之间的纠纷经人民调解委员会或者其他依法设立的调解组织调解达成协议后，一方当事人不履行调解协议，另一方当事人向人民法院提起诉讼的，应以对方当事人为被告。

第六十二条　下列情形，以行为人为当事人：

（一）法人或者其他组织应登记而未登记，行为人即以该法人或者其他组织名义进行民事活动的；

（二）行为人没有代理权、超越代理权或者代理权终止后以被代理人名义进行民事活动的，但相对人有理由相信行为人有代理权的除外；

（三）法人或者其他组织依法终止后，行为人仍以其名义进行民事活动的。

第六十三条　企业法人合并的，因合并前的民事活动发生的纠纷，以合并后的企业为当事人；企业法人分立的，因分立前的民事活动发生的纠纷，以分立后的企业为共同诉讼人。

第六十四条　企业法人解散的，依法清算并注销前，以该企业法人为当事人；未依法清算即被注销的，以该企业法人的股东、发起人或者出资人为当事人。

第六十五条　借用业务介绍信、合同专用章、盖章的空白合同书或者银行账户的，出借单位和借用人为共同诉讼人。

第六十六条　因保证合同纠纷提起的诉讼，债权人向保证人和被保证人一并主张权利的，人民法院应当将保证人和被保证人列为共同被告。保证合同约定为一般保证，债权人仅起诉保证人的，人民法院应当通知被保证人作为共同被告参加诉讼；债权人仅起诉被保证人的，可以只列被保证人为被告。

第六十七条　无民事行为能力人、限制民事行为能力人造成他人损害的，无民事行为能力人、限制民事行为能力人和其监护人为共同被告。

第六十八条　居民委员会、村民委员会或者村民小组与他人发生民事纠纷的，居民委员会、村民委员会或者有独立财产的村民小组为当事人。

第六十九条　对侵害死者遗体、遗骨以及姓名、肖像、名誉、荣誉、隐私等行为提起诉讼的，死者的近亲属为当事人。

第七十条　在继承遗产的诉讼中，部分继承人起诉的，人民法院应通知其他继承人作为共同原告参加诉讼；被通知的继承人不愿意参加诉讼又未明确表示放弃实体权利的，人民法院仍应将其列为共同原告。

第七十一条　原告起诉被代理人和代理人，要求承担连带责任的，被代理人和代理人为共同被告。

原告起诉代理人和相对人，要求承担连带责任的，代理人和相对人为共同被告。

第七十二条　共有财产权受到他人侵害，部分共有权人起诉的，其他共有权人为共同诉讼人。

第七十三条　必须共同进行诉讼的当事人没有参加诉讼的，人民法院应当依照民事诉讼法第一百三十五条的规定，通知其参加；当事人也可以向人民法院申请追加。人民法院对当事人提出的申请，应当进行审查，申请理由不成立的，裁定驳回；申请理由成立的，书面通知被追加的当事人参加诉讼。

第七十四条　人民法院追加共同诉讼的当事人时，应当通知其他当事人。应当追加的原告，已明确表示放弃实体权利的，可不予追加；既不愿意参加诉讼，又不放弃实体权利的，仍应追加为共同原告，其不参加诉讼，不影响人民法院对案件的审理和依法作出判决。

第七十五条　民事诉讼法第五十六条、第五十七条和第二百零六条规定的人数众多，一般指十人以上。

第七十六条　依照民事诉讼法第五十六条规定，当事人一方人数众多在起诉时确定的，可以由全体当事人推选共同的代表人，也可以由部分当事人推选自己的代表人；推选不出代表人的当事人，在必要的共同诉讼中可以自己参加诉讼，在普通的共同诉讼中可以另行起诉。

第七十七条　根据民事诉讼法第五十七条规定，当事人一方人数众多在起诉时不确定的，由当事人推选代表人。当事人推选不出的，可以由人民法院提出人选与当事人协商；协商不成的，也可以由人民法院在起诉的当事人中指定代表人。

第七十八条　民事诉讼法第五十六条和第五十七条规定的代表人为二至五人，每位代表人可以委托一至二人作为诉讼代理人。

第七十九条　依照民事诉讼法第五十七条规定受理的案件，人民法院可以发出公告，通知权利人向人民法院登记。公告期间根据案件的具体情况确定，但不得少于三十日。

第八十条　根据民事诉讼法第五十七条规定向人民法院登记的权利人，应当证明其与对方当事人的法律关系和所受到的损害。证明不了的，不予登记，权利人可以另行起诉。人民法院的裁判在登记的范围内执行。未参加登记的权利人提起诉讼，人民法院认定其请求成立的，裁定适用人民法院已作出的判决、裁定。

第八十一条　根据民事诉讼法第五十九条的规定，有独立请求权的第三人有权向人民法院提出诉讼请求和事实、理由，成为当事人；无独立请求权的第三人，可以申请或者由人民法院通知参加诉讼。

第一审程序中未参加诉讼的第三人，申请参加第二审程序的，人民法院可以准许。

第八十二条　在一审诉讼中，无独立请求权的第三人无权提出管辖异议，无权放弃、变更诉讼请求或者申请撤诉，被判决承担民事责任的，有权提起上诉。

第八十三条　在诉讼中，无民事行为能力人、限制民事行为能力人的监护人是他的法定代理人。事先没有确定监护人的，可以由有监护资格的人协商确定；协商不成的，由人民法院在他们之中指定诉讼中的法定代理人。当事人没有民法典第二十七条、第二十八条规定的监护人的，可以指定民法典第三十二条规定的有关组织担任诉讼中的法定代理人。

第八十四条　无民事行为能力人、限制民事行为能力人以及其他依法不能作为诉讼代理人的，当事人不得委托其作为诉讼代理人。

第八十五条　根据民事诉讼法第六十一条第二款第二项规定，与当事人有夫妻、直系血亲、三代以内旁系血亲、近姻亲关系以及其他有抚养、赡养关系的亲属，可以当事人近亲属的名义作为诉讼代理人。

第八十六条　根据民事诉讼法第六十一

条第二款第二项规定，与当事人有合法劳动人事关系的职工，可以当事人工作人员的名义作为诉讼代理人。

第八十七条 根据民事诉讼法第六十一条第二款第三项规定，有关社会团体推荐公民担任诉讼代理人的，应当符合下列条件：

（一）社会团体属于依法登记设立或者依法免予登记设立的非营利性法人组织；

（二）被代理人属于该社会团体的成员，或者当事人一方住所地位于该社会团体的活动地域；

（三）代理事务属于该社会团体章程载明的业务范围；

（四）被推荐的公民是该社会团体的负责人或者与该社会团体有合法劳动人事关系的工作人员。

专利代理人经中华全国专利代理人协会推荐，可以在专利纠纷案件中担任诉讼代理人。

第八十八条 诉讼代理人除根据民事诉讼法第六十二条规定提交授权委托书外，还应当按照下列规定向人民法院提交相关材料：

（一）律师应当提交律师执业证、律师事务所证明材料；

（二）基层法律服务工作者应当提交法律服务工作者执业证、基层法律服务所出具的介绍信以及当事人一方位于本辖区内的证明材料；

（三）当事人的近亲属应当提交身份证件和与委托人有近亲属关系的证明材料；

（四）当事人的工作人员应当提交身份证件和与当事人有合法劳动人事关系的证明材料；

（五）当事人所在社区、单位推荐的公民应当提交身份证件、推荐材料和当事人属于该社区、单位的证明材料；

（六）有关社会团体推荐的公民应当提交身份证件和符合本解释第八十七条规定条件的证明材料。

第八十九条 当事人向人民法院提交的授权委托书，应当在开庭审理前送交人民法院。授权委托书仅写“全权代理”而无具体授权的，诉讼代理人无权代为承认、放弃、变更诉讼请求，进行和解，提出反诉或者提起上诉。

适用简易程序审理的案件，双方当事人同时到庭并径行开庭审理的，可以当场口头委托诉讼代理人，由人民法院记入笔录。

四、证　　据

第九十条 当事人对自己提出的诉讼请求所依据的事实或者反驳对方诉讼请求所依据的事实，应当提供证据加以证明，但法律另有规定的除外。

在作出判决前，当事人未能提供证据或者证据不足以证明其事实主张的，由负有举证证明责任的当事人承担不利的后果。

第九十一条 人民法院应当依照下列原则确定举证证明责任的承担，但法律另有规定的除外：

（一）主张法律关系存在的当事人，应当对产生该法律关系的基本事实承担举证证明责任；

（二）主张法律关系变更、消灭或者权利受到妨害的当事人，应当对该法律关系变更、消灭或者权利受到妨害的基本事实承担举证证明责任。

第九十二条 一方当事人在法庭审理中，或者在起诉状、答辩状、代理词等书面材料中，对于己不利的事实明确表示承认的，另一方当事人无需举证证明。

对于涉及身份关系、国家利益、社会公共利益等应当由人民法院依职权调查的事实，不适用前款自认的规定。

自认的事实与查明的事实不符的，人民法院不予确认。

第九十三条 下列事实，当事人无须举证证明：

（一）自然规律以及定理、定律；

（二）众所周知的事实；

（三）根据法律规定推定的事实；

（四）根据已知的事实和日常生活经验法则推定出的另一事实；

（五）已为人民法院发生法律效力的裁判所确认的事实；

（六）已为仲裁机构生效裁决所确认的事实；

（七）已为有效公证文书所证明的事实。

前款第二项至第四项规定的事实，当事人有相反证据足以反驳的除外；第五项至第七项规定的事实，当事人有相反证据足以推翻的除外。

第九十四条　民事诉讼法第六十七条第二款规定的当事人及其诉讼代理人因客观原因不能自行收集的证据包括：

（一）证据由国家有关部门保存，当事人及其诉讼代理人无权查阅调取的；

（二）涉及国家秘密、商业秘密或者个人隐私的；

（三）当事人及其诉讼代理人因客观原因不能自行收集的其他证据。

当事人及其诉讼代理人因客观原因不能自行收集的证据，可以在举证期限届满前书面申请人民法院调查收集。

第九十五条　当事人申请调查收集的证据，与待证事实无关联、对证明待证事实无意义或者其他无调查收集必要的，人民法院不予准许。

第九十六条　民事诉讼法第六十七条第二款规定的人民法院认为审理案件需要的证据包括：

（一）涉及可能损害国家利益、社会公共利益的；

（二）涉及身份关系的；

（三）涉及民事诉讼法第五十八条规定诉讼的；

（四）当事人有恶意串通损害他人合法权益可能的；

（五）涉及依职权追加当事人、中止诉讼、终结诉讼、回避等程序性事项的。

除前款规定外，人民法院调查收集证据，应当依照当事人的申请进行。

第九十七条　人民法院调查收集证据，应当由两人以上共同进行。调查材料要由调查人、被调查人、记录人签名、捺印或者盖章。

第九十八条　当事人根据民事诉讼法第八十四条第一款规定申请证据保全的，可以在举证期限届满前书面提出。

证据保全可能对他人造成损失的，人民法院应当责令申请人提供相应的担保。

第九十九条　人民法院应当在审理前的准备阶段确定当事人的举证期限。举证期限可以由当事人协商，并经人民法院准许。

人民法院确定举证期限，第一审普通程序案件不得少于十五日，当事人提供新的证据的第二审案件不得少于十日。

举证期限届满后，当事人对已经提供的证据，申请提供反驳证据或者对证据来源、形式等方面的瑕疵进行补正的，人民法院可以酌情再次确定举证期限，该期限不受前款规定的限制。

第一百条　当事人申请延长举证期限的，应当在举证期限届满前向人民法院提出书面申请。

申请理由成立的，人民法院应当准许，适当延长举证期限，并通知其他当事人。延长的举证期限适用于其他当事人。

申请理由不成立的，人民法院不予准许，并通知申请人。

第一百零一条　当事人逾期提供证据的，人民法院应当责令其说明理由，必要时可以要求其提供相应的证据。

当事人因客观原因逾期提供证据，或者对方当事人对逾期提供证据未提出异议的，视为未逾期。

第一百零二条　当事人因故意或者重大过失逾期提供的证据，人民法院不予采纳。

但该证据与案件基本事实有关的，人民法院应当采纳，并依照民事诉讼法第六十八条、第一百一十八条第一款的规定予以训诫、罚款。

当事人非因故意或者重大过失逾期提供的证据，人民法院应当采纳，并对当事人予以训诫。

当事人一方要求另一方赔偿因逾期提供证据致使其增加的交通、住宿、就餐、误工、证人出庭作证等必要费用的，人民法院可予支持。

第一百零三条 证据应当在法庭上出示，由当事人互相质证。未经当事人质证的证据，不得作为认定案件事实的根据。

当事人在审理前的准备阶段认可的证据，经审判人员在庭审中说明后，视为质证过的证据。

涉及国家秘密、商业秘密、个人隐私或者法律规定应当保密的证据，不得公开质证。

第一百零四条 人民法院应当组织当事人围绕证据的真实性、合法性以及与待证事实的关联性进行质证，并针对证据有无证明力和证明力大小进行说明和辩论。

能够反映案件真实情况、与待证事实相关联、来源和形式符合法律规定的证据，应当作为认定案件事实的根据。

第一百零五条 人民法院应当按照法定程序，全面、客观地审核证据，依照法律规定，运用逻辑推理和日常生活经验法则，对证据有无证明力和证明力大小进行判断，并公开判断的理由和结果。

第一百零六条 对以严重侵害他人合法权益、违反法律禁止性规定或者严重违背公序良俗的方法形成或者获取的证据，不得作为认定案件事实的根据。

第一百零七条 在诉讼中，当事人为达成调解协议或者和解协议作出妥协而认可的事实，不得在后续的诉讼中作为对其不利的根据，但法律另有规定或者当事人均同意的除外。

第一百零八条 对负有举证证明责任的当事人提供的证据，人民法院经审查并结合相关事实，确信待证事实的存在具有高度可能性的，应当认定该事实存在。

对一方当事人为反驳负有举证证明责任的当事人所主张事实而提供的证据，人民法院经审查并结合相关事实，认为待证事实真伪不明的，应当认定该事实不存在。

法律对于待证事实所应达到的证明标准另有规定的，从其规定。

第一百零九条 当事人对欺诈、胁迫、恶意串通事实的证明，以及对口头遗嘱或者赠与事实的证明，人民法院确信该待证事实存在的可能性能够排除合理怀疑的，应当认定该事实存在。

第一百一十条 人民法院认为有必要的，可以要求当事人本人到庭，就案件有关事实接受询问。在询问当事人之前，可以要求其签署保证书。

保证书应当载明据实陈述、如有虚假陈述愿意接受处罚等内容。当事人应当在保证书上签名或者捺印。

负有举证证明责任的当事人拒绝到庭、拒绝接受询问或者拒绝签署保证书，待证事实又欠缺其他证据证明的，人民法院对其主张的事实不予认定。

第一百一十一条 民事诉讼法第七十三条规定的提交书证原件确有困难，包括下列情形：

（一）书证原件遗失、灭失或者毁损的；

（二）原件在对方当事人控制之下，经合法通知提交而拒不提交的；

（三）原件在他人控制之下，而其有权不提交的；

（四）原件因篇幅或者体积过大而不便提交的；

（五）承担举证证明责任的当事人通过申请人民法院调查收集或者其他方式无法获

得书证原件的。

前款规定情形，人民法院应当结合其他证据和案件具体情况，审查判断书证复制品等能否作为认定案件事实的根据。

第一百一十二条　书证在对方当事人控制之下的，承担举证证明责任的当事人可以在举证期限届满前书面申请人民法院责令对方当事人提交。

申请理由成立的，人民法院应当责令对方当事人提交，因提交书证所产生的费用，由申请人负担。对方当事人无正当理由拒不提交的，人民法院可以认定申请人所主张的书证内容为真实。

第一百一十三条　持有书证的当事人以妨碍对方当事人使用为目的，毁灭有关书证或者实施其他致使书证不能使用行为的，人民法院可以依照民事诉讼法第一百一十四条规定，对其处以罚款、拘留。

第一百一十四条　国家机关或者其他依法具有社会管理职能的组织，在其职权范围内制作的文书所记载的事项推定为真实，但有相反证据足以推翻的除外。必要时，人民法院可以要求制作文书的机关或者组织对文书的真实性予以说明。

第一百一十五条　单位向人民法院提出的证明材料，应当由单位负责人及制作证明材料的人员签名或者盖章，并加盖单位印章。人民法院就单位出具的证明材料，可以向单位及制作证明材料的人员进行调查核实。必要时，可以要求制作证明材料的人员出庭作证。

单位及制作证明材料的人员拒绝人民法院调查核实，或者制作证明材料的人员无正当理由拒绝出庭作证的，该证明材料不得作为认定案件事实的根据。

第一百一十六条　视听资料包括录音资料和影像资料。

电子数据是指通过电子邮件、电子数据交换、网上聊天记录、博客、微博客、手机短信、电子签名、域名等形成或者存储在电子介质中的信息。

存储在电子介质中的录音资料和影像资料，适用电子数据的规定。

第一百一十七条　当事人申请证人出庭作证的，应当在举证期限届满前提出。

符合本解释第九十六条第一款规定情形的，人民法院可以依职权通知证人出庭作证。

未经人民法院通知，证人不得出庭作证，但双方当事人同意并经人民法院准许的除外。

第一百一十八条　民事诉讼法第七十七条规定的证人因履行出庭作证义务而支出的交通、住宿、就餐等必要费用，按照机关事业单位工作人员差旅费用和补贴标准计算；误工损失按照国家上年度职工日平均工资标准计算。

人民法院准许证人出庭作证申请的，应当通知申请人预缴证人出庭作证费用。

第一百一十九条　人民法院在证人出庭作证前应当告知其如实作证的义务以及作伪证的法律后果，并责令其签署保证书，但无民事行为能力人和限制民事行为能力人除外。

证人签署保证书适用本解释关于当事人签署保证书的规定。

第一百二十条　证人拒绝签署保证书的，不得作证，并自行承担相关费用。

第一百二十一条　当事人申请鉴定，可以在举证期限届满前提出。申请鉴定的事项与待证事实无关联，或者对证明待证事实无意义的，人民法院不予准许。

人民法院准许当事人鉴定申请的，应当组织双方当事人协商确定具备相应资格的鉴定人。当事人协商不成的，由人民法院指定。

符合依职权调查收集证据条件的，人民法院应当依职权委托鉴定，在询问当事人的意见后，指定具备相应资格的鉴定人。

第一百二十二条　当事人可以依照民事

诉讼法第八十二条的规定，在举证期限届满前申请一至二名具有专门知识的人出庭，代表当事人对鉴定意见进行质证，或者对案件事实所涉及的专业问题提出意见。

具有专门知识的人在法庭上就专业问题提出的意见，视为当事人的陈述。

人民法院准许当事人申请的，相关费用由提出申请的当事人负担。

第一百二十三条 人民法院可以对出庭的具有专门知识的人进行询问。经法庭准许，当事人可以对出庭的具有专门知识的人进行询问，当事人各自申请的具有专门知识的人可以就案件中的有关问题进行对质。

具有专门知识的人不得参与专业问题之外的法庭审理活动。

第一百二十四条 人民法院认为有必要的，可以根据当事人的申请或者依职权对物证或者现场进行勘验。勘验时应当保护他人的隐私和尊严。

人民法院可以要求鉴定人参与勘验。必要时，可以要求鉴定人在勘验中进行鉴定。

五、期间和送达

第一百二十五条 依照民事诉讼法第八十五条第二款规定，民事诉讼中以时起算的期间从次时起算；以日、月、年计算的期间从次日起算。

第一百二十六条 民事诉讼法第一百二十六条规定的立案期限，因起诉状内容欠缺通知原告补正的，从补正后交人民法院的次日起算。由上级人民法院转交下级人民法院立案的案件，从受诉人民法院收到起诉状的次日起算。

第一百二十七条 民事诉讼法第五十九条第三款、第二百一十二条以及本解释第三百七十二条、第三百八十二条、第三百九十九条、第四百二十条、第四百二十一条规定的六个月，民事诉讼法第二百三十条规定的一年，为不变期间，不适用诉讼时效中止、中断、延长的规定。

第一百二十八条 再审案件按照第一审程序或者第二审程序审理的，适用民事诉讼法第一百五十二条、第一百八十三条规定的审限。审限自再审立案的次日起算。

第一百二十九条 对申请再审案件，人民法院应当自受理之日起三个月内审查完毕，但公告期间、当事人和解期间等不计入审查期限。有特殊情况需要延长的，由本院院长批准。

第一百三十条 向法人或者其他组织送达诉讼文书，应当由法人的法定代表人、该组织的主要负责人或者办公室、收发室、值班室等负责收件的人签收或者盖章，拒绝签收或者盖章的，适用留置送达。

民事诉讼法第八十九条规定的有关基层组织和所在单位的代表，可以是受送达人住所地的居民委员会、村民委员会的工作人员以及受送达人所在单位的工作人员。

第一百三十一条 人民法院直接送达诉讼文书的，可以通知当事人到人民法院领取。当事人到达人民法院，拒绝签署送达回证的，视为送达。审判人员、书记员应当在送达回证上注明送达情况并签名。

人民法院可以在当事人住所地以外向当事人直接送达诉讼文书。当事人拒绝签署送达回证的，采用拍照、录像等方式记录送达过程即视为送达。审判人员、书记员应当在送达回证上注明送达情况并签名。

第一百三十二条 受送达人有诉讼代理人的，人民法院既可以向受送达人送达，也可以向其诉讼代理人送达。受送达人指定诉讼代理人为代收人的，向诉讼代理人送达时，适用留置送达。

第一百三十三条 调解书应当直接送达当事人本人，不适用留置送达。当事人本人因故不能签收的，可由其指定的代收人签收。

第一百三十四条 依照民事诉讼法第九十一条规定，委托其他人民法院代为送达的，委托法院应当出具委托函，并附需要送达的诉讼文书和送达回证，以受送达人在送达回证上签收的日期为送达日期。

委托送达的，受委托人民法院应当自收到委托函及相关诉讼文书之日起十日内代为送达。

第一百三十五条　电子送达可以采用传真、电子邮件、移动通信等即时收悉的特定系统作为送达媒介。

民事诉讼法第九十条第二款规定的到达受送达人特定系统的日期，为人民法院对应系统显示发送成功的日期，但受送达人证明到达其特定系统的日期与人民法院对应系统显示发送成功的日期不一致的，以受送达人证明到达其特定系统的日期为准。

第一百三十六条　受送达人同意采用电子方式送达的，应当在送达地址确认书中予以确认。

第一百三十七条　当事人在提起上诉、申请再审、申请执行时未书面变更送达地址的，其在第一审程序中确认的送达地址可以作为第二审程序、审判监督程序、执行程序的送达地址。

第一百三十八条　公告送达可以在法院的公告栏和受送达人住所地张贴公告，也可以在报纸、信息网络等媒体上刊登公告，发出公告日期以最后张贴或者刊登的日期为准。对公告送达方式有特殊要求的，应当按要求的方式进行。公告期满，即视为送达。

人民法院在受送达人住所地张贴公告的，应当采取拍照、录像等方式记录张贴过程。

第一百三十九条　公告送达应当说明公告送达的原因；公告送达起诉状或者上诉状副本的，应当说明起诉或者上诉要点，受送达人答辩期限及逾期不答辩的法律后果；公告送达传票，应当说明出庭的时间和地点及逾期不出庭的法律后果；公告送达判决书、裁定书的，应当说明裁判主要内容，当事人有权上诉的，还应当说明上诉权利、上诉期限和上诉的人民法院。

第一百四十条　适用简易程序的案件，不适用公告送达。

第一百四十一条　人民法院在定期宣判时，当事人拒不签收判决书、裁定书的，应视为送达，并在宣判笔录中记明。

六、调　　解

第一百四十二条　人民法院受理案件后，经审查，认为法律关系明确、事实清楚，在征得当事人双方同意后，可以径行调解。

第一百四十三条　适用特别程序、督促程序、公示催告程序的案件，婚姻等身份关系确认案件以及其他根据案件性质不能进行调解的案件，不得调解。

第一百四十四条　人民法院审理民事案件，发现当事人之间恶意串通，企图通过和解、调解方式侵害他人合法权益的，应当依照民事诉讼法第一百一十五条的规定处理。

第一百四十五条　人民法院审理民事案件，应当根据自愿、合法的原则进行调解。当事人一方或者双方坚持不愿调解的，应当及时裁判。

人民法院审理离婚案件，应当进行调解，但不应久调不决。

第一百四十六条　人民法院审理民事案件，调解过程不公开，但当事人同意公开的除外。

调解协议内容不公开，但为保护国家利益、社会公共利益、他人合法权益，人民法院认为确有必要公开的除外。

主持调解以及参与调解的人员，对调解过程以及调解过程中获悉的国家秘密、商业秘密、个人隐私和其他不宜公开的信息，应当保守秘密，但为保护国家利益、社会公共利益、他人合法权益的除外。

第一百四十七条　人民法院调解案件时，当事人不能出庭的，经其特别授权，可由其委托代理人参加调解，达成的调解协议，可由委托代理人签名。

离婚案件当事人确因特殊情况无法出庭参加调解的，除本人不能表达意志的以外，应当出具书面意见。

第一百四十八条 当事人自行和解或者调解达成协议后，请求人民法院按照和解协议或者调解协议的内容制作判决书的，人民法院不予准许。

无民事行为能力人的离婚案件，由其法定代理人进行诉讼。法定代理人与对方达成协议要求发给判决书的，可根据协议内容制作判决书。

第一百四十九条 调解书需经当事人签收后才发生法律效力的，应当以最后收到调解书的当事人签收的日期为调解书生效日期。

第一百五十条 人民法院调解民事案件，需由无独立请求权的第三人承担责任的，应当经其同意。该第三人在调解书送达前反悔的，人民法院应当及时裁判。

第一百五十一条 根据民事诉讼法第一百零一条第一款第四项规定，当事人各方同意在调解协议上签名或者盖章后即发生法律效力的，经人民法院审查确认后，应当记入笔录或者将调解协议附卷，并由当事人、审判人员、书记员签名或者盖章后即具有法律效力。

前款规定情形，当事人请求制作调解书的，人民法院审查确认后可以制作调解书送交当事人。当事人拒收调解书的，不影响调解协议的效力。

七、保全和先予执行

第一百五十二条 人民法院依照民事诉讼法第一百零三条、第一百零四条规定，在采取诉前保全、诉讼保全措施时，责令利害关系人或者当事人提供担保的，应当书面通知。

利害关系人申请诉前保全的，应当提供担保。申请诉前财产保全的，应当提供相当于请求保全数额的担保；情况特殊的，人民法院可以酌情处理。申请诉前行为保全的，担保的数额由人民法院根据案件的具体情况决定。

在诉讼中，人民法院依申请或者依职权采取保全措施的，应当根据案件的具体情况，决定当事人是否应当提供担保以及担保的数额。

第一百五十三条 人民法院对季节性商品、鲜活、易腐烂变质以及其他不宜长期保存的物品采取保全措施时，可以责令当事人及时处理，由人民法院保存价款；必要时，人民法院可予以变卖，保存价款。

第一百五十四条 人民法院在财产保全中采取查封、扣押、冻结财产措施时，应当妥善保管被查封、扣押、冻结的财产。不宜由人民法院保管的，人民法院可以指定被保全人负责保管；不宜由被保全人保管的，可以委托他人或者申请保全人保管。

查封、扣押、冻结担保物权人占有的担保财产，一般由担保物权人保管；由人民法院保管的，质权、留置权不因采取保全措施而消灭。

第一百五十五条 由人民法院指定被保全人保管的财产，如果继续使用对该财产的价值无重大影响，可以允许被保全人继续使用；由人民法院保管或者委托他人、申请保全人保管的财产，人民法院和其他保管人不得使用。

第一百五十六条 人民法院采取财产保全的方法和措施，依照执行程序相关规定办理。

第一百五十七条 人民法院对抵押物、质押物、留置物可以采取财产保全措施，但不影响抵押权人、质权人、留置权人的优先受偿权。

第一百五十八条 人民法院对债务人到期应得的收益，可以采取财产保全措施，限制其支取，通知有关单位协助执行。

第一百五十九条 债务人的财产不能满足保全请求，但对他人有到期债权的，人民法院可以依债权人的申请裁定该他人不得对本案债务人清偿。该他人要求偿付的，由人民法院提存财物或者价款。

第一百六十条　当事人向采取诉前保全措施以外的其他有管辖权的人民法院起诉的，采取诉前保全措施的人民法院应当将保全手续移送受理案件的人民法院。诉前保全的裁定视为受移送人民法院作出的裁定。

第一百六十一条　对当事人不服一审判决提起上诉的案件，在第二审人民法院接到报送的案件之前，当事人有转移、隐匿、出卖或者毁损财产等行为，必须采取保全措施的，由第一审人民法院依当事人申请或者依职权采取。第一审人民法院的保全裁定，应当及时报送第二审人民法院。

第一百六十二条　第二审人民法院裁定对第一审人民法院采取的保全措施予以续保或者采取新的保全措施的，可以自行实施，也可以委托第一审人民法院实施。

再审人民法院裁定对原保全措施予以续保或者采取新的保全措施的，可以自行实施，也可以委托原审人民法院或者执行法院实施。

第一百六十三条　法律文书生效后，进入执行程序前，债权人因对方当事人转移财产等紧急情况，不申请保全将可能导致生效法律文书不能执行或者难以执行的，可以向执行法院申请采取保全措施。债权人在法律文书指定的履行期间届满后五日内不申请执行的，人民法院应当解除保全。

第一百六十四条　对申请保全人或者他人提供的担保财产，人民法院应当依法办理查封、扣押、冻结等手续。

第一百六十五条　人民法院裁定采取保全措施后，除作出保全裁定的人民法院自行解除或者其上级人民法院决定解除外，在保全期限内，任何单位不得解除保全措施。

第一百六十六条　裁定采取保全措施后，有下列情形之一的，人民法院应当作出解除保全裁定：

（一）保全错误的；

（二）申请人撤回保全申请的；

（三）申请人的起诉或者诉讼请求被生效裁判驳回的；

（四）人民法院认为应当解除保全的其他情形。

解除以登记方式实施的保全措施的，应当向登记机关发出协助执行通知书。

第一百六十七条　财产保全的被保全人提供其他等值担保财产且有利于执行的，人民法院可以裁定变更保全标的物为被保全人提供的担保财产。

第一百六十八条　保全裁定未经人民法院依法撤销或者解除，进入执行程序后，自动转为执行中的查封、扣押、冻结措施，期限连续计算，执行法院无需重新制作裁定书，但查封、扣押、冻结期限届满的除外。

第一百六十九条　民事诉讼法规定的先予执行，人民法院应当在受理案件后终审判决作出前采取。先予执行应当限于当事人诉讼请求的范围，并以当事人的生活、生产经营的急需为限。

第一百七十条　民事诉讼法第一百零九条第三项规定的情况紧急，包括：

（一）需要立即停止侵害、排除妨碍的；

（二）需要立即制止某项行为的；

（三）追索恢复生产、经营急需的保险理赔费的；

（四）需要立即返还社会保险金、社会救助资金的；

（五）不立即返还款项，将严重影响权利人生活和生产经营的。

第一百七十一条　当事人对保全或者先予执行裁定不服的，可以自收到裁定书之日起五日内向作出裁定的人民法院申请复议。人民法院应当在收到复议申请后十日内审查。裁定正确的，驳回当事人的申请；裁定不当的，变更或者撤销原裁定。

第一百七十二条　利害关系人对保全或

者先予执行的裁定不服申请复议的，由作出裁定的人民法院依照民事诉讼法第一百一十一条规定处理。

第一百七十三条　人民法院先予执行后，根据发生法律效力的判决，申请人应当返还因先予执行所取得的利益的，适用民事诉讼法第二百四十条的规定。

八、对妨害民事诉讼的强制措施

第一百七十四条　民事诉讼法第一百一十二条规定的必须到庭的被告，是指负有赡养、抚育、扶养义务和不到庭就无法查清案情的被告。

人民法院对必须到庭才能查清案件基本事实的原告，经两次传票传唤，无正当理由拒不到庭的，可以拘传。

第一百七十五条　拘传必须用拘传票，并直接送达被拘传人；在拘传前，应当向被拘传人说明拒不到庭的后果，经批评教育仍拒不到庭的，可以拘传其到庭。

第一百七十六条　诉讼参与人或者其他人有下列行为之一的，人民法院可以适用民事诉讼法第一百一十三条规定处理：

（一）未经准许进行录音、录像、摄影的；

（二）未经准许以移动通信等方式现场传播审判活动的；

（三）其他扰乱法庭秩序，妨害审判活动进行的。

有前款规定情形的，人民法院可以暂扣诉讼参与人或者其他人进行录音、录像、摄影、传播审判活动的器材，并责令其删除有关内容；拒不删除的，人民法院可以采取必要手段强制删除。

第一百七十七条　训诫、责令退出法庭由合议庭或者独任审判员决定。训诫的内容、被责令退出法庭者的违法事实应当记入庭审笔录。

第一百七十八条　人民法院依照民事诉讼法第一百一十三条至第一百一十七条的规定采取拘留措施的，应经院长批准，作出拘留决定书，由司法警察将被拘留人送交当地公安机关看管。

第一百七十九条　被拘留人不在本辖区的，作出拘留决定的人民法院应当派员到被拘留人所在地的人民法院，请该院协助执行，受委托的人民法院应当及时派员协助执行。被拘留人申请复议或者在拘留期间承认并改正错误，需要提前解除拘留的，受委托人民法院应当向委托人民法院转达或者提出建议，由委托人民法院审查决定。

第一百八十条　人民法院对被拘留人采取拘留措施后，应当在二十四小时内通知其家属；确实无法按时通知或者通知不到的，应当记录在案。

第一百八十一条　因哄闹、冲击法庭，用暴力、威胁等方法抗拒执行公务等紧急情况，必须立即采取拘留措施的，可在拘留后，立即报告院长补办批准手续。院长认为拘留不当的，应当解除拘留。

第一百八十二条　被拘留人在拘留期间认错悔改的，可以责令其具结悔过，提前解除拘留。提前解除拘留，应报经院长批准，并作出提前解除拘留决定书，交负责看管的公安机关执行。

第一百八十三条　民事诉讼法第一百一十三条至第一百一十六条规定的罚款、拘留可以单独适用，也可以合并适用。

第一百八十四条　对同一妨害民事诉讼行为的罚款、拘留不得连续适用。发生新的妨害民事诉讼行为的，人民法院可以重新予以罚款、拘留。

第一百八十五条　被罚款、拘留的人不服罚款、拘留决定申请复议的，应当自收到决定书之日起三日内提出。上级人民法院应当在收到复议申请后五日内作出决定，并将复议结果通知下级人民法院和当事人。

第一百八十六条　上级人民法院复议时认为强制措施不当的，应当制作决定书，撤销或者变更下级人民法院作出的拘留、罚款决定。情况紧急的，可以在口头通知后三日内发出决定书。

第一百八十七条　民事诉讼法第一百一十四条第一款第五项规定的以暴力、威胁或者其他方法阻碍司法工作人员执行职务的行为，包括：

（一）在人民法院哄闹、滞留，不听从司法工作人员劝阻的；

（二）故意毁损、抢夺人民法院法律文书、查封标志的；

（三）哄闹、冲击执行公务现场，围困、扣押执行或者协助执行公务人员的；

（四）毁损、抢夺、扣留案件材料、执行公务车辆、其他执行公务器械、执行公务人员服装和执行公务证件的；

（五）以暴力、威胁或者其他方法阻碍司法工作人员查询、查封、扣押、冻结、划拨、拍卖、变卖财产的；

（六）以暴力、威胁或者其他方法阻碍司法工作人员执行职务的其他行为。

第一百八十八条　民事诉讼法第一百一十四条第一款第六项规定的拒不履行人民法院已经发生法律效力的判决、裁定的行为，包括：

（一）在法律文书发生法律效力后隐藏、转移、变卖、毁损财产或者无偿转让财产、以明显不合理的价格交易财产、放弃到期债权、无偿为他人提供担保等，致使人民法院无法执行的；

（二）隐藏、转移、毁损或者未经人民法院允许处分已向人民法院提供担保的财产的；

（三）违反人民法院限制高消费令进行消费的；

（四）有履行能力而拒不按照人民法院执行通知履行生效法律文书确定的义务的；

（五）有义务协助执行的个人接到人民法院协助执行通知书后，拒不协助执行的。

第一百八十九条　诉讼参与人或者其他人有下列行为之一的，人民法院可以适用民事诉讼法第一百一十四条的规定处理：

（一）冒充他人提起诉讼或者参加诉讼的；

（二）证人签署保证书后作虚假证言，妨碍人民法院审理案件的；

（三）伪造、隐藏、毁灭或者拒绝交出有关被执行人履行能力的重要证据，妨碍人民法院查明被执行人财产状况的；

（四）擅自解冻已被人民法院冻结的财产的；

（五）接到人民法院协助执行通知书后，给当事人通风报信，协助其转移、隐匿财产的。

第一百九十条　民事诉讼法第一百一十五条规定的他人合法权益，包括案外人的合法权益、国家利益、社会公共利益。

第三人根据民事诉讼法第五十九条第三款规定提起撤销之诉，经审查，原案当事人之间恶意串通进行虚假诉讼的，适用民事诉讼法第一百一十五条规定处理。

第一百九十一条　单位有民事诉讼法第一百一十五条或者第一百一十六条规定行为的，人民法院应当对该单位进行罚款，并可以对其主要负责人或者直接责任人员予以罚款、拘留；构成犯罪的，依法追究刑事责任。

第一百九十二条　有关单位接到人民法院协助执行通知书后，有下列行为之一的，人民法院可以适用民事诉讼法第一百一十七条规定处理：

（一）允许被执行人高消费的；

（二）允许被执行人出境的；

（三）拒不停止办理有关财产权证照转移手续、权属变更登记、规划审批等手续的；

（四）以需要内部请示、内部审批，有内部规定等为由拖延办理的。

第一百九十三条　人民法院对个人或者单位采取罚款措施时，应当根据其实施妨害民事诉讼行为的性质、情节、后果，当地的经济发展水平，以及诉讼标的额等因素，在民事诉讼法第一百一十八条第一款规定的限额内确定相应的罚款金额。

九、诉讼费用

第一百九十四条 依照民事诉讼法第五十七条审理的案件不预交案件受理费，结案后按照诉讼标的额由败诉方交纳。

第一百九十五条 支付令失效后转入诉讼程序的，债权人应当按照《诉讼费用交纳办法》补交案件受理费。

支付令被撤销后，债权人另行起诉的，按照《诉讼费用交纳办法》交纳诉讼费用。

第一百九十六条 人民法院改变原判决、裁定、调解结果的，应当在裁判文书中对原审诉讼费用的负担一并作出处理。

第一百九十七条 诉讼标的物是证券的，按照证券交易规则并根据当事人起诉之日前最后一个交易日的收盘价、当日的市场价或者其载明的金额计算诉讼标的金额。

第一百九十八条 诉讼标的物是房屋、土地、林木、车辆、船舶、文物等特定物或者知识产权，起诉时价值难以确定的，人民法院应当向原告释明主张过高或者过低的诉讼风险，以原告主张的价值确定诉讼标的金额。

第一百九十九条 适用简易程序审理的案件转为普通程序的，原告自接到人民法院交纳诉讼费用通知之日起七日内补交案件受理费。

原告无正当理由未按期足额补交的，按撤诉处理，已经收取的诉讼费用退还一半。

第二百条 破产程序中有关债务人的民事诉讼案件，按照财产案件标准交纳诉讼费，但劳动争议案件除外。

第二百零一条 既有财产性诉讼请求，又有非财产性诉讼请求的，按照财产性诉讼请求的标准交纳诉讼费。

有多个财产性诉讼请求的，合并计算交纳诉讼费；诉讼请求中有多个非财产性诉讼请求的，按一件交纳诉讼费。

第二百零二条 原告、被告、第三人分别上诉的，按照上诉请求分别预交二审案件受理费。

同一方多人共同上诉的，只预交一份二审案件受理费；分别上诉的，按照上诉请求分别预交二审案件受理费。

第二百零三条 承担连带责任的当事人败诉的，应当共同负担诉讼费用。

第二百零四条 实现担保物权案件，人民法院裁定拍卖、变卖担保财产的，申请费由债务人、担保人负担；人民法院裁定驳回申请的，申请费由申请人负担。

申请人另行起诉的，其已经交纳的申请费可以从案件受理费中扣除。

第二百零五条 拍卖、变卖担保财产的裁定作出后，人民法院强制执行的，按照执行金额收取执行申请费。

第二百零六条 人民法院决定减半收取案件受理费的，只能减半一次。

第二百零七条 判决生效后，胜诉方预交但不应负担的诉讼费用，人民法院应当退还，由败诉方向人民法院交纳，但胜诉方自愿承担或者同意败诉方直接向其支付的除外。

当事人拒不交纳诉讼费用的，人民法院可以强制执行。

十、第一审普通程序

第二百零八条 人民法院接到当事人提交的民事起诉状时，对符合民事诉讼法第一百二十二条的规定，且不属于第一百二十七条规定情形的，应当登记立案；对当场不能判定是否符合起诉条件的，应当接收起诉材料，并出具注明收到日期的书面凭证。

需要补充必要相关材料的，人民法院应当及时告知当事人。在补齐相关材料后，应当在七日内决定是否立案。

立案后发现不符合起诉条件或者属于民事诉讼法第一百二十七条规定情形的，裁定驳回起诉。

第二百零九条　原告提供被告的姓名或者名称、住所等信息具体明确，足以使被告与他人相区别的，可以认定为有明确的被告。

起诉状列写被告信息不足以认定明确的被告的，人民法院可以告知原告补正。原告补正后仍不能确定明确的被告的，人民法院裁定不予受理。

第二百一十条　原告在起诉状中有谩骂和人身攻击之辞的，人民法院应当告知其修改后提起诉讼。

第二百一十一条　对本院没有管辖权的案件，告知原告向有管辖权的人民法院起诉；原告坚持起诉的，裁定不予受理；立案后发现本院没有管辖权的，应当将案件移送有管辖权的人民法院。

第二百一十二条　裁定不予受理、驳回起诉的案件，原告再次起诉，符合起诉条件且不属于民事诉讼法第一百二十七条规定情形的，人民法院应予受理。

第二百一十三条　原告应当预交而未预交案件受理费，人民法院应当通知其预交，通知后仍不预交或者申请减、缓、免未获批准而仍不预交的，裁定按撤诉处理。

第二百一十四条　原告撤诉或者人民法院按撤诉处理后，原告以同一诉讼请求再次起诉的，人民法院应予受理。

原告撤诉或者按撤诉处理的离婚案件，没有新情况、新理由，六个月内又起诉的，比照民事诉讼法第一百二十七条第七项的规定不予受理。

第二百一十五条　依照民事诉讼法第一百二十七条第二项的规定，当事人在书面合同中订有仲裁条款，或者在发生纠纷后达成书面仲裁协议，一方向人民法院起诉的，人民法院应当告知原告向仲裁机构申请仲裁，其坚持起诉的，裁定不予受理，但仲裁条款或者仲裁协议不成立、无效、失效、内容不明确无法执行的除外。

第二百一十六条　在人民法院首次开庭前，被告以有书面仲裁协议为由对受理民事案件提出异议的，人民法院应当进行审查。

经审查符合下列情形之一的，人民法院应当裁定驳回起诉：

（一）仲裁机构或者人民法院已经确认仲裁协议有效的；

（二）当事人没有在仲裁庭首次开庭前对仲裁协议的效力提出异议的；

（三）仲裁协议符合仲裁法第十六条规定且不具有仲裁法第十七条规定情形的。

第二百一十七条　夫妻一方下落不明，另一方诉至人民法院，只要求离婚，不申请宣告下落不明人失踪或者死亡的案件，人民法院应当受理，对下落不明人公告送达诉讼文书。

第二百一十八条　赡养费、扶养费、抚养费案件，裁判发生法律效力后，因新情况、新理由，一方当事人再行起诉要求增加或者减少费用的，人民法院应作为新案受理。

第二百一十九条　当事人超过诉讼时效期间起诉的，人民法院应予受理。受理后对方当事人提出诉讼时效抗辩，人民法院经审理认为抗辩事由成立的，判决驳回原告的诉讼请求。

第二百二十条　民事诉讼法第七十一条、第一百三十七条、第一百五十九条规定的商业秘密，是指生产工艺、配方、贸易联系、购销渠道等当事人不愿公开的技术秘密、商业情报及信息。

第二百二十一条　基于同一事实发生的纠纷，当事人分别向同一人民法院起诉的，人民法院可以合并审理。

第二百二十二条　原告在起诉状中直接列写第三人的，视为其申请人民法院追加该第三人参加诉讼。是否通知第三人参加诉讼，由人民法院审查决定。

第二百二十三条　当事人在提交答辩状期间提出管辖异议，又针对起诉状的内容进行答辩的，人民法院应当依照民事诉讼法第一百三十条第一款的规定，对管辖异议进行审查。

当事人未提出管辖异议，就案件实体内容进行答辩、陈述或者反诉的，可以认定为民事诉讼法第一百三十条第二款规定的应诉答辩。

第二百二十四条　依照民事诉讼法第一百三十六条第四项规定，人民法院可以在答辩期届满后，通过组织证据交换、召集庭前会议等方式，作好审理前的准备。

第二百二十五条　根据案件具体情况，庭前会议可以包括下列内容：

（一）明确原告的诉讼请求和被告的答辩意见；

（二）审查处理当事人增加、变更诉讼请求的申请和提出的反诉，以及第三人提出的与本案有关的诉讼请求；

（三）根据当事人的申请决定调查收集证据，委托鉴定，要求当事人提供证据，进行勘验，进行证据保全；

（四）组织交换证据；

（五）归纳争议焦点；

（六）进行调解。

第二百二十六条　人民法院应当根据当事人的诉讼请求、答辩意见以及证据交换的情况，归纳争议焦点，并就归纳的争议焦点征求当事人的意见。

第二百二十七条　人民法院适用普通程序审理案件，应当在开庭三日前用传票传唤当事人。对诉讼代理人、证人、鉴定人、勘验人、翻译人员应当用通知书通知其到庭。当事人或者其他诉讼参与人在外地的，应当留有必要的在途时间。

第二百二十八条　法庭审理应当围绕当事人争议的事实、证据和法律适用等焦点问题进行。

第二百二十九条　当事人在庭审中对其在审理前的准备阶段认可的事实和证据提出不同意见的，人民法院应当责令其说明理由。必要时，可以责令其提供相应证据。人民法院应当结合当事人的诉讼能力、证据和案件的具体情况进行审查。理由成立的，可以列入争议焦点进行审理。

第二百三十条　人民法院根据案件具体情况并征得当事人同意，可以将法庭调查和法庭辩论合并进行。

第二百三十一条　当事人在法庭上提出新的证据的，人民法院应当依照民事诉讼法第六十八条第二款规定和本解释相关规定处理。

第二百三十二条　在案件受理后，法庭辩论结束前，原告增加诉讼请求，被告提出反诉，第三人提出与本案有关的诉讼请求，可以合并审理的，人民法院应当合并审理。

第二百三十三条　反诉的当事人应当限于本诉的当事人的范围。

反诉与本诉的诉讼请求基于相同法律关系、诉讼请求之间具有因果关系，或者反诉与本诉的诉讼请求基于相同事实的，人民法院应当合并审理。

反诉应由其他人民法院专属管辖，或者与本诉的诉讼标的及诉讼请求所依据的事实、理由无关联的，裁定不予受理，告知另行起诉。

第二百三十四条　无民事行为能力人的离婚诉讼，当事人的法定代理人应当到庭；法定代理人不能到庭的，人民法院应当在查清事实的基础上，依法作出判决。

第二百三十五条　无民事行为能力的当事人的法定代理人，经传票传唤无正当理由拒不到庭，属于原告方的，比照民事诉讼法第一百四十六条的规定，按撤诉处理；属于被告方的，比照民事诉讼法第一百四十七条的规定，缺席判决。必要时，人民法院可以拘传其到庭。

第二百三十六条　有独立请求权的第三人经人民法院传票传唤，无正当理由拒不到庭的，或者未经法庭许可中途退庭的，比照民事诉讼法第一百四十六条的规定，按撤诉处理。

第二百三十七条　有独立请求权的第三人参加诉讼后，原告申请撤诉，人民法院在准许原告撤诉后，有独立请求权的第三人作为另案原告，原案原告、被告作为另案被告，诉讼继续进行。

第二百三十八条　当事人申请撤诉或者依法可以按撤诉处理的案件，如果当事人有违反法律的行为需要依法处理的，人民法院可以不准许撤诉或者不按撤诉处理。

法庭辩论终结后原告申请撤诉，被告不同意的，人民法院可以不予准许。

第二百三十九条　人民法院准许本诉原告撤诉的，应当对反诉继续审理；被告申请撤回反诉的，人民法院应予准许。

第二百四十条　无独立请求权的第三人经人民法院传票传唤，无正当理由拒不到庭，或者未经法庭许可中途退庭的，不影响案件的审理。

第二百四十一条　被告经传票传唤无正当理由拒不到庭，或者未经法庭许可中途退庭的，人民法院应当按期开庭或者继续开庭审理，对到庭的当事人诉讼请求、双方的诉辩理由以及已经提交的证据及其他诉讼材料进行审理后，可以依法缺席判决。

第二百四十二条　一审宣判后，原审人民法院发现判决有错误，当事人在上诉期内提出上诉的，原审人民法院可以提出原判决有错误的意见，报送第二审人民法院，由第二审人民法院按照第二审程序进行审理；当事人不上诉的，按照审判监督程序处理。

第二百四十三条　民事诉讼法第一百五十二条规定的审限，是指从立案之日起至裁判宣告、调解书送达之日止的期间，但公告期间、鉴定期间、双方当事人和解期间、审理当事人提出的管辖异议以及处理人民法院之间的管辖争议期间不应计算在内。

第二百四十四条　可以上诉的判决书、裁定书不能同时送达双方当事人的，上诉期从各自收到判决书、裁定书之日计算。

第二百四十五条　民事诉讼法第一百五十七条第一款第七项规定的笔误是指法律文书误写、误算，诉讼费用漏写、误算和其他笔误。

第二百四十六条　裁定中止诉讼的原因消除，恢复诉讼程序时，不必撤销原裁定，从人民法院通知或者准许当事人双方继续进行诉讼时起，中止诉讼的裁定即失去效力。

第二百四十七条　当事人就已经提起诉讼的事项在诉讼过程中或者裁判生效后再次起诉，同时符合下列条件的，构成重复起诉：

（一）后诉与前诉的当事人相同；

（二）后诉与前诉的诉讼标的相同；

（三）后诉与前诉的诉讼请求相同，或者后诉的诉讼请求实质上否定前诉裁判结果。

当事人重复起诉的，裁定不予受理；已经受理的，裁定驳回起诉，但法律、司法解释另有规定的除外。

第二百四十八条　裁判发生法律效力后，发生新的事实，当事人再次提起诉讼的，人民法院应当依法受理。

第二百四十九条　在诉讼中，争议的民事权利义务转移的，不影响当事人的诉讼主体资格和诉讼地位。人民法院作出的发生法律效力的判决、裁定对受让人具有拘束力。

受让人申请以无独立请求权的第三人身份参加诉讼的，人民法院可予准许。受让人申请替代当事人承担诉讼的，人民法院可以根据案件的具体情况决定是否准许；不予准许的，可以追加其为无独立请求权的第三人。

第二百五十条　依照本解释第二百四十九条规定，人民法院准许受让人替代当事人承担诉讼的，裁定变更当事人。

变更当事人后，诉讼程序以受让人为当事人继续进行，原当事人应当退出诉讼。原当事人已经完成的诉讼行为对受让人具有拘束力。

第二百五十一条 二审裁定撤销一审判决发回重审的案件，当事人申请变更、增加诉讼请求或者提出反诉，第三人提出与本案有关的诉讼请求的，依照民事诉讼法第一百四十三条规定处理。

第二百五十二条 再审裁定撤销原判决、裁定发回重审的案件，当事人申请变更、增加诉讼请求或者提出反诉，符合下列情形之一的，人民法院应当准许：

（一）原审未合法传唤缺席判决，影响当事人行使诉讼权利的；

（二）追加新的诉讼当事人的；

（三）诉讼标的物灭失或者发生变化致使原诉讼请求无法实现的；

（四）当事人申请变更、增加的诉讼请求或者提出的反诉，无法通过另诉解决的。

第二百五十三条 当庭宣判的案件，除当事人当庭要求邮寄发送裁判文书的外，人民法院应当告知当事人或者诉讼代理人领取裁判文书的时间和地点以及逾期不领取的法律后果。上述情况，应当记入笔录。

第二百五十四条 公民、法人或者其他组织申请查阅发生法律效力的判决书、裁定书的，应当向作出该生效裁判的人民法院提出。申请应当以书面形式提出，并提供具体的案号或者当事人姓名、名称。

第二百五十五条 对于查阅判决书、裁定书的申请，人民法院根据下列情形分别处理：

（一）判决书、裁定书已经通过信息网络向社会公开的，应当引导申请人自行查阅；

（二）判决书、裁定书未通过信息网络向社会公开，且申请符合要求的，应当及时提供便捷的查阅服务；

（三）判决书、裁定书尚未发生法律效力，或者已失去法律效力的，不提供查阅并告知申请人；

（四）发生法律效力的判决书、裁定书不是本院作出的，应当告知申请人向作出生效裁判的人民法院申请查阅；

（五）申请查阅的内容涉及国家秘密、商业秘密、个人隐私的，不予准许并告知申请人。

十一、简易程序

第二百五十六条 民事诉讼法第一百六十条规定的简单民事案件中的事实清楚，是指当事人对争议的事实陈述基本一致，并能提供相应的证据，无须人民法院调查收集证据即可查明事实；权利义务关系明确是指能明确区分谁是责任的承担者，谁是权利的享有者；争议不大是指当事人对案件的是非、责任承担以及诉讼标的争执无原则分歧。

第二百五十七条 下列案件，不适用简易程序：

（一）起诉时被告下落不明的；

（二）发回重审的；

（三）当事人一方人数众多的；

（四）适用审判监督程序的；

（五）涉及国家利益、社会公共利益的；

（六）第三人起诉请求改变或者撤销生效判决、裁定、调解书的；

（七）其他不宜适用简易程序的案件。

第二百五十八条 适用简易程序审理的案件，审理期限到期后，有特殊情况需要延长的，经本院院长批准，可以延长审理期限。延长后的审理期限累计不得超过四个月。

人民法院发现案件不宜适用简易程序，需要转为普通程序审理的，应当在审理期限届满前作出裁定并将审判人员及相关事项书面通知双方当事人。

案件转为普通程序审理的，审理期限自人民法院立案之日计算。

第二百五十九条 当事人双方可就开庭方式向人民法院提出申请，由人民法院决定是否准许。经当事人双方同意，可以采用视听传输技术等方式开庭。

第二百六十条　已经按照普通程序审理的案件，在开庭后不得转为简易程序审理。

第二百六十一条　适用简易程序审理案件，人民法院可以依照民事诉讼法第九十条、第一百六十二条的规定采取捎口信、电话、短信、传真、电子邮件等简便方式传唤双方当事人、通知证人和送达诉讼文书。

以简便方式送达的开庭通知，未经当事人确认或者没有其他证据证明当事人已经收到的，人民法院不得缺席判决。

适用简易程序审理案件，由审判员独任审判，书记员担任记录。

第二百六十二条　人民法庭制作的判决书、裁定书、调解书，必须加盖基层人民法院印章，不得用人民法庭的印章代替基层人民法院的印章。

第二百六十三条　适用简易程序审理案件，卷宗中应当具备以下材料：

（一）起诉状或者口头起诉笔录；

（二）答辩状或者口头答辩笔录；

（三）当事人身份证明材料；

（四）委托他人代理诉讼的授权委托书或者口头委托笔录；

（五）证据；

（六）询问当事人笔录；

（七）审理（包括调解）笔录；

（八）判决书、裁定书、调解书或者调解协议；

（九）送达和宣判笔录；

（十）执行情况；

（十一）诉讼费收据；

（十二）适用民事诉讼法第一百六十五条规定审理的，有关程序适用的书面告知。

第二百六十四条　当事人双方根据民事诉讼法第一百六十条第二款规定约定适用简易程序的，应当在开庭前提出。口头提出的，记入笔录，由双方当事人签名或者捺印确认。

本解释第二百五十七条规定的案件，当事人约定适用简易程序的，人民法院不予准许。

第二百六十五条　原告口头起诉的，人民法院应当将当事人的姓名、性别、工作单位、住所、联系方式等基本信息，诉讼请求，事实及理由等准确记入笔录，由原告核对无误后签名或者捺印。对当事人提交的证据材料，应当出具收据。

第二百六十六条　适用简易程序案件的举证期限由人民法院确定，也可以由当事人协商一致并经人民法院准许，但不得超过十五日。被告要求书面答辩的，人民法院可在征得其同意的基础上，合理确定答辩期间。

人民法院应当将举证期限和开庭日期告知双方当事人，并向当事人说明逾期举证以及拒不到庭的法律后果，由双方当事人在笔录和开庭传票的送达回证上签名或者捺印。

当事人双方均表示不需要举证期限、答辩期间的，人民法院可以立即开庭审理或者确定开庭日期。

第二百六十七条　适用简易程序审理案件，可以简便方式进行审理前的准备。

第二百六十八条　对没有委托律师、基层法律服务工作者代理诉讼的当事人，人民法院在庭审过程中可以对回避、自认、举证证明责任等相关内容向其作必要的解释或者说明，并在庭审过程中适当提示当事人正确行使诉讼权利、履行诉讼义务。

第二百六十九条　当事人就案件适用简易程序提出异议，人民法院经审查，异议成立的，裁定转为普通程序；异议不成立的，裁定驳回。裁定以口头方式作出的，应当记入笔录。

转为普通程序的，人民法院应当将审判人员及相关事项以书面形式通知双方当事人。

转为普通程序前，双方当事人已确认的事实，可以不再进行举证、质证。

第二百七十条　适用简易程序审理的案件，有下列情形之一的，人民法院在制作判决书、裁定书、调解书时，对认定事实或者裁判理由部分可以适当简化：

（一）当事人达成调解协议并需要制作民事调解书的；

（二）一方当事人明确表示承认对方全部或者部分诉讼请求的；

（三）涉及商业秘密、个人隐私的案件，当事人一方要求简化裁判文书中的相关内容，人民法院认为理由正当的；

（四）当事人双方同意简化的。

十二、简易程序中的小额诉讼

第二百七十一条 人民法院审理小额诉讼案件，适用民事诉讼法第一百六十五条的规定，实行一审终审。

第二百七十二条 民事诉讼法第一百六十五条规定的各省、自治区、直辖市上年度就业人员年平均工资，是指已经公布的各省、自治区、直辖市上一年度就业人员年平均工资。在上一年度就业人员年平均工资公布前，以已经公布的最近年度就业人员年平均工资为准。

第二百七十三条 海事法院可以适用小额诉讼的程序审理海事、海商案件。案件标的额应当以实际受理案件的海事法院或者其派出法庭所在的省、自治区、直辖市上年度就业人员年平均工资为基数计算。

第二百七十四条 人民法院受理小额诉讼案件，应当向当事人告知该类案件的审判组织、一审终审、审理期限、诉讼费用交纳标准等相关事项。

第二百七十五条 小额诉讼案件的举证期限由人民法院确定，也可以由当事人协商一致并经人民法院准许，但一般不超过七日。

被告要求书面答辩的，人民法院可以在征得其同意的基础上合理确定答辩期间，但最长不得超过十五日。

当事人到庭后表示不需要举证期限和答辩期间的，人民法院可立即开庭审理。

第二百七十六条 当事人对小额诉讼案件提出管辖异议的，人民法院应当作出裁定。裁定一经作出即生效。

第二百七十七条 人民法院受理小额诉讼案件后，发现起诉不符合民事诉讼法第一百二十二条规定的起诉条件的，裁定驳回起诉。裁定一经作出即生效。

第二百七十八条 因当事人申请增加或者变更诉讼请求、提出反诉、追加当事人等，致使案件不符合小额诉讼案件条件的，应当适用简易程序的其他规定审理。

前款规定案件，应当适用普通程序审理的，裁定转为普通程序。

适用简易程序的其他规定或者普通程序审理前，双方当事人已确认的事实，可以不再进行举证、质证。

第二百七十九条 当事人对按照小额诉讼案件审理有异议的，应当在开庭前提出。人民法院经审查，异议成立的，适用简易程序的其他规定审理或者裁定转为普通程序；异议不成立的，裁定驳回。裁定以口头方式作出的，应当记入笔录。

第二百八十条 小额诉讼案件的裁判文书可以简化，主要记载当事人基本信息、诉讼请求、裁判主文等内容。

第二百八十一条 人民法院审理小额诉讼案件，本解释没有规定的，适用简易程序的其他规定。

十三、公益诉讼

第二百八十二条 环境保护法、消费者权益保护法等法律规定的机关和有关组织对污染环境、侵害众多消费者合法权益等损害社会公共利益的行为，根据民事诉讼法第五十八条规定提起公益诉讼，符合下列条件的，人民法院应当受理：

（一）有明确的被告；

（二）有具体的诉讼请求；

（三）有社会公共利益受到损害的初步证据；

（四）属于人民法院受理民事诉讼的范

围和受诉人民法院管辖。

第二百八十三条　公益诉讼案件由侵权行为地或者被告住所地中级人民法院管辖，但法律、司法解释另有规定的除外。

因污染海洋环境提起的公益诉讼，由污染发生地、损害结果地或者采取预防污染措施地海事法院管辖。

对同一侵权行为分别向两个以上人民法院提起公益诉讼的，由最先立案的人民法院管辖，必要时由它们的共同上级人民法院指定管辖。

第二百八十四条　人民法院受理公益诉讼案件后，应当在十日内书面告知相关行政主管部门。

第二百八十五条　人民法院受理公益诉讼案件后，依法可以提起诉讼的其他机关和有关组织，可以在开庭前向人民法院申请参加诉讼。人民法院准许参加诉讼的，列为共同原告。

第二百八十六条　人民法院受理公益诉讼案件，不影响同一侵权行为的受害人根据民事诉讼法第一百二十二条规定提起诉讼。

第二百八十七条　对公益诉讼案件，当事人可以和解，人民法院可以调解。

当事人达成和解或者调解协议后，人民法院应当将和解或者调解协议进行公告。公告期间不得少于三十日。

公告期满后，人民法院经审查，和解或者调解协议不违反社会公共利益的，应当出具调解书；和解或者调解协议违反社会公共利益的，不予出具调解书，继续对案件进行审理并依法作出裁判。

第二百八十八条　公益诉讼案件的原告在法庭辩论终结后申请撤诉的，人民法院不予准许。

第二百八十九条　公益诉讼案件的裁判发生法律效力后，其他依法具有原告资格的机关和有关组织就同一侵权行为另行提起公益诉讼的，人民法院裁定不予受理，但法律、司法解释另有规定的除外。

十四、第三人撤销之诉

第二百九十条　第三人对已经发生法律效力的判决、裁定、调解书提起撤销之诉的，应当自知道或者应当知道其民事权益受到损害之日起六个月内，向作出生效判决、裁定、调解书的人民法院提出，并应当提供存在下列情形的证据材料：

（一）因不能归责于本人的事由未参加诉讼；

（二）发生法律效力的判决、裁定、调解书的全部或者部分内容错误；

（三）发生法律效力的判决、裁定、调解书内容错误损害其民事权益。

第二百九十一条　人民法院应当在收到起诉状和证据材料之日起五日内送交对方当事人，对方当事人可以自收到起诉状之日起十日内提出书面意见。

人民法院应当对第三人提交的起诉状、证据材料以及对方当事人的书面意见进行审查。必要时，可以询问双方当事人。

经审查，符合起诉条件的，人民法院应当在收到起诉状之日起三十日内立案。不符合起诉条件的，应当在收到起诉状之日起三十日内裁定不予受理。

第二百九十二条　人民法院对第三人撤销之诉案件，应当组成合议庭开庭审理。

第二百九十三条　民事诉讼法第五十九条第三款规定的因不能归责于本人的事由未参加诉讼，是指没有被列为生效判决、裁定、调解书当事人，且无过错或者无明显过错的情形。包括：

（一）不知道诉讼而未参加的；

（二）申请参加未获准许的；

（三）知道诉讼，但因客观原因无法参加的；

（四）因其他不能归责于本人的事由未参加诉讼的。

第二百九十四条　民事诉讼法第五十九条第三款规定的判决、裁定、调解书的部分或者全部内容，是指判决、裁定的主文，调解书中处理当事人民事权利义务的结果。

第二百九十五条 对下列情形提起第三人撤销之诉的，人民法院不予受理：

（一）适用特别程序、督促程序、公示催告程序、破产程序等非讼程序处理的案件；

（二）婚姻无效、撤销或者解除婚姻关系等判决、裁定、调解书中涉及身份关系的内容；

（三）民事诉讼法第五十七条规定的未参加登记的权利人对代表人诉讼案件的生效裁判；

（四）民事诉讼法第五十八条规定的损害社会公共利益行为的受害人对公益诉讼案件的生效裁判。

第二百九十六条 第三人提起撤销之诉，人民法院应当将该第三人列为原告，生效判决、裁定、调解书的当事人列为被告，但生效判决、裁定、调解书中没有承担责任的无独立请求权的第三人列为第三人。

第二百九十七条 受理第三人撤销之诉案件后，原告提供相应担保，请求中止执行的，人民法院可以准许。

第二百九十八条 对第三人撤销或者部分撤销发生法律效力的判决、裁定、调解书内容的请求，人民法院经审理，按下列情形分别处理：

（一）请求成立且确认其民事权利的主张全部或部分成立的，改变原判决、裁定、调解书内容的错误部分；

（二）请求成立，但确认其全部或部分民事权利的主张不成立，或者未提出确认其民事权利请求的，撤销原判决、裁定、调解书内容的错误部分；

（三）请求不成立的，驳回诉讼请求。

对前款规定裁判不服的，当事人可以上诉。

原判决、裁定、调解书的内容未改变或者未撤销的部分继续有效。

第二百九十九条 第三人撤销之诉案件审理期间，人民法院对生效判决、裁定、调解书裁定再审的，受理第三人撤销之诉的人民法院应当裁定将第三人的诉讼请求并入再审程序。但有证据证明原审当事人之间恶意串通损害第三人合法权益的，人民法院应当先行审理第三人撤销之诉案件，裁定中止再审诉讼。

第三百条 第三人诉讼请求并入再审程序审理的，按照下列情形分别处理：

（一）按照第一审程序审理的，人民法院应当对第三人的诉讼请求一并审理，所作的判决可以上诉；

（二）按照第二审程序审理的，人民法院可以调解，调解达不成协议的，应当裁定撤销原判决、裁定、调解书，发回一审法院重审，重审时应当列明第三人。

第三百零一条 第三人提起撤销之诉后，未中止生效判决、裁定、调解书执行的，执行法院对第三人依照民事诉讼法第二百三十四条规定提出的执行异议，应予审查。第三人不服驳回执行异议裁定，申请对原判决、裁定、调解书再审的，人民法院不予受理。

案外人对人民法院驳回其执行异议裁定不服，认为原判决、裁定、调解书内容错误损害其合法权益的，应当根据民事诉讼法第二百三十四条规定申请再审，提起第三人撤销之诉的，人民法院不予受理。

十五、执行异议之诉

第三百零二条 根据民事诉讼法第二百三十四条规定，案外人、当事人对执行异议裁定不服，自裁定送达之日起十五日内向人民法院提起执行异议之诉的，由执行法院管辖。

第三百零三条 案外人提起执行异议之诉，除符合民事诉讼法第一百二十二条规定外，还应当具备下列条件：

（一）案外人的执行异议申请已经被人

民法院裁定驳回；

（二）有明确的排除对执行标的执行的诉讼请求，且诉讼请求与原判决、裁定无关；

（三）自执行异议裁定送达之日起十五日内提起。

人民法院应当在收到起诉状之日起十五日内决定是否立案。

第三百零四条　申请执行人提起执行异议之诉，除符合民事诉讼法第一百二十二条规定外，还应当具备下列条件：

（一）依案外人执行异议申请，人民法院裁定中止执行；

（二）有明确的对执行标的继续执行的诉讼请求，且诉讼请求与原判决、裁定无关；

（三）自执行异议裁定送达之日起十五日内提起。

人民法院应当在收到起诉状之日起十五日内决定是否立案。

第三百零五条　案外人提起执行异议之诉的，以申请执行人为被告。被执行人反对案外人异议的，被执行人为共同被告；被执行人不反对案外人异议的，可以列被执行人为第三人。

第三百零六条　申请执行人提起执行异议之诉的，以案外人为被告。被执行人反对申请执行人主张的，以案外人和被执行人为共同被告；被执行人不反对申请执行人主张的，可以列被执行人为第三人。

第三百零七条　申请执行人对中止执行裁定未提起执行异议之诉，被执行人提起执行异议之诉的，人民法院告知其另行起诉。

第三百零八条　人民法院审理执行异议之诉案件，适用普通程序。

第三百零九条　案外人或者申请执行人提起执行异议之诉的，案外人应当就其对执行标的享有足以排除强制执行的民事权益承担举证证明责任。

第三百一十条　对案外人提起的执行异议之诉，人民法院经审理，按照下列情形分别处理：

（一）案外人就执行标的享有足以排除强制执行的民事权益的，判决不得执行该执行标的；

（二）案外人就执行标的不享有足以排除强制执行的民事权益的，判决驳回诉讼请求。

案外人同时提出确认其权利的诉讼请求的，人民法院可以在判决中一并作出裁判。

第三百一十一条　对申请执行人提起的执行异议之诉，人民法院经审理，按照下列情形分别处理：

（一）案外人就执行标的不享有足以排除强制执行的民事权益的，判决准许执行该执行标的；

（二）案外人就执行标的享有足以排除强制执行的民事权益的，判决驳回诉讼请求。

第三百一十二条　对案外人执行异议之诉，人民法院判决不得对执行标的执行的，执行异议裁定失效。

对申请执行人执行异议之诉，人民法院判决准许对该执行标的执行的，执行异议裁定失效，执行法院可以根据申请执行人的申请或者依职权恢复执行。

第三百一十三条　案外人执行异议之诉审理期间，人民法院不得对执行标的进行处分。申请执行人请求人民法院继续执行并提供相应担保的，人民法院可以准许。

被执行人与案外人恶意串通，通过执行异议、执行异议之诉妨害执行的，人民法院应当依照民事诉讼法第一百一十六条规定处理。申请执行人因此受到损害的，可以提起诉讼要求被执行人、案外人赔偿。

第三百一十四条　人民法院对执行标的裁定中止执行后，申请执行人在法律规定的期间内未提起执行异议之诉的，人民法院应当自起诉期限届满之日起七日内解除对该执行标的采取的执行措施。

十六、第二审程序

第三百一十五条 双方当事人和第三人都提起上诉的，均列为上诉人。人民法院可以依职权确定第二审程序中当事人的诉讼地位。

第三百一十六条 民事诉讼法第一百七十三条、第一百七十四条规定的对方当事人包括被上诉人和原审其他当事人。

第三百一十七条 必要共同诉讼人的一人或者部分人提起上诉的，按下列情形分别处理：

（一）上诉仅对与对方当事人之间权利义务分担有意见，不涉及其他共同诉讼人利益的，对方当事人为被上诉人，未上诉的同一方当事人依原审诉讼地位列明；

（二）上诉仅对共同诉讼人之间权利义务分担有意见，不涉及对方当事人利益的，未上诉的同一方当事人为被上诉人，对方当事人依原审诉讼地位列明；

（三）上诉对双方当事人之间以及共同诉讼人之间权利义务承担有意见的，未提起上诉的其他当事人均为被上诉人。

第三百一十八条 一审宣判时或者判决书、裁定书送达时，当事人口头表示上诉的，人民法院应告知其必须在法定上诉期间内递交上诉状。未在法定上诉期间内递交上诉状的，视为未提起上诉。虽递交上诉状，但未在指定的期限内交纳上诉费的，按自动撤回上诉处理。

第三百一十九条 无民事行为能力人、限制民事行为能力人的法定代理人，可以代理当事人提起上诉。

第三百二十条 上诉案件的当事人死亡或者终止的，人民法院依法通知其权利义务承继者参加诉讼。

需要终结诉讼的，适用民事诉讼法第一百五十四条规定。

第三百二十一条 第二审人民法院应当围绕当事人的上诉请求进行审理。

当事人没有提出请求的，不予审理，但一审判决违反法律禁止性规定，或者损害国家利益、社会公共利益、他人合法权益的除外。

第三百二十二条 开庭审理的上诉案件，第二审人民法院可以依照民事诉讼法第一百三十六条第四项规定进行审理前的准备。

第三百二十三条 下列情形，可以认定为民事诉讼法第一百七十七条第一款第四项规定的严重违反法定程序：

（一）审判组织的组成不合法的；

（二）应当回避的审判人员未回避的；

（三）无诉讼行为能力人未经法定代理人代为诉讼的；

（四）违法剥夺当事人辩论权利的。

第三百二十四条 对当事人在第一审程序中已经提出的诉讼请求，原审人民法院未作审理、判决的，第二审人民法院可以根据当事人自愿的原则进行调解；调解不成的，发回重审。

第三百二十五条 必须参加诉讼的当事人或者有独立请求权的第三人，在第一审程序中未参加诉讼，第二审人民法院可以根据当事人自愿的原则予以调解；调解不成的，发回重审。

第三百二十六条 在第二审程序中，原审原告增加独立的诉讼请求或者原审被告提出反诉的，第二审人民法院可以根据当事人自愿的原则就新增加的诉讼请求或者反诉进行调解；调解不成的，告知当事人另行起诉。

双方当事人同意由第二审人民法院一并审理的，第二审人民法院可以一并裁判。

第三百二十七条 一审判决不准离婚的案件，上诉后，第二审人民法院认为应当判决离婚的，可以根据当事人自愿的原则，与子女抚养、财产问题一并调解；调解不成的，发回重审。

双方当事人同意由第二审人民法院一并

审理的，第二审人民法院可以一并裁判。

第三百二十八条　人民法院依照第二审程序审理案件，认为依法不应由人民法院受理的，可以由第二审人民法院直接裁定撤销原裁判，驳回起诉。

第三百二十九条　人民法院依照第二审程序审理案件，认为第一审人民法院受理案件违反专属管辖规定的，应当裁定撤销原裁判并移送有管辖权的人民法院。

第三百三十条　第二审人民法院查明第一审人民法院作出的不予受理裁定有错误的，应当在撤销原裁定的同时，指令第一审人民法院立案受理；查明第一审人民法院作出的驳回起诉裁定有错误的，应当在撤销原裁定的同时，指令第一审人民法院审理。

第三百三十一条　第二审人民法院对下列上诉案件，依照民事诉讼法第一百七十六条规定可以不开庭审理：

（一）不服不予受理、管辖权异议和驳回起诉裁定的；

（二）当事人提出的上诉请求明显不能成立的；

（三）原判决、裁定认定事实清楚，但适用法律错误的；

（四）原判决严重违反法定程序，需要发回重审的。

第三百三十二条　原判决、裁定认定事实或者适用法律虽有瑕疵，但裁判结果正确的，第二审人民法院可以在判决、裁定中纠正瑕疵后，依照民事诉讼法第一百七十七条第一款第一项规定予以维持。

第三百三十三条　民事诉讼法第一百七十七条第一款第三项规定的基本事实，是指用以确定当事人主体资格、案件性质、民事权利义务等对原判决、裁定的结果有实质性影响的事实。

第三百三十四条　在第二审程序中，作为当事人的法人或者其他组织分立的，人民法院可以直接将分立后的法人或者其他组织列为共同诉讼人；合并的，将合并后的法人或者其他组织列为当事人。

第三百三十五条　在第二审程序中，当事人申请撤回上诉，人民法院经审查认为一审判决确有错误，或者当事人之间恶意串通损害国家利益、社会公共利益、他人合法权益的，不应准许。

第三百三十六条　在第二审程序中，原审原告申请撤回起诉，经其他当事人同意，且不损害国家利益、社会公共利益、他人合法权益的，人民法院可以准许。准许撤诉的，应当一并裁定撤销一审裁判。

原审原告在第二审程序中撤回起诉后重复起诉的，人民法院不予受理。

第三百三十七条　当事人在第二审程序中达成和解协议的，人民法院可以根据当事人的请求，对双方达成的和解协议进行审查并制作调解书送达当事人；因和解而申请撤诉，经审查符合撤诉条件的，人民法院应予准许。

第三百三十八条　第二审人民法院宣告判决可以自行宣判，也可以委托原审人民法院或者当事人所在地人民法院代行宣判。

第三百三十九条　人民法院审理对裁定的上诉案件，应当在第二审立案之日起三十日内作出终审裁定。有特殊情况需要延长审限的，由本院院长批准。

第三百四十条　当事人在第一审程序中实施的诉讼行为，在第二审程序中对该当事人仍具有拘束力。

当事人推翻其在第一审程序中实施的诉讼行为时，人民法院应当责令其说明理由。理由不成立的，不予支持。

十七、特别程序

第三百四十一条　宣告失踪或者宣告死亡案件，人民法院可以根据申请人的请求，清理下落不明人的财产，并指定案件审理期间的财产管理人。公告期满后，人民法院判决宣告失踪的，应当同时依照民法典第四十二条的规定指定失踪人的财产代管人。

第三百四十二条 失踪人的财产代管人经人民法院指定后，代管人申请变更代管的，比照民事诉讼法特别程序的有关规定进行审理。申请理由成立的，裁定撤销申请人的代管人身份，同时另行指定财产代管人；申请理由不成立的，裁定驳回申请。

失踪人的其他利害关系人申请变更代管的，人民法院应当告知其以原指定的代管人为被告起诉，并按普通程序进行审理。

第三百四十三条 人民法院判决宣告公民失踪后，利害关系人向人民法院申请宣告失踪人死亡，自失踪之日起满四年的，人民法院应当受理，宣告失踪的判决即是该公民失踪的证明，审理中仍应依照民事诉讼法第一百九十二条规定进行公告。

第三百四十四条 符合法律规定的多个利害关系人提出宣告失踪、宣告死亡申请的，列为共同申请人。

第三百四十五条 寻找下落不明人的公告应当记载下列内容：

（一）被申请人应当在规定期间内向受理法院申报其具体地址及其联系方式。否则，被申请人将被宣告失踪、宣告死亡；

（二）凡知悉被申请人生存现状的人，应当在公告期间内将其所知道情况向受理法院报告。

第三百四十六条 人民法院受理宣告失踪、宣告死亡案件后，作出判决前，申请人撤回申请的，人民法院应当裁定终结案件，但其他符合法律规定的利害关系人加入程序要求继续审理的除外。

第三百四十七条 在诉讼中，当事人的利害关系人或者有关组织提出该当事人不能辨认或者不能完全辨认自己的行为，要求宣告该当事人无民事行为能力或者限制民事行为能力的，应由利害关系人或者有关组织向人民法院提出申请，由受诉人民法院按照特别程序立案审理，原诉讼中止。

第三百四十八条 认定财产无主案件，公告期间有人对财产提出请求的，人民法院应当裁定终结特别程序，告知申请人另行起诉，适用普通程序审理。

第三百四十九条 被指定的监护人不服居民委员会、村民委员会或者民政部门指定，应当自接到通知之日起三十日内向人民法院提出异议。经审理，认为指定并无不当的，裁定驳回异议；指定不当的，判决撤销指定，同时另行指定监护人。判决书应当送达异议人、原指定单位及判决指定的监护人。

有关当事人依照民法典第三十一条第一款规定直接向人民法院申请指定监护人的，适用特别程序审理，判决指定监护人。判决书应当送达申请人、判决指定的监护人。

第三百五十条 申请认定公民无民事行为能力或者限制民事行为能力的案件，被申请人没有近亲属的，人民法院可以指定经被申请人住所地的居民委员会、村民委员会或者民政部门同意，且愿意担任代理人的个人或者组织为代理人。

没有前款规定的代理人的，由被申请人住所地的居民委员会、村民委员会或者民政部门担任代理人。

代理人可以是一人，也可以是同一顺序中的两人。

第三百五十一条 申请司法确认调解协议的，双方当事人应当本人或者由符合民事诉讼法第六十一条规定的代理人依照民事诉讼法第二百零一条的规定提出申请。

第三百五十二条 调解组织自行开展的调解，有两个以上调解组织参与的，符合民事诉讼法第二百零一条规定的各调解组织所在地人民法院均有管辖权。

双方当事人可以共同向符合民事诉讼法第二百零一条规定的其中一个有管辖权的人民法院提出申请；双方当事人共同向两个以上有管辖权的人民法院提出申请的，由最先立案的人民法院管辖。

第三百五十三条 当事人申请司法确认调解协议，可以采用书面形式或者口头形式。当事人口头申请的，人民法院应当记入笔录，并由当事人签名、捺印或者盖章。

第三百五十四条　当事人申请司法确认调解协议，应当向人民法院提交调解协议、调解组织主持调解的证明，以及与调解协议相关的财产权利证明等材料，并提供双方当事人的身份、住所、联系方式等基本信息。

当事人未提交上述材料的，人民法院应当要求当事人限期补交。

第三百五十五条　当事人申请司法确认调解协议，有下列情形之一的，人民法院裁定不予受理：

（一）不属于人民法院受理范围的；

（二）不属于收到申请的人民法院管辖的；

（三）申请确认婚姻关系、亲子关系、收养关系等身份关系无效、有效或者解除的；

（四）涉及适用其他特别程序、公示催告程序、破产程序审理的；

（五）调解协议内容涉及物权、知识产权确权的。

人民法院受理申请后，发现有上述不予受理情形的，应当裁定驳回当事人的申请。

第三百五十六条　人民法院审查相关情况时，应当通知双方当事人共同到场对案件进行核实。

人民法院经审查，认为当事人的陈述或者提供的证明材料不充分、不完备或者有疑义的，可以要求当事人限期补充陈述或者补充证明材料。必要时，人民法院可以向调解组织核实有关情况。

第三百五十七条　确认调解协议的裁定作出前，当事人撤回申请的，人民法院可以裁定准许。

当事人无正当理由未在限期内补充陈述、补充证明材料或者拒不接受询问的，人民法院可以按撤回申请处理。

第三百五十八条　经审查，调解协议有下列情形之一的，人民法院应当裁定驳回申请：

（一）违反法律强制性规定的；

（二）损害国家利益、社会公共利益、他人合法权益的；

（三）违背公序良俗的；

（四）违反自愿原则的；

（五）内容不明确的；

（六）其他不能进行司法确认的情形。

第三百五十九条　民事诉讼法第二百零三条规定的担保物权人，包括抵押权人、质权人、留置权人；其他有权请求实现担保物权的人，包括抵押人、出质人、财产被留置的债务人或者所有权人等。

第三百六十条　实现票据、仓单、提单等有权利凭证的权利质权案件，可以由权利凭证持有人住所地人民法院管辖；无权利凭证的权利质权，由出质登记地人民法院管辖。

第三百六十一条　实现担保物权案件属于海事法院等专门人民法院管辖的，由专门人民法院管辖。

第三百六十二条　同一债权的担保物有多个且所在地不同，申请人分别向有管辖权的人民法院申请实现担保物权的，人民法院应当依法受理。

第三百六十三条　依照民法典第三百九十二条的规定，被担保的债权既有物的担保又有人的担保，当事人对实现担保物权的顺序有约定，实现担保物权的申请违反该约定的，人民法院裁定不予受理；没有约定或者约定不明的，人民法院应当受理。

第三百六十四条　同一财产上设立多个担保物权，登记在先的担保物权尚未实现的，不影响后顺位的担保物权人向人民法院申请实现担保物权。

第三百六十五条　申请实现担保物权，应当提交下列材料：

（一）申请书。申请书应当记明申请人、被申请人的姓名或者名称、联系方式等基本信息，具体的请求和事实、理由；

（二）证明担保物权存在的材料，包括主合同、担保合同、抵押登记证明或者他项权利证书，权利质权的权利凭证或者质权出质登记证明等；

（三）证明实现担保物权条件成就的材料；

（四）担保财产现状的说明；

（五）人民法院认为需要提交的其他材料。

第三百六十六条 人民法院受理申请后，应当在五日内向被申请人送达申请书副本、异议权利告知书等文书。

被申请人有异议的，应当在收到人民法院通知后的五日内向人民法院提出，同时说明理由并提供相应的证据材料。

第三百六十七条 实现担保物权案件可以由审判员一人独任审查。担保财产标的额超过基层人民法院管辖范围的，应当组成合议庭进行审查。

第三百六十八条 人民法院审查实现担保物权案件，可以询问申请人、被申请人、利害关系人，必要时可以依职权调查相关事实。

第三百六十九条 人民法院应当就主合同的效力、期限、履行情况，担保物权是否有效设立、担保财产的范围、被担保的债权范围、被担保的债权是否已届清偿期等担保物权实现的条件，以及是否损害他人合法权益等内容进行审查。

被申请人或者利害关系人提出异议的，人民法院应当一并审查。

第三百七十条 人民法院审查后，按下列情形分别处理：

（一）当事人对实现担保物权无实质性争议且实现担保物权条件成就的，裁定准许拍卖、变卖担保财产；

（二）当事人对实现担保物权有部分实质性争议的，可以就无争议部分裁定准许拍卖、变卖担保财产；

（三）当事人对实现担保物权有实质性争议的，裁定驳回申请，并告知申请人向人民法院提起诉讼。

第三百七十一条 人民法院受理申请后，申请人对担保财产提出保全申请的，可以按照民事诉讼法关于诉讼保全的规定办理。

第三百七十二条 适用特别程序作出的判决、裁定，当事人、利害关系人认为有错误的，可以向作出该判决、裁定的人民法院提出异议。人民法院经审查，异议成立或者部分成立的，作出新的判决、裁定撤销或者改变原判决、裁定；异议不成立的，裁定驳回。

对人民法院作出的确认调解协议、准许实现担保物权的裁定，当事人有异议的，应当自收到裁定之日起十五日内提出；利害关系人有异议的，自知道或者应当知道其民事权益受到侵害之日起六个月内提出。

十八、审判监督程序

第三百七十三条 当事人死亡或者终止的，其权利义务承继者可以根据民事诉讼法第二百零六条、第二百零八条的规定申请再审。

判决、调解书生效后，当事人将判决、调解书确认的债权转让，债权受让人对该判决、调解书不服申请再审的，人民法院不予受理。

第三百七十四条 民事诉讼法第二百零六条规定的人数众多的一方当事人，包括公民、法人和其他组织。

民事诉讼法第二百零六条规定的当事人双方为公民的案件，是指原告和被告均为公民的案件。

第三百七十五条 当事人申请再审，应当提交下列材料：

（一）再审申请书，并按照被申请人和原审其他当事人的人数提交副本；

（二）再审申请人是自然人的，应当提交身份证明；再审申请人是法人或者其他组织的，应当提交营业执照、组织机构代码证书、法定代表人或者主要负责人身份证明书。委托他人代为申请的，应当提交授权委托书和代理人身份证明；

（三）原审判决书、裁定书、调解书；

（四）反映案件基本事实的主要证据及其他材料。

前款第二项、第三项、第四项规定的材料可以是与原件核对无异的复印件。

第三百七十六条　再审申请书应当记明下列事项：

（一）再审申请人与被申请人及原审其他当事人的基本信息；

（二）原审人民法院的名称，原审裁判文书案号；

（三）具体的再审请求；

（四）申请再审的法定情形及具体事实、理由。

再审申请书应当明确申请再审的人民法院，并由再审申请人签名、捺印或者盖章。

第三百七十七条　当事人一方人数众多或者当事人双方为公民的案件，当事人分别向原审人民法院和上一级人民法院申请再审且不能协商一致的，由原审人民法院受理。

第三百七十八条　适用特别程序、督促程序、公示催告程序、破产程序等非讼程序审理的案件，当事人不得申请再审。

第三百七十九条　当事人认为发生法律效力的不予受理、驳回起诉的裁定错误的，可以申请再审。

第三百八十条　当事人就离婚案件中的财产分割问题申请再审，如涉及判决中已分割的财产，人民法院应当依照民事诉讼法第二百零七条的规定进行审查，符合再审条件的，应当裁定再审；如涉及判决中未作处理的夫妻共同财产，应当告知当事人另行起诉。

第三百八十一条　当事人申请再审，有下列情形之一的，人民法院不予受理：

（一）再审申请被驳回后再次提出申请的；

（二）对再审判决、裁定提出申请的；

（三）在人民检察院对当事人的申请作出不予提出再审检察建议或者抗诉决定后又提出申请的。

前款第一项、第二项规定情形，人民法院应当告知当事人可以向人民检察院申请再审检察建议或者抗诉，但因人民检察院提出再审检察建议或者抗诉而再审作出的判决、裁定除外。

第三百八十二条　当事人对已经发生法律效力的调解书申请再审，应当在调解书发生法律效力后六个月内提出。

第三百八十三条　人民法院应当自收到符合条件的再审申请书等材料之日起五日内向再审申请人发送受理通知书，并向被申请人及原审其他当事人发送应诉通知书、再审申请书副本等材料。

第三百八十四条　人民法院受理申请再审案件后，应当依照民事诉讼法第二百零七条、第二百零八条、第二百一十一条等规定，对当事人主张的再审事由进行审查。

第三百八十五条　再审申请人提供的新的证据，能够证明原判决、裁定认定基本事实或者裁判结果错误的，应当认定为民事诉讼法第二百零七条第一项规定的情形。

对于符合前款规定的证据，人民法院应当责令再审申请人说明其逾期提供该证据的理由；拒不说明理由或者理由不成立的，依照民事诉讼法第六十八条第二款和本解释第一百零二条的规定处理。

第三百八十六条　再审申请人证明其提交的新的证据符合下列情形之一的，可以认定逾期提供证据的理由成立：

（一）在原审庭审结束前已经存在，因客观原因于庭审结束后才发现的；

（二）在原审庭审结束前已经发现，但因客观原因无法取得或者在规定的期限内不能提供的；

（三）在原审庭审结束后形成，无法据

此另行提起诉讼的。

再审申请人提交的证据在原审中已经提供，原审人民法院未组织质证且未作为裁判根据的，视为逾期提供证据的理由成立，但原审人民法院依照民事诉讼法第六十八条规定不予采纳的除外。

第三百八十七条 当事人对原判决、裁定认定事实的主要证据在原审中拒绝发表质证意见或者质证中未对证据发表质证意见的，不属于民事诉讼法第二百零七条第四项规定的未经质证的情形。

第三百八十八条 有下列情形之一，导致判决、裁定结果错误的，应当认定为民事诉讼法第二百零七条第六项规定的原判决、裁定适用法律确有错误：

（一）适用的法律与案件性质明显不符的；

（二）确定民事责任明显违背当事人约定或者法律规定的；

（三）适用已经失效或者尚未施行的法律的；

（四）违反法律溯及力规定的；

（五）违反法律适用规则的；

（六）明显违背立法原意的。

第三百八十九条 原审开庭过程中有下列情形之一的，应当认定为民事诉讼法第二百零七条第九项规定的剥夺当事人辩论权利：

（一）不允许当事人发表辩论意见的；

（二）应当开庭审理而未开庭审理的；

（三）违反法律规定送达起诉状副本或者上诉状副本，致使当事人无法行使辩论权利的；

（四）违法剥夺当事人辩论权利的其他情形。

第三百九十条 民事诉讼法第二百零七条第十一项规定的诉讼请求，包括一审诉讼请求、二审上诉请求，但当事人未对一审判决、裁定遗漏或者超出诉讼请求提起上诉的除外。

第三百九十一条 民事诉讼法第二百零七条第十二项规定的法律文书包括：

（一）发生法律效力的判决书、裁定书、调解书；

（二）发生法律效力的仲裁裁决书；

（三）具有强制执行效力的公证债权文书。

第三百九十二条 民事诉讼法第二百零七条第十三项规定的审判人员审理该案件时有贪污受贿、徇私舞弊、枉法裁判行为，是指已经由生效刑事法律文书或者纪律处分决定所确认的行为。

第三百九十三条 当事人主张的再审事由成立，且符合民事诉讼法和本解释规定的申请再审条件的，人民法院应当裁定再审。

当事人主张的再审事由不成立，或者当事人申请再审超过法定申请再审期限、超出法定再审事由范围等不符合民事诉讼法和本解释规定的申请再审条件的，人民法院应当裁定驳回再审申请。

第三百九十四条 人民法院对已经发生法律效力的判决、裁定、调解书依法决定再审，依照民事诉讼法第二百一十三条规定，需要中止执行的，应当在再审裁定中同时写明中止原判决、裁定、调解书的执行；情况紧急的，可以将中止执行裁定口头通知负责执行的人民法院，并在通知后十日内发出裁定书。

第三百九十五条 人民法院根据审查案件的需要决定是否询问当事人。新的证据可能推翻原判决、裁定的，人民法院应当询问当事人。

第三百九十六条 审查再审申请期间，被申请人及原审其他当事人依法提出再审申请的，人民法院应当将其列为再审申请人，对其再审事由一并审查，审查期限重新计算。经审查，其中一方再审申请人主张的再审事由成立的，应当裁定再审。各方再审申请人主张的再审事由均不成立的，一并裁定驳回再审申请。

第三百九十七条　审查再审申请期间，再审申请人申请人民法院委托鉴定、勘验的，人民法院不予准许。

第三百九十八条　审查再审申请期间，再审申请人撤回再审申请的，是否准许，由人民法院裁定。

再审申请人经传票传唤，无正当理由拒不接受询问的，可以按撤回再审申请处理。

第三百九十九条　人民法院准许撤回再审申请或者按撤回再审申请处理后，再审申请人再次申请再审的，不予受理，但有民事诉讼法第二百零七条第一项、第三项、第十二项、第十三项规定情形，自知道或者应当知道之日起六个月内提出的除外。

第四百条　再审申请审查期间，有下列情形之一的，裁定终结审查：

（一）再审申请人死亡或者终止，无权利义务承继者或者权利义务承继者声明放弃再审申请的；

（二）在给付之诉中，负有给付义务的被申请人死亡或者终止，无可供执行的财产，也没有应当承担义务的人的；

（三）当事人达成和解协议且已履行完毕的，但当事人在和解协议中声明不放弃申请再审权利的除外；

（四）他人未经授权以当事人名义申请再审的；

（五）原审或者上一级人民法院已经裁定再审的；

（六）有本解释第三百八十一条第一款规定情形的。

第四百零一条　人民法院审理再审案件应当组成合议庭开庭审理，但按照第二审程序审理，有特殊情况或者双方当事人已经通过其他方式充分表达意见，且书面同意不开庭审理的除外。

符合缺席判决条件的，可以缺席判决。

第四百零二条　人民法院开庭审理再审案件，应当按照下列情形分别进行：

（一）因当事人申请再审的，先由再审申请人陈述再审请求及理由，后由被申请人答辩、其他原审当事人发表意见；

（二）因抗诉再审的，先由抗诉机关宣读抗诉书，再由申请抗诉的当事人陈述，后由被申请人答辩、其他原审当事人发表意见；

（三）人民法院依职权再审，有申诉人的，先由申诉人陈述再审请求及理由，后由被申诉人答辩、其他原审当事人发表意见；

（四）人民法院依职权再审，没有申诉人的，先由原审原告或者原审上诉人陈述，后由原审其他当事人发表意见。

对前款第一项至第三项规定的情形，人民法院应当要求当事人明确其再审请求。

第四百零三条　人民法院审理再审案件应当围绕再审请求进行。当事人的再审请求超出原审诉讼请求的，不予审理；符合另案诉讼条件的，告知当事人可以另行起诉。

被申请人及原审其他当事人在庭审辩论结束前提出的再审请求，符合民事诉讼法第二百一十二条规定的，人民法院应当一并审理。

人民法院经再审，发现已经发生法律效力的判决、裁定损害国家利益、社会公共利益、他人合法权益的，应当一并审理。

第四百零四条　再审审理期间，有下列情形之一的，可以裁定终结再审程序：

（一）再审申请人在再审期间撤回再审请求，人民法院准许的；

（二）再审申请人经传票传唤，无正当理由拒不到庭的，或者未经法庭许可中途退庭，按撤回再审请求处理的；

（三）人民检察院撤回抗诉的；

（四）有本解释第四百条第一项至第四项规定情形的。

因人民检察院提出抗诉裁定再审的案件，申请抗诉的当事人有前款规定的情形，且不损害国家利益、社会公共利益或者他人合法权益的，人民法院应当裁定终结再审程序。

再审程序终结后，人民法院裁定中止执行的原生效判决自动恢复执行。

第四百零五条 人民法院经再审审理认为，原判决、裁定认定事实清楚、适用法律正确的，应予维持；原判决、裁定认定事实、适用法律虽有瑕疵，但裁判结果正确的，应当在再审判决、裁定中纠正瑕疵后予以维持。

原判决、裁定认定事实、适用法律错误，导致裁判结果错误的，应当依法改判、撤销或者变更。

第四百零六条 按照第二审程序再审的案件，人民法院经审理认为不符合民事诉讼法规定的起诉条件或者符合民事诉讼法第一百二十七条规定不予受理情形的，应当裁定撤销一、二审判决，驳回起诉。

第四百零七条 人民法院对调解书裁定再审后，按照下列情形分别处理：

（一）当事人提出的调解违反自愿原则的事由不成立，且调解书的内容不违反法律强制性规定的，裁定驳回再审申请；

（二）人民检察院抗诉或者再审检察建议所主张的损害国家利益、社会公共利益的理由不成立的，裁定终结再审程序。

前款规定情形，人民法院裁定中止执行的调解书需要继续执行的，自动恢复执行。

第四百零八条 一审原告在再审审理程序中申请撤回起诉，经其他当事人同意，且不损害国家利益、社会公共利益、他人合法权益的，人民法院可以准许。裁定准许撤诉的，应当一并撤销原判决。

一审原告在再审审理程序中撤回起诉后重复起诉的，人民法院不予受理。

第四百零九条 当事人提交新的证据致使再审改判，因再审申请人或者申请检察监督当事人的过错未能在原审程序中及时举证，被申请人等当事人请求补偿其增加的交通、住宿、就餐、误工等必要费用的，人民法院应予支持。

第四百一十条 部分当事人到庭并达成调解协议，其他当事人未作出书面表示的，人民法院应当在判决中对该事实作出表述；调解协议内容不违反法律规定，且不损害其他当事人合法权益的，可以在判决主文中予以确认。

第四百一十一条 人民检察院依法对损害国家利益、社会公共利益的发生法律效力的判决、裁定、调解书提出抗诉，或者经人民检察院检察委员会讨论决定提出再审检察建议的，人民法院应予受理。

第四百一十二条 人民检察院对已经发生法律效力的判决以及不予受理、驳回起诉的裁定依法提出抗诉的，人民法院应予受理，但适用特别程序、督促程序、公示催告程序、破产程序以及解除婚姻关系的判决、裁定等不适用审判监督程序的判决、裁定除外。

第四百一十三条 人民检察院依照民事诉讼法第二百一十六条第一款第三项规定对有明显错误的再审判决、裁定提出抗诉或者再审检察建议的，人民法院应予受理。

第四百一十四条 地方各级人民检察院依当事人的申请对生效判决、裁定向同级人民法院提出再审检察建议，符合下列条件的，应予受理：

（一）再审检察建议书和原审当事人申请书及相关证据材料已经提交；

（二）建议再审的对象为依照民事诉讼法和本解释规定可以进行再审的判决、裁定；

（三）再审检察建议书列明该判决、裁定有民事诉讼法第二百一十五条第二款规定情形；

（四）符合民事诉讼法第二百一十六条第一款第一项、第二项规定情形；

（五）再审检察建议经该人民检察院检察委员会讨论决定。

不符合前款规定的，人民法院可以建议人民检察院予以补正或者撤回；不予补正或者撤回的，应当函告人民检察院不予受理。

第四百一十五条　人民检察院依当事人的申请对生效判决、裁定提出抗诉，符合下列条件的，人民法院应当在三十日内裁定再审：

（一）抗诉书和原审当事人申请书及相关证据材料已经提交；

（二）抗诉对象为依照民事诉讼法和本解释规定可以进行再审的判决、裁定；

（三）抗诉书列明该判决、裁定有民事诉讼法第二百一十五条第一款规定情形；

（四）符合民事诉讼法第二百一十六条第一款第一项、第二项规定情形。

不符合前款规定的，人民法院可以建议人民检察院予以补正或者撤回；不予补正或者撤回的，人民法院可以裁定不予受理。

第四百一十六条　当事人的再审申请被上级人民法院裁定驳回后，人民检察院对原判决、裁定、调解书提出抗诉，抗诉事由符合民事诉讼法第二百零七条第一项至第五项规定情形之一的，受理抗诉的人民法院可以交由下一级人民法院再审。

第四百一十七条　人民法院收到再审检察建议后，应当组成合议庭，在三个月内进行审查，发现原判决、裁定、调解书确有错误，需要再审的，依照民事诉讼法第二百零五条规定裁定再审，并通知当事人；经审查，决定不予再审的，应当书面回复人民检察院。

第四百一十八条　人民法院审理因人民检察院抗诉或者检察建议裁定再审的案件，不受此前已经作出的驳回当事人再审申请裁定的影响。

第四百一十九条　人民法院开庭审理抗诉案件，应当在开庭三日前通知人民检察院、当事人和其他诉讼参与人。同级人民检察院或者提出抗诉的人民检察院应当派员出庭。

人民检察院因履行法律监督职责向当事人或者案外人调查核实的情况，应当向法庭提交并予以说明，由双方当事人进行质证。

第四百二十条　必须共同进行诉讼的当事人因不能归责于本人或者其诉讼代理人的事由未参加诉讼的，可以根据民事诉讼法第二百零七条第八项规定，自知道或者应当知道之日起六个月内申请再审，但符合本解释第四百二十一条规定情形的除外。

人民法院因前款规定的当事人申请而裁定再审，按照第一审程序再审的，应当追加其为当事人，作出新的判决、裁定；按照第二审程序再审，经调解不能达成协议的，应当撤销原判决、裁定，发回重审，重审时应追加其为当事人。

第四百二十一条　根据民事诉讼法第二百三十四条规定，案外人对驳回其执行异议的裁定不服，认为原判决、裁定、调解书内容错误损害其民事权益的，可以自执行异议裁定送达之日起六个月内，向作出原判决、裁定、调解书的人民法院申请再审。

第四百二十二条　根据民事诉讼法第二百三十四条规定，人民法院裁定再审后，案外人属于必要的共同诉讼当事人的，依照本解释第四百二十条第二款规定处理。

案外人不是必要的共同诉讼当事人的，人民法院仅审理原判决、裁定、调解书对其民事权益造成损害的内容。经审理，再审请求成立的，撤销或者改变原判决、裁定、调解书；再审请求不成立的，维持原判决、裁定、调解书。

第四百二十三条　本解释第三百三十八条规定适用于审判监督程序。

第四百二十四条　对小额诉讼案件的判决、裁定，当事人以民事诉讼法第二百零七条规定的事由向原审人民法院申请再审的，人民法院应当受理。申请再审事由成立的，应当裁定再审，组成合议庭进行审理。作出的再审判决、裁定，当事人不得上诉。

当事人以不应按小额诉讼案件审理为由向原审人民法院申请再审的，人民法院应当受理。理由成立的，应当裁定再审，组成合议庭审理。作出的再审判决、裁定，当事人可以上诉。

十九、督促程序

第四百二十五条 两个以上人民法院都有管辖权的，债权人可以向其中一个基层人民法院申请支付令。

债权人向两个以上有管辖权的基层人民法院申请支付令的，由最先立案的人民法院管辖。

第四百二十六条 人民法院收到债权人的支付令申请书后，认为申请书不符合要求的，可以通知债权人限期补正。人民法院应当自收到补正材料之日起五日内通知债权人是否受理。

第四百二十七条 债权人申请支付令，符合下列条件的，基层人民法院应当受理，并在收到支付令申请书后五日内通知债权人：

（一）请求给付金钱或者汇票、本票、支票、股票、债券、国库券、可转让的存款单等有价证券；

（二）请求给付的金钱或者有价证券已到期且数额确定，并写明了请求所根据的事实、证据；

（三）债权人没有对待给付义务；

（四）债务人在我国境内且未下落不明；

（五）支付令能够送达债务人；

（六）收到申请书的人民法院有管辖权；

（七）债权人未向人民法院申请诉前保全。

不符合前款规定的，人民法院应当在收到支付令申请书后五日内通知债权人不予受理。

基层人民法院受理申请支付令案件，不受债权金额的限制。

第四百二十八条 人民法院受理申请后，由审判员一人进行审查。经审查，有下列情形之一的，裁定驳回申请：

（一）申请人不具备当事人资格的；

（二）给付金钱或者有价证券的证明文件没有约定逾期给付利息或者违约金、赔偿金，债权人坚持要求给付利息或者违约金、赔偿金的；

（三）要求给付的金钱或者有价证券属于违法所得的；

（四）要求给付的金钱或者有价证券尚未到期或者数额不确定的。

人民法院受理支付令申请后，发现不符合本解释规定的受理条件的，应当在受理之日起十五日内裁定驳回申请。

第四百二十九条 向债务人本人送达支付令，债务人拒绝接收的，人民法院可以留置送达。

第四百三十条 有下列情形之一的，人民法院应当裁定终结督促程序，已发出支付令的，支付令自行失效：

（一）人民法院受理支付令申请后，债权人就同一债权债务关系又提起诉讼的；

（二）人民法院发出支付令之日起三十日内无法送达债务人的；

（三）债务人收到支付令前，债权人撤回申请的。

第四百三十一条 债务人在收到支付令后，未在法定期间提出书面异议，而向其他人民法院起诉的，不影响支付令的效力。

债务人超过法定期间提出异议的，视为未提出异议。

第四百三十二条 债权人基于同一债权债务关系，在同一支付令申请中向债务人提出多项支付请求，债务人仅就其中一项或者几项请求提出异议的，不影响其他各项请求的效力。

第四百三十三条 债权人基于同一债权债务关系，就可分之债向多个债务人提出支付请求，多个债务人中的一人或者几人提出异议的，不影响其他请求的效力。

第四百三十四条 对设有担保的债务的主债务人发出的支付令，对担保人没有拘束力。

债权人就担保关系单独提起诉讼的，支付令自人民法院受理案件之日起失效。

第四百三十五条　经形式审查，债务人提出的书面异议有下列情形之一的，应当认定异议成立，裁定终结督促程序，支付令自行失效：

（一）本解释规定的不予受理申请情形的；

（二）本解释规定的裁定驳回申请情形的；

（三）本解释规定的应当裁定终结督促程序情形的；

（四）人民法院对是否符合发出支付令条件产生合理怀疑的。

第四百三十六条　债务人对债务本身没有异议，只是提出缺乏清偿能力、延缓债务清偿期限、变更债务清偿方式等异议的，不影响支付令的效力。

人民法院经审查认为异议不成立的，裁定驳回。

债务人的口头异议无效。

第四百三十七条　人民法院作出终结督促程序或者驳回异议裁定前，债务人请求撤回异议的，应当裁定准许。

债务人对撤回异议反悔的，人民法院不予支持。

第四百三十八条　支付令失效后，申请支付令的一方当事人不同意提起诉讼的，应当自收到终结督促程序裁定之日起七日内向受理申请的人民法院提出。

申请支付令的一方当事人不同意提起诉讼的，不影响其向其他有管辖权的人民法院提起诉讼。

第四百三十九条　支付令失效后，申请支付令的一方当事人自收到终结督促程序裁定之日起七日内未向受理申请的人民法院表明不同意提起诉讼的，视为向受理申请的人民法院起诉。

债权人提出支付令申请的时间，即为向人民法院起诉的时间。

第四百四十条　债权人向人民法院申请执行支付令的期间，适用民事诉讼法第二百四十六条的规定。

第四百四十一条　人民法院院长发现本院已经发生法律效力的支付令确有错误，认为需要撤销的，应当提交本院审判委员会讨论决定后，裁定撤销支付令，驳回债权人的申请。

二十、公示催告程序

第四百四十二条　民事诉讼法第二百二十五条规定的票据持有人，是指票据被盗、遗失或者灭失前的最后持有人。

第四百四十三条　人民法院收到公示催告的申请后，应当立即审查，并决定是否受理。经审查认为符合受理条件的，通知予以受理，并同时通知支付人停止支付；认为不符合受理条件的，七日内裁定驳回申请。

第四百四十四条　因票据丧失，申请公示催告的，人民法院应结合票据存根、丧失票据的复印件、出票人关于签发票据的证明、申请人合法取得票据的证明、银行挂失止付通知书、报案证明等证据，决定是否受理。

第四百四十五条　人民法院依照民事诉讼法第二百二十六条规定发出的受理申请的公告，应当写明下列内容：

（一）公示催告申请人的姓名或者名称；

（二）票据的种类、号码、票面金额、出票人、背书人、持票人、付款期限等事项以及其他可以申请公示催告的权利凭证的种类、号码、权利范围、权利人、义务人、行权日期等事项；

（三）申报权利的期间；

（四）在公示催告期间转让票据等权利凭证，利害关系人不申报的法律后果。

第四百四十六条　公告应当在有关报纸

或者其他媒体上刊登，并于同日公布于人民法院公告栏内。人民法院所在地有证券交易所的，还应当同日在该交易所公布。

第四百四十七条 公告期间不得少于六十日，且公示催告期间届满日不得早于票据付款日后十五日。

第四百四十八条 在申报期届满后、判决作出之前，利害关系人申报权利的，应当适用民事诉讼法第二百二十八条第二款、第三款规定处理。

第四百四十九条 利害关系人申报权利，人民法院应当通知其向法院出示票据，并通知公示催告申请人在指定的期间查看该票据。公示催告申请人申请公示催告的票据与利害关系人出示的票据不一致的，应当裁定驳回利害关系人的申报。

第四百五十条 在申报权利的期间无人申报权利，或者申报被驳回的，申请人应当自公示催告期间届满之日起一个月内申请作出判决。逾期不申请判决的，终结公示催告程序。

裁定终结公示催告程序的，应当通知申请人和支付人。

第四百五十一条 判决公告之日起，公示催告申请人有权依据判决向付款人请求付款。

付款人拒绝付款，申请人向人民法院起诉，符合民事诉讼法第一百二十二条规定的起诉条件的，人民法院应予受理。

第四百五十二条 适用公示催告程序审理案件，可由审判员一人独任审理；判决宣告票据无效的，应当组成合议庭审理。

第四百五十三条 公示催告申请人撤回申请，应在公示催告前提出；公示催告期间申请撤回的，人民法院可以径行裁定终结公示催告程序。

第四百五十四条 人民法院依照民事诉讼法第二百二十七条规定通知支付人停止支付，应当符合有关财产保全的规定。支付人收到停止支付通知后拒不止付的，除可依照民事诉讼法第一百一十四条、第一百一十七条规定采取强制措施外，在判决后，支付人仍应承担付款义务。

第四百五十五条 人民法院依照民事诉讼法第二百二十八条规定终结公示催告程序后，公示催告申请人或者申报人向人民法院提起诉讼，因票据权利纠纷提起的，由票据支付地或者被告住所地人民法院管辖；因非票据权利纠纷提起的，由被告住所地人民法院管辖。

第四百五十六条 依照民事诉讼法第二百二十八条规定制作的终结公示催告程序的裁定书，由审判员、书记员署名，加盖人民法院印章。

第四百五十七条 依照民事诉讼法第二百三十条的规定，利害关系人向人民法院起诉的，人民法院可按票据纠纷适用普通程序审理。

第四百五十八条 民事诉讼法第二百三十条规定的正当理由，包括：

（一）因发生意外事件或者不可抗力致使利害关系人无法知道公告事实的；

（二）利害关系人因被限制人身自由而无法知道公告事实，或者虽然知道公告事实，但无法自己或者委托他人代为申报权利的；

（三）不属于法定申请公示催告情形的；

（四）未予公告或者未按法定方式公告的；

（五）其他导致利害关系人在判决作出前未能向人民法院申报权利的客观事由。

第四百五十九条 根据民事诉讼法第二百三十条的规定，利害关系人请求人民法院撤销除权判决的，应当将申请人列为被告。

利害关系人仅诉请确认其为合法持票人的，人民法院应当在裁判文书中写明，确认利害关系人为票据权利人的判决作出后，除权判决即被撤销。

二十一、执行程序

第四百六十条　发生法律效力的实现担保物权裁定、确认调解协议裁定、支付令，由作出裁定、支付令的人民法院或者与其同级的被执行财产所在地的人民法院执行。

认定财产无主的判决，由作出判决的人民法院将无主财产收归国家或者集体所有。

第四百六十一条　当事人申请人民法院执行的生效法律文书应当具备下列条件：

（一）权利义务主体明确；

（二）给付内容明确。

法律文书确定继续履行合同的，应当明确继续履行的具体内容。

第四百六十二条　根据民事诉讼法第二百三十四条规定，案外人对执行标的提出异议的，应当在该执行标的执行程序终结前提出。

第四百六十三条　案外人对执行标的提出的异议，经审查，按照下列情形分别处理：

（一）案外人对执行标的不享有足以排除强制执行的权益的，裁定驳回其异议；

（二）案外人对执行标的享有足以排除强制执行的权益的，裁定中止执行。

驳回案外人执行异议裁定送达案外人之日起十五日内，人民法院不得对执行标的进行处分。

第四百六十四条　申请执行人与被执行人达成和解协议后请求中止执行或者撤回执行申请的，人民法院可以裁定中止执行或者终结执行。

第四百六十五条　一方当事人不履行或者不完全履行在执行中双方自愿达成的和解协议，对方当事人申请执行原生效法律文书的，人民法院应当恢复执行，但和解协议已履行的部分应当扣除。和解协议已经履行完毕的，人民法院不予恢复执行。

第四百六十六条　申请恢复执行原生效法律文书，适用民事诉讼法第二百四十六条申请执行期间的规定。申请执行期间因达成执行中的和解协议而中断，其期间自和解协议约定履行期限的最后一日起重新计算。

第四百六十七条　人民法院依照民事诉讼法第二百三十八条规定决定暂缓执行的，如果担保是有期限的，暂缓执行的期限应当与担保期限一致，但最长不得超过一年。被执行人或者担保人对担保的财产在暂缓执行期间有转移、隐藏、变卖、毁损等行为的，人民法院可以恢复强制执行。

第四百六十八条　根据民事诉讼法第二百三十八条规定向人民法院提供执行担保的，可以由被执行人或者他人提供财产担保，也可以由他人提供保证。担保人应当具有代为履行或者代为承担赔偿责任的能力。

他人提供执行保证的，应当向执行法院出具保证书，并将保证书副本送交申请执行人。被执行人或者他人提供财产担保的，应当参照民法典的有关规定办理相应手续。

第四百六十九条　被执行人在人民法院决定暂缓执行的期限届满后仍不履行义务的，人民法院可以直接执行担保财产，或者裁定执行担保人的财产，但执行担保人的财产以担保人应当履行义务部分的财产为限。

第四百七十条　依照民事诉讼法第二百三十九条规定，执行中作为被执行人的法人或者其他组织分立、合并的，人民法院可以裁定变更后的法人或者其他组织为被执行人；被注销的，如果依照有关实体法的规定有权利义务承受人的，可以裁定该权利义务承受人为被执行人。

第四百七十一条　其他组织在执行中不能履行法律文书确定的义务的，人民法院可以裁定执行对该其他组织依法承担义务的法人或者公民个人的财产。

第四百七十二条　在执行中，作为被执行人的法人或者其他组织名称变更的，人民法院可以裁定变更后的法人或者其他组织为被执行人。

第四百七十三条　作为被执行人的公民

死亡，其遗产继承人没有放弃继承的，人民法院可以裁定变更被执行人，由该继承人在遗产的范围内偿还债务。继承人放弃继承的，人民法院可以直接执行被执行人的遗产。

第四百七十四条 法律规定由人民法院执行的其他法律文书执行完毕后，该法律文书被有关机关或者组织依法撤销的，经当事人申请，适用民事诉讼法第二百四十条规定。

第四百七十五条 仲裁机构裁决的事项，部分有民事诉讼法第二百四十四条第二款、第三款规定情形的，人民法院应当裁定对该部分不予执行。

应当不予执行部分与其他部分不可分的，人民法院应当裁定不予执行仲裁裁决。

第四百七十六条 依照民事诉讼法第二百四十四条第二款、第三款规定，人民法院裁定不予执行仲裁裁决后，当事人对该裁定提出执行异议或者复议的，人民法院不予受理。当事人可以就该民事纠纷重新达成书面仲裁协议申请仲裁，也可以向人民法院起诉。

第四百七十七条 在执行中，被执行人通过仲裁程序将人民法院查封、扣押、冻结的财产确权或者分割给案外人的，不影响人民法院执行程序的进行。

案外人不服的，可以根据民事诉讼法第二百三十四条规定提出异议。

第四百七十八条 有下列情形之一的，可以认定为民事诉讼法第二百四十五条第二款规定的公证债权文书确有错误：

（一）公证债权文书属于不得赋予强制执行效力的债权文书的；

（二）被执行人一方未亲自或者未委托代理人到场公证等严重违反法律规定的公证程序的；

（三）公证债权文书的内容与事实不符或者违反法律强制性规定的；

（四）公证债权文书未载明被执行人不履行义务或者不完全履行义务时同意接受强制执行的。

人民法院认定执行该公证债权文书违背社会公共利益的，裁定不予执行。

公证债权文书被裁定不予执行后，当事人、公证事项的利害关系人可以就债权争议提起诉讼。

第四百七十九条 当事人请求不予执行仲裁裁决或者公证债权文书的，应当在执行终结前向执行法院提出。

第四百八十条 人民法院应当在收到申请执行书或者移交执行书后十日内发出执行通知。

执行通知中除应责令被执行人履行法律文书确定的义务外，还应通知其承担民事诉讼法第二百六十条规定的迟延履行利息或者迟延履行金。

第四百八十一条 申请执行人超过申请执行时效期间向人民法院申请强制执行的，人民法院应予受理。被执行人对申请执行时效期间提出异议，人民法院经审查异议成立的，裁定不予执行。

被执行人履行全部或者部分义务后，又以不知道申请执行时效期间届满为由请求执行回转的，人民法院不予支持。

第四百八十二条 对必须接受调查询问的被执行人、被执行人的法定代表人、负责人或者实际控制人，经依法传唤无正当理由拒不到场的，人民法院可以拘传其到场。

人民法院应当及时对被拘传人进行调查询问，调查询问的时间不得超过八小时；情况复杂，依法可能采取拘留措施的，调查询问的时间不得超过二十四小时。

人民法院在本辖区以外采取拘传措施时，可以将被拘传人拘传到当地人民法院，当地人民法院应予协助。

第四百八十三条 人民法院有权查询被执行人的身份信息与财产信息，掌握相关信息的单位和个人必须按照协助执行通知书办理。

第四百八十四条 对被执行的财产，人民法院非经查封、扣押、冻结不得处分。对银行存款等各类可以直接扣划的财产，人民法院的扣划裁定同时具有冻结的法律效力。

第四百八十五条 人民法院冻结被执行人的银行存款的期限不得超过一年，查封、扣押动产的期限不得超过两年，查封不动产、冻结其他财产权的期限不得超过三年。

申请执行人申请延长期限的，人民法院应当在查封、扣押、冻结期限届满前办理续行查封、扣押、冻结手续，续行期限不得超过前款规定的期限。

人民法院也可以依职权办理续行查封、扣押、冻结手续。

第四百八十六条 依照民事诉讼法第二百五十四条规定，人民法院在执行中需要拍卖被执行人财产的，可以由人民法院自行组织拍卖，也可以交由具备相应资质的拍卖机构拍卖。

交拍卖机构拍卖的，人民法院应当对拍卖活动进行监督。

第四百八十七条 拍卖评估需要对现场进行检查、勘验的，人民法院应当责令被执行人、协助义务人予以配合。被执行人、协助义务人不予配合的，人民法院可以强制进行。

第四百八十八条 人民法院在执行中需要变卖被执行人财产的，可以交有关单位变卖，也可以由人民法院直接变卖。

对变卖的财产，人民法院或者其工作人员不得买受。

第四百八十九条 经申请执行人和被执行人同意，且不损害其他债权人合法权益和社会公共利益的，人民法院可以不经拍卖、变卖，直接将被执行人的财产作价交申请执行人抵偿债务。对剩余债务，被执行人应当继续清偿。

第四百九十条 被执行人的财产无法拍卖或者变卖的，经申请执行人同意，且不损害其他债权人合法权益和社会公共利益的，人民法院可以将该项财产作价后交付申请执行人抵偿债务，或者交付申请执行人管理；申请执行人拒绝接收或者管理的，退回被执行人。

第四百九十一条 拍卖成交或者依法定程序裁定以物抵债的，标的物所有权自拍卖成交裁定或者抵债裁定送达买受人或者接受抵债物的债权人时转移。

第四百九十二条 执行标的物为特定物的，应当执行原物。原物确已毁损或者灭失的，经双方当事人同意，可以折价赔偿。

双方当事人对折价赔偿不能协商一致的，人民法院应当终结执行程序。申请执行人可以另行起诉。

第四百九十三条 他人持有法律文书指定交付的财物或者票证，人民法院依照民事诉讼法第二百五十六条第二款、第三款规定发出协助执行通知后，拒不转交的，可以强制执行，并可依照民事诉讼法第一百一十七条、第一百一十八条规定处理。

他人持有期间财物或者票证毁损、灭失的，参照本解释第四百九十二条规定处理。

他人主张合法持有财物或者票证的，可以根据民事诉讼法第二百三十四条规定提出执行异议。

第四百九十四条 在执行中，被执行人隐匿财产、会计账簿等资料的，人民法院除可依照民事诉讼法第一百一十四条第一款第六项规定对其处理外，还应责令被执行人交出隐匿的财产、会计账簿等资料。被执行人拒不交出的，人民法院可以采取搜查措施。

第四百九十五条 搜查人员应当按规定着装并出示搜查令和工作证件。

第四百九十六条 人民法院搜查时禁止无关人员进入搜查现场；搜查对象是公民的，应当通知被执行人或者他的成年家属以及基层组织派员到场；搜查对象是法人或者其他组织的，应当通知法定代表人或者主要负责人到场。拒不到场的，不影响搜查。

搜查妇女身体，应当由女执行人员

进行。

第四百九十七条 搜查中发现应当依法采取查封、扣押措施的财产，依照民事诉讼法第二百五十二条第二款和第二百五十四条规定办理。

第四百九十八条 搜查应当制作搜查笔录，由搜查人员、被搜查人及其他在场人签名、捺印或者盖章。拒绝签名、捺印或者盖章的，应当记入搜查笔录。

第四百九十九条 人民法院执行被执行人对他人的到期债权，可以作出冻结债权的裁定，并通知该他人向申请执行人履行。

该他人对到期债权有异议，申请执行人请求对异议部分强制执行的，人民法院不予支持。利害关系人对到期债权有异议的，人民法院应当按照民事诉讼法第二百三十四条规定处理。

对生效法律文书确定的到期债权，该他人予以否认的，人民法院不予支持。

第五百条 人民法院在执行中需要办理房产证、土地证、林权证、专利证书、商标证书、车船执照等有关财产权证照转移手续的，可以依照民事诉讼法第二百五十八条规定办理。

第五百零一条 被执行人不履行生效法律文书确定的行为义务，该义务可由他人完成的，人民法院可以选定代履行人；法律、行政法规对履行该行为义务有资格限制的，应当从有资格的人中选定。必要时，可以通过招标的方式确定代履行人。

申请执行人可以在符合条件的人中推荐代履行人，也可以申请自己代为履行，是否准许，由人民法院决定。

第五百零二条 代履行费用的数额由人民法院根据案件具体情况确定，并由被执行人在指定期限内预先支付。被执行人未预付的，人民法院可以对该费用强制执行。

代履行结束后，被执行人可以查阅、复制费用清单以及主要凭证。

第五百零三条 被执行人不履行法律文书指定的行为，且该项行为只能由被执行人完成的，人民法院可以依照民事诉讼法第一百一十四条第一款第六项规定处理。

被执行人在人民法院确定的履行期间内仍不履行的，人民法院可以依照民事诉讼法第一百一十四条第一款第六项规定再次处理。

第五百零四条 被执行人迟延履行的，迟延履行期间的利息或者迟延履行金自判决、裁定和其他法律文书指定的履行期间届满之日起计算。

第五百零五条 被执行人未按判决、裁定和其他法律文书指定的期间履行非金钱给付义务的，无论是否已给申请执行人造成损失，都应当支付迟延履行金。已经造成损失的，双倍补偿申请执行人已经受到的损失；没有造成损失的，迟延履行金可以由人民法院根据具体案件情况决定。

第五百零六条 被执行人为公民或者其他组织，在执行程序开始后，被执行人的其他已经取得执行依据的债权人发现被执行人的财产不能清偿所有债权的，可以向人民法院申请参与分配。

对人民法院查封、扣押、冻结的财产有优先权、担保物权的债权人，可以直接申请参与分配，主张优先受偿权。

第五百零七条 申请参与分配，申请人应当提交申请书。申请书应当写明参与分配和被执行人不能清偿所有债权的事实、理由，并附有执行依据。

参与分配申请应当在执行程序开始后，被执行人的财产执行终结前提出。

第五百零八条 参与分配执行中，执行所得价款扣除执行费用，并清偿应当优先受偿的债权后，对于普通债权，原则上按照其占全部申请参与分配债权数额的比例受偿。清偿后的剩余债务，被执行人应当继续清偿。债权人发现被执行人有其他财产的，可以随时请求人民法院执行。

第五百零九条 多个债权人对执行财产

申请参与分配的，执行法院应当制作财产分配方案，并送达各债权人和被执行人。债权人或者被执行人对分配方案有异议的，应当自收到分配方案之日起十五日内向执行法院提出书面异议。

第五百一十条　债权人或者被执行人对分配方案提出书面异议的，执行法院应当通知未提出异议的债权人、被执行人。

未提出异议的债权人、被执行人自收到通知之日起十五日内未提出反对意见的，执行法院依异议人的意见对分配方案审查修正后进行分配；提出反对意见的，应当通知异议人。异议人可以自收到通知之日起十五日内，以提出反对意见的债权人、被执行人为被告，向执行法院提起诉讼；异议人逾期未提起诉讼的，执行法院按照原分配方案进行分配。

诉讼期间进行分配的，执行法院应当提存与争议债权数额相应的款项。

第五百一十一条　在执行中，作为被执行人的企业法人符合企业破产法第二条第一款规定情形的，执行法院经申请执行人之一或者被执行人同意，应当裁定中止对该被执行人的执行，将执行案件相关材料移送被执行人住所地人民法院。

第五百一十二条　被执行人住所地人民法院应当自收到执行案件相关材料之日起三十日内，将是否受理破产案件的裁定告知执行法院。不予受理的，应当将相关案件材料退回执行法院。

第五百一十三条　被执行人住所地人民法院裁定受理破产案件的，执行法院应当解除对被执行人财产的保全措施。被执行人住所地人民法院裁定宣告被执行人破产的，执行法院应当裁定终结对该被执行人的执行。

被执行人住所地人民法院不受理破产案件的，执行法院应当恢复执行。

第五百一十四条　当事人不同意移送破产或者被执行人住所地人民法院不受理破产案件的，执行法院就执行变价所得财产，在扣除执行费用及清偿优先受偿的债权后，对于普通债权，按照财产保全和执行中查封、扣押、冻结财产的先后顺序清偿。

第五百一十五条　债权人根据民事诉讼法第二百六十一条规定请求人民法院继续执行的，不受民事诉讼法第二百四十六条规定申请执行时效期间的限制。

第五百一十六条　被执行人不履行法律文书确定的义务的，人民法院除对被执行人予以处罚外，还可以根据情节将其纳入失信被执行人名单，将被执行人不履行或者不完全履行义务的信息向其所在单位、征信机构以及其他相关机构通报。

第五百一十七条　经过财产调查未发现可供执行的财产，在申请执行人签字确认或者执行法院组成合议庭审查核实并经院长批准后，可以裁定终结本次执行程序。

依照前款规定终结执行后，申请执行人发现被执行人有可供执行财产的，可以再次申请执行。再次申请不受申请执行时效期间的限制。

第五百一十八条　因撤销申请而终结执行后，当事人在民事诉讼法第二百四十六条规定的申请执行时效期间内再次申请执行的，人民法院应当受理。

第五百一十九条　在执行终结六个月内，被执行人或者其他人对已执行的标的有妨害行为的，人民法院可以依申请排除妨害，并可以依照民事诉讼法第一百一十四条规定进行处罚。因妨害行为给执行债权人或者其他人造成损失的，受害人可以另行起诉。

二十二、涉外民事诉讼程序的特别规定

第五百二十条　有下列情形之一，人民法院可以认定为涉外民事案件：

（一）当事人一方或者双方是外国人、无国籍人、外国企业或者组织的；

（二）当事人一方或者双方的经常居所地在中华人民共和国领域外的；

（三）标的物在中华人民共和国领域外的；

（四）产生、变更或者消灭民事关系的法律事实发生在中华人民共和国领域外的；

（五）可以认定为涉外民事案件的其他情形。

第五百二十一条 外国人参加诉讼，应当向人民法院提交护照等用以证明自己身份的证件。

外国企业或者组织参加诉讼，向人民法院提交的身份证明文件，应当经所在国公证机关公证，并经中华人民共和国驻该国使领馆认证，或者履行中华人民共和国与该所在国订立的有关条约中规定的证明手续。

代表外国企业或者组织参加诉讼的人，应当向人民法院提交其有权作为代表人参加诉讼的证明，该证明应当经所在国公证机关公证，并经中华人民共和国驻该国使领馆认证，或者履行中华人民共和国与该所在国订立的有关条约中规定的证明手续。

本条所称的“所在国”，是指外国企业或者组织的设立登记地国，也可以是办理了营业登记手续的第三国。

第五百二十二条 依照民事诉讼法第二百七十一条以及本解释第五百二十一条规定，需要办理公证、认证手续，而外国当事人所在国与中华人民共和国没有建立外交关系的，可以经该国公证机关公证，经与中华人民共和国有外交关系的第三国驻该国使领馆认证，再转由中华人民共和国驻该第三国使领馆认证。

第五百二十三条 外国人、外国企业或者组织的代表人在人民法院法官的见证下签署授权委托书，委托代理人进行民事诉讼的，人民法院应予认可。

第五百二十四条 外国人、外国企业或者组织的代表人在中华人民共和国境内签署授权委托书，委托代理人进行民事诉讼，经中华人民共和国公证机构公证的，人民法院应予认可。

第五百二十五条 当事人向人民法院提交的书面材料是外文的，应当同时向人民法院提交中文翻译件。

当事人对中文翻译件有异议的，应当共同委托翻译机构提供翻译文本；当事人对翻译机构的选择不能达成一致的，由人民法院确定。

第五百二十六条 涉外民事诉讼中的外籍当事人，可以委托本国人为诉讼代理人，也可以委托本国律师以非律师身份担任诉讼代理人；外国驻华使领馆官员，受本国公民的委托，可以以个人名义担任诉讼代理人，但在诉讼中不享有外交或者领事特权和豁免。

第五百二十七条 涉外民事诉讼中，外国驻华使领馆授权其本馆官员，在作为当事人的本国国民不在中华人民共和国领域内的情况下，可以以外交代表身份为其本国国民在中华人民共和国聘请中华人民共和国律师或者中华人民共和国公民代理民事诉讼。

第五百二十八条 涉外民事诉讼中，经调解双方达成协议，应当制发调解书。当事人要求发给判决书的，可以依协议的内容制作判决书送达当事人。

第五百二十九条 涉外合同或者其他财产权益纠纷的当事人，可以书面协议选择被告住所地、合同履行地、合同签订地、原告住所地、标的物所在地、侵权行为地等与争议有实际联系地点的外国法院管辖。

根据民事诉讼法第二十四条和第二百七十三条规定，属于中华人民共和国法院专属管辖的案件，当事人不得协议选择外国法院管辖，但协议选择仲裁的除外。

第五百三十条 涉外民事案件同时符合下列情形的，人民法院可以裁定驳回原告的起诉，告知其向更方便的外国法院提起诉讼：

（一）被告提出案件应由更方便外国法院管辖的请求，或者提出管辖异议；

（二）当事人之间不存在选择中华人民

共和国法院管辖的协议；

（三）案件不属于中华人民共和国法院专属管辖；

（四）案件不涉及中华人民共和国国家、公民、法人或者其他组织的利益；

（五）案件争议的主要事实不是发生在中华人民共和国境内，且案件不适用中华人民共和国法律，人民法院审理案件在认定事实和适用法律方面存在重大困难；

（六）外国法院对案件享有管辖权，且审理该案件更加方便。

第五百三十一条　中华人民共和国法院和外国法院都有管辖权的案件，一方当事人向外国法院起诉，而另一方当事人向中华人民共和国法院起诉的，人民法院可予受理。判决后，外国法院申请或者当事人请求人民法院承认和执行外国法院对本案作出的判决、裁定的，不予准许；但双方共同缔结或者参加的国际条约另有规定的除外。

外国法院判决、裁定已经被人民法院承认，当事人就同一争议向人民法院起诉的，人民法院不予受理。

第五百三十二条　对在中华人民共和国领域内没有住所的当事人，经用公告方式送达诉讼文书，公告期满不应诉，人民法院缺席判决后，仍应当将裁判文书依照民事诉讼法第二百七十四条第八项规定公告送达。自公告送达裁判文书满三个月之日起，经过三十日的上诉期当事人没有上诉的，一审判决即发生法律效力。

第五百三十三条　外国人或者外国企业、组织的代表人、主要负责人在中华人民共和国领域内的，人民法院可以向该自然人或者外国企业、组织的代表人、主要负责人送达。

外国企业、组织的主要负责人包括该企业、组织的董事、监事、高级管理人员等。

第五百三十四条　受送达人所在国允许邮寄送达的，人民法院可以邮寄送达。

邮寄送达时应当附有送达回证。受送达人未在送达回证上签收但在邮件回执上签收的，视为送达，签收日期为送达日期。

自邮寄之日起满三个月，如果未收到送达的证明文件，且根据各种情况不足以认定已经送达的，视为不能用邮寄方式送达。

第五百三十五条　人民法院一审时采取公告方式向当事人送达诉讼文书的，二审时可径行采取公告方式向其送达诉讼文书，但人民法院能够采取公告方式之外的其他方式送达的除外。

第五百三十六条　不服第一审人民法院判决、裁定的上诉期，对在中华人民共和国领域内有住所的当事人，适用民事诉讼法第一百七十一条规定的期限；对在中华人民共和国领域内没有住所的当事人，适用民事诉讼法第二百七十六条规定的期限。当事人的上诉期均已届满没有上诉的，第一审人民法院的判决、裁定即发生法律效力。

第五百三十七条　人民法院对涉外民事案件的当事人申请再审进行审查的期间，不受民事诉讼法第二百一十一条规定的限制。

第五百三十八条　申请人向人民法院申请执行中华人民共和国涉外仲裁机构的裁决，应当提出书面申请，并附裁决书正本。如申请人为外国当事人，其申请书应当用中文文本提出。

第五百三十九条　人民法院强制执行涉外仲裁机构的仲裁裁决时，被执行人以有民事诉讼法第二百八十一条第一款规定的情形为由提出抗辩的，人民法院应当对被执行人的抗辩进行审查，并根据审查结果裁定执行或者不予执行。

第五百四十条　依照民事诉讼法第二百七十九条规定，中华人民共和国涉外仲裁机构将当事人的保全申请提交人民法院裁定的，人民法院可以进行审查，裁定是否进行保全。裁定保全的，应当责令申请人提供担保，申请人不提供担保的，裁定驳回申请。

当事人申请证据保全，人民法院经审查认为无需提供担保的，申请人可以不提供担保。

第五百四十一条 申请人向人民法院申请承认和执行外国法院作出的发生法律效力的判决、裁定，应当提交申请书，并附外国法院作出的发生法律效力的判决、裁定正本或者经证明无误的副本以及中文译本。外国法院判决、裁定为缺席判决、裁定的，申请人应当同时提交该外国法院已经合法传唤的证明文件，但判决、裁定已经对此予以明确说明的除外。

中华人民共和国缔结或者参加的国际条约对提交文件有规定的，按照规定办理。

第五百四十二条 当事人向中华人民共和国有管辖权的中级人民法院申请承认和执行外国法院作出的发生法律效力的判决、裁定的，如果该法院所在国与中华人民共和国没有缔结或者共同参加国际条约，也没有互惠关系的，裁定驳回申请，但当事人向人民法院申请承认外国法院作出的发生法律效力的离婚判决的除外。

承认和执行申请被裁定驳回的，当事人可以向人民法院起诉。

第五百四十三条 对临时仲裁庭在中华人民共和国领域外作出的仲裁裁决，一方当事人向人民法院申请承认和执行的，人民法院应当依照民事诉讼法第二百九十条规定处理。

第五百四十四条 对外国法院作出的发生法律效力的判决、裁定或者外国仲裁裁决，需要中华人民共和国法院执行的，当事人应当先向人民法院申请承认。人民法院经审查，裁定承认后，再根据民事诉讼法第三编的规定予以执行。

当事人仅申请承认而未同时申请执行的，人民法院仅对应否承认进行审查并作出裁定。

第五百四十五条 当事人申请承认和执行外国法院作出的发生法律效力的判决、裁定或者外国仲裁裁决的期间，适用民事诉讼法第二百四十六条的规定。

当事人仅申请承认而未同时申请执行的，申请执行的期间自人民法院对承认申请作出的裁定生效之日起重新计算。

第五百四十六条 承认和执行外国法院作出的发生法律效力的判决、裁定或者外国仲裁裁决的案件，人民法院应当组成合议庭进行审查。

人民法院应当将申请书送达被申请人。被申请人可以陈述意见。

人民法院经审查作出的裁定，一经送达即发生法律效力。

第五百四十七条 与中华人民共和国没有司法协助条约又无互惠关系的国家的法院，未通过外交途径，直接请求人民法院提供司法协助的，人民法院应予退回，并说明理由。

第五百四十八条 当事人在中华人民共和国领域外使用中华人民共和国法院的判决书、裁定书，要求中华人民共和国法院证明其法律效力的，或者外国法院要求中华人民共和国法院证明判决书、裁定书的法律效力的，作出判决、裁定的中华人民共和国法院，可以本法院的名义出具证明。

第五百四十九条 人民法院审理涉及香港、澳门特别行政区和台湾地区的民事诉讼案件，可以参照适用涉外民事诉讼程序的特别规定。

二十三、附　　则

第五百五十条 本解释公布施行后，最高人民法院于 1992 年 7 月 14 日发布的《关于适用〈中华人民共和国民事诉讼法〉若干问题的意见》同时废止；最高人民法院以前发布的司法解释与本解释不一致的，不再适用。

三、行政公益诉讼一般规范

中华人民共和国行政诉讼法

（1989年4月4日第七届全国人民代表大会第二次会议通过，根据2014年11月1日第十二届全国人民代表大会常务委员会第十一次会议《关于修改〈中华人民共和国行政诉讼法〉的决定》第一次修正，根据2017年6月27日第十二届全国人民代表大会常务委员会第二十八次会议《关于修改〈中华人民共和国民事诉讼法〉和〈中华人民共和国行政诉讼法〉的决定》第二次修正）

第一章　总　　则

第一条　为保证人民法院公正、及时审理行政案件，解决行政争议，保护公民、法人和其他组织的合法权益，监督行政机关依法行使职权，根据宪法，制定本法。

第二条　公民、法人或者其他组织认为行政机关和行政机关工作人员的行政行为侵犯其合法权益，有权依照本法向人民法院提起诉讼。

前款所称行政行为，包括法律、法规、规章授权的组织作出的行政行为。

第三条　人民法院应当保障公民、法人和其他组织的起诉权利，对应当受理的行政案件依法受理。

行政机关及其工作人员不得干预、阻碍人民法院受理行政案件。

被诉行政机关负责人应当出庭应诉。不能出庭的，应当委托行政机关相应的工作人员出庭。

第四条　人民法院依法对行政案件独立行使审判权，不受行政机关、社会团体和个人的干涉。

人民法院设行政审判庭，审理行政案件。

第五条　人民法院审理行政案件，以事实为根据，以法律为准绳。

第六条　人民法院审理行政案件，对行政行为是否合法进行审查。

第七条　人民法院审理行政案件，依法实行合议、回避、公开审判和两审终审制度。

第八条　当事人在行政诉讼中的法律地位平等。

第九条　各民族公民都有用本民族语言、文字进行行政诉讼的权利。

在少数民族聚居或者多民族共同居住的地区，人民法院应当用当地民族通用的语言、文字进行审理和发布法律文书。

人民法院应当对不通晓当地民族通用的语言、文字的诉讼参与人提供翻译。

第十条　当事人在行政诉讼中有权进行辩论。

第十一条　人民检察院有权对行政诉讼

实行法律监督。

第二章 受案范围

第十二条 人民法院受理公民、法人或者其他组织提起的下列诉讼：

（一）对行政拘留、暂扣或者吊销许可证和执照、责令停产停业、没收违法所得、没收非法财物、罚款、警告等行政处罚不服的；

（二）对限制人身自由或者对财产的查封、扣押、冻结等行政强制措施和行政强制执行不服的；

（三）申请行政许可，行政机关拒绝或者在法定期限内不予答复，或者对行政机关作出的有关行政许可的其他决定不服的；

（四）对行政机关作出的关于确认土地、矿藏、水流、森林、山岭、草原、荒地、滩涂、海域等自然资源的所有权或者使用权的决定不服的；

（五）对征收、征用决定及其补偿决定不服的；

（六）申请行政机关履行保护人身权、财产权等合法权益的法定职责，行政机关拒绝履行或者不予答复的；

（七）认为行政机关侵犯其经营自主权或者农村土地承包经营权、农村土地经营权的；

（八）认为行政机关滥用行政权力排除或者限制竞争的；

（九）认为行政机关违法集资、摊派费用或者违法要求履行其他义务的；

（十）认为行政机关没有依法支付抚恤金、最低生活保障待遇或者社会保险待遇的；

（十一）认为行政机关不依法履行、未按照约定履行或者违法变更、解除政府特许经营协议、土地房屋征收补偿协议等协议的；

（十二）认为行政机关侵犯其他人身权、财产权等合法权益的。

除前款规定外，人民法院受理法律、法规规定可以提起诉讼的其他行政案件。

第十三条 人民法院不受理公民、法人或者其他组织对下列事项提起的诉讼：

（一）国防、外交等国家行为；

（二）行政法规、规章或者行政机关制定、发布的具有普遍约束力的决定、命令；

（三）行政机关对行政机关工作人员的奖惩、任免等决定；

（四）法律规定由行政机关最终裁决的行政行为。

第三章 管 辖

第十四条 基层人民法院管辖第一审行政案件。

第十五条 中级人民法院管辖下列第一审行政案件：

（一）对国务院部门或者县级以上地方人民政府所作的行政行为提起诉讼的案件；

（二）海关处理的案件；

（三）本辖区内重大、复杂的案件；

（四）其他法律规定由中级人民法院管辖的案件。

第十六条 高级人民法院管辖本辖区内重大、复杂的第一审行政案件。

第十七条 最高人民法院管辖全国范围内重大、复杂的第一审行政案件。

第十八条 行政案件由最初作出行政行为的行政机关所在地人民法院管辖。经复议的案件，也可以由复议机关所在地人民法院管辖。

经最高人民法院批准，高级人民法院可以根据审判工作的实际情况，确定若干人民法院跨行政区域管辖行政案件。

第十九条 对限制人身自由的行政强制措施不服提起的诉讼，由被告所在地或者原告所在地人民法院管辖。

第二十条 因不动产提起的行政诉讼，由不动产所在地人民法院管辖。

第二十一条 两个以上人民法院都有管

辖权的案件，原告可以选择其中一个人民法院提起诉讼。原告向两个以上有管辖权的人民法院提起诉讼的，由最先立案的人民法院管辖。

第二十二条　人民法院发现受理的案件不属于本院管辖的，应当移送有管辖权的人民法院，受移送的人民法院应当受理。受移送的人民法院认为受移送的案件按照规定不属于本院管辖的，应当报请上级人民法院指定管辖，不得再自行移送。

第二十三条　有管辖权的人民法院由于特殊原因不能行使管辖权的，由上级人民法院指定管辖。

人民法院对管辖权发生争议，由争议双方协商解决。协商不成的，报它们的共同上级人民法院指定管辖。

第二十四条　上级人民法院有权审理下级人民法院管辖的第一审行政案件。

下级人民法院对其管辖的第一审行政案件，认为需要由上级人民法院审理或者指定管辖的，可以报请上级人民法院决定。

第四章　诉讼参加人

第二十五条　行政行为的相对人以及其他与行政行为有利害关系的公民、法人或者其他组织，有权提起诉讼。

有权提起诉讼的公民死亡，其近亲属可以提起诉讼。

有权提起诉讼的法人或者其他组织终止，承受其权利的法人或者其他组织可以提起诉讼。

人民检察院在履行职责中发现生态环境和资源保护、食品药品安全、国有财产保护、国有土地使用权出让等领域负有监督管理职责的行政机关违法行使职权或者不作为，致使国家利益或者社会公共利益受到侵害的，应当向行政机关提出检察建议，督促其依法履行职责。行政机关不依法履行职责的，人民检察院依法向人民法院提起诉讼。

第二十六条　公民、法人或者其他组织直接向人民法院提起诉讼的，作出行政行为的行政机关是被告。

经复议的案件，复议机关决定维持原行政行为的，作出原行政行为的行政机关和复议机关是共同被告；复议机关改变原行政行为的，复议机关是被告。

复议机关在法定期限内未作出复议决定，公民、法人或者其他组织起诉原行政行为的，作出原行政行为的行政机关是被告；起诉复议机关不作为的，复议机关是被告。

两个以上行政机关作出同一行政行为的，共同作出行政行为的行政机关是共同被告。

行政机关委托的组织所作的行政行为，委托的行政机关是被告。

行政机关被撤销或者职权变更的，继续行使其职权的行政机关是被告。

第二十七条　当事人一方或者双方为二人以上，因同一行政行为发生的行政案件，或者因同类行政行为发生的行政案件、人民法院认为可以合并审理并经当事人同意的，为共同诉讼。

第二十八条　当事人一方人数众多的共同诉讼，可以由当事人推选代表人进行诉讼。代表人的诉讼行为对其所代表的当事人发生效力，但代表人变更、放弃诉讼请求或者承认对方当事人的诉讼请求，应当经被代表的当事人同意。

第二十九条　公民、法人或者其他组织同被诉行政行为有利害关系但没有提起诉讼，或者同案件处理结果有利害关系的，可以作为第三人申请参加诉讼，或者由人民法院通知参加诉讼。

人民法院判决第三人承担义务或者减损第三人权益的，第三人有权依法提起上诉。

第三十条　没有诉讼行为能力的公民，由其法定代理人代为诉讼。法定代理人互相推诿代理责任的，由人民法院指定其中一人代为诉讼。

第三十一条　当事人、法定代理人，可以委托一至二人作为诉讼代理人。

下列人员可以被委托为诉讼代理人：

（一）律师、基层法律服务工作者；

（二）当事人的近亲属或者工作人员；

（三）当事人所在社区、单位以及有关社会团体推荐的公民。

第三十二条 代理诉讼的律师，有权按照规定查阅、复制本案有关材料，有权向有关组织和公民调查，收集与本案有关的证据。对涉及国家秘密、商业秘密和个人隐私的材料，应当依照法律规定保密。

当事人和其他诉讼代理人有权按照规定查阅、复制本案庭审材料，但涉及国家秘密、商业秘密和个人隐私的内容除外。

第五章 证 据

第三十三条 证据包括：

（一）书证；

（二）物证；

（三）视听资料；

（四）电子数据；

（五）证人证言；

（六）当事人的陈述；

（七）鉴定意见；

（八）勘验笔录、现场笔录。

以上证据经法庭审查属实，才能作为认定案件事实的根据。

第三十四条 被告对作出的行政行为负有举证责任，应当提供作出该行政行为的证据和所依据的规范性文件。

被告不提供或者无正当理由逾期提供证据，视为没有相应证据。但是，被诉行政行为涉及第三人合法权益，第三人提供证据的除外。

第三十五条 在诉讼过程中，被告及其诉讼代理人不得自行向原告、第三人和证人收集证据。

第三十六条 被告在作出行政行为时已经收集了证据，但因不可抗力等正当事由不能提供的，经人民法院准许，可以延期提供。

原告或者第三人提出了其在行政处理程序中没有提出的理由或者证据的，经人民法院准许，被告可以补充证据。

第三十七条 原告可以提供证明行政行为违法的证据。原告提供的证据不成立的，不免除被告的举证责任。

第三十八条 在起诉被告不履行法定职责的案件中，原告应当提供其向被告提出申请的证据。但有下列情形之一的除外：

（一）被告应当依职权主动履行法定职责的；

（二）原告因正当理由不能提供证据的。

在行政赔偿、补偿的案件中，原告应当对行政行为造成的损害提供证据。因被告的原因导致原告无法举证的，由被告承担举证责任。

第三十九条 人民法院有权要求当事人提供或者补充证据。

第四十条 人民法院有权向有关行政机关以及其他组织、公民调取证据。但是，不得为证明行政行为的合法性调取被告作出行政行为时未收集的证据。

第四十一条 与本案有关的下列证据，原告或者第三人不能自行收集的，可以申请人民法院调取：

（一）由国家机关保存而须由人民法院调取的证据；

（二）涉及国家秘密、商业秘密和个人隐私的证据；

（三）确因客观原因不能自行收集的其他证据。

第四十二条 在证据可能灭失或者以后难以取得的情况下，诉讼参加人可以向人民法院申请保全证据，人民法院也可以主动采取保全措施。

第四十三条 证据应当在法庭上出示，并由当事人互相质证。对涉及国家秘密、商业秘密和个人隐私的证据，不得在公开开庭时出示。

人民法院应当按照法定程序，全面、客观地审查核实证据。对未采纳的证据应当在裁判文书中说明理由。

以非法手段取得的证据，不得作为认定案件事实的根据。

第六章　起诉和受理

第四十四条　对属于人民法院受案范围的行政案件，公民、法人或者其他组织可以先向行政机关申请复议，对复议决定不服的，再向人民法院提起诉讼；也可以直接向人民法院提起诉讼。

法律、法规规定应当先向行政机关申请复议，对复议决定不服再向人民法院提起诉讼的，依照法律、法规的规定。

第四十五条　公民、法人或者其他组织不服复议决定的，可以在收到复议决定书之日起十五日内向人民法院提起诉讼。复议机关逾期不作决定的，申请人可以在复议期满之日起十五日内向人民法院提起诉讼。法律另有规定的除外。

第四十六条　公民、法人或者其他组织直接向人民法院提起诉讼的，应当自知道或者应当知道作出行政行为之日起六个月内提出。法律另有规定的除外。

因不动产提起诉讼的案件自行政行为作出之日起超过二十年，其他案件自行政行为作出之日起超过五年提起诉讼的，人民法院不予受理。

第四十七条　公民、法人或者其他组织申请行政机关履行保护其人身权、财产权等合法权益的法定职责，行政机关在接到申请之日起两个月内不履行的，公民、法人或者其他组织可以向人民法院提起诉讼。法律、法规对行政机关履行职责的期限另有规定的，从其规定。

公民、法人或者其他组织在紧急情况下请求行政机关履行保护其人身权、财产权等合法权益的法定职责，行政机关不履行的，提起诉讼不受前款规定期限的限制。

第四十八条　公民、法人或者其他组织因不可抗力或者其他不属于其自身的原因耽误起诉期限的，被耽误的时间不计算在起诉期限内。

公民、法人或者其他组织因前款规定以外的其他特殊情况耽误起诉期限的，在障碍消除后十日内，可以申请延长期限，是否准许由人民法院决定。

第四十九条　提起诉讼应当符合下列条件：

（一）原告是符合本法第二十五条规定的公民、法人或者其他组织；

（二）有明确的被告；

（三）有具体的诉讼请求和事实根据；

（四）属于人民法院受案范围和受诉人民法院管辖。

第五十条　起诉应当向人民法院递交起诉状，并按照被告人数提出副本。

书写起诉状确有困难的，可以口头起诉，由人民法院记入笔录，出具注明日期的书面凭证，并告知对方当事人。

第五十一条　人民法院在接到起诉状时对符合本法规定的起诉条件的，应当登记立案。

对当场不能判定是否符合本法规定的起诉条件的，应当接收起诉状，出具注明收到日期的书面凭证，并在七日内决定是否立案。不符合起诉条件的，作出不予立案的裁定。裁定书应当载明不予立案的理由。原告对裁定不服的，可以提起上诉。

起诉状内容欠缺或者有其他错误的，应当给予指导和释明，并一次性告知当事人需要补正的内容。不得未经指导和释明即以起诉不符合条件为由不接收起诉状。

对于不接收起诉状、接收起诉状后不出具书面凭证，以及不一次性告知当事人需要补正的起诉状内容的，当事人可以向上级人民法院投诉，上级人民法院应当责令改正，并对直接负责的主管人员和其他直接责任人员依法给予处分。

第五十二条　人民法院既不立案，又不作出不予立案裁定的，当事人可以向上一级人民法院起诉。上一级人民法院认为符合起诉条件的，应当立案、审理，也可以指定其他下级人民法院立案、审理。

第五十三条　公民、法人或者其他组织认为行政行为所依据的国务院部门和地方人民政府及其部门制定的规范性文件不合法，在对行政行为提起诉讼时，可以一并请求对该规范性文件进行审查。

前款规定的规范性文件不含规章。

第七章　审理和判决

第一节　一般规定

第五十四条　人民法院公开审理行政案件，但涉及国家秘密、个人隐私和法律另有规定的除外。

涉及商业秘密的案件，当事人申请不公开审理的，可以不公开审理。

第五十五条　当事人认为审判人员与本案有利害关系或者有其他关系可能影响公正审判，有权申请审判人员回避。

审判人员认为自己与本案有利害关系或者有其他关系，应当申请回避。

前两款规定，适用于书记员、翻译人员、鉴定人、勘验人。

院长担任审判长时的回避，由审判委员会决定；审判人员的回避，由院长决定；其他人员的回避，由审判长决定。当事人对决定不服的，可以申请复议一次。

第五十六条　诉讼期间，不停止行政行为的执行。但有下列情形之一的，裁定停止执行：

（一）被告认为需要停止执行的；

（二）原告或者利害关系人申请停止执行，人民法院认为该行政行为的执行会造成难以弥补的损失，并且停止执行不损害国家利益、社会公共利益的；

（三）人民法院认为该行政行为的执行会给国家利益、社会公共利益造成重大损害的；

（四）法律、法规规定停止执行的。

当事人对停止执行或者不停止执行的裁定不服的，可以申请复议一次。

第五十七条　人民法院对起诉行政机关没有依法支付抚恤金、最低生活保障金和工伤、医疗社会保险金的案件，权利义务关系明确、不先予执行将严重影响原告生活的，可以根据原告的申请，裁定先予执行。

当事人对先予执行裁定不服的，可以申请复议一次。复议期间不停止裁定的执行。

第五十八条　经人民法院传票传唤，原告无正当理由拒不到庭，或者未经法庭许可中途退庭的，可以按照撤诉处理；被告无正当理由拒不到庭，或者未经法庭许可中途退庭的，可以缺席判决。

第五十九条　诉讼参与人或者其他人有下列行为之一的，人民法院可以根据情节轻重，予以训诫、责令具结悔过或者处一万元以下的罚款、十五日以下的拘留；构成犯罪的，依法追究刑事责任：

（一）有义务协助调查、执行的人，对人民法院的协助调查决定、协助执行通知书，无故推拖、拒绝或者妨碍调查、执行的；

（二）伪造、隐藏、毁灭证据或者提供虚假证明材料，妨碍人民法院审理案件的；

（三）指使、贿买、胁迫他人作伪证或者威胁、阻止证人作证的；

（四）隐藏、转移、变卖、毁损已被查封、扣押、冻结的财产的；

（五）以欺骗、胁迫等非法手段使原告撤诉的；

（六）以暴力、威胁或者其他方法阻碍人民法院工作人员执行职务，或者以哄闹、冲击法庭等方法扰乱人民法院工作秩序的；

（七）对人民法院审判人员或者其他工作人员、诉讼参与人、协助调查和执行的人员恐吓、侮辱、诽谤、诬陷、殴打、围攻或者打击报复的。

人民法院对有前款规定的行为之一的单位，可以对其主要负责人或者直接责任人员依照前款规定予以罚款、拘留；构成犯罪的，依法追究刑事责任。

罚款、拘留须经人民法院院长批准。当事人不服的，可以向上一级人民法院申请复议一次。复议期间不停止执行。

第六十条　人民法院审理行政案件，不适用调解。但是，行政赔偿、补偿以及行政机关行使法律、法规规定的自由裁量权的案件可以调解。

调解应当遵循自愿、合法原则，不得损害国家利益、社会公共利益和他人合法权益。

第六十一条　在涉及行政许可、登记、征收、征用和行政机关对民事争议所作的裁决的行政诉讼中，当事人申请一并解决相关民事争议的，人民法院可以一并审理。

在行政诉讼中，人民法院认为行政案件的审理需以民事诉讼的裁判为依据的，可以裁定中止行政诉讼。

第六十二条　人民法院对行政案件宣告判决或者裁定前，原告申请撤诉的，或者被告改变其所作的行政行为，原告同意并申请撤诉的，是否准许，由人民法院裁定。

第六十三条　人民法院审理行政案件，以法律和行政法规、地方性法规为依据。地方性法规适用于本行政区域内发生的行政案件。

人民法院审理民族自治地方的行政案件，并以该民族自治地方的自治条例和单行条例为依据。

人民法院审理行政案件，参照规章。

第六十四条　人民法院在审理行政案件中，经审查认为本法第五十三条规定的规范性文件不合法的，不作为认定行政行为合法的依据，并向制定机关提出处理建议。

第六十五条　人民法院应当公开发生法律效力的判决书、裁定书，供公众查阅，但涉及国家秘密、商业秘密和个人隐私的内容除外。

第六十六条　人民法院在审理行政案件中，认为行政机关的主管人员、直接责任人员违法违纪的，应当将有关材料移送监察机关、该行政机关或者其上一级行政机关；认为有犯罪行为的，应当将有关材料移送公安、检察机关。

人民法院对被告经传票传唤无正当理由拒不到庭，或者未经法庭许可中途退庭的，可以将被告拒不到庭或者中途退庭的情况予以公告，并可以向监察机关或者被告的上一级行政机关提出依法给予其主要负责人或者直接责任人员处分的司法建议。

第二节　第一审普通程序

第六十七条　人民法院应当在立案之日起五日内，将起诉状副本发送被告。被告应当在收到起诉状副本之日起十五日内向人民法院提交作出行政行为的证据和所依据的规范性文件，并提出答辩状。人民法院应当在收到答辩状之日起五日内，将答辩状副本发送原告。

被告不提出答辩状的，不影响人民法院审理。

第六十八条　人民法院审理行政案件，由审判员组成合议庭，或者由审判员、陪审员组成合议庭。合议庭的成员，应当是三人以上的单数。

第六十九条　行政行为证据确凿，适用法律、法规正确，符合法定程序的，或者原告申请被告履行法定职责或者给付义务理由不成立的，人民法院判决驳回原告的诉讼请求。

第七十条　行政行为有下列情形之一的，人民法院判决撤销或者部分撤销，并可以判决被告重新作出行政行为：

（一）主要证据不足的；

（二）适用法律、法规错误的；

（三）违反法定程序的；

（四）超越职权的；

（五）滥用职权的；

（六）明显不当的。

第七十一条 人民法院判决被告重新作出行政行为的，被告不得以同一的事实和理由作出与原行政行为基本相同的行政行为。

第七十二条 人民法院经过审理，查明被告不履行法定职责的，判决被告在一定期限内履行。

第七十三条 人民法院经过审理，查明被告依法负有给付义务的，判决被告履行给付义务。

第七十四条 行政行为有下列情形之一的，人民法院判决确认违法，但不撤销行政行为：

（一）行政行为依法应当撤销，但撤销会给国家利益、社会公共利益造成重大损害的；

（二）行政行为程序轻微违法，但对原告权利不产生实际影响的。

行政行为有下列情形之一，不需要撤销或者判决履行的，人民法院判决确认违法：

（一）行政行为违法，但不具有可撤销内容的；

（二）被告改变原违法行政行为，原告仍要求确认原行政行为违法的；

（三）被告不履行或者拖延履行法定职责，判决履行没有意义的。

第七十五条 行政行为有实施主体不具有行政主体资格或者没有依据等重大且明显违法情形，原告申请确认行政行为无效的，人民法院判决确认无效。

第七十六条 人民法院判决确认违法或者无效的，可以同时判决责令被告采取补救措施；给原告造成损失的，依法判决被告承担赔偿责任。

第七十七条 行政处罚明显不当，或者其他行政行为涉及对款额的确定、认定确有错误的，人民法院可以判决变更。

人民法院判决变更，不得加重原告的义务或者减损原告的权益。但利害关系人同为原告，且诉讼请求相反的除外。

第七十八条 被告不依法履行、未按照约定履行或者违法变更、解除本法第十二条第一款第十一项规定的协议的，人民法院判决被告承担继续履行、采取补救措施或者赔偿损失等责任。

被告变更、解除本法第十二条第一款第十一项规定的协议合法，但未依法给予补偿的，人民法院判决给予补偿。

第七十九条 复议机关与作出原行政行为的行政机关为共同被告的案件，人民法院应当对复议决定和原行政行为一并作出裁判。

第八十条 人民法院对公开审理和不公开审理的案件，一律公开宣告判决。

当庭宣判的，应当在十日内发送判决书；定期宣判的，宣判后立即发给判决书。

宣告判决时，必须告知当事人上诉权利、上诉期限和上诉的人民法院。

第八十一条 人民法院应当在立案之日起六个月内作出第一审判决。有特殊情况需要延长的，由高级人民法院批准，高级人民法院审理第一审案件需要延长的，由最高人民法院批准。

第三节 简易程序

第八十二条 人民法院审理下列第一审行政案件，认为事实清楚、权利义务关系明确、争议不大的，可以适用简易程序：

（一）被诉行政行为是依法当场作出的；

（二）案件涉及款额二千元以下的；

（三）属于政府信息公开案件的。

除前款规定以外的第一审行政案件，当事人各方同意适用简易程序的，可以适用简易程序。

发回重审、按照审判监督程序再审的案件不适用简易程序。

第八十三条　适用简易程序审理的行政案件，由审判员一人独任审理，并应当在立案之日起四十五日内审结。

第八十四条　人民法院在审理过程中，发现案件不宜适用简易程序的，裁定转为普通程序。

第四节　第二审程序

第八十五条　当事人不服人民法院第一审判决的，有权在判决书送达之日起十五日内向上一级人民法院提起上诉。当事人不服人民法院第一审裁定的，有权在裁定书送达之日起十日内向上一级人民法院提起上诉。逾期不提起上诉的，人民法院的第一审判决或者裁定发生法律效力。

第八十六条　人民法院对上诉案件，应当组成合议庭，开庭审理。经过阅卷、调查和询问当事人，对没有提出新的事实、证据或者理由，合议庭认为不需要开庭审理的，也可以不开庭审理。

第八十七条　人民法院审理上诉案件，应当对原审人民法院的判决、裁定和被诉行政行为进行全面审查。

第八十八条　人民法院审理上诉案件，应当在收到上诉状之日起三个月内作出终审判决。有特殊情况需要延长的，由高级人民法院批准，高级人民法院审理上诉案件需要延长的，由最高人民法院批准。

第八十九条　人民法院审理上诉案件，按照下列情形，分别处理：

（一）原判决、裁定认定事实清楚，适用法律、法规正确的，判决或者裁定驳回上诉，维持原判决、裁定；

（二）原判决、裁定认定事实错误或者适用法律、法规错误的，依法改判、撤销或者变更；

（三）原判决认定基本事实不清、证据不足的，发回原审人民法院重审，或者查清事实后改判；

（四）原判决遗漏当事人或者违法缺席判决等严重违反法定程序的，裁定撤销原判决，发回原审人民法院重审。

原审人民法院对发回重审的案件作出判决后，当事人提起上诉的，第二审人民法院不得再次发回重审。

人民法院审理上诉案件，需要改变原审判决的，应当同时对被诉行政行为作出判决。

第五节　审判监督程序

第九十条　当事人对已经发生法律效力的判决、裁定，认为确有错误的，可以向上一级人民法院申请再审，但判决、裁定不停止执行。

第九十一条　当事人的申请符合下列情形之一的，人民法院应当再审：

（一）不予立案或者驳回起诉确有错误的；

（二）有新的证据，足以推翻原判决、裁定的；

（三）原判决、裁定认定事实的主要证据不足、未经质证或者系伪造的；

（四）原判决、裁定适用法律、法规确有错误的；

（五）违反法律规定的诉讼程序，可能影响公正审判的；

（六）原判决、裁定遗漏诉讼请求的；

（七）据以作出原判决、裁定的法律文书被撤销或者变更的；

（八）审判人员在审理该案件时有贪污受贿、徇私舞弊、枉法裁判行为的。

第九十二条　各级人民法院院长对本院已经发生法律效力的判决、裁定，发现有本法第九十一条规定情形之一，或者发现调解违反自愿原则或者调解书内容违法，认为需要再审的，应当提交审判委员会讨论决定。

最高人民法院对地方各级人民法院已经发生法律效力的判决、裁定，上级人民法院对下级人民法院已经发生法律效力的判决、裁定，发现有本法第九十一条规定情形之一，或者发现调解违反自愿原则或者调解书内容违法的，有权提审或者指令下级人民法院再审。

第九十三条 最高人民检察院对各级人民法院已经发生法律效力的判决、裁定，上级人民检察院对下级人民法院已经发生法律效力的判决、裁定，发现有本法第九十一条规定情形之一，或者发现调解书损害国家利益、社会公共利益的，应当提出抗诉。

地方各级人民检察院对同级人民法院已经发生法律效力的判决、裁定，发现有本法第九十一条规定情形之一，或者发现调解书损害国家利益、社会公共利益的，可以向同级人民法院提出检察建议，并报上级人民检察院备案；也可以提请上级人民检察院向同级人民法院提出抗诉。

各级人民检察院对审判监督程序以外的其他审判程序中审判人员的违法行为，有权向同级人民法院提出检察建议。

第八章 执　　行

第九十四条 当事人必须履行人民法院发生法律效力的判决、裁定、调解书。

第九十五条 公民、法人或者其他组织拒绝履行判决、裁定、调解书的，行政机关或者第三人可以向第一审人民法院申请强制执行，或者由行政机关依法强制执行。

第九十六条 行政机关拒绝履行判决、裁定、调解书的，第一审人民法院可以采取下列措施：

（一）对应当归还的罚款或者应当给付的款额，通知银行从该行政机关的账户内划拨；

（二）在规定期限内不履行的，从期满之日起，对该行政机关负责人按日处五十元至一百元的罚款；

（三）将行政机关拒绝履行的情况予以公告；

（四）向监察机关或者该行政机关的上一级行政机关提出司法建议。接受司法建议的机关，根据有关规定进行处理，并将处理情况告知人民法院；

（五）拒不履行判决、裁定、调解书，社会影响恶劣的，可以对该行政机关直接负责的主管人员和其他直接责任人员予以拘留；情节严重，构成犯罪的，依法追究刑事责任。

第九十七条 公民、法人或者其他组织对行政行为在法定期限内不提起诉讼又不履行的，行政机关可以申请人民法院强制执行，或者依法强制执行。

第九章 涉外行政诉讼

第九十八条 外国人、无国籍人、外国组织在中华人民共和国进行行政诉讼，适用本法。法律另有规定的除外。

第九十九条 外国人、无国籍人、外国组织在中华人民共和国进行行政诉讼，同中华人民共和国公民、组织有同等的诉讼权利和义务。

外国法院对中华人民共和国公民、组织的行政诉讼权利加以限制的，人民法院对该国公民、组织的行政诉讼权利，实行对等原则。

第一百条 外国人、无国籍人、外国组织在中华人民共和国进行行政诉讼，委托律师代理诉讼的，应当委托中华人民共和国律师机构的律师。

第十章 附　　则

第一百零一条 人民法院审理行政案件，关于期间、送达、财产保全、开庭审理、调解、中止诉讼、终结诉讼、简易程序、执行等，以及人民检察院对行政案件受理、审理、裁判、执行的监督，本法没有规定的，适用《中华人民共和国民事诉讼法》的相关规定。

第一百零二条 人民法院审理行政案件，应当收取诉讼费用。诉讼费用由败诉方承担，双方都有责任的由双方分担。收取诉讼费用的具体办法另行规定。

第一百零三条 本法自1990年10月1日起施行。

中华人民共和国行政处罚法

（1996 年 3 月 17 日第八届全国人民代表大会第四次会议通过，根据 2009 年 8 月 27 日第十一届全国人民代表大会常务委员会第十次会议《关于修改部分法律的决定》第一次修正，根据 2017 年 9 月 1 日第十二届全国人民代表大会常务委员会第二十九次会议《关于修改〈中华人民共和国法官法〉等八部法律的决定》第二次修正，2021 年 1 月 22 日第十三届全国人民代表大会常务委员会第二十五次会议修订，自 2021 年 7 月 15 日起施行）

第一章　总　　则

第一条　为了规范行政处罚的设定和实施，保障和监督行政机关有效实施行政管理，维护公共利益和社会秩序，保护公民、法人或者其他组织的合法权益，根据宪法，制定本法。

第二条　行政处罚是指行政机关依法对违反行政管理秩序的公民、法人或者其他组织，以减损权益或者增加义务的方式予以惩戒的行为。

第三条　行政处罚的设定和实施，适用本法。

第四条　公民、法人或者其他组织违反行政管理秩序的行为，应当给予行政处罚的，依照本法由法律、法规、规章规定，并由行政机关依照本法规定的程序实施。

第五条　行政处罚遵循公正、公开的原则。

设定和实施行政处罚必须以事实为依据，与违法行为的事实、性质、情节以及社会危害程度相当。

对违法行为给予行政处罚的规定必须公布；未经公布的，不得作为行政处罚的依据。

第六条　实施行政处罚，纠正违法行为，应当坚持处罚与教育相结合，教育公民、法人或者其他组织自觉守法。

第七条　公民、法人或者其他组织对行政机关所给予的行政处罚，享有陈述权、申辩权；对行政处罚不服的，有权依法申请行政复议或者提起行政诉讼。

公民、法人或者其他组织因行政机关违法给予行政处罚受到损害的，有权依法提出赔偿要求。

第八条　公民、法人或者其他组织因违法行为受到行政处罚，其违法行为对他人造成损害的，应当依法承担民事责任。

违法行为构成犯罪，应当依法追究刑事责任的，不得以行政处罚代替刑事处罚。

第二章　行政处罚的种类和设定

第九条　行政处罚的种类：

（一）警告、通报批评；

（二）罚款、没收违法所得、没收非法财物；

（三）暂扣许可证件、降低资质等级、吊销许可证件；

（四）限制开展生产经营活动、责令停产停业、责令关闭、限制从业；

（五）行政拘留；

（六）法律、行政法规规定的其他行政处罚。

第十条　法律可以设定各种行政处罚。

限制人身自由的行政处罚，只能由法律设定。

第十一条 行政法规可以设定除限制人身自由以外的行政处罚。

法律对违法行为已经作出行政处罚规定，行政法规需要作出具体规定的，必须在法律规定的给予行政处罚的行为、种类和幅度的范围内规定。

法律对违法行为未作出行政处罚规定，行政法规为实施法律，可以补充设定行政处罚。拟补充设定行政处罚的，应当通过听证会、论证会等形式广泛听取意见，并向制定机关作出书面说明。行政法规报送备案时，应当说明补充设定行政处罚的情况。

第十二条 地方性法规可以设定除限制人身自由、吊销营业执照以外的行政处罚。

法律、行政法规对违法行为已经作出行政处罚规定，地方性法规需要作出具体规定的，必须在法律、行政法规规定的给予行政处罚的行为、种类和幅度的范围内规定。

法律、行政法规对违法行为未作出行政处罚规定，地方性法规为实施法律、行政法规，可以补充设定行政处罚。拟补充设定行政处罚的，应当通过听证会、论证会等形式广泛听取意见，并向制定机关作出书面说明。地方性法规报送备案时，应当说明补充设定行政处罚的情况。

第十三条 国务院部门规章可以在法律、行政法规规定的给予行政处罚的行为、种类和幅度的范围内作出具体规定。

尚未制定法律、行政法规的，国务院部门规章对违反行政管理秩序的行为，可以设定警告、通报批评或者一定数额罚款的行政处罚。罚款的限额由国务院规定。

第十四条 地方政府规章可以在法律、法规规定的给予行政处罚的行为、种类和幅度的范围内作出具体规定。

尚未制定法律、法规的，地方政府规章对违反行政管理秩序的行为，可以设定警告、通报批评或者一定数额罚款的行政处罚。罚款的限额由省、自治区、直辖市人民代表大会常务委员会规定。

第十五条 国务院部门和省、自治区、直辖市人民政府及其有关部门应当定期组织评估行政处罚的实施情况和必要性，对不适当的行政处罚事项及种类、罚款数额等，应当提出修改或者废止的建议。

第十六条 除法律、法规、规章外，其他规范性文件不得设定行政处罚。

第三章 行政处罚的实施机关

第十七条 行政处罚由具有行政处罚权的行政机关在法定职权范围内实施。

第十八条 国家在城市管理、市场监管、生态环境、文化市场、交通运输、应急管理、农业等领域推行建立综合行政执法制度，相对集中行政处罚权。

国务院或者省、自治区、直辖市人民政府可以决定一个行政机关行使有关行政机关的行政处罚权。

限制人身自由的行政处罚权只能由公安机关和法律规定的其他机关行使。

第十九条 法律、法规授权的具有管理公共事务职能的组织可以在法定授权范围内实施行政处罚。

第二十条 行政机关依照法律、法规、规章的规定，可以在其法定权限内书面委托符合本法第二十一条规定条件的组织实施行政处罚。行政机关不得委托其他组织或者个人实施行政处罚。

委托书应当载明委托的具体事项、权限、期限等内容。委托行政机关和受委托组织应当将委托书向社会公布。

委托行政机关对受委托组织实施行政处罚的行为应当负责监督，并对该行为的后果承担法律责任。

受委托组织在委托范围内，以委托行政机关名义实施行政处罚；不得再委托其他组织或者个人实施行政处罚。

第二十一条 受委托组织必须符合以下

条件：

（一）依法成立并具有管理公共事务职能；

（二）有熟悉有关法律、法规、规章和业务并取得行政执法资格的工作人员；

（三）需要进行技术检查或者技术鉴定的，应当有条件组织进行相应的技术检查或者技术鉴定。

第四章　行政处罚的管辖和适用

第二十二条　行政处罚由违法行为发生地的行政机关管辖。法律、行政法规、部门规章另有规定的，从其规定。

第二十三条　行政处罚由县级以上地方人民政府具有行政处罚权的行政机关管辖。法律、行政法规另有规定的，从其规定。

第二十四条　省、自治区、直辖市根据当地实际情况，可以决定将基层管理迫切需要的县级人民政府部门的行政处罚权交由能够有效承接的乡镇人民政府、街道办事处行使，并定期组织评估。决定应当公布。

承接行政处罚权的乡镇人民政府、街道办事处应当加强执法能力建设，按照规定范围、依照法定程序实施行政处罚。

有关地方人民政府及其部门应当加强组织协调、业务指导、执法监督，建立健全行政处罚协调配合机制，完善评议、考核制度。

第二十五条　两个以上行政机关都有管辖权的，由最先立案的行政机关管辖。

对管辖发生争议的，应当协商解决，协商不成的，报请共同的上一级行政机关指定管辖；也可以直接由共同的上一级行政机关指定管辖。

第二十六条　行政机关因实施行政处罚的需要，可以向有关机关提出协助请求。协助事项属于被请求机关职权范围内的，应当依法予以协助。

第二十七条　违法行为涉嫌犯罪的，行政机关应当及时将案件移送司法机关，依法追究刑事责任。对依法不需要追究刑事责任或者免予刑事处罚，但应当给予行政处罚的，司法机关应当及时将案件移送有关行政机关。

行政处罚实施机关与司法机关之间应当加强协调配合，建立健全案件移送制度，加强证据材料移交、接收衔接，完善案件处理信息通报机制。

第二十八条　行政机关实施行政处罚时，应当责令当事人改正或者限期改正违法行为。

当事人有违法所得，除依法应当退赔的外，应当予以没收。违法所得是指实施违法行为所取得的款项。法律、行政法规、部门规章对违法所得的计算另有规定的，从其规定。

第二十九条　对当事人的同一个违法行为，不得给予两次以上罚款的行政处罚。同一个违法行为违反多个法律规范应当给予罚款处罚的，按照罚款数额高的规定处罚。

第三十条　不满十四周岁的未成年人有违法行为的，不予行政处罚，责令监护人加以管教；已满十四周岁不满十八周岁的未成年人有违法行为的，应当从轻或者减轻行政处罚。

第三十一条　精神病人、智力残疾人在不能辨认或者不能控制自己行为时有违法行为的，不予行政处罚，但应当责令其监护人严加看管和治疗。间歇性精神病人在精神正常时有违法行为的，应当给予行政处罚。尚未完全丧失辨认或者控制自己行为能力的精神病人、智力残疾人有违法行为的，可以从轻或者减轻行政处罚。

第三十二条　当事人有下列情形之一，应当从轻或者减轻行政处罚：

（一）主动消除或者减轻违法行为危害后果的；

（二）受他人胁迫或者诱骗实施违法行为的；

（三）主动供述行政机关尚未掌握的违

法行为的；

（四）配合行政机关查处违法行为有立功表现的；

（五）法律、法规、规章规定其他应当从轻或者减轻行政处罚的。

第三十三条　违法行为轻微并及时改正，没有造成危害后果的，不予行政处罚。初次违法且危害后果轻微并及时改正的，可以不予行政处罚。

当事人有证据足以证明没有主观过错的，不予行政处罚。法律、行政法规另有规定的，从其规定。

对当事人的违法行为依法不予行政处罚的，行政机关应当对当事人进行教育。

第三十四条　行政机关可以依法制定行政处罚裁量基准，规范行使行政处罚裁量权。行政处罚裁量基准应当向社会公布。

第三十五条　违法行为构成犯罪，人民法院判处拘役或者有期徒刑时，行政机关已经给予当事人行政拘留的，应当依法折抵相应刑期。

违法行为构成犯罪，人民法院判处罚金时，行政机关已经给予当事人罚款的，应当折抵相应罚金；行政机关尚未给予当事人罚款的，不再给予罚款。

第三十六条　违法行为在二年内未被发现的，不再给予行政处罚；涉及公民生命健康安全、金融安全且有危害后果的，上述期限延长至五年。法律另有规定的除外。

前款规定的期限，从违法行为发生之日起计算；违法行为有连续或者继续状态的，从行为终了之日起计算。

第三十七条　实施行政处罚，适用违法行为发生时的法律、法规、规章的规定。但是，作出行政处罚决定时，法律、法规、规章已被修改或者废止，且新的规定处罚较轻或者不认为是违法的，适用新的规定。

第三十八条　行政处罚没有依据或者实施主体不具有行政主体资格的，行政处罚无效。

违反法定程序构成重大且明显违法的，行政处罚无效。

第五章　行政处罚的决定

第一节　一般规定

第三十九条　行政处罚的实施机关、立案依据、实施程序和救济渠道等信息应当公示。

第四十条　公民、法人或者其他组织违反行政管理秩序的行为，依法应当给予行政处罚的，行政机关必须查明事实；违法事实不清、证据不足的，不得给予行政处罚。

第四十一条　行政机关依照法律、行政法规规定利用电子技术监控设备收集、固定违法事实的，应当经过法制和技术审核，确保电子技术监控设备符合标准、设置合理、标志明显，设置地点应当向社会公布。

电子技术监控设备记录违法事实应当真实、清晰、完整、准确。行政机关应当审核记录内容是否符合要求；未经审核或者经审核不符合要求的，不得作为行政处罚的证据。

行政机关应当及时告知当事人违法事实，并采取信息化手段或者其他措施，为当事人查询、陈述和申辩提供便利。不得限制或者变相限制当事人享有的陈述权、申辩权。

第四十二条　行政处罚应当由具有行政执法资格的执法人员实施。执法人员不得少于两人，法律另有规定的除外。

执法人员应当文明执法，尊重和保护当事人合法权益。

第四十三条　执法人员与案件有直接利害关系或者有其他关系可能影响公正执法的，应当回避。

当事人认为执法人员与案件有直接利害关系或者有其他关系可能影响公正执法的，有权申请回避。

当事人提出回避申请的，行政机关应当

依法审查，由行政机关负责人决定。决定作出之前，不停止调查。

第四十四条　行政机关在作出行政处罚决定之前，应当告知当事人拟作出的行政处罚内容及事实、理由、依据，并告知当事人依法享有的陈述、申辩、要求听证等权利。

第四十五条　当事人有权进行陈述和申辩。行政机关必须充分听取当事人的意见，对当事人提出的事实、理由和证据，应当进行复核；当事人提出的事实、理由或者证据成立的，行政机关应当采纳。

行政机关不得因当事人陈述、申辩而给予更重的处罚。

第四十六条　证据包括：

（一）书证；

（二）物证；

（三）视听资料；

（四）电子数据；

（五）证人证言；

（六）当事人的陈述；

（七）鉴定意见；

（八）勘验笔录、现场笔录。

证据必须经查证属实，方可作为认定案件事实的根据。

以非法手段取得的证据，不得作为认定案件事实的根据。

第四十七条　行政机关应当依法以文字、音像等形式，对行政处罚的启动、调查取证、审核、决定、送达、执行等进行全过程记录，归档保存。

第四十八条　具有一定社会影响的行政处罚决定应当依法公开。

公开的行政处罚决定被依法变更、撤销、确认违法或者确认无效的，行政机关应当在三日内撤回行政处罚决定信息并公开说明理由。

第四十九条　发生重大传染病疫情等突发事件，为了控制、减轻和消除突发事件引起的社会危害，行政机关对违反突发事件应对措施的行为，依法快速、从重处罚。

第五十条　行政机关及其工作人员对实施行政处罚过程中知悉的国家秘密、商业秘密或者个人隐私，应当依法予以保密。

第二节　简易程序

第五十一条　违法事实确凿并有法定依据，对公民处以二百元以下、对法人或者其他组织处以三千元以下罚款或者警告的行政处罚的，可以当场作出行政处罚决定。法律另有规定的，从其规定。

第五十二条　执法人员当场作出行政处罚决定的，应当向当事人出示执法证件，填写预定格式、编有号码的行政处罚决定书，并当场交付当事人。当事人拒绝签收的，应当在行政处罚决定书上注明。

前款规定的行政处罚决定书应当载明当事人的违法行为，行政处罚的种类和依据、罚款数额、时间、地点，申请行政复议、提起行政诉讼的途径和期限以及行政机关名称，并由执法人员签名或者盖章。

执法人员当场作出的行政处罚决定，应当报所属行政机关备案。

第五十三条　对当场作出的行政处罚决定，当事人应当依照本法第六十七条至第六十九条的规定履行。

第三节　普通程序

第五十四条　除本法第五十一条规定的可以当场作出的行政处罚外，行政机关发现公民、法人或者其他组织有依法应当给予行政处罚的行为的，必须全面、客观、公正地调查，收集有关证据；必要时，依照法律、法规的规定，可以进行检查。

符合立案标准的，行政机关应当及时立案。

第五十五条　执法人员在调查或者进行检查时，应当主动向当事人或者有关人员出示执法证件。当事人或者有关人员有权要求执法人员出示执法证件。执法人员不出示执法证件的，当事人或者有关人员有权拒绝接受调查或者检查。

当事人或者有关人员应当如实回答询问，并协助调查或者检查，不得拒绝或者阻挠。询问或者检查应当制作笔录。

第五十六条 行政机关在收集证据时，可以采取抽样取证的方法；在证据可能灭失或者以后难以取得的情况下，经行政机关负责人批准，可以先行登记保存，并应当在七日内及时作出处理决定，在此期间，当事人或者有关人员不得销毁或者转移证据。

第五十七条 调查终结，行政机关负责人应当对调查结果进行审查，根据不同情况，分别作出如下决定：

（一）确有应受行政处罚的违法行为的，根据情节轻重及具体情况，作出行政处罚决定；

（二）违法行为轻微，依法可以不予行政处罚的，不予行政处罚；

（三）违法事实不能成立的，不予行政处罚；

（四）违法行为涉嫌犯罪的，移送司法机关。

对情节复杂或者重大违法行为给予行政处罚，行政机关负责人应当集体讨论决定。

第五十八条 有下列情形之一，在行政机关负责人作出行政处罚的决定之前，应当由从事行政处罚决定法制审核的人员进行法制审核；未经法制审核或者审核未通过的，不得作出决定：

（一）涉及重大公共利益的；

（二）直接关系当事人或者第三人重大权益，经过听证程序的；

（三）案件情况疑难复杂、涉及多个法律关系的；

（四）法律、法规规定应当进行法制审核的其他情形。

行政机关中初次从事行政处罚决定法制审核的人员，应当通过国家统一法律职业资格考试取得法律职业资格。

第五十九条 行政机关依照本法第五十七条的规定给予行政处罚，应当制作行政处罚决定书。行政处罚决定书应当载明下列事项：

（一）当事人的姓名或者名称、地址；

（二）违反法律、法规、规章的事实和证据；

（三）行政处罚的种类和依据；

（四）行政处罚的履行方式和期限；

（五）申请行政复议、提起行政诉讼的途径和期限；

（六）作出行政处罚决定的行政机关名称和作出决定的日期。

行政处罚决定书必须盖有作出行政处罚决定的行政机关的印章。

第六十条 行政机关应当自行政处罚案件立案之日起九十日内作出行政处罚决定。法律、法规、规章另有规定的，从其规定。

第六十一条 行政处罚决定书应当在宣告后当场交付当事人；当事人不在场的，行政机关应当在七日内依照《中华人民共和国民事诉讼法》的有关规定，将行政处罚决定书送达当事人。

当事人同意并签订确认书的，行政机关可以采用传真、电子邮件等方式，将行政处罚决定书等送达当事人。

第六十二条 行政机关及其执法人员在作出行政处罚决定之前，未依照本法第四十四条、第四十五条的规定向当事人告知拟作出的行政处罚内容及事实、理由、依据，或者拒绝听取当事人的陈述、申辩，不得作出行政处罚决定；当事人明确放弃陈述或者申辩权利的除外。

第四节 听证程序

第六十三条 行政机关拟作出下列行政处罚决定，应当告知当事人有要求听证的权利，当事人要求听证的，行政机关应当组织听证：

（一）较大数额罚款；

（二）没收较大数额违法所得、没收较

大价值非法财物；

（三）降低资质等级、吊销许可证件；

（四）责令停产停业、责令关闭、限制从业；

（五）其他较重的行政处罚；

（六）法律、法规、规章规定的其他情形。

当事人不承担行政机关组织听证的费用。

第六十四条　听证应当依照以下程序组织：

（一）当事人要求听证的，应当在行政机关告知后五日内提出；

（二）行政机关应当在举行听证的七日前，通知当事人及有关人员听证的时间、地点；

（三）除涉及国家秘密、商业秘密或者个人隐私依法予以保密外，听证公开举行；

（四）听证由行政机关指定的非本案调查人员主持；当事人认为主持人与本案有直接利害关系的，有权申请回避；

（五）当事人可以亲自参加听证，也可以委托一至二人代理；

（六）当事人及其代理人无正当理由拒不出席听证或者未经许可中途退出听证的，视为放弃听证权利，行政机关终止听证；

（七）举行听证时，调查人员提出当事人违法的事实、证据和行政处罚建议，当事人进行申辩和质证；

（八）听证应当制作笔录。笔录应当交当事人或者其代理人核对无误后签字或者盖章。当事人或者其代理人拒绝签字或者盖章的，由听证主持人在笔录中注明。

第六十五条　听证结束后，行政机关应当根据听证笔录，依照本法第五十七条的规定，作出决定。

第六章　行政处罚的执行

第六十六条　行政处罚决定依法作出后，当事人应当在行政处罚决定书载明的期限内，予以履行。

当事人确有经济困难，需要延期或者分期缴纳罚款的，经当事人申请和行政机关批准，可以暂缓或者分期缴纳。

第六十七条　作出罚款决定的行政机关应当与收缴罚款的机构分离。

除依照本法第六十八条、第六十九条的规定当场收缴的罚款外，作出行政处罚决定的行政机关及其执法人员不得自行收缴罚款。

当事人应当自收到行政处罚决定书之日起十五日内，到指定的银行或者通过电子支付系统缴纳罚款。银行应当收受罚款，并将罚款直接上缴国库。

第六十八条　依照本法第五十一条的规定当场作出行政处罚决定，有下列情形之一，执法人员可以当场收缴罚款：

（一）依法给予一百元以下罚款的；

（二）不当场收缴事后难以执行的。

第六十九条　在边远、水上、交通不便地区，行政机关及其执法人员依照本法第五十一条、第五十七条的规定作出罚款决定后，当事人到指定的银行或者通过电子支付系统缴纳罚款确有困难，经当事人提出，行政机关及其执法人员可以当场收缴罚款。

第七十条　行政机关及其执法人员当场收缴罚款的，必须向当事人出具国务院财政部门或者省、自治区、直辖市人民政府财政部门统一制发的专用票据；不出具财政部门统一制发的专用票据的，当事人有权拒绝缴纳罚款。

第七十一条　执法人员当场收缴的罚款，应当自收缴罚款之日起二日内，交至行政机关；在水上当场收缴的罚款，应当自抵岸之日起二日内交至行政机关；行政机关应当在二日内将罚款缴付指定的银行。

第七十二条　当事人逾期不履行行政处罚决定的，作出行政处罚决定的行政机关可以采取下列措施：

（一）到期不缴纳罚款的，每日按罚款

数额的百分之三加处罚款，加处罚款的数额不得超出罚款的数额；

（二）根据法律规定，将查封、扣押的财物拍卖、依法处理或者将冻结的存款、汇款划拨抵缴罚款；

（三）根据法律规定，采取其他行政强制执行方式；

（四）依照《中华人民共和国行政强制法》的规定申请人民法院强制执行。

行政机关批准延期、分期缴纳罚款的，申请人民法院强制执行的期限，自暂缓或者分期缴纳罚款期限结束之日起计算。

第七十三条 当事人对行政处罚决定不服，申请行政复议或者提起行政诉讼的，行政处罚不停止执行，法律另有规定的除外。

当事人对限制人身自由的行政处罚决定不服，申请行政复议或者提起行政诉讼的，可以向作出决定的机关提出暂缓执行申请。符合法律规定情形的，应当暂缓执行。

当事人申请行政复议或者提起行政诉讼的，加处罚款的数额在行政复议或者行政诉讼期间不予计算。

第七十四条 除依法应当予以销毁的物品外，依法没收的非法财物必须按照国家规定公开拍卖或者按照国家有关规定处理。

罚款、没收的违法所得或者没收非法财物拍卖的款项，必须全部上缴国库，任何行政机关或者个人不得以任何形式截留、私分或者变相私分。

罚款、没收的违法所得或者没收非法财物拍卖的款项，不得同作出行政处罚决定的行政机关及其工作人员的考核、考评直接或者变相挂钩。除依法应当退还、退赔的外，财政部门不得以任何形式向作出行政处罚决定的行政机关返还罚款、没收的违法所得或者没收非法财物拍卖的款项。

第七十五条 行政机关应当建立健全对行政处罚的监督制度。县级以上人民政府应当定期组织开展行政执法评议、考核，加强对行政处罚的监督检查，规范和保障行政处罚的实施。

行政机关实施行政处罚应当接受社会监督。公民、法人或者其他组织对行政机关实施行政处罚的行为，有权申诉或者检举；行政机关应当认真审查，发现有错误的，应当主动改正。

第七章 法律责任

第七十六条 行政机关实施行政处罚，有下列情形之一，由上级行政机关或者有关机关责令改正，对直接负责的主管人员和其他直接责任人员依法给予处分：

（一）没有法定的行政处罚依据的；

（二）擅自改变行政处罚种类、幅度的；

（三）违反法定的行政处罚程序的；

（四）违反本法第二十条关于委托处罚的规定的；

（五）执法人员未取得执法证件的。

行政机关对符合立案标准的案件不及时立案的，依照前款规定予以处理。

第七十七条 行政机关对当事人进行处罚不使用罚款、没收财物单据或者使用非法定部门制发的罚款、没收财物单据的，当事人有权拒绝，并有权予以检举，由上级行政机关或者有关机关对使用的非法单据予以收缴销毁，对直接负责的主管人员和其他直接责任人员依法给予处分。

第七十八条 行政机关违反本法第六十七条的规定自行收缴罚款的，财政部门违反本法第七十四条的规定向行政机关返还罚款、没收的违法所得或者拍卖款项的，由上级行政机关或者有关机关责令改正，对直接负责的主管人员和其他直接责任人员依法给予处分。

第七十九条 行政机关截留、私分或者变相私分罚款、没收的违法所得或者财物的，由财政部门或者有关机关予以追缴，对直接负责的主管人员和其他直接责任人员依法给予处分；情节严重构成犯罪的，依法追究刑事责任。

执法人员利用职务上的便利，索取或者收受他人财物、将收缴罚款据为己有，构成犯罪的，依法追究刑事责任；情节轻微不构成犯罪的，依法给予处分。

第八十条 行政机关使用或者损毁查封、扣押的财物，对当事人造成损失的，应当依法予以赔偿，对直接负责的主管人员和其他直接责任人员依法给予处分。

第八十一条 行政机关违法实施检查措施或者执行措施，给公民人身或者财产造成损害、给法人或者其他组织造成损失的，应当依法予以赔偿，对直接负责的主管人员和其他直接责任人员依法给予处分；情节严重构成犯罪的，依法追究刑事责任。

第八十二条 行政机关对应当依法移交司法机关追究刑事责任的案件不移交，以行政处罚代替刑事处罚，由上级行政机关或者有关机关责令改正，对直接负责的主管人员和其他直接责任人员依法给予处分；情节严重构成犯罪的，依法追究刑事责任。

第八十三条 行政机关对应当予以制止和处罚的违法行为不予制止、处罚，致使公民、法人或者其他组织的合法权益、公共利益和社会秩序遭受损害的，对直接负责的主管人员和其他直接责任人员依法给予处分；情节严重构成犯罪的，依法追究刑事责任。

第八章 附 则

第八十四条 外国人、无国籍人、外国组织在中华人民共和国领域内有违法行为，应当给予行政处罚的，适用本法，法律另有规定的除外。

第八十五条 本法中“二日”“三日”“五日”“七日”的规定是指工作日，不含法定节假日。

第八十六条 本法自2021年7月15日起施行。

中华人民共和国行政强制法

（2011年6月30日第十一届全国人民代表大会常务委员会第二十一次会议通过，2011年6月30日公布，自2012年1月1日起施行）

第一章 总 则

第一条 为了规范行政强制的设定和实施，保障和监督行政机关依法履行职责，维护公共利益和社会秩序，保护公民、法人和其他组织的合法权益，根据宪法，制定本法。

第二条 本法所称行政强制，包括行政强制措施和行政强制执行。

行政强制措施，是指行政机关在行政管理过程中，为制止违法行为、防止证据损毁、避免危害发生、控制危险扩大等情形，依法对公民的人身自由实施暂时性限制，或者对公民、法人或者其他组织的财物实施暂时性控制的行为。

行政强制执行，是指行政机关或者行政机关申请人民法院，对不履行行政决定的公民、法人或者其他组织，依法强制履行义务的行为。

第三条 行政强制的设定和实施，适用本法。

发生或者即将发生自然灾害、事故灾难、公共卫生事件或者社会安全事件等突发事件，行政机关采取应急措施或者临时措施，依照有关法律、行政法规的规定执行。

行政机关采取金融业审慎监管措施、进

出境货物强制性技术监控措施，依照有关法律、行政法规的规定执行。

第四条　行政强制的设定和实施，应当依照法定的权限、范围、条件和程序。

第五条　行政强制的设定和实施，应当适当。采用非强制手段可以达到行政管理目的的，不得设定和实施行政强制。

第六条　实施行政强制，应当坚持教育与强制相结合。

第七条　行政机关及其工作人员不得利用行政强制权为单位或者个人谋取利益。

第八条　公民、法人或者其他组织对行政机关实施行政强制，享有陈述权、申辩权；有权依法申请行政复议或者提起行政诉讼；因行政机关违法实施行政强制受到损害的，有权依法要求赔偿。

公民、法人或者其他组织因人民法院在强制执行中有违法行为或者扩大强制执行范围受到损害的，有权依法要求赔偿。

第二章　行政强制的种类和设定

第九条　行政强制措施的种类：

（一）限制公民人身自由；

（二）查封场所、设施或者财物；

（三）扣押财物；

（四）冻结存款、汇款；

（五）其他行政强制措施。

第十条　行政强制措施由法律设定。

尚未制定法律，且属于国务院行政管理职权事项的，行政法规可以设定除本法第九条第一项、第四项和应当由法律规定的行政强制措施以外的其他行政强制措施。

尚未制定法律、行政法规，且属于地方性事务的，地方性法规可以设定本法第九条第二项、第三项的行政强制措施。

法律、法规以外的其他规范性文件不得设定行政强制措施。

第十一条　法律对行政强制措施的对象、条件、种类作了规定的，行政法规、地方性法规不得作出扩大规定。

法律中未设定行政强制措施的，行政法规、地方性法规不得设定行政强制措施。但是，法律规定特定事项由行政法规规定具体管理措施的，行政法规可以设定除本法第九条第一项、第四项和应当由法律规定的行政强制措施以外的其他行政强制措施。

第十二条　行政强制执行的方式：

（一）加处罚款或者滞纳金；

（二）划拨存款、汇款；

（三）拍卖或者依法处理查封、扣押的场所、设施或者财物；

（四）排除妨碍、恢复原状；

（五）代履行；

（六）其他强制执行方式。

第十三条　行政强制执行由法律设定。

法律没有规定行政机关强制执行的，作出行政决定的行政机关应当申请人民法院强制执行。

第十四条　起草法律草案、法规草案，拟设定行政强制的，起草单位应当采取听证会、论证会等形式听取意见，并向制定机关说明设定该行政强制的必要性、可能产生的影响以及听取和采纳意见的情况。

第十五条　行政强制的设定机关应当定期对其设定的行政强制进行评价，并对不适当的行政强制及时予以修改或者废止。

行政强制的实施机关可以对已设定的行政强制的实施情况及存在的必要性适时进行评价，并将意见报告该行政强制的设定机关。

公民、法人或者其他组织可以向行政强制的设定机关和实施机关就行政强制的设定和实施提出意见和建议。有关机关应当认真研究论证，并以适当方式予以反馈。

第三章　行政强制措施实施程序

第一节　一般规定

第十六条　行政机关履行行政管理职责，依照法律、法规的规定，实施行政强制措施。

违法行为情节显著轻微或者没有明显社会危害的，可以不采取行政强制措施。

第十七条　行政强制措施由法律、法规规定的行政机关在法定职权范围内实施。行政强制措施权不得委托。

依据《中华人民共和国行政处罚法》的规定行使相对集中行政处罚权的行政机关，可以实施法律、法规规定的与行政处罚权有关的行政强制措施。

行政强制措施应当由行政机关具备资格的行政执法人员实施，其他人员不得实施。

第十八条　行政机关实施行政强制措施应当遵守下列规定：

（一）实施前须向行政机关负责人报告并经批准；

（二）由两名以上行政执法人员实施；

（三）出示执法身份证件；

（四）通知当事人到场；

（五）当场告知当事人采取行政强制措施的理由、依据以及当事人依法享有的权利、救济途径；

（六）听取当事人的陈述和申辩；

（七）制作现场笔录；

（八）现场笔录由当事人和行政执法人员签名或者盖章，当事人拒绝的，在笔录中予以注明；

（九）当事人不到场的，邀请见证人到场，由见证人和行政执法人员在现场笔录上签名或者盖章；

（十）法律、法规规定的其他程序。

第十九条　情况紧急，需要当场实施行政强制措施的，行政执法人员应当在二十四小时内向行政机关负责人报告，并补办批准手续。行政机关负责人认为不应当采取行政强制措施的，应当立即解除。

第二十条　依照法律规定实施限制公民人身自由的行政强制措施，除应当履行本法第十八条规定的程序外，还应当遵守下列规定：

（一）当场告知或者实施行政强制措施后立即通知当事人家属实施行政强制措施的行政机关、地点和期限；

（二）在紧急情况下当场实施行政强制措施的，在返回行政机关后，立即向行政机关负责人报告并补办批准手续；

（三）法律规定的其他程序。

实施限制人身自由的行政强制措施不得超过法定期限。实施行政强制措施的目的已经达到或者条件已经消失，应当立即解除。

第二十一条　违法行为涉嫌犯罪应当移送司法机关的，行政机关应当将查封、扣押、冻结的财物一并移送，并书面告知当事人。

第二节　查封、扣押

第二十二条　查封、扣押应当由法律、法规规定的行政机关实施，其他任何行政机关或者组织不得实施。

第二十三条　查封、扣押限于涉案的场所、设施或者财物，不得查封、扣押与违法行为无关的场所、设施或者财物；不得查封、扣押公民个人及其所扶养家属的生活必需品。

当事人的场所、设施或者财物已被其他国家机关依法查封的，不得重复查封。

第二十四条　行政机关决定实施查封、扣押的，应当履行本法第十八条规定的程序，制作并当场交付查封、扣押决定书和清单。

查封、扣押决定书应当载明下列事项：

（一）当事人的姓名或者名称、地址；

（二）查封、扣押的理由、依据和期限；

（三）查封、扣押场所、设施或者财物的名称、数量等；

（四）申请行政复议或者提起行政诉讼的途径和期限；

（五）行政机关的名称、印章和日期。

查封、扣押清单一式二份，由当事人和

行政机关分别保存。

第二十五条 查封、扣押的期限不得超过三十日；情况复杂的，经行政机关负责人批准，可以延长，但是延长期限不得超过三十日。法律、行政法规另有规定的除外。

延长查封、扣押的决定应当及时书面告知当事人，并说明理由。

对物品需要进行检测、检验、检疫或者技术鉴定的，查封、扣押的期间不包括检测、检验、检疫或者技术鉴定的期间。检测、检验、检疫或者技术鉴定的期间应当明确，并书面告知当事人。检测、检验、检疫或者技术鉴定的费用由行政机关承担。

第二十六条 对查封、扣押的场所、设施或者财物，行政机关应当妥善保管，不得使用或者损毁；造成损失的，应当承担赔偿责任。

对查封的场所、设施或者财物，行政机关可以委托第三人保管，第三人不得损毁或者擅自转移、处置。因第三人的原因造成的损失，行政机关先行赔付后，有权向第三人追偿。

因查封、扣押发生的保管费用由行政机关承担。

第二十七条 行政机关采取查封、扣押措施后，应当及时查清事实，在本法第二十五条规定的期限内作出处理决定。对违法事实清楚，依法应当没收的非法财物予以没收；法律、行政法规规定应当销毁的，依法销毁；应当解除查封、扣押的，作出解除查封、扣押的决定。

第二十八条 有下列情形之一的，行政机关应当及时作出解除查封、扣押决定：

（一）当事人没有违法行为；

（二）查封、扣押的场所、设施或者财物与违法行为无关；

（三）行政机关对违法行为已经作出处理决定，不再需要查封、扣押；

（四）查封、扣押期限已经届满；

（五）其他不再需要采取查封、扣押措施的情形。

解除查封、扣押应当立即退还财物；已将鲜活物品或者其他不易保管的财物拍卖或者变卖的，退还拍卖或者变卖所得款项。变卖价格明显低于市场价格，给当事人造成损失的，应当给予补偿。

第三节 冻 结

第二十九条 冻结存款、汇款应当由法律规定的行政机关实施，不得委托给其他行政机关或者组织；其他任何行政机关或者组织不得冻结存款、汇款。

冻结存款、汇款的数额应当与违法行为涉及的金额相当；已被其他国家机关依法冻结的，不得重复冻结。

第三十条 行政机关依照法律规定决定实施冻结存款、汇款的，应当履行本法第十八条第一项、第二项、第三项、第七项规定的程序，并向金融机构交付冻结通知书。

金融机构接到行政机关依法作出的冻结通知书后，应当立即予以冻结，不得拖延，不得在冻结前向当事人泄露信息。

法律规定以外的行政机关或者组织要求冻结当事人存款、汇款的，金融机构应当拒绝。

第三十一条 依照法律规定冻结存款、汇款的，作出决定的行政机关应当在三日内向当事人交付冻结决定书。冻结决定书应当载明下列事项：

（一）当事人的姓名或者名称、地址；

（二）冻结的理由、依据和期限；

（三）冻结的账号和数额；

（四）申请行政复议或者提起行政诉讼的途径和期限；

（五）行政机关的名称、印章和日期。

第三十二条 自冻结存款、汇款之日起三十日内，行政机关应当作出处理决定或者作出解除冻结决定；情况复杂的，经行政机关负责人批准，可以延长，但是延长期限不得超过三十日。法律另有规定的除外。

延长冻结的决定应当及时书面告知当事人，并说明理由。

第三十三条　有下列情形之一的，行政机关应当及时作出解除冻结决定：

（一）当事人没有违法行为；

（二）冻结的存款、汇款与违法行为无关；

（三）行政机关对违法行为已经作出处理决定，不再需要冻结；

（四）冻结期限已经届满；

（五）其他不再需要采取冻结措施的情形。

行政机关作出解除冻结决定的，应当及时通知金融机构和当事人。金融机构接到通知后，应当立即解除冻结。

行政机关逾期未作出处理决定或者解除冻结决定的，金融机构应当自冻结期满之日起解除冻结。

第四章　行政机关强制执行程序

第一节　一般规定

第三十四条　行政机关依法作出行政决定后，当事人在行政机关决定的期限内不履行义务的，具有行政强制执行权的行政机关依照本章规定强制执行。

第三十五条　行政机关作出强制执行决定前，应当事先催告当事人履行义务。催告应当以书面形式作出，并载明下列事项：

（一）履行义务的期限；

（二）履行义务的方式；

（三）涉及金钱给付的，应当有明确的金额和给付方式；

（四）当事人依法享有的陈述权和申辩权。

第三十六条　当事人收到催告书后有权进行陈述和申辩。行政机关应当充分听取当事人的意见，对当事人提出的事实、理由和证据，应当进行记录、复核。当事人提出的事实、理由或者证据成立的，行政机关应当采纳。

第三十七条　经催告，当事人逾期仍不履行行政决定，且无正当理由的，行政机关可以作出强制执行决定。

强制执行决定应当以书面形式作出，并载明下列事项：

（一）当事人的姓名或者名称、地址；

（二）强制执行的理由和依据；

（三）强制执行的方式和时间；

（四）申请行政复议或者提起行政诉讼的途径和期限；

（五）行政机关的名称、印章和日期。

在催告期间，对有证据证明有转移或者隐匿财物迹象的，行政机关可以作出立即强制执行决定。

第三十八条　催告书、行政强制执行决定书应当直接送达当事人。当事人拒绝接收或者无法直接送达当事人的，应当依照《中华人民共和国民事诉讼法》的有关规定送达。

第三十九条　有下列情形之一的，中止执行：

（一）当事人履行行政决定确有困难或者暂无履行能力的；

（二）第三人对执行标的主张权利，确有理由的；

（三）执行可能造成难以弥补的损失，且中止执行不损害公共利益的；

（四）行政机关认为需要中止执行的其他情形。

中止执行的情形消失后，行政机关应当恢复执行。对没有明显社会危害，当事人确无能力履行，中止执行满三年未恢复执行的，行政机关不再执行。

第四十条　有下列情形之一的，终结执行：

（一）公民死亡，无遗产可供执行，又无义务承受人的；

（二）法人或者其他组织终止，无财产可供执行，又无义务承受人的；

（三）执行标的灭失的；

（四）据以执行的行政决定被撤销的；

（五）行政机关认为需要终结执行的其他情形。

第四十一条　在执行中或者执行完毕后，据以执行的行政决定被撤销、变更，或者执行错误的，应当恢复原状或者退还财物；不能恢复原状或者退还财物的，依法给予赔偿。

第四十二条　实施行政强制执行，行政机关可以在不损害公共利益和他人合法权益的情况下，与当事人达成执行协议。执行协议可以约定分阶段履行；当事人采取补救措施的，可以减免加处的罚款或者滞纳金。

执行协议应当履行。当事人不履行执行协议的，行政机关应当恢复强制执行。

第四十三条　行政机关不得在夜间或者法定节假日实施行政强制执行。但是，情况紧急的除外。

行政机关不得对居民生活采取停止供水、供电、供热、供燃气等方式迫使当事人履行相关行政决定。

第四十四条　对违法的建筑物、构筑物、设施等需要强制拆除的，应当由行政机关予以公告，限期当事人自行拆除。当事人在法定期限内不申请行政复议或者提起行政诉讼，又不拆除的，行政机关可以依法强制拆除。

第二节　金钱给付义务的执行

第四十五条　行政机关依法作出金钱给付义务的行政决定，当事人逾期不履行的，行政机关可以依法加处罚款或者滞纳金。加处罚款或者滞纳金的标准应当告知当事人。

加处罚款或者滞纳金的数额不得超出金钱给付义务的数额。

第四十六条　行政机关依照本法第四十五条规定实施加处罚款或者滞纳金超过三十日，经催告当事人仍不履行的，具有行政强制执行权的行政机关可以强制执行。

行政机关实施强制执行前，需要采取查封、扣押、冻结措施的，依照本法第三章规定办理。

没有行政强制执行权的行政机关应当申请人民法院强制执行。但是，当事人在法定期限内不申请行政复议或者提起行政诉讼，经催告仍不履行的，在实施行政管理过程中已经采取查封、扣押措施的行政机关，可以将查封、扣押的财物依法拍卖抵缴罚款。

第四十七条　划拨存款、汇款应当由法律规定的行政机关决定，并书面通知金融机构。金融机构接到行政机关依法作出划拨存款、汇款的决定后，应当立即划拨。

法律规定以外的行政机关或者组织要求划拨当事人存款、汇款的，金融机构应当拒绝。

第四十八条　依法拍卖财物，由行政机关委托拍卖机构依照《中华人民共和国拍卖法》的规定办理。

第四十九条　划拨的存款、汇款以及拍卖和依法处理所得的款项应当上缴国库或者划入财政专户。任何行政机关或者个人不得以任何形式截留、私分或者变相私分。

第三节　代履行

第五十条　行政机关依法作出要求当事人履行排除妨碍、恢复原状等义务的行政决定，当事人逾期不履行，经催告仍不履行，其后果已经或者将危害交通安全、造成环境污染或者破坏自然资源的，行政机关可以代履行，或者委托没有利害关系的第三人代履行。

第五十一条　代履行应当遵守下列规定：

（一）代履行前送达决定书，代履行决定书应当载明当事人的姓名或者名称、地址，代履行的理由和依据、方式和时间、标的、费用预算以及代履行人；

（二）代履行三日前，催告当事人履行，当事人履行的，停止代履行；

（三）代履行时，作出决定的行政机关应当派员到场监督；

（四）代履行完毕，行政机关到场监督的工作人员、代履行人和当事人或者见证人应当在执行文书上签名或者盖章。

代履行的费用按照成本合理确定，由当事人承担。但是，法律另有规定的除外。

代履行不得采用暴力、胁迫以及其他非法方式。

第五十二条 需要立即清除道路、河道、航道或者公共场所的遗洒物、障碍物或者污染物，当事人不能清除的，行政机关可以决定立即实施代履行；当事人不在场的，行政机关应当在事后立即通知当事人，并依法作出处理。

第五章 申请人民法院强制执行

第五十三条 当事人在法定期限内不申请行政复议或者提起行政诉讼，又不履行行政决定的，没有行政强制执行权的行政机关可以自期限届满之日起三个月内，依照本章规定申请人民法院强制执行。

第五十四条 行政机关申请人民法院强制执行前，应当催告当事人履行义务。催告书送达十日后当事人仍未履行义务的，行政机关可以向所在地有管辖权的人民法院申请强制执行；执行对象是不动产的，向不动产所在地有管辖权的人民法院申请强制执行。

第五十五条 行政机关向人民法院申请强制执行，应当提供下列材料：

（一）强制执行申请书；

（二）行政决定书及作出决定的事实、理由和依据；

（三）当事人的意见及行政机关催告情况；

（四）申请强制执行标的情况；

（五）法律、行政法规规定的其他材料。

强制执行申请书应当由行政机关负责人签名，加盖行政机关的印章，并注明日期。

第五十六条 人民法院接到行政机关强制执行的申请，应当在五日内受理。

行政机关对人民法院不予受理的裁定有异议的，可以在十五日内向上一级人民法院申请复议，上一级人民法院应当自收到复议申请之日起十五日内作出是否受理的裁定。

第五十七条 人民法院对行政机关强制执行的申请进行书面审查，对符合本法第五十五条规定，且行政决定具备法定执行效力的，除本法第五十八条规定的情形外，人民法院应当自受理之日起七日内作出执行裁定。

第五十八条 人民法院发现有下列情形之一的，在作出裁定前可以听取被执行人和行政机关的意见：

（一）明显缺乏事实根据的；

（二）明显缺乏法律、法规依据的；

（三）其他明显违法并损害被执行人合法权益的。

人民法院应当自受理之日起三十日内作出是否执行的裁定。裁定不予执行的，应当说明理由，并在五日内将不予执行的裁定送达行政机关。

行政机关对人民法院不予执行的裁定有异议的，可以自收到裁定之日起十五日内向上一级人民法院申请复议，上一级人民法院应当自收到复议申请之日起三十日内作出是否执行的裁定。

第五十九条 因情况紧急，为保障公共安全，行政机关可以申请人民法院立即执行。经人民法院院长批准，人民法院应当自作出执行裁定之日起五日内执行。

第六十条 行政机关申请人民法院强制执行，不缴纳申请费。强制执行的费用由被执行人承担。

人民法院以划拨、拍卖方式强制执行的，可以在划拨、拍卖后将强制执行的费用扣除。

依法拍卖财物，由人民法院委托拍卖机构依照《中华人民共和国拍卖法》的规定办理。

划拨的存款、汇款以及拍卖和依法处理所得的款项应当上缴国库或者划入财政专户，不得以任何形式截留、私分或者变相私分。

第六章　法律责任

第六十一条　行政机关实施行政强制，有下列情形之一的，由上级行政机关或者有关部门责令改正，对直接负责的主管人员和其他直接责任人员依法给予处分：

（一）没有法律、法规依据的；

（二）改变行政强制对象、条件、方式的；

（三）违反法定程序实施行政强制的；

（四）违反本法规定，在夜间或者法定节假日实施行政强制执行的；

（五）对居民生活采取停止供水、供电、供热、供燃气等方式迫使当事人履行相关行政决定的；

（六）有其他违法实施行政强制情形的。

第六十二条　违反本法规定，行政机关有下列情形之一的，由上级行政机关或者有关部门责令改正，对直接负责的主管人员和其他直接责任人员依法给予处分：

（一）扩大查封、扣押、冻结范围的；

（二）使用或者损毁查封、扣押场所、设施或者财物的；

（三）在查封、扣押法定期间不作出处理决定或者未依法及时解除查封、扣押的；

（四）在冻结存款、汇款法定期间不作出处理决定或者未依法及时解除冻结的。

第六十三条　行政机关将查封、扣押的财物或者划拨的存款、汇款以及拍卖和依法处理所得的款项，截留、私分或者变相私分的，由财政部门或者有关部门予以追缴；对直接负责的主管人员和其他直接责任人员依法给予记大过、降级、撤职或者开除的处分。

行政机关工作人员利用职务上的便利，将查封、扣押的场所、设施或者财物据为己有的，由上级行政机关或者有关部门责令改正，依法给予记大过、降级、撤职或者开除的处分。

第六十四条　行政机关及其工作人员利用行政强制权为单位或者个人谋取利益的，由上级行政机关或者有关部门责令改正，对直接负责的主管人员和其他直接责任人员依法给予处分。

第六十五条　违反本法规定，金融机构有下列行为之一的，由金融业监督管理机构责令改正，对直接负责的主管人员和其他直接责任人员依法给予处分：

（一）在冻结前向当事人泄露信息的；

（二）对应当立即冻结、划拨的存款、汇款不冻结或者不划拨，致使存款、汇款转移的；

（三）将不应当冻结、划拨的存款、汇款予以冻结或者划拨的；

（四）未及时解除冻结存款、汇款的。

第六十六条　违反本法规定，金融机构将款项划入国库或者财政专户以外的其他账户的，由金融业监督管理机构责令改正，并处以违法划拨款项二倍的罚款；对直接负责的主管人员和其他直接责任人员依法给予处分。

违反本法规定，行政机关、人民法院指令金融机构将款项划入国库或者财政专户以外的其他账户的，对直接负责的主管人员和其他直接责任人员依法给予处分。

第六十七条　人民法院及其工作人员在强制执行中有违法行为或者扩大强制执行范围的，对直接负责的主管人员和其他直接责任人员依法给予处分。

第六十八条　违反本法规定，给公民、法人或者其他组织造成损失的，依法给予赔偿。

违反本法规定，构成犯罪的，依法追究刑事责任。

第七章　附　　则

第六十九条　本法中十日以内期限的规定是指工作日，不含法定节假日。

第七十条　法律、行政法规授权的具有管理公共事务职能的组织在法定授权范围内，以自己的名义实施行政强制，适用本法有关行政机关的规定。

第七十一条　本法自2012年1月1日起施行。

中华人民共和国行政许可法

（2003年8月27日第十届全国人民代表大会常务委员会第四次会议通过，根据2019年4月23日第十三届全国人民代表大会常务委员会第十次会议《关于修改〈中华人民共和国建筑法〉等八部法律的决定》修正）

第一章　总　　则

第一条　为了规范行政许可的设定和实施，保护公民、法人和其他组织的合法权益，维护公共利益和社会秩序，保障和监督行政机关有效实施行政管理，根据宪法，制定本法。

第二条　本法所称行政许可，是指行政机关根据公民、法人或者其他组织的申请，经依法审查，准予其从事特定活动的行为。

第三条　行政许可的设定和实施，适用本法。

有关行政机关对其他机关或者对其直接管理的事业单位的人事、财务、外事等事项的审批，不适用本法。

第四条　设定和实施行政许可，应当依照法定的权限、范围、条件和程序。

第五条　设定和实施行政许可，应当遵循公开、公平、公正、非歧视的原则。

有关行政许可的规定应当公布；未经公布的，不得作为实施行政许可的依据。行政许可的实施和结果，除涉及国家秘密、商业秘密或者个人隐私的外，应当公开。未经申请人同意，行政机关及其工作人员、参与专家评审等的人员不得披露申请人提交的商业秘密、未披露信息或者保密商务信息，法律另有规定或者涉及国家安全、重大社会公共利益的除外；行政机关依法公开申请人前述信息的，允许申请人在合理期限内提出异议。

符合法定条件、标准的，申请人有依法取得行政许可的平等权利，行政机关不得歧视任何人。

第六条　实施行政许可，应当遵循便民的原则，提高办事效率，提供优质服务。

第七条　公民、法人或者其他组织对行政机关实施行政许可，享有陈述权、申辩权；有权依法申请行政复议或者提起行政诉讼；其合法权益因行政机关违法实施行政许可受到损害的，有权依法要求赔偿。

第八条　公民、法人或者其他组织依法取得的行政许可受法律保护，行政机关不得擅自改变已经生效的行政许可。

行政许可所依据的法律、法规、规章修改或者废止，或者准予行政许可所依据的客观情况发生重大变化的，为了公共利益的需要，行政机关可以依法变更或者撤回已经生效的行政许可。由此给公民、法人或者其他组织造成财产损失的，行政机关应当依法给予补偿。

第九条 依法取得的行政许可，除法律、法规规定依照法定条件和程序可以转让的外，不得转让。

第十条 县级以上人民政府应当建立健全对行政机关实施行政许可的监督制度，加强对行政机关实施行政许可的监督检查。

行政机关应当对公民、法人或者其他组织从事行政许可事项的活动实施有效监督。

第二章 行政许可的设定

第十一条 设定行政许可，应当遵循经济和社会发展规律，有利于发挥公民、法人或者其他组织的积极性、主动性，维护公共利益和社会秩序，促进经济、社会和生态环境协调发展。

第十二条 下列事项可以设定行政许可：

（一）直接涉及国家安全、公共安全、经济宏观调控、生态环境保护以及直接关系人身健康、生命财产安全等特定活动，需要按照法定条件予以批准的事项；

（二）有限自然资源开发利用、公共资源配置以及直接关系公共利益的特定行业的市场准入等，需要赋予特定权利的事项；

（三）提供公众服务并且直接关系公共利益的职业、行业，需要确定具备特殊信誉、特殊条件或者特殊技能等资格、资质的事项；

（四）直接关系公共安全、人身健康、生命财产安全的重要设备、设施、产品、物品，需要按照技术标准、技术规范，通过检验、检测、检疫等方式进行审定的事项；

（五）企业或者其他组织的设立等，需要确定主体资格的事项；

（六）法律、行政法规规定可以设定行政许可的其他事项。

第十三条 本法第十二条所列事项，通过下列方式能够予以规范的，可以不设行政许可：

（一）公民、法人或者其他组织能够自主决定的；

（二）市场竞争机制能够有效调节的；

（三）行业组织或者中介机构能够自律管理的；

（四）行政机关采用事后监督等其他行政管理方式能够解决的。

第十四条 本法第十二条所列事项，法律可以设定行政许可。尚未制定法律的，行政法规可以设定行政许可。

必要时，国务院可以采用发布决定的方式设定行政许可。实施后，除临时性行政许可事项外，国务院应当及时提请全国人民代表大会及其常务委员会制定法律，或者自行制定行政法规。

第十五条 本法第十二条所列事项，尚未制定法律、行政法规的，地方性法规可以设定行政许可；尚未制定法律、行政法规和地方性法规的，因行政管理的需要，确需立即实施行政许可的，省、自治区、直辖市人民政府规章可以设定临时性的行政许可。临时性的行政许可实施满一年需要继续实施的，应当提请本级人民代表大会及其常务委员会制定地方性法规。

地方性法规和省、自治区、直辖市人民政府规章，不得设定应当由国家统一确定的公民、法人或者其他组织的资格、资质的行政许可；不得设定企业或者其他组织的设立登记及其前置性行政许可。其设定的行政许可，不得限制其他地区的个人或者企业到本地区从事生产经营和提供服务，不得限制其他地区的商品进入本地区市场。

第十六条 行政法规可以在法律设定的行政许可事项范围内，对实施该行政许可作出具体规定。

地方性法规可以在法律、行政法规设定的行政许可事项范围内，对实施该行政许可作出具体规定。

规章可以在上位法设定的行政许可事项

范围内，对实施该行政许可作出具体规定。

法规、规章对实施上位法设定的行政许可作出的具体规定，不得增设行政许可；对行政许可条件作出的具体规定，不得增设违反上位法的其他条件。

第十七条　除本法第十四条、第十五条规定的外，其他规范性文件一律不得设定行政许可。

第十八条　设定行政许可，应当规定行政许可的实施机关、条件、程序、期限。

第十九条　起草法律草案、法规草案和省、自治区、直辖市人民政府规章草案，拟设定行政许可的，起草单位应当采取听证会、论证会等形式听取意见，并向制定机关说明设定该行政许可的必要性、对经济和社会可能产生的影响以及听取和采纳意见的情况。

第二十条　行政许可的设定机关应当定期对其设定的行政许可进行评价；对已设定的行政许可，认为通过本法第十三条所列方式能够解决的，应当对设定该行政许可的规定及时予以修改或者废止。

行政许可的实施机关可以对已设定的行政许可的实施情况及存在的必要性适时进行评价，并将意见报告该行政许可的设定机关。

公民、法人或者其他组织可以向行政许可的设定机关和实施机关就行政许可的设定和实施提出意见和建议。

第二十一条　省、自治区、直辖市人民政府对行政法规设定的有关经济事务的行政许可，根据本行政区域经济和社会发展情况，认为通过本法第十三条所列方式能够解决的，报国务院批准后，可以在本行政区域内停止实施该行政许可。

第三章　行政许可的实施机关

第二十二条　行政许可由具有行政许可权的行政机关在其法定职权范围内实施。

第二十三条　法律、法规授权的具有管理公共事务职能的组织，在法定授权范围内，以自己的名义实施行政许可。被授权的组织适用本法有关行政机关的规定。

第二十四条　行政机关在其法定职权范围内，依照法律、法规、规章的规定，可以委托其他行政机关实施行政许可。委托机关应当将受委托行政机关和受委托实施行政许可的内容予以公告。

委托行政机关对受委托行政机关实施行政许可的行为应当负责监督，并对该行为的后果承担法律责任。

受委托行政机关在委托范围内，以委托行政机关名义实施行政许可；不得再委托其他组织或者个人实施行政许可。

第二十五条　经国务院批准，省、自治区、直辖市人民政府根据精简、统一、效能的原则，可以决定一个行政机关行使有关行政机关的行政许可权。

第二十六条　行政许可需要行政机关内设的多个机构办理的，该行政机关应当确定一个机构统一受理行政许可申请，统一送达行政许可决定。

行政许可依法由地方人民政府两个以上部门分别实施的，本级人民政府可以确定一个部门受理行政许可申请并转告有关部门分别提出意见后统一办理，或者组织有关部门联合办理、集中办理。

第二十七条　行政机关实施行政许可，不得向申请人提出购买指定商品、接受有偿服务等不正当要求。

行政机关工作人员办理行政许可，不得索取或者收受申请人的财物，不得谋取其他利益。

第二十八条　对直接关系公共安全、人身健康、生命财产安全的设备、设施、产品、物品的检验、检测、检疫，除法律、行政法规规定由行政机关实施的外，应当逐步由符合法定条件的专业技术组织实施。专业技术组织及其有关人员对所实施的检验、检测、检疫结论承担法律责任。

第四章　行政许可的实施程序

第一节　申请与受理

第二十九条　公民、法人或者其他组织从事特定活动，依法需要取得行政许可的，应当向行政机关提出申请。申请书需要采用格式文本的，行政机关应当向申请人提供行政许可申请书格式文本。申请书格式文本中不得包含与申请行政许可事项没有直接关系的内容。

申请人可以委托代理人提出行政许可申请。但是，依法应当由申请人到行政机关办公场所提出行政许可申请的除外。

行政许可申请可以通过信函、电报、电传、传真、电子数据交换和电子邮件等方式提出。

第三十条　行政机关应当将法律、法规、规章规定的有关行政许可的事项、依据、条件、数量、程序、期限以及需要提交的全部材料的目录和申请书示范文本等在办公场所公示。

申请人要求行政机关对公示内容予以说明、解释的，行政机关应当说明、解释，提供准确、可靠的信息。

第三十一条　申请人申请行政许可，应当如实向行政机关提交有关材料和反映真实情况，并对其申请材料实质内容的真实性负责。行政机关不得要求申请人提交与其申请的行政许可事项无关的技术资料和其他材料。

行政机关及其工作人员不得以转让技术作为取得行政许可的条件；不得在实施行政许可的过程中，直接或者间接地要求转让技术。

第三十二条　行政机关对申请人提出的行政许可申请，应当根据下列情况分别作出处理：

（一）申请事项依法不需要取得行政许可的，应当即时告知申请人不受理；

（二）申请事项依法不属于本行政机关职权范围的，应当即时作出不予受理的决定，并告知申请人向有关行政机关申请；

（三）申请材料存在可以当场更正的错误的，应当允许申请人当场更正；

（四）申请材料不齐全或者不符合法定形式的，应当当场或者在五日内一次告知申请人需要补正的全部内容，逾期不告知的，自收到申请材料之日起即为受理；

（五）申请事项属于本行政机关职权范围，申请材料齐全、符合法定形式，或者申请人按照本行政机关的要求提交全部补正申请材料的，应当受理行政许可申请。

行政机关受理或者不予受理行政许可申请，应当出具加盖本行政机关专用印章和注明日期的书面凭证。

第三十三条　行政机关应当建立和完善有关制度，推行电子政务，在行政机关的网站上公布行政许可事项，方便申请人采取数据电文等方式提出行政许可申请；应当与其他行政机关共享有关行政许可信息，提高办事效率。

第二节　审查与决定

第三十四条　行政机关应当对申请人提交的申请材料进行审查。

申请人提交的申请材料齐全、符合法定形式，行政机关能够当场作出决定的，应当当场作出书面的行政许可决定。

根据法定条件和程序，需要对申请材料的实质内容进行核实的，行政机关应当指派两名以上工作人员进行核查。

第三十五条　依法应当先经下级行政机关审查后报上级行政机关决定的行政许可，下级行政机关应当在法定期限内将初步审查意见和全部申请材料直接报送上级行政机关。上级行政机关不得要求申请人重复提供申请材料。

第三十六条　行政机关对行政许可申请进行审查时，发现行政许可事项直接关系他人重大利益的，应当告知该利害关系人。申请人、利害关系人有权进行陈述和申辩。行政机关应当听取申请人、利害关系人的意见。

第三十七条　行政机关对行政许可申请进行审查后，除当场作出行政许可决定的外，应当在法定期限内按照规定程序作出行政许可决定。

第三十八条　申请人的申请符合法定条件、标准的，行政机关应当依法作出准予行政许可的书面决定。

行政机关依法作出不予行政许可的书面决定的，应当说明理由，并告知申请人享有依法申请行政复议或者提起行政诉讼的权利。

第三十九条　行政机关作出准予行政许可的决定，需要颁发行政许可证件的，应当向申请人颁发加盖本行政机关印章的下列行政许可证件：

（一）许可证、执照或者其他许可证书；

（二）资格证、资质证或者其他合格证书；

（三）行政机关的批准文件或者证明文件；

（四）法律、法规规定的其他行政许可证件。

行政机关实施检验、检测、检疫的，可以在检验、检测、检疫合格的设备、设施、产品、物品上加贴标签或者加盖检验、检测、检疫印章。

第四十条　行政机关作出的准予行政许可决定，应当予以公开，公众有权查阅。

第四十一条　法律、行政法规设定的行政许可，其适用范围没有地域限制的，申请人取得的行政许可在全国范围内有效。

第三节　期　　限

第四十二条　除可以当场作出行政许可决定的外，行政机关应当自受理行政许可申请之日起二十日内作出行政许可决定。二十日内不能作出决定的，经本行政机关负责人批准，可以延长十日，并应当将延长期限的理由告知申请人。但是，法律、法规另有规定的，依照其规定。

依照本法第二十六条的规定，行政许可采取统一办理或者联合办理、集中办理的，办理的时间不得超过四十五日；四十五日内不能办结的，经本级人民政府负责人批准，可以延长十五日，并应当将延长期限的理由告知申请人。

第四十三条　依法应当先经下级行政机关审查后报上级行政机关决定的行政许可，下级行政机关应当自其受理行政许可申请之日起二十日内审查完毕。但是，法律、法规另有规定的，依照其规定。

第四十四条　行政机关作出准予行政许可的决定，应当自作出决定之日起十日内向申请人颁发、送达行政许可证件，或者加贴标签、加盖检验、检测、检疫印章。

第四十五条　行政机关作出行政许可决定，依法需要听证、招标、拍卖、检验、检测、检疫、鉴定和专家评审的，所需时间不计算在本节规定的期限内。行政机关应当将所需时间书面告知申请人。

第四节　听　　证

第四十六条　法律、法规、规章规定实施行政许可应当听证的事项，或者行政机关认为需要听证的其他涉及公共利益的重大行政许可事项，行政机关应当向社会公告，并举行听证。

第四十七条　行政许可直接涉及申请人与他人之间重大利益关系的，行政机关在作出行政许可决定前，应当告知申请人、利害关系人享有要求听证的权利；申请人、利害关系人在被告知听证权利之日起五日内提出听证申请的，行政机关应当在二十日内组织听证。

申请人、利害关系人不承担行政机关组

织听证的费用。

第四十八条 听证按照下列程序进行：

（一）行政机关应当于举行听证的七日前将举行听证的时间、地点通知申请人、利害关系人，必要时予以公告；

（二）听证应当公开举行；

（三）行政机关应当指定审查该行政许可申请的工作人员以外的人员为听证主持人，申请人、利害关系人认为主持人与该行政许可事项有直接利害关系的，有权申请回避；

（四）举行听证时，审查该行政许可申请的工作人员应当提供审查意见的证据、理由，申请人、利害关系人可以提出证据，并进行申辩和质证；

（五）听证应当制作笔录，听证笔录应当交听证参加人确认无误后签字或者盖章。

行政机关应当根据听证笔录，作出行政许可决定。

第五节 变更与延续

第四十九条 被许可人要求变更行政许可事项的，应当向作出行政许可决定的行政机关提出申请；符合法定条件、标准的，行政机关应当依法办理变更手续。

第五十条 被许可人需要延续依法取得的行政许可的有效期的，应当在该行政许可有效期届满三十日前向作出行政许可决定的行政机关提出申请。但是，法律、法规、规章另有规定的，依照其规定。

行政机关应当根据被许可人的申请，在该行政许可有效期届满前作出是否准予延续的决定；逾期未作决定的，视为准予延续。

第六节 特别规定

第五十一条 实施行政许可的程序，本节有规定的，适用本节规定；本节没有规定的，适用本章其他有关规定。

第五十二条 国务院实施行政许可的程序，适用有关法律、行政法规的规定。

第五十三条 实施本法第十二条第二项所列事项的行政许可的，行政机关应当通过招标、拍卖等公平竞争的方式作出决定。但是，法律、行政法规另有规定的，依照其规定。

行政机关通过招标、拍卖等方式作出行政许可决定的具体程序，依照有关法律、行政法规的规定。

行政机关按照招标、拍卖程序确定中标人、买受人后，应当作出准予行政许可的决定，并依法向中标人、买受人颁发行政许可证件。

行政机关违反本条规定，不采用招标、拍卖方式，或者违反招标、拍卖程序，损害申请人合法权益的，申请人可以依法申请行政复议或者提起行政诉讼。

第五十四条 实施本法第十二条第三项所列事项的行政许可，赋予公民特定资格，依法应当举行国家考试的，行政机关根据考试成绩和其他法定条件作出行政许可决定；赋予法人或者其他组织特定的资格、资质的，行政机关根据申请人的专业人员构成、技术条件、经营业绩和管理水平等的考核结果作出行政许可决定。但是，法律、行政法规另有规定的，依照其规定。

公民特定资格的考试依法由行政机关或者行业组织实施，公开举行。行政机关或者行业组织应当事先公布资格考试的报名条件、报考办法、考试科目以及考试大纲。但是，不得组织强制性的资格考试的考前培训，不得指定教材或者其他助考材料。

第五十五条 实施本法第十二条第四项所列事项的行政许可的，应当按照技术标准、技术规范依法进行检验、检测、检疫，行政机关根据检验、检测、检疫的结果作出行政许可决定。

行政机关实施检验、检测、检疫，应当自受理申请之日起五日内指派两名以上工作人员按照技术标准、技术规范进行检验、检测、检疫。不需要对检验、检测、检疫结果作进一步技术分析即可认定设备、设施、产品、物品是否符合技术标准、技术规范的，行政机关应当当场作出行政许可决定。

行政机关根据检验、检测、检疫结果，作出不予行政许可决定的，应当书面说明不予行政许可所依据的技术标准、技术规范。

第五十六条　实施本法第十二条第五项所列事项的行政许可，申请人提交的申请材料齐全、符合法定形式的，行政机关应当当场予以登记。需要对申请材料的实质内容进行核实的，行政机关依照本法第三十四条第三款的规定办理。

第五十七条　有数量限制的行政许可，两个或者两个以上申请人的申请均符合法定条件、标准的，行政机关应当根据受理行政许可申请的先后顺序作出准予行政许可的决定。但是，法律、行政法规另有规定的，依照其规定。

第五章　行政许可的费用

第五十八条　行政机关实施行政许可和对行政许可事项进行监督检查，不得收取任何费用。但是，法律、行政法规另有规定的，依照其规定。

行政机关提供行政许可申请书格式文本，不得收费。

行政机关实施行政许可所需经费应当列入本行政机关的预算，由本级财政予以保障，按照批准的预算予以核拨。

第五十九条　行政机关实施行政许可，依照法律、行政法规收取费用的，应当按照公布的法定项目和标准收费；所收取的费用必须全部上缴国库，任何机关或者个人不得以任何形式截留、挪用、私分或者变相私分。财政部门不得以任何形式向行政机关返还或者变相返还实施行政许可所收取的费用。

第六章　监督检查

第六十条　上级行政机关应当加强对下级行政机关实施行政许可的监督检查，及时纠正行政许可实施中的违法行为。

第六十一条　行政机关应当建立健全监督制度，通过核查反映被许可人从事行政许可事项活动情况的有关材料，履行监督责任。

行政机关依法对被许可人从事行政许可事项的活动进行监督检查时，应当将监督检查的情况和处理结果予以记录，由监督检查人员签字后归档。公众有权查阅行政机关监督检查记录。

行政机关应当创造条件，实现与被许可人、其他有关行政机关的计算机档案系统互联，核查被许可人从事行政许可事项活动情况。

第六十二条　行政机关可以对被许可人生产经营的产品依法进行抽样检查、检验、检测，对其生产经营场所依法进行实地检查。检查时，行政机关可以依法查阅或者要求被许可人报送有关材料；被许可人应当如实提供有关情况和材料。

行政机关根据法律、行政法规的规定，对直接关系公共安全、人身健康、生命财产安全的重要设备、设施进行定期检验。对检验合格的，行政机关应当发给相应的证明文件。

第六十三条　行政机关实施监督检查，不得妨碍被许可人正常的生产经营活动，不得索取或者收受被许可人的财物，不得谋取其他利益。

第六十四条　被许可人在作出行政许可决定的行政机关管辖区域外违法从事行政许可事项活动的，违法行为发生地的行政机关应当依法将被许可人的违法事实、处理结果抄告作出行政许可决定的行政机关。

第六十五条　个人和组织发现违法从事行政许可事项的活动，有权向行政机关举报，行政机关应当及时核实、处理。

第六十六条　被许可人未依法履行开发利用自然资源义务或者未依法履行利用公共

资源义务的，行政机关应当责令限期改正；被许可人在规定期限内不改正的，行政机关应当依照有关法律、行政法规的规定予以处理。

第六十七条 取得直接关系公共利益的特定行业的市场准入行政许可的被许可人，应当按照国家规定的服务标准、资费标准和行政机关依法规定的条件，向用户提供安全、方便、稳定和价格合理的服务，并履行普遍服务的义务；未经作出行政许可决定的行政机关批准，不得擅自停业、歇业。

被许可人不履行前款规定的义务的，行政机关应当责令限期改正，或者依法采取有效措施督促其履行义务。

第六十八条 对直接关系公共安全、人身健康、生命财产安全的重要设备、设施，行政机关应当督促设计、建造、安装和使用单位建立相应的自检制度。

行政机关在监督检查时，发现直接关系公共安全、人身健康、生命财产安全的重要设备、设施存在安全隐患的，应当责令停止建造、安装和使用，并责令设计、建造、安装和使用单位立即改正。

第六十九条 有下列情形之一的，作出行政许可决定的行政机关或者其上级行政机关，根据利害关系人的请求或者依据职权，可以撤销行政许可：

（一）行政机关工作人员滥用职权、玩忽职守作出准予行政许可决定的；

（二）超越法定职权作出准予行政许可决定的；

（三）违反法定程序作出准予行政许可决定的；

（四）对不具备申请资格或者不符合法定条件的申请人准予行政许可的；

（五）依法可以撤销行政许可的其他情形。

被许可人以欺骗、贿赂等不正当手段取得行政许可的，应当予以撤销。

依照前两款的规定撤销行政许可，可能对公共利益造成重大损害的，不予撤销。

依照本条第一款的规定撤销行政许可，被许可人的合法权益受到损害的，行政机关应当依法给予赔偿。依照本条第二款的规定撤销行政许可的，被许可人基于行政许可取得的利益不受保护。

第七十条 有下列情形之一的，行政机关应当依法办理有关行政许可的注销手续：

（一）行政许可有效期届满未延续的；

（二）赋予公民特定资格的行政许可，该公民死亡或者丧失行为能力的；

（三）法人或者其他组织依法终止的；

（四）行政许可依法被撤销、撤回，或者行政许可证件依法被吊销的；

（五）因不可抗力导致行政许可事项无法实施的；

（六）法律、法规规定的应当注销行政许可的其他情形。

第七章 法律责任

第七十一条 违反本法第十七条规定设定的行政许可，有关机关应当责令设定该行政许可的机关改正，或者依法予以撤销。

第七十二条 行政机关及其工作人员违反本法的规定，有下列情形之一的，由其上级行政机关或者监察机关责令改正；情节严重的，对直接负责的主管人员和其他直接责任人员依法给予行政处分：

（一）对符合法定条件的行政许可申请不予受理的；

（二）不在办公场所公示依法应当公示的材料的；

（三）在受理、审查、决定行政许可过程中，未向申请人、利害关系人履行法定告知义务的；

（四）申请人提交的申请材料不齐全、不符合法定形式，不一次告知申请人必须补正的全部内容的；

（五）违法披露申请人提交的商业秘密、未披露信息或者保密商务信息的；

（六）以转让技术作为取得行政许可的条件，或者在实施行政许可的过程中直接或者间接地要求转让技术的；

（七）未依法说明不受理行政许可申请或者不予行政许可的理由的；

（八）依法应当举行听证而不举行听证的。

第七十三条　行政机关工作人员办理行政许可、实施监督检查，索取或者收受他人财物或者谋取其他利益，构成犯罪的，依法追究刑事责任；尚不构成犯罪的，依法给予行政处分。

第七十四条　行政机关实施行政许可，有下列情形之一的，由其上级行政机关或者监察机关责令改正，对直接负责的主管人员和其他直接责任人员依法给予行政处分；构成犯罪的，依法追究刑事责任：

（一）对不符合法定条件的申请人准予行政许可或者超越法定职权作出准予行政许可决定的；

（二）对符合法定条件的申请人不予行政许可或者不在法定期限内作出准予行政许可决定的；

（三）依法应当根据招标、拍卖结果或者考试成绩择优作出准予行政许可决定，未经招标、拍卖或者考试，或者不根据招标、拍卖结果或者考试成绩择优作出准予行政许可决定的。

第七十五条　行政机关实施行政许可，擅自收费或者不按照法定项目和标准收费的，由其上级行政机关或者监察机关责令退还非法收取的费用；对直接负责的主管人员和其他直接责任人员依法给予行政处分。

截留、挪用、私分或者变相私分实施行政许可依法收取的费用的，予以追缴；对直接负责的主管人员和其他直接责任人员依法给予行政处分；构成犯罪的，依法追究刑事责任。

第七十六条　行政机关违法实施行政许可，给当事人的合法权益造成损害的，应当依照国家赔偿法的规定给予赔偿。

第七十七条　行政机关不依法履行监督职责或者监督不力，造成严重后果的，由其上级行政机关或者监察机关责令改正，对直接负责的主管人员和其他直接责任人员依法给予行政处分；构成犯罪的，依法追究刑事责任。

第七十八条　行政许可申请人隐瞒有关情况或者提供虚假材料申请行政许可的，行政机关不予受理或者不予行政许可，并给予警告；行政许可申请属于直接关系公共安全、人身健康、生命财产安全事项的，申请人在一年内不得再次申请该行政许可。

第七十九条　被许可人以欺骗、贿赂等不正当手段取得行政许可的，行政机关应当依法给予行政处罚；取得的行政许可属于直接关系公共安全、人身健康、生命财产安全事项的，申请人在三年内不得再次申请该行政许可；构成犯罪的，依法追究刑事责任。

第八十条　被许可人有下列行为之一的，行政机关应当依法给予行政处罚；构成犯罪的，依法追究刑事责任：

（一）涂改、倒卖、出租、出借行政许可证件，或者以其他形式非法转让行政许可的；

（二）超越行政许可范围进行活动的；

（三）向负责监督检查的行政机关隐瞒有关情况、提供虚假材料或者拒绝提供反映其活动情况的真实材料的；

（四）法律、法规、规章规定的其他违法行为。

第八十一条　公民、法人或者其他组织未经行政许可，擅自从事依法应当取得行政许可的活动的，行政机关应当依法采取措施予以制止，并依法给予行政处罚；构成犯罪的，依法追究刑事责任。

第八章　附　　则

第八十二条　本法规定的行政机关实施行政许可的期限以工作日计算，不含法定节假日。

第八十三条 本法自 2004 年 7 月 1 日起施行。

本法施行前有关行政许可的规定，制定机关应当依照本法规定予以清理；不符合本法规定的，自本法施行之日起停止执行。

中华人民共和国行政复议法

（1999 年 4 月 29 日第九届全国人民代表大会常务委员会第九次会议通过，根据 2009 年 8 月 27 日第十一届全国人民代表大会常务委员会第十次会议《关于修改部分法律的决定》第一次修正，根据 2017 年 9 月 1 日第十二届全国人民代表大会常务委员会第二十九次会议《关于修改〈中华人民共和国法官法〉等八部法律的决定》第二次修正，2023 年 9 月 1 日第十四届全国人民代表大会常务委员会第五次会议修订）

第一章　总　　则

第一条 为了防止和纠正违法的或者不当的行政行为，保护公民、法人和其他组织的合法权益，监督和保障行政机关依法行使职权，发挥行政复议化解行政争议的主渠道作用，推进法治政府建设，根据宪法，制定本法。

第二条 公民、法人或者其他组织认为行政机关的行政行为侵犯其合法权益，向行政复议机关提出行政复议申请，行政复议机关办理行政复议案件，适用本法。

前款所称行政行为，包括法律、法规、规章授权的组织的行政行为。

第三条 行政复议工作坚持中国共产党的领导。

行政复议机关履行行政复议职责，应当遵循合法、公正、公开、高效、便民、为民的原则，坚持有错必纠，保障法律、法规的正确实施。

第四条 县级以上各级人民政府以及其他依照本法履行行政复议职责的行政机关是行政复议机关。

行政复议机关办理行政复议事项的机构是行政复议机构。行政复议机构同时组织办理行政复议机关的行政应诉事项。

行政复议机关应当加强行政复议工作，支持和保障行政复议机构依法履行职责。上级行政复议机构对下级行政复议机构的行政复议工作进行指导、监督。

国务院行政复议机构可以发布行政复议指导性案例。

第五条 行政复议机关办理行政复议案件，可以进行调解。

调解应当遵循合法、自愿的原则，不得损害国家利益、社会公共利益和他人合法权益，不得违反法律、法规的强制性规定。

第六条 国家建立专业化、职业化行政复议人员队伍。

行政复议机构中初次从事行政复议工作的人员，应当通过国家统一法律职业资格考试取得法律职业资格，并参加统一职前培训。

国务院行政复议机构应当会同有关部门制定行政复议人员工作规范，加强对行政复议人员的业务考核和管理。

第七条 行政复议机关应当确保行政复议机构的人员配备与所承担的工作任务相适应，提高行政复议人员专业素质，根据工作需要保障办案场所、装备等设施。县级以上各级人民政府应当将行政复议工作经费列入本级预算。

第八条　行政复议机关应当加强信息化建设，运用现代信息技术，方便公民、法人或者其他组织申请、参加行政复议，提高工作质量和效率。

第九条　对在行政复议工作中做出显著成绩的单位和个人，按照国家有关规定给予表彰和奖励。

第十条　公民、法人或者其他组织对行政复议决定不服的，可以依照《中华人民共和国行政诉讼法》的规定向人民法院提起行政诉讼，但是法律规定行政复议决定为最终裁决的除外。

第二章　行政复议申请

第一节　行政复议范围

第十一条　有下列情形之一的，公民、法人或者其他组织可以依照本法申请行政复议：

（一）对行政机关作出的行政处罚决定不服；

（二）对行政机关作出的行政强制措施、行政强制执行决定不服；

（三）申请行政许可，行政机关拒绝或者在法定期限内不予答复，或者对行政机关作出的有关行政许可的其他决定不服；

（四）对行政机关作出的确认自然资源的所有权或者使用权的决定不服；

（五）对行政机关作出的征收征用决定及其补偿决定不服；

（六）对行政机关作出的赔偿决定或者不予赔偿决定不服；

（七）对行政机关作出的不予受理工伤认定申请的决定或者工伤认定结论不服；

（八）认为行政机关侵犯其经营自主权或者农村土地承包经营权、农村土地经营权；

（九）认为行政机关滥用行政权力排除或者限制竞争；

（十）认为行政机关违法集资、摊派费用或者违法要求履行其他义务；

（十一）申请行政机关履行保护人身权利、财产权利、受教育权利等合法权益的法定职责，行政机关拒绝履行、未依法履行或者不予答复；

（十二）申请行政机关依法给付抚恤金、社会保险待遇或者最低生活保障等社会保障，行政机关没有依法给付；

（十三）认为行政机关不依法订立、不依法履行、未按照约定履行或者违法变更、解除政府特许经营协议、土地房屋征收补偿协议等行政协议；

（十四）认为行政机关在政府信息公开工作中侵犯其合法权益；

（十五）认为行政机关的其他行政行为侵犯其合法权益。

第十二条　下列事项不属于行政复议范围：

（一）国防、外交等国家行为；

（二）行政法规、规章或者行政机关制定、发布的具有普遍约束力的决定、命令等规范性文件；

（三）行政机关对行政机关工作人员的奖惩、任免等决定；

（四）行政机关对民事纠纷作出的调解。

第十三条　公民、法人或者其他组织认为行政机关的行政行为所依据的下列规范性文件不合法，在对行政行为申请行政复议时，可以一并向行政复议机关提出对该规范性文件的附带审查申请：

（一）国务院部门的规范性文件；

（二）县级以上地方各级人民政府及其工作部门的规范性文件；

（三）乡、镇人民政府的规范性文件；

（四）法律、法规、规章授权的组织的规范性文件。

前款所列规范性文件不含规章。规章的

审查依照法律、行政法规办理。

第二节 行政复议参加人

第十四条 依照本法申请行政复议的公民、法人或者其他组织是申请人。

有权申请行政复议的公民死亡的，其近亲属可以申请行政复议。有权申请行政复议的法人或者其他组织终止的，其权利义务承受人可以申请行政复议。

有权申请行政复议的公民为无民事行为能力人或者限制民事行为能力人的，其法定代理人可以代为申请行政复议。

第十五条 同一行政复议案件申请人人数众多的，可以由申请人推选代表人参加行政复议。

代表人参加行政复议的行为对其所代表的申请人发生效力，但是代表人变更行政复议请求、撤回行政复议申请、承认第三人请求的，应当经被代表的申请人同意。

第十六条 申请人以外的同被申请行政复议的行政行为或者行政复议案件处理结果有利害关系的公民、法人或者其他组织，可以作为第三人申请参加行政复议，或者由行政复议机构通知其作为第三人参加行政复议。

第三人不参加行政复议，不影响行政复议案件的审理。

第十七条 申请人、第三人可以委托一至二名律师、基层法律服务工作者或者其他代理人代为参加行政复议。

申请人、第三人委托代理人的，应当向行政复议机构提交授权委托书、委托人及被委托人的身份证明文件。授权委托书应当载明委托事项、权限和期限。申请人、第三人变更或者解除代理人权限的，应当书面告知行政复议机构。

第十八条 符合法律援助条件的行政复议申请人申请法律援助的，法律援助机构应当依法为其提供法律援助。

第十九条 公民、法人或者其他组织对行政行为不服申请行政复议的，作出行政行为的行政机关或者法律、法规、规章授权的组织是被申请人。

两个以上行政机关以共同的名义作出同一行政行为的，共同作出行政行为的行政机关是被申请人。

行政机关委托的组织作出行政行为的，委托的行政机关是被申请人。

作出行政行为的行政机关被撤销或者职权变更的，继续行使其职权的行政机关是被申请人。

第三节 申请的提出

第二十条 公民、法人或者其他组织认为行政行为侵犯其合法权益的，可以自知道或者应当知道该行政行为之日起六十日内提出行政复议申请；但是法律规定的申请期限超过六十日的除外。

因不可抗力或者其他正当理由耽误法定申请期限的，申请期限自障碍消除之日起继续计算。

行政机关作出行政行为时，未告知公民、法人或者其他组织申请行政复议的权利、行政复议机关和申请期限的，申请期限自公民、法人或者其他组织知道或者应当知道申请行政复议的权利、行政复议机关和申请期限之日起计算，但是自知道或者应当知道行政行为内容之日起最长不得超过一年。

第二十一条 因不动产提出的行政复议申请自行政行为作出之日起超过二十年，其他行政复议申请自行政行为作出之日起超过五年的，行政复议机关不予受理。

第二十二条 申请人申请行政复议，可以书面申请；书面申请有困难的，也可以口头申请。

书面申请的，可以通过邮寄或者行政复议机关指定的互联网渠道等方式提交行政复议申请书，也可以当面提交行政复议申请书。行政机关通过互联网渠道送达行政行为决定书的，应当同时提供提交行政复议申请书的互联网渠道。

口头申请的，行政复议机关应当当场记录申请人的基本情况、行政复议请求、申请行政复议的主要事实、理由和时间。

申请人对两个以上行政行为不服的，应当分别申请行政复议。

第二十三条　有下列情形之一的，申请人应当先向行政复议机关申请行政复议，对行政复议决定不服的，可以再依法向人民法院提起行政诉讼：

（一）对当场作出的行政处罚决定不服；

（二）对行政机关作出的侵犯其已经依法取得的自然资源的所有权或者使用权的决定不服；

（三）认为行政机关存在本法第十一条规定的未履行法定职责情形；

（四）申请政府信息公开，行政机关不予公开；

（五）法律、行政法规规定应当先向行政复议机关申请行政复议的其他情形。

对前款规定的情形，行政机关在作出行政行为时应当告知公民、法人或者其他组织先向行政复议机关申请行政复议。

第四节　行政复议管辖

第二十四条　县级以上地方各级人民政府管辖下列行政复议案件：

（一）对本级人民政府工作部门作出的行政行为不服的；

（二）对下一级人民政府作出的行政行为不服的；

（三）对本级人民政府依法设立的派出机关作出的行政行为不服的；

（四）对本级人民政府或者其工作部门管理的法律、法规、规章授权的组织作出的行政行为不服的。

除前款规定外，省、自治区、直辖市人民政府同时管辖对本机关作出的行政行为不服的行政复议案件。

省、自治区人民政府依法设立的派出机关参照设区的市级人民政府的职责权限，管辖相关行政复议案件。

对县级以上地方各级人民政府工作部门依法设立的派出机构依照法律、法规、规章规定，以派出机构的名义作出的行政行为不服的行政复议案件，由本级人民政府管辖；其中，对直辖市、设区的市人民政府工作部门按照行政区划设立的派出机构作出的行政行为不服的，也可以由其所在地的人民政府管辖。

第二十五条　国务院部门管辖下列行政复议案件：

（一）对本部门作出的行政行为不服的；

（二）对本部门依法设立的派出机构依照法律、行政法规、部门规章规定，以派出机构的名义作出的行政行为不服的；

（三）对本部门管理的法律、行政法规、部门规章授权的组织作出的行政行为不服的。

第二十六条　对省、自治区、直辖市人民政府依照本法第二十四条第二款的规定、国务院部门依照本法第二十五条第一项的规定作出的行政复议决定不服的，可以向人民法院提起行政诉讼；也可以向国务院申请裁决，国务院依照本法的规定作出最终裁决。

第二十七条　对海关、金融、外汇管理等实行垂直领导的行政机关、税务和国家安全机关的行政行为不服的，向上一级主管部门申请行政复议。

第二十八条　对履行行政复议机构职责的地方人民政府司法行政部门的行政行为不服的，可以向本级人民政府申请行政复议，也可以向上一级司法行政部门申请行政复议。

第二十九条　公民、法人或者其他组织申请行政复议，行政复议机关已经依法受理的，在行政复议期间不得向人民法院提起行政诉讼。

公民、法人或者其他组织向人民法院提起行政诉讼，人民法院已经依法受理的，不得申请行政复议。

第三章　行政复议受理

第三十条　行政复议机关收到行政复议申请后，应当在五日内进行审查。对符合下列规定的，行政复议机关应当予以受理：

（一）有明确的申请人和符合本法规定的被申请人；

（二）申请人与被申请行政复议的行政行为有利害关系；

（三）有具体的行政复议请求和理由；

（四）在法定申请期限内提出；

（五）属于本法规定的行政复议范围；

（六）属于本机关的管辖范围；

（七）行政复议机关未受理过该申请人就同一行政行为提出的行政复议申请，并且人民法院未受理过该申请人就同一行政行为提起的行政诉讼。

对不符合前款规定的行政复议申请，行政复议机关应当在审查期限内决定不予受理并说明理由；不属于本机关管辖的，还应当在不予受理决定中告知申请人有管辖权的行政复议机关。

行政复议申请的审查期限届满，行政复议机关未作出不予受理决定的，审查期限届满之日起视为受理。

第三十一条　行政复议申请材料不齐全或者表述不清楚，无法判断行政复议申请是否符合本法第三十条第一款规定的，行政复议机关应当自收到申请之日起五日内书面通知申请人补正。补正通知应当一次性载明需要补正的事项。

申请人应当自收到补正通知之日起十日内提交补正材料。有正当理由不能按期补正的，行政复议机关可以延长合理的补正期限。无正当理由逾期不补正的，视为申请人放弃行政复议申请，并记录在案。

行政复议机关收到补正材料后，依照本法第三十条的规定处理。

第三十二条　对当场作出或者依据电子技术监控设备记录的违法事实作出的行政处罚决定不服申请行政复议的，可以通过作出行政处罚决定的行政机关提交行政复议申请。

行政机关收到行政复议申请后，应当及时处理；认为需要维持行政处罚决定的，应当自收到行政复议申请之日起五日内转送行政复议机关。

第三十三条　行政复议机关受理行政复议申请后，发现该行政复议申请不符合本法第三十条第一款规定的，应当决定驳回申请并说明理由。

第三十四条　法律、行政法规规定应当先向行政复议机关申请行政复议、对行政复议决定不服再向人民法院提起行政诉讼的，行政复议机关决定不予受理、驳回申请或者受理后超过行政复议期限不作答复的，公民、法人或者其他组织可以自收到决定书之日起或者行政复议期限届满之日起十五日内，依法向人民法院提起行政诉讼。

第三十五条　公民、法人或者其他组织依法提出行政复议申请，行政复议机关无正当理由不予受理、驳回申请或者受理后超过行政复议期限不作答复的，申请人有权向上级行政机关反映，上级行政机关应当责令其纠正；必要时，上级行政复议机关可以直接受理。

第四章　行政复议审理

第一节　一般规定

第三十六条　行政复议机关受理行政复议申请后，依照本法适用普通程序或者简易程序进行审理。行政复议机构应当指定行政复议人员负责办理行政复议案件。

行政复议人员对办理行政复议案件过程中知悉的国家秘密、商业秘密和个人隐私，应当予以保密。

第三十七条　行政复议机关依照法律、法规、规章审理行政复议案件。

行政复议机关审理民族自治地方的行政复议案件，同时依照该民族自治地方的自治条例和单行条例。

第三十八条　上级行政复议机关根据需要，可以审理下级行政复议机关管辖的行政复议案件。

下级行政复议机关对其管辖的行政复议案件，认为需要由上级行政复议机关审理的，可以报请上级行政复议机关决定。

第三十九条　行政复议期间有下列情形之一的，行政复议中止：

（一）作为申请人的公民死亡，其近亲属尚未确定是否参加行政复议；

（二）作为申请人的公民丧失参加行政复议的行为能力，尚未确定法定代理人参加行政复议；

（三）作为申请人的公民下落不明；

（四）作为申请人的法人或者其他组织终止，尚未确定权利义务承受人；

（五）申请人、被申请人因不可抗力或者其他正当理由，不能参加行政复议；

（六）依照本法规定进行调解、和解，申请人和被申请人同意中止；

（七）行政复议案件涉及的法律适用问题需要有权机关作出解释或者确认；

（八）行政复议案件审理需要以其他案件的审理结果为依据，而其他案件尚未审结；

（九）有本法第五十六条或者第五十七条规定的情形；

（十）需要中止行政复议的其他情形。

行政复议中止的原因消除后，应当及时恢复行政复议案件的审理。

行政复议机关中止、恢复行政复议案件的审理，应当书面告知当事人。

第四十条　行政复议期间，行政复议机关无正当理由中止行政复议的，上级行政机关应当责令其恢复审理。

第四十一条　行政复议期间有下列情形之一的，行政复议机关决定终止行政复议：

（一）申请人撤回行政复议申请，行政复议机构准予撤回；

（二）作为申请人的公民死亡，没有近亲属或者其近亲属放弃行政复议权利；

（三）作为申请人的法人或者其他组织终止，没有权利义务承受人或者其权利义务承受人放弃行政复议权利；

（四）申请人对行政拘留或者限制人身自由的行政强制措施不服申请行政复议后，因同一违法行为涉嫌犯罪，被采取刑事强制措施；

（五）依照本法第三十九条第一款第一项、第二项、第四项的规定中止行政复议满六十日，行政复议中止的原因仍未消除。

第四十二条　行政复议期间行政行为不停止执行；但是有下列情形之一的，应当停止执行：

（一）被申请人认为需要停止执行；

（二）行政复议机关认为需要停止执行；

（三）申请人、第三人申请停止执行，行政复议机关认为其要求合理，决定停止执行；

（四）法律、法规、规章规定停止执行的其他情形。

第二节　行政复议证据

第四十三条　行政复议证据包括：

（一）书证；

（二）物证；

（三）视听资料；

（四）电子数据；

（五）证人证言；

（六）当事人的陈述；

（七）鉴定意见；

（八）勘验笔录、现场笔录。

以上证据经行政复议机构审查属实，才能作为认定行政复议案件事实的根据。

第四十四条 被申请人对其作出的行政行为的合法性、适当性负有举证责任。

有下列情形之一的，申请人应当提供证据：

（一）认为被申请人不履行法定职责的，提供曾经要求被申请人履行法定职责的证据，但是被申请人应当依职权主动履行法定职责或者申请人因正当理由不能提供的除外；

（二）提出行政赔偿请求的，提供受行政行为侵害而造成损害的证据，但是因被申请人原因导致申请人无法举证的，由被申请人承担举证责任；

（三）法律、法规规定需要申请人提供证据的其他情形。

第四十五条 行政复议机关有权向有关单位和个人调查取证，查阅、复制、调取有关文件和资料，向有关人员进行询问。

调查取证时，行政复议人员不得少于两人，并应当出示行政复议工作证件。

被调查取证的单位和个人应当积极配合行政复议人员的工作，不得拒绝或者阻挠。

第四十六条 行政复议期间，被申请人不得自行向申请人和其他有关单位或者个人收集证据；自行收集的证据不作为认定行政行为合法性、适当性的依据。

行政复议期间，申请人或者第三人提出被申请行政复议的行政行为作出时没有提出的理由或者证据的，经行政复议机构同意，被申请人可以补充证据。

第四十七条 行政复议期间，申请人、第三人及其委托代理人可以按照规定查阅、复制被申请人提出的书面答复、作出行政行为的证据、依据和其他有关材料，除涉及国家秘密、商业秘密、个人隐私或者可能危及国家安全、公共安全、社会稳定的情形外，行政复议机构应当同意。

第三节 普通程序

第四十八条 行政复议机构应当自行政复议申请受理之日起七日内，将行政复议申请书副本或者行政复议申请笔录复印件发送被申请人。被申请人应当自收到行政复议申请书副本或者行政复议申请笔录复印件之日起十日内，提出书面答复，并提交作出行政行为的证据、依据和其他有关材料。

第四十九条 适用普通程序审理的行政复议案件，行政复议机构应当当面或者通过互联网、电话等方式听取当事人的意见，并将听取的意见记录在案。因当事人原因不能听取意见的，可以书面审理。

第五十条 审理重大、疑难、复杂的行政复议案件，行政复议机构应当组织听证。

行政复议机构认为有必要听证，或者申请人请求听证的，行政复议机构可以组织听证。

听证由一名行政复议人员任主持人，两名以上行政复议人员任听证员，一名记录员制作听证笔录。

第五十一条 行政复议机构组织听证的，应当于举行听证的五日前将听证的时间、地点和拟听证事项书面通知当事人。

申请人无正当理由拒不参加听证的，视为放弃听证权利。

被申请人的负责人应当参加听证。不能参加的，应当说明理由并委托相应的工作人员参加听证。

第五十二条 县级以上各级人民政府应当建立相关政府部门、专家、学者等参与的行政复议委员会，为办理行政复议案件提供咨询意见，并就行政复议工作中的重大事项和共性问题研究提出意见。行政复议委员会的组成和开展工作的具体办法，由国务院行政复议机构制定。

审理行政复议案件涉及下列情形之一的，行政复议机构应当提请行政复议委员会提出咨询意见：

（一）案情重大、疑难、复杂；

（二）专业性、技术性较强；

（三）本法第二十四条第二款规定的行

政复议案件；

（四）行政复议机构认为有必要。

行政复议机构应当记录行政复议委员会的咨询意见。

第四节 简易程序

第五十三条 行政复议机关审理下列行政复议案件，认为事实清楚、权利义务关系明确、争议不大的，可以适用简易程序：

（一）被申请行政复议的行政行为是当场作出；

（二）被申请行政复议的行政行为是警告或者通报批评；

（三）案件涉及款额三千元以下；

（四）属于政府信息公开案件。

除前款规定以外的行政复议案件，当事人各方同意适用简易程序的，可以适用简易程序。

第五十四条 适用简易程序审理的行政复议案件，行政复议机构应当自受理行政复议申请之日起三日内，将行政复议申请书副本或者行政复议申请笔录复印件发送被申请人。被申请人应当自收到行政复议申请书副本或者行政复议申请笔录复印件之日起五日内，提出书面答复，并提交作出行政行为的证据、依据和其他有关材料。

适用简易程序审理的行政复议案件，可以书面审理。

第五十五条 适用简易程序审理的行政复议案件，行政复议机构认为不宜适用简易程序的，经行政复议机构的负责人批准，可以转为普通程序审理。

第五节 行政复议附带审查

第五十六条 申请人依照本法第十三条的规定提出对有关规范性文件的附带审查申请，行政复议机关有权处理的，应当在三十日内依法处理；无权处理的，应当在七日内转送有权处理的行政机关依法处理。

第五十七条 行政复议机关在对被申请人作出的行政行为进行审查时，认为其依据不合法，本机关有权处理的，应当在三十日内依法处理；无权处理的，应当在七日内转送有权处理的国家机关依法处理。

第五十八条 行政复议机关依照本法第五十六条、第五十七条的规定有权处理有关规范性文件或者依据的，行政复议机构应当自行政复议中止之日起三日内，书面通知规范性文件或者依据的制定机关就相关条款的合法性提出书面答复。制定机关应当自收到书面通知之日起十日内提交书面答复及相关材料。

行政复议机构认为必要时，可以要求规范性文件或者依据的制定机关当面说明理由，制定机关应当配合。

第五十九条 行政复议机关依照本法第五十六条、第五十七条的规定有权处理有关规范性文件或者依据，认为相关条款合法的，在行政复议决定书中一并告知；认为相关条款超越权限或者违反上位法的，决定停止该条款的执行，并责令制定机关予以纠正。

第六十条 依照本法第五十六条、第五十七条的规定接受转送的行政机关、国家机关应当自收到转送之日起六十日内，将处理意见回复转送的行政复议机关。

第五章 行政复议决定

第六十一条 行政复议机关依照本法审理行政复议案件，由行政复议机构对行政行为进行审查，提出意见，经行政复议机关的负责人同意或者集体讨论通过后，以行政复议机关的名义作出行政复议决定。

经过听证的行政复议案件，行政复议机关应当根据听证笔录、审查认定的事实和证据，依照本法作出行政复议决定。

提请行政复议委员会提出咨询意见的行政复议案件，行政复议机关应当将咨询意见作为作出行政复议决定的重要参考依据。

第六十二条 适用普通程序审理的行政

复议案件，行政复议机关应当自受理申请之日起六十日内作出行政复议决定；但是法律规定的行政复议期限少于六十日的除外。情况复杂，不能在规定期限内作出行政复议决定的，经行政复议机构的负责人批准，可以适当延长，并书面告知当事人；但是延长期限最多不得超过三十日。

适用简易程序审理的行政复议案件，行政复议机关应当自受理申请之日起三十日内作出行政复议决定。

第六十三条 行政行为有下列情形之一的，行政复议机关决定变更该行政行为：

（一）事实清楚，证据确凿，适用依据正确，程序合法，但是内容不适当；

（二）事实清楚，证据确凿，程序合法，但是未正确适用依据；

（三）事实不清、证据不足，经行政复议机关查清事实和证据。

行政复议机关不得作出对申请人更为不利的变更决定，但是第三人提出相反请求的除外。

第六十四条 行政行为有下列情形之一的，行政复议机关决定撤销或者部分撤销该行政行为，并可以责令被申请人在一定期限内重新作出行政行为：

（一）主要事实不清、证据不足；

（二）违反法定程序；

（三）适用的依据不合法；

（四）超越职权或者滥用职权。

行政复议机关责令被申请人重新作出行政行为的，被申请人不得以同一事实和理由作出与被申请行政复议的行政行为相同或者基本相同的行政行为，但是行政复议机关以违反法定程序为由决定撤销或者部分撤销的除外。

第六十五条 行政行为有下列情形之一的，行政复议机关不撤销该行政行为，但是确认该行政行为违法：

（一）依法应予撤销，但是撤销会给国家利益、社会公共利益造成重大损害；

（二）程序轻微违法，但是对申请人权利不产生实际影响。

行政行为有下列情形之一，不需要撤销或者责令履行的，行政复议机关确认该行政行为违法：

（一）行政行为违法，但是不具有可撤销内容；

（二）被申请人改变原违法行政行为，申请人仍要求撤销或者确认该行政行为违法；

（三）被申请人不履行或者拖延履行法定职责，责令履行没有意义。

第六十六条 被申请人不履行法定职责的，行政复议机关决定被申请人在一定期限内履行。

第六十七条 行政行为有实施主体不具有行政主体资格或者没有依据等重大且明显违法情形，申请人申请确认行政行为无效的，行政复议机关确认该行政行为无效。

第六十八条 行政行为认定事实清楚，证据确凿，适用依据正确，程序合法，内容适当的，行政复议机关决定维持该行政行为。

第六十九条 行政复议机关受理申请人认为被申请人不履行法定职责的行政复议申请后，发现被申请人没有相应法定职责或者在受理前已经履行法定职责的，决定驳回申请人的行政复议请求。

第七十条 被申请人不按照本法第四十八条、第五十四条的规定提出书面答复、提交作出行政行为的证据、依据和其他有关材料的，视为该行政行为没有证据、依据，行政复议机关决定撤销、部分撤销该行政行为，确认该行政行为违法、无效或者决定被申请人在一定期限内履行，但是行政行为涉及第三人合法权益，第三人提供证据的除外。

第七十一条 被申请人不依法订立、不依法履行、未按照约定履行或者违法变更、解除行政协议的，行政复议机关决定被申请人承担依法订立、继续履行、采取补救措施或者赔偿损失等责任。

被申请人变更、解除行政协议合法，但是未依法给予补偿或者补偿不合理的，行政复议机关决定被申请人依法给予合理补偿。

第七十二条　申请人在申请行政复议时一并提出行政赔偿请求，行政复议机关对依照《中华人民共和国国家赔偿法》的有关规定应当不予赔偿的，在作出行政复议决定时，应当同时决定驳回行政赔偿请求；对符合《中华人民共和国国家赔偿法》的有关规定应当给予赔偿的，在决定撤销或者部分撤销、变更行政行为或者确认行政行为违法、无效时，应当同时决定被申请人依法给予赔偿；确认行政行为违法的，还可以同时责令被申请人采取补救措施。

申请人在申请行政复议时没有提出行政赔偿请求的，行政复议机关在依法决定撤销或者部分撤销、变更罚款，撤销或者部分撤销违法集资、没收财物、征收征用、摊派费用以及对财产的查封、扣押、冻结等行政行为时，应当同时责令被申请人返还财产，解除对财产的查封、扣押、冻结措施，或者赔偿相应的价款。

第七十三条　当事人经调解达成协议的，行政复议机关应当制作行政复议调解书，经各方当事人签字或者签章，并加盖行政复议机关印章，即具有法律效力。

调解未达成协议或者调解书生效前一方反悔的，行政复议机关应当依法审查或者及时作出行政复议决定。

第七十四条　当事人在行政复议决定作出前可以自愿达成和解，和解内容不得损害国家利益、社会公共利益和他人合法权益，不得违反法律、法规的强制性规定。

当事人达成和解后，由申请人向行政复议机构撤回行政复议申请。行政复议机构准予撤回行政复议申请、行政复议机关决定终止行政复议的，申请人不得再以同一事实和理由提出行政复议申请。但是，申请人能够证明撤回行政复议申请违背其真实意愿的除外。

第七十五条　行政复议机关作出行政复议决定，应当制作行政复议决定书，并加盖行政复议机关印章。

行政复议决定书一经送达，即发生法律效力。

第七十六条　行政复议机关在办理行政复议案件过程中，发现被申请人或者其他下级行政机关的有关行政行为违法或者不当的，可以向其制发行政复议意见书。有关机关应当自收到行政复议意见书之日起六十日内，将纠正相关违法或者不当行政行为的情况报送行政复议机关。

第七十七条　被申请人应当履行行政复议决定书、调解书、意见书。

被申请人不履行或者无正当理由拖延履行行政复议决定书、调解书、意见书的，行政复议机关或者有关上级行政机关应当责令其限期履行，并可以约谈被申请人的有关负责人或者予以通报批评。

第七十八条　申请人、第三人逾期不起诉又不履行行政复议决定书、调解书的，或者不履行最终裁决的行政复议决定的，按照下列规定分别处理：

（一）维持行政行为的行政复议决定书，由作出行政行为的行政机关依法强制执行，或者申请人民法院强制执行；

（二）变更行政行为的行政复议决定书，由行政复议机关依法强制执行，或者申请人民法院强制执行；

（三）行政复议调解书，由行政复议机关依法强制执行，或者申请人民法院强制执行。

第七十九条　行政复议机关根据被申请行政复议的行政行为的公开情况，按照国家有关规定将行政复议决定书向社会公开。

县级以上地方各级人民政府办理以本级人民政府工作部门为被申请人的行政复议案件，应当将发生法律效力的行政复议决定书、意见书同时抄告被申请人的上一级主管部门。

第六章　法律责任

第八十条　行政复议机关不依照本法规定履行行政复议职责，对负有责任的领导人员和直接责任人员依法给予警告、记过、记大过的处分；经有权监督的机关督促仍不改正或者造成严重后果的，依法给予降级、撤职、开除的处分。

第八十一条　行政复议机关工作人员在行政复议活动中，徇私舞弊或者有其他渎职、失职行为的，依法给予警告、记过、记大过的处分；情节严重的，依法给予降级、撤职、开除的处分；构成犯罪的，依法追究刑事责任。

第八十二条　被申请人违反本法规定，不提出书面答复或者不提交作出行政行为的证据、依据和其他有关材料，或者阻挠、变相阻挠公民、法人或者其他组织依法申请行政复议的，对负有责任的领导人员和直接责任人员依法给予警告、记过、记大过的处分；进行报复陷害的，依法给予降级、撤职、开除的处分；构成犯罪的，依法追究刑事责任。

第八十三条　被申请人不履行或者无正当理由拖延履行行政复议决定书、调解书、意见书的，对负有责任的领导人员和直接责任人员依法给予警告、记过、记大过的处分；经责令履行仍拒不履行的，依法给予降级、撤职、开除的处分。

第八十四条　拒绝、阻挠行政复议人员调查取证，故意扰乱行政复议工作秩序的，依法给予处分、治安管理处罚；构成犯罪的，依法追究刑事责任。

第八十五条　行政机关及其工作人员违反本法规定的，行政复议机关可以向监察机关或者公职人员任免机关、单位移送有关人员违法的事实材料，接受移送的监察机关或者公职人员任免机关、单位应当依法处理。

第八十六条　行政复议机关在办理行政复议案件过程中，发现公职人员涉嫌贪污贿赂、失职渎职等职务违法或者职务犯罪的问题线索，应当依照有关规定移送监察机关，由监察机关依法调查处置。

第七章　附　　则

第八十七条　行政复议机关受理行政复议申请，不得向申请人收取任何费用。

第八十八条　行政复议期间的计算和行政复议文书的送达，本法没有规定的，依照《中华人民共和国民事诉讼法》关于期间、送达的规定执行。

本法关于行政复议期间有关“三日”、“五日”、“七日”、“十日”的规定是指工作日，不含法定休假日。

第八十九条　外国人、无国籍人、外国组织在中华人民共和国境内申请行政复议，适用本法。

第九十条　本法自 2024 年 1 月 1 日起施行。

中华人民共和国治安管理处罚法

（2005年8月28日第十届全国人民代表大会常务委员会第十七次会议通过，根据2012年10月26日第十一届全国人民代表大会常务委员会第二十九次会议《关于修改〈中华人民共和国治安管理处罚法〉的决定》修正）

第一章　总　　则

第一条　为维护社会治安秩序，保障公共安全，保护公民、法人和其他组织的合法权益，规范和保障公安机关及其人民警察依法履行治安管理职责，制定本法。

第二条　扰乱公共秩序，妨害公共安全，侵犯人身权利、财产权利，妨害社会管理，具有社会危害性，依照《中华人民共和国刑法》的规定构成犯罪的，依法追究刑事责任；尚不够刑事处罚的，由公安机关依照本法给予治安管理处罚。

第三条　治安管理处罚的程序，适用本法的规定；本法没有规定的，适用《中华人民共和国行政处罚法》的有关规定。

第四条　在中华人民共和国领域内发生的违反治安管理行为，除法律有特别规定的外，适用本法。

在中华人民共和国船舶和航空器内发生的违反治安管理行为，除法律有特别规定的外，适用本法。

第五条　治安管理处罚必须以事实为依据，与违反治安管理行为的性质、情节以及社会危害程度相当。

实施治安管理处罚，应当公开、公正，尊重和保障人权，保护公民的人格尊严。

办理治安案件应当坚持教育与处罚相结合的原则。

第六条　各级人民政府应当加强社会治安综合治理，采取有效措施，化解社会矛盾，增进社会和谐，维护社会稳定。

第七条　国务院公安部门负责全国的治安管理工作。县级以上地方各级人民政府公安机关负责本行政区域内的治安管理工作。

治安案件的管辖由国务院公安部门规定。

第八条　违反治安管理的行为对他人造成损害的，行为人或者其监护人应当依法承担民事责任。

第九条　对于因民间纠纷引起的打架斗殴或者损毁他人财物等违反治安管理行为，情节较轻的，公安机关可以调解处理。经公安机关调解，当事人达成协议的，不予处罚。经调解未达成协议或者达成协议后不履行的，公安机关应当依照本法的规定对违反治安管理行为人给予处罚，并告知当事人可以就民事争议依法向人民法院提起民事诉讼。

第二章　处罚的种类和适用

第十条　治安管理处罚的种类分为：

（一）警告；

（二）罚款；

（三）行政拘留；

（四）吊销公安机关发放的许可证。

对违反治安管理的外国人，可以附加适用限期出境或者驱逐出境。

第十一条　办理治安案件所查获的毒品、淫秽物品等违禁品，赌具、赌资，吸食、注射毒品的用具以及直接用于实施违反治安管理行为的本人所有的工具，应当收缴，按照规定处理。

违反治安管理所得的财物，追缴退还被侵害人；没有被侵害人的，登记造册，公开拍卖或者按照国家有关规定处理，所得款项上缴国库。

第十二条　已满十四周岁不满十八周岁的人违反治安管理的，从轻或者减轻处罚；不满十四周岁的人违反治安管理的，不予处罚，但是应当责令其监护人严加管教。

第十三条　精神病人在不能辨认或者不能控制自己行为的时候违反治安管理的，不予处罚，但是应当责令其监护人严加看管和治疗。间歇性的精神病人在精神正常的时候违反治安管理的，应当给予处罚。

第十四条　盲人或者又聋又哑的人违反治安管理的，可以从轻、减轻或者不予处罚。

第十五条　醉酒的人违反治安管理的，应当给予处罚。

醉酒的人在醉酒状态中，对本人有危险或者对他人的人身、财产或者公共安全有威胁的，应当对其采取保护性措施约束至酒醒。

第十六条　有两种以上违反治安管理行为的，分别决定，合并执行。行政拘留处罚合并执行的，最长不超过二十日。

第十七条　共同违反治安管理的，根据违反治安管理行为人在违反治安管理行为中所起的作用，分别处罚。

教唆、胁迫、诱骗他人违反治安管理的，按照其教唆、胁迫、诱骗的行为处罚。

第十八条　单位违反治安管理的，对其直接负责的主管人员和其他直接责任人员依照本法的规定处罚。其他法律、行政法规对同一行为规定给予单位处罚的，依照其规定处罚。

第十九条　违反治安管理有下列情形之一的，减轻处罚或者不予处罚：

（一）情节特别轻微的；

（二）主动消除或者减轻违法后果，并取得被侵害人谅解的；

（三）出于他人胁迫或者诱骗的；

（四）主动投案，向公安机关如实陈述自己的违法行为的；

（五）有立功表现的。

第二十条　违反治安管理有下列情形之一的，从重处罚：

（一）有较严重后果的；

（二）教唆、胁迫、诱骗他人违反治安管理的；

（三）对报案人、控告人、举报人、证人打击报复的；

（四）六个月内曾受过治安管理处罚的。

第二十一条　违反治安管理行为人有下列情形之一，依照本法应当给予行政拘留处罚的，不执行行政拘留处罚：

（一）已满十四周岁不满十六周岁的；

（二）已满十六周岁不满十八周岁，初次违反治安管理的；

（三）七十周岁以上的；

（四）怀孕或者哺乳自己不满一周岁婴儿的。

第二十二条　违反治安管理行为在六个月内没有被公安机关发现的，不再处罚。

前款规定的期限，从违反治安管理行为发生之日起计算；违反治安管理行为有连续或者继续状态的，从行为终了之日起计算。

第三章　违反治安管理的行为和处罚

第一节　扰乱公共秩序的行为和处罚

第二十三条　有下列行为之一的，处警告或者二百元以下罚款；情节较重的，处五日以上十日以下拘留，可以并处五百元以下罚款：

（一）扰乱机关、团体、企业、事业单位秩序，致使工作、生产、营业、医疗、教学、科研不能正常进行，尚未造成严重损失的；

（二）扰乱车站、港口、码头、机场、商

场、公园、展览馆或者其他公共场所秩序的；

（三）扰乱公共汽车、电车、火车、船舶、航空器或者其他公共交通工具上的秩序的；

（四）非法拦截或者强登、扒乘机动车、船舶、航空器以及其他交通工具，影响交通工具正常行驶的；

（五）破坏依法进行的选举秩序的。

聚众实施前款行为的，对首要分子处十日以上十五日以下拘留，可以并处一千元以下罚款。

第二十四条　有下列行为之一，扰乱文化、体育等大型群众性活动秩序的，处警告或者二百元以下罚款；情节严重的，处五日以上十日以下拘留，可以并处五百元以下罚款：

（一）强行进入场内的；

（二）违反规定，在场内燃放烟花爆竹或者其他物品的；

（三）展示侮辱性标语、条幅等物品的；

（四）围攻裁判员、运动员或者其他工作人员的；

（五）向场内投掷杂物，不听制止的；

（六）扰乱大型群众性活动秩序的其他行为。

因扰乱体育比赛秩序被处以拘留处罚的，可以同时责令其十二个月内不得进入体育场馆观看同类比赛；违反规定进入体育场馆的，强行带离现场。

第二十五条　有下列行为之一的，处五日以上十日以下拘留，可以并处五百元以下罚款；情节较轻的，处五日以下拘留或者五百元以下罚款：

（一）散布谣言，谎报险情、疫情、警情或者以其他方法故意扰乱公共秩序的；

（二）投放虚假的爆炸性、毒害性、放射性、腐蚀性物质或者传染病病原体等危险物质扰乱公共秩序的；

（三）扬言实施放火、爆炸、投放危险物质扰乱公共秩序的。

第二十六条　有下列行为之一的，处五日以上十日以下拘留，可以并处五百元以下罚款；情节较重的，处十日以上十五日以下拘留，可以并处一千元以下罚款：

（一）结伙斗殴的；

（二）追逐、拦截他人的；

（三）强拿硬要或者任意损毁、占用公私财物的；

（四）其他寻衅滋事行为。

第二十七条　有下列行为之一的，处十日以上十五日以下拘留，可以并处一千元以下罚款；情节较轻的，处五日以上十日以下拘留，可以并处五百元以下罚款：

（一）组织、教唆、胁迫、诱骗、煽动他人从事邪教、会道门活动或者利用邪教、会道门、迷信活动，扰乱社会秩序、损害他人身体健康的；

（二）冒用宗教、气功名义进行扰乱社会秩序、损害他人身体健康活动的。

第二十八条　违反国家规定，故意干扰无线电业务正常进行的，或者对正常运行的无线电台（站）产生有害干扰，经有关主管部门指出后，拒不采取有效措施消除的，处五日以上十日以下拘留；情节严重的，处十日以上十五日以下拘留。

第二十九条　有下列行为之一的，处五日以下拘留；情节较重的，处五日以上十日以下拘留：

（一）违反国家规定，侵入计算机信息系统，造成危害的；

（二）违反国家规定，对计算机信息系统功能进行删除、修改、增加、干扰，造成计算机信息系统不能正常运行的；

（三）违反国家规定，对计算机信息系统中存储、处理、传输的数据和应用程序进行删除、修改、增加的；

（四）故意制作、传播计算机病毒等破坏性程序，影响计算机信息系统正常运行的。

第二节 妨害公共安全的行为和处罚

第三十条 违反国家规定，制造、买卖、储存、运输、邮寄、携带、使用、提供、处置爆炸性、毒害性、放射性、腐蚀性物质或者传染病病原体等危险物质的，处十日以上十五日以下拘留；情节较轻的，处五日以上十日以下拘留。

第三十一条 爆炸性、毒害性、放射性、腐蚀性物质或者传染病病原体等危险物质被盗、被抢或者丢失，未按规定报告的，处五日以下拘留；故意隐瞒不报的，处五日以上十日以下拘留。

第三十二条 非法携带枪支、弹药或者弩、匕首等国家规定的管制器具的，处五日以下拘留，可以并处五百元以下罚款；情节较轻的，处警告或者二百元以下罚款。

非法携带枪支、弹药或者弩、匕首等国家规定的管制器具进入公共场所或者公共交通工具的，处五日以上十日以下拘留，可以并处五百元以下罚款。

第三十三条 有下列行为之一的，处十日以上十五日以下拘留：

（一）盗窃、损毁油气管道设施、电力电信设施、广播电视设施、水利防汛工程设施或者水文监测、测量、气象测报、环境监测、地质监测、地震监测等公共设施的；

（二）移动、损毁国家边境的界碑、界桩以及其他边境标志、边境设施或者领土、领海标志设施的；

（三）非法进行影响国（边）界线走向的活动或者修建有碍国（边）境管理的设施的。

第三十四条 盗窃、损坏、擅自移动使用中的航空设施，或者强行进入航空器驾驶舱的，处十日以上十五日以下拘留。

在使用中的航空器上使用可能影响导航系统正常功能的器具、工具，不听劝阻的，处五日以下拘留或者五百元以下罚款。

第三十五条 有下列行为之一的，处五日以上十日以下拘留，可以并处五百元以下罚款；情节较轻的，处五日以下拘留或者五百元以下罚款：

（一）盗窃、损毁或者擅自移动铁路设施、设备、机车车辆配件或者安全标志的；

（二）在铁路线路上放置障碍物，或者故意向列车投掷物品的；

（三）在铁路线路、桥梁、涵洞处挖掘坑穴、采石取沙的；

（四）在铁路线路上私设道口或者平交过道的。

第三十六条 擅自进入铁路防护网或者火车来临时在铁路线路上行走坐卧、抢越铁路，影响行车安全的，处警告或者二百元以下罚款。

第三十七条 有下列行为之一的，处五日以下拘留或者五百元以下罚款；情节严重的，处五日以上十日以下拘留，可以并处五百元以下罚款：

（一）未经批准，安装、使用电网的，或者安装、使用电网不符合安全规定的；

（二）在车辆、行人通行的地方施工，对沟井坎穴不设覆盖物、防围和警示标志的，或者故意损毁、移动覆盖物、防围和警示标志的；

（三）盗窃、损毁路面井盖、照明等公共设施的。

第三十八条 举办文化、体育等大型群众性活动，违反有关规定，有发生安全事故危险的，责令停止活动，立即疏散。对组织者处五日以上十日以下拘留，并处二百元以上五百元以下罚款；情节较轻的，处五日以下拘留或者五百元以下罚款。

第三十九条 旅馆、饭店、影剧院、娱乐场、运动场、展览馆或者其他供社会公众活动的场所的经营管理人员，违反安全规定，致使该场所有发生安全事故危险，经公安机关责令改正，拒不改正的，处五日以下拘留。

第三节　侵犯人身权利、财产权利的行为和处罚

第四十条　有下列行为之一的，处十日以上十五日以下拘留，并处五百元以上一千元以下罚款；情节较轻的，处五日以上十日以下拘留，并处二百元以上五百元以下罚款：

（一）组织、胁迫、诱骗不满十六周岁的人或者残疾人进行恐怖、残忍表演的；

（二）以暴力、威胁或者其他手段强迫他人劳动的；

（三）非法限制他人人身自由、非法侵入他人住宅或者非法搜查他人身体的。

第四十一条　胁迫、诱骗或者利用他人乞讨的，处十日以上十五日以下拘留，可以并处一千元以下罚款。

反复纠缠、强行讨要或者以其他滋扰他人的方式乞讨的，处五日以下拘留或者警告。

第四十二条　有下列行为之一的，处五日以下拘留或者五百元以下罚款；情节较重的，处五日以上十日以下拘留，可以并处五百元以下罚款：

（一）写恐吓信或者以其他方法威胁他人人身安全的；

（二）公然侮辱他人或者捏造事实诽谤他人的；

（三）捏造事实诬告陷害他人，企图使他人受到刑事追究或者受到治安管理处罚的；

（四）对证人及其近亲属进行威胁、侮辱、殴打或者打击报复的；

（五）多次发送淫秽、侮辱、恐吓或者其他信息，干扰他人正常生活的；

（六）偷窥、偷拍、窃听、散布他人隐私的。

第四十三条　殴打他人的，或者故意伤害他人身体的，处五日以上十日以下拘留，并处二百元以上五百元以下罚款；情节较轻的，处五日以下拘留或者五百元以下罚款。

有下列情形之一的，处十日以上十五日以下拘留，并处五百元以上一千元以下罚款：

（一）结伙殴打、伤害他人的；

（二）殴打、伤害残疾人、孕妇、不满十四周岁的人或者六十周岁以上的人的；

（三）多次殴打、伤害他人或者一次殴打、伤害多人的。

第四十四条　猥亵他人的，或者在公共场所故意裸露身体，情节恶劣的，处五日以上十日以下拘留；猥亵智力残疾人、精神病人、不满十四周岁的人或者有其他严重情节的，处十日以上十五日以下拘留。

第四十五条　有下列行为之一的，处五日以下拘留或者警告：

（一）虐待家庭成员，被虐待人要求处理的；

（二）遗弃没有独立生活能力的被扶养人的。

第四十六条　强买强卖商品，强迫他人提供服务或者强迫他人接受服务的，处五日以上十日以下拘留，并处二百元以上五百元以下罚款；情节较轻的，处五日以下拘留或者五百元以下罚款。

第四十七条　煽动民族仇恨、民族歧视，或者在出版物、计算机信息网络中刊载民族歧视、侮辱内容的，处十日以上十五日以下拘留，可以并处一千元以下罚款。

第四十八条　冒领、隐匿、毁弃、私自开拆或者非法检查他人邮件的，处五日以下拘留或者五百元以下罚款。

第四十九条　盗窃、诈骗、哄抢、抢夺、敲诈勒索或者故意损毁公私财物的，处五日以上十日以下拘留，可以并处五百元以下罚款；情节较重的，处十日以上十五日以下拘留，可以并处一千元以下罚款。

第四节　妨害社会管理的行为和处罚

第五十条　有下列行为之一的，处警告

或者二百元以下罚款；情节严重的，处五日以上十日以下拘留，可以并处五百元以下罚款：

（一）拒不执行人民政府在紧急状态情况下依法发布的决定、命令的；

（二）阻碍国家机关工作人员依法执行职务的；

（三）阻碍执行紧急任务的消防车、救护车、工程抢险车、警车等车辆通行的；

（四）强行冲闯公安机关设置的警戒带、警戒区的。

阻碍人民警察依法执行职务的，从重处罚。

第五十一条 冒充国家机关工作人员或者以其他虚假身份招摇撞骗的，处五日以上十日以下拘留，可以并处五百元以下罚款；情节较轻的，处五日以下拘留或者五百元以下罚款。

冒充军警人员招摇撞骗的，从重处罚。

第五十二条 有下列行为之一的，处十日以上十五日以下拘留，可以并处一千元以下罚款；情节较轻的，处五日以上十日以下拘留，可以并处五百元以下罚款：

（一）伪造、变造或者买卖国家机关、人民团体、企业、事业单位或者其他组织的公文、证件、证明文件、印章的；

（二）买卖或者使用伪造、变造的国家机关、人民团体、企业、事业单位或者其他组织的公文、证件、证明文件的；

（三）伪造、变造、倒卖车票、船票、航空客票、文艺演出票、体育比赛入场券或者其他有价票证、凭证的；

（四）伪造、变造船舶户牌，买卖或者使用伪造、变造的船舶户牌，或者涂改船舶发动机号码的。

第五十三条 船舶擅自进入、停靠国家禁止、限制进入的水域或者岛屿的，对船舶负责人及有关责任人员处五百元以上一千元以下罚款；情节严重的，处五日以下拘留，并处五百元以上一千元以下罚款。

第五十四条 有下列行为之一的，处十日以上十五日以下拘留，并处五百元以上一千元以下罚款；情节较轻的，处五日以下拘留或者五百元以下罚款：

（一）违反国家规定，未经注册登记，以社会团体名义进行活动，被取缔后，仍进行活动的；

（二）被依法撤销登记的社会团体，仍以社会团体名义进行活动的；

（三）未经许可，擅自经营按照国家规定需要由公安机关许可的行业的。

有前款第三项行为的，予以取缔。

取得公安机关许可的经营者，违反国家有关管理规定，情节严重的，公安机关可以吊销许可证。

第五十五条 煽动、策划非法集会、游行、示威，不听劝阻的，处十日以上十五日以下拘留。

第五十六条 旅馆业的工作人员对住宿的旅客不按规定登记姓名、身份证件种类和号码的，或者明知住宿的旅客将危险物质带入旅馆，不予制止的，处二百元以上五百元以下罚款。

旅馆业的工作人员明知住宿的旅客是犯罪嫌疑人员或者被公安机关通缉的人员，不向公安机关报告的，处二百元以上五百元以下罚款；情节严重的，处五日以下拘留，可以并处五百元以下罚款。

第五十七条 房屋出租人将房屋出租给无身份证件的人居住的，或者不按规定登记承租人姓名、身份证件种类和号码的，处二百元以上五百元以下罚款。

房屋出租人明知承租人利用出租房屋进行犯罪活动，不向公安机关报告的，处二百元以上五百元以下罚款；情节严重的，处五日以下拘留，可以并处五百元以下罚款。

第五十八条 违反关于社会生活噪声污染防治的法律规定，制造噪声干扰他人正常生活的，处警告；警告后不改正的，处二百元以上五百元以下罚款。

第五十九条　有下列行为之一的，处五百元以上一千元以下罚款；情节严重的，处五日以上十日以下拘留，并处五百元以上一千元以下罚款：

（一）典当业工作人员承接典当的物品，不查验有关证明、不履行登记手续，或者明知是违法犯罪嫌疑人、赃物，不向公安机关报告的；

（二）违反国家规定，收购铁路、油田、供电、电信、矿山、水利、测量和城市公用设施等废旧专用器材的；

（三）收购公安机关通报寻查的赃物或者有赃物嫌疑的物品的；

（四）收购国家禁止收购的其他物品的。

第六十条　有下列行为之一的，处五日以上十日以下拘留，并处二百元以上五百元以下罚款：

（一）隐藏、转移、变卖或者损毁行政执法机关依法扣押、查封、冻结的财物的；

（二）伪造、隐匿、毁灭证据或者提供虚假证言、谎报案情，影响行政执法机关依法办案的；

（三）明知是赃物而窝藏、转移或者代为销售的；

（四）被依法执行管制、剥夺政治权利或者在缓刑、暂予监外执行中的罪犯或者被依法采取刑事强制措施的人，有违反法律、行政法规或者国务院有关部门的监督管理规定的行为。

第六十一条　协助组织或者运送他人偷越国（边）境的，处十日以上十五日以下拘留，并处一千元以上五千元以下罚款。

第六十二条　为偷越国（边）境人员提供条件的，处五日以上十日以下拘留，并处五百元以上二千元以下罚款。

偷越国（边）境的，处五日以下拘留或者五百元以下罚款。

第六十三条　有下列行为之一的，处警告或者二百元以下罚款；情节较重的，处五日以上十日以下拘留，并处二百元以上五百元以下罚款：

（一）刻划、涂污或者以其他方式故意损坏国家保护的文物、名胜古迹的；

（二）违反国家规定，在文物保护单位附近进行爆破、挖掘等活动，危及文物安全的。

第六十四条　有下列行为之一的，处五百元以上一千元以下罚款；情节严重的，处十日以上十五日以下拘留，并处五百元以上一千元以下罚款：

（一）偷开他人机动车的；

（二）未取得驾驶证驾驶或者偷开他人航空器、机动船舶的。

第六十五条　有下列行为之一的，处五日以上十日以下拘留；情节严重的，处十日以上十五日以下拘留，可以并处一千元以下罚款：

（一）故意破坏、污损他人坟墓或者毁坏、丢弃他人尸骨、骨灰的；

（二）在公共场所停放尸体或者因停放尸体影响他人正常生活、工作秩序，不听劝阻的。

第六十六条　卖淫、嫖娼的，处十日以上十五日以下拘留，可以并处五千元以下罚款；情节较轻的，处五日以下拘留或者五百元以下罚款。

在公共场所拉客招嫖的，处五日以下拘留或者五百元以下罚款。

第六十七条　引诱、容留、介绍他人卖淫的，处十日以上十五日以下拘留，可以并处五千元以下罚款；情节较轻的，处五日以下拘留或者五百元以下罚款。

第六十八条　制作、运输、复制、出售、出租淫秽的书刊、图片、影片、音像制品等淫秽物品或者利用计算机信息网络、电话以及其他通讯工具传播淫秽信息的，处十日以上十五日以下拘留，可以并处三千元以下罚款；情节较轻的，处五日以下拘留或者五百元以下罚款。

第六十九条 有下列行为之一的，处十日以上十五日以下拘留，并处五百元以上一千元以下罚款：

（一）组织播放淫秽音像的；

（二）组织或者进行淫秽表演的；

（三）参与聚众淫乱活动的。

明知他人从事前款活动，为其提供条件的，依照前款的规定处罚。

第七十条 以营利为目的，为赌博提供条件的，或者参与赌博赌资较大的，处五日以下拘留或者五百元以下罚款；情节严重的，处十日以上十五日以下拘留，并处五百元以上三千元以下罚款。

第七十一条 有下列行为之一的，处十日以上十五日以下拘留，可以并处三千元以下罚款；情节较轻的，处五日以下拘留或者五百元以下罚款：

（一）非法种植罂粟不满五百株或者其他少量毒品原植物的；

（二）非法买卖、运输、携带、持有少量未经灭活的罂粟等毒品原植物种子或者幼苗的；

（三）非法运输、买卖、储存、使用少量罂粟壳的。

有前款第一项行为，在成熟前自行铲除的，不予处罚。

第七十二条 有下列行为之一的，处十日以上十五日以下拘留，可以并处二千元以下罚款；情节较轻的，处五日以下拘留或者五百元以下罚款：

（一）非法持有鸦片不满二百克、海洛因或者甲基苯丙胺不满十克或者其他少量毒品的；

（二）向他人提供毒品的；

（三）吸食、注射毒品的；

（四）胁迫、欺骗医务人员开具麻醉药品、精神药品的。

第七十三条 教唆、引诱、欺骗他人吸食、注射毒品的，处十日以上十五日以下拘留，并处五百元以上二千元以下罚款。

第七十四条 旅馆业、饮食服务业、文化娱乐业、出租汽车业等单位的人员，在公安机关查处吸毒、赌博、卖淫、嫖娼活动时，为违法犯罪行为人通风报信的，处十日以上十五日以下拘留。

第七十五条 饲养动物，干扰他人正常生活的，处警告；警告后不改正的，或者放任动物恐吓他人的，处二百元以上五百元以下罚款。

驱使动物伤害他人的，依照本法第四十三条第一款的规定处罚。

第七十六条 有本法第六十七条、第六十八条、第七十条的行为，屡教不改的，可以按照国家规定采取强制性教育措施。

第四章 处罚程序

第一节 调 查

第七十七条 公安机关对报案、控告、举报或者违反治安管理行为人主动投案，以及其他行政主管部门、司法机关移送的违反治安管理案件，应当及时受理，并进行登记。

第七十八条 公安机关受理报案、控告、举报、投案后，认为属于违反治安管理行为的，应当立即进行调查；认为不属于违反治安管理行为的，应当告知报案人、控告人、举报人、投案人，并说明理由。

第七十九条 公安机关及其人民警察对治安案件的调查，应当依法进行。严禁刑讯逼供或者采用威胁、引诱、欺骗等非法手段收集证据。

以非法手段收集的证据不得作为处罚的根据。

第八十条 公安机关及其人民警察在办理治安案件时，对涉及的国家秘密、商业秘密或者个人隐私，应当予以保密。

第八十一条 人民警察在办理治安案件过程中，遇有下列情形之一的，应当回避；违反治安管理行为人、被侵害人或者其法定代理人也有权要求他们回避：

（一）是本案当事人或者当事人的近亲属的；

（二）本人或者其近亲属与本案有利害关系的；

（三）与本案当事人有其他关系，可能影响案件公正处理的。

人民警察的回避，由其所属的公安机关决定；公安机关负责人的回避，由上一级公安机关决定。

第八十二条　需要传唤违反治安管理行为人接受调查的，经公安机关办案部门负责人批准，使用传唤证传唤。对现场发现的违反治安管理行为人，人民警察经出示工作证件，可以口头传唤，但应当在询问笔录中注明。

公安机关应当将传唤的原因和依据告知被传唤人。对无正当理由不接受传唤或者逃避传唤的人，可以强制传唤。

第八十三条　对违反治安管理行为人，公安机关传唤后应当及时询问查证，询问查证的时间不得超过八小时；情况复杂，依照本法规定可能适用行政拘留处罚的，询问查证的时间不得超过二十四小时。

公安机关应当及时将传唤的原因和处所通知被传唤人家属。

第八十四条　询问笔录应当交被询问人核对；对没有阅读能力的，应当向其宣读。记载有遗漏或者差错的，被询问人可以提出补充或者更正。被询问人确认笔录无误后，应当签名或者盖章，询问的人民警察也应当在笔录上签名。

被询问人要求就被询问事项自行提供书面材料的，应当准许；必要时，人民警察也可以要求被询问人自行书写。

询问不满十六周岁的违反治安管理行为人，应当通知其父母或者其他监护人到场。

第八十五条　人民警察询问被侵害人或者其他证人，可以到其所在单位或者住处进行；必要时，也可以通知其到公安机关提供证言。

人民警察在公安机关以外询问被侵害人或者其他证人，应当出示工作证件。

询问被侵害人或者其他证人，同时适用本法第八十四条的规定。

第八十六条　询问聋哑的违反治安管理行为人、被侵害人或者其他证人，应当有通晓手语的人提供帮助，并在笔录上注明。

询问不通晓当地通用的语言文字的违反治安管理行为人、被侵害人或者其他证人，应当配备翻译人员，并在笔录上注明。

第八十七条　公安机关对与违反治安管理行为有关的场所、物品、人身可以进行检查。检查时，人民警察不得少于二人，并应当出示工作证件和县级以上人民政府公安机关开具的检查证明文件。对确有必要立即进行检查的，人民警察经出示工作证件，可以当场检查，但检查公民住所应当出示县级以上人民政府公安机关开具的检查证明文件。

检查妇女的身体，应当由女性工作人员进行。

第八十八条　检查的情况应当制作检查笔录，由检查人、被检查人和见证人签名或者盖章；被检查人拒绝签名的，人民警察应当在笔录上注明。

第八十九条　公安机关办理治安案件，对与案件有关的需要作为证据的物品，可以扣押；对被侵害人或者善意第三人合法占有的财产，不得扣押，应当予以登记。对与案件无关的物品，不得扣押。

对扣押的物品，应当会同在场见证人和被扣押物品持有人查点清楚，当场开列清单一式二份，由调查人员、见证人和持有人签名或者盖章，一份交给持有人，另一份附卷备查。

对扣押的物品，应当妥善保管，不得挪作他用；对不宜长期保存的物品，按照有关规定处理。经查明与案件无关的，应当及时退还；经核实属于他人合法财产的，应当登记后立即退还；满六个月无人对该财产主张权利或者无法查清权利人的，应当公开拍卖或者按照国家有关规定处理，所得款项上缴国库。

第九十条 为了查明案情，需要解决案件中有争议的专门性问题的，应当指派或者聘请具有专门知识的人员进行鉴定；鉴定人鉴定后，应当写出鉴定意见，并且签名。

第二节 决 定

第九十一条 治安管理处罚由县级以上人民政府公安机关决定；其中警告、五百元以下的罚款可以由公安派出所决定。

第九十二条 对决定给予行政拘留处罚的人，在处罚前已经采取强制措施限制人身自由的时间，应当折抵。限制人身自由一日，折抵行政拘留一日。

第九十三条 公安机关查处治安案件，对没有本人陈述，但其他证据能够证明案件事实的，可以作出治安管理处罚决定。但是，只有本人陈述，没有其他证据证明的，不能作出治安管理处罚决定。

第九十四条 公安机关作出治安管理处罚决定前，应当告知违反治安管理行为人作出治安管理处罚的事实、理由及依据，并告知违反治安管理行为人依法享有的权利。

违反治安管理行为人有权陈述和申辩。公安机关必须充分听取违反治安管理行为人的意见，对违反治安管理行为人提出的事实、理由和证据，应当进行复核；违反治安管理行为人提出的事实、理由或者证据成立的，公安机关应当采纳。

公安机关不得因违反治安管理行为人的陈述、申辩而加重处罚。

第九十五条 治安案件调查结束后，公安机关应当根据不同情况，分别作出以下处理：

（一）确有依法应当给予治安管理处罚的违法行为的，根据情节轻重及具体情况，作出处罚决定；

（二）依法不予处罚的，或者违法事实不能成立的，作出不予处罚决定；

（三）违法行为已涉嫌犯罪的，移送主管机关依法追究刑事责任；

（四）发现违反治安管理行为人有其他违法行为的，在对违反治安管理行为作出处罚决定的同时，通知有关行政主管部门处理。

第九十六条 公安机关作出治安管理处罚决定的，应当制作治安管理处罚决定书。决定书应当载明下列内容：

（一）被处罚人的姓名、性别、年龄、身份证件的名称和号码、住址；

（二）违法事实和证据；

（三）处罚的种类和依据；

（四）处罚的执行方式和期限；

（五）对处罚决定不服，申请行政复议、提起行政诉讼的途径和期限；

（六）作出处罚决定的公安机关的名称和作出决定的日期。

决定书应当由作出处罚决定的公安机关加盖印章。

第九十七条 公安机关应当向被处罚人宣告治安管理处罚决定书，并当场交付被处罚人；无法当场向被处罚人宣告的，应当在二日内送达被处罚人。决定给予行政拘留处罚的，应当及时通知被处罚人的家属。

有被侵害人的，公安机关应当将决定书副本抄送被侵害人。

第九十八条 公安机关作出吊销许可证以及处二千元以上罚款的治安管理处罚决定前，应当告知违反治安管理行为人有权要求举行听证；违反治安管理行为人要求听证的，公安机关应当及时依法举行听证。

第九十九条 公安机关办理治安案件的期限，自受理之日起不得超过三十日；案情重大、复杂的，经上一级公安机关批准，可以延长三十日。

为了查明案情进行鉴定的期间，不计入办理治安案件的期限。

第一百条 违反治安管理行为事实清楚，证据确凿，处警告或者二百元以下罚款的，可以当场作出治安管理处罚决定。

第一百零一条　当场作出治安管理处罚决定的，人民警察应当向违反治安管理行为人出示工作证件，并填写处罚决定书。处罚决定书应当当场交付被处罚人；有被侵害人的，并将决定书副本抄送被侵害人。

前款规定的处罚决定书，应当载明被处罚人的姓名、违法行为、处罚依据、罚款数额、时间、地点以及公安机关名称，并由经办的人民警察签名或者盖章。

当场作出治安管理处罚决定的，经办的人民警察应当在二十四小时内报所属公安机关备案。

第一百零二条　被处罚人对治安管理处罚决定不服的，可以依法申请行政复议或者提起行政诉讼。

第三节　执　　行

第一百零三条　对被决定给予行政拘留处罚的人，由作出决定的公安机关送达拘留所执行。

第一百零四条　受到罚款处罚的人应当自收到处罚决定书之日起十五日内，到指定的银行缴纳罚款。但是，有下列情形之一的，人民警察可以当场收缴罚款：

（一）被处五十元以下罚款，被处罚人对罚款无异议的；

（二）在边远、水上、交通不便地区，公安机关及其人民警察依照本法的规定作出罚款决定后，被处罚人向指定的银行缴纳罚款确有困难，经被处罚人提出的；

（三）被处罚人在当地没有固定住所，不当场收缴事后难以执行的。

第一百零五条　人民警察当场收缴的罚款，应当自收缴罚款之日起二日内，交至所属的公安机关；在水上、旅客列车上当场收缴的罚款，应当自抵岸或者到站之日起二日内，交至所属的公安机关；公安机关应当自收到罚款之日起二日内将罚款缴付指定的银行。

第一百零六条　人民警察当场收缴罚款的，应当向被处罚人出具省、自治区、直辖市人民政府财政部门统一制发的罚款收据；不出具统一制发的罚款收据的，被处罚人有权拒绝缴纳罚款。

第一百零七条　被处罚人不服行政拘留处罚决定，申请行政复议、提起行政诉讼的，可以向公安机关提出暂缓执行行政拘留的申请。公安机关认为暂缓执行行政拘留不致发生社会危险的，由被处罚人或者其近亲属提出符合本法第一百零八条规定条件的担保人，或者按每日行政拘留二百元的标准交纳保证金，行政拘留的处罚决定暂缓执行。

第一百零八条　担保人应当符合下列条件：

（一）与本案无牵连；

（二）享有政治权利，人身自由未受到限制；

（三）在当地有常住户口和固定住所；

（四）有能力履行担保义务。

第一百零九条　担保人应当保证被担保人不逃避行政拘留处罚的执行。

担保人不履行担保义务，致使被担保人逃避行政拘留处罚的执行的，由公安机关对其处三千元以下罚款。

第一百一十条　被决定给予行政拘留处罚的人交纳保证金，暂缓行政拘留后，逃避行政拘留处罚的执行的，保证金予以没收并上缴国库，已经作出的行政拘留决定仍应执行。

第一百一十一条　行政拘留的处罚决定被撤销，或者行政拘留处罚开始执行的，公安机关收取的保证金应当及时退还交纳人。

第五章　执法监督

第一百一十二条　公安机关及其人民警察应当依法、公正、严格、高效办理治安案件，文明执法，不得徇私舞弊。

第一百一十三条　公安机关及其人民警察办理治安案件，禁止对违反治安管理行为人打骂、虐待或者侮辱。

第一百一十四条 公安机关及其人民警察办理治安案件，应当自觉接受社会和公民的监督。

公安机关及其人民警察办理治安案件，不严格执法或者有违法违纪行为的，任何单位和个人都有权向公安机关或者人民检察院、行政监察机关检举、控告；收到检举、控告的机关，应当依据职责及时处理。

第一百一十五条 公安机关依法实施罚款处罚，应当依照有关法律、行政法规的规定，实行罚款决定与罚款收缴分离；收缴的罚款应当全部上缴国库。

第一百一十六条 人民警察办理治安案件，有下列行为之一的，依法给予行政处分；构成犯罪的，依法追究刑事责任：

（一）刑讯逼供、体罚、虐待、侮辱他人的；

（二）超过询问查证的时间限制人身自由的；

（三）不执行罚款决定与罚款收缴分离制度或者不按规定将罚没的财物上缴国库或者依法处理的；

（四）私分、侵占、挪用、故意损毁收缴、扣押的财物的；

（五）违反规定使用或者不及时返还被侵害人财物的；

（六）违反规定不及时退还保证金的；

（七）利用职务上的便利收受他人财物或者谋取其他利益的；

（八）当场收缴罚款不出具罚款收据或者不如实填写罚款数额的；

（九）接到要求制止违反治安管理行为的报警后，不及时出警的；

（十）在查处违反治安管理活动时，为违法犯罪行为人通风报信的；

（十一）有徇私舞弊、滥用职权，不依法履行法定职责的其他情形的。

办理治安案件的公安机关有前款所列行为的，对直接负责的主管人员和其他直接责任人员给予相应的行政处分。

第一百一十七条 公安机关及其人民警察违法行使职权，侵犯公民、法人和其他组织合法权益的，应当赔礼道歉；造成损害的，应当依法承担赔偿责任。

第六章 附 则

第一百一十八条 本法所称以上、以下、以内，包括本数。

第一百一十九条 本法自2006年3月1日起施行。1986年9月5日公布、1994年5月12日修订公布的《中华人民共和国治安管理处罚条例》同时废止。

中华人民共和国行政复议法实施条例

（2007年5月23日国务院第177次常务会议通过，2007年5月29日公布，自2007年8月1日起施行）

第一章 总 则

第一条 为了进一步发挥行政复议制度在解决行政争议、建设法治政府、构建社会主义和谐社会中的作用，根据《中华人民共和国行政复议法》（以下简称行政复议法），制定本条例。

第二条 各级行政复议机关应当认真履行行政复议职责，领导并支持本机关负责法制工作的机构（以下简称行政复议机构）依法办理行政复议事项，并依照有关规定配备、充实、调剂专职行政复议人员，保证行政复议机构的办案能力与工作任务相适应。

第三条　行政复议机构除应当依照行政复议法第三条的规定履行职责外，还应当履行下列职责：

（一）依照行政复议法第十八条的规定转送有关行政复议申请；

（二）办理行政复议法第二十九条规定的行政赔偿等事项；

（三）按照职责权限，督促行政复议申请的受理和行政复议决定的履行；

（四）办理行政复议、行政应诉案件统计和重大行政复议决定备案事项；

（五）办理或者组织办理未经行政复议直接提起行政诉讼的行政应诉事项；

（六）研究行政复议工作中发现的问题，及时向有关机关提出改进建议，重大问题及时向行政复议机关报告。

第四条　专职行政复议人员应当具备与履行行政复议职责相适应的品行、专业知识和业务能力，并取得相应资格。具体办法由国务院法制机构会同国务院有关部门规定。

第二章　行政复议申请

第一节　申请人

第五条　依照行政复议法和本条例的规定申请行政复议的公民、法人或者其他组织为申请人。

第六条　合伙企业申请行政复议的，应当以核准登记的企业为申请人，由执行合伙事务的合伙人代表该企业参加行政复议；其他合伙组织申请行政复议的，由合伙人共同申请行政复议。

前款规定以外的不具备法人资格的其他组织申请行政复议的，由该组织的主要负责人代表该组织参加行政复议；没有主要负责人的，由共同推选的其他成员代表该组织参加行政复议。

第七条　股份制企业的股东大会、股东代表大会、董事会认为行政机关作出的具体行政行为侵犯企业合法权益的，可以以企业的名义申请行政复议。

第八条　同一行政复议案件申请人超过5人的，推选1至5名代表参加行政复议。

第九条　行政复议期间，行政复议机构认为申请人以外的公民、法人或者其他组织与被审查的具体行政行为有利害关系的，可以通知其作为第三人参加行政复议。

行政复议期间，申请人以外的公民、法人或者其他组织与被审查的具体行政行为有利害关系的，可以向行政复议机构申请作为第三人参加行政复议。

第三人不参加行政复议，不影响行政复议案件的审理。

第十条　申请人、第三人可以委托1至2名代理人参加行政复议。申请人、第三人委托代理人的，应当向行政复议机构提交授权委托书。授权委托书应当载明委托事项、权限和期限。公民在特殊情况下无法书面委托的，可以口头委托。口头委托的，行政复议机构应当核实并记录在卷。申请人、第三人解除或者变更委托的，应当书面报告行政复议机构。

第二节　被申请人

第十一条　公民、法人或者其他组织对行政机关的具体行政行为不服，依照行政复议法和本条例的规定申请行政复议的，作出该具体行政行为的行政机关为被申请人。

第十二条　行政机关与法律、法规授权的组织以共同的名义作出具体行政行为的，行政机关和法律、法规授权的组织为共同被申请人。

行政机关与其他组织以共同名义作出具体行政行为的，行政机关为被申请人。

第十三条　下级行政机关依照法律、法规、规章规定，经上级行政机关批准作出具体行政行为的，批准机关为被申请人。

第十四条　行政机关设立的派出机构、内设机构或者其他组织，未经法律、法规授权，对外以自己名义作出具体行政行为的，该行政机关为被申请人。

第三节 行政复议申请期限

第十五条 行政复议法第九条第一款规定的行政复议申请期限的计算，依照下列规定办理：

（一）当场作出具体行政行为的，自具体行政行为作出之日起计算；

（二）载明具体行政行为的法律文书直接送达的，自受送达人签收之日起计算；

（三）载明具体行政行为的法律文书邮寄送达的，自受送达人在邮件签收单上签收之日起计算；没有邮件签收单的，自受送达人在送达回执上签名之日起计算；

（四）具体行政行为依法通过公告形式告知受送达人的，自公告规定的期限届满之日起计算；

（五）行政机关作出具体行政行为时未告知公民、法人或者其他组织，事后补充告知的，自该公民、法人或者其他组织收到行政机关补充告知的通知之日起计算；

（六）被申请人能够证明公民、法人或者其他组织知道具体行政行为的，自证据材料证明其知道具体行政行为之日起计算。

行政机关作出具体行政行为，依法应当向有关公民、法人或者其他组织送达法律文书而未送达的，视为该公民、法人或者其他组织不知道该具体行政行为。

第十六条 公民、法人或者其他组织依照行政复议法第六条第（八）项、第（九）项、第（十）项的规定申请行政机关履行法定职责，行政机关未履行的，行政复议申请期限依照下列规定计算：

（一）有履行期限规定的，自履行期限届满之日起计算；

（二）没有履行期限规定的，自行政机关收到申请满60日起计算。

公民、法人或者其他组织在紧急情况下请求行政机关履行保护人身权、财产权的法定职责，行政机关不履行的，行政复议申请期限不受前款规定的限制。

第十七条 行政机关作出的具体行政行为对公民、法人或者其他组织的权利、义务可能产生不利影响的，应当告知其申请行政复议的权利、行政复议机关和行政复议申请期限。

第四节 行政复议申请的提出

第十八条 申请人书面申请行政复议的，可以采取当面递交、邮寄或者传真等方式提出行政复议申请。

有条件的行政复议机构可以接受以电子邮件形式提出的行政复议申请。

第十九条 申请人书面申请行政复议的，应当在行政复议申请书中载明下列事项：

（一）申请人的基本情况，包括：公民的姓名、性别、年龄、身份证号码、工作单位、住所、邮政编码；法人或者其他组织的名称、住所、邮政编码和法定代表人或者主要负责人的姓名、职务；

（二）被申请人的名称；

（三）行政复议请求、申请行政复议的主要事实和理由；

（四）申请人的签名或者盖章；

（五）申请行政复议的日期。

第二十条 申请人口头申请行政复议的，行政复议机构应当依照本条例第十九条规定的事项，当场制作行政复议申请笔录交申请人核对或者向申请人宣读，并由申请人签字确认。

第二十一条 有下列情形之一的，申请人应当提供证明材料：

（一）认为被申请人不履行法定职责的，提供曾经要求被申请人履行法定职责而被申请人未履行的证明材料；

（二）申请行政复议时一并提出行政赔偿请求的，提供受具体行政行为侵害而造成损害的证明材料；

（三）法律、法规规定需要申请人提供

证据材料的其他情形。

第二十二条　申请人提出行政复议申请时错列被申请人的，行政复议机构应当告知申请人变更被申请人。

第二十三条　申请人对两个以上国务院部门共同作出的具体行政行为不服的，依照行政复议法第十四条的规定，可以向其中任何一个国务院部门提出行政复议申请，由作出具体行政行为的国务院部门共同作出行政复议决定。

第二十四条　申请人对经国务院批准实行省以下垂直领导的部门作出的具体行政行为不服的，可以选择向该部门的本级人民政府或者上一级主管部门申请行政复议；省、自治区、直辖市另有规定的，依照省、自治区、直辖市的规定办理。

第二十五条　申请人依照行政复议法第三十条第二款的规定申请行政复议的，应当向省、自治区、直辖市人民政府提出行政复议申请。

第二十六条　依照行政复议法第七条的规定，申请人认为具体行政行为所依据的规定不合法的，可以在对具体行政行为申请行政复议的同时一并提出对该规定的审查申请；申请人在对具体行政行为提出行政复议申请时尚不知道该具体行政行为所依据的规定的，可以在行政复议机关作出行政复议决定前向行政复议机关提出对该规定的审查申请。

第三章　行政复议受理

第二十七条　公民、法人或者其他组织认为行政机关的具体行政行为侵犯其合法权益提出行政复议申请，除不符合行政复议法和本条例规定的申请条件的，行政复议机关必须受理。

第二十八条　行政复议申请符合下列规定的，应当予以受理：

（一）有明确的申请人和符合规定的被申请人；

（二）申请人与具体行政行为有利害关系；

（三）有具体的行政复议请求和理由；

（四）在法定申请期限内提出；

（五）属于行政复议法规定的行政复议范围；

（六）属于收到行政复议申请的行政复议机构的职责范围；

（七）其他行政复议机关尚未受理同一行政复议申请，人民法院尚未受理同一主体就同一事实提起的行政诉讼。

第二十九条　行政复议申请材料不齐全或者表述不清楚的，行政复议机构可以自收到该行政复议申请之日起5日内书面通知申请人补正。补正通知应当载明需要补正的事项和合理的补正期限。无正当理由逾期不补正的，视为申请人放弃行政复议申请。补正申请材料所用时间不计入行政复议审理期限。

第三十条　申请人就同一事项向两个或者两个以上有权受理的行政机关申请行政复议的，由最先收到行政复议申请的行政机关受理；同时收到行政复议申请的，由收到行政复议申请的行政机关在10日内协商确定；协商不成的，由其共同上一级行政机关在10日内指定受理机关。协商确定或者指定受理机关所用时间不计入行政复议审理期限。

第三十一条　依照行政复议法第二十条的规定，上级行政机关认为行政复议机关不予受理行政复议申请的理由不成立的，可以先行督促其受理；经督促仍不受理的，应当责令其限期受理，必要时也可以直接受理；认为行政复议申请不符合法定受理条件的，应当告知申请人。

第四章　行政复议决定

第三十二条　行政复议机构审理行政复议案件，应当由2名以上行政复议人员参加。

第三十三条 行政复议机构认为必要时，可以实地调查核实证据；对重大、复杂的案件，申请人提出要求或者行政复议机构认为必要时，可以采取听证的方式审理。

第三十四条 行政复议人员向有关组织和人员调查取证时，可以查阅、复制、调取有关文件和资料，向有关人员进行询问。

调查取证时，行政复议人员不得少于2人，并应当向当事人或者有关人员出示证件。被调查单位和人员应当配合行政复议人员的工作，不得拒绝或者阻挠。

需要现场勘验的，现场勘验所用时间不计入行政复议审理期限。

第三十五条 行政复议机关应当为申请人、第三人查阅有关材料提供必要条件。

第三十六条 依照行政复议法第十四条的规定申请原级行政复议的案件，由原承办具体行政行为有关事项的部门或者机构提出书面答复，并提交作出具体行政行为的证据、依据和其他有关材料。

第三十七条 行政复议期间涉及专门事项需要鉴定的，当事人可以自行委托鉴定机构进行鉴定，也可以申请行政复议机构委托鉴定机构进行鉴定。鉴定费用由当事人承担。鉴定所用时间不计入行政复议审理期限。

第三十八条 申请人在行政复议决定作出前自愿撤回行政复议申请的，经行政复议机构同意，可以撤回。

申请人撤回行政复议申请的，不得再以同一事实和理由提出行政复议申请。但是，申请人能够证明撤回行政复议申请违背其真实意思表示的除外。

第三十九条 行政复议期间被申请人改变原具体行政行为的，不影响行政复议案件的审理。但是，申请人依法撤回行政复议申请的除外。

第四十条 公民、法人或者其他组织对行政机关行使法律、法规规定的自由裁量权作出的具体行政行为不服申请行政复议，申请人与被申请人在行政复议决定作出前自愿达成和解的，应当向行政复议机构提交书面和解协议；和解内容不损害社会公共利益和他人合法权益的，行政复议机构应当准许。

第四十一条 行政复议期间有下列情形之一，影响行政复议案件审理的，行政复议中止：

（一）作为申请人的自然人死亡，其近亲属尚未确定是否参加行政复议的；

（二）作为申请人的自然人丧失参加行政复议的能力，尚未确定法定代理人参加行政复议的；

（三）作为申请人的法人或者其他组织终止，尚未确定权利义务承受人的；

（四）作为申请人的自然人下落不明或者被宣告失踪的；

（五）申请人、被申请人因不可抗力，不能参加行政复议的；

（六）案件涉及法律适用问题，需要有权机关作出解释或者确认的；

（七）案件审理需要以其他案件的审理结果为依据，而其他案件尚未审结的；

（八）其他需要中止行政复议的情形。

行政复议中止的原因消除后，应当及时恢复行政复议案件的审理。

行政复议机构中止、恢复行政复议案件的审理，应当告知有关当事人。

第四十二条 行政复议期间有下列情形之一的，行政复议终止：

（一）申请人要求撤回行政复议申请，行政复议机构准予撤回的；

（二）作为申请人的自然人死亡，没有近亲属或者其近亲属放弃行政复议权利的；

（三）作为申请人的法人或者其他组织终止，其权利义务的承受人放弃行政复议权利的；

（四）申请人与被申请人依照本条例第四十条的规定，经行政复议机构准许达成和解的；

（五）申请人对行政拘留或者限制人身自由的行政强制措施不服申请行政复议后，

因申请人同一违法行为涉嫌犯罪，该行政拘留或者限制人身自由的行政强制措施变更为刑事拘留的。

依照本条例第四十一条第一款第（一）项、第（二）项、第（三）项规定中止行政复议，满60日行政复议中止的原因仍未消除的，行政复议终止。

第四十三条　依照行政复议法第二十八条第一款第（一）项规定，具体行政行为认定事实清楚，证据确凿，适用依据正确，程序合法，内容适当的，行政复议机关应当决定维持。

第四十四条　依照行政复议法第二十八条第一款第（二）项规定，被申请人不履行法定职责的，行政复议机关应当决定其在一定期限内履行法定职责。

第四十五条　具体行政行为有行政复议法第二十八条第一款第（三）项规定情形之一的，行政复议机关应当决定撤销、变更该具体行政行为或者确认该具体行政行为违法；决定撤销该具体行政行为或者确认该具体行政行为违法的，可以责令被申请人在一定期限内重新作出具体行政行为。

第四十六条　被申请人未依照行政复议法第二十三条的规定提出书面答复、提交当初作出具体行政行为的证据、依据和其他有关材料的，视为该具体行政行为没有证据、依据，行政复议机关应当决定撤销该具体行政行为。

第四十七条　具体行政行为有下列情形之一，行政复议机关可以决定变更：

（一）认定事实清楚，证据确凿，程序合法，但是明显不当或者适用依据错误的；

（二）认定事实不清，证据不足，但是经行政复议机关审理查明事实清楚，证据确凿的。

第四十八条　有下列情形之一的，行政复议机关应当决定驳回行政复议申请：

（一）申请人认为行政机关不履行法定职责申请行政复议，行政复议机关受理后发现该行政机关没有相应法定职责或者在受理前已经履行法定职责的；

（二）受理行政复议申请后，发现该行政复议申请不符合行政复议法和本条例规定的受理条件的。

上级行政机关认为行政复议机关驳回行政复议申请的理由不成立的，应当责令其恢复审理。

第四十九条　行政复议机关依照行政复议法第二十八条的规定责令被申请人重新作出具体行政行为的，被申请人应当在法律、法规、规章规定的期限内重新作出具体行政行为；法律、法规、规章未规定期限的，重新作出具体行政行为的期限为60日。

公民、法人或者其他组织对被申请人重新作出的具体行政行为不服，可以依法申请行政复议或者提起行政诉讼。

第五十条　有下列情形之一的，行政复议机关可以按照自愿、合法的原则进行调解：

（一）公民、法人或者其他组织对行政机关行使法律、法规规定的自由裁量权作出的具体行政行为不服申请行政复议的；

（二）当事人之间的行政赔偿或者行政补偿纠纷。

当事人经调解达成协议的，行政复议机关应当制作行政复议调解书。调解书应当载明行政复议请求、事实、理由和调解结果，并加盖行政复议机关印章。行政复议调解书经双方当事人签字，即具有法律效力。

调解未达成协议或者调解书生效前一方反悔的，行政复议机关应当及时作出行政复议决定。

第五十一条　行政复议机关在申请人的行政复议请求范围内，不得作出对申请人更为不利的行政复议决定。

第五十二条　第三人逾期不起诉又不履行行政复议决定的，依照行政复议法第三十三条的规定处理。

第五章　行政复议指导和监督

第五十三条　行政复议机关应当加强对行政复议工作的领导。

行政复议机构在本级行政复议机关的领导下，按照职责权限对行政复议工作进行督促、指导。

第五十四条　县级以上各级人民政府应当加强对所属工作部门和下级人民政府履行行政复议职责的监督。

行政复议机关应当加强对其行政复议机构履行行政复议职责的监督。

第五十五条　县级以上地方各级人民政府应当建立健全行政复议工作责任制，将行政复议工作纳入本级政府目标责任制。

第五十六条　县级以上地方各级人民政府应当按照职责权限，通过定期组织检查、抽查等方式，对所属工作部门和下级人民政府行政复议工作进行检查，并及时向有关方面反馈检查结果。

第五十七条　行政复议期间行政复议机关发现被申请人或者其他下级行政机关的相关行政行为违法或者需要做好善后工作的，可以制作行政复议意见书。有关机关应当自收到行政复议意见书之日起 60 日内将纠正相关行政违法行为或者做好善后工作的情况通报行政复议机构。

行政复议期间行政复议机构发现法律、法规、规章实施中带有普遍性的问题，可以制作行政复议建议书，向有关机关提出完善制度和改进行政执法的建议。

第五十八条　县级以上各级人民政府行政复议机构应当定期向本级人民政府提交行政复议工作状况分析报告。

第五十九条　下级行政复议机关应当及时将重大行政复议决定报上级行政复议机关备案。

第六十条　各级行政复议机构应当定期组织对行政复议人员进行业务培训，提高行政复议人员的专业素质。

第六十一条　各级行政复议机关应当定期总结行政复议工作，对在行政复议工作中做出显著成绩的单位和个人，依照有关规定给予表彰和奖励。

第六章　法律责任

第六十二条　被申请人在规定期限内未按照行政复议决定的要求重新作出具体行政行为，或者违反规定重新作出具体行政行为的，依照行政复议法第三十七条的规定追究法律责任。

第六十三条　拒绝或者阻挠行政复议人员调查取证、查阅、复制、调取有关文件和资料的，对有关责任人员依法给予处分或者治安处罚；构成犯罪的，依法追究刑事责任。

第六十四条　行政复议机关或者行政复议机构不履行行政复议法和本条例规定的行政复议职责，经有权监督的行政机关督促仍不改正的，对直接负责的主管人员和其他直接责任人员依法给予警告、记过、记大过的处分；造成严重后果的，依法给予降级、撤职、开除的处分。

第六十五条　行政机关及其工作人员违反行政复议法和本条例规定的，行政复议机构可以向人事、监察部门提出对有关责任人员的处分建议，也可以将有关人员违法的事实材料直接转送人事、监察部门处理；接受转送的人事、监察部门应当依法处理，并将处理结果通报转送的行政复议机构。

第七章　附　　则

第六十六条　本条例自 2007 年 8 月 1 日起施行。

最高人民法院关于适用《中华人民共和国行政诉讼法》的解释

（2017 年 11 月 13 日最高人民法院审判委员会第 1726 次会议通过，2018 年 2 月 6 日公布，自 2018 年 2 月 8 日起施行）

为正确适用《中华人民共和国行政诉讼法》（以下简称行政诉讼法），结合人民法院行政审判工作实际，制定本解释。

一、受案范围

第一条　公民、法人或者其他组织对行政机关及其工作人员的行政行为不服，依法提起诉讼的，属于人民法院行政诉讼的受案范围。

下列行为不属于人民法院行政诉讼的受案范围：

（一）公安、国家安全等机关依照刑事诉讼法的明确授权实施的行为；

（二）调解行为以及法律规定的仲裁行为；

（三）行政指导行为；

（四）驳回当事人对行政行为提起申诉的重复处理行为；

（五）行政机关作出的不产生外部法律效力的行为；

（六）行政机关为作出行政行为而实施的准备、论证、研究、层报、咨询等过程性行为；

（七）行政机关根据人民法院的生效裁判、协助执行通知书作出的执行行为，但行政机关扩大执行范围或者采取违法方式实施的除外；

（八）上级行政机关基于内部层级监督关系对下级行政机关作出的听取报告、执法检查、督促履责等行为；

（九）行政机关针对信访事项作出的登记、受理、交办、转送、复查、复核意见等行为；

（十）对公民、法人或者其他组织权利义务不产生实际影响的行为。

第二条　行政诉讼法第十三条第一项规定的“国家行为”，是指国务院、中央军事委员会、国防部、外交部等根据宪法和法律的授权，以国家的名义实施的有关国防和外交事务的行为，以及经宪法和法律授权的国家机关宣布紧急状态等行为。

行政诉讼法第十三条第二项规定的“具有普遍约束力的决定、命令”，是指行政机关针对不特定对象发布的能反复适用的规范性文件。

行政诉讼法第十三条第三项规定的“对行政机关工作人员的奖惩、任免等决定”，是指行政机关作出的涉及行政机关工作人员公务员权利义务的决定。

行政诉讼法第十三条第四项规定的“法律规定由行政机关最终裁决的行政行为”中的“法律”，是指全国人民代表大会及其常务委员会制定、通过的规范性文件。

二、管　　辖

第三条　各级人民法院行政审判庭审理行政案件和审查行政机关申请执行其行政行为的案件。

专门人民法院、人民法庭不审理行政案件，也不审查和执行行政机关申请执行其行政行为的案件。铁路运输法院等专门人民法院审理行政案件，应当执行行政诉讼法第十八条第二款的规定。

第四条　立案后，受诉人民法院的管辖权不受当事人住所地改变、追加被告等事实和法律状态变更的影响。

第五条　有下列情形之一的，属于行政诉讼法第十五条第三项规定的“本辖区内重大、复杂的案件”：

（一）社会影响重大的共同诉讼案件；

（二）涉外或者涉及香港特别行政区、澳门特别行政区、台湾地区的案件；

（三）其他重大、复杂案件。

第六条　当事人以案件重大复杂为由，认为有管辖权的基层人民法院不宜行使管辖权或者根据行政诉讼法第五十二条的规定，向中级人民法院起诉，中级人民法院应当根据不同情况在七日内分别作出以下处理：

（一）决定自行审理；

（二）指定本辖区其他基层人民法院管辖；

（三）书面告知当事人向有管辖权的基层人民法院起诉。

第七条　基层人民法院对其管辖的第一审行政案件，认为需要由中级人民法院审理或者指定管辖的，可以报请中级人民法院决定。中级人民法院应当根据不同情况在七日内分别作出以下处理：

（一）决定自行审理；

（二）指定本辖区其他基层人民法院管辖；

（三）决定由报请的人民法院审理。

第八条　行政诉讼法第十九条规定的“原告所在地”，包括原告的户籍所在地、经常居住地和被限制人身自由地。

对行政机关基于同一事实，既采取限制公民人身自由的行政强制措施，又采取其他行政强制措施或者行政处罚不服的，由被告所在地或者原告所在地的人民法院管辖。

第九条　行政诉讼法第二十条规定的“因不动产提起的行政诉讼”是指因行政行为导致不动产物权变动而提起的诉讼。

不动产已登记的，以不动产登记簿记载的所在地为不动产所在地；不动产未登记的，以不动产实际所在地为不动产所在地。

第十条　人民法院受理案件后，被告提出管辖异议的，应当在收到起诉状副本之日起十五日内提出。

对当事人提出的管辖异议，人民法院应当进行审查。异议成立的，裁定将案件移送有管辖权的人民法院；异议不成立的，裁定驳回。

人民法院对管辖异议审查后确定有管辖权的，不因当事人增加或者变更诉讼请求等改变管辖，但违反级别管辖、专属管辖规定的除外。

第十一条　有下列情形之一的，人民法院不予审查：

（一）人民法院发回重审或者按第一审程序再审的案件，当事人提出管辖异议的；

（二）当事人在第一审程序中未按照法律规定的期限和形式提出管辖异议，在第二审程序中提出的。

三、诉讼参加人

第十二条　有下列情形之一的，属于行政诉讼法第二十五条第一款规定的“与行政行为有利害关系”：

（一）被诉的行政行为涉及其相邻权或者公平竞争权的；

（二）在行政复议等行政程序中被追加为第三人的；

（三）要求行政机关依法追究加害人法律责任的；

（四）撤销或者变更行政行为涉及其合法权益的；

（五）为维护自身合法权益向行政机关投诉，具有处理投诉职责的行政机关作出或者未作出处理的；

（六）其他与行政行为有利害关系的情形。

第十三条　债权人以行政机关对债务人

所作的行政行为损害债权实现为由提起行政诉讼的，人民法院应当告知其就民事争议提起民事诉讼，但行政机关作出行政行为时依法应予保护或者应予考虑的除外。

第十四条　行政诉讼法第二十五条第二款规定的"近亲属"，包括配偶、父母、子女、兄弟姐妹、祖父母、外祖父母、孙子女、外孙子女和其他具有扶养、赡养关系的亲属。

公民因被限制人身自由而不能提起诉讼的，其近亲属可以依其口头或者书面委托以该公民的名义提起诉讼。近亲属起诉时无法与被限制人身自由的公民取得联系，近亲属可以先行起诉，并在诉讼中补充提交委托证明。

第十五条　合伙企业向人民法院提起诉讼的，应当以核准登记的字号为原告。未依法登记领取营业执照的个人合伙的全体合伙人为共同原告；全体合伙人可以推选代表人，被推选的代表人，应当由全体合伙人出具推选书。

个体工商户向人民法院提起诉讼的，以营业执照上登记的经营者为原告。有字号的，以营业执照上登记的字号为原告，并应当注明该字号经营者的基本信息。

第十六条　股份制企业的股东大会、股东会、董事会等认为行政机关作出的行政行为侵犯企业经营自主权的，可以企业名义提起诉讼。

联营企业、中外合资或者合作企业的联营、合资、合作各方，认为联营、合资、合作企业权益或者自己一方合法权益受行政行为侵害的，可以自己的名义提起诉讼。

非国有企业被行政机关注销、撤销、合并、强令兼并、出售、分立或者改变企业隶属关系的，该企业或者其法定代表人可以提起诉讼。

第十七条　事业单位、社会团体、基金会、社会服务机构等非营利法人的出资人、设立人认为行政行为损害法人合法权益的，可以自己的名义提起诉讼。

第十八条　业主委员会对于行政机关作出的涉及业主共有利益的行政行为，可以自己的名义提起诉讼。

业主委员会不起诉的，专有部分占建筑物总面积过半数或者占总户数过半数的业主可以提起诉讼。

第十九条　当事人不服经上级行政机关批准的行政行为，向人民法院提起诉讼的，以在对外发生法律效力的文书上署名的机关为被告。

第二十条　行政机关组建并赋予行政管理职能但不具有独立承担法律责任能力的机构，以自己的名义作出行政行为，当事人不服提起诉讼的，应当以组建该机构的行政机关为被告。

法律、法规或者规章授权行使行政职权的行政机关内设机构、派出机构或者其他组织，超出法定授权范围实施行政行为，当事人不服提起诉讼的，应当以实施该行为的机构或者组织为被告。

没有法律、法规或者规章规定，行政机关授权其内设机构、派出机构或者其他组织行使行政职权的，属于行政诉讼法第二十六条规定的委托。当事人不服提起诉讼的，应当以该行政机关为被告。

第二十一条　当事人对由国务院、省级人民政府批准设立的开发区管理机构作出的行政行为不服提起诉讼的，以该开发区管理机构为被告；对由国务院、省级人民政府批准设立的开发区管理机构所属职能部门作出的行政行为不服提起诉讼的，以其职能部门为被告；对其他开发区管理机构所属职能部门作出的行政行为不服提起诉讼的，以开发区管理机构为被告；开发区管理机构没有行政主体资格的，以设立该机构的地方人民政府为被告。

第二十二条　行政诉讼法第二十六条第二款规定的"复议机关改变原行政行为"，是指复议机关改变原行政行为的处理结果。

复议机关改变原行政行为所认定的主要事实和证据、改变原行政行为所适用的规范依据，但未改变原行政行为处理结果的，视为复议机关维持原行政行为。

复议机关确认原行政行为无效，属于改变原行政行为。

复议机关确认原行政行为违法，属于改变原行政行为，但复议机关以违反法定程序为由确认原行政行为违法的除外。

第二十三条 行政机关被撤销或者职权变更，没有继续行使其职权的行政机关的，以其所属的人民政府为被告；实行垂直领导的，以垂直领导的上一级行政机关为被告。

第二十四条 当事人对村民委员会或者居民委员会依据法律、法规、规章的授权履行行政管理职责的行为不服提起诉讼的，以村民委员会或者居民委员会为被告。

当事人对村民委员会、居民委员会受行政机关委托作出的行为不服提起诉讼的，以委托的行政机关为被告。

当事人对高等学校等事业单位以及律师协会、注册会计师协会等行业协会依据法律、法规、规章的授权实施的行政行为不服提起诉讼的，以该事业单位、行业协会为被告。

当事人对高等学校等事业单位以及律师协会、注册会计师协会等行业协会受行政机关委托作出的行为不服提起诉讼的，以委托的行政机关为被告。

第二十五条 市、县级人民政府确定的房屋征收部门组织实施房屋征收与补偿工作过程中作出行政行为，被征收人不服提起诉讼的，以房屋征收部门为被告。

征收实施单位受房屋征收部门委托，在委托范围内从事的行为，被征收人不服提起诉讼的，应当以房屋征收部门为被告。

第二十六条 原告所起诉的被告不适格，人民法院应当告知原告变更被告；原告不同意变更的，裁定驳回起诉。

应当追加被告而原告不同意追加的，人民法院应当通知其以第三人的身份参加诉讼，但行政复议机关作共同被告的除外。

第二十七条 必须共同进行诉讼的当事人没有参加诉讼的，人民法院应当依法通知其参加；当事人也可以向人民法院申请参加。

人民法院应当对当事人提出的申请进行审查，申请理由不成立的，裁定驳回；申请理由成立的，书面通知其参加诉讼。

前款所称的必须共同进行诉讼，是指按照行政诉讼法第二十七条的规定，当事人一方或者双方为两人以上，因同一行政行为发生行政争议，人民法院必须合并审理的诉讼。

第二十八条 人民法院追加共同诉讼的当事人时，应当通知其他当事人。应当追加的原告，已明确表示放弃实体权利的，可不予追加；既不愿意参加诉讼，又不放弃实体权利的，应追加为第三人，其不参加诉讼，不能阻碍人民法院对案件的审理和裁判。

第二十九条 行政诉讼法第二十八条规定的“人数众多”，一般指十人以上。

根据行政诉讼法第二十八条的规定，当事人一方人数众多的，由当事人推选代表人。当事人推选不出的，可以由人民法院在起诉的当事人中指定代表人。

行政诉讼法第二十八条规定的代表人为二至五人。代表人可以委托一至二人作为诉讼代理人。

第三十条 行政机关的同一行政行为涉及两个以上利害关系人，其中一部分利害关系人对行政行为不服提起诉讼，人民法院应当通知没有起诉的其他利害关系人作为第三人参加诉讼。

与行政案件处理结果有利害关系的第三人，可以申请参加诉讼，或者由人民法院通知其参加诉讼。人民法院判决其承担义务或者减损其权益的第三人，有权提出上诉或者申请再审。

行政诉讼法第二十九条规定的第三人，

因不能归责于本人的事由未参加诉讼，但有证据证明发生法律效力的判决、裁定、调解书损害其合法权益的，可以依照行政诉讼法第九十条的规定，自知道或者应当知道其合法权益受到损害之日起六个月内，向上一级人民法院申请再审。

第三十一条　当事人委托诉讼代理人，应当向人民法院提交由委托人签名或者盖章的授权委托书。委托书应当载明委托事项和具体权限。公民在特殊情况下无法书面委托的，也可以由他人代书，并由自己捺印等方式确认，人民法院应当核实并记录在卷；被诉行政机关或者其他有义务协助的机关拒绝人民法院向被限制人身自由的公民核实的，视为委托成立。当事人解除或者变更委托的，应当书面报告人民法院。

第三十二条　依照行政诉讼法第三十一条第二款第二项规定，与当事人有合法劳动人事关系的职工，可以当事人工作人员的名义作为诉讼代理人。以当事人的工作人员身份参加诉讼活动，应当提交以下证据之一加以证明：

（一）缴纳社会保险记录凭证；

（二）领取工资凭证；

（三）其他能够证明其为当事人工作人员身份的证据。

第三十三条　根据行政诉讼法第三十一条第二款第三项规定，有关社会团体推荐公民担任诉讼代理人的，应当符合下列条件：

（一）社会团体属于依法登记设立或者依法免予登记设立的非营利性法人组织；

（二）被代理人属于该社会团体的成员，或者当事人一方住所地位于该社会团体的活动地域；

（三）代理事务属于该社会团体章程载明的业务范围；

（四）被推荐的公民是该社会团体的负责人或者与该社会团体有合法劳动人事关系的工作人员。

专利代理人经中华全国专利代理人协会推荐，可以在专利行政案件中担任诉讼代理人。

四、证　据

第三十四条　根据行政诉讼法第三十六条第一款的规定，被告申请延期提供证据的，应当在收到起诉状副本之日起十五日内以书面方式向人民法院提出。人民法院准许延期提供的，被告应当在正当事由消除后十五日内提供证据。逾期提供的，视为被诉行政行为没有相应的证据。

第三十五条　原告或者第三人应当在开庭审理前或者人民法院指定的交换证据清单之日提供证据。因正当事由申请延期提供证据的，经人民法院准许，可以在法庭调查中提供。逾期提供证据的，人民法院应当责令其说明理由；拒不说明理由或者理由不成立的，视为放弃举证权利。

原告或者第三人在第一审程序中无正当事由未提供而在第二审程序中提供的证据，人民法院不予接纳。

第三十六条　当事人申请延长举证期限，应当在举证期限届满前向人民法院提出书面申请。

申请理由成立的，人民法院应当准许，适当延长举证期限，并通知其他当事人。申请理由不成立的，人民法院不予准许，并通知申请人。

第三十七条　根据行政诉讼法第三十九条的规定，对当事人无争议，但涉及国家利益、公共利益或者他人合法权益的事实，人民法院可以责令当事人提供或者补充有关证据。

第三十八条　对于案情比较复杂或者证据数量较多的案件，人民法院可以组织当事人在开庭前向对方出示或者交换证据，并将交换证据清单的情况记录在卷。

当事人在庭前证据交换过程中没有争议并记录在卷的证据，经审判人员在庭审中说明后，可以作为认定案件事实的依据。

第三十九条 当事人申请调查收集证据，但该证据与待证事实无关联、对证明待证事实无意义或者其他无调查收集必要的，人民法院不予准许。

第四十条 人民法院在证人出庭作证前应当告知其如实作证的义务以及作伪证的法律后果。

证人因履行出庭作证义务而支出的交通、住宿、就餐等必要费用以及误工损失，由败诉一方当事人承担。

第四十一条 有下列情形之一，原告或者第三人要求相关行政执法人员出庭说明的，人民法院可以准许：

（一）对现场笔录的合法性或者真实性有异议的；

（二）对扣押财产的品种或者数量有异议的；

（三）对检验的物品取样或者保管有异议的；

（四）对行政执法人员身份的合法性有异议的；

（五）需要出庭说明的其他情形。

第四十二条 能够反映案件真实情况、与待证事实相关联、来源和形式符合法律规定的证据，应当作为认定案件事实的根据。

第四十三条 有下列情形之一的，属于行政诉讼法第四十三条第三款规定的“以非法手段取得的证据”：

（一）严重违反法定程序收集的证据材料；

（二）以违反法律强制性规定的手段获取且侵害他人合法权益的证据材料；

（三）以利诱、欺诈、胁迫、暴力等手段获取的证据材料。

第四十四条 人民法院认为有必要的，可以要求当事人本人或者行政机关执法人员到庭，就案件有关事实接受询问。在询问之前，可以要求其签署保证书。

保证书应当载明据实陈述、如有虚假陈述愿意接受处罚等内容。当事人或者行政机关执法人员应当在保证书上签名或者捺印。

负有举证责任的当事人拒绝到庭、拒绝接受询问或者拒绝签署保证书，待证事实又欠缺其他证据加以佐证的，人民法院对其主张的事实不予认定。

第四十五条 被告有证据证明其在行政程序中依照法定程序要求原告或者第三人提供证据，原告或者第三人依法应当提供而没有提供，在诉讼程序中提供的证据，人民法院一般不予采纳。

第四十六条 原告或者第三人确有证据证明被告持有的证据对原告或者第三人有利的，可以在开庭审理前书面申请人民法院责令行政机关提交。

申请理由成立的，人民法院应当责令行政机关提交，因提交证据所产生的费用，由申请人预付。行政机关无正当理由拒不提交的，人民法院可以推定原告或者第三人基于该证据主张的事实成立。

持有证据的当事人以妨碍对方当事人使用为目的，毁灭有关证据或者实施其他致使证据不能使用行为的，人民法院可以推定对方当事人基于该证据主张的事实成立，并可依照行政诉讼法第五十九条规定处理。

第四十七条 根据行政诉讼法第三十八条第二款的规定，在行政赔偿、补偿案件中，因被告的原因导致原告无法就损害情况举证的，应当由被告就该损害情况承担举证责任。

对于各方主张损失的价值无法认定的，应当由负有举证责任的一方当事人申请鉴定，但法律、法规、规章规定行政机关在作出行政行为时依法应当评估或者鉴定的除外；负有举证责任的当事人拒绝申请鉴定的，由其承担不利的法律后果。

当事人的损失因客观原因无法鉴定的，人民法院应当结合当事人的主张和在案证据，遵循法官职业道德，运用逻辑推理和生活经验、生活常识等，酌情确定赔偿数额。

五、期间、送达

第四十八条　期间包括法定期间和人民法院指定的期间。

期间以时、日、月、年计算。期间开始的时和日，不计算在期间内。

期间届满的最后一日是节假日的，以节假日后的第一日为期间届满的日期。

期间不包括在途时间，诉讼文书在期满前交邮的，视为在期限内发送。

第四十九条　行政诉讼法第五十一条第二款规定的立案期限，因起诉状内容欠缺或者有其他错误通知原告限期补正的，从补正后递交人民法院的次日起算。由上级人民法院转交下级人民法院立案的案件，从受诉人民法院收到起诉状的次日起算。

第五十条　行政诉讼法第八十一条、第八十三条、第八十八条规定的审理期限，是指从立案之日起至裁判宣告、调解书送达之日止的期间，但公告期间、鉴定期间、调解期间、中止诉讼期间、审理当事人提出的管辖异议以及处理人民法院之间的管辖争议期间不应计算在内。

再审案件按照第一审程序或者第二审程序审理的，适用行政诉讼法第八十一条、第八十八条规定的审理期限。审理期限自再审立案的次日起算。

基层人民法院申请延长审理期限，应当直接报请高级人民法院批准，同时报中级人民法院备案。

第五十一条　人民法院可以要求当事人签署送达地址确认书，当事人确认的送达地址为人民法院法律文书的送达地址。

当事人同意电子送达的，应当提供并确认传真号、电子信箱等电子送达地址。

当事人送达地址发生变更的，应当及时书面告知受理案件的人民法院；未及时告知的，人民法院按原地址送达，视为依法送达。

人民法院可以通过国家邮政机构以法院专递方式进行送达。

第五十二条　人民法院可以在当事人住所地以外向当事人直接送达诉讼文书。当事人拒绝签署送达回证的，采用拍照、录像等方式记录送达过程即视为送达。审判人员、书记员应当在送达回证上注明送达情况并签名。

六、起诉与受理

第五十三条　人民法院对符合起诉条件的案件应当立案，依法保障当事人行使诉讼权利。

对当事人依法提起的诉讼，人民法院应当根据行政诉讼法第五十一条的规定接收起诉状。能够判断符合起诉条件的，应当当场登记立案；当场不能判断是否符合起诉条件的，应当在接收起诉状后七日内决定是否立案；七日内仍不能作出判断的，应当先予立案。

第五十四条　依照行政诉讼法第四十九条的规定，公民、法人或者其他组织提起诉讼时应当提交以下起诉材料：

（一）原告的身份证明材料以及有效联系方式；

（二）被诉行政行为或者不作为存在的材料；

（三）原告与被诉行政行为具有利害关系的材料；

（四）人民法院认为需要提交的其他材料。

由法定代理人或者委托代理人代为起诉的，还应当在起诉状中写明或者在口头起诉时向人民法院说明法定代理人或者委托代理人的基本情况，并提交法定代理人或者委托代理人的身份证明和代理权限证明等材料。

第五十五条　依照行政诉讼法第五十一条的规定，人民法院应当就起诉状内容和材料是否完备以及是否符合行政诉讼法规定的起诉条件进行审查。

起诉状内容或者材料欠缺的，人民法院

应当给予指导和释明，并一次性全面告知当事人需要补正的内容、补充的材料及期限。在指定期限内补正并符合起诉条件的，应当登记立案。当事人拒绝补正或者经补正仍不符合起诉条件的，退回诉状并记录在册；坚持起诉的，裁定不予立案，并载明不予立案的理由。

第五十六条 法律、法规规定应当先申请复议，公民、法人或者其他组织未申请复议直接提起诉讼的，人民法院裁定不予立案。

依照行政诉讼法第四十五条的规定，复议机关不受理复议申请或者在法定期限内不作出复议决定，公民、法人或者其他组织不服，依法向人民法院提起诉讼的，人民法院应当依法立案。

第五十七条 法律、法规未规定行政复议为提起行政诉讼必经程序，公民、法人或者其他组织既提起诉讼又申请行政复议的，由先立案的机关管辖；同时立案的，由公民、法人或者其他组织选择。公民、法人或者其他组织已经申请行政复议，在法定复议期间内又向人民法院提起诉讼的，人民法院裁定不予立案。

第五十八条 法律、法规未规定行政复议为提起行政诉讼必经程序，公民、法人或者其他组织向复议机关申请行政复议后，又经复议机关同意撤回复议申请，在法定起诉期限内对原行政行为提起诉讼的，人民法院应当依法立案。

第五十九条 公民、法人或者其他组织向复议机关申请行政复议后，复议机关作出维持决定的，应当以复议机关和原行为机关为共同被告，并以复议决定送达时间确定起诉期限。

第六十条 人民法院裁定准许原告撤诉后，原告以同一事实和理由重新起诉的，人民法院不予立案。

准予撤诉的裁定确有错误，原告申请再审的，人民法院应当通过审判监督程序撤销原准予撤诉的裁定，重新对案件进行审理。

第六十一条 原告或者上诉人未按规定的期限预交案件受理费，又不提出缓交、减交、免交申请，或者提出申请未获批准的，按自动撤诉处理。在按撤诉处理后，原告或者上诉人在法定期限内再次起诉或者上诉，并依法解决诉讼费预交问题的，人民法院应予立案。

第六十二条 人民法院判决撤销行政机关的行政行为后，公民、法人或者其他组织对行政机关重新作出的行政行为不服向人民法院起诉的，人民法院应当依法立案。

第六十三条 行政机关作出行政行为时，没有制作或者没有送达法律文书，公民、法人或者其他组织只要能证明行政行为存在，并在法定期限内起诉的，人民法院应当依法立案。

第六十四条 行政机关作出行政行为时，未告知公民、法人或者其他组织起诉期限的，起诉期限从公民、法人或者其他组织知道或者应当知道起诉期限之日起计算，但从知道或者应当知道行政行为内容之日起最长不得超过一年。

复议决定未告知公民、法人或者其他组织起诉期限的，适用前款规定。

第六十五条 公民、法人或者其他组织不知道行政机关作出的行政行为内容的，其起诉期限从知道或者应当知道该行政行为内容之日起计算，但最长不得超过行政诉讼法第四十六条第二款规定的起诉期限。

第六十六条 公民、法人或者其他组织依照行政诉讼法第四十七条第一款的规定，对行政机关不履行法定职责提起诉讼的，应当在行政机关履行法定职责期限届满之日起六个月内提出。

第六十七条 原告提供被告的名称等信息足以使被告与其他行政机关相区别的，可以认定为行政诉讼法第四十九条第二项规定的“有明确的被告”。

起诉状列写被告信息不足以认定明确的

被告的，人民法院可以告知原告补正；原告补正后仍不能确定明确的被告的，人民法院裁定不予立案。

第六十八条 行政诉讼法第四十九条第三项规定的“有具体的诉讼请求”是指：

（一）请求判决撤销或者变更行政行为；

（二）请求判决行政机关履行特定法定职责或者给付义务；

（三）请求判决确认行政行为违法；

（四）请求判决确认行政行为无效；

（五）请求判决行政机关予以赔偿或者补偿；

（六）请求解决行政协议争议；

（七）请求一并审查规章以下规范性文件；

（八）请求一并解决相关民事争议；

（九）其他诉讼请求。

当事人单独或者一并提起行政赔偿、补偿诉讼的，应当有具体的赔偿、补偿事项以及数额；请求一并审查规章以下规范性文件的，应当提供明确的文件名称或者审查对象；请求一并解决相关民事争议的，应当有具体的民事诉讼请求。

当事人未能正确表达诉讼请求的，人民法院应当要求其明确诉讼请求。

第六十九条 有下列情形之一，已经立案的，应当裁定驳回起诉：

（一）不符合行政诉讼法第四十九条规定的；

（二）超过法定起诉期限且无行政诉讼法第四十八条规定情形的；

（三）错列被告且拒绝变更的；

（四）未按照法律规定由法定代理人、指定代理人、代表人为诉讼行为的；

（五）未按照法律、法规规定先向行政机关申请复议的；

（六）重复起诉的；

（七）撤回起诉后无正当理由再行起诉的；

（八）行政行为对其合法权益明显不产生实际影响的；

（九）诉讼标的已为生效裁判或者调解书所羁束的；

（十）其他不符合法定起诉条件的情形。

前款所列情形可以补正或者更正的，人民法院应当指定期间责令补正或者更正；在指定期间已经补正或者更正的，应当依法审理。

人民法院经过阅卷、调查或者询问当事人，认为不需要开庭审理的，可以迳行裁定驳回起诉。

第七十条 起诉状副本送达被告后，原告提出新的诉讼请求的，人民法院不予准许，但有正当理由的除外。

七、审理与判决

第七十一条 人民法院适用普通程序审理案件，应当在开庭三日前用传票传唤当事人。对证人、鉴定人、勘验人、翻译人员，应当用通知书通知其到庭。当事人或者其他诉讼参与人在外地的，应当留有必要的在途时间。

第七十二条 有下列情形之一的，可以延期开庭审理：

（一）应当到庭的当事人和其他诉讼参与人有正当理由没有到庭的；

（二）当事人临时提出回避申请且无法及时作出决定的；

（三）需要通知新的证人到庭，调取新的证据，重新鉴定、勘验，或者需要补充调查的；

（四）其他应当延期的情形。

第七十三条 根据行政诉讼法第二十七条的规定，有下列情形之一的，人民法院可以决定合并审理：

（一）两个以上行政机关分别对同一事实作出行政行为，公民、法人或者其他组织不服向同一人民法院起诉的；

（二）行政机关就同一事实对若干公民、法人或者其他组织分别作出行政行为，公民、法人或者其他组织不服分别向同一人民法院起诉的；

（三）在诉讼过程中，被告对原告作出新的行政行为，原告不服向同一人民法院起诉的；

（四）人民法院认为可以合并审理的其他情形。

第七十四条　当事人申请回避，应当说明理由，在案件开始审理时提出；回避事由在案件开始审理后知道的，应当在法庭辩论终结前提出。

被申请回避的人员，在人民法院作出是否回避的决定前，应当暂停参与本案的工作，但案件需要采取紧急措施的除外。

对当事人提出的回避申请，人民法院应当在三日内以口头或者书面形式作出决定。对当事人提出的明显不属于法定回避事由的申请，法庭可以依法当庭驳回。

申请人对驳回回避申请决定不服的，可以向作出决定的人民法院申请复议一次。复议期间，被申请回避的人员不停止参与本案的工作。对申请人的复议申请，人民法院应当在三日内作出复议决定，并通知复议申请人。

第七十五条　在一个审判程序中参与过本案审判工作的审判人员，不得再参与该案其他程序的审判。

发回重审的案件，在一审法院作出裁判后又进入第二审程序的，原第二审程序中合议庭组成人员不受前款规定的限制。

第七十六条　人民法院对于因一方当事人的行为或者其他原因，可能使行政行为或者人民法院生效裁判不能或者难以执行的案件，根据对方当事人的申请，可以裁定对其财产进行保全、责令其作出一定行为或者禁止其作出一定行为；当事人没有提出申请的，人民法院在必要时也可以裁定采取上述保全措施。

人民法院采取保全措施，可以责令申请人提供担保；申请人不提供担保的，裁定驳回申请。

人民法院接受申请后，对情况紧急的，必须在四十八小时内作出裁定；裁定采取保全措施的，应当立即开始执行。

当事人对保全的裁定不服的，可以申请复议；复议期间不停止裁定的执行。

第七十七条　利害关系人因情况紧急，不立即申请保全将会使其合法权益受到难以弥补的损害的，可以在提起诉讼前向被保全财产所在地、被申请人住所地或者对案件有管辖权的人民法院申请采取保全措施。申请人应当提供担保，不提供担保的，裁定驳回申请。

人民法院接受申请后，必须在四十八小时内作出裁定；裁定采取保全措施的，应当立即开始执行。

申请人在人民法院采取保全措施后三十日内不依法提起诉讼的，人民法院应当解除保全。

当事人对保全的裁定不服的，可以申请复议；复议期间不停止裁定的执行。

第七十八条　保全限于请求的范围，或者与本案有关的财物。

财产保全采取查封、扣押、冻结或者法律规定的其他方法。人民法院保全财产后，应当立即通知被保全人。

财产已被查封、冻结的，不得重复查封、冻结。

涉及财产的案件，被申请人提供担保的，人民法院应当裁定解除保全。

申请有错误的，申请人应当赔偿被申请人因保全所遭受的损失。

第七十九条　原告或者上诉人申请撤诉，人民法院裁定不予准许的，原告或者上诉人经传票传唤无正当理由拒不到庭，或者未经法庭许可中途退庭的，人民法院可以缺席判决。

第三人经传票传唤无正当理由拒不到

庭，或者未经法庭许可中途退庭的，不发生阻止案件审理的效果。

根据行政诉讼法第五十八条的规定，被告经传票传唤无正当理由拒不到庭，或者未经法庭许可中途退庭的，人民法院可以按期开庭或者继续开庭审理，对到庭的当事人诉讼请求、双方的诉辩理由以及已经提交的证据及其他诉讼材料进行审理后，依法缺席判决。

第八十条　原告或者上诉人在庭审中明确拒绝陈述或者以其他方式拒绝陈述，导致庭审无法进行，经法庭释明法律后果后仍不陈述意见的，视为放弃陈述权利，由其承担不利的法律后果。

当事人申请撤诉或者依法可以按撤诉处理的案件，当事人有违反法律的行为需要依法处理的，人民法院可以不准许撤诉或者不按撤诉处理。

法庭辩论终结后原告申请撤诉，人民法院可以准许，但涉及到国家利益和社会公共利益的除外。

第八十一条　被告在一审期间改变被诉行政行为的，应当书面告知人民法院。

原告或者第三人对改变后的行政行为不服提起诉讼的，人民法院应当就改变后的行政行为进行审理。

被告改变原违法行政行为，原告仍要求确认原行政行为违法的，人民法院应当依法作出确认判决。

原告起诉被告不作为，在诉讼中被告作出行政行为，原告不撤诉的，人民法院应当就不作为依法作出确认判决。

第八十二条　当事人之间恶意串通，企图通过诉讼等方式侵害国家利益、社会公共利益或者他人合法权益的，人民法院应当裁定驳回起诉或者判决驳回其请求，并根据情节轻重予以罚款、拘留；构成犯罪的，依法追究刑事责任。

第八十三条　行政诉讼法第五十九条规定的罚款、拘留可以单独适用，也可以合并适用。

对同一妨害行政诉讼行为的罚款、拘留不得连续适用。发生新的妨害行政诉讼行为的，人民法院可以重新予以罚款、拘留。

第八十四条　人民法院审理行政诉讼法第六十条第一款规定的行政案件，认为法律关系明确、事实清楚，在征得当事人双方同意后，可以迳行调解。

第八十五条　调解达成协议，人民法院应当制作调解书。调解书应当写明诉讼请求、案件的事实和调解结果。

调解书由审判人员、书记员署名，加盖人民法院印章，送达双方当事人。

调解书经双方当事人签收后，即具有法律效力。调解书生效日期根据最后收到调解书的当事人签收的日期确定。

第八十六条　人民法院审理行政案件，调解过程不公开，但当事人同意公开的除外。

经人民法院准许，第三人可以参加调解。人民法院认为有必要的，可以通知第三人参加调解。

调解协议内容不公开，但为保护国家利益、社会公共利益、他人合法权益，人民法院认为确有必要公开的除外。

当事人一方或者双方不愿调解、调解未达成协议的，人民法院应当及时判决。

当事人自行和解或者调解达成协议后，请求人民法院按照和解协议或者调解协议的内容制作判决书的，人民法院不予准许。

第八十七条　在诉讼过程中，有下列情形之一的，中止诉讼：

（一）原告死亡，须等待其近亲属表明是否参加诉讼的；

（二）原告丧失诉讼行为能力，尚未确定法定代理人的；

（三）作为一方当事人的行政机关、法人或者其他组织终止，尚未确定权利义务承受人的；

（四）一方当事人因不可抗力的事由不

能参加诉讼的；

（五）案件涉及法律适用问题，需要送请有权机关作出解释或者确认的；

（六）案件的审判须以相关民事、刑事或者其他行政案件的审理结果为依据，而相关案件尚未审结的；

（七）其他应当中止诉讼的情形。

中止诉讼的原因消除后，恢复诉讼。

第八十八条　在诉讼过程中，有下列情形之一的，终结诉讼：

（一）原告死亡，没有近亲属或者近亲属放弃诉讼权利的；

（二）作为原告的法人或者其他组织终止后，其权利义务的承受人放弃诉讼权利的。

因本解释第八十七条第一款第一、二、三项原因中止诉讼满九十日仍无人继续诉讼的，裁定终结诉讼，但有特殊情况的除外。

第八十九条　复议决定改变原行政行为错误，人民法院判决撤销复议决定时，可以一并责令复议机关重新作出复议决定或者判决恢复原行政行为的法律效力。

第九十条　人民法院判决被告重新作出行政行为，被告重新作出的行政行为与原行政行为的结果相同，但主要事实或者主要理由有改变的，不属于行政诉讼法第七十一条规定的情形。

人民法院以违反法定程序为由，判决撤销被诉行政行为的，行政机关重新作出行政行为不受行政诉讼法第七十一条规定的限制。

行政机关以同一事实和理由重新作出与原行政行为基本相同的行政行为，人民法院应当根据行政诉讼法第七十条、第七十一条的规定判决撤销或者部分撤销，并根据行政诉讼法第九十六条的规定处理。

第九十一条　原告请求被告履行法定职责的理由成立，被告违法拒绝履行或者无正当理由逾期不予答复的，人民法院可以根据行政诉讼法第七十二条的规定，判决被告在一定期限内依法履行原告请求的法定职责；尚需被告调查或者裁量的，应当判决被告针对原告的请求重新作出处理。

第九十二条　原告申请被告依法履行支付抚恤金、最低生活保障待遇或者社会保险待遇等给付义务的理由成立，被告依法负有给付义务而拒绝或者拖延履行义务的，人民法院可以根据行政诉讼法第七十三条的规定，判决被告在一定期限内履行相应的给付义务。

第九十三条　原告请求被告履行法定职责或者依法履行支付抚恤金、最低生活保障待遇或者社会保险待遇等给付义务，原告未先向行政机关提出申请的，人民法院裁定驳回起诉。

人民法院经审理认为原告所请求履行的法定职责或者给付义务明显不属于行政机关权限范围的，可以裁定驳回起诉。

第九十四条　公民、法人或者其他组织起诉请求撤销行政行为，人民法院经审查认为行政行为无效的，应当作出确认无效的判决。

公民、法人或者其他组织起诉请求确认行政行为无效，人民法院审查认为行政行为不属于无效情形，经释明，原告请求撤销行政行为的，应当继续审理并依法作出相应判决；原告请求撤销行政行为但超过法定起诉期限的，裁定驳回起诉；原告拒绝变更诉讼请求的，判决驳回其诉讼请求。

第九十五条　人民法院经审理认为被诉行政行为违法或者无效，可能给原告造成损失，经释明，原告请求一并解决行政赔偿争议的，人民法院可以就赔偿事项进行调解；调解不成的，应当一并判决。人民法院也可以告知其就赔偿事项另行提起诉讼。

第九十六条　有下列情形之一，且对原告依法享有的听证、陈述、申辩等重要程序性权利不产生实质损害的，属于行政诉讼法第七十四条第一款第二项规定的“程序轻微违法”：

（一）处理期限轻微违法；

（二）通知、送达等程序轻微违法；

（三）其他程序轻微违法的情形。

第九十七条　原告或者第三人的损失系由其自身过错和行政机关的违法行政行为共同造成的，人民法院应当依据各方行为与损害结果之间有无因果关系以及在损害发生和结果中作用力的大小，确定行政机关相应的赔偿责任。

第九十八条　因行政机关不履行、拖延履行法定职责，致使公民、法人或者其他组织的合法权益遭受损害的，人民法院应当判决行政机关承担行政赔偿责任。在确定赔偿数额时，应当考虑该不履行、拖延履行法定职责的行为在损害发生过程和结果中所起的作用等因素。

第九十九条　有下列情形之一的，属于行政诉讼法第七十五条规定的“重大且明显违法”：

（一）行政行为实施主体不具有行政主体资格；

（二）减损权利或者增加义务的行政行为没有法律规范依据；

（三）行政行为的内容客观上不可能实施；

（四）其他重大且明显违法的情形。

第一百条　人民法院审理行政案件，适用最高人民法院司法解释的，应当在裁判文书中援引。

人民法院审理行政案件，可以在裁判文书中引用合法有效的规章及其他规范性文件。

第一百零一条　裁定适用于下列范围：

（一）不予立案；

（二）驳回起诉；

（三）管辖异议；

（四）终结诉讼；

（五）中止诉讼；

（六）移送或者指定管辖；

（七）诉讼期间停止行政行为的执行或者驳回停止执行的申请；

（八）财产保全；

（九）先予执行；

（十）准许或者不准许撤诉；

（十一）补正裁判文书中的笔误；

（十二）中止或者终结执行；

（十三）提审、指令再审或者发回重审；

（十四）准许或者不准许执行行政机关的行政行为；

（十五）其他需要裁定的事项。

对第一、二、三项裁定，当事人可以上诉。

裁定书应当写明裁定结果和作出该裁定的理由。裁定书由审判人员、书记员署名，加盖人民法院印章。口头裁定的，记入笔录。

第一百零二条　行政诉讼法第八十二条规定的行政案件中的“事实清楚”，是指当事人对争议的事实陈述基本一致，并能提供相应的证据，无须人民法院调查收集证据即可查明事实；“权利义务关系明确”，是指行政法律关系中权利和义务能够明确区分；“争议不大”，是指当事人对行政行为的合法性、责任承担等没有实质分歧。

第一百零三条　适用简易程序审理的行政案件，人民法院可以用口头通知、电话、短信、传真、电子邮件等简便方式传唤当事人、通知证人、送达裁判文书以外的诉讼文书。

以简便方式送达的开庭通知，未经当事人确认或者没有其他证据证明当事人已经收到的，人民法院不得缺席判决。

第一百零四条　适用简易程序案件的举证期限由人民法院确定，也可以由当事人协商一致并经人民法院准许，但不得超过十五日。被告要求书面答辩的，人民法院可以确定合理的答辩期间。

人民法院应当将举证期限和开庭日期告知双方当事人，并向当事人说明逾期举证以及拒不到庭的法律后果，由双方当事人在笔录和开庭传票的送达回证上签名或者捺印。

当事人双方均表示同意立即开庭或者缩短举证期限、答辩期间的，人民法院可以立即开庭审理或者确定近期开庭。

第一百零五条 人民法院发现案情复杂，需要转为普通程序审理的，应当在审理期限届满前作出裁定并将合议庭组成人员及相关事项书面通知双方当事人。

案件转为普通程序审理的，审理期限自人民法院立案之日起计算。

第一百零六条 当事人就已经提起诉讼的事项在诉讼过程中或者裁判生效后再次起诉，同时具有下列情形的，构成重复起诉：

（一）后诉与前诉的当事人相同；

（二）后诉与前诉的诉讼标的相同；

（三）后诉与前诉的诉讼请求相同，或者后诉的诉讼请求被前诉裁判所包含。

第一百零七条 第一审人民法院作出判决和裁定后，当事人均提起上诉的，上诉各方均为上诉人。

诉讼当事人中的一部分人提出上诉，没有提出上诉的对方当事人为被上诉人，其他当事人依原审诉讼地位列明。

第一百零八条 当事人提出上诉，应当按照其他当事人或者诉讼代表人的人数提出上诉状副本。

原审人民法院收到上诉状，应当在五日内将上诉状副本发送其他当事人，对方当事人应当在收到上诉状副本之日起十五日内提出答辩状。

原审人民法院应当在收到答辩状之日起五日内将副本发送上诉人。对方当事人不提出答辩状的，不影响人民法院审理。

原审人民法院收到上诉状、答辩状，应当在五日内连同全部案卷和证据，报送第二审人民法院；已经预收的诉讼费用，一并报送。

第一百零九条 第二审人民法院经审理认为原审人民法院不予立案或者驳回起诉的裁定确有错误且当事人的起诉符合起诉条件的，应当裁定撤销原审人民法院的裁定，指令原审人民法院依法立案或者继续审理。

第二审人民法院裁定发回原审人民法院重新审理的行政案件，原审人民法院应当另行组成合议庭进行审理。

原审判决遗漏了必须参加诉讼的当事人或者诉讼请求的，第二审人民法院应当裁定撤销原审判决，发回重审。

原审判决遗漏行政赔偿请求，第二审人民法院经审查认为依法不应当予以赔偿的，应当判决驳回行政赔偿请求。

原审判决遗漏行政赔偿请求，第二审人民法院经审理认为依法应当予以赔偿的，在确认被诉行政行为违法的同时，可以就行政赔偿问题进行调解；调解不成的，应当就行政赔偿部分发回重审。

当事人在第二审期间提出行政赔偿请求的，第二审人民法院可以进行调解；调解不成的，应当告知当事人另行起诉。

第一百一十条 当事人向上一级人民法院申请再审，应当在判决、裁定或者调解书发生法律效力后六个月内提出。有下列情形之一的，自知道或者应当知道之日起六个月内提出：

（一）有新的证据，足以推翻原判决、裁定的；

（二）原判决、裁定认定事实的主要证据是伪造的；

（三）据以作出原判决、裁定的法律文书被撤销或者变更的；

（四）审判人员审理该案件时有贪污受贿、徇私舞弊、枉法裁判行为的。

第一百一十一条 当事人申请再审的，应当提交再审申请书等材料。人民法院认为有必要的，可以自收到再审申请书之日起五日内将再审申请书副本发送对方当事人。对方当事人应当自收到再审申请书副本之日起十五日内提交书面意见。人民法院可以要求申请人和对方当事人补充有关材料，询问有关事项。

第一百一十二条 人民法院应当自再审申请案件立案之日起六个月内审查，有特殊情况需要延长的，由本院院长批准。

第一百一十三条 人民法院根据审查再审申请案件的需要决定是否询问当事人；新的证据可能推翻原判决、裁定的，人民法院应当询问当事人。

第一百一十四条 审查再审申请期间，被申请人及原审其他当事人依法提出再审申请的，人民法院应当将其列为再审申请人，对其再审事由一并审查，审查期限重新计算。经审查，其中一方再审申请人主张的再审事由成立的，应当裁定再审。各方再审申请人主张的再审事由均不成立的，一并裁定驳回再审申请。

第一百一十五条 审查再审申请期间，再审申请人申请人民法院委托鉴定、勘验的，人民法院不予准许。

审查再审申请期间，再审申请人撤回再审申请的，是否准许，由人民法院裁定。

再审申请人经传票传唤，无正当理由拒不接受询问的，按撤回再审申请处理。

人民法院准许撤回再审申请或者按撤回再审申请处理后，再审申请人再次申请再审的，不予立案，但有行政诉讼法第九十一条第二项、第三项、第七项、第八项规定情形，自知道或者应当知道之日起六个月内提出的除外。

第一百一十六条 当事人主张的再审事由成立，且符合行政诉讼法和本解释规定的申请再审条件的，人民法院应当裁定再审。

当事人主张的再审事由不成立，或者当事人申请再审超过法定申请再审期限、超出法定再审事由范围等不符合行政诉讼法和本解释规定的申请再审条件的，人民法院应当裁定驳回再审申请。

第一百一十七条 有下列情形之一的，当事人可以向人民检察院申请抗诉或者检察建议：

（一）人民法院驳回再审申请的；

（二）人民法院逾期未对再审申请作出裁定的；

（三）再审判决、裁定有明显错误的。

人民法院基于抗诉或者检察建议作出再审判决、裁定后，当事人申请再审的，人民法院不予立案。

第一百一十八条 按照审判监督程序决定再审的案件，裁定中止原判决、裁定、调解书的执行，但支付抚恤金、最低生活保障费或者社会保险待遇的案件，可以不中止执行。

上级人民法院决定提审或者指令下级人民法院再审的，应当作出裁定，裁定应当写明中止原判决的执行；情况紧急的，可以将中止执行的裁定口头通知负责执行的人民法院或者作出生效判决、裁定的人民法院，但应当在口头通知后十日内发出裁定书。

第一百一十九条 人民法院按照审判监督程序再审的案件，发生法律效力的判决、裁定是由第一审法院作出的，按照第一审程序审理，所作的判决、裁定，当事人可以上诉；发生法律效力的判决、裁定是由第二审法院作出的，按照第二审程序审理，所作的判决、裁定，是发生法律效力的判决、裁定；上级人民法院按照审判监督程序提审的，按照第二审程序审理，所作的判决、裁定是发生法律效力的判决、裁定。

人民法院审理再审案件，应当另行组成合议庭。

第一百二十条 人民法院审理再审案件应当围绕再审请求和被诉行政行为合法性进行。当事人的再审请求超出原审诉讼请求，符合另案诉讼条件的，告知当事人可以另行起诉。

被申请人及原审其他当事人在庭审辩论结束前提出的再审请求，符合本解释规定的申请期限的，人民法院应当一并审理。

人民法院经再审，发现已经发生法律效力的判决、裁定损害国家利益、社会公共利益、他人合法权益的，应当一并审理。

第一百二十一条　再审审理期间，有下列情形之一的，裁定终结再审程序：

（一）再审申请人在再审期间撤回再审请求，人民法院准许的；

（二）再审申请人经传票传唤，无正当理由拒不到庭的，或者未经法庭许可中途退庭，按撤回再审请求处理的；

（三）人民检察院撤回抗诉的；

（四）其他应当终结再审程序的情形。

因人民检察院提出抗诉裁定再审的案件，申请抗诉的当事人有前款规定的情形，且不损害国家利益、社会公共利益或者他人合法权益的，人民法院裁定终结再审程序。

再审程序终结后，人民法院裁定中止执行的原生效判决自动恢复执行。

第一百二十二条　人民法院审理再审案件，认为原生效判决、裁定确有错误，在撤销原生效判决或者裁定的同时，可以对生效判决、裁定的内容作出相应裁判，也可以裁定撤销生效判决或者裁定，发回作出生效判决、裁定的人民法院重新审理。

第一百二十三条　人民法院审理二审案件和再审案件，对原审法院立案、不予立案或者驳回起诉错误的，应当分别情况作如下处理：

（一）第一审人民法院作出实体判决后，第二审人民法院认为不应当立案的，在撤销第一审人民法院判决的同时，可以迳行驳回起诉；

（二）第二审人民法院维持第一审人民法院不予立案裁定错误的，再审法院应当撤销第一审、第二审人民法院裁定，指令第一审人民法院受理；

（三）第二审人民法院维持第一审人民法院驳回起诉裁定错误的，再审法院应当撤销第一审、第二审人民法院裁定，指令第一审人民法院审理。

第一百二十四条　人民检察院提出抗诉的案件，接受抗诉的人民法院应当自收到抗诉书之日起三十日内作出再审的裁定；有行政诉讼法第九十一条第二、三项规定情形之一的，可以指令下一级人民法院再审，但经该下一级人民法院再审过的除外。

人民法院在审查抗诉材料期间，当事人之间已经达成和解协议的，人民法院可以建议人民检察院撤回抗诉。

第一百二十五条　人民检察院提出抗诉的案件，人民法院再审开庭时，应当在开庭三日前通知人民检察院派员出庭。

第一百二十六条　人民法院收到再审检察建议后，应当组成合议庭，在三个月内进行审查，发现原判决、裁定、调解书确有错误，需要再审的，依照行政诉讼法第九十二条规定裁定再审，并通知当事人；经审查，决定不予再审的，应当书面回复人民检察院。

第一百二十七条　人民法院审理因人民检察院抗诉或者检察建议裁定再审的案件，不受此前已经作出的驳回当事人再审申请裁定的限制。

八、行政机关负责人出庭应诉

第一百二十八条　行政诉讼法第三条第三款规定的行政机关负责人，包括行政机关的正职、副职负责人以及其他参与分管的负责人。

行政机关负责人出庭应诉的，可以另行委托一至二名诉讼代理人。行政机关负责人不能出庭的，应当委托行政机关相应的工作人员出庭，不得仅委托律师出庭。

第一百二十九条　涉及重大公共利益、社会高度关注或者可能引发群体性事件等案件以及人民法院书面建议行政机关负责人出庭的案件，被诉行政机关负责人应当出庭。

被诉行政机关负责人出庭应诉的，应当在当事人及其诉讼代理人基本情况、案件由来部分予以列明。

行政机关负责人有正当理由不能出庭应诉的，应当向人民法院提交情况说明，并加盖行政机关印章或者由该机关主要负责人签字认可。

行政机关拒绝说明理由的，不发生阻止案件审理的效果，人民法院可以向监察机关、上一级行政机关提出司法建议。

第一百三十条　行政诉讼法第三条第三款规定的"行政机关相应的工作人员"，包括该行政机关具有国家行政编制身份的工作人员以及其他依法履行公职的人员。

被诉行政行为是地方人民政府作出的，地方人民政府法制工作机构的工作人员，以及被诉行政行为具体承办机关工作人员，可以视为被诉人民政府相应的工作人员。

第一百三十一条　行政机关负责人出庭应诉的，应当向人民法院提交能够证明该行政机关负责人职务的材料。

行政机关委托相应的工作人员出庭应诉的，应当向人民法院提交加盖行政机关印章的授权委托书，并载明工作人员的姓名、职务和代理权限。

第一百三十二条　行政机关负责人和行政机关相应的工作人员均不出庭，仅委托律师出庭的或者人民法院书面建议行政机关负责人出庭应诉，行政机关负责人不出庭应诉的，人民法院应当记录在案和在裁判文书中载明，并可以建议有关机关依法作出处理。

九、复议机关作共同被告

第一百三十三条　行政诉讼法第二十六条第二款规定的"复议机关决定维持原行政行为"，包括复议机关驳回复议申请或者复议请求的情形，但以复议申请不符合受理条件为由驳回的除外。

第一百三十四条　复议机关决定维持原行政行为的，作出原行政行为的行政机关和复议机关是共同被告。原告只起诉作出原行政行为的行政机关或者复议机关的，人民法院应当告知原告追加被告。原告不同意追加的，人民法院应当将另一机关列为共同被告。

行政复议决定既有维持原行政行为内容，又有改变原行政行为内容或者不予受理申请内容的，作出原行政行为的行政机关和复议机关为共同被告。

复议机关作共同被告的案件，以作出原行政行为的行政机关确定案件的级别管辖。

第一百三十五条　复议机关决定维持原行政行为的，人民法院应当在审查原行政行为合法性的同时，一并审查复议决定的合法性。

作出原行政行为的行政机关和复议机关对原行政行为合法性共同承担举证责任，可以由其中一个机关实施举证行为。复议机关对复议决定的合法性承担举证责任。

复议机关作共同被告的案件，复议机关在复议程序中依法收集和补充的证据，可以作为人民法院认定复议决定和原行政行为合法的依据。

第一百三十六条　人民法院对原行政行为作出判决的同时，应当对复议决定一并作出相应判决。

人民法院依职权追加作出原行政行为的行政机关或者复议机关为共同被告的，对原行政行为或者复议决定可以作出相应判决。

人民法院判决撤销原行政行为和复议决定的，可以判决作出原行政行为的行政机关重新作出行政行为。

人民法院判决作出原行政行为的行政机关履行法定职责或者给付义务的，应当同时判决撤销复议决定。

原行政行为合法、复议决定违法的，人民法院可以判决撤销复议决定或者确认复议决定违法，同时判决驳回原告针对原行政行为的诉讼请求。

原行政行为被撤销、确认违法或者无效，给原告造成损失的，应当由作出原行政行为的行政机关承担赔偿责任；因复议决定加重损害的，由复议机关对加重部分承担赔偿责任。

原行政行为不符合复议或者诉讼受案范围等受理条件，复议机关作出维持决定的，人民法院应当裁定一并驳回对原行政行为和复议决定的起诉。

十、相关民事争议的一并审理

第一百三十七条 公民、法人或者其他组织请求一并审理行政诉讼法第六十一条规定的相关民事争议，应当在第一审开庭审理前提出；有正当理由的，也可以在法庭调查中提出。

第一百三十八条 人民法院决定在行政诉讼中一并审理相关民事争议，或者案件当事人一致同意相关民事争议在行政诉讼中一并解决，人民法院准许的，由受理行政案件的人民法院管辖。

公民、法人或者其他组织请求一并审理相关民事争议，人民法院经审查发现行政案件已经超过起诉期限，民事案件尚未立案的，告知当事人另行提起民事诉讼；民事案件已经立案的，由原审判组织继续审理。

人民法院在审理行政案件中发现民事争议为解决行政争议的基础，当事人没有请求人民法院一并审理相关民事争议的，人民法院应当告知当事人依法申请一并解决民事争议。当事人就民事争议另行提起民事诉讼并已立案的，人民法院应当中止行政诉讼的审理。民事争议处理期间不计算在行政诉讼审理期限内。

第一百三十九条 有下列情形之一的，人民法院应当作出不予准许一并审理民事争议的决定，并告知当事人可以依法通过其他渠道主张权利：

（一）法律规定应当由行政机关先行处理的；

（二）违反民事诉讼法专属管辖规定或者协议管辖约定的；

（三）约定仲裁或者已经提起民事诉讼的；

（四）其他不宜一并审理民事争议的情形。

对不予准许的决定可以申请复议一次。

第一百四十条 人民法院在行政诉讼中一并审理相关民事争议的，民事争议应当单独立案，由同一审判组织审理。

人民法院审理行政机关对民事争议所作裁决的案件，一并审理民事争议的，不另行立案。

第一百四十一条 人民法院一并审理相关民事争议，适用民事法律规范的相关规定，法律另有规定的除外。

当事人在调解中对民事权益的处分，不能作为审查被诉行政行为合法性的根据。

第一百四十二条 对行政争议和民事争议应当分别裁判。

当事人仅对行政裁判或者民事裁判提出上诉的，未上诉的裁判在上诉期满后即发生法律效力。第一审人民法院应当将全部案卷一并移送第二审人民法院，由行政审判庭审理。第二审人民法院发现未上诉的生效裁判确有错误的，应当按照审判监督程序再审。

第一百四十三条 行政诉讼原告在宣判前申请撤诉的，是否准许由人民法院裁定。人民法院裁定准许行政诉讼原告撤诉，但其对已经提起的一并审理相关民事争议不撤诉的，人民法院应当继续审理。

第一百四十四条 人民法院一并审理相关民事争议，应当按行政案件、民事案件的标准分别收取诉讼费用。

十一、规范性文件的一并审查

第一百四十五条 公民、法人或者其他组织在对行政行为提起诉讼时一并请求对所依据的规范性文件审查的，由行政行为案件管辖法院一并审查。

第一百四十六条 公民、法人或者其他组织请求人民法院一并审查行政诉讼法第五十三条规定的规范性文件，应当在第一审开庭审理前提出；有正当理由的，也可以在法庭调查中提出。

第一百四十七条 人民法院在对规范性文件审查过程中，发现规范性文件可能不合法的，应当听取规范性文件制定机关的意见。

制定机关申请出庭陈述意见的，人民法院应当准许。

行政机关未陈述意见或者未提供相关证明材料的，不能阻止人民法院对规范性文件进行审查。

第一百四十八条　人民法院对规范性文件进行一并审查时，可以从规范性文件制定机关是否超越权限或者违反法定程序、作出行政行为所依据的条款以及相关条款等方面进行。

有下列情形之一的，属于行政诉讼法第六十四条规定的“规范性文件不合法”：

（一）超越制定机关的法定职权或者超越法律、法规、规章的授权范围的；

（二）与法律、法规、规章等上位法的规定相抵触的；

（三）没有法律、法规、规章依据，违法增加公民、法人和其他组织义务或者减损公民、法人和其他组织合法权益的；

（四）未履行法定批准程序、公开发布程序，严重违反制定程序的；

（五）其他违反法律、法规以及规章规定的情形。

第一百四十九条　人民法院经审查认为行政行为所依据的规范性文件合法的，应当作为认定行政行为合法的依据；经审查认为规范性文件不合法的，不作为人民法院认定行政行为合法的依据，并在裁判理由中予以阐明。作出生效裁判的人民法院应当向规范性文件的制定机关提出处理建议，并可以抄送制定机关的同级人民政府、上一级行政机关、监察机关以及规范性文件的备案机关。

规范性文件不合法的，人民法院可以在裁判生效之日起三个月内，向规范性文件制定机关提出修改或者废止该规范性文件的司法建议。

规范性文件由多个部门联合制定的，人民法院可以向该规范性文件的主办机关或者共同上一级行政机关发送司法建议。

接收司法建议的行政机关应当在收到司法建议之日起六十日内予以书面答复。情况紧急的，人民法院可以建议制定机关或者其上一级行政机关立即停止执行该规范性文件。

第一百五十条　人民法院认为规范性文件不合法的，应当在裁判生效后报送上一级人民法院进行备案。涉及国务院部门、省级行政机关制定的规范性文件，司法建议还应当分别层报最高人民法院、高级人民法院备案。

第一百五十一条　各级人民法院院长对本院已经发生法律效力的判决、裁定，发现规范性文件合法性认定错误，认为需要再审的，应当提交审判委员会讨论。

最高人民法院对地方各级人民法院已经发生法律效力的判决、裁定，上级人民法院对下级人民法院已经发生法律效力的判决、裁定，发现规范性文件合法性认定错误的，有权提审或者指令下级人民法院再审。

十二、执　　行

第一百五十二条　对发生法律效力的行政判决书、行政裁定书、行政赔偿判决书和行政调解书，负有义务的一方当事人拒绝履行的，对方当事人可以依法申请人民法院强制执行。

人民法院判决行政机关履行行政赔偿、行政补偿或者其他行政给付义务，行政机关拒不履行的，对方当事人可以依法向法院申请强制执行。

第一百五十三条　申请执行的期限为二年。申请执行时效的中止、中断，适用法律有关规定。

申请执行的期限从法律文书规定的履行期间最后一日起计算；法律文书规定分期履行的，从规定的每次履行期间的最后一日起计算；法律文书中没有规定履行期限的，从该法律文书送达当事人之日起计算。

逾期申请的，除有正当理由外，人民法院不予受理。

第一百五十四条　发生法律效力的行政判决书、行政裁定书、行政赔偿判决书和行政调解书，由第一审人民法院执行。

第一审人民法院认为情况特殊，需要由第二审人民法院执行的，可以报请第二审人民法院执行；第二审人民法院可以决定由其执行，也可以决定由第一审人民法院执行。

第一百五十五条　行政机关根据行政诉讼法第九十七条的规定申请执行其行政行为，应当具备以下条件：

（一）行政行为依法可以由人民法院执行；

（二）行政行为已经生效并具有可执行内容；

（三）申请人是作出该行政行为的行政机关或者法律、法规、规章授权的组织；

（四）被申请人是该行政行为所确定的义务人；

（五）被申请人在行政行为确定的期限内或者行政机关催告期限内未履行义务；

（六）申请人在法定期限内提出申请；

（七）被申请执行的行政案件属于受理执行申请的人民法院管辖。

行政机关申请人民法院执行，应当提交行政强制法第五十五条规定的相关材料。

人民法院对符合条件的申请，应当在五日内立案受理，并通知申请人；对不符合条件的申请，应当裁定不予受理。行政机关对不予受理裁定有异议，在十五日内向上一级人民法院申请复议的，上一级人民法院应当在收到复议申请之日起十五日内作出裁定。

第一百五十六条　没有强制执行权的行政机关申请人民法院强制执行其行政行为，应当自被执行人的法定起诉期限届满之日起三个月内提出。逾期申请的，除有正当理由外，人民法院不予受理。

第一百五十七条　行政机关申请人民法院强制执行其行政行为的，由申请人所在地的基层人民法院受理；执行对象为不动产的，由不动产所在地的基层人民法院受理。

基层人民法院认为执行确有困难的，可以报请上级人民法院执行；上级人民法院可以决定由其执行，也可以决定由下级人民法院执行。

第一百五十八条　行政机关根据法律的授权对平等主体之间民事争议作出裁决后，当事人在法定期限内不起诉又不履行，作出裁决的行政机关在申请执行的期限内未申请人民法院强制执行的，生效行政裁决确定的权利人或者其继承人、权利承受人在六个月内可以申请人民法院强制执行。

享有权利的公民、法人或者其他组织申请人民法院强制执行生效行政裁决，参照行政机关申请人民法院强制执行行政行为的规定。

第一百五十九条　行政机关或者行政行为确定的权利人申请人民法院强制执行前，有充分理由认为被执行人可能逃避执行的，可以申请人民法院采取财产保全措施。后者申请强制执行的，应当提供相应的财产担保。

第一百六十条　人民法院受理行政机关申请执行其行政行为的案件后，应当在七日内由行政审判庭对行政行为的合法性进行审查，并作出是否准予执行的裁定。

人民法院在作出裁定前发现行政行为明显违法并损害被执行人合法权益的，应当听取被执行人和行政机关的意见，并自受理之日起三十日内作出是否准予执行的裁定。

需要采取强制执行措施的，由本院负责强制执行非诉行政行为的机构执行。

第一百六十一条　被申请执行的行政行为有下列情形之一的，人民法院应当裁定不准予执行：

（一）实施主体不具有行政主体资格的；

（二）明显缺乏事实根据的；

（三）明显缺乏法律、法规依据的；

（四）其他明显违法并损害被执行人合法权益的情形。

行政机关对不准予执行的裁定有异议，

在十五日内向上一级人民法院申请复议的，上一级人民法院应当在收到复议申请之日起三十日内作出裁定。

十三、附　　则

第一百六十二条　公民、法人或者其他组织对2015年5月1日之前作出的行政行为提起诉讼，请求确认行政行为无效的，人民法院不予立案。

第一百六十三条　本解释自2018年2月8日起施行。

本解释施行后，《最高人民法院关于执行〈中华人民共和国行政诉讼法〉若干问题的解释》（法释〔2000〕8号）、《最高人民法院关于适用〈中华人民共和国行政诉讼法〉若干问题的解释》（法释〔2015〕9号）同时废止。最高人民法院以前发布的司法解释与本解释不一致的，不再适用。

最高人民法院关于行政诉讼证据若干问题的规定

（2002年6月4日最高人民法院审判委员会第1224次会议通过，2002年7月24日公布）

为准确认定案件事实，公正、及时地审理行政案件，根据《中华人民共和国行政诉讼法》（以下简称行政诉讼法）等有关法律规定，结合行政审判实际，制定本规定。

一、举证责任分配和举证期限

第一条　根据行政诉讼法第三十二条和第四十三条的规定，被告对作出的具体行政行为负有举证责任，应当在收到起诉状副本之日起十日内，提供据以作出被诉具体行政行为的全部证据和所依据的规范性文件。被告不提供或者无正当理由逾期提供证据的，视为被诉具体行政行为没有相应的证据。

被告因不可抗力或者客观上不能控制的其他正当事由，不能在前款规定的期限内提供证据的，应当在收到起诉状副本之日起十日内向人民法院提出延期提供证据的书面申请。人民法院准许延期提供的，被告应当在正当事由消除后十日内提供证据。逾期提供的，视为被诉具体行政行为没有相应的证据。

第二条　原告或者第三人提出其在行政程序中没有提出的反驳理由或者证据的，经人民法院准许，被告可以在第一审程序中补充相应的证据。

第三条　根据行政诉讼法第三十三条的规定，在诉讼过程中，被告及其诉讼代理人不得自行向原告和证人收集证据。

第四条　公民、法人或者其他组织向人民法院起诉时，应当提供其符合起诉条件的相应的证据材料。

在起诉被告不作为的案件中，原告应当提供其在行政程序中曾经提出申请的证据材料。但有下列情形的除外：

（一）被告应当依职权主动履行法定职责的；

（二）原告因被告受理申请的登记制度不完备等正当事由不能提供相关证据材料并能够作出合理说明的。

被告认为原告起诉超过法定期限的，由被告承担举证责任。

第五条　在行政赔偿诉讼中，原告应当对被诉具体行政行为造成损害的事实提供证据。

第六条 原告可以提供证明被诉具体行政行为违法的证据。原告提供的证据不成立的，不免除被告对被诉具体行政行为合法性的举证责任。

第七条 原告或者第三人应当在开庭审理前或者人民法院指定的交换证据之日提供证据。因正当事由申请延期提供证据的，经人民法院准许，可以在法庭调查中提供。逾期提供证据的，视为放弃举证权利。

原告或者第三人在第一审程序中无正当事由未提供而在第二审程序中提供的证据，人民法院不予接纳。

第八条 人民法院向当事人送达受理案件通知书或者应诉通知书时，应当告知其举证范围、举证期限和逾期提供证据的法律后果，并告知因正当事由不能按期提供证据时应当提出延期提供证据的申请。

第九条 根据行政诉讼法第三十四条第一款的规定，人民法院有权要求当事人提供或者补充证据。

对当事人无争议，但涉及国家利益、公共利益或者他人合法权益的事实，人民法院可以责令当事人提供或者补充有关证据。

二、提供证据的要求

第十条 根据行政诉讼法第三十一条第一款第（一）项的规定，当事人向人民法院提供书证的，应当符合下列要求：

（一）提供书证的原件，原本、正本和副本均属于书证的原件。提供原件确有困难的，可以提供与原件核对无误的复印件、照片、节录本；

（二）提供由有关部门保管的书证原件的复制件、影印件或者抄录件的，应当注明出处，经该部门核对无异后加盖其印章；

（三）提供报表、图纸、会计帐册、专业技术资料、科技文献等书证的，应当附有说明材料；

（四）被告提供的被诉具体行政行为所依据的询问、陈述、谈话类笔录，应当有行政执法人员、被询问人、陈述人、谈话人签名或者盖章。

法律、法规、司法解释和规章对书证的制作形式另有规定的，从其规定。

第十一条 根据行政诉讼法第三十一条第一款第（二）项的规定，当事人向人民法院提供物证的，应当符合下列要求：

（一）提供原物。提供原物确有困难的，可以提供与原物核对无误的复制件或者证明该物证的照片、录像等其他证据；

（二）原物为数量较多的种类物的，提供其中的一部分。

第十二条 根据行政诉讼法第三十一条第一款第（三）项的规定，当事人向人民法院提供计算机数据或者录音、录像等视听资料的，应当符合下列要求：

（一）提供有关资料的原始载体。提供原始载体确有困难的，可以提供复制件；

（二）注明制作方法、制作时间、制作人和证明对象等；

（三）声音资料应当附有该声音内容的文字记录。

第十三条 根据行政诉讼法第三十一条第一款第（四）项的规定，当事人向人民法院提供证人证言的，应当符合下列要求：

（一）写明证人的姓名、年龄、性别、职业、住址等基本情况；

（二）有证人的签名，不能签名的，应当以盖章等方式证明；

（三）注明出具日期；

（四）附有居民身份证复印件等证明证人身份的文件。

第十四条 根据行政诉讼法第三十一条第一款第（六）项的规定，被告向人民法院提供的在行政程序中采用的鉴定结论，应当载明委托人和委托鉴定的事项、向鉴定部门提交的相关材料、鉴定的依据和使用的科学技术手段、鉴定部门和鉴定人鉴定资格的说明，并应有鉴定人的签名和鉴定部门的盖章。通过分析获得的鉴定结论，应当说明分析过程。

第十五条　根据行政诉讼法第三十一条第一款第（七）项的规定，被告向人民法院提供的现场笔录，应当载明时间、地点和事件等内容，并由执法人员和当事人签名。当事人拒绝签名或者不能签名的，应当注明原因。有其他人在现场的，可由其他人签名。法律、法规和规章对现场笔录的制作形式另有规定的，从其规定。

第十六条　当事人向人民法院提供的在中华人民共和国领域外形成的证据，应当说明来源，经所在国公证机关证明，并经中华人民共和国驻该国使领馆认证，或者履行中华人民共和国与证据所在国订立的有关条约中规定的证明手续。

当事人提供的在中华人民共和国香港特别行政区、澳门特别行政区和台湾地区内形成的证据，应当具有按照有关规定办理的证明手续。

第十七条　当事人向人民法院提供外文书证或者外国语视听资料的，应当附有由具有翻译资质的机构翻译的或者其他翻译准确的中文译本，由翻译机构盖章或者翻译人员签名。

第十八条　证据涉及国家秘密、商业秘密或者个人隐私的，提供人应当作出明确标注，并向法庭说明，法庭予以审查确认。

第十九条　当事人应当对其提交的证据材料分类编号，对证据材料的来源、证明对象和内容作简要说明，签名或者盖章，注明提交日期。

第二十条　人民法院收到当事人提交的证据材料，应当出具收据，注明证据的名称、份数、页数、件数、种类等以及收到的时间，由经办人员签名或者盖章。

第二十一条　对于案情比较复杂或者证据数量较多的案件，人民法院可以组织当事人在开庭前向对方出示或者交换证据，并将交换证据的情况记录在卷。

三、调取和保全证据

第二十二条　根据行政诉讼法第三十四条第二款的规定，有下列情形之一的，人民法院有权向有关行政机关以及其他组织、公民调取证据：

（一）涉及国家利益、公共利益或者他人合法权益的事实认定的；

（二）涉及依职权追加当事人、中止诉讼、终结诉讼、回避等程序性事项的。

第二十三条　原告或者第三人不能自行收集，但能够提供确切线索的，可以申请人民法院调取下列证据材料：

（一）由国家有关部门保存而须由人民法院调取的证据材料；

（二）涉及国家秘密、商业秘密、个人隐私的证据材料；

（三）确因客观原因不能自行收集的其他证据材料。

人民法院不得为证明被诉具体行政行为的合法性，调取被告在作出具体行政行为时未收集的证据。

第二十四条　当事人申请人民法院调取证据的，应当在举证期限内提交调取证据申请书。

调取证据申请书应当写明下列内容：

（一）证据持有人的姓名或者名称、住址等基本情况；

（二）拟调取证据的内容；

（三）申请调取证据的原因及其要证明的案件事实。

第二十五条　人民法院对当事人调取证据的申请，经审查符合调取证据条件的，应当及时决定调取；不符合调取证据条件的，应当向当事人或者其诉讼代理人送达通知书，说明不准许调取的理由。当事人及其诉讼代理人可以在收到通知书之日起三日内向受理申请的人民法院书面申请复议一次。

人民法院应当在收到复议申请之日起五日内作出答复。人民法院根据当事人申请，经调取未能取得相应证据的，应当告知申请人并说明原因。

第二十六条 人民法院需要调取的证据在异地的，可以书面委托证据所在地人民法院调取。受托人民法院应当在收到委托书后，按照委托要求及时完成调取证据工作，送交委托人民法院。受托人民法院不能完成委托内容的，应当告知委托的人民法院并说明原因。

第二十七条 当事人根据行政诉讼法第三十六条的规定向人民法院申请保全证据的，应当在举证期限届满前以书面形式提出，并说明证据的名称和地点、保全的内容和范围、申请保全的理由等事项。

当事人申请保全证据的，人民法院可以要求其提供相应的担保。

法律、司法解释规定诉前保全证据的，依照其规定办理。

第二十八条 人民法院依照行政诉讼法第三十六条规定保全证据的，可以根据具体情况，采取查封、扣押、拍照、录音、录像、复制、鉴定、勘验、制作询问笔录等保全措施。

人民法院保全证据时，可以要求当事人或者其诉讼代理人到场。

第二十九条 原告或者第三人有证据或者有正当理由表明被告据以认定案件事实的鉴定结论可能有错误，在举证期限内书面申请重新鉴定的，人民法院应予准许。

第三十条 当事人对人民法院委托的鉴定部门作出的鉴定结论有异议申请重新鉴定，提出证据证明存在下列情形之一的，人民法院应予准许：

（一）鉴定部门或者鉴定人不具有相应的鉴定资格的；

（二）鉴定程序严重违法的；

（三）鉴定结论明显依据不足的；

（四）经过质证不能作为证据使用的其他情形。

对有缺陷的鉴定结论，可以通过补充鉴定、重新质证或者补充质证等方式解决。

第三十一条 对需要鉴定的事项负有举证责任的当事人，在举证期限内无正当理由不提出鉴定申请、不预交鉴定费用或者拒不提供相关材料，致使对案件争议的事实无法通过鉴定结论予以认定的，应当对该事实承担举证不能的法律后果。

第三十二条 人民法院对委托或者指定的鉴定部门出具的鉴定书，应当审查是否具有下列内容：

（一）鉴定的内容；

（二）鉴定时提交的相关材料；

（三）鉴定的依据和使用的科学技术手段；

（四）鉴定的过程；

（五）明确的鉴定结论；

（六）鉴定部门和鉴定人鉴定资格的说明；

（七）鉴定人及鉴定部门签名盖章。

前款内容欠缺或者鉴定结论不明确的，人民法院可以要求鉴定部门予以说明、补充鉴定或者重新鉴定。

第三十三条 人民法院可以依当事人申请或者依职权勘验现场。

勘验现场时，勘验人必须出示人民法院的证件，并邀请当地基层组织或者当事人所在单位派人参加。当事人或其成年亲属应当到场，拒不到场的，不影响勘验的进行，但应当在勘验笔录中说明情况。

第三十四条 审判人员应当制作勘验笔录，记载勘验的时间、地点、勘验人、在场人、勘验的经过和结果，由勘验人、当事人、在场人签名。

勘验现场时绘制的现场图，应当注明绘制的时间、方位、绘制人姓名和身份等内容。

当事人对勘验结论有异议的，可以在举证期限内申请重新勘验，是否准许由人民法院决定。

四、证据的对质辨认和核实

第三十五条 证据应当在法庭上出示，

并经庭审质证。未经庭审质证的证据，不能作为定案的依据。

当事人在庭前证据交换过程中没有争议并记录在卷的证据，经审判人员在庭审中说明后，可以作为认定案件事实的依据。

第三十六条　经合法传唤，因被告无正当理由拒不到庭而需要依法缺席判决的，被告提供的证据不能作为定案的依据，但当事人在庭前交换证据中没有争议的证据除外。

第三十七条　涉及国家秘密、商业秘密和个人隐私或者法律规定的其他应当保密的证据，不得在开庭时公开质证。

第三十八条　当事人申请人民法院调取的证据，由申请调取证据的当事人在庭审中出示，并由当事人质证。

人民法院依职权调取的证据，由法庭出示，并可就调取该证据的情况进行说明，听取当事人意见。

第三十九条　当事人应当围绕证据的关联性、合法性和真实性，针对证据有无证明效力以及证明效力大小，进行质证。

经法庭准许，当事人及其代理人可以就证据问题相互发问，也可以向证人、鉴定人或者勘验人发问。

当事人及其代理人相互发问，或者向证人、鉴定人、勘验人发问时，发问的内容应当与案件事实有关联，不得采用引诱、威胁、侮辱等语言或者方式。

第四十条　对书证、物证和视听资料进行质证时，当事人应当出示证据的原件或者原物。但有下列情况之一的除外：

（一）出示原件或者原物确有困难并经法庭准许可以出示复制件或者复制品；

（二）原件或者原物已不存在，可以出示证明复制件、复制品与原件、原物一致的其他证据。

视听资料应当当庭播放或者显示，并由当事人进行质证。

第四十一条　凡是知道案件事实的人，都有出庭作证的义务。有下列情形之一的，经人民法院准许，当事人可以提交书面证言：

（一）当事人在行政程序或者庭前证据交换中对证人证言无异议的；

（二）证人因年迈体弱或者行动不便无法出庭的；

（三）证人因路途遥远、交通不便无法出庭的；

（四）证人因自然灾害等不可抗力或者其他意外事件无法出庭的；

（五）证人因其他特殊原因确实无法出庭的。

第四十二条　不能正确表达意志的人不能作证。

根据当事人申请，人民法院可以就证人能否正确表达意志进行审查或者交由有关部门鉴定。必要时，人民法院也可以依职权交由有关部门鉴定。

第四十三条　当事人申请证人出庭作证的，应当在举证期限届满前提出，并经人民法院许可。人民法院准许证人出庭作证的，应当在开庭审理前通知证人出庭作证。

当事人在庭审过程中要求证人出庭作证的，法庭可以根据审理案件的具体情况，决定是否准许以及是否延期审理。

第四十四条　有下列情形之一，原告或者第三人可以要求相关行政执法人员作为证人出庭作证：

（一）对现场笔录的合法性或者真实性有异议的；

（二）对扣押财产的品种或者数量有异议的；

（三）对检验的物品取样或者保管有异议的；

（四）对行政执法人员的身份的合法性有异议的；

（五）需要出庭作证的其他情形。

第四十五条　证人出庭作证时，应当出示证明其身份的证件。法庭应当告知其诚实作证的法律义务和作伪证的法律责任。

出庭作证的证人不得旁听案件的审理。

法庭询问证人时，其他证人不得在场，但组织证人对质的除外。

第四十六条 证人应当陈述其亲历的具体事实。证人根据其经历所作的判断、推测或者评论，不能作为定案的依据。

第四十七条 当事人要求鉴定人出庭接受询问的，鉴定人应当出庭。鉴定人因正当事由不能出庭的，经法庭准许，可以不出庭，由当事人对其书面鉴定结论进行质证。

鉴定人不能出庭的正当事由，参照本规定第四十一条的规定。

对于出庭接受询问的鉴定人，法庭应当核实其身份、与当事人及案件的关系，并告知鉴定人如实说明鉴定情况的法律义务和故意作虚假说明的法律责任。

第四十八条 对被诉具体行政行为涉及的专门性问题，当事人可以向法庭申请由专业人员出庭进行说明，法庭也可以通知专业人员出庭说明。必要时，法庭可以组织专业人员进行对质。

当事人对出庭的专业人员是否具备相应专业知识、学历、资历等专业资格等有异议的，可以进行询问。由法庭决定其是否可以作为专业人员出庭。

专业人员可以对鉴定人进行询问。

第四十九条 法庭在质证过程中，对与案件没有关联的证据材料，应予排除并说明理由。

法庭在质证过程中，准许当事人补充证据的，对补充的证据仍应进行质证。

法庭对经过庭审质证的证据，除确有必要外，一般不再进行质证。

第五十条 在第二审程序中，对当事人依法提供的新的证据，法庭应当进行质证；当事人对第一审认定的证据仍有争议的，法庭也应当进行质证。

第五十一条 按照审判监督程序审理的案件，对当事人依法提供的新的证据，法庭应当进行质证；因原判决、裁定认定事实的证据不足而提起再审所涉及的主要证据，法庭也应当进行质证。

第五十二条 本规定第五十条和第五十一条中的“新的证据”是指以下证据：

（一）在一审程序中应当准予延期提供而未获准许的证据；

（二）当事人在一审程序中依法申请调取而未获准许或者未取得，人民法院在第二审程序中调取的证据；

（三）原告或者第三人提供的在举证期限届满后发现的证据。

五、证据的审核认定

第五十三条 人民法院裁判行政案件，应当以证据证明的案件事实为依据。

第五十四条 法庭应当对经过庭审质证的证据和无需质证的证据进行逐一审查和对全部证据综合审查，遵循法官职业道德，运用逻辑推理和生活经验，进行全面、客观和公正地分析判断，确定证据材料与案件事实之间的证明关系，排除不具有关联性的证据材料，准确认定案件事实。

第五十五条 法庭应当根据案件的具体情况，从以下方面审查证据的合法性：

（一）证据是否符合法定形式；

（二）证据的取得是否符合法律、法规、司法解释和规章的要求；

（三）是否有影响证据效力的其他违法情形。

第五十六条 法庭应当根据案件的具体情况，从以下方面审查证据的真实性：

（一）证据形成的原因；

（二）发现证据时的客观环境；

（三）证据是否为原件、原物，复制件、复制品与原件、原物是否相符；

（四）提供证据的人或者证人与当事人是否具有利害关系；

（五）影响证据真实性的其他因素。

第五十七条 下列证据材料不能作为定案依据：

（一）严重违反法定程序收集的证据

材料；

（二）以偷拍、偷录、窃听等手段获取侵害他人合法权益的证据材料；

（三）以利诱、欺诈、胁迫、暴力等不正当手段获取的证据材料；

（四）当事人无正当事由超出举证期限提供的证据材料；

（五）在中华人民共和国领域以外或者在中华人民共和国香港特别行政区、澳门特别行政区和台湾地区形成的未办理法定证明手续的证据材料；

（六）当事人无正当理由拒不提供原件、原物，又无其他证据印证，且对方当事人不予认可的证据的复制件或者复制品；

（七）被当事人或者他人进行技术处理而无法辨明真伪的证据材料；

（八）不能正确表达意志的证人提供的证言；

（九）不具备合法性和真实性的其他证据材料。

第五十八条　以违反法律禁止性规定或者侵犯他人合法权益的方法取得的证据，不能作为认定案件事实的依据。

第五十九条　被告在行政程序中依照法定程序要求原告提供证据，原告依法应当提供而拒不提供，在诉讼程序中提供的证据，人民法院一般不予采纳。

第六十条　下列证据不能作为认定被诉具体行政行为合法的依据：

（一）被告及其诉讼代理人在作出具体行政行为后或者在诉讼程序中自行收集的证据；

（二）被告在行政程序中非法剥夺公民、法人或者其他组织依法享有的陈述、申辩或者听证权利所采用的证据；

（三）原告或者第三人在诉讼程序中提供的、被告在行政程序中未作为具体行政行为依据的证据。

第六十一条　复议机关在复议程序中收集和补充的证据，或者作出原具体行政行为的行政机关在复议程序中未向复议机关提交的证据，不能作为人民法院认定原具体行政行为合法的依据。

第六十二条　对被告在行政程序中采纳的鉴定结论，原告或者第三人提出证据证明有下列情形之一的，人民法院不予采纳：

（一）鉴定人不具备鉴定资格；

（二）鉴定程序严重违法；

（三）鉴定结论错误、不明确或者内容不完整。

第六十三条　证明同一事实的数个证据，其证明效力一般可以按照下列情形分别认定：

（一）国家机关以及其他职能部门依职权制作的公文文书优于其他书证；

（二）鉴定结论、现场笔录、勘验笔录、档案材料以及经过公证或者登记的书证优于其他书证、视听资料和证人证言；

（三）原件、原物优于复制件、复制品；

（四）法定鉴定部门的鉴定结论优于其他鉴定部门的鉴定结论；

（五）法庭主持勘验所制作的勘验笔录优于其他部门主持勘验所制作的勘验笔录；

（六）原始证据优于传来证据；

（七）其他证人证言优于与当事人有亲属关系或者其他密切关系的证人提供的对该当事人有利的证言；

（八）出庭作证的证人证言优于未出庭作证的证人证言；

（九）数个种类不同、内容一致的证据优于一个孤立的证据。

第六十四条　以有形载体固定或者显示的电子数据交换、电子邮件以及其他数据资料，其制作情况和真实性经对方当事人确认，或者以公证等其他有效方式予以证明的，与原件具有同等的证明效力。

第六十五条　在庭审中一方当事人或者其代理人在代理权限范围内对另一方当事人陈述的案件事实明确表示认可的，人民法院可以对该事实予以认定。但有相反证据足以推翻的除外。

第六十六条 在行政赔偿诉讼中，人民法院主持调解时当事人为达成调解协议而对案件事实的认可，不得在其后的诉讼中作为对其不利的证据。

第六十七条 在不受外力影响的情况下，一方当事人提供的证据，对方当事人明确表示认可的，可以认定该证据的证明效力；对方当事人予以否认，但不能提供充分的证据进行反驳的，可以综合全案情况审查认定该证据的证明效力。

第六十八条 下列事实法庭可以直接认定：

（一）众所周知的事实；

（二）自然规律及定理；

（三）按照法律规定推定的事实；

（四）已经依法证明的事实；

（五）根据日常生活经验法则推定的事实。

前款（一）、（三）、（四）、（五）项，当事人有相反证据足以推翻的除外。

第六十九条 原告确有证据证明被告持有的证据对原告有利，被告无正当事由拒不提供的，可以推定原告的主张成立。

第七十条 生效的人民法院裁判文书或者仲裁机构裁决文书确认的事实，可以作为定案依据。但是如果发现裁判文书或者裁决文书认定的事实有重大问题的，应当中止诉讼，通过法定程序予以纠正后恢复诉讼。

第七十一条 下列证据不能单独作为定案依据：

（一）未成年人所作的与其年龄和智力状况不相适应的证言；

（二）与一方当事人有亲属关系或者其他密切关系的证人所作的对该当事人有利的证言，或者与一方当事人有不利关系的证人所作的对该当事人不利的证言；

（三）应当出庭作证而无正当理由不出庭作证的证人证言；

（四）难以识别是否经过修改的视听资料；

（五）无法与原件、原物核对的复制件或者复制品；

（六）经一方当事人或者他人改动，对方当事人不予认可的证据材料；

（七）其他不能单独作为定案依据的证据材料。

第七十二条 庭审中经过质证的证据，能够当庭认定的，应当当庭认定；不能当庭认定的，应当在合议庭合议时认定。

人民法院应当在裁判文书中阐明证据是否采纳的理由。

第七十三条 法庭发现当庭认定的证据有误，可以按照下列方式纠正：

（一）庭审结束前发现错误的，应当重新进行认定；

（二）庭审结束后宣判前发现错误的，在裁判文书中予以更正并说明理由，也可以再次开庭予以认定；

（三）有新的证据材料可能推翻已认定的证据的，应当再次开庭予以认定。

六、附　　则

第七十四条 证人、鉴定人及其近亲属的人身和财产安全受法律保护。

人民法院应当对证人、鉴定人的住址和联系方式予以保密。

第七十五条 证人、鉴定人因出庭作证或者接受询问而支出的合理费用，由提供证人、鉴定人的一方当事人先行支付，由败诉一方当事人承担。

第七十六条 证人、鉴定人作伪证的，依照行政诉讼法第四十九条第一款第（二）项的规定追究其法律责任。

第七十七条 诉讼参与人或者其他人有对审判人员或者证人、鉴定人、勘验人及其近亲属实施威胁、侮辱、殴打、骚扰或者打击报复等妨碍行政诉讼行为的，依照行政诉讼法第四十九条第一款第（三）项、第（五）项或者第（六）项的规定追究其法律责任。

第七十八条　对应当协助调取证据的单位和个人，无正当理由拒不履行协助义务的，依照行政诉讼法第四十九条第一款第（五）项的规定追究其法律责任。

第七十九条　本院以前有关行政诉讼的司法解释与本规定不一致的，以本规定为准。

第八十条　本规定自2002年10月1日起施行。2002年10月1日尚未审结的一审、二审和再审行政案件不适用本规定。

本规定施行前已经审结的行政案件，当事人以违反本规定为由申请再审的，人民法院不予支持。

本规定施行后按照审判监督程序决定再审的行政案件，适用本规定。

最高人民法院关于审理行政许可案件若干问题的规定

（2009年11月9日最高人民法院审判委员会第1476次会议通过，2009年12月14日公布，自2010年1月4日起施行）

为规范行政许可案件的审理，根据《中华人民共和国行政许可法》（以下简称行政许可法）、《中华人民共和国行政诉讼法》及其他有关法律规定，结合行政审判实际，对有关问题作如下规定：

第一条　公民、法人或者其他组织认为行政机关作出的行政许可决定以及相应的不作为，或者行政机关就行政许可的变更、延续、撤回、注销、撤销等事项作出的有关具体行政行为及其相应的不作为侵犯其合法权益，提起行政诉讼的，人民法院应当依法受理。

第二条　公民、法人或者其他组织认为行政机关未公开行政许可决定或者未提供行政许可监督检查记录侵犯其合法权益，提起行政诉讼的，人民法院应当依法受理。

第三条　公民、法人或者其他组织仅就行政许可过程中的告知补正申请材料、听证等通知行为提起行政诉讼的，人民法院不予受理，但导致许可程序对上述主体事实上终止的除外。

第四条　当事人不服行政许可决定提起诉讼的，以作出行政许可决定的机关为被告；行政许可依法须经上级行政机关批准，当事人对批准或者不批准行为不服一并提起诉讼的，以上级行政机关为共同被告；行政许可依法须经下级行政机关或者管理公共事务的组织初步审查并上报，当事人对不予初步审查或者不予上报不服提起诉讼的，以下级行政机关或者管理公共事务的组织为被告。

第五条　行政机关依据行政许可法第二十六条第二款规定统一办理行政许可的，当事人对行政许可行为不服提起诉讼，以对当事人作出具有实质影响的不利行为的机关为被告。

第六条　行政机关受理行政许可申请后，在法定期限内不予答复，公民、法人或者其他组织向人民法院起诉的，人民法院应当依法受理。

前款“法定期限”自行政许可申请受理之日起计算；以数据电文方式受理的，自数据电文进入行政机关指定的特定系统之日起计算；数据电文需要确认收讫的，自申请人收到行政机关的收讫确认之日起计算。

第七条　作为被诉行政许可行为基础的其他行政决定或者文书存在以下情形之一

的，人民法院不予认可：

（一）明显缺乏事实根据；

（二）明显缺乏法律依据；

（三）超越职权；

（四）其他重大明显违法情形。

第八条 被告不提供或者无正当理由逾期提供证据的，与被诉行政许可行为有利害关系的第三人可以向人民法院提供；第三人对无法提供的证据，可以申请人民法院调取；人民法院在当事人无争议，但涉及国家利益、公共利益或者他人合法权益的情况下，也可以依职权调取证据。

第三人提供或者人民法院调取的证据能够证明行政许可行为合法的，人民法院应当判决驳回原告的诉讼请求。

第九条 人民法院审理行政许可案件，应当以申请人提出行政许可申请后实施的新的法律规范为依据；行政机关在旧的法律规范实施期间，无正当理由拖延审查行政许可申请至新的法律规范实施，适用新的法律规范不利于申请人的，以旧的法律规范为依据。

第十条 被诉准予行政许可决定违反当时的法律规范但符合新的法律规范的，判决确认该决定违法；准予行政许可决定不损害公共利益和利害关系人合法权益的，判决驳回原告的诉讼请求。

第十一条 人民法院审理不予行政许可决定案件，认为原告请求准予许可的理由成立，且被告没有裁量余地的，可以在判决理由写明，并判决撤销不予许可决定，责令被告重新作出决定。

第十二条 被告无正当理由拒绝原告查阅行政许可决定及有关档案材料或者监督检查记录的，人民法院可以判决被告在法定或者合理期限内准予原告查阅。

第十三条 被告在实施行政许可过程中，与他人恶意串通共同违法侵犯原告合法权益的，应当承担连带赔偿责任；被告与他人违法侵犯原告合法权益的，应当根据其违法行为在损害发生过程和结果中所起作用等因素，确定被告的行政赔偿责任；被告已经依照法定程序履行审慎合理的审查职责，因他人行为导致行政许可决定违法的，不承担赔偿责任。

在行政许可案件中，当事人请求一并解决有关民事赔偿问题的，人民法院可以合并审理。

第十四条 行政机关依据行政许可法第八条第二款规定变更或者撤回已经生效的行政许可，公民、法人或者其他组织仅主张行政补偿的，应当先向行政机关提出申请；行政机关在法定期限或者合理期限内不予答复或者对行政机关作出的补偿决定不服的，可以依法提起行政诉讼。

第十五条 法律、法规、规章或者规范性文件对变更或者撤回行政许可的补偿标准未作规定的，一般在实际损失范围内确定补偿数额；行政许可属于行政许可法第十二条第（二）项规定情形的，一般按照实际投入的损失确定补偿数额。

第十六条 行政许可补偿案件的调解，参照最高人民法院《关于审理行政赔偿案件若干问题的规定》的有关规定办理。

第十七条 最高人民法院以前所作的司法解释凡与本规定不一致的，按本规定执行。

最高人民法院关于审理行政协议案件若干问题的规定

（2019年11月12日最高人民法院审判委员会第1781次会议通过，2019年11月27日公布，自2020年1月1日起施行）

为依法公正、及时审理行政协议案件，根据《中华人民共和国行政诉讼法》等法律的规定，结合行政审判工作实际，制定本规定。

第一条　行政机关为了实现行政管理或者公共服务目标，与公民、法人或者其他组织协商订立的具有行政法上权利义务内容的协议，属于行政诉讼法第十二条第一款第十一项规定的行政协议。

第二条　公民、法人或者其他组织就下列行政协议提起行政诉讼的，人民法院应当依法受理：

（一）政府特许经营协议；

（二）土地、房屋等征收征用补偿协议；

（三）矿业权等国有自然资源使用权出让协议；

（四）政府投资的保障性住房的租赁、买卖等协议；

（五）符合本规定第一条规定的政府与社会资本合作协议；

（六）其他行政协议。

第三条　因行政机关订立的下列协议提起诉讼的，不属于人民法院行政诉讼的受案范围：

（一）行政机关之间因公务协助等事由而订立的协议；

（二）行政机关与其工作人员订立的劳动人事协议。

第四条　因行政协议的订立、履行、变更、终止等发生纠纷，公民、法人或者其他组织作为原告，以行政机关为被告提起行政诉讼的，人民法院应当依法受理。

因行政机关委托的组织订立的行政协议发生纠纷的，委托的行政机关是被告。

第五条　下列与行政协议有利害关系的公民、法人或者其他组织提起行政诉讼的，人民法院应当依法受理：

（一）参与招标、拍卖、挂牌等竞争性活动，认为行政机关应当依法与其订立行政协议但行政机关拒绝订立，或者认为行政机关与他人订立行政协议损害其合法权益的公民、法人或者其他组织；

（二）认为征收征用补偿协议损害其合法权益的被征收征用土地、房屋等不动产的用益物权人、公房承租人；

（三）其他认为行政协议的订立、履行、变更、终止等行为损害其合法权益的公民、法人或者其他组织。

第六条　人民法院受理行政协议案件后，被告就该协议的订立、履行、变更、终止等提起反诉的，人民法院不予准许。

第七条　当事人书面协议约定选择被告所在地、原告所在地、协议履行地、协议订立地、标的物所在地等与争议有实际联系地点的人民法院管辖的，人民法院从其约定，但违反级别管辖和专属管辖的除外。

第八条　公民、法人或者其他组织向人民法院提起民事诉讼，生效法律文书以涉案协议属于行政协议为由裁定不予立案或者驳回起诉，当事人又提起行政诉讼的，人民法院应当依法受理。

第九条 在行政协议案件中，行政诉讼法第四十九条第三项规定的“有具体的诉讼请求”是指：

（一）请求判决撤销行政机关变更、解除行政协议的行政行为，或者确认该行政行为违法；

（二）请求判决行政机关依法履行或者按照行政协议约定履行义务；

（三）请求判决确认行政协议的效力；

（四）请求判决行政机关依法或者按照约定订立行政协议；

（五）请求判决撤销、解除行政协议；

（六）请求判决行政机关赔偿或者补偿；

（七）其他有关行政协议的订立、履行、变更、终止等诉讼请求。

第十条 被告对于自己具有法定职权、履行法定程序、履行相应法定职责以及订立、履行、变更、解除行政协议等行为的合法性承担举证责任。

原告主张撤销、解除行政协议的，对撤销、解除行政协议的事由承担举证责任。

对行政协议是否履行发生争议的，由负有履行义务的当事人承担举证责任。

第十一条 人民法院审理行政协议案件，应当对被告订立、履行、变更、解除行政协议的行为是否具有法定职权、是否滥用职权、适用法律法规是否正确、是否遵守法定程序、是否明显不当、是否履行相应法定职责进行合法性审查。

原告认为被告未依法或者未按照约定履行行政协议的，人民法院应当针对其诉讼请求，对被告是否具有相应义务或者履行相应义务等进行审查。

第十二条 行政协议存在行政诉讼法第七十五条规定的重大且明显违法情形的，人民法院应当确认行政协议无效。

人民法院可以适用民事法律规范确认行政协议无效。

行政协议无效的原因在一审法庭辩论终结前消除的，人民法院可以确认行政协议有效。

第十三条 法律、行政法规规定应当经过其他机关批准等程序后生效的行政协议，在一审法庭辩论终结前未获得批准的，人民法院应当确认该协议未生效。

行政协议约定被告负有履行批准程序等义务而被告未履行，原告要求被告承担赔偿责任的，人民法院应予支持。

第十四条 原告认为行政协议存在胁迫、欺诈、重大误解、显失公平等情形而请求撤销，人民法院经审理认为符合法律规定可撤销情形的，可以依法判决撤销该协议。

第十五条 行政协议无效、被撤销或者确定不发生效力后，当事人因行政协议取得的财产，人民法院应当判决予以返还；不能返还的，判决折价补偿。

因被告的原因导致行政协议被确认无效或者被撤销，可以同时判决责令被告采取补救措施；给原告造成损失的，人民法院应当判决被告予以赔偿。

第十六条 在履行行政协议过程中，可能出现严重损害国家利益、社会公共利益的情形，被告作出变更、解除协议的行政行为后，原告请求撤销该行为，人民法院经审理认为该行为合法的，判决驳回原告诉讼请求；给原告造成损失的，判决被告予以补偿。

被告变更、解除行政协议的行政行为存在行政诉讼法第七十条规定情形的，人民法院判决撤销或者部分撤销，并可以责令被告重新作出行政行为。

被告变更、解除行政协议的行政行为违法，人民法院可以依据行政诉讼法第七十八条的规定判决被告继续履行协议、采取补救措施；给原告造成损失的，判决被告予以赔偿。

第十七条 原告请求解除行政协议，人民法院认为符合约定或者法定解除情形且不损害国家利益、社会公共利益和他人合法权益的，可以判决解除该协议。

第十八条　当事人依据民事法律规范的规定行使履行抗辩权的，人民法院应予支持。

第十九条　被告未依法履行、未按照约定履行行政协议，人民法院可以依据行政诉讼法第七十八条的规定，结合原告诉讼请求，判决被告继续履行，并明确继续履行的具体内容；被告无法履行或者继续履行无实际意义的，人民法院可以判决被告采取相应的补救措施；给原告造成损失的，判决被告予以赔偿。

原告要求按照约定的违约金条款或者定金条款予以赔偿的，人民法院应予支持。

第二十条　被告明确表示或者以自己的行为表明不履行行政协议，原告在履行期限届满之前向人民法院起诉请求其承担违约责任的，人民法院应予支持。

第二十一条　被告或者其他行政机关因国家利益、社会公共利益的需要依法行使行政职权，导致原告履行不能、履行费用明显增加或者遭受损失，原告请求判令被告给予补偿的，人民法院应予支持。

第二十二条　原告以被告违约为由请求人民法院判令其承担违约责任，人民法院经审理认为行政协议无效的，应当向原告释明，并根据原告变更后的诉讼请求判决确认行政协议无效；因被告的行为造成行政协议无效的，人民法院可以依法判决被告承担赔偿责任。原告经释明后拒绝变更诉讼请求的，人民法院可以判决驳回其诉讼请求。

第二十三条　人民法院审理行政协议案件，可以依法进行调解。

人民法院进行调解时，应当遵循自愿、合法原则，不得损害国家利益、社会公共利益和他人合法权益。

第二十四条　公民、法人或者其他组织未按照行政协议约定履行义务，经催告后不履行，行政机关可以作出要求其履行协议的书面决定。公民、法人或者其他组织收到书面决定后在法定期限内未申请行政复议或者提起行政诉讼，且仍不履行，协议内容具有可执行性的，行政机关可以向人民法院申请强制执行。

法律、行政法规规定行政机关对行政协议享有监督协议履行的职权，公民、法人或者其他组织未按照约定履行义务，经催告后不履行，行政机关可以依法作出处理决定。公民、法人或者其他组织在收到该处理决定后在法定期限内未申请行政复议或者提起行政诉讼，且仍不履行，协议内容具有可执行性的，行政机关可以向人民法院申请强制执行。

第二十五条　公民、法人或者其他组织对行政机关不依法履行、未按照约定履行行政协议提起诉讼的，诉讼时效参照民事法律规范确定；对行政机关变更、解除行政协议等行政行为提起诉讼的，起诉期限依照行政诉讼法及其司法解释确定。

第二十六条　行政协议约定仲裁条款的，人民法院应当确认该条款无效，但法律、行政法规或者我国缔结、参加的国际条约另有规定的除外。

第二十七条　人民法院审理行政协议案件，应当适用行政诉讼法的规定；行政诉讼法没有规定的，参照适用民事诉讼法的规定。

人民法院审理行政协议案件，可以参照适用民事法律规范关于民事合同的相关规定。

第二十八条　2015 年 5 月 1 日后订立的行政协议发生纠纷的，适用行政诉讼法及本规定。

2015 年 5 月 1 日前订立的行政协议发生纠纷的，适用当时的法律、行政法规及司法解释。

第二十九条　本规定自 2020 年 1 月 1 日起施行。最高人民法院以前发布的司法解释与本规定不一致的，适用本规定。

最高人民法院关于审理行政案件适用法律规范问题的座谈会纪要

（2004 年 5 月 18 日最高人民法院印发）

行政审判涉及的法律规范层级和门类较多，立法法施行以后有关法律适用规则亦发生了很大变化，在法律适用中经常遇到如何识别法律依据、解决法律规范冲突等各种疑难问题。这些问题能否妥当地加以解决，直接影响行政审判的公正和效率。而且，随着我国法治水平的提高和适应加入世贸组织的需要，行政审判在解决法律规范冲突、维护法制统一中的作用越来越突出。为准确适用法律规范，确保行政案件的公正审理，维护国家法制的统一和尊严，促进依法行政，最高人民法院行政审判庭曾就审理行政案件适用法律规范的突出问题进行专题调研，并征求有关部门意见。2003 年 10 月，最高人民法院在上海召开全国法院行政审判工作座谈会期间，就审理行政案件适用法律规范问题进行了专题座谈。与会人员在总结审判经验的基础上，根据立法法、行政诉讼法及其他有关法律规定，对一些带有普遍性的问题形成了共识。现将有关内容纪要如下：

一、关于行政案件的审判依据

根据行政诉讼法和立法法有关规定，人民法院审理行政案件，依据法律、行政法规、地方性法规、自治条例和单行条例，参照规章。在参照规章时，应当对规章的规定是否合法有效进行判断，对于合法有效的规章应当适用。根据立法法、行政法规制定程序条例和规章制定程序条例关于法律、行政法规和规章的解释的规定，全国人大常委会的法律解释，国务院或者国务院授权的部门公布的行政法规解释，人民法院作为审理行政案件的法律依据；规章制定机关作出的与规章具有同等效力的规章解释，人民法院审理行政案件时参照适用。

考虑建国后我国立法程序的沿革情况，现行有效的行政法规有以下三种类型：一是国务院制定并公布的行政法规；二是立法法施行以前，按照当时有效的行政法规制定程序，经国务院批准、由国务院部门公布的行政法规。但在立法法施行以后，经国务院批准、由国务院部门公布的规范性文件，不再属于行政法规；三是在清理行政法规时由国务院确认的其他行政法规。

行政审判实践中，经常涉及有关部门为指导法律执行或者实施行政措施而作出的具体应用解释和制定的其他规范性文件，主要是：国务院部门以及省、市、自治区和较大的市的人民政府或其主管部门对于具体应用法律、法规或规章作出的解释；县级以上人民政府及其主管部门制定发布的具有普遍约束力的决定、命令或其他规范性文件。行政机关往往将这些具体应用解释和其他规范性文件作为具体行政行为的直接依据。这些具体应用解释和规范性文件不是正式的法律渊源，对人民法院不具有法律规范意义上的约束力。但是，人民法院经审查认为被诉具体行政行为依据的具体应用解释和其他规范性文件合法、有效并合理、适当的，在认定被诉具体行政行为合法性时应承认其效力；人民法院可以在裁判理由中对具体应用解释和其他规范性文件是否合法、有效、合理或适当进行评述。

二、关于法律规范冲突的适用规则

调整同一对象的两个或者两个以上的法律规范因规定不同的法律后果而产生冲突的，一般情况下应当按照立法法规定的上位法优于下位法、后法优于前法以及特别法优于一般法等法律适用规则，判断和选择所应适用的法律规范。冲突规范所涉及的事项比较重大、有关机关对是否存在冲突有不同意见、应当优先适用的法律规范的合法有效性尚有疑问或者按照法律适用规则不能确定如何适用时，依据立法法规定的程序逐级送请有权机关裁决。

（一）下位法不符合上位法的判断和适用

下位法的规定不符合上位法的，人民法院原则上应当适用上位法。当前许多具体行政行为是依据下位法作出的，并未援引和适用上位法。在这种情况下，为维护法制统一，人民法院审查具体行政行为的合法性时，应当对下位法是否符合上位法一并进行判断。经判断下位法与上位法相抵触的，应当依据上位法认定被诉具体行政行为的合法性。从审判实践看，下位法不符合上位法的常见情形有：下位法缩小上位法规定的权利主体范围，或者违反上位法立法目的扩大上位法规定的权利主体范围；下位法限制或者剥夺上位法规定的权利，或者违反上位法立法目的扩大上位法规定的权利范围；下位法扩大行政主体或其职权范围；下位法延长上位法规定的履行法定职责期限；下位法以参照、准用等方式扩大或者限缩上位法规定的义务或者义务主体的范围、性质或者条件；下位法增设或者限缩违反上位法规定的适用条件；下位法扩大或者限缩上位法规定的给予行政处罚的行为、种类和幅度的范围；下位法改变上位法已规定的违法行为的性质；下位法超出上位法规定的强制措施的适用范围、种类和方式，以及增设或者限缩其适用条件；法规、规章或者其他规范文件设定不符合行政许可法规定的行政许可，或者增设违反上位法的行政许可条件；其他相抵触的情形。

法律、行政法规或者地方性法规修改后，其实施性规定未被明文废止的，人民法院在适用时应当区分下列情形：实施性规定与修改后的法律、行政法规或者地方性法规相抵触的，不予适用；因法律、行政法规或者地方性法规的修改，相应的实施性规定丧失依据而不能单独施行的，不予适用；实施性规定与修改后的法律、行政法规或者地方性法规不相抵触的，可以适用。

（二）特别规定与一般规定的适用关系

同一法律、行政法规、地方性法规、自治条例和单行条例、规章内的不同条文对相同事项有一般规定和特别规定的，优先适用特别规定。

法律之间、行政法规之间或者地方性法规之间对同一事项的新的一般规定与旧的特别规定不一致的，人民法院原则上应按照下列情形适用：新的一般规定允许旧的特别规定继续适用的，适用旧的特别规定；新的一般规定废止旧的特别规定的，适用新的一般规定。不能确定新的一般规定是否允许旧的规定继续适用的，人民法院应当中止行政案件的审理，属于法律的，逐级上报最高人民法院送请全国人民代表大会常务委员会裁决；属于行政法规的，逐级上报最高人民法院送请国务院裁决；属于地方性法规的，由高级人民法院送请制定机关裁决。

（三）地方性法规与部门规章冲突的选择适用

地方性法规与部门规章之间对同一事项的规定不一致的，人民法院一般可以按照下列情形适用：（1）法律或者行政法规授权部门规章作出实施性规定的，其规定优先适用；（2）尚未制定法律、行政法规的，部门规章对于国务院决定、命令授权的事项，或者对于中央宏观调控的事项、需要全国统一的市场活动规则及对外贸易和外商投资等需要全国统一规定的事项作出的规定，应当优先适用；（3）地方性法规根据法律或者行政法规的授权，根据本行政区域的实际情况作出的具体规定，应当优先适用；（4）地方性法规对属于地方性事务的事项作出的规定，应当优先适用；（5）尚未制定法律、行政法规的，地方性法规根据本行政区域的具体情况，对需要全国统一规定以外的事项作出的规定，应当优先适用；（6）能够直接适用的其他情形。不能确定如何适用的，应当中止行政案件的审理，逐级上报最高人民法院按照立法法第八十六条第一款第（二）项的规定送请有权机关处理。

（四）规章冲突的选择适用

部门规章与地方政府规章之间对相同事项的规定不一致的，人民法院一般可以按照下列情形适用：（1）法律或者行政法规授权部门规章作出实施性规定的，其规定优先适用；（2）尚未制定法律、行政法规的，部门规章对于国务院决定、命令授权的事项，或者对属于中央宏观调控的事项、需要全国统一的市场活动规则及对外贸易和外商投资等事项作出的规定，应当优先适用；（3）地方政府规章根据法律或者行政法规的授权，根据本行政区域的实际情况作出的具体规定，应当优先适用；（4）地方政府规章对属于本行政区域的具体行政管理事项作出的规定，应当优先适用；（5）能够直接适用的其他情形。不能确定如何适用的，应当中止行政案件的审理，逐级上报最高人民法院送请国务院裁决。

国务院部门之间制定的规章对同一事项的规定不一致的，人民法院一般可以按照下列情形选择适用：（1）适用与上位法不相抵触的部门规章规定；（2）与上位法均不抵触的，优先适用根据专属职权制定的规章规定；（3）两个以上的国务院部门就涉及其职权范围的事项联合制定的规章规定，优先于其中一个部门单独作出的规定；（4）能够选择适用的其他情形。不能确定如何适用的，应当中止行政案件的审理，逐级上报最高人民法院送请国务院裁决。

国务院部门或者省、市、自治区人民政府制定的其他规范性文件对相同事项的规定不一致的，参照上列精神处理。

三、关于新旧法律规范的适用规则

根据行政审判中的普遍认识和做法，行政相对人的行为发生在新法施行以前，具体行政行为作出在新法施行以后，人民法院审查具体行政行为的合法性时，实体问题适用旧法规定，程序问题适用新法规定，但下列情形除外：（一）法律、法规或规章另有规定的；（二）适用新法对保护行政相对人的合法权益更为有利的；（三）按照具体行政行为的性质应当适用新法的实体规定的。

四、关于法律规范具体应用解释问题

在裁判案件中解释法律规范，是人民法院适用法律的重要组成部分。人民法院对于所适用的法律规范，一般按照其通常语义进行解释；有专业上的特殊涵义的，该涵义优先；语义不清楚或者有歧义的，可以根据上下文和立法宗旨、目的和原则等确定其涵义。

法律规范在列举其适用的典型事项后，又以“等”、“其他”等词语进行表述的，属于不完全列举的例示性规定。以“等”、“其他”等概括性用语表示的事项，均为明文列举的事项以外的事项，且其所概括的情形应为与列举事项类似的事项。

人民法院在解释和适用法律时，应当妥善处理法律效果与社会效果的关系，既要严格适用法律规定和维护法律规定的严肃性，确保法律适用的确定性、统一性和连续性，又要注意与时俱进，注意办案的社会效果，避免刻板僵化地理解和适用法律条文，在法律适用中维护国家利益和社会公共利益。

下编
公益诉讼各领域规范

一、生态环境保护类规范

（一）综 合

中华人民共和国环境保护法

（1989 年 12 月 26 日第七届全国人民代表大会常务委员会第十一次会议通过，2014 年 4 月 24 日第十二届全国人民代表大会常务委员会第八次会议修订）

第一章 总 则

第一条 为保护和改善环境，防治污染和其他公害，保障公众健康，推进生态文明建设，促进经济社会可持续发展，制定本法。

第二条 本法所称环境，是指影响人类生存和发展的各种天然的和经过人工改造的自然因素的总体，包括大气、水、海洋、土地、矿藏、森林、草原、湿地、野生生物、自然遗迹、人文遗迹、自然保护区、风景名胜区、城市和乡村等。

第三条 本法适用于中华人民共和国领域和中华人民共和国管辖的其他海域。

第四条 保护环境是国家的基本国策。

国家采取有利于节约和循环利用资源、保护和改善环境、促进人与自然和谐的经济、技术政策和措施，使经济社会发展与环境保护相协调。

第五条 环境保护坚持保护优先、预防为主、综合治理、公众参与、损害担责的原则。

第六条 一切单位和个人都有保护环境的义务。

地方各级人民政府应当对本行政区域的环境质量负责。

企业事业单位和其他生产经营者应当防止、减少环境污染和生态破坏，对所造成的损害依法承担责任。

公民应当增强环境保护意识，采取低碳、节俭的生活方式，自觉履行环境保护义务。

第七条 国家支持环境保护科学技术研究、开发和应用，鼓励环境保护产业发展，促进环境保护信息化建设，提高环境保护科学技术水平。

第八条 各级人民政府应当加大保护和改善环境、防治污染和其他公害的财政投入，提高财政资金的使用效益。

第九条 各级人民政府应当加强环境保护宣传和普及工作，鼓励基层群众性自治组织、社会组织、环境保护志愿者开展环境保护法律法规和环境保护知识的宣传，营造保护环境的良好风气。

教育行政部门、学校应当将环境保护知识纳入学校教育内容，培养学生的环境保护意识。

新闻媒体应当开展环境保护法律法规和环境保护知识的宣传，对环境违法行为进行舆论监督。

第十条 国务院环境保护主管部门，对全国环境保护工作实施统一监督管理；县级以上地方人民政府环境保护主管部门，对本行政区域环境保护工作实施统一监督管理。

县级以上人民政府有关部门和军队环境保护部门，依照有关法律的规定对资源保护和污染防治等环境保护工作实施监督管理。

第十一条 对保护和改善环境有显著成绩的单位和个人，由人民政府给予奖励。

第十二条 每年6月5日为环境日。

第二章 监督管理

第十三条 县级以上人民政府应当将环境保护工作纳入国民经济和社会发展规划。

国务院环境保护主管部门会同有关部门，根据国民经济和社会发展规划编制国家环境保护规划，报国务院批准并公布实施。

县级以上地方人民政府环境保护主管部门会同有关部门，根据国家环境保护规划的要求，编制本行政区域的环境保护规划，报同级人民政府批准并公布实施。

环境保护规划的内容应当包括生态保护和污染防治的目标、任务、保障措施等，并与主体功能区规划、土地利用总体规划和城乡规划等相衔接。

第十四条 国务院有关部门和省、自治区、直辖市人民政府组织制定经济、技术政策，应当充分考虑对环境的影响，听取有关方面和专家的意见。

第十五条 国务院环境保护主管部门制定国家环境质量标准。

省、自治区、直辖市人民政府对国家环境质量标准中未作规定的项目，可以制定地方环境质量标准；对国家环境质量标准中已作规定的项目，可以制定严于国家环境质量标准的地方环境质量标准。地方环境质量标准应当报国务院环境保护主管部门备案。

国家鼓励开展环境基准研究。

第十六条 国务院环境保护主管部门根据国家环境质量标准和国家经济、技术条件，制定国家污染物排放标准。

省、自治区、直辖市人民政府对国家污染物排放标准中未作规定的项目，可以制定地方污染物排放标准；对国家污染物排放标准中已作规定的项目，可以制定严于国家污染物排放标准的地方污染物排放标准。地方污染物排放标准应当报国务院环境保护主管部门备案。

第十七条 国家建立、健全环境监测制度。国务院环境保护主管部门制定监测规范，会同有关部门组织监测网络，统一规划国家环境质量监测站（点）的设置，建立监测数据共享机制，加强对环境监测的管理。

有关行业、专业等各类环境质量监测站（点）的设置应当符合法律法规规定和监测规范的要求。

监测机构应当使用符合国家标准的监测设备，遵守监测规范。监测机构及其负责人对监测数据的真实性和准确性负责。

第十八条 省级以上人民政府应当组织有关部门或者委托专业机构，对环境状况进行调查、评价，建立环境资源承载能力监测预警机制。

第十九条 编制有关开发利用规划，建设对环境有影响的项目，应当依法进行环境影响评价。

未依法进行环境影响评价的开发利用规划，不得组织实施；未依法进行环境影响评价的建设项目，不得开工建设。

第二十条 国家建立跨行政区域的重点区域、流域环境污染和生态破坏联合防治协调机制，实行统一规划、统一标准、统一监测、统一的防治措施。

前款规定以外的跨行政区域的环境污染和生态破坏的防治，由上级人民政府协调解决，或者由有关地方人民政府协商解决。

第二十一条　国家采取财政、税收、价格、政府采购等方面的政策和措施，鼓励和支持环境保护技术装备、资源综合利用和环境服务等环境保护产业的发展。

第二十二条　企业事业单位和其他生产经营者，在污染物排放符合法定要求的基础上，进一步减少污染物排放的，人民政府应当依法采取财政、税收、价格、政府采购等方面的政策和措施予以鼓励和支持。

第二十三条　企业事业单位和其他生产经营者，为改善环境，依照有关规定转产、搬迁、关闭的，人民政府应当予以支持。

第二十四条　县级以上人民政府环境保护主管部门及其委托的环境监察机构和其他负有环境保护监督管理职责的部门，有权对排放污染物的企业事业单位和其他生产经营者进行现场检查。被检查者应当如实反映情况，提供必要的资料。实施现场检查的部门、机构及其工作人员应当为被检查者保守商业秘密。

第二十五条　企业事业单位和其他生产经营者违反法律法规规定排放污染物，造成或者可能造成严重污染的，县级以上人民政府环境保护主管部门和其他负有环境保护监督管理职责的部门，可以查封、扣押造成污染物排放的设施、设备。

第二十六条　国家实行环境保护目标责任制和考核评价制度。县级以上人民政府应当将环境保护目标完成情况纳入对本级人民政府负有环境保护监督管理职责的部门及其负责人和下级人民政府及其负责人的考核内容，作为对其考核评价的重要依据。考核结果应当向社会公开。

第二十七条　县级以上人民政府应当每年向本级人民代表大会或者人民代表大会常务委员会报告环境状况和环境保护目标完成情况，对发生的重大环境事件应当及时向本级人民代表大会常务委员会报告，依法接受监督。

第三章　保护和改善环境

第二十八条　地方各级人民政府应当根据环境保护目标和治理任务，采取有效措施，改善环境质量。

未达到国家环境质量标准的重点区域、流域的有关地方人民政府，应当制定限期达标规划，并采取措施按期达标。

第二十九条　国家在重点生态功能区、生态环境敏感区和脆弱区等区域划定生态保护红线，实行严格保护。

各级人民政府对具有代表性的各种类型的自然生态系统区域，珍稀、濒危的野生动植物自然分布区域，重要的水源涵养区域，具有重大科学文化价值的地质构造、著名溶洞和化石分布区、冰川、火山、温泉等自然遗迹，以及人文遗迹、古树名木，应当采取措施予以保护，严禁破坏。

第三十条　开发利用自然资源，应当合理开发，保护生物多样性，保障生态安全，依法制定有关生态保护和恢复治理方案并予以实施。

引进外来物种以及研究、开发和利用生物技术，应当采取措施，防止对生物多样性的破坏。

第三十一条　国家建立、健全生态保护补偿制度。

国家加大对生态保护地区的财政转移支付力度。有关地方人民政府应当落实生态保护补偿资金，确保其用于生态保护补偿。

国家指导受益地区和生态保护地区人民政府通过协商或者按照市场规则进行生态保护补偿。

第三十二条　国家加强对大气、水、土壤等的保护，建立和完善相应的调查、监测、评估和修复制度。

第三十三条　各级人民政府应当加强对农业环境的保护，促进农业环境保护新技术的使用，加强对农业污染源的监测预警，统筹有关部门采取措施，防治土壤污染和土地沙化、盐渍化、贫瘠化、石漠化、地面沉降以及防治植被破坏、水土流失、水体富营养化、水源枯竭、种源灭绝等生态失调现象，推广植物病虫害的综合防治。

县级、乡级人民政府应当提高农村环境保护公共服务水平，推动农村环境综合整治。

第三十四条　国务院和沿海地方各级人民政府应当加强对海洋环境的保护。向海洋排放污染物、倾倒废弃物，进行海岸工程和海洋工程建设，应当符合法律法规规定和有关标准，防止和减少对海洋环境的污染损害。

第三十五条　城乡建设应当结合当地自然环境的特点，保护植被、水域和自然景观，加强城市园林、绿地和风景名胜区的建设与管理。

第三十六条　国家鼓励和引导公民、法人和其他组织使用有利于保护环境的产品和再生产品，减少废弃物的产生。

国家机关和使用财政资金的其他组织应当优先采购和使用节能、节水、节材等有利于保护环境的产品、设备和设施。

第三十七条　地方各级人民政府应当采取措施，组织对生活废弃物的分类处置、回收利用。

第三十八条　公民应当遵守环境保护法律法规，配合实施环境保护措施，按照规定对生活废弃物进行分类放置，减少日常生活对环境造成的损害。

第三十九条　国家建立、健全环境与健康监测、调查和风险评估制度；鼓励和组织开展环境质量对公众健康影响的研究，采取措施预防和控制与环境污染有关的疾病。

第四章　防治污染和其他公害

第四十条　国家促进清洁生产和资源循环利用。

国务院有关部门和地方各级人民政府应当采取措施，推广清洁能源的生产和使用。

企业应当优先使用清洁能源，采用资源利用率高、污染物排放量少的工艺、设备以及废弃物综合利用技术和污染物无害化处理技术，减少污染物的产生。

第四十一条　建设项目中防治污染的设施，应当与主体工程同时设计、同时施工、同时投产使用。防治污染的设施应当符合经批准的环境影响评价文件的要求，不得擅自拆除或者闲置。

第四十二条　排放污染物的企业事业单位和其他生产经营者，应当采取措施，防治在生产建设或者其他活动中产生的废气、废水、废渣、医疗废物、粉尘、恶臭气体、放射性物质以及噪声、振动、光辐射、电磁辐射等对环境的污染和危害。

排放污染物的企业事业单位，应当建立环境保护责任制度，明确单位负责人和相关人员的责任。

重点排污单位应当按照国家有关规定和监测规范安装使用监测设备，保证监测设备正常运行，保存原始监测记录。

严禁通过暗管、渗井、渗坑、灌注或者篡改、伪造监测数据，或者不正常运行防治污染设施等逃避监管的方式违法排放污染物。

第四十三条　排放污染物的企业事业单位和其他生产经营者，应当按照国家有关规定缴纳排污费。排污费应当全部专项用于环境污染防治，任何单位和个人不得截留、挤占或者挪作他用。

依照法律规定征收环境保护税的，不再征收排污费。

第四十四条　国家实行重点污染物排放总量控制制度。重点污染物排放总量控制指标由国务院下达，省、自治区、直辖市人民政府分解落实。企业事业单位在执行国家和地方污染物排放标准的同时，应当遵守分解落实到本单位的重点污染物排放总量控制指标。

对超过国家重点污染物排放总量控制指

标或者未完成国家确定的环境质量目标的地区，省级以上人民政府环境保护主管部门应当暂停审批其新增重点污染物排放总量的建设项目环境影响评价文件。

第四十五条　国家依照法律规定实行排污许可管理制度。

实行排污许可管理的企业事业单位和其他生产经营者应当按照排污许可证的要求排放污染物；未取得排污许可证的，不得排放污染物。

第四十六条　国家对严重污染环境的工艺、设备和产品实行淘汰制度。任何单位和个人不得生产、销售或者转移、使用严重污染环境的工艺、设备和产品。

禁止引进不符合我国环境保护规定的技术、设备、材料和产品。

第四十七条　各级人民政府及其有关部门和企业事业单位，应当依照《中华人民共和国突发事件应对法》的规定，做好突发环境事件的风险控制、应急准备、应急处置和事后恢复等工作。

县级以上人民政府应当建立环境污染公共监测预警机制，组织制定预警方案；环境受到污染，可能影响公众健康和环境安全时，依法及时公布预警信息，启动应急措施。

企业事业单位应当按照国家有关规定制定突发环境事件应急预案，报环境保护主管部门和有关部门备案。在发生或者可能发生突发环境事件时，企业事业单位应当立即采取措施处理，及时通报可能受到危害的单位和居民，并向环境保护主管部门和有关部门报告。

突发环境事件应急处置工作结束后，有关人民政府应当立即组织评估事件造成的环境影响和损失，并及时将评估结果向社会公布。

第四十八条　生产、储存、运输、销售、使用、处置化学物品和含有放射性物质的物品，应当遵守国家有关规定，防止污染环境。

第四十九条　各级人民政府及其农业等有关部门和机构应当指导农业生产经营者科学种植和养殖，科学合理施用农药、化肥等农业投入品，科学处置农用薄膜、农作物秸秆等农业废弃物，防止农业面源污染。

禁止将不符合农用标准和环境保护标准的固体废物、废水施入农田。施用农药、化肥等农业投入品及进行灌溉，应当采取措施，防止重金属和其他有毒有害物质污染环境。

畜禽养殖场、养殖小区、定点屠宰企业等的选址、建设和管理应当符合有关法律法规规定。从事畜禽养殖和屠宰的单位和个人应当采取措施，对畜禽粪便、尸体和污水等废弃物进行科学处置，防止污染环境。

县级人民政府负责组织农村生活废弃物的处置工作。

第五十条　各级人民政府应当在财政预算中安排资金，支持农村饮用水水源地保护、生活污水和其他废弃物处理、畜禽养殖和屠宰污染防治、土壤污染防治和农村工矿污染治理等环境保护工作。

第五十一条　各级人民政府应当统筹城乡建设污水处理设施及配套管网，固体废物的收集、运输和处置等环境卫生设施，危险废物集中处置设施、场所以及其他环境保护公共设施，并保障其正常运行。

第五十二条　国家鼓励投保环境污染责任保险。

第五章　信息公开和公众参与

第五十三条　公民、法人和其他组织依法享有获取环境信息、参与和监督环境保护的权利。

各级人民政府环境保护主管部门和其他负有环境保护监督管理职责的部门，应当依法公开环境信息、完善公众参与程序，为公民、法人和其他组织参与和监督环境保护提供便利。

第五十四条　国务院环境保护主管部门统一发布国家环境质量、重点污染源监测信息及其他重大环境信息。省级以上人民政府环境保护主管部门定期发布环境状况公报。

县级以上人民政府环境保护主管部门和其他负有环境保护监督管理职责的部门，应当依法公开环境质量、环境监测、突发环境事件以及环境行政许可、行政处罚、排污费的征收和使用情况等信息。

县级以上地方人民政府环境保护主管部门和其他负有环境保护监督管理职责的部门，应当将企业事业单位和其他生产经营者的环境违法信息记入社会诚信档案，及时向社会公布违法者名单。

第五十五条　重点排污单位应当如实向社会公开其主要污染物的名称、排放方式、排放浓度和总量、超标排放情况，以及防治污染设施的建设和运行情况，接受社会监督。

第五十六条　对依法应当编制环境影响报告书的建设项目，建设单位应当在编制时向可能受影响的公众说明情况，充分征求意见。

负责审批建设项目环境影响评价文件的部门在收到建设项目环境影响报告书后，除涉及国家秘密和商业秘密的事项外，应当全文公开；发现建设项目未充分征求公众意见的，应当责成建设单位征求公众意见。

第五十七条　公民、法人和其他组织发现任何单位和个人有污染环境和破坏生态行为的，有权向环境保护主管部门或者其他负有环境保护监督管理职责的部门举报。

公民、法人和其他组织发现地方各级人民政府、县级以上人民政府环境保护主管部门和其他负有环境保护监督管理职责的部门不依法履行职责的，有权向其上级机关或者监察机关举报。

接受举报的机关应当对举报人的相关信息予以保密，保护举报人的合法权益。

第五十八条　对污染环境、破坏生态，损害社会公共利益的行为，符合下列条件的社会组织可以向人民法院提起诉讼：

（一）依法在设区的市级以上人民政府民政部门登记；

（二）专门从事环境保护公益活动连续五年以上且无违法记录。

符合前款规定的社会组织向人民法院提起诉讼，人民法院应当依法受理。

提起诉讼的社会组织不得通过诉讼牟取经济利益。

第六章　法律责任

第五十九条　企业事业单位和其他生产经营者违法排放污染物，受到罚款处罚，被责令改正，拒不改正的，依法作出处罚决定的行政机关可以自责令改正之日的次日起，按照原处罚数额按日连续处罚。

前款规定的罚款处罚，依照有关法律法规按照防治污染设施的运行成本、违法行为造成的直接损失或者违法所得等因素确定的规定执行。

地方性法规可以根据环境保护的实际需要，增加第一款规定的按日连续处罚的违法行为的种类。

第六十条　企业事业单位和其他生产经营者超过污染物排放标准或者超过重点污染物排放总量控制指标排放污染物的，县级以上人民政府环境保护主管部门可以责令其采取限制生产、停产整治等措施；情节严重的，报经有批准权的人民政府批准，责令停业、关闭。

第六十一条　建设单位未依法提交建设项目环境影响评价文件或者环境影响评价文件未经批准，擅自开工建设的，由负有环境保护监督管理职责的部门责令停止建设，处以罚款，并可以责令恢复原状。

第六十二条　违反本法规定，重点排污单位不公开或者不如实公开环境信息的，由县级以上地方人民政府环境保护主管部门责令公开，处以罚款，并予以公告。

第六十三条　企业事业单位和其他生产经营者有下列行为之一，尚不构成犯罪的，除依照有关法律法规规定予以处罚外，由县级以上人民政府环境保护主管部门或者其他有关部门将案件移送公安机关，对其直接负责的主管人员和其他直接责任人员，处十日以上十五日以下拘留；情节较轻的，处五日以上十日以下拘留：

（一）建设项目未依法进行环境影响评价，被责令停止建设，拒不执行的；

（二）违反法律规定，未取得排污许可证排放污染物，被责令停止排污，拒不执行的；

（三）通过暗管、渗井、渗坑、灌注或者篡改、伪造监测数据，或者不正常运行防治污染设施等逃避监管的方式违法排放污染物的；

（四）生产、使用国家明令禁止生产、使用的农药，被责令改正，拒不改正的。

第六十四条　因污染环境和破坏生态造成损害的，应当依照《中华人民共和国侵权责任法》的有关规定承担侵权责任。

第六十五条　环境影响评价机构、环境监测机构以及从事环境监测设备和防治污染设施维护、运营的机构，在有关环境服务活动中弄虚作假，对造成的环境污染和生态破坏负有责任的，除依照有关法律法规规定予以处罚外，还应当与造成环境污染和生态破坏的其他责任者承担连带责任。

第六十六条　提起环境损害赔偿诉讼的时效期间为三年，从当事人知道或者应当知道其受到损害时起计算。

第六十七条　上级人民政府及其环境保护主管部门应当加强对下级人民政府及其有关部门环境保护工作的监督。发现有关工作人员有违法行为，依法应当给予处分的，应当向其任免机关或者监察机关提出处分建议。

依法应当给予行政处罚，而有关环境保护主管部门不给予行政处罚的，上级人民政府环境保护主管部门可以直接作出行政处罚的决定。

第六十八条　地方各级人民政府、县级以上人民政府环境保护主管部门和其他负有环境保护监督管理职责的部门有下列行为之一的，对直接负责的主管人员和其他直接责任人员给予记过、记大过或者降级处分；造成严重后果的，给予撤职或者开除处分，其主要负责人应当引咎辞职：

（一）不符合行政许可条件准予行政许可的；

（二）对环境违法行为进行包庇的；

（三）依法应当作出责令停业、关闭的决定而未作出的；

（四）对超标排放污染物、采用逃避监管的方式排放污染物、造成环境事故以及不落实生态保护措施造成生态破坏等行为，发现或者接到举报未及时查处的；

（五）违反本法规定，查封、扣押企业事业单位和其他生产经营者的设施、设备的；

（六）篡改、伪造或者指使篡改、伪造监测数据的；

（七）应当依法公开环境信息而未公开的；

（八）将征收的排污费截留、挤占或者挪作他用的；

（九）法律法规规定的其他违法行为。

第六十九条　违反本法规定，构成犯罪的，依法追究刑事责任。

第七章　附　　则

第七十条　本法自2015年1月1日起施行。

中华人民共和国环境影响评价法

（2002年10月28日第九届全国人民代表大会常务委员会第三十次会议通过，根据2016年7月2日第十二届全国人民代表大会常务委员会第二十一次会议《关于修改〈中华人民共和国节约能源法〉等六部法律的决定》第一次修正，根据2018年12月29日第十三届全国人民代表大会常务委员会第七次会议《关于修改〈中华人民共和国劳动法〉等七部法律的决定》第二次修正）

第一章 总 则

第一条 为了实施可持续发展战略，预防因规划和建设项目实施后对环境造成不良影响，促进经济、社会和环境的协调发展，制定本法。

第二条 本法所称环境影响评价，是指对规划和建设项目实施后可能造成的环境影响进行分析、预测和评估，提出预防或者减轻不良环境影响的对策和措施，进行跟踪监测的方法与制度。

第三条 编制本法第九条所规定的范围内的规划，在中华人民共和国领域和中华人民共和国管辖的其他海域内建设对环境有影响的项目，应当依照本法进行环境影响评价。

第四条 环境影响评价必须客观、公开、公正，综合考虑规划或者建设项目实施后对各种环境因素及其所构成的生态系统可能造成的影响，为决策提供科学依据。

第五条 国家鼓励有关单位、专家和公众以适当方式参与环境影响评价。

第六条 国家加强环境影响评价的基础数据库和评价指标体系建设，鼓励和支持对环境影响评价的方法、技术规范进行科学研究，建立必要的环境影响评价信息共享制度，提高环境影响评价的科学性。

国务院生态环境主管部门应当会同国务院有关部门，组织建立和完善环境影响评价的基础数据库和评价指标体系。

第二章 规划的环境影响评价

第七条 国务院有关部门、设区的市级以上地方人民政府及其有关部门，对其组织编制的土地利用的有关规划，区域、流域、海域的建设、开发利用规划，应当在规划编制过程中组织进行环境影响评价，编写该规划有关环境影响的篇章或者说明。

规划有关环境影响的篇章或者说明，应当对规划实施后可能造成的环境影响作出分析、预测和评估，提出预防或者减轻不良环境影响的对策和措施，作为规划草案的组成部分一并报送规划审批机关。

未编写有关环境影响的篇章或者说明的规划草案，审批机关不予审批。

第八条 国务院有关部门、设区的市级以上地方人民政府及其有关部门，对其组织编制的工业、农业、畜牧业、林业、能源、水利、交通、城市建设、旅游、自然资源开发的有关专项规划（以下简称专项规划），应当在该专项规划草案上报审批前，组织进行环境影响评价，并向审批该专项规划的机关提出环境影响报告书。

前款所列专项规划中的指导性规划，按

照本法第七条的规定进行环境影响评价。

第九条　依照本法第七条、第八条的规定进行环境影响评价的规划的具体范围，由国务院生态环境主管部门会同国务院有关部门规定，报国务院批准。

第十条　专项规划的环境影响报告书应当包括下列内容：

（一）实施该规划对环境可能造成影响的分析、预测和评估；

（二）预防或者减轻不良环境影响的对策和措施；

（三）环境影响评价的结论。

第十一条　专项规划的编制机关对可能造成不良环境影响并直接涉及公众环境权益的规划，应当在该规划草案报送审批前，举行论证会、听证会，或者采取其他形式，征求有关单位、专家和公众对环境影响报告书草案的意见。但是，国家规定需要保密的情形除外。

编制机关应当认真考虑有关单位、专家和公众对环境影响报告书草案的意见，并应当在报送审查的环境影响报告书中附具对意见采纳或者不采纳的说明。

第十二条　专项规划的编制机关在报批规划草案时，应当将环境影响报告书一并附送审批机关审查；未附送环境影响报告书的，审批机关不予审批。

第十三条　设区的市级以上人民政府在审批专项规划草案，作出决策前，应当先由人民政府指定的生态环境主管部门或者其他部门召集有关部门代表和专家组成审查小组，对环境影响报告书进行审查。审查小组应当提出书面审查意见。

参加前款规定的审查小组的专家，应当从按照国务院生态环境主管部门的规定设立的专家库内的相关专业的专家名单中，以随机抽取的方式确定。

由省级以上人民政府有关部门负责审批的专项规划，其环境影响报告书的审查办法，由国务院生态环境主管部门会同国务院有关部门制定。

第十四条　审查小组提出修改意见的，专项规划的编制机关应当根据环境影响报告书结论和审查意见对规划草案进行修改完善，并对环境影响报告书结论和审查意见的采纳情况作出说明；不采纳的，应当说明理由。

设区的市级以上人民政府或者省级以上人民政府有关部门在审批专项规划草案时，应当将环境影响报告书结论以及审查意见作为决策的重要依据。

在审批中未采纳环境影响报告书结论以及审查意见的，应当作出说明，并存档备查。

第十五条　对环境有重大影响的规划实施后，编制机关应当及时组织环境影响的跟踪评价，并将评价结果报告审批机关；发现有明显不良环境影响的，应当及时提出改进措施。

第三章　建设项目的环境影响评价

第十六条　国家根据建设项目对环境的影响程度，对建设项目的环境影响评价实行分类管理。

建设单位应当按照下列规定组织编制环境影响报告书、环境影响报告表或者填报环境影响登记表（以下统称环境影响评价文件）：

（一）可能造成重大环境影响的，应当编制环境影响报告书，对产生的环境影响进行全面评价；

（二）可能造成轻度环境影响的，应当编制环境影响报告表，对产生的环境影响进行分析或者专项评价；

（三）对环境影响很小、不需要进行环境影响评价的，应当填报环境影响登记表。

建设项目的环境影响评价分类管理名录，由国务院生态环境主管部门制定并公布。

第十七条　建设项目的环境影响报告书

应当包括下列内容：

（一）建设项目概况；

（二）建设项目周围环境现状；

（三）建设项目对环境可能造成影响的分析、预测和评估；

（四）建设项目环境保护措施及其技术、经济论证；

（五）建设项目对环境影响的经济损益分析；

（六）对建设项目实施环境监测的建议；

（七）环境影响评价的结论。

环境影响报告表和环境影响登记表的内容和格式，由国务院生态环境主管部门制定。

第十八条 建设项目的环境影响评价，应当避免与规划的环境影响评价相重复。

作为一项整体建设项目的规划，按照建设项目进行环境影响评价，不进行规划的环境影响评价。

已经进行了环境影响评价的规划包含具体建设项目的，规划的环境影响评价结论应当作为建设项目环境影响评价的重要依据，建设项目环境影响评价的内容应当根据规划的环境影响评价审查意见予以简化。

第十九条 建设单位可以委托技术单位对其建设项目开展环境影响评价，编制建设项目环境影响报告书、环境影响报告表；建设单位具备环境影响评价技术能力的，可以自行对其建设项目开展环境影响评价，编制建设项目环境影响报告书、环境影响报告表。

编制建设项目环境影响报告书、环境影响报告表应当遵守国家有关环境影响评价标准、技术规范等规定。

国务院生态环境主管部门应当制定建设项目环境影响报告书、环境影响报告表编制的能力建设指南和监管办法。

接受委托为建设单位编制建设项目环境影响报告书、环境影响报告表的技术单位，不得与负责审批建设项目环境影响报告书、环境影响报告表的生态环境主管部门或者其他有关审批部门存在任何利益关系。

第二十条 建设单位应当对建设项目环境影响报告书、环境影响报告表的内容和结论负责，接受委托编制建设项目环境影响报告书、环境影响报告表的技术单位对其编制的建设项目环境影响报告书、环境影响报告表承担相应责任。

设区的市级以上人民政府生态环境主管部门应当加强对建设项目环境影响报告书、环境影响报告表编制单位的监督管理和质量考核。

负责审批建设项目环境影响报告书、环境影响报告表的生态环境主管部门应当将编制单位、编制主持人和主要编制人员的相关违法信息记入社会诚信档案，并纳入全国信用信息共享平台和国家企业信用信息公示系统向社会公布。

任何单位和个人不得为建设单位指定编制建设项目环境影响报告书、环境影响报告表的技术单位。

第二十一条 除国家规定需要保密的情形外，对环境可能造成重大影响、应当编制环境影响报告书的建设项目，建设单位应当在报批建设项目环境影响报告书前，举行论证会、听证会，或者采取其他形式，征求有关单位、专家和公众的意见。

建设单位报批的环境影响报告书应当附具对有关单位、专家和公众的意见采纳或者不采纳的说明。

第二十二条 建设项目的环境影响报告书、报告表，由建设单位按照国务院的规定报有审批权的生态环境主管部门审批。

海洋工程建设项目的海洋环境影响报告书的审批，依照《中华人民共和国海洋环境保护法》的规定办理。

审批部门应当自收到环境影响报告书之日起六十日内，收到环境影响报告表之日起三十日内，分别作出审批决定并书面通知建设单位。

国家对环境影响登记表实行备案管理。

审核、审批建设项目环境影响报告书、报告表以及备案环境影响登记表，不得收取任何费用。

第二十三条　国务院生态环境主管部门负责审批下列建设项目的环境影响评价文件：

（一）核设施、绝密工程等特殊性质的建设项目；

（二）跨省、自治区、直辖市行政区域的建设项目；

（三）由国务院审批的或者由国务院授权有关部门审批的建设项目。

前款规定以外的建设项目的环境影响评价文件的审批权限，由省、自治区、直辖市人民政府规定。

建设项目可能造成跨行政区域的不良环境影响，有关生态环境主管部门对该项目的环境影响评价结论有争议的，其环境影响评价文件由共同的上一级生态环境主管部门审批。

第二十四条　建设项目的环境影响评价文件经批准后，建设项目的性质、规模、地点、采用的生产工艺或者防治污染、防止生态破坏的措施发生重大变动的，建设单位应当重新报批建设项目的环境影响评价文件。

建设项目的环境影响评价文件自批准之日起超过五年，方决定该项目开工建设的，其环境影响评价文件应当报原审批部门重新审核；原审批部门应当自收到建设项目环境影响评价文件之日起十日内，将审核意见书面通知建设单位。

第二十五条　建设项目的环境影响评价文件未依法经审批部门审查或者审查后未予批准的，建设单位不得开工建设。

第二十六条　建设项目建设过程中，建设单位应当同时实施环境影响报告书、环境影响报告表以及环境影响评价文件审批部门审批意见中提出的环境保护对策措施。

第二十七条　在项目建设、运行过程中产生不符合经审批的环境影响评价文件的情形的，建设单位应当组织环境影响的后评价，采取改进措施，并报原环境影响评价文件审批部门和建设项目审批部门备案；原环境影响评价文件审批部门也可以责成建设单位进行环境影响的后评价，采取改进措施。

第二十八条　生态环境主管部门应当对建设项目投入生产或者使用后所产生的环境影响进行跟踪检查，对造成严重环境污染或者生态破坏的，应当查清原因、查明责任。对属于建设项目环境影响报告书、环境影响报告表存在基础资料明显不实，内容存在重大缺陷、遗漏或者虚假，环境影响评价结论不正确或者不合理等严重质量问题的，依照本法第三十二条的规定追究建设单位及其相关责任人员和接受委托编制建设项目环境影响报告书、环境影响报告表的技术单位及其相关人员的法律责任；属于审批部门工作人员失职、渎职，对依法不应批准的建设项目环境影响报告书、环境影响报告表予以批准的，依照本法第三十四条的规定追究其法律责任。

第四章　法律责任

第二十九条　规划编制机关违反本法规定，未组织环境影响评价，或者组织环境影响评价时弄虚作假或者有失职行为，造成环境影响评价严重失实的，对直接负责的主管人员和其他直接责任人员，由上级机关或者监察机关依法给予行政处分。

第三十条　规划审批机关对依法应当编写有关环境影响的篇章或者说明而未编写的规划草案，依法应当附送环境影响报告书而未附送的专项规划草案，违法予以批准的，对直接负责的主管人员和其他直接责任人员，由上级机关或者监察机关依法给予行政处分。

第三十一条　建设单位未依法报批建设

项目环境影响报告书、报告表，或者未依照本法第二十四条的规定重新报批或者报请重新审核环境影响报告书、报告表，擅自开工建设的，由县级以上生态环境主管部门责令停止建设，根据违法情节和危害后果，处建设项目总投资额百分之一以上百分之五以下的罚款，并可以责令恢复原状；对建设单位直接负责的主管人员和其他直接责任人员，依法给予行政处分。

建设项目环境影响报告书、报告表未经批准或者未经原审批部门重新审核同意，建设单位擅自开工建设的，依照前款的规定处罚、处分。

建设单位未依法备案建设项目环境影响登记表的，由县级以上生态环境主管部门责令备案，处五万元以下的罚款。

海洋工程建设项目的建设单位有本条所列违法行为的，依照《中华人民共和国海洋环境保护法》的规定处罚。

第三十二条 建设项目环境影响报告书、环境影响报告表存在基础资料明显不实，内容存在重大缺陷、遗漏或者虚假，环境影响评价结论不正确或者不合理等严重质量问题的，由设区的市级以上人民政府生态环境主管部门对建设单位处五十万元以上二百万元以下的罚款，并对建设单位的法定代表人、主要负责人、直接负责的主管人员和其他直接责任人员，处五万元以上二十万元以下的罚款。

接受委托编制建设项目环境影响报告书、环境影响报告表的技术单位违反国家有关环境影响评价标准和技术规范等规定，致使其编制的建设项目环境影响报告书、环境影响报告表存在基础资料明显不实，内容存在重大缺陷、遗漏或者虚假，环境影响评价结论不正确或者不合理等严重质量问题的，由设区的市级以上人民政府生态环境主管部门对技术单位处所收费用三倍以上五倍以下的罚款；情节严重的，禁止从事环境影响报告书、环境影响报告表编制工作；有违法所得的，没收违法所得。

编制单位有本条第一款、第二款规定的违法行为的，编制主持人和主要编制人员五年内禁止从事环境影响报告书、环境影响报告表编制工作；构成犯罪的，依法追究刑事责任，并终身禁止从事环境影响报告书、环境影响报告表编制工作。

第三十三条 负责审核、审批、备案建设项目环境影响评价文件的部门在审批、备案中收取费用的，由其上级机关或者监察机关责令退还；情节严重的，对直接负责的主管人员和其他直接责任人员依法给予行政处分。

第三十四条 生态环境主管部门或者其他部门的工作人员徇私舞弊，滥用职权，玩忽职守，违法批准建设项目环境影响评价文件的，依法给予行政处分；构成犯罪的，依法追究刑事责任。

第五章 附 则

第三十五条 省、自治区、直辖市人民政府可以根据本地的实际情况，要求对本辖区的县级人民政府编制的规划进行环境影响评价。具体办法由省、自治区、直辖市参照本法第二章的规定制定。

第三十六条 军事设施建设项目的环境影响评价办法，由中央军事委员会依照本法的原则制定。

第三十七条 本法自2003年9月1日起施行。

中华人民共和国清洁生产促进法

（2002 年 6 月 29 日第九届全国人民代表大会常务委员会第二十八次会议通过，根据 2012 年 2 月 29 日第十一届全国人民代表大会常务委员会第二十五次会议《关于修改〈中华人民共和国清洁生产促进法〉的决定》修正）

第一章　总　则

第一条　为了促进清洁生产，提高资源利用效率，减少和避免污染物的产生，保护和改善环境，保障人体健康，促进经济与社会可持续发展，制定本法。

第二条　本法所称清洁生产，是指不断采取改进设计、使用清洁的能源和原料、采用先进的工艺技术与设备、改善管理、综合利用等措施，从源头削减污染，提高资源利用效率，减少或者避免生产、服务和产品使用过程中污染物的产生和排放，以减轻或者消除对人类健康和环境的危害。

第三条　在中华人民共和国领域内，从事生产和服务活动的单位以及从事相关管理活动的部门依照本法规定，组织、实施清洁生产。

第四条　国家鼓励和促进清洁生产。国务院和县级以上地方人民政府，应当将清洁生产促进工作纳入国民经济和社会发展规划、年度计划以及环境保护、资源利用、产业发展、区域开发等规划。

第五条　国务院清洁生产综合协调部门负责组织、协调全国的清洁生产促进工作。国务院环境保护、工业、科学技术、财政部门和其他有关部门，按照各自的职责，负责有关的清洁生产促进工作。

县级以上地方人民政府负责领导本行政区域内的清洁生产促进工作。县级以上地方人民政府确定的清洁生产综合协调部门负责组织、协调本行政区域内的清洁生产促进工作。县级以上地方人民政府其他有关部门，按照各自的职责，负责有关的清洁生产促进工作。

第六条　国家鼓励开展有关清洁生产的科学研究、技术开发和国际合作，组织宣传、普及清洁生产知识，推广清洁生产技术。

国家鼓励社会团体和公众参与清洁生产的宣传、教育、推广、实施及监督。

第二章　清洁生产的推行

第七条　国务院应当制定有利于实施清洁生产的财政税收政策。

国务院及其有关部门和省、自治区、直辖市人民政府，应当制定有利于实施清洁生产的产业政策、技术开发和推广政策。

第八条　国务院清洁生产综合协调部门会同国务院环境保护、工业、科学技术部门和其他有关部门，根据国民经济和社会发展规划及国家节约资源、降低能源消耗、减少重点污染物排放的要求，编制国家清洁生产推行规划，报经国务院批准后及时公布。

国家清洁生产推行规划应当包括：推行清洁生产的目标、主要任务和保障措施，按照资源能源消耗、污染物排放水平确定开展清洁生产的重点领域、重点行业和重点工程。

国务院有关行业主管部门根据国家清洁生产推行规划确定本行业清洁生产的重点项

目，制定行业专项清洁生产推行规划并组织实施。

县级以上地方人民政府根据国家清洁生产推行规划、有关行业专项清洁生产推行规划，按照本地区节约资源、降低能源消耗、减少重点污染物排放的要求，确定本地区清洁生产的重点项目，制定推行清洁生产的实施规划并组织落实。

第九条　中央预算应当加强对清洁生产促进工作的资金投入，包括中央财政清洁生产专项资金和中央预算安排的其他清洁生产资金，用于支持国家清洁生产推行规划确定的重点领域、重点行业、重点工程实施清洁生产及其技术推广工作，以及生态脆弱地区实施清洁生产的项目。中央预算用于支持清洁生产促进工作的资金使用的具体办法，由国务院财政部门、清洁生产综合协调部门会同国务院有关部门制定。

县级以上地方人民政府应当统筹地方财政安排的清洁生产促进工作的资金，引导社会资金，支持清洁生产重点项目。

第十条　国务院和省、自治区、直辖市人民政府的有关部门，应当组织和支持建立促进清洁生产信息系统和技术咨询服务体系，向社会提供有关清洁生产方法和技术、可再生利用的废物供求以及清洁生产政策等方面的信息和服务。

第十一条　国务院清洁生产综合协调部门会同国务院环境保护、工业、科学技术、建设、农业等有关部门定期发布清洁生产技术、工艺、设备和产品导向目录。

国务院清洁生产综合协调部门、环境保护部门和省、自治区、直辖市人民政府负责清洁生产综合协调的部门、环境保护部门会同同级有关部门，组织编制重点行业或者地区的清洁生产指南，指导实施清洁生产。

第十二条　国家对浪费资源和严重污染环境的落后生产技术、工艺、设备和产品实行限期淘汰制度。国务院有关部门按照职责分工，制定并发布限期淘汰的生产技术、工艺、设备以及产品的名录。

第十三条　国务院有关部门可以根据需要批准设立节能、节水、废物再生利用等环境与资源保护方面的产品标志，并按照国家规定制定相应标准。

第十四条　县级以上人民政府科学技术部门和其他有关部门，应当指导和支持清洁生产技术和有利于环境与资源保护的产品的研究、开发以及清洁生产技术的示范和推广工作。

第十五条　国务院教育部门，应当将清洁生产技术和管理课程纳入有关高等教育、职业教育和技术培训体系。

县级以上人民政府有关部门组织开展清洁生产的宣传和培训，提高国家工作人员、企业经营管理者和公众的清洁生产意识，培养清洁生产管理和技术人员。

新闻出版、广播影视、文化等单位和有关社会团体，应当发挥各自优势做好清洁生产宣传工作。

第十六条　各级人民政府应当优先采购节能、节水、废物再生利用等有利于环境与资源保护的产品。

各级人民政府应当通过宣传、教育等措施，鼓励公众购买和使用节能、节水、废物再生利用等有利于环境与资源保护的产品。

第十七条　省、自治区、直辖市人民政府负责清洁生产综合协调的部门、环境保护部门，根据促进清洁生产工作的需要，在本地区主要媒体上公布未达到能源消耗控制指标、重点污染物排放控制指标的企业的名单，为公众监督企业实施清洁生产提供依据。

列入前款规定名单的企业，应当按照国务院清洁生产综合协调部门、环境保护部门的规定公布能源消耗或者重点污染物产生、排放情况，接受公众监督。

第三章　清洁生产的实施

第十八条　新建、改建和扩建项目应当进行环境影响评价，对原料使用、资源消耗、资源综合利用以及污染物产生与处置等进行分析论证，优先采用资源利用率高以及污染物产生量少的清洁生产技术、工艺和设备。

第十九条 企业在进行技术改造过程中，应当采取以下清洁生产措施：

（一）采用无毒、无害或者低毒、低害的原料，替代毒性大、危害严重的原料；

（二）采用资源利用率高、污染物产生量少的工艺和设备，替代资源利用率低、污染物产生量多的工艺和设备；

（三）对生产过程中产生的废物、废水和余热等进行综合利用或者循环使用；

（四）采用能够达到国家或者地方规定的污染物排放标准和污染物排放总量控制指标的污染防治技术。

第二十条 产品和包装物的设计，应当考虑其在生命周期中对人类健康和环境的影响，优先选择无毒、无害、易于降解或者便于回收利用的方案。

企业对产品的包装应当合理，包装的材质、结构和成本应当与内装产品的质量、规格和成本相适应，减少包装性废物的产生，不得进行过度包装。

第二十一条 生产大型机电设备、机动运输工具以及国务院工业部门指定的其他产品的企业，应当按照国务院标准化部门或者其授权机构制定的技术规范，在产品的主体构件上注明材料成分的标准牌号。

第二十二条 农业生产者应当科学地使用化肥、农药、农用薄膜和饲料添加剂，改进种植和养殖技术，实现农产品的优质、无害和农业生产废物的资源化，防止农业环境污染。

禁止将有毒、有害废物用作肥料或者用于造田。

第二十三条 餐饮、娱乐、宾馆等服务性企业，应当采用节能、节水和其他有利于环境保护的技术和设备，减少使用或者不使用浪费资源、污染环境的消费品。

第二十四条 建筑工程应当采用节能、节水等有利于环境与资源保护的建筑设计方案、建筑和装修材料、建筑构配件及设备。

建筑和装修材料必须符合国家标准。禁止生产、销售和使用有毒、有害物质超过国家标准的建筑和装修材料。

第二十五条 矿产资源的勘查、开采，应当采用有利于合理利用资源、保护环境和防止污染的勘查、开采方法和工艺技术，提高资源利用水平。

第二十六条 企业应当在经济技术可行的条件下对生产和服务过程中产生的废物、余热等自行回收利用或者转让给有条件的其他企业和个人利用。

第二十七条 企业应当对生产和服务过程中的资源消耗以及废物的产生情况进行监测，并根据需要对生产和服务实施清洁生产审核。

有下列情形之一的企业，应当实施强制性清洁生产审核：

（一）污染物排放超过国家或者地方规定的排放标准，或者虽未超过国家或者地方规定的排放标准，但超过重点污染物排放总量控制指标的；

（二）超过单位产品能源消耗限额标准构成高耗能的；

（三）使用有毒、有害原料进行生产或者在生产中排放有毒、有害物质的。

污染物排放超过国家或者地方规定的排放标准的企业，应当按照环境保护相关法律的规定治理。

实施强制性清洁生产审核的企业，应当将审核结果向所在地县级以上地方人民政府负责清洁生产综合协调的部门、环境保护部门报告，并在本地区主要媒体上公布，接受公众监督，但涉及商业秘密的除外。

县级以上地方人民政府有关部门应当对企业实施强制性清洁生产审核的情况进行监督，必要时可以组织对企业实施清洁生产的效果进行评估验收，所需费用纳入同级政府预算。承担评估验收工作的部门或者单位不得向被评估验收企业收取费用。

实施清洁生产审核的具体办法，由国务院清洁生产综合协调部门、环境保护部门会同国务院有关部门制定。

第二十八条　本法第二十七条第二款规定以外的企业，可以自愿与清洁生产综合协调部门和环境保护部门签订进一步节约资源、削减污染物排放量的协议。该清洁生产综合协调部门和环境保护部门应当在本地区主要媒体上公布该企业的名称以及节约资源、防治污染的成果。

第二十九条　企业可以根据自愿原则，按照国家有关环境管理体系等认证的规定，委托经国务院认证认可监督管理部门认可的认证机构进行认证，提高清洁生产水平。

第四章　鼓励措施

第三十条　国家建立清洁生产表彰奖励制度。对在清洁生产工作中做出显著成绩的单位和个人，由人民政府给予表彰和奖励。

第三十一条　对从事清洁生产研究、示范和培训，实施国家清洁生产重点技术改造项目和本法第二十八条规定的自愿节约资源、削减污染物排放量协议中载明的技术改造项目，由县级以上人民政府给予资金支持。

第三十二条　在依照国家规定设立的中小企业发展基金中，应当根据需要安排适当数额用于支持中小企业实施清洁生产。

第三十三条　依法利用废物和从废物中回收原料生产产品的，按照国家规定享受税收优惠。

第三十四条　企业用于清洁生产审核和培训的费用，可以列入企业经营成本。

第五章　法律责任

第三十五条　清洁生产综合协调部门或者其他有关部门未依照本法规定履行职责的，对直接负责的主管人员和其他直接责任人员依法给予处分。

第三十六条　违反本法第十七条第二款规定，未按照规定公布能源消耗或者重点污染物产生、排放情况的，由县级以上地方人民政府负责清洁生产综合协调的部门、环境保护部门按照职责分工责令公布，可以处十万元以下的罚款。

第三十七条　违反本法第二十一条规定，未标注产品材料的成分或者不如实标注的，由县级以上地方人民政府质量技术监督部门责令限期改正；拒不改正的，处以五万元以下的罚款。

第三十八条　违反本法第二十四条第二款规定，生产、销售有毒、有害物质超过国家标准的建筑和装修材料的，依照产品质量法和有关民事、刑事法律的规定，追究行政、民事、刑事法律责任。

第三十九条　违反本法第二十七条第二款、第四款规定，不实施强制性清洁生产审核或者在清洁生产审核中弄虚作假的，或者实施强制性清洁生产审核的企业不报告或者不如实报告审核结果的，由县级以上地方人民政府负责清洁生产综合协调的部门、环境保护部门按照职责分工责令限期改正；拒不改正的，处以五万元以上五十万元以下的罚款。

违反本法第二十七条第五款规定，承担评估验收工作的部门或者单位及其工作人员向被评估验收企业收取费用的，不如实评估验收或者在评估验收中弄虚作假的，或者利用职务上的便利谋取利益的，对直接负责的主管人员和其他直接责任人员依法给予处分；构成犯罪的，依法追究刑事责任。

第六章　附　　则

第四十条　本法自2003年1月1日起施行。

中华人民共和国循环经济促进法

（2008年8月29日第十一届全国人民代表大会常务委员会第四次会议通过，根据2018年10月26日第十三届全国人民代表大会常务委员会第六次会议《关于修改〈中华人民共和国野生动物保护法〉等十五部法律的决定》修正）

第一章　总　　则

第一条　为了促进循环经济发展，提高资源利用效率，保护和改善环境，实现可持续发展，制定本法。

第二条　本法所称循环经济，是指在生产、流通和消费等过程中进行的减量化、再利用、资源化活动的总称。

本法所称减量化，是指在生产、流通和消费等过程中减少资源消耗和废物产生。

本法所称再利用，是指将废物直接作为产品或者经修复、翻新、再制造后继续作为产品使用，或者将废物的全部或者部分作为其他产品的部件予以使用。

本法所称资源化，是指将废物直接作为原料进行利用或者对废物进行再生利用。

第三条　发展循环经济是国家经济社会发展的一项重大战略，应当遵循统筹规划、合理布局，因地制宜、注重实效，政府推动、市场引导，企业实施、公众参与的方针。

第四条　发展循环经济应当在技术可行、经济合理和有利于节约资源、保护环境的前提下，按照减量化优先的原则实施。

在废物再利用和资源化过程中，应当保障生产安全，保证产品质量符合国家规定的标准，并防止产生再次污染。

第五条　国务院循环经济发展综合管理部门负责组织协调、监督管理全国循环经济发展工作；国务院生态环境等有关主管部门按照各自的职责负责有关循环经济的监督管理工作。

县级以上地方人民政府循环经济发展综合管理部门负责组织协调、监督管理本行政区域的循环经济发展工作；县级以上地方人民政府生态环境等有关主管部门按照各自的职责负责有关循环经济的监督管理工作。

第六条　国家制定产业政策，应当符合发展循环经济的要求。

县级以上人民政府编制国民经济和社会发展规划及年度计划，县级以上人民政府有关部门编制环境保护、科学技术等规划，应当包括发展循环经济的内容。

第七条　国家鼓励和支持开展循环经济科学技术的研究、开发和推广，鼓励开展循环经济宣传、教育、科学知识普及和国际合作。

第八条　县级以上人民政府应当建立发展循环经济的目标责任制，采取规划、财政、投资、政府采购等措施，促进循环经济发展。

第九条　企业事业单位应当建立健全管理制度，采取措施，降低资源消耗，减少废物的产生量和排放量，提高废物的再利用和资源化水平。

第十条　公民应当增强节约资源和保护环境意识，合理消费，节约资源。

国家鼓励和引导公民使用节能、节水、节材和有利于保护环境的产品及再生产品，减少废物的产生量和排放量。

公民有权举报浪费资源、破坏环境的行为，有权了解政府发展循环经济的信息并提出意见和建议。

第十一条 国家鼓励和支持行业协会在循环经济发展中发挥技术指导和服务作用。县级以上人民政府可以委托有条件的行业协会等社会组织开展促进循环经济发展的公共服务。

国家鼓励和支持中介机构、学会和其他社会组织开展循环经济宣传、技术推广和咨询服务，促进循环经济发展。

第二章 基本管理制度

第十二条 国务院循环经济发展综合管理部门会同国务院生态环境等有关主管部门编制全国循环经济发展规划，报国务院批准后公布施行。设区的市级以上地方人民政府循环经济发展综合管理部门会同本级人民政府生态环境等有关主管部门编制本行政区域循环经济发展规划，报本级人民政府批准后公布施行。

循环经济发展规划应当包括规划目标、适用范围、主要内容、重点任务和保障措施等，并规定资源产出率、废物再利用和资源化率等指标。

第十三条 县级以上地方人民政府应当依据上级人民政府下达的本行政区域主要污染物排放、建设用地和用水总量控制指标，规划和调整本行政区域的产业结构，促进循环经济发展。

新建、改建、扩建建设项目，必须符合本行政区域主要污染物排放、建设用地和用水总量控制指标的要求。

第十四条 国务院循环经济发展综合管理部门会同国务院统计、生态环境等有关主管部门建立和完善循环经济评价指标体系。

上级人民政府根据前款规定的循环经济主要评价指标，对下级人民政府发展循环经济的状况定期进行考核，并将主要评价指标完成情况作为对地方人民政府及其负责人考核评价的内容。

第十五条 生产列入强制回收名录的产品或者包装物的企业，必须对废弃的产品或者包装物负责回收；对其中可以利用的，由各该生产企业负责利用；对因不具备技术经济条件而不适合利用的，由各该生产企业负责无害化处置。

对前款规定的废弃产品或者包装物，生产者委托销售者或者其他组织进行回收的，或者委托废物利用或者处置企业进行利用或者处置的，受托方应当依照有关法律、行政法规的规定和合同的约定负责回收或者利用、处置。

对列入强制回收名录的产品和包装物，消费者应当将废弃的产品或者包装物交给生产者或者其委托回收的销售者或者其他组织。

强制回收的产品和包装物的名录及管理办法，由国务院循环经济发展综合管理部门规定。

第十六条 国家对钢铁、有色金属、煤炭、电力、石油加工、化工、建材、建筑、造纸、印染等行业年综合能源消费量、用水量超过国家规定总量的重点企业，实行能耗、水耗的重点监督管理制度。

重点能源消费单位的节能监督管理，依照《中华人民共和国节约能源法》的规定执行。

重点用水单位的监督管理办法，由国务院循环经济发展综合管理部门会同国务院有关部门规定。

第十七条 国家建立健全循环经济统计制度，加强资源消耗、综合利用和废物产生的统计管理，并将主要统计指标定期向社会公布。

国务院标准化主管部门会同国务院循环经济发展综合管理和生态环境等有关主管部门建立健全循环经济标准体系，制定和完善节能、节水、节材和废物再利用、资源化等标准。

国家建立健全能源效率标识等产品资源消耗标识制度。

第三章　减 量 化

第十八条　国务院循环经济发展综合管理部门会同国务院生态环境等有关主管部门，定期发布鼓励、限制和淘汰的技术、工艺、设备、材料和产品名录。

禁止生产、进口、销售列入淘汰名录的设备、材料和产品，禁止使用列入淘汰名录的技术、工艺、设备和材料。

第十九条　从事工艺、设备、产品及包装物设计，应当按照减少资源消耗和废物产生的要求，优先选择采用易回收、易拆解、易降解、无毒无害或者低毒低害的材料和设计方案，并应当符合有关国家标准的强制性要求。

对在拆解和处置过程中可能造成环境污染的电器电子等产品，不得设计使用国家禁止使用的有毒有害物质。禁止在电器电子等产品中使用的有毒有害物质名录，由国务院循环经济发展综合管理部门会同国务院生态环境等有关主管部门制定。

设计产品包装物应当执行产品包装标准，防止过度包装造成资源浪费和环境污染。

第二十条　工业企业应当采用先进或者适用的节水技术、工艺和设备，制定并实施节水计划，加强节水管理，对生产用水进行全过程控制。

工业企业应当加强用水计量管理，配备和使用合格的用水计量器具，建立水耗统计和用水状况分析制度。

新建、改建、扩建建设项目，应当配套建设节水设施。节水设施应当与主体工程同时设计、同时施工、同时投产使用。

国家鼓励和支持沿海地区进行海水淡化和海水直接利用，节约淡水资源。

第二十一条　国家鼓励和支持企业使用高效节油产品。

电力、石油加工、化工、钢铁、有色金属和建材等企业，必须在国家规定的范围和期限内，以洁净煤、石油焦、天然气等清洁能源替代燃料油，停止使用不符合国家规定的燃油发电机组和燃油锅炉。

内燃机和机动车制造企业应当按照国家规定的内燃机和机动车燃油经济性标准，采用节油技术，减少石油产品消耗量。

第二十二条　开采矿产资源，应当统筹规划，制定合理的开发利用方案，采用合理的开采顺序、方法和选矿工艺。采矿许可证颁发机关应当对申请人提交的开发利用方案中的开采回采率、采矿贫化率、选矿回收率、矿山水循环利用率和土地复垦率等指标依法进行审查；审查不合格的，不予颁发采矿许可证。采矿许可证颁发机关应当依法加强对开采矿产资源的监督管理。

矿山企业在开采主要矿种的同时，应当对具有工业价值的共生和伴生矿实行综合开采、合理利用；对必须同时采出而暂时不能利用的矿产以及含有有用组分的尾矿，应当采取保护措施，防止资源损失和生态破坏。

第二十三条　建筑设计、建设、施工等单位应当按照国家有关规定和标准，对其设计、建设、施工的建筑物及构筑物采用节能、节水、节地、节材的技术工艺和小型、轻型、再生产品。有条件的地区，应当充分利用太阳能、地热能、风能等可再生能源。

国家鼓励利用无毒无害的固体废物生产建筑材料，鼓励使用散装水泥，推广使用预拌混凝土和预拌砂浆。

禁止损毁耕地烧砖。在国务院或者省、自治区、直辖市人民政府规定的期限和区域内，禁止生产、销售和使用粘土砖。

第二十四条　县级以上人民政府及其农业等主管部门应当推进土地集约利用，鼓励和支持农业生产者采用节水、节肥、节药的先进种植、养殖和灌溉技术，推动农业机械节能，优先发展生态农业。

在缺水地区，应当调整种植结构，优先发展节水型农业，推进雨水集蓄利用，建设和管护节水灌溉设施，提高用水效率，减少水的蒸发和漏失。

第二十五条 国家机关及使用财政性资金的其他组织应当厉行节约、杜绝浪费，带头使用节能、节水、节地、节材和有利于保护环境的产品、设备和设施，节约使用办公用品。国务院和县级以上地方人民政府管理机关事务工作的机构会同本级人民政府有关部门制定本级国家机关等机构的用能、用水定额指标，财政部门根据该定额指标制定支出标准。

城市人民政府和建筑物的所有者或者使用者，应当采取措施，加强建筑物维护管理，延长建筑物使用寿命。对符合城市规划和工程建设标准，在合理使用寿命内的建筑物，除为了公共利益的需要外，城市人民政府不得决定拆除。

第二十六条 餐饮、娱乐、宾馆等服务性企业，应当采用节能、节水、节材和有利于保护环境的产品，减少使用或者不使用浪费资源、污染环境的产品。

本法施行后新建的餐饮、娱乐、宾馆等服务性企业，应当采用节能、节水、节材和有利于保护环境的技术、设备和设施。

第二十七条 国家鼓励和支持使用再生水。在有条件使用再生水的地区，限制或者禁止将自来水作为城市道路清扫、城市绿化和景观用水使用。

第二十八条 国家在保障产品安全和卫生的前提下，限制一次性消费品的生产和销售。具体名录由国务院循环经济发展综合管理部门会同国务院财政、生态环境等有关主管部门制定。

对列入前款规定名录中的一次性消费品的生产和销售，由国务院财政、税务和对外贸易等主管部门制定限制性的税收和出口等措施。

第四章 再利用和资源化

第二十九条 县级以上人民政府应当统筹规划区域经济布局，合理调整产业结构，促进企业在资源综合利用等领域进行合作，实现资源的高效利用和循环使用。

各类产业园区应当组织区内企业进行资源综合利用，促进循环经济发展。

国家鼓励各类产业园区的企业进行废物交换利用、能量梯级利用、土地集约利用、水的分类利用和循环使用，共同使用基础设施和其他有关设施。

新建和改造各类产业园区应当依法进行环境影响评价，并采取生态保护和污染控制措施，确保本区域的环境质量达到规定的标准。

第三十条 企业应当按照国家规定，对生产过程中产生的粉煤灰、煤矸石、尾矿、废石、废料、废气等工业废物进行综合利用。

第三十一条 企业应当发展串联用水系统和循环用水系统，提高水的重复利用率。

企业应当采用先进技术、工艺和设备，对生产过程中产生的废水进行再生利用。

第三十二条 企业应当采用先进或者适用的回收技术、工艺和设备，对生产过程中产生的余热、余压等进行综合利用。

建设利用余热、余压、煤层气以及煤矸石、煤泥、垃圾等低热值燃料的并网发电项目，应当依照法律和国务院的规定取得行政许可或者报送备案。电网企业应当按照国家规定，与综合利用资源发电的企业签订并网协议，提供上网服务，并全额收购并网发电项目的上网电量。

第三十三条 建设单位应当对工程施工中产生的建筑废物进行综合利用；不具备综合利用条件的，应当委托具备条件的生产经营者进行综合利用或者无害化处置。

第三十四条 国家鼓励和支持农业生产者和相关企业采用先进或者适用技术，对农作物秸秆、畜禽粪便、农产品加工业副产品、废农用薄膜等进行综合利用，开发利用沼气等生物质能源。

第三十五条　县级以上人民政府及其林业草原主管部门应当积极发展生态林业，鼓励和支持林业生产者和相关企业采用木材节约和代用技术，开展林业废弃物和次小薪材、沙生灌木等综合利用，提高木材综合利用率。

第三十六条　国家支持生产经营者建立产业废物交换信息系统，促进企业交流产业废物信息。

企业对生产过程中产生的废物不具备综合利用条件的，应当提供给具备条件的生产经营者进行综合利用。

第三十七条　国家鼓励和推进废物回收体系建设。

地方人民政府应当按照城乡规划，合理布局废物回收网点和交易市场，支持废物回收企业和其他组织开展废物的收集、储存、运输及信息交流。

废物回收交易市场应当符合国家环境保护、安全和消防等规定。

第三十八条　对废电器电子产品、报废机动车船、废轮胎、废铅酸电池等特定产品进行拆解或者再利用，应当符合有关法律、行政法规的规定。

第三十九条　回收的电器电子产品，经过修复后销售的，必须符合再利用产品标准，并在显著位置标识为再利用产品。

回收的电器电子产品，需要拆解和再生利用的，应当交售给具备条件的拆解企业。

第四十条　国家支持企业开展机动车零部件、工程机械、机床等产品的再制造和轮胎翻新。

销售的再制造产品和翻新产品的质量必须符合国家规定的标准，并在显著位置标识为再制造产品或者翻新产品。

第四十一条　县级以上人民政府应当统筹规划建设城乡生活垃圾分类收集和资源化利用设施，建立和完善分类收集和资源化利用体系，提高生活垃圾资源化率。

县级以上人民政府应当支持企业建设污泥资源化利用和处置设施，提高污泥综合利用水平，防止产生再次污染。

第五章　激励措施

第四十二条　国务院和省、自治区、直辖市人民政府设立发展循环经济的有关专项资金，支持循环经济的科技研究开发、循环经济技术和产品的示范与推广、重大循环经济项目的实施、发展循环经济的信息服务等。具体办法由国务院财政部门会同国务院循环经济发展综合管理等有关主管部门制定。

第四十三条　国务院和省、自治区、直辖市人民政府及其有关部门应当将循环经济重大科技攻关项目的自主创新研究、应用示范和产业化发展列入国家或者省级科技发展规划和高技术产业发展规划，并安排财政性资金予以支持。

利用财政性资金引进循环经济重大技术、装备的，应当制定消化、吸收和创新方案，报有关主管部门审批并由其监督实施；有关主管部门应当根据实际需要建立协调机制，对重大技术、装备的引进和消化、吸收、创新实行统筹协调，并给予资金支持。

第四十四条　国家对促进循环经济发展的产业活动给予税收优惠，并运用税收等措施鼓励进口先进的节能、节水、节材等技术、设备和产品，限制在生产过程中耗能高、污染重的产品的出口。具体办法由国务院财政、税务主管部门制定。

企业使用或者生产列入国家清洁生产、资源综合利用等鼓励名录的技术、工艺、设备或者产品的，按照国家有关规定享受税收优惠。

第四十五条　县级以上人民政府循环经济发展综合管理部门在制定和实施投资计划时，应当将节能、节水、节地、节材、资源综合利用等项目列为重点投资领域。

对符合国家产业政策的节能、节水、节地、节材、资源综合利用等项目，金融机构应当给予优先贷款等信贷支持，并积极提供配套金融服务。

对生产、进口、销售或者使用列入淘汰名录的技术、工艺、设备、材料或者产品的企业，金融机构不得提供任何形式的授信支持。

第四十六条 国家实行有利于资源节约和合理利用的价格政策，引导单位和个人节约和合理使用水、电、气等资源性产品。

国务院和省、自治区、直辖市人民政府的价格主管部门应当按照国家产业政策，对资源高消耗行业中的限制类项目，实行限制性的价格政策。

对利用余热、余压、煤层气以及煤矸石、煤泥、垃圾等低热值燃料的并网发电项目，价格主管部门按照有利于资源综合利用的原则确定其上网电价。

省、自治区、直辖市人民政府可以根据本行政区域经济社会发展状况，实行垃圾排放收费制度。收取的费用专项用于垃圾分类、收集、运输、贮存、利用和处置，不得挪作他用。

国家鼓励通过以旧换新、押金等方式回收废物。

第四十七条 国家实行有利于循环经济发展的政府采购政策。使用财政性资金进行采购的，应当优先采购节能、节水、节材和有利于保护环境的产品及再生产品。

第四十八条 县级以上人民政府及其有关部门应当对在循环经济管理、科学技术研究、产品开发、示范和推广工作中做出显著成绩的单位和个人给予表彰和奖励。

企业事业单位应当对在循环经济发展中做出突出贡献的集体和个人给予表彰和奖励。

第六章 法律责任

第四十九条 县级以上人民政府循环经济发展综合管理部门或者其他有关主管部门发现违反本法的行为或者接到对违法行为的举报后不予查处，或者有其他不依法履行监督管理职责行为的，由本级人民政府或者上一级人民政府有关主管部门责令改正，对直接负责的主管人员和其他直接责任人员依法给予处分。

第五十条 生产、销售列入淘汰名录的产品、设备的，依照《中华人民共和国产品质量法》的规定处罚。

使用列入淘汰名录的技术、工艺、设备、材料的，由县级以上地方人民政府循环经济发展综合管理部门责令停止使用，没收违法使用的设备、材料，并处五万元以上二十万元以下的罚款；情节严重的，由县级以上人民政府循环经济发展综合管理部门提出意见，报请本级人民政府按照国务院规定的权限责令停业或者关闭。

违反本法规定，进口列入淘汰名录的设备、材料或者产品的，由海关责令退运，可以处十万元以上一百万元以下的罚款。进口者不明的，由承运人承担退运责任，或者承担有关处置费用。

第五十一条 违反本法规定，对在拆解或者处置过程中可能造成环境污染的电器电子等产品，设计使用列入国家禁止使用名录的有毒有害物质的，由县级以上地方人民政府市场监督管理部门责令限期改正；逾期不改正的，处二万元以上二十万元以下的罚款；情节严重的，依法吊销营业执照。

第五十二条 违反本法规定，电力、石油加工、化工、钢铁、有色金属和建材等企业未在规定的范围或者期限内停止使用不符合国家规定的燃油发电机组或者燃油锅炉的，由县级以上地方人民政府循环经济发展综合管理部门责令限期改正；逾期不改正的，责令拆除该燃油发电机组或者燃油锅炉，并处五万元以上五十万元以下的罚款。

第五十三条 违反本法规定，矿山企业未达到经依法审查确定的开采回采率、采矿贫化率、选矿回收率、矿山水循环利用率和土地复垦率等指标的，由县级以上人民政府地质矿产主管部门责令限期改正，处五万元以上五十万元以下的罚款；逾期不改正的，由采矿许可证颁发机关依法吊销采矿许可证。

第五十四条　违反本法规定，在国务院或者省、自治区、直辖市人民政府规定禁止生产、销售、使用粘土砖的期限或者区域内生产、销售或者使用粘土砖的，由县级以上地方人民政府指定的部门责令限期改正；有违法所得的，没收违法所得；逾期继续生产、销售的，由地方人民政府市场监督管理部门依法吊销营业执照。

第五十五条　违反本法规定，电网企业拒不收购企业利用余热、余压、煤层气以及煤矸石、煤泥、垃圾等低热值燃料生产的电力的，由国家电力监管机构责令限期改正；造成企业损失的，依法承担赔偿责任。

第五十六条　违反本法规定，有下列行为之一的，由地方人民政府市场监督管理部门责令限期改正，可以处五千元以上五万元以下的罚款；逾期不改正的，依法吊销营业执照；造成损失的，依法承担赔偿责任：

（一）销售没有再利用产品标识的再利用电器电子产品的；

（二）销售没有再制造或者翻新产品标识的再制造或者翻新产品的。

第五十七条　违反本法规定，构成犯罪的，依法追究刑事责任。

第七章　附　　则

第五十八条　本法自2009年1月1日起施行。

中华人民共和国青藏高原生态保护法

（2023年4月26日第十四届全国人民代表大会常务委员会第二次会议通过，2023年4月26日公布，自2023年9月1日起施行）

第一章　总　　则

第一条　为了加强青藏高原生态保护，防控生态风险，保障生态安全，建设国家生态文明高地，促进经济社会可持续发展，实现人与自然和谐共生，制定本法。

第二条　从事或者涉及青藏高原生态保护相关活动，适用本法；本法未作规定的，适用其他有关法律的规定。

本法所称青藏高原，是指西藏自治区、青海省的全部行政区域和新疆维吾尔自治区、四川省、甘肃省、云南省的相关县级行政区域。

第三条　青藏高原生态保护应当尊重自然、顺应自然、保护自然；坚持生态保护第一，自然恢复为主，守住自然生态安全边界；坚持统筹协调、分类施策、科学防控、系统治理。

第四条　国家建立青藏高原生态保护协调机制，统筹指导、综合协调青藏高原生态保护工作，审议青藏高原生态保护重大政策、重大规划、重大项目，协调跨地区跨部门重大问题，督促检查相关重要工作的落实情况。

国务院有关部门按照职责分工，负责青藏高原生态保护相关工作。

第五条　青藏高原地方各级人民政府应当落实本行政区域的生态保护修复、生态风险防控、优化产业结构和布局、维护青藏高原生态安全等责任。

青藏高原相关地方根据需要在地方性法规和地方政府规章制定、规划编制、监督执法等方面加强协作，协同推进青藏高原生态保护。

第六条 国务院和青藏高原县级以上地方人民政府应当将青藏高原生态保护工作纳入国民经济和社会发展规划。

国务院有关部门按照职责分工，组织编制青藏高原生态保护修复等相关专项规划，组织实施重大生态修复等工程，统筹推进青藏高原生态保护修复等工作。青藏高原县级以上地方人民政府按照国家有关规定，在本行政区域组织实施青藏高原生态保护修复等相关专项规划。编制青藏高原生态保护修复等相关专项规划，应当进行科学论证评估。

第七条 国家加强青藏高原土地、森林、草原、河流、湖泊、湿地、冰川、荒漠、野生动植物等自然资源状况和生态环境状况调查，开展区域资源环境承载能力和国土空间开发适宜性评价，健全青藏高原生态环境、自然资源、生物多样性、水文、气象、地质、水土保持、自然灾害等监测网络体系，推进综合监测、协同监测和常态化监测。调查、评价和监测信息应当按照国家有关规定共享。

第八条 国家鼓励和支持开展青藏高原科学考察与研究，加强青藏高原气候变化、生物多样性、生态保护修复、水文水资源、雪山冰川冻土、水土保持、荒漠化防治、河湖演变、地质环境、自然灾害监测预警与防治、能源和气候资源开发利用与保护、生态系统碳汇等领域的重大科技问题研究和重大科技基础设施建设，推动长期研究工作，掌握青藏高原生态本底及其变化。

国家统筹布局青藏高原生态保护科技创新平台，加大科技专业人才培养力度，充分运用青藏高原科学考察与研究成果，推广应用先进适用技术，促进科技成果转化，发挥科技在青藏高原生态保护中的支撑作用。

第九条 国务院有关部门和地方各级人民政府应当采取有效措施，保护青藏高原传统生态文化遗产，弘扬青藏高原优秀生态文化。

国务院有关部门和地方各级人民政府应当加强青藏高原生态保护宣传教育和科学普及，传播生态文明理念，倡导绿色低碳生活方式，提高全民生态文明素养，鼓励和支持单位和个人参与青藏高原生态保护相关活动。

新闻媒体应当采取多种形式开展青藏高原生态保护宣传报道，并依法对违法行为进行舆论监督。

第十条 对在青藏高原生态保护工作中做出突出贡献的单位和个人，按照国家有关规定予以表彰和奖励。

第二章 生态安全布局

第十一条 国家统筹青藏高原生态安全布局，推进山水林田湖草沙冰综合治理、系统治理、源头治理，实施重要生态系统保护修复重大工程，优化以水源涵养、生物多样性保护、水土保持、防风固沙、生态系统碳汇等为主要生态功能的青藏高原生态安全屏障体系，提升生态系统质量和多样性、稳定性、持续性，增强生态产品供给能力和生态系统服务功能，建设国家生态安全屏障战略地。

第十二条 青藏高原县级以上地方人民政府组织编制本行政区域的国土空间规划，应当落实国家对青藏高原国土空间开发保护的有关要求，细化安排农业、生态、城镇等功能空间，统筹划定耕地和永久基本农田、生态保护红线、城镇开发边界。涉及青藏高原国土空间利用的专项规划应当与国土空间规划相衔接。

第十三条 青藏高原国土空间开发利用活动应当符合国土空间用途管制要求。青藏高原生态空间内的用途转换，应当有利于增强森林、草原、河流、湖泊、湿地、冰川、荒漠等生态系统的生态功能。

青藏高原省级人民政府应当加强对生态保护红线内人类活动的监督管理，定期评估生态保护成效。

第十四条　青藏高原省级人民政府根据本行政区域的生态环境和资源利用状况，按照生态保护红线、环境质量底线、资源利用上线的要求，从严制定生态环境分区管控方案和生态环境准入清单，报国务院生态环境主管部门备案后实施。生态环境分区管控方案和生态环境准入清单应当与国土空间规划相衔接。

第十五条　国家加强对青藏高原森林、高寒草甸、草原、河流、湖泊、湿地、雪山冰川、高原冻土、荒漠、泉域等生态系统的保护，巩固提升三江源（长江、黄河、澜沧江发源地）草原草甸湿地生态功能区、若尔盖草原湿地生态功能区、甘南黄河重要水源补给生态功能区、祁连山冰川与水源涵养生态功能区、阿尔金草原荒漠化防治生态功能区、川滇森林及生物多样性生态功能区、藏东南高原边缘森林生态功能区、藏西北羌塘高原荒漠生态功能区、珠穆朗玛峰生物多样性保护与水源涵养生态功能区等国家重点生态功能区的水源涵养、生物多样性保护、水土保持、防风固沙等生态功能。

第十六条　国家支持青藏高原自然保护地体系建设。国务院和青藏高原省级人民政府在青藏高原重要典型生态系统的完整分布区、生态环境敏感区以及珍贵濒危或者特有野生动植物天然集中分布区和重要栖息地、重要自然遗迹、重要自然景观分布区等区域，依法设立国家公园、自然保护区、自然公园等自然保护地，推进三江源、祁连山、羌塘、珠穆朗玛峰、高黎贡山、贡嘎山等自然保护地建设，保持重要自然生态系统原真性和完整性。

第十七条　青藏高原产业结构和布局应当与青藏高原生态系统和资源环境承载能力相适应。国务院有关部门和青藏高原县级以上地方人民政府应当按照国土空间规划要求，调整产业结构，优化生产力布局，优先发展资源节约型、环境友好型产业，适度发展生态旅游、特色文化、特色农牧业、民族特色手工业等区域特色生态产业，建立健全绿色、低碳、循环经济体系。

在青藏高原新建、扩建产业项目应当符合区域主体功能定位和国家产业政策要求，严格执行自然资源开发、产业准入及退出规定。

第三章　生态保护修复

第十八条　国家加强青藏高原生态保护修复，坚持山水林田湖草沙冰一体化保护修复，实行自然恢复为主、自然恢复与人工修复相结合的系统治理。

第十九条　国务院有关部门和有关地方人民政府加强三江源地区的生态保护修复工作，对依法设立的国家公园进行系统保护和分区分类管理，科学采取禁牧封育等措施，加大退化草原、退化湿地、沙化土地治理和水土流失防治的力度，综合整治重度退化土地；严格禁止破坏生态功能或者不符合差别化管控要求的各类资源开发利用活动。

第二十条　国务院有关部门和青藏高原县级以上地方人民政府应当建立健全青藏高原雪山冰川冻土保护制度，加强对雪山冰川冻土的监测预警和系统保护。

青藏高原省级人民政府应当将大型冰帽冰川、小规模冰川群等划入生态保护红线，对重要雪山冰川实施封禁保护，采取有效措施，严格控制人为扰动。

青藏高原省级人民政府应当划定冻土区保护范围，加强对多年冻土区和中深季节冻土区的保护，严格控制多年冻土区资源开发，严格审批多年冻土区城镇规划和交通、管线、输变电等重大工程项目。

青藏高原省级人民政府应当开展雪山冰川冻土与周边生态系统的协同保护，维持有利于雪山冰川冻土保护的自然生态环境。

第二十一条　国务院有关部门和青藏高

原地方各级人民政府建立健全青藏高原江河、湖泊管理和保护制度，完善河湖长制，加大对长江、黄河、澜沧江、雅鲁藏布江、怒江等重点河流和青海湖、扎陵湖、鄂陵湖、色林错、纳木错、羊卓雍错、玛旁雍错等重点湖泊的保护力度。

青藏高原河道、湖泊管理范围由有关县级以上地方人民政府依法科学划定并公布。禁止违法利用、占用青藏高原河道、湖泊水域和岸线。

第二十二条 青藏高原水资源开发利用，应当符合流域综合规划，坚持科学开发、合理利用，统筹各类用水需求，兼顾上下游、干支流、左右岸利益，充分发挥水资源的综合效益，保障用水安全和生态安全。

第二十三条 国家严格保护青藏高原大江大河源头等重要生态区位的天然草原，依法将维护国家生态安全、保障草原畜牧业健康发展发挥最基本、最重要作用的草原划为基本草原。青藏高原县级以上地方人民政府应当加强青藏高原草原保护，对基本草原实施更加严格的保护和管理，确保面积不减少、质量不下降、用途不改变。

国家加强青藏高原高寒草甸、草原生态保护修复。青藏高原县级以上地方人民政府应当优化草原围栏建设，采取有效措施保护草原原生植被，科学推进退化草原生态修复工作，实施黑土滩等退化草原综合治理。

第二十四条 青藏高原县级以上地方人民政府及其有关部门应当统筹协调草原生态保护和畜牧业发展，结合当地实际情况，定期核定草原载畜量，落实草畜平衡，科学划定禁牧区，防止超载过牧。对严重退化、沙化、盐碱化、石漠化的草原和生态脆弱区的草原，实行禁牧、休牧制度。

草原承包经营者应当合理利用草原，不得超过核定的草原载畜量；采取种植和储备饲草饲料、增加饲草饲料供应量、调剂处理牲畜、优化畜群结构等措施，保持草畜平衡。

第二十五条 国家全面加强青藏高原天然林保护，严格限制采伐天然林，加强原生地带性植被保护，优化森林生态系统结构，健全重要流域防护林体系。国务院和青藏高原省级人民政府应当依法在青藏高原重要生态区、生态状况脆弱区划定公益林，实施严格管理。

青藏高原县级以上地方人民政府及其有关部门应当科学实施国土绿化，因地制宜，合理配置乔灌草植被，优先使用乡土树种草种，提升绿化质量，加强有害生物防治和森林草原火灾防范。

第二十六条 国家加强青藏高原湿地保护修复，增强湿地水源涵养、气候调节、生物多样性保护等生态功能，提升湿地固碳能力。

青藏高原县级以上地方人民政府应当加强湿地保护协调工作，采取有效措施，落实湿地面积总量管控目标的要求，优化湿地保护空间布局，强化江河源头、上中游和泥炭沼泽湿地整体保护，对生态功能严重退化的湿地进行综合整治和修复。

禁止在星宿海、扎陵湖、鄂陵湖、若尔盖等泥炭沼泽湿地开采泥炭。禁止开（围）垦、排干自然湿地等破坏湿地及其生态功能的行为。

第二十七条 青藏高原地方各级人民政府及其有关部门应当落实最严格耕地保护制度，采取有效措施提升耕地基础地力，增强耕地生态功能，保护和改善耕地生态环境；鼓励和支持农业生产经营者采取养用结合、盐碱地改良、生态循环、废弃物综合利用等方式，科学利用耕地，推广使用绿色、高效农业生产技术，严格控制化肥、农药施用，科学处置农用薄膜、农作物秸秆等农业废弃物。

第二十八条 国务院林业草原、农业农村主管部门会同国务院有关部门和青藏高原省级人民政府按照职责分工，开展野生动植物物种调查，根据调查情况提出实施保护措施的意见，完善相关名录制度，加强野生动物重要栖息地、迁徙洄游通道和野生植物原生境保护，对野牦牛、藏羚、普氏原羚、雪豹、大熊猫、高黎贡白眉长臂猿、黑颈鹤、川陕哲罗鲑、骨唇黄河鱼、黑斑原鮡、扁吻鱼、尖裸鲤和大花红景天、西藏杓兰、雪兔子等青藏高原珍贵濒危或者特有野生动植物物种实行重点保护。

国家支持开展野生动物救护繁育野化基地以及植物园、高原生物种质资源库建设，加强对青藏高原珍贵濒危或者特有野生动植物物种的救护和迁地保护。

青藏高原县级以上地方人民政府应当组织有关单位和个人积极开展野生动物致害综合防控。对野生动物造成人员伤亡，牲畜、农作物或者其他财产损失的，依法给予补偿。

第二十九条　国家加强青藏高原生物多样性保护，实施生物多样性保护重大工程，防止对生物多样性的破坏。

国务院有关部门和青藏高原地方各级人民政府应当采取有效措施，建立完善生态廊道，提升生态系统完整性和连通性。

第三十条　青藏高原县级以上地方人民政府及其林业草原主管部门，应当采取荒漠化土地封禁保护、植被保护与恢复等措施，加强荒漠生态保护与荒漠化土地综合治理。

第三十一条　青藏高原省级人民政府应当采取封禁抚育、轮封轮牧、移民搬迁等措施，实施高原山地以及农田风沙地带、河岸地带、生态防护带等重点治理工程，提升水土保持功能。

第三十二条　国务院水行政主管部门和青藏高原省级人民政府应当采取有效措施，加强对三江源、祁连山黑河流域、金沙江和岷江上游、雅鲁藏布江以及金沙江、澜沧江、怒江三江并流地区等重要江河源头区和水土流失重点预防区、治理区，人口相对密集高原河谷区的水土流失防治。

禁止在青藏高原水土流失严重、生态脆弱的区域开展可能造成水土流失的生产建设活动。确因国家发展战略和国计民生需要建设的，应当经科学论证，并依法办理审批手续，严格控制扰动范围。

第三十三条　在青藏高原设立探矿权、采矿权应当符合国土空间规划和矿产资源规划要求。依法禁止在长江、黄河、澜沧江、雅鲁藏布江、怒江等江河源头自然保护地内从事不符合生态保护管控要求的采砂、采矿活动。

在青藏高原从事矿产资源勘查、开采活动，探矿权人、采矿权人应当采用先进适用的工艺、设备和产品，选择环保、安全的勘探、开采技术和方法，避免或者减少对矿产资源和生态环境的破坏；禁止使用国家明令淘汰的工艺、设备和产品。在生态环境敏感区从事矿产资源勘查、开采活动，应当符合相关管控要求，采取避让、减缓和及时修复重建等保护措施，防止造成环境污染和生态破坏。

第三十四条　青藏高原县级以上地方人民政府应当因地制宜采取消除地质灾害隐患、土地复垦、恢复植被、防治污染等措施，加快历史遗留矿山生态修复工作，加强对在建和运行中矿山的监督管理，督促采矿权人依法履行矿山污染防治和生态修复责任。

在青藏高原开采矿产资源应当科学编制矿产资源开采方案和矿区生态修复方案。新建矿山应当严格按照绿色矿山建设标准规划设计、建设和运营管理。生产矿山应当实施绿色化升级改造，加强尾矿库运行管理，防范和化解环境和安全风险。

第四章　生态风险防控

第三十五条　国家建立健全青藏高原生态风险防控体系，采取有效措施提高自然灾害防治、气候变化应对等生态风险防控能力和水平，保障青藏高原生态安全。

第三十六条　国家加强青藏高原自然灾

害调查评价和监测预警。

国务院有关部门和青藏高原县级以上地方人民政府及其有关部门应当加强对地震、雪崩、冰崩、山洪、山体崩塌、滑坡、泥石流、冰湖溃决、冻土消融、森林草原火灾、暴雨（雪）、干旱等自然灾害的调查评价和监测预警。

在地质灾害易发区进行工程建设时，应当按照有关规定进行地质灾害危险性评估，及时采取工程治理或者搬迁避让等措施。

第三十七条 国务院有关部门和青藏高原县级以上地方人民政府应当加强自然灾害综合治理，提高地震、山洪、冰湖溃决、地质灾害等自然灾害防御工程标准，建立与青藏高原生态保护相适应的自然灾害防治工程和非工程体系。

交通、水利、电力、市政、边境口岸等基础设施工程建设、运营单位应当依法承担自然灾害防治义务，采取综合治理措施，加强工程建设、运营期间的自然灾害防治，保障人民群众生命财产安全。

第三十八条 重大工程建设可能造成生态和地质环境影响的，建设单位应当根据工程沿线生态和地质环境敏感脆弱区域状况，制定沿线生态和地质环境监测方案，开展生态和地质环境影响的全生命周期监测，包括工程开工前的本底监测、工程建设中的生态和地质环境影响监测、工程运营期的生态和地质环境变化与保护修复跟踪监测。

重大工程建设应当避让野生动物重要栖息地、迁徙洄游通道和国家重点保护野生植物的天然集中分布区；无法避让的，应当采取修建野生动物通道、迁地保护等措施，避免或者减少对自然生态系统与野生动植物的影响。

第三十九条 青藏高原县级以上地方人民政府应当加强对青藏高原种质资源的保护和管理，组织开展种质资源调查与收集，完善相关资源保护设施和数据库。

禁止在青藏高原采集或者采伐国家重点保护的天然种质资源。因科研、有害生物防治、自然灾害防治等需要采集或者采伐的，应当依法取得批准。

第四十条 国务院有关部门和青藏高原省级人民政府按照职责分工，统筹推进区域外来入侵物种防控，实行外来物种引入审批管理，强化入侵物种口岸防控，加强外来入侵物种调查、监测、预警、控制、评估、清除、生态修复等工作。

任何单位和个人未经批准，不得擅自引进、释放或者丢弃外来物种。

第四十一条 国家加强对气候变化及其综合影响的监测，建立气候变化对青藏高原生态系统、气候系统、水资源、珍贵濒危或者特有野生动植物、雪山冰川冻土和自然灾害影响的预测体系，完善生态风险报告和预警机制，强化气候变化对青藏高原影响和高原生态系统演变的评估。

青藏高原省级人民政府应当开展雪山冰川冻土消融退化对区域生态系统影响的监测与风险评估。

第五章　保障与监督

第四十二条 国家加大对青藏高原生态保护修复的财政投入，中央财政安排专项资金用于青藏高原生态保护修复、生态风险防控等。中央预算内投资对青藏高原基础设施和基本公共服务设施建设予以倾斜。

青藏高原县级以上地方人民政府应当加大资金投入力度，重点支持青藏高原生态保护修复工程建设。

第四十三条 国家加大财政转移支付力度，通过提高转移支付系数、加计生态环保支出等方式，对青藏高原生态功能重要区域予以补偿。青藏高原省级人民政府应当将生态功能重要区域全面纳入省级对下生态保护补偿转移支付范围，促进生态保护同民生改善相结合。

国家通过开展自然资源统一确权登记，探索确定青藏高原生态产品权责归属，健全生态产品经营开发机制，鼓励青藏高原特色生态产品区域公用品牌创建，形成多元化的生态产品价值实现路径。

第四十四条　国家为青藏高原生态保护提供支持，实行有利于节水、节能、水土保持、环境保护和资源综合利用的金融、税收政策，鼓励发展绿色信贷、绿色债券、绿色保险等金融产品。

国家鼓励和支持公益组织、社会资本参与青藏高原生态保护修复工作，开展生态产品开发、产业发展、科技创新、技术服务等活动。

第四十五条　国家支持在青藏高原因地制宜建设以风电、光伏发电、水电、水风光互补发电、光热、地热等清洁能源为主体的能源体系，加强清洁能源输送通道建设，推进能源绿色低碳转型。

除保障居民用电和巩固边防需要外，禁止在青藏高原新建小水电项目。

第四十六条　在青藏高原发展生态旅游应当符合资源和生态保护要求，尊重和维护当地传统文化和习俗，保护和合理利用旅游资源。

地方各级人民政府及其有关部门应当按照国家有关规定，科学开发青藏高原生态旅游产品、设计旅游路线，合理控制游客数量和相关基础设施建设规模。

组织或者参加青藏高原旅游、山地户外运动等活动，应当遵守安全规定和文明行为规范，符合区域生态旅游、山地户外运动等管控和规范要求；禁止破坏自然景观和草原植被、猎捕和采集野生动植物。

组织或者参加青藏高原旅游、山地户外运动等活动，应当自行带走产生的垃圾或者在指定地点投放；禁止随意倾倒、抛撒生活垃圾。

第四十七条　青藏高原县级以上地方人民政府应当根据区域资源环境承载能力，统筹推进交通、水利、能源等重大基础设施建设和生活污水、垃圾收集处理等环境基础设施建设，加强城市内部以及周边毗邻地带生态保护修复，统筹规划城乡社区综合服务设施建设，加快推进基本公共服务均等化。

青藏高原地方各级人民政府应当采取有效措施，推进农村生活污水和垃圾治理，推进农村卫生厕所改造和乡村绿化，持续改善农村人居环境，塑造乡村风貌，建设生态宜居美丽乡村。

第四十八条　国务院有关部门和青藏高原县级以上地方人民政府有关部门按照职责分工，对青藏高原生态保护各类活动进行监督检查，查处违法行为，依法公开青藏高原生态保护工作相关信息，完善公众参与程序。

单位和个人有权依法举报和控告污染青藏高原环境、破坏青藏高原生态的违法行为。

第四十九条　国务院有关部门和青藏高原县级以上地方人民政府及其有关部门应当加强青藏高原生态保护监督管理能力建设，提高科技化、信息化水平，建立执法协调机制，对重大违法案件和跨行政区域、生态敏感区域的违法案件，依法开展联合执法。

第五十条　国家实行青藏高原生态保护绩效评价考核制度，将环境质量提升、生态保护成效、生态产品供给能力等纳入指标体系。

第五十一条　国家加强青藏高原生态保护司法保障建设，鼓励有关单位为青藏高原生态保护提供法律服务。

青藏高原各级行政执法机关、人民法院、人民检察院在依法查处青藏高原生态保护违法行为或者办理自然资源与生态环境损害赔偿诉讼、公益诉讼等过程中，发现存在涉嫌犯罪行为的，应当将犯罪线索移送具有侦查、调查职权的机关。

第五十二条　青藏高原县级以上地方人民政府应当定期向本级人民代表大会或者其常务委员会报告本级人民政府青藏高原生态保护工作情况。

第六章　法律责任

第五十三条　国务院有关部门和地方各

级人民政府及其有关部门违反本法规定，在履行相关职责中有玩忽职守、滥用职权、徇私舞弊行为的，对直接负责的主管人员和其他直接责任人员依法给予警告、记过、记大过或者降级处分；造成严重后果的，给予撤职或者开除处分，其主要负责人应当引咎辞职。

第五十四条 违反本法规定，在青藏高原有下列行为之一的，依照有关法律法规的规定从重处罚：

（一）在国家公园内从事资源开发利用活动造成生态破坏；

（二）在星宿海、扎陵湖、鄂陵湖、若尔盖等泥炭沼泽湿地开采泥炭或者开（围）垦、排干自然湿地；

（三）在水土流失严重、生态脆弱的区域开展可能造成水土流失的生产建设活动；

（四）采集或者采伐国家重点保护的天然种质资源；

（五）擅自引进、释放或者丢弃外来物种；

（六）破坏自然景观或者草原植被；

（七）猎捕、采集国家或者地方重点保护野生动植物。

第五十五条 违反本法规定，利用、占用青藏高原河道、湖泊水域和岸线的，由县级以上人民政府水行政主管部门责令停止违法行为，限期拆除并恢复原状，处五万元以上五十万元以下罚款；逾期不拆除或者不恢复原状的，强制拆除或者代为恢复原状，所需费用由违法者承担。

第五十六条 违反本法规定，在长江、黄河、澜沧江、雅鲁藏布江、怒江等江河源头自然保护地内从事不符合生态保护管控要求的采矿活动的，由自然资源、生态环境主管部门按照职责分工，责令改正，没收违法所得和直接用于违法开采的设备、工具；违法所得十万元以上的，并处违法所得十倍以上二十倍以下罚款；违法所得不足十万元的，并处十万元以上一百万元以下罚款。

第五十七条 违反本法规定，建设单位新建小水电项目的，由县级以上地方人民政府责令停止建设，根据违法情节和危害后果，责令恢复原状，处建设项目总投资额百分之一以上百分之五以下罚款。

第五十八条 违反本法规定，在旅游、山地户外运动中随意倾倒、抛撒生活垃圾的，由环境卫生主管部门或者县级以上地方人民政府指定的部门责令改正，对个人处一百元以上五百元以下罚款，情节严重的，处五百元以上一万元以下罚款；对单位处五万元以上五十万元以下罚款。

第五十九条 污染青藏高原环境、破坏青藏高原生态造成他人损害的，侵权人应当承担侵权责任。

违反国家规定造成青藏高原生态环境损害的，国家规定的机关或者法律规定的组织有权请求侵权人承担修复责任、赔偿损失和相关费用。

第六十条 违反本法规定，构成违反治安管理行为的，依法给予治安管理处罚；构成犯罪的，依法追究刑事责任。

第七章 附 则

第六十一条 本法第二条第二款规定的相关县级行政区域，由国务院授权的部门确定。

第六十二条 青藏高原省、自治区和设区的市、自治州可以结合本地实际，制定青藏高原生态保护具体办法。

第六十三条 本法自2023年9月1日起施行。

生态保护补偿条例

（2024 年 2 月 23 日国务院第 26 次常务会议通过，2024 年 4 月 6 日公布，自 2024 年 6 月 1 日起施行）

第一章　总　　则

第一条　为了保护和改善生态环境，加强和规范生态保护补偿，调动各方参与生态保护积极性，推动生态文明建设，根据有关法律，制定本条例。

第二条　在中华人民共和国领域及管辖的其他海域开展生态保护补偿及其相关活动，适用本条例。法律、行政法规另有规定的，依照其规定。

本条例所称生态保护补偿，是指通过财政纵向补偿、地区间横向补偿、市场机制补偿等机制，对按照规定或者约定开展生态保护的单位和个人予以补偿的激励性制度安排。生态保护补偿可以采取资金补偿、对口协作、产业转移、人才培训、共建园区、购买生态产品和服务等多种补偿方式。

前款所称单位和个人，包括地方各级人民政府、村民委员会、居民委员会、农村集体经济组织及其成员以及其他应当获得补偿的单位和个人。

第三条　生态保护补偿工作坚持中国共产党的领导，坚持政府主导、社会参与、市场调节相结合，坚持激励与约束并重，坚持统筹协同推进，坚持生态效益与经济效益、社会效益相统一。

第四条　县级以上人民政府应当加强对生态保护补偿工作的组织领导，将生态保护补偿工作纳入国民经济和社会发展规划，构建稳定的生态保护补偿资金投入机制。

县级以上人民政府依法可以通过多种方式拓宽生态保护补偿资金渠道。

第五条　国务院发展改革、财政、自然资源、生态环境、水行政、住房城乡建设、农业农村、林业草原等部门依据各自职责，负责生态保护补偿相关工作。

第六条　县级以上地方人民政府应当建立健全生态保护补偿工作的相关机制，督促所属部门和下级人民政府开展生态保护补偿工作。县级以上地方人民政府有关部门依据各自职责，负责生态保护补偿相关工作。

第七条　对在生态保护补偿工作中作出显著成绩的单位和个人，按照国家有关规定给予表彰和奖励。

第二章　财政纵向补偿

第八条　国家通过财政转移支付等方式，对开展重要生态环境要素保护的单位和个人，以及在依法划定的重点生态功能区、生态保护红线、自然保护地等生态功能重要区域开展生态保护的单位和个人，予以补偿。

第九条　对开展重要生态环境要素保护的单位和个人，中央财政按照下列分类实施补偿（以下称分类补偿）：

（一）森林；

（二）草原；

（三）湿地；

（四）荒漠；

（五）海洋；

（六）水流；

（七）耕地；

（八）法律、行政法规和国家规定的水生生物资源、陆生野生动植物资源等其他重要生态环境要素。

前款规定的补偿的具体范围、补偿方式应当统筹考虑地区经济社会发展水平、财政承受能力、生态保护成效等因素分类确定，并连同补偿资金的使用及其监督管理等事项依法向社会公布。中央财政分类补偿的具体办法由国务院主管部门会同其他有关部门分领域制定。

第十条 在中央财政分类补偿的基础上，按照中央与地方财政事权和支出责任划分原则，有关地方人民政府可以结合本地区实际建立分类补偿制度，对开展重要生态环境要素保护的单位和个人加大补偿力度。

法律、行政法规或者国务院规定要求由中央财政和地方财政共同出资实施分类补偿或者由地方财政出资实施分类补偿的，有关地方人民政府应当按照规定及时落实资金。

第十一条 中央财政安排重点生态功能区转移支付，结合财力状况逐步增加转移支付规模。根据生态效益外溢性、生态功能重要性、生态环境敏感性和脆弱性等特点，在重点生态功能区转移支付中实施差异化补偿，加大对生态保护红线覆盖比例较高地区支持力度。

国务院财政部门制定重点生态功能区转移支付管理办法，明确转移支付的范围和转移支付资金的分配方式。

第十二条 国家建立健全以国家公园为主体的自然保护地体系生态保护补偿机制，中央财政和地方财政对开展自然保护地保护的单位和个人分类分级予以补偿，根据自然保护地类型、级别、规模和管护成效等合理确定转移支付规模。

第十三条 地方人民政府及其有关部门获得的生态保护补偿资金应当按照规定用途使用。

地方人民政府及其有关部门应当按照规定将生态保护补偿资金及时补偿给开展生态保护的单位和个人，不得截留、占用、挪用或者拖欠。

由地方人民政府统筹使用的生态保护补偿资金，应当优先用于自然资源保护、生态环境治理和修复等。

生态保护地区所在地有关地方人民政府应当按照国家有关规定，稳步推进不同渠道生态保护补偿资金统筹使用，提高生态保护整体效益。

第三章 地区间横向补偿

第十四条 国家鼓励、指导、推动生态受益地区与生态保护地区人民政府通过协商等方式建立生态保护补偿机制，开展地区间横向生态保护补偿。

根据生态保护实际需要，上级人民政府可以组织、协调下级人民政府之间开展地区间横向生态保护补偿。

第十五条 地区间横向生态保护补偿针对下列区域开展：

（一）江河流域上下游、左右岸、干支流所在区域；

（二）重要生态环境要素所在区域以及其他生态功能重要区域；

（三）重大引调水工程水源地以及沿线保护区；

（四）其他按照协议开展生态保护补偿的区域。

第十六条 对在生态功能特别重要的跨省、自治区、直辖市和跨自治州、设区的市重点区域开展地区间横向生态保护补偿的，中央财政和省级财政可以给予引导支持。

对开展地区间横向生态保护补偿取得显著成效的，国务院发展改革、财政等部门可以在规划、资金、项目安排等方面给予适当支持。

第十七条 开展地区间横向生态保护补偿，有关地方人民政府应当签订书面协议（以下称补偿协议），明确下列事项：

（一）补偿的具体范围；

（二）生态保护预期目标及其监测、评判指标；

（三）生态保护地区的生态保护责任；

（四）补偿方式以及落实补偿的相关安排；

（五）协议期限；

（六）违反协议的处理；

（七）其他事项。

确定补偿协议的内容，应当综合考虑生态保护现状、生态保护成本、生态保护成效以及地区经济社会发展水平、财政承受能力等因素。

生态保护地区获得的生态保护补偿资金，应当用于本地区自然资源保护、生态环境治理和修复、经济社会发展和民生改善等。需要直接补偿给单位和个人的，应当按照规定及时补偿，不得截留、占用、挪用或者拖欠。

第十八条　有关地方人民政府应当严格履行所签订的补偿协议。生态保护地区应当按照协议落实生态保护措施，生态受益地区应当按照约定积极主动履行补偿责任。

因补偿协议履行产生争议的，有关地方人民政府应当协商解决；协商不成的，报请共同的上一级人民政府协调解决，必要时共同的上一级人民政府可以作出决定，有关地方人民政府应当执行。

第十九条　有关地方人民政府在补偿协议期限届满后，根据实际需要续签补偿协议，续签补偿协议时可以对有关事项重新协商。

第四章　市场机制补偿

第二十条　国家充分发挥市场机制在生态保护补偿中的作用，推进生态保护补偿市场化发展，拓展生态产品价值实现模式。

第二十一条　国家鼓励企业、公益组织等社会力量以及地方人民政府按照市场规则，通过购买生态产品和服务等方式开展生态保护补偿。

第二十二条　国家建立健全碳排放权、排污权、用水权、碳汇权益等交易机制，推动交易市场建设，完善交易规则。

第二十三条　国家鼓励、支持生态保护与生态产业发展有机融合，在保障生态效益前提下，采取多种方式发展生态产业，推动生态优势转化为产业优势，提高生态产品价值。

发展生态产业应当完善农村集体经济组织和农村居民参与方式，建立持续性惠益分享机制，促进生态保护主体利益得到有效补偿。

地方各级人民政府应当根据实际需要，加快培育生态产品市场经营开发主体，充分发挥其在整合生态资源、统筹实施生态保护、提供专业技术支撑、推进生态产品供需对接等方面的优势和作用。

第二十四条　国家鼓励、引导社会资金建立市场化运作的生态保护补偿基金，依法有序参与生态保护补偿。

第五章　保障和监督管理

第二十五条　政府及其有关部门应当按照规定及时下达和核拨生态保护补偿资金，确保补偿资金落实到位。

政府及其有关部门应当加强对资金用途的监督管理，按照规定实施生态保护补偿资金预算绩效管理，完善生态保护责任落实的激励约束机制。

第二十六条　国家推进自然资源统一确权登记，完善生态保护补偿监测支撑体系，建立生态保护补偿统计体系，完善生态保护补偿标准体系，为生态保护补偿工作提供技术支撑。

第二十七条　国家完善与生态保护补偿相配套的财政、金融等政策措施，发挥财政税收政策调节功能，完善绿色金融体系。

第二十八条　国家建立健全统一的绿色产品标准、认证、标识体系，推进绿色产品市场建设，实施政府绿色采购政策，建立绿色采购引导机制。

第二十九条　政府和有关部门应当通过多种形式，加强对生态保护补偿政策和实施效果的宣传，为生态保护补偿工作营造良好社会氛围。

第三十条 政府和有关部门应当依法及时公开生态保护补偿工作情况，接受社会监督和舆论监督。

审计机关对生态保护补偿资金的管理使用情况依法进行审计监督。

第三十一条 截留、占用、挪用、拖欠或者未按照规定使用生态保护补偿资金的，政府和有关主管部门应当责令改正；逾期未改正的，可以缓拨、减拨、停拨或者追回生态保护补偿资金。

以虚假手段骗取生态保护补偿资金的，由政府和有关主管部门依法依规处理、处罚；构成犯罪的，依法追究刑事责任。

第三十二条 政府和有关部门及其工作人员在生态保护补偿工作中有失职、渎职行为的，依法依规追究责任。

第六章 附 则

第三十三条 本条例自2024年6月1日起施行。

最高人民法院关于审理生态环境侵权责任纠纷案件适用法律若干问题的解释

（2023年6月5日由最高人民法院审判委员会第1890次会议通过，2023年8月14日公布，自2023年9月1日起施行）

为正确审理生态环境侵权责任纠纷案件，依法保护当事人合法权益，根据《中华人民共和国民法典》《中华人民共和国民事诉讼法》《中华人民共和国环境保护法》等法律的规定，结合审判实践，制定本解释。

第一条 侵权人因实施下列污染环境、破坏生态行为造成他人人身、财产损害，被侵权人请求侵权人承担生态环境侵权责任的，人民法院应予支持：

（一）排放废气、废水、废渣、医疗废物、粉尘、恶臭气体、放射性物质等污染环境的；

（二）排放噪声、振动、光辐射、电磁辐射等污染环境的；

（三）不合理开发利用自然资源的；

（四）违反国家规定，未经批准，擅自引进、释放、丢弃外来物种的；

（五）其他污染环境、破坏生态的行为。

第二条 因下列污染环境、破坏生态引发的民事纠纷，不作为生态环境侵权案件处理：

（一）未经由大气、水、土壤等生态环境介质，直接造成损害的；

（二）在室内、车内等封闭空间内造成损害的；

（三）不动产权利人在日常生活中造成相邻不动产权利人损害的；

（四）劳动者在职业活动中受到损害的。

前款规定的情形，依照相关法律规定确定民事责任。

第三条 不动产权利人因经营活动污染环境、破坏生态造成相邻不动产权利人损害，被侵权人请求其承担生态环境侵权责任的，人民法院应予支持。

第四条 污染环境、破坏生态造成他人损害，行为人不论有无过错，都应当承担侵权责任。

行为人以外的其他责任人对损害发生有过错的，应当承担侵权责任。

第五条　两个以上侵权人分别污染环境、破坏生态造成同一损害，每一个侵权人的行为都足以造成全部损害，被侵权人根据民法典第一千一百七十一条的规定请求侵权人承担连带责任的，人民法院应予支持。

第六条　两个以上侵权人分别污染环境、破坏生态，每一个侵权人的行为都不足以造成全部损害，被侵权人根据民法典第一千一百七十二条的规定请求侵权人承担责任的，人民法院应予支持。

侵权人主张其污染环境、破坏生态行为不足以造成全部损害的，应当承担相应举证责任。

第七条　两个以上侵权人分别污染环境、破坏生态，部分侵权人的行为足以造成全部损害，部分侵权人的行为只造成部分损害，被侵权人请求足以造成全部损害的侵权人对全部损害承担责任，并与其他侵权人就共同造成的损害部分承担连带责任的，人民法院应予支持。

被侵权人依照前款规定请求足以造成全部损害的侵权人与其他侵权人承担责任的，受偿范围应以侵权行为造成的全部损害为限。

第八条　两个以上侵权人分别污染环境、破坏生态，部分侵权人能够证明其他侵权人的侵权行为已先行造成全部或者部分损害，并请求在相应范围内不承担责任或者减轻责任的，人民法院应予支持。

第九条　两个以上侵权人分别排放的物质相互作用产生污染物造成他人损害，被侵权人请求侵权人承担连带责任的，人民法院应予支持。

第十条　为侵权人污染环境、破坏生态提供场地或者储存、运输等帮助，被侵权人根据民法典第一千一百六十九条的规定请求行为人与侵权人承担连带责任的，人民法院应予支持。

第十一条　过失为侵权人污染环境、破坏生态提供场地或者储存、运输等便利条件，被侵权人请求行为人承担与过错相适应责任的，人民法院应予支持。

前款规定的行为人存在重大过失的，依照本解释第十条的规定处理。

第十二条　排污单位将所属的环保设施委托第三方治理机构运营，第三方治理机构在合同履行过程中污染环境造成他人损害，被侵权人请求排污单位承担侵权责任的，人民法院应予支持。

排污单位依照前款规定承担责任后向有过错的第三方治理机构追偿的，人民法院应予支持。

第十三条　排污单位将污染物交由第三方治理机构集中处置，第三方治理机构在合同履行过程中污染环境造成他人损害，被侵权人请求第三方治理机构承担侵权责任的，人民法院应予支持。

排污单位在选任、指示第三方治理机构中有过错，被侵权人请求排污单位承担相应责任的，人民法院应予支持。

第十四条　存在下列情形之一的，排污单位与第三方治理机构应当根据民法典第一千一百六十八条的规定承担连带责任：

（一）第三方治理机构按照排污单位的指示，违反污染防治相关规定排放污染物的；

（二）排污单位将明显存在缺陷的环保设施交由第三方治理机构运营，第三方治理机构利用该设施违反污染防治相关规定排放污染物的；

（三）排污单位以明显不合理的价格将污染物交由第三方治理机构处置，第三方治理机构违反污染防治相关规定排放污染物的。

（四）其他应当承担连带责任的情形。

第十五条　公司污染环境、破坏生态，被侵权人请求股东承担责任，符合公司法第二十条规定情形的，人民法院应予支持。

第十六条 侵权人污染环境、破坏生态造成他人损害，被侵权人请求未尽到安全保障义务的经营场所、公共场所的经营者、管理者或者群众性活动的组织者承担相应补充责任的，人民法院应予支持。

第十七条 依照法律规定应当履行生态环境风险管控和修复义务的民事主体，未履行法定义务造成他人损害，被侵权人请求其承担相应责任的，人民法院应予支持。

第十八条 因第三人的过错污染环境、破坏生态造成他人损害，被侵权人请求侵权人或者第三人承担责任的，人民法院应予支持。

侵权人以损害是由第三人过错造成的为由，主张不承担责任或者减轻责任的，人民法院不予支持。

第十九条 因第三人的过错污染环境、破坏生态造成他人损害，被侵权人同时起诉侵权人和第三人承担责任，侵权人对损害的发生没有过错的，人民法院应当判令侵权人、第三人就全部损害承担责任。侵权人承担责任后有权向第三人追偿。

侵权人对损害的发生有过错的，人民法院应当判令侵权人就全部损害承担责任，第三人承担与其过错相适应的责任。侵权人承担责任后有权就第三人应当承担的责任份额向其追偿。

第二十条 被侵权人起诉第三人承担责任的，人民法院应当向被侵权人释明是否同时起诉侵权人。被侵权人不起诉侵权人的，人民法院应当根据民事诉讼法第五十九的规定通知侵权人参加诉讼。

被侵权人仅请求第三人承担责任，侵权人对损害的发生也有过错的，人民法院应当判令第三人承担与其过错相适应的责任。

第二十一条 环境影响评价机构、环境监测机构以及从事环境监测设备和防治污染设施维护、运营的机构存在下列情形之一，被侵权人请求其与造成环境污染、生态破坏的其他责任人根据环境保护法第六十五条的规定承担连带责任的，人民法院应予支持：

（一）故意出具失实评价文件的；

（二）隐瞒委托人超过污染物排放标准或者超过重点污染物排放总量控制指标的事实的；

（三）故意不运行或者不正常运行环境监测设备或者防治污染设施的；

（四）其他根据法律规定应当承担连带责任的情形。

第二十二条 被侵权人请求侵权人赔偿因污染环境、破坏生态造成的人身、财产损害，以及为防止损害发生和扩大而采取必要措施所支出的合理费用的，人民法院应予支持。

被侵权人同时请求侵权人根据民法典第一千二百三十五条的规定承担生态环境损害赔偿责任的，人民法院不予支持。

第二十三条 因污染环境、破坏生态影响他人取水、捕捞、狩猎、采集等日常生活并造成经济损失，同时符合下列情形，请求人主张行为人承担责任的，人民法院应予支持：

（一）请求人的活动位于或者接近生态环境受损区域；

（二）请求人的活动依赖受损害生态环境；

（三）请求人的活动不具有可替代性或者替代成本过高；

（四）请求人的活动具有稳定性和公开性。

根据国家规定须经相关行政主管部门许可的活动，请求人在污染环境、破坏生态发生时未取得许可的，人民法院对其请求不予支持。

第二十四条 两个以上侵权人就污染环境、破坏生态造成的损害承担连带责任，实际承担责任超过自己责任份额的侵权人根据民法典第一百七十八条的规定向其他侵权人追偿的，人民法院应予支持。侵权人就惩罚性赔偿责任向其他侵权人追偿的，人民法院不予支持。

第二十五条　两个以上侵权人污染环境、破坏生态造成他人损害，人民法院应当根据行为有无许可，污染物的种类、浓度、排放量、危害性，破坏生态的方式、范围、程度，以及行为对损害后果所起的作用等因素确定各侵权人的责任份额。

两个以上侵权人污染环境、破坏生态承担连带责任，实际承担责任的侵权人向其他侵权人追偿的，依照前款规定处理。

第二十六条　被侵权人对同一污染环境、破坏生态行为造成损害的发生或者扩大有重大过失，侵权人请求减轻责任的，人民法院可以予以支持。

第二十七条　被侵权人请求侵权人承担生态环境侵权责任的诉讼时效期间，以被侵权人知道或者应当知道权利受到损害以及侵权人、其他责任人之日起计算。

被侵权人知道或者应当知道权利受到损害以及侵权人、其他责任人之日，侵权行为仍持续的，诉讼时效期间自行为结束之日起计算。

第二十八条　被侵权人以向负有环境资源监管职能的行政机关请求处理因污染环境、破坏生态造成的损害为由，主张诉讼时效中断的，人民法院应予支持。

第二十九条　本解释自 2023 年 9 月 1 日起施行。

本解释公布施行后，《最高人民法院关于审理环境侵权责任纠纷案件适用法律若干问题的解释》（法释〔2015〕12 号）同时废止。

最高人民法院关于审理环境民事公益诉讼案件适用法律若干问题的解释

（2014 年 12 月 8 日最高人民法院审判委员会第 1631 次会议通过，根据 2020 年 12 月 23 日最高人民法院审判委员会第 1823 次会议通过的《最高人民法院关于修改〈最高人民法院关于人民法院民事调解工作若干问题的规定〉等十九件民事诉讼类司法解释的决定》修正）

为正确审理环境民事公益诉讼案件，根据《中华人民共和国民法典》《中华人民共和国环境保护法》《中华人民共和国民事诉讼法》等法律的规定，结合审判实践，制定本解释。

第一条　法律规定的机关和有关组织依据民事诉讼法第五十五条、环境保护法第五十八条等法律的规定，对已经损害社会公共利益或者具有损害社会公共利益重大风险的污染环境、破坏生态的行为提起诉讼，符合民事诉讼法第一百一十九条第二项、第三项、第四项规定的，人民法院应予受理。

第二条　依照法律、法规的规定，在设区的市级以上人民政府民政部门登记的社会团体、基金会以及社会服务机构等，可以认定为环境保护法第五十八条规定的社会组织。

第三条　设区的市，自治州、盟、地区，不设区的地级市，直辖市的区以上人民政府民政部门，可以认定为环境保护法第五十八条规定的“设区的市级以上人民政府民政部门”。

第四条 社会组织章程确定的宗旨和主要业务范围是维护社会公共利益，且从事环境保护公益活动的，可以认定为环境保护法第五十八条规定的“专门从事环境保护公益活动”。

社会组织提起的诉讼所涉及的社会公共利益，应与其宗旨和业务范围具有关联性。

第五条 社会组织在提起诉讼前五年内未因从事业务活动违反法律、法规的规定受过行政、刑事处罚的，可以认定为环境保护法第五十八条规定的“无违法记录”。

第六条 第一审环境民事公益诉讼案件由污染环境、破坏生态行为发生地、损害结果地或者被告住所地的中级以上人民法院管辖。

中级人民法院认为确有必要的，可以在报请高级人民法院批准后，裁定将本院管辖的第一审环境民事公益诉讼案件交由基层人民法院审理。

同一原告或者不同原告对同一污染环境、破坏生态行为分别向两个以上有管辖权的人民法院提起环境民事公益诉讼的，由最先立案的人民法院管辖，必要时由共同上级人民法院指定管辖。

第七条 经最高人民法院批准，高级人民法院可以根据本辖区环境和生态保护的实际情况，在辖区内确定部分中级人民法院受理第一审环境民事公益诉讼案件。

中级人民法院管辖环境民事公益诉讼案件的区域由高级人民法院确定。

第八条 提起环境民事公益诉讼应当提交下列材料：

（一）符合民事诉讼法第一百二十一条规定的起诉状，并按照被告人数提出副本；

（二）被告的行为已经损害社会公共利益或者具有损害社会公共利益重大风险的初步证明材料；

（三）社会组织提起诉讼的，应当提交社会组织登记证书、章程、起诉前连续五年的年度工作报告书或者年检报告书，以及由其法定代表人或者负责人签字并加盖公章的无违法记录的声明。

第九条 人民法院认为原告提出的诉讼请求不足以保护社会公共利益的，可以向其释明变更或者增加停止侵害、修复生态环境等诉讼请求。

第十条 人民法院受理环境民事公益诉讼后，应当在立案之日起五日内将起诉状副本发送被告，并公告案件受理情况。

有权提起诉讼的其他机关和社会组织在公告之日起三十日内申请参加诉讼，经审查符合法定条件的，人民法院应当将其列为共同原告；逾期申请的，不予准许。

公民、法人和其他组织以人身、财产受到损害为由申请参加诉讼的，告知其另行起诉。

第十一条 检察机关、负有环境资源保护监督管理职责的部门及其他机关、社会组织、企业事业单位依据民事诉讼法第十五条的规定，可以通过提供法律咨询、提交书面意见、协助调查取证等方式支持社会组织依法提起环境民事公益诉讼。

第十二条 人民法院受理环境民事公益诉讼后，应当在十日内告知对被告行为负有环境资源保护监督管理职责的部门。

第十三条 原告请求被告提供其排放的主要污染物名称、排放方式、排放浓度和总量、超标排放情况以及防治污染设施的建设和运行情况等环境信息，法律、法规、规章规定被告应当持有或者有证据证明被告持有而拒不提供，如果原告主张相关事实不利于被告的，人民法院可以推定该主张成立。

第十四条 对于审理环境民事公益诉讼案件需要的证据，人民法院认为必要的，应当调查收集。

对于应当由原告承担举证责任且为维护社会公共利益所必要的专门性问题，人民法院可以委托具备资格的鉴定人进行鉴定。

第十五条 当事人申请通知有专门知识的人出庭，就鉴定人作出的鉴定意见或者就因果关系、生态环境修复方式、生态环境修复费用以及生态环境受到损害至修复完成期间服务功能丧失导致的损失等专门性问题提出意见的，人民法院可以准许。

前款规定的专家意见经质证，可以作为认定事实的根据。

第十六条　原告在诉讼过程中承认的对己方不利的事实和认可的证据，人民法院认为损害社会公共利益的，应当不予确认。

第十七条　环境民事公益诉讼案件审理过程中，被告以反诉方式提出诉讼请求的，人民法院不予受理。

第十八条　对污染环境、破坏生态，已经损害社会公共利益或者具有损害社会公共利益重大风险的行为，原告可以请求被告承担停止侵害、排除妨碍、消除危险、修复生态环境、赔偿损失、赔礼道歉等民事责任。

第十九条　原告为防止生态环境损害的发生和扩大，请求被告停止侵害、排除妨碍、消除危险的，人民法院可以依法予以支持。

原告为停止侵害、排除妨碍、消除危险采取合理预防、处置措施而发生的费用，请求被告承担的，人民法院可以依法予以支持。

第二十条　原告请求修复生态环境的，人民法院可以依法判决被告将生态环境修复到损害发生之前的状态和功能。无法完全修复的，可以准许采用替代性修复方式。

人民法院可以在判决被告修复生态环境的同时，确定被告不履行修复义务时应承担的生态环境修复费用；也可以直接判决被告承担生态环境修复费用。

生态环境修复费用包括制定、实施修复方案的费用，修复期间的监测、监管费用，以及修复完成后的验收费用、修复效果后评估费用等。

第二十一条　原告请求被告赔偿生态环境受到损害至修复完成期间服务功能丧失导致的损失、生态环境功能永久性损害造成的损失的，人民法院可以依法予以支持。

第二十二条　原告请求被告承担以下费用的，人民法院可以依法予以支持：

（一）生态环境损害调查、鉴定评估等费用；

（二）清除污染以及防止损害的发生和扩大所支出的合理费用；

（三）合理的律师费以及为诉讼支出的其他合理费用。

第二十三条　生态环境修复费用难以确定或者确定具体数额所需鉴定费用明显过高的，人民法院可以结合污染环境、破坏生态的范围和程度，生态环境的稀缺性，生态环境恢复的难易程度，防治污染设备的运行成本，被告因侵害行为所获得的利益以及过错程度等因素，并可以参考负有环境资源保护监督管理职责的部门的意见、专家意见等，予以合理确定。

第二十四条　人民法院判决被告承担的生态环境修复费用、生态环境受到损害至修复完成期间服务功能丧失导致的损失、生态环境功能永久性损害造成的损失等款项，应当用于修复被损害的生态环境。

其他环境民事公益诉讼中败诉原告所需承担的调查取证、专家咨询、检验、鉴定等必要费用，可以酌情从上述款项中支付。

第二十五条　环境民事公益诉讼当事人达成调解协议或者自行达成和解协议后，人民法院应当将协议内容公告，公告期间不少于三十日。

公告期满后，人民法院审查认为调解协议或者和解协议的内容不损害社会公共利益的，应当出具调解书。当事人以达成和解协议为由申请撤诉的，不予准许。

调解书应当写明诉讼请求、案件的基本事实和协议内容，并应当公开。

第二十六条　负有环境资源保护监督管理职责的部门依法履行监管职责而使原告诉讼请求全部实现，原告申请撤诉的，人民法院应予准许。

第二十七条 法庭辩论终结后，原告申请撤诉的，人民法院不予准许，但本解释第二十六条规定的情形除外。

第二十八条 环境民事公益诉讼案件的裁判生效后，有权提起诉讼的其他机关和社会组织就同一污染环境、破坏生态行为另行起诉，有下列情形之一的，人民法院应予受理：

（一）前案原告的起诉被裁定驳回的；

（二）前案原告申请撤诉被裁定准许的，但本解释第二十六条规定的情形除外。

环境民事公益诉讼案件的裁判生效后，有证据证明存在前案审理时未发现的损害，有权提起诉讼的机关和社会组织另行起诉的，人民法院应予受理。

第二十九条 法律规定的机关和社会组织提起环境民事公益诉讼的，不影响因同一污染环境、破坏生态行为受到人身、财产损害的公民、法人和其他组织依据民事诉讼法第一百一十九条的规定提起诉讼。

第三十条 已为环境民事公益诉讼生效裁判认定的事实，因同一污染环境、破坏生态行为依据民事诉讼法第一百一十九条规定提起诉讼的原告、被告均无需举证证明，但原告对该事实有异议并有相反证据足以推翻的除外。

对于环境民事公益诉讼生效裁判就被告是否存在法律规定的不承担责任或者减轻责任的情形、行为与损害之间是否存在因果关系、被告承担责任的大小等所作的认定，因同一污染环境、破坏生态行为依据民事诉讼法第一百一十九条规定提起诉讼的原告主张适用的，人民法院应予支持，但被告有相反证据足以推翻的除外。被告主张直接适用对其有利的认定的，人民法院不予支持，被告仍应举证证明。

第三十一条 被告因污染环境、破坏生态在环境民事公益诉讼和其他民事诉讼中均承担责任，其财产不足以履行全部义务的，应当先履行其他民事诉讼生效裁判所确定的义务，但法律另有规定的除外。

第三十二条 发生法律效力的环境民事公益诉讼案件的裁判，需要采取强制执行措施的，应当移送执行。

第三十三条 原告交纳诉讼费用确有困难，依法申请缓交的，人民法院应予准许。

败诉或者部分败诉的原告申请减交或者免交诉讼费用的，人民法院应当依照《诉讼费用交纳办法》的规定，视原告的经济状况和案件的审理情况决定是否准许。

第三十四条 社会组织有通过诉讼违法收受财物等牟取经济利益行为的，人民法院可以根据情节轻重依法收缴其非法所得、予以罚款；涉嫌犯罪的，依法移送有关机关处理。

社会组织通过诉讼牟取经济利益的，人民法院应当向登记管理机关或者有关机关发送司法建议，由其依法处理。

第三十五条 本解释施行前最高人民法院发布的司法解释和规范性文件，与本解释不一致的，以本解释为准。

最高人民法院关于审理船舶油污损害赔偿纠纷案件若干问题的规定

（2011 年 1 月 10 日最高人民法院审判委员会第 1509 次会议通过，根据 2020 年 12 月 23 日最高人民法院审判委员会第 1823 次会议通过的《最高人民法院关于修改〈最高人民法院关于破产企业国有划拨土地使用权应否列入破产财产等问题的批复〉等二十九件商事类司法解释的决定》修正）

为正确审理船舶油污损害赔偿纠纷案件，依照《中华人民共和国民法典》《中华人民共和国海洋环境保护法》《中华人民共和国海商法》《中华人民共和国民事诉讼法》《中华人民共和国海事诉讼特别程序法》等法律法规以及中华人民共和国缔结或者参加的有关国际条约，结合审判实践，制定本规定。

第一条　船舶发生油污事故，对中华人民共和国领域和管辖的其他海域造成油污损害或者形成油污损害威胁，人民法院审理相关船舶油污损害赔偿纠纷案件，适用本规定。

第二条　当事人就油轮装载持久性油类造成的油污损害提起诉讼、申请设立油污损害赔偿责任限制基金，由船舶油污事故发生地海事法院管辖。

油轮装载持久性油类引起的船舶油污事故，发生在中华人民共和国领域和管辖的其他海域外，对中华人民共和国领域和管辖的其他海域造成油污损害或者形成油污损害威胁，当事人就船舶油污事故造成的损害提起诉讼、申请设立油污损害赔偿责任限制基金，由油污损害结果地或者采取预防油污措施地海事法院管辖。

第三条　两艘或者两艘以上船舶泄漏油类造成油污损害，受损害人请求各泄漏油船舶所有人承担赔偿责任，按照泄漏油数量及泄漏油类对环境的危害性等因素能够合理分开各自造成的损害，由各泄漏油船舶所有人分别承担责任；不能合理分开各自造成的损害，各泄漏油船舶所有人承担连带责任。但泄漏油船舶所有人依法免予承担责任的除外。

各泄漏油船舶所有人对受损害人承担连带责任的，相互之间根据各自责任大小确定相应的赔偿数额；难以确定责任大小的，平均承担赔偿责任。泄漏油船舶所有人支付超出自己应赔偿的数额，有权向其他泄漏油船舶所有人追偿。

第四条　船舶互有过失碰撞引起油类泄漏造成油污损害的，受损害人可以请求泄漏油船舶所有人承担全部赔偿责任。

第五条　油轮装载的持久性油类造成油污损害的，应依照《防治船舶污染海洋环境管理条例》《1992 年国际油污损害民事责任公约》的规定确定赔偿限额。

油轮装载的非持久性燃油或者非油轮装载的燃油造成油污损害的，应依照海商法关于海事赔偿责任限制的规定确定赔偿限额。

第六条　经证明油污损害是由于船舶所有人的故意或者明知可能造成此种损害而轻率地作为或者不作为造成的，船舶所有人主张限制赔偿责任，人民法院不予支持。

第七条 油污损害是由于船舶所有人故意造成的，受损害人请求船舶油污损害责任保险人或者财务保证人赔偿，人民法院不予支持。

第八条 受损害人直接向船舶油污损害责任保险人或者财务保证人提起诉讼，船舶油污损害责任保险人或者财务保证人可以对受损害人主张船舶所有人的抗辩。

除船舶所有人故意造成油污损害外，船舶油污损害责任保险人或者财务保证人向受损害人主张其对船舶所有人的抗辩，人民法院不予支持。

第九条 船舶油污损害赔偿范围包括：

（一）为防止或者减轻船舶油污损害采取预防措施所发生的费用，以及预防措施造成的进一步灭失或者损害；

（二）船舶油污事故造成该船舶之外的财产损害以及由此引起的收入损失；

（三）因油污造成环境损害所引起的收入损失；

（四）对受污染的环境已采取或将要采取合理恢复措施的费用。

第十条 对预防措施费用以及预防措施造成的进一步灭失或者损害，人民法院应当结合污染范围、污染程度、油类泄漏量、预防措施的合理性、参与清除油污人员及投入使用设备的费用等因素合理认定。

第十一条 对遇险船舶实施防污措施，作业开始时的主要目的仅是为防止、减轻油污损害的，所发生的费用应认定为预防措施费用。

作业具有救助遇险船舶、其他财产和防止、减轻油污损害的双重目的，应根据目的的主次比例合理划分预防措施费用与救助措施费用；无合理依据区分主次目的的，相关费用应平均分摊。但污染危险消除后发生的费用不应列为预防措施费用。

第十二条 船舶泄漏油类污染其他船舶、渔具、养殖设施等财产，受损害人请求油污责任人赔偿因清洗、修复受污染财产支付的合理费用，人民法院应予支持。

受污染财产无法清洗、修复，或者清洗、修复成本超过其价值的，受损害人请求油污责任人赔偿合理的更换费用，人民法院应予支持，但应参照受污染财产实际使用年限与预期使用年限的比例作合理扣除。

第十三条 受损害人因其财产遭受船舶油污，不能正常生产经营的，其收入损失应以财产清洗、修复或者更换所需合理期间为限进行计算。

第十四条 海洋渔业、滨海旅游业及其他用海、临海经营单位或者个人请求因环境污染所遭受的收入损失，具备下列全部条件，由此证明收入损失与环境污染之间具有直接因果关系的，人民法院应予支持：

（一）请求人的生产经营活动位于或者接近污染区域；

（二）请求人的生产经营活动主要依赖受污染资源或者海岸线；

（三）请求人难以找到其他替代资源或者商业机会；

（四）请求人的生产经营业务属于当地相对稳定的产业。

第十五条 未经相关行政主管部门许可，受损害人从事海上养殖、海洋捕捞，主张收入损失的，人民法院不予支持；但请求赔偿清洗、修复、更换养殖或者捕捞设施的合理费用，人民法院应予支持。

第十六条 受损害人主张因其财产受污染或者因环境污染造成的收入损失，应以其前三年同期平均净收入扣减受损期间的实际净收入计算，并适当考虑影响收入的其他相关因素予以合理确定。

按照前款规定无法认定收入损失的，可以参考政府部门的相关统计数据和信息，或者同区域同类生产经营者的同期平均收入合理认定。

受损害人采取合理措施避免收入损失，请求赔偿合理措施的费用，人民法院应予支持，但以其避免发生的收入损失数额为限。

第十七条 船舶油污事故造成环境损害的，对环境损害的赔偿应限于已实际采取或者将要采取的合理恢复措施的费用。恢复措施的费用包括合理的监测、评估、研究费用。

第十八条 船舶取得有效的油污损害民事责任保险或者具有相应财务保证的，油污受损害人主张船舶优先权的，人民法院不予支持。

第十九条 对油轮装载的非持久性燃油、非油轮装载的燃油造成油污损害的赔偿请求，适用海商法关于海事赔偿责任限制的规定。

同一海事事故造成前款规定的油污损害和海商法第二百零七条规定的可以限制赔偿责任的其他损害，船舶所有人依照海商法第十一章的规定主张在同一赔偿限额内限制赔偿责任的，人民法院应予支持。

第二十条 为避免油轮装载的非持久性燃油、非油轮装载的燃油造成油污损害，对沉没、搁浅、遇难船舶采取起浮、清除或者使之无害措施，船舶所有人对由此发生的费用主张依照海商法第十一章的规定限制赔偿责任的，人民法院不予支持。

第二十一条 对油轮装载持久性油类造成的油污损害，船舶所有人，或者船舶油污责任保险人、财务保证人主张责任限制的，应当设立油污损害赔偿责任限制基金。

油污损害赔偿责任限制基金以现金方式设立的，基金数额为《防治船舶污染海洋环境管理条例》《1992年国际油污损害民事责任公约》规定的赔偿限额。以担保方式设立基金的，担保数额为基金数额及其在基金设立期间的利息。

第二十二条 船舶所有人、船舶油污损害责任保险人或者财务保证人申请设立油污损害赔偿责任限制基金，利害关系人对船舶所有人主张限制赔偿责任有异议的，应当在海事诉讼特别程序法第一百零六条第一款规定的异议期内以书面形式提出，但提出该异议不影响基金的设立。

第二十三条 对油轮装载持久性油类造成的油污损害，利害关系人没有在异议期内对船舶所有人主张限制赔偿责任提出异议，油污损害赔偿责任限制基金设立后，海事法院应当解除对船舶所有人的财产采取的保全措施或者发还为解除保全措施而提供的担保。

第二十四条 对油轮装载持久性油类造成的油污损害，利害关系人在异议期内对船舶所有人主张限制赔偿责任提出异议的，人民法院在认定船舶所有人有权限制赔偿责任的裁决生效后，应当解除对船舶所有人的财产采取的保全措施或者发还为解除保全措施而提供的担保。

第二十五条 对油轮装载持久性油类造成的油污损害，受损害人提起诉讼时主张船舶所有人无权限制赔偿责任的，海事法院对船舶所有人是否有权限制赔偿责任的争议，可以先行审理并作出判决。

第二十六条 对油轮装载持久性油类造成的油污损害，受损害人没有在规定的债权登记期间申请债权登记的，视为放弃在油污损害赔偿责任限制基金中受偿的权利。

第二十七条 油污损害赔偿责任限制基金不足以清偿有关油污损害的，应根据确认的赔偿数额依法按比例分配。

第二十八条 对油轮装载持久性油类造成的油污损害，船舶所有人、船舶油污损害责任保险人或者财务保证人申请设立油污损害赔偿责任限制基金、受损害人申请债权登记与受偿，本规定没有规定的，适用海事诉讼特别程序法及相关司法解释的规定。

第二十九条 在油污损害赔偿责任限制基金分配以前，船舶所有人、船舶油污损害责任保险人或者财务保证人，已先行赔付油污损害的，可以书面申请从基金中代位受偿。代位受偿应限于赔付的范围，并不超过接受赔付的人依法可获得的赔偿数额。

海事法院受理代位受偿申请后，应书面

通知所有对油污损害赔偿责任限制基金提出主张的利害关系人。利害关系人对申请人主张代位受偿的权利有异议的，应在收到通知之日起十五日内书面提出。

海事法院经审查认定申请人代位受偿权利成立，应裁定予以确认；申请人主张代位受偿的权利缺乏事实或者法律依据的，裁定驳回其申请。当事人对裁定不服的，可以在收到裁定书之日起十日内提起上诉。

第三十条 船舶所有人为主动防止、减轻油污损害而支出的合理费用或者所作的合理牺牲，请求参与油污损害赔偿责任限制基金分配的，人民法院应予支持，比照本规定第二十九条第二款、第三款的规定处理。

第三十一条 本规定中下列用语的含义是：

（一）船舶，是指非用于军事或者政府公务的海船和其他海上移动式装置，包括航行于国际航线和国内航线的油轮和非油轮。其中，油轮是指为运输散装持久性货油而建造或者改建的船舶，以及实际装载散装持久性货油的其他船舶。

（二）油类，是指烃类矿物油及其残余物，限于装载于船上作为货物运输的持久性货油、装载用于本船运行的持久性和非持久性燃油，不包括装载于船上作为货物运输的非持久性货油。

（三）船舶油污事故，是指船舶泄漏油类造成油污损害，或者虽未泄漏油类但形成严重和紧迫油污损害威胁的一个或者一系列事件。一系列事件因同一原因而发生的，视为同一事故。

（四）船舶油污损害责任保险人或者财务保证人，是指海事事故中泄漏油类或者直接形成油污损害威胁的船舶一方的油污责任保险人或者财务保证人。

（五）油污损害赔偿责任限制基金，是指船舶所有人、船舶油污损害责任保险人或者财务保证人，对油轮装载持久性油类造成的油污损害申请设立的赔偿责任限制基金。

第三十二条 本规定实施前本院发布的司法解释与本规定不一致的，以本规定为准。

本规定施行前已经终审的案件，人民法院进行再审时，不适用本规定。

最高人民法院关于审理生态环境损害赔偿案件的若干规定（试行）

（2019年5月20日最高人民法院审判委员会第1769次会议通过，根据2020年12月23日最高人民法院审判委员会第1823次会议通过的《最高人民法院关于修改〈最高人民法院关于在民事审判工作中适用《中华人民共和国工会法》若干问题的解释〉等二十七件民事类司法解释的决定》修正）

为正确审理生态环境损害赔偿案件，严格保护生态环境，依法追究损害生态环境责任者的赔偿责任，依据《中华人民共和国民法典》《中华人民共和国环境保护法》《中华人民共和国民事诉讼法》等法律的规定，结合审判工作实际，制定本规定。

第一条 具有下列情形之一，省级、市地级人民政府及其指定的相关部门、机构，或者受国务院委托行使全民所有自然资源资产所有权的部门，因与造成生态环境损害的自然人、法人或者其他组织经磋商未达成一致或者无法进行磋商的，可以作为原告提起生态环境损害赔偿诉讼：

（一）发生较大、重大、特别重大突发环境事件的；

（二）在国家和省级主体功能区规划中划定的重点生态功能区、禁止开发区发生环境污染、生态破坏事件的；

（三）发生其他严重影响生态环境后果的。

前款规定的市地级人民政府包括设区的市，自治州、盟、地区，不设区的地级市，直辖市的区、县人民政府。

第二条　下列情形不适用本规定：

（一）因污染环境、破坏生态造成人身损害、个人和集体财产损失要求赔偿的；

（二）因海洋生态环境损害要求赔偿的。

第三条　第一审生态环境损害赔偿诉讼案件由生态环境损害行为实施地、损害结果发生地或者被告住所地的中级以上人民法院管辖。

经最高人民法院批准，高级人民法院可以在辖区内确定部分中级人民法院集中管辖第一审生态环境损害赔偿诉讼案件。

中级人民法院认为确有必要的，可以在报请高级人民法院批准后，裁定将本院管辖的第一审生态环境损害赔偿诉讼案件交由具备审理条件的基层人民法院审理。

生态环境损害赔偿诉讼案件由人民法院环境资源审判庭或者指定的专门法庭审理。

第四条　人民法院审理第一审生态环境损害赔偿诉讼案件，应当由法官和人民陪审员组成合议庭进行。

第五条　原告提起生态环境损害赔偿诉讼，符合民事诉讼法和本规定并提交下列材料的，人民法院应当登记立案：

（一）证明具备提起生态环境损害赔偿诉讼原告资格的材料；

（二）符合本规定第一条规定情形之一的证明材料；

（三）与被告进行磋商但未达成一致或者因客观原因无法与被告进行磋商的说明；

（四）符合法律规定的起诉状，并按照被告人数提出副本。

第六条　原告主张被告承担生态环境损害赔偿责任的，应当就以下事实承担举证责任：

（一）被告实施了污染环境、破坏生态的行为或者具有其他应当依法承担责任的情形；

（二）生态环境受到损害，以及所需修复费用、损害赔偿等具体数额；

（三）被告污染环境、破坏生态的行为与生态环境损害之间具有关联性。

第七条　被告反驳原告主张的，应当提供证据加以证明。被告主张具有法律规定的不承担责任或者减轻责任情形的，应当承担举证责任。

第八条　已为发生法律效力的刑事裁判所确认的事实，当事人在生态环境损害赔偿诉讼案件中无须举证证明，但有相反证据足以推翻的除外。

对刑事裁判未予确认的事实，当事人提供的证据达到民事诉讼证明标准的，人民法院应当予以认定。

第九条　负有相关环境资源保护监督管理职责的部门或者其委托的机构在行政执法过程中形成的事件调查报告、检验报告、检测报告、评估报告、监测数据等，经当事人质证并符合证据标准的，可以作为认定案件事实的根据。

第十条　当事人在诉前委托具备环境司法鉴定资质的鉴定机构出具的鉴定意见，以及委托国务院环境资源保护监督管理相关主管部门推荐的机构出具的检验报告、检测报告、评估报告、监测数据等，经当事人质证并符合证据标准的，可以作为认定案件事实的根据。

第十一条　被告违反国家规定造成生态环境损害的，人民法院应当根据原告的诉讼请求以及具体案情，合理判决被告承担修复生态环境、赔偿损失、停止侵害、排除妨碍、消除危险、赔礼道歉等民事责任。

第十二条 受损生态环境能够修复的，人民法院应当依法判决被告承担修复责任，并同时确定被告不履行修复义务时应承担的生态环境修复费用。

生态环境修复费用包括制定、实施修复方案的费用，修复期间的监测、监管费用，以及修复完成后的验收费用、修复效果后评估费用等。

原告请求被告赔偿生态环境受到损害至修复完成期间服务功能损失的，人民法院根据具体案情予以判决。

第十三条 受损生态环境无法修复或者无法完全修复，原告请求被告赔偿生态环境功能永久性损害造成的损失的，人民法院根据具体案情予以判决。

第十四条 原告请求被告承担下列费用的，人民法院根据具体案情予以判决：

（一）实施应急方案、清除污染以及为防止损害的发生和扩大所支出的合理费用；

（二）为生态环境损害赔偿磋商和诉讼支出的调查、检验、鉴定、评估等费用；

（三）合理的律师费以及其他为诉讼支出的合理费用。

第十五条 人民法院判决被告承担的生态环境服务功能损失赔偿资金、生态环境功能永久性损害造成的损失赔偿资金，以及被告不履行生态环境修复义务时所应承担的修复费用，应当依照法律、法规、规章予以缴纳、管理和使用。

第十六条 在生态环境损害赔偿诉讼案件审理过程中，同一损害生态环境行为又被提起民事公益诉讼，符合起诉条件的，应当由受理生态环境损害赔偿诉讼案件的人民法院受理并由同一审判组织审理。

第十七条 人民法院受理因同一损害生态环境行为提起的生态环境损害赔偿诉讼案件和民事公益诉讼案件，应先中止民事公益诉讼案件的审理，待生态环境损害赔偿诉讼案件审理完毕后，就民事公益诉讼案件未被涵盖的诉讼请求依法作出裁判。

第十八条 生态环境损害赔偿诉讼案件的裁判生效后，有权提起民事公益诉讼的国家规定的机关或者法律规定的组织就同一损害生态环境行为有证据证明存在前案审理时未发现的损害，并提起民事公益诉讼的，人民法院应予受理。

民事公益诉讼案件的裁判生效后，有权提起生态环境损害赔偿诉讼的主体就同一损害生态环境行为有证据证明存在前案审理时未发现的损害，并提起生态环境损害赔偿诉讼的，人民法院应予受理。

第十九条 实际支出应急处置费用的机关提起诉讼主张该费用的，人民法院应予受理，但人民法院已经受理就同一损害生态环境行为提起的生态环境损害赔偿诉讼案件且该案原告已经主张应急处置费用的除外。

生态环境损害赔偿诉讼案件原告未主张应急处置费用，因同一损害生态环境行为实际支出应急处置费用的机关提起诉讼主张该费用的，由受理生态环境损害赔偿诉讼案件的人民法院受理并由同一审判组织审理。

第二十条 经磋商达成生态环境损害赔偿协议的，当事人可以向人民法院申请司法确认。

人民法院受理申请后，应当公告协议内容，公告期间不少于三十日。公告期满后，人民法院经审查认为协议的内容不违反法律法规强制性规定且不损害国家利益、社会公共利益的，裁定确认协议有效。裁定书应当写明案件的基本事实和协议内容，并向社会公开。

第二十一条 一方当事人在期限内未履行或者未全部履行发生法律效力的生态环境损害赔偿诉讼案件裁判或者经司法确认的生态环境损害赔偿协议的，对方当事人可以向人民法院申请强制执行。需要修复生态环境的，依法由省级、市地级人民政府及其指定的相关部门、机构组织实施。

第二十二条　人民法院审理生态环境损害赔偿案件，本规定没有规定的，参照适用《最高人民法院关于审理环境民事公益诉讼案件适用法律若干问题的解释》《最高人民法院关于审理环境侵权责任纠纷案件适用法律若干问题的解释》等相关司法解释的规定。

第二十三条　本规定自2019年6月5日起施行。

最高人民法院关于生态环境侵权案件适用禁止令保全措施的若干规定

（2021年11月29日最高人民法院审判委员会第1854次会议通过，2021年12月27日公布，自2022年1月1日起施行）

为妥善审理生态环境侵权案件，及时有效保护生态环境，维护民事主体合法权益，落实保护优先、预防为主原则，根据《中华人民共和国民法典》《中华人民共和国环境保护法》《中华人民共和国民事诉讼法》等有关法律规定，结合审判实践，制定本规定。

第一条　申请人以被申请人正在实施或者即将实施污染环境、破坏生态行为，不及时制止将使申请人合法权益或者生态环境受到难以弥补的损害为由，依照民事诉讼法第一百条、第一百零一条规定，向人民法院申请采取禁止令保全措施，责令被申请人立即停止一定行为的，人民法院应予受理。

第二条　因污染环境、破坏生态行为受到损害的自然人、法人或者非法人组织，以及民法典第一千二百三十四条、第一千二百三十五条规定的“国家规定的机关或者法律规定的组织”，可以向人民法院申请作出禁止令。

第三条　申请人提起生态环境侵权诉讼时或者诉讼过程中，向人民法院申请作出禁止令的，人民法院应当在接受申请后五日内裁定是否准予。情况紧急的，人民法院应当在接受申请后四十八小时内作出。

因情况紧急，申请人可在提起诉讼前向污染环境、破坏生态行为实施地、损害结果发生地或者被申请人住所地等对案件有管辖权的人民法院申请作出禁止令，人民法院应当在接受申请后四十八小时内裁定是否准予。

第四条　申请人向人民法院申请作出禁止令的，应当提交申请书和相应的证明材料。

申请书应当载明下列事项：

（一）申请人与被申请人的身份、送达地址、联系方式等基本情况；

（二）申请禁止的内容、范围；

（三）被申请人正在实施或者即将实施污染环境、破坏生态行为，以及如不及时制止将使申请人合法权益或者生态环境受到难以弥补损害的情形；

（四）提供担保的财产信息，或者不需要提供担保的理由。

第五条　被申请人污染环境、破坏生态行为具有现实而紧迫的重大风险，如不及时制止将对申请人合法权益或者生态环境造成难以弥补损害的，人民法院应当综合考量以下因素决定是否作出禁止令：

（一）被申请人污染环境、破坏生态行为被行政主管机关依法处理后仍继续实施；

（二）被申请人污染环境、破坏生态行为对申请人合法权益或者生态环境造成的损害超过禁止被申请人一定行为对其合法权益造成的损害；

（三）禁止被申请人一定行为对国家利益、社会公共利益或者他人合法权益产生的不利影响；

（四）其他应当考量的因素。

第六条 人民法院审查申请人禁止令申请，应当听取被申请人的意见。必要时，可进行现场勘查。

情况紧急无法询问或者现场勘查的，人民法院应当在裁定准予申请人禁止令申请后四十八小时内听取被申请人的意见。被申请人意见成立的，人民法院应当裁定解除禁止令。

第七条 申请人在提起诉讼时或者诉讼过程中申请禁止令的，人民法院可以责令申请人提供担保，不提供担保的，裁定驳回申请。

申请人提起诉讼前申请禁止令的，人民法院应当责令申请人提供担保，不提供担保的，裁定驳回申请。

第八条 人民法院裁定准予申请人禁止令申请的，应当根据申请人的请求和案件具体情况确定禁止令的效力期间。

第九条 人民法院准予或者不准予申请人禁止令申请的，应当制作民事裁定书，并送达当事人，裁定书自送达之日起生效。

人民法院裁定准予申请人禁止令申请的，可以根据裁定内容制作禁止令张贴在被申请人住所地，污染环境、破坏生态行为实施地、损害结果发生地等相关场所，并可通过新闻媒体等方式向社会公开。

第十条 当事人、利害关系人对人民法院裁定准予或者不准予申请人禁止令申请不服的，可在收到裁定书之日起五日内向作出裁定的人民法院申请复议一次。人民法院应当在收到复议申请后十日内审查并作出裁定。复议期间不停止裁定的执行。

第十一条 申请人在人民法院作出诉前禁止令后三十日内不依法提起诉讼的，人民法院应当在三十日届满后五日内裁定解除禁止令。

禁止令效力期间内，申请人、被申请人或者利害关系人以据以作出裁定的事由发生变化为由，申请解除禁止令的，人民法院应当在收到申请后五日内裁定是否解除。

第十二条 被申请人不履行禁止令的，人民法院可依照民事诉讼法第一百一十一条的规定追究其相应法律责任。

第十三条 侵权行为实施地、损害结果发生地在中华人民共和国管辖海域内的海洋生态环境侵权案件中，申请人向人民法院申请责令被申请人立即停止一定行为的，适用海洋环境保护法、海事诉讼特别程序法等法律和司法解释的相关规定。

第十四条 本规定自2022年1月1日起施行。

附件：（略）

最高人民法院关于审理生态环境侵权纠纷案件适用惩罚性赔偿的解释

（2021年12月27日最高人民法院审判委员会第1858次会议通过，2022年1月12日公布，自2022年1月20日起施行）

为妥善审理生态环境侵权纠纷案件，全面加强生态环境保护，正确适用惩罚性赔偿，根据《中华人民共和国民法典》《中华人民共和国环境保护法》《中华人民共和国民事诉讼法》等相关法律规定，结合审判实践，制定本解释。

第一条　人民法院审理生态环境侵权纠纷案件适用惩罚性赔偿，应当严格审慎，注重公平公正，依法保护民事主体合法权益，统筹生态环境保护和经济社会发展。

第二条　因环境污染、生态破坏受到损害的自然人、法人或者非法人组织，依据民法典第一千二百三十二条的规定，请求判令侵权人承担惩罚性赔偿责任的，适用本解释。

第三条　被侵权人在生态环境侵权纠纷案件中请求惩罚性赔偿的，应当在起诉时明确赔偿数额以及所依据的事实和理由。

被侵权人在生态环境侵权纠纷案件中没有提出惩罚性赔偿的诉讼请求，诉讼终结后又基于同一污染环境、破坏生态事实另行起诉请求惩罚性赔偿的，人民法院不予受理。

第四条　被侵权人主张侵权人承担惩罚性赔偿责任的，应当提供证据证明以下事实：

（一）侵权人污染环境、破坏生态的行为违反法律规定；

（二）侵权人具有污染环境、破坏生态的故意；

（三）侵权人污染环境、破坏生态的行为造成严重后果。

第五条　人民法院认定侵权人污染环境、破坏生态的行为是否违反法律规定，应当以法律、法规为依据，可以参照规章的规定。

第六条　人民法院认定侵权人是否具有污染环境、破坏生态的故意，应当根据侵权人的职业经历、专业背景或者经营范围，因同一或者同类行为受到行政处罚或者刑事追究的情况，以及污染物的种类，污染环境、破坏生态行为的方式等因素综合判断。

第七条　具有下列情形之一的，人民法院应当认定侵权人具有污染环境、破坏生态的故意：

（一）因同一污染环境、破坏生态行为，已被人民法院认定构成破坏环境资源保护犯罪的；

（二）建设项目未依法进行环境影响评价，或者提供虚假材料导致环境影响评价文件严重失实，被行政主管部门责令停止建设后拒不执行的；

（三）未取得排污许可证排放污染物，被行政主管部门责令停止排污后拒不执行，或者超过污染物排放标准或者重点污染物排放总量控制指标排放污染物，经行政主管机关责令限制生产、停产整治或者给予其他行政处罚后仍不改正的；

（四）生产、使用国家明令禁止生产、使用的农药，被行政主管部门责令改正后拒不改正的；

（五）无危险废物经营许可证而从事收集、贮存、利用、处置危险废物经营活动，或者知道或者应当知道他人无许可证而将危险废物提供或者委托给其从事收集、贮存、利用、处置等活动的；

（六）将未经处理的废水、废气、废渣直接排放或者倾倒的；

（七）通过暗管、渗井、渗坑、灌注，篡改、伪造监测数据，或者以不正常运行防治污染设施等逃避监管的方式，违法排放污染物的；

（八）在相关自然保护区域、禁猎（渔）区、禁猎（渔）期使用禁止使用的猎捕工具、方法猎捕、杀害国家重点保护野生动物、破坏野生动物栖息地的；

（九）未取得勘查许可证、采矿许可证，或者采取破坏性方法勘查开采矿产资源的；

（十）其他故意情形。

第八条 人民法院认定侵权人污染环境、破坏生态行为是否造成严重后果，应当根据污染环境、破坏生态行为的持续时间、地域范围，造成环境污染、生态破坏的范围和程度，以及造成的社会影响等因素综合判断。

侵权人污染环境、破坏生态行为造成他人死亡、健康严重损害，重大财产损失，生态环境严重损害或者重大不良社会影响的，人民法院应当认定为造成严重后果。

第九条 人民法院确定惩罚性赔偿金数额，应当以环境污染、生态破坏造成的人身损害赔偿金、财产损失数额作为计算基数。

前款所称人身损害赔偿金、财产损失数额，依照民法典第一千一百七十九条、第一千一百八十四条规定予以确定。法律另有规定的，依照其规定。

第十条 人民法院确定惩罚性赔偿金数额，应当综合考虑侵权人的恶意程度、侵权后果的严重程度、侵权人因污染环境、破坏生态行为所获得的利益或者侵权人所采取的修复措施及其效果等因素，但一般不超过人身损害赔偿金、财产损失数额的二倍。

因同一污染环境、破坏生态行为已经被行政机关给予罚款或者被人民法院判处罚金，侵权人主张免除惩罚性赔偿责任的，人民法院不予支持，但在确定惩罚性赔偿金数额时可以综合考虑。

第十一条 侵权人因同一污染环境、破坏生态行为，应当承担包括惩罚性赔偿在内的民事责任、行政责任和刑事责任，其财产不足以支付的，应当优先用于承担民事责任。

侵权人因同一污染环境、破坏生态行为，应当承担包括惩罚性赔偿在内的民事责任，其财产不足以支付的，应当优先用于承担惩罚性赔偿以外的其他责任。

第十二条 国家规定的机关或者法律规定的组织作为被侵权人代表，请求判令侵权人承担惩罚性赔偿责任的，人民法院可以参照前述规定予以处理。但惩罚性赔偿金数额的确定，应当以生态环境受到损害至修复完成期间服务功能丧失导致的损失、生态环境功能永久性损害造成的损失数额作为计算基数。

第十三条 侵权行为实施地、损害结果发生地在中华人民共和国管辖海域内的海洋生态环境侵权纠纷案件惩罚性赔偿问题，另行规定。

第十四条 本规定自2022年1月20日起施行。

最高人民法院关于生态环境侵权民事诉讼证据的若干规定

（2023年4月17日最高人民法院审判委员会第1885次会议通过，2023年8月14日公布，自2023年9月1日起施行）

为保证人民法院正确认定案件事实，公正、及时审理生态环境侵权责任纠纷案件，保障和便利当事人依法行使诉讼权利，保护生态环境，根据《中华人民共和国民法典》《中华人民共和国民事诉讼法》《中华人民共和国环境保护法》等有关法律规定，结合生态环境侵权民事案件审判经验和实际情况，制定本规定。

第一条　人民法院审理环境污染责任纠纷案件、生态破坏责任纠纷案件和生态环境保护民事公益诉讼案件，适用本规定。

生态环境保护民事公益诉讼案件，包括环境污染民事公益诉讼案件、生态破坏民事公益诉讼案件和生态环境损害赔偿诉讼案件。

第二条　环境污染责任纠纷案件、生态破坏责任纠纷案件的原告应当就以下事实承担举证责任：

（一）被告实施了污染环境或者破坏生态的行为；

（二）原告人身、财产受到损害或者有遭受损害的危险。

第三条　生态环境保护民事公益诉讼案件的原告应当就以下事实承担举证责任：

（一）被告实施了污染环境或者破坏生态的行为，且该行为违反国家规定；

（二）生态环境受到损害或者有遭受损害的重大风险。

第四条　原告请求被告就其污染环境、破坏生态行为支付人身、财产损害赔偿费用，或者支付民法典第一千二百三十五条规定的损失、费用的，应当就其主张的损失、费用的数额承担举证责任。

第五条　原告起诉请求被告承担环境污染、生态破坏责任的，应当提供被告行为与损害之间具有关联性的证据。

人民法院应当根据当事人提交的证据，结合污染环境、破坏生态的行为方式、污染物的性质、环境介质的类型、生态因素的特征、时间顺序、空间距离等因素，综合判断被告行为与损害之间的关联性是否成立。

第六条　被告应当就其行为与损害之间不存在因果关系承担举证责任。

被告主张不承担责任或者减轻责任的，应当就法律规定的不承担责任或者减轻责任的情形承担举证责任。

第七条　被告证明其排放的污染物、释放的生态因素、产生的生态影响未到达损害发生地，或者其行为在损害发生后才实施且未加重损害后果，或者存在其行为不可能导致损害发生的其他情形的，人民法院应当认定被告行为与损害之间不存在因果关系。

第八条　对于发生法律效力的刑事裁判、行政裁判因未达到证明标准未予认定的事实，在因同一污染环境、破坏生态行为提起的生态环境侵权民事诉讼中，人民法院根据有关事实和证据确信待证事实的存在具有高度可能性的，应当认定该事实存在。

第九条　对于人民法院在生态环境保护民事公益诉讼生效裁判中确认的基本事实，当事人在因同一污染环境、破坏生态行为提起的人身、财产损害赔偿诉讼中无需举证证明，但有相反证据足以推翻的除外。

第十条　对于可能损害国家利益、社会公共利益的事实，双方当事人未主张或者无争议，人民法院认为可能影响裁判结果的，可以责令当事人提供有关证据。

前款规定的证据，当事人申请人民法院调查收集，符合《最高人民法院关于适用〈中华人民共和国民事诉讼法〉的解释》第九十四条规定情形的，人民法院应当准许；人民法院认为有必要的，可以依职权调查收集。

第十一条　实行环境资源案件集中管辖的法院，可以委托侵权行为实施地、侵权结果发生地、被告住所地等人民法院调查收集证据。受委托法院应当在收到委托函次日起三十日内完成委托事项，并将调查收集的证据及有关笔录移送委托法院。

受委托法院未能完成委托事项的，应当向委托法院书面告知有关情况及未能完成的原因。

第十二条　当事人或者利害关系人申请保全环境污染、生态破坏相关证据的，人民法院应当结合下列因素进行审查，确定是否采取保全措施：

（一）证据灭失或者以后难以取得的可能性；

（二）证据对证明待证事实有无必要；

（三）申请人自行收集证据是否存在困难；

（四）有必要采取证据保全措施的其他因素。

第十三条　在符合证据保全目的的情况下，人民法院应当选择对证据持有人利益影响最小的保全措施，尽量减少对保全标的物价值的损害和对证据持有人生产、生活的影响。

确需采取查封、扣押等限制保全标的物使用的保全措施的，人民法院应当及时组织当事人对保全的证据进行质证。

第十四条　人民法院调查收集、保全或者勘验涉及环境污染、生态破坏专门性问题的证据，应当遵守相关技术规范。必要时，可以通知鉴定人到场，或者邀请负有环境资源保护监督管理职责的部门派员协助。

第十五条　当事人向人民法院提交证据后申请撤回该证据，或者声明不以该证据证明案件事实的，不影响其他当事人援引该证据证明案件事实以及人民法院对该证据进行审查认定。

当事人放弃使用人民法院依其申请调查收集或者保全的证据的，按照前款规定处理。

第十六条　对于查明环境污染、生态破坏案件事实的专门性问题，人民法院经审查认为有必要的，应当根据当事人的申请或者依职权委托具有相应资格的机构、人员出具鉴定意见。

第十七条　对于法律适用、当事人责任划分等非专门性问题，或者虽然属于专门性问题，但可以通过法庭调查、勘验等其他方式查明的，人民法院不予委托鉴定。

第十八条　鉴定人需要邀请其他机构、人员完成部分鉴定事项的，应当向人民法院提出申请。

人民法院经审查认为确有必要的，在听取双方当事人意见后，可以准许，并告知鉴定人对最终鉴定意见承担法律责任；主要鉴定事项由其他机构、人员实施的，人民法院不予准许。

第十九条　未经人民法院准许，鉴定人邀请其他机构、人员完成部分鉴定事项的，鉴定意见不得作为认定案件事实的根据。

前款情形，当事人申请退还鉴定费用的，人民法院应当在三日内作出裁定，责令鉴定人退还；拒不退还的，由人民法院依法执行。

第二十条　鉴定人提供虚假鉴定意见的，该鉴定意见不得作为认定案件事实的根据。人民法院可以依照民事诉讼法第一百一十四条的规定进行处理。

鉴定事项由其他机构、人员完成，其他机构、人员提供虚假鉴定意见的，按照前款规定处理。

第二十一条　因没有鉴定标准、成熟的鉴定方法、相应资格的鉴定人等原因无法进行鉴定，或者鉴定周期过长、费用过高的，人民法院可以结合案件有关事实、当事人申请的有专门知识的人的意见和其他证据，对涉及专门性问题的事实作出认定。

第二十二条　当事人申请有专门知识的人出庭，就鉴定意见或者污染物认定、损害结果、因果关系、生态环境修复方案、生态环境修复费用、生态环境受到损害至修复完成期间服务功能丧失导致的损失、生态环境功能永久性损害造成的损失等专业问题提出意见的，人民法院可以准许。

对方当事人以有专门知识的人不具备相应资格为由提出异议的，人民法院对该异议不予支持。

第二十三条　当事人就环境污染、生态破坏的专门性问题自行委托有关机构、人员出具的意见，人民法院应当结合本案的其他证据，审查确定能否作为认定案件事实的根据。

对方当事人对该意见有异议的，人民法院应当告知提供意见的当事人可以申请出具意见的机构或者人员出庭陈述意见；未出庭的，该意见不得作为认定案件事实的根据。

第二十四条　负有环境资源保护监督管理职责的部门在其职权范围内制作的处罚决定等文书所记载的事项推定为真实，但有相反证据足以推翻的除外。

人民法院认为有必要的，可以依职权对上述文书的真实性进行调查核实。

第二十五条　负有环境资源保护监督管理职责的部门及其所属或者委托的监测机构在行政执法过程中收集的监测数据、形成的事件调查报告、检验检测报告、评估报告等材料，以及公安机关单独或者会同负有环境资源保护监督管理职责的部门提取样品进行检测获取的数据，经当事人质证，可以作为认定案件事实的根据。

第二十六条　对于证明环境污染、生态破坏案件事实有重要意义的书面文件、数据信息或者录音、录像等证据在对方当事人控制之下的，承担举证责任的当事人可以根据《最高人民法院关于适用〈中华人民共和国民事诉讼法〉的解释》第一百一十二条的规定，书面申请人民法院责令对方当事人提交。

第二十七条　承担举证责任的当事人申请人民法院责令对方当事人提交证据的，应当提供有关证据的名称、主要内容、制作人、制作时间或者其他可以将有关证据特定化的信息。根据申请人提供的信息不能使证据特定化的，人民法院不予准许。

人民法院应当结合申请人是否参与证据形成过程、是否接触过该证据等因素，综合判断其提供的信息是否达到证据特定化的要求。

第二十八条　承担举证责任的当事人申请人民法院责令对方当事人提交证据的，应当提出证据由对方当事人控制的依据。对方当事人否认控制有关证据的，人民法院应当根据法律规定、当事人约定、交易习惯等因素，结合案件的事实、证据作出判断。

有关证据虽未由对方当事人直接持有，但在其控制范围之内，其获取不存在客观障碍的，人民法院应当认定有关证据由其控制。

第二十九条　法律、法规、规章规定当事人应当披露或者持有的关于其排放的主要污染物名称、排放方式、排放浓度和总量、超标排放情况、防治污染设施的建设和运行情况、生态环境开发利用情况、生态环境违法信息等环境信息，属于《最高人民法院关于民事诉讼证据的若干规定》第四十七条第一款第三项规定的“对方当事人依照法律规定有权查阅、获取的书证”。

第三十条　在环境污染责任纠纷、生态破坏责任纠纷案件中，损害事实成立，但人身、财产损害赔偿数额难以确定的，人民法院可以结合侵权行为对原告造成损害的程度、被告因侵权行为获得的利益以及过错程度等因素，并可以参考负有环境资源保护监督管理职责的部门的意见等，合理确定。

第三十一条 在生态环境保护民事公益诉讼案件中，损害事实成立，但生态环境修复费用、生态环境受到损害至修复完成期间服务功能丧失导致的损失、生态环境功能永久性损害造成的损失等数额难以确定的，人民法院可以根据污染环境、破坏生态的范围和程度等已查明的案件事实，结合生态环境及其要素的稀缺性、生态环境恢复的难易程度、防治污染设备的运行成本、被告因侵权行为获得的利益以及过错程度等因素，并可以参考负有环境资源保护监督管理职责的部门的意见等，合理确定。

第三十二条 本规定未作规定的，适用《最高人民法院关于民事诉讼证据的若干规定》。

第三十三条 人民法院审理人民检察院提起的环境污染民事公益诉讼案件、生态破坏民事公益诉讼案件，参照适用本规定。

第三十四条 本规定自 2023 年 9 月 1 日起施行。

本规定公布施行后，最高人民法院以前发布的司法解释与本规定不一致的，不再适用。

最高人民法院、最高人民检察院关于办理环境污染刑事案件适用法律若干问题的解释

（2023 年 3 月 27 日最高人民法院审判委员会第 1882 次会议、2023 年 7 月 27 日最高人民检察院第十四届检察委员会第十次会议通过，2023 年 8 月 8 日公布，自 2023 年 8 月 15 日起施行）

为依法惩治环境污染犯罪，根据《中华人民共和国刑法》、《中华人民共和国刑事诉讼法》、《中华人民共和国环境保护法》等法律的有关规定，现就办理此类刑事案件适用法律的若干问题解释如下：

第一条 实施刑法第三百三十八条规定的行为，具有下列情形之一的，应当认定为“严重污染环境”：

（一）在饮用水水源保护区、自然保护地核心保护区等依法确定的重点保护区域排放、倾倒、处置有放射性的废物、含传染病病原体的废物、有毒物质的；

（二）非法排放、倾倒、处置危险废物三吨以上的；

（三）排放、倾倒、处置含铅、汞、镉、铬、砷、铊、锑的污染物，超过国家或者地方污染物排放标准三倍以上的；

（四）排放、倾倒、处置含镍、铜、锌、银、钒、锰、钴的污染物，超过国家或者地方污染物排放标准十倍以上的；

（五）通过暗管、渗井、渗坑、裂隙、溶洞、灌注、非紧急情况下开启大气应急排放通道等逃避监管的方式排放、倾倒、处置有放射性的废物、含传染病病原体的废物、有毒物质的；

（六）二年内曾因在重污染天气预警期间，违反国家规定，超标排放二氧化硫、氮氧化物等实行排放总量控制的大气污染物受

过二次以上行政处罚，又实施此类行为的；

（七）重点排污单位、实行排污许可重点管理的单位篡改、伪造自动监测数据或者干扰自动监测设施，排放化学需氧量、氨氮、二氧化硫、氮氧化物等污染物的；

（八）二年内曾因违反国家规定，排放、倾倒、处置有放射性的废物、含传染病病原体的废物、有毒物质受过二次以上行政处罚，又实施此类行为的；

（九）违法所得或者致使公私财产损失三十万元以上的；

（十）致使乡镇集中式饮用水水源取水中断十二小时以上的；

（十一）其他严重污染环境的情形。

第二条　实施刑法第三百三十八条规定的行为，具有下列情形之一的，应当认定为“情节严重”：

（一）在饮用水水源保护区、自然保护地核心保护区等依法确定的重点保护区域排放、倾倒、处置有放射性的废物、含传染病病原体的废物、有毒物质，造成相关区域的生态功能退化或者野生生物资源严重破坏的；

（二）向国家确定的重要江河、湖泊水域排放、倾倒、处置有放射性的废物、含传染病病原体的废物、有毒物质，造成相关水域的生态功能退化或者水生生物资源严重破坏的；

（三）非法排放、倾倒、处置危险废物一百吨以上的；

（四）违法所得或者致使公私财产损失一百万元以上的；

（五）致使县级城区集中式饮用水水源取水中断十二小时以上的；

（六）致使永久基本农田、公益林地十亩以上，其他农用地二十亩以上，其他土地五十亩以上基本功能丧失或者遭受永久性破坏的；

（七）致使森林或者其他林木死亡五十立方米以上，或者幼树死亡二千五百株以上的；

（八）致使疏散、转移群众五千人以上的；

（九）致使三十人以上中毒的；

（十）致使一人以上重伤、严重疾病或者三人以上轻伤的；

（十一）其他情节严重的情形。

第三条　实施刑法第三百三十八条规定的行为，具有下列情形之一的，应当处七年以上有期徒刑，并处罚金：

（一）在饮用水水源保护区、自然保护地核心保护区等依法确定的重点保护区域排放、倾倒、处置有放射性的废物、含传染病病原体的废物、有毒物质，具有下列情形之一的：

1. 致使设区的市级城区集中式饮用水水源取水中断十二小时以上的；

2. 造成自然保护地主要保护的生态系统严重退化，或者主要保护的自然景观损毁的；

3. 造成国家重点保护的野生动植物资源或者国家重点保护物种栖息地、生长环境严重破坏的；

4. 其他情节特别严重的情形。

（二）向国家确定的重要江河、湖泊水域排放、倾倒、处置有放射性的废物、含传染病病原体的废物、有毒物质，具有下列情形之一的：

1. 造成国家确定的重要江河、湖泊水域生态系统严重退化的；

2. 造成国家重点保护的野生动植物资源严重破坏的；

3. 其他情节特别严重的情形。

（三）致使永久基本农田五十亩以上基本功能丧失或者遭受永久性破坏的；

（四）致使三人以上重伤、严重疾病，或者一人以上严重残疾、死亡的。

第四条　实施刑法第三百三十九条第一款规定的行为，具有下列情形之一的，应当认定为“致使公私财产遭受重大损失或者严重危害人体健康”：

（一）致使公私财产损失一百万元以上的；

（二）具有本解释第二条第五项至第十项规定情形之一的；

（三）其他致使公私财产遭受重大损失或者严重危害人体健康的情形。

第五条 实施刑法第三百三十八条、第三百三十九条规定的犯罪行为，具有下列情形之一的，应当从重处罚：

（一）阻挠环境监督检查或者突发环境事件调查，尚不构成妨害公务等犯罪的；

（二）在医院、学校、居民区等人口集中地区及其附近，违反国家规定排放、倾倒、处置有放射性的废物、含传染病病原体的废物、有毒物质或者其他有害物质的；

（三）在突发环境事件处置期间或者被责令限期整改期间，违反国家规定排放、倾倒、处置有放射性的废物、含传染病病原体的废物、有毒物质或者其他有害物质的；

（四）具有危险废物经营许可证的企业违反国家规定排放、倾倒、处置有放射性的废物、含传染病病原体的废物、有毒物质或者其他有害物质的；

（五）实行排污许可重点管理的企业事业单位和其他生产经营者未依法取得排污许可证，排放、倾倒、处置有放射性的废物、含传染病病原体的废物、有毒物质或者其他有害物质的。

第六条 实施刑法第三百三十八条规定的行为，行为人认罪认罚，积极修复生态环境，有效合规整改的，可以从宽处罚；犯罪情节轻微的，可以不起诉或者免予刑事处罚；情节显著轻微危害不大的，不作为犯罪处理。

第七条 无危险废物经营许可证从事收集、贮存、利用、处置危险废物经营活动，严重污染环境的，按照污染环境罪定罪处罚；同时构成非法经营罪的，依照处罚较重的规定定罪处罚。

实施前款规定的行为，不具有超标排放污染物、非法倾倒污染物或者其他违法造成环境污染的情形的，可以认定为非法经营情节显著轻微危害不大，不认为是犯罪；构成生产、销售伪劣产品等其他犯罪的，以其他犯罪论处。

第八条 明知他人无危险废物经营许可证，向其提供或者委托其收集、贮存、利用、处置危险废物，严重污染环境的，以共同犯罪论处。

第九条 违反国家规定，排放、倾倒、处置含有毒害性、放射性、传染病病原体等物质的污染物，同时构成污染环境罪、非法处置进口的固体废物罪、投放危险物质罪等犯罪的，依照处罚较重的规定定罪处罚。

第十条 承担环境影响评价、环境监测、温室气体排放检验检测、排放报告编制或者核查等职责的中介组织的人员故意提供虚假证明文件，具有下列情形之一的，应当认定为刑法第二百二十九条第一款规定的“情节严重”：

（一）违法所得三十万元以上的；

（二）二年内曾因提供虚假证明文件受过二次以上行政处罚，又提供虚假证明文件的；

（三）其他情节严重的情形。

实施前款规定的行为，在涉及公共安全的重大工程、项目中提供虚假的环境影响评价等证明文件，致使公共财产、国家和人民利益遭受特别重大损失的，应当依照刑法第二百二十九条第一款的规定，处五年以上十年以下有期徒刑，并处罚金。

实施前两款规定的行为，同时索取他人财物或者非法收受他人财物构成犯罪的，依照处罚较重的规定定罪处罚。

第十一条 违反国家规定，针对环境质量监测系统实施下列行为，或者强令、指使、授意他人实施下列行为，后果严重的，应当依照刑法第二百八十六条的规定，以破坏计算机信息系统罪定罪处罚：

（一）修改系统参数或者系统中存储、处理、传输的监测数据的；

（二）干扰系统采样，致使监测数据因系统不能正常运行而严重失真的；

（三）其他破坏环境质量监测系统的行为。

重点排污单位、实行排污许可重点管理的单位篡改、伪造自动监测数据或者干扰自动监测设施，排放化学需氧量、氨氮、二氧化硫、氮氧化物等污染物，同时构成污染环境罪和破坏计算机信息系统罪的，依照处罚较重的规定定罪处罚。

从事环境监测设施维护、运营的人员实施或者参与实施篡改、伪造自动监测数据、干扰自动监测设施、破坏环境质量监测系统等行为的，依法从重处罚。

第十二条　对于实施本解释规定的相关行为被不起诉或者免予刑事处罚的行为人，需要给予行政处罚、政务处分或者其他处分的，依法移送有关主管机关处理。有关主管机关应当将处理结果及时通知人民检察院、人民法院。

第十三条　单位实施本解释规定的犯罪的，依照本解释规定的定罪量刑标准，对直接负责的主管人员和其他直接责任人员定罪处罚，并对单位判处罚金。

第十四条　环境保护主管部门及其所属监测机构在行政执法过程中收集的监测数据，在刑事诉讼中可以作为证据使用。

公安机关单独或者会同环境保护主管部门，提取污染物样品进行检测获取的数据，在刑事诉讼中可以作为证据使用。

第十五条　对国家危险废物名录所列的废物，可以依据涉案物质的来源、产生过程、被告人供述、证人证言以及经批准或者备案的环境影响评价文件、排污许可证、排污登记表等证据，结合环境保护主管部门、公安机关等出具的书面意见作出认定。

对于危险废物的数量，依据案件事实，综合被告人供述，涉案企业的生产工艺、物耗、能耗情况，以及经批准或者备案的环境影响评价文件等证据作出认定。

第十六条　对案件所涉的环境污染专门性问题难以确定的，依据鉴定机构出具的鉴定意见，或者国务院环境保护主管部门、公安部门指定的机构出具的报告，结合其他证据作出认定。

第十七条　下列物质应当认定为刑法第三百三十八条规定的“有毒物质”：

（一）危险废物，是指列入国家危险废物名录，或者根据国家规定的危险废物鉴别标准和鉴别方法认定的，具有危险特性的固体废物；

（二）《关于持久性有机污染物的斯德哥尔摩公约》附件所列物质；

（三）重金属含量超过国家或者地方污染物排放标准的污染物；

（四）其他具有毒性，可能污染环境的物质。

第十八条　无危险废物经营许可证，以营利为目的，从危险废物中提取物质作为原材料或者燃料，并具有超标排放污染物、非法倾倒污染物或者其他违法造成环境污染的情形的行为，应当认定为“非法处置危险废物”。

第十九条　本解释所称“二年内”，以第一次违法行为受到行政处罚的生效之日与又实施相应行为之日的时间间隔计算确定。

本解释所称“重点排污单位”，是指设区的市级以上人民政府环境保护主管部门依法确定的应当安装、使用污染物排放自动监测设备的重点监控企业及其他单位。

本解释所称“违法所得”，是指实施刑法第二百二十九条、第三百三十八条、第三百三十九条规定的行为所得和可得的全部违法收入。

本解释所称“公私财产损失”，包括实施刑法第三百三十八条、第三百三十九条规定的行为直接造成财产损毁、减少的实际价值，为防止污染扩大、消除污染而采取必要合理措施所产生的费用，以及处置突发环境事件的应急监测费用。

本解释所称“无危险废物经营许可证”，是指未取得危险废物经营许可证，或者超出危险废物经营许可证的经营范围。

第二十条 本解释自2023年8月15日起施行。本解释施行后，《最高人民法院、最高人民检察院关于办理环境污染刑事案件适用法律若干问题的解释》（法释〔2016〕29号）同时废止；之前发布的司法解释与本解释不一致的，以本解释为准。

中华人民共和国自然保护区条例

（1994年10月9日中华人民共和国国务院令第167号发布，根据2011年1月8日国务院令第588号《国务院关于废止和修改部分行政法规的决定》修订，根据2017年10月7日国务院令第687号《国务院关于修改部分行政法规的决定》第二次修订）

第一章 总 则

第一条 为了加强自然保护区的建设和管理，保护自然环境和自然资源，制定本条例。

第二条 本条例所称自然保护区，是指对有代表性的自然生态系统、珍稀濒危野生动植物物种的天然集中分布区、有特殊意义的自然遗迹等保护对象所在的陆地、陆地水体或者海域，依法划出一定面积予以特殊保护和管理的区域。

第三条 凡在中华人民共和国领域和中华人民共和国管辖的其他海域内建设和管理自然保护区，必须遵守本条例。

第四条 国家采取有利于发展自然保护区的经济、技术政策和措施，将自然保护区的发展规划纳入国民经济和社会发展计划。

第五条 建设和管理自然保护区，应当妥善处理与当地经济建设和居民生产、生活的关系。

第六条 自然保护区管理机构或者其行政主管部门可以接受国内外组织和个人的捐赠，用于自然保护区的建设和管理。

第七条 县级以上人民政府应当加强对自然保护区工作的领导。

一切单位和个人都有保护自然保护区内自然环境和自然资源的义务，并有权对破坏、侵占自然保护区的单位和个人进行检举、控告。

第八条 国家对自然保护区实行综合管理与分部门管理相结合的管理体制。

国务院环境保护行政主管部门负责全国自然保护区的综合管理。

国务院林业、农业、地质矿产、水利、海洋等有关行政主管部门在各自的职责范围内，主管有关的自然保护区。

县级以上地方人民政府负责自然保护区管理的部门的设置和职责，由省、自治区、直辖市人民政府根据当地具体情况确定。

第九条 对建设、管理自然保护区以及在有关的科学研究中做出显著成绩的单位和个人，由人民政府给予奖励。

第二章 自然保护区的建设

第十条 凡具有下列条件之一的，应当建立自然保护区：

（一）典型的自然地理区域、有代表性的自然生态系统区域以及已经遭受破坏但经保护能够恢复的同类自然生态系统区域；

（二）珍稀、濒危野生动植物物种的天

然集中分布区域；

（三）具有特殊保护价值的海域、海岸、岛屿、湿地、内陆水域、森林、草原和荒漠；

（四）具有重大科学文化价值的地质构造、著名溶洞、化石分布区、冰川、火山、温泉等自然遗迹；

（五）经国务院或者省、自治区、直辖市人民政府批准，需要予以特殊保护的其他自然区域。

第十一条　自然保护区分为国家级自然保护区和地方级自然保护区。

在国内外有典型意义、在科学上有重大国际影响或者有特殊科学研究价值的自然保护区，列为国家级自然保护区。

除列为国家级自然保护区的外，其他具有典型意义或者重要科学研究价值的自然保护区列为地方级自然保护区。地方级自然保护区可以分级管理，具体办法由国务院有关自然保护区行政主管部门或者省、自治区、直辖市人民政府根据实际情况规定，报国务院环境保护行政主管部门备案。

第十二条　国家级自然保护区的建立，由自然保护区所在的省、自治区、直辖市人民政府或者国务院有关自然保护区行政主管部门提出申请，经国家级自然保护区评审委员会评审后，由国务院环境保护行政主管部门进行协调并提出审批建议，报国务院批准。

地方级自然保护区的建立，由自然保护区所在的县、自治县、市、自治州人民政府或者省、自治区、直辖市人民政府有关自然保护区行政主管部门提出申请，经地方级自然保护区评审委员会评审后，由省、自治区、直辖市人民政府环境保护行政主管部门进行协调并提出审批建议，报省、自治区、直辖市人民政府批准，并报国务院环境保护行政主管部门和国务院有关自然保护区行政主管部门备案。

跨两个以上行政区域的自然保护区的建立，由有关行政区域的人民政府协商一致后提出申请，并按照前两款规定的程序审批。

建立海上自然保护区，须经国务院批准。

第十三条　申请建立自然保护区，应当按照国家有关规定填报建立自然保护区申报书。

第十四条　自然保护区的范围和界线由批准建立自然保护区的人民政府确定，并标明区界，予以公告。

确定自然保护区的范围和界线，应当兼顾保护对象的完整性和适度性，以及当地经济建设和居民生产、生活的需要。

第十五条　自然保护区的撤销及其性质、范围、界线的调整或者改变，应当经原批准建立自然保护区的人民政府批准。

任何单位和个人，不得擅自移动自然保护区的界标。

第十六条　自然保护区按照下列方法命名：

国家级自然保护区：自然保护区所在地地名加“国家级自然保护区”。

地方级自然保护区：自然保护区所在地地名加“地方级自然保护区”。

有特殊保护对象的自然保护区，可以在自然保护区所在地地名后加特殊保护对象的名称。

第十七条　国务院环境保护行政主管部门应当会同国务院有关自然保护区行政主管部门，在对全国自然环境和自然资源状况进行调查和评价的基础上，拟订国家自然保护区发展规划，经国务院计划部门综合平衡后，报国务院批准实施。

自然保护区管理机构或者该自然保护区行政主管部门应当组织编制自然保护区的建设规划，按照规定的程序纳入国家的、地方的或者部门的投资计划，并组织实施。

第十八条　自然保护区可以分为核心区、缓冲区和实验区。

自然保护区内保存完好的天然状态的生

态系统以及珍稀、濒危动植物的集中分布地，应当划为核心区，禁止任何单位和个人进入；除依照本条例第二十七条的规定经批准外，也不允许进入从事科学研究活动。

核心区外围可以划定一定面积的缓冲区，只准进入从事科学研究观测活动。

缓冲区外围划为实验区，可以进入从事科学试验、教学实习、参观考察、旅游以及驯化、繁殖珍稀、濒危野生动植物等活动。

原批准建立自然保护区的人民政府认为必要时，可以在自然保护区的外围划定一定面积的外围保护地带。

第三章 自然保护区的管理

第十九条 全国自然保护区管理的技术规范和标准，由国务院环境保护行政主管部门组织国务院有关自然保护区行政主管部门制定。

国务院有关自然保护区行政主管部门可以按照职责分工，制定有关类型自然保护区管理的技术规范，报国务院环境保护行政主管部门备案。

第二十条 县级以上人民政府环境保护行政主管部门有权对本行政区域内各类自然保护区的管理进行监督检查；县级以上人民政府有关自然保护区行政主管部门有权对其主管的自然保护区的管理进行监督检查。被检查的单位应当如实反映情况，提供必要的资料。检查者应当为被检查的单位保守技术秘密和业务秘密。

第二十一条 国家级自然保护区，由其所在地的省、自治区、直辖市人民政府有关自然保护区行政主管部门或者国务院有关自然保护区行政主管部门管理。地方级自然保护区，由其所在地的县级以上地方人民政府有关自然保护区行政主管部门管理。

有关自然保护区行政主管部门应当在自然保护区内设立专门的管理机构，配备专业技术人员，负责自然保护区的具体管理工作。

第二十二条 自然保护区管理机构的主要职责是：

（一）贯彻执行国家有关自然保护的法律、法规和方针、政策；

（二）制定自然保护区的各项管理制度，统一管理自然保护区；

（三）调查自然资源并建立档案，组织环境监测，保护自然保护区内的自然环境和自然资源；

（四）组织或者协助有关部门开展自然保护区的科学研究工作；

（五）进行自然保护的宣传教育；

（六）在不影响保护自然保护区的自然环境和自然资源的前提下，组织开展参观、旅游等活动。

第二十三条 管理自然保护区所需经费，由自然保护区所在地的县级以上地方人民政府安排。国家对国家级自然保护区的管理，给予适当的资金补助。

第二十四条 自然保护区所在地的公安机关，可以根据需要在自然保护区设置公安派出机构，维护自然保护区内的治安秩序。

第二十五条 在自然保护区内的单位、居民和经批准进入自然保护区的人员，必须遵守自然保护区的各项管理制度，接受自然保护区管理机构的管理。

第二十六条 禁止在自然保护区内进行砍伐、放牧、狩猎、捕捞、采药、开垦、烧荒、开矿、采石、挖沙等活动；但是，法律、行政法规另有规定的除外。

第二十七条 禁止任何人进入自然保护区的核心区。因科学研究的需要，必须进入核心区从事科学研究观测、调查活动的，应当事先向自然保护区管理机构提交申请和活动计划，并经自然保护区管理机构批准；其中，进入国家级自然保护区核心区的，应当经省、自治区、直辖市人民政府有关自然保护区行政主管部门批准。

自然保护区核心区内原有居民确有必要迁出的，由自然保护区所在地的地方人民政府予以妥善安置。

第二十八条　禁止在自然保护区的缓冲区开展旅游和生产经营活动。因教学科研的目的，需要进入自然保护区的缓冲区从事非破坏性的科学研究、教学实习和标本采集活动的，应当事先向自然保护区管理机构提交申请和活动计划，经自然保护区管理机构批准。

从事前款活动的单位和个人，应当将其活动成果的副本提交自然保护区管理机构。

第二十九条　在自然保护区的实验区内开展参观、旅游活动的，由自然保护区管理机构编制方案，方案应当符合自然保护区管理目标。

在自然保护区组织参观、旅游活动的，应当严格按照前款规定的方案进行，并加强管理；进入自然保护区参观、旅游的单位和个人，应当服从自然保护区管理机构的管理。

严禁开设与自然保护区保护方向不一致的参观、旅游项目。

第三十条　自然保护区的内部未分区的，依照本条例有关核心区和缓冲区的规定管理。

第三十一条　外国人进入自然保护区，应当事先向自然保护区管理机构提交活动计划，并经自然保护区管理机构批准；其中，进入国家级自然保护区的，应当经省、自治区、直辖市环境保护、海洋、渔业等有关自然保护区行政主管部门按照各自职责批准。

进入自然保护区的外国人，应当遵守有关自然保护区的法律、法规和规定，未经批准，不得在自然保护区内从事采集标本等活动。

第三十二条　在自然保护区的核心区和缓冲区内，不得建设任何生产设施。在自然保护区的实验区内，不得建设污染环境、破坏资源或者景观的生产设施；建设其他项目，其污染物排放不得超过国家和地方规定的污染物排放标准。在自然保护区的实验区内已经建成的设施，其污染物排放超过国家和地方规定的排放标准的，应当限期治理；造成损害的，必须采取补救措施。

在自然保护区的外围保护地带建设的项目，不得损害自然保护区内的环境质量；已造成损害的，应当限期治理。

限期治理决定由法律、法规规定的机关作出，被限期治理的企业事业单位必须按期完成治理任务。

第三十三条　因发生事故或者其他突然性事件，造成或者可能造成自然保护区污染或者破坏的单位和个人，必须立即采取措施处理，及时通报可能受到危害的单位和居民，并向自然保护区管理机构、当地环境保护行政主管部门和自然保护区行政主管部门报告，接受调查处理。

第四章　法律责任

第三十四条　违反本条例规定，有下列行为之一的单位和个人，由自然保护区管理机构责令其改正，并可以根据不同情节处以100元以上5000元以下的罚款：

（一）擅自移动或者破坏自然保护区界标的；

（二）未经批准进入自然保护区或者在自然保护区内不服从管理机构管理的；

（三）经批准在自然保护区的缓冲区内从事科学研究、教学实习和标本采集的单位和个人，不向自然保护区管理机构提交活动成果副本的。

第三十五条　违反本条例规定，在自然保护区进行砍伐、放牧、狩猎、捕捞、采药、开垦、烧荒、开矿、采石、挖沙等活动的单位和个人，除可以依照有关法律、行政法规规定给予处罚的以外，由县级以上人民政府有关自然保护区行政主管部门或者其授权的自然保护区管理机构没收违法所得，责令停止违法行为，限期恢复原状或者采取其他补救措施；对自然保护区造成破坏的，可以处以300元以上1万元以下的罚款。

第三十六条　自然保护区管理机构违反本条例规定，拒绝环境保护行政主管部门或者有关自然保护区行政主管部门监督检查，或者在被检查时弄虚作假的，由县级以上人民政府环境保护行政主管部门或者有关自然保护区行政主管部门给予 300 元以上 3000 元以下的罚款。

第三十七条 自然保护区管理机构违反本条例规定，有下列行为之一的，由县级以上人民政府有关自然保护区行政主管部门责令限期改正；对直接责任人员，由其所在单位或者上级机关给予行政处分：

（一）开展参观、旅游活动未编制方案或者编制的方案不符合自然保护区管理目标的；

（二）开设与自然保护区保护方向不一致的参观、旅游项目的；

（三）不按照编制的方案开展参观、旅游活动的；

（四）违法批准人员进入自然保护区的核心区，或者违法批准外国人进入自然保护区的；

（五）有其他滥用职权、玩忽职守、徇私舞弊行为的。

第三十八条 违反本条例规定，给自然保护区造成损失的，由县级以上人民政府有关自然保护区行政主管部门责令赔偿损失。

第三十九条 妨碍自然保护区管理人员执行公务的，由公安机关依照《中华人民共和国治安管理处罚法》的规定给予处罚；情节严重，构成犯罪的，依法追究刑事责任。

第四十条 违反本条例规定，造成自然保护区重大污染或者破坏事故，导致公私财产重大损失或者人身伤亡的严重后果，构成犯罪的，对直接负责的主管人员和其他直接责任人员依法追究刑事责任。

第四十一条 自然保护区管理人员滥用职权、玩忽职守、徇私舞弊，构成犯罪的，依法追究刑事责任；情节轻微，尚不构成犯罪的，由其所在单位或者上级机关给予行政处分。

第五章 附 则

第四十二条 国务院有关自然保护区行政主管部门可以根据本条例，制定有关类型自然保护区的管理办法。

第四十三条 各省、自治区、直辖市人民政府可以根据本条例，制定实施办法。

第四十四条 本条例自 1994 年 12 月 1 日起施行。

国家公园管理暂行办法

（2022 年 6 月 1 日 林保发〔2022〕64 号）

第一章 总 则

第一条 为加强国家公园建设管理，保持重要自然生态系统的原真性和完整性，维护生物多样性和生态安全，促进人与自然和谐共生，实现全民共享、世代传承，依据相关法律法规和党中央、国务院有关文件精神，制定本办法。

第二条 在中华人民共和国领域及管辖的其他海域开展国家公园规划建设、保护管理、公众服务、监督执法及相关活动，适用本办法。

第三条 本办法所称国家公园，是指由国家批准设立并主导管理，以保护具有国家代表性的自然生态系统为主要目的，实现自然资源科学保护和合理利用的特定陆域或者海域。

第四条 国家公园的建设管理应当坚持

保护第一、科学管理、合理利用、多方参与的原则。

第五条　国家林业和草原局（国家公园管理局）负责全国国家公园的监督管理工作。

各国家公园管理机构负责国家公园自然资源资产管理、生态保护修复、社会参与管理、科普宣教等工作。

第六条　国家林业和草原局（国家公园管理局）会同国家公园所在地省级人民政府建立局省联席会议机制，统筹协调国家公园保护管理工作。

省级林业和草原主管部门和国家公园管理机构可以商国家公园所在地市、县级人民政府，建立国家公园日常工作协作机制。

国家林业和草原局（国家公园管理局）和各国家公园管理机构可以建立咨询机制，广泛听取专家学者、企事业单位、社会组织、社会公众等的意见。

第七条　国家公园管理机构依职能负责国家公园建设管理资金预算编制、执行。严格依法依规使用各类资金，加强各类资金统筹使用，落实预算绩效管理，提升资金使用效益。

第二章　规划建设

第八条　国家林业和草原局（国家公园管理局）依据国土空间规划和国家公园设立标准，编制国家公园空间布局方案，按程序报批。

国家林业和草原局（国家公园管理局）根据经批准的国家公园空间布局方案，组织开展国家公园设立前期工作，编制设立方案，按程序报国务院审批。

第九条　国家公园范围划定应当坚持实事求是，开展充分调查和科学论证，从源头减少和解决空间矛盾冲突。

经批准设立的国家公园范围内不再保留或新设立其他类型的自然保护地。

国家林业和草原局（国家公园管理局）依据国务院批复的设立方案和国家有关规定，向社会公开国家公园范围边界、面积和管控分区。

第十条　国家公园管理机构应当配合国家公园所在地省级人民政府，自国家公园批准设立之日起一年内，根据国务院批准的国家公园范围边界，完成国家公园勘界立标。

国家公园管理机构应当配合不动产登记机构将国家公园作为独立自然资源登记单元，依法依规对国家公园内的自然资源进行统一确权登记。

第十一条　国家公园总体规划应当自批准设立之日起一年内编制完成。

国家公园管理机构可以根据国家公园总体规划，编制生态保护修复、生态旅游、自然教育等专项规划或实施方案，并按程序报批后组织实施。

国家林业和草原局（国家公园管理局）定期组织对国家公园总体规划和专项规划的实施情况开展评估。确需调整总体规划和专项规划的，应当报原审批机关批准。

第十二条　国家公园管理机构应按照国家公园总体规划组织实施相关建设活动，摸清保护、宣教及民生基础设施等本底情况，充分利用原有设施，建设和完善必要的保护、管理、服务和应急等设施。

第十三条　国家公园范围内的保护、宣教及民生基础设施等建设项目应当遵循绿色营建理念，与自然景观和文化特色相协调，其选址、规模、风格、施工等应当符合国家公园总体规划和管控要求，采取必要措施消减对自然、人文资源和生态系统的不利影响，并依法依规办理相关手续。

第十四条　国家公园管理机构应当会同国家公园所在地县级以上地方人民政府加强对国家公园周边建设项目的监督管理，相关项目建设不得损害国家公园内的生态系统和环境质量；造成损害的，应当限期整改。

第十五条　国家公园管理机构应当充分

运用现代化技术手段，提高管理和服务效能，推动国家公园实现智慧管理和服务。

第三章 保护管理

第十六条 国家公园应当根据功能定位进行合理分区，划为核心保护区和一般控制区，实行分区管控。

国家公园范围内自然生态系统保存完整、代表性强，核心资源集中分布，或者生态脆弱需要休养生息的区域应当划为核心保护区。国家公园核心保护区以外的区域划为一般控制区。

第十七条 国家公园核心保护区原则上禁止人为活动。国家公园管理机构在确保主要保护对象和生态环境不受损害的情况下，可以按照有关法律法规政策，开展或者允许开展下列活动：

（一）管护巡护、调查监测、防灾减灾、应急救援等活动及必要的设施修筑，以及因有害生物防治、外来物种入侵等开展的生态修复、病虫害动植物清理等活动；

（二）暂时不能搬迁的原住居民，可以在不扩大现有规模的前提下，开展生活必要的种植、放牧、采集、捕捞、养殖等生产活动，修缮生产生活设施；

（三）国家特殊战略、国防和军队建设、军事行动等需要修筑设施、开展调查和勘查等相关活动；

（四）国务院批准的其他活动。

第十八条 国家公园一般控制区禁止开发性、生产性建设活动，国家公园管理机构在确保生态功能不造成破坏的情况下，可以按照有关法律法规政策，开展或者允许开展下列有限人为活动：

（一）核心保护区允许开展的活动；

（二）因国家重大能源资源安全需要开展的战略性能源资源勘查，公益性自然资源调查和地质勘查；

（三）自然资源、生态环境监测和执法，包括水文水资源监测及涉水违法事件的查处等，灾害防治和应急抢险活动；

（四）经依法批准进行的非破坏性科学研究观测、标本采集；

（五）经依法批准的考古调查发掘和文物保护活动；

（六）不破坏生态功能的生态旅游和相关的必要公共设施建设；

（七）必须且无法避让、符合县级以上国土空间规划的线性基础设施建设、防洪和供水设施建设与运行维护；

（八）重要生态修复工程，在严格落实草畜平衡制度要求的前提下开展适度放牧，以及在集体和个人所有的人工商品林内开展必要的经营；

（九）法律、行政法规规定的其他活动。

第十九条 国家公园管理机构应当按照依法、自愿、有偿的原则，探索通过租赁、合作、设立保护地役权等方式对国家公园内集体所有土地及其附属资源实施管理，在确保维护产权人权益前提下，探索通过赎买、置换等方式将集体所有商品林或其他集体资产转为全民所有自然资源资产，实现统一保护。

第二十条 国家公园管理机构应当组织对国家公园内自然资源、人文资源和经济社会状况等开展调查监测和统计分析，形成本底资源数据库。

第二十一条 国家林业和草原局（国家公园管理局）会同国务院有关部门建立自然资源统一调查监测评价体系，掌握国家公园内自然资源、生态状况、人类活动等现状及动态变化情况，定期将变化点位推送国家公园管理机构进行核实。

第二十二条 国家公园内退化自然生态系统修复、生态廊道连通、重要栖息地恢复等生态修复活动应当坚持自然恢复为主，确有必要开展人工修复活动的，应当经科学论证。

第二十三条 国家公园管理机构应当建

立巡护巡查制度，组织专业巡护队伍，开展日常巡查工作，及时掌握人类活动和资源动态变化情况。

第二十四条　国家公园管理机构应当加强国家公园科研能力建设，组织开展生态保护和修复、文化传承、生态旅游、风险管控和生态监测等科学技术的研究、推广和应用。

第二十五条　国家公园管理机构应当配合所在地县级以上地方人民政府清理规范国家公园区域内不符合管控要求的矿业权、水电开发等项目，落实矛盾冲突处置方案，通过分类处置方式有序退出。

第二十六条　国家公园管理机构应当依法履行森林草原防火、防灾减灾、安全生产责任，建立防灾减灾和应急保障机制，组建专业队伍，制定突发事件应急预案，预防和应对各类自然灾害。

第二十七条　国家公园管理机构应当会同国家公园所在地县级以上地方人民政府防控国家公园内野生动物致害，依法对受法律法规保护的野生动物造成的人员伤亡、农作物或其他财产损失开展野生动物致害补偿。

第四章　公众服务

第二十八条　国家公园管理机构根据国家公园总体规划和专项规划，立足全民公益性的国家公园理念，为全社会提供优质生态产品，以及科研、教育、文化、生态旅游等公众服务。

第二十九条　国家公园管理机构应当开展国家公园国际合作交流、科普宣教等工作，引导群众性自治组织、社会组织、企事业单位、志愿者等开展宣传教育活动。

第三十条　国家公园管理机构应当建立科研、教育培训平台，在确保严格保护的前提下，为高等院校、科研单位和社会组织开展科学研究、教学实习、人才培养提供便利。

第三十一条　国家公园管理机构应当划定适当区域，设置宣教场所，建设多元化的标识、展示和解说系统，培养自然教育人才队伍，组织开展科普和宣传教育活动。

第三十二条　国家公园管理机构应当按照总体规划确定的区域、访客容量和路线，建设必要的公共服务设施，完善生态旅游服务体系，探索建立预约制度，严格控制开发利用强度，最大限度减少对生态环境的干扰。

国家公园管理机构应当为访客提供必要的救助服务，建设无障碍服务设施，并制定访客安全保障制度，配合所在地人民政府开展突发事件应对工作。

第三十三条　国家公园管理机构应当建立国家公园综合信息平台，依法向社会公众提供自然资源、保护管理、科研监测、自然教育、生态旅游等信息服务。

第三十四条　国家公园管理机构应当引导和规范原住居民从事环境友好型经营活动，践行公民生态环境行为规范，支持和传承传统文化及人地和谐的生态产业模式。完善生态管护岗位选聘机制，优先安排国家公园内及其周边社区原住居民参与生态管护、生态监测等工作。

国家公园周边社区建设应当与国家公园保护目标相协调。国家公园毗邻地区县级以上地方人民政府可以与国家公园管理机构签订合作协议，合理规划建设入口社区。

第三十五条　国家公园管理机构应当建立志愿服务机制，制定志愿者招募、培训、管理和激励的具体办法，鼓励和支持志愿者、志愿服务组织参与国家公园的保护、服务、宣传等工作。

第三十六条　国家林业和草原局（国家公园管理局）负责组织设计和发布中国国家公园标志，国家公园管理机构可以确定其管理的国家公园专用标志。

未经国家林业和草原局（国家公园管理局）同意，任何单位、组织和个人不得为商业目的使用中国国家公园标志。

第五章 监督执法

第三十七条 国家公园管理机构可以按照所在地省级人民政府授权履行自然资源、林业草原等领域相关执法职责。

支持公安机关、海警机构、生态环境综合执法机构等单位在国家公园设置派出机构，依法查处违法行为。

第三十八条 国家公园管理机构应当对破坏国家公园生态环境、自然资源和人文资源的违法违规行为予以制止。涉及重大违法违规活动的由国家林业和草原局（国家公园管理局）有关森林资源监督派出机构进行督办，涉及其他部门职责的，应当将问题线索及时移交相关部门。

第三十九条 国家公园管理机构应当建立健全社会监督机制，接受社会监督，保障社会公众的知情权、参与权、监督权。

公民、法人和其他组织有权依法对国家公园内的违法违规行为进行举报。

第六章 附　　则

第四十条 本办法由国家林业和草原局（国家公园管理局）负责解释。

第四十一条 本办法自发布之日起施行。

建设项目环境保护管理条例

（1998年11月29日中华人民共和国国务院令第253号发布，根据2017年7月16日《国务院关于修改〈建设项目环境保护管理条例〉的决定》修订）

第一章 总　　则

第一条 为了防止建设项目产生新的污染、破坏生态环境，制定本条例。

第二条 在中华人民共和国领域和中华人民共和国管辖的其他海域内建设对环境有影响的建设项目，适用本条例。

第三条 建设产生污染的建设项目，必须遵守污染物排放的国家标准和地方标准；在实施重点污染物排放总量控制的区域内，还必须符合重点污染物排放总量控制的要求。

第四条 工业建设项目应当采用能耗物耗小、污染物产生量少的清洁生产工艺，合理利用自然资源，防止环境污染和生态破坏。

第五条 改建、扩建项目和技术改造项目必须采取措施，治理与该项目有关的原有环境污染和生态破坏。

第二章 环境影响评价

第六条 国家实行建设项目环境影响评价制度。

第七条 国家根据建设项目对环境的影响程度，按照下列规定对建设项目的环境保护实行分类管理：

（一）建设项目对环境可能造成重大影响的，应当编制环境影响报告书，对建设项目产生的污染和对环境的影响进行全面、详细的评价；

（二）建设项目对环境可能造成轻度影响的，应当编制环境影响报告表，对建设项目产生的污染和对环境的影响进行分析或者专项评价；

（三）建设项目对环境影响很小，不需要进行环境影响评价的，应当填报环境影响登记表。

建设项目环境影响评价分类管理名录，由国务院环境保护行政主管部门在组织专家进行论证和征求有关部门、行业协会、企事业单位、公众等意见的基础上制定并公布。

第八条　建设项目环境影响报告书，应当包括下列内容：

（一）建设项目概况；

（二）建设项目周围环境现状；

（三）建设项目对环境可能造成影响的分析和预测；

（四）环境保护措施及其经济、技术论证；

（五）环境影响经济损益分析；

（六）对建设项目实施环境监测的建议；

（七）环境影响评价结论。

建设项目环境影响报告表、环境影响登记表的内容和格式，由国务院环境保护行政主管部门规定。

第九条　依法应当编制环境影响报告书、环境影响报告表的建设项目，建设单位应当在开工建设前将环境影响报告书、环境影响报告表报有审批权的环境保护行政主管部门审批；建设项目的环境影响评价文件未依法经审批部门审查或者审查后未予批准的，建设单位不得开工建设。

环境保护行政主管部门审批环境影响报告书、环境影响报告表，应当重点审查建设项目的环境可行性、环境影响分析预测评估的可靠性、环境保护措施的有效性、环境影响评价结论的科学性等，并分别自收到环境影响报告书之日起60日内、收到环境影响报告表之日起30日内，作出审批决定并书面通知建设单位。

环境保护行政主管部门可以组织技术机构对建设项目环境影响报告书、环境影响报告表进行技术评估，并承担相应费用；技术机构应当对其提出的技术评估意见负责，不得向建设单位、从事环境影响评价工作的单位收取任何费用。

依法应当填报环境影响登记表的建设项目，建设单位应当按照国务院环境保护行政主管部门的规定将环境影响登记表报建设项目所在地县级环境保护行政主管部门备案。

环境保护行政主管部门应当开展环境影响评价文件网上审批、备案和信息公开。

第十条　国务院环境保护行政主管部门负责审批下列建设项目环境影响报告书、环境影响报告表：

（一）核设施、绝密工程等特殊性质的建设项目；

（二）跨省、自治区、直辖市行政区域的建设项目；

（三）国务院审批的或者国务院授权有关部门审批的建设项目。

前款规定以外的建设项目环境影响报告书、环境影响报告表的审批权限，由省、自治区、直辖市人民政府规定。

建设项目造成跨行政区域环境影响，有关环境保护行政主管部门对环境影响评价结论有争议的，其环境影响报告书或者环境影响报告表由共同上一级环境保护行政主管部门审批。

第十一条　建设项目有下列情形之一的，环境保护行政主管部门应当对环境影响报告书、环境影响报告表作出不予批准的决定：

（一）建设项目类型及其选址、布局、规模等不符合环境保护法律法规和相关法定规划；

（二）所在区域环境质量未达到国家或者地方环境质量标准，且建设项目拟采取的措施不能满足区域环境质量改善目标管理要求；

（三）建设项目采取的污染防治措施无法确保污染物排放达到国家和地方排放标准，或者未采取必要措施预防和控制生态破坏；

（四）改建、扩建和技术改造项目，未

针对项目原有环境污染和生态破坏提出有效防治措施；

（五）建设项目的环境影响报告书、环境影响报告表的基础资料数据明显不实，内容存在重大缺陷、遗漏，或者环境影响评价结论不明确、不合理。

第十二条 建设项目环境影响报告书、环境影响报告表经批准后，建设项目的性质、规模、地点、采用的生产工艺或者防治污染、防止生态破坏的措施发生重大变动的，建设单位应当重新报批建设项目环境影响报告书、环境影响报告表。

建设项目环境影响报告书、环境影响报告表自批准之日起满5年，建设项目方开工建设的，其环境影响报告书、环境影响报告表应当报原审批部门重新审核。原审批部门应当自收到建设项目环境影响报告书、环境影响报告表之日起10日内，将审核意见书面通知建设单位；逾期未通知的，视为审核同意。

审核、审批建设项目环境影响报告书、环境影响报告表及备案环境影响登记表，不得收取任何费用。

第十三条 建设单位可以采取公开招标的方式，选择从事环境影响评价工作的单位，对建设项目进行环境影响评价。

任何行政机关不得为建设单位指定从事环境影响评价工作的单位，进行环境影响评价。

第十四条 建设单位编制环境影响报告书，应当依照有关法律规定，征求建设项目所在地有关单位和居民的意见。

第三章 环境保护设施建设

第十五条 建设项目需要配套建设的环境保护设施，必须与主体工程同时设计、同时施工、同时投产使用。

第十六条 建设项目的初步设计，应当按照环境保护设计规范的要求，编制环境保护篇章，落实防治环境污染和生态破坏的措施以及环境保护设施投资概算。

建设单位应当将环境保护设施建设纳入施工合同，保证环境保护设施建设进度和资金，并在项目建设过程中同时组织实施环境影响报告书、环境影响报告表及其审批部门审批决定中提出的环境保护对策措施。

第十七条 编制环境影响报告书、环境影响报告表的建设项目竣工后，建设单位应当按照国务院环境保护行政主管部门规定的标准和程序，对配套建设的环境保护设施进行验收，编制验收报告。

建设单位在环境保护设施验收过程中，应当如实查验、监测、记载建设项目环境保护设施的建设和调试情况，不得弄虚作假。

除按照国家规定需要保密的情形外，建设单位应当依法向社会公开验收报告。

第十八条 分期建设、分期投入生产或者使用的建设项目，其相应的环境保护设施应当分期验收。

第十九条 编制环境影响报告书、环境影响报告表的建设项目，其配套建设的环境保护设施经验收合格，方可投入生产或者使用；未经验收或者验收不合格的，不得投入生产或者使用。

前款规定的建设项目投入生产或者使用后，应当按照国务院环境保护行政主管部门的规定开展环境影响后评价。

第二十条 环境保护行政主管部门应当对建设项目环境保护设施设计、施工、验收、投入生产或者使用情况，以及有关环境影响评价文件确定的其他环境保护措施的落实情况，进行监督检查。

环境保护行政主管部门应当将建设项目有关环境违法信息记入社会诚信档案，及时向社会公开违法者名单。

第四章 法律责任

第二十一条 建设单位有下列行为之一的，依照《中华人民共和国环境影响评价法》的规定处罚：

（一）建设项目环境影响报告书、环境影响报告表未依法报批或者报请重新审核，擅自开工建设；

（二）建设项目环境影响报告书、环境影响报告表未经批准或者重新审核同意，擅自开工建设；

（三）建设项目环境影响登记表未依法备案。

第二十二条　违反本条例规定，建设单位编制建设项目初步设计未落实防治环境污染和生态破坏的措施以及环境保护设施投资概算，未将环境保护设施建设纳入施工合同，或者未依法开展环境影响后评价的，由建设项目所在地县级以上环境保护行政主管部门责令限期改正，处5万元以上20万元以下的罚款；逾期不改正的，处20万元以上100万元以下的罚款。

违反本条例规定，建设单位在项目建设过程中未同时组织实施环境影响报告书、环境影响报告表及其审批部门审批决定中提出的环境保护对策措施的，由建设项目所在地县级以上环境保护行政主管部门责令限期改正，处20万元以上100万元以下的罚款；逾期不改正的，责令停止建设。

第二十三条　违反本条例规定，需要配套建设的环境保护设施未建成、未经验收或者验收不合格，建设项目即投入生产或者使用，或者在环境保护设施验收中弄虚作假的，由县级以上环境保护行政主管部门责令限期改正，处20万元以上100万元以下的罚款；逾期不改正的，处100万元以上200万元以下的罚款；对直接负责的主管人员和其他责任人员，处5万元以上20万元以下的罚款；造成重大环境污染或者生态破坏的，责令停止生产或者使用，或者报经有批准权的人民政府批准，责令关闭。

违反本条例规定，建设单位未依法向社会公开环境保护设施验收报告的，由县级以上环境保护行政主管部门责令公开，处5万元以上20万元以下的罚款，并予以公告。

第二十四条　违反本条例规定，技术机构向建设单位、从事环境影响评价工作的单位收取费用的，由县级以上环境保护行政主管部门责令退还所收费用，处所收费用1倍以上3倍以下的罚款。

第二十五条　从事建设项目环境影响评价工作的单位，在环境影响评价工作中弄虚作假的，由县级以上环境保护行政主管部门处所收费用1倍以上3倍以下的罚款。

第二十六条　环境保护行政主管部门的工作人员徇私舞弊、滥用职权、玩忽职守，构成犯罪的，依法追究刑事责任；尚不构成犯罪的，依法给予行政处分。

第五章　附　　则

第二十七条　流域开发、开发区建设、城市新区建设和旧区改建等区域性开发，编制建设规划时，应当进行环境影响评价。具体办法由国务院环境保护行政主管部门会同国务院有关部门另行规定。

第二十八条　海洋工程建设项目的环境保护管理，按照国务院关于海洋工程环境保护管理的规定执行。

第二十九条　军事设施建设项目的环境保护管理，按照中央军事委员会的有关规定执行。

第三十条　本条例自发布之日起施行。

排污许可管理条例

（2020年12月9日国务院第117次常务会议通过，2021年1月24日公布，自2021年3月1日起施行）

第一章 总 则

第一条 为了加强排污许可管理，规范企业事业单位和其他生产经营者排污行为，控制污染物排放，保护和改善生态环境，根据《中华人民共和国环境保护法》等有关法律，制定本条例。

第二条 依照法律规定实行排污许可管理的企业事业单位和其他生产经营者（以下称排污单位），应当依照本条例规定申请取得排污许可证；未取得排污许可证的，不得排放污染物。

根据污染物产生量、排放量、对环境的影响程度等因素，对排污单位实行排污许可分类管理：

（一）污染物产生量、排放量或者对环境的影响程度较大的排污单位，实行排污许可重点管理；

（二）污染物产生量、排放量和对环境的影响程度都较小的排污单位，实行排污许可简化管理。

实行排污许可管理的排污单位范围、实施步骤和管理类别名录，由国务院生态环境主管部门拟订并报国务院批准后公布实施。制定实行排污许可管理的排污单位范围、实施步骤和管理类别名录，应当征求有关部门、行业协会、企业事业单位和社会公众等方面的意见。

第三条 国务院生态环境主管部门负责全国排污许可的统一监督管理。

设区的市级以上地方人民政府生态环境主管部门负责本行政区域排污许可的监督管理。

第四条 国务院生态环境主管部门应当加强全国排污许可证管理信息平台建设和管理，提高排污许可在线办理水平。

排污许可证审查与决定、信息公开等应当通过全国排污许可证管理信息平台办理。

第五条 设区的市级以上人民政府应当将排污许可管理工作所需经费列入本级预算。

第二章 申请与审批

第六条 排污单位应当向其生产经营场所所在地设区的市级以上地方人民政府生态环境主管部门（以下称审批部门）申请取得排污许可证。

排污单位有两个以上生产经营场所排放污染物的，应当按照生产经营场所分别申请取得排污许可证。

第七条 申请取得排污许可证，可以通过全国排污许可证管理信息平台提交排污许可证申请表，也可以通过信函等方式提交。

排污许可证申请表应当包括下列事项：

（一）排污单位名称、住所、法定代表人或者主要负责人、生产经营场所所在地、统一社会信用代码等信息；

（二）建设项目环境影响报告书（表）批准文件或者环境影响登记表备案材料；

（三）按照污染物排放口、主要生产设施或者车间、厂界申请的污染物排放种类、排放浓度和排放量，执行的污染物排放标准和重点污染物排放总量控制指标；

（四）污染防治设施、污染物排放口位

置和数量，污染物排放方式、排放去向、自行监测方案等信息；

（五）主要生产设施、主要产品及产能、主要原辅材料、产生和排放污染物环节等信息，及其是否涉及商业秘密等不宜公开情形的情况说明。

第八条 有下列情形之一的，申请取得排污许可证还应当提交相应材料：

（一）属于实行排污许可重点管理的，排污单位在提出申请前已通过全国排污许可证管理信息平台公开单位基本信息、拟申请许可事项的说明材料；

（二）属于城镇和工业污水集中处理设施的，排污单位的纳污范围、管网布置、最终排放去向等说明材料；

（三）属于排放重点污染物的新建、改建、扩建项目以及实施技术改造项目的，排污单位通过污染物排放量削减替代获得重点污染物排放总量控制指标的说明材料。

第九条 审批部门对收到的排污许可证申请，应当根据下列情况分别作出处理：

（一）依法不需要申请取得排污许可证的，应当即时告知不需要申请取得排污许可证；

（二）不属于本审批部门职权范围的，应当即时作出不予受理的决定，并告知排污单位向有审批权的生态环境主管部门申请；

（三）申请材料存在可以当场更正的错误的，应当允许排污单位当场更正；

（四）申请材料不齐全或者不符合法定形式的，应当当场或者在3日内出具告知单，一次性告知排污单位需要补正的全部材料；逾期不告知的，自收到申请材料之日起即视为受理；

（五）属于本审批部门职权范围，申请材料齐全、符合法定形式，或者排污单位按照要求补正全部申请材料的，应当受理。

审批部门应当在全国排污许可证管理信息平台上公开受理或者不予受理排污许可证申请的决定，同时向排污单位出具加盖本审批部门专用印章和注明日期的书面凭证。

第十条 审批部门应当对排污单位提交的申请材料进行审查，并可以对排污单位的生产经营场所进行现场核查。

审批部门可以组织技术机构对排污许可证申请材料进行技术评估，并承担相应费用。

技术机构应当对其提出的技术评估意见负责，不得向排污单位收取任何费用。

第十一条 对具备下列条件的排污单位，颁发排污许可证：

（一）依法取得建设项目环境影响报告书（表）批准文件，或者已经办理环境影响登记表备案手续；

（二）污染物排放符合污染物排放标准要求，重点污染物排放符合排污许可证申请与核发技术规范、环境影响报告书（表）批准文件、重点污染物排放总量控制要求；其中，排污单位生产经营场所位于未达到国家环境质量标准的重点区域、流域的，还应当符合有关地方人民政府关于改善生态环境质量的特别要求；

（三）采用污染防治设施可以达到许可排放浓度要求或者符合污染防治可行技术；

（四）自行监测方案的监测点位、指标、频次等符合国家自行监测规范。

第十二条 对实行排污许可简化管理的排污单位，审批部门应当自受理申请之日起20日内作出审批决定；对符合条件的颁发排污许可证，对不符合条件的不予许可并书面说明理由。

对实行排污许可重点管理的排污单位，审批部门应当自受理申请之日起30日内作出审批决定；需要进行现场核查的，应当自受理申请之日起45日内作出审批决定；对符合条件的颁发排污许可证，对不符合条件的不予许可并书面说明理由。

审批部门应当通过全国排污许可证管理信息平台生成统一的排污许可证编号。

第十三条 排污许可证应当记载下列

信息：

（一）排污单位名称、住所、法定代表人或者主要负责人、生产经营场所所在地等；

（二）排污许可证有效期限、发证机关、发证日期、证书编号和二维码等；

（三）产生和排放污染物环节、污染防治设施等；

（四）污染物排放口位置和数量、污染物排放方式和排放去向等；

（五）污染物排放种类、许可排放浓度、许可排放量等；

（六）污染防治设施运行和维护要求、污染物排放口规范化建设要求等；

（七）特殊时段禁止或者限制污染物排放的要求；

（八）自行监测、环境管理台账记录、排污许可证执行报告的内容和频次等要求；

（九）排污单位环境信息公开要求；

（十）存在大气污染物无组织排放情形时的无组织排放控制要求；

（十一）法律法规规定排污单位应当遵守的其他控制污染物排放的要求。

第十四条 排污许可证有效期为5年。

排污许可证有效期届满，排污单位需要继续排放污染物的，应当于排污许可证有效期届满60日前向审批部门提出申请。审批部门应当自受理申请之日起20日内完成审查；对符合条件的予以延续，对不符合条件的不予延续并书面说明理由。

排污单位变更名称、住所、法定代表人或者主要负责人的，应当自变更之日起30日内，向审批部门申请办理排污许可证变更手续。

第十五条 在排污许可证有效期内，排污单位有下列情形之一的，应当重新申请取得排污许可证：

（一）新建、改建、扩建排放污染物的项目；

（二）生产经营场所、污染物排放口位置或者污染物排放方式、排放去向发生变化；

（三）污染物排放口数量或者污染物排放种类、排放量、排放浓度增加。

第十六条 排污单位适用的污染物排放标准、重点污染物总量控制要求发生变化，需要对排污许可证进行变更的，审批部门可以依法对排污许可证相应事项进行变更。

第三章 排污管理

第十七条 排污许可证是对排污单位进行生态环境监管的主要依据。

排污单位应当遵守排污许可证规定，按照生态环境管理要求运行和维护污染防治设施，建立环境管理制度，严格控制污染物排放。

第十八条 排污单位应当按照生态环境主管部门的规定建设规范化污染物排放口，并设置标志牌。

污染物排放口位置和数量、污染物排放方式和排放去向应当与排污许可证规定相符。

实施新建、改建、扩建项目和技术改造的排污单位，应当在建设污染防治设施的同时，建设规范化污染物排放口。

第十九条 排污单位应当按照排污许可证规定和有关标准规范，依法开展自行监测，并保存原始监测记录。原始监测记录保存期限不得少于5年。

排污单位应当对自行监测数据的真实性、准确性负责，不得篡改、伪造。

第二十条 实行排污许可重点管理的排污单位，应当依法安装、使用、维护污染物排放自动监测设备，并与生态环境主管部门的监控设备联网。

排污单位发现污染物排放自动监测设备传输数据异常的，应当及时报告生态环境主管部门，并进行检查、修复。

第二十一条 排污单位应当建立环境管理台账记录制度，按照排污许可证规定的格式、内容和频次，如实记录主要生产设施、污染防治设施运行情况以及污染物排放浓度、排放量。环境管理台账记录保存期限不得少于5年。

排污单位发现污染物排放超过污染物排放标准等异常情况时，应当立即采取措施消除、减轻危害后果，如实进行环境管理台账记录，并报告生态环境主管部门，说明原因。超过污染物排放标准等异常情况下的污染物排放计入排污单位的污染物排放量。

第二十二条　排污单位应当按照排污许可证规定的内容、频次和时间要求，向审批部门提交排污许可证执行报告，如实报告污染物排放行为、排放浓度、排放量等。

排污许可证有效期内发生停产的，排污单位应当在排污许可证执行报告中如实报告污染物排放变化情况并说明原因。

排污许可证执行报告中报告的污染物排放量可以作为年度生态环境统计、重点污染物排放总量考核、污染源排放清单编制的依据。

第二十三条　排污单位应当按照排污许可证规定，如实在全国排污许可证管理信息平台上公开污染物排放信息。

污染物排放信息应当包括污染物排放种类、排放浓度和排放量，以及污染防治设施的建设运行情况、排污许可证执行报告、自行监测数据等；其中，水污染物排入市政排水管网的，还应当包括污水接入市政排水管网位置、排放方式等信息。

第二十四条　污染物产生量、排放量和对环境的影响程度都很小的企业事业单位和其他生产经营者，应当填报排污登记表，不需要申请取得排污许可证。

需要填报排污登记表的企业事业单位和其他生产经营者范围名录，由国务院生态环境主管部门制定并公布。制定需要填报排污登记表的企业事业单位和其他生产经营者范围名录，应当征求有关部门、行业协会、企业事业单位和社会公众等方面的意见。

需要填报排污登记表的企业事业单位和其他生产经营者，应当在全国排污许可证管理信息平台上填报基本信息、污染物排放去向、执行的污染物排放标准以及采取的污染防治措施等信息；填报的信息发生变动的，应当自发生变动之日起20日内进行变更填报。

第四章　监督检查

第二十五条　生态环境主管部门应当加强对排污许可的事中事后监管，将排污许可执法检查纳入生态环境执法年度计划，根据排污许可管理类别、排污单位信用记录和生态环境管理需要等因素，合理确定检查频次和检查方式。

生态环境主管部门应当在全国排污许可证管理信息平台上记录执法检查时间、内容、结果以及处罚决定，同时将处罚决定纳入国家有关信用信息系统向社会公布。

第二十六条　排污单位应当配合生态环境主管部门监督检查，如实反映情况，并按照要求提供排污许可证、环境管理台账记录、排污许可证执行报告、自行监测数据等相关材料。

禁止伪造、变造、转让排污许可证。

第二十七条　生态环境主管部门可以通过全国排污许可证管理信息平台监控排污单位的污染物排放情况，发现排污单位的污染物排放浓度超过许可排放浓度的，应当要求排污单位提供排污许可证、环境管理台账记录、排污许可证执行报告、自行监测数据等相关材料进行核查，必要时可以组织开展现场监测。

第二十八条　生态环境主管部门根据行政执法过程中收集的监测数据，以及排污单位的排污许可证、环境管理台账记录、排污许可证执行报告、自行监测数据等相关材料，对排污单位在规定周期内的污染物排放量，以及排污单位污染防治设施运行和维护是否符合排污许可证规定进行核查。

第二十九条　生态环境主管部门依法通过现场监测、排污单位污染物排放自动监测设备、全国排污许可证管理信息平台获得的排污单位污染物排放数据，可以作为判定污染物排放浓度是否超过许可排放浓度的证据。

排污单位自行监测数据与生态环境主管部门及其所属监测机构在行政执法过程中收集的监测数据不一致的，以生态环境主管部门及其所属监测机构收集的监测数据作为行政执法依据。

第三十条 国家鼓励排污单位采用污染防治可行技术。国务院生态环境主管部门制定并公布污染防治可行技术指南。

排污单位未采用污染防治可行技术的，生态环境主管部门应当根据排污许可证、环境管理台账记录、排污许可证执行报告、自行监测数据等相关材料，以及生态环境主管部门及其所属监测机构在行政执法过程中收集的监测数据，综合判断排污单位采用的污染防治技术能否稳定达到排污许可证规定；对不能稳定达到排污许可证规定的，应当提出整改要求，并可以增加检查频次。

制定污染防治可行技术指南，应当征求有关部门、行业协会、企业事业单位和社会公众等方面的意见。

第三十一条 任何单位和个人对排污单位违反本条例规定的行为，均有向生态环境主管部门举报的权利。

接到举报的生态环境主管部门应当依法处理，按照有关规定向举报人反馈处理结果，并为举报人保密。

第五章 法律责任

第三十二条 违反本条例规定，生态环境主管部门在排污许可证审批或者监督管理中有下列行为之一的，由上级机关责令改正；对直接负责的主管人员和其他直接责任人员依法给予处分：

（一）对符合法定条件的排污许可证申请不予受理或者不在法定期限内审批；

（二）向不符合法定条件的排污单位颁发排污许可证；

（三）违反审批权限审批排污许可证；

（四）发现违法行为不予查处；

（五）不依法履行监督管理职责的其他行为。

第三十三条 违反本条例规定，排污单位有下列行为之一的，由生态环境主管部门责令改正或者限制生产、停产整治，处20万元以上100万元以下的罚款；情节严重的，报经有批准权的人民政府批准，责令停业、关闭：

（一）未取得排污许可证排放污染物；

（二）排污许可证有效期届满未申请延续或者延续申请未经批准排放污染物；

（三）被依法撤销、注销、吊销排污许可证后排放污染物；

（四）依法应当重新申请取得排污许可证，未重新申请取得排污许可证排放污染物。

第三十四条 违反本条例规定，排污单位有下列行为之一的，由生态环境主管部门责令改正或者限制生产、停产整治，处20万元以上100万元以下的罚款；情节严重的，吊销排污许可证，报经有批准权的人民政府批准，责令停业、关闭：

（一）超过许可排放浓度、许可排放量排放污染物；

（二）通过暗管、渗井、渗坑、灌注或者篡改、伪造监测数据，或者不正常运行污染防治设施等逃避监管的方式违法排放污染物。

第三十五条 违反本条例规定，排污单位有下列行为之一的，由生态环境主管部门责令改正，处5万元以上20万元以下的罚款；情节严重的，处20万元以上100万元以下的罚款，责令限制生产、停产整治：

（一）未按照排污许可证规定控制大气污染物无组织排放；

（二）特殊时段未按照排污许可证规定停止或者限制排放污染物。

第三十六条　违反本条例规定，排污单位有下列行为之一的，由生态环境主管部门责令改正，处2万元以上20万元以下的罚款；拒不改正的，责令停产整治：

（一）污染物排放口位置或者数量不符合排污许可证规定；

（二）污染物排放方式或者排放去向不符合排污许可证规定；

（三）损毁或者擅自移动、改变污染物排放自动监测设备；

（四）未按照排污许可证规定安装、使用污染物排放自动监测设备并与生态环境主管部门的监控设备联网，或者未保证污染物排放自动监测设备正常运行；

（五）未按照排污许可证规定制定自行监测方案并开展自行监测；

（六）未按照排污许可证规定保存原始监测记录；

（七）未按照排污许可证规定公开或者不如实公开污染物排放信息；

（八）发现污染物排放自动监测设备传输数据异常或者污染物排放超过污染物排放标准等异常情况不报告；

（九）违反法律法规规定的其他控制污染物排放要求的行为。

第三十七条　违反本条例规定，排污单位有下列行为之一的，由生态环境主管部门责令改正，处每次5千元以上2万元以下的罚款；法律另有规定的，从其规定：

（一）未建立环境管理台账记录制度，或者未按照排污许可证规定记录；

（二）未如实记录主要生产设施及污染防治设施运行情况或者污染物排放浓度、排放量；

（三）未按照排污许可证规定提交排污许可证执行报告；

（四）未如实报告污染物排放行为或者污染物排放浓度、排放量。

第三十八条　排污单位违反本条例规定排放污染物，受到罚款处罚，被责令改正的，生态环境主管部门应当组织复查，发现其继续实施该违法行为或者拒绝、阻挠复查的，依照《中华人民共和国环境保护法》的规定按日连续处罚。

第三十九条　排污单位拒不配合生态环境主管部门监督检查，或者在接受监督检查时弄虚作假的，由生态环境主管部门责令改正，处2万元以上20万元以下的罚款。

第四十条　排污单位以欺骗、贿赂等不正当手段申请取得排污许可证的，由审批部门依法撤销其排污许可证，处20万元以上50万元以下的罚款，3年内不得再次申请排污许可证。

第四十一条　违反本条例规定，伪造、变造、转让排污许可证的，由生态环境主管部门没收相关证件或者吊销排污许可证，处10万元以上30万元以下的罚款，3年内不得再次申请排污许可证。

第四十二条　违反本条例规定，接受审批部门委托的排污许可技术机构弄虚作假的，由审批部门解除委托关系，将相关信息记入其信用记录，在全国排污许可证管理信息平台上公布，同时纳入国家有关信用信息系统向社会公布；情节严重的，禁止从事排污许可技术服务。

第四十三条　需要填报排污登记表的企业事业单位和其他生产经营者，未依照本条例规定填报排污信息的，由生态环境主管部门责令改正，可以处5万元以下的罚款。

第四十四条　排污单位有下列行为之一，尚不构成犯罪的，除依照本条例规定予以处罚外，对其直接负责的主管人员和其他直接责任人员，依照《中华人民共和国环境保护法》的规定处以拘留：

（一）未取得排污许可证排放污染物，被责令停止排污，拒不执行；

（二）通过暗管、渗井、渗坑、灌注或者篡改、伪造监测数据，或者不正常运行污染防治设施等逃避监管的方式违法排放污染物。

第四十五条　违反本条例规定，构成违反治安管理行为的，依法给予治安管理处罚；构成犯罪的，依法追究刑事责任。

第六章 附 则

第四十六条 本条例施行前已经实际排放污染物的排污单位，不符合本条例规定条件的，应当在国务院生态环境主管部门规定的期限内进行整改，达到本条例规定的条件并申请取得排污许可证；逾期未取得排污许可证的，不得继续排放污染物。整改期限内，生态环境主管部门应当向其下达排污限期整改通知书，明确整改内容、整改期限等要求。

第四十七条 排污许可证申请表、环境管理台账记录、排污许可证执行报告等文件的格式和内容要求，以及排污许可证申请与核发技术规范等，由国务院生态环境主管部门制定。

第四十八条 企业事业单位和其他生产经营者涉及国家秘密的，其排污许可、监督管理等应当遵守保密法律法规的规定。

第四十九条 飞机、船舶、机动车、列车等移动污染源的污染物排放管理，依照相关法律法规的规定执行。

第五十条 排污单位应当遵守安全生产规定，按照安全生产管理要求运行和维护污染防治设施，建立安全生产管理制度。

在运行和维护污染防治设施过程中违反安全生产规定，发生安全生产事故的，对负有责任的排污单位依照《中华人民共和国安全生产法》的有关规定予以处罚。

第五十一条 本条例自2021年3月1日起施行。

排污许可管理办法

（2023年12月25日生态环境部2023年第4次部务会议审议通过，2024年4月1日公布，自2024年7月1日起施行）

第一章 总 则

第一条 为了规范排污许可管理，根据《中华人民共和国环境保护法》《中华人民共和国海洋环境保护法》和大气、水、固体废物、土壤、噪声等专项污染防治法律，以及《排污许可管理条例》（以下简称《条例》），制定本办法。

第二条 排污许可证的申请、审批、执行以及与排污许可相关的监督管理等行为，适用本办法。

第三条 依照法律规定实行排污许可管理的企业事业单位和其他生产经营者（以下简称排污单位），应当依法申请取得排污许可证，并按照排污许可证的规定排放污染物；未取得排污许可证的，不得排放污染物。

依法需要填报排污登记表的企业事业单位和其他生产经营者（以下简称排污登记单位），应当在全国排污许可证管理信息平台进行排污登记。

第四条 根据污染物产生量、排放量、对环境的影响程度等因素，对企业事业单位和其他生产经营者实行排污许可重点管理、简化管理和排污登记管理。

实行排污许可重点管理、简化管理的排污单位具体范围，依照固定污染源排污许可分类管理名录规定执行。实行排污登记管理的排污登记单位具体范围由国务院生态环境主管部门制定并公布。

第五条 国务院生态环境主管部门负责全国排污许可的统一监督管理。

省级生态环境主管部门和设区的市级生态环境主管部门负责本行政区域排污许可的监督管理。

第六条　生态环境主管部门对排污单位的大气污染物、水污染物、工业固体废物、工业噪声等污染物排放行为实行综合许可管理。

第七条　国务院生态环境主管部门对排污单位及其生产设施、污染防治设施和排放口实行统一编码管理。

第八条　国务院生态环境主管部门负责建设、运行、维护、管理全国排污许可证管理信息平台。

排污许可证的申请、受理、审查、审批决定、变更、延续、注销、撤销、信息公开等应当通过全国排污许可证管理信息平台办理。排污单位申请取得排污许可证的，也可以通过信函等方式提交书面申请。

全国排污许可证管理信息平台中记录的排污许可证相关电子信息与排污许可证正本、副本记载的信息依法具有同等效力。

第九条　排污许可证执行报告中报告的污染物实际排放量，可以作为开展年度生态环境统计、重点污染物排放总量考核、污染源排放清单编制等工作的依据。

排污许可证应当作为排污权的确认凭证和排污权交易的管理载体。

第二章　排污许可证和排污登记表内容

第十条　排污许可证由正本和副本构成。

设区的市级以上地方人民政府生态环境主管部门可以依据地方性法规，增加需要在排污许可证中记载的内容。

第十一条　排污许可证正本应当记载《条例》第十三条第一、二项规定的基本信息，排污许可证副本应当记载《条例》第十三条规定的所有信息。

法律法规规定的排污单位应当遵守的大气污染物、水污染物、工业固体废物、工业噪声等控制污染物排放的要求，重污染天气等特殊时段禁止或者限制污染物排放的要求，以及土壤污染重点监管单位的控制有毒有害物质排放、土壤污染隐患排查、自行监测等要求，应当在排污许可证副本中记载。

第十二条　排污单位承诺执行更加严格的排放限值的，应当在排污许可证副本中记载。

第十三条　排污登记表应当记载下列信息：

（一）排污登记单位名称、统一社会信用代码、生产经营场所所在地、行业类别、法定代表人或者实际负责人等基本信息；

（二）污染物排放去向、执行的污染物排放标准及采取的污染防治措施等。

第三章　申请与审批

第十四条　排污单位应当在实际排污行为发生之前，向其生产经营场所所在地设区的市级以上地方人民政府生态环境主管部门（以下简称审批部门）申请取得排污许可证。

海洋工程排污单位申请取得排污许可证的，依照有关法律、行政法规的规定执行。

第十五条　排污单位有两个以上生产经营场所排放污染物的，应当分别向生产经营场所所在地的审批部门申请取得排污许可证。

第十六条　实行排污许可重点管理的排污单位在提交排污许可证首次申请或者重新申请材料前，应当通过全国排污许可证管理信息平台向社会公开基本信息和拟申请许可事项，并提交说明材料。公开时间不得少于五个工作日。

第十七条　排污单位在填报排污许可证申请表时，应当承诺排污许可证申请材料的完整性、真实性和合法性，承诺按照排污许可证的规定排放污染物，落实排污许可证规定的环境管理要求，并由法定代表人或者主要负责人签字或者盖章。

第十八条 排污单位应当依照《条例》第七条、第八条规定提交相应材料，并可以对申请材料进行补充说明，一并提交审批部门。

排污单位申请许可排放量的，应当一并提交排放量限值计算过程。重点污染物排放总量控制指标通过排污权交易获取的，还应当提交排污权交易指标的证明材料。

污染物排放口已经建成的排污单位，应当提交有关排放口规范化的情况说明。

第十九条 排污单位在申请排污许可证时，应当按照自行监测技术指南，编制自行监测方案。

自行监测方案应当包括以下内容：

（一）监测点位及示意图、监测指标、监测频次；

（二）使用的监测分析方法；

（三）监测质量保证与质量控制要求；

（四）监测数据记录、整理、存档要求；

（五）监测数据信息公开要求。

第二十条 审批部门收到排污单位提交的申请材料后，依照《条例》第九条、第十条要求作出处理。

审批部门可以组织技术机构对排污许可证申请材料进行技术评估，并承担相应费用。技术机构应当遵循科学、客观、公正的原则，提出技术评估意见，并对技术评估意见负责，不得向排污单位收取任何费用。

技术机构开展技术评估应当遵守国家相关法律法规、标准规范，保守排污单位商业秘密。

第二十一条 排污单位采用相应污染防治可行技术的，或者新建、改建、扩建建设项目排污单位采用环境影响报告书（表）批准文件要求的污染防治技术的，审批部门可以认为排污单位采用的污染防治设施或者措施能够达到许可排放浓度要求。

不符合前款规定情形的，排污单位可以通过提供监测数据证明其采用的污染防治设施可以达到许可排放浓度要求。监测数据应当通过使用符合国家有关环境监测、计量认证规定和技术规范的监测设备取得；对于国内首次采用的污染防治技术，应当提供工程试验数据予以证明。

第二十二条 对具备下列条件的排污单位，颁发排污许可证：

（一）依法取得建设项目环境影响报告书（表）批准文件，或者已经办理环境影响登记表备案手续；

（二）污染物排放符合污染物排放标准要求，重点污染物排放符合排污许可证申请与核发技术规范、环境影响报告书（表）批准文件、重点污染物排放总量控制要求；其中，排污单位生产经营场所位于未达到国家环境质量标准的重点区域、流域的，还应当符合有关地方人民政府关于改善生态环境质量的特别要求；

（三）采用污染防治设施可以达到许可排放浓度要求或者符合污染防治可行技术；

（四）自行监测方案的监测点位、指标、频次等符合国家自行监测规范。

第二十三条 审批部门应当在法定审批期限内作出审批决定，对符合条件的颁发排污许可证；对不符合条件的应当出具不予许可决定书，书面告知排污单位不予许可的理由，以及依法申请行政复议或者提起行政诉讼的权利。

依法需要听证、检验、检测、专家评审的，所需时间不计算在审批期限内，审批部门应当将所需时间书面告知排污单位。

第二十四条 排污单位依照《条例》第十四条第二款规定提出延续排污许可证时，应当按照规定提交延续申请表。审批部门作出延续排污许可证决定的，延续后的排污许可证有效期自原排污许可证有效期届满的次日起计算。

排污单位未依照《条例》第十四条第二款规定提前六十日提交延续申请表，审批部门依法在原排污许可证有效期届满之后作出延续排污许可证决定的，延续后的排污许可证有效期自作出延续决定之日起计算；审批部门依法在原排污许可证有效期届满之前作出延续排污许可证决定的，延续后的排污许可证有效期自原排污许可证有效期届满的次日起计算。

第二十五条　对符合《条例》第十五条规定的应当重新申请排污许可证情形的，排污单位应当在实际排污行为变化之前重新申请取得排污许可证。排污单位应当提交排污许可证申请表、由排污单位法定代表人或者主要负责人签字或者盖章的承诺书以及与重新申请排污许可证有关的其他材料，并说明重新申请原因。

重新申请的排污许可证有效期自审批部门作出重新申请审批决定之日起计算。

第二十六条　排污单位名称、住所、法定代表人或者主要负责人等排污许可证正本中记载的基本信息发生变更的，排污单位应当自变更之日起三十日内，向审批部门提交变更排污许可证申请表以及与变更排污许可证有关的其他材料。

审批部门应当自受理之日起十个工作日内作出变更决定，按规定换发排污许可证正本，相关变更内容载入排污许可证副本中的变更、延续记录。

排污许可证记载信息的变更，不影响排污许可证的有效期。

第二十七条　排污单位适用的污染物排放标准、重点污染物排放总量控制要求发生变化，需要对排污许可证进行变更的，审批部门应当在标准生效之前和总量控制指标变化后依法对排污许可证相应事项进行变更。

第二十八条　除本办法第二十五条、第二十六条、第二十七条规定情形外，排污许可证记载内容发生变化的，排污单位可以主动向审批部门提出调整排污许可证内容的申请，审批部门应当及时对排污许可证记载内容进行调整。

第二十九条　有下列情形之一的，审批部门应当依法办理排污许可证的注销手续，并在全国排污许可证管理信息平台上公告：

（一）排污许可证有效期届满未延续的；

（二）排污单位依法终止的；

（三）排污许可证依法被撤销、吊销的；

（四）应当注销的其他情形。

第三十条　有下列情形之一的，可以依法撤销排污许可证，并在全国排污许可证管理信息平台上公告：

（一）超越法定职权审批排污许可证的；

（二）违反法定程序审批排污许可证的；

（三）审批部门工作人员滥用职权、玩忽职守审批排污许可证的；

（四）对不具备申请资格或者不符合法定条件的排污单位审批排污许可证的；

（五）依法可以撤销排污许可证的其他情形。

排污单位以欺骗、贿赂等不正当手段取得排污许可证的，应当依法予以撤销。

第三十一条　上级生态环境主管部门可以对具有审批权限的下级生态环境主管部门的排污许可证审批和执行情况进行监督检查和指导，发现属于《条例》第三十二条规定违法情形的，上级生态环境主管部门应当责令改正。

第三十二条　排污许可证发生遗失、损毁的，排污单位可以向审批部门申请补领。已经办理排污许可证电子证照的排污单位可以根据需要自行打印排污许可证。

第四章　排污管理

第三十三条　排污单位应当依照《条例》规定，严格落实环境保护主体责任，建立健全环境管理制度，按照排污许可证规定严格控制污染物排放。

排污登记单位应当依照国家生态环境保

护法律法规规章等管理规定运行和维护污染防治设施，建设规范化排放口，落实排污主体责任，控制污染物排放。

第三十四条 排污单位应当按照排污许可证规定和有关标准规范，依法开展自行监测，保存原始监测记录。原始监测记录保存期限不得少于五年。

排污单位对自行监测数据的真实性、准确性负责，不得篡改、伪造。

第三十五条 实行排污许可重点管理的排污单位，应当依法安装、使用、维护污染物排放自动监测设备，并与生态环境主管部门的监控设备联网。

排污单位发现污染物排放自动监测设备传输数据异常的，应当及时报告生态环境主管部门，并进行检查、修复。

第三十六条 排污单位应当按照排污许可证规定的格式、内容和频次要求记录环境管理台账，主要包括以下内容：

（一）与污染物排放相关的主要生产设施运行情况；发生异常情况的，应当记录原因和采取的措施。

（二）污染防治设施运行情况及管理信息；发生异常情况的，应当记录原因和采取的措施。

（三）污染物实际排放浓度和排放量；发生超标排放情况的，应当记录超标原因和采取的措施。

（四）其他按照相关技术规范应当记录的信息。

环境管理台账记录保存期限不得少于五年。

第三十七条 排污单位应当按照排污许可证规定的执行报告内容、频次和时间要求，在全国排污许可证管理信息平台上填报、提交排污许可证执行报告。

排污许可证执行报告包括年度执行报告、季度执行报告和月执行报告。

季度执行报告和月执行报告应当包括以下内容：

（一）根据自行监测结果说明污染物实际排放浓度和排放量及达标判定分析；

（二）排污单位超标排放或者污染防治设施异常情况的说明。

年度执行报告可以替代当季度或者当月的执行报告，并增加以下内容：

（一）排污单位基本生产信息；

（二）污染防治设施运行情况；

（三）自行监测执行情况；

（四）环境管理台账记录执行情况；

（五）信息公开情况；

（六）排污单位内部环境管理体系建设与运行情况；

（七）其他排污许可证规定的内容执行情况。

建设项目竣工环境保护设施验收报告中污染源监测数据等与污染物排放相关的主要内容，应当由排污单位记载在该项目竣工环境保护设施验收完成当年的排污许可证年度执行报告中。排污许可证执行情况应当作为环境影响后评价的重要依据。

排污单位发生污染事故排放时，应当依照相关法律法规规章的规定及时报告。

第三十八条 排污单位应当按照排污许可证规定，如实在全国排污许可证管理信息平台上公开污染物排放信息。

污染物排放信息应当包括污染物排放种类、排放浓度和排放量，以及污染防治设施的建设运行情况、排污许可证执行报告、自行监测数据等；水污染物排入市政排水管网的，还应当包括污水接入市政排水管网位置、排放方式等信息。

第三十九条 排污登记单位应当在实际排污行为发生之前，通过全国排污许可证管理信息平台填报排污登记表，提交后即时生成登记编号和回执，由排污登记单位自行留存。排污登记单位应当对填报信息的真实性、准确性、完整性负责。

排污登记表自获得登记编号之日起生效，有效期限依照相关法律法规规定执行。

排污登记信息发生变动的，排污登记单位应当自发生变动之日起二十日内进行变更登记。

排污登记单位因关闭等原因不再排污的，应当及时在全国排污许可证管理信息平台注销排污登记表。

排污登记单位因生产和排污情况发生变化等原因，依法需要申领排污许可证的，应当依照相关法律法规和本办法的规定及时申请取得排污许可证并注销排污登记表。

第五章　监督检查

第四十条　生态环境主管部门应当将排污许可证和排污登记信息纳入执法监管数据库，将排污许可执法检查纳入生态环境执法年度计划，加强对排污许可证记载事项的清单式执法检查。

对未取得排污许可证排放污染物、不按照排污许可证要求排放污染物、未按规定填报排污登记表等违反排污许可管理的行为，依照相关法律法规和《条例》有关规定进行处理。

第四十一条　生态环境主管部门应当定期组织开展排污许可证执行报告落实情况的检查，重点检查排污单位提交执行报告的及时性、报告内容的完整性、排污行为的合规性、污染物排放量数据的准确性以及各项管理要求的落实情况等内容。

排污许可证执行报告检查依托全国排污许可证管理信息平台开展。生态环境主管部门可以要求排污单位补充提供环境管理台账记录、自行监测数据等相关材料，必要时可以组织开展现场核查。

第四十二条　生态环境主管部门应当加强排污许可证质量管理，建立质量审核机制，定期开展排污许可证质量核查。

第四十三条　排污单位应当树立持证排污、按证排污意识，及时公开排污信息，自觉接受公众监督。

鼓励社会公众依法参与监督排污单位和排污登记单位排污行为。任何单位和个人对违反本办法规定的行为，均有权向生态环境主管部门举报。接到举报的生态环境主管部门应当依法处理，按照有关规定向举报人反馈处理结果，并为举报人保密。

第六章　附　　则

第四十四条　排污许可证正本、副本、承诺书样本和申请、延续、变更排污许可证申请表格式，由国务院生态环境主管部门制定。

第四十五条　排污单位涉及国家秘密的，其排污许可、排污登记及相关的监督管理等应当遵守国家有关保密法律法规的规定。

第四十六条　本办法自2024年7月1日起施行。原环境保护部发布的《排污许可管理办法（试行）》（环境保护部令第48号）同时废止。

生态环境行政处罚办法

（2023年4月13日由生态环境部2023年第1次部务会议审议通过，2023年5月8日公布，自2023年7月1日起施行）

第一章　总　　则

第一条　为了规范生态环境行政处罚的实施，监督和保障生态环境主管部门依法实施行政处罚，维护公共利益和社会秩序，保护公民、法人或者其他组织的合法权益，根据《中华人民共和国行政处罚法》、《中华人民共和国行政强制法》、《中华人民共和国环境保护法》等法律、行政法规，制定本办法。

第二条 公民、法人或者其他组织违反生态环境保护法律、法规或者规章规定，应当给予行政处罚的，依照《中华人民共和国行政处罚法》和本办法规定的程序实施。

第三条 实施生态环境行政处罚，纠正违法行为，应当坚持教育与处罚相结合，服务与管理相结合，引导和教育公民、法人或者其他组织自觉守法。

第四条 实施生态环境行政处罚，应当依法维护公民、法人及其他组织的合法权益。对实施行政处罚过程中知悉的国家秘密、商业秘密或者个人隐私，应当依法予以保密。

第五条 生态环境行政处罚遵循公正、公开原则。

第六条 有下列情形之一的，执法人员应当自行申请回避，当事人也有权申请其回避：

（一）是本案当事人或者当事人近亲属的；

（二）本人或者近亲属与本案有直接利害关系的；

（三）与本案有其他关系可能影响公正执法的；

（四）法律、法规或者规章规定的其他回避情形。

申请回避，应当说明理由。生态环境主管部门应当对回避申请及时作出决定并通知申请人。

生态环境主管部门主要负责人的回避，由该部门负责人集体讨论决定；生态环境主管部门其他负责人的回避，由该部门主要负责人决定；其他执法人员的回避，由该部门负责人决定。

第七条 对当事人的同一个违法行为，不得给予两次以上罚款的行政处罚。同一个违法行为违反多个法律规范应当给予罚款处罚的，按照罚款数额高的规定处罚。

实施行政处罚，适用违法行为发生时的法律、法规、规章的规定。但是，作出行政处罚决定时，法律、法规、规章已经被修改或者废止，且新的规定处罚较轻或者不认为是违法的，适用新的规定。

第八条 根据法律、行政法规，生态环境行政处罚的种类包括：

（一）警告、通报批评；

（二）罚款、没收违法所得、没收非法财物；

（三）暂扣许可证件、降低资质等级、吊销许可证件、一定时期内不得申请行政许可；

（四）限制开展生产经营活动、责令停产整治、责令停产停业、责令关闭、限制从业、禁止从业；

（五）责令限期拆除；

（六）行政拘留；

（七）法律、行政法规规定的其他行政处罚种类。

第九条 生态环境主管部门实施行政处罚时，应当责令当事人改正或者限期改正违法行为。

责令改正违法行为决定可以单独下达，也可以与行政处罚决定一并下达。

责令改正或者限期改正不适用行政处罚程序的规定。

第十条 生态环境行政处罚应当由具有行政执法资格的执法人员实施。执法人员不得少于两人，法律另有规定的除外。

第二章 实施主体与管辖

第十一条 生态环境主管部门在法定职权范围内实施生态环境行政处罚。

法律、法规授权的生态环境保护综合行政执法机构等组织在法定授权范围内实施生态环境行政处罚。

第十二条 生态环境主管部门可以在其

法定权限内书面委托符合《中华人民共和国行政处罚法》第二十一条规定条件的组织实施行政处罚。

受委托组织应当依照《中华人民共和国行政处罚法》和本办法的有关规定实施行政处罚。

第十三条　生态环境行政处罚由违法行为发生地的具有行政处罚权的生态环境主管部门管辖。法律、行政法规另有规定的，从其规定。

第十四条　两个以上生态环境主管部门都有管辖权的，由最先立案的生态环境主管部门管辖。

对管辖发生争议的，应当协商解决，协商不成的，报请共同的上一级生态环境主管部门指定管辖；也可以直接由共同的上一级生态环境主管部门指定管辖。

第十五条　下级生态环境主管部门认为其管辖的案件重大、疑难或者实施处罚有困难的，可以报请上一级生态环境主管部门指定管辖。

上一级生态环境主管部门认为确有必要的，经通知下级生态环境主管部门和当事人，可以对下级生态环境主管部门管辖的案件直接管辖，或者指定其他有管辖权的生态环境主管部门管辖。

上级生态环境主管部门可以将其管辖的案件交由有管辖权的下级生态环境主管部门实施行政处罚。

第十六条　对不属于本机关管辖的案件，生态环境主管部门应当移送有管辖权的生态环境主管部门处理。

受移送的生态环境主管部门对管辖权有异议的，应当报请共同的上一级生态环境主管部门指定管辖，不得再自行移送。

第十七条　生态环境主管部门发现不属于本部门管辖的案件，应当按照有关要求和时限移送有管辖权的机关处理。

对涉嫌违法依法应当实施行政拘留的案件，生态环境主管部门应当移送公安机关或者海警机构。

违法行为涉嫌犯罪的，生态环境主管部门应当及时将案件移送司法机关。不得以行政处罚代替刑事处罚。

对涉嫌违法依法应当由人民政府责令停业、关闭的案件，生态环境主管部门应当报有批准权的人民政府。

第三章　普通程序

第一节　立　　案

第十八条　除依法可以当场作出的行政处罚外，生态环境主管部门对涉嫌违反生态环境保护法律、法规和规章的违法行为，应当进行初步审查，并在十五日内决定是否立案。特殊情况下，经本机关负责人批准，可以延长十五日。法律、法规另有规定的除外。

第十九条　经审查，符合下列四项条件的，予以立案：

（一）有初步证据材料证明有涉嫌违反生态环境保护法律、法规和规章的违法行为；

（二）依法应当或者可以给予行政处罚；

（三）属于本机关管辖；

（四）违法行为未超过《中华人民共和国行政处罚法》规定的追责期限。

第二十条　对已经立案的案件，根据新情况发现不符合本办法第十九条立案条件的，应当撤销立案。

第二节　调查取证

第二十一条　生态环境主管部门对登记立案的生态环境违法行为，应当指定专人负责，全面、客观、公正地调查，收集有关证据。

第二十二条　生态环境主管部门在办理行政处罚案件时，需要其他行政机关协助调查取证的，可以向有关机关发送协助调查函，提出协助请求。

生态环境主管部门在办理行政处罚案件时，需要其他生态环境主管部门协助调查取证的，可以发送协助调查函。收到协助调查函的生态环境主管部门对属于本机关职权范围的协助事项应当依法予以协助。无法协助的，应当及时函告请求协助调查的生态环境主管部门。

第二十三条 执法人员在调查或者进行检查时，应当主动向当事人或者有关人员出示执法证件。当事人或者有关人员有权要求执法人员出示执法证件。执法人员不出示执法证件的，当事人或者有关人员有权拒绝接受调查或者检查。

当事人或者有关人员应当如实回答询问，并协助调查或者检查，不得拒绝、阻挠或者在接受检查时弄虚作假。询问或者检查应当制作笔录。

第二十四条 执法人员有权采取下列措施：

（一）进入有关场所进行检查、勘察、监测、录音、拍照、录像；

（二）询问当事人及有关人员，要求其说明相关事项和提供有关材料；

（三）查阅、复制生产记录、排污记录和其他有关材料。

必要时，生态环境主管部门可以采取暗查或者其他方式调查。在调查或者检查时，可以组织监测等技术人员提供技术支持。

第二十五条 执法人员负有下列责任：

（一）对当事人的基本情况、违法事实、危害后果、违法情节等情况进行全面、客观、及时、公正的调查；

（二）依法收集与案件有关的证据，不得以暴力、威胁、引诱、欺骗以及其他违法手段获取证据；

（三）询问当事人，应当告知其依法享有的权利；

（四）听取当事人、证人或者其他有关人员的陈述、申辩，并如实记录。

第二十六条 生态环境行政处罚证据包括：

（一）书证；

（二）物证；

（三）视听资料；

（四）电子数据；

（五）证人证言；

（六）当事人的陈述；

（七）鉴定意见；

（八）勘验笔录、现场笔录。

证据必须经查证属实，方可作为认定案件事实的根据。

以非法手段取得的证据，不得作为认定案件事实的根据。

第二十七条 生态环境主管部门立案前依法取得的证据材料，可以作为案件的证据。

其他机关依法依职权调查收集的证据材料，可以作为案件的证据。

第二十八条 对有关物品或者场所进行检查（勘察）时，应当制作现场检查（勘察）笔录，并可以根据实际情况进行音像记录。

现场检查（勘察）笔录应当载明现场检查起止时间、地点，执法人员基本信息，当事人或者有关人员基本信息，执法人员出示执法证件、告知当事人或者有关人员申请回避权利和配合调查义务情况，现场检查情况等信息，并由执法人员、当事人或者有关人员签名或者盖章。

当事人不在场、拒绝签字或者盖章的，执法人员应当在现场检查（勘察）笔录中注明。

第二十九条 生态环境主管部门现场检查时，可以按照相关技术规范要求现场采样，获取的监测（检测）数据可以作为认定案件事实的证据。

执法人员应当将采样情况记入现场检查（勘察）笔录，可以采取拍照、录像记录采样情况。

生态环境主管部门取得监测（检测）报告或者鉴定意见后，应当将监测（检测）、鉴定结果告知当事人。

第三十条　排污单位应当依法对自动监测数据的真实性和准确性负责，不得篡改、伪造。

实行自动监测数据标记规则行业的排污单位，应当按照国务院生态环境主管部门的规定对数据进行标记。经过标记的自动监测数据，可以作为认定案件事实的证据。

同一时段的现场监测（检测）数据与自动监测数据不一致，现场监测（检测）符合法定的监测标准和监测方法的，以该现场监测（检测）数据作为认定案件事实的证据。

第三十一条　生态环境主管部门依照法律、行政法规规定利用电子技术监控设备收集、固定违法事实的，依照《中华人民共和国行政处罚法》有关规定执行。

第三十二条　在证据可能灭失或者以后难以取得的情况下，经生态环境主管部门负责人批准，执法人员可以对与涉嫌违法行为有关的证据采取先行登记保存措施。

情况紧急的，执法人员需要当场采取先行登记保存措施的，可以采用即时通讯方式报请生态环境主管部门负责人同意，并在实施后二十四小时内补办批准手续。

先行登记保存有关证据，应当当场清点，开具清单，由当事人和执法人员签名或者盖章。

先行登记保存期间，当事人或者有关人员不得损毁、销毁或者转移证据。

第三十三条　对于先行登记保存的证据，应当在七日内采取以下措施：

（一）根据情况及时采取记录、复制、拍照、录像等证据保全措施；

（二）需要鉴定的，送交鉴定；

（三）根据有关法律、法规规定可以查封、扣押的，决定查封、扣押；

（四）违法事实不成立，或者违法事实成立但依法不应当查封、扣押或者没收的，决定解除先行登记保存措施。

超过七日未作出处理决定的，先行登记保存措施自动解除。

第三十四条　生态环境主管部门实施查封、扣押等行政强制措施，应当有法律、法规的明确规定，按照《中华人民共和国行政强制法》及相关规定执行。

第三十五条　有下列情形之一的，经生态环境主管部门负责人批准，中止案件调查：

（一）行政处罚决定须以相关案件的裁判结果或者其他行政决定为依据，而相关案件尚未审结或者其他行政决定尚未作出的；

（二）涉及法律适用等问题，需要送请有权机关作出解释或者确认的；

（三）因不可抗力致使案件暂时无法调查的；

（四）因当事人下落不明致使案件暂时无法调查的；

（五）其他应当中止调查的情形。

中止调查的原因消除后，应当立即恢复案件调查。

第三十六条　有下列情形之一致使案件调查无法继续进行的，经生态环境主管部门负责人批准，调查终止：

（一）涉嫌违法的公民死亡的；

（二）涉嫌违法的法人、其他组织终止，无法人或者其他组织承受其权利义务的；

（三）其他依法应当终止调查的情形。

第三十七条　有下列情形之一的，终结调查：

（一）违法事实清楚、法律手续完备、证据充分的；

（二）违法事实不成立的；

（三）其他依法应当终结调查的情形。

第三十八条　调查终结的，案件调查人员应当制作调查报告，提出已查明违法行为的事实和证据、初步处理意见，移送进行案件审查。

本案的调查人员不得作为本案的审查人员。

第三节　案件审查

第三十九条　案件审查的主要内容包括：

（一）本机关是否有管辖权；

（二）违法事实是否清楚；

（三）证据是否合法充分；

（四）调查取证是否符合法定程序；

（五）是否超过行政处罚追责期限；

（六）适用法律、法规、规章是否准确，裁量基准运用是否适当。

第四十条　违法事实不清、证据不充分或者调查程序违法的，审查人员应当退回调查人员补充调查取证或者重新调查取证。

第四十一条　行使生态环境行政处罚裁量权应当符合立法目的，并综合考虑以下情节：

（一）违法行为造成的环境污染、生态破坏以及社会影响；

（二）当事人的主观过错程度；

（三）违法行为的具体方式或者手段；

（四）违法行为持续的时间；

（五）违法行为危害的具体对象；

（六）当事人是初次违法还是再次违法；

（七）当事人改正违法行为的态度和所采取的改正措施及效果。

同类违法行为的情节相同或者相似、社会危害程度相当的，行政处罚种类和幅度应当相当。

第四十二条　违法行为轻微并及时改正，没有造成生态环境危害后果的，不予行政处罚。初次违法且生态环境危害后果轻微并及时改正的，可以不予行政处罚。

当事人有证据足以证明没有主观过错的，不予行政处罚。法律、行政法规另有规定的，从其规定。

对当事人的违法行为依法不予行政处罚的，生态环境主管部门应当对当事人进行教育。

第四十三条　当事人有下列情形之一的，应当从轻或者减轻行政处罚：

（一）主动消除或者减轻生态环境违法行为危害后果的；

（二）受他人胁迫或者诱骗实施生态环境违法行为的；

（三）主动供述生态环境主管部门尚未掌握的生态环境违法行为的；

（四）配合生态环境主管部门查处生态环境违法行为有立功表现的；

（五）法律、法规、规章规定其他应当从轻或者减轻行政处罚的。

第四节　告知和听证

第四十四条　生态环境主管部门在作出行政处罚决定之前，应当告知当事人拟作出的行政处罚内容及事实、理由、依据和当事人依法享有的陈述、申辩、要求听证等权利，当事人在收到告知书后五日内进行陈述、申辩；未依法告知当事人，或者拒绝听取当事人的陈述、申辩的，不得作出行政处罚决定，当事人明确放弃陈述或者申辩权利的除外。

第四十五条　当事人进行陈述、申辩的，生态环境主管部门应当充分听取当事人意见，将当事人的陈述、申辩材料归入案卷。对当事人提出的事实、理由和证据，应当进行复核。当事人提出的事实、理由或者证据成立的，应当予以采纳；不予采纳的，应当说明理由。

不得因当事人的陈述、申辩而给予更重的处罚。

第四十六条　拟作出以下行政处罚决定，当事人要求听证的，生态环境主管部门应当组织听证：

（一）较大数额罚款；

（二）没收较大数额违法所得、没收较大价值非法财物；

（三）暂扣许可证件、降低资质等级、吊销许可证件、一定时期内不得申请行政许可；

（四）限制开展生产经营活动、责令停产整治、责令停产停业、责令关闭、限制从业、禁止从业；

（五）其他较重的行政处罚；

（六）法律、法规、规章规定的其他情形。

当事人不承担组织听证的费用。

第四十七条　听证应当依照以下程序组织：

（一）当事人要求听证的，应当在生态环境主管部门告知后五日内提出。

（二）生态环境主管部门应当在举行听证的七日前，通知当事人及有关人员听证的时间、地点。

（三）除涉及国家秘密、商业秘密或者个人隐私依法予以保密外，听证公开举行。

（四）听证由生态环境主管部门指定的非本案调查人员主持；当事人认为主持人与本案有直接利害关系的，有权申请回避。

（五）当事人可以亲自参加听证，也可以委托一至二人代理。

（六）当事人及其代理人无正当理由拒不出席听证或者未经许可中途退出听证的，视为放弃听证权利，生态环境主管部门终止听证。

（七）举行听证时，调查人员提出当事人违法的事实、证据和行政处罚建议，当事人进行申辩和质证。

（八）听证应当制作笔录。笔录应当交当事人或者其代理人核对无误后签字或者盖章。当事人或者其代理人拒绝签字或者盖章的，由听证主持人在笔录中注明。

第四十八条　听证结束后，生态环境主管部门应当根据听证笔录，依照本办法第五十三条的规定，作出决定。

第五节　法制审核和集体讨论

第四十九条　有下列情形之一，生态环境主管部门负责人作出行政处罚决定之前，应当由生态环境主管部门负责重大执法决定法制审核的机构或者法制审核人员进行法制审核；未经法制审核或者审核未通过的，不得作出决定：

（一）涉及重大公共利益的；

（二）直接关系当事人或者第三人重大权益，经过听证程序的；

（三）案件情况疑难复杂、涉及多个法律关系的；

（四）法律、法规规定应当进行法制审核的其他情形。

设区的市级以上生态环境主管部门可以根据实际情况，依法对应当进行法制审核的案件范围作出具体规定。

初次从事行政处罚决定法制审核的人员，应当通过国家统一法律职业资格考试取得法律职业资格。

第五十条　法制审核的内容包括：

（一）行政执法主体是否合法，是否超越执法机关法定权限；

（二）行政执法人员是否具备执法资格；

（三）行政执法程序是否合法；

（四）案件事实是否清楚，证据是否合法充分；

（五）适用法律、法规、规章是否准确，裁量基准运用是否适当；

（六）行政执法文书是否完备、规范；

（七）违法行为是否涉嫌犯罪、需要移送司法机关。

第五十一条　法制审核以书面审核为主。对案情复杂、法律争议较大的案件，生态环境主管部门可以组织召开座谈会、专家论证会开展审核工作。

生态环境主管部门进行法制审核时，可以请相关领域专家、法律顾问提出书面意见。

对拟作出的处罚决定进行法制审核后，应当区别不同情况以书面形式提出如下意见：

（一）主要事实清楚，证据充分，程序合法，内容适当，未发现明显法律风险的，提出同意的意见；

（二）主要事实不清，证据不充分，程序不当或者适用依据不充分，存在明显法律风险，但是可以改进或者完善的，指出存在的问题，并提出改进或者完善的建议；

（三）存在明显法律风险，且难以改进或者完善的，指出存在的问题，提出不同意的审核意见。

第五十二条　对情节复杂或者重大违法行为给予行政处罚的，作出处罚决定的生态环境主管部门负责人应当集体讨论决定。

有下列情形之一的，属于情节复杂或者重大违法行为给予行政处罚的案件：

（一）情况疑难复杂、涉及多个法律关系的；

（二）拟罚款、没收违法所得、没收非法财物数额五十万元以上的；

（三）拟吊销许可证件、一定时期内不得申请行政许可的；

（四）拟责令停产整治、责令停产停业、责令关闭、限制从业、禁止从业的；

（五）生态环境主管部门负责人认为应当提交集体讨论的其他案件。

集体讨论情况应当予以记录。

地方性法规、地方政府规章另有规定的，从其规定。

第六节　决　　定

第五十三条　生态环境主管部门负责人经过审查，根据不同情况，分别作出如下决定：

（一）确有应受行政处罚的违法行为的，根据情节轻重及具体情况，作出行政处罚决定；

（二）违法行为轻微，依法可以不予行政处罚的，不予行政处罚；

（三）违法事实不能成立的，不予行政处罚；

（四）违法行为涉嫌犯罪的，移送司法机关。

第五十四条　生态环境主管部门向司法机关移送涉嫌生态环境犯罪案件之前已经依法作出的警告、责令停产停业、暂扣或者吊销许可证件等行政处罚决定，不停止执行。

涉嫌犯罪案件的移送办理期间，不计入行政处罚期限。

第五十五条　决定给予行政处罚的，应当制作行政处罚决定书。

对同一当事人的两个或者两个以上环境违法行为，可以分别制作行政处罚决定书，也可以列入同一行政处罚决定书。

符合本办法第五十三条第二项规定的情况，决定不予行政处罚的，应当制作不予行政处罚决定书。

第五十六条　行政处罚决定书应当载明以下内容：

（一）当事人的基本情况，包括当事人姓名或者名称，居民身份证号码或者统一社会信用代码、住址或者住所地、法定代表人（负责人）姓名等；

（二）违反法律、法规或者规章的事实和证据；

（三）当事人陈述、申辩的采纳情况及理由；符合听证条件的，还应当载明听证的情况；

（四）行政处罚的种类、依据，以及行政处罚裁量基准运用的理由和依据；

（五）行政处罚的履行方式和期限；

（六）不服行政处罚决定，申请行政复议、提起行政诉讼的途径和期限；

（七）作出行政处罚决定的生态环境主管部门名称和作出决定的日期，并加盖印章。

第五十七条　生态环境主管部门应当自立案之日起九十日内作出处理决定。因案情复杂或者其他原因，不能在规定期限内作出处理决定的，经生态环境主管部门负责人批准，可以延长三十日。案情特别复杂或者有其他特殊情况，经延期仍不能作出处理决定的，应当由生态环境主管部门负责人集体讨论决定是否继续延期，决定继续延期的，继续延长期限不得超过三十日。

案件办理过程中，中止、听证、公告、监测（检测）、评估、鉴定、认定、送达等时间不计入前款所指的案件办理期限。

第五十八条　行政处罚决定书应当在宣告后当场交付当事人；当事人不在场的，应当在七日内将行政处罚决定书送达当事人。

生态环境主管部门可以根据需要将行政处罚决定书抄送与案件有关的单位和个人。

第五十九条　生态环境主管部门送达执法文书，可以采取直接送达、留置送达、委托送达、邮寄送达、电子送达、转交送达、公告送达等法律规定的方式。

送达行政处罚文书应当使用送达回证并存档。

第六十条　当事人同意并签订确认书的，生态环境主管部门可以采用传真、电子邮件、移动通信等能够确认其收悉的电子方式送达执法文书，并通过拍照、截屏、录音、录像等方式予以记录。传真、电子邮件、移动通信等到达当事人特定系统的日期为送达日期。

第七节　信息公开

第六十一条　生态环境主管部门应当依法公开其作出的生态环境行政处罚决定。

第六十二条　生态环境主管部门依法公开生态环境行政处罚决定的下列信息：

（一）行政处罚决定书文号；

（二）被处罚的公民姓名，被处罚的法人或者其他组织名称和统一社会信用代码、法定代表人（负责人）姓名；

（三）主要违法事实；

（四）行政处罚结果和依据；

（五）作出行政处罚决定的生态环境主管部门名称和作出决定的日期。

第六十三条　涉及国家秘密或者法律、行政法规禁止公开的信息的，以及公开后可能危及国家安全、公共安全、经济安全、社会稳定的行政处罚决定信息，不予公开。

第六十四条　公开行政处罚决定时，应当隐去以下信息：

（一）公民的肖像、居民身份证号码、家庭住址、通信方式、出生日期、银行账号、健康状况、财产状况等个人隐私信息；

（二）本办法第六十二条第（二）项规定以外的公民姓名，法人或者其他组织的名称和统一社会信用代码、法定代表人（负责人）姓名；

（三）法人或者其他组织的银行账号；

（四）未成年人的姓名及其他可能识别出其身份的信息；

（五）当事人的生产配方、工艺流程、购销价格及客户名称等涉及商业秘密的信息；

（六）法律、法规规定的其他应当隐去的信息。

第六十五条　生态环境行政处罚决定应当自作出之日起七日内公开。法律、行政法规另有规定的，从其规定。

第六十六条　公开的行政处罚决定被依法变更、撤销、确认违法或者确认无效的，生态环境主管部门应当在三日内撤回行政处罚决定信息并公开说明理由。

第四章　简易程序

第六十七条　违法事实确凿并有法定依据，对公民处以二百元以下、对法人或者其他组织处以三千元以下罚款或者警告的行政处罚的，可以适用简易程序，当场作出行政处罚决定。法律另有规定的，从其规定。

第六十八条　当场作出行政处罚决定时，应当遵守下列简易程序：

（一）执法人员应当向当事人出示有效执法证件。

（二）现场查清当事人的违法事实，并依法取证。

（三）向当事人说明违法的事实、拟给予行政处罚的种类和依据、罚款数额、时间、地点，告知当事人享有的陈述、申辩权利。

（四）听取当事人的陈述和申辩。当事人提出的事实、理由或者证据成立的，应当采纳。

（五）填写预定格式、编有号码、盖有生态环境主管部门印章的行政处罚决定书，由执法人员签名或者盖章，并将行政处罚决定书当场交付当事人；当事人拒绝签收的，应当在行政处罚决定书上注明。

（六）告知当事人如对当场作出的行政处罚决定不服，可以依法申请行政复议或者提起行政诉讼，并告知申请行政复议、提起行政诉讼的途径和期限。

以上过程应当制作笔录。

执法人员当场作出的行政处罚决定，应当在决定之日起三日内报所属生态环境主管部门备案。

第五章　执　　行

第六十九条　当事人应当在行政处罚决定书载明的期限内，履行处罚决定。

申请行政复议或者提起行政诉讼的，行政处罚决定不停止执行，法律另有规定的除外。

第七十条　当事人到期不缴纳罚款的，作出行政处罚决定的生态环境主管部门可以每日按罚款数额的百分之三加处罚款，加处罚款的数额不得超出罚款的数额。

第七十一条　当事人在法定期限内不申请行政复议或者提起行政诉讼，又不履行行政处罚决定的，作出处罚决定的生态环境主管部门可以自期限届满之日起三个月内依法申请人民法院强制执行。

第七十二条　作出加处罚款的强制执行决定前或者申请人民法院强制执行前，生态环境主管部门应当依法催告当事人履行义务。

第七十三条　当事人实施违法行为，受到处以罚款、没收违法所得或者没收非法财物等处罚后，发生企业分立、合并或者其他资产重组等情形，由承受当事人权利义务的法人、其他组织作为被执行人。

第七十四条　确有经济困难，需要延期或者分期缴纳罚款的，当事人应当在行政处罚决定书确定的缴纳期限届满前，向作出行政处罚决定的生态环境主管部门提出延期或者分期缴纳的书面申请。

批准当事人延期或者分期缴纳罚款的，应当制作同意延期（分期）缴纳罚款通知书，并送达当事人和收缴罚款的机构。

生态环境主管部门批准延期、分期缴纳罚款的，申请人民法院强制执行的期限，自暂缓或者分期缴纳罚款期限结束之日起计算。

第七十五条　依法没收的非法财物，应当按照国家规定处理。

销毁物品，应当按照国家有关规定处理；没有规定的，经生态环境主管部门负责人批准，由两名以上执法人员监督销毁，并制作销毁记录。

处理物品应当制作清单。

第七十六条　罚款、没收的违法所得或者没收非法财物拍卖的款项，应当全部上缴国库，任何单位或者个人不得以任何形式截留、私分或者变相私分。

罚款、没收的违法所得或者没收非法财物拍卖的款项，不得同作出行政处罚决定的生态环境主管部门及其工作人员的考核、考评直接或者变相挂钩。

第六章　结案和归档

第七十七条　有下列情形之一的，执法人员应当制作结案审批表，经生态环境主管部门负责人批准后予以结案：

（一）责令改正和行政处罚决定由当事人履行完毕的；

（二）生态环境主管部门依法申请人民法院强制执行行政处罚决定，人民法院依法受理的；

（三）不予行政处罚等无须执行的；

（四）按照本办法第三十六条规定终止案件调查的；

（五）按照本办法第十七条规定完成案件移送，且依法无须由生态环境主管部门再作出行政处罚决定的；

（六）行政处罚决定被依法撤销的；

（七）生态环境主管部门认为可以结案的其他情形。

第七十八条　结案的行政处罚案件，应当按照下列要求将案件材料立卷归档：

（一）一案一卷，案卷可以分正卷、副卷；

（二）各类文书齐全，手续完备；

（三）书写文书用签字笔、钢笔或者打印；

（四）案卷装订应当规范有序，符合文档要求。

第七十九条　正卷按下列顺序装订：

（一）行政处罚决定书及送达回证；

（二）立案审批材料；

（三）调查取证及证据材料；

（四）行政处罚事先告知书、听证告知书、听证通知书等法律文书及送达回证；

（五）听证笔录；

（六）财物处理材料；

（七）执行材料；

（八）结案材料；

（九）其他有关材料。

副卷按下列顺序装订：

（一）投诉、申诉、举报等案源材料；

（二）涉及当事人有关商业秘密的材料；

（三）听证报告；

（四）审查意见；

（五）法制审核材料、集体讨论记录；

（六）其他有关材料。

第八十条　案卷归档后，任何单位、个人不得修改、增加、抽取案卷材料。案卷保管及查阅，按档案管理有关规定执行。

第八十一条　生态环境主管部门应当建立行政处罚案件统计制度，并按照生态环境部有关环境统计的规定向上级生态环境主管部门报送本行政区域的行政处罚情况。

第七章　监　　督

第八十二条　上级生态环境主管部门负责对下级生态环境主管部门的行政处罚工作情况进行监督检查。

第八十三条　生态环境主管部门应当建立行政处罚备案制度。

下级生态环境主管部门对上级生态环境主管部门督办的处罚案件，应当在结案后二十日内向上一级生态环境主管部门备案。

第八十四条　生态环境主管部门实施行政处罚应当接受社会监督。公民、法人或者其他组织对生态环境主管部门实施行政处罚的行为，有权申诉或者检举；生态环境主管部门应当认真审查，发现有错误的，应当主动改正。

第八十五条　生态环境主管部门发现行政处罚决定有文字表述错误、笔误或者计算错误，以及行政处罚决定书部分内容缺失等情形，但未损害公民、法人或者其他组织的合法权益的，应当予以补正或者更正。

补正或者更正应当以书面决定的方式及时作出。

第八十六条　生态环境主管部门通过接受申诉和检举，或者通过备案审查等途径，发现下级生态环境主管部门的行政处罚决定违法或者显失公正的，应当督促其纠正。

依法应当给予行政处罚，而有关生态环境主管部门不给予行政处罚的，有处罚权的上级生态环境主管部门可以直接作出行政处罚决定。

第八十七条　生态环境主管部门可以通过案件评查或者其他方式评议、考核行政处罚工作，加强对行政处罚的监督检查，规范和保障行政处罚的实施。对在行政处罚工作中做出显著成绩的单位和个人，可以依照国家或者地方的有关规定给予表彰和奖励。

第八章　附　　则

第八十八条　当事人有违法所得，除依法应当退赔的外，应当予以没收。违法所得是指实施违法行为所取得的款项。

法律、行政法规对违法所得的计算另有规定的，从其规定。

第八十九条　本办法第四十六条所称"较大数额"、"较大价值"，对公民是指人民币（或者等值物品价值）五千元以上、对法人或者其他组织是指人民币（或者等值物品价值）二十万元以上。

地方性法规、地方政府规章对"较大数额"、"较大价值"另有规定的，从其规定。

第九十条　本办法中"三日"、"五日"、"七日"的规定是指工作日，不含法定节假日。

期间开始之日，不计算在内。期间届满的最后一日是节假日的，以节假日后的第一日为期间届满的日期。期间不包括在途时间，行政处罚文书在期满前交邮的，视为在有效期内。

第九十一条　本办法未作规定的其他事项，适用《中华人民共和国行政处罚法》、《中华人民共和国行政强制法》等有关法律、法规和规章的规定。

第九十二条　本办法自 2023 年 7 月 1 日起施行。原环境保护部发布的《环境行政处罚办法》（环境保护部令第 8 号）同时废止。

环境保护主管部门实施按日连续处罚办法

（2014 年 12 月 15 日环境保护部部务会议审议通过，
2014 年 12 月 19 日公布，自 2015 年 1 月 1 日起施行）

第一章　总　　则

第一条　为规范实施按日连续处罚，依据《中华人民共和国环境保护法》、《中华人民共和国行政处罚法》等法律，制定本办法。

第二条　县级以上环境保护主管部门对企业事业单位和其他生产经营者（以下称排污者）实施按日连续处罚的，适用本办法。

第三条　实施按日连续处罚，应当坚持教育与处罚相结合的原则，引导和督促排污者及时改正环境违法行为。

第四条　环境保护主管部门实施按日连续处罚，应当依法向社会公开行政处罚决定和责令改正违法行为决定等相关信息。

第二章　适用范围

第五条　排污者有下列行为之一，受到罚款处罚，被责令改正，拒不改正的，依法作出罚款处罚决定的环境保护主管部门可以实施按日连续处罚：

（一）超过国家或者地方规定的污染物排放标准，或者超过重点污染物排放总量控制指标排放污染物的；

（二）通过暗管、渗井、渗坑、灌注或者篡改、伪造监测数据，或者不正常运行防治污染设施等逃避监管的方式排放污染物的；

（三）排放法律、法规规定禁止排放的污染物的；

（四）违法倾倒危险废物的；

（五）其他违法排放污染物行为。

第六条　地方性法规可以根据环境保护的实际需要，增加按日连续处罚的违法行为的种类。

第三章　实施程序

第七条　环境保护主管部门检查发现排污者违法排放污染物的，应当进行调查取证，并依法作出行政处罚决定。

按日连续处罚决定应当在前款规定的行政处罚决定之后作出。

第八条　环境保护主管部门可以当场认定违法排放污染物的，应当在现场调查时向排污者送达责令改正违法行为决定书，责令立即停止违法排放污染物行为。

需要通过环境监测认定违法排放污染物的，环境监测机构应当按照监测技术规范要求进行监测。环境保护主管部门应当在取得环境监测报告后三个工作日内向排污者送达责令改正违法行为决定书，责令立即停止违法排放污染物行为。

第九条　责令改正违法行为决定书应当载明下列事项：

（一）排污者的基本情况，包括名称或者姓名、营业执照号码或者居民身份证号码、组织机构代码、地址以及法定代表人或者主要负责人姓名等；

（二）环境违法事实和证据；

（三）违反法律、法规或者规章的具体条款和处理依据；

（四）责令立即改正的具体内容；

（五）拒不改正可能承担按日连续处罚的法律后果；

（六）申请行政复议或者提起行政诉讼的途径和期限；

（七）环境保护主管部门的名称、印章和决定日期。

第十条　环境保护主管部门应当在送达责令改正违法行为决定书之日起三十日内，以暗查方式组织对排污者违法排放污染物行为的改正情况实施复查。

第十一条　排污者在环境保护主管部门实施复查前，可以向作出责令改正违法行为决定书的环境保护主管部门报告改正情况，并附具相关证明材料。

第十二条　环境保护主管部门复查时发现排污者拒不改正违法排放污染物行为的，可以对其实施按日连续处罚。

环境保护主管部门复查时发现排污者已经改正违法排放污染物行为或者已经停产、停业、关闭的，不启动按日连续处罚。

第十三条　排污者具有下列情形之一的，认定为拒不改正：

（一）责令改正违法行为决定书送达后，环境保护主管部门复查发现仍在继续违法排放污染物的；

（二）拒绝、阻挠环境保护主管部门实施复查的。

第十四条　复查时排污者被认定为拒不改正违法排放污染物行为的，环境保护主管部门应当按照本办法第八条的规定再次作出责令改正违法行为决定书并送达排污者，责令立即停止违法排放污染物行为，并应当依照本办法第十条、第十二条的规定对排污者再次进行复查。

第十五条　环境保护主管部门实施按日连续处罚应当符合法律规定的行政处罚程序。

第十六条　环境保护主管部门决定实施按日连续处罚的，应当依法作出处罚决定书。

处罚决定书应当载明下列事项：

（一）排污者的基本情况，包括名称或者姓名、营业执照号码或者居民身份证号码、组织机构代码、地址以及法定代表人或者主要负责人姓名等；

（二）初次检查发现的环境违法行为及该行为的原处罚决定、拒不改正的违法事实和证据；

（三）按日连续处罚的起止时间和依据；

（四）按照按日连续处罚规则决定的罚款数额；

（五）按日连续处罚的履行方式和期限；

（六）申请行政复议或者提起行政诉讼的途径和期限；

（七）环境保护主管部门名称、印章和决定日期。

第四章　计罚方式

第十七条　按日连续处罚的计罚日数为责令改正违法行为决定书送达排污者之日的次日起，至环境保护主管部门复查发现违法排放污染物行为之日止。再次复查仍拒不改正的，计罚日数累计执行。

第十八条　再次复查时违法排放污染物行为已经改正，环境保护主管部门在之后的检查中又发现排污者有本办法第五条规定的情形的，应当重新作出处罚决定，按日连续处罚的计罚周期重新起算。按日连续处罚次数不受限制。

第十九条　按日连续处罚每日的罚款数额，为原处罚决定书确定的罚款数额。

按照按日连续处罚规则决定的罚款数额，为原处罚决定书确定的罚款数额乘以计罚日数。

第五章　附　　则

第二十条　环境保护主管部门针对违法排放污染物行为实施按日连续处罚的，可以同时适用责令排污者限制生产、停产整治或者查封、扣押等措施；因采取上述措施使排污者停止违法排污行为的，不再实施按日连续处罚。

第二十一条　本办法由国务院环境保护主管部门负责解释。

第二十二条　本办法自 2015 年 1 月 1 日起施行。

环境保护主管部门实施查封、扣押办法

（2014 年 12 月 15 日环境保护部部务会议审议通过，
2014 年 12 月 19 日公布，自 2015 年 1 月 1 日起施行）

第一章　总　　则

第一条　为规范实施查封、扣押，依据《中华人民共和国环境保护法》、《中华人民共和国行政强制法》等法律，制定本办法。

第二条　对企业事业单位和其他生产经营者（以下称排污者）违反法律法规规定排放污染物，造成或者可能造成严重污染，县级以上环境保护主管部门对造成污染物排放的设施、设备实施查封、扣押的，适用本办法。

第三条　环境保护主管部门实施查封、扣押所需经费，应当列入本机关的行政经费预算，由同级财政予以保障。

第二章　适用范围

第四条　排污者有下列情形之一的，环境保护主管部门依法实施查封、扣押：

（一）违法排放、倾倒或者处置含传染病病原体的废物、危险废物、含重金属污染物或者持久性有机污染物等有毒物质或者其他有害物质的；

（二）在饮用水水源一级保护区、自然保护区核心区违反法律法规规定排放、倾倒、处置污染物的；

（三）违反法律法规规定排放、倾倒化工、制药、石化、印染、电镀、造纸、制革等工业污泥的；

（四）通过暗管、渗井、渗坑、灌注或者篡改、伪造监测数据，或者不正常运行防治污染设施等逃避监管的方式违反法律法规规定排放污染物的；

（五）较大、重大和特别重大突发环境

事件发生后，未按照要求执行停产、停排措施，继续违反法律法规规定排放污染物的；

（六）法律、法规规定的其他造成或者可能造成严重污染的违法排污行为。

有前款第一项、第二项、第三项、第六项情形之一的，环境保护主管部门可以实施查封、扣押；已造成严重污染或者有前款第四项、第五项情形之一的，环境保护主管部门应当实施查封、扣押。

第五条　环境保护主管部门查封、扣押排污者造成污染物排放的设施、设备，应当符合有关法律的规定。不得重复查封、扣押排污者已被依法查封的设施、设备。

对不易移动的或者有特殊存放要求的设施、设备，应当就地查封。查封时，可以在该设施、设备的控制装置等关键部件或者造成污染物排放所需供水、供电、供气等开关阀门张贴封条。

第六条　具备下列情形之一的排污者，造成或者可能造成严重污染的，环境保护主管部门应当按照有关环境保护法律法规予以处罚，可以不予实施查封、扣押：

（一）城镇污水处理、垃圾处理、危险废物处置等公共设施的运营单位；

（二）生产经营业务涉及基本民生、公共利益的；

（三）实施查封、扣押可能影响生产安全的。

第七条　环境保护主管部门实施查封、扣押的，应当依法向社会公开查封、扣押决定，查封、扣押延期情况和解除查封、扣押决定等相关信息。

第三章　实施程序

第八条　实施查封、扣押的程序包括调查取证、审批、决定、执行、送达、解除。

第九条　环境保护主管部门实施查封、扣押前，应当做好调查取证工作。

查封、扣押的证据包括现场检查笔录、调查询问笔录、环境监测报告、视听资料、证人证言和其他证明材料。

第十条　需要实施查封、扣押的，应当书面报经环境保护主管部门负责人批准；案情重大或者社会影响较大的，应当经环境保护主管部门案件审查委员会集体审议决定。

第十一条　环境保护主管部门决定实施查封、扣押的，应当制作查封、扣押决定书和清单。

查封、扣押决定书应当载明下列事项：

（一）排污者的基本情况，包括名称或者姓名、营业执照号码或者居民身份证号码、组织机构代码、地址以及法定代表人或者主要负责人姓名等；

（二）查封、扣押的依据和期限；

（三）查封、扣押设施、设备的名称、数量和存放地点等；

（四）排污者应当履行的相关义务及申请行政复议或者提起行政诉讼的途径和期限；

（五）环境保护主管部门的名称、印章和决定日期。

第十二条　实施查封、扣押应当符合下列要求：

（一）由两名以上具有行政执法资格的环境行政执法人员实施，并出示执法身份证件；

（二）通知排污者的负责人或者受委托人到场，当场告知实施查封、扣押的依据以及依法享有的权利、救济途径，并听取其陈述和申辩；

（三）制作现场笔录，必要时可以进行现场拍摄。现场笔录的内容应当包括查封、扣押实施的起止时间和地点等；

（四）当场清点并制作查封、扣押设施、设备清单，由排污者和环境保护主管部门分别收执。委托第三人保管的，应同时交第三人收执。执法人员可以对上述过程进行现场拍摄；

（五）现场笔录和查封、扣押设施、设备清单由排污者和执法人员签名或者盖章；

（六）张贴封条或者采取其他方式，明示环境保护主管部门已实施查封、扣押。

第十三条 情况紧急，需要当场实施查封、扣押的，应当在实施后二十四小时内补办批准手续。环境保护主管部门负责人认为不需要实施查封、扣押的，应当立即解除。

第十四条 查封、扣押决定书应当当场交付排污者负责人或者受委托人签收。排污者负责人或者受委托人应当签名或者盖章，注明日期。

实施查封、扣押过程中，排污者负责人或者受委托人拒不到场或者拒绝签名、盖章的，环境行政执法人员应当予以注明，并可以邀请见证人到场，由见证人和环境行政执法人员签名或者盖章。

第十五条 查封、扣押的期限不得超过三十日；情况复杂的，经本级环境保护主管部门负责人批准可以延长，但延长期限不得超过三十日。法律、法规另有规定的除外。

延长查封、扣押的决定应当及时书面告知排污者，并说明理由。

第十六条 对就地查封的设施、设备，排污者应当妥善保管，不得擅自损毁封条、变更查封状态或者启用已查封的设施、设备。

对扣押的设施、设备，环境保护主管部门应当妥善保管，也可以委托第三人保管。扣押期间设施、设备的保管费用由环境保护主管部门承担。

第十七条 查封的设施、设备造成损失的，由排污者承担。扣押的设施、设备造成损失的，由环境保护主管部门承担；因受委托第三人原因造成损失的，委托的环境保护主管部门先行赔付后，可以向受委托第三人追偿。

第十八条 排污者在查封、扣押期限届满前，可以向决定实施查封、扣押的环境保护主管部门提出解除申请，并附具相关证明材料。

第十九条 环境保护主管部门应当自收到解除查封、扣押申请之日起五个工作日内，组织核查，并根据核查结果分别作出如下决定：

（一）确已改正违反法律法规规定排放污染物行为的，解除查封、扣押；

（二）未改正违反法律法规规定排放污染物行为的，维持查封、扣押。

第二十条 环境保护主管部门实施查封、扣押后，应当及时查清事实，有下列情形之一的，应当立即作出解除查封、扣押决定：

（一）对违反法律法规规定排放污染物行为已经作出行政处罚或者处理决定，不再需要实施查封、扣押的；

（二）查封、扣押期限已经届满的；

（三）其他不再需要实施查封、扣押的情形。

第二十一条 查封、扣押措施被解除的，环境保护主管部门应当立即通知排污者，并自解除查封、扣押决定作出之日起三个工作日内送达解除决定。

扣押措施被解除的，还应当通知排污者领回扣押物；无法通知的，应当进行公告，排污者应当自招领公告发布之日起六十日内领回；逾期未领回的，所造成的损失由排污者自行承担。

扣押物无法返还的，环境保护主管部门可以委托拍卖机构依法拍卖或者变卖，所得款项上缴国库。

第二十二条 排污者涉嫌环境污染犯罪已由公安机关立案侦查的，环境保护主管部门应当依法移送查封、扣押的设施、设备及有关法律文书、清单。

第二十三条 环境保护主管部门对查封后的设施、设备应当定期检视其封存情况。

排污者阻碍执法、擅自损毁封条、变更查封状态或者隐藏、转移、变卖、启用已查封的设施、设备的，环境保护主管部门应当依据《中华人民共和国治安管理处罚法》等法律法规及时提请公安机关依法处理。

第四章　附　　则

第二十四条　本办法由国务院环境保护主管部门负责解释。

第二十五条　本办法自2015年1月1日起施行。

环境保护主管部门实施限制生产、停产整治办法

（2014年12月15日环境保护部部务会议审议通过，2014年12月19日公布，自2015年1月1日起施行）

第一章　总　　则

第一条　为规范实施限制生产、停产整治措施，依据《中华人民共和国环境保护法》，制定本办法。

第二条　县级以上环境保护主管部门对超过污染物排放标准或者超过重点污染物排放总量控制指标排放污染物的企业事业单位和其他生产经营者（以下称排污者），责令采取限制生产、停产整治措施的，适用本办法。

第三条　环境保护主管部门作出限制生产、停产整治决定时，应当责令排污者改正或者限期改正违法行为，并依法实施行政处罚。

第四条　环境保护主管部门实施限制生产、停产整治的，应当依法向社会公开限制生产、停产整治决定，限制生产延期情况和解除限制生产、停产整治的日期等相关信息。

第二章　适用范围

第五条　排污者超过污染物排放标准或者超过重点污染物日最高允许排放总量控制指标的，环境保护主管部门可以责令其采取限制生产措施。

第六条　排污者有下列情形之一的，环境保护主管部门可以责令其采取停产整治措施：

（一）通过暗管、渗井、渗坑、灌注或者篡改、伪造监测数据，或者不正常运行防治污染设施等逃避监管的方式排放污染物，超过污染物排放标准的；

（二）非法排放含重金属、持久性有机污染物等严重危害环境、损害人体健康的污染物超过污染物排放标准三倍以上的；

（三）超过重点污染物排放总量年度控制指标排放污染物的；

（四）被责令限制生产后仍然超过污染物排放标准排放污染物的；

（五）因突发事件造成污染物排放超过排放标准或者重点污染物排放总量控制指标的；

（六）法律、法规规定的其他情形。

第七条　具备下列情形之一的排污者，超过污染物排放标准或者超过重点污染物排放总量控制指标排放污染物的，环境保护主管部门应当按照有关环境保护法律法规予以处罚，可以不予实施停产整治：

（一）城镇污水处理、垃圾处理、危险废物处置等公共设施的运营单位；

（二）生产经营业务涉及基本民生、公共利益的；

（三）实施停产整治可能影响生产安全的。

第八条　排污者有下列情形之一的，由

环境保护主管部门报经有批准权的人民政府责令停业、关闭：

（一）两年内因排放含重金属、持久性有机污染物等有毒物质超过污染物排放标准受过两次以上行政处罚，又实施前列行为的；

（二）被责令停产整治后拒不停产或者擅自恢复生产的；

（三）停产整治决定解除后，跟踪检查发现又实施同一违法行为的；

（四）法律法规规定的其他严重环境违法情节的。

第三章 实施程序

第九条 环境保护主管部门在作出限制生产、停产整治决定前，应当做好调查取证工作。

责令限制生产、停产整治的证据包括现场检查笔录、调查询问笔录、环境监测报告、视听资料、证人证言和其他证明材料。

第十条 作出限制生产、停产整治决定前，应当书面报经环境保护主管部门负责人批准；案情重大或者社会影响较大的，应当经环境保护主管部门案件审查委员会集体审议决定。

第十一条 环境保护主管部门作出限制生产、停产整治决定前，应当告知排污者有关事实、依据及其依法享有的陈述、申辩或者要求举行听证的权利；就同一违法行为进行行政处罚的，可以在行政处罚事先告知书或者行政处罚听证告知书中一并告知。

第十二条 环境保护主管部门作出限制生产、停产整治决定的，应当制作责令限制生产决定书或者责令停产整治决定书，也可以在行政处罚决定书中载明。

第十三条 责令限制生产决定书和责令停产整治决定书应当载明下列事项：

（一）排污者的基本情况，包括名称或者姓名、营业执照号码或者居民身份证号码、组织机构代码、地址以及法定代表人或者主要负责人姓名等；

（二）违法事实、证据，以及作出限制生产、停产整治决定的依据；

（三）责令限制生产、停产整治的改正方式、期限；

（四）排污者应当履行的相关义务及申请行政复议或者提起行政诉讼的途径和期限；

（五）环境保护主管部门的名称、印章和决定日期。

第十四条 环境保护主管部门应当自作出限制生产、停产整治决定之日起七个工作日内将决定书送达排污者。

第十五条 限制生产一般不超过三个月；情况复杂的，经本级环境保护主管部门负责人批准，可以延长，但延长期限不得超过三个月。

停产整治的期限，自责令停产整治决定书送达排污者之日起，至停产整治决定解除之日止。

第十六条 排污者应当在收到责令限制生产决定书或者责令停产整治决定书后立即整改，并在十五个工作日内将整改方案报作出决定的环境保护主管部门备案并向社会公开。整改方案应当确定改正措施、工程进度、资金保障和责任人员等事项。

被限制生产的排污者在整改期间，不得超过污染物排放标准或者重点污染物日最高允许排放总量控制指标排放污染物，并按照环境监测技术规范进行监测或者委托有条件的环境监测机构开展监测，保存监测记录。

第十七条 排污者完成整改任务的，应当在十五个工作日内将整改任务完成情况和整改信息社会公开情况，报作出限制生产、停产整治决定的环境保护主管部门备案，并提交监测报告以及整改期间生产用电量、用水量、主要产品产量与整改前的对比情况等材料。限制生产、停产整治决定自排污者报环境保护主管部门备案之日起解除。

第十八条 排污者有下列情形之一的，

限制生产、停产整治决定自行终止：

（一）依法被撤销、解散、宣告破产或者因其他原因终止营业的；

（二）被有批准权的人民政府依法责令停业、关闭的。

第十九条　排污者被责令限制生产、停产整治后，环境保护主管部门应当按照相关规定对排污者履行限制生产、停产整治措施的情况实施后督察，并依法进行处理或者处罚。

第二十条　排污者解除限制生产、停产整治后，环境保护主管部门应当在解除之日起三十日内对排污者进行跟踪检查。

第四章　附　　则

第二十一条　本办法由国务院环境保护主管部门负责解释。

第二十二条　本办法自2015年1月1日起施行。

生态环境部行政复议办法

（2024年3月29日由生态环境部2024年第2次部务会议审议通过，2024年4月11日公布，自2024年6月1日起施行）

第一章　总　　则

第一条　为防止和纠正违法的或者不当的行政行为，保护公民、法人和其他组织的合法权益，监督和保障生态环境部依法行使职权，发挥行政复议化解行政争议的主渠道作用，依据《中华人民共和国行政复议法》等法律、行政法规，制定本办法。

第二条　生态环境部受理行政复议申请、办理行政复议案件，适用本办法。

第三条　行政复议工作坚持中国共产党的领导。

生态环境部履行行政复议职责，应当遵循合法、公正、公开、高效、便民、为民的原则，坚持有错必纠，保障法律、法规的正确实施。

第四条　生态环境部办理行政复议案件，可以进行调解。

调解应当遵循合法、自愿的原则，不得损害国家利益、社会公共利益和他人合法权益，不得违反法律、法规的强制性规定。

第五条　生态环境部法制工作部门是生态环境部行政复议机构，具体办理行政复议案件。生态环境部行政复议机构同时组织办理生态环境部的行政应诉事项。

第六条　生态环境部行政复议机构中初次从事行政复议工作的人员，应当通过国家统一法律职业资格考试取得法律职业资格，并参加统一职前培训。

第七条　对在生态环境部行政复议工作中做出显著成绩的单位和个人，按照国家有关规定给予表彰和奖励。

第八条　生态环境部应当确保行政复议机构的人员配备与所承担的工作任务相适应，提高行政复议人员专业素质，根据工作需要保障办案场所、装备等设施。行政复议工作经费列入本级预算。

第二章　行政复议申请

第九条　生态环境部管辖下列行政复议案件：

（一）对生态环境部作出的行政行为不服的；

（二）对生态环境部依法设立的派出机构依照法律、行政法规、部门规章规定，以派出机构的名义作出的行政行为不服的；

（三）对生态环境部管理的法律、行政法规、部门规章授权的组织作出的行政行为不服的。

前款规定的生态环境部、生态环境部依法设立的派出机构和生态环境部管理的法律、行政法规、部门规章授权的组织，以下简称为生态环境部及其派出机构、管理的组织。

公民、法人或者其他组织对生态环境部和其他国务院部门以共同名义作出的同一行政行为不服的，可以向生态环境部或者其他共同作出行政行为的国务院部门提出行政复议申请，由生态环境部和其他作出行政行为的国务院部门共同作出行政复议决定。

第十条 公民、法人或者其他组织可以依照行政复议法第十一条规定的行政复议范围，向生态环境部申请行政复议。

下列事项不属于行政复议范围：

（一）国防、外交等国家行为；

（二）行政法规、规章或者行政机关制定、发布的具有普遍约束力的决定、命令等规范性文件；

（三）生态环境部及其派出机构、管理的组织对本机关工作人员的奖惩、任免等决定；

（四）生态环境部及其派出机构、管理的组织对民事纠纷作出的调解。

信访事项按照《信访工作条例》有关规定办理。

第十一条 公民、法人或者其他组织认为被复议的行政行为所依据的规范性文件不合法，在对行政行为申请行政复议时，可以依据行政复议法第十三条的规定，一并向生态环境部提出对该规范性文件的附带审查申请。

第十二条 依照行政复议法规定申请行政复议的公民、法人或者其他组织是申请人。

同一行政复议案件申请人人数众多的，可以由申请人推选代表人参加行政复议。

代表人参加行政复议的行为对其所代表的申请人发生效力，但是代表人变更行政复议请求、撤回行政复议申请、承认第三人请求的，应当经被代表的申请人同意。

第十三条 申请人以外的同被申请行政复议的行政行为或者行政复议案件处理结果有利害关系的公民、法人或者其他组织，可以作为第三人申请参加行政复议，或者由生态环境部行政复议机构通知其作为第三人参加行政复议。

第三人不参加行政复议，不影响行政复议案件的审理。

第十四条 申请人、第三人可以委托一至二名律师、基层法律服务工作者或者其他代理人代为参加行政复议。

申请人、第三人委托代理人的，应当向生态环境部行政复议机构提交授权委托书、委托人及被委托人的身份证明文件。授权委托书应当载明委托事项、权限和期限。申请人、第三人变更或者解除代理人权限的，应当书面告知生态环境部行政复议机构。

第十五条 公民、法人或者其他组织认为生态环境部及其派出机构、管理的组织的行政行为侵犯其合法权益的，可以自知道或者应当知道该行政行为之日起六十日内提出行政复议申请；但是法律规定的申请期限超过六十日的除外。

因不可抗力或者其他正当理由耽误法定申请期限的，申请期限自障碍消除之日起继续计算。

生态环境部及其派出机构、管理的组织作出行政行为时，未告知公民、法人或者其他组织申请行政复议的权利、行政复议机关和申请期限的，申请期限自公民、法人或者其他组织知道或者应当知道申请行政复议的权利、行政复议机关和申请期限之日起计算，但是自知道或者应当知道行政行为内容之日起最长不得超过一年。

因不动产提出的行政复议申请自行政行为作出之日起超过二十年，其他行政复议申请自行政行为作出之日起超过五年的，生态环境部不予受理。

第十六条　申请人申请行政复议，可以书面申请；书面申请有困难的，也可以口头申请。

书面申请的，可以通过邮寄或者生态环境部指定的互联网渠道等方式提交行政复议申请书，也可以当面提交行政复议申请书。生态环境部及其派出机构、管理的组织通过互联网渠道送达行政行为决定书的，应当同时提供提交行政复议申请书的互联网渠道。

口头申请的，生态环境部应当当场记录申请人的基本情况、行政复议请求、申请行政复议的主要事实、理由和时间。

申请人对两个以上行政行为不服的，应当分别申请行政复议。

第十七条　有下列情形之一的，申请人应当先向生态环境部申请行政复议，对行政复议决定不服的，可以再依法向人民法院提起行政诉讼：

（一）对生态环境部及其派出机构、管理的组织当场作出的行政处罚决定不服的；

（二）认为生态环境部及其派出机构、管理的组织存在行政复议法第十一条规定的未履行法定职责情形的；

（三）申请政府信息公开，生态环境部及其派出机构、管理的组织不予公开的；

（四）法律、行政法规规定应当先申请行政复议的其他情形。

对前款规定的情形，生态环境部及其派出机构、管理的组织在作出行政行为时应当告知公民、法人或者其他组织先向生态环境部申请行政复议。

第三章　行政复议受理

第十八条　生态环境部收到行政复议申请后，应当在五日内进行审查。对符合下列规定的，生态环境部应当予以受理：

（一）有明确的申请人和符合行政复议法规定的被申请人；

（二）申请人与被申请行政复议的行政行为有利害关系；

（三）有具体的行政复议请求和理由；

（四）在法定申请期限内提出；

（五）属于行政复议法规定的行政复议范围；

（六）属于生态环境部的管辖范围；

（七）行政复议机关未受理过该申请人就同一行政行为提出的行政复议申请，并且人民法院未受理过该申请人就同一行政行为提起的行政诉讼。

对不符合前款规定的行政复议申请，生态环境部应当在审查期限内决定不予受理并说明理由；不属于生态环境部管辖的，还应当在不予受理决定中告知申请人有管辖权的行政复议机关。

行政复议申请的审查期限届满，生态环境部未作出不予受理决定的，审查期限届满之日起视为受理。

第十九条　行政复议申请材料不齐全或者表述不清楚，无法判断行政复议申请是否符合本办法第十八条第一款规定的，生态环境部应当自收到申请之日起五日内书面通知申请人补正。补正通知应当一次性载明需要补正的事项。

申请人应当自收到补正通知之日起十日内提交补正材料。有正当理由不能按期补正的，生态环境部可以延长合理的补正期限。无正当理由逾期不补正的，视为申请人放弃行政复议申请，并记录在案。

生态环境部收到补正材料后，依照本办法第十八条的规定处理。

第二十条　生态环境部受理行政复议申请后，发现该行政复议申请不符合本办法第十八条第一款规定的，应当决定驳回申请并说明理由。

第四章　行政复议审理

第二十一条　生态环境部行政复议机构应当指定行政复议人员负责办理行政复议

案件。

行政复议人员对办理行政复议案件过程中知悉的国家秘密、商业秘密和个人隐私，应当予以保密。

第二十二条 被申请人对其作出的行政行为的合法性、适当性负有举证责任。

有下列情形之一的，申请人应当提供证据：

（一）认为被申请人不履行法定职责的，提供曾经要求被申请人履行法定职责的证据，但是被申请人应当依职权主动履行法定职责或者申请人因正当理由不能提供的除外；

（二）提出行政赔偿请求的，提供受行政行为侵害而造成损害的证据，但是因被申请人原因导致申请人无法举证的，由被申请人承担举证责任；

（三）法律、法规规定需要申请人提供证据的其他情形。

第二十三条 生态环境部有权向有关单位和个人调查取证，查阅、复制、调取有关文件和资料，向有关人员进行询问。

调查取证时，行政复议人员不得少于两人，并应当出示行政复议工作证件。

被调查取证的单位和个人应当积极配合行政复议人员的工作，不得拒绝或者阻挠。

第二十四条 行政复议期间涉及专门事项需要鉴定的，当事人可以自行委托鉴定机构进行鉴定，也可以申请生态环境部行政复议机构委托鉴定机构进行鉴定。

案件复杂、涉及专业问题以及其他需要现场勘验情形的，可以委托专业机构进行现场勘验。

鉴定、现场勘验所用时间不计入行政复议审理期限。鉴定、现场勘验的启动和终止，应当告知申请人。

第二十五条 行政复议期间有行政复议法第三十九条规定的中止情形的，行政复议中止。

行政复议中止的原因消除后，应当及时恢复行政复议案件的审理。

生态环境部中止、恢复行政复议案件的审理，应当书面告知当事人。

第二十六条 行政复议期间有行政复议法第四十一条规定的终止情形的，生态环境部决定终止行政复议。

第二十七条 行政复议期间行政行为不停止执行；但是有行政复议法第四十二条规定情形的，应当停止执行。

第二十八条 适用普通程序审理的行政复议案件，生态环境部行政复议机构应当自行政复议申请受理之日起七日内，将行政复议申请书副本或者行政复议申请笔录复印件发送被申请人。被申请人应当自收到行政复议申请书副本或者行政复议申请笔录复印件之日起十日内，提出书面答复，并提交作出行政行为的证据、依据和其他有关材料。

第二十九条 适用普通程序审理的行政复议案件，生态环境部行政复议机构应当当面或者通过互联网、电话等方式听取当事人的意见，并将听取的意见记录在案。因当事人原因不能听取意见的，可以书面审理。

第三十条 审理重大、疑难、复杂的行政复议案件，生态环境部行政复议机构应当组织听证。

生态环境部行政复议机构认为有必要听证，或者申请人请求听证的，生态环境部行政复议机构可以组织听证。

听证由一名行政复议人员任主持人，两名以上行政复议人员任听证员，一名记录员制作听证笔录。

第三十一条 生态环境部审理下列复议案件，认为事实清楚、权利义务关系明确、争议不大的，可以适用简易程序：

（一）被申请行政复议的行政行为是当场作出；

（二）被申请行政复议的行政行为是警告或者通报批评；

（三）案件涉及款额三千元以下；

（四）属于政府信息公开案件。

除前款规定以外的行政复议案件，当事人各方同意适用简易程序的，可以适用简易程序。

第三十二条　适用简易程序审理的行政复议案件，生态环境部行政复议机构应当自受理行政复议申请之日起三日内，将行政复议申请书副本或者行政复议申请笔录复印件发送被申请人。被申请人应当自收到行政复议申请书副本或者行政复议申请笔录复印件之日起五日内，提出书面答复，并提交作出行政行为的证据、依据和其他有关材料。

适用简易程序审理的行政复议案件，可以书面审理。

适用简易程序审理的行政复议案件，生态环境部行政复议机构认为不宜适用简易程序的，经生态环境部行政复议机构的负责人批准，可以转为普通程序审理。

第三十三条　申请人依照行政复议法第十三条的规定提出对有关规范性文件的附带审查申请的，或者生态环境部对被申请人作出的行政行为进行审查时，认为其依据不合法的，生态环境部依据行政复议法第五十六条、第五十七条、第五十八条、第五十九条、第六十条的规定进行处理。

第三十四条　行政复议期间，申请人、第三人及其委托代理人可以按照规定查阅、复制被申请人提出的书面答复、作出行政行为的证据、依据和其他有关材料，除涉及国家秘密、商业秘密、个人隐私或者可能危及国家安全、公共安全、社会稳定的情形外，生态环境部行政复议机构应当同意。

第五章　行政复议决定

第三十五条　当事人在行政复议决定作出前可以自愿达成和解，和解内容不得损害国家利益、社会公共利益和他人合法权益，不得违反法律、法规的强制性规定。

当事人达成和解后，由申请人向生态环境部行政复议机构撤回行政复议申请。生态环境部行政复议机构准予撤回行政复议申请、生态环境部决定终止行政复议的，申请人不得再以同一事实和理由提出行政复议申请。但是，申请人能够证明撤回行政复议申请违背其真实意愿的除外。

第三十六条　当事人经调解达成协议的，生态环境部应当制作行政复议调解书，经各方当事人签字或者签章，并加盖生态环境部印章，即具有法律效力。

调解未达成协议或者调解书生效前一方反悔的，生态环境部应当依法审查或者及时作出行政复议决定。

第三十七条　生态环境部依照行政复议法审理行政复议案件，由生态环境部行政复议机构对行政行为进行审查，提出意见，经生态环境部的负责人同意或者集体讨论通过后，以生态环境部的名义作出行政复议决定。

生态环境部作出行政复议决定，应当制作行政复议决定书，并加盖生态环境部印章。

行政复议决定书一经送达，即发生法律效力。

第三十八条　被申请人不按照本办法第二十八条、第三十二条的规定提出书面答复、提交作出行政行为的证据、依据和其他有关材料的，视为该行政行为没有证据、依据，生态环境部决定撤销、部分撤销该行政行为，确认该行政行为违法、无效或者决定被申请人在一定期限内履行，但是行政行为涉及第三人合法权益，第三人提供证据的除外。

第三十九条　适用普通程序审理的行政复议案件，生态环境部应当自受理申请之日起六十日内作出行政复议决定；但是法律规定的行政复议期限少于六十日的除外。情况复杂，不能在规定期限内作出行政复议决定的，经生态环境部行政复议机构的负责人批准，可以适当延长，并书面告知当事人；但是延长期限最多不得超过三十日。

适用简易程序审理的行政复议案件，生

态环境部应当自受理申请之日起三十日内作出行政复议决定。

第四十条 生态环境部在办理行政复议案件过程中，发现被申请人或者其他下级行政机关的有关行政行为违法或者不当的，可以向其制发行政复议意见书。有关机关应当自收到行政复议意见书之日起六十日内，将纠正相关违法或者不当行政行为的情况报送生态环境部。

第四十一条 被申请人不履行或者无正当理由拖延履行行政复议决定书、调解书、意见书的，生态环境部应当责令其限期履行，并可以约谈被申请人的有关负责人或者予以通报批评。

第四十二条 申请人、第三人逾期不起诉又不履行行政复议决定书、调解书的，按照下列规定分别处理：

（一）维持行政行为的行政复议决定书，由作出行政行为的生态环境部及其派出机构、管理的组织依法强制执行，或者申请人民法院强制执行；

（二）变更行政行为的行政复议决定书，由生态环境部依法强制执行，或者申请人民法院强制执行；

（三）行政复议调解书，由生态环境部依法强制执行，或者申请人民法院强制执行。

第四十三条 生态环境部依照行政复议法等法律、行政法规和国务院有关规定，加强对下级生态环境主管部门依法行政、行政复议答复与行政应诉有关工作的指导。

第六章 附 则

第四十四条 办结的行政复议案件应当一案一档，由承办人员按时间顺序将案件材料进行整理，立卷归档。

第四十五条 生态环境部应当按照国务院行政复议机构有关行政复议案件和行政应诉案件统计的要求，向国务院行政复议机构报送行政复议和行政应诉情况。

第四十六条 本办法关于行政复议期间有关"三日"、"五日"、"七日"、"十日"的规定是指工作日，不含法定休假日。

期间开始之日，不计算在内。期间届满的最后一日是节假日的，以节假日后的第一日为期间届满的日期。期间不包括在途时间，行政复议文书在期满前交邮的，不算过期。

第四十七条 本办法自2024年6月1日起施行。2008年12月30日原环境保护部发布的《环境行政复议办法》同时废止。

环境损害鉴定评估推荐方法（第Ⅱ版）

（2014年10月24日环境保护部办公厅印发）

1 背景和目的

环境保护部《关于开展环境污染损害鉴定评估工作的若干意见》（环发〔2011〕60号）和《环境污染损害数额计算推荐方法（第Ⅰ版）》发布以来，我国环境损害鉴定评估工作取得了积极进展。

为保护和改善环境，保障公众健康，推动环境损害赔偿制度建设，适应环境损害鉴定评估工作的需要，针对《环境污染损害数额计算推荐方法（第Ⅰ版）》存在的问题与不足，在借鉴国内外环境损害鉴定评估方法并总结国内外环境损害鉴定评估实践经验的基础上，重点修订生态环境损害鉴定评估方法，并更名为《环境损害鉴定评估推荐方法（第Ⅱ版）》。

2　适用范围

本方法适用于因污染环境或破坏生态行为（包括突发环境事件）导致人身、财产、生态环境损害、应急处置费用和其他事务性费用的鉴定评估。不适用于因核与辐射所致环境损害的鉴定评估。突发环境事件应急处置阶段环境损害评估适用《突发环境事件应急处置阶段环境损害评估技术规范》。

3　规范性引用文件

本方法引用下列文件中的条款。凡是不注明日期的引用文件，其有效版本适用于本方法。

GB 3095 环境空气质量标准

GB 3838 地表水环境质量标准

GB/T 14848 地下水质量标准

GB 15618 土壤环境质量标准

GB 3096 声环境质量标准

GB 11607 渔业水质标准

HJ 25.1 场地环境调查技术导则

HJ 25.2 场地环境监测技术导则

HJ 25.3 污染场地风险评估技术导则

HJ 25.4 污染场地土壤修复技术导则

HJ/T 192 生态环境状况评价技术规范（试行）

GB/T 21678 渔业污染事故经济损失计算方法

NY/T 1263 农业环境污染事故损失评价技术准则

SF/Z JD0601001 农业环境污染事故司法鉴定经济损失估算实施规范

NY/T 1669 农业野生植物调查技术规范

HY/T 095 海洋溢油生态损害评估技术指南

人体损伤残疾程度鉴定标准（试行）

最高人民法院关于审理人身损害赔偿案件适用法律若干问题的解释

最高人民法院关于确定民事侵权精神损害赔偿责任若干问题的解释

4　术语和定义

下列术语和定义适用于本方法。

4.1　环境损害

指因污染环境或破坏生态行为导致人体健康、财产价值或生态环境及其生态系统服务的可观察的或可测量的不利改变。

4.2　鉴定评估

指鉴定评估机构按照规定的程序和方法，综合运用科学技术和专业知识，评估污染环境或破坏生态行为所致环境损害的范围和程度，判定污染环境或破坏生态行为与环境损害间的因果关系，确定生态环境恢复至基线状态并补偿期间损害的恢复措施，量化环境损害数额的过程。

4.3　人身损害

指因污染环境行为导致人的生命、健康、身体遭受侵害，造成人体疾病、伤残、死亡或精神状态的可观察的或可测量的不利改变。

4.4　财产损害

指因污染环境或破坏生态行为直接造成的财产损毁或价值减少，以及为保护财产免受损失而支出的必要的、合理的费用。

4.5　生态环境损害

指由于污染环境或破坏生态行为直接或间接地导致生态环境的物理、化学或生物特性的可观察的或可测量的不利改变，以及提供生态系统服务能力的破坏或损伤。

4.6　应急处置费用

指突发环境事件应急处置期间，为减轻或消除对公众健康、公私财产和生态环境造成的危害，各级政府与相关单位针对可能或已经发生的突发环境事件而采取的行动和措施所发生的费用。

4.7　事务性费用

指污染环境或破坏生态环境行为发生后，各级政府与相关单位为保护公众健康、公私财产和生态环境，减轻或消除危害，开展环境监测、信息公开、现场调查、执行监督等相关工作所支出的费用。

4.8　生态系统服务

指人类或其他生态系统直接或间接地从生态系统获取的收益。生态系统的物理、化学或生物特性是生态系统服务的基础。

4.9　基线

指污染环境或破坏生态行为未发生时，受影响区域内人体健康、财产和生态环境及其生态系统服务的状态。

4.10　环境修复

指生态环境损害发生后，为防止污染物扩散迁移、降低环境中污染物浓度，将环境污染导致的人体健康风险或生态风险降至可接受风险水平而开展的必要的、合理的行动或措施。

4.11　生态恢复

指生态环境损害发生后，为将生态环境的物理、化学或生物特性及其提供的生态系统服务恢复至基线状态，同时补偿期间损害而采取的各项必要的、合理的措施。

4.12　期间损害

指生态环境损害发生至生态环境恢复到基线状态期间，生态环境因其物理、化学或生物特性改变而导致向公众或其他生态系统提供服务的丧失或减少，即受损生态环境从损害发生到其恢复至基线状态期间提供生态系统服务的损失量。

4.13　永久性损害

指受损生态环境及其服务难以恢复，其向公众或其它生态系统提供服务能力的完全丧失。

4.14　可接受风险水平

指综合考虑科学、社会、经济和政治因素，依据危害性和脆弱性分析、成本效益分析、技术手段的可行性分析等确定的人体健康或生态系统的可容忍的风险水平。

5　总　　则

5.1　工作原则

5.1.1　规范合法原则

环境损害鉴定评估应当按照有关法律法规和技术规范规定的程序和方法开展，鉴定评估机构及其工作人员应当具备环境损害鉴定评估能力或资质，鉴定评估报告应符合法律法规和技术规范规定的程序、结构及内容要求。

5.1.2　科学合理原则

环境损害鉴定评估与调查监测方案的制定应当综合考虑科学、经济和社会发展水平，保证评估工作的科学性和可操作性。鉴定评估应当根据工作目的按照预先设计的工作方案开展，不得随意偏离或变更。在工作过程中有关数据和资料的搜集、样品的采集与运输、样品的分析检测应当按照有关技术规范开展，并作为鉴定评估的客观依据，不得主观臆测鉴定评估结论。

5.1.3　公平客观原则

鉴定评估机构及其工作人员应当运用专业知识和实践经验独立客观地开展鉴定评估，不得受委托方或其他的外界不正当影响。鉴定评估机构及其工作人员应当与环境损害利益相关方等无利害关系。

5.2　工作内容

环境损害鉴定评估的主要工作内容包括污染物属性鉴别、损害确认、因果关系判定和损害数额量化。

5.2.1　人身损害

人身损害鉴定评估内容包括因环境污染导致受害人发生疾病、伤残、死亡等健康损害的确认、污染环境行为与人身损害间的因果关系判定和人身损害数额评估三部分内容。

5.2.2　财产损害

财产损害鉴定评估内容包括因环境污染导致的财产损毁或价值减少以及清除财产污染支出的额外费用等财产损害的确认、污染环境或破坏生态行为与财产损害间的因果关系判定和财产损害数额评估三部分内容。

5.2.3　生态环境损害

生态环境损害鉴定评估内容包括生态环境基线的确定、生态环境损害的确认、污染环境或破坏生态行为与生态环境损害间的因果关系判定、生态环境损害修复或恢复目标的确定、生态环境损害评估方法的选择、环境修复或生态恢复方案的筛选、环境修复或生态恢复费用的评估等内容。

5.2.4　应急处置费用

应急处置费用鉴定评估内容包括污染清理、污染控制、应急监测、人员转移安置等费用合理性的判别与数额的计算。

5.2.5　事务性费用

事务性费用鉴定评估内容包括环境监测、信息公开、现场调查、执行监督等费用合理性的判别与数额的计算。

5.3　工作范围

5.3.1　空间范围

综合利用现场调查、环境监测、生物监测、模型预测或遥感分析（例如航拍照片、卫星影像等）等方法初步确定人身损害、财产损害或生态环境损害的可能范围，在此基础上开展环境损害确认和因果关系判定，最终确定人身损害、财产损害、生态环境损害与应急处置费用及其他事务性费用鉴定评估的空间范围。

5.3.2　时间范围

环境损害鉴定评估的时间范围因损害类型不同而存在差异。人身损害鉴定评估的时间范围以污染环境行为发生日期为起点，持续至污染环境行为导致人身损害的可能的最大潜伏期为止。财产损害鉴定评估的时间范围根据损害对象、损害性质和赔偿方式等具体情况确定。生态环境损害评估的时间范围以污染环境或破坏生态行为发生日期为起点，持续到受损生态环境及其生态系统服务恢复至生态环境基线为止。

应急处置费用评估的时间以突发环境事件发生日期为起点，持续到应急处置结束日期为止。

6　环境损害确认

环境损害确认包括基线的确认以及人身损害、财产损害、生态环境损害、应急处置费用及其他事务性费用的确认。

6.1　基线确认

基线的确定方法如下：

a）利用污染环境或破坏生态行为发生前评估区域的历史数据，数据来源包括常规监测、专项调查、统计报表、学术研究等收集的反映人群健康、财产状况和生态环境状况等的历史数据；

b）利用未受污染环境或破坏生态行为影响的相似现场数据，即“对照区域”数据。要求“对照区域”与评估区域的人群特征、生态系统功能和服务水平等特征具有可比性；

c）利用模型。若上述方法不可行，可考虑构建污染物浓度与人体健康指标、财产损害程度、生物量或生境丰度等损害评价指标之间的剂量－反应关系模型来确定基线。

6.2　人身损害

6.2.1　个体人身损害的确认

个体水平的人身损害应排除不可抗力以及受害人主观故意或重大过失，其确认应满足下列任一条件：

a）个体死亡的；

b）按照《人体损伤残疾程度鉴定标准》明确诊断为伤残的；

c）临床检查可见特异性或严重的非特异性临床症状或体征、生化指标或物理检查结果异常，按照《疾病和有关健康问题的国际统计分类》（ICD－10）明确诊断为某种或多种疾病的；

d）虽未确定为死亡、伤残或疾病，为预防人体出现不可逆转的器质性或功能性损伤而必须采取临床治疗或行为干预的。

6.2.2　群体人身损害的确认

群体水平的人身损害应排除不可抗力以及受害人主观故意或重大过失，其确认应满足下列任一条件：

a）流行病学调查表明调查人群与对照人群在疾病频率（如发病率、死亡率等）、生理生化指标或临床物理检查结果等存在显著性差异；

b）空间分析表明调查人群疾病频率（如疾病、死亡、伤残等）存在显著的空间聚集性。

6.3　财产损害

财产损害的确认应排除不可抗力造成的财产损毁以及财产所有者主观故意或重大过失，且满足下列任一条件：

a）造成国家、集体或个人财产物理性损坏的；

b）造成国家、集体或个人财产功能性损坏的；

c）造成国家、集体或个人财产实际价值减少的；

d）防止财产因环境污染或生态破坏造成进一步损毁而额外支出的费用；

e）造成法律规定的其他损坏情形的。

6.4　生态环境损害

生态环境损害的确认应满足下列任一条件：

a）评估区域内环境介质（地表水、地下水、空气、土壤等）中污染物浓度超过基线水平或国家及地方环境质量标准，且造成的影响在一年内难以恢复；

b）死亡率增加：受影响区域污染环境或破坏生态行为发生后，与基线状态相比，关键物种死亡率的差异有统计学意义；

c）种群数量的减少：受影响区域污染环境或破坏生态行为发生后，与基线状态相比，关键物种种群密度或生物量的差异有统计学意义；

d）生物物种组成发生变化：受影响区域污染环境或破坏生态行为发生后，与基线状态相比，动植物物种组成、生物多样性等的差异有统计学意义；

e）身体变形：受影响区域污染环境或破坏生态行为发生后，与基线状态相比，生物体外部畸形，骨骼变形或内部器官和软组织畸形，组织病理学水平的损害等发生率的差异有统计学意义；

f）造成生态环境损害的其他情形。

7　因果关系判定

污染环境行为与环境损害间的因果关系判定包括环境暴露与环境损害间的因果关系判定和环境污染物从源到受体的暴露路径的建立与验证两部分。

7.1　环境暴露与环境损害的因果关系判定

环境暴露与环境损害间的因果关系判定应符合以下一般原则：

a）环境暴露与环境损害间存在时间先后顺序。即环境暴露发生在前，环境损害发生在后；

b）环境暴露与环境损害间的关联具有合理性。环境暴露导致环境损害的机理可由医学、生物学、毒理学等理论做出合理解释；

c）环境暴露与环境损害间的关联具有一致性。环境暴露与环境损害间的关联在不同时间、地点和研究对象中得到重复性验证；

d）环境暴露与环境损害间的关联具有特异性。环境损害发生在特定的环境暴露条件下，不因其他原因导致。由于环境暴露与环境损害间可能存在单因多果、多因多果等复杂因果关系，因此，环境暴露与环境损害间关联的特异性不作强制性要求。

7.2　暴露路径的建立和验证

在掌握污染源排放状况、区域环境质量状况等基础资料的基础上，提出污染来源的假设，通过以下条件或标准建立和验证暴露路径。暴露路径建立和验证的方法如下：

a）存在明确的污染来源和污染排放行为。直接或间接证据表明污染源存在明确的污染排放行为，包括物证、书证、证人证言、笔录、视听资料等；

b）空气、地表水、地下水、土壤等环境介质中存在污染源排放的污染物，且与污染源产生或排放的污染物（或污染物的转化产物）具有一致性；

c）污染物传输路径的合理性。当地气候气象、地形地貌、水文条件等自然环境条件存在污染物从污染源迁移至污染区域的可能，且其传输路径与污染源排放途径相一致；

d）受体（人身、财产或生态环境）暴露的可能性。环境污染物可能经呼吸道、膳食或饮水、皮肤接触等暴露途径进入人体，且空气、生活饮用水、食物中污染物的浓度超过国家或地方相关质量标准限值；或财产所处的环境介质中检测出污染物，且含量明显超出国家、行业或地方标准限值；或环境介质（地表水、地下水、空气、土壤）中污染物浓度超过相应环境质量标准或环境基准限值；

e）识别暴露路径的暴露单元，对每一个暴露单元内的污染物浓度、污染物的迁移机制和路线以及该单元的暴露范围进行分析以此确认各个暴露单元是否可以组成完整的暴露路径；或采用定量或半定量方法，如基于同位素的示踪技术、污染扩散模型等，建立并验证污染物从污染源经环境至受体的暴露路径。

8　损害评估方法

8.1　人身损害

人身损害赔偿数额按《最高人民法院关于审理人身损害赔偿案件适用法律若干问题的解释》计算；精神损害抚慰金按《最高人民法院关于确定民事侵权精神损害赔偿责任若干问题的解释》计算。

8.2　财产损害

8.2.1　财产损毁或实际价值减少

8.2.1.1　固定资产损失

指因污染环境或破坏生态行为造成固定资产损毁或价值减少带来的损失，采用修复费用法或重置成本法计算。如果完全损毁，采用重置成本法计算；如果部分损毁，采用重置成本法或修复费用法计算。采用重置成本法的固定资产损失的计算见公式（1）。修复费用法按实际发生的固定资产的维修费用进行计算。

固定资产损失 = 重置完全价值（元）×（1 - 年平均折旧率% ×已使用年限）×损坏率（%）　（1）

其中：年平均折旧率 =（1 - 预计净残值率）×100%/折旧年限　（2）

上式中，重置完全价值是指重新建造或购置全新的固定资产所需的费用；预计净残值率是指固定资产净残值占资产原价值的比例，由专业技术人员或专业资产评估机构进行定价评估；固定资产净残值是指固定资产报废时预计可收回的残余价值扣除预计清理费用后的余额。

8.2.1.2　流动资产损失

指生产经营过程中参加循环周转，不断改变其形态的资产，如原料、材料、燃料、在制品、半成品、成品等的经济损失。流动资产损失按不同流动资产种类分别计算并汇总，见公式（3）。

流动资产损失 = 流动资产数量 × 购置时价格 - 残值　（3）

上式中，残值指财产损坏后的残存价值，应由专业技术人员或专业资产评估机构进行定价评估。

8.2.1.3　农产品财产损失

指环境污染或生态破坏导致的农产品产量减少和农产品质量受损的经济损失，按照《农业环境污染事故司法鉴定经济损失估算实施规范》（SF/Z JD0601001）、《渔业污染事故经济损失计算方法》（GB/T 21678）和《农业环境污染事故损失评价技术导则》（NY/T 1263）计算。

8.2.1.4　林业损失

指由于环境污染或生态破坏造成林产品和树木损毁或价值减少，对林业资源本身的损害列入生态环境损害评估。林产品和树木损毁的损失利用直接市场价值法计算，评估方法参见农产品财产损失计算方法。

8.2.2 清除财产污染的额外支出

财产损害还包括为防止财产因环境污染造成进一步损毁而支出的清除财产污染的费用，包括工厂清理受污染工业设备的费用支出、水厂清理管道和生产设备的费用支出、渔民清理渔具的费用支出以及其他清除财产污染的费用。对于清除财产污染的额外支出，通过审核额外支出费用的票据后进行计算。

8.3 生态环境损害

8.3.1 生态环境损害评估方法及其适用条件

生态环境损害评估方法包括替代等值分析方法和环境价值评估方法。

8.3.1.1 替代等值分析方法

替代等值分析方法包括资源等值分析方法、服务等值分析方法和价值等值分析方法。

资源等值分析方法是将环境的损益以资源量为单位来表征，通过建立环境污染或生态破坏所致资源损失的折现量和恢复行动所恢复资源的折现量之间的等量关系来确定生态恢复的规模。资源等值分析方法的常用单位包括鱼或鸟的种群数量、水资源量等。

服务等值分析方法是将环境的损益以生态系统服务为单位来表征，通过建立环境污染或生态破坏所致生态系统服务损失的折现量与恢复行动所恢复生态系统服务的折现量之间的等量关系来确定生态恢复的规模。服务等值分析方法的常用单位包括生境面积、服务恢复的百分比等。

价值等值分析方法分为价值－价值法和价值－成本法。价值－价值法是将恢复行动所产生的环境价值贴现与受损环境的价值贴现建立等量关系，此方法需要将恢复行动所产生的效益与受损环境的价值进行货币化。衡量恢复行动所产生的效益与受损环境的价值需要采用环境价值评估方法。价值－成本法首先估算受损环境的货币价值，进而确定恢复行动的最优规模，恢复行动的总预算为受损环境的货币价值量。

8.3.1.2 环境价值评估方法

环境价值评估方法包括直接市场价值法、揭示偏好法、效益转移法和陈述偏好法。常用的环境价值评估方法参见附录 A。

8.3.1.3 生态环境损害评估方法的选择原则

8.3.1.3.1 优先选择替代等值分析方法中的资源等值分析方法和服务等值分析方法。如果受损的环境以提供资源为主，采用资源等值分析方法；如果受损的环境以提供生态系统服务为主，或兼具资源与生态系统服务，采用服务等值分析方法。采用资源等值分析方法或服务等值分析方法应满足以下两个基本条件：

a）恢复的环境及其生态系统服务与受损的环境及其生态系统服务具有同等或可比的类型和质量；

b）恢复行动符合成本有效性原则。

8.3.1.3.2 如果不能满足资源等值分析方法和服务等值分析方法的基本条件，可考虑采用价值等值分析方法。如果恢复行动产生的单位效益可以货币化，考虑采用价值－价值法；如果恢复行动产生的单位效益的货币化不可行（耗时过长或成本过高），则考虑采用价值－成本法。同等条件下，推荐优先采用价值－价值法。

8.3.1.3.3 如果替代等值分析方法不可行，则考虑采用环境价值评估方法。以方法的不确定性为序，从小到大依次建议采用直接市场价值法、揭示偏好法和陈述偏好法，条件允许时可以采用效益转移法。以下情况推荐采用环境价值评估方法：

a）当评估生物资源时，如果选择生物体内污染物浓度或对照区的发病率作为基线水平评价指标，由于在生态恢复过程中难以对其进行衡量，推荐采用环境价值评估方法；

b）由于某些限制原因，环境不能通过修复或恢复工程完全恢复，采用环境价值评估方法评估环境的永久性损害；

c）如果修复或恢复工程的成本大于预期收益，推荐采用环境价值评估方法。

8.3.2　基于恢复目标的生态环境损害评估步骤

基于恢复目标的生态环境损害评估，应首先确定修复或恢复的目标，即将受损的生态环境恢复至基线状态、或修复至可接受风险水平、或先修复至可接受风险水平再恢复至基线状态、或在修复至可接受风险水平的同时恢复至基线状态。对于部分工业污染场地，可根据再利用目的将受损生态环境修复至可接受风险水平。以下将该过程统一称为恢复。

按恢复目的的不同，可将恢复划分为基本恢复、补偿性恢复和补充性恢复。基本恢复的目的是使受损的环境及其生态系统服务复原至基线水平；补偿性恢复的目的是补偿环境从损害发生到恢复至基线水平期间，受损环境原本应该提供的资源或生态系统服务；如基本恢复和补偿性恢复未达到预期恢复目标，则需开展补充性恢复，以保证环境恢复到基线水平，并对期间损害给予等值补偿。

如果环境污染或生态破坏导致的生态环境损害持续时间不超过一年，则仅开展基本恢复；否则，需要同时开展基本恢复与补偿性恢复。

8.3.2.1　基本恢复方案的筛选与确定

基本恢复是在确认生态环境损害发生、确定其时空范围并判定污染环境或破坏生态行为与生态环境损害间因果关系的基础上，选择合适的替代等值分析方法，确定最优的恢复方案，估算实施最优恢复方案所需的费用。

8.3.2.1.1　基本恢复措施的选择

基本恢复方案可以选择人工恢复措施，也可以选择自然恢复措施。人工恢复适用于目前技术水平下能够有效恢复受损环境及其生态系统服务且符合成本效益原则的情形。自然恢复措施适用于以下情形：

a）所有的恢复方案都无法避免产生较大的二次污染或对环境造成严重的干扰；

b）目前技术水平下恢复行动耗资巨大，不符合成本效益原则；

c）目前技术水平下，无法恢复受损的环境及其生态系统服务。

8.3.2.1.2　基本恢复方案的初步筛选

综合采用现场勘查、专家咨询、德尔菲法以及费用－效果分析等方法对备选恢复方案进行初步筛选。优先选择能提供与损失的资源与服务同等类型、同等质量或具有可比价值的资源与服务的恢复方案，其次考虑能够提供可比类型和质量的恢复方案。

8.3.2.1.3　基本恢复方案的定性筛选

经过初步筛选的方案可以根据以下原则进行进一步筛选：

a）有效性：恢复方案应该能够实现对受损环境的恢复、修复或重置；

b）合法性：符合国家或地方相关法律法规、标准和规划等；

c）保护公众健康和安全：恢复工程不得危害公众健康和安全；

d）技术可行性：恢复方案应该有较高的成功的可能性，并在技术上可行；

e）公众可接受：恢复方案应该达到公众可接受的最低限度，恢复方案的实施不得产生二次损害；

f）减小环境暴露：恢复方案应该尽量降低环境的污染物暴露量与暴露水平，包括污染物的数量、流动性和毒性等。

8.3.2.1.4　基本恢复方案的偏好筛选

进一步对经过定性筛选的基本恢复方案进行偏好筛选，一般采用定性与定量相结合的方法，如层次分析法，进行选择判断。

8.3.2.1.5　基本恢复方案的成本效益分析

如果通过定性筛选和偏好筛选，有两种或更多可选方案时，利用成本效益或成本效果分析方法进行评估，选择成本效益或效果比最优的方案。如果所有恢复方案的成本均大于预期收益，建议采用环境价值评估方法进行评估。

8.3.2.1.6 基本恢复方案的确定

通过对基本恢复方案的筛选，确定最优恢复方案后，需进一步确定最优恢复行动或措施的实施范围、恢复规模和持续时间等。

8.3.2.2 补偿性恢复方案的筛选和确定

补偿性恢复是在基本恢复方案的基础上，选择合适的替代等值分析方法，评估期间损害并提出补偿期间损害的恢复方案，估算实施恢复方案所需的费用。

补偿性恢复方案的筛选和确定参阅附录 B。

8.3.2.3 补充性恢复方案的筛选和确定

开展恢复方案的实施效果评估，如果基本恢复或补偿性恢复未达到预期效果，应进一步筛选并确定补充性恢复方案，实施补充性恢复。补充性恢复方案的筛选和制定参阅 8.3.2.1 和 8.3.2.2。

8.3.3 永久性生态环境损害的评估

在进行生态环境损害评估时，如果既无法将受损的环境恢复至基线，也没有可行的补偿性恢复方案弥补期间损害，或只能恢复部分受损的环境，则应采用环境价值评估方法对受损环境或未得以恢复的环境进行价值评估。

8.3.4 现值系数

在进行生态环境损害评估时，考虑公共环境资源的时间价值，计算环境的期间损害时需要利用现值系数进行折算，现值系数体现的是人们消耗公共物品的时间偏好。现值系数包括复利率和贴现率，对过去的损失利用复利率进行复利计算，对未来损失利用贴现率进行贴现计算。对于环境资源类物品，现值系数推荐采用 2% ~5%。

8.4 应急处置费用

应急处置费用按照《突发环境事件应急处置阶段环境损害评估技术规范》进行评估。

8.5 事务性费用

事务性费用按实际支出进行汇总统计。

9 鉴定评估报告的编制

环境损害鉴定评估意见书应当包括环境损害确认、因果关系判定和环境损害量化及环境损害鉴定评估中涉及的特别事项等，环境损害鉴定评估意见书的格式参见《司法鉴定文书规范》。对于情况复杂的，需要出具环境损害鉴定评估报告书，按照委托要求和项目逐项详细说明，环境损害鉴定评估报告书的格式见附件 C。

10 附　　则

自本方法发布之日起，《环境污染事故损害数额计算推荐方法（第Ⅰ版）》正式废止。

附录：（略）

生态环境损害赔偿管理规定

（2022 年 4 月 26 日　环法规〔2022〕31 号）

第一章　总　　则

第一条　为规范生态环境损害赔偿工作，推进生态文明建设，建设美丽中国，根据《生态环境损害赔偿制度改革方案》和《中华人民共和国民法典》、《中华人民共和国环境保护法》等法律法规的要求，制定本规定。

第二条　以习近平新时代中国特色社会主义思想为指导，全面贯彻党的十九大和十九届历次全会精神，深入贯彻习近平生态文明思想，坚持党的全面领导，坚持以人民为中心的发展思想，坚持依法治国、依法行政，以构建责任明确、途径畅通、技术规范、保障有力、赔偿到位、修复有效的生态环境损害赔偿制度为目标，持续改善环境质量，维护国家生态安全，不断满足人民群众日益增长的美好生活需要，建设人与自然和谐共生的美丽中国。

第三条　生态环境损害赔偿工作坚持依法推进、鼓励创新，环境有价、损害担责，主动磋商、司法保障，信息共享、公众监督的原则。

第四条　本规定所称生态环境损害，是指因污染环境、破坏生态造成大气、地表水、地下水、土壤、森林等环境要素和植物、动物、微生物等生物要素的不利改变，以及上述要素构成的生态系统功能退化。

违反国家规定造成生态环境损害的，按照《生态环境损害赔偿制度改革方案》和本规定要求，依法追究生态环境损害赔偿责任。

以下情形不适用本规定：

（一）涉及人身伤害、个人和集体财产损失要求赔偿的，适用《中华人民共和国民法典》等法律有关侵权责任的规定；

（二）涉及海洋生态环境损害赔偿的，适用海洋环境保护法等法律及相关规定。

第五条　生态环境损害赔偿范围包括：

（一）生态环境受到损害至修复完成期间服务功能丧失导致的损失；

（二）生态环境功能永久性损害造成的损失；

（三）生态环境损害调查、鉴定评估等费用；

（四）清除污染、修复生态环境费用；

（五）防止损害的发生和扩大所支出的合理费用。

第六条　国务院授权的省级、市地级政府（包括直辖市所辖的区县级政府，下同）作为本行政区域内生态环境损害赔偿权利人。赔偿权利人可以根据有关职责分工，指定有关部门或机构负责具体工作。

第七条　赔偿权利人及其指定的部门或机构开展以下工作：

（一）定期组织筛查案件线索，及时启动案件办理程序；

（二）委托鉴定评估，开展索赔磋商和作为原告提起诉讼；

（三）引导赔偿义务人自行或委托社会第三方机构修复受损生态环境，或者根据国家有关规定组织开展修复或替代修复；

（四）组织对生态环境修复效果进行评估；

（五）其他相关工作。

第八条　违反国家规定，造成生态环境损害的单位或者个人，应当按照国家规定的要求和范围，承担生态环境损害赔偿责任，做到应赔尽赔。民事法律和资源环境保护等法律有相关免除或者减轻生态环境损害赔偿责任规定的，按相应规定执行。

赔偿义务人应当依法积极配合生态环境损害赔偿调查、鉴定评估等工作，参与索赔磋商，实施修复，全面履行赔偿义务。

第九条　赔偿权利人及其指定的部门或机构，有权请求赔偿义务人在合理期限内承担生态环境损害赔偿责任。

生态环境损害可以修复的，应当修复至生态环境受损前的基线水平或者生态环境风险可接受水平。赔偿义务人根据赔偿协议或者生效判决要求，自行或者委托开展修复的，应当依法赔偿生态环境受到损害至修复完成期间服务功能丧失导致的损失和生态环境损害赔偿范围内的相关费用。

生态环境损害无法修复的，赔偿义务人应当依法赔偿相关损失和生态环境损害赔偿范围内的相关费用，或者在符合有关生态环境修复法规政策和规划的前提下，开展替代修复，实现生态环境及其服务功能等量恢复。

第十条　赔偿义务人因同一生态环境损害行为需要承担行政责任或者刑事责任的，不影响其依法承担生态环境损害赔偿责任。赔偿义务人的财产不足以同时承担生态环境损害赔偿责任和缴纳罚款、罚金时，优先用于承担生态环境损害赔偿责任。

各地可根据案件实际情况，统筹考虑社会稳定、群众利益，根据赔偿义务人主观过错、经营状况等因素分类处置，探索分期赔付等多样化责任承担方式。

有关国家机关应当依法履行职责，不得以罚代赔，也不得以赔代罚。

第十一条　赔偿义务人积极履行生态环境损害赔偿责任的，相关行政机关和司法机关，依法将其作为从轻、减轻或者免予处理的情节。

对生效判决和经司法确认的赔偿协议，赔偿义务人不履行或者不完全履行义务的，依法列入失信被执行人名单。

第十二条　对公民、法人和其他组织举报要求提起生态环境损害赔偿的，赔偿权利人及其指定的部门或机构应当及时研究处理和答复。

第二章　任务分工

第十三条　生态环境部牵头指导实施生态环境损害赔偿制度，会同自然资源部、住房和城乡建设部、水利部、农业农村部、国家林草局等相关部门负责指导生态环境损害的调查、鉴定评估、修复方案编制、修复效果评估等业务工作。科技部负责指导有关生态环境损害鉴定评估技术研究工作。公安部负责指导公安机关依法办理涉及生态环境损害赔偿的刑事案件。司法部负责指导有关环境损害司法鉴定管理工作。财政部负责指导有关生态环境损害赔偿资金管理工作。国家卫生健康委会同生态环境部开展环境健康问题调查研究、环境与健康综合监测与风险评估。市场监管总局负责指导生态环境损害鉴定评估相关的计量和标准化工作。

最高人民法院、最高人民检察院分别负责指导生态环境损害赔偿案件的审判和检察工作。

第十四条　省级、市地级党委和政府对本地区的生态环境损害赔偿工作负总责，应当加强组织领导，狠抓责任落实，推进生态环境损害赔偿工作稳妥、有序进行。党委和政府主要负责人应当履行生态环境损害赔偿工作第一责任人职责；党委和政府领导班子其他成员应当根据工作分工，领导、督促有关部门和单位开展生态环境损害赔偿工作。

各省级、市地级党委和政府每年应当至少听取一次生态环境损害赔偿工作情况的汇报，督促推进生态环境损害赔偿工作，建立严考核、硬约束的工作机制。

第三章　工作程序

第十五条　赔偿权利人应当建立线索筛查和移送机制。

赔偿权利人指定的部门或机构，应当根据本地区实施方案规定的任务分工，重点通过以下渠道定期组织筛查发现生态环境损害赔偿案件线索：

（一）中央和省级生态环境保护督察发现的案件线索；

（二）突发生态环境事件；

（三）资源与环境行政处罚案件；

（四）涉嫌构成破坏环境资源保护犯罪的案件；

（五）在生态保护红线等禁止开发区域、国家和省级国土空间规划中确定的重点生态功能区发生的环境污染、生态破坏事件；

（六）日常监管、执法巡查、各项资源与环境专项行动发现的案件线索；

（七）信访投诉、举报和媒体曝光涉及的案件线索；

（八）上级机关交办的案件线索；

（九）检察机关移送的案件线索；

（十）赔偿权利人确定的其他线索

渠道。

第十六条 在全国有重大影响或者生态环境损害范围在省域内跨市地的案件由省级政府管辖；省域内其他案件管辖由省级政府确定。

生态环境损害范围跨省域的，由损害地相关省级政府共同管辖。相关省级政府应加强沟通联系，协商开展赔偿工作。

第十七条 赔偿权利人及其指定的部门或机构在发现或者接到生态环境损害赔偿案件线索后，应当在三十日内就是否造成生态环境损害进行初步核查。对已造成生态环境损害的，应当及时立案启动索赔程序。

第十八条 经核查，存在以下情形之一的，赔偿权利人及其指定的部门或机构可以不启动索赔程序：

（一）赔偿义务人已经履行赔偿义务的；

（二）人民法院已就同一生态环境损害形成生效裁判文书，赔偿权利人的索赔请求已被得到支持的诉讼请求所全部涵盖的；

（三）环境污染或者生态破坏行为造成的生态环境损害显著轻微，且不需要赔偿的；

（四）承担赔偿义务的法人终止、非法人组织解散或者自然人死亡，且无财产可供执行的；

（五）赔偿义务人依法持证排污，符合国家规定的；

（六）其他可以不启动索赔程序的情形。

赔偿权利人及其指定的部门或机构在启动索赔程序后，发现存在以上情形之一的，可以终止索赔程序。

第十九条 生态环境损害索赔启动后，赔偿权利人及其指定的部门或机构，应当及时进行损害调查。调查应当围绕生态环境损害是否存在、受损范围、受损程度、是否有相对明确的赔偿义务人等问题开展。调查结束应当形成调查结论，并提出启动索赔磋商或者终止索赔程序的意见。

公安机关在办理涉嫌破坏环境资源保护犯罪案件时，为查明生态环境损害程度和损害事实，委托相关机构或者专家出具的鉴定意见、鉴定评估报告、专家意见等，可以用于生态环境损害调查。

第二十条 调查期间，赔偿权利人及其指定的部门或机构，可以根据相关规定委托符合条件的环境损害司法鉴定机构或者生态环境、自然资源、住房和城乡建设、水利、农业农村、林业和草原等国务院相关主管部门推荐的机构出具鉴定意见或者鉴定评估报告，也可以与赔偿义务人协商共同委托上述机构出具鉴定意见或者鉴定评估报告。

对损害事实简单、责任认定无争议、损害较小的案件，可以采用委托专家评估的方式，出具专家意见；也可以根据与案件相关的法律文书、监测报告等资料，综合作出认定。专家可以从市地级及以上政府及其部门、人民法院、检察机关成立的相关领域专家库或者专家委员会中选取。鉴定机构和专家应当对其出具的鉴定意见、鉴定评估报告、专家意见等负责。

第二十一条 赔偿权利人及其指定的部门或机构应当在合理期限内制作生态环境损害索赔磋商告知书，并送达赔偿义务人。

赔偿义务人收到磋商告知书后在答复期限内表示同意磋商的，赔偿权利人及其指定的部门或机构应当及时召开磋商会议。

第二十二条 赔偿权利人及其指定的部门或机构，应当就修复方案、修复启动时间和期限、赔偿的责任承担方式和期限等具体问题与赔偿义务人进行磋商。磋商依据鉴定意见、鉴定评估报告或者专家意见开展，防止久磋不决。

磋商过程中，应当充分考虑修复方案可行性和科学性、成本效益优化、赔偿义务人赔偿能力、社会第三方治理可行性等因素。磋商过程应当依法公开透明。

第二十三条 经磋商达成一致意见的，

赔偿权利人及其指定的部门或机构，应当与赔偿义务人签署生态环境损害赔偿协议。

第二十四条 赔偿权利人及其指定的部门或机构和赔偿义务人，可以就赔偿协议向有管辖权的人民法院申请司法确认。

对生效判决和经司法确认的赔偿协议，赔偿义务人不履行或不完全履行的，赔偿权利人及其指定的部门或机构可以向人民法院申请强制执行。

第二十五条 对未经司法确认的赔偿协议，赔偿义务人不履行或者不完全履行的，赔偿权利人及其指定的部门或机构，可以向人民法院提起诉讼。

第二十六条 磋商未达成一致的，赔偿权利人及其指定的部门或机构，应当及时向人民法院提起诉讼。

第二十七条 赔偿权利人及其指定的部门或机构，应当组织对受损生态环境修复的效果进行评估，确保生态环境得到及时有效修复。

修复效果未达到赔偿协议或者生效判决规定修复目标的，赔偿权利人及其指定的部门或机构，应当要求赔偿义务人继续开展修复，直至达到赔偿协议或者生效判决的要求。

第四章 保障机制

第二十八条 完善从事生态环境损害鉴定评估活动机构的管理制度，健全信用评价、监督惩罚、准入退出等机制，提升鉴定评估工作质量。

省级、市地级党委和政府根据本地区生态环境损害赔偿工作实际，统筹推进本地区生态环境损害鉴定评估专业力量建设，满足生态环境损害赔偿工作需求。

第二十九条 国家建立健全统一的生态环境损害鉴定评估技术标准体系。

科技部会同相关部门组织开展生态环境损害鉴定评估关键技术方法研究。生态环境部会同相关部门构建并完善生态环境损害鉴定评估技术标准体系框架，充分依托现有平台建立完善服务于生态环境损害鉴定评估的数据平台。

生态环境部负责制定生态环境损害鉴定评估技术总纲和关键技术环节、基本生态环境要素、基础方法等基础性技术标准，商国务院有关主管部门后，与市场监管总局联合发布。

国务院相关主管部门可以根据职责或者工作需要，制定生态环境损害鉴定评估的专项技术规范。

第三十条 赔偿义务人造成的生态环境损害无法修复的，生态环境损害赔偿资金作为政府非税收入，实行国库集中收缴，全额上缴本级国库，纳入一般公共预算管理。赔偿权利人及其指定的部门或机构根据磋商协议或生效判决要求，结合本区域生态环境损害情况开展替代修复。

第三十一条 赔偿权利人及其指定的部门或机构可以积极创新公众参与方式，邀请相关部门、专家和利益相关的公民、法人、其他组织参加索赔磋商、索赔诉讼或者生态环境修复，接受公众监督。

生态环境损害调查、鉴定评估、修复方案编制等工作中涉及公共利益的重大事项，生态环境损害赔偿协议、诉讼裁判文书、赔偿资金使用情况和生态环境修复效果等信息应当依法向社会公开，保障公众知情权。

第三十二条 建立生态环境损害赔偿工作信息和重大案件信息的报告机制。

省级生态环境损害赔偿制度改革工作领导小组办公室于每年1月底前，将本地区上年度工作情况报送生态环境部。生态环境部于每年3月底前，将上年度全国生态环境损害赔偿工作情况汇总后，向党中央、国务院报告。

第三十三条 生态环境损害赔偿工作纳入污染防治攻坚战成效考核以及环境保护相关考核。

生态环境损害赔偿的突出问题纳入中央和省级生态环境保护督察范围。中央和省级生态环境保护督察发现需要开展生态环境损害赔偿工作的，移送有关地方政府依照本规定以及相关法律法规组织开展索赔。

建立重大案件督办机制。赔偿权利人及其指定的部门或机构应当对重大案件建立台账，排出时间表，加快推进。

第三十四条　赔偿权利人及其指定的部门或机构的负责人、工作人员，在生态环境损害赔偿过程中存在滥用职权、玩忽职守、徇私舞弊等情形的，按照有关规定交由纪检监察机关依纪依法处理，涉嫌犯罪的，移送司法机关，依法追究刑事责任。

第三十五条　对在生态环境损害赔偿工作中有显著成绩，守护好人民群众优美生态环境的单位和个人，按规定给予表彰奖励。

第五章　附　　则

第三十六条　本规定由生态环境部会同相关部门负责解释。

第三十七条　本规定中的期限按自然日计算。

第三十八条　本规定自印发之日起施行。法律、法规对生态环境损害赔偿有明确规定的，从其规定。

生态环境损害赔偿资金管理办法（试行）

（2020 年 3 月 11 日财政部、自然资源部、生态环境部等印发）

第一条　为加快推进生态文明建设，规范生态环境损害赔偿资金管理，根据《中华人民共和国预算法》、《中华人民共和国环境保护法》、《生态环境损害赔偿制度改革方案》等，制定本办法。

第二条　本办法所称生态环境损害赔偿资金，是指生态环境损害事件发生后，在生态环境损害无法修复或者无法完全修复以及赔偿义务人不履行义务或者不完全履行义务的情况下，由造成损害的赔偿义务人主动缴纳或者按照磋商达成的赔偿协议、法院生效判决缴纳的资金。

经生态环境损害赔偿磋商协议确定或者人民法院生效法律文书确定，由赔偿义务人修复或者由其委托具备修复能力的社会第三方机构进行修复的，发生的生态环境损害修复费用不纳入本办法管理。

第三条　本办法所称赔偿义务人，是指违反法律、法规和国家有关规定，造成生态环境损害的单位和个人。

赔偿义务人应当承担生态环境损害赔偿责任，及时缴纳生态环境损害赔偿资金。

第四条　按照国务院授权，省级人民政府、市地级人民政府为本行政区域内生态环境损害赔偿权利人。省域内跨市地的生态环境损害，由省级人民政府管辖；其他工作范围划分由省级人民政府根据本地区实际情况确定。跨省域的生态环境损害，由生态环境损害地的相关省级人民政府协商开展生态环境损害赔偿工作。

国务院直接行使全民所有自然资源资产所有权的，由受委托代行该所有权的部门作为赔偿权利人。

第五条　赔偿权利人及其指定的相关部门、机构应当积极与赔偿义务人进行生态环境损害赔偿磋商。磋商未达成一致的，赔偿权利人及其指定的相关部门、机构应当依法及时提起诉讼。赔偿义务人不履行或者不完全履行生态环境损害赔偿资金支付义务的，赔偿权利人及其指定的相关部门、机构应当及时向人民法院申请强制执行。

赔偿权利人可以根据部门职责指定自然资源、生态环境、住房和城乡建设、水利、农业农村、林业和草原等相关部门、机构负责生态环境损害赔偿具体工作。

第六条 赔偿权利人负责生态环境损害赔偿资金使用和管理。赔偿权利人指定的相关部门、机构负责执收生态环境损害赔偿协议确定的生态环境损害赔偿资金；人民法院负责执收由人民法院生效判决确定的生态环境损害赔偿资金。

生态环境损害赔偿资金作为政府非税收入，实行国库集中收缴，全额上缴赔偿权利人指定部门、机构的本级国库，纳入一般公共预算管理。

第七条 损害结果发生地涉及多个地区的，由损害结果第一发生地赔偿权利人牵头组织地区间政府协商确定赔偿资金分配，无法达成一致的，报共同的上级人民政府决定。

第八条 生态环境损害赔偿资金统筹用于在损害结果发生地开展的生态环境修复相关工作。

第九条 生态环境修复相关支出纳入本级一般公共预算，按照预算管理有关规定执行。赔偿权利人指定的相关部门、机构负责编制生态修复及工作经费支出预算草案、绩效目标，提出使用申请，并对提供材料的真实性负责，经本级财政部门审核后按照规定支出。

第十条 生态环境修复相关资金支付按照国库集中支付制度有关规定执行。涉及政府采购的，按照政府采购有关法律、法规和规定执行。结转结余资金按照有关财政拨款结转和结余资金规定进行处理。

第十一条 生态环境修复相关资金实施全过程预算绩效管理。赔偿权利人指定的部门、机构应当加强事前绩效评估和绩效监控，在预算年度结束及时开展绩效自评并将结果报送本级财政部门。

第十二条 财政部门应当督促赔偿权利人指定的部门、机构以及人民法院及时将生态环境损害赔偿资金上缴本级国库，审核批复资金支出预算，对生态环境损害赔偿资金使用情况实施财政监督管理和定期绩效评价，并参考绩效评价结果作出预算安排。

第十三条 相关单位和个人存在虚报冒领、骗取套取、挤占挪用生态环境损害赔偿资金等违法行为的，按照《中华人民共和国预算法》、《财政违法行为处罚处分条例》等国家有关规定追究相应责任；涉嫌犯罪的，依法追究刑事责任。

第十四条 相关单位和个人在生态环境损害赔偿资金分配、审核等工作中，存在违规分配、使用、管理资金，以及其他滥用职权、玩忽职守、徇私舞弊等违法违纪行为的，按照《中华人民共和国预算法》、《中华人民共和国公务员法》、《中华人民共和国监察法》、《财政违法行为处罚处分条例》等国家有关规定追究相应责任；涉嫌犯罪的，依法追究刑事责任。

第十五条 环境民事公益诉讼中，经人民法院生效法律文书确定的生态环境无法修复或者无法完全修复的损害赔偿资金，以及赔偿义务人未履行义务或者未完全履行义务时应当支付的生态环境修复费用，可参照本办法规定管理；需要修复生态环境的，人民法院应当及时移送省级、市地级人民政府及其指定的相关部门、机构组织实施。

第十六条 生态环境损害赔偿资金使用情况应当由赔偿权利人或者其指定的部门、机构以适当的形式及时向社会公开。

第十七条 各地区可结合本办法及实际情况制定本地区管理办法细则。

第十八条 本办法由财政部会同有关部门负责解释。

第十九条 本办法自印发之日起实施。

（二）水污染类

中华人民共和国黄河保护法

（2022年10月30日第十三届全国人民代表大会常务委员会第三十七次会议通过，2022年10月30日公布，自2023年4月1日起施行）

第一章　总　　则

第一条　为了加强黄河流域生态环境保护，保障黄河安澜，推进水资源节约集约利用，推动高质量发展，保护传承弘扬黄河文化，实现人与自然和谐共生、中华民族永续发展，制定本法。

第二条　黄河流域生态保护和高质量发展各类活动，适用本法；本法未作规定的，适用其他有关法律的规定。

本法所称黄河流域，是指黄河干流、支流和湖泊的集水区域所涉及的青海省、四川省、甘肃省、宁夏回族自治区、内蒙古自治区、山西省、陕西省、河南省、山东省的相关县级行政区域。

第三条　黄河流域生态保护和高质量发展，坚持中国共产党的领导，落实重在保护、要在治理的要求，加强污染防治，贯彻生态优先、绿色发展，量水而行、节水为重，因地制宜、分类施策，统筹谋划、协同推进的原则。

第四条　国家建立黄河流域生态保护和高质量发展统筹协调机制（以下简称黄河流域统筹协调机制），全面指导、统筹协调黄河流域生态保护和高质量发展工作，审议黄河流域重大政策、重大规划、重大项目等，协调跨地区跨部门重大事项，督促检查相关重要工作的落实情况。

黄河流域省、自治区可以根据需要，建立省级协调机制，组织、协调推进本行政区域黄河流域生态保护和高质量发展工作。

第五条　国务院有关部门按照职责分工，负责黄河流域生态保护和高质量发展相关工作。

国务院水行政主管部门黄河水利委员会（以下简称黄河流域管理机构）及其所属管理机构，依法行使流域水行政监督管理职责，为黄河流域统筹协调机制相关工作提供支撑保障。

国务院生态环境主管部门黄河流域生态环境监督管理机构（以下简称黄河流域生态环境监督管理机构）依法开展流域生态环境监督管理相关工作。

第六条　黄河流域县级以上地方人民政府负责本行政区域黄河流域生态保护和高质量发展工作。

黄河流域县级以上地方人民政府有关部门按照职责分工，负责本行政区域黄河流域生态保护和高质量发展相关工作。

黄河流域相关地方根据需要在地方性法规和地方政府规章制定、规划编制、监督执法等方面加强协作，协同推进黄河流域生态保护和高质量发展。

黄河流域建立省际河湖长联席会议制

度。各级河湖长负责河道、湖泊管理和保护相关工作。

第七条 国务院水行政、生态环境、自然资源、住房和城乡建设、农业农村、发展改革、应急管理、林业和草原、文化和旅游、标准化等主管部门按照职责分工，建立健全黄河流域水资源节约集约利用、水沙调控、防汛抗旱、水土保持、水文、水环境质量和污染物排放、生态保护与修复、自然资源调查监测评价、生物多样性保护、文化遗产保护等标准体系。

第八条 国家在黄河流域实行水资源刚性约束制度，坚持以水定城、以水定地、以水定人、以水定产，优化国土空间开发保护格局，促进人口和城市科学合理布局，构建与水资源承载能力相适应的现代产业体系。

黄河流域县级以上地方人民政府按照国家有关规定，在本行政区域组织实施水资源刚性约束制度。

第九条 国家在黄河流域强化农业节水增效、工业节水减排和城镇节水降损措施，鼓励、推广使用先进节水技术，加快形成节水型生产、生活方式，有效实现水资源节约集约利用，推进节水型社会建设。

第十条 国家统筹黄河干支流防洪体系建设，加强流域及流域间防洪体系协同，推进黄河上中下游防汛抗旱、防凌联动，构建科学高效的综合性防洪减灾体系，并适时组织评估，有效提升黄河流域防治洪涝等灾害的能力。

第十一条 国务院自然资源主管部门应当会同国务院有关部门定期组织开展黄河流域土地、矿产、水流、森林、草原、湿地等自然资源状况调查，建立资源基础数据库，开展资源环境承载能力评价，并向社会公布黄河流域自然资源状况。

国务院野生动物保护主管部门应当定期组织开展黄河流域野生动物及其栖息地状况普查，或者根据需要组织开展专项调查，建立野生动物资源档案，并向社会公布黄河流域野生动物资源状况。

国务院生态环境主管部门应当定期组织开展黄河流域生态状况评估，并向社会公布黄河流域生态状况。

国务院林业和草原主管部门应当会同国务院有关部门组织开展黄河流域土地荒漠化、沙化调查监测，并定期向社会公布调查监测结果。

国务院水行政主管部门应当组织开展黄河流域水土流失调查监测，并定期向社会公布调查监测结果。

第十二条 黄河流域统筹协调机制统筹协调国务院有关部门和黄河流域省级人民政府，在已经建立的台站和监测项目基础上，健全黄河流域生态环境、自然资源、水文、泥沙、荒漠化和沙化、水土保持、自然灾害、气象等监测网络体系。

国务院有关部门和黄河流域县级以上地方人民政府及其有关部门按照职责分工，健全完善生态环境风险报告和预警机制。

第十三条 国家加强黄河流域自然灾害的预防与应急准备、监测与预警、应急处置与救援、事后恢复与重建体系建设，维护相关工程和设施安全，控制、减轻和消除自然灾害引起的危害。

国务院生态环境主管部门应当会同国务院有关部门和黄河流域省级人民政府，建立健全黄河流域突发生态环境事件应急联动工作机制，与国家突发事件应急体系相衔接，加强对黄河流域突发生态环境事件的应对管理。

出现严重干旱、省际或者重要控制断面流量降至预警流量、水库运行故障、重大水污染事故等情形，可能造成供水危机、黄河断流时，黄河流域管理机构应当组织实施应急调度。

第十四条 黄河流域统筹协调机制设立黄河流域生态保护和高质量发展专家咨询委员会，对黄河流域重大政策、重大规划、重大项目和重大科技问题等提供专业咨询。

国务院有关部门和黄河流域省级人民政府及其有关部门按照职责分工，组织开展黄河流域建设项目、重要基础设施和产业布局相关规划等对黄河流域生态系统影响的第三方评估、分析、论证等工作。

第十五条 黄河流域统筹协调机制统筹协调国务院有关部门和黄河流域省级人民政府，建立健全黄河流域信息共享系统，组织建立智慧黄河信息共享平台，提高科学化水平。国务院有关部门和黄河流域省级人民政府及其有关部门应当按照国家有关规定，共享黄河流域生态环境、自然资源、水土保持、防洪安全以及管理执法等信息。

第十六条 国家鼓励、支持开展黄河流域生态保护与修复、水资源节约集约利用、水沙运动与调控、防沙治沙、泥沙综合利用、河流动力与河床演变、水土保持、水文、气候、污染防治等方面的重大科技问题研究，加强协同创新，推动关键性技术研究，推广应用先进适用技术，提升科技创新支撑能力。

第十七条 国家加强黄河文化保护传承弘扬，系统保护黄河文化遗产，研究黄河文化发展脉络，阐发黄河文化精神内涵和时代价值，铸牢中华民族共同体意识。

第十八条 国务院有关部门和黄河流域县级以上地方人民政府及其有关部门应当加强黄河流域生态保护和高质量发展的宣传教育。

新闻媒体应当采取多种形式开展黄河流域生态保护和高质量发展的宣传报道，并依法对违法行为进行舆论监督。

第十九条 国家鼓励、支持单位和个人参与黄河流域生态保护和高质量发展相关活动。

对在黄河流域生态保护和高质量发展工作中做出突出贡献的单位和个人，按照国家有关规定予以表彰和奖励。

第二章 规划与管控

第二十条 国家建立以国家发展规划为统领，以空间规划为基础，以专项规划、区域规划为支撑的黄河流域规划体系，发挥规划对推进黄河流域生态保护和高质量发展的引领、指导和约束作用。

第二十一条 国务院和黄河流域县级以上地方人民政府应当将黄河流域生态保护和高质量发展工作纳入国民经济和社会发展规划。

国务院发展改革部门应当会同国务院有关部门编制黄河流域生态保护和高质量发展规划，报国务院批准后实施。

第二十二条 国务院自然资源主管部门应当会同国务院有关部门组织编制黄河流域国土空间规划，科学有序统筹安排黄河流域农业、生态、城镇等功能空间，划定永久基本农田、生态保护红线、城镇开发边界，优化国土空间结构和布局，统领黄河流域国土空间利用任务，报国务院批准后实施。涉及黄河流域国土空间利用的专项规划应当与黄河流域国土空间规划相衔接。

黄河流域县级以上地方人民政府组织编制本行政区域的国土空间规划，按照规定的程序报经批准后实施。

第二十三条 国务院水行政主管部门应当会同国务院有关部门和黄河流域省级人民政府，按照统一规划、统一管理、统一调度的原则，依法编制黄河流域综合规划、水资源规划、防洪规划等，对节约、保护、开发、利用水资源和防治水害作出部署。

黄河流域生态环境保护等规划依照有关法律、行政法规的规定编制。

第二十四条 国民经济和社会发展规划、国土空间总体规划的编制以及重大产业政策的制定，应当与黄河流域水资源条件和防洪要求相适应，并进行科学论证。

黄河流域工业、农业、畜牧业、林草业、能源、交通运输、旅游、自然资源开发等专项规划和开发区、新区规划等，涉及水资源开发利用的，应当进行规划水资源论证。未经论证或者经论证不符合水资源强制性约束控制指标的，规划审批机关不得批准该规划。

第二十五条 国家对黄河流域国土空间严格实行用途管制。黄河流域县级以上地方人民政府自然资源主管部门依据国土空间规划，对本行政区域黄河流域国土空间实行分区、分类用途管制。

黄河流域国土空间开发利用活动应当符合国土空间用途管制要求，并依法取得规划许可。

禁止违反国家有关规定、未经国务院批准，占用永久基本农田。禁止擅自占用耕地进行非农业建设，严格控制耕地转为林地、草地、园地等其他农用地。

黄河流域县级以上地方人民政府应当严格控制黄河流域以人工湖、人工湿地等形式新建人造水景观，黄河流域统筹协调机制应当组织有关部门加强监督管理。

第二十六条 黄河流域省级人民政府根据本行政区域的生态环境和资源利用状况，按照生态保护红线、环境质量底线、资源利用上线的要求，制定生态环境分区管控方案和生态环境准入清单，报国务院生态环境主管部门备案后实施。生态环境分区管控方案和生态环境准入清单应当与国土空间规划相衔接。

禁止在黄河干支流岸线管控范围内新建、扩建化工园区和化工项目。禁止在黄河干流岸线和重要支流岸线的管控范围内新建、改建、扩建尾矿库；但是以提升安全水平、生态环境保护水平为目的的改建除外。

干支流目录、岸线管控范围由国务院水行政、自然资源、生态环境主管部门按照职责分工，会同黄河流域省级人民政府确定并公布。

第二十七条 黄河流域水电开发，应当进行科学论证，符合国家发展规划、流域综合规划和生态保护要求。对黄河流域已建小水电工程，不符合生态保护要求的，县级以上地方人民政府应当组织分类整改或者采取措施逐步退出。

第二十八条 黄河流域管理机构统筹防洪减淤、城乡供水、生态保护、灌溉用水、水力发电等目标，建立水资源、水沙、防洪防凌综合调度体系，实施黄河干支流控制性水工程统一调度，保障流域水安全，发挥水资源综合效益。

第三章 生态保护与修复

第二十九条 国家加强黄河流域生态保护与修复，坚持山水林田湖草沙一体化保护与修复，实行自然恢复为主、自然恢复与人工修复相结合的系统治理。

国务院自然资源主管部门应当会同国务院有关部门编制黄河流域国土空间生态修复规划，组织实施重大生态修复工程，统筹推进黄河流域生态保护与修复工作。

第三十条 国家加强对黄河水源涵养区的保护，加大对黄河干流和支流源头、水源涵养区的雪山冰川、高原冻土、高寒草甸、草原、湿地、荒漠、泉域等的保护力度。

禁止在黄河上游约古宗列曲、扎陵湖、鄂陵湖、玛多河湖群等河道、湖泊管理范围内从事采矿、采砂、渔猎等活动，维持河道、湖泊天然状态。

第三十一条 国务院和黄河流域省级人民政府应当依法在重要生态功能区域、生态脆弱区域划定公益林，实施严格管护；需要补充灌溉的，在水资源承载能力范围内合理安排灌溉用水。

国务院林业和草原主管部门应当会同国务院有关部门、黄河流域省级人民政府，加强对黄河流域重要生态功能区域天然林、湿地、草原保护与修复和荒漠化、沙化土地治理工作的指导。

黄河流域县级以上地方人民政府应当采取防护林建设、禁牧封育、锁边防风固沙工程、沙化土地封禁保护、鼠害防治等措施，加强黄河流域重要生态功能区域天然林、湿地、草原保护与修复，开展规模化防沙治沙，科学治理荒漠化、沙化土地，在河套平原区、内蒙古高原湖泊萎缩退化区、黄土高原土地沙化区、汾渭平原区等重点区域实施生态修复工程。

第三十二条　国家加强对黄河流域子午岭－六盘山、秦岭北麓、贺兰山、白于山、陇中等水土流失重点预防区、治理区和渭河、洮河、汾河、伊洛河等重要支流源头区的水土流失防治。水土流失防治应当根据实际情况，科学采取生物措施和工程措施。

禁止在二十五度以上陡坡地开垦种植农作物。黄河流域省级人民政府根据本行政区域的实际情况，可以规定小于二十五度的禁止开垦坡度。禁止开垦的陡坡地范围由所在地县级人民政府划定并公布。

第三十三条　国务院水行政主管部门应当会同国务院有关部门加强黄河流域砒砂岩区、多沙粗沙区、水蚀风蚀交错区和沙漠入河区等生态脆弱区域保护和治理，开展土壤侵蚀和水土流失状况评估，实施重点防治工程。

黄河流域县级以上地方人民政府应当组织推进小流域综合治理、坡耕地综合整治、黄土高原塬面治理保护、适地植被建设等水土保持重点工程，采取塬面、沟头、沟坡、沟道防护等措施，加强多沙粗沙区治理，开展生态清洁流域建设。

国家支持在黄河流域上中游开展整沟治理。整沟治理应当坚持规划先行、系统修复、整体保护、因地制宜、综合治理、一体推进。

第三十四条　国务院水行政主管部门应当会同国务院有关部门制定淤地坝建设、养护标准或者技术规范，健全淤地坝建设、管理、安全运行制度。

黄河流域县级以上地方人民政府应当因地制宜组织开展淤地坝建设，加快病险淤地坝除险加固和老旧淤地坝提升改造，建设安全监测和预警设施，将淤地坝工程防汛纳入地方防汛责任体系，落实管护责任，提高养护水平，减少下游河道淤积。

禁止损坏、擅自占用淤地坝。

第三十五条　禁止在黄河流域水土流失严重、生态脆弱区域开展可能造成水土流失的生产建设活动。确因国家发展战略和国计民生需要建设的，应当进行科学论证，并依法办理审批手续。

生产建设单位应当依法编制并严格执行经批准的水土保持方案。

从事生产建设活动造成水土流失的，应当按照国家规定的水土流失防治相关标准进行治理。

第三十六条　国务院水行政主管部门应当会同国务院有关部门和山东省人民政府，编制并实施黄河入海河口整治规划，合理布局黄河入海流路，加强河口治理，保障入海河道畅通和河口防洪防凌安全，实施清水沟、刁口河生态补水，维护河口生态功能。

国务院自然资源、林业和草原主管部门应当会同国务院有关部门和山东省人民政府，组织开展黄河三角洲湿地生态保护与修复，有序推进退塘还河、退耕还湿、退田还滩，加强外来入侵物种防治，减少油气开采、围垦养殖、港口航运等活动对河口生态系统的影响。

禁止侵占刁口河等黄河备用入海流路。

第三十七条　国务院水行政主管部门确定黄河干流、重要支流控制断面生态流量和重要湖泊生态水位的管控指标，应当征求并研究国务院生态环境、自然资源等主管部门的意见。黄河流域省级人民政府水行政主管部门确定其他河流生态流量和其他湖泊生态水位的管控指标，应当征求并研究同级人民政府生态环境、自然资源等主管部门的意见，报黄河流域管理机构、黄河流域生态环境监督管理机构备案。确定生态流量和生态水位的管控指标，应当进行科学论证，综合考虑水资源条件、气候状况、生态环境保护要求、生活生产用水状况等因素。

黄河流域管理机构和黄河流域省级人民

政府水行政主管部门按照职责分工，组织编制和实施生态流量和生态水位保障实施方案。

黄河干流、重要支流水工程应当将生态用水调度纳入日常运行调度规程。

第三十八条 国家统筹黄河流域自然保护地体系建设。国务院和黄河流域省级人民政府在黄河流域重要典型生态系统的完整分布区、生态环境敏感区以及珍贵濒危野生动植物天然集中分布区和重要栖息地、重要自然遗迹分布区等区域，依法设立国家公园、自然保护区、自然公园等自然保护地。

自然保护地建设、管理涉及河道、湖泊管理范围的，应当统筹考虑河道、湖泊保护需要，满足防洪要求，并保障防洪工程建设和管理活动的开展。

第三十九条 国务院林业和草原、农业农村主管部门应当会同国务院有关部门和黄河流域省级人民政府按照职责分工，对黄河流域数量急剧下降或者极度濒危的野生动植物和受到严重破坏的栖息地、天然集中分布区、破碎化的典型生态系统开展保护与修复，修建迁地保护设施，建立野生动植物遗传资源基因库，进行抢救性修复。

国务院生态环境主管部门和黄河流域县级以上地方人民政府组织开展黄河流域生物多样性保护管理，定期评估生物受威胁状况以及生物多样性恢复成效。

第四十条 国务院农业农村主管部门应当会同国务院有关部门和黄河流域省级人民政府，建立黄河流域水生生物完整性指数评价体系，组织开展黄河流域水生生物完整性评价，并将评价结果作为评估黄河流域生态系统总体状况的重要依据。黄河流域水生生物完整性指数应当与黄河流域水环境质量标准相衔接。

第四十一条 国家保护黄河流域水产种质资源和珍贵濒危物种，支持开展水产种质资源保护区、国家重点保护野生动物人工繁育基地建设。

禁止在黄河流域开放水域养殖、投放外来物种和其他非本地物种种质资源。

第四十二条 国家加强黄河流域水生生物产卵场、索饵场、越冬场、洄游通道等重要栖息地的生态保护与修复。对鱼类等水生生物洄游产生阻隔的涉水工程应当结合实际采取建设过鱼设施、河湖连通、增殖放流、人工繁育等多种措施，满足水生生物的生态需求。

国家实行黄河流域重点水域禁渔期制度，禁渔期内禁止在黄河流域重点水域从事天然渔业资源生产性捕捞，具体办法由国务院农业农村主管部门制定。黄河流域县级以上地方人民政府应当按照国家有关规定做好禁渔期渔民的生活保障工作。

禁止电鱼、毒鱼、炸鱼等破坏渔业资源和水域生态的捕捞行为。

第四十三条 国务院水行政主管部门应当会同国务院自然资源主管部门组织划定并公布黄河流域地下水超采区。

黄河流域省级人民政府水行政主管部门应当会同本级人民政府有关部门编制本行政区域地下水超采综合治理方案，经省级人民政府批准后，报国务院水行政主管部门备案。

第四十四条 黄河流域县级以上地方人民政府应当组织开展退化农用地生态修复，实施农田综合整治。

黄河流域生产建设活动损毁的土地，由生产建设者负责复垦。因历史原因无法确定土地复垦义务人以及因自然灾害损毁的土地，由黄河流域县级以上地方人民政府负责组织复垦。

黄河流域县级以上地方人民政府应当加强对矿山的监督管理，督促采矿权人履行矿山污染防治和生态修复责任，并因地制宜采取消除地质灾害隐患、土地复垦、恢复植被、防治污染等措施，组织开展历史遗留矿山生态修复工作。

第四章 水资源节约集约利用

第四十五条 黄河流域水资源利用，应当坚持节水优先、统筹兼顾、集约使用、精打细算，优先满足城乡居民生活用水，保障基本生态用水，统筹生产用水。

第四十六条　国家对黄河水量实行统一配置。制定和调整黄河水量分配方案，应当充分考虑黄河流域水资源条件、生态环境状况、区域用水状况、节水水平、洪水资源化利用等，统筹当地水和外调水、常规水和非常规水，科学确定水资源可利用总量和河道输沙入海水量，分配区域地表水取用水总量。

黄河流域管理机构商黄河流域省级人民政府制定和调整黄河水量分配方案和跨省支流水量分配方案。黄河水量分配方案经国务院发展改革部门、水行政主管部门审查后，报国务院批准。跨省支流水量分配方案报国务院授权的部门批准。

黄河流域省级人民政府水行政主管部门根据黄河水量分配方案和跨省支流水量分配方案，制定和调整本行政区域水量分配方案，经省级人民政府批准后，报黄河流域管理机构备案。

第四十七条　国家对黄河流域水资源实行统一调度，遵循总量控制、断面流量控制、分级管理、分级负责的原则，根据水情变化进行动态调整。

国务院水行政主管部门依法组织黄河流域水资源统一调度的实施和监督管理。

第四十八条　国务院水行政主管部门应当会同国务院自然资源主管部门制定黄河流域省级行政区域地下水取水总量控制指标。

黄河流域省级人民政府水行政主管部门应当会同本级人民政府有关部门，根据本行政区域地下水取水总量控制指标，制定设区的市、县级行政区域地下水取水总量控制指标和地下水水位控制指标，经省级人民政府批准后，报国务院水行政主管部门或者黄河流域管理机构备案。

第四十九条　黄河流域县级以上行政区域的地表水取用水总量不得超过水量分配方案确定的控制指标，并符合生态流量和生态水位的管控指标要求；地下水取水总量不得超过本行政区域地下水取水总量控制指标，并符合地下水水位控制指标要求。

黄河流域县级以上地方人民政府应当根据本行政区域取用水总量控制指标，统筹考虑经济社会发展用水需求、节水标准和产业政策，制定本行政区域农业、工业、生活及河道外生态等用水量控制指标。

第五十条　在黄河流域取用水资源，应当依法取得取水许可。

黄河干流取水，以及跨省重要支流指定河段限额以上取水，由黄河流域管理机构负责审批取水申请，审批时应当研究取水口所在地的省级人民政府水行政主管部门的意见；其他取水由黄河流域县级以上地方人民政府水行政主管部门负责审批取水申请。指定河段和限额标准由国务院水行政主管部门确定公布、适时调整。

第五十一条　国家在黄河流域实行水资源差别化管理。国务院水行政主管部门应当会同国务院自然资源主管部门定期组织开展黄河流域水资源评价和承载能力调查评估。评估结果作为划定水资源超载地区、临界超载地区、不超载地区的依据。

水资源超载地区县级以上地方人民政府应当制定水资源超载治理方案，采取产业结构调整、强化节水等措施，实施综合治理。水资源临界超载地区县级以上地方人民政府应当采取限制性措施，防止水资源超载。

除生活用水等民生保障用水外，黄河流域水资源超载地区不得新增取水许可；水资源临界超载地区应当严格限制新增取水许可。

第五十二条　国家在黄河流域实行强制性用水定额管理制度。国务院水行政、标准化主管部门应当会同国务院发展改革部门组织制定黄河流域高耗水工业和服务业强制性用水定额。制定强制性用水定额应当征求国务院有关部门、黄河流域省级人民政府、企业事业单位和社会公众等方面的意见，并依照《中华人民共和国标准化法》的有关规定执行。

黄河流域省级人民政府按照深度节水控水要求，可以制定严于国家用水定额的地方用水定额；国家用水定额未作规定的，可以补充制定地方用水定额。

黄河流域以及黄河流经省、自治区其他黄河供水区相关县级行政区域的用水单位，应当严格执行强制性用水定额；超过强制性用水定额的，应当限期实施节水技术改造。

第五十三条 黄河流域以及黄河流经省、自治区其他黄河供水区相关县级行政区域的县级以上地方人民政府水行政主管部门和黄河流域管理机构核定取水单位的取水量，应当符合用水定额的要求。

黄河流域以及黄河流经省、自治区其他黄河供水区相关县级行政区域取水量达到取水规模以上的单位，应当安装合格的在线计量设施，保证设施正常运行，并将计量数据传输至有管理权限的水行政主管部门或者黄河流域管理机构。取水规模标准由国务院水行政主管部门制定。

第五十四条 国家在黄河流域实行高耗水产业准入负面清单和淘汰类高耗水产业目录制度。列入高耗水产业准入负面清单和淘汰类高耗水产业目录的建设项目，取水申请不予批准。高耗水产业准入负面清单和淘汰类高耗水产业目录由国务院发展改革部门会同国务院水行政主管部门制定并发布。

严格限制从黄河流域向外流域扩大供水量，严格限制新增引黄灌溉用水量。因实施国家重大战略确需新增用水量的，应当严格进行水资源论证，并取得黄河流域管理机构批准的取水许可。

第五十五条 黄河流域县级以上地方人民政府应当组织发展高效节水农业，加强农业节水设施和农业用水计量设施建设，选育推广低耗水、高耐旱农作物，降低农业耗水量。禁止取用深层地下水用于农业灌溉。

黄河流域工业企业应当优先使用国家鼓励的节水工艺、技术和装备。国家鼓励的工业节水工艺、技术和装备目录由国务院工业和信息化主管部门会同国务院有关部门制定并发布。

黄河流域县级以上地方人民政府应当组织推广应用先进适用的节水工艺、技术、装备、产品和材料，推进工业废水资源化利用，支持企业用水计量和节水技术改造，支持工业园区企业发展串联用水系统和循环用水系统，促进能源、化工、建材等高耗水产业节水。高耗水工业企业应当实施用水计量和节水技术改造。

黄河流域县级以上地方人民政府应当组织实施城乡老旧供水设施和管网改造，推广普及节水型器具，开展公共机构节水技术改造，控制高耗水服务业用水，完善农村集中供水和节水配套设施。

黄河流域县级以上地方人民政府及其有关部门应当加强节水宣传教育和科学普及，提高公众节水意识，营造良好节水氛围。

第五十六条 国家在黄河流域建立促进节约用水的水价体系。城镇居民生活用水和具备条件的农村居民生活用水实行阶梯水价，高耗水工业和服务业水价实行高额累进加价，非居民用水水价实行超定额累进加价，推进农业水价综合改革。

国家在黄河流域对节水潜力大、使用面广的用水产品实行水效标识管理，限期淘汰水效等级较低的用水产品，培育合同节水等节水市场。

第五十七条 国务院水行政主管部门应当会同国务院有关部门制定黄河流域重要饮用水水源地名录。黄河流域省级人民政府水行政主管部门应当会同本级人民政府有关部门制定本行政区域的其他饮用水水源地名录。

黄河流域省级人民政府组织划定饮用水水源保护区，加强饮用水水源保护，保障饮用水安全。黄河流域县级以上地方人民政府及其有关部门应当合理布局饮用水水源取水口，加强饮用水应急水源、备用水源建设。

第五十八条　国家综合考虑黄河流域水资源条件、经济社会发展需要和生态环境保护要求，统筹调出区和调入区供水安全和生态安全，科学论证、规划和建设跨流域调水和重大水源工程，加快构建国家水网，优化水资源配置，提高水资源承载能力。

黄河流域县级以上地方人民政府应当组织实施区域水资源配置工程建设，提高城乡供水保障程度。

第五十九条　黄河流域县级以上地方人民政府应当推进污水资源化利用，国家对相关设施建设予以支持。

黄河流域县级以上地方人民政府应当将再生水、雨水、苦咸水、矿井水等非常规水纳入水资源统一配置，提高非常规水利用比例。景观绿化、工业生产、建筑施工等用水，应当优先使用符合要求的再生水。

第五章　水沙调控与防洪安全

第六十条　国家依据黄河流域综合规划、防洪规划，在黄河流域组织建设水沙调控和防洪减灾工程体系，完善水沙调控和防洪防凌调度机制，加强水文和气象监测预报预警、水沙观测和河势调查，实施重点水库和河段清淤疏浚、滩区放淤，提高河道行洪输沙能力，塑造河道主槽，维持河势稳定，保障防洪安全。

第六十一条　国家完善以骨干水库等重大水工程为主的水沙调控体系，采取联合调水调沙、泥沙综合处理利用等措施，提高拦沙输沙能力。纳入水沙调控体系的工程名录由国务院水行政主管部门制定。

国务院有关部门和黄河流域省级人民政府应当加强黄河干支流控制性水工程、标准化堤防、控制引导河水流向工程等防洪工程体系建设和管理，实施病险水库除险加固和山洪、泥石流灾害防治。

黄河流域管理机构及其所属管理机构和黄河流域县级以上地方人民政府应当加强防洪工程的运行管护，保障工程安全稳定运行。

第六十二条　国家实行黄河流域水沙统一调度制度。黄河流域管理机构应当组织实施黄河干支流水库群统一调度，编制水沙调控方案，确定重点水库水沙调控运用指标、运用方式、调控起止时间，下达调度指令。水沙调控应当采取措施尽量减少对水生生物及其栖息地的影响。

黄河流域县级以上地方人民政府、水库主管部门和管理单位应当执行黄河流域管理机构的调度指令。

第六十三条　国务院水行政主管部门组织编制黄河防御洪水方案，经国家防汛抗旱指挥机构审核后，报国务院批准。

黄河流域管理机构应当会同黄河流域省级人民政府根据批准的黄河防御洪水方案，编制黄河干流和重要支流、重要水工程的洪水调度方案，报国务院水行政主管部门批准并抄送国家防汛抗旱指挥机构和国务院应急管理部门，按照职责组织实施。

黄河流域县级以上地方人民政府组织编制和实施黄河其他支流、水工程的洪水调度方案，并报上一级人民政府防汛抗旱指挥机构和有关主管部门备案。

第六十四条　黄河流域管理机构制定年度防凌调度方案，报国务院水行政主管部门备案，按照职责组织实施。

黄河流域有防凌任务的县级以上地方人民政府应当把防御凌汛纳入本行政区域的防洪规划。

第六十五条　黄河防汛抗旱指挥机构负责指挥黄河流域防汛抗旱工作，其办事机构设在黄河流域管理机构，承担黄河防汛抗旱指挥机构的日常工作。

第六十六条　黄河流域管理机构应当会同黄河流域省级人民政府依据黄河流域防洪规划，制定黄河滩区名录，报国务院水行政主管部门批准。黄河流域省级人民政府应当有序安排滩区居民迁建，严格控制向滩区迁入常住人口，实施滩区综合提升治理工程。

黄河滩区土地利用、基础设施建设和生态保护与修复应当满足河道行洪需要，发挥滩区滞洪、沉沙功能。

在黄河滩区内，不得新规划城镇建设用地、设立新的村镇，已经规划和设立的，不得扩大范围；不得新划定永久基本农田，已经划定为永久基本农田、影响防洪安全的，应当逐步退出；不得新开垦荒地、新建生产堤，已建生产堤影响防洪安全的应当及时拆除，其他生产堤应当逐步拆除。

因黄河滩区自然行洪、蓄滞洪水等导致受淹造成损失的，按照国家有关规定予以补偿。

第六十七条　国家加强黄河流域河道、湖泊管理和保护。禁止在河道、湖泊管理范围内建设妨碍行洪的建筑物、构筑物以及从事影响河势稳定、危害河岸堤防安全和其他妨碍河道行洪的活动。禁止违法利用、占用河道、湖泊水域和岸线。河道、湖泊管理范围由黄河流域管理机构和有关县级以上地方人民政府依法科学划定并公布。

建设跨河、穿河、穿堤、临河的工程设施，应当符合防洪标准等要求，不得威胁堤防安全、影响河势稳定、擅自改变水域和滩地用途、降低行洪和调蓄能力、缩小水域面积；确实无法避免降低行洪和调蓄能力、缩小水域面积的，应当同时建设等效替代工程或者采取其他功能补救措施。

第六十八条　黄河流域河道治理，应当因地制宜采取河道清障、清淤疏浚、岸坡整治、堤防加固、水源涵养与水土保持、河湖管护等治理措施，加强悬河和游荡性河道整治，增强河道、湖泊、水库防御洪水能力。

国家支持黄河流域有关地方人民政府以稳定河势、规范流路、保障行洪能力为前提，统筹河道岸线保护修复、退耕还湿，建设集防洪、生态保护等功能于一体的绿色生态走廊。

第六十九条　国家实行黄河流域河道采砂规划和许可制度。黄河流域河道采砂应当依法取得采砂许可。

黄河流域管理机构和黄河流域县级以上地方人民政府依法划定禁采区，规定禁采期，并向社会公布。禁止在黄河流域禁采区和禁采期从事河道采砂活动。

第七十条　国务院有关部门应当会同黄河流域省级人民政府加强对龙羊峡、刘家峡、三门峡、小浪底、故县、陆浑、河口村等干支流骨干水库库区的管理，科学调控水库水位，加强库区水土保持、生态保护和地质灾害防治工作。

在三门峡、小浪底、故县、陆浑、河口村水库库区养殖，应当满足水沙调控和防洪要求，禁止采用网箱、围网和拦河拉网方式养殖。

第七十一条　黄河流域城市人民政府应当统筹城市防洪和排涝工作，加强城市防洪排涝设施建设和管理，完善城市洪涝灾害监测预警机制，健全城市防灾减灾体系，提升城市洪涝灾害防御和应对能力。

黄河流域城市人民政府及其有关部门应当加强洪涝灾害防御宣传教育和社会动员，定期组织开展应急演练，增强社会防范意识。

第六章　污染防治

第七十二条　国家加强黄河流域农业面源污染、工业污染、城乡生活污染等的综合治理、系统治理、源头治理，推进重点河湖环境综合整治。

第七十三条　国务院生态环境主管部门制定黄河流域水环境质量标准，对国家水环境质量标准中未作规定的项目，可以作出补充规定；对国家水环境质量标准中已经规定的项目，可以作出更加严格的规定。制定黄河流域水环境质量标准应当征求国务院有关部门和有关省级人民政府的意见。

黄河流域省级人民政府可以制定严于黄

河流域水环境质量标准的地方水环境质量标准，报国务院生态环境主管部门备案。

第七十四条　对没有国家水污染物排放标准的特色产业、特有污染物，以及国家有明确要求的特定水污染源或者水污染物，黄河流域省级人民政府应当补充制定地方水污染物排放标准，报国务院生态环境主管部门备案。

有下列情形之一的，黄河流域省级人民政府应当制定严于国家水污染物排放标准的地方水污染物排放标准，报国务院生态环境主管部门备案：

（一）产业密集、水环境问题突出；

（二）现有水污染物排放标准不能满足黄河流域水环境质量要求；

（三）流域或者区域水环境形势复杂，无法适用统一的水污染物排放标准。

第七十五条　国务院生态环境主管部门根据水环境质量改善目标和水污染防治要求，确定黄河流域各省级行政区域重点水污染物排放总量控制指标。黄河流域水环境质量不达标的水功能区，省级人民政府生态环境主管部门应当实施更加严格的水污染物排放总量削减措施，限期实现水环境质量达标。排放水污染物的企业事业单位应当按照要求，采取水污染物排放总量控制措施。

黄河流域县级以上地方人民政府应当加强和统筹污水、固体废物收集处理处置等环境基础设施建设，保障设施正常运行，因地制宜推进农村厕所改造、生活垃圾处理和污水治理，消除黑臭水体。

第七十六条　在黄河流域河道、湖泊新设、改设或者扩大排污口，应当报经有管辖权的生态环境主管部门或者黄河流域生态环境监督管理机构批准。新设、改设或者扩大可能影响防洪、供水、堤防安全、河势稳定的排污口的，审批时应当征求县级以上地方人民政府水行政主管部门或者黄河流域管理机构的意见。

黄河流域水环境质量不达标的水功能区，除城乡污水集中处理设施等重要民生工程的排污口外，应当严格控制新设、改设或者扩大排污口。

黄河流域县级以上地方人民政府应当对本行政区域河道、湖泊的排污口组织开展排查整治，明确责任主体，实施分类管理。

第七十七条　黄河流域县级以上地方人民政府应当对沿河道、湖泊的垃圾填埋场、加油站、储油库、矿山、尾矿库、危险废物处置场、化工园区和化工项目等地下水重点污染源及周边地下水环境风险隐患组织开展调查评估，采取风险防范和整治措施。

黄河流域设区的市级以上地方人民政府生态环境主管部门商本级人民政府有关部门，制定并发布地下水污染防治重点排污单位名录。地下水污染防治重点排污单位应当依法安装水污染物排放自动监测设备，与生态环境主管部门的监控设备联网，并保证监测设备正常运行。

第七十八条　黄河流域省级人民政府生态环境主管部门应当会同本级人民政府水行政、自然资源等主管部门，根据本行政区域地下水污染防治需要，划定地下水污染防治重点区，明确环境准入、隐患排查、风险管控等管理要求。

黄河流域县级以上地方人民政府应当加强油气开采区等地下水污染防治监督管理。在黄河流域开发煤层气、致密气等非常规天然气的，应当对其产生的压裂液、采出水进行处理处置，不得污染土壤和地下水。

第七十九条　黄河流域县级以上地方人民政府应当加强黄河流域土壤生态环境保护，防止新增土壤污染，因地制宜分类推进土壤污染风险管控与修复。

黄河流域县级以上地方人民政府应当加强黄河流域固体废物污染环境防治，组织开展固体废物非法转移和倾倒的联防联控。

第八十条　国务院生态环境主管部门应当在黄河流域定期组织开展大气、水体、土壤、生物中有毒有害化学物质调查监测，并会同国务院卫生健康等主管部门开展黄河流域有毒有害化学物质环境风险评估与管控。

国务院生态环境等主管部门和黄河流域县级以上地方人民政府及其有关部门应当加强对持久性有机污染物等新污染物的管控、治理。

第八十一条 黄河流域县级以上地方人民政府及其有关部门应当加强农药、化肥等农业投入品使用总量控制、使用指导和技术服务，推广病虫害绿色防控等先进适用技术，实施灌区农田退水循环利用，加强对农业污染源的监测预警。

黄河流域农业生产经营者应当科学合理使用农药、化肥、兽药等农业投入品，科学处理、处置农业投入品包装废弃物、农用薄膜等农业废弃物，综合利用农作物秸秆，加强畜禽、水产养殖污染防治。

第七章 促进高质量发展

第八十二条 促进黄河流域高质量发展应当坚持新发展理念，加快发展方式绿色转型，以生态保护为前提优化调整区域经济和生产力布局。

第八十三条 国务院有关部门和黄河流域县级以上地方人民政府及其有关部门应当协同推进黄河流域生态保护和高质量发展战略与乡村振兴战略、新型城镇化战略和中部崛起、西部大开发等区域协调发展战略的实施，统筹城乡基础设施建设和产业发展，改善城乡人居环境，健全基本公共服务体系，促进城乡融合发展。

第八十四条 国务院有关部门和黄河流域县级以上地方人民政府应当强化生态环境、水资源等约束和城镇开发边界管控，严格控制黄河流域上中游地区新建各类开发区，推进节水型城市、海绵城市建设，提升城市综合承载能力和公共服务能力。

第八十五条 国务院有关部门和黄河流域县级以上地方人民政府应当科学规划乡村布局，统筹生态保护与乡村发展，加强农村基础设施建设，推进农村产业融合发展，鼓励使用绿色低碳能源，加快推进农房和村庄建设现代化，塑造乡村风貌，建设生态宜居美丽乡村。

第八十六条 黄河流域产业结构和布局应当与黄河流域生态系统和资源环境承载能力相适应。严格限制在黄河流域布局高耗水、高污染或者高耗能项目。

黄河流域煤炭、火电、钢铁、焦化、化工、有色金属等行业应当开展清洁生产，依法实施强制性清洁生产审核。

黄河流域县级以上地方人民政府应当采取措施，推动企业实施清洁化改造，组织推广应用工业节能、资源综合利用等先进适用的技术装备，完善绿色制造体系。

第八十七条 国家鼓励黄河流域开展新型基础设施建设，完善交通运输、水利、能源、防灾减灾等基础设施网络。

黄河流域县级以上地方人民政府应当推动制造业高质量发展和资源型产业转型，因地制宜发展特色优势现代产业和清洁低碳能源，推动产业结构、能源结构、交通运输结构等优化调整，推进碳达峰碳中和工作。

第八十八条 国家鼓励、支持黄河流域建设高标准农田、现代畜牧业生产基地以及种质资源和制种基地，因地制宜开展盐碱地农业技术研究、开发和应用，支持地方品种申请地理标志产品保护，发展现代农业服务业。

国务院有关部门和黄河流域县级以上地方人民政府应当组织调整农业产业结构，优化农业产业布局，发展区域优势农业产业，服务国家粮食安全战略。

第八十九条 国务院有关部门和黄河流域县级以上地方人民政府应当鼓励、支持黄河流域科技创新，引导社会资金参与科技成果开发和推广应用，提升黄河流域科技创新能力。

国家支持社会资金设立黄河流域科技成果转化基金，完善科技投融资体系，综合运用政府采购、技术标准、激励机制等促进科技成果转化。

第九十条　黄河流域县级以上地方人民政府及其有关部门应当采取有效措施，提高城乡居民对本行政区域生态环境、资源禀赋的认识，支持、引导居民形成绿色低碳的生活方式。

第八章　黄河文化保护传承弘扬

第九十一条　国务院文化和旅游主管部门应当会同国务院有关部门编制并实施黄河文化保护传承弘扬规划，加强统筹协调，推动黄河文化体系建设。

黄河流域县级以上地方人民政府及其文化和旅游等主管部门应当加强黄河文化保护传承弘扬，提供优质公共文化服务，丰富城乡居民精神文化生活。

第九十二条　国务院文化和旅游主管部门应当会同国务院有关部门和黄河流域省级人民政府，组织开展黄河文化和治河历史研究，推动黄河文化创造性转化和创新性发展。

第九十三条　国务院文化和旅游主管部门应当会同国务院有关部门组织指导黄河文化资源调查和认定，对文物古迹、非物质文化遗产、古籍文献等重要文化遗产进行记录、建档，建立黄河文化资源基础数据库，推动黄河文化资源整合利用和公共数据开放共享。

第九十四条　国家加强黄河流域历史文化名城名镇名村、历史文化街区、文物、历史建筑、传统村落、少数民族特色村寨和古河道、古堤防、古灌溉工程等水文化遗产以及农耕文化遗产、地名文化遗产等的保护。国务院住房和城乡建设、文化和旅游、文物等主管部门和黄河流域县级以上地方人民政府有关部门按照职责分工和分级保护、分类实施的原则，加强监督管理。

国家加强黄河流域非物质文化遗产保护。国务院文化和旅游等主管部门和黄河流域县级以上地方人民政府有关部门应当完善黄河流域非物质文化遗产代表性项目名录体系，推进传承体验设施建设，加强代表性项目保护传承。

第九十五条　国家加强黄河流域具有革命纪念意义的文物和遗迹保护，建设革命传统教育、爱国主义教育基地，传承弘扬黄河红色文化。

第九十六条　国家建设黄河国家文化公园，统筹利用文化遗产地以及博物馆、纪念馆、展览馆、教育基地、水工程等资源，综合运用信息化手段，系统展示黄河文化。

国务院发展改革部门、文化和旅游主管部门组织开展黄河国家文化公园建设。

第九十七条　国家采取政府购买服务等措施，支持单位和个人参与提供反映黄河流域特色、体现黄河文化精神、适宜普及推广的公共文化服务。

黄河流域县级以上地方人民政府及其有关部门应当组织将黄河文化融入城乡建设和水利工程等基础设施建设。

第九十八条　黄河流域县级以上地方人民政府应当以保护传承弘扬黄河文化为重点，推动文化产业发展，促进文化产业与农业、水利、制造业、交通运输业、服务业等深度融合。

国务院文化和旅游主管部门应当会同国务院有关部门统筹黄河文化、流域水景观和水工程等资源，建设黄河文化旅游带。黄河流域县级以上地方人民政府文化和旅游主管部门应当结合当地实际，推动本行政区域旅游业发展，展示和弘扬黄河文化。

黄河流域旅游活动应当符合黄河防洪和河道、湖泊管理要求，避免破坏生态环境和文化遗产。

第九十九条　国家鼓励开展黄河题材文艺作品创作。黄河流域县级以上地方人民政府应当加强对黄河题材文艺作品创作的支持和保护。

国家加强黄河文化宣传，促进黄河文化

国际传播，鼓励、支持举办黄河文化交流、合作等活动，提高黄河文化影响力。

第九章　保障与监督

第一百条　国务院和黄河流域县级以上地方人民政府应当加大对黄河流域生态保护和高质量发展的财政投入。

国务院和黄河流域省级人民政府按照中央与地方财政事权和支出责任划分原则，安排资金用于黄河流域生态保护和高质量发展。

国家支持设立黄河流域生态保护和高质量发展基金，专项用于黄河流域生态保护与修复、资源能源节约集约利用、战略性新兴产业培育、黄河文化保护传承弘扬等。

第一百零一条　国家实行有利于节水、节能、生态环境保护和资源综合利用的税收政策，鼓励发展绿色信贷、绿色债券、绿色保险等金融产品，为黄河流域生态保护和高质量发展提供支持。

国家在黄河流域建立有利于水、电、气等资源性产品节约集约利用的价格机制，对资源高消耗行业中的限制类项目，实行限制性价格政策。

第一百零二条　国家建立健全黄河流域生态保护补偿制度。

国家加大财政转移支付力度，对黄河流域生态功能重要区域予以补偿。具体办法由国务院财政部门会同国务院有关部门制定。

国家加强对黄河流域行政区域间生态保护补偿的统筹指导、协调，引导和支持黄河流域上下游、左右岸、干支流地方人民政府之间通过协商或者按照市场规则，采用资金补偿、产业扶持等多种形式开展横向生态保护补偿。

国家鼓励社会资金设立市场化运作的黄河流域生态保护补偿基金。国家支持在黄河流域开展用水权市场化交易。

第一百零三条　国家实行黄河流域生态保护和高质量发展责任制和考核评价制度。上级人民政府应当对下级人民政府水资源、水土保持强制性约束控制指标落实情况等生态保护和高质量发展目标完成情况进行考核。

第一百零四条　国务院有关部门、黄河流域县级以上地方人民政府有关部门、黄河流域管理机构及其所属管理机构、黄河流域生态环境监督管理机构按照职责分工，对黄河流域各类生产生活、开发建设等活动进行监督检查，依法查处违法行为，公开黄河保护工作相关信息，完善公众参与程序，为单位和个人参与和监督黄河保护工作提供便利。

单位和个人有权依法获取黄河保护工作相关信息，举报和控告违法行为。

第一百零五条　国务院有关部门、黄河流域县级以上地方人民政府及其有关部门、黄河流域管理机构及其所属管理机构、黄河流域生态环境监督管理机构应当加强黄河保护监督管理能力建设，提高科技化、信息化水平，建立执法协调机制，对跨行政区域、生态敏感区域以及重大违法案件，依法开展联合执法。

国家加强黄河流域司法保障建设，组织开展黄河流域司法协作，推进行政执法机关与司法机关协同配合，鼓励有关单位为黄河流域生态环境保护提供法律服务。

第一百零六条　国务院有关部门和黄河流域省级人民政府对黄河保护不力、问题突出、群众反映集中的地区，可以约谈该地区县级以上地方人民政府及其有关部门主要负责人，要求其采取措施及时整改。约谈和整改情况应当向社会公布。

第一百零七条　国务院应当定期向全国人民代表大会常务委员会报告黄河流域生态保护和高质量发展工作情况。

黄河流域县级以上地方人民政府应当定期向本级人民代表大会或者其常务委员会报告本级人民政府黄河流域生态保护和高质量发展工作情况。

第十章　法律责任

第一百零八条　国务院有关部门、黄河流域县级以上地方人民政府及其有关部门、黄河流域管理机构及其所属管理机构、黄河流域生态环境监督管理机构违反本法规定，有下列行为之一的，对直接负责的主管人员和其他直接责任人员依法给予警告、记过、记大过或者降级处分；造成严重后果的，给予撤职或者开除处分，其主要负责人应当引咎辞职：

（一）不符合行政许可条件准予行政许可；

（二）依法应当作出责令停业、关闭等决定而未作出；

（三）发现违法行为或者接到举报不依法查处；

（四）有其他玩忽职守、滥用职权、徇私舞弊行为。

第一百零九条　违反本法规定，有下列行为之一的，由地方人民政府生态环境、自然资源等主管部门按照职责分工，责令停止违法行为，限期拆除或者恢复原状，处五十万元以上五百万元以下罚款，对直接负责的主管人员和其他直接责任人员处五万元以上十万元以下罚款；逾期不拆除或者不恢复原状的，强制拆除或者代为恢复原状，所需费用由违法者承担；情节严重的，报经有批准权的人民政府批准，责令关闭：

（一）在黄河干支流岸线管控范围内新建、扩建化工园区或者化工项目；

（二）在黄河干流岸线或者重要支流岸线的管控范围内新建、改建、扩建尾矿库；

（三）违反生态环境准入清单规定进行生产建设活动。

第一百一十条　违反本法规定，在黄河流域禁止开垦坡度以上陡坡地开垦种植农作物的，由县级以上地方人民政府水行政主管部门或者黄河流域管理机构及其所属管理机构责令停止违法行为，采取退耕、恢复植被等补救措施；按照开垦面积，可以对单位处每平方米一百元以下罚款、对个人处每平方米二十元以下罚款。

违反本法规定，在黄河流域损坏、擅自占用淤地坝的，由县级以上地方人民政府水行政主管部门或者黄河流域管理机构及其所属管理机构责令停止违法行为，限期治理或者采取补救措施，处十万元以上一百万元以下罚款；逾期不治理或者不采取补救措施的，代为治理或者采取补救措施，所需费用由违法者承担。

违反本法规定，在黄河流域从事生产建设活动造成水土流失未进行治理，或者治理不符合国家规定的相关标准的，由县级以上地方人民政府水行政主管部门或者黄河流域管理机构及其所属管理机构责令限期治理，对单位处二万元以上二十万元以下罚款，对个人可以处二万元以下罚款；逾期不治理的，代为治理，所需费用由违法者承担。

第一百一十一条　违反本法规定，黄河干流、重要支流水工程未将生态用水调度纳入日常运行调度规程的，由有关主管部门按照职责分工，责令改正，给予警告，并处一万元以上十万元以下罚款；情节严重的，并处十万元以上五十万元以下罚款。

第一百一十二条　违反本法规定，禁渔期内在黄河流域重点水域从事天然渔业资源生产性捕捞的，由县级以上地方人民政府农业农村主管部门没收渔获物、违法所得以及用于违法活动的渔船、渔具和其他工具，并处一万元以上五万元以下罚款；采用电鱼、毒鱼、炸鱼等方式捕捞，或者有其他严重情节的，并处五万元以上五十万元以下罚款。

违反本法规定，在黄河流域开放水域养殖、投放外来物种或者其他非本地物种种质资源的，由县级以上地方人民政府农业农村主管部门责令限期捕回，处十万元以下罚款；造成严重后果的，处十万元以上一百万元以下罚款；逾期不捕回的，代为捕回或者采取降低负面影响的措施，所需费用由违法者承担。

违反本法规定，在三门峡、小浪底、故县、陆浑、河口村水库库区采用网箱、围网或者拦河拉网方式养殖，妨碍水沙调控和防洪的，由县级以上地方人民政府农业农村主管部门责令停止违法行为，拆除网箱、围网或者拦河拉网，处十万元以下罚款；造成严重后果的，处十万元以上一百万元以下罚款。

第一百一十三条 违反本法规定，未经批准擅自取水，或者未依照批准的取水许可规定条件取水的，由县级以上地方人民政府水行政主管部门或者黄河流域管理机构及其所属管理机构责令停止违法行为，限期采取补救措施，处五万元以上五十万元以下罚款；情节严重的，吊销取水许可证。

第一百一十四条 违反本法规定，黄河流域以及黄河流经省、自治区其他黄河供水区相关县级行政区域的用水单位用水超过强制性用水定额，未按照规定期限实施节水技术改造的，由县级以上地方人民政府水行政主管部门或者黄河流域管理机构及其所属管理机构责令限期整改，可以处十万元以下罚款；情节严重的，处十万元以上五十万元以下罚款，吊销取水许可证。

第一百一十五条 违反本法规定，黄河流域以及黄河流经省、自治区其他黄河供水区相关县级行政区域取水量达到取水规模以上的单位未安装在线计量设施的，由县级以上地方人民政府水行政主管部门或者黄河流域管理机构及其所属管理机构责令限期安装，并按照日最大取水能力计算的取水量计征相关费用，处二万元以上十万元以下罚款；情节严重的，处十万元以上五十万元以下罚款，吊销取水许可证。

违反本法规定，在线计量设施不合格或者运行不正常的，由县级以上地方人民政府水行政主管部门或者黄河流域管理机构及其所属管理机构责令限期更换或者修复；逾期不更换或者不修复的，按照日最大取水能力计算的取水量计征相关费用，处五万元以下罚款；情节严重的，吊销取水许可证。

第一百一十六条 违反本法规定，黄河流域农业灌溉取用深层地下水的，由县级以上地方人民政府水行政主管部门或者黄河流域管理机构及其所属管理机构责令限期整改，可以处十万元以下罚款；情节严重的，处十万元以上五十万元以下罚款，吊销取水许可证。

第一百一十七条 违反本法规定，黄河流域水库管理单位不执行黄河流域管理机构的水沙调度指令的，由黄河流域管理机构及其所属管理机构责令改正，给予警告，并处二万元以上十万元以下罚款；情节严重的，并处十万元以上五十万元以下罚款；对直接负责的主管人员和其他直接责任人员依法给予处分。

第一百一十八条 违反本法规定，有下列行为之一的，由县级以上地方人民政府水行政主管部门或者黄河流域管理机构及其所属管理机构责令停止违法行为，限期拆除违法建筑物、构筑物或者恢复原状，处五万元以上五十万元以下罚款；逾期不拆除或者不恢复原状的，强制拆除或者代为恢复原状，所需费用由违法者承担：

（一）在河道、湖泊管理范围内建设妨碍行洪的建筑物、构筑物或者从事影响河势稳定、危害河岸堤防安全和其他妨碍河道行洪的活动；

（二）违法利用、占用黄河流域河道、湖泊水域和岸线；

（三）建设跨河、穿河、穿堤、临河的工程设施，降低行洪和调蓄能力或者缩小水域面积，未建设等效替代工程或者采取其他功能补救措施；

（四）侵占黄河备用入海流路。

第一百一十九条 违反本法规定，在黄河流域破坏自然资源和生态、污染环境、妨碍防洪安全、破坏文化遗产等造成他人损害的，侵权人应当依法承担侵权责任。

违反本法规定，造成黄河流域生态环境损害的，国家规定的机关或者法律规定的组织有权请求侵权人承担修复责任、赔偿损失和相关费用。

第一百二十条　违反本法规定，构成犯罪的，依法追究刑事责任。

第十一章　附　　则

第一百二十一条　本法下列用语的含义：

（一）黄河干流，是指黄河源头至黄河河口，流经青海省、四川省、甘肃省、宁夏回族自治区、内蒙古自治区、山西省、陕西省、河南省、山东省的黄河主河段（含入海流路）；

（二）黄河支流，是指直接或者间接流入黄河干流的河流，支流可以分为一级支流、二级支流等；

（三）黄河重要支流，是指湟水、洮河、祖厉河、清水河、大黑河、皇甫川、窟野河、无定河、汾河、渭河、伊洛河、沁河、大汶河等一级支流；

（四）黄河滩区，是指黄河流域河道管理范围内具有行洪、滞洪、沉沙功能，由于历史原因形成的有群众居住、耕种的滩地。

第一百二十二条　本法自2023年4月1日起施行。

中华人民共和国长江保护法

（2020年12月26日第十三届全国人民代表大会常务委员会第二十四次会议通过，2020年12月26日公布，自2021年3月1日起施行）

第一章　总　　则

第一条　为了加强长江流域生态环境保护和修复，促进资源合理高效利用，保障生态安全，实现人与自然和谐共生、中华民族永续发展，制定本法。

第二条　在长江流域开展生态环境保护和修复以及长江流域各类生产生活、开发建设活动，应当遵守本法。

本法所称长江流域，是指由长江干流、支流和湖泊形成的集水区域所涉及的青海省、四川省、西藏自治区、云南省、重庆市、湖北省、湖南省、江西省、安徽省、江苏省、上海市，以及甘肃省、陕西省、河南省、贵州省、广西壮族自治区、广东省、浙江省、福建省的相关县级行政区域。

第三条　长江流域经济社会发展，应当坚持生态优先、绿色发展，共抓大保护、不搞大开发；长江保护应当坚持统筹协调、科学规划、创新驱动、系统治理。

第四条　国家建立长江流域协调机制，统一指导、统筹协调长江保护工作，审议长江保护重大政策、重大规划，协调跨地区跨部门重大事项，督促检查长江保护重要工作的落实情况。

第五条　国务院有关部门和长江流域省级人民政府负责落实国家长江流域协调机制的决策，按照职责分工负责长江保护相关工作。

长江流域地方各级人民政府应当落实本行政区域的生态环境保护和修复、促进资源合理高效利用、优化产业结构和布局、维护长江流域生态安全的责任。

长江流域各级河湖长负责长江保护相关工作。

第六条　长江流域相关地方根据需要在

地方性法规和政府规章制定、规划编制、监督执法等方面建立协作机制，协同推进长江流域生态环境保护和修复。

第七条 国务院生态环境、自然资源、水行政、农业农村和标准化等有关主管部门按照职责分工，建立健全长江流域水环境质量和污染物排放、生态环境修复、水资源节约集约利用、生态流量、生物多样性保护、水产养殖、防灾减灾等标准体系。

第八条 国务院自然资源主管部门会同国务院有关部门定期组织长江流域土地、矿产、水流、森林、草原、湿地等自然资源状况调查，建立资源基础数据库，开展资源环境承载能力评价，并向社会公布长江流域自然资源状况。

国务院野生动物保护主管部门应当每十年组织一次野生动物及其栖息地状况普查，或者根据需要组织开展专项调查，建立野生动物资源档案，并向社会公布长江流域野生动物资源状况。

长江流域县级以上地方人民政府农业农村主管部门会同本级人民政府有关部门对水生生物产卵场、索饵场、越冬场和洄游通道等重要栖息地开展生物多样性调查。

第九条 国家长江流域协调机制应当统筹协调国务院有关部门在已经建立的台站和监测项目基础上，健全长江流域生态环境、资源、水文、气象、航运、自然灾害等监测网络体系和监测信息共享机制。

国务院有关部门和长江流域县级以上地方人民政府及其有关部门按照职责分工，组织完善生态环境风险报告和预警机制。

第十条 国务院生态环境主管部门会同国务院有关部门和长江流域省级人民政府建立健全长江流域突发生态环境事件应急联动工作机制，与国家突发事件应急体系相衔接，加强对长江流域船舶、港口、矿山、化工厂、尾矿库等发生的突发生态环境事件的应急管理。

第十一条 国家加强长江流域洪涝干旱、森林草原火灾、地质灾害、地震等灾害的监测预报预警、防御、应急处置与恢复重建体系建设，提高防灾、减灾、抗灾、救灾能力。

第十二条 国家长江流域协调机制设立专家咨询委员会，组织专业机构和人员对长江流域重大发展战略、政策、规划等开展科学技术等专业咨询。

国务院有关部门和长江流域省级人民政府及其有关部门按照职责分工，组织开展长江流域建设项目、重要基础设施和产业布局相关规划等对长江流域生态系统影响的第三方评估、分析、论证等工作。

第十三条 国家长江流域协调机制统筹协调国务院有关部门和长江流域省级人民政府建立健全长江流域信息共享系统。国务院有关部门和长江流域省级人民政府及其有关部门应当按照规定，共享长江流域生态环境、自然资源以及管理执法等信息。

第十四条 国务院有关部门和长江流域县级以上地方人民政府及其有关部门应当加强长江流域生态环境保护和绿色发展的宣传教育。

新闻媒体应当采取多种形式开展长江流域生态环境保护和绿色发展的宣传教育，并依法对违法行为进行舆论监督。

第十五条 国务院有关部门和长江流域县级以上地方人民政府及其有关部门应当采取措施，保护长江流域历史文化名城名镇名村，加强长江流域文化遗产保护工作，继承和弘扬长江流域优秀特色文化。

第十六条 国家鼓励、支持单位和个人参与长江流域生态环境保护和修复、资源合理利用、促进绿色发展的活动。

对在长江保护工作中做出突出贡献的单位和个人，县级以上人民政府及其有关部门应当按照国家有关规定予以表彰和奖励。

第二章 规划与管控

第十七条 国家建立以国家发展规划为

统领，以空间规划为基础，以专项规划、区域规划为支撑的长江流域规划体系，充分发挥规划对推进长江流域生态环境保护和绿色发展的引领、指导和约束作用。

第十八条　国务院和长江流域县级以上地方人民政府应当将长江保护工作纳入国民经济和社会发展规划。

国务院发展改革部门会同国务院有关部门编制长江流域发展规划，科学统筹长江流域上下游、左右岸、干支流生态环境保护和绿色发展，报国务院批准后实施。

长江流域水资源规划、生态环境保护规划等依照有关法律、行政法规的规定编制。

第十九条　国务院自然资源主管部门会同国务院有关部门组织编制长江流域国土空间规划，科学有序统筹安排长江流域生态、农业、城镇等功能空间，划定生态保护红线、永久基本农田、城镇开发边界，优化国土空间结构和布局，统领长江流域国土空间利用任务，报国务院批准后实施。涉及长江流域国土空间利用的专项规划应当与长江流域国土空间规划相衔接。

长江流域县级以上地方人民政府组织编制本行政区域的国土空间规划，按照规定的程序报经批准后实施。

第二十条　国家对长江流域国土空间实施用途管制。长江流域县级以上地方人民政府自然资源主管部门依照国土空间规划，对所辖长江流域国土空间实施分区、分类用途管制。

长江流域国土空间开发利用活动应当符合国土空间用途管制要求，并依法取得规划许可。对不符合国土空间用途管制要求的，县级以上人民政府自然资源主管部门不得办理规划许可。

第二十一条　国务院水行政主管部门统筹长江流域水资源合理配置、统一调度和高效利用，组织实施取用水总量控制和消耗强度控制管理制度。

国务院生态环境主管部门根据水环境质量改善目标和水污染防治要求，确定长江流域各省级行政区域重点污染物排放总量控制指标。长江流域水质超标的水功能区，应当实施更严格的污染物排放总量削减要求。企业事业单位应当按照要求，采取污染物排放总量控制措施。

国务院自然资源主管部门负责统筹长江流域新增建设用地总量控制和计划安排。

第二十二条　长江流域省级人民政府根据本行政区域的生态环境和资源利用状况，制定生态环境分区管控方案和生态环境准入清单，报国务院生态环境主管部门备案后实施。生态环境分区管控方案和生态环境准入清单应当与国土空间规划相衔接。

长江流域产业结构和布局应当与长江流域生态系统和资源环境承载能力相适应。禁止在长江流域重点生态功能区布局对生态系统有严重影响的产业。禁止重污染企业和项目向长江中上游转移。

第二十三条　国家加强对长江流域水能资源开发利用的管理。因国家发展战略和国计民生需要，在长江流域新建大中型水电工程，应当经科学论证，并报国务院或者国务院授权的部门批准。

对长江流域已建小水电工程，不符合生态保护要求的，县级以上地方人民政府应当组织分类整改或者采取措施逐步退出。

第二十四条　国家对长江干流和重要支流源头实行严格保护，设立国家公园等自然保护地，保护国家生态安全屏障。

第二十五条　国务院水行政主管部门加强长江流域河道、湖泊保护工作。长江流域县级以上地方人民政府负责划定河道、湖泊管理范围，并向社会公告，实行严格的河湖保护，禁止非法侵占河湖水域。

第二十六条　国家对长江流域河湖岸线实施特殊管制。国家长江流域协调机制统筹协调国务院自然资源、水行政、生态环境、住房和城乡建设、农业农村、交通运输、林业和草原等部门和长江流域省级人民政府划定河湖岸线保护范围，制定河湖岸线保护规划，严格控制岸线开发建设，促进岸线合理高效利用。

禁止在长江干支流岸线一公里范围内新建、扩建化工园区和化工项目。

禁止在长江干流岸线三公里范围内和重要支流岸线一公里范围内新建、改建、扩建尾矿库；但是以提升安全、生态环境保护水平为目的的改建除外。

第二十七条 国务院交通运输主管部门会同国务院自然资源、水行政、生态环境、农业农村、林业和草原主管部门在长江流域水生生物重要栖息地科学划定禁止航行区域和限制航行区域。

禁止船舶在划定的禁止航行区域内航行。因国家发展战略和国计民生需要，在水生生物重要栖息地禁止航行区域内航行的，应当由国务院交通运输主管部门商国务院农业农村主管部门同意，并应当采取必要措施，减少对重要水生生物的干扰。

严格限制在长江流域生态保护红线、自然保护地、水生生物重要栖息地水域实施航道整治工程；确需整治的，应当经科学论证，并依法办理相关手续。

第二十八条 国家建立长江流域河道采砂规划和许可制度。长江流域河道采砂应当依法取得国务院水行政主管部门有关流域管理机构或者县级以上地方人民政府水行政主管部门的许可。

国务院水行政主管部门有关流域管理机构和长江流域县级以上地方人民政府依法划定禁止采砂区和禁止采砂期，严格控制采砂区域、采砂总量和采砂区域内的采砂船舶数量。禁止在长江流域禁止采砂区和禁止采砂期从事采砂活动。

国务院水行政主管部门会同国务院有关部门组织长江流域有关地方人民政府及其有关部门开展长江流域河道非法采砂联合执法工作。

第三章 资源保护

第二十九条 长江流域水资源保护与利用，应当根据流域综合规划，优先满足城乡居民生活用水，保障基本生态用水，并统筹农业、工业用水以及航运等需要。

第三十条 国务院水行政主管部门有关流域管理机构商长江流域省级人民政府依法制定跨省河流水量分配方案，报国务院或者国务院授权的部门批准后实施。制定长江流域跨省河流水量分配方案应当征求国务院有关部门的意见。长江流域省级人民政府水行政主管部门制定本行政区域的长江流域水量分配方案，报本级人民政府批准后实施。

国务院水行政主管部门有关流域管理机构或者长江流域县级以上地方人民政府水行政主管部门依据批准的水量分配方案，编制年度水量分配方案和调度计划，明确相关河段和控制断面流量水量、水位管控要求。

第三十一条 国家加强长江流域生态用水保障。国务院水行政主管部门会同国务院有关部门提出长江干流、重要支流和重要湖泊控制断面的生态流量管控指标。其他河湖生态流量管控指标由长江流域县级以上地方人民政府水行政主管部门会同本级人民政府有关部门确定。

国务院水行政主管部门有关流域管理机构应当将生态水量纳入年度水量调度计划，保证河湖基本生态用水需求，保障枯水期和鱼类产卵期生态流量、重要湖泊的水量和水位，保障长江河口咸淡水平衡。

长江干流、重要支流和重要湖泊上游的水利水电、航运枢纽等工程应当将生态用水调度纳入日常运行调度规程，建立常规生态调度机制，保证河湖生态流量；其下泄流量不符合生态流量泄放要求的，由县级以上人民政府水行政主管部门提出整改措施并监督实施。

第三十二条 国务院有关部门和长江流域地方各级人民政府应当采取措施，加快病险水库除险加固，推进堤防和蓄滞洪区建设，提升洪涝灾害防御工程标准，加强水工程联合调度，开展河道泥沙观测和河势调查，建立与经济社会发展相适应的防洪减灾工程和非工程体系，提高防御水旱灾害的整体能力。

第三十三条　国家对跨长江流域调水实行科学论证，加强控制和管理。实施跨长江流域调水应当优先保障调出区域及其下游区域的用水安全和生态安全，统筹调出区域和调入区域用水需求。

第三十四条　国家加强长江流域饮用水水源地保护。国务院水行政主管部门会同国务院有关部门制定长江流域饮用水水源地名录。长江流域省级人民政府水行政主管部门会同本级人民政府有关部门制定本行政区域的其他饮用水水源地名录。

长江流域省级人民政府组织划定饮用水水源保护区，加强饮用水水源保护，保障饮用水安全。

第三十五条　长江流域县级以上地方人民政府及其有关部门应当合理布局饮用水水源取水口，制定饮用水安全突发事件应急预案，加强饮用水备用应急水源建设，对饮用水水源的水环境质量进行实时监测。

第三十六条　丹江口库区及其上游所在地县级以上地方人民政府应当按照饮用水水源地安全保障区、水质影响控制区、水源涵养生态建设区管理要求，加强山水林田湖草整体保护，增强水源涵养能力，保障水质稳定达标。

第三十七条　国家加强长江流域地下水资源保护。长江流域县级以上地方人民政府及其有关部门应当定期调查评估地下水资源状况，监测地下水水量、水位、水环境质量，并采取相应风险防范措施，保障地下水资源安全。

第三十八条　国务院水行政主管部门会同国务院有关部门确定长江流域农业、工业用水效率目标，加强用水计量和监测设施建设；完善规划和建设项目水资源论证制度；加强对高耗水行业、重点用水单位的用水定额管理，严格控制高耗水项目建设。

第三十九条　国家统筹长江流域自然保护地体系建设。国务院和长江流域省级人民政府在长江流域重要典型生态系统的完整分布区、生态环境敏感区以及珍贵野生动植物天然集中分布区和重要栖息地、重要自然遗迹分布区等区域，依法设立国家公园、自然保护区、自然公园等自然保护地。

第四十条　国务院和长江流域省级人民政府应当依法在长江流域重要生态区、生态状况脆弱区划定公益林，实施严格管理。国家对长江流域天然林实施严格保护，科学划定天然林保护重点区域。

长江流域县级以上地方人民政府应当加强对长江流域草原资源的保护，对具有调节气候、涵养水源、保持水土、防风固沙等特殊作用的基本草原实施严格管理。

国务院林业和草原主管部门和长江流域省级人民政府林业和草原主管部门会同本级人民政府有关部门，根据不同生态区位、生态系统功能和生物多样性保护的需要，发布长江流域国家重要湿地、地方重要湿地名录及保护范围，加强对长江流域湿地的保护和管理，维护湿地生态功能和生物多样性。

第四十一条　国务院农业农村主管部门会同国务院有关部门和长江流域省级人民政府建立长江流域水生生物完整性指数评价体系，组织开展长江流域水生生物完整性评价，并将结果作为评估长江流域生态系统总体状况的重要依据。长江流域水生生物完整性指数应当与长江流域水环境质量标准相衔接。

第四十二条　国务院农业农村主管部门和长江流域县级以上地方人民政府应当制定长江流域珍贵、濒危水生野生动植物保护计划，对长江流域珍贵、濒危水生野生动植物实行重点保护。

国家鼓励有条件的单位开展对长江流域

江豚、白鱀豚、白鲟、中华鲟、长江鲟、鯮、鲥、四川白甲鱼、川陕哲罗鲑、胭脂鱼、鳤、圆口铜鱼、多鳞白甲鱼、华鲮、鲈鲤和葛仙米、弧形藻、眼子菜、水菜花等水生野生动植物生境特征和种群动态的研究，建设人工繁育和科普教育基地，组织开展水生生物救护。

禁止在长江流域开放水域养殖、投放外来物种或者其他非本地物种种质资源。

第四章　水污染防治

第四十三条　国务院生态环境主管部门和长江流域地方各级人民政府应当采取有效措施，加大对长江流域的水污染防治、监管力度，预防、控制和减少水环境污染。

第四十四条　国务院生态环境主管部门负责制定长江流域水环境质量标准，对国家水环境质量标准中未作规定的项目可以补充规定；对国家水环境质量标准中已经规定的项目，可以作出更加严格的规定。制定长江流域水环境质量标准应当征求国务院有关部门和有关省级人民政府的意见。长江流域省级人民政府可以制定严于长江流域水环境质量标准的地方水环境质量标准，报国务院生态环境主管部门备案。

第四十五条　长江流域省级人民政府应当对没有国家水污染物排放标准的特色产业、特有污染物，或者国家有明确要求的特定水污染源或者水污染物，补充制定地方水污染物排放标准，报国务院生态环境主管部门备案。

有下列情形之一的，长江流域省级人民政府应当制定严于国家水污染物排放标准的地方水污染物排放标准，报国务院生态环境主管部门备案：

（一）产业密集、水环境问题突出的；

（二）现有水污染物排放标准不能满足所辖长江流域水环境质量要求的；

（三）流域或者区域水环境形势复杂，无法适用统一的水污染物排放标准的。

第四十六条　长江流域省级人民政府制定本行政区域的总磷污染控制方案，并组织实施。对磷矿、磷肥生产集中的长江干支流，有关省级人民政府应当制定更加严格的总磷排放管控要求，有效控制总磷排放总量。

磷矿开采加工、磷肥和含磷农药制造等企业，应当按照排污许可要求，采取有效措施控制总磷排放浓度和排放总量；对排污口和周边环境进行总磷监测，依法公开监测信息。

第四十七条　长江流域县级以上地方人民政府应当统筹长江流域城乡污水集中处理设施及配套管网建设，并保障其正常运行，提高城乡污水收集处理能力。

长江流域县级以上地方人民政府应当组织对本行政区域的江河、湖泊排污口开展排查整治，明确责任主体，实施分类管理。

在长江流域江河、湖泊新设、改设或者扩大排污口，应当按照国家有关规定报经有管辖权的生态环境主管部门或者长江流域生态环境监督管理机构同意。对未达到水质目标的水功能区，除污水集中处理设施排污口外，应当严格控制新设、改设或者扩大排污口。

第四十八条　国家加强长江流域农业面源污染防治。长江流域农业生产应当科学使用农业投入品，减少化肥、农药施用，推广有机肥使用，科学处置农用薄膜、农作物秸秆等农业废弃物。

第四十九条　禁止在长江流域河湖管理范围内倾倒、填埋、堆放、弃置、处理固体废物。长江流域县级以上地方人民政府应当加强对固体废物非法转移和倾倒的联防联控。

第五十条　长江流域县级以上地方人民政府应当组织对沿河湖垃圾填埋场、加油站、矿山、尾矿库、危险废物处置场、化工园区和化工项目等地下水重点污染源及周边地下水环境风险隐患开展调查评估，并采取相应风险防范和整治措施。

第五十一条　国家建立长江流域危险货物运输船舶污染责任保险与财务担保相结合机制。具体办法由国务院交通运输主管部门会同国务院有关部门制定。

禁止在长江流域水上运输剧毒化学品和国家规定禁止通过内河运输的其他危险化学品。长江流域县级以上地方人民政府交通运输主管部门会同本级人民政府有关部门加强对长江流域危险化学品运输的管控。

第五章　生态环境修复

第五十二条　国家对长江流域生态系统实行自然恢复为主、自然恢复与人工修复相结合的系统治理。国务院自然资源主管部门会同国务院有关部门编制长江流域生态环境修复规划，组织实施重大生态环境修复工程，统筹推进长江流域各项生态环境修复工作。

第五十三条　国家对长江流域重点水域实行严格捕捞管理。在长江流域水生生物保护区全面禁止生产性捕捞；在国家规定的期限内，长江干流和重要支流、大型通江湖泊、长江河口规定区域等重点水域全面禁止天然渔业资源的生产性捕捞。具体办法由国务院农业农村主管部门会同国务院有关部门制定。

国务院农业农村主管部门会同国务院有关部门和长江流域省级人民政府加强长江流域禁捕执法工作，严厉查处电鱼、毒鱼、炸鱼等破坏渔业资源和生态环境的捕捞行为。

长江流域县级以上地方人民政府应当按照国家有关规定做好长江流域重点水域退捕渔民的补偿、转产和社会保障工作。

长江流域其他水域禁捕、限捕管理办法由县级以上地方人民政府制定。

第五十四条　国务院水行政主管部门会同国务院有关部门制定并组织实施长江干流和重要支流的河湖水系连通修复方案，长江流域省级人民政府制定并组织实施本行政区域的长江流域河湖水系连通修复方案，逐步改善长江流域河湖连通状况，恢复河湖生态流量，维护河湖水系生态功能。

第五十五条　国家长江流域协调机制统筹协调国务院自然资源、水行政、生态环境、住房和城乡建设、农业农村、交通运输、林业和草原等部门和长江流域省级人民政府制定长江流域河湖岸线修复规范，确定岸线修复指标。

长江流域县级以上地方人民政府按照长江流域河湖岸线保护规划、修复规范和指标要求，制定并组织实施河湖岸线修复计划，保障自然岸线比例，恢复河湖岸线生态功能。

禁止违法利用、占用长江流域河湖岸线。

第五十六条　国务院有关部门会同长江流域有关省级人民政府加强对三峡库区、丹江口库区等重点库区消落区的生态环境保护和修复，因地制宜实施退耕还林还草还湿，禁止施用化肥、农药，科学调控水库水位，加强库区水土保持和地质灾害防治工作，保障消落区良好生态功能。

第五十七条　长江流域县级以上地方人民政府林业和草原主管部门负责组织实施长江流域森林、草原、湿地修复计划，科学推进森林、草原、湿地修复工作，加大退化天然林、草原和受损湿地修复力度。

第五十八条　国家加大对太湖、鄱阳湖、洞庭湖、巢湖、滇池等重点湖泊实施生态环境修复的支持力度。

长江流域县级以上地方人民政府应当组织开展富营养化湖泊的生态环境修复，采取调整产业布局规模、实施控制性水工程统一调度、生态补水、河湖连通等综合措施，改善和恢复湖泊生态系统的质量和功能；对氮磷浓度严重超标的湖泊，应当在影响湖泊水质的汇水区，采取措施削减化肥用量，禁止使用含磷洗涤剂，全面清理投饵、投肥养殖。

第五十九条　国务院林业和草原、农业农村主管部门应当对长江流域数量急剧下降或者极度濒危的野生动植物和受到严重破坏的栖息地、天然集中分布区、破碎化的典型生态系统制定修复方案和行动计划，修建迁地保护设施，建立野生动植物遗传资源基因库，进行抢救性修复。

在长江流域水生生物产卵场、索饵场、越冬场和洄游通道等重要栖息地应当实施生态环境修复和其他保护措施。对鱼类等水生生物洄游产生阻隔的涉水工程应当结合实际采取建设过鱼设施、河湖连通、生态调度、灌江纳苗、基因保存、增殖放流、人工繁育等多种措施，充分满足水生生物的生态需求。

第六十条　国务院水行政主管部门会同国务院有关部门和长江河口所在地人民政府按照陆海统筹、河海联动的要求，制定实施长江河口生态环境修复和其他保护措施方案，加强对水、沙、盐、潮滩、生物种群的综合监测，采取有效措施防止海水入侵和倒灌，维护长江河口良好生态功能。

第六十一条　长江流域水土流失重点预防区和重点治理区的县级以上地方人民政府应当采取措施，防治水土流失。生态保护红线范围内的水土流失地块，以自然恢复为主，按照规定有计划地实施退耕还林还草还湿；划入自然保护地核心保护区的永久基本农田，依法有序退出并予以补划。

禁止在长江流域水土流失严重、生态脆弱的区域开展可能造成水土流失的生产建设活动。确因国家发展战略和国计民生需要建设的，应当经科学论证，并依法办理审批手续。

长江流域县级以上地方人民政府应当对石漠化的土地因地制宜采取综合治理措施，修复生态系统，防止土地石漠化蔓延。

第六十二条　长江流域县级以上地方人民政府应当因地制宜采取消除地质灾害隐患、土地复垦、恢复植被、防治污染等措施，加快历史遗留矿山生态环境修复工作，并加强对在建和运行中矿山的监督管理，督促采矿权人切实履行矿山污染防治和生态环境修复责任。

第六十三条　长江流域中下游地区县级以上地方人民政府应当因地制宜在项目、资金、人才、管理等方面，对长江流域江河源头和上游地区实施生态环境修复和其他保护措施给予支持，提升长江流域生态脆弱区实施生态环境修复和其他保护措施的能力。

国家按照政策支持、企业和社会参与、市场化运作的原则，鼓励社会资本投入长江流域生态环境修复。

第六章　绿色发展

第六十四条　国务院有关部门和长江流域地方各级人民政府应当按照长江流域发展规划、国土空间规划的要求，调整产业结构，优化产业布局，推进长江流域绿色发展。

第六十五条　国务院和长江流域地方各级人民政府及其有关部门应当协同推进乡村振兴战略和新型城镇化战略的实施，统筹城乡基础设施建设和产业发展，建立健全全民覆盖、普惠共享、城乡一体的基本公共服务体系，促进长江流域城乡融合发展。

第六十六条　长江流域县级以上地方人民政府应当推动钢铁、石油、化工、有色金属、建材、船舶等产业升级改造，提升技术装备水平；推动造纸、制革、电镀、印染、有色金属、农药、氮肥、焦化、原料药制造等企业实施清洁化改造。企业应当通过技术创新减少资源消耗和污染物排放。

长江流域县级以上地方人民政府应当采取措施加快重点地区危险化学品生产企业搬迁改造。

第六十七条　国务院有关部门会同长江流域省级人民政府建立开发区绿色发展评估机制，并组织对各类开发区的资源能源节约集约利用、生态环境保护等情况开展定期评估。

长江流域县级以上地方人民政府应当根据评估结果对开发区产业产品、节能减排措施等进行优化调整。

第六十八条 国家鼓励和支持在长江流域实施重点行业和重点用水单位节水技术改造，提高水资源利用效率。

长江流域县级以上地方人民政府应当加强节水型城市和节水型园区建设，促进节水型行业产业和企业发展，并加快建设雨水自然积存、自然渗透、自然净化的海绵城市。

第六十九条 长江流域县级以上地方人民政府应当按照绿色发展的要求，统筹规划、建设与管理，提升城乡人居环境质量，建设美丽城镇和美丽乡村。

长江流域县级以上地方人民政府应当按照生态、环保、经济、实用的原则因地制宜组织实施厕所改造。

国务院有关部门和长江流域县级以上地方人民政府及其有关部门应当加强对城市新区、各类开发区等使用建筑材料的管理，鼓励使用节能环保、性能高的建筑材料，建设地下综合管廊和管网。

长江流域县级以上地方人民政府应当建设废弃土石渣综合利用信息平台，加强对生产建设活动废弃土石渣收集、清运、集中堆放的管理，鼓励开展综合利用。

第七十条 长江流域县级以上地方人民政府应当编制并组织实施养殖水域滩涂规划，合理划定禁养区、限养区、养殖区，科学确定养殖规模和养殖密度；强化水产养殖投入品管理，指导和规范水产养殖、增殖活动。

第七十一条 国家加强长江流域综合立体交通体系建设，完善港口、航道等水运基础设施，推动交通设施互联互通，实现水陆有机衔接、江海直达联运，提升长江黄金水道功能。

第七十二条 长江流域县级以上地方人民政府应当统筹建设船舶污染物接收转运处置设施、船舶液化天然气加注站，制定港口岸电设施、船舶受电设施建设和改造计划，并组织实施。具备岸电使用条件的船舶靠港应当按照国家有关规定使用岸电，但使用清洁能源的除外。

第七十三条 国务院和长江流域县级以上地方人民政府对长江流域港口、航道和船舶升级改造，液化天然气动力船舶等清洁能源或者新能源动力船舶建造，港口绿色设计等按照规定给予资金支持或者政策扶持。

国务院和长江流域县级以上地方人民政府对长江流域港口岸电设施、船舶受电设施的改造和使用按照规定给予资金补贴、电价优惠等政策扶持。

第七十四条 长江流域地方各级人民政府加强对城乡居民绿色消费的宣传教育，并采取有效措施，支持、引导居民绿色消费。

长江流域地方各级人民政府按照系统推进、广泛参与、突出重点、分类施策的原则，采取回收押金、限制使用易污染不易降解塑料用品、绿色设计、发展公共交通等措施，提倡简约适度、绿色低碳的生活方式。

第七章 保障与监督

第七十五条 国务院和长江流域县级以上地方人民政府应当加大长江流域生态环境保护和修复的财政投入。

国务院和长江流域省级人民政府按照中央与地方财政事权和支出责任划分原则，专项安排长江流域生态环境保护资金，用于长江流域生态环境保护和修复。国务院自然资源主管部门会同国务院财政、生态环境等有关部门制定合理利用社会资金促进长江流域生态环境修复的政策措施。

国家鼓励和支持长江流域生态环境保护和修复等方面的科学技术研究开发和推广应用。

国家鼓励金融机构发展绿色信贷、绿色债券、绿色保险等金融产品，为长江流域生态环境保护和绿色发展提供金融支持。

第七十六条 国家建立长江流域生态保护补偿制度。

国家加大财政转移支付力度，对长江干流及重要支流源头和上游的水源涵养地等生态功能重要区域予以补偿。具体办法由国务院财政部门会同国务院有关部门制定。

国家鼓励长江流域上下游、左右岸、干支流地方人民政府之间开展横向生态保护补偿。

国家鼓励社会资金建立市场化运作的长江流域生态保护补偿基金；鼓励相关主体之间采取自愿协商等方式开展生态保护补偿。

第七十七条 国家加强长江流域司法保障建设，鼓励有关单位为长江流域生态环境保护提供法律服务。

长江流域各级行政执法机关、人民法院、人民检察院在依法查处长江保护违法行为或者办理相关案件过程中，发现存在涉嫌犯罪行为的，应当将犯罪线索移送具有侦查、调查职权的机关。

第七十八条 国家实行长江流域生态环境保护责任制和考核评价制度。上级人民政府应当对下级人民政府生态环境保护和修复目标完成情况等进行考核。

第七十九条 国务院有关部门和长江流域县级以上地方人民政府有关部门应当依照本法规定和职责分工，对长江流域各类保护、开发、建设活动进行监督检查，依法查处破坏长江流域自然资源、污染长江流域环境、损害长江流域生态系统等违法行为。

公民、法人和非法人组织有权依法获取长江流域生态环境保护相关信息，举报和控告破坏长江流域自然资源、污染长江流域环境、损害长江流域生态系统等违法行为。

国务院有关部门和长江流域地方各级人民政府及其有关部门应当依法公开长江流域生态环境保护相关信息，完善公众参与程序，为公民、法人和非法人组织参与和监督长江流域生态环境保护提供便利。

第八十条 国务院有关部门和长江流域地方各级人民政府及其有关部门对长江流域跨行政区域、生态敏感区域和生态环境违法案件高发区域以及重大违法案件，依法开展联合执法。

第八十一条 国务院有关部门和长江流域省级人民政府对长江保护工作不力、问题突出、群众反映集中的地区，可以约谈所在地区县级以上地方人民政府及其有关部门主要负责人，要求其采取措施及时整改。

第八十二条 国务院应当定期向全国人民代表大会常务委员会报告长江流域生态环境状况及保护和修复工作等情况。

长江流域县级以上地方人民政府应当定期向本级人民代表大会或者其常务委员会报告本级人民政府长江流域生态环境保护和修复工作等情况。

第八章 法律责任

第八十三条 国务院有关部门和长江流域地方各级人民政府及其有关部门违反本法规定，有下列行为之一的，对直接负责的主管人员和其他直接责任人员依法给予警告、记过、记大过或者降级处分；造成严重后果的，给予撤职或者开除处分，其主要负责人应当引咎辞职：

（一）不符合行政许可条件准予行政许可的；

（二）依法应当作出责令停业、关闭等决定而未作出的；

（三）发现违法行为或者接到举报不依法查处的；

（四）有其他玩忽职守、滥用职权、徇私舞弊行为的。

第八十四条 违反本法规定，有下列行为之一的，由有关主管部门按照职责分工，责令停止违法行为，给予警告，并处一万元以上十万元以下罚款；情节严重的，并处十万元以上五十万元以下罚款：

（一）船舶在禁止航行区域内航行的；

（二）经同意在水生生物重要栖息地禁

止航行区域内航行，未采取必要措施减少对重要水生生物干扰的；

（三）水利水电、航运枢纽等工程未将生态用水调度纳入日常运行调度规程的；

（四）具备岸电使用条件的船舶未按照国家有关规定使用岸电的。

第八十五条　违反本法规定，在长江流域开放水域养殖、投放外来物种或者其他非本地物种种质资源的，由县级以上人民政府农业农村主管部门责令限期捕回，处十万元以下罚款；造成严重后果的，处十万元以上一百万元以下罚款；逾期不捕回的，由有关人民政府农业农村主管部门代为捕回或者采取降低负面影响的措施，所需费用由违法者承担。

第八十六条　违反本法规定，在长江流域水生生物保护区内从事生产性捕捞，或者在长江干流和重要支流、大型通江湖泊、长江河口规定区域等重点水域禁捕期间从事天然渔业资源的生产性捕捞的，由县级以上人民政府农业农村主管部门没收渔获物、违法所得以及用于违法活动的渔船、渔具和其他工具，并处一万元以上五万元以下罚款；采取电鱼、毒鱼、炸鱼等方式捕捞，或者有其他严重情节的，并处五万元以上五十万元以下罚款。

收购、加工、销售前款规定的渔获物的，由县级以上人民政府农业农村、市场监督管理等部门按照职责分工，没收渔获物及其制品和违法所得，并处货值金额十倍以上二十倍以下罚款；情节严重的，吊销相关生产经营许可证或者责令关闭。

第八十七条　违反本法规定，非法侵占长江流域河湖水域，或者违法利用、占用河湖岸线的，由县级以上人民政府水行政、自然资源等主管部门按照职责分工，责令停止违法行为，限期拆除并恢复原状，所需费用由违法者承担，没收违法所得，并处五万元以上五十万元以下罚款。

第八十八条　违反本法规定，有下列行为之一的，由县级以上人民政府生态环境、自然资源等主管部门按照职责分工，责令停止违法行为，限期拆除并恢复原状，所需费用由违法者承担，没收违法所得，并处五十万元以上五百万元以下罚款，对直接负责的主管人员和其他直接责任人员处五万元以上十万元以下罚款；情节严重的，报经有批准权的人民政府批准，责令关闭：

（一）在长江干支流岸线一公里范围内新建、扩建化工园区和化工项目的；

（二）在长江干流岸线三公里范围内和重要支流岸线一公里范围内新建、改建、扩建尾矿库的；

（三）违反生态环境准入清单的规定进行生产建设活动的。

第八十九条　长江流域磷矿开采加工、磷肥和含磷农药制造等企业违反本法规定，超过排放标准或者总量控制指标排放含磷水污染物的，由县级以上人民政府生态环境主管部门责令停止违法行为，并处二十万元以上二百万元以下罚款，对直接负责的主管人员和其他直接责任人员处五万元以上十万元以下罚款；情节严重的，责令停产整顿，或者报经有批准权的人民政府批准，责令关闭。

第九十条　违反本法规定，在长江流域水上运输剧毒化学品和国家规定禁止通过内河运输的其他危险化学品的，由县级以上人民政府交通运输主管部门或者海事管理机构责令改正，没收违法所得，并处二十万元以上二百万元以下罚款，对直接负责的主管人员和其他直接责任人员处五万元以上十万元以下罚款；情节严重的，责令停业整顿，或者吊销相关许可证。

第九十一条　违反本法规定，在长江流域未依法取得许可从事采砂活动，或者在禁止采砂区和禁止采砂期从事采砂活动的，由国务院水行政主管部门有关流域管理机构或者县级以上地方人民政府水行政主管部门责令停止违法行为，没收违法所得以及用于违法活动的船舶、设备、工具，并处货值金额二倍以上二十倍以下罚款；货值金额不足十万元的，并处二十万元以上二百万元以下罚款；已经取得河道采砂许可证的，吊销河道采砂许可证。

第九十二条　对破坏长江流域自然资源、污染长江流域环境、损害长江流域生态系统等违法行为，本法未作行政处罚规定的，适用有关法律、行政法规的规定。

第九十三条　因污染长江流域环境、破坏长江流域生态造成他人损害的，侵权人应当承担侵权责任。

违反国家规定造成长江流域生态环境损害的，国家规定的机关或者法律规定的组织有权请求侵权人承担修复责任、赔偿损失和有关费用。

第九十四条　违反本法规定，构成犯罪的，依法追究刑事责任。

第九章　附　　则

第九十五条　本法下列用语的含义：

（一）本法所称长江干流，是指长江源头至长江河口，流经青海省、四川省、西藏自治区、云南省、重庆市、湖北省、湖南省、江西省、安徽省、江苏省、上海市的长江主河段；

（二）本法所称长江支流，是指直接或者间接流入长江干流的河流，支流可以分为一级支流、二级支流等；

（三）本法所称长江重要支流，是指流域面积一万平方公里以上的支流，其中流域面积八万平方公里以上的一级支流包括雅砻江、岷江、嘉陵江、乌江、湘江、沅江、汉江和赣江等。

第九十六条　本法自 2021 年 3 月 1 日起施行。

中华人民共和国水污染防治法

（1984 年 5 月 11 日第六届全国人民代表大会常务委员会第五次会议通过，根据 1996 年 5 月 15 日第八届全国人民代表大会常务委员会第十九次会议《关于修改〈中华人民共和国水污染防治法〉的决定》第一次修正，2008 年 2 月 28 日第十届全国人民代表大会常务委员会第三十二次会议修订，根据 2017 年 6 月 27 日第十二届全国人民代表大会常务委员会第二十八次会议《关于修改〈中华人民共和国水污染防治法〉的决定》第二次修正）

第一章　总　　则

第一条　为了保护和改善环境，防治水污染，保护水生态，保障饮用水安全，维护公众健康，推进生态文明建设，促进经济社会可持续发展，制定本法。

第二条　本法适用于中华人民共和国领域内的江河、湖泊、运河、渠道、水库等地表水体以及地下水体的污染防治。

海洋污染防治适用《中华人民共和国海洋环境保护法》。

第三条　水污染防治应当坚持预防为主、防治结合、综合治理的原则，优先保护饮用水水源，严格控制工业污染、城镇生活污染，防治农业面源污染，积极推进生态治理工程建设，预防、控制和减少水环境污染和生态破坏。

第四条　县级以上人民政府应当将水环境保护工作纳入国民经济和社会发展规划。

地方各级人民政府对本行政区域的水环境质量负责，应当及时采取措施防治水污染。

第五条　省、市、县、乡建立河长制，分级分段组织领导本行政区域内江河、湖泊的水资源保护、水域岸线管理、水污染防治、水环境治理等工作。

第六条　国家实行水环境保护目标责任制和考核评价制度，将水环境保护目标完成情况作为对地方人民政府及其负责人考核评价的内容。

第七条　国家鼓励、支持水污染防治的科学技术研究和先进适用技术的推广应用，加强水环境保护的宣传教育。

第八条　国家通过财政转移支付等方式，建立健全对位于饮用水水源保护区区域和江河、湖泊、水库上游地区的水环境生态保护补偿机制。

第九条　县级以上人民政府环境保护主管部门对水污染防治实施统一监督管理。

交通主管部门的海事管理机构对船舶污染水域的防治实施监督管理。

县级以上人民政府水行政、国土资源、卫生、建设、农业、渔业等部门以及重要江河、湖泊的流域水资源保护机构，在各自的职责范围内，对有关水污染防治实施监督管理。

第十条　排放水污染物，不得超过国家或者地方规定的水污染物排放标准和重点水污染物排放总量控制指标。

第十一条　任何单位和个人都有义务保护水环境，并有权对污染损害水环境的行为进行检举。

县级以上人民政府及其有关主管部门对在水污染防治工作中做出显著成绩的单位和个人给予表彰和奖励。

第二章　水污染防治的标准和规划

第十二条　国务院环境保护主管部门制定国家水环境质量标准。

省、自治区、直辖市人民政府可以对国家水环境质量标准中未作规定的项目，制定地方标准，并报国务院环境保护主管部门备案。

第十三条　国务院环境保护主管部门会同国务院水行政主管部门和有关省、自治区、直辖市人民政府，可以根据国家确定的重要江河、湖泊流域水体的使用功能以及有关地区的经济、技术条件，确定该重要江河、湖泊流域的省界水体适用的水环境质量标准，报国务院批准后施行。

第十四条　国务院环境保护主管部门根据国家水环境质量标准和国家经济、技术条件，制定国家水污染物排放标准。

省、自治区、直辖市人民政府对国家水污染物排放标准中未作规定的项目，可以制定地方水污染物排放标准；对国家水污染物排放标准中已作规定的项目，可以制定严于国家水污染物排放标准的地方水污染物排放标准。地方水污染物排放标准须报国务院环境保护主管部门备案。

向已有地方水污染物排放标准的水体排放污染物的，应当执行地方水污染物排放标准。

第十五条　国务院环境保护主管部门和省、自治区、直辖市人民政府，应当根据水污染防治的要求和国家或者地方的经济、技术条件，适时修订水环境质量标准和水污染物排放标准。

第十六条　防治水污染应当按流域或者按区域进行统一规划。国家确定的重要江河、湖泊的流域水污染防治规划，由国务院环境保护主管部门会同国务院经济综合宏观调控、水行政等部门和有关省、自治区、直辖市人民政府编制，报国务院批准。

前款规定外的其他跨省、自治区、直辖市江河、湖泊的流域水污染防治规划，根据国家确定的重要江河、湖泊的流域水污染防治规划和本地实际情况，由有关省、自治区、直辖市人民政府环境保护主管部门会同同级水行政等部门和有关市、县人民政府编制，经有关省、自治区、直辖市人民政府审核，报国务院批准。

省、自治区、直辖市内跨县江河、湖泊的流域水污染防治规划，根据国家确定的重要江河、湖泊的流域水污染防治规划和本地实际情况，由省、自治区、直辖市人民政府环境保护主管部门会同同级水行政等部门编制，报省、自治区、直辖市人民政府批准，并报国务院备案。

经批准的水污染防治规划是防治水污染的基本依据，规划的修订须经原批准机关批准。

县级以上地方人民政府应当根据依法批准的江河、湖泊的流域水污染防治规划，组织制定本行政区域的水污染防治规划。

第十七条 有关市、县级人民政府应当按照水污染防治规划确定的水环境质量改善目标的要求，制定限期达标规划，采取措施按期达标。

有关市、县级人民政府应当将限期达标规划报上一级人民政府备案，并向社会公开。

第十八条 市、县级人民政府每年在向本级人民代表大会或者其常务委员会报告环境状况和环境保护目标完成情况时，应当报告水环境质量限期达标规划执行情况，并向社会公开。

第三章 水污染防治的监督管理

第十九条 新建、改建、扩建直接或者间接向水体排放污染物的建设项目和其他水上设施，应当依法进行环境影响评价。

建设单位在江河、湖泊新建、改建、扩建排污口的，应当取得水行政主管部门或者流域管理机构同意；涉及通航、渔业水域的，环境保护主管部门在审批环境影响评价文件时，应当征求交通、渔业主管部门的意见。

建设项目的水污染防治设施，应当与主体工程同时设计、同时施工、同时投入使用。水污染防治设施应当符合经批准或者备案的环境影响评价文件的要求。

第二十条 国家对重点水污染物排放实施总量控制制度。

重点水污染物排放总量控制指标，由国务院环境保护主管部门在征求国务院有关部门和各省、自治区、直辖市人民政府意见后，会同国务院经济综合宏观调控部门报国务院批准并下达实施。

省、自治区、直辖市人民政府应当按照国务院的规定削减和控制本行政区域的重点水污染物排放总量。具体办法由国务院环境保护主管部门会同国务院有关部门规定。

省、自治区、直辖市人民政府可以根据本行政区域水环境质量状况和水污染防治工作的需要，对国家重点水污染物之外的其他水污染物排放实行总量控制。

对超过重点水污染物排放总量控制指标或者未完成水环境质量改善目标的地区，省级以上人民政府环境保护主管部门应当会同有关部门约谈该地区人民政府的主要负责人，并暂停审批新增重点水污染物排放总量的建设项目的环境影响评价文件。约谈情况应当向社会公开。

第二十一条 直接或者间接向水体排放工业废水和医疗污水以及其他按照规定应当取得排污许可证方可排放的废水、污水的企业事业单位和其他生产经营者，应当取得排污许可证；城镇污水集中处理设施的运营单位，也应当取得排污许可证。排污许可证应当明确排放水污染物的种类、浓度、总量和排放去向等要求。排污许可的具体办法由国务院规定。

禁止企业事业单位和其他生产经营者无

排污许可证或者违反排污许可证的规定向水体排放前款规定的废水、污水。

第二十二条 向水体排放污染物的企业事业单位和其他生产经营者，应当按照法律、行政法规和国务院环境保护主管部门的规定设置排污口；在江河、湖泊设置排污口的，还应当遵守国务院水行政主管部门的规定。

第二十三条 实行排污许可管理的企业事业单位和其他生产经营者应当按照国家有关规定和监测规范，对所排放的水污染物自行监测，并保存原始监测记录。重点排污单位还应当安装水污染物排放自动监测设备，与环境保护主管部门的监控设备联网，并保证监测设备正常运行。具体办法由国务院环境保护主管部门规定。

应当安装水污染物排放自动监测设备的重点排污单位名录，由设区的市级以上地方人民政府环境保护主管部门根据本行政区域的环境容量、重点水污染物排放总量控制指标的要求以及排污单位排放水污染物的种类、数量和浓度等因素，商同级有关部门确定。

第二十四条 实行排污许可管理的企业事业单位和其他生产经营者应当对监测数据的真实性和准确性负责。

环境保护主管部门发现重点排污单位的水污染物排放自动监测设备传输数据异常，应当及时进行调查。

第二十五条 国家建立水环境质量监测和水污染物排放监测制度。国务院环境保护主管部门负责制定水环境监测规范，统一发布国家水环境状况信息，会同国务院水行政等部门组织监测网络，统一规划国家水环境质量监测站（点）的设置，建立监测数据共享机制，加强对水环境监测的管理。

第二十六条 国家确定的重要江河、湖泊流域的水资源保护工作机构负责监测其所在流域的省界水体的水环境质量状况，并将监测结果及时报国务院环境保护主管部门和国务院水行政主管部门；有经国务院批准成立的流域水资源保护领导机构的，应当将监测结果及时报告流域水资源保护领导机构。

第二十七条 国务院有关部门和县级以上地方人民政府开发、利用和调节、调度水资源时，应当统筹兼顾，维持江河的合理流量和湖泊、水库以及地下水体的合理水位，保障基本生态用水，维护水体的生态功能。

第二十八条 国务院环境保护主管部门应当会同国务院水行政等部门和有关省、自治区、直辖市人民政府，建立重要江河、湖泊的流域水环境保护联合协调机制，实行统一规划、统一标准、统一监测、统一的防治措施。

第二十九条 国务院环境保护主管部门和省、自治区、直辖市人民政府环境保护主管部门应当会同同级有关部门根据流域生态环境功能需要，明确流域生态环境保护要求，组织开展流域环境资源承载能力监测、评价，实施流域环境资源承载能力预警。

县级以上地方人民政府应当根据流域生态环境功能需要，组织开展江河、湖泊、湿地保护与修复，因地制宜建设人工湿地、水源涵养林、沿河沿湖植被缓冲带和隔离带等生态环境治理与保护工程，整治黑臭水体，提高流域环境资源承载能力。

从事开发建设活动，应当采取有效措施，维护流域生态环境功能，严守生态保护红线。

第三十条 环境保护主管部门和其他依照本法规定行使监督管理权的部门，有权对管辖范围内的排污单位进行现场检查，被检查的单位应当如实反映情况，提供必要的资料。检查机关有义务为被检查的单位保守在检查中获取的商业秘密。

第三十一条 跨行政区域的水污染纠纷，由有关地方人民政府协商解决，或者由其共同的上级人民政府协调解决。

第四章 水污染防治措施

第一节 一般规定

第三十二条 国务院环境保护主管部门应当会同国务院卫生主管部门，根据对公众健康和生态环境的危害和影响程度，公布有毒有害水污染物名录，实行风险管理。

排放前款规定名录中所列有毒有害水污染物的企业事业单位和其他生产经营者，应当对排污口和周边环境进行监测，评估环境风险，排查环境安全隐患，并公开有毒有害水污染物信息，采取有效措施防范环境风险。

第三十三条 禁止向水体排放油类、酸液、碱液或者剧毒废液。

禁止在水体清洗装贮过油类或者有毒污染物的车辆和容器。

第三十四条 禁止向水体排放、倾倒放射性固体废物或者含有高放射性和中放射性物质的废水。

向水体排放含低放射性物质的废水，应当符合国家有关放射性污染防治的规定和标准。

第三十五条 向水体排放含热废水，应当采取措施，保证水体的水温符合水环境质量标准。

第三十六条 含病原体的污水应当经过消毒处理；符合国家有关标准后，方可排放。

第三十七条 禁止向水体排放、倾倒工业废渣、城镇垃圾和其他废弃物。

禁止将含有汞、镉、砷、铬、铅、氰化物、黄磷等的可溶性剧毒废渣向水体排放、倾倒或者直接埋入地下。

存放可溶性剧毒废渣的场所，应当采取防水、防渗漏、防流失的措施。

第三十八条 禁止在江河、湖泊、运河、渠道、水库最高水位线以下的滩地和岸坡堆放、存贮固体废弃物和其他污染物。

第三十九条 禁止利用渗井、渗坑、裂隙、溶洞，私设暗管，篡改、伪造监测数据，或者不正常运行水污染防治设施等逃避监管的方式排放水污染物。

第四十条 化学品生产企业以及工业集聚区、矿山开采区、尾矿库、危险废物处置场、垃圾填埋场等的运营、管理单位，应当采取防渗漏等措施，并建设地下水水质监测井进行监测，防止地下水污染。

加油站等的地下油罐应当使用双层罐或者采取建造防渗池等其他有效措施，并进行防渗漏监测，防止地下水污染。

禁止利用无防渗漏措施的沟渠、坑塘等输送或者存贮含有毒污染物的废水、含病原体的污水和其他废弃物。

第四十一条 多层地下水的含水层水质差异大的，应当分层开采；对已受污染的潜水和承压水，不得混合开采。

第四十二条 兴建地下工程设施或者进行地下勘探、采矿等活动，应当采取防护性措施，防止地下水污染。

报废矿井、钻井或者取水井等，应当实施封井或者回填。

第四十三条 人工回灌补给地下水，不得恶化地下水质。

第二节 工业水污染防治

第四十四条 国务院有关部门和县级以上地方人民政府应当合理规划工业布局，要求造成水污染的企业进行技术改造，采取综合防治措施，提高水的重复利用率，减少废水和污染物排放量。

第四十五条 排放工业废水的企业应当采取有效措施，收集和处理产生的全部废水，防止污染环境。含有毒有害水污染物的工业废水应当分类收集和处理，不得稀释排放。

工业集聚区应当配套建设相应的污水集中处理设施，安装自动监测设备，与环境保护主管部门的监控设备联网，并保证监测设备正常运行。

向污水集中处理设施排放工业废水的，应当按照国家有关规定进行预处理，达到集中处理设施处理工艺要求后方可排放。

第四十六条　国家对严重污染水环境的落后工艺和设备实行淘汰制度。

国务院经济综合宏观调控部门会同国务院有关部门，公布限期禁止采用的严重污染水环境的工艺名录和限期禁止生产、销售、进口、使用的严重污染水环境的设备名录。

生产者、销售者、进口者或者使用者应当在规定的期限内停止生产、销售、进口或者使用列入前款规定的设备名录中的设备。工艺的采用者应当在规定的期限内停止采用列入前款规定的工艺名录中的工艺。

依照本条第二款、第三款规定被淘汰的设备，不得转让给他人使用。

第四十七条　国家禁止新建不符合国家产业政策的小型造纸、制革、印染、染料、炼焦、炼硫、炼砷、炼汞、炼油、电镀、农药、石棉、水泥、玻璃、钢铁、火电以及其他严重污染水环境的生产项目。

第四十八条　企业应当采用原材料利用效率高、污染物排放量少的清洁工艺，并加强管理，减少水污染物的产生。

第三节　城镇水污染防治

第四十九条　城镇污水应当集中处理。

县级以上地方人民政府应当通过财政预算和其他渠道筹集资金，统筹安排建设城镇污水集中处理设施及配套管网，提高本行政区域城镇污水的收集率和处理率。

国务院建设主管部门应当会同国务院经济综合宏观调控、环境保护主管部门，根据城乡规划和水污染防治规划，组织编制全国城镇污水处理设施建设规划。县级以上地方人民政府组织建设、经济综合宏观调控、环境保护、水行政等部门编制本行政区域的城镇污水处理设施建设规划。县级以上地方人民政府建设主管部门应当按照城镇污水处理设施建设规划，组织建设城镇污水集中处理设施及配套管网，并加强对城镇污水集中处理设施运营的监督管理。

城镇污水集中处理设施的运营单位按照国家规定向排污者提供污水处理的有偿服务，收取污水处理费用，保证污水集中处理设施的正常运行。收取的污水处理费用应当用于城镇污水集中处理设施的建设运行和污泥处理处置，不得挪作他用。

城镇污水集中处理设施的污水处理收费、管理以及使用的具体办法，由国务院规定。

第五十条　向城镇污水集中处理设施排放水污染物，应当符合国家或者地方规定的水污染物排放标准。

城镇污水集中处理设施的运营单位，应当对城镇污水集中处理设施的出水水质负责。

环境保护主管部门应当对城镇污水集中处理设施的出水水质和水量进行监督检查。

第五十一条　城镇污水集中处理设施的运营单位或者污泥处理处置单位应当安全处理处置污泥，保证处理处置后的污泥符合国家标准，并对污泥的去向等进行记录。

第四节　农业和农村水污染防治

第五十二条　国家支持农村污水、垃圾处理设施的建设，推进农村污水、垃圾集中处理。

地方各级人民政府应当统筹规划建设农村污水、垃圾处理设施，并保障其正常运行。

第五十三条　制定化肥、农药等产品的质量标准和使用标准，应当适应水环境保护要求。

第五十四条　使用农药，应当符合国家有关农药安全使用的规定和标准。

运输、存贮农药和处置过期失效农药，应当加强管理，防止造成水污染。

第五十五条　县级以上地方人民政府农

业主管部门和其他有关部门，应当采取措施，指导农业生产者科学、合理地施用化肥和农药，推广测土配方施肥技术和高效低毒低残留农药，控制化肥和农药的过量使用，防止造成水污染。

第五十六条 国家支持畜禽养殖场、养殖小区建设畜禽粪便、废水的综合利用或者无害化处理设施。

畜禽养殖场、养殖小区应当保证其畜禽粪便、废水的综合利用或者无害化处理设施正常运转，保证污水达标排放，防止污染水环境。

畜禽散养密集区所在地县、乡级人民政府应当组织对畜禽粪便污水进行分户收集、集中处理利用。

第五十七条 从事水产养殖应当保护水域生态环境，科学确定养殖密度，合理投饵和使用药物，防止污染水环境。

第五十八条 农田灌溉用水应当符合相应的水质标准，防止污染土壤、地下水和农产品。

禁止向农田灌溉渠道排放工业废水或者医疗污水。向农田灌溉渠道排放城镇污水以及未综合利用的畜禽养殖废水、农产品加工废水的，应当保证其下游最近的灌溉取水点的水质符合农田灌溉水质标准。

第五节 船舶水污染防治

第五十九条 船舶排放含油污水、生活污水，应当符合船舶污染物排放标准。从事海洋航运的船舶进入内河和港口的，应当遵守内河的船舶污染物排放标准。

船舶的残油、废油应当回收，禁止排入水体。

禁止向水体倾倒船舶垃圾。

船舶装载运输油类或者有毒货物，应当采取防止溢流和渗漏的措施，防止货物落水造成水污染。

进入中华人民共和国内河的国际航线船舶排放压载水的，应当采用压载水处理装置或者采取其他等效措施，对压载水进行灭活等处理。禁止排放不符合规定的船舶压载水。

第六十条 船舶应当按照国家有关规定配置相应的防污设备和器材，并持有合法有效的防止水域环境污染的证书与文书。

船舶进行涉及污染物排放的作业，应当严格遵守操作规程，并在相应的记录簿上如实记载。

第六十一条 港口、码头、装卸站和船舶修造厂所在地市、县级人民政府应当统筹规划建设船舶污染物、废弃物的接收、转运及处理处置设施。

港口、码头、装卸站和船舶修造厂应当备有足够的船舶污染物、废弃物的接收设施。从事船舶污染物、废弃物接收作业，或者从事装载油类、污染危害性货物船舱清洗作业的单位，应当具备与其运营规模相适应的接收处理能力。

第六十二条 船舶及有关作业单位从事有污染风险的作业活动，应当按照有关法律法规和标准，采取有效措施，防止造成水污染。海事管理机构、渔业主管部门应当加强对船舶及有关作业活动的监督管理。

船舶进行散装液体污染危害性货物的过驳作业，应当编制作业方案，采取有效的安全和污染防治措施，并报作业地海事管理机构批准。

禁止采取冲滩方式进行船舶拆解作业。

第五章 饮用水水源和其他特殊水体保护

第六十三条 国家建立饮用水水源保护区制度。饮用水水源保护区分为一级保护区和二级保护区；必要时，可以在饮用水水源保护区外围划定一定的区域作为准保护区。

饮用水水源保护区的划定，由有关市、县人民政府提出划定方案，报省、自治区、直辖市人民政府批准；跨市、县饮用水水源保护区的划定，由有关市、县人民政府协商提出划定方案，报省、自治区、直辖市人民政府批准；协商不成的，由省、自治区、直辖市人民政府环境保护主管部门会同同级水行政、国土资源、卫生、建设等部门提出划定方案，征求同级有关部门的意见后，报省、自治区、直辖市人民政府批准。

跨省、自治区、直辖市的饮用水水源保护区，由有关省、自治区、直辖市人民政府商有关流域管理机构划定；协商不成的，由国务院环境保护主管部门会同同级水行政、国土资源、卫生、建设等部门提出划定方案，征求国务院有关部门的意见后，报国务院批准。

国务院和省、自治区、直辖市人民政府可以根据保护饮用水水源的实际需要，调整饮用水水源保护区的范围，确保饮用水安全。有关地方人民政府应当在饮用水水源保护区的边界设立明确的地理界标和明显的警示标志。

第六十四条　在饮用水水源保护区内，禁止设置排污口。

第六十五条　禁止在饮用水水源一级保护区内新建、改建、扩建与供水设施和保护水源无关的建设项目；已建成的与供水设施和保护水源无关的建设项目，由县级以上人民政府责令拆除或者关闭。

禁止在饮用水水源一级保护区内从事网箱养殖、旅游、游泳、垂钓或者其他可能污染饮用水水体的活动。

第六十六条　禁止在饮用水水源二级保护区内新建、改建、扩建排放污染物的建设项目；已建成的排放污染物的建设项目，由县级以上人民政府责令拆除或者关闭。

在饮用水水源二级保护区内从事网箱养殖、旅游等活动的，应当按照规定采取措施，防止污染饮用水水体。

第六十七条　禁止在饮用水水源准保护区内新建、扩建对水体污染严重的建设项目；改建建设项目，不得增加排污量。

第六十八条　县级以上地方人民政府应当根据保护饮用水水源的实际需要，在准保护区内采取工程措施或者建造湿地、水源涵养林等生态保护措施，防止水污染物直接排入饮用水水体，确保饮用水安全。

第六十九条　县级以上地方人民政府应当组织环境保护等部门，对饮用水水源保护区、地下水型饮用水源的补给区及供水单位周边区域的环境状况和污染风险进行调查评估，筛查可能存在的污染风险因素，并采取相应的风险防范措施。

饮用水水源受到污染可能威胁供水安全的，环境保护主管部门应当责令有关企业事业单位和其他生产经营者采取停止排放水污染物等措施，并通报饮用水供水单位和供水、卫生、水行政等部门；跨行政区域的，还应当通报相关地方人民政府。

第七十条　单一水源供水城市的人民政府应当建设应急水源或者备用水源，有条件的地区可以开展区域联网供水。

县级以上地方人民政府应当合理安排、布局农村饮用水水源，有条件的地区可以采取城镇供水管网延伸或者建设跨村、跨乡镇联片集中供水工程等方式，发展规模集中供水。

第七十一条　饮用水供水单位应当做好取水口和出水口的水质检测工作。发现取水口水质不符合饮用水水源水质标准或者出水口水质不符合饮用水卫生标准的，应当及时采取相应措施，并向所在地市、县级人民政府供水主管部门报告。供水主管部门接到报告后，应当通报环境保护、卫生、水行政等部门。

饮用水供水单位应当对供水水质负责，确保供水设施安全可靠运行，保证供水水质符合国家有关标准。

第七十二条　县级以上地方人民政府应当组织有关部门监测、评估本行政区域内饮用水水源、供水单位供水和用户水龙头出水的水质等饮用水安全状况。

县级以上地方人民政府有关部门应当至

少每季度向社会公开一次饮用水安全状况信息。

第七十三条 国务院和省、自治区、直辖市人民政府根据水环境保护的需要，可以规定在饮用水水源保护区内，采取禁止或者限制使用含磷洗涤剂、化肥、农药以及限制种植养殖等措施。

第七十四条 县级以上人民政府可以对风景名胜区水体、重要渔业水体和其他具有特殊经济文化价值的水体划定保护区，并采取措施，保证保护区的水质符合规定用途的水环境质量标准。

第七十五条 在风景名胜区水体、重要渔业水体和其他具有特殊经济文化价值的水体的保护区内，不得新建排污口。在保护区附近新建排污口，应当保证保护区水体不受污染。

第六章 水污染事故处置

第七十六条 各级人民政府及其有关部门，可能发生水污染事故的企业事业单位，应当依照《中华人民共和国突发事件应对法》的规定，做好突发水污染事故的应急准备、应急处置和事后恢复等工作。

第七十七条 可能发生水污染事故的企业事业单位，应当制定有关水污染事故的应急方案，做好应急准备，并定期进行演练。

生产、储存危险化学品的企业事业单位，应当采取措施，防止在处理安全生产事故过程中产生的可能严重污染水体的消防废水、废液直接排入水体。

第七十八条 企业事业单位发生事故或者其他突发性事件，造成或者可能造成水污染事故的，应当立即启动本单位的应急方案，采取隔离等应急措施，防止水污染物进入水体，并向事故发生地的县级以上地方人民政府或者环境保护主管部门报告。环境保护主管部门接到报告后，应当及时向本级人民政府报告，并抄送有关部门。

造成渔业污染事故或者渔业船舶造成水污染事故的，应当向事故发生地的渔业主管部门报告，接受调查处理。其他船舶造成水污染事故的，应当向事故发生地的海事管理机构报告，接受调查处理；给渔业造成损害的，海事管理机构应当通知渔业主管部门参与调查处理。

第七十九条 市、县级人民政府应当组织编制饮用水安全突发事件应急预案。

饮用水供水单位应当根据所在地饮用水安全突发事件应急预案，制定相应的突发事件应急方案，报所在地市、县级人民政府备案，并定期进行演练。

饮用水水源发生水污染事故，或者发生其他可能影响饮用水安全的突发性事件，饮用水供水单位应当采取应急处理措施，向所在地市、县级人民政府报告，并向社会公开。有关人民政府应当根据情况及时启动应急预案，采取有效措施，保障供水安全。

第七章 法律责任

第八十条 环境保护主管部门或者其他依照本法规定行使监督管理权的部门，不依法作出行政许可或者办理批准文件的，发现违法行为或者接到对违法行为的举报后不予查处的，或者有其他未依照本法规定履行职责的行为的，对直接负责的主管人员和其他直接责任人员依法给予处分。

第八十一条 以拖延、围堵、滞留执法人员等方式拒绝、阻挠环境保护主管部门或者其他依照本法规定行使监督管理权的部门的监督检查，或者在接受监督检查时弄虚作假的，由县级以上人民政府环境保护主管部门或者其他依照本法规定行使监督管理权的部门责令改正，处二万元以上二十万元以下的罚款。

第八十二条 违反本法规定，有下列行为之一的，由县级以上人民政府环境保护主管部门责令限期改正，处二万元以上二十万元以下的罚款；逾期不改正的，责令停产整治：

（一）未按照规定对所排放的水污染物自行监测，或者未保存原始监测记录的；

（二）未按照规定安装水污染物排放自动监测设备，未按照规定与环境保护主管部门的监控设备联网，或者未保证监测设备正常运行的；

（三）未按照规定对有毒有害水污染物的排污口和周边环境进行监测，或者未公开有毒有害水污染物信息的。

第八十三条　违反本法规定，有下列行为之一的，由县级以上人民政府环境保护主管部门责令改正或者责令限制生产、停产整治，并处十万元以上一百万元以下的罚款；情节严重的，报经有批准权的人民政府批准，责令停业、关闭：

（一）未依法取得排污许可证排放水污染物的；

（二）超过水污染物排放标准或者超过重点水污染物排放总量控制指标排放水污染物的；

（三）利用渗井、渗坑、裂隙、溶洞，私设暗管，篡改、伪造监测数据，或者不正常运行水污染防治设施等逃避监管的方式排放水污染物的；

（四）未按照规定进行预处理，向污水集中处理设施排放不符合处理工艺要求的工业废水的。

第八十四条　在饮用水水源保护区内设置排污口的，由县级以上地方人民政府责令限期拆除，处十万元以上五十万元以下的罚款；逾期不拆除的，强制拆除，所需费用由违法者承担，处五十万元以上一百万元以下的罚款，并可以责令停产整治。

除前款规定外，违反法律、行政法规和国务院环境保护主管部门的规定设置排污口的，由县级以上地方人民政府环境保护主管部门责令限期拆除，处二万元以上十万元以下的罚款；逾期不拆除的，强制拆除，所需费用由违法者承担，处十万元以上五十万元以下的罚款；情节严重的，可以责令停产整治。

未经水行政主管部门或者流域管理机构同意，在江河、湖泊新建、改建、扩建排污口的，由县级以上人民政府水行政主管部门或者流域管理机构依据职权，依照前款规定采取措施、给予处罚。

第八十五条　有下列行为之一的，由县级以上地方人民政府环境保护主管部门责令停止违法行为，限期采取治理措施，消除污染，处以罚款；逾期不采取治理措施的，环境保护主管部门可以指定有治理能力的单位代为治理，所需费用由违法者承担：

（一）向水体排放油类、酸液、碱液的；

（二）向水体排放剧毒废液，或者将含有汞、镉、砷、铬、铅、氰化物、黄磷等的可溶性剧毒废渣向水体排放、倾倒或者直接埋入地下的；

（三）在水体清洗装贮过油类、有毒污染物的车辆或者容器的；

（四）向水体排放、倾倒工业废渣、城镇垃圾或者其他废弃物，或者在江河、湖泊、运河、渠道、水库最高水位线以下的滩地、岸坡堆放、存贮固体废弃物或者其他污染物的；

（五）向水体排放、倾倒放射性固体废物或者含有高放射性、中放射性物质的废水的；

（六）违反国家有关规定或者标准，向水体排放含低放射性物质的废水、热废水或者含病原体的污水的；

（七）未采取防渗漏等措施，或者未建设地下水水质监测井进行监测的；

（八）加油站等的地下油罐未使用双层罐或者采取建造防渗池等其他有效措施，或者未进行防渗漏监测的；

（九）未按照规定采取防护性措施，或者利用无防渗漏措施的沟渠、坑塘等输送或者存贮含有毒污染物的废水、含病原体的污水或者其他废弃物的。

有前款第三项、第四项、第六项、第七项、第八项行为之一的，处二万元以上二十万元以下的罚款。有前款第一项、第二项、第五项、第九项行为之一的，处十万元以上一百万元以下的罚款；情节严重的，报经有批准权的人民政府批准，责令停业、关闭。

第八十六条 违反本法规定，生产、销售、进口或者使用列入禁止生产、销售、进口、使用的严重污染水环境的设备名录中的设备，或者采用列入禁止采用的严重污染水环境的工艺名录中的工艺的，由县级以上人民政府经济综合宏观调控部门责令改正，处五万元以上二十万元以下的罚款；情节严重的，由县级以上人民政府经济综合宏观调控部门提出意见，报请本级人民政府责令停业、关闭。

第八十七条 违反本法规定，建设不符合国家产业政策的小型造纸、制革、印染、染料、炼焦、炼硫、炼砷、炼汞、炼油、电镀、农药、石棉、水泥、玻璃、钢铁、火电以及其他严重污染水环境的生产项目的，由所在地的市、县人民政府责令关闭。

第八十八条 城镇污水集中处理设施的运营单位或者污泥处理处置单位，处理处置后的污泥不符合国家标准，或者对污泥去向等未进行记录的，由城镇排水主管部门责令限期采取治理措施，给予警告；造成严重后果的，处十万元以上二十万元以下的罚款；逾期不采取治理措施的，城镇排水主管部门可以指定有治理能力的单位代为治理，所需费用由违法者承担。

第八十九条 船舶未配置相应的防污染设备和器材，或者未持有合法有效的防止水域环境污染的证书与文书的，由海事管理机构、渔业主管部门按照职责分工责令限期改正，处二千元以上二万元以下的罚款；逾期不改正的，责令船舶临时停航。

船舶进行涉及污染物排放的作业，未遵守操作规程或者未在相应的记录簿上如实记载的，由海事管理机构、渔业主管部门按照职责分工责令改正，处二千元以上二万元以下的罚款。

第九十条 违反本法规定，有下列行为之一的，由海事管理机构、渔业主管部门按照职责分工责令停止违法行为，处一万元以上十万元以下的罚款；造成水污染的，责令限期采取治理措施，消除污染，处二万元以上二十万元以下的罚款；逾期不采取治理措施的，海事管理机构、渔业主管部门按照职责分工可以指定有治理能力的单位代为治理，所需费用由船舶承担：

（一）向水体倾倒船舶垃圾或者排放船舶的残油、废油的；

（二）未经作业地海事管理机构批准，船舶进行散装液体污染危害性货物的过驳作业的；

（三）船舶及有关作业单位从事有污染风险的作业活动，未按照规定采取污染防治措施的；

（四）以冲滩方式进行船舶拆解的；

（五）进入中华人民共和国内河的国际航线船舶，排放不符合规定的船舶压载水的。

第九十一条 有下列行为之一的，由县级以上地方人民政府环境保护主管部门责令停止违法行为，处十万元以上五十万元以下的罚款；并报经有批准权的人民政府批准，责令拆除或者关闭：

（一）在饮用水水源一级保护区内新建、改建、扩建与供水设施和保护水源无关的建设项目的；

（二）在饮用水水源二级保护区内新建、改建、扩建排放污染物的建设项目的；

（三）在饮用水水源准保护区内新建、扩建对水体污染严重的建设项目，或者改建建设项目增加排污量的。

在饮用水水源一级保护区内从事网箱养殖或者组织进行旅游、垂钓或者其他可能污染饮用水水体的活动的，由县级以上地方人民政府环境保护主管部门责令停止违法行为，处二万元以上十万元以下的罚款。个人在饮用水水源一级保护区内游泳、垂钓或者从事其他可能污染饮用水水体的活动的，由县级以上地方人民政府环境保护主管部门责令停止违法行为，可以处五百元以下的罚款。

第九十二条　饮用水供水单位供水水质不符合国家规定标准的，由所在地市、县级人民政府供水主管部门责令改正，处二万元以上二十万元以下的罚款；情节严重的，报经有批准权的人民政府批准，可以责令停业整顿；对直接负责的主管人员和其他直接责任人员依法给予处分。

第九十三条　企业事业单位有下列行为之一的，由县级以上人民政府环境保护主管部门责令改正；情节严重的，处二万元以上十万元以下的罚款：

（一）不按照规定制定水污染事故的应急方案的；

（二）水污染事故发生后，未及时启动水污染事故的应急方案，采取有关应急措施的。

第九十四条　企业事业单位违反本法规定，造成水污染事故的，除依法承担赔偿责任外，由县级以上人民政府环境保护主管部门依照本条第二款的规定处以罚款，责令限期采取治理措施，消除污染；未按照要求采取治理措施或者不具备治理能力的，由环境保护主管部门指定有治理能力的单位代为治理，所需费用由违法者承担；对造成重大或者特大水污染事故的，还可以报经有批准权的人民政府批准，责令关闭；对直接负责的主管人员和其他直接责任人员可以处上一年度从本单位取得的收入百分之五十以下的罚款；有《中华人民共和国环境保护法》第六十三条规定的违法排放水污染物等行为之一，尚不构成犯罪的，由公安机关对直接负责的主管人员和其他直接责任人员处十日以上十五日以下的拘留；情节较轻的，处五日以上十日以下的拘留。

对造成一般或者较大水污染事故的，按照水污染事故造成的直接损失的百分之二十计算罚款；对造成重大或者特大水污染事故的，按照水污染事故造成的直接损失的百分之三十计算罚款。

造成渔业污染事故或者渔业船舶造成水污染事故的，由渔业主管部门进行处罚；其他船舶造成水污染事故的，由海事管理机构进行处罚。

第九十五条　企业事业单位和其他生产经营者违法排放水污染物，受到罚款处罚，被责令改正的，依法作出处罚决定的行政机关应当组织复查，发现其继续违法排放水污染物或者拒绝、阻挠复查的，依照《中华人民共和国环境保护法》的规定按日连续处罚。

第九十六条　因水污染受到损害的当事人，有权要求排污方排除危害和赔偿损失。

由于不可抗力造成水污染损害的，排污方不承担赔偿责任；法律另有规定的除外。

水污染损害是由受害人故意造成的，排污方不承担赔偿责任。水污染损害是由受害人重大过失造成的，可以减轻排污方的赔偿责任。

水污染损害是由第三人造成的，排污方承担赔偿责任后，有权向第三人追偿。

第九十七条　因水污染引起的损害赔偿责任和赔偿金额的纠纷，可以根据当事人的请求，由环境保护主管部门或者海事管理机构、渔业主管部门按照职责分工调解处理；调解不成的，当事人可以向人民法院提起诉讼。当事人也可以直接向人民法院提起诉讼。

第九十八条　因水污染引起的损害赔偿诉讼，由排污方就法律规定的免责事由及其行为与损害结果之间不存在因果关系承担举证责任。

第九十九条　因水污染受到损害的当事人人数众多的，可以依法由当事人推选代表人进行共同诉讼。

环境保护主管部门和有关社会团体可以依法支持因水污染受到损害的当事人向人民法院提起诉讼。

国家鼓励法律服务机构和律师为水污染损害诉讼中的受害人提供法律援助。

第一百条 因水污染引起的损害赔偿责任和赔偿金额的纠纷，当事人可以委托环境监测机构提供监测数据。环境监测机构应当接受委托，如实提供有关监测数据。

第一百零一条 违反本法规定，构成犯罪的，依法追究刑事责任。

第八章 附　　则

第一百零二条 本法中下列用语的含义：

（一）水污染，是指水体因某种物质的介入，而导致其化学、物理、生物或者放射性等方面特性的改变，从而影响水的有效利用，危害人体健康或者破坏生态环境，造成水质恶化的现象。

（二）水污染物，是指直接或者间接向水体排放的，能导致水体污染的物质。

（三）有毒污染物，是指那些直接或者间接被生物摄入体内后，可能导致该生物或者其后代发病、行为反常、遗传异变、生理机能失常、机体变形或者死亡的污染物。

（四）污泥，是指污水处理过程中产生的半固态或者固态物质。

（五）渔业水体，是指划定的鱼虾类的产卵场、索饵场、越冬场、洄游通道和鱼虾贝藻类的养殖场的水体。

第一百零三条 本法自2008年6月1日起施行。

城镇排水与污水处理条例

（2013年9月18日国务院第24次常务会议通过，
2013年10月2日公布，自2014年1月1日起施行）

第一章 总　　则

第一条 为了加强对城镇排水与污水处理的管理，保障城镇排水与污水处理设施安全运行，防治城镇水污染和内涝灾害，保障公民生命、财产安全和公共安全，保护环境，制定本条例。

第二条 城镇排水与污水处理的规划，城镇排水与污水处理设施的建设、维护与保护，向城镇排水设施排水与污水处理，以及城镇内涝防治，适用本条例。

第三条 县级以上人民政府应当加强对城镇排水与污水处理工作的领导，并将城镇排水与污水处理工作纳入国民经济和社会发展规划。

第四条 城镇排水与污水处理应当遵循尊重自然、统筹规划、配套建设、保障安全、综合利用的原则。

第五条 国务院住房城乡建设主管部门指导监督全国城镇排水与污水处理工作。

县级以上地方人民政府城镇排水与污水处理主管部门（以下称城镇排水主管部门）负责本行政区域内城镇排水与污水处理的监督管理工作。

县级以上人民政府其他有关部门依照本条例和其他有关法律、法规的规定，在各自的职责范围内负责城镇排水与污水处理监督管理的相关工作。

第六条 国家鼓励采取特许经营、政府购买服务等多种形式，吸引社会资金参与投资、建设和运营城镇排水与污水处理设施。

县级以上人民政府鼓励、支持城镇排水

与污水处理科学技术研究，推广应用先进适用的技术、工艺、设备和材料，促进污水的再生利用和污泥、雨水的资源化利用，提高城镇排水与污水处理能力。

第二章　规划与建设

第七条　国务院住房城乡建设主管部门会同国务院有关部门，编制全国的城镇排水与污水处理规划，明确全国城镇排水与污水处理的中长期发展目标、发展战略、布局、任务以及保障措施等。

城镇排水主管部门会同有关部门，根据当地经济社会发展水平以及地理、气候特征，编制本行政区域的城镇排水与污水处理规划，明确排水与污水处理目标与标准，排水量与排水模式，污水处理与再生利用、污泥处理处置要求，排涝措施，城镇排水与污水处理设施的规模、布局、建设时序和建设用地以及保障措施等；易发生内涝的城市、镇，还应当编制城镇内涝防治专项规划，并纳入本行政区域的城镇排水与污水处理规划。

第八条　城镇排水与污水处理规划的编制，应当依据国民经济和社会发展规划、城乡规划、土地利用总体规划、水污染防治规划和防洪规划，并与城镇开发建设、道路、绿地、水系等专项规划相衔接。

城镇内涝防治专项规划的编制，应当根据城镇人口与规模、降雨规律、暴雨内涝风险等因素，合理确定内涝防治目标和要求，充分利用自然生态系统，提高雨水滞渗、调蓄和排放能力。

第九条　城镇排水主管部门应当将编制的城镇排水与污水处理规划报本级人民政府批准后组织实施，并报上一级人民政府城镇排水主管部门备案。

城镇排水与污水处理规划一经批准公布，应当严格执行；因经济社会发展确需修改的，应当按照原审批程序报送审批。

第十条　县级以上地方人民政府应当根据城镇排水与污水处理规划的要求，加大对城镇排水与污水处理设施建设和维护的投入。

第十一条　城乡规划和城镇排水与污水处理规划确定的城镇排水与污水处理设施建设用地，不得擅自改变用途。

第十二条　县级以上地方人民政府应当按照先规划后建设的原则，依据城镇排水与污水处理规划，合理确定城镇排水与污水处理设施建设标准，统筹安排管网、泵站、污水处理厂以及污泥处理处置、再生水利用、雨水调蓄和排放等排水与污水处理设施建设和改造。

城镇新区的开发和建设，应当按照城镇排水与污水处理规划确定的建设时序，优先安排排水与污水处理设施建设；未建或者已建但未达到国家有关标准的，应当按照年度改造计划进行改造，提高城镇排水与污水处理能力。

第十三条　县级以上地方人民政府应当按照城镇排涝要求，结合城镇用地性质和条件，加强雨水管网、泵站以及雨水调蓄、超标雨水径流排放等设施建设和改造。

新建、改建、扩建市政基础设施工程应当配套建设雨水收集利用设施，增加绿地、砂石地面、可渗透路面和自然地面对雨水的滞渗能力，利用建筑物、停车场、广场、道路等建设雨水收集利用设施，削减雨水径流，提高城镇内涝防治能力。

新区建设与旧城区改建，应当按照城镇排水与污水处理规划确定的雨水径流控制要求建设相关设施。

第十四条　城镇排水与污水处理规划范围内的城镇排水与污水处理设施建设项目以及需要与城镇排水与污水处理设施相连接的新建、改建、扩建建设工程，城乡规划主管部门在依法核发建设用地规划许可证时，应当征求城镇排水主管部门的意见。城镇排水主管部门应当就排水设计方案是否符合城镇排水与污水处理规划和相关标准提出意见。

建设单位应当按照排水设计方案建设连接管网等设施；未建设连接管网等设施的，不得投入使用。城镇排水主管部门或者其委托的专门机构应当加强指导和监督。

第十五条 城镇排水与污水处理设施建设工程竣工后，建设单位应当依法组织竣工验收。竣工验收合格的，方可交付使用，并自竣工验收合格之日起15日内，将竣工验收报告及相关资料报城镇排水主管部门备案。

第十六条 城镇排水与污水处理设施竣工验收合格后，由城镇排水主管部门通过招标投标、委托等方式确定符合条件的设施维护运营单位负责管理。特许经营合同、委托运营合同涉及污染物削减和污水处理运营服务费的，城镇排水主管部门应当征求环境保护主管部门、价格主管部门的意见。国家鼓励实施城镇污水处理特许经营制度。具体办法由国务院住房城乡建设主管部门会同国务院有关部门制定。

城镇排水与污水处理设施维护运营单位应当具备下列条件：

（一）有法人资格；

（二）有与从事城镇排水与污水处理设施维护运营活动相适应的资金和设备；

（三）有完善的运行管理和安全管理制度；

（四）技术负责人和关键岗位人员经专业培训并考核合格；

（五）有相应的良好业绩和维护运营经验；

（六）法律、法规规定的其他条件。

第三章 排 水

第十七条 县级以上地方人民政府应当根据当地降雨规律和暴雨内涝风险情况，结合气象、水文资料，建立排水设施地理信息系统，加强雨水排放管理，提高城镇内涝防治水平。

县级以上地方人民政府应当组织有关部门、单位采取相应的预防治理措施，建立城镇内涝防治预警、会商、联动机制，发挥河道行洪能力和水库、洼淀、湖泊调蓄洪水的功能，加强对城镇排水设施的管理和河道防护、整治，因地制宜地采取定期清淤疏浚等措施，确保雨水排放畅通，共同做好城镇内涝防治工作。

第十八条 城镇排水主管部门应当按照城镇内涝防治专项规划的要求，确定雨水收集利用设施建设标准，明确雨水的排水分区和排水出路，合理控制雨水径流。

第十九条 除干旱地区外，新区建设应当实行雨水、污水分流；对实行雨水、污水合流的地区，应当按照城镇排水与污水处理规划要求，进行雨水、污水分流改造。雨水、污水分流改造可以结合旧城区改建和道路建设同时进行。

在雨水、污水分流地区，新区建设和旧城区改建不得将雨水管网、污水管网相互混接。

在有条件的地区，应当逐步推进初期雨水收集与处理，合理确定截流倍数，通过设置初期雨水贮存池、建设截流干管等方式，加强对初期雨水的排放调控和污染防治。

第二十条 城镇排水设施覆盖范围内的排水单位和个人，应当按照国家有关规定将污水排入城镇排水设施。

在雨水、污水分流地区，不得将污水排入雨水管网。

第二十一条 从事工业、建筑、餐饮、医疗等活动的企业事业单位、个体工商户（以下称排水户）向城镇排水设施排放污水的，应当向城镇排水主管部门申请领取污水排入排水管网许可证。城镇排水主管部门应当按照国家有关标准，重点对影响城镇排水与污水处理设施安全运行的事项进行审查。

排水户应当按照污水排入排水管网许可证的要求排放污水。

第二十二条　排水户申请领取污水排入排水管网许可证应当具备下列条件：

（一）排放口的设置符合城镇排水与污水处理规划的要求；

（二）按照国家有关规定建设相应的预处理设施和水质、水量检测设施；

（三）排放的污水符合国家或者地方规定的有关排放标准；

（四）法律、法规规定的其他条件。

符合前款规定条件的，由城镇排水主管部门核发污水排入排水管网许可证；具体办法由国务院住房城乡建设主管部门制定。

第二十三条　城镇排水主管部门应当加强对排放口设置以及预处理设施和水质、水量检测设施建设的指导和监督；对不符合规划要求或者国家有关规定的，应当要求排水户采取措施，限期整改。

第二十四条　城镇排水主管部门委托的排水监测机构，应当对排水户排放污水的水质和水量进行监测，并建立排水监测档案。排水户应当接受监测，如实提供有关资料。

列入重点排污单位名录的排水户安装的水污染物排放自动监测设备，应当与环境保护主管部门的监控设备联网。环境保护主管部门应当将监测数据与城镇排水主管部门共享。

第二十五条　因城镇排水设施维护或者检修可能对排水造成影响的，城镇排水设施维护运营单位应当提前24小时通知相关排水户；可能对排水造成严重影响的，应当事先向城镇排水主管部门报告，采取应急处理措施，并向社会公告。

第二十六条　设置于机动车道路上的窨井，应当按照国家有关规定进行建设，保证其承载力和稳定性等符合相关要求。

排水管网窨井盖应当具备防坠落和防盗窃功能，满足结构强度要求。

第二十七条　城镇排水主管部门应当按照国家有关规定建立城镇排涝风险评估制度和灾害后评估制度，在汛前对城镇排水设施进行全面检查，对发现的问题，责成有关单位限期处理，并加强城镇广场、立交桥下、地下构筑物、棚户区等易涝点的治理，强化排涝措施，增加必要的强制排水设施和装备。

城镇排水设施维护运营单位应当按照防汛要求，对城镇排水设施进行全面检查、维护、清疏，确保设施安全运行。

在汛期，有管辖权的人民政府防汛指挥机构应当加强对易涝点的巡查，发现险情，立即采取措施。有关单位和个人在汛期应当服从有管辖权的人民政府防汛指挥机构的统一调度指挥或者监督。

第四章　污水处理

第二十八条　城镇排水主管部门应当与城镇污水处理设施维护运营单位签订维护运营合同，明确双方权利义务。

城镇污水处理设施维护运营单位应当依照法律、法规和有关规定以及维护运营合同进行维护运营，定期向社会公开有关维护运营信息，并接受相关部门和社会公众的监督。

第二十九条　城镇污水处理设施维护运营单位应当保证出水水质符合国家和地方规定的排放标准，不得排放不达标污水。

城镇污水处理设施维护运营单位应当按照国家有关规定检测进出水水质，向城镇排水主管部门、环境保护主管部门报送污水处理水质和水量、主要污染物削减量等信息，并按照有关规定和维护运营合同，向城镇排水主管部门报送生产运营成本等信息。

城镇污水处理设施维护运营单位应当按照国家有关规定向价格主管部门提交相关成本信息。

城镇排水主管部门核定城镇污水处理运营成本，应当考虑主要污染物削减情况。

第三十条　城镇污水处理设施维护运营单位或者污泥处理处置单位应当安全处理处

置污泥，保证处理处置后的污泥符合国家有关标准，对产生的污泥以及处理处置后的污泥去向、用途、用量等进行跟踪、记录，并向城镇排水主管部门、环境保护主管部门报告。任何单位和个人不得擅自倾倒、堆放、丢弃、遗撒污泥。

第三十一条 城镇污水处理设施维护运营单位不得擅自停运城镇污水处理设施，因检修等原因需要停运或者部分停运城镇污水处理设施的，应当在90个工作日前向城镇排水主管部门、环境保护主管部门报告。

城镇污水处理设施维护运营单位在出现进水水质和水量发生重大变化可能导致出水水质超标，或者发生影响城镇污水处理设施安全运行的突发情况时，应当立即采取应急处理措施，并向城镇排水主管部门、环境保护主管部门报告。

城镇排水主管部门或者环境保护主管部门接到报告后，应当及时核查处理。

第三十二条 排水单位和个人应当按照国家有关规定缴纳污水处理费。

向城镇污水处理设施排放污水、缴纳污水处理费的，不再缴纳排污费。

排水监测机构接受城镇排水主管部门委托从事有关监测活动，不得向城镇污水处理设施维护运营单位和排水户收取任何费用。

第三十三条 污水处理费应当纳入地方财政预算管理，专项用于城镇污水处理设施的建设、运行和污泥处理处置，不得挪作他用。污水处理费的收费标准不应低于城镇污水处理设施正常运营的成本。因特殊原因，收取的污水处理费不足以支付城镇污水处理设施正常运营的成本的，地方人民政府给予补贴。

污水处理费的收取、使用情况应当向社会公开。

第三十四条 县级以上地方人民政府环境保护主管部门应当依法对城镇污水处理设施的出水水质和水量进行监督检查。

城镇排水主管部门应当对城镇污水处理设施运营情况进行监督和考核，并将监督考核情况向社会公布。有关单位和个人应当予以配合。

城镇污水处理设施维护运营单位应当为进出水在线监测系统的安全运行提供保障条件。

第三十五条 城镇排水主管部门应当根据城镇污水处理设施维护运营单位履行维护运营合同的情况以及环境保护主管部门对城镇污水处理设施出水水质和水量的监督检查结果，核定城镇污水处理设施运营服务费。地方人民政府有关部门应当及时、足额拨付城镇污水处理设施运营服务费。

第三十六条 城镇排水主管部门在监督考核中，发现城镇污水处理设施维护运营单位存在未依照法律、法规和有关规定以及维护运营合同进行维护运营，擅自停运或者部分停运城镇污水处理设施，或者其他无法安全运行等情形的，应当要求城镇污水处理设施维护运营单位采取措施，限期整改；逾期不整改的，或者整改后仍无法安全运行的，城镇排水主管部门可以终止维护运营合同。

城镇排水主管部门终止与城镇污水处理设施维护运营单位签订的维护运营合同的，应当采取有效措施保障城镇污水处理设施的安全运行。

第三十七条 国家鼓励城镇污水处理再生利用，工业生产、城市绿化、道路清扫、车辆冲洗、建筑施工以及生态景观等，应当优先使用再生水。

县级以上地方人民政府应当根据当地水资源和水环境状况，合理确定再生水利用的规模，制定促进再生水利用的保障措施。

再生水纳入水资源统一配置，县级以上地方人民政府水行政主管部门应当依法加强指导。

第五章 设施维护与保护

第三十八条 城镇排水与污水处理设施维护运营单位应当建立健全安全生产管理制

度，加强对窨井盖等城镇排水与污水处理设施的日常巡查、维修和养护，保障设施安全运行。

从事管网维护、应急排水、井下及有限空间作业的，设施维护运营单位应当安排专门人员进行现场安全管理，设置醒目警示标志，采取有效措施避免人员坠落、车辆陷落，并及时复原窨井盖，确保操作规程的遵守和安全措施的落实。相关特种作业人员，应当按照国家有关规定取得相应的资格证书。

第三十九条　县级以上地方人民政府应当根据实际情况，依法组织编制城镇排水与污水处理应急预案，统筹安排应对突发事件以及城镇排涝所必需的物资。

城镇排水与污水处理设施维护运营单位应当制定本单位的应急预案，配备必要的抢险装备、器材，并定期组织演练。

第四十条　排水户因发生事故或者其他突发事件，排放的污水可能危及城镇排水与污水处理设施安全运行的，应当立即采取措施消除危害，并及时向城镇排水主管部门和环境保护主管部门等有关部门报告。

城镇排水与污水处理安全事故或者突发事件发生后，设施维护运营单位应当立即启动本单位应急预案，采取防护措施、组织抢修，并及时向城镇排水主管部门和有关部门报告。

第四十一条　城镇排水主管部门应当会同有关部门，按照国家有关规定划定城镇排水与污水处理设施保护范围，并向社会公布。

在保护范围内，有关单位从事爆破、钻探、打桩、顶进、挖掘、取土等可能影响城镇排水与污水处理设施安全的活动的，应当与设施维护运营单位等共同制定设施保护方案，并采取相应的安全防护措施。

第四十二条　禁止从事下列危及城镇排水与污水处理设施安全的活动：

（一）损毁、盗窃城镇排水与污水处理设施；

（二）穿凿、堵塞城镇排水与污水处理设施；

（三）向城镇排水与污水处理设施排放、倾倒剧毒、易燃易爆、腐蚀性废液和废渣；

（四）向城镇排水与污水处理设施倾倒垃圾、渣土、施工泥浆等废弃物；

（五）建设占压城镇排水与污水处理设施的建筑物、构筑物或者其他设施；

（六）其他危及城镇排水与污水处理设施安全的活动。

第四十三条　新建、改建、扩建建设工程，不得影响城镇排水与污水处理设施安全。

建设工程开工前，建设单位应当查明工程建设范围内地下城镇排水与污水处理设施的相关情况。城镇排水主管部门及其他相关部门和单位应当及时提供相关资料。

建设工程施工范围内有排水管网等城镇排水与污水处理设施的，建设单位应当与施工单位、设施维护运营单位共同制定设施保护方案，并采取相应的安全保护措施。

因工程建设需要拆除、改动城镇排水与污水处理设施的，建设单位应当制定拆除、改动方案，报城镇排水主管部门审核，并承担重建、改建和采取临时措施的费用。

第四十四条　县级以上人民政府城镇排水主管部门应当会同有关部门，加强对城镇排水与污水处理设施运行维护和保护情况的监督检查，并将检查情况及结果向社会公开。实施监督检查时，有权采取下列措施：

（一）进入现场进行检查、监测；

（二）查阅、复制有关文件和资料；

（三）要求被监督检查的单位和个人就有关问题作出说明。

被监督检查的单位和个人应当予以配合，不得妨碍和阻挠依法进行的监督检查活动。

第四十五条　审计机关应当加强对城镇排水与污水处理设施建设、运营、维护和保护等资金筹集、管理和使用情况的监督，并公布审计结果。

第六章　法律责任

第四十六条　违反本条例规定，县级以上地方人民政府及其城镇排水主管部门和其他有关部门，不依法作出行政许可或者办理批准文件的，发现违法行为或者接到对违法行为的举报不予查处的，或者有其他未依照本条例履行职责的行为的，对直接负责的主管人员和其他直接责任人员依法给予处分；直接负责的主管人员和其他直接责任人员的行为构成犯罪的，依法追究刑事责任。

违反本条例规定，核发污水排入排水管网许可证、排污许可证后不实施监督检查的，对核发许可证的部门及其工作人员依照前款规定处理。

第四十七条　违反本条例规定，城镇排水主管部门对不符合法定条件的排水户核发污水排入排水管网许可证的，或者对符合法定条件的排水户不予核发污水排入排水管网许可证的，对直接负责的主管人员和其他直接责任人员依法给予处分；直接负责的主管人员和其他直接责任人员的行为构成犯罪的，依法追究刑事责任。

第四十八条　违反本条例规定，在雨水、污水分流地区，建设单位、施工单位将雨水管网、污水管网相互混接的，由城镇排水主管部门责令改正，处 5 万元以上 10 万元以下的罚款；造成损失的，依法承担赔偿责任。

第四十九条　违反本条例规定，城镇排水与污水处理设施覆盖范围内的排水单位和个人，未按照国家有关规定将污水排入城镇排水设施，或者在雨水、污水分流地区将污水排入雨水管网的，由城镇排水主管部门责令改正，给予警告；逾期不改正或者造成严重后果的，对单位处 10 万元以上 20 万元以下罚款，对个人处 2 万元以上 10 万元以下罚款；造成损失的，依法承担赔偿责任。

第五十条　违反本条例规定，排水户未取得污水排入排水管网许可证向城镇排水设施排放污水的，由城镇排水主管部门责令停止违法行为，限期采取治理措施，补办污水排入排水管网许可证，可以处 50 万元以下罚款；造成损失的，依法承担赔偿责任；构成犯罪的，依法追究刑事责任。

违反本条例规定，排水户不按照污水排入排水管网许可证的要求排放污水的，由城镇排水主管部门责令停止违法行为，限期改正，可以处 5 万元以下罚款；造成严重后果的，吊销污水排入排水管网许可证，并处 5 万元以上 50 万元以下罚款，可以向社会予以通报；造成损失的，依法承担赔偿责任；构成犯罪的，依法追究刑事责任。

第五十一条　违反本条例规定，因城镇排水设施维护或者检修可能对排水造成影响或者严重影响，城镇排水设施维护运营单位未提前通知相关排水户的，或者未事先向城镇排水主管部门报告，采取应急处理措施的，或者未按照防汛要求对城镇排水设施进行全面检查、维护、清疏，影响汛期排水畅通的，由城镇排水主管部门责令改正，给予警告；逾期不改正或者造成严重后果的，处 10 万元以上 20 万元以下罚款；造成损失的，依法承担赔偿责任。

第五十二条　违反本条例规定，城镇污水处理设施维护运营单位未按照国家有关规定检测进出水水质的，或者未报送污水处理水质和水量、主要污染物削减量等信息和生产运营成本等信息的，由城镇排水主管部门责令改正，可以处 5 万元以下罚款；造成损失的，依法承担赔偿责任。

违反本条例规定，城镇污水处理设施维护运营单位擅自停运城镇污水处理设施，未按照规定事先报告或者采取应急处理措施的，由城镇排水主管部门责令改正，给予警告；逾期不改正或者造成严重后果的，处 10 万元以上 50 万元以下罚款；造成损失的，依法承担赔偿责任。

第五十三条　违反本条例规定，城镇污水处理设施维护运营单位或者污泥处理处置单位对产生的污泥以及处理处置后的污泥的去向、用途、用量等未进行跟踪、记录的，或者处理处置后的污泥不符合国家有关标准的，由城镇排水主管部门责令限期采取治理措施，给予警告；造成严重后果的，处10万元以上20万元以下罚款；逾期不采取治理措施的，城镇排水主管部门可以指定有治理能力的单位代为治理，所需费用由当事人承担；造成损失的，依法承担赔偿责任。

违反本条例规定，擅自倾倒、堆放、丢弃、遗撒污泥的，由城镇排水主管部门责令停止违法行为，限期采取治理措施，给予警告；造成严重后果的，对单位处10万元以上50万元以下罚款，对个人处2万元以上10万元以下罚款；逾期不采取治理措施的，城镇排水主管部门可以指定有治理能力的单位代为治理，所需费用由当事人承担；造成损失的，依法承担赔偿责任。

第五十四条　违反本条例规定，排水单位或者个人不缴纳污水处理费的，由城镇排水主管部门责令限期缴纳，逾期拒不缴纳的，处应缴纳污水处理费数额1倍以上3倍以下罚款。

第五十五条　违反本条例规定，城镇排水与污水处理设施维护运营单位有下列情形之一的，由城镇排水主管部门责令改正，给予警告；逾期不改正或者造成严重后果的，处10万元以上50万元以下罚款；造成损失的，依法承担赔偿责任；构成犯罪的，依法追究刑事责任：

（一）未按照国家有关规定履行日常巡查、维修和养护责任，保障设施安全运行的；

（二）未及时采取防护措施、组织事故抢修的；

（三）因巡查、维护不到位，导致窨井盖丢失、损毁，造成人员伤亡和财产损失的。

第五十六条　违反本条例规定，从事危及城镇排水与污水处理设施安全的活动的，由城镇排水主管部门责令停止违法行为，限期恢复原状或者采取其他补救措施，给予警告；逾期不采取补救措施或者造成严重后果的，对单位处10万元以上30万元以下罚款，对个人处2万元以上10万元以下罚款；造成损失的，依法承担赔偿责任；构成犯罪的，依法追究刑事责任。

第五十七条　违反本条例规定，有关单位未与施工单位、设施维护运营单位等共同制定设施保护方案，并采取相应的安全防护措施的，由城镇排水主管部门责令改正，处2万元以上5万元以下罚款；造成严重后果的，处5万元以上10万元以下罚款；造成损失的，依法承担赔偿责任；构成犯罪的，依法追究刑事责任。

违反本条例规定，擅自拆除、改动城镇排水与污水处理设施的，由城镇排水主管部门责令改正，恢复原状或者采取其他补救措施，处5万元以上10万元以下罚款；造成严重后果的，处10万元以上30万元以下罚款；造成损失的，依法承担赔偿责任；构成犯罪的，依法追究刑事责任。

第七章　附　　则

第五十八条　依照《中华人民共和国水污染防治法》的规定，排水户需要取得排污许可证的，由环境保护主管部门核发；违反《中华人民共和国水污染防治法》的规定排放污水的，由环境保护主管部门处罚。

第五十九条　本条例自2014年1月1日起施行。

畜禽规模养殖污染防治条例

（2013年10月8日国务院第26次常务会议通过，2013年11月11日公布，自2014年1月1日起施行）

第一章 总 则

第一条 为了防治畜禽养殖污染，推进畜禽养殖废弃物的综合利用和无害化处理，保护和改善环境，保障公众身体健康，促进畜牧业持续健康发展，制定本条例。

第二条 本条例适用于畜禽养殖场、养殖小区的养殖污染防治。

畜禽养殖场、养殖小区的规模标准根据畜牧业发展状况和畜禽养殖污染防治要求确定。

牧区放牧养殖污染防治，不适用本条例。

第三条 畜禽养殖污染防治，应当统筹考虑保护环境与促进畜牧业发展的需要，坚持预防为主、防治结合的原则，实行统筹规划、合理布局、综合利用、激励引导。

第四条 各级人民政府应当加强对畜禽养殖污染防治工作的组织领导，采取有效措施，加大资金投入，扶持畜禽养殖污染防治以及畜禽养殖废弃物综合利用。

第五条 县级以上人民政府环境保护主管部门负责畜禽养殖污染防治的统一监督管理。

县级以上人民政府农牧主管部门负责畜禽养殖废弃物综合利用的指导和服务。

县级以上人民政府循环经济发展综合管理部门负责畜禽养殖循环经济工作的组织协调。

县级以上人民政府其他有关部门依照本条例规定和各自职责，负责畜禽养殖污染防治相关工作。

乡镇人民政府应当协助有关部门做好本行政区域的畜禽养殖污染防治工作。

第六条 从事畜禽养殖以及畜禽养殖废弃物综合利用和无害化处理活动，应当符合国家有关畜禽养殖污染防治的要求，并依法接受有关主管部门的监督检查。

第七条 国家鼓励和支持畜禽养殖污染防治以及畜禽养殖废弃物综合利用和无害化处理的科学技术研究和装备研发。各级人民政府应当支持先进适用技术的推广，促进畜禽养殖污染防治水平的提高。

第八条 任何单位和个人对违反本条例规定的行为，有权向县级以上人民政府环境保护等有关部门举报。接到举报的部门应当及时调查处理。

对在畜禽养殖污染防治中作出突出贡献的单位和个人，按照国家有关规定给予表彰和奖励。

第二章 预 防

第九条 县级以上人民政府农牧主管部门编制畜牧业发展规划，报本级人民政府或者其授权的部门批准实施。畜牧业发展规划应当统筹考虑环境承载能力以及畜禽养殖污染防治要求，合理布局，科学确定畜禽养殖的品种、规模、总量。

第十条 县级以上人民政府环境保护主管部门会同农牧主管部门编制畜禽养殖污染防治规划，报本级人民政府或者其授权的部门批准实施。畜禽养殖污染防治规划应当与畜牧业发展规划相衔接，统筹考虑畜禽养殖生产布局，明确畜禽养殖污染防治目标、任务、重点区域，明确污染治理重点设施建设，以及废弃物综合利用等污染防治措施。

第十一条 禁止在下列区域内建设畜禽养殖场、养殖小区：

（一）饮用水水源保护区，风景名胜区；

（二）自然保护区的核心区和缓冲区；

（三）城镇居民区、文化教育科学研究区等人口集中区域；

（四）法律、法规规定的其他禁止养殖区域。

第十二条 新建、改建、扩建畜禽养殖场、养殖小区，应当符合畜牧业发展规划、畜禽养殖污染防治规划，满足动物防疫条件，并进行环境影响评价。对环境可能造成重大影响的大型畜禽养殖场、养殖小区，应当编制环境影响报告书；其他畜禽养殖场、养殖小区应当填报环境影响登记表。大型畜禽养殖场、养殖小区的管理目录，由国务院环境保护主管部门商国务院农牧主管部门确定。

环境影响评价的重点应当包括：畜禽养殖产生的废弃物种类和数量，废弃物综合利用和无害化处理方案和措施，废弃物的消纳和处理情况以及向环境直接排放的情况，最终可能对水体、土壤等环境和人体健康产生的影响以及控制和减少影响的方案和措施等。

第十三条 畜禽养殖场、养殖小区应当根据养殖规模和污染防治需要，建设相应的畜禽粪便、污水与雨水分流设施，畜禽粪便、污水的贮存设施，粪污厌氧消化和堆沤、有机肥加工、制取沼气、沼渣沼液分离和输送、污水处理、畜禽尸体处理等综合利用和无害化处理设施。已经委托他人对畜禽养殖废弃物代为综合利用和无害化处理的，可以不自行建设综合利用和无害化处理设施。

未建设污染防治配套设施、自行建设的配套设施不合格，或者未委托他人对畜禽养殖废弃物进行综合利用和无害化处理的，畜禽养殖场、养殖小区不得投入生产或者使用。

畜禽养殖场、养殖小区自行建设污染防治配套设施的，应当确保其正常运行。

第十四条 从事畜禽养殖活动，应当采取科学的饲养方式和废弃物处理工艺等有效措施，减少畜禽养殖废弃物的产生量和向环境的排放量。

第三章 综合利用与治理

第十五条 国家鼓励和支持采取粪肥还田、制取沼气、制造有机肥等方法，对畜禽养殖废弃物进行综合利用。

第十六条 国家鼓励和支持采取种植和养殖相结合的方式消纳利用畜禽养殖废弃物，促进畜禽粪便、污水等废弃物就地就近利用。

第十七条 国家鼓励和支持沼气制取、有机肥生产等废弃物综合利用以及沼渣沼液输送和施用、沼气发电等相关配套设施建设。

第十八条 将畜禽粪便、污水、沼渣、沼液等用作肥料的，应当与土地的消纳能力相适应，并采取有效措施，消除可能引起传染病的微生物，防止污染环境和传播疫病。

第十九条 从事畜禽养殖活动和畜禽养殖废弃物处理活动，应当及时对畜禽粪便、畜禽尸体、污水等进行收集、贮存、清运，防止恶臭和畜禽养殖废弃物渗出、泄漏。

第二十条 向环境排放经过处理的畜禽养殖废弃物，应当符合国家和地方规定的污染物排放标准和总量控制指标。畜禽养殖废弃物未经处理，不得直接向环境排放。

第二十一条 染疫畜禽以及染疫畜禽排泄物、染疫畜禽产品、病死或者死因不明的畜禽尸体等病害畜禽养殖废弃物，应当按照有关法律、法规和国务院农牧主管部门的规定，进行深埋、化制、焚烧等无害化处理，不得随意处置。

第二十二条 畜禽养殖场、养殖小区应当定期将畜禽养殖品种、规模以及畜禽养殖废弃物的产生、排放和综合利用等情况，报县级人民政府环境保护主管部门备案。环境保护主管部门应当定期将备案情况抄送同级农牧主管部门。

第二十三条 县级以上人民政府环境保护主管部门应当依据职责对畜禽养殖污染防治情况进行监督检查，并加强对畜禽养殖环境污染的监测。

乡镇人民政府、基层群众自治组织发现畜禽养殖环境污染行为的，应当及时制止和报告。

第二十四条 对污染严重的畜禽养殖密集区域，市、县人民政府应当制定综合整治方案，采取组织建设畜禽养殖废弃物综合利用和无害化处理设施、有计划搬迁或者关闭畜禽养殖场所等措施，对畜禽养殖污染进行治理。

第二十五条 因畜牧业发展规划、土地利用总体规划、城乡规划调整以及划定禁止养殖区域，或者因对污染严重的畜禽养殖密集区域进行综合整治，确需关闭或者搬迁现有畜禽养殖场所，致使畜禽养殖者遭受经济损失的，由县级以上地方人民政府依法予以补偿。

第四章 激励措施

第二十六条 县级以上人民政府应当采取示范奖励等措施，扶持规模化、标准化畜禽养殖，支持畜禽养殖场、养殖小区进行标准化改造和污染防治设施建设与改造，鼓励分散饲养向集约饲养方式转变。

第二十七条 县级以上地方人民政府在组织编制土地利用总体规划过程中，应当统筹安排，将规模化畜禽养殖用地纳入规划，落实养殖用地。

国家鼓励利用废弃地和荒山、荒沟、荒丘、荒滩等未利用地开展规模化、标准化畜禽养殖。

畜禽养殖用地按农用地管理，并按照国家有关规定确定生产设施用地和必要的污染防治等附属设施用地。

第二十八条 建设和改造畜禽养殖污染防治设施，可以按照国家规定申请包括污染治理贷款贴息补助在内的环境保护等相关资金支持。

第二十九条 进行畜禽养殖污染防治，从事利用畜禽养殖废弃物进行有机肥产品生产经营等畜禽养殖废弃物综合利用活动的，享受国家规定的相关税收优惠政策。

第三十条 利用畜禽养殖废弃物生产有机肥产品的，享受国家关于化肥运力安排等支持政策；购买使用有机肥产品的，享受不低于国家关于化肥的使用补贴等优惠政策。

畜禽养殖场、养殖小区的畜禽养殖污染防治设施运行用电执行农业用电价格。

第三十一条 国家鼓励和支持利用畜禽养殖废弃物进行沼气发电，自发自用、多余电量接入电网。电网企业应当依照法律和国家有关规定为沼气发电提供无歧视的电网接入服务，并全额收购其电网覆盖范围内符合并网技术标准的多余电量。

利用畜禽养殖废弃物进行沼气发电的，依法享受国家规定的上网电价优惠政策。利用畜禽养殖废弃物制取沼气或进而制取天然气的，依法享受新能源优惠政策。

第三十二条 地方各级人民政府可以根据本地区实际，对畜禽养殖场、养殖小区支出的建设项目环境影响咨询费用给予补助。

第三十三条 国家鼓励和支持对染疫畜禽、病死或者死因不明畜禽尸体进行集中无害化处理，并按照国家有关规定对处理费用、养殖损失给予适当补助。

第三十四条 畜禽养殖场、养殖小区排放污染物符合国家和地方规定的污染物排放标准和总量控制指标，自愿与环境保护主管部门签订进一步削减污染物排放量协议的，由县级人民政府按照国家有关规定给予奖励，并优先列入县级以上人民政府安排的环境保护和畜禽养殖发展相关财政资金扶持范围。

第三十五条 畜禽养殖户自愿建设综合利用和无害化处理设施、采取措施减少污染物排放的，可以依照本条例规定享受相关激励和扶持政策。

第五章　法律责任

第三十六条　各级人民政府环境保护主管部门、农牧主管部门以及其他有关部门未依照本条例规定履行职责的，对直接负责的主管人员和其他直接责任人员依法给予处分；直接负责的主管人员和其他直接责任人员构成犯罪的，依法追究刑事责任。

第三十七条　违反本条例规定，在禁止养殖区域内建设畜禽养殖场、养殖小区的，由县级以上地方人民政府环境保护主管部门责令停止违法行为；拒不停止违法行为的，处3万元以上10万元以下的罚款，并报县级以上人民政府责令拆除或者关闭。在饮用水水源保护区建设畜禽养殖场、养殖小区的，由县级以上地方人民政府环境保护主管部门责令停止违法行为，处10万元以上50万元以下的罚款，并报经有批准权的人民政府批准，责令拆除或者关闭。

第三十八条　违反本条例规定，畜禽养殖场、养殖小区依法应当进行环境影响评价而未进行的，由有权审批该项目环境影响评价文件的环境保护主管部门责令停止建设，限期补办手续；逾期不补办手续的，处5万元以上20万元以下的罚款。

第三十九条　违反本条例规定，未建设污染防治配套设施或者自行建设的配套设施不合格，也未委托他人对畜禽养殖废弃物进行综合利用和无害化处理，畜禽养殖场、养殖小区即投入生产、使用，或者建设的污染防治配套设施未正常运行的，由县级以上人民政府环境保护主管部门责令停止生产或者使用，可以处10万元以下的罚款。

第四十条　违反本条例规定，有下列行为之一的，由县级以上地方人民政府环境保护主管部门责令停止违法行为，限期采取治理措施消除污染，依照《中华人民共和国水污染防治法》、《中华人民共和国固体废物污染环境防治法》的有关规定予以处罚：

（一）将畜禽养殖废弃物用作肥料，超出土地消纳能力，造成环境污染的；

（二）从事畜禽养殖活动或者畜禽养殖废弃物处理活动，未采取有效措施，导致畜禽养殖废弃物渗出、泄漏的。

第四十一条　排放畜禽养殖废弃物不符合国家或者地方规定的污染物排放标准或者总量控制指标，或者未经无害化处理直接向环境排放畜禽养殖废弃物的，由县级以上地方人民政府环境保护主管部门责令限期治理，可以处5万元以下的罚款。县级以上地方人民政府环境保护主管部门作出限期治理决定后，应当会同同级人民政府农牧等有关部门对整改措施的落实情况及时进行核查，并向社会公布核查结果。

第四十二条　未按照规定对染疫畜禽和病害畜禽养殖废弃物进行无害化处理的，由动物卫生监督机构责令无害化处理，所需处理费用由违法行为人承担，可以处3000元以下的罚款。

第六章　附　　则

第四十三条　畜禽养殖场、养殖小区的具体规模标准由省级人民政府确定，并报国务院环境保护主管部门和国务院农牧主管部门备案。

第四十四条　本条例自2014年1月1日起施行。

入河排污口监督管理办法

（2004年11月30日水利部令第22号发布，根据2015年12月16日《水利部关于废止和修改部分规章的决定》修正）

第一条 为加强入河排污口监督管理，保护水资源，保障防洪和工程设施安全，促进水资源的可持续利用，根据《中华人民共和国水法》、《中华人民共和国防洪法》和《中华人民共和国河道管理条例》等法律法规，制定本办法。

第二条 在江河、湖泊（含运河、渠道、水库等水域，下同）新建、改建或者扩大排污口，以及对排污口使用的监督管理，适用本办法。

前款所称排污口，包括直接或者通过沟、渠、管道等设施向江河、湖泊排放污水的排污口，以下统称入河排污口；新建，是指入河排污口的首次建造或者使用，以及对原来不具有排污功能或者已废弃的排污口的使用；改建，是指已有入河排污口的排放位置、排放方式等事项的重大改变；扩大，是指已有入河排污口排污能力的提高。入河排污口的新建、改建和扩大，以下统称入河排污口设置。

第三条 入河排污口的设置应当符合水功能区划、水资源保护规划和防洪规划的要求。

第四条 国务院水行政主管部门负责全国入河排污口监督管理的组织和指导工作，县级以上地方人民政府水行政主管部门和流域管理机构按照本办法规定的权限负责入河排污口设置和使用的监督管理工作。

县级以上地方人民政府水行政主管部门和流域管理机构可以委托下级地方人民政府水行政主管部门或者其所属管理单位对其管理权限内的入河排污口实施日常监督管理。

第五条 依法应当办理河道管理范围内建设项目审查手续的，其入河排污口设置由县级以上地方人民政府水行政主管部门和流域管理机构按照河道管理范围内建设项目的管理权限审批；依法不需要办理河道管理范围内建设项目审查手续的，除下列情况外，其入河排污口设置由入河排污口所在地县级水行政主管部门负责审批：

（一）在流域管理机构直接管理的河道（河段）、湖泊上设置入河排污口的，由该流域管理机构负责审批；

（二）设置入河排污口需要同时办理取水许可手续的，其入河排污口设置由县级以上地方人民政府水行政主管部门和流域管理机构按照取水许可管理权限审批；

（三）设置入河排污口不需要办理取水许可手续，但是按规定需要编制环境影响报告书（表）的，其入河排污口设置由与负责审批环境影响报告书（表）的环境保护部门同级的水行政主管部门审批。其中环境影响报告书（表）需要报国务院环境保护行政主管部门审批的，其入河排污口设置由所在流域的流域管理机构审批。

第六条 设置入河排污口的单位（下称排污单位），应当在向环境保护行政主管部门报送建设项目环境影响报告书（表）之前，向有管辖权的县级以上地方人民政府水行政主管部门或者流域管理机构提出入河排污口设置申请。

依法需要办理河道管理范围内建设项目审查手续或者取水许可审批手续的，排污单位应当根据具体要求，分别在提出河道管理范围内建设项目申请或者取水许可申请的同时，提出入河排污口设置申请。

依法不需要编制环境影响报告书（表）以及依法不需要办理河道管理范围内建设项目审查手续和取水许可手续的，排污单位应当在设置入河排污口前，向有管辖权的县级以上地方人民政府水行政主管部门或者流域管理机构提出入河排污口设置申请。

第七条　设置入河排污口应当提交以下材料：

（一）入河排污口设置申请书；

（二）建设项目依据文件；

（三）入河排污口设置论证报告；

（四）其他应当提交的有关文件。

设置入河排污口对水功能区影响明显轻微的，经有管辖权的县级以上地方人民政府水行政主管部门或者流域管理机构同意，可以不编制入河排污口设置论证报告，只提交设置入河排污口对水功能区影响的简要分析材料。

第八条　设置入河排污口依法应当办理河道管理范围内建设项目审查手续的，排污单位提交的河道管理范围内工程建设申请中应当包含入河排污口设置的有关内容，不再单独提交入河排污口设置申请书。

设置入河排污口需要同时办理取水许可和入河排污口设置申请的，排污单位提交的建设项目水资源论证报告中应当包含入河排污口设置论证报告的有关内容，不再单独提交入河排污口设置论证报告。

第九条　入河排污口设置论证报告应当包括下列内容：

（一）入河排污口所在水域水质、接纳污水及取水现状；

（二）入河排污口位置、排放方式；

（三）入河污水所含主要污染物种类及其排放浓度和总量；

（四）水域水质保护要求，入河污水对水域水质和水功能区的影响；

（五）入河排污口设置对有利害关系的第三者的影响；

（六）水质保护措施及效果分析；

（七）论证结论。

设置入河排污口依法应当办理河道管理范围内建设项目审查手续的，还应当按照有关规定就建设项目对防洪的影响进行论证。

第十条　排污单位应当按照有关技术要求，自行或者委托有关单位编制入河排污口设置论证报告。

第十一条　有管辖权的县级以上地方人民政府水行政主管部门或者流域管理机构对申请材料齐全、符合法定形式的入河排污口设置申请，应当予以受理。

对申请材料不齐全或者不符合法定形式的，应当当场或者在五日内一次告知需要补正的全部内容，排污单位按照要求提交全部补正材料的，应当受理；逾期不告知补正内容的，自收到申请材料之日起即为受理。

受理或者不受理入河排污口设置申请，应当出具加盖印章和注明日期的书面凭证。

第十二条　有管辖权的县级以上地方人民政府水行政主管部门或者流域管理机构应当自受理入河排污口设置申请之日起二十日内作出决定。同意设置入河排污口的，应当予以公告，公众有权查询；不同意设置入河排污口的，应当说明理由，并告知排污单位享有依法申请行政复议或者提起行政诉讼的权利。对于依法应当编制环境影响报告书（表）的建设项目，还应当将有关决定抄送负责该报告书（表）审批的环境保护行政主管部门。

有管辖权的县级以上地方人民政府水行政主管部门或者流域管理机构根据需要，可以对入河排污口设置论证报告组织专家评审，并将所需时间告知排污单位。

入河排污口设置直接关系他人重大利益的，应当告知该利害关系人。排污单位、利害关系人有权进行陈述和申辩。

入河排污口的设置需要听证或者应当听证的，依法举行听证。

有管辖权的县级以上地方人民政府水行政主管部门或者流域管理机构作出决定前，应当征求入河排污口所在地有关水行政主管部门的意见。

本条第二款规定的专家评审和第四款规定的听证所需时间不计算在本条第一款规定的期限内，有管辖权的县级以上地方人民政府水行政主管部门或者流域管理机构应当将所需时间告知排污单位。

第十三条 设置入河排污口依法应当办理河道管理范围内建设项目审查手续的，有管辖权的县级以上地方人民政府水行政主管部门或者流域管理机构在对该工程建设申请和工程建设对防洪的影响评价进行审查的同时，还应当对入河排污口设置及其论证的内容进行审查，并就入河排污口设置对防洪和水资源保护的影响一并出具审查意见。

设置入河排污口需要同时办理取水许可和入河排污口设置申请的，有管辖权的县级以上地方人民政府水行政主管部门或者流域管理机构应当就取水许可和入河排污口设置申请一并出具审查意见。

第十四条 有下列情形之一的，不予同意设置入河排污口：

（一）在饮用水水源保护区内设置入河排污口的；

（二）在省级以上人民政府要求削减排污总量的水域设置入河排污口的；

（三）入河排污口设置可能使水域水质达不到水功能区要求的；

（四）入河排污口设置直接影响合法取水户用水安全的；

（五）入河排污口设置不符合防洪要求的；

（六）不符合法律、法规和国家产业政策规定的；

（七）其他不符合国务院水行政主管部门规定条件的。

第十五条 同意设置入河排污口的决定应当包括以下内容：

（一）入河排污口设置地点、排污方式和对排污口门的要求；

（二）特别情况下对排污的限制；

（三）水资源保护措施要求；

（四）对建设项目入河排污口投入使用前的验收要求；

（五）其他需要注意的事项。

第十六条 发生严重干旱或者水质严重恶化等紧急情况时，有管辖权的县级以上地方人民政府水行政主管部门或者流域管理机构应当及时报告有关人民政府，由其对排污单位提出限制排污要求。

第十七条 《中华人民共和国水法》施行前已经设置入河排污口的单位，应当在本办法施行后到入河排污口所在地县级人民政府水行政主管部门或者流域管理机构所属管理单位进行入河排污口登记，由其汇总并逐级报送有管辖权的水行政主管部门或者流域管理机构。

第十八条 县级以上地方人民政府水行政主管部门应当对饮用水水源保护区内的排污口现状情况进行调查，并提出整治方案报同级人民政府批准后实施。

第十九条 县级以上地方人民政府水行政主管部门和流域管理机构应当对管辖范围内的入河排污口设置建立档案制度和统计制度。

第二十条 县级以上地方人民政府水行政主管部门和流域管理机构应当对入河排污口设置情况进行监督检查。被检查单位应当如实提供有关文件、证照和资料。

监督检查机关有为被检查单位保守技术和商业秘密的义务。

第二十一条 未经有管辖权的县级以上地方人民政府水行政主管部门或者流域管理机构审查同意，擅自在江河、湖泊设置入河排污口的，依照《中华人民共和国水法》

第六十七条第二款追究法律责任。

虽经审查同意，但未按要求设置入河排污口的，依照《中华人民共和国水法》第六十五条第三款和《中华人民共和国防洪法》第五十八条追究法律责任。

在饮用水水源保护区内设置排污口的，以及已设排污口不依照整治方案限期拆除的，依照《中华人民共和国水法》第六十七条第一款追究法律责任。

第二十二条　入河排污口设置和使用的监督管理，本办法有规定的，依照本办法执行；本办法未规定，需要办理河道管理范围内建设项目审查手续的，依照河道管理范围内建设项目管理的有关规定执行。

第二十三条　入河排污口设置申请书和入河排污口登记表等文书格式，由国务院水行政主管部门统一制定。

第二十四条　各省、自治区、直辖市水行政主管部门和流域管理机构，可以根据本办法制定实施细则。

第二十五条　本办法由国务院水行政主管部门负责解释。

第二十六条　本办法自2005年1月1日起施行。

中华人民共和国防治船舶污染内河水域环境管理规定

（2015年12月31日交通运输部公布，根据2022年9月26日《交通运输部关于修改〈中华人民共和国防治船舶污染内河水域环境管理规定〉的决定》修正）

第一章　总　　则

第一条　为防治船舶及其作业活动污染内河水域环境，保护内河水域环境，根据《中华人民共和国水污染防治法》《危险化学品安全管理条例》等法律、行政法规，制定本规定。

第二条　防治船舶及其作业活动污染中华人民共和国内河水域环境，适用本规定。

第三条　防治船舶及其作业活动污染内河水域环境，实行预防为主、防治结合、及时处置、综合治理的原则。

第四条　交通运输部主管全国防治船舶及其作业活动污染内河水域环境的管理。

国家海事管理机构统一负责全国防治船舶及其作业活动污染内河水域环境的监督管理工作。

各级海事管理机构依照各自的职责权限，具体负责管辖区域内防治船舶及其作业活动污染内河水域环境的监督管理工作。

第二章　一般规定

第五条　中国籍船舶防治污染的结构、设备、器材应当符合国家有关规范、标准，经海事管理机构或者其认可的船舶检验机构检验，并保持良好的技术状态。

外国籍船舶防治污染的结构、设备、器材应当符合中华人民共和国缔结或者加入的有关国际公约，经船旗国政府或者其认可的船舶检验机构检验，并保持良好的技术状态。

船舶经船舶检验机构检验可以免除配备相应的污染物处理装置的，应当在相应的船舶检验证书中予以注明。

第六条　船舶应当依照法律、行政法规、国务院交通运输主管部门的规定以及中华人民共和国缔结或者加入的国际条约、协定的要求，具备并随船携带相应的防治船舶污染内河水域环境的证书、文书。

第七条 船员应当具有相应的防治船舶污染内河水域环境的专业知识和技能，熟悉船舶防污染程序和要求，经过相应的专业培训，持有有效的适任证书和合格证明。

从事有关作业活动的单位应当组织本单位作业人员进行防治污染操作技能、设备使用、作业程序、安全防护和应急反应等专业培训，确保作业人员具备相关防治污染的专业知识和技能。

第八条 港口、码头、装卸站以及从事船舶水上修造、水上拆解、打捞等作业活动的单位，应当按照国家有关规范和标准，配备相应的污染防治设施、设备和器材，并保持良好的技术状态。同一港口、港区、作业区或者相邻港口的单位，可以通过建立联防机制，实现污染防治设施、设备和器材的统一调配使用。

港口、码头、装卸站应当接收靠泊船舶生产经营过程中产生的船舶污染物。从事船舶水上修造、水上拆解、打捞等作业活动的单位，应当按照规定处理船舶修造、打捞、拆解过程中产生的污染物。

第九条 150总吨及以上的油船、油驳和400总吨及以上的非油船、非油驳的拖驳船队应当制定《船上油污应急计划》。150总吨以下油船应当制定油污应急程序。

150总吨及以上载运散装有毒液体物质的船舶应当按照交通运输部的规定制定《船上有毒液体物质污染应急计划》和货物资料文书，明确应急管理程序与布置要求。

400总吨及以上载运散装有毒液体物质的船舶可以制定《船上污染应急计划》，代替《船上有毒液体物质污染应急计划》和《船上油污应急计划》。

水路运输企业应当针对所运输的危险化学品的危险特性，制定运输船舶危险化学品事故应急救援预案，并为运输船舶配备充足、有效的应急救援器材和设备。

港口、码头、装卸站的经营人以及有关作业单位应当制定防治船舶及其作业活动污染内河水域环境的应急预案，每年至少组织一次应急演练，并做好记录。

第十条 依法设立特殊保护水域涉及防治船舶污染内河水域环境的，应当事先征求海事管理机构的意见，并由海事管理机构发布航行通（警）告。设立特殊保护水域的，应当同时设置船舶污染物接收及处理设施。

在特殊保护水域内航行、停泊、作业的船舶，应当遵守特殊保护水域有关防污染的规定、标准。

第十一条 船舶或者有关作业单位造成水域环境污染损害的，应当依法承担污染损害赔偿责任。

通过内河运输危险化学品的船舶，其所有人或者经营人应当投保船舶污染损害责任保险或者取得财务担保。船舶污染损害责任保险单证或者财务担保证明的副本应当随船携带。

通过内河运输危险化学品的中国籍船舶的所有人或者经营人，应当向在我国境内依法成立的商业性保险机构和互助性保险机构投保船舶污染损害责任保险。具体办法另行制定。

第十二条 船舶污染事故引起的污染损害赔偿争议，当事人可以申请海事管理机构调解。在调解过程中，当事人申请仲裁、向人民法院提起诉讼或者一方中途退出调解的，应当及时通知海事管理机构，海事管理机构应当终止调解，并通知其他当事人。

调解成功的，由各方当事人共同签署《船舶污染事故民事纠纷调解协议书》。调解不成或者在3个月内未达成调解协议的，应当终止调解。

第三章 船舶污染物的排放和接收

第十三条 在内河水域航行、停泊和作业的船舶，不得违反法律、行政法规、规范、标准和交通运输部的规定向内河水域排放污染物。不符合排放规定的船舶污染物应当交由港口、码头、装卸站或者有资质的单位接收处理。

禁止船舶向内河水体排放有毒液体物质及其残余物或者含有此类物质的压载水、洗舱水或者其他混合物。

禁止船舶在内河水域使用焚烧炉。

禁止在内河水域使用溢油分散剂。

第十四条 150总吨及以上的油船、油驳和400总吨及以上的非油船、非油驳的拖驳船队应当将油类作业情况如实、规范地记录在经海事管理机构签注的《油类记录簿》中。

150总吨以下的油船、油驳和400总吨以下的非油船、非油驳的拖驳船队应当将油类作业情况如实、规范地记录在《轮机日志》或者《航行日志》中。

载运散装有毒液体物质的船舶应当将有关作业情况如实、规范地记录在经海事管理机构签注的《货物记录簿》中。

船舶应当将使用完毕的《油类记录簿》《货物记录簿》在船上保留3年。

第十五条 船长12米及以上的船舶应当设置符合格式要求的垃圾告示牌，告知船员和旅客关于垃圾管理的要求。

100总吨及以上的船舶以及经核准载运15名及以上人员且单次航程超过2公里或者航行时间超过15分钟的船舶，应当持有《船舶垃圾管理计划》和海事管理机构签注的《船舶垃圾记录簿》，并将有关垃圾收集处理情况如实、规范地记录于《船舶垃圾记录簿》中。《船舶垃圾记录簿》应当随时可供检查，使用完毕后在船上保留2年。

本条第二款规定以外的船舶应当将有关垃圾收集处理情况记录于《航行日志》中。

第十六条 禁止向内河水域排放船舶垃圾。船舶应当配备有盖、不渗漏、不外溢的垃圾储存容器或者实行袋装，按照《船舶垃圾管理计划》对所产生的垃圾进行分类、收集、存放。

船舶将含有有毒有害物质或者其他危险成分的垃圾排入港口接收设施或者委托船舶污染物接收单位接收的，应当提前向对方提供此类垃圾所含物质的名称、性质和数量等信息。

第十七条 船舶在内河航行时，应当按照规定使用声响装置，并符合环境噪声污染防治有关要求。

第十八条 船舶使用的燃料应当符合有关法律法规和标准要求，鼓励船舶使用清洁能源。

船舶不得超过相关标准向大气排放动力装置运转产生的废气以及船上产生的挥发性有机化合物。

第十九条 来自疫区船舶的船舶垃圾、压载水、生活污水等船舶污染物，应当经检疫部门检疫合格后，方可进行接收和处理。

第二十条 船舶污染物接收单位在污染物接收作业完毕后，应当向船舶出具污染物接收处理单证，并将接收的船舶污染物交由岸上相关单位按规定处理。

船舶污染物接收单证上应当注明作业双方名称、作业开始和结束的时间、地点，以及污染物种类、数量等内容，并由船方签字确认。船舶应当将船舶污染物接收单证与相关记录簿一并保存备查。

第四章 船舶作业活动的污染防治

第二十一条 从事水上船舶清舱、洗舱、污染物接收、燃料供受、修造、打捞、拆解、污染清除作业以及利用船舶进行其他水上水下活动的，应当遵守相关操作规程，采取必要的防治污染措施。

船舶在港从事前款所列相关作业的，在开始作业时，应当通过甚高频、电话或者信息系统等向海事管理机构报告作业时间、作业内容等信息。

第二十二条 托运人交付船舶载运具有污染危害性货物的，应当采取有效的防污染措施，确保货物状况符合船舶载运要求和防污染要求，并在运输单证上注明货物的正确名称、数量、污染类别、性质、预防和应急措施等内容。

曾经载运污染危害性货物的空容器和空运输组件，在未彻底清洗或者消除危害之前，应当按照原所装货物的要求进行运输。

交付船舶载运污染危害性质不明的货物，货物所有人或者其代理人应当委托具备相应技术能力的机构进行货物污染危害性评估分类，确定安全运输条件，方可交付船舶载运。

第二十三条 船舶载运污染危害性货物应当具备与所载货物危害性质相适应的防污染条件。

船舶不得载运污染危害性质不明的货物以及超过相关标准、规范规定的单船限制性数量要求的危险化学品。

第二十四条 船舶运输散发有毒有害气体或者粉尘物质等货物的，应当采取封闭或者其他防护措施。

从事前款货物的装卸和过驳作业，作业双方应当在作业过程中采取措施回收有毒有害气体。

第二十五条 从事散装液体污染危害性货物装卸作业的，作业双方应当在作业前对相关防污染措施进行确认，按照规定填写防污染检查表，并在作业过程中严格落实防污染措施。

第二十六条 船舶从事散装液体污染危害性货物水上过驳作业时，应当遵守有关作业规程，会同作业单位确定操作方案，合理配置和使用装卸管系及设备，按照规定填写防污染检查表，针对货物特性和作业方式制定并落实防污染措施。

第二十七条 船舶进行下列作业，在长江、珠江、黑龙江水系干线作业量超过300吨和其他内河水域超过150吨的，港口、码头、装卸站应当采取包括布设围油栏在内的防污染措施，其中过驳作业由过驳作业经营人负责：

（一）散装持久性油类的装卸和过驳作业，但船舶燃油供应作业除外；

（二）比重小于1（相对于水）、溶解度小于0.1%的散装有毒液体物质的装卸和过驳作业；

（三）其他可能造成水域严重污染的作业。

因自然条件等原因，不适合布设围油栏的，应当采取有效替代措施。

第二十八条 从事船舶燃料供应作业的单位应当建立有关防治污染的管理制度和应急预案，配备足够的防污染设备、器材和合格的人员。

从事船舶燃料供受作业，作业双方应当在作业前对相关防污染措施进行确认，按照规定填写防污染检查表，并在作业过程中严格落实防污染措施。

第二十九条 从事船舶燃料供受作业的水上燃料加注站应当满足国家规定的防污染技术标准要求。

水上燃料加注站接受燃料补给作业应当按照污染危害性货物过驳作业办理相关手续。

第三十条 水上船舶修造及其相关作业过程中产生的污染物应当及时清除，不得投弃入水。

船舶燃油舱、液货舱中的污染物需要通过过驳方式交付储存的，应当遵守污染危害性货物过驳作业管理要求。

船坞内进行的修造作业结束后，作业单位应当进行坞内清理和清洁，确认不会造成水域污染后，方可沉坞或者开启坞门。

第三十一条 从事船舶水上拆解的单位在船舶拆解作业前，应当按规定落实防污染措施，彻底清除船上留有的污染物，满足作业条件后，方可进行船舶拆解作业。

从事船舶水上拆解的单位在拆解作业结束后，应当及时清理船舶拆解现场，并按照国家有关规定处理船舶拆解产生的污染物。

禁止采取冲滩方式进行船舶拆解作业。

第五章 船舶污染事故应急处置

第三十二条 海事管理机构应当配合地方人民政府制定船舶污染事故应急预案，开展应急处置工作。

第三十三条 船舶发生污染事故，应当立即就近向海事管理机构如实报告，同时启动污染事故应急计划或者程序，采取相应措施控制和消除污染。在初始报告以后，船舶还应当根据污染事故的进展情况作出补充报告。

海事管理机构接到报告后应当立即核实有关情况，按规定向上级海事管理机构和县级以上地方人民政府报告。海事管理机构和有关单位应当在地方人民政府的统一领导和指挥下，按照职责分工，开展相应的应急处置工作。

第三十四条 发生船舶污染事故的船舶，应当在事故发生后24小时内向事故发生地的海事管理机构提交《船舶污染事故报告书》。因特殊情况不能在规定时间内提交《船舶污染事故报告书》的，经海事管理机构同意可以适当延迟，但最长不得超过48小时。

《船舶污染事故报告书》应当至少包括以下内容：

（一）船舶的名称、国籍、呼号或者编号；

（二）船舶所有人、经营人或者管理人的名称、地址；

（三）发生事故的时间、地点以及相关气象和水文情况；

（四）事故原因或者事故原因的初步判断；

（五）船上污染物的种类、数量、装载位置等概况；

（六）事故污染情况；

（七）应急处置情况；

（八）船舶污染损害责任保险情况。

第三十五条 船舶有沉没危险或者船员弃船的，应当尽可能地关闭所有液货舱或者油舱（柜）管系的阀门，堵塞相关通气孔，防止溢漏，并向海事管理机构报告船舶燃油、污染危害性货物以及其他污染物的性质、数量、种类、装载位置等情况。

第三十六条 船舶发生事故，造成或者可能造成内河水域污染的，船舶所有人或者经营人应当及时消除污染影响。不能及时消除污染影响的，海事管理机构可以采取清除、打捞、拖航、引航、过驳等必要措施，发生的费用由责任者承担。

依法应当承担前款规定费用的船舶及其所有人或者经营人应当在开航前缴清相关费用或者提供相应的财务担保。

第六章 船舶污染事故调查处理

第三十七条 船舶污染事故调查处理依照下列规定组织实施：

（一）重大以上船舶污染事故由交通运输部组织调查处理；

（二）重大船舶污染事故由国家海事管理机构组织调查处理；

（三）较大船舶污染事故由直属海事管理机构或者省级地方海事管理机构负责调查处理；

（四）一般等级及以下船舶污染事故由事故发生地海事管理机构负责调查处理。

较大及以下等级的船舶污染事故发生地不明的，由事故发现地海事管理机构负责调查处理。事故发生地或者事故发现地跨管辖区域或者相关海事管理机构对管辖权有争议的，由共同的上级海事管理机构确定调查处理机构。

第三十八条 事故调查机构应当及时、客观、公正地开展事故调查，勘验事故现场，检查相关船舶，询问相关人员，收集证据，查明事故原因，认定事故责任。

船舶污染事故调查应当由至少两名调查人员实施。

第三十九条 在证据可能灭失或者以后

难以取得的情况下，事故调查机构可以依法先行登记保存相应的证书、文书、资料。

第四十条 船舶污染事故调查的证据种类包括：

（一）书证、物证、视听资料、电子数据；

（二）证人证言；

（三）当事人陈述；

（四）鉴定意见；

（五）勘验笔录、调查笔录、现场笔录；

（六）其他可以证明事实的证据。

第四十一条 船舶造成内河水域污染的，应当主动配合事故调查机构的调查。船舶污染事故的当事人和其他有关人员应当如实反映情况和提供资料，不得伪造、隐匿、毁灭证据或者以其他方式妨碍调查取证。

船舶污染事故的当事人和其他有关人员提供的书证、物证、视听资料应当是原件原物，不能提供原件原物而提供抄录件、复印件、照片等非原件原物的，应当签字确认；拒绝确认的，事故调查人员应当注明有关情况。

第四十二条 有下列情形的，事故调查机构可以按照规定程序组织各级海事管理机构和相关部门开展船舶污染事故协查：

（一）污染事故肇事船舶逃逸的；

（二）污染事故嫌疑船舶已经开航离港的；

（三）辖区发生污染事故但暂时无法确认污染来源，经分析过往船舶有事故嫌疑的。

第四十三条 事故调查处理需要委托有关机构进行技术鉴定或者检验、检测的，事故调查机构应当委托具备国家规定资质要求的机构进行。

第四十四条 事故调查机构应当自事故调查结案之日起20个工作日内制作船舶污染事故认定书，并送达当事人。

船舶污染事故认定书应当载明事故基本情况、事故原因和事故责任。

自海事管理机构接到船舶污染事故报告或者发现船舶污染事故之日起6个月内无法查明污染源或者无法找到造成污染船舶的，经船舶污染事故调查处理机构负责人批准可以终止事故调查，并在船舶污染事故认定书中注明终止调查的原因。

第七章 法律责任

第四十五条 违反本规定，有下列情形之一的，由海事管理机构责令改正，并处以2万元以上3万元以下的罚款：

（一）船舶超过标准向内河水域排放生活污水、含油污水等；

（二）船舶超过标准向大气排放船舶动力装置运转产生的废气；

（三）船舶在内河水域排放有毒液体物质的残余物或者含有此类物质的压载水、洗舱水及其他混合物；

（四）船舶在内河水域使用焚烧炉；

（五）未按规定使用溢油分散剂。

第四十六条 违反本规定第十四条、第十五条、第二十一条有下列情形之一的，由海事管理机构责令改正，并处以3000元以上1万元以下的罚款：

（一）船舶未按规定如实记录油类作业、散装有毒液体物质作业、垃圾收集处理情况的；

（二）船舶在港从事水上船舶清舱、洗舱、污染物接收、燃料供受、修造、打捞、污染清除作业活动，未按规定向海事管理机构报告的。

船舶未按规定保存《油类记录簿》《货物记录簿》和《船舶垃圾记录簿》的，由海事管理机构责令改正，并处以1000元以上5000元以下的罚款。

第四十七条 违反本规定第八条、第二十一条、第二十四条、第二十七条，有下列情形之一的，由海事管理机构责令改正，并处以1万元以上3万元以下的罚款：

（一）港口、码头、装卸站以及从事船舶修造、打捞等作业活动的单位未按规定配备污染防治设施、设备和器材的；

（二）从事水上船舶清舱、洗舱、污染物接收、燃料供受、修造、打捞、污染清除作业活动未遵守操作规程，未采取必要的防治污染措施的；

（三）运输及装卸、过驳散发有毒有害气体或者粉尘物质等货物，船舶未采取封闭或者其他防护措施，装卸和过驳作业双方未采取措施回收有毒有害气体的；

（四）未按规定采取布设围油栏或者其他防治污染替代措施的。

第四十八条　违反本规定第七条、第二十条、第二十五条、第二十六条，有下列情形之一的，由海事管理机构责令停止违法行为，并处以5000元以上1万元以下的罚款：

（一）从事有关作业活动的单位，未组织本单位相关作业人员进行专业培训的；

（二）船舶污染物接收单位未按规定向船方出具船舶污染物接收单证的；

（三）从事散装液体污染危害性货物装卸、过驳作业的，作业双方未按规定填写防污染检查表的。

第四十九条　违反本规定第十条，船舶未遵守特殊保护水域有关防污染的规定、标准的，由海事管理机构责令停止违法行为，并处以1万元以上3万元以下的罚款。

第五十条　船舶违反本规定第二十三条规定载运污染危害性质不明的货物的，由海事管理机构责令改正，并对船舶处以5000元以上2万元以下的罚款。

第五十一条　船舶发生污染事故，未按规定报告的或者未按规定提交《船舶污染事故报告书》的，由海事管理机构对船舶处以2万元以上3万元以下的罚款；对直接负责的主管人员和其他直接责任人员处以1万元以上2万元以下的罚款。

第五十二条　海事管理机构行政执法人员滥用职权、玩忽职守、徇私舞弊、违法失职的，依法给予行政处分；构成犯罪的，依法追究刑事责任。

第八章　附　　则

第五十三条　本规定中下列用语的含义是：

（一）有毒液体物质，是指排入水体将对水资源或者人类健康产生危害或者对合法利用水资源造成损害的物质。包括在《国际散装运输危险化学品船舶构造和设备规则》的第17或18章的污染种类列表中标明的或者暂时被评定为X、Y或者Z类的任何物质。

（二）污染危害性货物，是指直接或者间接地进入水体，会损害水体质量和环境质量，对生物资源、人体健康等产生有害影响的货物。

（三）特殊保护水域，是指各级人民政府按照有关规定划定并公布的自然保护区、饮用水源保护区、渔业资源保护区、旅游风景名胜区等需要特别保护的水域。

（四）水上燃料加注站，是指固定于某一水域，具有燃料储存功能，给船舶供给燃料的趸船或者船舶。

第五十四条　本规定有关界河水域防治船舶污染的规定与我国缔结或者加入的国际公约、协定不符的，适用我国缔结或者加入的国际公约、协定。

防治军事船舶、渔业船舶污染内河水域环境的监督管理工作，不适用本规定。

第五十五条　本规定自2016年5月1日起施行。2005年8月20日以交通部令2005年第11号公布的《中华人民共和国防治船舶污染内河水域环境管理规定》同时废止。

（三）大气污染类

中华人民共和国大气污染防治法

（1987 年 9 月 5 日第六届全国人民代表大会常务委员会第二十二次会议通过，根据 1995 年 8 月 29 日第八届全国人民代表大会常务委员会第十五次会议《关于修改〈中华人民共和国大气污染防治法〉的决定》第一次修正，2000 年 4 月 29 日第九届全国人民代表大会常务委员会第十五次会议第一次修订，2015 年 8 月 29 日第十二届全国人民代表大会常务委员会第十六次会议第二次修订，根据 2018 年 10 月 26 日第十三届全国人民代表大会常务委员会第六次会议《关于修改〈中华人民共和国野生动物保护法〉等十五部法律的决定》第二次修正）

第一章　总　　则

第一条　为保护和改善环境，防治大气污染，保障公众健康，推进生态文明建设，促进经济社会可持续发展，制定本法。

第二条　防治大气污染，应当以改善大气环境质量为目标，坚持源头治理，规划先行，转变经济发展方式，优化产业结构和布局，调整能源结构。

防治大气污染，应当加强对燃煤、工业、机动车船、扬尘、农业等大气污染的综合防治，推行区域大气污染联合防治，对颗粒物、二氧化硫、氮氧化物、挥发性有机物、氨等大气污染物和温室气体实施协同控制。

第三条　县级以上人民政府应当将大气污染防治工作纳入国民经济和社会发展规划，加大对大气污染防治的财政投入。

地方各级人民政府应当对本行政区域的大气环境质量负责，制定规划，采取措施，控制或者逐步削减大气污染物的排放量，使大气环境质量达到规定标准并逐步改善。

第四条　国务院生态环境主管部门会同国务院有关部门，按照国务院的规定，对省、自治区、直辖市大气环境质量改善目标、大气污染防治重点任务完成情况进行考核。省、自治区、直辖市人民政府制定考核办法，对本行政区域内地方大气环境质量改善目标、大气污染防治重点任务完成情况实施考核。考核结果应当向社会公开。

第五条　县级以上人民政府生态环境主管部门对大气污染防治实施统一监督管理。

县级以上人民政府其他有关部门在各自职责范围内对大气污染防治实施监督管理。

第六条　国家鼓励和支持大气污染防治科学技术研究，开展对大气污染来源及其变化趋势的分析，推广先进适用的大气污染防治技术和装备，促进科技成果转化，发挥科学技术在大气污染防治中的支撑作用。

第七条　企业事业单位和其他生产经营者应当采取有效措施，防止、减少大气污染，对所造成的损害依法承担责任。

公民应当增强大气环境保护意识，采取低碳、节俭的生活方式，自觉履行大气环境保护义务。

第二章　大气污染防治标准和限期达标规划

第八条　国务院生态环境主管部门或者省、自治区、直辖市人民政府制定大气环境质量标准，应当以保障公众健康和保护生态环境为宗旨，与经济社会发展相适应，做到科学合理。

第九条　国务院生态环境主管部门或者省、自治区、直辖市人民政府制定大气污染物排放标准，应当以大气环境质量标准和国家经济、技术条件为依据。

第十条　制定大气环境质量标准、大气污染物排放标准，应当组织专家进行审查和论证，并征求有关部门、行业协会、企业事业单位和公众等方面的意见。

第十一条　省级以上人民政府生态环境主管部门应当在其网站上公布大气环境质量标准、大气污染物排放标准，供公众免费查阅、下载。

第十二条　大气环境质量标准、大气污染物排放标准的执行情况应当定期进行评估，根据评估结果对标准适时进行修订。

第十三条　制定燃煤、石油焦、生物质燃料、涂料等含挥发性有机物的产品、烟花爆竹以及锅炉等产品的质量标准，应当明确大气环境保护要求。

制定燃油质量标准，应当符合国家大气污染物控制要求，并与国家机动车船、非道路移动机械大气污染物排放标准相互衔接，同步实施。

前款所称非道路移动机械，是指装配有发动机的移动机械和可运输工业设备。

第十四条　未达到国家大气环境质量标准城市的人民政府应当及时编制大气环境质量限期达标规划，采取措施，按照国务院或者省级人民政府规定的期限达到大气环境质量标准。

编制城市大气环境质量限期达标规划，应当征求有关行业协会、企业事业单位、专家和公众等方面的意见。

第十五条　城市大气环境质量限期达标规划应当向社会公开。直辖市和设区的市的大气环境质量限期达标规划应当报国务院生态环境主管部门备案。

第十六条　城市人民政府每年在向本级人民代表大会或者其常务委员会报告环境状况和环境保护目标完成情况时，应当报告大气环境质量限期达标规划执行情况，并向社会公开。

第十七条　城市大气环境质量限期达标规划应当根据大气污染防治的要求和经济、技术条件适时进行评估、修订。

第三章　大气污染防治的监督管理

第十八条　企业事业单位和其他生产经营者建设对大气环境有影响的项目，应当依法进行环境影响评价、公开环境影响评价文件；向大气排放污染物的，应当符合大气污染物排放标准，遵守重点大气污染物排放总量控制要求。

第十九条　排放工业废气或者本法第七十八条规定名录中所列有毒有害大气污染物的企业事业单位、集中供热设施的燃煤热源生产运营单位以及其他依法实行排污许可管理的单位，应当取得排污许可证。排污许可的具体办法和实施步骤由国务院规定。

第二十条　企业事业单位和其他生产经营者向大气排放污染物的，应当依照法律法规和国务院生态环境主管部门的规定设置大气污染物排放口。

禁止通过偷排、篡改或者伪造监测数据、以逃避现场检查为目的的临时停产、非紧急情况下开启应急排放通道、不正常运行大气污染防治设施等逃避监管的方式排放大气污染物。

第二十一条　国家对重点大气污染物排

放实行总量控制。

重点大气污染物排放总量控制目标，由国务院生态环境主管部门在征求国务院有关部门和各省、自治区、直辖市人民政府意见后，会同国务院经济综合主管部门报国务院批准并下达实施。

省、自治区、直辖市人民政府应当按照国务院下达的总量控制目标，控制或者削减本行政区域的重点大气污染物排放总量。

确定总量控制目标和分解总量控制指标的具体办法，由国务院生态环境主管部门会同国务院有关部门规定。省、自治区、直辖市人民政府可以根据本行政区域大气污染防治的需要，对国家重点大气污染物之外的其他大气污染物排放实行总量控制。

国家逐步推行重点大气污染物排污权交易。

第二十二条 对超过国家重点大气污染物排放总量控制指标或者未完成国家下达的大气环境质量改善目标的地区，省级以上人民政府生态环境主管部门应当会同有关部门约谈该地区人民政府的主要负责人，并暂停审批该地区新增重点大气污染物排放总量的建设项目环境影响评价文件。约谈情况应当向社会公开。

第二十三条 国务院生态环境主管部门负责制定大气环境质量和大气污染源的监测和评价规范，组织建设与管理全国大气环境质量和大气污染源监测网，组织开展大气环境质量和大气污染源监测，统一发布全国大气环境质量状况信息。

县级以上地方人民政府生态环境主管部门负责组织建设与管理本行政区域大气环境质量和大气污染源监测网，开展大气环境质量和大气污染源监测，统一发布本行政区域大气环境质量状况信息。

第二十四条 企业事业单位和其他生产经营者应当按照国家有关规定和监测规范，对其排放的工业废气和本法第七十八条规定名录中所列有毒有害大气污染物进行监测，并保存原始监测记录。其中，重点排污单位应当安装、使用大气污染物排放自动监测设备，与生态环境主管部门的监控设备联网，保证监测设备正常运行并依法公开排放信息。监测的具体办法和重点排污单位的条件由国务院生态环境主管部门规定。

重点排污单位名录由设区的市级以上地方人民政府生态环境主管部门按照国务院生态环境主管部门的规定，根据本行政区域的大气环境承载力、重点大气污染物排放总量控制指标的要求以及排污单位排放大气污染物的种类、数量和浓度等因素，商有关部门确定，并向社会公布。

第二十五条 重点排污单位应当对自动监测数据的真实性和准确性负责。生态环境主管部门发现重点排污单位的大气污染物排放自动监测设备传输数据异常，应当及时进行调查。

第二十六条 禁止侵占、损毁或者擅自移动、改变大气环境质量监测设施和大气污染物排放自动监测设备。

第二十七条 国家对严重污染大气环境的工艺、设备和产品实行淘汰制度。

国务院经济综合主管部门会同国务院有关部门确定严重污染大气环境的工艺、设备和产品淘汰期限，并纳入国家综合性产业政策目录。

生产者、进口者、销售者或者使用者应当在规定期限内停止生产、进口、销售或者使用列入前款规定目录中的设备和产品。工艺的采用者应当在规定期限内停止采用列入前款规定目录中的工艺。

被淘汰的设备和产品，不得转让给他人使用。

第二十八条 国务院生态环境主管部门会同有关部门，建立和完善大气污染损害评估制度。

第二十九条 生态环境主管部门及其环境执法机构和其他负有大气环境保护监督管理职责的部门，有权通过现场检查监测、自动监测、遥感监测、远红外摄像等方式，对排放大气污染物的企业事业单位和其他生产经营者进行监督检查。被检查者应当如实反映情况，提供必要的资料。实施检查的部门、机构及其工作人员应当为被检查者保守商业秘密。

第三十条　企业事业单位和其他生产经营者违反法律法规规定排放大气污染物，造成或者可能造成严重大气污染，或者有关证据可能灭失或者被隐匿的，县级以上人民政府生态环境主管部门和其他负有大气环境保护监督管理职责的部门，可以对有关设施、设备、物品采取查封、扣押等行政强制措施。

第三十一条　生态环境主管部门和其他负有大气环境保护监督管理职责的部门应当公布举报电话、电子邮箱等，方便公众举报。

生态环境主管部门和其他负有大气环境保护监督管理职责的部门接到举报的，应当及时处理并对举报人的相关信息予以保密；对实名举报的，应当反馈处理结果等情况，查证属实的，处理结果依法向社会公开，并对举报人给予奖励。

举报人举报所在单位的，该单位不得以解除、变更劳动合同或者其他方式对举报人进行打击报复。

第四章　大气污染防治措施

第一节　燃煤和其他能源污染防治

第三十二条　国务院有关部门和地方各级人民政府应当采取措施，调整能源结构，推广清洁能源的生产和使用；优化煤炭使用方式，推广煤炭清洁高效利用，逐步降低煤炭在一次能源消费中的比重，减少煤炭生产、使用、转化过程中的大气污染物排放。

第三十三条　国家推行煤炭洗选加工，降低煤炭的硫分和灰分，限制高硫分、高灰分煤炭的开采。新建煤矿应当同步建设配套的煤炭洗选设施，使煤炭的硫分、灰分含量达到规定标准；已建成的煤矿除所采煤炭属于低硫分、低灰分或者根据已达标排放的燃煤电厂要求不需要洗选的以外，应当限期建成配套的煤炭洗选设施。

禁止开采含放射性和砷等有毒有害物质超过规定标准的煤炭。

第三十四条　国家采取有利于煤炭清洁高效利用的经济、技术政策和措施，鼓励和支持洁净煤技术的开发和推广。

国家鼓励煤矿企业等采用合理、可行的技术措施，对煤层气进行开采利用，对煤矸石进行综合利用。从事煤层气开采利用的，煤层气排放应当符合有关标准规范。

第三十五条　国家禁止进口、销售和燃用不符合质量标准的煤炭，鼓励燃用优质煤炭。

单位存放煤炭、煤矸石、煤渣、煤灰等物料，应当采取防燃措施，防止大气污染。

第三十六条　地方各级人民政府应当采取措施，加强民用散煤的管理，禁止销售不符合民用散煤质量标准的煤炭，鼓励居民燃用优质煤炭和洁净型煤，推广节能环保型炉灶。

第三十七条　石油炼制企业应当按照燃油质量标准生产燃油。

禁止进口、销售和燃用不符合质量标准的石油焦。

第三十八条　城市人民政府可以划定并公布高污染燃料禁燃区，并根据大气环境质量改善要求，逐步扩大高污染燃料禁燃区范围。高污染燃料的目录由国务院生态环境主管部门确定。

在禁燃区内，禁止销售、燃用高污染燃料；禁止新建、扩建燃用高污染燃料的设施，已建成的，应当在城市人民政府规定的期限内改用天然气、页岩气、液化石油气、电或者其他清洁能源。

第三十九条　城市建设应当统筹规划，在燃煤供热地区，推进热电联产和集中供热。在集中供热管网覆盖地区，禁止新建、扩建分散燃煤供热锅炉；已建成的不能达标排放的燃煤供热锅炉，应当在城市人民政府规定的期限内拆除。

第四十条 县级以上人民政府市场监督管理部门应当会同生态环境主管部门对锅炉生产、进口、销售和使用环节执行环境保护标准或者要求的情况进行监督检查；不符合环境保护标准或者要求的，不得生产、进口、销售和使用。

第四十一条 燃煤电厂和其他燃煤单位应当采用清洁生产工艺，配套建设除尘、脱硫、脱硝等装置，或者采取技术改造等其他控制大气污染物排放的措施。

国家鼓励燃煤单位采用先进的除尘、脱硫、脱硝、脱汞等大气污染物协同控制的技术和装置，减少大气污染物的排放。

第四十二条 电力调度应当优先安排清洁能源发电上网。

第二节 工业污染防治

第四十三条 钢铁、建材、有色金属、石油、化工等企业生产过程中排放粉尘、硫化物和氮氧化物的，应当采用清洁生产工艺，配套建设除尘、脱硫、脱硝等装置，或者采取技术改造等其他控制大气污染物排放的措施。

第四十四条 生产、进口、销售和使用含挥发性有机物的原材料和产品的，其挥发性有机物含量应当符合质量标准或者要求。

国家鼓励生产、进口、销售和使用低毒、低挥发性有机溶剂。

第四十五条 产生含挥发性有机物废气的生产和服务活动，应当在密闭空间或者设备中进行，并按照规定安装、使用污染防治设施；无法密闭的，应当采取措施减少废气排放。

第四十六条 工业涂装企业应当使用低挥发性有机物含量的涂料，并建立台账，记录生产原料、辅料的使用量、废弃量、去向以及挥发性有机物含量。台账保存期限不得少于三年。

第四十七条 石油、化工以及其他生产和使用有机溶剂的企业，应当采取措施对管道、设备进行日常维护、维修，减少物料泄漏，对泄漏的物料应当及时收集处理。

储油储气库、加油加气站、原油成品油码头、原油成品油运输船舶和油罐车、气罐车等，应当按照国家有关规定安装油气回收装置并保持正常使用。

第四十八条 钢铁、建材、有色金属、石油、化工、制药、矿产开采等企业，应当加强精细化管理，采取集中收集处理等措施，严格控制粉尘和气态污染物的排放。

工业生产企业应当采取密闭、围挡、遮盖、清扫、洒水等措施，减少内部物料的堆存、传输、装卸等环节产生的粉尘和气态污染物的排放。

第四十九条 工业生产、垃圾填埋或者其他活动产生的可燃性气体应当回收利用，不具备回收利用条件的，应当进行污染防治处理。

可燃性气体回收利用装置不能正常作业的，应当及时修复或者更新。在回收利用装置不能正常作业期间确需排放可燃性气体的，应当将排放的可燃性气体充分燃烧或者采取其他控制大气污染物排放的措施，并向当地生态环境主管部门报告，按照要求限期修复或者更新。

第三节 机动车船等污染防治

第五十条 国家倡导低碳、环保出行，根据城市规划合理控制燃油机动车保有量，大力发展城市公共交通，提高公共交通出行比例。

国家采取财政、税收、政府采购等措施推广应用节能环保型和新能源机动车船、非道路移动机械，限制高油耗、高排放机动车船、非道路移动机械的发展，减少化石能源的消耗。

省、自治区、直辖市人民政府可以在条

件具备的地区，提前执行国家机动车大气污染物排放标准中相应阶段排放限值，并报国务院生态环境主管部门备案。

城市人民政府应当加强并改善城市交通管理，优化道路设置，保障人行道和非机动车道的连续、畅通。

第五十一条　机动车船、非道路移动机械不得超过标准排放大气污染物。

禁止生产、进口或者销售大气污染物排放超过标准的机动车船、非道路移动机械。

第五十二条　机动车、非道路移动机械生产企业应当对新生产的机动车和非道路移动机械进行排放检验。经检验合格的，方可出厂销售。检验信息应当向社会公开。

省级以上人民政府生态环境主管部门可以通过现场检查、抽样检测等方式，加强对新生产、销售机动车和非道路移动机械大气污染物排放状况的监督检查。工业、市场监督管理等有关部门予以配合。

第五十三条　在用机动车应当按照国家或者地方的有关规定，由机动车排放检验机构定期对其进行排放检验。经检验合格的，方可上道路行驶。未经检验合格的，公安机关交通管理部门不得核发安全技术检验合格标志。

县级以上地方人民政府生态环境主管部门可以在机动车集中停放地、维修地对在用机动车的大气污染物排放状况进行监督抽测；在不影响正常通行的情况下，可以通过遥感监测等技术手段对在道路上行驶的机动车的大气污染物排放状况进行监督抽测，公安机关交通管理部门予以配合。

第五十四条　机动车排放检验机构应当依法通过计量认证，使用经依法检定合格的机动车排放检验设备，按照国务院生态环境主管部门制定的规范，对机动车进行排放检验，并与生态环境主管部门联网，实现检验数据实时共享。机动车排放检验机构及其负责人对检验数据的真实性和准确性负责。

生态环境主管部门和认证认可监督管理部门应当对机动车排放检验机构的排放检验情况进行监督检查。

第五十五条　机动车生产、进口企业应当向社会公布其生产、进口机动车车型的排放检验信息、污染控制技术信息和有关维修技术信息。

机动车维修单位应当按照防治大气污染的要求和国家有关技术规范对在用机动车进行维修，使其达到规定的排放标准。交通运输、生态环境主管部门应当依法加强监督管理。

禁止机动车所有人以临时更换机动车污染控制装置等弄虚作假的方式通过机动车排放检验。禁止机动车维修单位提供该类维修服务。禁止破坏机动车车载排放诊断系统。

第五十六条　生态环境主管部门应当会同交通运输、住房城乡建设、农业行政、水行政等有关部门对非道路移动机械的大气污染物排放状况进行监督检查，排放不合格的，不得使用。

第五十七条　国家倡导环保驾驶，鼓励燃油机动车驾驶人在不影响道路通行且需停车三分钟以上的情况下熄灭发动机，减少大气污染物的排放。

第五十八条　国家建立机动车和非道路移动机械环境保护召回制度。

生产、进口企业获知机动车、非道路移动机械排放大气污染物超过标准，属于设计、生产缺陷或者不符合规定的环境保护耐久性要求的，应当召回；未召回的，由国务院市场监督管理部门会同国务院生态环境主管部门责令其召回。

第五十九条　在用重型柴油车、非道路移动机械未安装污染控制装置或者污染控制装置不符合要求，不能达标排放的，应当加装或者更换符合要求的污染控制装置。

第六十条　在用机动车排放大气污染物超过标准的，应当进行维修；经维修或者采用污染控制技术后，大气污染物排放仍不符合国家在用机动车排放标准的，应当强制报废。其所有人应当将机动车交售给报废机动车回收拆解企业，由报废机动车回收拆解企业按照国家有关规定进行登记、拆解、销毁等处理。

国家鼓励和支持高排放机动车船、非道路移动机械提前报废。

第六十一条　城市人民政府可以根据大气环境质量状况，划定并公布禁止使用高排放非道路移动机械的区域。

第六十二条　船舶检验机构对船舶发动机及有关设备进行排放检验。经检验符合国家排放标准的，船舶方可运营。

第六十三条　内河和江海直达船舶应当使用符合标准的普通柴油。远洋船舶靠港后应当使用符合大气污染物控制要求的船舶用燃油。

新建码头应当规划、设计和建设岸基供电设施；已建成的码头应当逐步实施岸基供电设施改造。船舶靠港后应当优先使用岸电。

第六十四条　国务院交通运输主管部门可以在沿海海域划定船舶大气污染物排放控制区，进入排放控制区的船舶应当符合船舶相关排放要求。

第六十五条　禁止生产、进口、销售不符合标准的机动车船、非道路移动机械用燃料；禁止向汽车和摩托车销售普通柴油以及其他非机动车用燃料；禁止向非道路移动机械、内河和江海直达船舶销售渣油和重油。

第六十六条　发动机油、氮氧化物还原剂、燃料和润滑油添加剂以及其他添加剂的有害物质含量和其他大气环境保护指标，应当符合有关标准的要求，不得损害机动车船污染控制装置效果和耐久性，不得增加新的大气污染物排放。

第六十七条　国家积极推进民用航空器的大气污染防治，鼓励在设计、生产、使用过程中采取有效措施减少大气污染物排放。

民用航空器应当符合国家规定的适航标准中的有关发动机排出物要求。

第四节　扬尘污染防治

第六十八条　地方各级人民政府应当加强对建设施工和运输的管理，保持道路清洁，控制料堆和渣土堆放，扩大绿地、水面、湿地和地面铺装面积，防治扬尘污染。

住房城乡建设、市容环境卫生、交通运输、国土资源等有关部门，应当根据本级人民政府确定的职责，做好扬尘污染防治工作。

第六十九条　建设单位应当将防治扬尘污染的费用列入工程造价，并在施工承包合同中明确施工单位扬尘污染防治责任。施工单位应当制定具体的施工扬尘污染防治实施方案。

从事房屋建筑、市政基础设施建设、河道整治以及建筑物拆除等施工单位，应当向负责监督管理扬尘污染防治的主管部门备案。

施工单位应当在施工工地设置硬质围挡，并采取覆盖、分段作业、择时施工、洒水抑尘、冲洗地面和车辆等有效防尘降尘措施。建筑土方、工程渣土、建筑垃圾应当及时清运；在场地内堆存的，应当采用密闭式防尘网遮盖。工程渣土、建筑垃圾应当进行资源化处理。

施工单位应当在施工工地公示扬尘污染防治措施、负责人、扬尘监督管理主管部门等信息。

暂时不能开工的建设用地，建设单位应当对裸露地面进行覆盖；超过三个月的，应当进行绿化、铺装或者遮盖。

第七十条　运输煤炭、垃圾、渣土、砂石、土方、灰浆等散装、流体物料的车辆应当采取密闭或者其他措施防止物料遗撒造成扬尘污染，并按照规定路线行驶。

装卸物料应当采取密闭或者喷淋等方式防治扬尘污染。

城市人民政府应当加强道路、广场、停车场和其他公共场所的清扫保洁管理，推行清洁动力机械化清扫等低尘作业方式，防治扬尘污染。

第七十一条　市政河道以及河道沿线、公共用地的裸露地面以及其他城镇裸露地面，有关部门应当按照规划组织实施绿化或者透水铺装。

第七十二条　贮存煤炭、煤矸石、煤渣、煤灰、水泥、石灰、石膏、砂土等易产生扬尘的物料应当密闭；不能密闭的，应当设置不低于堆放物高度的严密围挡，并采取有效覆盖措施防治扬尘污染。

码头、矿山、填埋场和消纳场应当实施分区作业，并采取有效措施防治扬尘污染。

第五节　农业和其他污染防治

第七十三条　地方各级人民政府应当推动转变农业生产方式，发展农业循环经济，加大对废弃物综合处理的支持力度，加强对农业生产经营活动排放大气污染物的控制。

第七十四条　农业生产经营者应当改进施肥方式，科学合理施用化肥并按照国家有关规定使用农药，减少氨、挥发性有机物等大气污染物的排放。

禁止在人口集中地区对树木、花草喷洒剧毒、高毒农药。

第七十五条　畜禽养殖场、养殖小区应当及时对污水、畜禽粪便和尸体等进行收集、贮存、清运和无害化处理，防止排放恶臭气体。

第七十六条　各级人民政府及其农业行政等有关部门应当鼓励和支持采用先进适用技术，对秸秆、落叶等进行肥料化、饲料化、能源化、工业原料化、食用菌基料化等综合利用，加大对秸秆还田、收集一体化农业机械的财政补贴力度。

县级人民政府应当组织建立秸秆收集、贮存、运输和综合利用服务体系，采用财政补贴等措施支持农村集体经济组织、农民专业合作经济组织、企业等开展秸秆收集、贮存、运输和综合利用服务。

第七十七条　省、自治区、直辖市人民政府应当划定区域，禁止露天焚烧秸秆、落叶等产生烟尘污染的物质。

第七十八条　国务院生态环境主管部门应当会同国务院卫生行政部门，根据大气污染物对公众健康和生态环境的危害和影响程度，公布有毒有害大气污染物名录，实行风险管理。

排放前款规定名录中所列有毒有害大气污染物的企业事业单位，应当按照国家有关规定建设环境风险预警体系，对排放口和周边环境进行定期监测，评估环境风险，排查环境安全隐患，并采取有效措施防范环境风险。

第七十九条　向大气排放持久性有机污染物的企业事业单位和其他生产经营者以及废弃物焚烧设施的运营单位，应当按照国家有关规定，采取有利于减少持久性有机污染物排放的技术方法和工艺，配备有效的净化装置，实现达标排放。

第八十条　企业事业单位和其他生产经营者在生产经营活动中产生恶臭气体的，应当科学选址，设置合理的防护距离，并安装净化装置或者采取其他措施，防止排放恶臭气体。

第八十一条　排放油烟的餐饮服务业经营者应当安装油烟净化设施并保持正常使用，或者采取其他油烟净化措施，使油烟达标排放，并防止对附近居民的正常生活环境造成污染。

禁止在居民住宅楼、未配套设立专用烟道的商住综合楼以及商住综合楼内与居住层相邻的商业楼层内新建、改建、扩建产生油烟、异味、废气的餐饮服务项目。

任何单位和个人不得在当地人民政府禁止的区域内露天烧烤食品或者为露天烧烤食品提供场地。

第八十二条　禁止在人口集中地区和其他依法需要特殊保护的区域内焚烧沥青、油毡、橡胶、塑料、皮革、垃圾以及其他产生有毒有害烟尘和恶臭气体的物质。

禁止生产、销售和燃放不符合质量标准的烟花爆竹。任何单位和个人不得在城市人民政府禁止的时段和区域内燃放烟花爆竹。

第八十三条 国家鼓励和倡导文明、绿色祭祀。

火葬场应当设置除尘等污染防治设施并保持正常使用，防止影响周边环境。

第八十四条 从事服装干洗和机动车维修等服务活动的经营者，应当按照国家有关标准或者要求设置异味和废气处理装置等污染防治设施并保持正常使用，防止影响周边环境。

第八十五条 国家鼓励、支持消耗臭氧层物质替代品的生产和使用，逐步减少直至停止消耗臭氧层物质的生产和使用。

国家对消耗臭氧层物质的生产、使用、进出口实行总量控制和配额管理。具体办法由国务院规定。

第五章 重点区域大气污染联合防治

第八十六条 国家建立重点区域大气污染联防联控机制，统筹协调重点区域内大气污染防治工作。国务院生态环境主管部门根据主体功能区划、区域大气环境质量状况和大气污染传输扩散规律，划定国家大气污染防治重点区域，报国务院批准。

重点区域内有关省、自治区、直辖市人民政府应当确定牵头的地方人民政府，定期召开联席会议，按照统一规划、统一标准、统一监测、统一的防治措施的要求，开展大气污染联合防治，落实大气污染防治目标责任。国务院生态环境主管部门应当加强指导、督促。

省、自治区、直辖市可以参照第一款规定划定本行政区域的大气污染防治重点区域。

第八十七条 国务院生态环境主管部门会同国务院有关部门、国家大气污染防治重点区域内有关省、自治区、直辖市人民政府，根据重点区域经济社会发展和大气环境承载力，制定重点区域大气污染联合防治行动计划，明确控制目标，优化区域经济布局，统筹交通管理，发展清洁能源，提出重点防治任务和措施，促进重点区域大气环境质量改善。

第八十八条 国务院经济综合主管部门会同国务院生态环境主管部门，结合国家大气污染防治重点区域产业发展实际和大气环境质量状况，进一步提高环境保护、能耗、安全、质量等要求。

重点区域内有关省、自治区、直辖市人民政府应当实施更严格的机动车大气污染物排放标准，统一在用机动车检验方法和排放限值，并配套供应合格的车用燃油。

第八十九条 编制可能对国家大气污染防治重点区域的大气环境造成严重污染的有关工业园区、开发区、区域产业和发展等规划，应当依法进行环境影响评价。规划编制机关应当与重点区域内有关省、自治区、直辖市人民政府或者有关部门会商。

重点区域内有关省、自治区、直辖市建设可能对相邻省、自治区、直辖市大气环境质量产生重大影响的项目，应当及时通报有关信息，进行会商。

会商意见及其采纳情况作为环境影响评价文件审查或者审批的重要依据。

第九十条 国家大气污染防治重点区域内新建、改建、扩建用煤项目的，应当实行煤炭的等量或者减量替代。

第九十一条 国务院生态环境主管部门应当组织建立国家大气污染防治重点区域的大气环境质量监测、大气污染源监测等相关信息共享机制，利用监测、模拟以及卫星、航测、遥感等新技术分析重点区域内大气污染来源及其变化趋势，并向社会公开。

第九十二条 国务院生态环境主管部门和国家大气污染防治重点区域内有关省、自治区、直辖市人民政府可以组织有关部门开展联合执法、跨区域执法、交叉执法。

第六章　重污染天气应对

第九十三条　国家建立重污染天气监测预警体系。

国务院生态环境主管部门会同国务院气象主管机构等有关部门、国家大气污染防治重点区域内有关省、自治区、直辖市人民政府，建立重点区域重污染天气监测预警机制，统一预警分级标准。可能发生区域重污染天气的，应当及时向重点区域内有关省、自治区、直辖市人民政府通报。

省、自治区、直辖市、设区的市人民政府生态环境主管部门会同气象主管机构等有关部门建立本行政区域重污染天气监测预警机制。

第九十四条　县级以上地方人民政府应当将重污染天气应对纳入突发事件应急管理体系。

省、自治区、直辖市、设区的市人民政府以及可能发生重污染天气的县级人民政府，应当制定重污染天气应急预案，向上一级人民政府生态环境主管部门备案，并向社会公布。

第九十五条　省、自治区、直辖市、设区的市人民政府生态环境主管部门应当会同气象主管机构建立会商机制，进行大气环境质量预报。可能发生重污染天气的，应当及时向本级人民政府报告。省、自治区、直辖市、设区的市人民政府依据重污染天气预报信息，进行综合研判，确定预警等级并及时发出预警。预警等级根据情况变化及时调整。任何单位和个人不得擅自向社会发布重污染天气预报预警信息。

预警信息发布后，人民政府及其有关部门应当通过电视、广播、网络、短信等途径告知公众采取健康防护措施，指导公众出行和调整其他相关社会活动。

第九十六条　县级以上地方人民政府应当依据重污染天气的预警等级，及时启动应急预案，根据应急需要可以采取责令有关企业停产或者限产、限制部分机动车行驶、禁止燃放烟花爆竹、停止工地土石方作业和建筑物拆除施工、停止露天烧烤、停止幼儿园和学校组织的户外活动、组织开展人工影响天气作业等应急措施。

应急响应结束后，人民政府应当及时开展应急预案实施情况的评估，适时修改完善应急预案。

第九十七条　发生造成大气污染的突发环境事件，人民政府及其有关部门和相关企业事业单位，应当依照《中华人民共和国突发事件应对法》、《中华人民共和国环境保护法》的规定，做好应急处置工作。生态环境主管部门应当及时对突发环境事件产生的大气污染物进行监测，并向社会公布监测信息。

第七章　法律责任

第九十八条　违反本法规定，以拒绝进入现场等方式拒不接受生态环境主管部门及其环境执法机构或者其他负有大气环境保护监督管理职责的部门的监督检查，或者在接受监督检查时弄虚作假的，由县级以上人民政府生态环境主管部门或者其他负有大气环境保护监督管理职责的部门责令改正，处二万元以上二十万元以下的罚款；构成违反治安管理行为的，由公安机关依法予以处罚。

第九十九条　违反本法规定，有下列行为之一的，由县级以上人民政府生态环境主管部门责令改正或者限制生产、停产整治，并处十万元以上一百万元以下的罚款；情节严重的，报经有批准权的人民政府批准，责令停业、关闭：

（一）未依法取得排污许可证排放大气污染物的；

（二）超过大气污染物排放标准或者超过重点大气污染物排放总量控制指标排放大气污染物的；

（三）通过逃避监管的方式排放大气污染物的。

第一百条 违反本法规定，有下列行为之一的，由县级以上人民政府生态环境主管部门责令改正，处二万元以上二十万元以下的罚款；拒不改正的，责令停产整治：

（一）侵占、损毁或者擅自移动、改变大气环境质量监测设施或者大气污染物排放自动监测设备的；

（二）未按照规定对所排放的工业废气和有毒有害大气污染物进行监测并保存原始监测记录的；

（三）未按照规定安装、使用大气污染物排放自动监测设备或者未按照规定与生态环境主管部门的监控设备联网，并保证监测设备正常运行的；

（四）重点排污单位不公开或者不如实公开自动监测数据的；

（五）未按照规定设置大气污染物排放口的。

第一百零一条 违反本法规定，生产、进口、销售或者使用国家综合性产业政策目录中禁止的设备和产品，采用国家综合性产业政策目录中禁止的工艺，或者将淘汰的设备和产品转让给他人使用的，由县级以上人民政府经济综合主管部门、海关按照职责责令改正，没收违法所得，并处货值金额一倍以上三倍以下的罚款；拒不改正的，报经有批准权的人民政府批准，责令停业、关闭。进口行为构成走私的，由海关依法予以处罚。

第一百零二条 违反本法规定，煤矿未按照规定建设配套煤炭洗选设施的，由县级以上人民政府能源主管部门责令改正，处十万元以上一百万元以下的罚款；拒不改正的，报经有批准权的人民政府批准，责令停业、关闭。

违反本法规定，开采含放射性和砷等有毒有害物质超过规定标准的煤炭的，由县级以上人民政府按照国务院规定的权限责令停业、关闭。

第一百零三条 违反本法规定，有下列行为之一的，由县级以上地方人民政府市场监督管理部门责令改正，没收原材料、产品和违法所得，并处货值金额一倍以上三倍以下的罚款：

（一）销售不符合质量标准的煤炭、石油焦的；

（二）生产、销售挥发性有机物含量不符合质量标准或者要求的原材料和产品的；

（三）生产、销售不符合标准的机动车船和非道路移动机械用燃料、发动机油、氮氧化物还原剂、燃料和润滑油添加剂以及其他添加剂的；

（四）在禁燃区内销售高污染燃料的。

第一百零四条 违反本法规定，有下列行为之一的，由海关责令改正，没收原材料、产品和违法所得，并处货值金额一倍以上三倍以下的罚款；构成走私的，由海关依法予以处罚：

（一）进口不符合质量标准的煤炭、石油焦的；

（二）进口挥发性有机物含量不符合质量标准或者要求的原材料和产品的；

（三）进口不符合标准的机动车船和非道路移动机械用燃料、发动机油、氮氧化物还原剂、燃料和润滑油添加剂以及其他添加剂的。

第一百零五条 违反本法规定，单位燃用不符合质量标准的煤炭、石油焦的，由县级以上人民政府生态环境主管部门责令改正，处货值金额一倍以上三倍以下的罚款。

第一百零六条 违反本法规定，使用不符合标准或者要求的船舶用燃油的，由海事管理机构、渔业主管部门按照职责处一万元以上十万元以下的罚款。

第一百零七条 违反本法规定，在禁燃区内新建、扩建燃用高污染燃料的设施，或者未按照规定停止燃用高污染燃料，或者在城市集中供热管网覆盖地区新建、扩建分散燃煤供热锅炉，或者未按照规定拆除已建成的不能达标排放的燃煤供热锅炉的，由县级以上地方人民政府生态环境主管部门没收燃用高污染燃料的设施，组织拆除燃煤供热锅炉，并处二万元以上二十万元以下的罚款。

违反本法规定，生产、进口、销售或者使用不符合规定标准或者要求的锅炉，由县级以上人民政府市场监督管理、生态环境主管部门责令改正，没收违法所得，并处二万元以上二十万元以下的罚款。

第一百零八条　违反本法规定，有下列行为之一的，由县级以上人民政府生态环境主管部门责令改正，处二万元以上二十万元以下的罚款；拒不改正的，责令停产整治：

（一）产生含挥发性有机物废气的生产和服务活动，未在密闭空间或者设备中进行，未按照规定安装、使用污染防治设施，或者未采取减少废气排放措施的；

（二）工业涂装企业未使用低挥发性有机物含量涂料或者未建立、保存台账的；

（三）石油、化工以及其他生产和使用有机溶剂的企业，未采取措施对管道、设备进行日常维护、维修，减少物料泄漏或者对泄漏的物料未及时收集处理的；

（四）储油储气库、加油加气站和油罐车、气罐车等，未按照国家有关规定安装并正常使用油气回收装置的；

（五）钢铁、建材、有色金属、石油、化工、制药、矿产开采等企业，未采取集中收集处理、密闭、围挡、遮盖、清扫、洒水等措施，控制、减少粉尘和气态污染物排放的；

（六）工业生产、垃圾填埋或者其他活动中产生的可燃性气体未回收利用，不具备回收利用条件未进行防治污染处理，或者可燃性气体回收利用装置不能正常作业，未及时修复或者更新的。

第一百零九条　违反本法规定，生产超过污染物排放标准的机动车、非道路移动机械的，由省级以上人民政府生态环境主管部门责令改正，没收违法所得，并处货值金额一倍以上三倍以下的罚款，没收销毁无法达到污染物排放标准的机动车、非道路移动机械；拒不改正的，责令停产整治，并由国务院机动车生产主管部门责令停止生产该车型。

违反本法规定，机动车、非道路移动机械生产企业对发动机、污染控制装置弄虚作假、以次充好，冒充排放检验合格产品出厂销售的，由省级以上人民政府生态环境主管部门责令停产整治，没收违法所得，并处货值金额一倍以上三倍以下的罚款，没收销毁无法达到污染物排放标准的机动车、非道路移动机械，并由国务院机动车生产主管部门责令停止生产该车型。

第一百一十条　违反本法规定，进口、销售超过污染物排放标准的机动车、非道路移动机械的，由县级以上人民政府市场监督管理部门、海关按照职责没收违法所得，并处货值金额一倍以上三倍以下的罚款，没收销毁无法达到污染物排放标准的机动车、非道路移动机械；进口行为构成走私的，由海关依法予以处罚。

违反本法规定，销售的机动车、非道路移动机械不符合污染物排放标准的，销售者应当负责修理、更换、退货；给购买者造成损失的，销售者应当赔偿损失。

第一百一十一条　违反本法规定，机动车生产、进口企业未按照规定向社会公布其生产、进口机动车车型的排放检验信息或者污染控制技术信息的，由省级以上人民政府生态环境主管部门责令改正，处五万元以上五十万元以下的罚款。

违反本法规定，机动车生产、进口企业未按照规定向社会公布其生产、进口机动车车型的有关维修技术信息的，由省级以上人民政府交通运输主管部门责令改正，处五万元以上五十万元以下的罚款。

第一百一十二条　违反本法规定，伪造机动车、非道路移动机械排放检验结果或者出具虚假排放检验报告的，由县级以上人民政府生态环境主管部门没收违法所得，并处十万元以上五十万元以下的罚款；情节严重的，由负责资质认定的部门取消其检验资格。

违反本法规定，伪造船舶排放检验结果或者出具虚假排放检验报告的，由海事管理机构依法予以处罚。

违反本法规定，以临时更换机动车污染控制装置等弄虚作假的方式通过机动车排放检验或者破坏机动车车载排放诊断系统的，由县级以上人民政府生态环境主管部门责令改正，对机动车所有人处五千元的罚款；对机动车维修单位处每辆机动车五千元的罚款。

第一百一十三条 违反本法规定，机动车驾驶人驾驶排放检验不合格的机动车上道路行驶的，由公安机关交通管理部门依法予以处罚。

第一百一十四条 违反本法规定，使用排放不合格的非道路移动机械，或者在用重型柴油车、非道路移动机械未按照规定加装、更换污染控制装置的，由县级以上人民政府生态环境等主管部门按照职责责令改正，处五千元的罚款。

违反本法规定，在禁止使用高排放非道路移动机械的区域使用高排放非道路移动机械的，由城市人民政府生态环境等主管部门依法予以处罚。

第一百一十五条 违反本法规定，施工单位有下列行为之一的，由县级以上人民政府住房城乡建设等主管部门按照职责责令改正，处一万元以上十万元以下的罚款；拒不改正的，责令停工整治：

（一）施工工地未设置硬质围挡，或者未采取覆盖、分段作业、择时施工、洒水抑尘、冲洗地面和车辆等有效防尘降尘措施的；

（二）建筑土方、工程渣土、建筑垃圾未及时清运，或者未采用密闭式防尘网遮盖的。

违反本法规定，建设单位未对暂时不能开工的建设用地的裸露地面进行覆盖，或者未对超过三个月不能开工的建设用地的裸露地面进行绿化、铺装或者遮盖的，由县级以上人民政府住房城乡建设等主管部门依照前款规定予以处罚。

第一百一十六条 违反本法规定，运输煤炭、垃圾、渣土、砂石、土方、灰浆等散装、流体物料的车辆，未采取密闭或者其他措施防止物料遗撒的，由县级以上地方人民政府确定的监督管理部门责令改正，处二千元以上二万元以下的罚款；拒不改正的，车辆不得上道路行驶。

第一百一十七条 违反本法规定，有下列行为之一的，由县级以上人民政府生态环境等主管部门按照职责责令改正，处一万元以上十万元以下的罚款；拒不改正的，责令停工整治或者停业整治：

（一）未密闭煤炭、煤矸石、煤渣、煤灰、水泥、石灰、石膏、砂土等易产生扬尘的物料的；

（二）对不能密闭的易产生扬尘的物料，未设置不低于堆放物高度的严密围挡，或者未采取有效覆盖措施防治扬尘污染的；

（三）装卸物料未采取密闭或者喷淋等方式控制扬尘排放的；

（四）存放煤炭、煤矸石、煤渣、煤灰等物料，未采取防燃措施的；

（五）码头、矿山、填埋场和消纳场未采取有效措施防治扬尘污染的；

（六）排放有毒有害大气污染物名录中所列有毒有害大气污染物的企业事业单位，未按照规定建设环境风险预警体系或者对排放口和周边环境进行定期监测、排查环境安全隐患并采取有效措施防范环境风险的；

（七）向大气排放持久性有机污染物的企业事业单位和其他生产经营者以及废弃物焚烧设施的运营单位，未按照国家有关规定采取有利于减少持久性有机污染物排放的技术方法和工艺，配备净化装置的；

（八）未采取措施防止排放恶臭气体的。

第一百一十八条　违反本法规定，排放油烟的餐饮服务业经营者未安装油烟净化设施、不正常使用油烟净化设施或者未采取其他油烟净化措施，超过排放标准排放油烟的，由县级以上地方人民政府确定的监督管理部门责令改正，处五千元以上五万元以下的罚款；拒不改正的，责令停业整治。

违反本法规定，在居民住宅楼、未配套设立专用烟道的商住综合楼、商住综合楼内与居住层相邻的商业楼层内新建、改建、扩建产生油烟、异味、废气的餐饮服务项目的，由县级以上地方人民政府确定的监督管理部门责令改正；拒不改正的，予以关闭，并处一万元以上十万元以下的罚款。

违反本法规定，在当地人民政府禁止的时段和区域内露天烧烤食品或者为露天烧烤食品提供场地的，由县级以上地方人民政府确定的监督管理部门责令改正，没收烧烤工具和违法所得，并处五百元以上二万元以下的罚款。

第一百一十九条　违反本法规定，在人口集中地区对树木、花草喷洒剧毒、高毒农药，或者露天焚烧秸秆、落叶等产生烟尘污染的物质的，由县级以上地方人民政府确定的监督管理部门责令改正，并可以处五百元以上二千元以下的罚款。

违反本法规定，在人口集中地区和其他依法需要特殊保护的区域内，焚烧沥青、油毡、橡胶、塑料、皮革、垃圾以及其他产生有毒有害烟尘和恶臭气体的物质的，由县级人民政府确定的监督管理部门责令改正，对单位处一万元以上十万元以下的罚款，对个人处五百元以上二千元以下的罚款。

违反本法规定，在城市人民政府禁止的时段和区域内燃放烟花爆竹的，由县级以上地方人民政府确定的监督管理部门依法予以处罚。

第一百二十条　违反本法规定，从事服装干洗和机动车维修等服务活动，未设置异味和废气处理装置等污染防治设施并保持正常使用，影响周边环境的，由县级以上地方人民政府生态环境主管部门责令改正，处二千元以上二万元以下的罚款；拒不改正的，责令停业整治。

第一百二十一条　违反本法规定，擅自向社会发布重污染天气预报预警信息，构成违反治安管理行为的，由公安机关依法予以处罚。

违反本法规定，拒不执行停止工地土石方作业或者建筑物拆除施工等重污染天气应急措施的，由县级以上地方人民政府确定的监督管理部门处一万元以上十万元以下的罚款。

第一百二十二条　违反本法规定，造成大气污染事故的，由县级以上人民政府生态环境主管部门依照本条第二款的规定处以罚款；对直接负责的主管人员和其他直接责任人员可以处上一年度从本企业事业单位取得收入百分之五十以下的罚款。

对造成一般或者较大大气污染事故的，按照污染事故造成直接损失的一倍以上三倍以下计算罚款；对造成重大或者特大大气污染事故的，按照污染事故造成的直接损失的三倍以上五倍以下计算罚款。

第一百二十三条　违反本法规定，企业事业单位和其他生产经营者有下列行为之一，受到罚款处罚，被责令改正，拒不改正的，依法作出处罚决定的行政机关可以自责令改正之日的次日起，按照原处罚数额按日连续处罚：

（一）未依法取得排污许可证排放大气污染物的；

（二）超过大气污染物排放标准或者超过重点大气污染物排放总量控制指标排放大气污染物的；

（三）通过逃避监管的方式排放大气污染物的；

（四）建筑施工或者贮存易产生扬尘的物料未采取有效措施防治扬尘污染的。

第一百二十四条　违反本法规定，对举报人以解除、变更劳动合同或者其他方式打击报复的，应当依照有关法律的规定承担责任。

第一百二十五条 排放大气污染物造成损害的，应当依法承担侵权责任。

第一百二十六条 地方各级人民政府、县级以上人民政府生态环境主管部门和其他负有大气环境保护监督管理职责的部门及其工作人员滥用职权、玩忽职守、徇私舞弊、弄虚作假的，依法给予处分。

第一百二十七条 违反本法规定，构成犯罪的，依法追究刑事责任。

第八章 附 则

第一百二十八条 海洋工程的大气污染防治，依照《中华人民共和国海洋环境保护法》的有关规定执行。

第一百二十九条 本法自2016年1月1日起施行。

消耗臭氧层物质管理条例

（2010年4月8日中华人民共和国国务院令第573号公布，根据2018年3月19日《国务院关于修改和废止部分行政法规的决定》第一次修订，根据2023年12月29日《国务院关于修改〈消耗臭氧层物质管理条例〉的决定》第二次修订）

第一章 总 则

第一条 为了加强对消耗臭氧层物质的管理，履行《保护臭氧层维也纳公约》和《关于消耗臭氧层物质的蒙特利尔议定书》规定的义务，保护臭氧层和生态环境，保障人体健康，根据《中华人民共和国大气污染防治法》，制定本条例。

第二条 本条例所称消耗臭氧层物质，是指列入《中国受控消耗臭氧层物质清单》的化学品。

《中国受控消耗臭氧层物质清单》由国务院生态环境主管部门会同国务院有关部门制定、调整和公布。

第三条 在中华人民共和国境内从事消耗臭氧层物质的生产、销售、使用和进出口等活动，适用本条例。

前款所称生产，是指制造消耗臭氧层物质的活动。前款所称使用，是指利用消耗臭氧层物质进行的生产经营等活动，不包括使用含消耗臭氧层物质的产品的活动。

第四条 消耗臭氧层物质的管理工作应当坚持中国共产党的领导，贯彻党和国家路线方针政策和决策部署。

国务院生态环境主管部门统一负责全国消耗臭氧层物质的监督管理工作。

国务院商务主管部门、海关总署等有关部门依照本条例的规定和各自的职责负责消耗臭氧层物质的有关监督管理工作。

地方人民政府生态环境主管部门和商务等有关部门依照本条例的规定和各自的职责负责本行政区域消耗臭氧层物质的有关监督管理工作。

第五条 国家逐步削减并最终淘汰作为制冷剂、发泡剂、灭火剂、溶剂、清洗剂、加工助剂、杀虫剂、气雾剂、膨胀剂等用途的消耗臭氧层物质。

禁止将国家已经淘汰的消耗臭氧层物质用于前款规定的用途。

国务院生态环境主管部门会同国务院有关部门拟订《中国履行〈关于消耗臭氧层物质的蒙特利尔议定书〉国家方案》（以下

简称国家方案），报国务院批准后实施。

第六条　国务院生态环境主管部门根据国家方案和消耗臭氧层物质淘汰进展情况，会同国务院有关部门确定并公布限制或者禁止新建、改建、扩建生产、使用消耗臭氧层物质建设项目的类别，制定并公布限制或者禁止生产、使用、进出口消耗臭氧层物质的名录。

因特殊用途确需生产、使用前款规定禁止生产、使用的消耗臭氧层物质的，按照《关于消耗臭氧层物质的蒙特利尔议定书》有关允许用于特殊用途的规定，由国务院生态环境主管部门会同国务院有关部门批准。

第七条　国家对消耗臭氧层物质的生产、使用、进出口实行总量控制和配额管理。国务院生态环境主管部门根据国家方案和消耗臭氧层物质淘汰进展情况，商国务院有关部门确定国家消耗臭氧层物质的年度生产、使用和进出口配额总量，并予以公告。

第八条　国家鼓励、支持消耗臭氧层物质替代品和替代技术的科学研究、技术开发和推广应用。

国务院生态环境主管部门会同国务院有关部门制定、调整和公布《中国消耗臭氧层物质替代品推荐名录》。

开发、生产、使用消耗臭氧层物质替代品，应当符合国家产业政策，并按照国家有关规定享受优惠政策。对在消耗臭氧层物质淘汰工作中做出突出成绩的单位和个人，按照国家有关规定给予奖励。

第九条　任何单位和个人对违反本条例规定的行为，有权向生态环境主管部门或者其他有关部门举报。接到举报的部门应当及时调查处理，并为举报人保密；经调查情况属实的，对举报人给予奖励。

第二章　生产、销售和使用

第十条　消耗臭氧层物质的生产、使用单位，应当依照本条例的规定申请领取生产或者使用配额许可证。但是，使用单位有下列情形之一的，不需要申请领取使用配额许可证：

（一）维修单位为了维修制冷设备、制冷系统或者灭火系统使用消耗臭氧层物质的；

（二）实验室为了实验分析少量使用消耗臭氧层物质的；

（三）海关为了防止有害生物传入传出使用消耗臭氧层物质实施检疫的；

（四）国务院生态环境主管部门规定的不需要申请领取使用配额许可证的其他情形。

第十一条　消耗臭氧层物质的生产、使用单位除具备法律、行政法规规定的条件外，还应当具备下列条件：

（一）有合法生产或者使用相应消耗臭氧层物质的业绩；

（二）有生产或者使用相应消耗臭氧层物质的场所、设施、设备和专业技术人员；

（三）有经验收合格的环境保护设施；

（四）有健全完善的生产经营管理制度。

将消耗臭氧层物质用于本条例第六条规定的特殊用途的单位，不适用前款第（一）项的规定。

第十二条　消耗臭氧层物质的生产、使用单位应当于每年10月31日前向国务院生态环境主管部门书面申请下一年度的生产配额或者使用配额，并提交其符合本条例第十一条规定条件的证明材料。

国务院生态环境主管部门根据国家消耗臭氧层物质的年度生产、使用配额总量和申请单位生产、使用相应消耗臭氧层物质的业绩情况，核定申请单位下一年度的生产配额或者使用配额，并于每年12月20日前完成审查，符合条件的，核发下一年度的生产或者使用配额许可证，予以公告，并抄送国务院有关部门和申请单位所在地省、自治区、直辖市人民政府生态环境主管部门；不符合条件的，书面通知申请单位并说明理由。

第十三条 消耗臭氧层物质的生产或者使用配额许可证应当载明下列内容：

（一）生产或者使用单位的名称、地址、法定代表人或者负责人；

（二）准予生产或者使用的消耗臭氧层物质的品种、用途及其数量；

（三）有效期限；

（四）发证机关、发证日期和证书编号。

第十四条 消耗臭氧层物质的生产、使用单位需要调整其配额的，应当向国务院生态环境主管部门申请办理配额变更手续。

国务院生态环境主管部门应当依照本条例第十一条、第十二条规定的条件和依据进行审查，并在受理申请之日起20个工作日内完成审查，符合条件的，对申请单位的配额进行调整，并予以公告；不符合条件的，书面通知申请单位并说明理由。

第十五条 消耗臭氧层物质的生产单位不得超出生产配额许可证规定的品种、数量、期限生产消耗臭氧层物质，不得超出生产配额许可证规定的用途生产、销售消耗臭氧层物质。

禁止无生产配额许可证生产消耗臭氧层物质。

第十六条 依照本条例规定领取使用配额许可证的单位，不得超出使用配额许可证规定的品种、用途、数量、期限使用消耗臭氧层物质。

除本条例第十条规定的不需要申请领取使用配额许可证的情形外，禁止无使用配额许可证使用消耗臭氧层物质。

第十七条 下列单位应当按照国务院生态环境主管部门的规定办理备案手续：

（一）消耗臭氧层物质的销售单位；

（二）从事含消耗臭氧层物质的制冷设备、制冷系统或者灭火系统的维修、报废处理等经营活动的单位；

（三）从事消耗臭氧层物质回收、再生利用或者销毁等经营活动的单位；

（四）国务院生态环境主管部门规定的不需要申请领取使用配额许可证的消耗臭氧层物质的使用单位。

前款第（一）项、第（二）项、第（四）项规定的单位向所在地设区的市级人民政府生态环境主管部门备案，第（三）项规定的单位向所在地省、自治区、直辖市人民政府生态环境主管部门备案。

第十八条 除依照本条例规定进出口外，消耗臭氧层物质的购买和销售行为只能在符合本条例规定的消耗臭氧层物质的生产、销售和使用单位之间进行。

第十九条 消耗臭氧层物质的生产、使用单位，应当按照国务院生态环境主管部门的规定采取必要的措施，防止或者减少消耗臭氧层物质的泄漏和排放。

从事含消耗臭氧层物质的制冷设备、制冷系统或者灭火系统的维修、报废处理等经营活动的单位，应当按照国务院生态环境主管部门的规定对消耗臭氧层物质进行回收、循环利用或者交由从事消耗臭氧层物质回收、再生利用、销毁等经营活动的单位进行无害化处置。

从事消耗臭氧层物质回收、再生利用、销毁等经营活动的单位，以及生产过程中附带产生消耗臭氧层物质的单位，应当按照国务院生态环境主管部门的规定对消耗臭氧层物质进行无害化处置，不得直接排放。

第二十条 从事消耗臭氧层物质的生产、销售、使用、回收、再生利用、销毁等经营活动的单位，以及从事含消耗臭氧层物质的制冷设备、制冷系统或者灭火系统的维修、报废处理等经营活动的单位，应当完整保存有关生产经营活动的原始资料至少3年，并按照国务院生态环境主管部门的规定报送相关数据。

生产、使用消耗臭氧层物质数量较大，以及生产过程中附带产生消耗臭氧层物质数量较大的单位，应当安装自动监测设备，与生态环境主管部门的监控设备联网，并保证监测设备正常运行，确保监测数据的真实性和准确性。具体办法由国务院生态环境主管部门规定。

第三章　进出口

第二十一条　国家对进出口消耗臭氧层物质予以控制，并实行名录管理。国务院生态环境主管部门会同国务院商务主管部门、海关总署制定、调整和公布《中国进出口受控消耗臭氧层物质名录》。

进出口列入《中国进出口受控消耗臭氧层物质名录》的消耗臭氧层物质的单位，应当依照本条例的规定向国家消耗臭氧层物质进出口管理机构申请进出口配额，领取进出口审批单，并提交拟进出口的消耗臭氧层物质的品种、数量、来源、用途等情况的材料。

第二十二条　国家消耗臭氧层物质进出口管理机构应当自受理申请之日起20个工作日内完成审查，作出是否批准的决定。予以批准的，向申请单位核发进出口审批单；未予批准的，书面通知申请单位并说明理由。

进出口审批单的有效期最长为90日，不得超期或者跨年度使用。

第二十三条　取得消耗臭氧层物质进出口审批单的单位，应当按照国务院商务主管部门的规定申请领取进出口许可证，持进出口许可证向海关办理通关手续。列入必须实施检验的进出口商品目录的消耗臭氧层物质，由海关依法实施检验。

消耗臭氧层物质在中华人民共和国境内的海关特殊监管区域、保税监管场所与境外之间进出的，进出口单位应当依照本条例的规定申请领取进出口审批单、进出口许可证；消耗臭氧层物质在中华人民共和国境内的海关特殊监管区域、保税监管场所与境内其他区域之间进出的，或者在上述海关特殊监管区域、保税监管场所之间进出的，不需要申请领取进出口审批单、进出口许可证。

第四章　监督检查

第二十四条　生态环境主管部门和其他有关部门，依照本条例的规定和各自的职责对消耗臭氧层物质的生产、销售、使用和进出口等活动进行监督检查。

第二十五条　生态环境主管部门和其他有关部门进行监督检查，有权采取下列措施：

（一）要求被检查单位提供有关资料；

（二）要求被检查单位就执行本条例规定的有关情况作出说明；

（三）进入被检查单位的生产、经营、储存场所进行调查和取证；

（四）责令被检查单位停止违反本条例规定的行为，履行法定义务；

（五）扣押、查封违法生产、销售、使用、进出口的消耗臭氧层物质及其生产设备、设施、原料及产品。

被检查单位应当予以配合，如实反映情况，提供必要资料，不得拒绝和阻碍。

第二十六条　生态环境主管部门和其他有关部门进行监督检查，监督检查人员不得少于2人，并应当出示有效的行政执法证件。

生态环境主管部门和其他有关部门的工作人员，对监督检查中知悉的商业秘密负有保密义务。

第二十七条　国务院生态环境主管部门应当建立健全消耗臭氧层物质的数据信息管理系统，收集、汇总和发布消耗臭氧层物质的生产、使用、进出口等数据信息。

地方人民政府生态环境主管部门应当将监督检查中发现的违反本条例规定的行为及处理情况逐级上报至国务院生态环境主管部门。

县级以上地方人民政府其他有关部门应当将监督检查中发现的违反本条例规定的行为及处理情况逐级上报至国务院有关部门，国务院有关部门应当及时抄送国务院生态环境主管部门。

第二十八条 地方人民政府生态环境主管部门或者其他有关部门对违反本条例规定的行为不查处的，其上级主管部门有权责令其依法查处或者直接进行查处。

第五章 法律责任

第二十九条 负有消耗臭氧层物质监督管理职责的部门及其工作人员有下列行为之一的，对直接负责的主管人员和其他直接责任人员，依法给予处分；直接负责的主管人员和其他直接责任人员构成犯罪的，依法追究刑事责任：

（一）违反本条例规定核发消耗臭氧层物质生产、使用配额许可证的；

（二）违反本条例规定核发消耗臭氧层物质进出口审批单或者进出口许可证的；

（三）对发现的违反本条例的行为不依法查处的；

（四）在办理消耗臭氧层物质生产、使用、进出口等行政许可以及实施监督检查的过程中，索取、收受他人财物或者谋取其他利益的；

（五）有其他徇私舞弊、滥用职权、玩忽职守行为的。

第三十条 无生产配额许可证生产消耗臭氧层物质的，由所在地生态环境主管部门责令停止违法行为，没收用于违法生产消耗臭氧层物质的原料、违法生产的消耗臭氧层物质和违法所得，拆除、销毁用于违法生产消耗臭氧层物质的设备、设施，并处100万元以上500万元以下的罚款。

第三十一条 依照本条例规定应当申请领取使用配额许可证的单位无使用配额许可证使用消耗臭氧层物质，或者违反本条例规定将已淘汰的消耗臭氧层物质用于制冷剂、发泡剂、灭火剂、溶剂、清洗剂、加工助剂、杀虫剂、气雾剂、膨胀剂等用途的，由所在地生态环境主管部门责令停止违法行为，没收违法使用的消耗臭氧层物质、违法使用消耗臭氧层物质生产的产品和违法所得，并处20万元以上50万元以下的罚款；情节严重的，并处50万元以上100万元以下的罚款，拆除、销毁用于违法使用消耗臭氧层物质的设备、设施。

第三十二条 消耗臭氧层物质的生产、使用单位有下列行为之一的，由所在地省、自治区、直辖市人民政府生态环境主管部门责令停止违法行为，没收违法生产、使用的消耗臭氧层物质、违法使用消耗臭氧层物质生产的产品和违法所得，并处10万元以上50万元以下的罚款，报国务院生态环境主管部门核减其生产、使用配额数量；情节严重的，并处50万元以上100万元以下的罚款，报国务院生态环境主管部门吊销其生产、使用配额许可证：

（一）超出生产配额许可证规定的品种、数量、期限生产消耗臭氧层物质的；

（二）超出生产配额许可证规定的用途生产或者销售消耗臭氧层物质的；

（三）超出使用配额许可证规定的品种、数量、用途、期限使用消耗臭氧层物质的。

第三十三条 消耗臭氧层物质的生产、销售、使用单位向不符合本条例规定的单位销售或者购买消耗臭氧层物质的，由所在地生态环境主管部门责令改正，没收违法销售或者购买的消耗臭氧层物质和违法所得，处以所销售或者购买的消耗臭氧层物质市场总价3倍的罚款；对取得生产、使用配额许可证的单位，报国务院生态环境主管部门核减其生产、使用配额数量。

第三十四条 消耗臭氧层物质的生产、使用单位未按照规定采取必要的措施防止或者减少消耗臭氧层物质的泄漏和排放的，由所在地生态环境主管部门责令改正，处5万元以上10万元以下的罚款；拒不改正的，处10万元以上50万元以下的罚款，报国务院生态环境主管部门核减其生产、使用配额数量。

第三十五条　从事含消耗臭氧层物质的制冷设备、制冷系统或者灭火系统的维修、报废处理等经营活动的单位，未按照规定对消耗臭氧层物质进行回收、循环利用或者交由从事消耗臭氧层物质回收、再生利用、销毁等经营活动的单位进行无害化处置的，由所在地生态环境主管部门责令改正，处5万元以上20万元以下的罚款；拒不改正的，责令停产整治或者停业整治。

第三十六条　从事消耗臭氧层物质回收、再生利用、销毁等经营活动的单位，以及生产过程中附带产生消耗臭氧层物质的单位，未按照规定对消耗臭氧层物质进行无害化处置而直接排放的，由所在地生态环境主管部门责令改正，处10万元以上50万元以下的罚款；拒不改正的，责令停产整治或者停业整治。

第三十七条　从事消耗臭氧层物质生产、销售、使用、进出口、回收、再生利用、销毁等经营活动的单位，以及从事含消耗臭氧层物质的制冷设备、制冷系统或者灭火系统的维修、报废处理等经营活动的单位有下列行为之一的，由所在地生态环境主管部门责令改正，处5000元以上2万元以下的罚款：

（一）依照本条例规定应当向生态环境主管部门备案而未备案的；

（二）未按照规定完整保存有关生产经营活动的原始资料的；

（三）未按时申报或者谎报、瞒报有关经营活动的数据资料的；

（四）未按照监督检查人员的要求提供必要的资料的。

第三十八条　生产、使用消耗臭氧层物质数量较大，以及生产过程中附带产生消耗臭氧层物质数量较大的单位，未按照规定安装自动监测设备并与生态环境主管部门的监控设备联网，或者未保证监测设备正常运行导致监测数据不真实、不准确的，由所在地生态环境主管部门责令改正，处2万元以上20万元以下的罚款；拒不改正的，责令停产整治或者停业整治。

第三十九条　进出口单位无进出口许可证或者超出进出口许可证的规定进出口消耗臭氧层物质的，由海关依照有关法律、行政法规的规定予以处罚；构成犯罪的，依法追究刑事责任。

以欺骗、贿赂等不正当手段取得消耗臭氧层物质进出口配额、进出口审批单、进出口许可证的，由国家消耗臭氧层物质进出口管理机构、国务院商务主管部门依据职责撤销其进出口配额、进出口审批单、进出口许可证，3年内不得再次申请，并由所在地生态环境主管部门处10万元以上50万元以下的罚款。

第四十条　拒绝、阻碍生态环境主管部门或者其他有关部门的监督检查，或者在接受监督检查时弄虚作假的，由监督检查部门责令改正，处2万元以上20万元以下的罚款；构成违反治安管理行为的，由公安机关依法给予治安管理处罚；构成犯罪的，依法追究刑事责任。

第四十一条　因违反本条例规定受到行政处罚的，按照国家有关规定记入信用记录，并向社会公布。

第六章　附　　则

第四十二条　本条例自2010年6月1日起施行。

（四）土壤污染类

中华人民共和国土壤污染防治法

（2018年8月31日第十三届全国人民代表大会常务委员会第五次会议通过，2018年8月31日公布，自2019年1月1日起施行）

第一章 总 则

第一条 为了保护和改善生态环境，防治土壤污染，保障公众健康，推动土壤资源永续利用，推进生态文明建设，促进经济社会可持续发展，制定本法。

第二条 在中华人民共和国领域及管辖的其他海域从事土壤污染防治及相关活动，适用本法。

本法所称土壤污染，是指因人为因素导致某种物质进入陆地表层土壤，引起土壤化学、物理、生物等方面特性的改变，影响土壤功能和有效利用，危害公众健康或者破坏生态环境的现象。

第三条 土壤污染防治应当坚持预防为主、保护优先、分类管理、风险管控、污染担责、公众参与的原则。

第四条 任何组织和个人都有保护土壤、防止土壤污染的义务。

土地使用权人从事土地开发利用活动，企业事业单位和其他生产经营者从事生产经营活动，应当采取有效措施，防止、减少土壤污染，对所造成的土壤污染依法承担责任。

第五条 地方各级人民政府应当对本行政区域土壤污染防治和安全利用负责。

国家实行土壤污染防治目标责任制和考核评价制度，将土壤污染防治目标完成情况作为考核评价地方各级人民政府及其负责人、县级以上人民政府负有土壤污染防治监督管理职责的部门及其负责人的内容。

第六条 各级人民政府应当加强对土壤污染防治工作的领导，组织、协调、督促有关部门依法履行土壤污染防治监督管理职责。

第七条 国务院生态环境主管部门对全国土壤污染防治工作实施统一监督管理；国务院农业农村、自然资源、住房城乡建设、林业草原等主管部门在各自职责范围内对土壤污染防治工作实施监督管理。

地方人民政府生态环境主管部门对本行政区域土壤污染防治工作实施统一监督管理；地方人民政府农业农村、自然资源、住房城乡建设、林业草原等主管部门在各自职责范围内对土壤污染防治工作实施监督管理。

第八条 国家建立土壤环境信息共享机制。

国务院生态环境主管部门应当会同国务院农业农村、自然资源、住房城乡建设、水利、卫生健康、林业草原等主管部门建立土壤环境基础数据库，构建全国土壤环境信息平台，实行数据动态更新和信息共享。

第九条 国家支持土壤污染风险管控和

修复、监测等污染防治科学技术研究开发、成果转化和推广应用，鼓励土壤污染防治产业发展，加强土壤污染防治专业技术人才培养，促进土壤污染防治科学技术进步。

国家支持土壤污染防治国际交流与合作。

第十条　各级人民政府及其有关部门、基层群众性自治组织和新闻媒体应当加强土壤污染防治宣传教育和科学普及，增强公众土壤污染防治意识，引导公众依法参与土壤污染防治工作。

第二章　规划、标准、普查和监测

第十一条　县级以上人民政府应当将土壤污染防治工作纳入国民经济和社会发展规划、环境保护规划。

设区的市级以上地方人民政府生态环境主管部门应当会同发展改革、农业农村、自然资源、住房城乡建设、林业草原等主管部门，根据环境保护规划要求、土地用途、土壤污染状况普查和监测结果等，编制土壤污染防治规划，报本级人民政府批准后公布实施。

第十二条　国务院生态环境主管部门根据土壤污染状况、公众健康风险、生态风险和科学技术水平，并按照土地用途，制定国家土壤污染风险管控标准，加强土壤污染防治标准体系建设。

省级人民政府对国家土壤污染风险管控标准中未作规定的项目，可以制定地方土壤污染风险管控标准；对国家土壤污染风险管控标准中已作规定的项目，可以制定严于国家土壤污染风险管控标准的地方土壤污染风险管控标准。地方土壤污染风险管控标准应当报国务院生态环境主管部门备案。

土壤污染风险管控标准是强制性标准。

国家支持对土壤环境背景值和环境基准的研究。

第十三条　制定土壤污染风险管控标准，应当组织专家进行审查和论证，并征求有关部门、行业协会、企业事业单位和公众等方面的意见。

土壤污染风险管控标准的执行情况应当定期评估，并根据评估结果对标准适时修订。

省级以上人民政府生态环境主管部门应当在其网站上公布土壤污染风险管控标准，供公众免费查阅、下载。

第十四条　国务院统一领导全国土壤污染状况普查。国务院生态环境主管部门会同国务院农业农村、自然资源、住房城乡建设、林业草原等主管部门，每十年至少组织开展一次全国土壤污染状况普查。

国务院有关部门、设区的市级以上地方人民政府可以根据本行业、本行政区域实际情况组织开展土壤污染状况详查。

第十五条　国家实行土壤环境监测制度。

国务院生态环境主管部门制定土壤环境监测规范，会同国务院农业农村、自然资源、住房城乡建设、水利、卫生健康、林业草原等主管部门组织监测网络，统一规划国家土壤环境监测站（点）的设置。

第十六条　地方人民政府农业农村、林业草原主管部门应当会同生态环境、自然资源主管部门对下列农用地地块进行重点监测：

（一）产出的农产品污染物含量超标的；

（二）作为或者曾作为污水灌溉区的；

（三）用于或者曾用于规模化养殖，固体废物堆放、填埋的；

（四）曾作为工矿用地或者发生过重大、特大污染事故的；

（五）有毒有害物质生产、贮存、利用、处置设施周边的；

（六）国务院农业农村、林业草原、生态环境、自然资源主管部门规定的其他情形。

第十七条　地方人民政府生态环境主管

部门应当会同自然资源主管部门对下列建设用地地块进行重点监测：

（一）曾用于生产、使用、贮存、回收、处置有毒有害物质的；

（二）曾用于固体废物堆放、填埋的；

（三）曾发生过重大、特大污染事故的；

（四）国务院生态环境、自然资源主管部门规定的其他情形。

第三章 预防和保护

第十八条 各类涉及土地利用的规划和可能造成土壤污染的建设项目，应当依法进行环境影响评价。环境影响评价文件应当包括对土壤可能造成的不良影响及应当采取的相应预防措施等内容。

第十九条 生产、使用、贮存、运输、回收、处置、排放有毒有害物质的单位和个人，应当采取有效措施，防止有毒有害物质渗漏、流失、扬散，避免土壤受到污染。

第二十条 国务院生态环境主管部门应当会同国务院卫生健康等主管部门，根据对公众健康、生态环境的危害和影响程度，对土壤中有毒有害物质进行筛查评估，公布重点控制的土壤有毒有害物质名录，并适时更新。

第二十一条 设区的市级以上地方人民政府生态环境主管部门应当按照国务院生态环境主管部门的规定，根据有毒有害物质排放等情况，制定本行政区域土壤污染重点监管单位名录，向社会公开并适时更新。

土壤污染重点监管单位应当履行下列义务：

（一）严格控制有毒有害物质排放，并按年度向生态环境主管部门报告排放情况；

（二）建立土壤污染隐患排查制度，保证持续有效防止有毒有害物质渗漏、流失、扬散；

（三）制定、实施自行监测方案，并将监测数据报生态环境主管部门。

前款规定的义务应当在排污许可证中载明。

土壤污染重点监管单位应当对监测数据的真实性和准确性负责。生态环境主管部门发现土壤污染重点监管单位监测数据异常，应当及时进行调查。

设区的市级以上地方人民政府生态环境主管部门应当定期对土壤污染重点监管单位周边土壤进行监测。

第二十二条 企业事业单位拆除设施、设备或者建筑物、构筑物的，应当采取相应的土壤污染防治措施。

土壤污染重点监管单位拆除设施、设备或者建筑物、构筑物的，应当制定包括应急措施在内的土壤污染防治工作方案，报地方人民政府生态环境、工业和信息化主管部门备案并实施。

第二十三条 各级人民政府生态环境、自然资源主管部门应当依法加强对矿产资源开发区域土壤污染防治的监督管理，按照相关标准和总量控制的要求，严格控制可能造成土壤污染的重点污染物排放。

尾矿库运营、管理单位应当按照规定，加强尾矿库的安全管理，采取措施防止土壤污染。危库、险库、病库以及其他需要重点监管的尾矿库的运营、管理单位应当按照规定，进行土壤污染状况监测和定期评估。

第二十四条 国家鼓励在建筑、通信、电力、交通、水利等领域的信息、网络、防雷、接地等建设工程中采用新技术、新材料，防止土壤污染。

禁止在土壤中使用重金属含量超标的降阻产品。

第二十五条 建设和运行污水集中处理设施、固体废物处置设施，应当依照法律法规和相关标准的要求，采取措施防止土壤污染。

地方人民政府生态环境主管部门应当定期对污水集中处理设施、固体废物处置设施周边土壤进行监测；对不符合法律法规和相关标准要求的，应当根据监测结果，要求污水集中处理设施、固体废物处置设施运营单位采取相应改进措施。

地方各级人民政府应当统筹规划、建设城乡生活污水和生活垃圾处理、处置设施，并保障其正常运行，防止土壤污染。

第二十六条　国务院农业农村、林业草原主管部门应当制定规划，完善相关标准和措施，加强农用地农药、化肥使用指导和使用总量控制，加强农用薄膜使用控制。

国务院农业农村主管部门应当加强农药、肥料登记，组织开展农药、肥料对土壤环境影响的安全性评价。

制定农药、兽药、肥料、饲料、农用薄膜等农业投入品及其包装物标准和农田灌溉用水水质标准，应当适应土壤污染防治的要求。

第二十七条　地方人民政府农业农村、林业草原主管部门应当开展农用地土壤污染防治宣传和技术培训活动，扶持农业生产专业化服务，指导农业生产者合理使用农药、兽药、肥料、饲料、农用薄膜等农业投入品，控制农药、兽药、化肥等的使用量。

地方人民政府农业农村主管部门应当鼓励农业生产者采取有利于防止土壤污染的种养结合、轮作休耕等农业耕作措施；支持采取土壤改良、土壤肥力提升等有利于土壤养护和培育的措施；支持畜禽粪便处理、利用设施的建设。

第二十八条　禁止向农用地排放重金属或者其他有毒有害物质含量超标的污水、污泥，以及可能造成土壤污染的清淤底泥、尾矿、矿渣等。

县级以上人民政府有关部门应当加强对畜禽粪便、沼渣、沼液等收集、贮存、利用、处置的监督管理，防止土壤污染。

农田灌溉用水应当符合相应的水质标准，防止土壤、地下水和农产品污染。地方人民政府生态环境主管部门应当会同农业农村、水利主管部门加强对农田灌溉用水水质的管理，对农田灌溉用水水质进行监测和监督检查。

第二十九条　国家鼓励和支持农业生产者采取下列措施：

（一）使用低毒、低残留农药以及先进喷施技术；

（二）使用符合标准的有机肥、高效肥；

（三）采用测土配方施肥技术、生物防治等病虫害绿色防控技术；

（四）使用生物可降解农用薄膜；

（五）综合利用秸秆、移出高富集污染物秸秆；

（六）按照规定对酸性土壤等进行改良。

第三十条　禁止生产、销售、使用国家明令禁止的农业投入品。

农业投入品生产者、销售者和使用者应当及时回收农药、肥料等农业投入品的包装废弃物和农用薄膜，并将农药包装废弃物交由专门的机构或者组织进行无害化处理。具体办法由国务院农业农村主管部门会同国务院生态环境等主管部门制定。

国家采取措施，鼓励、支持单位和个人回收农业投入品包装废弃物和农用薄膜。

第三十一条　国家加强对未污染土壤的保护。

地方各级人民政府应当重点保护未污染的耕地、林地、草地和饮用水水源地。

各级人民政府应当加强对国家公园等自然保护地的保护，维护其生态功能。

对未利用地应当予以保护，不得污染和破坏。

第三十二条　县级以上地方人民政府及其有关部门应当按照土地利用总体规划和城乡规划，严格执行相关行业企业布局选址要求，禁止在居民区和学校、医院、疗养院、养老院等单位周边新建、改建、扩建可能造成土壤污染的建设项目。

第三十三条　国家加强对土壤资源的保

护和合理利用。对开发建设过程中剥离的表土，应当单独收集和存放，符合条件的应当优先用于土地复垦、土壤改良、造地和绿化等。

禁止将重金属或者其他有毒有害物质含量超标的工业固体废物、生活垃圾或者污染土壤用于土地复垦。

第三十四条 因科学研究等特殊原因，需要进口土壤的，应当遵守国家出入境检验检疫的有关规定。

第四章 风险管控和修复

第一节 一般规定

第三十五条 土壤污染风险管控和修复，包括土壤污染状况调查和土壤污染风险评估、风险管控、修复、风险管控效果评估、修复效果评估、后期管理等活动。

第三十六条 实施土壤污染状况调查活动，应当编制土壤污染状况调查报告。

土壤污染状况调查报告应当主要包括地块基本信息、污染物含量是否超过土壤污染风险管控标准等内容。污染物含量超过土壤污染风险管控标准的，土壤污染状况调查报告还应当包括污染类型、污染来源以及地下水是否受到污染等内容。

第三十七条 实施土壤污染风险评估活动，应当编制土壤污染风险评估报告。

土壤污染风险评估报告应当主要包括下列内容：

（一）主要污染物状况；

（二）土壤及地下水污染范围；

（三）农产品质量安全风险、公众健康风险或者生态风险；

（四）风险管控、修复的目标和基本要求等。

第三十八条 实施风险管控、修复活动，应当因地制宜、科学合理，提高针对性和有效性。

实施风险管控、修复活动，不得对土壤和周边环境造成新的污染。

第三十九条 实施风险管控、修复活动前，地方人民政府有关部门有权根据实际情况，要求土壤污染责任人、土地使用权人采取移除污染源、防止污染扩散等措施。

第四十条 实施风险管控、修复活动中产生的废水、废气和固体废物，应当按照规定进行处理、处置，并达到相关环境保护标准。

实施风险管控、修复活动中产生的固体废物以及拆除的设施、设备或者建筑物、构筑物属于危险废物的，应当依照法律法规和相关标准的要求进行处置。

修复施工期间，应当设立公告牌，公开相关情况和环境保护措施。

第四十一条 修复施工单位转运污染土壤的，应当制定转运计划，将运输时间、方式、线路和污染土壤数量、去向、最终处置措施等，提前报所在地和接收地生态环境主管部门。

转运的污染土壤属于危险废物的，修复施工单位应当依照法律法规和相关标准的要求进行处置。

第四十二条 实施风险管控效果评估、修复效果评估活动，应当编制效果评估报告。

效果评估报告应当主要包括是否达到土壤污染风险评估报告确定的风险管控、修复目标等内容。

风险管控、修复活动完成后，需要实施后期管理的，土壤污染责任人应当按照要求实施后期管理。

第四十三条 从事土壤污染状况调查和土壤污染风险评估、风险管控、修复、风险管控效果评估、修复效果评估、后期管理等活动的单位，应当具备相应的专业能力。

受委托从事前款活动的单位对其出具的调查报告、风险评估报告、风险管控效果评估报告、修复效果评估报告的真实性、准确性、完整性负责，并按照约定对风险管控、修复、后期管理等活动结果负责。

第四十四条　发生突发事件可能造成土壤污染的，地方人民政府及其有关部门和相关企业事业单位以及其他生产经营者应当立即采取应急措施，防止土壤污染，并依照本法规定做好土壤污染状况监测、调查和土壤污染风险评估、风险管控、修复等工作。

第四十五条　土壤污染责任人负有实施土壤污染风险管控和修复的义务。土壤污染责任人无法认定的，土地使用权人应当实施土壤污染风险管控和修复。

地方人民政府及其有关部门可以根据实际情况组织实施土壤污染风险管控和修复。

国家鼓励和支持有关当事人自愿实施土壤污染风险管控和修复。

第四十六条　因实施或者组织实施土壤污染状况调查和土壤污染风险评估、风险管控、修复、风险管控效果评估、修复效果评估、后期管理等活动所支出的费用，由土壤污染责任人承担。

第四十七条　土壤污染责任人变更的，由变更后承继其债权、债务的单位或者个人履行相关土壤污染风险管控和修复义务并承担相关费用。

第四十八条　土壤污染责任人不明确或者存在争议的，农用地由地方人民政府农业农村、林业草原主管部门会同生态环境、自然资源主管部门认定，建设用地由地方人民政府生态环境主管部门会同自然资源主管部门认定。认定办法由国务院生态环境主管部门会同有关部门制定。

第二节　农 用 地

第四十九条　国家建立农用地分类管理制度。按照土壤污染程度和相关标准，将农用地划分为优先保护类、安全利用类和严格管控类。

第五十条　县级以上地方人民政府应当依法将符合条件的优先保护类耕地划为永久基本农田，实行严格保护。

在永久基本农田集中区域，不得新建可能造成土壤污染的建设项目；已经建成的，应当限期关闭拆除。

第五十一条　未利用地、复垦土地等拟开垦为耕地的，地方人民政府农业农村主管部门应当会同生态环境、自然资源主管部门进行土壤污染状况调查，依法进行分类管理。

第五十二条　对土壤污染状况普查、详查和监测、现场检查表明有土壤污染风险的农用地地块，地方人民政府农业农村、林业草原主管部门应当会同生态环境、自然资源主管部门进行土壤污染状况调查。

对土壤污染状况调查表明污染物含量超过土壤污染风险管控标准的农用地地块，地方人民政府农业农村、林业草原主管部门应当会同生态环境、自然资源主管部门组织进行土壤污染风险评估，并按照农用地分类管理制度管理。

第五十三条　对安全利用类农用地地块，地方人民政府农业农村、林业草原主管部门，应当结合主要作物品种和种植习惯等情况，制定并实施安全利用方案。

安全利用方案应当包括下列内容：

（一）农艺调控、替代种植；

（二）定期开展土壤和农产品协同监测与评价；

（三）对农民、农民专业合作社及其他农业生产经营主体进行技术指导和培训；

（四）其他风险管控措施。

第五十四条　对严格管控类农用地地块，地方人民政府农业农村、林业草原主管部门应当采取下列风险管控措施：

（一）提出划定特定农产品禁止生产区域的建议，报本级人民政府批准后实施；

（二）按照规定开展土壤和农产品协同监测与评价；

（三）对农民、农民专业合作社及其他农业生产经营主体进行技术指导和培训；

（四）其他风险管控措施。

各级人民政府及其有关部门应当鼓励对严格管控类农用地采取调整种植结构、退耕还林还草、退耕还湿、轮作休耕、轮牧休牧等风险管控措施，并给予相应的政策支持。

第五十五条 安全利用类和严格管控类农用地地块的土壤污染影响或者可能影响地下水、饮用水水源安全的，地方人民政府生态环境主管部门应当会同农业农村、林业草原等主管部门制定防治污染的方案，并采取相应的措施。

第五十六条 对安全利用类和严格管控类农用地地块，土壤污染责任人应当按照国家有关规定以及土壤污染风险评估报告的要求，采取相应的风险管控措施，并定期向地方人民政府农业农村、林业草原主管部门报告。

第五十七条 对产出的农产品污染物含量超标，需要实施修复的农用地地块，土壤污染责任人应当编制修复方案，报地方人民政府农业农村、林业草原主管部门备案并实施。修复方案应当包括地下水污染防治的内容。

修复活动应当优先采取不影响农业生产、不降低土壤生产功能的生物修复措施，阻断或者减少污染物进入农作物食用部分，确保农产品质量安全。

风险管控、修复活动完成后，土壤污染责任人应当另行委托有关单位对风险管控效果、修复效果进行评估，并将效果评估报告报地方人民政府农业农村、林业草原主管部门备案。

农村集体经济组织及其成员、农民专业合作社及其他农业生产经营主体等负有协助实施土壤污染风险管控和修复的义务。

第三节　建设用地

第五十八条 国家实行建设用地土壤污染风险管控和修复名录制度。

建设用地土壤污染风险管控和修复名录由省级人民政府生态环境主管部门会同自然资源等主管部门制定，按照规定向社会公开，并根据风险管控、修复情况适时更新。

第五十九条 对土壤污染状况普查、详查和监测、现场检查表明有土壤污染风险的建设用地地块，地方人民政府生态环境主管部门应当要求土地使用权人按照规定进行土壤污染状况调查。

用途变更为住宅、公共管理与公共服务用地的，变更前应当按照规定进行土壤污染状况调查。

前两款规定的土壤污染状况调查报告应当报地方人民政府生态环境主管部门，由地方人民政府生态环境主管部门会同自然资源主管部门组织评审。

第六十条 对土壤污染状况调查报告评审表明污染物含量超过土壤污染风险管控标准的建设用地地块，土壤污染责任人、土地使用权人应当按照国务院生态环境主管部门的规定进行土壤污染风险评估，并将土壤污染风险评估报告报省级人民政府生态环境主管部门。

第六十一条 省级人民政府生态环境主管部门应当会同自然资源等主管部门按照国务院生态环境主管部门的规定，对土壤污染风险评估报告组织评审，及时将需要实施风险管控、修复的地块纳入建设用地土壤污染风险管控和修复名录，并定期向国务院生态环境主管部门报告。

列入建设用地土壤污染风险管控和修复名录的地块，不得作为住宅、公共管理与公共服务用地。

第六十二条 对建设用地土壤污染风险管控和修复名录中的地块，土壤污染责任人应当按照国家有关规定以及土壤污染风险评估报告的要求，采取相应的风险管控措施，并定期向地方人民政府生态环境主管部门报告。风险管控措施应当包括地下水污染防治的内容。

第六十三条 对建设用地土壤污染风险管控和修复名录中的地块，地方人民政府生态环境主管部门可以根据实际情况采取下列风险管控措施：

（一）提出划定隔离区域的建议，报本级人民政府批准后实施；

（二）进行土壤及地下水污染状况监测；

（三）其他风险管控措施。

第六十四条　对建设用地土壤污染风险管控和修复名录中需要实施修复的地块，土壤污染责任人应当结合土地利用总体规划和城乡规划编制修复方案，报地方人民政府生态环境主管部门备案并实施。修复方案应当包括地下水污染防治的内容。

第六十五条　风险管控、修复活动完成后，土壤污染责任人应当另行委托有关单位对风险管控效果、修复效果进行评估，并将效果评估报告报地方人民政府生态环境主管部门备案。

第六十六条　对达到土壤污染风险评估报告确定的风险管控、修复目标的建设用地地块，土壤污染责任人、土地使用权人可以申请省级人民政府生态环境主管部门移出建设用地土壤污染风险管控和修复名录。

省级人民政府生态环境主管部门应当会同自然资源等主管部门对风险管控效果评估报告、修复效果评估报告组织评审，及时将达到土壤污染风险评估报告确定的风险管控、修复目标且可以安全利用的地块移出建设用地土壤污染风险管控和修复名录，按照规定向社会公开，并定期向国务院生态环境主管部门报告。

未达到土壤污染风险评估报告确定的风险管控、修复目标的建设用地地块，禁止开工建设任何与风险管控、修复无关的项目。

第六十七条　土壤污染重点监管单位生产经营用地的用途变更或者在其土地使用权收回、转让前，应当由土地使用权人按照规定进行土壤污染状况调查。土壤污染状况调查报告应当作为不动产登记资料送交地方人民政府不动产登记机构，并报地方人民政府生态环境主管部门备案。

第六十八条　土地使用权已经被地方人民政府收回，土壤污染责任人为原土地使用权人的，由地方人民政府组织实施土壤污染风险管控和修复。

第五章　保障和监督

第六十九条　国家采取有利于土壤污染防治的财政、税收、价格、金融等经济政策和措施。

第七十条　各级人民政府应当加强对土壤污染的防治，安排必要的资金用于下列事项：

（一）土壤污染防治的科学技术研究开发、示范工程和项目；

（二）各级人民政府及其有关部门组织实施的土壤污染状况普查、监测、调查和土壤污染责任人认定、风险评估、风险管控、修复等活动；

（三）各级人民政府及其有关部门对涉及土壤污染的突发事件的应急处置；

（四）各级人民政府规定的涉及土壤污染防治的其他事项。

使用资金应当加强绩效管理和审计监督，确保资金使用效益。

第七十一条　国家加大土壤污染防治资金投入力度，建立土壤污染防治基金制度。设立中央土壤污染防治专项资金和省级土壤污染防治基金，主要用于农用地土壤污染防治和土壤污染责任人或者土地使用权人无法认定的土壤污染风险管控和修复以及政府规定的其他事项。

对本法实施之前产生的，并且土壤污染责任人无法认定的污染地块，土地使用权人实际承担土壤污染风险管控和修复的，可以申请土壤污染防治基金，集中用于土壤污染风险管控和修复。

土壤污染防治基金的具体管理办法，由国务院财政主管部门会同国务院生态环境、农业农村、自然资源、住房城乡建设、林业草原等主管部门制定。

第七十二条　国家鼓励金融机构加大对土壤污染风险管控和修复项目的信贷投放。

国家鼓励金融机构在办理土地权利抵押业务时开展土壤污染状况调查。

第七十三条　从事土壤污染风险管控和修复的单位依照法律、行政法规的规定，享受税收优惠。

第七十四条　国家鼓励并提倡社会各界为防治土壤污染捐赠财产，并依照法律、行政法规的规定，给予税收优惠。

第七十五条　县级以上人民政府应当将土壤污染防治情况纳入环境状况和环境保护目标完成情况年度报告，向本级人民代表大会或者人民代表大会常务委员会报告。

第七十六条　省级以上人民政府生态环境主管部门应当会同有关部门对土壤污染问题突出、防治工作不力、群众反映强烈的地区，约谈设区的市级以上地方人民政府及其有关部门主要负责人，要求其采取措施及时整改。约谈整改情况应当向社会公开。

第七十七条　生态环境主管部门及其环境执法机构和其他负有土壤污染防治监督管理职责的部门，有权对从事可能造成土壤污染活动的企业事业单位和其他生产经营者进行现场检查、取样，要求被检查者提供有关资料、就有关问题作出说明。

被检查者应当配合检查工作，如实反映情况，提供必要的资料。

实施现场检查的部门、机构及其工作人员应当为被检查者保守商业秘密。

第七十八条　企业事业单位和其他生产经营者违反法律法规规定排放有毒有害物质，造成或者可能造成严重土壤污染的，或者有关证据可能灭失或者被隐匿的，生态环境主管部门和其他负有土壤污染防治监督管理职责的部门，可以查封、扣押有关设施、设备、物品。

第七十九条　地方人民政府安全生产监督管理部门应当监督尾矿库运营、管理单位履行防治土壤污染的法定义务，防止其发生可能污染土壤的事故；地方人民政府生态环境主管部门应当加强对尾矿库土壤污染防治情况的监督检查和定期评估，发现风险隐患的，及时督促尾矿库运营、管理单位采取相应措施。

地方人民政府及其有关部门应当依法加强对向沙漠、滩涂、盐碱地、沼泽地等未利用地非法排放有毒有害物质等行为的监督检查。

第八十条　省级以上人民政府生态环境主管部门和其他负有土壤污染防治监督管理职责的部门应当将从事土壤污染状况调查和土壤污染风险评估、风险管控、修复、风险管控效果评估、修复效果评估、后期管理等活动的单位和个人的执业情况，纳入信用系统建立信用记录，将违法信息记入社会诚信档案，并纳入全国信用信息共享平台和国家企业信用信息公示系统向社会公布。

第八十一条　生态环境主管部门和其他负有土壤污染防治监督管理职责的部门应当依法公开土壤污染状况和防治信息。

国务院生态环境主管部门负责统一发布全国土壤环境信息；省级人民政府生态环境主管部门负责统一发布本行政区域土壤环境信息。生态环境主管部门应当将涉及主要食用农产品生产区域的重大土壤环境信息，及时通报同级农业农村、卫生健康和食品安全主管部门。

公民、法人和其他组织享有依法获取土壤污染状况和防治信息、参与和监督土壤污染防治的权利。

第八十二条　土壤污染状况普查报告、监测数据、调查报告和土壤污染风险评估报告、风险管控效果评估报告、修复效果评估报告等，应当及时上传全国土壤环境信息平台。

第八十三条　新闻媒体对违反土壤污染防治法律法规的行为享有舆论监督的权利，受监督的单位和个人不得打击报复。

第八十四条　任何组织和个人对污染土壤的行为，均有向生态环境主管部门和其他负有土壤污染防治监督管理职责的部门报告或者举报的权利。

生态环境主管部门和其他负有土壤污染防治监督管理职责的部门应当将土壤污染防治举报方式向社会公布，方便公众举报。

接到举报的部门应当及时处理并对举报人的相关信息予以保密；对实名举报并查证属实的，给予奖励。

举报人举报所在单位的，该单位不得以解除、变更劳动合同或者其他方式对举报人进行打击报复。

第六章　法律责任

第八十五条　地方各级人民政府、生态环境主管部门或者其他负有土壤污染防治监督管理职责的部门未依照本法规定履行职责的，对直接负责的主管人员和其他直接责任人员依法给予处分。

依照本法规定应当作出行政处罚决定而未作出的，上级主管部门可以直接作出行政处罚决定。

第八十六条　违反本法规定，有下列行为之一的，由地方人民政府生态环境主管部门或者其他负有土壤污染防治监督管理职责的部门责令改正，处以罚款；拒不改正的，责令停产整治：

（一）土壤污染重点监管单位未制定、实施自行监测方案，或者未将监测数据报生态环境主管部门的；

（二）土壤污染重点监管单位篡改、伪造监测数据的；

（三）土壤污染重点监管单位未按年度报告有毒有害物质排放情况，或者未建立土壤污染隐患排查制度的；

（四）拆除设施、设备或者建筑物、构筑物，企业事业单位未采取相应的土壤污染防治措施或者土壤污染重点监管单位未制定、实施土壤污染防治工作方案的；

（五）尾矿库运营、管理单位未按照规定采取措施防止土壤污染的；

（六）尾矿库运营、管理单位未按照规定进行土壤污染状况监测的；

（七）建设和运行污水集中处理设施、固体废物处置设施，未依照法律法规和相关标准的要求采取措施防止土壤污染的。

有前款规定行为之一的，处二万元以上二十万元以下的罚款；有前款第二项、第四项、第五项、第七项规定行为之一，造成严重后果的，处二十万元以上二百万元以下的罚款。

第八十七条　违反本法规定，向农用地排放重金属或者其他有毒有害物质含量超标的污水、污泥，以及可能造成土壤污染的清淤底泥、尾矿、矿渣等的，由地方人民政府生态环境主管部门责令改正，处十万元以上五十万元以下的罚款；情节严重的，处五十万元以上二百万元以下的罚款，并可以将案件移送公安机关，对直接负责的主管人员和其他直接责任人员处五日以上十五日以下的拘留；有违法所得的，没收违法所得。

第八十八条　违反本法规定，农业投入品生产者、销售者、使用者未按照规定及时回收肥料等农业投入品的包装废弃物或者农用薄膜，或者未按照规定及时回收农药包装废弃物交由专门的机构或者组织进行无害化处理的，由地方人民政府农业农村主管部门责令改正，处一万元以上十万元以下的罚款；农业投入品使用者为个人的，可以处二百元以上二千元以下的罚款。

第八十九条　违反本法规定，将重金属或者其他有毒有害物质含量超标的工业固体废物、生活垃圾或者污染土壤用于土地复垦的，由地方人民政府生态环境主管部门责令改正，处十万元以上一百万元以下的罚款；有违法所得的，没收违法所得。

第九十条　违反本法规定，受委托从事土壤污染状况调查和土壤污染风险评估、风险管控效果评估、修复效果评估活动的单位，出具虚假调查报告、风险评估报告、风险管控效果评估报告、修复效果评估报告的，由地方人民政府生态环境主管部门处十万元以上五十万元以下的罚款；情节严重的，禁止从事上述业务，并处五十万元以上一百万元以下的罚款；有违法所得的，没收违法所得。

前款规定的单位出具虚假报告的，由地方人民政府生态环境主管部门对直接负责的主管人员和其他直接责任人员处一万元以上五万元以下的罚款；情节严重的，十年内禁止从事前款规定的业务；构成犯罪的，终身禁止从事前款规定的业务。

本条第一款规定的单位和委托人恶意串通，出具虚假报告，造成他人人身或者财产损害的，还应当与委托人承担连带责任。

第九十一条　违反本法规定，有下列行为之一的，由地方人民政府生态环境主管部门责令改正，处十万元以上五十万元以下的罚款；情节严重的，处五十万元以上一百万元以下的罚款；有违法所得的，没收违法所得；对直接负责的主管人员和其他直接责任人员处五千元以上二万元以下的罚款：

（一）未单独收集、存放开发建设过程中剥离的表土的；

（二）实施风险管控、修复活动对土壤、周边环境造成新的污染的；

（三）转运污染土壤，未将运输时间、方式、线路和污染土壤数量、去向、最终处置措施等提前报所在地和接收地生态环境主管部门的；

（四）未达到土壤污染风险评估报告确定的风险管控、修复目标的建设用地地块，开工建设与风险管控、修复无关的项目的。

第九十二条　违反本法规定，土壤污染责任人或者土地使用权人未按照规定实施后期管理的，由地方人民政府生态环境主管部门或者其他负有土壤污染防治监督管理职责的部门责令改正，处一万元以上五万元以下的罚款；情节严重的，处五万元以上五十万元以下的罚款。

第九十三条　违反本法规定，被检查者拒不配合检查，或者在接受检查时弄虚作假的，由地方人民政府生态环境主管部门或者其他负有土壤污染防治监督管理职责的部门责令改正，处二万元以上二十万元以下的罚款；对直接负责的主管人员和其他直接责任人员处五千元以上二万元以下的罚款。

第九十四条　违反本法规定，土壤污染责任人或者土地使用权人有下列行为之一的，由地方人民政府生态环境主管部门或者其他负有土壤污染防治监督管理职责的部门责令改正，处二万元以上二十万元以下的罚款；拒不改正的，处二十万元以上一百万元以下的罚款，并委托他人代为履行，所需费用由土壤污染责任人或者土地使用权人承担；对直接负责的主管人员和其他直接责任人员处五千元以上二万元以下的罚款：

（一）未按照规定进行土壤污染状况调查的；

（二）未按照规定进行土壤污染风险评估的；

（三）未按照规定采取风险管控措施的；

（四）未按照规定实施修复的；

（五）风险管控、修复活动完成后，未另行委托有关单位对风险管控效果、修复效果进行评估的。

土壤污染责任人或者土地使用权人有前款第三项、第四项规定行为之一，情节严重的，地方人民政府生态环境主管部门或者其他负有土壤污染防治监督管理职责的部门可以将案件移送公安机关，对直接负责的主管人员和其他直接责任人员处五日以上十五日以下的拘留。

第九十五条　违反本法规定，有下列行为之一的，由地方人民政府有关部门责令改正；拒不改正的，处一万元以上五万元以下的罚款：

（一）土壤污染重点监管单位未按照规

定将土壤污染防治工作方案报地方人民政府生态环境、工业和信息化主管部门备案的；

（二）土壤污染责任人或者土地使用权人未按照规定将修复方案、效果评估报告报地方人民政府生态环境、农业农村、林业草原主管部门备案的；

（三）土地使用权人未按照规定将土壤污染状况调查报告报地方人民政府生态环境主管部门备案的。

第九十六条　污染土壤造成他人人身或者财产损害的，应当依法承担侵权责任。

土壤污染责任人无法认定，土地使用权人未依照本法规定履行土壤污染风险管控和修复义务，造成他人人身或者财产损害的，应当依法承担侵权责任。

土壤污染引起的民事纠纷，当事人可以向地方人民政府生态环境等主管部门申请调解处理，也可以向人民法院提起诉讼。

第九十七条　污染土壤损害国家利益、社会公共利益的，有关机关和组织可以依照《中华人民共和国环境保护法》《中华人民共和国民事诉讼法》《中华人民共和国行政诉讼法》等法律的规定向人民法院提起诉讼。

第九十八条　违反本法规定，构成违反治安管理行为的，由公安机关依法给予治安管理处罚；构成犯罪的，依法追究刑事责任。

第七章　附　　则

第九十九条　本法自2019年1月1日起施行。

污染地块土壤环境管理办法（试行）

（2016年12月27日环境保护部部务会议审议通过，2016年12月31日公布，自2017年7月1日起施行）

第一章　总　　则

第一条　为了加强污染地块环境保护监督管理，防控污染地块环境风险，根据《中华人民共和国环境保护法》等法律法规和国务院发布的《土壤污染防治行动计划》，制定本办法。

第二条　本办法所称疑似污染地块，是指从事过有色金属冶炼、石油加工、化工、焦化、电镀、制革等行业生产经营活动，以及从事过危险废物贮存、利用、处置活动的用地。

按照国家技术规范确认超过有关土壤环境标准的疑似污染地块，称为污染地块。

本办法所称疑似污染地块和污染地块相关活动，是指对疑似污染地块开展的土壤环境初步调查活动，以及对污染地块开展的土壤环境详细调查、风险评估、风险管控、治理与修复及其效果评估等活动。

第三条　拟收回土地使用权的，已收回土地使用权的，以及用途拟变更为居住用地和商业、学校、医疗、养老机构等公共设施用地的疑似污染地块和污染地块相关活动及其环境保护监督管理，适用本办法。

不具备本条第一款情形的疑似污染地块和污染地块土壤环境管理办法另行制定。

放射性污染地块环境保护监督管理，不适用本办法。

第四条　环境保护部对全国土壤环境保护工作实施统一监督管理。

地方各级环境保护主管部门负责本行政区域内的疑似污染地块和污染地块相关活动

的监督管理。

按照国家有关规定，县级环境保护主管部门被调整为设区的市级环境保护主管部门派出分局的，由设区的市级环境保护主管部门组织所属派出分局开展疑似污染地块和污染地块相关活动的监督管理。

第五条 环境保护部制定疑似污染地块和污染地块相关活动方面的环境标准和技术规范。

第六条 环境保护部组织建立全国污染地块土壤环境管理信息系统（以下简称污染地块信息系统）。

县级以上地方环境保护主管部门按照环境保护部的规定，在本行政区域内组织建设和应用污染地块信息系统。

疑似污染地块和污染地块的土地使用权人应当按照环境保护部的规定，通过污染地块信息系统，在线填报并提交疑似污染地块和污染地块相关活动信息。

县级以上环境保护主管部门应当通过污染地块信息系统，与同级城乡规划、国土资源等部门实现信息共享。

第七条 任何单位或者个人有权向环境保护主管部门举报未按照本办法规定开展疑似污染地块和污染地块相关活动的行为。

第八条 环境保护主管部门鼓励和支持社会组织，对造成土壤污染、损害社会公共利益的行为，依法提起环境公益诉讼。

第二章 各方责任

第九条 土地使用权人应当按照本办法的规定，负责开展疑似污染地块和污染地块相关活动，并对上述活动的结果负责。

第十条 按照“谁污染，谁治理”原则，造成土壤污染的单位或者个人应当承担治理与修复的主体责任。

责任主体发生变更的，由变更后继承其债权、债务的单位或者个人承担相关责任。

责任主体灭失或者责任主体不明确的，由所在地县级人民政府依法承担相关责任。

土地使用权依法转让的，由土地使用权受让人或者双方约定的责任人承担相关责任。

土地使用权终止的，由原土地使用权人对其使用该地块期间所造成的土壤污染承担相关责任。

土壤污染治理与修复实行终身责任制。

第十一条 受委托从事疑似污染地块和污染地块相关活动的专业机构，或者受委托从事治理与修复效果评估的第三方机构，应当遵守有关环境标准和技术规范，并对相关活动的调查报告、评估报告的真实性、准确性、完整性负责。

受委托从事风险管控、治理与修复的专业机构，应当遵守国家有关环境标准和技术规范，按照委托合同的约定，对风险管控、治理与修复的效果承担相应责任。

受委托从事风险管控、治理与修复的专业机构，在风险管控、治理与修复等活动中弄虚作假，造成环境污染和生态破坏，除依照有关法律法规接受处罚外，还应当依法与造成环境污染和生态破坏的其他责任者承担连带责任。

第三章 环境调查与风险评估

第十二条 县级环境保护主管部门应当根据国家有关保障工业企业场地再开发利用环境安全的规定，会同工业和信息化、城乡规划、国土资源等部门，建立本行政区域疑似污染地块名单，并及时上传污染地块信息系统。

疑似污染地块名单实行动态更新。

第十三条 对列入疑似污染地块名单的地块，所在地县级环境保护主管部门应当书面通知土地使用权人。

土地使用权人应当自接到书面通知之日起6个月内完成土壤环境初步调查，编制调查报告，及时上传污染地块信息系统，并将调查报告主要内容通过其网站等便于公众知晓的方式向社会公开。

土壤环境初步调查应当按照国家有关环境标准和技术规范开展，调查报告应当包括地块基本信息、疑似污染地块是否为污染地块的明确结论等主要内容，并附具采样信息和检测报告。

第十四条　设区的市级环境保护主管部门根据土地使用权人提交的土壤环境初步调查报告建立污染地块名录，及时上传污染地块信息系统，同时向社会公开，并通报各污染地块所在地县级人民政府。

对列入名录的污染地块，设区的市级环境保护主管部门应当按照国家有关环境标准和技术规范，确定该污染地块的风险等级。

污染地块名录实行动态更新。

第十五条　县级以上地方环境保护主管部门应当对本行政区域具有高风险的污染地块，优先开展环境保护监督管理。

第十六条　对列入污染地块名录的地块，设区的市级环境保护主管部门应当书面通知土地使用权人。

土地使用权人应当在接到书面通知后，按照国家有关环境标准和技术规范，开展土壤环境详细调查，编制调查报告，及时上传污染地块信息系统，并将调查报告主要内容通过其网站等便于公众知晓的方式向社会公开。

土壤环境详细调查报告应当包括地块基本信息，土壤污染物的分布状况及其范围，以及对土壤、地表水、地下水、空气污染的影响情况等主要内容，并附具采样信息和检测报告。

第十七条　土地使用权人应当按照国家有关环境标准和技术规范，在污染地块土壤环境详细调查的基础上开展风险评估，编制风险评估报告，及时上传污染地块信息系统，并将评估报告主要内容通过其网站等便于公众知晓的方式向社会公开。

风险评估报告应当包括地块基本信息、应当关注的污染物、主要暴露途径、风险水平、风险管控以及治理与修复建议等主要内容。

第四章　风险管控

第十八条　污染地块土地使用权人应当根据风险评估结果，并结合污染地块相关开发利用计划，有针对性地实施风险管控。

对暂不开发利用的污染地块，实施以防止污染扩散为目的的风险管控。

对拟开发利用为居住用地和商业、学校、医疗、养老机构等公共设施用地的污染地块，实施以安全利用为目的的风险管控。

第十九条　污染地块土地使用权人应当按照国家有关环境标准和技术规范，编制风险管控方案，及时上传污染地块信息系统，同时抄送所在地县级人民政府，并将方案主要内容通过其网站等便于公众知晓的方式向社会公开。

风险管控方案应当包括管控区域、目标、主要措施、环境监测计划以及应急措施等内容。

第二十条　土地使用权人应当按照风险管控方案要求，采取以下主要措施：

（一）及时移除或者清理污染源；

（二）采取污染隔离、阻断等措施，防止污染扩散；

（三）开展土壤、地表水、地下水、空气环境监测；

（四）发现污染扩散的，及时采取有效补救措施。

第二十一条　因采取风险管控措施不当等原因，造成污染地块周边的土壤、地表水、地下水或者空气污染等突发环境事件的，土地使用权人应当及时采取环境应急措施，并向所在地县级以上环境保护主管部门和其他有关部门报告。

第二十二条　对暂不开发利用的污染地块，由所在地县级环境保护主管部门配合有关部门提出划定管控区域的建议，报同级人民政府批准后设立标识、发布公告，并组织开展土壤、地表水、地下水、空气环境监测。

第五章　治理与修复

第二十三条　对拟开发利用为居住用地和商业、学校、医疗、养老机构等公共设施用地的污染地块，经风险评估确认需要治理与修复的，土地使用权人应当开展治理与修复。

第二十四条　对需要开展治理与修复的污染地块，土地使用权人应当根据土壤环境详细调查报告、风险评估报告等，按照国家有关环境标准和技术规范，编制污染地块治理与修复工程方案，并及时上传污染地块信息系统。

土地使用权人应当在工程实施期间，将治理与修复工程方案的主要内容通过其网站等便于公众知晓的方式向社会公开。

工程方案应当包括治理与修复范围和目标、技术路线和工艺参数、二次污染防范措施等内容。

第二十五条　污染地块治理与修复期间，土地使用权人或者其委托的专业机构应当采取措施，防止对地块及其周边环境造成二次污染；治理与修复过程中产生的废水、废气和固体废物，应当按照国家有关规定进行处理或者处置，并达到国家或者地方规定的环境标准和要求。

治理与修复工程原则上应当在原址进行；确需转运污染土壤的，土地使用权人或者其委托的专业机构应当将运输时间、方式、线路和污染土壤数量、去向、最终处置措施等，提前5个工作日向所在地和接收地设区的市级环境保护主管部门报告。

修复后的土壤再利用应当符合国家或者地方有关规定和标准要求。

治理与修复期间，土地使用权人或者其委托的专业机构应当设立公告牌和警示标识，公开工程基本情况、环境影响及其防范措施等。

第二十六条　治理与修复工程完工后，土地使用权人应当委托第三方机构按照国家有关环境标准和技术规范，开展治理与修复效果评估，编制治理与修复效果评估报告，及时上传污染地块信息系统，并通过其网站等便于公众知晓的方式公开，公开时间不得少于两个月。

治理与修复效果评估报告应当包括治理与修复工程概况、环境保护措施落实情况、治理与修复效果监测结果、评估结论及后续监测建议等内容。

第二十七条　污染地块未经治理与修复，或者经治理与修复但未达到相关规划用地土壤环境质量要求的，有关环境保护主管部门不予批准选址涉及该污染地块的建设项目环境影响报告书或者报告表。

第二十八条　县级以上环境保护主管部门应当会同城乡规划、国土资源等部门，建立和完善污染地块信息沟通机制，对污染地块的开发利用实行联动监管。

污染地块经治理与修复，并符合相应规划用地土壤环境质量要求后，可以进入用地程序。

第六章　监督管理

第二十九条　县级以上环境保护主管部门及其委托的环境监察机构，有权对本行政区域内的疑似污染地块和污染地块相关活动进行现场检查。被检查单位应当予以配合，如实反映情况，提供必要的资料。实施现场检查的部门、机构及其工作人员应当为被检查单位保守商业秘密。

第三十条　县级以上环境保护主管部门对疑似污染地块和污染地块相关活动进行监督检查时，有权采取下列措施：

（一）向被检查单位调查、了解疑似污染地块和污染地块的有关情况；

（二）进入被检查单位进行现场核查或者监测；

（三）查阅、复制相关文件、记录以及

其他有关资料；

（四）要求被检查单位提交有关情况说明。

第三十一条　设区的市级环境保护主管部门应当于每年的12月31日前，将本年度本行政区域的污染地块环境管理工作情况报省级环境保护主管部门。

省级环境保护主管部门应当于每年的1月31日前，将上一年度本行政区域的污染地块环境管理工作情况报环境保护部。

第三十二条　违反本办法规定，受委托的专业机构在编制土壤环境初步调查报告、土壤环境详细调查报告、风险评估报告、风险管控方案、治理与修复方案过程中，或者受委托的第三方机构在编制治理与修复效果评估报告过程中，不负责任或者弄虚作假致使报告失实的，由县级以上环境保护主管部门将该机构失信情况记入其环境信用记录，并通过企业信用信息公示系统向社会公开。

第七章　附　　则

第三十三条　本办法自2017年7月1日起施行。

农用地土壤环境管理办法（试行）

（2017年9月25日环境保护部、农业部公布，
自2017年11月1日起施行）

第一章　总　　则

第一条　为了加强农用地土壤环境保护监督管理，保护农用地土壤环境，管控农用地土壤环境风险，保障农产品质量安全，根据《中华人民共和国环境保护法》《中华人民共和国农产品质量安全法》等法律法规和《土壤污染防治行动计划》，制定本办法。

第二条　农用地土壤污染防治相关活动及其监督管理适用本办法。

前款所指的农用地土壤污染防治相关活动，是指对农用地开展的土壤污染预防、土壤污染状况调查、环境监测、环境质量类别划分、分类管理等活动。

本办法所称的农用地土壤环境质量类别划分和分类管理，主要适用于耕地。园地、草地、林地可参照本办法。

第三条　环境保护部对全国农用地土壤环境保护工作实施统一监督管理；县级以上地方环境保护主管部门对本行政区域内农用地土壤污染防治相关活动实施统一监督管理。

农业部对全国农用地土壤安全利用、严格管控、治理与修复等工作实施监督管理；县级以上地方农业主管部门负责本行政区域内农用地土壤安全利用、严格管控、治理与修复等工作的组织实施。

农用地土壤污染预防、土壤污染状况调查、环境监测、环境质量类别划分、农用地土壤优先保护、监督管理等工作，由县级以上环境保护和农业主管部门按照本办法有关规定组织实施。

第四条　环境保护部会同农业部制定农用地土壤污染状况调查、环境监测、环境质量类别划分等技术规范。

农业部会同环境保护部制定农用地土壤安全利用、严格管控、治理与修复、治理与修复效果评估等技术规范。

第五条　县级以上地方环境保护和农业

主管部门在编制本行政区域的环境保护规划和农业发展规划时，应当包含农用地土壤污染防治工作的内容。

第六条 环境保护部会同农业部等部门组织建立全国农用地土壤环境管理信息系统（以下简称农用地环境信息系统），实行信息共享。

县级以上地方环境保护主管部门、农业主管部门应当按照国家有关规定，在本行政区域内组织建设和应用农用地环境信息系统，并加强农用地土壤环境信息统计工作，健全农用地土壤环境信息档案，定期上传农用地环境信息系统，实行信息共享。

第七条 受委托从事农用地土壤污染防治相关活动的专业机构，以及受委托从事治理与修复效果评估的第三方机构，应当遵守有关环境保护标准和技术规范，并对其出具的技术文件的真实性、准确性、完整性负责。

受委托从事治理与修复的专业机构，应当遵守国家有关环境保护标准和技术规范，在合同约定范围内开展工作，对治理与修复活动及其效果负责。

受委托从事治理与修复的专业机构在治理与修复活动中弄虚作假，对造成的环境污染和生态破坏负有责任的，除依照有关法律法规接受处罚外，还应当依法与造成环境污染和生态破坏的其他责任者承担连带责任。

第二章 土壤污染预防

第八条 排放污染物的企业事业单位和其他生产经营者应当采取有效措施，确保废水、废气排放和固体废物处理、处置符合国家有关规定要求，防止对周边农用地土壤造成污染。

从事固体废物和化学品储存、运输、处置的企业，应当采取措施防止固体废物和化学品的泄露、渗漏、遗撒、扬散污染农用地。

第九条 县级以上地方环境保护主管部门应当加强对企业事业单位和其他生产经营者排污行为的监管，将土壤污染防治作为环境执法的重要内容。

设区的市级以上地方环境保护主管部门应当根据本行政区域内工矿企业分布和污染排放情况，确定土壤环境重点监管企业名单，上传农用地环境信息系统，实行动态更新，并向社会公布。

第十条 从事规模化畜禽养殖和农产品加工的单位和个人，应当按照相关规范要求，确定废物无害化处理方式和消纳场地。

县级以上地方环境保护主管部门、农业主管部门应当依据法定职责加强畜禽养殖污染防治工作，指导畜禽养殖废弃物综合利用，防止畜禽养殖活动对农用地土壤环境造成污染。

第十一条 县级以上地方农业主管部门应当加强农用地土壤污染防治知识宣传，提高农业生产者的农用地土壤环境保护意识，引导农业生产者合理使用肥料、农药、兽药、农用薄膜等农业投入品，根据科学的测土配方进行合理施肥，鼓励采取种养结合、轮作等良好农业生产措施。

第十二条 禁止在农用地排放、倾倒、使用污泥、清淤底泥、尾矿（渣）等可能对土壤造成污染的固体废物。

农田灌溉用水应当符合相应的水质标准，防止污染土壤、地下水和农产品。禁止向农田灌溉渠道排放工业废水或者医疗污水。向农田灌溉渠道排放城镇污水以及未综合利用的畜禽养殖废水、农产品加工废水的，应当保证其下游最近的灌溉取水点的水质符合农田灌溉水质标准。

第三章 调查与监测

第十三条 环境保护部会同农业部等部门建立农用地土壤污染状况定期调查制度，制定调查工作方案，每十年开展一次。

第十四条 环境保护部会同农业部等部门建立全国土壤环境质量监测网络，统一规划农用地土壤环境质量国控监测点位，规定监测要求，并组织实施全国农用地土壤环境监测工作。

农用地土壤环境质量国控监测点位应当重点布设在粮食生产功能区、重要农产品生产保护区、特色农产品优势区以及污染风险较大的区域等。

县级以上地方环境保护主管部门会同农业等有关部门，可以根据工作需要，布设地方农用地土壤环境质量监测点位，增加特征污染物监测项目，提高监测频次，有关监测结果应当及时上传农用地环境信息系统。

第十五条　县级以上农业主管部门应当根据不同区域的农产品质量安全情况，组织实施耕地土壤与农产品协同监测，开展风险评估，根据监测评估结果，优化调整安全利用措施，并将监测结果及时上传农用地环境信息系统。

第四章　分类管理

第十六条　省级农业主管部门会同环境保护主管部门，按照国家有关技术规范，根据土壤污染程度、农产品质量情况，组织开展耕地土壤环境质量类别划分工作，将耕地划分为优先保护类、安全利用类和严格管控类，划分结果报省级人民政府审定，并根据土地利用变更和土壤环境质量变化情况，定期对各类别农用地面积、分布等信息进行更新，数据上传至农用地环境信息系统。

第十七条　县级以上地方农业主管部门应当根据永久基本农田划定工作要求，积极配合相关部门将符合条件的优先保护类耕地划为永久基本农田，纳入粮食生产功能区和重要农产品生产保护区建设，实行严格保护，确保其面积不减少，耕地污染程度不上升。在优先保护类耕地集中的地区，优先开展高标准农田建设。

第十八条　严格控制在优先保护类耕地集中区域新建有色金属冶炼、石油加工、化工、焦化、电镀、制革等行业企业，有关环境保护主管部门依法不予审批可能造成耕地土壤污染的建设项目环境影响报告书或者报告表。优先保护类耕地集中区域现有可能造成土壤污染的相关行业企业应当按照有关规定采取措施，防止对耕地造成污染。

第十九条　对安全利用类耕地，应当优先采取农艺调控、替代种植、轮作、间作等措施，阻断或者减少污染物和其他有毒有害物质进入农作物可食部分，降低农产品超标风险。

对严格管控类耕地，主要采取种植结构调整或者按照国家计划经批准后进行退耕还林还草等风险管控措施。

对需要采取治理与修复工程措施的安全利用类或者严格管控类耕地，应当优先采取不影响农业生产、不降低土壤生产功能的生物修复措施，或辅助采取物理、化学治理与修复措施。

第二十条　县级以上地方农业主管部门应当根据农用地土壤安全利用相关技术规范要求，结合当地实际情况，组织制定农用地安全利用方案，报所在地人民政府批准后实施，并上传农用地环境信息系统。

农用地安全利用方案应当包括以下风险管控措施：

（一）针对主要农作物种类、品种和农作制度等具体情况，推广低积累品种替代、水肥调控、土壤调理等农艺调控措施，降低农产品有害物质超标风险；

（二）定期开展农产品质量安全监测和调查评估，实施跟踪监测，根据监测和评估结果及时优化调整农艺调控措施。

第二十一条　对需要采取治理与修复工程措施的受污染耕地，县级以上地方农业主管部门应当组织制定土壤污染治理与修复方案，报所在地人民政府批准后实施，并上传农用地环境信息系统。

第二十二条　从事农用地土壤污染治理与修复活动的单位和个人应当采取必要措施防止产生二次污染，并防止对被修复土壤和周边环境造成新的污染。治理与修复过程中产生的废水、废气和固体废物，应当按照国家有关规定进行处理或者处置，并达到国家或者地方规定的环境保护标准和要求。

第二十三条 县级以上地方环境保护主管部门应当对农用地土壤污染治理与修复的环境保护措施落实情况进行监督检查。

治理与修复活动结束后，县级以上地方农业主管部门应当委托第三方机构对治理与修复效果进行评估，评估结果上传农用地环境信息系统。

第二十四条 县级以上地方农业主管部门应当对严格管控类耕地采取以下风险管控措施：

（一）依法提出划定特定农产品禁止生产区域的建议；

（二）会同有关部门按照国家退耕还林还草计划，组织制定种植结构调整或者退耕还林还草计划，报所在地人民政府批准后组织实施，并上传农用地环境信息系统。

第二十五条 对威胁地下水、饮用水水源安全的严格管控类耕地，县级环境保护主管部门应当会同农业等主管部门制定环境风险管控方案，报同级人民政府批准后组织实施，并上传农用地环境信息系统。

第五章 监督管理

第二十六条 设区的市级以上地方环境保护主管部门应当定期对土壤环境重点监管企业周边农用地开展监测，监测结果作为环境执法和风险预警的重要依据，并上传农用地环境信息系统。

设区的市级以上地方环境保护主管部门应当督促土壤环境重点监管企业自行或者委托专业机构开展土壤环境监测，监测结果向社会公开，并上传农用地环境信息系统。

第二十七条 县级以上环境保护主管部门和县级以上农业主管部门，有权对本行政区域内的农用地土壤污染防治相关活动进行现场检查。被检查单位应当予以配合，如实反映情况，提供必要的资料。实施现场检查的部门、机构及其工作人员应当为被检查单位保守商业秘密。

第二十八条 突发环境事件可能造成农用地土壤污染的，县级以上地方环境保护主管部门应当及时会同农业主管部门对可能受到污染的农用地土壤进行监测，并根据监测结果及时向当地人民政府提出应急处置建议。

第二十九条 违反本办法规定，受委托的专业机构在从事农用地土壤污染防治相关活动中，不负责任或者弄虚作假的，由县级以上地方环境保护主管部门、农业主管部门将该机构失信情况记入其环境信用记录，并通过企业信用信息系统向社会公开。

第六章 附 则

第三十条 本办法自2017年11月1日起施行。

工矿用地土壤环境管理办法（试行）

（2018年4月12日生态环境部部务会议审议通过，
2018年5月3日公布，自2018年8月1日起施行）

第一章 总 则

第一条 为了加强工矿用地土壤和地下水环境保护监督管理，防治工矿用地土壤和地下水污染，根据《中华人民共和国环境保护法》《中华人民共和国水污染防治法》等法律法规和国务院印发的《土壤污染防治行动计划》，制定本办法。

第二条　本办法适用于从事工业、矿业生产经营活动的土壤环境污染重点监管单位用地土壤和地下水的环境现状调查、环境影响评价、污染防治设施的建设和运行管理、污染隐患排查、环境监测和风险评估、污染应急、风险管控和治理与修复等活动，以及相关环境保护监督管理。

矿产开采作业区域用地，固体废物集中贮存、填埋场所用地，不适用本办法。

第三条　土壤环境污染重点监管单位（以下简称重点单位）包括：

（一）有色金属冶炼、石油加工、化工、焦化、电镀、制革等行业中应当纳入排污许可重点管理的企业；

（二）有色金属矿采选、石油开采行业规模以上企业；

（三）其他根据有关规定纳入土壤环境污染重点监管单位名录的企事业单位。

重点单位以外的企事业单位和其他生产经营者生产经营活动涉及有毒有害物质的，其用地土壤和地下水环境保护相关活动及相关环境保护监督管理，可以参照本办法执行。

第四条　生态环境部对全国工矿用地土壤和地下水环境保护工作实施统一监督管理。

县级以上地方生态环境主管部门负责本行政区域内的工矿用地土壤和地下水环境保护相关活动的监督管理。

第五条　设区的市级以上地方生态环境主管部门应当制定公布本行政区域的土壤环境污染重点监管单位名单，并动态更新。

第六条　工矿企业是工矿用地土壤和地下水环境保护的责任主体，应当按照本办法的规定开展相关活动。

造成工矿用地土壤和地下水污染的企业应当承担治理与修复的主体责任。

第二章　污染防控

第七条　重点单位新、改、扩建项目，应当在开展建设项目环境影响评价时，按照国家有关技术规范开展工矿用地土壤和地下水环境现状调查，编制调查报告，并按规定上报环境影响评价基础数据库。

重点单位应当将前款规定的调查报告主要内容通过其网站等便于公众知晓的方式向社会公开。

第八条　重点单位新、改、扩建项目用地应当符合国家或者地方有关建设用地土壤污染风险管控标准。

重点单位通过新、改、扩建项目的土壤和地下水环境现状调查，发现项目用地污染物含量超过国家或者地方有关建设用地土壤污染风险管控标准的，土地使用权人或者污染责任人应当参照污染地块土壤环境管理有关规定开展详细调查、风险评估、风险管控、治理与修复等活动。

第九条　重点单位建设涉及有毒有害物质的生产装置、储罐和管道，或者建设污水处理池、应急池等存在土壤污染风险的设施，应当按照国家有关标准和规范的要求，设计、建设和安装有关防腐蚀、防泄漏设施和泄漏监测装置，防止有毒有害物质污染土壤和地下水。

第十条　重点单位现有地下储罐储存有毒有害物质的，应当在本办法公布后一年之内，将地下储罐的信息报所在地设区的市级生态环境主管部门备案。

重点单位新、改、扩建项目地下储罐储存有毒有害物质的，应当在项目投入生产或者使用之前，将地下储罐的信息报所在地设区的市级生态环境主管部门备案。

地下储罐的信息包括地下储罐的使用年限、类型、规格、位置和使用情况等。

第十一条　重点单位应当建立土壤和地下水污染隐患排查治理制度，定期对重点区域、重点设施开展隐患排查。发现污染隐患的，应当制定整改方案，及时采取技术、管理措施消除隐患。隐患排查、治理情况应当如实记录并建立档案。

重点区域包括涉及有毒有害物质的生产区，原材料及固体废物的堆存区、储放区和转运区等；重点设施包括涉及有毒有害物质的地下储罐、地下管线，以及污染治理设施等。

第十二条　重点单位应当按照相关技术规范要求，自行或者委托第三方定期开展土壤和地下水监测，重点监测存在污染隐患的区域和设施周边的土壤、地下水，并按照规定公开相关信息。

第十三条　重点单位在隐患排查、监测等活动中发现工矿用地土壤和地下水存在污染迹象的，应当排查污染源，查明污染原因，采取措施防止新增污染，并参照污染地块土壤环境管理有关规定及时开展土壤和地下水环境调查与风险评估，根据调查与风险评估结果采取风险管控或者治理与修复等措施。

第十四条　重点单位拆除涉及有毒有害物质的生产设施设备、构筑物和污染治理设施的，应当按照有关规定，事先制定企业拆除活动污染防治方案，并在拆除活动前十五个工作日报所在地县级生态环境、工业和信息化主管部门备案。

企业拆除活动污染防治方案应当包括被拆除生产设施设备、构筑物和污染治理设施的基本情况、拆除活动全过程土壤污染防治的技术要求、针对周边环境的污染防治要求等内容。

重点单位拆除活动应当严格按照有关规定实施残留物料和污染物、污染设备和设施的安全处理处置，并做好拆除活动相关记录，防范拆除活动污染土壤和地下水。拆除活动相关记录应当长期保存。

第十五条　重点单位突发环境事件应急预案应当包括防止土壤和地下水污染相关内容。

重点单位突发环境事件造成或者可能造成土壤和地下水污染的，应当采取应急措施避免或者减少土壤和地下水污染；应急处置结束后，应当立即组织开展环境影响和损害评估工作，评估认为需要开展治理与修复的，应当制定并落实污染土壤和地下水治理与修复方案。

第十六条　重点单位终止生产经营活动前，应当参照污染地块土壤环境管理有关规定，开展土壤和地下水环境初步调查，编制调查报告，及时上传全国污染地块土壤环境管理信息系统。

重点单位应当将前款规定的调查报告主要内容通过其网站等便于公众知晓的方式向社会公开。

土壤和地下水环境初步调查发现该重点单位用地污染物含量超过国家或者地方有关建设用地土壤污染风险管控标准的，应当参照污染地块土壤环境管理有关规定开展详细调查、风险评估、风险管控、治理与修复等活动。

第三章　监督管理

第十七条　县级以上生态环境主管部门有权对本行政区域内的重点单位进行现场检查。被检查单位应当予以配合，如实反映情况，提供必要的资料。实施现场检查的部门、机构及其工作人员应当为被检查单位保守商业秘密。

第十八条　县级以上生态环境主管部门对重点单位进行监督检查时，有权采取下列措施：

（一）进入被检查单位进行现场核查或者监测；

（二）查阅、复制相关文件、记录以及其他有关资料；

（三）要求被检查单位提交有关情况说明。

第十九条　重点单位未按本办法开展工矿用地土壤和地下水环境保护相关活动或者弄虚作假的，由县级以上生态环境主管部门将该企业失信情况记入其环境信用记录，并通过全国信用信息共享平台、国家企业信用信息公示系统向社会公开。

第四章　附　则

第二十条　本办法所称的下列用语的含义：

（一）矿产开采作业区域用地，指露天

采矿区用地、排土场等与矿业开采作业直接相关的用地。

（二）有毒有害物质，是指下列物质：

1. 列入《中华人民共和国水污染防治法》规定的有毒有害水污染物名录的污染物；

2. 列入《中华人民共和国大气污染防治法》规定的有毒有害大气污染物名录的污染物；

3.《中华人民共和国固体废物污染环境防治法》规定的危险废物；

4. 国家和地方建设用地土壤污染风险管控标准管控的污染物；

5. 列入优先控制化学品名录内的物质；

6. 其他根据国家法律法规有关规定应当纳入有毒有害物质管理的物质。

（三）土壤和地下水环境现状调查，指对重点单位新、改、扩建项目用地的土壤和地下水环境质量进行的调查评估，其主要调查内容包括土壤和地下水中主要污染物的含量等。

（四）土壤和地下水污染隐患，指相关设施设备因设计、建设、运行管理等不完善，而导致相关有毒有害物质泄漏、渗漏、溢出等污染土壤和地下水的隐患。

（五）土壤和地下水污染迹象，指通过现场检查和隐患排查发现有毒有害物质泄漏或者疑似泄漏，或者通过土壤和地下水环境监测发现土壤或者地下水中污染物含量升高的现象。

第二十一条　本办法自2018年8月1日起施行。

（五）固体废物、噪声污染类

中华人民共和国固体废物污染环境防治法

（1995年10月30日第八届全国人民代表大会常务委员会第十六次会议通过，2004年12月29日第十届全国人民代表大会常务委员会第十三次会议第一次修订，根据2013年6月29日第十二届全国人民代表大会常务委员会第三次会议《关于修改〈中华人民共和国文物保护法〉等十二部法律的决定》第一次修正，根据2015年4月24日第十二届全国人民代表大会常务委员会第十四次会议《关于修改〈中华人民共和国港口法〉等七部法律的决定》第二次修正，根据2016年11月7日第十二届全国人民代表大会常务委员会第二十四次会议《关于修改〈中华人民共和国对外贸易法〉等十二部法律的决定》第三次修正，2020年4月29日第十三届全国人民代表大会常务委员会第十七次会议第二次修订）

第一章　总　　则

第一条　为了保护和改善生态环境，防治固体废物污染环境，保障公众健康，维护生态安全，推进生态文明建设，促进经济社会可持续发展，制定本法。

第二条 固体废物污染环境的防治适用本法。

固体废物污染海洋环境的防治和放射性固体废物污染环境的防治不适用本法。

第三条 国家推行绿色发展方式，促进清洁生产和循环经济发展。

国家倡导简约适度、绿色低碳的生活方式，引导公众积极参与固体废物污染环境防治。

第四条 固体废物污染环境防治坚持减量化、资源化和无害化的原则。

任何单位和个人都应当采取措施，减少固体废物的产生量，促进固体废物的综合利用，降低固体废物的危害性。

第五条 固体废物污染环境防治坚持污染担责的原则。

产生、收集、贮存、运输、利用、处置固体废物的单位和个人，应当采取措施，防止或者减少固体废物对环境的污染，对所造成的环境污染依法承担责任。

第六条 国家推行生活垃圾分类制度。

生活垃圾分类坚持政府推动、全民参与、城乡统筹、因地制宜、简便易行的原则。

第七条 地方各级人民政府对本行政区域固体废物污染环境防治负责。

国家实行固体废物污染环境防治目标责任制和考核评价制度，将固体废物污染环境防治目标完成情况纳入考核评价的内容。

第八条 各级人民政府应当加强对固体废物污染环境防治工作的领导，组织、协调、督促有关部门依法履行固体废物污染环境防治监督管理职责。

省、自治区、直辖市之间可以协商建立跨行政区域固体废物污染环境的联防联控机制，统筹规划制定、设施建设、固体废物转移等工作。

第九条 国务院生态环境主管部门对全国固体废物污染环境防治工作实施统一监督管理。国务院发展改革、工业和信息化、自然资源、住房城乡建设、交通运输、农业农村、商务、卫生健康、海关等主管部门在各自职责范围内负责固体废物污染环境防治的监督管理工作。

地方人民政府生态环境主管部门对本行政区域固体废物污染环境防治工作实施统一监督管理。地方人民政府发展改革、工业和信息化、自然资源、住房城乡建设、交通运输、农业农村、商务、卫生健康等主管部门在各自职责范围内负责固体废物污染环境防治的监督管理工作。

第十条 国家鼓励、支持固体废物污染环境防治的科学研究、技术开发、先进技术推广和科学普及，加强固体废物污染环境防治科技支撑。

第十一条 国家机关、社会团体、企业事业单位、基层群众性自治组织和新闻媒体应当加强固体废物污染环境防治宣传教育和科学普及，增强公众固体废物污染环境防治意识。

学校应当开展生活垃圾分类以及其他固体废物污染环境防治知识普及和教育。

第十二条 各级人民政府对在固体废物污染环境防治工作以及相关的综合利用活动中做出显著成绩的单位和个人，按照国家有关规定给予表彰、奖励。

第二章 监督管理

第十三条 县级以上人民政府应当将固体废物污染环境防治工作纳入国民经济和社会发展规划、生态环境保护规划，并采取有效措施减少固体废物的产生量、促进固体废物的综合利用、降低固体废物的危害性，最大限度降低固体废物填埋量。

第十四条 国务院生态环境主管部门应当会同国务院有关部门根据国家环境质量标准和国家经济、技术条件，制定固体废物鉴别标准、鉴别程序和国家固体废物污染环境防治技术标准。

第十五条 国务院标准化主管部门应当会同国务院发展改革、工业和信息化、生态环境、农业农村等主管部门，制定固体废物综合利用标准。

综合利用固体废物应当遵守生态环境法律法规，符合固体废物污染环境防治技术标准。使用固体废物综合利用产物应当符合国家规定的用途、标准。

第十六条　国务院生态环境主管部门应当会同国务院有关部门建立全国危险废物等固体废物污染环境防治信息平台，推进固体废物收集、转移、处置等全过程监控和信息化追溯。

第十七条　建设产生、贮存、利用、处置固体废物的项目，应当依法进行环境影响评价，并遵守国家有关建设项目环境保护管理的规定。

第十八条　建设项目的环境影响评价文件确定需要配套建设的固体废物污染环境防治设施，应当与主体工程同时设计、同时施工、同时投入使用。建设项目的初步设计，应当按照环境保护设计规范的要求，将固体废物污染环境防治内容纳入环境影响评价文件，落实防治固体废物污染环境和破坏生态的措施以及固体废物污染环境防治设施投资概算。

建设单位应当依照有关法律法规的规定，对配套建设的固体废物污染环境防治设施进行验收，编制验收报告，并向社会公开。

第十九条　收集、贮存、运输、利用、处置固体废物的单位和其他生产经营者，应当加强对相关设施、设备和场所的管理和维护，保证其正常运行和使用。

第二十条　产生、收集、贮存、运输、利用、处置固体废物的单位和其他生产经营者，应当采取防扬散、防流失、防渗漏或者其他防止污染环境的措施，不得擅自倾倒、堆放、丢弃、遗撒固体废物。

禁止任何单位或者个人向江河、湖泊、运河、渠道、水库及其最高水位线以下的滩地和岸坡以及法律法规规定的其他地点倾倒、堆放、贮存固体废物。

第二十一条　在生态保护红线区域、永久基本农田集中区域和其他需要特别保护的区域内，禁止建设工业固体废物、危险废物集中贮存、利用、处置的设施、场所和生活垃圾填埋场。

第二十二条　转移固体废物出省、自治区、直辖市行政区域贮存、处置的，应当向固体废物移出地的省、自治区、直辖市人民政府生态环境主管部门提出申请。移出地的省、自治区、直辖市人民政府生态环境主管部门应当及时商经接受地的省、自治区、直辖市人民政府生态环境主管部门同意后，在规定期限内批准转移该固体废物出省、自治区、直辖市行政区域。未经批准的，不得转移。

转移固体废物出省、自治区、直辖市行政区域利用的，应当报固体废物移出地的省、自治区、直辖市人民政府生态环境主管部门备案。移出地的省、自治区、直辖市人民政府生态环境主管部门应当将备案信息通报接受地的省、自治区、直辖市人民政府生态环境主管部门。

第二十三条　禁止中华人民共和国境外的固体废物进境倾倒、堆放、处置。

第二十四条　国家逐步实现固体废物零进口，由国务院生态环境主管部门会同国务院商务、发展改革、海关等主管部门组织实施。

第二十五条　海关发现进口货物疑似固体废物的，可以委托专业机构开展属性鉴别，并根据鉴别结论依法管理。

第二十六条　生态环境主管部门及其环境执法机构和其他负有固体废物污染环境防治监督管理职责的部门，在各自职责范围内有权对从事产生、收集、贮存、运输、利用、处置固体废物等活动的单位和其他生产经营者进行现场检查。被检查者应当如实反映情况，并提供必要的资料。

实施现场检查，可以采取现场监测、采

集样品、查阅或者复制与固体废物污染环境防治相关的资料等措施。检查人员进行现场检查，应当出示证件。对现场检查中知悉的商业秘密应当保密。

第二十七条 有下列情形之一，生态环境主管部门和其他负有固体废物污染环境防治监督管理职责的部门，可以对违法收集、贮存、运输、利用、处置的固体废物及设施、设备、场所、工具、物品予以查封、扣押：

（一）可能造成证据灭失、被隐匿或者非法转移的；

（二）造成或者可能造成严重环境污染的。

第二十八条 生态环境主管部门应当会同有关部门建立产生、收集、贮存、运输、利用、处置固体废物的单位和其他生产经营者信用记录制度，将相关信用记录纳入全国信用信息共享平台。

第二十九条 设区的市级人民政府生态环境主管部门应当会同住房城乡建设、农业农村、卫生健康等主管部门，定期向社会发布固体废物的种类、产生量、处置能力、利用处置状况等信息。

产生、收集、贮存、运输、利用、处置固体废物的单位，应当依法及时公开固体废物污染环境防治信息，主动接受社会监督。

利用、处置固体废物的单位，应当依法向公众开放设施、场所，提高公众环境保护意识和参与程度。

第三十条 县级以上人民政府应当将工业固体废物、生活垃圾、危险废物等固体废物污染环境防治情况纳入环境状况和环境保护目标完成情况年度报告，向本级人民代表大会或者人民代表大会常务委员会报告。

第三十一条 任何单位和个人都有权对造成固体废物污染环境的单位和个人进行举报。

生态环境主管部门和其他负有固体废物污染环境防治监督管理职责的部门应当将固体废物污染环境防治举报方式向社会公布，方便公众举报。

接到举报的部门应当及时处理并对举报人的相关信息予以保密；对实名举报并查证属实的，给予奖励。

举报人举报所在单位的，该单位不得以解除、变更劳动合同或者其他方式对举报人进行打击报复。

第三章 工业固体废物

第三十二条 国务院生态环境主管部门应当会同国务院发展改革、工业和信息化等主管部门对工业固体废物对公众健康、生态环境的危害和影响程度等作出界定，制定防治工业固体废物污染环境的技术政策，组织推广先进的防治工业固体废物污染环境的生产工艺和设备。

第三十三条 国务院工业和信息化主管部门应当会同国务院有关部门组织研究开发、推广减少工业固体废物产生量和降低工业固体废物危害性的生产工艺和设备，公布限期淘汰产生严重污染环境的工业固体废物的落后生产工艺、设备的名录。

生产者、销售者、进口者、使用者应当在国务院工业和信息化主管部门会同国务院有关部门规定的期限内分别停止生产、销售、进口或者使用列入前款规定名录中的设备。生产工艺的采用者应当在国务院工业和信息化主管部门会同国务院有关部门规定的期限内停止采用列入前款规定名录中的工艺。

列入限期淘汰名录被淘汰的设备，不得转让给他人使用。

第三十四条 国务院工业和信息化主管部门应当会同国务院发展改革、生态环境等主管部门，定期发布工业固体废物综合利用技术、工艺、设备和产品导向目录，组织开展工业固体废物资源综合利用评价，推动工业固体废物综合利用。

第三十五条 县级以上地方人民政府

应当制定工业固体废物污染环境防治工作规划，组织建设工业固体废物集中处置等设施，推动工业固体废物污染环境防治工作。

第三十六条　产生工业固体废物的单位应当建立健全工业固体废物产生、收集、贮存、运输、利用、处置全过程的污染环境防治责任制度，建立工业固体废物管理台账，如实记录产生工业固体废物的种类、数量、流向、贮存、利用、处置等信息，实现工业固体废物可追溯、可查询，并采取防治工业固体废物污染环境的措施。

禁止向生活垃圾收集设施中投放工业固体废物。

第三十七条　产生工业固体废物的单位委托他人运输、利用、处置工业固体废物的，应当对受托方的主体资格和技术能力进行核实，依法签订书面合同，在合同中约定污染防治要求。

受托方运输、利用、处置工业固体废物，应当依照有关法律法规的规定和合同约定履行污染防治要求，并将运输、利用、处置情况告知产生工业固体废物的单位。

产生工业固体废物的单位违反本条第一款规定的，除依照有关法律法规的规定予以处罚外，还应当与造成环境污染和生态破坏的受托方承担连带责任。

第三十八条　产生工业固体废物的单位应当依法实施清洁生产审核，合理选择和利用原材料、能源和其他资源，采用先进的生产工艺和设备，减少工业固体废物的产生量，降低工业固体废物的危害性。

第三十九条　产生工业固体废物的单位应当取得排污许可证。排污许可的具体办法和实施步骤由国务院规定。

产生工业固体废物的单位应当向所在地生态环境主管部门提供工业固体废物的种类、数量、流向、贮存、利用、处置等有关资料，以及减少工业固体废物产生、促进综合利用的具体措施，并执行排污许可管理制度的相关规定。

第四十条　产生工业固体废物的单位应当根据经济、技术条件对工业固体废物加以利用；对暂时不利用或者不能利用的，应当按照国务院生态环境等主管部门的规定建设贮存设施、场所，安全分类存放，或者采取无害化处置措施。贮存工业固体废物应当采取符合国家环境保护标准的防护措施。

建设工业固体废物贮存、处置的设施、场所，应当符合国家环境保护标准。

第四十一条　产生工业固体废物的单位终止的，应当在终止前对工业固体废物的贮存、处置的设施、场所采取污染防治措施，并对未处置的工业固体废物作出妥善处置，防止污染环境。

产生工业固体废物的单位发生变更的，变更后的单位应当按照国家有关环境保护的规定对未处置的工业固体废物及其贮存、处置的设施、场所进行安全处置或者采取有效措施保证该设施、场所安全运行。变更前当事人对工业固体废物及其贮存、处置的设施、场所的污染防治责任另有约定的，从其约定；但是，不得免除当事人的污染防治义务。

对2005年4月1日前已经终止的单位未处置的工业固体废物及其贮存、处置的设施、场所进行安全处置的费用，由有关人民政府承担；但是，该单位享有的土地使用权依法转让的，应当由土地使用权受让人承担处置费用。当事人另有约定的，从其约定；但是，不得免除当事人的污染防治义务。

第四十二条　矿山企业应当采取科学的开采方法和选矿工艺，减少尾矿、煤矸石、废石等矿业固体废物的产生量和贮存量。

国家鼓励采取先进工艺对尾矿、煤矸石、废石等矿业固体废物进行综合利用。

尾矿、煤矸石、废石等矿业固体废物贮存设施停止使用后，矿山企业应当按照国家有关环境保护等规定进行封场，防止造成环境污染和生态破坏。

第四章　生活垃圾

第四十三条　县级以上地方人民政府应当加快建立分类投放、分类收集、分类运输、分类处理的生活垃圾管理系统，实现生活垃圾分类制度有效覆盖。

县级以上地方人民政府应当建立生活垃圾分类工作协调机制，加强和统筹生活垃圾分类管理能力建设。

各级人民政府及其有关部门应当组织开展生活垃圾分类宣传，教育引导公众养成生活垃圾分类习惯，督促和指导生活垃圾分类工作。

第四十四条　县级以上地方人民政府应当有计划地改进燃料结构，发展清洁能源，减少燃料废渣等固体废物的产生量。

县级以上地方人民政府有关部门应当加强产品生产和流通过程管理，避免过度包装，组织净菜上市，减少生活垃圾的产生量。

第四十五条　县级以上人民政府应当统筹安排建设城乡生活垃圾收集、运输、处理设施，确定设施厂址，提高生活垃圾的综合利用和无害化处置水平，促进生活垃圾收集、处理的产业化发展，逐步建立和完善生活垃圾污染环境防治的社会服务体系。

县级以上地方人民政府有关部门应当统筹规划，合理安排回收、分拣、打包网点，促进生活垃圾的回收利用工作。

第四十六条　地方各级人民政府应当加强农村生活垃圾污染环境的防治，保护和改善农村人居环境。

国家鼓励农村生活垃圾源头减量。城乡结合部、人口密集的农村地区和其他有条件的地方，应当建立城乡一体的生活垃圾管理系统；其他农村地区应当积极探索生活垃圾管理模式，因地制宜，就近就地利用或者妥善处理生活垃圾。

第四十七条　设区的市级以上人民政府环境卫生主管部门应当制定生活垃圾清扫、收集、贮存、运输和处理设施、场所建设运行规范，发布生活垃圾分类指导目录，加强监督管理。

第四十八条　县级以上地方人民政府环境卫生等主管部门应当组织对城乡生活垃圾进行清扫、收集、运输和处理，可以通过招标等方式选择具备条件的单位从事生活垃圾的清扫、收集、运输和处理。

第四十九条　产生生活垃圾的单位、家庭和个人应当依法履行生活垃圾源头减量和分类投放义务，承担生活垃圾产生者责任。

任何单位和个人都应当依法在指定的地点分类投放生活垃圾。禁止随意倾倒、抛撒、堆放或者焚烧生活垃圾。

机关、事业单位等应当在生活垃圾分类工作中起示范带头作用。

已经分类投放的生活垃圾，应当按照规定分类收集、分类运输、分类处理。

第五十条　清扫、收集、运输、处理城乡生活垃圾，应当遵守国家有关环境保护和环境卫生管理的规定，防止污染环境。

从生活垃圾中分类并集中收集的有害垃圾，属于危险废物的，应当按照危险废物管理。

第五十一条　从事公共交通运输的经营单位，应当及时清扫、收集运输过程中产生的生活垃圾。

第五十二条　农贸市场、农产品批发市场等应当加强环境卫生管理，保持环境卫生清洁，对所产生的垃圾及时清扫、分类收集、妥善处理。

第五十三条　从事城市新区开发、旧区改建和住宅小区开发建设、村镇建设的单位，以及机场、码头、车站、公园、商场、体育场馆等公共设施、场所的经营管理单位，应当按照国家有关环境卫生的规定，配套建设生活垃圾收集设施。

县级以上地方人民政府应当统筹生活垃圾公共转运、处理设施与前款规定的收集设施的有效衔接，并加强生活垃圾分类收运体系和再生资源回收体系在规划、建设、运营等方面的融合。

第五十四条　从生活垃圾中回收的物质应当按照国家规定的用途、标准使用，不得用于生产可能危害人体健康的产品。

第五十五条　建设生活垃圾处理设施、场所，应当符合国务院生态环境主管部门和国务院住房城乡建设主管部门规定的环境保护和环境卫生标准。

鼓励相邻地区统筹生活垃圾处理设施建设，促进生活垃圾处理设施跨行政区域共建共享。

禁止擅自关闭、闲置或者拆除生活垃圾处理设施、场所；确有必要关闭、闲置或者拆除的，应当经所在地的市、县级人民政府环境卫生主管部门商所在地生态环境主管部门同意后核准，并采取防止污染环境的措施。

第五十六条　生活垃圾处理单位应当按照国家有关规定，安装使用监测设备，实时监测污染物的排放情况，将污染排放数据实时公开。监测设备应当与所在地生态环境主管部门的监控设备联网。

第五十七条　县级以上地方人民政府环境卫生主管部门负责组织开展厨余垃圾资源化、无害化处理工作。

产生、收集厨余垃圾的单位和其他生产经营者，应当将厨余垃圾交由具备相应资质条件的单位进行无害化处理。

禁止畜禽养殖场、养殖小区利用未经无害化处理的厨余垃圾饲喂畜禽。

第五十八条　县级以上地方人民政府应当按照产生者付费原则，建立生活垃圾处理收费制度。

县级以上地方人民政府制定生活垃圾处理收费标准，应当根据本地实际，结合生活垃圾分类情况，体现分类计价、计量收费等差别化管理，并充分征求公众意见。生活垃圾处理收费标准应当向社会公布。

生活垃圾处理费应当专项用于生活垃圾的收集、运输和处理等，不得挪作他用。

第五十九条　省、自治区、直辖市和设区的市、自治州可以结合实际，制定本地方生活垃圾具体管理办法。

第五章　建筑垃圾、农业固体废物等

第六十条　县级以上地方人民政府应当加强建筑垃圾污染环境的防治，建立建筑垃圾分类处理制度。

县级以上地方人民政府应当制定包括源头减量、分类处理、消纳设施和场所布局及建设等在内的建筑垃圾污染环境防治工作规划。

第六十一条　国家鼓励采用先进技术、工艺、设备和管理措施，推进建筑垃圾源头减量，建立建筑垃圾回收利用体系。

县级以上地方人民政府应当推动建筑垃圾综合利用产品应用。

第六十二条　县级以上地方人民政府环境卫生主管部门负责建筑垃圾污染环境防治工作，建立建筑垃圾全过程管理制度，规范建筑垃圾产生、收集、贮存、运输、利用、处置行为，推进综合利用，加强建筑垃圾处置设施、场所建设，保障处置安全，防止污染环境。

第六十三条　工程施工单位应当编制建筑垃圾处理方案，采取污染防治措施，并报县级以上地方人民政府环境卫生主管部门备案。

工程施工单位应当及时清运工程施工过程中产生的建筑垃圾等固体废物，并按照环境卫生主管部门的规定进行利用或者处置。

工程施工单位不得擅自倾倒、抛撒或者堆放工程施工过程中产生的建筑垃圾。

第六十四条　县级以上人民政府农业农村主管部门负责指导农业固体废物回收利用体系建设，鼓励和引导有关单位和其他生产经营者依法收集、贮存、运输、利用、处置农业固体废物，加强监督管理，防止污染环境。

第六十五条 产生秸秆、废弃农用薄膜、农药包装废弃物等农业固体废物的单位和其他生产经营者，应当采取回收利用和其他防止污染环境的措施。

从事畜禽规模养殖应当及时收集、贮存、利用或者处置养殖过程中产生的畜禽粪污等固体废物，避免造成环境污染。

禁止在人口集中地区、机场周围、交通干线附近以及当地人民政府划定的其他区域露天焚烧秸秆。

国家鼓励研究开发、生产、销售、使用在环境中可降解且无害的农用薄膜。

第六十六条 国家建立电器电子、铅蓄电池、车用动力电池等产品的生产者责任延伸制度。

电器电子、铅蓄电池、车用动力电池等产品的生产者应当按照规定以自建或者委托等方式建立与产品销售量相匹配的废旧产品回收体系，并向社会公开，实现有效回收和利用。

国家鼓励产品的生产者开展生态设计，促进资源回收利用。

第六十七条 国家对废弃电器电子产品等实行多渠道回收和集中处理制度。

禁止将废弃机动车船等交由不符合规定条件的企业或者个人回收、拆解。

拆解、利用、处置废弃电器电子产品、废弃机动车船等，应当遵守有关法律法规的规定，采取防止污染环境的措施。

第六十八条 产品和包装物的设计、制造，应当遵守国家有关清洁生产的规定。国务院标准化主管部门应当根据国家经济和技术条件、固体废物污染环境防治状况以及产品的技术要求，组织制定有关标准，防止过度包装造成环境污染。

生产经营者应当遵守限制商品过度包装的强制性标准，避免过度包装。县级以上地方人民政府市场监督管理部门和有关部门应当按照各自职责，加强对过度包装的监督管理。

生产、销售、进口依法被列入强制回收目录的产品和包装物的企业，应当按照国家有关规定对该产品和包装物进行回收。

电子商务、快递、外卖等行业应当优先采用可重复使用、易回收利用的包装物，优化物品包装，减少包装物的使用，并积极回收利用包装物。县级以上地方人民政府商务、邮政等主管部门应当加强监督管理。

国家鼓励和引导消费者使用绿色包装和减量包装。

第六十九条 国家依法禁止、限制生产、销售和使用不可降解塑料袋等一次性塑料制品。

商品零售场所开办单位、电子商务平台企业和快递企业、外卖企业应当按照国家有关规定向商务、邮政等主管部门报告塑料袋等一次性塑料制品的使用、回收情况。

国家鼓励和引导减少使用、积极回收塑料袋等一次性塑料制品，推广应用可循环、易回收、可降解的替代产品。

第七十条 旅游、住宿等行业应当按照国家有关规定推行不主动提供一次性用品。

机关、企业事业单位等的办公场所应当使用有利于保护环境的产品、设备和设施，减少使用一次性办公用品。

第七十一条 城镇污水处理设施维护运营单位或者污泥处理单位应当安全处理污泥，保证处理后的污泥符合国家有关标准，对污泥的流向、用途、用量等进行跟踪、记录，并报告城镇排水主管部门、生态环境主管部门。

县级以上人民政府城镇排水主管部门应当将污泥处理设施纳入城镇排水与污水处理规划，推动同步建设污泥处理设施与污水处理设施，鼓励协同处理，污水处理费征收标准和补偿范围应当覆盖污泥处理成本和污水处理设施正常运营成本。

第七十二条 禁止擅自倾倒、堆放、丢弃、遗撒城镇污水处理设施产生的污泥和处理后的污泥。

禁止重金属或者其他有毒有害物质含量超标的污泥进入农用地。

从事水体清淤疏浚应当按照国家有关规定处理清淤疏浚过程中产生的底泥，防止污染环境。

第七十三条　各级各类实验室及其设立单位应当加强对实验室产生的固体废物的管理，依法收集、贮存、运输、利用、处置实验室固体废物。实验室固体废物属于危险废物的，应当按照危险废物管理。

第六章　危险废物

第七十四条　危险废物污染环境的防治，适用本章规定；本章未作规定的，适用本法其他有关规定。

第七十五条　国务院生态环境主管部门应当会同国务院有关部门制定国家危险废物名录，规定统一的危险废物鉴别标准、鉴别方法、识别标志和鉴别单位管理要求。国家危险废物名录应当动态调整。

国务院生态环境主管部门根据危险废物的危害特性和产生数量，科学评估其环境风险，实施分级分类管理，建立信息化监管体系，并通过信息化手段管理、共享危险废物转移数据和信息。

第七十六条　省、自治区、直辖市人民政府应当组织有关部门编制危险废物集中处置设施、场所的建设规划，科学评估危险废物处置需求，合理布局危险废物集中处置设施、场所，确保本行政区域的危险废物得到妥善处置。

编制危险废物集中处置设施、场所的建设规划，应当征求有关行业协会、企业事业单位、专家和公众等方面的意见。

相邻省、自治区、直辖市之间可以开展区域合作，统筹建设区域性危险废物集中处置设施、场所。

第七十七条　对危险废物的容器和包装物以及收集、贮存、运输、利用、处置危险废物的设施、场所，应当按照规定设置危险废物识别标志。

第七十八条　产生危险废物的单位，应当按照国家有关规定制定危险废物管理计划；建立危险废物管理台账，如实记录有关信息，并通过国家危险废物信息管理系统向所在地生态环境主管部门申报危险废物的种类、产生量、流向、贮存、处置等有关资料。

前款所称危险废物管理计划应当包括减少危险废物产生量和降低危险废物危害性的措施以及危险废物贮存、利用、处置措施。危险废物管理计划应当报产生危险废物的单位所在地生态环境主管部门备案。

产生危险废物的单位已经取得排污许可证的，执行排污许可管理制度的规定。

第七十九条　产生危险废物的单位，应当按照国家有关规定和环境保护标准要求贮存、利用、处置危险废物，不得擅自倾倒、堆放。

第八十条　从事收集、贮存、利用、处置危险废物经营活动的单位，应当按照国家有关规定申请取得许可证。许可证的具体管理办法由国务院制定。

禁止无许可证或者未按照许可证规定从事危险废物收集、贮存、利用、处置的经营活动。

禁止将危险废物提供或者委托给无许可证的单位或者其他生产经营者从事收集、贮存、利用、处置活动。

第八十一条　收集、贮存危险废物，应当按照危险废物特性分类进行。禁止混合收集、贮存、运输、处置性质不相容而未经安全性处置的危险废物。

贮存危险废物应当采取符合国家环境保护标准的防护措施。禁止将危险废物混入非危险废物中贮存。

从事收集、贮存、利用、处置危险废物经营活动的单位，贮存危险废物不得超过一年；确需延长期限的，应当报经颁发许可证的生态环境主管部门批准；法律、行政法规另有规定的除外。

第八十二条　转移危险废物的，应当按照国家有关规定填写、运行危险废物电子或者纸质转移联单。

跨省、自治区、直辖市转移危险废物的，应当向危险废物移出地省、自治区、直辖市人民政府生态环境主管部门申请。移出地省、自治区、直辖市人民政府生态环境主管部门应当及时商经接受地省、自治区、直辖市人民政府生态环境主管部门同意后，在规定期限内批准转移该危险废物，并将批准信息通报相关省、自治区、直辖市人民政府生态环境主管部门和交通运输主管部门。未经批准的，不得转移。

危险废物转移管理应当全程管控、提高效率，具体办法由国务院生态环境主管部门会同国务院交通运输主管部门和公安部门制定。

第八十三条　运输危险废物，应当采取防止污染环境的措施，并遵守国家有关危险货物运输管理的规定。

禁止将危险废物与旅客在同一运输工具上载运。

第八十四条　收集、贮存、运输、利用、处置危险废物的场所、设施、设备和容器、包装物及其他物品转作他用时，应当按照国家有关规定经过消除污染处理，方可使用。

第八十五条　产生、收集、贮存、运输、利用、处置危险废物的单位，应当依法制定意外事故的防范措施和应急预案，并向所在地生态环境主管部门和其他负有固体废物污染环境防治监督管理职责的部门备案；生态环境主管部门和其他负有固体废物污染环境防治监督管理职责的部门应当进行检查。

第八十六条　因发生事故或者其他突发性事件，造成危险废物严重污染环境的单位，应当立即采取有效措施消除或者减轻对环境的污染危害，及时通报可能受到污染危害的单位和居民，并向所在地生态环境主管部门和有关部门报告，接受调查处理。

第八十七条　在发生或者有证据证明可能发生危险废物严重污染环境、威胁居民生命财产安全时，生态环境主管部门或者其他负有固体废物污染环境防治监督管理职责的部门应当立即向本级人民政府和上一级人民政府有关部门报告，由人民政府采取防止或者减轻危害的有效措施。有关人民政府可以根据需要责令停止导致或者可能导致环境污染事故的作业。

第八十八条　重点危险废物集中处置设施、场所退役前，运营单位应当按照国家有关规定对设施、场所采取污染防治措施。退役的费用应当预提，列入投资概算或者生产成本，专门用于重点危险废物集中处置设施、场所的退役。具体提取和管理办法，由国务院财政部门、价格主管部门会同国务院生态环境主管部门规定。

第八十九条　禁止经中华人民共和国过境转移危险废物。

第九十条　医疗废物按照国家危险废物名录管理。县级以上地方人民政府应当加强医疗废物集中处置能力建设。

县级以上人民政府卫生健康、生态环境等主管部门应当在各自职责范围内加强对医疗废物收集、贮存、运输、处置的监督管理，防止危害公众健康、污染环境。

医疗卫生机构应当依法分类收集本单位产生的医疗废物，交由医疗废物集中处置单位处置。医疗废物集中处置单位应当及时收集、运输和处置医疗废物。

医疗卫生机构和医疗废物集中处置单位，应当采取有效措施，防止医疗废物流失、泄漏、渗漏、扩散。

第九十一条　重大传染病疫情等突发事件发生时，县级以上人民政府应当统筹协调医疗废物等危险废物收集、贮存、运输、处置等工作，保障所需的车辆、场地、处置设施和防护物资。卫生健康、生态环境、环境卫生、交通运输等主管部门应当协同配合，依法履行应急处置职责。

第七章　保障措施

第九十二条　国务院有关部门、县级以上地方人民政府及其有关部门在编制国土空间规划和相关专项规划时，应当统筹生活垃圾、建筑垃圾、危险废物等固体废物转运、集中处置等设施建设需求，保障转运、集中处置等设施用地。

第九十三条　国家采取有利于固体废物污染环境防治的经济、技术政策和措施，鼓励、支持有关方面采取有利于固体废物污染环境防治的措施，加强对从事固体废物污染环境防治工作人员的培训和指导，促进固体废物污染环境防治产业专业化、规模化发展。

第九十四条　国家鼓励和支持科研单位、固体废物产生单位、固体废物利用单位、固体废物处置单位等联合攻关，研究开发固体废物综合利用、集中处置等的新技术，推动固体废物污染环境防治技术进步。

第九十五条　各级人民政府应当加强固体废物污染环境的防治，按照事权划分的原则安排必要的资金用于下列事项：

（一）固体废物污染环境防治的科学研究、技术开发；

（二）生活垃圾分类；

（三）固体废物集中处置设施建设；

（四）重大传染病疫情等突发事件产生的医疗废物等危险废物应急处置；

（五）涉及固体废物污染环境防治的其他事项。

使用资金应当加强绩效管理和审计监督，确保资金使用效益。

第九十六条　国家鼓励和支持社会力量参与固体废物污染环境防治工作，并按照国家有关规定给予政策扶持。

第九十七条　国家发展绿色金融，鼓励金融机构加大对固体废物污染环境防治项目的信贷投放。

第九十八条　从事固体废物综合利用等固体废物污染环境防治工作的，依照法律、行政法规的规定，享受税收优惠。

国家鼓励并提倡社会各界为防治固体废物污染环境捐赠财产，并依照法律、行政法规的规定，给予税收优惠。

第九十九条　收集、贮存、运输、利用、处置危险废物的单位，应当按照国家有关规定，投保环境污染责任保险。

第一百条　国家鼓励单位和个人购买、使用综合利用产品和可重复使用产品。

县级以上人民政府及其有关部门在政府采购过程中，应当优先采购综合利用产品和可重复使用产品。

第八章　法律责任

第一百零一条　生态环境主管部门或者其他负有固体废物污染环境防治监督管理职责的部门违反本法规定，有下列行为之一，由本级人民政府或者上级人民政府有关部门责令改正，对直接负责的主管人员和其他直接责任人员依法给予处分：

（一）未依法作出行政许可或者办理批准文件的；

（二）对违法行为进行包庇的；

（三）未依法查封、扣押的；

（四）发现违法行为或者接到对违法行为的举报后未予查处的；

（五）有其他滥用职权、玩忽职守、徇私舞弊等违法行为的。

依照本法规定应当作出行政处罚决定而未作出的，上级主管部门可以直接作出行政处罚决定。

第一百零二条　违反本法规定，有下列行为之一，由生态环境主管部门责令改正，处以罚款，没收违法所得；情节严重的，报经有批准权的人民政府批准，可以责令停业或者关闭：

（一）产生、收集、贮存、运输、利用、处置固体废物的单位未依法及时公开固体废物污染环境防治信息的；

（二）生活垃圾处理单位未按照国家有关规定安装使用监测设备、实时监测污染物的排放情况并公开污染排放数据的；

（三）将列入限期淘汰名录被淘汰的设备转让给他人使用的；

（四）在生态保护红线区域、永久基本农田集中区域和其他需要特别保护的区域内，建设工业固体废物、危险废物集中贮存、利用、处置的设施、场所和生活垃圾填埋场的；

（五）转移固体废物出省、自治区、直辖市行政区域贮存、处置未经批准的；

（六）转移固体废物出省、自治区、直辖市行政区域利用未报备案的；

（七）擅自倾倒、堆放、丢弃、遗撒工业固体废物，或者未采取相应防范措施，造成工业固体废物扬散、流失、渗漏或者其他环境污染的；

（八）产生工业固体废物的单位未建立固体废物管理台账并如实记录的；

（九）产生工业固体废物的单位违反本法规定委托他人运输、利用、处置工业固体废物的；

（十）贮存工业固体废物未采取符合国家环境保护标准的防护措施的；

（十一）单位和其他生产经营者违反固体废物管理其他要求，污染环境、破坏生态的。

有前款第一项、第八项行为之一，处五万元以上二十万元以下的罚款；有前款第二项、第三项、第四项、第五项、第六项、第九项、第十项、第十一项行为之一，处十万元以上一百万元以下的罚款；有前款第七项行为，处所需处置费用一倍以上三倍以下的罚款，所需处置费用不足十万元的，按十万元计算。对前款第十一项行为的处罚，有关法律、行政法规另有规定的，适用其规定。

第一百零三条 违反本法规定，以拖延、围堵、滞留执法人员等方式拒绝、阻挠监督检查，或者在接受监督检查时弄虚作假的，由生态环境主管部门或者其他负有固体废物污染环境防治监督管理职责的部门责令改正，处五万元以上二十万元以下的罚款；对直接负责的主管人员和其他直接责任人员，处二万元以上十万元以下的罚款。

第一百零四条 违反本法规定，未依法取得排污许可证产生工业固体废物的，由生态环境主管部门责令改正或者限制生产、停产整治，处十万元以上一百万元以下的罚款；情节严重的，报经有批准权的人民政府批准，责令停业或者关闭。

第一百零五条 违反本法规定，生产经营者未遵守限制商品过度包装的强制性标准的，由县级以上地方人民政府市场监督管理部门或者有关部门责令改正；拒不改正的，处二千元以上二万元以下的罚款；情节严重的，处二万元以上十万元以下的罚款。

第一百零六条 违反本法规定，未遵守国家有关禁止、限制使用不可降解塑料袋等一次性塑料制品的规定，或者未按照国家有关规定报告塑料袋等一次性塑料制品的使用情况的，由县级以上地方人民政府商务、邮政等主管部门责令改正，处一万元以上十万元以下的罚款。

第一百零七条 从事畜禽规模养殖未及时收集、贮存、利用或者处置养殖过程中产生的畜禽粪污等固体废物的，由生态环境主管部门责令改正，可以处十万元以下的罚款；情节严重的，报经有批准权的人民政府批准，责令停业或者关闭。

第一百零八条 违反本法规定，城镇污水处理设施维护运营单位或者污泥处理单位对污泥流向、用途、用量等未进行跟踪、记录，或者处理后的污泥不符合国家有关标准的，由城镇排水主管部门责令改正，给予警告；造成严重后果的，处十万元以上二十万元以下的罚款；拒不改正的，城镇排水主管部门可以指定有治理能力的单位代为治理，所需费用由违法者承担。

违反本法规定，擅自倾倒、堆放、丢

弃、遗撒城镇污水处理设施产生的污泥和处理后的污泥的，由城镇排水主管部门责令改正，处二十万元以上二百万元以下的罚款，对直接负责的主管人员和其他直接责任人员处二万元以上十万元以下的罚款；造成严重后果的，处二百万元以上五百万元以下的罚款，对直接负责的主管人员和其他直接责任人员处五万元以上五十万元以下的罚款；拒不改正的，城镇排水主管部门可以指定有治理能力的单位代为治理，所需费用由违法者承担。

第一百零九条　违反本法规定，生产、销售、进口或者使用淘汰的设备，或者采用淘汰的生产工艺的，由县级以上地方人民政府指定的部门责令改正，处十万元以上一百万元以下的罚款，没收违法所得；情节严重的，由县级以上地方人民政府指定的部门提出意见，报经有批准权的人民政府批准，责令停业或者关闭。

第一百一十条　尾矿、煤矸石、废石等矿业固体废物贮存设施停止使用后，未按照国家有关环境保护规定进行封场的，由生态环境主管部门责令改正，处二十万元以上一百万元以下的罚款。

第一百一十一条　违反本法规定，有下列行为之一，由县级以上地方人民政府环境卫生主管部门责令改正，处以罚款，没收违法所得：

（一）随意倾倒、抛撒、堆放或者焚烧生活垃圾的；

（二）擅自关闭、闲置或者拆除生活垃圾处理设施、场所的；

（三）工程施工单位未编制建筑垃圾处理方案报备案，或者未及时清运施工过程中产生的固体废物的；

（四）工程施工单位擅自倾倒、抛撒或者堆放工程施工过程中产生的建筑垃圾，或者未按照规定对施工过程中产生的固体废物进行利用或者处置的；

（五）产生、收集厨余垃圾的单位和其他生产经营者未将厨余垃圾交由具备相应资质条件的单位进行无害化处理的；

（六）畜禽养殖场、养殖小区利用未经无害化处理的厨余垃圾饲喂畜禽的；

（七）在运输过程中沿途丢弃、遗撒生活垃圾的。

单位有前款第一项、第七项行为之一，处五万元以上五十万元以下的罚款；单位有前款第二项、第三项、第四项、第五项、第六项行为之一，处十万元以上一百万元以下的罚款；个人有前款第一项、第五项、第七项行为之一，处一百元以上五百元以下的罚款。

违反本法规定，未在指定的地点分类投放生活垃圾的，由县级以上地方人民政府环境卫生主管部门责令改正；情节严重的，对单位处五万元以上五十万元以下的罚款，对个人依法处以罚款。

第一百一十二条　违反本法规定，有下列行为之一，由生态环境主管部门责令改正，处以罚款，没收违法所得；情节严重的，报经有批准权的人民政府批准，可以责令停业或者关闭：

（一）未按照规定设置危险废物识别标志的；

（二）未按照国家有关规定制定危险废物管理计划或者申报危险废物有关资料的；

（三）擅自倾倒、堆放危险废物的；

（四）将危险废物提供或者委托给无许可证的单位或者其他生产经营者从事经营活动的；

（五）未按照国家有关规定填写、运行危险废物转移联单或者未经批准擅自转移危险废物的；

（六）未按照国家环境保护标准贮存、利用、处置危险废物或者将危险废物混入非危险废物中贮存的；

（七）未经安全性处置，混合收集、贮存、运输、处置具有不相容性质的危险废物的；

（八）将危险废物与旅客在同一运输工

具上载运的；

（九）未经消除污染处理，将收集、贮存、运输、处置危险废物的场所、设施、设备和容器、包装物及其他物品转作他用的；

（十）未采取相应防范措施，造成危险废物扬散、流失、渗漏或者其他环境污染的；

（十一）在运输过程中沿途丢弃、遗撒危险废物的；

（十二）未制定危险废物意外事故防范措施和应急预案的；

（十三）未按照国家有关规定建立危险废物管理台账并如实记录的。

有前款第一项、第二项、第五项、第六项、第七项、第八项、第九项、第十二项、第十三项行为之一，处十万元以上一百万元以下的罚款；有前款第三项、第四项、第十项、第十一项行为之一，处所需处置费用三倍以上五倍以下的罚款，所需处置费用不足二十万元的，按二十万元计算。

第一百一十三条　违反本法规定，危险废物产生者未按照规定处置其产生的危险废物被责令改正后拒不改正的，由生态环境主管部门组织代为处置，处置费用由危险废物产生者承担；拒不承担代为处置费用的，处代为处置费用一倍以上三倍以下的罚款。

第一百一十四条　无许可证从事收集、贮存、利用、处置危险废物经营活动的，由生态环境主管部门责令改正，处一百万元以上五百万元以下的罚款，并报经有批准权的人民政府批准，责令停业或者关闭；对法定代表人、主要负责人、直接负责的主管人员和其他责任人员，处十万元以上一百万元以下的罚款。

未按照许可证规定从事收集、贮存、利用、处置危险废物经营活动的，由生态环境主管部门责令改正，限制生产、停产整治，处五十万元以上二百万元以下的罚款；对法定代表人、主要负责人、直接负责的主管人员和其他责任人员，处五万元以上五十万元以下的罚款；情节严重的，报经有批准权的人民政府批准，责令停业或者关闭，还可以由发证机关吊销许可证。

第一百一十五条　违反本法规定，将中华人民共和国境外的固体废物输入境内的，由海关责令退运该固体废物，处五十万元以上五百万元以下的罚款。

承运人对前款规定的固体废物的退运、处置，与进口者承担连带责任。

第一百一十六条　违反本法规定，经中华人民共和国过境转移危险废物的，由海关责令退运该危险废物，处五十万元以上五百万元以下的罚款。

第一百一十七条　对已经非法入境的固体废物，由省级以上人民政府生态环境主管部门依法向海关提出处理意见，海关应当依照本法第一百一十五条的规定作出处罚决定；已经造成环境污染的，由省级以上人民政府生态环境主管部门责令进口者消除污染。

第一百一十八条　违反本法规定，造成固体废物污染环境事故的，除依法承担赔偿责任外，由生态环境主管部门依照本条第二款的规定处以罚款，责令限期采取治理措施；造成重大或者特大固体废物污染环境事故的，还可以报经有批准权的人民政府批准，责令关闭。

造成一般或者较大固体废物污染环境事故的，按照事故造成的直接经济损失的一倍以上三倍以下计算罚款；造成重大或者特大固体废物污染环境事故的，按照事故造成的直接经济损失的三倍以上五倍以下计算罚款，并对法定代表人、主要负责人、直接负责的主管人员和其他责任人员处上一年度从本单位取得的收入百分之五十以下的罚款。

第一百一十九条　单位和其他生产经营者违反本法规定排放固体废物，受到罚款处罚，被责令改正的，依法作出处罚决定的行政机关应当组织复查，发现其继续实施该违法行为的，依照《中华人民共和国环境保护法》的规定按日连续处罚。

第一百二十条　违反本法规定，有下列行为之一，尚不构成犯罪的，由公安机关对法定代表人、主要负责人、直接负责的主管人员和其他责任人员处十日以上十五日以下的拘留；情节较轻的，处五日以上十日以下的拘留：

（一）擅自倾倒、堆放、丢弃、遗撒固体废物，造成严重后果的；

（二）在生态保护红线区域、永久基本农田集中区域和其他需要特别保护的区域内，建设工业固体废物、危险废物集中贮存、利用、处置的设施、场所和生活垃圾填埋场的；

（三）将危险废物提供或者委托给无许可证的单位或者其他生产经营者堆放、利用、处置的；

（四）无许可证或者未按照许可证规定从事收集、贮存、利用、处置危险废物经营活动的；

（五）未经批准擅自转移危险废物的；

（六）未采取防范措施，造成危险废物扬散、流失、渗漏或者其他严重后果的。

第一百二十一条　固体废物污染环境、破坏生态，损害国家利益、社会公共利益的，有关机关和组织可以依照《中华人民共和国环境保护法》、《中华人民共和国民事诉讼法》、《中华人民共和国行政诉讼法》等法律的规定向人民法院提起诉讼。

第一百二十二条　固体废物污染环境、破坏生态给国家造成重大损失的，由设区的市级以上地方人民政府或者其指定的部门、机构组织与造成环境污染和生态破坏的单位和其他生产经营者进行磋商，要求其承担损害赔偿责任；磋商未达成一致的，可以向人民法院提起诉讼。

对于执法过程中查获的无法确定责任人或者无法退运的固体废物，由所在地县级以上地方人民政府组织处理。

第一百二十三条　违反本法规定，构成违反治安管理行为的，由公安机关依法给予治安管理处罚；构成犯罪的，依法追究刑事责任；造成人身、财产损害的，依法承担民事责任。

第九章　附　　则

第一百二十四条　本法下列用语的含义：

（一）固体废物，是指在生产、生活和其他活动中产生的丧失原有利用价值或者虽未丧失利用价值但被抛弃或者放弃的固态、半固态和置于容器中的气态的物品、物质以及法律、行政法规规定纳入固体废物管理的物品、物质。经无害化加工处理，并且符合强制性国家产品质量标准，不会危害公众健康和生态安全，或者根据固体废物鉴别标准和鉴别程序认定为不属于固体废物的除外。

（二）工业固体废物，是指在工业生产活动中产生的固体废物。

（三）生活垃圾，是指在日常生活中或者为日常生活提供服务的活动中产生的固体废物，以及法律、行政法规规定视为生活垃圾的固体废物。

（四）建筑垃圾，是指建设单位、施工单位新建、改建、扩建和拆除各类建筑物、构筑物、管网等，以及居民装饰装修房屋过程中产生的弃土、弃料和其他固体废物。

（五）农业固体废物，是指在农业生产活动中产生的固体废物。

（六）危险废物，是指列入国家危险废物名录或者根据国家规定的危险废物鉴别标准和鉴别方法认定的具有危险特性的固体废物。

（七）贮存，是指将固体废物临时置于特定设施或者场所中的活动。

（八）利用，是指从固体废物中提取物质作为原材料或者燃料的活动。

（九）处置，是指将固体废物焚烧和用其他改变固体废物的物理、化学、生物特性的方法，达到减少已产生的固体废物数量、缩小固体废物体积、减少或者消除其危险成分的活动，或者将固体废物最终置于符合环境保护规定要求的填埋场的活动。

第一百二十五条　液态废物的污染防

治，适用本法；但是，排入水体的废水的污染防治适用有关法律，不适用本法。

第一百二十六条 本法自2020年9月1日起施行。

中华人民共和国噪声污染防治法

（2021年12月24日第十三届全国人民代表大会常务委员会第三十二次会议通过，2021年12月24日公布，自2022年6月5日起施行）

第一章 总 则

第一条 为了防治噪声污染，保障公众健康，保护和改善生活环境，维护社会和谐，推进生态文明建设，促进经济社会可持续发展，制定本法。

第二条 本法所称噪声，是指在工业生产、建筑施工、交通运输和社会生活中产生的干扰周围生活环境的声音。

本法所称噪声污染，是指超过噪声排放标准或者未依法采取防控措施产生噪声，并干扰他人正常生活、工作和学习的现象。

第三条 噪声污染的防治，适用本法。

因从事本职生产经营工作受到噪声危害的防治，适用劳动保护等其他有关法律的规定。

第四条 噪声污染防治应当坚持统筹规划、源头防控、分类管理、社会共治、损害担责的原则。

第五条 县级以上人民政府应当将噪声污染防治工作纳入国民经济和社会发展规划、生态环境保护规划，将噪声污染防治工作经费纳入本级政府预算。

生态环境保护规划应当明确噪声污染防治目标、任务、保障措施等内容。

第六条 地方各级人民政府对本行政区域声环境质量负责，采取有效措施，改善声环境质量。

国家实行噪声污染防治目标责任制和考核评价制度，将噪声污染防治目标完成情况纳入考核评价内容。

第七条 县级以上地方人民政府应当依照本法和国务院的规定，明确有关部门的噪声污染防治监督管理职责，根据需要建立噪声污染防治工作协调联动机制，加强部门协同配合、信息共享，推进本行政区域噪声污染防治工作。

第八条 国务院生态环境主管部门对全国噪声污染防治实施统一监督管理。

地方人民政府生态环境主管部门对本行政区域噪声污染防治实施统一监督管理。

各级住房和城乡建设、公安、交通运输、铁路监督管理、民用航空、海事等部门，在各自职责范围内，对建筑施工、交通运输和社会生活噪声污染防治实施监督管理。

基层群众性自治组织应当协助地方人民政府及其有关部门做好噪声污染防治工作。

第九条 任何单位和个人都有保护声环境的义务，同时依法享有获取声环境信息、参与和监督噪声污染防治的权利。

排放噪声的单位和个人应当采取有效措施，防止、减轻噪声污染。

第十条 各级人民政府及其有关部门应当加强噪声污染防治法律法规和知识的宣传教育普及工作，增强公众噪声污染防治意识，引导公众依法参与噪声污染防治工作。

新闻媒体应当开展噪声污染防治法律法

规和知识的公益宣传，对违反噪声污染防治法律法规的行为进行舆论监督。

国家鼓励基层群众性自治组织、社会组织、公共场所管理者、业主委员会、物业服务人、志愿者等开展噪声污染防治法律法规和知识的宣传。

第十一条　国家鼓励、支持噪声污染防治科学技术研究开发、成果转化和推广应用，加强噪声污染防治专业技术人才培养，促进噪声污染防治科学技术进步和产业发展。

第十二条　对在噪声污染防治工作中做出显著成绩的单位和个人，按照国家规定给予表彰、奖励。

第二章　噪声污染防治标准和规划

第十三条　国家推进噪声污染防治标准体系建设。

国务院生态环境主管部门和国务院其他有关部门，在各自职责范围内，制定和完善噪声污染防治相关标准，加强标准之间的衔接协调。

第十四条　国务院生态环境主管部门制定国家声环境质量标准。

县级以上地方人民政府根据国家声环境质量标准和国土空间规划以及用地现状，划定本行政区域各类声环境质量标准的适用区域；将以用于居住、科学研究、医疗卫生、文化教育、机关团体办公、社会福利等的建筑物为主的区域，划定为噪声敏感建筑物集中区域，加强噪声污染防治。

声环境质量标准适用区域范围和噪声敏感建筑物集中区域范围应当向社会公布。

第十五条　国务院生态环境主管部门根据国家声环境质量标准和国家经济、技术条件，制定国家噪声排放标准以及相关的环境振动控制标准。

省、自治区、直辖市人民政府对尚未制定国家噪声排放标准的，可以制定地方噪声排放标准；对已经制定国家噪声排放标准的，可以制定严于国家噪声排放标准的地方噪声排放标准。地方噪声排放标准应当报国务院生态环境主管部门备案。

第十六条　国务院标准化主管部门会同国务院发展改革、生态环境、工业和信息化、住房和城乡建设、交通运输、铁路监督管理、民用航空、海事等部门，对可能产生噪声污染的工业设备、施工机械、机动车、铁路机车车辆、城市轨道交通车辆、民用航空器、机动船舶、电气电子产品、建筑附属设备等产品，根据声环境保护的要求和国家经济、技术条件，在其技术规范或者产品质量标准中规定噪声限值。

前款规定的产品使用时产生噪声的限值，应当在有关技术文件中注明。禁止生产、进口或者销售不符合噪声限值的产品。

县级以上人民政府市场监督管理等部门对生产、销售的有噪声限值的产品进行监督抽查，对电梯等特种设备使用时发出的噪声进行监督抽测，生态环境主管部门予以配合。

第十七条　声环境质量标准、噪声排放标准和其他噪声污染防治相关标准应当定期评估，并根据评估结果适时修订。

第十八条　各级人民政府及其有关部门制定、修改国土空间规划和相关规划，应当依法进行环境影响评价，充分考虑城乡区域开发、改造和建设项目产生的噪声对周围生活环境的影响，统筹规划，合理安排土地用途和建设布局，防止、减轻噪声污染。有关环境影响篇章、说明或者报告书中应当包括噪声污染防治内容。

第十九条　确定建设布局，应当根据国家声环境质量标准和民用建筑隔声设计相关标准，合理划定建筑物与交通干线等的防噪声距离，并提出相应的规划设计要求。

第二十条　未达到国家声环境质量标准的区域所在的设区的市、县级人民政府，应当及时编制声环境质量改善规划及其实施方案，采取有效措施，改善声环境质量。

声环境质量改善规划及其实施方案应当向社会公开。

第二十一条 编制声环境质量改善规划及其实施方案，制定、修订噪声污染防治相关标准，应当征求有关行业协会、企业事业单位、专家和公众等的意见。

第三章 噪声污染防治的监督管理

第二十二条 排放噪声、产生振动，应当符合噪声排放标准以及相关的环境振动控制标准和有关法律、法规、规章的要求。

排放噪声的单位和公共场所管理者，应当建立噪声污染防治责任制度，明确负责人和相关人员的责任。

第二十三条 国务院生态环境主管部门负责制定噪声监测和评价规范，会同国务院有关部门组织声环境质量监测网络，规划国家声环境质量监测站（点）的设置，组织开展全国声环境质量监测，推进监测自动化，统一发布全国声环境质量状况信息。

地方人民政府生态环境主管部门会同有关部门按照规定设置本行政区域声环境质量监测站（点），组织开展本行政区域声环境质量监测，定期向社会公布声环境质量状况信息。

地方人民政府生态环境等部门应当加强对噪声敏感建筑物周边等重点区域噪声排放情况的调查、监测。

第二十四条 新建、改建、扩建可能产生噪声污染的建设项目，应当依法进行环境影响评价。

第二十五条 建设项目的噪声污染防治设施应当与主体工程同时设计、同时施工、同时投产使用。

建设项目在投入生产或者使用之前，建设单位应当依照有关法律法规的规定，对配套建设的噪声污染防治设施进行验收，编制验收报告，并向社会公开。未经验收或者验收不合格的，该建设项目不得投入生产或者使用。

第二十六条 建设噪声敏感建筑物，应当符合民用建筑隔声设计相关标准要求，不符合标准要求的，不得通过验收、交付使用；在交通干线两侧、工业企业周边等地方建设噪声敏感建筑物，还应当按照规定间隔一定距离，并采取减少振动、降低噪声的措施。

第二十七条 国家鼓励、支持低噪声工艺和设备的研究开发和推广应用，实行噪声污染严重的落后工艺和设备淘汰制度。

国务院发展改革部门会同国务院有关部门确定噪声污染严重的工艺和设备淘汰期限，并纳入国家综合性产业政策目录。

生产者、进口者、销售者或者使用者应当在规定期限内停止生产、进口、销售或者使用列入前款规定目录的设备。工艺的采用者应当在规定期限内停止采用列入前款规定目录的工艺。

第二十八条 对未完成声环境质量改善规划设定目标的地区以及噪声污染问题突出、群众反映强烈的地区，省级以上人民政府生态环境主管部门会同其他负有噪声污染防治监督管理职责的部门约谈该地区人民政府及其有关部门的主要负责人，要求其采取有效措施及时整改。约谈和整改情况应当向社会公开。

第二十九条 生态环境主管部门和其他负有噪声污染防治监督管理职责的部门，有权对排放噪声的单位或者场所进行现场检查。被检查者应当如实反映情况，提供必要的资料，不得拒绝或者阻挠。实施检查的部门、人员对现场检查中知悉的商业秘密应当保密。

检查人员进行现场检查，不得少于两人，并应当主动出示执法证件。

第三十条 排放噪声造成严重污染，被责令改正拒不改正的，生态环境主管部门或者其他负有噪声污染防治监督管理职责的部门，可以查封、扣押排放噪声的场所、设施、设备、工具和物品。

第三十一条　任何单位和个人都有权向生态环境主管部门或者其他负有噪声污染防治监督管理职责的部门举报造成噪声污染的行为。

生态环境主管部门和其他负有噪声污染防治监督管理职责的部门应当公布举报电话、电子邮箱等，方便公众举报。

接到举报的部门应当及时处理并对举报人的相关信息保密。举报事项属于其他部门职责的，接到举报的部门应当及时移送相关部门并告知举报人。举报人要求答复并提供有效联系方式的，处理举报事项的部门应当反馈处理结果等情况。

第三十二条　国家鼓励开展宁静小区、静音车厢等宁静区域创建活动，共同维护生活环境和谐安宁。

第三十三条　在举行中等学校招生考试、高等学校招生统一考试等特殊活动期间，地方人民政府或者其指定的部门可以对可能产生噪声影响的活动，作出时间和区域的限制性规定，并提前向社会公告。

第四章　工业噪声污染防治

第三十四条　本法所称工业噪声，是指在工业生产活动中产生的干扰周围生活环境的声音。

第三十五条　工业企业选址应当符合国土空间规划以及相关规划要求，县级以上地方人民政府应当按照规划要求优化工业企业布局，防止工业噪声污染。

在噪声敏感建筑物集中区域，禁止新建排放噪声的工业企业，改建、扩建工业企业的，应当采取有效措施防止工业噪声污染。

第三十六条　排放工业噪声的企业事业单位和其他生产经营者，应当采取有效措施，减少振动、降低噪声，依法取得排污许可证或者填报排污登记表。

实行排污许可管理的单位，不得无排污许可证排放工业噪声，并应当按照排污许可证的要求进行噪声污染防治。

第三十七条　设区的市级以上地方人民政府生态环境主管部门应当按照国务院生态环境主管部门的规定，根据噪声排放、声环境质量改善要求等情况，制定本行政区域噪声重点排污单位名录，向社会公开并适时更新。

第三十八条　实行排污许可管理的单位应当按照规定，对工业噪声开展自行监测，保存原始监测记录，向社会公开监测结果，对监测数据的真实性和准确性负责。

噪声重点排污单位应当按照国家规定，安装、使用、维护噪声自动监测设备，与生态环境主管部门的监控设备联网。

第五章　建筑施工噪声污染防治

第三十九条　本法所称建筑施工噪声，是指在建筑施工过程中产生的干扰周围生活环境的声音。

第四十条　建设单位应当按照规定将噪声污染防治费用列入工程造价，在施工合同中明确施工单位的噪声污染防治责任。

施工单位应当按照规定制定噪声污染防治实施方案，采取有效措施，减少振动、降低噪声。建设单位应当监督施工单位落实噪声污染防治实施方案。

第四十一条　在噪声敏感建筑物集中区域施工作业，应当优先使用低噪声施工工艺和设备。

国务院工业和信息化主管部门会同国务院生态环境、住房和城乡建设、市场监督管理等部门，公布低噪声施工设备指导名录并适时更新。

第四十二条　在噪声敏感建筑物集中区域施工作业，建设单位应当按照国家规定，设置噪声自动监测系统，与监督管理部门联网，保存原始监测记录，对监测数据的真实性和准确性负责。

第四十三条　在噪声敏感建筑物集中区域，禁止夜间进行产生噪声的建筑施工作业，但抢修、抢险施工作业，因生产工艺要求或者其他特殊需要必须连续施工作业的除外。

因特殊需要必须连续施工作业的，应当取得地方人民政府住房和城乡建设、生态环境主管部门或者地方人民政府指定的部门的证明，并在施工现场显著位置公示或者以其他方式公告附近居民。

第六章　交通运输噪声污染防治

第四十四条　本法所称交通运输噪声，是指机动车、铁路机车车辆、城市轨道交通车辆、机动船舶、航空器等交通运输工具在运行时产生的干扰周围生活环境的声音。

第四十五条　各级人民政府及其有关部门制定、修改国土空间规划和交通运输等相关规划，应当综合考虑公路、城市道路、铁路、城市轨道交通线路、水路、港口和民用机场及其起降航线对周围声环境的影响。

新建公路、铁路线路选线设计，应当尽量避开噪声敏感建筑物集中区域。

新建民用机场选址与噪声敏感建筑物集中区域的距离应当符合标准要求。

第四十六条　制定交通基础设施工程技术规范，应当明确噪声污染防治要求。

新建、改建、扩建经过噪声敏感建筑物集中区域的高速公路、城市高架、铁路和城市轨道交通线路等的，建设单位应当在可能造成噪声污染的重点路段设置声屏障或者采取其他减少振动、降低噪声的措施，符合有关交通基础设施工程技术规范以及标准要求。

建设单位违反前款规定的，由县级以上人民政府指定的部门责令制定、实施治理方案。

第四十七条　机动车的消声器和喇叭应当符合国家规定。禁止驾驶拆除或者损坏消声器、加装排气管等擅自改装的机动车以轰鸣、疾驶等方式造成噪声污染。

使用机动车音响器材，应当控制音量，防止噪声污染。

机动车应当加强维修和保养，保持性能良好，防止噪声污染。

第四十八条　机动车、铁路机车车辆、城市轨道交通车辆、机动船舶等交通运输工具运行时，应当按照规定使用喇叭等声响装置。

警车、消防救援车、工程救险车、救护车等机动车安装、使用警报器，应当符合国务院公安等部门的规定；非执行紧急任务，不得使用警报器。

第四十九条　地方人民政府生态环境主管部门会同公安机关根据声环境保护的需要，可以划定禁止机动车行驶和使用喇叭等声响装置的路段和时间，向社会公告，并由公安机关交通管理部门依法设置相关标志、标线。

第五十条　在车站、铁路站场、港口等地指挥作业时使用广播喇叭的，应当控制音量，减轻噪声污染。

第五十一条　公路养护管理单位、城市道路养护维修单位应当加强对公路、城市道路的维护和保养，保持减少振动、降低噪声设施正常运行。

城市轨道交通运营单位、铁路运输企业应当加强对城市轨道交通线路和城市轨道交通车辆、铁路线路和铁路机车车辆的维护和保养，保持减少振动、降低噪声设施正常运行，并按照国家规定进行监测，保存原始监测记录，对监测数据的真实性和准确性负责。

第五十二条　民用机场所在地人民政府，应当根据环境影响评价以及监测结果确定的民用航空器噪声对机场周围生活环境产生影响的范围和程度，划定噪声敏感建筑物禁止建设区域和限制建设区域，并实施控制。

在禁止建设区域禁止新建与航空无关的噪声敏感建筑物。

在限制建设区域确需建设噪声敏感建筑物的，建设单位应当对噪声敏感建筑物进行建筑隔声设计，符合民用建筑隔声设计相关标准要求。

第五十三条　民用航空器应当符合国务院民用航空主管部门规定的适航标准中的有关噪声要求。

第五十四条　民用机场管理机构负责机场起降航空器噪声的管理，会同航空运输企业、通用航空企业、空中交通管理部门等单位，采取低噪声飞行程序、起降跑道优化、运行架次和时段控制、高噪声航空器运行限制或者周围噪声敏感建筑物隔声降噪等措施，防止、减轻民用航空器噪声污染。

民用机场管理机构应当按照国家规定，对机场周围民用航空器噪声进行监测，保存原始监测记录，对监测数据的真实性和准确性负责，监测结果定期向民用航空、生态环境主管部门报送。

第五十五条　因公路、城市道路和城市轨道交通运行排放噪声造成严重污染的，设区的市、县级人民政府应当组织有关部门和其他有关单位对噪声污染情况进行调查评估和责任认定，制定噪声污染综合治理方案。

噪声污染责任单位应当按照噪声污染综合治理方案的要求采取管理或者工程措施，减轻噪声污染。

第五十六条　因铁路运行排放噪声造成严重污染的，铁路运输企业和设区的市、县级人民政府应当对噪声污染情况进行调查，制定噪声污染综合治理方案。

铁路运输企业和设区的市、县级人民政府有关部门和其他有关单位应当按照噪声污染综合治理方案的要求采取有效措施，减轻噪声污染。

第五十七条　因民用航空器起降排放噪声造成严重污染的，民用机场所在地人民政府应当组织有关部门和其他有关单位对噪声污染情况进行调查，综合考虑经济、技术和管理措施，制定噪声污染综合治理方案。

民用机场管理机构、地方各级人民政府和其他有关单位应当按照噪声污染综合治理方案的要求采取有效措施，减轻噪声污染。

第五十八条　制定噪声污染综合治理方案，应当征求有关专家和公众等的意见。

第七章　社会生活噪声污染防治

第五十九条　本法所称社会生活噪声，是指人为活动产生的除工业噪声、建筑施工噪声和交通运输噪声之外的干扰周围生活环境的声音。

第六十条　全社会应当增强噪声污染防治意识，自觉减少社会生活噪声排放，积极开展噪声污染防治活动，形成人人有责、人人参与、人人受益的良好噪声污染防治氛围，共同维护生活环境和谐安宁。

第六十一条　文化娱乐、体育、餐饮等场所的经营管理者应当采取有效措施，防止、减轻噪声污染。

第六十二条　使用空调器、冷却塔、水泵、油烟净化器、风机、发电机、变压器、锅炉、装卸设备等可能产生社会生活噪声污染的设备、设施的企业事业单位和其他经营管理者等，应当采取优化布局、集中排放等措施，防止、减轻噪声污染。

第六十三条　禁止在商业经营活动中使用高音广播喇叭或者采用其他持续反复发出高噪声的方法进行广告宣传。

对商业经营活动中产生的其他噪声，经营者应当采取有效措施，防止噪声污染。

第六十四条　禁止在噪声敏感建筑物集中区域使用高音广播喇叭，但紧急情况以及地方人民政府规定的特殊情形除外。

在街道、广场、公园等公共场所组织或者开展娱乐、健身等活动，应当遵守公共场所管理者有关活动区域、时段、音量等规定，采取有效措施，防止噪声污染；不得违反规定使用音响器材产生过大音量。

公共场所管理者应当合理规定娱乐、健身等活动的区域、时段、音量，可以采取设置噪声自动监测和显示设施等措施加强管理。

第六十五条 家庭及其成员应当培养形成减少噪声产生的良好习惯，乘坐公共交通工具、饲养宠物和其他日常活动尽量避免产生噪声对周围人员造成干扰，互谅互让解决噪声纠纷，共同维护声环境质量。

使用家用电器、乐器或者进行其他家庭场所活动，应当控制音量或者采取其他有效措施，防止噪声污染。

第六十六条 对已竣工交付使用的住宅楼、商铺、办公楼等建筑物进行室内装修活动，应当按照规定限定作业时间，采取有效措施，防止、减轻噪声污染。

第六十七条 新建居民住房的房地产开发经营者应当在销售场所公示住房可能受到噪声影响的情况以及采取或者拟采取的防治措施，并纳入买卖合同。

新建居民住房的房地产开发经营者应当在买卖合同中明确住房的共用设施设备位置和建筑隔声情况。

第六十八条 居民住宅区安装电梯、水泵、变压器等共用设施设备的，建设单位应当合理设置，采取减少振动、降低噪声的措施，符合民用建筑隔声设计相关标准要求。

已建成使用的居民住宅区电梯、水泵、变压器等共用设施设备由专业运营单位负责维护管理，符合民用建筑隔声设计相关标准要求。

第六十九条 基层群众性自治组织指导业主委员会、物业服务人、业主通过制定管理规约或者其他形式，约定本物业管理区域噪声污染防治要求，由业主共同遵守。

第七十条 对噪声敏感建筑物集中区域的社会生活噪声扰民行为，基层群众性自治组织、业主委员会、物业服务人应当及时劝阻、调解；劝阻、调解无效的，可以向负有社会生活噪声污染防治监督管理职责的部门或者地方人民政府指定的部门报告或者投诉，接到报告或者投诉的部门应当依法处理。

第八章 法律责任

第七十一条 违反本法规定，拒绝、阻挠监督检查，或者在接受监督检查时弄虚作假的，由生态环境主管部门或者其他负有噪声污染防治监督管理职责的部门责令改正，处二万元以上二十万元以下的罚款。

第七十二条 违反本法规定，生产、进口、销售超过噪声限值的产品的，由县级以上人民政府市场监督管理部门、海关按照职责责令改正，没收违法所得，并处货值金额一倍以上三倍以下的罚款；情节严重的，报经有批准权的人民政府批准，责令停业、关闭。

违反本法规定，生产、进口、销售、使用淘汰的设备，或者采用淘汰的工艺的，由县级以上人民政府指定的部门责令改正，没收违法所得，并处货值金额一倍以上三倍以下的罚款；情节严重的，报经有批准权的人民政府批准，责令停业、关闭。

第七十三条 违反本法规定，建设单位建设噪声敏感建筑物不符合民用建筑隔声设计相关标准要求的，由县级以上地方人民政府住房和城乡建设主管部门责令改正，处建设工程合同价款百分之二以上百分之四以下的罚款。

违反本法规定，建设单位在噪声敏感建筑物禁止建设区域新建与航空无关的噪声敏感建筑物的，由地方人民政府指定的部门责令停止违法行为，处建设工程合同价款百分之二以上百分之十以下的罚款，并报经有批准权的人民政府批准，责令拆除。

第七十四条 违反本法规定，在噪声敏感建筑物集中区域新建排放噪声的工业企业的，由生态环境主管部门责令停止违法行为，处十万元以上五十万元以下的罚款，并报经有批准权的人民政府批准，责令关闭。

违反本法规定，在噪声敏感建筑物集中区域改建、扩建工业企业，未采取有效措施防止工业噪声污染的，由生态环境主管部门责令改正，处十万元以上五十万元以下的罚款；拒不改正的，报经有批准权的人民政府批准，责令关闭。

第七十五条　违反本法规定，无排污许可证或者超过噪声排放标准排放工业噪声的，由生态环境主管部门责令改正或者限制生产、停产整治，并处二万元以上二十万元以下的罚款；情节严重的，报经有批准权的人民政府批准，责令停业、关闭。

第七十六条　违反本法规定，有下列行为之一，由生态环境主管部门责令改正，处二万元以上二十万元以下的罚款；拒不改正的，责令限制生产、停产整治：

（一）实行排污许可管理的单位未按照规定对工业噪声开展自行监测，未保存原始监测记录，或者未向社会公开监测结果的；

（二）噪声重点排污单位未按照国家规定安装、使用、维护噪声自动监测设备，或者未与生态环境主管部门的监控设备联网的。

第七十七条　违反本法规定，建设单位、施工单位有下列行为之一，由工程所在地人民政府指定的部门责令改正，处一万元以上十万元以下的罚款；拒不改正的，可以责令暂停施工：

（一）超过噪声排放标准排放建筑施工噪声的；

（二）未按照规定取得证明，在噪声敏感建筑物集中区域夜间进行产生噪声的建筑施工作业的。

第七十八条　违反本法规定，有下列行为之一，由工程所在地人民政府指定的部门责令改正，处五千元以上五万元以下的罚款；拒不改正的，处五万元以上二十万元以下的罚款：

（一）建设单位未按照规定将噪声污染防治费用列入工程造价的；

（二）施工单位未按照规定制定噪声污染防治实施方案，或者未采取有效措施减少振动、降低噪声的；

（三）在噪声敏感建筑物集中区域施工作业的建设单位未按照国家规定设置噪声自动监测系统，未与监督管理部门联网，或者未保存原始监测记录的；

（四）因特殊需要必须连续施工作业，建设单位未按照规定公告附近居民的。

第七十九条　违反本法规定，驾驶拆除或者损坏消声器、加装排气管等擅自改装的机动车轰鸣、疾驶，机动车运行时未按照规定使用声响装置，或者违反禁止机动车行驶和使用声响装置的路段和时间规定的，由县级以上地方人民政府公安机关交通管理部门依照有关道路交通安全的法律法规处罚。

违反本法规定，铁路机车车辆、城市轨道交通车辆、机动船舶等交通运输工具运行时未按照规定使用声响装置的，由交通运输、铁路监督管理、海事等部门或者地方人民政府指定的城市轨道交通有关部门按照职责责令改正，处五千元以上一万元以下的罚款。

第八十条　违反本法规定，有下列行为之一，由交通运输、铁路监督管理、民用航空等部门或者地方人民政府指定的城市道路、城市轨道交通有关部门，按照职责责令改正，处五千元以上五万元以下的罚款；拒不改正的，处五万元以上二十万元以下的罚款：

（一）公路养护管理单位、城市道路养护维修单位、城市轨道交通运营单位、铁路运输企业未履行维护和保养义务，未保持减少振动、降低噪声设施正常运行的；

（二）城市轨道交通运营单位、铁路运输企业未按照国家规定进行监测，或者未保存原始监测记录的；

（三）民用机场管理机构、航空运输企业、通用航空企业未采取措施防止、减轻民用航空器噪声污染的；

（四）民用机场管理机构未按照国家规定对机场周围民用航空器噪声进行监测，未保存原始监测记录，或者监测结果未定期报送的。

第八十一条　违反本法规定，有下列行为之一，由地方人民政府指定的部门责令改正，处五千元以上五万元以下的罚款；拒不改正的，处五万元以上二十万元以下的罚款，并可以报经有批准权的人民政府批准，责令停业：

（一）超过噪声排放标准排放社会生活噪声的；

（二）在商业经营活动中使用高音广播喇叭或者采用其他持续反复发出高噪声的方法进行广告宣传的；

（三）未对商业经营活动中产生的其他噪声采取有效措施造成噪声污染的。

第八十二条 违反本法规定，有下列行为之一，由地方人民政府指定的部门说服教育，责令改正；拒不改正的，给予警告，对个人可以处二百元以上一千元以下的罚款，对单位可以处二千元以上二万元以下的罚款：

（一）在噪声敏感建筑物集中区域使用高音广播喇叭的；

（二）在公共场所组织或者开展娱乐、健身等活动，未遵守公共场所管理者有关活动区域、时段、音量等规定，未采取有效措施造成噪声污染，或者违反规定使用音响器材产生过大音量的；

（三）对已竣工交付使用的建筑物进行室内装修活动，未按照规定在限定的作业时间内进行，或者未采取有效措施造成噪声污染的；

（四）其他违反法律规定造成社会生活噪声污染的。

第八十三条 违反本法规定，有下列行为之一，由县级以上地方人民政府房产管理部门责令改正，处一万元以上五万元以下的罚款；拒不改正的，责令暂停销售：

（一）新建居民住房的房地产开发经营者未在销售场所公示住房可能受到噪声影响的情况以及采取或者拟采取的防治措施，或者未纳入买卖合同的；

（二）新建居民住房的房地产开发经营者未在买卖合同中明确住房的共用设施设备位置或者建筑隔声情况的。

第八十四条 违反本法规定，有下列行为之一，由地方人民政府指定的部门责令改正，处五千元以上五万元以下的罚款；拒不改正的，处五万元以上二十万元以下的罚款：

（一）居民住宅区安装共用设施设备，设置不合理或者未采取减少振动、降低噪声的措施，不符合民用建筑隔声设计相关标准要求的；

（二）对已建成使用的居民住宅区共用设施设备，专业运营单位未进行维护管理，不符合民用建筑隔声设计相关标准要求的。

第八十五条 噪声污染防治监督管理人员滥用职权、玩忽职守、徇私舞弊的，由监察机关或者任免机关、单位依法给予处分。

第八十六条 受到噪声侵害的单位和个人，有权要求侵权人依法承担民事责任。

对赔偿责任和赔偿金额纠纷，可以根据当事人的请求，由相应的负有噪声污染防治监督管理职责的部门、人民调解委员会调解处理。

国家鼓励排放噪声的单位、个人和公共场所管理者与受到噪声侵害的单位和个人友好协商，通过调整生产经营时间、施工作业时间，采取减少振动、降低噪声措施，支付补偿金、异地安置等方式，妥善解决噪声纠纷。

第八十七条 违反本法规定，产生社会生活噪声，经劝阻、调解和处理未能制止，持续干扰他人正常生活、工作和学习，或者有其他扰乱公共秩序、妨害社会管理等违反治安管理行为的，由公安机关依法给予治安管理处罚。

违反本法规定，构成犯罪的，依法追究刑事责任。

第九章 附 则

第八十八条 本法中下列用语的含义：

（一）噪声排放，是指噪声源向周围生

活环境辐射噪声；

（二）夜间，是指晚上十点至次日早晨六点之间的期间，设区的市级以上人民政府可以另行规定本行政区域夜间的起止时间，夜间时段长度为八小时；

（三）噪声敏感建筑物，是指用于居住、科学研究、医疗卫生、文化教育、机关团体办公、社会福利等需要保持安静的建筑物；

（四）交通干线，是指铁路、高速公路、一级公路、二级公路、城市快速路、城市主干路、城市次干路、城市轨道交通线路、内河高等级航道。

第八十九条　省、自治区、直辖市或者设区的市、自治州根据实际情况，制定本地方噪声污染防治具体办法。

第九十条　本法自2022年6月5日起施行。《中华人民共和国环境噪声污染防治法》同时废止。

农药包装废弃物回收处理管理办法

（2020年7月31日经农业农村部第11次常务会议审议通过，并经生态环境部同意，2020年8月27日公布，自2020年10月1日起施行）

第一章　总　　则

第一条　为了防治农药包装废弃物污染，保障公众健康，保护生态环境，根据《中华人民共和国土壤污染防治法》、《中华人民共和国固体废物污染环境防治法》、《农药管理条例》等法律、行政法规，制定本办法。

第二条　本办法适用于农业生产过程中农药包装废弃物的回收处理活动及其监督管理。

第三条　本办法所称农药包装废弃物，是指农药使用后被废弃的与农药直接接触或含有农药残余物的包装物，包括瓶、罐、桶、袋等。

第四条　地方各级人民政府依照《中华人民共和国土壤污染防治法》的规定，组织、协调、督促相关部门依法履行农药包装废弃物回收处理监督管理职责，建立健全回收处理体系，统筹推进农药包装废弃物回收处理等设施建设。

第五条　县级以上地方人民政府农业农村主管部门负责本行政区域内农药生产者、经营者、使用者履行农药包装废弃物回收处理义务的监督管理。

县级以上地方人民政府生态环境主管部门负责本行政区域内农药包装废弃物回收处理活动环境污染防治的监督管理。

第六条　农药生产者（含向中国出口农药的企业）、经营者和使用者应当积极履行农药包装废弃物回收处理义务，及时回收农药包装废弃物并进行处理。

第七条　国家鼓励和支持行业协会在农药包装废弃物回收处理中发挥组织协调、技术指导、提供服务等作用，鼓励和扶持专业化服务机构开展农药包装废弃物回收处理。

第八条　县级以上地方人民政府农业农村和生态环境主管部门应当采取多种形式，开展农药包装废弃物回收处理的宣传和教育，指导农药生产者、经营者和专业化服务机构开展农药包装废弃物的回收处理。

鼓励农药生产者、经营者和社会组织开展农药包装废弃物回收处理的宣传和培训。

第二章 农药包装废弃物回收

第九条 县级以上地方人民政府农业农村主管部门应当调查监测本行政区域内农药包装废弃物产生情况，指导建立农药包装废弃物回收体系，合理布设县、乡、村农药包装废弃物回收站（点），明确管理责任。

第十条 农药生产者、经营者应当按照“谁生产、经营，谁回收”的原则，履行相应的农药包装废弃物回收义务。农药生产者、经营者可以协商确定农药包装废弃物回收义务的具体履行方式。

农药经营者应当在其经营场所设立农药包装废弃物回收装置，不得拒收其销售农药的包装废弃物。

农药生产者、经营者应当采取有效措施，引导农药使用者及时交回农药包装废弃物。

第十一条 农药使用者应当及时收集农药包装废弃物并交回农药经营者或农药包装废弃物回收站（点），不得随意丢弃。

农药使用者在施用过程中，配药时应当通过清洗等方式充分利用包装物中的农药，减少残留农药。

鼓励有条件的地方，探索建立检查员等农药包装废弃物清洗审验机制。

第十二条 农药经营者和农药包装废弃物回收站（点）应当建立农药包装废弃物回收台账，记录农药包装废弃物的数量和去向信息。回收台账应当保存两年以上。

第十三条 农药生产者应当改进农药包装，便于清洗和回收。

国家鼓励农药生产者使用易资源化利用和易处置包装物、水溶性高分子包装物或者在环境中可降解的包装物，逐步淘汰铝箔包装物。鼓励使用便于回收的大容量包装物。

第三章 农药包装废弃物处理

第十四条 农药经营者和农药包装废弃物回收站（点）应当加强相关设施设备、场所的管理和维护，对收集的农药包装废弃物进行妥善贮存，不得擅自倾倒、堆放、遗撒农药包装废弃物。

第十五条 运输农药包装废弃物应当采取防止污染环境的措施，不得丢弃、遗撒农药包装废弃物，运输工具应当满足防雨、防渗漏、防遗撒要求。

第十六条 国家鼓励和支持对农药包装废弃物进行资源化利用；资源化利用以外的，应当依法依规进行填埋、焚烧等无害化处置。

资源化利用按照“风险可控、定点定向、全程追溯”的原则，由省级人民政府农业农村主管部门会同生态环境主管部门结合本地实际需要确定资源化利用单位，并向社会公布。资源化利用不得用于制造餐饮用具、儿童玩具等产品，防止危害人体健康。资源化利用单位不得倒卖农药包装废弃物。

县级以上地方人民政府农业农村主管部门、生态环境主管部门指导资源化利用单位利用处置回收的农药包装废弃物。

第十七条 农药包装废弃物处理费用由相应的农药生产者和经营者承担；农药生产者、经营者不明确的，处理费用由所在地的县级人民政府财政列支。

鼓励地方有关部门加大资金投入，给予补贴、优惠措施等，支持农药包装废弃物回收、贮存、运输、处置和资源化利用活动。

第四章 法律责任

第十八条 县级以上人民政府农业农村主管部门或生态环境主管部门未按规定履行职责的，对直接负责的主管人员和其他直接责任人依法给予处分；构成犯罪的，依法追究刑事责任。

第十九条 农药生产者、经营者、使用者未按规定履行农药包装废弃物回收处理义务的，由地方人民政府农业农村主管部门按照《中华人民共和国土壤污染防治法》第八十八条规定予以处罚。

第二十条 农药包装废弃物回收处理过

程中，造成环境污染的，由地方人民政府生态环境主管部门按照《中华人民共和国固体废物污染环境防治法》等法律的有关规定予以处罚。

第二十一条　农药经营者和农药包装废弃物回收站（点）未按规定建立农药包装废弃物回收台账的，由地方人民政府农业农村主管部门责令改正；拒不改正或者情节严重的，可处二千元以上二万元以下罚款。

第五章　附　　则

第二十二条　本办法所称的专业化服务机构，指从事农药包装废弃物回收处理等经营活动的机构。

第二十三条　本办法自2020年10月1日起施行。

医疗废物管理条例

（2003年6月16日中华人民共和国国务院令第380号公布，根据2011年1月8日国务院令第588号《国务院关于废止和修改部分行政法规的决定》修订）

第一章　总　　则

第一条　为了加强医疗废物的安全管理，防止疾病传播，保护环境，保障人体健康，根据《中华人民共和国传染病防治法》和《中华人民共和国固体废物污染环境防治法》，制定本条例。

第二条　本条例所称医疗废物，是指医疗卫生机构在医疗、预防、保健以及其他相关活动中产生的具有直接或者间接感染性、毒性以及其他危害性的废物。

医疗废物分类目录，由国务院卫生行政主管部门和环境保护行政主管部门共同制定、公布。

第三条　本条例适用于医疗废物的收集、运送、贮存、处置以及监督管理等活动。

医疗卫生机构收治的传染病病人或者疑似传染病病人产生的生活垃圾，按照医疗废物进行管理和处置。

医疗卫生机构废弃的麻醉、精神、放射性、毒性等药品及其相关的废物的管理，依照有关法律、行政法规和国家有关规定、标准执行。

第四条　国家推行医疗废物集中无害化处置，鼓励有关医疗废物安全处置技术的研究与开发。

县级以上地方人民政府负责组织建设医疗废物集中处置设施。

国家对边远贫困地区建设医疗废物集中处置设施给予适当的支持。

第五条　县级以上各级人民政府卫生行政主管部门，对医疗废物收集、运送、贮存、处置活动中的疾病防治工作实施统一监督管理；环境保护行政主管部门，对医疗废物收集、运送、贮存、处置活动中的环境污染防治工作实施统一监督管理。

县级以上各级人民政府其他有关部门在各自的职责范围内负责与医疗废物处置有关的监督管理工作。

第六条　任何单位和个人有权对医疗卫生机构、医疗废物集中处置单位和监督管理部门及其工作人员的违法行为进行举报、投诉、检举和控告。

第二章　医疗废物管理的一般规定

第七条　医疗卫生机构和医疗废物集中

处置单位，应当建立、健全医疗废物管理责任制，其法定代表人为第一责任人，切实履行职责，防止因医疗废物导致传染病传播和环境污染事故。

第八条 医疗卫生机构和医疗废物集中处置单位，应当制定与医疗废物安全处置有关的规章制度和在发生意外事故时的应急方案；设置监控部门或者专（兼）职人员，负责检查、督促、落实本单位医疗废物的管理工作，防止违反本条例的行为发生。

第九条 医疗卫生机构和医疗废物集中处置单位，应当对本单位从事医疗废物收集、运送、贮存、处置等工作的人员和管理人员，进行相关法律和专业技术、安全防护以及紧急处理等知识的培训。

第十条 医疗卫生机构和医疗废物集中处置单位，应当采取有效的职业卫生防护措施，为从事医疗废物收集、运送、贮存、处置等工作的人员和管理人员，配备必要的防护用品，定期进行健康检查；必要时，对有关人员进行免疫接种，防止其受到健康损害。

第十一条 医疗卫生机构和医疗废物集中处置单位，应当依照《中华人民共和国固体废物污染环境防治法》的规定，执行危险废物转移联单管理制度。

第十二条 医疗卫生机构和医疗废物集中处置单位，应当对医疗废物进行登记，登记内容应当包括医疗废物的来源、种类、重量或者数量、交接时间、处置方法、最终去向以及经办人签名等项目。登记资料至少保存3年。

第十三条 医疗卫生机构和医疗废物集中处置单位，应当采取有效措施，防止医疗废物流失、泄漏、扩散。

发生医疗废物流失、泄漏、扩散时，医疗卫生机构和医疗废物集中处置单位应当采取减少危害的紧急处理措施，对致病人员提供医疗救护和现场救援；同时向所在地的县级人民政府卫生行政主管部门、环境保护行政主管部门报告，并向可能受到危害的单位和居民通报。

第十四条 禁止任何单位和个人转让、买卖医疗废物。

禁止在运送过程中丢弃医疗废物；禁止在非贮存地点倾倒、堆放医疗废物或者将医疗废物混入其他废物和生活垃圾。

第十五条 禁止邮寄医疗废物。

禁止通过铁路、航空运输医疗废物。

有陆路通道的，禁止通过水路运输医疗废物；没有陆路通道必需经水路运输医疗废物的，应当经设区的市级以上人民政府环境保护行政主管部门批准，并采取严格的环境保护措施后，方可通过水路运输。

禁止将医疗废物与旅客在同一运输工具上载运。

禁止在饮用水源保护区的水体上运输医疗废物。

第三章 医疗卫生机构对医疗废物的管理

第十六条 医疗卫生机构应当及时收集本单位产生的医疗废物，并按照类别分置于防渗漏、防锐器穿透的专用包装物或者密闭的容器内。

医疗废物专用包装物、容器，应当有明显的警示标识和警示说明。

医疗废物专用包装物、容器的标准和警示标识的规定，由国务院卫生行政主管部门和环境保护行政主管部门共同制定。

第十七条 医疗卫生机构应当建立医疗废物的暂时贮存设施、设备，不得露天存放医疗废物；医疗废物暂时贮存的时间不得超过2天。

医疗废物的暂时贮存设施、设备，应当远离医疗区、食品加工区和人员活动区以及生活垃圾存放场所，并设置明显的警示标识和防渗漏、防鼠、防蚊蝇、防蟑螂、防盗以及预防儿童接触等安全措施。

医疗废物的暂时贮存设施、设备应当定期消毒和清洁。

第十八条　医疗卫生机构应当使用防渗漏、防遗撒的专用运送工具，按照本单位确定的内部医疗废物运送时间、路线，将医疗废物收集、运送至暂时贮存地点。

运送工具使用后应当在医疗卫生机构内指定的地点及时消毒和清洁。

第十九条　医疗卫生机构应当根据就近集中处置的原则，及时将医疗废物交由医疗废物集中处置单位处置。

医疗废物中病原体的培养基、标本和菌种、毒种保存液等高危险废物，在交医疗废物集中处置单位处置前应当就地消毒。

第二十条　医疗卫生机构产生的污水、传染病病人或者疑似传染病病人的排泄物，应当按照国家规定严格消毒；达到国家规定的排放标准后，方可排入污水处理系统。

第二十一条　不具备集中处置医疗废物条件的农村，医疗卫生机构应当按照县级人民政府卫生行政主管部门、环境保护行政主管部门的要求，自行就地处置其产生的医疗废物。自行处置医疗废物的，应当符合下列基本要求：

（一）使用后的一次性医疗器具和容易致人损伤的医疗废物，应当消毒并作毁形处理；

（二）能够焚烧的，应当及时焚烧；

（三）不能焚烧的，消毒后集中填埋。

第四章　医疗废物的集中处置

第二十二条　从事医疗废物集中处置活动的单位，应当向县级以上人民政府环境保护行政主管部门申请领取经营许可证；未取得经营许可证的单位，不得从事有关医疗废物集中处置的活动。

第二十三条　医疗废物集中处置单位，应当符合下列条件：

（一）具有符合环境保护和卫生要求的医疗废物贮存、处置设施或者设备；

（二）具有经过培训的技术人员以及相应的技术工人；

（三）具有负责医疗废物处置效果检测、评价工作的机构和人员；

（四）具有保证医疗废物安全处置的规章制度。

第二十四条　医疗废物集中处置单位的贮存、处置设施，应当远离居（村）民居住区、水源保护区和交通干道，与工厂、企业等工作场所有适当的安全防护距离，并符合国务院环境保护行政主管部门的规定。

第二十五条　医疗废物集中处置单位应当至少每2天到医疗卫生机构收集、运送一次医疗废物，并负责医疗废物的贮存、处置。

第二十六条　医疗废物集中处置单位运送医疗废物，应当遵守国家有关危险货物运输管理的规定，使用有明显医疗废物标识的专用车辆。医疗废物专用车辆应当达到防渗漏、防遗撒以及其他环境保护和卫生要求。

运送医疗废物的专用车辆使用后，应当在医疗废物集中处置场所内及时进行消毒和清洁。

运送医疗废物的专用车辆不得运送其他物品。

第二十七条　医疗废物集中处置单位在运送医疗废物过程中应当确保安全，不得丢弃、遗撒医疗废物。

第二十八条　医疗废物集中处置单位应当安装污染物排放在线监控装置，并确保监控装置经常处于正常运行状态。

第二十九条　医疗废物集中处置单位处置医疗废物，应当符合国家规定的环境保护、卫生标准、规范。

第三十条　医疗废物集中处置单位应当按照环境保护行政主管部门和卫生行政主管部门的规定，定期对医疗废物处置设施的环境污染防治和卫生学效果进行检测、评价。检测、评价结果存入医疗废物集中处置单位档案，每半年向所在地环境保护行政主管部门和卫生行政主管部门报告一次。

第三十一条　医疗废物集中处置单位处

置医疗废物，按照国家有关规定向医疗卫生机构收取医疗废物处置费用。

医疗卫生机构按照规定支付的医疗废物处置费用，可以纳入医疗成本。

第三十二条 各地区应当利用和改造现有固体废物处置设施和其他设施，对医疗废物集中处置，并达到基本的环境保护和卫生要求。

第三十三条 尚无集中处置设施或者处置能力不足的城市，自本条例施行之日起，设区的市级以上城市应当在 1 年内建成医疗废物集中处置设施；县级市应当在 2 年内建成医疗废物集中处置设施。县（旗）医疗废物集中处置设施的建设，由省、自治区、直辖市人民政府规定。

在尚未建成医疗废物集中处置设施期间，有关地方人民政府应当组织制定符合环境保护和卫生要求的医疗废物过渡性处置方案，确定医疗废物收集、运送、处置方式和处置单位。

第五章 监督管理

第三十四条 县级以上地方人民政府卫生行政主管部门、环境保护行政主管部门，应当依照本条例的规定，按照职责分工，对医疗卫生机构和医疗废物集中处置单位进行监督检查。

第三十五条 县级以上地方人民政府卫生行政主管部门，应当对医疗卫生机构和医疗废物集中处置单位从事医疗废物的收集、运送、贮存、处置中的疾病防治工作，以及工作人员的卫生防护等情况进行定期监督检查或者不定期的抽查。

第三十六条 县级以上地方人民政府环境保护行政主管部门，应当对医疗卫生机构和医疗废物集中处置单位从事医疗废物收集、运送、贮存、处置中的环境污染防治工作进行定期监督检查或者不定期的抽查。

第三十七条 卫生行政主管部门、环境保护行政主管部门应当定期交换监督检查和抽查结果。在监督检查或者抽查中发现医疗卫生机构和医疗废物集中处置单位存在隐患时，应当责令立即消除隐患。

第三十八条 卫生行政主管部门、环境保护行政主管部门接到对医疗卫生机构、医疗废物集中处置单位和监督管理部门及其工作人员违反本条例行为的举报、投诉、检举和控告后，应当及时核实，依法作出处理，并将处理结果予以公布。

第三十九条 卫生行政主管部门、环境保护行政主管部门履行监督检查职责时，有权采取下列措施：

（一）对有关单位进行实地检查，了解情况，现场监测，调查取证；

（二）查阅或者复制医疗废物管理的有关资料，采集样品；

（三）责令违反本条例规定的单位和个人停止违法行为；

（四）查封或者暂扣涉嫌违反本条例规定的场所、设备、运输工具和物品；

（五）对违反本条例规定的行为进行查处。

第四十条 发生因医疗废物管理不当导致传染病传播或者环境污染事故，或者有证据证明传染病传播或者环境污染的事故有可能发生时，卫生行政主管部门、环境保护行政主管部门应当采取临时控制措施，疏散人员，控制现场，并根据需要责令暂停导致或者可能导致传染病传播或者环境污染事故的作业。

第四十一条 医疗卫生机构和医疗废物集中处置单位，对有关部门的检查、监测、调查取证，应当予以配合，不得拒绝和阻碍，不得提供虚假材料。

第六章 法律责任

第四十二条 县级以上地方人民政府未依照本条例的规定，组织建设医疗废物集中处置设施或者组织制定医疗废物过渡性处置方案的，由上级人民政府通报批评，责令限期建成医疗废物集中处置设施或者组织制定医疗废物过渡性处置方案；并可以对政府主要领导人、负有责任的主管人员，依法给予行政处分。

第四十三条　县级以上各级人民政府卫生行政主管部门、环境保护行政主管部门或者其他有关部门，未按照本条例的规定履行监督检查职责，发现医疗卫生机构和医疗废物集中处置单位的违法行为不及时处理，发生或者可能发生传染病传播或者环境污染事故时未及时采取减少危害措施，以及有其他玩忽职守、失职、渎职行为的，由本级人民政府或者上级人民政府有关部门责令改正，通报批评；造成传染病传播或者环境污染事故的，对主要负责人、负有责任的主管人员和其他直接责任人员依法给予降级、撤职、开除的行政处分；构成犯罪的，依法追究刑事责任。

第四十四条　县级以上人民政府环境保护行政主管部门，违反本条例的规定发给医疗废物集中处置单位经营许可证的，由本级人民政府或者上级人民政府环境保护行政主管部门通报批评，责令收回违法发给的证书；并可以对主要负责人、负有责任的主管人员和其他直接责任人员依法给予行政处分。

第四十五条　医疗卫生机构、医疗废物集中处置单位违反本条例规定，有下列情形之一的，由县级以上地方人民政府卫生行政主管部门或者环境保护行政主管部门按照各自的职责责令限期改正，给予警告；逾期不改正的，处2000元以上5000元以下的罚款：

（一）未建立、健全医疗废物管理制度，或者未设置监控部门或者专（兼）职人员的；

（二）未对有关人员进行相关法律和专业技术、安全防护以及紧急处理等知识的培训的；

（三）未对从事医疗废物收集、运送、贮存、处置等工作的人员和管理人员采取职业卫生防护措施的；

（四）未对医疗废物进行登记或者未保存登记资料的；

（五）对使用后的医疗废物运送工具或者运送车辆未在指定地点及时进行消毒和清洁的；

（六）未及时收集、运送医疗废物的；

（七）未定期对医疗废物处置设施的环境污染防治和卫生学效果进行检测、评价，或者未将检测、评价效果存档、报告的。

第四十六条　医疗卫生机构、医疗废物集中处置单位违反本条例规定，有下列情形之一的，由县级以上地方人民政府卫生行政主管部门或者环境保护行政主管部门按照各自的职责责令限期改正，给予警告，可以并处5000元以下的罚款；逾期不改正的，处5000元以上3万元以下的罚款：

（一）贮存设施或者设备不符合环境保护、卫生要求的；

（二）未将医疗废物按照类别分置于专用包装物或者容器的；

（三）未使用符合标准的专用车辆运送医疗废物或者使用运送医疗废物的车辆运送其他物品的；

（四）未安装污染物排放在线监控装置或者监控装置未经常处于正常运行状态的。

第四十七条　医疗卫生机构、医疗废物集中处置单位有下列情形之一的，由县级以上地方人民政府卫生行政主管部门或者环境保护行政主管部门按照各自的职责责令限期改正，给予警告，并处5000元以上1万元以下的罚款；逾期不改正的，处1万元以上3万元以下的罚款；造成传染病传播或者环境污染事故的，由原发证部门暂扣或者吊销执业许可证件或者经营许可证件；构成犯罪的，依法追究刑事责任：

（一）在运送过程中丢弃医疗废物，在非贮存地点倾倒、堆放医疗废物或者将医疗废物混入其他废物和生活垃圾的；

（二）未执行危险废物转移联单管理制度的；

（三）将医疗废物交给未取得经营许可证的单位或者个人收集、运送、贮存、处置的；

（四）对医疗废物的处置不符合国家规定的环境保护、卫生标准、规范的；

（五）未按照本条例的规定对污水、传染病病人或者疑似传染病病人的排泄物，进行严格消毒，或者未达到国家规定的排放标准，排入污水处理系统的；

（六）对收治的传染病病人或者疑似传染病病人产生的生活垃圾，未按照医疗废物进行管理和处置的。

第四十八条 医疗卫生机构违反本条例规定，将未达到国家规定标准的污水、传染病病人或者疑似传染病病人的排泄物排入城市排水管网的，由县级以上地方人民政府建设行政主管部门责令限期改正，给予警告，并处 5000 元以上 1 万元以下的罚款；逾期不改正的，处 1 万元以上 3 万元以下的罚款；造成传染病传播或者环境污染事故的，由原发证部门暂扣或者吊销执业许可证件；构成犯罪的，依法追究刑事责任。

第四十九条 医疗卫生机构、医疗废物集中处置单位发生医疗废物流失、泄漏、扩散时，未采取紧急处理措施，或者未及时向卫生行政主管部门和环境保护行政主管部门报告的，由县级以上地方人民政府卫生行政主管部门或者环境保护行政主管部门按照各自的职责责令改正，给予警告，并处 1 万元以上 3 万元以下的罚款；造成传染病传播或者环境污染事故的，由原发证部门暂扣或者吊销执业许可证件或者经营许可证件；构成犯罪的，依法追究刑事责任。

第五十条 医疗卫生机构、医疗废物集中处置单位，无正当理由，阻碍卫生行政主管部门或者环境保护行政主管部门执法人员执行职务，拒绝执法人员进入现场，或者不配合执法部门的检查、监测、调查取证的，由县级以上地方人民政府卫生行政主管部门或者环境保护行政主管部门按照各自的职责责令改正，给予警告；拒不改正的，由原发证部门暂扣或者吊销执业许可证件或者经营许可证件；触犯《中华人民共和国治安管理处罚法》，构成违反治安管理行为的，由公安机关依法予以处罚；构成犯罪的，依法追究刑事责任。

第五十一条 不具备集中处置医疗废物条件的农村，医疗卫生机构未按照本条例的要求处置医疗废物的，由县级人民政府卫生行政主管部门或者环境保护行政主管部门按照各自的职责责令限期改正，给予警告；逾期不改正的，处 1000 元以上 5000 元以下的罚款；造成传染病传播或者环境污染事故的，由原发证部门暂扣或者吊销执业许可证件；构成犯罪的，依法追究刑事责任。

第五十二条 未取得经营许可证从事医疗废物的收集、运送、贮存、处置等活动的，由县级以上地方人民政府环境保护行政主管部门责令立即停止违法行为，没收违法所得，可以并处违法所得 1 倍以下的罚款。

第五十三条 转让、买卖医疗废物，邮寄或者通过铁路、航空运输医疗废物，或者违反本条例规定通过水路运输医疗废物的，由县级以上地方人民政府环境保护行政主管部门责令转让、买卖双方、邮寄人、托运人立即停止违法行为，给予警告，没收违法所得；违法所得 5000 元以上的，并处违法所得 2 倍以上 5 倍以下的罚款；没有违法所得或者违法所得不足 5000 元的，并处 5000 元以上 2 万元以下的罚款。

承运人明知托运人违反本条例的规定运输医疗废物，仍予以运输的，或者承运人将医疗废物与旅客在同一工具上载运的，按照前款的规定予以处罚。

第五十四条 医疗卫生机构、医疗废物集中处置单位违反本条例规定，导致传染病传播或者发生环境污染事故，给他人造成损害的，依法承担民事赔偿责任。

第七章 附 则

第五十五条 计划生育技术服务、医学科研、教学、尸体检查和其他相关活动中产生的具有直接或者间接感染性、毒性以及其他危害性废物的管理，依照本条例执行。

第五十六条　军队医疗卫生机构医疗废物的管理由中国人民解放军卫生主管部门参照本条例制定管理办法。

第五十七条　本条例自公布之日起施行。

危险废物经营许可证管理办法

（2004年5月30日中华人民共和国国务院令第408号公布，根据2013年12月7日《国务院关于修改部分行政法规的决定》第一次修订，根据2016年2月6日《国务院关于修改部分行政法规的决定》第二次修订）

第一章　总　　则

第一条　为了加强对危险废物收集、贮存和处置经营活动的监督管理，防治危险废物污染环境，根据《中华人民共和国固体废物污染环境防治法》，制定本办法。

第二条　在中华人民共和国境内从事危险废物收集、贮存、处置经营活动的单位，应当依照本办法的规定，领取危险废物经营许可证。

第三条　危险废物经营许可证按照经营方式，分为危险废物收集、贮存、处置综合经营许可证和危险废物收集经营许可证。

领取危险废物综合经营许可证的单位，可以从事各类别危险废物的收集、贮存、处置经营活动；领取危险废物收集经营许可证的单位，只能从事机动车维修活动中产生的废矿物油和居民日常生活中产生的废镉镍电池的危险废物收集经营活动。

第四条　县级以上人民政府环境保护主管部门依照本办法的规定，负责危险废物经营许可证的审批颁发与监督管理工作。

第二章　申请领取危险废物经营许可证的条件

第五条　申请领取危险废物收集、贮存、处置综合经营许可证，应当具备下列条件：

（一）有3名以上环境工程专业或者相关专业中级以上职称，并有3年以上固体废物污染治理经历的技术人员；

（二）有符合国务院交通主管部门有关危险货物运输安全要求的运输工具；

（三）有符合国家或者地方环境保护标准和安全要求的包装工具，中转和临时存放设施、设备以及经验收合格的贮存设施、设备；

（四）有符合国家或者省、自治区、直辖市危险废物处置设施建设规划，符合国家或者地方环境保护标准和安全要求的处置设施、设备和配套的污染防治设施；其中，医疗废物集中处置设施，还应当符合国家有关医疗废物处置的卫生标准和要求；

（五）有与所经营的危险废物类别相适应的处置技术和工艺；

（六）有保证危险废物经营安全的规章制度、污染防治措施和事故应急救援措施；

（七）以填埋方式处置危险废物的，应当依法取得填埋场所的土地使用权。

第六条　申请领取危险废物收集经营许可证，应当具备下列条件：

（一）有防雨、防渗的运输工具；

（二）有符合国家或者地方环境保护标

准和安全要求的包装工具，中转和临时存放设施、设备；

（三）有保证危险废物经营安全的规章制度、污染防治措施和事故应急救援措施。

第三章 申请领取危险废物经营许可证的程序

第七条 国家对危险废物经营许可证实行分级审批颁发。

医疗废物集中处置单位的危险废物经营许可证，由医疗废物集中处置设施所在地设区的市级人民政府环境保护主管部门审批颁发。

危险废物收集经营许可证，由县级人民政府环境保护主管部门审批颁发。

本条第二款、第三款规定之外的危险废物经营许可证，由省、自治区、直辖市人民政府环境保护主管部门审批颁发。

第八条 申请领取危险废物经营许可证的单位，应当在从事危险废物经营活动前向发证机关提出申请，并附具本办法第五条或者第六条规定条件的证明材料。

第九条 发证机关应当自受理申请之日起 20 个工作日内，对申请单位提交的证明材料进行审查，并对申请单位的经营设施进行现场核查。符合条件的，颁发危险废物经营许可证，并予以公告；不符合条件的，书面通知申请单位并说明理由。

发证机关在颁发危险废物经营许可证前，可以根据实际需要征求卫生、城乡规划等有关主管部门和专家的意见。

第十条 危险废物经营许可证包括下列主要内容：

（一）法人名称、法定代表人、住所；

（二）危险废物经营方式；

（三）危险废物类别；

（四）年经营规模；

（五）有效期限；

（六）发证日期和证书编号。

危险废物综合经营许可证的内容，还应当包括贮存、处置设施的地址。

第十一条 危险废物经营单位变更法人名称、法定代表人和住所的，应当自工商变更登记之日起 15 个工作日内，向原发证机关申请办理危险废物经营许可证变更手续。

第十二条 有下列情形之一的，危险废物经营单位应当按照原申请程序，重新申请领取危险废物经营许可证：

（一）改变危险废物经营方式的；

（二）增加危险废物类别的；

（三）新建或者改建、扩建原有危险废物经营设施的；

（四）经营危险废物超过原批准年经营规模 20% 以上的。

第十三条 危险废物综合经营许可证有效期为 5 年；危险废物收集经营许可证有效期为 3 年。

危险废物经营许可证有效期届满，危险废物经营单位继续从事危险废物经营活动的，应当于危险废物经营许可证有效期届满 30 个工作日前向原发证机关提出换证申请。原发证机关应当自受理换证申请之日起 20 个工作日内进行审查，符合条件的，予以换证；不符合条件的，书面通知申请单位并说明理由。

第十四条 危险废物经营单位终止从事收集、贮存、处置危险废物经营活动的，应当对经营设施、场所采取污染防治措施，并对未处置的危险废物作出妥善处理。

危险废物经营单位应当在采取前款规定措施之日起 20 个工作日内向原发证机关提出注销申请，由原发证机关进行现场核查合格后注销危险废物经营许可证。

第十五条 禁止无经营许可证或者不按照经营许可证规定从事危险废物收集、贮存、处置经营活动。

禁止从中华人民共和国境外进口或者经中华人民共和国过境转移电子类危险废物。

禁止将危险废物提供或者委托给无经营许可证的单位从事收集、贮存、处置经营活动。

禁止伪造、变造、转让危险废物经营许可证。

第四章　监督管理

第十六条　县级以上地方人民政府环境保护主管部门应当于每年3月31日前将上一年度危险废物经营许可证颁发情况报上一级人民政府环境保护主管部门备案。

上级环境保护主管部门应当加强对下级环境保护主管部门审批颁发危险废物经营许可证情况的监督检查，及时纠正下级环境保护主管部门审批颁发危险废物经营许可证过程中的违法行为。

第十七条　县级以上人民政府环境保护主管部门应当通过书面核查和实地检查等方式，加强对危险废物经营单位的监督检查，并将监督检查情况和处理结果予以记录，由监督检查人员签字后归档。

公众有权查阅县级以上人民政府环境保护主管部门的监督检查记录。

县级以上人民政府环境保护主管部门发现危险废物经营单位在经营活动中有不符合原发证条件的情形的，应当责令其限期整改。

第十八条　县级以上人民政府环境保护主管部门有权要求危险废物经营单位定期报告危险废物经营活动情况。危险废物经营单位应当建立危险废物经营情况记录簿，如实记载收集、贮存、处置危险废物的类别、来源、去向和有无事故等事项。

危险废物经营单位应当将危险废物经营情况记录簿保存10年以上，以填埋方式处置危险废物的经营情况记录簿应当永久保存。终止经营活动的，应当将危险废物经营情况记录簿移交所在地县级以上地方人民政府环境保护主管部门存档管理。

第十九条　县级以上人民政府环境保护主管部门应当建立、健全危险废物经营许可证的档案管理制度，并定期向社会公布审批颁发危险废物经营许可证的情况。

第二十条　领取危险废物收集经营许可证的单位，应当与处置单位签订接收合同，并将收集的废矿物油和废镉镍电池在90个工作日内提供或者委托给处置单位进行处置。

第二十一条　危险废物的经营设施在废弃或者改作其他用途前，应当进行无害化处理。

填埋危险废物的经营设施服役期届满后，危险废物经营单位应当按照有关规定对填埋过危险废物的土地采取封闭措施，并在划定的封闭区域设置永久性标记。

第五章　法律责任

第二十二条　违反本办法第十一条规定的，由县级以上地方人民政府环境保护主管部门责令限期改正，给予警告；逾期不改正的，由原发证机关暂扣危险废物经营许可证。

第二十三条　违反本办法第十二条、第十三条第二款规定的，由县级以上地方人民政府环境保护主管部门责令停止违法行为；有违法所得的，没收违法所得；违法所得超过10万元的，并处违法所得1倍以上2倍以下的罚款；没有违法所得或者违法所得不足10万元的，处5万元以上10万元以下的罚款。

第二十四条　违反本办法第十四条第一款、第二十一条规定的，由县级以上地方人民政府环境保护主管部门责令限期改正；逾期不改正的，处5万元以上10万元以下的罚款；造成污染事故，构成犯罪的，依法追究刑事责任。

第二十五条　违反本办法第十五条第一款、第二款、第三款规定的，依照《中华人民共和国固体废物污染环境防治法》的规定予以处罚。

违反本办法第十五条第四款规定的，由县级以上地方人民政府环境保护主管部门收缴危险废物经营许可证或者由原发证机关吊销危险废物经营许可证，并处5万元以上10万元以下的罚款；构成犯罪的，依法追究刑事责任。

第二十六条 违反本办法第十八条规定的，由县级以上地方人民政府环境保护主管部门责令限期改正，给予警告；逾期不改正的，由原发证机关暂扣或者吊销危险废物经营许可证。

第二十七条 违反本办法第二十条规定的，由县级以上地方人民政府环境保护主管部门责令限期改正，给予警告；逾期不改正的，处1万元以上5万元以下的罚款，并可以由原发证机关暂扣或者吊销危险废物经营许可证。

第二十八条 危险废物经营单位被责令限期整改，逾期不整改或者经整改仍不符合原发证条件的，由原发证机关暂扣或者吊销危险废物经营许可证。

第二十九条 被依法吊销或者收缴危险废物经营许可证的单位，5年内不得再申请领取危险废物经营许可证。

第三十条 县级以上人民政府环境保护主管部门的工作人员，有下列行为之一的，依法给予行政处分；构成犯罪的，依法追究刑事责任：

（一）向不符合本办法规定条件的单位颁发危险废物经营许可证的；

（二）发现未依法取得危险废物经营许可证的单位和个人擅自从事危险废物经营活动不予查处或者接到举报后不依法处理的；

（三）对依法取得危险废物经营许可证的单位不履行监督管理职责或者发现违反本办法规定的行为不予查处的；

（四）在危险废物经营许可证管理工作中有其他渎职行为的。

第六章　附　则

第三十一条 本办法下列用语的含义：

（一）危险废物，是指列入国家危险废物名录或者根据国家规定的危险废物鉴别标准和鉴别方法认定的具有危险性的废物。

（二）收集，是指危险废物经营单位将分散的危险废物进行集中的活动。

（三）贮存，是指危险废物经营单位在危险废物处置前，将其放置在符合环境保护标准的场所或者设施中，以及为了将分散的危险废物进行集中，在自备的临时设施或者场所每批置放重量超过5000千克或者置放时间超过90个工作日的活动。

（四）处置，是指危险废物经营单位将危险废物焚烧、煅烧、熔融、烧结、裂解、中和、消毒、蒸馏、萃取、沉淀、过滤、拆解以及用其他改变危险废物物理、化学、生物特性的方法，达到减少危险废物数量、缩小危险废物体积、减少或者消除其危险成分的活动，或者将危险废物最终置于符合环境保护规定要求的场所或者设施并不再回取的活动。

第三十二条 本办法施行前，依照地方性法规、规章或者其他文件的规定已经取得危险废物经营许可证的单位，应当在原危险废物经营许可证有效期届满30个工作日前，依照本办法的规定重新申请领取危险废物经营许可证。逾期不办理的，不得继续从事危险废物经营活动。

第三十三条 本办法自2004年7月1日起施行。

（六）垃圾污染类

城市市容和环境卫生管理条例

（1992年6月28日中华人民共和国国务院令第101号发布，根据2011年1月8日《国务院关于废止和修改部分行政法规的决定》第一次修订，根据2017年3月1日《国务院关于修改和废止部分行政法规的决定》第二次修订）

第一章　总　　则

第一条　为了加强城市市容和环境卫生管理，创造清洁、优美的城市工作、生活环境，促进城市社会主义物质文明和精神文明建设，制定本条例。

第二条　在中华人民共和国城市内，一切单位和个人都必须遵守本条例。

第三条　城市市容和环境卫生工作，实行统一领导、分区负责、专业人员管理与群众管理相结合的原则。

第四条　国务院城市建设行政主管部门主管全国城市市容和环境卫生工作。

省、自治区人民政府城市建设行政主管部门负责本行政区域的城市市容和环境卫生管理工作。

城市人民政府市容环境卫生行政主管部门负责本行政区域的城市市容和环境卫生管理工作。

第五条　城市人民政府应当把城市市容和环境卫生事业纳入国民经济和社会发展计划，并组织实施。

城市人民政府应当结合本地的实际情况，积极推行环境卫生用工制度的改革，并采取措施，逐步提高环境卫生工作人员的工资福利待遇。

第六条　城市人民政府应当加强城市市容和环境卫生科学知识的宣传，提高公民的环境卫生意识，养成良好的卫生习惯。

一切单位和个人，都应当尊重市容和环境卫生工作人员的劳动，不得妨碍、阻挠市容和环境卫生工作人员履行职务。

第七条　国家鼓励城市市容和环境卫生的科学技术研究，推广先进技术，提高城市市容和环境卫生水平。

第八条　对在城市市容和环境卫生工作中成绩显著的单位和个人，由人民政府给予奖励。

第二章　城市市容管理

第九条　城市中的建筑物和设施，应当符合国家规定的城市容貌标准。对外开放城市、风景旅游城市和有条件的其他城市，可以结合本地具体情况，制定严于国家规定的城市容貌标准；建制镇可以参照国家规定的城市容貌标准执行。

第十条　一切单位和个人都应当保持建筑物的整洁、美观。在城市人民政府规定的街道的临街建筑物的阳台和窗外，不得堆放、吊挂有碍市容的物品。搭建或者封闭阳台必须符合城市人民政府市容环境卫生行政主管部门的有关规定。

第十一条 在城市中设置户外广告、标语牌、画廊、橱窗等，应当内容健康、外型美观，并定期维修、油饰或者拆除。

大型户外广告的设置必须征得城市人民政府市容环境卫生行政主管部门同意后，按照有关规定办理审批手续。

第十二条 城市中的市政公用设施，应当与周围环境相协调，并维护和保持设施完好、整洁。

第十三条 主要街道两侧的建筑物前，应当根据需要与可能，选用透景、半透景的围墙、栅栏或者绿篱、花坛（池）、草坪等作为分界。

临街树木、绿篱、花坛（池）、草坪等，应当保持整洁、美观。栽培、整修或者其他作业留下的渣土、枝叶等，管理单位、个人或者作业者应当及时清除。

第十四条 任何单位和个人都不得在街道两侧和公共场地堆放物料，搭建建筑物、构筑物或者其他设施。因建设等特殊需要，在街道两侧和公共场地临时堆放物料，搭建非永久性建筑物、构筑物或者其他设施的，必须征得城市人民政府市容环境卫生行政主管部门同意后，按照有关规定办理审批手续。

第十五条 在市区运行的交通运输工具，应当保持外型完好、整洁，货运车辆运输的液体、散装货物，应当密封、包扎、覆盖，避免泄漏、遗撒。

第十六条 城市的工程施工现场的材料、机具应当堆放整齐，渣土应当及时清运；临街工地应当设置护栏或者围布遮挡；停工场地应当及时整理并作必要的覆盖；竣工后，应当及时清理和平整场地。

第十七条 一切单位和个人，都不得在城市建筑物、设施以及树木上涂写、刻画。

单位和个人在城市建筑物、设施上张挂、张贴宣传品等，须经城市人民政府市容环境卫生行政主管部门或者其他有关部门批准。

第三章 城市环境卫生管理

第十八条 城市中的环境卫生设施，应当符合国家规定的城市环境卫生标准。

第十九条 城市人民政府在进行城市新区开发或者旧区改造时，应当依照国家有关规定，建设生活废弃物的清扫、收集、运输和处理等环境卫生设施，所需经费应当纳入建设工程概算。

第二十条 城市人民政府市容环境卫生行政主管部门，应当根据城市居住人口密度和流动人口数量以及公共场所等特定地区的需要，制定公共厕所建设规划，并按照规定的标准，建设、改造或者支持有关单位建设、改造公共厕所。

城市人民政府市容环境卫生行政主管部门，应当配备专业人员或者委托有关单位和个人负责公共厕所的保洁和管理；有关单位和个人也可以承包公共厕所的保洁和管理。公共厕所的管理者可以适当收费，具体办法由省、自治区、直辖市人民政府制定。

对不符合规定标准的公共厕所，城市人民政府应当责令有关单位限期改造。

公共厕所的粪便应当排入贮（化）粪池或者城市污水系统。

第二十一条 多层和高层建筑应当设置封闭式垃圾通道或者垃圾贮存设施，并修建清运车辆通道。

城市街道两侧、居住区或者人流密集地区，应当设置封闭式垃圾容器、果皮箱等设施。

第二十二条 一切单位和个人都不得擅自拆除环境卫生设施；因建设需要必须拆除的，建设单位必须事先提出拆迁方案，报城市人民政府市容环境卫生行政主管部门批准。

第二十三条 按国家行政建制设立的市的主要街道、广场和公共水域的环境卫生，由环境卫生专业单位负责。

居住区、街巷等地方，由街道办事处负责组织专人清扫保洁。

第二十四条　飞机场、火车站、公共汽车始末站、港口、影剧院、博物馆、展览馆、纪念馆、体育馆（场）和公园等公共场所，由本单位负责清扫保洁。

第二十五条　机关、团体、部队、企事业单位，应当按照城市人民政府市容环境卫生行政主管部门划分的卫生责任区负责清扫保洁。

第二十六条　城市集贸市场，由主管部门负责组织专人清扫保洁。

各种摊点，由从业者负责清扫保洁。

第二十七条　城市港口客货码头作业范围内的水面，由港口客货码头经营单位责成作业者清理保洁。

在市区水域行驶或者停泊的各类船舶上的垃圾、粪便，由船上负责人依照规定处理。

第二十八条　城市人民政府市容环境卫生行政主管部门对城市生活废弃物的收集、运输和处理实施监督管理。

一切单位和个人，都应当依照城市人民政府市容环境卫生行政主管部门规定的时间、地点、方式，倾倒垃圾、粪便。

对垃圾、粪便应当及时清运，并逐步做到垃圾、粪便的无害化处理和综合利用。

对城市生活废弃物应当逐步做到分类收集、运输和处理。

第二十九条　环境卫生管理应当逐步实行社会化服务。有条件的城市，可以成立环境卫生服务公司。

凡委托环境卫生专业单位清扫、收集、运输和处理废弃物的，应当交纳服务费。具体办法由省、自治区、直辖市人民政府制定。

第三十条　城市人民政府应当有计划地发展城市煤气、天然气、液化气，改变燃料结构；鼓励和支持有关部门组织净菜进城和回收利用废旧物资，减少城市垃圾。

第三十一条　医院、疗养院、屠宰场、生物制品厂产生的废弃物，必须依照有关规定处理。

第三十二条　公民应当爱护公共卫生环境，不随地吐痰、便溺，不乱扔果皮、纸屑和烟头等废弃物。

第三十三条　按国家行政建制设立的市的市区内，禁止饲养鸡、鸭、鹅、兔、羊、猪等家畜家禽；因教学、科研以及其他特殊需要饲养的除外。

第四章　罚　　则

第三十四条　有下列行为之一者，城市人民政府市容环境卫生行政主管部门或者其委托的单位除责令其纠正违法行为、采取补救措施外，可以并处警告、罚款：

（一）随地吐痰、便溺，乱扔果皮、纸屑和烟头等废弃物的；

（二）在城市建筑物、设施以及树木上涂写、刻画或者未经批准张挂、张贴宣传品等的；

（三）在城市人民政府规定的街道的临街建筑物的阳台和窗外，堆放、吊挂有碍市容的物品的；

（四）不按规定的时间、地点、方式，倾倒垃圾、粪便的；

（五）不履行卫生责任区清扫保洁义务或者不按规定清运、处理垃圾和粪便的；

（六）运输液体、散装货物不作密封、包扎、覆盖，造成泄漏、遗撒的；

（七）临街工地不设置护栏或者不作遮挡、停工场地不及时整理并作必要覆盖或者竣工后不及时清理和平整场地，影响市容和环境卫生的。

第三十五条　饲养家畜家禽影响市容和环境卫生的，由城市人民政府市容环境卫生行政主管部门或者其委托的单位，责令其限期处理或者予以没收，并可处以罚款。

第三十六条　有下列行为之一者，由城市人民政府市容环境卫生行政主管部门或者其委托的单位责令其停止违法行为，限期清理、拆除或者采取其他补救措施，并可处以罚款：

（一）未经城市人民政府市容环境卫生行政主管部门同意，擅自设置大型户外广告，影响市容的；

（二）未经城市人民政府市容环境卫生行政主管部门批准，擅自在街道两侧和公共场地堆放物料，搭建建筑物、构筑物或者其他设施，影响市容的；

（三）未经批准擅自拆除环境卫生设施或者未按批准的拆迁方案进行拆迁的。

第三十七条　凡不符合城市容貌标准、环境卫生标准的建筑物或者设施，由城市人民政府市容环境卫生行政主管部门会同城市规划行政主管部门，责令有关单位和个人限期改造或者拆除；逾期未改造或者未拆除的，经县级以上人民政府批准，由城市人民政府市容环境卫生行政主管部门或者城市规划行政主管部门组织强制拆除，并可处以罚款。

第三十八条　损坏各类环境卫生设施及其附属设施的，城市人民政府市容环境卫生行政主管部门或者其委托的单位除责令其恢复原状外，可以并处罚款；盗窃、损坏各类环境卫生设施及其附属设施，应当给予治安管理处罚的，依照《中华人民共和国治安管理处罚法》的规定处罚；构成犯罪的，依法追究刑事责任。

第三十九条　侮辱、殴打市容和环境卫生工作人员或者阻挠其执行公务的，依照《中华人民共和国治安管理处罚法》的规定处罚；构成犯罪的，依法追究刑事责任。

第四十条　当事人对行政处罚决定不服的，可以自接到处罚通知之日起 15 日内，向作出处罚决定机关的上一级机关申请复议；对复议决定不服的，可以自接到复议决定书之日起 15 日内向人民法院起诉。当事人也可以自接到处罚通知之日起 15 日内直接向人民法院起诉。期满不申请复议、也不向人民法院起诉、又不履行处罚决定的，由作出处罚决定的机关申请人民法院强制执行。

对治安管理处罚不服的，依照《中华人民共和国治安管理处罚法》的规定办理。

第四十一条　城市人民政府市容环境卫生行政主管部门工作人员玩忽职守、滥用职权、徇私舞弊的，由其所在单位或者上级主管机关给予行政处分；构成犯罪的，依法追究刑事责任。

第五章　附　　则

第四十二条　未设镇建制的城市型居民区可以参照本条例执行。

第四十三条　省、自治区、直辖市人民政府可以根据本条例制定实施办法。

第四十四条　本条例由国务院城市建设行政主管部门负责解释。

第四十五条　本条例自 1992 年 8 月 1 日起施行。

城市管理执法办法

（2017年1月24日第32次住房和城乡建设部常务会议审议通过，
2017年1月24日公布，自2017年5月1日起施行）

第一章　总　　则

第一条　为了规范城市管理执法工作，提高执法和服务水平，维护城市管理秩序，保护公民、法人和其他组织的合法权益，根据行政处罚法、行政强制法等法律法规的规定，制定本办法。

第二条　城市、县人民政府所在地镇建成区内的城市管理执法活动以及执法监督活动，适用本办法。

本办法所称城市管理执法，是指城市管理执法主管部门在城市管理领域根据法律法规规章规定履行行政处罚、行政强制等行政执法职责的行为。

第三条　城市管理执法应当遵循以人为本、依法治理、源头治理、权责一致、协调创新的原则，坚持严格规范公正文明执法。

第四条　国务院住房城乡建设主管部门负责全国城市管理执法的指导监督协调工作。

各省、自治区人民政府住房城乡建设主管部门负责本行政区域内城市管理执法的指导监督考核协调工作。

城市、县人民政府城市管理执法主管部门负责本行政区域内的城市管理执法工作。

第五条　城市管理执法主管部门应当推动建立城市管理协调机制，协调有关部门做好城市管理执法工作。

第六条　城市管理执法主管部门应当加强城市管理法律法规规章的宣传普及工作，增强全民守法意识，共同维护城市管理秩序。

第七条　城市管理执法主管部门应当积极为公众监督城市管理执法活动提供条件。

第二章　执法范围

第八条　城市管理执法的行政处罚权范围依照法律法规和国务院有关规定确定，包括住房城乡建设领域法律法规规章规定的行政处罚权，以及环境保护管理、工商管理、交通管理、水务管理、食品药品监管方面与城市管理相关部分的行政处罚权。

第九条　需要集中行使的城市管理执法事项，应当同时具备下列条件：

（一）与城市管理密切相关；

（二）与群众生产生活密切相关、多头执法扰民问题突出；

（三）执法频率高、专业技术要求适宜；

（四）确实需要集中行使的。

第十条　城市管理执法主管部门依法相对集中行使行政处罚权的，可以实施法律法规规定的与行政处罚权相关的行政强制措施。

第十一条　城市管理执法事项范围确定后，应当向社会公开。

第十二条　城市管理执法主管部门集中行使原由其他部门行使的行政处罚权的，应当与其他部门明确职责权限和工作机制。

第三章　执法主体

第十三条　城市管理执法主管部门按照权责清晰、事权统一、精简效能的原则设置执法队伍。

第十四条　直辖市、设区的市城市管理执法推行市级执法或者区级执法。

直辖市、设区的市的城市管理执法事项，市辖区人民政府城市管理执法主管部门能够承担的，可以实行区级执法。

直辖市、设区的市人民政府城市管理执法主管部门可以承担跨区域和重大复杂违法案件的查处。

第十五条　市辖区人民政府城市管理执法主管部门可以向街道派出执法机构。直辖市、设区的市人民政府城市管理执法主管部门可以向市辖区或者街道派出执法机构。

派出机构以设立该派出机构的城市管理执法主管部门的名义，在所辖区域范围内履行城市管理执法职责。

第十六条　城市管理执法主管部门应当依据国家相关标准，提出确定城市管理执法人员数量的合理意见，并按程序报同级编制主管部门审批。

第十七条　城市管理执法人员应当持证上岗。

城市管理执法主管部门应当定期开展执法人员的培训和考核。

第十八条　城市管理执法主管部门可以配置城市管理执法协管人员，配合执法人员从事执法辅助事务。

协管人员从事执法辅助事务产生的法律后果，由本级城市管理执法主管部门承担。

城市管理执法主管部门应当严格协管人员的招录程序、资格条件，规范执法辅助行为，建立退出机制。

第十九条　城市管理执法人员依法开展执法活动和协管人员依法开展执法辅助事务，受法律保护。

第四章　执法保障

第二十条　城市管理执法主管部门应当按照规定配置执法执勤用车以及调查取证设施、通讯设施等装备配备，并规范管理。

第二十一条　城市管理执法制式服装、标志标识应当全国统一，由国务院住房城乡建设主管部门制定式样和标准。

第二十二条　城市管理执法应当保障必要的工作经费。

工作经费按规定已列入同级财政预算，城市管理执法主管部门不得以罚没收入作为经费来源。

第二十三条　城市管理领域应当建立数字化城市管理平台，实现城市管理的信息采集、指挥调度、督察督办、公众参与等功能，并逐步实现与有关部门信息平台的共享。

城市管理领域应当整合城市管理相关电话服务平台，建立统一的城市管理服务热线。

第二十四条　城市管理执法需要实施鉴定、检验、检测的，城市管理执法主管部门可以开展鉴定、检验、检测，或者按照有关规定委托第三方实施。

第五章　执法规范

第二十五条　城市管理执法主管部门依照法定程序开展执法活动，应当保障当事人依法享有的陈述、申辩、听证等权利。

第二十六条　城市管理执法主管部门开展执法活动，应当根据违法行为的性质和危害后果依法给予相应的行政处罚。

对违法行为轻微的，可以采取教育、劝诫、疏导等方式予以纠正。

第二十七条　城市管理执法人员开展执法活动，可以依法采取以下措施：

（一）以勘验、拍照、录音、摄像等方式进行现场取证；

（二）在现场设置警示标志；

（三）询问案件当事人、证人等；

（四）查阅、调取、复制有关文件资料等；

（五）法律、法规规定的其他措施。

第二十八条　城市管理执法主管部门应当依法、全面、客观收集相关证据，规范建立城市管理执法档案并完整保存。

城市管理执法主管部门应当运用执法记录仪、视频监控等技术，实现执法活动全过程记录。

第二十九条　城市管理执法主管部门对查封、扣押的物品，应当妥善保管，不得使用、截留、损毁或者擅自处置。查封、扣押的物品属非法物品的，移送有关部门处理。

第三十条　城市管理执法主管部门不得对罚款、没收违法所得设定任务和目标。

罚款、没收违法所得的款项，应当按照规定全额上缴。

第三十一条　城市管理执法主管部门应当确定法制审核机构，配备一定比例符合条件的法制审核人员，对重大执法决定在执法主体、管辖权限、执法程序、事实认定、法律适用等方面进行法制审核。

第三十二条　城市管理执法主管部门开展执法活动，应当使用统一格式的行政执法文书。

第三十三条　行政执法文书的送达，依照民事诉讼法等法律规定执行。

当事人提供送达地址或者同意电子送达的，可以按照其提供的地址或者传真、电子邮件送达。

采取直接、留置、邮寄、委托、转交等方式无法送达的，可以通过报纸、门户网站等方式公告送达。

第三十四条　城市管理执法主管部门应当通过门户网站、办事窗口等渠道或者场所，公开行政执法职责、权限、依据、监督方式等行政执法信息。

第六章　协作与配合

第三十五条　城市管理执法主管部门应当与有关部门建立行政执法信息互通共享机制，及时通报行政执法信息和相关行政管理信息。

第三十六条　城市管理执法主管部门可以对城市管理执法事项实行网格化管理。

第三十七条　城市管理执法主管部门在执法活动中发现依法应当由其他部门查处的违法行为，应当及时告知或者移送有关部门。

第七章　执法监督

第三十八条　城市管理执法主管部门应当向社会公布投诉、举报电话及其他监督方式。

城市管理执法主管部门应当为投诉人、举报人保密。

第三十九条　城市管理执法主管部门违反本办法规定，有下列行为之一的，由上级城市管理执法主管部门或者有关部门责令改正，通报批评；情节严重的，对直接负责的主管人员和其他直接责任人员依法给予处分。

（一）没有法定依据实施行政处罚的；

（二）违反法定程序实施行政处罚的；

（三）以罚款、没收违法所得作为经费来源的；

（四）使用、截留、损毁或者擅自处置查封、扣押物品的；

（五）其他违反法律法规和本办法规定的。

第四十条　非城市管理执法人员着城市管理执法制式服装的，城市管理执法主管部门应当予以纠正，依法追究法律责任。

第八章　附　　则

第四十一条　本办法第二条第一款规定范围以外的城市管理执法工作，参照本办法执行。

第四十二条　本办法自2017年5月1日起施行。1992年6月3日发布的《城建监察规定》（建设部令第20号）同时废止。

城市生活垃圾管理办法

（2007年4月28日建设部令第157号发布，根据2015年5月4日住房和城乡建设部令第24号《住房和城乡建设部关于修改〈房地产开发企业资质管理规定〉等部门规章的决定》修正）

第一章 总 则

第一条 为了加强城市生活垃圾管理，改善城市市容和环境卫生，根据《中华人民共和国固体废物污染环境防治法》、《城市市容和环境卫生管理条例》等法律、行政法规，制定本办法。

第二条 本办法适用于中华人民共和国境内城市生活垃圾的清扫、收集、运输、处置及相关管理活动。

第三条 城市生活垃圾的治理，实行减量化、资源化、无害化和谁产生、谁依法负责的原则。

国家采取有利于城市生活垃圾综合利用的经济、技术政策和措施，提高城市生活垃圾治理的科学技术水平，鼓励对城市生活垃圾实行充分回收和合理利用。

第四条 产生城市生活垃圾的单位和个人，应当按照城市人民政府确定的生活垃圾处理费收费标准和有关规定缴纳城市生活垃圾处理费。

城市生活垃圾处理费应当专项用于城市生活垃圾收集、运输和处置，严禁挪作他用。

第五条 国务院建设主管部门负责全国城市生活垃圾管理工作。

省、自治区人民政府建设主管部门负责本行政区域内城市生活垃圾管理工作。

直辖市、市、县人民政府建设（环境卫生）主管部门负责本行政区域内城市生活垃圾的管理工作。

第六条 任何单位和个人都应当遵守城市生活垃圾管理的有关规定，并有权对违反本办法的单位和个人进行检举和控告。

第二章 治理规划与设施建设

第七条 直辖市、市、县人民政府建设（环境卫生）主管部门应当会同城市规划等有关部门，依据城市总体规划和本地区国民经济和社会发展计划等，制定城市生活垃圾治理规划，统筹安排城市生活垃圾收集、处置设施的布局、用地和规模。

制定城市生活垃圾治理规划，应当广泛征求公众意见。

第八条 城市生活垃圾收集、处置设施用地应当纳入城市黄线保护范围，任何单位和个人不得擅自占用或者改变其用途。

第九条 城市生活垃圾收集、处置设施建设，应当符合城市生活垃圾治理规划和国家有关技术标准。

第十条 从事新区开发、旧区改建和住宅小区开发建设的单位，以及机场、码头、车站、公园、商店等公共设施、场所的经营管理单位，应当按照城市生活垃圾治理规划和环境卫生设施的设置标准，配套建设城市生活垃圾收集设施。

第十一条 城市生活垃圾收集、处置设施工程建设的勘察、设计、施工和监理，应当严格执行国家有关法律、法规和技术标准。

第十二条 城市生活垃圾收集、处置设施工程竣工后，建设单位应当依法组织竣工验收，并在竣工验收后三个月内，依法向当地人民政府建设主管部门和环境卫生主管部门报送建设工程项目档案。未经验收或者验收不合格的，不得交付使用。

第十三条　任何单位和个人不得擅自关闭、闲置或者拆除城市生活垃圾处置设施、场所；确有必要关闭、闲置或者拆除的，必须经所在地县级以上地方人民政府建设（环境卫生）主管部门和环境保护主管部门核准，并采取措施，防止污染环境。

第十四条　申请关闭、闲置或者拆除城市生活垃圾处置设施、场所的，应当提交以下材料：

（一）书面申请；

（二）权属关系证明材料；

（三）丧失使用功能或其使用功能被其他设施替代的证明；

（四）防止环境污染的方案；

（五）拟关闭、闲置或者拆除设施的现状图及拆除方案；

（六）拟新建设施设计图；

（七）因实施城市规划需要闲置、关闭或者拆除的，还应当提供规划、建设主管部门的批准文件。

第三章　清扫、收集、运输

第十五条　城市生活垃圾应当逐步实行分类投放、收集和运输。具体办法，由直辖市、市、县人民政府建设（环境卫生）主管部门根据国家标准和本地区实际制定。

第十六条　单位和个人应当按照规定的地点、时间等要求，将生活垃圾投放到指定的垃圾容器或者收集场所。废旧家具等大件垃圾应当按规定时间投放在指定的收集场所。

城市生活垃圾实行分类收集的地区，单位和个人应当按照规定的分类要求，将生活垃圾装入相应的垃圾袋内，投入指定的垃圾容器或者收集场所。

宾馆、饭店、餐馆以及机关、院校等单位应当按照规定单独收集、存放本单位产生的餐厨垃圾，并交符合本办法要求的城市生活垃圾收集、运输企业运至规定的城市生活垃圾处理场所。

禁止随意倾倒、抛洒或者堆放城市生活垃圾。

第十七条　从事城市生活垃圾经营性清扫、收集、运输的企业，应当取得城市生活垃圾经营性清扫、收集、运输服务许可证。

未取得城市生活垃圾经营性清扫、收集、运输服务许可证的企业，不得从事城市生活垃圾经营性清扫、收集、运输活动。

第十八条　直辖市、市、县建设（环境卫生）主管部门应当通过招投标等公平竞争方式作出城市生活垃圾经营性清扫、收集、运输许可的决定，向中标人颁发城市生活垃圾经营性清扫、收集、运输服务许可证。

直辖市、市、县建设（环境卫生）主管部门应当与中标人签订城市生活垃圾清扫、收集、运输经营协议。

城市生活垃圾清扫、收集、运输经营协议应当明确约定经营期限、服务标准等内容，作为城市生活垃圾清扫、收集、运输服务许可证的附件。

第十九条　从事城市生活垃圾经营性清扫、收集、运输服务的企业，应当具备以下条件：

（一）机械清扫能力达到总清扫能力的20%以上，机械清扫车辆包括洒水车和清扫保洁车辆。机械清扫车辆应当具有自动洒水、防尘、防遗撒、安全警示功能，安装车辆行驶及清扫过程记录仪；

（二）垃圾收集应当采用全密闭运输工具，并应当具有分类收集功能；

（三）垃圾运输应当采用全密闭自动卸载车辆或船只，具有防臭味扩散、防遗撒、防渗沥液滴漏功能，安装行驶及装卸记录仪；

（四）具有健全的技术、质量、安全和

监测管理制度并得到有效执行；

（五）具有合法的道路运输经营许可证、车辆行驶证；

（六）具有固定的办公及机械、设备、车辆、船只停放场所。

第二十条 从事城市生活垃圾经营性清扫、收集、运输的企业应当履行以下义务：

（一）按照环境卫生作业标准和作业规范，在规定的时间内及时清扫、收运城市生活垃圾；

（二）将收集的城市生活垃圾运到直辖市、市、县人民政府建设（环境卫生）主管部门认可的处理场所；

（三）清扫、收运城市生活垃圾后，对生活垃圾收集设施及时保洁、复位，清理作业场地，保持生活垃圾收集设施和周边环境的干净整洁；

（四）用于收集、运输城市生活垃圾的车辆、船舶应当做到密闭、完好和整洁。

第二十一条 从事城市生活垃圾经营性清扫、收集、运输的企业，禁止实施下列行为：

（一）任意倾倒、抛洒或者堆放城市生活垃圾；

（二）擅自停业、歇业；

（三）在运输过程中沿途丢弃、遗撒生活垃圾。

第二十二条 工业固体废弃物、危险废物应当按照国家有关规定单独收集、运输，严禁混入城市生活垃圾。

第四章 处 置

第二十三条 城市生活垃圾应当在城市生活垃圾转运站、处理厂（场）处置。

任何单位和个人不得任意处置城市生活垃圾。

第二十四条 城市生活垃圾处置所采用的技术、设备、材料，应当符合国家有关城市生活垃圾处理技术标准的要求，防止对环境造成污染。

第二十五条 从事城市生活垃圾经营性处置的企业，应当向所在地直辖市、市、县人民政府建设（环境卫生）主管部门取得城市生活垃圾经营性处置服务许可证。

未取得城市生活垃圾经营性处置服务许可证，不得从事城市生活垃圾经营性处置活动。

第二十六条 直辖市、市、县建设（环境卫生）主管部门应当通过招投标等公平竞争方式作出城市生活垃圾经营性处置许可的决定，向中标人颁发城市生活垃圾经营性处置服务许可证。

直辖市、市、县建设（环境卫生）主管部门应当与中标人签订城市生活垃圾处置经营协议，明确约定经营期限、服务标准等内容，并作为城市生活垃圾经营性处置服务许可证的附件。

第二十七条 从事城市生活垃圾经营性处置服务的企业，应当具备以下条件：

（一）卫生填埋场、堆肥厂和焚烧厂的选址符合城乡规划，并取得规划许可文件；

（二）采用的技术、工艺符合国家有关标准；

（三）有至少5名具有初级以上专业技术职称的人员，其中包括环境工程、机械、环境监测等专业的技术人员。技术负责人具有5年以上垃圾处理工作经历，并具有中级以上专业技术职称；

（四）具有完善的工艺运行、设备管理、环境监测与保护、财务管理、生产安全、计量统计等方面的管理制度并得到有效执行；

（五）生活垃圾处理设施配备沼气检测仪器，配备环境监测设施如渗沥液监测井、尾气取样孔，安装在线监测系统等监测设备并与建设（环境卫生）主管部门联网；

（六）具有完善的生活垃圾渗沥液、沼气的利用和处理技术方案，卫生填埋场对不同垃圾进行分区填埋方案、生活垃圾处理的渗沥液、沼气、焚烧烟气、残渣等处理残余物达标处理排放方案；

（七）有控制污染和突发事件的预案。

第二十八条　从事城市生活垃圾经营性处置的企业应当履行以下义务：

（一）严格按照国家有关规定和技术标准，处置城市生活垃圾；

（二）按照规定处理处置过程中产生的污水、废气、废渣、粉尘等，防止二次污染；

（三）按照所在地建设（环境卫生）主管部门规定的时间和要求接收生活垃圾；

（四）按照要求配备城市生活垃圾处置设备、设施，保证设施、设备运行良好；

（五）保证城市生活垃圾处置站、场（厂）环境整洁；

（六）按照要求配备合格的管理人员及操作人员；

（七）对每日收运、进出场站、处置的生活垃圾进行计量，按照要求将统计数据和报表报送所在地建设（环境卫生）主管部门；

（八）按照要求定期进行水、气、土壤等环境影响监测，对生活垃圾处理设施的性能和环保指标进行检测、评价，向所在地建设（环境卫生）主管部门报告检测、评价结果。

第五章　监督管理

第二十九条　国务院建设主管部门和省、自治区人民政府建设主管部门应当建立健全监督管理制度，对本办法的执行情况进行监督检查。

直辖市、市、县人民政府建设（环境卫生）主管部门应当对本行政区域内城市生活垃圾经营性清扫、收集、运输、处置企业执行本办法的情况进行监督检查；根据需要，可以向城市生活垃圾经营性处置企业派驻监督员。

第三十条　直辖市、市、县人民政府建设（环境卫生）主管部门实施监督检查时，有权采取下列措施：

（一）查阅复制有关文件和资料；

（二）要求被检查的单位和个人就有关问题做出说明；

（三）进入现场开展检查；

（四）责令有关单位和个人改正违法行为。

有关单位和个人应当支持配合监督检查并提供工作方便，不得妨碍与阻挠监督检查人员依法执行职务。

第三十一条　直辖市、市、县人民政府建设（环境卫生）主管部门应当委托具有计量认证资格的机构，定期对城市生活垃圾处理场站的垃圾处置数量、质量和环境影响进行监测。

第三十二条　城市生活垃圾经营性清扫、收集、运输、处置服务许可有效期届满需要继续从事城市生活垃圾经营性清扫、收集、运输、处置活动的，应当在有效期届满30日前向原发证机关申请办理延续手续。准予延续的，直辖市、市、县建设（环境卫生）主管部门应当与城市生活垃圾经营性清扫、收集、运输、处置企业重新订立经营协议。

第三十三条　有下列情形之一的，可以依法撤销许可证书：

（一）建设（环境卫生）主管部门工作人员滥用职权、玩忽职守作出准予城市生活垃圾清扫、收集、运输或者处置许可决定的；

（二）超越法定职权作出准予城市生活垃圾清扫、收集、运输或者处置许可决定的；

（三）违反法定程序作出准予城市生活垃圾清扫、收集、运输或者处置许可决定的；

（四）对不符合许可条件的申请人作出准予许可的；

（五）依法可以撤销许可的其他情形。

申请人以欺骗、贿赂等不正当手段取得

许可的，应当予以撤销。

第三十四条 有下列情形之一的，从事城市生活垃圾经营性清扫、收集、运输或者处置的企业应当向原许可机关提出注销许可证的申请，交回许可证书；原许可机关应当办理注销手续，公告其许可证书作废：

（一）许可事项有效期届满，未依法申请延期的；

（二）企业依法终止的；

（三）许可证依法被撤回、撤销或者吊销的；

（四）法律、法规规定的其他应当注销的情形。

第三十五条 从事城市生活垃圾经营性清扫、收集、运输、处置的企业需停业、歇业的，应当提前半年向所在地直辖市、市、县人民政府建设（环境卫生）主管部门报告，经同意后方可停业或者歇业。

直辖市、市、县人民政府建设（环境卫生）主管部门应当在城市生活垃圾经营性清扫、收集、运输、处置企业停业或者歇业前，落实保障及时清扫、收集、运输、处置城市生活垃圾的措施。

第三十六条 直辖市、市、县人民政府建设（环境卫生）主管部门应当会同有关部门制定城市生活垃圾清扫、收集、运输和处置应急预案，建立城市生活垃圾应急处理系统，确保紧急或者特殊情况下城市生活垃圾的正常清扫、收集、运输和处置。

从事城市生活垃圾经营性清扫、收集、运输和处置的企业，应当制定突发事件生活垃圾污染防范的应急方案，并报所在地直辖市、市、县人民政府建设（环境卫生）主管部门备案。

第三十七条 从事城市生活垃圾经营性清扫、收集、运输或者处置的企业应当按照国家劳动保护的要求和规定，改善职工的工作条件，采取有效措施，逐步提高职工的工资和福利待遇，做好职工的卫生保健和技术培训工作。

第六章 法律责任

第三十八条 单位和个人未按规定缴纳城市生活垃圾处理费的，由直辖市、市、县人民政府建设（环境卫生）主管部门责令限期改正，逾期不改正的，对单位可处以应交城市生活垃圾处理费三倍以下且不超过3万元的罚款，对个人可处以应交城市生活垃圾处理费三倍以下且不超过1000元的罚款。

第三十九条 违反本办法第十条规定，未按照城市生活垃圾治理规划和环境卫生设施标准配套建设城市生活垃圾收集设施的，由直辖市、市、县人民政府建设（环境卫生）主管部门责令限期改正，并可处以1万元以下的罚款。

第四十条 违反本办法第十二条规定，城市生活垃圾处置设施未经验收或者验收不合格投入使用的，由直辖市、市、县人民政府建设主管部门责令改正，处工程合同价款2%以上4%以下的罚款；造成损失的，应当承担赔偿责任。

第四十一条 违反本办法第十三条规定，未经批准擅自关闭、闲置或者拆除城市生活垃圾处置设施、场所的，由直辖市、市、县人民政府建设（环境卫生）主管部门责令停止违法行为，限期改正，处以1万元以上10万元以下的罚款。

第四十二条 违反本办法第十六条规定，随意倾倒、抛洒、堆放城市生活垃圾的，由直辖市、市、县人民政府建设（环境卫生）主管部门责令停止违法行为，限期改正，对单位处以5000元以上5万元以下的罚款。个人有以上行为的，处以200元以下的罚款。

第四十三条 违反本办法第十七条、第二十五条规定，未经批准从事城市生活垃圾经营性清扫、收集、运输或者处置活动的，由直辖市、市、县人民政府建设（环境卫生）主管部门责令停止违法行为，并处以3万元的罚款。

第四十四条　违反本办法规定，从事城市生活垃圾经营性清扫、收集、运输的企业在运输过程中沿途丢弃、遗撒生活垃圾的，由直辖市、市、县人民政府建设（环境卫生）卫生主管部门责令停止违法行为，限期改正，处以5000元以上5万元以下的罚款。

第四十五条　从事生活垃圾经营性清扫、收集、运输的企业不履行本办法第二十条规定义务的，由直辖市、市、县人民政府建设（环境卫生）主管部门责令限期改正，并可处以5000元以上3万元以下的罚款；城市生活垃圾经营性处置企业不履行本办法第二十八条规定义务的，由直辖市、市、县人民政府建设（环境卫生）主管部门责令限期改正，并可处以3万元以上10万元以下的罚款。造成损失的，依法承担赔偿责任。

第四十六条　违反本办法规定，从事城市生活垃圾经营性清扫、收集、运输的企业，未经批准擅自停业、歇业的，由直辖市、市、县人民政府建设（环境卫生）主管部门责令限期改正，并可处以1万元以上3万元以下罚款；从事城市生活垃圾经营性处置的企业，未经批准擅自停业、歇业的，由直辖市、市、县人民政府建设（环境卫生）主管部门责令限期改正，并可处以5万元以上10万元以下罚款。造成损失的，依法承担赔偿责任。

第四十七条　违反本办法规定的职权和程序，核发城市生活垃圾清扫、收集、运输、处理许可证的，由上级主管机关责令改正，并对其主管人员及其他直接责任人员给予行政处分；构成犯罪的，应当追究刑事责任。

国家机关工作人员在城市生活垃圾监督管理工作中，玩忽职守、滥用职权、徇私舞弊的，依法给予行政处分；构成犯罪的，依法追究刑事责任。

第七章　附　　则

第四十八条　城市建筑垃圾的管理适用《城市建筑垃圾管理规定》（建设部令第139号）。

第四十九条　本办法的规定适用于从事城市生活垃圾非经营性清扫、收集、运输、处置的单位；但是，有关行政许可的规定以及第四十五条、第四十六条的规定除外。

第五十条　城市生活垃圾清扫、收集、运输服务许可证和城市生活垃圾处置服务许可证由国务院建设主管部门统一规定格式，省、自治区人民政府建设主管部门和直辖市人民政府建设（环境卫生）主管部门组织印制。

第五十一条　本办法自2007年7月1日起施行。1993年8月10日建设部颁布的《城市生活垃圾管理办法》（建设部令第27号）同时废止。

城市建筑垃圾管理规定

（2005年3月1日建设部第53次部常务会议讨论通过，2005年3月23日发布，自2005年6月1日起施行）

第一条　为了加强对城市建筑垃圾的管理，保障城市市容和环境卫生，根据《中华人民共和国固体废物污染环境防治法》、《城市市容和环境卫生管理条例》和《国务院对确需保留的行政审批项目设定行政许可的决定》，制定本规定。

第二条 本规定适用于城市规划区内建筑垃圾的倾倒、运输、中转、回填、消纳、利用等处置活动。

本规定所称建筑垃圾，是指建设单位、施工单位新建、改建、扩建和拆除各类建筑物、构筑物、管网等以及居民装饰装修房屋过程中所产生的弃土、弃料及其它废弃物。

第三条 国务院建设主管部门负责全国城市建筑垃圾的管理工作。

省、自治区建设主管部门负责本行政区域内城市建筑垃圾的管理工作。

城市人民政府市容环境卫生主管部门负责本行政区域内建筑垃圾的管理工作。

第四条 建筑垃圾处置实行减量化、资源化、无害化和谁产生、谁承担处置责任的原则。

国家鼓励建筑垃圾综合利用，鼓励建设单位、施工单位优先采用建筑垃圾综合利用产品。

第五条 建筑垃圾消纳、综合利用等设施的设置，应当纳入城市市容环境卫生专业规划。

第六条 城市人民政府市容环境卫生主管部门应当根据城市内的工程施工情况，制定建筑垃圾处置计划，合理安排各类建设工程需要回填的建筑垃圾。

第七条 处置建筑垃圾的单位，应当向城市人民政府市容环境卫生主管部门提出申请，获得城市建筑垃圾处置核准后，方可处置。

城市人民政府市容环境卫生主管部门应当在接到申请后的 20 日内作出是否核准的决定。予以核准的，颁发核准文件；不予核准的，应当告知申请人，并说明理由。

城市建筑垃圾处置核准的具体条件按照《建设部关于纳入国务院决定的十五项行政许可的条件的规定》执行。

第八条 禁止涂改、倒卖、出租、出借或者以其他形式非法转让城市建筑垃圾处置核准文件。

第九条 任何单位和个人不得将建筑垃圾混入生活垃圾，不得将危险废物混入建筑垃圾，不得擅自设立弃置场受纳建筑垃圾。

第十条 建筑垃圾储运消纳场不得受纳工业垃圾、生活垃圾和有毒有害垃圾。

第十一条 居民应当将装饰装修房屋过程中产生的建筑垃圾与生活垃圾分别收集，并堆放到指定地点。建筑垃圾中转站的设置应当方便居民。

装饰装修施工单位应当按照城市人民政府市容环境卫生主管部门的有关规定处置建筑垃圾。

第十二条 施工单位应当及时清运工程施工过程中产生的建筑垃圾，并按照城市人民政府市容环境卫生主管部门的规定处置，防止污染环境。

第十三条 施工单位不得将建筑垃圾交给个人或者未经核准从事建筑垃圾运输的单位运输。

第十四条 处置建筑垃圾的单位在运输建筑垃圾时，应当随车携带建筑垃圾处置核准文件，按照城市人民政府有关部门规定的运输路线、时间运行，不得丢弃、遗撒建筑垃圾，不得超出核准范围承运建筑垃圾。

第十五条 任何单位和个人不得随意倾倒、抛撒或者堆放建筑垃圾。

第十六条 建筑垃圾处置实行收费制度，收费标准依据国家有关规定执行。

第十七条 任何单位和个人不得在街道两侧和公共场地堆放物料。因建设等特殊需要，确需临时占用街道两侧和公共场地堆放物料的，应当征得城市人民政府市容环境卫生主管部门同意后，按照有关规定办理审批手续。

第十八条 城市人民政府市容环境卫生主管部门核发城市建筑垃圾处置核准文件，有下列情形之一的，由其上级行政机关或者监察机关责令纠正，对直接负责的主管人员和其他直接责任人员依法给予行政处分；构成犯罪的，依法追究刑事责任：

（一）对不符合法定条件的申请人核发城市建筑垃圾处置核准文件或者超越法定职权核发城市建筑垃圾处置核准文件的；

（二）对符合条件的申请人不予核发城市建筑垃圾处置核准文件或者不在法定期限内核发城市建筑垃圾处置核准文件的。

第十九条　城市人民政府市容环境卫生主管部门的工作人员玩忽职守、滥用职权、徇私舞弊的，依法给予行政处分；构成犯罪的，依法追究刑事责任。

第二十条　任何单位和个人有下列情形之一的，由城市人民政府市容环境卫生主管部门责令限期改正，给予警告，处以罚款：

（一）将建筑垃圾混入生活垃圾的；

（二）将危险废物混入建筑垃圾的；

（三）擅自设立弃置场受纳建筑垃圾的。

单位有前款第一项、第二项行为之一的，处3000元以下罚款；有前款第三项行为的，处5000元以上1万元以下罚款。个人有前款第一项、第二项行为之一的，处200元以下罚款；有前款第三项行为的，处3000元以下罚款。

第二十一条　建筑垃圾储运消纳场受纳工业垃圾、生活垃圾和有毒有害垃圾的，由城市人民政府市容环境卫生主管部门责令限期改正，给予警告，处5000元以上1万元以下罚款。

第二十二条　施工单位未及时清运工程施工过程中产生的建筑垃圾，造成环境污染的，由城市人民政府市容环境卫生主管部门责令限期改正，给予警告，处5000元以上5万元以下罚款。

施工单位将建筑垃圾交给个人或者未经核准从事建筑垃圾运输的单位处置的，由城市人民政府市容环境卫生主管部门责令限期改正，给予警告，处1万元以上10万元以下罚款。

第二十三条　处置建筑垃圾的单位在运输建筑垃圾过程中沿途丢弃、遗撒建筑垃圾的，由城市人民政府市容环境卫生主管部门责令限期改正，给予警告，处5000元以上5万元以下罚款。

第二十四条　涂改、倒卖、出租、出借或者以其他形式非法转让城市建筑垃圾处置核准文件的，由城市人民政府市容环境卫生主管部门责令限期改正，给予警告，处5000元以上2万元以下罚款。

第二十五条　违反本规定，有下列情形之一的，由城市人民政府市容环境卫生主管部门责令限期改正，给予警告，对施工单位处1万元以上10万元以下罚款，对建设单位、运输建筑垃圾的单位处5000元以上3万元以下罚款：

（一）未经核准擅自处置建筑垃圾的；

（二）处置超出核准范围的建筑垃圾的。

第二十六条　任何单位和个人随意倾倒、抛撒或者堆放建筑垃圾的，由城市人民政府市容环境卫生主管部门责令限期改正，给予警告，并对单位处5000元以上5万元以下罚款，对个人处200元以下罚款。

第二十七条　本规定自2005年6月1日起施行。

（七）核与辐射污染类

中华人民共和国核安全法

（2017年9月1日第十二届全国人民代表大会常务委员会第二十九次会议通过，2017年9月1日公布，自2018年1月1日起施行）

第一章 总 则

第一条 为了保障核安全，预防与应对核事故，安全利用核能，保护公众和从业人员的安全与健康，保护生态环境，促进经济社会可持续发展，制定本法。

第二条 在中华人民共和国领域及管辖的其他海域内，对核设施、核材料及相关放射性废物采取充分的预防、保护、缓解和监管等安全措施，防止由于技术原因、人为原因或者自然灾害造成核事故，最大限度减轻核事故情况下的放射性后果的活动，适用本法。

核设施，是指：

（一）核电厂、核热电厂、核供汽供热厂等核动力厂及装置；

（二）核动力厂以外的研究堆、实验堆、临界装置等其他反应堆；

（三）核燃料生产、加工、贮存和后处理设施等核燃料循环设施；

（四）放射性废物的处理、贮存、处置设施。

核材料，是指：

（一）铀-235材料及其制品；

（二）铀-233材料及其制品；

（三）钚-239材料及其制品；

（四）法律、行政法规规定的其他需要管制的核材料。

放射性废物，是指核设施运行、退役产生的，含有放射性核素或者被放射性核素污染，其浓度或者比活度大于国家确定的清洁解控水平，预期不再使用的废弃物。

第三条 国家坚持理性、协调、并进的核安全观，加强核安全能力建设，保障核事业健康发展。

第四条 从事核事业必须遵循确保安全的方针。

核安全工作必须坚持安全第一、预防为主、责任明确、严格管理、纵深防御、独立监管、全面保障的原则。

第五条 核设施营运单位对核安全负全面责任。

为核设施营运单位提供设备、工程以及服务等的单位，应当负相应责任。

第六条 国务院核安全监督管理部门负责核安全的监督管理。

国务院核工业主管部门、能源主管部门和其他有关部门在各自职责范围内负责有关的核安全管理工作。

国家建立核安全工作协调机制，统筹协调有关部门推进相关工作。

第七条 国务院核安全监督管理部门会同国务院有关部门编制国家核安全规划，报国务院批准后组织实施。

第八条　国家坚持从高从严建立核安全标准体系。

国务院有关部门按照职责分工制定核安全标准。核安全标准是强制执行的标准。

核安全标准应当根据经济社会发展和科技进步适时修改。

第九条　国家制定核安全政策，加强核安全文化建设。

国务院核安全监督管理部门、核工业主管部门和能源主管部门应当建立培育核安全文化的机制。

核设施营运单位和为其提供设备、工程以及服务等的单位应当积极培育和建设核安全文化，将核安全文化融入生产、经营、科研和管理的各个环节。

第十条　国家鼓励和支持核安全相关科学技术的研究、开发和利用，加强知识产权保护，注重核安全人才的培养。

国务院有关部门应当在相关科研规划中安排与核设施、核材料安全和辐射环境监测、评估相关的关键技术研究专项，推广先进、可靠的核安全技术。

核设施营运单位和为其提供设备、工程以及服务等的单位、与核安全有关的科研机构等单位，应当持续开发先进、可靠的核安全技术，充分利用先进的科学技术成果，提高核安全水平。

国务院和省、自治区、直辖市人民政府及其有关部门对在科技创新中做出重要贡献的单位和个人，按照有关规定予以表彰和奖励。

第十一条　任何单位和个人不得危害核设施、核材料安全。

公民、法人和其他组织依法享有获取核安全信息的权利，受到核损害的，有依法获得赔偿的权利。

第十二条　国家加强对核设施、核材料的安全保卫工作。

核设施营运单位应当建立和完善安全保卫制度，采取安全保卫措施，防范对核设施、核材料的破坏、损害和盗窃。

第十三条　国家组织开展与核安全有关的国际交流与合作，完善核安全国际合作机制，防范和应对核恐怖主义威胁，履行中华人民共和国缔结或者参加的国际公约所规定的义务。

第二章　核设施安全

第十四条　国家对核设施的选址、建设进行统筹规划，科学论证，合理布局。

国家根据核设施的性质和风险程度等因素，对核设施实行分类管理。

第十五条　核设施营运单位应当具备保障核设施安全运行的能力，并符合下列条件：

（一）有满足核安全要求的组织管理体系和质量保证、安全管理、岗位责任等制度；

（二）有规定数量、合格的专业技术人员和管理人员；

（三）具备与核设施安全相适应的安全评价、资源配置和财务能力；

（四）具备必要的核安全技术支撑和持续改进能力；

（五）具备应急响应能力和核损害赔偿财务保障能力；

（六）法律、行政法规规定的其他条件。

第十六条　核设施营运单位应当依照法律、行政法规和标准的要求，设置核设施纵深防御体系，有效防范技术原因、人为原因和自然灾害造成的威胁，确保核设施安全。

核设施营运单位应当对核设施进行定期安全评价，并接受国务院核安全监督管理部门的审查。

第十七条　核设施营运单位和为其提供设备、工程以及服务等的单位应当建立并实施质量保证体系，有效保证设备、工程和服务等的质量，确保设备的性能满足核安全标准的要求，工程和服务等满足核安全相关要求。

第十八条　核设施营运单位应当严格控制辐射照射，确保有关人员免受超过国家规定剂量限值的辐射照射，确保辐射照射保持在合理、可行和尽可能低的水平。

第十九条　核设施营运单位应当对核设施周围环境中所含的放射性核素的种类、浓度以及核设施流出物中的放射性核素总量实施监测，并定期向国务院环境保护主管部门和所在地省、自治区、直辖市人民政府环境保护主管部门报告监测结果。

第二十条　核设施营运单位应当按照国家有关规定，制定培训计划，对从业人员进行核安全教育和技能培训并进行考核。

核设施营运单位应当为从业人员提供相应的劳动防护和职业健康检查，保障从业人员的安全和健康。

第二十一条　省、自治区、直辖市人民政府应当对国家规划确定的核动力厂等重要核设施的厂址予以保护，在规划期内不得变更厂址用途。

省、自治区、直辖市人民政府应当在核动力厂等重要核设施周围划定规划限制区，经国务院核安全监督管理部门同意后实施。

禁止在规划限制区内建设可能威胁核设施安全的易燃、易爆、腐蚀性物品的生产、贮存设施以及人口密集场所。

第二十二条　国家建立核设施安全许可制度。

核设施营运单位进行核设施选址、建造、运行、退役等活动，应当向国务院核安全监督管理部门申请许可。

核设施营运单位要求变更许可文件规定条件的，应当报国务院核安全监督管理部门批准。

第二十三条　核设施营运单位应当对地质、地震、气象、水文、环境和人口分布等因素进行科学评估，在满足核安全技术评价要求的前提下，向国务院核安全监督管理部门提交核设施选址安全分析报告，经审查符合核安全要求后，取得核设施场址选择审查意见书。

第二十四条　核设施设计应当符合核安全标准，采用科学合理的构筑物、系统和设备参数与技术要求，提供多样保护和多重屏障，确保核设施运行可靠、稳定和便于操作，满足核安全要求。

第二十五条　核设施建造前，核设施营运单位应当向国务院核安全监督管理部门提出建造申请，并提交下列材料：

（一）核设施建造申请书；

（二）初步安全分析报告；

（三）环境影响评价文件；

（四）质量保证文件；

（五）法律、行政法规规定的其他材料。

第二十六条　核设施营运单位取得核设施建造许可证后，应当确保核设施整体性能满足核安全标准的要求。

核设施建造许可证的有效期不得超过十年。有效期届满，需要延期建造的，应当报国务院核安全监督管理部门审查批准。但是，有下列情形之一且经评估不存在安全风险的除外：

（一）国家政策或者行为导致核设施延期建造；

（二）用于科学研究的核设施；

（三）用于工程示范的核设施；

（四）用于乏燃料后处理的核设施。

核设施建造完成后应当进行调试，验证其是否满足设计的核安全要求。

第二十七条　核设施首次装投料前，核设施营运单位应当向国务院核安全监督管理部门提出运行申请，并提交下列材料：

（一）核设施运行申请书；

（二）最终安全分析报告；

（三）质量保证文件；

（四）应急预案；

（五）法律、行政法规规定的其他材料。

核设施营运单位取得核设施运行许可证后，应当按照许可证的规定运行。

核设施运行许可证的有效期为设计寿期。在有效期内，国务院核安全监督管理部门可以根据法律、行政法规和新的核安全标准的要求，对许可证规定的事项作出合理调整。

核设施营运单位调整下列事项的，应当报国务院核安全监督管理部门批准：

（一）作为颁发运行许可证依据的重要构筑物、系统和设备；

（二）运行限值和条件；

（三）国务院核安全监督管理部门批准的与核安全有关的程序和其他文件。

第二十八条　核设施运行许可证有效期届满需要继续运行的，核设施营运单位应当于有效期届满前五年，向国务院核安全监督管理部门提出延期申请，并对其是否符合核安全标准进行论证、验证，经审查批准后，方可继续运行。

第二十九条　核设施终止运行后，核设施营运单位应当采取安全的方式进行停闭管理，保证停闭期间的安全，确保退役所需的基本功能、技术人员和文件。

第三十条　核设施退役前，核设施营运单位应当向国务院核安全监督管理部门提出退役申请，并提交下列材料：

（一）核设施退役申请书；

（二）安全分析报告；

（三）环境影响评价文件；

（四）质量保证文件；

（五）法律、行政法规规定的其他材料。

核设施退役时，核设施营运单位应当按照合理、可行和尽可能低的原则处理、处置核设施场址的放射性物质，将构筑物、系统和设备的放射性水平降低至满足标准的要求。

核设施退役后，核设施所在地省、自治区、直辖市人民政府环境保护主管部门应当对核设施场址及其周围环境中所含的放射性核素的种类和浓度组织监测。

第三十一条　进口核设施，应当满足中华人民共和国有关核安全法律、行政法规和标准的要求，并报国务院核安全监督管理部门审查批准。

出口核设施，应当遵守中华人民共和国有关核设施出口管制的规定。

第三十二条　国务院核安全监督管理部门应当依照法定条件和程序，对核设施安全许可申请组织安全技术审查，满足核安全要求的，在技术审查完成之日起二十日内，依法作出准予许可的决定。

国务院核安全监督管理部门审批核设施建造、运行许可申请时，应当向国务院有关部门和核设施所在地省、自治区、直辖市人民政府征询意见，被征询意见的单位应当在三个月内给予答复。

第三十三条　国务院核安全监督管理部门组织安全技术审查时，应当委托与许可申请单位没有利益关系的技术支持单位进行技术审评。受委托的技术支持单位应当对其技术评价结论的真实性、准确性负责。

第三十四条　国务院核安全监督管理部门成立核安全专家委员会，为核安全决策提供咨询意见。

制定核安全规划和标准，进行核设施重大安全问题技术决策，应当咨询核安全专家委员会的意见。

第三十五条　国家建立核设施营运单位核安全报告制度，具体办法由国务院有关部门制定。

国务院有关部门应当建立核安全经验反馈制度，并及时处理核安全报告信息，实现信息共享。

核设施营运单位应当建立核安全经验反馈体系。

第三十六条　为核设施提供核安全设备设计、制造、安装和无损检验服务的单位，应当向国务院核安全监督管理部门申请许可。境外机构为境内核设施提供核安全设备设计、制造、安装和无损检验服务的，应当向国务院核安全监督管理部门申请注册。

国务院核安全监督管理部门依法对进口的核安全设备进行安全检验。

第三十七条 核设施操纵人员以及核安全设备焊接人员、无损检验人员等特种工艺人员应当按照国家规定取得相应资格证书。

核设施营运单位以及核安全设备制造、安装和无损检验单位应当聘用取得相应资格证书的人员从事与核设施安全专业技术有关的工作。

第三章 核材料和放射性废物安全

第三十八条 核设施营运单位和其他有关单位持有核材料，应当按照规定的条件依法取得许可，并采取下列措施，防止核材料被盗、破坏、丢失、非法转让和使用，保障核材料的安全与合法利用：

（一）建立专职机构或者指定专人保管核材料；

（二）建立核材料衡算制度，保持核材料收支平衡；

（三）建立与核材料保护等级相适应的实物保护系统；

（四）建立信息保密制度，采取保密措施；

（五）法律、行政法规规定的其他措施。

第三十九条 产生、贮存、运输、后处理乏燃料的单位应当采取措施确保乏燃料的安全，并对持有的乏燃料承担核安全责任。

第四十条 放射性废物应当实行分类处置。

低、中水平放射性废物在国家规定的符合核安全要求的场所实行近地表或者中等深度处置。

高水平放射性废物实行集中深地质处置，由国务院指定的单位专营。

第四十一条 核设施营运单位、放射性废物处理处置单位应当对放射性废物进行减量化、无害化处理、处置，确保永久安全。

第四十二条 国务院核工业主管部门会同国务院有关部门和省、自治区、直辖市人民政府编制低、中水平放射性废物处置场所的选址规划，报国务院批准后组织实施。

国务院核工业主管部门会同国务院有关部门编制高水平放射性废物处置场所的选址规划，报国务院批准后组织实施。

放射性废物处置场所的建设应当与核能发展的要求相适应。

第四十三条 国家建立放射性废物管理许可制度。

专门从事放射性废物处理、贮存、处置的单位，应当向国务院核安全监督管理部门申请许可。

核设施营运单位利用与核设施配套建设的处理、贮存设施，处理、贮存本单位产生的放射性废物的，无需申请许可。

第四十四条 核设施营运单位应当对其产生的放射性固体废物和不能经净化排放的放射性废液进行处理，使其转变为稳定的、标准化的固体废物后，及时送交放射性废物处置单位处置。

核设施营运单位应当对其产生的放射性废气进行处理，达到国家放射性污染防治标准后，方可排放。

第四十五条 放射性废物处置单位应当按照国家放射性污染防治标准的要求，对其接收的放射性废物进行处置。

放射性废物处置单位应当建立放射性废物处置情况记录档案，如实记录处置的放射性废物的来源、数量、特征、存放位置等与处置活动有关的事项。记录档案应当永久保存。

第四十六条 国家建立放射性废物处置设施关闭制度。

放射性废物处置设施有下列情形之一的，应当依法办理关闭手续，并在划定的区域设置永久性标记：

（一）设计服役期届满；

（二）处置的放射性废物已经达到设计容量；

（三）所在地区的地质构造或者水文地质等条件发生重大变化，不适宜继续处置放射性废物；

（四）法律、行政法规规定的其他需要关闭的情形。

第四十七条　放射性废物处置设施关闭前，放射性废物处置单位应当编制放射性废物处置设施关闭安全监护计划，报国务院核安全监督管理部门批准。

安全监护计划应当包括下列主要内容：

（一）安全监护责任人及其责任；

（二）安全监护费用；

（三）安全监护措施；

（四）安全监护期限。

放射性废物处置设施关闭后，放射性废物处置单位应当按照经批准的安全监护计划进行安全监护；经国务院核安全监督管理部门会同国务院有关部门批准后，将其交由省、自治区、直辖市人民政府进行监护管理。

第四十八条　核设施营运单位应当按照国家规定缴纳乏燃料处理处置费用，列入生产成本。

核设施营运单位应当预提核设施退役费用、放射性废物处置费用，列入投资概算、生产成本，专门用于核设施退役、放射性废物处置。具体办法由国务院财政部门、价格主管部门会同国务院核安全监督管理部门、核工业主管部门和能源主管部门制定。

第四十九条　国家对核材料、放射性废物的运输实行分类管理，采取有效措施，保障运输安全。

第五十条　国家保障核材料、放射性废物的公路、铁路、水路等运输，国务院有关部门应当加强对公路、铁路、水路等运输的管理，制定具体的保障措施。

第五十一条　国务院核工业主管部门负责协调乏燃料运输管理活动，监督有关保密措施。

公安机关对核材料、放射性废物道路运输的实物保护实施监督，依法处理可能危及核材料、放射性废物安全运输的事故。通过道路运输核材料、放射性废物的，应当报启运地县级以上人民政府公安机关按照规定权限批准；其中，运输乏燃料或者高水平放射性废物的，应当报国务院公安部门批准。

国务院核安全监督管理部门负责批准核材料、放射性废物运输包装容器的许可申请。

第五十二条　核材料、放射性废物的托运人应当在运输中采取有效的辐射防护和安全保卫措施，对运输中的核安全负责。

乏燃料、高水平放射性废物的托运人应当向国务院核安全监督管理部门提交有关核安全分析报告，经审查批准后方可开展运输活动。

核材料、放射性废物的承运人应当依法取得国家规定的运输资质。

第五十三条　通过公路、铁路、水路等运输核材料、放射性废物，本法没有规定的，适用相关法律、行政法规和规章关于放射性物品运输、危险货物运输的规定。

第四章　核事故应急

第五十四条　国家设立核事故应急协调委员会，组织、协调全国的核事故应急管理工作。

省、自治区、直辖市人民政府根据实际需要设立核事故应急协调委员会，组织、协调本行政区域内的核事故应急管理工作。

第五十五条　国务院核工业主管部门承担国家核事故应急协调委员会日常工作，牵头制定国家核事故应急预案，经国务院批准后组织实施。国家核事故应急协调委员会成员单位根据国家核事故应急预案部署，制定本单位核事故应急预案，报国务院核工业主管部门备案。

省、自治区、直辖市人民政府指定的部门承担核事故应急协调委员会的日常工作，负责制定本行政区域内场外核事故应急预案，报国家核事故应急协调委员会审批后组织实施。

核设施营运单位负责制定本单位场内核事故应急预案，报国务院核工业主管部门、能源主管部门和省、自治区、直辖市人民政府指定的部门备案。

中国人民解放军和中国人民武装警察部队按照国务院、中央军事委员会的规定，制定本系统支援地方的核事故应急工作预案，报国务院核工业主管部门备案。

应急预案制定单位应当根据实际需要和情势变化，适时修订应急预案。

第五十六条 核设施营运单位应当按照应急预案，配备应急设备，开展应急工作人员培训和演练，做好应急准备。

核设施所在地省、自治区、直辖市人民政府指定的部门，应当开展核事故应急知识普及活动，按照应急预案组织有关企业、事业单位和社区开展核事故应急演练。

第五十七条 国家建立核事故应急准备金制度，保障核事故应急准备与响应工作所需经费。核事故应急准备金管理办法，由国务院制定。

第五十八条 国家对核事故应急实行分级管理。

发生核事故时，核设施营运单位应当按照应急预案的要求开展应急响应，减轻事故后果，并立即向国务院核工业主管部门、核安全监督管理部门和省、自治区、直辖市人民政府指定的部门报告核设施状况，根据需要提出场外应急响应行动建议。

第五十九条 国家核事故应急协调委员会按照国家核事故应急预案部署，组织协调国务院有关部门、地方人民政府、核设施营运单位实施核事故应急救援工作。

中国人民解放军和中国人民武装警察部队按照国务院、中央军事委员会的规定，实施核事故应急救援工作。

核设施营运单位应当按照核事故应急救援工作的要求，实施应急响应支援。

第六十条 国务院核工业主管部门或者省、自治区、直辖市人民政府指定的部门负责发布核事故应急信息。

国家核事故应急协调委员会统筹协调核事故应急国际通报和国际救援工作。

第六十一条 各级人民政府及其有关部门、核设施营运单位等应当按照国务院有关规定和授权，组织开展核事故后的恢复行动、损失评估等工作。

核事故的调查处理，由国务院或者其授权的部门负责实施。

核事故场外应急行动的调查处理，由国务院或者其指定的机构负责实施。

第六十二条 核材料、放射性废物运输的应急应当纳入所经省、自治区、直辖市场外核事故应急预案或者辐射应急预案。发生核事故时，由事故发生地省、自治区、直辖市人民政府负责应急响应。

第五章 信息公开和公众参与

第六十三条 国务院有关部门及核设施所在地省、自治区、直辖市人民政府指定的部门应当在各自职责范围内依法公开核安全相关信息。

国务院核安全监督管理部门应当依法公开与核安全有关的行政许可，以及核安全有关活动的安全监督检查报告、总体安全状况、辐射环境质量和核事故等信息。

国务院应当定期向全国人民代表大会常务委员会报告核安全情况。

第六十四条 核设施营运单位应当公开本单位核安全管理制度和相关文件、核设施安全状况、流出物和周围环境辐射监测数据、年度核安全报告等信息。具体办法由国务院核安全监督管理部门制定。

第六十五条 对依法公开的核安全信息，应当通过政府公告、网站以及其他便于公众知晓的方式，及时向社会公开。

公民、法人和其他组织，可以依法向国务院核安全监督管理部门和核设施所在地省、自治区、直辖市人民政府指定的部门申请获取核安全相关信息。

第六十六条　核设施营运单位应当就涉及公众利益的重大核安全事项通过问卷调查、听证会、论证会、座谈会，或者采取其他形式征求利益相关方的意见，并以适当形式反馈。

核设施所在地省、自治区、直辖市人民政府应当就影响公众利益的重大核安全事项举行听证会、论证会、座谈会，或者采取其他形式征求利益相关方的意见，并以适当形式反馈。

第六十七条　核设施营运单位应当采取下列措施，开展核安全宣传活动：

（一）在保证核设施安全的前提下，对公众有序开放核设施；

（二）与学校合作，开展对学生的核安全知识教育活动；

（三）建设核安全宣传场所，印制和发放核安全宣传材料；

（四）法律、行政法规规定的其他措施。

第六十八条　公民、法人和其他组织有权对存在核安全隐患或者违反核安全法律、行政法规的行为，向国务院核安全监督管理部门或者其他有关部门举报。

公民、法人和其他组织不得编造、散布核安全虚假信息。

第六十九条　涉及国家秘密、商业秘密和个人信息的政府信息公开，按照国家有关规定执行。

第六章　监督检查

第七十条　国家建立核安全监督检查制度。

国务院核安全监督管理部门和其他有关部门应当对从事核安全活动的单位遵守核安全法律、行政法规、规章和标准的情况进行监督检查。

国务院核安全监督管理部门可以在核设施集中的地区设立派出机构。国务院核安全监督管理部门或者其派出机构应当向核设施建造、运行、退役等现场派遣监督检查人员，进行核安全监督检查。

第七十一条　国务院核安全监督管理部门和其他有关部门应当加强核安全监管能力建设，提高核安全监管水平。

国务院核安全监督管理部门应当组织开展核安全监管技术研究开发，保持与核安全监督管理相适应的技术评价能力。

第七十二条　国务院核安全监督管理部门和其他有关部门进行核安全监督检查时，有权采取下列措施：

（一）进入现场进行监测、检查或者核查；

（二）调阅相关文件、资料和记录；

（三）向有关人员调查、了解情况；

（四）发现问题的，现场要求整改。

国务院核安全监督管理部门和其他有关部门应当将监督检查情况形成报告，建立档案。

第七十三条　对国务院核安全监督管理部门和其他有关部门依法进行的监督检查，从事核安全活动的单位应当予以配合，如实说明情况，提供必要资料，不得拒绝、阻挠。

第七十四条　核安全监督检查人员应当忠于职守，勤勉尽责，秉公执法。

核安全监督检查人员应当具备与监督检查活动相应的专业知识和业务能力，并定期接受培训。

核安全监督检查人员执行监督检查任务，应当出示有效证件，对获知的国家秘密、商业秘密和个人信息，应当依法予以保密。

第七章　法律责任

第七十五条　违反本法规定，有下列情形之一的，对直接负责的主管人员和其他直接责任人员依法给予处分：

（一）国务院核安全监督管理部门或者其他有关部门未依法对许可申请进行审批的；

（二）国务院有关部门或者核设施所在地省、自治区、直辖市人民政府指定的部门未依法公开核安全相关信息的；

（三）核设施所在地省、自治区、直辖市人民政府未就影响公众利益的重大核安全事项征求利益相关方意见的；

（四）国务院核安全监督管理部门或者其他有关部门未将监督检查情况形成报告，或者未建立档案的；

（五）核安全监督检查人员执行监督检查任务，未出示有效证件，或者对获知的国家秘密、商业秘密、个人信息未依法予以保密的；

（六）国务院核安全监督管理部门或者其他有关部门，省、自治区、直辖市人民政府有关部门有其他滥用职权、玩忽职守、徇私舞弊行为的。

第七十六条 违反本法规定，危害核设施、核材料安全，或者编造、散布核安全虚假信息，构成违反治安管理行为的，由公安机关依法给予治安管理处罚。

第七十七条 违反本法规定，有下列情形之一的，由国务院核安全监督管理部门或者其他有关部门责令改正，给予警告；情节严重的，处二十万元以上一百万元以下的罚款；拒不改正的，责令停止建设或者停产整顿：

（一）核设施营运单位未设置核设施纵深防御体系的；

（二）核设施营运单位或者为其提供设备、工程以及服务等的单位未建立或者未实施质量保证体系的；

（三）核设施营运单位未按照要求控制辐射照射剂量的；

（四）核设施营运单位未建立核安全经验反馈体系的；

（五）核设施营运单位未就涉及公众利益的重大核安全事项征求利益相关方意见的。

第七十八条 违反本法规定，在规划限制区内建设可能威胁核设施安全的易燃、易爆、腐蚀性物品的生产、贮存设施或者人口密集场所的，由国务院核安全监督管理部门责令限期拆除，恢复原状，处十万元以上五十万元以下的罚款。

第七十九条 违反本法规定，核设施营运单位有下列情形之一的，由国务院核安全监督管理部门责令改正，处一百万元以上五百万元以下的罚款；拒不改正的，责令停止建设或者停产整顿；有违法所得的，没收违法所得；造成环境污染的，责令限期采取治理措施消除污染，逾期不采取措施的，指定有能力的单位代为履行，所需费用由污染者承担；对直接负责的主管人员和其他直接责任人员，处五万元以上二十万元以下的罚款：

（一）未经许可，从事核设施建造、运行或者退役等活动的；

（二）未经许可，变更许可文件规定条件的；

（三）核设施运行许可证有效期届满，未经审查批准，继续运行核设施的；

（四）未经审查批准，进口核设施的。

第八十条 违反本法规定，核设施营运单位有下列情形之一的，由国务院核安全监督管理部门责令改正，给予警告；情节严重的，处五十万元以上二百万元以下的罚款；造成环境污染的，责令限期采取治理措施消除污染，逾期不采取措施的，指定有能力的单位代为履行，所需费用由污染者承担：

（一）未对核设施进行定期安全评价，或者不接受国务院核安全监督管理部门审查的；

（二）核设施终止运行后，未采取安全方式进行停闭管理，或者未确保退役所需的基本功能、技术人员和文件的；

（三）核设施退役时，未将构筑物、系统或者设备的放射性水平降低至满足标准的要求的；

（四）未将产生的放射性固体废物或者不能经净化排放的放射性废液转变为稳定的、标准化的固体废物，及时送交放射性废物处置单位处置的；

（五）未对产生的放射性废气进行处理，或者未达到国家放射性污染防治标准排放的。

第八十一条　违反本法规定，核设施营运单位未对核设施周围环境中所含的放射性核素的种类、浓度或者核设施流出物中的放射性核素总量实施监测，或者未按照规定报告监测结果的，由国务院环境保护主管部门或者所在地省、自治区、直辖市人民政府环境保护主管部门责令改正，处十万元以上五十万元以下的罚款。

第八十二条　违反本法规定，受委托的技术支持单位出具虚假技术评价结论的，由国务院核安全监督管理部门处二十万元以上一百万元以下的罚款；有违法所得的，没收违法所得；对直接负责的主管人员和其他直接责任人员处十万元以上二十万元以下的罚款。

第八十三条　违反本法规定，有下列情形之一的，由国务院核安全监督管理部门责令改正，处五十万元以上一百万元以下的罚款；有违法所得的，没收违法所得；对直接负责的主管人员和其他直接责任人员处二万元以上十万元以下的罚款：

（一）未经许可，为核设施提供核安全设备设计、制造、安装或者无损检验服务的；

（二）未经注册，境外机构为境内核设施提供核安全设备设计、制造、安装或者无损检验服务的。

第八十四条　违反本法规定，核设施营运单位或者核安全设备制造、安装、无损检验单位聘用未取得相应资格证书的人员从事与核设施安全专业技术有关的工作的，由国务院核安全监督管理部门责令改正，处十万元以上五十万元以下的罚款；拒不改正的，暂扣或者吊销许可证，对直接负责的主管人员和其他直接责任人员处二万元以上十万元以下的罚款。

第八十五条　违反本法规定，未经许可持有核材料的，由国务院核工业主管部门没收非法持有的核材料，并处十万元以上五十万元以下的罚款；有违法所得的，没收违法所得。

第八十六条　违反本法规定，有下列情形之一的，由国务院核安全监督管理部门责令改正，处十万元以上五十万元以下的罚款；情节严重的，处五十万元以上二百万元以下的罚款；造成环境污染的，责令限期采取治理措施消除污染，逾期不采取措施的，指定有能力的单位代为履行，所需费用由污染者承担：

（一）未经许可，从事放射性废物处理、贮存、处置活动的；

（二）未建立放射性废物处置情况记录档案，未如实记录与处置活动有关的事项，或者未永久保存记录档案的；

（三）对应当关闭的放射性废物处置设施，未依法办理关闭手续的；

（四）关闭放射性废物处置设施，未在划定的区域设置永久性标记的；

（五）未编制放射性废物处置设施关闭安全监护计划的；

（六）放射性废物处置设施关闭后，未按照经批准的安全监护计划进行安全监护的。

第八十七条　违反本法规定，核设施营运单位有下列情形之一的，由国务院核安全监督管理部门责令改正，处十万元以上五十万元以下的罚款；对直接负责的主管人员和其他直接责任人员，处二万元以上五万元以下的罚款：

（一）未按照规定制定场内核事故应急预案的；

（二）未按照应急预案配备应急设备，未开展应急工作人员培训或者演练的；

（三）未按照核事故应急救援工作的要求，实施应急响应支援的。

第八十八条 违反本法规定，核设施营运单位未按照规定公开相关信息的，由国务院核安全监督管理部门责令改正；拒不改正的，处十万元以上五十万元以下的罚款。

第八十九条 违反本法规定，对国务院核安全监督管理部门或者其他有关部门依法进行的监督检查，从事核安全活动的单位拒绝、阻挠的，由国务院核安全监督管理部门或者其他有关部门责令改正，可以处十万元以上五十万元以下的罚款；拒不改正的，暂扣或者吊销其许可证；构成违反治安管理行为的，由公安机关依法给予治安管理处罚。

第九十条 因核事故造成他人人身伤亡、财产损失或者环境损害的，核设施营运单位应当按照国家核损害责任制度承担赔偿责任，但能够证明损害是因战争、武装冲突、暴乱等情形造成的除外。

为核设施营运单位提供设备、工程以及服务等的单位不承担核损害赔偿责任。核设施营运单位与其有约定的，在承担赔偿责任后，可以按照约定追偿。

核设施营运单位应当通过投保责任保险、参加互助机制等方式，作出适当的财务保证安排，确保能够及时、有效履行核损害赔偿责任。

第九十一条 违反本法规定，构成犯罪的，依法追究刑事责任。

第八章 附 则

第九十二条 军工、军事核安全，由国务院、中央军事委员会依照本法规定的原则另行规定。

第九十三条 本法中下列用语的含义：

核事故，是指核设施内的核燃料、放射性产物、放射性废物或者运入运出核设施的核材料所发生的放射性、毒害性、爆炸性或者其他危害性事故，或者一系列事故。

纵深防御，是指通过设定一系列递进并且独立的防护、缓解措施或者实物屏障，防止核事故发生，减轻核事故后果。

核设施营运单位，是指在中华人民共和国境内，申请或者持有核设施安全许可证，可以经营和运行核设施的单位。

核安全设备，是指在核设施中使用的执行核安全功能的设备，包括核安全机械设备和核安全电气设备。

乏燃料，是指在反应堆堆芯内受过辐照并从堆芯永久卸出的核燃料。

停闭，是指核设施已经停止运行，并且不再启动。

退役，是指采取去污、拆除和清除等措施，使核设施不再使用的场所或者设备的辐射剂量满足国家相关标准的要求。

经验反馈，是指对核设施的事件、质量问题和良好实践等信息进行收集、筛选、评价、分析、处理和分发，总结推广良好实践经验，防止类似事件和问题重复发生。

托运人，是指在中华人民共和国境内，申请将托运货物提交运输并获得批准的单位。

第九十四条 本法自2018年1月1日起施行。

中华人民共和国民用核设施安全监督管理条例

（1986年10月29日国务院发布）

第一章　总　　则

第一条　为了在民用核设施的建造和营运中保证安全，保障工作人员和群众的健康，保护环境，促进核能事业的顺利发展，制定本条例。

第二条　本条例适用于下列民用核设施的安全监督管理：

（一）核动力厂（核电厂、核热电厂、核供汽供热厂等）；

（二）核动力厂以外的其他反应堆（研究堆、实验堆、临界装置等）；

（三）核燃料生产、加工、贮存及后处理设施；

（四）放射性废物的处理和处置设施；

（五）其他需要严格监督管理的核设施。

第三条　民用核设施的选址、设计、建造、运行和退役必须贯彻安全第一的方针；必须有足够的措施保证质量，保证安全运行，预防核事故，限制可能产生的有害影响；必须保障工作人员、群众和环境不致遭到超过国家规定限值的辐射照射和污染，并将辐射照射和污染减至可以合理达到的尽量低的水平。

第二章　监督管理职责

第四条　国家核安全局对全国核设施安全实施统一监督，独立行使核安全监督权，其主要职责是：

（一）组织起草、制定有关核设施安全的规章和审查有关核安全的技术标准；

（二）组织审查、评定核设施的安全性能及核设施营运单位保障安全的能力，负责颁发或者吊销核设施安全许可证件；

（三）负责实施核安全监督；

（四）负责核安全事故的调查、处理；

（五）协同有关部门指导和监督核设施应急计划的制订和实施；

（六）组织有关部门开展对核设施的安全与管理的科学研究、宣传教育及国际业务联系；

（七）会同有关部门调解和裁决核安全的纠纷。

第五条　国家核安全局在核设施集中的地区可以设立派出机构，实施安全监督。

国家核安全局可以组织核安全专家委员会。该委员会协助制订核安全法规和核安全技术发展规划，参与核安全的审评、监督等工作。

第六条　核设施主管部门负责所属核设施的安全管理，接受国家核安全局的核安全监督，其主要职责是：

（一）负责所属核设施的安全管理，保证给予所属核设施的营运单位必要的支持，并对其进行督促检查；

（二）参与有关核安全法规的起草和制订，组织制订有关核安全的技术标准，并向国家核安全局备案；

（三）组织所属核设施的场内应急计划的制订和实施，参与场外应急计划的制订和实施；

（四）负责对所属核设施中各类人员的技术培训和考核；

（五）组织核能发展方面的核安全科学研究工作。

第七条 核设施营运单位直接负责所营运的核设施的安全，其主要职责是：

（一）遵守国家有关法律、行政法规和技术标准，保证核设施的安全；

（二）接受国家核安全局的核安全监督，及时、如实地报告安全情况，并提供有关资料；

（三）对所营运的核设施的安全、核材料的安全、工作人员和群众以及环境的安全承担全面责任。

第三章 安全许可制度

第八条 国家实行核设施安全许可制度，由国家核安全局负责制定和批准颁发核设施安全许可证，许可证件包括：

（一）核设施建造许可证；

（二）核设施运行许可证；

（三）核设施操纵员执照；

（四）其他需要批准的文件。

第九条 核设施营运单位，在核设施建造前，必须向国家核安全局提交《核设施建造申请书》、《初步安全分析报告》以及其他有关资料，经审核批准获得《核设施建造许可证》后，方可动工建造。

核设施的建造必须遵守《核设施建造许可证》所规定的条件。

第十条 核设施营运单位在核设施运行前，必须向国家核安全局提交《核设施运行申请书》、《最终安全分析报告》以及其他有关资料，经审核批准获得允许装料（或投料）、调试的批准文件后，方可开始装载核燃料（或投料）进行启动调试工作；在获得《核设施运行许可证》后，方可正式运行。

核设施的运行必须遵守《核设施运行许可证》所规定的条件。

第十一条 国家核安全局在审批核设施建造申请书及运行申请书的过程中，应当向国务院有关部门以及核设施所在省、自治区、直辖市人民政府征询意见，国务院有关部门、地方人民政府应当在三个月内给予答复。

第十二条 具备下列条件的，方可批准发给《核设施建造许可证》和《核设施运行许可证》：

（一）所申请的项目已按照有关规定经主管部门及国家计划部门或省、自治区、直辖市人民政府的计划部门批准；

（二）所选定的厂址已经国务院或省、自治区、直辖市人民政府的城乡建设环境保护部门、计划部门和国家核安全局批准；

（三）所申请的核设施符合国家有关的法律及核安全法规的规定；

（四）申请者具有安全营运所申请的核设施的能力，并保证承担全面的安全责任。

第十三条 核设施操纵员执照分《操纵员执照》和《高级操纵员执照》两种。

持《操纵员执照》的人员方可担任操纵核设施控制系统的工作。

持《高级操纵员执照》的人员方可担任操纵或者指导他人操纵核设施控制系统的工作。

第十四条 具备下列条件的，方可批准发给《操纵员执照》：

（一）身体健康，无职业禁忌症；

（二）具有中专以上文化程度或同等学力，核动力厂操纵人员应具有大专以上文化程度或同等学力；

（三）经过运行操作培训，并经考核合格。

具备下列条件的，方可批准发给《高级操纵员执照》：

（一）身体健康、无职业禁忌症；

（二）具有大专以上文化程度或同等学力；

（三）经运行操作培训，并经考核合格；

（四）担任操纵员二年以上，成绩优秀者。

第十五条 核设施的迁移、转让或退役必须向国家核安全局提出申请，经审查批准后方可进行。

第四章　核安全监督

第十六条　国家核安全局及其派出机构可向核设施制造、建造和运行现场派驻监督组（员）执行下列核安全监督任务：

（一）审查所提交的安全资料是否符合实际；

（二）监督是否按照已批准的设计进行建造；

（三）监督是否按照已批准的质量保证大纲进行管理；

（四）监督核设施的建造和运行是否符合有关核安全法规和《核设施建造许可证》、《核设施运行许可证》所规定的条件；

（五）考察营运人员是否具备安全运行及执行应急计划的能力；

（六）其他需要监督的任务。

核安全监督员由国家核安全局任命并发给《核安全监督员证》。

第十七条　核安全监督员在执行任务时，凭其证件有权进入核设施制造、建造和运行现场，调查情况，收集有关核安全资料。

第十八条　国家核安全局在必要时有权采取强制性措施，命令核设施营运单位采取安全措施或停止危及安全的活动。

第十九条　核设施营运单位有权拒绝有害于安全的任何要求，但对国家核安全局的强制性措施必须执行。

第五章　奖励和处罚

第二十条　对保证核设施安全有显著成绩和贡献的单位和个人，国家核安全局或核设施主管部门应给予适当的奖励。

第二十一条　凡违反本条例的规定，有下列行为之一的，国家核安全局可依其情节轻重，给予警告、限期改进、停工或者停业整顿、吊销核安全许可证件的处罚：

（一）未经批准或违章从事核设施建造、运行、迁移、转让和退役的；

（二）谎报有关资料或事实、或无故拒绝监督的；

（三）无执照操纵或违章操纵的；

（四）拒绝执行强制性命令的。

第二十二条　当事人对行政处罚不服的，可在接到处罚通知之日起十五日内向人民法院起诉。但是，对吊销核安全许可证件的决定应当立即执行。对处罚决定不履行逾期又不起诉的，由国家核安全局申请人民法院强制执行。

第二十三条　对于不服管理、违反规章制度，或者强令他人违章冒险作业，因而发生核事故，造成严重后果，构成犯罪的，由司法机关依法追究刑事责任。

第六章　附　　则

第二十四条　本条例中下列用语的含义是：

（一）“核设施”是指本条例第二条中所列出的各项民用核设施。

（二）“核设施安全许可证件”是指为了进行与核设施有关的选址定点、建造、调试、运行和退役等特定活动，由国家核安全局颁发的书面批准文件。

（三）“营运单位”是指申请或持有核设施安全许可证，可以经营和运行核设施的组织。

（四）“核设施主管部门”是指对核设施营运单位负有领导责任的国务院和省、自治区、直辖市人民政府的有关行政机关。

（五）“核事故”是指核设施内的核燃料、放射性产物、废料或运入运出核设施的核材料所发生的放射性、毒害性、爆炸性或其他危害性事故，或一系列事故。

第二十五条　国家核安全局应根据本条例制定实施细则。

第二十六条　本条例自发布之日起施行。

中华人民共和国核材料管制条例

（1987年6月15日国务院发布）

第一章　总　则

第一条　为保证核材料的安全与合法利用，防止被盗、破坏、丢失、非法转让和非法使用，保护国家和人民群众的安全，促进核能事业的发展，制定本条例。

第二条　本条例管制的核材料是：

（一）铀—235，含铀—235的材料和制品；

（二）铀—233，含铀—233的材料和制品；

（三）钚—239，含钚—239的材料和制品；

（四）氚，含氚的材料和制品；

（五）锂—6，含锂—6的材料和制品；

（六）其他需要管制的核材料。

铀矿石及其初级产品，不属于本条例管制范围。已移交给军队的核制品的管制办法由国防部门制定。

第三条　国家对核材料实行许可证制度。

第四条　核材料管制的基本要求是：

（一）保证符合国家利益及法律的规定；

（二）保证国家和人民群众的安全；

（三）保证国家对核材料的控制，在必要时国家可以征收所有核材料。

第五条　一切持有、使用、生产、储存、运输和处置第二条所列核材料的部门和单位必须遵守本条例。

第二章　监督管理职责

第六条　国家核安全局负责民用核材料的安全监督，在核材料管制方面的主要职责是：

（一）拟订核材料管制法规；

（二）监督民用核材料管制法规的实施；

（三）核准核材料许可证。

第七条　核工业部负责管理全国的核材料，在核材料管制方面的主要职责是：

（一）负责实施全国核材料管制；

（二）负责审查、颁发核材料许可证；

（三）拟订核材料管制规章制度；

（四）负责全国核材料帐务系统的建立和检查。

第八条　国防科学技术工业委员会负责涉及国防的核材料的安全监督和核准核材料许可证。

第三章　核材料管制办法

第九条　持有核材料数量达到下列限额的单位，必须申请核材料许可证：

（一）累计的调入量或生产量大于或等于0.01有效公斤的铀、含铀材料和制品（以铀的有效公斤量计）；

（二）任何量的钚—239、含钚—239的材料和制品；

（三）累计的调入量或生产量大于或等于3.7×1013贝可（1000居里）的氚、含氚材料和制品（以氚量计）；

（四）累计的调入量或生产量大于或等于1公斤的浓缩锂、含浓缩锂材料和制品（以锂—6量计）。

累计调入或生产核材料数量小于上列限额者，可免予办理许可证，但必须向核工业部办理核材料登记手续。

对不致危害国家和人民群众安全的少量的核材料制品可免予登记，其品种和数量限额由核工业部规定。

第十条　核材料许可证的申请程序是：

（一）核材料许可证申请单位向核工业部提交许可证申请书以及申请单位的上级领导部门的审核批准文件；

（二）核工业部审查并报国家核安全局或国防科学技术工业委员会核准；

（三）核工业部颁发核材料许可证。

第十一条　核材料许可证持有单位必须建立专职机构或指定专人负责保管核材料，严格交接手续，建立帐目与报告制度，保证帐物相符。

许可证持有单位必须建立核材料衡算制度和分析测量系统，应用批准的分析测量方法和标准，达到规定的衡算误差要求，保持核材料收支平衡。

第十二条　许可证持有单位应当在当地公安部门的指导下，对生产、使用、贮存和处置核材料的场所，建立严格的安全保卫制度，采用可靠的安全防范措施，严防盗窃、破坏、火灾等事故的发生。

第十三条　运输核材料必须遵守国家的有关规定，核材料托运单位负责与有关部门制定运输保卫方案，落实保卫措施。运输部门、公安部门和其他有关部门要密切配合，确保核材料运输途中安全。

第十四条　核材料持有单位必须切实做好核材料及其有关文件、资料的安全保密工作。凡涉及国家秘密的文件、资料，要按照国家保密规定，准确划定密级，制定严格的保密制度，防止失密、泄密和窃密。

对接触核材料及其秘密的人员，应当按照国家有关规定进行审查。

第十五条　发现核材料被盗、破坏、丢失、非法转让和非法使用的事件，当事单位必须立即追查原因、追回核材料，并迅速报告其上级领导部门、核工业部、国防科学技术工业委员会和国家核安全局。对核材料被盗、破坏、丢失等事件，必须迅速报告当地公安机关。

第四章　许可证持有单位及其上级领导部门的责任

第十六条　核材料许可证持有单位的责任是：

（一）遵守国家的法律和法规；

（二）对所持有的核材料负全面安全责任，直至核材料安全责任合法转移为止；

（三）接受管理和监督。

第十七条　核材料许可证持有单位的上级领导部门应当给所属持有单位以必要的支持和督促检查，并承担领导责任。

第五章　奖励和处罚

第十八条　对核材料管制工作做出显著成绩的单位、个人，由国家核安全局、国防科学技术工业委员会或核工业部给予表扬和奖励。

第十九条　凡违反本条例的规定，有下列行为之一的，国家核安全局可依其情节轻重，给予警告、限期改进、罚款和吊销许可证的处罚，但吊销许可证的处罚需经核工业部同意。

（一）未经批准或违章从事核材料生产、使用、贮存和处置的；

（二）不按照规定报告或谎报有关事实和资料的；

（三）拒绝监督检查的；

（四）不按照规定管理，造成事故的。

第二十条　当事人对行政处罚不服的，可在接到处罚通知之日起十五日内向人民法院起诉。但是，对吊销许可证的决定应当立即执行。对处罚决定不履行逾期又不起诉的，由国家核安全局申请人民法院强制执行。

第二十一条　对于不服从核材料管制、违反规章制度，因而发生重大事故，造成严重后果的，或者盗窃、抢劫、破坏本条例管制的核材料，构成犯罪的，由司法机关依法追究刑事责任。

第六章 附 则

第二十二条 本条例下列用语的含义：

（一）“浓缩锂”——指锂—6同位素原子百分含量大于天然锂的；

（二）“铀的有效公斤”——指铀（包括加浓铀、天然铀、贫化铀）按如下方法计算的有效公斤：

1. 对于铀—235同位素原子百分含量不小于1%的铀，以公斤为单位的铀的实际量乘以铀—235同位素原子百分含量的平方。

2. 对于铀—235同位素原子百分含量小于1%，大于0.5%的铀，以公斤为单位的铀的实际重量乘以0.0001。

3. 对于铀—235同位素原子百分含量不大于0.5%的铀，以公斤为单位的铀的实际重量乘以0.00005。

4. 对于铀—233，其有效公斤计算方法与铀—235相同。

第二十三条 本条例由国家核安全局负责解释；本条例的实施细则由国家核安全局会同国防科学技术工业委员会、核工业部制定。

第二十四条 本条例自发布之日起施行。

核电厂核事故应急管理条例

（1993年8月4日中华人民共和国国务院令第124号发布，根据2011年1月8日国务院令第588号《国务院关于废止和修改部分行政法规的决定》修订）

第一章 总 则

第一条 为了加强核电厂核事故应急管理工作，控制和减少核事故危害，制定本条例。

第二条 本条例适用于可能或者已经引起放射性物质释放、造成重大辐射后果的核电厂核事故（以下简称核事故）应急管理工作。

第三条 核事故应急管理工作实行常备不懈，积极兼容，统一指挥，大力协同，保护公众，保护环境的方针。

第二章 应急机构及其职责

第四条 全国的核事故应急管理工作由国务院指定的部门负责，其主要职责是：

（一）拟定国家核事故应急工作政策；

（二）统一协调国务院有关部门、军队和地方人民政府的核事故应急工作；

（三）组织制定和实施国家核事故应急计划，审查批准场外核事故应急计划；

（四）适时批准进入和终止场外应急状态；

（五）提出实施核事故应急响应行动的建议；

（六）审查批准核事故公报、国际通报，提出请求国际援助的方案。

必要时，由国务院领导、组织、协调全国的核事故应急管理工作。

第五条 核电厂所在地的省、自治区、直辖市人民政府指定的部门负责本行政区域内的核事故应急管理工作，其主要职责是：

（一）执行国家核事故应急工作的法规和政策；

（二）组织制定场外核事故应急计划，做好核事故应急准备工作；

（三）统一指挥场外核事故应急响应行动；

（四）组织支援核事故应急响应行动；

（五）及时向相邻的省、自治区、直辖市通报核事故情况。

必要时，由省、自治区、直辖市人民政府领导、组织、协调本行政区域内的核事故应急管理工作。

第六条　核电厂的核事故应急机构的主要职责是：

（一）执行国家核事故应急工作的法规和政策；

（二）制定场内核事故应急计划，做好核事故应急准备工作；

（三）确定核事故应急状态等级，统一指挥本单位的核事故应急响应行动；

（四）及时向上级主管部门、国务院核安全部门和省级人民政府指定的部门报告事故情况，提出进入场外应急状态和采取应急防护措施的建议；

（五）协助和配合省级人民政府指定的部门做好核事故应急管理工作。

第七条　核电厂的上级主管部门领导核电厂的核事故应急工作。

国务院核安全部门、环境保护部门和卫生部门等有关部门在各自的职责范围内做好相应的核事故应急工作。

第八条　中国人民解放军作为核事故应急工作的重要力量，应当在核事故应急响应中实施有效的支援。

第三章　应急准备

第九条　针对核电厂可能发生的核事故，核电厂的核事故应急机构、省级人民政府指定的部门和国务院指定的部门应当预先制定核事故应急计划。

核事故应急计划包括场内核事故应急计划、场外核事故应急计划和国家核事故应急计划。各级核事故应急计划应当相互衔接、协调一致。

第十条　场内核事故应急计划由核电厂核事故应急机构制定，经其主管部门审查后，送国务院核安全部门审评并报国务院指定的部门备案。

第十一条　场外核事故应急计划由核电厂所在地的省级人民政府指定的部门组织制定，报国务院指定的部门审查批准。

第十二条　国家核事故应急计划由国务院指定的部门组织制定。

国务院有关部门和中国人民解放军总部应当根据国家核事故应急计划，制定相应的核事故应急方案，报国务院指定的部门备案。

第十三条　场内核事故应急计划、场外核事故应急计划应当包括下列内容：

（一）核事故应急工作的基本任务；

（二）核事故应急响应组织及其职责；

（三）烟羽应急计划区和食入应急计划区的范围；

（四）干预水平和导出干预水平；

（五）核事故应急准备和应急响应的详细方案；

（六）应急设施、设备、器材和其他物资；

（七）核电厂核事故应急机构同省级人民政府指定的部门之间以及同其他有关方面相互配合、支援的事项及措施。

第十四条　有关部门在进行核电厂选址和设计工作时，应当考虑核事故应急工作的要求。

新建的核电厂必须在其场内和场外核事故应急计划审查批准后，方可装料。

第十五条　国务院指定的部门、省级人民政府指定的部门和核电厂的核事故应急机构应当具有必要的应急设施、设备和相互之间快速可靠的通讯联络系统。

核电厂的核事故应急机构和省级人民政府指定的部门应当具有辐射监测系统、防护器材、药械和其他物资。

用于核事故应急工作的设施、设备和通讯联络系统、辐射监测系统以及防护器材、药械等，应当处于良好状态。

第十六条 核电厂应当对职工进行核安全、辐射防护和核事故应急知识的专门教育。

省级人民政府指定的部门应当在核电厂的协助下对附近的公众进行核安全、辐射防护和核事故应急知识的普及教育。

第十七条 核电厂的核事故应急机构和省级人民政府指定的部门应当对核事故应急工作人员进行培训。

第十八条 核电厂的核事故应急机构和省级人民政府指定的部门应当适时组织不同专业和不同规模的核事故应急演习。

在核电厂首次装料前，核电厂的核事故应急机构和省级人民政府指定的部门应当组织场内、场外核事故应急演习。

第四章 应急对策和应急防护措施

第十九条 核事故应急状态分为下列四级：

（一）应急待命。出现可能导致危及核电厂核安全的某些特定情况或者外部事件，核电厂有关人员进入戒备状态。

（二）厂房应急。事故后果仅限于核电厂的局部区域，核电厂人员按照场内核事故应急计划的要求采取核事故应急响应行动，通知厂外有关核事故应急响应组织。

（三）场区应急。事故后果蔓延至整个场区，场区内的人员采取核事故应急响应行动，通知省级人民政府指定的部门，某些厂外核事故应急响应组织可能采取核事故应急响应行动。

（四）场外应急。事故后果超越场区边界，实施场内和场外核事故应急计划。

第二十条 当核电厂进入应急待命状态时，核电厂核事故应急机构应当及时向核电厂的上级主管部门和国务院核安全部门报告情况，并视情况决定是否向省级人民政府指定的部门报告。当出现可能或者已经有放射性物质释放的情况时，应当根据情况，及时决定进入厂房应急或者场区应急状态，并迅速向核电厂的上级主管部门、国务院核安全部门和省级人民政府指定的部门报告情况；在放射性物质可能或者已经扩散到核电厂场区以外时，应当迅速向省级人民政府指定的部门提出进入场外应急状态并采取应急防护措施的建议。

省级人民政府指定的部门接到核电厂核事故应急机构的事故情况报告后，应当迅速采取相应的核事故应急对策和应急防护措施，并及时向国务院指定的部门报告情况。需要决定进入场外应急状态时，应当经国务院指定的部门批准；在特殊情况下，省级人民政府指定的部门可以先行决定进入场外应急状态，但是应当立即向国务院指定的部门报告。

第二十一条 核电厂的核事故应急机构和省级人民政府指定的部门应当做好核事故后果预测与评价以及环境放射性监测等工作，为采取核事故应急对策和应急防护措施提供依据。

第二十二条 省级人民政府指定的部门应当适时选用隐蔽、服用稳定性碘制剂、控制通道、控制食物和水源、撤离、迁移、对受影响的区域去污等应急防护措施。

第二十三条 省级人民政府指定的部门在核事故应急响应过程中应当将必要的信息及时地告知当地公众。

第二十四条 在核事故现场，各核事故应急响应组织应当实行有效的剂量监督。现场核事故应急响应人员和其他人员都应当在辐射防护人员的监督和指导下活动，尽量防止接受过大剂量的照射。

第二十五条　核电厂的核事故应急机构和省级人民政府指定的部门应当做好核事故现场接受照射人员的救护、洗消、转运和医学处置工作。

第二十六条　在核事故应急进入场外应急状态时，国务院指定的部门应当及时派出人员赶赴现场，指导核事故应急响应行动，必要时提出派出救援力量的建议。

第二十七条　因核事故应急响应需要，可以实行地区封锁。省、自治区、直辖市行政区域内的地区封锁，由省、自治区、直辖市人民政府决定；跨省、自治区、直辖市的地区封锁，以及导致中断干线交通或者封锁国境的地区封锁，由国务院决定。

地区封锁的解除，由原决定机关宣布。

第二十八条　有关核事故的新闻由国务院授权的单位统一发布。

第五章　应急状态的终止和恢复措施

第二十九条　场外应急状态的终止由省级人民政府指定的部门会同核电厂核事故应急机构提出建议，报国务院指定的部门批准，由省级人民政府指定的部门发布。

第三十条　省级人民政府指定的部门应当根据受影响地区的放射性水平，采取有效的恢复措施。

第三十一条　核事故应急状态终止后，核电厂核事故应急机构应当向国务院指定的部门、核电厂的上级主管部门、国务院核安全部门和省级人民政府指定的部门提交详细的事故报告；省级人民政府指定的部门应当向国务院指定的部门提交场外核事故应急工作的总结报告。

第三十二条　核事故使核安全重要物项的安全性能达不到国家标准时，核电厂的重新起动计划应当按照国家有关规定审查批准。

第六章　资金和物资保障

第三十三条　国务院有关部门、军队、地方各级人民政府和核电厂在核事故应急准备工作中应当充分利用现有组织机构、人员、设施和设备等，努力提高核事故应急准备资金和物资的使用效益，并使核事故应急准备工作与地方和核电厂的发展规划相结合。各有关单位应当提供支援。

第三十四条　场内核事故应急准备资金由核电厂承担，列入核电厂工程项目投资概算和运行成本。

场外核事故应急准备资金由核电厂和地方人民政府共同承担，资金数额由国务院指定的部门会同有关部门审定。核电厂承担的资金，在投产前根据核电厂容量、在投产后根据实际发电量确定一定的比例交纳，由国务院计划部门综合平衡后用于地方场外核事故应急准备工作；其余部分由地方人民政府解决。具体办法由国务院指定的部门会同国务院计划部门和国务院财政部门规定。

国务院有关部门和军队所需的核事故应急准备资金，根据各自在核事故应急工作中的职责和任务，充分利用现有条件进行安排，不足部分按照各自的计划和资金渠道上报。

第三十五条　国家的和地方的物资供应部门及其他有关部门应当保证供给核事故应急所需的设备、器材和其他物资。

第三十六条　因核电厂核事故应急响应需要，执行核事故应急响应行动的行政机关有权征用非用于核事故应急响应的设备、器材和其他物资。

对征用的设备、器材和其他物资，应当予以登记并在使用后及时归还；造成损坏的，由征用单位补偿。

第七章　奖励与处罚

第三十七条　在核事故应急工作中有下列事迹之一的单位和个人，由主管部门或者所在单位给予表彰或者奖励：

（一）完成核事故应急响应任务的；

（二）保护公众安全和国家的、集体的和公民的财产，成绩显著的；

（三）对核事故应急准备与响应提出重大建议，实施效果显著的；

（四）辐射、气象预报和测报准确及时，从而减轻损失的；

（五）有其他特殊贡献的。

第三十八条 有下列行为之一的，对有关责任人员视情节和危害后果，由其所在单位或者上级机关给予行政处分；属于违反治安管理行为的，由公安机关依照治安管理处罚法的规定予以处罚；构成犯罪的，由司法机关依法追究刑事责任：

（一）不按照规定制定核事故应急计划，拒绝承担核事故应急准备义务的；

（二）玩忽职守，引起核事故发生的；

（三）不按照规定报告、通报核事故真实情况的；

（四）拒不执行核事故应急计划，不服从命令和指挥，或者在核事故应急响应时临阵脱逃的；

（五）盗窃、挪用、贪污核事故应急工作所用资金或者物资的；

（六）阻碍核事故应急工作人员依法执行职务或者进行破坏活动的；

（七）散布谣言，扰乱社会秩序的；

（八）有其他对核事故应急工作造成危害的行为的。

第八章 附 则

第三十九条 本条例中下列用语的含义：

（一）核事故应急，是指为了控制或者缓解核事故、减轻核事故后果而采取的不同于正常秩序和正常工作程序的紧急行动。

（二）场区，是指由核电厂管理的区域。

（三）应急计划区，是指在核电厂周围建立的，制定有核事故应急计划、并预计采取核事故应急对策和应急防护措施的区域。

（四）烟羽应急计划区，是指针对放射性烟云引起的照射而建立的应急计划区。

（五）食入应急计划区，是指针对食入放射性污染的水或者食物引起照射而建立的应急计划区。

（六）干预水平，是指预先规定的用于在异常状态下确定需要对公众采取应急防护措施的剂量水平。

（七）导出干预水平，是指由干预水平推导得出的放射性物质在环境介质中的浓度或者水平。

（八）应急防护措施，是指在核事故情况下用于控制工作人员和公众所接受的剂量而采取的保护措施。

（九）核安全重要物项，是指对核电厂安全有重要意义的建筑物、构筑物、系统、部件和设施等。

第四十条 除核电厂外，其他核设施的核事故应急管理，可以根据具体情况，参照本条例的有关规定执行。

第四十一条 对可能或者已经造成放射性物质释放超越国界的核事故应急，除执行本条例的规定外，并应当执行中华人民共和国缔结或者参加的国际条约的规定，但是中华人民共和国声明保留的条款除外。

第四十二条 本条例自发布之日起施行。

民用核安全设备监督管理条例

（2007年7月11日中华人民共和国国务院令第500号公布，根据2016年2月6日《国务院关于修改部分行政法规的决定》修订，根据2019年3月2日《国务院关于修改部分行政法规的决定》第二次修订）

第一章　总　　则

第一条　为了加强对民用核安全设备的监督管理，保证民用核设施的安全运行，预防核事故，保障工作人员和公众的健康，保护环境，促进核能事业的顺利发展，制定本条例。

第二条　本条例所称民用核安全设备，是指在民用核设施中使用的执行核安全功能的设备，包括核安全机械设备和核安全电气设备。

民用核安全设备目录由国务院核安全监管部门商国务院有关部门制定并发布。

第三条　民用核安全设备设计、制造、安装和无损检验活动适用本条例。

民用核安全设备运离民用核设施现场进行的维修活动，适用民用核安全设备制造活动的有关规定。

第四条　国务院核安全监管部门对民用核安全设备设计、制造、安装和无损检验活动实施监督管理。

国务院核行业主管部门和其他有关部门依照本条例和国务院规定的职责分工负责有关工作。

第五条　民用核安全设备设计、制造、安装和无损检验单位，应当建立健全责任制度，加强质量管理，并对其所从事的民用核安全设备设计、制造、安装和无损检验活动承担全面责任。

民用核设施营运单位，应当对在役的民用核安全设备进行检查、试验、检验和维修，并对民用核安全设备的使用和运行安全承担全面责任。

第六条　民用核安全设备设计、制造、安装和无损检验活动应当符合国家有关产业政策。

国家鼓励民用核安全设备设计、制造、安装和无损检验的科学技术研究，提高安全水平。

第七条　任何单位和个人对违反本条例规定的行为，有权向国务院核安全监管部门举报。国务院核安全监管部门接到举报，应当及时调查处理，并为举报人保密。

第二章　标　　准

第八条　民用核安全设备标准是从事民用核安全设备设计、制造、安装和无损检验活动的技术依据。

第九条　国家建立健全民用核安全设备标准体系。制定民用核安全设备标准，应当充分考虑民用核安全设备的技术发展和使用要求，结合我国的工业基础和技术水平，做到安全可靠、技术成熟、经济合理。

民用核安全设备标准包括国家标准、行业标准和企业标准。

第十条　涉及核安全基本原则和技术要求的民用核安全设备国家标准，由国务院核安全监管部门组织拟定，由国务院标准化主管部门和国务院核安全监管部门联合发布；其他的民用核安全设备国家标准，由国务院核行业主管部门组织拟定，经国务院核安全监管部门认可，由国务院标准化主管部门发布。

民用核安全设备行业标准，由国务院核行业主管部门组织拟定，经国务院核安全监管部门认可，由国务院核行业主管部门发布，并报国务院标准化主管部门备案。

制定民用核安全设备国家标准和行业标准，应当充分听取有关部门和专家的意见。

第十一条 尚未制定相应国家标准和行业标准的，民用核安全设备设计、制造、安装和无损检验单位应当采用经国务院核安全监管部门认可的标准。

第三章 许 可

第十二条 民用核安全设备设计、制造、安装和无损检验单位应当依照本条例规定申请领取许可证。

第十三条 申请领取民用核安全设备设计、制造、安装或者无损检验许可证的单位，应当具备下列条件：

（一）具有法人资格；

（二）有与拟从事活动相关或者相近的工作业绩，并且满5年以上；

（三）有与拟从事活动相适应的、经考核合格的专业技术人员，其中从事民用核安全设备焊接和无损检验活动的专业技术人员应当取得相应的资格证书；

（四）有与拟从事活动相适应的工作场所、设施和装备；

（五）有健全的管理制度和完善的质量保证体系，以及符合核安全监督管理规定的质量保证大纲。

申请领取民用核安全设备制造许可证或者安装许可证的单位，还应当制作有代表性的模拟件。

第十四条 申请领取民用核安全设备设计、制造、安装或者无损检验许可证的单位，应当向国务院核安全监管部门提出书面申请，并提交符合本条例第十三条规定条件的证明材料。

第十五条 国务院核安全监管部门应当自受理申请之日起45个工作日内完成审查，并对符合条件的颁发许可证，予以公告；对不符合条件的，书面通知申请单位并说明理由。

国务院核安全监管部门在审查过程中，应当组织专家进行技术评审，并征求国务院核行业主管部门和其他有关部门的意见。技术评审所需时间不计算在前款规定的期限内。

第十六条 民用核安全设备设计、制造、安装和无损检验许可证应当载明下列内容：

（一）单位名称、地址和法定代表人；

（二）准予从事的活动种类和范围；

（三）有效期限；

（四）发证机关、发证日期和证书编号。

第十七条 民用核安全设备设计、制造、安装和无损检验单位变更单位名称、地址或者法定代表人的，应当自变更工商登记之日起20日内，向国务院核安全监管部门申请办理许可证变更手续。

民用核安全设备设计、制造、安装和无损检验单位变更许可证规定的活动种类或者范围的，应当按照原申请程序向国务院核安全监管部门重新申请领取许可证。

第十八条 民用核安全设备设计、制造、安装和无损检验许可证有效期为5年。

许可证有效期届满，民用核安全设备设计、制造、安装和无损检验单位需要继续从事相关活动的，应当于许可证有效期届满6个月前，向国务院核安全监管部门提出延续申请。

国务院核安全监管部门应当在许可证有效期届满前作出是否准予延续的决定；逾期未作决定的，视为准予延续。

第十九条 禁止无许可证擅自从事或者不按照许可证规定的活动种类和范围从事民

用核安全设备设计、制造、安装和无损检验活动。

禁止委托未取得相应许可证的单位进行民用核安全设备设计、制造、安装和无损检验活动。

禁止伪造、变造、转让许可证。

第四章　设计、制造、安装和无损检验

第二十条　民用核安全设备设计、制造、安装和无损检验单位，应当提高核安全意识，建立完善的质量保证体系，确保民用核安全设备的质量和可靠性。

民用核设施营运单位，应当对民用核安全设备设计、制造、安装和无损检验活动进行质量管理和过程控制，做好监造和验收工作。

第二十一条　民用核安全设备设计、制造、安装和无损检验单位，应当根据其质量保证大纲和民用核设施营运单位的要求，在民用核安全设备设计、制造、安装和无损检验活动开始前编制项目质量保证分大纲，并经民用核设施营运单位审查同意。

第二十二条　民用核安全设备设计单位，应当在设计活动开始30日前，将下列文件报国务院核安全监管部门备案：

（一）项目设计质量保证分大纲和程序清单；

（二）设计内容和设计进度计划；

（三）设计遵循的标准和规范目录清单，设计中使用的计算机软件清单；

（四）设计验证活动清单。

第二十三条　民用核安全设备制造、安装单位，应当在制造、安装活动开始30日前，将下列文件报国务院核安全监管部门备案：

（一）项目制造、安装质量保证分大纲和程序清单；

（二）制造、安装技术规格书；

（三）分包项目清单；

（四）制造、安装质量计划。

第二十四条　民用核安全设备设计、制造、安装和无损检验单位，不得将国务院核安全监管部门确定的关键工艺环节分包给其他单位。

第二十五条　民用核安全设备制造、安装、无损检验单位和民用核设施营运单位，应当聘用取得民用核安全设备焊工、焊接操作工和无损检验人员资格证书的人员进行民用核安全设备焊接和无损检验活动。

民用核安全设备焊工、焊接操作工和无损检验人员由国务院核安全监管部门核准颁发资格证书。

民用核安全设备焊工、焊接操作工和无损检验人员在民用核安全设备焊接和无损检验活动中，应当严格遵守操作规程。

第二十六条　民用核安全设备无损检验单位应当客观、准确地出具无损检验结果报告。无损检验结果报告经取得相应资格证书的无损检验人员签字方为有效。

民用核安全设备无损检验单位和无损检验人员对无损检验结果报告负责。

第二十七条　民用核安全设备设计单位应当对其设计进行设计验证。设计验证由未参与原设计的专业人员进行。

设计验证可以采用设计评审、鉴定试验或者不同于设计中使用的计算方法的其他计算方法等形式。

第二十八条　民用核安全设备制造、安装单位应当对民用核安全设备的制造、安装质量进行检验。未经检验或者经检验不合格的，不得交付验收。

第二十九条　民用核设施营运单位应当对民用核安全设备质量进行验收。有下列情形之一的，不得验收通过：

（一）不能按照质量保证要求证明质量受控的；

（二）出现重大质量问题未处理完毕的。

第三十条　民用核安全设备设计、制

造、安装和无损检验单位，应当对本单位所从事的民用核安全设备设计、制造、安装和无损检验活动进行年度评估，并于每年4月1日前向国务院核安全监管部门提交上一年度的评估报告。

评估报告应当包括本单位工作场所、设施、装备和人员等变动情况，质量保证体系实施情况，重大质量问题处理情况以及国务院核安全监管部门和民用核设施营运单位提出的整改要求落实情况等内容。

民用核安全设备设计、制造、安装和无损检验单位对本单位在民用核安全设备设计、制造、安装和无损检验活动中出现的重大质量问题，应当立即采取处理措施，并向国务院核安全监管部门报告。

第五章 进出口

第三十一条 为中华人民共和国境内民用核设施进行民用核安全设备设计、制造、安装和无损检验活动的境外单位，应当具备下列条件：

（一）遵守中华人民共和国的法律、行政法规和核安全监督管理规定；

（二）已取得所在国核安全监管部门规定的相应资质；

（三）使用的民用核安全设备设计、制造、安装和无损检验技术是成熟的或者经过验证的；

（四）采用中华人民共和国的民用核安全设备国家标准、行业标准或者国务院核安全监管部门认可的标准。

第三十二条 为中华人民共和国境内民用核设施进行民用核安全设备设计、制造、安装和无损检验活动的境外单位，应当事先到国务院核安全监管部门办理注册登记手续。国务院核安全监管部门应当将境外单位注册登记情况抄送国务院核行业主管部门和其他有关部门。

注册登记的具体办法由国务院核安全监管部门制定。

第三十三条 国务院核安全监管部门及其所属的检验机构应当依法对进口的民用核安全设备进行安全检验。

进口的民用核安全设备在安全检验合格后，由海关进行商品检验。

第三十四条 国务院核安全监管部门根据需要，可以对境外单位为中华人民共和国境内民用核设施进行的民用核安全设备设计、制造、安装和无损检验活动实施核安全监督检查。

第三十五条 民用核设施营运单位应当在对外贸易合同中约定有关民用核安全设备监造、装运前检验和监装等方面的要求。

第三十六条 民用核安全设备的出口管理依照有关法律、行政法规的规定执行。

第六章 监督检查

第三十七条 国务院核安全监管部门及其派出机构，依照本条例规定对民用核安全设备设计、制造、安装和无损检验活动进行监督检查。监督检查分为例行检查和非例行检查。

第三十八条 国务院核安全监管部门及其派出机构在进行监督检查时，有权采取下列措施：

（一）向被检查单位的法定代表人和其他有关人员调查、了解情况；

（二）进入被检查单位进行现场调查或者核查；

（三）查阅、复制相关文件、记录以及其他有关资料；

（四）要求被检查单位提交有关情况说明或者后续处理报告；

（五）对有证据表明可能存在重大质量问题的民用核安全设备或者其主要部件，予以暂时封存。

被检查单位应当予以配合，如实反映情况，提供必要资料，不得拒绝和阻碍。

第三十九条 国务院核安全监管部门及其派出机构在进行监督检查时，应当对检查的内容、发现的问题以及处理情况作出记录，并由监督检查人员和被检查单位的有关负责人签字确认。被检查单位的有关负责人拒绝签字的，监督检查人员应当将有关情况记录在案。

第四十条　民用核安全设备监督检查人员在进行监督检查时，应当出示证件，并为被检查单位保守技术秘密和业务秘密。

民用核安全设备监督检查人员不得滥用职权侵犯企业的合法权益，或者利用职务上的便利索取、收受财物。

民用核安全设备监督检查人员不得从事或者参与民用核安全设备经营活动。

第四十一条　国务院核安全监管部门发现民用核安全设备设计、制造、安装和无损检验单位有不符合发证条件的情形的，应当责令其限期整改。

第四十二条　国务院核行业主管部门应当加强对本行业民用核设施营运单位的管理，督促本行业民用核设施营运单位遵守法律、行政法规和核安全监督管理规定。

第七章　法律责任

第四十三条　国务院核安全监管部门及其民用核安全设备监督检查人员有下列行为之一的，对直接负责的主管人员和其他直接责任人员，依法给予处分；直接负责的主管人员和其他直接责任人员构成犯罪的，依法追究刑事责任：

（一）不依照本条例规定颁发许可证的；

（二）发现违反本条例规定的行为不予查处，或者接到举报后不依法处理的；

（三）滥用职权侵犯企业的合法权益，或者利用职务上的便利索取、收受财物的；

（四）从事或者参与民用核安全设备经营活动的；

（五）在民用核安全设备监督管理工作中有其他违法行为的。

第四十四条　无许可证擅自从事民用核安全设备设计、制造、安装和无损检验活动的，由国务院核安全监管部门责令停止违法行为，处50万元以上100万元以下的罚款；有违法所得的，没收违法所得；对直接负责的主管人员和其他直接责任人员，处2万元以上10万元以下的罚款。

第四十五条　民用核安全设备设计、制造、安装和无损检验单位不按照许可证规定的活动种类和范围从事民用核安全设备设计、制造、安装和无损检验活动的，由国务院核安全监管部门责令停止违法行为，限期改正，处10万元以上50万元以下的罚款；有违法所得的，没收违法所得；逾期不改正的，暂扣或者吊销许可证，对直接负责的主管人员和其他直接责任人员，处2万元以上10万元以下的罚款。

第四十六条　民用核安全设备设计、制造、安装和无损检验单位变更单位名称、地址或者法定代表人，未依法办理许可证变更手续的，由国务院核安全监管部门责令限期改正；逾期不改正的，暂扣或者吊销许可证。

第四十七条　单位伪造、变造、转让许可证的，由国务院核安全监管部门收缴伪造、变造的许可证或者吊销许可证，处10万元以上50万元以下的罚款；有违法所得的，没收违法所得；对直接负责的主管人员和其他直接责任人员，处2万元以上10万元以下的罚款；构成违反治安管理行为的，由公安机关依法予以治安处罚；构成犯罪的，依法追究刑事责任。

第四十八条　民用核安全设备设计、制造、安装和无损检验单位未按照民用核安全设备标准进行民用核安全设备设计、制造、安装和无损检验活动的，由国务院核安全监管部门责令停止违法行为，限期改正，禁止使用相关设计、设备，处10万元以上50万元以下的罚款；有违法所得的，没收违法所得；逾期不改正的，暂扣或者吊销许可证，对直接负责的主管人员和其他直接责任人员，处2万元以上10万元以下的罚款。

第四十九条 民用核安全设备设计、制造、安装和无损检验单位有下列行为之一的，由国务院核安全监管部门责令停止违法行为，限期改正，处10万元以上50万元以下的罚款；逾期不改正的，暂扣或者吊销许可证，对直接负责的主管人员和其他直接责任人员，处2万元以上10万元以下的罚款：

（一）委托未取得相应许可证的单位进行民用核安全设备设计、制造、安装和无损检验活动的；

（二）聘用未取得相应资格证书的人员进行民用核安全设备焊接和无损检验活动的；

（三）将国务院核安全监管部门确定的关键工艺环节分包给其他单位的。

第五十条 民用核安全设备设计、制造、安装和无损检验单位对本单位在民用核安全设备设计、制造、安装和无损检验活动中出现的重大质量问题，未按照规定采取处理措施并向国务院核安全监管部门报告的，由国务院核安全监管部门责令停止民用核安全设备设计、制造、安装和无损检验活动，限期改正，处5万元以上20万元以下的罚款；逾期不改正的，暂扣或者吊销许可证，对直接负责的主管人员和其他直接责任人员，处2万元以上10万元以下的罚款。

第五十一条 民用核安全设备设计、制造、安装和无损检验单位有下列行为之一的，由国务院核安全监管部门责令停止民用核安全设备设计、制造、安装和无损检验活动，限期改正；逾期不改正的，处5万元以上20万元以下的罚款，暂扣或者吊销许可证：

（一）未按照规定编制项目质量保证分大纲并经民用核设施营运单位审查同意的；

（二）在民用核安全设备设计、制造和安装活动开始前，未按照规定将有关文件报国务院核安全监管部门备案的；

（三）未按照规定进行年度评估并向国务院核安全监管部门提交评估报告的。

第五十二条 民用核安全设备无损检验单位出具虚假无损检验结果报告的，由国务院核安全监管部门处10万元以上50万元以下的罚款，吊销许可证；有违法所得的，没收违法所得；对直接负责的主管人员和其他直接责任人员，处2万元以上10万元以下的罚款；构成犯罪的，依法追究刑事责任。

第五十三条 民用核安全设备焊工、焊接操作工违反操作规程导致严重焊接质量问题的，由国务院核安全监管部门吊销其资格证书。

第五十四条 民用核安全设备无损检验人员违反操作规程导致无损检验结果报告严重错误的，由国务院核安全监管部门吊销其资格证书。

第五十五条 民用核安全设备设计单位未按照规定进行设计验证，或者民用核安全设备制造、安装单位未按照规定进行质量检验以及经检验不合格即交付验收的，由国务院核安全监管部门责令限期改正，处10万元以上50万元以下的罚款；有违法所得的，没收违法所得；逾期不改正的，吊销许可证，对直接负责的主管人员和其他直接责任人员，处2万元以上10万元以下的罚款。

第五十六条 民用核设施营运单位有下列行为之一的，由国务院核安全监管部门责令限期改正，处100万元以上500万元以下的罚款；逾期不改正的，吊销其核设施建造许可证或者核设施运行许可证，对直接负责的主管人员和其他直接责任人员，处2万元以上10万元以下的罚款：

（一）委托未取得相应许可证的单位进行民用核安全设备设计、制造、安装和无损检验活动的；

（二）对不能按照质量保证要求证明质量受控，或者出现重大质量问题未处理完毕的民用核安全设备予以验收通过的。

第五十七条 民用核安全设备设计、制造、安装和无损检验单位被责令限期整改，逾期不整改或者经整改仍不符合发证条件的，由国务院核安全监管部门暂扣或者吊销许可证。

第五十八条　拒绝或者阻碍国务院核安全监管部门及其派出机构监督检查的，由国务院核安全监管部门责令限期改正；逾期不改正或者在接受监督检查时弄虚作假的，暂扣或者吊销许可证。

第五十九条　违反本条例规定，被依法吊销许可证的单位，自吊销许可证之日起1年内不得重新申请领取许可证。

第八章　附　　则

第六十条　申请领取民用核安全设备设计、制造、安装或者无损检验许可证的单位，应当按照国家有关规定缴纳技术评审的费用。

第六十一条　本条例下列用语的含义：

（一）核安全机械设备，包括执行核安全功能的压力容器、钢制安全壳（钢衬里）、储罐、热交换器、泵、风机和压缩机、阀门、闸门、管道（含热交换器传热管）和管配件、膨胀节、波纹管、法兰、堆内构件、控制棒驱动机构、支承件、机械贯穿件以及上述设备的铸锻件等。

（二）核安全电气设备，包括执行核安全功能的传感器（包括探测器和变送器）、电缆、机柜（包括机箱和机架）、控制台屏、显示仪表、应急柴油发电机组、蓄电池（组）、电动机、阀门驱动装置、电气贯穿件等。

第六十二条　本条例自2008年1月1日起施行。

中华人民共和国放射性污染防治法

（2003年6月28日第十届全国人民代表大会常务委员会第三次会议通过，2003年6月28日公布，自2003年10月1日起施行）

第一章　总　　则

第一条　为了防治放射性污染，保护环境，保障人体健康，促进核能、核技术的开发与和平利用，制定本法。

第二条　本法适用于中华人民共和国领域和管辖的其他海域在核设施选址、建造、运行、退役和核技术、铀（钍）矿、伴生放射性矿开发利用过程中发生的放射性污染的防治活动。

第三条　国家对放射性污染的防治，实行预防为主、防治结合、严格管理、安全第一的方针。

第四条　国家鼓励、支持放射性污染防治的科学研究和技术开发利用，推广先进的放射性污染防治技术。

国家支持开展放射性污染防治的国际交流与合作。

第五条　县级以上人民政府应当将放射性污染防治工作纳入环境保护规划。

县级以上人民政府应当组织开展有针对性的放射性污染防治宣传教育，使公众了解放射性污染防治的有关情况和科学知识。

第六条　任何单位和个人有权对造成放射性污染的行为提出检举和控告。

第七条　在放射性污染防治工作中作出显著成绩的单位和个人，由县级以上人民政府给予奖励。

第八条　国务院环境保护行政主管部门对全国放射性污染防治工作依法实施统一监

督管理。

国务院卫生行政部门和其他有关部门依据国务院规定的职责，对有关的放射性污染防治工作依法实施监督管理。

第二章 放射性污染防治的监督管理

第九条 国家放射性污染防治标准由国务院环境保护行政主管部门根据环境安全要求、国家经济技术条件制定。国家放射性污染防治标准由国务院环境保护行政主管部门和国务院标准化行政主管部门联合发布。

第十条 国家建立放射性污染监测制度。国务院环境保护行政主管部门会同国务院其他有关部门组织环境监测网络，对放射性污染实施监测管理。

第十一条 国务院环境保护行政主管部门和国务院其他有关部门，按照职责分工，各负其责，互通信息，密切配合，对核设施、铀（钍）矿开发利用中的放射性污染防治进行监督检查。

县级以上地方人民政府环境保护行政主管部门和同级其他有关部门，按照职责分工，各负其责，互通信息，密切配合，对本行政区域内核技术利用、伴生放射性矿开发利用中的放射性污染防治进行监督检查。

监督检查人员进行现场检查时，应当出示证件。被检查的单位必须如实反映情况，提供必要的资料。监督检查人员应当为被检查单位保守技术秘密和业务秘密。对涉及国家秘密的单位和部位进行检查时，应当遵守国家有关保守国家秘密的规定，依法办理有关审批手续。

第十二条 核设施营运单位、核技术利用单位、铀（钍）矿和伴生放射性矿开发利用单位，负责本单位放射性污染的防治，接受环境保护行政主管部门和其他有关部门的监督管理，并依法对其造成的放射性污染承担责任。

第十三条 核设施营运单位、核技术利用单位、铀（钍）矿和伴生放射性矿开发利用单位，必须采取安全与防护措施，预防发生可能导致放射性污染的各类事故，避免放射性污染危害。

核设施营运单位、核技术利用单位、铀（钍）矿和伴生放射性矿开发利用单位，应当对其工作人员进行放射性安全教育、培训，采取有效的防护安全措施。

第十四条 国家对从事放射性污染防治的专业人员实行资格管理制度；对从事放射性污染监测工作的机构实行资质管理制度。

第十五条 运输放射性物质和含放射源的射线装置，应当采取有效措施，防止放射性污染。具体办法由国务院规定。

第十六条 放射性物质和射线装置应当设置明显的放射性标识和中文警示说明。生产、销售、使用、贮存、处置放射性物质和射线装置的场所，以及运输放射性物质和含放射源的射线装置的工具，应当设置明显的放射性标志。

第十七条 含有放射性物质的产品，应当符合国家放射性污染防治标准；不符合国家放射性污染防治标准的，不得出厂和销售。

使用伴生放射性矿渣和含有天然放射性物质的石材做建筑和装修材料，应当符合国家建筑材料放射性核素控制标准。

第三章 核设施的放射性污染防治

第十八条 核设施选址，应当进行科学论证，并按照国家有关规定办理审批手续。在办理核设施选址审批手续前，应当编制环境影响报告书，报国务院环境保护行政主管部门审查批准；未经批准，有关部门不得办理核设施选址批准文件。

第十九条 核设施营运单位在进行核设施建造、装料、运行、退役等活动前，必须按照国务院有关核设施安全监督管理的规定，申请领取核设施建造、运行许可证和办理装料、退役等审批手续。

核设施营运单位领取有关许可证或者批

准文件后，方可进行相应的建造、装料、运行、退役等活动。

第二十条　核设施营运单位应当在申请领取核设施建造、运行许可证和办理退役审批手续前编制环境影响报告书，报国务院环境保护行政主管部门审查批准；未经批准，有关部门不得颁发许可证和办理批准文件。

第二十一条　与核设施相配套的放射性污染防治设施，应当与主体工程同时设计、同时施工、同时投入使用。

放射性污染防治设施应当与主体工程同时验收；验收合格的，主体工程方可投入生产或者使用。

第二十二条　进口核设施，应当符合国家放射性污染防治标准；没有相应的国家放射性污染防治标准的，采用国务院环境保护行政主管部门指定的国外有关标准。

第二十三条　核动力厂等重要核设施外围地区应当划定规划限制区。规划限制区的划定和管理办法，由国务院规定。

第二十四条　核设施营运单位应当对核设施周围环境中所含的放射性核素的种类、浓度以及核设施流出物中的放射性核素总量实施监测，并定期向国务院环境保护行政主管部门和所在地省、自治区、直辖市人民政府环境保护行政主管部门报告监测结果。

国务院环境保护行政主管部门负责对核动力厂等重要核设施实施监督性监测，并根据需要对其他核设施的流出物实施监测。监督性监测系统的建设、运行和维护费用由财政预算安排。

第二十五条　核设施营运单位应当建立健全安全保卫制度，加强安全保卫工作，并接受公安部门的监督指导。

核设施营运单位应当按照核设施的规模和性质制定核事故场内应急计划，做好应急准备。

出现核事故应急状态时，核设施营运单位必须立即采取有效的应急措施控制事故，并向核设施主管部门和环境保护行政主管部门、卫生行政部门、公安部门以及其他有关部门报告。

第二十六条　国家建立健全核事故应急制度。

核设施主管部门、环境保护行政主管部门、卫生行政部门、公安部门以及其他有关部门，在本级人民政府的组织领导下，按照各自的职责依法做好核事故应急工作。

中国人民解放军和中国人民武装警察部队按照国务院、中央军事委员会的有关规定在核事故应急中实施有效的支援。

第二十七条　核设施营运单位应当制定核设施退役计划。

核设施的退役费用和放射性废物处置费用应当预提，列入投资概算或者生产成本。核设施的退役费用和放射性废物处置费用的提取和管理办法，由国务院财政部门、价格主管部门会同国务院环境保护行政主管部门、核设施主管部门规定。

第四章　核技术利用的放射性污染防治

第二十八条　生产、销售、使用放射性同位素和射线装置的单位，应当按照国务院有关放射性同位素与射线装置放射防护的规定申请领取许可证，办理登记手续。

转让、进口放射性同位素和射线装置的单位以及装备有放射性同位素的仪表的单位，应当按照国务院有关放射性同位素与射线装置放射防护的规定办理有关手续。

第二十九条　生产、销售、使用放射性同位素和加速器、中子发生器以及含放射源的射线装置的单位，应当在申请领取许可证前编制环境影响评价文件，报省、自治区、直辖市人民政府环境保护行政主管部门审查批准；未经批准，有关部门不得颁发许可证。

国家建立放射性同位素备案制度。具体办法由国务院规定。

第三十条　新建、改建、扩建放射工作场所的放射防护设施，应当与主体工程同时设计、同时施工、同时投入使用。

放射防护设施应当与主体工程同时验收；验收合格的，主体工程方可投入生产或者使用。

第三十一条 放射性同位素应当单独存放，不得与易燃、易爆、腐蚀性物品等一起存放，其贮存场所应当采取有效的防火、防盗、防射线泄漏的安全防护措施，并指定专人负责保管。贮存、领取、使用、归还放射性同位素时，应当进行登记、检查，做到账物相符。

第三十二条 生产、使用放射性同位素和射线装置的单位，应当按照国务院环境保护行政主管部门的规定对其产生的放射性废物进行收集、包装、贮存。

生产放射源的单位，应当按照国务院环境保护行政主管部门的规定回收和利用废旧放射源；使用放射源的单位，应当按照国务院环境保护行政主管部门的规定将废旧放射源交回生产放射源的单位或者送交专门从事放射性固体废物贮存、处置的单位。

第三十三条 生产、销售、使用、贮存放射源的单位，应当建立健全安全保卫制度，指定专人负责，落实安全责任制，制定必要的事故应急措施。发生放射源丢失、被盗和放射性污染事故时，有关单位和个人必须立即采取应急措施，并向公安部门、卫生行政部门和环境保护行政主管部门报告。

公安部门、卫生行政部门和环境保护行政主管部门接到放射源丢失、被盗和放射性污染事故报告后，应当报告本级人民政府，并按照各自的职责立即组织采取有效措施，防止放射性污染蔓延，减少事故损失。当地人民政府应当及时将有关情况告知公众，并做好事故的调查、处理工作。

第五章　铀（钍）矿和伴生放射性矿开发利用的放射性污染防治

第三十四条 开发利用或者关闭铀（钍）矿的单位，应当在申请领取采矿许可证或者办理退役审批手续前编制环境影响报告书，报国务院环境保护行政主管部门审查批准。

开发利用伴生放射性矿的单位，应当在申请领取采矿许可证前编制环境影响报告书，报省级以上人民政府环境保护行政主管部门审查批准。

第三十五条 与铀（钍）矿和伴生放射性矿开发利用建设项目相配套的放射性污染防治设施，应当与主体工程同时设计、同时施工、同时投入使用。

放射性污染防治设施应当与主体工程同时验收；验收合格的，主体工程方可投入生产或者使用。

第三十六条 铀（钍）矿开发利用单位应当对铀（钍）矿的流出物和周围的环境实施监测，并定期向国务院环境保护行政主管部门和所在地省、自治区、直辖市人民政府环境保护行政主管部门报告监测结果。

第三十七条 对铀（钍）矿和伴生放射性矿开发利用过程中产生的尾矿，应当建造尾矿库进行贮存、处置；建造的尾矿库应当符合放射性污染防治的要求。

第三十八条 铀（钍）矿开发利用单位应当制定铀（钍）矿退役计划。铀矿退役费用由国家财政预算安排。

第六章　放射性废物管理

第三十九条 核设施营运单位、核技术利用单位、铀（钍）矿和伴生放射性矿开发利用单位，应当合理选择和利用原材料，采用先进的生产工艺和设备，尽量减少放射性废物的产生量。

第四十条 向环境排放放射性废气、废液，必须符合国家放射性污染防治标准。

第四十一条 产生放射性废气、废液的单位向环境排放符合国家放射性污染防治标准的放射性废气、废液，应当向审批环境影响评价文件的环境保护行政主管部门申请放射性核素排放量，并定期报告排放计量结果。

第四十二条 产生放射性废液的单位，必须按照国家放射性污染防治标准的要求，对不得向环境排放的放射性废液进行处理或者贮存。

产生放射性废液的单位，向环境排放符合国家放射性污染防治标准的放射性废液，必须采用符合国务院环境保护行政主管部门规定的排放方式。

禁止利用渗井、渗坑、天然裂隙、溶洞或者国家禁止的其他方式排放放射性废液。

第四十三条 低、中水平放射性固体废物在符合国家规定的区域实行近地表处置。

高水平放射性固体废物实行集中的深地质处置。

α放射性固体废物依照前款规定处置。

禁止在内河水域和海洋上处置放射性固体废物。

第四十四条 国务院核设施主管部门会同国务院环境保护行政主管部门根据地质条件和放射性固体废物处置的需要，在环境影响评价的基础上编制放射性固体废物处置场所选址规划，报国务院批准后实施。

有关地方人民政府应当根据放射性固体废物处置场所选址规划，提供放射性固体废物处置场所的建设用地，并采取有效措施支持放射性固体废物的处置。

第四十五条 产生放射性固体废物的单位，应当按照国务院环境保护行政主管部门的规定，对其产生的放射性固体废物进行处理后，送交放射性固体废物处置单位处置，并承担处置费用。

放射性固体废物处置费用收取和使用管理办法，由国务院财政部门、价格主管部门会同国务院环境保护行政主管部门规定。

第四十六条 设立专门从事放射性固体废物贮存、处置的单位，必须经国务院环境保护行政主管部门审查批准，取得许可证。具体办法由国务院规定。

禁止未经许可或者不按照许可的有关规定从事贮存和处置放射性固体废物的活动。

禁止将放射性固体废物提供或者委托给无许可证的单位贮存和处置。

第四十七条 禁止将放射性废物和被放射性污染的物品输入中华人民共和国境内或者经中华人民共和国境内转移。

第七章 法律责任

第四十八条 放射性污染防治监督管理人员违反法律规定，利用职务上的便利收受他人财物、谋取其他利益，或者玩忽职守，有下列行为之一的，依法给予行政处分；构成犯罪的，依法追究刑事责任：

（一）对不符合法定条件的单位颁发许可证和办理批准文件的；

（二）不依法履行监督管理职责的；

（三）发现违法行为不予查处的。

第四十九条 违反本法规定，有下列行为之一的，由县级以上人民政府环境保护行政主管部门或者其他有关部门依据职权责令限期改正，可以处二万元以下罚款：

（一）不按照规定报告有关环境监测结果的；

（二）拒绝环境保护行政主管部门和其他有关部门进行现场检查，或者被检查时不如实反映情况和提供必要资料的。

第五十条 违反本法规定，未编制环境影响评价文件，或者环境影响评价文件未经环境保护行政主管部门批准，擅自进行建造、运行、生产和使用等活动的，由审批环境影响评价文件的环境保护行政主管部门责令停止违法行为，限期补办手续或者恢复原状，并处一万元以上二十万元以下罚款。

第五十一条 违反本法规定，未建造放射性污染防治设施、放射防护设施，或者防治防护设施未经验收合格，主体工程即投入生产或者使用的，由审批环境影响评价文件的环境保护行政主管部门责令停止违法行为，限期改正，并处五万元以上二十万元以下罚款。

第五十二条 违反本法规定，未经许可或者批准，核设施营运单位擅自进行核设施的建造、装料、运行、退役等活动的，由国务院环境保护行政主管部门责令停止违法行为，限期改正，并处二十万元以上五十万元以下罚款；构成犯罪的，依法追究刑事责任。

第五十三条 违反本法规定，生产、销售、使用、转让、进口、贮存放射性同位素和射线装置以及装备有放射性同位素的仪表的，由县级以上人民政府环境保护行政主管部门或者其他有关部门依据职权责令停止违法行为，限期改正；逾期不改正的，责令停产停业或者吊销许可证；有违法所得的，没收违法所得；违法所得十万元以上的，并处违法所得一倍以上五倍以下罚款；没有违法所得或者违法所得不足十万元的，并处一万元以上十万元以下罚款；构成犯罪的，依法追究刑事责任。

第五十四条 违反本法规定，有下列行为之一的，由县级以上人民政府环境保护行政主管部门责令停止违法行为，限期改正，处以罚款；构成犯罪的，依法追究刑事责任：

（一）未建造尾矿库或者不按照放射性污染防治的要求建造尾矿库，贮存、处置铀（钍）矿和伴生放射性矿的尾矿的；

（二）向环境排放不得排放的放射性废气、废液的；

（三）不按照规定的方式排放放射性废液，利用渗井、渗坑、天然裂隙、溶洞或者国家禁止的其他方式排放放射性废液的；

（四）不按照规定处理或者贮存不得向环境排放的放射性废液的；

（五）将放射性固体废物提供或者委托给无许可证的单位贮存和处置的。

有前款第（一）项、第（二）项、第（三）项、第（五）项行为之一的，处十万元以上二十万元以下罚款；有前款第（四）项行为的，处一万元以上十万元以下罚款。

第五十五条 违反本法规定，有下列行为之一的，由县级以上人民政府环境保护行政主管部门或者其他有关部门依据职权责令限期改正；逾期不改正的，责令停产停业，并处二万元以上十万元以下罚款；构成犯罪的，依法追究刑事责任：

（一）不按照规定设置放射性标识、标志、中文警示说明的；

（二）不按照规定建立健全安全保卫制度和制定事故应急计划或者应急措施的；

（三）不按照规定报告放射源丢失、被盗情况或者放射性污染事故的。

第五十六条 产生放射性固体废物的单位，不按照本法第四十五条的规定对其产生的放射性固体废物进行处置的，由审批该单位立项环境影响评价文件的环境保护行政主管部门责令停止违法行为，限期改正；逾期不改正的，指定有处置能力的单位代为处置，所需费用由产生放射性固体废物的单位承担，可以并处二十万元以下罚款；构成犯罪的，依法追究刑事责任。

第五十七条 违反本法规定，有下列行为之一的，由省级以上人民政府环境保护行政主管部门责令停产停业或者吊销许可证；有违法所得的，没收违法所得；违法所得十万元以上的，并处违法所得一倍以上五倍以下罚款；没有违法所得或者违法所得不足十万元的，并处五万元以上十万元以下罚款；构成犯罪的，依法追究刑事责任：

（一）未经许可，擅自从事贮存和处置放射性固体废物活动的；

（二）不按照许可的有关规定从事贮存和处置放射性固体废物活动的。

第五十八条 向中华人民共和国境内输入放射性废物和被放射性污染的物品，或者经中华人民共和国境内转移放射性废物和被放射性污染的物品的，由海关责令退运该放射性废物和被放射性污染的物品，并处五十万元以上一百万元以下罚款；构成犯罪的，依法追究刑事责任。

第五十九条　因放射性污染造成他人损害的，应当依法承担民事责任。

第八章　附　　则

第六十条　军用设施、装备的放射性污染防治，由国务院和军队的有关主管部门依照本法规定的原则和国务院、中央军事委员会规定的职责实施监督管理。

第六十一条　劳动者在职业活动中接触放射性物质造成的职业病的防治，依照《中华人民共和国职业病防治法》的规定执行。

第六十二条　本法中下列用语的含义：

（一）放射性污染，是指由于人类活动造成物料、人体、场所、环境介质表面或者内部出现超过国家标准的放射性物质或者射线。

（二）核设施，是指核动力厂（核电厂、核热电厂、核供汽供热厂等）和其他反应堆（研究堆、实验堆、临界装置等）；核燃料生产、加工、贮存和后处理设施；放射性废物的处理和处置设施等。

（三）核技术利用，是指密封放射源、非密封放射源和射线装置在医疗、工业、农业、地质调查、科学研究和教学等领域中的使用。

（四）放射性同位素，是指某种发生放射性衰变的元素中具有相同原子序数但质量不同的核素。

（五）放射源，是指除研究堆和动力堆核燃料循环范畴的材料以外，永久密封在容器中或者有严密包层并呈固态的放射性材料。

（六）射线装置，是指X线机、加速器、中子发生器以及含放射源的装置。

（七）伴生放射性矿，是指含有较高水平天然放射性核素浓度的非铀矿（如稀土矿和磷酸盐矿等）。

（八）放射性废物，是指含有放射性核素或者被放射性核素污染，其浓度或者比活度大于国家确定的清洁解控水平，预期不再使用的废弃物。

第六十三条　本法自2003年10月1日起施行。

放射性同位素与射线装置安全和防护条例

（2005年9月14日中华人民共和国国务院令第449号公布，根据2014年7月29日《国务院关于修改部分行政法规的决定》第一次修订，根据2019年3月2日《国务院关于修改部分行政法规的决定》第二次修订）

第一章　总　　则

第一条　为了加强对放射性同位素、射线装置安全和防护的监督管理，促进放射性同位素、射线装置的安全应用，保障人体健康，保护环境，制定本条例。

第二条　在中华人民共和国境内生产、销售、使用放射性同位素和射线装置，以及转让、进出口放射性同位素的，应当遵守本条例。

本条例所称放射性同位素包括放射源和非密封放射性物质。

第三条　国务院生态环境主管部门对全国放射性同位素、射线装置的安全和防护工作实施统一监督管理。

国务院公安、卫生等部门按照职责分工

和本条例的规定，对有关放射性同位素、射线装置的安全和防护工作实施监督管理。

县级以上地方人民政府生态环境主管部门和其他有关部门，按照职责分工和本条例的规定，对本行政区域内放射性同位素、射线装置的安全和防护工作实施监督管理。

第四条　国家对放射源和射线装置实行分类管理。根据放射源、射线装置对人体健康和环境的潜在危害程度，从高到低将放射源分为Ⅰ类、Ⅱ类、Ⅲ类、Ⅳ类、Ⅴ类，具体分类办法由国务院生态环境主管部门制定；将射线装置分为Ⅰ类、Ⅱ类、Ⅲ类，具体分类办法由国务院生态环境主管部门商国务院卫生主管部门制定。

第二章　许可和备案

第五条　生产、销售、使用放射性同位素和射线装置的单位，应当依照本章规定取得许可证。

第六条　除医疗使用Ⅰ类放射源、制备正电子发射计算机断层扫描用放射性药物自用的单位外，生产放射性同位素、销售和使用Ⅰ类放射源、销售和使用Ⅰ类射线装置的单位的许可证，由国务院生态环境主管部门审批颁发。

除国务院生态环境主管部门审批颁发的许可证外，其他单位的许可证，由省、自治区、直辖市人民政府生态环境主管部门审批颁发。

国务院生态环境主管部门向生产放射性同位素的单位颁发许可证前，应当将申请材料印送其行业主管部门征求意见。

生态环境主管部门应当将审批颁发许可证的情况通报同级公安部门、卫生主管部门。

第七条　生产、销售、使用放射性同位素和射线装置的单位申请领取许可证，应当具备下列条件：

（一）有与所从事的生产、销售、使用活动规模相适应的，具备相应专业知识和防护知识及健康条件的专业技术人员；

（二）有符合国家环境保护标准、职业卫生标准和安全防护要求的场所、设施和设备；

（三）有专门的安全和防护管理机构或者专职、兼职安全和防护管理人员，并配备必要的防护用品和监测仪器；

（四）有健全的安全和防护管理规章制度、辐射事故应急措施；

（五）产生放射性废气、废液、固体废物的，具有确保放射性废气、废液、固体废物达标排放的处理能力或者可行的处理方案。

第八条　生产、销售、使用放射性同位素和射线装置的单位，应当事先向有审批权的生态环境主管部门提出许可申请，并提交符合本条例第七条规定条件的证明材料。

使用放射性同位素和射线装置进行放射诊疗的医疗卫生机构，还应当获得放射源诊疗技术和医用辐射机构许可。

第九条　生态环境主管部门应当自受理申请之日起20个工作日内完成审查，符合条件的，颁发许可证，并予以公告；不符合条件的，书面通知申请单位并说明理由。

第十条　许可证包括下列主要内容：

（一）单位的名称、地址、法定代表人；

（二）所从事活动的种类和范围；

（三）有效期限；

（四）发证日期和证书编号。

第十一条　持证单位变更单位名称、地址、法定代表人的，应当自变更登记之日起20日内，向原发证机关申请办理许可证变更手续。

第十二条　有下列情形之一的，持证单位应当按照原申请程序，重新申请领取许可证：

（一）改变所从事活动的种类或者范围的；

（二）新建或者改建、扩建生产、销

售、使用设施或者场所的。

第十三条　许可证有效期为5年。有效期届满，需要延续的，持证单位应当于许可证有效期届满30日前，向原发证机关提出延续申请。原发证机关应当自受理延续申请之日起，在许可证有效期届满前完成审查，符合条件的，予以延续；不符合条件的，书面通知申请单位并说明理由。

第十四条　持证单位部分终止或者全部终止生产、销售、使用放射性同位素和射线装置活动的，应当向原发证机关提出部分变更或者注销许可证申请，由原发证机关核查合格后，予以变更或者注销许可证。

第十五条　禁止无许可证或者不按照许可证规定的种类和范围从事放射性同位素和射线装置的生产、销售、使用活动。

禁止伪造、变造、转让许可证。

第十六条　国务院对外贸易主管部门会同国务院生态环境主管部门、海关总署和生产放射性同位素的单位的行业主管部门制定并公布限制进出口放射性同位素目录和禁止进出口放射性同位素目录。

进口列入限制进出口目录的放射性同位素，应当在国务院生态环境主管部门审查批准后，由国务院对外贸易主管部门依据国家对外贸易的有关规定签发进口许可证。进口限制进出口目录和禁止进出口目录之外的放射性同位素，依据国家对外贸易的有关规定办理进口手续。

第十七条　申请进口列入限制进出口目录的放射性同位素，应当符合下列要求：

（一）进口单位已经取得与所从事活动相符的许可证；

（二）进口单位具有进口放射性同位素使用期满后的处理方案，其中，进口Ⅰ类、Ⅱ类、Ⅲ类放射源的，应当具有原出口方负责回收的承诺文件；

（三）进口的放射源应当有明确标号和必要说明文件，其中，Ⅰ类、Ⅱ类、Ⅲ类放射源的标号应当刻制在放射源本体或者密封包壳体上，Ⅳ类、Ⅴ类放射源的标号应当记录在相应说明文件中；

（四）将进口的放射性同位素销售给其他单位使用的，还应当具有与使用单位签订的书面协议以及使用单位取得的许可证复印件。

第十八条　进口列入限制进出口目录的放射性同位素的单位，应当向国务院生态环境主管部门提出进口申请，并提交符合本条例第十七条规定要求的证明材料。

国务院生态环境主管部门应当自受理申请之日起10个工作日内完成审查，符合条件的，予以批准；不符合条件的，书面通知申请单位并说明理由。

海关验凭放射性同位素进口许可证办理有关进口手续。进口放射性同位素的包装材料依法需要实施检疫的，依照国家有关检疫法律、法规的规定执行。

对进口的放射源，国务院生态环境主管部门还应当同时确定与其标号相对应的放射源编码。

第十九条　申请转让放射性同位素，应当符合下列要求：

（一）转出、转入单位持有与所从事活动相符的许可证；

（二）转入单位具有放射性同位素使用期满后的处理方案；

（三）转让双方已经签订书面转让协议。

第二十条　转让放射性同位素，由转入单位向其所在地省、自治区、直辖市人民政府生态环境主管部门提出申请，并提交符合本条例第十九条规定要求的证明材料。

省、自治区、直辖市人民政府生态环境主管部门应当自受理申请之日起15个工作日内完成审查，符合条件的，予以批准；不符合条件的，书面通知申请单位并说明理由。

第二十一条　放射性同位素的转出、转入单位应当在转让活动完成之日起20日内，分别向其所在地省、自治区、直辖市人民政府生态环境主管部门备案。

第二十二条 生产放射性同位素的单位，应当建立放射性同位素产品台账，并按照国务院生态环境主管部门制定的编码规则，对生产的放射源统一编码。放射性同位素产品台账和放射源编码清单应当报国务院生态环境主管部门备案。

生产的放射源应当有明确标号和必要说明文件。其中，Ⅰ类、Ⅱ类、Ⅲ类放射源的标号应当刻制在放射源本体或者密封包壳体上，Ⅳ类、Ⅴ类放射源的标号应当记录在相应说明文件中。

国务院生态环境主管部门负责建立放射性同位素备案信息管理系统，与有关部门实行信息共享。

未列入产品台账的放射性同位素和未编码的放射源，不得出厂和销售。

第二十三条 持有放射源的单位将废旧放射源交回生产单位、返回原出口方或者送交放射性废物集中贮存单位贮存的，应当在该活动完成之日起20日内向其所在地省、自治区、直辖市人民政府生态环境主管部门备案。

第二十四条 本条例施行前生产和进口的放射性同位素，由放射性同位素持有单位在本条例施行之日起6个月内，到其所在地省、自治区、直辖市人民政府生态环境主管部门办理备案手续，省、自治区、直辖市人民政府生态环境主管部门应当对放射源进行统一编码。

第二十五条 使用放射性同位素的单位需要将放射性同位素转移到外省、自治区、直辖市使用的，应当持许可证复印件向使用地省、自治区、直辖市人民政府生态环境主管部门备案，并接受当地生态环境主管部门的监督管理。

第二十六条 出口列入限制进出口目录的放射性同位素，应当提供进口方可以合法持有放射性同位素的证明材料，并由国务院生态环境主管部门依照有关法律和我国缔结或者参加的国际条约、协定的规定，办理有关手续。

出口放射性同位素应当遵守国家对外贸易的有关规定。

第三章　安全和防护

第二十七条 生产、销售、使用放射性同位素和射线装置的单位，应当对本单位的放射性同位素、射线装置的安全和防护工作负责，并依法对其造成的放射性危害承担责任。

生产放射性同位素的单位的行业主管部门，应当加强对生产单位安全和防护工作的管理，并定期对其执行法律、法规和国家标准的情况进行监督检查。

第二十八条 生产、销售、使用放射性同位素和射线装置的单位，应当对直接从事生产、销售、使用活动的工作人员进行安全和防护知识教育培训，并进行考核；考核不合格的，不得上岗。

辐射安全关键岗位应当由注册核安全工程师担任。辐射安全关键岗位名录由国务院生态环境主管部门商国务院有关部门制定并公布。

第二十九条 生产、销售、使用放射性同位素和射线装置的单位，应当严格按照国家关于个人剂量监测和健康管理的规定，对直接从事生产、销售、使用活动的工作人员进行个人剂量监测和职业健康检查，建立个人剂量档案和职业健康监护档案。

第三十条 生产、销售、使用放射性同位素和射线装置的单位，应当对本单位的放射性同位素、射线装置的安全和防护状况进行年度评估。发现安全隐患的，应当立即进行整改。

第三十一条 生产、销售、使用放射性同位素和射线装置的单位需要终止的，应当事先对本单位的放射性同位素和放射性废物进行清理登记，作出妥善处理，不得留有安全隐患。生产、销售、使用放射性同位素和射线装置的单位发生变更的，由变更后的单位承担处理责任。变更前当事人对此另有约定的，从其约定；但是，约定中不得免除当事人的处理义务。

在本条例施行前已经终止的生产、销售、使用放射性同位素和射线装置的单位，其未安全处理的废旧放射源和放射性废物，由所在地省、自治区、直辖市人民政府生态环境主管部门提出处理方案，及时进行处理。所需经费由省级以上人民政府承担。

第三十二条　生产、进口放射源的单位销售Ⅰ类、Ⅱ类、Ⅲ类放射源给其他单位使用的，应当与使用放射源的单位签订废旧放射源返回协议；使用放射源的单位应当按照废旧放射源返回协议规定将废旧放射源交回生产单位或者返回原出口方。确实无法交回生产单位或者返回原出口方的，送交有相应资质的放射性废物集中贮存单位贮存。

使用放射源的单位应当按照国务院生态环境主管部门的规定，将Ⅳ类、Ⅴ类废旧放射源进行包装整备后送交有相应资质的放射性废物集中贮存单位贮存。

第三十三条　使用Ⅰ类、Ⅱ类、Ⅲ类放射源的场所和生产放射性同位素的场所，以及终结运行后产生放射性污染的射线装置，应当依法实施退役。

第三十四条　生产、销售、使用、贮存放射性同位素和射线装置的场所，应当按照国家有关规定设置明显的放射性标志，其入口处应当按照国家有关安全和防护标准的要求，设置安全和防护设施以及必要的防护安全联锁、报警装置或者工作信号。射线装置的生产调试和使用场所，应当具有防止误操作、防止工作人员和公众受到意外照射的安全措施。

放射性同位素的包装容器、含放射性同位素的设备和射线装置，应当设置明显的放射性标识和中文警示说明；放射源上能够设置放射性标识的，应当一并设置。运输放射性同位素和含放射源的射线装置的工具，应当按照国家有关规定设置明显的放射性标志或者显示危险信号。

第三十五条　放射性同位素应当单独存放，不得与易燃、易爆、腐蚀性物品等一起存放，并指定专人负责保管。贮存、领取、使用、归还放射性同位素时，应当进行登记、检查，做到账物相符。对放射性同位素贮存场所应当采取防火、防水、防盗、防丢失、防破坏、防射线泄漏的安全措施。

对放射源还应当根据其潜在危害的大小，建立相应的多层防护和安全措施，并对可移动的放射源定期进行盘存，确保其处于指定位置，具有可靠的安全保障。

第三十六条　在室外、野外使用放射性同位素和射线装置的，应当按照国家安全和防护标准的要求划出安全防护区域，设置明显的放射性标志，必要时设专人警戒。

在野外进行放射性同位素示踪试验的，应当经省级以上人民政府生态环境主管部门商同级有关部门批准方可进行。

第三十七条　辐射防护器材、含放射性同位素的设备和射线装置，以及含有放射性物质的产品和伴有产生X射线的电器产品，应当符合辐射防护要求。不合格的产品不得出厂和销售。

第三十八条　使用放射性同位素和射线装置进行放射诊疗的医疗卫生机构，应当依据国务院卫生主管部门有关规定和国家标准，制定与本单位从事的诊疗项目相适应的质量保证方案，遵守质量保证监测规范，按照医疗照射正当化和辐射防护最优化的原则，避免一切不必要的照射，并事先告知患者和受检者辐射对健康的潜在影响。

第三十九条　金属冶炼厂回收冶炼废旧金属时，应当采取必要的监测措施，防止放射性物质熔入产品中。监测中发现问题的，应当及时通知所在地设区的市级以上人民政府生态环境主管部门。

第四章　辐射事故应急处理

第四十条　根据辐射事故的性质、严重程度、可控性和影响范围等因素，从重到轻将辐射事故分为特别重大辐射事故、重大辐射事故、较大辐射事故和一般辐射事故四个等级。

特别重大辐射事故，是指Ⅰ类、Ⅱ类放射源丢失、被盗、失控造成大范围严重辐射污染后果，或者放射性同位素和射线装置失控导致3人以上（含3人）急性死亡。

重大辐射事故，是指Ⅰ类、Ⅱ类放射源丢失、被盗、失控，或者放射性同位素和射线装置失控导致2人以下（含2人）急性死亡或者10人以上（含10人）急性重度放射病、局部器官残疾。

较大辐射事故，是指Ⅲ类放射源丢失、被盗、失控，或者放射性同位素和射线装置失控导致9人以下（含9人）急性重度放射病、局部器官残疾。

一般辐射事故，是指Ⅳ类、Ⅴ类放射源丢失、被盗、失控，或者放射性同位素和射线装置失控导致人员受到超过年剂量限值的照射。

第四十一条　县级以上人民政府生态环境主管部门应当会同同级公安、卫生、财政等部门编制辐射事故应急预案，报本级人民政府批准。辐射事故应急预案应当包括下列内容：

（一）应急机构和职责分工；

（二）应急人员的组织、培训以及应急和救助的装备、资金、物资准备；

（三）辐射事故分级与应急响应措施；

（四）辐射事故调查、报告和处理程序。

生产、销售、使用放射性同位素和射线装置的单位，应当根据可能发生的辐射事故的风险，制定本单位的应急方案，做好应急准备。

第四十二条　发生辐射事故时，生产、销售、使用放射性同位素和射线装置的单位应当立即启动本单位的应急方案，采取应急措施，并立即向当地生态环境主管部门、公安部门、卫生主管部门报告。

生态环境主管部门、公安部门、卫生主管部门接到辐射事故报告后，应当立即派人赶赴现场，进行现场调查，采取有效措施，控制并消除事故影响，同时将辐射事故信息报告本级人民政府和上级人民政府生态环境主管部门、公安部门、卫生主管部门。

县级以上地方人民政府及其有关部门接到辐射事故报告后，应当按照事故分级报告的规定及时将辐射事故信息报告上级人民政府及其有关部门。发生特别重大辐射事故和重大辐射事故后，事故发生地省、自治区、直辖市人民政府和国务院有关部门应当在4小时内报告国务院；特殊情况下，事故发生地人民政府及其有关部门可以直接向国务院报告，并同时报告上级人民政府及其有关部门。

禁止缓报、瞒报、谎报或者漏报辐射事故。

第四十三条　在发生辐射事故或者有证据证明辐射事故可能发生时，县级以上人民政府生态环境主管部门有权采取下列临时控制措施：

（一）责令停止导致或者可能导致辐射事故的作业；

（二）组织控制事故现场。

第四十四条　辐射事故发生后，有关县级以上人民政府应当按照辐射事故的等级，启动并组织实施相应的应急预案。

县级以上人民政府生态环境主管部门、公安部门、卫生主管部门，按照职责分工做好相应的辐射事故应急工作：

（一）生态环境主管部门负责辐射事故的应急响应、调查处理和定性定级工作，协助公安部门监控追缴丢失、被盗的放射源；

（二）公安部门负责丢失、被盗放射源的立案侦查和追缴；

（三）卫生主管部门负责辐射事故的医疗应急。

生态环境主管部门、公安部门、卫生主管部门应当及时相互通报辐射事故应急响应、调查处理、定性定级、立案侦查和医疗应急情况。国务院指定的部门根据生态环境主管部门确定的辐射事故的性质和级别，负责有关国际信息通报工作。

第四十五条　发生辐射事故的单位应当立即将可能受到辐射伤害的人员送至当地卫生主管部门指定的医院或者有条件救治辐射损伤病人的医院，进行检查和治疗，或者请求医院立即派人赶赴事故现场，采取救治措施。

第五章　监督检查

第四十六条　县级以上人民政府生态环境主管部门和其他有关部门应当按照各自职责对生产、销售、使用放射性同位素和射线装置的单位进行监督检查。

被检查单位应当予以配合，如实反映情况，提供必要的资料，不得拒绝和阻碍。

第四十七条　县级以上人民政府生态环境主管部门应当配备辐射防护安全监督员。辐射防护安全监督员由从事辐射防护工作，具有辐射防护安全知识并经省级以上人民政府生态环境主管部门认可的专业人员担任。辐射防护安全监督员应当定期接受专业知识培训和考核。

第四十八条　县级以上人民政府生态环境主管部门在监督检查中发现生产、销售、使用放射性同位素和射线装置的单位有不符合原发证条件的情形的，应当责令其限期整改。

监督检查人员依法进行监督检查时，应当出示证件，并为被检查单位保守技术秘密和业务秘密。

第四十九条　任何单位和个人对违反本条例的行为，有权向生态环境主管部门和其他有关部门检举；对生态环境主管部门和其他有关部门未依法履行监督管理职责的行为，有权向本级人民政府、上级人民政府有关部门检举。接到举报的有关人民政府、生态环境主管部门和其他有关部门对有关举报应当及时核实、处理。

第六章　法律责任

第五十条　违反本条例规定，县级以上人民政府生态环境主管部门有下列行为之一的，对直接负责的主管人员和其他直接责任人员，依法给予行政处分；构成犯罪的，依法追究刑事责任：

（一）向不符合本条例规定条件的单位颁发许可证或者批准不符合本条例规定条件的单位进口、转让放射性同位素的；

（二）发现未依法取得许可证的单位擅自生产、销售、使用放射性同位素和射线装置，不予查处或者接到举报后不依法处理的；

（三）发现未经依法批准擅自进口、转让放射性同位素，不予查处或者接到举报后不依法处理的；

（四）对依法取得许可证的单位不履行监督管理职责或者发现违反本条例规定的行为不予查处的；

（五）在放射性同位素、射线装置安全和防护监督管理工作中有其他渎职行为的。

第五十一条　违反本条例规定，县级以上人民政府生态环境主管部门和其他有关部门有下列行为之一的，对直接负责的主管人员和其他直接责任人员，依法给予行政处分；构成犯罪的，依法追究刑事责任：

（一）缓报、瞒报、谎报或者漏报辐射事故的；

（二）未按照规定编制辐射事故应急预案或者不依法履行辐射事故应急职责的。

第五十二条　违反本条例规定，生产、销售、使用放射性同位素和射线装置的单位有下列行为之一的，由县级以上人民政府生态环境主管部门责令停止违法行为，限期改正；逾期不改正的，责令停产停业或者由原发证机关吊销许可证；有违法所得的，没收违法所得；违法所得 10 万元以上的，并处违法所得 1 倍以上 5 倍以下的罚款；没有违法所得或者违法所得不足 10 万元的，并处 1 万元以上 10 万元以下的罚款：

（一）无许可证从事放射性同位素和射线装置生产、销售、使用活动的；

（二）未按照许可证的规定从事放射性同位素和射线装置生产、销售、使用活动的；

（三）改变所从事活动的种类或者范围以及新建、改建或者扩建生产、销售、使用设施或者场所，未按照规定重新申请领取许可证的；

（四）许可证有效期届满，需要延续而未按照规定办理延续手续的；

（五）未经批准，擅自进口或者转让放射性同位素的。

第五十三条　违反本条例规定，生产、销售、使用放射性同位素和射线装置的单位变更单位名称、地址、法定代表人，未依法办理许可证变更手续的，由县级以上人民政府生态环境主管部门责令限期改正，给予警告；逾期不改正的，由原发证机关暂扣或者吊销许可证。

第五十四条　违反本条例规定，生产、销售、使用放射性同位素和射线装置的单位部分终止或者全部终止生产、销售、使用活动，未按照规定办理许可证变更或者注销手续的，由县级以上人民政府生态环境主管部门责令停止违法行为，限期改正；逾期不改正的，处 1 万元以上 10 万元以下的罚款；造成辐射事故，构成犯罪的，依法追究刑事责任。

第五十五条　违反本条例规定，伪造、变造、转让许可证的，由县级以上人民政府生态环境主管部门收缴伪造、变造的许可证或者由原发证机关吊销许可证，并处 5 万元以上 10 万元以下的罚款；构成犯罪的，依法追究刑事责任。

违反本条例规定，伪造、变造、转让放射性同位素进口和转让批准文件的，由县级以上人民政府生态环境主管部门收缴伪造、变造的批准文件或者由原批准机关撤销批准文件，并处 5 万元以上 10 万元以下的罚款；情节严重的，可以由原发证机关吊销许可证；构成犯罪的，依法追究刑事责任。

第五十六条　违反本条例规定，生产、销售、使用放射性同位素的单位有下列行为之一的，由县级以上人民政府生态环境主管部门责令限期改正，给予警告；逾期不改正的，由原发证机关暂扣或者吊销许可证：

（一）转入、转出放射性同位素未按照规定备案的；

（二）将放射性同位素转移到外省、自治区、直辖市使用，未按照规定备案的；

（三）将废旧放射源交回生产单位、返回原出口方或者送交放射性废物集中贮存单位贮存，未按照规定备案的。

第五十七条　违反本条例规定，生产、销售、使用放射性同位素和射线装置的单位有下列行为之一的，由县级以上人民政府生态环境主管部门责令停止违法行为，限期改正；逾期不改正的，处 1 万元以上 10 万元以下的罚款：

（一）在室外、野外使用放射性同位素和射线装置，未按照国家有关安全和防护标准的要求划出安全防护区域和设置明显的放射性标志的；

（二）未经批准擅自在野外进行放射性同位素示踪试验的。

第五十八条　违反本条例规定，生产放射性同位素的单位有下列行为之一的，由县级以上人民政府生态环境主管部门责令限期改正，给予警告；逾期不改正的，依法收缴其未备案的放射性同位素和未编码的放射源，处 5 万元以上 10 万元以下的罚款，并可以由原发证机关暂扣或者吊销许可证：

（一）未建立放射性同位素产品台账的；

（二）未按照国务院生态环境主管部门

制定的编码规则，对生产的放射源进行统一编码的；

（三）未将放射性同位素产品台账和放射源编码清单报国务院生态环境主管部门备案的；

（四）出厂或者销售未列入产品台账的放射性同位素和未编码的放射源的。

第五十九条　违反本条例规定，生产、销售、使用放射性同位素和射线装置的单位有下列行为之一的，由县级以上人民政府生态环境主管部门责令停止违法行为，限期改正；逾期不改正的，由原发证机关指定有处理能力的单位代为处理或者实施退役，费用由生产、销售、使用放射性同位素和射线装置的单位承担，并处1万元以上10万元以下的罚款：

（一）未按照规定对废旧放射源进行处理的；

（二）未按照规定对使用Ⅰ类、Ⅱ类、Ⅲ类放射源的场所和生产放射性同位素的场所，以及终结运行后产生放射性污染的射线装置实施退役的。

第六十条　违反本条例规定，生产、销售、使用放射性同位素和射线装置的单位有下列行为之一的，由县级以上人民政府生态环境主管部门责令停止违法行为，限期改正；逾期不改正的，责令停产停业，并处2万元以上20万元以下的罚款；构成犯罪的，依法追究刑事责任：

（一）未按照规定对本单位的放射性同位素、射线装置安全和防护状况进行评估或者发现安全隐患不及时整改的；

（二）生产、销售、使用、贮存放射性同位素和射线装置的场所未按照规定设置安全和防护设施以及放射性标志的。

第六十一条　违反本条例规定，造成辐射事故的，由原发证机关责令限期改正，并处5万元以上20万元以下的罚款；情节严重的，由原发证机关吊销许可证；构成违反治安管理行为的，由公安机关依法予以治安处罚；构成犯罪的，依法追究刑事责任。

因辐射事故造成他人损害的，依法承担民事责任。

第六十二条　生产、销售、使用放射性同位素和射线装置的单位被责令限期整改，逾期不整改或者经整改仍不符合原发证条件的，由原发证机关暂扣或者吊销许可证。

第六十三条　违反本条例规定，被依法吊销许可证的单位或者伪造、变造许可证的单位，5年内不得申请领取许可证。

第六十四条　县级以上地方人民政府生态环境主管部门的行政处罚权限的划分，由省、自治区、直辖市人民政府确定。

第七章　附　　则

第六十五条　军用放射性同位素、射线装置安全和防护的监督管理，依照《中华人民共和国放射性污染防治法》第六十条的规定执行。

第六十六条　劳动者在职业活动中接触放射性同位素和射线装置造成的职业病的防治，依照《中华人民共和国职业病防治法》和国务院有关规定执行。

第六十七条　放射性同位素的运输，放射性同位素和射线装置生产、销售、使用过程中产生的放射性废物的处置，依照国务院有关规定执行。

第六十八条　本条例中下列用语的含义：

放射性同位素，是指某种发生放射性衰变的元素中具有相同原子序数但质量不同的核素。

放射源，是指除研究堆和动力堆核燃料循环范畴的材料以外，永久密封在容器中或者有严密包层并呈固态的放射性材料。

射线装置，是指X线机、加速器、中子发生器以及含放射源的装置。

非密封放射性物质，是指非永久密封在包壳里或者紧密地固结在覆盖层里的放射性物质。

转让，是指除进出口、回收活动之外，

放射性同位素所有权或者使用权在不同持有者之间的转移。

伴有产生X射线的电器产品，是指不以产生X射线为目的，但在生产或者使用过程中产生X射线的电器产品。

辐射事故，是指放射源丢失、被盗、失控，或者放射性同位素和射线装置失控导致人员受到意外的异常照射。

第六十九条　本条例自2005年12月1日起施行。1989年10月24日国务院发布的《放射性同位素与射线装置放射防护条例》同时废止。

放射性物品运输安全管理条例

（2009年9月7日国务院第80次常务会议通过，2009年9月14日公布，自2010年1月1日起施行）

第一章　总　　则

第一条　为了加强对放射性物品运输的安全管理，保障人体健康，保护环境，促进核能、核技术的开发与和平利用，根据《中华人民共和国放射性污染防治法》，制定本条例。

第二条　放射性物品的运输和放射性物品运输容器的设计、制造等活动，适用本条例。

本条例所称放射性物品，是指含有放射性核素，并且其活度和比活度均高于国家规定的豁免值的物品。

第三条　根据放射性物品的特性及其对人体健康和环境的潜在危害程度，将放射性物品分为一类、二类和三类。

一类放射性物品，是指Ⅰ类放射源、高水平放射性废物、乏燃料等释放到环境后对人体健康和环境产生重大辐射影响的放射性物品。

二类放射性物品，是指Ⅱ类和Ⅲ类放射源、中等水平放射性废物等释放到环境后对人体健康和环境产生一般辐射影响的放射性物品。

三类放射性物品，是指Ⅳ类和Ⅴ类放射源、低水平放射性废物、放射性药品等释放到环境后对人体健康和环境产生较小辐射影响的放射性物品。

放射性物品的具体分类和名录，由国务院核安全监管部门会同国务院公安、卫生、海关、交通运输、铁路、民航、核工业行业主管部门制定。

第四条　国务院核安全监管部门对放射性物品运输的核与辐射安全实施监督管理。

国务院公安、交通运输、铁路、民航等有关主管部门依照本条例规定和各自的职责，负责放射性物品运输安全的有关监督管理工作。

县级以上地方人民政府环境保护主管部门和公安、交通运输等有关主管部门，依照本条例规定和各自的职责，负责本行政区域放射性物品运输安全的有关监督管理工作。

第五条　运输放射性物品，应当使用专用的放射性物品运输包装容器（以下简称运输容器）。

放射性物品的运输和放射性物品运输容器的设计、制造，应当符合国家放射性物品运输安全标准。

国家放射性物品运输安全标准，由国务院核安全监管部门制定，由国务院核安全监管部门和国务院标准化主管部门联合发布。国务院核安全监管部门制定国家放射性物品运输安全标准，应当征求国务院公安、卫生、交通运输、铁路、民航、核工业行业主管部门的意见。

第六条　放射性物品运输容器的设计、制造单位应当建立健全责任制度，加强质量管理，并对所从事的放射性物品运输容器的设计、制造活动负责。

放射性物品的托运人（以下简称托运人）应当制定核与辐射事故应急方案，在放射性物品运输中采取有效的辐射防护和安全保卫措施，并对放射性物品运输中的核与辐射安全负责。

第七条　任何单位和个人对违反本条例规定的行为，有权向国务院核安全监管部门或者其他依法履行放射性物品运输安全监督管理职责的部门举报。

接到举报的部门应当依法调查处理，并为举报人保密。

第二章　放射性物品运输容器的设计

第八条　放射性物品运输容器设计单位应当建立健全和有效实施质量保证体系，按照国家放射性物品运输安全标准进行设计，并通过试验验证或者分析论证等方式，对设计的放射性物品运输容器的安全性能进行评价。

第九条　放射性物品运输容器设计单位应当建立健全档案制度，按照质量保证体系的要求，如实记录放射性物品运输容器的设计和安全性能评价过程。

进行一类放射性物品运输容器设计，应当编制设计安全评价报告书；进行二类放射性物品运输容器设计，应当编制设计安全评价报告表。

第十条　一类放射性物品运输容器的设计，应当在首次用于制造前报国务院核安全监管部门审查批准。

申请批准一类放射性物品运输容器的设计，设计单位应当向国务院核安全监管部门提出书面申请，并提交下列材料：

（一）设计总图及其设计说明书；

（二）设计安全评价报告书；

（三）质量保证大纲。

第十一条　国务院核安全监管部门应当自受理申请之日起45个工作日内完成审查，对符合国家放射性物品运输安全标准的，颁发一类放射性物品运输容器设计批准书，并公告批准文号；对不符合国家放射性物品运输安全标准的，书面通知申请单位并说明理由。

第十二条　设计单位修改已批准的一类放射性物品运输容器设计中有关安全内容的，应当按照原申请程序向国务院核安全监管部门重新申请领取一类放射性物品运输容器设计批准书。

第十三条　二类放射性物品运输容器的设计，设计单位应当在首次用于制造前，将设计总图及其设计说明书、设计安全评价报告表报国务院核安全监管部门备案。

第十四条　三类放射性物品运输容器的设计，设计单位应当编制设计符合国家放射性物品运输安全标准的证明文件并存档备查。

第三章　放射性物品运输容器的制造与使用

第十五条　放射性物品运输容器制造单位，应当按照设计要求和国家放射性物品运输安全标准，对制造的放射性物品运输容器进行质量检验，编制质量检验报告。

未经质量检验或者经检验不合格的放射性物品运输容器，不得交付使用。

第十六条　从事一类放射性物品运输容器制造活动的单位，应当具备下列条件：

（一）有与所从事的制造活动相适应的专业技术人员；

（二）有与所从事的制造活动相适应的生产条件和检测手段；

（三）有健全的管理制度和完善的质量保证体系。

第十七条　从事一类放射性物品运输容器制造活动的单位，应当申请领取一类放射性物品运输容器制造许可证（以下简称制造许可证）。

申请领取制造许可证的单位，应当向国务院核安全监管部门提出书面申请，并提交其符合本条例第十六条规定条件的证明材料和申请制造的运输容器型号。

禁止无制造许可证或者超出制造许可证规定的范围从事一类放射性物品运输容器的制造活动。

第十八条 国务院核安全监管部门应当自受理申请之日起45个工作日内完成审查，对符合条件的，颁发制造许可证，并予以公告；对不符合条件的，书面通知申请单位并说明理由。

第十九条 制造许可证应当载明下列内容：

（一）制造单位名称、住所和法定代表人；

（二）许可制造的运输容器的型号；

（三）有效期限；

（四）发证机关、发证日期和证书编号。

第二十条 一类放射性物品运输容器制造单位变更单位名称、住所或者法定代表人的，应当自工商变更登记之日起20日内，向国务院核安全监管部门办理制造许可证变更手续。

一类放射性物品运输容器制造单位变更制造的运输容器型号的，应当按照原申请程序向国务院核安全监管部门重新申请领取制造许可证。

第二十一条 制造许可证有效期为5年。

制造许可证有效期届满，需要延续的，一类放射性物品运输容器制造单位应当于制造许可证有效期届满6个月前，向国务院核安全监管部门提出延续申请。

国务院核安全监管部门应当在制造许可证有效期届满前作出是否准予延续的决定。

第二十二条 从事二类放射性物品运输容器制造活动的单位，应当在首次制造活动开始30日前，将其具备与所从事的制造活动相适应的专业技术人员、生产条件、检测手段，以及具有健全的管理制度和完善的质量保证体系的证明材料，报国务院核安全监管部门备案。

第二十三条 一类、二类放射性物品运输容器制造单位，应当按照国务院核安全监管部门制定的编码规则，对其制造的一类、二类放射性物品运输容器统一编码，并于每年1月31日前将上一年度的运输容器编码清单报国务院核安全监管部门备案。

第二十四条 从事三类放射性物品运输容器制造活动的单位，应当于每年1月31日前将上一年度制造的运输容器的型号和数量报国务院核安全监管部门备案。

第二十五条 放射性物品运输容器使用单位应当对其使用的放射性物品运输容器定期进行保养和维护，并建立保养和维护档案；放射性物品运输容器达到设计使用年限，或者发现放射性物品运输容器存在安全隐患的，应当停止使用，进行处理。

一类放射性物品运输容器使用单位还应当对其使用的一类放射性物品运输容器每两年进行一次安全性能评价，并将评价结果报国务院核安全监管部门备案。

第二十六条 使用境外单位制造的一类放射性物品运输容器的，应当在首次使用前报国务院核安全监管部门审查批准。

申请使用境外单位制造的一类放射性物品运输容器的单位，应当向国务院核安全监管部门提出书面申请，并提交下列材料：

（一）设计单位所在国核安全监管部门颁发的设计批准文件的复印件；

（二）设计安全评价报告书；

（三）制造单位相关业绩的证明材料；

（四）质量合格证明；

（五）符合中华人民共和国法律、行政法规规定，以及国家放射性物品运输安全标准或者经国务院核安全监管部门认可的标准的说明材料。

国务院核安全监管部门应当自受理申请之日起45个工作日内完成审查，对符合国家放射性物品运输安全标准的，颁发使用批准书；对不符合国家放射性物品运输安全标准的，书面通知申请单位并说明理由。

第二十七条　使用境外单位制造的二类放射性物品运输容器的，应当在首次使用前将运输容器质量合格证明和符合中华人民共和国法律、行政法规规定，以及国家放射性物品运输安全标准或者经国务院核安全监管部门认可的标准的说明材料，报国务院核安全监管部门备案。

第二十八条　国务院核安全监管部门办理使用境外单位制造的一类、二类放射性物品运输容器审查批准和备案手续，应当同时为运输容器确定编码。

第四章　放射性物品的运输

第二十九条　托运放射性物品的，托运人应当持有生产、销售、使用或者处置放射性物品的有效证明，使用与所托运的放射性物品类别相适应的运输容器进行包装，配备必要的辐射监测设备、防护用品和防盗、防破坏设备，并编制运输说明书、核与辐射事故应急响应指南、装卸作业方法、安全防护指南。

运输说明书应当包括放射性物品的品名、数量、物理化学形态、危害风险等内容。

第三十条　托运一类放射性物品的，托运人应当委托有资质的辐射监测机构对其表面污染和辐射水平实施监测，辐射监测机构应当出具辐射监测报告。

托运二类、三类放射性物品的，托运人应当对其表面污染和辐射水平实施监测，并编制辐射监测报告。

监测结果不符合国家放射性物品运输安全标准的，不得托运。

第三十一条　承运放射性物品应当取得国家规定的运输资质。承运人的资质管理，依照有关法律、行政法规和国务院交通运输、铁路、民航、邮政主管部门的规定执行。

第三十二条　托运人和承运人应当对直接从事放射性物品运输的工作人员进行运输安全和应急响应知识的培训，并进行考核；考核不合格的，不得从事相关工作。

托运人和承运人应当按照国家放射性物品运输安全标准和国家有关规定，在放射性物品运输容器和运输工具上设置警示标志。

国家利用卫星定位系统对一类、二类放射性物品运输工具的运输过程实行在线监控。具体办法由国务院核安全监管部门会同国务院有关部门制定。

第三十三条　托运人和承运人应当按照国家职业病防治的有关规定，对直接从事放射性物品运输的工作人员进行个人剂量监测，建立个人剂量档案和职业健康监护档案。

第三十四条　托运人应当向承运人提交运输说明书、辐射监测报告、核与辐射事故应急响应指南、装卸作业方法、安全防护指南，承运人应当查验、收存。托运人提交文件不齐全的，承运人不得承运。

第三十五条　托运一类放射性物品的，托运人应当编制放射性物品运输的核与辐射安全分析报告书，报国务院核安全监管部门审查批准。

放射性物品运输的核与辐射安全分析报告书应当包括放射性物品的品名、数量、运输容器型号、运输方式、辐射防护措施、应急措施等内容。

国务院核安全监管部门应当自受理申请之日起45个工作日内完成审查，对符合国家放射性物品运输安全标准的，颁发核与辐射安全分析报告批准书；对不符合国家放射性物品运输安全标准的，书面通知申请单位并说明理由。

第三十六条　放射性物品运输的核与辐

射安全分析报告批准书应当载明下列主要内容：

（一）托运人的名称、地址、法定代表人；

（二）运输放射性物品的品名、数量；

（三）运输放射性物品的运输容器型号和运输方式；

（四）批准日期和有效期限。

第三十七条 一类放射性物品启运前，托运人应当将放射性物品运输的核与辐射安全分析报告批准书、辐射监测报告，报启运地的省、自治区、直辖市人民政府环境保护主管部门备案。

收到备案材料的环境保护主管部门应当及时将有关情况通报放射性物品运输的途经地和抵达地的省、自治区、直辖市人民政府环境保护主管部门。

第三十八条 通过道路运输放射性物品的，应当经公安机关批准，按照指定的时间、路线、速度行驶，并悬挂警示标志，配备押运人员，使放射性物品处于押运人员的监管之下。

通过道路运输核反应堆乏燃料的，托运人应当报国务院公安部门批准。通过道路运输其他放射性物品的，托运人应当报启运地县级以上人民政府公安机关批准。具体办法由国务院公安部门商国务院核安全监管部门制定。

第三十九条 通过水路运输放射性物品的，按照水路危险货物运输的法律、行政法规和规章的有关规定执行。

通过铁路、航空运输放射性物品的，按照国务院铁路、民航主管部门的有关规定执行。

禁止邮寄一类、二类放射性物品。邮寄三类放射性物品的，按照国务院邮政管理部门的有关规定执行。

第四十条 生产、销售、使用或者处置放射性物品的单位，可以依照《中华人民共和国道路运输条例》的规定，向设区的市级人民政府道路运输管理机构申请非营业性道路危险货物运输资质，运输本单位的放射性物品，并承担本条例规定的托运人和承运人的义务。

申请放射性物品非营业性道路危险货物运输资质的单位，应当具备下列条件：

（一）持有生产、销售、使用或者处置放射性物品的有效证明；

（二）有符合本条例规定要求的放射性物品运输容器；

（三）有具备辐射防护与安全防护知识的专业技术人员和经考试合格的驾驶人员；

（四）有符合放射性物品运输安全防护要求，并经检测合格的运输工具、设施和设备；

（五）配备必要的防护用品和依法经定期检定合格的监测仪器；

（六）有运输安全和辐射防护管理规章制度以及核与辐射事故应急措施。

放射性物品非营业性道路危险货物运输资质的具体条件，由国务院交通运输主管部门会同国务院核安全监管部门制定。

第四十一条 一类放射性物品从境外运抵中华人民共和国境内，或者途经中华人民共和国境内运输的，托运人应当编制放射性物品运输的核与辐射安全分析报告书，报国务院核安全监管部门审查批准。审查批准程序依照本条例第三十五条第三款的规定执行。

二类、三类放射性物品从境外运抵中华人民共和国境内，或者途经中华人民共和国境内运输的，托运人应当编制放射性物品运输的辐射监测报告，报国务院核安全监管部门备案。

托运人、承运人或者其代理人向海关办理有关手续，应当提交国务院核安全监管部门颁发的放射性物品运输的核与辐射安全分析报告批准书或者放射性物品运输的辐射监测报告备案证明。

第四十二条 县级以上人民政府组织编

制的突发环境事件应急预案，应当包括放射性物品运输中可能发生的核与辐射事故应急响应的内容。

第四十三条 放射性物品运输中发生核与辐射事故的，承运人、托运人应当按照核与辐射事故应急响应指南的要求，做好事故应急工作，并立即报告事故发生地的县级以上人民政府环境保护主管部门。接到报告的环境保护主管部门应当立即派人赶赴现场，进行现场调查，采取有效措施控制事故影响，并及时向本级人民政府报告，通报同级公安、卫生、交通运输等有关主管部门。

接到报告的县级以上人民政府及其有关主管部门应当按照应急预案做好应急工作，并按照国家突发事件分级报告的规定及时上报核与辐射事故信息。

核反应堆乏燃料运输的核事故应急准备与响应，还应当遵守国家核应急的有关规定。

第五章 监督检查

第四十四条 国务院核安全监管部门和其他依法履行放射性物品运输安全监督管理职责的部门，应当依据各自职责对放射性物品运输安全实施监督检查。

国务院核安全监管部门应当将其已批准或者备案的一类、二类、三类放射性物品运输容器的设计、制造情况和放射性物品运输情况通报设计、制造单位所在地和运输途经地的省、自治区、直辖市人民政府环境保护主管部门。省、自治区、直辖市人民政府环境保护主管部门应当加强对本行政区域放射性物品运输安全的监督检查和监督性监测。

被检查单位应当予以配合，如实反映情况，提供必要的资料，不得拒绝和阻碍。

第四十五条 国务院核安全监管部门和省、自治区、直辖市人民政府环境保护主管部门以及其他依法履行放射性物品运输安全监督管理职责的部门进行监督检查，监督检查人员不得少于2人，并应当出示有效的行政执法证件。

国务院核安全监管部门和省、自治区、直辖市人民政府环境保护主管部门以及其他依法履行放射性物品运输安全监督管理职责的部门的工作人员，对监督检查中知悉的商业秘密负有保密义务。

第四十六条 监督检查中发现经批准的一类放射性物品运输容器设计确有重大设计安全缺陷的，由国务院核安全监管部门责令停止该型号运输容器的制造或者使用，撤销一类放射性物品运输容器设计批准书。

第四十七条 监督检查中发现放射性物品运输活动有不符合国家放射性物品运输安全标准情形的，或者一类放射性物品运输容器制造单位有不符合制造许可证规定条件情形的，应当责令限期整改；发现放射性物品运输活动可能对人体健康和环境造成核与辐射危害的，应当责令停止运输。

第四十八条 国务院核安全监管部门和省、自治区、直辖市人民政府环境保护主管部门以及其他依法履行放射性物品运输安全监督管理职责的部门，对放射性物品运输活动实施监测，不得收取监测费用。

国务院核安全监管部门和省、自治区、直辖市人民政府环境保护主管部门以及其他依法履行放射性物品运输安全监督管理职责的部门，应当加强对监督管理人员辐射防护与安全防护知识的培训。

第六章 法律责任

第四十九条 国务院核安全监管部门和省、自治区、直辖市人民政府环境保护主管部门或者其他依法履行放射性物品运输安全监督管理职责的部门有下列行为之一的，对直接负责的主管人员和其他直接责任人员依法给予处分；直接负责的主管人员和其他直接责任人员构成犯罪的，依法追究刑事责任：

（一）未依照本条例规定作出行政许可或者办理批准文件的；

（二）发现违反本条例规定的行为不予查处，或者接到举报不依法处理的；

（三）未依法履行放射性物品运输核与辐射事故应急职责的；

（四）对放射性物品运输活动实施监测收取监测费用的；

（五）其他不依法履行监督管理职责的行为。

第五十条 放射性物品运输容器设计、制造单位有下列行为之一的，由国务院核安全监管部门责令停止违法行为，处50万元以上100万元以下的罚款；有违法所得的，没收违法所得：

（一）将未取得设计批准书的一类放射性物品运输容器设计用于制造的；

（二）修改已批准的一类放射性物品运输容器设计中有关安全内容，未重新取得设计批准书即用于制造的。

第五十一条 放射性物品运输容器设计、制造单位有下列行为之一的，由国务院核安全监管部门责令停止违法行为，处5万元以上10万元以下的罚款；有违法所得的，没收违法所得：

（一）将不符合国家放射性物品运输安全标准的二类、三类放射性物品运输容器设计用于制造的；

（二）将未备案的二类放射性物品运输容器设计用于制造的。

第五十二条 放射性物品运输容器设计单位有下列行为之一的，由国务院核安全监管部门责令限期改正；逾期不改正的，处1万元以上5万元以下的罚款：

（一）未对二类、三类放射性物品运输容器的设计进行安全性能评价的；

（二）未如实记录二类、三类放射性物品运输容器设计和安全性能评价过程的；

（三）未编制三类放射性物品运输容器设计符合国家放射性物品运输安全标准的证明文件并存档备查的。

第五十三条 放射性物品运输容器制造单位有下列行为之一的，由国务院核安全监管部门责令停止违法行为，处50万元以上100万元以下的罚款；有违法所得的，没收违法所得：

（一）未取得制造许可证从事一类放射性物品运输容器制造活动的；

（二）制造许可证有效期届满，未按照规定办理延续手续，继续从事一类放射性物品运输容器制造活动的；

（三）超出制造许可证规定的范围从事一类放射性物品运输容器制造活动的；

（四）变更制造的一类放射性物品运输容器型号，未按照规定重新领取制造许可证的；

（五）将未经质量检验或者经检验不合格的一类放射性物品运输容器交付使用的。

有前款第（三）项、第（四）项和第（五）项行为之一，情节严重的，吊销制造许可证。

第五十四条 一类放射性物品运输容器制造单位变更单位名称、住所或者法定代表人，未依法办理制造许可证变更手续的，由国务院核安全监管部门责令限期改正；逾期不改正的，处2万元的罚款。

第五十五条 放射性物品运输容器制造单位有下列行为之一的，由国务院核安全监管部门责令停止违法行为，处5万元以上10万元以下的罚款；有违法所得的，没收违法所得：

（一）在二类放射性物品运输容器首次制造活动开始前，未按照规定将有关证明材料报国务院核安全监管部门备案的；

（二）将未经质量检验或者经检验不合格的二类、三类放射性物品运输容器交付使用的。

第五十六条 放射性物品运输容器制造单位有下列行为之一的，由国务院核安全监管部门责令限期改正；逾期不改正的，处1万元以上5万元以下的罚款：

（一）未按照规定对制造的一类、二类

放射性物品运输容器统一编码的；

（二）未按照规定将制造的一类、二类放射性物品运输容器编码清单报国务院核安全监管部门备案的；

（三）未按照规定将制造的三类放射性物品运输容器的型号和数量报国务院核安全监管部门备案的。

第五十七条　放射性物品运输容器使用单位未按照规定对使用的一类放射性物品运输容器进行安全性能评价，或者未将评价结果报国务院核安全监管部门备案的，由国务院核安全监管部门责令限期改正；逾期不改正的，处1万元以上5万元以下的罚款。

第五十八条　未按照规定取得使用批准书使用境外单位制造的一类放射性物品运输容器的，由国务院核安全监管部门责令停止违法行为，处50万元以上100万元以下的罚款。

未按照规定办理备案手续使用境外单位制造的二类放射性物品运输容器的，由国务院核安全监管部门责令停止违法行为，处5万元以上10万元以下的罚款。

第五十九条　托运人未按照规定编制放射性物品运输说明书、核与辐射事故应急响应指南、装卸作业方法、安全防护指南的，由国务院核安全监管部门责令限期改正；逾期不改正的，处1万元以上5万元以下的罚款。

托运人未按照规定将放射性物品运输的核与辐射安全分析报告批准书、辐射监测报告备案的，由启运地的省、自治区、直辖市人民政府环境保护主管部门责令限期改正；逾期不改正的，处1万元以上5万元以下的罚款。

第六十条　托运人或者承运人在放射性物品运输活动中，有违反有关法律、行政法规关于危险货物运输管理规定行为的，由交通运输、铁路、民航等有关主管部门依法予以处罚。

违反有关法律、行政法规规定邮寄放射性物品的，由公安机关和邮政管理部门依法予以处罚。在邮寄进境物品中发现放射性物品的，由海关依照有关法律、行政法规的规定处理。

第六十一条　托运人未取得放射性物品运输的核与辐射安全分析报告批准书托运一类放射性物品的，由国务院核安全监管部门责令停止违法行为，处50万元以上100万元以下的罚款。

第六十二条　通过道路运输放射性物品，有下列行为之一的，由公安机关责令限期改正，处2万元以上10万元以下的罚款；构成犯罪的，依法追究刑事责任：

（一）未经公安机关批准通过道路运输放射性物品的；

（二）运输车辆未按照指定的时间、路线、速度行驶或者未悬挂警示标志的；

（三）未配备押运人员或者放射性物品脱离押运人员监管的。

第六十三条　托运人有下列行为之一的，由启运地的省、自治区、直辖市人民政府环境保护主管部门责令停止违法行为，处5万元以上20万元以下的罚款：

（一）未按照规定对托运的放射性物品表面污染和辐射水平实施监测的；

（二）将经监测不符合国家放射性物品运输安全标准的放射性物品交付托运的；

（三）出具虚假辐射监测报告的。

第六十四条　未取得放射性物品运输的核与辐射安全分析报告批准书或者放射性物品运输的辐射监测报告备案证明，将境外的放射性物品运抵中华人民共和国境内，或者途经中华人民共和国境内运输的，由海关责令托运人退运该放射性物品，并依照海关法律、行政法规给予处罚；构成犯罪的，依法追究刑事责任。托运人不明的，由承运人承担退运该放射性物品的责任，或者承担该放射性物品的处置费用。

第六十五条　违反本条例规定，在放射性物品运输中造成核与辐射事故的，由县级以上地方人民政府环境保护主管部门处以罚款，罚款数额按照核与辐射事故造成的直接损失的20%计算；构成犯罪的，依法追究刑事责任。

托运人、承运人未按照核与辐射事故应急响应指南的要求，做好事故应急工作并报告事故的，由县级以上地方人民政府环境保护主管部门处5万元以上20万元以下的罚款。

因核与辐射事故造成他人损害的，依法承担民事责任。

第六十六条 拒绝、阻碍国务院核安全监管部门或者其他依法履行放射性物品运输安全监督管理职责的部门进行监督检查，或者在接受监督检查时弄虚作假的，由监督检查部门责令改正，处1万元以上2万元以下的罚款；构成违反治安管理行为的，由公安机关依法给予治安管理处罚；构成犯罪的，依法追究刑事责任。

第七章 附 则

第六十七条 军用放射性物品运输安全的监督管理，依照《中华人民共和国放射性污染防治法》第六十条的规定执行。

第六十八条 本条例自2010年1月1日起施行。

放射性废物安全管理条例

（2011年11月30日国务院第183次常务会议通过，2011年12月20日公布，自2012年3月1日起施行）

第一章 总 则

第一条 为了加强对放射性废物的安全管理，保护环境，保障人体健康，根据《中华人民共和国放射性污染防治法》，制定本条例。

第二条 本条例所称放射性废物，是指含有放射性核素或者被放射性核素污染，其放射性核素浓度或者比活度大于国家确定的清洁解控水平，预期不再使用的废弃物。

第三条 放射性废物的处理、贮存和处置及其监督管理等活动，适用本条例。

本条例所称处理，是指为了能够安全和经济地运输、贮存、处置放射性废物，通过净化、浓缩、固化、压缩和包装等手段，改变放射性废物的属性、形态和体积的活动。

本条例所称贮存，是指将废旧放射源和其他放射性固体废物临时放置于专门建造的设施内进行保管的活动。

本条例所称处置，是指将废旧放射源和其他放射性固体废物最终放置于专门建造的设施内并不再回取的活动。

第四条 放射性废物的安全管理，应当坚持减量化、无害化和妥善处置、永久安全的原则。

第五条 国务院环境保护主管部门统一负责全国放射性废物的安全监督管理工作。

国务院核工业行业主管部门和其他有关部门，依照本条例的规定和各自的职责负责放射性废物的有关管理工作。

县级以上地方人民政府环境保护主管部门和其他有关部门依照本条例的规定和各自的职责负责本行政区域放射性废物的有关管理工作。

第六条 国家对放射性废物实行分类管理。

根据放射性废物的特性及其对人体健康和环境的潜在危害程度，将放射性废物分为高水平放射性废物、中水平放射性废物和低水平放射性废物。

第七条 放射性废物的处理、贮存和处置活动，应当遵守国家有关放射性污染防治标准和国务院环境保护主管部门的规定。

第八条　国务院环境保护主管部门会同国务院核工业行业主管部门和其他有关部门建立全国放射性废物管理信息系统，实现信息共享。

国家鼓励、支持放射性废物安全管理的科学研究和技术开发利用，推广先进的放射性废物安全管理技术。

第九条　任何单位和个人对违反本条例规定的行为，有权向县级以上人民政府环境保护主管部门或者其他有关部门举报。接到举报的部门应当及时调查处理，并为举报人保密；经调查情况属实的，对举报人给予奖励。

第二章　放射性废物的处理和贮存

第十条　核设施营运单位应当将其产生的不能回收利用并不能返回原生产单位或者出口方的废旧放射源（以下简称废旧放射源），送交取得相应许可证的放射性固体废物贮存单位集中贮存，或者直接送交取得相应许可证的放射性固体废物处置单位处置。

核设施营运单位应当对其产生的除废旧放射源以外的放射性固体废物和不能经净化排放的放射性废液进行处理，使其转变为稳定的、标准化的固体废物后自行贮存，并及时送交取得相应许可证的放射性固体废物处置单位处置。

第十一条　核技术利用单位应当对其产生的不能经净化排放的放射性废液进行处理，转变为放射性固体废物。

核技术利用单位应当及时将其产生的废旧放射源和其他放射性固体废物，送交取得相应许可证的放射性固体废物贮存单位集中贮存，或者直接送交取得相应许可证的放射性固体废物处置单位处置。

第十二条　专门从事放射性固体废物贮存活动的单位，应当符合下列条件，并依照本条例的规定申请领取放射性固体废物贮存许可证：

（一）有法人资格；

（二）有能保证贮存设施安全运行的组织机构和3名以上放射性废物管理、辐射防护、环境监测方面的专业技术人员，其中至少有1名注册核安全工程师；

（三）有符合国家有关放射性污染防治标准和国务院环境保护主管部门规定的放射性固体废物接收、贮存设施和场所，以及放射性检测、辐射防护与环境监测设备；

（四）有健全的管理制度以及符合核安全监督管理要求的质量保证体系，包括质量保证大纲、贮存设施运行监测计划、辐射环境监测计划和应急方案等。

核设施营运单位利用与核设施配套建设的贮存设施，贮存本单位产生的放射性固体废物的，不需要申请领取贮存许可证；贮存其他单位产生的放射性固体废物的，应当依照本条例的规定申请领取贮存许可证。

第十三条　申请领取放射性固体废物贮存许可证的单位，应当向国务院环境保护主管部门提出书面申请，并提交其符合本条例第十二条规定条件的证明材料。

国务院环境保护主管部门应当自受理申请之日起20个工作日内完成审查，对符合条件的颁发许可证，予以公告；对不符合条件的，书面通知申请单位并说明理由。

国务院环境保护主管部门在审查过程中，应当组织专家进行技术评审，并征求国务院其他有关部门的意见。技术评审所需时间应当书面告知申请单位。

第十四条　放射性固体废物贮存许可证应当载明下列内容：

（一）单位的名称、地址和法定代表人；

（二）准予从事的活动种类、范围和规模；

（三）有效期限；

（四）发证机关、发证日期和证书编号。

第十五条　放射性固体废物贮存单位变更单位名称、地址、法定代表人的，应当自变更登记之日起20日内，向国务院环境保护主管部门申请办理许可证变更手续。

放射性固体废物贮存单位需要变更许可证规定的活动种类、范围和规模的，应当按照原申请程序向国务院环境保护主管部门重新申请领取许可证。

第十六条 放射性固体废物贮存许可证的有效期为10年。

许可证有效期届满，放射性固体废物贮存单位需要继续从事贮存活动的，应当于许可证有效期届满90日前，向国务院环境保护主管部门提出延续申请。

国务院环境保护主管部门应当在许可证有效期届满前完成审查，对符合条件的准予延续；对不符合条件的，书面通知申请单位并说明理由。

第十七条 放射性固体废物贮存单位应当按照国家有关放射性污染防治标准和国务院环境保护主管部门的规定，对其接收的废旧放射源和其他放射性固体废物进行分类存放和清理，及时予以清洁解控或者送交取得相应许可证的放射性固体废物处置单位处置。

放射性固体废物贮存单位应当建立放射性固体废物贮存情况记录档案，如实完整地记录贮存的放射性固体废物的来源、数量、特征、贮存位置、清洁解控、送交处置等与贮存活动有关的事项。

放射性固体废物贮存单位应当根据贮存设施的自然环境和放射性固体废物特性采取必要的防护措施，保证在规定的贮存期限内贮存设施、容器的完好和放射性固体废物的安全，并确保放射性固体废物能够安全回取。

第十八条 放射性固体废物贮存单位应当根据贮存设施运行监测计划和辐射环境监测计划，对贮存设施进行安全性检查，并对贮存设施周围的地下水、地表水、土壤和空气进行放射性监测。

放射性固体废物贮存单位应当如实记录监测数据，发现安全隐患或者周围环境中放射性核素超过国家规定的标准的，应当立即查找原因，采取相应的防范措施，并向所在地省、自治区、直辖市人民政府环境保护主管部门报告。构成辐射事故的，应当立即启动本单位的应急方案，并依照《中华人民共和国放射性污染防治法》、《放射性同位素与射线装置安全和防护条例》的规定进行报告，开展有关事故应急工作。

第十九条 将废旧放射源和其他放射性固体废物送交放射性固体废物贮存、处置单位贮存、处置时，送交方应当一并提供放射性固体废物的种类、数量、活度等资料和废旧放射源的原始档案，并按照规定承担贮存、处置的费用。

第三章 放射性废物的处置

第二十条 国务院核工业行业主管部门会同国务院环境保护主管部门根据地质、环境、社会经济条件和放射性固体废物处置的需要，在征求国务院有关部门意见并进行环境影响评价的基础上编制放射性固体废物处置场所选址规划，报国务院批准后实施。

有关地方人民政府应当根据放射性固体废物处置场所选址规划，提供放射性固体废物处置场所的建设用地，并采取有效措施支持放射性固体废物的处置。

第二十一条 建造放射性固体废物处置设施，应当按照放射性固体废物处置场所选址技术导则和标准的要求，与居住区、水源保护区、交通干道、工厂和企业等场所保持严格的安全防护距离，并对场址的地质构造、水文地质等自然条件以及社会经济条件进行充分研究论证。

第二十二条 建造放射性固体废物处置设施，应当符合放射性固体废物处置场所选址规划，并依法办理选址批准手续和建造许可证。不符合选址规划或者选址技术导则、标准的，不得批准选址或者建造。

高水平放射性固体废物和α放射性固体废物深地质处置设施的工程和安全技术研究、地下实验、选址和建造，由国务院核工业行业主管部门组织实施。

第二十三条　专门从事放射性固体废物处置活动的单位，应当符合下列条件，并依照本条例的规定申请领取放射性固体废物处置许可证：

（一）有国有或者国有控股的企业法人资格。

（二）有能保证处置设施安全运行的组织机构和专业技术人员。低、中水平放射性固体废物处置单位应当具有10名以上放射性废物管理、辐射防护、环境监测方面的专业技术人员，其中至少有3名注册核安全工程师；高水平放射性固体废物和α放射性固体废物处置单位应当具有20名以上放射性废物管理、辐射防护、环境监测方面的专业技术人员，其中至少有5名注册核安全工程师。

（三）有符合国家有关放射性污染防治标准和国务院环境保护主管部门规定的放射性固体废物接收、处置设施和场所，以及放射性检测、辐射防护与环境监测设备。低、中水平放射性固体废物处置设施关闭后应满足300年以上的安全隔离要求；高水平放射性固体废物和α放射性固体废物深地质处置设施关闭后应满足1万年以上的安全隔离要求。

（四）有相应数额的注册资金。低、中水平放射性固体废物处置单位的注册资金应不少于3000万元；高水平放射性固体废物和α放射性固体废物处置单位的注册资金应不少于1亿元。

（五）有能保证其处置活动持续进行直至安全监护期满的财务担保。

（六）有健全的管理制度以及符合核安全监督管理要求的质量保证体系，包括质量保证大纲、处置设施运行监测计划、辐射环境监测计划和应急方案等。

第二十四条　放射性固体废物处置许可证的申请、变更、延续的审批权限和程序，以及许可证的内容、有效期限，依照本条例第十三条至第十六条的规定执行。

第二十五条　放射性固体废物处置单位应当按照国家有关放射性污染防治标准和国务院环境保护主管部门的规定，对其接收的放射性固体废物进行处置。

放射性固体废物处置单位应当建立放射性固体废物处置情况记录档案，如实记录处置的放射性固体废物的来源、数量、特征、存放位置等与处置活动有关的事项。放射性固体废物处置情况记录档案应当永久保存。

第二十六条　放射性固体废物处置单位应当根据处置设施运行监测计划和辐射环境监测计划，对处置设施进行安全性检查，并对处置设施周围的地下水、地表水、土壤和空气进行放射性监测。

放射性固体废物处置单位应当如实记录监测数据，发现安全隐患或者周围环境中放射性核素超过国家规定的标准的，应当立即查找原因，采取相应的防范措施，并向国务院环境保护主管部门和核工业行业主管部门报告。构成辐射事故的，应当立即启动本单位的应急方案，并依照《中华人民共和国放射性污染防治法》、《放射性同位素与射线装置安全和防护条例》的规定进行报告，开展有关事故应急工作。

第二十七条　放射性固体废物处置设施设计服役期届满，或者处置的放射性固体废物已达到该设施的设计容量，或者所在地区的地质构造或者水文地质等条件发生重大变化导致处置设施不适宜继续处置放射性固体废物的，应当依法办理关闭手续，并在划定的区域设置永久性标记。

关闭放射性固体废物处置设施的，处置单位应当编制处置设施安全监护计划，报国务院环境保护主管部门批准。

放射性固体废物处置设施依法关闭后，处置单位应当按照经批准的安全监护计划，对关闭后的处置设施进行安全监护。放射性固体废物处置单位因破产、吊销许可证等原因终止的，处置设施关闭和安全监护所需费用由提供财务担保的单位承担。

第四章 监督管理

第二十八条 县级以上人民政府环境保护主管部门和其他有关部门，依照《中华人民共和国放射性污染防治法》和本条例的规定，对放射性废物处理、贮存和处置等活动的安全性进行监督检查。

第二十九条 县级以上人民政府环境保护主管部门和其他有关部门进行监督检查时，有权采取下列措施：

（一）向被检查单位的法定代表人和其他有关人员调查、了解情况；

（二）进入被检查单位进行现场监测、检查或者核查；

（三）查阅、复制相关文件、记录以及其他有关资料；

（四）要求被检查单位提交有关情况说明或者后续处理报告。

被检查单位应当予以配合，如实反映情况，提供必要的资料，不得拒绝和阻碍。

县级以上人民政府环境保护主管部门和其他有关部门的监督检查人员依法进行监督检查时，应当出示证件，并为被检查单位保守技术秘密和业务秘密。

第三十条 核设施营运单位、核技术利用单位和放射性固体废物贮存、处置单位，应当按照放射性废物危害的大小，建立健全相应级别的安全保卫制度，采取相应的技术防范措施和人员防范措施，并适时开展放射性废物污染事故应急演练。

第三十一条 核设施营运单位、核技术利用单位和放射性固体废物贮存、处置单位，应当对其直接从事放射性废物处理、贮存和处置活动的工作人员进行核与辐射安全知识以及专业操作技术的培训，并进行考核；考核合格的，方可从事该项工作。

第三十二条 核设施营运单位、核技术利用单位和放射性固体废物贮存单位应当按照国务院环境保护主管部门的规定定期如实报告放射性废物产生、排放、处理、贮存、清洁解控和送交处置等情况。

放射性固体废物处置单位应当于每年3月31日前，向国务院环境保护主管部门和核工业行业主管部门如实报告上一年度放射性固体废物接收、处置和设施运行等情况。

第三十三条 禁止将废旧放射源和其他放射性固体废物送交无相应许可证的单位贮存、处置或者擅自处置。

禁止无许可证或者不按照许可证规定的活动种类、范围、规模和期限从事放射性固体废物贮存、处置活动。

第三十四条 禁止将放射性废物和被放射性污染的物品输入中华人民共和国境内或者经中华人民共和国境内转移。具体办法由国务院环境保护主管部门会同国务院商务主管部门、海关总署、国家出入境检验检疫主管部门制定。

第五章 法律责任

第三十五条 负有放射性废物安全监督管理职责的部门及其工作人员违反本条例规定，有下列行为之一的，对直接负责的主管人员和其他直接责任人员，依法给予处分；直接负责的主管人员和其他直接责任人员构成犯罪的，依法追究刑事责任：

（一）违反本条例规定核发放射性固体废物贮存、处置许可证的；

（二）违反本条例规定批准不符合选址规划或者选址技术导则、标准的处置设施选址或者建造的；

（三）对发现的违反本条例的行为不依法查处的；

（四）在办理放射性固体废物贮存、处置许可证以及实施监督检查过程中，索取、收受他人财物或者谋取其他利益的；

（五）其他徇私舞弊、滥用职权、玩忽职守行为。

第三十六条 违反本条例规定，核设施营运单位、核技术利用单位有下列行为之一的，由审批该单位立项环境影响评价文件的环境保护主管部门责令停止违法行为，限期改正；逾期不改正的，指定有相应许可证的单位代为贮存或者处置，所需费用由核设施营运单位、核技术利用单位承担，可以处20万元以下的罚款；构成犯罪的，依法追究刑事责任：

（一）核设施营运单位未按照规定，将其产生的废旧放射源送交贮存、处置，或者将其产生的其他放射性固体废物送交处置的；

（二）核技术利用单位未按照规定，将其产生的废旧放射源或者其他放射性固体废物送交贮存、处置的。

第三十七条　违反本条例规定，有下列行为之一的，由县级以上人民政府环境保护主管部门责令停止违法行为，限期改正，处10万元以上20万元以下的罚款；造成环境污染的，责令限期采取治理措施消除污染，逾期不采取治理措施，经催告仍不治理的，可以指定有治理能力的单位代为治理，所需费用由违法者承担；构成犯罪的，依法追究刑事责任：

（一）核设施营运单位将废旧放射源送交无相应许可证的单位贮存、处置，或者将其他放射性固体废物送交无相应许可证的单位处置，或者擅自处置的；

（二）核技术利用单位将废旧放射源或者其他放射性固体废物送交无相应许可证的单位贮存、处置，或者擅自处置的；

（三）放射性固体废物贮存单位将废旧放射源或者其他放射性固体废物送交无相应许可证的单位处置，或者擅自处置的。

第三十八条　违反本条例规定，有下列行为之一的，由省级以上人民政府环境保护主管部门责令停产停业或者吊销许可证；有违法所得的，没收违法所得；违法所得10万元以上的，并处违法所得1倍以上5倍以下的罚款；没有违法所得或者违法所得不足10万元的，并处5万元以上10万元以下的罚款；造成环境污染的，责令限期采取治理措施消除污染，逾期不采取治理措施，经催告仍不治理的，可以指定有治理能力的单位代为治理，所需费用由违法者承担；构成犯罪的，依法追究刑事责任：

（一）未经许可，擅自从事废旧放射源或者其他放射性固体废物的贮存、处置活动的；

（二）放射性固体废物贮存、处置单位未按照许可证规定的活动种类、范围、规模、期限从事废旧放射源或者其他放射性固体废物的贮存、处置活动的；

（三）放射性固体废物贮存、处置单位未按照国家有关放射性污染防治标准和国务院环境保护主管部门的规定贮存、处置废旧放射源或者其他放射性固体废物的。

第三十九条　放射性固体废物贮存、处置单位未按照规定建立情况记录档案，或者未按照规定进行如实记录的，由省级以上人民政府环境保护主管部门责令限期改正，处1万元以上5万元以下的罚款；逾期不改正的，处5万元以上10万元以下的罚款。

第四十条　核设施营运单位、核技术利用单位或者放射性固体废物贮存、处置单位未按照本条例第三十二条的规定如实报告有关情况的，由县级以上人民政府环境保护主管部门责令限期改正，处1万元以上5万元以下的罚款；逾期不改正的，处5万元以上10万元以下的罚款。

第四十一条　违反本条例规定，拒绝、阻碍环境保护主管部门或者其他有关部门的监督检查，或者在接受监督检查时弄虚作假的，由监督检查部门责令改正，处2万元以下的罚款；构成违反治安管理行为的，由公安机关依法给予治安管理处罚；构成犯罪的，依法追究刑事责任。

第四十二条　核设施营运单位、核技术利用单位或者放射性固体废物贮存、处置单位未按照规定对有关工作人员进行技术培训和考核的，由县级以上人民政府环境保护主管部门责令限期改正，处1万元以上5万元以下的罚款；逾期不改正的，处5万元以上10万元以下的罚款。

第四十三条 违反本条例规定，向中华人民共和国境内输入放射性废物或者被放射性污染的物品，或者经中华人民共和国境内转移放射性废物或者被放射性污染的物品的，由海关责令退运该放射性废物或者被放射性污染的物品，并处50万元以上100万元以下的罚款；构成犯罪的，依法追究刑事责任。

第六章 附 则

第四十四条 军用设施、装备所产生的放射性废物的安全管理，依照《中华人民共和国放射性污染防治法》第六十条的规定执行。

第四十五条 放射性废物运输的安全管理、放射性废物造成污染事故的应急处理，以及劳动者在职业活动中接触放射性废物造成的职业病防治，依照有关法律、行政法规的规定执行。

第四十六条 本条例自2012年3月1日起施行。

（八）海洋污染类

中华人民共和国海洋环境保护法

（1982年8月23日第五届全国人民代表大会常务委员会第二十四次会议通过，1999年12月25日第九届全国人民代表大会常务委员会第十三次会议第一次修订，根据2013年12月28日第十二届全国人民代表大会常务委员会第六次会议《关于修改〈中华人民共和国海洋环境保护法〉等七部法律的决定》第一次修正，根据2016年11月7日第十二届全国人民代表大会常务委员会第二十四次会议《关于修改〈中华人民共和国海洋环境保护法〉的决定》第二次修正，根据2017年11月4日第十二届全国人民代表大会常务委员会第三十次会议《关于修改〈中华人民共和国会计法〉等十一部法律的决定》第三次修正，2023年10月24日第十四届全国人民代表大会常务委员会第六次会议第二次修订）

第一章 总 则

第一条 为了保护和改善海洋环境，保护海洋资源，防治污染损害，保障生态安全和公众健康，维护国家海洋权益，建设海洋强国，推进生态文明建设，促进经济社会可持续发展，实现人与自然和谐共生，根据宪法，制定本法。

第二条 本法适用于中华人民共和国管辖海域。

在中华人民共和国管辖海域内从事航行、勘探、开发、生产、旅游、科学研究及其他活动，或者在沿海陆域内从事影响海洋环境活动的任何单位和个人，应当遵守本法。

在中华人民共和国管辖海域以外，造成中华人民共和国管辖海域环境污染、生态破坏的，适用本法相关规定。

第三条　海洋环境保护应当坚持保护优先、预防为主、源头防控、陆海统筹、综合治理、公众参与、损害担责的原则。

第四条　国务院生态环境主管部门负责全国海洋环境的监督管理，负责全国防治陆源污染物、海岸工程和海洋工程建设项目（以下称工程建设项目）、海洋倾倒废弃物对海洋环境污染损害的环境保护工作，指导、协调和监督全国海洋生态保护修复工作。

国务院自然资源主管部门负责海洋保护和开发利用的监督管理，负责全国海洋生态、海域海岸线和海岛的修复工作。

国务院交通运输主管部门负责所辖港区水域内非军事船舶和港区水域外非渔业、非军事船舶污染海洋环境的监督管理，组织、协调、指挥重大海上溢油应急处置。海事管理机构具体负责上述水域内相关船舶污染海洋环境的监督管理，并负责污染事故的调查处理；对在中华人民共和国管辖海域航行、停泊和作业的外国籍船舶造成的污染事故登轮检查处理。船舶污染事故给渔业造成损害的，应当吸收渔业主管部门参与调查处理。

国务院渔业主管部门负责渔港水域内非军事船舶和渔港水域外渔业船舶污染海洋环境的监督管理，负责保护渔业水域生态环境工作，并调查处理前款规定的污染事故以外的渔业污染事故。

国务院发展改革、水行政、住房和城乡建设、林业和草原等部门在各自职责范围内负责有关行业、领域涉及的海洋环境保护工作。

海警机构在职责范围内对海洋工程建设项目、海洋倾倒废弃物对海洋环境污染损害、自然保护地海岸线向海一侧保护利用等活动进行监督检查，查处违法行为，按照规定权限参与海洋环境污染事故的应急处置和调查处理。

军队生态环境保护部门负责军事船舶污染海洋环境的监督管理及污染事故的调查处理。

第五条　沿海县级以上地方人民政府对其管理海域的海洋环境质量负责。

国家实行海洋环境保护目标责任制和考核评价制度，将海洋环境保护目标完成情况纳入考核评价的内容。

第六条　沿海县级以上地方人民政府可以建立海洋环境保护区域协作机制，组织协调其管理海域的环境保护工作。

跨区域的海洋环境保护工作，由有关沿海地方人民政府协商解决，或者由上级人民政府协调解决。

跨部门的重大海洋环境保护工作，由国务院生态环境主管部门协调；协调未能解决的，由国务院作出决定。

第七条　国务院和沿海县级以上地方人民政府应当将海洋环境保护工作纳入国民经济和社会发展规划，按照事权和支出责任划分原则，将海洋环境保护工作所需经费纳入本级政府预算。

第八条　各级人民政府及其有关部门应当加强海洋环境保护的宣传教育和知识普及工作，增强公众海洋环境保护意识，引导公众依法参与海洋环境保护工作；鼓励基层群众性自治组织、社会组织、志愿者等开展海洋环境保护法律法规和知识的宣传活动；按照职责分工依法公开海洋环境相关信息。

新闻媒体应当采取多种形式开展海洋环境保护的宣传报道，并对违法行为进行舆论监督。

第九条　任何单位和个人都有保护海洋环境的义务，并有权对污染海洋环境、破坏海洋生态的单位和个人，以及海洋环境监督管理人员的违法行为进行监督和检举。

从事影响海洋环境活动的任何单位和个人，都应当采取有效措施，防止、减轻海洋环境污染、生态破坏。排污者应当依法公开排污信息。

第十条 国家鼓励、支持海洋环境保护科学技术研究、开发和应用，促进海洋环境保护信息化建设，加强海洋环境保护专业技术人才培养，提高海洋环境保护科学技术水平。

国家鼓励、支持海洋环境保护国际交流与合作。

第十一条 对在海洋环境保护工作中做出显著成绩的单位和个人，按照国家有关规定给予表彰和奖励。

第二章 海洋环境监督管理

第十二条 国家实施陆海统筹、区域联动的海洋环境监督管理制度，加强规划、标准、监测等监督管理制度的衔接协调。

各级人民政府及其有关部门应当加强海洋环境监督管理能力建设，提高海洋环境监督管理科技化、信息化水平。

第十三条 国家优先将生态功能极重要、生态极敏感脆弱的海域划入生态保护红线，实行严格保护。

开发利用海洋资源或者从事影响海洋环境的建设活动，应当根据国土空间规划科学合理布局，严格遵守国土空间用途管制要求，严守生态保护红线，不得造成海洋生态环境的损害。沿海地方各级人民政府应当根据国土空间规划，保护和科学合理地使用海域。沿海省、自治区、直辖市人民政府应当加强对生态保护红线内人为活动的监督管理，定期评估保护成效。

国务院有关部门、沿海设区的市级以上地方人民政府及其有关部门，对其组织编制的国土空间规划和相关规划，应当依法进行包括海洋环境保护内容在内的环境影响评价。

第十四条 国务院生态环境主管部门会同有关部门、机构和沿海省、自治区、直辖市人民政府制定全国海洋生态环境保护规划，报国务院批准后实施。全国海洋生态环境保护规划应当与全国国土空间规划相衔接。

沿海地方各级人民政府应当根据全国海洋生态环境保护规划，组织实施其管理海域的海洋环境保护工作。

第十五条 沿海省、自治区、直辖市人民政府应当根据其管理海域的生态环境和资源利用状况，将其管理海域纳入生态环境分区管控方案和生态环境准入清单，报国务院生态环境主管部门备案后实施。生态环境分区管控方案和生态环境准入清单应当与国土空间规划相衔接。

第十六条 国务院生态环境主管部门根据海洋环境质量状况和国家经济、技术条件，制定国家海洋环境质量标准。

沿海省、自治区、直辖市人民政府对国家海洋环境质量标准中未作规定的项目，可以制定地方海洋环境质量标准；对国家海洋环境质量标准中已作规定的项目，可以制定严于国家海洋环境质量标准的地方海洋环境质量标准。地方海洋环境质量标准应当报国务院生态环境主管部门备案。

国家鼓励开展海洋环境基准研究。

第十七条 制定海洋环境质量标准，应当征求有关部门、行业协会、企业事业单位、专家和公众等的意见，提高海洋环境质量标准的科学性。

海洋环境质量标准应当定期评估，并根据评估结果适时修订。

第十八条 国家和有关地方水污染物排放标准的制定，应当将海洋环境质量标准作为重要依据之一。

对未完成海洋环境保护目标的海域，省级以上人民政府生态环境主管部门暂停审批新增相应种类污染物排放总量的建设项目环境影响报告书（表），会同有关部门约谈该地区人民政府及其有关部门的主要负责人，要求其采取有效措施及时整改，约谈和整改情况应当向社会公开。

第十九条　国家加强海洋环境质量管控，推进海域综合治理，严格海域排污许可管理，提升重点海域海洋环境质量。

需要直接向海洋排放工业废水、医疗污水的海岸工程和海洋工程单位，城镇污水集中处理设施的运营单位及其他企业事业单位和生产经营者，应当依法取得排污许可证。排污许可的管理按照国务院有关规定执行。

实行排污许可管理的企业事业单位和其他生产经营者应当执行排污许可证关于排放污染物的种类、浓度、排放量、排放方式、排放去向和自行监测等要求。

禁止通过私设暗管或者篡改、伪造监测数据，以及不正常运行污染防治设施等逃避监管的方式向海洋排放污染物。

第二十条　国务院生态环境主管部门根据海洋环境状况和质量改善要求，会同国务院发展改革、自然资源、住房和城乡建设、交通运输、水行政、渔业等部门和海警机构，划定国家环境治理重点海域及其控制区域，制定综合治理行动方案，报国务院批准后实施。

沿海设区的市级以上地方人民政府应当根据综合治理行动方案，制定其管理海域的实施方案，因地制宜采取特别管控措施，开展综合治理，协同推进重点海域治理与美丽海湾建设。

第二十一条　直接向海洋排放应税污染物的企业事业单位和其他生产经营者，应当依照法律规定缴纳环境保护税。

向海洋倾倒废弃物，应当按照国家有关规定缴纳倾倒费。具体办法由国务院发展改革部门、国务院财政主管部门会同国务院生态环境主管部门制定。

第二十二条　国家加强防治海洋环境污染损害的科学技术的研究和开发，对严重污染海洋环境的落后生产工艺和落后设备，实行淘汰制度。

企业事业单位和其他生产经营者应当优先使用清洁低碳能源，采用资源利用率高、污染物排放量少的清洁生产工艺，防止对海洋环境的污染。

第二十三条　国务院生态环境主管部门负责海洋生态环境监测工作，制定海洋生态环境监测规范和标准并监督实施，组织实施海洋生态环境质量监测，统一发布国家海洋生态环境状况公报，定期组织对海洋生态环境质量状况进行调查评价。

国务院自然资源主管部门组织开展海洋资源调查和海洋生态预警监测，发布海洋生态预警监测警报和公报。

其他依照本法规定行使海洋环境监督管理权的部门和机构应当按照职责分工开展监测、监视。

第二十四条　国务院有关部门和海警机构应当向国务院生态环境主管部门提供编制国家海洋生态环境状况公报所必需的入海河口和海洋环境监测、调查、监视等方面的资料。

生态环境主管部门应当向有关部门和海警机构提供与海洋环境监督管理有关的资料。

第二十五条　国务院生态环境主管部门会同有关部门和机构通过智能化的综合信息系统，为海洋环境保护监督管理、信息共享提供服务。

国务院有关部门、海警机构和沿海县级以上地方人民政府及其有关部门应当按照规定，推进综合监测、协同监测和常态化监测，加强监测数据、执法信息等海洋环境管理信息共享，提高海洋环境保护综合管理水平。

第二十六条　国家加强海洋辐射环境监测，国务院生态环境主管部门负责制定海洋辐射环境应急监测方案并组织实施。

第二十七条　因发生事故或者其他突发性事件，造成或者可能造成海洋环境污染、生态破坏事件的单位和个人，应当立即采取有效措施解除或者减轻危害，及时向可能受到危害者通报，并向依照本法规定行使海洋环境监督管理权的部门和机构报告，接受调查处理。

沿海县级以上地方人民政府在本行政区域近岸海域的生态环境受到严重损害时，应当采取有效措施，解除或者减轻危害。

第二十八条 国家根据防止海洋环境污染的需要，制定国家重大海上污染事件应急预案，建立健全海上溢油污染等应急机制，保障应对工作的必要经费。

国家建立重大海上溢油应急处置部际联席会议制度。国务院交通运输主管部门牵头组织编制国家重大海上溢油应急处置预案并组织实施。

国务院生态环境主管部门负责制定全国海洋石油勘探开发海上溢油污染事件应急预案并组织实施。

国家海事管理机构负责制定全国船舶重大海上溢油污染事件应急预案，报国务院生态环境主管部门、国务院应急管理部门备案。

沿海县级以上地方人民政府及其有关部门应当制定有关应急预案，在发生海洋突发环境事件时，及时启动应急预案，采取有效措施，解除或者减轻危害。

可能发生海洋突发环境事件的单位，应当按照有关规定，制定本单位的应急预案，配备应急设备和器材，定期组织开展应急演练；应急预案应当向依照本法规定行使海洋环境监督管理权的部门和机构备案。

第二十九条 依照本法规定行使海洋环境监督管理权的部门和机构，有权对从事影响海洋环境活动的单位和个人进行现场检查；在巡航监视中发现违反本法规定的行为时，应当予以制止并调查取证，必要时有权采取有效措施，防止事态扩大，并报告有关部门或者机构处理。

被检查者应当如实反映情况，提供必要的资料。检查者应当依法为被检查者保守商业秘密、个人隐私和个人信息。

依照本法规定行使海洋环境监督管理权的部门和机构可以在海上实行联合执法。

第三十条 造成或者可能造成严重海洋环境污染、生态破坏的，或者有关证据可能灭失或者被隐匿的，依照本法规定行使海洋环境监督管理权的部门和机构可以查封、扣押有关船舶、设施、设备、物品。

第三十一条 在中华人民共和国管辖海域以外，造成或者可能造成中华人民共和国管辖海域环境污染、生态破坏的，有关部门和机构有权采取必要的措施。

第三十二条 国务院生态环境主管部门会同有关部门和机构建立向海洋排放污染物、从事废弃物海洋倾倒、从事海洋生态环境治理和服务的企业事业单位和其他生产经营者信用记录与评价应用制度，将相关信用记录纳入全国公共信用信息共享平台。

第三章 海洋生态保护

第三十三条 国家加强海洋生态保护，提升海洋生态系统质量和多样性、稳定性、持续性。

国务院和沿海地方各级人民政府应当采取有效措施，重点保护红树林、珊瑚礁、海藻场、海草床、滨海湿地、海岛、海湾、入海河口、重要渔业水域等具有典型性、代表性的海洋生态系统，珍稀濒危海洋生物的天然集中分布区，具有重要经济价值的海洋生物生存区域及有重大科学文化价值的海洋自然遗迹和自然景观。

第三十四条 国务院和沿海省、自治区、直辖市人民政府及其有关部门根据保护海洋的需要，依法将重要的海洋生态系统、珍稀濒危海洋生物的天然集中分布区、海洋自然遗迹和自然景观集中分布区等区域纳入国家公园、自然保护区或者自然公园等自然保护地。

第三十五条 国家建立健全海洋生态保护补偿制度。

国务院和沿海省、自治区、直辖市人民政府应当通过转移支付、产业扶持等方式支持开展海洋生态保护补偿。

沿海地方各级人民政府应当落实海洋生态保护补偿资金，确保其用于海洋生态保护补偿。

第三十六条　国家加强海洋生物多样性保护，健全海洋生物多样性调查、监测、评估和保护体系，维护和修复重要海洋生态廊道，防止对海洋生物多样性的破坏。

开发利用海洋和海岸带资源，应当对重要海洋生态系统、生物物种、生物遗传资源实施有效保护，维护海洋生物多样性。

引进海洋动植物物种，应当进行科学论证，避免对海洋生态系统造成危害。

第三十七条　国家鼓励科学开展水生生物增殖放流，支持科学规划，因地制宜采取投放人工鱼礁和种植海藻场、海草床、珊瑚等措施，恢复海洋生物多样性，修复改善海洋生态。

第三十八条　开发海岛及周围海域的资源，应当采取严格的生态保护措施，不得造成海岛地形、岸滩、植被和海岛周围海域生态环境的损害。

第三十九条　国家严格保护自然岸线，建立健全自然岸线控制制度。沿海省、自治区、直辖市人民政府负责划定严格保护岸线的范围并发布。

沿海地方各级人民政府应当加强海岸线分类保护与利用，保护修复自然岸线，促进人工岸线生态化，维护岸线岸滩稳定平衡，因地制宜、科学合理划定海岸建筑退缩线。

禁止违法占用、损害自然岸线。

第四十条　国务院水行政主管部门确定重要入海河流的生态流量管控指标，应当征求并研究国务院生态环境、自然资源等部门的意见。确定生态流量管控指标，应当进行科学论证，综合考虑水资源条件、气候状况、生态环境保护要求、生活生产用水状况等因素。

入海河口所在地县级以上地方人民政府及其有关部门按照河海联动的要求，制定实施河口生态修复和其他保护措施方案，加强对水、沙、盐、潮滩、生物种群、河口形态的综合监测，采取有效措施防止海水入侵和倒灌，维护河口良好生态功能。

第四十一条　沿海地方各级人民政府应当结合当地自然环境的特点，建设海岸防护设施、沿海防护林、沿海城镇园林和绿地，对海岸侵蚀和海水入侵地区进行综合治理。

禁止毁坏海岸防护设施、沿海防护林、沿海城镇园林和绿地。

第四十二条　对遭到破坏的具有重要生态、经济、社会价值的海洋生态系统，应当进行修复。海洋生态修复应当以改善生境、恢复生物多样性和生态系统基本功能为重点，以自然恢复为主、人工修复为辅，并优先修复具有典型性、代表性的海洋生态系统。

国务院自然资源主管部门负责统筹海洋生态修复，牵头组织编制海洋生态修复规划并实施有关海洋生态修复重大工程。编制海洋生态修复规划，应当进行科学论证评估。

国务院自然资源、生态环境等部门应当按照职责分工开展修复成效监督评估。

第四十三条　国务院自然资源主管部门负责开展全国海洋生态灾害预防、风险评估和隐患排查治理。

沿海县级以上地方人民政府负责其管理海域的海洋生态灾害应对工作，采取必要的灾害预防、处置和灾后恢复措施，防止和减轻灾害影响。

企业事业单位和其他生产经营者应当采取必要应对措施，防止海洋生态灾害扩大。

第四十四条　国家鼓励发展生态渔业，推广多种生态渔业生产方式，改善海洋生态状况，保护海洋环境。

沿海县级以上地方人民政府应当因地制宜编制并组织实施养殖水域滩涂规划，确定可以用于养殖业的水域和滩涂，科学划定海水养殖禁养区、限养区和养殖区，建立禁养区内海水养殖的清理和退出机制。

第四十五条 从事海水养殖活动应当保护海域环境，科学确定养殖规模和养殖密度，合理投饵、投肥，正确使用药物，及时规范收集处理固体废物，防止造成海洋生态环境的损害。

禁止在氮磷浓度严重超标的近岸海域新增或者扩大投饵、投肥海水养殖规模。

向海洋排放养殖尾水污染物等应当符合污染物排放标准。沿海省、自治区、直辖市人民政府应当制定海水养殖污染物排放相关地方标准，加强养殖尾水污染防治的监督管理。

工厂化养殖和设置统一排污口的集中连片养殖的排污单位，应当按照有关规定对养殖尾水自行监测。

第四章 陆源污染物污染防治

第四十六条 向海域排放陆源污染物，应当严格执行国家或者地方规定的标准和有关规定。

第四十七条 入海排污口位置的选择，应当符合国土空间用途管制要求，根据海水动力条件和有关规定，经科学论证后，报设区的市级以上人民政府生态环境主管部门备案。排污口的责任主体应当加强排污口监测，按照规定开展监控和自动监测。

生态环境主管部门应当在完成备案后十五个工作日内将入海排污口设置情况通报自然资源、渔业等部门和海事管理机构、海警机构、军队生态环境保护部门。

沿海县级以上地方人民政府应当根据排污口类别、责任主体，组织有关部门对本行政区域内各类入海排污口进行排查整治和日常监督管理，建立健全近岸水体、入海排污口、排污管线、污染源全链条治理体系。

国务院生态环境主管部门负责制定入海排污口设置和管理的具体办法，制定入海排污口技术规范，组织建设统一的入海排污口信息平台，加强动态更新、信息共享和公开。

第四十八条 禁止在自然保护地、重要渔业水域、海水浴场、生态保护红线区域及其他需要特别保护的区域，新设工业排污口和城镇污水处理厂排污口；法律、行政法规另有规定的除外。

在有条件的地区，应当将排污口深水设置，实行离岸排放。

第四十九条 经开放式沟（渠）向海洋排放污染物的，对开放式沟（渠）按照国家和地方的有关规定、标准实施水环境质量管理。

第五十条 国务院有关部门和县级以上地方人民政府及其有关部门应当依照水污染防治有关法律、行政法规的规定，加强入海河流管理，协同推进入海河流污染防治，使入海河口的水质符合入海河口环境质量相关要求。

入海河流流域省、自治区、直辖市人民政府应当按照国家有关规定，加强入海总氮、总磷排放的管控，制定控制方案并组织实施。

第五十一条 禁止向海域排放油类、酸液、碱液、剧毒废液。

禁止向海域排放污染海洋环境、破坏海洋生态的放射性废水。

严格控制向海域排放含有不易降解的有机物和重金属的废水。

第五十二条 含病原体的医疗污水、生活污水和工业废水应当经过处理，符合国家和地方有关排放标准后，方可排入海域。

第五十三条 含有机物和营养物质的工业废水、生活污水，应当严格控制向海湾、半封闭海及其他自净能力较差的海域排放。

第五十四条 向海域排放含热废水，应当采取有效措施，保证邻近自然保护地、渔业水域的水温符合国家和地方海洋环境质量标准，避免热污染对珍稀濒危海洋生物、海洋水产资源造成危害。

第五十五条 沿海地方各级人民政府应当加强农业面源污染防治。沿海农田、林场施用化学农药，应当执行国家农药安全使用的规定和标准。沿海农田、林场应当合理使用化肥和植物生长调节剂。

第五十六条　在沿海陆域弃置、堆放和处理尾矿、矿渣、煤灰渣、垃圾和其他固体废物的，依照《中华人民共和国固体废物污染环境防治法》的有关规定执行，并采取有效措施防止固体废物进入海洋。

禁止在岸滩弃置、堆放和处理固体废物；法律、行政法规另有规定的除外。

第五十七条　沿海县级以上地方人民政府负责其管理海域的海洋垃圾污染防治，建立海洋垃圾监测、清理制度，统筹规划建设陆域接收、转运、处理海洋垃圾的设施，明确有关部门、乡镇、街道、企业事业单位等的海洋垃圾管控区域，建立海洋垃圾监测、拦截、收集、打捞、运输、处理体系并组织实施，采取有效措施鼓励、支持公众参与上述活动。国务院生态环境、住房和城乡建设、发展改革等部门应当按照职责分工加强海洋垃圾污染防治的监督指导和保障。

第五十八条　禁止经中华人民共和国内水、领海过境转移危险废物。

经中华人民共和国管辖的其他海域转移危险废物的，应当事先取得国务院生态环境主管部门的书面同意。

第五十九条　沿海县级以上地方人民政府应当建设和完善排水管网，根据改善海洋环境质量的需要建设城镇污水处理厂和其他污水处理设施，加强城乡污水处理。

建设污水海洋处置工程，应当符合国家有关规定。

第六十条　国家采取必要措施，防止、减少和控制来自大气层或者通过大气层造成的海洋环境污染损害。

第五章　工程建设项目污染防治

第六十一条　新建、改建、扩建工程建设项目，应当遵守国家有关建设项目环境保护管理的规定，并把污染防治和生态保护所需资金纳入建设项目投资计划。

禁止在依法划定的自然保护地、重要渔业水域及其他需要特别保护的区域，违法建设污染环境、破坏生态的工程建设项目或者从事其他活动。

第六十二条　工程建设项目应当按照国家有关建设项目环境影响评价的规定进行环境影响评价。未依法进行并通过环境影响评价的建设项目，不得开工建设。

环境保护设施应当与主体工程同时设计、同时施工、同时投产使用。环境保护设施应当符合经批准的环境影响评价报告书（表）的要求。建设单位应当依照有关法律法规的规定，对环境保护设施进行验收，编制验收报告，并向社会公开。环境保护设施未经验收或者经验收不合格的，建设项目不得投入生产或者使用。

第六十三条　禁止在沿海陆域新建不符合国家产业政策的化学制浆造纸、化工、印染、制革、电镀、酿造、炼油、岸边冲滩拆船及其他严重污染海洋环境的生产项目。

第六十四条　新建、改建、扩建工程建设项目，应当采取有效措施，保护国家和地方重点保护的野生动植物及其生存环境，保护海洋水产资源，避免或者减轻对海洋生物的影响。

禁止在严格保护岸线范围内开采海砂。依法在其他区域开发利用海砂资源，应当采取严格措施，保护海洋环境。载运海砂资源应当持有合法来源证明；海砂开采者应当为载运海砂的船舶提供合法来源证明。

从岸上打井开采海底矿产资源，应当采取有效措施，防止污染海洋环境。

第六十五条　工程建设项目不得使用含超标准放射性物质或者易溶出有毒有害物质的材料；不得造成领海基点及其周围环境的侵蚀、淤积和损害，不得危及领海基点的稳定。

第六十六条　工程建设项目需要爆破作业时，应当采取有效措施，保护海洋环境。

海洋石油勘探开发及输油过程中，应当采取有效措施，避免溢油事故的发生。

第六十七条　工程建设项目不得违法向海洋排放污染物、废弃物及其他有害物质。

海洋油气钻井平台（船）、生产生活平台、生产储卸装置等海洋油气装备的含油污水和油性混合物，应当经过处理达标后排放；残油、废油应当予以回收，不得排放入海。

钻井所使用的油基泥浆和其他有毒复合泥浆不得排放入海。水基泥浆和无毒复合泥浆及钻屑的排放，应当符合国家有关规定。

第六十八条　海洋油气钻井平台（船）、生产生活平台、生产储卸装置等海洋油气装备及其有关海上设施，不得向海域处置含油的工业固体废物。处置其他固体废物，不得造成海洋环境污染。

第六十九条　海上试油时，应当确保油气充分燃烧，油和油性混合物不得排放入海。

第七十条　勘探开发海洋油气资源，应当按照有关规定编制油气污染应急预案，报国务院生态环境主管部门海域派出机构备案。

第六章　废弃物倾倒污染防治

第七十一条　任何个人和未经批准的单位，不得向中华人民共和国管辖海域倾倒任何废弃物。

需要倾倒废弃物的，产生废弃物的单位应当向国务院生态环境主管部门海域派出机构提出书面申请，并出具废弃物特性和成分检验报告，取得倾倒许可证后，方可倾倒。

国家鼓励疏浚物等废弃物的综合利用，避免或者减少海洋倾倒。

禁止中华人民共和国境外的废弃物在中华人民共和国管辖海域倾倒。

第七十二条　国务院生态环境主管部门根据废弃物的毒性、有毒物质含量和对海洋环境影响程度，制定海洋倾倒废弃物评价程序和标准。

可以向海洋倾倒的废弃物名录，由国务院生态环境主管部门制定。

第七十三条　国务院生态环境主管部门会同国务院自然资源主管部门编制全国海洋倾倒区规划，并征求国务院交通运输、渔业等部门和海警机构的意见，报国务院批准。

国务院生态环境主管部门根据全国海洋倾倒区规划，按照科学、合理、经济、安全的原则及时选划海洋倾倒区，征求国务院交通运输、渔业等部门和海警机构的意见，并向社会公告。

第七十四条　国务院生态环境主管部门组织开展海洋倾倒区使用状况评估，根据评估结果予以调整、暂停使用或者封闭海洋倾倒区。

海洋倾倒区的调整、暂停使用和封闭情况，应当通报国务院有关部门、海警机构并向社会公布。

第七十五条　获准和实施倾倒废弃物的单位，应当按照许可证注明的期限及条件，到指定的区域进行倾倒。倾倒作业船舶等载运工具应当安装使用符合要求的海洋倾倒在线监控设备，并与国务院生态环境主管部门监管系统联网。

第七十六条　获准和实施倾倒废弃物的单位，应当按照规定向颁发许可证的国务院生态环境主管部门海域派出机构报告倾倒情况。倾倒废弃物的船舶应当向驶出港的海事管理机构、海警机构作出报告。

第七十七条　禁止在海上焚烧废弃物。

禁止在海上处置污染海洋环境、破坏海洋生态的放射性废物或者其他放射性物质。

第七十八条　获准倾倒废弃物的单位委托实施废弃物海洋倾倒作业的，应当对受托单位的主体资格、技术能力和信用状况进行核实，依法签订书面合同，在合同中约定污染防治与生态保护要求，并监督实施。

受托单位实施废弃物海洋倾倒作业，应当依照有关法律法规的规定和合同约定，履行污染防治和生态保护要求。

获准倾倒废弃物的单位违反本条第一款规定的，除依照有关法律法规的规定予以处罚外，还应当与造成环境污染、生态破坏的受托单位承担连带责任。

第七章 船舶及有关作业活动污染防治

第七十九条 在中华人民共和国管辖海域，任何船舶及相关作业不得违法向海洋排放船舶垃圾、生活污水、含油污水、含有毒有害物质污水、废气等污染物，废弃物，压载水和沉积物及其他有害物质。

船舶应当按照国家有关规定采取有效措施，对压载水和沉积物进行处理处置，严格防控引入外来有害生物。

从事船舶污染物、废弃物接收和船舶清舱、洗舱作业活动的，应当具备相应的接收处理能力。

第八十条 船舶应当配备相应的防污设备和器材。

船舶的结构、配备的防污设备和器材应当符合国家防治船舶污染海洋环境的有关规定，并经检验合格。

船舶应当取得并持有防治海洋环境污染的证书与文书，在进行涉及船舶污染物、压载水和沉积物排放及操作时，应当按照有关规定监测、监控，如实记录并保存。

第八十一条 船舶应当遵守海上交通安全法律、法规的规定，防止因碰撞、触礁、搁浅、火灾或者爆炸等引起的海难事故，造成海洋环境的污染。

第八十二条 国家完善并实施船舶油污损害民事赔偿责任制度；按照船舶油污损害赔偿责任由船东和货主共同承担风险的原则，完善并实施船舶油污保险、油污损害赔偿基金制度，具体办法由国务院规定。

第八十三条 载运具有污染危害性货物进出港口的船舶，其承运人、货物所有人或者代理人，应当事先向海事管理机构申报。经批准后，方可进出港口或者装卸作业。

第八十四条 交付船舶载运污染危害性货物的，托运人应当将货物的正式名称、污染危害性以及应当采取的防护措施如实告知承运人。污染危害性货物的单证、包装、标志、数量限制等，应当符合对所交付货物的有关规定。

需要船舶载运污染危害性不明的货物，应当按照有关规定事先进行评估。

装卸油类及有毒有害货物的作业，船岸双方应当遵守安全防污操作规程。

第八十五条 港口、码头、装卸站和船舶修造拆解单位所在地县级以上地方人民政府应当统筹规划建设船舶污染物等的接收、转运、处理处置设施，建立相应的接收、转运、处理处置多部门联合监管制度。

沿海县级以上地方人民政府负责对其管理海域的渔港和渔业船舶停泊点及周边区域污染防治的监督管理，规范生产生活污水和渔业垃圾回收处置，推进污染防治设备建设和环境清理整治。

港口、码头、装卸站和船舶修造拆解单位应当按照有关规定配备足够的用于处理船舶污染物、废弃物的接收设施，使该设施处于良好状态并有效运行。

装卸油类等污染危害性货物的港口、码头、装卸站和船舶应当编制污染应急预案，并配备相应的污染应急设备和器材。

第八十六条 国家海事管理机构组织制定中国籍船舶禁止或者限制安装和使用的有害材料名录。

船舶修造单位或者船舶所有人、经营人或者管理人应当在船上备有有害材料清单，在船舶建造、营运和维修过程中持续更新，并在船舶拆解前提供给从事船舶拆解的单位。

第八十七条 从事船舶拆解的单位，应当采取有效的污染防治措施，在船舶拆解前将船舶污染物减至最小量，对拆解产生的船舶污染物、废弃物和其他有害物质进行安全与环境无害化处置。拆解的船舶部件不得进入水体。

禁止采取冲滩方式进行船舶拆解作业。

第八十八条 国家倡导绿色低碳智能航运，鼓励船舶使用新能源或者清洁能源，淘汰高耗能高排放老旧船舶，减少温室气体和大气污染物的排放。沿海县级以上地方人民政府应当制定港口岸电、船舶受电等设施建设和改造计划，并组织实施。港口岸电设施的供电能力应当与靠港船舶的用电需求相适应。

船舶应当按照国家有关规定采取有效措施提高能效水平。具备岸电使用条件的船舶靠港应当按照国家有关规定使用岸电，但是使用清洁能源的除外。具备岸电供应能力的港口经营人、岸电供电企业应当按照国家有关规定为具备岸电使用条件的船舶提供岸电。

国务院和沿海县级以上地方人民政府对港口岸电设施、船舶受电设施的改造和使用，清洁能源或者新能源动力船舶建造等按照规定给予支持。

第八十九条 船舶及有关作业活动应当遵守有关法律法规和标准，采取有效措施，防止造成海洋环境污染。海事管理机构等应当加强对船舶及有关作业活动的监督管理。

船舶进行散装液体污染危害性货物的过驳作业，应当编制作业方案，采取有效的安全和污染防治措施，并事先按照有关规定报经批准。

第九十条 船舶发生海难事故，造成或者可能造成海洋环境重大污染损害的，国家海事管理机构有权强制采取避免或者减少污染损害的措施。

对在公海上因发生海难事故，造成中华人民共和国管辖海域重大污染损害后果或者具有污染威胁的船舶、海上设施，国家海事管理机构有权采取与实际的或者可能发生的损害相称的必要措施。

第九十一条 所有船舶均有监视海上污染的义务，在发现海上污染事件或者违反本法规定的行为时，应当立即向就近的依照本法规定行使海洋环境监督管理权的部门或者机构报告。

民用航空器发现海上排污或者污染事件，应当及时向就近的民用航空空中交通管制单位报告。接到报告的单位，应当立即向依照本法规定行使海洋环境监督管理权的部门或者机构通报。

第九十二条 国务院交通运输主管部门可以划定船舶污染物排放控制区。进入控制区的船舶应当符合船舶污染物排放相关控制要求。

第八章 法律责任

第九十三条 违反本法规定，有下列行为之一，由依照本法规定行使海洋环境监督管理权的部门或者机构责令改正或者责令采取限制生产、停产整治等措施，并处以罚款；情节严重的，报经有批准权的人民政府批准，责令停业、关闭：

（一）向海域排放本法禁止排放的污染物或者其他物质的；

（二）未依法取得排污许可证排放污染物的；

（三）超过标准、总量控制指标排放污染物的；

（四）通过私设暗管或者篡改、伪造监测数据，或者不正常运行污染防治设施等逃避监管的方式违法向海洋排放污染物的；

（五）违反本法有关船舶压载水和沉积物排放和管理规定的；

（六）其他未依照本法规定向海洋排放污染物、废弃物的。

有前款第一项、第二项行为之一的，处二十万元以上一百万元以下的罚款；有前款第三项行为的，处十万元以上一百万元以下的罚款；有前款第四项行为的，处十万元以上一百万元以下的罚款，情节严重的，吊销排污许可证；有前款第五项、第六项行为之一的，处一万元以上二十万元以下的罚款。

个人擅自在岸滩弃置、堆放和处理生活垃圾的，按次处一百元以上一千元以下的罚款。

第九十四条　违反本法规定，有下列行为之一，由依照本法规定行使海洋环境监督管理权的部门或者机构责令改正，处以罚款：

（一）未依法公开排污信息或者弄虚作假的；

（二）因发生事故或者其他突发性事件，造成或者可能造成海洋环境污染、生态破坏事件，未按照规定通报或者报告的；

（三）未按照有关规定制定应急预案并备案，或者未按照有关规定配备应急设备、器材的；

（四）因发生事故或者其他突发性事件，造成或者可能造成海洋环境污染、生态破坏事件，未立即采取有效措施或者逃逸的；

（五）未采取必要应对措施，造成海洋生态灾害危害扩大的。

有前款第一项行为的，处二万元以上二十万元以下的罚款，拒不改正的，责令限制生产、停产整治；有前款第二项行为的，处五万元以上五十万元以下的罚款，对直接负责的主管人员和其他直接责任人员处一万元以上十万元以下的罚款，并可以暂扣或者吊销相关任职资格许可；有前款第三项行为的，处二万元以上二十万元以下的罚款；有前款第四项、第五项行为之一的，处二十万元以上二百万元以下的罚款。

第九十五条　违反本法规定，拒绝、阻挠调查和现场检查，或者在被检查时弄虚作假的，由依照本法规定行使海洋环境监督管理权的部门或者机构责令改正，处五万元以上二十万元以下的罚款；对直接负责的主管人员和其他直接责任人员处二万元以上十万元以下的罚款。

第九十六条　违反本法规定，造成珊瑚礁等海洋生态系统或者自然保护地破坏的，由依照本法规定行使海洋环境监督管理权的部门或者机构责令改正、采取补救措施，处每平方米一千元以上一万元以下的罚款。

第九十七条　违反本法规定，有下列行为之一，由依照本法规定行使海洋环境监督管理权的部门或者机构责令改正，处以罚款：

（一）占用、损害自然岸线的；

（二）在严格保护岸线范围内开采海砂的；

（三）违反本法其他关于海砂、矿产资源规定的。

有前款第一项行为的，处每米五百元以上一万元以下的罚款；有前款第二项行为的，处货值金额二倍以上二十倍以下的罚款，货值金额不足十万元的，处二十万元以上二百万元以下的罚款；有前款第三项行为的，处五万元以上五十万元以下的罚款。

第九十八条　违反本法规定，从事海水养殖活动有下列行为之一，由依照本法规定行使海洋环境监督管理权的部门或者机构责令改正，处二万元以上二十万元以下的罚款；情节严重的，报经有批准权的人民政府批准，责令停业、关闭：

（一）违反禁养区、限养区规定的；

（二）违反养殖规模、养殖密度规定的；

（三）违反投饵、投肥、药物使用规定的；

（四）未按照有关规定对养殖尾水自行监测的。

第九十九条　违反本法规定设置入海排污口的，由生态环境主管部门责令关闭或者拆除，处二万元以上十万元以下的罚款；拒不关闭或者拆除的，强制关闭、拆除，所需费用由违法者承担，处十万元以上五十万元以下的罚款；情节严重的，可以责令停产整治。

违反本法规定，设置入海排污口未备案的，由生态环境主管部门责令改正，处二万元以上十万元以下的罚款。

违反本法规定，入海排污口的责任主体未按照规定开展监控、自动监测的，由生态环境主管部门责令改正，处二万元以上十万元以下的罚款；拒不改正的，可以责令停产整治。

自然资源、渔业等部门和海事管理机构、海警机构、军队生态环境保护部门发现前三款违法行为之一的，应当通报生态环境主管部门。

第一百条　违反本法规定，经中华人民共和国管辖海域，转移危险废物的，由国家海事管理机构责令非法运输该危险废物的船舶退出中华人民共和国管辖海域，处五十万元以上五百万元以下的罚款。

第一百零一条　违反本法规定，建设单位未落实建设项目投资计划有关要求的，由生态环境主管部门责令改正，处五万元以上二十万元以下的罚款；拒不改正的，处二十万元以上一百万元以下的罚款。

违反本法规定，建设单位未依法报批或者报请重新审核环境影响报告书（表），擅自开工建设的，由生态环境主管部门或者海警机构责令其停止建设，根据违法情节和危害后果，处建设项目总投资额百分之一以上百分之五以下的罚款，并可以责令恢复原状；对建设单位直接负责的主管人员和其他直接责任人员，依法给予处分。建设单位未依法备案环境影响登记表的，由生态环境主管部门责令备案，处五万元以下的罚款。

第一百零二条　违反本法规定，在依法划定的自然保护地、重要渔业水域及其他需要特别保护的区域建设污染环境、破坏生态的工程建设项目或者从事其他活动，或者在沿海陆域新建不符合国家产业政策的生产项目的，由县级以上人民政府按照管理权限责令关闭。

违反生态环境准入清单进行生产建设活动的，由依照本法规定行使海洋环境监督管理权的部门或者机构责令停止违法行为，限期拆除并恢复原状，所需费用由违法者承担，处五十万元以上五百万元以下的罚款，对直接负责的主管人员和其他直接责任人员处五万元以上十万元以下的罚款；情节严重的，报经有批准权的人民政府批准，责令关闭。

第一百零三条　违反本法规定，环境保护设施未与主体工程同时设计、同时施工、同时投产使用的，或者环境保护设施未建成、未达到规定要求、未经验收或者经验收不合格即投入生产、使用的，由生态环境主管部门或者海警机构责令改正，处二十万元以上一百万元以下的罚款；拒不改正的，处一百万元以上二百万元以下的罚款；对直接负责的主管人员和其他责任人员处五万元以上二十万元以下的罚款；造成重大环境污染、生态破坏的，责令其停止生产、使用，或者报经有批准权的人民政府批准，责令关闭。

第一百零四条　违反本法规定，工程建设项目有下列行为之一，由依照本法规定行使海洋环境监督管理权的部门或者机构责令其停止违法行为、消除危害，处二十万元以上一百万元以下的罚款；情节严重的，报经有批准权的人民政府批准，责令停业、关闭：

（一）使用含超标准放射性物质或者易溶出有毒有害物质的材料的；

（二）造成领海基点及其周围环境的侵蚀、淤积、损害，或者危及领海基点稳定的。

第一百零五条　违反本法规定进行海洋油气勘探开发活动，造成海洋环境污染的，由海警机构责令改正，给予警告，并处二十万元以上一百万元以下的罚款。

第一百零六条　违反本法规定，有下列行为之一，由国务院生态环境主管部门及其海域派出机构、海事管理机构或者海警机构责令改正，处以罚款，必要时可以扣押船舶；情节严重的，报经有批准权的人民政府批准，责令停业、关闭：

（一）倾倒废弃物的船舶驶出港口未报告的；

（二）未取得倾倒许可证，向海洋倾倒废弃物的；

（三）在海上焚烧废弃物或者处置放射性废物及其他放射性物质的。

有前款第一项行为的，对违法船舶的所有人、经营人或者管理人处三千元以上三万元以下的罚款，对船长、责任船员或者其他责任人员处五百元以上五千元以下的罚款；有前款第二项行为的，处二十万元以上二百万元以下的罚款；有前款第三项行为的，处五十万元以上五百万元以下的罚款。有前款第二项、第三项行为之一，两年内受到行政处罚三次以上的，三年内不得从事废弃物海洋倾倒活动。

第一百零七条 违反本法规定，有下列行为之一，由国务院生态环境主管部门及其海域派出机构、海事管理机构或者海警机构责令改正，处以罚款，暂扣或者吊销倾倒许可证，必要时可以扣押船舶；情节严重的，报经有批准权的人民政府批准，责令停业、关闭：

（一）未按照国家规定报告倾倒情况的；

（二）未按照国家规定安装使用海洋倾废在线监控设备的；

（三）获准倾倒废弃物的单位未依照本法规定委托实施废弃物海洋倾倒作业或者未依照本法规定监督实施的；

（四）未按照倾倒许可证的规定倾倒废弃物的。

有前款第一项行为的，按次处五千元以上二万元以下的罚款；有前款第二项行为的，处二万元以上二十万元以下的罚款；有前款第三项行为的，处三万元以上三十万元以下的罚款；有前款第四项行为的，处二十万元以上一百万元以下的罚款，被吊销倾倒许可证的，三年内不得从事废弃物海洋倾倒活动。

以提供虚假申请材料、欺骗、贿赂等不正当手段申请取得倾倒许可证的，由国务院生态环境主管部门及其海域派出机构依法撤销倾倒许可证，并处二十万元以上五十万元以下的罚款；三年内不得再次申请倾倒许可证。

第一百零八条 违反本法规定，将中华人民共和国境外废弃物运进中华人民共和国管辖海域倾倒的，由海警机构责令改正，根据造成或者可能造成的危害后果，处五十万元以上五百万元以下的罚款。

第一百零九条 违反本法规定，有下列行为之一，由依照本法规定行使海洋环境监督管理权的部门或者机构责令改正，处以罚款：

（一）港口、码头、装卸站、船舶修造拆解单位未按照规定配备或者有效运行船舶污染物、废弃物接收设施，或者船舶的结构、配备的防污设备和器材不符合国家防污规定或者未经检验合格的；

（二）从事船舶污染物、废弃物接收和船舶清舱、洗舱作业活动，不具备相应接收处理能力的；

（三）从事船舶拆解、旧船改装、打捞和其他水上、水下施工作业，造成海洋环境污染损害的；

（四）采取冲滩方式进行船舶拆解作业的。

有前款第一项、第二项行为之一的，处二万元以上三十万元以下的罚款；有前款第三项行为的，处五万元以上二十万元以下的罚款；有前款第四项行为的，处十万元以上一百万元以下的罚款。

第一百一十条 违反本法规定，有下列行为之一，由依照本法规定行使海洋环境监督管理权的部门或者机构责令改正，处以罚款：

（一）未在船上备有有害材料清单，未在船舶建造、营运和维修过程中持续更新有害材料清单，或者未在船舶拆解前将有害材料清单提供给从事船舶拆解单位的；

（二）船舶未持有防污证书、防污文书，或者不按照规定监测、监控，如实记载和保存船舶污染物、压载水和沉积物的排放及操作记录的；

（三）船舶采取措施提高能效水平未达到有关规定的；

（四）进入控制区的船舶不符合船舶污染物排放相关控制要求的；

（五）具备岸电供应能力的港口经营人、岸电供电企业未按照国家规定为具备岸电使用条件的船舶提供岸电的；

（六）具备岸电使用条件的船舶靠港，不按照国家规定使用岸电的。

有前款第一项行为的，处二万元以下的罚款；有前款第二项行为的，处十万元以下的罚款；有前款第三项行为的，处一万元以上十万元以下的罚款；有前款第四项行为的，处三万元以上三十万元以下的罚款；有前款第五项、第六项行为之一的，处一万元以上十万元以下的罚款，情节严重的，处十万元以上五十万元以下的罚款。

第一百一十一条 违反本法规定，有下列行为之一，由依照本法规定行使海洋环境监督管理权的部门或者机构责令改正，处以罚款：

（一）拒报或者谎报船舶载运污染危害性货物申报事项的；

（二）托运人未将托运的污染危害性货物的正式名称、污染危害性以及应当采取的防护措施如实告知承运人的；

（三）托运人交付承运人的污染危害性货物的单证、包装、标志、数量限制不符合对所交付货物的有关规定的；

（四）托运人在托运的普通货物中夹带污染危害性货物或者将污染危害性货物谎报为普通货物的；

（五）需要船舶载运污染危害性不明的货物，未按照有关规定事先进行评估的。

有前款第一项行为的，处五万元以下的罚款；有前款第二项行为的，处五万元以上十万元以下的罚款；有前款第三项、第五项行为之一的，处二万元以上十万元以下的罚款；有前款第四项行为的，处十万元以上二十万元以下的罚款。

第一百一十二条 违反本法规定，有下列行为之一，由依照本法规定行使海洋环境监督管理权的部门或者机构责令改正，处一万元以上五万元以下的罚款：

（一）载运具有污染危害性货物的船舶未经许可进出港口或者装卸作业的；

（二）装卸油类及有毒有害货物的作业，船岸双方未遵守安全防污操作规程的；

（三）船舶进行散装液体污染危害性货物的过驳作业，未编制作业方案或者未按照有关规定报经批准的。

第一百一十三条 企业事业单位和其他生产经营者违反本法规定向海域排放、倾倒、处置污染物、废弃物或者其他物质，受到罚款处罚，被责令改正的，依法作出处罚决定的部门或者机构应当组织复查，发现其继续实施该违法行为或者拒绝、阻挠复查的，依照《中华人民共和国环境保护法》的规定按日连续处罚。

第一百一十四条 对污染海洋环境、破坏海洋生态，造成他人损害的，依照《中华人民共和国民法典》等法律的规定承担民事责任。

对污染海洋环境、破坏海洋生态，给国家造成重大损失的，由依照本法规定行使海洋环境监督管理权的部门代表国家对责任者提出损害赔偿要求。

前款规定的部门不提起诉讼的，人民检察院可以向人民法院提起诉讼。前款规定的部门提起诉讼的，人民检察院可以支持起诉。

第一百一十五条 对违反本法规定，造成海洋环境污染、生态破坏事故的单位，除依法承担赔偿责任外，由依照本法规定行使海洋环境监督管理权的部门或者机构处以罚款；对直接负责的主管人员和其他直接责任人员可以处上一年度从本单位取得收入百分之五十以下的罚款；直接负责的主管人员和其他直接责任人员属于公职人员的，依法给予处分。

对造成一般或者较大海洋环境污染、生态破坏事故的，按照直接损失的百分之二十计算罚款；对造成重大或者特大海洋环境污染、生态破坏事故的，按照直接损失的百分之三十计算罚款。

第一百一十六条　完全属于下列情形之一，经过及时采取合理措施，仍然不能避免对海洋环境造成污染损害的，造成污染损害的有关责任者免予承担责任：

（一）战争；

（二）不可抗拒的自然灾害；

（三）负责灯塔或者其他助航设备的主管部门，在执行职责时的疏忽，或者其他过失行为。

第一百一十七条　未依照本法规定缴纳倾倒费的，由国务院生态环境主管部门及其海域派出机构责令限期缴纳；逾期拒不缴纳的，处应缴纳倾倒费数额一倍以上三倍以下的罚款，并可以报经有批准权的人民政府批准，责令停业、关闭。

第一百一十八条　海洋环境监督管理人员滥用职权、玩忽职守、徇私舞弊，造成海洋环境污染损害、生态破坏的，依法给予处分。

第一百一十九条　违反本法规定，构成违反治安管理行为的，依法给予治安管理处罚；构成犯罪的，依法追究刑事责任。

第九章　附　　则

第一百二十条　本法中下列用语的含义是：

（一）海洋环境污染损害，是指直接或者间接地把物质或者能量引入海洋环境，产生损害海洋生物资源、危害人体健康、妨害渔业和海上其他合法活动、损害海水使用素质和减损环境质量等有害影响。

（二）内水，是指我国领海基线向内陆一侧的所有海域。

（三）沿海陆域，是指与海岸相连，或者通过管道、沟渠、设施，直接或者间接向海洋排放污染物及其相关活动的一带区域。

（四）滨海湿地，是指低潮时水深不超过六米的水域及其沿岸浸湿地带，包括水深不超过六米的永久性水域、潮间带（或者洪泛地带）和沿海低地等，但是用于养殖的人工的水域和滩涂除外。

（五）陆地污染源（简称陆源），是指从陆地向海域排放污染物，造成或者可能造成海洋环境污染的场所、设施等。

（六）陆源污染物，是指由陆地污染源排放的污染物。

（七）倾倒，是指通过船舶、航空器、平台或者其他载运工具，向海洋处置废弃物和其他有害物质的行为，包括弃置船舶、航空器、平台及其辅助设施和其他浮动工具的行为。

（八）海岸线，是指多年大潮平均高潮位时海陆分界痕迹线，以国家组织开展的海岸线修测结果为准。

（九）入海河口，是指河流终端与受水体（海）相结合的地段。

（十）海洋生态灾害，是指受自然环境变化或者人为因素影响，导致一种或者多种海洋生物暴发性增殖或者高度聚集，对海洋生态系统结构和功能造成损害。

（十一）渔业水域，是指鱼虾蟹贝类的产卵场、索饵场、越冬场、洄游通道和鱼虾蟹贝藻类及其他水生动植物的养殖场。

（十二）排放，是指把污染物排入海洋的行为，包括泵出、溢出、泄出、喷出和倒出。

（十三）油类，是指任何类型的油及其炼制品。

（十四）入海排污口，是指直接或者通过管道、沟、渠等排污通道向海洋环境水体排放污水的口门，包括工业排污口、城镇污水处理厂排污口、农业排口及其他排口等类型。

（十五）油性混合物，是指任何含有油份的混合物。

（十六）海上焚烧，是指以热摧毁为目的，在海上焚烧设施上，故意焚烧废弃物或者其他物质的行为，但是船舶、平台或者其他人工构造物正常操作中所附带发生的行为除外。

第一百二十一条 涉及海洋环境监督管理的有关部门的具体职权划分，本法未作规定的，由国务院规定。

沿海县级以上地方人民政府行使海洋环境监督管理权的部门的职责，由省、自治区、直辖市人民政府根据本法及国务院有关规定确定。

第一百二十二条 军事船舶和军事用海环境保护管理办法，由国务院、中央军事委员会依照本法制定。

第一百二十三条 中华人民共和国缔结或者参加的与海洋环境保护有关的国际条约与本法有不同规定的，适用国际条约的规定；但是，中华人民共和国声明保留的条款除外。

第一百二十四条 本法自2024年1月1日起施行。

中华人民共和国海岛保护法

（2009年12月26日第十一届全国人民代表大会常务委员会第十二次会议通过，2009年12月26日公布，自2010年3月1日起施行）

第一章 总 则

第一条 为了保护海岛及其周边海域生态系统，合理开发利用海岛自然资源，维护国家海洋权益，促进经济社会可持续发展，制定本法。

第二条 从事中华人民共和国所属海岛的保护、开发利用及相关管理活动，适用本法。

本法所称海岛，是指四面环海水并在高潮时高于水面的自然形成的陆地区域，包括有居民海岛和无居民海岛。

本法所称海岛保护，是指海岛及其周边海域生态系统保护，无居民海岛自然资源保护和特殊用途海岛保护。

第三条 国家对海岛实行科学规划、保护优先、合理开发、永续利用的原则。

国务院和沿海地方各级人民政府应当将海岛保护和合理开发利用纳入国民经济和社会发展规划，采取有效措施，加强对海岛的保护和管理，防止海岛及其周边海域生态系统遭受破坏。

第四条 无居民海岛属于国家所有，国务院代表国家行使无居民海岛所有权。

第五条 国务院海洋主管部门和国务院其他有关部门依照法律和国务院规定的职责分工，负责全国有居民海岛及其周边海域生态保护工作。沿海县级以上地方人民政府海洋主管部门和其他有关部门按照各自的职责，负责本行政区域内有居民海岛及其周边海域生态保护工作。

国务院海洋主管部门负责全国无居民海岛保护和开发利用的管理工作。沿海县级以上地方人民政府海洋主管部门负责本行政区域内无居民海岛保护和开发利用管理的有关工作。

第六条　海岛的名称，由国家地名管理机构和国务院海洋主管部门按照国务院有关规定确定和发布。

沿海县级以上地方人民政府应当按照国家规定，在需要设置海岛名称标志的海岛设置海岛名称标志。

禁止损毁或者擅自移动海岛名称标志。

第七条　国务院和沿海地方各级人民政府应当加强对海岛保护的宣传教育工作，增强公民的海岛保护意识，并对在海岛保护以及有关科学研究工作中做出显著成绩的单位和个人予以奖励。

任何单位和个人都有遵守海岛保护法律的义务，并有权向海洋主管部门或者其他有关部门举报违反海岛保护法律、破坏海岛生态的行为。

第二章　海岛保护规划

第八条　国家实行海岛保护规划制度。海岛保护规划是从事海岛保护、利用活动的依据。

制定海岛保护规划应当遵循有利于保护和改善海岛及其周边海域生态系统，促进海岛经济社会可持续发展的原则。

海岛保护规划报送审批前，应当征求有关专家和公众的意见，经批准后应当及时向社会公布。但是，涉及国家秘密的除外。

第九条　国务院海洋主管部门会同本级人民政府有关部门、军事机关，依据国民经济和社会发展规划、全国海洋功能区划，组织编制全国海岛保护规划，报国务院审批。

全国海岛保护规划应当按照海岛的区位、自然资源、环境等自然属性及保护、利用状况，确定海岛分类保护的原则和可利用的无居民海岛，以及需要重点修复的海岛等。

全国海岛保护规划应当与全国城镇体系规划和全国土地利用总体规划相衔接。

第十条　沿海省、自治区人民政府海洋主管部门会同本级人民政府有关部门、军事机关，依据全国海岛保护规划、省域城镇体系规划和省、自治区土地利用总体规划，组织编制省域海岛保护规划，报省、自治区人民政府审批，并报国务院备案。

沿海直辖市人民政府组织编制的城市总体规划，应当包括本行政区域内海岛保护专项规划。

省域海岛保护规划和直辖市海岛保护专项规划，应当规定海岛分类保护的具体措施。

第十一条　省、自治区人民政府根据实际情况，可以要求本行政区域内的沿海城市、县、镇人民政府组织编制海岛保护专项规划，并纳入城市总体规划、镇总体规划；可以要求沿海县人民政府组织编制县域海岛保护规划。

沿海城市、镇海岛保护专项规划和县域海岛保护规划，应当符合全国海岛保护规划和省域海岛保护规划。

编制沿海城市、镇海岛保护专项规划，应当征求上一级人民政府海洋主管部门的意见。

县域海岛保护规划报省、自治区人民政府审批，并报国务院海洋主管部门备案。

第十二条　沿海县级人民政府可以组织编制全国海岛保护规划确定的可利用无居民海岛的保护和利用规划。

第十三条　修改海岛保护规划，应当依照本法第九条、第十条、第十一条规定的审批程序报经批准。

第十四条　国家建立完善海岛统计调查制度。国务院海洋主管部门会同有关部门拟定海岛综合统计调查计划，依法经批准后组织实施，并发布海岛统计调查公报。

第十五条　国家建立海岛管理信息系统，开展海岛自然资源的调查评估，对海岛的保护与利用等状况实施监视、监测。

第三章　海岛的保护

第一节　一般规定

第十六条　国务院和沿海地方各级人民

政府应当采取措施，保护海岛的自然资源、自然景观以及历史、人文遗迹。

禁止改变自然保护区内海岛的海岸线。禁止采挖、破坏珊瑚和珊瑚礁。禁止砍伐海岛周边海域的红树林。

第十七条　国家保护海岛植被，促进海岛淡水资源的涵养；支持有居民海岛淡水储存、海水淡化和岛外淡水引入工程设施的建设。

第十八条　国家支持利用海岛开展科学研究活动。在海岛从事科学研究活动不得造成海岛及其周边海域生态系统破坏。

第十九条　国家开展海岛物种登记，依法保护和管理海岛生物物种。

第二十条　国家支持在海岛建立可再生能源开发利用、生态建设等实验基地。

第二十一条　国家安排海岛保护专项资金，用于海岛的保护、生态修复和科学研究活动。

第二十二条　国家保护设置在海岛的军事设施，禁止破坏、危害军事设施的行为。

国家保护依法设置在海岛的助航导航、测量、气象观测、海洋监测和地震监测等公益设施，禁止损毁或者擅自移动，妨碍其正常使用。

第二节　有居民海岛生态系统的保护

第二十三条　有居民海岛的开发、建设应当遵守有关城乡规划、环境保护、土地管理、海域使用管理、水资源和森林保护等法律、法规的规定，保护海岛及其周边海域生态系统。

第二十四条　有居民海岛的开发、建设应当对海岛土地资源、水资源及能源状况进行调查评估，依法进行环境影响评价。海岛的开发、建设不得超出海岛的环境容量。新建、改建、扩建建设项目，必须符合海岛主要污染物排放、建设用地和用水总量控制指标的要求。

有居民海岛的开发、建设应当优先采用风能、海洋能、太阳能等可再生能源和雨水集蓄、海水淡化、污水再生利用等技术。

有居民海岛及其周边海域应当划定禁止开发、限制开发区域，并采取措施保护海岛生物栖息地，防止海岛植被退化和生物多样性降低。

第二十五条　在有居民海岛进行工程建设，应当坚持先规划后建设、生态保护设施优先建设或者与工程项目同步建设的原则。

进行工程建设造成生态破坏的，应当负责修复；无力修复的，由县级以上人民政府责令停止建设，并可以指定有关部门组织修复，修复费用由造成生态破坏的单位、个人承担。

第二十六条　严格限制在有居民海岛沙滩建造建筑物或者设施；确需建造的，应当依照有关城乡规划、土地管理、环境保护等法律、法规的规定执行。未经依法批准在有居民海岛沙滩建造的建筑物或者设施，对海岛及其周边海域生态系统造成严重破坏的，应当依法拆除。

严格限制在有居民海岛沙滩采挖海砂；确需采挖的，应当依照有关海域使用管理、矿产资源的法律、法规的规定执行。

第二十七条　严格限制填海、围海等改变有居民海岛海岸线的行为，严格限制填海连岛工程建设；确需填海、围海改变海岛海岸线，或者填海连岛的，项目申请人应当提交项目论证报告、经批准的环境影响评价报告等申请文件，依照《中华人民共和国海域使用管理法》的规定报经批准。

本法施行前在有居民海岛建设的填海连岛工程，对海岛及其周边海域生态系统造成严重破坏的，由海岛所在省、自治区、直辖市人民政府海洋主管部门会同本级人民政府有关部门制定生态修复方案，报本级人民政府批准后组织实施。

第三节　无居民海岛的保护

第二十八条　未经批准利用的无居民海

岛，应当维持现状；禁止采石、挖海砂、采伐林木以及进行生产、建设、旅游等活动。

第二十九条　严格限制在无居民海岛采集生物和非生物样本；因教学、科学研究确需采集的，应当报经海岛所在县级以上地方人民政府海洋主管部门批准。

第三十条　从事全国海岛保护规划确定的可利用无居民海岛的开发利用活动，应当遵守可利用无居民海岛保护和利用规划，采取严格的生态保护措施，避免造成海岛及其周边海域生态系统破坏。

开发利用前款规定的可利用无居民海岛，应当向省、自治区、直辖市人民政府海洋主管部门提出申请，并提交项目论证报告、开发利用具体方案等申请文件，由海洋主管部门组织有关部门和专家审查，提出审查意见，报省、自治区、直辖市人民政府审批。

无居民海岛的开发利用涉及利用特殊用途海岛，或者确需填海连岛以及其他严重改变海岛自然地形、地貌的，由国务院审批。

无居民海岛开发利用审查批准的具体办法，由国务院规定。

第三十一条　经批准开发利用无居民海岛的，应当依法缴纳使用金。但是，因国防、公务、教学、防灾减灾、非经营性公用基础设施建设和基础测绘、气象观测等公益事业使用无居民海岛的除外。

无居民海岛使用金征收使用管理办法，由国务院财政部门会同国务院海洋主管部门规定。

第三十二条　经批准在可利用无居民海岛建造建筑物或者设施，应当按照可利用无居民海岛保护和利用规划限制建筑物、设施的建设总量、高度以及与海岸线的距离，使其与周围植被和景观相协调。

第三十三条　无居民海岛利用过程中产生的废水，应当按照规定进行处理和排放。

无居民海岛利用过程中产生的固体废物，应当按照规定进行无害化处理、处置，禁止在无居民海岛弃置或者向其周边海域倾倒。

第三十四条　临时性利用无居民海岛的，不得在所利用的海岛建造永久性建筑物或者设施。

第三十五条　在依法确定为开展旅游活动的可利用无居民海岛及其周边海域，不得建造居民定居场所，不得从事生产性养殖活动；已经存在生产性养殖活动的，应当在编制可利用无居民海岛保护和利用规划中确定相应的污染防治措施。

第四节　特殊用途海岛的保护

第三十六条　国家对领海基点所在海岛、国防用途海岛、海洋自然保护区内的海岛等具有特殊用途或者特殊保护价值的海岛，实行特别保护。

第三十七条　领海基点所在的海岛，应当由海岛所在省、自治区、直辖市人民政府划定保护范围，报国务院海洋主管部门备案。领海基点及其保护范围周边应当设置明显标志。

禁止在领海基点保护范围内进行工程建设以及其他可能改变该区域地形、地貌的活动。确需进行以保护领海基点为目的的工程建设的，应当经过科学论证，报国务院海洋主管部门同意后依法办理审批手续。

禁止损毁或者擅自移动领海基点标志。

县级以上人民政府海洋主管部门应当按照国家规定，对领海基点所在海岛及其周边海域生态系统实施监视、监测。

任何单位和个人都有保护海岛领海基点的义务。发现领海基点以及领海基点保护范围内的地形、地貌受到破坏的，应当及时向当地人民政府或者海洋主管部门报告。

第三十八条　禁止破坏国防用途无居民海岛的自然地形、地貌和有居民海岛国防用途区域及其周边的地形、地貌。

禁止将国防用途无居民海岛用于与国防无关的目的。国防用途终止时，经军事机关批准后，应当将海岛及其有关生态保护的资料等一并移交该海岛所在省、自治区、直辖市人民政府。

第三十九条 国务院、国务院有关部门和沿海省、自治区、直辖市人民政府，根据海岛自然资源、自然景观以及历史、人文遗迹保护的需要，对具有特殊保护价值的海岛及其周边海域，依法批准设立海洋自然保护区或者海洋特别保护区。

第四章 监督检查

第四十条 县级以上人民政府有关部门应当依法对有居民海岛保护和开发、建设进行监督检查。

第四十一条 海洋主管部门应当依法对无居民海岛保护和合理利用情况进行监督检查。

海洋主管部门及其海监机构依法对海岛周边海域生态系统保护情况进行监督检查。

第四十二条 海洋主管部门依法履行监督检查职责，有权要求被检查单位和个人就海岛利用的有关问题作出说明，提供海岛利用的有关文件和资料；有权进入被检查单位和个人所利用的海岛实施现场检查。

检查人员在履行检查职责时，应当出示有效的执法证件。有关单位和个人对检查工作应当予以配合，如实反映情况，提供有关文件和资料等；不得拒绝或者阻碍检查工作。

第四十三条 检查人员必须忠于职守、秉公执法、清正廉洁、文明服务，并依法接受监督。在依法查处违反本法规定的行为时，发现国家机关工作人员有违法行为应当给予处分的，应当向其任免机关或者监察机关提出处分建议。

第五章 法律责任

第四十四条 海洋主管部门或者其他对海岛保护负有监督管理职责的部门，发现违法行为或者接到对违法行为的举报后不依法予以查处，或者有其他未依照本法规定履行职责的行为的，由本级人民政府或者上一级人民政府有关主管部门责令改正，对直接负责的主管人员和其他直接责任人员依法给予处分。

第四十五条 违反本法规定，改变自然保护区内海岛的海岸线，填海、围海改变海岛海岸线，或者进行填海连岛的，依照《中华人民共和国海域使用管理法》的规定处罚。

第四十六条 违反本法规定，采挖、破坏珊瑚、珊瑚礁，或者砍伐海岛周边海域红树林的，依照《中华人民共和国海洋环境保护法》的规定处罚。

第四十七条 违反本法规定，在无居民海岛采石、挖海砂、采伐林木或者采集生物、非生物样本的，由县级以上人民政府海洋主管部门责令停止违法行为，没收违法所得，可以并处二万元以下的罚款。

违反本法规定，在无居民海岛进行生产、建设活动或者组织开展旅游活动的，由县级以上人民政府海洋主管部门责令停止违法行为，没收违法所得，并处二万元以上二十万元以下的罚款。

第四十八条 违反本法规定，进行严重改变无居民海岛自然地形、地貌的活动的，由县级以上人民政府海洋主管部门责令停止违法行为，处以五万元以上五十万元以下的罚款。

第四十九条 在海岛及其周边海域违法排放污染物的，依照有关环境保护法律的规定处罚。

第五十条 违反本法规定，在领海基点保护范围内进行工程建设或者其他可能改变该区域地形、地貌活动，在临时性利用的无居民海岛建造永久性建筑物或者设施，或者在依法确定为开展旅游活动的可利用无居民海岛建造居民定居场所的，由县级以上人民政府海洋主管部门责令停止违法行为，处以二万元以上二十万元以下的罚款。

第五十一条 损毁或者擅自移动领海基点标志的，依法给予治安管理处罚。

第五十二条 破坏、危害设置在海岛的军事设施，或者损毁、擅自移动设置在海岛的助航导航、测量、气象观测、海洋监测和地震监测等公益设施的，依照有关法律、行政法规的规定处罚。

第五十三条 无权批准开发利用无居民海岛而批准，超越批准权限批准开发利用无居民海岛，或者违反海岛保护规划批准开发利用无居民海岛的，批准文件无效；对直接负责的主管人员和其他直接责任人员依法给予处分。

第五十四条 违反本法规定，拒绝海洋主管部门监督检查，在接受监督检查时弄虚作假，或者不提供有关文件和资料的，由县级以上人民政府海洋主管部门责令改正，可以处二万元以下的罚款。

第五十五条 违反本法规定，构成犯罪的，依法追究刑事责任。

造成海岛及其周边海域生态系统破坏的，依法承担民事责任。

第六章 附 则

第五十六条 低潮高地的保护及相关管理活动，比照本法有关规定执行。

第五十七条 本法中下列用语的含义：

（一）海岛及其周边海域生态系统，是指由维持海岛存在的岛体、海岸线、沙滩、植被、淡水和周边海域等生物群落和非生物环境组成的有机复合体。

（二）无居民海岛，是指不属于居民户籍管理的住址登记地的海岛。

（三）低潮高地，是指在低潮时四面环海水并高于水面但在高潮时没入水中的自然形成的陆地区域。

（四）填海连岛，是指通过填海造地等方式将海岛与陆地或者海岛与海岛连接起来的行为。

（五）临时性利用无居民海岛，是指因公务、教学、科学调查、救灾、避险等需要而短期登临、停靠无居民海岛的行为。

第五十八条 本法自 2010 年 3 月 1 日起施行。

最高人民法院、最高人民检察院关于办理海洋自然资源与生态环境公益诉讼案件若干问题的规定

（2021 年 12 月 27 日最高人民法院审判委员会第 1858 次会议、2022 年 3 月 16 日最高人民检察院第十三届检察委员会第九十三次会议通过，2022 年 5 月 10 日公布，自 2022 年 5 月 15 日起施行）

为依法办理海洋自然资源与生态环境公益诉讼案件，根据《中华人民共和国海洋环境保护法》《中华人民共和国民事诉讼法》《中华人民共和国刑事诉讼法》《中华人民共和国行政诉讼法》《中华人民共和国海事诉讼特别程序法》等法律规定，结合审判、检察工作实际，制定本规定。

第一条 本规定适用于损害行为发生地、损害结果地或者采取预防措施地在海洋环境保护法第二条第一款规定的海域内，因

破坏海洋生态、海洋水产资源、海洋保护区而提起的民事公益诉讼、刑事附带民事公益诉讼和行政公益诉讼。

第二条 依据海洋环境保护法第八十九条第二款规定，对破坏海洋生态、海洋水产资源、海洋保护区，给国家造成重大损失的，应当由依照海洋环境保护法规定行使海洋环境监督管理权的部门，在有管辖权的海事法院对侵权人提起海洋自然资源与生态环境损害赔偿诉讼。

有关部门根据职能分工提起海洋自然资源与生态环境损害赔偿诉讼的，人民检察院可以支持起诉。

第三条 人民检察院在履行职责中发现破坏海洋生态、海洋水产资源、海洋保护区的行为，可以告知行使海洋环境监督管理权的部门依据本规定第二条提起诉讼。在有关部门仍不提起诉讼的情况下，人民检察院就海洋自然资源与生态环境损害，向有管辖权的海事法院提起民事公益诉讼的，海事法院应予受理。

第四条 破坏海洋生态、海洋水产资源、海洋保护区，涉嫌犯罪的，在行使海洋环境监督管理权的部门没有另行提起海洋自然资源与生态环境损害赔偿诉讼的情况下，人民检察院可以在提起刑事公诉时一并提起附带民事公益诉讼，也可以单独提起民事公益诉讼。

第五条 人民检察院在履行职责中发现对破坏海洋生态、海洋水产资源、海洋保护区的行为负有监督管理职责的部门违法行使职权或者不作为，致使国家利益或者社会公共利益受到侵害的，应当向有关部门提出检察建议，督促其依法履行职责。

有关部门不依法履行职责的，人民检察院依法向被诉行政机关所在地的海事法院提起行政公益诉讼。

第六条 本规定自2022年5月15日起施行。

中华人民共和国海洋石油勘探开发环境保护管理条例

（1983年12月29日国务院发布）

第一条 为实施《中华人民共和国海洋环境保护法》，防止海洋石油勘探开发对海洋环境的污染损害，特制定本条例。

第二条 本条例适用于在中华人民共和国管辖海域从事石油勘探开发的企业、事业单位、作业者和个人，以及他们所使用的固定式和移动式平台及其他有关设施。

第三条 海洋石油勘探开发环境保护管理主管部门是中华人民共和国国家海洋局及其派出机构，以下称“主管部门”。

第四条 企业或作业者在编制油（气）田总体开发方案的同时，必须编制海洋环境影响报告书，报中华人民共和国城乡建设环境保护部。城乡建设环境保护部会同国家海洋局和石油工业部，按照国家基本建设项目环境保护管理的规定组织审批。

第五条 海洋环境影响报告书应包括以下内容：

（一）油田名称、地理位置、规模；

（二）油田所处海域的自然环境和海洋资源状况；

（三）油田开发中需要排放的废弃物种类、成分、数量、处理方式；

（四）对海洋环境影响的评价；海洋石油开发对周围海域自然环境、海洋资源可能产生的影响；对海洋渔业、航运、其他海上活动可能产生的影响；为避免、减轻各种有害影响，拟采取的环境保护措施；

（五）最终不可避免的影响、影响程度及原因；

（六）防范重大油污染事故的措施：防范组织，人员配备，技术装备，通信联络等。

第六条　企业、事业单位、作业者应具备防治油污染事故的应急能力，制定应急计划，配备与其所从事的海洋石油勘探开发规模相适应的油收回设施和围油、消油器材。

配备化学消油剂，应将其牌号、成分报告主管部门核准。

第七条　固定式和移动式平台的防污设备的要求：

（一）应设置油水分离设备；

（二）采油平台应设置含油污水处理设备，该设备处理后的污水含油量应达到国家排放标准；

（三）应设置排油监控装置；

（四）应设置残油、废油回收设施；

（五）应设置垃圾粉碎设备；

（六）上述设备应经中华人民共和国船舶检验机关检验合格，并获得有效证书。

第八条　一九八三年三月一日以前，已经在中华人民共和国管辖海域从事石油勘探开发的固定式和移动式平台，防污设备达不到规定要求的，应采取有效措施，防止污染，并在本条例颁布后三年内使防污设备达到规定的要求。

第九条　企业、事业单位和作业者应具有有关污染损害民事责任保险或其他财务保证。

第十条　固定式和移动式平台应备有由主管部门批准格式的防污记录簿。

第十一条　固定式和移动式平台的含油污水，不得直接或稀释排放。经过处理后排放的污水，含油量必须符合国家有关含油污水排放标准。

第十二条　对其他废弃物的管理要求：

（一）残油、废油、油基泥浆、含油垃圾和其他有毒残液残渣，必须回收，不得排放或弃置入海；

（二）大量工业垃圾的弃置，按照海洋倾废的规定管理；零星工业垃圾，不得投弃于渔业水域和航道；

（三）生活垃圾，需要在距最近陆地十二海里以内投弃的，应经粉碎处理，粒径应小于二十五毫米。

第十三条　海洋石油勘探开发需要在重要渔业水域进行炸药爆破或其他对渔业资源有损害的作业时，应采取有效措施，避开主要经济鱼虾类的产卵、繁殖和捕捞季节，作业前报告主管部门，作业时并应有明显的标志、信号。

主管部门接到报告后，应及时将作业地点、时间等通告有关单位。

第十四条　海上储油设施、输油管线应符合防渗、防漏、防腐蚀的要求，并应经常检查，保持良好状态，防止发生漏油事故。

第十五条　海上试油应使油气通过燃烧器充分燃烧。对试油中落海的油类和油性混合物，应采取有效措施处理，并如实记录。

第十六条　企业、事业单位及作业者在作业中发生溢油、漏油等污染事故，应迅速采取围油、回收油的措施，控制、减轻和消除污染。

发生大量溢油、漏油和井喷等重大油污染事故，应立即报告主管部门，并采取有效措施，控制和消除油污染，接受主管部门的调查处理。

第十七条　化学消油剂要控制使用：

（一）在发生油污染事故时，应采取回收措施，对少量确实无法回收的油，准许使用少量的化学消油剂。

（二）一次性使用化学消油剂的数量（包括溶剂在内），应根据不同海域等情况，由主管部门另做具体规定。作业者应按规定向主管部门报告，经准许后方可使用。

（三）在海洋浮油可能发生火灾或者严重危及人命和财产安全，又无法使用回收方法处理，而使用化学消油剂可以减轻污染和避免扩大事故后果的紧急情况下，使用化学消油剂的数量和报告程序可不受本条（二）项规定限制。但事后，应将事故情况和使用化学消油剂情况详细报告主管部门。

（四）必须使用经主管部门核准的化学消油剂。

第十八条 作业者应将下列情况详细地、如实地记载于平台防污记录簿：

（一）防污设备、设施的运行情况；

（二）含油污水处理和排放情况；

（三）其他废弃物的处理、排放和投弃情况；

（四）发生溢油、漏油、井喷等油污染事故及处理情况；

（五）进行爆破作业情况；

（六）使用化学消油剂的情况；

（七）主管部门规定的其他事项。

第十九条 企业和作业者在每季度末后十五日内，应按主管部门批准的格式，向主管部门综合报告该季度防污染情况及污染事故的情况。

固定式平台和移动式平台的位置，应及时通知主管部门。

第二十条 主管部门的公务人员或指派的人员，有权登临固定式和移动式平台以及其他有关设施，进行监测和检查。包括：

（一）采集各类样品；

（二）检查各项防污设备、设施和器材的装备、运行或使用情况；

（三）检查有关的文书、证件；

（四）检查防污记录簿及有关的操作记录，必要时可进行复制和摘录，并要求平台负责人签证该复制和摘录件为正确无误的副本；

（五）向有关人员调查污染事故；

（六）其他有关的事项。

第二十一条 主管部门的公务船舶应有明显标志。公务人员或指派的人员执行公务时，必须穿着公务制服，携带证件。

被检查者应为上述公务船舶、公务人员和指派人员提供方便，并如实提供材料，陈述情况。

第二十二条 受到海洋石油勘探开发污染损害，要求赔偿的单位和个人，应按照《中华人民共和国环境保护法》第三十二条的规定及《中华人民共和国海洋环境保护法》第四十二条的规定，申请主管部门处理，要求造成污染损害的一方赔偿损失。受损害一方应提交污染损害索赔报告书，报告书应包括以下内容：

（一）受石油勘探开发污染损害的时间、地点、范围、对象；

（二）受污染损害的损失清单，包括品名、数量、单位、计算方法，以及养殖或自然等情况；

（三）有关科研部门鉴定或公证机关对损害情况的签证；

（四）尽可能提供受污染损害的原始单证，有关情况的照片，其他有关索赔的证明单据、材料。

第二十三条 因清除海洋石油勘探开发污染物，需要索取清除污染物费用的单位和个人（有商业合同者除外），在申请主管部门处理时，应向主管部门提交索取清除费用报告书。该报告书应包括以下内容：

（一）清除污染物的时间、地点、对象；

（二）投入的人力、机具、船只、清除材料的数量、单价、计算方法；

（三）组织清除的管理费、交通费及其他有关费用；

（四）清除效果及情况；

（五）其他有关的证据和证明材料。

第二十四条 由于不可抗力发生污染损害事故的企业、事业单位、作业者，要求免于承担赔偿责任的，应向主管部门提交报告。该报告应能证实污染损害确实属于《中华人民共和国海洋环境保护法》第四十三条所列的情况之一，并经过及时采取合理措施仍不能避免的。

第二十五条　主管部门受理的海洋石油勘探开发污染损害赔偿责任和赔偿金额纠纷，在调查了解的基础上，可以进行调解处理。

当事人不愿调解或对主管部门的调解处理不服的，可以按《中华人民共和国海洋环境保护法》第四十二条的规定办理。

第二十六条　主管部门对违反《中华人民共和国海洋环境保护法》和本条例的企业、事业单位、作业者，可以责令其限期治理，支付消除污染费用，赔偿国家损失；超过标准排放污染物的，可以责令其交纳排污费。

第二十七条　主管部门对违反《中华人民共和国海洋环境保护法》和本条例的企业、事业单位、作业者和个人，可视其情节轻重，予以警告或罚款处分。

罚款分为以下几种：

（一）对造成海洋环境污染的企业、事业单位、作业者的罚款，最高额为人民币十万元。

（二）对企业、事业单位、作业者的下列违法行为，罚款最高额为人民币五千元：

1. 不按规定向主管部门报告重大油污染事故；

2. 不按规定使用化学消油剂。

（三）对企业、事业单位、作业者的下列违法行为，罚款最高额为人民币一千元：

1. 不按规定配备防污记录簿；

2. 防污记录簿的记载非正规化或者伪造；

3. 不按规定报告或通知有关情况；

4. 阻挠公务人员或指派人员执行公务。

（四）对有直接责任的个人，可根据情节轻重，酌情处以罚款。

第二十八条　当事人对主管部门的处罚决定不服的，按《中华人民共和国海洋环境保护法》第四十一条的规定处理。

第二十九条　主管部门对主动检举、揭发企业、事业单位、作业者匿报石油勘探开发污染损害事故，或者提供证据，或者采取措施减轻污染损害的单位和个人，给予表扬和奖励。

第三十条　本条例中下列用语的含义是：

（一）“固定式和移动式平台”，即《中华人民共和国海洋环境保护法》中所称的钻井船、钻井平台和采油平台，并包括其他平台。

（二）“海洋石油勘探开发”，是指海洋石油勘探、开发、生产储存和管线输送等作业活动。

（三）“作业者”，是指实施海洋石油勘探开发作业的实体。

第三十一条　本条例自发布之日起施行。

中华人民共和国海洋倾废管理条例

（1985年3月6日国务院发布，根据2011年1月8日《国务院关于废止和修改部分行政法规的决定》第一次修订，根据2017年3月1日《国务院关于修改和废止部分行政法规的决定》第二次修订）

第一条　为实施《中华人民共和国海洋环境保护法》，严格控制向海洋倾倒废弃物，防止对海洋环境的污染损害，保持生态平衡，保护海洋资源，促进海洋事业的发展，特制定本条例。

第二条　本条例中的“倾倒”，是指利用船舶、航空器、平台及其他载运工具，向海洋处置废弃物和其他物质；向海洋弃置船舶、航空器、平台和其他海上人工构造物，以及向海洋处置由于海底矿物资源的勘探开发及与勘探开发相关的海上加工所产生的废弃物和其他物质。

“倾倒”不包括船舶、航空器及其他载运工具和设施正常操作产生的废弃物的排放。

第三条 本条例适用于：

一、向中华人民共和国的内海、领海、大陆架和其他管辖海域倾倒废弃物和其他物质；

二、为倾倒的目的，在中华人民共和国陆地或港口装载废弃物和其他物质；

三、为倾倒的目的，经中华人民共和国的内海、领海及其他管辖海域运送废弃物和其他物质；

四、在中华人民共和国管辖海域焚烧处置废弃物和其他物质。

海洋石油勘探开发过程中产生的废弃物，按照《中华人民共和国海洋石油勘探开发环境保护管理条例》的规定处理。

第四条 海洋倾倒废弃物的主管部门是中华人民共和国国家海洋局及其派出机构（简称“主管部门”，下同）。

第五条 海洋倾倒区由主管部门商同有关部门，按科学、合理、安全和经济的原则划出，报国务院批准确定。

第六条 需要向海洋倾倒废弃物的单位，应事先向主管部门提出申请，按规定的格式填报倾倒废弃物申请书，并附报废弃物特性和成分检验单。

主管部门在接到申请书之日起两个月内予以审批。对同意倾倒者应发给废弃物倾倒许可证。

任何单位和船舶、航空器、平台及其他载运工具，未依法经主管部门批准，不得向海洋倾倒废弃物。

第七条 外国的废弃物不得运至中华人民共和国管辖海域进行倾倒，包括弃置船舶、航空器、平台和其他海上人工构造物。违者，主管部门可责令其限期治理，支付清除污染费，赔偿损失，并处以罚款。

在中华人民共和国管辖海域以外倾倒废弃物，造成中华人民共和国管辖海域污染损害的，按本条例第十七条规定处理。

第八条 为倾倒的目的，经过中华人民共和国管辖海域运送废弃物的任何船舶及其他载运工具，应当在进入中华人民共和国管辖海域15天之前，通报主管部门，同时报告进入中华人民共和国管辖海域的时间、航线、以及废弃物的名称、数量及成分。

第九条 外国籍船舶、平台在中华人民共和国管辖海域，由于海底矿物资源的勘探开发及与勘探开发相关的海上加工所产生的废弃物和其他物质需要向海洋倾倒的，应按规定程序报经主管部门批准。

第十条 倾倒许可证应注明倾倒单位、有效期限和废弃物的数量、种类、倾倒方法等事项。

签发许可证应根据本条例的有关规定严格控制。主管部门根据海洋生态环境的变化和科学技术的发展，可以更换或撤销许可证。

第十一条 废弃物根据其毒性、有害物质含量和对海洋环境的影响等因素，分为三类。其分类标准，由主管部门制定。主管部门可根据海洋生态环境的变化，科学技术的发展，以及海洋环境保护的需要，对附件进行修订。

一、禁止倾倒附件一所列的废弃物及其他物质（见附件一）。当出现紧急情况，在陆地上处置会严重危及人民健康时，经国家海洋局批准，获得紧急许可证，可到指定的区域按规定的方法倾倒。

二、倾倒附件二所列的废弃物（见附件二），应当事先获得特别许可证。

三、倾倒未列入附件一和附件二的低毒或无毒的废弃物，应当事先获得普通许可证。

第十二条　获准向海洋倾倒废弃物的单位在废弃物装载时，应通知主管部门予以核实。

核实工作按许可证所载的事项进行。主管部门如发现实际装载与许可证所注明内容不符，应责令停止装运；情节严重的，应中止或吊销许可证。

第十三条　主管部门应对海洋倾倒活动进行监视和监督，必要时可派员随航。倾倒单位应为随航公务人员提供方便。

第十四条　获准向海洋倾倒废弃物的单位，应当按许可证注明的期限和条件，到指定的区域进行倾倒，如实地详细填写倾倒情况记录表，并按许可证注明的要求，将记录表报送主管部门。倾倒废弃物的船舶、航空器、平台和其他载运工具应有明显标志和信号，并在航行日志上详细记录倾倒情况。

第十五条　倾倒废弃物的船舶、航空器、平台和其他载运工具，凡属《中华人民共和国海洋环境保护法》第八十九条、第九十一条规定的情形，可免于承担赔偿责任。

为紧急避险或救助人命，未按许可证规定的条件和区域进行倾倒时，应尽力避免或减轻因倾倒而造成的污染损害，并在事后尽快向主管部门报告。倾倒单位和紧急避险或救助人命的受益者，应对由此所造成的污染损害进行补偿。

由于第三者的过失造成污染损害的，倾倒单位应向主管部门提出确凿证据，经主管部门确认后责令第三者承担赔偿责任。

在海上航行和作业的船舶、航空器、平台和其他载运工具，因不可抗拒的原因而弃置时，其所有人应向主管部门和就近的港务监督报告，并尽快打捞清理。

第十六条　主管部门对海洋倾倒区应定期进行监测，加强管理，避免对渔业资源和其他海上活动造成有害影响。当发现倾倒区不宜继续倾倒时，主管部门可决定予以封闭。

第十七条　对违反本条例，造成海洋环境污染损害的，主管部门可责令其限期治理，支付清除污染费，向受害方赔偿由此所造成的损失，并视情节轻重和污染损害的程度，处以警告或人民币10万元以下的罚款。

第十八条　要求赔偿损失的单位和个人，应尽快向主管部门提出污染损害索赔报告书。报告书应包括：受污染损害的时间、地点、范围、对象、损失清单，技术鉴定和公证证明，并尽可能提供有关原始单据和照片等。

第十九条　受托清除污染的单位在作业结束后，应尽快向主管部门提交索取清除污染费用报告书。报告书应包括：清除污染的时间、地点，投入的人力、机具、船只，清除材料的数量、单价、计算方法，组织清除的管理费、交通费及其他有关费用，清除效果及其情况，其他有关证据和证明材料。

第二十条　对违法行为的处罚标准如下：

一、凡有下列行为之一者，处以警告或人民币2000元以下的罚款：

（一）伪造废弃物检验单的；

（二）不按本条例第十四条规定填报倾倒情况记录表的；

（三）在本条例第十五条规定的情况下，未及时向主管部门和港务监督报告的。

二、凡实际装载与许可证所注明内容不符，情节严重的，除中止或吊销许可证外，还可处以人民币2000元以上5000元以下的罚款。

三、凡未按本条例第十二条规定通知主管部门核实而擅自进行倾倒的，可处以人民币5000元以上2万元以下的罚款。

四、凡有下列行为之一者，可处以人民币2万元以上10万元以下的罚款：

（一）未经批准向海洋倾倒废弃物的；

（二）不按批准的条件和区域进行倾倒的，但本条例第十五条规定的情况不在此限。

第二十一条 对违反本条例，造成或可能造成海洋环境污染损害的直接责任人，主管部门可处以警告或者罚款，也可以并处。

对于违反本条例，污染损害海洋环境造成重大财产损失或致人伤亡的直接责任人，由司法机关依法追究刑事责任。

第二十二条 当事人对主管部门的处罚决定不服的，可以在收到处罚通知书之日起15日内，向人民法院起诉；期满不起诉又不履行处罚决定的，由主管部门申请人民法院强制执行。

第二十三条 对违反本条例，造成海洋环境污染损害的行为，主动检举、揭发，积极提供证据，或采取有效措施减少污染损害有成绩的个人，应给予表扬或奖励。

第二十四条 本条例自1985年4月1日起施行。

附件1

禁止倾倒的物质

一、含有机卤素化合物、汞及汞化合物、镉及镉化合物的废弃物，但微含量的或能在海水中迅速转化为无害物质的除外。

二、强放射性废弃物及其他强放射性物质。

三、原油及其废弃物、石油炼制品、残油，以及含这类物质的混合物。

四、渔网、绳索、塑料制品及其他能在海面漂浮或在水中悬浮，严重妨碍航行、捕鱼及其他活动或危害海洋生物的人工合成物质。

五、含有本附件第一、二项所列物质的阴沟污泥和疏浚物。

附件2

需要获得特别许可证才能倾倒的物质

一、含有下列大量物质的废弃物：

（一）砷及其化合物；

（二）铅及其化合物；

（三）铜及其化合物；

（四）锌及其化合物；

（五）有机硅化合物；

（六）氰化物；

（七）氟化物；

（八）铍、铬、镍、钒及其化合物；

（九）未列入附件一的杀虫剂及其副产品。

但无害的或能在海水中迅速转化为无害物质的除外。

二、含弱放射性物质的废弃物。

三、容易沉入海底，可能严重障碍捕鱼和航行的容器、废金属及其他笨重的废弃物。

四、含有本附件第一、二项所列物质的阴沟污泥和疏浚物。

中华人民共和国防治陆源污染物污染损害海洋环境管理条例

（1990年5月25日国务院第六十一次常委会议通过，1990年6月22日中华人民共和国国务院令第61号发布，自1990年8月1日起施行）

第一条 为加强对陆地污染源的监督管理，防治陆源污染物污染损害海洋环境，根据《中华人民共和国海洋环境保护法》，制定本条例。

第二条　本条例所称陆法污染源（简称陆源），是指从陆地向海域排放污染物，造成或者可能造成海洋环境污染损害的场所、设施等。

本条例所称陆源污染物是指由前款陆源排放的污染物。

第三条　本条例适用于在中华人民共和国境内向海域排放陆源污染物的一切单位和个人。

防止拆船污染损害海洋环境，依照《防止拆船污染环境管理条例》执行。

第四条　国务院环境保护行政主管部门，主管全国防治陆源污染物污染损害海洋环境工作。

沿海县级以上地方人民政府环境保护行政主管部门，主管本行政区域内防治陆源污染物污染损害海洋环境工作。

第五条　任何单位和个人向海域排放陆源污染物，必须执行国家和地方发布的污染物排放标准和有关规定。

第六条　任何单位和个人向海域排放陆源污染物，必须向其所在地环境保护行政主管部门申报登记拥有的污染物排放设施、处理设施和在正常作业条件下排放污染物的种类、数量和浓度，提供防治陆源污染物污染损害海洋环境的资料，并将上述事项和资料抄送海洋行政主管部门。

排放污染物的种类、数量和浓度有重大改变或者拆除、闲置污染物处理设施的，应当征得所在地环境保护行政主管部门同意并经原审批部门批准。

第七条　任何单位和个人向海域排放陆源污染物，超过国家和地方污染物排放标准的，必须缴纳超标准排污费，并负责治理。

第八条　任何单位和个人，不得在海洋特别保护区、海上自然保护区、海滨风景游览区、盐场保护区、海水浴场、重要渔业水域和其他需要特殊保护的区域内兴建排污口。

对在前款区域内已建的排污口，排放污染物超过国家和地方排放标准的，限期治理。

第九条　对向海域排放陆源污染物造成海洋环境严重污染损害的企业事业单位，限期治理。

第十条　国务院各部门或者省、自治区、直辖市人民政府直接管辖的企业事业单位的限期治理，由省、自治区、直辖市人民政府的环境保护行政主管部门提出意见，报同级人民政府决定。市、县或者市、县以下人民政府管辖的企业事业单位的限期治理，由市、县人民政府环境保护行政主管部门提出意见，报同级人民政府决定。被限期治理的企业事业单位必须如期完成治理任务。

第十一条　禁止在岸滩擅自堆放、弃置和处理固体废弃物。确需临时堆放、处理固体废弃物的，必须按照沿海省、自治区、直辖市人民政府环境保护行政主管部门规定的审批程序，提出书面申请。其主要内容包括：

（一）申请单位的名称、地址；

（二）堆放、处理的地点和占地面积；

（三）固体废弃物的种类、成分，年堆放量、处理量，积存堆放、处理的总量和堆放高度；

（四）固体废弃物堆放、处理的期限，最终处置方式；

（五）堆放、处理固体废弃物可能对海洋环境造成的污染损害；

（六）防止堆放、处理固体废弃物污染损害海洋环境的技术和措施；

（七）审批机关认为需要说明的其他事项。

现有的固体废弃物临时堆放、处理场地，未经县级以上地方人民政府环境保护行政主管部门批准的，由县级以上地方人民政府环境保护行政主管部门责令限期补办审批手续。

第十二条　被批准设置废弃物堆放场、处理场的单位和个人，必须建造防护提和防渗漏、防扬尘等设施，经批准设置废弃物堆放场、处理场的环境保护行政主管部门验收合格后方可使用。

在批准使用的废弃物堆放场、处理场内，不得擅自堆放、弃置未经批准的其他种类的废弃物。不得露天堆放含剧毒、放射性、易溶解和易挥发性物质的废弃物；非露天堆放上述废弃物，不得作为最终处置方式。

第十三条 禁止在岸滩采用不正当的稀释、渗透方式排放有毒、有害废水。

第十四条 禁止向海域排放含高、中放射性物质的废水。

向海域排放含低放射性物质的废水，必须执行国家有关放射防护的规定和标准。

第十五条 禁止向海域排放油类、酸液、碱液和毒液。

向海域排放含油废水、含有害重金属废水和其他工业废水，必须经过处理，符合国家和地方规定的排放标准和有关规定。处理后的残渣不得弃置入海。

第十六条 向海域排放含病原体的废水，必须经过处理，符合国家和地方规定的排放标准和有关规定。

第十七条 向海域排放含热废水的水温应当符合国家有关规定。

第十八条 向自净能力较差的海域排放含有机物和营养物质的工业废水和生活废水，应当控制排放量；排污口应当设置在海水交换良好处，并采用合理的排放方式，防止海水富营养化。

第十九条 禁止将失效或者禁用的药物及药具弃置岸滩。

第二十条 入海河口处发生陆源污染物污染损害海洋环境事故，确有证据证明是由河流携带污染物造成的，由入海河口处所在地的省、自治区、直辖市人民政府环境保护行政主管部门调查处理；河流跨越省、自治区、直辖市的，由入海河口处所在省、自治区、直辖市人民政府环境保护行政主管部门和水利部门会同有关省、自治区、直辖市人民政府环境保护行政主管部门、水利部门和流域管理机构调查处理。

第二十一条 沿海相邻或者相向地区向同一海域排放陆源污染物的，由有关地方人民政府协商制定共同防治陆源污染物污染损害海洋环境的措施。

第二十二条 一切单位和个人造成陆源污染物污染损害海洋环境事故时，必须立即采用措施处理，并在事故发生后四十八小时内，向当地人民政府环境保护行政主管部门作出事故发生的时间、地点、类型和排放污染物的数量、经济损失、人员受害等情况的初步报告，并抄送有关部门。事故查清后，应当向当地人民政府环境保护行政主管部门作出书面报告，并附有关证明文件。

各级人民政府环境保护行政主管部门接到陆源污染物污染损害海洋环境事故的初步报告后，应当立即会同有关部门采用措施，消除或者减轻污染，并由县级以上人民政府环境保护行政主管部门会同有关部门或者由县级以上人民政府环境保护行政主管部门授权的部门对事故进行调查处理。

第二十三条 县级以上人民政府环境保护行政主管部门，按照项目管理权限，可以会同项目主管部门对排放陆源污染物的单位和个人进行现场检查，被检查者必须如实反映情况、提供资料。检查者有责任为被检查者保守技术秘密和业务秘密。法律法规另有规定的除外。

第二十四条 违反本条例规定，具有下列情形之一的，由县级以上人民政府环境保护行政主管部门责令改正，并可处以三百元以上三千元以下的罚款：

（一）拒报或者谎报排污申报登记事项的；

（二）拒绝、阻挠环境保护行政主管部门现场检查，或者在被检查中弄虚作假的。

第二十五条 废弃物堆放场、处理场的防污染设施未经环境保护行政主管部门验收或者验收不合格而强行使用的，由环境保护行政主管部门责令改正，并可处以五千元以上二万元以下的罚款。

第二十六条　违反本条例规定，具有下列情形之一的，由县级以上人民政府环境保护行政主管部门责令改正，并可处以五千元以上十万元以下的罚款：

（一）未经所在地环境保护行政主管部门同意和原批准部门批准，擅自改变污染物排放的种类、增加污染物排放的数量、浓度或者拆除、闲置污染物处理设施的；

（二）在本条例第八条第一款规定的区域内兴建排污口的。

第二十七条　违反本条例规定，具有下列情形之一的，由县级以上人民政府环境保护行政主管部门责令改正，并可处以一千元以上二万元以下的罚款；情节严重的，可处以二万元以上十万元以下的罚款：

（一）在岸滩采用不正当的稀释、渗透方式排放有毒、有害废水的；

（二）向海域排放含高、中放射性物质的废水的；

（三）向海域排放油类、酸液、碱液和毒液的；

（四）向岸滩弃置失效或者禁用的药物和药具的；

（五）向海域排放含油废水、含病原体废水、含热废水、含低放射性物质废水、含有害重金属废水和其他工业废水超过国家和地方规定的排放标准和有关规定或者将处理后的残渣弃置入海的；

（六）未经县级以上地方人民政府环境保护行政主管部门批准，擅自在岸滩堆放、弃置和处理废弃物或者在废弃物堆放场、处理场内，擅自堆放、处理未经批准的其他种类的废弃物或者露天堆放含剧毒、放射性、易溶解和易挥发性物质的废弃物的。

第二十八条　对逾期未完成限期治理任务的企业事业单位，征收两倍的超标准排污费，并可根据危害和损害后果，处以一万元以上十万元以下的罚款，或者责令停业、关闭。

罚款由环境保护行政主管部门决定。责令停业、关闭，由作出限期治理决定的人民政府决定；责令国务院各部门直接管辖的企业事业单位停业、关闭，须报国务院批准。

第二十九条　不按规定缴纳超标准排污费的，除追缴超标准排污费及滞纳金外，并可由县级以上人民政府环境保护行政主管部门处以一千元以上一万元以下的罚款。

第三十条　对造成陆源污染物污染损害海洋环境事故，导致重大经济损失的，由县级以上人民政府环境保护行政主管部门按照直接损失百分之三十计算罚款，但最高不得超过二十万元。

第三十一条　县级人民政府环境保护行政主管部门可处以一万元以下的罚款，超过一万元的罚款，报上级环境保护行政主管部门批准。

省辖市级人民政府环境保护行政主管部门可处以五万元以下的罚款，超过五万元的罚款，报上级环境保护行政主管部门批准。

省、自治区、直辖市人民政府环境保护行政主管部门可处以二十万元以下的罚款。

罚款全部上交国库，任何单位和个人不得截留、分成。

第三十二条　缴纳超标准排污费或者被处以罚款的单位、个人，并不免除消除污染、排除危害和赔偿损失的责任。

第三十三条　当事人对行政处罚决定不服的，可以在接到处罚通知之日起十五日内，依法申请复议；对复议决定不服的，可以在接到复议决定之日起十五日内，向人民法院起诉。当事人也可以在接到处罚通知之日起十五日内，直接向人民法院起诉。当事人逾期不申请复议、也不向人民法院起诉、又不履行处罚决定的，由作出处罚决定的机关申请人民法院强制执行。

第三十四条　环境保护行政主管部门工作人员滥用职权、玩忽职守、徇私舞弊的，由其所在单位或者上级主管机关给予行政处分；构成犯罪的，依法追究刑事责任。

第三十五条　沿海省、自治区、直辖市人民政府，可以根据本条例制定实施办法。

第三十六条　本条例由国务院环境保护行政主管部门负责解释。

第三十七条　本条例自1990年8月1日起施行。

中华人民共和国防治海岸工程建设项目污染损害海洋环境管理条例

（1990年6月25日中华人民共和国国务院令第62号公布，根据2007年9月25日《国务院关于修改〈中华人民共和国防治海岸工程建设项目污染损害海洋环境管理条例〉的决定》第一次修订，根据2017年3月1日《国务院关于修改和废止部分行政法规的决定》第二次修订，根据2018年3月19日《国务院关于修改和废止部分行政法规的决定》第三次修订）

第一条　为加强海岸工程建设项目的环境保护管理，严格控制新的污染，保护和改善海洋环境，根据《中华人民共和国海洋环境保护法》，制定本条例。

第二条　本条例所称海岸工程建设项目，是指位于海岸或者与海岸连接，工程主体位于海岸线向陆一侧，对海洋环境产生影响的新建、改建、扩建工程项目。具体包括：

（一）港口、码头、航道、滨海机场工程项目；

（二）造船厂、修船厂；

（三）滨海火电站、核电站、风电站；

（四）滨海物资存储设施工程项目；

（五）滨海矿山、化工、轻工、冶金等工业工程项目；

（六）固体废弃物、污水等污染物处理处置排海工程项目；

（七）滨海大型养殖场；

（八）海岸防护工程、砂石场和入海河口处的水利设施；

（九）滨海石油勘探开发工程项目；

（十）国务院环境保护主管部门会同国家海洋主管部门规定的其他海岸工程项目。

第三条　本条例适用于在中华人民共和国境内兴建海岸工程建设项目的一切单位和个人。

拆船厂建设项目的环境保护管理，依照《防止拆船污染环境管理条例》执行。

第四条　建设海岸工程建设项目，应当符合所在经济区的区域环境保护规划的要求。

第五条　国务院环境保护主管部门，主管全国海岸工程建设项目的环境保护工作。

沿海县级以上地方人民政府环境保护主管部门，主管本行政区域内的海岸工程建设项目的环境保护工作。

第六条　新建、改建、扩建海岸工程建设项目，应当遵守国家有关建设项目环境保护管理的规定。

第七条　海岸工程建设项目的建设单位，应当依法编制环境影响报告书（表），报环境保护主管部门审批。

环境保护主管部门在批准海岸工程建设项目的环境影响报告书（表）之前，应当征求海洋、海事、渔业主管部门和军队环境保护部门的意见。

禁止在天然港湾有航运价值的区域、重要苗种基地和养殖场所及水面、滩涂中的鱼、虾、蟹、贝、藻类的自然产卵场、繁殖场、索饵场及重要的洄游通道围海造地。

第八条　海岸工程建设项目环境影响报告书的内容，除按有关规定编制外，还应当包括：

（一）所在地及其附近海域的环境状况；

（二）建设过程中和建成后可能对海洋环境造成的影响；

（三）海洋环境保护措施及其技术、经济可行性论证结论；

（四）建设项目海洋环境影响评价结论。

海岸工程建设项目环境影响报告表，应当参照前款规定填报。

第九条　禁止兴建向中华人民共和国海域及海岸转嫁污染的中外合资经营企业、中外合作经营企业和外资企业；海岸工程建设项目引进技术和设备，应当有相应的防治污染措施，防止转嫁污染。

第十条　在海洋特别保护区、海上自然保护区、海滨风景游览区、盐场保护区、海水浴场、重要渔业水域和其他需要特殊保护的区域内不得建设污染环境、破坏景观的海岸工程建设项目；在其区域外建设海岸工程建设项目的，不得损害上述区域的环境质量。法律法规另有规定的除外。

第十一条　海岸工程建设项目竣工验收时，建设项目的环境保护设施经验收合格后，该建设项目方可正式投入生产或者使用。

第十二条　县级以上人民政府环境保护主管部门，按照项目管理权限，可以会同有关部门对海岸工程建设项目进行现场检查，被检查者应当如实反映情况、提供资料。检查者有责任为被检查者保守技术秘密和业务秘密。法律法规另有规定的除外。

第十三条　设置向海域排放废水设施的，应当合理利用海水自净能力，选择好排污口的位置。采用暗沟或者管道方式排放的，出水管口位置应当在低潮线以下。

第十四条　建设港口、码头，应当设置与其吞吐能力和货物种类相适应的防污设施。

港口、油码头、化学危险品码头，应当配备海上重大污染损害事故应急设备和器材。

现有港口、码头未达到前两款规定要求的，由环境保护主管部门会同港口、码头主管部门责令其限期设置或者配备。

第十五条　建设岸边造船厂、修船厂，应当设置与其性质、规模相适应的残油、废油接收处理设施，含油废水接收处理设施，拦油、收油、消油设施，工业废水接收处理设施，工业和船舶垃圾接收处理设施等。

第十六条　建设滨海核电站和其他核设施，应当严格遵守国家有关核环境保护和放射防护的规定及标准。

第十七条　建设岸边油库，应当设置含油废水接收处理设施，库场地面冲刷废水的集接、处理设施和事故应急设施；输油管线和储油设施应当符合国家关于防渗漏、防腐蚀的规定。

第十八条　建设滨海矿山，在开采、选矿、运输、贮存、冶炼和尾矿处理等过程中，应当按照有关规定采取防止污染损害海洋环境的措施。

第十九条　建设滨海垃圾场或者工业废渣填埋场，应当建造防护堤坝和场底封闭层，设置渗液收集、导出、处理系统和可燃性气体防爆装置。

第二十条　修筑海岸防护工程，在入海河口处兴建水利设施、航道或者综合整治工程，应当采取措施，不得损害生态环境及水产资源。

第二十一条　兴建海岸工程建设项目，不得改变、破坏国家和地方重点保护的野生动植物的生存环境。不得兴建可能导致重点保护的野生动植物生存环境污染和破坏的海岸工程建设项目；确需兴建的，应当征得野生动植物行政主管部门同意，并由建设单位负责组织采取易地繁育等措施，保证物种延续。

在鱼、虾、蟹、贝类的洄游通道建闸、筑坝，对渔业资源有严重影响的，建设单位应当建造过鱼设施或者采取其他补救措施。

第二十二条 集体所有制单位或者个人在全民所有的水域、海涂，建设构不成基本建设项目的养殖工程的，应当在县级以上地方人民政府规划的区域内进行。

集体所有制单位或者个人零星经营性采挖砂石，应当在县级以上地方人民政府指定的区域内采挖。

第二十三条 禁止在红树林和珊瑚礁生长的地区，建设毁坏红树林和珊瑚礁生态系统的海岸工程建设项目。

第二十四条 兴建海岸工程建设项目，应当防止导致海岸非正常侵蚀。

禁止在海岸保护设施管理部门规定的海岸保护设施的保护范围内从事爆破、采挖砂石、取土等危害海岸保护设施安全的活动。非经国务院授权的有关主管部门批准，不得占用或者拆除海岸保护设施。

第二十五条 未持有经审核和批准的环境影响报告书（表），兴建海岸工程建设项目的，依照《中华人民共和国海洋环境保护法》第七十九条的规定予以处罚。

第二十六条 拒绝、阻挠环境保护主管部门进行现场检查，或者在被检查时弄虚作假的，由县级以上人民政府环境保护主管部门依照《中华人民共和国海洋环境保护法》第七十五条的规定予以处罚。

第二十七条 海岸工程建设项目的环境保护设施未建成或者未达到规定要求，该项目即投入生产、使用的，依照《中华人民共和国海洋环境保护法》第八十条的规定予以处罚。

第二十八条 环境保护主管部门工作人员滥用职权、玩忽职守、徇私舞弊的，由其所在单位或者上级主管机关给予行政处分；构成犯罪的，依法追究刑事责任。

第二十九条 本条例自1990年8月1日起施行。

防治船舶污染海洋环境管理条例

（2009年9月9日中华人民共和国国务院令第561号公布，根据2013年7月18日《国务院关于废止和修改部分行政法规的决定》第一次修订，根据2013年12月7日《国务院关于修改部分行政法规的决定》第二次修订，根据2014年7月29日《国务院关于修改部分行政法规的决定》第三次修订，根据2016年2月6日《国务院关于修改部分行政法规的决定》第四次修订，根据2017年3月1日《国务院关于修改和废止部分行政法规的决定》第五次修订，根据2018年3月19日《国务院关于修改和废止部分行政法规的决定》第六次修订）

第一章 总 则

第一条 为了防治船舶及其有关作业活动污染海洋环境，根据《中华人民共和国海洋环境保护法》，制定本条例。

第二条 防治船舶及其有关作业活动污

染中华人民共和国管辖海域适用本条例。

第三条　防治船舶及其有关作业活动污染海洋环境，实行预防为主、防治结合的原则。

第四条　国务院交通运输主管部门主管所辖港区水域内非军事船舶和港区水域外非渔业、非军事船舶污染海洋环境的防治工作。

海事管理机构依照本条例规定具体负责防治船舶及其有关作业活动污染海洋环境的监督管理。

第五条　国务院交通运输主管部门应当根据防治船舶及其有关作业活动污染海洋环境的需要，组织编制防治船舶及其有关作业活动污染海洋环境应急能力建设规划，报国务院批准后公布实施。

沿海设区的市级以上地方人民政府应当按照国务院批准的防治船舶及其有关作业活动污染海洋环境应急能力建设规划，并根据本地区的实际情况，组织编制相应的防治船舶及其有关作业活动污染海洋环境应急能力建设规划。

第六条　国务院交通运输主管部门、沿海设区的市级以上地方人民政府应当建立健全防治船舶及其有关作业活动污染海洋环境应急反应机制，并制定防治船舶及其有关作业活动污染海洋环境应急预案。

第七条　海事管理机构应当根据防治船舶及其有关作业活动污染海洋环境的需要，会同海洋主管部门建立健全船舶及其有关作业活动污染海洋环境的监测、监视机制，加强对船舶及其有关作业活动污染海洋环境的监测、监视。

第八条　国务院交通运输主管部门、沿海设区的市级以上地方人民政府应当按照防治船舶及其有关作业活动污染海洋环境应急能力建设规划，建立专业应急队伍和应急设备库，配备专用的设施、设备和器材。

第九条　任何单位和个人发现船舶及其有关作业活动造成或者可能造成海洋环境污染的，应当立即就近向海事管理机构报告。

第二章　防治船舶及其有关作业活动污染海洋环境的一般规定

第十条　船舶的结构、设备、器材应当符合国家有关防治船舶污染海洋环境的技术规范以及中华人民共和国缔结或者参加的国际条约的要求。

船舶应当依照法律、行政法规、国务院交通运输主管部门的规定以及中华人民共和国缔结或者参加的国际条约的要求，取得并随船携带相应的防治船舶污染海洋环境的证书、文书。

第十一条　中国籍船舶的所有人、经营人或者管理人应当按照国务院交通运输主管部门的规定，建立健全安全营运和防治船舶污染管理体系。

海事管理机构应当对安全营运和防治船舶污染管理体系进行审核，审核合格的，发给符合证明和相应的船舶安全管理证书。

第十二条　港口、码头、装卸站以及从事船舶修造的单位应当配备与其装卸货物种类和吞吐能力或者修造船舶能力相适应的污染监视设施和污染物接收设施，并使其处于良好状态。

第十三条　港口、码头、装卸站以及从事船舶修造、打捞、拆解等作业活动的单位应当制定有关安全营运和防治污染的管理制度，按照国家有关防治船舶及其有关作业活动污染海洋环境的规范和标准，配备相应的防治污染设备和器材。

港口、码头、装卸站以及从事船舶修造、打捞、拆解等作业活动的单位，应当定期检查、维护配备的防治污染设备和器材，确保防治污染设备和器材符合防治船舶及其有关作业活动污染海洋环境的要求。

第十四条　船舶所有人、经营人或者管理人应当制定防治船舶及其有关作业活动污染海洋环境的应急预案，并报海事管理机构备案。

港口、码头、装卸站的经营人以及有关作业单位应当制定防治船舶及其有关作业活动污染海洋环境的应急预案，并报海事管理机构和环境保护主管部门备案。

船舶、港口、码头、装卸站以及其他有关作业单位应当按照应急预案，定期组织演练，并做好相应记录。

第三章　船舶污染物的排放和接收

第十五条　船舶在中华人民共和国管辖海域向海洋排放的船舶垃圾、生活污水、含油污水、含有毒有害物质污水、废气等污染物以及压载水，应当符合法律、行政法规、中华人民共和国缔结或者参加的国际条约以及相关标准的要求。

船舶应当将不符合前款规定的排放要求的污染物排入港口接收设施或者由船舶污染物接收单位接收。

船舶不得向依法划定的海洋自然保护区、海滨风景名胜区、重要渔业水域以及其他需要特别保护的海域排放船舶污染物。

第十六条　船舶处置污染物，应当在相应的记录簿内如实记录。

船舶应当将使用完毕的船舶垃圾记录簿在船舶上保留2年；将使用完毕的含油污水、含有毒有害物质污水记录簿在船舶上保留3年。

第十七条　船舶污染物接收单位从事船舶垃圾、残油、含油污水、含有毒有害物质污水接收作业，应当编制作业方案，遵守相关操作规程，并采取必要的防污染措施。船舶污染物接收单位应当将船舶污染物接收情况按照规定向海事管理机构报告。

第十八条　船舶污染物接收单位接收船舶污染物，应当向船舶出具污染物接收单证，经双方签字确认并留存至少2年。污染物接收单证应当注明作业双方名称，作业开始和结束的时间、地点，以及污染物种类、数量等内容。船舶应当将污染物接收单证保存在相应的记录簿中。

第十九条　船舶污染物接收单位应当按照国家有关污染物处理的规定处理接收的船舶污染物，并每月将船舶污染物的接收和处理情况报海事管理机构备案。

第四章　船舶有关作业活动的污染防治

第二十条　从事船舶清舱、洗舱、油料供受、装卸、过驳、修造、打捞、拆解，污染危害性货物装箱、充罐，污染清除作业以及利用船舶进行水上水下施工等作业活动的，应当遵守相关操作规程，并采取必要的安全和防治污染的措施。

从事前款规定的作业活动的人员，应当具备相关安全和防治污染的专业知识和技能。

第二十一条　船舶不符合污染危害性货物适载要求的，不得载运污染危害性货物，码头、装卸站不得为其进行装载作业。

污染危害性货物的名录由国家海事管理机构公布。

第二十二条　载运污染危害性货物进出港口的船舶，其承运人、货物所有人或者代理人，应当向海事管理机构提出申请，经批准方可进出港口或者过境停留。

第二十三条　载运污染危害性货物的船舶，应当在海事管理机构公布的具有相应安全装卸和污染物处理能力的码头、装卸站进行装卸作业。

第二十四条　货物所有人或者代理人交付船舶载运污染危害性货物，应当确保货物的包装与标志等符合有关安全和防治污染的规定，并在运输单证上准确注明货物的技术名称、编号、类别（性质）、数量、注意事项和应急措施等内容。

货物所有人或者代理人交付船舶载运污染危害性不明的货物，应当委托有关技术机构进行危害性评估，明确货物的危害性质以及有关安全和防治污染要求，方可交付船舶载运。

第二十五条　海事管理机构认为交付船

舶载运的污染危害性货物应当申报而未申报，或者申报的内容不符合实际情况的，可以按照国务院交通运输主管部门的规定采取开箱等方式查验。

海事管理机构查验污染危害性货物，货物所有人或者代理人应当到场，并负责搬移货物，开拆和重封货物的包装。海事管理机构认为必要的，可以径行查验、复验或者提取货样，有关单位和个人应当配合。

第二十六条　进行散装液体污染危害性货物过驳作业的船舶，其承运人、货物所有人或者代理人应当向海事管理机构提出申请，告知作业地点，并附送过驳作业方案、作业程序、防治污染措施等材料。

海事管理机构应当自受理申请之日起2个工作日内作出许可或者不予许可的决定。2个工作日内无法作出决定的，经海事管理机构负责人批准，可以延长5个工作日。

第二十七条　依法获得船舶油料供受作业资质的单位，应当向海事管理机构备案。海事管理机构应当对船舶油料供受作业进行监督检查，发现不符合安全和防治污染要求的，应当予以制止。

第二十八条　船舶燃油供给单位应当如实填写燃油供受单证，并向船舶提供船舶燃油供受单证和燃油样品。

船舶和船舶燃油供给单位应当将燃油供受单证保存3年，并将燃油样品妥善保存1年。

第二十九条　船舶修造、水上拆解的地点应当符合环境功能区划和海洋功能区划。

第三十条　从事船舶拆解的单位在船舶拆解作业前，应当对船舶上的残余物和废弃物进行处置，将油舱（柜）中的存油驳出，进行船舶清舱、洗舱、测爆等工作。

从事船舶拆解的单位应当及时清理船舶拆解现场，并按照国家有关规定处理船舶拆解产生的污染物。

禁止采取冲滩方式进行船舶拆解作业。

第三十一条　禁止船舶经过中华人民共和国内水、领海转移危险废物。

经过中华人民共和国管辖的其他海域转移危险废物的，应当事先取得国务院环境保护主管部门的书面同意，并按照海事管理机构指定的航线航行，定时报告船舶所处的位置。

第三十二条　船舶向海洋倾倒废弃物，应当如实记录倾倒情况。返港后，应当向驶出港所在地的海事管理机构提交书面报告。

第三十三条　载运散装液体污染危害性货物的船舶和1万总吨以上的其他船舶，其经营人应当在作业前或者进出港口前与符合国家有关技术规范的污染清除作业单位签订污染清除作业协议，明确双方在发生船舶污染事故后污染清除的权利和义务。

与船舶经营人签订污染清除作业协议的污染清除作业单位应当在发生船舶污染事故后，按照污染清除作业协议及时进行污染清除作业。

第五章　船舶污染事故应急处置

第三十四条　本条例所称船舶污染事故，是指船舶及其有关作业活动发生油类、油性混合物和其他有毒有害物质泄漏造成的海洋环境污染事故。

第三十五条　船舶污染事故分为以下等级：

（一）特别重大船舶污染事故，是指船舶溢油1000吨以上，或者造成直接经济损失2亿元以上的船舶污染事故；

（二）重大船舶污染事故，是指船舶溢油500吨以上不足1000吨，或者造成直接经济损失1亿元以上不足2亿元的船舶污染事故；

（三）较大船舶污染事故，是指船舶溢油100吨以上不足500吨，或者造成直接经济损失5000万元以上不足1亿元的船舶污染事故；

（四）一般船舶污染事故，是指船舶溢油不足100吨，或者造成直接经济损失不足

5000 万元的船舶污染事故。

第三十六条 船舶在中华人民共和国管辖海域发生污染事故，或者在中华人民共和国管辖海域外发生污染事故造成或者可能造成中华人民共和国管辖海域污染的，应当立即启动相应的应急预案，采取措施控制和消除污染，并就近向有关海事管理机构报告。

发现船舶及其有关作业活动可能对海洋环境造成污染的，船舶、码头、装卸站应当立即采取相应的应急处置措施，并就近向有关海事管理机构报告。

接到报告的海事管理机构应当立即核实有关情况，并向上级海事管理机构或者国务院交通运输主管部门报告，同时报告有关沿海设区的市级以上地方人民政府。

第三十七条 船舶污染事故报告应当包括下列内容：

（一）船舶的名称、国籍、呼号或者编号；

（二）船舶所有人、经营人或者管理人的名称、地址；

（三）发生事故的时间、地点以及相关气象和水文情况；

（四）事故原因或者事故原因的初步判断；

（五）船舶上污染物的种类、数量、装载位置等概况；

（六）污染程度；

（七）已经采取或者准备采取的污染控制、清除措施和污染控制情况以及救助要求；

（八）国务院交通运输主管部门规定应当报告的其他事项。

作出船舶污染事故报告后出现新情况的，船舶、有关单位应当及时补报。

第三十八条 发生特别重大船舶污染事故，国务院或者国务院授权国务院交通运输主管部门成立事故应急指挥机构。

发生重大船舶污染事故，有关省、自治区、直辖市人民政府应当会同海事管理机构成立事故应急指挥机构。

发生较大船舶污染事故和一般船舶污染事故，有关设区的市级人民政府应当会同海事管理机构成立事故应急指挥机构。

有关部门、单位应当在事故应急指挥机构统一组织和指挥下，按照应急预案的分工，开展相应的应急处置工作。

第三十九条 船舶发生事故有沉没危险，船员离船前，应当尽可能关闭所有货舱（柜）、油舱（柜）管系的阀门，堵塞货舱（柜）、油舱（柜）通气孔。

船舶沉没的，船舶所有人、经营人或者管理人应当及时向海事管理机构报告船舶燃油、污染危害性货物以及其他污染物的性质、数量、种类、装载位置等情况，并及时采取措施予以清除。

第四十条 发生船舶污染事故或者船舶沉没，可能造成中华人民共和国管辖海域污染的，有关沿海设区的市级以上地方人民政府、海事管理机构根据应急处置的需要，可以征用有关单位或者个人的船舶和防治污染设施、设备、器材以及其他物资，有关单位和个人应当予以配合。

被征用的船舶和防治污染设施、设备、器材以及其他物资使用完毕或者应急处置工作结束，应当及时返还。船舶和防治污染设施、设备、器材以及其他物资被征用或者征用后毁损、灭失的，应当给予补偿。

第四十一条 发生船舶污染事故，海事管理机构可以采取清除、打捞、拖航、引航、过驳等必要措施，减轻污染损害。相关费用由造成海洋环境污染的船舶、有关作业单位承担。

需要承担前款规定费用的船舶，应当在开航前缴清相关费用或者提供相应的财务担保。

第四十二条 处置船舶污染事故使用的消油剂，应当符合国家有关标准。

第六章 船舶污染事故调查处理

第四十三条 船舶污染事故的调查处理

依照下列规定进行：

（一）特别重大船舶污染事故由国务院或者国务院授权国务院交通运输主管部门等部门组织事故调查处理；

（二）重大船舶污染事故由国家海事管理机构组织事故调查处理；

（三）较大船舶污染事故和一般船舶污染事故由事故发生地的海事管理机构组织事故调查处理。

船舶污染事故给渔业造成损害的，应当吸收渔业主管部门参与调查处理；给军事港口水域造成损害的，应当吸收军队有关主管部门参与调查处理。

第四十四条　发生船舶污染事故，组织事故调查处理的机关或者海事管理机构应当及时、客观、公正地开展事故调查，勘验事故现场，检查相关船舶，询问相关人员，收集证据，查明事故原因。

第四十五条　组织事故调查处理的机关或者海事管理机构根据事故调查处理的需要，可以暂扣相应的证书、文书、资料；必要时，可以禁止船舶驶离港口或者责令停航、改航、停止作业直至暂扣船舶。

第四十六条　组织事故调查处理的机关或者海事管理机构开展事故调查时，船舶污染事故的当事人和其他有关人员应当如实反映情况和提供资料，不得伪造、隐匿、毁灭证据或者以其他方式妨碍调查取证。

第四十七条　组织事故调查处理的机关或者海事管理机构应当自事故调查结束之日起20个工作日内制作事故认定书，并送达当事人。

事故认定书应当载明事故基本情况、事故原因和事故责任。

第七章　船舶污染事故损害赔偿

第四十八条　造成海洋环境污染损害的责任者，应当排除危害，并赔偿损失；完全由于第三者的故意或者过失，造成海洋环境污染损害的，由第三者排除危害，并承担赔偿责任。

第四十九条　完全属于下列情形之一，经过及时采取合理措施，仍然不能避免对海洋环境造成污染损害的，免予承担责任：

（一）战争；

（二）不可抗拒的自然灾害；

（三）负责灯塔或者其他助航设备的主管部门，在执行职责时的疏忽，或者其他过失行为。

第五十条　船舶污染事故的赔偿限额依照《中华人民共和国海商法》关于海事赔偿责任限制的规定执行。但是，船舶载运的散装持久性油类物质造成中华人民共和国管辖海域污染的，赔偿限额依照中华人民共和国缔结或者参加的有关国际条约的规定执行。

前款所称持久性油类物质，是指任何持久性烃类矿物油。

第五十一条　在中华人民共和国管辖海域内航行的船舶，其所有人应当按照国务院交通运输主管部门的规定，投保船舶油污损害民事责任保险或者取得相应的财务担保。但是，1000总吨以下载运非油类物质的船舶除外。

船舶所有人投保船舶油污损害民事责任保险或者取得的财务担保的额度应当不低于《中华人民共和国海商法》、中华人民共和国缔结或者参加的有关国际条约规定的油污赔偿限额。

第五十二条　已依照本条例第五十一条的规定投保船舶油污损害民事责任保险或者取得财务担保的中国籍船舶，其所有人应当持船舶国籍证书、船舶油污损害民事责任保险合同或者财务担保证明，向船籍港的海事管理机构申请办理船舶油污损害民事责任保险证书或者财务保证证书。

第五十三条　发生船舶油污事故，国家组织有关单位进行应急处置、清除污染所发生的必要费用，应当在船舶油污损害赔偿中优先受偿。

第五十四条　在中华人民共和国管辖水

域接收海上运输的持久性油类物质货物的货物所有人或者代理人应当缴纳船舶油污损害赔偿基金。

船舶油污损害赔偿基金征收、使用和管理的具体办法由国务院财政部门会同国务院交通运输主管部门制定。

国家设立船舶油污损害赔偿基金管理委员会，负责处理船舶油污损害赔偿基金的赔偿等事务。船舶油污损害赔偿基金管理委员会由有关行政机关和缴纳船舶油污损害赔偿基金的主要货主组成。

第五十五条 对船舶污染事故损害赔偿的争议，当事人可以请求海事管理机构调解，也可以向仲裁机构申请仲裁或者向人民法院提起民事诉讼。

第八章 法律责任

第五十六条 船舶、有关作业单位违反本条例规定的，海事管理机构应当责令改正；拒不改正的，海事管理机构可以责令停止作业、强制卸载，禁止船舶进出港口、靠泊、过境停留，或者责令停航、改航、离境、驶向指定地点。

第五十七条 违反本条例的规定，船舶的结构不符合国家有关防治船舶污染海洋环境的技术规范或者有关国际条约要求的，由海事管理机构处 10 万元以上 30 万元以下的罚款。

第五十八条 违反本条例的规定，有下列情形之一的，由海事管理机构依照《中华人民共和国海洋环境保护法》有关规定予以处罚：

（一）船舶未取得并随船携带防治船舶污染海洋环境的证书、文书的；

（二）船舶、港口、码头、装卸站未配备防治污染设备、器材的；

（三）船舶向海域排放本条例禁止排放的污染物的；

（四）船舶未如实记录污染物处置情况的；

（五）船舶超过标准向海域排放污染物的；

（六）从事船舶水上拆解作业，造成海洋环境污染损害的。

第五十九条 违反本条例的规定，船舶未按照规定在船舶上留存船舶污染物处置记录，或者船舶污染物处置记录与船舶运行过程中产生的污染物数量不符合的，由海事管理机构处 2 万元以上 10 万元以下的罚款。

第六十条 违反本条例的规定，船舶污染物接收单位从事船舶垃圾、残油、含油污水、含有毒有害物质污水接收作业，未编制作业方案、遵守相关操作规程、采取必要的防污染措施的，由海事管理机构处 1 万元以上 5 万元以下的罚款；造成海洋环境污染的，处 5 万元以上 25 万元以下的罚款。

第六十一条 违反本条例的规定，船舶污染物接收单位未按照规定向海事管理机构报告船舶污染物接收情况，或者未按照规定向船舶出具污染物接收单证，或者未按照规定将船舶污染物的接收和处理情况报海事管理机构备案的，由海事管理机构处 2 万元以下的罚款。

第六十二条 违反本条例的规定，有下列情形之一的，由海事管理机构处 2000 元以上 1 万元以下的罚款：

（一）船舶未按照规定保存污染物接收单证的；

（二）船舶燃油供给单位未如实填写燃油供受单证的；

（三）船舶燃油供给单位未按照规定向船舶提供燃油供受单证和燃油样品的；

（四）船舶和船舶燃油供给单位未按照规定保存燃油供受单证和燃油样品的。

第六十三条 违反本条例的规定，有下列情形之一的，由海事管理机构处 2 万元以上 10 万元以下的罚款：

（一）载运污染危害性货物的船舶不符合污染危害性货物适载要求的；

（二）载运污染危害性货物的船舶未在

具有相应安全装卸和污染物处理能力的码头、装卸站进行装卸作业的；

（三）货物所有人或者代理人未按照规定对污染危害性不明的货物进行危害性评估的。

第六十四条　违反本条例的规定，未经海事管理机构批准，船舶载运污染危害性货物进出港口、过境停留或者过驳作业的，由海事管理机构处 1 万元以上 5 万元以下的罚款。

第六十五条　违反本条例的规定，有下列情形之一的，由海事管理机构处 2 万元以上 10 万元以下的罚款：

（一）船舶发生事故沉没，船舶所有人或者经营人未及时向海事管理机构报告船舶燃油、污染危害性货物以及其他污染物的性质、数量、种类、装载位置等情况的；

（二）船舶发生事故沉没，船舶所有人或者经营人未及时采取措施清除船舶燃油、污染危害性货物以及其他污染物的。

第六十六条　违反本条例的规定，有下列情形之一的，由海事管理机构处 1 万元以上 5 万元以下的罚款：

（一）载运散装液体污染危害性货物的船舶和 1 万总吨以上的其他船舶，其经营人未按照规定签订污染清除作业协议的；

（二）污染清除作业单位不符合国家有关技术规范从事污染清除作业的。

第六十七条　违反本条例的规定，发生船舶污染事故，船舶、有关作业单位未立即启动应急预案的，对船舶、有关作业单位，由海事管理机构处 2 万元以上 10 万元以下的罚款；对直接负责的主管人员和其他直接责任人员，由海事管理机构处 1 万元以上 2 万元以下的罚款。直接负责的主管人员和其他直接责任人员属于船员的，并处给予暂扣适任证书或者其他有关证件 1 个月至 3 个月的处罚。

第六十八条　违反本条例的规定，发生船舶污染事故，船舶、有关作业单位迟报、漏报事故的，对船舶、有关作业单位，由海事管理机构处 5 万元以上 25 万元以下的罚款；对直接负责的主管人员和其他直接责任人员，由海事管理机构处 1 万元以上 5 万元以下的罚款。直接负责的主管人员和其他直接责任人员属于船员的，并处给予暂扣适任证书或者其他有关证件 3 个月至 6 个月的处罚。瞒报、谎报事故的，对船舶、有关作业单位，由海事管理机构处 25 万元以上 50 万元以下的罚款；对直接负责的主管人员和其他直接责任人员，由海事管理机构处 5 万元以上 10 万元以下的罚款。直接负责的主管人员和其他直接责任人员属于船员的，并处给予吊销适任证书或者其他有关证件的处罚。

第六十九条　违反本条例的规定，未按照国家规定的标准使用消油剂的，由海事管理机构对船舶或者使用单位处 1 万元以上 5 万元以下的罚款。

第七十条　违反本条例的规定，船舶污染事故的当事人和其他有关人员，未如实向组织事故调查处理的机关或者海事管理机构反映情况和提供资料，伪造、隐匿、毁灭证据或者以其他方式妨碍调查取证的，由海事管理机构处 1 万元以上 5 万元以下的罚款。

第七十一条　违反本条例的规定，船舶所有人有下列情形之一的，由海事管理机构责令改正，可以处 5 万元以下的罚款；拒不改正的，处 5 万元以上 25 万元以下的罚款：

（一）在中华人民共和国管辖海域内航行的船舶，其所有人未按照规定投保船舶油污损害民事责任保险或者取得相应的财务担保的；

（二）船舶所有人投保船舶油污损害民事责任保险或者取得的财务担保的额度低于《中华人民共和国海商法》、中华人民共和国缔结或者参加的有关国际条约规定的油污赔偿限额的。

第七十二条　违反本条例的规定，在中华人民共和国管辖水域接收海上运输的持久性油类物质货物的货物所有人或者代理人，未按照规定缴纳船舶油污损害赔偿基金的，由海事管理机构责令改正；拒不改正的，可以停止其接收的持久性油类物质货物在中华人民共和国管辖水域进行装卸、过驳作业。

货物所有人或者代理人逾期未缴纳船舶油污损害赔偿基金的，应当自应缴之日起按日加缴未缴额的万分之五的滞纳金。

第九章 附 则

第七十三条 中华人民共和国缔结或者参加的国际条约对防治船舶及其有关作业活动污染海洋环境有规定的，适用国际条约的规定。但是，中华人民共和国声明保留的条款除外。

第七十四条 县级以上人民政府渔业主管部门负责渔港水域内非军事船舶和渔港水域外渔业船舶污染海洋环境的监督管理，负责保护渔业水域生态环境工作，负责调查处理《中华人民共和国海洋环境保护法》第五条第四款规定的渔业污染事故。

第七十五条 军队环境保护部门负责军事船舶污染海洋环境的监督管理及污染事故的调查处理。

第七十六条 本条例自2010年3月1日起施行。1983年12月29日国务院发布的《中华人民共和国防止船舶污染海域管理条例》同时废止。

中华人民共和国船舶及其有关作业活动污染海洋环境防治管理规定

（2010年11月16日交通运输部发布，根据2013年8月31日交通运输部《关于修改〈中华人民共和国船舶及其有关作业活动污染海洋环境防治管理规定〉的决定》第一次修正，根据2013年12月24日交通运输部《关于修改〈中华人民共和国船舶及其有关作业活动污染海洋环境防治管理规定〉的决定》第二次修正，根据2016年12月13日交通运输部《关于修改〈中华人民共和国船舶及其有关作业活动污染海洋环境防治管理规定〉的决定》第三次修正，根据2017年5月23日交通运输部《关于修改〈中华人民共和国船舶及其有关作业活动污染海洋环境防治管理规定〉的决定》第四次修正）

第一章 总 则

第一条 为了防治船舶及其有关作业活动污染海洋环境，根据《中华人民共和国海洋环境保护法》《中华人民共和国大气污染防治法》《中华人民共和国防治船舶污染海洋环境管理条例》和中华人民共和国缔结或者加入的国际条约，制定本规定。

第二条 防治船舶及其有关作业活动污染中华人民共和国管辖海域适用本规定。

本规定所称有关作业活动，是指船舶装卸、过驳、清舱、洗舱、油料供受、修造、打捞、拆解、污染危害性货物装箱、充罐、污染清除以及其他水上水下船舶施工作业等活动。

第三条 国务院交通运输主管部门主管

全国船舶及其有关作业活动污染海洋环境的防治工作。

国家海事管理机构负责监督管理全国船舶及其有关作业活动污染海洋环境的防治工作。

各级海事管理机构根据职责权限，具体负责监督管理本辖区船舶及其有关作业活动污染海洋环境的防治工作。

第二章 一般规定

第四条 船舶的结构、设备、器材应当符合国家有关防治船舶污染海洋环境的船舶检验规范以及中华人民共和国缔结或者加入的国际条约的要求，并按照国家规定取得相应的合格证书。

第五条 船舶应当依照法律、行政法规、国务院交通运输主管部门的规定以及中华人民共和国缔结或者加入的国际条约的要求，取得并随船携带相应的防治船舶污染海洋环境的证书、文书。

海事管理机构应当向社会公布本条第一款规定的证书、文书目录，并及时更新。

第六条 中国籍船舶持有的防治船舶污染海洋环境的证书、文书由国家海事管理机构或者其认可的机构签发；外国籍船舶持有的防治船舶污染海洋环境的证书、文书应当符合中华人民共和国缔结或者加入的国际条约的要求。

第七条 船员应当具有相应的防治船舶污染海洋环境的专业知识和技能，并按照有关法律、行政法规、规章的规定参加相应的培训、考试，持有有效的适任证书或者相应的培训合格证明。

从事有关作业活动的单位应当组织本单位作业人员进行操作技能、设备使用、作业程序、安全防护和应急反应等专业培训，确保作业人员具备相关安全和防治污染的专业知识和技能。

第八条 港口、码头、装卸站和从事船舶修造作业的单位应当按照国家有关标准配备相应的污染监视设施和污染物接收设施。

港口、码头、装卸站以及从事船舶修造、打捞、拆解等有关作业活动的其他单位应当按照国家有关标准配备相应的防治污染设备和器材。

第九条 船舶从事下列作业活动，应当遵守有关法律法规、标准和相关操作规程，落实安全和防治污染措施，并在作业前将作业种类、作业时间、作业地点、作业单位和船舶名称等信息向海事管理机构报告；作业信息变更的，应当及时补报：

（一）在沿海港口进行舷外拷铲、油漆作业或者使用焚烧炉的；

（二）在港区水域内洗舱、清舱、驱气以及排放垃圾、生活污水、残油、含油污水、含有毒有害物质污水等污染物和压载水的；

（三）冲洗沾有污染物、有毒有害物质的甲板的；

（四）进行船舶水上拆解、打捞、修造和其他水上、水下船舶施工作业的；

（五）进行船舶油料供受作业的。

第十条 从事3万载重吨以上油轮的货舱清舱、1万吨以上散装液体污染危害性货物过驳以及沉船打捞、油轮拆解等存在较大污染风险的作业活动的，作业方应当进行作业方案可行性研究，并在作业活动中接受海事管理机构的检查。

第十一条 任何单位和个人发现船舶及其有关作业活动造成或者可能造成海洋环境污染的，应当立即就近向海事管理机构报告。

第三章 船舶污染物的排放与接收

第十二条 在中华人民共和国管辖海域航行、停泊、作业的船舶排放船舶垃圾、生活污水、含油污水、含有毒有害物质污水、废气等污染物以及压载水，应当符合法律、行政法规、有关标准以及中华人民共和国缔结或者加入的国际条约的规定。

船舶在船舶排放控制区内航行、停泊、作业还应当遵守船舶排放控制区大气污染防治控制要求。船舶应当使用低硫燃油或者采取使用岸电、清洁能源、尾气后处理装置等替代措施满足船舶大气排放控制要求。

第十三条 船舶不得向依法划定的海洋自然保护区、海洋特别保护区、海滨风景名胜区、重要渔业水域以及其他需要特别保护的海域排放污染物。

依法设立本条第一款规定的需要特别保护的海域的，应当在适当的区域配套设置船舶污染物接收设施和应急设备器材。

第十四条 船舶应当将不符合第十二条规定排放要求以及依法禁止向海域排放的污染物，排入具备相应接收能力的港口接收设施或者委托具备相应接收能力的船舶污染物接收单位接收。

船舶委托船舶污染物接收单位进行污染物接收作业的，其船舶经营人应当在作业前明确指定所委托的船舶污染物接收单位。

第十五条 船舶污染物接收单位进行船舶垃圾、残油、含油污水、含有毒有害物质污水等污染物接收作业，应当在作业前将作业时间、作业地点、作业单位、作业船舶、污染物种类和数量以及拟处置的方式及去向等情况向海事管理机构报告。接收处理情况发生变更的，应当及时补报。

港口建立船舶污染物接收、转运、处置监管联单制度的，船舶与船舶污染物接收单位应当按照联单制度的要求将船舶污染物接收、转运和处置情况报告有关主管部门。

第十六条 船舶污染物接收作业单位应当落实安全与防污染管理制度。进行污染物接收作业的，应当编制作业方案，遵守国家有关标准、规程，并采取有效的防污染措施，防止污染物溢漏。

第十七条 船舶污染物接收单位应当在污染物接收作业完毕后，向船舶出具污染物接收单证，经双方签字确认并留存至少2年。污染物接收单证上应当注明作业单位名称，作业双方船名，作业开始和结束的时间、地点，以及污染物种类、数量等内容。

船舶应当将污染物接收单证保存在相应的记录簿中。

第十八条 船舶进行涉及污染物处置的作业，应当在相应的记录簿内规范填写、如实记录，真实反映船舶运行过程中产生的污染物数量、处置过程和去向。按照法律、行政法规、国务院交通运输主管部门的规定以及中华人民共和国缔结或者加入的国际条约的要求，不需要配备记录簿的，应当将有关情况在作业当日的航海日志或者轮机日志中如实记载。

船舶应当将使用完毕的船舶垃圾记录簿在船舶上保留2年；将使用完毕的含油污水、含有毒有害物质污水记录簿在船舶上保留3年。

第十九条 船舶污染物接收单位应当将接收的污染物交由具有国家规定资质的污染物处理单位进行处理，并每月将船舶污染物的接收和处理情况报海事管理机构备案。

第二十条 接收处理含有有毒有害物质或者其他危险成分的船舶污染物的，应当符合国家有关危险废物的管理规定。来自疫区船舶产生的污染物，应当经有关检疫部门检疫处理后方可进行接收和处理。

第二十一条 船舶应当配备有盖、不渗漏、不外溢的垃圾储存容器，或者对垃圾实行袋装。

船舶应当对垃圾进行分类收集和存放，对含有有毒有害物质或者其他危险成分的垃圾应当单独存放。

船舶将含有有毒有害物质或者其他危险成分的垃圾排入港口接收设施或者委托船舶污染物接收单位接收的，应当向对方说明此类垃圾所含物质的名称、性质和数量等情况。

第二十二条 船舶应当按照国家有关规定以及中华人民共和国缔结或者加入的国际条约的要求，设置与生活污水产生量相适应的处理装置或者储存容器。

第四章　船舶载运污染危害性货物及其有关作业

第二十三条　本规定所称污染危害性货物，是指直接或者间接进入水体，会损害水体质量和环境质量，从而产生损害生物资源、危害人体健康等有害影响的货物。

国家海事管理机构应当向社会公布污染危害性货物的名录，并根据需要及时更新。

第二十四条　船舶载运污染危害性货物进出港口，承运人或者代理人应当在进出港24小时前（航程不足24小时的，在驶离上一港口时）向海事管理机构办理船舶适载申报手续；货物所有人或者代理人应当在船舶适载申报之前向海事管理机构办理货物适运申报手续。

货物适运申报和船舶适载申报经海事管理机构审核同意后，船舶方可进出港口或者过境停留。

第二十五条　交付运输的污染危害性货物的特性、包装以及针对货物采取的风险防范和应急措施等应当符合国家有关标准、规定以及中华人民共和国缔结或者加入的国际条约的要求；需要经国家有关主管部门依法批准后方可载运的，还需要取得有关主管部门的批准。

船舶适载的条件按照《中华人民共和国海事行政许可条件规定》关于船舶载运危险货物的适载条件执行。

第二十六条　货物所有人或者代理人办理货物适运申报手续的，应当向海事管理机构提交下列材料：

（一）货物适运申报单，包括货物所有人或者代理人有关情况以及货物名称、种类、特性等基本信息；

（二）由代理人办理货物适运申报手续的，应当提供货物所有人出具的有效授权证明；

（三）相应的污染危害性货物安全技术说明书，安全作业注意事项、防范和应急措施等有关材料；

（四）需要经国家有关主管部门依法批准后方可载运的污染危害性货物，应当持有有效的批准文件；

（五）交付运输下列污染危害性货物的，还应当提交下列材料：

1. 载运包装污染危害性货物的，应当提供包装和中型散装容器检验合格证明或者压力容器检验合格证明；

2. 使用可移动罐柜装载污染危害性货物的，应当提供罐柜检验合格证明；

3. 载运放射性污染危害性货物的，应当提交放射性剂量证明；

4. 货物中添加抑止剂或者稳定剂的，应当提交抑止剂或者稳定剂的名称、数量、温度、有效期以及超过有效期时应当采取的措施；

5. 载运限量污染危害性货物的，应当提交限量危险货物证明；

6. 载运污染危害性不明货物的，应当提交符合第三十条规定的污染危害性评估报告。

第二十七条　承运人或者代理人办理船舶适载申报手续的，应当向海事管理机构提交下列材料：

（一）船舶载运污染危害性货物申报单，包括承运人或者代理人有关情况以及货物名称、种类、特性等基本信息；

（二）海事管理机构批准的货物适运证明；

（三）由代理人办理船舶适载申报手续的，应当提供承运人出具的有效授权证明；

（四）防止油污证书、船舶适载证书、船舶油污损害民事责任保险或者其他财务保证证书；

（五）载运污染危害性货物的船舶在运输途中发生过意外情况的，还应当在船舶载运污染危害性货物申报单内扼要说明所发生意外情况的原因、已采取的控制措施和目前状况等有关情况，并于抵港后送交详细报告；

（六）列明实际装载情况的清单、舱单或者积载图；

（七）拟进行装卸作业的港口、码头、装卸站。

定船舶、定航线、定货种的船舶可以办理不超过一个月期限的船舶定期适载申报手续。办理船舶定期适载申报手续的，除应当提交本条第一款规定的材料外，还应当提交能够证明固定船舶在固定航线上运输固定污染危害性货物的有关材料。

第二十八条 海事管理机构收到货物适运申报、船舶适载申报后，应当根据第二十五条规定的条件在 24 小时内作出批准或者不批准的决定；办理船舶定期适载申报的，应当在 7 日内作出批准或者不批准的决定。

第二十九条 货物所有人或者代理人交付船舶载运污染危害性货物，应当采取有效的防治污染措施，确保货物的包装与标志的规格、比例、色度、持久性等符合国家有关安全与防治污染的要求，并在运输单证上如实注明该货物的技术名称、数量、类别、性质、预防和应急措施等内容。

第三十条 货物所有人或者代理人交付船舶载运污染危害性不明的货物，应当委托具备相应资质的技术机构对货物的污染危害性质和船舶载运技术条件进行评估。

第三十一条 曾经载运污染危害性货物的空容器和运输组件，应当彻底清洗并消除危害，取得由具有国家规定资质的检测机构出具的清洁证明后，方可按照普通货物交付船舶运输。在未彻底清洗并消除危害之前，应当按照原所装货物的要求进行运输。

第三十二条 海事管理机构认为交付船舶载运的货物应当按照污染危害性货物申报而未申报的，或者申报的内容不符合实际情况的，经海事管理机构负责人批准，可以采取开箱等方式查验。

海事管理机构在实施开箱查验时，货物所有人或者代理人应当到场，并负责搬移货物，开拆和重封货物的包装。海事管理机构认为必要时，可以径行开验、复验或者提取货样。有关单位和个人应当配合。

第三十三条 船舶不符合污染危害性货物适载要求的，不得载运污染危害性货物，码头、装卸站不得为其进行装卸作业。

发现船舶及其有关作业活动可能对海洋环境造成污染危害的，码头、装卸站、船舶应当立即采取相应的应急措施，并向海事管理机构报告。

第三十四条 从事污染危害性货物装卸作业的码头、装卸站，应当符合安全装卸和污染物处理的相关标准，并向海事管理机构提交安全装卸和污染物处理能力情况的有关材料。海事管理机构应当将具有相应安全装卸和污染物处理能力的码头、装卸站向社会公布。

载运污染危害性货物的船舶应当在海事管理机构公布的具有相应安全装卸和污染物处理能力的码头、装卸站进行装卸作业。

第三十五条 船舶进行散装液体污染危害性货物过驳作业的，应当符合国家海上交通安全和防治船舶污染海洋环境的管理规定和技术规范，选择缓流、避风、水深、底质等条件较好的水域，远离人口密集区、船舶通航密集区、航道、重要的民用目标或者设施、军用水域，制定安全和防治污染的措施和应急计划并保证有效实施。

第三十六条 进行散装液体污染危害性货物过驳作业的船舶，其承运人、货物所有人或者代理人应当向海事管理机构提交下列申请材料：

（一）船舶作业申请书，内容包括作业船舶资料、联系人、联系方式、作业时间、作业地点、过驳种类和数量等基本情况；

（二）船舶作业方案、拟采取的监护和防治污染措施；

（三）船舶作业应急预案；

（四）对船舶作业水域通航安全和污染风险的分析报告；

（五）与具有相应能力的污染清除作业单位签订的污染清除作业协议。

海事管理机构应当自受理申请之日起2日内根据第三十五条规定的条件作出批准或者不予批准的决定。2日内无法作出决定的，经海事管理机构负责人批准，可以延长5日。

第三十七条　从事船舶油料供受作业的单位应当向海事管理机构备案，并提交下列备案材料：

（一）工商营业执照；

（二）安全与防治污染制度文件、应急预案、应急设备物资清单、输油软管耐压检测证明以及作业人员参加培训情况；

（三）通过船舶进行油料供受作业的，还应当提交船舶相关证书、船上油污应急计划、作业船舶油污责任保险凭证以及船员适任证书；

（四）燃油质量承诺书；从事成品油供受作业的单位应当同时提交有关部门依法批准的成品油批发或者零售经营的证书。

第三十八条　进行船舶油料供受作业的，作业双方应当采取满足安全和防治污染要求的供受油作业管理措施，同时应当遵守下列规定：

（一）作业前，应当做到：

1. 检查管路、阀门，做好准备工作，堵好甲板排水孔，关好有关通海阀；

2. 检查油类作业的有关设备，使其处于良好状态；

3. 对可能发生溢漏的地方，设置集油容器；

4. 供受油双方以受方为主商定联系信号，双方均应切实执行。

（二）作业中，要有足够人员值班，当班人员要坚守岗位，严格执行操作规程，掌握作业进度，防止跑油、漏油；

（三）停止作业时，必须有效关闭有关阀门；

（四）收解输油软管时，必须事先用盲板将软管有效封闭，或者采取其他有效措施，防止软管存油倒流入海。

海事管理机构应当对船舶油料供受作业进行监督检查，发现不符合安全和防治污染要求的，应当予以制止。

第三十九条　船舶燃油供给单位应当如实填写燃油供受单证，并向船舶提供燃油供受单证和燃油样品。燃油供受单证应当包括受油船船名，船舶识别号或国际海事组织编号，作业时间、地点，燃油供应商的名称、地址和联系方式以及燃油种类、数量、密度和含硫量等内容。船舶和燃油供给单位应当将燃油供受单证保存3年，将燃油样品妥善保存1年。

燃油供给单位应当确保所供燃油的质量符合相关标准要求，并将所供燃油送交取得国家规定资质的燃油检测单位检测。燃油质量的检测报告应当留存在作业船舶上备查。

第四十条　船舶应当在出港前将上一航次消耗的燃料种类和数量，主机、辅机和锅炉功率以及运行工况时间等信息按照规定报告海事管理机构。

船舶按照船舶排放控制区要求转换低硫燃油或者采取使用岸电、清洁能源、尾气后处理装置等替代措施满足船舶大气排放控制要求的，应当按照规定如实记录。

第四十一条　船舶进行下列作业，且作业量超过300吨时，应当采取包括布设围油栏在内的防污染措施，其中过驳作业由过驳作业经营人负责：

（一）散装持久性油类的装卸和过驳作业，但船舶燃油供应作业除外；

（二）比重小于1（相对于水）、溶解度小于0.1%的散装有毒液体物质的装卸和过驳作业；

（三）其他可能造成水域严重污染的作业。

因自然条件等原因，不适合布设围油栏的，应当采取有效替代措施。

第四十二条　载运污染危害性货物的船

舶进出港口和通过桥区、交通管制区、通航密集区以及航行条件受限制的区域，或者载运剧毒、爆炸、放射性货物的船舶进出港口，应当遵守海事管理机构的特别规定，并采取必要的安全和防治污染保障措施。

第四十三条 船舶载运散发有毒有害气体或者粉尘物质等货物的，应当采取密闭或者其他防护措施。对有封闭作业要求的污染危害性货物，在运输和作业过程中应当采取措施回收有毒有害气体。

第五章 船舶拆解、打捞、修造和其他水上水下船舶施工作业

第四十四条 禁止采取冲滩方式进行船舶拆解作业。

第四十五条 进行船舶拆解、打捞、修造和其他水上水下船舶施工作业的，应当遵守相关操作规程，并采取必要的安全和防治污染措施。

第四十六条 在进行船舶拆解和船舶油舱修理作业前，作业单位应当将船舶上的残余物和废弃物进行有效处置，将燃油舱、货油舱中的存油驳出，进行洗舱、清舱、测爆等工作，并按照规定取得船舶污染物接收单证和有效的测爆证书。

船舶燃油舱、货油舱中的存油需要通过过驳方式交付储存的，应当遵守本规定关于散装液体污染危害性货物过驳作业的要求。

修造船厂应当建立防治船舶污染海洋环境管理制度，采取必要防护措施，防止船舶修造期间造成海洋环境污染。

第四十七条 在船坞内进行船舶修造作业的，修造船厂应当将坞内污染物清理完毕，确认不会造成水域污染后，方可沉起浮船坞或者开启坞门。

第四十八条 船舶拆解、打捞、修造或者其他水上水下船舶施工作业结束后，应当及时清除污染物，并将作业全过程产生的污染物的清除处理情况一并向海事管理机构报告，海事管理机构可以视情况进行现场核实。

第六章 法律责任

第四十九条 海事管理机构发现船舶、有关作业单位存在违反本规定行为的，应当责令改正；拒不改正的，海事管理机构可以责令停止作业、强制卸载，禁止船舶进出港口、靠泊、过境停留，或者责令停航、改航、离境、驶向指定地点。

第五十条 违反本规定，船舶的结构不符合国家有关防治船舶污染海洋环境的船舶检验规范或者有关国际条约要求的，由海事管理机构处 10 万元以上 30 万元以下的罚款。

第五十一条 违反本规定，船舶、港口、码头和装卸站未配备防治污染设施、设备、器材，有下列情形之一的，由海事管理机构予以警告，或者处 2 万元以上 10 万元以下的罚款：

（一）配备的防治污染设施、设备、器材数量不能满足法律、行政法规、规章、有关标准以及我国缔结或者参加的国际条约要求的；

（二）配备的防治污染设施、设备、器材技术性能不能满足法律、行政法规、规章、有关标准以及我国缔结或者参加的国际条约要求的。

第五十二条 违反本规定第九条、第四十条规定，船舶未按照规定将有关情况向海事管理机构报告的，由海事管理机构予以警告；情节严重的，处 2 万元以下的罚款。

第五十三条 违反本规定，船舶未持有防治船舶污染海洋环境的证书、文书的，由海事管理机构予以警告，或者处 2 万元以下的罚款。

第五十四条 违反本规定，船舶向海域排放本规定禁止排放的污染物的，由海事管理机构处 3 万元以上 20 万元以下的罚款。

第五十五条 违反本规定，船舶排放或

者处置污染物，有下列情形之一的，由海事管理机构处2万元以上10万元以下的罚款：

（一）超过标准向海域排放污染物的；

（二）未按照规定在船上留存船舶污染物排放或者处置记录的；

（三）船舶污染物处置记录与船舶运行过程中产生的污染物数量不符合的。

第五十六条　违反本规定，船舶污染物接收单位进行船舶垃圾、残油、含油污水、含有毒有害物质污水等污染物接收作业，未编制作业方案、遵守相关操作规程、采取必要的防污染措施的，由海事管理机构处1万元以上5万元以下的罚款；造成海洋环境污染的，处5万元以上25万元以下的罚款。

第五十七条　违反本规定，船舶、船舶污染物接收单位接收处理污染物，有下列第（一）项情形的，由海事管理机构予以警告，或者处2万元以下的罚款；有下列第（二）项、第（三）项情形的，由海事管理机构处2万元以下的罚款：

（一）船舶未如实记录污染物处置情况的；

（二）船舶污染物接收单位未按照规定向海事管理机构报告船舶污染物接收情况，或者未按照规定向船舶出具污染物接收单证的；

（三）船舶污染物接收单位未按照规定将船舶污染物的接收和处理情况报海事管理机构备案的。

第五十八条　违反本规定，未经海事管理机构批准，船舶载运污染危害性货物进出港口、过境停留的，由海事管理机构对其承运人、货物所有人或者代理人处1万元以上5万元以下的罚款；未经海事管理机构批准，船舶进行散装液体污染危害性货物过驳作业的，由海事管理机构对船舶处1万元以上5万元以下的罚款。

第五十九条　违反本规定，有下列第（一）项情形的，由海事管理机构予以警告，或者处2万元以上10万元以下的罚款；有下列第（二）项、第（三）项、第（四）项情形的，由海事管理机构处2万元以上10万元以下的罚款：

（一）船舶载运的污染危害性货物不具备适运条件的；

（二）载运污染危害性货物的船舶不符合污染危害性货物适载要求的；

（三）载运污染危害性货物的船舶未在具有相应安全装卸和污染物处理能力的码头、装卸站进行装卸作业的；

（四）货物所有人或者代理人未按照规定对污染危害性不明的货物进行污染危害性评估的。

第六十条　违反本规定，有下列情形之一的，由海事管理机构处2000元以上1万元以下的罚款：

（一）船舶未按照规定保存污染物接收单证的；

（二）船舶油料供受单位未如实填写燃油供受单证的；

（三）船舶油料供受单位未按照规定向船舶提供燃油供受单证和燃油样品的；

（四）船舶和船舶油料供受单位未按照规定保存燃油供受单证和燃油样品的。

船舶油料供给单位未按照有关安全和防治污染规范要求从事供受油作业，或者所提供的船舶油料超标的，由海事管理机构要求整改，并通报有关主管部门。

第六十一条　违反本规定，进行船舶水上拆解、旧船改装、打捞和其他水上水下船舶施工作业，造成海洋环境污染损害的，由海事管理机构予以警告，或者处5万元以上20万元以下的罚款。

第七章　附　　则

第六十二条　军事船舶以及国务院交通运输主管部门所辖港区水域外渔业船舶污染海洋环境的防治工作，不适用本规定。

第六十三条　本规定自2011年2月1日起施行。

中华人民共和国船舶污染海洋环境应急防备和应急处置管理规定

（2011 年 1 月 27 日交通运输部公布，根据 2013 年 12 月 24 日《交通运输部关于修改〈中华人民共和国船舶污染海洋环境应急防备和应急处置管理规定〉的决定》第一次修正，根据 2014 年 9 月 5 日《交通运输部关于修改〈中华人民共和国船舶污染海洋环境应急防备和应急处置管理规定〉的决定》第二次修正，根据 2015 年 5 月 12 日《交通运输部关于修改〈中华人民共和国船舶污染海洋环境应急防备和应急处置管理规定〉的决定》第三次修正，根据 2016 年 12 月 13 日《交通运输部关于修改〈中华人民共和国船舶污染海洋环境应急防备和应急处置管理规定〉的决定》第四次修正，根据 2018 年 9 月 27 日《交通运输部关于修改〈中华人民共和国船舶污染海洋环境应急防备和应急处置管理规定〉的决定》第五次修正，根据 2019 年 11 月 28 日《交通运输部关于修改〈中华人民共和国船舶污染海洋环境应急防备和应急处置管理规定〉的决定》第六次修正）

第一章 总 则

第一条 为提高船舶污染事故应急处置能力，控制、减轻、消除船舶污染事故造成的海洋环境污染损害，依据《中华人民共和国防治船舶污染海洋环境管理条例》等有关法律、行政法规和中华人民共和国缔结或者加入的有关国际条约，制定本规定。

第二条 在中华人民共和国管辖海域内，防治船舶及其有关作业活动污染海洋环境的应急防备和应急处置，适用本规定。

船舶在中华人民共和国管辖海域外发生污染事故，造成或者可能造成中华人民共和国管辖海域污染的，其应急防备和应急处置，也适用本规定。

本规定所称“应急处置”是指在发生或者可能发生船舶污染事故时，为控制、减轻、消除船舶造成海洋环境污染损害而采取的响应行动；“应急防备”是指为应急处置的有效开展而预先采取的相关准备工作。

第三条 交通运输部主管全国防治船舶及其有关作业活动污染海洋环境的应急防备和应急处置工作。

国家海事管理机构负责统一实施船舶及其有关作业活动污染海洋环境应急防备和应急处置工作。

沿海各级海事管理机构依照各自职责负责具体实施防治船舶及其有关作业活动污染海洋环境的应急防备和应急处置工作。

第四条 船舶及其有关作业活动污染海洋环境应急防备和应急处置工作应当遵循统一领导、综合协调、分级负责、属地管理、责任共担的原则。

第二章 应急能力建设和应急预案

第五条 国家防治船舶及其有关作业活动污染海洋环境应急能力建设规划，应当根据全国防治船舶及其有关作业活动污染海洋环境的需要，由国务院交通运输主管部门组织编制，报国务院批准后公布实施。

沿海省级防治船舶及其有关作业活动污染海洋环境应急能力建设规划，应当根据国家防治船舶及其有关作业活动污染海洋环境应急能力建设规划和本地实际情况，由沿海省、自治区、直辖市人民政府组织编制并公布实施。

沿海市级防治船舶及其有关作业活动污染海洋环境应急能力建设规划，应当根据所在地省级人民政府防治船舶及其有关作业活动污染海洋环境应急能力建设规划和本地实际情况，由沿海设区的市级人民政府组织编制并公布实施。

编制防治船舶及其有关作业活动污染海洋环境应急能力建设规划，应当对污染风险和应急防备需求进行评估，合理规划应急力量建设布局。

沿海各级海事管理机构应当积极协助、配合相关地方人民政府完成应急能力建设规划的编制工作。

第六条 交通运输部、沿海设区的市级以上地方人民政府应当根据相应的防治船舶及其有关作业活动污染海洋环境应急能力建设规划，建立健全船舶污染事故应急防备和应急反应机制，建立专业应急队伍，建设船舶污染应急专用设施、设备和器材储备库。

第七条 沿海各级海事管理机构应当根据防治船舶及其有关作业活动污染海洋环境的需要，会同海洋主管部门建立健全船舶及其有关作业活动污染海洋环境的监测、监视机制，加强对船舶及其有关作业活动污染海洋环境的监测、监视。

港口、码头、装卸站以及从事船舶修造的单位应当配备与其装卸货物种类和吞吐能力或者修造船舶能力相适应的污染监视设施和污染物接收设施，并使其处于良好状态。

第八条 港口、码头、装卸站以及从事船舶修造、打捞、拆解等作业活动的单位应当按照交通运输部的要求制定有关安全营运和防治污染的管理制度，按照国家有关防治船舶及其有关作业活动污染海洋环境的规范和标准，配备必须的防治污染设备和器材，确保防治污染设备和器材符合防治船舶及其有关作业活动污染海洋环境的要求。

第九条 港口、码头、装卸站以及从事船舶修造、打捞、拆解等作业活动的单位应当编写报告，评价其具备的船舶污染防治能力是否与其装卸货物种类、吞吐能力或者船舶修造、打捞、拆解活动所必需的污染监视监测能力、船舶污染物接收处理能力以及船舶污染事故应急处置能力相适应。

交通运输主管部门依法开展港口、码头、装卸站的验收工作时应当对评价报告进行审查，确认其具备与其所从事的作业相应的船舶污染防治能力。

第十条 交通运输部应当根据国家突发公共事件总体应急预案，制定国家防治船舶及其有关作业活动污染海洋环境的专项应急预案。

沿海省、自治区、直辖市人民政府应当根据国家防治船舶及其有关作业活动污染海洋环境的专项应急预案，制定省级防治船舶及其有关作业活动污染海洋环境应急预案。

沿海设区的市级人民政府应当根据所在地省级防治船舶及其有关作业活动污染海洋环境的应急预案，制定市级防治船舶及其有关作业活动污染海洋环境应急预案。

交通运输部、沿海设区的市级以上地方人民政府应当定期组织防治船舶及其有关作业活动污染海洋环境应急预案的演练。

第十一条 中国籍船舶所有人、经营人、管理人应当按照国家海事管理机构制定的应急预案编制指南，制定或者修订防治船舶及其有关作业活动污染海洋环境的应急预案，并报海事管理机构备案。

港口、码头、装卸站的经营人以及有关作业单位应当制定防治船舶及其有关作业活动污染海洋环境的应急预案，并报海事管理机构和环境保护主管部门备案。

船舶以及有关作业单位应当按照制定的应急预案定期组织应急演练，根据演练情况对应急预案进行评估，按照实际需要和情势变化，适时修订应急预案，并对应急预案的演练情况、评估结果和修订情况如实记录。

第十二条 中国籍船舶防治污染设施、设备和器材应当符合国家有关标准，并按照国家有关要求通过型式和使用性能检验。

第三章 船舶污染清除单位

第十三条 船舶污染清除单位是指具备相应污染清除能力，为船舶提供污染事故应急防备和应急处置服务的单位。

根据服务区域和污染清除能力的不同，船舶污染清除单位的能力等级由高到低分为四级，其中：

（一）一级单位能够在我国管辖海域为船舶提供溢油和其它散装液体污染危害性货物泄漏污染事故应急服务；

（二）二级单位能够在距岸20海里以内的我国管辖海域为船舶提供溢油和其它散装液体污染危害性货物泄漏污染事故应急服务；

（三）三级单位能够在港区水域为船舶提供溢油应急服务；

（四）四级单位能够在港区水域内的一个作业区、独立码头附近水域为船舶提供溢油应急服务。

第十四条 从事船舶污染清除的单位应当具备以下条件，并接受海事管理机构的监督检查：

（一）应急清污能力符合《船舶污染清除单位应急清污能力要求》（见附件）的规定；

（二）制定的污染清除作业方案符合防治船舶及其有关作业活动污染海洋环境的要求；

（三）污染物处理方案符合国家有关防治污染规定。

第十五条 船舶污染清除单位应当将下列情况向社会公布，并报送服务区域所在地的海事管理机构：

（一）本单位的污染清除能力符合《船舶污染清除单位应急清污能力要求》相应能力等级和服务区域的报告；

（二）污染清除作业方案；

（三）污染物处理方案；

（四）船舶污染清除设施、设备、器材和应急人员情况；

（五）船舶污染清除协议的签订和履行情况以及参与船舶污染事故应急处置工作情况。

船舶污染清除单位的污染清除能力和服务区域发生变更的，应当及时将变更情况向社会公布，并报送服务区域所在地的海事管理机构。

第四章 船舶污染清除协议的签订

第十六条 载运散装油类货物的船舶，其经营人应当在船舶进港前或者港外装卸、过驳作业前，按照以下要求与相应的船舶污染清除单位签订船舶污染清除协议：

（一）600总吨以下仅在港区水域航行或作业的船舶，应当与四级以上等级的船舶污染清除单位签订船舶污染清除协议；

（二）600总吨以上2000总吨以下仅在港区水域航行或作业的船舶，应当与三级以上等级的船舶污染清除单位签订船舶污染清除协议；

（三）2000总吨以上仅在港区水域航行或作业的船舶以及所有进出港口和从事过驳作业的船舶应当与二级以上等级的船舶污染清除单位签订船舶污染清除协议。

第十七条 载运油类之外的其他散装液体污染危害性货物的船舶，其经营人应当在船舶进港前或者港外装卸、过驳作业前，按照以下要求与相应的船舶污染清除单位签订船舶污染清除协议：

（一）进出港口的船舶以及在距岸20海里之内的我国管辖水域从事过驳作业的船舶应当与二级以上等级的船舶污染清除单位签订船舶污染清除协议；

（二）在距岸20海里以外的我国管辖水域从事过驳作业的载运其他散装液体污染危害性货物的船舶应当与一级船舶污染清除单位签订船舶污染清除协议。

第十八条　1万总吨以上的载运非散装液体污染危害性货物的船舶，其经营人应当在船舶进港前或者港外装卸、过驳作业前，按照以下要求与相应的船舶污染清除单位签订船舶污染清除协议：

（一）进出港口的2万总吨以下的船舶应当与四级以上等级的船舶污染清除单位签订船舶污染清除协议；

（二）进出港口的2万总吨以上3万总吨以下的船舶应当与三级以上等级的船舶污染清除单位签订船舶污染清除协议；

（三）进出港口的3万总吨以上的船舶以及在我国管辖水域从事过驳作业的船舶应当与二级以上等级的船舶污染清除单位签订船舶污染清除协议。

第十九条　与一级、二级船舶污染清除单位签订污染清除协议的船舶划分标准由国家海事管理机构确定。

第二十条　国家海事管理机构应当制定并公布船舶污染清除协议样本，明确协议双方的权利和义务。

船舶和污染清除单位应当按照国家海事管理机构公布的协议样本签订船舶污染清除协议。

第二十一条　船舶应当将所签订的船舶污染清除协议留船备查，并在办理船舶进出港口手续或者作业申请时向海事管理机构出示。

船舶发现船舶污染清除单位存在违反本规定的行为，或者未履行船舶污染清除协议的，应当向船舶污染清除单位所在地的直属海事管理机构报告。

第五章　应急处置

第二十二条　船舶发生污染事故或者可能造成海洋环境污染的，船舶及有关作业单位应当立即启动相应的应急预案，按照有关规定的要求就近向海事管理机构报告，通知签订船舶污染清除协议的船舶污染清除单位，并根据应急预案采取污染控制和清除措施。

船舶在终止清污行动前应当向海事管理机构报告，经海事管理机构同意后方可停止应急处置措施。

第二十三条　船舶污染清除单位接到船舶污染事故通知后，应当根据船舶污染清除协议及时开展污染控制和清除作业，并及时向海事管理机构报告污染控制和清除工作的进展情况。

第二十四条　接到船舶造成或者可能造成海洋环境污染的报告后，海事管理机构应当立即核实有关情况，并加强监测、监视。

发生船舶污染事故的，海事管理机构应当立即组织对船舶污染事故的等级进行评估，并按照应急预案的要求进行报告和通报。

第二十五条　发生船舶污染事故后，应当根据《中华人民共和国防治船舶污染海洋环境管理条例》的规定，成立事故应急指挥机构。事故应急指挥机构应当根据船舶污染事故的等级和特点，启动相应的应急预案，有关部门、单位应当在事故应急指挥机构的统一组织和指挥下，按照应急预案的分工，开展相应的应急处置工作。

第二十六条　发生船舶污染事故或者船舶沉没，可能造成中华人民共和国管辖海域污染的，有关沿海设区的市级以上地方人民政府、海事管理机构根据应急处置的需要，可以征用有关单位和个人的船舶、防治污染设施、设备、器材以及其他物资。有关单位和个人应当予以配合。

有关单位和个人所提供的船舶和防治污

染设施、设备、器材应当处于良好可用状态，有关物资质量符合国家有关技术标准、规范的要求。

被征用的船舶和防治污染设施、设备、器材以及其他物资使用完毕或者应急处置工作结束，应当及时返还。船舶和防治污染设施、设备、器材以及其他物资被征用或者征用后毁损、灭失的，应当给予补偿。

第二十七条　发生船舶污染事故，海事管理机构可以组织并采取海上交通管制、清除、打捞、拖航、引航、护航、过驳、水下抽油、爆破等必要措施。采取上述措施的相关费用由造成海洋环境污染的船舶、有关作业单位承担。

需要承担前款规定费用的船舶，应当在开航前缴清有关费用或者提供相应的财务担保。

本条规定的财务担保应当由境内银行或者境内保险机构出具。

第二十八条　船舶发生事故有沉没危险时，船员离船前，应当按照规定采取防止溢油措施，尽可能关闭所有货舱（柜）、油舱（柜）管系的阀门，堵塞货舱（柜）、油舱（柜）通气孔。

船舶沉没的，其所有人、经营人或者管理人应当及时向海事管理机构报告船舶燃油、污染危害性货物以及其他污染物的性质、数量、种类及装载位置等情况，采取或者委托有能力的单位采取污染监视和控制措施，并在必要的时候采取抽出、打捞等措施。

第二十九条　船舶应当在污染事故清除作业结束后，对污染清除行动进行评估，并将评估报告报送当地直属海事管理机构，评估报告至少应当包括下列内容：

（一）事故概况和应急处置情况；

（二）设施、设备、器材以及人员的使用情况；

（三）回收污染物的种类、数量以及处置情况；

（四）污染损害情况；

（五）船舶污染应急预案存在的问题和修改情况。

事故应急指挥机构应当在污染事故清除作业结束后，组织对污染清除作业的总体效果和污染损害情况进行评估，并根据评估结果和实际需要修订相应的应急预案。

第六章　法律责任

第三十条　海事管理机构应当建立、健全防治船舶污染应急防备和处置的监督检查制度，对船舶以及有关作业单位的防治船舶污染能力以及污染清除作业实施监督检查，并对监督检查情况予以记录。

海事管理机构实施监督检查时，有关单位和个人应当予以协助和配合，不得拒绝、妨碍或者阻挠。

第三十一条　海事管理机构发现船舶及其有关作业单位和个人存在违反本规定行为的，应当责令改正；拒不改正的，海事管理机构可以责令停止作业、强制卸载，禁止船舶进出港口、靠泊、过境停留，或者责令停航、改航、离境、驶向指定地点。

第三十二条　违反本规定，船舶未制定防治船舶及其有关作业活动污染海洋环境应急预案并报海事管理机构备案的，由海事管理机构责令限期改正；港口、码头、装卸站的经营人未制定防治船舶及其有关作业活动污染海洋环境应急预案的，由海事管理机构责令限期改正。

第三十三条　违反本规定，船舶和有关作业单位未配备防污设施、设备、器材的，或者配备的防污设施、设备、器材不符合国家有关规定和标准的，由海事管理机构予以警告，或者处2万元以上10万元以下的罚款。

第三十四条　违反本规定，有下列情形之一的，由海事管理机构处1万元以上5万元以下的罚款：

（一）载运散装液体污染危害性货物的船舶和1万总吨以上的其他船舶，其经营人未按照规定签订污染清除作业协议的；

（二）污染清除作业单位不符合国家有关技术规范从事污染清除作业的。

第三十五条　违反本规定，有下列情形之一的，由海事管理机构处2万元以上10万元以下的罚款：

（一）船舶沉没后，其所有人、经营人未及时向海事管理机构报告船舶燃油、污染危害性货物以及其他污染物的性质、数量、种类及装载位置等情况的；

（二）船舶沉没后，其所有人、经营人未及时采取措施清除船舶燃油、污染危害性货物以及其他污染物的。

第三十六条　违反本规定，发生船舶污染事故，船舶、有关作业单位迟报、漏报事故的，对船舶、有关作业单位，由海事管理机构处5万元以上25万元以下的罚款；对直接负责的主管人员和其他直接责任人员，由海事管理机构处1万元以上5万元以下的罚款；直接负责的主管人员和其他直接责任人员属于船员的，给予暂扣适任证书或者其他有关证件3个月至6个月的处罚。瞒报、谎报事故的，对船舶、有关作业单位，由海事管理机构处25万元以上50万元以下的罚款；对直接负责的主管人员和其他直接责任人员，由海事管理机构处5万元以上10万元以下的罚款；直接负责的主管人员和其他直接责任人员属于船员的，并处给予吊销适任证书或者其他有关证件的处罚。

第三十七条　违反本规定，发生船舶污染事故，船舶、有关作业单位未立即启动应急预案的，对船舶、有关作业单位，由海事管理机构处2万元以上10万元以下的罚款；对直接负责的主管人员和其他直接责任人员，由海事管理机构处1万元以上2万元以下的罚款；直接负责的主管人员和其他直接责任人员属于船员的，并处给予暂扣适任证书或者其他适任证件1个月至3个月的处罚。

第七章　附　　则

第三十八条　本规定所称“以上”“以内”包括本数，“以下”“以外”不包括本数。

第三十九条　本规定自2011年6月1日起施行。

中华人民共和国海上船舶污染事故调查处理规定

（2011年11月14日交通运输部发布，根据2013年12月24日《交通运输部关于修改〈中华人民共和国海上船舶污染事故调查处理规定〉的决定》第一次修正，根据2021年9月3日《交通运输部关于修改〈中华人民共和国海上船舶污染事故调查处理规定〉的决定》第二次修正）

第一章　总　　则

第一条　为了规范船舶污染事故调查处理工作，依据《中华人民共和国海洋环境保护法》、《中华人民共和国防治船舶污染海洋环境管理条例》等规定，制定本规定。

第二条　本规定适用于造成中华人民共和国管辖海域污染的船舶污染事故的调查处理。

第三条　国务院交通运输主管部门主管船舶污染事故调查处理工作。

国家海事管理机构负责指导、管理和实施船舶污染事故调查处理工作。

各级海事管理机构依照各自职责负责具体开展船舶污染事故调查处理工作。

第四条 船舶污染事故调查处理应当遵循及时、客观、公平、公正的原则，查明事故原因，认定事故责任。

第二章 事故报告

第五条 发现船舶及其有关水上交通事故、作业活动造成或者可能造成海洋环境污染的单位和个人，应当立即将有关情况向就近的海事管理机构报告。海事管理机构接到报告后，应当按照应急预案的要求进行报告和通报。

第六条 发生污染事故的船舶、有关作业单位，应当在采取应急措施的同时及时、妥善地保存相关事故信息，立即向就近的海事管理机构报告以下事项：

（一）船舶的名称、国籍、呼号、识别号或者编号；

（二）船舶所有人、经营人或者管理人、污染损害赔偿责任保险人的名称、地址和联系方式；

（三）相关水文和气象情况；

（四）污染物的种类、基本特性、数量、装载位置等情况；

（五）事故原因或者事故原因的初步判断；

（六）事故污染情况；

（七）已经采取或者准备采取的污染控制、清除措施以及救助要求；

（八）签订了船舶污染清除协议的，还应当报告船舶污染清除单位的名称和联系方式；

（九）船舶、有关作业单位认为需要报告的其它事项。

船舶、有关作业单位向海事管理机构报告后，经核实发现报告内容与事实情况不符的，应当立即对报告内容予以更正。

第七条 发生污染事故的船舶、有关作业单位，应当在事故发生后24小时内向就近的海事管理机构提交《船舶污染事故报告书》。因特殊情况不能在规定时间内提交《船舶污染事故报告书》的，经海事管理机构同意后可予适当延迟，但最长不得超过48小时。

《船舶污染事故报告书》至少应当包括以下内容：

（一）船舶及船舶所有人、经营人或者管理人的有关情况；

（二）污染事故概况；

（三）应急处置情况；

（四）污染损害赔偿责任保险情况；

（五）其它与事故有关的事项。

第八条 中国籍船舶在中华人民共和国管辖海域外发生的船舶污染事故，其所有人或经营人应当立即向船籍港所在地直属海事管理机构报告，并在48小时内提交《船舶污染事故报告书》；船舶应当在到达国内第一港口之前提前24小时向船籍港直属海事管理机构报告，并接受调查处理。

第九条 船舶污染事故报告后出现的新情况及污染事故的处置进展情况，船舶、有关单位应当及时补充报告。

第三章 事故调查

第十条 船舶污染事故调查处理依照下列规定组织实施：

（一）特别重大船舶污染事故由国务院或者国务院授权国务院交通运输主管部门等部门组织事故调查处理；

（二）重大船舶污染事故由国家海事管理机构组织事故调查处理；

（三）较大船舶污染事故由事故发生地直属海事管理机构负责调查处理；

（四）一般船舶污染事故由事故发生地海事管理机构负责事故调查处理。

船舶污染事故发生地不明的，由事故发现地海事管理机构负责调查处理。事故发生地或者事故发现地跨管辖区域或者相关海事管理机构对管辖权有争议的，由共同的上级海事管理机构确定调查处理机构。

在中华人民共和国管辖海域外发生的船舶污染事故，造成中华人民共和国管辖海域污染的，调查处理机构由国家海事管理机构指定。

中国籍船舶在中华人民共和国管辖海域外发生重大及以上船舶污染事故造成或者可能造成严重影响的，国家海事管理机构可派员开展事故调查。

船舶污染事故给渔业造成损害的，应当吸收渔业主管部门参与调查处理；给军事港口水域造成损害的，应当吸收军队有关主管部门参与调查处理。

第十一条　船舶因发生海上交通事故造成海洋环境污染的，海事管理机构对船舶污染事故的调查应当与船舶交通事故的调查同时进行。

第十二条　海事管理机构接到船舶污染事故报告后，应当及时进行核查取证，开展现场调查工作。

经核实不属于船舶污染事故的，及时通报相关部门处理。

第十三条　船舶污染事故调查应当由至少两名船舶污染事故调查人员实施。

船舶污染事故调查人员应当经过国家海事管理机构组织的培训，具有相应的船舶污染事故调查处理能力。

第十四条　发生下列情况时，船舶污染事故调查处理机构可以组织开展国际、国内船舶污染事故协查：

（一）污染事故肇事船舶逃逸的；

（二）污染事故嫌疑船舶已经开航离港的；

（三）辖区发生污染事故但暂时无法确认污染来源，经分析可能为过往船舶所为的；

（四）其它需要组织协查的情况。

国际间的船舶污染事故协查，由国家海事管理机构统一组织协调。

第十五条　船舶污染事故调查处理机构调查船舶污染事故，应当勘验事故现场，检查相关船舶，询问相关人员，收集证据，查明事故原因。

第十六条　下列材料可以作为船舶污染事故调查的证据：

（一）书证、物证、视听资料；

（二）证人证言；

（三）当事人陈述；

（四）鉴定结论；

（五）勘验笔录、调查笔录、现场笔录；

（六）其他可以证明事实的证据。

第十七条　船舶污染事故的当事人和其他有关人员应当配合调查，如实反映情况和提供资料，不得伪造、隐匿、毁灭证据或者以其他方式妨碍调查取证。

船舶污染事故的当事人和其他有关人员提供的书证、物证、视听资料应当是原件原物，提供抄录件、复印件、照片等非原件原物的，应当签字确认；拒绝确认的，事故调查人员应当注明有关情况。

第十八条　船舶污染事故调查处理机构根据调查处理工作的需要可以行使以下职权：

（一）责令船舶污染事故当事人提供相关技术鉴定或者检验、检测报告；

（二）暂扣相应的证书、文书、资料；

（三）禁止船舶驶离港口或者责令停航、改航、驶往指定地点、停止作业、暂扣船舶。

第四章　事故处理

第十九条　船舶污染事故调查处理机构应当根据船舶污染事故现场勘验、检查、调查情况和有关的技术鉴定、检验、检测报告，完成船舶污染事故调查。

第二十条　船舶污染事故调查处理机构应当自事故调查结束之日起20个工作日内制作《船舶污染事故认定书》，并送达当事人。

《船舶污染事故认定书》应当载明事故基本情况、事故原因和事故责任。

海事管理机构在接到船舶污染事故报告或者发现船舶污染事故之日起6个月内无法

查明污染源或者无法找到造成污染船舶的，经船舶污染事故调查处理机构负责人批准可以终止事故调查，并在《船舶污染事故认定书》中注明终止调查的原因。

第二十一条 船舶污染事故当事人对事故认定不服的，可以在收到《船舶污染事故认定书》之日起15日内，向船舶污染事故调查处理机构或者其上级机构申请一次重新认定。

第二十二条 造成海洋环境污染的船舶应当在开航前缴清海事管理机构为减轻污染损害而采取的清除、打捞、拖航、引航过驳等应急处置措施的相关费用或者提供相应的财务担保。

财务担保应当是现金担保、由境内银行或者境内保险机构提供的信用担保。

第二十三条 重大以上船舶污染事故的调查处理报告应当向国务院交通运输主管部门备案。其中重大以上船舶海上溢油事故的调查处理情况，国务院交通运输主管部门应当向国家海上溢油应急处置部际联席会议通报。

第二十四条 海上船舶污染事故调查处理的信息发布应当及时、准确。

海上船舶污染事故调查处理信息，由负责组织调查处理工作的机构审核后按照新闻发布的相关规定发布。参与事故调查处理的单位或者个人不得擅自发布相关信息。

第二十五条 船舶污染事故引起的污染损害赔偿争议，当事人可以向海事管理机构申请调解，海事管理机构也可以主动调解。

当事人一方拒绝调解的，海事管理机构不得调解。

征得所有当事人同意后，调解可以邀请其他利害关系人参加。

第二十六条 调解人员应当按照有关法律、法规的规定，对船舶污染损害赔偿争议进行调解。调解成功的，由各方当事人共同签署《船舶污染事故民事纠纷调解协议书》。

《船舶污染事故民事纠纷调解协议书》由当事人各执一份，调查处理机构留存一份。

第二十七条 在调解过程中，当事人向人民法院提起诉讼或者申请仲裁的，应当及时通知海事管理机构，调解自动终止。

当事人中途退出调解的，应当向海事管理机构提交退出调解的书面申请，海事管理机构应当终止调解，并及时通知其他当事人。

海事管理机构调解不成，或者在3个月内未达成调解协议的，应当终止调解。

第五章 法律责任

第二十八条 船舶、有关作业单位违反本规定的，海事管理机构应当责令改正；拒不改正的，海事管理机构可以责令停止作业、强制卸载，禁止船舶进出港口、靠泊、过境停留，或者责令停航、改航、离境、驶向指定地点。

第二十九条 违反本规定，船舶污染事故的当事人和其他有关人员有下列行为之一的，由海事管理机构处以1万元以上5万元以下的罚款：

（一）未如实向组织事故调查处理的机关或者海事管理机构反映情况的；

（二）伪造、隐匿、毁灭证据或者以其他方式妨碍调查取证的。

第三十条 发生船舶污染事故，船舶、有关作业单位迟报、漏报事故的，对船舶、有关作业单位，由海事管理机构处5万元以上25万元以下的罚款；对直接负责的主管人员和其他直接责任人员，由海事管理机构处1万元以上5万元以下的罚款。直接负责的主管人员和其他直接责任人员属于船员的，并处给予暂扣适任证书或者其他有关证件3个月至6个月的处罚。

本条所称迟报、漏报包括下列情形：

（一）发生船舶污染事故后，未立即向就近的海事管理机构报告的，因不可抗力无法报告的除外；

（二）船舶污染事故报告的内容与事实情况不符，未及时对报告内容予以更正的；

（三）未在规定时限内向海事管理机构提交《船舶污染事故报告书》的；

（四）提交的《船舶污染事故报告书》内容不完整。

第三十一条　发生船舶污染事故，船舶、有关作业单位瞒报、谎报事故的，对船舶、有关作业单位，由海事管理机构处25万元以上50万元以下的罚款；对直接负责的主管人员和其他直接责任人员，由海事管理机构处5万元以上10万元以下的罚款。直接负责的主管人员和其他直接责任人员属于船员的，并处给予吊销适任证书或者其他有关证件的处罚。

本条所称瞒报、谎报包括下列情形：

（一）发生船舶污染事故后，故意不向海事管理机构报告的；

（二）发现船舶污染事故报告的内容与事实情况不符，故意不对报告内容予以更正的；

（三）发生船舶污染事故后，编造虚假信息或者伪造、变造证据，不如实向海事管理机构报告的；

（四）提交《船舶污染事故报告书》弄虚作假的。

第三十二条　在事故调查结束后，海事管理机构对造成船舶污染事故的责任船舶、有关作业单位，依照《中华人民共和国海洋环境保护法》第九十条的规定进行处罚。

直接经济损失是指与船舶污染事故有直接因果关系而造成的财产毁损、减少的实际价值。包括：

（一）为防止或者减轻船舶污染损害采取预防措施所发生的费用，以及预防措施造成的进一步灭失或者损害；

（二）船舶污染事故造成该船舶之外的财产损害；

（三）对受污染的环境已采取或将要采取合理恢复措施的费用。

第三十三条　船舶污染事故造成珊瑚礁、红树林等海洋生态系统及海洋水产资源、海洋保护区破坏的，海事管理机构应当责令相关责任船舶、作业单位限期改正和采取补救措施，并处1万元以上10万元以下的罚款；有违法所得的，没收其违法所得。

第六章　附　　则

第三十四条　国务院交通运输主管部门所辖港区水域内军事船舶和港区水域外渔业船舶、军事船舶污染事故的调查处理，国家法律、行政法规另有规定的，从其规定。

第三十五条　《船舶污染事故报告书》《船舶污染事故认定书》《船舶污染事故民事纠纷调解协议书》及《船舶污染事故民事纠纷调解终止通知书》的格式由国家海事管理机构规定。

第三十六条　本规定自2012年2月1日起施行。

防止拆船污染环境管理条例

（1988年5月18日国务院发布，根据2016年2月6日《国务院关于修改部分行政法规的决定》第一次修订，根据2017年3月1日《国务院关于修改和废止部分行政法规的决定》第二次修订）

第一条　为防止拆船污染环境，保护生态平衡，保障人体健康，促进拆船事业的发展，制定本条例。

第二条　本条例适用于在中华人民共和

国管辖水域从事岸边和水上拆船活动的单位和个人。

第三条 本条例所称岸边拆船，指废船停靠拆船码头拆解；废船在船坞拆解；废船冲滩（不包括海难事故中的船舶冲滩）拆解。

本条例所称水上拆船，指对完全处于水上的废船进行拆解。

第四条 县级以上人民政府环境保护部门负责组织协调、监督检查拆船业的环境保护工作，并主管港区水域外的岸边拆船环境保护工作。

中华人民共和国港务监督（含港航监督，下同）主管水上拆船和综合港港区水域拆船的环境保护工作，并协助环境保护部门监督港区水域外的岸边拆船防止污染工作。

国家渔政渔港监督管理部门主管渔港水域拆船的环境保护工作，负责监督拆船活动对沿岸渔业水域的影响，发现污染损害事故后，会同环境保护部门调查处理。

军队环境保护部门主管军港水域拆船的环境保护工作。

国家海洋管理部门和重要江河的水资源保护机构，依据《中华人民共和国海洋环境保护法》和《中华人民共和国水污染防治法》确定的职责，协助以上各款所指主管部门监督拆船的防止污染工作。

县级以上人民政府的环境保护部门、中华人民共和国港务监督、国家渔政渔港监督管理部门和军队环境保护部门，在主管本条第一、第二、第三、第四款所确定水域的拆船环境保护工作时，简称"监督拆船污染的主管部门"。

第五条 地方人民政府应当根据需要和可能，结合本地区的特点、环境状况和技术条件，统筹规划、合理设置拆船厂。

在饮用水源地、海水淡化取水点、盐场、重要的渔业水域、海水浴场、风景名胜区以及其他需要特殊保护的区域，不得设置拆船厂。

第六条 设置拆船厂，必须编制环境影响报告书（表）。其内容包括：拆船厂的地理位置、周围环境状况、拆船规模和条件、拆船工艺、防污措施、预期防治效果等。未依法进行环境影响评价的拆船厂，不得开工建设。

环境保护部门在批准环境影响报告书（表）前，应当征求各有关部门的意见。

第七条 监督拆船污染的主管部门有权对拆船单位的拆船活动进行检查，被检查单位必须如实反映情况，提供必要的资料。

监督拆船污染的主管部门有义务为被检查单位保守技术和业务秘密。

第八条 对严重污染环境的拆船单位，限期治理。

对拆船单位的限期治理，由监督拆船污染的主管部门提出意见，通过批准环境影响报告书（表）的环境保护部门，报同级人民政府决定。

第九条 拆船单位应当健全环境保护规章制度，认真组织实施。

第十条 拆船单位必须配备或者设置防止拆船污染必需的拦油装置、废油接收设备、含油污水接收处理设施或者设备、废弃物回收处置场等，并经批准环境影响报告书（表）的环境保护部门验收合格，发给验收合格证后，方可进船拆解。

第十一条 拆船单位在废船拆解前，必须清除易燃、易爆和有毒物质；关闭海底阀和封闭可能引起油污水外溢的管道。垃圾、残油、废油、油泥、含油污水和易燃易爆物品等废弃物必须送到岸上集中处理，并不得采用渗坑、渗井的处理方式。

废油船在拆解前，必须进行洗舱、排污、清舱、测爆等工作。

第十二条 在水上进行拆船作业的拆船单位和个人，必须事先采取有效措施，严格防止溢出、散落水中的油类和其他漂浮物扩散。

在水上进行拆船作业，一旦出现溢出、散落水中的油类和其他漂浮物，必须及时收集处理。

第十三条　排放洗舱水、压舱水和舱底水，必须符合国家和地方规定的排放标准；排放未经处理的洗舱水、压舱水和舱底水，还必须经过监督拆船污染的主管部门批准。

监督拆船污染的主管部门接到拆船单位申请排放未经处理的洗舱水、压舱水和舱底水的报告后，应当抓紧办理，及时审批。

第十四条　拆下的船舶部件或者废弃物，不得投弃或者存放水中；带有污染物的船舶部件或者废弃物，严禁进入水体。未清洗干净的船底和油柜必须拖到岸上拆解。

拆船作业产生的电石渣及其废水，必须收集处理，不得流入水中。

船舶拆解完毕，拆船单位和个人应当及时清理拆船现场。

第十五条　发生拆船污染损害事故时，拆船单位或者个人必须立即采取消除或者控制污染的措施，并迅速报告监督拆船污染的主管部门。

污染损害事故发生后，拆船单位必须向监督拆船污染的主管部门提交《污染事故报告书》，报告污染发生的原因、经过、排污数量、采取的抢救措施、已造成和可能造成的污染损害后果等，并接受调查处理。

第十六条　拆船单位关闭或者搬迁后，必须及时清理原厂址遗留的污染物，并由监督拆船污染的主管部门检查验收。

第十七条　违反本条例规定，有下列情形之一的，监督拆船污染的主管部门除责令其限期纠正外，还可以根据不同情节，处以1万元以上10万元以下的罚款：

（一）发生污染损害事故，不向监督拆船污染的主管部门报告也不采取消除或者控制污染措施的；

（二）废油船未经洗舱、排污、清舱和测爆即行拆解的；

（三）任意排放或者丢弃污染物造成严重污染的。

违反本条例规定，擅自在第五条第二款所指的区域设置拆船厂并进行拆船的，按照分级管理的原则，由县级以上人民政府责令限期关闭或者搬迁。

拆船厂未依法进行环境影响评价擅自开工建设的，依照《中华人民共和国环境保护法》的规定处罚。

第十八条　违反本条例规定，有下列情形之一的，监督拆船污染的主管部门除责令其限期纠正外，还可以根据不同情节，给予警告或者处以1万元以下的罚款：

（一）拒绝或者阻挠监督拆船污染的主管部门进行现场检查或者在被检查时弄虚作假的；

（二）未按规定要求配备和使用防污设施、设备和器材，造成环境污染的；

（三）发生污染损害事故，虽采取消除或者控制污染措施，但不向监督拆船污染的主管部门报告的；

（四）拆船单位关闭、搬迁后，原厂址的现场清理不合格的。

第十九条　罚款全部上缴国库。

拆船单位和个人在受到罚款后，并不免除其对本条例规定义务的履行，已造成污染危害的，必须及时排除危害。

第二十条　对经限期治理逾期未完成治理任务的拆船单位，可以根据其造成的危害后果，责令停业整顿或者关闭。

前款所指拆船单位的停业整顿或者关闭，由作出限期治理决定的人民政府决定。责令国务院有关部门直属的拆船单位停业整顿或者关闭，由国务院环境保护部门会同有关部门批准。

第二十一条　对造成污染损害后果负有责任的或者有第十八条第（一）项所指行为的拆船单位负责人和直接责任者，可以根据不同情节，由其所在单位或者上级主管机关给予行政处分。

第二十二条　当事人对行政处罚决定不

服的，可以在收到处罚决定通知之日起15日内，向人民法院起诉；期满不起诉又不履行的，由作出处罚决定的主管部门申请人民法院强制执行。

第二十三条　因拆船污染直接遭受损害的单位或者个人，有权要求造成污染损害方赔偿损失。造成污染损害方有责任对直接遭受危害的单位或者个人赔偿损失。

赔偿责任和赔偿金额的纠纷，可以根据当事人的请求，由监督拆船污染的主管部门处理；当事人对处理决定不服的，可以向人民法院起诉。

当事人也可以直接向人民法院起诉。

第二十四条　凡直接遭受拆船污染损害，要求赔偿损失的单位和个人，应当提交《污染索赔报告书》。报告书应当包括以下内容：

（一）受拆船污染损害的时间、地点、范围、对象，以及当时的气象、水文条件；

（二）受拆船污染损害的损失清单，包括品名、数量、单价、计算方法等；

（三）有关监测部门的鉴定。

第二十五条　因不可抗拒的自然灾害，并经及时采取防范和抢救措施，仍然不能避免造成污染损害的，免予承担赔偿责任。

第二十六条　对检举、揭发拆船单位隐瞒不报或者谎报污染损害事故，以及积极采取措施制止或者减轻污染损害的单位和个人，给予表扬和奖励。

第二十七条　监督拆船污染的主管部门的工作人员玩忽职守、滥用职权、徇私舞弊的，由其所在单位或者上级主管机关给予行政处分；对国家和人民利益造成重大损失、构成犯罪的，依法追究刑事责任。

第二十八条　本条例自1988年6月1日起施行。

防治海洋工程建设项目污染损害海洋环境管理条例

（2006年9月19日中华人民共和国国务院令第475号公布，根据2017年3月1日《国务院关于修改和废止部分行政法规的决定》第一次修订，根据2018年3月19日《国务院关于修改和废止部分行政法规的决定》第二次修订）

第一章　总　　则

第一条　为了防治和减轻海洋工程建设项目（以下简称海洋工程）污染损害海洋环境，维护海洋生态平衡，保护海洋资源，根据《中华人民共和国海洋环境保护法》，制定本条例。

第二条　在中华人民共和国管辖海域内从事海洋工程污染损害海洋环境防治活动，适用本条例。

第三条　本条例所称海洋工程，是指以开发、利用、保护、恢复海洋资源为目的，并且工程主体位于海岸线向海一侧的新建、改建、扩建工程。具体包括：

（一）围填海、海上堤坝工程；

（二）人工岛、海上和海底物资储藏设施、跨海桥梁、海底隧道工程；

（三）海底管道、海底电（光）缆工程；

（四）海洋矿产资源勘探开发及其附属工程；

（五）海上潮汐电站、波浪电站、温差电站等海洋能源开发利用工程；

（六）大型海水养殖场、人工鱼礁工程；

（七）盐田、海水淡化等海水综合利用工程；

（八）海上娱乐及运动、景观开发工程；

（九）国家海洋主管部门会同国务院环境保护主管部门规定的其他海洋工程。

第四条　国家海洋主管部门负责全国海洋工程环境保护工作的监督管理，并接受国务院环境保护主管部门的指导、协调和监督。沿海县级以上地方人民政府海洋主管部门负责本行政区域毗邻海域海洋工程环境保护工作的监督管理。

第五条　海洋工程的选址和建设应当符合海洋功能区划、海洋环境保护规划和国家有关环境保护标准，不得影响海洋功能区的环境质量或者损害相邻海域的功能。

第六条　国家海洋主管部门根据国家重点海域污染物排海总量控制指标，分配重点海域海洋工程污染物排海控制数量。

第七条　任何单位和个人对海洋工程污染损害海洋环境、破坏海洋生态等违法行为，都有权向海洋主管部门进行举报。

接到举报的海洋主管部门应当依法进行调查处理，并为举报人保密。

第二章　环境影响评价

第八条　国家实行海洋工程环境影响评价制度。

海洋工程的环境影响评价，应当以工程对海洋环境和海洋资源的影响为重点进行综合分析、预测和评估，并提出相应的生态保护措施，预防、控制或者减轻工程对海洋环境和海洋资源造成的影响和破坏。

海洋工程环境影响报告书应当依据海洋工程环境影响评价技术标准及其他相关环境保护标准编制。编制环境影响报告书应当使用符合国家海洋主管部门要求的调查、监测资料。

第九条　海洋工程环境影响报告书应当包括下列内容：

（一）工程概况；

（二）工程所在海域环境现状和相邻海域开发利用情况；

（三）工程对海洋环境和海洋资源可能造成影响的分析、预测和评估；

（四）工程对相邻海域功能和其他开发利用活动影响的分析及预测；

（五）工程对海洋环境影响的经济损益分析和环境风险分析；

（六）拟采取的环境保护措施及其经济、技术论证；

（七）公众参与情况；

（八）环境影响评价结论。

海洋工程可能对海岸生态环境产生破坏的，其环境影响报告书中应当增加工程对近岸自然保护区等陆地生态系统影响的分析和评价。

第十条　新建、改建、扩建海洋工程的建设单位，应当编制环境影响报告书，报有核准权的海洋主管部门核准。

海洋主管部门在核准海洋工程环境影响报告书前，应当征求海事、渔业主管部门和军队环境保护部门的意见；必要时，可以举行听证会。其中，围填海工程必须举行听证会。

第十一条　下列海洋工程的环境影响报告书，由国家海洋主管部门核准：

（一）涉及国家海洋权益、国防安全等特殊性质的工程；

（二）海洋矿产资源勘探开发及其附属工程；

（三）50 公顷以上的填海工程，100 公顷以上的围海工程；

（四）潮汐电站、波浪电站、温差电站等海洋能源开发利用工程；

（五）由国务院或者国务院有关部门审批的海洋工程。

前款规定以外的海洋工程的环境影响报告书，由沿海县级以上地方人民政府海洋主管部门根据沿海省、自治区、直辖市人民政府规定的权限核准。

海洋工程可能造成跨区域环境影响并且

有关海洋主管部门对环境影响评价结论有争议的，该工程的环境影响报告书由其共同的上一级海洋主管部门核准。

第十二条 海洋主管部门应当自收到海洋工程环境影响报告书之日起60个工作日内，作出是否核准的决定，书面通知建设单位。

需要补充材料的，应当及时通知建设单位，核准期限从材料补齐之日起重新计算。

第十三条 海洋工程环境影响报告书核准后，工程的性质、规模、地点、生产工艺或者拟采取的环境保护措施等发生重大改变的，建设单位应当重新编制环境影响报告书，报原核准该工程环境影响报告书的海洋主管部门核准；海洋工程自环境影响报告书核准之日起超过5年方开工建设的，应当在工程开工建设前，将该工程的环境影响报告书报原核准该工程环境影响报告书的海洋主管部门重新核准。

第十四条 建设单位可以采取招标方式确定海洋工程的环境影响评价单位。其他任何单位和个人不得为海洋工程指定环境影响评价单位。

第三章 海洋工程的污染防治

第十五条 海洋工程的环境保护设施应当与主体工程同时设计、同时施工、同时投产使用。

第十六条 海洋工程的初步设计，应当按照环境保护设计规范和经核准的环境影响报告书的要求，编制环境保护篇章，落实环境保护措施和环境保护投资概算。

第十七条 建设单位应当在海洋工程投入运行之日30个工作日前，向原核准该工程环境影响报告书的海洋主管部门申请环境保护设施的验收；海洋工程投入试运行的，应当自该工程投入试运行之日起60个工作日内，向原核准该工程环境影响报告书的海洋主管部门申请环境保护设施的验收。

分期建设、分期投入运行的海洋工程，其相应的环境保护设施应当分期验收。

第十八条 海洋主管部门应当自收到环境保护设施验收申请之日起30个工作日内完成验收；验收不合格的，应当限期整改。

海洋工程需要配套建设的环境保护设施未经海洋主管部门验收或者经验收不合格的，该工程不得投入运行。

建设单位不得擅自拆除或者闲置海洋工程的环境保护设施。

第十九条 海洋工程在建设、运行过程中产生不符合经核准的环境影响报告书的情形的，建设单位应当自该情形出现之日起20个工作日内组织环境影响的后评价，根据后评价结论采取改进措施，并将后评价结论和采取的改进措施报原核准该工程环境影响报告书的海洋主管部门备案；原核准该工程环境影响报告书的海洋主管部门也可以责成建设单位进行环境影响的后评价，采取改进措施。

第二十条 严格控制围填海工程。禁止在经济生物的自然产卵场、繁殖场、索饵场和鸟类栖息地进行围填海活动。

围填海工程使用的填充材料应当符合有关环境保护标准。

第二十一条 建设海洋工程，不得造成领海基点及其周围环境的侵蚀、淤积和损害，危及领海基点的稳定。

进行海上堤坝、跨海桥梁、海上娱乐及运动、景观开发工程建设的，应当采取有效措施防止对海岸的侵蚀或者淤积。

第二十二条 污水离岸排放工程排污口的设置应当符合海洋功能区划和海洋环境保护规划，不得损害相邻海域的功能。

污水离岸排放不得超过国家或者地方规定的排放标准。在实行污染物排海总量控制的海域，不得超过污染物排海总量控制指标。

第二十三条 从事海水养殖的养殖者，应当采取科学的养殖方式，减少养殖饵料对海洋环境的污染。因养殖污染海域或者严重破坏海洋景观的，养殖者应当予以恢复和整治。

第二十四条 建设单位在海洋固体矿产资源勘探开发工程的建设、运行过程中，应当采取有效措施，防止污染物大范围悬浮扩散，破坏海洋环境。

第二十五条　海洋油气矿产资源勘探开发作业中应当配备油水分离设施、含油污水处理设备、排油监控装置、残油和废油回收设施、垃圾粉碎设备。

海洋油气矿产资源勘探开发作业中所使用的固定式平台、移动式平台、浮式储油装置、输油管线及其他辅助设施，应当符合防渗、防漏、防腐蚀的要求；作业单位应当经常检查，防止发生漏油事故。

前款所称固定式平台和移动式平台，是指海洋油气矿产资源勘探开发作业中所使用的钻井船、钻井平台、采油平台和其他平台。

第二十六条　海洋油气矿产资源勘探开发单位应当办理有关污染损害民事责任保险。

第二十七条　海洋工程建设过程中需要进行海上爆破作业的，建设单位应当在爆破作业前报告海洋主管部门，海洋主管部门应当及时通报海事、渔业等有关部门。

进行海上爆破作业，应当设置明显的标志、信号，并采取有效措施保护海洋资源。在重要渔业水域进行炸药爆破作业或者进行其他可能对渔业资源造成损害的作业活动的，应当避开主要经济类鱼虾的产卵期。

第二十八条　海洋工程需要拆除或者改作他用的，应当在作业前报原核准该工程环境影响报告书的海洋主管部门备案。拆除或者改变用途后可能产生重大环境影响的，应当进行环境影响评价。

海洋工程需要在海上弃置的，应当拆除可能造成海洋环境污染损害或者影响海洋资源开发利用的部分，并按照有关海洋倾倒废弃物管理的规定进行。

海洋工程拆除时，施工单位应当编制拆除的环境保护方案，采取必要的措施，防止对海洋环境造成污染和损害。

第四章　污染物排放管理

第二十九条　海洋油气矿产资源勘探开发作业中产生的污染物的处置，应当遵守下列规定：

（一）含油污水不得直接或者经稀释排放入海，应当经处理符合国家有关排放标准后再排放；

（二）塑料制品、残油、废油、油基泥浆、含油垃圾和其他有毒有害残液残渣，不得直接排放或者弃置入海，应当集中储存在专门容器中，运回陆地处理。

第三十条　严格控制向水基泥浆中添加油类，确需添加的，应当如实记录并向原核准该工程环境影响报告书的海洋主管部门报告添加油的种类和数量。禁止向海域排放含油量超过国家规定标准的水基泥浆和钻屑。

第三十一条　建设单位在海洋工程试运行或者正式投入运行后，应当如实记录污染物排放设施、处理设备的运转情况及其污染物的排放、处置情况，并按照国家海洋主管部门的规定，定期向原核准该工程环境影响报告书的海洋主管部门报告。

第三十二条　县级以上人民政府海洋主管部门，应当按照各自的权限核定海洋工程排放污染物的种类、数量，根据国务院价格主管部门和财政部门制定的收费标准确定排污者应当缴纳的排污费数额。

排污者应当到指定的商业银行缴纳排污费。

第三十三条　海洋油气矿产资源勘探开发作业中应当安装污染物流量自动监控仪器，对生产污水、机舱污水和生活污水的排放进行计量。

第三十四条　禁止向海域排放油类、酸液、碱液、剧毒废液和高、中水平放射性废水；严格限制向海域排放低水平放射性废水，确需排放的，应当符合国家放射性污染防治标准。

严格限制向大气排放含有毒物质的气体，确需排放的，应当经过净化处理，并不得超过国家或者地方规定的排放标准；向大气排放含放射性物质的气体，应当符合国家放射性污染防治标准。

严格控制向海域排放含有不易降解的有

机物和重金属的废水；其他污染物的排放应当符合国家或者地方标准。

第三十五条 海洋工程排污费全额纳入财政预算，实行“收支两条线”管理，并全部专项用于海洋环境污染防治。具体办法由国务院财政部门会同国家海洋主管部门制定。

第五章 污染事故的预防和处理

第三十六条 建设单位应当在海洋工程正式投入运行前制定防治海洋工程污染损害海洋环境的应急预案，报原核准该工程环境影响报告书的海洋主管部门和有关主管部门备案。

第三十七条 防治海洋工程污染损害海洋环境的应急预案应当包括以下内容：

（一）工程及其相邻海域的环境、资源状况；

（二）污染事故风险分析；

（三）应急设施的配备；

（四）污染事故的处理方案。

第三十八条 海洋工程在建设、运行期间，由于发生事故或者其他突发性事件，造成或者可能造成海洋环境污染事故时，建设单位应当立即向可能受到污染的沿海县级以上地方人民政府海洋主管部门或者其他有关主管部门报告，并采取有效措施，减轻或者消除污染，同时通报可能受到危害的单位和个人。

沿海县级以上地方人民政府海洋主管部门或者其他有关主管部门接到报告后，应当按照污染事故分级规定及时向县级以上人民政府和上级有关主管部门报告。县级以上人民政府和有关主管部门应当按照各自的职责，立即派人赶赴现场，采取有效措施，消除或者减轻危害，对污染事故进行调查处理。

第三十九条 在海洋自然保护区内进行海洋工程建设活动，应当按照国家有关海洋自然保护区的规定执行。

第六章 监督检查

第四十条 县级以上人民政府海洋主管部门负责海洋工程污染损害海洋环境防治的监督检查，对违反海洋污染防治法律、法规的行为进行查处。

县级以上人民政府海洋主管部门的监督检查人员应当严格按照法律、法规规定的程序和权限进行监督检查。

第四十一条 县级以上人民政府海洋主管部门依法对海洋工程进行现场检查时，有权采取下列措施：

（一）要求被检查单位或者个人提供与环境保护有关的文件、证件、数据以及技术资料等，进行查阅或者复制；

（二）要求被检查单位负责人或者相关人员就有关问题作出说明；

（三）进入被检查单位的工作现场进行监测、勘查、取样检验、拍照、摄像；

（四）检查各项环境保护设施、设备和器材的安装、运行情况；

（五）责令违法者停止违法活动，接受调查处理；

（六）要求违法者采取有效措施，防止污染事态扩大。

第四十二条 县级以上人民政府海洋主管部门的监督检查人员进行现场执法检查时，应当出示规定的执法证件。用于执法检查、巡航监视的公务飞机、船舶和车辆应当有明显的执法标志。

第四十三条 被检查单位和个人应当如实提供材料，不得拒绝或者阻碍监督检查人员依法执行公务。

有关单位和个人对海洋主管部门的监督检查工作应当予以配合。

第四十四条 县级以上人民政府海洋主管部门对违反海洋污染防治法律、法规的行为，应当依法作出行政处理决定；有关海洋主管部门不依法作出行政处理决定的，上级海洋主管部门有权责令其依法作出行政处理决定或者直接作出行政处理决定。

第七章 法律责任

第四十五条 建设单位违反本条例规定，有下列行为之一的，由负责核准该工程环境影响报告书的海洋主管部门责令停止建设、运行，限期补办手续，并处5万元以上20万元以下的罚款：

（一）环境影响报告书未经核准，擅自开工建设的；

（二）海洋工程环境保护设施未申请验收或者经验收不合格即投入运行的。

第四十六条　建设单位违反本条例规定，有下列行为之一的，由原核准该工程环境影响报告书的海洋主管部门责令停止建设、运行，限期补办手续，并处5万元以上20万元以下的罚款：

（一）海洋工程的性质、规模、地点、生产工艺或者拟采取的环境保护措施发生重大改变，未重新编制环境影响报告书报原核准该工程环境影响报告书的海洋主管部门核准的；

（二）自环境影响报告书核准之日起超过5年，海洋工程方开工建设，其环境影响报告书未重新报原核准该工程环境影响报告书的海洋主管部门核准的；

（三）海洋工程需要拆除或者改作他用时，未报原核准该工程环境影响报告书的海洋主管部门备案或者未按要求进行环境影响评价的。

第四十七条　建设单位违反本条例规定，有下列行为之一的，由原核准该工程环境影响报告书的海洋主管部门责令限期改正；逾期不改正的，责令停止运行，并处1万元以上10万元以下的罚款：

（一）擅自拆除或者闲置环境保护设施的；

（二）未在规定时间内进行环境影响后评价或者未按要求采取整改措施的。

第四十八条　建设单位违反本条例规定，有下列行为之一的，由县级以上人民政府海洋主管部门责令停止建设、运行，限期恢复原状；逾期未恢复原状的，海洋主管部门可以指定具有相应资质的单位代为恢复原状，所需费用由建设单位承担，并处恢复原状所需费用1倍以上2倍以下的罚款：

（一）造成领海基点及其周围环境被侵蚀、淤积或者损害的；

（二）违反规定在海洋自然保护区内进行海洋工程建设活动的。

第四十九条　建设单位违反本条例规定，在围填海工程中使用的填充材料不符合有关环境保护标准的，由县级以上人民政府海洋主管部门责令限期改正；逾期不改正的，责令停止建设、运行，并处5万元以上20万元以下的罚款；造成海洋环境污染事故，直接负责的主管人员和其他直接责任人员构成犯罪的，依法追究刑事责任。

第五十条　建设单位违反本条例规定，有下列行为之一的，由原核准该工程环境影响报告书的海洋主管部门责令限期改正；逾期不改正的，处1万元以上5万元以下的罚款：

（一）未按规定报告污染物排放设施、处理设备的运转情况或者污染物的排放、处置情况的；

（二）未按规定报告其向水基泥浆中添加油的种类和数量的；

（三）未按规定将防治海洋工程污染损害海洋环境的应急预案备案的；

（四）在海上爆破作业前未按规定报告海洋主管部门的；

（五）进行海上爆破作业时，未按规定设置明显标志、信号的。

第五十一条　建设单位违反本条例规定，进行海上爆破作业时未采取有效措施保护海洋资源的，由县级以上人民政府海洋主管部门责令限期改正；逾期未改正的，处1万元以上10万元以下的罚款。

建设单位违反本条例规定，在重要渔业水域进行炸药爆破或者进行其他可能对渔业资源造成损害的作业，未避开主要经济类鱼虾产卵期的，由县级以上人民政府海洋主管部门予以警告、责令停止作业，并处5万元以上20万元以下的罚款。

第五十二条　海洋油气矿产资源勘探开发单位违反本条例规定向海洋排放含油污水，或者将塑料制品、残油、废油、油基泥浆、含油垃圾和其他有毒有害残液残渣直接排放或者弃置入海的，由国家海洋主管部门或者其派出机构责令限期清理，并处 2 万元以上 20 万元以下的罚款；逾期未清理的，国家海洋主管部门或者其派出机构可以指定有相应资质的单位代为清理，所需费用由海洋油气矿产资源勘探开发单位承担；造成海洋环境污染事故，直接负责的主管人员和其他直接责任人员构成犯罪的，依法追究刑事责任。

第五十三条　海水养殖者未按规定采取科学的养殖方式，对海洋环境造成污染或者严重影响海洋景观的，由县级以上人民政府海洋主管部门责令限期改正；逾期不改正的，责令停止养殖活动，并处清理污染或者恢复海洋景观所需费用 1 倍以上 2 倍以下的罚款。

第五十四条　建设单位未按本条例规定缴纳排污费的，由县级以上人民政府海洋主管部门责令限期缴纳；逾期拒不缴纳的，处应缴纳排污费数额 2 倍以上 3 倍以下的罚款。

第五十五条　违反本条例规定，造成海洋环境污染损害的，责任者应当排除危害，赔偿损失。完全由于第三者的故意或者过失造成海洋环境污染损害的，由第三者排除危害，承担赔偿责任。

违反本条例规定，造成海洋环境污染事故，直接负责的主管人员和其他直接责任人员构成犯罪的，依法追究刑事责任。

第五十六条　海洋主管部门的工作人员违反本条例规定，有下列情形之一的，依法给予行政处分；构成犯罪的，依法追究刑事责任：

（一）未按规定核准海洋工程环境影响报告书的；

（二）未按规定验收环境保护设施的；

（三）未按规定对海洋环境污染事故进行报告和调查处理的；

（四）未按规定征收排污费的；

（五）未按规定进行监督检查的。

第八章　附　　则

第五十七条　船舶污染的防治按照国家有关法律、行政法规的规定执行。

第五十八条　本条例自 2006 年 11 月 1 日起施行。

海洋行政处罚实施办法

（2002 年 12 月 12 日国土资源部第 6 次部务会议审议通过，
2002 年 12 月 25 日发布，自 2003 年 3 月 1 日起施行）

第一章　总　　则

第一条　为规范海洋行政处罚行为，保护单位和个人的合法权益，根据《中华人民共和国行政处罚法》及有关法律、法规的规定，制定本办法。

第二条　单位和个人违反海域使用、海洋环境保护、铺设海底电缆管道、涉外海洋科学研究管理等海洋法律、法规或者规章，海洋行政处罚实施机关依法给予海洋行政处罚的，适用本办法。

第三条　县级以上各级人民政府海洋行政主管部门是海洋行政处罚实施机关（以下简称实施机关）。

实施机关设中国海监机构的，海洋行政处罚工作由所属的中国海监机构具体承担；未设中国海监机构的，由本级海洋行政主管部门实施。

中国海监机构以同级海洋行政主管部门的名义实施海洋行政处罚。

第四条　上级实施机关有权监督、纠正下级实施机关的海洋行政处罚。

上级中国海监机构经同级实施机关同意，可以以同级实施机关的名义对下级实施机关实施的海洋行政处罚进行监督，并协助行政监察部门依法追究行政责任。

第二章　管　　辖

第五条　除法律、法规另有规定外，海洋行政处罚由违法行为发生地的实施机关管辖。

第六条　违法行为发生地不明确或者无法查明的，法律、法规有明确规定的，按照规定确定管辖；法律、法规没有明确规定的，按照规章规定和职责权限确定管辖。

第七条　对管辖发生争议的，报请共同的上一级实施机关指定管辖。

第八条　下级实施机关对其所实施的海洋行政处罚，认为需要由上一级实施机关管辖的，可以报请上一级实施机关决定。

第九条　对不属于其管辖范围内的海洋行政处罚，应当制作移交案件通知书（函），移送有权管辖的实施机关或者其他行政机关。

第十条　违法行为构成犯罪的，依法移送司法机关。

第三章　简易程序

第十一条　违法行为同时具备下列情形的，可以适用简易程序当场作出海洋行政处罚决定：

（一）违法事实清楚、证据确凿，情节轻微；

（二）依据海洋法律、法规或者规章，对个人处以五十元以下、对单位处以一千元以下罚款或者警告的。

第十二条　适用简易程序当场予以海洋行政处罚时，海洋监察人员应当遵守下列程序：

（一）向当事人出示执法证件；

（二）当场查清违法事实，收集和保存必要的证据，作出笔录并交由当事人核对后签名或者盖章；

（三）告知当事人违法事实、处罚理由和依据，有权进行陈述和申辩；

（四）听取当事人的陈述与申辩，对当事人提出的事实、理由和证据进行复核，当事人放弃陈述或者申辩权利的除外；

（五）填写有预定格式、统一编号的当场海洋行政处罚决定书，由海洋监察人员签名或者盖章，并当场交付当事人签收。

第四章　一般程序

第十三条　除依照本办法第十一条可以当场作出的海洋行政处罚外，对其他海洋违法行为实施海洋行政处罚的，应当立案查处。

海洋监察人员应当填写海洋违法案件立案呈批表，经批准后立案。

第十四条　海洋监察人员与案件有直接利害关系的，应当回避。

第十五条　海洋监察人员调查案件或者进行检查时，不得少于两人，并应当向当事人出示执法证件，可以采取以下方式：

（一）进入现场进行勘验、检查，查阅或者复制有关资料，对现场进行摄像、照相等。有关勘验、检查情况应当制作笔录，并由被勘验者被检查者或者见证人签名或者盖章。

（二）询问当事人、证人或者其他有关人员，制作调查询问笔录。调查询问笔录应当经被调查人阅核并签名或者盖章；被调查人拒绝签名或者盖章的，应当有两名以上海洋监察人员在调查笔录上注明情况并签名或者盖章。

（三）测量、监测、检验或者鉴定等专业性、技术性事项，可以委托有资质的机构出具报告，所出具的报告可以作为证据。

第十六条　海洋监察人员在收集证据时，可以采取抽样取证的方法。

第十七条　海洋监察人员在收集证据时，在证据可能灭失或者以后难以取得的情况下，经批准可以先行登记保存。先行登记保存证据的，应当制作先行登记保存证据通知书，并送达当事人。

对先行登记保存的证据，应当自登记保存之日起七日内作出处理。

在登记保存期间，当事人或者有关人员不得销毁或者转移证据。

第十八条 对证据进行抽样取证或者登记保存，应当有当事人在场。当事人不在场或者拒绝到场的，海洋监察人员可以邀请有关人员到场作证。

第十九条 海洋监察人员应当在调查终结后五日内提交海洋违法案件调查报告，针对调查结果提出处罚建议。

第二十条 实施机关负责人应当对调查结果和处罚建议进行审查，根据不同情况，分别作出如下决定：

（一）违法事实成立的，根据情节轻重及具体情况，给予海洋行政处罚；

（二）违法行为轻微，依法可以不予海洋行政处罚的，不予海洋行政处罚；

（三）违法事实不能成立的，不得给予海洋行政处罚；

（四）违法行为构成犯罪的，移送司法机关。

第二十一条 决定给予海洋行政处罚的案件，属于情节复杂或者本办法第四十一条规定的重大海洋违法案件的，实施机关应当实行会审。

第二十二条 在作出海洋行政处罚决定之前，应当告知当事人给予处罚的事实、理由、依据和拟作出的海洋行政处罚决定，并告知当事人享有陈述、申辩的权利。

第二十三条 实施海洋行政处罚，应当按照《中华人民共和国行政处罚法》第三十九条的规定制作海洋行政处罚决定书。

第二十四条 适用一般程序在海上查处海洋违法案件时，不现场处罚事后难以执行或者经当事人提出的，海洋监察人员可以现场作出海洋行政处罚决定并执行。但抵岸后五日内应当补办相关书面手续。

在作出海洋行政处罚决定之前，海洋监察人员应当当场告知当事人享有陈述和申辩的权利。

本条不适用于重大海洋违法案件的查处。

第五章 听证程序

第二十五条 实施机关在对本办法第四十一条规定的重大海洋违法案件作出海洋行政处罚之前，应当告知当事人有要求举行听证的权利；当事人要求听证的，应当组织听证。

当事人应当在被告知后三日内提出听证申请。当事人逾期未提出的，视为放弃。

第二十六条 海洋行政处罚听证通知书应当在听证举行七日前送达当事人。

第二十七条 听证由实施机关指定人员主持。

承办案件的海洋监察人员（以下简称案件承办人员）以及与本案有直接利害关系的人员，不得主持听证。

第二十八条 当事人认为听证主持人与案件有直接利害关系时，有权申请回避。是否回避由实施机关负责人决定。

第二十九条 听证由当事人、案件承办人员以及与案件处理结果可能有利害关系的第三人参加。

当事人可以委托一至二人代理参加听证，委托代理人应当在举行听证前提交委托书。

第三十条 除涉及国家秘密、商业秘密或者个人隐私外，听证应当公开举行。

第三十一条 听证按以下顺序进行：

（一）主持人宣布听证案由和听证纪律，核对听证参加人的身份，告知当事人的权利和义务，宣布听证开始；

（二）案件承办人员提出当事人违法的事实、证据、处罚依据和拟处罚意见；

（三）当事人或者其委托代理人就案件事实进行陈述和申辩，提出有关证据并质证；

（四）听证主持人就案件的事实、证据和法律依据等问题向案件承办人员、当事人、证人询问；

（五）案件承办人员、当事人或者其委托代理人作最后陈述；

（六）听证主持人宣布听证结束。

第三十二条 听证应当制作听证笔录。听证笔录应当交由案件承办人员、当事人或者其委托代理人核对后签名或者盖章。

听证笔录中的证人证言部分，应当交由

证人核对后签名或者盖章。

听证笔录应当经听证主持人审核，并由听证主持人和笔录人员签名或者盖章。

第三十三条　听证结束后，听证主持人应当根据听证的情况，对案件的事实、证据、处罚依据和处罚建议，提出书面意见。

第六章　送　　达

第三十四条　海洋行政处罚决定书应当在作出决定后七日内送达当事人。

第三十五条　海洋行政处罚决定书应当直接送交当事人。当事人是个人的，本人不在送交其同住成年家属签收；当事人已指定代收人的，送交代收人签收。当事人是单位的，送交单位的法定代表人或者主要负责人或者该单位负责收件的人签收。

当事人、当事人的同住成年家属、代收人、单位的法定代表人、主要负责人或者单位负责收件的人在送达回证上签收的日期为送达日期。

第三十六条　当事人拒绝接收海洋行政处罚决定书的，送达人应当邀请有关人员到场，说明情况，在送达回证上记明拒收事由和日期，由送达人和见证人签名或者盖章，把海洋行政处罚决定书留在负责收件的人或者被处罚人的住所，即视为送达。

第三十七条　直接送达有困难的，可以邮寄送达海洋行政处罚决定书。

邮寄送达，以当事人在送达回证上注明的收件日期为送达日期；送达回证上注明的日期与挂号信回执上注明的收件日期不一致，或者送达回证没有寄回的，以挂号信回执上的收件日期为送达日期。

第三十八条　根据本办法第三十五条、第三十六条和第三十七条的规定仍无法送达的，可以公告送达。自发出公告之日起经过六十日，即视为送达。

公告送达，应当记明原因和经过。

第七章　附　　则

第三十九条　本办法未作规定的，依照《中华人民共和国行政处罚法》、《中华人民共和国行政复议法》、《中华人民共和国行政诉讼法》等法律的有关规定执行。

第四十条　海洋行政处罚基本文书格式由国务院海洋行政主管部门统一制定。

第四十一条　重大海洋违法案件，是指拟作出下列海洋行政处罚的案件：

（一）责令停止经批准的海底电缆管道海上作业、责令停止经批准的涉外海洋科学研究活动、责令停止经批准的海洋工程建设项目施工或者生产、使用的以及其他责令停止经批准的作业活动的；

（二）吊销废弃物海洋倾倒许可证的；

（三）注销海域使用权证书，收回海域使用权的；

（四）对个人处以超过五千元罚款、对单位处以超过五万元罚款等海洋行政处罚的。

第四十二条　本办法自2003年3月1日起施行。

二、资源保护类规范

（一）土地类资源

中华人民共和国黑土地保护法

（2022 年 6 月 24 日第十三届全国人民代表大会常务委员会第三十五次会议通过，2022 年 6 月 24 日公布，自 2022 年 8 月 1 日起施行）

第一条 为了保护黑土地资源，稳步恢复提升黑土地基础地力，促进资源可持续利用，维护生态平衡，保障国家粮食安全，制定本法。

第二条 从事黑土地保护、利用和相关治理、修复等活动，适用本法。本法没有规定的，适用土地管理等有关法律的规定。

本法所称黑土地，是指黑龙江省、吉林省、辽宁省、内蒙古自治区（以下简称四省区）的相关区域范围内具有黑色或者暗黑色腐殖质表土层，性状好、肥力高的耕地。

第三条 国家实行科学、有效的黑土地保护政策，保障黑土地保护财政投入，综合采取工程、农艺、农机、生物等措施，保护黑土地的优良生产能力，确保黑土地总量不减少、功能不退化、质量有提升、产能可持续。

第四条 黑土地保护应当坚持统筹规划、因地制宜、用养结合、近期目标与远期目标结合、突出重点、综合施策的原则，建立健全政府主导、农业生产经营者实施、社会参与的保护机制。

国务院农业农村主管部门会同自然资源、水行政等有关部门，综合考虑黑土地开垦历史和利用现状，以及黑土层厚度、土壤性状、土壤类型等，按照最有利于全面保护、综合治理和系统修复的原则，科学合理确定黑土地保护范围并适时调整，有计划、分步骤、分类别地推进黑土地保护工作。历史上属黑土地的，除确无法修复的外，原则上都应列入黑土地保护范围进行修恢复。

第五条 黑土地应当用于粮食和油料作物、糖料作物、蔬菜等农产品生产。

黑土层深厚、土壤性状良好的黑土地应当按照规定的标准划入永久基本农田，重点用于粮食生产，实行严格保护，确保数量和质量长期稳定。

第六条 国务院和四省区人民政府加强对黑土地保护工作的领导、组织、协调、监督管理，统筹制定黑土地保护政策。四省区人民政府对本行政区域内的黑土地数量、质量、生态环境负责。

县级以上地方人民政府应当建立农业农村、自然资源、水行政、发展改革、财政、生态环境等有关部门组成的黑土地保护协调机制，加强协调指导，明确工作责任，推动黑土地保护工作落实。

乡镇人民政府应当协助组织实施黑土地保护工作，向农业生产经营者推广适宜其所经营耕地的保护、治理、修复和利用措施，督促农业生产经营者履行黑土地保护义务。

第七条 各级人民政府应当加强黑土地保护宣传教育，提高全社会的黑土地保护意识。

对在黑土地保护工作中做出突出贡献的单位和个人，按照国家有关规定给予表彰和奖励。

第八条 国务院标准化主管部门和农业农村、自然资源、水行政等主管部门按照职责分工，制定和完善黑土地质量和其他保护标准。

第九条 国家建立健全黑土地调查和监测制度。

县级以上人民政府自然资源主管部门会同有关部门开展土地调查时，同步开展黑土地类型、分布、数量、质量、保护和利用状况等情况的调查，建立黑土地档案。

国务院农业农村、水行政等主管部门会同四省区人民政府建立健全黑土地质量监测网络，加强对黑土地土壤性状、黑土层厚度、水蚀、风蚀等情况的常态化监测，建立黑土地质量动态变化数据库，并做好信息共享工作。

第十条 县级以上人民政府应当将黑土地保护工作纳入国民经济和社会发展规划。

国土空间规划应当充分考虑保护黑土地及其周边生态环境，合理布局各类用途土地，以利于黑土地水蚀、风蚀等的预防和治理。

县级以上人民政府农业农村主管部门会同有关部门以调查和监测为基础、体现整体集中连片治理，编制黑土地保护规划，明确保护范围、目标任务、技术模式、保障措施等，遏制黑土地退化趋势，提升黑土地质量，改善黑土地生态环境。县级黑土地保护规划应当与国土空间规划相衔接，落实到黑土地具体地块，并向社会公布。

第十一条 国家采取措施加强黑土地保护的科技支撑能力建设，将黑土地保护、治理、修复和利用的科技创新作为重点支持领域；鼓励高等学校、科研机构和农业技术推广机构等协同开展科技攻关。县级以上人民政府应当鼓励和支持水土保持、防风固沙、土壤改良、地力培肥、生态保护等科学研究和科研成果推广应用。

有关耕地质量监测保护和农业技术推广机构应当对农业生产经营者保护黑土地进行技术培训、提供指导服务。

国家鼓励企业、高等学校、职业学校、科研机构、科学技术社会团体、农民专业合作社、农业社会化服务组织、农业科技人员等开展黑土地保护相关技术服务。

国家支持开展黑土地保护国际合作与交流。

第十二条 县级以上人民政府应当采取以下措施加强黑土地农田基础设施建设：

（一）加强农田水利工程建设，完善水田、旱地灌排体系；

（二）加强田块整治，修复沟毁耕地，合理划分适宜耕作田块；

（三）加强坡耕地、侵蚀沟水土保持工程建设；

（四）合理规划修建机耕路、生产路；

（五）建设农田防护林网；

（六）其他黑土地保护措施。

第十三条 县级以上人民政府应当推广科学的耕作制度，采取以下措施提高黑土地质量：

（一）因地制宜实行轮作等用地养地相结合的种植制度，按照国家有关规定推广适度休耕；

（二）因地制宜推广免（少）耕、深松等保护性耕作技术，推广适宜的农业机械；

（三）因地制宜推广秸秆覆盖、粉碎深（翻）埋、过腹转化等还田方式；

（四）组织实施测土配方施肥，科学减少化肥施用量，鼓励增施有机肥料，推广土壤生物改良等技术；

（五）推广生物技术或者生物制剂防治病虫害等绿色防控技术，科学减少化学农药、除草剂使用量，合理使用农用薄膜等农业生产资料；

（六）其他黑土地质量提升措施。

第十四条　国家鼓励采取综合性措施，预防和治理水土流失，防止黑土地土壤侵蚀、土地沙化和盐渍化，改善和修复农田生态环境。

县级以上人民政府应当开展侵蚀沟治理，实施沟头沟坡沟底加固防护，因地制宜组织在侵蚀沟的沟坡和沟岸、黑土地周边河流两岸、湖泊和水库周边等区域营造植物保护带或者采取其他措施，防止侵蚀沟变宽变深变长。

县级以上人民政府应当按照因害设防、合理管护、科学布局的原则，制定农田防护林建设计划，组织沿农田道路、沟渠等种植农田防护林，防止违背自然规律造林绿化。农田防护林只能进行抚育、更新性质的采伐，确保防护林功能不减退。

县级以上人民政府应当组织开展防沙治沙，加强黑土地周边的沙漠和沙化土地治理，防止黑土地沙化。

第十五条　县级以上人民政府应当加强黑土地生态保护和黑土地周边林地、草原、湿地的保护修复，推动荒山荒坡治理，提升自然生态系统涵养水源、保持水土、防风固沙、维护生物多样性等生态功能，维持有利于黑土地保护的自然生态环境。

第十六条　县级人民政府应当依据黑土地调查和监测数据，并结合土壤类型和质量等级、气候特点、环境状况等实际情况，对本行政区域内的黑土地进行科学分区，制定并组织实施黑土地质量提升计划，因地制宜合理采取保护、治理、修复和利用的精细化措施。

第十七条　国有农场应当对其经营管理范围内的黑土地加强保护，充分发挥示范作用，并依法接受监督检查。

农村集体经济组织、村民委员会和村民小组应当依法发包农村土地，监督承包方依照承包合同约定的用途合理利用和保护黑土地，制止承包方损害黑土地等行为。

农村集体经济组织、农业企业、农民专业合作社、农户等应当十分珍惜和合理利用黑土地，加强农田基础设施建设，因地制宜应用保护性耕作等技术，积极采取提升黑土地质量和改善农田生态环境的养护措施，依法保护黑土地。

第十八条　农业投入品生产者、经营者和使用者应当依法对农药、肥料、农用薄膜等农业投入品的包装物、废弃物进行回收以及资源化利用或者无害化处理，不得随意丢弃，防止黑土地污染。

县级人民政府应当采取措施，支持农药、肥料、农用薄膜等农业投入品包装物、废弃物的回收以及资源化利用或者无害化处理。

第十九条　从事畜禽养殖的单位和个人，应当科学开展畜禽粪污无害化处理和资源化利用，以畜禽粪污就地就近还田利用为重点，促进黑土地绿色种养循环农业发展。

县级以上人民政府应当支持开展畜禽粪污无害化处理和资源化利用。

第二十条　任何组织和个人不得破坏黑土地资源和生态环境。禁止盗挖、滥挖和非法买卖黑土。国务院自然资源主管部门会同农业农村、水行政、公安、交通运输、市场监督管理等部门应当建立健全保护黑土地资源监督管理制度，提高对盗挖、滥挖、非法买卖黑土和其他破坏黑土地资源、生态环境行为的综合治理能力。

第二十一条　建设项目不得占用黑土地；确需占用的，应当依法严格审批，并补充数量和质量相当的耕地。

建设项目占用黑土地的，应当按照规定

的标准对耕作层的土壤进行剥离。剥离的黑土应当就近用于新开垦耕地和劣质耕地改良、被污染耕地的治理、高标准农田建设、土地复垦等。建设项目主体应当制定剥离黑土的再利用方案，报自然资源主管部门备案。具体办法由四省区人民政府分别制定。

第二十二条　国家建立健全黑土地保护财政投入保障制度。县级以上人民政府应当将黑土地保护资金纳入本级预算。

国家加大对黑土地保护措施奖补资金的倾斜力度，建立长期稳定的奖励补助机制。

县级以上地方人民政府应当将黑土地保护作为土地使用权出让收入用于农业农村投入的重点领域，并加大投入力度。

国家组织开展高标准农田、农田水利、水土保持、防沙治沙、农田防护林、土地复垦等建设活动，在项目资金安排上积极支持黑土地保护需要。县级人民政府可以按照国家有关规定统筹使用涉农资金用于黑土地保护，提高财政资金使用效益。

第二十三条　国家实行用养结合、保护效果导向的激励政策，对采取黑土地保护和治理修复措施的农业生产经营者按照国家有关规定给予奖励补助。

第二十四条　国家鼓励粮食主销区通过资金支持、与四省区建立稳定粮食购销关系等经济合作方式参与黑土地保护，建立健全黑土地跨区域投入保护机制。

第二十五条　国家按照政策支持、社会参与、市场化运作的原则，鼓励社会资本投入黑土地保护活动，并保护投资者的合法权益。

国家鼓励保险机构开展黑土地保护相关保险业务。

国家支持农民专业合作社、企业等以多种方式与农户建立利益联结机制和社会化服务机制，发展适度规模经营，推动农产品品质提升、品牌打造和标准化生产，提高黑土地产出效益。

第二十六条　国务院对四省区人民政府黑土地保护责任落实情况进行考核，将黑土地保护情况纳入耕地保护责任目标。

第二十七条　县级以上人民政府自然资源、农业农村、水行政等有关部门按照职责，依法对黑土地保护和质量建设情况联合开展监督检查。

第二十八条　县级以上人民政府应当向本级人民代表大会或者其常务委员会报告黑土地保护情况，依法接受监督。

第二十九条　违反本法规定，国务院农业农村、自然资源等有关部门、县级以上地方人民政府及其有关部门有下列行为之一的，对直接负责的主管人员和其他直接责任人员给予警告、记过或者记大过处分；情节较重的，给予降级或者撤职处分；情节严重的，给予开除处分：

（一）截留、挪用或者未按照规定使用黑土地保护资金；

（二）对破坏黑土地的行为，发现或者接到举报未及时查处；

（三）其他不依法履行黑土地保护职责导致黑土地资源和生态环境遭受破坏的行为。

第三十条　非法占用或者损毁黑土地农田基础设施的，由县级以上地方人民政府农业农村、水行政等部门责令停止违法行为，限期恢复原状，处恢复费用一倍以上三倍以下罚款。

第三十一条　违法将黑土地用于非农建设的，依照土地管理等有关法律法规的规定从重处罚。

违反法律法规规定，造成黑土地面积减少、质量下降、功能退化或者生态环境损害的，应当依法治理修复、赔偿损失。

农业生产经营者未尽到黑土地保护义务，经批评教育仍不改正的，可以不予发放耕地保护相关补贴。

第三十二条　违反本法第二十条规定，盗挖、滥挖黑土的，依照土地管理等有关法律法规的规定从重处罚。

非法出售黑土的，由县级以上地方人民政府市场监督管理、农业农村、自然资源等部门按照职责分工没收非法出售的黑土和违法所得，并处每立方米五百元以上五千元以下罚款；明知是非法出售的黑土而购买的，没收非法购买的黑土，并处货值金额一倍以上三倍以下罚款。

第三十三条 违反本法第二十一条规定，建设项目占用黑土地未对耕作层的土壤实施剥离的，由县级以上地方人民政府自然资源主管部门处每平方米一百元以上二百元以下罚款；未按照规定的标准对耕作层的土壤实施剥离的，处每平方米五十元以上一百元以下罚款。

第三十四条 拒绝、阻碍对黑土地保护情况依法进行监督检查的，由县级以上地方人民政府有关部门责令改正；拒不改正的，处二千元以上二万元以下罚款。

第三十五条 造成黑土地污染、水土流失的，分别依照污染防治、水土保持等有关法律法规的规定从重处罚。

第三十六条 违反本法规定，构成犯罪的，依法追究刑事责任。

第三十七条 林地、草原、湿地、河湖等范围内黑土的保护，适用《中华人民共和国森林法》、《中华人民共和国草原法》、《中华人民共和国湿地保护法》、《中华人民共和国水法》等有关法律；有关法律对盗挖、滥挖、非法买卖黑土未作规定的，参照本法第三十二条的规定处罚。

第三十八条 本法自2022年8月1日起施行。

中华人民共和国湿地保护法

（2021年12月24日第十三届全国人民代表大会常务委员会第三十二次会议通过，2021年12月24日公布，自2022年6月1日起施行）

第一章 总 则

第一条 为了加强湿地保护，维护湿地生态功能及生物多样性，保障生态安全，促进生态文明建设，实现人与自然和谐共生，制定本法。

第二条 在中华人民共和国领域及管辖的其他海域内从事湿地保护、利用、修复及相关管理活动，适用本法。

本法所称湿地，是指具有显著生态功能的自然或者人工的、常年或者季节性积水地带、水域，包括低潮时水深不超过六米的海域，但是水田以及用于养殖的人工的水域和滩涂除外。国家对湿地实行分级管理及名录制度。

江河、湖泊、海域等的湿地保护、利用及相关管理活动还应当适用《中华人民共和国水法》、《中华人民共和国防洪法》、《中华人民共和国水污染防治法》、《中华人民共和国海洋环境保护法》、《中华人民共和国长江保护法》、《中华人民共和国渔业法》、《中华人民共和国海域使用管理法》等有关法律的规定。

第三条 湿地保护应当坚持保护优先、严格管理、系统治理、科学修复、合理利用的原则，发挥湿地涵养水源、调节气候、改善环境、维护生物多样性等多种生态功能。

第四条 县级以上人民政府应当将湿地保护纳入国民经济和社会发展规划，并将开展湿地保护工作所需经费按照事权划分原则列入预算。

县级以上地方人民政府对本行政区域内的湿地保护负责，采取措施保持湿地面积稳定，提升湿地生态功能。

乡镇人民政府组织群众做好湿地保护相关工作，村民委员会予以协助。

第五条 国务院林业草原主管部门负责湿地资源的监督管理，负责湿地保护规划和相关国家标准拟定、湿地开发利用的监督管理、湿地生态保护修复工作。国务院自然资源、水行政、住房城乡建设、生态环境、农业农村等其他有关部门，按照职责分工承担湿地保护、修复、管理有关工作。

国务院林业草原主管部门会同国务院自然资源、水行政、住房城乡建设、生态环境、农业农村等主管部门建立湿地保护协作和信息通报机制。

第六条 县级以上地方人民政府应当加强湿地保护协调工作。县级以上地方人民政府有关部门按照职责分工负责湿地保护、修复、管理有关工作。

第七条 各级人民政府应当加强湿地保护宣传教育和科学知识普及工作，通过湿地保护日、湿地保护宣传周等开展宣传教育活动，增强全社会湿地保护意识；鼓励基层群众性自治组织、社会组织、志愿者开展湿地保护法律法规和湿地保护知识宣传活动，营造保护湿地的良好氛围。

教育主管部门、学校应当在教育教学活动中注重培养学生的湿地保护意识。

新闻媒体应当开展湿地保护法律法规和湿地保护知识的公益宣传，对破坏湿地的行为进行舆论监督。

第八条 国家鼓励单位和个人依法通过捐赠、资助、志愿服务等方式参与湿地保护活动。

对在湿地保护方面成绩显著的单位和个人，按照国家有关规定给予表彰、奖励。

第九条 国家支持开展湿地保护科学技术研究开发和应用推广，加强湿地保护专业技术人才培养，提高湿地保护科学技术水平。

第十条 国家支持开展湿地保护科学技术、生物多样性、候鸟迁徙等方面的国际合作与交流。

第十一条 任何单位和个人都有保护湿地的义务，对破坏湿地的行为有权举报或者控告，接到举报或者控告的机关应当及时处理，并依法保护举报人、控告人的合法权益。

第二章 湿地资源管理

第十二条 国家建立湿地资源调查评价制度。

国务院自然资源主管部门应当会同国务院林业草原等有关部门定期开展全国湿地资源调查评价工作，对湿地类型、分布、面积、生物多样性、保护与利用情况等进行调查，建立统一的信息发布和共享机制。

第十三条 国家实行湿地面积总量管控制度，将湿地面积总量管控目标纳入湿地保护目标责任制。

国务院林业草原、自然资源主管部门会同国务院有关部门根据全国湿地资源状况、自然变化情况和湿地面积总量管控要求，确定全国和各省、自治区、直辖市湿地面积总量管控目标，报国务院批准。地方各级人民政府应当采取有效措施，落实湿地面积总量管控目标的要求。

第十四条 国家对湿地实行分级管理，按照生态区位、面积以及维护生态功能、生物多样性的重要程度，将湿地分为重要湿地和一般湿地。重要湿地包括国家重要湿地和省级重要湿地，重要湿地以外的湿地为一般湿地。重要湿地依法划入生态保护红线。

国务院林业草原主管部门会同国务院自然资源、水行政、住房城乡建设、生态环境、农业农村等有关部门发布国家重要湿地名录及范围，并设立保护标志。国际重要湿地应当列入国家重要湿地名录。

省、自治区、直辖市人民政府或者其授权的部门负责发布省级重要湿地名录及范围，并向国务院林业草原主管部门备案。

一般湿地的名录及范围由县级以上地方人民政府或者其授权的部门发布。

第十五条 国务院林业草原主管部门应当会同国务院有关部门，依据国民经济和社会发展规划、国土空间规划和生态环境保护规划编制全国湿地保护规划，报国务院或者其授权的部门批准后组织实施。

县级以上地方人民政府林业草原主管部门应当会同有关部门，依据本级国土空间规划和上一级湿地保护规划编制本行政区域内的湿地保护规划，报同级人民政府批准后组织实施。

湿地保护规划应当明确湿地保护的目标任务、总体布局、保护修复重点和保障措施等内容。经批准的湿地保护规划需要调整的，按照原批准程序办理。

编制湿地保护规划应当与流域综合规划、防洪规划等规划相衔接。

第十六条 国务院林业草原、标准化主管部门会同国务院自然资源、水行政、住房城乡建设、生态环境、农业农村主管部门组织制定湿地分级分类、监测预警、生态修复等国家标准；国家标准未作规定的，可以依法制定地方标准并备案。

第十七条 县级以上人民政府林业草原主管部门建立湿地保护专家咨询机制，为编制湿地保护规划、制定湿地名录、制定相关标准等提供评估论证等服务。

第十八条 办理自然资源权属登记涉及湿地的，应当按照规定记载湿地的地理坐标、空间范围、类型、面积等信息。

第十九条 国家严格控制占用湿地。

禁止占用国家重要湿地，国家重大项目、防灾减灾项目、重要水利及保护设施项目、湿地保护项目等除外。

建设项目选址、选线应当避让湿地，无法避让的应当尽量减少占用，并采取必要措施减轻对湿地生态功能的不利影响。

建设项目规划选址、选线审批或者核准时，涉及国家重要湿地的，应当征求国务院林业草原主管部门的意见；涉及省级重要湿地或者一般湿地的，应当按照管理权限，征求县级以上地方人民政府授权的部门的意见。

第二十条 建设项目确需临时占用湿地的，应当依照《中华人民共和国土地管理法》、《中华人民共和国水法》、《中华人民共和国森林法》、《中华人民共和国草原法》、《中华人民共和国海域使用管理法》等有关法律法规的规定办理。临时占用湿地的期限一般不得超过二年，并不得在临时占用的湿地上修建永久性建筑物。

临时占用湿地期满后一年内，用地单位或者个人应当恢复湿地面积和生态条件。

第二十一条 除因防洪、航道、港口或者其他水工程占用河道管理范围及蓄滞洪区内的湿地外，经依法批准占用重要湿地的单位应当根据当地自然条件恢复或者重建与所占用湿地面积和质量相当的湿地；没有条件恢复、重建的，应当缴纳湿地恢复费。缴纳湿地恢复费的，不再缴纳其他相同性质的恢复费用。

湿地恢复费缴纳和使用管理办法由国务院财政部门会同国务院林业草原等有关部门制定。

第二十二条 国务院林业草原主管部门应当按照监测技术规范开展国家重要湿地动态监测，及时掌握湿地分布、面积、水量、生物多样性、受威胁状况等变化信息。

国务院林业草原主管部门应当依据监测数据，对国家重要湿地生态状况进行评估，并按照规定发布预警信息。

省、自治区、直辖市人民政府林业草原主管部门应当按照监测技术规范开展省级重要湿地动态监测、评估和预警工作。

县级以上地方人民政府林业草原主管部门应当加强对一般湿地的动态监测。

第三章　湿地保护与利用

第二十三条　国家坚持生态优先、绿色发展，完善湿地保护制度，健全湿地保护政策支持和科技支撑机制，保障湿地生态功能和永续利用，实现生态效益、社会效益、经济效益相统一。

第二十四条　省级以上人民政府及其有关部门根据湿地保护规划和湿地保护需要，依法将湿地纳入国家公园、自然保护区或者自然公园。

第二十五条　地方各级人民政府及其有关部门应当采取措施，预防和控制人为活动对湿地及其生物多样性的不利影响，加强湿地污染防治，减缓人为因素和自然因素导致的湿地退化，维护湿地生态功能稳定。

在湿地范围内从事旅游、种植、畜牧、水产养殖、航运等利用活动，应当避免改变湿地的自然状况，并采取措施减轻对湿地生态功能的不利影响。

县级以上人民政府有关部门在办理环境影响评价、国土空间规划、海域使用、养殖、防洪等相关行政许可时，应当加强对有关湿地利用活动的必要性、合理性以及湿地保护措施等内容的审查。

第二十六条　地方各级人民政府对省级重要湿地和一般湿地利用活动进行分类指导，鼓励单位和个人开展符合湿地保护要求的生态旅游、生态农业、生态教育、自然体验等活动，适度控制种植养殖等湿地利用规模。

地方各级人民政府应当鼓励有关单位优先安排当地居民参与湿地管护。

第二十七条　县级以上地方人民政府应当充分考虑保障重要湿地生态功能的需要，优化重要湿地周边产业布局。

县级以上地方人民政府可以采取定向扶持、产业转移、吸引社会资金、社区共建等方式，推动湿地周边地区绿色发展，促进经济发展与湿地保护相协调。

第二十八条　禁止下列破坏湿地及其生态功能的行为：

（一）开（围）垦、排干自然湿地，永久性截断自然湿地水源；

（二）擅自填埋自然湿地，擅自采砂、采矿、取土；

（三）排放不符合水污染物排放标准的工业废水、生活污水及其他污染湿地的废水、污水，倾倒、堆放、丢弃、遗撒固体废物；

（四）过度放牧或者滥采野生植物，过度捕捞或者灭绝式捕捞，过度施肥、投药、投放饵料等污染湿地的种植养殖行为；

（五）其他破坏湿地及其生态功能的行为。

第二十九条　县级以上人民政府有关部门应当按照职责分工，开展湿地有害生物监测工作，及时采取有效措施预防、控制、消除有害生物对湿地生态系统的危害。

第三十条　县级以上人民政府应当加强对国家重点保护野生动植物集中分布湿地的保护。任何单位和个人不得破坏鸟类和水生生物的生存环境。

禁止在以水鸟为保护对象的自然保护地及其他重要栖息地从事捕鱼、挖捕底栖生物、捡拾鸟蛋、破坏鸟巢等危及水鸟生存、繁衍的活动。开展观鸟、科学研究以及科普活动等应当保持安全距离，避免影响鸟类正常觅食和繁殖。

在重要水生生物产卵场、索饵场、越冬场和洄游通道等重要栖息地应当实施保护措施。经依法批准在洄游通道建闸、筑坝，可能对水生生物洄游产生影响的，建设单位应当建造过鱼设施或者采取其他补救措施。

禁止向湿地引进和放生外来物种，确需引进的应当进行科学评估，并依法取得批准。

第三十一条　国务院水行政主管部门和地方各级人民政府应当加强对河流、湖泊范围内湿地的管理和保护，因地制宜采取水系连通、清淤疏浚、水源涵养与水土保持等治理修复措施，严格控制河流源头和蓄滞洪区、水土流失严重区等区域的湿地开发利用活动，减轻对湿地及其生物多样性的不利影响。

第三十二条 国务院自然资源主管部门和沿海地方各级人民政府应当加强对滨海湿地的管理和保护，严格管控围填滨海湿地。经依法批准的项目，应当同步实施生态保护修复，减轻对滨海湿地生态功能的不利影响。

第三十三条 国务院住房城乡建设主管部门和地方各级人民政府应当加强对城市湿地的管理和保护，采取城市水系治理和生态修复等措施，提升城市湿地生态质量，发挥城市湿地雨洪调蓄、净化水质、休闲游憩、科普教育等功能。

第三十四条 红树林湿地所在地县级以上地方人民政府应当组织编制红树林湿地保护专项规划，采取有效措施保护红树林湿地。

红树林湿地应当列入重要湿地名录；符合国家重要湿地标准的，应当优先列入国家重要湿地名录。

禁止占用红树林湿地。经省级以上人民政府有关部门评估，确因国家重大项目、防灾减灾等需要占用的，应当依照有关法律规定办理，并做好保护和修复工作。相关建设项目改变红树林所在河口水文情势、对红树林生长产生较大影响的，应当采取有效措施减轻不利影响。

禁止在红树林湿地挖塘，禁止采伐、采挖、移植红树林或者过度采摘红树林种子，禁止投放、种植危害红树林生长的物种。因科研、医药或者红树林湿地保护等需要采伐、采挖、移植、采摘的，应当依照有关法律法规办理。

第三十五条 泥炭沼泽湿地所在地县级以上地方人民政府应当制定泥炭沼泽湿地保护专项规划，采取有效措施保护泥炭沼泽湿地。

符合重要湿地标准的泥炭沼泽湿地，应当列入重要湿地名录。

禁止在泥炭沼泽湿地开采泥炭或者擅自开采地下水；禁止将泥炭沼泽湿地蓄水向外排放，因防灾减灾需要的除外。

第三十六条 国家建立湿地生态保护补偿制度。

国务院和省级人民政府应当按照事权划分原则加大对重要湿地保护的财政投入，加大对重要湿地所在地区的财政转移支付力度。

国家鼓励湿地生态保护地区与湿地生态受益地区人民政府通过协商或者市场机制进行地区间生态保护补偿。

因生态保护等公共利益需要，造成湿地所有者或者使用者合法权益受到损害的，县级以上人民政府应当给予补偿。

第四章 湿地修复

第三十七条 县级以上人民政府应当坚持自然恢复为主、自然恢复和人工修复相结合的原则，加强湿地修复工作，恢复湿地面积，提高湿地生态系统质量。

县级以上人民政府对破碎化严重或者功能退化的自然湿地进行综合整治和修复，优先修复生态功能严重退化的重要湿地。

第三十八条 县级以上人民政府组织开展湿地保护与修复，应当充分考虑水资源禀赋条件和承载能力，合理配置水资源，保障湿地基本生态用水需求，维护湿地生态功能。

第三十九条 县级以上地方人民政府应当科学论证，对具备恢复条件的原有湿地、退化湿地、盐碱化湿地等，因地制宜采取措施，恢复湿地生态功能。

县级以上地方人民政府应当按照湿地保护规划，因地制宜采取水体治理、土地整治、植被恢复、动物保护等措施，增强湿地生态功能和碳汇功能。

禁止违法占用耕地等建设人工湿地。

第四十条　红树林湿地所在地县级以上地方人民政府应当对生态功能重要区域、海洋灾害风险等级较高地区、濒危物种保护区域或者造林条件较好地区的红树林湿地优先实施修复，对严重退化的红树林湿地进行抢救性修复，修复应当尽量采用本地树种。

第四十一条　泥炭沼泽湿地所在地县级以上地方人民政府应当因地制宜，组织对退化泥炭沼泽湿地进行修复，并根据泥炭沼泽湿地的类型、发育状况和退化程度等，采取相应的修复措施。

第四十二条　修复重要湿地应当编制湿地修复方案。

重要湿地的修复方案应当报省级以上人民政府林业草原主管部门批准。林业草原主管部门在批准修复方案前，应当征求同级人民政府自然资源、水行政、住房城乡建设、生态环境、农业农村等有关部门的意见。

第四十三条　修复重要湿地应当按照经批准的湿地修复方案进行修复。

重要湿地修复完成后，应当经省级以上人民政府林业草原主管部门验收合格，依法公开修复情况。省级以上人民政府林业草原主管部门应当加强修复湿地后期管理和动态监测，并根据需要开展修复效果后期评估。

第四十四条　因违法占用、开采、开垦、填埋、排污等活动，导致湿地破坏的，违法行为人应当负责修复。违法行为人变更的，由承继其债权、债务的主体负责修复。

因重大自然灾害造成湿地破坏，以及湿地修复责任主体灭失或者无法确定的，由县级以上人民政府组织实施修复。

第五章　监督检查

第四十五条　县级以上人民政府林业草原、自然资源、水行政、住房城乡建设、生态环境、农业农村主管部门应当依照本法规定，按照职责分工对湿地的保护、修复、利用等活动进行监督检查，依法查处破坏湿地的违法行为。

第四十六条　县级以上人民政府林业草原、自然资源、水行政、住房城乡建设、生态环境、农业农村主管部门进行监督检查，有权采取下列措施：

（一）询问被检查单位或者个人，要求其对与监督检查事项有关的情况作出说明；

（二）进行现场检查；

（三）查阅、复制有关文件、资料，对可能被转移、销毁、隐匿或者篡改的文件、资料予以封存；

（四）查封、扣押涉嫌违法活动的场所、设施或者财物。

第四十七条　县级以上人民政府林业草原、自然资源、水行政、住房城乡建设、生态环境、农业农村主管部门依法履行监督检查职责，有关单位和个人应当予以配合，不得拒绝、阻碍。

第四十八条　国务院林业草原主管部门应当加强对国家重要湿地保护情况的监督检查。省、自治区、直辖市人民政府林业草原主管部门应当加强对省级重要湿地保护情况的监督检查。

县级人民政府林业草原主管部门和有关部门应当充分利用信息化手段，对湿地保护情况进行监督检查。

各级人民政府及其有关部门应当依法公开湿地保护相关信息，接受社会监督。

第四十九条　国家实行湿地保护目标责任制，将湿地保护纳入地方人民政府综合绩效评价内容。

对破坏湿地问题突出、保护工作不力、群众反映强烈的地区，省级以上人民政府林业草原主管部门应当会同有关部门约谈该地区人民政府的主要负责人。

第五十条　湿地的保护、修复和管理情况，应当纳入领导干部自然资源资产离任审计。

第六章 法律责任

第五十一条 县级以上人民政府有关部门发现破坏湿地的违法行为或者接到对违法行为的举报，不予查处或者不依法查处，或者有其他玩忽职守、滥用职权、徇私舞弊行为的，对直接负责的主管人员和其他直接责任人员依法给予处分。

第五十二条 违反本法规定，建设项目擅自占用国家重要湿地的，由县级以上人民政府林业草原等有关主管部门按照职责分工责令停止违法行为，限期拆除在非法占用的湿地上新建的建筑物、构筑物和其他设施，修复湿地或者采取其他补救措施，按照违法占用湿地的面积，处每平方米一千元以上一万元以下罚款；违法行为人不停止建设或者逾期不拆除的，由作出行政处罚决定的部门依法申请人民法院强制执行。

第五十三条 建设项目占用重要湿地，未依照本法规定恢复、重建湿地的，由县级以上人民政府林业草原主管部门责令限期恢复、重建湿地；逾期未改正的，由县级以上人民政府林业草原主管部门委托他人代为履行，所需费用由违法行为人承担，按照占用湿地的面积，处每平方米五百元以上二千元以下罚款。

第五十四条 违反本法规定，开（围）垦、填埋自然湿地的，由县级以上人民政府林业草原等有关主管部门按照职责分工责令停止违法行为，限期修复湿地或者采取其他补救措施，没收违法所得，并按照破坏湿地面积，处每平方米五百元以上五千元以下罚款；破坏国家重要湿地的，并按照破坏湿地面积，处每平方米一千元以上一万元以下罚款。

违反本法规定，排干自然湿地或者永久性截断自然湿地水源的，由县级以上人民政府林业草原主管部门责令停止违法行为，限期修复湿地或者采取其他补救措施，没收违法所得，并处五万元以上五十万元以下罚款；造成严重后果的，并处五十万元以上一百万元以下罚款。

第五十五条 违反本法规定，向湿地引进或者放生外来物种的，依照《中华人民共和国生物安全法》等有关法律法规的规定处理、处罚。

第五十六条 违反本法规定，在红树林湿地内挖塘的，由县级以上人民政府林业草原等有关主管部门按照职责分工责令停止违法行为，限期修复湿地或者采取其他补救措施，按照破坏湿地面积，处每平方米一千元以上一万元以下罚款；对树木造成毁坏的，责令限期补种成活毁坏株数一倍以上三倍以下的树木，无法确定毁坏株数的，按照相同区域同类树种生长密度计算株数。

违反本法规定，在红树林湿地内投放、种植妨碍红树林生长物种的，由县级以上人民政府林业草原主管部门责令停止违法行为，限期清理，处二万元以上十万元以下罚款；造成严重后果的，处十万元以上一百万元以下罚款。

第五十七条 违反本法规定开采泥炭的，由县级以上人民政府林业草原等有关主管部门按照职责分工责令停止违法行为，限期修复湿地或者采取其他补救措施，没收违法所得，并按照采挖泥炭体积，处每立方米二千元以上一万元以下罚款。

违反本法规定，从泥炭沼泽湿地向外排水的，由县级以上人民政府林业草原主管部门责令停止违法行为，限期修复湿地或者采取其他补救措施，没收违法所得，并处一万元以上十万元以下罚款；情节严重的，并处十万元以上一百万元以下罚款。

第五十八条 违反本法规定，未编制修复方案修复湿地或者未按照修复方案修复湿地，造成湿地破坏的，由省级以上人民政府林业草原主管部门责令改正，处十万元以上一百万元以下罚款。

第五十九条 破坏湿地的违法行为人未按照规定期限或者未按照修复方案修复湿地

的，由县级以上人民政府林业草原主管部门委托他人代为履行，所需费用由违法行为人承担；违法行为人因被宣告破产等原因丧失修复能力的，由县级以上人民政府组织实施修复。

第六十条　违反本法规定，拒绝、阻碍县级以上人民政府有关部门依法进行的监督检查的，处二万元以上二十万元以下罚款；情节严重的，可以责令停产停业整顿。

第六十一条　违反本法规定，造成生态环境损害的，国家规定的机关或者法律规定的组织有权依法请求违法行为人承担修复责任、赔偿损失和有关费用。

第六十二条　违反本法规定，构成违反治安管理行为的，由公安机关依法给予治安管理处罚；构成犯罪的，依法追究刑事责任。

第七章　附　　则

第六十三条　本法下列用语的含义：

（一）红树林湿地，是指由红树植物为主组成的近海和海岸潮间湿地；

（二）泥炭沼泽湿地，是指有泥炭发育的沼泽湿地。

第六十四条　省、自治区、直辖市和设区的市、自治州可以根据本地实际，制定湿地保护具体办法。

第六十五条　本法自2022年6月1日起施行。

中华人民共和国农业法

（1993年7月2日第八届全国人民代表大会常务委员会第二次会议通过，2002年12月28日第九届全国人民代表大会常务委员会第三十一次会议修订，根据2009年8月27日第十一届全国人民代表大会常务委员会第十次会议《关于修改部分法律的决定》第一次修正，根据2012年12月28日第十一届全国人民代表大会常务委员会第三十次会议《关于修改〈中华人民共和国农业法〉的决定》第二次修正）

第一章　总　　则

第一条　为了巩固和加强农业在国民经济中的基础地位，深化农村改革，发展农业生产力，推进农业现代化，维护农民和农业生产经营组织的合法权益，增加农民收入，提高农民科学文化素质，促进农业和农村经济的持续、稳定、健康发展，实现全面建设小康社会的目标，制定本法。

第二条　本法所称农业，是指种植业、林业、畜牧业和渔业等产业，包括与其直接相关的产前、产中、产后服务。

本法所称农业生产经营组织，是指农村集体经济组织、农民专业合作经济组织、农业企业和其他从事农业生产经营的组织。

第三条　国家把农业放在发展国民经济的首位。

农业和农村经济发展的基本目标是：建立适应发展社会主义市场经济要求的农村经济体制，不断解放和发展农村生产力，提高农业的整体素质和效益，确保农产品供应和质量，满足国民经济发展和人口增长、生活改善的需求，提高农民的收入和生活水平，促进农村富余劳动力向非农产业和城镇转移，缩小城乡差别和区域差别，建设富裕、民主、文明的社会主义新农村，逐步实现农业和农村现代化。

第四条　国家采取措施，保障农业更好地发挥在提供食物、工业原料和其他农产品，维护和改善生态环境，促进农村经济社会发展等多方面的作用。

第五条　国家坚持和完善公有制为主体、多种所有制经济共同发展的基本经济制度，振兴农村经济。

国家长期稳定农村以家庭承包经营为基础、统分结合的双层经营体制，发展社会化服务体系，壮大集体经济实力，引导农民走共同富裕的道路。

国家在农村坚持和完善以按劳分配为主体、多种分配方式并存的分配制度。

第六条　国家坚持科教兴农和农业可持续发展的方针。

国家采取措施加强农业和农村基础设施建设，调整、优化农业和农村经济结构，推进农业产业化经营，发展农业科技、教育事业，保护农业生态环境，促进农业机械化和信息化，提高农业综合生产能力。

第七条　国家保护农民和农业生产经营组织的财产及其他合法权益不受侵犯。

各级人民政府及其有关部门应当采取措施增加农民收入，切实减轻农民负担。

第八条　全社会应当高度重视农业，支持农业发展。

国家对发展农业和农村经济有显著成绩的单位和个人，给予奖励。

第九条　各级人民政府对农业和农村经济发展工作统一负责，组织各有关部门和全社会做好发展农业和为发展农业服务的各项工作。

国务院农业行政主管部门主管全国农业和农村经济发展工作，国务院林业行政主管部门和其他有关部门在各自的职责范围内，负责有关的农业和农村经济发展工作。

县级以上地方人民政府各农业行政主管部门负责本行政区域内的种植业、畜牧业、渔业等农业和农村经济发展工作，林业行政主管部门负责本行政区域内的林业工作。县级以上地方人民政府其他有关部门在各自的职责范围内，负责本行政区域内有关的为农业生产经营服务的工作。

第二章　农业生产经营体制

第十条　国家实行农村土地承包经营制度，依法保障农村土地承包关系的长期稳定，保护农民对承包土地的使用权。

农村土地承包经营的方式、期限、发包方和承包方的权利义务、土地承包经营权的保护和流转等，适用《中华人民共和国土地管理法》和《中华人民共和国农村土地承包法》。

农村集体经济组织应当在家庭承包经营的基础上，依法管理集体资产，为其成员提供生产、技术、信息等服务，组织合理开发、利用集体资源，壮大经济实力。

第十一条　国家鼓励农民在家庭承包经营的基础上自愿组成各类专业合作经济组织。

农民专业合作经济组织应当坚持为成员服务的宗旨，按照加入自愿、退出自由、民主管理、盈余返还的原则，依法在其章程规定的范围内开展农业生产经营和服务活动。

农民专业合作经济组织可以有多种形式，依法成立、依法登记。任何组织和个人不得侵犯农民专业合作经济组织的财产和经营自主权。

第十二条　农民和农业生产经营组织可以自愿按照民主管理、按劳分配和按股分红相结合的原则，以资金、技术、实物等入股，依法兴办各类企业。

第十三条　国家采取措施发展多种形式的农业产业化经营，鼓励和支持农民和农业生产经营组织发展生产、加工、销售一体化经营。

国家引导和支持从事农产品生产、加

工、流通服务的企业、科研单位和其他组织，通过与农民或者农民专业合作经济组织订立合同或者建立各类企业等形式，形成收益共享、风险共担的利益共同体，推进农业产业化经营，带动农业发展。

第十四条　农民和农业生产经营组织可以按照法律、行政法规成立各种农产品行业协会，为成员提供生产、营销、信息、技术、培训等服务，发挥协调和自律作用，提出农产品贸易救济措施的申请，维护成员和行业的利益。

第三章　农业生产

第十五条　县级以上人民政府根据国民经济和社会发展的中长期规划、农业和农村经济发展的基本目标和农业资源区划，制定农业发展规划。

省级以上人民政府农业行政主管部门根据农业发展规划，采取措施发挥区域优势，促进形成合理的农业生产区域布局，指导和协调农业和农村经济结构调整。

第十六条　国家引导和支持农民和农业生产经营组织结合本地实际按照市场需求，调整和优化农业生产结构，协调发展种植业、林业、畜牧业和渔业，发展优质、高产、高效益的农业，提高农产品国际竞争力。

种植业以优化品种、提高质量、增加效益为中心，调整作物结构、品种结构和品质结构。

加强林业生态建设，实施天然林保护、退耕还林和防沙治沙工程，加强防护林体系建设，加速营造速生丰产林、工业原料林和薪炭林。

加强草原保护和建设，加快发展畜牧业，推广圈养和舍饲，改良畜禽品种，积极发展饲料工业和畜禽产品加工业。

渔业生产应当保护和合理利用渔业资源，调整捕捞结构，积极发展水产养殖业、远洋渔业和水产品加工业。

县级以上人民政府应当制定政策，安排资金，引导和支持农业结构调整。

第十七条　各级人民政府应当采取措施，加强农业综合开发和农田水利、农业生态环境保护、乡村道路、农村能源和电网、农产品仓储和流通、渔港、草原围栏、动植物原种良种基地等农业和农村基础设施建设，改善农业生产条件，保护和提高农业综合生产能力。

第十八条　国家扶持动植物品种的选育、生产、更新和良种的推广使用，鼓励品种选育和生产、经营相结合，实施种子工程和畜禽良种工程。国务院和省、自治区、直辖市人民政府设立专项资金，用于扶持动植物良种的选育和推广工作。

第十九条　各级人民政府和农业生产经营组织应当加强农田水利设施建设，建立健全农田水利设施的管理制度，节约用水，发展节水型农业，严格依法控制非农业建设占用灌溉水源，禁止任何组织和个人非法占用或者毁损农田水利设施。

国家对缺水地区发展节水型农业给予重点扶持。

第二十条　国家鼓励和支持农民和农业生产经营组织使用先进、适用的农业机械，加强农业机械安全管理，提高农业机械化水平。

国家对农民和农业生产经营组织购买先进农业机械给予扶持。

第二十一条　各级人民政府应当支持为农业服务的气象事业的发展，提高对气象灾害的监测和预报水平。

第二十二条　国家采取措施提高农产品的质量，建立健全农产品质量标准体系和质量检验检测监督体系，按照有关技术规范、操作规程和质量卫生安全标准，组织农产品的生产经营，保障农产品质量安全。

第二十三条　国家支持依法建立健全优质农产品认证和标志制度。

国家鼓励和扶持发展优质农产品生产。

县级以上地方人民政府应当结合本地情况，按照国家有关规定采取措施，发展优质农产品生产。

符合国家规定标准的优质农产品可以依照法律或者行政法规的规定申请使用有关的标志。符合规定产地及生产规范要求的农产品可以依照有关法律或者行政法规的规定申请使用农产品地理标志。

第二十四条　国家实行动植物防疫、检疫制度，健全动植物防疫、检疫体系，加强对动物疫病和植物病、虫、杂草、鼠害的监测、预警、防治，建立重大动物疫情和植物病虫害的快速扑灭机制，建设动物无规定疫病区，实施植物保护工程。

第二十五条　农药、兽药、饲料和饲料添加剂、肥料、种子、农业机械等可能危害人畜安全的农业生产资料的生产经营，依照相关法律、行政法规的规定实行登记或者许可制度。

各级人民政府应当建立健全农业生产资料的安全使用制度，农民和农业生产经营组织不得使用国家明令淘汰和禁止使用的农药、兽药、饲料添加剂等农业生产资料和其他禁止使用的产品。

农业生产资料的生产者、销售者应当对其生产、销售的产品的质量负责，禁止以次充好、以假充真、以不合格的产品冒充合格的产品；禁止生产和销售国家明令淘汰的农药、兽药、饲料添加剂、农业机械等农业生产资料。

第四章　农产品流通与加工

第二十六条　农产品的购销实行市场调节。国家对关系国计民生的重要农产品的购销活动实行必要的宏观调控，建立中央和地方分级储备调节制度，完善仓储运输体系，做到保证供应，稳定市场。

第二十七条　国家逐步建立统一、开放、竞争、有序的农产品市场体系，制定农产品批发市场发展规划。对农村集体经济组织和农民专业合作经济组织建立农产品批发市场和农产品集贸市场，国家给予扶持。

县级以上人民政府工商行政管理部门和其他有关部门按照各自的职责，依法管理农产品批发市场，规范交易秩序，防止地方保护与不正当竞争。

第二十八条　国家鼓励和支持发展多种形式的农产品流通活动。支持农民和农民专业合作经济组织按照国家有关规定从事农产品收购、批发、贮藏、运输、零售和中介活动。鼓励供销合作社和其他从事农产品购销的农业生产经营组织提供市场信息，开拓农产品流通渠道，为农产品销售服务。

县级以上人民政府应当采取措施，督促有关部门保障农产品运输畅通，降低农产品流通成本。有关行政管理部门应当简化手续，方便鲜活农产品的运输，除法律、行政法规另有规定外，不得扣押鲜活农产品的运输工具。

第二十九条　国家支持发展农产品加工业和食品工业，增加农产品的附加值。县级以上人民政府应当制定农产品加工业和食品工业发展规划，引导农产品加工企业形成合理的区域布局和规模结构，扶持农民专业合作经济组织和乡镇企业从事农产品加工和综合开发利用。

国家建立健全农产品加工制品质量标准，完善检测手段，加强农产品加工过程中的质量安全管理和监督，保障食品安全。

第三十条　国家鼓励发展农产品进出口贸易。

国家采取加强国际市场研究、提供信息和营销服务等措施，促进农产品出口。

为维护农产品产销秩序和公平贸易，建立农产品进口预警制度，当某些进口农产品已经或者可能对国内相关农产品的生产造成重大的不利影响时，国家可以采取必要的措施。

第五章　粮食安全

第三十一条　国家采取措施保护和提高粮食综合生产能力，稳步提高粮食生产水平，保障粮食安全。

国家建立耕地保护制度，对基本农田依法实行特殊保护。

第三十二条　国家在政策、资金、技术等方面对粮食主产区给予重点扶持，建设稳定的商品粮生产基地，改善粮食收贮及加工设施，提高粮食主产区的粮食生产、加工水平和经济效益。

国家支持粮食主产区与主销区建立稳定的购销合作关系。

第三十三条　在粮食的市场价格过低时，国务院可以决定对部分粮食品种实行保护价制度。保护价应当根据有利于保护农民利益、稳定粮食生产的原则确定。

农民按保护价制度出售粮食，国家委托的收购单位不得拒收。

县级以上人民政府应当组织财政、金融等部门以及国家委托的收购单位及时筹足粮食收购资金，任何部门、单位或者个人不得截留或者挪用。

第三十四条　国家建立粮食安全预警制度，采取措施保障粮食供给。国务院应当制定粮食安全保障目标与粮食储备数量指标，并根据需要组织有关主管部门进行耕地、粮食库存情况的核查。

国家对粮食实行中央和地方分级储备调节制度，建设仓储运输体系。承担国家粮食储备任务的企业应当按照国家规定保证储备粮的数量和质量。

第三十五条　国家建立粮食风险基金，用于支持粮食储备、稳定粮食市场和保护农民利益。

第三十六条　国家提倡珍惜和节约粮食，并采取措施改善人民的食物营养结构。

第六章　农业投入与支持保护

第三十七条　国家建立和完善农业支持保护体系，采取财政投入、税收优惠、金融支持等措施，从资金投入、科研与技术推广、教育培训、农业生产资料供应、市场信息、质量标准、检验检疫、社会化服务以及灾害救助等方面扶持农民和农业生产经营组织发展农业生产，提高农民的收入水平。

在不与我国缔结或加入的有关国际条约相抵触的情况下，国家对农民实施收入支持政策，具体办法由国务院制定。

第三十八条　国家逐步提高农业投入的总体水平。中央和县级以上地方财政每年对农业总投入的增长幅度应当高于其财政经常性收入的增长幅度。

各级人民政府在财政预算内安排的各项用于农业的资金应当主要用于：加强农业基础设施建设；支持农业结构调整，促进农业产业化经营；保护粮食综合生产能力，保障国家粮食安全；健全动植物检疫、防疫体系，加强动物疫病和植物病、虫、杂草、鼠害防治；建立健全农产品质量标准和检验检测监督体系、农产品市场及信息服务体系；支持农业科研教育、农业技术推广和农民培训；加强农业生态环境保护建设；扶持贫困地区发展；保障农民收入水平等。

县级以上各级财政用于种植业、林业、畜牧业、渔业、农田水利的农业基本建设投入应当统筹安排，协调增长。

国家为加快西部开发，增加对西部地区农业发展和生态环境保护的投入。

第三十九条　县级以上人民政府每年财政预算内安排的各项用于农业的资金应当及时足额拨付。各级人民政府应当加强对国家各项农业资金分配、使用过程的监督管理，保证资金安全，提高资金的使用效率。

任何单位和个人不得截留、挪用用于农

业的财政资金和信贷资金。审计机关应当依法加强对用于农业的财政和信贷等资金的审计监督。

第四十条 国家运用税收、价格、信贷等手段，鼓励和引导农民和农业生产经营组织增加农业生产经营性投入和小型农田水利等基本建设投入。

国家鼓励和支持农民和农业生产经营组织在自愿的基础上依法采取多种形式，筹集农业资金。

第四十一条 国家鼓励社会资金投向农业，鼓励企业事业单位、社会团体和个人捐资设立各种农业建设和农业科技、教育基金。

国家采取措施，促进农业扩大利用外资。

第四十二条 各级人民政府应当鼓励和支持企业事业单位及其他各类经济组织开展农业信息服务。

县级以上人民政府农业行政主管部门及其他有关部门应当建立农业信息搜集、整理和发布制度，及时向农民和农业生产经营组织提供市场信息等服务。

第四十三条 国家鼓励和扶持农用工业的发展。

国家采取税收、信贷等手段鼓励和扶持农业生产资料的生产和贸易，为农业生产稳定增长提供物质保障。

国家采取宏观调控措施，使化肥、农药、农用薄膜、农业机械和农用柴油等主要农业生产资料和农产品之间保持合理的比价。

第四十四条 国家鼓励供销合作社、农村集体经济组织、农民专业合作经济组织、其他组织和个人发展多种形式的农业生产产前、产中、产后的社会化服务事业。县级以上人民政府及其各有关部门应当采取措施对农业社会化服务事业给予支持。

对跨地区从事农业社会化服务的，农业、工商管理、交通运输、公安等有关部门应当采取措施给予支持。

第四十五条 国家建立健全农村金融体系，加强农村信用制度建设，加强农村金融监管。

有关金融机构应当采取措施增加信贷投入，改善农村金融服务，对农民和农业生产经营组织的农业生产经营活动提供信贷支持。

农村信用合作社应当坚持为农业、农民和农村经济发展服务的宗旨，优先为当地农民的生产经营活动提供信贷服务。

国家通过贴息等措施，鼓励金融机构向农民和农业生产经营组织的农业生产经营活动提供贷款。

第四十六条 国家建立和完善农业保险制度。

国家逐步建立和完善政策性农业保险制度。鼓励和扶持农民和农业生产经营组织建立为农业生产经营活动服务的互助合作保险组织，鼓励商业性保险公司开展农业保险业务。

农业保险实行自愿原则。任何组织和个人不得强制农民和农业生产经营组织参加农业保险。

第四十七条 各级人民政府应当采取措施，提高农业防御自然灾害的能力，做好防灾、抗灾和救灾工作，帮助灾民恢复生产，组织生产自救，开展社会互助互济；对没有基本生活保障的灾民给予救济和扶持。

第七章 农业科技与农业教育

第四十八条 国务院和省级人民政府应当制定农业科技、农业教育发展规划，发展农业科技、教育事业。

县级以上人民政府应当按照国家有关规定逐步增加农业科技经费和农业教育经费。

国家鼓励、吸引企业等社会力量增加农业科技投入，鼓励农民、农业生产经营组织、企业事业单位等依法举办农业科技、教育事业。

第四十九条　国家保护植物新品种、农产品地理标志等知识产权，鼓励和引导农业科研、教育单位加强农业科学技术的基础研究和应用研究，传播和普及农业科学技术知识，加速科技成果转化与产业化，促进农业科学技术进步。

国务院有关部门应当组织农业重大关键技术的科技攻关。国家采取措施促进国际农业科技、教育合作与交流，鼓励引进国外先进技术。

第五十条　国家扶持农业技术推广事业，建立政府扶持和市场引导相结合，有偿与无偿服务相结合，国家农业技术推广机构和社会力量相结合的农业技术推广体系，促使先进的农业技术尽快应用于农业生产。

第五十一条　国家设立的农业技术推广机构应当以农业技术试验示范基地为依托，承担公共所需的关键性技术的推广和示范等公益性职责，为农民和农业生产经营组织提供无偿农业技术服务。

县级以上人民政府应当根据农业生产发展需要，稳定和加强农业技术推广队伍，保障农业技术推广机构的工作经费。

各级人民政府应当采取措施，按照国家规定保障和改善从事农业技术推广工作的专业科技人员的工作条件、工资待遇和生活条件，鼓励他们为农业服务。

第五十二条　农业科研单位、有关学校、农民专业合作社、涉农企业、群众性科技组织及有关科技人员，根据农民和农业生产经营组织的需要，可以提供无偿服务，也可以通过技术转让、技术服务、技术承包、技术咨询和技术入股等形式，提供有偿服务，取得合法收益。农业科研单位、有关学校、农民专业合作社、涉农企业、群众性科技组织及有关科技人员应当提高服务水平，保证服务质量。

对农业科研单位、有关学校、农业技术推广机构举办的为农业服务的企业，国家在税收、信贷等方面给予优惠。

国家鼓励和支持农民、供销合作社、其他企业事业单位等参与农业技术推广工作。

第五十三条　国家建立农业专业技术人员继续教育制度。县级以上人民政府农业行政主管部门会同教育、人事等有关部门制定农业专业技术人员继续教育计划，并组织实施。

第五十四条　国家在农村依法实施义务教育，并保障义务教育经费。国家在农村举办的普通中小学校教职工工资由县级人民政府按照国家规定统一发放，校舍等教学设施的建设和维护经费由县级人民政府按照国家规定统一安排。

第五十五条　国家发展农业职业教育。国务院有关部门按照国家职业资格证书制度的统一规定，开展农业行业的职业分类、职业技能鉴定工作，管理农业行业的职业资格证书。

第五十六条　国家采取措施鼓励农民采用先进的农业技术，支持农民举办各种科技组织，开展农业实用技术培训、农民绿色证书培训和其他就业培训，提高农民的文化技术素质。

第八章　农业资源与农业环境保护

第五十七条　发展农业和农村经济必须合理利用和保护土地、水、森林、草原、野生动植物等自然资源，合理开发和利用水能、沼气、太阳能、风能等可再生能源和清洁能源，发展生态农业，保护和改善生态环境。

县级以上人民政府应当制定农业资源区划或者农业资源合理利用和保护的区划，建立农业资源监测制度。

第五十八条　农民和农业生产经营组织应当保养耕地，合理使用化肥、农药、农用薄膜，增加使用有机肥料，采用先进技术，保护和提高地力，防止农用地的污染、破坏和地力衰退。

县级以上人民政府农业行政主管部门应

当采取措施，支持农民和农业生产经营组织加强耕地质量建设，并对耕地质量进行定期监测。

第五十九条 各级人民政府应当采取措施，加强小流域综合治理，预防和治理水土流失。从事可能引起水土流失的生产建设活动的单位和个人，必须采取预防措施，并负责治理因生产建设活动造成的水土流失。

各级人民政府应当采取措施，预防土地沙化，治理沙化土地。国务院和沙化土地所在地区的县级以上地方人民政府应当按照法律规定制定防沙治沙规划，并组织实施。

第六十条 国家实行全民义务植树制度。各级人民政府应当采取措施，组织群众植树造林，保护林地和林木，预防森林火灾，防治森林病虫害，制止滥伐、盗伐林木，提高森林覆盖率。

国家在天然林保护区域实行禁伐或者限伐制度，加强造林护林。

第六十一条 有关地方人民政府，应当加强草原的保护、建设和管理，指导、组织农（牧）民和农（牧）业生产经营组织建设人工草场、饲草饲料基地和改良天然草原，实行以草定畜，控制载畜量，推行划区轮牧、休牧和禁牧制度，保护草原植被，防止草原退化沙化和盐渍化。

第六十二条 禁止毁林毁草开垦、烧山开垦以及开垦国家禁止开垦的陡坡地，已经开垦的应当逐步退耕还林、还草。

禁止围湖造田以及围垦国家禁止围垦的湿地。已经围垦的，应当逐步退耕还湖、还湿地。

对在国务院批准规划范围内实施退耕的农民，应当按照国家规定予以补助。

第六十三条 各级人民政府应当采取措施，依法执行捕捞限额和禁渔、休渔制度，增殖渔业资源，保护渔业水域生态环境。

国家引导、支持从事捕捞业的农（渔）民和农（渔）业生产经营组织从事水产养殖业或者其他职业，对根据当地人民政府统一规划转产转业的农（渔）民，应当按照国家规定予以补助。

第六十四条 国家建立与农业生产有关的生物物种资源保护制度，保护生物多样性，对稀有、濒危、珍贵生物资源及其原生地实行重点保护。从境外引进生物物种资源应当依法进行登记或者审批，并采取相应安全控制措施。

农业转基因生物的研究、试验、生产、加工、经营及其他应用，必须依照国家规定严格实行各项安全控制措施。

第六十五条 各级农业行政主管部门应当引导农民和农业生产经营组织采取生物措施或者使用高效低毒低残留农药、兽药，防治动植物病、虫、杂草、鼠害。

农产品采收后的秸秆及其他剩余物质应当综合利用，妥善处理，防止造成环境污染和生态破坏。

从事畜禽等动物规模养殖的单位和个人应当对粪便、废水及其他废弃物进行无害化处理或者综合利用，从事水产养殖的单位和个人应当合理投饵、施肥、使用药物，防止造成环境污染和生态破坏。

第六十六条 县级以上人民政府应当采取措施，督促有关单位进行治理，防治废水、废气和固体废弃物对农业生态环境的污染。排放废水、废气和固体废弃物造成农业生态环境污染事故的，由环境保护行政主管部门或者农业行政主管部门依法调查处理；给农民和农业生产经营组织造成损失的，有关责任者应当依法赔偿。

第九章 农民权益保护

第六十七条 任何机关或者单位向农民或者农业生产经营组织收取行政、事业性费用必须依据法律、法规的规定。收费的项目、范围和标准应当公布。没有法律、法规依据的收费，农民和农业生产经营组织有权拒绝。

任何机关或者单位对农民或者农业生产

经营组织进行罚款处罚必须依据法律、法规、规章的规定。没有法律、法规、规章依据的罚款，农民和农业生产经营组织有权拒绝。

任何机关或者单位不得以任何方式向农民或者农业生产经营组织进行摊派。除法律、法规另有规定外，任何机关或者单位以任何方式要求农民或者农业生产经营组织提供人力、财力、物力的，属于摊派。农民和农业生产经营组织有权拒绝任何方式的摊派。

第六十八条　各级人民政府及其有关部门和所属单位不得以任何方式向农民或者农业生产经营组织集资。

没有法律、法规依据或者未经国务院批准，任何机关或者单位不得在农村进行任何形式的达标、升级、验收活动。

第六十九条　农民和农业生产经营组织依照法律、行政法规的规定承担纳税义务。税务机关及代扣、代收税款的单位应当依法征税，不得违法摊派税款及以其他违法方法征税。

第七十条　农村义务教育除按国务院规定收取的费用外，不得向农民和学生收取其他费用。禁止任何机关或者单位通过农村中小学校向农民收费。

第七十一条　国家依法征收农民集体所有的土地，应当保护农民和农村集体经济组织的合法权益，依法给予农民和农村集体经济组织征地补偿，任何单位和个人不得截留、挪用征地补偿费用。

第七十二条　各级人民政府、农村集体经济组织或者村民委员会在农业和农村经济结构调整、农业产业化经营和土地承包经营权流转等过程中，不得侵犯农民的土地承包经营权，不得干涉农民自主安排的生产经营项目，不得强迫农民购买指定的生产资料或者按指定的渠道销售农产品。

第七十三条　农村集体经济组织或者村民委员会为发展生产或者兴办公益事业，需要向其成员（村民）筹资筹劳的，应当经成员（村民）会议或者成员（村民）代表会议过半数通过后，方可进行。

农村集体经济组织或者村民委员会依照前款规定筹资筹劳的，不得超过省级以上人民政府规定的上限控制标准，禁止强行以资代劳。

农村集体经济组织和村民委员会对涉及农民利益的重要事项，应当向农民公开，并定期公布财务账目，接受农民的监督。

第七十四条　任何单位和个人向农民或者农业生产经营组织提供生产、技术、信息、文化、保险等有偿服务，必须坚持自愿原则，不得强迫农民和农业生产经营组织接受服务。

第七十五条　农产品收购单位在收购农产品时，不得压级压价，不得在支付的价款中扣缴任何费用。法律、行政法规规定代扣、代收税款的，依照法律、行政法规的规定办理。

农产品收购单位与农产品销售者因农产品的质量等级发生争议的，可以委托具有法定资质的农产品质量检验机构检验。

第七十六条　农业生产资料使用者因生产资料质量问题遭受损失的，出售该生产资料的经营者应当予以赔偿，赔偿额包括购货价款、有关费用和可得利益损失。

第七十七条　农民或者农业生产经营组织为维护自身的合法权益，有向各级人民政府及其有关部门反映情况和提出合法要求的权利，人民政府及其有关部门对农民或者农业生产经营组织提出的合理要求，应当按照国家规定及时给予答复。

第七十八条　违反法律规定，侵犯农民权益的，农民或者农业生产经营组织可以依法申请行政复议或者向人民法院提起诉讼，有关人民政府及其有关部门或者人民法院应当依法受理。

人民法院和司法行政主管机关应当依照有关规定为农民提供法律援助。

第十章 农村经济发展

第七十九条 国家坚持城乡协调发展的方针，扶持农村第二、第三产业发展，调整和优化农村经济结构，增加农民收入，促进农村经济全面发展，逐步缩小城乡差别。

第八十条 各级人民政府应当采取措施，发展乡镇企业，支持农业的发展，转移富余的农业劳动力。

国家完善乡镇企业发展的支持措施，引导乡镇企业优化结构，更新技术，提高素质。

第八十一条 县级以上地方人民政府应当根据当地的经济发展水平、区位优势和资源条件，按照合理布局、科学规划、节约用地的原则，有重点地推进农村小城镇建设。

地方各级人民政府应当注重运用市场机制，完善相应政策，吸引农民和社会资金投资小城镇开发建设，发展第二、第三产业，引导乡镇企业相对集中发展。

第八十二条 国家采取措施引导农村富余劳动力在城乡、地区间合理有序流动。地方各级人民政府依法保护进入城镇就业的农村劳动力的合法权益，不得设置不合理限制，已经设置的应当取消。

第八十三条 国家逐步完善农村社会救济制度，保障农村五保户、贫困残疾农民、贫困老年农民和其他丧失劳动能力的农民的基本生活。

第八十四条 国家鼓励、支持农民巩固和发展农村合作医疗和其他医疗保障形式，提高农民健康水平。

第八十五条 国家扶持贫困地区改善经济发展条件，帮助进行经济开发。省级人民政府根据国家关于扶持贫困地区的总体目标和要求，制定扶贫开发规划，并组织实施。

各级人民政府应当坚持开发式扶贫方针，组织贫困地区的农民和农业生产经营组织合理使用扶贫资金，依靠自身力量改变贫穷落后面貌，引导贫困地区的农民调整经济结构、开发当地资源。扶贫开发应当坚持与资源保护、生态建设相结合，促进贫困地区经济、社会的协调发展和全面进步。

第八十六条 中央和省级财政应当把扶贫开发投入列入年度财政预算，并逐年增加，加大对贫困地区的财政转移支付和建设资金投入。

国家鼓励和扶持金融机构、其他企业事业单位和个人投入资金支持贫困地区开发建设。

禁止任何单位和个人截留、挪用扶贫资金。审计机关应当加强扶贫资金的审计监督。

第十一章 执法监督

第八十七条 县级以上人民政府应当采取措施逐步完善适应社会主义市场经济发展要求的农业行政管理体制。

县级以上人民政府农业行政主管部门和有关行政主管部门应当加强规划、指导、管理、协调、监督、服务职责，依法行政，公正执法。

县级以上地方人民政府农业行政主管部门应当在其职责范围内健全行政执法队伍，实行综合执法，提高执法效率和水平。

第八十八条 县级以上人民政府农业行政主管部门及其执法人员履行执法监督检查职责时，有权采取下列措施：

（一）要求被检查单位或者个人说明情况，提供有关文件、证照、资料；

（二）责令被检查单位或者个人停止违反本法的行为，履行法定义务。

农业行政执法人员在履行监督检查职责时，应当向被检查单位或者个人出示行政执法证件，遵守执法程序。有关单位或者个人应当配合农业行政执法人员依法执行职务，不得拒绝和阻碍。

第八十九条 农业行政主管部门与农业生产、经营单位必须在机构、人员、财务上彻底分离。农业行政主管部门及其工作人员不得参与和从事农业生产经营活动。

第十二章　法律责任

第九十条　违反本法规定，侵害农民和农业生产经营组织的土地承包经营权等财产权或者其他合法权益的，应当停止侵害，恢复原状；造成损失、损害的，依法承担赔偿责任。

国家工作人员利用职务便利或者以其他名义侵害农民和农业生产经营组织的合法权益的，应当赔偿损失，并由其所在单位或者上级主管机关给予行政处分。

第九十一条　违反本法第十九条、第二十五条、第六十二条、第七十一条规定的，依照相关法律或者行政法规的规定予以处罚。

第九十二条　有下列行为之一的，由上级主管机关责令限期归还被截留、挪用的资金，没收非法所得，并由上级主管机关或者所在单位给予直接负责的主管人员和其他直接责任人员行政处分；构成犯罪的，依法追究刑事责任：

（一）违反本法第三十三条第三款规定，截留、挪用粮食收购资金的；

（二）违反本法第三十九条第二款规定，截留、挪用用于农业的财政资金和信贷资金的；

（三）违反本法第八十六条第三款规定，截留、挪用扶贫资金的。

第九十三条　违反本法第六十七条规定，向农民或者农业生产经营组织违法收费、罚款、摊派的，上级主管机关应当予以制止，并予公告；已经收取钱款或者已经使用人力、物力的，由上级主管机关责令限期归还已经收取的钱款或者折价偿还已经使用的人力、物力，并由上级主管机关或者所在单位给予直接负责的主管人员和其他直接责任人员行政处分；情节严重，构成犯罪的，依法追究刑事责任。

第九十四条　有下列行为之一的，由上级主管机关责令停止违法行为，并给予直接负责的主管人员和其他直接责任人员行政处分，责令退还违法收取的集资款、税款或者费用：

（一）违反本法第六十八条规定，非法在农村进行集资、达标、升级、验收活动的；

（二）违反本法第六十九条规定，以违法方法向农民征税的；

（三）违反本法第七十条规定，通过农村中小学校向农民超额、超项目收费的。

第九十五条　违反本法第七十三条第二款规定，强迫农民以资代劳的，由乡（镇）人民政府责令改正，并退还违法收取的资金。

第九十六条　违反本法第七十四条规定，强迫农民和农业生产经营组织接受有偿服务的，由有关人民政府责令改正，并返还其违法收取的费用；情节严重的，给予直接负责的主管人员和其他直接责任人员行政处分；造成农民和农业生产经营组织损失的，依法承担赔偿责任。

第九十七条　县级以上人民政府农业行政主管部门的工作人员违反本法规定参与和从事农业生产经营活动的，依法给予行政处分；构成犯罪的，依法追究刑事责任。

第十三章　附　　则

第九十八条　本法有关农民的规定，适用于国有农场、牧场、林场、渔场等企业事业单位实行承包经营的职工。

第九十九条　本法自 2003 年 3 月 1 日起施行。

中华人民共和国土地管理法

（1986 年 6 月 25 日第六届全国人民代表大会常务委员会第十六次会议通过，根据 1988 年 12 月 29 日第七届全国人民代表大会常务委员会第五次会议《关于修改〈中华人民共和国土地管理法〉的决定》第一次修正，1998 年 8 月 29 日第九届全国人民代表大会常务委员会第四次会议修订，根据 2004 年 8 月 28 日第十届全国人民代表大会常务委员会第十一次会议《关于修改〈中华人民共和国土地管理法〉的决定》第二次修正，根据 2019 年 8 月 26 日第十三届全国人民代表大会常务委员会第十二次会议《关于修改〈中华人民共和国土地管理法〉、〈中华人民共和国城市房地产管理法〉的决定》第三次修正）

第一章　总　　则

第一条　为了加强土地管理，维护土地的社会主义公有制，保护、开发土地资源，合理利用土地，切实保护耕地，促进社会经济的可持续发展，根据宪法，制定本法。

第二条　中华人民共和国实行土地的社会主义公有制，即全民所有制和劳动群众集体所有制。

全民所有，即国家所有土地的所有权由国务院代表国家行使。

任何单位和个人不得侵占、买卖或者以其他形式非法转让土地。土地使用权可以依法转让。

国家为了公共利益的需要，可以依法对土地实行征收或者征用并给予补偿。

国家依法实行国有土地有偿使用制度。但是，国家在法律规定的范围内划拨国有土地使用权的除外。

第三条　十分珍惜、合理利用土地和切实保护耕地是我国的基本国策。各级人民政府应当采取措施，全面规划，严格管理，保护、开发土地资源，制止非法占用土地的行为。

第四条　国家实行土地用途管制制度。

国家编制土地利用总体规划，规定土地用途，将土地分为农用地、建设用地和未利用地。严格限制农用地转为建设用地，控制建设用地总量，对耕地实行特殊保护。

前款所称农用地是指直接用于农业生产的土地，包括耕地、林地、草地、农田水利用地、养殖水面等；建设用地是指建造建筑物、构筑物的土地，包括城乡住宅和公共设施用地、工矿用地、交通水利设施用地、旅游用地、军事设施用地等；未利用地是指农用地和建设用地以外的土地。

使用土地的单位和个人必须严格按照土地利用总体规划确定的用途使用土地。

第五条　国务院自然资源主管部门统一负责全国土地的管理和监督工作。

县级以上地方人民政府自然资源主管部门的设置及其职责，由省、自治区、直辖市人民政府根据国务院有关规定确定。

第六条　国务院授权的机构对省、自治区、直辖市人民政府以及国务院确定的城市人民政府土地利用和土地管理情况进行督察。

第七条 任何单位和个人都有遵守土地管理法律、法规的义务，并有权对违反土地管理法律、法规的行为提出检举和控告。

第八条 在保护和开发土地资源、合理利用土地以及进行有关的科学研究等方面成绩显著的单位和个人，由人民政府给予奖励。

第二章 土地的所有权和使用权

第九条 城市市区的土地属于国家所有。

农村和城市郊区的土地，除由法律规定属于国家所有的以外，属于农民集体所有；宅基地和自留地、自留山，属于农民集体所有。

第十条 国有土地和农民集体所有的土地，可以依法确定给单位或者个人使用。使用土地的单位和个人，有保护、管理和合理利用土地的义务。

第十一条 农民集体所有的土地依法属于村农民集体所有的，由村集体经济组织或者村民委员会经营、管理；已经分别属于村内两个以上农村集体经济组织的农民集体所有的，由村内各该农村集体经济组织或者村民小组经营、管理；已经属于乡（镇）农民集体所有的，由乡（镇）农村集体经济组织经营、管理。

第十二条 土地的所有权和使用权的登记，依照有关不动产登记的法律、行政法规执行。

依法登记的土地的所有权和使用权受法律保护，任何单位和个人不得侵犯。

第十三条 农民集体所有和国家所有依法由农民集体使用的耕地、林地、草地，以及其他依法用于农业的土地，采取农村集体经济组织内部的家庭承包方式承包，不宜采取家庭承包方式的荒山、荒沟、荒丘、荒滩等，可以采取招标、拍卖、公开协商等方式承包，从事种植业、林业、畜牧业、渔业生产。家庭承包的耕地的承包期为三十年，草地的承包期为三十年至五十年，林地的承包期为三十年至七十年；耕地承包期届满后再延长三十年，草地、林地承包期届满后依法相应延长。

国家所有依法用于农业的土地可以由单位或者个人承包经营，从事种植业、林业、畜牧业、渔业生产。

发包方和承包方应当依法订立承包合同，约定双方的权利和义务。承包经营土地的单位和个人，有保护和按照承包合同约定的用途合理利用土地的义务。

第十四条 土地所有权和使用权争议，由当事人协商解决；协商不成的，由人民政府处理。

单位之间的争议，由县级以上人民政府处理；个人之间、个人与单位之间的争议，由乡级人民政府或者县级以上人民政府处理。

当事人对有关人民政府的处理决定不服的，可以自接到处理决定通知之日起三十日内，向人民法院起诉。

在土地所有权和使用权争议解决前，任何一方不得改变土地利用现状。

第三章 土地利用总体规划

第十五条 各级人民政府应当依据国民经济和社会发展规划、国土整治和资源环境保护的要求、土地供给能力以及各项建设对土地的需求，组织编制土地利用总体规划。

土地利用总体规划的规划期限由国务院规定。

第十六条 下级土地利用总体规划应当依据上一级土地利用总体规划编制。

地方各级人民政府编制的土地利用总体规划中的建设用地总量不得超过上一级土地利用总体规划确定的控制指标，耕地保有量不得低于上一级土地利用总体规划确定的控制指标。

省、自治区、直辖市人民政府编制的土

地利用总体规划，应当确保本行政区域内耕地总量不减少。

第十七条 土地利用总体规划按照下列原则编制：

（一）落实国土空间开发保护要求，严格土地用途管制；

（二）严格保护永久基本农田，严格控制非农业建设占用农用地；

（三）提高土地节约集约利用水平；

（四）统筹安排城乡生产、生活、生态用地，满足乡村产业和基础设施用地合理需求，促进城乡融合发展；

（五）保护和改善生态环境，保障土地的可持续利用；

（六）占用耕地与开发复垦耕地数量平衡、质量相当。

第十八条 国家建立国土空间规划体系。编制国土空间规划应当坚持生态优先，绿色、可持续发展，科学有序统筹安排生态、农业、城镇等功能空间，优化国土空间结构和布局，提升国土空间开发、保护的质量和效率。

经依法批准的国土空间规划是各类开发、保护、建设活动的基本依据。已经编制国土空间规划的，不再编制土地利用总体规划和城乡规划。

第十九条 县级土地利用总体规划应当划分土地利用区，明确土地用途。

乡（镇）土地利用总体规划应当划分土地利用区，根据土地使用条件，确定每一块土地的用途，并予以公告。

第二十条 土地利用总体规划实行分级审批。

省、自治区、直辖市的土地利用总体规划，报国务院批准。

省、自治区人民政府所在地的市、人口在一百万以上的城市以及国务院指定的城市的土地利用总体规划，经省、自治区人民政府审查同意后，报国务院批准。

本条第二款、第三款规定以外的土地利用总体规划，逐级上报省、自治区、直辖市人民政府批准；其中，乡（镇）土地利用总体规划可以由省级人民政府授权的设区的市、自治州人民政府批准。

土地利用总体规划一经批准，必须严格执行。

第二十一条 城市建设用地规模应当符合国家规定的标准，充分利用现有建设用地，不占或者尽量少占农用地。

城市总体规划、村庄和集镇规划，应当与土地利用总体规划相衔接，城市总体规划、村庄和集镇规划中建设用地规模不得超过土地利用总体规划确定的城市和村庄、集镇建设用地规模。

在城市规划区内、村庄和集镇规划区内，城市和村庄、集镇建设用地应当符合城市规划、村庄和集镇规划。

第二十二条 江河、湖泊综合治理和开发利用规划，应当与土地利用总体规划相衔接。在江河、湖泊、水库的管理和保护范围以及蓄洪滞洪区内，土地利用应当符合江河、湖泊综合治理和开发利用规划，符合河道、湖泊行洪、蓄洪和输水的要求。

第二十三条 各级人民政府应当加强土地利用计划管理，实行建设用地总量控制。

土地利用年度计划，根据国民经济和社会发展计划、国家产业政策、土地利用总体规划以及建设用地和土地利用的实际状况编制。土地利用年度计划应当对本法第六十三条规定的集体经营性建设用地作出合理安排。土地利用年度计划的编制审批程序与土地利用总体规划的编制审批程序相同，一经审批下达，必须严格执行。

第二十四条 省、自治区、直辖市人民政府应当将土地利用年度计划的执行情况列为国民经济和社会发展计划执行情况的内容，向同级人民代表大会报告。

第二十五条 经批准的土地利用总体规划的修改，须经原批准机关批准；未经批准，不得改变土地利用总体规划确定的土地用途。

经国务院批准的大型能源、交通、水利等基础设施建设用地，需要改变土地利用总体规划的，根据国务院的批准文件修改土地利用总体规划。

经省、自治区、直辖市人民政府批准的能源、交通、水利等基础设施建设用地，需要改变土地利用总体规划的，属于省级人民政府土地利用总体规划批准权限内的，根据省级人民政府的批准文件修改土地利用总体规划。

第二十六条　国家建立土地调查制度。

县级以上人民政府自然资源主管部门会同同级有关部门进行土地调查。土地所有者或者使用者应当配合调查，并提供有关资料。

第二十七条　县级以上人民政府自然资源主管部门会同同级有关部门根据土地调查成果、规划土地用途和国家制定的统一标准，评定土地等级。

第二十八条　国家建立土地统计制度。

县级以上人民政府统计机构和自然资源主管部门依法进行土地统计调查，定期发布土地统计资料。土地所有者或者使用者应当提供有关资料，不得拒报、迟报，不得提供不真实、不完整的资料。

统计机构和自然资源主管部门共同发布的土地面积统计资料是各级人民政府编制土地利用总体规划的依据。

第二十九条　国家建立全国土地管理信息系统，对土地利用状况进行动态监测。

第四章　耕地保护

第三十条　国家保护耕地，严格控制耕地转为非耕地。

国家实行占用耕地补偿制度。非农业建设经批准占用耕地的，按照“占多少，垦多少”的原则，由占用耕地的单位负责开垦与所占用耕地的数量和质量相当的耕地；没有条件开垦或者开垦的耕地不符合要求的，应当按照省、自治区、直辖市的规定缴纳耕地开垦费，专款用于开垦新的耕地。

省、自治区、直辖市人民政府应当制定开垦耕地计划，监督占用耕地的单位按照计划开垦耕地或者按照计划组织开垦耕地，并进行验收。

第三十一条　县级以上地方人民政府可以要求占用耕地的单位将所占用耕地耕作层的土壤用于新开垦耕地、劣质地或者其他耕地的土壤改良。

第三十二条　省、自治区、直辖市人民政府应当严格执行土地利用总体规划和土地利用年度计划，采取措施，确保本行政区域内耕地总量不减少、质量不降低。耕地总量减少的，由国务院责令在规定期限内组织开垦与所减少耕地的数量与质量相当的耕地；耕地质量降低的，由国务院责令在规定期限内组织整治。新开垦和整治的耕地由国务院自然资源主管部门会同农业农村主管部门验收。

个别省、直辖市确因土地后备资源匮乏，新增建设用地后，新开垦耕地的数量不足以补偿所占用耕地的数量的，必须报经国务院批准减免本行政区域内开垦耕地的数量，易地开垦数量和质量相当的耕地。

第三十三条　国家实行永久基本农田保护制度。下列耕地应当根据土地利用总体规划划为永久基本农田，实行严格保护：

（一）经国务院农业农村主管部门或者县级以上地方人民政府批准确定的粮、棉、油、糖等重要农产品生产基地内的耕地；

（二）有良好的水利与水土保持设施的耕地，正在实施改造计划以及可以改造的中、低产田和已建成的高标准农田；

（三）蔬菜生产基地；

（四）农业科研、教学试验田；

（五）国务院规定应当划为永久基本农田的其他耕地。

各省、自治区、直辖市划定的永久基本农田一般应当占本行政区域内耕地的百分之八十以上，具体比例由国务院根据各省、自治区、直辖市耕地实际情况规定。

第三十四条　永久基本农田划定以乡（镇）为单位进行，由县级人民政府自然资源主管部门会同同级农业农村主管部门组织实施。永久基本农田应当落实到地块，纳入国家永久基本农田数据库严格管理。

乡（镇）人民政府应当将永久基本农田的位置、范围向社会公告，并设立保护标志。

第三十五条　永久基本农田经依法划定后，任何单位和个人不得擅自占用或者改变其用途。国家能源、交通、水利、军事设施等重点建设项目选址确实难以避让永久基本农田，涉及农用地转用或者土地征收的，必须经国务院批准。

禁止通过擅自调整县级土地利用总体规划、乡（镇）土地利用总体规划等方式规避永久基本农田农用地转用或者土地征收的审批。

第三十六条　各级人民政府应当采取措施，引导因地制宜轮作休耕，改良土壤，提高地力，维护排灌工程设施，防止土地荒漠化、盐渍化、水土流失和土壤污染。

第三十七条　非农业建设必须节约使用土地，可以利用荒地的，不得占用耕地；可以利用劣地的，不得占用好地。

禁止占用耕地建窑、建坟或者擅自在耕地上建房、挖砂、采石、采矿、取土等。

禁止占用永久基本农田发展林果业和挖塘养鱼。

第三十八条　禁止任何单位和个人闲置、荒芜耕地。已经办理审批手续的非农业建设占用耕地，一年内不用而又可以耕种并收获的，应当由原耕种该幅耕地的集体或者个人恢复耕种，也可以由用地单位组织耕种；一年以上未动工建设的，应当按照省、自治区、直辖市的规定缴纳闲置费；连续二年未使用的，经原批准机关批准，由县级以上人民政府无偿收回用地单位的土地使用权；该幅土地原为农民集体所有的，应当交由原农村集体经济组织恢复耕种。

在城市规划区范围内，以出让方式取得土地使用权进行房地产开发的闲置土地，依照《中华人民共和国城市房地产管理法》的有关规定办理。

第三十九条　国家鼓励单位和个人按照土地利用总体规划，在保护和改善生态环境、防止水土流失和土地荒漠化的前提下，开发未利用的土地；适宜开发为农用地的，应当优先开发成农用地。

国家依法保护开发者的合法权益。

第四十条　开垦未利用的土地，必须经过科学论证和评估，在土地利用总体规划划定的可开垦的区域内，经依法批准后进行。禁止毁坏森林、草原开垦耕地，禁止围湖造田和侵占江河滩地。

根据土地利用总体规划，对破坏生态环境开垦、围垦的土地，有计划有步骤地退耕还林、还牧、还湖。

第四十一条　开发未确定使用权的国有荒山、荒地、荒滩从事种植业、林业、畜牧业、渔业生产的，经县级以上人民政府依法批准，可以确定给开发单位或者个人长期使用。

第四十二条　国家鼓励土地整理。县、乡（镇）人民政府应当组织农村集体经济组织，按照土地利用总体规划，对田、水、路、林、村综合整治，提高耕地质量，增加有效耕地面积，改善农业生产条件和生态环境。

地方各级人民政府应当采取措施，改造中、低产田，整治闲散地和废弃地。

第四十三条　因挖损、塌陷、压占等造成土地破坏，用地单位和个人应当按照国家有关规定负责复垦；没有条件复垦或者复垦不符合要求的，应当缴纳土地复垦费，专项用于土地复垦。复垦的土地应当优先用于农业。

第五章　建设用地

第四十四条　建设占用土地，涉及农用地转为建设用地的，应当办理农用地转用审批手续。

永久基本农田转为建设用地的，由国务院批准。

在土地利用总体规划确定的城市和村庄、集镇建设用地规模范围内，为实施该规划而将永久基本农田以外的农用地转为建设用地的，按土地利用年度计划分批次按照国务院规定由原批准土地利用总体规划的机关或者其授权的机关批准。在已批准的农用地转用范围内，具体建设项目用地可以由市、县人民政府批准。

在土地利用总体规划确定的城市和村庄、集镇建设用地规模范围外，将永久基本农田以外的农用地转为建设用地的，由国务院或者国务院授权的省、自治区、直辖市人民政府批准。

第四十五条　为了公共利益的需要，有下列情形之一，确需征收农民集体所有的土地的，可以依法实施征收：

（一）军事和外交需要用地的；

（二）由政府组织实施的能源、交通、水利、通信、邮政等基础设施建设需要用地的；

（三）由政府组织实施的科技、教育、文化、卫生、体育、生态环境和资源保护、防灾减灾、文物保护、社区综合服务、社会福利、市政公用、优抚安置、英烈保护等公共事业需要用地的；

（四）由政府组织实施的扶贫搬迁、保障性安居工程建设需要用地的；

（五）在土地利用总体规划确定的城镇建设用地范围内，经省级以上人民政府批准由县级以上地方人民政府组织实施的成片开发建设需要用地的；

（六）法律规定为公共利益需要可以征收农民集体所有的土地的其他情形。

前款规定的建设活动，应当符合国民经济和社会发展规划、土地利用总体规划、城乡规划和专项规划；第（四）项、第（五）项规定的建设活动，还应当纳入国民经济和社会发展年度计划；第（五）项规定的成片开发并应当符合国务院自然资源主管部门规定的标准。

第四十六条　征收下列土地的，由国务院批准：

（一）永久基本农田；

（二）永久基本农田以外的耕地超过三十五公顷的；

（三）其他土地超过七十公顷的。

征收前款规定以外的土地的，由省、自治区、直辖市人民政府批准。

征收农用地的，应当依照本法第四十四条的规定先行办理农用地转用审批。其中，经国务院批准农用地转用的，同时办理征地审批手续，不再另行办理征地审批；经省、自治区、直辖市人民政府在征地批准权限内批准农用地转用的，同时办理征地审批手续，不再另行办理征地审批，超过征地批准权限的，应当依照本条第一款的规定另行办理征地审批。

第四十七条　国家征收土地的，依照法定程序批准后，由县级以上地方人民政府予以公告并组织实施。

县级以上地方人民政府拟申请征收土地的，应当开展拟征收土地现状调查和社会稳定风险评估，并将征收范围、土地现状、征收目的、补偿标准、安置方式和社会保障等在拟征收土地所在的乡（镇）和村、村民小组范围内公告至少三十日，听取被征地的农村集体经济组织及其成员、村民委员会和其他利害关系人的意见。

多数被征地的农村集体经济组织成员认为征地补偿安置方案不符合法律、法规规定的，县级以上地方人民政府应当组织召开听证会，并根据法律、法规的规定和听证会情况修改方案。

拟征收土地的所有权人、使用权人应当在公告规定期限内，持不动产权属证明材料办理补偿登记。县级以上地方人民政府应当组织有关部门测算并落实有关费用，保证足额到位，与拟征收土地的所有权人、使用权人就补偿、安置等签订协议；个别确实难以达成协议的，应当在申请征收土地时如实说明。

相关前期工作完成后，县级以上地方人民政府方可申请征收土地。

第四十八条 征收土地应当给予公平、合理的补偿，保障被征地农民原有生活水平不降低、长远生计有保障。

征收土地应当依法及时足额支付土地补偿费、安置补助费以及农村村民住宅、其他地上附着物和青苗等的补偿费用，并安排被征地农民的社会保障费用。

征收农用地的土地补偿费、安置补助费标准由省、自治区、直辖市通过制定公布区片综合地价确定。制定区片综合地价应当综合考虑土地原用途、土地资源条件、土地产值、土地区位、土地供求关系、人口以及经济社会发展水平等因素，并至少每三年调整或者重新公布一次。

征收农用地以外的其他土地、地上附着物和青苗等的补偿标准，由省、自治区、直辖市制定。对其中的农村村民住宅，应当按照先补偿后搬迁、居住条件有改善的原则，尊重农村村民意愿，采取重新安排宅基地建房、提供安置房或者货币补偿等方式给予公平、合理的补偿，并对因征收造成的搬迁、临时安置等费用予以补偿，保障农村村民居住的权利和合法的住房财产权益。

县级以上地方人民政府应当将被征地农民纳入相应的养老等社会保障体系。被征地农民的社会保障费用主要用于符合条件的被征地农民的养老保险等社会保险缴费补贴。被征地农民社会保障费用的筹集、管理和使用办法，由省、自治区、直辖市制定。

第四十九条 被征地的农村集体经济组织应当将征收土地的补偿费用的收支状况向本集体经济组织的成员公布，接受监督。

禁止侵占、挪用被征收土地单位的征地补偿费用和其他有关费用。

第五十条 地方各级人民政府应当支持被征地的农村集体经济组织和农民从事开发经营，兴办企业。

第五十一条 大中型水利、水电工程建设征收土地的补偿费标准和移民安置办法，由国务院另行规定。

第五十二条 建设项目可行性研究论证时，自然资源主管部门可以根据土地利用总体规划、土地利用年度计划和建设用地标准，对建设用地有关事项进行审查，并提出意见。

第五十三条 经批准的建设项目需要使用国有建设用地的，建设单位应当持法律、行政法规规定的有关文件，向有批准权的县级以上人民政府自然资源主管部门提出建设用地申请，经自然资源主管部门审查，报本级人民政府批准。

第五十四条 建设单位使用国有土地，应当以出让等有偿使用方式取得；但是，下列建设用地，经县级以上人民政府依法批准，可以以划拨方式取得：

（一）国家机关用地和军事用地；

（二）城市基础设施用地和公益事业用地；

（三）国家重点扶持的能源、交通、水利等基础设施用地；

（四）法律、行政法规规定的其他用地。

第五十五条 以出让等有偿使用方式取得国有土地使用权的建设单位，按照国务院规定的标准和办法，缴纳土地使用权出让金等土地有偿使用费和其他费用后，方可使用土地。

自本法施行之日起，新增建设用地的土地有偿使用费，百分之三十上缴中央财政，百分之七十留给有关地方人民政府。具体使用管理办法由国务院财政部门会同有关部门制定，并报国务院批准。

第五十六条 建设单位使用国有土地

的，应当按照土地使用权出让等有偿使用合同的约定或者土地使用权划拨批准文件的规定使用土地；确需改变该幅土地建设用途的，应当经有关人民政府自然资源主管部门同意，报原批准用地的人民政府批准。其中，在城市规划区内改变土地用途的，在报批前，应当先经有关城市规划行政主管部门同意。

第五十七条　建设项目施工和地质勘查需要临时使用国有土地或者农民集体所有的土地的，由县级以上人民政府自然资源主管部门批准。其中，在城市规划区内的临时用地，在报批前，应当先经有关城市规划行政主管部门同意。土地使用者应当根据土地权属，与有关自然资源主管部门或者农村集体经济组织、村民委员会签订临时使用土地合同，并按照合同的约定支付临时使用土地补偿费。

临时使用土地的使用者应当按照临时使用土地合同约定的用途使用土地，并不得修建永久性建筑物。

临时使用土地期限一般不超过二年。

第五十八条　有下列情形之一的，由有关人民政府自然资源主管部门报经原批准用地的人民政府或者有批准权的人民政府批准，可以收回国有土地使用权：

（一）为实施城市规划进行旧城区改建以及其他公共利益需要，确需使用土地的；

（二）土地出让等有偿使用合同约定的使用期限届满，土地使用者未申请续期或者申请续期未获批准的；

（三）因单位撤销、迁移等原因，停止使用原划拨的国有土地的；

（四）公路、铁路、机场、矿场等经核准报废的。

依照前款第（一）项的规定收回国有土地使用权的，对土地使用权人应当给予适当补偿。

第五十九条　乡镇企业、乡（镇）村公共设施、公益事业、农村村民住宅等乡（镇）村建设，应当按照村庄和集镇规划，合理布局，综合开发，配套建设；建设用地，应当符合乡（镇）土地利用总体规划和土地利用年度计划，并依照本法第四十四条、第六十条、第六十一条、第六十二条的规定办理审批手续。

第六十条　农村集体经济组织使用乡（镇）土地利用总体规划确定的建设用地兴办企业或者与其他单位、个人以土地使用权入股、联营等形式共同举办企业的，应当持有关批准文件，向县级以上地方人民政府自然资源主管部门提出申请，按照省、自治区、直辖市规定的批准权限，由县级以上地方人民政府批准；其中，涉及占用农用地的，依照本法第四十四条的规定办理审批手续。

按照前款规定兴办企业的建设用地，必须严格控制。省、自治区、直辖市可以按照乡镇企业的不同行业和经营规模，分别规定用地标准。

第六十一条　乡（镇）村公共设施、公益事业建设，需要使用土地的，经乡（镇）人民政府审核，向县级以上地方人民政府自然资源主管部门提出申请，按照省、自治区、直辖市规定的批准权限，由县级以上地方人民政府批准；其中，涉及占用农用地的，依照本法第四十四条的规定办理审批手续。

第六十二条　农村村民一户只能拥有一处宅基地，其宅基地的面积不得超过省、自治区、直辖市规定的标准。

人均土地少、不能保障一户拥有一处宅基地的地区，县级人民政府在充分尊重农村村民意愿的基础上，可以采取措施，按照省、自治区、直辖市规定的标准保障农村村民实现户有所居。

农村村民建住宅，应当符合乡（镇）土地利用总体规划、村庄规划，不得占用永久基本农田，并尽量使用原有的宅基地和村内空闲地。编制乡（镇）土地利用总体规划、村庄规划应当统筹并合理安排宅基地用地，改善农村村民居住环境和条件。

农村村民住宅用地，由乡（镇）人民政府审核批准；其中，涉及占用农用地的，依照本法第四十四条的规定办理审批手续。

农村村民出卖、出租、赠与住宅后，再申请宅基地的，不予批准。

国家允许进城落户的农村村民依法自愿有偿退出宅基地，鼓励农村集体经济组织及其成员盘活利用闲置宅基地和闲置住宅。

国务院农业农村主管部门负责全国农村宅基地改革和管理有关工作。

第六十三条 土地利用总体规划、城乡规划确定为工业、商业等经营性用途，并经依法登记的集体经营性建设用地，土地所有权人可以通过出让、出租等方式交由单位或者个人使用，并应当签订书面合同，载明土地界址、面积、动工期限、使用期限、土地用途、规划条件和双方其他权利义务。

前款规定的集体经营性建设用地出让、出租等，应当经本集体经济组织成员的村民会议三分之二以上成员或者三分之二以上村民代表的同意。

通过出让等方式取得的集体经营性建设用地使用权可以转让、互换、出资、赠与或者抵押，但法律、行政法规另有规定或者土地所有权人、土地使用权人签订的书面合同另有约定的除外。

集体经营性建设用地的出租，集体建设用地使用权的出让及其最高年限、转让、互换、出资、赠与、抵押等，参照同类用途的国有建设用地执行。具体办法由国务院制定。

第六十四条 集体建设用地的使用者应当严格按照土地利用总体规划、城乡规划确定的用途使用土地。

第六十五条 在土地利用总体规划制定前已建的不符合土地利用总体规划确定的用途的建筑物、构筑物，不得重建、扩建。

第六十六条 有下列情形之一的，农村集体经济组织报经原批准用地的人民政府批准，可以收回土地使用权：

（一）为乡（镇）村公共设施和公益事业建设，需要使用土地的；

（二）不按照批准的用途使用土地的；

（三）因撤销、迁移等原因而停止使用土地的。

依照前款第（一）项规定收回农民集体所有的土地的，对土地使用权人应当给予适当补偿。

收回集体经营性建设用地使用权，依照双方签订的书面合同办理，法律、行政法规另有规定的除外。

第六章　监督检查

第六十七条 县级以上人民政府自然资源主管部门对违反土地管理法律、法规的行为进行监督检查。

县级以上人民政府农业农村主管部门对违反农村宅基地管理法律、法规的行为进行监督检查的，适用本法关于自然资源主管部门监督检查的规定。

土地管理监督检查人员应当熟悉土地管理法律、法规，忠于职守、秉公执法。

第六十八条 县级以上人民政府自然资源主管部门履行监督检查职责时，有权采取下列措施：

（一）要求被检查的单位或者个人提供有关土地权利的文件和资料，进行查阅或者予以复制；

（二）要求被检查的单位或者个人就有关土地权利的问题作出说明；

（三）进入被检查单位或者个人非法占用的土地现场进行勘测；

（四）责令非法占用土地的单位或者个人停止违反土地管理法律、法规的行为。

第六十九条 土地管理监督检查人员履行职责，需要进入现场进行勘测、要求有关单位或者个人提供文件、资料和作出说明的，应当出示土地管理监督检查证件。

第七十条　有关单位和个人对县级以上人民政府自然资源主管部门就土地违法行为进行的监督检查应当支持与配合，并提供工作方便，不得拒绝与阻碍土地管理监督检查人员依法执行职务。

第七十一条　县级以上人民政府自然资源主管部门在监督检查工作中发现国家工作人员的违法行为，依法应当给予处分的，应当依法予以处理；自己无权处理的，应当依法移送监察机关或者有关机关处理。

第七十二条　县级以上人民政府自然资源主管部门在监督检查工作中发现土地违法行为构成犯罪的，应当将案件移送有关机关，依法追究刑事责任；尚不构成犯罪的，应当依法给予行政处罚。

第七十三条　依照本法规定应当给予行政处罚，而有关自然资源主管部门不给予行政处罚的，上级人民政府自然资源主管部门有权责令有关自然资源主管部门作出行政处罚决定或者直接给予行政处罚，并给予有关自然资源主管部门的负责人处分。

第七章　法律责任

第七十四条　买卖或者以其他形式非法转让土地的，由县级以上人民政府自然资源主管部门没收违法所得；对违反土地利用总体规划擅自将农用地改为建设用地的，限期拆除在非法转让的土地上新建的建筑物和其他设施，恢复土地原状，对符合土地利用总体规划的，没收在非法转让的土地上新建的建筑物和其他设施；可以并处罚款；对直接负责的主管人员和其他直接责任人员，依法给予处分；构成犯罪的，依法追究刑事责任。

第七十五条　违反本法规定，占用耕地建窑、建坟或者擅自在耕地上建房、挖砂、采石、采矿、取土等，破坏种植条件的，或者因开发土地造成土地荒漠化、盐渍化的，由县级以上人民政府自然资源主管部门、农业农村主管部门等按照职责责令限期改正或者治理，可以并处罚款；构成犯罪的，依法追究刑事责任。

第七十六条　违反本法规定，拒不履行土地复垦义务的，由县级以上人民政府自然资源主管部门责令限期改正；逾期不改正的，责令缴纳复垦费，专项用于土地复垦，可以处以罚款。

第七十七条　未经批准或者采取欺骗手段骗取批准，非法占用土地的，由县级以上人民政府自然资源主管部门责令退还非法占用的土地，对违反土地利用总体规划擅自将农用地改为建设用地的，限期拆除在非法占用的土地上新建的建筑物和其他设施，恢复土地原状，对符合土地利用总体规划的，没收在非法占用的土地上新建的建筑物和其他设施，可以并处罚款；对非法占用土地单位的直接负责的主管人员和其他直接责任人员，依法给予处分；构成犯罪的，依法追究刑事责任。

超过批准的数量占用土地，多占的土地以非法占用土地论处。

第七十八条　农村村民未经批准或者采取欺骗手段骗取批准，非法占用土地建住宅的，由县级以上人民政府农业农村主管部门责令退还非法占用的土地，限期拆除在非法占用的土地上新建的房屋。

超过省、自治区、直辖市规定的标准，多占的土地以非法占用土地论处。

第七十九条　无权批准征收、使用土地的单位或者个人非法批准占用土地的，超越批准权限非法批准占用土地的，不按照土地利用总体规划确定的用途批准用地的，或者违反法律规定的程序批准占用、征收土地的，其批准文件无效，对非法批准征收、使用土地的直接负责的主管人员和其他直接责任人员，依法给予处分；构成犯罪的，依法追究刑事责任。非法批准、使用的土地应当收回，有关当事人拒不归还的，以非法占用土地论处。

非法批准征收、使用土地，对当事人造

成损失的，依法应当承担赔偿责任。

第八十条　侵占、挪用被征收土地单位的征地补偿费用和其他有关费用，构成犯罪的，依法追究刑事责任；尚不构成犯罪的，依法给予处分。

第八十一条　依法收回国有土地使用权当事人拒不交出土地的，临时使用土地期满拒不归还的，或者不按照批准的用途使用国有土地的，由县级以上人民政府自然资源主管部门责令交还土地，处以罚款。

第八十二条　擅自将农民集体所有的土地通过出让、转让使用权或者出租等方式用于非农业建设，或者违反本法规定，将集体经营性建设用地通过出让、出租等方式交由单位或者个人使用的，由县级以上人民政府自然资源主管部门责令限期改正，没收违法所得，并处罚款。

第八十三条　依照本法规定，责令限期拆除在非法占用的土地上新建的建筑物和其他设施的，建设单位或者个人必须立即停止施工，自行拆除；对继续施工的，作出处罚决定的机关有权制止。建设单位或者个人对责令限期拆除的行政处罚决定不服的，可以在接到责令限期拆除决定之日起十五日内，向人民法院起诉；期满不起诉又不自行拆除的，由作出处罚决定的机关依法申请人民法院强制执行，费用由违法者承担。

第八十四条　自然资源主管部门、农业农村主管部门的工作人员玩忽职守、滥用职权、徇私舞弊，构成犯罪的，依法追究刑事责任；尚不构成犯罪的，依法给予处分。

第八章　附　　则

第八十五条　外商投资企业使用土地的，适用本法；法律另有规定的，从其规定。

第八十六条　在根据本法第十八条的规定编制国土空间规划前，经依法批准的土地利用总体规划和城乡规划继续执行。

第八十七条　本法自1999年1月1日起施行。

中华人民共和国土地管理法实施条例

（1998年12月27日中华人民共和国国务院令第256号发布，根据2011年1月8日《国务院关于废止和修改部分行政法规的决定》第一次修订，根据2014年7月29日《国务院关于修改部分行政法规的决定》第二次修订，2021年7月2日中华人民共和国国务院令第743号第三次修订）

第一章　总　　则

第一条　根据《中华人民共和国土地管理法》（以下简称《土地管理法》），制定本条例。

第二章　国土空间规划

第二条　国家建立国土空间规划体系。

土地开发、保护、建设活动应当坚持规划先行。经依法批准的国土空间规划是各类开发、保护、建设活动的基本依据。

已经编制国土空间规划的，不再编制土地利用总体规划和城乡规划。在编制国土空间规划前，经依法批准的土地利用总体规划和城乡规划继续执行。

第三条　国土空间规划应当细化落实国家发展规划提出的国土空间开发保护要求，统筹布局农业、生态、城镇等功能空间，划定落实永久基本农田、生态保护红线和城镇开发边界。

国土空间规划应当包括国土空间开发保护格局和规划用地布局、结构、用途管制要求等内容，明确耕地保有量、建设用地规模、禁止开垦的范围等要求，统筹基础设施和公共设施用地布局，综合利用地上地下空间，合理确定并严格控制新增建设用地规模，提高土地节约集约利用水平，保障土地的可持续利用。

第四条　土地调查应当包括下列内容：

（一）土地权属以及变化情况；

（二）土地利用现状以及变化情况；

（三）土地条件。

全国土地调查成果，报国务院批准后向社会公布。地方土地调查成果，经本级人民政府审核，报上一级人民政府批准后向社会公布。全国土地调查成果公布后，县级以上地方人民政府方可自上而下逐级依次公布本行政区域的土地调查成果。

土地调查成果是编制国土空间规划以及自然资源管理、保护和利用的重要依据。

土地调查技术规程由国务院自然资源主管部门会同有关部门制定。

第五条　国务院自然资源主管部门会同有关部门制定土地等级评定标准。

县级以上人民政府自然资源主管部门应当会同有关部门根据土地等级评定标准，对土地等级进行评定。地方土地等级评定结果经本级人民政府审核，报上一级人民政府自然资源主管部门批准后向社会公布。

根据国民经济和社会发展状况，土地等级每五年重新评定一次。

第六条　县级以上人民政府自然资源主管部门应当加强信息化建设，建立统一的国土空间基础信息平台，实行土地管理全流程信息化管理，对土地利用状况进行动态监测，与发展改革、住房和城乡建设等有关部门建立土地管理信息共享机制，依法公开土地管理信息。

第七条　县级以上人民政府自然资源主管部门应当加强地籍管理，建立健全地籍数据库。

第三章　耕地保护

第八条　国家实行占用耕地补偿制度。在国土空间规划确定的城市和村庄、集镇建设用地范围内经依法批准占用耕地，以及在国土空间规划确定的城市和村庄、集镇建设用地范围外的能源、交通、水利、矿山、军事设施等建设项目经依法批准占用耕地的，分别由县级人民政府、农村集体经济组织和建设单位负责开垦与所占用耕地的数量和质量相当的耕地；没有条件开垦或者开垦的耕地不符合要求的，应当按照省、自治区、直辖市的规定缴纳耕地开垦费，专款用于开垦新的耕地。

省、自治区、直辖市人民政府应当组织自然资源主管部门、农业农村主管部门对开垦的耕地进行验收，确保开垦的耕地落实到地块。划入永久基本农田的还应当纳入国家永久基本农田数据库严格管理。占用耕地补充情况应当按照国家有关规定向社会公布。

个别省、直辖市需要易地开垦耕地的，依照《土地管理法》第三十二条的规定执行。

第九条　禁止任何单位和个人在国土空间规划确定的禁止开垦的范围内从事土地开发活动。

按照国土空间规划，开发未确定土地使用权的国有荒山、荒地、荒滩从事种植业、林业、畜牧业、渔业生产的，应当向土地所在地的县级以上地方人民政府自然资源主管部门提出申请，按照省、自治区、直辖市规定的权限，由县级以上地方人民政府批准。

第十条　县级人民政府应当按照国土空间规划关于统筹布局农业、生态、城镇等功能空间的要求，制定土地整理方案，促进耕地保护和土地节约集约利用。

县、乡（镇）人民政府应当组织农村

集体经济组织，实施土地整理方案，对闲散地和废弃地有计划地整治、改造。土地整理新增耕地，可以用作建设所占用耕地的补充。

鼓励社会主体依法参与土地整理。

第十一条 县级以上地方人民政府应当采取措施，预防和治理耕地土壤流失、污染，有计划地改造中低产田，建设高标准农田，提高耕地质量，保护黑土地等优质耕地，并依法对建设所占用耕地耕作层的土壤利用作出合理安排。

非农业建设依法占用永久基本农田的，建设单位应当按照省、自治区、直辖市的规定，将所占用耕地耕作层的土壤用于新开垦耕地、劣质地或者其他耕地的土壤改良。

县级以上地方人民政府应当加强对农业结构调整的引导和管理，防止破坏耕地耕作层；设施农业用地不再使用的，应当及时组织恢复种植条件。

第十二条 国家对耕地实行特殊保护，严守耕地保护红线，严格控制耕地转为林地、草地、园地等其他农用地，并建立耕地保护补偿制度，具体办法和耕地保护补偿实施步骤由国务院自然资源主管部门会同有关部门规定。

非农业建设必须节约使用土地，可以利用荒地的，不得占用耕地；可以利用劣地的，不得占用好地。禁止占用耕地建窑、建坟或者擅自在耕地上建房、挖砂、采石、采矿、取土等。禁止占用永久基本农田发展林果业和挖塘养鱼。

耕地应当优先用于粮食和棉、油、糖、蔬菜等农产品生产。按照国家有关规定需要将耕地转为林地、草地、园地等其他农用地的，应当优先使用难以长期稳定利用的耕地。

第十三条 省、自治区、直辖市人民政府对本行政区域耕地保护负总责，其主要负责人是本行政区域耕地保护的第一责任人。

省、自治区、直辖市人民政府应当将国务院确定的耕地保有量和永久基本农田保护任务分解下达，落实到具体地块。

国务院对省、自治区、直辖市人民政府耕地保护责任目标落实情况进行考核。

第四章 建设用地

第一节 一般规定

第十四条 建设项目需要使用土地的，应当符合国土空间规划、土地利用年度计划和用途管制以及节约资源、保护生态环境的要求，并严格执行建设用地标准，优先使用存量建设用地，提高建设用地使用效率。

从事土地开发利用活动，应当采取有效措施，防止、减少土壤污染，并确保建设用地符合土壤环境质量要求。

第十五条 各级人民政府应当依据国民经济和社会发展规划及年度计划、国土空间规划、国家产业政策以及城乡建设、土地利用的实际状况等，加强土地利用计划管理，实行建设用地总量控制，推动城乡存量建设用地开发利用，引导城镇低效用地再开发，落实建设用地标准控制制度，开展节约集约用地评价，推广应用节地技术和节地模式。

第十六条 县级以上地方人民政府自然资源主管部门应当将本级人民政府确定的年度建设用地供应总量、结构、时序、地块、用途等在政府网站上向社会公布，供社会公众查阅。

第十七条 建设单位使用国有土地，应当以有偿使用方式取得；但是，法律、行政法规规定可以以划拨方式取得的除外。

国有土地有偿使用的方式包括：

（一）国有土地使用权出让；

（二）国有土地租赁；

（三）国有土地使用权作价出资或者入股。

第十八条 国有土地使用权出让、国有土地租赁等应当依照国家有关规定通过公开的交易平台进行交易，并纳入统一的公共资源交易平台体系。除依法可以采取协议方式外，应当采取招标、拍卖、挂牌等竞争性方式确定土地使用者。

第十九条 《土地管理法》第五十五条规定的新增建设用地的土地有偿使用费，是指国家在新增建设用地中应取得的平均土地纯收益。

第二十条 建设项目施工、地质勘查需要临时使用土地的，应当尽量不占或者少占耕地。

临时用地由县级以上人民政府自然资源主管部门批准，期限一般不超过二年；建设周期较长的能源、交通、水利等基础设施建设使用的临时用地，期限不超过四年；法律、行政法规另有规定的除外。

土地使用者应当自临时用地期满之日起一年内完成土地复垦，使其达到可供利用状态，其中占用耕地的应当恢复种植条件。

第二十一条 抢险救灾、疫情防控等急需使用土地的，可以先行使用土地。其中，属于临时用地的，用后应当恢复原状并交还原土地使用者使用，不再办理用地审批手续；属于永久性建设用地的，建设单位应当在不晚于应急处置工作结束六个月内申请补办建设用地审批手续。

第二十二条 具有重要生态功能的未利用地应当依法划入生态保护红线，实施严格保护。

建设项目占用国土空间规划确定的未利用地的，按照省、自治区、直辖市的规定办理。

第二节 农用地转用

第二十三条 在国土空间规划确定的城市和村庄、集镇建设用地范围内，为实施该规划而将农用地转为建设用地的，由市、县人民政府组织自然资源等部门拟订农用地转用方案，分批次报有批准权的人民政府批准。

农用地转用方案应当重点对建设项目安排、是否符合国土空间规划和土地利用年度计划以及补充耕地情况作出说明。

农用地转用方案经批准后，由市、县人民政府组织实施。

第二十四条 建设项目确需占用国土空间规划确定的城市和村庄、集镇建设用地范围外的农用地，涉及占用永久基本农田的，由国务院批准；不涉及占用永久基本农田的，由国务院或者国务院授权的省、自治区、直辖市人民政府批准。具体按照下列规定办理：

（一）建设项目批准、核准前或者备案前后，由自然资源主管部门对建设项目用地事项进行审查，提出建设项目用地预审意见。建设项目需要申请核发选址意见书的，应当合并办理建设项目用地预审与选址意见书，核发建设项目用地预审与选址意见书。

（二）建设单位持建设项目的批准、核准或者备案文件，向市、县人民政府提出建设用地申请。市、县人民政府组织自然资源等部门拟订农用地转用方案，报有批准权的人民政府批准；依法应当由国务院批准的，由省、自治区、直辖市人民政府审核后上报。农用地转用方案应当重点对是否符合国土空间规划和土地利用年度计划以及补充耕地情况作出说明，涉及占用永久基本农田的，还应当对占用永久基本农田的必要性、合理性和补划可行性作出说明。

（三）农用地转用方案经批准后，由市、县人民政府组织实施。

第二十五条 建设项目需要使用土地的，建设单位原则上应当一次申请，办理建设用地审批手续，确需分期建设的项目，可以根据可行性研究报告确定的方案，分期申请建设用地，分期办理建设用地审批手续。建设过程中用地范围确需调整的，应当依法办理建设用地审批手续。

农用地转用涉及征收土地的，还应当依法办理征收土地手续。

第三节　土地征收

第二十六条　需要征收土地，县级以上地方人民政府认为符合《土地管理法》第四十五条规定的，应当发布征收土地预公告，并开展拟征收土地现状调查和社会稳定风险评估。

征收土地预公告应当包括征收范围、征收目的、开展土地现状调查的安排等内容。征收土地预公告应当采用有利于社会公众知晓的方式，在拟征收土地所在的乡（镇）和村、村民小组范围内发布，预公告时间不少于十个工作日。自征收土地预公告发布之日起，任何单位和个人不得在拟征收范围内抢栽抢建；违反规定抢栽抢建的，对抢栽抢建部分不予补偿。

土地现状调查应当查明土地的位置、权属、地类、面积，以及农村村民住宅、其他地上附着物和青苗等的权属、种类、数量等情况。

社会稳定风险评估应当对征收土地的社会稳定风险状况进行综合研判，确定风险点，提出风险防范措施和处置预案。社会稳定风险评估应当有被征地的农村集体经济组织及其成员、村民委员会和其他利害关系人参加，评估结果是申请征收土地的重要依据。

第二十七条　县级以上地方人民政府应当依据社会稳定风险评估结果，结合土地现状调查情况，组织自然资源、财政、农业农村、人力资源和社会保障等有关部门拟定征地补偿安置方案。

征地补偿安置方案应当包括征收范围、土地现状、征收目的、补偿方式和标准、安置对象、安置方式、社会保障等内容。

第二十八条　征地补偿安置方案拟定后，县级以上地方人民政府应当在拟征收土地所在的乡（镇）和村、村民小组范围内公告，公告时间不少于三十日。

征地补偿安置公告应当同时载明办理补偿登记的方式和期限、异议反馈渠道等内容。

多数被征地的农村集体经济组织成员认为拟定的征地补偿安置方案不符合法律、法规规定的，县级以上地方人民政府应当组织听证。

第二十九条　县级以上地方人民政府根据法律、法规规定和听证会等情况确定征地补偿安置方案后，应当组织有关部门与拟征收土地的所有权人、使用权人签订征地补偿安置协议。征地补偿安置协议示范文本由省、自治区、直辖市人民政府制定。

对个别确实难以达成征地补偿安置协议的，县级以上地方人民政府应当在申请征收土地时如实说明。

第三十条　县级以上地方人民政府完成本条例规定的征地前期工作后，方可提出征收土地申请，依照《土地管理法》第四十六条的规定报有批准权的人民政府批准。

有批准权的人民政府应当对征收土地的必要性、合理性、是否符合《土地管理法》第四十五条规定的为了公共利益确需征收土地的情形以及是否符合法定程序进行审查。

第三十一条　征收土地申请经依法批准后，县级以上地方人民政府应当自收到批准文件之日起十五个工作日内在拟征收土地所在的乡（镇）和村、村民小组范围内发布征收土地公告，公布征收范围、征收时间等具体工作安排，对个别未达成征地补偿安置协议的应当作出征地补偿安置决定，并依法组织实施。

第三十二条　省、自治区、直辖市应当制定公布区片综合地价，确定征收农用地的土地补偿费、安置补助费标准，并制定土地补偿费、安置补助费分配办法。

地上附着物和青苗等的补偿费用，归其所有权人所有。

社会保障费用主要用于符合条件的被征地农民的养老保险等社会保险缴费补贴，按照省、自治区、直辖市的规定单独列支。

申请征收土地的县级以上地方人民政府应当及时落实土地补偿费、安置补助费、农村村民住宅以及其他地上附着物和青苗等的补偿费用、社会保障费用等，并保证足额到位，专款专用。有关费用未足额到位的，不得批准征收土地。

第四节　宅基地管理

第三十三条　农村居民点布局和建设用地规模应当遵循节约集约、因地制宜的原则合理规划。县级以上地方人民政府应当按照国家规定安排建设用地指标，合理保障本行政区域农村村民宅基地需求。

乡（镇）、县、市国土空间规划和村庄规划应当统筹考虑农村村民生产、生活需求，突出节约集约用地导向，科学划定宅基地范围。

第三十四条　农村村民申请宅基地的，应当以户为单位向农村集体经济组织提出申请；没有设立农村集体经济组织的，应当向所在的村民小组或者村民委员会提出申请。宅基地申请依法经农村村民集体讨论通过并在本集体范围内公示后，报乡（镇）人民政府审核批准。

涉及占用农用地的，应当依法办理农用地转用审批手续。

第三十五条　国家允许进城落户的农村村民依法自愿有偿退出宅基地。乡（镇）人民政府和农村集体经济组织、村民委员会等应当将退出的宅基地优先用于保障该农村集体经济组织成员的宅基地需求。

第三十六条　依法取得的宅基地和宅基地上的农村村民住宅及其附属设施受法律保护。

禁止违背农村村民意愿强制流转宅基地，禁止违法收回农村村民依法取得的宅基地，禁止以退出宅基地作为农村村民进城落户的条件，禁止强迫农村村民搬迁退出宅基地。

第五节　集体经营性建设用地管理

第三十七条　国土空间规划应当统筹并合理安排集体经营性建设用地布局和用途，依法控制集体经营性建设用地规模，促进集体经营性建设用地的节约集约利用。

鼓励乡村重点产业和项目使用集体经营性建设用地。

第三十八条　国土空间规划确定为工业、商业等经营性用途，且已依法办理土地所有权登记的集体经营性建设用地，土地所有权人可以通过出让、出租等方式交由单位或者个人在一定年限内有偿使用。

第三十九条　土地所有权人拟出让、出租集体经营性建设用地的，市、县人民政府自然资源主管部门应当依据国土空间规划提出拟出让、出租的集体经营性建设用地的规划条件，明确土地界址、面积、用途和开发建设强度等。

市、县人民政府自然资源主管部门应当会同有关部门提出产业准入和生态环境保护要求。

第四十条　土地所有权人应当依据规划条件、产业准入和生态环境保护要求等，编制集体经营性建设用地出让、出租等方案，并依照《土地管理法》第六十三条的规定，由本集体经济组织形成书面意见，在出让、出租前不少于十个工作日报市、县人民政府。市、县人民政府认为该方案不符合规划条件或者产业准入和生态环境保护要求等的，应当在收到方案后五个工作日内提出修改意见。土地所有权人应当按照市、县人民政府的意见进行修改。

集体经营性建设用地出让、出租等方案应当载明宗地的土地界址、面积、用途、规划条件、产业准入和生态环境保护要求、使用期限、交易方式、入市价格、集体收益分配安排等内容。

第四十一条　土地所有权人应当依据集体经营性建设用地出让、出租等方案，以招标、拍卖、挂牌或者协议等方式确定土地使用者，双方应当签订书面合同，载明土地界址、面积、用途、规划条件、使用期限、交易价款支付、交地时间和开工竣工期限、产业准入和生态环境保护要求，约定提前收回的条件、补偿方式、土地使用权届满续期和地上建筑物、构筑物等附着物处理方式，以及违约责任和解决争议的方法等，并报市、县人民政府自然资源主管部门备案。未依法将规划条件、产业准入和生态环境保护要求纳入合同的，合同无效；造成损失的，依法承担民事责任。合同示范文本由国务院自然资源主管部门制定。

第四十二条 集体经营性建设用地使用者应当按照约定及时支付集体经营性建设用地价款，并依法缴纳相关税费，对集体经营性建设用地使用权以及依法利用集体经营性建设用地建造的建筑物、构筑物及其附属设施的所有权，依法申请办理不动产登记。

第四十三条 通过出让等方式取得的集体经营性建设用地使用权依法转让、互换、出资、赠与或者抵押的，双方应当签订书面合同，并书面通知土地所有权人。

集体经营性建设用地的出租，集体建设用地使用权的出让及其最高年限、转让、互换、出资、赠与、抵押等，参照同类用途的国有建设用地执行，法律、行政法规另有规定的除外。

第五章 监督检查

第四十四条 国家自然资源督察机构根据授权对省、自治区、直辖市人民政府以及国务院确定的城市人民政府下列土地利用和土地管理情况进行督察：

（一）耕地保护情况；

（二）土地节约集约利用情况；

（三）国土空间规划编制和实施情况；

（四）国家有关土地管理重大决策落实情况；

（五）土地管理法律、行政法规执行情况；

（六）其他土地利用和土地管理情况。

第四十五条 国家自然资源督察机构进行督察时，有权向有关单位和个人了解督察事项有关情况，有关单位和个人应当支持、协助督察机构工作，如实反映情况，并提供有关材料。

第四十六条 被督察的地方人民政府违反土地管理法律、行政法规，或者落实国家有关土地管理重大决策不力的，国家自然资源督察机构可以向被督察的地方人民政府下达督察意见书，地方人民政府应当认真组织整改，并及时报告整改情况；国家自然资源督察机构可以约谈被督察的地方人民政府有关负责人，并可以依法向监察机关、任免机关等有关机关提出追究相关责任人责任的建议。

第四十七条 土地管理监督检查人员应当经过培训，经考核合格，取得行政执法证件后，方可从事土地管理监督检查工作。

第四十八条 自然资源主管部门、农业农村主管部门按照职责分工进行监督检查时，可以采取下列措施：

（一）询问违法案件涉及的单位或者个人；

（二）进入被检查单位或者个人涉嫌土地违法的现场进行拍照、摄像；

（三）责令当事人停止正在进行的土地违法行为；

（四）对涉嫌土地违法的单位或者个人，在调查期间暂停办理与该违法案件相关的土地审批、登记等手续；

（五）对可能被转移、销毁、隐匿或者篡改的文件、资料予以封存，责令涉嫌土地违法的单位或者个人在调查期间不得变卖、转移与案件有关的财物；

（六）《土地管理法》第六十八条规定的其他监督检查措施。

第四十九条 依照《土地管理法》第七十三条的规定给予处分的，应当按照管理权限由责令作出行政处罚决定或者直接给予行政处罚的上级人民政府自然资源主管部门或者其他任免机关、单位作出。

第五十条　县级以上人民政府自然资源主管部门应当会同有关部门建立信用监管、动态巡查等机制，加强对建设用地供应交易和供后开发利用的监管，对建设用地市场重大失信行为依法实施惩戒，并依法公开相关信息。

第六章　法律责任

第五十一条　违反《土地管理法》第三十七条的规定，非法占用永久基本农田发展林果业或者挖塘养鱼的，由县级以上人民政府自然资源主管部门责令限期改正；逾期不改正的，按占用面积处耕地开垦费2倍以上5倍以下的罚款；破坏种植条件的，依照《土地管理法》第七十五条的规定处罚。

第五十二条　违反《土地管理法》第五十七条的规定，在临时使用的土地上修建永久性建筑物的，由县级以上人民政府自然资源主管部门责令限期拆除，按占用面积处土地复垦费5倍以上10倍以下的罚款；逾期不拆除的，由作出行政决定的机关依法申请人民法院强制执行。

第五十三条　违反《土地管理法》第六十五条的规定，对建筑物、构筑物进行重建、扩建的，由县级以上人民政府自然资源主管部门责令限期拆除；逾期不拆除的，由作出行政决定的机关依法申请人民法院强制执行。

第五十四条　依照《土地管理法》第七十四条的规定处以罚款的，罚款额为违法所得的10%以上50%以下。

第五十五条　依照《土地管理法》第七十五条的规定处以罚款的，罚款额为耕地开垦费的5倍以上10倍以下；破坏黑土地等优质耕地的，从重处罚。

第五十六条　依照《土地管理法》第七十六条的规定处以罚款的，罚款额为土地复垦费的2倍以上5倍以下。

违反本条例规定，临时用地期满之日起一年内未完成复垦或者未恢复种植条件的，由县级以上人民政府自然资源主管部门责令限期改正，依照《土地管理法》第七十六条的规定处罚，并由县级以上人民政府自然资源主管部门会同农业农村主管部门代为完成复垦或者恢复种植条件。

第五十七条　依照《土地管理法》第七十七条的规定处以罚款的，罚款额为非法占用土地每平方米100元以上1000元以下。

违反本条例规定，在国土空间规划确定的禁止开垦的范围内从事土地开发活动的，由县级以上人民政府自然资源主管部门责令限期改正，并依照《土地管理法》第七十七条的规定处罚。

第五十八条　依照《土地管理法》第七十四条、第七十七条的规定，县级以上人民政府自然资源主管部门没收在非法转让或者非法占用的土地上新建的建筑物和其他设施的，应当于九十日内交由本级人民政府或者其指定的部门依法管理和处置。

第五十九条　依照《土地管理法》第八十一条的规定处以罚款的，罚款额为非法占用土地每平方米100元以上500元以下。

第六十条　依照《土地管理法》第八十二条的规定处以罚款的，罚款额为违法所得的10%以上30%以下。

第六十一条　阻碍自然资源主管部门、农业农村主管部门的工作人员依法执行职务，构成违反治安管理行为的，依法给予治安管理处罚。

第六十二条　违反土地管理法律、法规规定，阻挠国家建设征收土地的，由县级以上地方人民政府责令交出土地；拒不交出土地的，依法申请人民法院强制执行。

第六十三条　违反本条例规定，侵犯农村村民依法取得的宅基地权益的，责令限期改正，对有关责任单位通报批评、给予警告；造成损失的，依法承担赔偿责任；对直接负责的主管人员和其他直接责任人员，依法给予处分。

第六十四条　贪污、侵占、挪用、私分、截留、拖欠征地补偿安置费用和其他有关费用的，责令改正，追回有关款项，限期退还违法所得，对有关责任单位通报批评、给予警告；造成损失的，依法承担赔偿责任；对直接负责的主管人员和其他直接责任人员，依法给予处分。

第六十五条　各级人民政府及自然资源主管部门、农业农村主管部门工作人员玩忽职守、滥用职权、徇私舞弊的，依法给予处分。

第六十六条　违反本条例规定，构成犯罪的，依法追究刑事责任。

第七章　附　　则

第六十七条　本条例自 2021 年 9 月 1 日起施行。

基本农田保护条例

（1998 年 12 月 27 日中华人民共和国国务院令第 257 号发布，根据 2011 年 1 月 8 日国务院令第 588 号《国务院关于废止和修改部分行政法规的决定》修订）

第一章　总　　则

第一条　为了对基本农田实行特殊保护，促进农业生产和社会经济的可持续发展，根据《中华人民共和国农业法》和《中华人民共和国土地管理法》，制定本条例。

第二条　国家实行基本农田保护制度。

本条例所称基本农田，是指按照一定时期人口和社会经济发展对农产品的需求，依据土地利用总体规划确定的不得占用的耕地。

本条例所称基本农田保护区，是指为对基本农田实行特殊保护而依据土地利用总体规划和依照法定程序确定的特定保护区域。

第三条　基本农田保护实行全面规划、合理利用、用养结合、严格保护的方针。

第四条　县级以上地方各级人民政府应当将基本农田保护工作纳入国民经济和社会发展计划，作为政府领导任期目标责任制的一项内容，并由上一级人民政府监督实施。

第五条　任何单位和个人都有保护基本农田的义务，并有权检举、控告侵占、破坏基本农田和其他违反本条例的行为。

第六条　国务院土地行政主管部门和农业行政主管部门按照国务院规定的职责分工，依照本条例负责全国的基本农田保护管理工作。

县级以上地方各级人民政府土地行政主管部门和农业行政主管部门按照本级人民政府规定的职责分工，依照本条例负责本行政区域内的基本农田保护管理工作。

乡（镇）人民政府负责本行政区域内的基本农田保护管理工作。

第七条　国家对在基本农田保护工作中取得显著成绩的单位和个人，给予奖励。

第二章　划　　定

第八条　各级人民政府在编制土地利用总体规划时，应当将基本农田保护作为规划的一项内容，明确基本农田保护的布局安排、数量指标和质量要求。

县级和乡（镇）土地利用总体规划应当确定基本农田保护区。

第九条　省、自治区、直辖市划定的基本农田应当占本行政区域内耕地总面积的 80%以上，具体数量指标根据全国土地利用总体规划逐级分解下达。

第十条　下列耕地应当划入基本农田保护区，严格管理：

（一）经国务院有关主管部门或者县级以上地方人民政府批准确定的粮、棉、油生产基地内的耕地；

（二）有良好的水利与水土保持设施的耕地，正在实施改造计划以及可以改造的中、低产田；

（三）蔬菜生产基地；

（四）农业科研、教学试验田。

根据土地利用总体规划，铁路、公路等交通沿线，城市和村庄、集镇建设用地区周边的耕地，应当优先划入基本农田保护区；需要退耕还林、还牧、还湖的耕地，不应当划入基本农田保护区。

第十一条　基本农田保护区以乡（镇）为单位划区定界，由县级人民政府土地行政主管部门会同同级农业行政主管部门组织实施。

划定的基本农田保护区，由县级人民政府设立保护标志，予以公告，由县级人民政府土地行政主管部门建立档案，并抄送同级农业行政主管部门。任何单位和个人不得破坏或者擅自改变基本农田保护区的保护标志。

基本农田划区定界后，由省、自治区、直辖市人民政府组织土地行政主管部门和农业行政主管部门验收确认，或者由省、自治区人民政府授权设区的市、自治州人民政府组织土地行政主管部门和农业行政主管部门验收确认。

第十二条　划定基本农田保护区时，不得改变土地承包者的承包经营权。

第十三条　划定基本农田保护区的技术规程，由国务院土地行政主管部门会同国务院农业行政主管部门制定。

第三章　保　　护

第十四条　地方各级人民政府应当采取措施，确保土地利用总体规划确定的本行政区域内基本农田的数量不减少。

第十五条　基本农田保护区经依法划定后，任何单位和个人不得改变或者占用。国家能源、交通、水利、军事设施等重点建设项目选址确实无法避开基本农田保护区，需要占用基本农田，涉及农用地转用或者征收土地的，必须经国务院批准。

第十六条　经国务院批准占用基本农田的，当地人民政府应当按照国务院的批准文件修改土地利用总体规划，并补充划入数量和质量相当的基本农田。占用单位应当按照占多少、垦多少的原则，负责开垦与所占基本农田的数量与质量相当的耕地；没有条件开垦或者开垦的耕地不符合要求的，应当按照省、自治区、直辖市的规定缴纳耕地开垦费，专款用于开垦新的耕地。

占用基本农田的单位应当按照县级以上地方人民政府的要求，将所占用基本农田耕作层的土壤用于新开垦耕地、劣质地或者其他耕地的土壤改良。

第十七条　禁止任何单位和个人在基本农田保护区内建窑、建房、建坟、挖砂、采石、采矿、取土、堆放固体废弃物或者进行其他破坏基本农田的活动。

禁止任何单位和个人占用基本农田发展林果业和挖塘养鱼。

第十八条　禁止任何单位和个人闲置、荒芜基本农田。经国务院批准的重点建设项目占用基本农田的，满1年不使用而又可以耕种并收获的，应当由原耕种该幅基本农田的集体或者个人恢复耕种，也可以由用地单位组织耕种；1年以上未动工建设的，应当按照省、自治区、直辖市的规定缴纳闲置费；连续2年未使用的，经国务院批准，由县级以上人民政府无偿收回用地单位的土地使用权；该幅土地原为农民集体所有的，应当交由原农村集体经济组织恢复耕种，重新划入基本农田保护区。

承包经营基本农田的单位或者个人连续

2年弃耕抛荒的，原发包单位应当终止承包合同，收回发包的基本农田。

第十九条 国家提倡和鼓励农业生产者对其经营的基本农田施用有机肥料，合理施用化肥和农药。利用基本农田从事农业生产的单位和个人应当保持和培肥地力。

第二十条 县级人民政府应当根据当地实际情况制定基本农田地力分等定级办法，由农业行政主管部门会同土地行政主管部门组织实施，对基本农田地力分等定级，并建立档案。

第二十一条 农村集体经济组织或者村民委员会应当定期评定基本农田地力等级。

第二十二条 县级以上地方各级人民政府农业行政主管部门应当逐步建立基本农田地力与施肥效益长期定位监测网点，定期向本级人民政府提出基本农田地力变化状况报告以及相应的地力保护措施，并为农业生产者提供施肥指导服务。

第二十三条 县级以上人民政府农业行政主管部门应当会同同级环境保护行政主管部门对基本农田环境污染进行监测和评价，并定期向本级人民政府提出环境质量与发展趋势的报告。

第二十四条 经国务院批准占用基本农田兴建国家重点建设项目的，必须遵守国家有关建设项目环境保护管理的规定。在建设项目环境影响报告书中，应当有基本农田环境保护方案。

第二十五条 向基本农田保护区提供肥料和作为肥料的城市垃圾、污泥的，应当符合国家有关标准。

第二十六条 因发生事故或者其他突然性事件，造成或者可能造成基本农田环境污染事故的，当事人必须立即采取措施处理，并向当地环境保护行政主管部门和农业行政主管部门报告，接受调查处理。

第四章　监督管理

第二十七条 在建立基本农田保护区的地方，县级以上地方人民政府应当与下一级人民政府签订基本农田保护责任书；乡（镇）人民政府应当根据与县级人民政府签订的基本农田保护责任书的要求，与农村集体经济组织或者村民委员会签订基本农田保护责任书。

基本农田保护责任书应当包括下列内容：

（一）基本农田的范围、面积、地块；

（二）基本农田的地力等级；

（三）保护措施；

（四）当事人的权利与义务；

（五）奖励与处罚。

第二十八条 县级以上地方人民政府应当建立基本农田保护监督检查制度，定期组织土地行政主管部门、农业行政主管部门以及其他有关部门对基本农田保护情况进行检查，将检查情况书面报告上一级人民政府。被检查的单位和个人应当如实提供有关情况和资料，不得拒绝。

第二十九条 县级以上地方人民政府土地行政主管部门、农业行政主管部门对本行政区域内发生的破坏基本农田的行为，有权责令纠正。

第五章　法律责任

第三十条 违反本条例规定，有下列行为之一的，依照《中华人民共和国土地管理法》和《中华人民共和国土地管理法实施条例》的有关规定，从重给予处罚：

（一）未经批准或者采取欺骗手段骗取批准，非法占用基本农田的；

（二）超过批准数量，非法占用基本农田的；

（三）非法批准占用基本农田的；

（四）买卖或者以其他形式非法转让基本农田的。

第三十一条 违反本条例规定，应当将耕地划入基本农田保护区而不划入的，由上一级人民政府责令限期改正；拒不改正的，对直接负责的主管人员和其他直接责任人员依法给予行政处分或者纪律处分。

第三十二条　违反本条例规定，破坏或者擅自改变基本农田保护区标志的，由县级以上地方人民政府土地行政主管部门或者农业行政主管部门责令恢复原状，可以处1000元以下罚款。

第三十三条　违反本条例规定，占用基本农田建窑、建房、建坟、挖砂、采石、采矿、取土、堆放固体废弃物或者从事其他活动破坏基本农田，毁坏种植条件的，由县级以上人民政府土地行政主管部门责令改正或者治理，恢复原种植条件，处占用基本农田的耕地开垦费1倍以上2倍以下的罚款；构成犯罪的，依法追究刑事责任。

第三十四条　侵占、挪用基本农田的耕地开垦费，构成犯罪的，依法追究刑事责任；尚不构成犯罪的，依法给予行政处分或者纪律处分。

第六章　附　　则

第三十五条　省、自治区、直辖市人民政府可以根据当地实际情况，将其他农业生产用地划为保护区。保护区内的其他农业生产用地的保护和管理，可以参照本条例执行。

第三十六条　本条例自1999年1月1日起施行。1994年8月18日国务院发布的《基本农田保护条例》同时废止。

土地复垦条例

（2011年2月22日国务院第145次常务会议通过，2011年3月5日中华人民共和国国务院令第592号公布，自公布之日起施行）

第一章　总　　则

第一条　为了落实十分珍惜、合理利用土地和切实保护耕地的基本国策，规范土地复垦活动，加强土地复垦管理，提高土地利用的社会效益、经济效益和生态效益，根据《中华人民共和国土地管理法》，制定本条例。

第二条　本条例所称土地复垦，是指对生产建设活动和自然灾害损毁的土地，采取整治措施，使其达到可供利用状态的活动。

第三条　生产建设活动损毁的土地，按照“谁损毁，谁复垦”的原则，由生产建设单位或者个人（以下称土地复垦义务人）负责复垦。但是，由于历史原因无法确定土地复垦义务人的生产建设活动损毁的土地（以下称历史遗留损毁土地），由县级以上人民政府负责组织复垦。

自然灾害损毁的土地，由县级以上人民政府负责组织复垦。

第四条　生产建设活动应当节约集约利用土地，不占或者少占耕地；对依法占用的土地应当采取有效措施，减少土地损毁面积，降低土地损毁程度。

土地复垦应当坚持科学规划、因地制宜、综合治理、经济可行、合理利用的原则。复垦的土地应当优先用于农业。

第五条　国务院国土资源主管部门负责全国土地复垦的监督管理工作。县级以上地方人民政府国土资源主管部门负责本行政区域土地复垦的监督管理工作。

县级以上人民政府其他有关部门依照本条例的规定和各自的职责做好土地复垦有关工作。

第六条 编制土地复垦方案、实施土地复垦工程、进行土地复垦验收等活动，应当遵守土地复垦国家标准；没有国家标准的，应当遵守土地复垦行业标准。

制定土地复垦国家标准和行业标准，应当根据土地损毁的类型、程度、自然地理条件和复垦的可行性等因素，分类确定不同类型损毁土地的复垦方式、目标和要求等。

第七条 县级以上地方人民政府国土资源主管部门应当建立土地复垦监测制度，及时掌握本行政区域土地资源损毁和土地复垦效果等情况。

国务院国土资源主管部门和省、自治区、直辖市人民政府国土资源主管部门应当建立健全土地复垦信息管理系统，收集、汇总和发布土地复垦数据信息。

第八条 县级以上人民政府国土资源主管部门应当依据职责加强对土地复垦情况的监督检查。被检查的单位或者个人应当如实反映情况，提供必要的资料。

任何单位和个人不得扰乱、阻挠土地复垦工作，破坏土地复垦工程、设施和设备。

第九条 国家鼓励和支持土地复垦科学研究和技术创新，推广先进的土地复垦技术。

对在土地复垦工作中作出突出贡献的单位和个人，由县级以上人民政府给予表彰。

第二章 生产建设活动损毁土地的复垦

第十条 下列损毁土地由土地复垦义务人负责复垦：

（一）露天采矿、烧制砖瓦、挖沙取土等地表挖掘所损毁的土地；

（二）地下采矿等造成地表塌陷的土地；

（三）堆放采矿剥离物、废石、矿渣、粉煤灰等固体废弃物压占的土地；

（四）能源、交通、水利等基础设施建设和其他生产建设活动临时占用所损毁的土地。

第十一条 土地复垦义务人应当按照土地复垦标准和国务院国土资源主管部门的规定编制土地复垦方案。

第十二条 土地复垦方案应当包括下列内容：

（一）项目概况和项目区土地利用状况；

（二）损毁土地的分析预测和土地复垦的可行性评价；

（三）土地复垦的目标任务；

（四）土地复垦应当达到的质量要求和采取的措施；

（五）土地复垦工程和投资估（概）算；

（六）土地复垦费用的安排；

（七）土地复垦工作计划与进度安排；

（八）国务院国土资源主管部门规定的其他内容。

第十三条 土地复垦义务人应当在办理建设用地申请或者采矿权申请手续时，随有关报批材料报送土地复垦方案。

土地复垦义务人未编制土地复垦方案或者土地复垦方案不符合要求的，有批准权的人民政府不得批准建设用地，有批准权的国土资源主管部门不得颁发采矿许可证。

本条例施行前已经办理建设用地手续或者领取采矿许可证，本条例施行后继续从事生产建设活动造成土地损毁的，土地复垦义务人应当按照国务院国土资源主管部门的规定补充编制土地复垦方案。

第十四条 土地复垦义务人应当按照土地复垦方案开展土地复垦工作。矿山企业还应当对土地损毁情况进行动态监测和评价。

生产建设周期长、需要分阶段实施复垦的，土地复垦义务人应当对土地复垦工作与生产建设活动统一规划、统筹实施，根据生产建设进度确定各阶段土地复垦的目标任务、工程规划设计、费用安排、工程实施进度和完成期限等。

第十五条 土地复垦义务人应当将土地

复垦费用列入生产成本或者建设项目总投资。

第十六条　土地复垦义务人应当建立土地复垦质量控制制度，遵守土地复垦标准和环境保护标准，保护土壤质量与生态环境，避免污染土壤和地下水。

土地复垦义务人应当首先对拟损毁的耕地、林地、牧草地进行表土剥离，剥离的表土用于被损毁土地的复垦。

禁止将重金属污染物或者其他有毒有害物质用作回填或者充填材料。受重金属污染物或者其他有毒有害物质污染的土地复垦后，达不到国家有关标准的，不得用于种植食用农作物。

第十七条　土地复垦义务人应当于每年12月31日前向县级以上地方人民政府国土资源主管部门报告当年的土地损毁情况、土地复垦费用使用情况以及土地复垦工程实施情况。

县级以上地方人民政府国土资源主管部门应当加强对土地复垦义务人使用土地复垦费用和实施土地复垦工程的监督。

第十八条　土地复垦义务人不复垦，或者复垦验收中经整改仍不合格的，应当缴纳土地复垦费，由有关国土资源主管部门代为组织复垦。

确定土地复垦费的数额，应当综合考虑损毁前的土地类型、实际损毁面积、损毁程度、复垦标准、复垦用途和完成复垦任务所需的工程量等因素。土地复垦费的具体征收使用管理办法，由国务院财政、价格主管部门商国务院有关部门制定。

土地复垦义务人缴纳的土地复垦费专项用于土地复垦。任何单位和个人不得截留、挤占、挪用。

第十九条　土地复垦义务人对在生产建设活动中损毁的由其他单位或者个人使用的国有土地或者农民集体所有的土地，除负责复垦外，还应当向遭受损失的单位或者个人支付损失补偿费。

损失补偿费由土地复垦义务人与遭受损失的单位或者个人按照造成的实际损失协商确定；协商不成的，可以向土地所在地人民政府国土资源主管部门申请调解或者依法向人民法院提起民事诉讼。

第二十条　土地复垦义务人不依法履行土地复垦义务的，在申请新的建设用地时，有批准权的人民政府不得批准；在申请新的采矿许可证或者申请采矿许可证延续、变更、注销时，有批准权的国土资源主管部门不得批准。

第三章　历史遗留损毁土地和自然灾害损毁土地的复垦

第二十一条　县级以上人民政府国土资源主管部门应当对历史遗留损毁土地和自然灾害损毁土地进行调查评价。

第二十二条　县级以上人民政府国土资源主管部门应当在调查评价的基础上，根据土地利用总体规划编制土地复垦专项规划，确定复垦的重点区域以及复垦的目标任务和要求，报本级人民政府批准后组织实施。

第二十三条　对历史遗留损毁土地和自然灾害损毁土地，县级以上人民政府应当投入资金进行复垦，或者按照“谁投资，谁受益”的原则，吸引社会投资进行复垦。土地权利人明确的，可以采取扶持、优惠措施，鼓励土地权利人自行复垦。

第二十四条　国家对历史遗留损毁土地和自然灾害损毁土地的复垦按项目实施管理。

县级以上人民政府国土资源主管部门应当根据土地复垦专项规划和年度土地复垦资金安排情况确定年度复垦项目。

第二十五条　政府投资进行复垦的，负责组织实施土地复垦项目的国土资源主管部门应当组织编制土地复垦项目设计书，明确复垦项目的位置、面积、目标任务、工程规划设计、实施进度及完成期限等。

土地权利人自行复垦或者社会投资进行

复垦的，土地权利人或者投资单位、个人应当组织编制土地复垦项目设计书，并报负责组织实施土地复垦项目的国土资源主管部门审查同意后实施。

第二十六条 政府投资进行复垦的，有关国土资源主管部门应当依照招标投标法律法规的规定，通过公开招标的方式确定土地复垦项目的施工单位。

土地权利人自行复垦或者社会投资进行复垦的，土地复垦项目的施工单位由土地权利人或者投资单位、个人依法自行确定。

第二十七条 土地复垦项目的施工单位应当按照土地复垦项目设计书进行复垦。

负责组织实施土地复垦项目的国土资源主管部门应当健全项目管理制度，加强项目实施中的指导、管理和监督。

第四章 土地复垦验收

第二十八条 土地复垦义务人按照土地复垦方案的要求完成土地复垦任务后，应当按照国务院国土资源主管部门的规定向所在地县级以上地方人民政府国土资源主管部门申请验收，接到申请的国土资源主管部门应当会同同级农业、林业、环境保护等有关部门进行验收。

进行土地复垦验收，应当邀请有关专家进行现场踏勘，查验复垦后的土地是否符合土地复垦标准以及土地复垦方案的要求，核实复垦后的土地类型、面积和质量等情况，并将初步验收结果公告，听取相关权利人的意见。相关权利人对土地复垦完成情况提出异议的，国土资源主管部门应当会同有关部门进一步核查，并将核查情况向相关权利人反馈；情况属实的，应当向土地复垦义务人提出整改意见。

第二十九条 负责组织验收的国土资源主管部门应当会同有关部门在接到土地复垦验收申请之日起 60 个工作日内完成验收，经验收合格的，向土地复垦义务人出具验收合格确认书；经验收不合格的，向土地复垦义务人出具书面整改意见，列明需要整改的事项，由土地复垦义务人整改完成后重新申请验收。

第三十条 政府投资的土地复垦项目竣工后，负责组织实施土地复垦项目的国土资源主管部门应当依照本条例第二十八条第二款的规定进行初步验收。初步验收完成后，负责组织实施土地复垦项目的国土资源主管部门应当按照国务院国土资源主管部门的规定向上级人民政府国土资源主管部门申请最终验收。上级人民政府国土资源主管部门应当会同有关部门及时组织验收。

土地权利人自行复垦或者社会投资进行复垦的土地复垦项目竣工后，由负责组织实施土地复垦项目的国土资源主管部门会同有关部门进行验收。

第三十一条 复垦为农用地的，负责组织验收的国土资源主管部门应当会同有关部门在验收合格后的 5 年内对土地复垦效果进行跟踪评价，并提出改善土地质量的建议和措施。

第五章 土地复垦激励措施

第三十二条 土地复垦义务人在规定的期限内将生产建设活动损毁的耕地、林地、牧草地等农用地复垦恢复原状的，依照国家有关税收法律法规的规定退还已经缴纳的耕地占用税。

第三十三条 社会投资复垦的历史遗留损毁土地或者自然灾害损毁土地，属于无使用权人的国有土地的，经县级以上人民政府依法批准，可以确定给投资单位或者个人长期从事种植业、林业、畜牧业或者渔业生产。

社会投资复垦的历史遗留损毁土地或者自然灾害损毁土地，属于农民集体所有土地或者有使用权人的国有土地的，有关国土资源主管部门应当组织投资单位或者个人与土地权利人签订土地复垦协议，明确复垦的目标任务以及复垦后的土地使用和收益分配。

第三十四条　历史遗留损毁和自然灾害损毁的国有土地的使用权人，以及历史遗留损毁和自然灾害损毁的农民集体所有土地的所有权人、使用权人，自行将损毁土地复垦为耕地的，由县级以上地方人民政府给予补贴。

第三十五条　县级以上地方人民政府将历史遗留损毁和自然灾害损毁的建设用地复垦为耕地的，按照国家有关规定可以作为本省、自治区、直辖市内进行非农建设占用耕地时的补充耕地指标。

第六章　法律责任

第三十六条　负有土地复垦监督管理职责的部门及其工作人员有下列行为之一的，对直接负责的主管人员和其他直接责任人员，依法给予处分；直接负责的主管人员和其他直接责任人员构成犯罪的，依法追究刑事责任：

（一）违反本条例规定批准建设用地或者批准采矿许可证及采矿许可证的延续、变更、注销的；

（二）截留、挤占、挪用土地复垦费的；

（三）在土地复垦验收中弄虚作假的；

（四）不依法履行监督管理职责或者对发现的违反本条例的行为不依法查处的；

（五）在审查土地复垦方案、实施土地复垦项目、组织土地复垦验收以及实施监督检查过程中，索取、收受他人财物或者谋取其他利益的；

（六）其他徇私舞弊、滥用职权、玩忽职守行为。

第三十七条　本条例施行前已经办理建设用地手续或者领取采矿许可证，本条例施行后继续从事生产建设活动造成土地损毁的土地复垦义务人未按照规定补充编制土地复垦方案的，由县级以上地方人民政府国土资源主管部门责令限期改正；逾期不改正的，处10万元以上20万元以下的罚款。

第三十八条　土地复垦义务人未按照规定将土地复垦费用列入生产成本或者建设项目总投资的，由县级以上地方人民政府国土资源主管部门责令限期改正；逾期不改正的，处10万元以上50万元以下的罚款。

第三十九条　土地复垦义务人未按照规定对拟损毁的耕地、林地、牧草地进行表土剥离，由县级以上地方人民政府国土资源主管部门责令限期改正；逾期不改正的，按照应当进行表土剥离的土地面积处每公顷1万元的罚款。

第四十条　土地复垦义务人将重金属污染物或者其他有毒有害物质用作回填或者充填材料的，由县级以上地方人民政府环境保护主管部门责令停止违法行为，限期采取治理措施，消除污染，处10万元以上50万元以下的罚款；逾期不采取治理措施的，环境保护主管部门可以指定有治理能力的单位代为治理，所需费用由违法者承担。

第四十一条　土地复垦义务人未按照规定报告土地损毁情况、土地复垦费用使用情况或者土地复垦工程实施情况的，由县级以上地方人民政府国土资源主管部门责令限期改正；逾期不改正的，处2万元以上5万元以下的罚款。

第四十二条　土地复垦义务人依照本条例规定应当缴纳土地复垦费而不缴纳的，由县级以上地方人民政府国土资源主管部门责令限期缴纳；逾期不缴纳的，处应缴纳土地复垦费1倍以上2倍以下的罚款，土地复垦义务人为矿山企业的，由颁发采矿许可证的机关吊销采矿许可证。

第四十三条　土地复垦义务人拒绝、阻碍国土资源主管部门监督检查，或者在接受监督检查时弄虚作假的，由国土资源主管部门责令改正，处2万元以上5万元以下的罚款；有关责任人员构成违反治安管理行为的，由公安机关依法予以治安管理处罚；有关责任人员构成犯罪的，依法追究刑事责任。

破坏土地复垦工程、设施和设备，构成违反治安管理行为的，由公安机关依法予以治安管理处罚；构成犯罪的，依法追究刑事责任。

第七章　附　　则

第四十四条　本条例自公布之日起施行。1988年11月8日国务院发布的《土地复垦规定》同时废止。

土地复垦条例实施办法

（2012年12月27日国土资源部第56号令公布，根据2019年7月16日自然资源部第2次部务会议《自然资源部关于第一批废止和修改的部门规章的决定》修正）

第一章　总　　则

第一条　为保证土地复垦的有效实施，根据《土地复垦条例》（以下简称条例），制定本办法。

第二条　土地复垦应当综合考虑复垦后土地利用的社会效益、经济效益和生态效益。

生产建设活动造成耕地损毁的，能够复垦为耕地的，应当优先复垦为耕地。

第三条　县级以上自然资源主管部门应当明确专门机构并配备专职人员负责土地复垦监督管理工作。

县级以上自然资源主管部门应当加强与发展改革、财政、铁路、交通、水利、环保、农业、林业等部门的协同配合和行业指导监督。

上级自然资源主管部门应当加强对下级自然资源主管部门土地复垦工作的监督和指导。

第四条　除条例第六条规定外，开展土地复垦调查评价、编制土地复垦规划设计、确定土地复垦工程建设和造价、实施土地复垦工程质量控制、进行土地复垦评价等活动，也应当遵守有关国家标准和土地管理行业标准。

省级自然资源主管部门可以结合本地实际情况，补充制定本行政区域内土地复垦工程建设和造价等标准。

第五条　县级以上自然资源主管部门应当建立土地复垦信息管理系统，利用国土资源综合监管平台，对土地复垦情况进行动态监测，及时收集、汇总、分析和发布本行政区域内土地损毁、土地复垦等数据信息。

第二章　生产建设活动损毁土地的复垦

第六条　属于条例第十条规定的生产建设项目，土地复垦义务人应当在办理建设用地申请或者采矿权申请手续时，依据自然资源部《土地复垦方案编制规程》的要求，组织编制土地复垦方案，随有关报批材料报送有关自然资源主管部门审查。

具体承担相应建设用地审查和采矿权审批的自然资源主管部门负责对土地复垦义务人报送的土地复垦方案进行审查。

第七条　条例施行前已经办理建设用地手续或者领取采矿许可证，条例施行后继续从事生产建设活动造成土地损毁的，土地复垦义务人应当在本办法实施之日起一年内完成土地复垦方案的补充编制工作，报有关自然资源主管部门审查。

第八条　土地复垦方案分为土地复垦方案报告书和土地复垦方案报告表。

依法由省级以上人民政府审批建设用地的建设项目，以及由省级以上自然资源主管部门审批登记的采矿项目，应当编制土地复垦方案报告书。其他项目可以编制土地复垦方案报告表。

第九条　生产建设周期长、需要分阶段实施土地复垦的生产建设项目，土地复垦方案应当包含阶段土地复垦计划和年度实施计划。

跨县（市、区）域的生产建设项目，应当在土地复垦方案中附具以县（市、区）为单位的土地复垦实施方案。

阶段土地复垦计划和以县（市、区）为单位的土地复垦实施方案应当明确土地复垦的目标、任务、位置、主要措施、投资概算、工程规划设计等。

第十条　有关自然资源主管部门受理土地复垦方案审查申请后，应当组织专家进行论证。

根据论证所需专业知识结构，从土地复垦专家库中选取专家。专家与土地复垦方案申请人或者申请项目有利害关系的，应当主动要求回避。土地复垦方案申请人也可以向有关自然资源主管部门申请专家回避。

土地复垦方案申请人或者相关利害关系人可以按照《政府信息公开条例》的规定，向有关自然资源主管部门申请查询专家意见。有关自然资源主管部门应当依法提供查询结果。

第十一条　土地复垦方案经专家论证通过后，由有关自然资源主管部门进行最终审查。符合下列条件的，方可通过审查：

（一）土地利用现状明确；

（二）损毁土地的分析预测科学；

（三）土地复垦目标、任务和利用方向合理，措施可行；

（四）土地复垦费用测算合理，预存与使用计划清晰并符合本办法规定要求；

（五）土地复垦计划安排科学、保障措施可行；

（六）土地复垦方案已经征求意见并采纳合理建议。

第十二条　土地复垦方案通过审查的，有关自然资源主管部门应当向土地复垦义务人出具土地复垦方案审查意见书。土地复垦方案审查意见书应当包含本办法第十一条规定的有关内容。

土地复垦方案未通过审查的，有关自然资源主管部门应当书面告知土地复垦义务人补正。逾期不补正的，不予办理建设用地或者采矿审批相关手续。

第十三条　土地复垦义务人因生产建设项目的用地位置、规模等发生变化，或者采矿项目发生扩大变更矿区范围等重大内容变化的，应当在三个月内对原土地复垦方案进行修改，报原审查的自然资源主管部门审查。

第十四条　土地复垦义务人不按照本办法第七条、第十三条规定补充编制或者修改土地复垦方案的，依照条例第二十条规定处理。

第十五条　土地复垦义务人在实施土地复垦工程前，应当依据审查通过的土地复垦方案进行土地复垦规划设计，将土地复垦方案和土地复垦规划设计一并报所在地县级自然资源主管部门备案。

第十六条　土地复垦义务人应当按照条例第十五条规定的要求，与损毁土地所在地县级自然资源主管部门在双方约定的银行建立土地复垦费用专门账户，按照土地复垦方案确定的资金数额，在土地复垦费用专门账户中足额预存土地复垦费用。

预存的土地复垦费用遵循“土地复垦义务人所有，自然资源主管部门监管，专户储存专款使用”的原则。

第十七条　土地复垦义务人应当与损毁土地所在地县级自然资源主管部门、银行共同签订土地复垦费用使用监管协议，按照本办法规定的原则明确土地复垦费用预存和使用的时间、数额、程序、条件和违约责任等。

土地复垦费用使用监管协议对当事人具有法律效力。

第十八条 土地复垦义务人应当在项目动工前一个月内预存土地复垦费用。

土地复垦义务人按照本办法第七条规定补充编制土地复垦方案的，应当在土地复垦方案通过审查后一个月内预存土地复垦费用。

土地复垦义务人按照本办法第十三条规定修改土地复垦方案后，已经预存的土地复垦费用不足的，应当在土地复垦方案通过审查后一个月内补齐差额费用。

第十九条 土地复垦费用预存实行一次性预存和分期预存两种方式。

生产建设周期在三年以下的项目，应当一次性全额预存土地复垦费用。

生产建设周期在三年以上的项目，可以分期预存土地复垦费用，但第一次预存的数额不得少于土地复垦费用总金额的百分之二十。余额按照土地复垦方案确定的土地复垦费用预存计划预存，在生产建设活动结束前一年预存完毕。

第二十条 采矿生产项目的土地复垦费用预存，统一纳入矿山地质环境治理恢复基金进行管理。

条例实施前，采矿生产项目按照有关规定向自然资源主管部门缴存的矿山地质环境治理恢复保证金中已经包含了土地复垦费用的，土地复垦义务人可以向所在地自然资源主管部门提出申请，经审核属实的，可以不再预存相应数额的土地复垦费用。

第二十一条 土地复垦义务人应当按照土地复垦方案确定的工作计划和土地复垦费用使用计划，向损毁土地所在地县级自然资源主管部门申请出具土地复垦费用支取通知书。县级自然资源主管部门应当在七日内出具土地复垦费用支取通知书。

土地复垦义务人凭土地复垦费用支取通知书，从土地复垦费用专门账户中支取土地复垦费用，专项用于土地复垦。

第二十二条 土地复垦义务人应当按照条例第十七条规定于每年12月31日前向所在地县级自然资源主管部门报告当年土地复垦义务履行情况，包括下列内容：

（一）年度土地损毁情况，包括土地损毁方式、地类、位置、权属、面积、程度等；

（二）年度土地复垦费用预存、使用和管理等情况；

（三）年度土地复垦实施情况，包括复垦地类、位置、面积、权属、主要复垦措施、工程量等；

（四）自然资源主管部门规定的其他年度报告内容。

县级自然资源主管部门应当加强对土地复垦义务人报告事项履行情况的监督核实，并可以根据情况将土地复垦义务履行情况年度报告在门户网站上公开。

第二十三条 县级自然资源主管部门应当加强对土地复垦义务人使用土地复垦费用的监督管理，发现有不按照规定使用土地复垦费用的，可以按照土地复垦费用使用监管协议的约定依法追究土地复垦义务人的违约责任。

第二十四条 土地复垦义务人在生产建设活动中应当遵循“保护、预防和控制为主，生产建设与复垦相结合”的原则，采取下列预防控制措施：

（一）对可能被损毁的耕地、林地、草地等，应当进行表土剥离，分层存放，分层回填，优先用于复垦土地的土壤改良。表土剥离厚度应当依据相关技术标准，根据实际情况确定。表土剥离应当在生产工艺和施工建设前进行或者同步进行；

（二）露天采矿、烧制砖瓦、挖沙取土、采石，修建铁路、公路、水利工程等，应当合理确定取土的位置、范围、深度和堆放的位置、高度等；

（三）地下采矿或者疏干抽排地下水等施工，对易造成地面塌陷或者地面沉降等特殊地段应当采取充填、设置保护支柱等工程技术方法以及限制、禁止开采地下水等措施；

（四）禁止不按照规定排放废气、废水、废渣、粉灰、废油等。

第二十五条　土地复垦义务人应当对生产建设活动损毁土地的规模、程度和复垦过程中土地复垦工程质量、土地复垦效果等实施全程控制，并对验收合格后的复垦土地采取管护措施，保证土地复垦效果。

第二十六条　土地复垦义务人依法转让采矿权或者土地使用权的，土地复垦义务同时转移。但原土地复垦义务人应当完成的土地复垦义务未履行完成的除外。

原土地复垦义务人已经预存的土地复垦费用以及未履行完成的土地复垦义务，由原土地复垦义务人与新的土地复垦义务人在转让合同中约定。

新的土地复垦义务人应当重新与损毁土地所在地自然资源主管部门、银行签订土地复垦费用使用监管协议。

第三章　历史遗留损毁土地和自然灾害损毁土地的复垦

第二十七条　历史遗留损毁土地和自然灾害损毁土地调查评价，应当包括下列内容：

（一）损毁土地现状调查，包括地类、位置、面积、权属、损毁类型、损毁特征、损毁原因、损毁时间、污染情况、自然条件、社会经济条件等；

（二）损毁土地复垦适宜性评价，包括损毁程度、复垦潜力、利用方向及生态环境影响等；

（三）土地复垦效益分析，包括社会、经济、生态等效益。

第二十八条　符合下列条件的土地，所在地的县级自然资源主管部门应当认定为历史遗留损毁土地：

（一）土地复垦义务人灭失的生产建设活动损毁的土地；

（二）《土地复垦规定》实施以前生产建设活动损毁的土地。

第二十九条　县级自然资源主管部门应当将历史遗留损毁土地认定结果予以公告，公告期间不少于三十日。土地复垦义务人对认定结果有异议的，可以向县级自然资源主管部门申请复核。

县级自然资源主管部门应当自收到复核申请之日起三十日内做出答复。土地复垦义务人不服的，可以向上一级自然资源主管部门申请裁定。

上一级自然资源主管部门发现县级自然资源主管部门做出的认定结果不符合规定的，可以责令县级自然资源主管部门重新认定。

第三十条　土地复垦专项规划应当包括下列内容：

（一）土地复垦潜力分析；

（二）土地复垦的原则、目标、任务和计划安排；

（三）土地复垦重点区域和复垦土地利用方向；

（四）土地复垦项目的划定，复垦土地的利用布局和工程布局；

（五）土地复垦资金的测算，资金筹措方式和资金安排；

（六）预期经济、社会和生态等效益；

（七）土地复垦的实施保障措施。

土地复垦专项规划可以根据实际情况纳入土地整治规划。

土地复垦专项规划的修改应当按照条例第二十二条的规定报本级人民政府批准。

第三十一条　县级以上地方自然资源主管部门应当依据土地复垦专项规划制定土地复垦年度计划，分年度、有步骤地组织开展土地复垦工作。

第三十二条　条例第二十三条规定的历史遗留损毁土地和自然灾害损毁土地的复垦资金来源包括下列资金：

（一）土地复垦费；

（二）耕地开垦费；

（三）新增建设用地土地有偿使用费；

（四）用于农业开发的土地出让收入；

（五）可以用于土地复垦的耕地占用税地方留成部分；

（六）其他可以用于土地复垦的资金。

第四章 土地复垦验收

第三十三条 土地复垦义务人完成土地复垦任务后，应当组织自查，向项目所在地县级自然资源主管部门提出验收书面申请，并提供下列材料：

（一）验收调查报告及相关图件；

（二）规划设计执行报告；

（三）质量评估报告；

（四）检测等其他报告。

第三十四条 生产建设周期五年以上的项目，土地复垦义务人可以分阶段提出验收申请，负责组织验收的自然资源主管部门实行分级验收。

阶段验收由项目所在地县级自然资源主管部门负责组织，总体验收由审查通过土地复垦方案的自然资源主管部门负责组织或者委托有关自然资源主管部门组织。

第三十五条 负责组织验收的自然资源主管部门应当会同同级农业、林业、环境保护等有关部门，组织邀请有关专家和农村集体经济组织代表，依据土地复垦方案、阶段土地复垦计划，对下列内容进行验收：

（一）土地复垦计划目标与任务完成情况；

（二）规划设计执行情况；

（三）复垦工程质量和耕地质量等级；

（四）土地权属管理、档案资料管理情况；

（五）工程管护措施。

第三十六条 土地复垦阶段验收和总体验收形成初步验收结果后，负责组织验收的自然资源主管部门应当在项目所在地公告，听取相关权利人的意见。公告时间不少于三十日。

相关土地权利人对验收结果有异议的，可以在公告期内向负责组织验收的自然资源主管部门书面提出。

自然资源主管部门应当在接到书面异议之日起十五日内，会同同级农业、林业、环境保护等有关部门核查，形成核查结论反馈相关土地权利人。异议情况属实的，还应当向土地复垦义务人提出整改意见，限期整改。

第三十七条 土地复垦工程经阶段验收或者总体验收合格的，负责验收的自然资源主管部门应当依照条例第二十九条规定出具阶段或者总体验收合格确认书。验收合格确认书应当载明下列事项：

（一）土地复垦工程概况；

（二）损毁土地情况；

（三）土地复垦完成情况；

（四）土地复垦中存在的问题和整改建议、处理意见；

（五）验收结论。

第三十八条 土地复垦义务人在申请新的建设用地、申请新的采矿许可证或者申请采矿许可证延续、变更、注销时，应当一并提供按照本办法规定到期完工土地复垦项目的验收合格确认书或者土地复垦费缴费凭据。未提供相关材料的，按照条例第二十条规定，有关自然资源主管部门不得通过审查和办理相关手续。

第三十九条 政府投资的土地复垦项目竣工后，由负责组织实施土地复垦项目的自然资源主管部门进行初步验收，验收程序和要求除依照本办法规定外，按照资金来源渠道及相应的项目管理办法执行。

初步验收完成后，依照条例第三十条规定进行最终验收，并依照本办法第三十七条规定出具验收合格确认书。

自然资源主管部门代复垦的项目竣工后，依照本条规定进行验收。

第四十条 土地权利人自行复垦或者社会投资进行复垦的土地复垦项目竣工后，由项目所在地县级自然资源主管部门进行验收，验收程序和要求依照本办法规定执行。

第五章　土地复垦激励措施

第四十一条　土地复垦义务人将生产建设活动损毁的耕地、林地、牧草地等农用地复垦恢复为原用途的，可以依照条例第三十二条规定，凭验收合格确认书向所在地县级自然资源主管部门提出出具退还耕地占用税意见的申请。

经审核属实的，县级自然资源主管部门应当在十五日内向土地复垦义务人出具意见。土地复垦义务人凭自然资源主管部门出具的意见向有关部门申请办理退还耕地占用税手续。

第四十二条　由社会投资将历史遗留损毁和自然灾害损毁土地复垦为耕地的，除依照条例第三十三条规定办理外，对属于将非耕地复垦为耕地的，经验收合格并报省级自然资源主管部门复核同意后，可以作为本省、自治区、直辖市的补充耕地指标，市、县政府可以出资购买指标。

第四十三条　由县级以上地方人民政府投资将历史遗留损毁和自然灾害损毁的建设用地复垦为耕地的，经验收合格并报省级自然资源主管部门复核同意后，依照条例第三十五条规定可以作为本省、自治区、直辖市的补充耕地指标。但使用新增建设用地有偿使用费复垦的耕地除外。

属于农民集体所有的土地，复垦后应当交给农民集体使用。

第六章　土地复垦监督管理

第四十四条　县级以上自然资源主管部门应当采取年度检查、专项核查、例行稽查、在线监管等形式，对本行政区域内的土地复垦活动进行监督检查，并可以采取下列措施：

（一）要求被检查当事人如实反映情况和提供相关的文件、资料和电子数据；

（二）要求被检查当事人就土地复垦有关问题做出说明；

（三）进入土地复垦现场进行勘查；

（四）责令被检查当事人停止违反条例的行为。

第四十五条　县级以上自然资源主管部门应当在门户网站上及时向社会公开本行政区域内的土地复垦管理规定、技术标准、土地复垦规划、土地复垦项目安排计划以及土地复垦方案审查结果、土地复垦工程验收结果等重大事项。

第四十六条　县级以上地方自然资源主管部门应当通过国土资源主干网等按年度将本行政区域内的土地损毁情况、土地复垦工作开展情况等逐级上报。

上级自然资源主管部门对下级自然资源主管部门落实土地复垦法律法规情况、土地复垦义务履行情况、土地复垦效果等进行绩效评价。

第四十七条　县级以上自然资源主管部门应当对土地复垦档案实行专门管理，将土地复垦方案、土地复垦资金使用监管协议、土地复垦验收有关材料和土地复垦项目计划书、土地复垦实施情况报告等资料和电子数据进行档案存储与管理。

第四十八条　复垦后的土地权属和用途发生变更的，应当依法办理土地登记相关手续。

第七章　法律责任

第四十九条　条例第三十六条第六项规定的其他徇私舞弊、滥用职权、玩忽职守行为，包括下列行为：

（一）违反本办法第二十一条规定，对不符合规定条件的土地复垦义务人出具土地复垦费用支取通知书，或者对符合规定条件的土地复垦义务人无正当理由未在规定期限内出具土地复垦费用支取通知书的；

（二）违反本办法第四十一条规定，对不符合规定条件的申请人出具退还耕地占用税的意见，或者对符合规定条件的申请人无正当理由未在规定期限内出具退还耕地占用税的意见的；

（三）其他违反条例和本办法规定的行为。

第五十条 土地复垦义务人未按照本办法第十五条规定将土地复垦方案、土地复垦规划设计报所在地县级自然资源主管部门备案的，由县级以上地方自然资源主管部门责令限期改正；逾期不改正的，依照条例第四十一条规定处罚。

第五十一条 土地复垦义务人未按照本办法第十六条、第十七条、第十八条、第十九条规定预存土地复垦费用的，由县级以上自然资源主管部门责令限期改正；逾期不改正的，依照条例第三十八条规定处罚。

第五十二条 土地复垦义务人未按照本办法第二十五条规定开展土地复垦质量控制和采取管护措施的，由县级以上地方自然资源主管部门责令限期改正；逾期不改正的，依照条例第四十一条规定处罚。

第五十三条 铀矿等放射性采矿项目的土地复垦具体办法，由自然资源部另行制定。

第五十四条 本办法自2013年3月1日起施行。

中华人民共和国水土保持法

（1991年6月29日第七届全国人民代表大会常务委员会第二十次会议通过，根据2009年8月27日第十一届全国人民代表大会常务委员会第十次会议《关于修改部分法律的决定》修正，2010年12月25日第十一届全国人民代表大会常务委员会第十八次会议修订）

第一章 总 则

第一条 为了预防和治理水土流失，保护和合理利用水土资源，减轻水、旱、风沙灾害，改善生态环境，保障经济社会可持续发展，制定本法。

第二条 在中华人民共和国境内从事水土保持活动，应当遵守本法。

本法所称水土保持，是指对自然因素和人为活动造成水土流失所采取的预防和治理措施。

第三条 水土保持工作实行预防为主、保护优先、全面规划、综合治理、因地制宜、突出重点、科学管理、注重效益的方针。

第四条 县级以上人民政府应当加强对水土保持工作的统一领导，将水土保持工作纳入本级国民经济和社会发展规划，对水土保持规划确定的任务，安排专项资金，并组织实施。

国家在水土流失重点预防区和重点治理区，实行地方各级人民政府水土保持目标责任制和考核奖惩制度。

第五条 国务院水行政主管部门主管全国的水土保持工作。

国务院水行政主管部门在国家确定的重要江河、湖泊设立的流域管理机构（以下简称流域管理机构），在所管辖范围内依法承担水土保持监督管理职责。

县级以上地方人民政府水行政主管部门主管本行政区域的水土保持工作。

县级以上人民政府林业、农业、国土资

源等有关部门按照各自职责，做好有关的水土流失预防和治理工作。

第六条　各级人民政府及其有关部门应当加强水土保持宣传和教育工作，普及水土保持科学知识，增强公众的水土保持意识。

第七条　国家鼓励和支持水土保持科学技术研究，提高水土保持科学技术水平，推广先进的水土保持技术，培养水土保持科学技术人才。

第八条　任何单位和个人都有保护水土资源、预防和治理水土流失的义务，并有权对破坏水土资源、造成水土流失的行为进行举报。

第九条　国家鼓励和支持社会力量参与水土保持工作。

对水土保持工作中成绩显著的单位和个人，由县级以上人民政府给予表彰和奖励。

第二章　规　　划

第十条　水土保持规划应当在水土流失调查结果及水土流失重点预防区和重点治理区划定的基础上，遵循统筹协调、分类指导的原则编制。

第十一条　国务院水行政主管部门应当定期组织全国水土流失调查并公告调查结果。

省、自治区、直辖市人民政府水行政主管部门负责本行政区域的水土流失调查并公告调查结果，公告前应当将调查结果报国务院水行政主管部门备案。

第十二条　县级以上人民政府应当依据水土流失调查结果划定并公告水土流失重点预防区和重点治理区。

对水土流失潜在危险较大的区域，应当划定为水土流失重点预防区；对水土流失严重的区域，应当划定为水土流失重点治理区。

第十三条　水土保持规划的内容应当包括水土流失状况、水土流失类型区划分、水土流失防治目标、任务和措施等。

水土保持规划包括对流域或者区域预防和治理水土流失、保护和合理利用水土资源作出的整体部署，以及根据整体部署对水土保持专项工作或者特定区域预防和治理水土流失作出的专项部署。

水土保持规划应当与土地利用总体规划、水资源规划、城乡规划和环境保护规划等相协调。

编制水土保持规划，应当征求专家和公众的意见。

第十四条　县级以上人民政府水行政主管部门会同同级人民政府有关部门编制水土保持规划，报本级人民政府或者其授权的部门批准后，由水行政主管部门组织实施。

水土保持规划一经批准，应当严格执行；经批准的规划根据实际情况需要修改的，应当按照规划编制程序报原批准机关批准。

第十五条　有关基础设施建设、矿产资源开发、城镇建设、公共服务设施建设等方面的规划，在实施过程中可能造成水土流失的，规划的组织编制机关应当在规划中提出水土流失预防和治理的对策和措施，并在规划报请审批前征求本级人民政府水行政主管部门的意见。

第三章　预　　防

第十六条　地方各级人民政府应当按照水土保持规划，采取封育保护、自然修复等措施，组织单位和个人植树种草，扩大林草覆盖面积，涵养水源，预防和减轻水土流失。

第十七条　地方各级人民政府应当加强对取土、挖砂、采石等活动的管理，预防和减轻水土流失。

禁止在崩塌、滑坡危险区和泥石流易发区从事取土、挖砂、采石等可能造成水土流失的活动。崩塌、滑坡危险区和泥石流易发区的范围，由县级以上地方人民政府划定并公告。崩塌、滑坡危险区和泥石流易发区的划定，应当与地质灾害防治规划确定的地质灾害易发区、重点防治区相衔接。

第十八条 水土流失严重、生态脆弱的地区，应当限制或者禁止可能造成水土流失的生产建设活动，严格保护植物、沙壳、结皮、地衣等。

在侵蚀沟的沟坡和沟岸、河流的两岸以及湖泊和水库的周边，土地所有权人、使用权人或者有关管理单位应当营造植物保护带。禁止开垦、开发植物保护带。

第十九条 水土保持设施的所有权人或者使用权人应当加强对水土保持设施的管理与维护，落实管护责任，保障其功能正常发挥。

第二十条 禁止在二十五度以上陡坡地开垦种植农作物。在二十五度以上陡坡地种植经济林的，应当科学选择树种，合理确定规模，采取水土保持措施，防止造成水土流失。

省、自治区、直辖市根据本行政区域的实际情况，可以规定小于二十五度的禁止开垦坡度。禁止开垦的陡坡地的范围由当地县级人民政府划定并公告。

第二十一条 禁止毁林、毁草开垦和采集发菜。禁止在水土流失重点预防区和重点治理区铲草皮、挖树兜或者滥挖虫草、甘草、麻黄等。

第二十二条 林木采伐应当采用合理方式，严格控制皆伐；对水源涵养林、水土保持林、防风固沙林等防护林只能进行抚育和更新性质的采伐；对采伐区和集材道应当采取防止水土流失的措施，并在采伐后及时更新造林。

在林区采伐林木的，采伐方案中应当有水土保持措施。采伐方案经林业主管部门批准后，由林业主管部门和水行政主管部门监督实施。

第二十三条 在五度以上坡地植树造林、抚育幼林、种植中药材等，应当采取水土保持措施。

在禁止开垦坡度以下、五度以上的荒坡地开垦种植农作物，应当采取水土保持措施。具体办法由省、自治区、直辖市根据本行政区域的实际情况规定。

第二十四条 生产建设项目选址、选线应当避让水土流失重点预防区和重点治理区；无法避让的，应当提高防治标准，优化施工工艺，减少地表扰动和植被损坏范围，有效控制可能造成的水土流失。

第二十五条 在山区、丘陵区、风沙区以及水土保持规划确定的容易发生水土流失的其他区域开办可能造成水土流失的生产建设项目，生产建设单位应当编制水土保持方案，报县级以上人民政府水行政主管部门审批，并按照经批准的水土保持方案，采取水土流失预防和治理措施。没有能力编制水土保持方案的，应当委托具备相应技术条件的机构编制。

水土保持方案应当包括水土流失预防和治理的范围、目标、措施和投资等内容。

水土保持方案经批准后，生产建设项目的地点、规模发生重大变化的，应当补充或者修改水土保持方案并报原审批机关批准。水土保持方案实施过程中，水土保持措施需要作出重大变更的，应当经原审批机关批准。

生产建设项目水土保持方案的编制和审批办法，由国务院水行政主管部门制定。

第二十六条 依法应当编制水土保持方案的生产建设项目，生产建设单位未编制水土保持方案或者水土保持方案未经水行政主管部门批准的，生产建设项目不得开工建设。

第二十七条 依法应当编制水土保持方案的生产建设项目中的水土保持设施，应当与主体工程同时设计、同时施工、同时投产使用；生产建设项目竣工验收，应当验收水土保持设施；水土保持设施未经验收或者验收不合格的，生产建设项目不得投产使用。

第二十八条 依法应当编制水土保持方

案的生产建设项目，其生产建设活动中排弃的砂、石、土、矸石、尾矿、废渣等应当综合利用；不能综合利用，确需废弃的，应当堆放在水土保持方案确定的专门存放地，并采取措施保证不产生新的危害。

第二十九条　县级以上人民政府水行政主管部门、流域管理机构，应当对生产建设项目水土保持方案的实施情况进行跟踪检查，发现问题及时处理。

第四章　治　　理

第三十条　国家加强水土流失重点预防区和重点治理区的坡耕地改梯田、淤地坝等水土保持重点工程建设，加大生态修复力度。

县级以上人民政府水行政主管部门应当加强对水土保持重点工程的建设管理，建立和完善运行管护制度。

第三十一条　国家加强江河源头区、饮用水水源保护区和水源涵养区水土流失的预防和治理工作，多渠道筹集资金，将水土保持生态效益补偿纳入国家建立的生态效益补偿制度。

第三十二条　开办生产建设项目或者从事其他生产建设活动造成水土流失的，应当进行治理。

在山区、丘陵区、风沙区以及水土保持规划确定的容易发生水土流失的其他区域开办生产建设项目或者从事其他生产建设活动，损坏水土保持设施、地貌植被，不能恢复原有水土保持功能的，应当缴纳水土保持补偿费，专项用于水土流失预防和治理。专项水土流失预防和治理由水行政主管部门负责组织实施。水土保持补偿费的收取使用管理办法由国务院财政部门、国务院价格主管部门会同国务院水行政主管部门制定。

生产建设项目在建设过程中和生产过程中发生的水土保持费用，按照国家统一的财务会计制度处理。

第三十三条　国家鼓励单位和个人按照水土保持规划参与水土流失治理，并在资金、技术、税收等方面予以扶持。

第三十四条　国家鼓励和支持承包治理荒山、荒沟、荒丘、荒滩，防治水土流失，保护和改善生态环境，促进土地资源的合理开发和可持续利用，并依法保护土地承包合同当事人的合法权益。

承包治理荒山、荒沟、荒丘、荒滩和承包水土流失严重地区农村土地的，在依法签订的土地承包合同中应当包括预防和治理水土流失责任的内容。

第三十五条　在水力侵蚀地区，地方各级人民政府及其有关部门应当组织单位和个人，以天然沟壑及其两侧山坡地形成的小流域为单元，因地制宜地采取工程措施、植物措施和保护性耕作等措施，进行坡耕地和沟道水土流失综合治理。

在风力侵蚀地区，地方各级人民政府及其有关部门应当组织单位和个人，因地制宜地采取轮封轮牧、植树种草、设置人工沙障和网格林带等措施，建立防风固沙防护体系。

在重力侵蚀地区，地方各级人民政府及其有关部门应当组织单位和个人，采取监测、径流排导、削坡减载、支挡固坡、修建拦挡工程等措施，建立监测、预报、预警体系。

第三十六条　在饮用水水源保护区，地方各级人民政府及其有关部门应当组织单位和个人，采取预防保护、自然修复和综合治理措施，配套建设植物过滤带，积极推广沼气，开展清洁小流域建设，严格控制化肥和农药的使用，减少水土流失引起的面源污染，保护饮用水水源。

第三十七条　已在禁止开垦的陡坡地上开垦种植农作物的，应当按照国家有关规定退耕，植树种草；耕地短缺、退耕确有困难的，应当修建梯田或者采取其他水土保持措施。

在禁止开垦坡度以下的坡耕地上开垦种

植农作物的，应当根据不同情况，采取修建梯田、坡面水系整治、蓄水保土耕作或者退耕等措施。

第三十八条 对生产建设活动所占用土地的地表土应当进行分层剥离、保存和利用，做到土石方挖填平衡，减少地表扰动范围；对废弃的砂、石、土、矸石、尾矿、废渣等存放地，应当采取拦挡、坡面防护、防洪排导等措施。生产建设活动结束后，应当及时在取土场、开挖面和存放地的裸露土地上植树种草、恢复植被，对闭库的尾矿库进行复垦。

在干旱缺水地区从事生产建设活动，应当采取防止风力侵蚀措施，设置降水蓄渗设施，充分利用降水资源。

第三十九条 国家鼓励和支持在山区、丘陵区、风沙区以及容易发生水土流失的其他区域，采取下列有利于水土保持的措施：

（一）免耕、等高耕作、轮耕轮作、草田轮作、间作套种等；

（二）封禁抚育、轮封轮牧、舍饲圈养；

（三）发展沼气、节柴灶，利用太阳能、风能和水能，以煤、电、气代替薪柴等；

（四）从生态脆弱地区向外移民；

（五）其他有利于水土保持的措施。

第五章 监测和监督

第四十条 县级以上人民政府水行政主管部门应当加强水土保持监测工作，发挥水土保持监测工作在政府决策、经济社会发展和社会公众服务中的作用。县级以上人民政府应当保障水土保持监测工作经费。

国务院水行政主管部门应当完善全国水土保持监测网络，对全国水土流失进行动态监测。

第四十一条 对可能造成严重水土流失的大中型生产建设项目，生产建设单位应当自行或者委托具备水土保持监测资质的机构，对生产建设活动造成的水土流失进行监测，并将监测情况定期上报当地水行政主管部门。

从事水土保持监测活动应当遵守国家有关技术标准、规范和规程，保证监测质量。

第四十二条 国务院水行政主管部门和省、自治区、直辖市人民政府水行政主管部门应当根据水土保持监测情况，定期对下列事项进行公告：

（一）水土流失类型、面积、强度、分布状况和变化趋势；

（二）水土流失造成的危害；

（三）水土流失预防和治理情况。

第四十三条 县级以上人民政府水行政主管部门负责对水土保持情况进行监督检查。流域管理机构在其管辖范围内可以行使国务院水行政主管部门的监督检查职权。

第四十四条 水政监督检查人员依法履行监督检查职责时，有权采取下列措施：

（一）要求被检查单位或者个人提供有关文件、证照、资料；

（二）要求被检查单位或者个人就预防和治理水土流失的有关情况作出说明；

（三）进入现场进行调查、取证。

被检查单位或者个人拒不停止违法行为，造成严重水土流失的，报经水行政主管部门批准，可以查封、扣押实施违法行为的工具及施工机械、设备等。

第四十五条 水政监督检查人员依法履行监督检查职责时，应当出示执法证件。被检查单位或者个人对水土保持监督检查工作应当给予配合，如实报告情况，提供有关文件、证照、资料；不得拒绝或者阻碍水政监督检查人员依法执行公务。

第四十六条 不同行政区域之间发生水土流失纠纷应当协商解决；协商不成的，由共同的上一级人民政府裁决。

第六章 法律责任

第四十七条 水行政主管部门或者其他

依照本法规定行使监督管理权的部门，不依法作出行政许可决定或者办理批准文件的，发现违法行为或者接到对违法行为的举报不予查处的，或者有其他未依照本法规定履行职责的行为的，对直接负责的主管人员和其他直接责任人员依法给予处分。

第四十八条　违反本法规定，在崩塌、滑坡危险区或者泥石流易发区从事取土、挖砂、采石等可能造成水土流失的活动的，由县级以上地方人民政府水行政主管部门责令停止违法行为，没收违法所得，对个人处一千元以上一万元以下的罚款，对单位处二万元以上二十万元以下的罚款。

第四十九条　违反本法规定，在禁止开垦坡度以上陡坡地开垦种植农作物，或者在禁止开垦、开发的植物保护带内开垦、开发的，由县级以上地方人民政府水行政主管部门责令停止违法行为，采取退耕、恢复植被等补救措施；按照开垦或者开发面积，可以对个人处每平方米二元以下的罚款、对单位处每平方米十元以下的罚款。

第五十条　违反本法规定，毁林、毁草开垦的，依照《中华人民共和国森林法》、《中华人民共和国草原法》的有关规定处罚。

第五十一条　违反本法规定，采集发菜，或者在水土流失重点预防区和重点治理区铲草皮、挖树兜、滥挖虫草、甘草、麻黄等的，由县级以上地方人民政府水行政主管部门责令停止违法行为，采取补救措施，没收违法所得，并处违法所得一倍以上五倍以下的罚款；没有违法所得的，可以处五万元以下的罚款。

在草原地区有前款规定违法行为的，依照《中华人民共和国草原法》的有关规定处罚。

第五十二条　在林区采伐林木不依法采取防止水土流失措施的，由县级以上地方人民政府林业主管部门、水行政主管部门责令限期改正，采取补救措施；造成水土流失的，由水行政主管部门按照造成水土流失的面积处每平方米二元以上十元以下的罚款。

第五十三条　违反本法规定，有下列行为之一的，由县级以上人民政府水行政主管部门责令停止违法行为，限期补办手续；逾期不补办手续的，处五万元以上五十万元以下的罚款；对生产建设单位直接负责的主管人员和其他直接责任人员依法给予处分：

（一）依法应当编制水土保持方案的生产建设项目，未编制水土保持方案或者编制的水土保持方案未经批准而开工建设的；

（二）生产建设项目的地点、规模发生重大变化，未补充、修改水土保持方案或者补充、修改的水土保持方案未经原审批机关批准的；

（三）水土保持方案实施过程中，未经原审批机关批准，对水土保持措施作出重大变更的。

第五十四条　违反本法规定，水土保持设施未经验收或者验收不合格将生产建设项目投产使用的，由县级以上人民政府水行政主管部门责令停止生产或者使用，直至验收合格，并处五万元以上五十万元以下的罚款。

第五十五条　违反本法规定，在水土保持方案确定的专门存放地以外的区域倾倒砂、石、土、矸石、尾矿、废渣等的，由县级以上地方人民政府水行政主管部门责令停止违法行为，限期清理，按照倾倒数量处每立方米十元以上二十元以下的罚款；逾期仍不清理的，县级以上地方人民政府水行政主管部门可以指定有清理能力的单位代为清理，所需费用由违法行为人承担。

第五十六条　违反本法规定，开办生产建设项目或者从事其他生产建设活动造成水土流失，不进行治理的，由县级以上人民政府水行政主管部门责令限期治理；逾期仍不治理的，县级以上人民政府水行政主管部门可以指定有治理能力的单位代为治理，所需费用由违法行为人承担。

第五十七条　违反本法规定，拒不缴纳水土保持补偿费的，由县级以上人民政府水行政主管部门责令限期缴纳；逾期不缴纳的，自滞纳之日起按日加收滞纳部分万分之五的滞纳金，可以处应缴水土保持补偿费三倍以下的罚款。

第五十八条　违反本法规定，造成水土流失危害的，依法承担民事责任；构成违反治安管理行为的，由公安机关依法给予治安管理处罚；构成犯罪的，依法追究刑事责任。

第七章　附　　则

第五十九条　县级以上地方人民政府根据当地实际情况确定的负责水土保持工作的机构，行使本法规定的水行政主管部门水土保持工作的职责。

第六十条　本法自2011年3月1日起施行。

全国人民代表大会常务委员会法制工作委员会答复（对非法批准占用土地，分别按土地管理法处理）

［1992年9月7日　法工委复字（92）116号］

国家土地管理局：

你局〔1992〕国土〔法〕字第83号文收悉，经研究答复如下：

土地管理法第四十八条规定，“无权批准征用、使用土地的单位或者个人非法批准占用土地的，超越批准权限非法批准占用土地的，批准文件无效，对非法批准占用土地的单位主管人员或者个人由其所在单位或者上级机关给予行政处分；收受贿赂的，依照刑法有关规定追究刑事责任。非法批准占用的土地按照非法占用土地处理。”根据上述规定，我们同意你局的意见，对非法批准占用的土地，可以区别全民所有制单位、城市集体所有制单位、乡（镇）村企业、农村居民或者城镇非农业户口居民，分别按照土地管理法第四十三条、第四十四条、第四十五条、第四十六条的规定处理。

全国人民代表大会常务委员会法制工作委员会关于超过批准用地面积不大的新建房屋是否可以用罚款代替责令限期拆除的答复

（1991年10月4日）

问：超过批准用地面积不大的新建房屋是否可以用每超过一平方米处以200元至1000元的罚款代替责令限期拆除？（湖南省人大常委会法规工作委员会，1991年9月3日）

答：土地管理法第四十五条已明确规定：“农村居民未经批准或者采取欺骗手段骗取批准，非法占用土地建住宅的，责令退还非法占用的土地，限期拆除或者没收在非法占用的土地上新建的房屋。”所提问题应依照上述规定执行，地方性法规不应当作出同上述规定不一致的规定。

国有土地上房屋征收与补偿条例

（2011年1月19日国务院第141次常务会议通过，2011年1月21日公布，自2011年1月21日起施行）

第一章 总 则

第一条 为了规范国有土地上房屋征收与补偿活动，维护公共利益，保障被征收房屋所有权人的合法权益，制定本条例。

第二条 为了公共利益的需要，征收国有土地上单位、个人的房屋，应当对被征收房屋所有权人（以下称被征收人）给予公平补偿。

第三条 房屋征收与补偿应当遵循决策民主、程序正当、结果公开的原则。

第四条 市、县级人民政府负责本行政区域的房屋征收与补偿工作。

市、县级人民政府确定的房屋征收部门（以下称房屋征收部门）组织实施本行政区域的房屋征收与补偿工作。

市、县级人民政府有关部门应当依照本条例的规定和本级人民政府规定的职责分工，互相配合，保障房屋征收与补偿工作的顺利进行。

第五条 房屋征收部门可以委托房屋征收实施单位，承担房屋征收与补偿的具体工作。房屋征收实施单位不得以营利为目的。

房屋征收部门对房屋征收实施单位在委托范围内实施的房屋征收与补偿行为负责监督，并对其行为后果承担法律责任。

第六条 上级人民政府应当加强对下级人民政府房屋征收与补偿工作的监督。

国务院住房城乡建设主管部门和省、自治区、直辖市人民政府住房城乡建设主管部门应当会同同级财政、国土资源、发展改革等有关部门，加强对房屋征收与补偿实施工作的指导。

第七条 任何组织和个人对违反本条例规定的行为，都有权向有关人民政府、房屋征收部门和其他有关部门举报。接到举报的有关人民政府、房屋征收部门和其他有关部门对举报应当及时核实、处理。

监察机关应当加强对参与房屋征收与补偿工作的政府和有关部门或者单位及其工作人员的监察。

第二章 征收决定

第八条 为了保障国家安全、促进国民经济和社会发展等公共利益的需要，有下列情形之一，确需征收房屋的，由市、县级人民政府作出房屋征收决定：

（一）国防和外交的需要；

（二）由政府组织实施的能源、交通、水利等基础设施建设的需要；

（三）由政府组织实施的科技、教育、文化、卫生、体育、环境和资源保护、防灾减灾、文物保护、社会福利、市政公用等公共事业的需要；

（四）由政府组织实施的保障性安居工程建设的需要；

（五）由政府依照城乡规划法有关规定组织实施的对危房集中、基础设施落后等地段进行旧城区改建的需要；

（六）法律、行政法规规定的其他公共

利益的需要。

第九条 依照本条例第八条规定，确需征收房屋的各项建设活动，应当符合国民经济和社会发展规划、土地利用总体规划、城乡规划和专项规划。保障性安居工程建设、旧城区改建，应当纳入市、县级国民经济和社会发展年度计划。

制定国民经济和社会发展规划、土地利用总体规划、城乡规划和专项规划，应当广泛征求社会公众意见，经过科学论证。

第十条 房屋征收部门拟定征收补偿方案，报市、县级人民政府。

市、县级人民政府应当组织有关部门对征收补偿方案进行论证并予以公布，征求公众意见。征求意见期限不得少于 30 日。

第十一条 市、县级人民政府应当将征求意见情况和根据公众意见修改的情况及时公布。

因旧城区改建需要征收房屋，多数被征收人认为征收补偿方案不符合本条例规定的，市、县级人民政府应当组织由被征收人和公众代表参加的听证会，并根据听证会情况修改方案。

第十二条 市、县级人民政府作出房屋征收决定前，应当按照有关规定进行社会稳定风险评估；房屋征收决定涉及被征收人数量较多的，应当经政府常务会议讨论决定。

作出房屋征收决定前，征收补偿费用应当足额到位、专户存储、专款专用。

第十三条 市、县级人民政府作出房屋征收决定后应当及时公告。公告应当载明征收补偿方案和行政复议、行政诉讼权利等事项。

市、县级人民政府及房屋征收部门应当做好房屋征收与补偿的宣传、解释工作。

房屋被依法征收的，国有土地使用权同时收回。

第十四条 被征收人对市、县级人民政府作出的房屋征收决定不服的，可以依法申请行政复议，也可以依法提起行政诉讼。

第十五条 房屋征收部门应当对房屋征收范围内房屋的权属、区位、用途、建筑面积等情况组织调查登记，被征收人应当予以配合。调查结果应当在房屋征收范围内向被征收人公布。

第十六条 房屋征收范围确定后，不得在房屋征收范围内实施新建、扩建、改建房屋和改变房屋用途等不当增加补偿费用的行为；违反规定实施的，不予补偿。

房屋征收部门应当将前款所列事项书面通知有关部门暂停办理相关手续。暂停办理相关手续的书面通知应当载明暂停期限。暂停期限最长不得超过 1 年。

第三章 补　　偿

第十七条 作出房屋征收决定的市、县级人民政府对被征收人给予的补偿包括：

（一）被征收房屋价值的补偿；

（二）因征收房屋造成的搬迁、临时安置的补偿；

（三）因征收房屋造成的停产停业损失的补偿。

市、县级人民政府应当制定补助和奖励办法，对被征收人给予补助和奖励。

第十八条 征收个人住宅，被征收人符合住房保障条件的，作出房屋征收决定的市、县级人民政府应当优先给予住房保障。具体办法由省、自治区、直辖市制定。

第十九条 对被征收房屋价值的补偿，不得低于房屋征收决定公告之日被征收房屋类似房地产的市场价格。被征收房屋的价值，由具有相应资质的房地产价格评估机构按照房屋征收评估办法评估确定。

对评估确定的被征收房屋价值有异议的，可以向房地产价格评估机构申请复核评估。对复核结果有异议的，可以向房地产价格评估专家委员会申请鉴定。

房屋征收评估办法由国务院住房城乡建设主管部门制定，制定过程中，应当向社会公开征求意见。

第二十条　房地产价格评估机构由被征收人协商选定；协商不成的，通过多数决定、随机选定等方式确定，具体办法由省、自治区、直辖市制定。

房地产价格评估机构应当独立、客观、公正地开展房屋征收评估工作，任何单位和个人不得干预。

第二十一条　被征收人可以选择货币补偿，也可以选择房屋产权调换。

被征收人选择房屋产权调换的，市、县级人民政府应当提供用于产权调换的房屋，并与被征收人计算、结清被征收房屋价值与用于产权调换房屋价值的差价。

因旧城区改建征收个人住宅，被征收人选择在改建地段进行房屋产权调换的，作出房屋征收决定的市、县级人民政府应当提供改建地段或者就近地段的房屋。

第二十二条　因征收房屋造成搬迁的，房屋征收部门应当向被征收人支付搬迁费；选择房屋产权调换的，产权调换房屋交付前，房屋征收部门应当向被征收人支付临时安置费或者提供周转用房。

第二十三条　对因征收房屋造成停产停业损失的补偿，根据房屋被征收前的效益、停产停业期限等因素确定。具体办法由省、自治区、直辖市制定。

第二十四条　市、县级人民政府及其有关部门应当依法加强对建设活动的监督管理，对违反城乡规划进行建设的，依法予以处理。

市、县级人民政府作出房屋征收决定前，应当组织有关部门依法对征收范围内未经登记的建筑进行调查、认定和处理。对认定为合法建筑和未超过批准期限的临时建筑的，应当给予补偿；对认定为违法建筑和超过批准期限的临时建筑的，不予补偿。

第二十五条　房屋征收部门与被征收人依照本条例的规定，就补偿方式、补偿金额和支付期限、用于产权调换房屋的地点和面积、搬迁费、临时安置费或者周转用房、停产停业损失、搬迁期限、过渡方式和过渡期限等事项，订立补偿协议。

补偿协议订立后，一方当事人不履行补偿协议约定的义务的，另一方当事人可以依法提起诉讼。

第二十六条　房屋征收部门与被征收人在征收补偿方案确定的签约期限内达不成补偿协议，或者被征收房屋所有权人不明确的，由房屋征收部门报请作出房屋征收决定的市、县级人民政府依照本条例的规定，按照征收补偿方案作出补偿决定，并在房屋征收范围内予以公告。

补偿决定应当公平，包括本条例第二十五条第一款规定的有关补偿协议的事项。

被征收人对补偿决定不服的，可以依法申请行政复议，也可以依法提起行政诉讼。

第二十七条　实施房屋征收应当先补偿、后搬迁。

作出房屋征收决定的市、县级人民政府对被征收人给予补偿后，被征收人应当在补偿协议约定或者补偿决定确定的搬迁期限内完成搬迁。

任何单位和个人不得采取暴力、威胁或者违反规定中断供水、供热、供气、供电和道路通行等非法方式迫使被征收人搬迁。禁止建设单位参与搬迁活动。

第二十八条　被征收人在法定期限内不申请行政复议或者不提起行政诉讼，在补偿决定规定的期限内又不搬迁的，由作出房屋征收决定的市、县级人民政府依法申请人民法院强制执行。

强制执行申请书应当附具补偿金额和专户存储账号、产权调换房屋和周转用房的地点和面积等材料。

第二十九条　房屋征收部门应当依法建立房屋征收补偿档案，并将分户补偿情况在房屋征收范围内向被征收人公布。

审计机关应当加强对征收补偿费用管理和使用情况的监督，并公布审计结果。

第四章　法律责任

第三十条　市、县级人民政府及房屋征收部门的工作人员在房屋征收与补偿工作中不履行本条例规定的职责，或者滥用职权、玩忽职守、徇私舞弊的，由上级人民政府或者本级人民政府责令改正，通报批评；造成损失的，依法承担赔偿责任；对直接负责的主管人员和其他直接责任人员，依法给予处分；构成犯罪的，依法追究刑事责任。

第三十一条　采取暴力、威胁或者违反规定中断供水、供热、供气、供电和道路通行等非法方式迫使被征收人搬迁，造成损失的，依法承担赔偿责任；对直接负责的主管人员和其他直接责任人员，构成犯罪的，依法追究刑事责任；尚不构成犯罪的，依法给予处分；构成违反治安管理行为的，依法给予治安管理处罚。

第三十二条　采取暴力、威胁等方法阻碍依法进行的房屋征收与补偿工作，构成犯罪的，依法追究刑事责任；构成违反治安管理行为的，依法给予治安管理处罚。

第三十三条　贪污、挪用、私分、截留、拖欠征收补偿费用的，责令改正，追回有关款项，限期退还违法所得，对有关责任单位通报批评、给予警告；造成损失的，依法承担赔偿责任；对直接负责的主管人员和其他直接责任人员，构成犯罪的，依法追究刑事责任；尚不构成犯罪的，依法给予处分。

第三十四条　房地产价格评估机构或者房地产估价师出具虚假或者有重大差错的评估报告的，由发证机关责令限期改正，给予警告，对房地产价格评估机构并处5万元以上20万元以下罚款，对房地产估价师并处1万元以上3万元以下罚款，并记入信用档案；情节严重的，吊销资质证书、注册证书；造成损失的，依法承担赔偿责任；构成犯罪的，依法追究刑事责任。

第五章　附　　则

第三十五条　本条例自公布之日起施行。2001年6月13日国务院公布的《城市房屋拆迁管理条例》同时废止。本条例施行前已依法取得房屋拆迁许可证的项目，继续沿用原有的规定办理，但政府不得责成有关部门强制拆迁。

自然资源违法行为立案查处工作规程（试行）

（自然资源部部长办公会议审议通过，2022年9月23日发布，自2022年11月1日起施行）

为规范自然资源违法行为立案查处工作，明确立案查处工作程序，提高执法查处水平，提升执法查处效能，根据《中华人民共和国土地管理法》《中华人民共和国矿产资源法》《中华人民共和国测绘法》《中华人民共和国城乡规划法》《中华人民共和国行政处罚法》《中华人民共和国行政强制法》等法律法规，制定本规程。

1　总　　则

1.1　适用范围

自然资源主管部门立案查处自然资源违法行为，适用本规程，法律法规另有规定的除外。

综合行政执法部门、乡镇人民政府、街道办事处等依法履行立案查处自然资源违法行为职责的，可以参照本规程。

1.2　自然资源违法行为立案查处的基本内容

自然资源违法行为立案查处，是指自然资源主管部门，依照法定职权和程序，对自然人、法人或者其他组织违反土地、矿产、测绘地理信息、国土空间规划法律法规的行为，进行调查处理，实施行政处罚或者行政处理的执法行为。

1.3　自然资源违法行为立案查处的原则与要求

自然资源违法行为立案查处，应当遵循严格、规范、公正、文明的原则，做到事实清楚、证据确凿、定性准确、依据正确、程序合法、处罚适当、文书规范。

1.4　自然资源违法行为立案查处的实施主体与分工

自然资源主管部门组织实施自然资源违法行为立案查处工作，具体工作依法由其执法工作机构和其他业务职能工作机构（以下统称承办机构）按照部门内部确定的职责分工承担。无明确职责分工的，执法工作机构主要承担未经审批的自然资源违法行为的立案查处，其他业务职能工作机构主要承担与其行政许可等密切相关违法行为的立案查处。

经依法书面委托的自然资源主管部门执法队伍（执法总队、支队、大队、中心等）可以在委托范围内，以委托部门的名义进行立案查处工作。

自然资源主管部门可以根据需要依法明确自然资源所、执法中队等承担相应的自然资源执法工作。

1.5　自然资源执法人员

自然资源执法人员应当熟悉土地、矿产、测绘地理信息、国土空间规划等法律法规，经过培训，考核合格，取得执法证件。

执法人员在自然资源违法行为立案查处过程中，应当主动出示执法证件，向当事人或者相关人员表明身份。

在自然资源违法行为立案查处过程中知悉的国家秘密、商业秘密或者个人隐私，执法人员应当依法予以保密。

1.6　自然资源违法行为立案查处的工作保障

自然资源主管部门应当加强与财政等相关部门的沟通协调，将执法工作经费纳入年度部门预算，提供车辆、记录仪等必要装备保障，并为执法人员提供人身意外伤害保险等职业风险保障。

自然资源主管部门可以根据执法工作需要，统筹多方技术力量，或者采取购买第三方服务等方式，加强执法工作技术保障；可以聘请执法工作辅助人员，加强执法工作人力资源保障；充分利用信息化手段，加强执法工作的信息化建设，提升执法查处效能。

1.7　自然资源违法行为立案查处的基本流程

（1）立案；

（2）调查取证；

（3）案情分析与调查报告起草；

（4）案件审理；

（5）重大执法决定法制审核；

（6）作出处理决定（行政处罚决定或者行政处理决定）；

（7）执行；

（8）结案；

（9）立卷归档。

涉及需要移送公安、纪检监察、任免机关追究刑事责任、党纪政务责任的，应当依照有关规定移送。

1.8　规范行使行政处罚裁量权

自然资源主管部门应当规范行使行政处罚裁量权。省级自然资源主管部门应当依据法律法规规定的违法行为和相应法律责任，结合当地社会经济发展的实际情况，依法制定行政处罚裁量基准，细化量化本地区自然资源行政处罚的裁量范围、种类、幅度等并向社会公布。市（地）级、县级自然资源主管部门可以根据省级行政处罚裁量基准制定实施细则。

省级自然资源主管部门可以根据实际情况，制定并公布轻微违法行为依法不予行政处罚清单。

1.9 全面落实行政执法“三项制度”

自然资源主管部门应当全面落实行政执法公示制度、执法全过程记录制度和重大执法决定法制审核制度（统称行政执法“三项制度”）的相关规定。

1.10 补充说明

地方自然资源主管部门可以依据本规程制定实施细则或者补充规定，报上一级自然资源主管部门备案。

在国土空间规划实施前，继续执行经依法批准的土地利用总体规划和城乡规划。在国土空间规划实施后，按照国土空间规划执行。

行政处理案件的立案查处程序适用本规程。

2 立　　案

2.1 案件管辖

2.1.1 地域管辖

自然资源违法案件由自然资源违法行为发生地的自然资源主管部门管辖，法律、行政法规、部门规章另有规定的，从其规定。

土地、矿产、国土空间规划违法案件一般由不动产所在地的自然资源主管部门管辖；测绘地理信息违法案件一般由单位注册地、办公场所所在地、个人户籍所在地的自然资源主管部门管辖。

两个以上自然资源主管部门都有管辖权的，由最先立案的自然资源主管部门管辖。

2.1.2 级别管辖

县级自然资源主管部门管辖本行政区域内发生的自然资源违法案件。

市级、省级自然资源主管部门管辖本行政区域内重大、复杂和法律法规规定应当由其管辖的自然资源违法案件。

自然资源部管辖全国范围内重大、复杂和法律法规规定应当由其管辖的自然资源违法案件。

有下列情形之一的，上级自然资源主管部门有权管辖下级自然资源主管部门管辖的案件：

（1）下级自然资源主管部门应当立案调查而不予立案调查的；

（2）案情复杂，情节恶劣，有重大影响的。

必要时，上级自然资源主管部门可以将本级管辖的案件交由下级自然资源主管部门立案调查，但是法律法规规定应当由其管辖的除外。

2.1.3 指定管辖

有管辖权的自然资源主管部门由于特殊原因不能行使管辖权的，可以报请上一级自然资源主管部门指定管辖；自然资源主管部门之间因管辖权发生争议的，报请共同的上一级自然资源主管部门指定管辖。上一级自然资源主管部门应当在接到指定管辖申请之日起七个工作日内，作出管辖决定。

自然资源主管部门与其他部门之间因管辖权发生争议，经协商无法达成一致意见的，应当报请本级人民政府指定管辖。

2.1.4 移送管辖

自然资源主管部门发现违法行为不属于本级或者本部门管辖的，应当填报《案件管辖移送书》，移送有管辖权的自然资源主管部门或者其他部门。受移送的自然资源主管部门对管辖权有异议的，应当报请上一级自然资源主管部门指定管辖，不得再自行移送。

2.2 核查与制止

核查人员应当按照要求及时核查涉嫌自然资源违法行为，核查后根据是否符合立案条件，提出立案或者不予立案的建议。

2.2.1 核查的主要内容

（1）涉嫌违法当事人的基本情况；

（2）涉嫌违法的基本事实；

（3）违反自然资源法律法规的情况；

（4）是否属于本级本部门管辖。

核查过程中，可以采取现场勘验、摄像、拍照、询问、复印资料等方式收集相关材料。

2.2.2　违法行为制止

经核查存在自然资源违法行为，执法人员应当向违法当事人宣传自然资源法律法规和政策，告知其行为违法及可能承担的法律责任，采取措施予以制止。

2.2.2.1　责令停止违法行为

对正在实施的违法行为，自然资源主管部门应当依法及时下达《责令停止违法行为通知书》。

《责令停止违法行为通知书》应当记载下列内容：

（1）违法行为人的姓名或者名称；

（2）简要违法事实和法律依据；

（3）其他应当记载的事项。

2.2.2.2　其他制止措施

对自然资源违法行为书面制止无效、当事人拒不停止违法行为的，自然资源主管部门应当及时将违法事实书面报告本级人民政府和上一级自然资源主管部门；可以根据情况将涉嫌违法的事实及制止违法行为的情况抄告发展改革、城乡建设、农业农村、电力、金融、市场监管等部门，提请相关部门按照共同责任机制等要求履行部门职责，采取联合执法等措施，共同制止违法行为。

2.3　立案条件

符合下列条件的，自然资源主管部门应当予以立案：

（1）有明确的行为人；

（2）有违反自然资源法律法规的事实；

（3）依照自然资源法律法规应当追究法律责任；

（4）属于本级本部门管辖；

（5）违法行为没有超过追诉时效。

2.4　立案呈批

核查后，应当根据立案或者不予立案的建议填写《立案（不予立案）呈批表》，报自然资源主管部门负责人审批。符合立案条件的，自然资源主管部门应当在十个工作日内予以立案。

《立案（不予立案）呈批表》应当载明案件来源、当事人基本情况、涉嫌违法事实、相关建议等内容。必要时，一并提出暂停办理与案件相关的自然资源审批、登记等手续的建议。

2.5　案由

案由应当结合违法行为具体情况确定，一般表述为“违法主体＋违法行为类型或者情形＋行为结果”。其中，违法主体应当使用全称或者规范简称，违法行为类型或者情形可参照本规程附录，无行为结果可以不表述。

2.6　确定承办人员

批准立案后，承办机构应当确定具有行政执法资格的执法人员作为案件承办人员，承办人员不得少于二人。

承办人员具体组织实施案件调查取证，起草相关法律文书，提出处理建议，撰写案件调查报告等。

2.7　回避

承办人员与案件有直接利害关系或者有其他关系可能影响公正执法的，应当主动申请回避。当事人认为承办人员与案件有直接利害关系或者有其他关系可能影响公正执法的，可以申请承办人员回避。

承办人员主动申请回避的，由承办机构负责人决定；当事人提出回避申请或者涉及承办机构负责人的回避，由自然资源主管部门负责人决定。决定回避的，应当对之前的调查行为是否有效一并决定。决定回避前，被要求回避的承办人员不停止对案件的调查。

其他与案件有直接利害关系或者有其他关系可能影响公正执法的人员，不得参与案件的调查、讨论、审理、重大执法决定法制审核和决定。

3 调查取证

承办人员应当对违法事实进行调查，并收集相关证据。调查取证时，不得少于二人，并应当主动向被调查人出示执法证件。

3.1 调查措施

3.1.1 一般调查措施

调查取证时，承办人员依法有权采取下列措施：

（1）下达《接受调查通知书》，要求被调查的单位或者个人提供有关文件和资料，并就与案件有关的问题作出说明；

（2）询问当事人以及相关人员，进入违法现场进行检查、勘验、拍照、录音、摄像，查阅和复印相关材料；

（3）责令当事人停止违法行为，限期改正；

（4）根据需要可以对有关证据先行登记保存；

（5）对涉嫌自然资源违法的单位或者个人，在调查期间暂停办理与该违法案件相关的审批、登记等手续；

（6）责令涉嫌土地违法的单位或者个人在调查期间不得变卖、转移与案件有关的财物，对可能被转移、销毁、隐匿或者篡改的文件、资料予以封存；

（7）查封、扣押与涉嫌测绘违法行为直接相关的设备、工具、原材料、测绘成果、地图产品等；

（8）责令停止城乡规划违法建设，当事人不停止的，申请县级以上地方人民政府责成有关部门查封施工现场；

（9）可以采取的其他措施。

3.1.2 调查遇阻措施

被调查人拒绝、逃避调查取证或者采取暴力、威胁等方式阻碍调查取证时，依法可以采取下列措施：

（1）商请当事人所在单位或者违法行为发生地所在基层组织协助调查；

（2）向本级人民政府或者上一级自然资源主管部门报告；

（3）提请公安、检察、监察等相关部门协助；

（4）其他措施。

3.2 调查实施与证据收集

3.2.1 调查前期准备

（1）研究确定调查的主要内容、方法、步骤及拟收集的证据清单等；

（2）收集内业资料；

（3）准备调查装备、设备；

（4）准备其他材料。

3.2.2 证据种类

（1）书证；

（2）物证；

（3）视听资料；

（4）电子数据；

（5）证人证言；

（6）当事人的陈述；

（7）询问笔录；

（8）现场勘验笔录；

（9）认定意见、鉴定意见；

（10）其他。

3.2.3 证据范围

3.2.3.1 土地违法案件证据范围

（1）当事人身份证明材料；

（2）询问笔录；

（3）地类及权属证明材料；

（4）土地利用现状图、土地利用总体规划图、国家永久基本农田数据库等；

（5）现场勘验材料，包括现场勘验笔录、勘测定界图、勘测报告等；

（6）违法地块现状材料，包括现场照片、视听资料等；

（7）土地来源材料，包括预审、先行用地、临时用地、土地征收、农用地转用、供地等相关审批材料、设施农用地备案材料、土地取得协议或者合同、骗取批准的证明材料等；

（8）项目立项、规划、环评、建设等审批材料；

（9）破坏耕地等农用地涉嫌犯罪的相关认定意见、鉴定意见材料；

（10）违法转让的证明材料，包括转让协议、实际交付价款凭证、土地已实际交付证明材料、违法所得认定材料；

（11）违法批地的证明材料，包括批准用地的文件、协议、会议纪要、记录等；

（12）需要收集的其他证据材料。

3.2.3.2　矿产违法案件证据范围

（1）当事人身份证明材料；

（2）询问笔录；

（3）勘查、开采等审批登记相关材料；

（4）证明矿产品种类、开采量、价格等的材料；

（5）违法所得证据及认定材料，包括生产记录、销售凭据等；

（6）违法勘查、开采等证明材料，包括现场勘验笔录、现场照片、视听资料等；

（7）违法转让（出租、承包）矿产资源、矿业权的证明材料，包括协议、转让价款凭证、往来账目等；

（8）违法采矿、破坏性采矿涉嫌犯罪的相关认定意见、鉴定意见；

（9）需要收集的其他证据材料。地质灾害、矿山环境等违法案件参照上述证据范围要求收集相关证据材料。

3.2.3.3　测绘地理信息违法案件证据范围

（1）当事人身份证明材料；

（2）询问笔录；

（3）资质证书、资格证书、相关行政许可或者审批等材料；

（4）现场勘验材料，包括现场勘验笔录、照片、相关数据、视听资料等；

（5）相关项目、人员用工等合同或者协议性文件材料；

（6）相关交易凭据、账簿、登记台账及其他有关文件材料；

（7）测绘资料、成果、地图、附着地图图形物品、图件和电子数据等材料；

（8）测绘相关设施、设备、工具、原材料等；

（9）弄虚作假、伪造、欺骗、冒用、以其他人名义执业等材料；

（10）相关审查意见、检验或者检测报告以及专家结论等材料；

（11）需要收集的其他证据材料。

3.2.3.4　国土空间规划违法案件证据范围

（1）当事人身份证明材料；

（2）询问笔录；

（3）土地权属证明材料；

（4）项目立项、土地、规划、环评、建设等审批材料；

（5）现场勘验材料，包括现场勘验笔录、勘测定界图、勘测报告等；

（6）违法项目现状材料，包括现场照片、视听资料、设计文本、施工图纸、竣工测量报告等；

（7）国土空间规划编制单位资质等级许可文件及项目承揽合同、编制成果等；

（8）规划审批部门关于项目规划情况的认定意见材料；

（9）项目施工合同、建设工程造价认定意见材料；

（10）违法收入证明材料；

（11）违法审批的证明材料，包括规划审批的文件、协议、会议纪要、记录等；

（12）需要收集的其他证据材料。

3.2.4　证据要求

3.2.4.1　书证、物证

书证和物证为原件原物的，制作证据交接单，注明证据名称（品名）、编号（型号）、数量等内容。经核对无误后，双方签字，一式二份，各持一份。

书证为复印件的，应当由保管书证原件的单位或者个人在复印件上注明出处和“本复印件与原件一致”等字样，签名、盖章，并签署时间。单项书证较多的，加盖骑缝章。

收集物证原物确有困难的，可以收集与原物核对无误的复制件或者证明该物证的照片、录像等其他证据。

3.2.4.2　视听资料、电子数据

录音、录像、计算机数据等视听资料、电子数据应当符合下列要求：

（1）收集视听资料、电子数据的原始载体。收集原始载体确有困难的，可以收集复制件；

（2）收集视听资料、电子数据，应当制作笔录，记录案由、对象、内容，收集的时间、地点、方法、过程，并附清单，注明类别、文件格式等，由承办人员和视听资料、电子数据持有人（提供人）签名或者盖章；持有人（提供人）无法签名或者拒绝签名的，应当在笔录中注明，由见证人签名或者盖章。有条件的，可以对相关活动进行录像；

（3）声音资料应当附有该声音内容的文字记录。

3.2.4.3　证人证言

证人证言应当符合下列要求：

（1）写明证人的姓名、年龄、性别、职业、住址、联系方式等基本情况；

（2）有与案件相关的事实；

（3）有证人签名，证人不能签名的，应当按手印或者盖章；

（4）注明出具日期；

（5）附有身份证复印件等证明证人身份的文件。

3.2.4.4　当事人的陈述

当事人请求自行提供陈述材料的，应当准许。必要时，承办人员也可以要求当事人自行书写。当事人应当在其提供的陈述材料上签名、按手印或者盖章。

3.2.4.5　询问笔录

对当事人、证人等询问时，应当个别进行，并制作《询问笔录》。《询问笔录》包括基本情况和询问记录等内容。

基本情况包括：询问时间、询问地点、询问人、记录人、被询问人基本信息等。

询问记录包括：询问告知情况、案件相关事实和被询问人补充内容。

（1）询问开始时，承办人员应当表明身份，出示执法证件，核实被询问人身份，并告知被询问人诚实作证和配合调查的法律义务，隐瞒事实、作伪证的法律责任以及申请承办人员回避的权利。

（2）案件相关事实包括：时间、地点、原貌与现状、地类、面积、权属、矿种、采出量、违法所得、实施主体、实施目的、实施过程、后果、相关手续办理情况、其他单位或者部门处理情况、相关资料保存情况以及其他需要询问的内容。

询问结束，应当将《询问笔录》交被询问人核对。被询问人阅读有困难的，应当向其宣读。笔录如有差错、遗漏，应当允许被询问人更正或者补充，涂改部分应当由被询问人按手印。经核对无误后，由被询问人在《询问笔录》上逐页签名、按手印，在尾页空白处写明“以上笔录经本人核对无异议”等被询问人认可性语言，签署姓名和时间，并按手印。《询问笔录》应当注明总页数和页码。

被询问人拒绝签名的，承办人员应当在《询问笔录》中注明。有其他见证人在场的，可以由见证人签名。

询问时，在文字记录的同时，根据需要可以在告知被询问人后录音、录像。

3.2.4.6　现场勘验笔录

现场勘验应当告知当事人参加。当事人拒绝参加的，不影响现场勘验进行，但可以邀请案件发生地村（居）委会等基层组织相关人员作为见证人参加。必要时，可以采取拍照、录像等方式记录现场勘验情况。

现场勘验应当制作《现场勘验笔录》。《现场勘验笔录》应当记载当事人、案由、勘验内容、勘验时间、勘验地点、勘验人、勘验情况等内容，并附勘测图。《现场勘验笔录》应当由勘验人员、承办人员、当事人或者见证人签名。当事人拒绝签名或者不能签名的，应当注明原因。

委托有关机构进行鉴定的，被委托的鉴定机构不得单独进行现场勘验。

3.2.4.7　认定意见、鉴定意见

涉及耕地破坏程度认定或者鉴定的，由市（地）级或省级自然资源主管部门组织实施，根据实际情况出具认定意见；也可委托具有法定资质的机构出具鉴定意见；没有具有法定资质的机构的，可以委托其他具备条件的机构出具鉴定意见。

涉及违法开采的矿产品价值认定的，根据销赃数额认定；无销赃数额，销赃数额难以查证或者根据销赃数额认定明显不合理的，根据矿产品价格和数量认定。矿产品价格和数量难以确定的，依据价格认证机构和省级以上自然资源主管部门出具的报告，并结合其他证据作出认定意见。

涉及测绘地理信息违法行为认定的，由市（地）级以上自然资源主管部门组织实施，根据需要出具认定意见，也可以委托有关机构出具鉴定意见。

3.2.5　证据先行登记保存

调查中发现证据可能灭失或者以后难以取得的情况下，经自然资源主管部门负责人批准，可以先行登记保存。证据先行登记保存期间，任何人不得销毁或者转移证据。

证据先行登记保存，应当制作《证据先行登记保存通知书》，附具《证据保存清单》，向当事人下达。制作《证据保存清单》，应当有当事人在场，当事人不在场可以邀请其他见证人参加，并由当事人或者见证人核对，确定无误后签字。

先行登记保存的证据，可以交由当事人自己保存，也可以由自然资源主管部门或者其指定单位保存。证据在原地保存可能妨害公共秩序、公共安全或者对证据保存不利的，也可以异地保存。

自然资源主管部门应当自发出《证据先行登记保存通知书》之日起七个工作日内，根据情况分别作出如下处理决定，向当事人下达《先行登记保存证据处理通知书》：

（1）采取记录、复制、复印、拍照、录像等方式收集证据；

（2）送交具有资质的专门机构进行鉴定、认定等；

（3）违法事实不成立的，解除证据先行登记保存；

（4）其他应当作出的决定。

3.3　行政强制措施

经自然资源主管部门负责人批准，自然资源主管部门可以依法查封、扣押与涉嫌违法测绘行为直接相关的设备、工具、原材料、测绘成果资料等；可以依法查封、扣押涉嫌违法的地图、附着地图图形的产品以及用于实施地图违法行为的设备、工具、原材料等。

3.3.1　一般规定

查封、扣押等直接涉及重大财产权益的行政强制措施应当全程音像记录。

承办人员应当主动出示执法证件，通知当事人到场，当场告知当事人采取行政强制措施的理由、依据以及当事人依法享有的权利、救济途径，听取当事人的陈述和申辩，制作现场笔录，并由当事人和承办人员签名或者盖章，当事人拒绝的，在笔录中予以注明。当事人不到场的，邀请见证人到场，由见证人和承办人员在现场笔录上签名或者盖章。

情况紧急，需要当场实施行政强制措施的，承办人员应当在24小时内向自然资源主管部门负责人报告，并补办批准手续。自然资源主管部门负责人认为不应当采取行政强制措施的，应当立即解除。

3.3.2　审查决定

实施查封、扣押，应当填写《行政强制措施事项审批表》，经自然资源主管部门负责人批准，制作《行政强制措施决定书》，附具《物品清单》，向当事人下达。制作《物品清单》应当有当事人在场，当事人不在场可以邀请其他见证人参加，并由当事人或者见证人核对，确定无误后签字。对查封的设施或者财物，可以委托第三人保管，第三人不得损毁或者擅自转移、处置。

3.3.3　强制措施处理

采取查封、扣押措施后，应当及时查清事实，自发出《行政强制措施决定书》之日起三十日内作出处理决定，情况复杂的，经自然资源主管部门负责人批准，可以延长，但是延长期限不得超过三十日。对违法事实清楚，依法应当没收的非法财物予以没收；应当解除查封、扣押的，作出解除查封、扣押的决定。

对物品需要进行检测、检验、检疫或者技术鉴定的，查封、扣押期限不包括检测、检验、检疫或者技术鉴定期限。

3.4　调查中止

因不可抗力、意外事件或者其他情形，致使案件暂时无法调查的，承办人员应当填写《中止调查决定呈批表》，报自然资源主管部门负责人批准后，中止调查。案件中止调查的情形消除后，应当及时恢复调查。

3.5　调查终止

有下列情形之一的，承办人员应当填写《终止调查决定呈批表》并提出处理建议，报自然资源主管部门负责人批准后，终止调查。

（1）调查过程中，发现违法事实不成立的；

（2）违法行为已过行政处罚追诉时效的；

（3）不属本部门管辖，需要向其他部门移送的；

（4）因不可抗力致使案件无法调查处理的；

（5）需要终止调查的其他情形。

4　案情分析与调查报告起草

在调查取证的基础上，承办人员应当对收集的证据、案件事实进行认定，确定违法的性质和法律适用，研究提出处理建议，并起草调查报告。

4.1　证据认定

4.1.1　证据审查

承办人员应当对证据的真实性、关联性和合法性进行审查。

（1）真实性审查主要审查证据是否为原件、原物，复制件、复制品是否符合要求等；

（2）关联性审查主要审查证据与案件的待证事实之间是否具有内在的联系，证据之间能否互相支撑形成证据链等；

（3）合法性审查主要审查证据取得程序及相关手续是否合法等。

4.1.2　证据的证明效力认定

认定各类证据的证明效力应当遵循以下原则：

（1）国家机关以及其他职能部门依职权制作的公文文书优于其他书证；

（2）认定意见、鉴定意见、现场勘验笔录、档案材料以及经过公证或者登记的书证优于其他书证、视听资料和证人证言；

（3）原件、原物优于复制件、复制品；

（4）法定鉴定部门的鉴定意见优于其他鉴定部门的鉴定意见；

（5）原始证据优于传来证据；

（6）其他证人证言优于与当事人有亲属关系或者其他密切关系的证人提供的对该当事人有利的证言；

（7）数个种类不同、内容一致的证据优于一个孤立的证据。

4.1.3　辅助证据

下列证据不能单独作为认定案件事实的依据，但可以作为辅助证据。

（1）未成年人的证言；

（2）与当事人有亲属关系或者其他密切关系的证人所作的对该当事人有利的证言，或者与当事人有不利关系的证人所作的对该当事人不利的证言；

（3）难以识别是否经过修改的视听资料；

（4）无法与原件、原物核对的复制件或者复制品；

（5）其他不能单独作为定案依据的证据材料。

4.2　事实认定

4.2.1　违法责任主体认定

违法责任主体应当是实施违法行为并且能够独立承担法律责任的自然人、法人或者其他组织。

（1）当事人是自然人的，该自然人为违法责任主体。

（2）当事人是法人的（企业法人、机关法人、事业单位法人、社会团体法人、农村经济组织法人、合作经济组织法人、基层群众性自治组织法人等），该法人为违法责任主体；不具有独立法人资格的分公司、内设机构、派出机构、临时机构等实施违法行为的，设立该分公司、内设机构、派出机构、临时机构的法人为违法责任主体。

（3）当事人是其他组织的，能够独立承担法律责任的，该组织为违法责任主体；不能独立承担法律责任的，创办该组织的单位或者个人为违法责任主体。

（4）受委托或者雇佣的自然人、法人或者其他组织在受委托或者雇佣的工作范围内，实施自然资源违法行为，并且能够证明委托或者雇佣关系及委托或者雇佣工作范围的，应当认定委托人或者雇佣人为违法责任主体。

（5）同一违法行为有两个以上当事人的，应当认定为共同违法责任主体。

4.2.2　违法用地占用地类认定

判定违法用地占用地类，应当将违法用地的界址范围或者勘测定界坐标数据套合到违法用地行为发生时最新或者上一年度土地利用现状图或者土地利用现状数据库及国家永久基本农田数据库上，对照标示的现状地类进行判定。违法用地发生时，该用地已经批准转为建设用地的，应当按照建设用地判定。

承办机构可以提请自然资源调查监测管理工作机构进行认定。

4.2.3　是否符合土地利用总体规划的认定判定违法用地是否符合土地利用总体规划，应当将违法用地的界址范围（或者界址坐标）与违法用地行为发生时乡（镇）土地利用总体规划纸质图件（或者数据库矢量图件）套合比对、对照，将项目名称与土地利用总体规划文本对照。

与乡（镇）土地利用总体规划纸质图件（或者数据库矢量图件）进行套合比对，违法用地位于规划城乡建设允许建设区或属于规划建设用地地类的，应当判定为符合土地利用总体规划；与乡（镇）土地利用总体规划纸质图件（或者数据库矢量图件）进行对照，违法用地位于土地利用总体规划确定的交通廊道内、独立工矿用地区域的，应当判定为符合土地利用总体规划；与土地利用总体规划文本进行对照，用地项目已列入土地利用总体规划重点建设项目清单的，应当判定为符合土地利用总体规划。

在作出处罚决定前，土地利用总体规划依法作出了重大调整，违法用地的规划土地用途发生重大变更的，可以按照从轻原则判定是否符合土地利用总体规划。

承办机构可以提请自然资源规划管理工作机构进行认定。

4.2.4　占用永久基本农田的认定

判定违法用地是否占用永久基本农田或者原基本农田，应当根据违法行为发生的时间，将违法用地的界址范围（或者界址坐标）与国家永久基本农田数据库或者乡（镇）土地利用总体规划纸质图件（或者数据库矢量图件）进行套合比对，对照所标示的永久基本农田保护地块范围进行判定。

违法行为发生在永久基本农田划定（2017年6月）之前的，违法用地位于土地利用总体规划图上标示的原基本农田保护地块范围的，应当判定为占用原基本农田。但已列入土地利用总体规划确定的交通廊道或者已列入土地利用总体规划重点建设项目清单的民生、环保等特殊项目，在未超出规划多划原基本农田面积额度的前提下，占用规划多划的原基本农田时，按照占用一般耕地进行判定，不视为占用原基本农田。

违法行为发生在永久基本农田划定（2017年6月）之后的，应将违法用地界址范围（或者界址坐标）与国家永久基本农田数据库进行套合比对，经套合显示所涉地块为永久基本农田的，应当认定为占用永久基本农田。

承办机构可以提请自然资源规划管理和耕地保护工作机构进行认定。

4.2.5　违法开采矿产品价值认定

违法开采矿产品的价值认定，根据违法所得（销赃数额）直接确定。无违法所得、违法所得难以查证或者违法所得认定明显不合理的，可以根据矿产品数量和价格确定。

违法开采矿产品的数量认定，可以采取计重或者测算体积等方式得出。对于找不到现场堆放的矿产品的，可以通过测量采空区计算或者通过查阅违法当事人销售矿产品的相关台账计算。案情复杂，难以认定的，可以依照省级以上自然资源主管部门出具的违法采出矿产品数量的认定报告确定。

违法开采矿产品的价格认定，按照价格认证机构出具的关于违法采出的矿产品价格的认定报告确定，也可以参照违法行为发生时当地合法矿山企业同类矿产品的销售价格予以认定。

4.2.6　城乡规划违法建设中尚可采取改正措施情形的认定

《中华人民共和国城乡规划法》规定的违法建设，下列情形构成尚可采取改正措施：

（1）取得建设工程规划许可证，但未按建设工程规划许可证的规定进行建设，在限期内采取局部拆除等整改措施，能够使建设工程符合建设工程规划许可证要求的；

（2）未取得建设工程规划许可证即开工建设，但已取得城乡规划主管部门的建设工程设计方案审核决定，且建设内容符合或采取局部拆除等整改措施后能够符合审核决定要求的；

（3）其他可以采取改正措施的情形。

4.2.7　城乡规划违法建设中涉及工程造价罚款基数的认定

对《中华人民共和国城乡规划法》规定的违法建设行为处以罚款，应当以新建、扩建、改建的存在违反城乡规划事实的建筑物、构筑物违法部分造价作为罚款基数。

已经完成竣工结算的违法建设，应当以竣工结算价作为罚款基数；尚未完成竣工结算的违法建设，可以根据工程已完工部分的施工合同价确定罚款基数；未依法签订施工合同或者当事人提供的施工合同价明显低于市场价格的，应当委托有资质的造价咨询机构评估确定。

4.2.8　违法所得、违法收入的认定

4.2.8.1　违法转让土地使用权的违法所得的认定

依法取得的土地使用权违法转让的，当事人依法取得土地使用权的成本和对土地的合法投入，不作为违法所得认定；违法取得的土地使用权违法转让的，违法所得为当事人转让全部所得。

转让全部所得数额按照转让合同及交易凭据所列价款确定。没有转让合同及交易凭据、当事人拒不提供或者提供的转让合同及交易凭据所列价款明显不符合实际的，可以按照评估价认定。

对土地的合法投入包括土地开发、新建建筑物和构筑物的建设投入等，但是违法新建建筑物和构筑物的建设投入除外。

4.2.8.2　矿产违法所得的认定

无证开采和越界开采的，违法所得数额应当按照销售凭据确定；没有销售凭据的，价值按照已经销售或者已经利用的违法采出矿产品的数量和价格认定。

买卖、出租或者以其他方式转让矿产资

源的，违法所得数额应当为买卖、出租或者以其他方式转让的全部所得。

违法转让矿业权的，违法所得为转让矿业权全部所得。

4.2.8.3　测绘地理信息违法所得的认定

违法从事测绘地理信息活动、生产、销售商品或者提供服务的，其合法成本与投入不作为违法所得认定。

4.2.8.4　城乡规划违法收入的认定

按照新建、扩建、改建的存在违反城乡规划事实的建筑物、构筑物违法部分出售所得价款计算；未出售或者出售所得价款明显低于同类房地产市场价格的，应当委托有资质的房地产评估机构评估确定。

4.3　法律适用和处理建议

承办人员应当依据调查掌握的证据和认定的违法事实，确定违法的性质和适用的法律法规，对照行政处罚裁量基准，研究提出处理建议。

自然资源违法行为主要类型、法律依据与法律责任见附录A、附录B、附录C、附录D。

4.3.1　不予处罚

违法行为轻微并及时改正，没有造成危害后果的，不予行政处罚。初次违法且危害后果轻微并及时改正的，可以不予行政处罚。

当事人有证据足以证明没有主观过错的，不予行政处罚。法律、行政法规另有规定的，从其规定。

对当事人的违法行为依法不予行政处罚的，自然资源主管部门应当对当事人进行教育。

4.3.2　从轻或者减轻处罚

有下列情形之一的，应当从轻或者减轻处罚：

（1）行政处罚决定下达前，主动消除或者减轻违法行为危害后果的；

（2）受他人胁迫或者诱骗实施违法行为的；

（3）主动供述自然资源主管部门尚未掌握的违法行为的；

（4）配合自然资源主管部门查处违法行为有立功表现的；

（5）法律、法规、规章规定其他应当从轻或者减轻的情形。

4.3.3　提出处理建议

承办人员应当在证据认定和事实认定的基础上，严格依照法律法规的规定，综合考虑历史遗留建筑物处置等有关文件要求，提出处理建议：

（1）事实清楚、证据确凿、属于本级本部门管辖的，应当提出明确的处理建议。其中，对于依法应当给予行政处罚的，根据情节轻重及具体情况，按照本地区行政处罚裁量基准，提出给予行政处罚的建议，并明确行政处罚的具体内容；对依法可以不予行政处罚的，提出不予行政处罚的建议，并明确不予行政处罚的理由；对于单位、个人违法批准征收、使用土地或者违法批准勘查、开采矿产资源等行为，应当提出确认相关批准文件、协议、纪要、批示等无效及撤销批准文件、废止违法内容、依法收回土地等建议；

（2）依法需要追究当事人及有关责任人员党纪政务责任的，应当提出将问题线索向纪检监察、任免机关移送建议；

（3）涉嫌犯罪，依法需要追究刑事责任的，应当提出将案件向公安、监察机关移送的建议；

（4）经批准终止调查的，应当提出撤案或者结案的建议。对于违法事实不成立、违法行为已过行政处罚追诉时效的，建议撤案；对不属本部门管辖、因不可抗力致使案件无法调查处理的，建议结案；

（5）其他处理建议。

4.4　调查报告起草

案件调查结束后，承办人员应当起草《违法案件调查报告》。

《违法案件调查报告》包括首部、正

文、尾部和证据清单。

4.4.1 首部

首部应当包括案由、承办机构、承办人员、调查时间、当事人基本情况等内容。

4.4.2 正文

正文应当包括调查情况、基本事实、案件定性、责任认定、处理建议等。

4.4.2.1 调查情况

简要介绍案件来源，立案及调查工作开展情况。

4.4.2.2 基本事实

基本事实应当包括违法行为当事人、发生时间、地点、违法事实及造成的后果。叙述一般应当按照事件发生的时间顺序客观、全面、真实地反映案情，要注意重点，详细表述主要情节、证据和关联关系。对可能影响量罚的不予处罚、从轻或者减轻处罚的事实，应当作出具体说明。有中止调查的，应当记录中止调查的原因、中止时间、恢复时间。

（1）土地违法案件基本要素：违法主体、违法行为发生、发现、制止及立案查处的时间、用地及建设情况、占用地类、规划用途、相关审批情况、征地补偿安置标准、程序、支付情况等；

（2）矿产违法案件基本要素：违法主体、勘查开采地点、勘查开采时间、矿区范围、勘查开采方式、矿种、数量、矿产品价值、违法所得、认定意见、鉴定意见、已批准勘查、开采以及登记发证情况等；

（3）测绘地理信息违法案件基本要素：违法主体、违法行为及认定、违法行为发生、发现、制止及立案查处的时间、认定意见、鉴定意见、资质资格证书、地图违法图件数量、违法所得认定、互联网地图、测绘成果资料及电子地图等；

（4）国土空间规划违法案件基本要素：违法主体、违法行为发生、发现、制止及立案查处的时间、规划审批及建设情况、项目规划用途、相关立项审批情况、施工合同及造价情况、违法收入情况等。

4.4.2.3 案件定性

认定调查发现存在的主要问题，对案件的法律适用进行分析，明确认定当事人违法的法律依据以及违反的具体法律法规，提出认定违法行为性质的结论。

4.4.2.4 处理建议

根据法律法规的有关规定，认定相关责任，结合违法事实、性质、情节、社会危害程度以及是否主动消除违法行为后果等因素，对照行政处罚裁量基准，提出处理建议。

4.4.3 尾部

承办人员签名，并注明时间。

4.4.4 证据清单

列明案件调查报告涉及的证据。清单所列证据作为调查报告的附件。

5 案件审理

5.1 审理基本要求

承办人员提交《违法案件调查报告》后，承办机构应当组织审理人员对案件调查报告和证据等相关材料进行审理。审理人员不能为同一案件的承办人员。

5.2 审理内容

审理内容包括：

（1）是否符合立案条件；

（2）违法主体是否认定准确；

（3）事实是否清楚，证据是否合法、确实、充分；

（4）定性是否准确，理由是否充分；

（5）适用法律法规是否正确；

（6）程序是否合法；

（7）拟定的处理建议是否适当，行政处罚是否符合裁量基准；

（8）其他需要审理的内容和事项。

5.3 审理方式

案件审理应当由承办机构负责人或者其指定的审理人员负责组织，采用书面或者会议方式进行审理，提出审理意见。

5.4 审理程序

（1）承办人员提交案件调查报告和证

据等相关材料，并作出说明；

（2）审理人员进行审理，就有关问题提问；

（3）承办人员解答问题，进行补充说明；

（4）审理人员形成审理意见，制作《违法案件审理记录》。

5.5　审理意见

根据审理情况，分别提出以下审理意见：

（1）违法主体认定准确、事实清楚、证据合法确实充分、定性准确、适用法律正确、程序合法、处理建议适当的，同意处理建议；

（2）有下列情形之一的，应当提出明确的修改、纠正意见，要求承办人员重新调查或者补充调查：

①不符合立案条件的；

②违法主体认定不准确的；

③案件事实不清楚，证据不确实充分的；

④定性不准确，理由不充分的；

⑤适用法律法规不正确的；

⑥程序不合法的；

⑦处理建议不适当、行政处罚不符合裁量基准的。

承办人员应当按照审理意见进行修改、纠正，并重新提请审理。

承办人员对审理意见有异议的，可以提出理由，连同调查报告、审理意见及证据等相关材料报自然资源主管部门负责人决定。

6　重大执法决定法制审核

在作出重大执法决定前，自然资源主管部门法制机构应当对重大执法决定的法定权限、法律依据、法定程序等的合法性进行审核。审核通过的，出具《重大执法决定法制审核意见书》；审核不通过的，承办机构应当根据法制机构提出的意见办理。涉及需要补充完善的应当补充完善后，视情况经审理后，提交法制机构重新审核。

自然资源重大执法决定法制审核程序和要求，按照《自然资源部关于印发〈关于全面推行行政执法公示制度执法全过程记录制度重大执法决定法制审核制度的实施方案〉的通知》相关规定执行。

7　处理决定

7.1　作出处理决定

案件经审理、重大执法决定法制审核，通过后，承办人员应当填写《违法案件处理决定呈批表》，附具《违法案件调查报告》《违法案件审理记录》《重大执法决定法制审核意见书》，报自然资源主管部门负责人审查，根据不同情况，分别作出如下处理决定：

（1）确有应当予以行政处罚的违法行为的，根据情节轻重及具体情况，作出行政处罚决定；

（2）对于单位、个人违法批准征收、使用土地或者违法批准勘查、开采矿产资源，应当根据情节轻重及具体情况，作出行政处理决定；

（3）违法行为轻微，依法可以不予行政处罚的，作出不予行政处罚决定，予以结案；

（4）不属于本部门管辖的，移送有管辖权的机关，予以结案；

（5）因不可抗力终止调查的，予以结案；

（6）对于违法事实不成立、违法行为已过行政处罚追诉时效的，予以撤案；

（7）依法需要追究当事人及有关责任人党纪政务责任的，移送纪检监察、任免机关；

（8）涉嫌犯罪，依法需要追究刑事责任的，移送公安、监察机关。

对情节复杂或者重大违法行为给予行政处罚，自然资源主管部门负责人应当集体讨论决定。

7.2　实施处理决定

（1）决定给予行政处罚的，按照本规

程8的规定办理；

（2）决定给予行政处理的，参照本规程8的有关规定办理。应当明确违法批准征收、使用土地，违法批准勘查、开采矿产资源等相关文件无效，提出撤销批准文件、废止违法内容、依法收回土地等具体要求和追究党纪政务责任的建议。有关当事人拒不归还土地的，以违法占用土地论处；

（3）决定撤销案件的，填写《撤销立案决定呈批表》，报自然资源主管部门负责人批准后，予以撤案；

（4）决定不予行政处罚的，填写《违法案件处理决定呈批表》，报自然资源主管部门负责人批准后，予以结案；

（5）决定移送案件的，按照本规程11的规定办理；

（6）决定结案的，按照本规程12的规定办理。

8 行政处罚

8.1 自然资源行政处罚的种类

自然资源行政处罚主要包括：

（1）警告、通报批评；

（2）罚款；

（3）没收违法所得、没收非法财物；

（4）吊销勘查许可证、采矿许可证；

（5）暂扣测绘资质证书、降低测绘资质等级、吊销测绘资质证书；

（6）降低城乡规划资质等级、吊销城乡规划资质证书；

（7）停业整顿；

（8）法律、行政法规规定的其他行政处罚。

8.2 告知

作出行政处罚之前，自然资源主管部门应当制作《行政处罚告知书》，按照本规程9规定的方式，送达当事人，当事人有权进行陈述和申辩。

《行政处罚告知书》应当载明作出行政处罚的事实、理由、依据和处罚、处理内容，并告知当事人依法享有的陈述和申辩权利。陈述和申辩应当由当事人在收到《行政处罚告知书》后五个工作日内提出。口头形式提出的，应当制作笔录。

自然资源主管部门对当事人提出的事实、理由和证据应当进行复核。当事人提出的事实、理由或者证据成立的，应当予以采纳。

自然资源主管部门不得因当事人的申辩而加重处罚。

8.3 听证

自然资源主管部门在作出以下行政处罚决定前，应当制作《行政处罚听证告知书》，按照本规程9规定的方式，送达当事人。听证告知和处罚告知可以一并下达或者合并下达。

（1）较大数额罚款；

（2）没收违法用地上的新建建筑物和其他设施；

（3）没收较大数额违法所得、没收较大价值非法财物；

（4）限期拆除违法用地上的新建建筑物和其他设施，恢复原状；

（5）暂扣资质证书、降低资质等级、吊销资质证书、许可证件；

（6）责令停业整顿；

（7）法律法规规定的其他情形。

《行政处罚听证告知书》应当载明作出行政处罚的事实、理由、依据和处罚内容，并告知当事人有要求举行听证的权利。

当事人要求听证的，应当在收到《行政处罚听证告知书》后五个工作日内，提出书面申请，口头形式提出的，应当制作笔录。

听证应当制作《听证笔录》，听证结束后，自然资源主管部门应当根据《听证笔录》，区分不同情况作出处理决定。

自然资源行政处罚听证适用相关法律法规的规定及《自然资源听证规定》。

8.4 行政处罚决定

当事人未在规定时间内陈述、申辩、要求听证的，或者陈述、申辩、听证中提出的事实、理由或者证据不成立的，自然资源主管部门应当进行书面记录并依法制作《行政处罚决定书》；陈述、申辩或者听证中提出的事实、理由或者证据成立，需要修改拟作出的处理决定的，自然资源主管部门应当按照本规程7.1的规定，调整或者重新作出处理决定，依法制作《行政处罚决定书》。《行政处罚决定书》应当按照本规程9规定的方式送达当事人。

法律法规规定的责令改正或者责令限期改正，可以与行政处罚决定一并作出，也可以在作出行政处罚决定之前单独作出。

8.4.1　《行政处罚决定书》的内容

（1）自然资源主管部门名称、文书标题及文号；

（2）当事人的姓名或者名称、地址等基本情况；

（3）违反法律、法规、规章的事实和证据；

（4）告知、听证的情况；

（5）行政处罚的具体依据和内容；

（6）履行方式和期限；

（7）不服行政处罚决定，申请行政复议或者提起行政诉讼的途径和期限；

（8）拒不执行行政处罚决定的法律后果；

（9）作出决定的日期及印章。

8.4.2　制作《行政处罚决定书》的注意事项

（1）《行政处罚决定书》应当由具有行政处罚权的自然资源主管部门制作并加盖其印章，派出机构、内设机构不能以自己的名义制作。

（2）认定的违法事实应当客观真实，明确违法行为的性质。列举的证据应当全面具体，充分支撑所认定的违法事实。有从轻或者减轻情节的，应当一并说明。

（3）行政处罚前的告知、听证情况应当包括告知、听证程序的履行情况和当事人意见采纳情况。

（4）行政处罚的依据应当结合具体违法事实，分别说明定性和处罚适用的具体法律条款；引用法律条款应当根据条、款、项、目的顺序写明。

（5）行政处罚的内容应当明确、具体，有明确的履行方式和期限。例如：

①责令退还、交还违法占用土地的，应当写明退还、交还土地的对象、范围、期限等。

②责令当事人限期履行的，应当写明履行的具体内容和期限。责令限期改正的，应当表述为“责令限××日内改正××行为”；责令限期拆除、恢复土地原状的，应当写明拆除地上建筑物和其他设施的范围、内容，恢复场地平整或者耕地种植条件，并明确履行的具体期限；责令停业整顿的，应当写明停业整顿的具体期限。

③责令缴纳复垦费、处以罚款、没收违法所得的，应当写明违法所得的金额和币种、交款的期限、指定银行或者电子支付系统账户等。

④没收地上建筑物和其他设施的，应当写明没收建筑物的范围、内容等。

⑤吊销勘查许可证、采矿许可证的，应当写明矿业权人、勘查许可证或者采矿许可证的证号等。

⑥暂扣测绘资质证书、降低测绘资质等级、吊销测绘资质证书的，应当写明资质证书的证号、等级，暂扣具体期限等；

⑦降低城乡规划资质等级、吊销城乡规划资质证书的，应当写明资质证书的证号、等级等；

⑧没收矿产品的，应当写明矿产品的种类、数量和堆放地点等。

（6）申请行政复议或者提起行政诉讼的途径和期限，应当具体明确。当事人申请行政复议的时限为自收到《行政处罚决定书》之日起六十日内，复议机关一般为作出行政处罚决定的本级人民政府或者上一级自然资源主管部门。当事人提起行政诉讼的时限为自收到《行政处罚决定书》之日起六个月内。对依据《中华人民共和国土地管理法》作出责令限期拆除处罚决定不服的，提起行政诉讼的时限为自收到《行政处罚决定书》之日起十五日内，诉讼机关为有管辖权的人民法院。

（7）当事人有两个以上自然资源违法行为的，自然资源主管部门可以制作一份《行政处罚决定书》，合并执行。《行政处罚决定书》中应当明确对每个违法行为的处罚内容和合并执行的内容。

（8）自然资源违法行为有两个以上当事人的，可以分别作出行政处罚决定，制作一式多份《行政处罚决定书》，分别送达当事人。

（9）有条件的地方，可以使用说理式《行政处罚决定书》。

8.5 作出行政处罚决定的期限

作出行政处罚决定的期限为立案之日起九十日内。案情复杂不能在规定期限内作出行政处罚决定的，报本级自然资源主管部门负责人批准，可以适当延长，但延长期限原则上不超过三十日，案情特别复杂的除外。

立案查处过程中不计入前款期限的情形，依照相关法律法规的规定执行。

8.6 行政处罚决定公示

具有一定社会影响的自然资源行政处罚决定应当依法公开。行政处罚决定生效后，自然资源主管部门应当在七个工作日内将相关信息在门户网站等平台公开，督促违法当事人自觉履行，接受社会监督。

涉及国家秘密，法律、行政法规禁止公开，以及公开后可能危及国家安全、公共安全、经济安全、社会稳定的，不予公开。

涉及商业秘密、个人隐私等公开会对第三方合法权益造成损害的政府信息，不得公开。但是，第三方同意公开或者自然资源主管部门认为不公开会对公共利益造成重大影响的，予以公开。

涉及国家秘密、商业秘密、个人隐私等不宜公开的信息，依法确需公开的，要作适当处理后公开。

已公开的行政处罚决定被依法撤销、确认违法或者要求重新作出的，应当及时从公示信息平台撤下原决定信息。发现公开的行政执法信息不准确的，要及时予以更正。

9 送　达

自然资源法律文书作出后，应当及时送达当事人，并制作《法律文书送达回证》，送达人应当为两人以上。

自然资源法律文书一经送达，即发生法律效力。

自然资源法律文书应当采用直接送达方式。直接送达有困难的，可以采用留置送达、委托送达、传真或者电子信息送达、委托或者邮寄送达、转交送达和公告送达等方式。

9.1 直接送达

直接送达的应当直接送交受送达人。受送达人是自然人的，本人不在交其同住成年家属签收；受送达人是法人或者其他组织的，应当由法人的法定代表人、其他组织的主要负责人或者该法人、组织负责收件的人签收；受送达人有代理人的，可以送交其代理人签收；受送达人已向自然资源主管部门指定代收人的，送交代收人签收。

送达回证上签收的日期为送达日期。

9.2 留置送达

受送达人或者其同住成年家属拒绝接收法律文书的，送达人可以邀请有关基层组织或者所在单位的代表到场，说明情况，在送达回证上记明拒收事由和日期，由送达人、见证人签名或者盖章，把法律文书留在受送达人的住所或者张贴在违法用地现场，并采用拍照、录像等方式记录送达过程，即视为送达。

影像中应当体现送达文书内容、明确的送达日期、当事人住所等现场情况。

送达回证上记明的日期为送达日期。

9.3 传真或者电子信息送达

经受送达人同意并签订《送达地址确认

书》的，可以采用传真、电子邮件、手机信息等方式，将《行政处罚决定书》等法律文书送达当事人。传真、电子邮件、手机信息等到达当事人特定系统的日期为送达日期。

9.4　委托或者邮寄送达

直接送达法律文书有困难的，可以委托其他自然资源主管部门或者其他机关代为送达，或者邮寄送达。

委托送达，以受送达人在送达回证上签收的日期为送达日期。邮寄送达，应当附有送达回证，回执上注明的收件日期与送达回证上注明的收件日期不一致的，或者送达回证没有寄回的，以回执上注明的收件日期为送达日期。

通过邮寄送达的，应当取得受送达人签订的《送达地址确认书》，受送达人拒绝签订《送达地址确认书》的除外。

9.5　转交送达

当事人是军人的，通过其所在部队团以上单位的政治机关转交；当事人被监禁的，通过其所在监所转交；当事人被采取强制性教育措施的，通过其所在强制性教育机构转交，以在送达回证上的签收日期，为送达日期。

9.6　公告送达

当事人下落不明或者上述方式无法送达的，公告送达。公告送达，可以在当地主要媒体上予以公告或者在本部门公告栏、当事人所在基层组织公告栏、当事人住所地等地张贴公告并拍照，并在本部门或者本系统门户网站上公告。

自发出公告之日起，经过三十日，即视为送达。公告送达，应当在案卷中记明原因和经过，并应保存公告的有关材料。

10　执　　行

10.1　当事人履行

当事人收到行政处罚决定后，应当在行政处罚决定规定的期限内自行履行。

10.2　催告履行

自然资源主管部门申请人民法院强制执行前，应当制作《履行行政处罚决定催告书》送达当事人，催告其履行义务。

10.3　申请人民法院强制执行

《履行行政处罚决定催告书》送达十个工作日后，当事人仍未履行行政处罚决定的，自然资源主管部门可以向有管辖权的人民法院申请强制执行。

当事人在法定期限内不申请行政复议或者提起行政诉讼，又不履行行政处罚决定的，自然资源主管部门可以自期限届满之日起三个月内，申请人民法院强制执行。

自然资源主管部门对土地违法行为依法作出责令限期拆除的行政处罚决定后，当事人拒不履行，需要申请人民法院强制执行的，按照《自然资源部办公厅关于印发〈申请人民法院强制执行流程图〉的通知》执行。

10.3.1　申请人民法院强制执行程序

申请人民法院强制执行，应当填写《强制执行申请书》，由自然资源主管部门负责人签名，加盖自然资源主管部门印章，注明日期，并附下列材料：

（1）《行政处罚决定书》及作出决定的事实、理由和依据；

（2）当事人意见及催告情况；

（3）申请强制执行标的情况；

（4）法律法规规定的其他材料。

递交《强制执行申请书》时，应当取得人民法院接收人员签字或者盖章的回执；接收人员拒收或者拒绝签字、盖章的，应当记录申请书是否递交、拒收或者拒签情形。

人民法院裁定不予受理强制执行申请或者受理后裁定不予执行，自然资源主管部门对裁定有异议的，可以自收到裁定之日起十五日内向上一级人民法院申请复议；对裁定无异议或者有异议但经复议维持原裁定的，自然资源主管部门应当纠正存在的问题。

10.3.2　财产保全

自然资源主管部门申请人民法院强制执行前，有充分理由认为被执行人可能逃避执行的，可以依法申请人民法院采取财产保全措施。

10.3.3　协作配合

自然资源主管部门应当加强与人民法院的协作配合，申请人民法院强制执行时，严格按照“法院裁定准予执行、政府组织实施、法院到场监督”的拆除违法用地地上建筑物强制执行机制执行。

自然资源主管部门应当积极配合同级检察机关探索自然资源执法领域行政非诉执行监督工作。在行政非诉执行受理、审查、执行等环节，发现人民法院应受理不受理、怠于执行、不规范执行、不送达文书等线索，及时移交同级检察机关开展行政非诉执行监督。

10.4　申请人民政府强制执行

依据《中华人民共和国城乡规划法》作出限期拆除的决定后，当事人逾期不拆除的，自然资源主管部门应当及时书面申请建设工程所在地县级以上地方人民政府责成有关部门强制拆除。

10.5　督促履行

行政处罚决定生效后，当事人逾期不履行的，自然资源主管部门除采取法律法规规定的措施外，还可以采取以下措施督促其履行：

（1）向本级人民政府和上一级自然资源主管部门报告；

（2）向当事人所在单位或者其上级主管部门抄送；

（3）停止办理或者告知相关部门停止办理当事人与本案有关的许可、审批、登记等手续。

10.6　执行要求

（1）给予没收违法所得、罚款处罚的，罚没款足额缴入指定的银行或者电子支付系统账户，并取得缴款凭证。

当事人确有经济困难，需要延期或者分期缴纳罚款的，当事人应当提出申请，报自然资源主管部门主管负责人批准后，可以暂缓或者分期缴纳，且不再计收加处罚款。

（2）给予拆除新建建筑物和其他设施、恢复土地原状处罚的，新建建筑物和其他设施已拆除，建筑垃圾已清理运出违法占地现场，恢复场地平整，涉及耕地的要恢复种植条件。

（3）给予没收新建建筑物和其他设施、矿产品等实物处罚的，作出行政处罚决定的自然资源主管部门填写《非法财物移交书》，连同《行政处罚决定书》移交县级以上人民政府或者其指定的部门处理。涉及没收新建建筑物和其他设施的，应当于九十日内交由本级人民政府或者其指定的部门依法管理和处置，可以根据情况决定拆除或保留。

（4）责令退还、交还土地的，将土地退还、交还至土地权利人或者管理人。

（5）责令限期履行义务，治理、改正、采取补救措施的，当事人在限定期限内履行义务、改正违法行为或者达到治理要求、采取相应的补救措施。

（6）给予吊销勘查许可证、采矿许可证处罚的，由颁发许可证的自然资源主管部门予以吊销，并公告。

（7）给予降低资质等级、吊销资质证书处罚的，由颁发资质的自然资源主管部门予以降级、吊销，并公告。

（8）给予行政处理的，撤销或者废止违法批准征收、使用土地，违法批准勘查、开采矿产资源的相关文件，依法收回土地，将责任人涉嫌违纪、违法、犯罪情况依法进行移送。

当事人对行政处罚决定不服申请行政复议或者提起行政诉讼的，在行政复议或者行政诉讼期间，行政处罚决定不停止执行，法律另有规定的除外。

10.7　终结执行

有下列情形之一的，终结执行：

（1）自然人死亡，无遗产可供执行，又无义务承受人的；

（2）法人或者其他组织终止，无财产可供执行，又无义务承受人的；

（3）执行标的灭失的；

（4）据以执行的行政处罚决定被撤销的；

（5）需要终结执行的其他情形。

10.8　执行记录

自然资源主管部门应当根据执行情况制作《行政处罚决定执行记录》。

《行政处罚决定执行记录》中应当载明案由、当事人、行政处罚事项、行政处罚内容的执行方式、执行结果等情况。其中，申请人民法院强制执行的，应当记录申请、受理、裁定执行情况等。

11　移　　送

自然资源主管部门在查处违法行为过程中，发现违法行为涉嫌犯罪依法应当追究刑事责任的，或者当事人及有关责任人员违法违纪应当追究党纪政务责任的，应当依照有关规定移送有关机关。

11.1　移送公安机关

11.1.1　移送情形

自然资源主管部门在依法立案查处违法行为过程中，发现单位或者个人违法转让倒卖土地使用权、违法占用农用地、违法采矿、破坏性采矿、损毁测量标志等行为，达到刑事追诉标准、涉嫌非职务犯罪的，在调查终结后，应当依法及时将案件移送公安机关。

11.1.2　移送程序

（1）依法需要移送公安机关追究刑事责任的，承办人员应当制作《违法案件处理决定呈批表》，提出移送公安机关的建议。

（2）自然资源主管部门负责人收到《违法案件处理决定呈批表》后，应当在三个工作日内作出是否批准移送的决定。决定不移送的，应当写明不予批准的理由。

（3）决定移送公安机关的，应当制作《涉嫌犯罪案件移送书》，附具案件调查报告、涉案物品清单、认定意见、鉴定意见及其他有关涉嫌犯罪的材料，在移送决定批准后二十四小时内办理移送手续。自然资源主管部门在移送案件时已经作出行政处罚决定的，应当同时移送《行政处罚决定书》和作出行政处罚决定的证据材料。

（4）公安机关对移送的案件决定不予立案，自然资源主管部门有异议的，可以在收到不予立案通知之日起三个工作日内，提请作出决定的公安机关复议，也可以建议检察机关依法进行立案监督。

（5）移送时，自然资源主管部门未作出行政处罚决定，违法状态仍未消除的，自然资源主管部门应当依法作出行政处罚，其中，人民法院判决已给予罚金处罚的，不再给予罚款的行政处罚。

11.2　移送纪检监察、任免机关

11.2.1　移送情形

自然资源主管部门在依法立案查处违法行为过程中，发现下列问题线索，本部门无权处理，应当及时移送纪检监察机关：

（1）党员涉嫌违犯党纪，依照《中国共产党纪律处分条例》《中国共产党纪律检查机关监督执纪工作规则》等有关规定，应当由纪检机关处置的；

（2）监察对象涉嫌职务违法，有违法批准、占用土地、违法低价出让国有土地使用权、违法批矿等行为，依照《中华人民共和国监察法》和政务处分有关规定，应当由监察机关调查处置的；

（3）监察对象涉嫌职务犯罪，有违法批准、占用土地、违法低价出让国有土地使用权以及其他贪污贿赂、渎职等行为，依照《中华人民共和国监察法》《中华人民共和国刑法》以及监察机关管辖的有关规定，应当由监察机关调查处置的。

自然资源主管部门认定党员和监察对象存在其他违法犯罪问题，依照《中国共产党纪律处分条例》《中华人民共和国监察法》和政务处分有关规定，应当由纪检监察机关给予党纪处分、政务处分的，参照对涉嫌违法犯罪党员作出纪律处分工作的有关规定及时向纪检监察机关通报，并提供相关材料。

11.2.2 移送程序

（1）需要移送纪检监察、任免机关追究责任的，承办人员应当制作《违法案件处理决定呈批表》，提出移送纪检监察、任免机关的建议。

（2）自然资源主管部门负责人收到《违法案件处理决定呈批表》后，应当作出是否批准移送的决定。决定不移送的，应当写明不予批准的理由。

（3）决定移送的，应当在作出行政处罚决定后十五个工作日内，制作《问题线索移送书》，附具案件来源及立案材料、案件调查报告、处罚或者处理决定、有关证据材料及其他需要移送的材料。确有特殊情况不能在规定时间内移送的，应当在特殊情况消除后十个工作日内移送。

11.3 移送送达回证

自然资源主管部门向有关机关移送案件，应当制作《法律文书送达回证》。受送达人接受移送的案件材料，并在送达回证上签字、盖章。受送达人拒收或者拒签的，送达人详细填写送达回证中的拒收、拒签的情况和理由。

12 结　　案

12.1 结案条件

符合下列条件之一的，可以结案：

（1）案件已经移送管辖的；

（2）终止调查的；

（3）决定不予行政处罚的；

（4）行政处罚决定执行完毕的；

（5）行政处罚决定终结执行的；

（6）已经依法申请人民法院或者人民政府强制执行的。

涉及需要移送有关部门追究刑事责任、党纪政务责任的，结案前应当已经依法移送。

12.2 结案呈批

符合结案条件的，承办人员应当填写《结案呈批表》，报自然资源主管部门负责人批准后结案。

《结案呈批表》应当载明案由、立案时间、立案编号、调查时间、当事人、主要违法事实、执行情况、相关建议等内容。

对终止调查或者终结执行但地上违法新建建筑物或者其它设施尚未处置的，结案呈批时，可以建议将有关情况报告或者函告地上违法新建建筑物或者其他设施所在地政府，由其依法妥善处置。

12.3 后续工作

结案后，有关部门开展与本案相关的强制执行、刑事责任、党纪政务责任追究等工作，需要自然资源主管部门配合的，自然资源主管部门应当予以配合。

13 立卷归档

承办人员应当将办案过程中形成的全部材料，及时整理装订成卷，并按照规定归档。

13.1 归档材料

卷宗内的归档材料应当包括：

（1）封面、目录；

（2）案件来源材料；

（3）责令停止违法行为通知书、责令改正违法行为通知书；

（4）立案（不予立案）呈批表；

（5）证据材料；

（6）调查报告；

（7）审理记录；

（8）重大执法决定法制审核意见；

（9）案件处理决定呈批表；

（10）行政处罚告知书；

（11）当事人陈述申辩材料、复核意见书；

（12）行政处罚听证告知书、听证通知

书、听证笔录等；

（13）行政处罚决定书或者行政处理决定；

（14）党纪政务处分决定、问题线索移送书、刑事判决书、涉嫌犯罪案件移送书、案件管辖移送书；

（15）履行处罚决定催告书；

（16）强制执行申请书、申请送达情况记录；

（17）行政处罚决定执行记录、罚没收据、缴纳相关费用收据、暂缓或者分期缴纳罚款的审批材料、吊销许可证件公告、非法财物移交书、非法财物清单、撤销批准文件的决定及相关材料；

（18）经行政复议机关复议的应当附具行政复议决定书、经人民法院审理的应当附具人民法院裁判文书副本；

（19）案件结案呈批表；

（20）有关法律文书送达回证；

（21）其他需要归档的材料。

13.2　归档要求

（1）所有归档的材料，应当合法、完整、真实、准确，文字清楚，日期完备。应当保证归档材料之间的有机联系，同一案件形成的档案应当作为一个整体统一归档，不得分散归档，案卷较厚的可分卷归档。案卷应当标注总页码和分页码，加盖档号章。

（2）卷内各类材料的排列，应当按照结论、决定、裁决性文件在前，依据性材料在后的原则，即批复在前、请示在后，正文在前、附件在后，印件在前、草稿在后的顺序组卷。

（3）案卷资料归档应当按照档案管理要求统一归档保存或者交本部门档案室保存。

14　监督与责任追究

14.1　监督

自然资源主管部门应当通过定期或者不定期检查等方式，加强对本级和下级自然资源主管部门实施立案查处工作的监督，及时发现、纠正存在的问题。

自然资源主管部门发现作出的行政处罚有错误的，应当主动改正。

自然资源主管部门应当建立违法案件错案追究制度。行政处罚决定错误并造成严重后果的，作出处罚决定的机关应当承担相应的责任。

自然资源主管部门应当建立重大违法案件挂牌督办制度，明确提出办理要求，公开督促下级自然资源主管部门限期办理并接受社会监督。

自然资源主管部门应当建立重大违法案件公开通报制度，将案情和处理结果向社会公开通报并接受社会监督。自然资源主管部门应当建立执法查处案卷评查制度，按照相关程序和标准组织开展案卷评查工作，定期内部通报评查工作情况。

自然资源主管部门应当建立违法案件统计制度。下级自然资源主管部门应当定期将本行政区域内的违法形势分析、案件发生情况、查处情况等逐级上报。

14.2　责任追究

自然资源执法人员应当在法定权限范围内依照法定程序行使职权，做到严格规范公正文明执法，不得玩忽职守、超越职权、滥用职权。依法履行法定职责受法律保护，非因法定事由、非经法定程序，不受处分。因故意或者重大过失，不履行或者违法履行行政执法职责，造成危害后果或者不良影响的，应当依法承担责任。

14.2.1　追责情形

有下列情形之一，且造成危害后果或者不良影响的，应当追究责任：

（1）应当依法立案查处，无正当理由未依法立案查处的；

（2）在制止以及查处违法案件中受阻，依照有关规定应当向本级人民政府或者上级自然资源主管部门报告而未报告的；

（3）应当予以制止、处罚的违法行为

不予制止、处罚，致使公民、法人或者其他组织的合法权益或者公共利益、社会秩序遭受损害的；

（4）应当依法申请强制执行或者移送有权机关追究党纪政务或者刑事责任，而未依法申请强制执行、移送有权机关的；

（5）使用或损毁查封、扣押的财物对当事人造成损失的；

（6）违法实施行政强制措施，给公民人身或者财产造成损害、给法人或者其他组织造成损失的；

（7）法律法规规定的其他应当追究责任的情形。

14.2.2 不予追究责任情形

具有下列情形之一的，可以不予追究责任：

（1）因行政执法依据不明确，致使行政执法行为出现偏差的，但故意违法的除外；

（2）执法人员已经依法下达责令停止违法行为通知书，制止无效后按规定报告本级人民政府和上级自然资源主管部门，仍未能制止违法行为的；

（3）执法人员已经依法作出、送达行政处罚决定，并按照规定催告执行、申请人民法院强制执行，但因相关部门、当事人的原因导致违法状态持续的；

（4）因行政相对人的隐瞒、造假等行为，致使自然资源主管部门及其执法人员无法作出正确行政执法行为的；

（5）依据认定意见、鉴定意见、勘验报告等作出错误行政执法决定，且已按规定履行审查职责的；

（6）对违法或者不当的行政处罚或者行政强制决定，在案件审理、集体讨论时明确提出了反对意见，或者出具了书面反对意见的；

（7）依法不予追究责任的其他情形。

15 附　　则

15.1 期间

期间以时、日、月、年计算。期间开始的时和日不计算在期间内。工作日不包括法定节假日。

期间届满的最后一日是节假日的，以节假日后的第一日为期间届满的日期。

期间不包括在途时间。法律文书在期满前交邮的，不算过期。

15.2 数量关系的规范

本规程中的“以上”“以下”“内”“前”，均包括本数；“后”不包括本数。

15.3 行政处罚追诉时效

自然资源违法行为在两年内未被发现的，不再给予行政处罚。法律另有规定的除外。

前款规定的期限，从违法行为发生之日起计算；违法行为有连续或者继续状态的，从行为终了之日起计算。

违法占用土地的行为恢复原状前，违法建设行为违反城乡规划的事实存续期间，应视为具有继续状态；破坏耕地的违法行为是否具有连续或继续状态，应根据案件的具体情况区别对待。

15.4 法律竞合处理

同一个违法行为违反两个以上自然资源法律法规，自然资源主管部门均有权进行行政处罚的，可以制作一份《行政处罚决定书》，多个行政处罚合并执行。

15.5 责令类法律责任

法律法规规定的责令退还土地、责令交还土地、责令限期改正或者治理等责令类法律责任，可以与行政处罚决定一并作出，也可以在作出行政处罚决定之前单独作出。

15.6 文书编号

自然资源主管部门应当根据立案查处工作实际，建立并规范本辖区违法案件法律文书的编号规则。

15.7 解释机关

本规程由自然资源部负责解释。

附录：（略）

（二）林业、草原类资源

中华人民共和国森林法

（1984年9月20日第六届全国人民代表大会常务委员会第七次会议通过，根据1998年4月29日第九届全国人民代表大会常务委员会第二次会议《关于修改〈中华人民共和国森林法〉的决定》第一次修正，根据2009年8月27日第十一届全国人民代表大会常务委员会第十次会议《关于修改部分法律的决定》第二次修正，2019年12月28日第十三届全国人民代表大会常务委员会第十五次会议修订）

第一章　总　　则

第一条　为了践行绿水青山就是金山银山理念，保护、培育和合理利用森林资源，加快国土绿化，保障森林生态安全，建设生态文明，实现人与自然和谐共生，制定本法。

第二条　在中华人民共和国领域内从事森林、林木的保护、培育、利用和森林、林木、林地的经营管理活动，适用本法。

第三条　保护、培育、利用森林资源应当尊重自然、顺应自然，坚持生态优先、保护优先、保育结合、可持续发展的原则。

第四条　国家实行森林资源保护发展目标责任制和考核评价制度。上级人民政府对下级人民政府完成森林资源保护发展目标和森林防火、重大林业有害生物防治工作的情况进行考核，并公开考核结果。

地方人民政府可以根据本行政区域森林资源保护发展的需要，建立林长制。

第五条　国家采取财政、税收、金融等方面的措施，支持森林资源保护发展。各级人民政府应当保障森林生态保护修复的投入，促进林业发展。

第六条　国家以培育稳定、健康、优质、高效的森林生态系统为目标，对公益林和商品林实行分类经营管理，突出主导功能，发挥多种功能，实现森林资源永续利用。

第七条　国家建立森林生态效益补偿制度，加大公益林保护支持力度，完善重点生态功能区转移支付政策，指导受益地区和森林生态保护地区人民政府通过协商等方式进行生态效益补偿。

第八条　国务院和省、自治区、直辖市人民政府可以依照国家对民族自治地方自治权的规定，对民族自治地方的森林保护和林业发展实行更加优惠的政策。

第九条　国务院林业主管部门主管全国林业工作。县级以上地方人民政府林业主管部门，主管本行政区域的林业工作。

乡镇人民政府可以确定相关机构或者设置专职、兼职人员承担林业相关工作。

第十条　植树造林、保护森林，是公民应尽的义务。各级人民政府应当组织开展全民义务植树活动。

每年三月十二日为植树节。

第十一条　国家采取措施，鼓励和支持林业科学研究，推广先进适用的林业技术，提高林业科学技术水平。

第十二条 各级人民政府应当加强森林资源保护的宣传教育和知识普及工作，鼓励和支持基层群众性自治组织、新闻媒体、林业企业事业单位、志愿者等开展森林资源保护宣传活动。

教育行政部门、学校应当对学生进行森林资源保护教育。

第十三条 对在造林绿化、森林保护、森林经营管理以及林业科学研究等方面成绩显著的组织或者个人，按照国家有关规定给予表彰、奖励。

第二章 森林权属

第十四条 森林资源属于国家所有，由法律规定属于集体所有的除外。

国家所有的森林资源的所有权由国务院代表国家行使。国务院可以授权国务院自然资源主管部门统一履行国有森林资源所有者职责。

第十五条 林地和林地上的森林、林木的所有权、使用权，由不动产登记机构统一登记造册，核发证书。国务院确定的国家重点林区（以下简称重点林区）的森林、林木和林地，由国务院自然资源主管部门负责登记。

森林、林木、林地的所有者和使用者的合法权益受法律保护，任何组织和个人不得侵犯。

森林、林木、林地的所有者和使用者应当依法保护和合理利用森林、林木、林地，不得非法改变林地用途和毁坏森林、林木、林地。

第十六条 国家所有的林地和林地上的森林、林木可以依法确定给林业经营者使用。林业经营者依法取得的国有林地和林地上的森林、林木的使用权，经批准可以转让、出租、作价出资等。具体办法由国务院制定。

林业经营者应当履行保护、培育森林资源的义务，保证国有森林资源稳定增长，提高森林生态功能。

第十七条 集体所有和国家所有依法由农民集体使用的林地（以下简称集体林地）实行承包经营的，承包方享有林地承包经营权和承包林地上的林木所有权，合同另有约定的从其约定。承包方可以依法采取出租（转包）、入股、转让等方式流转林地经营权、林木所有权和使用权。

第十八条 未实行承包经营的集体林地以及林地上的林木，由农村集体经济组织统一经营。经本集体经济组织成员的村民会议三分之二以上成员或者三分之二以上村民代表同意并公示，可以通过招标、拍卖、公开协商等方式依法流转林地经营权、林木所有权和使用权。

第十九条 集体林地经营权流转应当签订书面合同。林地经营权流转合同一般包括流转双方的权利义务、流转期限、流转价款及支付方式、流转期限届满林地上的林木和固定生产设施的处置、违约责任等内容。

受让方违反法律规定或者合同约定造成森林、林木、林地严重毁坏的，发包方或者承包方有权收回林地经营权。

第二十条 国有企业事业单位、机关、团体、部队营造的林木，由营造单位管护并按照国家规定支配林木收益。

农村居民在房前屋后、自留地、自留山种植的林木，归个人所有。城镇居民在自有房屋的庭院内种植的林木，归个人所有。

集体或者个人承包国家所有和集体所有的宜林荒山荒地荒滩营造的林木，归承包的集体或者个人所有；合同另有约定的从其约定。

其他组织或者个人营造的林木，依法由营造者所有并享有林木收益；合同另有约定的从其约定。

第二十一条 为了生态保护、基础设施建设等公共利益的需要，确需征收、征用林地、林木的，应当依照《中华人民共和国土地管理法》等法律、行政法规的规定办理审批手续，并给予公平、合理的补偿。

第二十二条　单位之间发生的林木、林地所有权和使用权争议，由县级以上人民政府依法处理。

个人之间、个人与单位之间发生的林木所有权和林地使用权争议，由乡镇人民政府或者县级以上人民政府依法处理。

当事人对有关人民政府的处理决定不服的，可以自接到处理决定通知之日起三十日内，向人民法院起诉。

在林木、林地权属争议解决前，除因森林防火、林业有害生物防治、国家重大基础设施建设等需要外，当事人任何一方不得砍伐有争议的林木或者改变林地现状。

第三章　发展规划

第二十三条　县级以上人民政府应当将森林资源保护和林业发展纳入国民经济和社会发展规划。

第二十四条　县级以上人民政府应当落实国土空间开发保护要求，合理规划森林资源保护利用结构和布局，制定森林资源保护发展目标，提高森林覆盖率、森林蓄积量，提升森林生态系统质量和稳定性。

第二十五条　县级以上人民政府林业主管部门应当根据森林资源保护发展目标，编制林业发展规划。下级林业发展规划依据上级林业发展规划编制。

第二十六条　县级以上人民政府林业主管部门可以结合本地实际，编制林地保护利用、造林绿化、森林经营、天然林保护等相关专项规划。

第二十七条　国家建立森林资源调查监测制度，对全国森林资源现状及变化情况进行调查、监测和评价，并定期公布。

第四章　森林保护

第二十八条　国家加强森林资源保护，发挥森林蓄水保土、调节气候、改善环境、维护生物多样性和提供林产品等多种功能。

第二十九条　中央和地方财政分别安排资金，用于公益林的营造、抚育、保护、管理和非国有公益林权利人的经济补偿等，实行专款专用。具体办法由国务院财政部门会同林业主管部门制定。

第三十条　国家支持重点林区的转型发展和森林资源保护修复，改善生产生活条件，促进所在地区经济社会发展。重点林区按照规定享受国家重点生态功能区转移支付等政策。

第三十一条　国家在不同自然地带的典型森林生态地区、珍贵动物和植物生长繁殖的林区、天然热带雨林区和具有特殊保护价值的其他天然林区，建立以国家公园为主体的自然保护地体系，加强保护管理。

国家支持生态脆弱地区森林资源的保护修复。

县级以上人民政府应当采取措施对具有特殊价值的野生植物资源予以保护。

第三十二条　国家实行天然林全面保护制度，严格限制天然林采伐，加强天然林管护能力建设，保护和修复天然林资源，逐步提高天然林生态功能。具体办法由国务院规定。

第三十三条　地方各级人民政府应当组织有关部门建立护林组织，负责护林工作；根据实际需要建设护林设施，加强森林资源保护；督促相关组织订立护林公约、组织群众护林、划定护林责任区、配备专职或者兼职护林员。

县级或者乡镇人民政府可以聘用护林员，其主要职责是巡护森林，发现火情、林业有害生物以及破坏森林资源的行为，应当及时处理并向当地林业等有关部门报告。

第三十四条　地方各级人民政府负责本行政区域的森林防火工作，发挥群防作用；县级以上人民政府组织领导应急管理、林业、公安等部门按照职责分工密切配合做好森林火灾的科学预防、扑救和处置工作：

（一）组织开展森林防火宣传活动，普

及森林防火知识；

（二）划定森林防火区，规定森林防火期；

（三）设置防火设施，配备防灭火装备和物资；

（四）建立森林火灾监测预警体系，及时消除隐患；

（五）制定森林火灾应急预案，发生森林火灾，立即组织扑救；

（六）保障预防和扑救森林火灾所需费用。

国家综合性消防救援队伍承担国家规定的森林火灾扑救任务和预防相关工作。

第三十五条 县级以上人民政府林业主管部门负责本行政区域的林业有害生物的监测、检疫和防治。

省级以上人民政府林业主管部门负责确定林业植物及其产品的检疫性有害生物，划定疫区和保护区。

重大林业有害生物灾害防治实行地方人民政府负责制。发生暴发性、危险性等重大林业有害生物灾害时，当地人民政府应当及时组织除治。

林业经营者在政府支持引导下，对其经营管理范围内的林业有害生物进行防治。

第三十六条 国家保护林地，严格控制林地转为非林地，实行占用林地总量控制，确保林地保有量不减少。各类建设项目占用林地不得超过本行政区域的占用林地总量控制指标。

第三十七条 矿藏勘查、开采以及其他各类工程建设，应当不占或者少占林地；确需占用林地的，应当经县级以上人民政府林业主管部门审核同意，依法办理建设用地审批手续。

占用林地的单位应当缴纳森林植被恢复费。森林植被恢复费征收使用管理办法由国务院财政部门会同林业主管部门制定。

县级以上人民政府林业主管部门应当按照规定安排植树造林，恢复森林植被，植树造林面积不得少于因占用林地而减少的森林植被面积。上级林业主管部门应当定期督促下级林业主管部门组织植树造林、恢复森林植被，并进行检查。

第三十八条 需要临时使用林地的，应当经县级以上人民政府林业主管部门批准；临时使用林地的期限一般不超过二年，并不得在临时使用的林地上修建永久性建筑物。

临时使用林地期满后一年内，用地单位或者个人应当恢复植被和林业生产条件。

第三十九条 禁止毁林开垦、采石、采砂、采土以及其他毁坏林木和林地的行为。

禁止向林地排放重金属或者其他有毒有害物质含量超标的污水、污泥，以及可能造成林地污染的清淤底泥、尾矿、矿渣等。

禁止在幼林地砍柴、毁苗、放牧。

禁止擅自移动或者损坏森林保护标志。

第四十条 国家保护古树名木和珍贵树木。禁止破坏古树名木和珍贵树木及其生存的自然环境。

第四十一条 各级人民政府应当加强林业基础设施建设，应用先进适用的科技手段，提高森林防火、林业有害生物防治等森林管护能力。

各有关单位应当加强森林管护。国有林业企业事业单位应当加大投入，加强森林防火、林业有害生物防治，预防和制止破坏森林资源的行为。

第五章 造林绿化

第四十二条 国家统筹城乡造林绿化，开展大规模国土绿化行动，绿化美化城乡，推动森林城市建设，促进乡村振兴，建设美丽家园。

第四十三条 各级人民政府应当组织各行各业和城乡居民造林绿化。

宜林荒山荒地荒滩，属于国家所有的，由县级以上人民政府林业主管部门和其他有关主管部门组织开展造林绿化；属于集体所有的，由集体经济组织组织开展造林绿化。

城市规划区内、铁路公路两侧、江河两侧、湖泊水库周围，由各有关主管部门按照有关规定因地制宜组织开展造林绿化；工矿区、工业园区、机关、学校用地，部队营区以及农场、牧场、渔场经营地区，由各该单位负责造林绿化。组织开展城市造林绿化的具体办法由国务院制定。

国家所有和集体所有的宜林荒山荒地荒滩可以由单位或者个人承包造林绿化。

第四十四条　国家鼓励公民通过植树造林、抚育管护、认建认养等方式参与造林绿化。

第四十五条　各级人民政府组织造林绿化，应当科学规划、因地制宜，优化林种、树种结构，鼓励使用乡土树种和林木良种、营造混交林，提高造林绿化质量。

国家投资或者以国家投资为主的造林绿化项目，应当按照国家规定使用林木良种。

第四十六条　各级人民政府应当采取以自然恢复为主、自然恢复和人工修复相结合的措施，科学保护修复森林生态系统。新造幼林地和其他应当封山育林的地方，由当地人民政府组织封山育林。

各级人民政府应当对国务院确定的坡耕地、严重沙化耕地、严重石漠化耕地、严重污染耕地等需要生态修复的耕地，有计划地组织实施退耕还林还草。

各级人民政府应当对自然因素等导致的荒废和受损山体、退化林地以及宜林荒山荒地荒滩，因地制宜实施森林生态修复工程，恢复植被。

第六章　经营管理

第四十七条　国家根据生态保护的需要，将森林生态区位重要或者生态状况脆弱，以发挥生态效益为主要目的的林地和林地上的森林划定为公益林。未划定为公益林的林地和林地上的森林属于商品林。

第四十八条　公益林由国务院和省、自治区、直辖市人民政府划定并公布。

下列区域的林地和林地上的森林，应当划定为公益林：

（一）重要江河源头汇水区域；

（二）重要江河干流及支流两岸、饮用水水源地保护区；

（三）重要湿地和重要水库周围；

（四）森林和陆生野生动物类型的自然保护区；

（五）荒漠化和水土流失严重地区的防风固沙林基干林带；

（六）沿海防护林基干林带；

（七）未开发利用的原始林地区；

（八）需要划定的其他区域。

公益林划定涉及非国有林地的，应当与权利人签订书面协议，并给予合理补偿。

公益林进行调整的，应当经原划定机关同意，并予以公布。

国家级公益林划定和管理的办法由国务院制定；地方级公益林划定和管理的办法由省、自治区、直辖市人民政府制定。

第四十九条　国家对公益林实施严格保护。

县级以上人民政府林业主管部门应当有计划地组织公益林经营者对公益林中生态功能低下的疏林、残次林等低质低效林，采取林分改造、森林抚育等措施，提高公益林的质量和生态保护功能。

在符合公益林生态区位保护要求和不影响公益林生态功能的前提下，经科学论证，可以合理利用公益林林地资源和森林景观资源，适度开展林下经济、森林旅游等。利用公益林开展上述活动应当严格遵守国家有关规定。

第五十条　国家鼓励发展下列商品林：

（一）以生产木材为主要目的的森林；

（二）以生产果品、油料、饮料、调料、工业原料和药材等林产品为主要目的的森林；

（三）以生产燃料和其他生物质能源为主要目的的森林；

（四）其他以发挥经济效益为主要目的的森林。

在保障生态安全的前提下，国家鼓励建设速生丰产、珍贵树种和大径级用材林，增加林木储备，保障木材供给安全。

第五十一条 商品林由林业经营者依法自主经营。在不破坏生态的前提下，可以采取集约化经营措施，合理利用森林、林木、林地，提高商品林经济效益。

第五十二条 在林地上修筑下列直接为林业生产经营服务的工程设施，符合国家有关部门规定的标准的，由县级以上人民政府林业主管部门批准，不需要办理建设用地审批手续；超出标准需要占用林地的，应当依法办理建设用地审批手续：

（一）培育、生产种子、苗木的设施；

（二）贮存种子、苗木、木材的设施；

（三）集材道、运材道、防火巡护道、森林步道；

（四）林业科研、科普教育设施；

（五）野生动植物保护、护林、林业有害生物防治、森林防火、木材检疫的设施；

（六）供水、供电、供热、供气、通讯基础设施；

（七）其他直接为林业生产服务的工程设施。

第五十三条 国有林业企业事业单位应当编制森林经营方案，明确森林培育和管护的经营措施，报县级以上人民政府林业主管部门批准后实施。重点林区的森林经营方案由国务院林业主管部门批准后实施。

国家支持、引导其他林业经营者编制森林经营方案。

编制森林经营方案的具体办法由国务院林业主管部门制定。

第五十四条 国家严格控制森林年采伐量。省、自治区、直辖市人民政府林业主管部门根据消耗量低于生长量和森林分类经营管理的原则，编制本行政区域的年采伐限额，经征求国务院林业主管部门意见，报本级人民政府批准后公布实施，并报国务院备案。重点林区的年采伐限额，由国务院林业主管部门编制，报国务院批准后公布实施。

第五十五条 采伐森林、林木应当遵守下列规定：

（一）公益林只能进行抚育、更新和低质低效林改造性质的采伐。但是，因科研或者实验、防治林业有害生物、建设护林防火设施、营造生物防火隔离带、遭受自然灾害等需要采伐的除外。

（二）商品林应当根据不同情况，采取不同采伐方式，严格控制皆伐面积，伐育同步规划实施。

（三）自然保护区的林木，禁止采伐。但是，因防治林业有害生物、森林防火、维护主要保护对象生存环境、遭受自然灾害等特殊情况必须采伐的和实验区的竹林除外。

省级以上人民政府林业主管部门应当根据前款规定，按照森林分类经营管理、保护优先、注重效率和效益等原则，制定相应的林木采伐技术规程。

第五十六条 采伐林地上的林木应当申请采伐许可证，并按照采伐许可证的规定进行采伐；采伐自然保护区以外的竹林，不需要申请采伐许可证，但应当符合林木采伐技术规程。

农村居民采伐自留地和房前屋后个人所有的零星林木，不需要申请采伐许可证。

非林地上的农田防护林、防风固沙林、护路林、护岸护堤林和城镇林木等的更新采伐，由有关主管部门按照有关规定管理。

采挖移植林木按照采伐林木管理。具体办法由国务院林业主管部门制定。

禁止伪造、变造、买卖、租借采伐许可证。

第五十七条 采伐许可证由县级以上人民政府林业主管部门核发。

县级以上人民政府林业主管部门应当采取措施，方便申请人办理采伐许可证。

农村居民采伐自留山和个人承包集体林

地上的林木，由县级人民政府林业主管部门或者其委托的乡镇人民政府核发采伐许可证。

第五十八条 申请采伐许可证，应当提交有关采伐的地点、林种、树种、面积、蓄积、方式、更新措施和林木权属等内容的材料。超过省级以上人民政府林业主管部门规定面积或者蓄积量的，还应当提交伐区调查设计材料。

第五十九条 符合林木采伐技术规程的，审核发放采伐许可证的部门应当及时核发采伐许可证。但是，审核发放采伐许可证的部门不得超过年采伐限额发放采伐许可证。

第六十条 有下列情形之一的，不得核发采伐许可证：

（一）采伐封山育林期、封山育林区内的林木；

（二）上年度采伐后未按照规定完成更新造林任务；

（三）上年度发生重大滥伐案件、森林火灾或者林业有害生物灾害，未采取预防和改进措施；

（四）法律法规和国务院林业主管部门规定的禁止采伐的其他情形。

第六十一条 采伐林木的组织和个人应当按照有关规定完成更新造林。更新造林的面积不得少于采伐的面积，更新造林应当达到相关技术规程规定的标准。

第六十二条 国家通过贴息、林权收储担保补助等措施，鼓励和引导金融机构开展涉林抵押贷款、林农信用贷款等符合林业特点的信贷业务，扶持林权收储机构进行市场化收储担保。

第六十三条 国家支持发展森林保险。县级以上人民政府依法对森林保险提供保险费补贴。

第六十四条 林业经营者可以自愿申请森林认证，促进森林经营水平提高和可持续经营。

第六十五条 木材经营加工企业应当建立原料和产品出入库台账。任何单位和个人不得收购、加工、运输明知是盗伐、滥伐等非法来源的林木。

第七章 监督检查

第六十六条 县级以上人民政府林业主管部门依照本法规定，对森林资源的保护、修复、利用、更新等进行监督检查，依法查处破坏森林资源等违法行为。

第六十七条 县级以上人民政府林业主管部门履行森林资源保护监督检查职责，有权采取下列措施：

（一）进入生产经营场所进行现场检查；

（二）查阅、复制有关文件、资料，对可能被转移、销毁、隐匿或者篡改的文件、资料予以封存；

（三）查封、扣押有证据证明来源非法的林木以及从事破坏森林资源活动的工具、设备或者财物；

（四）查封与破坏森林资源活动有关的场所。

省级以上人民政府林业主管部门对森林资源保护发展工作不力、问题突出、群众反映强烈的地区，可以约谈所在地区县级以上地方人民政府及其有关部门主要负责人，要求其采取措施及时整改。约谈整改情况应当向社会公开。

第六十八条 破坏森林资源造成生态环境损害的，县级以上人民政府自然资源主管部门、林业主管部门可以依法向人民法院提起诉讼，对侵权人提出损害赔偿要求。

第六十九条 审计机关按照国家有关规定对国有森林资源资产进行审计监督。

第八章 法律责任

第七十条 县级以上人民政府林业主管部门或者其他有关国家机关未依照本法规定履行职责的，对直接负责的主管人员和其他直接责任人员依法给予处分。

依照本法规定应当作出行政处罚决定而未作出的，上级主管部门有权责令下级主管部门作出行政处罚决定或者直接给予行政处罚。

第七十一条 违反本法规定，侵害森林、林木、林地的所有者或者使用者的合法权益的，依法承担侵权责任。

第七十二条 违反本法规定，国有林业企业事业单位未履行保护培育森林资源义务、未编制森林经营方案或者未按照批准的森林经营方案开展森林经营活动的，由县级以上人民政府林业主管部门责令限期改正，对直接负责的主管人员和其他直接责任人员依法给予处分。

第七十三条 违反本法规定，未经县级以上人民政府林业主管部门审核同意，擅自改变林地用途的，由县级以上人民政府林业主管部门责令限期恢复植被和林业生产条件，可以处恢复植被和林业生产条件所需费用三倍以下的罚款。

虽经县级以上人民政府林业主管部门审核同意，但未办理建设用地审批手续擅自占用林地的，依照《中华人民共和国土地管理法》的有关规定处罚。

在临时使用的林地上修建永久性建筑物，或者临时使用林地期满后一年内未恢复植被或者林业生产条件的，依照本条第一款规定处罚。

第七十四条 违反本法规定，进行开垦、采石、采砂、采土或者其他活动，造成林木毁坏的，由县级以上人民政府林业主管部门责令停止违法行为，限期在原地或者异地补种毁坏株数一倍以上三倍以下的树木，可以处毁坏林木价值五倍以下的罚款；造成林地毁坏的，由县级以上人民政府林业主管部门责令停止违法行为，限期恢复植被和林业生产条件，可以处恢复植被和林业生产条件所需费用三倍以下的罚款。

违反本法规定，在幼林地砍柴、毁苗、放牧造成林木毁坏的，由县级以上人民政府林业主管部门责令停止违法行为，限期在原地或者异地补种毁坏株数一倍以上三倍以下的树木。

向林地排放重金属或者其他有毒有害物质含量超标的污水、污泥，以及可能造成林地污染的清淤底泥、尾矿、矿渣等的，依照《中华人民共和国土壤污染防治法》的有关规定处罚。

第七十五条 违反本法规定，擅自移动或者毁坏森林保护标志的，由县级以上人民政府林业主管部门恢复森林保护标志，所需费用由违法者承担。

第七十六条 盗伐林木的，由县级以上人民政府林业主管部门责令限期在原地或者异地补种盗伐株数一倍以上五倍以下的树木，并处盗伐林木价值五倍以上十倍以下的罚款。

滥伐林木的，由县级以上人民政府林业主管部门责令限期在原地或者异地补种滥伐株数一倍以上三倍以下的树木，可以处滥伐林木价值三倍以上五倍以下的罚款。

第七十七条 违反本法规定，伪造、变造、买卖、租借采伐许可证的，由县级以上人民政府林业主管部门没收证件和违法所得，并处违法所得一倍以上三倍以下的罚款；没有违法所得的，可以处二万元以下的罚款。

第七十八条 违反本法规定，收购、加工、运输明知是盗伐、滥伐等非法来源的林木的，由县级以上人民政府林业主管部门责令停止违法行为，没收违法收购、加工、运输的林木或者变卖所得，可以处违法收购、加工、运输林木价款三倍以下的罚款。

第七十九条 违反本法规定，未完成更新造林任务的，由县级以上人民政府林业主管部门责令限期完成；逾期未完成的，可以处未完成造林任务所需费用二倍以下的罚款；对直接负责的主管人员和其他直接责任人员，依法给予处分。

第八十条　违反本法规定，拒绝、阻碍县级以上人民政府林业主管部门依法实施监督检查的，可以处五万元以下的罚款，情节严重的，可以责令停产停业整顿。

第八十一条　违反本法规定，有下列情形之一的，由县级以上人民政府林业主管部门依法组织代为履行，代为履行所需费用由违法者承担：

（一）拒不恢复植被和林业生产条件，或者恢复植被和林业生产条件不符合国家有关规定；

（二）拒不补种树木，或者补种不符合国家有关规定。

恢复植被和林业生产条件、树木补种的标准，由省级以上人民政府林业主管部门制定。

第八十二条　公安机关按照国家有关规定，可以依法行使本法第七十四条第一款、第七十六条、第七十七条、第七十八条规定的行政处罚权。

违反本法规定，构成违反治安管理行为的，依法给予治安管理处罚；构成犯罪的，依法追究刑事责任。

第九章　附　　则

第八十三条　本法下列用语的含义是：

（一）森林，包括乔木林、竹林和国家特别规定的灌木林。按照用途可以分为防护林、特种用途林、用材林、经济林和能源林。

（二）林木，包括树木和竹子。

（三）林地，是指县级以上人民政府规划确定的用于发展林业的土地。包括郁闭度0.2以上的乔木林地以及竹林地、灌木林地、疏林地、采伐迹地、火烧迹地、未成林造林地、苗圃地等。

第八十四条　本法自2020年7月1日起施行。

中华人民共和国森林法实施条例

（2000年1月29日中华人民共和国国务院令第278号发布，根据2011年1月8日《国务院关于废止和修改部分行政法规的决定》第一次修订，根据2016年2月6日《国务院关于修改部分行政法规的决定》第二次修订，根据2018年3月19日《国务院关于修改和废止部分行政法规的决定》第三次修订）

第一章　总　　则

第一条　根据《中华人民共和国森林法》（以下简称森林法），制定本条例。

第二条　森林资源，包括森林、林木、林地以及依托森林、林木、林地生存的野生动物、植物和微生物。

森林，包括乔木林和竹林。

林木，包括树木和竹子。

林地，包括郁闭度0.2以上的乔木林地以及竹林地、灌木林地、疏林地、采伐迹地、火烧迹地、未成林造林地、苗圃地和县级以上人民政府规划的宜林地。

第三条　国家依法实行森林、林木和林地登记发证制度。依法登记的森林、林木和林地的所有权、使用权受法律保护，任何单位和个人不得侵犯。

森林、林木和林地的权属证书式样由国

务院林业主管部门规定。

第四条 依法使用的国家所有的森林、林木和林地，按照下列规定登记：

（一）使用国务院确定的国家所有的重点林区（以下简称重点林区）的森林、林木和林地的单位，应当向国务院林业主管部门提出登记申请，由国务院林业主管部门登记造册，核发证书，确认森林、林木和林地使用权以及由使用者所有的林木所有权；

（二）使用国家所有的跨行政区域的森林、林木和林地的单位和个人，应当向共同的上一级人民政府林业主管部门提出登记申请，由该人民政府登记造册，核发证书，确认森林、林木和林地使用权以及由使用者所有的林木所有权；

（三）使用国家所有的其他森林、林木和林地的单位和个人，应当向县级以上地方人民政府林业主管部门提出登记申请，由县级以上地方人民政府登记造册，核发证书，确认森林、林木和林地使用权以及由使用者所有的林木所有权。

未确定使用权的国家所有的森林、林木和林地，由县级以上人民政府登记造册，负责保护管理。

第五条 集体所有的森林、林木和林地，由所有者向所在地的县级人民政府林业主管部门提出登记申请，由该县级人民政府登记造册，核发证书，确认所有权。

单位和个人所有的林木，由所有者向所在地的县级人民政府林业主管部门提出登记申请，由该县级人民政府登记造册，核发证书，确认林木所有权。

使用集体所有的森林、林木和林地的单位和个人，应当向所在地的县级人民政府林业主管部门提出登记申请，由该县级人民政府登记造册，核发证书，确认森林、林木和林地使用权。

第六条 改变森林、林木和林地所有权、使用权的，应当依法办理变更登记手续。

第七条 县级以上人民政府林业主管部门应当建立森林、林木和林地权属管理档案。

第八条 国家重点防护林和特种用途林，由国务院林业主管部门提出意见，报国务院批准公布；地方重点防护林和特种用途林，由省、自治区、直辖市人民政府林业主管部门提出意见，报本级人民政府批准公布；其他防护林、用材林、特种用途林以及经济林、薪炭林，由县级人民政府林业主管部门根据国家关于林种划分的规定和本级人民政府的部署组织划定，报本级人民政府批准公布。

省、自治区、直辖市行政区域内的重点防护林和特种用途林的面积，不得少于本行政区域森林总面积的 30%。

经批准公布的林种改变为其他林种的，应当报原批准公布机关批准。

第九条 依照森林法第八条第一款第（五）项规定提取的资金，必须专门用于营造坑木、造纸等用材林，不得挪作他用。审计机关和林业主管部门应当加强监督。

第十条 国务院林业主管部门向重点林区派驻的森林资源监督机构，应当加强对重点林区内森林资源保护管理的监督检查。

第二章 森林经营管理

第十一条 国务院林业主管部门应当定期监测全国森林资源消长和森林生态环境变化的情况。

重点林区森林资源调查、建立档案和编制森林经营方案等项工作，由国务院林业主管部门组织实施；其他森林资源调查、建立档案和编制森林经营方案等项工作，由县级以上地方人民政府林业主管部门组织实施。

第十二条 制定林业长远规划，应当遵循下列原则：

（一）保护生态环境和促进经济的可持续发展；

（二）以现有的森林资源为基础；

（三）与土地利用总体规划、水土保持规划、城市规划、村庄和集镇规划相协调。

第十三条　林业长远规划应当包括下列内容：

（一）林业发展目标；

（二）林种比例；

（三）林地保护利用规划；

（四）植树造林规划。

第十四条　全国林业长远规划由国务院林业主管部门会同其他有关部门编制，报国务院批准后施行。

地方各级林业长远规划由县级以上地方人民政府林业主管部门会同其他有关部门编制，报本级人民政府批准后施行。

下级林业长远规划应当根据上一级林业长远规划编制。

林业长远规划的调整、修改，应当报经原批准机关批准。

第十五条　国家依法保护森林、林木和林地经营者的合法权益。任何单位和个人不得侵占经营者依法所有的林木和使用的林地。

用材林、经济林和薪炭林的经营者，依法享有经营权、收益权和其他合法权益。

防护林和特种用途林的经营者，有获得森林生态效益补偿的权利。

第十六条　勘查、开采矿藏和修建道路、水利、电力、通讯等工程，需要占用或者征收、征用林地的，必须遵守下列规定：

（一）用地单位应当向县级以上人民政府林业主管部门提出用地申请，经审核同意后，按照国家规定的标准预交森林植被恢复费，领取使用林地审核同意书。用地单位凭使用林地审核同意书依法办理建设用地审批手续。占用或者征收、征用林地未经林业主管部门审核同意的，土地行政主管部门不得受理建设用地申请。

（二）占用或者征收、征用防护林林地或者特种用途林林地面积10公顷以上的，用材林、经济林、薪炭林林地及其采伐迹地面积35公顷以上的，其他林地面积70公顷以上的，由国务院林业主管部门审核；占用或者征收、征用林地面积低于上述规定数量的，由省、自治区、直辖市人民政府林业主管部门审核。占用或者征收、征用重点林区的林地的，由国务院林业主管部门审核。

（三）用地单位需要采伐已经批准占用或者征收、征用的林地上的林木时，应当向林地所在地的县级以上地方人民政府林业主管部门或者国务院林业主管部门申请林木采伐许可证。

（四）占用或者征收、征用林地未被批准的，有关林业主管部门应当自接到不予批准通知之日起7日内将收取的森林植被恢复费如数退还。

第十七条　需要临时占用林地的，应当经县级以上人民政府林业主管部门批准。

临时占用林地的期限不得超过两年，并不得在临时占用的林地上修筑永久性建筑物；占用期满后，用地单位必须恢复林业生产条件。

第十八条　森林经营单位在所经营的林地范围内修筑直接为林业生产服务的工程设施，需要占用林地的，由县级以上人民政府林业主管部门批准；修筑其他工程设施，需要将林地转为非林业建设用地的，必须依法办理建设用地审批手续。

前款所称直接为林业生产服务的工程设施是指：

（一）培育、生产种子、苗木的设施；

（二）贮存种子、苗木、木材的设施；

（三）集材道、运材道；

（四）林业科研、试验、示范基地；

（五）野生动植物保护、护林、森林病虫害防治、森林防火、木材检疫的设施；

（六）供水、供电、供热、供气、通讯基础设施。

第三章　森林保护

第十九条　县级以上人民政府林业主管

部门应当根据森林病虫害测报中心和测报点对测报对象的调查和监测情况，定期发布长期、中期、短期森林病虫害预报，并及时提出防治方案。

森林经营者应当选用良种，营造混交林，实行科学育林，提高防御森林病虫害的能力。

发生森林病虫害时，有关部门、森林经营者应当采取综合防治措施，及时进行除治。

发生严重森林病虫害时，当地人民政府应当采取紧急除治措施，防止蔓延，消除隐患。

第二十条 国务院林业主管部门负责确定全国林木种苗检疫对象。省、自治区、直辖市人民政府林业主管部门根据本地区的需要，可以确定本省、自治区、直辖市的林木种苗补充检疫对象，报国务院林业主管部门备案。

第二十一条 禁止毁林开垦、毁林采种和违反操作技术规程采脂、挖笋、掘根、剥树皮及过度修枝的毁林行为。

第二十二条 25度以上的坡地应当用于植树、种草。25度以上的坡耕地应当按照当地人民政府制定的规划，逐步退耕，植树和种草。

第二十三条 发生森林火灾时，当地人民政府必须立即组织军民扑救；有关部门应当积极做好扑救火灾物资的供应、运输和通讯、医疗等工作。

第四章 植树造林

第二十四条 森林法所称森林覆盖率，是指以行政区域为单位森林面积与土地面积的百分比。森林面积，包括郁闭度0.2以上的乔木林地面积和竹林地面积、国家特别规定的灌木林地面积、农田林网以及村旁、路旁、水旁、宅旁林木的覆盖面积。

县级以上地方人民政府应当按照国务院确定的森林覆盖率奋斗目标，确定本行政区域森林覆盖率的奋斗目标，并组织实施。

第二十五条 植树造林应当遵守造林技术规程，实行科学造林，提高林木的成活率。

县级人民政府对本行政区域内当年造林的情况应当组织检查验收，除国家特别规定的干旱、半干旱地区外，成活率不足85%的，不得计入年度造林完成面积。

第二十六条 国家对造林绿化实行部门和单位负责制。

铁路公路两旁、江河两岸、湖泊水库周围，各有关主管单位是造林绿化的责任单位。工矿区，机关、学校用地，部队营区以及农场、牧场、渔场经营地区，各该单位是造林绿化的责任单位。

责任单位的造林绿化任务，由所在地的县级人民政府下达责任通知书，予以确认。

第二十七条 国家保护承包造林者依法享有的林木所有权和其他合法权益。未经发包方和承包方协商一致，不得随意变更或者解除承包造林合同。

第五章 森林采伐

第二十八条 国家所有的森林和林木以国有林业企业事业单位、农场、厂矿为单位，集体所有的森林和林木、个人所有的林木以县为单位，制定年森林采伐限额，由省、自治区、直辖市人民政府林业主管部门汇总、平衡，经本级人民政府审核后，报国务院批准；其中，重点林区的年森林采伐限额，由国务院林业主管部门报国务院批准。

国务院批准的年森林采伐限额，每5年核定一次。

第二十九条 采伐森林、林木作为商品销售的，必须纳入国家年度木材生产计划；但是，农村居民采伐自留山上个人所有的薪炭林和自留地、房前屋后个人所有的零星林木除外。

第三十条 申请林木采伐许可证，除应当提交申请采伐林木的所有权证书或者使用权证书外，还应当按照下列规定提交其他有关证明文件：

（一）国有林业企业事业单位还应当提交采伐区调查设计文件和上年度采伐更新验收证明；

（二）其他单位还应当提交包括采伐林木的目的、地点、林种、林况、面积、蓄积量、方式和更新措施等内容的文件；

（三）个人还应当提交包括采伐林木的地点、面积、树种、株数、蓄积量、更新时间等内容的文件。

因扑救森林火灾、防洪抢险等紧急情况需要采伐林木的，组织抢险的单位或者部门应当自紧急情况结束之日起30日内，将采伐林木的情况报告当地县级以上人民政府林业主管部门。

第三十一条　有下列情形之一的，不得核发林木采伐许可证：

（一）防护林和特种用途林进行非抚育或者非更新性质的采伐的，或者采伐封山育林期、封山育林区内的林木的；

（二）上年度采伐后未完成更新造林任务的；

（三）上年度发生重大滥伐案件、森林火灾或者大面积严重森林病虫害，未采取预防和改进措施的。

林木采伐许可证的式样由国务院林业主管部门规定，由省、自治区、直辖市人民政府林业主管部门印制。

第三十二条　除森林法已有明确规定的外，林木采伐许可证按照下列规定权限核发：

（一）县属国有林场，由所在地的县级人民政府林业主管部门核发；

（二）省、自治区、直辖市和设区的市、自治州所属的国有林业企业事业单位、其他国有企业事业单位，由所在地的省、自治区、直辖市人民政府林业主管部门核发；

（三）重点林区的国有林业企业事业单位，由国务院林业主管部门核发。

第三十三条　利用外资营造的用材林达到一定规模需要采伐的，应当在国务院批准的年森林采伐限额内，由省、自治区、直辖市人民政府林业主管部门批准，实行采伐限额单列。

第三十四条　木材收购单位和个人不得收购没有林木采伐许可证或者其他合法来源证明的木材。

前款所称木材，是指原木、锯材、竹材、木片和省、自治区、直辖市规定的其他木材。

第三十五条　从林区运出非国家统一调拨的木材，必须持有县级以上人民政府林业主管部门核发的木材运输证。

重点林区的木材运输证，由省、自治区、直辖市人民政府林业主管部门核发；其他木材运输证，由县级以上地方人民政府林业主管部门核发。

木材运输证自木材起运点到终点全程有效，必须随货同行。没有木材运输证的，承运单位和个人不得承运。

木材运输证的式样由国务院林业主管部门规定。

第三十六条　申请木材运输证，应当提交下列证明文件：

（一）林木采伐许可证或者其他合法来源证明；

（二）检疫证明；

（三）省、自治区、直辖市人民政府林业主管部门规定的其他文件。

符合前款条件的，受理木材运输证申请的县级以上人民政府林业主管部门应当自接到申请之日起3日内发给木材运输证。

依法发放的木材运输证所准运的木材运输总量，不得超过当地年度木材生产计划规定可以运出销售的木材总量。

第三十七条　经省、自治区、直辖市人民政府批准在林区设立的木材检查站，负责检查木材运输；无证运输木材的，木材检查站应当予以制止，可以暂扣无证运输的木材，并立即报请县级以上人民政府林业主管部门依法处理。

第六章 法律责任

第三十八条 盗伐森林或者其他林木，以立木材积计算不足0.5立方米或者幼树不足20株的，由县级以上人民政府林业主管部门责令补种盗伐株数10倍的树木，没收盗伐的林木或者变卖所得，并处盗伐林木价值3倍至5倍的罚款。

盗伐森林或者其他林木，以立木材积计算0.5立方米以上或者幼树20株以上的，由县级以上人民政府林业主管部门责令补种盗伐株数10倍的树木，没收盗伐的林木或者变卖所得，并处盗伐林木价值5倍至10倍的罚款。

第三十九条 滥伐森林或者其他林木，以立木材积计算不足2立方米或者幼树不足50株的，由县级以上人民政府林业主管部门责令补种滥伐株数5倍的树木，并处滥伐林木价值2倍至3倍的罚款。

滥伐森林或者其他林木，以立木材积计算2立方米以上或者幼树50株以上的，由县级以上人民政府林业主管部门责令补种滥伐株数5倍的树木，并处滥伐林木价值3倍至5倍的罚款。

超过木材生产计划采伐森林或者其他林木的，依照前两款规定处罚。

第四十条 违反本条例规定，收购没有林木采伐许可证或者其他合法来源证明的木材的，由县级以上人民政府林业主管部门没收非法经营的木材和违法所得，并处违法所得2倍以下的罚款。

第四十一条 违反本条例规定，毁林采种或者违反操作技术规程采脂、挖笋、掘根、剥树皮及过度修枝，致使森林、林木受到毁坏的，依法赔偿损失，由县级以上人民政府林业主管部门责令停止违法行为，补种毁坏株数1倍至3倍的树木，可以处毁坏林木价值1倍至5倍的罚款；拒不补种树木或者补种不符合国家有关规定的，由县级以上人民政府林业主管部门组织代为补种，所需费用由违法者支付。

违反森林法和本条例规定，擅自开垦林地，致使森林、林木受到毁坏的，依照森林法第四十四条的规定予以处罚；对森林、林木未造成毁坏或者被开垦的林地上没有森林、林木的，由县级以上人民政府林业主管部门责令停止违法行为，限期恢复原状，可以处非法开垦林地每平方米10元以下的罚款。

第四十二条 有下列情形之一的，由县级以上人民政府林业主管部门责令限期完成造林任务；逾期未完成的，可以处应完成而未完成造林任务所需费用2倍以下的罚款；对直接负责的主管人员和其他直接责任人员，依法给予行政处分：

（一）连续两年未完成更新造林任务的；

（二）当年更新造林面积未达到应更新造林面积50%的；

（三）除国家特别规定的干旱、半干旱地区外，更新造林当年成活率未达到85%的；

（四）植树造林责任单位未按照所在地县级人民政府的要求按时完成造林任务的。

第四十三条 未经县级以上人民政府林业主管部门审核同意，擅自改变林地用途的，由县级以上人民政府林业主管部门责令限期恢复原状，并处非法改变用途林地每平方米10元至30元的罚款。

临时占用林地，逾期不归还的，依照前款规定处罚。

第四十四条 无木材运输证运输木材的，由县级以上人民政府林业主管部门没收非法运输的木材，对货主可以并处非法运输木材价款30%以下的罚款。

运输的木材数量超出木材运输证所准运的运输数量的，由县级以上人民政府林业主管部门没收超出部分的木材；运输的木材树种、材种、规格与木材运输证规定不符又无正当理由的，没收其不相符部分的木材。

使用伪造、涂改的木材运输证运输木材的，由县级以上人民政府林业主管部门没收非法运输的木材，并处没收木材价款10%至50%的罚款。

承运无木材运输证的木材的，由县级以上人民政府林业主管部门没收运费，并处运费1倍至3倍的罚款。

第四十五条　擅自移动或者毁坏林业服务标志的，由县级以上人民政府林业主管部门责令限期恢复原状；逾期不恢复原状的，由县级以上人民政府林业主管部门代为恢复，所需费用由违法者支付。

第四十六条　违反本条例规定，未经批准，擅自将防护林和特种用途林改变为其他林种的，由县级以上人民政府林业主管部门收回经营者所获取的森林生态效益补偿，并处所获取森林生态效益补偿3倍以下的罚款。

第七章　附　　则

第四十七条　本条例中县级以上地方人民政府林业主管部门职责权限的划分，由国务院林业主管部门具体规定。

第四十八条　本条例自发布之日起施行。1986年4月28日国务院批准、1986年5月10日林业部发布的《中华人民共和国森林法实施细则》同时废止。

森林防火条例

（1988年1月16日国务院发布，2008年11月19日国务院第36次常务会议修订通过）

第一章　总　　则

第一条　为了有效预防和扑救森林火灾，保障人民生命财产安全，保护森林资源，维护生态安全，根据《中华人民共和国森林法》，制定本条例。

第二条　本条例适用于中华人民共和国境内森林火灾的预防和扑救。但是，城市市区的除外。

第三条　森林防火工作实行预防为主、积极消灭的方针。

第四条　国家森林防火指挥机构负责组织、协调和指导全国的森林防火工作。

国务院林业主管部门负责全国森林防火的监督和管理工作，承担国家森林防火指挥机构的日常工作。

国务院其他有关部门按照职责分工，负责有关的森林防火工作。

第五条　森林防火工作实行地方各级人民政府行政首长负责制。

县级以上地方人民政府根据实际需要设立的森林防火指挥机构，负责组织、协调和指导本行政区域的森林防火工作。

县级以上地方人民政府林业主管部门负责本行政区域森林防火的监督和管理工作，承担本级人民政府森林防火指挥机构的日常工作。

县级以上地方人民政府其他有关部门按照职责分工，负责有关的森林防火工作。

第六条　森林、林木、林地的经营单位和个人，在其经营范围内承担森林防火责任。

第七条　森林防火工作涉及两个以上行政区域的，有关地方人民政府应当建立森林防火联防机制，确定联防区域，建立联防制度，实行信息共享，并加强监督检查。

第八条　县级以上人民政府应当将森林防火基础设施建设纳入国民经济和社会发展

规划，将森林防火经费纳入本级财政预算。

第九条　国家支持森林防火科学研究，推广和应用先进的科学技术，提高森林防火科技水平。

第十条　各级人民政府、有关部门应当组织经常性的森林防火宣传活动，普及森林防火知识，做好森林火灾预防工作。

第十一条　国家鼓励通过保险形式转移森林火灾风险，提高林业防灾减灾能力和灾后自我救助能力。

第十二条　对在森林防火工作中作出突出成绩的单位和个人，按照国家有关规定，给予表彰和奖励。

对在扑救重大、特别重大森林火灾中表现突出的单位和个人，可以由森林防火指挥机构当场给予表彰和奖励。

第二章　森林火灾的预防

第十三条　省、自治区、直辖市人民政府林业主管部门应当按照国务院林业主管部门制定的森林火险区划等级标准，以县为单位确定本行政区域的森林火险区划等级，向社会公布，并报国务院林业主管部门备案。

第十四条　国务院林业主管部门应当根据全国森林火险区划等级和实际工作需要，编制全国森林防火规划，报国务院或者国务院授权的部门批准后组织实施。

县级以上地方人民政府林业主管部门根据全国森林防火规划，结合本地实际，编制本行政区域的森林防火规划，报本级人民政府批准后组织实施。

第十五条　国务院有关部门和县级以上地方人民政府应当按照森林防火规划，加强森林防火基础设施建设，储备必要的森林防火物资，根据实际需要整合、完善森林防火指挥信息系统。

国务院和省、自治区、直辖市人民政府根据森林防火实际需要，充分利用卫星遥感技术和现有军用、民用航空基础设施，建立相关单位参与的航空护林协作机制，完善航空护林基础设施，并保障航空护林所需经费。

第十六条　国务院林业主管部门应当按照有关规定编制国家重大、特别重大森林火灾应急预案，报国务院批准。

县级以上地方人民政府林业主管部门应当按照有关规定编制森林火灾应急预案，报本级人民政府批准，并报上一级人民政府林业主管部门备案。

县级人民政府应当组织乡（镇）人民政府根据森林火灾应急预案制定森林火灾应急处置办法；村民委员会应当按照森林火灾应急预案和森林火灾应急处置办法的规定，协助做好森林火灾应急处置工作。

县级以上人民政府及其有关部门应当组织开展必要的森林火灾应急预案的演练。

第十七条　森林火灾应急预案应当包括下列内容：

（一）森林火灾应急组织指挥机构及其职责；

（二）森林火灾的预警、监测、信息报告和处理；

（三）森林火灾的应急响应机制和措施；

（四）资金、物资和技术等保障措施；

（五）灾后处置。

第十八条　在林区依法开办工矿企业、设立旅游区或者新建开发区的，其森林防火设施应当与该建设项目同步规划、同步设计、同步施工、同步验收；在林区成片造林的，应当同时配套建设森林防火设施。

第十九条　铁路的经营单位应当负责本单位所属林地的防火工作，并配合县级以上地方人民政府做好铁路沿线森林火灾危险地段的防火工作。

电力、电信线路和石油天然气管道的森林防火责任单位，应当在森林火灾危险地段开设防火隔离带，并组织人员进行巡护。

第二十条　森林、林木、林地的经营单位和个人应当按照林业主管部门的规定，建立森林防火责任制，划定森林防火责任区，确定森林防火责任人，并配备森林防火设施和设备。

第二十一条　地方各级人民政府和国有林业企业、事业单位应当根据实际需要，成立森林火灾专业扑救队伍；县级以上地方人民政府应当指导森林经营单位和林区的居民委员会、村民委员会、企业、事业单位建立森林火灾群众扑救队伍。专业的和群众的火灾扑救队伍应当定期进行培训和演练。

第二十二条　森林、林木、林地的经营单位配备的兼职或者专职护林员负责巡护森林，管理野外用火，及时报告火情，协助有关机关调查森林火灾案件。

第二十三条　县级以上地方人民政府应当根据本行政区域内森林资源分布状况和森林火灾发生规律，划定森林防火区，规定森林防火期，并向社会公布。

森林防火期内，各级人民政府森林防火指挥机构和森林、林木、林地的经营单位和个人，应当根据森林火险预报，采取相应的预防和应急准备措施。

第二十四条　县级以上人民政府森林防火指挥机构，应当组织有关部门对森林防火区内有关单位的森林防火组织建设、森林防火责任制落实、森林防火设施建设等情况进行检查；对检查中发现的森林火灾隐患，县级以上地方人民政府林业主管部门应当及时向有关单位下达森林火灾隐患整改通知书，责令限期整改，消除隐患。

被检查单位应当积极配合，不得阻挠、妨碍检查活动。

第二十五条　森林防火期内，禁止在森林防火区野外用火。因防治病虫鼠害、冻害等特殊情况确需野外用火的，应当经县级人民政府批准，并按照要求采取防火措施，严防失火；需要进入森林防火区进行实弹演习、爆破等活动的，应当经省、自治区、直辖市人民政府林业主管部门批准，并采取必要的防火措施；中国人民解放军和中国人民武装警察部队因处置突发事件和执行其他紧急任务需要进入森林防火区的，应当经其上级主管部门批准，并采取必要的防火措施。

第二十六条　森林防火期内，森林、林木、林地的经营单位应当设置森林防火警示宣传标志，并对进入其经营范围的人员进行森林防火安全宣传。

森林防火期内，进入森林防火区的各种机动车辆应当按照规定安装防火装置，配备灭火器材。

第二十七条　森林防火期内，经省、自治区、直辖市人民政府批准，林业主管部门、国务院确定的重点国有林区的管理机构可以设立临时性的森林防火检查站，对进入森林防火区的车辆和人员进行森林防火检查。

第二十八条　森林防火期内，预报有高温、干旱、大风等高火险天气的，县级以上地方人民政府应当划定森林高火险区，规定森林高火险期。必要时，县级以上地方人民政府可以根据需要发布命令，严禁一切野外用火；对可能引起森林火灾的居民生活用火应当严格管理。

第二十九条　森林高火险期内，进入森林高火险区的，应当经县级以上地方人民政府批准，严格按照批准的时间、地点、范围活动，并接受县级以上地方人民政府林业主管部门的监督管理。

第三十条　县级以上人民政府林业主管部门和气象主管机构应当根据森林防火需要，建设森林火险监测和预报台站，建立联合会商机制，及时制作发布森林火险预警预报信息。

气象主管机构应当无偿提供森林火险天气预报服务。广播、电视、报纸、互联网等媒体应当及时播发或者刊登森林火险天气预报。

第三章　森林火灾的扑救

第三十一条　县级以上地方人民政府应

当公布森林火警电话，建立森林防火值班制度。

任何单位和个人发现森林火灾，应当立即报告。接到报告的当地人民政府或者森林防火指挥机构应当立即派人赶赴现场，调查核实，采取相应的扑救措施，并按照有关规定逐级报上级人民政府和森林防火指挥机构。

第三十二条　发生下列森林火灾，省、自治区、直辖市人民政府森林防火指挥机构应当立即报告国家森林防火指挥机构，由国家森林防火指挥机构按照规定报告国务院，并及时通报国务院有关部门：

（一）国界附近的森林火灾；

（二）重大、特别重大森林火灾；

（三）造成3人以上死亡或者10人以上重伤的森林火灾；

（四）威胁居民区或者重要设施的森林火灾；

（五）24小时尚未扑灭明火的森林火灾；

（六）未开发原始林区的森林火灾；

（七）省、自治区、直辖市交界地区危险性大的森林火灾；

（八）需要国家支援扑救的森林火灾。

本条第一款所称"以上"包括本数。

第三十三条　发生森林火灾，县级以上地方人民政府森林防火指挥机构应当按照规定立即启动森林火灾应急预案；发生重大、特别重大森林火灾，国家森林防火指挥机构应当立即启动重大、特别重大森林火灾应急预案。

森林火灾应急预案启动后，有关森林防火指挥机构应当在核实火灾准确位置、范围以及风力、风向、火势的基础上，根据火灾现场天气、地理条件，合理确定扑救方案，划分扑救地段，确定扑救责任人，并指定负责人及时到达森林火灾现场具体指挥森林火灾的扑救。

第三十四条　森林防火指挥机构应当按照森林火灾应急预案，统一组织和指挥森林火灾的扑救。

扑救森林火灾，应当坚持以人为本、科学扑救，及时疏散、撤离受火灾威胁的群众，并做好火灾扑救人员的安全防护，尽最大可能避免人员伤亡。

第三十五条　扑救森林火灾应当以专业火灾扑救队伍为主要力量；组织群众扑救队伍扑救森林火灾的，不得动员残疾人、孕妇和未成年人以及其他不适宜参加森林火灾扑救的人员参加。

第三十六条　武装警察森林部队负责执行国家赋予的森林防火任务。武装警察森林部队执行森林火灾扑救任务，应当接受火灾发生地县级以上地方人民政府森林防火指挥机构的统一指挥；执行跨省、自治区、直辖市森林火灾扑救任务的，应当接受国家森林防火指挥机构的统一指挥。

中国人民解放军执行森林火灾扑救任务的，依照《军队参加抢险救灾条例》的有关规定执行。

第三十七条　发生森林火灾，有关部门应当按照森林火灾应急预案和森林防火指挥机构的统一指挥，做好扑救森林火灾的有关工作。

气象主管机构应当及时提供火灾地区天气预报和相关信息，并根据天气条件适时开展人工增雨作业。

交通运输主管部门应当优先组织运送森林火灾扑救人员和扑救物资。

通信主管部门应当组织提供应急通信保障。

民政部门应当及时设置避难场所和救灾物资供应点，紧急转移并妥善安置灾民，开展受灾群众救助工作。

公安机关应当维护治安秩序，加强治安管理。

商务、卫生等主管部门应当做好物资供应、医疗救护和卫生防疫等工作。

第三十八条　因扑救森林火灾的需要，

县级以上人民政府森林防火指挥机构可以决定采取开设防火隔离带、清除障碍物、应急取水、局部交通管制等应急措施。

因扑救森林火灾需要征用物资、设备、交通运输工具的，由县级以上人民政府决定。扑火工作结束后，应当及时返还被征用的物资、设备和交通工具，并依照有关法律规定给予补偿。

第三十九条　森林火灾扑灭后，火灾扑救队伍应当对火灾现场进行全面检查，清理余火，并留有足够人员看守火场，经当地人民政府森林防火指挥机构检查验收合格，方可撤出看守人员。

第四章　灾后处置

第四十条　按照受害森林面积和伤亡人数，森林火灾分为一般森林火灾、较大森林火灾、重大森林火灾和特别重大森林火灾：

（一）一般森林火灾：受害森林面积在1公顷以下或者其他林地起火的，或者死亡1人以上3人以下的，或者重伤1人以上10人以下的；

（二）较大森林火灾：受害森林面积在1公顷以上100公顷以下的，或者死亡3人以上10人以下的，或者重伤10人以上50人以下的；

（三）重大森林火灾：受害森林面积在100公顷以上1000公顷以下的，或者死亡10人以上30人以下的，或者重伤50人以上100人以下的；

（四）特别重大森林火灾：受害森林面积在1000公顷以上的，或者死亡30人以上的，或者重伤100人以上的。

本条第一款所称“以上”包括本数，“以下”不包括本数。

第四十一条　县级以上人民政府林业主管部门应当会同有关部门及时对森林火灾发生原因、肇事者、受害森林面积和蓄积、人员伤亡、其他经济损失等情况进行调查和评估，向当地人民政府提出调查报告；当地人民政府应当根据调查报告，确定森林火灾责任单位和责任人，并依法处理。

森林火灾损失评估标准，由国务院林业主管部门会同有关部门制定。

第四十二条　县级以上地方人民政府林业主管部门应当按照有关要求对森林火灾情况进行统计，报上级人民政府林业主管部门和本级人民政府统计机构，并及时通报本级人民政府有关部门。

森林火灾统计报告表由国务院林业主管部门制定，报国家统计局备案。

第四十三条　森林火灾信息由县级以上人民政府森林防火指挥机构或者林业主管部门向社会发布。重大、特别重大森林火灾信息由国务院林业主管部门发布。

第四十四条　对因扑救森林火灾负伤、致残或者死亡的人员，按照国家有关规定给予医疗、抚恤。

第四十五条　参加森林火灾扑救的人员的误工补贴和生活补助以及扑救森林火灾所发生的其他费用，按照省、自治区、直辖市人民政府规定的标准，由火灾肇事单位或者个人支付；起火原因不清的，由起火单位支付；火灾肇事单位、个人或者起火单位确实无力支付的部分，由当地人民政府支付。误工补贴和生活补助以及扑救森林火灾所发生的其他费用，可以由当地人民政府先行支付。

第四十六条　森林火灾发生后，森林、林木、林地的经营单位和个人应当及时采取更新造林措施，恢复火烧迹地森林植被。

第五章　法律责任

第四十七条　违反本条例规定，县级以上地方人民政府及其森林防火指挥机构、县级以上人民政府林业主管部门或者其他有关部门及其工作人员，有下列行为之一的，由其上级行政机关或者监察机关责令改正；情节严重的，对直接负责的主管人员和其他直接责任人员依法给予处分；构成犯罪的，依法追究刑事责任：

（一）未按照有关规定编制森林火灾应急预案的；

（二）发现森林火灾隐患未及时下达森林火灾隐患整改通知书的；

（三）对不符合森林防火要求的野外用火或者实弹演习、爆破等活动予以批准的；

（四）瞒报、谎报或者故意拖延报告森林火灾的；

（五）未及时采取森林火灾扑救措施的；

（六）不依法履行职责的其他行为。

第四十八条 违反本条例规定，森林、林木、林地的经营单位或者个人未履行森林防火责任的，由县级以上地方人民政府林业主管部门责令改正，对个人处500元以上5000元以下罚款，对单位处1万元以上5万元以下罚款。

第四十九条 违反本条例规定，森林防火区内的有关单位或者个人拒绝接受森林防火检查或者接到森林火灾隐患整改通知书逾期不消除火灾隐患的，由县级以上地方人民政府林业主管部门责令改正，给予警告，对个人并处200元以上2000元以下罚款，对单位并处5000元以上1万元以下罚款。

第五十条 违反本条例规定，森林防火期内未经批准擅自在森林防火区内野外用火的，由县级以上地方人民政府林业主管部门责令停止违法行为，给予警告，对个人并处200元以上3000元以下罚款，对单位并处1万元以上5万元以下罚款。

第五十一条 违反本条例规定，森林防火期内未经批准在森林防火区内进行实弹演习、爆破等活动的，由县级以上地方人民政府林业主管部门责令停止违法行为，给予警告，并处5万元以上10万元以下罚款。

第五十二条 违反本条例规定，有下列行为之一的，由县级以上地方人民政府林业主管部门责令改正，给予警告，对个人并处200元以上2000元以下罚款，对单位并处2000元以上5000元以下罚款：

（一）森林防火期内，森林、林木、林地的经营单位未设置森林防火警示宣传标志的；

（二）森林防火期内，进入森林防火区的机动车辆未安装森林防火装置的；

（三）森林高火险期内，未经批准擅自进入森林高火险区活动的。

第五十三条 违反本条例规定，造成森林火灾，构成犯罪的，依法追究刑事责任；尚不构成犯罪的，除依照本条例第四十八条、第四十九条、第五十条、第五十一条、第五十二条的规定追究法律责任外，县级以上地方人民政府林业主管部门可以责令责任人补种树木。

第六章 附 则

第五十四条 森林消防专用车辆应当按照规定喷涂标志图案，安装警报器、标志灯具。

第五十五条 在中华人民共和国边境地区发生的森林火灾，按照中华人民共和国政府与有关国家政府签订的有关协定开展扑救工作；没有协定的，由中华人民共和国政府和有关国家政府协商办理。

第五十六条 本条例自2009年1月1日起施行。

森林资源监督工作管理办法

（2007年8月30日国家林业局局务会议审议通过，2007年9月28日公布，自2008年1月1日起施行）

第一条　为了加强森林资源保护管理，规范森林资源监督行为，根据《中华人民共和国森林法实施条例》和国家有关规定，制定本办法。

第二条　国家林业局依照有关规定向各地区、单位派驻森林资源监督专员办事处（以下简称森林资源监督专员办）。

第三条　本办法所称的森林资源监督是指森林资源监督专员办对驻在地区和单位的森林资源保护、利用和管理情况实施监督检查的行为。

森林资源监督是林业行政执法的重要组成部分，是加强森林资源管理的重要措施。

第四条　森林资源监督专员办实施森林资源监督，适用本办法。

第五条　国家林业局设立森林资源监督管理办公室，负责森林资源监督专员办的协调管理和监督业务工作。

国家林业局森林资源管理司归口管理森林资源监督管理办公室和森林资源监督专员办。

第六条　森林资源监督专员办应当按照国家林业局的有关规定，结合实际，建立和健全内部管理制度及岗位责任制度，并报国家林业局备案。

第七条　森林资源监督管理办公室应当加强对森林资源监督专员办的管理，严格考核工作实绩，组织开展业务培训，检查内部管理制度和岗位责任制度落实情况。

第八条　森林资源监督专员办负责实施国家林业局指定范围内的森林资源监督工作，对国家林业局负责。其主要职责是：

（一）监督驻在地区、单位的森林资源和林政管理；

（二）监督驻在地区、单位建立和执行保护、发展森林资源目标责任制，并负责审核有关执行情况的报告；

（三）承担国家林业局确定的和驻在省、自治区、直辖市人民政府或者驻在单位委托的有关森林资源监督的职责；

（四）按年度向国家林业局和驻在省、自治区、直辖市人民政府或者单位分别提交森林资源监督报告；

（五）承担国家林业局委托的行政审批、行政许可等其他工作。

第九条　森林资源监督专员办在履行职责时，可以依法采取下列措施：

（一）责令被监督检查单位停止违反林业法律、法规、政策的行为；

（二）要求被监督检查单位提供与监督检查事项有关的材料；

（三）要求被监督检查单位对监督检查事项涉及的问题做出书面说明；

（四）法律、法规规定可以采取的其他措施。

第十条　森林资源监督专员办对履行职责中发现的问题，应当及时向当地林业主管部门或者有关单位提出处理建议，并对处理建议的落实情况进行跟踪监督，结果报国家林业局。

对省、自治区、直辖市人民政府林业主管部门管辖的、有重大影响的破坏森林资源行为，森林资源监督专员办应当向国家林业局或者驻在省、自治区、直辖市人民政府报告并提出处理意见。

对破坏森林资源行为负有领导责任的人员，森林资源监督专员办应当向其所在单位或者上级机关、监察机关提出给予处分的建议。

破坏森林资源行为涉嫌构成犯罪的，森林资源监督专员办应当督促有关单位将案件移送司法机关。

第十一条　县级以上地方人民政府林业主管部门或者有关单位对森林资源监督专员办提出的处理建议应当及时核实，依法查处，并将处理结果向森林资源监督专员办通报。

县级以上地方人民政府林业主管部门或者有关单位对森林资源监督专员办提出的处理建议有异议的，应当向森林资源监督专员办提出书面意见。

对森林资源监督专员办提出的处理建议，既不依法查处，又不提交书面陈述的，森林资源监督专员办应当向省、自治区、直辖市人民政府提出督办建议，同时报告国家林业局。

第十二条　森林资源监督专员办应当积极支持县级以上地方人民政府林业主管部门加强森林资源管理工作，建立和实行以下工作制度：

（一）向省、自治区、直辖市人民政府林业主管部门通报国家有关林业政策和重大林业工作事项；

（二）与驻在省、自治区、直辖市人民政府建立工作沟通机制，及时向其通报森林资源监督工作情况；

（三）与省、自治区、直辖市人民政府林业主管部门建立林业行政执法联合工作机制；

（四）根据需要，适时与省、自治区、直辖市人民政府林业主管部门召开联席会议。

第十三条　县级以上地方人民政府林业主管部门应当积极配合森林资源监督专员办履行职责：

（一）向森林资源监督专员办及时提供贯彻国家有关林业政策法规、加强森林资源和林政管理等方面的情况；

（二）积极听取森林资源监督专员办反映的问题和建议，研究、落实改进措施；

（三）在研究涉及森林资源和林政管理的重大问题时，应当征询森林资源监督专员办的意见。

第十四条　森林资源监督专员办的工作人员应当具备以下条件：

（一）遵守法律和职业道德；

（二）熟悉林业法律法规和林业方针政策；

（三）具备从事森林资源监督工作相适应的专业知识和业务能力；

（四）新录用人员具有大学本科以上学历；

（五）适应履行监督职责需要的其他条件。

第十五条　森林资源监督专员办工作人员开展森林资源监督工作，应当客观公正，实事求是，廉洁奉公，保守秘密。

第十六条　森林资源监督专员办的工作人员滥用职权、玩忽职守、徇私舞弊的，依法依纪给予处分；构成犯罪的，依法追究刑事责任。

第十七条　东北、内蒙古重点国有林区林业（森工）主管部门派驻森工企业局的森林资源监督机构，其主要负责人的任免应当事前征求国家林业局派驻本地区或者单位的森林资源监督专员办的意见；其森林资源监督业务工作接受国家林业局派驻本地区或者单位的森林资源监督专员办的指导。

第十八条　本办法自 2008 年 1 月 1 日起施行。

林木种质资源管理办法

（2007年8月30日国家林业局局务会议审议通过，2007年8月30日公布，自2007年11月1日起施行）

第一条　为了加强林木种质资源保护和管理，根据《中华人民共和国种子法》的规定，制定本办法。

第二条　从事林木种质资源收集、整理、鉴定、登记、保存、交流、利用和管理等活动，适用本办法。

第三条　依照《中华人民共和国种子法》的规定，林木种质资源是指林木遗传多样性资源和选育新品种的基础材料，包括森林植物的栽培种、野生种的繁殖材料以及利用上述繁殖材料人工创造的遗传材料。

林木种质资源的形态，包括植株、苗、果实、籽粒、根、茎、叶、芽、花、花粉、组织、细胞和DNA、DNA片段及基因等。

第四条　国家林业局负责全国林木种质资源的保护和管理工作，具体工作由其所属的林木种苗管理机构负责。

省、自治区、直辖市人民政府林业主管部门负责本行政区域内林木种质资源的保护和管理工作，具体工作由其所属的林木种苗管理机构负责。

第五条　国家扶持林木种质资源保护工作。县级以上人民政府林业主管部门应当采取有效措施，加强林木种质资源保护管理工作。

第六条　县级以上人民政府林业主管部门应当积极组织开展林木种质资源科学研究，培训林木种质资源专门技术人员，提高林木种质资源保护管理工作水平。

第七条　国家林业局和省、自治区、直辖市人民政府林业主管部门应当组织林木种质资源普查，建立健全林木种质资源档案。林木种质资源普查结果等数据资料，应当作为制定林木种质资源保护发展方案、制定和调整可供利用的林木种质资源目录的依据。

第八条　全国林木种质资源普查方案由国家林业局制定；地方林木种质资源普查方案由省、自治区、直辖市人民政府林业主管部门制定。

第九条　县级以上人民政府林业主管部门应当根据保护林木种质资源的需要，有计划地组织收集林木种质资源。

第十条　收集林木种质资源的单位和个人，应当建立原始档案并完整保存档案资料。原始档案记载的内容和格式由国家林业局统一规定。

第十一条　因工程建设、自然灾害等特殊情况使林木种质资源受到威胁的，县级以上人民政府林业主管部门应当及时组织抢救性收集。

第十二条　国家林业局和省、自治区、直辖市人民政府林业主管部门应当组织有关专家对收集的林木种质资源进行鉴定。进行林木种质资源鉴定应当严格执行国家标准和行业标准。

第十三条　国家林业局和省、自治区、直辖市人民政府林业主管部门应当对经过鉴定的林木种质资源或者经批准从境外引进的林木种质资源进行登记。林木种质资源登记实行全国统一编号，编号方法由国家林业局规定。任何单位和个人不得更改或者另行编号。

第十四条　国家林业局建立国家林木种

质资源库，根据需要保存具有重要价值或者珍贵的林木种质资源。省、自治区、直辖市人民政府林业主管部门可以建立林木种质资源库、林木种质资源保护区或者林木种质资源保护地，根据需要保存乡土树种、地方主要造林树种等林木种质资源。

第十五条 县级以上人民政府应当分别情况采取原地保存或者建立异地保存库、设施保存库等方式，保存林木种质资源，保障国家和地方林木种质资源库、保护区和保护地正常运转和种质资源安全。异地保存库和设施保存库的林木种质资源应当按照有关规定进行定期检查和检测，及时更新和补充。

第十六条 国家林业局和省、自治区、直辖市人民政府林业主管部门应当根据林木种质资源普查结果及鉴定和保存情况，公布可供利用的林木种质资源目录。

第十七条 利用从林木种质资源库获取的林木种质资源，申请植物新品种权或者其他专利权的，应当事先与林木种质资源管理单位签订协议，并分别报省、自治区、直辖市人民政府林业主管部门或者国家林业局备查。

第十八条 利用林木种质资源库的林木种质资源的单位和个人，应当与林木种质资源库管理单位签订协议，按照协议要求承担反馈利用信息的义务。

第十九条 禁止采集或者采伐国家重点保护的天然林木种质资源。因科学研究、良种选育、文化交流、种质资源更新等特殊情况需要采集或者采伐的，除按照有关法律、法规的规定办理采集或者采伐批准文件外，还应当按照本条第二款、第三款的规定办理审批手续。

采集或者采伐国家林木种质资源库内的，申请人应当向国家林业局提交《采集或者采伐林木种质资源申请表》及申请说明，说明内容应当包括采集或者采伐的理由、用途、方案等；国家林业局应当自受理之日起20个工作日内作出审批决定，并出具《采集或者采伐林木种质资源许可表》；不予审批的，应当书面告知申请人并说明理由。

采集或者采伐国家林木种质资源库以外的，应当经省、自治区、直辖市人民政府林业主管部门批准，批准结果报国家林业局备查。

第二十条 国家林业局和省、自治区、直辖市人民政府林业主管部门应当建立林木种质资源信息数据库，开展林木种质资源动态监测。

第二十一条 国家对林木种质资源享有主权。任何单位和个人向境外提供林木种质资源的，应当经国家林业局批准。

第二十二条 向境外提供或者从境外引进林木种质资源的，应当按照以下程序办理审批手续：

（一）向国家林业局提交《向境外提供林木种质资源申请表》或者《从境外引进林木种质资源申请表》及其说明；

（二）从境外引进林木种质资源的，应当提交引进林木种质资源的用途证明和试验方案材料；

（三）向境外提供林木种质资源的，应当提供相关的项目或者协议文本；

（四）为境外制种引进林木种质资源的，应当提交对外制种协议文本；

（五）国家林业局应当自受理之日起20个工作日内作出审批决定，并出具《向境外提供林木种质资源许可表》或者《从境外引进林木种质资源许可表》；不予审批的，应当书面告知申请人并说明理由。

第二十三条 从境外引进林木种质资源的，应当依法办理检疫审批手续。从境外引进转基因林木种质资源的，应当按照国家林业局公布的《开展林木转基因工程活动审批管理办法》的有关规定办理。

第二十四条 向境外提供的林木种质资源属于国家重点保护野生植物，从境外引进或者向境外提供的林木种质资源属于中国参加的国际公约所限制进出口的野生植物的，除按照本办法第二十一条、第二十二条、第二十三条的规定办理外，还应当按照国家野生植物保护法律法规或者中国参加的国际公约的有关规定办理进出口审批手续。

第二十五条　从境外引进林木种质资源的单位和个人，应当自林木种质资源引进之日起一年之内，向所在地省、自治区、直辖市人民政府林业主管部门提供适量的种质材料，经其登记后移交林木种质资源库保存，并将有关材料报送国家林业局备查。

第二十六条　在林木种质资源普查、收集、鉴定、保存等工作中成绩显著的单位和个人，由县级以上人民政府林业主管部门给予奖励。

第二十七条　林业主管部门及其所属林木种苗管理机构的工作人员在林木种质资源保护管理工作中，滥用职权、玩忽职守、徇私舞弊的，依照国家有关规定给予处分；情节严重、构成犯罪的，依法追究刑事责任。

第二十八条　本办法自2007年11月1日起施行。

中华人民共和国防沙治沙法

（2001年8月31日第九届全国人民代表大会常务委员会第二十三次会议通过，根据2018年10月26日第十三届全国人民代表大会常务委员会第六次会议《关于修改〈中华人民共和国野生动物保护法〉等十五部法律的决定》修正）

第一章　总　　则

第一条　为预防土地沙化，治理沙化土地，维护生态安全，促进经济和社会的可持续发展，制定本法。

第二条　在中华人民共和国境内，从事土地沙化的预防、沙化土地的治理和开发利用活动，必须遵守本法。

土地沙化是指因气候变化和人类活动所导致的天然沙漠扩张和沙质土壤上植被破坏、沙土裸露的过程。

本法所称土地沙化，是指主要因人类不合理活动所导致的天然沙漠扩张和沙质土壤上植被及覆盖物被破坏，形成流沙及沙土裸露的过程。

本法所称沙化土地，包括已经沙化的土地和具有明显沙化趋势的土地。具体范围，由国务院批准的全国防沙治沙规划确定。

第三条　防沙治沙工作应当遵循以下原则：

（一）统一规划，因地制宜，分步实施，坚持区域防治与重点防治相结合；

（二）预防为主，防治结合，综合治理；

（三）保护和恢复植被与合理利用自然资源相结合；

（四）遵循生态规律，依靠科技进步；

（五）改善生态环境与帮助农牧民脱贫致富相结合；

（六）国家支持与地方自力更生相结合，政府组织与社会各界参与相结合，鼓励单位、个人承包防治；

（七）保障防沙治沙者的合法权益。

第四条　国务院和沙化土地所在地区的县级以上地方人民政府，应当将防沙治沙纳入国民经济和社会发展计划，保障和支持防沙治沙工作的开展。

沙化土地所在地区的地方各级人民政

府，应当采取有效措施，预防土地沙化，治理沙化土地，保护和改善本行政区域的生态质量。

国家在沙化土地所在地区，建立政府行政领导防沙治沙任期目标责任考核奖惩制度。沙化土地所在地区的县级以上地方人民政府，应当向同级人民代表大会及其常务委员会报告防沙治沙工作情况。

第五条　在国务院领导下，国务院林业草原行政主管部门负责组织、协调、指导全国防沙治沙工作。

国务院林业草原、农业、水利、土地、生态环境等行政主管部门和气象主管机构，按照有关法律规定的职责和国务院确定的职责分工，各负其责，密切配合，共同做好防沙治沙工作。

县级以上地方人民政府组织、领导所属有关部门，按照职责分工，各负其责，密切配合，共同做好本行政区域的防沙治沙工作。

第六条　使用土地的单位和个人，有防止该土地沙化的义务。

使用已经沙化的土地的单位和个人，有治理该沙化土地的义务。

第七条　国家支持防沙治沙的科学研究和技术推广工作，发挥科研部门、机构在防沙治沙工作中的作用，培养防沙治沙专门技术人员，提高防沙治沙的科学技术水平。

国家支持开展防沙治沙的国际合作。

第八条　在防沙治沙工作中作出显著成绩的单位和个人，由人民政府给予表彰和奖励；对保护和改善生态质量作出突出贡献的应当给予重奖。

第九条　沙化土地所在地区的各级人民政府应当组织有关部门开展防沙治沙知识的宣传教育，增强公民的防沙治沙意识，提高公民防沙治沙的能力。

第二章　防沙治沙规划

第十条　防沙治沙实行统一规划。从事防沙治沙活动，以及在沙化土地范围内从事开发利用活动，必须遵循防沙治沙规划。

防沙治沙规划应当对遏制土地沙化扩展趋势，逐步减少沙化土地的时限、步骤、措施等作出明确规定，并将具体实施方案纳入国民经济和社会发展五年计划和年度计划。

第十一条　国务院林业草原行政主管部门会同国务院农业、水利、土地、生态环境等有关部门编制全国防沙治沙规划，报国务院批准后实施。

省、自治区、直辖市人民政府依据全国防沙治沙规划，编制本行政区域的防沙治沙规划，报国务院或者国务院指定的有关部门批准后实施。

沙化土地所在地区的市、县人民政府，应当依据上一级人民政府的防沙治沙规划，组织编制本行政区域的防沙治沙规划，报上一级人民政府批准后实施。

防沙治沙规划的修改，须经原批准机关批准；未经批准，任何单位和个人不得改变防沙治沙规划。

第十二条　编制防沙治沙规划，应当根据沙化土地所处的地理位置、土地类型、植被状况、气候和水资源状况、土地沙化程度等自然条件及其所发挥的生态、经济功能，对沙化土地实行分类保护、综合治理和合理利用。

在规划期内不具备治理条件的以及因保护生态的需要不宜开发利用的连片沙化土地，应当规划为沙化土地封禁保护区，实行封禁保护。沙化土地封禁保护区的范围，由全国防沙治沙规划以及省、自治区、直辖市防沙治沙规划确定。

第十三条　防沙治沙规划应当与土地利用总体规划相衔接；防沙治沙规划中确定的沙化土地用途，应当符合本级人民政府的土地利用总体规划。

第三章　土地沙化的预防

第十四条　国务院林业草原行政主管部

门组织其他有关行政主管部门对全国土地沙化情况进行监测、统计和分析，并定期公布监测结果。

县级以上地方人民政府林业草原或者其他有关行政主管部门，应当按照土地沙化监测技术规程，对沙化土地进行监测，并将监测结果向本级人民政府及上一级林业草原或者其他有关行政主管部门报告。

第十五条　县级以上地方人民政府林业草原或者其他有关行政主管部门，在土地沙化监测过程中，发现土地发生沙化或者沙化程度加重的，应当及时报告本级人民政府。收到报告的人民政府应当责成有关行政主管部门制止导致土地沙化的行为，并采取有效措施进行治理。

各级气象主管机构应当组织对气象干旱和沙尘暴天气进行监测、预报，发现气象干旱或者沙尘暴天气征兆时，应当及时报告当地人民政府。收到报告的人民政府应当采取预防措施，必要时公布灾情预报，并组织林业草原、农（牧）业等有关部门采取应急措施，避免或者减轻风沙危害。

第十六条　沙化土地所在地区的县级以上地方人民政府应当按照防沙治沙规划，划出一定比例的土地，因地制宜地营造防风固沙林网、林带，种植多年生灌木和草本植物。由林业草原行政主管部门负责确定植树造林的成活率、保存率的标准和具体任务，并逐片组织实施，明确责任，确保完成。

除了抚育更新性质的采伐外，不得批准对防风固沙林网、林带进行采伐。在对防风固沙林网、林带进行抚育更新性质的采伐之前，必须在其附近预先形成接替林网和林带。

对林木更新困难地区已有的防风固沙林网、林带，不得批准采伐。

第十七条　禁止在沙化土地上砍挖灌木、药材及其他固沙植物。

沙化土地所在地区的县级人民政府，应当制定植被管护制度，严格保护植被，并根据需要在乡（镇）、村建立植被管护组织，确定管护人员。

在沙化土地范围内，各类土地承包合同应当包括植被保护责任的内容。

第十八条　草原地区的地方各级人民政府，应当加强草原的管理和建设，由林业草原行政主管部门会同畜牧业行政主管部门负责指导、组织农牧民建设人工草场，控制载畜量，调整牲畜结构，改良牲畜品种，推行牲畜圈养和草场轮牧，消灭草原鼠害、虫害，保护草原植被，防止草原退化和沙化。

草原实行以产草量确定载畜量的制度。由林业草原行政主管部门会同畜牧业行政主管部门负责制定载畜量的标准和有关规定，并逐级组织实施，明确责任，确保完成。

第十九条　沙化土地所在地区的县级以上地方人民政府水行政主管部门，应当加强流域和区域水资源的统一调配和管理，在编制流域和区域水资源开发利用规划和供水计划时，必须考虑整个流域和区域植被保护的用水需求，防止因地下水和上游水资源的过度开发利用，导致植被破坏和土地沙化。该规划和计划经批准后，必须严格实施。

沙化土地所在地区的地方各级人民政府应当节约用水，发展节水型农牧业和其他产业。

第二十条　沙化土地所在地区的县级以上地方人民政府，不得批准在沙漠边缘地带和林地、草原开垦耕地；已经开垦并对生态产生不良影响的，应当有计划地组织退耕还林还草。

第二十一条　在沙化土地范围内从事开发建设活动的，必须事先就该项目可能对当地及相关地区生态产生的影响进行环境影响评价，依法提交环境影响报告；环境影响报告应当包括有关防沙治沙的内容。

第二十二条　在沙化土地封禁保护区范围内，禁止一切破坏植被的活动。

禁止在沙化土地封禁保护区范围内安置移民。对沙化土地封禁保护区范围内的农牧民，县级以上地方人民政府应当有计划地组织迁出，并妥善安置。沙化土地封禁保护区范围内尚未迁出的农牧民的生产生活，由沙化土地封禁保护区主管部门妥善安排。

未经国务院或者国务院指定的部门同意，不得在沙化土地封禁保护区范围内进行修建铁路、公路等建设活动。

第四章　沙化土地的治理

第二十三条　沙化土地所在地区的地方各级人民政府，应当按照防沙治沙规划，组织有关部门、单位和个人，因地制宜地采取人工造林种草、飞机播种造林种草、封沙育林育草和合理调配生态用水等措施，恢复和增加植被，治理已经沙化的土地。

第二十四条　国家鼓励单位和个人在自愿的前提下，捐资或者以其他形式开展公益性的治沙活动。

县级以上地方人民政府林业草原或者其他有关行政主管部门，应当为公益性治沙活动提供治理地点和无偿技术指导。

从事公益性治沙的单位和个人，应当按照县级以上地方人民政府林业草原或者其他有关行政主管部门的技术要求进行治理，并可以将所种植的林、草委托他人管护或者交由当地人民政府有关行政主管部门管护。

第二十五条　使用已经沙化的国有土地的使用权人和农民集体所有土地的承包经营权人，必须采取治理措施，改善土地质量；确实无能力完成治理任务的，可以委托他人治理或者与他人合作治理。委托或者合作治理的，应当签订协议，明确各方的权利和义务。

沙化土地所在地区的地方各级人民政府及其有关行政主管部门、技术推广单位，应当为土地使用权人和承包经营权人的治沙活动提供技术指导。

采取退耕还林还草、植树种草或者封育措施治沙的土地使用权人和承包经营权人，按照国家有关规定，享受人民政府提供的政策优惠。

第二十六条　不具有土地所有权或者使用权的单位和个人从事营利性治沙活动的，应当先与土地所有权人或者使用权人签订协议，依法取得土地使用权。

在治理活动开始之前，从事营利性治沙活动的单位和个人应当向治理项目所在地的县级以上地方人民政府林业草原行政主管部门或者县级以上地方人民政府指定的其他行政主管部门提出治理申请，并附具下列文件：

（一）被治理土地权属的合法证明文件和治理协议；

（二）符合防沙治沙规划的治理方案；

（三）治理所需的资金证明。

第二十七条　本法第二十六条第二款第二项所称治理方案，应当包括以下内容：

（一）治理范围界限；

（二）分阶段治理目标和治理期限；

（三）主要治理措施；

（四）经当地水行政主管部门同意的用水来源和用水量指标；

（五）治理后的土地用途和植被管护措施；

（六）其他需要载明的事项。

第二十八条　从事营利性治沙活动的单位和个人，必须按照治理方案进行治理。

国家保护沙化土地治理者的合法权益。在治理者取得合法土地权属的治理范围内，未经治理者同意，其他任何单位和个人不得从事治理或者开发利用活动。

第二十九条　治理者完成治理任务后，应当向县级以上地方人民政府受理治理申请的行政主管部门提出验收申请。经验收合格的，受理治理申请的行政主管部门应当发给治理合格证明文件；经验收不合格的，治理者应当继续治理。

第三十条　已经沙化的土地范围内的铁路、公路、河流和水渠两侧，城镇、村庄、厂矿和水库周围，实行单位治理责任制，由县级以上地方人民政府下达治理责任书，由责任单位负责组织造林种草或者采取其他治理措施。

第三十一条 沙化土地所在地区的地方各级人民政府，可以组织当地农村集体经济组织及其成员在自愿的前提下，对已经沙化的土地进行集中治理。农村集体经济组织及其成员投入的资金和劳力，可以折算为治理项目的股份、资本金，也可以采取其他形式给予补偿。

第五章 保障措施

第三十二条 国务院和沙化土地所在地区的地方各级人民政府应当在本级财政预算中按照防沙治沙规划通过项目预算安排资金，用于本级人民政府确定的防沙治沙工程。在安排扶贫、农业、水利、道路、矿产、能源、农业综合开发等项目时，应当根据具体情况，设立若干防沙治沙子项目。

第三十三条 国务院和省、自治区、直辖市人民政府应当制定优惠政策，鼓励和支持单位和个人防沙治沙。

县级以上地方人民政府应当按照国家有关规定，根据防沙治沙的面积和难易程度，给予从事防沙治沙活动的单位和个人资金补助、财政贴息以及税费减免等政策优惠。

单位和个人投资进行防沙治沙的，在投资阶段免征各种税收；取得一定收益后，可以免征或者减征有关税收。

第三十四条 使用已经沙化的国有土地从事治沙活动的，经县级以上人民政府依法批准，可以享有不超过七十年的土地使用权。具体年限和管理办法，由国务院规定。

使用已经沙化的集体所有土地从事治沙活动的，治理者应当与土地所有人签订土地承包合同。具体承包期限和当事人的其他权利、义务由承包合同双方依法在土地承包合同中约定。县级人民政府依法根据土地承包合同向治理者颁发土地使用权证书，保护集体所有沙化土地治理者的土地使用权。

第三十五条 因保护生态的特殊要求，将治理后的土地批准划为自然保护区或者沙化土地封禁保护区的，批准机关应当给予治理者合理的经济补偿。

第三十六条 国家根据防沙治沙的需要，组织设立防沙治沙重点科研项目和示范、推广项目，并对防沙治沙、沙区能源、沙生经济作物、节水灌溉、防止草原退化、沙地旱作农业等方面的科学研究与技术推广给予资金补助、税费减免等政策优惠。

第三十七条 任何单位和个人不得截留、挪用防沙治沙资金。

县级以上人民政府审计机关，应当依法对防沙治沙资金使用情况实施审计监督。

第六章 法律责任

第三十八条 违反本法第二十二条第一款规定，在沙化土地封禁保护区范围内从事破坏植被活动的，由县级以上地方人民政府林业草原行政主管部门责令停止违法行为；有违法所得的，没收其违法所得；构成犯罪的，依法追究刑事责任。

第三十九条 违反本法第二十五条第一款规定，国有土地使用权人和农民集体所有土地承包经营权人未采取防沙治沙措施，造成土地严重沙化的，由县级以上地方人民政府林业草原行政主管部门责令限期治理；造成国有土地严重沙化的，县级以上人民政府可以收回国有土地使用权。

第四十条 违反本法规定，进行营利性治沙活动，造成土地沙化加重的，由县级以上地方人民政府负责受理营利性治沙申请的行政主管部门责令停止违法行为，可以并处每公顷五千元以上五万元以下的罚款。

第四十一条 违反本法第二十八条第一款规定，不按照治理方案进行治理的，或者违反本法第二十九条规定，经验收不合格又不按要求继续治理的，由县级以上地方人民政府负责受理营利性治沙申请的行政主管部门责令停止违法行为，限期改正，可以并处相当于治理费用一倍以上三倍以下的罚款。

第四十二条 违反本法第二十八条第二款规定，未经治理者同意，擅自在他人的治理范围内从事治理或者开发利用活动的，由县级以上地方人民政府负责受理营利性治沙申请的行政主管部门责令停止违法行为；给治理者造成损失的，应当赔偿损失。

第四十三条 违反本法规定，有下列情形之一的，对直接负责的主管人员和其他直接责任人员，由所在单位、监察机关或者上级行政主管部门依法给予行政处分：

（一）违反本法第十五条第一款规定，发现土地发生沙化或者沙化程度加重不及时报告的，或者收到报告后不责成有关行政主管部门采取措施的；

（二）违反本法第十六条第二款、第三款规定，批准采伐防风固沙林网、林带的；

（三）违反本法第二十条规定，批准在沙漠边缘地带和林地、草原开垦耕地的；

（四）违反本法第二十二条第二款规定，在沙化土地封禁保护区范围内安置移民的；

（五）违反本法第二十二条第三款规定，未经批准在沙化土地封禁保护区范围内进行修建铁路、公路等建设活动的。

第四十四条 违反本法第三十七条第一款规定，截留、挪用防沙治沙资金的，对直接负责的主管人员和其他直接责任人员，由监察机关或者上级行政主管部门依法给予行政处分；构成犯罪的，依法追究刑事责任。

第四十五条 防沙治沙监督管理人员滥用职权、玩忽职守、徇私舞弊，构成犯罪的，依法追究刑事责任。

第七章 附 则

第四十六条 本法第五条第二款中所称的有关法律，是指《中华人民共和国森林法》《中华人民共和国草原法》《中华人民共和国水土保持法》《中华人民共和国土地管理法》《中华人民共和国环境保护法》和《中华人民共和国气象法》。

第四十七条 本法自2002年1月1日起施行。

退耕还林条例

（2002年12月14日中华人民共和国国务院令第367号公布，根据2016年2月6日《国务院关于修改部分行政法规的决定》修订）

第一章 总 则

第一条 为了规范退耕还林活动，保护退耕还林者的合法权益，巩固退耕还林成果，优化农村产业结构，改善生态环境，制定本条例。

第二条 国务院批准规划范围内的退耕还林活动，适用本条例。

第三条 各级人民政府应当严格执行“退耕还林、封山绿化、以粮代赈、个体承包”的政策措施。

第四条 退耕还林必须坚持生态优先。退耕还林应当与调整农村产业结构、发展农村经济，防治水土流失、保护和建设基本农田、提高粮食单产，加强农村能源建设，实施生态移民相结合。

第五条 退耕还林应当遵循下列原则：

（一）统筹规划、分步实施、突出重点、注重实效；

（二）政策引导和农民自愿退耕相结合，谁退耕、谁造林、谁经营、谁受益；

（三）遵循自然规律，因地制宜，宜林

则林，宜草则草，综合治理；

（四）建设与保护并重，防止边治理边破坏；

（五）逐步改善退耕还林者的生活条件。

第六条　国务院西部开发工作机构负责退耕还林工作的综合协调，组织有关部门研究制定退耕还林有关政策、办法，组织和协调退耕还林总体规划的落实；国务院林业行政主管部门负责编制退耕还林总体规划、年度计划，主管全国退耕还林的实施工作，负责退耕还林工作的指导和监督检查；国务院发展计划部门会同有关部门负责退耕还林总体规划的审核、计划的汇总、基建年度计划的编制和综合平衡；国务院财政主管部门负责退耕还林中央财政补助资金的安排和监督管理；国务院农业行政主管部门负责已垦草场的退耕还草以及天然草场的恢复和建设有关规划、计划的编制，以及技术指导和监督检查；国务院水行政主管部门负责退耕还林还草地区小流域治理、水土保持等相关工作的技术指导和监督检查；国务院粮食行政管理部门负责粮源的协调和调剂工作。

县级以上地方人民政府林业、计划、财政、农业、水利、粮食等部门在本级人民政府的统一领导下，按照本条例和规定的职责分工，负责退耕还林的有关工作。

第七条　国家对退耕还林实行省、自治区、直辖市人民政府负责制。省、自治区、直辖市人民政府应当组织有关部门采取措施，保证退耕还林中央补助资金的专款专用，组织落实补助粮食的调运和供应，加强退耕还林的复查工作，按期完成国家下达的退耕还林任务，并逐级落实目标责任，签订责任书，实现退耕还林目标。

第八条　退耕还林实行目标责任制。

县级以上地方各级人民政府有关部门应当与退耕还林工程项目负责人和技术负责人签订责任书，明确其应当承担的责任。

第九条　国家支持退耕还林应用技术的研究和推广，提高退耕还林科学技术水平。

第十条　国务院有关部门和地方各级人民政府应当组织开展退耕还林活动的宣传教育，增强公民的生态建设和保护意识。

在退耕还林工作中做出显著成绩的单位和个人，由国务院有关部门和地方各级人民政府给予表彰和奖励。

第十一条　任何单位和个人都有权检举、控告破坏退耕还林的行为。

有关人民政府及其有关部门接到检举、控告后，应当及时处理。

第十二条　各级审计机关应当加强对退耕还林资金和粮食补助使用情况的审计监督。

第二章　规划和计划

第十三条　退耕还林应当统筹规划。

退耕还林总体规划由国务院林业行政主管部门编制，经国务院西部开发工作机构协调、国务院发展计划部门审核后，报国务院批准实施。

省、自治区、直辖市人民政府林业行政主管部门根据退耕还林总体规划会同有关部门编制本行政区域的退耕还林规划，经本级人民政府批准，报国务院有关部门备案。

第十四条　退耕还林规划应当包括下列主要内容：

（一）范围、布局和重点；

（二）年限、目标和任务；

（三）投资测算和资金来源；

（四）效益分析和评价；

（五）保障措施。

第十五条　下列耕地应当纳入退耕还林规划，并根据生态建设需要和国家财力有计划地实施退耕还林：

（一）水土流失严重的；

（二）沙化、盐碱化、石漠化严重的；

（三）生态地位重要、粮食产量低而不稳的。

江河源头及其两侧、湖库周围的陡坡耕

地以及水土流失和风沙危害严重等生态地位重要区域的耕地，应当在退耕还林规划中优先安排。

第十六条　基本农田保护范围内的耕地和生产条件较好、实际粮食产量超过国家退耕还林补助粮食标准并且不会造成水土流失的耕地，不得纳入退耕还林规划；但是，因生态建设特殊需要，经国务院批准并依照有关法律、行政法规规定的程序调整基本农田保护范围后，可以纳入退耕还林规划。

制定退耕还林规划时，应当考虑退耕农民长期的生计需要。

第十七条　退耕还林规划应当与国民经济和社会发展规划、农村经济发展总体规划、土地利用总体规划相衔接，与环境保护、水土保持、防沙治沙等规划相协调。

第十八条　退耕还林必须依照经批准的规划进行。未经原批准机关同意，不得擅自调整退耕还林规划。

第十九条　省、自治区、直辖市人民政府林业行政主管部门根据退耕还林规划，会同有关部门编制本行政区域下一年度退耕还林计划建议，由本级人民政府发展计划部门审核，并经本级人民政府批准后，于每年 8 月 31 日前报国务院西部开发工作机构、林业、发展计划等有关部门。国务院林业行政主管部门汇总编制全国退耕还林年度计划建议，经国务院西部开发工作机构协调，国务院发展计划部门审核和综合平衡，报国务院批准后，由国务院发展计划部门会同有关部门于 10 月 31 日前联合下达。

省、自治区、直辖市人民政府发展计划部门会同有关部门根据全国退耕还林年度计划，于 11 月 30 日前将本行政区域下一年度退耕还林计划分解下达到有关县（市）人民政府，并将分解下达情况报国务院有关部门备案。

第二十条　省、自治区、直辖市人民政府林业行政主管部门根据国家下达的下一年度退耕还林计划，会同有关部门编制本行政区域内的年度退耕还林实施方案，报本级人民政府批准实施。

县级人民政府林业行政主管部门可以根据批准后的省级退耕还林年度实施方案，编制本行政区域内的退耕还林年度实施方案，报本级人民政府批准后实施，并报省、自治区、直辖市人民政府林业行政主管部门备案。

第二十一条　年度退耕还林实施方案，应当包括下列主要内容：

（一）退耕还林的具体范围；

（二）生态林与经济林比例；

（三）树种选择和植被配置方式；

（四）造林模式；

（五）种苗供应方式；

（六）植被管护和配套保障措施；

（七）项目和技术负责人。

第二十二条　县级人民政府林业行政主管部门应当根据年度退耕还林实施方案组织专业人员或者有资质的设计单位编制乡镇作业设计，把实施方案确定的内容落实到具体地块和土地承包经营权人。

编制作业设计时，干旱、半干旱地区应当以种植耐旱灌木（草）、恢复原有植被为主；以间作方式植树种草的，应当间作多年生植物，主要林木的初植密度应当符合国家规定的标准。

第二十三条　退耕土地还林营造的生态林面积，以县为单位核算，不得低于退耕土地还林面积的 80%。

退耕还林营造的生态林，由县级以上地方人民政府林业行政主管部门根据国务院林业行政主管部门制定的标准认定。

第三章　造林、管护与检查验收

第二十四条　县级人民政府或者其委托的乡级人民政府应当与有退耕还林任务的土地承包经营权人签订退耕还林合同。

退耕还林合同应当包括下列主要内容：

（一）退耕土地还林范围、面积和宜林

荒山荒地造林范围、面积；

（二）按照作业设计确定的退耕还林方式；

（三）造林成活率及其保存率；

（四）管护责任；

（五）资金和粮食的补助标准、期限和给付方式；

（六）技术指导、技术服务的方式和内容；

（七）种苗来源和供应方式；

（八）违约责任；

（九）合同履行期限。

退耕还林合同的内容不得与本条例以及国家其他有关退耕还林的规定相抵触。

第二十五条 退耕还林需要的种苗，可以由县级人民政府根据本地区实际组织集中采购，也可以由退耕还林者自行采购。集中采购的，应当征求退耕还林者的意见，并采用公开竞价方式，签订书面合同，超过国家种苗造林补助费标准的，不得向退耕还林者强行收取超出部分的费用。

任何单位和个人不得为退耕还林者指定种苗供应商。

禁止垄断经营种苗和哄抬种苗价格。

第二十六条 退耕还林所用种苗应当就地培育、就近调剂，优先选用乡土树种和抗逆性强树种的良种壮苗。

第二十七条 林业、农业行政主管部门应当加强种苗培育的技术指导和服务的管理工作，保证种苗质量。

销售、供应的退耕还林种苗应当经县级人民政府林业、农业行政主管部门检验合格，并附具标签和质量检验合格证；跨县调运的，还应当依法取得检疫合格证。

第二十八条 省、自治区、直辖市人民政府应当根据本行政区域的退耕还林规划，加强种苗生产与采种基地的建设。

国家鼓励企业和个人采取多种形式培育种苗，开展产业化经营。

第二十九条 退耕还林者应当按照作业设计和合同的要求植树种草。

禁止林粮间作和破坏原有林草植被的行为。

第三十条 退耕还林者在享受资金和粮食补助期间，应当按照作业设计和合同的要求在宜林荒山荒地造林。

第三十一条 县级人民政府应当建立退耕还林植被管护制度，落实管护责任。

退耕还林者应当履行管护义务。

禁止在退耕还林项目实施范围内复耕和从事滥采、乱挖等破坏地表植被的活动。

第三十二条 地方各级人民政府及其有关部门应当组织技术推广单位或者技术人员，为退耕还林提供技术指导和技术服务。

第三十三条 县级人民政府林业行政主管部门应当按照国务院林业行政主管部门制定的检查验收标准和办法，对退耕还林建设项目进行检查验收，经验收合格的，方可发给验收合格证明。

第三十四条 省、自治区、直辖市人民政府应当对县级退耕还林检查验收结果进行复查，并根据复查结果对县级人民政府和有关责任人员进行奖惩。

国务院林业行政主管部门应当对省级复查结果进行核查，并将核查结果上报国务院。

第四章 资金和粮食补助

第三十五条 国家按照核定的退耕还林实际面积，向土地承包经营权人提供补助粮食、种苗造林补助费和生活补助费。具体补助标准和补助年限按照国务院有关规定执行。

第三十六条 尚未承包到户和休耕的坡耕地退耕还林的，以及纳入退耕还林规划的宜林荒山荒地造林，只享受种苗造林补助费。

第三十七条 种苗造林补助费和生活补助费由国务院计划、财政、林业部门按照有关规定及时下达、核拨。

第三十八条 补助粮食应当就近调运，减少供应环节，降低供应成本。粮食补助费按照国家有关政策处理。

粮食调运费用由地方财政承担，不得向供应补助粮食的企业和退耕还林者分摊。

第三十九条 省、自治区、直辖市人民政府应当根据当地口粮消费习惯和农作物种植习惯以及当地粮食库存实际情况合理确定补助粮食的品种。

补助粮食必须达到国家规定的质量标准。不符合国家质量标准的，不得供应给退耕还林者。

第四十条 退耕土地还林的第一年，该年度补助粮食可以分两次兑付，每次兑付的数量由省、自治区、直辖市人民政府确定。

从退耕土地还林第二年起，在规定的补助期限内，县级人民政府应当组织有关部门和单位及时向持有验收合格证明的退耕还林者一次兑付该年度补助粮食。

第四十一条 兑付的补助粮食，不得折算成现金或者代金券。供应补助粮食的企业不得回购退耕还林补助粮食。

第四十二条 种苗造林补助费应当用于种苗采购，节余部分可以用于造林补助和封育管护。

退耕还林者自行采购种苗的，县级人民政府或者其委托的乡级人民政府应当在退耕还林合同生效时一次付清种苗造林补助费。

集中采购种苗的，退耕还林验收合格后，种苗采购单位应当与退耕还林者结算种苗造林补助费。

第四十三条 退耕土地还林后，在规定的补助期限内，县级人民政府应当组织有关部门及时向持有验收合格证明的退耕还林者一次付清该年度生活补助费。

第四十四条 退耕还林资金实行专户存储、专款专用，任何单位和个人不得挤占、截留、挪用和克扣。

任何单位和个人不得弄虚作假、虚报冒领补助资金和粮食。

第四十五条 退耕还林所需前期工作和科技支撑等费用，国家按照退耕还林基本建设投资的一定比例给予补助，由国务院发展计划部门根据工程情况在年度计划中安排。

退耕还林地方所需检查验收、兑付等费用，由地方财政承担。中央有关部门所需核查等费用，由中央财政承担。

第四十六条 实施退耕还林的乡（镇）、村应当建立退耕还林公示制度，将退耕还林者的退耕还林面积、造林树种、成活率以及资金和粮食补助发放等情况进行公示。

第五章 其他保障措施

第四十七条 国家保护退耕还林者享有退耕土地上的林木（草）所有权。自行退耕还林的，土地承包经营权人享有退耕土地上的林木（草）所有权；委托他人还林或者与他人合作还林的，退耕土地上的林木（草）所有权由合同约定。

退耕土地还林后，由县级以上人民政府依照森林法、草原法的有关规定发放林（草）权属证书，确认所有权和使用权，并依法办理土地变更登记手续。土地承包经营合同应当作相应调整。

第四十八条 退耕土地还林后的承包经营权期限可以延长到70年。承包经营权到期后，土地承包经营权人可以依照有关法律、法规的规定继续承包。

退耕还林土地和荒山荒地造林后的承包经营权可以依法继承、转让。

第四十九条 退耕还林者按照国家有关规定享受税收优惠，其中退耕还林（草）所取得的农业特产收入，依照国家规定免征农业特产税。

退耕还林的县（市）农业税收因灾减收部分，由上级财政以转移支付的方式给予适当补助；确有困难的，经国务院批准，由中央财政以转移支付的方式给予适当补助。

第五十条 资金和粮食补助期满后，在不破坏整体生态功能的前提下，经有关主管部门批准，退耕还林者可以依法对其所有的林木进行采伐。

第五十一条　地方各级人民政府应当加强基本农田和农业基础设施建设，增加投入，改良土壤，改造坡耕地，提高地力和单位粮食产量，解决退耕还林者的长期口粮需求。

第五十二条　地方各级人民政府应当根据实际情况加强沼气、小水电、太阳能、风能等农村能源建设，解决退耕还林者对能源的需求。

第五十三条　地方各级人民政府应当调整农村产业结构，扶持龙头企业，发展支柱产业，开辟就业门路，增加农民收入，加快小城镇建设，促进农业人口逐步向城镇转移。

第五十四条　国家鼓励在退耕还林过程中实行生态移民，并对生态移民农户的生产、生活设施给予适当补助。

第五十五条　退耕还林后，有关地方人民政府应当采取封山禁牧、舍饲圈养等措施，保护退耕还林成果。

第五十六条　退耕还林应当与扶贫开发、农业综合开发和水土保持等政策措施相结合，对不同性质的项目资金应当在专款专用的前提下统筹安排，提高资金使用效益。

第六章　法律责任

第五十七条　国家工作人员在退耕还林活动中违反本条例的规定，有下列行为之一的，依照刑法关于贪污罪、受贿罪、挪用公款罪或者其他罪的规定，依法追究刑事责任；尚不够刑事处罚的，依法给予行政处分：

（一）挤占、截留、挪用退耕还林资金或者克扣补助粮食的；

（二）弄虚作假、虚报冒领补助资金和粮食的；

（三）利用职务上的便利收受他人财物或者其他好处的。

国家工作人员以外的其他人员有前款第（二）项行为的，依照刑法关于诈骗罪或者其他罪的规定，依法追究刑事责任；尚不够刑事处罚的，由县级以上人民政府林业行政主管部门责令退回所冒领的补助资金和粮食，处以冒领资金额2倍以上5倍以下的罚款。

第五十八条　国家机关工作人员在退耕还林活动中违反本条例的规定，有下列行为之一的，由其所在单位或者上一级主管部门责令限期改正，退还分摊的和多收取的费用，对直接负责的主管人员和其他直接责任人员，依照刑法关于滥用职权罪、玩忽职守罪或者其他罪的规定，依法追究刑事责任；尚不够刑事处罚的，依法给予行政处分：

（一）未及时处理有关破坏退耕还林活动的检举、控告的；

（二）向供应补助粮食的企业和退耕还林者分摊粮食调运费用的；

（三）不及时向持有验收合格证明的退耕还林者发放补助粮食和生活补助费的；

（四）在退耕还林合同生效时，对自行采购种苗的退耕还林者未一次付清种苗造林补助费的；

（五）集中采购种苗的，在退耕还林验收合格后，未与退耕还林者结算种苗造林补助费的；

（六）集中采购的种苗不合格的；

（七）集中采购种苗的，向退耕还林者强行收取超出国家规定种苗造林补助费标准的种苗费的；

（八）为退耕还林者指定种苗供应商的；

（九）批准粮食企业向退耕还林者供应不符合国家质量标准的补助粮食或者将补助粮食折算成现金、代金券支付的；

（十）其他不依照本条例规定履行职责的。

第五十九条　采用不正当手段垄断种苗

市场，或者哄抬种苗价格的，依照刑法关于非法经营罪、强迫交易罪或者其他罪的规定，依法追究刑事责任；尚不够刑事处罚的，由工商行政管理机关依照反不正当竞争法的规定处理；反不正当竞争法未作规定的，由工商行政管理机关处以非法经营额2倍以上5倍以下的罚款。

第六十条 销售、供应未经检验合格的种苗或者未附具标签、质量检验合格证、检疫合格证的种苗的，依照刑法关于生产、销售伪劣种子罪或者其他罪的规定，依法追究刑事责任；尚不够刑事处罚的，由县级以上人民政府林业、农业行政主管部门或者工商行政管理机关依照种子法的规定处理；种子法未作规定的，由县级以上人民政府林业、农业行政主管部门依据职权处以非法经营额2倍以上5倍以下的罚款。

第六十一条 供应补助粮食的企业向退耕还林者供应不符合国家质量标准的补助粮食的，由县级以上人民政府粮食行政管理部门责令限期改正，可以处非法供应的补助粮食数量乘以标准口粮单价1倍以下的罚款。

供应补助粮食的企业将补助粮食折算成现金或者代金券支付的，或者回购补助粮食的，由县级以上人民政府粮食行政管理部门责令限期改正，可以处折算现金额、代金券额或者回购粮食价款1倍以下的罚款。

第六十二条 退耕还林者擅自复耕，或者林粮间作、在退耕还林项目实施范围内从事滥采、乱挖等破坏地表植被的活动的，依照刑法关于非法占用农用地罪、滥伐林木罪或者其他罪的规定，依法追究刑事责任；尚不够刑事处罚的，由县级以上人民政府林业、农业、水利行政主管部门依照森林法、草原法、水土保持法的规定处罚。

第七章 附 则

第六十三条 已垦草场退耕还草和天然草场恢复与建设的具体实施，依照草原法和国务院有关规定执行。

退耕还林还草地区小流域治理、水土保持等相关工作的具体实施，依照水土保持法和国务院有关规定执行。

第六十四条 国务院批准的规划范围外的土地，地方各级人民政府决定实施退耕还林的，不享受本条例规定的中央政策补助。

第六十五条 本条例自2003年1月20日起施行。

森林采伐更新管理办法

（1987年8月25日国务院批准，1987年9月10日林业部发布，根据2011年1月8日《国务院关于废止和修改部分行政法规的决定》修订）

第一章 总 则

第一条 为合理采伐森林，及时更新采伐迹地，恢复和扩大森林资源，根据《中华人民共和国森林法》（以下简称森林法）及有关规定，制定本办法。

第二条 森林采伐更新要贯彻“以营林为基础，普遍护林，大力造林，采育结合，永续利用”的林业建设方针，执行森林经营方案，实行限额采伐，发挥森林的生态效益、经济效益和社会效益。

第三条 全民、集体所有的森林、林木和个人所有的林木采伐更新，必须遵守本办法。

第二章　森林采伐

第四条　森林采伐，包括主伐、抚育采伐、更新采伐和低产林改造。

第五条　采伐林木按照森林法实施条例第三十条规定，申请林木采伐许可证时，除提交其他必备的文件外，国营企业事业单位和部队还应当提交有关主管部门核定的年度木材生产计划；农村集体、个人还应当提交基层林业站核定的年度采伐指标。上年度进行采伐的，应当提交上年度的更新验收合格证。

第六条　林木采伐许可证的核发，按森林法及其实施条例的有关规定办理。授权核发林木采伐许可证，应当有书面文件。被授权核发林木采伐许可证的单位，应当配备熟悉业务的人员，并受授权单位监督。

国营林业局、国营林场根据林木采伐许可证、伐区设计文件和年度木材生产计划，向其基层经营单位拨交伐区，发给国有林林木采伐作业证。作业证格式由省、自治区、直辖市林业主管部门制定。

第七条　对用材林的成熟林和过熟林实行主伐。主要树种的主伐年龄，按《用材林主要树种主伐年龄表》的规定执行。定向培育的森林以及表内未列入树种的主伐年龄，由省、自治区、直辖市林业主管部门规定。

第八条　用材林的主伐方式为择伐、皆伐和渐伐。

中幼龄树木多的复层异龄林，应当实行择伐。择伐强度不得大于伐前林木蓄积量的40%，伐后林分郁闭度应当保留在0.5以上。伐后容易引起林木风倒、自然枯死的林分，择伐强度应当适当降低。两次择伐的间隔期不得少于一个龄级期。

成过熟单层林、中幼龄树木少的异龄林，应当实行皆伐。皆伐面积一次不得超过5公顷，坡度平缓、土壤肥沃、容易更新的林分，可以扩大到20公顷。在采伐带、采伐块之间，应当保留相当于皆伐面积的林带、林块。对保留的林带、林块，待采伐迹地上更新的幼树生长稳定后方可采伐。皆伐后依靠天然更新的，每公顷应当保留适当数量的单株或者群状母树。

天然更新能力强的成过熟单层林，应当实行渐伐。全部采伐更新过程不得超过一个龄级期。上层林木郁闭度较小，林内幼苗、幼树株数已经达到更新标准的，可进行二次渐伐，第一次采伐林木蓄积量的50%；上层林木郁闭度较大，林内幼苗、幼树株数达不到更新标准的，可进行三次渐伐，第一次采伐林木蓄积量的30%，第二次采伐保留林木蓄积的50%，第三次采伐应当在林内更新起来的幼树接近或者达到郁闭状态时进行。

毛竹林采伐后每公顷应当保留的健壮母竹，不得少于2000株。

第九条　对下列森林只准进行抚育和更新采伐：

（一）大型水库、湖泊周围山脊以内和平地150米以内的森林，干渠的护岸林。

（二）大江、大河两岸150米以内，以及大江、大河主要支流两岸50米以内的森林；在此范围内有山脊的，以第一层山脊为界。

（三）铁路两侧各100米、公路干线两侧各50米以内的森林；在此范围内有山脊的，以第一层山脊为界。

（四）高山森林分布上限以下150米至200米以内的森林。

（五）生长在坡陡和岩石裸露地方的森林。

第十条　防护林和特种用途林中的国防林、母树林、环境保护林、风景林的更新采伐技术规程，由林业部会同有关部门制定。

薪炭林、经济林的采伐技术规程，由省、自治区、直辖市林业主管部门制定。

第十一条　幼龄林、中龄林的抚育采伐，包括透光抚育、生长抚育、综合抚育；低产林的改造，包括局部改造和全面改造，其具体办法按照林业部发布的有关技术规程执行。

第十二条　国营林业局和国营、集体林场的采伐作业，应当遵守下列规定：

（一）按林木采伐许可证和伐区设计进行采伐，不得越界采伐或者遗弃应当采伐的林木。

（二）择伐和渐伐作业实行采伐木挂号，先伐除病腐木、风折木、枯立木以及影响目的树种生长和无生长前途的树木，保留生长健壮、经济价值高的树木。

（三）控制树倒方向，固定集材道，保护幼苗、幼树、母树和其他保留树木。依靠天然更新的，伐后林地上幼苗、幼树株数保存率应当达到60%以上。

（四）采伐的木材长度2米以上，小头直径不小于8厘米的，全部运出利用；伐根高度不得超过10厘米。

（五）伐区内的采伐剩余物和藤条、灌木，在不影响森林更新的原则下，采取保留、利用、火烧、堆集或者截短散铺方法清理。

（六）对容易引起水土冲刷的集材主道，应当采取防护措施。

其他单位和个人的采伐作业，参照上述规定执行。

第十三条　森林采伐后，核发林木采伐许可证的部门应当对采伐作业质量组织检查验收，签发采伐作业质量验收证明。验收证明格式由省、自治区、直辖市林业主管部门制定。

第三章　森林更新

第十四条　采伐林木的单位和个人，应当按照优先发展人工更新，人工更新、人工促进天然更新、天然更新相结合的原则，在采伐后的当年或者次年内必须完成更新造林任务。

第十五条　更新质量必须达到以下标准：

（一）人工更新，当年成活率应当不低于85%，3年后保存率应当不低于80%。

（二）人工促进天然更新，补植、补播后的成活率和保存率达到人工更新的标准；天然下种前整地的，达到本条第三项规定的天然更新标准。

（三）天然更新，每公顷皆伐迹地应当保留健壮目的树种幼树不少于3000株或者幼苗不少于6000株，更新均匀度应当不低于60%。择伐、渐伐迹地的更新质量，达到本办法第八条第二款、第四款规定的标准。

第十六条　未更新的旧采伐迹地、火烧迹地、林中空地、水湿地等宜林荒山荒地，应当由森林经营单位制定规划，限期完成更新造林。

第十七条　人工更新和造林应当执行林业部发布的有关造林规程，做到适地适树、细致整地、良种壮苗、密度合理、精心栽植、适时抚育。在立地条件好的地方，应当培育速生丰产林。

第十八条　森林更新后，核发林木采伐许可证的部门应当组织更新单位对更新面积和质量进行检查验收，核发更新验收合格证。

第四章　罚　　则

第十九条　有下列行为之一的，依照森林法第三十九条和森林法实施条例的有关规定处罚：

（一）国营企业事业单位和集体所有制单位未取得林木采伐许可证，擅自采伐林木的，或者年木材产量超过采伐许可证规定数量5%的；

（二）国营企业事业单位不按批准的采伐设计文件进行采伐作业的面积占批准的作业面积5%以上的；

集体所有制单位按照林木采伐许可证的规定进行采伐时，不符合采伐质量要求的作业面积占批准的作业面积5%以上的；

（三）个人未取得林木采伐许可证，擅

自采伐林木的，或者违反林木采伐许可证规定的采伐数量、地点、方式、树种，采伐的林木超过半立方米的。

第二十条　盗伐、滥伐林木数量较大，不便计算补种株数的，可按盗伐、滥伐木材数量折算面积，并根据森林法第三十九条规定的处罚原则，责令限期营造相应面积的新林。

第二十一条　无证采伐或者超过林木采伐许可证规定数量的木材，应当从下年度木材生产计划或者采伐指标中扣除。

第二十二条　国营企业事业单位和集体所有制单位有下列行为之一，自检查之日起1个月内未纠正的，发放林木采伐许可证的部门有权收缴林木采伐许可证，中止其采伐，直到纠正为止：

（一）未按规定清理伐区的；

（二）在采伐迹地上遗弃木材，每公顷超过半立方米的；

（三）对容易引起水土冲刷的集材主道，未采取防护措施的。

第二十三条　采伐林木的单位和个人违反本办法第十四条、第十五条规定的，依照森林法第四十五条和森林法实施条例的有关规定处理。

第二十四条　采伐林木的单位违反本办法有关规定的，对其主要负责人和直接责任人员，由所在单位或者上级主管机关给予行政处分。

第二十五条　对国营企业事业单位所处罚款，从其自有资金或预算包干结余经费中开支。

第五章　附　　则

第二十六条　本办法由林业部负责解释。

第二十七条　本办法自发布之日起施行。

国家级公益林管理办法

（2017年4月28日修订）

第一条　为了加强和规范国家级公益林的保护和管理，制定本办法。

第二条　本办法所称国家级公益林是指依据《国家级公益林区划界定办法》划定的防护林和特种用途林。

第三条　国家级公益林管理遵循“生态优先、严格保护，分类管理、责权统一，科学经营、合理利用”的原则。

第四条　国家级公益林的保护和管理，应当纳入国家和地方各级人民政府国民经济和社会发展规划、林地保护利用规划，并落实到现地，做到四至清楚、权属清晰、数据准确。

第五条　国家林业局负责全国国家级公益林管理的指导、协调和监督；地方各级林业主管部门负责辖区内国家级公益林的保护和管理。

第六条　中央财政安排资金，用于国家级公益林的保护和管理。

第七条　县级以上林业主管部门应当加强对国家级公益林保护管理相关法律法规、规章文件和政策的宣传工作。

县级以上地方林业主管部门应当组织设立国家级公益林标牌，标明国家级公益林的地点、四至范围、面积、权属、管护责任人，保护管理责任和要求、监管单位、监督举报电话等内容。

第八条　县级以上林业主管部门或者其

委托单位应当与林权权利人签订管护责任书或管护协议，明确国家级公益林管护中各方的权利、义务，约定管护责任。

权属为国有的国家级公益林，管护责任单位为国有林业局（场）、自然保护区、森林公园及其他国有森林经营单位。

权属为集体所有的国家级公益林，管护责任单位主体为集体经济组织。

权属为个人所有的国家级公益林，管护责任由其所有者或者经营者承担。无管护能力、自愿委托管护或拒不履行管护责任的个人所有国家级公益林，可由县级林业主管部门或者其委托的单位，对其国家级公益林进行统一管护，代为履行管护责任。

在自愿原则下，鼓励管护责任单位采取购买服务的方式，向社会购买专业管护服务。

第九条 严格控制勘查、开采矿藏和工程建设使用国家级公益林地。确需使用的，严格按照《建设项目使用林地审核审批管理办法》有关规定办理使用林地手续。涉及林木采伐的，按相关规定依法办理林木采伐手续。

经审核审批同意使用的国家级公益林地，可按照本办法第十八条、第十九条的规定实行占补平衡，并按本办法第二十三条的规定报告国家林业局和财政部。

第十条 国家级公益林的经营管理以提高森林质量和生态服务功能为目标，通过科学经营，推进国家级公益林形成高效、稳定和可持续的森林生态系统。

第十一条 由地方人民政府编制的林地保护利用规划和林业主管部门编制的森林经营规划，应当将国家级公益林保护和管理作为重要内容。对国有国家级公益林，县级以上地方林业主管部门应当督促国有林场等森林经营单位，通过推进森林经营方案的编制和实施，将国家级公益林经营方向、经营模式、经营措施以及相关政策，落实到山头地块和经营主体；对集体和个人所有的国家级公益林，县级林业主管部门应当引导和鼓励其经营主体编制森林经营方案，明确国家级公益林经营方向、经营模式和经营措施。

第十二条 一级国家级公益林原则上不得开展生产经营活动，严禁打枝、采脂、割漆、剥树皮、掘根等行为。

国有一级国家级公益林，不得开展任何形式的生产经营活动。因教学科研等确需采伐林木，或者发生较为严重森林火灾、病虫害及其他自然灾害等特殊情况确需对受害林木进行清理的，应当组织森林经理学、森林保护学、生态学等领域林业专家进行生态影响评价，经县级以上林业主管部门依法审批后实施。

集体和个人所有的一级国家级公益林，以严格保护为原则。根据其生态状况需要开展抚育和更新采伐等经营活动，或适宜开展非木质资源培育利用的，应当符合《生态公益林建设导则》（GB/T 18337.1）、《生态公益林建设技术规程》（GB/T 18337.3）、《森林采伐作业规程》（LY/T 1646）、《低效林改造技术规程》（LY/T 1690）和《森林抚育规程》（GB/T 15781）等相关技术规程的规定，并按以下程序实施。

（一）林权权利人按程序向县级林业主管部门提出书面申请，并编制相应作业设计，在作业设计中要对经营活动的生态影响作出客观评价。

（二）县级林业主管部门审核同意的，按公示程序和要求在经营活动所在村进行公示。

（三）公示无异议后，按采伐管理权限由相应林业主管部门依法核发林木采伐许可证。

（四）县级林业主管部门应当根据需要，由其或者委托相关单位对林权权利人经营活动开展指导和验收。

第十三条 二级国家级公益林在不影响整体森林生态系统功能发挥的前提下，可以按照第十二条第三款相关技术规程的规定开展抚育和更新性质的采伐。在不破坏森林植被的前提下，可以合理利用其林地资源，适度开展林下种植养殖和森林游憩等非木质资源开发与利用，科学发展林下经济。

国有二级国家级公益林除执行前款规定外，需要开展抚育和更新采伐或者非木质资源培育利用的，还应当符合森林经营方案的规划，并编制采伐或非木质资源培育利用作业设计，经县级以上林业主管部门依法批准后实施。

第十四条 国家级公益林中的天然林，除执行上述规定外，还应当严格执行天然林资源保护的相关政策和要求。

第十五条 对国家级公益林实行“总量控制、区域稳定、动态管理、增减平衡”的管理机制。

第十六条 国家级公益林动态管理遵循责、权、利相统一的原则，申报补进、调出的县级林业主管部门对申报材料的真实性、准确性负责。

第十七条 国家级公益林的调出，以不影响整体生态功能、保持集中连片为原则，一经调出，不得再次申请补进。

（一）国有国家级公益林，原则上不得调出。

（二）集体和个人所有的一级国家级公益林，原则上不得调出。但对已确权到户的苗圃地、竹林地，以及平原农区的国家级公益林，其林权权利人要求调出的，可以按照本办法第十九条的规定调出。

（三）集体和个人所有的二级国家级公益林，林权权利人要求调出的，可以按照本办法第十九条的规定调出。

第十八条 除补进国家退耕还林工程中退耕地上营造的符合国家级公益林区划范围和标准的防护林和特种用途林外，在本省行政区域内，可以按照增减平衡的原则补进国家级公益林。补进的国家级公益林应当符合《国家级公益林区划界定办法》规定的区划范围和标准，应当属于对国家整体生态安全和生物多样性保护起关键作用的森林，特别是国家退耕还林工程中退耕地上营造的符合国家级公益林区划范围和标准的防护林和特种用途林。

第十九条 国家级公益林的调出和补进，由林权权利人征得林地所有权所属村民委员会同意后，向县级林业主管部门提出申请。县级林业主管部门对调出补进申请进行审核，并组织对调出国家级公益林开展生态影响评价，提供生态影响评价报告。县级林业主管部门审核材料和结果报经县级人民政府同意后，按程序上报省级林业主管部门。

上述调出、补进情况，应当由县级林业主管部门按照公示程序和要求在国家级公益林所在地进行公示。

按照管辖范围，省级林业主管部门会同财政部门负责对上报的调出、补进情况进行查验和审核，报经省级人民政府同意后，以正式文件进行批复。其中单次调出或者补进国家级公益林超过1万亩的，由省级林业主管部门会同财政部门在报经省级人民政府同意后，报国家林业局和财政部审定，并抄送财政部驻当地财政监察专员办事处（以下简称专员办）。

上述补进、调出结果，由省级林业主管部门会同财政部门按照本办法第二十三条的规定报告国家林业局和财政部，抄送当地专员办。

第二十条 国家级公益林监管过程中发现的区划错误情况，应当本着实事求是的原则，按管辖范围，由省级林业主管部门组织核定，并在查清原因、落实责任后，进行修正。修正结果和处理情况报告，由省级林业主管部门报告国家林业局，抄送当地专员办，并提交修正后的国家级公益林基础信息数据库。

第二十一条 省级林业主管部门负责组织做好国家级公益林的落界成图工作，按照《林地保护利用规划林地落界技术规程》（LY/T 1955），在全国林地“一张图”建设和更新中将国家级公益林落实到小班地块，做到落界准确规范、成果齐全。

省级林业主管部门定期组织开展国家级公益林本底资源调查，本底资源调查结果作为国家级公益林资源变化和生态状况变化监测的基础依据。

第二十二条 县级林业主管部门和国有林业局（场）、自然保护区、森林公园等森林经营单位，应当以国家级公益林本底资源调查和落界成图成果为基础，建立国家级公益林资源档案，并根据年度变化情况及时更新国家级公益林资源档案。国家级公益林档案更新情况及时上报省级林业主管部门，确保国家级公益林图面资料与现地一致、各级成果数据资料一致。

第二十三条 省级林业主管部门应当组织开展国家级公益林资源变化情况年度监测和生态状况定期定点监测评价，并依法向社会发布监测、评价结果。

省级林业主管部门会同财政部门于每年3月15日前向国家林业局和财政部报告上年度国家级公益林资源变化情况，提交涵盖国家级公益林林地使用、调出补进等方面内容的资源变化情况报告、资源变化情况汇总统计表，以及调出、补进和更新后的国家级公益林基础信息数据库。上述报告和统计表同时抄送当地专员办。

第二十四条 国家组织对国家级公益林数量、质量、功能和效益进行监测评价，并作为《生态文明建设考核目标体系》和《绿色发展指标体系》中森林覆盖率和森林蓄积量指标的重要组成部分实施考核评价。

第二十五条 本办法适用于全国范围内国家级公益林的保护和管理。法规规章另有规定的，从其规定。

第二十六条 本办法由国家林业局会同财政部解释。各省级林业主管部门会同财政部门，可依据本办法规定，结合本辖区实际，制定实施细则。

第二十七条 本办法自印发之日起施行，有效期至2025年12月31日。国家林业局和财政部2013年发布的《国家级公益林管理办法》（林资发〔2013〕71号）同时废止。

国家级公益林区划界定办法

（2017年4月28日修订）

第一章 总 则

第一条 为规范国家级公益林区划界定工作，加强对国家级公益林的保护和管理，根据《中华人民共和国森林法》、《中华人民共和国森林法实施条例》和《中共中央国务院关于加快林业发展的决定》（中发〔2003〕9号）、《中共中央 国务院关于全面推进集体林权制度改革的意见》（中发〔2008〕10号）等规定，制定本办法。

第二条 国家级公益林是指生态区位极为重要或生态状况极为脆弱，对国土生态安全、生物多样性保护和经济社会可持续发展具有重要作用，以发挥森林生态和社会服务功能为主要经营目的的防护林和特种用途林。

第三条 全国国家级公益林的区划界定适用于本办法。

第四条 国家级公益林区划界定应遵循以下原则：

——生态优先、确保重点，因地制宜、因害设防，集中连片、合理布局，实现生态效益、社会效益和经济效益的和谐统一。

——尊重林权所有者和经营者的自主权，维护林权的稳定性，保证已确立承包关系的连续性。

第五条　国家级公益林应当在林地范围内进行区划，并将森林（包括乔木林、竹林和国家特别规定的灌木林）作为主要的区划对象。

第六条　国家级公益林范围依据本办法第七条的规定，参照《全国主体功能区规划》、《全国林业发展区划》等相关规划以及水利部关于大江大河、大型水库的行业标准和《土壤侵蚀分类分级标准》等相关标准划定。

第二章　区划范围和标准

第七条　国家级公益林的区划范围。

（一）江河源头——重要江河干流源头，自源头起向上以分水岭为界，向下延伸20公里、汇水区内江河两侧最大20公里以内的林地；流域面积在10000平方公里以上的一级支流源头，自源头起向上以分水岭为界，向下延伸10公里、汇水区内江河两侧最大10公里以内的林地。其中，三江源区划范围为自然保护区核心区内的林地。

（二）江河两岸——重要江河干流两岸（界江（河）国境线水路接壤段以外）以及长江以北河长在150公里以上且流域面积在1000平方公里以上的一级支流两岸，长江以南（含长江）河长在300公里以上且流域面积在2000平方公里以上的一级支流两岸，干堤以外2公里以内从林缘起，为平地的向外延伸2公里、为山地的向外延伸至第一重山脊的林地。

重要江河干流包括：

1. 对国家生态安全具有重要意义的河流：长江（含通天河、金沙江）、黄河、淮河、松花江（含嫩江、第二松花江）、辽河、海河（含永定河、子牙河、漳卫南运河）、珠江（含西江、浔江、黔江、红水河）。

2. 生态环境极为脆弱地区的河流：额尔齐斯河、疏勒河、黑河（含弱水）、石羊河、塔里木河、渭河、大凌河、滦河。

3. 其他重要生态区域的河流：钱塘江（含富春江、新安江）、闽江（含金溪）、赣江、湘江、沅江、资水、沂河、沭河、泗河、南渡江、瓯江。

4. 流入或流出国界的重要河流：澜沧江、怒江、雅鲁藏布江、元江、伊犁河、狮泉河、绥芬河。

5. 界江、界河：黑龙江、乌苏里江、图们江、鸭绿江、额尔古纳河。

（三）森林和陆生野生动物类型的国家级自然保护区以及列入世界自然遗产名录的林地。

（四）湿地和水库——重要湿地和水库周围2公里以内从林缘起，为平地的向外延伸2公里、为山地的向外延伸至第一重山脊的林地。

1. 重要湿地是指同时符合以下标准的湿地：

——列入《中国湿地保护行动计划》重要湿地名录和湿地类型国家级自然保护区的湿地。

——长江以北地区面积在8万公顷以上、长江以南地区面积在5万公顷以上的湿地。

——有林地面积占该重要湿地陆地面积50%以上的湿地。

——流域、山体等类型除外的湿地。

具体包括：兴凯湖、五大连池、松花湖、查干湖、向海、白洋淀、衡水湖、南四湖、洪泽湖、高邮湖、太湖、巢湖、梁子湖群、洞庭湖、鄱阳湖、滇池、抚仙湖、洱海、泸沽湖、清澜港、乌梁素海、居延海、博斯腾湖、塞里木湖、艾比湖、喀纳斯湖、青海湖。

2. 重要水库：年均降雨量在400毫米以下（含400毫米）的地区库容0.5亿立方米以上的水库；年均降雨量在400—1000毫米（含1000毫米）的地区库容3亿立方米以上的水库；年均降雨量在1000毫米以上

的地区库容6亿立方米以上的水库。

（五）边境地区陆路、水路接壤的国境线以内10公里的林地。

（六）荒漠化和水土流失严重地区——防风固沙林基干林带（含绿洲外围的防护林基干林带）；集中连片30公顷以上的有林地、疏林地、灌木林地。

荒漠化和水土流失严重地区包括：

1. 八大沙漠：塔克拉玛干、库姆塔格、古尔班通古特、巴丹吉林、腾格里、乌兰布和、库布齐、柴达木沙漠周边直接接壤的县（旗、市）。

2. 四大沙地：呼伦贝尔、科尔沁（含松嫩沙地）、浑善达克、毛乌素沙地分布的县（旗、市）。

3. 其他荒漠化或沙化严重地区：河北坝上地区、阴山北麓、黄河故道区。

4. 水土流失严重地区：

——黄河中上游黄土高原丘陵沟壑区，以乡级为单位，沟壑密度1公里/平方公里以上、沟蚀面积15%以上或土壤侵蚀强度为平均侵蚀模数5000吨/年·平方公里以上地区。

——长江上游西南高山峡谷和云贵高原区，山体坡度36度以上地区。

——四川盆地丘陵区，以乡级为单位，土壤侵蚀强度为平均流失厚度3.7毫米/年以上或土壤侵蚀强度为平均侵蚀模数5000吨/年·平方公里以上的地区。

——热带、亚热带岩溶地区基岩裸露率在35%至70%之间的石漠化山地。

本项中涉及的水土流失各项指标，以省级以上人民政府水土保持主管部门提供的数据为准。

（七）沿海防护林基干林带、红树林、台湾海峡西岸第一重山脊临海山体的林地。

（八）除前七款区划范围外，东北、内蒙古重点国有林区以禁伐区为主体，符合下列条件之一的。

1. 未开发利用的原始林。

2. 森林和陆生野生动物类型自然保护区。

3. 以列入国家重点保护野生植物名录树种为优势树种，以小班为单元，集中分布、连片面积30公顷以上的天然林。

第八条 凡符合多条区划界定标准的地块，按照本办法第七条的顺序区划界定，不得重复交叉。

第九条 按照本办法第七条标准和区划界定程序认定的国家级公益林，保护等级分为两级。

（一）属于林地保护等级一级范围内的国家级公益林，划为一级国家级公益林。林地保护等级一级划分标准执行《县级林地保护利用规划编制技术规程》（LY/T 1956）。

（二）一级国家级公益林以外的，划为二级国家级公益林。

第三章 区划界定

第十条 省级林业主管部门会同财政部门统一组织国家级公益林的区划界定和申报工作。县级区划界定必须在森林资源规划设计调查基础上，按照森林资源规划设计调查的要求和内容将国家级公益林落实到山头地块。要确保区划界定的国家级公益林权属明确、四至清楚、面积准确、集中连片。区划界定结果应当由县级林业主管部门按照公示程序和要求在国家级公益林所在村进行公示。

第十一条 国家级公益林区划界定成果，经省级人民政府审核同意后，由省级林业主管部门会同财政部门向国家林业局和财政部申报，并抄送财政部驻当地财政监察专员办事处（以下简称专员办）。东北、内蒙古重点国有林区由东北、内蒙古重点国有林区管理机构直接向国家林业局和财政部申报，并抄送当地专员办。

申报材料包括：申报函，全省土地资源、森林资源、水利资源等情况详细说明，林地权属情况，认定成果报告，国家级公益林基础信息数据库，以及省级区划界定统计汇总图表资料。

第十二条 区划界定国家级公益林应当兼顾生态保护需要和林权权利人的利益。在区划界定过程中，对非国有林，地方政府应当征得林权权利人的同意，并与林权权利人签订区划界定书。

第十三条 县级林业主管部门对申报材料的真实性、准确性负责。国家林业局会同财政部对省级申报材料进行审核，组织开展认定核查，并根据省级申报材料和审核、核查的结果，对区划的国家级公益林进行核准，核准的主要结果呈报国务院，由国家林业局分批公布。省级以下林业主管部门负责对相应的森林资源档案进行林种变更，并将变更情况告知不动产登记机关，按规定进行不动产登记。

第四章 附 则

第十四条 本办法由国家林业局会同财政部负责解释。

第十五条 本办法自印发之日起施行，有效期至2025年12月31日。国家林业局、财政部2009年印发的《国家级公益林区划界定办法》（林资发〔2009〕214号）同时废止，但按照林资发〔2009〕214号文件区划界定的国家级公益林继续有效，纳入本办法管理。

占用征收征用林地审核审批管理办法

（2011年1月4日国家林业局令第2号公布，根据2011年1月25日《国家林业局关于废止和修改部分部门规章的决定》修改）

第一条 为了规范占用、征收、征用林地的审核和审批，根据《中华人民共和国森林法》及其实施条例的规定，制定本办法。

第二条 本办法适用于下列情况：

（一）进行勘查、开采矿藏和各项建设工程（以下简称建设工程）需要占用或者征收、征用林地的审核；

（二）建设工程需要临时占用林地的审批；

（三）森林经营单位在所经营的林地范围内修筑直接为林业生产服务的工程设施需要占用林地的审批。

第三条 用地单位需要占用、征收、征用林地或者需要临时占用林地的，应当向县级人民政府林业主管部门提出占用或者征收、征用林地申请；需要占用或者临时占用国务院确定的国家所有的重点林区（以下简称重点林区）的林地，应当向国务院林业主管部门或者其委托的单位提出占用林地申请。

第四条 用地单位申请占用、征收、征用林地或者临时占用林地，应当填写《使用林地申请表》，同时提供下列材料：

（一）项目批准文件；

（二）被占用或者被征收、征用林地的权属证明材料；

（三）有资质的设计单位作出的项目使用林地可行性报告；

（四）与被占用或者被征收、征用林地的单位签订的林地、林木补偿费和安置补助费协议（临时占用林地安置补助费除外）。

森林经营单位申请在所经营的林地范围内修筑直接为林业生产服务的工程设施占用林地的，应当提供前款（一）、（二）项规定的材料。

第五条 建设工程占用或者征收、征用林地的审核权限，按照森林法实施条例第十六条的规定执行。

第六条 建设工程需要临时占用林地的，必须遵守下列规定：

（一）临时占用防护林或者特种用途林林地面积5公顷以上，其他林地面积20公顷以上的，由国务院林业主管部门审批；

（二）临时占用防护林或者特种用途林林地面积5公顷以下，其他林地面积10公顷以上20公顷以下的，由省、自治区、直辖市人民政府林业主管部门审批；

（三）临时占用除防护林和特种用途林以外的其它林地面积2公顷以上10公顷以下的，由设区的市和自治州人民政府林业主管部门审批；

（四）临时占用除防护林和特种用途林以外的其它林地面积2公顷以下的，由县级人民政府林业主管部门审批。

第七条 森林经营单位在所经营的范围内修筑直接为林业生产服务的工程设施需要占用林地的，应当遵守下列规定：

（一）国有森林经营单位需要占用林地的，由省、自治区、直辖市人民政府林业主管部门批准，其中国务院确定的国家所有的重点林区内国有森林经营单位需要占用林地的，由国务院林业主管部门或其委托的单位批准；

（二）其他森林经营单位需要占用林地的，由县级人民政府林业主管部门批准。

第八条 国务院林业主管部门委托的单位和县级人民政府林业主管部门在受理用地单位提交的用地申请后，应派出有资质的人员（不少于2人），进行用地现场查验，并填写《使用林地现场查验表》。

第九条 国务院林业主管部门委托的单位和县级人民政府林业主管部门对建设项目类型、林地地类、面积、权属、树种、林种和补偿标准进行初步审查同意后，应当在10个工作日内制定植树造林、恢复森林植被的措施。

第十条 按照规定需要报上一级人民政府林业主管部门审核或者审批的征收、征用或者占用林地申请，县级以上地方人民政府林业主管部门或者国务院林业主管部门委托的单位应当逐级在《使用林地申请表》上签署审查意见后，将全部材料报上一级人民政府林业主管部门审核或者审批。

第十一条 县级以上人民政府林业主管部门按照规定审核同意或者批准占用、征收、征用林地申请后，按照规定预收森林植被恢复费，并向用地单位发放《使用林地审核同意书》，同时将签署意见的《使用林地申请表》等材料退被占用、被征收、征用林地所在地的林业主管部门或者国务院林业主管部门委托的单位存档。

第十二条 对用地单位需要临时占用林地的申请，或者对森林经营单位在所经营的林地范围内修筑直接为林业生产服务的工程设施需要占用林地的申请，县级以上人民政府林业主管部门按照规定予以批准的，应当用文件形式批准。

第十三条 国务院林业主管部门委托的单位和县级以上地方人民政府林业主管部门对用地单位提出的申请，应当在收到申请或上报材料后，在15个工作日内提出审核或者审批意见。

第十四条 县级以上人民政府林业主管部门对用地单位提出的申请，经审核不予同意或者不予批准的，应当在《使用林地申请表》中明确记载不同意的理由，并将申请材料退还申请用地单位。

第十五条 县级以上人民政府林业主管部门应当建立占用、征收、征用林地审核和审批管理档案。

第十六条 省、自治区和直辖市人民政府林业主管部门应当在每年的第一季度，将上年度全省（自治区、直辖市）占用、征收、征用林地和临时占用林地，以及修筑直接为林业生产服务的工程设施占用林地的情况报告国务院林业主管部门。

第十七条　农村居民按照规定标准修建自用住宅需要占用林地的，应当以行政村为单位编制规划，落实地块，按照年度向县级人民政府林业主管部门提出申请，经过县级人民政府林业主管部门依法审查，在逐级报省、自治区和直辖市人民政府林业主管部门审核同意后，由行政村依照有关土地管理的法律、法规办理用地审批手续。

第十八条　《使用林地申请表》和《使用林地现场查验表》由国务院林业主管部门统一式样，省、自治区和直辖市人民政府林业主管部门统一印制。《使用林地审核同意书》由国务院林业主管部门统一印制。

第十九条　本办法由国家林业局负责解释。

第二十条　本办法自发布之日起施行。

林业行政处罚程序规定

（1996年9月26日林业部部长办公会议审议通过，
1996年9月27日发布，自1996年10月1日起施行）

第一章　总　　则

第一条　为了规范林业行政处罚，保障和监督林业行政主管部门有效实施行政管理，维护公共利益和社会秩序，保护公民、法人或者其他组织的合法权益，根据有关法律、法规，制定本规定。

第二条　依法实施林业行政处罚适用本规定。

第三条　实施林业行政处罚必须以事实为依据，以法律为准绳，遵循公正、公开、及时的原则。

实施林业行政处罚，纠正违法行为，应当坚持处罚与教育相结合，教育公民、法人或者其他情况自觉守法。

第四条　公民、法人或者其他组织对林业行政主管部门所给予的林业行政处罚，享有陈述权、申辩权；对林业行政处罚不服的，有权依法申请行政复议或者提起行政诉讼。

公民、法人或者其他组织因林业行政主管部门违法给予行政处罚受到损害的，有权依法提出赔偿要求。

第五条　违法行为构成犯罪，应当依法追究刑事责任，不得以行政处罚代替刑事处罚。

第二章　实施机关与管辖

第六条　实施林业行政处罚的机关，必须是县级以上林业行政主管部门，法律、法规授权的组织以及林业行政主管部门依法委托的组织。其他任何机关和组织，不得实施林业行政处罚。

林业行政主管部门依法委托实施林业行政处罚，必须办理书面委托手续，并由委托的林业行政主管部门报上一级林业行政主管部门备案。委托的林业行政主管部门对受委托的组织实施行政处罚的行为负责监督，并对该行为的后果承担法律责任。

受委托组织在委托范围内，以委托的林业行政主管部门名义实施行政处罚；不得再委托其他组织或者个人实施行政处罚。

第七条　地州级以上林业行政主管部门的法制工作机构统一管理林业行政处罚工作。

县级林业行政主管部门可以确定一个内部机构统一管理林业行政处罚工作。

第八条　县级林业行政主管部门管辖本

辖区内的林业行政处罚。

地州级以省级林业行政主管部门管辖本辖区内重大、复杂的林业行政处罚。

林业部管辖全国重大、复杂的林业行政处罚。

第九条 林业行政处罚由违法行为发生地的林业行政主管部门管辖。

第十条 上一级林业行政主管部门在必要的时候可以处理下一级林业行政主管部门管辖的林业行政处罚，也可以把自己管辖的林业行政处罚交由下一级林业行政主管部门处理；下一级林业行政主管部门认为重大、复杂的林业行政处罚需要由上一级林业行政主管部门处理的，可以报请上一级林业行政主管部门决定。

第十一条 几个同级林业行政主管部门都有管辖权的林业行政处罚，由最初受理的林业行政主管部门处理；主要违法行为地的林业行政主管部门处理更为适宜的，可以移送主要违法行为地的林业行政主管部门处理。

林业行政处罚管辖权发生争议的，报请共同上一级林业行政主管部门指定管辖。

第十二条 法律、法规授权的组织和林业行政主管部门依法委托的组织，管辖授权、委托范围内的林业行政处罚。

第三章 立案、调查与决定

第十三条 违法行为在二年内未被发现的，不再给予林业行政处罚。法律另有规定的除外。

第十四条 林业行政执法人员调查处理林业行政处罚案件时，应当向当事人或者有关人员出示执法证件。执法证件由林业部统一制发，省级以上林业行政主管部门法制工作机构负责执法证件的发放和管理工作。

第十五条 林业行政执法人员在调查处理林业行政处罚案件时与当事人有利害关系的，应当自行回避。

当事人认为林业行政执法人员与本案有利害关系或者其他关系可能影响公正处理的，有权申请林业行政执法人员回避。

林业行政执法人员的回避，由行政负责人决定；行政负责人的回避由集体讨论决定。

回避未被决定以前，不得停止对案件的调查处理。

第十六条 林业行政执法人员在调查处理林业行政处罚案件时应当依法收取证据。

证据主要有以下几种：

（一）书证；

（二）物证；

（三）视听资料；

（四）证人证言；

（五）当事人的陈述；

（六）鉴定结论；

（七）勘验笔录、现场笔录。

证据必须经过查证属实，才能作为认定案件事实的根据。

第十七条 公民、法人或者其他组织违反林业行政管理秩序的行为，依法应当给予林业行政处罚的，林业行政主管部门必须查明事实；违法事实不清的，不得给予林业行政处罚。

第十八条 林业行政主管部门在林业行政处罚决定书送达之前，应当告知当事人作出林业行政处罚决定的事实、理由及依据，并告知当事人依法享有的权利。

第十九条 当事人有权进行陈述和申辩。林业行政主管部门必须充分听取当事人的意见，对当事人提出的事实、理由和证据，应当进行复核；当事人提出的事实、理由或者证据成立的，林业行政主管部门应当采纳。

林业行政主管部门不得因当事人申辩而加重处罚。

第二十条 凡给予林业行政处罚的，应当具备下述条件：

（一）有明确的违法行为人；

（二）有具体的违法事实和证据；

（三）法律、法规和规章规定应当给予林业行政处罚的；

（四）属于查处的机关管辖。

第一节 简易程序

第二十一条 违法事实确凿并有法定依据，对公民处以五十元以下、对法人或者其他组织处以一千元以下罚款或者警告的行政处罚的，可以当场作出林业行政处罚决定。当事人应当依照本规定的有关条款履行林业行政处罚决定。

第二十二条 执法人员当场作出林业行政处罚决定的，可以由一人进行，应当向当事人出示执法身份证件，制作《林业行政处罚当场处罚笔录》，填写《林业行政处罚当场处罚决定书》，按规定格式载明当事人的违法行为、行政处罚依据、罚款数额或者警告、时间、地点以及本行政主管部门名称，由林业行政执法人员签名或者盖章，当场交付当事人。

执法人员当场作出的林业行政处罚决定，必须报所属林业行政主管部门备案。

第二节 一般程序

第二十三条 除本规定第二十一条规定的可以当场作出的行政处罚外，林业行政主管部门必须按照一般程序规定实施林业行政处罚。

第二十四条 凡发现或者接到举报、控告、移送、上级交办、主动交代等违反林业法律、法规、规章的行为，应当填写《林业行政处罚登记表》，报行政负责人审批。对认为需要给予林业行政处罚的，在七日内予以立案；对认为不需要给予林业行政处罚的，不予立案。

立案必须符合下列条件：

（一）有违法行为发生；

（二）违法行为是应受处罚的行为；

（三）属于本机关管辖；

（四）属于一般程序适用范围。

林业行政处罚案件立案以后，经调查并报行政负责人审批，没有违法事实的，撤销立案；不属于自己管辖的，移送有关主管部门；需要追究刑事责任的，移送司法机关处理。

第二十五条 调查处理林业行政处罚案件不得少于二人。

第二十六条 林业行政主管部门收集证据时，在证据可能灭失或者以后难以取得的情况下，经行政机关负责人批准，可以先行登记保存，填写《林业行政处罚登记保存通知单》，并应当在七日内及时作出处理决定，在此期间，当事人或者有关人员不得销毁或者转移证据。

第二十七条 林业行政执法人员应当全面、公正、客观地收集、调取各种证据。必要时，可以会同有关部门共同收集、调取各种证据。收集、调取证所应当制作笔录，由调查人和有关当事人在笔录上签名或者盖章。

第二十八条 林业行政执法人员调查处理林业行政处罚案件应当询问当事人或者其他知情人（以下称被询问人），并制作《林业行政处罚询问笔录》。被询问人拒绝回答的，不影响根据证据对案件事实的认定。

询问笔录应当交被询问人核对，对于没有阅读能力的，应当向其宣读；被询问人提出补充或者改正的，应当允许；被询问人确认笔录无误后，应当在笔录上签名或者盖章；被询问人拒绝签名或者盖章的，应当在笔录上注明，询问人也应当在笔录上签名或者盖章。被询问人要求自行书写的，应当允许；必要时，林业行政执法人员也可以要求被询问人自行书写，自行书写的应当有本人的签名或者盖章。

第二十九条 林业行政执法人员对与违法行为有关的场所、物品可以进行勘验、检查。必要时，可以指派或者聘请具有专门知识的人进行勘验、检查，并可以邀请与案件无关的见证人和有关的当事人参加。当事人拒绝参加的，不影响勘验、检查的进行。

勘验、检查应当制作《林业行政处罚勘验、检查笔录》，由参加勘验、检查的人和被邀请的见证人、有关的当事人签名或者盖章。

第三十条 为解决林业行政处罚案件中某些专门性问题，林业行政主管部门可以指派或者聘请有专门知识的人进行鉴定。

鉴定人进行鉴定后，应当提出书面鉴定结论并签名或者盖章，注明本人身份。

第三十一条 林业行政处罚案件经调查事实清楚、证据确凿的，应当填写《林业行政处罚意见书》，并连同《林业行政处罚登记表》和证据等有关材料，由林业行政执法人员送法制工作机构提出初步意见后，再交由本行政主管部门负责人审查决定。

情节复杂或者重大违法行为需要给予较重行政处罚的，林业行政主管部门的负责人应当集体讨论决定。

第三十二条 凡决定给予林业行政处罚的，应当制作《林业行政处罚决定书》。按照规定格式载明下列事项：

（一）当事人的姓名或者名称、地址；

（二）违反法律、法规或者规章的事实和证据；

（三）林业行政处罚的种类和依据；

（四）林业行政处罚的履行方式和期限；

（五）不服林业行政处罚决定，申请行政复议或者提起行政诉讼的途径和期限；

（六）作出林业行政处罚决定的林业行政主管部门名称和作出决定的日期。

第三十三条 林业行政主管部门或其委托的组织作出的林业行政处罚，应当在《林业行政处罚决定书》上盖林业行政主管部门的印章。

法律、法规授权的组织作出的林业行政处罚，应当在《林业行政处罚决定书》上盖本组织的印章。

第三十四条 林业行政处罚案件自立案之日起，应当在一个月内办理完毕；经行政负责人批准可以延长，但不得超过三个月；特殊情况下三个月内不能办理完毕的，报经上级林业行政主管部门批准，可以延长。

第三十五条 林业行政主管部门及其执法人员在作出林业行政处罚决定之前，不依照规定向当事人告知给予行政处罚的事实、理由和依据，或者拒绝听取当事人的陈述、申辩，行政处罚不能成立；当事人放弃陈述或者申辩权利的除外。

第三十六条 公民、法人或者其他组织对林业行政主管部门或者行政执法人员作出的行政处罚有权提出申诉和检举；林业行政主管部门应当认真审查，发现确有错误的，应当主动改正。

作出林业行政处罚决定的林业行政主管部门负责人认为作出的林业行政处罚决定确有错误的，有权提请集体讨论，决定是否重新处理。

第三节 听证程序

第三十七条 林业行政主管部门作出责令停产停业、吊销许可证、较大数额罚款等行政处罚决定之前，应当告知当事人有要求举行听证的权利；当事人要求听证的，林业行政主管部门应当组织听证，制发《举行听证通知》，制作《林业行政处罚听证笔录》。当事人不承担林业行政主管部门组织听证的费用。听证依照法定程序进行。

第三十八条 听证结束后，林业行政主管部门依照本规定第三十一条，作出决定。

第四章 送达与执行

第三十九条 《林业行政处罚决定书》应当及时送达被处罚人，并由被处罚人在《林业行政处罚送达回证》上签名或者盖章；被处罚人不在，可以交给其成年家属或者所在单位的负责人员代收，并在送达回证上签名或者盖章。

被处罚人或者代收人拒绝接收或者签

名、盖章的，送达人可以邀请其邻居或者其单位有关人员到场，说明情况，把《林业行政处罚决定书》留在其住处或者其单位，并在送达回证上记明拒绝的事由、送达的日期，由送达人签名，即视为送达。

被处罚人不在本地的，可以委托被处罚人所在地的林业行政主管部门代为送达，也可以挂号邮寄送达。邮寄送达的，以挂号回执上注明的收件日期为送达日期。

第四十条　除依照本规定第四十一条、第四十二条规定当场收缴的罚款外，作出林业行政处罚决定的林业行政主管部门及其执法人员不得自行收缴罚款。

当事人应当自收到林业行政处罚决定书之日起十五日内，到指定的银行缴纳罚款。

第四十一条　依照本规定第二十一条可以当场作出林业行政处罚决定，有下列情形之一的，执法人员可以当场收缴罚款：

（一）依法给予二十元以下的罚款的；

（二）不当场收缴事后难以执行的。

第四十二条　在边远、水上、交通不便地区，林业行政主管部门及其执法人员作出罚款决定后，当事人向指定的银行缴纳罚款确有困难，经当事人提出，林业行政主管部门及其执法人员可以当场收缴罚款。

第四十三条　林业行政主管部门及其执法人员当场收缴罚款的，必须向当事人出具省、自治区、直辖市财政部门统一制发的罚款收据；不出具财政部门统一制发的罚款收据的，当事人有权拒绝缴纳罚款。

第四十四条　执法人员当场收缴的罚款，应当自收缴罚款之日起二日内，交至林业行政主管部门；在水上当场收缴的罚款，应当自抵岸之日起二日内交至林业行政主管部门；林业行政主管部门应当在二日内将罚款缴付指定的银行。

第四十五条　当事人逾期不履行林业行政处罚决定的，作出行政处罚决定的林业行政主管部门可以采取下列措施：

（一）到期不缴纳罚款的，每日按罚款数额的百分之三加处罚款；

（二）根据法律规定，将查封、扣押的财物拍卖或者将冻结的存款划拨抵缴罚款；

（三）申请人民法院强制执行。

第四十六条　当事人确有经济困难，需要延期或者分期缴纳罚款的，经当事人申请和作出处罚决定的林业行政主管部门审查批准，可以暂缓或者分期缴纳。

第四十七条　除依法应当予以销毁的物品外，依法没收的非法财物必须按照国家规定公开拍卖或者按照国家有关规定处理。

罚款、没收违法所得或者没收非法财物拍卖的款项，按照国家有关规定处理。

第四十八条　《林业行政处罚决定书》送达后，承办人应当将案件材料立卷。

林业行政处罚案件卷宗一般包括：卷皮、目录、案件登记表、证据材料、林业行政处罚意见书、林业行政处罚决定书和其他材料。

林业行政处罚案件办理终结，承办人应当根据一案一卷的原则，将案件的全部材料立卷归档。

第四十九条　上级交办的林业行政处罚案件办理终结，承办的单位应当将案件的处理结果向交办单位报告。

第五章　附　则

第五十条　本规定中规定的林业行政处罚案件包括破坏陆生野生动物资源的行政处罚案件。

第五十一条　本规定中规定的签名或者盖章，当事人因故不能履行的，可以按指印。

第五十二条　本规定由林业部负责解释。

第五十三条　本规定自一九九六年十月一日起施行。

中华人民共和国草原法

（1985 年 6 月 18 日第六届全国人民代表大会常务委员会第十一次会议通过，2002 年 12 月 28 日第九届全国人民代表大会常务委员会第三十一次会议修订，根据 2009 年 8 月 27 日第十一届全国人民代表大会常务委员会第十次会议《关于修改部分法律的决定》第一次修正，根据 2013 年 6 月 29 日第十二届全国人民代表大会常务委员会第三次会议《关于修改〈中华人民共和国文物保护法〉等十二部法律的决定》第二次修正，根据 2021 年 4 月 29 日第十三届全国人民代表大会常务委员会第二十八次会议《关于修改〈中华人民共和国道路交通安全法〉等八部法律的决定》第三次修正）

第一章 总 则

第一条 为了保护、建设和合理利用草原，改善生态环境，维护生物多样性，发展现代畜牧业，促进经济和社会的可持续发展，制定本法。

第二条 在中华人民共和国领域内从事草原规划、保护、建设、利用和管理活动，适用本法。

本法所称草原，是指天然草原和人工草地。

第三条 国家对草原实行科学规划、全面保护、重点建设、合理利用的方针，促进草原的可持续利用和生态、经济、社会的协调发展。

第四条 各级人民政府应当加强对草原保护、建设和利用的管理，将草原的保护、建设和利用纳入国民经济和社会发展计划。

各级人民政府应当加强保护、建设和合理利用草原的宣传教育。

第五条 任何单位和个人都有遵守草原法律法规、保护草原的义务，同时享有对违反草原法律法规、破坏草原的行为进行监督、检举和控告的权利。

第六条 国家鼓励与支持开展草原保护、建设、利用和监测方面的科学研究，推广先进技术和先进成果，培养科学技术人才。

第七条 国家对在草原管理、保护、建设、合理利用和科学研究等工作中做出显著成绩的单位和个人，给予奖励。

第八条 国务院草原行政主管部门主管全国草原监督管理工作。

县级以上地方人民政府草原行政主管部门主管本行政区域内草原监督管理工作。

乡（镇）人民政府应当加强对本行政区域内草原保护、建设和利用情况的监督检查，根据需要可以设专职或者兼职人员负责具体监督检查工作。

第二章 草原权属

第九条 草原属于国家所有，由法律规定属于集体所有的除外。国家所有的草原，由国务院代表国家行使所有权。

任何单位或者个人不得侵占、买卖或者以其他形式非法转让草原。

第十条　国家所有的草原，可以依法确定给全民所有制单位、集体经济组织等使用。

使用草原的单位，应当履行保护、建设和合理利用草原的义务。

第十一条　依法确定给全民所有制单位、集体经济组织等使用的国家所有的草原，由县级以上人民政府登记，核发使用权证，确认草原使用权。

未确定使用权的国家所有的草原，由县级以上人民政府登记造册，并负责保护管理。

集体所有的草原，由县级人民政府登记，核发所有权证，确认草原所有权。

依法改变草原权属的，应当办理草原权属变更登记手续。

第十二条　依法登记的草原所有权和使用权受法律保护，任何单位或者个人不得侵犯。

第十三条　集体所有的草原或者依法确定给集体经济组织使用的国家所有的草原，可以由本集体经济组织内的家庭或者联户承包经营。

在草原承包经营期内，不得对承包经营者使用的草原进行调整；个别确需适当调整的，必须经本集体经济组织成员的村（牧）民会议三分之二以上成员或者三分之二以上村（牧）民代表的同意，并报乡（镇）人民政府和县级人民政府草原行政主管部门批准。

集体所有的草原或者依法确定给集体经济组织使用的国家所有的草原由本集体经济组织以外的单位或者个人承包经营的，必须经本集体经济组织成员的村（牧）民会议三分之二以上成员或者三分之二以上村（牧）民代表的同意，并报乡（镇）人民政府批准。

第十四条　承包经营草原，发包方和承包方应当签订书面合同。草原承包合同的内容应当包括双方的权利和义务、承包草原四至界限、面积和等级、承包期和起止日期、承包草原用途和违约责任等。承包期届满，原承包经营者在同等条件下享有优先承包权。

承包经营草原的单位和个人，应当履行保护、建设和按照承包合同约定的用途合理利用草原的义务。

第十五条　草原承包经营权受法律保护，可以按照自愿、有偿的原则依法转让。

草原承包经营权转让的受让方必须具有从事畜牧业生产的能力，并应当履行保护、建设和按照承包合同约定的用途合理利用草原的义务。

草原承包经营权转让应当经发包方同意。承包方与受让方在转让合同中约定的转让期限，不得超过原承包合同剩余的期限。

第十六条　草原所有权、使用权的争议，由当事人协商解决；协商不成的，由有关人民政府处理。

单位之间的争议，由县级以上人民政府处理；个人之间、个人与单位之间的争议，由乡（镇）人民政府或者县级以上人民政府处理。

当事人对有关人民政府的处理决定不服的，可以依法向人民法院起诉。

在草原权属争议解决前，任何一方不得改变草原利用现状，不得破坏草原和草原上的设施。

第三章　规　　划

第十七条　国家对草原保护、建设、利用实行统一规划制度。国务院草原行政主管部门会同国务院有关部门编制全国草原保护、建设、利用规划，报国务院批准后实施。

县级以上地方人民政府草原行政主管部门会同同级有关部门依据上一级草原保护、建设、利用规划编制本行政区域的草原保护、建设、利用规划，报本级人民政府批准后实施。

经批准的草原保护、建设、利用规划确需调整或者修改时，须经原批准机关批准。

第十八条 编制草原保护、建设、利用规划，应当依据国民经济和社会发展规划并遵循下列原则：

（一）改善生态环境，维护生物多样性，促进草原的可持续利用；

（二）以现有草原为基础，因地制宜，统筹规划，分类指导；

（三）保护为主、加强建设、分批改良、合理利用；

（四）生态效益、经济效益、社会效益相结合。

第十九条 草原保护、建设、利用规划应当包括：草原保护、建设、利用的目标和措施，草原功能分区和各项建设的总体部署，各项专业规划等。

第二十条 草原保护、建设、利用规划应当与土地利用总体规划相衔接，与环境保护规划、水土保持规划、防沙治沙规划、水资源规划、林业长远规划、城市总体规划、村庄和集镇规划以及其他有关规划相协调。

第二十一条 草原保护、建设、利用规划一经批准，必须严格执行。

第二十二条 国家建立草原调查制度。

县级以上人民政府草原行政主管部门会同同级有关部门定期进行草原调查；草原所有者或者使用者应当支持、配合调查，并提供有关资料。

第二十三条 国务院草原行政主管部门会同国务院有关部门制定全国草原等级评定标准。

县级以上人民政府草原行政主管部门根据草原调查结果、草原的质量，依据草原等级评定标准，对草原进行评等定级。

第二十四条 国家建立草原统计制度。

县级以上人民政府草原行政主管部门和同级统计部门共同制定草原统计调查办法，依法对草原的面积、等级、产草量、载畜量等进行统计，定期发布草原统计资料。

草原统计资料是各级人民政府编制草原保护、建设、利用规划的依据。

第二十五条 国家建立草原生产、生态监测预警系统。

县级以上人民政府草原行政主管部门对草原的面积、等级、植被构成、生产能力、自然灾害、生物灾害等草原基本状况实行动态监测，及时为本级政府和有关部门提供动态监测和预警信息服务。

第四章 建 设

第二十六条 县级以上人民政府应当增加草原建设的投入，支持草原建设。

国家鼓励单位和个人投资建设草原，按照谁投资、谁受益的原则保护草原投资建设者的合法权益。

第二十七条 国家鼓励与支持人工草地建设、天然草原改良和饲草饲料基地建设，稳定和提高草原生产能力。

第二十八条 县级以上人民政府应当支持、鼓励和引导农牧民开展草原围栏、饲草饲料储备、牲畜圈舍、牧民定居点等生产生活设施的建设。

县级以上地方人民政府应当支持草原水利设施建设，发展草原节水灌溉，改善人畜饮水条件。

第二十九条 县级以上人民政府应当按照草原保护、建设、利用规划加强草种基地建设，鼓励选育、引进、推广优良草品种。

新草品种必须经全国草品种审定委员会审定，由国务院草原行政主管部门公告后方可推广。从境外引进草种必须依法进行审批。

县级以上人民政府草原行政主管部门应当依法加强对草种生产、加工、检疫、检验的监督管理，保证草种质量。

第三十条 县级以上人民政府应当有计划地进行火情监测、防火物资储备、防火隔离带等草原防火设施的建设，确保防火需要。

第三十一条 对退化、沙化、盐碱化、石漠化和水土流失的草原，地方各级人民政府应当按照草原保护、建设、利用规划，划定治理区，组织专项治理。

大规模的草原综合治理，列入国家国土整治计划。

第三十二条　县级以上人民政府应当根据草原保护、建设、利用规划，在本级国民经济和社会发展计划中安排资金用于草原改良、人工种草和草种生产，任何单位或者个人不得截留、挪用；县级以上人民政府财政部门和审计部门应当加强监督管理。

第五章　利　　用

第三十三条　草原承包经营者应当合理利用草原，不得超过草原行政主管部门核定的载畜量；草原承包经营者应当采取种植和储备饲草饲料、增加饲草饲料供应量、调剂处理牲畜、优化畜群结构、提高出栏率等措施，保持草畜平衡。

草原载畜量标准和草畜平衡管理办法由国务院草原行政主管部门规定。

第三十四条　牧区的草原承包经营者应当实行划区轮牧，合理配置畜群，均衡利用草原。

第三十五条　国家提倡在农区、半农半牧区和有条件的牧区实行牲畜圈养。草原承包经营者应当按照饲养牲畜的种类和数量，调剂、储备饲草饲料，采用青贮和饲草饲料加工等新技术，逐步改变依赖天然草地放牧的生产方式。

在草原禁牧、休牧、轮牧区，国家对实行舍饲圈养的给予粮食和资金补助，具体办法由国务院或者国务院授权的有关部门规定。

第三十六条　县级以上地方人民政府草原行政主管部门对割草场和野生草种基地应当规定合理的割草期、采种期以及留茬高度和采割强度，实行轮割轮采。

第三十七条　遇到自然灾害等特殊情况，需要临时调剂使用草原的，按照自愿互利的原则，由双方协商解决；需要跨县临时调剂使用草原的，由有关县级人民政府或者共同的上级人民政府组织协商解决。

第三十八条　进行矿藏开采和工程建设，应当不占或者少占草原；确需征收、征用或者使用草原的，必须经省级以上人民政府草原行政主管部门审核同意后，依照有关土地管理的法律、行政法规办理建设用地审批手续。

第三十九条　因建设征收、征用集体所有的草原的，应当依照《中华人民共和国土地管理法》的规定给予补偿；因建设使用国家所有的草原的，应当依照国务院有关规定对草原承包经营者给予补偿。

因建设征收、征用或者使用草原的，应当交纳草原植被恢复费。草原植被恢复费专款专用，由草原行政主管部门按照规定用于恢复草原植被，任何单位和个人不得截留、挪用。草原植被恢复费的征收、使用和管理办法，由国务院价格主管部门和国务院财政部门会同国务院草原行政主管部门制定。

第四十条　需要临时占用草原的，应当经县级以上地方人民政府草原行政主管部门审核同意。

临时占用草原的期限不得超过二年，并不得在临时占用的草原上修建永久性建筑物、构筑物；占用期满，用地单位必须恢复草原植被并及时退还。

第四十一条　在草原上修建直接为草原保护和畜牧业生产服务的工程设施，需要使用草原的，由县级以上人民政府草原行政主管部门批准；修筑其他工程，需要将草原转为非畜牧业生产用地的，必须依法办理建设用地审批手续。

前款所称直接为草原保护和畜牧业生产服务的工程设施，是指：

（一）生产、贮存草种和饲草饲料的设施；

（二）牲畜圈舍、配种点、剪毛点、药浴池、人畜饮水设施；

（三）科研、试验、示范基地；

（四）草原防火和灌溉设施。

第六章　保　　护

第四十二条　国家实行基本草原保护制度。下列草原应当划为基本草原，实施严格管理：

（一）重要放牧场；

（二）割草地；

（三）用于畜牧业生产的人工草地、退耕还草地以及改良草地、草种基地；

（四）对调节气候、涵养水源、保持水土、防风固沙具有特殊作用的草原；

（五）作为国家重点保护野生动植物生存环境的草原；

（六）草原科研、教学试验基地；

（七）国务院规定应当划为基本草原的其他草原。

基本草原的保护管理办法，由国务院制定。

第四十三条　国务院草原行政主管部门或者省、自治区、直辖市人民政府可以按照自然保护区管理的有关规定在下列地区建立草原自然保护区：

（一）具有代表性的草原类型；

（二）珍稀濒危野生动植物分布区；

（三）具有重要生态功能和经济科研价值的草原。

第四十四条　县级以上人民政府应当依法加强对草原珍稀濒危野生植物和种质资源的保护、管理。

第四十五条　国家对草原实行以草定畜、草畜平衡制度。县级以上地方人民政府草原行政主管部门应当按照国务院草原行政主管部门制定的草原载畜量标准，结合当地实际情况，定期核定草原载畜量。各级人民政府应当采取有效措施，防止超载过牧。

第四十六条　禁止开垦草原。对水土流失严重、有沙化趋势、需要改善生态环境的已垦草原，应当有计划、有步骤地退耕还草；已造成沙化、盐碱化、石漠化的，应当限期治理。

第四十七条　对严重退化、沙化、盐碱化、石漠化的草原和生态脆弱区的草原，实行禁牧、休牧制度。

第四十八条　国家支持依法实行退耕还草和禁牧、休牧。具体办法由国务院或者省、自治区、直辖市人民政府制定。

对在国务院批准规划范围内实施退耕还草的农牧民，按照国家规定给予粮食、现金、草种费补助。退耕还草完成后，由县级以上人民政府草原行政主管部门核实登记，依法履行土地用途变更手续，发放草原权属证书。

第四十九条　禁止在荒漠、半荒漠和严重退化、沙化、盐碱化、石漠化、水土流失的草原以及生态脆弱区的草原上采挖植物和从事破坏草原植被的其他活动。

第五十条　在草原上从事采土、采砂、采石等作业活动，应当报县级人民政府草原行政主管部门批准；开采矿产资源的，并应当依法办理有关手续。

经批准在草原上从事本条第一款所列活动的，应当在规定的时间、区域内，按照准许的采挖方式作业，并采取保护草原植被的措施。

在他人使用的草原上从事本条第一款所列活动的，还应当事先征得草原使用者的同意。

第五十一条　在草原上种植牧草或者饲料作物，应当符合草原保护、建设、利用规划；县级以上地方人民政府草原行政主管部门应当加强监督管理，防止草原沙化和水土流失。

第五十二条　在草原上开展经营性旅游活动，应当符合有关草原保护、建设、利用规划，并不得侵犯草原所有者、使用者和承包经营者的合法权益，不得破坏草原植被。

第五十三条　草原防火工作贯彻预防为主、防消结合的方针。

各级人民政府应当建立草原防火责任

制，规定草原防火期，制定草原防火扑火预案，切实做好草原火灾的预防和扑救工作。

第五十四条　县级以上地方人民政府应当做好草原鼠害、病虫害和毒害草防治的组织管理工作。县级以上地方人民政府草原行政主管部门应当采取措施，加强草原鼠害、病虫害和毒害草监测预警、调查以及防治工作，组织研究和推广综合防治的办法。

禁止在草原上使用剧毒、高残留以及可能导致二次中毒的农药。

第五十五条　除抢险救灾和牧民搬迁的机动车辆外，禁止机动车辆离开道路在草原上行驶，破坏草原植被；因从事地质勘探、科学考察等活动确需离开道路在草原上行驶的，应当事先向所在地县级人民政府草原行政主管部门报告行驶区域和行驶路线，并按照报告的行驶区域和行驶路线在草原上行驶。

第七章　监督检查

第五十六条　国务院草原行政主管部门和草原面积较大的省、自治区的县级以上地方人民政府草原行政主管部门设立草原监督管理机构，负责草原法律、法规执行情况的监督检查，对违反草原法律、法规的行为进行查处。

草原行政主管部门和草原监督管理机构应当加强执法队伍建设，提高草原监督检查人员的政治、业务素质。草原监督检查人员应当忠于职守，秉公执法。

第五十七条　草原监督检查人员履行监督检查职责时，有权采取下列措施：

（一）要求被检查单位或者个人提供有关草原权属的文件和资料，进行查阅或者复制；

（二）要求被检查单位或者个人对草原权属等问题作出说明；

（三）进入违法现场进行拍照、摄像和勘测；

（四）责令被检查单位或者个人停止违反草原法律、法规的行为，履行法定义务。

第五十八条　国务院草原行政主管部门和省、自治区、直辖市人民政府草原行政主管部门，应当加强对草原监督检查人员的培训和考核。

第五十九条　有关单位和个人对草原监督检查人员的监督检查工作应当给予支持、配合，不得拒绝或者阻碍草原监督检查人员依法执行职务。

草原监督检查人员在履行监督检查职责时，应当向被检查单位和个人出示执法证件。

第六十条　对违反草原法律、法规的行为，应当依法作出行政处理，有关草原行政主管部门不作出行政处理决定的，上级草原行政主管部门有权责令有关草原行政主管部门作出行政处理决定或者直接作出行政处理决定。

第八章　法律责任

第六十一条　草原行政主管部门工作人员及其他国家机关有关工作人员玩忽职守、滥用职权，不依法履行监督管理职责，或者发现违法行为不予查处，造成严重后果，构成犯罪的，依法追究刑事责任；尚不够刑事处罚的，依法给予行政处分。

第六十二条　截留、挪用草原改良、人工种草和草种生产资金或者草原植被恢复费，构成犯罪的，依法追究刑事责任；尚不够刑事处罚的，依法给予行政处分。

第六十三条　无权批准征收、征用、使用草原的单位或者个人非法批准征收、征用、使用草原的，超越批准权限非法批准征收、征用、使用草原的，或者违反法律规定的程序批准征收、征用、使用草原，构成犯罪的，依法追究刑事责任；尚不够刑事处罚的，依法给予行政处分。非法批准征收、征用、使用草原的文件无效。非法批准征收、征用、使用的草原应当收回，当事人拒不归还的，以非法使用草原论处。

非法批准征收、征用、使用草原，给当

事人造成损失的，依法承担赔偿责任。

第六十四条 买卖或者以其他形式非法转让草原，构成犯罪的，依法追究刑事责任；尚不够刑事处罚的，由县级以上人民政府草原行政主管部门依据职权责令限期改正，没收违法所得，并处违法所得一倍以上五倍以下的罚款。

第六十五条 未经批准或者采取欺骗手段骗取批准，非法使用草原，构成犯罪的，依法追究刑事责任；尚不够刑事处罚的，由县级以上人民政府草原行政主管部门依据职权责令退还非法使用的草原，对违反草原保护、建设、利用规划擅自将草原改为建设用地的，限期拆除在非法使用的草原上新建的建筑物和其他设施，恢复草原植被，并处草原被非法使用前三年平均产值六倍以上十二倍以下的罚款。

第六十六条 非法开垦草原，构成犯罪的，依法追究刑事责任；尚不够刑事处罚的，由县级以上人民政府草原行政主管部门依据职权责令停止违法行为，限期恢复植被，没收非法财物和违法所得，并处违法所得一倍以上五倍以下的罚款；没有违法所得的，并处五万元以下的罚款；给草原所有者或者使用者造成损失的，依法承担赔偿责任。

第六十七条 在荒漠、半荒漠和严重退化、沙化、盐碱化、石漠化、水土流失的草原，以及生态脆弱区的草原上采挖植物或者从事破坏草原植被的其他活动的，由县级以上地方人民政府草原行政主管部门依据职权责令停止违法行为，没收非法财物和违法所得，可以并处违法所得一倍以上五倍以下的罚款；没有违法所得的，可以并处五万元以下的罚款；给草原所有者或者使用者造成损失的，依法承担赔偿责任。

第六十八条 未经批准或者未按照规定的时间、区域和采挖方式在草原上进行采土、采砂、采石等活动的，由县级人民政府草原行政主管部门责令停止违法行为，限期恢复植被，没收非法财物和违法所得，可以并处违法所得一倍以上二倍以下的罚款；没有违法所得的，可以并处二万元以下的罚款；给草原所有者或者使用者造成损失的，依法承担赔偿责任。

第六十九条 违反本法第五十二条规定，在草原上开展经营性旅游活动，破坏草原植被的，由县级以上地方人民政府草原行政主管部门依据职权责令停止违法行为，限期恢复植被，没收违法所得，可以并处违法所得一倍以上二倍以下的罚款；没有违法所得的，可以并处草原被破坏前三年平均产值六倍以上十二倍以下的罚款；给草原所有者或者使用者造成损失的，依法承担赔偿责任。

第七十条 非抢险救灾和牧民搬迁的机动车辆离开道路在草原上行驶，或者从事地质勘探、科学考察等活动，未事先向所在地县级人民政府草原行政主管部门报告或者未按照报告的行驶区域和行驶路线在草原上行驶，破坏草原植被的，由县级人民政府草原行政主管部门责令停止违法行为，限期恢复植被，可以并处草原被破坏前三年平均产值三倍以上九倍以下的罚款；给草原所有者或者使用者造成损失的，依法承担赔偿责任。

第七十一条 在临时占用的草原上修建永久性建筑物、构筑物的，由县级以上地方人民政府草原行政主管部门依据职权责令限期拆除；逾期不拆除的，依法强制拆除，所需费用由违法者承担。

临时占用草原，占用期届满，用地单位不予恢复草原植被的，由县级以上地方人民政府草原行政主管部门依据职权责令限期恢复；逾期不恢复的，由县级以上地方人民政府草原行政主管部门代为恢复，所需费用由违法者承担。

第七十二条 未经批准，擅自改变草原保护、建设、利用规划的，由县级以上人民政府责令限期改正；对直接负责的主管人员和其他直接责任人员，依法给予行政处分。

第七十三条 对违反本法有关草畜平衡制度的规定，牲畜饲养量超过县级以上地方人民政府草原行政主管部门核定的草原载畜量标准的纠正或者处罚措施，由省、自治区、直辖市人民代表大会或者其常务委员会规定。

第九章　附　　则

第七十四条　本法第二条第二款中所称的天然草原包括草地、草山和草坡，人工草地包括改良草地和退耕还草地，不包括城镇草地。

第七十五条　本法自2003年3月1日起施行。

草原防火条例

（1993年10月5日中华人民共和国国务院令第130号公布，2008年11月19日国务院第36次常务会议修订）

第一章　总　　则

第一条　为了加强草原防火工作，积极预防和扑救草原火灾，保护草原，保障人民生命和财产安全，根据《中华人民共和国草原法》，制定本条例。

第二条　本条例适用于中华人民共和国境内草原火灾的预防和扑救。但是，林区和城市市区的除外。

第三条　草原防火工作实行预防为主、防消结合的方针。

第四条　县级以上人民政府应当加强草原防火工作的组织领导，将草原防火所需经费纳入本级财政预算，保障草原火灾预防和扑救工作的开展。

草原防火工作实行地方各级人民政府行政首长负责制和部门、单位领导负责制。

第五条　国务院草原行政主管部门主管全国草原防火工作。

县级以上地方人民政府确定的草原防火主管部门主管本行政区域内的草原防火工作。

县级以上人民政府其他有关部门在各自的职责范围内做好草原防火工作。

第六条　草原的经营使用单位和个人，在其经营使用范围内承担草原防火责任。

第七条　草原防火工作涉及两个以上行政区域或者涉及森林防火、城市消防的，有关地方人民政府及有关部门应当建立联防制度，确定联防区域，制定联防措施，加强信息沟通和监督检查。

第八条　各级人民政府或者有关部门应当加强草原防火宣传教育活动，提高公民的草原防火意识。

第九条　国家鼓励和支持草原火灾预防和扑救的科学技术研究，推广先进的草原火灾预防和扑救技术。

第十条　对在草原火灾预防和扑救工作中有突出贡献或者成绩显著的单位、个人，按照国家有关规定给予表彰和奖励。

第二章　草原火灾的预防

第十一条　国务院草原行政主管部门根据草原火灾发生的危险程度和影响范围等，将全国草原划分为极高、高、中、低四个等级的草原火险区。

第十二条　国务院草原行政主管部门根据草原火险区划和草原防火工作的实际需要，编制全国草原防火规划，报国务院或者国务院授权的部门批准后组织实施。

县级以上地方人民政府草原防火主管部门根据全国草原防火规划，结合本地实际，编制本行政区域的草原防火规划，报本级人民政府批准后组织实施。

第十三条 草原防火规划应当主要包括下列内容：

（一）草原防火规划制定的依据；

（二）草原防火组织体系建设；

（三）草原防火基础设施和装备建设；

（四）草原防火物资储备；

（五）保障措施。

第十四条 县级以上人民政府应当组织有关部门和单位，按照草原防火规划，加强草原火情瞭望和监测设施、防火隔离带、防火道路、防火物资储备库（站）等基础设施建设，配备草原防火交通工具、灭火器械、观察和通信器材等装备，储存必要的防火物资，建立和完善草原防火指挥信息系统。

第十五条 国务院草原行政主管部门负责制订全国草原火灾应急预案，报国务院批准后组织实施。

县级以上地方人民政府草原防火主管部门负责制订本行政区域的草原火灾应急预案，报本级人民政府批准后组织实施。

第十六条 草原火灾应急预案应当主要包括下列内容：

（一）草原火灾应急组织机构及其职责；

（二）草原火灾预警与预防机制；

（三）草原火灾报告程序；

（四）不同等级草原火灾的应急处置措施；

（五）扑救草原火灾所需物资、资金和队伍的应急保障；

（六）人员财产撤离、医疗救治、疾病控制等应急方案。

草原火灾根据受害草原面积、伤亡人数、受灾牲畜数量以及对城乡居民点、重要设施、名胜古迹、自然保护区的威胁程度等，分为特别重大、重大、较大、一般四个等级。具体划分标准由国务院草原行政主管部门制定。

第十七条 县级以上地方人民政府应当根据草原火灾发生规律，确定本行政区域的草原防火期，并向社会公布。

第十八条 在草原防火期内，因生产活动需要在草原上野外用火的，应当经县级人民政府草原防火主管部门批准。用火单位或者个人应当采取防火措施，防止失火。

在草原防火期内，因生活需要在草原上用火的，应当选择安全地点，采取防火措施，用火后彻底熄灭余火。

除本条第一款、第二款规定的情形外，在草原防火期内，禁止在草原上野外用火。

第十九条 在草原防火期内，禁止在草原上使用枪械狩猎。

在草原防火期内，在草原上进行爆破、勘察和施工等活动的，应当经县级以上地方人民政府草原防火主管部门批准，并采取防火措施，防止失火。

在草原防火期内，部队在草原上进行实弹演习、处置突发性事件和执行其他任务，应当采取必要的防火措施。

第二十条 在草原防火期内，在草原上作业或者行驶的机动车辆，应当安装防火装置，严防漏火、喷火和闸瓦脱落引起火灾。在草原上行驶的公共交通工具上的司机和乘务人员，应当对旅客进行草原防火宣传。司机、乘务人员和旅客不得丢弃火种。

在草原防火期内，对草原上从事野外作业的机械设备，应当采取防火措施；作业人员应当遵守防火安全操作规程，防止失火。

第二十一条 在草原防火期内，经本级人民政府批准，草原防火主管部门应当对进入草原、存在火灾隐患的车辆以及可能引发草原火灾的野外作业活动进行草原防火安全检查。发现存在火灾隐患的，应当告知有关责任人员采取措施消除火灾隐患；拒不采取措施消除火灾隐患的，禁止进入草原或者在草原上从事野外作业活动。

第二十二条 在草原防火期内，出现高温、干旱、大风等高火险天气时，县级以上地方人民政府应当将极高草原火险区、高草原火险区以及一旦发生草原火灾可能造成人身重大伤亡或者财产重大损失的区域划为草原防火管制区，规定管制期限，及时向社会公布，并报上一级人民政府备案。

在草原防火管制区内，禁止一切野外用火。对可能引起草原火灾的非野外用火，县级以上地方人民政府或者草原防火主管部门应当按照管制要求，严格管理。

进入草原防火管制区的车辆，应当取得县级以上地方人民政府草原防火主管部门颁发的草原防火通行证，并服从防火管制。

第二十三条　草原上的农（牧）场、工矿企业和其他生产经营单位，以及驻军单位、自然保护区管理单位和农村集体经济组织等，应当在县级以上地方人民政府的领导和草原防火主管部门的指导下，落实草原防火责任制，加强火源管理，消除火灾隐患，做好本单位的草原防火工作。

铁路、公路、电力和电信线路以及石油天然气管道等的经营单位，应当在其草原防火责任区内，落实防火措施，防止发生草原火灾。

承包经营草原的个人对其承包经营的草原，应当加强火源管理，消除火灾隐患，履行草原防火义务。

第二十四条　省、自治区、直辖市人民政府可以根据本地的实际情况划定重点草原防火区，报国务院草原行政主管部门备案。

重点草原防火区的县级以上地方人民政府和自然保护区管理单位，应当根据需要建立专业扑火队；有关乡（镇）、村应当建立群众扑火队。扑火队应当进行专业培训，并接受县级以上地方人民政府的指挥、调动。

第二十五条　县级以上人民政府草原防火主管部门和气象主管机构，应当联合建立草原火险预报预警制度。气象主管机构应当根据草原防火的实际需要，做好草原火险气象等级预报和发布工作；新闻媒体应当及时播报草原火险气象等级预报。

第三章　草原火灾的扑救

第二十六条　从事草原火情监测以及在草原上从事生产经营活动的单位和个人，发现草原火情的，应当采取必要措施，并及时向当地人民政府或者草原防火主管部门报告。其他发现草原火情的单位和个人，也应当及时向当地人民政府或者草原防火主管部门报告。

当地人民政府或者草原防火主管部门接到报告后，应当立即组织人员赶赴现场，核实火情，采取控制和扑救措施，防止草原火灾扩大。

第二十七条　当地人民政府或者草原防火主管部门应当及时将草原火灾发生时间、地点、估测过火面积、火情发展趋势等情况报上级人民政府及其草原防火主管部门；境外草原火灾威胁到我国草原安全的，还应当报告境外草原火灾距我国边境距离、沿边境蔓延长度以及对我国草原的威胁程度等情况。

禁止瞒报、谎报或者授意他人瞒报、谎报草原火灾。

第二十八条　县级以上地方人民政府应当根据草原火灾发生情况确定火灾等级，并及时启动草原火灾应急预案。特别重大、重大草原火灾以及境外草原火灾威胁到我国草原安全的，国务院草原行政主管部门应当及时启动草原火灾应急预案。

第二十九条　草原火灾应急预案启动后，有关地方人民政府应当按照草原火灾应急预案的要求，立即组织、指挥草原火灾的扑救工作。

扑救草原火灾应当首先保障人民群众的生命安全，有关地方人民政府应当及时动员受到草原火灾威胁的居民以及其他人员转移到安全地带，并予以妥善安置；情况紧急时，可以强行组织避灾疏散。

第三十条　县级以上人民政府有关部门

应当按照草原火灾应急预案的分工，做好相应的草原火灾应急工作。

气象主管机构应当做好气象监测和预报工作，及时向当地人民政府提供气象信息，并根据天气条件适时实施人工增雨。

民政部门应当及时设置避难场所和救济物资供应点，开展受灾群众救助工作。

卫生主管部门应当做好医疗救护、卫生防疫工作。

铁路、交通、航空等部门应当优先运送救灾物资、设备、药物、食品。

通信主管部门应当组织提供应急通信保障。

公安部门应当及时查处草原火灾案件，做好社会治安维护工作。

第三十一条 扑救草原火灾应当组织和动员专业扑火队和受过专业培训的群众扑火队；接到扑救命令的单位和个人，必须迅速赶赴指定地点，投入扑救工作。

扑救草原火灾，不得动员残疾人、孕妇、未成年人和老年人参加。

需要中国人民解放军和中国人民武装警察部队参加草原火灾扑救的，依照《军队参加抢险救灾条例》的有关规定执行。

第三十二条 根据扑救草原火灾的需要，有关地方人民政府可以紧急征用物资、交通工具和相关的设施、设备；必要时，可以采取清除障碍物、建设隔离带、应急取水、局部交通管制等应急管理措施。

因救灾需要，紧急征用单位和个人的物资、交通工具、设施、设备或者占用其房屋、土地的，事后应当及时返还，并依照有关法律规定给予补偿。

第三十三条 发生特别重大、重大草原火灾的，国务院草原行政主管部门应当立即派员赶赴火灾现场，组织、协调、督导火灾扑救，并做好跨省、自治区、直辖市草原防火物资的调用工作。

发生威胁林区安全的草原火灾的，有关草原防火主管部门应当及时通知有关林业主管部门。

境外草原火灾威胁到我国草原安全的，国务院草原行政主管部门应当立即派员赶赴有关现场，组织、协调、督导火灾预防，并及时将有关情况通知外交部。

第三十四条 国家实行草原火灾信息统一发布制度。特别重大、重大草原火灾以及威胁到我国草原安全的境外草原火灾信息，由国务院草原行政主管部门发布；其他草原火灾信息，由省、自治区、直辖市人民政府草原防火主管部门发布。

第三十五条 重点草原防火区的县级以上地方人民政府可以根据草原火灾应急预案的规定，成立草原防火指挥部，行使本章规定的本级人民政府在草原火灾扑救中的职责。

第四章　灾后处置

第三十六条 草原火灾扑灭后，有关地方人民政府草原防火主管部门或者其指定的单位应当对火灾现场进行全面检查，清除余火，并留有足够的人员看守火场。经草原防火主管部门检查验收合格，看守人员方可撤出。

第三十七条 草原火灾扑灭后，有关地方人民政府应当组织有关部门及时做好灾民安置和救助工作，保障灾民的基本生活条件，做好卫生防疫工作，防止传染病的发生和传播。

第三十八条 草原火灾扑灭后，有关地方人民政府应当组织有关部门及时制定草原恢复计划，组织实施补播草籽和人工种草等技术措施，恢复草场植被，并做好畜禽检疫工作，防止动物疫病的发生。

第三十九条 草原火灾扑灭后，有关地方人民政府草原防火主管部门应当及时会同公安等有关部门，对火灾发生时间、地点、原因以及肇事人等进行调查并提出处理意见。

草原防火主管部门应当对受灾草原面

积、受灾畜禽种类和数量、受灾珍稀野生动植物种类和数量、人员伤亡以及物资消耗和其他经济损失等情况进行统计，对草原火灾给城乡居民生活、工农业生产、生态环境造成的影响进行评估，并按照国务院草原行政主管部门的规定上报。

第四十条　有关地方人民政府草原防火主管部门应当严格按照草原火灾统计报表的要求，进行草原火灾统计，向上一级人民政府草原防火主管部门报告，并抄送同级公安部门、统计机构。草原火灾统计报表由国务院草原行政主管部门会同国务院公安部门制定，报国家统计部门备案。

第四十一条　对因参加草原火灾扑救受伤、致残或者死亡的人员，按照国家有关规定给予医疗、抚恤。

第五章　法律责任

第四十二条　违反本条例规定，县级以上人民政府草原防火主管部门或者其他有关部门及其工作人员，有下列行为之一的，由其上级行政机关或者监察机关责令改正；情节严重的，对直接负责的主管人员和其他直接责任人员依法给予处分；构成犯罪的，依法追究刑事责任：

（一）未按照规定制订草原火灾应急预案的；

（二）对不符合草原防火要求的野外用火或者爆破、勘察和施工等活动予以批准的；

（三）对不符合条件的车辆发放草原防火通行证的；

（四）瞒报、谎报或者授意他人瞒报、谎报草原火灾的；

（五）未及时采取草原火灾扑救措施的；

（六）不依法履行职责的其他行为。

第四十三条　截留、挪用草原防火资金或者侵占、挪用草原防火物资的，依照有关财政违法行为处罚处分的法律、法规进行处理；构成犯罪的，依法追究刑事责任。

第四十四条　违反本条例规定，有下列行为之一的，由县级以上地方人民政府草原防火主管部门责令停止违法行为，采取防火措施，并限期补办有关手续，对有关责任人员处2000元以上5000元以下罚款，对有关责任单位处5000元以上2万元以下罚款：

（一）未经批准在草原上野外用火或者进行爆破、勘察和施工等活动的；

（二）未取得草原防火通行证进入草原防火管制区的。

第四十五条　违反本条例规定，有下列行为之一的，由县级以上地方人民政府草原防火主管部门责令停止违法行为，采取防火措施，消除火灾隐患，并对有关责任人员处200元以上2000元以下罚款，对有关责任单位处2000元以上2万元以下罚款；拒不采取防火措施、消除火灾隐患的，由县级以上地方人民政府草原防火主管部门代为采取防火措施、消除火灾隐患，所需费用由违法单位或者个人承担：

（一）在草原防火期内，经批准的野外用火未采取防火措施的；

（二）在草原上作业和行驶的机动车辆未安装防火装置或者存在火灾隐患的；

（三）在草原上行驶的公共交通工具上的司机、乘务人员或者旅客丢弃火种的；

（四）在草原上从事野外作业的机械设备作业人员不遵守防火安全操作规程或者对野外作业的机械设备未采取防火措施的；

（五）在草原防火管制区内未按照规定用火的。

第四十六条　违反本条例规定，草原上的生产经营等单位未建立或者未落实草原防火责任制的，由县级以上地方人民政府草原防火主管部门责令改正，对有关责任单位处5000元以上2万元以下罚款。

第四十七条　违反本条例规定，故意或者过失引发草原火灾，构成犯罪的，依法追究刑事责任。

第六章 附 则

第四十八条 草原消防车辆应当按照规定喷涂标志图案，安装警报器、标志灯具。

第四十九条 本条例自2009年1月1日起施行。

最高人民法院关于审理破坏草原资源刑事案件应用法律若干问题的解释

（2012年10月22日最高人民法院审判委员会第1558次会议通过，2012年11月2日最高人民法院公告公布，自2012年11月22日起施行）

为依法惩处破坏草原资源犯罪活动，依照《中华人民共和国刑法》的有关规定，现就审理此类刑事案件应用法律的若干问题解释如下：

第一条 违反草原法等土地管理法规，非法占用草原，改变被占用草原用途，数量较大，造成草原大量毁坏的，依照刑法第三百四十二条的规定，以非法占用农用地罪定罪处罚。

第二条 非法占用草原，改变被占用草原用途，数量在二十亩以上的，或者曾因非法占用草原受过行政处罚，在三年内又非法占用草原，改变被占用草原用途，数量在十亩以上的，应当认定为刑法第三百四十二条规定的“数量较大”。

非法占用草原，改变被占用草原用途，数量较大，具有下列情形之一的，应当认定为刑法第三百四十二条规定的“造成耕地、林地等农用地大量毁坏”：

（一）开垦草原种植粮食作物、经济作物、林木的；

（二）在草原上建窑、建房、修路、挖砂、采石、采矿、取土、剥取草皮的；

（三）在草原上堆放或者排放废弃物，造成草原的原有植被严重毁坏或者严重污染的；

（四）违反草原保护、建设、利用规划种植牧草和饲料作物，造成草原沙化或者水土严重流失的；

（五）其他造成草原严重毁坏的情形。

第三条 国家机关工作人员徇私舞弊，违反草原法等土地管理法规，具有下列情形之一的，应当认定为刑法第四百一十条规定的“情节严重”：

（一）非法批准征收、征用、占用草原四十亩以上的；

（二）非法批准征收、征用、占用草原，造成二十亩以上草原被毁坏的；

（三）非法批准征收、征用、占用草原，造成直接经济损失三十万元以上，或者具有其他恶劣情节的。

具有下列情形之一，应当认定为刑法第四百一十条规定的“致使国家或者集体利益遭受特别重大损失”：

（一）非法批准征收、征用、占用草原八十亩以上的；

（二）非法批准征收、征用、占用草原，造成四十亩以上草原被毁坏的；

（三）非法批准征收、征用、占用草原，造成直接经济损失六十万元以上，或者具有其他特别恶劣情节的。

第四条 以暴力、威胁方法阻碍草原监督检查人员依法执行职务，构成犯罪的，依照刑法第二百七十七条的规定，以妨害公务罪追究刑事责任。

煽动群众暴力抗拒草原法律、行政法规实施，构成犯罪的，依照刑法第二百七十八条的规定，以煽动暴力抗拒法律实施罪追究刑事责任。

第五条　单位实施刑法第三百四十二条规定的行为，对单位判处罚金，并对其直接负责的主管人员和其他直接责任人员，依照本解释规定的定罪量刑标准定罪处罚。

第六条　多次实施破坏草原资源的违法犯罪行为，未经处理，应当依法追究刑事责任的，按照累计的数量、数额定罪处罚。

第七条　本解释所称“草原”，是指天然草原和人工草地，天然草原包括草地、草山和草坡，人工草地包括改良草地和退耕还草地，不包括城镇草地。

（三）矿产类资源

中华人民共和国矿产资源法

（1986年3月19日第六届全国人民代表大会常务委员会第十五次会议通过，根据1996年8月29日第八届全国人民代表大会常务委员会第二十一次会议《关于修改〈中华人民共和国矿产资源法〉的决定》第一次修正，根据2009年8月27日第十一届全国人民代表大会常务委员会第十次会议《关于修改部分法律的决定》第二次修正，2024年11月8日第十四届全国人民代表大会常务委员会第十二次会议修订）

第一章　总　　则

第一条　为了促进矿产资源合理开发利用，加强矿产资源和生态环境保护，维护矿产资源国家所有者权益和矿业权人合法权益，推动矿业高质量发展，保障国家矿产资源安全，适应全面建设社会主义现代化国家的需要，根据宪法，制定本法。

第二条　在中华人民共和国领域及管辖的其他海域勘查、开采矿产资源，开展矿区生态修复等活动，适用本法。

本法所称矿产资源，是指由地质作用形成、具有利用价值的，呈固态、液态、气态等形态的自然资源。矿产资源目录由国务院确定并调整。

第三条　矿产资源开发利用和保护工作应当坚持中国共产党的领导，贯彻总体国家安全观，统筹发展和安全，统筹国内国际，坚持开发利用与保护并重，遵循保障安全、节约集约、科技支撑、绿色发展的原则。

第四条　矿产资源属于国家所有，由国务院代表国家行使矿产资源的所有权。地表或者地下的矿产资源的国家所有权，不因其所依附的土地的所有权或者使用权的不同而改变。

各级人民政府应当加强矿产资源保护工作。禁止任何单位和个人以任何手段侵占或者破坏矿产资源。

第五条　勘查、开采矿产资源应当依法分别取得探矿权、采矿权，本法另有规定的除外。

国家保护依法取得的探矿权、采矿权不受侵犯，维护矿产资源勘查、开采区域的生产秩序、工作秩序。

第六条 勘查、开采矿产资源应当按照国家有关规定缴纳费用。国务院可以根据不同情况规定减收或者免收有关费用。

开采矿产资源应当依法缴纳资源税。

第七条 国家建立健全地质调查制度，加强基础性地质调查工作，为矿产资源勘查、开采和保护等提供基础地质资料。

第八条 国家完善政策措施，加大对战略性矿产资源勘查、开采、贸易、储备等的支持力度，推动战略性矿产资源增加储量和提高产能，推进战略性矿产资源产业优化升级，提升矿产资源安全保障水平。

战略性矿产资源目录由国务院确定并调整。

对国务院确定的特定战略性矿产资源，按照国家有关规定实行保护性开采。

第九条 国家对矿产资源勘查、开采实行统一规划、合理布局、综合勘查、合理开采和综合利用的方针。

国务院自然资源主管部门会同国务院发展改革、应急管理、生态环境、工业和信息化、水行政、能源、矿山安全监察等有关部门，依据国家发展规划、全国国土空间规划、地质调查成果等，编制全国矿产资源规划，报国务院或者其授权的部门批准后实施。

省级人民政府自然资源主管部门会同有关部门编制本行政区域矿产资源规划，经本级人民政府同意后，报国务院自然资源主管部门批准后实施。

设区的市级、县级人民政府自然资源主管部门会同有关部门根据本行政区域内矿产资源状况和实际需要，编制本行政区域矿产资源规划，经本级人民政府同意后，报上一级人民政府自然资源主管部门批准后实施。

第十条 国家加强战略性矿产资源储备体系和矿产资源应急体系建设，提升矿产资源应急保供能力和水平。

第十一条 国家鼓励、支持矿产资源勘查、开采、保护和矿区生态修复等领域的科技创新、科技成果应用推广，推动数字化、智能化、绿色化建设，提高矿产资源相关领域的科学技术水平。

第十二条 对在矿产资源勘查、开采、保护和矿区生态修复工作中做出突出贡献以及在矿产资源相关领域科技创新等方面取得显著成绩的单位和个人，按照国家有关规定给予表彰、奖励。

第十三条 国家在民族自治地方开采矿产资源，应当照顾民族自治地方的利益，作出有利于民族自治地方经济建设的安排，照顾当地群众的生产和生活。

民族自治地方的自治机关根据法律规定和国家的统一规划，对可以由本地方开发的矿产资源，优先合理开发利用。

第十四条 国务院自然资源主管部门会同有关部门负责全国矿产资源勘查、开采和矿区生态修复等活动的监督管理工作。

县级以上地方人民政府自然资源主管部门会同有关部门负责本行政区域内矿产资源勘查、开采和矿区生态修复等活动的监督管理工作。

国务院授权的机构对省、自治区、直辖市人民政府矿产资源开发利用和监督管理情况进行督察。

第十五条 国家坚持平等互利、合作共赢的方针，积极促进矿产资源领域国际合作。

第二章 矿业权

第十六条 国家实行探矿权、采矿权有偿取得的制度。

探矿权、采矿权统称矿业权。

第十七条 矿业权应当通过招标、拍卖、挂牌等竞争性方式出让，法律、行政法规或者国务院规定可以通过协议出让或者其他方式设立的除外。

矿业权出让权限划分由国务院规定。县级以上人民政府自然资源主管部门按照规定权限组织矿业权出让。

矿业权出让应当按照国家规定纳入统一的公共资源交易平台体系。

第十八条 县级以上人民政府自然资源主管部门应当加强对矿业权出让工作的统筹安排，优化矿业权出让工作流程，提高工作效率，保障矿业权出让工作与加强矿产资源勘查、开采的实际需要相适应。矿业权出让应当考虑不同矿产资源特点、矿山最低开采规模、生态环境保护和安全要求等因素。

国家鼓励单位和个人向县级以上人民政府自然资源主管部门提供可供出让的探矿权区块来源；对符合出让条件的，有关人民政府自然资源主管部门应当及时安排出让。

国务院自然资源主管部门应当加强对矿业权出让工作的指导和监督。

法律、行政法规规定在一定区域范围内禁止或者限制开采矿产资源的，应当遵守相关规定。

第十九条 通过竞争性方式出让矿业权的，出让矿业权的自然资源主管部门（以下称矿业权出让部门）应当提前公告拟出让矿业权的基本情况、竞争规则、受让人的技术能力等条件及其权利义务等事项，不得以不合理的条件对市场主体实行差别待遇或者歧视待遇。

第二十条 出让矿业权的，矿业权出让部门应当与依法确定的受让人以书面形式签订矿业权出让合同。

矿业权出让合同应当明确勘查或者开采的矿种、区域，勘查、开采、矿区生态修复和安全要求，矿业权出让收益数额与缴纳方式、矿业权的期限等事项；涉及特定战略性矿产资源的，还应当明确保护性开采的有关要求。矿业权出让合同示范文本由国务院自然资源主管部门制定。

第二十一条 矿业权出让合同约定的矿业权出让收益数额与缴纳方式等，应当符合国家有关矿业权出让收益征收的规定。

矿业权出让收益征收办法由国务院财政部门会同国务院自然资源主管部门、国务院税务主管部门制定，报国务院批准后执行。制定矿业权出让收益征收办法，应当根据不同矿产资源特点，遵循有利于维护国家权益、调动矿产资源勘查积极性、促进矿业可持续发展的原则，并广泛听取各有关方面的意见和建议。

第二十二条 设立矿业权的，应当向矿业权出让部门申请矿业权登记。符合登记条件的，矿业权出让部门应当将相关事项记载于矿业权登记簿，并向矿业权人发放矿业权证书。

矿业权变更、转让、抵押和消灭的，应当依法办理登记。

矿业权的设立、变更、转让、抵押和消灭，经依法登记，发生效力；未经登记，不发生效力，法律另有规定的除外。

矿业权登记的具体办法由国务院自然资源主管部门制定。

第二十三条 探矿权人在登记的勘查区域内，享有勘查有关矿产资源并依法取得采矿权的权利。

采矿权人在登记的开采区域内，享有开采有关矿产资源并获得采出的矿产品的权利。

矿业权人有权依法优先取得登记的勘查、开采区域内新发现的其他矿产资源的矿业权，具体办法由国务院自然资源主管部门制定。

在已经登记的勘查、开采区域内，不得设立其他矿业权，国务院和国务院自然资源主管部门规定可以按照不同矿种分别设立矿业权的除外。

第二十四条 探矿权的期限为五年。探矿权期限届满，可以续期，续期最多不超过三次，每次期限为五年；续期时应当按照规定核减勘查区域面积。法律、行政法规另有规定的除外。

探矿权人应当按照探矿权出让合同的约定及时开展勘查工作，并每年向原矿业权出让部门报告有关情况；无正当理由未开展或者未实质性开展勘查工作的，探矿权期限届满时不予续期。

采矿权的期限结合矿产资源储量和矿山建设规模确定，最长不超过三十年。采矿权期限届满，登记的开采区域内仍有可供开采的矿产资源的，可以续期；法律、行政法规另有规定的除外。

期限届满未申请续期或者依法不予续期的，矿业权消灭。

第二十五条 探矿权人探明可供开采的矿产资源后可以在探矿权期限内申请将其探矿权转为采矿权；法律、行政法规另有规定的除外。原矿业权出让部门应当与该探矿权人签订采矿权出让合同，设立采矿权。

为了公共利益的需要，或者因不可抗力或者其他特殊情形，探矿权暂时不能转为采矿权的，探矿权人可以申请办理探矿权保留，原矿业权出让部门应当为其办理。探矿权保留期间，探矿权期限中止计算。

第二十六条 矿业权期限届满前，为了公共利益的需要，原矿业权出让部门可以依法收回矿业权；矿业权被收回的，应当依法给予公平、合理的补偿。

自然保护地范围内，可以依法进行符合管控要求的勘查、开采活动，已设立的矿业权不符合管控要求的，应当依法有序退出。

第二十七条 矿业权可以依法转让或者出资、抵押等，国家另有规定或者矿业权出让合同另有约定的除外。

矿业权转让的，矿业权出让合同和矿业权登记簿所载明的权利、义务随之转移，国家另有规定或者矿业权出让、转让合同另有约定的除外。

矿业权转让的具体管理办法由国务院制定。

第二十八条 有下列情形之一的，无需取得探矿权：

（一）国家出资勘查矿产资源；

（二）采矿权人在登记的开采区域内为开采活动需要进行勘查；

（三）国务院和国务院自然资源主管部门规定的其他情形。

第二十九条 有下列情形之一的，无需取得采矿权：

（一）个人为生活自用采挖只能用作普通建筑材料的砂、石、黏土；

（二）建设项目施工单位在批准的作业区域和建设工期内，因施工需要采挖只能用作普通建筑材料的砂、石、黏土；

（三）国务院和国务院自然资源主管部门规定的其他情形。

有前款第一项、第二项规定情形的，应当遵守省、自治区、直辖市规定的监督管理要求。

第三章 矿产资源勘查、开采

第三十条 县级以上人民政府自然资源主管部门会同有关部门组织开展基础性地质调查；省级以上人民政府自然资源主管部门会同有关部门组织开展战略性矿产资源、重点成矿区远景调查和潜力评价。

第三十一条 开展地质调查和矿产资源勘查、开采活动，应当按照国家有关规定及时汇交原始地质资料、实物地质资料和成果地质资料。

汇交的地质资料应当依法保管、利用和保护。

第三十二条 编制国土空间规划应当合理规划建设项目的空间布局，避免、减少压覆矿产资源。

建设项目论证时，建设单位应当查询占地范围内矿产资源分布和矿业权设置情况。省级以上人民政府自然资源主管部门应当为建设单位提供查询服务。

建设项目确需压覆已经设置矿业权的矿产资源，对矿业权行使造成直接影响的，建设单位应当在压覆前与矿业权人协商，并依法给予公平、合理的补偿。

战略性矿产资源原则上不得压覆；确需压覆的，应当经国务院自然资源主管部门或者其授权的省、自治区、直辖市人民政府自然资源主管部门批准。

第三十三条 矿业权人依照本法有关规定取得矿业权后，进行矿产资源勘查、开采作业前，应当按照矿业权出让合同以及相关标准、技术规范等，分别编制勘查方案、开采方案，报原矿业权出让部门批准，取得勘查许可证、采矿许可证；未取得许可证的，不得进行勘查、开采作业。

矿业权人应当按照经批准的勘查方案、开采方案进行勘查、开采作业；勘查方案、开采方案需要作重大调整的，应当按照规定报原矿业权出让部门批准。

第三十四条 国家完善与矿产资源勘查、开采相适应的矿业用地制度。编制国土空间规划应当考虑矿产资源勘查、开采用地实际需求。勘查、开采矿产资源应当节约集约使用土地。

县级以上人民政府自然资源主管部门应当保障矿业权人依法通过出让、租赁、作价出资等方式使用土地。开采战略性矿产资源确需使用农民集体所有土地的，可以依法实施征收。

勘查矿产资源可以依照土地管理法律、行政法规的规定临时使用土地。露天开采战略性矿产资源占用土地，经科学论证，具备边开采、边复垦条件的，报省级以上人民政府自然资源主管部门批准后，可以临时使用土地；临时使用农用地的，还应当按照国家有关规定及时恢复种植条件、耕地质量或者恢复植被、生产条件，确保原地类数量不减少、质量不下降、农民利益有保障。

勘查、开采矿产资源用地的范围和使用期限应当根据需要确定，使用期限最长不超过矿业权期限。

第三十五条 矿业权所在地的县级人民政府自然资源主管部门应当公告矿业权人勘查、开采区域范围。矿业权人在勘查、开采区域内勘查、开采矿产资源，可以依法在相邻区域通行，架设供电、供水、通讯等相关设施。

任何单位和个人不得实施下列行为：

（一）进入他人的勘查、开采区域勘查、开采矿产资源；

（二）扰乱勘查、开采区域的生产秩序、工作秩序；

（三）侵占、哄抢矿业权人依法开采的矿产品；

（四）其他干扰、破坏矿产资源勘查、开采活动正常进行的行为。

第三十六条 石油、天然气等矿产资源勘查过程中发现可供开采的石油、天然气等矿产资源的，探矿权人依法履行相关程序后，可以进行开采，但应当在国务院自然资源主管部门规定的期限内依法取得采矿权和采矿许可证。

第三十七条 国家鼓励、支持矿业绿色低碳转型发展，加强绿色矿山建设。

勘查、开采矿产资源，应当采用先进适用、符合生态环境保护和安全生产要求的工艺、设备、技术，不得使用国家明令淘汰的工艺、设备、技术。

开采矿产资源应当采取有效措施，避免、减少对矿区森林、草原、耕地、湿地、河湖、海洋等生态系统的破坏，并加强对尾矿库建设、运行、闭库等活动的管理，防范生态环境和安全风险。

第三十八条 勘查活动结束后，探矿权人应当及时对勘查区域进行清理，清除可能危害公共安全的设施、设备等，对废弃的探坑、探井等实施回填、封堵；破坏地表植被的，应当及时恢复。

勘查活动临时占用耕地的，应当及时恢复种植条件和耕地质量；临时占用林地、草地的，应当及时恢复植被和生产条件。

第三十九条 开采矿产资源，应当采取合理的开采顺序、开采方法，并采取有效措施确保矿产资源开采回采率、选矿回收率和综合利用率达到有关国家标准的要求。

开采矿产资源，应当采取有效措施保护地下水资源，并优先使用矿井水。

采矿权人在开采主要矿种的同时，对具有工业价值的共生和伴生矿产应当综合开采、综合利用，防止浪费；对暂时不能综合开采或者必须同时采出但暂时不能综合利用的矿产以及含有有用组分的尾矿，应当采取有效的保护措施，防止损失破坏。

国家制定和完善提高矿产资源开采回采率、选矿回收率、综合利用率的激励性政策措施。

第四十条 国家建立矿产资源储量管理制度，具体办法由国务院制定。

矿业权人查明可供开采的矿产资源或者发现矿产资源储量发生重大变化的，应当按照规定编制矿产资源储量报告并报送县级以上人民政府自然资源主管部门。矿业权人应当对矿产资源储量报告的真实性负责。

第四十一条 采矿权人应当按照国家有关规定将闭坑地质报告报送县级以上地方人民政府自然资源主管部门。

采矿权人应当在矿山闭坑前或者闭坑后的合理期限内采取安全措施、防治环境污染和生态破坏。

县级以上地方人民政府应当组织有关部门加强闭坑的监督管理。

第四十二条 勘查、开采矿产资源，应当遵守有关生态环境保护、安全生产、职业病防治等法律、法规的规定，防止污染环境、破坏生态，预防和减少生产安全事故，预防发生职业病。

第四十三条 勘查、开采矿产资源时发现重要地质遗迹、古生物化石和文物的，应当加以保护并及时报告有关部门。

第四章 矿区生态修复

第四十四条 矿区生态修复应当坚持自然恢复与人工修复相结合，遵循因地制宜、科学规划、系统治理、合理利用的原则，采取工程、技术、生物等措施，做好地质环境恢复治理、地貌重塑、植被恢复、土地复垦等。涉及矿区污染治理的，应当遵守相关法律法规和技术标准等要求。

国务院自然资源主管部门会同国务院生态环境主管部门等有关部门制定矿区生态修复技术规范。

国务院生态环境主管部门指导、协调和监督矿区生态修复工作。

县级以上地方人民政府应当加强对矿区生态修复工作的统筹和监督，保障矿区生态修复与污染防治、水土保持、植被恢复等协同实施，提升矿区生态环境保护和恢复效果。

第四十五条 因开采矿产资源导致矿区生态破坏的，采矿权人应当依法履行生态修复义务。采矿权人的生态修复义务不因采矿权消灭而免除。

采矿权转让的，由受让人履行矿区生态修复义务，国家另有规定或者矿业权出让、转让合同另有约定的除外。

历史遗留的废弃矿区，矿区生态修复责任人灭失或者无法确认的，由所在地县级以上地方人民政府组织开展矿区生态修复。

国家鼓励社会资本参与矿区生态修复。

第四十六条 开采矿产资源前，采矿权人应当依照法律、法规和国务院自然资源主管部门的规定以及矿业权出让合同编制矿区生态修复方案，随开采方案报原矿业权出让部门批准。矿区生态修复方案应当包括尾矿库生态修复的专门措施。

编制矿区生态修复方案，应当在矿区涉及的有关范围内公示征求意见，并专门听取矿区涉及的居民委员会、村民委员会、农村集体经济组织和居民代表、村民代表的意见。

第四十七条 采矿权人应当按照经批准的矿区生态修复方案进行矿区生态修复。能够边开采、边修复的，应当边开采、边修复；能够分区、分期修复的，应当分区、分期修复；不能边开采、边修复或者分区、分期修复的，应当在矿山闭坑前或者闭坑后的合理期限内及时修复。

第四十八条　矿区生态修复由县级以上地方人民政府自然资源主管部门会同生态环境主管部门等有关部门组织验收。验收应当邀请有关专家以及矿区涉及的居民委员会、村民委员会、农村集体经济组织和居民代表、村民代表参加，验收结果应当向社会公布。

矿区生态修复分区、分期进行的，应当分区、分期验收。

第四十九条　采矿权人应当按照规定提取矿区生态修复费用，专门用于矿区生态修复。矿区生态修复费用计入成本。

县级以上人民政府自然资源主管部门应当会同财政等有关部门对矿区生态修复费用的提取、使用情况进行监督检查。

矿区生态修复费用提取、使用和监督管理的具体办法由国务院财政部门会同国务院自然资源主管部门制定。

第五章　矿产资源储备和应急

第五十条　国家构建产品储备、产能储备和产地储备相结合的战略性矿产资源储备体系，科学合理确定储备结构、规模和布局并动态调整。

第五十一条　国务院发展改革、财政、物资储备、能源等有关部门和省、自治区、直辖市人民政府应当按照国家有关规定加强战略性矿产资源储备设施建设，组织实施矿产品储备，建立灵活高效的收储、轮换、动用机制。

第五十二条　开采战略性矿产资源的采矿权人应当按照国家有关规定，落实产能储备责任，合理规划生产能力，确保应急增产需要。

第五十三条　国务院自然资源主管部门会同有关部门，根据保障国家矿产资源安全需要，结合资源储量、分布情况及其稀缺和重要程度等因素，划定战略性矿产资源储备地。

战略性矿产资源储备地管理办法由国务院自然资源主管部门会同有关部门制定。

第五十四条　国家建立和完善矿产资源供应安全预测预警体系，提高预测预警能力和水平，及时对矿产品供求变化、价格波动以及安全风险状况等进行预测预警。

第五十五条　出现矿产品供需严重失衡、经济社会发展和人民生活受到重大影响等矿产资源应急状态的，省级以上人民政府应当按照职责权限及时启动应急响应，可以依法采取下列应急处置措施：

（一）发布矿产品供求等相关信息；

（二）紧急调度矿产资源开采以及矿产品运输、供应；

（三）在战略性矿产资源储备地等区域组织实施矿产资源应急性开采；

（四）动用矿产品储备；

（五）实施价格干预措施、紧急措施；

（六）其他必要措施。

出现矿产资源应急状态时，有关单位和个人应当服从统一指挥和安排，承担相应的应急义务，配合采取应急处置措施，协助维护市场秩序。

因执行应急处置措施给有关单位、个人造成损失的，应当按照有关规定给予补偿。

矿产资源应急状态消除后，省级以上人民政府应当按照职责权限及时终止实施应急处置措施。

第六章　监督管理

第五十六条　县级以上人民政府自然资源主管部门和其他有关部门应当按照职责分工，加强对矿产资源勘查、开采和矿区生态修复等活动的监督检查，依法及时查处违法行为。

上级人民政府自然资源主管部门和其他

有关部门应当加强对下级人民政府自然资源主管部门和其他有关部门执法活动的监督。

第五十七条 县级以上人民政府自然资源主管部门和其他有关部门实施监督检查，可以采取下列措施：

（一）进入勘查、开采区域等实施现场查验、勘测；

（二）询问与检查事项有关的人员，要求其对有关事项作出说明；

（三）查阅、复制与检查事项有关的文件、资料；

（四）查封、扣押直接用于违法勘查、开采的工具、设备、设施、场所以及违法采出的矿产品；

（五）法律、法规规定的其他措施。

自然资源主管部门和其他有关部门依法实施监督检查，被检查单位及其有关人员应当予以配合，不得拒绝、阻碍。

自然资源主管部门和其他有关部门及其工作人员对监督检查过程中知悉的国家秘密、商业秘密、个人隐私和个人信息依法负有保密义务。

第五十八条 国家建立矿产资源开发利用水平调查评估制度。

国务院自然资源主管部门建立矿产资源开发利用水平评估指标体系。县级以上人民政府自然资源主管部门应当加强对矿产资源勘查、开采情况的汇总、分析，并定期进行评估，提出节约集约开发利用矿产资源等方面的改进措施。

第五十九条 国务院自然资源主管部门建立全国矿业权分布底图和动态数据库。

国务院自然资源主管部门组织建立全国矿产资源监督管理信息系统，提升监管和服务效能，依法及时公开监管和服务信息，并做好信息共享工作。

第六十条 县级以上人民政府自然资源主管部门应当按照国家有关规定，将矿业权人和从事矿区生态修复等活动的其他单位和个人的信用信息记入信用记录。

第六十一条 任何单位和个人对违反矿产资源法律、法规的行为，有权向县级以上人民政府自然资源主管部门和其他有关部门举报，接到举报的部门应当及时依法处理。

第七章 法律责任

第六十二条 县级以上人民政府自然资源主管部门和其他有关部门的工作人员在矿产资源勘查、开采和矿区生态修复等活动的监督管理工作中滥用职权、玩忽职守、徇私舞弊的，依法给予处分。

第六十三条 违反本法规定，未取得探矿权勘查矿产资源的，由县级以上人民政府自然资源主管部门责令停止违法行为，没收违法所得以及直接用于违法勘查的工具、设备，并处十万元以上一百万元以下罚款；拒不停止违法行为的，可以责令停业整顿。

超出探矿权登记的勘查区域勘查矿产资源的，依照前款规定处罚；拒不停止违法行为，情节严重的，原矿业权出让部门可以吊销其勘查许可证。

第六十四条 违反本法规定，未取得采矿权开采矿产资源的，由县级以上人民政府自然资源主管部门责令停止违法行为，没收直接用于违法开采的工具、设备以及违法采出的矿产品，并处违法采出的矿产品市场价值三倍以上五倍以下罚款；没有采出矿产品或者违法采出的矿产品市场价值不足十万元的，并处十万元以上一百万元以下罚款；拒不停止违法行为的，可以责令停业整顿。

超出采矿权登记的开采区域开采矿产资源的，依照前款规定处罚；拒不停止违法行为，情节严重的，原矿业权出让部门可以吊销其采矿许可证。

违反本法规定，从事石油、天然气等矿产资源勘查活动，未在国务院自然资源主管部门规定的期限内依法取得采矿权进行开采的，依照本条第一款规定处罚。

第六十五条 违反本法规定，建设项目未经批准压覆战略性矿产资源的，由县级以上人民政府自然资源主管部门责令改正，处十万元以上一百万元以下罚款。

第六十六条　违反本法规定，探矿权人未取得勘查许可证进行矿产资源勘查作业的，由县级以上人民政府自然资源主管部门责令改正；拒不改正的，没收违法所得以及直接用于违法勘查的工具、设备，处十万元以上五十万元以下罚款，并可以责令停业整顿。

第六十七条　违反本法规定，采矿权人未取得采矿许可证进行矿产资源开采作业的，由县级以上人民政府自然资源主管部门责令改正；拒不改正的，没收直接用于违法开采的工具、设备以及违法采出的矿产品，处违法采出的矿产品市场价值一倍以上三倍以下罚款，没有采出矿产品或者违法采出的矿产品市场价值不足十万元的，处十万元以上五十万元以下罚款，并可以责令停业整顿。

违反本法规定，从事石油、天然气等矿产资源勘查活动，未在国务院自然资源主管部门规定的期限内依法取得采矿许可证进行开采的，依照前款规定处罚。

第六十八条　违反本法规定，有下列情形之一，造成矿产资源破坏的，由县级以上人民政府自然资源主管部门责令改正，处十万元以上五十万元以下罚款；拒不改正的，可以责令停业整顿；情节严重的，原矿业权出让部门可以吊销其勘查许可证、采矿许可证：

（一）未按照经批准的勘查方案、开采方案进行矿产资源勘查、开采作业；

（二）采取不合理的开采顺序、开采方法开采矿产资源；

（三）矿产资源开采回采率、选矿回收率和综合利用率未达到有关国家标准的要求。

违反本法规定，未按照保护性开采要求开采特定战略性矿产资源的，依照前款规定处罚；法律、行政法规另有规定的，依照其规定。

第六十九条　违反本法规定，勘查活动结束后探矿权人未及时对勘查区域进行清理或者未及时恢复受到破坏的地表植被的，由县级以上人民政府自然资源主管部门责令改正，可以处五万元以下罚款；拒不改正的，处五万元以上十万元以下罚款，由县级以上人民政府自然资源主管部门确定有关单位代为清理、恢复，所需费用由探矿权人承担。

第七十条　未按照规定汇交地质资料，或者矿业权人未按照规定编制并报送矿产资源储量报告的，由县级以上人民政府自然资源主管部门责令改正，处二万元以上十万元以下罚款；情节严重的，处十万元以上五十万元以下罚款。

矿业权人故意报送虚假的矿产资源储量报告的，由县级以上人民政府自然资源主管部门没收违法所得，并处二十万元以上一百万元以下罚款；情节严重的，由原矿业权出让部门收回矿业权。

第七十一条　违反本法规定，采矿权人不履行矿区生态修复义务或者未按照经批准的矿区生态修复方案进行矿区生态修复的，由县级以上人民政府自然资源主管部门责令改正，可以处矿区生态修复所需费用二倍以下罚款；拒不改正的，处矿区生态修复所需费用二倍以上五倍以下罚款，由县级以上人民政府自然资源主管部门确定有关单位代为修复，所需费用由采矿权人承担。

第七十二条　出现矿产资源应急状态时，有关单位和个人违反本法规定，不服从统一指挥和安排、不承担相应的应急义务或者不配合采取应急处置措施的，由省级以上人民政府自然资源主管部门或者其他有关部门责令改正，给予警告或者通报批评；拒不改正的，对单位处十万元以上五十万元以下罚款，根据情节轻重，可以责令停业整顿或者依法吊销相关许可证件，对个人处一万元以上五万元以下罚款。

第七十三条　违反本法规定，矿业权人拒绝、阻碍监督检查，或者在接受监督检查时弄虚作假的，由县级以上人民政府自然资源主管部门或者其他有关部门责令改正；拒不改正的，处二万元以上十万元以下罚款。

第七十四条 违反本法规定，破坏矿产资源或者污染环境、破坏生态，损害国家利益、社会公共利益的，人民检察院、法律规定的机关和有关组织可以依法向人民法院提起诉讼。

第七十五条 违反本法规定，造成他人人身财产损害或者生态环境损害的，依法承担民事责任；构成违反治安管理行为的，依法给予治安管理处罚；构成犯罪的，依法追究刑事责任。

第七十六条 勘查、开采矿产资源、开展矿区生态修复，违反有关生态环境保护、安全生产、职业病防治、土地管理、林业草原、文物保护等法律、行政法规的，依照有关法律、行政法规的规定处理、处罚。

第八章 附 则

第七十七条 外商投资勘查、开采矿产资源，法律、行政法规另有规定的，依照其规定。

第七十八条 中华人民共和国境外的组织和个人，实施危害中华人民共和国国家矿产资源安全行为的，依法追究其法律责任。

第七十九条 中华人民共和国缔结或者参加的国际条约与本法有不同规定的，适用国际条约的规定；但是，中华人民共和国声明保留的条款除外。

第八十条 本法自 2025 年 7 月 1 日起施行。

中华人民共和国矿产资源法实施细则

（1994 年 3 月 26 日中华人民共和国国务院令第 152 号发布，自发布之日起施行）

第一章 总 则

第一条 根据《中华人民共和国矿产资源法》，制定本细则。

第二条 矿产资源是指由地质作用形成的，具有利用价值的，呈固态、液态、气态的自然资源。

矿产资源的矿种和分类见本细则所附《矿产资源分类细目》。新发现的矿种由国务院地质矿产主管部门报国务院批准后公布。

第三条 矿产资源属于国家所有，地表或者地下的矿产资源的国家所有权，不因其所依附的土地的所有权或者使用权的不同而改变。

国务院代表国家行使矿产资源的所有权。国务院授权国务院地质矿产主管部门对全国矿产资源分配实施统一管理。

第四条 在中华人民共和国领域及管辖的其他海域勘查、开采矿产资源，必须遵守《中华人民共和国矿产资源法》（以下简称《矿产资源法》）和本细则。

第五条 国家对矿产资源的勘查、开采实行许可证制度。勘查矿产资源，必须依法申请登记，领取勘查许可证，取得探矿权；开采矿产资源，必须依法申请登记，领取采矿许可证，取得采矿权。

矿产资源勘查工作区范围和开采矿区范围，以经纬度划分的区块为基本单位。具体办法由国务院地质矿产主管部门制定。

第六条 《矿产资源法》及本细则中下列用语的含义：

探矿权，是指在依法取得的勘查许可证规定的范围内，勘查矿产资源的权利。取得勘查许可证的单位或者个人称为探矿权人。

采矿权，是指在依法取得的采矿许可证规定的范围内，开采矿产资源和获得所开采的矿产品的权利。取得采矿许可证的单位或者个人称为采矿权人。

国家规定实行保护性开采的特定矿种，是指国务院根据国民经济建设和高科技发展的需要，以及资源稀缺、贵重程度确定的，由国务院有关主管部门按照国家计划批准开采的矿种。

国家规划矿区，是指国家根据建设规划和矿产资源规划，为建设大、中型矿山划定的矿产资源分布区域。

对国民经济具有重要价值的矿区，是指国家根据国民经济发展需要划定的，尚未列入国家建设规划的，储量大、质量好、具有开发前景的矿产资源保护区域。

第七条　国家允许外国的公司、企业和其他经济组织以及个人依照中华人民共和国有关法律、行政法规的规定，在中华人民共和国领域及管辖的其他海域投资勘查、开采矿产资源。

第八条　国务院地质矿产主管部门主管全国矿产资源勘查、开采的监督管理工作。国务院有关主管部门按照国务院规定的职责分工，协助国务院地质矿产主管部门进行矿产资源勘查、开采的监督管理工作。

省、自治区、直辖市人民政府地质矿产主管部门主管本行政区域内矿产资源勘查、开采的监督管理工作。省、自治区、直辖市人民政府有关主管部门，协助同级地质矿产主管部门进行矿产资源勘查、开采的监督管理工作。

设区的市人民政府、自治州人民政府和县级人民政府及其负责管理矿产资源的部门，依法对本级人民政府批准开办的国有矿山企业和本行政区域内的集体所有制矿山企业、私营矿山企业、个体采矿者以及在本行政区域内从事勘查施工的单位和个人进行监督管理，依法保护探矿权人、采矿权人的合法权益。

上级地质矿产主管部门有权对下级地质矿产主管部门违法的或者不适当的矿产资源勘查、开采管理行政行为予以改变或者撤销。

第二章　矿产资源勘查登记和开采审批

第九条　勘查矿产资源，应当按照国务院关于矿产资源勘查登记管理的规定，办理申请、审批和勘查登记。

勘查特定矿种，应当按照国务院有关规定办理申请、审批和勘查登记。

第十条　国有矿山企业开采矿产资源，应当按照国务院关于采矿登记管理的规定，办理申请、审批和采矿登记。开采国家规划矿区、对国民经济具有重要价值矿区的矿产和国家规定实行保护性开采的特定矿种，办理申请、审批和采矿登记时，应当持有国务院有关主管部门批准的文件。

开采特定矿种，应当按照国务院有关规定办理申请、审批和采矿登记。

第十一条　开办国有矿山企业，除应当具备有关法律、法规规定的条件外，并应当具备下列条件：

（一）有供矿山建设使用的矿产勘查报告；

（二）有矿山建设项目的可行性研究报告（含资源利用方案和矿山环境影响报告）；

（三）有确定的矿区范围和开采范围；

（四）有矿山设计；

（五）有相应的生产技术条件。

国务院、国务院有关主管部门和省、自治区、直辖市人民政府，按照国家有关固定资产投资管理的规定，对申请开办的国有矿山企业根据前款所列条件审查合格后，方予批准。

第十二条　申请开办集体所有制矿山企

业、私营矿山企业及个体采矿的审查批准、采矿登记，按照省、自治区、直辖市的有关规定办理。

第十三条 申请开办集体所有制矿山企业或者私营矿山企业，除应当具备有关法律、法规规定的条件外，并应当具备下列条件：

（一）有供矿山建设使用的与开采规模相适应的矿产勘查资料；

（二）有经过批准的无争议的开采范围；

（三）有与所建矿山规模相适应的资金、设备和技术人员；

（四）有与所建矿山规模相适应的，符合国家产业政策和技术规范的可行性研究报告、矿山设计或者开采方案；

（五）矿长具有矿山生产、安全管理和环境保护的基本知识。

第十四条 申请个体采矿应当具备下列条件：

（一）有经过批准的、无争议的开采范围；

（二）有与采矿规模相适应的资金、设备和技术人员；

（三）有相应的矿产勘查资料和经批准的开采方案；

（四）有必要的安全生产条件和环境保护措施。

第三章 矿产资源的勘查

第十五条 国家对矿产资源勘查实行统一规划。全国矿产资源中、长期勘查规划，在国务院计划行政主管部门指导下，由国务院地质矿产主管部门根据国民经济和社会发展中、长期规划，在国务院有关主管部门勘查规划的基础上组织编制。

全国矿产资源年度勘查计划和省、自治区、直辖市矿产资源年度勘查计划，分别由国务院地质矿产主管部门和省、自治区、直辖市人民政府地质矿产主管部门组织有关主管部门，根据全国矿产资源中、长期勘查规划编制，经同级人民政府计划行政主管部门批准后施行。

法律对勘查规划的审批权另有规定的，依照有关法律的规定执行。

第十六条 探矿权人享有下列权利：

（一）按照勘查许可证规定的区域、期限、工作对象进行勘查；

（二）在勘查作业区及相邻区域架设供电、供水、通讯管线，但是不得影响或者损害原有的供电、供水设施和通讯管线；

（三）在勘查作业区及相邻区域通行；

（四）根据工程需要临时使用土地；

（五）优先取得勘查作业区内新发现矿种的探矿权；

（六）优先取得勘查作业区内矿产资源的采矿权；

（七）自行销售勘查中按照批准的工程设计施工回收的矿产品，但是国务院规定由指定单位统一收购的矿产品除外。

探矿权人行使前款所列权利时，有关法律、法规规定应当经过批准或者履行其他手续的，应当遵守有关法律、法规的规定。

第十七条 探矿权人应当履行下列义务：

（一）在规定的期限内开始施工，并在勘查许可证规定的期限内完成勘查工作；

（二）向勘查登记管理机关报告开工等情况；

（三）按照探矿工程设计施工，不得擅自进行采矿活动；

（四）在查明主要矿种的同时，对共生、伴生矿产资源进行综合勘查、综合评价；

（五）编写矿产资源勘查报告，提交有关部门审批；

（六）按照国务院有关规定汇交矿产资源勘查成果档案资料；

（七）遵守有关法律、法规关于劳动安全、土地复垦和环境保护的规定；

（八）勘查作业完毕，及时封、填探矿作业遗留的井、硐或者采取其他措施，消除安全隐患。

第十八条　探矿权人可以对符合国家边探边采规定要求的复杂类型矿床进行开采；但是，应当向原颁发勘查许可证的机关、矿产储量审批机构和勘查项目主管部门提交论证材料，经审核同意后，按照国务院关于采矿登记管理法规的规定，办理采矿登记。

第十九条　矿产资源勘查报告按照下列规定审批：

（一）供矿山建设使用的重要大型矿床勘查报告和供大型水源地建设使用的地下水勘查报告，由国务院矿产储量审批机构审批；

（二）供矿山建设使用的一般大型、中型、小型矿床勘查报告和供中型、小型水源地建设使用的地下水勘查报告，由省、自治区、直辖市矿产储量审批机构审批；

矿产储量审批机构和勘查单位的主管部门应当自收到矿产资源勘查报告之日起六个月内作出批复。

第二十条　矿产资源勘查报告及其他有价值的勘查资料，按照国务院有关规定实行有偿使用。

第二十一条　探矿权人取得临时使用土地权后，在勘查过程中给他人造成财产损害的，按照下列规定给以补偿：

（一）对耕地造成损害的，根据受损害的耕地面积前三年平均年产量，以补偿时当地市场平均价格计算，逐年给以补偿，并负责恢复耕地的生产条件，及时归还；

（二）对牧区草场造成损害的，按照前项规定逐年给以补偿，并负责恢复草场植被，及时归还；

（三）对耕地上的农作物、经济作物造成损害的，根据受损害的耕地面积前三年平均年产量，以补偿时当地市场平均价格计算，给以补偿；

（四）对竹木造成损害的，根据实际损害株数，以补偿时当地市场平均价格逐株计算，给以补偿。

（五）对土地上的附着物造成损害的，根据实际损害的程度，以补偿时当地市场价格，给以适当补偿。

第二十二条　探矿权人在没有农作物和其他附着物的荒岭、荒坡、荒地、荒漠、沙滩、河滩、湖滩、海滩上进行勘查的，不予补偿；但是，勘查作业不得阻碍或者损害航运、灌溉、防洪等活动或者设施，勘查作业结束后应当采取措施，防止水土流失，保护生态环境。

第二十三条　探矿权人之间对勘查范围发生争议时，由当事人协商解决；协商不成的，由勘查作业区所在地的省、自治区、直辖市人民政府地质矿产主管部门裁决；跨省、自治区、直辖市的勘查范围争议，当事人协商不成的，由有关省、自治区、直辖市人民政府协商解决；协商不成的，由国务院地质矿产主管部门裁决。特定矿种的勘查范围争议，当事人协商不成的，由国务院授权的有关主管部门裁决。

第四章　矿产资源的开采

第二十四条　全国矿产资源的分配和开发利用，应当兼顾当前和长远、中央和地方的利益，实行统一规划、有效保护、合理开采、综合利用。

第二十五条　全国矿产资源规划，在国务院计划行政主管部门指导下，由国务院地质矿产主管部门根据国民经济和社会发展中、长期规划，组织国务院有关主管部门和省、自治区、直辖市人民政府编制，报国务院批准后施行。

全国矿产资源规划应当对全国矿产资源的分配作出统筹安排，合理划定中央与省、自治区、直辖市人民政府审批、开发矿产资源的范围。

第二十六条　矿产资源开发规划是对矿区的开发建设布局进行统筹安排的规划。

矿产资源开发规划分为行业开发规划和地区开发规划。

矿产资源行业开发规划由国务院有关主管部门根据全国矿产资源规划中分配给本部门的矿产资源编制实施。

矿产资源地区开发规划由省、自治区、直辖市人民政府根据全国矿产资源规划中分配给本省、自治区、直辖市的矿产资源编制实施；并作出统筹安排，合理划定省、市、县级人民政府审批、开发矿产资源的范围。

矿产资源行业开发规划和地区开发规划应当报送国务院计划行政主管部门、地质矿产主管部门备案。

国务院计划行政主管部门、地质矿产主管部门，对不符合全国矿产资源规划的行业开发规划和地区开发规划，应当予以纠正。

第二十七条 设立、变更或者撤销国家规划矿区、对国民经济具有重要价值的矿区，由国务院有关主管部门提出，并附具矿产资源详查报告及论证材料，经国务院计划行政主管部门和地质矿产主管部门审定，并联合书面通知有关县级人民政府。县级人民政府应当自收到通知之日起一个月内予以公告，并报国务院计划行政主管部门、地质矿产主管部门备案。

第二十八条 确定或者撤销国家规定实行保护性开采的特定矿种，由国务院有关主管部门提出，并附具论证材料，经国务院计划行政主管部门和地质矿产主管部门审核同意后，报国务院批准。

第二十九条 单位或者个人开采矿产资源前，应当委托持有相应矿山设计证书的单位进行可行性研究和设计。开采零星分散矿产资源和用作建筑材料的砂、石、粘土的，可以不进行可行性研究和设计，但是应当有开采方案和环境保护措施。

矿山设计必须依据设计任务书，采用合理的开采顺序、开采方法和选矿工艺。

矿山设计必须按照国家有关规定审批；未经批准，不得施工。

第三十条 采矿权人享有下列权利：

（一）按照采矿许可证规定的开采范围和期限从事开采活动；

（二）自行销售矿产品，但是国务院规定由指定的单位统一收购的矿产品除外；

（三）在矿区范围内建设采矿所需的生产和生活设施；

（四）根据生产建设的需要依法取得土地使用权；

（五）法律、法规规定的其他权利。

采矿权人行使前款所列权利时，法律、法规规定应当经过批准或者履行其他手续的，依照有关法律、法规的规定办理。

第三十一条 采矿权人应当履行下列义务：

（一）在批准的期限内进行矿山建设或者开采；

（二）有效保护、合理开采、综合利用矿产资源；

（三）依法缴纳资源税和矿产资源补偿费；

（四）遵守国家有关劳动安全、水土保持、土地复垦和环境保护的法律、法规；

（五）接受地质矿产主管部门和有关主管部门的监督管理，按照规定填报矿产储量表和矿产资源开发利用情况统计报告。

第三十二条 采矿权人在采矿许可证有效期满或者在有效期内，停办矿山而矿产资源尚未采完的，必须采取措施将资源保持在能够继续开采的状态，并事先完成下列工作：

（一）编制矿山开采现状报告及实测图件；

（二）按照有关规定报销所消耗的储量；

（三）按照原设计实际完成相应的有关劳动安全、水土保持、土地复垦和环境保护工作，或者缴清土地复垦和环境保护的有关费用。

采矿权人停办矿山的申请，须经原批准开办矿山的主管部门批准、原颁发采矿许可证的机关验收合格后，方可办理有关证、照注销手续。

第三十三条　矿山企业关闭矿山，应当按照下列程序办理审批手续：

（一）开采活动结束的前一年，向原批准开办矿山的主管部门提出关闭矿山申请，并提交闭坑地质报告；

（二）闭坑地质报告经原批准开办矿山的主管部门审核同意后，报地质矿产主管部门会同矿产储量审批机构批准；

（三）闭坑地质报告批准后，采矿权人应当编写关闭矿山报告，报请原批准开办矿山的主管部门会同同级地质矿产主管部门和有关主管部门按照有关行业规定批准。

第三十四条　关闭矿山报告批准后，矿山企业应当完成下列工作：

（一）按照国家有关规定将地质、测量、采矿资料整理归档，并汇交闭坑地质报告、关闭矿山报告及其他有关资料；

（二）按照批准的关闭矿山报告，完成有关劳动安全、水土保持、土地复垦和环境保护工作，或者缴清土地复垦和环境保护的有关费用。

矿山企业凭关闭矿山报告批准文件和有关部门对完成上述工作提供的证明，报请原颁发采矿许可证的机关办理采矿许可证注销手续。

第三十五条　建设单位在建设铁路、公路、工厂、水库、输油管道、输电线路和各种大型建筑物前，必须向所在地的省、自治区、直辖市人民政府地质矿产主管部门了解拟建工程所在地区的矿产资源分布情况，并在建设项目设计任务书报请审批时附具地质矿产主管部门的证明。在上述建设项目与重要矿床的开采发生矛盾时，由国务院有关主管部门或者省、自治区、直辖市人民政府提出方案，经国务院地质矿产主管部门提出意见后，报国务院计划行政主管部门决定。

第三十六条　采矿权人之间对矿区范围发生争议时，由当事人协商解决；协商不成的，由矿产资源所在地的县级以上地方人民政府根据依法核定的矿区范围处理；跨省、自治区、直辖市的矿区范围争议，当事人协商不成的，由有关省、自治区、直辖市人民政府协商解决；协商不成的，由国务院地质矿产主管部门提出处理意见，报国务院决定。

第五章　集体所有制矿山企业、私营矿山企业和个体采矿者

第三十七条　国家依法保护集体所有制矿山企业、私营矿山企业和个体采矿者的合法权益，依法对集体所有制矿山企业、私营矿山企业和个体采矿者进行监督管理。

第三十八条　集体所有制矿山企业可以开采下列矿产资源：

（一）不适于国家建设大、中型矿山的矿床及矿点；

（二）经国有矿山企业同意，并经其上级主管部门批准，在其矿区范围内划出的边缘零星矿产；

（三）矿山闭坑后，经原矿山企业主管部门确认可以安全开采并不会引起严重环境后果的残留矿体；

（四）国家规划可以由集体所有制矿山企业开采的其他矿产资源。

集体所有制矿山企业开采前款第（二）项所列矿产资源时，必须与国有矿山企业签定合理开发利用矿产资源和矿山安全协议，不得浪费和破坏矿产资源，并不得影响国有矿山企业的生产安全。

第三十九条　私营矿山企业开采矿产资源的范围参照本细则第三十八条的规定执行。

第四十条　个体采矿者可以采挖下列矿产资源：

（一）零星分散的小矿体或者矿点；

（二）只能用作普通建筑材料的砂、

石、粘土。

第四十一条 国家设立国家规划矿区、对国民经济具有重要价值的矿区时，对应当撤出的原采矿权人，国家按照有关规定给予合理补偿。

第六章 法律责任

第四十二条 依照《矿产资源法》第三十九条、第四十条、第四十二条、第四十三条、第四十四条规定处以罚款的，分别按照下列规定执行：

（一）未取得采矿许可证擅自采矿的，擅自进入国家规划矿区、对国民经济具有重要价值的矿区和他人矿区范围采矿的，擅自开采国家规定实行保护性开采的特定矿种的，处以违法所得百分之五十以下的罚款；

（二）超越批准的矿区范围采矿的，处以违法所得百分之三十以下的罚款；

（三）买卖、出租或者以其他形式转让矿产资源的，买卖、出租采矿权的，对卖方、出租方、出让方处以违法所得一倍以下的罚款；

（四）非法用采矿权作抵押的，处以5000元以下的罚款；

（五）违反规定收购和销售国家规定统一收购的矿产品的，处以违法所得一倍以下的罚款；

（六）采取破坏性的开采方法开采矿产资源，造成矿产资源严重破坏的，处以相当于矿产资源损失价值百分之五十以下的罚款。

第四十三条 违反本细则规定，有下列行为之一的，对主管人员和直接责任人员给予行政处分；构成犯罪的，依法追究刑事责任：

（一）批准不符合办矿条件的单位或者个人开办矿山的；

（二）对未经依法批准的矿山企业或者个人颁发采矿许可证的。

第七章 附 则

第四十四条 地下水资源具有水资源和矿产资源的双重属性。地下水资源的勘查，适用《矿产资源法》和本细则；地下水资源的开发、利用、保护和管理，适用《水法》和有关的行政法规。

第四十五条 本细则由地质矿产部负责解释。

第四十六条 本细则自发布之日起施行。

附件：（略）

矿产资源勘查区块登记管理办法

（1998年2月12日中华人民共和国国务院令第240号发布，
根据2014年7月29日《国务院关于修改部分行政法规的决定》修订）

第一条 为了加强对矿产资源勘查的管理，保护探矿权人的合法权益，维护矿产资源勘查秩序，促进矿业发展，根据《中华人民共和国矿产资源法》，制定本办法。

第二条 在中华人民共和国领域及管辖的其他海域勘查矿产资源，必须遵守本办法。

第三条 国家对矿产资源勘查实行统一的区块登记管理制度。矿产资源勘查工作区范围以经纬度1′×1′划分的区块为基本单位区块。每个勘查项目允许登记的最大范围：

（一）矿泉水为10个基本单位区块；

（二）金属矿产、非金属矿产、放射性矿产为40个基本单位区块；

（三）地热、煤、水气矿产为200个基本单位区块；

（四）石油、天然气矿产为2500个基

本单位区块。

第四条　勘查下列矿产资源，由国务院地质矿产主管部门审批登记，颁发勘查许可证：

（一）跨省、自治区、直辖市的矿产资源；

（二）领海及中国管辖的其他海域的矿产资源；

（三）外商投资勘查的矿产资源；

（四）本办法附录所列的矿产资源。

勘查石油、天然气矿产的，经国务院指定的机关审查同意后，由国务院地质矿产主管部门登记，颁发勘查许可证。

勘查下列矿产资源，由省、自治区、直辖市人民政府地质矿产主管部门审批登记，颁发勘查许可证，并应当自发证之日起10日内，向国务院地质矿产主管部门备案：

（一）本条第一款、第二款规定以外的矿产资源；

（二）国务院地质矿产主管部门授权省、自治区、直辖市人民政府地质矿产主管部门审批登记的矿产资源。

第五条　勘查出资人为探矿权申请人；但是，国家出资勘查的，国家委托勘查的单位为探矿权申请人。

第六条　探矿权申请人申请探矿权时，应当向登记管理机关提交下列资料：

（一）申请登记书和申请的区块范围图；

（二）勘查单位的资格证书复印件；

（三）勘查工作计划、勘查合同或者委托勘查的证明文件；

（四）勘查实施方案及附件；

（五）勘查项目资金来源证明；

（六）国务院地质矿产主管部门规定提交的其他资料。

申请勘查石油、天然气的，还应当提交国务院批准设立石油公司或者同意进行石油、天然气勘查的批准文件以及勘查单位法人资格证明。

第七条　申请石油、天然气滚动勘探开发的，应当向登记管理机关提交下列资料，经批准，办理登记手续，领取滚动勘探开发的采矿许可证：

（一）申请登记书和滚动勘探开发矿区范围图；

（二）国务院计划主管部门批准的项目建议书；

（三）需要进行滚动勘探开发的论证材料；

（四）经国务院矿产储量审批机构批准进行石油、天然气滚动勘探开发的储量报告；

（五）滚动勘探开发利用方案。

第八条　登记管理机关应当自收到申请之日起40日内，按照申请在先的原则作出准予登记或者不予登记的决定，并通知探矿权申请人。对申请勘查石油、天然气的，登记管理机关还应当在收到申请后及时予以公告或者提供查询。

登记管理机关应当保证国家地质勘查计划一类项目的登记，具体办法由国务院地质矿产主管部门会同国务院计划主管部门制定。

需要探矿权申请人修改或者补充本办法第六条规定的资料的，登记管理机关应当通知探矿权申请人限期修改或者补充。

准予登记的，探矿权申请人应当自收到通知之日起30日内，依照本办法第十二条的规定缴纳探矿权使用费，并依照本办法第十三条的规定缴纳国家出资勘查形成的探矿权价款，办理登记手续，领取勘查许可证，成为探矿权人。

不予登记的，登记管理机关应当向探矿权申请人说明理由。

第九条　禁止任何单位和个人进入他人依法取得探矿权的勘查作业区内进行勘查或者采矿活动。

探矿权人与采矿权人对勘查作业区范围和矿区范围发生争议的，由当事人协商解决；协商不成的，由发证的登记管理机关中级别高的登记管理机关裁决。

第十条 勘查许可证有效期最长为3年；但是，石油、天然气勘查许可证有效期最长为7年。需要延长勘查工作时间的，探矿权人应当在勘查许可证有效期届满的30日前，到登记管理机关办理延续登记手续，每次延续时间不得超过2年。

探矿权人逾期不办理延续登记手续的，勘查许可证自行废止。

石油、天然气滚动勘探开发的采矿许可证有效期最长为15年；但是，探明储量的区块，应当申请办理采矿许可证。

第十一条 登记管理机关应当自颁发勘查许可证之日起10日内，将登记发证项目的名称、探矿权人、区块范围和勘查许可证期限等事项，通知勘查项目所在地的县级人民政府负责地质矿产管理工作的部门。

登记管理机关对勘查区块登记发证情况，应当定期予以公告。

第十二条 国家实行探矿权有偿取得的制度。探矿权使用费以勘查年度计算，逐年缴纳。

探矿权使用费标准：第一个勘查年度至第三个勘查年度，每平方公里每年缴纳100元；从第四个勘查年度起，每平方公里每年增加100元，但是最高不得超过每平方公里每年500元。

第十三条 申请国家出资勘查并已经探明矿产地的区块的探矿权的，探矿权申请人除依照本办法第十二条的规定缴纳探矿权使用费外，还应当缴纳国家出资勘查形成的探矿权价款；探矿权价款按照国家有关规定，可以一次缴纳，也可以分期缴纳。

国家出资勘查形成的探矿权价款，由具有矿业权评估资质的评估机构进行评估；评估报告报登记管理机关备案。

第十四条 探矿权使用费和国家出资勘查形成的探矿权价款，由登记管理机关收取，全部纳入国家预算管理。具体管理、使用办法，由国务院地质矿产主管部门会同国务院财政部门、计划主管部门制定。

第十五条 有下列情形之一的，由探矿权人提出申请，经登记管理机关按照国务院地质矿产主管部门会同国务院财政部门制定的探矿权使用费和探矿权价款的减免办法审查批准，可以减缴、免缴探矿权使用费和探矿权价款：

（一）国家鼓励勘查的矿种；

（二）国家鼓励勘查的区域；

（三）国务院地质矿产主管部门会同国务院财政部门规定的其他情形。

第十六条 探矿权可以通过招标投标的方式有偿取得。

登记管理机关依照本办法第四条规定的权限确定招标区块，发布招标公告，提出投标要求和截止日期；但是，对境外招标的区块由国务院地质矿产主管部门确定。

登记管理机关组织评标，采取择优原则确定中标人。中标人缴纳本办法第十二条、第十三条规定的费用后，办理登记手续，领取勘查许可证，成为探矿权人，并履行标书中承诺的义务。

第十七条 探矿权人应当自领取勘查许可证之日起，按照下列规定完成最低勘查投入：

（一）第一个勘查年度，每平方公里2000元；

（二）第二个勘查年度，每平方公里5000元；

（三）从第三个勘查年度起，每个勘查年度每平方公里10000元。

探矿权人当年度的勘查投入高于最低勘查投入标准的，高于的部分可以计入下一个勘查年度的勘查投入。

因自然灾害等不可抗力的原因，致使勘查工作不能正常进行的，探矿权人应当自恢复正常勘查工作之日起30日内，向登记管理机关提交申请核减相应的最低勘查投入的报告；登记管理机关应当自收到报告之日起30日内予以批复。

第十八条 探矿权人应当自领取勘查许

可证之日起6个月内开始施工；在开始勘查工作时，应当向勘查项目所在地的县级人民政府负责地质矿产管理工作的部门报告，并向登记管理机关报告开工情况。

第十九条　探矿权人在勘查许可证有效期内进行勘查时，发现符合国家边探边采规定要求的复杂类型矿床的，可以申请开采，经登记管理机关批准，办理采矿登记手续。

第二十条　探矿权人在勘查石油、天然气等流体矿产期间，需要试采的，应当向登记管理机关提交试采申请，经批准后可以试采1年；需要延长试采时间的，必须办理登记手续。

第二十一条　探矿权人在勘查许可证有效期内探明可供开采的矿体后，经登记管理机关批准，可以停止相应区块的最低勘查投入，并可以在勘查许可证有效期届满的30日前，申请保留探矿权。但是，国家为了公共利益或者因技术条件暂时难以利用等情况，需要延期开采的除外。

保留探矿权的期限，最长不得超过2年，需要延长保留期的，可以申请延长2次，每次不得超过2年；保留探矿权的范围为可供开采的矿体范围。

在停止最低勘查投入期间或者探矿权保留期间，探矿权人应当依照本办法的规定，缴纳探矿权使用费。

探矿权保留期届满，勘查许可证应当予以注销。

第二十二条　有下列情形之一的，探矿权人应当在勘查许可证有效期内，向登记管理机关申请变更登记：

（一）扩大或者缩小勘查区块范围的；

（二）改变勘查工作对象的；

（三）经依法批准转让探矿权的；

（四）探矿权人改变名称或者地址的。

第二十三条　探矿权延续登记和变更登记，其勘查年度、探矿权使用费和最低勘查投入连续计算。

第二十四条　有下列情形之一的，探矿权人应当在勘查许可证有效期内，向登记管理机关递交勘查项目完成报告或者勘查项目终止报告，报送资金投入情况报表和有关证明文件，由登记管理机关核定其实际勘查投入后，办理勘查许可证注销登记手续：

（一）勘查许可证有效期届满，不办理延续登记或者不申请保留探矿权的；

（二）申请采矿权的；

（三）因故需要撤销勘查项目的。

自勘查许可证注销之日起90日内，原探矿权人不得申请已经注销的区块范围内的探矿权。

第二十五条　登记管理机关需要调查勘查投入、勘查工作进展情况，探矿权人应当如实报告并提供有关资料，不得虚报、瞒报，不得拒绝检查。

对探矿权人要求保密的申请登记资料、勘查工作成果资料和财务报表，登记管理机关应当予以保密。

第二十六条　违反本办法规定，未取得勘查许可证擅自进行勘查工作的，超越批准的勘查区块范围进行勘查工作的，由县级以上人民政府负责地质矿产管理工作的部门按照国务院地质矿产主管部门规定的权限，责令停止违法行为，予以警告，可以并处10万元以下的罚款。

第二十七条　违反本办法规定，未经批准，擅自进行滚动勘探开发、边探边采或者试采的，由县级以上人民政府负责地质矿产管理工作的部门按照国务院地质矿产主管部门规定的权限，责令停止违法行为，予以警告，没收违法所得，可以并处10万元以下的罚款。

第二十八条　违反本办法规定，擅自印制或者伪造、冒用勘查许可证的，由县级以上人民政府负责地质矿产管理工作的部门按照国务院地质矿产主管部门规定的权限，没收违法所得，可以并处10万元以下的罚款；构成犯罪的，依法追究刑事责任。

第二十九条　违反本办法规定，有下列行为之一的，由县级以上人民政府负责地质矿产管理工作的部门按照国务院地质矿产主管部门规定的权限，责令限期改正；逾期不改正的，处5万元以下的罚款；情节严重的，原发证机关可以吊销勘查许可证：

（一）不按照本办法的规定备案、报告有关情况、拒绝接受监督检查或者弄虚作假的；

（二）未完成最低勘查投入的；

（三）已经领取勘查许可证的勘查项目，满6个月未开始施工，或者施工后无故停止勘查工作满6个月的。

第三十条 违反本办法规定，不办理勘查许可证变更登记或者注销登记手续的，由登记管理机关责令限期改正；逾期不改正的，由原发证机关吊销勘查许可证。

第三十一条 违反本办法规定，不按期缴纳本办法规定应当缴纳的费用的，由登记管理机关责令限期缴纳，并从滞纳之日起每日加收2‰的滞纳金；逾期仍不缴纳的，由原发证机关吊销勘查许可证。

第三十二条 违反本办法规定勘查石油、天然气矿产的，由国务院地质矿产主管部门按照本办法的有关规定给予行政处罚。

第三十三条 探矿权人被吊销勘查许可证的，自勘查许可证被吊销之日起6个月内，不得再申请探矿权。

第三十四条 登记管理机关工作人员徇私舞弊、滥用职权、玩忽职守，构成犯罪的，依法追究刑事责任；尚不构成犯罪的，依法给予行政处分。

第三十五条 勘查许可证由国务院地质矿产主管部门统一印制。申请登记书、变更申请登记书、探矿权保留申请登记书和注销申请登记书的格式，由国务院地质矿产主管部门统一制定。

第三十六条 办理勘查登记手续，应当按照规定缴纳登记费。收费标准和管理、使用办法，由国务院物价主管部门会同国务院地质矿产主管部门、财政部门规定。

第三十七条 外商投资勘查矿产资源的，依照本办法的规定办理；法律、行政法规另有特别规定的，从其规定。

第三十八条 中外合作勘查矿产资源的，中方合作者应当在签订合同后，将合同向原发证机关备案。

第三十九条 本办法施行前已经取得勘查许可证的，由国务院地质矿产主管部门统一组织换领新的勘查许可证。探矿权使用费、最低勘查投入按照重新登记后的第一个勘查年度计算，并可以依照本办法的规定申请减缴、免缴。

第四十条 本办法附录的修改，由国务院地质矿产主管部门报国务院批准后公布。

第四十一条 本办法自发布之日起施行。1987年4月29日国务院发布的《矿产资源勘查登记管理暂行办法》和1987年12月16日国务院批准、石油工业部发布的《石油及天然气勘查、开采登记管理暂行办法》同时废止。

附录：（略）

矿产资源开采登记管理办法

（1998年2月12日中华人民共和国国务院令第241号发布，
根据2014年7月29日《国务院关于修改部分行政法规的决定》修订）

第一条 为了加强对矿产资源开采的管理，保护采矿权人的合法权益，维护矿产资源开采秩序，促进矿业发展，根据《中华人民共和国矿产资源法》，制定本办法。

第二条　在中华人民共和国领域及管辖的其他海域开采矿产资源，必须遵守本办法。

第三条　开采下列矿产资源，由国务院地质矿产主管部门审批登记，颁发采矿许可证：

（一）国家规划矿区和对国民经济具有重要价值的矿区内的矿产资源；

（二）领海及中国管辖的其他海域的矿产资源；

（三）外商投资开采的矿产资源；

（四）本办法附录所列的矿产资源。

开采石油、天然气矿产的，经国务院指定的机关审查同意后，由国务院地质矿产主管部门登记，颁发采矿许可证。

开采下列矿产资源，由省、自治区、直辖市人民政府地质矿产主管部门审批登记，颁发采矿许可证：

（一）本条第一款、第二款规定以外的矿产储量规模中型以上的矿产资源；

（二）国务院地质矿产主管部门授权省、自治区、直辖市人民政府地质矿产主管部门审批登记的矿产资源。

开采本条第一款、第二款、第三款规定以外的矿产资源，由县级以上地方人民政府负责地质矿产管理工作的部门，按照省、自治区、直辖市人民代表大会常务委员会制定的管理办法审批登记，颁发采矿许可证。

矿区范围跨县级以上行政区域的，由所涉及行政区域的共同上一级登记管理机关审批登记，颁发采矿许可证。

县级以上地方人民政府负责地质矿产管理工作的部门在审批发证后，应当逐级向上一级人民政府负责地质矿产管理工作的部门备案。

第四条　采矿权申请人在提出采矿权申请前，应当根据经批准的地质勘查储量报告，向登记管理机关申请划定矿区范围。

需要申请立项，设立矿山企业的，应当根据划定的矿区范围，按照国家规定办理有关手续。

第五条　采矿权申请人申请办理采矿许可证时，应当向登记管理机关提交下列资料：

（一）申请登记书和矿区范围图；

（二）采矿权申请人资质条件的证明；

（三）矿产资源开发利用方案；

（四）依法设立矿山企业的批准文件；

（五）开采矿产资源的环境影响评价报告；

（六）国务院地质矿产主管部门规定提交的其他资料。

申请开采国家规划矿区或者对国民经济具有重要价值的矿区内的矿产资源和国家实行保护性开采的特定矿种的，还应当提交国务院有关主管部门的批准文件。

申请开采石油、天然气的，还应当提交国务院批准设立石油公司或者同意进行石油、天然气开采的批准文件以及采矿企业法人资格证明。

第六条　登记管理机关应当自收到申请之日起40日内，作出准予登记或者不予登记的决定，并通知采矿权申请人。

需要采矿权申请人修改或者补充本办法第五条规定的资料的，登记管理机关应当通知采矿权申请人限期修改或者补充。

准予登记的，采矿权申请人应当自收到通知之日起30日内，依照本办法第九条的规定缴纳采矿权使用费，并依照本办法第十条的规定缴纳国家出资勘查形成的采矿权价款，办理登记手续，领取采矿许可证，成为采矿权人。

不予登记的，登记管理机关应当向采矿权申请人说明理由。

第七条　采矿许可证有效期，按照矿山建设规模确定：大型以上的，采矿许可证有效期最长为30年；中型的，采矿许可证有效期最长为20年；小型的，采矿许可证有效期最长为10年。采矿许可证有效期满，需要继续采矿的，采矿权人应当在采矿许可证有效期届满的 30 日前，到登记管理机关办理延续登记手续。

采矿权人逾期不办理延续登记手续的，采矿许可证自行废止。

第八条 登记管理机关在颁发采矿许可证后，应当通知矿区范围所在地的有关县级人民政府。有关县级人民政府应当自收到通知之日起 90 日内，对矿区范围予以公告，并可以根据采矿权人的申请，组织埋设界桩或者设置地面标志。

第九条 国家实行采矿权有偿取得的制度。采矿权使用费，按照矿区范围的面积逐年缴纳，标准为每平方公里每年 1000 元。

第十条 申请国家出资勘查并已经探明矿产地的采矿权的，采矿权申请人除依照本办法第九条的规定缴纳采矿权使用费外，还应当缴纳国家出资勘查形成的采矿权价款；采矿权价款按照国家有关规定，可以一次缴纳，也可以分期缴纳。

国家出资勘查形成的采矿权价款，由具有矿业权评估资质的评估机构进行评估；评估报告报登记管理机关备案。

第十一条 采矿权使用费和国家出资勘查形成的采矿权价款由登记管理机关收取，全部纳入国家预算管理。具体管理、使用办法，由国务院地质矿产主管部门会同国务院财政部门、计划主管部门制定。

第十二条 有下列情形之一的，由采矿权人提出申请，经省级以上人民政府登记管理机关按照国务院地质矿产主管部门会同国务院财政部门制定的采矿权使用费和采矿权价款的减免办法审查批准，可以减缴、免缴采矿权使用费和采矿权价款：

（一）开采边远贫困地区的矿产资源的；

（二）开采国家紧缺的矿种的；

（三）因自然灾害等不可抗力的原因，造成矿山企业严重亏损或者停产的；

（四）国务院地质矿产主管部门和国务院财政部门规定的其他情形。

第十三条 采矿权可以通过招标投标的方式有偿取得。

登记管理机关依照本办法第三条规定的权限确定招标的矿区范围，发布招标公告，提出投标要求和截止日期；但是，对境外招标的矿区范围由国务院地质矿产主管部门确定。

登记管理机关组织评标，采取择优原则确定中标人。中标人缴纳本办法第九条、第十条规定的费用后，办理登记手续，领取采矿许可证，成为采矿权人，并履行标书中承诺的义务。

第十四条 登记管理机关应当对本行政区域内的采矿权人合理开发利用矿产资源、保护环境及其他应当履行的法定义务等情况依法进行监督检查。采矿权人应当如实报告有关情况，并提交年度报告。

第十五条 有下列情形之一的，采矿权人应当在采矿许可证有效期内，向登记管理机关申请变更登记：

（一）变更矿区范围的；

（二）变更主要开采矿种的；

（三）变更开采方式的；

（四）变更矿山企业名称的；

（五）经依法批准转让采矿权的。

第十六条 采矿权人在采矿许可证有效期内或者有效期届满，停办、关闭矿山的，应当自决定停办或者关闭矿山之日起 30 日内，向原发证机关申请办理采矿许可证注销登记手续。

第十七条 任何单位和个人未领取采矿许可证擅自采矿的，擅自进入国家规划矿区和对国民经济具有重要价值的矿区范围采矿的，擅自开采国家规定实行保护性开采的特定矿种的，超越批准的矿区范围采矿的，由登记管理机关依照有关法律、行政法规的规定予以处罚。

第十八条 不依照本办法规定提交年度报告、拒绝接受监督检查或者弄虚作假的，由县级以上人民政府负责地质矿产管理工作的部门按照国务院地质矿产主管部门规定的权限，责令停止违法行为，予以警告，可以并处5万元以下的罚款；情节严重的，由原发证机关吊销采矿许可证。

第十九条　破坏或者擅自移动矿区范围界桩或者地面标志的，由县级以上人民政府负责地质矿产管理工作的部门按照国务院地质矿产主管部门规定的权限，责令限期恢复；情节严重的，处3万元以下的罚款。

第二十条　擅自印制或者伪造、冒用采矿许可证的，由县级以上人民政府负责地质矿产管理工作的部门按照国务院地质矿产主管部门规定的权限，没收违法所得，可以并处10万元以下的罚款；构成犯罪的，依法追究刑事责任。

第二十一条　违反本办法规定，不按期缴纳本办法规定应当缴纳的费用的，由登记管理机关责令限期缴纳，并从滞纳之日起每日加收2‰的滞纳金；逾期仍不缴纳的，由原发证机关吊销采矿许可证。

第二十二条　违反本办法规定，不办理采矿许可证变更登记或者注销登记手续的，由登记管理机关责令限期改正；逾期不改正的，由原发证机关吊销采矿许可证。

第二十三条　违反本办法规定开采石油、天然气矿产的，由国务院地质矿产主管部门按照本办法的有关规定给予行政处罚。

第二十四条　采矿权人被吊销采矿许可证的，自采矿许可证被吊销之日起2年内不得再申请采矿权。

第二十五条　登记管理机关工作人员徇私舞弊、滥用职权、玩忽职守，构成犯罪的，依法追究刑事责任；尚不构成犯罪的，依法给予行政处分。

第二十六条　采矿许可证由国务院地质矿产主管部门统一印制。申请登记书、变更申请登记书和注销申请登记书的格式，由国务院地质矿产主管部门统一制定。

第二十七条　办理采矿登记手续，应当按照规定缴纳登记费。收费标准和管理、使用办法，由国务院物价主管部门会同国务院地质矿产主管部门、财政部门规定。

第二十八条　外商投资开采矿产资源，依照本办法的规定办理；法律、行政法规另有特别规定的，从其规定。

第二十九条　中外合作开采矿产资源的，中方合作者应当在签订合同后，将合同向原发证机关备案。

第三十条　本办法施行前已经取得采矿许可证的，由国务院地质矿产主管部门统一组织换领新采矿许可证。

本办法施行前已经开办的矿山企业，应当自本办法施行之日起开始缴纳采矿权使用费，并可以依照本办法的规定申请减缴、免缴。

第三十一条　登记管理机关应当对颁发的采矿许可证和吊销的采矿许可证予以公告。

第三十二条　本办法所称矿区范围，是指经登记管理机关依法划定的可供开采矿产资源的范围、井巷工程设施分布范围或者露天剥离范围的立体空间区域。

本办法所称开采方式，是指地下开采或者露天开采。

第三十三条　本办法附录的修改，由国务院地质矿产主管部门报国务院批准后公布。

第三十四条　本办法自发布之日起施行。1987年4月29日国务院发布的《全民所有制矿山企业采矿登记管理暂行办法》和1990年11月22日《国务院关于修改〈全民所有制矿山企业采矿登记管理暂行办法〉的决定》同时废止。

附录：（略）

矿产资源补偿费征收管理规定

（1994年2月27日中华人民共和国国务院令第150号发布，根据1997年7月3日《国务院关于修改〈矿产资源补偿费征收管理规定〉的决定》修订）

第一条 为了保障和促进矿产资源的勘查、保护与合理开发，维护国家对矿产资源的财产权益，根据《中华人民共和国矿产资源法》的有关规定，制定本规定。

第二条 在中华人民共和国领域和其他管辖海域开采矿产资源，应当依照本规定缴纳矿产资源补偿费；法律、行政法规另有规定的，从其规定。

第三条 矿产资源补偿费按照矿产品销售收入的一定比例计征。企业缴纳的矿产资源补偿费列入管理费用。

采矿权人对矿产品自行加工的，按照国家规定价格计算销售收入；国家没有规定价格的，按照征收时矿产品的当地市场平均价格计算销售收入。

采矿权人向境外销售矿产品的，按照国际市场销售价格计算销售收入。

本规定所称矿产品，是指矿产资源经过开采或者采选后，脱离自然赋存状态的产品。

第四条 矿产资源补偿费由采矿权人缴纳。

矿产资源补偿费以矿产品销售时使用的货币结算；采矿权人对矿产品自行加工的，以其销售最终产品时使用的货币结算。

第五条 矿产资源补偿费按照下列方式计算：

征收矿立资源补偿费金额＝矿产品销售收入×补偿费费率×开采回采率系数

$$开采回采率系数=\frac{核定开采回采率}{实际开采回采率}$$

核定开采回采率，以按照国家有关规定经批准的矿山设计为准；按照国家有关规定，只要求有开采方案，不要求有矿山设计的矿山企业，其开采回采率由县级以上地方人民政府负责地质矿产管理工作的部门会同同级有关部门核定。

不能按照本条第一款、第二款规定的方式计算矿产资源补偿费的矿种，由国务院地质矿产主管部门会同国务院财政部门另行制定计算方式。

第六条 矿产资源补偿费依照本规定附录所规定的费率征收。

矿产资源补偿费费率的调整，由国务院财政部门、国务院地质矿产主管部门、国务院计划主管部门共同确定，报国务院批准施行。

第七条 矿产资源补偿费由地质矿产主管部门会同财政部门征收。

矿区在县级行政区域内的，矿产资源补偿费由矿区所在地的县级人民政府负责地质矿产管理工作的部门负责征收。

矿区范围跨县级以上行政区域的，矿产资源补偿费由所涉及行政区域的共同上一级人民政府负责地质矿产管理工作的部门负责征收。

矿区范围跨省级行政区域和在中华人民共和国领海与其他管辖海域的，矿产资源补偿费由国务院地质矿产主管部门授权的省级人民政府地质矿产主管部门负责征收。

第八条 采矿权人应当于每年的7月31日前缴纳上半年的矿产资源补偿费；于

下一年度1月31日前缴纳上一年度下半年的矿产资源补偿费。

采矿权人在中止或者终止采矿活动时，应当结缴矿产资源补偿费。

第九条　采矿权人在缴纳矿产资源补偿费时，应当同时提交已采出的矿产品的矿种、产量、销售数量、销售价格和实际开采回采率等资料。

第十条　征收的矿产资源补偿费，应当及时全额上缴，并按照下款规定的中央与省、自治区、直辖市的分成比例分别入库，年终不再结算。

中央与省、直辖市矿产资源补偿费的分成比例为5∶5；中央与自治区矿产资源补偿费的分成比例为4∶6。

第十一条　矿产资源补偿费纳入国家预算，实行专项管理，主要用于矿产资源勘查。

中央所得的矿产资源补偿费的具体使用管理办法，由国务院财政部门、国务院地质矿产主管部门、国务院计划主管部门共同制定。

地方所得的矿产资源补偿费的具体使用管理办法，由省、自治区、直辖市人民政府制定。

第十二条　采矿权人有下列情形之一的，经省级人民政府地质矿产主管部门会同同级财政部门批准，可以免缴矿产资源补偿费：

（一）从废石（矸石）中回收矿产品的；

（二）按照国家有关规定经批准开采已关闭矿山的非保安残留矿体的；

（三）国务院地质矿产主管部门会同国务院财政部门认定免缴的其他情形。

第十三条　采矿权人有下列情况之一的，经省级人民政府地质矿产主管部门会同同级财政部门批准，可以减缴矿产资源补偿费：

（一）从尾矿中回收矿产品的；

（二）开采未达到工业品位或者未计算储量的低品位矿产资源的；

（三）依法开采水体下、建筑物下、交通要道下的矿产资源的；

（四）由于执行国家定价而形成政策性亏损的；

（五）国务院地质矿产主管部门会同国务院财政部门认定减缴的其他情形。

采矿权人减缴的矿产资源补偿费超过应当缴纳的矿产资源补偿费50%的，须经省级人民政府批准。

批准减缴矿产资源补偿费的，应当报国务院地质矿产主管部门和国务院财政部门备案。

第十四条　采矿权人在规定期限内未足额缴纳矿产资源补偿费的，由征收机关责令限期缴纳，并从滞纳之日起按日加收滞纳补偿费2‰的滞纳金。

采矿权人未按照前款规定缴纳矿产资源补偿费和滞纳金的，由征收机关处以应当缴纳的矿产资源补偿费3倍以下的罚款；情节严重的，由采矿许可证颁发机关吊销其采矿许可证。

第十五条　采矿权人采取伪报矿种，隐匿产量、销售数量，或者伪报销售价格、实际开采回采率等手段，不缴或者少缴矿产资源补偿费的，由征收机关追缴应当缴纳的矿产资源补偿费，并处以应当缴纳的矿产资源补偿费5倍以下的罚款；情节严重的，由采矿许可证颁发机关吊销其采矿许可证。

第十六条　采矿权人未按照本规定第九条的规定报送有关资料的，由征收机关责令限期报送；逾期不报送的，处以5000元以下罚款；仍不报送的，采矿许可证颁发机关可以吊销其采矿许可证。

第十七条　依照本规定对采矿权人处以的罚款、加收的滞纳金应当上缴国库。

第十八条　当事人对行政处罚决定不服的，可以自接到处罚决定通知之日起15日内向作出处罚决定的机关的上一级机关申请复议；当事人也可以自接到处罚决定通知之日起15日内直接向人民法院起诉。

当事人逾期不申请复议也不向人民法院起诉、又不履行处罚决定的，作出处罚决定的机关可以申请人民法院强制执行。

第十九条 本规定发布前的地方性法规和地方人民政府发布的规章及行政性文件的内容，与本规定相抵触的，以本规定为准。

第二十条 省、自治区、直辖市人民政府可以根据本规定制定实施办法。

第二十一条 本规定由地质矿产部负责解释。

第二十二条 本规定自1994年4月1日起施行。

矿产资源监督管理暂行办法

（1987年4月29日国务院发布）

第一条 为加强对矿山企业的矿产资源开发利用和保护工作的监督管理，根据《中华人民共和国矿产资源法》的有关规定，制定本办法。

第二条 本办法适用于在中华人民共和国领域及管辖海域内从事采矿生产的矿山企业（包括有矿山的单位，下同），但本办法另有规定的除外。

第三条 国务院地质矿产主管部门对执行本办法负有下列职责：

一、制定有关矿产资源开发利用与保护的监督管理规章；

二、监督、检查矿产资源管理法规的执行情况；

三、会同有关部门建立矿产资源合理开发利用的考核指标体系及定期报表制度；

四、会同有关主管部门负责大型矿山企业的非正常储量报销的审批工作；

五、组织或者参与矿产资源开发利用与保护工作的调查研究，总结交流经验。

第四条 省、自治区、直辖市人民政府地质矿产主管部门对执行本办法负有下列职责：

一、根据本办法和有关法规，对本地区矿山企业的矿产资源开发利用与保护工作进行监督管理和指导；

二、根据需要向重点矿山企业派出矿产督察员，向矿山企业集中的地区派出巡回矿产督察员。

派出督察员的具体办法，由国务院地质矿产主管部门会同有关部门另行制定。

第五条 国务院和各省、自治区、直辖市人民政府的有关主管部门对贯彻执行本办法负有下列职责：

一、制定本部门矿产资源开发利用和保护工作的规章、规定，并报同级地质矿产主管部门备案；

二、根据本办法和有关法规，协助地质矿产主管部门对本部门矿山企业的矿产资源开发利用与保护工作进行监督管理；

三、负责所属矿山企业的矿产储量管理，严格执行矿产储量核减的审批规定；

四、总结和交流本部门矿山企业矿产资源合理开发利用和保护工作的经验。

第六条 矿山企业的地质测量机构是本企业矿产资源开发利用与保护工作的监督管理机构，对执行本办法负有以下职责：

一、做好生产勘探工作，提高矿产储量级别，为开采提供可靠地质依据；

二、对矿产资源开采的损失、贫化以及矿产资源综合开采利用进行监督；

三、对矿山企业的矿产储量进行管理；

四、对违反矿产资源管理法规的行为及其责任者提出处理意见并可越级上报。

第七条 矿山企业开发利用矿产资源，应当加强开采管理，选择合理的采矿方法和选矿方法，推广先进工艺技术，提高矿产资源利用水平。

第八条 矿山企业在基建施工至矿山关闭的生产全过程中，都应当加强矿产资源的保护工作。

第九条 矿山企业应当按照国家有关法规及其主管部门的有关规章、规定，建立、健全本企业开发利用和保护矿产资源的各项制度，并切实加以贯彻落实。

第十条 矿山开采设计要求的回采率、采矿贫化率和选矿回收率，应当列为考核矿山企业的重要年度计划指标。

第十一条 矿山企业应当加强生产勘探，提高矿床勘探程度，为开采设计提供可靠依据；对具有工业价值的共生、伴生矿产应当系统查定和评价。

第十二条 矿山企业的开采设计应当在可靠地质资料基础上进行。中段（或阶段）开采应当有总体设计，块段开采应当有采矿设计。

第十三条 矿山的开拓、采准及采矿工程，必须按照开采设计进行施工。应当建立严格的施工验收制度，防止资源丢失。

第十四条 矿山企业必须按照设计进行开采，不准任意丢掉矿体。对开采应当加强监督检查，严防不应有的开采损失。

第十五条 矿山企业在开采中必须加强对矿石损失、贫化的管理，建立定期检查制度，分析造成非正常损失、贫化的原因，制定措施，提高资源的回采率，降低贫化率。

第十六条 选矿（煤）厂应当根据设计要求定期进行选矿流程考察；对选矿回收率和精矿（洗精煤）质量没有达到设计指标的，应当查明原因，提出改进措施。

第十七条 在采、选主要矿产的同时，对具有工业价值的共生、伴生矿产，在技术可行、经济合理的条件下，必须综合回收；对暂时不能综合回收利用的矿产，应当采取有效的保护措施。

第十八条 矿山企业应当加强对滞销矿石、粉矿、中矿、尾矿、废石和煤矸石的管理，积极研究其利用途径；暂时不能利用的，应当在节约土地的原则下，妥善堆放保存，防止其流失及污染环境。

第十九条 矿山企业对矿产储量的圈定、计算及开采，必须以批准的计算矿产储量的工业指标为依据，不得随意变动。需要变动的，应当上报实际资料，经主管部门审核同意后，报原审批单位批准。

第二十条 报销矿产储量，应当经矿山企业地质测量机构检查鉴定后，向矿山企业的主管部门提出申请。

属正常报销的矿产储量，由矿山企业的主管部门审批。

属非正常报销和转出的矿产储量，由矿山企业的主管部门会同同级地质矿产主管部门审批。

同一采区应当一次申请报销的矿产储量，不得化整为零，分几次申请报销。

第二十一条 地下开采的中段（水平）或露天采矿场内尚有未采完的保有矿产储量，未经地质测量机构检查验收和报销申请尚未批准之前，不准擅自废除坑道和其他工程。

第二十二条 矿山企业应当向其上级主管部门和地质矿产主管部门上报矿产资源开发利用情况报表。

第二十三条 矿山企业有下列情形之一的，应当追究有关人员的责任，或者由地质矿产主管部门责令其限期改正，并可处以相当于矿石损失50%以下的罚款，情节严重的，应当责令停产整顿或者吊销采矿许可证：

一、因开采设计、采掘计划的决策错误，造成资源损失的；

二、开采回采率、采矿贫化率和选矿回收率长期达不到设计要求，造成资源破坏损失的；

三、违反本办法第十三条、第十四条、第十七条、第十九条、第二十一条的规定，造成资源破坏损失的。

第二十四条 当事人对行政处罚决定不服的，可以在收到处罚通知之日起十五日内，向人民法院起诉。对罚款的行政处罚决定期满不起诉又不履行的，由作出处罚决定的机关申请人民法院强制执行。

第二十五条 矿山企业上报的矿产资源开发利用资料数据必须准确可靠。虚报瞒报的，依照《中华人民共和国统计法》的有关规定追究责任。对保密资料，应当按照国家有关保密规定执行。

第二十六条 对乡镇集体矿山企业和个体采矿的矿产资源开发利用与保护工作的监督管理办法，由省、自治区、直辖市人民政府参照本办法制定。

第二十七条 本办法由国务院地质矿产主管部门负责解释。

第二十八条 本办法自发布之日起施行。

探矿权采矿权转让管理办法

（1998年2月12日中华人民共和国国务院令第242号发布，根据2014年7月29日《国务院关于修改部分行政法规的决定》修订）

第一条 为了加强对探矿权、采矿权转让的管理，保护探矿权人、采矿权人的合法权益，促进矿业发展，根据《中华人民共和国矿产资源法》，制定本办法。

第二条 在中华人民共和国领域及管辖的其他海域转让依法取得的探矿权、采矿权的，必须遵守本办法。

第三条 除按照下列规定可以转让外，探矿权、采矿权不得转让：

（一）探矿权人有权在划定的勘查作业区内进行规定的勘查作业，有权优先取得勘查作业区内矿产资源的采矿权。探矿权人在完成规定的最低勘查投入后，经依法批准，可以将探矿权转让他人。

（二）已经取得采矿权的矿山企业，因企业合并、分立，与他人合资、合作经营，或者因企业资产出售以及有其他变更企业资产产权的情形，需要变更采矿权主体的，经依法批准，可以将采矿权转让他人采矿。

第四条 国务院地质矿产主管部门和省、自治区、直辖市人民政府地质矿产主管部门是探矿权、采矿权转让的审批管理机关。

国务院地质矿产主管部门负责由其审批发证的探矿权、采矿权转让的审批。

省、自治区、直辖市人民政府地质矿产主管部门负责本条第二款规定以外的探矿权、采矿权转让的审批。

第五条 转让探矿权，应当具备下列条件：

（一）自颁发勘查许可证之日起满2年，或者在勘查作业区内发现可供进一步勘查或者开采的矿产资源；

（二）完成规定的最低勘查投入；

（三）探矿权属无争议；

（四）按照国家有关规定已经缴纳探矿权使用费、探矿权价款；

（五）国务院地质矿产主管部门规定的其他条件。

第六条 转让采矿权，应当具备下列条件：

（一）矿山企业投入采矿生产满1年；

（二）采矿权属无争议；

（三）按照国家有关规定已经缴纳采矿权使用费、采矿权价款、矿产资源补偿费和资源税；

（四）国务院地质矿产主管部门规定的其他条件。

国有矿山企业在申请转让采矿权前，应当征得矿山企业主管部门的同意。

第七条　探矿权或者采矿权转让的受让人，应当符合《矿产资源勘查区块登记管理办法》或者《矿产资源开采登记管理办法》规定的有关探矿权申请人或者采矿权申请人的条件。

第八条　探矿权人或者采矿权人在申请转让探矿权或者采矿权时，应当向审批管理机关提交下列资料：

（一）转让申请书；

（二）转让人与受让人签订的转让合同；

（三）受让人资质条件的证明文件；

（四）转让人具备本办法第五条或者第六条规定的转让条件的证明；

（五）矿产资源勘查或者开采情况的报告；

（六）审批管理机关要求提交的其他有关资料。

国有矿山企业转让采矿权时，还应当提交有关主管部门同意转让采矿权的批准文件。

第九条　转让国家出资勘查所形成的探矿权、采矿权的，必须进行评估。

国家出资勘查形成的探矿权、采矿权价款，由具有矿业权评估资质的评估机构进行评估；评估报告报探矿权、采矿权登记管理机关备案。

第十条　申请转让探矿权、采矿权的，审批管理机关应当自收到转让申请之日起40日内，作出准予转让或者不准转让的决定，并通知转让人和受让人。

准予转让的，转让人和受让人应当自收到批准转让通知之日起60日内，到原发证机关办理变更登记手续；受让人按照国家规定缴纳有关费用后，领取勘查许可证或者采矿许可证，成为探矿权人或者采矿权人。

批准转让的，转让合同自批准之日起生效。

不准转让的，审批管理机关应当说明理由。

第十一条　审批管理机关批准转让探矿权、采矿权后，应当及时通知原发证机关。

第十二条　探矿权、采矿权转让后，探矿权人、采矿权人的权利、义务随之转移。

第十三条　探矿权、采矿权转让后，勘查许可证、采矿许可证的有效期限，为原勘查许可证、采矿许可证的有效期减去已经进行勘查、采矿的年限的剩余期限。

第十四条　未经审批管理机关批准，擅自转让探矿权、采矿权的，由登记管理机关责令改正，没收违法所得，处10万元以下的罚款；情节严重的，由原发证机关吊销勘查许可证、采矿许可证。

第十五条　违反本办法第三条第（二）项的规定，以承包等方式擅自将采矿权转给他人进行采矿的，由县级以上人民政府负责地质矿产管理工作的部门按照国务院地质矿产主管部门规定的权限，责令改正，没收违法所得，处10万元以下的罚款；情节严重的，由原发证机关吊销采矿许可证。

第十六条　审批管理机关工作人员徇私舞弊、滥用职权、玩忽职守，构成犯罪的，依法追究刑事责任；尚不构成犯罪的，依法给予行政处分。

第十七条　探矿权转让申请书、采矿权转让申请书的格式，由国务院地质矿产主管部门统一制定。

第十八条　本办法自发布之日起施行。

中华人民共和国煤炭法

（1996年8月29日第八届全国人民代表大会常务委员会第二十一次会议通过，根据2009年8月27日第十一届全国人民代表大会常务委员会第十次会议《关于修改部分法律的决定》第一次修正，根据2011年4月22日第十一届全国人民代表大会常务委员会第二十次会议《关于修改〈中华人民共和国煤炭法〉的决定》第二次修正，根据2013年6月29日第十二届全国人民代表大会常务委员会第三次会议《关于修改〈中华人民共和国文物保护法〉等十二部法律的决定》第三次修正，根据2016年11月7日第十二届全国人民代表大会常务委员会第二十四次会议《关于修改〈中华人民共和国对外贸易法〉等十二部法律的决定》第四次修正）

第一章 总 则

第一条 为了合理开发利用和保护煤炭资源，规范煤炭生产、经营活动，促进和保障煤炭行业的发展，制定本法。

第二条 在中华人民共和国领域和中华人民共和国管辖的其他海域从事煤炭生产、经营活动，适用本法。

第三条 煤炭资源属于国家所有。地表或者地下的煤炭资源的国家所有权，不因其依附的土地的所有权或者使用权的不同而改变。

第四条 国家对煤炭开发实行统一规划、合理布局、综合利用的方针。

第五条 国家依法保护煤炭资源，禁止任何乱采、滥挖破坏煤炭资源的行为。

第六条 国家保护依法投资开发煤炭资源的投资者的合法权益。

国家保障国有煤矿的健康发展。

国家对乡镇煤矿采取扶持、改造、整顿、联合、提高的方针，实行正规合理开发和有序发展。

第七条 煤矿企业必须坚持安全第一、预防为主的安全生产方针，建立健全安全生产的责任制度和群防群治制度。

第八条 各级人民政府及其有关部门和煤矿企业必须采取措施加强劳动保护，保障煤矿职工的安全和健康。

国家对煤矿井下作业的职工采取特殊保护措施。

第九条 国家鼓励和支持在开发利用煤炭资源过程中采用先进的科学技术和管理方法。

煤矿企业应当加强和改善经营管理，提高劳动生产率和经济效益。

第十条 国家维护煤矿矿区的生产秩序、工作秩序，保护煤矿企业设施。

第十一条 开发利用煤炭资源，应当遵守有关环境保护的法律、法规，防治污染和其他公害，保护生态环境。

第十二条 国务院煤炭管理部门依法负责全国煤炭行业的监督管理。国务院有关部门在各自的职责范围内负责煤炭行业的监督管理。

县级以上地方人民政府煤炭管理部门和有关部门依法负责本行政区域内煤炭行业的监督管理。

第十三条　煤炭矿务局是国有煤矿企业，具有独立法人资格。

矿务局和其他具有独立法人资格的煤矿企业、煤炭经营企业依法实行自主经营、自负盈亏、自我约束、自我发展。

第二章　煤炭生产开发规划与煤矿建设

第十四条　国务院煤炭管理部门根据全国矿产资源勘查规划编制全国煤炭资源勘查规划。

第十五条　国务院煤炭管理部门根据全国矿产资源规划规定的煤炭资源，组织编制和实施煤炭生产开发规划。

省、自治区、直辖市人民政府煤炭管理部门根据全国矿产资源规划规定的煤炭资源，组织编制和实施本地区煤炭生产开发规划，并报国务院煤炭管理部门备案。

第十六条　煤炭生产开发规划应当根据国民经济和社会发展的需要制定，并纳入国民经济和社会发展计划。

第十七条　国家制定优惠政策，支持煤炭工业发展，促进煤矿建设。

煤矿建设项目应当符合煤炭生产开发规划和煤炭产业政策。

第十八条　煤矿建设使用土地，应当依照有关法律、行政法规的规定办理。征收土地的，应当依法支付土地补偿费和安置补偿费，做好迁移居民的安置工作。

煤矿建设应当贯彻保护耕地、合理利用土地的原则。

地方人民政府对煤矿建设依法使用土地和迁移居民，应当给予支持和协助。

第十九条　煤矿建设应当坚持煤炭开发与环境治理同步进行。煤矿建设项目的环境保护设施必须与主体工程同时设计、同时施工、同时验收、同时投入使用。

第三章　煤炭生产与煤矿安全

第二十条　煤矿投入生产前，煤矿企业应当依照有关安全生产的法律、行政法规的规定取得安全生产许可证。未取得安全生产许可证的，不得从事煤炭生产。

第二十一条　对国民经济具有重要价值的特殊煤种或者稀缺煤种，国家实行保护性开采。

第二十二条　开采煤炭资源必须符合煤矿开采规程，遵守合理的开采顺序，达到规定的煤炭资源回采率。

煤炭资源回采率由国务院煤炭管理部门根据不同的资源和开采条件确定。

国家鼓励煤矿企业进行复采或者开采边角残煤和极薄煤。

第二十三条　煤矿企业应当加强煤炭产品质量的监督检查和管理。煤炭产品质量应当按照国家标准或者行业标准分等论级。

第二十四条　煤炭生产应当依法在批准的开采范围内进行，不得超越批准的开采范围越界、越层开采。

采矿作业不得擅自开采保安煤柱，不得采用可能危及相邻煤矿生产安全的决水、爆破、贯通巷道等危险方法。

第二十五条　因开采煤炭压占土地或者造成地表土地塌陷、挖损，由采矿者负责进行复垦，恢复到可供利用的状态；造成他人损失的，应当依法给予补偿。

第二十六条　关闭煤矿和报废矿井，应当依照有关法律、法规和国务院煤炭管理部门的规定办理。

第二十七条　国家建立煤矿企业积累煤矿衰老期转产资金的制度。

国家鼓励和扶持煤矿企业发展多种经营。

第二十八条　国家提倡和支持煤矿企业和其他企业发展煤电联产、炼焦、煤化工、煤建材等，进行煤炭的深加工和精加工。

国家鼓励煤矿企业发展煤炭洗选加工，

综合开发利用煤层气、煤矸石、煤泥、石煤和泥炭。

第二十九条 国家发展和推广洁净煤技术。

国家采取措施取缔土法炼焦。禁止新建土法炼焦窑炉；现有的土法炼焦限期改造。

第三十条 县级以上各级人民政府及其煤炭管理部门和其他有关部门，应当加强对煤矿安全生产工作的监督管理。

第三十一条 煤矿企业的安全生产管理，实行矿务局长、矿长负责制。

第三十二条 矿务局长、矿长及煤矿企业的其他主要负责人必须遵守有关矿山安全的法律、法规和煤炭行业安全规章、规程，加强对煤矿安全生产工作的管理，执行安全生产责任制度，采取有效措施，防止伤亡和其他安全生产事故的发生。

第三十三条 煤矿企业应当对职工进行安全生产教育、培训；未经安全生产教育、培训的，不得上岗作业。

煤矿企业职工必须遵守有关安全生产的法律、法规、煤炭行业规章、规程和企业规章制度。

第三十四条 在煤矿井下作业中，出现危及职工生命安全并无法排除的紧急情况时，作业现场负责人或者安全管理人员应当立即组织职工撤离危险现场，并及时报告有关方面负责人。

第三十五条 煤矿企业工会发现企业行政方面违章指挥、强令职工冒险作业或者生产过程中发现明显重大事故隐患，可能危及职工生命安全的情况，有权提出解决问题的建议，煤矿企业行政方面必须及时作出处理决定。企业行政方面拒不处理的，工会有权提出批评、检举和控告。

第三十六条 煤矿企业必须为职工提供保障安全生产所需的劳动保护用品。

第三十七条 煤矿企业应当依法为职工参加工伤保险缴纳工伤保险费。鼓励企业为井下作业职工办理意外伤害保险，支付保险费。

第三十八条 煤矿企业使用的设备、器材、火工产品和安全仪器，必须符合国家标准或者行业标准。

第四章 煤炭经营

第三十九条 煤炭经营企业从事煤炭经营，应当遵守有关法律、法规的规定，改善服务，保障供应。禁止一切非法经营活动。

第四十条 煤炭经营应当减少中间环节和取消不合理的中间环节，提倡有条件的煤矿企业直销。

煤炭用户和煤炭销区的煤炭经营企业有权直接从煤矿企业购进煤炭。在煤炭产区可以组成煤炭销售、运输服务机构，为中小煤矿办理经销、运输业务。

禁止行政机关违反国家规定擅自设立煤炭供应的中间环节和额外加收费用。

第四十一条 从事煤炭运输的车站、港口及其他运输企业不得利用其掌握的运力作为参与煤炭经营、谋取不正当利益的手段。

第四十二条 国务院物价行政主管部门会同国务院煤炭管理部门和有关部门对煤炭的销售价格进行监督管理。

第四十三条 煤矿企业和煤炭经营企业供应用户的煤炭质量应当符合国家标准或者行业标准，质级相符，质价相符。用户对煤炭质量有特殊要求的，由供需双方在煤炭购销合同中约定。

煤矿企业和煤炭经营企业不得在煤炭中掺杂、掺假，以次充好。

第四十四条 煤矿企业和煤炭经营企业供应用户的煤炭质量不符合国家标准或者行业标准，或者不符合合同约定，或者质级不符、质价不符，给用户造成损失的，应当依法给予赔偿。

第四十五条 煤矿企业、煤炭经营企业、运输企业和煤炭用户应当依照法律、国务院有关规定或者合同约定供应、运输和接卸煤炭。

运输企业应当将承运的不同质量的煤炭

分装、分堆。

第四十六条　煤炭的进出口依照国务院的规定，实行统一管理。

具备条件的大型煤矿企业经国务院对外经济贸易主管部门依法许可，有权从事煤炭出口经营。

第四十七条　煤炭经营管理办法，由国务院依照本法制定。

第五章　煤矿矿区保护

第四十八条　任何单位或者个人不得危害煤矿矿区的电力、通讯、水源、交通及其他生产设施。

禁止任何单位和个人扰乱煤矿矿区的生产秩序和工作秩序。

第四十九条　对盗窃或者破坏煤矿矿区设施、器材及其他危及煤矿矿区安全的行为，一切单位和个人都有权检举、控告。

第五十条　未经煤矿企业同意，任何单位或者个人不得在煤矿企业依法取得土地使用权的有效期间内在该土地上种植、养殖、取土或者修建建筑物、构筑物。

第五十一条　未经煤矿企业同意，任何单位或者个人不得占用煤矿企业的铁路专用线、专用道路、专用航道、专用码头、电力专用线、专用供水管路。

第五十二条　任何单位或者个人需要在煤矿采区范围内进行可能危及煤矿安全的作业时，应当经煤矿企业同意，报煤炭管理部门批准，并采取安全措施后，方可进行作业。

在煤矿矿区范围内需要建设公用工程或者其他工程的，有关单位应当事先与煤矿企业协商并达成协议后，方可施工。

第六章　监督检查

第五十三条　煤炭管理部门和有关部门依法对煤矿企业和煤炭经营企业执行煤炭法律、法规的情况进行监督检查。

第五十四条　煤炭管理部门和有关部门的监督检查人员应当熟悉煤炭法律、法规，掌握有关煤炭专业技术，公正廉洁，秉公执法。

第五十五条　煤炭管理部门和有关部门的监督检查人员进行监督检查时，有权向煤矿企业、煤炭经营企业或者用户了解有关执行煤炭法律、法规的情况，查阅有关资料，并有权进入现场进行检查。

煤矿企业、煤炭经营企业和用户对依法执行监督检查任务的煤炭管理部门和有关部门的监督检查人员应当提供方便。

第五十六条　煤炭管理部门和有关部门的监督检查人员对煤矿企业和煤炭经营企业违反煤炭法律、法规的行为，有权要求其依法改正。

煤炭管理部门和有关部门的监督检查人员进行监督检查时，应当出示证件。

第七章　法律责任

第五十七条　违反本法第二十四条的规定，开采煤炭资源未达到国务院煤炭管理部门规定的煤炭资源回采率的，由煤炭管理部门责令限期改正；逾期仍达不到规定的回采率的，责令停止生产。

第五十八条　违反本法第二十四条的规定，擅自开采保安煤柱或者采用危及相邻煤矿生产安全的危险方法进行采矿作业的，由劳动行政主管部门会同煤炭管理部门责令停止作业；由煤炭管理部门没收违法所得，并处违法所得一倍以上五倍以下的罚款；构成犯罪的，由司法机关依法追究刑事责任；造成损失的，依法承担赔偿责任。

第五十九条　违反本法第四十三条的规定，在煤炭产品中掺杂、掺假，以次充好的，责令停止销售，没收违法所得，并处违法所得一倍以上五倍以下的罚款；构成犯罪的，由司法机关依法追究刑事责任。

第六十条　违反本法第五十条的规定，未经煤矿企业同意，在煤矿企业依法取得土地使用权的有效期间内在该土地上修建建筑物、构筑物的，由当地人民政府动员拆除；拒不拆除的，责令拆除。

第六十一条 违反本法第五十一条的规定，未经煤矿企业同意，占用煤矿企业的铁路专用线、专用道路、专用航道、专用码头、电力专用线、专用供水管路的，由县级以上地方人民政府责令限期改正；逾期不改正的，强制清除，可以并处五万元以下的罚款；造成损失的，依法承担赔偿责任。

第六十二条 违反本法第五十二条的规定，未经批准或者未采取安全措施，在煤矿采区范围内进行危及煤矿安全作业的，由煤炭管理部门责令停止作业，可以并处五万元以下的罚款；造成损失的，依法承担赔偿责任。

第六十三条 有下列行为之一的，由公安机关依照治安管理处罚法的有关规定处罚；构成犯罪的，由司法机关依法追究刑事责任：

（一）阻碍煤矿建设，致使煤矿建设不能正常进行的；

（二）故意损坏煤矿矿区的电力、通讯、水源、交通及其他生产设施的；

（三）扰乱煤矿矿区秩序，致使生产、工作不能正常进行的；

（四）拒绝、阻碍监督检查人员依法执行职务的。

第六十四条 煤矿企业的管理人员违章指挥、强令职工冒险作业，发生重大伤亡事故的，依照刑法有关规定追究刑事责任。

第六十五条 煤矿企业的管理人员对煤矿事故隐患不采取措施予以消除，发生重大伤亡事故的，依照刑法有关规定追究刑事责任。

第六十六条 煤炭管理部门和有关部门的工作人员玩忽职守、徇私舞弊、滥用职权的，依法给予行政处分；构成犯罪的，由司法机关依法追究刑事责任。

第八章 附 则

第六十七条 本法自1996年12月1日起施行。

煤矸石综合利用管理办法

（2014年12月22日修订并发布，自2015年3月1日起施行）

第一章 总 则

第一条 为深入推进煤矸石综合利用健康有序发展，发展循环经济，减少其对土地资源占用和环境影响，提高资源利用效率，促进煤矿安全生产，根据《清洁生产促进法》、《固体废物污染环境防治法》、《循环经济促进法》、《煤炭法》等法律，制定本办法。

第二条 中华人民共和国境内对煤矸石综合利用的管理活动，适用本办法。

本办法所称煤矸石，是指煤矿在开拓掘进、采煤和煤炭洗选等生产过程中排出的含碳岩石，是煤矿生产过程中的废弃物。

本办法所称煤矸石综合利用，是指利用煤矸石进行井下充填、发电、生产建筑材料、回收矿产品、制取化工产品、筑路、土地复垦等。

第三条 煤矸石综合利用应当坚持减少排放和扩大利用相结合，实行就近利用、分类利用、大宗利用、高附加值利用，提升技术水平，实现经济效益、社会效益和环境效益有机统一，加强全过程管理，提高煤矸石利用量和利用率。

第二章 综合管理

第四条 国家发展改革委会同科技部、

工业和信息化部、财政部、国土资源部、环境保护部、住房城乡建设部、税务总局、质检总局、安全监管总局、能源局、煤矿安监局等负责起草、拟订、发布煤矸石综合利用相关规划、产业和扶持政策、技术规范等，并在各自职责范围内开展煤矸石综合利用管理工作。

第五条　省、自治区、直辖市人民政府资源综合利用主管部门负责本办法的贯彻实施，以及本行政区域内煤矸石综合利用活动的监督、管理和协调工作。省、自治区、直辖市人民政府其他相关部门在各自职责范围内支持配合煤矸石综合利用工作。

第六条　设区的市级环境保护部门、资源综合利用主管部门会同煤炭行业管理部门负责统计和发布本地区煤矸石产生、贮存、流向、利用、处置等数据信息。

省、自治区、直辖市环境保护部门和资源综合利用主管部门应于每年3月底前，将本地区上年度统计数据报环境保护部、国家发展改革委。

第七条　有关行业协会、社会中介组织要积极发挥在技术指导、市场推广和信息咨询服务等方面的作用，加强行业自律。

第八条　主要产煤省份（内蒙古、山西、陕西、河南、山东、新疆、贵州、安徽、云南等）资源综合利用主管部门，要会同有关部门根据煤炭工业发展规划、矿区总体规划和矿产资源规划等组织编制本行政区域煤矸石综合利用发展规划（或实施方案），并将控制煤矸石利用碳排放纳入当地控制温室气体排放总体工作方案（或低碳发展规划）。

第九条　煤炭开发项目（包括选煤厂项目）的项目核准申请报告中资源开发及综合利用分析篇章中须包括煤矸石综合利用和治理方案，明确煤矸石综合利用途径和处置方式。对未提供煤矸石综合利用方案的煤炭开发项目，有关主管部门不得予以核准。

煤矸石综合利用方案中涉及煤矸石产生单位自行建设的工程，要与煤矿（选煤厂）工程同时设计、同时施工、同时投产使用；涉及为其他单位提供煤矸石的工程，煤矸石利用单位应当具备符合国家产业政策和环境保护要求的生产与处置能力。

第十条　新建（改扩建）煤矿及选煤厂应节约土地、防止环境污染，禁止建设永久性煤矸石堆放场（库）。确需建设临时性堆放场（库）的，其占地规模应当与煤炭生产和洗选加工能力相匹配，原则上占地规模按不超过3年储矸量设计，且必须有后续综合利用方案。煤矸石临时性堆放场（库）选址、设计、建设及运行管理应当符合《一般工业固体废物贮存、处置场污染控制标准》、《煤炭工程项目建设用地指标》等相关要求。

第十一条　煤炭生产企业要因地制宜，采用合理的开采方式，煤炭和耕地复合度高的地区应当采用煤矸石井下充填开采技术，其他具备条件的地区也要优先和积极推广应用此项技术，有效控制地面沉陷、损毁耕地，减少煤矸石排放量。煤炭行业主管部门会同国土资源主管部门制订煤矸石井下充填开采技术标准体系，编制煤矸石井下充填开采方案。

第十二条　利用煤矸石进行土地复垦时，应严格按照《土地复垦条例》和国土、环境保护等相关部门出台的有关规定执行，遵守相关技术规范、质量控制标准和环保要求。

第十三条　煤矸石发电项目应当按照国家有关部门低热值煤发电项目规定进行规划建设，煤矸石使用量不低于入炉燃料的60%（重量比），且收到基低位发热量不低于5020千焦（1200千卡）/千克，应根据煤矸石资源量合理配备循环流化床锅炉及发电机组，并在煤矸石的使用环节配备准确可靠的计量器具。鼓励能量梯级利用，满足周边用户热（冷）负荷需要。对申报资源综合利用认定的发电项目（机组），其入炉混合燃料收到基低位发热量应不高于12550千焦（3000千卡）/千克。

第十四条 煤矸石综合利用要符合国家环境保护相关规定，达标排放。煤矸石发电企业应严格执行《火电厂大气污染物排放标准》等相关标准规定的限值要求和总量控制要求，应建立环保设施管理制度，并实行专人负责；发电机组烟气系统必须安装烟气自动在线监控装置，并符合《固定污染源烟气排放连续监测技术规范》要求，同时保留好完整的脱硫脱硝除尘系统数据，且保存一年以上；煤矸石发电产生的粉煤灰、脱硫石膏、废烟气脱硝催化剂等固体废弃物应按照有关规定进行综合利用和妥善处置。

第十五条 煤矸石产生单位应对既有的煤矸石堆场（库）的安全和环保负责，应制定治理方案，明确整改期限，采取有效综合利用措施消纳煤矸石、消除矸石山；对确难以综合利用的，须采取安全环保措施，并进行无害化处置，按照矿山生态环境保护与恢复治理技术规范等要求进行煤矸石堆场的生态保护与修复，防治煤矸石自燃对大气及周边环境的污染，鼓励对煤矸石山进行植被绿化。

第十六条 下列产品和工程项目，应当符合国家或行业有关质量、环境、节能和安全标准：

（一）利用煤矸石生产的建筑材料或其他与煤矸石综合利用相关的产品；

（二）煤矸石井下充填置换工程；

（三）利用煤矸石或制品的建筑、道路等工程；

（四）其他与煤矸石综合利用相关的工程项目。

第三章　鼓励措施

第十七条 国家鼓励煤矸石大宗利用和高附加值利用：

（一）煤矸石井下充填；

（二）煤矸石循环流化床发电和热电联产；

（三）煤矸石生产建筑材料；

（四）从煤矸石中回收矿产品；

（五）煤矸石土地复垦及矸石山生态环境恢复；

（六）其他大宗、高附加值利用方式。

第十八条 通过国家科技计划（基金、专项）等对煤矸石高附加值利用关键共性技术的自主创新研究和产业化推广给予一定支持。

第十九条 煤矸石利用单位可按照《国家鼓励的资源综合利用认定管理办法》有关要求和程序申报资源综合利用认定。符合条件的，可根据国家有关规定申请享受并网运行、财税等资源综合利用鼓励扶持政策。对符合燃煤发电机组环保电价及环保设施运行管理的煤矸石综合利用发电（含热电联产）企业，可享受环保电价政策。

第二十条 对符合国家或行业质量标准的煤矸石及其制品，设计、施工单位应在设计、建筑施工中优先选用。

第二十一条 各级资源综合利用主管部门应会同相关部门，根据本地区实际情况制定相应的引导、扶持、监管措施。

第四章　监督检查

第二十二条 煤炭开发项目（包括选煤厂项目）正式运行后，煤矸石综合利用未按照项目核准申请报告中的综合利用方案实施的，项目核准部门应监督其限期整改，整改合格后方可进行综合验收。

第二十三条 违反本办法第十条规定，新建（改扩建）煤矿或煤炭洗选企业建设永久性煤矸石堆场的或不符合《煤炭工程项目建设用地指标》要求的，由国土资源等部门监督其限期整改。

违反本办法第十条、第十二条、第十四条、第十六条有关规定对环境造成污染的，由环境保护部门依法处罚；煤矸石发电企业超标排放的，由所在地价格主管部门依据环境保护部门提供的环保设施运行情况，按照燃煤发电机组环保电价及环保设施运行监管办法有关规定罚没其环保电价款，同时环境保护部门每年向社会公告不达标企业名单。

违反本办法第十六条（一）项的，由质量技术监督部门依据《产品质量法》进行处罚；违反本办法第十五条、第十六条（二）（三）（四）项造成安全事故的，由安监部门依据有关规定进行处罚。

对达不到本办法第十三条、第十四条、第十五条、第十六条规定，弄虚作假、不符合质量标准和安全要求、超标排放的，有关部门应及时取消其享受国家相关鼓励扶持政策资格，并限期整改；对已享受国家鼓励扶持政策的，将按照有关法律和相关规定予以处罚和追缴。

第二十四条　任何单位和个人在煤矸石堆场取矸时，要明确安全责任主体，制定安全技术措施，不得影响煤矿生产安全，造成财产损失或引发生产安全事故的，安全监管等部门要依法追究相关单位和人员责任。

第二十五条　对获得国家和地方资金支持的煤矸石综合利用项目，所在地区科技、投资、环保等部门应当对项目进展、资金使用、环境影响情况进行监督检查，并进行资源综合利用效果的后评估。

第五章　附　　则

第二十六条　本办法自2015年3月1日起施行。原国家经贸委等八部门联合发布的《煤矸石综合利用管理办法》（国经贸资〔1998〕80号）同时废止。

乡镇煤矿管理条例

（1994年12月20日中华人民共和国国务院令第169号发布，根据2013年7月18日《国务院关于废止和修改部分行政法规的决定》修订）

第一章　总　　则

第一条　为了加强乡镇煤矿的行业管理，促进乡镇煤矿的健康发展，制定本条例。

第二条　本条例所称乡镇煤矿，是指在乡（镇）、村开办的集体煤矿企业、私营煤矿企业以及除国有煤矿企业和外商投资煤矿企业以外的其他煤矿企业。

第三条　煤炭资源属于国家所有。地表或者地下的煤炭资源的国家所有权，不因其所依附的土地的所有权或者使用权的不同而改变。

国家对煤炭资源的开发利用实行统一规划、合理布局的方针。

第四条　乡镇煤矿开采煤炭资源，必须依照有关法律、法规的规定，申请领取采矿许可证和安全生产许可证。

第五条　国家扶持、指导和帮助乡镇煤矿的发展。

县级以上地方人民政府应当加强对乡镇煤矿的管理，依法维护乡镇煤矿的生产秩序，保护乡镇煤矿的合法权益；对发展乡镇煤矿作出显著成绩的单位和个人给予奖励。

第六条　乡镇煤矿开采煤炭资源，应当遵循开发与保护并重的原则，依法办矿，安全生产，文明生产。

第七条　国务院煤炭工业主管部门和县级以上地方人民政府负责管理煤炭工业的部门是乡镇煤矿的行业管理部门（以下统称煤炭工业主管部门）。

煤炭工业行业管理的任务是统筹规划、

组织协调、提供服务、监督检查。

第二章　资源与规划

第八条　国务院煤炭工业主管部门和省、自治区、直辖市人民政府根据全国矿产资源规划编制行业开发规划和地区开发规划时，应当合理划定乡镇煤矿开采的煤炭资源范围。

第九条　未经国务院煤炭工业主管部门批准，乡镇煤矿不得开采下列煤炭资源：

（一）国家规划煤炭矿区；

（二）对国民经济具有重要价值的煤炭矿区；

（三）国家规定实行保护性开采的稀缺煤种；

（四）重要河流、堤坝和大型水利工程设施下的保安煤柱；

（五）铁路、重要公路和桥梁下的保安煤柱；

（六）重要工业区、重要工程设施、机场、国防工程设施下的保安煤柱；

（七）不能移动的国家重点保护的历史文物、名胜古迹和国家划定的自然保护区、重要风景区下的保安煤柱；

（八）正在建设或者正在开采的矿井的保安煤柱。

第十条　乡镇煤矿在国有煤矿企业矿区范围内开采边缘零星资源，必须征得该国有煤矿企业同意，并经其上级主管部门批准。

乡镇煤矿开采前款规定的煤炭资源，必须与国有煤矿企业签订合理开发利用煤炭资源和维护矿山安全的协议，不得浪费、破坏煤炭资源，影响国有煤矿企业的生产安全。

第十一条　国家重点建设工程需要占用乡镇煤矿的生产井田时，占用单位应当按照国家有关规定给予合理补偿；但是，对违法开办的乡镇煤矿，不予补偿。

第三章　办矿与生产

第十二条　开办乡镇煤矿，必须具备下列条件：

（一）符合国家煤炭工业发展规划；

（二）有经依法批准可供开采的、无争议的煤炭资源；

（三）有与所建矿井生产规模相适应的资金、技术装备和技术人才；

（四）有经过批准的采矿设计或者开采方案；

（五）有符合国家规定的安全生产措施和环境保护措施；

（六）办矿负责人经过技术培训，并持有矿长资格证书；

（七）法律、法规规定的其他条件。

第十三条　申请开办乡镇煤矿，由资源所在地的县级人民政府负责管理煤炭工业的部门审查申请人的办矿条件。

申请开办乡镇煤矿，其矿区范围跨2个县级以上行政区域的，由其共同的上一级人民政府负责管理煤炭工业的部门审查申请人的办矿条件。

经审查符合办矿条件的，申请人应当凭煤炭工业主管部门审查同意的文件，依照有关法律、法规的规定，办理采矿登记手续，领取采矿许可证。

第十四条　乡镇煤矿建成投产前，应当按照国务院关于安全生产许可证管理的规定，申请领取安全生产许可证。

未取得安全生产许可证的乡镇煤矿，不得进行煤炭生产。

第十五条　乡镇煤矿开采煤炭资源，应当采用合理的开采顺序和科学的采矿方法，提高资源回采率和综合利用率，防止资源的浪费。

第十六条　乡镇煤矿应当按照矿井当年的实际产量提取维简费。维简费的提取标准和使用范围按照国家有关规定执行。

第四章　安全与管理

第十七条　乡镇煤矿应当按照国家有关矿山安全的法律、法规和煤炭行业安全规程、技术规范的要求，建立、健全各级安全生产责任制和安全规章制度。

第十八条 县级、乡级人民政府应当加强对乡镇煤矿安全生产工作的监督管理，保证煤矿生产的安全。

乡镇煤矿的矿长和办矿单位的主要负责人，应当加强对煤矿安全生产工作的领导，落实安全生产责任制，采取各种有效措施，防止生产事故的发生。

第十九条 国务院煤炭工业主管部门和县级以上地方人民政府负责管理煤炭工业的部门，应当有计划地对乡镇煤矿的职工进行安全教育和技术培训。

县级以上人民政府负责管理煤炭工业的部门对矿长考核合格后，应当颁发矿长资格证书。

县级以上人民政府负责管理煤炭工业的部门对瓦斯检验工、采煤机司机等特种作业人员按照国家有关规定考核合格后，应当颁发操作资格证书。

第二十条 乡镇煤矿发生伤亡事故，应当按照有关法律、行政法规的规定，及时如实地向上一级人民政府、煤炭工业主管部门及其他有关主管部门报告，并立即采取有效措施，做好救护工作。

第二十一条 乡镇煤矿应当及时测绘井上下工程对照图、采掘工程平面图和通风系统图，并定期向原审查办矿条件的煤炭工业主管部门报送图纸，接受其监督、检查。

第二十二条 乡镇煤矿进行采矿作业，不得采用可能危及相邻煤矿生产安全的决水、爆破、贯通巷道等危险方法。

第二十三条 乡镇煤矿依照有关法律、法规的规定办理关闭矿山手续时，应当向原审查办矿条件的煤炭工业主管部门提交有关采掘工程、不安全隐患等资料。

第二十四条 县级以上人民政府劳动行政主管部门负责对乡镇煤矿安全工作的监督，并有权对取得矿长资格证书的矿长进行抽查。

第五章 罚 则

第二十五条 违反法律、法规关于矿山安全的规定，造成人身伤亡或者财产损失的，依照有关法律、法规的规定给予处罚。

第二十六条 违反本条例规定，有下列情形之一的，由原审查办矿条件的煤炭工业主管部门，根据情节轻重，给予警告、5万元以下的罚款、没收违法所得或者责令停产整顿：

（一）未经煤炭工业主管部门审查同意，擅自开办乡镇煤矿的；

（二）未按照规定向煤炭工业主管部门报送有关图纸资料的。

第二十七条 违反本条例规定，有下列情形之一的，由国务院煤炭工业主管部门或者由其授权的省、自治区、直辖市人民政府煤炭工业主管部门，根据情节轻重，分别给予警告、5万元以下的罚款、没收违法所得或者责令停止开采：

（一）未经国务院煤炭工业主管部门批准，擅自进入国家规划煤炭矿区、对国民经济具有重要价值的煤炭矿区采矿的，或者擅自开采国家规定实行保护性开采的稀缺煤种的；

（二）未经国有煤矿企业的上级主管部门批准，擅自开采国有煤矿企业矿区范围内边缘零星资源的。

第二十八条 县级以上人民政府劳动行政主管部门经抽查发现取得矿长资格证书的矿长不合格的，应当责令限期达到规定条件；逾期仍不合格的，提请本级人民政府决定责令其所在煤矿停产。

第二十九条 煤炭工业主管部门违反本条例规定，有下列情形之一的，对负有直接责任的主管人员和其他直接责任人员给予行政处分：

（一）符合开办乡镇煤矿的条件不予审查同意的，或者不符合条件予以同意的；

（二）符合矿长任职资格不予颁发矿长资格证书的，或者不符合矿长任职资格予以颁发矿长资格证书的。

第三十条 依照本条例第二十六条、第二十七条规定取得的罚没收入，应当全部上缴国库。

第六章 附 则

第三十一条 国务院煤炭工业主管部门可以根据本条例制定实施办法。

第三十二条 本条例自发布之日起施行。

长江河道采砂管理条例

（2001年10月25日中华人民共和国国务院令第320号公布，根据2023年7月20日《国务院关于修改和废止部分行政法规的决定》修订）

第一条 为了加强长江河道采砂管理，维护长江河势稳定，保障防洪和通航安全，制定本条例。

第二条 在长江宜宾以下干流河道内从事开采砂石（以下简称长江采砂）及其管理活动的，应当遵守本条例。

第三条 国务院水行政主管部门及其所属的长江水利委员会应当加强对长江采砂的统一管理和监督检查，并做好有关组织、协调和指导工作。

长江采砂管理，实行地方人民政府行政首长负责制。沿江县级以上地方人民政府应当加强对本行政区域内长江采砂活动的管理，做好长江采砂的组织、协调和监督检查工作。

沿江县级以上地方人民政府水行政主管部门依照本条例的规定，具体负责本行政区域内长江采砂的管理和监督检查工作。

国务院交通行政主管部门所属的长江航务管理局负责长江航道管理工作，长江海事机构负责长江交通安全的监督管理工作。公安部门负责长江水上治安管理工作，依法打击长江采砂活动中的犯罪行为。

第四条 国家对长江采砂实行统一规划制度。

长江采砂规划由长江水利委员会会同四川省、湖北省、湖南省、江西省、安徽省、江苏省和重庆市、上海市人民政府水行政主管部门编制，经征求长江航务管理局和长江海事机构意见后，报国务院水行政主管部门批准。国务院水行政主管部门批准前，应当征求国务院交通行政主管部门的意见。

长江采砂规划一经批准，必须严格执行；确需修改时，应当依照前款规定批准。

长江采砂规划批准实施前，长江水利委员会可以会同沿江省、直辖市人民政府水行政主管部门、长江航务管理局和长江海事机构确定禁采区和禁采期，报国务院水行政主管部门批准。

第五条 长江采砂规划应当充分考虑长江防洪安全和通航安全的要求，符合长江流域综合规划和长江防洪、河道整治以及航道整治等专业规划。

第六条 长江采砂规划应当包括下列内容：

（一）禁采区和可采区；

（二）禁采期和可采期；

（三）年度采砂控制总量；

（四）可采区内采砂船只的控制数量。

第七条 沿江省、直辖市人民政府水行政主管部门根据长江采砂规划，可以拟订本行政区域内长江采砂规划实施方案，报本级人民政府批准后实施，并报长江水利委员会、长江航务管理局备案。

沿江省、直辖市人民政府应当将长江采砂规划确定的禁采区和禁采期予以公告。

沿江省、直辖市人民政府水行政主管部门可以根据本行政区域内长江的水情、工情、汛情、航道变迁和管理等需要，在长江采砂规划确定的禁采区、禁采期外增加禁采范围、延长禁采期限，报本级人民政府决定后公告。

第八条　长江水利委员会和沿江省、直辖市人民政府水行政主管部门应当加强对长江采砂规划实施情况的监督检查。

第九条　国家对长江采砂实行采砂许可制度。

河道采砂许可证由沿江省、直辖市人民政府水行政主管部门审批发放；属于省际边界重点河段的，经有关省、直辖市人民政府水行政主管部门签署意见后，由长江水利委员会审批发放；涉及航道的，审批发放前应当征求长江航务管理局和长江海事机构的意见。省际边界重点河段的范围由国务院水行政主管部门划定。

河道采砂许可证式样由国务院水行政主管部门规定，由沿江省、直辖市人民政府水行政主管部门和长江水利委员会印制。

第十条　从事长江采砂活动的单位和个人应当向沿江市、县人民政府水行政主管部门提出申请；符合下列条件的，由长江水利委员会或者沿江省、直辖市人民政府水行政主管部门依照本条例第九条的规定，审批发放河道采砂许可证：

（一）符合长江采砂规划确定的可采区和可采期的要求；

（二）符合年度采砂控制总量的要求；

（三）符合规定的作业方式；

（四）符合采砂船只数量的控制要求；

（五）采砂船舶、船员证书齐全；

（六）有符合要求的采砂设备和采砂技术人员；

（七）长江水利委员会或者沿江省、直辖市人民政府水行政主管部门规定的其他条件。

市、县人民政府水行政主管部门应当自收到申请之日起10日内签署意见后，报送沿江省、直辖市人民政府水行政主管部门审批；属于省际边界重点河段的，经有关省、直辖市人民政府水行政主管部门签署意见后，报送长江水利委员会审批。长江水利委员会或者沿江省、直辖市人民政府水行政主管部门应当自收到申请之日起30日内予以审批；不予批准的，应当在作出不予批准决定之日起7日内通知申请人，并说明理由。

第十一条　河道采砂许可证应当载明船主姓名（名称）、船名、船号和开采的性质、种类、地点、时限以及作业方式、弃料处理方式、许可证的有效期限等有关事项和内容。

第十二条　从事长江采砂活动的单位和个人应当按照河道采砂许可证的规定进行开采。有关县级以上地方人民政府水行政主管部门和长江水利委员会应当按照职责划分对其加强监督检查。

从事长江采砂活动的单位和个人需要改变河道采砂许可证规定的事项和内容的，应当重新办理河道采砂许可证。

禁止伪造、涂改或者买卖、出租、出借或者以其他方式转让河道采砂许可证。

第十三条　为保障航道畅通和航行安全，采砂作业应当服从通航要求，并设立明显标志。

第十四条　长江水利委员会和沿江省、直辖市人民政府水行政主管部门年审批采砂总量不得超过规划确定的年度采砂控制总量。

沿江省、直辖市人民政府水行政主管部门应当在每年1月31日前将上一年度的长江采砂审批发证情况和实施情况，报长江水利委员会备案。

第十五条　沿江县级以上地方人民政府水行政主管部门因整修长江堤防进行吹填固基或者整治长江河道采砂的，应当经本省、直辖市人民政府水行政主管部门审查，并报长江水利委员会批准；长江航务管理局因整治长江航道采砂的，应当事先征求长江水利委员会的意见。

因吹填造地从事采砂活动的单位和个人，应当依法申请河道采砂许可证。

第十六条 除按照河道采砂许可证规定的期限在可采区作业外，采砂船舶应当集中停放在沿江县级人民政府指定的地点，并由采砂船舶所有者或者使用者负责管护。无正当理由，不得擅自离开指定的地点。

第十七条 禁止运输、收购、销售未取得河道采砂许可证的单位、个人开采的长江河道砂石。

长江水利委员会应当会同沿江省、直辖市人民政府水行政主管部门及有关部门、长江航务管理局、长江海事机构等单位建立统一的长江河道采砂管理信息平台，推进实施长江河道砂石开采、运输、收购、销售全过程追溯。

第十八条 违反本条例规定，未办理河道采砂许可证，擅自在长江采砂的，由县级以上地方人民政府水行政主管部门或者长江水利委员会依据职权，责令停止违法行为，没收违法开采的砂石和违法所得以及采砂船舶和挖掘机械等作业设备、工具，并处违法开采的砂石货值金额 2 倍以上 20 倍以下的罚款；货值金额不足 10 万元的，并处 20 万元以上 200 万元以下的罚款；构成犯罪的，依法追究刑事责任。

第十九条 违反本条例规定，采砂单位、个人未按照河道采砂许可证规定的要求采砂的，由县级以上地方人民政府水行政主管部门或者长江水利委员会依据职权，责令停止违法行为，没收违法开采的砂石和违法所得，并处违法开采的砂石货值金额 1 倍以上 2 倍以下的罚款；情节严重或者在禁采区、禁采期采砂的，没收违法开采的砂石和违法所得以及采砂船舶和挖掘机械等作业设备、工具，吊销河道采砂许可证，并处违法开采的砂石货值金额 2 倍以上 20 倍以下的罚款，货值金额不足 10 万元的，并处 20 万元以上 200 万元以下的罚款；构成犯罪的，依法追究刑事责任。

第二十条 违反本条例规定，运输、收购、销售未取得河道采砂许可证的单位、个人开采的长江河道砂石的，由县级以上地方人民政府水行政主管部门、长江水利委员会、有关海事管理机构以及县级以上地方人民政府其他有关部门依据职权，责令停止违法行为，没收违法运输、收购、销售的砂石和违法所得，并处 2 万元以上 20 万元以下的罚款；情节严重的，并处 20 万元以上 200 万元以下的罚款；构成犯罪的，依法追究刑事责任。

第二十一条 违反本条例规定，采砂船舶未在指定地点集中停放或者无正当理由擅自离开指定地点的，由县级以上地方人民政府水行政主管部门责令停靠在指定地点，处 3 万元以上 10 万元以下的罚款；拒不改正的，予以强行转移至指定地点。

第二十二条 伪造、变造、转让、出租、出借河道采砂许可证，由县级以上地方人民政府水行政主管部门或者长江水利委员会依据职权予以吊销或者收缴，没收违法所得，并处 5 万元以上 50 万元以下的罚款；构成犯罪的，依法追究刑事责任。

第二十三条 在长江航道内非法采砂影响通航安全的，由长江航务管理局、长江海事机构依照《中华人民共和国内河交通安全管理条例》和《中华人民共和国航道管理条例》等规定给予处罚。

第二十四条 依照本条例规定应当给予行政处罚，而有关水行政主管部门不给予行政处罚的，由上级人民政府水行政主管部门责令其作出行政处罚决定或者直接给予行政处罚；对负有责任的主管人员和其他直接责任人员依法给予处分。

第二十五条 依照本条例实施罚款的行政处罚，应当依照有关法律、行政法规的规定，实行罚款决定与罚款收缴分离，所收取的罚款必须全部上缴国库。

第二十六条 有下列行为之一，对负有责任的主管人员和其他直接责任人员依法给予处分；构成犯罪的，依法追究刑事责任：

（一）不执行已批准的长江采砂规划、擅自修改长江采砂规划或者违反长江采砂规划组织采砂的；

（二）不按照规定审批发放河道采砂许可证或者其他批准文件的；

（三）不履行本条例规定的监督检查职责，造成长江采砂秩序混乱或者造成重大责任事故的。

第二十七条　本条例自2002年1月1日起施行。

全国人民代表大会常务委员会办公厅关于卤水是矿产资源的答复

（1992年7月13日　常办秘字第48号）

山东省人大常委会办公厅：

你厅6月9日关于请示卤水是否属于矿产资源问题的函收悉。经与全国人大常委会法制工作委员会共同研究并征求了国务院法制局的意见，现提出答复意见如下：地下卤水是一种非金属矿产，属于矿产资源。按照矿产资源法第二条“在中华人民共和国领域及管辖海域勘查、开采矿产资源，必须遵守本法”的规定，勘查、开采地下卤水，应当遵守矿产资源法的有关规定。

此复。

全国人民代表大会常务委员会法制工作委员会关于在河道、航道范围内开采砂石、砂金适用法律问题的答复

（1990年5月18日　法工办发14号）

河北省人大常委会：

1989年11月20日来函收悉。

矿产资源法第十三条关于开办国营矿山企业的审批程序的规定，是为保护和合理开发利用矿产资源而作出的监督管理规定；水法第二十四条第四款关于在河道内开采砂石、砂金的审批程序的规定，是为保证行洪、排涝和航行安全而作出的监督管理规定。两个法律的上述规定并不矛盾。国营矿山企业在行洪、排涝河道和航道范围内开采砂石、砂金，既应执行矿产资源法第十三条的规定，由地质矿产主管部门依法颁发采矿许可证，同时也应执行水法第二十四条的规定，经河道主管部门批准或者经河道主管部门会同航道主管部门批准。

全国人民代表大会常务委员会法制工作委员会关于在河道、航道范围内开采砂石、砂金适用法律问题的再次答复

（1991年3月7日 法工委发18号）

江西省人大常委会：

省人大常委会法工委赣常发函〔1990〕4号收悉。现答复如下：

一、国营矿山企业在行洪、排涝河道和航道范围内开采砂石，既应执行水法第二十四条的规定，经河道主管部门批准或者经河道主管部门会同航道主管部门批准，同时也应执行矿产资源法第十三条的规定，由地质矿产主管部门颁发采矿许可证。

二、乡镇集体矿山企业和个体在行洪、排涝河道和航道范围内开采砂石，既应执行水法第二十四条的规定，经河道主管部门批准或者经河道主管部门会同航道主管部门批准，同时也应执行省、自治区、直辖市人大常委会制定的开办乡镇集体矿山企业的审查批准、颁发采矿许可证的办法和个体采矿的管理办法中的有关规定。

三、在行洪、排涝河道和航道范围内开采砂金，既应执行水法第二十四条的规定，经河道主管部门批准或者经河道主管部门会同航道主管部门批准，同时也应执行矿产资源法第十五条的规定，经国务院有关主管部门（国家黄金管理局）批准，并应按照矿产资源法的有关规定，国营矿山企业开采砂金的，由地质矿产主管部门颁发采矿许可证，乡镇集体矿山企业开采砂金的，应当执行省、自治区、直辖市人大常委会制定的开办乡镇集体矿山企业的审查批准、颁发采矿许可证的办法中的有关规定。

四、采砂管理费和矿产资源开发管理费的问题，请向国务院请示。

最高人民法院关于审理矿业权纠纷案件适用法律若干问题的解释

（2017年2月20日由最高人民法院审判委员会第1710次会议通过，根据2020年12月23日最高人民法院审判委员会第1823次会议通过的《最高人民法院关于修改〈最高人民法院关于在民事审判工作中适用《中华人民共和国工会法》若干问题的解释〉等二十七件民事类司法解释的决定》修正）

为正确审理矿业权纠纷案件，依法保护当事人的合法权益，根据《中华人民共和国民法典》《中华人民共和国矿产资源法》《中华人民共和国环境保护法》等法律法规

的规定，结合审判实践，制定本解释。

第一条　人民法院审理探矿权、采矿权等矿业权纠纷案件，应当依法保护矿业权流转，维护市场秩序和交易安全，保障矿产资源合理开发利用，促进资源节约与环境保护。

第二条　县级以上人民政府自然资源主管部门作为出让人与受让人签订的矿业权出让合同，除法律、行政法规另有规定的情形外，当事人请求确认自依法成立之日起生效的，人民法院应予支持。

第三条　受让人请求自矿产资源勘查许可证、采矿许可证载明的有效期起始日确认其探矿权、采矿权的，人民法院应予支持。

矿业权出让合同生效后、矿产资源勘查许可证或者采矿许可证颁发前，第三人越界或者以其他方式非法勘查开采，经出让人同意已实际占有勘查作业区或者矿区的受让人，请求第三人承担停止侵害、排除妨碍、赔偿损失等侵权责任的，人民法院应予支持。

第四条　出让人未按照出让合同的约定移交勘查作业区或者矿区、颁发矿产资源勘查许可证或者采矿许可证，受让人请求解除出让合同的，人民法院应予支持。

受让人勘查开采矿产资源未达到自然资源主管部门批准的矿山地质环境保护与土地复垦方案要求，在自然资源主管部门规定的期限内拒不改正，或者因违反法律法规被吊销矿产资源勘查许可证、采矿许可证，或者未按照出让合同的约定支付矿业权出让价款，出让人解除出让合同的，人民法院应予支持。

第五条　未取得矿产资源勘查许可证、采矿许可证，签订合同将矿产资源交由他人勘查开采的，人民法院应依法认定合同无效。

第六条　矿业权转让合同自依法成立之日起具有法律约束力。矿业权转让申请未经自然资源主管部门批准，受让人请求转让人办理矿业权变更登记手续的，人民法院不予支持。

当事人仅以矿业权转让申请未经自然资源主管部门批准为由请求确认转让合同无效的，人民法院不予支持。

第七条　矿业权转让合同依法成立后，在不具有法定无效情形下，受让人请求转让人履行报批义务或者转让人请求受让人履行协助报批义务的，人民法院应予支持，但法律上或者事实上不具备履行条件的除外。

人民法院可以依据案件事实和受让人的请求，判决受让人代为办理报批手续，转让人应当履行协助义务，并承担由此产生的费用。

第八条　矿业权转让合同依法成立后，转让人无正当理由拒不履行报批义务，受让人请求解除合同、返还已付转让款及利息，并由转让人承担违约责任的，人民法院应予支持。

第九条　矿业权转让合同约定受让人支付全部或者部分转让款后办理报批手续，转让人在办理报批手续前请求受让人先履行付款义务的，人民法院应予支持，但受让人有确切证据证明存在转让人将同一矿业权转让给第三人、矿业权人将被兼并重组等符合民法典第五百二十七条规定情形的除外。

第十条　自然资源主管部门不予批准矿业权转让申请致使矿业权转让合同被解除，受让人请求返还已付转让款及利息，采矿权人请求受让人返还获得的矿产品及收益，或者探矿权人请求受让人返还勘查资料和勘查中回收的矿产品及收益的，人民法院应予支持，但受让人可请求扣除相关的成本费用。

当事人一方对矿业权转让申请未获批准有过错的，应赔偿对方因此受到的损失；双方均有过错的，应当各自承担相应的责任。

第十一条　矿业权转让合同依法成立后、自然资源主管部门批准前，矿业权人又将矿业权转让给第三人并经自然资源主管部门批准、登记，受让人请求解除转让合同、返还已付转让款及利息，并由矿业权人承担违约责任的，人民法院应予支持。

第十二条 当事人请求确认矿业权租赁、承包合同自依法成立之日起生效的，人民法院应予支持。

矿业权租赁、承包合同约定矿业权人仅收取租金、承包费，放弃矿山管理，不履行安全生产、生态环境修复等法定义务，不承担相应法律责任的，人民法院应依法认定合同无效。

第十三条 矿业权人与他人合作进行矿产资源勘查开采所签订的合同，当事人请求确认自依法成立之日起生效的，人民法院应予支持。

合同中有关矿业权转让的条款适用本解释关于矿业权转让合同的规定。

第十四条 矿业权人为担保自己或者他人债务的履行，将矿业权抵押给债权人的，抵押合同自依法成立之日起生效，但法律、行政法规规定不得抵押的除外。

当事人仅以未经主管部门批准或者登记、备案为由请求确认抵押合同无效的，人民法院不予支持。

第十五条 当事人请求确认矿业权之抵押权自依法登记时设立的，人民法院应予支持。

颁发矿产资源勘查许可证或者采矿许可证的自然资源主管部门根据相关规定办理的矿业权抵押备案手续，视为前款规定的登记。

第十六条 债务人不履行到期债务或者发生当事人约定的实现抵押权的情形，抵押权人依据民事诉讼法第一百九十六条、第一百九十七条规定申请实现抵押权的，人民法院可以拍卖、变卖矿业权或者裁定以矿业权抵债，但矿业权竞买人、受让人应具备相应的资质条件。

第十七条 矿业权抵押期间因抵押人被兼并重组或者矿床被压覆等原因导致矿业权全部或者部分灭失，抵押权人请求就抵押人因此获得的保险金、赔偿金或者补偿金等款项优先受偿或者将该款项予以提存的，人民法院应予支持。

第十八条 当事人约定在自然保护区、风景名胜区、重点生态功能区、生态环境敏感区和脆弱区等区域内勘查开采矿产资源，违反法律、行政法规的强制性规定或者损害环境公共利益的，人民法院应依法认定合同无效。

第十九条 因越界勘查开采矿产资源引发的侵权责任纠纷，涉及自然资源主管部门批准的勘查开采范围重复或者界限不清的，人民法院应告知当事人先向自然资源主管部门申请解决。

第二十条 因他人越界勘查开采矿产资源，矿业权人请求侵权人承担停止侵害、排除妨碍、返还财产、赔偿损失等侵权责任的，人民法院应予支持，但探矿权人请求侵权人返还越界开采的矿产品及收益的除外。

第二十一条 勘查开采矿产资源造成环境污染，或者导致地质灾害、植被毁损等生态破坏，国家规定的机关或者法律规定的组织提起环境公益诉讼的，人民法院应依法予以受理。

国家规定的机关或者法律规定的组织为保护国家利益、环境公共利益提起诉讼的，不影响因同一勘查开采行为受到人身、财产损害的自然人、法人和非法人组织依据民事诉讼法第一百一十九条的规定提起诉讼。

第二十二条 人民法院在审理案件中，发现无证勘查开采，勘查资质、地质资料造假，或者勘查开采未履行生态环境修复义务等违法情形的，可以向有关行政主管部门提出司法建议，由其依法处理；涉嫌犯罪的，依法移送侦查机关处理。

第二十三条 本解释施行后，人民法院尚未审结的一审、二审案件适用本解释规定。本解释施行前已经作出生效裁判的案件，本解释施行后依法再审的，不适用本解释。

（四）水资源

中华人民共和国水法

（1988年1月21日第六届全国人民代表大会常务委员会第二十四次会议通过，2002年8月29日第九届全国人民代表大会常务委员会第二十九次会议修订，根据2009年8月27日第十一届全国人民代表大会常务委员会第十次会议《关于修改部分法律的决定》第一次修正，根据2016年7月2日第十二届全国人民代表大会常务委员会第二十一次会议《关于修改〈中华人民共和国节约能源法〉等六部法律的决定》第二次修正）

第一章　总　　则

第一条　为了合理开发、利用、节约和保护水资源，防治水害，实现水资源的可持续利用，适应国民经济和社会发展的需要，制定本法。

第二条　在中华人民共和国领域内开发、利用、节约、保护、管理水资源，防治水害，适用本法。

本法所称水资源，包括地表水和地下水。

第三条　水资源属于国家所有。水资源的所有权由国务院代表国家行使。农村集体经济组织的水塘和由农村集体经济组织修建管理的水库中的水，归各该农村集体经济组织使用。

第四条　开发、利用、节约、保护水资源和防治水害，应当全面规划、统筹兼顾、标本兼治、综合利用、讲求效益，发挥水资源的多种功能，协调好生活、生产经营和生态环境用水。

第五条　县级以上人民政府应当加强水利基础设施建设，并将其纳入本级国民经济和社会发展计划。

第六条　国家鼓励单位和个人依法开发、利用水资源，并保护其合法权益。开发、利用水资源的单位和个人有依法保护水资源的义务。

第七条　国家对水资源依法实行取水许可制度和有偿使用制度。但是，农村集体经济组织及其成员使用本集体经济组织的水塘、水库中的水的除外。国务院水行政主管部门负责全国取水许可制度和水资源有偿使用制度的组织实施。

第八条　国家厉行节约用水，大力推行节约用水措施，推广节约用水新技术、新工艺，发展节水型工业、农业和服务业，建立节水型社会。

各级人民政府应当采取措施，加强对节约用水的管理，建立节约用水技术开发推广体系，培育和发展节约用水产业。

单位和个人有节约用水的义务。

第九条　国家保护水资源，采取有效措施，保护植被，植树种草，涵养水源，防治水土流失和水体污染，改善生态环境。

第十条　国家鼓励和支持开发、利用、节约、保护、管理水资源和防治水害的先进科学技术的研究、推广和应用。

第十一条 在开发、利用、节约、保护、管理水资源和防治水害等方面成绩显著的单位和个人，由人民政府给予奖励。

第十二条 国家对水资源实行流域管理与行政区域管理相结合的管理体制。

国务院水行政主管部门负责全国水资源的统一管理和监督工作。

国务院水行政主管部门在国家确定的重要江河、湖泊设立的流域管理机构（以下简称流域管理机构），在所管辖的范围内行使法律、行政法规规定的和国务院水行政主管部门授予的水资源管理和监督职责。

县级以上地方人民政府水行政主管部门按照规定的权限，负责本行政区域内水资源的统一管理和监督工作。

第十三条 国务院有关部门按照职责分工，负责水资源开发、利用、节约和保护的有关工作。

县级以上地方人民政府有关部门按照职责分工，负责本行政区域内水资源开发、利用、节约和保护的有关工作。

第二章 水资源规划

第十四条 国家制定全国水资源战略规划。

开发、利用、节约、保护水资源和防治水害，应当按照流域、区域统一制定规划。规划分为流域规划和区域规划。流域规划包括流域综合规划和流域专业规划；区域规划包括区域综合规划和区域专业规划。

前款所称综合规划，是指根据经济社会发展需要和水资源开发利用现状编制的开发、利用、节约、保护水资源和防治水害的总体部署。前款所称专业规划，是指防洪、治涝、灌溉、航运、供水、水力发电、竹木流放、渔业、水资源保护、水土保持、防沙治沙、节约用水等规划。

第十五条 流域范围内的区域规划应当服从流域规划，专业规划应当服从综合规划。

流域综合规划和区域综合规划以及与土地利用关系密切的专业规划，应当与国民经济和社会发展规划以及土地利用总体规划、城市总体规划和环境保护规划相协调，兼顾各地区、各行业的需要。

第十六条 制定规划，必须进行水资源综合科学考察和调查评价。水资源综合科学考察和调查评价，由县级以上人民政府水行政主管部门会同同级有关部门组织进行。

县级以上人民政府应当加强水文、水资源信息系统建设。县级以上人民政府水行政主管部门和流域管理机构应当加强对水资源的动态监测。

基本水文资料应当按照国家有关规定予以公开。

第十七条 国家确定的重要江河、湖泊的流域综合规划，由国务院水行政主管部门会同国务院有关部门和有关省、自治区、直辖市人民政府编制，报国务院批准。跨省、自治区、直辖市的其他江河、湖泊的流域综合规划和区域综合规划，由有关流域管理机构会同江河、湖泊所在地的省、自治区、直辖市人民政府水行政主管部门和有关部门编制，分别经有关省、自治区、直辖市人民政府审查提出意见后，报国务院水行政主管部门审核；国务院水行政主管部门征求国务院有关部门意见后，报国务院或者其授权的部门批准。

前款规定以外的其他江河、湖泊的流域综合规划和区域综合规划，由县级以上地方人民政府水行政主管部门会同同级有关部门和有关地方人民政府编制，报本级人民政府或者其授权的部门批准，并报上一级水行政主管部门备案。

专业规划由县级以上人民政府有关部门编制，征求同级其他有关部门意见后，报本级人民政府批准。其中，防洪规划、水土保持规划的编制、批准，依照防洪法、水土保持法的有关规定执行。

第十八条　规划一经批准，必须严格执行。

经批准的规划需要修改时，必须按照规划编制程序经原批准机关批准。

第十九条　建设水工程，必须符合流域综合规划。在国家确定的重要江河、湖泊和跨省、自治区、直辖市的江河、湖泊上建设水工程，未取得有关流域管理机构签署的符合流域综合规划要求的规划同意书的，建设单位不得开工建设；在其他江河、湖泊上建设水工程，未取得县级以上地方人民政府水行政主管部门按照管理权限签署的符合流域综合规划要求的规划同意书的，建设单位不得开工建设。水工程建设涉及防洪的，依照防洪法的有关规定执行；涉及其他地区和行业的，建设单位应当事先征求有关地区和部门的意见。

第三章　水资源开发利用

第二十条　开发、利用水资源，应当坚持兴利与除害相结合，兼顾上下游、左右岸和有关地区之间的利益，充分发挥水资源的综合效益，并服从防洪的总体安排。

第二十一条　开发、利用水资源，应当首先满足城乡居民生活用水，并兼顾农业、工业、生态环境用水以及航运等需要。

在干旱和半干旱地区开发、利用水资源，应当充分考虑生态环境用水需要。

第二十二条　跨流域调水，应当进行全面规划和科学论证，统筹兼顾调出和调入流域的用水需要，防止对生态环境造成破坏。

第二十三条　地方各级人民政府应当结合本地区水资源的实际情况，按照地表水与地下水统一调度开发、开源与节流相结合、节流优先和污水处理再利用的原则，合理组织开发、综合利用水资源。

国民经济和社会发展规划以及城市总体规划的编制、重大建设项目的布局，应当与当地水资源条件和防洪要求相适应，并进行科学论证；在水资源不足的地区，应当对城市规模和建设耗水量大的工业、农业和服务业项目加以限制。

第二十四条　在水资源短缺的地区，国家鼓励对雨水和微咸水的收集、开发、利用和对海水的利用、淡化。

第二十五条　地方各级人民政府应当加强对灌溉、排涝、水土保持工作的领导，促进农业生产发展；在容易发生盐碱化和渍害的地区，应当采取措施，控制和降低地下水的水位。

农村集体经济组织或者其成员依法在本集体经济组织所有的集体土地或者承包土地上投资兴建水工程设施的，按照谁投资建设谁管理和谁受益的原则，对水工程设施及其蓄水进行管理和合理使用。

农村集体经济组织修建水库应当经县级以上地方人民政府水行政主管部门批准。

第二十六条　国家鼓励开发、利用水能资源。在水能丰富的河流，应当有计划地进行多目标梯级开发。

建设水力发电站，应当保护生态环境，兼顾防洪、供水、灌溉、航运、竹木流放和渔业等方面的需要。

第二十七条　国家鼓励开发、利用水运资源。在水生生物洄游通道、通航或者竹木流放的河流上修建永久性拦河闸坝，建设单位应当同时修建过鱼、过船、过木设施，或者经国务院授权的部门批准采取其他补救措施，并妥善安排施工和蓄水期间的水生生物保护、航运和竹木流放，所需费用由建设单位承担。

在不通航的河流或者人工水道上修建闸坝后可以通航的，闸坝建设单位应当同时修建过船设施或者预留过船设施位置。

第二十八条　任何单位和个人引水、截（蓄）水、排水，不得损害公共利益和他人的合法权益。

第二十九条　国家对水工程建设移民实行开发性移民的方针，按照前期补偿、补助与后期扶持相结合的原则，妥善安排移民的生产和生活，保护移民的合法权益。

移民安置应当与工程建设同步进行。建设单位应当根据安置地区的环境容量和可持续发展的原则，因地制宜，编制移民安置规划，经依法批准后，由有关地方人民政府组织实施。所需移民经费列入工程建设投资计划。

第四章 水资源、水域和水工程的保护

第三十条 县级以上人民政府水行政主管部门、流域管理机构以及其他有关部门在制定水资源开发、利用规划和调度水资源时，应当注意维持江河的合理流量和湖泊、水库以及地下水的合理水位，维护水体的自然净化能力。

第三十一条 从事水资源开发、利用、节约、保护和防治水害等水事活动，应当遵守经批准的规划；因违反规划造成江河和湖泊水域使用功能降低、地下水超采、地面沉降、水体污染的，应当承担治理责任。

开采矿藏或者建设地下工程，因疏干排水导致地下水水位下降、水源枯竭或者地面塌陷，采矿单位或者建设单位应当采取补救措施；对他人生活和生产造成损失的，依法给予补偿。

第三十二条 国务院水行政主管部门会同国务院环境保护行政主管部门、有关部门和有关省、自治区、直辖市人民政府，按照流域综合规划、水资源保护规划和经济社会发展要求，拟定国家确定的重要江河、湖泊的水功能区划，报国务院批准。跨省、自治区、直辖市的其他江河、湖泊的水功能区划，由有关流域管理机构会同江河、湖泊所在地的省、自治区、直辖市人民政府水行政主管部门、环境保护行政主管部门和其他有关部门拟定，分别经有关省、自治区、直辖市人民政府审查提出意见后，由国务院水行政主管部门会同国务院环境保护行政主管部门审核，报国务院或者其授权的部门批准。

前款规定以外的其他江河、湖泊的水功能区划，由县级以上地方人民政府水行政主管部门会同同级人民政府环境保护行政主管部门和有关部门拟定，报同级人民政府或者其授权的部门批准，并报上一级水行政主管部门和环境保护行政主管部门备案。

县级以上人民政府水行政主管部门或者流域管理机构应当按照水功能区对水质的要求和水体的自然净化能力，核定该水域的纳污能力，向环境保护行政主管部门提出该水域的限制排污总量意见。

县级以上地方人民政府水行政主管部门和流域管理机构应当对水功能区的水质状况进行监测，发现重点污染物排放总量超过控制指标的，或者水功能区的水质未达到水域使用功能对水质的要求的，应当及时报告有关人民政府采取治理措施，并向环境保护行政主管部门通报。

第三十三条 国家建立饮用水水源保护区制度。省、自治区、直辖市人民政府应当划定饮用水水源保护区，并采取措施，防止水源枯竭和水体污染，保证城乡居民饮用水安全。

第三十四条 禁止在饮用水水源保护区内设置排污口。

在江河、湖泊新建、改建或者扩大排污口，应当经过有管辖权的水行政主管部门或者流域管理机构同意，由环境保护行政主管部门负责对该建设项目的环境影响报告书进行审批。

第三十五条 从事工程建设，占用农业灌溉水源、灌排工程设施，或者对原有灌溉用水、供水水源有不利影响的，建设单位应当采取相应的补救措施；造成损失的，依法给予补偿。

第三十六条 在地下水超采地区，县级以上地方人民政府应当采取措施，严格控制开采地下水。在地下水严重超采地区，经省、自治区、直辖市人民政府批准，可以划定地下水禁止开采或者限制开采区。在沿海

地区开采地下水，应当经过科学论证，并采取措施，防止地面沉降和海水入侵。

第三十七条　禁止在江河、湖泊、水库、运河、渠道内弃置、堆放阻碍行洪的物体和种植阻碍行洪的林木及高秆作物。

禁止在河道管理范围内建设妨碍行洪的建筑物、构筑物以及从事影响河势稳定、危害河岸堤防安全和其他妨碍河道行洪的活动。

第三十八条　在河道管理范围内建设桥梁、码头和其他拦河、跨河、临河建筑物、构筑物，铺设跨河管道、电缆，应当符合国家规定的防洪标准和其他有关的技术要求，工程建设方案应当依照防洪法的有关规定报经有关水行政主管部门审查同意。

因建设前款工程设施，需要扩建、改建、拆除或者损坏原有水工程设施的，建设单位应当负担扩建、改建的费用和损失补偿。但是，原有工程设施属于违法工程的除外。

第三十九条　国家实行河道采砂许可制度。河道采砂许可制度实施办法，由国务院规定。

在河道管理范围内采砂，影响河势稳定或者危及堤防安全的，有关县级以上人民政府水行政主管部门应当划定禁采区和规定禁采期，并予以公告。

第四十条　禁止围湖造地。已经围垦的，应当按照国家规定的防洪标准有计划地退地还湖。

禁止围垦河道。确需围垦的，应当经过科学论证，经省、自治区、直辖市人民政府水行政主管部门或者国务院水行政主管部门同意后，报本级人民政府批准。

第四十一条　单位和个人有保护水工程的义务，不得侵占、毁坏堤防、护岸、防汛、水文监测、水文地质监测等工程设施。

第四十二条　县级以上地方人民政府应当采取措施，保障本行政区域内水工程，特别是水坝和堤防的安全，限期消除险情。水行政主管部门应当加强对水工程安全的监督管理。

第四十三条　国家对水工程实施保护。国家所有的水工程应当按照国务院的规定划定工程管理和保护范围。

国务院水行政主管部门或者流域管理机构管理的水工程，由主管部门或者流域管理机构商有关省、自治区、直辖市人民政府划定工程管理和保护范围。

前款规定以外的其他水工程，应当按照省、自治区、直辖市人民政府的规定，划定工程保护范围和保护职责。

在水工程保护范围内，禁止从事影响水工程运行和危害水工程安全的爆破、打井、采石、取土等活动。

第五章　水资源配置和节约使用

第四十四条　国务院发展计划主管部门和国务院水行政主管部门负责全国水资源的宏观调配。全国的和跨省、自治区、直辖市的水中长期供求规划，由国务院水行政主管部门会同有关部门制订，经国务院发展计划主管部门审查批准后执行。地方的水中长期供求规划，由县级以上地方人民政府水行政主管部门会同同级有关部门依据上一级水中长期供求规划和本地区的实际情况制订，经本级人民政府发展计划主管部门审查批准后执行。

水中长期供求规划应当依据水的供求现状、国民经济和社会发展规划、流域规划、区域规划，按照水资源供需协调、综合平衡、保护生态、厉行节约、合理开源的原则制定。

第四十五条　调蓄径流和分配水量，应当依据流域规划和水中长期供求规划，以流域为单元制定水量分配方案。

跨省、自治区、直辖市的水量分配方案和旱情紧急情况下的水量调度预案，由流域管理机构商有关省、自治区、直辖市人民政府制订，报国务院或者其授权的部门批准后执行。其他跨行政区域的水量分配方案和旱情紧急情况下的水量调度预案，由共同的上一级人民政府水行政主管部门商有关地方人民政府制订，报本级人民政府批准后执行。

水量分配方案和旱情紧急情况下的水量调度预案经批准后，有关地方人民政府必须执行。

在不同行政区域之间的边界河流上建设水资源开发、利用项目，应当符合该流域经批准的水量分配方案，由有关县级以上地方人民政府报共同的上一级人民政府水行政主管部门或者有关流域管理机构批准。

第四十六条 县级以上地方人民政府水行政主管部门或者流域管理机构应当根据批准的水量分配方案和年度预测来水量，制定年度水量分配方案和调度计划，实施水量统一调度；有关地方人民政府必须服从。

国家确定的重要江河、湖泊的年度水量分配方案，应当纳入国家的国民经济和社会发展年度计划。

第四十七条 国家对用水实行总量控制和定额管理相结合的制度。

省、自治区、直辖市人民政府有关行业主管部门应当制订本行政区域内行业用水定额，报同级水行政主管部门和质量监督检验行政主管部门审核同意后，由省、自治区、直辖市人民政府公布，并报国务院水行政主管部门和国务院质量监督检验行政主管部门备案。

县级以上地方人民政府发展计划主管部门会同同级水行政主管部门，根据用水定额、经济技术条件以及水量分配方案确定的可供本行政区域使用的水量，制定年度用水计划，对本行政区域内的年度用水实行总量控制。

第四十八条 直接从江河、湖泊或者地下取用水资源的单位和个人，应当按照国家取水许可制度和水资源有偿使用制度的规定，向水行政主管部门或者流域管理机构申请领取取水许可证，并缴纳水资源费，取得取水权。但是，家庭生活和零星散养、圈养畜禽饮用等少量取水的除外。

实施取水许可制度和征收管理水资源费的具体办法，由国务院规定。

第四十九条 用水应当计量，并按照批准的用水计划用水。

用水实行计量收费和超定额累进加价制度。

第五十条 各级人民政府应当推行节水灌溉方式和节水技术，对农业蓄水、输水工程采取必要的防渗漏措施，提高农业用水效率。

第五十一条 工业用水应当采用先进技术、工艺和设备，增加循环用水次数，提高水的重复利用率。

国家逐步淘汰落后的、耗水量高的工艺、设备和产品，具体名录由国务院经济综合主管部门会同国务院水行政主管部门和有关部门制定并公布。生产者、销售者或者生产经营中的使用者应当在规定的时间内停止生产、销售或者使用列入名录的工艺、设备和产品。

第五十二条 城市人民政府应当因地制宜采取有效措施，推广节水型生活用水器具，降低城市供水管网漏失率，提高生活用水效率；加强城市污水集中处理，鼓励使用再生水，提高污水再生利用率。

第五十三条 新建、扩建、改建建设项目，应当制订节水措施方案，配套建设节水设施。节水设施应当与主体工程同时设计、同时施工、同时投产。

供水企业和自建供水设施的单位应当加强供水设施的维护管理，减少水的漏失。

第五十四条 各级人民政府应当积极采取措施，改善城乡居民的饮用水条件。

第五十五条 使用水工程供应的水，应当按照国家规定向供水单位缴纳水费。供水价格应当按照补偿成本、合理收益、优质优价、公平负担的原则确定。具体办法由省级以上人民政府价格主管部门会同同级水行政主管部门或者其他供水行政主管部门依据职权制定。

第六章　水事纠纷处理与执法监督检查

第五十六条　不同行政区域之间发生水事纠纷的，应当协商处理；协商不成的，由上一级人民政府裁决，有关各方必须遵照执行。在水事纠纷解决前，未经各方达成协议或者共同的上一级人民政府批准，在行政区域交界线两侧一定范围内，任何一方不得修建排水、阻水、取水和截（蓄）水工程，不得单方面改变水的现状。

第五十七条　单位之间、个人之间、单位与个人之间发生的水事纠纷，应当协商解决；当事人不愿协商或者协商不成的，可以申请县级以上地方人民政府或者其授权的部门调解，也可以直接向人民法院提起民事诉讼。县级以上地方人民政府或者其授权的部门调解不成的，当事人可以向人民法院提起民事诉讼。

在水事纠纷解决前，当事人不得单方面改变现状。

第五十八条　县级以上人民政府或者其授权的部门在处理水事纠纷时，有权采取临时处置措施，有关各方或者当事人必须服从。

第五十九条　县级以上人民政府水行政主管部门和流域管理机构应当对违反本法的行为加强监督检查并依法进行查处。

水政监督检查人员应当忠于职守，秉公执法。

第六十条　县级以上人民政府水行政主管部门、流域管理机构及其水政监督检查人员履行本法规定的监督检查职责时，有权采取下列措施：

（一）要求被检查单位提供有关文件、证照、资料；

（二）要求被检查单位就执行本法的有关问题作出说明；

（三）进入被检查单位的生产场所进行调查；

（四）责令被检查单位停止违反本法的行为，履行法定义务。

第六十一条　有关单位或者个人对水政监督检查人员的监督检查工作应当给予配合，不得拒绝或者阻碍水政监督检查人员依法执行职务。

第六十二条　水政监督检查人员在履行监督检查职责时，应当向被检查单位或者个人出示执法证件。

第六十三条　县级以上人民政府或者上级水行政主管部门发现本级或者下级水行政主管部门在监督检查工作中有违法或者失职行为的，应当责令其限期改正。

第七章　法律责任

第六十四条　水行政主管部门或者其他有关部门以及水工程管理单位及其工作人员，利用职务上的便利收取他人财物、其他好处或者玩忽职守，对不符合法定条件的单位或者个人核发许可证、签署审查同意意见，不按照水量分配方案分配水量，不按照国家有关规定收取水资源费，不履行监督职责，或者发现违法行为不予查处，造成严重后果，构成犯罪的，对负有责任的主管人员和其他直接责任人员依照刑法的有关规定追究刑事责任；尚不够刑事处罚的，依法给予行政处分。

第六十五条　在河道管理范围内建设妨碍行洪的建筑物、构筑物，或者从事影响河势稳定、危害河岸堤防安全和其他妨碍河道行洪的活动的，由县级以上人民政府水行政主管部门或者流域管理机构依据职权，责令停止违法行为，限期拆除违法建筑物、构筑物，恢复原状；逾期不拆除、不恢复原状的，强行拆除，所需费用由违法单位或者个人负担，并处一万元以上十万元以下的罚款。

未经水行政主管部门或者流域管理机构同意，擅自修建水工程，或者建设桥梁、码头和其他拦河、跨河、临河建筑物、构筑物，铺设跨河管道、电缆，且防洪法未作规定的，由县级以上人民政府水行政主管部门或者流域管理机构依据职权，责令停止违法行为，限期补办有关手续；逾期不补办或者补办未被批准的，责令限期拆除违法建筑物、构筑物；逾期不拆除的，强行拆除，所需费用由违法单位或者个人负担，并处一万元以上十万元以下的罚款。

虽经水行政主管部门或者流域管理机构同意，但未按照要求修建前款所列工程设施的，由县级以上人民政府水行政主管部门或者流域管理机构依据职权，责令限期改正，按照情节轻重，处一万元以上十万元以下的罚款。

第六十六条 有下列行为之一，且防洪法未作规定的，由县级以上人民政府水行政主管部门或者流域管理机构依据职权，责令停止违法行为，限期清除障碍或者采取其他补救措施，处一万元以上五万元以下的罚款：

（一）在江河、湖泊、水库、运河、渠道内弃置、堆放阻碍行洪的物体和种植阻碍行洪的林木及高秆作物的；

（二）围湖造地或者未经批准围垦河道的。

第六十七条 在饮用水水源保护区内设置排污口的，由县级以上地方人民政府责令限期拆除、恢复原状；逾期不拆除、不恢复原状的，强行拆除、恢复原状，并处五万元以上十万元以下的罚款。

未经水行政主管部门或者流域管理机构审查同意，擅自在江河、湖泊新建、改建或者扩大排污口的，由县级以上人民政府水行政主管部门或者流域管理机构依据职权，责令停止违法行为，限期恢复原状，处五万元以上十万元以下的罚款。

第六十八条 生产、销售或者在生产经营中使用国家明令淘汰的落后的、耗水量高的工艺、设备和产品的，由县级以上地方人民政府经济综合主管部门责令停止生产、销售或者使用，处二万元以上十万元以下的罚款。

第六十九条 有下列行为之一的，由县级以上人民政府水行政主管部门或者流域管理机构依据职权，责令停止违法行为，限期采取补救措施，处二万元以上十万元以下的罚款；情节严重的，吊销其取水许可证：

（一）未经批准擅自取水的；

（二）未依照批准的取水许可规定条件取水的。

第七十条 拒不缴纳、拖延缴纳或者拖欠水资源费的，由县级以上人民政府水行政主管部门或者流域管理机构依据职权，责令限期缴纳；逾期不缴纳的，从滞纳之日起按日加收滞纳部分千分之二的滞纳金，并处应缴或者补缴水资源费一倍以上五倍以下的罚款。

第七十一条 建设项目的节水设施没有建成或者没有达到国家规定的要求，擅自投入使用的，由县级以上人民政府有关部门或者流域管理机构依据职权，责令停止使用，限期改正，处五万元以上十万元以下的罚款。

第七十二条 有下列行为之一，构成犯罪的，依照刑法的有关规定追究刑事责任；尚不够刑事处罚，且防洪法未作规定的，由县级以上地方人民政府水行政主管部门或者流域管理机构依据职权，责令停止违法行为，采取补救措施，处一万元以上五万元以下的罚款；违反治安管理处罚法的，由公安机关依法给予治安管理处罚；给他人造成损失的，依法承担赔偿责任：

（一）侵占、毁坏水工程及堤防、护岸等有关设施，毁坏防汛、水文监测、水文地质监测设施的；

（二）在水工程保护范围内，从事影响水工程运行和危害水工程安全的爆破、打井、采石、取土等活动的。

第七十三条 侵占、盗窃或者抢夺防汛物资，防洪排涝、农田水利、水文监测和测量以及其他水工程设备和器材，贪污或者挪用国家救灾、抢险、防汛、移民安置和补偿及其他水利建设款物，构成犯罪的，依照刑法的有关规定追究刑事责任。

第七十四条　在水事纠纷发生及其处理过程中煽动闹事、结伙斗殴、抢夺或者损坏公私财物、非法限制他人人身自由，构成犯罪的，依照刑法的有关规定追究刑事责任；尚不够刑事处罚的，由公安机关依法给予治安管理处罚。

第七十五条　不同行政区域之间发生水事纠纷，有下列行为之一的，对负有责任的主管人员和其他直接责任人员依法给予行政处分：

（一）拒不执行水量分配方案和水量调度预案的；

（二）拒不服从水量统一调度的；

（三）拒不执行上一级人民政府的裁决的；

（四）在水事纠纷解决前，未经各方达成协议或者上一级人民政府批准，单方面违反本法规定改变水的现状的。

第七十六条　引水、截（蓄）水、排水，损害公共利益或者他人合法权益的，依法承担民事责任。

第七十七条　对违反本法第三十九条有关河道采砂许可制度规定的行政处罚，由国务院规定。

第八章　附　　则

第七十八条　中华人民共和国缔结或者参加的与国际或者国境边界河流、湖泊有关的国际条约、协定与中华人民共和国法律有不同规定的，适用国际条约、协定的规定。但是，中华人民共和国声明保留的条款除外。

第七十九条　本法所称水工程，是指在江河、湖泊和地下水源上开发、利用、控制、调配和保护水资源的各类工程。

第八十条　海水的开发、利用、保护和管理，依照有关法律的规定执行。

第八十一条　从事防洪活动，依照防洪法的规定执行。

水污染防治，依照水污染防治法的规定执行。

第八十二条　本法自2002年10月1日起施行。

地下水管理条例

（2021年9月15日国务院第149次常务会议通过，2021年10月21日公布，自2021年12月1日起施行）

第一章　总　　则

第一条　为了加强地下水管理，防治地下水超采和污染，保障地下水质量和可持续利用，推进生态文明建设，根据《中华人民共和国水法》和《中华人民共和国水污染防治法》等法律，制定本条例。

第二条　地下水调查与规划、节约与保护、超采治理、污染防治、监督管理等活动，适用本条例。

本条例所称地下水，是指赋存于地表以下的水。

第三条　地下水管理坚持统筹规划、节水优先、高效利用、系统治理的原则。

第四条　国务院水行政主管部门负责全国地下水统一监督管理工作。国务院生态环境主管部门负责全国地下水污染防治监督管理工作。国务院自然资源等主管部门按照职责分工做好地下水调查、监测等相关工作。

第五条 县级以上地方人民政府对本行政区域内的地下水管理负责，应当将地下水管理纳入本级国民经济和社会发展规划，并采取控制开采量、防治污染等措施，维持地下水合理水位，保护地下水水质。

县级以上地方人民政府水行政主管部门按照管理权限，负责本行政区域内地下水统一监督管理工作。地方人民政府生态环境主管部门负责本行政区域内地下水污染防治监督管理工作。县级以上地方人民政府自然资源等主管部门按照职责分工做好本行政区域内地下水调查、监测等相关工作。

第六条 利用地下水的单位和个人应当加强地下水取水工程管理，节约、保护地下水，防止地下水污染。

第七条 国务院对省、自治区、直辖市地下水管理和保护情况实行目标责任制和考核评价制度。国务院有关部门按照职责分工负责考核评价工作的具体组织实施。

第八条 任何单位和个人都有权对损害地下水的行为进行监督、检举。

对在节约、保护和管理地下水工作中作出突出贡献的单位和个人，按照国家有关规定给予表彰和奖励。

第九条 国家加强对地下水节约和保护的宣传教育，鼓励、支持地下水先进科学技术的研究、推广和应用。

第二章 调查与规划

第十条 国家定期组织开展地下水状况调查评价工作。地下水状况调查评价包括地下水资源调查评价、地下水污染调查评价和水文地质勘查评价等内容。

第十一条 县级以上人民政府应当组织水行政、自然资源、生态环境等主管部门开展地下水状况调查评价工作。调查评价成果是编制地下水保护利用和污染防治等规划以及管理地下水的重要依据。调查评价成果应当依法向社会公布。

第十二条 县级以上人民政府水行政、自然资源、生态环境等主管部门根据地下水状况调查评价成果，统筹考虑经济社会发展需要、地下水资源状况、污染防治等因素，编制本级地下水保护利用和污染防治等规划，依法履行征求意见、论证评估等程序后向社会公布。

地下水保护利用和污染防治等规划是节约、保护、利用、修复治理地下水的基本依据。地下水保护利用和污染防治等规划应当服从水资源综合规划和环境保护规划。

第十三条 国民经济和社会发展规划以及国土空间规划等相关规划的编制、重大建设项目的布局，应当与地下水资源条件和地下水保护要求相适应，并进行科学论证。

第十四条 编制工业、农业、市政、能源、矿产资源开发等专项规划，涉及地下水的内容，应当与地下水保护利用和污染防治等规划相衔接。

第十五条 国家建立地下水储备制度。国务院水行政主管部门应当会同国务院自然资源、发展改革等主管部门，对地下水储备工作进行指导、协调和监督检查。

县级以上地方人民政府水行政主管部门应当会同本级人民政府自然资源、发展改革等主管部门，根据本行政区域内地下水条件、气候状况和水资源储备需要，制定动用地下水储备预案并报本级人民政府批准。

除特殊干旱年份以及发生重大突发事件外，不得动用地下水储备。

第三章 节约与保护

第十六条 国家实行地下水取水总量控制制度。国务院水行政主管部门会同国务院自然资源主管部门，根据各省、自治区、直辖市地下水可开采量和地表水水资源状况，制定并下达各省、自治区、直辖市地下水取水总量控制指标。

第十七条　省、自治区、直辖市人民政府水行政主管部门应当会同本级人民政府有关部门，根据国家下达的地下水取水总量控制指标，制定本行政区域内县级以上行政区域的地下水取水总量控制指标和地下水水位控制指标，经省、自治区、直辖市人民政府批准后下达实施，并报国务院水行政主管部门或者其授权的流域管理机构备案。

第十八条　省、自治区、直辖市人民政府水行政主管部门制定本行政区域内地下水取水总量控制指标和地下水水位控制指标时，涉及省际边界区域且属于同一水文地质单元的，应当与相邻省、自治区、直辖市人民政府水行政主管部门协商确定。协商不成的，由国务院水行政主管部门会同国务院有关部门确定。

第十九条　县级以上地方人民政府应当根据地下水取水总量控制指标、地下水水位控制指标和国家相关技术标准，合理确定本行政区域内地下水取水工程布局。

第二十条　县级以上地方人民政府水行政主管部门应当根据本行政区域内地下水取水总量控制指标、地下水水位控制指标以及科学分析测算的地下水需求量和用水结构，制定地下水年度取水计划，对本行政区域内的年度取用地下水实行总量控制，并报上一级人民政府水行政主管部门备案。

第二十一条　取用地下水的单位和个人应当遵守取水总量控制和定额管理要求，使用先进节约用水技术、工艺和设备，采取循环用水、综合利用及废水处理回用等措施，实施技术改造，降低用水消耗。

对下列工艺、设备和产品，应当在规定的期限内停止生产、销售、进口或者使用：

（一）列入淘汰落后的、耗水量高的工艺、设备和产品名录的；

（二）列入限期禁止采用的严重污染水环境的工艺名录和限期禁止生产、销售、进口、使用的严重污染水环境的设备名录的。

第二十二条　新建、改建、扩建地下水取水工程，应当同时安装计量设施。已有地下水取水工程未安装计量设施的，应当按照县级以上地方人民政府水行政主管部门规定的期限安装。

单位和个人取用地下水量达到取水规模以上的，应当安装地下水取水在线计量设施，并将计量数据实时传输到有管理权限的水行政主管部门。取水规模由省、自治区、直辖市人民政府水行政主管部门制定、公布，并报国务院水行政主管部门备案。

第二十三条　以地下水为灌溉水源的地区，县级以上地方人民政府应当采取保障建设投入、加大对企业信贷支持力度、建立健全基层水利服务体系等措施，鼓励发展节水农业，推广应用喷灌、微灌、管道输水灌溉、渠道防渗输水灌溉等节水灌溉技术，以及先进的农机、农艺和生物技术等，提高农业用水效率，节约农业用水。

第二十四条　国务院根据国民经济和社会发展需要，对取用地下水的单位和个人试点征收水资源税。地下水水资源税根据当地地下水资源状况、取用水类型和经济发展等情况实行差别税率，合理提高征收标准。征收水资源税的，停止征收水资源费。

尚未试点征收水资源税的省、自治区、直辖市，对同一类型取用水，地下水的水资源费征收标准应当高于地表水的标准，地下水超采区的水资源费征收标准应当高于非超采区的标准，地下水严重超采区的水资源费征收标准应当大幅高于非超采区的标准。

第二十五条　有下列情形之一的，对取用地下水的取水许可申请不予批准：

（一）不符合地下水取水总量控制、地下水水位控制要求；

（二）不符合限制开采区取用水规定；

（三）不符合行业用水定额和节水规定；

（四）不符合强制性国家标准；

（五）水资源紧缺或者生态脆弱地区新建、改建、扩建高耗水项目；

（六）违反法律、法规的规定开垦种植而取用地下水。

第二十六条 建设单位和个人应当采取措施防止地下工程建设对地下水补给、径流、排泄等造成重大不利影响。对开挖达到一定深度或者达到一定排水规模的地下工程，建设单位和个人应当于工程开工前，将工程建设方案和防止对地下水产生不利影响的措施方案报有管理权限的水行政主管部门备案。开挖深度和排水规模由省、自治区、直辖市人民政府制定、公布。

第二十七条 除下列情形外，禁止开采难以更新的地下水：

（一）应急供水取水；

（二）无替代水源地区的居民生活用水；

（三）为开展地下水监测、勘探、试验少量取水。

已经开采的，除前款规定的情形外，有关县级以上地方人民政府应当采取禁止开采、限制开采措施，逐步实现全面禁止开采；前款规定的情形消除后，应当立即停止取用地下水。

第二十八条 县级以上地方人民政府应当加强地下水水源补给保护，充分利用自然条件补充地下水，有效涵养地下水水源。

城乡建设应当统筹地下水水源涵养和回补需要，按照海绵城市建设的要求，推广海绵型建筑、道路、广场、公园、绿地等，逐步完善滞渗蓄排等相结合的雨洪水收集利用系统。河流、湖泊整治应当兼顾地下水水源涵养，加强水体自然形态保护和修复。

城市人民政府应当因地制宜采取有效措施，推广节水型生活用水器具，鼓励使用再生水，提高用水效率。

第二十九条 县级以上地方人民政府应当根据地下水水源条件和需要，建设应急备用饮用水水源，制定应急预案，确保需要时正常使用。

应急备用地下水水源结束应急使用后，应当立即停止取水。

第三十条 有关县级以上地方人民政府水行政主管部门会同本级人民政府有关部门编制重要泉域保护方案，明确保护范围、保护措施，报本级人民政府批准后实施。

对已经干涸但具有重要历史文化和生态价值的泉域，具备条件的，应当采取措施予以恢复。

第四章 超采治理

第三十一条 国务院水行政主管部门应当会同国务院自然资源主管部门根据地下水状况调查评价成果，组织划定全国地下水超采区，并依法向社会公布。

第三十二条 省、自治区、直辖市人民政府水行政主管部门应当会同本级人民政府自然资源等主管部门，统筹考虑地下水超采区划定、地下水利用情况以及地质环境条件等因素，组织划定本行政区域内地下水禁止开采区、限制开采区，经省、自治区、直辖市人民政府批准后公布，并报国务院水行政主管部门备案。

地下水禁止开采区、限制开采区划定后，确需调整的，应当按照原划定程序进行调整。

第三十三条 有下列情形之一的，应当划为地下水禁止开采区：

（一）已发生严重的地面沉降、地裂缝、海（咸）水入侵、植被退化等地质灾害或者生态损害的区域；

（二）地下水超采区内公共供水管网覆盖或者通过替代水源已经解决供水需求的区域；

（三）法律、法规规定禁止开采地下水的其他区域。

第三十四条 有下列情形之一的，应当划为地下水限制开采区：

（一）地下水开采量接近可开采量的区域；

（二）开采地下水可能引发地质灾害或

者生态损害的区域；

（三）法律、法规规定限制开采地下水的其他区域。

第三十五条　除下列情形外，在地下水禁止开采区内禁止取用地下水：

（一）为保障地下工程施工安全和生产安全必须进行临时应急取（排）水；

（二）为消除对公共安全或者公共利益的危害临时应急取水；

（三）为开展地下水监测、勘探、试验少量取水。

除前款规定的情形外，在地下水限制开采区内禁止新增取用地下水，并逐步削减地下水取水量；前款规定的情形消除后，应当立即停止取用地下水。

第三十六条　省、自治区、直辖市人民政府水行政主管部门应当会同本级人民政府有关部门，编制本行政区域地下水超采综合治理方案，经省、自治区、直辖市人民政府批准后，报国务院水行政主管部门备案。

地下水超采综合治理方案应当明确治理目标、治理措施、保障措施等内容。

第三十七条　地下水超采区的县级以上地方人民政府应当加强节水型社会建设，通过加大海绵城市建设力度、调整种植结构、推广节水农业、加强工业节水、实施河湖地下水回补等措施，逐步实现地下水采补平衡。

国家在替代水源供给、公共供水管网建设、产业结构调整等方面，加大对地下水超采区地方人民政府的支持力度。

第三十八条　有关县级以上地方人民政府水行政主管部门应当会同本级人民政府自然资源主管部门加强对海（咸）水入侵的监测和预防。已经出现海（咸）水入侵的地区，应当采取综合治理措施。

第五章　污染防治

第三十九条　国务院生态环境主管部门应当会同国务院水行政、自然资源等主管部门，指导全国地下水污染防治重点区划定工作。省、自治区、直辖市人民政府生态环境主管部门应当会同本级人民政府水行政、自然资源等主管部门，根据本行政区域内地下水污染防治需要，划定地下水污染防治重点区。

第四十条　禁止下列污染或者可能污染地下水的行为：

（一）利用渗井、渗坑、裂隙、溶洞以及私设暗管等逃避监管的方式排放水污染物；

（二）利用岩层孔隙、裂隙、溶洞、废弃矿坑等贮存石化原料及产品、农药、危险废物、城镇污水处理设施产生的污泥和处理后的污泥或者其他有毒有害物质；

（三）利用无防渗漏措施的沟渠、坑塘等输送或者贮存含有毒污染物的废水、含病原体的污水和其他废弃物；

（四）法律、法规禁止的其他污染或者可能污染地下水的行为。

第四十一条　企业事业单位和其他生产经营者应当采取下列措施，防止地下水污染：

（一）兴建地下工程设施或者进行地下勘探、采矿等活动，依法编制的环境影响评价文件中，应当包括地下水污染防治的内容，并采取防护性措施；

（二）化学品生产企业以及工业集聚区、矿山开采区、尾矿库、危险废物处置场、垃圾填埋场等的运营、管理单位，应当采取防渗漏等措施，并建设地下水水质监测井进行监测；

（三）加油站等的地下油罐应当使用双层罐或者采取建造防渗池等其他有效措施，并进行防渗漏监测；

（四）存放可溶性剧毒废渣的场所，应当采取防水、防渗漏、防流失的措施；

（五）法律、法规规定应当采取的其他防止地下水污染的措施。

根据前款第二项规定的企业事业单位和

其他生产经营者排放有毒有害物质情况，地方人民政府生态环境主管部门应当按照国务院生态环境主管部门的规定，商有关部门确定并公布地下水污染防治重点排污单位名录。地下水污染防治重点排污单位应当依法安装水污染物排放自动监测设备，与生态环境主管部门的监控设备联网，并保证监测设备正常运行。

第四十二条 在泉域保护范围以及岩溶强发育、存在较多落水洞和岩溶漏斗的区域内，不得新建、改建、扩建可能造成地下水污染的建设项目。

第四十三条 多层含水层开采、回灌地下水应当防止串层污染。

多层地下水的含水层水质差异大的，应当分层开采；对已受污染的潜水和承压水，不得混合开采。

已经造成地下水串层污染的，应当按照封填井技术要求限期回填串层开采井，并对造成的地下水污染进行治理和修复。

人工回灌补给地下水，应当符合相关的水质标准，不得使地下水水质恶化。

第四十四条 农业生产经营者等有关单位和个人应当科学、合理使用农药、肥料等农业投入品，农田灌溉用水应当符合相关水质标准，防止地下水污染。

县级以上地方人民政府及其有关部门应当加强农药、肥料等农业投入品使用指导和技术服务，鼓励和引导农业生产经营者等有关单位和个人合理使用农药、肥料等农业投入品，防止地下水污染。

第四十五条 依照《中华人民共和国土壤污染防治法》的有关规定，安全利用类和严格管控类农用地地块的土壤污染影响或者可能影响地下水安全的，制定防治污染的方案时，应当包括地下水污染防治的内容。

污染物含量超过土壤污染风险管控标准的建设用地地块，编制土壤污染风险评估报告时，应当包括地下水是否受到污染的内容；列入风险管控和修复名录的建设用地地块，采取的风险管控措施中应当包括地下水污染防治的内容。

对需要实施修复的农用地地块，以及列入风险管控和修复名录的建设用地地块，修复方案中应当包括地下水污染防治的内容。

第六章 监督管理

第四十六条 县级以上人民政府水行政、自然资源、生态环境等主管部门应当依照职责加强监督管理，完善协作配合机制。

国务院水行政、自然资源、生态环境等主管部门建立统一的国家地下水监测站网和地下水监测信息共享机制，对地下水进行动态监测。

县级以上地方人民政府水行政、自然资源、生态环境等主管部门根据需要完善地下水监测工作体系，加强地下水监测。

第四十七条 任何单位和个人不得侵占、毁坏或者擅自移动地下水监测设施设备及其标志。

新建、改建、扩建建设工程应当避开地下水监测设施设备；确实无法避开、需要拆除地下水监测设施设备的，应当由县级以上人民政府水行政、自然资源、生态环境等主管部门按照有关技术要求组织迁建，迁建费用由建设单位承担。

任何单位和个人不得篡改、伪造地下水监测数据。

第四十八条 建设地下水取水工程的单位和个人，应当在申请取水许可时附具地下水取水工程建设方案，并按照取水许可批准文件的要求，自行或者委托具有相应专业技术能力的单位进行施工。施工单位不得承揽应当取得但未取得取水许可的地下水取水工程。

以监测、勘探为目的的地下水取水工程，不需要申请取水许可，建设单位应当于施工前报有管辖权的水行政主管部门备案。

地下水取水工程的所有权人负责工程的

安全管理。

第四十九条　县级以上地方人民政府水行政主管部门应当对本行政区域内的地下水取水工程登记造册，建立监督管理制度。

报废的矿井、钻井、地下水取水工程，或者未建成、已完成勘探任务、依法应当停止取水的地下水取水工程，应当由工程所有权人或者管理单位实施封井或者回填；所有权人或者管理单位应当将其封井或者回填情况告知县级以上地方人民政府水行政主管部门；无法确定所有权人或者管理单位的，由县级以上地方人民政府或者其授权的部门负责组织实施封井或者回填。

实施封井或者回填，应当符合国家有关技术标准。

第五十条　县级以上地方人民政府应当组织水行政、自然资源、生态环境等主管部门，划定集中式地下水饮用水水源地并公布名录，定期组织开展地下水饮用水水源地安全评估。

第五十一条　县级以上地方人民政府水行政主管部门应当会同本级人民政府自然资源等主管部门，根据水文地质条件和地下水保护要求，划定需要取水的地热能开发利用项目的禁止和限制取水范围。

禁止在集中式地下水饮用水水源地建设需要取水的地热能开发利用项目。禁止抽取难以更新的地下水用于需要取水的地热能开发利用项目。

建设需要取水的地热能开发利用项目，应当对取水和回灌进行计量，实行同一含水层等量取水和回灌，不得对地下水造成污染。达到取水规模以上的，应当安装取水和回灌在线计量设施，并将计量数据实时传输到有管理权限的水行政主管部门。取水规模由省、自治区、直辖市人民政府水行政主管部门制定、公布。

对不符合本条第一款、第二款、第三款规定的已建需要取水的地热能开发利用项目，取水单位和个人应当按照水行政主管部门的规定限期整改，整改不合格的，予以关闭。

第五十二条　矿产资源开采、地下工程建设疏干排水量达到规模的，应当依法申请取水许可，安装排水计量设施，定期向取水许可审批机关报送疏干排水量和地下水水位状况。疏干排水量规模由省、自治区、直辖市人民政府制定、公布。

为保障矿井等地下工程施工安全和生产安全必须进行临时应急取（排）水的，不需要申请取水许可。取（排）水单位和个人应当于临时应急取（排）水结束后5个工作日内，向有管理权限的县级以上地方人民政府水行政主管部门备案。

矿产资源开采、地下工程建设疏干排水应当优先利用，无法利用的应当达标排放。

第五十三条　县级以上人民政府水行政、生态环境等主管部门应当建立从事地下水节约、保护、利用活动的单位和个人的诚信档案，记录日常监督检查结果、违法行为查处等情况，并依法向社会公示。

第七章　法律责任

第五十四条　县级以上地方人民政府，县级以上人民政府水行政、生态环境、自然资源主管部门和其他负有地下水监督管理职责的部门有下列行为之一的，由上级机关责令改正，对负有责任的主管人员和其他直接责任人员依法给予处分：

（一）未采取有效措施导致本行政区域内地下水超采范围扩大，或者地下水污染状况未得到改善甚至恶化；

（二）未完成本行政区域内地下水取水总量控制指标和地下水水位控制指标；

（三）对地下水水位低于控制水位未采取相关措施；

（四）发现违法行为或者接到对违法行为的检举后未予查处；

（五）有其他滥用职权、玩忽职守、徇私舞弊等违法行为。

第五十五条 违反本条例规定，未经批准擅自取用地下水，或者利用渗井、渗坑、裂隙、溶洞以及私设暗管等逃避监管的方式排放水污染物等违法行为，依照《中华人民共和国水法》、《中华人民共和国水污染防治法》、《中华人民共和国土壤污染防治法》、《取水许可和水资源费征收管理条例》等法律、行政法规的规定处罚。

第五十六条 地下水取水工程未安装计量设施的，由县级以上地方人民政府水行政主管部门责令限期安装，并按照日最大取水能力计算的取水量计征相关费用，处 10 万元以上 50 万元以下罚款；情节严重的，吊销取水许可证。

计量设施不合格或者运行不正常的，由县级以上地方人民政府水行政主管部门责令限期更换或者修复；逾期不更换或者不修复的，按照日最大取水能力计算的取水量计征相关费用，处 10 万元以上 50 万元以下罚款；情节严重的，吊销取水许可证。

第五十七条 地下工程建设对地下水补给、径流、排泄等造成重大不利影响的，由县级以上地方人民政府水行政主管部门责令限期采取措施消除不利影响，处 10 万元以上 50 万元以下罚款；逾期不采取措施消除不利影响的，由县级以上地方人民政府水行政主管部门组织采取措施消除不利影响，所需费用由违法行为人承担。

地下工程建设应当于开工前将工程建设方案和防止对地下水产生不利影响的措施方案备案而未备案的，或者矿产资源开采、地下工程建设疏干排水应当定期报送疏干排水量和地下水水位状况而未报送的，由县级以上地方人民政府水行政主管部门责令限期补报；逾期不补报的，处 2 万元以上 10 万元以下罚款。

第五十八条 报废的矿井、钻井、地下水取水工程，或者未建成、已完成勘探任务、依法应当停止取水的地下水取水工程，未按照规定封井或者回填的，由县级以上地方人民政府或者其授权的部门责令封井或者回填，处 10 万元以上 50 万元以下罚款；不具备封井或者回填能力的，由县级以上地方人民政府或者其授权的部门组织封井或者回填，所需费用由违法行为人承担。

第五十九条 利用岩层孔隙、裂隙、溶洞、废弃矿坑等贮存石化原料及产品、农药、危险废物或者其他有毒有害物质的，由地方人民政府生态环境主管部门责令限期改正，处 10 万元以上 100 万元以下罚款。

利用岩层孔隙、裂隙、溶洞、废弃矿坑等贮存城镇污水处理设施产生的污泥和处理后的污泥的，由县级以上地方人民政府城镇排水主管部门责令限期改正，处 20 万元以上 200 万元以下罚款，对直接负责的主管人员和其他直接责任人员处 2 万元以上 10 万元以下罚款；造成严重后果的，处 200 万元以上 500 万元以下罚款，对直接负责的主管人员和其他直接责任人员处 5 万元以上 50 万元以下罚款。

在泉域保护范围以及岩溶强发育、存在较多落水洞和岩溶漏斗的区域内，新建、改建、扩建造成地下水污染的建设项目的，由地方人民政府生态环境主管部门处 10 万元以上 50 万元以下罚款，并报经有批准权的人民政府批准，责令拆除或者关闭。

第六十条 侵占、毁坏或者擅自移动地下水监测设施设备及其标志的，由县级以上地方人民政府水行政、自然资源、生态环境主管部门责令停止违法行为，限期采取补救措施，处 2 万元以上 10 万元以下罚款；逾期不采取补救措施的，由县级以上地方人民政府水行政、自然资源、生态环境主管部门组织补救，所需费用由违法行为人承担。

第六十一条 以监测、勘探为目的的地下水取水工程在施工前应当备案而未备案的，由县级以上地方人民政府水行政主管部门责令限期补办备案手续；逾期不补办备案手续的，责令限期封井或者回填，处 2 万元以上 10 万元以下罚款；逾期不封井或者回填的，由县级以上地方人民政府水行政主管部门组织封井或者回填，所需费用由违法行为人承担。

第六十二条 违反本条例规定，构成违反治安管理行为的，由公安机关依法给予治安管理处罚；构成犯罪的，依法追究刑事责任。

第八章 附 则

第六十三条 本条例下列用语含义是：

地下水取水工程，是指地下水取水井及其配套设施，包括水井、集水廊道、集水池、渗渠、注水井以及需要取水的地热能开发利用项目的取水井和回灌井等。

地下水超采区，是指地下水实际开采量超过可开采量，引起地下水水位持续下降、引发生态损害和地质灾害的区域。

难以更新的地下水，是指与大气降水和地表水体没有密切水力联系，无法补给或者补给非常缓慢的地下水。

第六十四条 本条例自2021年12月1日起施行。

取水许可管理办法

（2008年4月9日水利部令第34号发布，根据2015年12月16日《水利部关于废止和修改部分规章的决定》第一次修正，根据2017年12月22日《水利部关于废止和修改部分规章的决定》第二次修正）

第一章 总 则

第一条 为加强取水许可管理，规范取水的申请、审批和监督管理，根据《中华人民共和国水法》和《取水许可和水资源费征收管理条例》（以下简称《取水条例》）等法律法规，制定本办法。

第二条 取用水资源的单位和个人以及从事取水许可管理活动的水行政主管部门和流域管理机构及其工作人员，应当遵守本办法。

第三条 水利部负责全国取水许可制度的组织实施和监督管理。

水利部所属流域管理机构（以下简称流域管理机构），依照法律法规和水利部规定的管理权限，负责所管辖范围内取水许可制度的组织实施和监督管理。

县级以上地方人民政府水行政主管部门按照省、自治区、直辖市人民政府规定的分级管理权限，负责本行政区域内取水许可制度的组织实施和监督管理。

第四条 流域内批准取水的总耗水量不得超过国家批准的本流域水资源可利用量。

行政区域内批准取水的总水量，不得超过流域管理机构或者上一级水行政主管部门下达的可供本行政区域取用的水量。

第二章 取水的申请和受理

第五条 建设项目取得取水许可申请批准文件，申请人方可兴建取水工程或者设施。

第六条 申请取水并需要设置入河排污口的，申请人在提出取水申请的同时，应当按照《入河排污口监督管理办法》的有关规定一并提出入河排污口设置申请。

第七条 直接取用其他取水单位或者个人的退水或者排水的，应当依法办理取水许可申请。

第八条 需要申请取水的建设项目，申请人应当按照《建设项目水资源论证管理办法》要求，自行或者委托有关单位编制建设项目水资源论证报告书。其中，取水量较少且对周边环境影响较小的建设项目，申请人可不编制建设项目水资源论证报告书，但应当填写建设项目水资源论证表。

不需要编制建设项目水资源论证报告书的情形以及建设项目水资源论证表的格式及填报要求，由水利部规定。

第九条 县级以上人民政府水行政主管部门或者流域管理机构应当组织有关专家对建设项目水资源论证报告书进行审查，并提出书面审查意见，作为审批取水申请的技术依据。

第十条 《取水条例》第十一条第一款第四项所称的国务院水行政主管部门规定的其他材料包括：

（一）取水单位或者个人的法定身份证明文件；

（二）有利害关系第三者的承诺书或者其他文件；

（三）建设项目水资源论证报告书；

（四）不需要编制建设项目水资源论证报告书的，应当提交建设项目水资源论证表；

（五）利用已批准的入河排污口退水的，应当出具具有管辖权的县级以上地方人民政府水行政主管部门或者流域管理机构的同意文件。

第十一条 申请人应当向具有审批权限的审批机关提出申请。申请利用多种水源，且各种水源的取水审批机关不同的，应当向其中最高一级审批机关提出申请。

申请在地下水限制开采区开采利用地下水的，应当向取水口所在地的省、自治区、直辖市人民政府水行政主管部门提出申请。

取水许可权限属于流域管理机构的，应当向取水口所在地的省、自治区、直辖市人民政府水行政主管部门提出申请；其中，取水口跨省、自治区、直辖市的，应当分别向相关省、自治区、直辖市人民政府水行政主管部门提出申请。

第十二条 取水许可权限属于流域管理机构的，接受申请材料的省、自治区、直辖市人民政府水行政主管部门应当自收到申请之日起20个工作日内提出初审意见，并连同全部申请材料转报流域管理机构。申请利用多种水源，且各种水源的取水审批机关为不同流域管理机构的，接受申请材料的省、自治区、直辖市人民政府水行政主管部门应当同时分别转报有关流域管理机构。

初审意见应当包括建议审批水量、取水和退水的水质指标要求，以及申请取水项目所在水系本行政区域已审批取水许可总量、水功能区水质状况等内容。

第十三条 县级以上地方人民政府水行政主管部门或者流域管理机构，应当按照《取水条例》第十三条的规定对申请材料进行审查，并作出处理决定。

第十四条 《取水条例》第四条规定的为保障矿井等地下工程施工安全和生产安全必须进行临时应急取（排）水的以及为消除对公共安全或者公共利益的危害临时应急取水的，取水单位或者个人应当在危险排除或者事后10日内，将取水情况报取水口所在地县级以上地方人民政府水行政主管部门或者流域管理机构备案。

第十五条 《取水条例》第四条规定的为农业抗旱和维护生态与环境必须临时应急取水的，取水单位或者个人应当在开始取水前向取水口所在地县级人民政府水行政主管提出申请，经其同意后方可取水；涉及到跨行政区域的，须经共同的上一级地方人民政府水行政主管部门或者流域管理机构同意后方可取水。

第三章 取水许可的审查和决定

第十六条 申请在地下水限制开采区开采利用地下水的，由取水口所在地的省、自治区、直辖市人民政府水行政主管部门负责审批；其中，由国务院或者国务院投资主管部门审批、核准的大型建设项目取用地下水限制开采区地下水的，由流域管理机构负责审批。

第十七条　取水审批机关审批的取水总量，不得超过本流域或者本行政区域的取水许可总量控制指标。

在审批的取水总量已经达到取水许可总量控制指标的流域和行政区域，不得再审批新增取水。

第十八条　取水审批机关应当根据本流域或者本行政区域的取水许可总量控制指标，按照统筹协调、综合平衡、留有余地的原则核定申请人的取水量。所核定的取水量不得超过按照行业用水定额核定的取水量。

第十九条　取水审批机关在审查取水申请过程中，需要征求取水口所在地有关地方人民政府水行政主管部门或者流域管理机构意见的，被征求意见的地方人民政府水行政主管部门或者流域管理机构应当自收到征求意见材料之日起10个工作日内提出书面意见并转送取水审批机关。

第二十条　《取水条例》第二十条第一款第三项、第四项规定的不予批准的情形包括：

（一）因取水造成水量减少可能使取水口所在水域达不到水功能区水质标准的；

（二）在饮用水水源保护区内设置入河排污口的；

（三）退水中所含主要污染物浓度超过国家或者地方规定的污染物排放标准的；

（四）退水可能使排入水域达不到水功能区水质标准的；

（五）退水不符合排入水域限制排污总量控制要求的；

（六）退水不符合地下水回补要求的。

第二十一条　取水审批机关决定批准取水申请的，应当签发取水申请批准文件。取水申请批准文件应当包括下列内容：

（一）水源地水量水质状况，取水用途，取水量及其对应的保证率；

（二）退水地点、退水量和退水水质要求；

（三）用水定额及有关节水要求；

（四）计量设施的要求；

（五）特殊情况下的取水限制措施；

（六）蓄水工程或者水力发电工程的水量调度和合理下泄流量的要求；

（七）申请核发取水许可证的事项；

（八）其他注意事项。

申请利用多种水源，且各种水源的取水审批机关为不同流域管理机构的，有关流域管理机构应当联合签发取水申请批准文件。

第四章　取水许可证的发放和公告

第二十二条　取水工程或者设施建成并试运行满30日的，申请人应当向取水审批机关报送以下材料，申请核发取水许可证：

（一）建设项目的批准或者核准文件；

（二）取水申请批准文件；

（三）取水工程或者设施的建设和试运行情况；

（四）取水计量设施的计量认证情况；

（五）节水设施的建设和试运行情况；

（六）污水处理措施落实情况；

（七）试运行期间的取水、退水监测结果。

拦河闸坝等蓄水工程，还应当提交经地方人民政府水行政主管部门或者流域管理机构批准的蓄水调度运行方案。

地下水取水工程，还应当提交包括成井抽水试验综合成果图、水质分析报告等内容的施工报告。

取水申请批准文件由不同流域管理机构联合签发的，申请人可以向其中任何一个流域管理机构报送材料。

第二十三条　取水审批机关应当自收到前条规定的有关材料后20日内，对取水工程或者设施进行现场核验，出具验收意见；

对验收合格的，应当核发取水许可证。

取水申请批准文件由不同流域管理机构联合签发的，有关流域管理机构应当联合核验取水工程或者设施；对验收合格的，应当联合核发取水许可证。

第二十四条 同一申请人申请取用多种水源的，经统一审批后，取水审批机关应当区分不同的水源，分别核发取水许可证。

第二十五条 取水审批机关在核发取水许可证时，应当同时明确取水许可监督管理机关，并书面通知取水单位或者个人取水许可监督管理和水资源费征收管理的有关事项。

第二十六条 按照《取水条例》第二十五条规定，取水单位或者个人向原取水审批机关提出延续取水申请时应当提交下列材料：

（一）延续取水申请书；

（二）原取水申请批准文件和取水许可证。

取水审批机关应当对原批准的取水量、实际取水量、节水水平和退水水质状况以及取水单位或者个人所在行业的平均用水水平、当地水资源供需状况等进行全面评估，在取水许可证届满前决定是否批准延续。批准延续的，应当核发新的取水许可证；不批准延续的，应当书面说明理由。

第二十七条 在取水许可证有效期限内，取水单位或者个人需要变更其名称（姓名）的或者因取水权转让需要办理取水权变更手续的，应当持法定身份证明文件和有关取水权转让的批准文件，向原取水审批机关提出变更申请。取水审批机关审查同意的，应当核发新的取水许可证；其中，仅变更取水单位或者个人名称（姓名）的，可以在原取水许可证上注明。

第二十八条 在取水许可证有效期限内出现下列情形之一的，取水单位或者个人应当重新提出取水申请：

（一）取水量或者取水用途发生改变的（因取水权转让引起的取水量改变的情形除外）；

（二）取水水源或者取水地点发生改变的；

（三）退水地点、退水量或者退水方式发生改变的；

（四）退水中所含主要污染物及污水处理措施发生变化的。

第二十九条 连续停止取水满2年的，由原取水审批机关注销取水许可证。由于不可抗力或者进行重大技术改造等原因造成停止取水满2年且取水许可证有效期尚未届满的，经原取水审批机关同意，可以保留取水许可证。

第三十条 取水审批机关应当于每年的1月31日前向社会公告其上一年度新发放取水许可证以及注销和吊销取水许可证的情况。

第五章 监督管理

第三十一条 流域管理机构审批的取水，可以委托其所属管理机构或者取水口所在地省、自治区、直辖市人民政府水行政主管部门实施日常监督管理。

县级以上地方人民政府水行政主管部门审批的取水，可以委托其所属具有管理公共事务职能的单位或者下级地方人民政府水行政主管部门实施日常监督管理。

第三十二条 县级以上地方人民政府水行政主管部门应当按照上一级地方人民政府水行政主管部门规定的时间，向其报送本行政区域下一年度取水计划建议。

省、自治区、直辖市人民政府水行政主管部门应当按照流域管理机构规定的时间，按水系向所在流域管理机构报送本行政区域该水系下一年度取水计划建议。

第三十三条 流域管理机构应当会同有关省、自治区、直辖市人民政府水行政主管部门制定国家确定的重要江河、湖泊的流域年度水量分配方案和年度取水计划，并报水利部备案。

县级以上地方人民政府水行政主管部门应当根据上一级地方人民政府水行政主管部门或者流域管理机构下达的年度水量分配方案和年度取水计划，制定本行政区域的年度水量分配方案和年度取水计划，并报上一级人民政府水行政主管部门或者流域管理机构备案。

第三十四条　取水单位或者个人应当在每年的12月31日前向取水审批机关报送其本年度的取水情况总结（表）和下一年度的取水计划建议（表）。

水力发电工程，还应当报送其下一年度发电计划。

公共供水工程，还应当附具供水范围内重要用水户下一年度用水需求计划。

取水情况总结（表）和取水计划建议（表）的格式及填报要求，由省、自治区、直辖市水行政主管部门或者流域管理机构制定。

第三十五条　取水审批机关应当于每年的1月31日前向取水单位或者个人下达当年取水计划。

取水审批机关下达的年度取水计划的取水总量不得超过取水许可证批准的取水量，并应当明确可能依法采取的限制措施。

第三十六条　新建、改建、扩建建设项目，取水单位或者个人应当在取水工程或者设施经验收合格后、开始取水前30日内，向取水审批机关提出其该年度的取水计划建议。取水审批机关批准后，应当及时向取水单位或者个人下达年度取水计划。

第三十七条　取水单位或者个人应当严格按照批准的年度取水计划取水。因扩大生产等特殊原因需要调整年度取水计划的，应当报经原取水审批机关同意。

第三十八条　取水单位或者个人应当按照取水审批机关下达的年度取水计划核定的退水量，在规定的退水地点退水。

因取水单位或者个人的责任，致使退水量减少的，取水审批机关应当责令其限期改正；期满无正当理由不改正的，取水审批机关可以根据年度取水计划核定的应当退水量相应核减其取水量。

第三十九条　流域管理机构应当商相关省、自治区、直辖市人民政府水行政主管部门及其他相关单位，根据流域下一年度水量分配方案和年度预测来水量、水库蓄水量，按照总量控制、丰增枯减、以丰补枯的原则，统筹考虑地表水和地下水，制订本流域重要水系的年度水量调度计划或者枯水时段的调度方案。

县级以上地方人民政府水行政主管部门应当根据上一级地方人民政府水行政主管部门或者流域管理机构下达的年度水量分配方案和年度水量调度计划，制订本行政区域的年度水量调度计划或者枯水时段的调度方案，并报上一级人民政府水行政主管部门或者流域管理机构备案。

第四十条　县级以上地方人民政府水行政主管部门和流域管理机构按照管理权限，负责所辖范围内的水量调度工作。

蓄水工程或者水力发电工程，应当服从下达的调度计划或者调度方案，确保下泄流量达到规定的控制指标。

第四十一条　取水单位或者个人应当安装符合国家法律法规或者技术标准要求的计量设施，对取水量和退水量进行计量，并定期进行检定或者核准，保证计量设施正常使用和量值的准确、可靠。

利用闸坝等水工建筑物系数或者泵站开机时间、电表度数计算水量的，应当由具有相应资质的单位进行率定。

第四十二条　有下列情形之一的，可以按照取水设施日最大取水能力计算取（退）水量：

（一）未安装取（退）水计量设施的；

（二）取（退）水计量设施不合格或者不能正常运行的；

（三）取水单位或者个人拒不提供或者伪造取（退）水数据资料的。

第四十三条 取水许可监督管理机关应当按月或者按季抄录取水单位或者个人的实际取水量、退水量或者实际发电量，一式二份，双方签字认可，取水许可监督管理机关和取水单位或者个人各持一份。

取水单位或者个人拒绝签字的，取水许可监督管理机关应当派两名以上工作人员到现场查验，记录存档，并当场留置一份给取水单位或者个人。

第四十四条 取水单位或者个人应当根据国家技术标准对用水情况进行水平衡测试，改进用水工艺或者方法，提高水的重复利用率和再生水利用率。

第四十五条 省、自治区、直辖市人民政府水行政主管部门应当按照流域管理机构的要求，定期报送由其负责监督管理的取水单位或者个人的取用水情况；流域管理机构应当定期将由其所属管理机构负责监督管理的取水单位或者个人的取用水情况抄送省、自治区、直辖市人民政府水行政主管部门。

第四十六条 省、自治区、直辖市人民政府水行政主管部门应当于每年的2月25日前向流域管理机构报送本行政区域相关水系上一年度保有的、新发放的和吊销的取水许可证数量以及审批的取水总量等取水审批的情况。

流域管理机构应当按流域水系分区建立取水许可登记簿，于每年的4月15日前向水利部报送本流域水系分区取水审批情况和取水许可证发放情况。

第六章 罚 则

第四十七条 水行政主管部门和流域管理机构及其工作人员，违反本办法规定的，按照《中华人民共和国水法》和《取水条例》的有关规定予以处理。

第四十八条 取水单位或者个人违反本办法规定的，按照《中华人民共和国水法》和《取水条例》的有关规定予以处罚。

第四十九条 取水单位或者个人违反本办法规定，有下列行为之一的，由取水审批机关责令其限期改正，并可处1000元以下罚款：

（一）擅自停止使用节水设施的；

（二）擅自停止使用取退水计量设施的；

（三）不按规定提供取水、退水计量资料的。

第七章 附 则

第五十条 本办法自公布之日起施行。1994年6月9日水利部发布的《取水许可申请审批程序规定》（水利部令第4号）、1996年7月29日水利部发布的《取水许可监督管理办法》（水利部令第6号）以及1995年12月23日水利部发布并经1997年12月23日水利部修正的《取水许可水质管理规定》（水政资〔1995〕485号、水政资〔1997〕525号）同时废止。

地下水保护利用管理办法

（2023年6月28日 水资管〔2023〕214号）

第一章 总 则

第一条 为加强地下水保护和开发利用管理，保障地下水资源可持续利用，推进生态文明建设，根据《中华人民共和国水法》、《地下水管理条例》、《取水许可和水资源费征收管理条例》等有关法律法规，制定本办法。

第二条　开发利用地下水的单位和个人，以及从事地下水节约保护、开发利用管理、地下水资源调查评价等活动的水行政、自然资源主管部门和水利部所属流域管理机构（以下简称流域管理机构）及其工作人员，应当遵守本办法。

第三条　水利部负责全国地下水统一监督管理工作。自然资源部按照职责分工做好地下水调查、监测等相关工作。

流域管理机构依照法律法规和水利部授权，负责管辖范围内地下水有关监督管理工作。

按照省、自治区、直辖市人民政府规定的分级管理权限，县级以上地方人民政府水行政主管部门负责本行政区域内地下水统一监督管理工作，县级以上地方人民政府自然资源主管部门按照职责分工做好本行政区域内地下水调查、监测等相关工作。

第二章　调查评价与规划

第四条　县级以上人民政府水行政、自然资源等主管部门应当按照职责分工，依法开展地下水资源调查评价工作。地下水资源调查评价可开展年度调查评价和周期调查评价。周期调查评价中，地下水超采治理地区可每五年开展一次，其他地区可每十年开展一次。

第五条　县级以上人民政府水行政主管部门应按照本级人民政府和上一级人民政府水行政主管部门部署，会同同级自然资源部门编制地下水保护利用规划，依法履行征求意见、论证评估等程序并报告本级人民政府或其授权的部门后向社会公布，并报上一级人民政府水行政主管部门备案。

省级人民政府水行政主管部门编制的地下水保护利用规划，应征求所涉流域管理机构的意见。

地下水保护利用规划需要修订的，按原程序批复实施。

第六条　地下水保护利用规划应当服从水资源综合规划、流域综合规划和上一级地下水保护利用规划。地下水保护利用规划应包括地下水资源及其开发利用现状、区域水文地质条件、存在问题、地下水保护利用目标、主要任务和措施等，对辖区地下水合理利用、有效保护及治理修复等作出系统部署。

地下水保护利用规划一经批准，必须严格执行，确需修改的，按照规划编制程序报原批准机关批准。

第七条　区域经济和社会发展规划、国土空间规划、重大建设项目的布局等开发利用地下水，应当与地下水资源条件、地下水保护要求相适应。区域工业、农业、畜牧业、林草业、市政、能源、交通运输、旅游、自然资源开发等专项规划涉及开发利用地下水的内容，应当与地下水保护利用规划相衔接。

区域工业、农业、畜牧业、林草业、市政、能源、交通运输、旅游、自然资源开发等专项规划和开发区、新区规划等，涉及地下水开发利用的，应当进行规划水资源论证，对地下水需水规模及其合理性、水资源配置方案的可行性和可靠性、对地下水环境和重要生态系统的影响等进行分析评估，提出论证意见和规划优化调整的建议。

第八条　水利部会同自然资源部等部门制定地下水储备有关制度、标准、规程规范。

县级以上地方人民政府水行政主管部门会同本级人民政府自然资源等主管部门，明确地下水储备布局，划定储备范围，明确储备含水层位、储备量及水质状况，制定动用地下水储备预案。

特殊干旱年份以及重大突发事件时动用地下水储备应由县级以上地方人民政府水行政主管部门报本级人民政府批准后实施，并报上一级水行政主管部门及流域管理机构备案。

第三章　节约保护与开发利用

第九条　设区的市级、县级行政区域内地下水取水总量不得超过省、自治区、直辖市水行政主管部门会同本级自然资源等有关部门制定，经省、自治区、直辖市人民政府批准后下达实施的地下水取水总量控制指标。

超采区地下水水位控制指标的制定应统筹考虑不同来水情况，以及地下水水位变化可能引起的地下水污染、生态和地质环境影响。

水利部负责组织制定地下水取水总量控制指标和地下水水位控制指标确定技术标准。流域管理机构对流域内属于同一水文地质单元的相邻省、自治区、直辖市的地下水取用水总量控制指标和地下水水位控制指标协商确定情况予以指导和监督。县级以上人民政府水行政主管部门，应根据管理工作需要，编制地下水取水总量控制、水位控制管理方案。

第十条 县级以上人民政府下达的地下水取水总量控制指标和地下水水位控制指标，应作为地下水目标责任制、考核评价、地下水取水许可管理和地下水超采综合治理的重要依据。

县级以上人民政府水行政主管部门会同同级自然资源主管部门对指标实施情况进行监测。流域管理机构对流域管理范围内有关省、自治区、直辖市的指标实施情况进行监督管理。

第十一条 不符合地下水取水总量控制、地下水水位控制要求的地区应当暂停审批新增取用地下水，开展本行政区域内地下水取水工程布局分析评估及优化调整，制定区域地下水取水总量压减方案，逐步削减地下水取水量，限期整改。

第十二条 取用地下水的取水许可证有效期届满需要延续的，取水许可审批机关应当对原审批的许可取水量、实际取水量、节水水平、当地水资源供需状况等情况进行评估。有《地下水管理条例》第二十五条规定的六种情形之一的，不予延续。

《地下水管理条例》实施前已取得取水许可证，但不符合《地下水管理条例》第二十五条规定的，有管辖权的水行政主管部门应责令限期整改，逾期整改不到位的，不予延续。

第十三条 以监测、勘探为目的的地下水取水工程，不需要申请取水许可，建设单位应当于施工前报县级以上地方人民政府水行政主管部门备案。

备案应当包括以下材料：

（一）取水单位或者个人的法定身份证明文件；

（二）取水工程建设方案；

（三）水文地质条件；

（四）取水地点、取水的目的；

（五）取水的起始时间、取水量；

（六）退水地点、退水方式、退水量；

（七）防止对地下水产生不利影响的措施；

（八）水利部规定的其他事项。

第十四条 建设需要取水的地热能开发利用项目，应开展水资源论证，向具有管理权限的水行政主管部门申领取水许可。

第十五条 县级以上地方人民政府水行政主管部门负责本行政区域内地下水备用水源取用水管理，制定应急预案，明确应急备用水源取水情形、取水量、取水用途、取水地点、取水层位、保护和管理措施等。

应急备用水源取水工程应当依法办理取水许可手续，按要求安装计量设施，定期维护，应急备用水源应当建立完整详细的维护、运行、用水记录台账。

应急备用地下水水源结束使用后，应当立即停止取水，经当地水行政主管部门检查后按要求封存或热备。

不得擅自将应急备用水源转为常态化取水。确有必要将应急备用水源转为常态化取水的，应按照有关规定重新申请取水许可。

第十六条 县级以上地方人民政府水行政主管部门应定期组织开展本行政区域内地

下水取水工程核查，根据其使用情况按在用、封填、应急备用（封存）、应急备用（热备）等进行分类登记，并按要求纳入相关信息系统，对不符合管理要求的取水工程应责令整改或关停。

第十七条　县级以上地方人民政府水行政主管部门应当加强地下水超采区内自备井管理，建立自备井台账，提出应予关停清单，制定限期关停计划，并定期开展核查。

第十八条　地下水取水工程报废、未建成或者完成勘探、试验任务的，工程所有权人或管理单位应当在停止取水、施工或者勘探、试验任务结束之日起15个工作日内按照有关标准规范实施地下水取水工程封存或封填，并到当地水行政主管部门登记。

对年久失修、地下水质量较差的取水工程，应当永久封填，并按要求及时注销取水许可证；对条件尚好、水质水量有保证的取水工程经有管辖权的水行政主管部门同意后可封存备用。县级以上水行政主管部门应建立地下水封存备用取水工程启用制度，确保在特殊情况下按照规定程序启用。

第十九条　采矿疏干排水管理应纳入区域地下水保护利用规划。

除为保障矿井等地下工程施工安全和生产安全必须进行临时应急取（排）水外，开采矿产资源或者建设地下工程需要疏干的地下水量，达到规模的，应当依法申请取水许可，取（排）水纳入区域地下水取水总量控制指标。疏干排水量规模由省、自治区、直辖市人民政府制定、公布。

开采矿产资源或者建设地下工程的单位和个人，应当优先利用疏干水作为生产用水，对能利用而不利用的，有管辖权的水行政主管部门，应当对其提出限期整改；对充分利用后仍有剩余且确需外排的疏干水，应经处理满足相关管理要求后排放，需设置入河排污口的，应依法办理入河排污口设置审批手续。

为保障矿井等地下工程施工安全和生产安全必须进行临时应急取（排）水，应按要求向有管辖权限的县级以上地方人民政府水行政主管部门备案。备案材料包括：

（一）取水单位或者个人的法定身份证明文件；

（二）取水地点、取水的目的、取水方式、取水的起始时间、取水量等；

（三）取水水质、退水地点、退水方式、退水量。

第四章　超采治理

第二十条　水利部会同自然资源部组织各省、自治区、直辖市水行政、自然资源主管部门，划定全国地下水超采区，对各省、自治区、直辖市地下水超采划定成果进行审核。通过审核的，由水利部会同自然资源部公布。

地下水超采治理地区每五年开展一次地下水超采区划定，其他地区每十年开展一次。水利部组织开展地下水超采区动态评估，跟踪地下水超采变化情况。

地下水超采区划定后，省、自治区、直辖市人民政府水行政主管部门可根据地下水超采治理情况，会同本级自然资源主管部门，组织编制地下水超采区调整报告，向水利部提出地下水超采区复核申请。水利部会同自然资源部对省、自治区、直辖市地下水超采情况予以复核确认后，可对超采区进行调整，并依法向社会公布。

第二十一条　地下水禁止开采区内，不得新建、改建、扩建地下水取水工程，县级以上地方人民政府水行政主管部门应当限期关闭地下水禁止开采区内已建地下水取水工程。

地下水限制开采区，应逐步削减地下水取水量。省、自治区、直辖市水行政主管部门根据区域地下水保护及超采治理要求，制定地下水取水量削减方案。为保障民生需求和支撑高质量发展或者对用水有特殊要求确需取用地下水的新建项目，许可水量或用水指标应通过核减其他取水户地下水取水量或通过用水权交易获得。

需要取水的地热能开发利用项目的禁止和限制取水范围由省、自治区、直辖市水行政主管部门按照《地下水管理条例》第五十一条组织划定。

第二十二条 省、自治区、直辖市地下水超采综合治理方案应符合国家地下水保护利用规划和地下水管理保护的要求。

县级以上地方水行政主管部门应当会同本级有关部门，依据省、自治区、直辖市地下水超采综合治理方案，编制本行政区域地下水超采综合治理方案，报本级人民政府批准后实施，并报上级水行政主管部门备案。

第二十三条 区域地下水超采综合治理方案编制应坚持问题导向，提出行政区域地下水超采治理目标、治理措施、保障措施等，明确责任主体和完成时限。区域内与地下水开采密切相关的重要泉域保护和海咸水入侵防治等任务，应一并纳入治理方案。

县级人民政府水行政主管部门依据地下水超采综合治理方案编制年度工作计划，并报本级人民政府批准实施。

第二十四条 县级以上地方人民政府应加强地下水超采区的节水管理，健全完善节水制度和节水激励机制，落实节水工作责任，地下水超采区内严格限制使用地下水发展高耗水工业和服务业，适度压减高耗水农作物，鼓励通过节水改造、水源置换、休耕雨养、种植结构调整等措施压减农业取用地下水。

鼓励和支持地下水超采区内取用地下水的单位和个人开展节水技术研究开发，推进节水科技成果转化应用，推广节水新技术，优先使用先进的节水工艺、设备和产品，提高用水效率，大力推动再生水、海水及淡化海水、集蓄雨水、微咸水、矿坑水等非常规水源利用。

第二十五条 存在超采问题的省、自治区、直辖市人民政府水行政主管部门应会同同级自然资源等部门及时总结辖区内地下水超采综合治理成效，将治理成效上报水利部。

第二十六条 县级以上地方人民政府水行政、自然资源等主管部门应积极采取措施，在有条件的地区，科学论证地下水回补可行性，依据有关规定标准，合理开展地下水回补、人工回灌，加强地下水水源涵养。

第五章 监测计量

第二十七条 地下水取水工程应当按照法律、法规的规定和国家、行业技术标准安装满足精度、数据传输上报要求的取水计量设施；已建农业灌溉地下水取水工程暂不具备安装计量设施条件的，可按相关标准规定采用以电折水等方式进行计量。

矿产资源开采、地下工程建设疏干排水应当安装计量设施，准确掌握排水量、回用量，并按要求布设地下水位监测设施。

建设需要取水的地热能开发利用项目，勘探开发单位应当安装取水和回灌在线计量设施，并将计量数据实时传输到有管辖权限的水行政主管部门。

第二十八条 水利部、自然资源部等有关部门，根据地下水控制指标管理、地下水超采治理、地下水储备监督等要求，完善国家地下水监测站网，开展地下水动态监测。

省、自治区、直辖市人民政府水行政、自然资源等主管部门根据需要完善地下水监测工作体系，对地下水超采区、生态脆弱区、集中式地下水饮用水水源地、重点泉域、海（咸）水入侵区、地下水储备区、水位变化易导致水质异常的区域等实施重点监测，按上级主管部门要求及时提供地下水水位、水量、水质等监测信息。

第二十九条 取水单位和个人应当按有关计量法律法规和标准规定，建立计量设施档案，做好计量器具的检定校准，并向有管辖权的水行政主管部门报备。

第三十条 取水单位和个人应当对取用

水数据真实性、准确性、完整性和及时性负责，不得篡改、伪造地下水取用水计量监测及统计数据。

第六章　监督与考核

第三十一条　水利部会同自然资源部建立地下水超采区水位变化通报机制，以国家地下水监测工程监测数据为基础，地方地下水监测工程监测数据为补充，在综合分析超采区地下水位变幅的情况下，按季度对超采区有关地市地下水水位变化情况进行通报。

水利部根据水位降幅和排名情况，对相关地市人民政府分别采取点名、会商、约谈等方式，督促指导地下水超采治理工作。

省、自治区、直辖市人民政府水行政主管部门会同自然资源主管部门可建立辖区内地下水水位变化通报机制。

第三十二条　县级以上地方人民政府水行政主管部门应当加强对行政区域内地下水开发利用的监督检查和水政执法，会同有关部门建立联合查处机制，发现违规取水，责令立即停止违法行为，并依法依规进行查处。

被检查单位或者个人应当如实报告情况，并提供必要数据资料。

第三十三条　流域管理机构应当依据相关法律法规及水利部授权，加强对流域范围内地方人民政府水行政主管部门地下水节约保护、开发利用、超采治理，以及管理工作情况的监督检查，按发现问题严重程度和出现频次及时向有关水行政主管部门印发问题整改清单，督促整改落实。

省、自治区、直辖市人民政府水行政主管部门应加强对辖区内市、县级人民政府水行政主管部门地下水管理与保护工作情况的监督检查，建立问题整改清单，监督整改落实。

第三十四条　根据年度监督检查发现问题的数量、性质、严重程度，上级地方人民政府水行政主管部门应按照有关规定对有关责任单位和责任人实施责任追究，或者提出责任追究建议，必要时可向有关地方人民政府通报，并提出责任追究建议。

第三十五条　县级以上地方人民政府水行政主管部门应当及时公开本行政区域地下水取水总量控制和水位控制指标等相关信息，为公民、法人和其他组织参与监督地下水管理保护提供便利。

第三十六条　水利部会同有关部门把地下水管理与保护工作及目标完成情况纳入最严格水资源管理制度考核，按年度组织实施对各省、自治区、直辖市的考核评价，考核结果按照有关程序报请审定后向社会公告。

第七章　罚　　则

第三十七条　水行政、自然资源等主管部门及其工作人员，违反本办法规定的，按照《中华人民共和国水法》、《地下水管理条例》、《取水许可和水资源费征收管理条例》有关规定予以处理。

第三十八条　取水单位或者个人违反本办法规定的，按照《中华人民共和国水法》、《地下水管理条例》、《取水许可和水资源费征收管理条例》有关规定予以处罚。

第八章　附　　则

第三十九条　地方各级水行政主管部门可参照本办法，会同本级人民政府自然资源等主管部门结合工作实际制定相关制度。

第四十条　本办法自印发之日起施行。

取水许可和水资源费征收管理条例

（2006年2月21日中华人民共和国国务院令第460号公布，根据2017年3月1日《国务院关于修改和废止部分行政法规的决定》修订）

第一章 总 则

第一条 为加强水资源管理和保护，促进水资源的节约与合理开发利用，根据《中华人民共和国水法》，制定本条例。

第二条 本条例所称取水，是指利用取水工程或者设施直接从江河、湖泊或者地下取用水资源。

取用水资源的单位和个人，除本条例第四条规定的情形外，都应当申请领取取水许可证，并缴纳水资源费。

本条例所称取水工程或者设施，是指闸、坝、渠道、人工河道、虹吸管、水泵、水井以及水电站等。

第三条 县级以上人民政府水行政主管部门按照分级管理权限，负责取水许可制度的组织实施和监督管理。

国务院水行政主管部门在国家确定的重要江河、湖泊设立的流域管理机构（以下简称流域管理机构），依照本条例规定和国务院水行政主管部门授权，负责所管辖范围内取水许可制度的组织实施和监督管理。

县级以上人民政府水行政主管部门、财政部门和价格主管部门依照本条例规定和管理权限，负责水资源费的征收、管理和监督。

第四条 下列情形不需要申请领取取水许可证：

（一）农村集体经济组织及其成员使用本集体经济组织的水塘、水库中的水的；

（二）家庭生活和零星散养、圈养畜禽饮用等少量取水的；

（三）为保障矿井等地下工程施工安全和生产安全必须进行临时应急取（排）水的；

（四）为消除对公共安全或者公共利益的危害临时应急取水的；

（五）为农业抗旱和维护生态与环境必须临时应急取水的。

前款第（二）项规定的少量取水的限额，由省、自治区、直辖市人民政府规定；第（三）项、第（四）项规定的取水，应当及时报县级以上地方人民政府水行政主管部门或者流域管理机构备案；第（五）项规定的取水，应当经县级以上人民政府水行政主管部门或者流域管理机构同意。

第五条 取水许可应当首先满足城乡居民生活用水，并兼顾农业、工业、生态与环境用水以及航运等需要。

省、自治区、直辖市人民政府可以依照本条例规定的职责权限，在同一流域或者区域内，根据实际情况对前款各项用水规定具体的先后顺序。

第六条 实施取水许可必须符合水资源综合规划、流域综合规划、水中长期供求规划和水功能区划，遵守依照《中华人民共和国水法》规定批准的水量分配方案；尚未制定水量分配方案的，应当遵守有关地方人民政府间签订的协议。

第七条 实施取水许可应当坚持地表水与地下水统筹考虑，开源与节流相结合、节流优先的原则，实行总量控制与定额管理相结合。

流域内批准取水的总耗水量不得超过本流域水资源可利用量。

行政区域内批准取水的总水量，不得超过流域管理机构或者上一级水行政主管部门下达的可供本行政区域取用的水量；其中，批准取用地下水的总水量，不得超过本行政区域地下水可开采量，并应当符合地下水开发利用规划的要求。制定地下水开发利用规划应当征求国土资源主管部门的意见。

第八条　取水许可和水资源费征收管理制度的实施应当遵循公开、公平、公正、高效和便民的原则。

第九条　任何单位和个人都有节约和保护水资源的义务。

对节约和保护水资源有突出贡献的单位和个人，由县级以上人民政府给予表彰和奖励。

第二章　取水的申请和受理

第十条　申请取水的单位或者个人（以下简称申请人），应当向具有审批权限的审批机关提出申请。申请利用多种水源，且各种水源的取水许可审批机关不同的，应当向其中最高一级审批机关提出申请。

取水许可权限属于流域管理机构的，应当向取水口所在地的省、自治区、直辖市人民政府水行政主管部门提出申请。省、自治区、直辖市人民政府水行政主管部门，应当自收到申请之日起20个工作日内提出意见，并连同全部申请材料转报流域管理机构；流域管理机构收到后，应当依照本条例第十三条的规定作出处理。

第十一条　申请取水应当提交下列材料：

（一）申请书；

（二）与第三者利害关系的相关说明；

（三）属于备案项目的，提供有关备案材料；

（四）国务院水行政主管部门规定的其他材料。

建设项目需要取水的，申请人还应当提交建设项目水资源论证报告书。论证报告书应当包括取水水源、用水合理性以及对生态与环境的影响等内容。

第十二条　申请书应当包括下列事项：

（一）申请人的名称（姓名）、地址；

（二）申请理由；

（三）取水的起始时间及期限；

（四）取水目的、取水量、年内各月的用水量等；

（五）水源及取水地点；

（六）取水方式、计量方式和节水措施；

（七）退水地点和退水中所含主要污染物以及污水处理措施；

（八）国务院水行政主管部门规定的其他事项。

第十三条　县级以上地方人民政府水行政主管部门或者流域管理机构，应当自收到取水申请之日起5个工作日内对申请材料进行审查，并根据下列不同情形分别作出处理：

（一）申请材料齐全、符合法定形式、属于本机关受理范围的，予以受理；

（二）提交的材料不完备或者申请书内容填注不明的，通知申请人补正；

（三）不属于本机关受理范围的，告知申请人向有受理权限的机关提出申请。

第三章　取水许可的审查和决定

第十四条　取水许可实行分级审批。

下列取水由流域管理机构审批：

（一）长江、黄河、淮河、海河、滦河、珠江、松花江、辽河、金沙江、汉江的干流和太湖以及其他跨省、自治区、直辖市河流、湖泊的指定河段限额以上的取水；

（二）国际跨界河流的指定河段和国际边界河流限额以上的取水；

（三）省际边界河流、湖泊限额以上的

取水；

（四）跨省、自治区、直辖市行政区域的取水；

（五）由国务院或者国务院投资主管部门审批、核准的大型建设项目的取水；

（六）流域管理机构直接管理的河道（河段）、湖泊内的取水。

前款所称的指定河段和限额以及流域管理机构直接管理的河道（河段）、湖泊，由国务院水行政主管部门规定。

其他取水由县级以上地方人民政府水行政主管部门按照省、自治区、直辖市人民政府规定的审批权限审批。

第十五条 批准的水量分配方案或者签订的协议是确定流域与行政区域取水许可总量控制的依据。

跨省、自治区、直辖市的江河、湖泊，尚未制定水量分配方案或者尚未签订协议的，有关省、自治区、直辖市的取水许可总量控制指标，由流域管理机构根据流域水资源条件，依据水资源综合规划、流域综合规划和水中长期供求规划，结合各省、自治区、直辖市取水现状及供需情况，商有关省、自治区、直辖市人民政府水行政主管部门提出，报国务院水行政主管部门批准；设区的市、县（市）行政区域的取水许可总量控制指标，由省、自治区、直辖市人民政府水行政主管部门依据本省、自治区、直辖市取水许可总量控制指标，结合各地取水现状及供需情况制定，并报流域管理机构备案。

第十六条 按照行业用水定额核定的用水量是取水量审批的主要依据。

省、自治区、直辖市人民政府水行政主管部门和质量监督检验管理部门对本行政区域行业用水定额的制定负责指导并组织实施。

尚未制定本行政区域行业用水定额的，可以参照国务院有关行业主管部门制定的行业用水定额执行。

第十七条 审批机关受理取水申请后，应当对取水申请材料进行全面审查，并综合考虑取水可能对水资源的节约保护和经济社会发展带来的影响，决定是否批准取水申请。

第十八条 审批机关认为取水涉及社会公共利益需要听证的，应当向社会公告，并举行听证。

取水涉及申请人与他人之间重大利害关系的，审批机关在作出是否批准取水申请的决定前，应当告知申请人、利害关系人。申请人、利害关系人要求听证的，审批机关应当组织听证。

因取水申请引起争议或者诉讼的，审批机关应当书面通知申请人中止审批程序；争议解决或者诉讼终止后，恢复审批程序。

第十九条 审批机关应当自受理取水申请之日起45个工作日内决定批准或者不批准。决定批准的，应当同时签发取水申请批准文件。

对取用城市规划区地下水的取水申请，审批机关应当征求城市建设主管部门的意见，城市建设主管部门应当自收到征求意见材料之日起5个工作日内提出意见并转送取水审批机关。

本条第一款规定的审批期限，不包括举行听证和征求有关部门意见所需的时间。

第二十条 有下列情形之一的，审批机关不予批准，并在作出不批准的决定时，书面告知申请人不批准的理由和依据：

（一）在地下水禁采区取用地下水的；

（二）在取水许可总量已经达到取水许可控制总量的地区增加取水量的；

（三）可能对水功能区水域使用功能造成重大损害的；

（四）取水、退水布局不合理的；

（五）城市公共供水管网能够满足用水需要时，建设项目自备取水设施取用地下水的；

（六）可能对第三者或者社会公共利益

产生重大损害的；

（七）属于备案项目，未报送备案的；

（八）法律、行政法规规定的其他情形。

审批的取水量不得超过取水工程或者设施设计的取水量。

第二十一条　取水申请经审批机关批准，申请人方可兴建取水工程或者设施。

第二十二条　取水申请批准后3年内，取水工程或者设施未开工建设，或者需由国家审批、核准的建设项目未取得国家审批、核准的，取水申请批准文件自行失效。

建设项目中取水事项有较大变更的，建设单位应当重新进行建设项目水资源论证，并重新申请取水。

第二十三条　取水工程或者设施竣工后，申请人应当按照国务院水行政主管部门的规定，向取水审批机关报送取水工程或者设施试运行情况等相关材料；经验收合格的，由审批机关核发取水许可证。

直接利用已有的取水工程或者设施取水的，经审批机关审查合格，发给取水许可证。

审批机关应当将发放取水许可证的情况及时通知取水口所在地县级人民政府水行政主管部门，并定期对取水许可证的发放情况予以公告。

第二十四条　取水许可证应当包括下列内容：

（一）取水单位或者个人的名称（姓名）；

（二）取水期限；

（三）取水量和取水用途；

（四）水源类型；

（五）取水、退水地点及退水方式、退水量。

前款第（三）项规定的取水量是在江河、湖泊、地下水多年平均水量情况下允许的取水单位或者个人的最大取水量。

取水许可证由国务院水行政主管部门统一制作，审批机关核发取水许可证只能收取工本费。

第二十五条　取水许可证有效期限一般为5年，最长不超过10年。有效期届满，需要延续的，取水单位或者个人应当在有效期届满45日前向原审批机关提出申请，原审批机关应当在有效期届满前，作出是否延续的决定。

第二十六条　取水单位或者个人要求变更取水许可证载明的事项的，应当依照本条例的规定向原审批机关申请，经原审批机关批准，办理有关变更手续。

第二十七条　依法获得取水权的单位或者个人，通过调整产品和产业结构、改革工艺、节水等措施节约水资源的，在取水许可的有效期和取水限额内，经原审批机关批准，可以依法有偿转让其节约的水资源，并到原审批机关办理取水权变更手续。具体办法由国务院水行政主管部门制定。

第四章　水资源费的征收和使用管理

第二十八条　取水单位或者个人应当缴纳水资源费。

取水单位或者个人应当按照经批准的年度取水计划取水。超计划或者超定额取水的，对超计划或者超定额部分累进收取水资源费。

水资源费征收标准由省、自治区、直辖市人民政府价格主管部门会同同级财政部门、水行政主管部门制定，报本级人民政府批准，并报国务院价格主管部门、财政部门和水行政主管部门备案。其中，由流域管理机构审批取水的中央直属和跨省、自治区、直辖市水利工程的水资源费征收标准，由国务院价格主管部门会同国务院财政部门、水行政主管部门制定。

第二十九条　制定水资源费征收标准，应当遵循下列原则：

（一）促进水资源的合理开发、利用、节约和保护；

（二）与当地水资源条件和经济社会发展水平相适应；

（三）统筹地表水和地下水的合理开发利用，防止地下水过量开采；

（四）充分考虑不同产业和行业的差别。

第三十条 各级地方人民政府应当采取措施，提高农业用水效率，发展节水型农业。

农业生产取水的水资源费征收标准应当根据当地水资源条件、农村经济发展状况和促进农业节约用水需要制定。农业生产取水的水资源费征收标准应当低于其他用水的水资源费征收标准，粮食作物的水资源费征收标准应当低于经济作物的水资源费征收标准。农业生产取水的水资源费征收的步骤和范围由省、自治区、直辖市人民政府规定。

第三十一条 水资源费由取水审批机关负责征收；其中，流域管理机构审批的，水资源费由取水口所在地省、自治区、直辖市人民政府水行政主管部门代为征收。

第三十二条 水资源费缴纳数额根据取水口所在地水资源费征收标准和实际取水量确定。

水力发电用水和火力发电贯流式冷却用水可以根据取水口所在地水资源费征收标准和实际发电量确定缴纳数额。

第三十三条 取水审批机关确定水资源费缴纳数额后，应当向取水单位或者个人送达水资源费缴纳通知单，取水单位或者个人应当自收到缴纳通知单之日起7日内办理缴纳手续。

直接从江河、湖泊或者地下取用水资源从事农业生产的，对超过省、自治区、直辖市规定的农业生产用水限额部分的水资源，由取水单位或者个人根据取水口所在地水资源费征收标准和实际取水量缴纳水资源费；符合规定的农业生产用水限额的取水，不缴纳水资源费。取用供水工程的水从事农业生产的，由用水单位或者个人按照实际用水量向供水工程单位缴纳水费，由供水工程单位统一缴纳水资源费；水资源费计入供水成本。

为了公共利益需要，按照国家批准的跨行政区域水量分配方案实施的临时应急调水，由调入区域的取用水的单位或者个人，根据所在地水资源费征收标准和实际取水量缴纳水资源费。

第三十四条 取水单位或者个人因特殊困难不能按期缴纳水资源费的，可以自收到水资源费缴纳通知单之日起7日内向发出缴纳通知单的水行政主管部门申请缓缴；发出缴纳通知单的水行政主管部门应当自收到缓缴申请之日起5个工作日内作出书面决定并通知申请人；期满未作决定的，视为同意。水资源费的缓缴期限最长不得超过90日。

第三十五条 征收的水资源费应当按照国务院财政部门的规定分别解缴中央和地方国库。因筹集水利工程基金，国务院对水资源费的提取、解缴另有规定的，从其规定。

第三十六条 征收的水资源费应当全额纳入财政预算，由财政部门按照批准的部门财政预算统筹安排，主要用于水资源的节约、保护和管理，也可以用于水资源的合理开发。

第三十七条 任何单位和个人不得截留、侵占或者挪用水资源费。

审计机关应当加强对水资源费使用和管理的审计监督。

第五章 监督管理

第三十八条 县级以上人民政府水行政主管部门或者流域管理机构应当依照本条例规定，加强对取水许可制度实施的监督管理。

县级以上人民政府水行政主管部门、财政部门和价格主管部门应当加强对水资源费征收、使用情况的监督管理。

第三十九条 年度水量分配方案和年度取水计划是年度取水总量控制的依据，应当根据批准的水量分配方案或者签订的协议，结合实际用水状况、行业用水定额、下一年度预测来水量等制定。

国家确定的重要江河、湖泊的流域年度水量分配方案和年度取水计划，由流域管理机构会同有关省、自治区、直辖市人民政府水行政主管部门制定。

县级以上各地方行政区域的年度水量分配方案和年度取水计划，由县级以上地方人民政府水行政主管部门根据上一级地方人民政府水行政主管部门或者流域管理机构下达的年度水量分配方案和年度取水计划制定。

第四十条　取水审批机关依照本地区下一年度取水计划、取水单位或者个人提出的下一年度取水计划建议，按照统筹协调、综合平衡、留有余地的原则，向取水单位或者个人下达下一年度取水计划。

取水单位或者个人因特殊原因需要调整年度取水计划的，应当经原审批机关同意。

第四十一条　有下列情形之一的，审批机关可以对取水单位或者个人的年度取水量予以限制：

（一）因自然原因，水资源不能满足本地区正常供水的；

（二）取水、退水对水功能区水域使用功能、生态与环境造成严重影响的；

（三）地下水严重超采或者因地下水开采引起地面沉降等地质灾害的；

（四）出现需要限制取水量的其他特殊情况的。

发生重大旱情时，审批机关可以对取水单位或者个人的取水量予以紧急限制。

第四十二条　取水单位或者个人应当在每年的 12 月 31 日前向审批机关报送本年度的取水情况和下一年度取水计划建议。

审批机关应当按年度将取用地下水的情况抄送同级国土资源主管部门，将取用城市规划区地下水的情况抄送同级城市建设主管部门。

审批机关依照本条例第四十一条第一款的规定，需要对取水单位或者个人的年度取水量予以限制的，应当在采取限制措施前及时书面通知取水单位或者个人。

第四十三条　取水单位或者个人应当依照国家技术标准安装计量设施，保证计量设施正常运行，并按照规定填报取水统计报表。

第四十四条　连续停止取水满 2 年的，由原审批机关注销取水许可证。由于不可抗力或者进行重大技术改造等原因造成停止取水满 2 年的，经原审批机关同意，可以保留取水许可证。

第四十五条　县级以上人民政府水行政主管部门或者流域管理机构在进行监督检查时，有权采取下列措施：

（一）要求被检查单位或者个人提供有关文件、证照、资料；

（二）要求被检查单位或者个人就执行本条例的有关问题作出说明；

（三）进入被检查单位或者个人的生产场所进行调查；

（四）责令被检查单位或者个人停止违反本条例的行为，履行法定义务。

监督检查人员在进行监督检查时，应当出示合法有效的行政执法证件。有关单位和个人对监督检查工作应当给予配合，不得拒绝或者阻碍监督检查人员依法执行公务。

第四十六条　县级以上地方人民政府水行政主管部门应当按照国务院水行政主管部门的规定，及时向上一级水行政主管部门或者所在流域的流域管理机构报送本行政区域上一年度取水许可证发放情况。

流域管理机构应当按照国务院水行政主管部门的规定，及时向国务院水行政主管部门报送其上一年度取水许可证发放情况，并同时抄送取水口所在地省、自治区、直辖市人民政府水行政主管部门。

上一级水行政主管部门或者流域管理机构发现越权审批、取水许可证核准的总取水量超过水量分配方案或者协议规定的数量、年度实际取水总量超过下达的年度水量分配方案和年度取水计划的，应当及时要求有关水行政主管部门或者流域管理机构纠正。

第六章　法律责任

第四十七条　县级以上地方人民政府水行政主管部门、流域管理机构或者其他有关部门及其工作人员，有下列行为之一的，由其上级行政机关或者监察机关责令改正；情节严重的，对直接负责的主管人员和其他直接责任人员依法给予行政处分；构成犯罪的，依法追究刑事责任：

（一）对符合法定条件的取水申请不予受理或者不在法定期限内批准的；

（二）对不符合法定条件的申请人签发取水申请批准文件或者发放取水许可证的；

（三）违反审批权限签发取水申请批准文件或者发放取水许可证的；

（四）不按照规定征收水资源费，或者对不符合缓缴条件而批准缓缴水资源费的；

（五）侵占、截留、挪用水资源费的；

（六）不履行监督职责，发现违法行为不予查处的；

（七）其他滥用职权、玩忽职守、徇私舞弊的行为。

前款第（五）项规定的被侵占、截留、挪用的水资源费，应当依法予以追缴。

第四十八条　未经批准擅自取水，或者未依照批准的取水许可规定条件取水的，依照《中华人民共和国水法》第六十九条规定处罚；给他人造成妨碍或者损失的，应当排除妨碍、赔偿损失。

第四十九条　未取得取水申请批准文件擅自建设取水工程或者设施的，责令停止违法行为，限期补办有关手续；逾期不补办或者补办未被批准的，责令限期拆除或者封闭其取水工程或者设施；逾期不拆除或者不封闭其取水工程或者设施的，由县级以上地方人民政府水行政主管部门或者流域管理机构组织拆除或者封闭，所需费用由违法行为人承担，可以处5万元以下罚款。

第五十条　申请人隐瞒有关情况或者提供虚假材料骗取取水申请批准文件或者取水许可证的，取水申请批准文件或者取水许可证无效，对申请人给予警告，责令其限期补缴应当缴纳的水资源费，处2万元以上10万元以下罚款；构成犯罪的，依法追究刑事责任。

第五十一条　拒不执行审批机关作出的取水量限制决定，或者未经批准擅自转让取水权的，责令停止违法行为，限期改正，处2万元以上10万元以下罚款；逾期拒不改正或者情节严重的，吊销取水许可证。

第五十二条　有下列行为之一的，责令停止违法行为，限期改正，处5000元以上2万元以下罚款；情节严重的，吊销取水许可证：

（一）不按照规定报送年度取水情况的；

（二）拒绝接受监督检查或者弄虚作假的；

（三）退水水质达不到规定要求的。

第五十三条　未安装计量设施的，责令限期安装，并按照日最大取水能力计算的取水量和水资源费征收标准计征水资源费，处5000元以上2万元以下罚款；情节严重的，吊销取水许可证。

计量设施不合格或者运行不正常的，责令限期更换或者修复；逾期不更换或者不修复的，按照日最大取水能力计算的取水量和水资源费征收标准计征水资源费，可以处1万元以下罚款；情节严重的，吊销取水许可证。

第五十四条　取水单位或者个人拒不缴纳、拖延缴纳或者拖欠水资源费的，依照《中华人民共和国水法》第七十条规定处罚。

第五十五条　对违反规定征收水资源费、取水许可证照费的，由价格主管部门依法予以行政处罚。

第五十六条　伪造、涂改、冒用取水申请批准文件、取水许可证的，责令改正，没收违法所得和非法财物，并处2万元以上10万元以下罚款；构成犯罪的，依法追究刑事责任。

第五十七条　本条例规定的行政处罚，由县级以上人民政府水行政主管部门或者流域管理机构按照规定的权限决定。

第七章　附　　则

第五十八条　本条例自2006年4月15日起施行。1993年8月1日国务院发布的《取水许可制度实施办法》同时废止。

节约用水条例

（2024年2月23日国务院第26次常务会议通过，2024年3月9日公布，自2024年5月1日起施行）

第一章　总　　则

第一条　为了促进全社会节约用水，保障国家水安全，推进生态文明建设，推动高质量发展，根据《中华人民共和国水法》等有关法律，制定本条例。

第二条　本条例所称节约用水（以下简称节水），是指通过加强用水管理、转变用水方式，采取技术上可行、经济上合理的措施，降低水资源消耗、减少水资源损失、防止水资源浪费，合理、有效利用水资源的活动。

第三条　节水工作应当坚持中国共产党的领导，贯彻总体国家安全观，统筹发展和安全，遵循统筹规划、综合施策、因地制宜、分类指导的原则，坚持总量控制、科学配置、高效利用，坚持约束和激励相结合，建立政府主导、各方协同、市场调节、公众参与的节水机制。

第四条　国家厉行节水，坚持和落实节水优先方针，深入实施国家节水行动，全面建设节水型社会。

任何单位和个人都应当依法履行节水义务。

第五条　国家建立水资源刚性约束制度，坚持以水定城、以水定地、以水定人、以水定产，优化国土空间开发保护格局，促进人口和城市科学合理布局，构建与水资源承载能力相适应的现代产业体系。

第六条　县级以上人民政府应当将节水工作纳入国民经济和社会发展有关规划、年度计划，加强对节水工作的组织领导，完善并推动落实节水政策和保障措施，统筹研究和协调解决节水工作中的重大问题。

第七条　国务院水行政主管部门负责全国节水工作。国务院住房城乡建设主管部门按照职责分工指导城市节水工作。国务院发展改革、工业和信息化、农业农村、自然资源、市场监督管理、科技、教育、机关事务管理等主管部门按照职责分工做好节水有关工作。

县级以上地方人民政府有关部门按照职责分工做好节水工作。

第八条　国家完善鼓励和支持节水产业发展、科技创新的政策措施，加强节水科技创新能力建设和产业化应用，强化科技创新对促进节水的支撑作用。

第九条　国家加强节水宣传教育和科学普及，提升全民节水意识和节水技能，促进形成自觉节水的社会共识和良好风尚。

国务院有关部门、县级以上地方人民政府及其有关部门、乡镇人民政府、街道办事处应当组织开展多种形式的节水宣传教育和知识普及活动。

新闻媒体应当开展节水公益宣传，对浪费水资源的行为进行舆论监督。

第二章 用水管理

第十条 国务院有关部门按照职责分工，根据国民经济和社会发展规划、全国水资源战略规划编制全国节水规划。县级以上地方人民政府根据经济社会发展需要、水资源状况和上级节水规划，组织编制本行政区域的节水规划。

节水规划应当包括水资源状况评价、节水潜力分析、节水目标、主要任务和措施等内容。

第十一条 国务院水行政、标准化主管部门组织制定全国主要农作物、重点工业产品和服务业等的用水定额（以下称国家用水定额）。组织制定国家用水定额，应当征求国务院有关部门和省、自治区、直辖市人民政府的意见。

省、自治区、直辖市人民政府根据实际需要，可以制定严于国家用水定额的地方用水定额；国家用水定额未作规定的，可以补充制定地方用水定额。地方用水定额由省、自治区、直辖市人民政府有关行业主管部门提出，经同级水行政、标准化主管部门审核同意后，由省、自治区、直辖市人民政府公布，并报国务院水行政、标准化主管部门备案。

用水定额应当根据经济社会发展水平、水资源状况、产业结构变化和技术进步等情况适时修订。

第十二条 县级以上地方人民政府水行政主管部门会同有关部门，根据用水定额、经济技术条件以及水量分配方案、地下水控制指标等确定的可供本行政区域使用的水量，制定本行政区域年度用水计划，对年度用水实行总量控制。

第十三条 国家对用水达到一定规模的单位实行计划用水管理。

用水单位的用水计划应当根据用水定额、本行政区域年度用水计划制定。对直接取用地下水、地表水的用水单位，用水计划由县级以上地方人民政府水行政主管部门或者相应流域管理机构制定；对使用城市公共供水的用水单位，用水计划由城市节水主管部门会同城市供水主管部门制定。

用水单位计划用水管理的具体办法由省、自治区、直辖市人民政府制定。

第十四条 用水应当计量。对不同水源、不同用途的水应当分别计量。

县级以上地方人民政府应当加强农业灌溉用水计量设施建设。水资源严重短缺地区、地下水超采地区应当限期建设农业灌溉用水计量设施。农业灌溉用水暂不具备计量条件的，可以采用以电折水等间接方式进行计量。

任何单位和个人不得侵占、损毁、擅自移动用水计量设施，不得干扰用水计量。

第十五条 用水实行计量收费。国家建立促进节水的水价体系，完善与经济社会发展水平、水资源状况、用水定额、供水成本、用水户承受能力和节水要求等相适应的水价形成机制。

城镇居民生活用水和具备条件的农村居民生活用水实行阶梯水价，非居民用水实行超定额（超计划）累进加价。

农业水价应当依法统筹供水成本、水资源稀缺程度和农业用水户承受能力等因素合理制定，原则上不低于工程运行维护成本。对具备条件的农业灌溉用水，推进实行超定额累进加价。

再生水、海水淡化水的水价在地方人民政府统筹协调下由供需双方协商确定。

第十六条 水资源严重短缺地区、地下水超采地区应当严格控制高耗水产业项目建设，禁止新建并限期淘汰不符合国家产业政策的高耗水产业项目。

第十七条 国家对节水潜力大、使用面广的用水产品实行水效标识管理，并逐步淘汰水效等级较低的用水产品。水效标识管理办法由国务院发展改革主管部门会同国务院有关部门制定。

第十八条　国家鼓励对节水产品实施质量认证，通过认证的节水产品可以按照规定使用认证标志。认证基本规范、认证规则由国务院认证认可监督管理部门会同国务院有关部门制定。

第十九条　新建、改建、扩建建设项目，建设单位应当根据工程建设内容制定节水措施方案，配套建设节水设施。节水设施应当与主体工程同时设计、同时施工、同时投入使用。节水设施建设投资纳入建设项目总投资。

第二十条　国家逐步淘汰落后的、耗水量高的技术、工艺、设备和产品，具体名录由国务院发展改革主管部门会同国务院工业和信息化、水行政、住房城乡建设等有关部门制定并公布。

禁止生产、销售列入前款规定名录的技术、工艺、设备和产品。从事生产经营活动的使用者应当限期停止使用列入前款规定名录的技术、工艺、设备和产品。

第二十一条　国家建立健全节水标准体系。

国务院有关部门依法组织制定并适时修订有关节水的国家标准、行业标准。

国家鼓励有关社会团体、企业依法制定严于国家标准、行业标准的节水团体标准、企业标准。

第二十二条　国务院有关部门依法建立节水统计调查制度，定期公布节水统计信息。

第三章　节水措施

第二十三条　县级以上人民政府及其有关部门应当根据经济社会发展水平和水资源状况，引导农业生产经营主体合理调整种植养殖结构和农业用水结构，积极发展节水型农业，因地制宜发展旱作农业。

国家对水资源短缺地区发展节水型农业给予重点扶持。

第二十四条　国家支持耐旱农作物新品种以及土壤保墒、水肥一体化、养殖废水资源化利用等种植业、养殖业节水技术的研究和推广。

县级以上人民政府及其有关部门应当组织开展节水农业试验示范和技术培训，指导农业生产经营主体使用节水技术。

第二十五条　国家发展节水灌溉，推广喷灌、微灌、管道输水灌溉、渠道防渗输水灌溉、集雨补灌等节水灌溉技术，提高灌溉用水效率。水资源短缺地区、地下水超采地区应当优先发展节水灌溉。

县级以上人民政府及其有关部门应当支持和推动节水灌溉工程设施建设。新建灌溉工程设施应当符合节水灌溉工程技术标准。已经建成的灌溉工程设施不符合节水灌溉工程技术标准的，应当限期进行节水改造。

第二十六条　国家加快推进农村生活节水。

县级以上地方人民政府及其有关部门应当加强农村生活供水设施以及配套管网建设和改造，推广使用生活节水器具。

第二十七条　工业企业应当加强内部用水管理，建立节水管理制度，采用分质供水、高效冷却和洗涤、循环用水、废水处理回用等先进、适用节水技术、工艺和设备，降低单位产品（产值）耗水量，提高水资源重复利用率。高耗水工业企业用水水平超过用水定额的，应当限期进行节水改造。

工业企业的生产设备冷却水、空调冷却水、锅炉冷凝水应当回收利用。高耗水工业企业应当逐步推广废水深度处理回用技术措施。

第二十八条　新建、改建、扩建工业企业集聚的各类开发区、园区等（以下统称工业集聚区）应当统筹建设供水、排水、废水处理及循环利用设施，推动企业间串联用水、分质用水，实现一水多用和循环利用。

国家鼓励已经建成的工业集聚区开展以节水为重点内容的绿色高质量转型升级和循环化改造，加快节水及水循环利用设施建设。

第二十九条 县级以上地方人民政府应当加强对城市建成区内生产、生活、生态用水的统筹，将节水要求落实到城市规划、建设、治理的各个环节，全面推进节水型城市建设。

第三十条 公共供水企业和自建用水管网设施的单位应当加强供水、用水管网设施运行和维护管理，建立供水、用水管网设施漏损控制体系，采取措施控制水的漏损。超出供水管网设施漏损控制国家标准的漏水损失，不得计入公共供水企业定价成本。

县级以上地方人民政府有关部门应当加强对公共供水管网设施运行的监督管理，支持和推动老旧供水管网设施改造。

第三十一条 国家把节水作为推广绿色建筑的重要内容，推动降低建筑运行水耗。

新建、改建、扩建公共建筑应当使用节水器具。

第三十二条 公共机构应当发挥节水表率作用，建立健全节水管理制度，率先采用先进的节水技术、工艺、设备和产品，开展节水改造，积极建设节水型单位。

第三十三条 城镇园林绿化应当提高用水效率。

水资源短缺地区城镇园林绿化应当优先选用适合本地区的节水耐旱型植被，采用喷灌、微灌等节水灌溉方式。

水资源短缺地区应当严格控制人造河湖等景观用水。

第三十四条 县级以上地方人民政府应当根据水资源状况，将再生水、集蓄雨水、海水及海水淡化水、矿坑（井）水、微咸水等非常规水纳入水资源统一配置。

水资源短缺地区县级以上地方人民政府应当制定非常规水利用计划，提高非常规水利用比例，对具备使用非常规水条件但未合理使用的建设项目，不得批准其新增取水许可。

第三十五条 县级以上地方人民政府应当统筹规划、建设污水资源化利用基础设施，促进污水资源化利用。

城市绿化、道路清扫、车辆冲洗、建筑施工以及生态景观等用水，应当优先使用符合标准要求的再生水。

第三十六条 县级以上地方人民政府应当推进海绵城市建设，提高雨水资源化利用水平。

开展城市新区建设、旧城区改造和市政基础设施建设等，应当按照海绵城市建设要求，因地制宜规划、建设雨水滞渗、净化、利用和调蓄设施。

第三十七条 沿海地区应当积极开发利用海水资源。

沿海或者海岛淡水资源短缺地区新建、改建、扩建工业企业项目应当优先使用海水淡化水。具备条件的，可以将海水淡化水作为市政新增供水以及应急备用水源。

第四章 保障和监督

第三十八条 县级以上地方人民政府应当健全与节水成效、农业水价水平、财力状况相匹配的农业用水精准补贴机制和节水奖励机制。

对符合条件的节水项目，按照国家有关规定给予补助。

第三十九条 国家鼓励金融机构提供多种形式的节水金融服务，引导金融机构加大对节水项目的融资支持力度。

国家鼓励和引导社会资本按照市场化原则依法参与节水项目建设和运营，保护其合法权益。

第四十条 国家鼓励发展社会化、专业化、规范化的节水服务产业，支持节水服务机构创新节水服务模式，开展节水咨询、设计、检测、计量、技术改造、运行管理、产品认证等服务，引导和推动节水服务机构与用水单位或者个人签订节水管理合同，提供节水服务并以节水效益分享等方式获得合理收益。

国家鼓励农村集体经济组织、农民专业合作社、农民用水合作组织以及其他专业化服务组织参与农业节水服务。

第四十一条　国家培育和规范水权市场，支持开展多种形式的水权交易，健全水权交易系统，引导开展集中交易，完善水权交易规则，并逐步将水权交易纳入公共资源交易平台体系。

第四十二条　对节水成绩显著的单位和个人，按照国家有关规定给予表彰、奖励。

第四十三条　县级以上人民政府水行政、住房城乡建设、市场监督管理等主管部门应当按照职责分工，加强对用水活动的监督检查，依法查处违法行为。

有关部门履行监督检查职责时，有权采取下列措施：

（一）进入现场开展检查，调查了解有关情况；

（二）要求被检查单位或者个人就节水有关问题作出说明；

（三）要求被检查单位或者个人提供有关文件、资料，进行查阅或者复制；

（四）法律、行政法规规定的其他措施。

监督检查人员在履行监督检查职责时，应当主动出示执法证件。被检查单位和个人应当予以配合，不得拒绝、阻碍。

第四十四条　对浪费水资源的行为，任何单位和个人有权向有关部门举报，接到举报的部门应当依法及时处理。

第四十五条　国家实行节水责任制和节水考核评价制度，将节水目标完成情况纳入对地方人民政府及其负责人考核范围。

第五章　法律责任

第四十六条　侵占、损毁、擅自移动用水计量设施，或者干扰用水计量的，由县级以上地方人民政府水行政、住房城乡建设主管部门或者流域管理机构责令停止违法行为，限期采取补救措施，处1万元以上10万元以下的罚款；造成损失的，依法承担赔偿责任。

第四十七条　建设项目的节水设施没有建成或者没有达到国家规定的要求，擅自投入使用的，以及生产、销售或者在生产经营中使用国家明令淘汰的落后的、耗水量高的技术、工艺、设备和产品的，依照《中华人民共和国水法》有关规定给予处罚。

第四十八条　高耗水工业企业用水水平超过用水定额，未在规定的期限内进行节水改造的，由县级以上地方人民政府水行政主管部门或者流域管理机构责令改正，可以处10万元以下的罚款；拒不改正的，处10万元以上50万元以下的罚款，情节严重的，采取限制用水措施或者吊销其取水许可证。

第四十九条　工业企业的生产设备冷却水、空调冷却水、锅炉冷凝水未回收利用的，由县级以上地方人民政府水行政主管部门责令改正，可以处5万元以下的罚款；拒不改正的，处5万元以上10万元以下的罚款。

第五十条　县级以上人民政府及其有关部门的工作人员在节水工作中滥用职权、玩忽职守、徇私舞弊的，依法给予处分。

第五十一条　违反本条例规定，构成违反治安管理行为的，由公安机关依法给予治安管理处罚；构成犯罪的，依法追究刑事责任。

第六章　附　　则

第五十二条　本条例自2024年5月1日起施行。

（五）动植物类资源

中华人民共和国渔业法

（1986年1月20日第六届全国人民代表大会常务委员会第十四次会议通过，根据2000年10月31日第九届全国人民代表大会常务委员会第十八次会议《关于修改〈中华人民共和国渔业法〉的决定》第一次修正，根据2004年8月28日第十届全国人民代表大会常务委员会第十一次会议《关于修改〈中华人民共和国渔业法〉的决定》第二次修正，根据2009年8月27日第十一届全国人民代表大会常务委员会第十次会议《关于修改部分法律的决定》第三次修正，根据2013年12月28日第十二届全国人民代表大会常务委员会第六次会议《关于修改〈中华人民共和国海洋环境保护法〉等七部法律的决定》第四次修正）

第一章　总　　则

第一条　为了加强渔业资源的保护、增殖、开发和合理利用，发展人工养殖，保障渔业生产者的合法权益，促进渔业生产的发展，适应社会主义建设和人民生活的需要，特制定本法。

第二条　在中华人民共和国的内水、滩涂、领海、专属经济区以及中华人民共和国管辖的一切其他海域从事养殖和捕捞水生动物、水生植物等渔业生产活动，都必须遵守本法。

第三条　国家对渔业生产实行以养殖为主，养殖、捕捞、加工并举，因地制宜，各有侧重的方针。

各级人民政府应当把渔业生产纳入国民经济发展计划，采取措施，加强水域的统一规划和综合利用。

第四条　国家鼓励渔业科学技术研究，推广先进技术，提高渔业科学技术水平。

第五条　在增殖和保护渔业资源、发展渔业生产、进行渔业科学技术研究等方面成绩显著的单位和个人，由各级人民政府给予精神的或者物质的奖励。

第六条　国务院渔业行政主管部门主管全国的渔业工作。县级以上地方人民政府渔业行政主管部门主管本行政区域内的渔业工作。县级以上人民政府渔业行政主管部门可以在重要渔业水域、渔港设渔政监督管理机构。

县级以上人民政府渔业行政主管部门及其所属的渔政监督管理机构可以设渔政检查人员。渔政检查人员执行渔业行政主管部门及其所属的渔政监督管理机构交付的任务。

第七条　国家对渔业的监督管理，实行统一领导、分级管理。

海洋渔业，除国务院划定由国务院渔业行政主管部门及其所属的渔政监督管理机构监督管理的海域和特定渔业资源渔场外，由毗邻海域的省、自治区、直辖市人民政府渔业行政主管部门监督管理。

江河、湖泊等水域的渔业，按照行政区划由有关县级以上人民政府渔业行政主管部门监督管理；跨行政区域的，由有关县级以上地方人民政府协商制定管理办法，或者由上一级人民政府渔业行政主管部门及其所属的渔政监督管理机构监督管理。

第八条　外国人、外国渔业船舶进入中华人民共和国管辖水域，从事渔业生产或者渔业资源调查活动，必须经国务院有关主管部门批准，并遵守本法和中华人民共和国其他有关法律、法规的规定；同中华人民共和国订有条约、协定的，按照条约、协定办理。

国家渔政渔港监督管理机构对外行使渔政渔港监督管理权。

第九条　渔业行政主管部门和其所属的渔政监督管理机构及其工作人员不得参与和从事渔业生产经营活动。

第二章　养殖业

第十条　国家鼓励全民所有制单位、集体所有制单位和个人充分利用适于养殖的水域、滩涂，发展养殖业。

第十一条　国家对水域利用进行统一规划，确定可以用于养殖业的水域和滩涂。单位和个人使用国家规划确定用于养殖业的全民所有的水域、滩涂的，使用者应当向县级以上地方人民政府渔业行政主管部门提出申请，由本级人民政府核发养殖证，许可其使用该水域、滩涂从事养殖生产。核发养殖证的具体办法由国务院规定。

集体所有的或者全民所有由农业集体经济组织使用的水域、滩涂，可以由个人或者集体承包，从事养殖生产。

第十二条　县级以上地方人民政府在核发养殖证时，应当优先安排当地的渔业生产者。

第十三条　当事人因使用国家规划确定用于养殖业的水域、滩涂从事养殖生产发生争议的，按照有关法律规定的程序处理。在争议解决以前，任何一方不得破坏养殖生产。

第十四条　国家建设征收集体所有的水域、滩涂，按照《中华人民共和国土地管理法》有关征地的规定办理。

第十五条　县级以上地方人民政府应当采取措施，加强对商品鱼生产基地和城市郊区重要养殖水域的保护。

第十六条　国家鼓励和支持水产优良品种的选育、培育和推广。水产新品种必须经全国水产原种和良种审定委员会审定，由国务院渔业行政主管部门公告后推广。

水产苗种的进口、出口由国务院渔业行政主管部门或者省、自治区、直辖市人民政府渔业行政主管部门审批。

水产苗种的生产由县级以上地方人民政府渔业行政主管部门审批。但是，渔业生产者自育、自用水产苗种的除外。

第十七条　水产苗种的进口、出口必须实施检疫，防止病害传入境内和传出境外，具体检疫工作按照有关动植物进出境检疫法律、行政法规的规定执行。

引进转基因水产苗种必须进行安全性评价，具体管理工作按照国务院有关规定执行。

第十八条　县级以上人民政府渔业行政主管部门应当加强对养殖生产的技术指导和病害防治工作。

第十九条　从事养殖生产不得使用含有毒有害物质的饵料、饲料。

第二十条　从事养殖生产应当保护水域生态环境，科学确定养殖密度，合理投饵、施肥、使用药物，不得造成水域的环境污染。

第三章　捕捞业

第二十一条　国家在财政、信贷和税收等方面采取措施，鼓励、扶持远洋捕捞业的发展，并根据渔业资源的可捕捞量，安排内水和近海捕捞力量。

第二十二条　国家根据捕捞量低于渔业资源增长量的原则，确定渔业资源的总可捕捞量，实行捕捞限额制度。国务院渔业行政主管部门负责组织渔业资源的调查和评估，为实行捕捞限额制度提供科学依据。中华人民共和国内海、领海、专属经济区和其他管辖海域的捕捞限额总量由国务院渔业行政主管部门确定，报国务院批准后逐级分解下达；国家确定的重要江河、湖泊的捕捞限额总量由有关省、自治区、直辖市人民政府确定或者协商确定，逐级分解下达。捕捞限额总量的分配应当体现公平、公正的原则，分配办法和分配结果必须向社会公开，并接受监督。

国务院渔业行政主管部门和省、自治区、直辖市人民政府渔业行政主管部门应当加强对捕捞限额制度实施情况的监督检查，对超过上级下达的捕捞限额指标的，应当在其次年捕捞限额指标中予以核减。

第二十三条　国家对捕捞业实行捕捞许可证制度。

到中华人民共和国与有关国家缔结的协定确定的共同管理的渔区或者公海从事捕捞作业的捕捞许可证，由国务院渔业行政主管部门批准发放。海洋大型拖网、围网作业的捕捞许可证，由省、自治区、直辖市人民政府渔业行政主管部门批准发放。其他作业的捕捞许可证，由县级以上地方人民政府渔业行政主管部门批准发放；但是，批准发放海洋作业的捕捞许可证不得超过国家下达的船网工具控制指标，具体办法由省、自治区、直辖市人民政府规定。

捕捞许可证不得买卖、出租和以其他形式转让，不得涂改、伪造、变造。

到他国管辖海域从事捕捞作业的，应当经国务院渔业行政主管部门批准，并遵守中华人民共和国缔结的或者参加的有关条约、协定和有关国家的法律。

第二十四条　具备下列条件的，方可发给捕捞许可证：

（一）有渔业船舶检验证书；

（二）有渔业船舶登记证书；

（三）符合国务院渔业行政主管部门规定的其他条件。

县级以上地方人民政府渔业行政主管部门批准发放的捕捞许可证，应当与上级人民政府渔业行政主管部门下达的捕捞限额指标相适应。

第二十五条　从事捕捞作业的单位和个人，必须按照捕捞许可证关于作业类型、场所、时限、渔具数量和捕捞限额的规定进行作业，并遵守国家有关保护渔业资源的规定，大中型渔船应当填写渔捞日志。

第二十六条　制造、更新改造、购置、进口的从事捕捞作业的船舶必须经渔业船舶检验部门检验合格后，方可下水作业。具体管理办法由国务院规定。

第二十七条　渔港建设应当遵守国家的统一规划，实行谁投资谁受益的原则。县级以上地方人民政府应当对位于本行政区域内的渔港加强监督管理，维护渔港的正常秩序。

第四章　渔业资源的增殖和保护

第二十八条　县级以上人民政府渔业行政主管部门应当对其管理的渔业水域统一规划，采取措施，增殖渔业资源。县级以上人民政府渔业行政主管部门可以向受益的单位和个人征收渔业资源增殖保护费，专门用于增殖和保护渔业资源。渔业资源增殖保护费的征收办法由国务院渔业行政主管部门会同财政部门制定，报国务院批准后施行。

第二十九条　国家保护水产种质资源及其生存环境，并在具有较高经济价值和遗传育种价值的水产种质资源的主要生长繁育区域建立水产种质资源保护区。未经国务院渔业行政主管部门批准，任何单位或者个人不得在水产种质资源保护区内从事捕捞活动。

第三十条　禁止使用炸鱼、毒鱼、电鱼等破坏渔业资源的方法进行捕捞。禁止制造、销售、使用禁用的渔具。禁止在禁渔区、禁渔期进行捕捞。禁止使用小于最小网目尺寸的网具进行捕捞。捕捞的渔获物中幼鱼不得超过规定的比例。在禁渔区或者禁渔期内禁止销售非法捕捞的渔获物。

重点保护的渔业资源品种及其可捕捞标准，禁渔区和禁渔期，禁止使用或者限制使用的渔具和捕捞方法，最小网目尺寸以及其他保护渔业资源的措施，由国务院渔业行政主管部门或者省、自治区、直辖市人民政府渔业行政主管部门规定。

第三十一条　禁止捕捞有重要经济价值的水生动物苗种。因养殖或者其他特殊需要，捕捞有重要经济价值的苗种或者禁捕的怀卵亲体的，必须经国务院渔业行政主管部门或者省、自治区、直辖市人民政府渔业行政主管部门批准，在指定的区域和时间内，按照限额捕捞。

在水生动物苗种重点产区引水用水时，应当采取措施，保护苗种。

第三十二条　在鱼、虾、蟹洄游通道建闸、筑坝，对渔业资源有严重影响的，建设单位应当建造过鱼设施或者采取其他补救措施。

第三十三条　用于渔业并兼有调蓄、灌溉等功能的水体，有关主管部门应当确定渔业生产所需的最低水位线。

第三十四条　禁止围湖造田。沿海滩涂未经县级以上人民政府批准，不得围垦；重要的苗种基地和养殖场所不得围垦。

第三十五条　进行水下爆破、勘探、施工作业，对渔业资源有严重影响的，作业单位应当事先同有关县级以上人民政府渔业行政主管部门协商，采取措施，防止或者减少对渔业资源的损害；造成渔业资源损失的，由有关县级以上人民政府责令赔偿。

第三十六条　各级人民政府应当采取措施，保护和改善渔业水域的生态环境，防治污染。

渔业水域生态环境的监督管理和渔业污染事故的调查处理，依照《中华人民共和国海洋环境保护法》和《中华人民共和国水污染防治法》的有关规定执行。

第三十七条　国家对白鳍豚等珍贵、濒危水生野生动物实行重点保护，防止其灭绝。禁止捕杀、伤害国家重点保护的水生野生动物。因科学研究、驯养繁殖、展览或者其他特殊情况，需要捕捞国家重点保护的水生野生动物的，依照《中华人民共和国野生动物保护法》的规定执行。

第五章　法律责任

第三十八条　使用炸鱼、毒鱼、电鱼等破坏渔业资源方法进行捕捞的，违反关于禁渔区、禁渔期的规定进行捕捞的，或者使用禁用的渔具、捕捞方法和小于最小网目尺寸的网具进行捕捞或者渔获物中幼鱼超过规定比例的，没收渔获物和违法所得，处五万元以下的罚款；情节严重的，没收渔具，吊销捕捞许可证；情节特别严重的，可以没收渔船；构成犯罪的，依法追究刑事责任。

在禁渔区或者禁渔期内销售非法捕捞的渔获物的，县级以上地方人民政府渔业行政主管部门应当及时进行调查处理。

制造、销售禁用的渔具的，没收非法制造、销售的渔具和违法所得，并处一万元以下的罚款。

第三十九条　偷捕、抢夺他人养殖的水产品的，或者破坏他人养殖水体、养殖设施的，责令改正，可以处二万元以下的罚款；造成他人损失的，依法承担赔偿责任；构成犯罪的，依法追究刑事责任。

第四十条　使用全民所有的水域、滩涂从事养殖生产，无正当理由使水域、滩涂荒芜满一年的，由发放养殖证的机关责令限期开发利用；逾期未开发利用的，吊销养殖证，可以并处一万元以下的罚款。

未依法取得养殖证擅自在全民所有的水域从事养殖生产的，责令改正，补办养殖证或者限期拆除养殖设施。

未依法取得养殖证或者超越养殖证许可范围在全民所有的水域从事养殖生产，妨碍航运、行洪的，责令限期拆除养殖设施，可以并处一万元以下的罚款。

第四十一条 未依法取得捕捞许可证擅自进行捕捞的，没收渔获物和违法所得，并处十万元以下的罚款；情节严重的，并可以没收渔具和渔船。

第四十二条 违反捕捞许可证关于作业类型、场所、时限和渔具数量的规定进行捕捞的，没收渔获物和违法所得，可以并处五万元以下的罚款；情节严重的，并可以没收渔具，吊销捕捞许可证。

第四十三条 涂改、买卖、出租或者以其他形式转让捕捞许可证的，没收违法所得，吊销捕捞许可证，可以并处一万元以下的罚款；伪造、变造、买卖捕捞许可证，构成犯罪的，依法追究刑事责任。

第四十四条 非法生产、进口、出口水产苗种的，没收苗种和违法所得，并处五万元以下的罚款。

经营未经审定的水产苗种的，责令立即停止经营，没收违法所得，可以并处五万元以下的罚款。

第四十五条 未经批准在水产种质资源保护区内从事捕捞活动的，责令立即停止捕捞，没收渔获物和渔具，可以并处一万元以下的罚款。

第四十六条 外国人、外国渔船违反本法规定，擅自进入中华人民共和国管辖水域从事渔业生产和渔业资源调查活动的，责令其离开或者将其驱逐，可以没收渔获物、渔具，并处五十万元以下的罚款；情节严重的，可以没收渔船；构成犯罪的，依法追究刑事责任。

第四十七条 造成渔业水域生态环境破坏或者渔业污染事故的，依照《中华人民共和国海洋环境保护法》和《中华人民共和国水污染防治法》的规定追究法律责任。

第四十八条 本法规定的行政处罚，由县级以上人民政府渔业行政主管部门或者其所属的渔政监督管理机构决定。但是，本法已对处罚机关作出规定的除外。

在海上执法时，对违反禁渔区、禁渔期的规定或者使用禁用的渔具、捕捞方法进行捕捞，以及未取得捕捞许可证进行捕捞的，事实清楚、证据充分，但是当场不能按照法定程序作出和执行行政处罚决定的，可以先暂时扣押捕捞许可证、渔具或者渔船，回港后依法作出和执行行政处罚决定。

第四十九条 渔业行政主管部门和其所属的渔政监督管理机构及其工作人员违反本法规定核发许可证、分配捕捞限额或者从事渔业生产经营活动的，或者有其他玩忽职守不履行法定义务、滥用职权、徇私舞弊的行为的，依法给予行政处分；构成犯罪的，依法追究刑事责任。

第六章 附 则

第五十条 本法自1986年7月1日起施行。

中华人民共和国渔业法实施细则

（1987 年 10 月 14 日国务院批准，1987 年 10 月 20 日农牧渔业部发布，根据 2020 年 3 月 27 日《国务院关于修改和废止部分行政法规的决定》第一次修订，根据 2020 年 11 月 29 日《国务院关于修改和废止部分行政法规的决定》第二次修订）

第一章　总　　则

第一条　根据《中华人民共和国渔业法》（以下简称《渔业法》）第三十四条的规定，制定本实施细则。

第二条　《渔业法》及本实施细则中下列用语的含义是：

（一）“中华人民共和国的内水”，是指中华人民共和国领海基线向陆一侧的海域和江河、湖泊等内陆水域。

（二）“中华人民共和国管辖的一切其他海域”，是指根据中华人民共和国法律，中华人民共和国缔结、参加的国际条约、协定或者其他有关国际法，而由中华人民共和国管辖的海域。

（三）“渔业水域”，是指中华人民共和国管辖水域中鱼、虾、蟹、贝类的产卵场、索饵场、越冬场、洄游通道和鱼、虾、蟹、贝、藻类及其他水生动植物的养殖场所。

第二章　渔业的监督管理

第三条　国家对渔业的监督管理，实行统一领导、分级管理。

国务院划定的“机动渔船底拖网禁渔区线”外侧，属于中华人民共和国管辖海域的渔业，由国务院渔业行政主管部门及其所属的海区渔政管理机构监督管理；“机动渔船底拖网禁渔区线”内侧海域的渔业，除国家另有规定者外，由毗邻海域的省、自治区、直辖市人民政府渔业行政主管部门监督管理。

内陆水域渔业，按照行政区划由当地县级以上地方人民政府渔业行政主管部门监督管理；跨行政区域的内陆水域渔业，由有关县级以上地方人民政府协商制定管理办法，或者由上一级人民政府渔业行政主管部门及其所属的渔政监督管理机构监督管理；跨省、自治区、直辖市的大型江河的渔业，可以由国务院渔业行政主管部门监督管理。

重要的、洄游性的共用渔业资源，由国家统一管理；定居性的、小宗的渔业资源，由地方人民政府渔业行政主管部门管理。

第四条　“机动渔船底拖网禁渔区线”内侧海域的渔业，由有关省、自治区、直辖市人民政府渔业行政主管部门协商划定监督管理范围；划定监督管理范围有困难的，可划叠区或者共管区管理，必要时由国务院渔业行政主管部门决定。

第五条　渔场和渔汛生产，应当以渔业资源可捕量为依据，按照有利于保护、增殖和合理利用渔业资源，优先安排邻近地区、兼顾其他地区的原则，统筹安排。

舟山渔场冬季带鱼汛，浙江渔场大黄鱼汛，闽东、闽中渔场大黄鱼汛，吕泗渔场大黄鱼、小黄鱼、鲳鱼汛，渤海渔场秋季对虾汛等主要渔场、渔汛和跨海区管理线的捕捞作业，由国务院渔业行政主管部门或其授权单位安排。

第六条　国务院渔业行政主管部门的渔政渔港监督管理机构，代表国家行使渔政渔港监督管理权。

国务院渔业行政主管部门在黄渤海、东海、南海三个海区设渔政监督管理机构；在重要渔港、边境水域和跨省、自治区、直辖市的大型江河，根据需要设渔政渔港监督管理机构。

第七条 渔政检查人员有权对各种渔业及渔业船舶的证件、渔船、渔具、渔获物和捕捞方法，进行检查。

渔政检查人员经国务院渔业行政主管部门或者省级人民政府渔业行政主管部门考核，合格者方可执行公务。

第八条 渔业行政主管部门及其所属的渔政监督管理机构，应当与公安、海监、交通、环保、工商行政管理等有关部门相互协作，监督检查渔业法规的施行。

第九条 群众性护渔管理组织，应当在当地县级以上人民政府渔业行政主管部门的业务指导下，依法开展护渔管理工作。

第三章 养殖业

第十条 使用全民所有的水面、滩涂，从事养殖生产的全民所有制单位和集体所有制单位，应当向县级以上地方人民政府申请养殖使用证。

全民所有的水面、滩涂在一县行政区域内的，由该县人民政府核发养殖使用证；跨县的，由有关县协商核发养殖使用证，必要时由上级人民政府决定核发养殖使用证。

第十一条 领取养殖使用证的单位，无正当理由未从事养殖生产，或者放养量低于当地同类养殖水域平均放养量60%的，应当视为荒芜。

第十二条 全民所有的水面、滩涂中的鱼、虾、蟹、贝、藻类的自然产卵场、繁殖场、索饵场及重要的洄游通道必须予以保护，不得划作养殖场所。

第十三条 国家建设征用集体所有的水面、滩涂，按照国家土地管理法规办理。

第四章 捕捞业

第十四条 近海渔场与外海渔场的划分：

（一）渤海、黄海为近海渔场。

（二）下列四个基点之间连线内侧海域为东海近海渔场；四个基点之间连线外侧海域为东海外海渔场。四个基点是：

1. 北纬33度，东经125度；

2. 北纬29度，东经125度；

3. 北纬28度，东经124度30分；

4. 北纬27度，东经123度。

（三）下列两条等深线之内侧海域为南海近海渔场；两条等深线之外侧海域为南海外海渔场。两条等深线是：

1. 东经112度以东之80米等深线；

2. 东经112度以西之100米等深线。

第十五条 国家对捕捞业，实行捕捞许可制度。

从事外海、远洋捕捞业的，由经营者提出申请，经省、自治区、直辖市人民政府渔业行政主管部门审核后，报国务院渔业行政主管部门批准。从事外海生产的渔船，必须按照批准的海域和渔期作业，不得擅自进入近海捕捞。

近海大型拖网、围网作业的捕捞许可证，由国务院渔业行政主管部门批准发放；近海其他作业的捕捞许可证，由省、自治区、直辖市人民政府渔业行政主管部门按照国家下达的船网工具控制指标批准发放。

内陆水域的捕捞许可证，由县级以上地方人民政府渔业行政主管部门批准发放。

捕捞许可证的格式，由国务院渔业行政主管部门制定。

第十六条 在中华人民共和国管辖水域，外商投资的渔业企业，未经国务院有关主管部门批准，不得从事近海捕捞业。

第十七条 有下列情形之一的，不得发放捕捞许可证：

（一）使用破坏渔业资源、被明令禁止

使用的渔具或者捕捞方法的；

（二）未按国家规定办理批准手续，制造、更新改造、购置或者进口捕捞渔船的；

（三）未按国家规定领取渔业船舶证书、航行签证簿、职务船员证书、船舶户口簿、渔民证等证件的。

第十八条　娱乐性游钓和在尚未养殖、管理的滩涂手工采集零星水产品的，不必申请捕捞许可证，但应当加强管理，防止破坏渔业资源。具体管理办法由县级以上人民政府制定。

第十九条　因科学研究等特殊需要，在禁渔区、禁渔期捕捞，或者使用禁用的渔具、捕捞方法，或者捕捞重点保护的渔业资源品种，必须经省级以上人民政府渔业行政主管部门批准。

第五章　渔业资源的增殖和保护

第二十条　禁止使用电力、鱼鹰捕鱼和敲舫作业。在特定水域确有必要使用电力或者鱼鹰捕鱼时，必须经省、自治区、直辖市人民政府渔业行政主管部门批准。

第二十一条　县级以上人民政府渔业行政主管部门，应当依照本实施细则第三条规定的管理权限，确定重点保护的渔业资源品种及采捕标准。在重要鱼、虾、蟹、贝、藻类，以及其他重要水生生物的产卵场、索饵场、越冬场和洄游通道，规定禁渔区和禁渔期，禁止使用或者限制使用的渔具和捕捞方法，最小网目尺寸，以及制定其他保护渔业资源的措施。

第二十二条　在“机动渔船底拖网禁渔区线”内侧建造人工鱼礁的，必须经有关省、自治区、直辖市人民政府渔业行政主管部门或其授权单位批准。

建造人工鱼礁，应当避开主要航道和重要锚地，并通知有关交通和海洋管理部门。

第二十三条　定置渔业一般不得跨县作业。县级以上人民政府渔业行政主管部门应当限制其网桩数量、作业场所，并规定禁渔期。海洋定置渔业，不得越出“机动渔船底拖网禁渔区线”。

第二十四条　因养殖或者其他特殊需要，捕捞鳗鲡、鲥鱼、中华绒螯蟹、真鲷、石斑鱼等有重要经济价值的水生动物苗种或者禁捕的怀卵亲体的，必须经国务院渔业行政主管部门或者省、自治区、直辖市人民政府渔业行政主管部门批准，并领取专项许可证件，方可在指定区域和时间内，按照批准限额捕捞。捕捞其他有重要经济价值的水生动物苗种的批准权，由省、自治区、直辖市人民政府渔业行政主管部门规定。

第二十五条　禁止捕捞中国对虾苗种和春季亲虾。因养殖需要中国对虾怀卵亲体的，应当限期由养殖单位自行培育，期限及管理办法由国务院渔业行政主管部门制定。

第二十六条　任何单位和个人，在鱼、虾、蟹、贝幼苗的重点产区直接引水、用水的，应当采取避开幼苗的密集期、密集区，或者设置网栅等保护措施。

第二十七条　各级渔业行政主管部门，应当对渔业水域污染情况进行监测；渔业环境保护监测网，应当纳入全国环境监测网络。因污染造成渔业损失的，应当由渔政渔港监督管理部门协同环保部门调查处理。

第二十八条　在重点渔业水域不得从事拆船业。在其他渔业水域从事拆船业，造成渔业资源损害的，由拆船单位依照有关规定负责赔偿。

第六章　罚　　则

第二十九条　依照《渔业法》第二十八条规定处以罚款的，按下列规定执行：

（一）炸鱼、毒鱼的，违反关于禁渔区、禁渔期的规定进行捕捞的，擅自捕捞国家规定禁止捕捞的珍贵水生动物的，在内陆水域处五十元至五千元罚款，在海洋处五百元至五万元罚款；

（二）敲舫作业的，处一千元至五万元罚款；

（三）未经批准使用鱼鹰捕鱼的，处五十元至二百元罚款；

（四）未经批准使用电力捕鱼的，在内陆水域处二百元至一千元罚款，在海洋处五百元至三千元罚款；

（五）使用小于规定的最小网目尺寸的网具进行捕捞的，处五十元至一千元罚款。

第三十条 依照《渔业法》第二十九条规定处以罚款的，按罚款一千元以下执行。

第三十一条 依照《渔业法》第三十条规定需处以罚款的，按下列规定执行：

（一）内陆渔业非机动渔船，处五十元至一百五十元罚款；

（二）内陆渔业机动渔船和海洋渔业非机动渔船，处一百元至五百元罚款；

（三）海洋渔业机动渔船，处二百元至二万元罚款。

第三十二条 依照《渔业法》第三十一条规定需处以罚款的，按下列规定执行：

（一）内陆渔业非机动渔船，处二十五元至五十元罚款；

（二）内陆渔业机动渔船和海洋渔业非机动渔船，处五十元至一百元罚款；

（三）海洋渔业机动渔船，处五十元至三千元罚款；

（四）外海渔船擅自进入近海捕捞的，处三千元至二万元罚款。

第三十三条 买卖、出租或者以其他形式非法转让以及涂改捕捞许可证的，没收违法所得，吊销捕捞许可证，可以并处一百元至一千元罚款。

第三十四条 依照《渔业法》第二十八条、第三十条、第三十一条、第三十二条规定需处以罚款的，对船长或者单位负责人可以视情节另处一百元至五百元罚款。

第三十五条 未按《渔业法》和本实施细则有关规定，采取保护措施，造成渔业资源损失的，围湖造田或者未经批准围垦沿海滩涂的，应当依法承担责任。

第三十六条 外商投资的渔业企业，违反本实施细则第十六条规定，没收渔获物和违法所得，可以并处三千元至五万元罚款。

第三十七条 外国人、外国渔船违反《渔业法》第八条规定，擅自进入中华人民共和国管辖水域从事渔业生产或者渔业资源调查活动的，渔业行政主管部门或其所属的渔政监督管理机构应当令其离开或者将其驱逐，并可处以罚款和没收渔获物、渔具。

第三十八条 渔业行政主管部门或其所属的渔政监督管理机构进行处罚时，应当填发处罚决定书；处以罚款及没收渔具、渔获物和违法所得的，应当开具凭证，并在捕捞许可证上载明。

第三十九条 有下列行为之一的，由公安机关依照《中华人民共和国治安管理处罚条例》的规定处罚；构成犯罪的，由司法机关依法追究刑事责任：

（一）拒绝、阻碍渔政检查人员依法执行职务的；

（二）偷窃、哄抢或者破坏渔具、渔船、渔获物的。

第四十条 渔政检查人员玩忽职守或者徇私枉法的，由其所在单位或者上级主管部门给予行政处分；构成犯罪的，依法追究刑事责任。

第七章　附　　则

第四十一条 本实施细则由农牧渔业部负责解释。

第四十二条 本实施细则自发布之日起施行。

水产资源繁殖保护条例

（1979年2月10日国务院发布）

第一章　总　　则

第一条　根据中华人民共和国宪法第六条："矿藏，水流，国有的森林、荒地和其他海陆资源，都属于全民所有"和第十一条："国家保护环境和自然资源，防治污染和其他公害"的精神，为了繁殖保护水产资源，发展水产事业，以适应社会主义现代化建设的需要，特制定本条例。

第二条　凡是有经济价值的水生动物和植物的亲体、幼体、卵子、孢子等，以及赖以繁殖成长的水域环境，都按本条例的规定加以保护。

第三条　国家水产总局、各海区渔业指挥部和地方各级革命委员会，应当加强对水产资源繁殖保护工作的组织领导，充分发动和依靠群众，认真贯彻执行本条例。

第二章　保护对象和采捕原则

第四条　对下列重要或名贵的水生动物和植物应当重点加以保护。

（一）鱼类

海水鱼：带鱼、大黄鱼、小黄鱼、兰圆参、沙丁鱼，太平洋鲱鱼，鳓鱼、真鲷、黑鲷、二长棘鲷、红笛鲷、梭鱼、鲆、鲽、鳎、石斑鱼、鳕鱼、狗母鱼、金线鱼、鲳鱼、鮸鱼、白姑鱼、黄姑鱼、鲐鱼、马鲛、海鳗。

淡水鱼：鲤鱼、青鱼、草鱼、鲢鱼、鳇鱼、红鳍鲌鱼、鲮鱼、鲫鱼、鲥鱼、鳜鱼、鲂鱼、鳊鱼、鲑鱼、长江鲟、中华鲟、白鲟、青海湖裸鲤、鲚鱼、银鱼、河鳗、黄鳝、鲴鱼。

（二）虾蟹类

对虾、毛虾、青虾、鹰爪虾、中华绒螯蟹、梭子蟹、青蟹。

（三）贝类

鲍鱼、蛏、蚶、牡蛎、西施舌、扇贝、江瑶、文蛤、杂色蛤、翡翠贻贝、紫贻贝、厚壳贻贝、珍珠贝、河蚌。

（四）海藻类

紫菜、裙带菜、石花菜、江篱、海带、麒麟菜。

（五）淡水食用水生植物类

莲藕、菱角、芡实。

（六）其它

白鳍豚、鲸、大鲵、海龟、玳瑁、海参、乌贼、鱿鱼、乌龟、鳖。

各省、自治区、直辖市革命委员会可以根据本地的水产资源情况，对重点保护对象，作必要的增减。

第五条　水生动物的可捕标准，应当以达到性成熟为原则。对各种捕捞对象应当规定具体的可捕标准（长度或重量）和渔获物中小于可捕标准部分的最大比重。捕捞时应当保留足够数量的亲体，使资源能够稳定增长。

各种经济藻类和淡水食用水生植物，应当待其长成后方得采收，并注意留种、留株，合理轮采。

第六条　各地应当因地制宜采取各种措施，如改良水域条件、人工投放苗种、投放鱼巢、灌江纳苗、营救幼鱼、移植驯化、消除敌害、引种栽植等，增殖水产资源。

第三章　禁渔区和禁渔期

第七条　对某些重要鱼虾贝类产卵场、

越冬场和幼体索饵场，应当合理规定禁渔区、禁渔期，分别不同情况，禁止全部作业，或限制作业的种类和某些作业的渔具数量。

第八条　凡是鱼、蟹等产卵洄游通道的江河，不得遮断河面拦捕，应当留出一定宽度的通道，以保证足够数量的亲体上溯或降河产卵繁殖。更不准在闸口拦捕鱼、蟹幼体和产卵洄游的亲体，必要时应当规定禁渔期。因养殖生产需要而捕捞鱼苗、蟹苗者，应当经省、自治区、直辖市水产部门批准，在指定水域和时间内作业。

第四章　渔具和渔法

第九条　各种主要渔具，应当按不同捕捞对象，分别规定最小网眼（箔眼）尺寸。其中机轮拖网、围网和机帆船拖网的最小网眼尺寸，由国家水产总局规定。

禁止制造或出售不合规定的渔具。

第十条　现有危害资源的渔具、渔法，应当根据其危害资源的程度，区别对待。对危害资源较轻的，应当有计划、有步骤地予以改进。对严重危害资源的，应当加以禁止或限期淘汰，在没有完全淘汰之前，应当适当地限制其作业场所和时间。

捕捞小型成熟鱼、虾的小眼网具，只准在指定的水域和时间内作业。

第十一条　严禁炸鱼、毒鱼、滥用电力捕鱼以及进行敲（舟古）作业等严重损害水产资源的行为。

第五章　水域环境的维护

第十二条　禁止向渔业水域排弃有害水产资源的污水、油类、油性混合物等污染物质和废弃物。各工矿企业必须严格执行国家颁发的《工业“三废”排放试行标准》、《放射防护规定》和其他有关规定。

因卫生防疫或驱除病虫害等，需要向渔业水域投注药物时，应当兼顾到水产资源的繁殖保护。农村浸麻应当集中在指定的水域中进行。

第十三条　修建水利工程，要注意保护渔业水域环境。在鱼、蟹等洄游通道筑坝，要相应地建造过鱼设施。已建成的水利工程，凡阻碍鱼、蟹洄游和产卵的，由水产部门和水利管理部门协商，在许可的水位、水量、水质的条件下，适时开闸纳苗或捕苗移殖。

围垦海涂、湖滩，要在不损害水产资源的条件下，统筹安排，有计划地进行。

第六章　奖　　惩

第十四条　对贯彻执行本条例有成绩的单位或个人，国家水产总局、各海区渔业指挥部和地方各级革命委员会应当酌情给予表扬或适当的物质奖励。

第十五条　对违反本条例的，应当视情节轻重给予批评教育，或赔偿损失、没收渔获、没收渔具、罚款等处分。凡干部带头怂恿违反本条例的，要追究责任，必要时给予行政或纪律处分。对严重损害资源造成重大破坏的，或抗拒管理，行凶打人的，要追究刑事责任。对坏人的破坏活动要坚决打击，依法惩处。

第七章　组织领导和职责

第十六条　全国水产资源繁殖保护工作由国家水产总局管理，有关部门配合。地方各级革命委员会应当指定水产行政部门和其他有关部门具体负责本条例的贯彻执行，并可以根据需要设置渔政管理机构。各海区渔业指挥部和省、自治区、直辖市应当配备渔政船只。

有些海湾、湖泊、江河、水库等水域，也可以根据需要，经省、自治区、直辖市革命委员会批准，设立水产资源繁殖保护管理机构或群众性的管理委员会。

第十七条　各级水产行政部门及其渔政管理机构，应当切实加强对水产资源繁殖保护工作的管理，建立渔业许可证制度，核定渔船、渔具发展数量和作业类型，进行渔船登记，加强监督检查，保障对水产资源的合理利用。

水产科研部门应当将资源调查、资源保护和改进渔具、渔法的研究工作列为一项重要任务，及时提出水产资源繁殖保护的建议，并为制定实施细则提供科学依据。

第十八条　凡是跨越本省、自治区、直辖市水域进行渔业生产的，必须遵守当地水产资源繁殖保护的有关具体规定。

因科学研究工作需要，从事与本条例和当地有关水产资源繁殖保护的规定有抵触的活动，必须事先报经省、自治区、直辖市水产行政部门批准。

第八章　附　　则

第十九条　地方各级革命委员会应当根据本条例的规定，结合本地区的具体情况，制定实施细则，报上一级领导机关备案。

第二十条　本规定自发布之日起施行。

水产种质资源保护区管理暂行办法

（2011 年 1 月 5 日农业部令〔2011〕第 1 号发布，根据 2016 年 5 月 30 日中华人民共和国农业部令 2016 年第 3 号《农业部关于废止和修改部分规章、规范性文件的决定》修正）

第一章　总　　则

第一条　为规范水产种质资源保护区的设立和管理，加强水产种质资源保护，根据《渔业法》等有关法律法规，制定本办法。

第二条　本办法所称水产种质资源保护区，是指为保护水产种质资源及其生存环境，在具有较高经济价值和遗传育种价值的水产种质资源的主要生长繁育区域，依法划定并予以特殊保护和管理的水域、滩涂及其毗邻的岛礁、陆域。

第三条　在中华人民共和国领域和中华人民共和国管辖的其他水域内设立和管理水产种质资源保护区，从事涉及水产种质资源保护区的有关活动，应当遵守本办法。

第四条　农业部主管全国水产种质资源保护区工作。

县级以上地方人民政府渔业行政主管部门负责辖区内水产种质资源保护区工作。

第五条　农业部组织省级人民政府渔业行政主管部门制定全国水产种质资源保护区总体规划，加强水产种质资源保护区建设。

省级人民政府渔业行政主管部门应当根据全国水产种质资源保护区总体规划，科学制定本行政区域内水产种质资源保护区具体实施计划，并组织落实。

渔业行政主管部门应当积极争取各级人民政府支持，加大水产种质资源保护区建设和管理投入。

第六条　对破坏、侵占水产种质资源保护区的行为，任何单位和个人都有权向渔业行政主管部门或者其所属的渔政监督管理机构、水产种质资源保护区管理机构举报。接到举报的渔业行政主管部门或机构应当依法调查处理，并将处理结果告知举报人。

第二章　水产种质资源保护区设立

第七条　下列区域应当设立水产种质资源保护区：

（一）国家和地方规定的重点保护水生生物物种的主要生长繁育区域；

（二）我国特有或者地方特有水产种质资源的主要生长繁育区域；

（三）重要水产养殖对象的原种、苗种的主要天然生长繁育区域；

（四）其他具有较高经济价值和遗传育种价值的水产种质资源的主要生长繁育区域。

第八条 根据保护对象资源状况、自然环境及保护需要，水产种质资源保护区可以划分为核心区和实验区。

农业部设立国家级水产种质资源保护区评审委员会，对申报的水产种质资源保护区进行评审。水产种质资源保护区评审委员会应当由渔业、环保、水利、交通、海洋、生物保护等方面的专家组成。

第九条 符合条件的水产种质资源保护区，可以由省级人民政府渔业行政主管部门向农业部申报国家级水产种质资源保护区，经国家级水产种质资源保护区评审委员会评审后，由农业部批准设立，并公布水产种质资源保护区的名称、位置、范围和主要保护对象等内容。

农业部可以根据需要直接设立国家级水产种质资源保护区。

第十条 拟设立的水产种质资源保护区跨行政区域或者管辖水域的，由相关区域地方人民政府渔业行政主管部门协商后共同申报或者由其共同上级渔业主管部门申报，按照本办法第九条、第十条规定的程序审批。

第十一条 申报设立水产种质资源保护区，应当提交以下材料：

（一）申报书，主要包括保护区的主要保护对象、保护价值、区域范围、管理机构、管理基础等；

（二）综合考察报告，主要包括保护物种资源、生态环境、社会经济状况、保护区管理条件和综合评价等；

（三）保护区规划方案，包括规划目标、规划内容（含核心区和实验区划分情况）等；

（四）保护区大比例尺地图等其他必要材料。

第十二条 水产种质资源保护区按照下列方式命名：

（一）国家级水产种质资源保护区：水产种质资源保护区所在区域名称＋保护对象名称＋“国家级水产种质资源保护区”。

（二）具有多种重要保护对象或者具有重要生态功能的水产种质资源保护区：水产种质资源保护区所在区域名称＋“国家级水产种质资源保护区”。

（三）主要保护物种属于地方或水域特有种类的保护区：水产种质资源保护区所在区域名称＋“特有鱼类”＋“国家级水产种质资源保护区”。

第三章 水产种质资源保护区管理

第十三条 经批准设立的水产种质资源保护区由所在地县级以上人民政府渔业行政主管部门管理。

县级以上人民政府渔业行政主管部门应当明确水产种质资源保护区的管理机构，配备必要的管理、执法和技术人员以及相应的设备设施，负责水产种质资源保护区的管理工作。

第十四条 水产种质资源保护区管理机构的主要职责包括：

（一）制定水产种质资源保护区具体管理制度；

（二）设置和维护水产种质资源保护区界碑、标志物及有关保护设施；

（三）开展水生生物资源及其生存环境的调查监测、资源养护和生态修复等工作；

（四）救护伤病、搁浅、误捕的保护物种；

（五）开展水产种质资源保护的宣传教育；

（六）依法开展渔政执法工作；

（七）依法调查处理影响保护区功能的事件，及时向渔业行政主管部门报告重大事项。

第十五条 农业部应当针对国家级水产种质资源保护区主要保护对象的繁殖期、幼体生长期等生长繁育关键阶段设定特别保护期。特别保护期内不得从事捕捞、爆破作业以及其他可能对保护区内生物资源和生态环境造成损害的活动。

特别保护期外从事捕捞活动，应当遵守《渔业法》及有关法律法规的规定。

第十六条　在水产种质资源保护区内从事修建水利工程、疏浚航道、建闸筑坝、勘探和开采矿产资源、港口建设等工程建设的，或者在水产种质资源保护区外从事可能损害保护区功能的工程建设活动的，应当按照国家有关规定编制建设项目对水产种质资源保护区的影响专题论证报告，并将其纳入环境影响评价报告书。

第十七条　省级以上人民政府渔业行政主管部门应当依法参与涉及水产种质资源保护区的建设项目环境影响评价，组织专家审查建设项目对水产种质资源保护区的影响专题论证报告，并根据审查结论向建设单位和环境影响评价主管部门出具意见。

建设单位应当将渔业行政主管部门的意见纳入环境影响评价报告书，并根据渔业行政主管部门意见采取有关保护措施。

第十八条　单位和个人在水产种质资源保护区内从事水生生物资源调查、科学研究、教学实习、参观游览、影视拍摄等活动，应当遵守有关法律法规和保护区管理制度，不得损害水产种质资源及其生存环境。

第十九条　禁止在水产种质资源保护区内从事围湖造田、围海造地或围填海工程。

第二十条　禁止在水产种质资源保护区内新建排污口。

在水产种质资源保护区附近新建、改建、扩建排污口，应当保证保护区水体不受污染。

第二十一条　水产种质资源保护区的撤销、调整，按照设立程序办理。

第二十二条　单位和个人违反本办法规定，对水产种质资源保护区内的水产种质资源及其生存环境造成损害的，由县级以上人民政府渔业行政主管部门或者其所属的渔政监督管理机构、水产种质资源保护区管理机构依法处理。

第四章　附　　则

第二十三条　省级人民政府渔业行政主管部门可以根据本办法制定实施细则。

第二十四条　本办法自2011年3月1日起施行。

渔业资源增殖保护费征收使用办法

（1988年10月9日国务院批准，1988年10月31日农业部、财政部、国家物价局令第1号发布，根据2011年1月8日《国务院关于废止和修改部分行政法规的决定》修订）

第一条　根据《中华人民共和国渔业法》的有关规定，制定本办法。

第二条　凡在中华人民共和国的内水、滩涂、领海以及中华人民共和国管辖的其他海域采捕天然生长和人工增殖水生动植物的单位和个人，必须依照本办法缴纳渔业资源增殖保护费（以下简称“渔业资源费”）。

第三条　渔业资源费的征收和使用，实行取之于渔、用之于渔的原则。

第四条　渔业资源费由县级以上人民政府渔业行政主管部门及其授权单位依照批准发放捕捞许可证的权限征收。由国务院渔业行政主管部门批准发放捕捞许可证的，渔业资源费由国务院渔业行政主管部门所属的海区渔政监督管理机构（以下称“海区渔政监督管理机构”）征收。

第五条 渔业资源费分为海洋渔业资源费和内陆水域渔业资源费。

海洋渔业资源费年征收金额，由沿海省级人民政府渔业行政主管部门或者海区渔政监督管理机构，在其批准发放捕捞许可证的渔船前 3 年采捕水产品的平均年总产值（不含专项采捕经济价值较高的渔业资源品种产值）1% 至 3% 的幅度内确定。

内陆水域渔业资源费年征收金额由省级人民政府确定。

专项采捕经济价值较高的渔业资源品种，渔业资源费年征收金额，由省级人民政府渔业行政主管部门或者海区渔政监督管理机构，在其批准发放捕捞许可证的渔船前 3 年采捕该品种的平均年总产值 3% 至 5% 的幅度内确定。

经济价值较高的渔业资源品种名录，由国务院渔业行政主管部门确定。

第六条 渔业资源费的具体征收标准，由省级人民政府渔业行政主管部门或者海区渔政监督管理机构，在本办法第五条确定的渔业资源费年征收金额幅度内，依照下列原则制定：

（一）从事外海捕捞、有利于渔业资源保护或者国家鼓励开发的作业的，其渔业资源费征收标准应当低于平均征收标准，也可以在一定时期内免征渔业资源费。

（二）从事应当淘汰、不利于渔业资源保护或者国家限制发展的作业的，或者持临时捕捞许可证进行采捕作业的，其渔业资源费征收标准应当高于平均征收标准，但最高不得超过平均征收标准金额的 3 倍。

（三）依法经批准采捕珍稀水生动植物的，依照专项采捕经济价值较高的渔业资源品种适用的征收标准，加倍征收渔业资源费，但最高不得超过上述征收标准金额的 3 倍。因从事科研活动的需要，依据有关规定经批准采捕珍稀水生动植物的除外。

渔业资源费的具体征收标准，省级人民政府渔业行政主管部门制定的，由省级人民政府物价部门核定；海区渔政监督管理机构制定的，报国务院渔业行政主管部门审查后，由国务院物价部门核定。

第七条 县级以上地方人民政府渔业行政主管部门或者海区渔政监督管理机构，根据本办法第六条规定的渔业资源费征收标准，依照作业单位的船只、功率和网具数量，确定应当缴纳的渔业资源费金额。

第八条 持有广东省和香港、澳门地区双重户籍的流动渔船，由广东省人民政府渔业行政主管部门征收渔业资源费。

第九条 县级以上地方人民政府渔业行政主管部门或者海区渔政监督管理机构，在批准发放捕捞许可证的同时征收渔业资源费，并在捕捞许可证上注明缴纳金额，加盖印章。

征收渔业资源费时，必须出具收费的收据。

第十条 渔业资源费列入当年生产成本。

第十一条 省级人民政府渔业行政主管部门征收的渔业资源费（含市、县上缴部分，下同），实行按比例留成和上缴一部分统筹使用的办法。

沿海省级人民政府渔业行政主管部门征收的海洋渔业资源费，90% 由其留用；10% 上缴海区渔政监督管理机构，用于大范围洄游性渔业资源增殖保护项目。省级人民政府渔业行政主管部门征收的内陆水域渔业资源费全部由其安排使用。

市、县人民政府渔业行政主管部门征收的渔业资源费上缴省、自治区、直辖市的比例，由省级人民政府渔业行政主管部门商同级财政部门确定。

第十二条 渔业资源费用于渔业资源的增殖、保护，使用范围是：

（一）购买增殖放流用的苗种和培育苗

种所需的配套设施，修建近海和内陆水域人工鱼礁、鱼巢等增殖设施；

（二）为保护特定的渔业资源品种，借给渔民用于转业或者转产的生产周转金（不得作为生活补助和流动资金）；

（三）为增殖渔业资源提供科学研究经费补助；

（四）为改善渔业资源增殖保护管理手段和监测渔业资源提供经费补助。

渔业资源费用于渔业资源增殖与保护之间的比例，属于海区掌握的，由海区渔政监督管理机构确定；属于省、自治区、直辖市掌握的，由省级人民政府渔业行政主管部门商同级财政部门确定。

第十三条　跨省、自治区、直辖市的大江、大河的人工增殖放流，由江河流经的省、自治区、直辖市人民政府渔业行政主管部门根据国务院渔业行政主管部门的统一规划，从其征收的内陆水域渔业资源费中提取经费。

第十四条　渔业资源费按预算外资金管理。

县级以上人民政府渔业行政主管部门征收的渔业资源费应当交同级财政部门在银行开设专户储存，依照规定用途专款专用，不得挪用。

第十五条　县级以上地方人民政府渔业行政主管部门以及渔业资源费的其他使用单位，应当在年初编制渔业资源费收支计划，在年终编制决算，报同级财政部门审批，并报上一级渔业行政主管部门备案。

海区渔政监督管理机构编制的渔业资源费收支计划和年终决算，由国务院渔业行政主管部门审查汇总后，报财政部门审批。

收支计划和决算报表的格式由国务院渔业行政主管部门统一制订。

第十六条　各级财政、物价和审计部门，应当加强对渔业资源费征收使用工作的监督检查，对挪用、浪费渔业资源费的行为，应当依照国家有关规定查处。

第十七条　本办法由国务院渔业行政主管部门会同财政、物价部门解释。

第十八条　本办法自1989年1月1日起施行。

中华人民共和国畜牧法

（2005年12月29日第十届全国人民代表大会常务委员会第十九次会议通过，根据2015年4月24日第十二届全国人民代表大会常务委员会第十四次会议《关于修改〈中华人民共和国计量法〉等五部法律的决定》修正，2022年10月30日第十三届全国人民代表大会常务委员会第三十七次会议修订）

第一章　总　　则

第一条　为了规范畜牧业生产经营行为，保障畜禽产品供给和质量安全，保护和合理利用畜禽遗传资源，培育和推广畜禽优良品种，振兴畜禽种业，维护畜牧业生产经营者的合法权益，防范公共卫生风险，促进畜牧业高质量发展，制定本法。

第二条　在中华人民共和国境内从事畜禽的遗传资源保护利用、繁育、饲养、经营、运输、屠宰等活动，适用本法。

本法所称畜禽，是指列入依照本法第十二条规定公布的畜禽遗传资源目录的畜禽。

蜂、蚕的资源保护利用和生产经营，适

用本法有关规定。

第三条 国家支持畜牧业发展，发挥畜牧业在发展农业、农村经济和增加农民收入中的作用。

县级以上人民政府应当将畜牧业发展纳入国民经济和社会发展规划，加强畜牧业基础设施建设，鼓励和扶持发展规模化、标准化和智能化养殖，促进种养结合和农牧循环、绿色发展，推进畜牧产业化经营，提高畜牧业综合生产能力，发展安全、优质、高效、生态的畜牧业。

国家帮助和扶持民族地区、欠发达地区畜牧业的发展，保护和合理利用草原，改善畜牧业生产条件。

第四条 国家采取措施，培养畜牧兽医专业人才，加强畜禽疫病监测、畜禽疫苗研制，健全基层畜牧兽医技术推广体系，发展畜牧兽医科学技术研究和推广事业，完善畜牧业标准，开展畜牧兽医科学技术知识的教育宣传工作和畜牧兽医信息服务，推进畜牧业科技进步和创新。

第五条 国务院农业农村主管部门负责全国畜牧业的监督管理工作。县级以上地方人民政府农业农村主管部门负责本行政区域内的畜牧业监督管理工作。

县级以上人民政府有关主管部门在各自的职责范围内，负责有关促进畜牧业发展的工作。

第六条 国务院农业农村主管部门应当指导畜牧业生产经营者改善畜禽繁育、饲养、运输、屠宰的条件和环境。

第七条 各级人民政府及有关部门应当加强畜牧业相关法律法规的宣传。

对在畜牧业发展中做出显著成绩的单位和个人，按照国家有关规定给予表彰和奖励。

第八条 畜牧业生产经营者可以依法自愿成立行业协会，为成员提供信息、技术、营销、培训等服务，加强行业自律，维护成员和行业利益。

第九条 畜牧业生产经营者应当依法履行动物防疫和生态环境保护义务，接受有关主管部门依法实施的监督检查。

第二章　畜禽遗传资源保护

第十条 国家建立畜禽遗传资源保护制度，开展资源调查、保护、鉴定、登记、监测和利用等工作。各级人民政府应当采取措施，加强畜禽遗传资源保护，将畜禽遗传资源保护经费列入预算。

畜禽遗传资源保护以国家为主、多元参与，坚持保护优先、高效利用的原则，实行分类分级保护。

国家鼓励和支持有关单位、个人依法发展畜禽遗传资源保护事业，鼓励和支持高等学校、科研机构、企业加强畜禽遗传资源保护、利用的基础研究，提高科技创新能力。

第十一条 国务院农业农村主管部门设立由专业人员组成的国家畜禽遗传资源委员会，负责畜禽遗传资源的鉴定、评估和畜禽新品种、配套系的审定，承担畜禽遗传资源保护和利用规划论证及有关畜禽遗传资源保护的咨询工作。

第十二条 国务院农业农村主管部门负责定期组织畜禽遗传资源的调查工作，发布国家畜禽遗传资源状况报告，公布经国务院批准的畜禽遗传资源目录。

经过驯化和选育而成，遗传性状稳定，有成熟的品种和一定的种群规模，能够不依赖于野生种群而独立繁衍的驯养动物，可以列入畜禽遗传资源目录。

第十三条 国务院农业农村主管部门根据畜禽遗传资源分布状况，制定全国畜禽遗传资源保护和利用规划，制定、调整并公布国家级畜禽遗传资源保护名录，对原产我国的珍贵、稀有、濒危的畜禽遗传资源实行重点保护。

省、自治区、直辖市人民政府农业农村主管部门根据全国畜禽遗传资源保护和利用规划及本行政区域内的畜禽遗传资源状况，制定、调整并公布省级畜禽遗传资源保护名录，并报国务院农业农村主管部门备案，加强对地方畜禽遗传资源的保护。

第十四条　国务院农业农村主管部门根据全国畜禽遗传资源保护和利用规划及国家级畜禽遗传资源保护名录，省、自治区、直辖市人民政府农业农村主管部门根据省级畜禽遗传资源保护名录，分别建立或者确定畜禽遗传资源保种场、保护区和基因库，承担畜禽遗传资源保护任务。

享受中央和省级财政资金支持的畜禽遗传资源保种场、保护区和基因库，未经国务院农业农村主管部门或者省、自治区、直辖市人民政府农业农村主管部门批准，不得擅自处理受保护的畜禽遗传资源。

畜禽遗传资源基因库应当按照国务院农业农村主管部门或者省、自治区、直辖市人民政府农业农村主管部门的规定，定期采集和更新畜禽遗传材料。有关单位、个人应当配合畜禽遗传资源基因库采集畜禽遗传材料，并有权获得适当的经济补偿。

县级以上地方人民政府应当保障畜禽遗传资源保种场和基因库用地的需求。确需关闭或者搬迁的，应当经原建立或者确定机关批准，搬迁的按照先建后拆的原则妥善安置。

畜禽遗传资源保种场、保护区和基因库的管理办法，由国务院农业农村主管部门制定。

第十五条　新发现的畜禽遗传资源在国家畜禽遗传资源委员会鉴定前，省、自治区、直辖市人民政府农业农村主管部门应当制定保护方案，采取临时保护措施，并报国务院农业农村主管部门备案。

第十六条　从境外引进畜禽遗传资源的，应当向省、自治区、直辖市人民政府农业农村主管部门提出申请；受理申请的农业农村主管部门经审核，报国务院农业农村主管部门经评估论证后批准；但是国务院对批准机关另有规定的除外。经批准的，依照《中华人民共和国进出境动植物检疫法》的规定办理相关手续并实施检疫。

从境外引进的畜禽遗传资源被发现对境内畜禽遗传资源、生态环境有危害或者可能产生危害的，国务院农业农村主管部门应当商有关主管部门，及时采取相应的安全控制措施。

第十七条　国家对畜禽遗传资源享有主权。向境外输出或者在境内与境外机构、个人合作研究利用列入保护名录的畜禽遗传资源的，应当向省、自治区、直辖市人民政府农业农村主管部门提出申请，同时提出国家共享惠益的方案；受理申请的农业农村主管部门经审核，报国务院农业农村主管部门批准。

向境外输出畜禽遗传资源的，还应当依照《中华人民共和国进出境动植物检疫法》的规定办理相关手续并实施检疫。

新发现的畜禽遗传资源在国家畜禽遗传资源委员会鉴定前，不得向境外输出，不得与境外机构、个人合作研究利用。

第十八条　畜禽遗传资源的进出境和对外合作研究利用的审批办法由国务院规定。

第三章　种畜禽品种选育与生产经营

第十九条　国家扶持畜禽品种的选育和优良品种的推广使用，实施全国畜禽遗传改良计划；支持企业、高等学校、科研机构和技术推广单位开展联合育种，建立健全畜禽良种繁育体系。

县级以上人民政府支持开发利用列入畜禽遗传资源保护名录的品种，增加特色畜禽产品供给，满足多元化消费需求。

第二十条　国家鼓励和支持畜禽种业自主创新，加强育种技术攻关，扶持选育生产经营相结合的创新型企业发展。

第二十一条　培育的畜禽新品种、配套系和新发现的畜禽遗传资源在销售、推广前，应当通过国家畜禽遗传资源委员会审定或者鉴定，并由国务院农业农村主管部门公告。畜禽新品种、配套系的审定办法和畜禽遗传资源的鉴定办法，由国务院农业农村主管部门制定。审定或者鉴定所需的试验、检测等费用由申请者承担。

畜禽新品种、配套系培育者的合法权益受法律保护。

第二十二条 转基因畜禽品种的引进、培育、试验、审定和推广，应当符合国家有关农业转基因生物安全管理的规定。

第二十三条 省级以上畜牧兽医技术推广机构应当组织开展种畜质量监测、优良个体登记，向社会推荐优良种畜。优良种畜登记规则由国务院农业农村主管部门制定。

第二十四条 从事种畜禽生产经营或者生产经营商品代仔畜、雏禽的单位、个人，应当取得种畜禽生产经营许可证。

申请取得种畜禽生产经营许可证，应当具备下列条件：

（一）生产经营的种畜禽是通过国家畜禽遗传资源委员会审定或者鉴定的品种、配套系，或者是经批准引进的境外品种、配套系；

（二）有与生产经营规模相适应的畜牧兽医技术人员；

（三）有与生产经营规模相适应的繁育设施设备；

（四）具备法律、行政法规和国务院农业农村主管部门规定的种畜禽防疫条件；

（五）有完善的质量管理和育种记录制度；

（六）法律、行政法规规定的其他条件。

第二十五条 申请取得生产家畜卵子、精液、胚胎等遗传材料的生产经营许可证，除应当符合本法第二十四条第二款规定的条件外，还应当具备下列条件：

（一）符合国务院农业农村主管部门规定的实验室、保存和运输条件；

（二）符合国务院农业农村主管部门规定的种畜数量和质量要求；

（三）体外受精取得的胚胎、使用的卵子来源明确，供体畜符合国家规定的种畜健康标准和质量要求；

（四）符合有关国家强制性标准和国务院农业农村主管部门规定的技术要求。

第二十六条 申请取得生产家畜卵子、精液、胚胎等遗传材料的生产经营许可证，应当向省、自治区、直辖市人民政府农业农村主管部门提出申请。受理申请的农业农村主管部门应当自收到申请之日起六十个工作日内依法决定是否发放生产经营许可证。

其他种畜禽的生产经营许可证由县级以上地方人民政府农业农村主管部门审核发放。

国家对种畜禽生产经营许可证实行统一管理、分级负责，在统一的信息平台办理。种畜禽生产经营许可证的审批和发放信息应当依法向社会公开。具体办法和许可证样式由国务院农业农村主管部门制定。

第二十七条 种畜禽生产经营许可证应当注明生产经营者名称、场（厂）址、生产经营范围及许可证有效期的起止日期等。

禁止无种畜禽生产经营许可证或者违反种畜禽生产经营许可证的规定生产经营种畜禽或者商品代仔畜、雏禽。禁止伪造、变造、转让、租借种畜禽生产经营许可证。

第二十八条 农户饲养的种畜禽用于自繁自养和有少量剩余仔畜、雏禽出售的，农户饲养种公畜进行互助配种的，不需要办理种畜禽生产经营许可证。

第二十九条 发布种畜禽广告的，广告主应当持有或者提供种畜禽生产经营许可证和营业执照。广告内容应当符合有关法律、行政法规的规定，并注明种畜禽品种、配套系的审定或者鉴定名称，对主要性状的描述应当符合该品种、配套系的标准。

第三十条 销售的种畜禽、家畜配种站（点）使用的种公畜，应当符合种用标准。销售种畜禽时，应当附具种畜禽场出具的种畜禽合格证明、动物卫生监督机构出具的检疫证明，销售的种畜还应当附具种畜禽场出具的家畜系谱。

生产家畜卵子、精液、胚胎等遗传材料，应当有完整的采集、销售、移植等记录，记录应当保存二年。

第三十一条　销售种畜禽，不得有下列行为：

（一）以其他畜禽品种、配套系冒充所销售的种畜禽品种、配套系；

（二）以低代别种畜禽冒充高代别种畜禽；

（三）以不符合种用标准的畜禽冒充种畜禽；

（四）销售未经批准进口的种畜禽；

（五）销售未附具本法第三十条规定的种畜禽合格证明、检疫证明的种畜禽或者未附具家畜系谱的种畜；

（六）销售未经审定或者鉴定的种畜禽品种、配套系。

第三十二条　申请进口种畜禽的，应当持有种畜禽生产经营许可证。因没有种畜禽而未取得种畜禽生产经营许可证的，应当提供省、自治区、直辖市人民政府农业农村主管部门的说明文件。进口种畜禽的批准文件有效期为六个月。

进口的种畜禽应当符合国务院农业农村主管部门规定的技术要求。首次进口的种畜禽还应当由国家畜禽遗传资源委员会进行种用性能的评估。

种畜禽的进出口管理除适用本条前两款的规定外，还适用本法第十六条、第十七条和第二十二条的相关规定。

国家鼓励畜禽养殖者利用进口的种畜禽进行新品种、配套系的培育；培育的新品种、配套系在推广前，应当经国家畜禽遗传资源委员会审定。

第三十三条　销售商品代仔畜、雏禽的，应当向购买者提供其销售的商品代仔畜、雏禽的主要生产性能指标、免疫情况、饲养技术要求和有关咨询服务，并附具动物卫生监督机构出具的检疫证明。

销售种畜禽和商品代仔畜、雏禽，因质量问题给畜禽养殖者造成损失的，应当依法赔偿损失。

第三十四条　县级以上人民政府农业农村主管部门负责种畜禽质量安全的监督管理工作。种畜禽质量安全的监督检验应当委托具有法定资质的种畜禽质量检验机构进行；所需检验费用由同级预算列支，不得向被检验人收取。

第三十五条　蜂种、蚕种的资源保护、新品种选育、生产经营和推广，适用本法有关规定，具体管理办法由国务院农业农村主管部门制定。

第四章　畜禽养殖

第三十六条　国家建立健全现代畜禽养殖体系。县级以上人民政府农业农村主管部门应当根据畜牧业发展规划和市场需求，引导和支持畜牧业结构调整，发展优势畜禽生产，提高畜禽产品市场竞争力。

第三十七条　各级人民政府应当保障畜禽养殖用地合理需求。县级国土空间规划根据本地实际情况，安排畜禽养殖用地。畜禽养殖用地按照农业用地管理。畜禽养殖用地使用期限届满或者不再从事养殖活动，需要恢复为原用途的，由畜禽养殖用地使用人负责恢复。在畜禽养殖用地范围内需要兴建永久性建（构）筑物，涉及农用地转用的，依照《中华人民共和国土地管理法》的规定办理。

第三十八条　国家设立的畜牧兽医技术推广机构，应当提供畜禽养殖、畜禽粪污无害化处理和资源化利用技术培训，以及良种推广、疫病防治等服务。县级以上人民政府应当保障国家设立的畜牧兽医技术推广机构从事公益性技术服务的工作经费。

国家鼓励畜禽产品加工企业和其他相关生产经营者为畜禽养殖者提供所需的服务。

第三十九条　畜禽养殖场应当具备下列条件：

（一）有与其饲养规模相适应的生产场

所和配套的生产设施；

（二）有为其服务的畜牧兽医技术人员；

（三）具备法律、行政法规和国务院农业农村主管部门规定的防疫条件；

（四）有与畜禽粪污无害化处理和资源化利用相适应的设施设备；

（五）法律、行政法规规定的其他条件。

畜禽养殖场兴办者应当将畜禽养殖场的名称、养殖地址、畜禽品种和养殖规模，向养殖场所在地县级人民政府农业农村主管部门备案，取得畜禽标识代码。

畜禽养殖场的规模标准和备案管理办法，由国务院农业农村主管部门制定。

畜禽养殖户的防疫条件、畜禽粪污无害化处理和资源化利用要求，由省、自治区、直辖市人民政府农业农村主管部门会同有关部门规定。

第四十条 畜禽养殖场的选址、建设应当符合国土空间规划，并遵守有关法律法规的规定；不得违反法律法规的规定，在禁养区域建设畜禽养殖场。

第四十一条 畜禽养殖场应当建立养殖档案，载明下列内容：

（一）畜禽的品种、数量、繁殖记录、标识情况、来源和进出场日期；

（二）饲料、饲料添加剂、兽药等投入品的来源、名称、使用对象、时间和用量；

（三）检疫、免疫、消毒情况；

（四）畜禽发病、死亡和无害化处理情况；

（五）畜禽粪污收集、储存、无害化处理和资源化利用情况；

（六）国务院农业农村主管部门规定的其他内容。

第四十二条 畜禽养殖者应当为其饲养的畜禽提供适当的繁殖条件和生存、生长环境。

第四十三条 从事畜禽养殖，不得有下列行为：

（一）违反法律、行政法规和国家有关强制性标准、国务院农业农村主管部门的规定使用饲料、饲料添加剂、兽药；

（二）使用未经高温处理的餐馆、食堂的泔水饲喂家畜；

（三）在垃圾场或者使用垃圾场中的物质饲养畜禽；

（四）随意弃置和处理病死畜禽；

（五）法律、行政法规和国务院农业农村主管部门规定的危害人和畜禽健康的其他行为。

第四十四条 从事畜禽养殖，应当依照《中华人民共和国动物防疫法》、《中华人民共和国农产品质量安全法》的规定，做好畜禽疫病防治和质量安全工作。

第四十五条 畜禽养殖者应当按照国家关于畜禽标识管理的规定，在应当加施标识的畜禽的指定部位加施标识。农业农村主管部门提供标识不得收费，所需费用列入省、自治区、直辖市人民政府预算。

禁止伪造、变造或者重复使用畜禽标识。禁止持有、使用伪造、变造的畜禽标识。

第四十六条 畜禽养殖场应当保证畜禽粪污无害化处理和资源化利用设施的正常运转，保证畜禽粪污综合利用或者达标排放，防止污染环境。违法排放或者因管理不当污染环境的，应当排除危害，依法赔偿损失。

国家支持建设畜禽粪污收集、储存、粪污无害化处理和资源化利用设施，推行畜禽粪污养分平衡管理，促进农用有机肥利用和种养结合发展。

第四十七条 国家引导畜禽养殖户按照畜牧业发展规划有序发展，加强对畜禽养殖户的指导帮扶，保护其合法权益，不得随意以行政手段强行清退。

国家鼓励涉农企业带动畜禽养殖户融入现代畜牧业产业链，加强面向畜禽养殖户的社会化服务，支持畜禽养殖户和畜牧业专业合作社发展畜禽规模化、标准化养殖，支持发展新产业、新业态，促进与旅游、文化、生态等产业融合。

第四十八条 国家支持发展特种畜禽养殖。县级以上人民政府应当采取措施支持建立与特种畜禽养殖业发展相适应的养殖体系。

第四十九条 国家支持发展养蜂业，保护养蜂生产者的合法权益。

有关部门应当积极宣传和推广蜂授粉农艺措施。

第五十条 养蜂生产者在生产过程中，不得使用危害蜂产品质量安全的药品和容器，确保蜂产品质量。养蜂器具应当符合国家标准和国务院有关部门规定的技术要求。

第五十一条 养蜂生产者在转地放蜂时，当地公安、交通运输、农业农村等有关部门应当为其提供必要的便利。

养蜂生产者在国内转地放蜂，凭国务院农业农村主管部门统一格式印制的检疫证明运输蜂群，在检疫证明有效期内不得重复检疫。

第五章 草原畜牧业

第五十二条 国家支持科学利用草原，协调推进草原保护与草原畜牧业发展，坚持生态优先、生产生态有机结合，发展特色优势产业，促进农牧民增加收入，提高草原可持续发展能力，筑牢生态安全屏障，推进牧区生产生活生态协同发展。

第五十三条 国家支持牧区转变草原畜牧业发展方式，加强草原水利、草原围栏、饲草料生产加工储备、牲畜圈舍、牧道等基础设施建设。

国家鼓励推行舍饲半舍饲圈养、季节性放牧、划区轮牧等饲养方式，合理配置畜群，保持草畜平衡。

第五十四条 国家支持优良饲草品种的选育、引进和推广使用，因地制宜开展人工草地建设、天然草原改良和饲草料基地建设，优化种植结构，提高饲草料供应保障能力。

第五十五条 国家支持农牧民发展畜牧业专业合作社和现代家庭牧场，推行适度规模养殖，提升标准化生产水平，建设牛羊等重要畜产品生产基地。

第五十六条 牧区各级人民政府农业农村主管部门应当鼓励和指导农牧民改良家畜品种，优化畜群结构，实行科学饲养，合理加快出栏周转，促进草原畜牧业节本、提质、增效。

第五十七条 国家加强草原畜牧业灾害防御保障，将草原畜牧业防灾减灾列入预算，优化设施装备条件，完善牧区牛羊等家畜保险制度，提高抵御自然灾害的能力。

第五十八条 国家完善草原生态保护补助奖励政策，对采取禁牧和草畜平衡措施的农牧民按照国家有关规定给予补助奖励。

第五十九条 有关地方人民政府应当支持草原畜牧业与乡村旅游、文化等产业协同发展，推动一二三产业融合，提升产业化、品牌化、特色化水平，持续增加农牧民收入，促进牧区振兴。

第六十条 草原畜牧业发展涉及草原保护、建设、利用和管理活动的，应当遵守有关草原保护法律法规的规定。

第六章 畜禽交易与运输

第六十一条 国家加快建立统一开放、竞争有序、安全便捷的畜禽交易市场体系。

第六十二条 县级以上地方人民政府应当根据农产品批发市场发展规划，对在畜禽集散地建立畜禽批发市场给予扶持。

畜禽批发市场选址，应当符合法律、行政法规和国务院农业农村主管部门规定的动物防疫条件，并距离种畜禽场和大型畜禽养殖场三公里以外。

第六十三条 进行交易的畜禽应当符合农产品质量安全标准和国务院有关部门规定的技术要求。

国务院农业农村主管部门规定应当加施标识而没有标识的畜禽，不得销售、收购。

国家鼓励畜禽屠宰经营者直接从畜禽养殖者收购畜禽，建立稳定收购渠道，降低动物疫病和质量安全风险。

第六十四条 运输畜禽，应当符合法律、行政法规和国务院农业农村主管部门规定的动物防疫条件，采取措施保护畜禽安全，并为运输的畜禽提供必要的空间和饲喂饮水条件。

有关部门对运输中的畜禽进行检查，应当有法律、行政法规的依据。

第七章 畜禽屠宰

第六十五条 国家实行生猪定点屠宰制度。对生猪以外的其他畜禽可以实行定点屠宰，具体办法由省、自治区、直辖市制定。农村地区个人自宰自食的除外。

省、自治区、直辖市人民政府应当按照科学布局、集中屠宰、有利流通、方便群众的原则，结合畜禽养殖、动物疫病防控和畜禽产品消费等实际情况，制定畜禽屠宰行业发展规划并组织实施。

第六十六条 国家鼓励畜禽就地屠宰，引导畜禽屠宰企业向养殖主产区转移，支持畜禽产品加工、储存、运输冷链体系建设。

第六十七条 畜禽屠宰企业应当具备下列条件：

（一）有与屠宰规模相适应、水质符合国家规定标准的用水供应条件；

（二）有符合国家规定的设施设备和运载工具；

（三）有依法取得健康证明的屠宰技术人员；

（四）有经考核合格的兽医卫生检验人员；

（五）依法取得动物防疫条件合格证和其他法律法规规定的证明文件。

第六十八条 畜禽屠宰经营者应当加强畜禽屠宰质量安全管理。畜禽屠宰企业应当建立畜禽屠宰质量安全管理制度。

未经检验、检疫或者经检验、检疫不合格的畜禽产品不得出厂销售。经检验、检疫不合格的畜禽产品，按照国家有关规定处理。

地方各级人民政府应当按照规定对无害化处理的费用和损失给予补助。

第六十九条 国务院农业农村主管部门负责组织制定畜禽屠宰质量安全风险监测计划。

省、自治区、直辖市人民政府农业农村主管部门根据国家畜禽屠宰质量安全风险监测计划，结合实际情况，制定本行政区域畜禽屠宰质量安全风险监测方案并组织实施。

第八章 保障与监督

第七十条 省级以上人民政府应当在其预算内安排支持畜禽种业创新和畜牧业发展的良种补贴、贴息补助、保费补贴等资金，并鼓励有关金融机构提供金融服务，支持畜禽养殖者购买优良畜禽、繁育良种、防控疫病，支持改善生产设施、畜禽粪污无害化处理和资源化利用设施设备、扩大养殖规模，提高养殖效益。

第七十一条 县级以上人民政府应当组织农业农村主管部门和其他有关部门，依照本法和有关法律、行政法规的规定，加强对畜禽饲养环境、种畜禽质量、畜禽交易与运输、畜禽屠宰以及饲料、饲料添加剂、兽药等投入品的生产、经营、使用的监督管理。

第七十二条 国务院农业农村主管部门应当制定畜禽标识和养殖档案管理办法，采取措施落实畜禽产品质量安全追溯和责任追究制度。

第七十三条 县级以上人民政府农业农村主管部门应当制定畜禽质量安全监督抽查计划，并按照计划开展监督抽查工作。

第七十四条 省级以上人民政府农业农村主管部门应当组织制定畜禽生产规范，指导畜禽的安全生产。

第七十五条 国家建立统一的畜禽生产

和畜禽产品市场监测预警制度，逐步完善有关畜禽产品储备调节机制，加强市场调控，促进市场供需平衡和畜牧业健康发展。

县级以上人民政府有关部门应当及时发布畜禽产销信息，为畜禽生产经营者提供信息服务。

第七十六条　国家加强畜禽生产、加工、销售、运输体系建设，提升畜禽产品供应安全保障能力。

省、自治区、直辖市人民政府负责保障本行政区域内的畜禽产品供给，建立稳产保供的政策保障和责任考核体系。

国家鼓励畜禽主销区通过跨区域合作、建立养殖基地等方式，与主产区建立稳定的合作关系。

第九章　法律责任

第七十七条　违反本法规定，县级以上人民政府农业农村主管部门及其工作人员有下列行为之一的，对直接负责的主管人员和其他直接责任人员依法给予处分：

（一）利用职务上的便利，收受他人财物或者牟取其他利益；

（二）对不符合条件的申请人准予许可，或者超越法定职权准予许可；

（三）发现违法行为不予查处；

（四）其他滥用职权、玩忽职守、徇私舞弊等不依法履行监督管理工作职责的行为。

第七十八条　违反本法第十四条第二款规定，擅自处理受保护的畜禽遗传资源，造成畜禽遗传资源损失的，由省级以上人民政府农业农村主管部门处十万元以上一百万元以下罚款。

第七十九条　违反本法规定，有下列行为之一的，由省级以上人民政府农业农村主管部门责令停止违法行为，没收畜禽遗传资源和违法所得，并处五万元以上五十万元以下罚款：

（一）未经审核批准，从境外引进畜禽遗传资源；

（二）未经审核批准，在境内与境外机构、个人合作研究利用列入保护名录的畜禽遗传资源；

（三）在境内与境外机构、个人合作研究利用未经国家畜禽遗传资源委员会鉴定的新发现的畜禽遗传资源。

第八十条　违反本法规定，未经国务院农业农村主管部门批准，向境外输出畜禽遗传资源的，依照《中华人民共和国海关法》的有关规定追究法律责任。海关应当将扣留的畜禽遗传资源移送省、自治区、直辖市人民政府农业农村主管部门处理。

第八十一条　违反本法规定，销售、推广未经审定或者鉴定的畜禽品种、配套系的，由县级以上地方人民政府农业农村主管部门责令停止违法行为，没收畜禽和违法所得；违法所得在五万元以上的，并处违法所得一倍以上三倍以下罚款；没有违法所得或者违法所得不足五万元的，并处五千元以上五万元以下罚款。

第八十二条　违反本法规定，无种畜禽生产经营许可证或者违反种畜禽生产经营许可证规定生产经营，或者伪造、变造、转让、租借种畜禽生产经营许可证的，由县级以上地方人民政府农业农村主管部门责令停止违法行为，收缴伪造、变造的种畜禽生产经营许可证，没收种畜禽、商品代仔畜、雏禽和违法所得；违法所得在三万元以上的，并处违法所得一倍以上三倍以下罚款；没有违法所得或者违法所得不足三万元的，并处三千元以上三万元以下罚款。违反种畜禽生产经营许可证的规定生产经营或者转让、租借种畜禽生产经营许可证，情节严重的，并处吊销种畜禽生产经营许可证。

第八十三条　违反本法第二十九条规定的，依照《中华人民共和国广告法》的有关规定追究法律责任。

第八十四条　违反本法规定，使用的种畜禽不符合种用标准的，由县级以上地方人民政府农业农村主管部门责令停止违法行为，没收种畜禽和违法所得；违法所得在五千元以上的，并处违法所得一倍以上二倍以下罚款；没有违法所得或者违法所得不足五千元的，并处一千元以上五千元以下罚款。

第八十五条 销售种畜禽有本法第三十一条第一项至第四项违法行为之一的，由县级以上地方人民政府农业农村主管部门和市场监督管理部门按照职责分工责令停止销售，没收违法销售的（种）畜禽和违法所得；违法所得在五万元以上的，并处违法所得一倍以上五倍以下罚款；没有违法所得或者违法所得不足五万元的，并处五千元以上五万元以下罚款；情节严重的，并处吊销种畜禽生产经营许可证或者营业执照。

第八十六条 违反本法规定，兴办畜禽养殖场未备案，畜禽养殖场未建立养殖档案或者未按照规定保存养殖档案的，由县级以上地方人民政府农业农村主管部门责令限期改正，可以处一万元以下罚款。

第八十七条 违反本法第四十三条规定养殖畜禽的，依照有关法律、行政法规的规定处理、处罚。

第八十八条 违反本法规定，销售的种畜禽未附具种畜禽合格证明、家畜系谱，销售、收购国务院农业农村主管部门规定应当加施标识而没有标识的畜禽，或者重复使用畜禽标识的，由县级以上地方人民政府农业农村主管部门和市场监督管理部门按照职责分工责令改正，可以处二千元以下罚款。

销售的种畜禽未附具检疫证明，伪造、变造畜禽标识，或者持有、使用伪造、变造的畜禽标识的，依照《中华人民共和国动物防疫法》的有关规定追究法律责任。

第八十九条 违反本法规定，未经定点从事畜禽屠宰活动的，依照有关法律法规的规定处理、处罚。

第九十条 县级以上地方人民政府农业农村主管部门发现畜禽屠宰企业不再具备本法规定条件的，应当责令停业整顿，并限期整改；逾期仍未达到本法规定条件的，责令关闭，对实行定点屠宰管理的，由发证机关依法吊销定点屠宰证书。

第九十一条 违反本法第六十八条规定，畜禽屠宰企业未建立畜禽屠宰质量安全管理制度，或者畜禽屠宰经营者对经检验不合格的畜禽产品未按照国家有关规定处理的，由县级以上地方人民政府农业农村主管部门责令改正，给予警告；拒不改正的，责令停业整顿，并处五千元以上五万元以下罚款，对直接负责的主管人员和其他直接责任人员处二千元以上二万元以下罚款；情节严重的，责令关闭，对实行定点屠宰管理的，由发证机关依法吊销定点屠宰证书。

违反本法第六十八条规定的其他行为的，依照有关法律法规的规定处理、处罚。

第九十二条 违反本法规定，构成犯罪的，依法追究刑事责任。

第十章 附　　则

第九十三条 本法所称畜禽遗传资源，是指畜禽及其卵子（蛋）、精液、胚胎、基因物质等遗传材料。

本法所称种畜禽，是指经过选育、具有种用价值、适于繁殖后代的畜禽及其卵子（蛋）、精液、胚胎等。

第九十四条 本法自2023年3月1日起施行。

中华人民共和国野生动物保护法

（1988年11月8日第七届全国人民代表大会常务委员会第四次会议通过，根据2004年8月28日第十届全国人民代表大会常务委员会第十一次会议《关于修改〈中华人民共和国野生动物保护法〉的决定》第一次修正，根据2009年8月27日第十一届全国人民代表大会常务委员会第十次会议《关于修改部分法律的决定》第二次修正，2016年7月2日第十二届全国人民代表大会常务委员会第二十一次会议第一次修订，根据2018年10月26日第十三届全国人民代表大会常务委员会第六次会议《关于修改〈中华人民共和国野生动物保护法〉等十五部法律的决定》第三次修正，2022年12月30日第十三届全国人民代表大会常务委员会第三十八次会议第二次修订）

第一章　总　　则

第一条　为了保护野生动物，拯救珍贵、濒危野生动物，维护生物多样性和生态平衡，推进生态文明建设，促进人与自然和谐共生，制定本法。

第二条　在中华人民共和国领域及管辖的其他海域，从事野生动物保护及相关活动，适用本法。

本法规定保护的野生动物，是指珍贵、濒危的陆生、水生野生动物和有重要生态、科学、社会价值的陆生野生动物。

本法规定的野生动物及其制品，是指野生动物的整体（含卵、蛋）、部分及衍生物。

珍贵、濒危的水生野生动物以外的其他水生野生动物的保护，适用《中华人民共和国渔业法》等有关法律的规定。

第三条　野生动物资源属于国家所有。

国家保障依法从事野生动物科学研究、人工繁育等保护及相关活动的组织和个人的合法权益。

第四条　国家加强重要生态系统保护和修复，对野生动物实行保护优先、规范利用、严格监管的原则，鼓励和支持开展野生动物科学研究与应用，秉持生态文明理念，推动绿色发展。

第五条　国家保护野生动物及其栖息地。县级以上人民政府应当制定野生动物及其栖息地相关保护规划和措施，并将野生动物保护经费纳入预算。

国家鼓励公民、法人和其他组织依法通过捐赠、资助、志愿服务等方式参与野生动物保护活动，支持野生动物保护公益事业。

本法规定的野生动物栖息地，是指野生动物野外种群生息繁衍的重要区域。

第六条　任何组织和个人有保护野生动物及其栖息地的义务。禁止违法猎捕、运输、交易野生动物，禁止破坏野生动物栖息地。

社会公众应当增强保护野生动物和维护公共卫生安全的意识，防止野生动物源性传染病传播，抵制违法食用野生动物，养成文明健康的生活方式。

任何组织和个人有权举报违反本法的行为，接到举报的县级以上人民政府野生动物保护主管部门和其他有关部门应当及时依法处理。

第七条 国务院林业草原、渔业主管部门分别主管全国陆生、水生野生动物保护工作。

县级以上地方人民政府对本行政区域内野生动物保护工作负责，其林业草原、渔业主管部门分别主管本行政区域内陆生、水生野生动物保护工作。

县级以上人民政府有关部门按照职责分工，负责野生动物保护相关工作。

第八条 各级人民政府应当加强野生动物保护的宣传教育和科学知识普及工作，鼓励和支持基层群众性自治组织、社会组织、企业事业单位、志愿者开展野生动物保护法律法规、生态保护等知识的宣传活动；组织开展对相关从业人员法律法规和专业知识培训；依法公开野生动物保护和管理信息。

教育行政部门、学校应当对学生进行野生动物保护知识教育。

新闻媒体应当开展野生动物保护法律法规和保护知识的宣传，并依法对违法行为进行舆论监督。

第九条 在野生动物保护和科学研究方面成绩显著的组织和个人，由县级以上人民政府按照国家有关规定给予表彰和奖励。

第二章 野生动物及其栖息地保护

第十条 国家对野生动物实行分类分级保护。

国家对珍贵、濒危的野生动物实行重点保护。国家重点保护的野生动物分为一级保护野生动物和二级保护野生动物。国家重点保护野生动物名录，由国务院野生动物保护主管部门组织科学论证评估后，报国务院批准公布。

有重要生态、科学、社会价值的陆生野生动物名录，由国务院野生动物保护主管部门征求国务院农业农村、自然资源、科学技术、生态环境、卫生健康等部门意见，组织科学论证评估后制定并公布。

地方重点保护野生动物，是指国家重点保护野生动物以外，由省、自治区、直辖市重点保护的野生动物。地方重点保护野生动物名录，由省、自治区、直辖市人民政府组织科学论证评估，征求国务院野生动物保护主管部门意见后制定、公布。

对本条规定的名录，应当每五年组织科学论证评估，根据论证评估情况进行调整，也可以根据野生动物保护的实际需要及时进行调整。

第十一条 县级以上人民政府野生动物保护主管部门应当加强信息技术应用，定期组织或者委托有关科学研究机构对野生动物及其栖息地状况进行调查、监测和评估，建立健全野生动物及其栖息地档案。

对野生动物及其栖息地状况的调查、监测和评估应当包括下列内容：

（一）野生动物野外分布区域、种群数量及结构；

（二）野生动物栖息地的面积、生态状况；

（三）野生动物及其栖息地的主要威胁因素；

（四）野生动物人工繁育情况等其他需要调查、监测和评估的内容。

第十二条 国务院野生动物保护主管部门应当会同国务院有关部门，根据野生动物及其栖息地状况的调查、监测和评估结果，确定并发布野生动物重要栖息地名录。

省级以上人民政府依法将野生动物重要栖息地划入国家公园、自然保护区等自然保护地，保护、恢复和改善野生动物生存环境。对不具备划定自然保护地条件的，县级以上人民政府可以采取划定禁猎（渔）区、规定禁猎（渔）期等措施予以保护。

禁止或者限制在自然保护地内引入外来物种、营造单一纯林、过量施洒农药等人为干扰、威胁野生动物生息繁衍的行为。

自然保护地依照有关法律法规的规定划定和管理，野生动物保护主管部门依法加强对野生动物及其栖息地的保护。

第十三条　县级以上人民政府及其有关部门在编制有关开发利用规划时，应当充分考虑野生动物及其栖息地保护的需要，分析、预测和评估规划实施可能对野生动物及其栖息地保护产生的整体影响，避免或者减少规划实施可能造成的不利后果。

禁止在自然保护地建设法律法规规定不得建设的项目。机场、铁路、公路、航道、水利水电、风电、光伏发电、围堰、围填海等建设项目的选址选线，应当避让自然保护地以及其他野生动物重要栖息地、迁徙洄游通道；确实无法避让的，应当采取修建野生动物通道、过鱼设施等措施，消除或者减少对野生动物的不利影响。

建设项目可能对自然保护地以及其他野生动物重要栖息地、迁徙洄游通道产生影响的，环境影响评价文件的审批部门在审批环境影响评价文件时，涉及国家重点保护野生动物的，应当征求国务院野生动物保护主管部门意见；涉及地方重点保护野生动物的，应当征求省、自治区、直辖市人民政府野生动物保护主管部门意见。

第十四条　各级野生动物保护主管部门应当监测环境对野生动物的影响，发现环境影响对野生动物造成危害时，应当会同有关部门及时进行调查处理。

第十五条　国家重点保护野生动物和有重要生态、科学、社会价值的陆生野生动物或者地方重点保护野生动物受到自然灾害、重大环境污染事故等突发事件威胁时，当地人民政府应当及时采取应急救助措施。

国家加强野生动物收容救护能力建设。县级以上人民政府野生动物保护主管部门应当按照国家有关规定组织开展野生动物收容救护工作，加强对社会组织开展野生动物收容救护工作的规范和指导。

收容救护机构应当根据野生动物收容救护的实际需要，建立收容救护场所，配备相应的专业技术人员、救护工具、设备和药品等。

禁止以野生动物收容救护为名买卖野生动物及其制品。

第十六条　野生动物疫源疫病监测、检疫和与人畜共患传染病有关的动物传染病的防治管理，适用《中华人民共和国动物防疫法》等有关法律法规的规定。

第十七条　国家加强对野生动物遗传资源的保护，对濒危野生动物实施抢救性保护。

国务院野生动物保护主管部门应当会同国务院有关部门制定有关野生动物遗传资源保护和利用规划，建立国家野生动物遗传资源基因库，对原产我国的珍贵、濒危野生动物遗传资源实行重点保护。

第十八条　有关地方人民政府应当根据实际情况和需要建设隔离防护设施、设置安全警示标志等，预防野生动物可能造成的危害。

县级以上人民政府野生动物保护主管部门根据野生动物及其栖息地调查、监测和评估情况，对种群数量明显超过环境容量的物种，可以采取迁地保护、猎捕等种群调控措施，保障人身财产安全、生态安全和农业生产。对种群调控猎捕的野生动物按照国家有关规定进行处理和综合利用。种群调控的具体办法由国务院野生动物保护主管部门会同国务院有关部门制定。

第十九条　因保护本法规定保护的野生动物，造成人员伤亡、农作物或者其他财产损失的，由当地人民政府给予补偿。具体办法由省、自治区、直辖市人民政府制定。有关地方人民政府可以推动保险机构开展野生动物致害赔偿保险业务。

有关地方人民政府采取预防、控制国家重点保护野生动物和其他致害严重的陆生野生动物造成危害的措施以及实行补偿所需经费，由中央财政予以补助。具体办法由国务院财政部门会同国务院野生动物保护主管部门制定。

在野生动物危及人身安全的紧急情况下，采取措施造成野生动物损害的，依法不承担法律责任。

第三章 野生动物管理

第二十条 在自然保护地和禁猎（渔）区、禁猎（渔）期内，禁止猎捕以及其他妨碍野生动物生息繁衍的活动，但法律法规另有规定的除外。

野生动物迁徙洄游期间，在前款规定区域外的迁徙洄游通道内，禁止猎捕并严格限制其他妨碍野生动物生息繁衍的活动。县级以上人民政府或者其野生动物保护主管部门应当规定并公布迁徙洄游通道的范围以及妨碍野生动物生息繁衍活动的内容。

第二十一条 禁止猎捕、杀害国家重点保护野生动物。

因科学研究、种群调控、疫源疫病监测或者其他特殊情况，需要猎捕国家一级保护野生动物的，应当向国务院野生动物保护主管部门申请特许猎捕证；需要猎捕国家二级保护野生动物的，应当向省、自治区、直辖市人民政府野生动物保护主管部门申请特许猎捕证。

第二十二条 猎捕有重要生态、科学、社会价值的陆生野生动物和地方重点保护野生动物的，应当依法取得县级以上地方人民政府野生动物保护主管部门核发的狩猎证，并服从猎捕量限额管理。

第二十三条 猎捕者应当严格按照特许猎捕证、狩猎证规定的种类、数量或者限额、地点、工具、方法和期限进行猎捕。猎捕作业完成后，应当将猎捕情况向核发特许猎捕证、狩猎证的野生动物保护主管部门备案。具体办法由国务院野生动物保护主管部门制定。猎捕国家重点保护野生动物应当由专业机构和人员承担；猎捕有重要生态、科学、社会价值的陆生野生动物，有条件的地方可以由专业机构有组织开展。

持枪猎捕的，应当依法取得公安机关核发的持枪证。

第二十四条 禁止使用毒药、爆炸物、电击或者电子诱捕装置以及猎套、猎夹、捕鸟网、地枪、排铳等工具进行猎捕，禁止使用夜间照明行猎、歼灭性围猎、捣毁巢穴、火攻、烟熏、网捕等方法进行猎捕，但因物种保护、科学研究确需网捕、电子诱捕以及植保作业等除外。

前款规定以外的禁止使用的猎捕工具和方法，由县级以上地方人民政府规定并公布。

第二十五条 人工繁育野生动物实行分类分级管理，严格保护和科学利用野生动物资源。国家支持有关科学研究机构因物种保护目的人工繁育国家重点保护野生动物。

人工繁育国家重点保护野生动物实行许可制度。人工繁育国家重点保护野生动物的，应当经省、自治区、直辖市人民政府野生动物保护主管部门批准，取得人工繁育许可证，但国务院对批准机关另有规定的除外。

人工繁育有重要生态、科学、社会价值的陆生野生动物的，应当向县级人民政府野生动物保护主管部门备案。

人工繁育野生动物应当使用人工繁育子代种源，建立物种系谱、繁育档案和个体数据。因物种保护目的确需采用野外种源的，应当遵守本法有关猎捕野生动物的规定。

本法所称人工繁育子代，是指人工控制条件下繁殖出生的子代个体且其亲本也在人工控制条件下出生。

人工繁育野生动物的具体管理办法由国务院野生动物保护主管部门制定。

第二十六条 人工繁育野生动物应当有利于物种保护及其科学研究，不得违法猎捕野生动物，破坏野外种群资源，并根据野生动物习性确保其具有必要的活动空间和生息繁衍、卫生健康条件，具备与其繁育目的、种类、发展规模相适应的场所、设施、技术，符合有关技术标准和防疫要求，不得虐待野生动物。

省级以上人民政府野生动物保护主管部门可以根据保护国家重点保护野生动物的需要，组织开展国家重点保护野生动物放归野外环境工作。

前款规定以外的人工繁育的野生动物放归野外环境的，适用本法有关放生野生动物管理的规定。

第二十七条　人工繁育野生动物应当采取安全措施，防止野生动物伤人和逃逸。人工繁育的野生动物造成他人损害、危害公共安全或者破坏生态的，饲养人、管理人等应当依法承担法律责任。

第二十八条　禁止出售、购买、利用国家重点保护野生动物及其制品。

因科学研究、人工繁育、公众展示展演、文物保护或者其他特殊情况，需要出售、购买、利用国家重点保护野生动物及其制品的，应当经省、自治区、直辖市人民政府野生动物保护主管部门批准，并按照规定取得和使用专用标识，保证可追溯，但国务院对批准机关另有规定的除外。

出售、利用有重要生态、科学、社会价值的陆生野生动物和地方重点保护野生动物及其制品的，应当提供狩猎、人工繁育、进出口等合法来源证明。

实行国家重点保护野生动物和有重要生态、科学、社会价值的陆生野生动物及其制品专用标识的范围和管理办法，由国务院野生动物保护主管部门规定。

出售本条第二款、第三款规定的野生动物的，还应当依法附有检疫证明。

利用野生动物进行公众展示展演应当采取安全管理措施，并保障野生动物健康状态，具体管理办法由国务院野生动物保护主管部门会同国务院有关部门制定。

第二十九条　对人工繁育技术成熟稳定的国家重点保护野生动物或者有重要生态、科学、社会价值的陆生野生动物，经科学论证评估，纳入国务院野生动物保护主管部门制定的人工繁育国家重点保护野生动物名录或者有重要生态、科学、社会价值的陆生野生动物名录，并适时调整。对列入名录的野生动物及其制品，可以凭人工繁育许可证或者备案，按照省、自治区、直辖市人民政府野生动物保护主管部门或者其授权的部门核验的年度生产数量直接取得专用标识，凭专用标识出售和利用，保证可追溯。

对本法第十条规定的国家重点保护野生动物名录和有重要生态、科学、社会价值的陆生野生动物名录进行调整时，根据有关野外种群保护情况，可以对前款规定的有关人工繁育技术成熟稳定野生动物的人工种群，不再列入国家重点保护野生动物名录和有重要生态、科学、社会价值的陆生野生动物名录，实行与野外种群不同的管理措施，但应当依照本法第二十五条第二款、第三款和本条第一款的规定取得人工繁育许可证或者备案和专用标识。

对符合《中华人民共和国畜牧法》第十二条第二款规定的陆生野生动物人工繁育种群，经科学论证评估，可以列入畜禽遗传资源目录。

第三十条　利用野生动物及其制品的，应当以人工繁育种群为主，有利于野外种群养护，符合生态文明建设的要求，尊重社会公德，遵守法律法规和国家有关规定。

野生动物及其制品作为药品等经营和利用的，还应当遵守《中华人民共和国药品管理法》等有关法律法规的规定。

第三十一条　禁止食用国家重点保护野生动物和国家保护的有重要生态、科学、社会价值的陆生野生动物以及其他陆生野生动物。

禁止以食用为目的猎捕、交易、运输在野外环境自然生长繁殖的前款规定的野生动物。

禁止生产、经营使用本条第一款规定的野生动物及其制品制作的食品。

禁止为食用非法购买本条第一款规定的野生动物及其制品。

第三十二条 禁止为出售、购买、利用野生动物或者禁止使用的猎捕工具发布广告。禁止为违法出售、购买、利用野生动物制品发布广告。

第三十三条 禁止网络平台、商品交易市场、餐饮场所等，为违法出售、购买、食用及利用野生动物及其制品或者禁止使用的猎捕工具提供展示、交易、消费服务。

第三十四条 运输、携带、寄递国家重点保护野生动物及其制品，或者依照本法第二十九条第二款规定调出国家重点保护野生动物名录的野生动物及其制品出县境的，应当持有或者附有本法第二十一条、第二十五条、第二十八条或者第二十九条规定的许可证、批准文件的副本或者专用标识。

运输、携带、寄递有重要生态、科学、社会价值的陆生野生动物和地方重点保护野生动物，或者依照本法第二十九条第二款规定调出有重要生态、科学、社会价值的陆生野生动物名录的野生动物出县境的，应当持有狩猎、人工繁育、进出口等合法来源证明或者专用标识。

运输、携带、寄递前两款规定的野生动物出县境的，还应当依照《中华人民共和国动物防疫法》的规定附有检疫证明。

铁路、道路、水运、民航、邮政、快递等企业对托运、携带、交寄野生动物及其制品的，应当查验其相关证件、文件副本或者专用标识，对不符合规定的，不得承运、寄递。

第三十五条 县级以上人民政府野生动物保护主管部门应当对科学研究、人工繁育、公众展示展演等利用野生动物及其制品的活动进行规范和监督管理。

市场监督管理、海关、铁路、道路、水运、民航、邮政等部门应当按照职责分工对野生动物及其制品交易、利用、运输、携带、寄递等活动进行监督检查。

国家建立由国务院林业草原、渔业主管部门牵头，各相关部门配合的野生动物联合执法工作协调机制。地方人民政府建立相应联合执法工作协调机制。

县级以上人民政府野生动物保护主管部门和其他负有野生动物保护职责的部门发现违法事实涉嫌犯罪的，应当将犯罪线索移送具有侦查、调查职权的机关。

公安机关、人民检察院、人民法院在办理野生动物保护犯罪案件过程中认为没有犯罪事实，或者犯罪事实显著轻微，不需要追究刑事责任，但应当予以行政处罚的，应当及时将案件移送县级以上人民政府野生动物保护主管部门和其他负有野生动物保护职责的部门，有关部门应当依法处理。

第三十六条 县级以上人民政府野生动物保护主管部门和其他负有野生动物保护职责的部门，在履行本法规定的职责时，可以采取下列措施：

（一）进入与违反野生动物保护管理行为有关的场所进行现场检查、调查；

（二）对野生动物进行检验、检测、抽样取证；

（三）查封、复制有关文件、资料，对可能被转移、销毁、隐匿或者篡改的文件、资料予以封存；

（四）查封、扣押无合法来源证明的野生动物及其制品，查封、扣押涉嫌非法猎捕野生动物或者非法收购、出售、加工、运输猎捕野生动物及其制品的工具、设备或者财物。

第三十七条 中华人民共和国缔结或者参加的国际公约禁止或者限制贸易的野生动物或者其制品名录，由国家濒危物种进出口管理机构制定、调整并公布。

进出口列入前款名录的野生动物或者其制品，或者出口国家重点保护野生动物或者其制品的，应当经国务院野生动物保护主管部门或者国务院批准，并取得国家濒危物种进出口管理机构核发的允许进出口证明书。海关凭允许进出口证明书办理进出境检疫，并依法办理其他海关手续。

涉及科学技术保密的野生动物物种的出口，按照国务院有关规定办理。

列入本条第一款名录的野生动物，经国务院野生动物保护主管部门核准，按照本法有关规定进行管理。

第三十八条 禁止向境外机构或者人员提供我国特有的野生动物遗传资源。开展国际科学研究合作的，应当依法取得批准，有我国科研机构、高等学校、企业及其研究人员实质性参与研究，按照规定提出国家共享惠益的方案，并遵守我国法律、行政法规的规定。

第三十九条 国家组织开展野生动物保护及相关执法活动的国际合作与交流，加强与毗邻国家的协作，保护野生动物迁徙通道；建立防范、打击野生动物及其制品的走私和非法贸易的部门协调机制，开展防范、打击走私和非法贸易行动。

第四十条 从境外引进野生动物物种的，应当经国务院野生动物保护主管部门批准。从境外引进列入本法第三十七条第一款名录的野生动物，还应当依法取得允许进出口证明书。海关凭进口批准文件或者允许进出口证明书办理进境检疫，并依法办理其他海关手续。

从境外引进野生动物物种的，应当采取安全可靠的防范措施，防止其进入野外环境，避免对生态系统造成危害；不得违法放生、丢弃，确需将其放生至野外环境的，应当遵守有关法律法规的规定。

发现来自境外的野生动物对生态系统造成危害的，县级以上人民政府野生动物保护等有关部门应当采取相应的安全控制措施。

第四十一条 国务院野生动物保护主管部门应当会同国务院有关部门加强对放生野生动物活动的规范、引导。任何组织和个人将野生动物放生至野外环境，应当选择适合放生地野外生存的当地物种，不得干扰当地居民的正常生活、生产，避免对生态系统造成危害。具体办法由国务院野生动物保护主管部门制定。随意放生野生动物，造成他人人身、财产损害或者危害生态系统的，依法承担法律责任。

第四十二条 禁止伪造、变造、买卖、转让、租借特许猎捕证、狩猎证、人工繁育许可证及专用标识，出售、购买、利用国家重点保护野生动物及其制品的批准文件，或者允许进出口证明书、进出口等批准文件。

前款规定的有关许可证书、专用标识、批准文件的发放有关情况，应当依法公开。

第四十三条 外国人在我国对国家重点保护野生动物进行野外考察或者在野外拍摄电影、录像，应当经省、自治区、直辖市人民政府野生动物保护主管部门或者其授权的单位批准，并遵守有关法律法规的规定。

第四十四条 省、自治区、直辖市人民代表大会或者其常务委员会可以根据地方实际情况制定对地方重点保护野生动物等的管理办法。

第四章 法律责任

第四十五条 野生动物保护主管部门或者其他有关部门不依法作出行政许可决定，发现违法行为或者接到对违法行为的举报不依法处理，或者有其他滥用职权、玩忽职守、徇私舞弊等不依法履行职责的行为的，对直接负责的主管人员和其他直接责任人员依法给予处分；构成犯罪的，依法追究刑事责任。

第四十六条 违反本法第十二条第三款、第十三条第二款规定的，依照有关法律法规的规定处罚。

第四十七条 违反本法第十五条第四款规定，以收容救护为名买卖野生动物及其制品的，由县级以上人民政府野生动物保护主管部门没收野生动物及其制品、违法所得，并处野生动物及其制品价值二倍以上二十倍以下罚款，将有关违法信息记入社会信用记录，并向社会公布；构成犯罪的，依法追究刑事责任。

第四十八条 违反本法第二十条、第二十一条、第二十三条第一款、第二十四条第一款规定，有下列行为之一的，由县级以上人民政府野生动物保护主管部门、海警机构和有关自然保护地管理机构按照职责分工没收猎获物、猎捕工具和违法所得，吊销特许猎捕证，并处猎获物价值二倍以上二十倍以下罚款；没有猎获物或者猎获物价值不足五千元的，并处一万元以上十万元以下罚款；构成犯罪的，依法追究刑事责任：

（一）在自然保护地、禁猎（渔）区、禁猎（渔）期猎捕国家重点保护野生动物；

（二）未取得特许猎捕证、未按照特许猎捕证规定猎捕、杀害国家重点保护野生动物；

（三）使用禁用的工具、方法猎捕国家重点保护野生动物。

违反本法第二十三条第一款规定，未将猎捕情况向野生动物保护主管部门备案的，由核发特许猎捕证、狩猎证的野生动物保护主管部门责令限期改正；逾期不改正的，处一万元以上十万元以下罚款；情节严重的，吊销特许猎捕证、狩猎证。

第四十九条 违反本法第二十条、第二十二条、第二十三条第一款、第二十四条第一款规定，有下列行为之一的，由县级以上地方人民政府野生动物保护主管部门和有关自然保护地管理机构按照职责分工没收猎获物、猎捕工具和违法所得，吊销狩猎证，并处猎获物价值一倍以上十倍以下罚款；没有猎获物或者猎获物价值不足二千元的，并处二千元以上二万元以下罚款；构成犯罪的，依法追究刑事责任：

（一）在自然保护地、禁猎（渔）区、禁猎（渔）期猎捕有重要生态、科学、社会价值的陆生野生动物或者地方重点保护野生动物；

（二）未取得狩猎证、未按照狩猎证规定猎捕有重要生态、科学、社会价值的陆生野生动物或者地方重点保护野生动物；

（三）使用禁用的工具、方法猎捕有重要生态、科学、社会价值的陆生野生动物或者地方重点保护野生动物。

违反本法第二十条、第二十四条第一款规定，在自然保护地、禁猎区、禁猎期或者使用禁用的工具、方法猎捕其他陆生野生动物，破坏生态的，由县级以上地方人民政府野生动物保护主管部门和有关自然保护地管理机构按照职责分工没收猎获物、猎捕工具和违法所得，并处猎获物价值一倍以上三倍以下罚款；没有猎获物或者猎获物价值不足一千元的，并处一千元以上三千元以下罚款；构成犯罪的，依法追究刑事责任。

违反本法第二十三条第二款规定，未取得持枪证持枪猎捕野生动物，构成违反治安管理行为的，还应当由公安机关依法给予治安管理处罚；构成犯罪的，依法追究刑事责任。

第五十条 违反本法第三十一条第二款规定，以食用为目的猎捕、交易、运输在野外环境自然生长繁殖的国家重点保护野生动物或者有重要生态、科学、社会价值的陆生野生动物的，依照本法第四十八条、第四十九条、第五十二条的规定从重处罚。

违反本法第三十一条第二款规定，以食用为目的猎捕在野外环境自然生长繁殖的其他陆生野生动物的，由县级以上地方人民政府野生动物保护主管部门和有关自然保护地管理机构按照职责分工没收猎获物、猎捕工具和违法所得；情节严重的，并处猎获物价值一倍以上五倍以下罚款，没有猎获物或者猎获物价值不足二千元的，并处二千元以上一万元以下罚款；构成犯罪的，依法追究刑事责任。

违反本法第三十一条第二款规定，以食用为目的交易、运输在野外环境自然生长繁殖的其他陆生野生动物的，由县级以上地方人民政府野生动物保护主管部门和市场监督管理部门按照职责分工没收野生动物；情节严重的，并处野生动物价值一倍以上五倍以下罚款；构成犯罪的，依法追究刑事责任。

第五十一条　违反本法第二十五条第二款规定，未取得人工繁育许可证，繁育国家重点保护野生动物或者依照本法第二十九条第二款规定调出国家重点保护野生动物名录的野生动物的，由县级以上人民政府野生动物保护主管部门没收野生动物及其制品，并处野生动物及其制品价值一倍以上十倍以下罚款。

违反本法第二十五条第三款规定，人工繁育有重要生态、科学、社会价值的陆生野生动物或者依照本法第二十九条第二款规定调出有重要生态、科学、社会价值的陆生野生动物名录的野生动物未备案的，由县级人民政府野生动物保护主管部门责令限期改正；逾期不改正的，处五百元以上二千元以下罚款。

第五十二条　违反本法第二十八条第一款和第二款、第二十九条第一款、第三十四条第一款规定，未经批准、未取得或者未按照规定使用专用标识，或者未持有、未附有人工繁育许可证、批准文件的副本或者专用标识出售、购买、利用、运输、携带、寄递国家重点保护野生动物及其制品或者依照本法第二十九条第二款规定调出国家重点保护野生动物名录的野生动物及其制品的，由县级以上人民政府野生动物保护主管部门和市场监督管理部门按照职责分工没收野生动物及其制品和违法所得，责令关闭违法经营场所，并处野生动物及其制品价值二倍以上二十倍以下罚款；情节严重的，吊销人工繁育许可证、撤销批准文件、收回专用标识；构成犯罪的，依法追究刑事责任。

违反本法第二十八条第三款、第二十九条第一款、第三十四条第二款规定，未持有合法来源证明或者专用标识出售、利用、运输、携带、寄递有重要生态、科学、社会价值的陆生野生动物、地方重点保护野生动物或者依照本法第二十九条第二款规定调出有重要生态、科学、社会价值的陆生野生动物名录的野生动物及其制品的，由县级以上地方人民政府野生动物保护主管部门和市场监督管理部门按照职责分工没收野生动物，并处野生动物价值一倍以上十倍以下罚款；构成犯罪的，依法追究刑事责任。

违反本法第三十四条第四款规定，铁路、道路、水运、民航、邮政、快递等企业未按照规定查验或者承运、寄递野生动物及其制品的，由交通运输、铁路监督管理、民用航空、邮政管理等相关主管部门按照职责分工没收违法所得，并处违法所得一倍以上五倍以下罚款；情节严重的，吊销经营许可证。

第五十三条　违反本法第三十一条第一款、第四款规定，食用或者为食用非法购买本法规定保护的野生动物及其制品的，由县级以上人民政府野生动物保护主管部门和市场监督管理部门按照职责分工责令停止违法行为，没收野生动物及其制品，并处野生动物及其制品价值二倍以上二十倍以下罚款；食用或者为食用非法购买其他陆生野生动物及其制品的，责令停止违法行为，给予批评教育，没收野生动物及其制品，情节严重的，并处野生动物及其制品价值一倍以上五倍以下罚款；构成犯罪的，依法追究刑事责任。

违反本法第三十一条第三款规定，生产、经营使用本法规定保护的野生动物及其制品制作的食品的，由县级以上人民政府野生动物保护主管部门和市场监督管理部门按照职责分工责令停止违法行为，没收野生动物及其制品和违法所得，责令关闭违法经营场所，并处违法所得十五倍以上三十倍以下罚款；生产、经营使用其他陆生野生动物及其制品制作的食品的，给予批评教育，没收野生动物及其制品和违法所得，情节严重的，并处违法所得一倍以上十倍以下罚款；构成犯罪的，依法追究刑事责任。

第五十四条 违反本法第三十二条规定，为出售、购买、利用野生动物及其制品或者禁止使用的猎捕工具发布广告的，依照《中华人民共和国广告法》的规定处罚。

第五十五条 违反本法第三十三条规定，为违法出售、购买、食用及利用野生动物及其制品或者禁止使用的猎捕工具提供展示、交易、消费服务的，由县级以上人民政府市场监督管理部门责令停止违法行为，限期改正，没收违法所得，并处违法所得二倍以上十倍以下罚款；没有违法所得或者违法所得不足五千元的，处一万元以上十万元以下罚款；构成犯罪的，依法追究刑事责任。

第五十六条 违反本法第三十七条规定，进出口野生动物及其制品的，由海关、公安机关、海警机构依照法律、行政法规和国家有关规定处罚；构成犯罪的，依法追究刑事责任。

第五十七条 违反本法第三十八条规定，向境外机构或者人员提供我国特有的野生动物遗传资源的，由县级以上人民政府野生动物保护主管部门没收野生动物及其制品和违法所得，并处野生动物及其制品价值或者违法所得一倍以上五倍以下罚款；构成犯罪的，依法追究刑事责任。

第五十八条 违反本法第四十条第一款规定，从境外引进野生动物物种的，由县级以上人民政府野生动物保护主管部门没收所引进的野生动物，并处五万元以上五十万元以下罚款；未依法实施进境检疫的，依照《中华人民共和国进出境动植物检疫法》的规定处罚；构成犯罪的，依法追究刑事责任。

第五十九条 违反本法第四十条第二款规定，将从境外引进的野生动物放生、丢弃的，由县级以上人民政府野生动物保护主管部门责令限期捕回，处一万元以上十万元以下罚款；逾期不捕回的，由有关野生动物保护主管部门代为捕回或者采取降低影响的措施，所需费用由被责令限期捕回者承担；构成犯罪的，依法追究刑事责任。

第六十条 违反本法第四十二条第一款规定，伪造、变造、买卖、转让、租借有关证件、专用标识或者有关批准文件的，由县级以上人民政府野生动物保护主管部门没收违法证件、专用标识、有关批准文件和违法所得，并处五万元以上五十万元以下罚款；构成违反治安管理行为的，由公安机关依法给予治安管理处罚；构成犯罪的，依法追究刑事责任。

第六十一条 县级以上人民政府野生动物保护主管部门和其他负有野生动物保护职责的部门、机构应当按照有关规定处理罚没的野生动物及其制品，具体办法由国务院野生动物保护主管部门会同国务院有关部门制定。

第六十二条 县级以上人民政府野生动物保护主管部门应当加强对野生动物及其制品鉴定、价值评估工作的规范、指导。本法规定的猎获物价值、野生动物及其制品价值的评估标准和方法，由国务院野生动物保护主管部门制定。

第六十三条 对违反本法规定破坏野生动物资源、生态环境，损害社会公共利益的行为，可以依照《中华人民共和国环境保护法》、《中华人民共和国民事诉讼法》、《中华人民共和国行政诉讼法》等法律的规定向人民法院提起诉讼。

第五章 附 则

第六十四条 本法自2023年5月1日起施行。

中华人民共和国水生野生动物保护实施条例

（1993 年 9 月 17 日国务院批准，1993 年 10 月 5 日农业部令第 1 号发布，根据 2011 年 1 月 8 日《国务院关于废止和修改部分行政法规的决定》第一次修订，根据 2013 年 12 月 7 日《国务院关于修改部分行政法规的决定》第二次修订）

第一章　总　　则

第一条　根据《中华人民共和国野生动物保护法》（以下简称《野生动物保护法》）的规定，制定本条例。

第二条　本条例所称水生野生动物，是指珍贵、濒危的水生野生动物；所称水生野生动物产品，是指珍贵、濒危的水生野生动物的任何部分及其衍生物。

第三条　国务院渔业行政主管部门主管全国水生野生动物管理工作。

县级以上地方人民政府渔业行政主管部门主管本行政区域内水生野生动物管理工作。

《野生动物保护法》和本条例规定的渔业行政主管部门的行政处罚权，可以由其所属的渔政监督管理机构行使。

第四条　县级以上各级人民政府及其有关主管部门应当鼓励、支持有关科研单位、教学单位开展水生野生动物科学研究工作。

第五条　渔业行政主管部门及其所属的渔政监督管理机构，有权对《野生动物保护法》和本条例的实施情况进行监督检查，被检查的单位和个人应当给予配合。

第二章　水生野生动物保护

第六条　国务院渔业行政主管部门和省、自治区、直辖市人民政府渔业行政主管部门，应当定期组织水生野生动物资源调查，建立资源档案，为制定水生野生动物资源保护发展规划、制定和调整国家和地方重点保护水生野生动物名录提供依据。

第七条　渔业行政主管部门应当组织社会各方面力量，采取有效措施，维护和改善水生野生动物的生存环境，保护和增殖水生野生动物资源。

禁止任何单位和个人破坏国家重点保护的和地方重点保护的水生野生动物生息繁衍的水域、场所和生存条件。

第八条　任何单位和个人对侵占或者破坏水生野生动物资源的行为，有权向当地渔业行政主管部门或者其所属的渔政监督管理机构检举和控告。

第九条　任何单位和个人发现受伤、搁浅和因误入港湾、河汊而被困的水生野生动物时，应当及时报告当地渔业行政主管部门或者其所属的渔政监督管理机构，由其采取紧急救护措施；也可以要求附近具备救护条件的单位采取紧急救护措施，并报告渔业行政主管部门。已经死亡的水生野生动物，由渔业行政主管部门妥善处理。

捕捞作业时误捕水生野生动物的，应当立即无条件放生。

第十条　因保护国家重点保护的和地方重点保护的水生野生动物受到损失的，可以向当地人民政府渔业行政主管部门提出补偿要求。经调查属实并确实需要补偿的，由当地人民政府按照省、自治区、直辖市人民政府有关规定给予补偿。

第十一条　国务院渔业行政主管部门和

省、自治区、直辖市人民政府，应当在国家重点保护的和地方重点保护的水生野生动物的主要生息繁衍的地区和水域，划定水生野生动物自然保护区，加强对国家和地方重点保护水生野生动物及其生存环境的保护管理，具体办法由国务院另行规定。

第三章　水生野生动物管理

第十二条　禁止捕捉、杀害国家重点保护的水生野生动物。

有下列情形之一，确需捕捉国家重点保护的水生野生动物的，必须申请特许捕捉证：

（一）为进行水生野生动物科学考察、资源调查，必须捕捉的；

（二）为驯养繁殖国家重点保护的水生野生动物，必须从自然水域或者场所获取种源的；

（三）为承担省级以上科学研究项目或者国家医药生产任务，必须从自然水域或者场所获取国家重点保护的水生野生动物的；

（四）为宣传、普及水生野生动物知识或者教学、展览的需要，必须从自然水域或者场所获取国家重点保护的水生野生动物的；

（五）因其他特殊情况，必须捕捉的。

第十三条　申请特许捕捉证的程序：

（一）需要捕捉国家一级保护水生野生动物的，必须附具申请人所在地和捕捉地的省、自治区、直辖市人民政府渔业行政主管部门签署的意见，向国务院渔业行政主管部门申请特许捕捉证；

（二）需要在本省、自治区、直辖市捕捉国家二级保护水生野生动物的，必须附具申请人所在地的县级人民政府渔业行政主管部门签署的意见，向省、自治区、直辖市人民政府渔业行政主管部门申请特许捕捉证；

（三）需要跨省、自治区、直辖市捕捉国家二级保护水生野生动物的，必须附具申请人所在地的省、自治区、直辖市人民政府渔业行政主管部门签署的意见，向捕捉地的省、自治区、直辖市人民政府渔业行政主管部门申请特许捕捉证。

动物园申请捕捉国家一级保护水生野生动物的，在向国务院渔业行政主管部门申请特许捕捉证前，须经国务院建设行政主管部门审核同意；申请捕捉国家二级保护水生野生动物的，在向申请人所在地的省、自治区、直辖市人民政府渔业行政主管部门申请特许捕捉证前，须经同级人民政府建设行政主管部门审核同意。

负责核发特许捕捉证的部门接到申请后，应当自接到申请之日起3个月内作出批准或者不批准的决定。

第十四条　有下列情形之一的，不予发放特许捕捉证：

（一）申请人有条件以合法的非捕捉方式获得国家重点保护的水生野生动物的种源、产品或者达到其目的的；

（二）捕捉申请不符合国家有关规定，或者申请使用的捕捉工具、方法以及捕捉时间、地点不当的；

（三）根据水生野生动物资源现状不宜捕捉的。

第十五条　取得特许捕捉证的单位和个人，必须按照特许捕捉证规定的种类、数量、地点、期限、工具和方法进行捕捉，防止误伤水生野生动物或者破坏其生存环境。捕捉作业完成后，应当及时向捕捉地的县级人民政府渔业行政主管部门或者其所属的渔政监督管理机构申请查验。

县级人民政府渔业行政主管部门或者其所属的渔政监督管理机构对在本行政区域内捕捉国家重点保护的水生野生动物的活动，应当进行监督检查，并及时向批准捕捉的部门报告监督检查结果。

第十六条　外国人在中国境内进行有关水生野生动物科学考察、标本采集、拍摄电影、录像等活动的，必须经国家重点保护的水生野生动物所在地的省、自治区、直辖市人民政府渔业行政主管部门批准。

第十七条　驯养繁殖国家一级保护水生野生动物的，应当持有国务院渔业行政主管部门核发的驯养繁殖许可证；驯养繁殖国家二级保护水生野生动物的，应当持有省、自治区、直辖市人民政府渔业行政主管部门核发的驯养繁殖许可证。

动物园驯养繁殖国家重点保护的水生野生动物的，渔业行政主管部门可以委托同级建设行政主管部门核发驯养繁殖许可证。

第十八条　禁止出售、收购国家重点保护的水生野生动物或者其产品。因科学研究、驯养繁殖、展览等特殊情况，需要出售、收购、利用国家一级保护水生野生动物或者其产品的，必须向省、自治区、直辖市人民政府渔业行政主管部门提出申请，经其签署意见后，报国务院渔业行政主管部门批准；需要出售、收购、利用国家二级保护水生野生动物或者其产品的，必须向省、自治区、直辖市人民政府渔业行政主管部门提出申请，并经其批准。

第十九条　县级以上各级人民政府渔业行政主管部门和工商行政管理部门，应当对水生野生动物或者其产品的经营利用建立监督检查制度，加强对经营利用水生野生动物或者其产品的监督管理。

对进入集贸市场的水生野生动物或者其产品，由工商行政管理部门进行监督管理，渔业行政主管部门给予协助；在集贸市场以外经营水生野生动物或者其产品，由渔业行政主管部门、工商行政管理部门或者其授权的单位进行监督管理。

第二十条　运输、携带国家重点保护的水生野生动物或者其产品出县境的，应当凭特许捕捉证或者驯养繁殖许可证，向县级人民政府渔业行政主管部门提出申请，报省、自治区、直辖市人民政府渔业行政主管部门或者其授权的单位批准。动物园之间因繁殖动物，需要运输国家重点保护的水生野生动物的，可以由省、自治区、直辖市人民政府渔业行政主管部门授权同级建设行政主管部门审批。

第二十一条　交通、铁路、民航和邮政企业对没有合法运输证明的水生野生动物或者其产品，应当及时通知有关主管部门处理，不得承运、收寄。

第二十二条　从国外引进水生野生动物的，应当向省、自治区、直辖市人民政府渔业行政主管部门提出申请，经省级以上人民政府渔业行政主管部门指定的科研机构进行科学论证后，报国务院渔业行政主管部门批准。

第二十三条　出口国家重点保护的水生野生动物或者其产品的，进出口中国参加的国际公约所限制进出口的水生野生动物或者其产品的，必须经进出口单位或者个人所在地的省、自治区、直辖市人民政府渔业行政主管部门审核，报国务院渔业行政主管部门批准；属于贸易性进出口活动的，必须由具有有关商品进出口权的单位承担。

动物园因交换动物需要进出口前款所称水生野生动物的，在国务院渔业行政主管部门批准前，应当经国务院建设行政主管部门审核同意。

第二十四条　利用水生野生动物或者其产品举办展览等活动的经济收益，主要用于水生野生动物保护事业。

第四章　奖励和惩罚

第二十五条　有下列事迹之一的单位和个人，由县级以上人民政府或者其渔业行政主管部门给予奖励：

（一）在水生野生动物资源调查、保护管理、宣传教育、开发利用方面有突出贡献的；

（二）严格执行野生动物保护法规，成绩显著的；

（三）拯救、保护和驯养繁殖水生野生动物取得显著成效的；

（四）发现违反水生野生动物保护法

律、法规的行为，及时制止或者检举有功的；

（五）在查处破坏水生野生动物资源案件中作出重要贡献的；

（六）在水生野生动物科学研究中取得重大成果或者在应用推广有关的科研成果中取得显著效益的；

（七）在基层从事水生野生动物保护管理工作5年以上并取得显著成绩的；

（八）在水生野生动物保护管理工作中有其他特殊贡献的。

第二十六条　非法捕杀国家重点保护的水生野生动物的，依照刑法有关规定追究刑事责任；情节显著轻微危害不大的，或者犯罪情节轻微不需要判处刑罚的，由渔业行政主管部门没收捕获物、捕捉工具和违法所得，吊销特许捕捉证，并处以相当于捕获物价值10倍以下的罚款，没有捕获物的处以1万元以下的罚款。

第二十七条　违反野生动物保护法律、法规，在水生野生动物自然保护区破坏国家重点保护的或者地方重点保护的水生野生动物主要生息繁衍场所，依照《野生动物保护法》第三十四条的规定处以罚款的，罚款幅度为恢复原状所需费用的3倍以下。

第二十八条　违反野生动物保护法律、法规，出售、收购、运输、携带国家重点保护的或者地方重点保护的水生野生动物或者其产品的，由工商行政管理部门或者其授权的渔业行政主管部门没收实物和违法所得，可以并处相当于实物价值10倍以下的罚款。

第二十九条　伪造、倒卖、转让驯养繁殖许可证，依照《野生动物保护法》第三十七条的规定处以罚款的，罚款幅度为5000元以下。伪造、倒卖、转让特许捕捉证或者允许进出口证明书，依照《野生动物保护法》第三十七条的规定处以罚款的，罚款幅度为5万元以下。

第三十条　违反野生动物保护法规，未取得驯养繁殖许可证或者超越驯养繁殖许可证规定范围，驯养繁殖国家重点保护的水生野生动物的，由渔业行政主管部门没收违法所得，处3000元以下的罚款，可以并处没收水生野生动物、吊销驯养繁殖许可证。

第三十一条　外国人未经批准在中国境内对国家重点保护的水生野生动物进行科学考察、标本采集、拍摄电影、录像的，由渔业行政主管部门没收考察、拍摄的资料以及所获标本，可以并处5万元以下的罚款。

第三十二条　有下列行为之一，尚不构成犯罪，应当给予治安管理处罚的，由公安机关依照《中华人民共和国治安管理处罚法》的规定予以处罚：

（一）拒绝、阻碍渔政检查人员依法执行职务的；

（二）偷窃、哄抢或者故意损坏野生动物保护仪器设备或者设施的。

第三十三条　依照野生动物保护法规的规定没收的实物，按照国务院渔业行政主管部门的有关规定处理。

第五章　附　　则

第三十四条　本条例由国务院渔业行政主管部门负责解释。

第三十五条　本条例自发布之日起施行。

中华人民共和国陆生野生动物保护实施条例

（1992 年 2 月 12 日国务院批准，1992 年 3 月 1 日林业部发布，根据 2011 年 1 月 8 日《国务院关于废止和修改部分行政法规的决定》第一次修订，根据 2016 年 2 月 6 日《国务院关于修改部分行政法规的决定》第二次修订）

第一章　总　　则

第一条　根据《中华人民共和国野生动物保护法》（以下简称《野生动物保护法》）的规定，制定本条例。

第二条　本条例所称陆生野生动物，是指依法受保护的珍贵、濒危、有益的和有重要经济、科学研究价值的陆生野生动物（以下简称野生动物）；所称野生动物产品，是指陆生野生动物的任何部分及其衍生物。

第三条　国务院林业行政主管部门主管全国陆生野生动物管理工作。

省、自治区、直辖市人民政府林业行政主管部门主管本行政区域内陆生野生动物管理工作。自治州、县和市人民政府陆生野生动物管理工作的行政主管部门，由省、自治区、直辖市人民政府确定。

第四条　县级以上各级人民政府有关主管部门应当鼓励、支持有关科研、教学单位开展野生动物科学研究工作。

第五条　野生动物行政主管部门有权对《野生动物保护法》和本条例的实施情况进行监督检查，被检查的单位和个人应当给予配合。

第二章　野生动物保护

第六条　县级以上地方各级人民政府应当开展保护野生动物的宣传教育，可以确定适当时间为保护野生动物宣传月、爱鸟周等，提高公民保护野生动物的意识。

第七条　国务院林业行政主管部门和省、自治区、直辖市人民政府林业行政主管部门，应当定期组织野生动物资源调查，建立资源档案，为制定野生动物资源保护发展方案、制定和调整国家和地方重点保护野生动物名录提供依据。

野生动物资源普查每十年进行一次。

第八条　县级以上各级人民政府野生动物行政主管部门，应当组织社会各方面力量，采取生物技术措施和工程技术措施，维护和改善野生动物生存环境，保护和发展野生动物资源。

禁止任何单位和个人破坏国家和地方重点保护野生动物的生息繁衍场所和生存条件。

第九条　任何单位和个人发现受伤、病弱、饥饿、受困、迷途的国家和地方重点保护野生动物时，应当及时报告当地野生动物行政主管部门，由其采取救护措施；也可以就近送具备救护条件的单位救护。救护单位应当立即报告野生动物行政主管部门，并按照国务院林业行政主管部门的规定办理。

第十条　有关单位和个人对国家和地方重点保护野生动物可能造成的危害，应当采取防范措施。因保护国家和地方重点保护野生动物受到损失的，可以向当地人民政府野生动物行政主管部门提出补偿要求。经调查属实并确实需要补偿的，由当地人民政府按照省、自治区、直辖市人民政府的有关规定给予补偿。

第三章　野生动物猎捕管理

第十一条　禁止猎捕、杀害国家重点保护野生动物。

有下列情形之一，需要猎捕国家重点保护野生动物的，必须申请特许猎捕证：

（一）为进行野生动物科学考察、资源调查，必须猎捕的；

（二）为驯养繁殖国家重点保护野生动物，必须从野外获取种源的；

（三）为承担省级以上科学研究项目或者国家医药生产任务，必须从野外获取国家重点保护野生动物的；

（四）为宣传、普及野生动物知识或者教学、展览的需要，必须从野外获取国家重点保护野生动物的；

（五）因国事活动的需要，必须从野外获取国家重点保护野生动物的；

（六）为调控国家重点保护野生动物种群数量和结构，经科学论证必须猎捕的；

（七）因其他特殊情况，必须捕捉、猎捕国家重点保护野生动物的。

第十二条　申请特许猎捕证的程序如下：

（一）需要捕捉国家一级保护野生动物的，必须附具申请人所在地和捕捉地的省、自治区、直辖市人民政府林业行政主管部门签署的意见，向国务院林业行政主管部门申请特许猎捕证；

（二）需要在本省、自治区、直辖市猎捕国家二级保护野生动物的，必须附具申请人所在地的县级人民政府野生动物行政主管部门签署的意见，向省、自治区、直辖市人民政府林业行政主管部门申请特许猎捕证；

（三）需要跨省、自治区、直辖市猎捕国家二级保护野生动物的，必须附具申请人所在地的省、自治区、直辖市人民政府林业行政主管部门签署的意见，向猎捕地的省、自治区、直辖市人民政府林业行政主管部门申请特许猎捕证。

动物园需要申请捕捉国家一级保护野生动物的，在向国务院林业行政主管部门申请特许猎捕证前，须经国务院建设行政主管部门审核同意；需要申请捕捉国家二级保护野生动物的，在向申请人所在地的省、自治区、直辖市人民政府林业行政主管部门申请特许猎捕证前，须经同级政府建设行政主管部门审核同意。

负责核发特许猎捕证的部门接到申请后，应当在 3 个月内作出批准或者不批准的决定。

第十三条　有下列情形之一的，不予发放特许猎捕证：

（一）申请猎捕者有条件以合法的非猎捕方式获得国家重点保护野生动物的种源、产品或者达到所需目的的；

（二）猎捕申请不符合国家有关规定或者申请使用的猎捕工具、方法以及猎捕时间、地点不当的；

（三）根据野生动物资源现状不宜捕捉、猎捕的。

第十四条　取得特许猎捕证的单位和个人，必须按照特许猎捕证规定的种类、数量、地点、期限、工具和方法进行猎捕，防止误伤野生动物或者破坏其生存环境。猎捕作业完成后，应当在 10 日内向猎捕地的县级人民政府野生动物行政主管部门申请查验。

县级人民政府野生动物行政主管部门对在本行政区域内猎捕国家重点保护野生动物的活动，应当进行监督检查，并及时向批准猎捕的机关报告监督检查结果。

第十五条　猎捕非国家重点保护野生动物的，必须持有狩猎证，并按照狩猎证规定的种类、数量、地点、期限、工具和方法进行猎捕。

狩猎证由省、自治区、直辖市人民政府林业行政主管部门按照国务院林业行政主管部门的规定印制，县级人民政府野生动物行政主管部门或者其授权的单位核发。

狩猎证每年验证1次。

第十六条　省、自治区、直辖市人民政府林业行政主管部门，应当根据本行政区域内非国家重点保护野生动物的资源现状，确定狩猎动物种类，并实行年度猎捕量限额管理。狩猎动物种类和年度猎捕量限额，由县级人民政府野生动物行政主管部门按照保护资源、永续利用的原则提出，经省、自治区、直辖市人民政府林业行政主管部门批准，报国务院林业行政主管部门备案。

第十七条　县级以上地方各级人民政府野生动物行政主管部门应当组织狩猎者有计划地开展狩猎活动。

在适合狩猎的区域建立固定狩猎场所的，必须经省、自治区、直辖市人民政府林业行政主管部门批准。

第十八条　禁止使用军用武器、汽枪、毒药、炸药、地枪、排铳、非人为直接操作并危害人畜安全的狩猎装置、夜间照明行猎、歼灭性围猎、火攻、烟熏以及县级以上各级人民政府或者其野生动物行政主管部门规定禁止使用的其他狩猎工具和方法狩猎。

第十九条　外国人在中国境内对国家重点保护野生动物进行野外考察、标本采集或者在野外拍摄电影、录像的，必须向国家重点保护野生动物所在地的省、自治区、直辖市人民政府林业行政主管部门提出申请，经其审核后，报国务院林业行政主管部门或者其授权的单位批准。

第二十条　外国人在中国境内狩猎，必须在国务院林业行政主管部门批准的对外国人开放的狩猎场所内进行，并遵守中国有关法律、法规的规定。

第四章　野生动物驯养繁殖管理

第二十一条　驯养繁殖国家重点保护野生动物的，应当持有驯养繁殖许可证。

国务院林业行政主管部门和省、自治区、直辖市人民政府林业行政主管部门可以根据实际情况和工作需要，委托同级有关部门审批或者核发国家重点保护野生动物驯养繁殖许可证。动物园驯养繁殖国家重点保护野生动物的，林业行政主管部门可以委托同级建设行政主管部门核发驯养繁殖许可证。

驯养繁殖许可证由国务院林业行政主管部门印制。

第二十二条　从国外或者外省、自治区、直辖市引进野生动物进行驯养繁殖的，应当采取适当措施，防止其逃至野外；需要将其放生于野外的，放生单位应当向所在省、自治区、直辖市人民政府林业行政主管部门提出申请，经省级以上人民政府林业行政主管部门指定的科研机构进行科学论证后，报国务院林业行政主管部门或者其授权的单位批准。

擅自将引进的野生动物放生于野外或者因管理不当使其逃至野外的，由野生动物行政主管部门责令限期捕回或者采取其他补救措施。

第二十三条　从国外引进的珍贵、濒危野生动物，经国务院林业行政主管部门核准，可以视为国家重点保护野生动物；从国外引进的其他野生动物，经省、自治区、直辖市人民政府林业行政主管部门核准，可以视为地方重点保护野生动物。

第五章　野生动物经营利用管理

第二十四条　收购驯养繁殖的国家重点保护野生动物或者其产品的单位，由省、自治区、直辖市人民政府林业行政主管部门商有关部门提出，经同级人民政府或者其授权的单位批准，凭批准文件向工商行政管理部门申请登记注册。

依照前款规定经核准登记的单位，不得收购未经批准出售的国家重点保护野生动物或者其产品。

第二十五条　经营利用非国家重点保护野生动物或者其产品的，应当向工商行政管理部门申请登记注册。

第二十六条　禁止在集贸市场出售、收购国家重点保护野生动物或者其产品。

持有狩猎证的单位和个人需要出售依法获得的非国家重点保护野生动物或者其产品的，应当按照狩猎证规定的种类、数量向经核准登记的单位出售，或者在当地人民政府有关部门指定的集贸市场出售。

第二十七条 县级以上各级人民政府野生动物行政主管部门和工商行政管理部门，应当对野生动物或者其产品的经营利用建立监督检查制度，加强对经营利用野生动物或者其产品的监督管理。

对进入集贸市场的野生动物或者其产品，由工商行政管理部门进行监督管理；在集贸市场以外经营野生动物或者其产品，由野生动物行政主管部门、工商行政管理部门或者其授权的单位进行监督管理。

第二十八条 运输、携带国家重点保护野生动物或者其产品出县境的，应当凭特许猎捕证、驯养繁殖许可证，向县级人民政府野生动物行政主管部门提出申请，报省、自治区、直辖市人民政府林业行政主管部门或者其授权的单位批准。动物园之间因繁殖动物，需要运输国家重点保护野生动物的，可以由省、自治区、直辖市人民政府林业行政主管部门授权同级建设行政主管部门审批。

第二十九条 出口国家重点保护野生动物或者其产品的，以及进出口中国参加的国际公约所限制进出口的野生动物或者其产品的，必须经进出口单位或者个人所在地的省、自治区、直辖市人民政府林业行政主管部门审核，报国务院林业行政主管部门或者国务院批准；属于贸易性进出口活动的，必须由具有有关商品进出口权的单位承担。

动物园因交换动物需要进出口前款所称野生动物的，国务院林业行政主管部门批准前或者国务院林业行政主管部门报请国务院批准前，应当经国务院建设行政主管部门审核同意。

第三十条 利用野生动物或者其产品举办出国展览等活动的经济收益，主要用于野生动物保护事业。

第六章 奖励和惩罚

第三十一条 有下列事迹之一的单位和个人，由县级以上人民政府或者其野生动物行政主管部门给予奖励：

（一）在野生动物资源调查、保护管理、宣传教育、开发利用方面有突出贡献的；

（二）严格执行野生动物保护法规，成绩显著的；

（三）拯救、保护和驯养繁殖珍贵、濒危野生动物取得显著成效的；

（四）发现违反野生动物保护法规行为，及时制止或者检举有功的；

（五）在查处破坏野生动物资源案件中有重要贡献的；

（六）在野生动物科学研究中取得重大成果或者在应用推广科研成果中取得显著效益的；

（七）在基层从事野生动物保护管理工作五年以上并取得显著成绩的；

（八）在野生动物保护管理工作中有其他特殊贡献的。

第三十二条 非法捕杀国家重点保护野生动物的，依照刑法有关规定追究刑事责任；情节显著轻微危害不大的，或者犯罪情节轻微不需要判处刑罚的，由野生动物行政主管部门没收猎获物、猎捕工具和违法所得，吊销特许猎捕证，并处以相当于猎获物价值10倍以下的罚款，没有猎获物的处1万元以下罚款。

第三十三条 违反野生动物保护法规，在禁猎区、禁猎期或者使用禁用的工具、方法猎捕非国家重点保护野生动物，依照《野生动物保护法》第三十二条的规定处以罚款的，按照下列规定执行：

（一）有猎获物的，处以相当于猎获物价值8倍以下的罚款；

（二）没有猎获物的，处2000元以下罚款。

第三十四条　违反野生动物保护法规，未取得狩猎证或者未按照狩猎证规定猎捕非国家重点保护野生动物，依照《野生动物保护法》第三十三条的规定处以罚款的，按照下列规定执行：

（一）有猎获物的，处以相当于猎获物价值5倍以下的罚款；

（二）没有猎获物的，处1000元以下罚款。

第三十五条　违反野生动物保护法规，在自然保护区、禁猎区破坏国家或者地方重点保护野生动物主要生息繁衍场所，依照《野生动物保护法》第三十四条的规定处以罚款的，按照相当于恢复原状所需费用3倍以下的标准执行。

在自然保护区、禁猎区破坏非国家或者地方重点保护野生动物主要生息繁衍场所的，由野生动物行政主管部门责令停止破坏行为，限期恢复原状，并处以恢复原状所需费用2倍以下的罚款。

第三十六条　违反野生动物保护法规，出售、收购、运输、携带国家或者地方重点保护野生动物或者其产品的，由工商行政管理部门或者其授权的野生动物行政主管部门没收实物和违法所得，可以并处相当于实物价值10倍以下的罚款。

第三十七条　伪造、倒卖、转让狩猎证或者驯养繁殖许可证，依照《野生动物保护法》第三十七条的规定处以罚款的，按照5000元以下的标准执行。伪造、倒卖、转让特许猎捕证或者允许进出口证明书，依照《野生动物保护法》第三十七条的规定处以罚款的，按照5万元以下的标准执行。

第三十八条　违反野生动物保护法规，未取得驯养繁殖许可证或者超越驯养繁殖许可证规定范围驯养繁殖国家重点保护野生动物的，由野生动物行政主管部门没收违法所得，处3000元以下罚款，可以并处没收野生动物、吊销驯养繁殖许可证。

第三十九条　外国人未经批准在中国境内对国家重点保护野生动物进行野外考察、标本采集或者在野外拍摄电影、录像的，由野生动物行政主管部门没收考察、拍摄的资料以及所获标本，可以并处5万元以下罚款。

第四十条　有下列行为之一，尚不构成犯罪，应当给予治安管理处罚的，由公安机关依照《中华人民共和国治安管理处罚法》的规定予以处罚：

（一）拒绝、阻碍野生动物行政管理人员依法执行职务的；

（二）偷窃、哄抢或者故意损坏野生动物保护仪器设备或者设施的；

（三）偷窃、哄抢、抢夺非国家重点保护野生动物或者其产品的；

（四）未经批准猎捕少量非国家重点保护野生动物的。

第四十一条　违反野生动物保护法规，被责令限期捕回而不捕的，被责令限期恢复原状而不恢复的，野生动物行政主管部门或者其授权的单位可以代为捕回或者恢复原状，由被责令限期捕回者或者被责令限期恢复原状者承担全部捕回或者恢复原状所需的费用。

第四十二条　违反野生动物保护法规，构成犯罪的，依法追究刑事责任。

第四十三条　依照野生动物保护法规没收的实物，按照国务院林业行政主管部门的规定处理。

第七章　附　　则

第四十四条　本条例由国务院林业行政主管部门负责解释。

第四十五条　本条例自发布之日起施行。

中华人民共和国野生植物保护条例

（1996年9月30日国务院令第204号发布，根据2017年10月7日《国务院关于修改部分行政法规的决定》修订）

第一章 总 则

第一条 为了保护、发展和合理利用野生植物资源，保护生物多样性，维护生态平衡，制定本条例。

第二条 在中华人民共和国境内从事野生植物的保护、发展和利用活动，必须遵守本条例。

本条例所保护的野生植物，是指原生地天然生长的珍贵植物和原生地天然生长并具有重要经济、科学研究、文化价值的濒危、稀有植物。

药用野生植物和城市园林、自然保护区、风景名胜区内的野生植物的保护，同时适用有关法律、行政法规。

第三条 国家对野生植物资源实行加强保护、积极发展、合理利用的方针。

第四条 国家保护依法开发利用和经营管理野生植物资源的单位和个人的合法权益。

第五条 国家鼓励和支持野生植物科学研究、野生植物的就地保护和迁地保护。

在野生植物资源保护、科学研究、培育利用和宣传教育方面成绩显著的单位和个人，由人民政府给予奖励。

第六条 县级以上各级人民政府有关主管部门应当开展保护野生植物的宣传教育，普及野生植物知识，提高公民保护野生植物的意识。

第七条 任何单位和个人都有保护野生植物资源的义务，对侵占或者破坏野生植物及其生长环境的行为有权检举和控告。

第八条 国务院林业行政主管部门主管全国林区内野生植物和林区外珍贵野生树木的监督管理工作。国务院农业行政主管部门主管全国其他野生植物的监督管理工作。

国务院建设行政部门负责城市园林、风景名胜区内野生植物的监督管理工作。国务院环境保护部门负责对全国野生植物环境保护工作的协调和监督。国务院其他有关部门依照职责分工负责有关的野生植物保护工作。

县级以上地方人民政府负责野生植物管理工作的部门及其职责，由省、自治区、直辖市人民政府根据当地具体情况规定。

第二章 野生植物保护

第九条 国家保护野生植物及其生长环境。禁止任何单位和个人非法采集野生植物或者破坏其生长环境。

第十条 野生植物分为国家重点保护野生植物和地方重点保护野生植物。

国家重点保护野生植物分为国家一级保护野生植物和国家二级保护野生植物。国家重点保护野生植物名录，由国务院林业行政主管部门、农业行政主管部门（以下简称国务院野生植物行政主管部门）商国务院环境保护、建设等有关部门制定，报国务院批准公布。

地方重点保护野生植物，是指国家重点保护野生植物以外，由省、自治区、直辖市保护的野生植物。地方重点保护野生植物名录，由省、自治区、直辖市人民政府制定并公布，报国务院备案。

第十一条　在国家重点保护野生植物物种和地方重点保护野生植物物种的天然集中分布区域，应当依照有关法律、行政法规的规定，建立自然保护区；在其他区域，县级以上地方人民政府野生植物行政主管部门和其他有关部门可以根据实际情况建立国家重点保护野生植物和地方重点保护野生植物的保护点或者设立保护标志。

禁止破坏国家重点保护野生植物和地方重点保护野生植物的保护点的保护设施和保护标志。

第十二条　野生植物行政主管部门及其他有关部门应当监视、监测环境对国家重点保护野生植物生长和地方重点保护野生植物生长的影响，并采取措施，维护和改善国家重点保护野生植物和地方重点保护野生植物的生长条件。由于环境影响对国家重点保护野生植物和地方重点保护野生植物的生长造成危害时，野生植物行政主管部门应当会同其他有关部门调查并依法处理。

第十三条　建设项目对国家重点保护野生植物和地方重点保护野生植物的生长环境产生不利影响的，建设单位提交的环境影响报告书中必须对此作出评价；环境保护部门在审批环境影响报告书时，应当征求野生植物行政主管部门的意见。

第十四条　野生植物行政主管部门和有关单位对生长受到威胁的国家重点保护野生植物和地方重点保护野生植物应当采取拯救措施，保护或者恢复其生长环境，必要时应当建立繁育基地、种质资源库或者采取迁地保护措施。

第三章　野生植物管理

第十五条　野生植物行政主管部门应当定期组织国家重点保护野生植物和地方重点保护野生植物资源调查，建立资源档案。

第十六条　禁止采集国家一级保护野生植物。因科学研究、人工培育、文化交流等特殊需要，采集国家一级保护野生植物的，应当按照管理权限向国务院林业行政主管部门或者其授权的机构申请采集证；或者向采集地的省、自治区、直辖市人民政府农业行政主管部门或者其授权的机构申请采集证。

采集国家二级保护野生植物的，必须经采集地的县级人民政府野生植物行政主管部门签署意见后，向省、自治区、直辖市人民政府野生植物行政主管部门或者其授权的机构申请采集证。

采集城市园林或者风景名胜区内的国家一级或者二级保护野生植物的，须先征得城市园林或者风景名胜区管理机构同意，分别依照前两款的规定申请采集证。

采集珍贵野生树木或者林区内、草原上的野生植物的，依照森林法、草原法的规定办理。

野生植物行政主管部门发放采集证后，应当抄送环境保护部门备案。

采集证的格式由国务院野生植物行政主管部门制定。

第十七条　采集国家重点保护野生植物的单位和个人，必须按照采集证规定的种类、数量、地点、期限和方法进行采集。

县级人民政府野生植物行政主管部门对在本行政区域内采集国家重点保护野生植物的活动，应当进行监督检查，并及时报告批准采集的野生植物行政主管部门或者其授权的机构。

第十八条　禁止出售、收购国家一级保护野生植物。

出售、收购国家二级保护野生植物的，必须经省、自治区、直辖市人民政府野生植物行政主管部门或者其授权的机构批准。

第十九条　野生植物行政主管部门应当对经营利用国家二级保护野生植物的活动进行监督检查。

第二十条　出口国家重点保护野生植物或者进出口中国参加的国际公约所限制进出口的野生植物的，应当按照管理权限经国务院林业行政主管部门批准，或者经进出口者所在地的省、自治区、直辖市人民政府农业行政主管部门审核后报国务院农业行政主管部门批准，并取得国家濒危物种进出口管理机构核发的允许进出口证明书或者标签。海关凭允许进出口证明书或者标签查验放行。国务院野生植物行政主管部门应当将有关野生植物进出口的资料抄送国务院环境保护部门。

禁止出口未定名的或者新发现并有重要价值的野生植物。

第二十一条 外国人不得在中国境内采集或者收购国家重点保护野生植物。

外国人在中国境内对农业行政主管部门管理的国家重点保护野生植物进行野外考察的，应当经农业行政主管部门管理的国家重点保护野生植物所在地的省、自治区、直辖市人民政府农业行政主管部门批准。

第二十二条 地方重点保护野生植物的管理办法，由省、自治区、直辖市人民政府制定。

第四章 法律责任

第二十三条 未取得采集证或者未按照采集证的规定采集国家重点保护野生植物的，由野生植物行政主管部门没收所采集的野生植物和违法所得，可以并处违法所得10倍以下的罚款；有采集证的，并可以吊销采集证。

第二十四条 违反本条例规定，出售、收购国家重点保护野生植物的，由工商行政管理部门或者野生植物行政主管部门按照职责分工没收野生植物和违法所得，可以并处违法所得10倍以下的罚款。

第二十五条 非法进出口野生植物的，由海关依照海关法的规定处罚。

第二十六条 伪造、倒卖、转让采集证、允许进出口证明书或者有关批准文件、标签的，由野生植物行政主管部门或者工商行政管理部门按照职责分工收缴，没收违法所得，可以并处5万元以下的罚款。

第二十七条 外国人在中国境内采集、收购国家重点保护野生植物，或者未经批准对农业行政主管部门管理的国家重点保护野生植物进行野外考察的，由野生植物行政主管部门没收所采集、收购的野生植物和考察资料，可以并处5万元以下的罚款。

第二十八条 违反本条例规定，构成犯罪的，依法追究刑事责任。

第二十九条 野生植物行政主管部门的工作人员滥用职权、玩忽职守、徇私舞弊，构成犯罪的，依法追究刑事责任；尚不构成犯罪的，依法给予行政处分。

第三十条 依照本条例规定没收的实物，由作出没收决定的机关按照国家有关规定处理。

第五章 附 则

第三十一条 中华人民共和国缔结或者参加的与保护野生植物有关的国际条约与本条例有不同规定的，适用国际条约的规定；但是，中华人民共和国声明保留的条款除外。

第三十二条 本条例自1997年1月1日起施行。

中华人民共和国濒危野生动植物进出口管理条例

（2006年4月29日中华人民共和国国务院令第465号公布，根据2018年3月19日《国务院关于修改和废止部分行政法规的决定》第一次修订，根据2019年3月2日《国务院关于修改部分行政法规的决定》第二次修订）

第一条　为了加强对濒危野生动植物及其产品的进出口管理，保护和合理利用野生动植物资源，履行《濒危野生动植物种国际贸易公约》（以下简称公约），制定本条例。

第二条　进口或者出口公约限制进出口的濒危野生动植物及其产品，应当遵守本条例。

出口国家重点保护的野生动植物及其产品，依照本条例有关出口濒危野生动植物及其产品的规定办理。

第三条　国务院林业、农业（渔业）主管部门（以下称国务院野生动植物主管部门），按照职责分工主管全国濒危野生动植物及其产品的进出口管理工作，并做好与履行公约有关的工作。

国务院其他有关部门依照有关法律、行政法规的规定，在各自的职责范围内负责做好相关工作。

第四条　国家濒危物种进出口管理机构代表中国政府履行公约，依照本条例的规定对经国务院野生动植物主管部门批准出口的国家重点保护的野生动植物及其产品、批准进口或者出口的公约限制进出口的濒危野生动植物及其产品，核发允许进出口证明书。

第五条　国家濒危物种进出口科学机构依照本条例，组织陆生野生动物、水生野生动物和野生植物等方面的专家，从事有关濒危野生动植物及其产品进出口的科学咨询工作。

第六条　禁止进口或者出口公约禁止以商业贸易为目的进出口的濒危野生动植物及其产品，因科学研究、驯养繁殖、人工培育、文化交流等特殊情况，需要进口或者出口的，应当经国务院野生动植物主管部门批准；按照有关规定由国务院批准的，应当报经国务院批准。

禁止出口未定名的或者新发现并有重要价值的野生动植物及其产品以及国务院或者国务院野生动植物主管部门禁止出口的濒危野生动植物及其产品。

第七条　进口或者出口公约限制进出口的濒危野生动植物及其产品，出口国务院或者国务院野生动植物主管部门限制出口的野生动植物及其产品，应当经国务院野生动植物主管部门批准。

第八条　进口濒危野生动植物及其产品的，必须具备下列条件：

（一）对濒危野生动植物及其产品的使用符合国家有关规定；

（二）具有有效控制措施并符合生态安全要求；

（三）申请人提供的材料真实有效；

（四）国务院野生动植物主管部门公示的其他条件。

第九条　出口濒危野生动植物及其产品

的，必须具备下列条件：

（一）符合生态安全要求和公共利益；

（二）来源合法；

（三）申请人提供的材料真实有效；

（四）不属于国务院或者国务院野生动植物主管部门禁止出口的；

（五）国务院野生动植物主管部门公示的其他条件。

第十条　进口或者出口濒危野生动植物及其产品的，申请人应当按照管理权限，向其所在地的省、自治区、直辖市人民政府农业（渔业）主管部门提出申请，或者向国务院林业主管部门提出申请，并提交下列材料：

（一）进口或者出口合同；

（二）濒危野生动植物及其产品的名称、种类、数量和用途；

（三）活体濒危野生动物装运设施的说明资料；

（四）国务院野生动植物主管部门公示的其他应当提交的材料。

省、自治区、直辖市人民政府农业（渔业）主管部门应当自收到申请之日起10个工作日内签署意见，并将全部申请材料转报国务院农业（渔业）主管部门。

第十一条　国务院野生动植物主管部门应当自收到申请之日起20个工作日内，作出批准或者不予批准的决定，并书面通知申请人。在20个工作日内不能作出决定的，经本行政机关负责人批准，可以延长10个工作日，延长的期限和理由应当通知申请人。

第十二条　申请人取得国务院野生动植物主管部门的进出口批准文件后，应当在批准文件规定的有效期内，向国家濒危物种进出口管理机构申请核发允许进出口证明书。

申请核发允许进出口证明书时应当提交下列材料：

（一）允许进出口证明书申请表；

（二）进出口批准文件；

（三）进口或者出口合同。

进口公约限制进出口的濒危野生动植物及其产品的，申请人还应当提交出口国（地区）濒危物种进出口管理机构核发的允许出口证明材料；出口公约禁止以商业贸易为目的进出口的濒危野生动植物及其产品的，申请人还应当提交进口国（地区）濒危物种进出口管理机构核发的允许进口证明材料；进口的濒危野生动植物及其产品再出口时，申请人还应当提交海关进口货物报关单和海关签注的允许进口证明书。

第十三条　国家濒危物种进出口管理机构应当自收到申请之日起20个工作日内，作出审核决定。对申请材料齐全、符合本条例规定和公约要求的，应当核发允许进出口证明书；对不予核发允许进出口证明书的，应当书面通知申请人和国务院野生动植物主管部门并说明理由。在20个工作日内不能作出决定的，经本机构负责人批准，可以延长10个工作日，延长的期限和理由应当通知申请人。

国家濒危物种进出口管理机构在审核时，对申请材料不符合要求的，应当在5个工作日内一次性通知申请人需要补正的全部内容。

第十四条　国家濒危物种进出口管理机构在核发允许进出口证明书时，需要咨询国家濒危物种进出口科学机构的意见，或者需要向境外相关机构核实允许进出口证明材料等有关内容的，应当自收到申请之日起5个工作日内，将有关材料送国家濒危物种进出口科学机构咨询意见或者向境外相关机构核实有关内容。咨询意见、核实内容所需时间不计入核发允许进出口证明书工作日之内。

第十五条　国务院野生动植物主管部门和省、自治区、直辖市人民政府野生动植物主管部门以及国家濒危物种进出口管理机构，在审批濒危野生动植物及其产品进出口时，除收取国家规定的费用外，不得收取其他费用。

第十六条　因进口或者出口濒危野生动植物及其产品对野生动植物资源、生态安全造成或者可能造成严重危害和影响的，由国务院野生动植物主管部门提出临时禁止或者限制濒危野生动植物及其产品进出口的措施，报国务院批准后执行。

第十七条　从不属于任何国家管辖的海域获得的濒危野生动植物及其产品，进入中国领域的，参照本条例有关进口的规定管理。

第十八条　进口濒危野生动植物及其产品涉及外来物种管理的，出口濒危野生动植物及其产品涉及种质资源管理的，应当遵守国家有关规定。

第十九条　进口或者出口濒危野生动植物及其产品的，应当在国务院野生动植物主管部门会同海关总署指定并经国务院批准的口岸进行。

第二十条　进口或者出口濒危野生动植物及其产品的，应当按照允许进出口证明书规定的种类、数量、口岸、期限完成进出口活动。

第二十一条　进口或者出口濒危野生动植物及其产品的，应当向海关提交允许进出口证明书，接受海关监管，并自海关放行之日起30日内，将海关验讫的允许进出口证明书副本交国家濒危物种进出口管理机构备案。

过境、转运和通运的濒危野生动植物及其产品，自入境起至出境前由海关监管。

进出保税区、出口加工区等海关特定监管区域和保税场所的濒危野生动植物及其产品，应当接受海关监管，并按照海关总署和国家濒危物种进出口管理机构的规定办理进出口手续。

进口或者出口濒危野生动植物及其产品的，应当凭允许进出口证明书向海关报检，并接受检验检疫。

第二十二条　国家濒危物种进出口管理机构应当将核发允许进出口证明书的有关资料和濒危野生动植物及其产品年度进出口情况，及时抄送国务院野生动植物主管部门及其他有关主管部门。

第二十三条　进出口批准文件由国务院野生动植物主管部门组织统一印制；允许进出口证明书及申请表由国家濒危物种进出口管理机构组织统一印制。

第二十四条　野生动植物主管部门、国家濒危物种进出口管理机构的工作人员，利用职务上的便利收取他人财物或者谋取其他利益，不依照本条例的规定批准进出口、核发允许进出口证明书，情节严重，构成犯罪的，依法追究刑事责任；尚不构成犯罪的，依法给予处分。

第二十五条　国家濒危物种进出口科学机构的工作人员，利用职务上的便利收取他人财物或者谋取其他利益，出具虚假意见，情节严重，构成犯罪的，依法追究刑事责任；尚不构成犯罪的，依法给予处分。

第二十六条　非法进口、出口或者以其他方式走私濒危野生动植物及其产品的，由海关依照海关法的有关规定予以处罚；情节严重，构成犯罪的，依法追究刑事责任。

罚没的实物移交野生动植物主管部门依法处理；罚没的实物依法需要实施检疫的，经检疫合格后，予以处理。罚没的实物需要返还原出口国（地区）的，应当由野生动植物主管部门移交国家濒危物种进出口管理机构依照公约规定处理。

第二十七条　伪造、倒卖或者转让进出口批准文件或者允许进出口证明书的，由野生动植物主管部门或者市场监督管理部门按照职责分工依法予以处罚；情节严重，构成犯罪的，依法追究刑事责任。

第二十八条　本条例自2006年9月1日起施行。

外来入侵物种管理办法

（2022年4月22日农业农村部第4次常务会议审议通过，2022年5月31日公布，自2022年8月1日起施行）

第一章 总 则

第一条 为了防范和应对外来入侵物种危害，保障农林牧渔业可持续发展，保护生物多样性，根据《中华人民共和国生物安全法》，制定本办法。

第二条 本办法所称外来物种，是指在中华人民共和国境内无天然分布，经自然或人为途径传入的物种，包括该物种所有可能存活和繁殖的部分。

本办法所称外来入侵物种，是指传入定殖并对生态系统、生境、物种带来威胁或者危害，影响我国生态环境，损害农林牧渔业可持续发展和生物多样性的外来物种。

第三条 外来入侵物种管理是维护国家生物安全的重要举措，应当坚持风险预防、源头管控、综合治理、协同配合、公众参与的原则。

第四条 农业农村部会同国务院有关部门建立外来入侵物种防控部际协调机制，研究部署全国外来入侵物种防控工作，统筹协调解决重大问题。

省级人民政府农业农村主管部门会同有关部门建立外来入侵物种防控协调机制，组织开展本行政区域外来入侵物种防控工作。

海关完善境外风险预警和应急处理机制，强化入境货物、运输工具、寄递物、旅客行李、跨境电商、边民互市等渠道外来入侵物种的口岸检疫监管。

第五条 县级以上地方人民政府依法对本行政区域外来入侵物种防控工作负责，组织、协调、督促有关部门依法履行外来入侵物种防控管理职责。

县级以上地方人民政府农业农村主管部门负责农田生态系统、渔业水域等区域外来入侵物种的监督管理。

县级以上地方人民政府林业草原主管部门负责森林、草原、湿地生态系统和自然保护地等区域外来入侵物种的监督管理。

沿海县级以上地方人民政府自然资源（海洋）主管部门负责近岸海域、海岛等区域外来入侵物种的监督管理。

县级以上地方人民政府生态环境主管部门负责外来入侵物种对生物多样性影响的监督管理。

高速公路沿线、城镇绿化带、花卉苗木交易市场等区域的外来入侵物种监督管理，由县级以上地方人民政府其他相关主管部门负责。

第六条 农业农村部会同有关部门制定外来入侵物种名录，实行动态调整和分类管理，建立外来入侵物种数据库，制修订外来入侵物种风险评估、监测预警、防控治理等技术规范。

第七条 农业农村部会同有关部门成立外来入侵物种防控专家委员会，为外来入侵物种管理提供咨询、评估、论证等技术支撑。

第八条 农业农村部、自然资源部、生态环境部、海关总署、国家林业和草原局等主管部门建立健全应急处置机制，组织制订相关领域外来入侵物种突发事件应急预案。

县级以上地方人民政府有关部门应当组织制订本行政区域相关领域外来入侵物种突

发事件应急预案。

第九条　县级以上人民政府农业农村、自然资源（海洋）、生态环境、林业草原等主管部门加强外来入侵物种防控宣传教育与科学普及，增强公众外来入侵物种防控意识，引导公众依法参与外来入侵物种防控工作。

任何单位和个人未经批准，不得擅自引进、释放或者丢弃外来物种。

第二章　源头预防

第十条　因品种培育等特殊需要从境外引进农作物和林草种子苗木、水产苗种等外来物种的，应当依据审批权限向省级以上人民政府农业农村、林业草原主管部门和海关办理进口审批与检疫审批。

属于首次引进的，引进单位应当就引进物种对生态环境的潜在影响进行风险分析，并向审批部门提交风险评估报告。审批部门应当及时组织开展审查评估。经评估有入侵风险的，不予许可入境。

第十一条　引进单位应当采取安全可靠的防范措施，加强引进物种研究、保存、种植、繁殖、运输、销毁等环节管理，防止其逃逸、扩散至野外环境。

对于发生逃逸、扩散的，引进单位应当及时采取清除、捕回或其他补救措施，并及时向审批部门及所在地县级人民政府农业农村或林业草原主管部门报告。

第十二条　海关应当加强外来入侵物种口岸防控，对非法引进、携带、寄递、走私外来物种等违法行为进行打击。对发现的外来入侵物种以及经评估具有入侵风险的外来物种，依法进行处置。

第十三条　县级以上地方人民政府农业农村、林业草原主管部门应当依法加强境内跨区域调运农作物和林草种子苗木、植物产品、水产苗种等检疫监管，防止外来入侵物种扩散传播。

第十四条　农业农村部、自然资源部、生态环境部、海关总署、国家林业和草原局等主管部门依据职责分工，对可能通过气流、水流等自然途径传入我国的外来物种加强动态跟踪和风险评估。

有关部门应当对经外来入侵物种防控专家委员会评估具有较高入侵风险的物种采取必要措施，加大防范力度。

第三章　监测与预警

第十五条　农业农村部会同有关部门建立外来入侵物种普查制度，每十年组织开展一次全国普查，掌握我国外来入侵物种的种类数量、分布范围、危害程度等情况，并将普查成果纳入国土空间基础信息平台和自然资源“一张图”。

第十六条　农业农村部会同有关部门建立外来入侵物种监测制度，构建全国外来入侵物种监测网络，按照职责分工布设监测站点，组织开展常态化监测。

县级以上地方人民政府农业农村主管部门会同有关部门按照职责分工开展本行政区域外来入侵物种监测工作。

第十七条　县级以上地方人民政府农业农村、自然资源（海洋）、生态环境、林业草原等主管部门和海关应当按照职责分工及时收集汇总外来入侵物种监测信息，并报告上级主管部门。

任何单位和个人不得瞒报、谎报监测信息，不得擅自发布监测信息。

第十八条　省级以上人民政府农业农村、自然资源（海洋）、生态环境、林业草原等主管部门和海关应当加强外来入侵物种监测信息共享，分析研判外来入侵物种发生、扩散趋势，评估危害风险，及时发布预警预报，提出应对措施，指导开展防控。

第十九条　农业农村部会同有关部门建立外来入侵物种信息发布制度。全国外来入侵物种总体情况由农业农村部商有关部门统一发布。自然资源部、生态环境部、海关总署、国家林业和草原局等主管部门依据职责权限发布本领域外来入侵物种发生情况。

省级人民政府农业农村主管部门商有关部门统一发布本行政区域外来入侵物种情况。

第四章　治理与修复

第二十条　农业农村部、自然资源部、生态环境部、国家林业和草原局按照职责分工，研究制订本领域外来入侵物种防控策略措施，指导地方开展防控。

县级以上地方人民政府农业农村、自然资源（海洋）、林业草原等主管部门应当按照职责分工，在综合考虑外来入侵物种种类、危害对象、危害程度、扩散趋势等因素的基础上，制订本行政区域外来入侵物种防控治理方案，并组织实施，及时控制或消除危害。

第二十一条　外来入侵植物的治理，可根据实际情况在其苗期、开花期或结实期等生长关键时期，采取人工拔除、机械铲除、喷施绿色药剂、释放生物天敌等措施。

第二十二条　外来入侵病虫害的治理，应当采取选用抗病虫品种、种苗预处理、物理清除、化学灭除、生物防治等措施，有效阻止病虫害扩散蔓延。

第二十三条　外来入侵水生动物的治理，应当采取针对性捕捞等措施，防止其进一步扩散危害。

第二十四条　外来入侵物种发生区域的生态系统恢复，应当因地制宜采取种植乡土植物、放流本地种等措施。

第五章　附　　则

第二十五条　违反本办法规定，未经批准，擅自引进、释放或者丢弃外来物种的，依照《中华人民共和国生物安全法》第八十一条处罚。涉嫌犯罪的，依法移送司法机关追究刑事责任。

第二十六条　本办法自 2022 年 8 月 1 日起施行。

非法捕捞案件涉案物品认（鉴）定和水生生物资源损害评估及修复办法（试行）

（2020 年 12 月 22 日　农办渔〔2020〕24 号）

第一条　为依法惩治非法捕捞、破坏水生生物资源的违法行为，规范非法捕捞水生生物资源鉴定及损害评估工作，保障渔政执法与刑事司法有机衔接，根据党中央、国务院关于生态环境损害赔偿制度改革精神和《中华人民共和国渔业法》《中华人民共和国环境保护法》《中华人民共和国海洋环境保护法》等法律规定和《国务院办公厅关于切实做好长江流域禁捕有关工作的通知》（国办发明电〔2020〕21 号），制定本办法。

第二条　本办法适用于非法捕捞案件中涉案物品认（鉴）定和非法捕捞造成的水生生物资源损害评估与修复工作。

第三条　本办法所称的涉案物品认（鉴）定，是指对非法捕捞涉案捕捞工具、捕捞方法和涉案渔获物的认定、鉴定。

第四条　涉案物品认（鉴）定工作实行认定为主，鉴定为辅的原则。

对于涉案的非法捕捞工具、捕捞方法、渔获物品种以及对水生生物资源的危害程度等问题，原则上由渔业行政处罚机关两个工作日以内作出认定；难以确定的，可以委托专家或鉴定评估机构进行鉴定或评估。

第五条　有下列情形之一的，渔业行政处罚机关可以委托专家或鉴定评估机构进行鉴定或评估：

（一）难以确定涉案捕捞工具、捕捞方法是否属于禁止使用或限制使用的捕捞工具、捕捞方法的；

（二）难以确定涉案渔获物是否属于保护物种的；

（三）难以确定水生生物资源损害程度的；

（四）难以确定水生生物资源修复措施的。

第六条　渔业行政处罚机关委托开展鉴定评估的，应当选择具有环境司法鉴定资质的机构、省级以上渔业主管部门推荐的具备水生生物或水域生态环境研究能力和实验条件的高校、科研院所和其他机构。

第七条　渔业行政处罚机关应当与鉴定评估机构签订鉴定评估委托协议，明确鉴定评估事项、时限和要求等内容。鉴定评估费用，可参照有关司法鉴定收费规定执行。

第八条　渔业行政处罚机关应当按照渔业违法案件取证规范要求做好案件相关证据的收集和固定，并协助鉴定评估机构做好鉴定、评估等工作。

第九条　鉴定评估机构认为鉴定材料不完整、不充分，不能满足鉴定需要的，渔业行政处罚机关应当及时补充。

第十条　鉴定评估专业技术人员提取鉴定材料的，渔业行政处罚机关应当派两名具备执法资格的执法人员到场见证并在提取记录上签字。

经渔业行政处罚机关主要负责人批准，可以向委托鉴定评估的人员提供与鉴定评估相关的案情资料；必要时，可允许相关鉴定评估人员旁听对当事人的询问。

第十一条　鉴定评估应当采用国家、行业、地方标准和技术规范。尚未制定标准、规范的，应当采用普遍认可、广泛采用的鉴定评估方法。

第十二条　委托鉴定评估一般应在三十日内完成。情况复杂的，可以适当延长鉴定评估时限。鉴定评估机构出具的鉴定评估报告应由主要负责同志审核签字并加盖单位公章。专家出具的鉴定评估报告应由专家本人签字。

第十三条　认（鉴）定涉案捕捞工具应当依据《渔具分类、命名及代号》（GB/T 5147）确定其名称，并结合农业农村部或相关省级渔业主管部门公布的、禁止或限制使用的捕捞工具名录及相关规定，判定其是否属于禁止或限制使用的捕捞工具。

认（鉴）定涉案电鱼工具应当综合考虑其结构或组成、工作原理等因素。

第十四条　认（鉴）定涉案渔获物物种应当确定其科学名称、保护级别、发育程度、物种来源等相关事项。

第十五条　水生生物资源损害评估分为直接损害评估和间接损害评估。

第十六条　直接损害评估主要是评估非法捕捞渔获物的价值。

属于国家重点保护水生野生动物、《濒危野生动植物种国际贸易公约》附录水生物种、未列入《濒危野生动植物种国际贸易公约》附录水生物种的地方重点保护水生野生动物，其价值评估按照《水生野生动物及其制品价值评估办法》执行。

其他渔获物的价值，根据销售金额进行认定；无销售金额、销售金额难以查证或者根据销售金额认定明显偏低的，根据市场价格进行认定；仍无法认定的，由渔业行政处罚机关认定或者由有关价格认证机构作出认证并出具报告。

对于电鱼、毒鱼、炸鱼等严重非法捕捞行为，直接损害还应综合当地渔业资源状况，评估已致死但未被捕获的水生生物的价值，其价值可按照实际查获渔获物价值的三至五倍计算。

第十七条　使用电、毒、炸等严重破坏资源环境的方式，或者禁用渔具从事非法捕捞的，应同时开展间接损害评估。

间接损害评估应结合非法捕捞作业类型、时段、时长、区域、当地渔业资源状况等因素确定，主要评估水生生物生长发育受阻、繁殖终止和栖息地破坏等方面损害量。水生生物生长发育受阻和繁殖终止的损害量，原则上按照不低于水生生物资源直接损害三倍计算。水生生物栖息地破坏的损害量，原则上按照不低于水生生物资源直接损害两倍计算。

对于电鱼、毒鱼、炸鱼、拖曳泵吸耙刺、拖曳水冲齿耙耙刺、拖曳齿耙耙刺以及在禁止使用拖网作业的水域、期间内使用拖网作业等非法捕捞行为，间接损害按照不低于水生生物资源直接损害十倍计算。

第十八条 对于携带电鱼、毒鱼、炸鱼等相关禁用工具（物质）进入渔业水域、现场未查获渔获物，水生生物资源损害难以确定的，可根据现场执法音视频记录、案发现场周边视频监控、交易通联记录、证人证言、当事人的供述与辩解，涉案捕捞工具或捕捞方法、范围、季节和持续时间，捕捞水域环境条件和水生生物分布情况等因素综合评估水生生物资源损害总量。

第十九条 按照谁损害、谁修复的原则，水生生物资源损害当事人应当履行水生生物资源修复义务。当事人不具备修复能力的，可以委托具备相应修复能力的第三方实施。

第二十条 水生生物资源修复措施主要包括增殖放流和栖息地修复等。水生生物资源修复措施应充分考虑科学性和可操作性，资金安排一般不低于所造成的水生生物资源损害总量。

增殖放流应当根据捕捞水域的水生生物资源状况、水环境条件、涉案渔获物组成、苗种供应可行性等因素综合确定种类和数量，并遵守《水生生物增殖放流管理规定》。

水生生物栖息地修复措施包括设置人工鱼巢和人工鱼礁等。

第二十一条 渔业行政处罚机关应当加强对当事人履行修复义务的监督管理。

履行修复义务情况可以作为案件处罚的参考。

第二十二条 鉴定评估机构弄虚作假致使鉴定评估严重失实或结论错误、擅自披露案件信息等违规情形的，渔业行政处罚机关应当终止委托业务，并向相关主管部门通报。

第二十三条 本办法所称的渔业行政处罚机关，是指依法作出渔业行政处罚决定的渔业行政主管部门或渔政监督管理机构。

第二十四条 相关部门办理非法捕捞公益诉讼案件需进行非法捕捞涉案物品认（鉴）定或水生生物资源损害评估的，可参照本办法执行。

第二十五条 本办法自 2021 年 1 月 22 日起实施。

野生动物及其制品价值评估方法

（2017 年 9 月 29 日国家林业局局务会议审议通过，2017 年 11 月 1 日公布，自 2017 年 12 月 15 日起施行）

第一条 为了规范野生动物及其制品价值评估标准和方法，根据《中华人民共和国野生动物保护法》第五十七条规定，制定本方法。

第二条 《中华人民共和国野生动物保护法》规定的猎获物价值、野生动物及其制品价值的评估活动，适用本方法。

本方法所称野生动物，是指陆生野生动物的整体（含卵、蛋）；所称野生动物制品，是指陆生野生动物的部分及其衍生物，包括产品。

第三条　国家林业局负责制定、公布并调整《陆生野生动物基准价值标准目录》。

第四条　野生动物整体的价值，按照《陆生野生动物基准价值标准目录》所列该种野生动物的基准价值乘以相应的倍数核算。具体方法是：

（一）国家一级保护野生动物，按照所列野生动物基准价值的十倍核算；国家二级保护野生动物，按照所列野生动物基准价值的五倍核算；

（二）地方重点保护的野生动物和有重要生态、科学、社会价值的野生动物，按照所列野生动物基准价值核算。

两栖类野生动物的卵、蛋的价值，按照该种野生动物整体价值的千分之一核算；爬行类野生动物的卵、蛋的价值，按照该种野生动物整体价值的十分之一核算；鸟类野生动物的卵、蛋的价值，按照该种野生动物整体价值的二分之一核算。

第五条　野生动物制品的价值，由核算其价值的执法机关或者评估机构根据实际情况予以核算，但不能超过该种野生动物的整体价值。但是，省级以上人民政府林业主管部门对野生动物标本和其他特殊野生动物制品的价值核算另有规定的除外。

第六条　野生动物及其制品有实际交易价格的，且实际交易价格高于按照本方法评估的价值的，按照实际交易价格执行。

第七条　人工繁育的野生动物及其制品的价值，按照同种野生动物及其制品价值的百分之五十执行。

人工繁育的列入《人工繁育国家重点保护野生动物名录》的野生动物及其制品的价值，按照同种野生动物及其制品价值的百分之二十五执行。

第八条　《濒危野生动植物种国际贸易公约》附录所列在我国没有自然分布的野生动物，已经国家林业局核准按照国家重点保护野生动物管理的，该野生动物及其制品的价值按照与其同属、同科或者同目的国家重点保护野生动物的价值核算。

《濒危野生动植物种国际贸易公约》附录所列在我国没有自然分布的野生动物、未经国家林业局核准的，以及其他没有列入《濒危野生动植物种国际贸易公约》附录的野生动物及其制品的价值，按照与其同属、同科或者同目的地方重点保护野生动物或者有重要生态、科学、社会价值的野生动物的价值核算。

第九条　本方法施行后，新增加的重点保护野生动物和有重要生态、科学、社会价值的野生动物，尚未列入《陆生野生动物基准价值标准目录》的，其基准价值按照与其同属、同科或者同目的野生动物的基准价值核算。

第十条　本方法自2017年12月15日起施行。

野生药材资源保护管理条例

（1987年10月30日国务院发布，自1987年12月1日起施行）

第一条　为保护和合理利用野生药材资源，适应人民医疗保健事业的需要，特制定本条例。

第二条　在中华人民共和国境内采猎、

经营野生药材的任何单位或个人，除国家另有规定外，都必须遵守本条例。

第三条　国家对野生药材资源实行保护、采猎相结合的原则，并创造条件开展人工种养。

第四条　国家重点保护的野生药材物种分为三级：

一级：濒临灭绝状态的稀有珍贵野生药材物种（以下简称一级保护野生药材物种）；

二级：分布区域缩小、资源处于衰竭状态的重要野生药材物种（以下简称二级保护野生药材物种）；

三级：资源严重减少的主要常用野生药材物种（以下简称三级保护野生药材物种）。

第五条　国家重点保护的野生药材物种名录，由国家医药管理部门会同国务院野生动物、植物管理部门制定。

在国家重点保护的野生药材物种名录之外，需要增加的野生药材保护物种，由省、自治区、直辖市人民政府制定并抄送国家医药管理部门备案。

第六条　禁止采猎一级保护野生药材物种。

第七条　采猎、收购二、三级保护野生药材物种的，必须按照批准的计划执行。该计划由县以上（含县，下同）医药管理部门（含当地人民政府授权管理该项工作的有关部门，下同）会同同级野生动物、植物管理部门制定，报上一级医药管理部门批准。

第八条　采猎二、三级保护野生药材物种的，不得在禁止采猎区、禁止采猎期进行采猎，不得使用禁用工具进行采猎。

前款关于禁止采猎区、禁止采猎期和禁止使用的工具，由县以上医药管理部门会同同级野生动物、植物管理部门确定。

第九条　采猎二、三级保护野生药材物种的，必须持有采药证。

取得采药证后，需要进行采伐或狩猎的，必须分别向有关部门申请采伐证或狩猎证。

第十条　采药证的格式由国家医药管理部门确定。采药证由县以上医药管理部门会同级野生动物，植物管理部门核发。

采伐证和狩猎证的核发，按照国家有关规定办理。

第十一条　建立国家或地方野生药材资源保护区，需经国务院或县以上地方人民政府批准。

在国家或地方自然保护区内建立野生药材资源保护区，必须征得国家或地方自然保护区主管部门的同意。

第十二条　进入野生药材资源保护区从事科研、教学、旅游等活动的，必须经该保护区管理部门批准。进入设在国家或地方自然保护区范围内野生药材资源保护区的，还须征得该自然保护区主管部门的同意。

第十三条　一级保护野生药材物种属于自然淘汰的，其药用部分由各级药材公司负责经营管理，但不得出口。

第十四条　二、三级保护野生药材物种属于国家计划管理的品种，由中国药材公司统一经营管理；其余品种由产地县药材公司或其委托单位按照计划收购。

第十五条　二、三级保护野生药材物种的药用部分，除国家另有规定外，实行限量出口。

实行限量出口和出口许可证制度的品种，由国家医药管理部门会同国务院有关部门确定。

第十六条　野生药材的规格、等级标准，由国家医药管理部门会同国务院有关部门制定。

第十七条　对保护野生药材资源作出显著成绩的单位或个人，由各级医药管理部门会同同级有关部门给予精神鼓励或一次性物质奖励。

第十八条　违反本条例第六条、第七条、第八条、第九条规定的，由当地县以上医药管理部门会同同级有关部门没收其非法采猎的野生药材及使用工具，并处以罚款。

第十九条　违反本条例第十二条规定的，当地县以上医药管理部门和自然保护区主管部门有权制止；造成损失的，必须承担赔偿责任。

第二十条　违反本条例第十三条、第十四条、第十五条规定的，由工商行政管理部门或有关部门没收其野生药材和全部违法所得，并处以罚款。

第二十一条　保护野生药栈资源管理部门工作人员徇私舞弊的，由所在单位或上级管理部门给予行政处分；造成野生药材资源损失的，必须承担赔偿责任。

第二十二条　当事人对行政处罚决定不服的，可以在接到处罚决定书之日起十五日内向人民法院起诉；期满不起诉又不执行的，作出行政处罚决定的部门可以申请人民法院强制执行。

第二十三条　破坏野生药材资源情节严重，构成犯罪的，由司法机关依法追究刑事责任。

第二十四条　省、自治区、直辖市人民政府可以根据本条例制定实施细则。

第二十五条　本条例由国家医药管理局负责解释。

第二十六条　本条例由 1987 年 12 月 1 日起施行。

（六）其　　他

中华人民共和国能源法

（2024 年 11 月 8 日第十四届全国人民代表大会常务委员会第十二次会议通过，2024 年 11 月 8 日公布，自 2025 年 1 月 1 日起施行）

第一章　总　　则

第一条　为了推动能源高质量发展，保障国家能源安全，促进经济社会绿色低碳转型和可持续发展，积极稳妥推进碳达峰碳中和，适应全面建设社会主义现代化国家需要，根据宪法，制定本法。

第二条　本法所称能源，是指直接或者通过加工、转换而取得有用能的各种资源，包括煤炭、石油、天然气、核能、水能、风能、太阳能、生物质能、地热能、海洋能以及电力、热力、氢能等。

第三条　能源工作应当坚持中国共产党的领导，贯彻新发展理念和总体国家安全观，统筹发展和安全，实施推动能源消费革命、能源供给革命、能源技术革命、能源体制革命和全方位加强国际合作的能源安全新战略，坚持立足国内、多元保障、节约优先、绿色发展，加快构建清洁低碳、安全高效的新型能源体系。

第四条　国家坚持多措并举、精准施策、科学管理、社会共治的原则，完善节约能源政策，加强节约能源管理，综合采取经济、技术、宣传教育等措施，促进经济社会发展全过程和各领域全面降低能源消耗，防止能源浪费。

第五条 国家完善能源开发利用政策，优化能源供应结构和消费结构，积极推动能源清洁低碳发展，提高能源利用效率。

国家建立能源消耗总量和强度双控向碳排放总量和强度双控全面转型新机制，加快构建碳排放总量和强度双控制度体系。

第六条 国家加快建立主体多元、统一开放、竞争有序、监管有效的能源市场体系，依法规范能源市场秩序，平等保护能源市场各类主体的合法权益。

第七条 国家完善能源产供储销体系，健全能源储备制度和能源应急机制，提升能源供给能力，保障能源安全、稳定、可靠、有效供给。

第八条 国家建立健全能源标准体系，保障能源安全和绿色低碳转型，促进能源新技术、新产业、新业态发展。

第九条 国家加强能源科技创新能力建设，支持能源开发利用的科技研究、应用示范和产业化发展，为能源高质量发展提供科技支撑。

第十条 国家坚持平等互利、合作共赢的方针，积极促进能源国际合作。

第十一条 县级以上人民政府应当加强对能源工作的组织领导和统筹协调，及时研究解决能源工作中的重大问题。

县级以上人民政府应当将能源工作纳入国民经济和社会发展规划、年度计划。

第十二条 国务院能源主管部门负责全国能源工作。国务院其他有关部门在各自职责范围内负责相关的能源工作。

县级以上地方人民政府能源主管部门负责本行政区域能源工作。县级以上地方人民政府其他有关部门在各自职责范围内负责本行政区域相关的能源工作。

第十三条 县级以上人民政府及其有关部门应当采取多种形式，加强对节约能源、能源安全和能源绿色低碳发展的宣传教育，增强全社会的节约能源意识、能源安全意识，促进形成绿色低碳的生产生活方式。

新闻媒体应当开展节约能源、能源安全和能源绿色低碳发展公益宣传。

第十四条 对在能源工作中做出突出贡献的单位和个人，按照国家有关规定给予表彰、奖励。

第二章 能源规划

第十五条 国家制定和完善能源规划，发挥能源规划对能源发展的引领、指导和规范作用。

能源规划包括全国综合能源规划、全国分领域能源规划、区域能源规划和省、自治区、直辖市能源规划等。

第十六条 全国综合能源规划由国务院能源主管部门会同国务院有关部门组织编制。全国综合能源规划应当依据国民经济和社会发展规划编制，并与国土空间规划等相关规划衔接。

全国分领域能源规划由国务院能源主管部门会同国务院有关部门依据全国综合能源规划组织编制。

国务院能源主管部门会同国务院有关部门和有关省、自治区、直辖市人民政府，根据区域经济社会发展需要和能源资源禀赋情况、能源生产消费特点、生态环境保护要求等，可以编制跨省、自治区、直辖市的区域能源规划。区域能源规划应当符合全国综合能源规划，并与相关全国分领域能源规划衔接。

第十七条 省、自治区、直辖市人民政府能源主管部门会同有关部门，依据全国综合能源规划、相关全国分领域能源规划、相关区域能源规划，组织编制本省、自治区、直辖市的能源规划。

设区的市级人民政府、县级人民政府需要编制能源规划的，按照省、自治区、直辖市人民政府的有关规定执行。

第十八条 编制能源规划，应当遵循能源发展规律，坚持统筹兼顾，强化科学论证。组织编制能源规划的部门应当征求有关部门、相关企业和行业组织以及有关专家等方面的意见。

能源规划应当明确规划期内能源发展的目标、主要任务、区域布局、重点项目、保障措施等内容。

第十九条　能源规划按照规定的权限和程序报经批准后实施。

经批准的能源规划应当按照规定予以公布。

第二十条　组织编制能源规划的部门应当就能源规划实施情况组织开展评估。根据评估结果确需对能源规划进行调整的，应当报经原批准机关同意，国家另有规定的除外。

第三章　能源开发利用

第二十一条　国家根据能源资源禀赋情况和经济社会可持续发展的需要，统筹保障能源安全、优化能源结构、促进能源转型和节约能源、保护生态环境等因素，分类制定和完善能源开发利用政策。

第二十二条　国家支持优先开发利用可再生能源，合理开发和清洁高效利用化石能源，推进非化石能源安全可靠有序替代化石能源，提高非化石能源消费比重。

国务院能源主管部门会同国务院有关部门制定非化石能源开发利用中长期发展目标，按年度监测非化石能源开发利用情况，并向社会公布。

第二十三条　国务院能源主管部门会同国务院有关部门制定并组织实施可再生能源在能源消费中的最低比重目标。

国家完善可再生能源电力消纳保障机制。供电企业、售电企业、相关电力用户和使用自备电厂供电的企业等应当按照国家有关规定，承担消纳可再生能源发电量的责任。

国务院能源主管部门会同国务院有关部门对可再生能源在能源消费中的最低比重目标以及可再生能源电力消纳责任的实施情况进行监测、考核。

第二十四条　国家统筹水电开发和生态保护，严格控制开发建设小型水电站。

开发建设和更新改造水电站，应当符合流域相关规划，统筹兼顾防洪、生态、供水、灌溉、航运等方面的需要。

第二十五条　国家推进风能、太阳能开发利用，坚持集中式与分布式并举，加快风电和光伏发电基地建设，支持分布式风电和光伏发电就近开发利用，合理有序开发海上风电，积极发展光热发电。

第二十六条　国家鼓励合理开发利用生物质能，因地制宜发展生物质发电、生物质能清洁供暖和生物液体燃料、生物天然气。

国家促进海洋能规模化开发利用，因地制宜发展地热能。

第二十七条　国家积极安全有序发展核电。

国务院能源主管部门会同国务院有关部门统筹协调全国核电发展和布局，依据职责加强对核电站规划、选址、设计、建造、运行等环节的管理和监督。

第二十八条　国家优化煤炭开发布局和产业结构，鼓励发展煤矿矿区循环经济，优化煤炭消费结构，促进煤炭清洁高效利用，发挥煤炭在能源供应体系中的基础保障和系统调节作用。

第二十九条　国家采取多种措施，加大石油、天然气资源勘探开发力度，增强石油、天然气国内供应保障能力。

石油、天然气开发坚持陆上与海上并重，鼓励规模化开发致密油气、页岩油、页岩气、煤层气等非常规油气资源。

国家优化石油加工转换产业布局和结构，鼓励采用先进、集约的加工转换方式。

国家支持合理开发利用可替代石油、天然气的新型燃料和工业原料。

第三十条　国家推动燃煤发电清洁高效发展，根据电力系统稳定运行和电力供应保障的需要，合理布局燃煤发电建设，提高燃煤发电的调节能力。

第三十一条 国家加快构建新型电力系统，加强电源电网协同建设，推进电网基础设施智能化改造和智能微电网建设，提高电网对可再生能源的接纳、配置和调控能力。

第三十二条 国家合理布局、积极有序开发建设抽水蓄能电站，推进新型储能高质量发展，发挥各类储能在电力系统中的调节作用。

第三十三条 国家积极有序推进氢能开发利用，促进氢能产业高质量发展。

第三十四条 国家推动提高能源利用效率，鼓励发展分布式能源和多能互补、多能联供综合能源服务，积极推广合同能源管理等市场化节约能源服务，提高终端能源消费清洁化、低碳化、高效化、智能化水平。

国家通过实施可再生能源绿色电力证书等制度建立绿色能源消费促进机制，鼓励能源用户优先使用可再生能源等清洁低碳能源。

公共机构应当优先采购、使用可再生能源等清洁低碳能源以及节约能源的产品和服务。

第三十五条 能源企业、能源用户应当按照国家有关规定配备、使用能源和碳排放计量器具。

能源用户应当按照安全使用规范和有关节约能源的规定合理使用能源，依法履行节约能源的义务，积极参与能源需求响应，扩大绿色能源消费，自觉践行绿色低碳的生产生活方式。

国家加强能源需求侧管理，通过完善阶梯价格、分时价格等制度，引导能源用户合理调整用能方式、时间、数量等，促进节约能源和提高能源利用效率。

第三十六条 承担电力、燃气、热力等能源供应的企业，应当依照法律、法规和国家有关规定，保障营业区域内的能源用户获得安全、持续、可靠的能源供应服务，没有法定或者约定事由不得拒绝或者中断能源供应服务，不得擅自提高价格、违法收取费用、减少供应数量或者限制购买数量。

前款规定的企业应当公示服务规范、收费标准和投诉渠道等，并为能源用户提供公共查询服务。

第三十七条 国家加强能源基础设施建设和保护。任何单位或者个人不得从事危及能源基础设施安全的活动。

国务院能源主管部门会同国务院有关部门协调跨省、自治区、直辖市的石油、天然气和电力输送管网等能源基础设施建设；省、自治区、直辖市人民政府应当按照能源规划，预留能源基础设施建设用地、用海，并纳入国土空间规划。

石油、天然气、电力等能源输送管网设施运营企业应当提高能源输送管网的运行安全水平，保障能源输送管网系统运行安全。接入能源输送管网的设施设备和产品应当符合管网系统安全运行的要求。

第三十八条 国家按照城乡融合、因地制宜、多能互补、综合利用、提升服务的原则，鼓励和扶持农村的能源发展，重点支持革命老区、民族地区、边疆地区、欠发达地区农村的能源发展，提高农村的能源供应能力和服务水平。

县级以上地方人民政府应当统筹城乡能源基础设施和公共服务体系建设，推动城乡能源基础设施互联互通。

农村地区发生临时性能源供应短缺时，有关地方人民政府应当采取措施，优先保障农村生活用能和农业生产用能。

第三十九条 从事能源开发利用活动，应当遵守有关生态环境保护、安全生产和职业病防治等法律、法规的规定，减少污染物和温室气体排放，防止对生态环境的破坏，预防、减少生产安全事故和职业病危害。

第四章　能源市场体系

第四十条 国家鼓励、引导各类经营主体依法投资能源开发利用、能源基础设施建设等，促进能源市场发展。

第四十一条　国家推动能源领域自然垄断环节独立运营和竞争性环节市场化改革，依法加强对能源领域自然垄断性业务的监管和调控，支持各类经营主体依法按照市场规则公平参与能源领域竞争性业务。

第四十二条　国务院能源主管部门会同国务院有关部门协调推动全国统一的煤炭、电力、石油、天然气等能源交易市场建设，推动建立功能完善、运营规范的市场交易机构或者交易平台，依法拓展交易方式和交易产品范围，完善交易机制和交易规则。

第四十三条　县级以上人民政府及其有关部门应当强化统筹调度组织，保障能源运输畅通。

能源输送管网设施运营企业应当完善公平接入和使用机制，按照规定公开能源输送管网设施接入和输送能力以及运行情况的信息，向符合条件的企业等经营主体公平、无歧视开放并提供能源输送服务。

第四十四条　国家鼓励能源领域上下游企业通过订立长期协议等方式，依法按照市场化方式加强合作、协同发展，提升能源市场风险应对能力。

国家协同推进能源资源勘探、设计施工、装备制造、项目融资、流通贸易、资讯服务等高质量发展，提升能源领域上下游全链条服务支撑能力。

第四十五条　国家推动建立与社会主义市场经济体制相适应，主要由能源资源状况、产品和服务成本、市场供求状况、可持续发展状况等因素决定的能源价格形成机制。

依法实行政府定价或者政府指导价的能源价格，定价权限和具体适用范围以中央和地方的定价目录为依据。制定、调整实行政府定价或者政府指导价的能源价格，应当遵守《中华人民共和国价格法》等法律、行政法规和国家有关规定。能源企业应当按照规定及时、真实、准确提供价格成本等相关数据。

国家完善能源价格调控制度，提升能源价格调控效能，构建防范和应对能源市场价格异常波动风险机制。

第四十六条　国家积极促进能源领域国际投资和贸易合作，有效防范和应对国际能源市场风险。

第五章　能源储备和应急

第四十七条　国家按照政府主导、社会共建、多元互补的原则，建立健全高效协同的能源储备体系，科学合理确定能源储备的种类、规模和方式，发挥能源储备的战略保障、宏观调控和应对急需等功能。

第四十八条　能源储备实行政府储备和企业储备相结合，实物储备和产能储备、矿产地储备相统筹。

政府储备包括中央政府储备和地方政府储备，企业储备包括企业社会责任储备和企业其他生产经营库存。

能源储备的收储、轮换、动用，依照法律、行政法规和国家有关规定执行。

国家完善政府储备市场调节机制，采取有效措施应对市场大幅波动等风险。

第四十九条　政府储备承储运营机构应当依照法律、行政法规和国家有关规定，建立健全内部管理制度，加强储备管理，确保政府储备安全。

企业社会责任储备按照企业所有、政策引导、监管有效的原则建立。承担社会责任储备的能源企业应当按照规定的种类、数量等落实储备责任，并接受政府有关部门的监督管理。

能源产能储备的具体办法，由国务院能源主管部门会同国务院财政部门和其他有关部门制定。

能源矿产地储备的具体办法，由国务院自然资源主管部门会同国务院能源主管部门、国务院财政部门和其他有关部门制定。

第五十条　国家完善能源储备监管体

制，加快能源储备设施建设，提高能源储备运营主体专业化水平，加强能源储备信息化建设，持续提升能源储备综合效能。

第五十一条 国家建立和完善能源预测预警体系，提高能源预测预警能力和水平，及时有效对能源供求变化、能源价格波动以及能源安全风险状况等进行预测预警。

能源预测预警信息由国务院能源主管部门发布。

第五十二条 国家建立统一领导、分级负责、协调联动的能源应急管理体制。

县级以上人民政府应当采取有效措施，加强能源应急体系建设，定期开展能源应急演练和培训，提高能源应急能力。

第五十三条 国务院能源主管部门会同国务院有关部门拟定全国的能源应急预案，报国务院批准后实施。

国务院能源主管部门会同国务院有关部门加强对跨省、自治区、直辖市能源应急工作的指导协调。

省、自治区、直辖市人民政府根据本行政区域的实际情况，制定本行政区域的能源应急预案。

设区的市级人民政府、县级人民政府能源应急预案的制定，由省、自治区、直辖市人民政府决定。

规模较大的能源企业和用能单位应当按照国家规定编制本单位能源应急预案。

第五十四条 出现能源供应严重短缺、供应中断等能源应急状态时，有关人民政府应当按照权限及时启动应急响应，根据实际情况和需要，可以依法采取下列应急处置措施：

（一）发布能源供求等相关信息；

（二）实施能源生产、运输、供应紧急调度或者直接组织能源生产、运输、供应；

（三）征用相关能源产品、能源储备设施、运输工具以及保障能源供应的其他物资；

（四）实施价格干预措施和价格紧急措施；

（五）按照规定组织投放能源储备；

（六）按照能源供应保障顺序组织实施能源供应；

（七）其他必要措施。

能源应急状态消除后，有关人民政府应当及时终止实施应急处置措施。

第五十五条 出现本法第五十四条规定的能源应急状态时，能源企业、能源用户以及其他有关单位和个人应当服从有关人民政府的统一指挥和安排，按照规定承担相应的能源应急义务，配合采取应急处置措施，协助维护能源市场秩序。

因执行能源应急处置措施给有关单位、个人造成损失的，有关人民政府应当依法予以补偿。

第六章 能源科技创新

第五十六条 国家制定鼓励和支持能源科技创新的政策措施，推动建立以国家战略科技力量为引领、企业为主体、市场为导向、产学研深度融合的能源科技创新体系。

第五十七条 国家鼓励和支持能源资源勘探开发、化石能源清洁高效利用、可再生能源开发利用、核能安全利用、氢能开发利用以及储能、节约能源等领域基础性、关键性和前沿性重大技术、装备及相关新材料的研究、开发、示范、推广应用和产业化发展。

能源科技创新应当纳入国家科技发展和高技术产业发展相关规划的重点支持领域。

第五十八条 国家制定和完善产业、金融、政府采购等政策，鼓励、引导社会资金投入能源科技创新。

第五十九条 国家建立重大能源科技创新平台，支持重大能源科技基础设施和能源技术研发、试验、检测、认证等公共服务平台建设，提高能源科技创新能力和服务能力。

第六十条 国家支持依托重大能源工程

集中开展科技攻关和集成应用示范，推动产学研以及能源上下游产业链、供应链协同创新。

第六十一条　国家支持先进信息技术在能源领域的应用，推动能源生产和供应的数字化、智能化发展，以及多种能源协同转换与集成互补。

第六十二条　国家加大能源科技专业人才培养力度，鼓励、支持教育机构、科研机构与企业合作培养能源科技高素质专业人才。

第七章　监督管理

第六十三条　县级以上人民政府能源主管部门和其他有关部门应当按照职责分工，加强对有关能源工作的监督检查，及时查处违法行为。

第六十四条　县级以上人民政府能源主管部门和其他有关部门按照职责分工依法履行监督检查职责，可以采取下列措施：

（一）进入能源企业、调度机构、能源市场交易机构、能源用户等单位实施现场检查；

（二）询问与检查事项有关的人员，要求其对有关事项作出说明；

（三）查阅、复制与检查事项有关的文件、资料、电子数据；

（四）法律、法规规定的其他措施。

对能源主管部门和其他有关部门依法实施的监督检查，被检查单位及其有关人员应当予以配合，不得拒绝、阻碍。

能源主管部门和其他有关部门及其工作人员对监督检查过程中知悉的国家秘密、商业秘密、个人隐私和个人信息依法负有保密义务。

第六十五条　县级以上人民政府能源主管部门和其他有关部门应当加强能源监管协同，提升监管效能，并可以根据工作需要建立能源监管信息系统。

有关单位应当按照规定向能源主管部门和其他有关部门报送相关信息。

第六十六条　国务院能源主管部门会同国务院有关部门加强能源行业信用体系建设，按照国家有关规定建立信用记录制度。

第六十七条　因能源输送管网设施的接入、使用发生的争议，可以由省级以上人民政府能源主管部门进行协调，协调不成的，当事人可以向人民法院提起诉讼；当事人也可以直接向人民法院提起诉讼。

第六十八条　任何单位和个人对违反本法和其他有关能源的法律、法规的行为，有权向县级以上人民政府能源主管部门或者其他有关部门举报。接到举报的部门应当及时依法处理。

第八章　法律责任

第六十九条　县级以上人民政府能源主管部门或者其他有关部门的工作人员违反本法规定，滥用职权、玩忽职守、徇私舞弊的，依法给予处分。

第七十条　违反本法规定，承担电力、燃气、热力等能源供应的企业没有法定或者约定事由拒绝或者中断对营业区域内能源用户的能源供应服务，或者擅自提高价格、违法收取费用、减少供应数量、限制购买数量的，由县级以上人民政府能源主管部门或者其他有关部门按照职责分工责令改正，依法给予行政处罚；情节严重的，对有关主管人员和直接责任人员依法给予处分。

第七十一条　违反本法规定，能源输送管网设施运营企业未向符合条件的企业等经营主体公平、无歧视开放并提供能源输送服务的，由省级以上人民政府能源主管部门或者其他有关部门按照职责分工责令改正，给予警告或者通报批评；拒不改正的，处相关经营主体经济损失额二倍以下的罚款；情节严重的，对有关主管人员和直接责任人员依法给予处分。

第七十二条　违反本法规定，有下列情形之一的，由县级以上人民政府能源主管部门或者其他有关部门按照职责分工责令改正，给予警告或者通报批评；拒不改正的，处十万元以上二十万元以下的罚款：

（一）承担电力、燃气、热力等能源供应的企业未公示服务规范、收费标准和投诉渠道等，或者未为能源用户提供公共查询服务；

（二）能源输送管网设施运营企业未按照规定公开能源输送管网设施接入和输送能力以及运行情况信息；

（三）能源企业未按照规定提供价格成本等相关数据；

（四）有关单位未按照规定向能源主管部门或者其他有关部门报送相关信息。

第七十三条　违反本法规定，能源企业、能源用户以及其他有关单位或者个人在能源应急状态时不服从有关人民政府的统一指挥和安排、未按照规定承担能源应急义务或者不配合采取应急处置措施的，由县级以上人民政府能源主管部门或者其他有关部门按照职责分工责令改正，给予警告或者通报批评；拒不改正的，对个人处一万元以上五万元以下的罚款，对单位处十万元以上五十万元以下的罚款，并可以根据情节轻重责令停业整顿或者依法吊销相关许可证件。

第七十四条　违反本法规定，造成财产损失或者其他损害的，依法承担民事责任；构成违反治安管理行为的，依法给予治安管理处罚；构成犯罪的，依法追究刑事责任。

第九章　附　　则

第七十五条　本法中下列用语的含义：

（一）化石能源，是指由远古动植物化石经地质作用演变成的能源，包括煤炭、石油和天然气等。

（二）可再生能源，是指能够在较短时间内通过自然过程不断补充和再生的能源，包括水能、风能、太阳能、生物质能、地热能、海洋能等。

（三）非化石能源，是指不依赖化石燃料而获得的能源，包括可再生能源和核能。

（四）生物质能，是指利用自然界的植物和城乡有机废物通过生物、化学或者物理过程转化成的能源。

（五）氢能，是指氢作为能量载体进行化学反应释放出的能源。

第七十六条　军队的能源开发利用管理，按照国家和军队有关规定执行。

国家对核能开发利用另有规定的，适用其规定。

第七十七条　中华人民共和国缔结或者参加的涉及能源的国际条约与本法有不同规定的，适用国际条约的规定，但中华人民共和国声明保留的条款除外。

第七十八条　任何国家或者地区在可再生能源产业或者其他能源领域对中华人民共和国采取歧视性的禁止、限制或者其他类似措施的，中华人民共和国可以根据实际情况对该国家或者该地区采取相应的措施。

第七十九条　中华人民共和国境外的组织和个人实施危害中华人民共和国国家能源安全行为的，依法追究法律责任。

第八十条　本法自2025年1月1日起施行。

中华人民共和国可再生能源法

（2005年2月28日第十届全国人民代表大会常务委员会第十四次会议通过，根据2009年12月26日第十一届全国人民代表大会常务委员会第十二次会议《关于修改〈中华人民共和国可再生能源法〉的决定》修正）

第一章　总　　则

第一条　为了促进可再生能源的开发利用，增加能源供应，改善能源结构，保障能源安全，保护环境，实现经济社会的可持续发展，制定本法。

第二条　本法所称可再生能源，是指风能、太阳能、水能、生物质能、地热能、海洋能等非化石能源。

水力发电对本法的适用，由国务院能源主管部门规定，报国务院批准。

通过低效率炉灶直接燃烧方式利用秸秆、薪柴、粪便等，不适用本法。

第三条　本法适用于中华人民共和国领域和管辖的其他海域。

第四条　国家将可再生能源的开发利用列为能源发展的优先领域，通过制定可再生能源开发利用总量目标和采取相应措施，推动可再生能源市场的建立和发展。

国家鼓励各种所有制经济主体参与可再生能源的开发利用，依法保护可再生能源开发利用者的合法权益。

第五条　国务院能源主管部门对全国可再生能源的开发利用实施统一管理。国务院有关部门在各自的职责范围内负责有关的可再生能源开发利用管理工作。

县级以上地方人民政府管理能源工作的部门负责本行政区域内可再生能源开发利用的管理工作。县级以上地方人民政府有关部门在各自的职责范围内负责有关的可再生能源开发利用管理工作。

第二章　资源调查与发展规划

第六条　国务院能源主管部门负责组织和协调全国可再生能源资源的调查，并会同国务院有关部门组织制定资源调查的技术规范。

国务院有关部门在各自的职责范围内负责相关可再生能源资源的调查，调查结果报国务院能源主管部门汇总。

可再生能源资源的调查结果应当公布；但是，国家规定需要保密的内容除外。

第七条　国务院能源主管部门根据全国能源需求与可再生能源资源实际状况，制定全国可再生能源开发利用中长期总量目标，报国务院批准后执行，并予公布。

国务院能源主管部门根据前款规定的总量目标和省、自治区、直辖市经济发展与可再生能源资源实际状况，会同省、自治区、直辖市人民政府确定各行政区域可再生能源开发利用中长期目标，并予公布。

第八条　国务院能源主管部门会同国务院有关部门，根据全国可再生能源开发利用中长期总量目标和可再生能源技术发展状况，编制全国可再生能源开发利用规划，报国务院批准后实施。

国务院有关部门应当制定有利于促进全国可再生能源开发利用中长期总量目标实现的相关规划。

省、自治区、直辖市人民政府管理能源

工作的部门会同本级人民政府有关部门，依据全国可再生能源开发利用规划和本行政区域可再生能源开发利用中长期目标，编制本行政区域可再生能源开发利用规划，经本级人民政府批准后，报国务院能源主管部门和国家电力监管机构备案，并组织实施。

经批准的规划应当公布；但是，国家规定需要保密的内容除外。

经批准的规划需要修改的，须经原批准机关批准。

第九条　编制可再生能源开发利用规划，应当遵循因地制宜、统筹兼顾、合理布局、有序发展的原则，对风能、太阳能、水能、生物质能、地热能、海洋能等可再生能源的开发利用作出统筹安排。规划内容应当包括发展目标、主要任务、区域布局、重点项目、实施进度、配套电网建设、服务体系和保障措施等。

组织编制机关应当征求有关单位、专家和公众的意见，进行科学论证。

第三章　产业指导与技术支持

第十条　国务院能源主管部门根据全国可再生能源开发利用规划，制定、公布可再生能源产业发展指导目录。

第十一条　国务院标准化行政主管部门应当制定、公布国家可再生能源电力的并网技术标准和其他需要在全国范围内统一技术要求的有关可再生能源技术和产品的国家标准。

对前款规定的国家标准中未作规定的技术要求，国务院有关部门可以制定相关的行业标准，并报国务院标准化行政主管部门备案。

第十二条　国家将可再生能源开发利用的科学技术研究和产业化发展列为科技发展与高技术产业发展的优先领域，纳入国家科技发展规划和高技术产业发展规划，并安排资金支持可再生能源开发利用的科学技术研究、应用示范和产业化发展，促进可再生能源开发利用的技术进步，降低可再生能源产品的生产成本，提高产品质量。

国务院教育行政部门应当将可再生能源知识和技术纳入普通教育、职业教育课程。

第四章　推广与应用

第十三条　国家鼓励和支持可再生能源并网发电。

建设可再生能源并网发电项目，应当依照法律和国务院的规定取得行政许可或者报送备案。

建设应当取得行政许可的可再生能源并网发电项目，有多人申请同一项目许可的，应当依法通过招标确定被许可人。

第十四条　国家实行可再生能源发电全额保障性收购制度。

国务院能源主管部门会同国家电力监管机构和国务院财政部门，按照全国可再生能源开发利用规划，确定在规划期内应当达到的可再生能源发电量占全部发电量的比重，制定电网企业优先调度和全额收购可再生能源发电的具体办法，并由国务院能源主管部门会同国家电力监管机构在年度中督促落实。

电网企业应当与按照可再生能源开发利用规划建设，依法取得行政许可或者报送备案的可再生能源发电企业签订并网协议，全额收购其电网覆盖范围内符合并网技术标准的可再生能源并网发电项目的上网电量。发电企业有义务配合电网企业保障电网安全。

电网企业应当加强电网建设，扩大可再生能源电力配置范围，发展和应用智能电网、储能等技术，完善电网运行管理，提高吸纳可再生能源电力的能力，为可再生能源发电提供上网服务。

第十五条　国家扶持在电网未覆盖的地区建设可再生能源独立电力系统，为当地生产和生活提供电力服务。

第十六条　国家鼓励清洁、高效地开发利用生物质燃料，鼓励发展能源作物。

利用生物质资源生产的燃气和热力，符合城市燃气管网、热力管网的入网技术标准的，经营燃气管网、热力管网的企业应当接收其入网。

国家鼓励生产和利用生物液体燃料。石油销售企业应当按照国务院能源主管部门或者省级人民政府的规定，将符合国家标准的生物液体燃料纳入其燃料销售体系。

第十七条　国家鼓励单位和个人安装和使用太阳能热水系统、太阳能供热采暖和制冷系统、太阳能光伏发电系统等太阳能利用系统。

国务院建设行政主管部门会同国务院有关部门制定太阳能利用系统与建筑结合的技术经济政策和技术规范。

房地产开发企业应当根据前款规定的技术规范，在建筑物的设计和施工中，为太阳能利用提供必备条件。

对已建成的建筑物，住户可以在不影响其质量与安全的前提下安装符合技术规范和产品标准的太阳能利用系统；但是，当事人另有约定的除外。

第十八条　国家鼓励和支持农村地区的可再生能源开发利用。

县级以上地方人民政府管理能源工作的部门会同有关部门，根据当地经济社会发展、生态保护和卫生综合治理需要等实际情况，制定农村地区可再生能源发展规划，因地制宜地推广应用沼气等生物质资源转化、户用太阳能、小型风能、小型水能等技术。

县级以上人民政府应当对农村地区的可再生能源利用项目提供财政支持。

第五章　价格管理与费用补偿

第十九条　可再生能源发电项目的上网电价，由国务院价格主管部门根据不同类型可再生能源发电的特点和不同地区的情况，按照有利于促进可再生能源开发利用和经济合理的原则确定，并根据可再生能源开发利用技术的发展适时调整。上网电价应当公布。

依照本法第十三条第三款规定实行招标的可再生能源发电项目的上网电价，按照中标确定的价格执行；但是，不得高于依照前款规定确定的同类可再生能源发电项目的上网电价水平。

第二十条　电网企业依照本法第十九条规定确定的上网电价收购可再生能源电量所发生的费用，高于按照常规能源发电平均上网电价计算所发生费用之间的差额，由在全国范围对销售电量征收可再生能源电价附加补偿。

第二十一条　电网企业为收购可再生能源电量而支付的合理的接网费用以及其他合理的相关费用，可以计入电网企业输电成本，并从销售电价中回收。

第二十二条　国家投资或者补贴建设的公共可再生能源独立电力系统的销售电价，执行同一地区分类销售电价，其合理的运行和管理费用超出销售电价的部分，依照本法第二十条的规定补偿。

第二十三条　进入城市管网的可再生能源热力和燃气的价格，按照有利于促进可再生能源开发利用和经济合理的原则，根据价格管理权限确定。

第六章　经济激励与监督措施

第二十四条　国家财政设立可再生能源发展基金，资金来源包括国家财政年度安排的专项资金和依法征收的可再生能源电价附加收入等。

可再生能源发展基金用于补偿本法第二十条、第二十二条规定的差额费用，并用于支持以下事项：

（一）可再生能源开发利用的科学技术研究、标准制定和示范工程；

（二）农村、牧区的可再生能源利用项目；

（三）偏远地区和海岛可再生能源独立电力系统建设；

（四）可再生能源的资源勘查、评价和相关信息系统建设；

（五）促进可再生能源开发利用设备的本地化生产。

本法第二十一条规定的接网费用以及其他相关费用，电网企业不能通过销售电价回收的，可以申请可再生能源发展基金补助。

可再生能源发展基金征收使用管理的具体办法，由国务院财政部门会同国务院能源、价格主管部门制定。

第二十五条　对列入国家可再生能源产业发展指导目录、符合信贷条件的可再生能源开发利用项目，金融机构可以提供有财政贴息的优惠贷款。

第二十六条　国家对列入可再生能源产业发展指导目录的项目给予税收优惠。具体办法由国务院规定。

第二十七条　电力企业应当真实、完整地记载和保存可再生能源发电的有关资料，并接受电力监管机构的检查和监督。

电力监管机构进行检查时，应当依照规定的程序进行，并为被检查单位保守商业秘密和其他秘密。

第七章　法律责任

第二十八条　国务院能源主管部门和县级以上地方人民政府管理能源工作的部门和其他有关部门在可再生能源开发利用监督管理工作中，违反本法规定，有下列行为之的，由本级人民政府或者上级人民政府有关部门责令改正，对负有责任的主管人员和其他直接责任人员依法给予行政处分；构成犯罪的，依法追究刑事责任：

（一）不依法作出行政许可决定的；

（二）发现违法行为不予查处的；

（三）有不依法履行监督管理职责的其他行为的。

第二十九条　违反本法第十四条规定，电网企业未按照规定完成收购可再生能源电量，造成可再生能源发电企业经济损失的，应当承担赔偿责任，并由国家电力监管机构责令限期改正；拒不改正的，处以可再生能源发电企业经济损失额一倍以下的罚款。

第三十条　违反本法第十六条第二款规定，经营燃气管网、热力管网的企业不准许符合入网技术标准的燃气、热力入网，造成燃气、热力生产企业经济损失的，应当承担赔偿责任，并由省级人民政府管理能源工作的部门责令限期改正；拒不改正的，处以燃气、热力生产企业经济损失额一倍以下的罚款。

第三十一条　违反本法第十六条第三款规定，石油销售企业未按照规定将符合国家标准的生物液体燃料纳入其燃料销售体系，造成生物液体燃料生产企业经济损失的，应当承担赔偿责任，并由国务院能源主管部门或者省级人民政府管理能源工作的部门责令限期改正；拒不改正的，处以生物液体燃料生产企业经济损失额一倍以下的罚款。

第八章　附　　则

第三十二条　本法中下列用语的含义：

（一）生物质能，是指利用自然界的植物、粪便以及城乡有机废物转化成的能源。

（二）可再生能源独立电力系统，是指不与电网连接的单独运行的可再生能源电力系统。

（三）能源作物，是指经专门种植，用以提供能源原料的草本和木本植物。

（四）生物液体燃料，是指利用生物质资源生产的甲醇、乙醇和生物柴油等液体燃料。

第三十三条　本法自 2006 年 1 月 1 日起施行。

中华人民共和国节约能源法

（1997 年 11 月 1 日第八届全国人民代表大会常务委员会第二十八次会议通过，2007 年 10 月 28 日第十届全国人民代表大会常务委员会第三十次会议修订，根据 2016 年 7 月 2 日第十二届全国人民代表大会常务委员会第二十一次会议《关于修改〈中华人民共和国节约能源法〉等六部法律的决定》第一次修正，根据 2018 年 10 月 26 日第十三届全国人民代表大会常务委员会第六次会议《关于修改〈中华人民共和国野生动物保护法〉等十五部法律的决定》第二次修正）

第一章　总　　则

第一条　为了推动全社会节约能源，提高能源利用效率，保护和改善环境，促进经济社会全面协调可持续发展，制定本法。

第二条　本法所称能源，是指煤炭、石油、天然气、生物质能和电力、热力以及其他直接或者通过加工、转换而取得有用能的各种资源。

第三条　本法所称节约能源（以下简称节能），是指加强用能管理，采取技术上可行、经济上合理以及环境和社会可以承受的措施，从能源生产到消费的各个环节，降低消耗、减少损失和污染物排放、制止浪费，有效、合理地利用能源。

第四条　节约资源是我国的基本国策。国家实施节约与开发并举、把节约放在首位的能源发展战略。

第五条　国务院和县级以上地方各级人民政府应当将节能工作纳入国民经济和社会发展规划、年度计划，并组织编制和实施节能中长期专项规划、年度节能计划。

国务院和县级以上地方各级人民政府每年向本级人民代表大会或者其常务委员会报告节能工作。

第六条　国家实行节能目标责任制和节能考核评价制度，将节能目标完成情况作为对地方人民政府及其负责人考核评价的内容。

省、自治区、直辖市人民政府每年向国务院报告节能目标责任的履行情况。

第七条　国家实行有利于节能和环境保护的产业政策，限制发展高耗能、高污染行业，发展节能环保型产业。

国务院和省、自治区、直辖市人民政府应当加强节能工作，合理调整产业结构、企业结构、产品结构和能源消费结构，推动企业降低单位产值能耗和单位产品能耗，淘汰落后的生产能力，改进能源的开发、加工、转换、输送、储存和供应，提高能源利用效率。

国家鼓励、支持开发和利用新能源、可再生能源。

第八条　国家鼓励、支持节能科学技术的研究、开发、示范和推广，促进节能技术创新与进步。

国家开展节能宣传和教育，将节能知识纳入国民教育和培训体系，普及节能科学知识，增强全民的节能意识，提倡节约型的消费方式。

第九条 任何单位和个人都应当依法履行节能义务，有权检举浪费能源的行为。

新闻媒体应当宣传节能法律、法规和政策，发挥舆论监督作用。

第十条 国务院管理节能工作的部门主管全国的节能监督管理工作。国务院有关部门在各自的职责范围内负责节能监督管理工作，并接受国务院管理节能工作的部门的指导。

县级以上地方各级人民政府管理节能工作的部门负责本行政区域内的节能监督管理工作。县级以上地方各级人民政府有关部门在各自的职责范围内负责节能监督管理工作，并接受同级管理节能工作的部门的指导。

第二章 节能管理

第十一条 国务院和县级以上地方各级人民政府应当加强对节能工作的领导，部署、协调、监督、检查、推动节能工作。

第十二条 县级以上人民政府管理节能工作的部门和有关部门应当在各自的职责范围内，加强对节能法律、法规和节能标准执行情况的监督检查，依法查处违法用能行为。

履行节能监督管理职责不得向监督管理对象收取费用。

第十三条 国务院标准化主管部门和国务院有关部门依法组织制定并适时修订有关节能的国家标准、行业标准，建立健全节能标准体系。

国务院标准化主管部门会同国务院管理节能工作的部门和国务院有关部门制定强制性的用能产品、设备能源效率标准和生产过程中耗能高的产品的单位产品能耗限额标准。

国家鼓励企业制定严于国家标准、行业标准的企业节能标准。

省、自治区、直辖市制定严于强制性国家标准、行业标准的地方节能标准，由省、自治区、直辖市人民政府报经国务院批准；本法另有规定的除外。

第十四条 建筑节能的国家标准、行业标准由国务院建设主管部门组织制定，并依照法定程序发布。

省、自治区、直辖市人民政府建设主管部门可以根据本地实际情况，制定严于国家标准或者行业标准的地方建筑节能标准，并报国务院标准化主管部门和国务院建设主管部门备案。

第十五条 国家实行固定资产投资项目节能评估和审查制度。不符合强制性节能标准的项目，建设单位不得开工建设；已经建成的，不得投入生产、使用。政府投资项目不符合强制性节能标准的，依法负责项目审批的机关不得批准建设。具体办法由国务院管理节能工作的部门会同国务院有关部门制定。

第十六条 国家对落后的耗能过高的用能产品、设备和生产工艺实行淘汰制度。淘汰的用能产品、设备、生产工艺的目录和实施办法，由国务院管理节能工作的部门会同国务院有关部门制定并公布。

生产过程中耗能高的产品的生产单位，应当执行单位产品能耗限额标准。对超过单位产品能耗限额标准用能的生产单位，由管理节能工作的部门按照国务院规定的权限责令限期治理。

对高耗能的特种设备，按照国务院的规定实行节能审查和监管。

第十七条 禁止生产、进口、销售国家明令淘汰或者不符合强制性能源效率标准的用能产品、设备；禁止使用国家明令淘汰的用能设备、生产工艺。

第十八条 国家对家用电器等使用面广、耗能量大的用能产品，实行能源效率标识管理。实行能源效率标识管理的产品目录和实施办法，由国务院管理节能工作的部门会同国务院市场监督管理部门制定并公布。

第十九条 生产者和进口商应当对列入国家能源效率标识管理产品目录的用能产品标注能源效率标识，在产品包装物上或者说明书中予以说明，并按照规定报国务院市场监督管理部门和国务院管理节能工作的部门共同授权的机构备案。

生产者和进口商应当对其标注的能源效率标识及相关信息的准确性负责。禁止销售应当标注而未标注能源效率标识的产品。

禁止伪造、冒用能源效率标识或者利用能源效率标识进行虚假宣传。

第二十条　用能产品的生产者、销售者，可以根据自愿原则，按照国家有关节能产品认证的规定，向经国务院认证认可监督管理部门认可的从事节能产品认证的机构提出节能产品认证申请；经认证合格后，取得节能产品认证证书，可以在用能产品或者其包装物上使用节能产品认证标志。

禁止使用伪造的节能产品认证标志或者冒用节能产品认证标志。

第二十一条　县级以上各级人民政府统计部门应当会同同级有关部门，建立健全能源统计制度，完善能源统计指标体系，改进和规范能源统计方法，确保能源统计数据真实、完整。

国务院统计部门会同国务院管理节能工作的部门，定期向社会公布各省、自治区、直辖市以及主要耗能行业的能源消费和节能情况等信息。

第二十二条　国家鼓励节能服务机构的发展，支持节能服务机构开展节能咨询、设计、评估、检测、审计、认证等服务。

国家支持节能服务机构开展节能知识宣传和节能技术培训，提供节能信息、节能示范和其他公益性节能服务。

第二十三条　国家鼓励行业协会在行业节能规划、节能标准的制定和实施、节能技术推广、能源消费统计、节能宣传培训和信息咨询等方面发挥作用。

第三章　合理使用与节约能源

第一节　一般规定

第二十四条　用能单位应当按照合理用能的原则，加强节能管理，制定并实施节能计划和节能技术措施，降低能源消耗。

第二十五条　用能单位应当建立节能目标责任制，对节能工作取得成绩的集体、个人给予奖励。

第二十六条　用能单位应当定期开展节能教育和岗位节能培训。

第二十七条　用能单位应当加强能源计量管理，按照规定配备和使用经依法检定合格的能源计量器具。

用能单位应当建立能源消费统计和能源利用状况分析制度，对各类能源的消费实行分类计量和统计，并确保能源消费统计数据真实、完整。

第二十八条　能源生产经营单位不得向本单位职工无偿提供能源。任何单位不得对能源消费实行包费制。

第二节　工业节能

第二十九条　国务院和省、自治区、直辖市人民政府推进能源资源优化开发利用和合理配置，推进有利于节能的行业结构调整，优化用能结构和企业布局。

第三十条　国务院管理节能工作的部门会同国务院有关部门制定电力、钢铁、有色金属、建材、石油加工、化工、煤炭等主要耗能行业的节能技术政策，推动企业节能技术改造。

第三十一条　国家鼓励工业企业采用高效、节能的电动机、锅炉、窑炉、风机、泵类等设备，采用热电联产、余热余压利用、洁净煤以及先进的用能监测和控制等技术。

第三十二条　电网企业应当按照国务院有关部门制定的节能发电调度管理的规定，安排清洁、高效和符合规定的热电联产、利用余热余压发电的机组以及其他符合资源综合利用规定的发电机组与电网并网运行，上网电价执行国家有关规定。

第三十三条　禁止新建不符合国家规定的燃煤发电机组、燃油发电机组和燃煤热电机组。

第三节　建筑节能

第三十四条　国务院建设主管部门负责全国建筑节能的监督管理工作。

县级以上地方各级人民政府建设主管部门负责本行政区域内建筑节能的监督管理工作。

县级以上地方各级人民政府建设主管部门会同同级管理节能工作的部门编制本行政区域内的建筑节能规划。建筑节能规划应当包括既有建筑节能改造计划。

第三十五条　建筑工程的建设、设计、施工和监理单位应当遵守建筑节能标准。

不符合建筑节能标准的建筑工程，建设主管部门不得批准开工建设；已经开工建设的，应当责令停止施工、限期改正；已经建成的，不得销售或者使用。

建设主管部门应当加强对在建建筑工程执行建筑节能标准情况的监督检查。

第三十六条　房地产开发企业在销售房屋时，应当向购买人明示所售房屋的节能措施、保温工程保修期等信息，在房屋买卖合同、质量保证书和使用说明书中载明，并对其真实性、准确性负责。

第三十七条　使用空调采暖、制冷的公共建筑应当实行室内温度控制制度。具体办法由国务院建设主管部门制定。

第三十八条　国家采取措施，对实行集中供热的建筑分步骤实行供热分户计量、按照用热量收费的制度。新建建筑或者对既有建筑进行节能改造，应当按照规定安装用热计量装置、室内温度调控装置和供热系统调控装置。具体办法由国务院建设主管部门会同国务院有关部门制定。

第三十九条　县级以上地方各级人民政府有关部门应当加强城市节约用电管理，严格控制公用设施和大型建筑物装饰性景观照明的能耗。

第四十条　国家鼓励在新建建筑和既有建筑节能改造中使用新型墙体材料等节能建筑材料和节能设备，安装和使用太阳能等可再生能源利用系统。

第四节　交通运输节能

第四十一条　国务院有关交通运输主管部门按照各自的职责负责全国交通运输相关领域的节能监督管理工作。

国务院有关交通运输主管部门会同国务院管理节能工作的部门分别制定相关领域的节能规划。

第四十二条　国务院及其有关部门指导、促进各种交通运输方式协调发展和有效衔接，优化交通运输结构，建设节能型综合交通运输体系。

第四十三条　县级以上地方各级人民政府应当优先发展公共交通，加大对公共交通的投入，完善公共交通服务体系，鼓励利用公共交通工具出行；鼓励使用非机动交通工具出行。

第四十四条　国务院有关交通运输主管部门应当加强交通运输组织管理，引导道路、水路、航空运输企业提高运输组织化程度和集约化水平，提高能源利用效率。

第四十五条　国家鼓励开发、生产、使用节能环保型汽车、摩托车、铁路机车车辆、船舶和其他交通运输工具，实行老旧交通运输工具的报废、更新制度。

国家鼓励开发和推广应用交通运输工具使用的清洁燃料、石油替代燃料。

第四十六条　国务院有关部门制定交通运输营运车船的燃料消耗量限值标准；不符合标准的，不得用于营运。

国务院有关交通运输主管部门应当加强对交通运输营运车船燃料消耗检测的监督管理。

第五节　公共机构节能

第四十七条　公共机构应当厉行节约，杜绝浪费，带头使用节能产品、设备，提高能源利用效率。

本法所称公共机构，是指全部或者部分使用财政性资金的国家机关、事业单位和团体组织。

第四十八条　国务院和县级以上地方各级人民政府管理机关事务工作的机构会同同级有关部门制定和组织实施本级公共机构节能规划。公共机构节能规划应当包括公共机构既有建筑节能改造计划。

第四十九条　公共机构应当制定年度节能目标和实施方案，加强能源消费计量和监测管理，向本级人民政府管理机关事务工作的机构报送上年度的能源消费状况报告。

国务院和县级以上地方各级人民政府管理机关事务工作的机构会同同级有关部门按照管理权限，制定本级公共机构的能源消耗定额，财政部门根据该定额制定能源消耗支出标准。

第五十条　公共机构应当加强本单位用能系统管理，保证用能系统的运行符合国家相关标准。

公共机构应当按照规定进行能源审计，并根据能源审计结果采取提高能源利用效率的措施。

第五十一条　公共机构采购用能产品、设备，应当优先采购列入节能产品、设备政府采购名录中的产品、设备。禁止采购国家明令淘汰的用能产品、设备。

节能产品、设备政府采购名录由省级以上人民政府的政府采购监督管理部门会同同级有关部门制定并公布。

第六节　重点用能单位节能

第五十二条　国家加强对重点用能单位的节能管理。

下列用能单位为重点用能单位：

（一）年综合能源消费总量一万吨标准煤以上的用能单位；

（二）国务院有关部门或者省、自治区、直辖市人民政府管理节能工作的部门指定的年综合能源消费总量五千吨以上不满一万吨标准煤的用能单位。

重点用能单位节能管理办法，由国务院管理节能工作的部门会同国务院有关部门制定。

第五十三条　重点用能单位应当每年向管理节能工作的部门报送上年度的能源利用状况报告。能源利用状况包括能源消费情况、能源利用效率、节能目标完成情况和节能效益分析、节能措施等内容。

第五十四条　管理节能工作的部门应当对重点用能单位报送的能源利用状况报告进行审查。对节能管理制度不健全、节能措施不落实、能源利用效率低的重点用能单位，管理节能工作的部门应当开展现场调查，组织实施用能设备能源效率检测，责令实施能源审计，并提出书面整改要求，限期整改。

第五十五条　重点用能单位应当设立能源管理岗位，在具有节能专业知识、实际经验以及中级以上技术职称的人员中聘任能源管理负责人，并报管理节能工作的部门和有关部门备案。

能源管理负责人负责组织对本单位用能状况进行分析、评价，组织编写本单位能源利用状况报告，提出本单位节能工作的改进措施并组织实施。

能源管理负责人应当接受节能培训。

第四章　节能技术进步

第五十六条　国务院管理节能工作的部门会同国务院科技主管部门发布节能技术政策大纲，指导节能技术研究、开发和推广应用。

第五十七条　县级以上各级人民政府应当把节能技术研究开发作为政府科技投入的重点领域，支持科研单位和企业开展节能技术应用研究，制定节能标准，开发节能共性和关键技术，促进节能技术创新与成果转化。

第五十八条　国务院管理节能工作的部

门会同国务院有关部门制定并公布节能技术、节能产品的推广目录，引导用能单位和个人使用先进的节能技术、节能产品。

国务院管理节能工作的部门会同国务院有关部门组织实施重大节能科研项目、节能示范项目、重点节能工程。

第五十九条　县级以上各级人民政府应当按照因地制宜、多能互补、综合利用、讲求效益的原则，加强农业和农村节能工作，增加对农业和农村节能技术、节能产品推广应用的资金投入。

农业、科技等有关主管部门应当支持、推广在农业生产、农产品加工储运等方面应用节能技术和节能产品，鼓励更新和淘汰高耗能的农业机械和渔业船舶。

国家鼓励、支持在农村大力发展沼气，推广生物质能、太阳能和风能等可再生能源利用技术，按照科学规划、有序开发的原则发展小型水力发电，推广节能型的农村住宅和炉灶等，鼓励利用非耕地种植能源植物，大力发展薪炭林等能源林。

第五章　激励措施

第六十条　中央财政和省级地方财政安排节能专项资金，支持节能技术研究开发、节能技术和产品的示范与推广、重点节能工程的实施、节能宣传培训、信息服务和表彰奖励等。

第六十一条　国家对生产、使用列入本法第五十八条规定的推广目录的需要支持的节能技术、节能产品，实行税收优惠等扶持政策。

国家通过财政补贴支持节能照明器具等节能产品的推广和使用。

第六十二条　国家实行有利于节约能源资源的税收政策，健全能源矿产资源有偿使用制度，促进能源资源的节约及其开采利用水平的提高。

第六十三条　国家运用税收等政策，鼓励先进节能技术、设备的进口，控制在生产过程中耗能高、污染重的产品的出口。

第六十四条　政府采购监督管理部门会同有关部门制定节能产品、设备政府采购名录，应当优先列入取得节能产品认证证书的产品、设备。

第六十五条　国家引导金融机构增加对节能项目的信贷支持，为符合条件的节能技术研究开发、节能产品生产以及节能技术改造等项目提供优惠贷款。

国家推动和引导社会有关方面加大对节能的资金投入，加快节能技术改造。

第六十六条　国家实行有利于节能的价格政策，引导用能单位和个人节能。

国家运用财税、价格等政策，支持推广电力需求侧管理、合同能源管理、节能自愿协议等节能办法。

国家实行峰谷分时电价、季节性电价、可中断负荷电价制度，鼓励电力用户合理调整用电负荷；对钢铁、有色金属、建材、化工和其他主要耗能行业的企业，分淘汰、限制、允许和鼓励类实行差别电价政策。

第六十七条　各级人民政府对在节能管理、节能科学技术研究和推广应用中有显著成绩以及检举严重浪费能源行为的单位和个人，给予表彰和奖励。

第六章　法律责任

第六十八条　负责审批政府投资项目的机关违反本法规定，对不符合强制性节能标准的项目予以批准建设的，对直接负责的主管人员和其他直接责任人员依法给予处分。

固定资产投资项目建设单位开工建设不符合强制性节能标准的项目或者将该项目投入生产、使用的，由管理节能工作的部门责令停止建设或者停止生产、使用，限期改造；不能改造或者逾期不改造的生产性项目，由管理节能工作的部门报请本级人民政府按照国务院规定的权限责令关闭。

第六十九条　生产、进口、销售国家明令淘汰的用能产品、设备的，使用伪造的节能产品认证标志或者冒用节能产品认证标志的，依照《中华人民共和国产品质量法》的规定处罚。

第七十条　生产、进口、销售不符合强制性能源效率标准的用能产品、设备的，由市场监督管理部门责令停止生产、进口、销售，没收违法生产、进口、销售的用能产品、设备和违法所得，并处违法所得一倍以上五倍以下罚款；情节严重的，吊销营业执照。

第七十一条　使用国家明令淘汰的用能设备或者生产工艺的，由管理节能工作的部门责令停止使用，没收国家明令淘汰的用能设备；情节严重的，可以由管理节能工作的部门提出意见，报请本级人民政府按照国务院规定的权限责令停业整顿或者关闭。

第七十二条　生产单位超过单位产品能耗限额标准用能，情节严重，经限期治理逾期不治理或者没有达到治理要求的，可以由管理节能工作的部门提出意见，报请本级人民政府按照国务院规定的权限责令停业整顿或者关闭。

第七十三条　违反本法规定，应当标注能源效率标识而未标注的，由市场监督管理部门责令改正，处三万元以上五万元以下罚款。

违反本法规定，未办理能源效率标识备案，或者使用的能源效率标识不符合规定的，由市场监督管理部门责令限期改正；逾期不改正的，处一万元以上三万元以下罚款。

伪造、冒用能源效率标识或者利用能源效率标识进行虚假宣传的，由市场监督管理部门责令改正，处五万元以上十万元以下罚款；情节严重的，吊销营业执照。

第七十四条　用能单位未按照规定配备、使用能源计量器具的，由市场监督管理部门责令限期改正；逾期不改正的，处一万元以上五万元以下罚款。

第七十五条　瞒报、伪造、篡改能源统计资料或者编造虚假能源统计数据的，依照《中华人民共和国统计法》的规定处罚。

第七十六条　从事节能咨询、设计、评估、检测、审计、认证等服务的机构提供虚假信息的，由管理节能工作的部门责令改正，没收违法所得，并处五万元以上十万元以下罚款。

第七十七条　违反本法规定，无偿向本单位职工提供能源或者对能源消费实行包费制的，由管理节能工作的部门责令限期改正；逾期不改正的，处五万元以上二十万元以下罚款。

第七十八条　电网企业未按照本法规定安排符合规定的热电联产和利用余热余压发电的机组与电网并网运行，或者未执行国家有关上网电价规定的，由国家电力监管机构责令改正；造成发电企业经济损失的，依法承担赔偿责任。

第七十九条　建设单位违反建筑节能标准的，由建设主管部门责令改正，处二十万元以上五十万元以下罚款。

设计单位、施工单位、监理单位违反建筑节能标准的，由建设主管部门责令改正，处十万元以上五十万元以下罚款；情节严重的，由颁发资质证书的部门降低资质等级或者吊销资质证书；造成损失的，依法承担赔偿责任。

第八十条　房地产开发企业违反本法规定，在销售房屋时未向购买人明示所售房屋的节能措施、保温工程保修期等信息的，由建设主管部门责令限期改正，逾期不改正的，处三万元以上五万元以下罚款；对以上信息作虚假宣传的，由建设主管部门责令改正，处五万元以上二十万元以下罚款。

第八十一条　公共机构采购用能产品、设备，未优先采购列入节能产品、设备政府采购名录中的产品、设备，或者采购国家明令淘汰的用能产品、设备的，由政府采购监督管理部门给予警告，可以并处罚款；对直接负责的主管人员和其他直接责任人员依法给予处分，并予通报。

第八十二条　重点用能单位未按照本法

规定报送能源利用状况报告或者报告内容不实的，由管理节能工作的部门责令限期改正；逾期不改正的，处一万元以上五万元以下罚款。

第八十三条　重点用能单位无正当理由拒不落实本法第五十四条规定的整改要求或者整改没有达到要求的，由管理节能工作的部门处十万元以上三十万元以下罚款。

第八十四条　重点用能单位未按照本法规定设立能源管理岗位，聘任能源管理负责人，并报管理节能工作的部门和有关部门备案的，由管理节能工作的部门责令改正；拒不改正的，处一万元以上三万元以下罚款。

第八十五条　违反本法规定，构成犯罪的，依法追究刑事责任。

第八十六条　国家工作人员在节能管理工作中滥用职权、玩忽职守、徇私舞弊，构成犯罪的，依法追究刑事责任；尚不构成犯罪的，依法给予处分。

第七章　附　　则

第八十七条　本法自 2008 年 4 月 1 日起施行。

中华人民共和国石油天然气管道保护法

（2010 年 6 月 25 日第十一届全国人民代表大会常务委员会第十五次会议通过，2010 年 6 月 25 日公布，自 2010 年 10 月 1 日起施行）

第一章　总　　则

第一条　为了保护石油、天然气管道，保障石油、天然气输送安全，维护国家能源安全和公共安全，制定本法。

第二条　中华人民共和国境内输送石油、天然气的管道的保护，适用本法。

城镇燃气管道和炼油、化工等企业厂区内管道的保护，不适用本法。

第三条　本法所称石油包括原油和成品油，所称天然气包括天然气、煤层气和煤制气。

本法所称管道包括管道及管道附属设施。

第四条　国务院能源主管部门依照本法规定主管全国管道保护工作，负责组织编制并实施全国管道发展规划，统筹协调全国管道发展规划与其他专项规划的衔接，协调跨省、自治区、直辖市管道保护的重大问题。国务院其他有关部门依照有关法律、行政法规的规定，在各自职责范围内负责管道保护的相关工作。

第五条　省、自治区、直辖市人民政府能源主管部门和设区的市级、县级人民政府指定的部门，依照本法规定主管本行政区域的管道保护工作，协调处理本行政区域管道保护的重大问题，指导、监督有关单位履行管道保护义务，依法查处危害管道安全的违法行为。县级以上地方人民政府其他有关部门依照有关法律、行政法规的规定，在各自职责范围内负责管道保护的相关工作。

省、自治区、直辖市人民政府能源主管部门和设区的市级、县级人民政府指定的部门，统称县级以上地方人民政府主管管道保护工作的部门。

第六条　县级以上地方人民政府应当加强对本行政区域管道保护工作的领导，督促、检查有关部门依法履行管道保护职责，组织排除管道的重大外部安全隐患。

第七条　管道企业应当遵守本法和有关规划、建设、安全生产、质量监督、环境保护等法律、行政法规，执行国家技术规范的强制性要求，建立、健全本企业有关管道保护的规章制度和操作规程并组织实施，宣传管道安全与保护知识，履行管道保护义务，接受人民政府及其有关部门依法实施的监督，保障管道安全运行。

第八条　任何单位和个人不得实施危害管道安全的行为。

对危害管道安全的行为，任何单位和个人有权向县级以上地方人民政府主管管道保护工作的部门或者其他有关部门举报。接到举报的部门应当在职责范围内及时处理。

第九条　国家鼓励和促进管道保护新技术的研究开发和推广应用。

第二章　管道规划与建设

第十条　管道的规划、建设应当符合管道保护的要求，遵循安全、环保、节约用地和经济合理的原则。

第十一条　国务院能源主管部门根据国民经济和社会发展的需要组织编制全国管道发展规划。组织编制全国管道发展规划应当征求国务院有关部门以及有关省、自治区、直辖市人民政府的意见。

全国管道发展规划应当符合国家能源规划，并与土地利用总体规划、城乡规划以及矿产资源、环境保护、水利、铁路、公路、航道、港口、电信等规划相协调。

第十二条　管道企业应当根据全国管道发展规划编制管道建设规划，并将管道建设规划确定的管道建设选线方案报送拟建管道所在地县级以上地方人民政府城乡规划主管部门审核；经审核符合城乡规划的，应当依法纳入当地城乡规划。

纳入城乡规划的管道建设用地，不得擅自改变用途。

第十三条　管道建设的选线应当避开地震活动断层和容易发生洪灾、地质灾害的区域，与建筑物、构筑物、铁路、公路、航道、港口、市政设施、军事设施、电缆、光缆等保持本法和有关法律、行政法规以及国家技术规范的强制性要求规定的保护距离。

新建管道通过的区域受地理条件限制，不能满足前款规定的管道保护要求的，管道企业应当提出防护方案，经管道保护方面的专家评审论证，并经管道所在地县级以上地方人民政府主管管道保护工作的部门批准后，方可建设。

管道建设项目应当依法进行环境影响评价。

第十四条　管道建设使用土地，依照《中华人民共和国土地管理法》等法律、行政法规的规定执行。

依法建设的管道通过集体所有的土地或者他人取得使用权的国有土地，影响土地使用的，管道企业应当按照管道建设时土地的用途给予补偿。

第十五条　依照法律和国务院的规定，取得行政许可或者已报送备案并符合开工条件的管道项目的建设，任何单位和个人不得阻碍。

第十六条　管道建设应当遵守法律、行政法规有关建设工程质量管理的规定。

管道企业应当依照有关法律、行政法规的规定，选择具备相应资质的勘察、设计、施工、工程监理单位进行管道建设。

管道的安全保护设施应当与管道主体工程同时设计、同时施工、同时投入使用。

管道建设使用的管道产品及其附件的质量，应当符合国家技术规范的强制性要求。

第十七条　穿跨越水利工程、防洪设施、河道、航道、铁路、公路、港口、电力设施、通信设施、市政设施的管道的建设，应当遵守本法和有关法律、行政法规，执行国家技术规范的强制性要求。

第十八条　管道企业应当按照国家技术规范的强制性要求在管道沿线设置管道标

志。管道标志毁损或者安全警示不清的，管道企业应当及时修复或者更新。

第十九条 管道建成后应当按照国家有关规定进行竣工验收。竣工验收应当审查管道是否符合本法规定的管道保护要求，经验收合格方可正式交付使用。

第二十条 管道企业应当自管道竣工验收合格之日起六十日内，将竣工测量图报管道所在地县级以上地方人民政府主管管道保护工作的部门备案；县级以上地方人民政府主管管道保护工作的部门应当将管道企业报送的管道竣工测量图分送本级人民政府规划、建设、国土资源、铁路、交通、水利、公安、安全生产监督管理等部门和有关军事机关。

第二十一条 地方各级人民政府编制、调整土地利用总体规划和城乡规划，需要管道改建、搬迁或者增加防护设施的，应当与管道企业协商确定补偿方案。

第三章 管道运行中的保护

第二十二条 管道企业应当建立、健全管道巡护制度，配备专门人员对管道线路进行日常巡护。管道巡护人员发现危害管道安全的情形或者隐患，应当按照规定及时处理和报告。

第二十三条 管道企业应当定期对管道进行检测、维修，确保其处于良好状态；对管道安全风险较大的区段和场所应当进行重点监测，采取有效措施防止管道事故的发生。

对不符合安全使用条件的管道，管道企业应当及时更新、改造或者停止使用。

第二十四条 管道企业应当配备管道保护所必需的人员和技术装备，研究开发和使用先进适用的管道保护技术，保证管道保护所必需的经费投入，并对在管道保护中做出突出贡献的单位和个人给予奖励。

第二十五条 管道企业发现管道存在安全隐患，应当及时排除。对管道存在的外部安全隐患，管道企业自身排除确有困难的，应当向县级以上地方人民政府主管管道保护工作的部门报告。接到报告的主管管道保护工作的部门应当及时协调排除或者报请人民政府及时组织排除安全隐患。

第二十六条 管道企业依法取得使用权的土地，任何单位和个人不得侵占。

为合理利用土地，在保障管道安全的条件下，管道企业可以与有关单位、个人约定，同意有关单位、个人种植浅根农作物。但是，因管道巡护、检测、维修造成的农作物损失，除另有约定外，管道企业不予赔偿。

第二十七条 管道企业对管道进行巡护、检测、维修等作业，管道沿线的有关单位、个人应当给予必要的便利。

因管道巡护、检测、维修等作业给土地使用权人或者其他单位、个人造成损失的，管道企业应当依法给予赔偿。

第二十八条 禁止下列危害管道安全的行为：

（一）擅自开启、关闭管道阀门；

（二）采用移动、切割、打孔、砸撬、拆卸等手段损坏管道；

（三）移动、毁损、涂改管道标志；

（四）在埋地管道上方巡查便道上行驶重型车辆；

（五）在地面管道线路、架空管道线路和管桥上行走或者放置重物。

第二十九条 禁止在本法第五十八条第一项所列管道附属设施的上方架设电力线路、通信线路或者在储气库构造区域范围内进行工程挖掘、工程钻探、采矿。

第三十条 在管道线路中心线两侧各五米地域范围内，禁止下列危害管道安全的行为：

（一）种植乔木、灌木、藤类、芦苇、竹子或者其他根系深达管道埋设部位可能损坏管道防腐层的深根植物；

（二）取土、采石、用火、堆放重物、

排放腐蚀性物质、使用机械工具进行挖掘施工；

（三）挖塘、修渠、修晒场、修建水产养殖场、建温室、建家畜棚圈、建房以及修建其他建筑物、构筑物。

第三十一条　在管道线路中心线两侧和本法第五十八条第一项所列管道附属设施周边修建下列建筑物、构筑物的，建筑物、构筑物与管道线路和管道附属设施的距离应当符合国家技术规范的强制性要求：

（一）居民小区、学校、医院、娱乐场所、车站、商场等人口密集的建筑物；

（二）变电站、加油站、加气站、储油罐、储气罐等易燃易爆物品的生产、经营、存储场所。

前款规定的国家技术规范的强制性要求，应当按照保障管道及建筑物、构筑物安全和节约用地的原则确定。

第三十二条　在穿越河流的管道线路中心线两侧各五百米地域范围内，禁止抛锚、拖锚、挖砂、挖泥、采石、水下爆破。但是，在保障管道安全的条件下，为防洪和航道通畅而进行的养护疏浚作业除外。

第三十三条　在管道专用隧道中心线两侧各一千米地域范围内，除本条第二款规定的情形外，禁止采石、采矿、爆破。

在前款规定的地域范围内，因修建铁路、公路、水利工程等公共工程，确需实施采石、爆破作业的，应当经管道所在地县级人民政府主管管道保护工作的部门批准，并采取必要的安全防护措施，方可实施。

第三十四条　未经管道企业同意，其他单位不得使用管道专用伴行道路、管道水工防护设施、管道专用隧道等管道附属设施。

第三十五条　进行下列施工作业，施工单位应当向管道所在地县级人民政府主管管道保护工作的部门提出申请：

（一）穿跨越管道的施工作业；

（二）在管道线路中心线两侧各五米至五十米和本法第五十八条第一项所列管道附属设施周边一百米地域范围内，新建、改建、扩建铁路、公路、河渠，架设电力线路，埋设地下电缆、光缆，设置安全接地体、避雷接地体；

（三）在管道线路中心线两侧各二百米和本法第五十八条第一项所列管道附属设施周边五百米地域范围内，进行爆破、地震法勘探或者工程挖掘、工程钻探、采矿。

县级人民政府主管管道保护工作的部门接到申请后，应当组织施工单位与管道企业协商确定施工作业方案，并签订安全防护协议；协商不成的，主管管道保护工作的部门应当组织进行安全评审，作出是否批准作业的决定。

第三十六条　申请进行本法第三十三条第二款、第三十五条规定的施工作业，应当符合下列条件：

（一）具有符合管道安全和公共安全要求的施工作业方案；

（二）已制定事故应急预案；

（三）施工作业人员具备管道保护知识；

（四）具有保障安全施工作业的设备、设施。

第三十七条　进行本法第三十三条第二款、第三十五条规定的施工作业，应当在开工七日前书面通知管道企业。管道企业应当指派专门人员到现场进行管道保护安全指导。

第三十八条　管道企业在紧急情况下进行管道抢修作业，可以先行使用他人土地或者设施，但应当及时告知土地或者设施的所有权人或者使用权人。给土地或者设施的所有权人或者使用权人造成损失的，管道企业应当依法给予赔偿。

第三十九条　管道企业应当制定本企业管道事故应急预案，并报管道所在地县级人民政府主管管道保护工作的部门备案；配备抢险救援人员和设备，并定期进行管道事故应急救援演练。

发生管道事故，管道企业应当立即启动本企业管道事故应急预案，按照规定及时通报可能受到事故危害的单位和居民，采取有效措施消除或者减轻事故危害，并依照有关事故调查处理的法律、行政法规的规定，向事故发生地县级人民政府主管管道保护工作的部门、安全生产监督管理部门和其他有关部门报告。

接到报告的主管管道保护工作的部门应当按照规定及时上报事故情况，并根据管道事故的实际情况组织采取事故处置措施或者报请人民政府及时启动本行政区域管道事故应急预案，组织进行事故应急处置与救援。

第四十条 管道泄漏的石油和因管道抢修排放的石油造成环境污染的，管道企业应当及时治理。因第三人的行为致使管道泄漏造成环境污染的，管道企业有权向第三人追偿治理费用。

环境污染损害的赔偿责任，适用《中华人民共和国侵权责任法》和防治环境污染的法律的有关规定。

第四十一条 管道泄漏的石油和因管道抢修排放的石油，由管道企业回收、处理，任何单位和个人不得侵占、盗窃、哄抢。

第四十二条 管道停止运行、封存、报废的，管道企业应当采取必要的安全防护措施，并报县级以上地方人民政府主管管道保护工作的部门备案。

第四十三条 管道重点保护部位，需要由中国人民武装警察部队负责守卫的，依照《中华人民共和国人民武装警察法》和国务院、中央军事委员会的有关规定执行。

第四章 管道建设工程与其他建设工程相遇关系的处理

第四十四条 管道建设工程与其他建设工程的相遇关系，依照法律的规定处理；法律没有规定的，由建设工程双方按照下列原则协商处理，并为对方提供必要的便利：

（一）后开工的建设工程服从先开工或者已建成的建设工程；

（二）同时开工的建设工程，后批准的建设工程服从先批准的建设工程。

依照前款规定，后开工或者后批准的建设工程，应当符合先开工、已建成或者先批准的建设工程的安全防护要求；需要先开工、已建成或者先批准的建设工程改建、搬迁或者增加防护设施的，后开工或者后批准的建设工程一方应当承担由此增加的费用。

管道建设工程与其他建设工程相遇的，建设工程双方应当协商确定施工作业方案并签订安全防护协议，指派专门人员现场监督、指导对方施工。

第四十五条 经依法批准的管道建设工程，需要通过正在建设的其他建设工程的，其他工程建设单位应当按照管道建设工程的需要，预留管道通道或者预建管道通过设施，管道企业应当承担由此增加的费用。

经依法批准的其他建设工程，需要通过正在建设的管道建设工程的，管道建设单位应当按照其他建设工程的需要，预留通道或者预建相关设施，其他工程建设单位应当承担由此增加的费用。

第四十六条 管道建设工程通过矿产资源开采区域的，管道企业应当与矿产资源开采企业协商确定管道的安全防护方案，需要矿产资源开采企业按照管道安全防护要求预建防护设施或者采取其他防护措施的，管道企业应当承担由此增加的费用。

矿产资源开采企业未按照约定预建防护设施或者采取其他防护措施，造成地面塌陷、裂缝、沉降等地质灾害，致使管道需要改建、搬迁或者采取其他防护措施的，矿产资源开采企业应当承担由此增加的费用。

第四十七条 铁路、公路等建设工程修建防洪、分流等水工防护设施，可能影响管道保护的，应当事先通知管道企业并注意保护下游已建成的管道水工防护设施。

建设工程修建防洪、分流等水工防护设施，使下游已建成的管道水工防护设施的功能受到影响，需要新建、改建、扩建管道水工防护设施的，工程建设单位应当承担由此增加的费用。

第四十八条　县级以上地方人民政府水行政主管部门制定防洪、泄洪方案应当兼顾管道的保护。

需要在管道通过的区域泄洪的，县级以上地方人民政府水行政主管部门应当在泄洪方案确定后，及时将泄洪量和泄洪时间通知本级人民政府主管管道保护工作的部门和管道企业或者向社会公告。主管管道保护工作的部门和管道企业应当对管道采取防洪保护措施。

第四十九条　管道与航道相遇，确需在航道中修建管道防护设施的，应当进行通航标准技术论证，并经航道主管部门批准。管道防护设施完工后，应经航道主管部门验收。

进行前款规定的施工作业，应当在批准的施工区域内设置航标，航标的设置和维护费用由管道企业承担。

第五章　法律责任

第五十条　管道企业有下列行为之一的，由县级以上地方人民政府主管管道保护工作的部门责令限期改正；逾期不改正的，处二万元以上十万元以下的罚款；对直接负责的主管人员和其他直接责任人员给予处分：

（一）未依照本法规定对管道进行巡护、检测和维修的；

（二）对不符合安全使用条件的管道未及时更新、改造或者停止使用的；

（三）未依照本法规定设置、修复或者更新有关管道标志的；

（四）未依照本法规定将管道竣工测量图报人民政府主管管道保护工作的部门备案的；

（五）未制定本企业管道事故应急预案，或者未将本企业管道事故应急预案报人民政府主管管道保护工作的部门备案的；

（六）发生管道事故，未采取有效措施消除或者减轻事故危害的；

（七）未对停止运行、封存、报废的管道采取必要的安全防护措施的。

管道企业违反本法规定的行为同时违反建设工程质量管理、安全生产、消防等其他法律的，依照其他法律的规定处罚。

管道企业给他人合法权益造成损害的，依法承担民事责任。

第五十一条　采用移动、切割、打孔、砸撬、拆卸等手段损坏管道或者盗窃、哄抢管道输送、泄漏、排放的石油、天然气，尚不构成犯罪的，依法给予治安管理处罚。

第五十二条　违反本法第二十九条、第三十条、第三十二条或者第三十三条第一款的规定，实施危害管道安全行为的，由县级以上地方人民政府主管管道保护工作的部门责令停止违法行为；情节较重的，对单位处一万元以上十万元以下的罚款，对个人处二百元以上二千元以下的罚款；对违法修建的建筑物、构筑物或者其他设施限期拆除；逾期未拆除的，由县级以上地方人民政府主管管道保护工作的部门组织拆除，所需费用由违法行为人承担。

第五十三条　未经依法批准，进行本法第三十三条第二款或者第三十五条规定的施工作业的，由县级以上地方人民政府主管管道保护工作的部门责令停止违法行为；情节较重的，处一万元以上五万元以下的罚款；对违法修建的危害管道安全的建筑物、构筑物或者其他设施限期拆除；逾期未拆除的，由县级以上地方人民政府主管管道保护工作的部门组织拆除，所需费用由违法行为人承担。

第五十四条　违反本法规定，有下列行为之一的，由县级以上地方人民政府主管管道保护工作的部门责令改正；情节严重的，处二百元以上一千元以下的罚款：

（一）擅自开启、关闭管道阀门的；

（二）移动、毁损、涂改管道标志的；

（三）在埋地管道上方巡查便道上行驶重型车辆的；

（四）在地面管道线路、架空管道线路和管桥上行走或者放置重物的；

（五）阻碍依法进行的管道建设的。

第五十五条 违反本法规定，实施危害管道安全的行为，给管道企业造成损害的，依法承担民事责任。

第五十六条 县级以上地方人民政府及其主管管道保护工作的部门或者其他有关部门，违反本法规定，对应当组织排除的管道外部安全隐患不及时组织排除，发现危害管道安全的行为或者接到对危害管道安全行为的举报后不依法予以查处，或者有其他不依照本法规定履行职责的行为的，由其上级机关责令改正，对直接负责的主管人员和其他直接责任人员依法给予处分。

第五十七条 违反本法规定，构成犯罪的，依法追究刑事责任。

第六章 附 则

第五十八条 本法所称管道附属设施包括：

（一）管道的加压站、加热站、计量站、集油站、集气站、输油站、输气站、配气站、处理场、清管站、阀室、阀井、放空设施、油库、储气库、装卸栈桥、装卸场；

（二）管道的水工防护设施、防风设施、防雷设施、抗震设施、通信设施、安全监控设施、电力设施、管堤、管桥以及管道专用涵洞、隧道等穿跨越设施；

（三）管道的阴极保护站、阴极保护测试桩、阳极地床、杂散电流排流站等防腐设施；

（四）管道穿越铁路、公路的检漏装置；

（五）管道的其他附属设施。

第五十九条 本法施行前在管道保护距离内已建成的人口密集场所和易燃易爆物品的生产、经营、存储场所，应当由所在地人民政府根据当地的实际情况，有计划、分步骤地进行搬迁、清理或者采取必要的防护措施。需要已建成的管道改建、搬迁或者采取必要的防护措施的，应当与管道企业协商确定补偿方案。

第六十条 国务院可以根据海上石油、天然气管道的具体情况，制定海上石油、天然气管道保护的特别规定。

第六十一条 本法自 2010 年 10 月 1 日起施行。

三、食品、药品安全类规范

（一）综　　合

中华人民共和国消费者权益保护法

（1993年10月31日第八届全国人民代表大会常务委员会第四次会议通过，根据2009年8月27日第十一届全国人民代表大会常务委员会第十次会议《关于修改部分法律的决定》第一次修正，根据2013年10月25日第十二届全国人民代表大会常务委员会第五次会议《关于修改〈中华人民共和国消费者权益保护法〉的决定》第二次修正）

第一章　总　　则

第一条　为保护消费者的合法权益，维护社会经济秩序，促进社会主义市场经济健康发展，制定本法。

第二条　消费者为生活消费需要购买、使用商品或者接受服务，其权益受本法保护；本法未作规定的，受其他有关法律、法规保护。

第三条　经营者为消费者提供其生产、销售的商品或者提供服务，应当遵守本法；本法未作规定的，应当遵守其他有关法律、法规。

第四条　经营者与消费者进行交易，应当遵循自愿、平等、公平、诚实信用的原则。

第五条　国家保护消费者的合法权益不受侵害。

国家采取措施，保障消费者依法行使权利，维护消费者的合法权益。

国家倡导文明、健康、节约资源和保护环境的消费方式，反对浪费。

第六条　保护消费者的合法权益是全社会的共同责任。

国家鼓励、支持一切组织和个人对损害消费者合法权益的行为进行社会监督。

大众传播媒介应当做好维护消费者合法权益的宣传，对损害消费者合法权益的行为进行舆论监督。

第二章　消费者的权利

第七条　消费者在购买、使用商品和接受服务时享有人身、财产安全不受损害的权利。

消费者有权要求经营者提供的商品和服务，符合保障人身、财产安全的要求。

第八条　消费者享有知悉其购买、使用的商品或者接受的服务的真实情况的权利。

消费者有权根据商品或者服务的不同情

况，要求经营者提供商品的价格、产地、生产者、用途、性能、规格、等级、主要成份、生产日期、有效期限、检验合格证明、使用方法说明书、售后服务，或者服务的内容、规格、费用等有关情况。

第九条 消费者享有自主选择商品或者服务的权利。

消费者有权自主选择提供商品或者服务的经营者，自主选择商品品种或者服务方式，自主决定购买或者不购买任何一种商品、接受或者不接受任何一项服务。

消费者在自主选择商品或者服务时，有权进行比较、鉴别和挑选。

第十条 消费者享有公平交易的权利。

消费者在购买商品或者接受服务时，有权获得质量保障、价格合理、计量正确等公平交易条件，有权拒绝经营者的强制交易行为。

第十一条 消费者因购买、使用商品或者接受服务受到人身、财产损害的，享有依法获得赔偿的权利。

第十二条 消费者享有依法成立维护自身合法权益的社会组织的权利。

第十三条 消费者享有获得有关消费和消费者权益保护方面的知识的权利。

消费者应当努力掌握所需商品或者服务的知识和使用技能，正确使用商品，提高自我保护意识。

第十四条 消费者在购买、使用商品和接受服务时，享有人格尊严、民族风俗习惯得到尊重的权利，享有个人信息依法得到保护的权利。

第十五条 消费者享有对商品和服务以及保护消费者权益工作进行监督的权利。

消费者有权检举、控告侵害消费者权益的行为和国家机关及其工作人员在保护消费者权益工作中的违法失职行为，有权对保护消费者权益工作提出批评、建议。

第三章 经营者的义务

第十六条 经营者向消费者提供商品或者服务，应当依照本法和其他有关法律、法规的规定履行义务。

经营者和消费者有约定的，应当按照约定履行义务，但双方的约定不得违背法律、法规的规定。

经营者向消费者提供商品或者服务，应当恪守社会公德，诚信经营，保障消费者的合法权益；不得设定不公平、不合理的交易条件，不得强制交易。

第十七条 经营者应当听取消费者对其提供的商品或者服务的意见，接受消费者的监督。

第十八条 经营者应当保证其提供的商品或者服务符合保障人身、财产安全的要求。对可能危及人身、财产安全的商品和服务，应当向消费者作出真实的说明和明确的警示，并说明和标明正确使用商品或者接受服务的方法以及防止危害发生的方法。

宾馆、商场、餐馆、银行、机场、车站、港口、影剧院等经营场所的经营者，应当对消费者尽到安全保障义务。

第十九条 经营者发现其提供的商品或者服务存在缺陷，有危及人身、财产安全危险的，应当立即向有关行政部门报告和告知消费者，并采取停止销售、警示、召回、无害化处理、销毁、停止生产或者服务等措施。采取召回措施的，经营者应当承担消费者因商品被召回支出的必要费用。

第二十条 经营者向消费者提供有关商品或者服务的质量、性能、用途、有效期限等信息，应当真实、全面，不得作虚假或者引人误解的宣传。

经营者对消费者就其提供的商品或者服务的质量和使用方法等问题提出的询问，应当作出真实、明确的答复。

经营者提供商品或者服务应当明码标价。

第二十一条 经营者应当标明其真实名称和标记。

租赁他人柜台或者场地的经营者，应当

标明其真实名称和标记。

第二十二条　经营者提供商品或者服务，应当按照国家有关规定或者商业惯例向消费者出具发票等购货凭证或者服务单据；消费者索要发票等购货凭证或者服务单据的，经营者必须出具。

第二十三条　经营者应当保证在正常使用商品或者接受服务的情况下其提供的商品或者服务应当具有的质量、性能、用途和有效期限；但消费者在购买该商品或者接受该服务前已经知道其存在瑕疵，且存在该瑕疵不违反法律强制性规定的除外。

经营者以广告、产品说明、实物样品或者其他方式表明商品或者服务的质量状况的，应当保证其提供的商品或者服务的实际质量与表明的质量状况相符。

经营者提供的机动车、计算机、电视机、电冰箱、空调器、洗衣机等耐用商品或者装饰装修等服务，消费者自接受商品或者服务之日起六个月内发现瑕疵，发生争议的，由经营者承担有关瑕疵的举证责任。

第二十四条　经营者提供的商品或者服务不符合质量要求的，消费者可以依照国家规定、当事人约定退货，或者要求经营者履行更换、修理等义务。没有国家规定和当事人约定的，消费者可以自收到商品之日起七日内退货；七日后符合法定解除合同条件的，消费者可以及时退货，不符合法定解除合同条件的，可以要求经营者履行更换、修理等义务。

依照前款规定进行退货、更换、修理的，经营者应当承担运输等必要费用。

第二十五条　经营者采用网络、电视、电话、邮购等方式销售商品，消费者有权自收到商品之日起七日内退货，且无需说明理由，但下列商品除外：

（一）消费者定作的；

（二）鲜活易腐的；

（三）在线下载或者消费者拆封的音像制品、计算机软件等数字化商品；

（四）交付的报纸、期刊。

除前款所列商品外，其他根据商品性质并经消费者在购买时确认不宜退货的商品，不适用无理由退货。

消费者退货的商品应当完好。经营者应当自收到退回商品之日起七日内返还消费者支付的商品价款。退回商品的运费由消费者承担；经营者和消费者另有约定的，按照约定。

第二十六条　经营者在经营活动中使用格式条款的，应当以显著方式提请消费者注意商品或者服务的数量和质量、价款或者费用、履行期限和方式、安全注意事项和风险警示、售后服务、民事责任等与消费者有重大利害关系的内容，并按照消费者的要求予以说明。

经营者不得以格式条款、通知、声明、店堂告示等方式，作出排除或者限制消费者权利、减轻或者免除经营者责任、加重消费者责任等对消费者不公平、不合理的规定，不得利用格式条款并借助技术手段强制交易。

格式条款、通知、声明、店堂告示等含有前款所列内容的，其内容无效。

第二十七条　经营者不得对消费者进行侮辱、诽谤，不得搜查消费者的身体及其携带的物品，不得侵犯消费者的人身自由。

第二十八条　采用网络、电视、电话、邮购等方式提供商品或者服务的经营者，以及提供证券、保险、银行等金融服务的经营者，应当向消费者提供经营地址、联系方式、商品或者服务的数量和质量、价款或者费用、履行期限和方式、安全注意事项和风险警示、售后服务、民事责任等信息。

第二十九条　经营者收集、使用消费者个人信息，应当遵循合法、正当、必要的原则，明示收集、使用信息的目的、方式和范围，并经消费者同意。经营者收集、使用消费者个人信息，应当公开其收集、使用规则，不得违反法律、法规的规定和双方的约定收集、使用信息。

经营者及其工作人员对收集的消费者个人信息必须严格保密，不得泄露、出售或者非法向他人提供。经营者应当采取技术措施和其他必要措施，确保信息安全，防止消费者个人信息泄露、丢失。在发生或者可能发生信息泄露、丢失的情况时，应当立即采取补救措施。

经营者未经消费者同意或者请求，或者消费者明确表示拒绝的，不得向其发送商业性信息。

第四章 国家对消费者合法权益的保护

第三十条 国家制定有关消费者权益的法律、法规、规章和强制性标准，应当听取消费者和消费者协会等组织的意见。

第三十一条 各级人民政府应当加强领导，组织、协调、督促有关行政部门做好保护消费者合法权益的工作，落实保护消费者合法权益的职责。

各级人民政府应当加强监督，预防危害消费者人身、财产安全行为的发生，及时制止危害消费者人身、财产安全的行为。

第三十二条 各级人民政府工商行政管理部门和其他有关行政部门应当依照法律、法规的规定，在各自的职责范围内，采取措施，保护消费者的合法权益。

有关行政部门应当听取消费者和消费者协会等组织对经营者交易行为、商品和服务质量问题的意见，及时调查处理。

第三十三条 有关行政部门在各自的职责范围内，应当定期或者不定期对经营者提供的商品和服务进行抽查检验，并及时向社会公布抽查检验结果。

有关行政部门发现并认定经营者提供的商品或者服务存在缺陷，有危及人身、财产安全危险的，应当立即责令经营者采取停止销售、警示、召回、无害化处理、销毁、停止生产或者服务等措施。

第三十四条 有关国家机关应当依照法律、法规的规定，惩处经营者在提供商品和服务中侵害消费者合法权益的违法犯罪行为。

第三十五条 人民法院应当采取措施，方便消费者提起诉讼。对符合《中华人民共和国民事诉讼法》起诉条件的消费者权益争议，必须受理，及时审理。

第五章 消费者组织

第三十六条 消费者协会和其他消费者组织是依法成立的对商品和服务进行社会监督的保护消费者合法权益的社会组织。

第三十七条 消费者协会履行下列公益性职责：

（一）向消费者提供消费信息和咨询服务，提高消费者维护自身合法权益的能力，引导文明、健康、节约资源和保护环境的消费方式；

（二）参与制定有关消费者权益的法律、法规、规章和强制性标准；

（三）参与有关行政部门对商品和服务的监督、检查；

（四）就有关消费者合法权益的问题，向有关部门反映、查询，提出建议；

（五）受理消费者的投诉，并对投诉事项进行调查、调解；

（六）投诉事项涉及商品和服务质量问题的，可以委托具备资格的鉴定人鉴定，鉴定人应当告知鉴定意见；

（七）就损害消费者合法权益的行为，支持受损害的消费者提起诉讼或者依照本法提起诉讼；

（八）对损害消费者合法权益的行为，通过大众传播媒介予以揭露、批评。

各级人民政府对消费者协会履行职责应当予以必要的经费等支持。

消费者协会应当认真履行保护消费者合法权益的职责，听取消费者的意见和建议，接受社会监督。

依法成立的其他消费者组织依照法律、法规及其章程的规定，开展保护消费者合法权益的活动。

第三十八条　消费者组织不得从事商品经营和营利性服务，不得以收取费用或者其他牟取利益的方式向消费者推荐商品和服务。

第六章　争议的解决

第三十九条　消费者和经营者发生消费者权益争议的，可以通过下列途径解决：

（一）与经营者协商和解；

（二）请求消费者协会或者依法成立的其他调解组织调解；

（三）向有关行政部门投诉；

（四）根据与经营者达成的仲裁协议提请仲裁机构仲裁；

（五）向人民法院提起诉讼。

第四十条　消费者在购买、使用商品时，其合法权益受到损害的，可以向销售者要求赔偿。销售者赔偿后，属于生产者的责任或者属于向销售者提供商品的其他销售者的责任的，销售者有权向生产者或者其他销售者追偿。

消费者或者其他受害人因商品缺陷造成人身、财产损害的，可以向销售者要求赔偿，也可以向生产者要求赔偿。属于生产者责任的，销售者赔偿后，有权向生产者追偿。属于销售者责任的，生产者赔偿后，有权向销售者追偿。

消费者在接受服务时，其合法权益受到损害的，可以向服务者要求赔偿。

第四十一条　消费者在购买、使用商品或者接受服务时，其合法权益受到损害，因原企业分立、合并的，可以向变更后承受其权利义务的企业要求赔偿。

第四十二条　使用他人营业执照的违法经营者提供商品或者服务，损害消费者合法权益的，消费者可以向其要求赔偿，也可以向营业执照的持有人要求赔偿。

第四十三条　消费者在展销会、租赁柜台购买商品或者接受服务，其合法权益受到损害的，可以向销售者或者服务者要求赔偿。展销会结束或者柜台租赁期满后，也可以向展销会的举办者、柜台的出租者要求赔偿。展销会的举办者、柜台的出租者赔偿后，有权向销售者或者服务者追偿。

第四十四条　消费者通过网络交易平台购买商品或者接受服务，其合法权益受到损害的，可以向销售者或者服务者要求赔偿。网络交易平台提供者不能提供销售者或者服务者的真实名称、地址和有效联系方式的，消费者也可以向网络交易平台提供者要求赔偿；网络交易平台提供者作出更有利于消费者的承诺的，应当履行承诺。网络交易平台提供者赔偿后，有权向销售者或者服务者追偿。

网络交易平台提供者明知或者应知销售者或者服务者利用其平台侵害消费者合法权益，未采取必要措施的，依法与该销售者或者服务者承担连带责任。

第四十五条　消费者因经营者利用虚假广告或者其他虚假宣传方式提供商品或者服务，其合法权益受到损害的，可以向经营者要求赔偿。广告经营者、发布者发布虚假广告的，消费者可以请求行政主管部门予以惩处。广告经营者、发布者不能提供经营者的真实名称、地址和有效联系方式的，应当承担赔偿责任。

广告经营者、发布者设计、制作、发布关系消费者生命健康商品或者服务的虚假广告，造成消费者损害的，应当与提供该商品或者服务的经营者承担连带责任。

社会团体或者其他组织、个人在关系消费者生命健康商品或者服务的虚假广告或者其他虚假宣传中向消费者推荐商品或者服务，造成消费者损害的，应当与提供该商品或者服务的经营者承担连带责任。

第四十六条　消费者向有关行政部门投诉的，该部门应当自收到投诉之日起七个工作日内，予以处理并告知消费者。

第四十七条　对侵害众多消费者合法权益的行为，中国消费者协会以及在省、自治区、直辖市设立的消费者协会，可以向人民法院提起诉讼。

第七章　法律责任

第四十八条　经营者提供商品或者服务有下列情形之一的，除本法另有规定外，应当依照其他有关法律、法规的规定，承担民事责任：

（一）商品或者服务存在缺陷的；

（二）不具备商品应当具备的使用性能而出售时未作说明的；

（三）不符合在商品或者其包装上注明采用的商品标准的；

（四）不符合商品说明、实物样品等方式表明的质量状况的；

（五）生产国家明令淘汰的商品或者销售失效、变质的商品的；

（六）销售的商品数量不足的；

（七）服务的内容和费用违反约定的；

（八）对消费者提出的修理、重作、更换、退货、补足商品数量、退还货款和服务费用或者赔偿损失的要求，故意拖延或者无理拒绝的；

（九）法律、法规规定的其他损害消费者权益的情形。

经营者对消费者未尽到安全保障义务，造成消费者损害的，应当承担侵权责任。

第四十九条　经营者提供商品或者服务，造成消费者或者其他受害人人身伤害的，应当赔偿医疗费、护理费、交通费等为治疗和康复支出的合理费用，以及因误工减少的收入。造成残疾的，还应当赔偿残疾生活辅助具费和残疾赔偿金。造成死亡的，还应当赔偿丧葬费和死亡赔偿金。

第五十条　经营者侵害消费者的人格尊严、侵犯消费者人身自由或者侵害消费者个人信息依法得到保护的权利的，应当停止侵害、恢复名誉、消除影响、赔礼道歉，并赔偿损失。

第五十一条　经营者有侮辱诽谤、搜查身体、侵犯人身自由等侵害消费者或者其他受害人人身权益的行为，造成严重精神损害的，受害人可以要求精神损害赔偿。

第五十二条　经营者提供商品或者服务，造成消费者财产损害的，应当依照法律规定或者当事人约定承担修理、重作、更换、退货、补足商品数量、退还货款和服务费用或者赔偿损失等民事责任。

第五十三条　经营者以预收款方式提供商品或者服务的，应当按照约定提供。未按照约定提供的，应当按照消费者的要求履行约定或者退回预付款；并应当承担预付款的利息、消费者必须支付的合理费用。

第五十四条　依法经有关行政部门认定为不合格的商品，消费者要求退货的，经营者应当负责退货。

第五十五条　经营者提供商品或者服务有欺诈行为的，应当按照消费者的要求增加赔偿其受到的损失，增加赔偿的金额为消费者购买商品的价款或者接受服务的费用的三倍；增加赔偿的金额不足五百元的，为五百元。法律另有规定的，依照其规定。

经营者明知商品或者服务存在缺陷，仍然向消费者提供，造成消费者或者其他受害人死亡或者健康严重损害的，受害人有权要求经营者依照本法第四十九条、第五十一条等法律规定赔偿损失，并有权要求所受损失二倍以下的惩罚性赔偿。

第五十六条　经营者有下列情形之一，除承担相应的民事责任外，其他有关法律、法规对处罚机关和处罚方式有规定的，依照法律、法规的规定执行；法律、法规未作规定的，由工商行政管理部门或者其他有关行政部门责令改正，可以根据情节单处或者并处警告、没收违法所得、处以违法所得一倍以上十倍以下的罚款，没有违法所得的，处以五十万元以下的罚款；情节严重的，责令停业整顿、吊销营业执照：

（一）提供的商品或者服务不符合保障人身、财产安全要求的；

（二）在商品中掺杂、掺假，以假充真，以次充好，或者以不合格商品冒充合格商品的；

（三）生产国家明令淘汰的商品或者销售失效、变质的商品的；

（四）伪造商品的产地，伪造或者冒用他人的厂名、厂址，篡改生产日期，伪造或者冒用认证标志等质量标志的；

（五）销售的商品应当检验、检疫而未检验、检疫或者伪造检验、检疫结果的；

（六）对商品或者服务作虚假或者引人误解的宣传的；

（七）拒绝或者拖延有关行政部门责令对缺陷商品或者服务采取停止销售、警示、召回、无害化处理、销毁、停止生产或者服务等措施的；

（八）对消费者提出的修理、重作、更换、退货、补足商品数量、退还货款和服务费用或者赔偿损失的要求，故意拖延或者无理拒绝的；

（九）侵害消费者人格尊严、侵犯消费者人身自由或者侵害消费者个人信息依法得到保护的权利的；

（十）法律、法规规定的对损害消费者权益应当予以处罚的其他情形。

经营者有前款规定情形的，除依照法律、法规规定予以处罚外，处罚机关应当记入信用档案，向社会公布。

第五十七条　经营者违反本法规定提供商品或者服务，侵害消费者合法权益，构成犯罪的，依法追究刑事责任。

第五十八条　经营者违反本法规定，应当承担民事赔偿责任和缴纳罚款、罚金，其财产不足以同时支付的，先承担民事赔偿责任。

第五十九条　经营者对行政处罚决定不服的，可以依法申请行政复议或者提起行政诉讼。

第六十条　以暴力、威胁等方法阻碍有关行政部门工作人员依法执行职务的，依法追究刑事责任；拒绝、阻碍有关行政部门工作人员依法执行职务，未使用暴力、威胁方法的，由公安机关依照《中华人民共和国治安管理处罚法》的规定处罚。

第六十一条　国家机关工作人员玩忽职守或者包庇经营者侵害消费者合法权益的行为的，由其所在单位或者上级机关给予行政处分；情节严重，构成犯罪的，依法追究刑事责任。

第八章　附　　则

第六十二条　农民购买、使用直接用于农业生产的生产资料，参照本法执行。

第六十三条　本法自1994年1月1日起施行。

中华人民共和国消费者权益保护法实施条例

（2024年2月23日国务院第26次常务会议通过，2024年3月15日公布，自2024年7月1日起施行）

第一章　总　　则

第一条　根据《中华人民共和国消费者权益保护法》（以下简称消费者权益保护法）等法律，制定本条例。

第二条　消费者权益保护工作坚持中国共产党的领导，坚持以人民为中心，遵循合法、公平、高效的原则。

第三条 国家加大消费者合法权益保护力度，建立和完善经营者守法、行业自律、消费者参与、政府监管和社会监督相结合的消费者权益保护共同治理体系。

第四条 国家统筹推进消费环境建设，营造安全放心的消费环境，增强消费对经济发展的基础性作用。

第五条 国家加强消费商品和服务的标准体系建设，鼓励经营者制定实施严于国家标准或者行业标准的企业标准，不断提升商品和服务质量。

第六条 国家倡导文明、健康、绿色的消费理念和消费方式，反对奢侈浪费。

第二章 消费者的权利和经营者的义务

第七条 消费者在购买商品、使用商品或者接受服务时，依法享有人身和财产安全不受损害的权利。

经营者向消费者提供商品或者服务（包括以奖励、赠送、试用等形式向消费者免费提供商品或者服务），应当保证商品或者服务符合保障人身、财产安全的要求。免费提供的商品或者服务存在瑕疵但不违反法律强制性规定且不影响正常使用性能的，经营者应当在提供商品或者服务前如实告知消费者。

经营者应当保证其经营场所及设施符合保障人身、财产安全的要求，采取必要的安全防护措施，并设置相应的警示标识。消费者在经营场所遇到危险或者受到侵害时，经营者应当给予及时、必要的救助。

第八条 消费者认为经营者提供的商品或者服务可能存在缺陷，有危及人身、财产安全危险的，可以向经营者或者有关行政部门反映情况或者提出建议。

经营者发现其提供的商品或者服务可能存在缺陷，有危及人身、财产安全危险的，应当依照消费者权益保护法第十九条的规定及时采取相关措施。采取召回措施的，生产或者进口商品的经营者应当制定召回计划，发布召回信息，明确告知消费者享有的相关权利，保存完整的召回记录，并承担消费者因商品被召回所支出的必要费用。商品销售、租赁、修理、零部件生产供应、受委托生产等相关经营者应当依法履行召回相关协助和配合义务。

第九条 经营者应当采用通俗易懂的方式，真实、全面地向消费者提供商品或者服务相关信息，不得通过虚构经营者资质、资格或者所获荣誉，虚构商品或者服务交易信息、经营数据，篡改、编造、隐匿用户评价等方式，进行虚假或者引人误解的宣传，欺骗、误导消费者。

经营者不得在消费者不知情的情况下，对同一商品或者服务在同等交易条件下设置不同的价格或者收费标准。

第十条 经营者应当按照国家有关规定，以显著方式标明商品的品名、价格和计价单位或者服务的项目、内容、价格和计价方法等信息，做到价签价目齐全、内容真实准确、标识清晰醒目。

经营者采取自动展期、自动续费等方式提供服务的，应当在消费者接受服务前和自动展期、自动续费等日期前，以显著方式提请消费者注意。

第十一条 消费者享有自主选择商品或者服务的权利。经营者不得以暴力、胁迫、限制人身自由等方式或者利用技术手段，强制或者变相强制消费者购买商品或者接受服务，或者排除、限制消费者选择其他经营者提供的商品或者服务。经营者通过搭配、组合等方式提供商品或者服务的，应当以显著方式提请消费者注意。

第十二条 经营者以商业宣传、产品推荐、实物展示或者通知、声明、店堂告示等方式提供商品或者服务，对商品或者服务的数量、质量、价格、售后服务、责任承担等作出承诺的，应当向购买商品或者接受服务的消费者履行其所承诺的内容。

第十三条 经营者应当在其经营场所的

显著位置标明其真实名称和标记。

经营者通过网络、电视、电话、邮购等方式提供商品或者服务的，应当在其首页、视频画面、语音、商品目录等处以显著方式标明或者说明其真实名称和标记。由其他经营者实际提供商品或者服务的，还应当向消费者提供该经营者的名称、经营地址、联系方式等信息。

经营者租赁他人柜台或者场地提供商品或者服务，或者通过宣讲、抽奖、集中式体验等方式提供商品或者服务的，应当以显著方式标明其真实名称和标记。柜台、场地的出租者应当建立场内经营管理制度，核验、更新、公示经营者的相关信息，供消费者查询。

第十四条　经营者通过网络直播等方式提供商品或者服务的，应当依法履行消费者权益保护相关义务。

直播营销平台经营者应当建立健全消费者权益保护制度，明确消费争议解决机制。发生消费争议的，直播营销平台经营者应当根据消费者的要求提供直播间运营者、直播营销人员相关信息以及相关经营活动记录等必要信息。

直播间运营者、直播营销人员发布的直播内容构成商业广告的，应当依照《中华人民共和国广告法》的有关规定履行广告发布者、广告经营者或者广告代言人的义务。

第十五条　经营者不得通过虚假或者引人误解的宣传，虚构或者夸大商品或者服务的治疗、保健、养生等功效，诱导老年人等消费者购买明显不符合其实际需求的商品或者服务。

第十六条　经营者提供网络游戏服务的，应当符合国家关于网络游戏服务相关时段、时长、功能和内容等方面的规定和标准，针对未成年人设置相应的时间管理、权限管理、消费管理等功能，在注册、登录等环节严格进行用户核验，依法保护未成年人身心健康。

第十七条　经营者使用格式条款的，应当遵守消费者权益保护法第二十六条的规定。经营者不得利用格式条款不合理地免除或者减轻其责任、加重消费者的责任或者限制消费者依法变更或者解除合同、选择诉讼或者仲裁解决消费争议、选择其他经营者的商品或者服务等权利。

第十八条　经营者与消费者约定承担退货、更换、修理等义务的有效期限不得低于国家有关规定的要求。有效期限自经营者向消费者交付商品或者提供服务完结之日起计算，需要经营者另行安装的商品，有效期限自商品安装完成之日起计算。经营者向消费者履行更换义务后，承担更换、修理等义务的有效期限自更换完成之日起重新计算。经营者修理的时间不计入上述有效期限。

经营者依照国家有关规定或者与消费者约定履行退货义务的，应当按照发票等购货凭证或者服务单据上显示的价格一次性退清相关款项。经营者能够证明消费者实际支付的价格与发票等购货凭证或者服务单据上显示的价格不一致的，按照消费者实际支付的价格退清相关款项。

第十九条　经营者通过网络、电视、电话、邮购等方式销售商品的，应当遵守消费者权益保护法第二十五条规定，不得擅自扩大不适用无理由退货的商品范围。

经营者应当以显著方式对不适用无理由退货的商品进行标注，提示消费者在购买时进行确认，不得将不适用无理由退货作为消费者默认同意的选项。未经消费者确认，经营者不得拒绝无理由退货。

消费者退货的商品应当完好。消费者基于查验需要打开商品包装，或者为确认商品的品质和功能进行合理调试而不影响商品原有品质、功能和外观的，经营者应当予以退货。

消费者无理由退货应当遵循诚实信用原则，不得利用无理由退货规则损害经营者和其他消费者的合法权益。

第二十条 经营者提供商品或者服务时收取押金的，应当事先与消费者约定退还押金的方式、程序和时限，不得对退还押金设置不合理条件。

消费者要求退还押金，符合押金退还条件的，经营者应当及时退还。

第二十一条 经营者决定停业或者迁移服务场所的，应当提前30日在其经营场所、网站、网店首页等的醒目位置公告经营者的有效联系方式等信息。

第二十二条 经营者以收取预付款方式提供商品或者服务的，应当与消费者订立书面合同，约定商品或者服务的具体内容、价款或者费用、预付款退还方式、违约责任等事项。

经营者收取预付款后，应当按照与消费者的约定提供商品或者服务，不得降低商品或者服务质量，不得任意加价。经营者未按照约定提供商品或者服务的，应当按照消费者的要求履行约定或者退还预付款。

经营者出现重大经营风险，有可能影响经营者按照合同约定或者交易习惯正常提供商品或者服务的，应当停止收取预付款。经营者决定停业或者迁移服务场所的，应当提前告知消费者，并履行本条例第二十一条规定的义务。消费者依照国家有关规定或者合同约定，有权要求经营者继续履行提供商品或者服务的义务，或者要求退还未消费的预付款余额。

第二十三条 经营者应当依法保护消费者的个人信息。经营者在提供商品或者服务时，不得过度收集消费者个人信息，不得采用一次概括授权、默认授权等方式，强制或者变相强制消费者同意收集、使用与经营活动无直接关系的个人信息。

经营者处理包含消费者的生物识别、宗教信仰、特定身份、医疗健康、金融账户、行踪轨迹等信息以及不满十四周岁未成年人的个人信息等敏感个人信息的，应当符合有关法律、行政法规的规定。

第二十四条 未经消费者同意，经营者不得向消费者发送商业性信息或者拨打商业性电话。消费者同意接收商业性信息或者商业性电话的，经营者应当提供明确、便捷的取消方式。消费者选择取消的，经营者应当立即停止发送商业性信息或者拨打商业性电话。

第三章 国家对消费者合法权益的保护

第二十五条 各级人民政府应当加强对消费者权益保护工作的指导，组织、协调、督促有关行政部门落实消费者权益保护工作职责，提升消费者权益保护工作的法治化水平。

第二十六条 消费者与经营者发生消费者权益争议的，可以向市场监督管理部门或者其他有关行政部门投诉。

自然人、法人或者其他组织可以向市场监督管理部门或者其他有关行政部门举报，反映经营者涉嫌违法的线索。

第二十七条 市场监督管理部门或者其他有关行政部门应当畅通和规范消费者投诉、举报渠道，完善投诉、举报处理流程，依法及时受理和处理投诉、举报，加强对投诉、举报信息的分析应用，开展消费预警和风险提示。

投诉、举报应当遵守法律、法规和有关规定，不得利用投诉、举报牟取不正当利益，侵害经营者的合法权益，扰乱市场经济秩序。

第二十八条 市场监督管理部门和其他有关行政部门应当加强消费者权益保护工作的协同配合和信息共享，依照法律、法规的规定，在各自的职责范围内，对经营者提供的商品和服务实施抽查检验等监管措施，及时查处侵害消费者合法权益的行为。

第二十九条 市场监督管理部门和其他有关行政部门应当加强消费领域信用体系建设，依法公示有关行政许可、行政处罚、抽查检验结果、消费投诉等信息，依法对违法失信经营者实施惩戒。

第三十条　有关行政部门应当加强消费知识的宣传普及，倡导文明、健康、绿色消费，提高消费者依法、理性维权的意识和能力；加强对经营者的普法宣传、行政指导和合规指引，提高经营者依法经营的意识。

第三十一条　国家完善绿色消费的标准、认证和信息披露体系，鼓励经营者对商品和服务作出绿色消费方面的信息披露或者承诺，依法查处虚假信息披露和承诺的行为。

第三十二条　行业协会商会等组织应当加强行业自律，引导、督促经营者守法诚信经营，制定的行业规则、自律规则、示范合同和相关标准等应当有利于保护消费者合法权益。

第三十三条　国家鼓励、支持一切组织和个人对损害消费者合法权益的行为进行社会监督。

大众传播媒介应当真实、客观、公正地报道涉及消费者权益的相关事项，加强消费者维权相关知识的宣传普及，对损害消费者合法权益的行为进行舆论监督。

第四章　消费者组织

第三十四条　消费者协会和其他依法成立的消费者组织应当按照消费者权益保护法的规定履行职责。

第三十五条　各级人民政府应当加强消费者协会组织建设，对消费者协会履行职责予以必要的经费等支持。

第三十六条　有关行政部门应当认真听取消费者协会的意见和建议。对于消费者协会向有关行政部门反映的侵害消费者合法权益的问题，有关行政部门应当及时调查处理并予以回复；对于立案查处的案件，有关行政部门应当将处理结果告知消费者协会。

第三十七条　消费者协会应当加强消费普法宣传和消费引导，向消费者提供消费维权服务与支持，提高消费者维护自身合法权益的能力。

消费者协会应当及时总结、推广保护消费者合法权益的典型案例和经验做法，引导、支持经营者依法合规开展经营活动。

第三十八条　消费者协会可以组织开展比较试验、消费调查、消费评议、投诉信息公示、对投诉商品提请鉴定、发布消费提示警示等，反映商品和服务状况、消费者意见和消费维权情况。

第三十九条　消费者协会可以就消费者权益保护事项向有关经营者、行业组织提出改进意见或者进行指导谈话，加强消费者、经营者、行业组织、专业机构、有关行政部门等各相关方的组织协调，推动解决涉及消费者合法权益保护的重要问题。

第四十条　消费者协会可以就消费者投诉的损害消费者合法权益的行为开展调查，与有关经营者核实情况，约请有关经营者到场陈述事实意见、提供证据资料等。

第四十一条　对侵害众多消费者合法权益的行为，中国消费者协会以及在省、自治区、直辖市设立的消费者协会，可以向人民法院提起诉讼。

第五章　争议的解决

第四十二条　消费者应当文明、理性消费，提高自我保护意识，依法维护自身合法权益，在发生消费争议时依法维权。

第四十三条　各级人民政府市场监督管理部门和其他有关行政部门应当推动、健全消费争议多元化解决机制，引导消费者依法通过协商、调解、投诉、仲裁、诉讼等方式维护自身合法权益。

第四十四条　经营者应当建立便捷、高效的投诉处理机制，及时解决消费争议。

鼓励和引导经营者建立健全首问负责、先行赔付、在线争议解决等制度，及时预防和解决消费争议。

第四十五条　消费者和经营者发生消费争议，请求消费者协会或者依法成立的其他调解组织进行调解的，相关组织应当及时处理。

第四十六条 消费者和经营者发生消费争议向市场监督管理部门或者其他有关行政部门投诉的，应当提供真实身份信息，有明确的被投诉人、具体的投诉请求和事实依据。

有关行政部门应当自收到投诉之日起7个工作日内，予以处理并告知消费者。对不符合规定的投诉决定不予受理的，应当告知消费者不予受理的理由和其他解决争议的途径。

有关行政部门受理投诉后，消费者和经营者同意调解的，有关行政部门应当依据职责及时调解，并在受理之日起60日内调解完毕；调解不成的应当终止调解。调解过程中需要鉴定、检测的，鉴定、检测时间不计算在60日内。

有关行政部门经消费者和经营者同意，可以依法将投诉委托消费者协会或者依法成立的其他调解组织调解。

第四十七条 因消费争议需要对商品或者服务质量进行鉴定、检测的，消费者和经营者可以协商确定鉴定、检测机构。无法协商一致的，受理消费者投诉的市场监督管理部门或者其他有关行政部门可以指定鉴定、检测机构。

对于重大、复杂、涉及众多消费者合法权益的消费争议，可以由市场监督管理部门或者其他有关行政部门纳入抽查检验程序，委托具备相应资质的机构进行鉴定、检测。

第六章 法律责任

第四十八条 经营者提供商品或者服务，违反消费者权益保护法和本条例有关规定，侵害消费者合法权益的，依法承担民事责任。

第四十九条 经营者提供商品或者服务有欺诈行为的，消费者有权根据消费者权益保护法第五十五条第一款的规定要求经营者予以赔偿。但是，商品或者服务的标签标识、说明书、宣传材料等存在不影响商品或者服务质量且不会对消费者造成误导的瑕疵的除外。

通过夹带、掉包、造假、篡改商品生产日期、捏造事实等方式骗取经营者的赔偿或者对经营者进行敲诈勒索的，不适用消费者权益保护法第五十五条第一款的规定，依照《中华人民共和国治安管理处罚法》等有关法律、法规处理；构成犯罪的，依法追究刑事责任。

第五十条 经营者违反本条例第十条至第十四条、第十六条、第十七条、第十九条至第二十一条规定，其他有关法律、法规对处罚机关和处罚方式有规定的，依照法律、法规的规定执行；法律、法规未作规定的，由市场监督管理部门或者其他有关行政部门责令改正，可以根据情节单处或者并处警告、没收违法所得、处以违法所得1倍以上5倍以下的罚款，没有违法所得的，处以30万元以下的罚款；情节严重的，责令停业整顿、吊销营业执照。

经营者违反本条例第二十二条规定的，由有关行政部门责令改正，可以根据情节单处或者并处警告、没收违法所得、处以违法所得1倍以上10倍以下的罚款，没有违法所得的，处以50万元以下的罚款；情节严重的，责令停业整顿、吊销营业执照。

经营者违反本条例其他规定的，依照消费者权益保护法第五十六条的规定予以处罚。

第五十一条 经营者主动消除或者减轻违法行为危害后果的，违法行为轻微并及时改正且没有造成危害后果的，或者初次违法且危害后果轻微并及时改正的，依照《中华人民共和国行政处罚法》的规定从轻、减轻或者不予处罚。

第五十二条 有关行政部门工作人员未按照本条例规定履行消费者权益保护职责，玩忽职守或者包庇经营者侵害消费者合法权益的行为的，依法给予处分；构成犯罪的，依法追究刑事责任。

第七章 附 则

第五十三条 本条例自2024年7月1日起施行。

侵害消费者权益行为处罚办法

（2015年1月5日国家工商行政管理总局令第73号公布，2020年10月23日根据国家市场监督管理总局令第31号修订）

第一条 为依法制止侵害消费者权益行为，保护消费者的合法权益，维护社会经济秩序，根据《消费者权益保护法》等法律法规，制定本办法。

第二条 市场监督管理部门依照《消费者权益保护法》等法律法规和本办法的规定，保护消费者为生活消费需要购买、使用商品或者接受服务的权益，对经营者侵害消费者权益的行为实施行政处罚。

第三条 市场监督管理部门依法对侵害消费者权益行为实施行政处罚，应当依照公正、公开、及时的原则，坚持处罚与教育相结合，综合运用建议、约谈、示范等方式实施行政指导，督促和指导经营者履行法定义务。

第四条 经营者为消费者提供商品或者服务，应当遵循自愿、平等、公平、诚实信用的原则，依照《消费者权益保护法》等法律法规的规定和与消费者的约定履行义务，不得侵害消费者合法权益。

第五条 经营者提供商品或者服务不得有下列行为：

（一）销售的商品或者提供的服务不符合保障人身、财产安全要求；

（二）销售失效、变质的商品；

（三）销售伪造产地、伪造或者冒用他人的厂名、厂址、篡改生产日期的商品；

（四）销售伪造或者冒用认证标志等质量标志的商品；

（五）销售的商品或者提供的服务侵犯他人注册商标专用权；

（六）销售伪造或者冒用知名商品特有的名称、包装、装潢的商品；

（七）在销售的商品中掺杂、掺假，以假充真，以次充好，以不合格商品冒充合格商品；

（八）销售国家明令淘汰并停止销售的商品；

（九）提供商品或者服务中故意使用不合格的计量器具或者破坏计量器具准确度；

（十）骗取消费者价款或者费用而不提供或者不按照约定提供商品或者服务。

第六条 经营者向消费者提供有关商品或者服务的信息应当真实、全面、准确，不得有下列虚假或者引人误解的宣传行为：

（一）不以真实名称和标记提供商品或者服务；

（二）以虚假或者引人误解的商品说明、商品标准、实物样品等方式销售商品或者服务；

（三）作虚假或者引人误解的现场说明和演示；

（四）采用虚构交易、虚标成交量、虚假评论或者雇佣他人等方式进行欺骗性销售诱导；

（五）以虚假的“清仓价”、“甩卖价”、“最低价”、“优惠价”或者其他欺骗性价格表示销售商品或者服务；

（六）以虚假的“有奖销售”、“还本销售”、“体验销售”等方式销售商品或者服务；

（七）谎称正品销售“处理品”、“残次品”、“等外品”等商品；

（八）夸大或隐瞒所提供的商品或者服

务的数量、质量、性能等与消费者有重大利害关系的信息误导消费者；

（九）以其他虚假或者引人误解的宣传方式误导消费者。

第七条 经营者对市场监督管理部门责令其对提供的缺陷商品或者服务采取停止销售或者服务等措施，不得拒绝或者拖延。经营者未按照责令停止销售或者服务通知、公告要求采取措施的，视为拒绝或者拖延。

第八条 经营者提供商品或者服务，应当依照法律规定或者当事人约定承担修理、重作、更换、退货、补足商品数量、退还货款和服务费用或者赔偿损失等民事责任，不得故意拖延或者无理拒绝消费者的合法要求。经营者有下列情形之一并超过十五日的，视为故意拖延或者无理拒绝：

（一）经有关行政部门依法认定为不合格商品，自消费者提出退货要求之日起未退货的；

（二）自国家规定、当事人约定期满之日起或者不符合质量要求的自消费者提出要求之日起，无正当理由拒不履行修理、重作、更换、退货、补足商品数量、退还货款和服务费用或者赔偿损失等义务的。

第九条 经营者采用网络、电视、电话、邮购等方式销售商品，应当依照法律规定承担无理由退货义务，不得故意拖延或者无理拒绝。经营者有下列情形之一的，视为故意拖延或者无理拒绝：

（一）对于适用无理由退货的商品，自收到消费者退货要求之日起超过十五日未办理退货手续，或者未向消费者提供真实、准确的退货地址、退货联系人等有效联系信息，致使消费者无法办理退货手续；

（二）未经消费者确认，以自行规定该商品不适用无理由退货为由拒绝退货；

（三）以消费者已拆封、查验影响商品完好为由拒绝退货；

（四）自收到退回商品之日起无正当理由超过十五日未向消费者返还已支付的商品价款。

第十条 经营者以预收款方式提供商品或者服务，应当与消费者明确约定商品或者服务的数量和质量、价款或者费用、履行期限和方式、安全注意事项和风险警示、售后服务、民事责任等内容。未按约定提供商品或者服务的，应当按照消费者的要求履行约定或者退回预付款，并应当承担预付款的利息、消费者必须支付的合理费用。对退款无约定的，按照有利于消费者的计算方式折算退款金额。

经营者对消费者提出的合理退款要求，明确表示不予退款，或者自约定期满之日起、无约定期限的自消费者提出退款要求之日起超过十五日未退款的，视为故意拖延或者无理拒绝。

第十一条 经营者收集、使用消费者个人信息，应当遵循合法、正当、必要的原则，明示收集、使用信息的目的、方式和范围，并经消费者同意。经营者不得有下列行为：

（一）未经消费者同意，收集、使用消费者个人信息；

（二）泄露、出售或者非法向他人提供所收集的消费者个人信息；

（三）未经消费者同意或者请求，或者消费者明确表示拒绝，向其发送商业性信息。

前款中的消费者个人信息是指经营者在提供商品或者服务活动中收集的消费者姓名、性别、职业、出生日期、身份证件号码、住址、联系方式、收入和财产状况、健康状况、消费情况等能够单独或者与其他信息结合识别消费者的信息。

第十二条 经营者向消费者提供商品或者服务使用格式条款、通知、声明、店堂告示等的，应当以显著方式提请消费者注意与消费者有重大利害关系的内容，并按照消费者的要求予以说明，不得作出含有下列内容的规定：

（一）免除或者部分免除经营者对其所提供的商品或者服务应当承担的修理、重作、更换、退货、补足商品数量、退还货款和服务费用、赔偿损失等责任；

（二）排除或者限制消费者提出修理、更换、退货、赔偿损失以及获得违约金和其他合理赔偿的权利；

（三）排除或者限制消费者依法投诉、举报、提起诉讼的权利；

（四）强制或者变相强制消费者购买和使用其提供的或者其指定的经营者提供的商品或者服务，对不接受其不合理条件的消费者拒绝提供相应商品或者服务，或者提高收费标准；

（五）规定经营者有权任意变更或者解除合同，限制消费者依法变更或者解除合同权利；

（六）规定经营者单方享有解释权或者最终解释权；

（七）其他对消费者不公平、不合理的规定。

第十三条 从事服务业的经营者不得有下列行为：

（一）从事为消费者提供修理、加工、安装、装饰装修等服务的经营者谎报用工用料，故意损坏、偷换零部件或材料，使用不符合国家质量标准或者与约定不相符的零部件或材料，更换不需要更换的零部件，或者偷工减料、加收费用，损害消费者权益的；

（二）从事房屋租赁、家政服务等中介服务的经营者提供虚假信息或者采取欺骗、恶意串通等手段损害消费者权益的。

第十四条 经营者有本办法第五条至第十一条规定的情形之一，其他法律、法规有规定的，依照法律、法规的规定执行；法律、法规未作规定的，由市场监督管理部门依照《消费者权益保护法》第五十六条予以处罚。

第十五条 经营者违反本办法第十二条、第十三条规定，其他法律、法规有规定的，依照法律、法规的规定执行；法律、法规未作规定的，由市场监督管理部门责令改正，可以单处或者并处警告，违法所得三倍以下、但最高不超过三万元的罚款，没有违法所得的，处以一万元以下的罚款。

第十六条 经营者有本办法第五条第（一）项至第（六）项规定行为之一且不能证明自己并非欺骗、误导消费者而实施此种行为的，属于欺诈行为。

经营者有本办法第五条第（七）项至第（十）项、第六条和第十三条规定行为之一的，属于欺诈行为。

第十七条 经营者对市场监督管理部门作出的行政处罚决定不服的，可以依法申请行政复议或者提起行政诉讼。

第十八条 侵害消费者权益违法行为涉嫌犯罪的，市场监督管理部门应当按照有关规定，移送司法机关追究其刑事责任。

第十九条 市场监督管理部门依照法律法规及本办法规定对经营者予以行政处罚的，应当记入经营者的信用档案，并通过企业信用信息公示系统等及时向社会公布。

企业应当依据《企业信息公示暂行条例》的规定，通过企业信用信息公示系统及时向社会公布相关行政处罚信息。

第二十条 市场监督管理执法人员玩忽职守或者包庇经营者侵害消费者合法权益的行为的，应当依法给予行政处分；涉嫌犯罪的，依法移送司法机关。

第二十一条 本办法由国家市场监督管理总局负责解释。

第二十二条 本办法自 2015 年 3 月 15 日起施行。1996 年 3 月 15 日国家工商行政管理局发布的《欺诈消费者行为处罚办法》（国家工商行政管理局令第 50 号）同时废止。

直销管理条例

（2005年8月23日中华人民共和国国务院令第443号公布，根据2017年3月1日《国务院关于修改和废止部分行政法规的决定》修订）

第一章　总　　则

第一条　为规范直销行为，加强对直销活动的监管，防止欺诈，保护消费者的合法权益和社会公共利益，制定本条例。

第二条　在中华人民共和国境内从事直销活动，应当遵守本条例。

直销产品的范围由国务院商务主管部门会同国务院工商行政管理部门根据直销业的发展状况和消费者的需求确定、公布。

第三条　本条例所称直销，是指直销企业招募直销员，由直销员在固定营业场所之外直接向最终消费者（以下简称消费者）推销产品的经销方式。

本条例所称直销企业，是指依照本条例规定经批准采取直销方式销售产品的企业。

本条例所称直销员，是指在固定营业场所之外将产品直接推销给消费者的人员。

第四条　在中华人民共和国境内设立的企业（以下简称企业），可以依照本条例规定申请成为以直销方式销售本企业生产的产品以及其母公司、控股公司生产产品的直销企业。

直销企业可以依法取得贸易权和分销权。

第五条　直销企业及其直销员从事直销活动，不得有欺骗、误导等宣传和推销行为。

第六条　国务院商务主管部门和工商行政管理部门依照其职责分工和本条例规定，负责对直销企业和直销员及其直销活动实施监督管理。

第二章　直销企业及其分支机构的设立和变更

第七条　申请成为直销企业，应当具备下列条件：

（一）投资者具有良好的商业信誉，在提出申请前连续5年没有重大违法经营记录；外国投资者还应当有3年以上在中国境外从事直销活动的经验。

（二）实缴注册资本不低于人民币8000万元。

（三）依照本条例规定在指定银行足额缴纳了保证金。

（四）依照规定建立了信息报备和披露制度。

第八条　申请成为直销企业应当填写申请表，并提交下列申请文件、资料：

（一）符合本条例第七条规定条件的证明材料；

（二）企业章程，属于中外合资、合作企业的，还应当提供合资或者合作企业合同；

（三）市场计划报告书，包括依照本条例第十条规定拟定的经当地县级以上人民政府认可的从事直销活动地区的服务网点方案；

（四）符合国家标准的产品说明；

（五）拟与直销员签订的推销合同样本；

（六）会计师事务所出具的验资报告；

（七）企业与指定银行达成的同意依照本条例规定使用保证金的协议。

第九条 申请人应当通过所在地省、自治区、直辖市商务主管部门向国务院商务主管部门提出申请。省、自治区、直辖市商务主管部门应当自收到申请文件、资料之日起7日内，将申请文件、资料报送国务院商务主管部门。国务院商务主管部门应当自收到全部申请文件、资料之日起90日内，经征求国务院工商行政管理部门的意见，作出批准或者不予批准的决定。予以批准的，由国务院商务主管部门颁发直销经营许可证。

申请人持国务院商务主管部门颁发的直销经营许可证，依法向工商行政管理部门申请变更登记。

国务院商务主管部门审查颁发直销经营许可证，应当考虑国家安全、社会公共利益和直销业发展状况等因素。

第十条 直销企业从事直销活动，必须在拟从事直销活动的省、自治区、直辖市设立负责该行政区域内直销业务的分支机构（以下简称分支机构）。

直销企业在其从事直销活动的地区应当建立便于并满足消费者、直销员了解产品价格、退换货及企业依法提供其他服务的服务网点。服务网点的设立应当符合当地县级以上人民政府的要求。

直销企业申请设立分支机构，应当提供符合前款规定条件的证明文件和资料，并应当依照本条例第九条第一款规定的程序提出申请。获得批准后，依法向工商行政管理部门办理登记。

第十一条 直销企业有关本条例第八条第一项、第二项、第三项、第五项、第六项、第七项所列内容发生重大变更的，应当依照本条例第九条第一款规定的程序报国务院商务主管部门批准。

第十二条 国务院商务主管部门应当将直销企业及其分支机构的名单在政府网站上公布，并及时进行更新。

第三章 直销员的招募和培训

第十三条 直销企业及其分支机构可以招募直销员。直销企业及其分支机构以外的任何单位和个人不得招募直销员。

直销员的合法推销活动不以无照经营查处。

第十四条 直销企业及其分支机构不得发布宣传直销员销售报酬的广告，不得以缴纳费用或者购买商品作为成为直销员的条件。

第十五条 直销企业及其分支机构不得招募下列人员为直销员：

（一）未满18周岁的人员；

（二）无民事行为能力或者限制民事行为能力的人员；

（三）全日制在校学生；

（四）教师、医务人员、公务员和现役军人；

（五）直销企业的正式员工；

（六）境外人员；

（七）法律、行政法规规定不得从事兼职的人员。

第十六条 直销企业及其分支机构招募直销员应当与其签订推销合同，并保证直销员只在其一个分支机构所在的省、自治区、直辖市行政区域内已设立服务网点的地区开展直销活动。未与直销企业或者其分支机构签订推销合同的人员，不得以任何方式从事直销活动。

第十七条 直销员自签订推销合同之日起60日内可以随时解除推销合同；60日后，直销员解除推销合同应当提前15日通知直销企业。

第十八条 直销企业应当对拟招募的直销员进行业务培训和考试，考试合格后由直销企业颁发直销员证。未取得直销员证，任何人不得从事直销活动。

直销企业进行直销员业务培训和考试，不得收取任何费用。

直销企业以外的单位和个人，不得以任何名义组织直销员业务培训。

第十九条 对直销员进行业务培训的授课人员应当是直销企业的正式员工，并符合下列条件：

（一）在本企业工作 1 年以上；

（二）具有高等教育本科以上学历和相关的法律、市场营销专业知识；

（三）无因故意犯罪受刑事处罚的记录；

（四）无重大违法经营记录。

直销企业应当向符合前款规定的授课人员颁发直销培训员证，并将取得直销培训员证的人员名单报国务院商务主管部门备案。国务院商务主管部门应当将取得直销培训员证的人员名单，在政府网站上公布。

境外人员不得从事直销员业务培训。

第二十条 直销企业颁发的直销员证、直销培训员证应当依照国务院商务主管部门规定的式样印制。

第二十一条 直销企业应当对直销员业务培训的合法性、培训秩序和培训场所的安全负责。

直销企业及其直销培训员应当对直销员业务培训授课内容的合法性负责。

直销员业务培训的具体管理办法由国务院商务主管部门、国务院工商行政管理部门会同有关部门另行制定。

第四章 直销活动

第二十二条 直销员向消费者推销产品，应当遵守下列规定：

（一）出示直销员证和推销合同；

（二）未经消费者同意，不得进入消费者住所强行推销产品，消费者要求其停止推销活动的，应当立即停止，并离开消费者住所；

（三）成交前，向消费者详细介绍本企业的退货制度；

（四）成交后，向消费者提供发票和由直销企业出具的含有退货制度、直销企业当地服务网点地址和电话号码等内容的售货凭证。

第二十三条 直销企业应当在直销产品上标明产品价格，该价格与服务网点展示的产品价格应当一致。直销员必须按照标明的价格向消费者推销产品。

第二十四条 直销企业至少应当按月支付直销员报酬。直销企业支付给直销员的报酬只能按照直销员本人直接向消费者销售产品的收入计算，报酬总额（包括佣金、奖金、各种形式的奖励以及其他经济利益等）不得超过直销员本人直接向消费者销售产品收入的 30%。

第二十五条 直销企业应当建立并实行完善的换货和退货制度。

消费者自购买直销产品之日起 30 日内，产品未开封的，可以凭直销企业开具的发票或者售货凭证向直销企业及其分支机构、所在地的服务网点或者推销产品的直销员办理换货和退货；直销企业及其分支机构、所在地的服务网点和直销员应当自消费者提出换货或者退货要求之日起 7 日内，按照发票或者售货凭证标明的价款办理换货和退货。

直销员自购买直销产品之日起 30 日内，产品未开封的，可以凭直销企业开具的发票或者售货凭证向直销企业及其分支机构或者所在地的服务网点办理换货和退货；直销企业及其分支机构和所在地的服务网点应当自直销员提出换货或者退货要求之日起 7 日内，按照发票或者售货凭证标明的价款办理换货和退货。

不属于前两款规定情形，消费者、直销员要求换货和退货的，直销企业及其分支机构、所在地的服务网点和直销员应当依照有关法律法规的规定或者合同的约定，办理换货和退货。

第二十六条 直销企业与直销员、直销企业及其直销员与消费者因换货或者退货发生纠纷的，由前者承担举证责任。

第二十七条 直销企业对其直销员的直

销行为承担连带责任，能够证明直销员的直销行为与本企业无关的除外。

第二十八条　直销企业应当依照国务院商务主管部门和国务院工商行政管理部门的规定，建立并实行完备的信息报备和披露制度。

直销企业信息报备和披露的内容、方式及相关要求，由国务院商务主管部门和国务院工商行政管理部门另行规定。

第五章　保证金

第二十九条　直销企业应当在国务院商务主管部门和国务院工商行政管理部门共同指定的银行开设专门账户，存入保证金。

保证金的数额在直销企业设立时为人民币2000万元；直销企业运营后，保证金应当按月进行调整，其数额应当保持在直销企业上一个月直销产品销售收入15%的水平，但最高不超过人民币1亿元，最低不少于人民币2000万元。保证金的利息属于直销企业。

第三十条　出现下列情形之一，国务院商务主管部门和国务院工商行政管理部门共同决定，可以使用保证金：

（一）无正当理由，直销企业不向直销员支付报酬，或者不向直销员、消费者支付退货款的；

（二）直销企业发生停业、合并、解散、转让、破产等情况，无力向直销员支付报酬或者无力向直销员和消费者支付退货款的；

（三）因直销产品问题给消费者造成损失，依法应当进行赔偿，直销企业无正当理由拒绝赔偿或者无力赔偿的。

第三十一条　保证金依照本条例第三十条规定使用后，直销企业应当在1个月内将保证金的数额补足到本条例第二十九条第二款规定的水平。

第三十二条　直销企业不得以保证金对外担保或者违反本条例规定用于清偿债务。

第三十三条　直销企业不再从事直销活动的，凭国务院商务主管部门和国务院工商行政管理部门出具的凭证，可以向银行取回保证金。

第三十四条　国务院商务主管部门和国务院工商行政管理部门共同负责保证金的日常监管工作。

保证金存缴、使用的具体管理办法由国务院商务主管部门、国务院工商行政管理部门会同有关部门另行制定。

第六章　监督管理

第三十五条　工商行政管理部门负责对直销企业和直销员及其直销活动实施日常的监督管理。工商行政管理部门可以采取下列措施进行现场检查：

（一）进入相关企业进行检查；

（二）要求相关企业提供有关文件、资料和证明材料；

（三）询问当事人、利害关系人和其他有关人员，并要求其提供有关材料；

（四）查阅、复制、查封、扣押相关企业与直销活动有关的材料和非法财物；

（五）检查有关人员的直销培训员证、直销员证等证件。

工商行政管理部门依照前款规定进行现场检查时，检查人员不得少于2人，并应当出示合法证件；实施查封、扣押的，必须经县级以上工商行政管理部门主要负责人批准。

第三十六条　工商行政管理部门实施日常监督管理，发现有关企业有涉嫌违反本条例行为的，经县级以上工商行政管理部门主要负责人批准，可以责令其暂时停止有关的经营活动。

第三十七条　工商行政管理部门应当设立并公布举报电话，接受对违反本条例行为的举报和投诉，并及时进行调查处理。

工商行政管理部门应当为举报人保密；对举报有功人员，应当依照国家有关规定给予奖励。

第七章　法律责任

第三十八条　对直销企业和直销员及其直销活动实施监督管理的有关部门及其工作人员，对不符合本条例规定条件的申请予以许可或者不依照本条例规定履行监督管理职责的，对直接负责的主管人员和其他直接责任人员，依法给予行政处分；构成犯罪的，依法追究刑事责任。对不符合本条例规定条件的申请予以的许可，由作出许可决定的有关部门撤销。

第三十九条　违反本条例第九条和第十条规定，未经批准从事直销活动的，由工商行政管理部门责令改正，没收直销产品和违法销售收入，处5万元以上30万元以下的罚款；情节严重的，处30万元以上50万元以下的罚款，并依法予以取缔；构成犯罪的，依法追究刑事责任。

第四十条　申请人通过欺骗、贿赂等手段取得本条例第九条和第十条设定的许可的，由工商行政管理部门没收直销产品和违法销售收入，处5万元以上30万元以下的罚款，由国务院商务主管部门撤销其相应的许可，申请人不得再提出申请；情节严重的，处30万元以上50万元以下的罚款，并依法予以取缔；构成犯罪的，依法追究刑事责任。

第四十一条　直销企业违反本条例第十一条规定的，由工商行政管理部门责令改正，处3万元以上30万元以下的罚款；对不再符合直销经营许可条件的，由国务院商务主管部门吊销其直销经营许可证。

第四十二条　直销企业违反规定，超出直销产品范围从事直销经营活动的，由工商行政管理部门责令改正，没收直销产品和违法销售收入，处5万元以上30万元以下的罚款；情节严重的，处30万元以上50万元以下的罚款，由工商行政管理部门吊销有违法经营行为的直销企业分支机构的营业执照直至由国务院商务主管部门吊销直销企业的直销经营许可证。

第四十三条　直销企业及其直销员违反本条例规定，有欺骗、误导等宣传和推销行为的，对直销企业，由工商行政管理部门处3万元以上10万元以下的罚款；情节严重的，处10万元以上30万元以下的罚款，由工商行政管理部门吊销有违法经营行为的直销企业分支机构的营业执照直至由国务院商务主管部门吊销直销企业的直销经营许可证。对直销员，由工商行政管理部门处5万元以下的罚款；情节严重的，责令直销企业撤销其直销员资格。

第四十四条　直销企业及其分支机构违反本条例规定招募直销员的，由工商行政管理部门责令改正，处3万元以上10万元以下的罚款；情节严重的，处10万元以上30万元以下的罚款，由工商行政管理部门吊销有违法经营行为的直销企业分支机构的营业执照直至由国务院商务主管部门吊销直销企业的直销经营许可证。

第四十五条　违反本条例规定，未取得直销员证从事直销活动的，由工商行政管理部门责令改正，没收直销产品和违法销售收入，可以处2万元以下的罚款；情节严重的，处2万元以上20万元以下的罚款。

第四十六条　直销企业进行直销员业务培训违反本条例规定的，由工商行政管理部门责令改正，没收违法所得，处3万元以上10万元以下的罚款；情节严重的，处10万元以上30万元以下的罚款，由工商行政管理部门吊销有违法经营行为的直销企业分支机构的营业执照直至由国务院商务主管部门吊销直销企业的直销经营许可证；对授课人员，由工商行政管理部门处5万元以下的罚款，是直销培训员的，责令直销企业撤销其直销培训员资格。

直销企业以外的单位和个人组织直销员业务培训的，由工商行政管理部门责令改正，没收违法所得，处2万元以上20万元以下的罚款。

第四十七条　直销员违反本条例第二十

二条规定的，由工商行政管理部门没收违法销售收入，可以处5万元以下的罚款；情节严重的，责令直销企业撤销其直销员资格，并对直销企业处1万元以上10万元以下的罚款。

第四十八条　直销企业违反本条例第二十三条规定的，依照价格法的有关规定处理。

第四十九条　直销企业违反本条例第二十四条和第二十五条规定的，由工商行政管理部门责令改正，处5万元以上30万元以下的罚款；情节严重的，处30万元以上50万元以下的罚款，由工商行政管理部门吊销有违法经营行为的直销企业分支机构的营业执照直至由国务院商务主管部门吊销直销企业的直销经营许可证。

第五十条　直销企业未依照有关规定进行信息报备和披露的，由工商行政管理部门责令限期改正，处10万元以下的罚款；情节严重的，处10万元以上30万元以下的罚款；拒不改正的，由国务院商务主管部门吊销其直销经营许可证。

第五十一条　直销企业违反本条例第五章有关规定的，由工商行政管理部门责令限期改正，处10万元以下的罚款；拒不改正的，处10万元以上30万元以下的罚款，由国务院商务主管部门吊销其直销经营许可证。

第五十二条　违反本条例的违法行为同时违反《禁止传销条例》的，依照《禁止传销条例》有关规定予以处罚。

第八章　附　　则

第五十三条　直销企业拟成立直销企业协会等社团组织，应当经国务院商务主管部门批准，凭批准文件依法申请登记。

第五十四条　香港特别行政区、澳门特别行政区和台湾地区的投资者在境内投资建立直销企业，开展直销活动的，参照本条例有关外国投资者的规定办理。

第五十五条　本条例自2005年12月1日起施行。

禁止传销条例

（2005年8月10日国务院第101次常务会议通过，2005年8月23日公布，自2005年11月1日起施行）

第一章　总　　则

第一条　为了防止欺诈，保护公民、法人和其他组织的合法权益，维护社会主义市场经济秩序，保持社会稳定，制定本条例。

第二条　本条例所称传销，是指组织者或者经营者发展人员，通过对被发展人员以其直接或者间接发展的人员数量或者销售业绩为依据计算和给付报酬，或者要求被发展人员以交纳一定费用为条件取得加入资格等方式牟取非法利益，扰乱经济秩序，影响社会稳定的行为。

第三条　县级以上地方人民政府应当加强对查处传销工作的领导，支持、督促各有关部门依法履行监督管理职责。

县级以上地方人民政府应当根据需要，建立查处传销工作的协调机制，对查处传销工作中的重大问题及时予以协调、解决。

第四条　工商行政管理部门、公安机关应当依照本条例的规定，在各自的职责范围内查处传销行为。

第五条　工商行政管理部门、公安机关依法查处传销行为，应当坚持教育与处罚相结合的原则，教育公民、法人或者其他组织自觉守法。

第六条 任何单位和个人有权向工商行政管理部门、公安机关举报传销行为。工商行政管理部门、公安机关接到举报后，应当立即调查核实，依法查处，并为举报人保密；经调查属实的，依照国家有关规定对举报人给予奖励。

第二章 传销行为的种类与查处机关

第七条 下列行为，属于传销行为：

（一）组织者或者经营者通过发展人员，要求被发展人员发展其他人员加入，对发展的人员以其直接或者间接滚动发展的人员数量为依据计算和给付报酬（包括物质奖励和其他经济利益，下同），牟取非法利益的；

（二）组织者或者经营者通过发展人员，要求被发展人员交纳费用或者以认购商品等方式变相交纳费用，取得加入或者发展其他人员加入的资格，牟取非法利益的；

（三）组织者或者经营者通过发展人员，要求被发展人员发展其他人员加入，形成上下线关系，并以下线的销售业绩为依据计算和给付上线报酬，牟取非法利益的。

第八条 工商行政管理部门依照本条例的规定，负责查处本条例第七条规定的传销行为。

第九条 利用互联网等媒体发布含有本条例第七条规定的传销信息的，由工商行政管理部门会同电信等有关部门依照本条例的规定查处。

第十条 在传销中以介绍工作、从事经营活动等名义欺骗他人离开居所地非法聚集并限制其人身自由的，由公安机关会同工商行政管理部门依法查处。

第十一条 商务、教育、民政、财政、劳动保障、电信、税务等有关部门和单位，应当依照各自职责和有关法律、行政法规的规定配合工商行政管理部门、公安机关查处传销行为。

第十二条 农村村民委员会、城市居民委员会等基层组织，应当在当地人民政府指导下，协助有关部门查处传销行为。

第十三条 工商行政管理部门查处传销行为，对涉嫌犯罪的，应当依法移送公安机关立案侦查；公安机关立案侦查传销案件，对经侦查不构成犯罪的，应当依法移交工商行政管理部门查处。

第三章 查处措施和程序

第十四条 县级以上工商行政管理部门对涉嫌传销行为进行查处时，可以采取下列措施：

（一）责令停止相关活动；

（二）向涉嫌传销的组织者、经营者和个人调查、了解有关情况；

（三）进入涉嫌传销的经营场所和培训、集会等活动场所，实施现场检查；

（四）查阅、复制、查封、扣押涉嫌传销的有关合同、票据、账簿等资料；

（五）查封、扣押涉嫌专门用于传销的产品（商品）、工具、设备、原材料等财物；

（六）查封涉嫌传销的经营场所；

（七）查询涉嫌传销的组织者或者经营者的账户及与存款有关的会计凭证、账簿、对账单等；

（八）对有证据证明转移或者隐匿违法资金的，可以申请司法机关予以冻结。

工商行政管理部门采取前款规定的措施，应当向县级以上工商行政管理部门主要负责人书面或者口头报告并经批准。遇有紧急情况需要当场采取前款规定措施的，应当在事后立即报告并补办相关手续；其中，实施前款规定的查封、扣押，以及第（七）项、第（八）项规定的措施，应当事先经县级以上工商行政管理部门主要负责人书面批准。

第十五条 工商行政管理部门对涉嫌传销行为进行查处时，执法人员不得少于2人。

执法人员与当事人有直接利害关系的，

应当回避。

第十六条　工商行政管理部门的执法人员对涉嫌传销行为进行查处时，应当向当事人或者有关人员出示证件。

第十七条　工商行政管理部门实施查封、扣押，应当向当事人当场交付查封、扣押决定书和查封、扣押财物及资料清单。

在交通不便地区或者不及时实施查封、扣押可能影响案件查处的，可以先行实施查封、扣押，并应当在24小时内补办查封、扣押决定书，送达当事人。

第十八条　工商行政管理部门实施查封、扣押的期限不得超过30日；案件情况复杂的，经县级以上工商行政管理部门主要负责人批准，可以延长15日。

对被查封、扣押的财物，工商行政管理部门应当妥善保管，不得使用或者损毁；造成损失的，应当承担赔偿责任。但是，因不可抗力造成的损失除外。

第十九条　工商行政管理部门实施查封、扣押，应当及时查清事实，在查封、扣押期间作出处理决定。

对于经调查核实属于传销行为的，应当依法没收被查封、扣押的非法财物；对于经调查核实没有传销行为或者不再需要查封、扣押的，应当在作出处理决定后立即解除查封，退还被扣押的财物。

工商行政管理部门逾期未作出处理决定的，被查封的物品视为解除查封，被扣押的财物应当予以退还。拒不退还的，当事人可以向人民法院提起行政诉讼。

第二十条　工商行政管理部门及其工作人员违反本条例的规定使用或者损毁被查封、扣押的财物，造成当事人经济损失的，应当承担赔偿责任。

第二十一条　工商行政管理部门对涉嫌传销行为进行查处时，当事人有权陈述和申辩。

第二十二条　工商行政管理部门对涉嫌传销行为进行查处时，应当制作现场笔录。

现场笔录和查封、扣押清单由当事人、见证人和执法人员签名或者盖章，当事人不在现场或者当事人、见证人拒绝签名或者盖章的，执法人员应当在现场笔录中予以注明。

第二十三条　对于经查证属于传销行为的，工商行政管理部门、公安机关可以向社会公开发布警示、提示。

向社会公开发布警示、提示应当经县级以上工商行政管理部门主要负责人或者公安机关主要负责人批准。

第四章　法律责任

第二十四条　有本条例第七条规定的行为，组织策划传销的，由工商行政管理部门没收非法财物，没收违法所得，处50万元以上200万元以下的罚款；构成犯罪的，依法追究刑事责任。

有本条例第七条规定的行为，介绍、诱骗、胁迫他人参加传销的，由工商行政管理部门责令停止违法行为，没收非法财物，没收违法所得，处10万元以上50万元以下的罚款；构成犯罪的，依法追究刑事责任。

有本条例第七条规定的行为，参加传销的，由工商行政管理部门责令停止违法行为，可以处2000元以下的罚款。

第二十五条　工商行政管理部门依照本条例第二十四条的规定进行处罚时，可以依照有关法律、行政法规的规定，责令停业整顿或者吊销营业执照。

第二十六条　为本条例第七条规定的传销行为提供经营场所、培训场所、货源、保管、仓储等条件的，由工商行政管理部门责令停止违法行为，没收违法所得，处5万元以上50万元以下的罚款。

为本条例第七条规定的传销行为提供互联网信息服务的，由工商行政管理部门责令停止违法行为，并通知有关部门依照《互联网信息服务管理办法》予以处罚。

第二十七条　当事人擅自动用、调换、转移、损毁被查封、扣押财物的，由工商行政管理部门责令停止违法行为，处被动用、调换、转移、损毁财物价值5%以上20%以下的罚款；拒不改正的，处被动用、调换、转移、损毁财物价值1倍以上3倍以下的罚款。

第二十八条 有本条例第十条规定的行为或者拒绝、阻碍工商行政管理部门的执法人员依法查处传销行为，构成违反治安管理行为的，由公安机关依照治安管理的法律、行政法规规定处罚；构成犯罪的，依法追究刑事责任。

第二十九条 工商行政管理部门、公安机关及其工作人员滥用职权、玩忽职守、徇私舞弊，未依照本条例规定的职责和程序查处传销行为，或者发现传销行为不予查处，或者支持、包庇、纵容传销行为，构成犯罪的，对直接负责的主管人员和其他直接责任人员，依法追究刑事责任；尚不构成犯罪的，依法给予行政处分。

第五章 附 则

第三十条 本条例自2005年11月1日起施行。

中华人民共和国广告法

（1994年10月27日第八届全国人民代表大会常务委员会第十次会议通过，2015年4月24日第十二届全国人民代表大会常务委员会第十四次会议修订，根据2018年10月26日第十三届全国人民代表大会常务委员会第六次会议《关于修改〈中华人民共和国野生动物保护法〉等十五部法律的决定》第一次修正，根据2021年4月29日第十三届全国人民代表大会常务委员会第二十八次会议《关于修改〈中华人民共和国道路交通安全法〉等八部法律的决定》第二次修正）

第一章 总 则

第一条 为了规范广告活动，保护消费者的合法权益，促进广告业的健康发展，维护社会经济秩序，制定本法。

第二条 在中华人民共和国境内，商品经营者或者服务提供者通过一定媒介和形式直接或者间接地介绍自己所推销的商品或者服务的商业广告活动，适用本法。

本法所称广告主，是指为推销商品或者服务，自行或者委托他人设计、制作、发布广告的自然人、法人或者其他组织。

本法所称广告经营者，是指接受委托提供广告设计、制作、代理服务的自然人、法人或者其他组织。

本法所称广告发布者，是指为广告主或者广告主委托的广告经营者发布广告的自然人、法人或者其他组织。

本法所称广告代言人，是指广告主以外的，在广告中以自己的名义或者形象对商品、服务作推荐、证明的自然人、法人或者其他组织。

第三条 广告应当真实、合法，以健康的表现形式表达广告内容，符合社会主义精神文明建设和弘扬中华民族优秀传统文化的要求。

第四条 广告不得含有虚假或者引人误解的内容，不得欺骗、误导消费者。

广告主应当对广告内容的真实性负责。

第五条　广告主、广告经营者、广告发布者从事广告活动，应当遵守法律、法规，诚实信用，公平竞争。

第六条　国务院市场监督管理部门主管全国的广告监督管理工作，国务院有关部门在各自的职责范围内负责广告管理相关工作。

县级以上地方市场监督管理部门主管本行政区域的广告监督管理工作，县级以上地方人民政府有关部门在各自的职责范围内负责广告管理相关工作。

第七条　广告行业组织依照法律、法规和章程的规定，制定行业规范，加强行业自律，促进行业发展，引导会员依法从事广告活动，推动广告行业诚信建设。

第二章　广告内容准则

第八条　广告中对商品的性能、功能、产地、用途、质量、成分、价格、生产者、有效期限、允诺等或者对服务的内容、提供者、形式、质量、价格、允诺等有表示的，应当准确、清楚、明白。

广告中表明推销的商品或者服务附带赠送的，应当明示所附带赠送商品或者服务的品种、规格、数量、期限和方式。

法律、行政法规规定广告中应当明示的内容，应当显著、清晰表示。

第九条　广告不得有下列情形：

（一）使用或者变相使用中华人民共和国的国旗、国歌、国徽，军旗、军歌、军徽；

（二）使用或者变相使用国家机关、国家机关工作人员的名义或者形象；

（三）使用"国家级"、"最高级"、"最佳"等用语；

（四）损害国家的尊严或者利益，泄露国家秘密；

（五）妨碍社会安定，损害社会公共利益；

（六）危害人身、财产安全，泄露个人隐私；

（七）妨碍社会公共秩序或者违背社会良好风尚；

（八）含有淫秽、色情、赌博、迷信、恐怖、暴力的内容；

（九）含有民族、种族、宗教、性别歧视的内容；

（十）妨碍环境、自然资源或者文化遗产保护；

（十一）法律、行政法规规定禁止的其他情形。

第十条　广告不得损害未成年人和残疾人的身心健康。

第十一条　广告内容涉及的事项需要取得行政许可的，应当与许可的内容相符合。

广告使用数据、统计资料、调查结果、文摘、引用语等引证内容的，应当真实、准确，并表明出处。引证内容有适用范围和有效期限的，应当明确表示。

第十二条　广告中涉及专利产品或者专利方法的，应当标明专利号和专利种类。

未取得专利权的，不得在广告中谎称取得专利权。

禁止使用未授予专利权的专利申请和已经终止、撤销、无效的专利作广告。

第十三条　广告不得贬低其他生产经营者的商品或者服务。

第十四条　广告应当具有可识别性，能够使消费者辨明其为广告。

大众传播媒介不得以新闻报道形式变相发布广告。通过大众传播媒介发布的广告应当显著标明"广告"，与其他非广告信息相区别，不得使消费者产生误解。

广播电台、电视台发布广告，应当遵守国务院有关部门关于时长、方式的规定，并应当对广告时长作出明显提示。

第十五条　麻醉药品、精神药品、医疗用毒性药品、放射性药品等特殊药品，药品类易制毒化学品，以及戒毒治疗的药品、医疗器械和治疗方法，不得作广告。

前款规定以外的处方药，只能在国务院卫生行政部门和国务院药品监督管理部门共同指定的医学、药学专业刊物上作广告。

第十六条　医疗、药品、医疗器械广告不得含有下列内容：

（一）表示功效、安全性的断言或者保证；

（二）说明治愈率或者有效率；

（三）与其他药品、医疗器械的功效和安全性或者其他医疗机构比较；

（四）利用广告代言人作推荐、证明；

（五）法律、行政法规规定禁止的其他内容。

药品广告的内容不得与国务院药品监督管理部门批准的说明书不一致，并应当显著标明禁忌、不良反应。处方药广告应当显著标明“本广告仅供医学药学专业人士阅读”，非处方药广告应当显著标明“请按药品说明书或者在药师指导下购买和使用”。

推荐给个人自用的医疗器械的广告，应当显著标明“请仔细阅读产品说明书或者在医务人员的指导下购买和使用”。医疗器械产品注册证明文件中有禁忌内容、注意事项的，广告中应当显著标明“禁忌内容或者注意事项详见说明书”。

第十七条　除医疗、药品、医疗器械广告外，禁止其他任何广告涉及疾病治疗功能，并不得使用医疗用语或者易使推销的商品与药品、医疗器械相混淆的用语。

第十八条　保健食品广告不得含有下列内容：

（一）表示功效、安全性的断言或者保证；

（二）涉及疾病预防、治疗功能；

（三）声称或者暗示广告商品为保障健康所必需；

（四）与药品、其他保健食品进行比较；

（五）利用广告代言人作推荐、证明；

（六）法律、行政法规规定禁止的其他内容。

保健食品广告应当显著标明“本品不能代替药物”。

第十九条　广播电台、电视台、报刊音像出版单位、互联网信息服务提供者不得以介绍健康、养生知识等形式变相发布医疗、药品、医疗器械、保健食品广告。

第二十条　禁止在大众传播媒介或者公共场所发布声称全部或者部分替代母乳的婴儿乳制品、饮料和其他食品广告。

第二十一条　农药、兽药、饲料和饲料添加剂广告不得含有下列内容：

（一）表示功效、安全性的断言或者保证；

（二）利用科研单位、学术机构、技术推广机构、行业协会或者专业人士、用户的名义或者形象作推荐、证明；

（三）说明有效率；

（四）违反安全使用规程的文字、语言或者画面；

（五）法律、行政法规规定禁止的其他内容。

第二十二条　禁止在大众传播媒介或者公共场所、公共交通工具、户外发布烟草广告。禁止向未成年人发送任何形式的烟草广告。

禁止利用其他商品或者服务的广告、公益广告，宣传烟草制品名称、商标、包装、装潢以及类似内容。

烟草制品生产者或者销售者发布的迁址、更名、招聘等启事中，不得含有烟草制品名称、商标、包装、装潢以及类似内容。

第二十三条　酒类广告不得含有下列内容：

（一）诱导、怂恿饮酒或者宣传无节制饮酒；

（二）出现饮酒的动作；

（三）表现驾驶车、船、飞机等活动；

（四）明示或者暗示饮酒有消除紧张和

焦虑、增加体力等功效。

第二十四条　教育、培训广告不得含有下列内容：

（一）对升学、通过考试、获得学位学历或者合格证书，或者对教育、培训的效果作出明示或者暗示的保证性承诺；

（二）明示或者暗示有相关考试机构或者其工作人员、考试命题人员参与教育、培训；

（三）利用科研单位、学术机构、教育机构、行业协会、专业人士、受益者的名义或者形象作推荐、证明。

第二十五条　招商等有投资回报预期的商品或者服务广告，应当对可能存在的风险以及风险责任承担有合理提示或者警示，并不得含有下列内容：

（一）对未来效果、收益或者与其相关的情况作出保证性承诺，明示或者暗示保本、无风险或者保收益等，国家另有规定的除外；

（二）利用学术机构、行业协会、专业人士、受益者的名义或者形象作推荐、证明。

第二十六条　房地产广告，房源信息应当真实，面积应当表明为建筑面积或者套内建筑面积，并不得含有下列内容：

（一）升值或者投资回报的承诺；

（二）以项目到达某一具体参照物的所需时间表示项目位置；

（三）违反国家有关价格管理的规定；

（四）对规划或者建设中的交通、商业、文化教育设施以及其他市政条件作误导宣传。

第二十七条　农作物种子、林木种子、草种子、种畜禽、水产苗种和种养殖广告关于品种名称、生产性能、生长量或者产量、品质、抗性、特殊使用价值、经济价值、适宜种植或者养殖的范围和条件等方面的表述应当真实、清楚、明白，并不得含有下列内容：

（一）作科学上无法验证的断言；

（二）表示功效的断言或者保证；

（三）对经济效益进行分析、预测或者作保证性承诺；

（四）利用科研单位、学术机构、技术推广机构、行业协会或者专业人士、用户的名义或者形象作推荐、证明。

第二十八条　广告以虚假或者引人误解的内容欺骗、误导消费者的，构成虚假广告。

广告有下列情形之一的，为虚假广告：

（一）商品或者服务不存在的；

（二）商品的性能、功能、产地、用途、质量、规格、成分、价格、生产者、有效期限、销售状况、曾获荣誉等信息，或者服务的内容、提供者、形式、质量、价格、销售状况、曾获荣誉等信息，以及与商品或者服务有关的允诺等信息与实际情况不符，对购买行为有实质性影响的；

（三）使用虚构、伪造或者无法验证的科研成果、统计资料、调查结果、文摘、引用语等信息作证明材料的；

（四）虚构使用商品或者接受服务的效果的；

（五）以虚假或者引人误解的内容欺骗、误导消费者的其他情形。

第三章　广告行为规范

第二十九条　广播电台、电视台、报刊出版单位从事广告发布业务的，应当设有专门从事广告业务的机构，配备必要的人员，具有与发布广告相适应的场所、设备。

第三十条　广告主、广告经营者、广告发布者之间在广告活动中应当依法订立书面合同。

第三十一条　广告主、广告经营者、广告发布者不得在广告活动中进行任何形式的不正当竞争。

第三十二条　广告主委托设计、制作、发布广告，应当委托具有合法经营资格的广告经营者、广告发布者。

第三十三条　广告主或者广告经营者在广告中使用他人名义或者形象的，应当事先取得其书面同意；使用无民事行为能力人、限制民事行为能力人的名义或者形象的，应当事先取得其监护人的书面同意。

第三十四条　广告经营者、广告发布者应当按照国家有关规定，建立、健全广告业务的承接登记、审核、档案管理制度。

广告经营者、广告发布者依据法律、行政法规查验有关证明文件，核对广告内容。对内容不符或者证明文件不全的广告，广告经营者不得提供设计、制作、代理服务，广告发布者不得发布。

第三十五条　广告经营者、广告发布者应当公布其收费标准和收费办法。

第三十六条　广告发布者向广告主、广告经营者提供的覆盖率、收视率、点击率、发行量等资料应当真实。

第三十七条　法律、行政法规规定禁止生产、销售的产品或者提供的服务，以及禁止发布广告的商品或者服务，任何单位或者个人不得设计、制作、代理、发布广告。

第三十八条　广告代言人在广告中对商品、服务作推荐、证明，应当依据事实，符合本法和有关法律、行政法规规定，并不得为其未使用过的商品或者未接受过的服务作推荐、证明。

不得利用不满十周岁的未成年人作为广告代言人。

对在虚假广告中作推荐、证明受到行政处罚未满三年的自然人、法人或者其他组织，不得利用其作为广告代言人。

第三十九条　不得在中小学校、幼儿园内开展广告活动，不得利用中小学生和幼儿的教材、教辅材料、练习册、文具、教具、校服、校车等发布或者变相发布广告，但公益广告除外。

第四十条　在针对未成年人的大众传播媒介上不得发布医疗、药品、保健食品、医疗器械、化妆品、酒类、美容广告，以及不利于未成年人身心健康的网络游戏广告。

针对不满十四周岁的未成年人的商品或者服务的广告不得含有下列内容：

（一）劝诱其要求家长购买广告商品或者服务；

（二）可能引发其模仿不安全行为。

第四十一条　县级以上地方人民政府应当组织有关部门加强对利用户外场所、空间、设施等发布户外广告的监督管理，制定户外广告设置规划和安全要求。

户外广告的管理办法，由地方性法规、地方政府规章规定。

第四十二条　有下列情形之一的，不得设置户外广告：

（一）利用交通安全设施、交通标志的；

（二）影响市政公共设施、交通安全设施、交通标志、消防设施、消防安全标志使用的；

（三）妨碍生产或者人民生活，损害市容市貌的；

（四）在国家机关、文物保护单位、风景名胜区等的建筑控制地带，或者县级以上地方人民政府禁止设置户外广告的区域设置的。

第四十三条　任何单位或者个人未经当事人同意或者请求，不得向其住宅、交通工具等发送广告，也不得以电子信息方式向其发送广告。

以电子信息方式发送广告的，应当明示发送者的真实身份和联系方式，并向接收者提供拒绝继续接收的方式。

第四十四条　利用互联网从事广告活动，适用本法的各项规定。

利用互联网发布、发送广告，不得影响用户正常使用网络。在互联网页面以弹出等形式发布的广告，应当显著标明关闭标志，确保一键关闭。

第四十五条　公共场所的管理者或者电

信业务经营者、互联网信息服务提供者对其明知或者应知的利用其场所或者信息传输、发布平台发送、发布违法广告的，应当予以制止。

第四章　监督管理

第四十六条　发布医疗、药品、医疗器械、农药、兽药和保健食品广告，以及法律、行政法规规定应当进行审查的其他广告，应当在发布前由有关部门（以下称广告审查机关）对广告内容进行审查；未经审查，不得发布。

第四十七条　广告主申请广告审查，应当依照法律、行政法规向广告审查机关提交有关证明文件。

广告审查机关应当依照法律、行政法规规定作出审查决定，并应当将审查批准文件抄送同级市场监督管理部门。广告审查机关应当及时向社会公布批准的广告。

第四十八条　任何单位或者个人不得伪造、变造或者转让广告审查批准文件。

第四十九条　市场监督管理部门履行广告监督管理职责，可以行使下列职权：

（一）对涉嫌从事违法广告活动的场所实施现场检查；

（二）询问涉嫌违法当事人或者其法定代表人、主要负责人和其他有关人员，对有关单位或者个人进行调查；

（三）要求涉嫌违法当事人限期提供有关证明文件；

（四）查阅、复制与涉嫌违法广告有关的合同、票据、账簿、广告作品和其他有关资料；

（五）查封、扣押与涉嫌违法广告直接相关的广告物品、经营工具、设备等财物；

（六）责令暂停发布可能造成严重后果的涉嫌违法广告；

（七）法律、行政法规规定的其他职权。

市场监督管理部门应当建立健全广告监测制度，完善监测措施，及时发现和依法查处违法广告行为。

第五十条　国务院市场监督管理部门会同国务院有关部门，制定大众传播媒介广告发布行为规范。

第五十一条　市场监督管理部门依照本法规定行使职权，当事人应当协助、配合，不得拒绝、阻挠。

第五十二条　市场监督管理部门和有关部门及其工作人员对其在广告监督管理活动中知悉的商业秘密负有保密义务。

第五十三条　任何单位或者个人有权向市场监督管理部门和有关部门投诉、举报违反本法的行为。市场监督管理部门和有关部门应当向社会公开受理投诉、举报的电话、信箱或者电子邮件地址，接到投诉、举报的部门应当自收到投诉之日起七个工作日内，予以处理并告知投诉、举报人。

市场监督管理部门和有关部门不依法履行职责的，任何单位或者个人有权向其上级机关或者监察机关举报。接到举报的机关应当依法作出处理，并将处理结果及时告知举报人。

有关部门应当为投诉、举报人保密。

第五十四条　消费者协会和其他消费者组织对违反本法规定，发布虚假广告侵害消费者合法权益，以及其他损害社会公共利益的行为，依法进行社会监督。

第五章　法律责任

第五十五条　违反本法规定，发布虚假广告的，由市场监督管理部门责令停止发布广告，责令广告主在相应范围内消除影响，处广告费用三倍以上五倍以下的罚款，广告费用无法计算或者明显偏低的，处二十万元以上一百万元以下的罚款；两年内有三次以上违法行为或者有其他严重情节的，处广告费用五倍以上十倍以下的罚款，广告费用无法计算或者明显偏低的，处一百万元以上二百万元以下的罚款，可以吊销营业执照，并由广告审查机关撤销广告审查批准文件、一年内不受理其广告审查申请。

医疗机构有前款规定违法行为，情节严重的，除由市场监督管理部门依照本法处罚外，卫生行政部门可以吊销诊疗科目或者吊销医疗机构执业许可证。

广告经营者、广告发布者明知或者应知广告虚假仍设计、制作、代理、发布的，由市场监督管理部门没收广告费用，并处广告费用三倍以上五倍以下的罚款，广告费用无法计算或者明显偏低的，处二十万元以上一百万元以下的罚款；两年内有三次以上违法行为或者有其他严重情节的，处广告费用五倍以上十倍以下的罚款，广告费用无法计算或者明显偏低的，处一百万元以上二百万元以下的罚款，并可以由有关部门暂停广告发布业务、吊销营业执照。

广告主、广告经营者、广告发布者有本条第一款、第三款规定行为，构成犯罪的，依法追究刑事责任。

第五十六条 违反本法规定，发布虚假广告，欺骗、误导消费者，使购买商品或者接受服务的消费者的合法权益受到损害的，由广告主依法承担民事责任。广告经营者、广告发布者不能提供广告主的真实名称、地址和有效联系方式的，消费者可以要求广告经营者、广告发布者先行赔偿。

关系消费者生命健康的商品或者服务的虚假广告，造成消费者损害的，其广告经营者、广告发布者、广告代言人应当与广告主承担连带责任。

前款规定以外的商品或者服务的虚假广告，造成消费者损害的，其广告经营者、广告发布者、广告代言人，明知或者应知广告虚假仍设计、制作、代理、发布或者作推荐、证明的，应当与广告主承担连带责任。

第五十七条 有下列行为之一的，由市场监督管理部门责令停止发布广告，对广告主处二十万元以上一百万元以下的罚款，情节严重的，并可以吊销营业执照，由广告审查机关撤销广告审查批准文件、一年内不受理其广告审查申请；对广告经营者、广告发布者，由市场监督管理部门没收广告费用，处二十万元以上一百万元以下的罚款，情节严重的，并可以吊销营业执照：

（一）发布有本法第九条、第十条规定的禁止情形的广告的；

（二）违反本法第十五条规定发布处方药广告、药品类易制毒化学品广告、戒毒治疗的医疗器械和治疗方法广告的；

（三）违反本法第二十条规定，发布声称全部或者部分替代母乳的婴儿乳制品、饮料和其他食品广告的；

（四）违反本法第二十二条规定发布烟草广告的；

（五）违反本法第三十七条规定，利用广告推销禁止生产、销售的产品或者提供的服务，或者禁止发布广告的商品或者服务的；

（六）违反本法第四十条第一款规定，在针对未成年人的大众传播媒介上发布医疗、药品、保健食品、医疗器械、化妆品、酒类、美容广告，以及不利于未成年人身心健康的网络游戏广告的。

第五十八条 有下列行为之一的，由市场监督管理部门责令停止发布广告，责令广告主在相应范围内消除影响，处广告费用一倍以上三倍以下的罚款，广告费用无法计算或者明显偏低的，处十万元以上二十万元以下的罚款；情节严重的，处广告费用三倍以上五倍以下的罚款，广告费用无法计算或者明显偏低的，处二十万元以上一百万元以下的罚款，可以吊销营业执照，并由广告审查机关撤销广告审查批准文件、一年内不受理其广告审查申请：

（一）违反本法第十六条规定发布医疗、药品、医疗器械广告的；

（二）违反本法第十七条规定，在广告中涉及疾病治疗功能，以及使用医疗用语或者易使推销的商品与药品、医疗器械相混淆的用语的；

（三）违反本法第十八条规定发布保健食品广告的；

（四）违反本法第二十一条规定发布农药、兽药、饲料和饲料添加剂广告的；

（五）违反本法第二十三条规定发布酒类广告的；

（六）违反本法第二十四条规定发布教育、培训广告的；

（七）违反本法第二十五条规定发布招商等有投资回报预期的商品或者服务广告的；

（八）违反本法第二十六条规定发布房地产广告的；

（九）违反本法第二十七条规定发布农作物种子、林木种子、草种子、种畜禽、水产苗种和种养殖广告的；

（十）违反本法第三十八条第二款规定，利用不满十周岁的未成年人作为广告代言人的；

（十一）违反本法第三十八条第三款规定，利用自然人、法人或者其他组织作为广告代言人的；

（十二）违反本法第三十九条规定，在中小学校、幼儿园内或者利用与中小学生、幼儿有关的物品发布广告的；

（十三）违反本法第四十条第二款规定，发布针对不满十四周岁的未成年人的商品或者服务的广告的；

（十四）违反本法第四十六条规定，未经审查发布广告的。

医疗机构有前款规定违法行为，情节严重的，除由市场监督管理部门依照本法处罚外，卫生行政部门可以吊销诊疗科目或者吊销医疗机构执业许可证。

广告经营者、广告发布者明知或者应知有本条第一款规定违法行为仍设计、制作、代理、发布的，由市场监督管理部门没收广告费用，并处广告费用一倍以上三倍以下的罚款，广告费用无法计算或者明显偏低的，处十万元以上二十万元以下的罚款；情节严重的，处广告费用三倍以上五倍以下的罚款，广告费用无法计算或者明显偏低的，处二十万元以上一百万元以下的罚款，并可以由有关部门暂停广告发布业务、吊销营业执照。

第五十九条　有下列行为之一的，由市场监督管理部门责令停止发布广告，对广告主处十万元以下的罚款：

（一）广告内容违反本法第八条规定的；

（二）广告引证内容违反本法第十一条规定的；

（三）涉及专利的广告违反本法第十二条规定的；

（四）违反本法第十三条规定，广告贬低其他生产经营者的商品或者服务的。

广告经营者、广告发布者明知或者应知有前款规定违法行为仍设计、制作、代理、发布的，由市场监督管理部门处十万元以下的罚款。

广告违反本法第十四条规定，不具有可识别性的，或者违反本法第十九条规定，变相发布医疗、药品、医疗器械、保健食品广告的，由市场监督管理部门责令改正，对广告发布者处十万元以下的罚款。

第六十条　违反本法第三十四条规定，广告经营者、广告发布者未按照国家有关规定建立、健全广告业务管理制度的，或者未对广告内容进行核对的，由市场监督管理部门责令改正，可以处五万元以下的罚款。

违反本法第三十五条规定，广告经营者、广告发布者未公布其收费标准和收费办法的，由价格主管部门责令改正，可以处五万元以下的罚款。

第六十一条　广告代言人有下列情形之一的，由市场监督管理部门没收违法所得，并处违法所得一倍以上二倍以下的罚款：

（一）违反本法第十六条第一款第四项

规定，在医疗、药品、医疗器械广告中作推荐、证明的；

（二）违反本法第十八条第一款第五项规定，在保健食品广告中作推荐、证明的；

（三）违反本法第三十八条第一款规定，为其未使用过的商品或者未接受过的服务作推荐、证明的；

（四）明知或者应知广告虚假仍在广告中对商品、服务作推荐、证明的。

第六十二条 违反本法第四十三条规定发送广告的，由有关部门责令停止违法行为，对广告主处五千元以上三万元以下的罚款。

违反本法第四十四条第二款规定，利用互联网发布广告，未显著标明关闭标志，确保一键关闭的，由市场监督管理部门责令改正，对广告主处五千元以上三万元以下的罚款。

第六十三条 违反本法第四十五条规定，公共场所的管理者和电信业务经营者、互联网信息服务提供者，明知或者应知广告活动违法不予制止的，由市场监督管理部门没收违法所得，违法所得五万元以上的，并处违法所得一倍以上三倍以下的罚款，违法所得不足五万元的，并处一万元以上五万元以下的罚款；情节严重的，由有关部门依法停止相关业务。

第六十四条 违反本法规定，隐瞒真实情况或者提供虚假材料申请广告审查的，广告审查机关不予受理或者不予批准，予以警告，一年内不受理该申请人的广告审查申请；以欺骗、贿赂等不正当手段取得广告审查批准的，广告审查机关予以撤销，处十万元以上二十万元以下的罚款，三年内不受理该申请人的广告审查申请。

第六十五条 违反本法规定，伪造、变造或者转让广告审查批准文件的，由市场监督管理部门没收违法所得，并处一万元以上十万元以下的罚款。

第六十六条 有本法规定的违法行为的，由市场监督管理部门记入信用档案，并依照有关法律、行政法规规定予以公示。

第六十七条 广播电台、电视台、报刊音像出版单位发布违法广告，或者以新闻报道形式变相发布广告，或者以介绍健康、养生知识等形式变相发布医疗、药品、医疗器械、保健食品广告，市场监督管理部门依照本法给予处罚的，应当通报新闻出版、广播电视主管部门以及其他有关部门。新闻出版、广播电视主管部门以及其他有关部门应当依法对负有责任的主管人员和直接责任人员给予处分；情节严重的，并可以暂停媒体的广告发布业务。

新闻出版、广播电视主管部门以及其他有关部门未依照前款规定对广播电台、电视台、报刊音像出版单位进行处理的，对负有责任的主管人员和直接责任人员，依法给予处分。

第六十八条 广告主、广告经营者、广告发布者违反本法规定，有下列侵权行为之一的，依法承担民事责任：

（一）在广告中损害未成年人或者残疾人的身心健康的；

（二）假冒他人专利的；

（三）贬低其他生产经营者的商品、服务的；

（四）在广告中未经同意使用他人名义或者形象的；

（五）其他侵犯他人合法民事权益的。

第六十九条 因发布虚假广告，或者有其他本法规定的违法行为，被吊销营业执照的公司、企业的法定代表人，对违法行为负有个人责任的，自该公司、企业被吊销营业执照之日起三年内不得担任公司、企业的董事、监事、高级管理人员。

第七十条 违反本法规定，拒绝、阻挠市场监督管理部门监督检查，或者有其他构成违反治安管理行为的，依法给予治安管理处罚；构成犯罪的，依法追究刑事责任。

第七十一条 广告审查机关对违法的广

告内容作出审查批准决定的，对负有责任的主管人员和直接责任人员，由任免机关或者监察机关依法给予处分；构成犯罪的，依法追究刑事责任。

第七十二条 市场监督管理部门对在履行广告监测职责中发现的违法广告行为或者对经投诉、举报的违法广告行为，不依法予以查处的，对负有责任的主管人员和直接责任人员，依法给予处分。

市场监督管理部门和负责广告管理相关工作的有关部门的工作人员玩忽职守、滥用职权、徇私舞弊的，依法给予处分。

有前两款行为，构成犯罪的，依法追究刑事责任。

第六章 附 则

第七十三条 国家鼓励、支持开展公益广告宣传活动，传播社会主义核心价值观，倡导文明风尚。

大众传播媒介有义务发布公益广告。广播电台、电视台、报刊出版单位应当按照规定的版面、时段、时长发布公益广告。公益广告的管理办法，由国务院市场监督管理部门会同有关部门制定。

第七十四条 本法自 2015 年 9 月 1 日起施行。

广告管理条例

（1987 年 10 月 26 日国务院发布，1987 年 12 月 1 日施行）

第一条 发了加强广告管理，推动广告事业的发展，有效地利用广告媒介为社会主义建设服务，制定本条例。

第二条 凡通过报刊、广播、电视、电影、路牌、橱窗、印刷品、霓虹灯等媒介或者形式，在中华人民共和国境内刊播、设置、张贴广告、均属本条例管理范围。

第三条 广告内容必须真实、健康、清晰、明白，不得以任何形式欺骗用户和消费者。

第四条 在广告经营活动中，禁止垄断和不正当竞争行为。

第五条 广告的管理机关是国家工商行政管理机关和地方各级工商行政管理机关。

第六条 经营广告业务的单位和个体工商户（以下简称广告经营者），应当按照本条例和有关法规的规定，向工商行政管理机关申请，分别情况办理审批登记手续：

（一）专营广告业务的企业，发给《企业法人营业执照》；

（二）兼营广告业务的事业单位，发给《广告经营许可证》；

（三）具备经营广告业务能力的个体工商户，发给《营业执照》；

（四）兼营广告业务的企业，应当办理经营范围变更登记。

第七条 广告客户申请刊播、设置、张贴的广告，其内容应当在广告客户的经营范围或者国家许可的范围内。

第八条 广告有下列内容之一的，不得刊播、设置、张贴：

（一）违反我国法律、法规的；

（二）损害我国民族尊严的；

（三）有中国国旗、国徽、国歌标志、国歌音响的；

（四）有反动、淫秽、迷信、荒诞内容的；

（五）弄虚作假的；

（六）贬低同类产品的。

第九条 新闻单位刊播广告，应当有明确有标志。新闻单位不得以新闻报道形式刊播广告，收取费用；新闻记者不得借采访名义招揽广告。

第十条 禁止利用广播、电视、报刊为卷烟做广告。

获得国家级，部级、省级各类奖的优质名酒，经工商行政管理机关批准，可以做广告。

第十一条 申请刊播、设置、张贴下列广告，应当提交有关证明：

（一）标明质量标准的商品广告，应当提交省辖市以上标准化管理部门或者经计量认证合格的质量检验机构的证明；

（二）标明获奖的商品广告，应当提交本届、本年度或者数届、数年度连续获奖的证书，并在广告中注明获奖级别和颁奖部门；

（三）标明优质产品称号的商品广告，应当提交政府颁发的优质产品证书，并在广告中标明授予优质产品称号的时间和部门；

（四）标明专利权和商品广告，应当提交专利证书；

（五）标明注册商标的商品广告，应当提交商标注册证；

（六）实施生产许可证的产品广告，应当提交生产许可证；

（七）文化、教育、卫生广告，应当提交上级行政主管部门的证明；

（八）其他各类广告，需要提交证明的，应当提交政府有关部门或者其授权单位的证明。

第十二条 广告经营者承办或者代理广告业务，应当查验证明，审查广告内容。对违反本条例规定的规定的广告，不得刊播、设置、张贴。

第十三条 户外广告的设置、张贴，由当地人民政府组织工商行政管理、城建、环保、公安等有关部门制订规划，工商行政管理机关负责监督实施。

在政府机关和文物保护单位周围的建筑控制地带以及当地人民政府禁止设置、张贴广告的区域，不得设置、张贴广告。

第十四条 广告收费标准，由广告经营者制订，报当地工商行政管理机关和物价管理机关备案。

第十五条 广告业务代理费标准，由国家工商行政管理机关会同国家物价管理机关制定。

户外广告场地费、建筑物占用费的收费标准，由当地工商行政管理机关会同物价、城建部门协商制订，报当地人民政府批准。

第十六条 广告经营者必须按照国家规定设置广告会计帐簿，依法纳税，并接受财政、审计、工商行政管理部门的监督检查。

第十七条 广告经营者承办或者代理广告业务。应当与客户或者被代理人签订书面合同，明确各方的责任。

第十八条 广告客户或者广告经营者违反本条例规定，由工商行政管理机关根据其情节轻重，分别给予下列处罚：

（一）停止发布广告；

（二）责令公开更正；

（三）通报批评；

（四）没收非法所得；

（五）罚款；

（六）停业整顿；

（七）吊销营业执照或者广告经营许可证。

违反本条例规定，情节严重，构成犯罪的，由司法机关依法追究刑事责任。

第十九条 广告客户和广告经营者对工商行政管理机关处罚决定不服的，可以在收到处罚通知之日起十五日内，向上一级工商行政管理机关申请复议。对复议决定仍不服的，可以在收到复议决定之日起三十日内，向人民法院起诉。

第二十条 广告客户和广告经营者违反本条例规定，使用户和消费者蒙受损失，或者有其他侵权行为的，应当承担赔偿责任。

损害赔偿，受害人可以请求县以上工商行政管理机关处理，当事人对工商行政管理机关处理不服的，可以向人民法院起诉。受害人也可以直接向人民法院起诉。

第二十一条　本条例由国家工商行政管理局负责解释；施行细则由国家工商行政管理局制定。

第二十二条　本条例自1987年12月1日起施行。1982年2月6日国务院发布的《广告管理暂行条例》同时废止。

互联网广告管理办法

（2023年2月24日市场监管总局第3次局务会议通过，2023年2月25日公布，自2023年5月1日起施行）

第一条　为了规范互联网广告活动，保护消费者的合法权益，促进互联网广告业健康发展，维护公平竞争的市场经济秩序，根据《中华人民共和国广告法》（以下简称广告法）、《中华人民共和国电子商务法》（以下简称电子商务法）等法律、行政法规，制定本办法。

第二条　在中华人民共和国境内，利用网站、网页、互联网应用程序等互联网媒介，以文字、图片、音频、视频或者其他形式，直接或者间接地推销商品或者服务的商业广告活动，适用广告法和本办法的规定。

法律、行政法规、部门规章、强制性国家标准以及国家其他有关规定要求应当展示、标示、告知的信息，依照其规定。

第三条　互联网广告应当真实、合法，坚持正确导向，以健康的表现形式表达广告内容，符合社会主义精神文明建设和弘扬中华优秀传统文化的要求。

利用互联网从事广告活动，应当遵守法律、法规，诚实信用，公平竞争。

国家鼓励、支持开展互联网公益广告宣传活动，传播社会主义核心价值观和中华优秀传统文化，倡导文明风尚。

第四条　利用互联网为广告主或者广告主委托的广告经营者发布广告的自然人、法人或者其他组织，适用广告法和本办法关于广告发布者的规定。

利用互联网提供信息服务的自然人、法人或者其他组织，适用广告法和本办法关于互联网信息服务提供者的规定；从事互联网广告设计、制作、代理、发布等活动的，应当适用广告法和本办法关于广告经营者、广告发布者等主体的规定。

第五条　广告行业组织依照法律、法规、部门规章和章程的规定，制定行业规范、自律公约和团体标准，加强行业自律，引导会员主动践行社会主义核心价值观、依法从事互联网广告活动，推动诚信建设，促进行业健康发展。

第六条　法律、行政法规规定禁止生产、销售的产品或者提供的服务，以及禁止发布广告的商品或者服务，任何单位或者个人不得利用互联网设计、制作、代理、发布广告。

禁止利用互联网发布烟草（含电子烟）广告。

禁止利用互联网发布处方药广告，法律、行政法规另有规定的，依照其规定。

第七条　发布医疗、药品、医疗器械、农药、兽药、保健食品、特殊医学用途配方食品广告等法律、行政法规规定应当进行审查的广告，应当在发布前由广告审查机关对广告内容进行审查；未经审查，不得发布。

对须经审查的互联网广告，应当严格按照审查通过的内容发布，不得剪辑、拼接、修改。已经审查通过的广告内容需要改动的，应当重新申请广告审查。

第八条 禁止以介绍健康、养生知识等形式，变相发布医疗、药品、医疗器械、保健食品、特殊医学用途配方食品广告。

介绍健康、养生知识的，不得在同一页面或者同时出现相关医疗、药品、医疗器械、保健食品、特殊医学用途配方食品的商品经营者或者服务提供者地址、联系方式、购物链接等内容。

第九条 互联网广告应当具有可识别性，能够使消费者辨明其为广告。

对于竞价排名的商品或者服务，广告发布者应当显著标明“广告”，与自然搜索结果明显区分。

除法律、行政法规禁止发布或者变相发布广告的情形外，通过知识介绍、体验分享、消费测评等形式推销商品或者服务，并附加购物链接等购买方式的，广告发布者应当显著标明“广告”。

第十条 以弹出等形式发布互联网广告，广告主、广告发布者应当显著标明关闭标志，确保一键关闭，不得有下列情形：

（一）没有关闭标志或者计时结束才能关闭广告；

（二）关闭标志虚假、不可清晰辨识或者难以定位等，为关闭广告设置障碍；

（三）关闭广告须经两次以上点击；

（四）在浏览同一页面、同一文档过程中，关闭后继续弹出广告，影响用户正常使用网络；

（五）其他影响一键关闭的行为。

启动互联网应用程序时展示、发布的开屏广告适用前款规定。

第十一条 不得以下列方式欺骗、误导用户点击、浏览广告：

（一）虚假的系统或者软件更新、报错、清理、通知等提示；

（二）虚假的播放、开始、暂停、停止、返回等标志；

（三）虚假的奖励承诺；

（四）其他欺骗、误导用户点击、浏览广告的方式。

第十二条 在针对未成年人的网站、网页、互联网应用程序、公众号等互联网媒介上不得发布医疗、药品、保健食品、特殊医学用途配方食品、医疗器械、化妆品、酒类、美容广告，以及不利于未成年人身心健康的网络游戏广告。

第十三条 广告主应当对互联网广告内容的真实性负责。

广告主发布互联网广告的，主体资格、行政许可、引证内容等应当符合法律法规的要求，相关证明文件应当真实、合法、有效。

广告主可以通过自建网站，以及自有的客户端、互联网应用程序、公众号、网络店铺页面等互联网媒介自行发布广告，也可以委托广告经营者、广告发布者发布广告。

广告主自行发布互联网广告的，广告发布行为应当符合法律法规的要求，建立广告档案并及时更新。相关档案保存时间自广告发布行为终了之日起不少于三年。

广告主委托发布互联网广告，修改广告内容时应当以书面形式或者其他可以被确认的方式，及时通知为其提供服务的广告经营者、广告发布者。

第十四条 广告经营者、广告发布者应当按照下列规定，建立、健全和实施互联网广告业务的承接登记、审核、档案管理制度：

（一）查验并登记广告主的真实身份、地址和有效联系方式等信息，建立广告档案并定期查验更新，记录、保存广告活动的有关电子数据；相关档案保存时间自广告发布行为终了之日起不少于三年；

（二）查验有关证明文件，核对广告内容，对内容不符或者证明文件不全的广告，广告经营者不得提供设计、制作、代理服务，广告发布者不得发布；

（三）配备熟悉广告法律法规的广告审核人员或者设立广告审核机构。

本办法所称身份信息包括名称（姓名）、统一社会信用代码（身份证件号码）等。

广告经营者、广告发布者应当依法配合市场监督管理部门开展的互联网广告行业调查，及时提供真实、准确、完整的资料。

第十五条　利用算法推荐等方式发布互联网广告的，应当将其算法推荐服务相关规则、广告投放记录等记入广告档案。

第十六条　互联网平台经营者在提供互联网信息服务过程中应当采取措施防范、制止违法广告，并遵守下列规定：

（一）记录、保存利用其信息服务发布广告的用户真实身份信息，信息记录保存时间自信息服务提供行为终了之日起不少于三年；

（二）对利用其信息服务发布的广告内容进行监测、排查，发现违法广告的，应当采取通知改正、删除、屏蔽、断开发布链接等必要措施予以制止，并保留相关记录；

（三）建立有效的投诉、举报受理和处置机制，设置便捷的投诉举报入口或者公布投诉举报方式，及时受理和处理投诉举报；

（四）不得以技术手段或者其他手段阻挠、妨碍市场监督管理部门开展广告监测；

（五）配合市场监督管理部门调查互联网广告违法行为，并根据市场监督管理部门的要求，及时采取技术手段保存涉嫌违法广告的证据材料，如实提供相关广告发布者的真实身份信息、广告修改记录以及相关商品或者服务的交易信息等；

（六）依据服务协议和平台规则对利用其信息服务发布违法广告的用户采取警示、暂停或者终止服务等措施。

第十七条　利用互联网发布、发送广告，不得影响用户正常使用网络，不得在搜索政务服务网站、网页、互联网应用程序、公众号等的结果中插入竞价排名广告。

未经用户同意、请求或者用户明确表示拒绝的，不得向其交通工具、导航设备、智能家电等发送互联网广告，不得在用户发送的电子邮件或者互联网即时通讯信息中附加广告或者广告链接。

第十八条　发布含有链接的互联网广告，广告主、广告经营者和广告发布者应当核对下一级链接中与前端广告相关的广告内容。

第十九条　商品销售者或者服务提供者通过互联网直播方式推销商品或者服务，构成商业广告的，应当依法承担广告主的责任和义务。

直播间运营者接受委托提供广告设计、制作、代理、发布服务的，应当依法承担广告经营者、广告发布者的责任和义务。

直播营销人员接受委托提供广告设计、制作、代理、发布服务的，应当依法承担广告经营者、广告发布者的责任和义务。

直播营销人员以自己的名义或者形象对商品、服务作推荐、证明，构成广告代言的，应当依法承担广告代言人的责任和义务。

第二十条　对违法互联网广告实施行政处罚，由广告发布者所在地市场监督管理部门管辖。广告发布者所在地市场监督管理部门管辖异地广告主、广告经营者、广告代言人以及互联网信息服务提供者有困难的，可以将违法情况移送其所在地市场监督管理部门处理。广告代言人为自然人的，为广告代言人提供经纪服务的机构所在地、广告代言人户籍地或者经常居住地为其所在地。

广告主所在地、广告经营者所在地市场监督管理部门先行发现违法线索或者收到投诉、举报的，也可以进行管辖。

对广告主自行发布违法广告的行为实施行政处罚，由广告主所在地市场监督管理部门管辖。

第二十一条　市场监督管理部门在查处违法互联网广告时，可以依法行使下列职权：

（一）对涉嫌从事违法广告活动的场所实施现场检查；

（二）询问涉嫌违法当事人或者其法定代表人、主要负责人和其他有关人员，对有关单位或者个人进行调查；

（三）要求涉嫌违法当事人限期提供有关证明文件；

（四）查阅、复制与涉嫌违法广告有关的合同、票据、账簿、广告作品和互联网广告相关数据，包括采用截屏、录屏、网页留存、拍照、录音、录像等方式保存互联网广告内容；

（五）查封、扣押与涉嫌违法广告直接相关的广告物品、经营工具、设备等财物；

（六）责令暂停发布可能造成严重后果的涉嫌违法广告；

（七）法律、行政法规规定的其他职权。

市场监督管理部门依法行使前款规定的职权时，当事人应当协助、配合，不得拒绝、阻挠或者隐瞒真实情况。

第二十二条　市场监督管理部门对互联网广告的技术监测记录资料，可以作为对违法广告实施行政处罚或者采取行政措施的证据。

第二十三条　违反本办法第六条、第十二条规定的，依照广告法第五十七条规定予以处罚。

第二十四条　违反本办法第七条规定，未经审查或者未按广告审查通过的内容发布互联网广告的，依照广告法第五十八条规定予以处罚。

第二十五条　违反本办法第八条、第九条规定，变相发布医疗、药品、医疗器械、保健食品、特殊医学用途配方食品广告，或者互联网广告不具有可识别性的，依照广告法第五十九条第三款规定予以处罚。

第二十六条　违反本办法第十条规定，以弹出等形式发布互联网广告，未显著标明关闭标志，确保一键关闭的，依照广告法第六十二条第二款规定予以处罚。

广告发布者实施前款规定行为的，由县级以上市场监督管理部门责令改正，拒不改正的，处五千元以上三万元以下的罚款。

第二十七条　违反本办法第十一条规定，欺骗、误导用户点击、浏览广告的，法律、行政法规有规定的，依照其规定；法律、行政法规没有规定的，由县级以上市场监督管理部门责令改正，对广告主、广告经营者、广告发布者处五千元以上三万元以下的罚款。

第二十八条　违反本办法第十四条第一款、第十五条、第十八条规定，广告经营者、广告发布者未按规定建立、健全广告业务管理制度的，或者未对广告内容进行核对的，依据广告法第六十条第一款规定予以处罚。

违反本办法第十三条第四款、第十五条、第十八条规定，广告主未按规定建立广告档案，或者未对广告内容进行核对的，由县级以上市场监督管理部门责令改正，可以处五万元以下的罚款。

广告主、广告经营者、广告发布者能够证明其已履行相关责任、采取措施防止链接的广告内容被篡改，并提供违法广告活动主体的真实名称、地址和有效联系方式的，可以依法从轻、减轻或者不予行政处罚。

违反本办法第十四条第三款，广告经营者、广告发布者拒不配合市场监督管理部门开展的互联网广告行业调查，或者提供虚假资料的，由县级以上市场监督管理部门责令改正，可以处一万元以上三万元以下的罚款。

第二十九条　互联网平台经营者违反本办法第十六条第一项、第三项至第五项规定，法律、行政法规有规定的，依照其规定；法律、行政法规没有规定的，由县级以上市场监督管理部门责令改正，处一万元以上五万元以下的罚款。

互联网平台经营者违反本办法第十六条第二项规定，明知或者应知互联网广告活动违法不予制止的，依照广告法第六十三条规定予以处罚。

第三十条　违反本办法第十七条第一款规定，法律、行政法规有规定的，依照其规定；法律、行政法规没有规定的，由县级以上市场监督管理部门责令改正，对广告主、广告经营者、广告发布者处五千元以上三万元以下的罚款。

违反本办法第十七条第二款规定，未经用户同意、请求或者用户明确表示拒绝，向其交通工具、导航设备、智能家电等发送互联网广告的，依照广告法第六十二条第一款规定予以处罚；在用户发送的电子邮件或者互联网即时通讯信息中附加广告或者广告链接的，由县级以上市场监督管理部门责令改正，处五千元以上三万元以下的罚款。

第三十一条　市场监督管理部门依照广告法和本办法规定所作出的行政处罚决定，应当依法通过国家企业信用信息公示系统向社会公示；性质恶劣、情节严重、社会危害较大的，按照《市场监督管理严重违法失信名单管理办法》的有关规定列入严重违法失信名单。

第三十二条　本办法自2023年5月1日起施行。2016年7月4日原国家工商行政管理总局令第87号公布的《互联网广告管理暂行办法》同时废止。

市场监督管理行政处罚程序规定

（2018年12月21日国家市场监督管理总局令第2号公布，根据2021年7月2日国家市场监督管理总局令第42号第一次修正，根据2022年9月29日国家市场监督管理总局令第61号第二次修正）

第一章　总　　则

第一条　为了规范市场监督管理行政处罚程序，保障市场监督管理部门依法实施行政处罚，保护自然人、法人和其他组织的合法权益，根据《中华人民共和国行政处罚法》《中华人民共和国行政强制法》等法律、行政法规，制定本规定。

第二条　市场监督管理部门实施行政处罚，适用本规定。

第三条　市场监督管理部门实施行政处罚，应当遵循公正、公开的原则，坚持处罚与教育相结合，做到事实清楚、证据确凿、适用依据正确、程序合法、处罚适当。

第四条　市场监督管理部门实施行政处罚实行回避制度。参与案件办理的有关人员与案件有直接利害关系或者有其他关系可能影响公正执法的，应当回避。市场监督管理部门主要负责人的回避，由市场监督管理部门负责人集体讨论决定；市场监督管理部门其他负责人的回避，由市场监督管理部门主要负责人决定；其他有关人员的回避，由市场监督管理部门负责人决定。

回避决定作出之前，不停止案件调查。

第五条　市场监督管理部门及参与案件办理的有关人员对实施行政处罚过程中知悉的国家秘密、商业秘密和个人隐私应当依法予以保密。

第六条　上级市场监督管理部门对下级市场监督管理部门实施行政处罚，应当加强监督。

各级市场监督管理部门对本部门内设机构及其派出机构、受委托组织实施行政处罚，应当加强监督。

第二章　管　　辖

第七条　行政处罚由违法行为发生地的县级以上市场监督管理部门管辖。法律、行政法规、部门规章另有规定的，从其规定。

第八条　县级、设区的市级市场监督管理部门依职权管辖本辖区内发生的行政处罚案件。法律、法规、规章规定由省级以上市场监督管理部门管辖的，从其规定。

第九条　市场监督管理部门派出机构在本部门确定的权限范围内以本部门的名义实施行政处罚，法律、法规授权以派出机构名义实施行政处罚的除外。

县级以上市场监督管理部门可以在法定权限内书面委托符合《中华人民共和国行政处罚法》规定条件的组织实施行政处罚。受委托组织在委托范围内，以委托行政机关名义实施行政处罚；不得再委托其他任何组织或者个人实施行政处罚。

委托书应当载明委托的具体事项、权限、期限等内容。委托行政机关和受委托组织应当将委托书向社会公布。

第十条　网络交易平台经营者和通过自建网站、其他网络服务销售商品或者提供服务的网络交易经营者的违法行为由其住所地县级以上市场监督管理部门管辖。

平台内经营者的违法行为由其实际经营地县级以上市场监督管理部门管辖。网络交易平台经营者住所地县级以上市场监督管理部门先行发现违法线索或者收到投诉、举报的，也可以进行管辖。

第十一条　对利用广播、电影、电视、报纸、期刊、互联网等大众传播媒介发布违法广告的行为实施行政处罚，由广告发布者所在地市场监督管理部门管辖。广告发布者所在地市场监督管理部门管辖异地广告主、广告经营者有困难的，可以将广告主、广告经营者的违法情况移送广告主、广告经营者所在地市场监督管理部门处理。

对于互联网广告违法行为，广告主所在地、广告经营者所在地市场监督管理部门先行发现违法线索或者收到投诉、举报的，也可以进行管辖。

对广告主自行发布违法互联网广告的行为实施行政处罚，由广告主所在地市场监督管理部门管辖。

第十二条　对当事人的同一违法行为，两个以上市场监督管理部门都有管辖权的，由最先立案的市场监督管理部门管辖。

第十三条　两个以上市场监督管理部门因管辖权发生争议的，应当自发生争议之日起七个工作日内协商解决，协商不成的，报请共同的上一级市场监督管理部门指定管辖；也可以直接由共同的上一级市场监督管理部门指定管辖。

第十四条　市场监督管理部门发现立案查处的案件不属于本部门管辖的，应当将案件移送有管辖权的市场监督管理部门。受移送的市场监督管理部门对管辖权有异议的，应当报请共同的上一级市场监督管理部门指定管辖，不得再自行移送。

第十五条　上级市场监督管理部门认为必要时，可以将本部门管辖的案件交由下级市场监督管理部门管辖。法律、法规、规章明确规定案件应当由上级市场监督管理部门管辖的，上级市场监督管理部门不得将案件交由下级市场监督管理部门管辖。

上级市场监督管理部门认为必要时，可以直接查处下级市场监督管理部门管辖的案件，也可以将下级市场监督管理部门管辖的案件指定其他下级市场监督管理部门管辖。

下级市场监督管理部门认为依法由其管辖的案件存在特殊原因，难以办理的，可以报请上一级市场监督管理部门管辖或者指定管辖。

第十六条　报请上一级市场监督管理部

门管辖或者指定管辖的，上一级市场监督管理部门应当在收到报送材料之日起七个工作日内确定案件的管辖部门。

第十七条　市场监督管理部门发现立案查处的案件属于其他行政管理部门管辖的，应当及时依法移送其他有关部门。

市场监督管理部门发现违法行为涉嫌犯罪的，应当及时将案件移送司法机关，并对涉案物品以及与案件有关的其他材料依照有关规定办理交接手续。

第三章　行政处罚的普通程序

第十八条　市场监督管理部门对依据监督检查职权或者通过投诉、举报、其他部门移送、上级交办等途径发现的违法行为线索，应当自发现线索或者收到材料之日起十五个工作日内予以核查，由市场监督管理部门负责人决定是否立案；特殊情况下，经市场监督管理部门负责人批准，可以延长十五个工作日。法律、法规、规章另有规定的除外。

检测、检验、检疫、鉴定以及权利人辨认或者鉴别等所需时间，不计入前款规定期限。

第十九条　经核查，符合下列条件的，应当立案：

（一）有证据初步证明存在违反市场监督管理法律、法规、规章的行为；

（二）依据市场监督管理法律、法规、规章应当给予行政处罚；

（三）属于本部门管辖；

（四）在给予行政处罚的法定期限内。

决定立案的，应当填写立案审批表，由办案机构负责人指定两名以上具有行政执法资格的办案人员负责调查处理。

第二十条　经核查，有下列情形之一的，可以不予立案：

（一）违法行为轻微并及时改正，没有造成危害后果；

（二）初次违法且危害后果轻微并及时改正；

（三）当事人有证据足以证明没有主观过错，但法律、行政法规另有规定的除外；

（四）依法可以不予立案的其他情形。

决定不予立案的，应当填写不予立案审批表。

第二十一条　办案人员应当全面、客观、公正、及时进行案件调查，收集、调取证据，并依照法律、法规、规章的规定进行检查。

首次向当事人收集、调取证据的，应当告知其享有陈述权、申辩权以及申请回避的权利。

第二十二条　办案人员调查或者进行检查时不得少于两人，并应当主动向当事人或者有关人员出示执法证件。

第二十三条　办案人员应当依法收集证据。证据包括：

（一）书证；

（二）物证；

（三）视听资料；

（四）电子数据；

（五）证人证言；

（六）当事人的陈述；

（七）鉴定意见；

（八）勘验笔录、现场笔录。

立案前核查或者监督检查过程中依法取得的证据材料，可以作为案件的证据使用。

对于移送的案件，移送机关依职权调查收集的证据材料，可以作为案件的证据使用。

上述证据，应当符合法律、法规、规章关于证据的规定，并经查证属实，才能作为认定案件事实的根据。以非法手段取得的证据，不得作为认定案件事实的根据。

第二十四条　收集、调取的书证、物证应当是原件、原物。调取原件、原物有困难的，可以提取复制件、影印件或者抄录件，也可以拍摄或者制作足以反映原件、原物外形或者内容的照片、录像。复制件、影印件、抄录件和照片、录像由证据提供人核对无误后注明与原件、原物一致，并注明出证日期、证据出处，同时签名或者盖章。

第二十五条 收集、调取的视听资料应当是有关资料的原始载体。调取视听资料原始载体有困难的，可以提取复制件，并注明制作方法、制作时间、制作人等。声音资料应当附有该声音内容的文字记录。

第二十六条 收集、调取的电子数据应当是有关数据的原始载体。收集电子数据原始载体有困难的，可以采用拷贝复制、委托分析、书式固定、拍照录像等方式取证，并注明制作方法、制作时间、制作人等。

市场监督管理部门可以利用互联网信息系统或者设备收集、固定违法行为证据。用来收集、固定违法行为证据的互联网信息系统或者设备应当符合相关规定，保证所收集、固定电子数据的真实性、完整性。

市场监督管理部门可以指派或者聘请具有专门知识的人员，辅助办案人员对案件关联的电子数据进行调查取证。

市场监督管理部门依照法律、行政法规规定利用电子技术监控设备收集、固定违法事实的，依照《中华人民共和国行政处罚法》有关规定执行。

第二十七条 在中华人民共和国领域外形成的公文书证，应当经所在国公证机关证明，或者履行中华人民共和国与该所在国订立的有关条约中规定的证明手续。涉及身份关系的证据，应当经所在国公证机关证明，并经中华人民共和国驻该国使领馆认证，或者履行中华人民共和国与该所在国订立的有关条约中规定的证明手续。

在中华人民共和国香港特别行政区、澳门特别行政区和台湾地区形成的证据，应当履行相关的证明手续。

外文书证或者外国语视听资料等证据应当附有由具有翻译资质的机构翻译的或者其他翻译准确的中文译本，由翻译机构盖章或者翻译人员签名。

第二十八条 对有违法嫌疑的物品或者场所进行检查时，应当通知当事人到场。办案人员应当制作现场笔录，载明时间、地点、事件等内容，由办案人员、当事人签名或者盖章。

第二十九条 办案人员可以询问当事人及其他有关单位和个人。询问应当个别进行。询问应当制作笔录，询问笔录应当交被询问人核对；对阅读有困难的，应当向其宣读。笔录如有差错、遗漏，应当允许其更正或者补充。涂改部分应当由被询问人签名、盖章或者以其他方式确认。经核对无误后，由被询问人在笔录上逐页签名、盖章或者以其他方式确认。办案人员应当在笔录上签名。

第三十条 办案人员可以要求当事人及其他有关单位和个人在一定期限内提供证明材料或者与涉嫌违法行为有关的其他材料，并由材料提供人在有关材料上签名或者盖章。

市场监督管理部门在查处侵权假冒等案件过程中，可以要求权利人对涉案产品是否为权利人生产或者其许可生产的产品进行辨认，也可以要求其对有关事项进行鉴别。

第三十一条 市场监督管理部门抽样取证时，应当通知当事人到场。办案人员应当制作抽样记录，对样品加贴封条，开具清单，由办案人员、当事人在封条和相关记录上签名或者盖章。

通过网络、电话购买等方式抽样取证的，应当采取拍照、截屏、录音、录像等方式对交易过程、商品拆包查验及封样等过程进行记录。

法律、法规、规章或者国家有关规定对实施抽样机构的资质或者抽样方式有明确要求的，市场监督管理部门应当委托相关机构或者按照规定方式抽取样品。

第三十二条 为查明案情，需要对案件中专门事项进行检测、检验、检疫、鉴定的，市场监督管理部门应当委托具有法定资质的机构进行；没有法定资质机构的，可以委托其他具备条件的机构进行。检测、检验、检疫、鉴定结果应当告知当事人。

第三十三条 在证据可能灭失或者以后

难以取得的情况下，市场监督管理部门可以对与涉嫌违法行为有关的证据采取先行登记保存措施。采取或者解除先行登记保存措施，应当经市场监督管理部门负责人批准。

情况紧急，需要当场采取先行登记保存措施的，办案人员应当在二十四小时内向市场监督管理部门负责人报告，并补办批准手续。市场监督管理部门负责人认为不应当采取先行登记保存措施的，应当立即解除。

第三十四条　先行登记保存有关证据，应当当场清点，开具清单，由当事人和办案人员签名或者盖章，交当事人一份，并当场交付先行登记保存证据通知书。

先行登记保存期间，当事人或者有关人员不得损毁、销毁或者转移证据。

第三十五条　对于先行登记保存的证据，应当在七个工作日内采取以下措施：

（一）根据情况及时采取记录、复制、拍照、录像等证据保全措施；

（二）需要检测、检验、检疫、鉴定的，送交检测、检验、检疫、鉴定；

（三）依据有关法律、法规规定可以采取查封、扣押等行政强制措施的，决定采取行政强制措施；

（四）违法事实成立，应当予以没收的，作出行政处罚决定，没收违法物品；

（五）违法事实不成立，或者违法事实成立但依法不应当予以查封、扣押或者没收的，决定解除先行登记保存措施。

逾期未采取相关措施的，先行登记保存措施自动解除。

第三十六条　市场监督管理部门可以依据法律、法规的规定采取查封、扣押等行政强制措施。采取或者解除行政强制措施，应当经市场监督管理部门负责人批准。

情况紧急，需要当场采取行政强制措施的，办案人员应当在二十四小时内向市场监督管理部门负责人报告，并补办批准手续。市场监督管理部门负责人认为不应当采取行政强制措施的，应当立即解除。

第三十七条　市场监督管理部门实施行政强制措施应当依照《中华人民共和国行政强制法》规定的程序进行，并当场交付实施行政强制措施决定书和清单。

第三十八条　查封、扣押的期限不得超过三十日；情况复杂的，经市场监督管理部门负责人批准，可以延长，但是延长期限不得超过三十日。法律、行政法规另有规定的除外。

延长查封、扣押的决定应当及时书面告知当事人，并说明理由。

对物品需要进行检测、检验、检疫、鉴定的，查封、扣押的期间不包括检测、检验、检疫、鉴定的期间。检测、检验、检疫、鉴定的期间应当明确，并书面告知当事人。

第三十九条　扣押当事人托运的物品，应当制作协助扣押通知书，通知有关单位协助办理，并书面通知当事人。

第四十条　对当事人家存或者寄存的涉嫌违法物品，需要扣押的，责令当事人取出；当事人拒绝取出的，应当会同当地有关部门或者单位将其取出，并办理扣押手续。

第四十一条　查封、扣押的场所、设施或者财物应当妥善保管，不得使用或者损毁；市场监督管理部门可以委托第三人保管，第三人不得损毁或者擅自转移、处置。

查封的场所、设施或者财物，应当加贴市场监督管理部门封条，任何人不得随意动用。

除法律、法规另有规定外，容易损毁、灭失、变质、保管困难或者保管费用过高、季节性商品等不宜长期保存的物品，在确定为罚没财物前，经权利人同意或者申请，并经市场监督管理部门负责人批准，在采取相关措施留存证据后，可以依法先行处置；权利人不明确的，可以依法公告，公告期满后仍没有权利人同意或者申请的，可以依法先行处置。先行处置所得款项按照涉案现金管理。

第四十二条　有下列情形之一的，市场监督管理部门应当及时作出解除查封、扣押决定：

（一）当事人没有违法行为；

（二）查封、扣押的场所、设施或者财物与违法行为无关；

（三）对违法行为已经作出处理决定，不再需要查封、扣押；

（四）查封、扣押期限已经届满；

（五）其他不再需要采取查封、扣押措施的情形。

解除查封、扣押应当立即退还财物，并由办案人员和当事人在财物清单上签名或者盖章。市场监督管理部门已将财物依法先行处置并有所得款项的，应当退还所得款项。先行处置明显不当，给当事人造成损失的，应当给予补偿。

当事人下落不明或者无法确定涉案物品所有人的，应当按照本规定第八十二条第五项规定的公告送达方式告知领取。公告期满仍无人领取的，经市场监督管理部门负责人批准，将涉案物品上缴或者依法拍卖后将所得款项上缴国库。

第四十三条 办案人员在调查取证过程中，无法通知当事人，当事人不到场或者拒绝接受调查，当事人拒绝签名、盖章或者以其他方式确认的，办案人员应当在笔录或者其他材料上注明情况，并采取录音、录像等方式记录，必要时可以邀请有关人员作为见证人。

第四十四条 进行现场检查、询问当事人及其他有关单位和个人、抽样取证、采取先行登记保存措施、实施查封或者扣押等行政强制措施时，按照有关规定采取拍照、录音、录像等方式记录现场情况。

第四十五条 市场监督管理部门在办理行政处罚案件时，确需有关机关或者其他市场监督管理部门协助调查取证的，应当出具协助调查函。

收到协助调查函的市场监督管理部门对属于本部门职权范围的协助事项应当予以协助，在接到协助调查函之日起十五个工作日内完成相关工作。需要延期完成的，应当在期限届满前告知提出协查请求的市场监督管理部门。

第四十六条 有下列情形之一的，经市场监督管理部门负责人批准，中止案件调查：

（一）行政处罚决定须以相关案件的裁判结果或者其他行政决定为依据，而相关案件尚未审结或者其他行政决定尚未作出的；

（二）涉及法律适用等问题，需要送请有权机关作出解释或者确认的；

（三）因不可抗力致使案件暂时无法调查的；

（四）因当事人下落不明致使案件暂时无法调查的；

（五）其他应当中止调查的情形。

中止调查的原因消除后，应当立即恢复案件调查。

第四十七条 因涉嫌违法的自然人死亡或者法人、其他组织终止，并且无权利义务承受人等原因，致使案件调查无法继续进行的，经市场监督管理部门负责人批准，案件终止调查。

第四十八条 案件调查终结，办案机构应当撰写调查终结报告。案件调查终结报告包括以下内容：

（一）当事人的基本情况；

（二）案件来源、调查经过及采取行政强制措施的情况；

（三）调查认定的事实及主要证据；

（四）违法行为性质；

（五）处理意见及依据；

（六）自由裁量的理由等其他需要说明的事项。

第四十九条 办案机构应当将调查终结报告连同案件材料，交由市场监督管理部门审核机构进行审核。

审核分为法制审核和案件审核。

办案人员不得作为审核人员。

第五十条 对情节复杂或者重大违法行

为给予行政处罚的下列案件，在市场监督管理部门负责人作出行政处罚的决定之前，应当由从事行政处罚决定法制审核的人员进行法制审核；未经法制审核或者审核未通过的，不得作出决定：

（一）涉及重大公共利益的；

（二）直接关系当事人或者第三人重大权益，经过听证程序的；

（三）案件情况疑难复杂、涉及多个法律关系的；

（四）法律、法规规定应当进行法制审核的其他情形。

前款第二项规定的案件，在听证程序结束后进行法制审核。

县级以上市场监督管理部门可以对第一款的法制审核案件范围作出具体规定。

第五十一条　法制审核由市场监督管理部门法制机构或者其他机构负责实施。

市场监督管理部门中初次从事行政处罚决定法制审核的人员，应当通过国家统一法律职业资格考试取得法律职业资格。

第五十二条　除本规定第五十条第一款规定以外适用普通程序的案件，应当进行案件审核。

案件审核由市场监督管理部门办案机构或者其他机构负责实施。

市场监督管理部门派出机构以自己的名义实施行政处罚的案件，由派出机构负责案件审核。

第五十三条　审核的主要内容包括：

（一）是否具有管辖权；

（二）当事人的基本情况是否清楚；

（三）案件事实是否清楚、证据是否充分；

（四）定性是否准确；

（五）适用依据是否正确；

（六）程序是否合法；

（七）处理是否适当。

第五十四条　审核机构对案件进行审核，区别不同情况提出书面意见和建议：

（一）对事实清楚、证据充分、定性准确、适用依据正确、程序合法、处理适当的案件，同意案件处理意见；

（二）对定性不准、适用依据错误、程序不合法、处理不当的案件，建议纠正；

（三）对事实不清、证据不足的案件，建议补充调查；

（四）认为有必要提出的其他意见和建议。

第五十五条　审核机构应当自接到审核材料之日起十个工作日内完成审核。特殊情况下，经市场监督管理部门负责人批准可以延长。

第五十六条　审核机构完成审核并退回案件材料后，对于拟给予行政处罚的案件，办案机构应当将案件材料、行政处罚建议及审核意见报市场监督管理部门负责人批准，并依法履行告知等程序；对于建议给予其他行政处理的案件，办案机构应当将案件材料、审核意见报市场监督管理部门负责人审查决定。

第五十七条　拟给予行政处罚的案件，市场监督管理部门在作出行政处罚决定之前，应当书面告知当事人拟作出的行政处罚内容及事实、理由、依据，并告知当事人依法享有陈述权、申辩权。拟作出的行政处罚属于听证范围的，还应当告知当事人有要求听证的权利。法律、法规规定在行政处罚决定作出前需责令当事人退还多收价款的，一并告知拟责令退还的数额。

当事人自告知书送达之日起五个工作日内，未行使陈述、申辩权，未要求听证的，视为放弃此权利。

第五十八条　市场监督管理部门在告知当事人拟作出的行政处罚决定后，应当充分听取当事人的意见，对当事人提出的事实、理由和证据进行复核。当事人提出的事实、理由或者证据成立的，市场监督管理部门应当予以采纳，不得因当事人陈述、申辩或者要求听证而给予更重的行政处罚。

第五十九条　法律、法规要求责令当事人退还多收价款的，市场监督管理部门应当在听取当事人意见后作出行政处罚决定前，向当事人发出责令退款通知书，责令当事人限期退还。难以查找多付价款的消费者或者其他经营者的，责令公告查找。

第六十条　市场监督管理部门负责人经对案件调查终结报告、审核意见、当事人陈述和申辩意见或者听证报告等进行审查，根据不同情况，分别作出以下决定：

（一）确有依法应当给予行政处罚的违法行为的，根据情节轻重及具体情况，作出行政处罚决定；

（二）确有违法行为，但有依法不予行政处罚情形的，不予行政处罚；

（三）违法事实不能成立的，不予行政处罚；

（四）不属于市场监督管理部门管辖的，移送其他行政管理部门处理；

（五）违法行为涉嫌犯罪的，移送司法机关。

对本规定第五十条第一款规定的案件，拟给予行政处罚的，应当由市场监督管理部门负责人集体讨论决定。

第六十一条　对当事人的违法行为依法不予行政处罚的，市场监督管理部门应当对当事人进行教育。

第六十二条　市场监督管理部门作出行政处罚决定，应当制作行政处罚决定书，并加盖本部门印章。行政处罚决定书的内容包括：

（一）当事人的姓名或者名称、地址等基本情况；

（二）违反法律、法规、规章的事实和证据；

（三）当事人陈述、申辩的采纳情况及理由；

（四）行政处罚的内容和依据；

（五）行政处罚的履行方式和期限；

（六）申请行政复议、提起行政诉讼的途径和期限；

（七）作出行政处罚决定的市场监督管理部门的名称和作出决定的日期。

第六十三条　市场监督管理部门作出的具有一定社会影响的行政处罚决定应当按照有关规定向社会公开。

公开的行政处罚决定被依法变更、撤销、确认违法或者确认无效的，市场监督管理部门应当在三个工作日内撤回行政处罚决定信息并公开说明理由。

第六十四条　适用普通程序办理的案件应当自立案之日起九十日内作出处理决定。因案情复杂或者其他原因，不能在规定期限内作出处理决定的，经市场监督管理部门负责人批准，可以延长三十日。案情特别复杂或者有其他特殊情况，经延期仍不能作出处理决定的，应当由市场监督管理部门负责人集体讨论决定是否继续延期，决定继续延期的，应当同时确定延长的合理期限。

案件处理过程中，中止、听证、公告和检测、检验、检疫、鉴定、权利人辨认或者鉴别、责令退还多收价款等时间不计入前款所指的案件办理期限。

第六十五条　发生重大传染病疫情等突发事件，为了控制、减轻和消除突发事件引起的社会危害，市场监督管理部门对违反突发事件应对措施的行为，依法快速、从重处罚。

第四章　行政处罚的简易程序

第六十六条　违法事实确凿并有法定依据，对自然人处以二百元以下、对法人或者其他组织处以三千元以下罚款或者警告的行政处罚的，可以当场作出行政处罚决定。法律另有规定的，从其规定。

第六十七条　适用简易程序当场查处违法行为，办案人员应当向当事人出示执法证件，当场调查违法事实，收集必要的证据，填写预定格式、编有号码的行政处罚决定书。

行政处罚决定书应当由办案人员签名或者盖章，并当场交付当事人。当事人拒绝签收的，应当在行政处罚决定书上注明。

第六十八条　当场制作的行政处罚决定书应当载明当事人的基本情况、违法行为、行政处罚依据、处罚种类、罚款数额、缴款途径和期限、救济途径和期限、部门名称、时间、地点，并加盖市场监督管理部门印章。

第六十九条　办案人员在行政处罚决定作出前，应当告知当事人拟作出的行政处罚内容及事实、理由、依据，并告知当事人有权进行陈述和申辩。当事人进行陈述和申辩的，办案人员应当记入笔录。

第七十条　适用简易程序查处案件的有关材料，办案人员应当在作出行政处罚决定之日起七个工作日内交至所在的市场监督管理部门归档保存。

第五章　执行与结案

第七十一条　行政处罚决定依法作出后，当事人应当在行政处罚决定书载明的期限内予以履行。

当事人对行政处罚决定不服申请行政复议或者提起行政诉讼的，行政处罚不停止执行，法律另有规定的除外。

第七十二条　市场监督管理部门对当事人作出罚款、没收违法所得行政处罚的，当事人应当自收到行政处罚决定书之日起十五日内，通过指定银行或者电子支付系统缴纳罚没款。有下列情形之一的，可以由办案人员当场收缴罚款：

（一）当场处以一百元以下罚款的；

（二）当场对自然人处以二百元以下、对法人或者其他组织处以三千元以下罚款，不当场收缴事后难以执行的；

（三）在边远、水上、交通不便地区，当事人向指定银行或者通过电子支付系统缴纳罚款确有困难，经当事人提出的。

办案人员当场收缴罚款的，必须向当事人出具国务院财政部门或者省、自治区、直辖市财政部门统一制发的专用票据。

第七十三条　办案人员当场收缴的罚款，应当自收缴罚款之日起二个工作日内交至所在市场监督管理部门。在水上当场收缴的罚款，应当自抵岸之日起二个工作日内交至所在市场监督管理部门。市场监督管理部门应当在二个工作日内将罚款缴付指定银行。

第七十四条　当事人确有经济困难，需要延期或者分期缴纳罚款的，应当提出书面申请。经市场监督管理部门负责人批准，同意当事人暂缓或者分期缴纳罚款的，市场监督管理部门应当书面告知当事人暂缓或者分期的期限。

第七十五条　当事人逾期不缴纳罚款的，市场监督管理部门可以每日按罚款数额的百分之三加处罚款，加处罚款的数额不得超出罚款的数额。

第七十六条　当事人在法定期限内不申请行政复议或者提起行政诉讼，又不履行行政处罚决定，且在收到催告书十个工作日后仍不履行行政处罚决定的，市场监督管理部门可以在期限届满之日起三个月内依法申请人民法院强制执行。

市场监督管理部门批准延期、分期缴纳罚款的，申请人民法院强制执行的期限，自暂缓或者分期缴纳罚款期限结束之日起计算。

第七十七条　适用普通程序的案件有以下情形之一的，办案机构应当在十五个工作日内填写结案审批表，经市场监督管理部门负责人批准后，予以结案：

（一）行政处罚决定执行完毕的；

（二）人民法院裁定终结执行的；

（三）案件终止调查的；

（四）作出本规定第六十条第一款第二项至五项决定的；

（五）其他应予结案的情形。

第七十八条　结案后，办案人员应当将案件材料按照档案管理的有关规定立卷归档。案卷归档应当一案一卷、材料齐全、规范有序。

案卷可以分正卷、副卷。正卷按照下列

顺序归档：

（一）立案审批表；

（二）行政处罚决定书及送达回证；

（三）对当事人制发的其他法律文书及送达回证；

（四）证据材料；

（五）听证笔录；

（六）财物处理单据；

（七）其他有关材料。

副卷按照下列顺序归档：

（一）案源材料；

（二）调查终结报告；

（三）审核意见；

（四）听证报告；

（五）结案审批表；

（六）其他有关材料。

案卷的保管和查阅，按照档案管理的有关规定执行。

第七十九条 市场监督管理部门应当依法以文字、音像等形式，对行政处罚的启动、调查取证、审核、决定、送达、执行等进行全过程记录，依照本规定第七十八条的规定归档保存。

第六章 期间、送达

第八十条 期间以时、日、月计算，期间开始的时或者日不计算在内。期间不包括在途时间。期间届满的最后一日为法定节假日的，以法定节假日后的第一日为期间届满的日期。

第八十一条 市场监督管理部门送达行政处罚决定书，应当在宣告后当场交付当事人。当事人不在场的，应当在七个工作日内按照本规定第八十二条、第八十三条的规定，将行政处罚决定书送达当事人。

第八十二条 市场监督管理部门送达执法文书，应当按照下列方式进行：

（一）直接送达的，由受送达人在送达回证上注明签收日期，并签名或者盖章，受送达人在送达回证上注明的签收日期为送达日期。受送达人是自然人的，本人不在时交其同住成年家属签收；受送达人是法人或者其他组织的，应当由法人的法定代表人、其他组织的主要负责人或者该法人、其他组织负责收件的人签收；受送达人有代理人的，可以送交其代理人签收；受送达人已向市场监督管理部门指定代收人的，送交代收人签收。受送达人的同住成年家属，法人或者其他组织负责收件的人，代理人或者代收人在送达回证上签收的日期为送达日期。

（二）受送达人或者其同住成年家属拒绝签收的，市场监督管理部门可以邀请有关基层组织或者所在单位的代表到场，说明情况，在送达回证上载明拒收事由和日期，由送达人、见证人签名或者以其他方式确认，将执法文书留在受送达人的住所；也可以将执法文书留在受送达人的住所，并采取拍照、录像等方式记录送达过程，即视为送达。

（三）经受送达人同意并签订送达地址确认书，可以采用手机短信、传真、电子邮件、即时通讯账号等能够确认其收悉的电子方式送达执法文书，市场监督管理部门应当通过拍照、截屏、录音、录像等方式予以记录，手机短信、传真、电子邮件、即时通讯信息等到达受送达人特定系统的日期为送达日期。

（四）直接送达有困难的，可以邮寄送达或者委托当地市场监督管理部门、转交其他部门代为送达。邮寄送达的，以回执上注明的收件日期为送达日期；委托、转交送达的，受送达人的签收日期为送达日期。

（五）受送达人下落不明或者采取上述方式无法送达的，可以在市场监督管理部门公告栏和受送达人住所地张贴公告，也可以在报纸或者市场监督管理部门门户网站等刊登公告。自公告发布之日起经过三十日，即视为送达。公告送达，应当在案件材料中载明原因和经过。在市场监督管理部门公告栏和受送达人住所地张贴公告的，应当采取拍照、录像等方式记录张贴过程。

第八十三条 市场监督管理部门可以

要求受送达人签署送达地址确认书，送达至受送达人确认的地址，即视为送达。受送达人送达地址发生变更的，应当及时书面告知市场监督管理部门；未及时告知的，市场监督管理部门按原地址送达，视为依法送达。

因受送达人提供的送达地址不准确、送达地址变更未书面告知市场监督管理部门，导致执法文书未能被受送达人实际接收的，直接送达的，执法文书留在该地址之日为送达之日；邮寄送达的，执法文书被退回之日为送达之日。

第七章 附 则

第八十四条 本规定中的“以上”“以下”“内”均包括本数。

第八十五条 国务院药品监督管理部门和省级药品监督管理部门实施行政处罚，适用本规定。

法律、法规授权的履行市场监督管理职能的组织实施行政处罚，适用本规定。

对违反《中华人民共和国反垄断法》规定的行为实施行政处罚的程序，按照国务院市场监督管理部门专项规定执行。专项规定未作规定的，参照本规定执行。

第八十六条 行政处罚文书格式范本，由国务院市场监督管理部门统一制定。各省级市场监督管理部门可以参照文书格式范本，制定本行政区域适用的行政处罚文书格式并自行印制。

第八十七条 本规定自2019年4月1日起施行。1996年9月18日原国家技术监督局令第45号公布的《技术监督行政处罚委托实施办法》、2001年4月9日原国家质量技术监督局令第16号公布的《质量技术监督罚没物品管理和处置办法》、2007年9月4日原国家工商行政管理总局令第28号公布的《工商行政管理机关行政处罚程序规定》、2011年3月2日原国家质量监督检验检疫总局令第137号公布的《质量技术监督行政处罚程序规定》、2011年3月2日原国家质量监督检验检疫总局令第138号公布的《质量技术监督行政处罚案件审理规定》、2014年4月28日原国家食品药品监督管理总局令第3号公布的《食品药品行政处罚程序规定》同时废止。

最高人民法院关于审理消费民事公益诉讼案件适用法律若干问题的解释

（2016年2月1日最高人民法院审判委员会第1677次会议通过，根据2020年12月23日最高人民法院审判委员会第1823次会议通过的《最高人民法院关于修改〈最高人民法院关于人民法院民事调解工作若干问题的规定〉等十九件民事诉讼类司法解释的决定》修正）

为正确审理消费民事公益诉讼案件，根据《中华人民共和国民事诉讼法》《中华人民共和国民法典》《中华人民共和国消费者权益保护法》等法律规定，结合审判实践，制定本解释。

第一条 中国消费者协会以及在省、自治区、直辖市设立的消费者协会，对经营者侵害众多不特定消费者合法权益或者具有危及消费者人身、财产安全危险等损害社会公共利益的行为提起消费民事公益诉讼的，适用本解释。

法律规定或者全国人大及其常委会授权的机关和社会组织提起的消费民事公益诉讼，适用本解释。

第二条 经营者提供的商品或者服务具有下列情形之一的，适用消费者权益保护法第四十七条规定：

（一）提供的商品或者服务存在缺陷，侵害众多不特定消费者合法权益的；

（二）提供的商品或者服务可能危及消费者人身、财产安全，未作出真实的说明和明确的警示，未标明正确使用商品或者接受服务的方法以及防止危害发生方法的；对提供的商品或者服务质量、性能、用途、有效期限等信息作虚假或引人误解宣传的；

（三）宾馆、商场、餐馆、银行、机场、车站、港口、影剧院、景区、体育场馆、娱乐场所等经营场所存在危及消费者人身、财产安全危险的；

（四）以格式条款、通知、声明、店堂告示等方式，作出排除或者限制消费者权利、减轻或者免除经营者责任、加重消费者责任等对消费者不公平、不合理规定的；

（五）其他侵害众多不特定消费者合法权益或者具有危及消费者人身、财产安全危险等损害社会公共利益的行为。

第三条 消费民事公益诉讼案件管辖适用《最高人民法院关于适用〈中华人民共和国民事诉讼法〉的解释》第二百八十五条的有关规定。

经最高人民法院批准，高级人民法院可以根据本辖区实际情况，在辖区内确定部分中级人民法院受理第一审消费民事公益诉讼案件。

第四条 提起消费民事公益诉讼应当提交下列材料：

（一）符合民事诉讼法第一百二十一条规定的起诉状，并按照被告人数提交副本；

（二）被告的行为侵害众多不特定消费者合法权益或者具有危及消费者人身、财产安全危险等损害社会公共利益的初步证据；

（三）消费者组织就涉诉事项已按照消费者权益保护法第三十七条第四项或者第五项的规定履行公益性职责的证明材料。

第五条 人民法院认为原告提出的诉讼请求不足以保护社会公共利益的，可以向其释明变更或者增加停止侵害等诉讼请求。

第六条 人民法院受理消费民事公益诉讼案件后，应当公告案件受理情况，并在立案之日起十日内书面告知相关行政主管部门。

第七条 人民法院受理消费民事公益诉讼案件后，依法可以提起诉讼的其他机关或者社会组织，可以在一审开庭前向人民法院申请参加诉讼。

人民法院准许参加诉讼的，列为共同原告；逾期申请的，不予准许。

第八条 有权提起消费民事公益诉讼的机关或者社会组织，可以依据民事诉讼法第八十一条规定申请保全证据。

第九条 人民法院受理消费民事公益诉讼案件后，因同一侵权行为受到损害的消费者申请参加诉讼的，人民法院应当告知其根据民事诉讼法第一百一十九条规定主张权利。

第十条 消费民事公益诉讼案件受理后，因同一侵权行为受到损害的消费者请求对其根据民事诉讼法第一百一十九条规定提起的诉讼予以中止，人民法院可以准许。

第十一条 消费民事公益诉讼案件审理过程中，被告提出反诉的，人民法院不予受理。

第十二条 原告在诉讼中承认对己方不利的事实，人民法院认为损害社会公共利益的，不予确认。

第十三条 原告在消费民事公益诉讼案件中，请求被告承担停止侵害、排除妨碍、消除危险、赔礼道歉等民事责任的，人民法院可予支持。

经营者利用格式条款或者通知、声明、店堂告示等，排除或者限制消费者权利、减轻或者免除经营者责任、加重消费者责任，原告认为对消费者不公平、不合理主张无效的，人民法院应依法予以支持。

第十四条 消费民事公益诉讼案件裁判生效后，人民法院应当在十日内书面告知相关行政主管部门，并可发出司法建议。

第十五条 消费民事公益诉讼案件的裁判发生法律效力后，其他依法具有原告资格的机关或者社会组织就同一侵权行为另行提起消费民事公益诉讼的，人民法院不予受理。

第十六条 已为消费民事公益诉讼生效裁判认定的事实，因同一侵权行为受到损害的消费者根据民事诉讼法第一百一十九条规定提起的诉讼，原告、被告均无需举证证明，但当事人对该事实有异议并有相反证据足以推翻的除外。

消费民事公益诉讼生效裁判认定经营者存在不法行为，因同一侵权行为受到损害的消费者根据民事诉讼法第一百一十九条规定提起的诉讼，原告主张适用的，人民法院可予支持，但被告有相反证据足以推翻的除外。被告主张直接适用对其有利认定的，人民法院不予支持，被告仍应承担相应举证证明责任。

第十七条 原告为停止侵害、排除妨碍、消除危险采取合理预防、处置措施而发生的费用，请求被告承担的，人民法院应依法予以支持。

第十八条 原告及其诉讼代理人对侵权行为进行调查、取证的合理费用、鉴定费用、合理的律师代理费用，人民法院可根据实际情况予以相应支持。

第十九条 本解释自2016年5月1日起施行。

本解释施行后人民法院新受理的一审案件，适用本解释。

本解释施行前人民法院已经受理、施行后尚未审结的一审、二审案件，以及本解释施行前已经终审、施行后当事人申请再审或者按照审判监督程序决定再审的案件，不适用本解释。

最高人民法院关于审理食品药品纠纷案件适用法律若干问题的规定

（2013年12月9日最高人民法院审判委员会第1599次会议通过，根据2020年12月23日最高人民法院审判委员会第1823次会议通过的《最高人民法院关于修改〈最高人民法院关于在民事审判工作中适用《中华人民共和国工会法》若干问题的解释〉等二十七件民事类司法解释的决定》和2021年11月15日最高人民法院审判委员会第1850次会议通过的《最高人民法院关于修改〈最高人民法院关于审理食品药品纠纷案件适用法律若干问题的规定〉的决定》修正，该修正自2021年12月1日起施行）

为正确审理食品药品纠纷案件，根据《中华人民共和国民法典》《中华人民共和国消费者权益保护法》《中华人民共和国食品安全法》《中华人民共和国药品管理法》

《中华人民共和国民事诉讼法》等法律的规定，结合审判实践，制定本规定。

第一条 消费者因食品、药品纠纷提起民事诉讼，符合民事诉讼法规定受理条件的，人民法院应予受理。

第二条 因食品、药品存在质量问题造成消费者损害，消费者可以分别起诉或者同时起诉销售者和生产者。

消费者仅起诉销售者或者生产者的，必要时人民法院可以追加相关当事人参加诉讼。

第三条 因食品、药品质量问题发生纠纷，购买者向生产者、销售者主张权利，生产者、销售者以购买者明知食品、药品存在质量问题而仍然购买为由进行抗辩的，人民法院不予支持。

第四条 食品、药品生产者、销售者提供给消费者的食品或者药品的赠品发生质量安全问题，造成消费者损害，消费者主张权利，生产者、销售者以消费者未对赠品支付对价为由进行免责抗辩的，人民法院不予支持。

第五条 消费者举证证明所购买食品、药品的事实以及所购食品、药品不符合合同的约定，主张食品、药品的生产者、销售者承担违约责任的，人民法院应予支持。

消费者举证证明因食用食品或者使用药品受到损害，初步证明损害与食用食品或者使用药品存在因果关系，并请求食品、药品的生产者、销售者承担侵权责任的，人民法院应予支持，但食品、药品的生产者、销售者能证明损害不是因产品不符合质量标准造成的除外。

第六条 食品的生产者与销售者应当对于食品符合质量标准承担举证责任。认定食品是否安全，应当以国家标准为依据；对地方特色食品，没有国家标准的，应当以地方标准为依据。没有前述标准的，应当以食品安全法的相关规定为依据。

第七条 食品、药品虽在销售前取得检验合格证明，且食用或者使用时尚在保质期内，但经检验确认产品不合格，生产者或者销售者以该食品、药品具有检验合格证明为由进行抗辩的，人民法院不予支持。

第八条 集中交易市场的开办者、柜台出租者、展销会举办者未履行食品安全法规定的审查、检查、报告等义务，使消费者的合法权益受到损害的，消费者请求集中交易市场的开办者、柜台出租者、展销会举办者承担连带责任的，人民法院应予支持。

第九条 消费者通过网络交易第三方平台购买食品、药品遭受损害，网络交易第三方平台提供者不能提供食品、药品的生产者或者销售者的真实名称、地址与有效联系方式，消费者请求网络交易第三方平台提供者承担责任的，人民法院应予支持。

网络交易第三方平台提供者承担赔偿责任后，向生产者或者销售者行使追偿权的，人民法院应予支持。

网络交易第三方平台提供者知道或者应当知道食品、药品的生产者、销售者利用其平台侵害消费者合法权益，未采取必要措施，给消费者造成损害，消费者要求其与生产者、销售者承担连带责任的，人民法院应予支持。

第十条 未取得食品生产资质与销售资质的民事主体，挂靠具有相应资质的生产者与销售者，生产、销售食品，造成消费者损害，消费者请求挂靠者与被挂靠者承担连带责任的，人民法院应予支持。

消费者仅起诉挂靠者或者被挂靠者的，必要时人民法院可以追加相关当事人参加诉讼。

第十一条 消费者因虚假广告推荐的食品、药品存在质量问题遭受损害，依据消费者权益保护法等法律相关规定请求广告经营者、广告发布者承担连带责任的，人民法院应予支持。

其他民事主体在虚假广告中向消费者推荐食品、药品，使消费者遭受损害，消费者依据消费者权益保护法等法律相关规定请求其与食品、药品的生产者、销售者承担连带责任的，人民法院应予支持。

第十二条　食品检验机构故意出具虚假检验报告，造成消费者损害，消费者请求其承担连带责任的，人民法院应予支持。

食品检验机构因过失出具不实检验报告，造成消费者损害，消费者请求其承担相应责任的，人民法院应予支持。

第十三条　食品认证机构故意出具虚假认证，造成消费者损害，消费者请求其承担连带责任的，人民法院应予支持。

食品认证机构因过失出具不实认证，造成消费者损害，消费者请求其承担相应责任的，人民法院应予支持。

第十四条　生产、销售的食品、药品存在质量问题，生产者与销售者需同时承担民事责任、行政责任和刑事责任，其财产不足以支付，当事人依照民法典等有关法律规定，请求食品、药品的生产者、销售者首先承担民事责任的，人民法院应予支持。

第十五条　生产不符合安全标准的食品或者销售明知是不符合安全标准的食品，消费者除要求赔偿损失外，依据食品安全法等法律规定向生产者、销售者主张赔偿金的，人民法院应予支持。

生产假药、劣药或者明知是假药、劣药仍然销售、使用的，受害人或者其近亲属除请求赔偿损失外，依据药品管理法等法律规定向生产者、销售者主张赔偿金的，人民法院应予支持。

第十六条　食品、药品的生产者与销售者以格式合同、通知、声明、告示等方式作出排除或者限制消费者权利，减轻或者免除经营者责任、加重消费者责任等对消费者不公平、不合理的规定，消费者依法请求认定该内容无效的，人民法院应予支持。

第十七条　消费者与化妆品、保健食品等产品的生产者、销售者、广告经营者、广告发布者、推荐者、检验机构等主体之间的纠纷，参照适用本规定。

法律规定的机关和有关组织依法提起公益诉讼的，参照适用本规定。

第十八条　本规定所称的“药品的生产者”包括药品上市许可持有人和药品生产企业，“药品的销售者”包括药品经营企业和医疗机构。

第十九条　本规定施行后人民法院正在审理的一审、二审案件适用本规定。

本规定施行前已经终审，本规定施行后当事人申请再审或者按照审判监督程序决定再审的案件，不适用本规定。

最高人民法院关于审理食品药品惩罚性赔偿纠纷案件适用法律若干问题的解释

（2024 年 3 月 18 日经最高人民法院审判委员会第 1918 次会议通过，2024 年 8 月 21 日公布，自 2024 年 8 月 22 日起施行）

为正确审理食品药品惩罚性赔偿纠纷案件，依法保护食品药品安全和消费者合法权益，根据《中华人民共和国民法典》、《中华人民共和国消费者权益保护法》、《中华人民共和国食品安全法》、《中华人民共和国药品管理法》等法律规定，结合审判实践，制定本解释。

第一条　购买者因个人或者家庭生活消费需要购买的食品不符合食品安全标准，购买后依照食品安全法第一百四十八条第二款规定请求生产者或者经营者支付惩罚性赔偿金的，人民法院依法予以支持。

没有证据证明购买者明知所购买食品不符合食品安全标准仍然购买的，人民法院应当根据购买者请求以其实际支付价款为基数计算价款十倍的惩罚性赔偿金。

第二条　购买者明知所购买食品不符合食品安全标准或者所购买药品是假药、劣药，购买后请求经营者返还价款的，人民法院应予支持。

经营者请求购买者返还食品、药品，如果食品标签、标志或者说明书不符合食品安全标准，食品生产者在采取补救措施且能保证食品安全的情况下可以继续销售的，人民法院应予支持；应当对食品、药品采取无害化处理、销毁等措施的，依照食品安全法、药品管理法的相关规定处理。

第三条　受托人明知购买者委托购买的是不符合食品安全标准的食品或者假药、劣药仍然代购，购买者依照食品安全法第一百四十八条第二款或者药品管理法第一百四十四条第三款规定请求受托人承担惩罚性赔偿责任的，人民法院应予支持，但受托人不以代购为业的除外。

以代购为业的受托人明知是不符合食品安全标准的食品或者假药、劣药仍然代购，向购买者承担惩罚性赔偿责任后向生产者追偿的，人民法院不予支持。受托人不知道是不符合食品安全标准的食品或者假药、劣药而代购，向购买者承担赔偿责任后向生产者追偿的，人民法院依法予以支持。

第四条　食品生产加工小作坊和食品摊贩等生产经营的食品不符合食品安全标准，购买者请求生产者或者经营者依照食品安全法第一百四十八条第二款规定承担惩罚性赔偿责任的，人民法院应予支持。

食品生产加工小作坊和食品摊贩等生产经营的食品不符合省、自治区、直辖市制定的具体管理办法等规定，但符合食品安全标准，购买者请求生产者或者经营者依照食品安全法第一百四十八条第二款规定承担惩罚性赔偿责任的，人民法院不予支持。

第五条　食品不符合食品中危害人体健康物质的限量规定，食品添加剂的品种、使用范围、用量要求，特定人群的主辅食品的营养成分要求，与卫生、营养等食品安全要求有关的标签、标志、说明书要求以及与食品安全有关的质量要求等方面的食品安全标准，购买者依照食品安全法第一百四十八条第二款规定请求生产者或者经营者承担惩罚性赔偿责任的，人民法院应予支持。

第六条　购买者以食品的标签、说明书不符合食品安全标准为由请求生产者或者经营者支付惩罚性赔偿金，生产者或者经营者以食品的标签、说明书瑕疵不影响食品安全且不会对消费者造成误导为由进行抗辩，存在下列情形之一的，人民法院对生产者或者经营者的抗辩不予支持：

（一）未标明食品安全标准要求必须标明的事项，但属于本解释第八条规定情形的除外；

（二）故意错标食品安全标准要求必须标明的事项；

（三）未正确标明食品安全标准要求必须标明的事项，足以导致消费者对食品安全产生误解。

第七条　购买者以食品的标签、说明书不符合食品安全标准为由请求生产者或者经营者支付惩罚性赔偿金，生产者或者经营者以食品的标签、说明书虽不符合食品安全标准但不影响食品安全为由进行抗辩的，人民法院对其抗辩不予支持，但食品的标签、说明书瑕疵同时符合下列情形的除外：

（一）根据食品安全法第一百五十条关于食品安全的规定，足以认定标签、说明书瑕疵不影响食品安全；

（二）根据购买者在购买食品时是否明知瑕疵存在、瑕疵是否会导致普通消费者对食品安全产生误解等事实，足以认定标签、说明书瑕疵不会对消费者造成误导。

第八条　购买者以食品的标签、说明书不符合食品安全标准为由请求生产者或者经营者支付惩罚性赔偿金，食品的标签、说明书虽存在瑕疵但属于下列情形之一的，人民法院不予支持：

（一）文字、符号、数字的字号、字体、字高不规范，或者外文字号、字高大于中文；

（二）出现错别字、多字、漏字、繁体字或者外文翻译不准确，但不会导致消费者对食品安全产生误解；

（三）净含量、规格的标示方式和格式不规范，食品、食品添加剂以及配料使用的俗称或者简称等不规范，营养成分表、配料表顺序、数值、单位标示不规范，或者营养成分表数值修约间隔、“0”界限值、标示单位不规范，但不会导致消费者对食品安全产生误解；

（四）对没有特殊贮存条件要求的食品，未按照规定标示贮存条件；

（五）食品的标签、说明书存在其他瑕疵，但不影响食品安全且不会对消费者造成误导。

第九条　经营明知是不符合食品安全标准的食品或者明知是假药、劣药仍然销售、使用的行为构成欺诈，购买者选择依照食品安全法第一百四十八条第二款、药品管理法第一百四十四条第三款或者消费者权益保护法第五十五条第一款规定起诉请求经营者承担惩罚性赔偿责任的，人民法院应予支持。

购买者依照食品安全法第一百四十八条第二款或者药品管理法第一百四十四条第三款规定起诉请求经营者承担惩罚性赔偿责任，人民法院经审理认为购买者请求不成立但经营者行为构成欺诈，购买者变更为依照消费者权益保护法第五十五条第一款规定请求经营者承担惩罚性赔偿责任的，人民法院应当准许。

第十条　购买者因个人或者家庭生活消费需要购买的药品是假药、劣药，依照药品管理法第一百四十四条第三款规定请求生产者或者经营者支付惩罚性赔偿金的，人民法院依法予以支持。

第十一条　购买者依照药品管理法第一百四十四条第三款规定请求生产者或者经营者支付惩罚性赔偿金，生产者或者经营者抗辩不应适用药品管理法第一百四十四条第三款规定，存在下列情形之一的，人民法院对其抗辩应予支持：

（一）不以营利为目的实施带有自救、互助性质的生产、销售少量药品行为，且未造成他人伤害后果；

（二）根据民间传统配方制售药品，数量不大，且未造成他人伤害后果；

（三）不以营利为目的实施带有自救、互助性质的进口少量境外合法上市药品行为。

对于是否属于民间传统配方难以确定的，可以根据地市级以上药品监督管理部门或者有关部门出具的意见，结合其他证据作出认定。

行政机关作出的处罚决定或者行政机关、药品检验机构提供的检验结论、认定意见等证据足以证明生产、销售或者使用的药品属于假药、劣药的，不适用本条第一款规定。

第十二条　购买者明知所购买食品不符合食品安全标准，依照食品安全法第一百四十八条第二款规定请求生产者或者经营者支付价款十倍的惩罚性赔偿金的，人民法院应当在合理生活消费需要范围内依法支持购买者诉讼请求。

人民法院可以综合保质期、普通消费者通常消费习惯等因素认定购买者合理生活消费需要的食品数量。

生产者或者经营者主张购买者明知所购

买食品不符合食品安全标准仍然购买索赔的，应当提供证据证明其主张。

第十三条 购买者明知食品不符合食品安全标准，在短时间内多次购买，并依照食品安全法第一百四十八条第二款规定起诉请求同一生产者或者经营者按每次购买金额分别计算惩罚性赔偿金的，人民法院应当根据购买者多次购买相同食品的总数，在合理生活消费需要范围内依法支持其诉讼请求。

第十四条 购买者明知所购买食品不符合食品安全标准，在短时间内多次购买，并多次依照食品安全法第一百四十八条第二款规定就同一不符合食品安全标准的食品起诉请求同一生产者或者经营者支付惩罚性赔偿金的，人民法院应当在合理生活消费需要范围内依法支持其诉讼请求。

人民法院可以综合保质期、普通消费者通常消费习惯、购买者的购买频次等因素认定购买者每次起诉的食品数量是否超出合理生活消费需要。

第十五条 人民法院在审理食品药品纠纷案件过程中，发现购买者恶意制造生产者或者经营者违法生产经营食品、药品的假象，以投诉、起诉等方式相要挟，向生产者或者经营者索取赔偿金，涉嫌敲诈勒索的，应当及时将有关违法犯罪线索、材料移送公安机关。

第十六条 购买者恶意制造生产者或者经营者违法生产经营食品、药品的假象，起诉请求生产者或者经营者承担赔偿责任的，人民法院应当驳回购买者诉讼请求；构成虚假诉讼的，人民法院应当依照民事诉讼法相关规定，根据情节轻重对其予以罚款、拘留。

购买者行为侵害生产者或者经营者的名誉权等权利，生产者或者经营者请求购买者承担损害赔偿等民事责任的，人民法院应予支持。

第十七条 人民法院在审理食品药品纠纷案件过程中，发现当事人的行为涉嫌生产、销售有毒、有害食品及假药、劣药，虚假诉讼等违法犯罪的，应当及时将有关违法犯罪线索、材料移送有关行政机关和公安机关。

第十八条 人民法院在审理食品药品纠纷案件过程中，发现违法生产、销售、使用食品、药品行为的，可以向有关行政机关、生产者或者经营者发出司法建议。

第十九条 本解释自2024年8月22日起施行。

本解释施行后尚未终审的民事案件，适用本解释；本解释施行前已经终审，当事人申请再审或者按照审判监督程序决定再审的民事案件，不适用本解释。

中华人民共和国反食品浪费法

（2021年4月29日第十三届全国人民代表大会常务委员会第二十八次会议通过，2021年4月29日公布，自公布之日起施行）

第一条 为了防止食品浪费，保障国家粮食安全，弘扬中华民族传统美德，践行社会主义核心价值观，节约资源，保护环境，促进经济社会可持续发展，根据宪法，制定本法。

第二条 本法所称食品，是指《中华人民共和国食品安全法》规定的食品，包括各种供人食用或者饮用的食物。

本法所称食品浪费，是指对可安全食用或者饮用的食品未能按照其功能目的合理利用，包括废弃、因不合理利用导致食品数量减少或者质量下降等。

第三条　国家厉行节约，反对浪费。

国家坚持多措并举、精准施策、科学管理、社会共治的原则，采取技术上可行、经济上合理的措施防止和减少食品浪费。

国家倡导文明、健康、节约资源、保护环境的消费方式，提倡简约适度、绿色低碳的生活方式。

第四条　各级人民政府应当加强对反食品浪费工作的领导，确定反食品浪费目标任务，建立健全反食品浪费工作机制，组织对食品浪费情况进行监测、调查、分析和评估，加强监督管理，推进反食品浪费工作。

县级以上地方人民政府应当每年向社会公布反食品浪费情况，提出加强反食品浪费措施，持续推动全社会反食品浪费。

第五条　国务院发展改革部门应当加强对全国反食品浪费工作的组织协调；会同国务院有关部门每年分析评估食品浪费情况，整体部署反食品浪费工作，提出相关工作措施和意见，由各有关部门落实。

国务院商务主管部门应当加强对餐饮行业的管理，建立健全行业标准、服务规范；会同国务院市场监督管理部门等建立餐饮行业反食品浪费制度规范，采取措施鼓励餐饮服务经营者提供分餐服务、向社会公开其反食品浪费情况。

国务院市场监督管理部门应当加强对食品生产经营者反食品浪费情况的监督，督促食品生产经营者落实反食品浪费措施。

国家粮食和物资储备部门应当加强粮食仓储流通过程中的节粮减损管理，会同国务院有关部门组织实施粮食储存、运输、加工标准。

国务院有关部门依照本法和国务院规定的职责，采取措施开展反食品浪费工作。

第六条　机关、人民团体、国有企业事业单位应当按照国家有关规定，细化完善公务接待、会议、培训等公务活动用餐规范，加强管理，带头厉行节约，反对浪费。

公务活动需要安排用餐的，应当根据实际情况，节俭安排用餐数量、形式，不得超过规定的标准。

第七条　餐饮服务经营者应当采取下列措施，防止食品浪费：

（一）建立健全食品采购、储存、加工管理制度，加强服务人员职业培训，将珍惜粮食、反对浪费纳入培训内容；

（二）主动对消费者进行防止食品浪费提示提醒，在醒目位置张贴或者摆放反食品浪费标识，或者由服务人员提示说明，引导消费者按需适量点餐；

（三）提升餐饮供给质量，按照标准规范制作食品，合理确定数量、分量，提供小份餐等不同规格选择；

（四）提供团体用餐服务的，应当将防止食品浪费理念纳入菜单设计，按照用餐人数合理配置菜品、主食；

（五）提供自助餐服务的，应当主动告知消费规则和防止食品浪费要求，提供不同规格餐具，提醒消费者适量取餐。

餐饮服务经营者不得诱导、误导消费者超量点餐。

餐饮服务经营者可以通过在菜单上标注食品分量、规格、建议消费人数等方式充实菜单信息，为消费者提供点餐提示，根据消费者需要提供公勺公筷和打包服务。

餐饮服务经营者可以对参与“光盘行动”的消费者给予奖励；也可以对造成明显浪费的消费者收取处理厨余垃圾的相应费用，收费标准应当明示。

餐饮服务经营者可以运用信息化手段分析用餐需求，通过建设中央厨房、配送中心等措施，对食品采购、运输、储存、加工等进行科学管理。

第八条　设有食堂的单位应当建立健全食堂用餐管理制度，制定、实施防止食品浪费措施，加强宣传教育，增强反食品浪费意识。

单位食堂应当加强食品采购、储存、加工动态管理，根据用餐人数采购、做餐、配餐，提高原材料利用率和烹饪水平，按照健康、经济、规范的原则提供饮食，注重饮食平衡。

单位食堂应当改进供餐方式，在醒目位置张贴或者摆放反食品浪费标识，引导用餐人员适量点餐、取餐；对有浪费行为的，应当及时予以提醒、纠正。

第九条 学校应当对用餐人员数量、结构进行监测、分析和评估，加强学校食堂餐饮服务管理；选择校外供餐单位的，应当建立健全引进和退出机制，择优选择。

学校食堂、校外供餐单位应当加强精细化管理，按需供餐，改进供餐方式，科学营养配餐，丰富不同规格配餐和口味选择，定期听取用餐人员意见，保证菜品、主食质量。

第十条 餐饮外卖平台应当以显著方式提示消费者适量点餐。餐饮服务经营者通过餐饮外卖平台提供服务的，应当在平台页面上向消费者提供食品分量、规格或者建议消费人数等信息。

第十一条 旅游经营者应当引导旅游者文明、健康用餐。旅行社及导游应当合理安排团队用餐，提醒旅游者适量点餐、取餐。有关行业应当将旅游经营者反食品浪费工作情况纳入相关质量标准等级评定指标。

第十二条 超市、商场等食品经营者应当对其经营的食品加强日常检查，对临近保质期的食品分类管理，作特别标示或者集中陈列出售。

第十三条 各级人民政府及其有关部门应当采取措施，反对铺张浪费，鼓励和推动文明、节俭举办活动，形成浪费可耻、节约为荣的氛围。

婚丧嫁娶、朋友和家庭聚会、商务活动等需要用餐的，组织者、参加者应当适度备餐、点餐，文明、健康用餐。

第十四条 个人应当树立文明、健康、理性、绿色的消费理念，外出就餐时根据个人健康状况、饮食习惯和用餐需求合理点餐、取餐。

家庭及成员在家庭生活中，应当培养形成科学健康、物尽其用、防止浪费的良好习惯，按照日常生活实际需要采购、储存和制作食品。

第十五条 国家完善粮食和其他食用农产品的生产、储存、运输、加工标准，推广使用新技术、新工艺、新设备，引导适度加工和综合利用，降低损耗。

食品生产经营者应当采取措施，改善食品储存、运输、加工条件，防止食品变质，降低储存、运输中的损耗；提高食品加工利用率，避免过度加工和过量使用原材料。

第十六条 制定和修改有关国家标准、行业标准和地方标准，应当将防止食品浪费作为重要考虑因素，在保证食品安全的前提下，最大程度防止浪费。

食品保质期应当科学合理设置，显著标注，容易辨识。

第十七条 各级人民政府及其有关部门应当建立反食品浪费监督检查机制，对发现的食品浪费问题及时督促整改。

食品生产经营者在食品生产经营过程中严重浪费食品的，县级以上地方人民政府市场监督管理、商务等部门可以对其法定代表人或者主要负责人进行约谈。被约谈的食品生产经营者应当立即整改。

第十八条 机关事务管理部门会同有关部门建立机关食堂反食品浪费工作成效评估和通报制度，将反食品浪费纳入公共机构节约能源资源考核和节约型机关创建活动内容。

第十九条 食品、餐饮行业协会等应当加强行业自律，依法制定、实施反食品浪费等相关团体标准和行业自律规范，宣传、普及防止食品浪费知识，推广先进典型，引导会员自觉开展反食品浪费活动，对有浪费行为的会员采取必要的自律措施。

食品、餐饮行业协会等应当开展食品浪

费监测，加强分析评估，每年向社会公布有关反食品浪费情况及监测评估结果，为国家机关制定法律、法规、政策、标准和开展有关问题研究提供支持，接受社会监督。

消费者协会和其他消费者组织应当对消费者加强饮食消费教育，引导形成自觉抵制浪费的消费习惯。

第二十条　机关、人民团体、社会组织、企业事业单位和基层群众性自治组织应当将厉行节约、反对浪费作为群众性精神文明创建活动内容，纳入相关创建测评体系和各地市民公约、村规民约、行业规范等，加强反食品浪费宣传教育和科学普及，推动开展“光盘行动”，倡导文明、健康、科学的饮食文化，增强公众反食品浪费意识。

县级以上人民政府及其有关部门应当持续组织开展反食品浪费宣传教育，并将反食品浪费作为全国粮食安全宣传周的重要内容。

第二十一条　教育行政部门应当指导、督促学校加强反食品浪费教育和管理。

学校应当按照规定开展国情教育，将厉行节约、反对浪费纳入教育教学内容，通过学习实践、体验劳动等形式，开展反食品浪费专题教育活动，培养学生形成勤俭节约、珍惜粮食的习惯。

学校应当建立防止食品浪费的监督检查机制，制定、实施相应的奖惩措施。

第二十二条　新闻媒体应当开展反食品浪费法律、法规以及相关标准和知识的公益宣传，报道先进典型，曝光浪费现象，引导公众树立正确饮食消费观念，对食品浪费行为进行舆论监督。有关反食品浪费的宣传报道应当真实、公正。

禁止制作、发布、传播宣扬量大多吃、暴饮暴食等浪费食品的节目或者音视频信息。

网络音视频服务提供者发现用户有违反前款规定行为的，应当立即停止传输相关信息；情节严重的，应当停止提供信息服务。

第二十三条　县级以上地方人民政府民政、市场监督管理部门等建立捐赠需求对接机制，引导食品生产经营者等在保证食品安全的前提下向有关社会组织、福利机构、救助机构等组织或者个人捐赠食品。有关组织根据需要，及时接收、分发食品。

国家鼓励社会力量参与食品捐赠活动。网络信息服务提供者可以搭建平台，为食品捐赠等提供服务。

第二十四条　产生厨余垃圾的单位、家庭和个人应当依法履行厨余垃圾源头减量义务。

第二十五条　国家组织开展营养状况监测、营养知识普及，引导公民形成科学的饮食习惯，减少不健康饮食引起的疾病风险。

第二十六条　县级以上人民政府应当采取措施，对防止食品浪费的科学研究、技术开发等活动予以支持。

政府采购有关商品和服务，应当有利于防止食品浪费。

国家实行有利于防止食品浪费的税收政策。

第二十七条　任何单位和个人发现食品生产经营者等有食品浪费行为的，有权向有关部门和机关举报。接到举报的部门和机关应当及时依法处理。

第二十八条　违反本法规定，餐饮服务经营者未主动对消费者进行防止食品浪费提示提醒的，由县级以上地方人民政府市场监督管理部门或者县级以上地方人民政府指定的部门责令改正，给予警告。

违反本法规定，餐饮服务经营者诱导、误导消费者超量点餐造成明显浪费的，由县级以上地方人民政府市场监督管理部门或者县级以上地方人民政府指定的部门责令改正，给予警告；拒不改正的，处一千元以上一万元以下罚款。

违反本法规定，食品生产经营者在食品生产经营过程中造成严重食品浪费的，由县级以上地方人民政府市场监督管理部门或者县级以上地方人民政府指定的部门责令改正，拒不改正的，处五千元以上五万元以下罚款。

第二十九条　违反本法规定，设有食堂的单位未制定或者未实施防止食品浪费措施的，由县级以上地方人民政府指定的部门责令改正，给予警告。

第三十条　违反本法规定，广播电台、电视台、网络音视频服务提供者制作、发布、传播宣扬量大多吃、暴饮暴食等浪费食品的节目或者音视频信息的，由广播电视、网信等部门按照各自职责责令改正，给予警告；拒不改正或者情节严重的，处一万元以上十万元以下罚款，并可以责令暂停相关业务、停业整顿，对直接负责的主管人员和其他直接责任人员依法追究法律责任。

第三十一条　省、自治区、直辖市或者设区的市、自治州根据具体情况和实际需要，制定本地方反食品浪费的具体办法。

第三十二条　本法自公布之日起施行。

餐饮业经营管理办法（试行）

（2014年9月22日中华人民共和国商务部、中华人民共和国国家发展和改革委员会令2014年第4号发布，自2014年11月1日起施行）

第一条　为了规范餐饮服务经营活动，引导和促进餐饮行业健康有序发展，维护消费者和经营者的合法权益，依据国家有关法律、法规，制定本办法。

第二条　在中华人民共和国境内从事餐饮经营活动，适用本办法。

本办法所称餐饮经营活动，是指通过即时加工制作成品或半成品、商业销售和服务性劳动等，向消费者提供食品和消费场所及设施的经营行为。

第三条　商务部负责全国餐饮行业管理工作，制定行业规划、政策和标准，开展行业统计，规范行业秩序。地方各级人民政府商务主管部门负责本行政区域内餐饮业行业管理工作。

第四条　国家鼓励餐饮经营者发展特色餐饮、快餐、早餐、团膳、送餐等大众化餐饮，提供标准化菜品，方便消费者自主调味，发展可选套餐，提供小份菜。

第五条　餐饮行业协会应当按照有关法律、法规和规章的规定，发挥行业自律、引导、服务作用，促进餐饮业行业标准的推广实施，指导企业做好节能减排、资源节约和综合利用工作。

餐饮行业协会应通过制定行业公约等方式引导餐饮经营者节约资源、反对浪费。

第六条　餐饮经营者应当严格按照法律、法规和规章的有关规定从事经营活动，建立健全各项制度，积极贯彻国家和行业有关经营管理、产品、服务等方面的标准。

第七条　餐饮经营者应当做好节能减排、资源节约和综合利用工作。

餐饮经营者应当建立节俭消费提醒提示制度，并在醒目位置张贴节约标识，贯彻节约用餐、文明用餐标准。

第八条　餐饮经营者应引导消费者餐前适量点餐，餐后主动帮助打包，对节约用餐的消费者给予表扬和奖励。

第九条　餐饮经营者不得销售不符合国家产品质量及食品安全强制标准的食品。

第十条　餐饮经营者不得随意处置餐厨废弃物，应按规定由具备条件的企业进行资源化利用。

第十一条　餐饮经营者所售食品或提供

的服务项目标价，按照国务院价格主管部门制定的有关规定执行。

第十二条　禁止餐饮经营者设置最低消费。

第十三条　提供外送服务的餐饮经营者，应当建立健全相应的服务流程，并明示提供外送服务的时间、外送范围以及收费标准；根据消费者的订单和食品安全的要求，选择适当的交通工具、设备，按时、按质、按量送达消费者，并提供相应的单据。

第十四条　餐饮经营者开展促销活动的，应当明示促销内容，包括促销原因、促销方式、促销规则、促销期限、促销商品的范围，以及相关限制性条件。

餐饮经营者应当在促销活动开始前做好原材料储备及服务准备工作，依照承诺履行相关义务。

促销活动期间，餐饮经营者不得故意拖延提供相关商品或服务，不得以任何形式降低商品质量或服务水平。

第十五条　餐饮经营者应当建立健全顾客投诉制度，明确具体部门或人员受理、处理消费者投诉。投诉的受理、转交以及处理结果应当通知投诉者。

第十六条　餐饮经营者应当建立健全突发事件应急预案、应对机制，明确职责分工，落实责任。发生突发事件时，应当立即启动应急处理工作程序并及时向政府有关部门报告事件情况及处理结果。

第十七条　县级以上地方商务主管部门应当建立或委托相关机构建立经营者及其负责人、高层管理人员信用记录，将其纳入国家统一的信用信息平台，并依法向社会公开严重违法失信行为。餐饮经营者及其负责人、高层管理人员应当按照商务主管部门要求提供与餐饮经营相关的信用信息。

商务主管部门应当将餐饮经营者违反本办法的行为及行政处罚情况进行汇总，建立不良记录档案，并可向社会公布。

第十八条　县级以上地方商务主管部门应当定期对餐饮行业开展反食品浪费相关行为进行监督检查，并给予相应奖励或处罚。

第十九条　县级以上地方商务主管部门应当定期开展本行政区域内的餐饮业行业统计工作。餐饮经营者应当按照商务主管部门要求，及时准确报送相关信息。

第二十条　商务主管部门应当建立、健全举报制度，设立、公布投诉电话。

任何组织和个人对违反本办法的行为，有权向商务主管部门举报。商务主管部门接到举报后，对属于职责范围的，应当在20个工作日内作出处理决定；不属于职责范围的，应当在5个工作日内转交有关部门依法处理。处理过程中，商务主管部门应当对举报人的相关信息进行保密。

第二十一条　商务、价格等主管部门依照法律法规、规章及有关规定，在各自职责范围内对餐饮业经营行为进行监督管理。

对于餐饮经营者违反本办法的行为，法律法规及规章有规定的，商务主管部门可提请有关部门依法处罚；没有规定的，由商务主管部门责令限期改正，其中有违法所得的，可处违法所得3倍以下罚款，但最高不超过3万元；没有违法所得的，可处1万元以下罚款；对涉嫌犯罪的，依法移送司法机关处理。

商务、价格等主管部门应当自作出行政处罚决定之日起20个工作日内，公开行政处罚决定书的主要内容，但行政处罚决定书中涉及国家秘密、商业秘密、个人隐私的内容依法不予公开。

第二十二条　商务、价格等主管部门工作人员在监督管理工作中滥用职权、徇私舞弊的，对直接负责的主管人员和其他直接责任人员依法给予行政处分；构成犯罪的，依法追究刑事责任。

第二十三条　省级商务主管部门可依据本办法，结合本行政区域内餐饮业发展的实际情况，制定有关实施办法。

第二十四条　本办法自2014年11月1日起实施。

中华人民共和国标准化法

（1988 年 12 月 29 日第七届全国人民代表大会常务委员会第五次会议通过，2017 年 11 月 4 日第十二届全国人民代表大会常务委员会第三十次会议修订）

第一章　总　　则

第一条　为了加强标准化工作，提升产品和服务质量，促进科学技术进步，保障人身健康和生命财产安全，维护国家安全、生态环境安全，提高经济社会发展水平，制定本法。

第二条　本法所称标准（含标准样品），是指农业、工业、服务业以及社会事业等领域需要统一的技术要求。

标准包括国家标准、行业标准、地方标准和团体标准、企业标准。国家标准分为强制性标准、推荐性标准，行业标准、地方标准是推荐性标准。

强制性标准必须执行。国家鼓励采用推荐性标准。

第三条　标准化工作的任务是制定标准、组织实施标准以及对标准的制定、实施进行监督。

县级以上人民政府应当将标准化工作纳入本级国民经济和社会发展规划，将标准化工作经费纳入本级预算。

第四条　制定标准应当在科学技术研究成果和社会实践经验的基础上，深入调查论证，广泛征求意见，保证标准的科学性、规范性、时效性，提高标准质量。

第五条　国务院标准化行政主管部门统一管理全国标准化工作。国务院有关行政主管部门分工管理本部门、本行业的标准化工作。

县级以上地方人民政府标准化行政主管部门统一管理本行政区域内的标准化工作。县级以上地方人民政府有关行政主管部门分工管理本行政区域内本部门、本行业的标准化工作。

第六条　国务院建立标准化协调机制，统筹推进标准化重大改革，研究标准化重大政策，对跨部门跨领域、存在重大争议标准的制定和实施进行协调。

设区的市级以上地方人民政府可以根据工作需要建立标准化协调机制，统筹协调本行政区域内标准化工作重大事项。

第七条　国家鼓励企业、社会团体和教育、科研机构等开展或者参与标准化工作。

第八条　国家积极推动参与国际标准化活动，开展标准化对外合作与交流，参与制定国际标准，结合国情采用国际标准，推进中国标准与国外标准之间的转化运用。

国家鼓励企业、社会团体和教育、科研机构等参与国际标准化活动。

第九条　对在标准化工作中做出显著成绩的单位和个人，按照国家有关规定给予表彰和奖励。

第二章　标准的制定

第十条　对保障人身健康和生命财产安全、国家安全、生态环境安全以及满足经济社会管理基本需要的技术要求，应当制定强制性国家标准。

国务院有关行政主管部门依据职责负责强制性国家标准的项目提出、组织起草、征求意见和技术审查。国务院标准化行政主管部门负责强制性国家标准的立项、编号和对外通报。国务院标准化行政主管部门应当对拟制定的强制性国家标准是否符合前款规定进行立项审查，对符合前款规定的予以立项。

省、自治区、直辖市人民政府标准化行政主管部门可以向国务院标准化行政主管部门提出强制性国家标准的立项建议，由国务院标准化行政主管部门会同国务院有关行政主管部门决定。社会团体、企业事业组织以及公民可以向国务院标准化行政主管部门提出强制性国家标准的立项建议，国务院标准化行政主管部门认为需要立项的，会同国务院有关行政主管部门决定。

强制性国家标准由国务院批准发布或者授权批准发布。

法律、行政法规和国务院决定对强制性标准的制定另有规定的，从其规定。

第十一条　对满足基础通用、与强制性国家标准配套、对各有关行业起引领作用等需要的技术要求，可以制定推荐性国家标准。

推荐性国家标准由国务院标准化行政主管部门制定。

第十二条　对没有推荐性国家标准、需要在全国某个行业范围内统一的技术要求，可以制定行业标准。

行业标准由国务院有关行政主管部门制定，报国务院标准化行政主管部门备案。

第十三条　为满足地方自然条件、风俗习惯等特殊技术要求，可以制定地方标准。

地方标准由省、自治区、直辖市人民政府标准化行政主管部门制定；设区的市级人民政府标准化行政主管部门根据本行政区域的特殊需要，经所在地省、自治区、直辖市人民政府标准化行政主管部门批准，可以制定本行政区域的地方标准。地方标准由省、自治区、直辖市人民政府标准化行政主管部门报国务院标准化行政主管部门备案，由国务院标准化行政主管部门通报国务院有关行政主管部门。

第十四条　对保障人身健康和生命财产安全、国家安全、生态环境安全以及经济社会发展所急需的标准项目，制定标准的行政主管部门应当优先立项并及时完成。

第十五条　制定强制性标准、推荐性标准，应当在立项时对有关行政主管部门、企业、社会团体、消费者和教育、科研机构等方面的实际需求进行调查，对制定标准的必要性、可行性进行论证评估；在制定过程中，应当按照便捷有效的原则采取多种方式征求意见，组织对标准相关事项进行调查分析、实验、论证，并做到有关标准之间的协调配套。

第十六条　制定推荐性标准，应当组织由相关方组成的标准化技术委员会，承担标准的起草、技术审查工作。制定强制性标准，可以委托相关标准化技术委员会承担标准的起草、技术审查工作。未组成标准化技术委员会的，应当成立专家组承担相关标准的起草、技术审查工作。标准化技术委员会和专家组的组成应当具有广泛代表性。

第十七条　强制性标准文本应当免费向社会公开。国家推动免费向社会公开推荐性标准文本。

第十八条　国家鼓励学会、协会、商会、联合会、产业技术联盟等社会团体协调相关市场主体共同制定满足市场和创新需要的团体标准，由本团体成员约定采用或者按照本团体的规定供社会自愿采用。

制定团体标准，应当遵循开放、透明、公平的原则，保证各参与主体获取相关信息，反映各参与主体的共同需求，并应当组织对标准相关事项进行调查分析、实验、论证。

国务院标准化行政主管部门会同国务院有关行政主管部门对团体标准的制定进行规范、引导和监督。

第十九条　企业可以根据需要自行制定企业标准，或者与其他企业联合制定企业标准。

第二十条　国家支持在重要行业、战略性新兴产业、关键共性技术等领域利用自主创新技术制定团体标准、企业标准。

第二十一条　推荐性国家标准、行业标准、地方标准、团体标准、企业标准的技术要求不得低于强制性国家标准的相关技术要求。

国家鼓励社会团体、企业制定高于推荐性标准相关技术要求的团体标准、企业标准。

第二十二条　制定标准应当有利于科学合理利用资源，推广科学技术成果，增强产品的安全性、通用性、可替换性，提高经济效益、社会效益、生态效益，做到技术上先进、经济上合理。

禁止利用标准实施妨碍商品、服务自由流通等排除、限制市场竞争的行为。

第二十三条　国家推进标准化军民融合和资源共享，提升军民标准通用化水平，积极推动在国防和军队建设中采用先进适用的民用标准，并将先进适用的军用标准转化为民用标准。

第二十四条　标准应当按照编号规则进行编号。标准的编号规则由国务院标准化行政主管部门制定并公布。

第三章　标准的实施

第二十五条　不符合强制性标准的产品、服务，不得生产、销售、进口或者提供。

第二十六条　出口产品、服务的技术要求，按照合同的约定执行。

第二十七条　国家实行团体标准、企业标准自我声明公开和监督制度。企业应当公开其执行的强制性标准、推荐性标准、团体标准或者企业标准的编号和名称；企业执行自行制定的企业标准的，还应当公开产品、服务的功能指标和产品的性能指标。国家鼓励团体标准、企业标准通过标准信息公共服务平台向社会公开。

企业应当按照标准组织生产经营活动，其生产的产品、提供的服务应当符合企业公开标准的技术要求。

第二十八条　企业研制新产品、改进产品，进行技术改造，应当符合本法规定的标准化要求。

第二十九条　国家建立强制性标准实施情况统计分析报告制度。

国务院标准化行政主管部门和国务院有关行政主管部门、设区的市级以上地方人民政府标准化行政主管部门应当建立标准实施信息反馈和评估机制，根据反馈和评估情况对其制定的标准进行复审。标准的复审周期一般不超过五年。经过复审，对不适应经济社会发展需要和技术进步的应当及时修订或者废止。

第三十条　国务院标准化行政主管部门根据标准实施信息反馈、评估、复审情况，对有关标准之间重复交叉或者不衔接配套的，应当会同国务院有关行政主管部门作出处理或者通过国务院标准化协调机制处理。

第三十一条　县级以上人民政府应当支持开展标准化试点示范和宣传工作，传播标准化理念，推广标准化经验，推动全社会运用标准化方式组织生产、经营、管理和服务，发挥标准对促进转型升级、引领创新驱动的支撑作用。

第四章　监督管理

第三十二条　县级以上人民政府标准化行政主管部门、有关行政主管部门依据法定职责，对标准的制定进行指导和监督，对标准的实施进行监督检查。

第三十三条　国务院有关行政主管部门在标准制定、实施过程中出现争议的，由国务院标准化行政主管部门组织协商；协商不成的，由国务院标准化协调机制解决。

第三十四条　国务院有关行政主管部门、设区的市级以上地方人民政府标准化行政主管部门未依照本法规定对标准进行编号、复审或者备案的，国务院标准化行政主管部门应当要求其说明情况，并限期改正。

第三十五条　任何单位或者个人有权向标准化行政主管部门、有关行政主管部门举报、投诉违反本法规定的行为。

标准化行政主管部门、有关行政主管部门应当向社会公开受理举报、投诉的电话、信箱或者电子邮件地址，并安排人员受理举报、投诉。对实名举报人或者投诉人，受理举报、投诉的行政主管部门应当告知处理结果，为举报人保密，并按照国家有关规定对举报人给予奖励。

第五章　法律责任

第三十六条　生产、销售、进口产品或者提供服务不符合强制性标准，或者企业生产的产品、提供的服务不符合其公开标准的技术要求的，依法承担民事责任。

第三十七条　生产、销售、进口产品或者提供服务不符合强制性标准的，依照《中华人民共和国产品质量法》、《中华人民共和国进出口商品检验法》、《中华人民共和国消费者权益保护法》等法律、行政法规的规定查处，记入信用记录，并依照有关法律、行政法规的规定予以公示；构成犯罪的，依法追究刑事责任。

第三十八条　企业未依照本法规定公开其执行的标准的，由标准化行政主管部门责令限期改正；逾期不改正的，在标准信息公共服务平台上公示。

第三十九条　国务院有关行政主管部门、设区的市级以上地方人民政府标准化行政主管部门制定的标准不符合本法第二十一条第一款、第二十二条第一款规定的，应当及时改正；拒不改正的，由国务院标准化行政主管部门公告废止相关标准；对负有责任的领导人员和直接责任人员依法给予处分。

社会团体、企业制定的标准不符合本法第二十一条第一款、第二十二条第一款规定的，由标准化行政主管部门责令限期改正；逾期不改正的，由省级以上人民政府标准化行政主管部门废止相关标准，并在标准信息公共服务平台上公示。

违反本法第二十二条第二款规定，利用标准实施排除、限制市场竞争行为的，依照《中华人民共和国反垄断法》等法律、行政法规的规定处理。

第四十条　国务院有关行政主管部门、设区的市级以上地方人民政府标准化行政主管部门未依照本法规定对标准进行编号或者备案，又未依照本法第三十四条的规定改正的，由国务院标准化行政主管部门撤销相关标准编号或者公告废止未备案标准；对负有责任的领导人员和直接责任人员依法给予处分。

国务院有关行政主管部门、设区的市级以上地方人民政府标准化行政主管部门未依照本法规定对其制定的标准进行复审，又未依照本法第三十四条的规定改正的，对负有责任的领导人员和直接责任人员依法给予处分。

第四十一条　国务院标准化行政主管部门未依照本法第十条第二款规定对制定强制性国家标准的项目予以立项，制定的标准不符合本法第二十一条第一款、第二十二条第一款规定，或者未依照本法规定对标准进行编号、复审或者予以备案的，应当及时改正；对负有责任的领导人员和直接责任人员可以依法给予处分。

第四十二条　社会团体、企业未依照本法规定对团体标准或者企业标准进行编号的，由标准化行政主管部门责令限期改正；逾期不改正的，由省级以上人民政府标准化行政主管部门撤销相关标准编号，并在标准信息公共服务平台上公示。

第四十三条　标准化工作的监督、管理人员滥用职权、玩忽职守、徇私舞弊的，依法给予处分；构成犯罪的，依法追究刑事责任。

第六章 附 则

第四十四条 军用标准的制定、实施和监督办法，由国务院、中央军事委员会另行制定。

第四十五条 本法自2018年1月1日起施行。

中华人民共和国计量法

（1985年9月6日第六届全国人民代表大会常务委员会第十二次会议通过，根据2009年8月27日第十一届全国人民代表大会常务委员会第十次会议《关于修改部分法律的决定》第一次修正，根据2013年12月28日第十二届全国人民代表大会常务委员会第六次会议《关于修改〈中华人民共和国海洋环境保护法〉等七部法律的决定》第二次修正，根据2015年4月24日第十二届全国人民代表大会常务委员会第十四次会议《关于修改〈中华人民共和国计量法〉等五部法律的决定》第三次修正，根据2017年12月27日第十二届全国人民代表大会常务委员会第三十一次会议《关于修改〈中华人民共和国招标投标法〉、〈中华人民共和国计量法〉的决定》第四次修正，根据2018年10月26日第十三届全国人民代表大会常务委员会第六次会议《关于修改〈中华人民共和国野生动物保护法〉等十五部法律的决定》第五次修正）

第一章 总 则

第一条 为了加强计量监督管理，保障国家计量单位制的统一和量值的准确可靠，有利于生产、贸易和科学技术的发展，适应社会主义现代化建设的需要，维护国家、人民的利益，制定本法。

第二条 在中华人民共和国境内，建立计量基准器具、计量标准器具，进行计量检定，制造、修理、销售、使用计量器具，必须遵守本法。

第三条 国家实行法定计量单位制度。

国际单位制计量单位和国家选定的其他计量单位，为国家法定计量单位。国家法定计量单位的名称、符号由国务院公布。

因特殊需要采用非法定计量单位的管理办法，由国务院计量行政部门另行制定。

第四条 国务院计量行政部门对全国计量工作实施统一监督管理。

县级以上地方人民政府计量行政部门对本行政区域内的计量工作实施监督管理。

第二章 计量基准器具、计量标准器具和计量检定

第五条 国务院计量行政部门负责建立各种计量基准器具，作为统一全国量值的最高依据。

第六条 县级以上地方人民政府计量行政部门根据本地区的需要，建立社会公用计量标准器具，经上级人民政府计量行政部门主持考核合格后使用。

第七条 国务院有关主管部门和省、自

治区、直辖市人民政府有关主管部门，根据本部门的特殊需要，可以建立本部门使用的计量标准器具，其各项最高计量标准器具经同级人民政府计量行政部门主持考核合格后使用。

第八条　企业、事业单位根据需要，可以建立本单位使用的计量标准器具，其各项最高计量标准器具经有关人民政府计量行政部门主持考核合格后使用。

第九条　县级以上人民政府计量行政部门对社会公用计量标准器具，部门和企业、事业单位使用的最高计量标准器具，以及用于贸易结算、安全防护、医疗卫生、环境监测方面的列入强制检定目录的工作计量器具，实行强制检定。未按照规定申请检定或者检定不合格的，不得使用。实行强制检定的工作计量器具的目录和管理办法，由国务院制定。

对前款规定以外的其他计量标准器具和工作计量器具，使用单位应当自行定期检定或者送其他计量检定机构检定。

第十条　计量检定必须按照国家计量检定系统表进行。国家计量检定系统表由国务院计量行政部门制定。

计量检定必须执行计量检定规程。国家计量检定规程由国务院计量行政部门制定。没有国家计量检定规程的，由国务院有关主管部门和省、自治区、直辖市人民政府计量行政部门分别制定部门计量检定规程和地方计量检定规程。

第十一条　计量检定工作应当按照经济合理的原则，就地就近进行。

第三章　计量器具管理

第十二条　制造、修理计量器具的企业、事业单位，必须具有与所制造、修理的计量器具相适应的设施、人员和检定仪器设备。

第十三条　制造计量器具的企业、事业单位生产本单位未生产过的计量器具新产品，必须经省级以上人民政府计量行政部门对其样品的计量性能考核合格，方可投入生产。

第十四条　任何单位和个人不得违反规定制造、销售和进口非法定计量单位的计量器具。

第十五条　制造、修理计量器具的企业、事业单位必须对制造、修理的计量器具进行检定，保证产品计量性能合格，并对合格产品出具产品合格证。

第十六条　使用计量器具不得破坏其准确度，损害国家和消费者的利益。

第十七条　个体工商户可以制造、修理简易的计量器具。

个体工商户制造、修理计量器具的范围和管理办法，由国务院计量行政部门制定。

第四章　计量监督

第十八条　县级以上人民政府计量行政部门应当依法对制造、修理、销售、进口和使用计量器具，以及计量检定等相关计量活动进行监督检查。有关单位和个人不得拒绝、阻挠。

第十九条　县级以上人民政府计量行政部门，根据需要设置计量监督员。计量监督员管理办法，由国务院计量行政部门制定。

第二十条　县级以上人民政府计量行政部门可以根据需要设置计量检定机构，或者授权其他单位的计量检定机构，执行强制检定和其他检定、测试任务。

执行前款规定的检定、测试任务的人员，必须经考核合格。

第二十一条　处理因计量器具准确度所引起的纠纷，以国家计量基准器具或者社会公用计量标准器具检定的数据为准。

第二十二条　为社会提供公证数据的产品质量检验机构，必须经省级以上人民政府计量行政部门对其计量检定、测试的能力和可靠性考核合格。

第五章　法律责任

第二十三条　制造、销售未经考核合格的计量器具新产品的，责令停止制造、销售该种新产品，没收违法所得，可以并处罚款。

第二十四条　制造、修理、销售的计量器具不合格的，没收违法所得，可以并处罚款。

第二十五条　属于强制检定范围的计量器具，未按照规定申请检定或者检定不合格继续使用的，责令停止使用，可以并处罚款。

第二十六条　使用不合格的计量器具或者破坏计量器具准确度，给国家和消费者造成损失的，责令赔偿损失，没收计量器具和违法所得，可以并处罚款。

第二十七条　制造、销售、使用以欺骗消费者为目的的计量器具的，没收计量器具和违法所得，处以罚款；情节严重的，并对个人或者单位直接责任人员依照刑法有关规定追究刑事责任。

第二十八条　违反本法规定，制造、修理、销售的计量器具不合格，造成人身伤亡或者重大财产损失的，依照刑法有关规定，对个人或者单位直接责任人员追究刑事责任。

第二十九条　计量监督人员违法失职，情节严重的，依照刑法有关规定追究刑事责任；情节轻微的，给予行政处分。

第三十条　本法规定的行政处罚，由县级以上地方人民政府计量行政部门决定。

第三十一条　当事人对行政处罚决定不服的，可以在接到处罚通知之日起十五日内向人民法院起诉；对罚款、没收违法所得的行政处罚决定期满不起诉又不履行的，由作出行政处罚决定的机关申请人民法院强制执行。

第六章　附　　则

第三十二条　中国人民解放军和国防科技工业系统计量工作的监督管理办法，由国务院、中央军事委员会依据本法另行制定。

第三十三条　国务院计量行政部门根据本法制定实施细则，报国务院批准施行。

第三十四条　本法自1986年7月1日起施行。

中华人民共和国计量法实施细则

（1987年1月19日国务院批准，1987年2月1日国家计量局发布，根据2016年2月6日《国务院关于修改部分行政法规的决定》第一次修订，根据2017年3月1日《国务院关于修改和废止部分行政法规的决定》第二次修订，根据2018年3月19日《国务院关于修改和废止部分行政法规的决定》第三次修订，根据2022年3月29日《国务院关于修改和废止部分行政法规的决定》第四次修订）

第一章　总　　则

第一条　根据《中华人民共和国计量法》的规定，制定本细则。

第二条　国家实行法定计量单位制度。法定计量单位的名称、符号按照国务院关于在我国统一实行法定计量单位的有关规定执行。

第三条　国家有计划地发展计量事业，用现代计量技术装备各级计量检定机构，为社会主义现代化建设服务，为工农业生产、国防建设、科学实验、国内外贸易以及人民的健康、安全提供计量保证，维护国家和人民的利益。

第二章　计量基准器具和计量标准器具

第四条　计量基准器具（简称计量基准，下同）的使用必须具备下列条件：

（一）经国家鉴定合格；

（二）具有正常工作所需要的环境条件；

（三）具有称职的保存、维护、使用人员；

（四）具有完善的管理制度。

符合上述条件的，经国务院计量行政部门审批并颁发计量基准证书后，方可使用。

第五条　非经国务院计量行政部门批准，任何单位和个人不得拆卸、改装计量基准，或者自行中断其计量检定工作。

第六条　计量基准的量值应当与国际上的量值保持一致。国务院计量行政部门有权废除技术水平落后或者工作状况不适应需要的计量基准。

第七条　计量标准器具（简称计量标准，下同）的使用，必须具备下列条件：

（一）经计量检定合格；

（二）具有正常工作所需要的环境条件；

（三）具有称职的保存、维护、使用人员；

（四）具有完善的管理制度。

第八条　社会公用计量标准对社会上实施计量监督具有公证作用。县级以上地方人民政府计量行政部门建立的本行政区域内最高等级的社会公用计量标准，须向上一级人民政府计量行政部门申请考核；其他等级的，由当地人民政府计量行政部门主持考核。

经考核符合本细则第七条规定条件并取得考核合格证的，由当地县级以上人民政府计量行政部门审批颁发社会公用计量标准证书后，方可使用。

第九条　国务院有关主管部门和省、自治区、直辖市人民政府有关主管部门建立的本部门各项最高计量标准，经同级人民政府计量行政部门考核，符合本细则第七条规定条件并取得考核合格证的，由有关主管部门批准使用。

第十条　企业、事业单位建立本单位各项最高计量标准，须向与其主管部门同级的人民政府计量行政部门申请考核。乡镇企业向当地县级人民政府计量行政部门申请考核。经考核符合本细则第七条规定条件并取得考核合格证的，企业、事业单位方可使用，并向其主管部门备案。

第三章　计量检定

第十一条　使用实行强制检定的计量标准的单位和个人，应当向主持考核该项计量标准的有关人民政府计量行政部门申请周期检定。

使用实行强制检定的工作计量器具的单位和个人，应当向当地县（市）级人民政府计量行政部门指定的计量检定机构申请周期检定。当地不能检定的，向上一级人民政府计量行政部门指定的计量检定机构申请周期检定。

第十二条　企业、事业单位应当配备与生产、科研、经营管理相适应的计量检测设施，制定具体的检定管理办法和规章制度，规定本单位管理的计量器具明细目录及相应的检定周期，保证使用的非强制检定的计量器具定期检定。

第十三条　计量检定工作应当符合经济合理、就地就近的原则，不受行政区划和部门管辖的限制。

第四章　计量器具的制造和修理

第十四条　制造、修理计量器具的企业、事业单位和个体工商户须在固定的场所从事经营，具有符合国家规定的生产设施、检验条件、技术人员等，并满足安全要求。

第十五条　凡制造在全国范围内从未生产过的计量器具新产品，必须经过定型鉴定。定型鉴定合格后，应当履行型式批准手续，颁发证书。在全国范围内已经定型，而本单位未生产过的计量器具新产品，应当进行样机试验。样机试验合格后，发给合格证书。凡未经型式批准或者未取得样机试验合格证书的计量器具，不准生产。

第十六条　计量器具新产品定型鉴定，由国务院计量行政部门授权的技术机构进行；样机试验由所在地方的省级人民政府计量行政部门授权的技术机构进行。

计量器具新产品的型式，由当地省级人民政府计量行政部门批准。省级人民政府计量行政部门批准的型式，经国务院计量行政部门审核同意后，作为全国通用型式。

第十七条　申请计量器具新产品定型鉴定和样机试验的单位，应当提供新产品样机及有关技术文件、资料。

负责计量器具新产品定型鉴定和样机试验的单位，对申请单位提供的样机和技术文件、资料必须保密。

第十八条　对企业、事业单位制造、修理计量器具的质量，各有关主管部门应当加强管理，县级以上人民政府计量行政部门有权进行监督检查，包括抽检和监督试验。凡无产品合格印、证，或者经检定不合格的计量器具，不准出厂。

第五章　计量器具的销售和使用

第十九条　外商在中国销售计量器具，须比照本细则第十五条的规定向国务院计量行政部门申请型式批准。

第二十条　县级以上地方人民政府计量行政部门对当地销售的计量器具实施监督检查。凡没有产品合格印、证标志的计量器具不得销售。

第二十一条　任何单位和个人不得经营销售残次计量器具零配件，不得使用残次零配件组装和修理计量器具。

第二十二条　任何单位和个人不准在工作岗位上使用无检定合格印、证或者超过检定周期以及经检定不合格的计量器具。在教学示范中使用计量器具不受此限。

第六章　计量监督

第二十三条　国务院计量行政部门和县级以上地方人民政府计量行政部门监督和贯彻实施计量法律、法规的职责是：

（一）贯彻执行国家计量工作的方针、政策和规章制度，推行国家法定计量单位；

（二）制定和协调计量事业的发展规划，建立计量基准和社会公用计量标准，组织量值传递；

（三）对制造、修理、销售、使用计量器具实施监督；

（四）进行计量认证，组织仲裁检定，调解计量纠纷；

（五）监督检查计量法律、法规的实施情况，对违反计量法律、法规的行为，按照本细则的有关规定进行处理。

第二十四条　县级以上人民政府计量行政部门的计量管理人员，负责执行计量监督、管理任务；计量监督员负责在规定的区域、场所巡回检查，并可根据不同情况在规定的权限内对违反计量法律、法规的行为，进行现场处理，执行行政处罚。

计量监督员必须经考核合格后，由县级以上人民政府计量行政部门任命并颁发监督员证件。

第二十五条　县级以上人民政府计量行政部门依法设置的计量检定机构，为国家法定计量检定机构。其职责是：负责研究建立计量基准、社会公用计量标准，进行量值传递，执行强制检定和法律规定的其他检定、测试任务，起草技术规范，为实施计量监督提供技术保证，并承办有关计量监督工作。

第二十六条　国家法定计量检定机构的计量检定人员，必须经考核合格。

计量检定人员的技术职务系列，由国务院计量行政部门会同有关主管部门制定。

第二十七条　县级以上人民政府计量行政部门可以根据需要，采取以下形式授权其他单位的计量检定机构和技术机构，在规定的范围内执行强制检定和其他检定、测试任务：

（一）授权专业性或区域性计量检定机构，作为法定计量检定机构；

（二）授权建立社会公用计量标准；

（三）授权某一部门或某一单位的计量检定机构，对其内部使用的强制检定计量器具执行强制检定；

（四）授权有关技术机构，承担法律规定的其他检定、测试任务。

第二十八条　根据本细则第二十七条规定被授权的单位，应当遵守下列规定：

（一）被授权单位执行检定、测试任务的人员，必须经考核合格；

（二）被授权单位的相应计量标准，必须接受计量基准或者社会公用计量标准的检定；

（三）被授权单位承担授权的检定、测试工作，须接受授权单位的监督；

（四）被授权单位成为计量纠纷中当事人一方时，在双方协商不能自行解决的情况下，由县级以上有关人民政府计量行政部门进行调解和仲裁检定。

第七章　产品质量检验机构的计量认证

第二十九条　为社会提供公证数据的产品质量检验机构，必须经省级以上人民政府计量行政部门计量认证。

第三十条　产品质量检验机构计量认证的内容：

（一）计量检定、测试设备的性能；

（二）计量检定、测试设备的工作环境和人员的操作技能；

（三）保证量值统一、准确的措施及检测数据公正可靠的管理制度。

第三十一条　产品质量检验机构提出计量认证申请后，省级以上人民政府计量行政部门应指定所属的计量检定机构或者被授权的技术机构按照本细则第三十条规定的内容进行考核。考核合格后，由接受申请的省级以上人民政府计量行政部门发给计量认证合格证书。产品质量检验机构自愿签署告知承诺书并按要求提交材料的，按照告知承诺相关程序办理。未取得计量认证合格证书的，不得开展产品质量检验工作。

第三十二条　省级以上人民政府计量行政部门有权对计量认证合格的产品质量检验机构，按照本细则第三十条规定的内容进行监督检查。

第三十三条　已经取得计量认证合格证书的产品质量检验机构，需新增检验项目时，应按照本细则有关规定，申请单项计量认证。

第八章　计量调解和仲裁检定

第三十四条　县级以上人民政府计量行政部门负责计量纠纷的调解和仲裁检定，并可根据司法机关、合同管理机关、涉外仲裁机关或者其他单位的委托，指定有关计量检定机构进行仲裁检定。

第三十五条　在调解、仲裁及案件审理过程中，任何一方当事人均不得改变与计量纠纷有关的计量器具的技术状态。

第三十六条　计量纠纷当事人对仲裁检定不服的，可以在接到仲裁检定通知书之日起15日内向上一级人民政府计量行政部门申诉。上一级人民政府计量行政部门进行的仲裁检定为终局仲裁检定。

第九章　费　　用

第三十七条　建立计量标准申请考核，使用计量器具申请检定，制造计量器具新产品申请定型和样机试验，以及申请计量认证和仲裁检定，应当缴纳费用，具体收费办法或收费标准，由国务院计量行政部门会同国家财政、物价部门统一制定。

第三十八条 县级以上人民政府计量行政部门实施监督检查所进行的检定和试验不收费。被检查的单位有提供样机和检定试验条件的义务。

第三十九条 县级以上人民政府计量行政部门所属的计量检定机构，为贯彻计量法律、法规，实施计量监督提供技术保证所需要的经费，按照国家财政管理体制的规定，分别列入各级财政预算。

第十章 法律责任

第四十条 违反本细则第二条规定，使用非法定计量单位的，责令其改正；属出版物的，责令其停止销售，可并处1000元以下的罚款。

第四十一条 违反《中华人民共和国计量法》第十四条规定，制造、销售和进口非法定计量单位的计量器具的，责令其停止制造、销售和进口，没收计量器具和全部违法所得，可并处相当其违法所得10%至50%的罚款。

第四十二条 部门和企业、事业单位的各项最高计量标准，未经有关人民政府计量行政部门考核合格而开展计量检定的，责令其停止使用，可并处1000元以下的罚款。

第四十三条 属于强制检定范围的计量器具，未按照规定申请检定和属于非强制检定范围的计量器具未自行定期检定或者送其他计量检定机构定期检定的，以及经检定不合格继续使用的，责令其停止使用，可并处1000元以下的罚款。

第四十四条 制造、销售未经型式批准或样机试验合格的计量器具新产品的，责令其停止制造、销售，封存该种新产品，没收全部违法所得，可并处3000元以下的罚款。

第四十五条 制造、修理的计量器具未经出厂检定或者经检定不合格而出厂的，责令其停止出厂，没收全部违法所得；情节严重的，可并处3000元以下的罚款。

第四十六条 使用不合格计量器具或者破坏计量器具准确度和伪造数据，给国家和消费者造成损失的，责令其赔偿损失，没收计量器具和全部违法所得，可并处2000元以下的罚款。

第四十七条 经营销售残次计量器具零配件的，责令其停止经营销售，没收残次计量器具零配件和全部违法所得，可并处2000元以下的罚款；情节严重的，由工商行政管理部门吊销其营业执照。

第四十八条 制造、销售、使用以欺骗消费者为目的的计量器具的单位和个人，没收其计量器具和全部违法所得，可并处2000元以下的罚款；构成犯罪的，对个人或者单位直接责任人员，依法追究刑事责任。

第四十九条 个体工商户制造、修理国家规定范围以外的计量器具或者不按照规定场所从事经营活动的，责令其停止制造、修理，没收全部违法所得，可并处以500元以下的罚款。

第五十条 未取得计量认证合格证书的产品质量检验机构，为社会提供公证数据的，责令其停止检验，可并处1000元以下的罚款。

第五十一条 伪造、盗用、倒卖强制检定印、证的，没收其非法检定印、证和全部违法所得，可并处2000元以下的罚款；构成犯罪的，依法追究刑事责任。

第五十二条 计量监督管理人员违法失职，徇私舞弊，情节轻微的，给予行政处分；构成犯罪的，依法追究刑事责任。

第五十三条 负责计量器具新产品定型鉴定、样机试验的单位，违反本细则第十七条第二款规定的，应当按照国家有关规定，赔偿申请单位的损失，并给予直接责任人员行政处分；构成犯罪的，依法追究刑事责任。

第五十四条　计量检定人员有下列行为之一的，给予行政处分；构成犯罪的，依法追究刑事责任：

（一）伪造检定数据的；

（二）出具错误数据，给送检一方造成损失的；

（三）违反计量检定规程进行计量检定的；

（四）使用未经考核合格的计量标准开展检定的；

（五）未经考核合格执行计量检定的。

第五十五条　本细则规定的行政处罚，由县级以上地方人民政府计量行政部门决定。罚款1万元以上的，应当报省级人民政府计量行政部门决定。没收违法所得及罚款一律上缴国库。

本细则第四十六条规定的行政处罚，也可以由工商行政管理部门决定。

第十一章　附　　则

第五十六条　本细则下列用语的含义是：

（一）计量器具是指能用以直接或间接测出被测对象量值的装置、仪器仪表、量具和用于统一量值的标准物质，包括计量基准、计量标准、工作计量器具。

（二）计量检定是指为评定计量器具的计量性能，确定其是否合格所进行的全部工作。

（三）定型鉴定是指对计量器具新产品样机的计量性能进行全面审查、考核。

（四）计量认证是指政府计量行政部门对有关技术机构计量检定、测试的能力和可靠性进行的考核和证明。

（五）计量检定机构是指承担计量检定工作的有关技术机构。

（六）仲裁检定是指用计量基准或者社会公用计量标准所进行的以裁决为目的的计量检定、测试活动。

第五十七条　中国人民解放军和国防科技工业系统涉及本系统以外的计量工作的监督管理，亦适用本细则。

第五十八条　本细则有关的管理办法、管理范围和各种印、证标志，由国务院计量行政部门制定。

第五十九条　本细则由国务院计量行政部门负责解释。

第六十条　本细则自发布之日起施行。

集贸市场计量监督管理办法

（2002年4月19日国家质量监督检验检疫总局令第17号发布，根据2020年10月23日国家市场监督管理总局令第31号修订）

第一条　为了加强城乡集贸市场计量监督管理，维护集贸市场经营秩序，保护消费者的合法权益，根据《中华人民共和国计量法》、《中华人民共和国消费者权益保护法》的有关规定，制定本办法。

第二条　本办法适用于全国城乡集贸市场经营活动中的计量器具管理、商品量计量管理、计量行为及其监督管理活动。

本办法所称城乡集贸市场（以下简称集市）是指由法人单位或者自然人（以下简称集市主办者）主办的，由入场经营者（以下简称经营者）向集市主办者承租场地、进行商品交易的固定场所。

第三条　国家市场监督管理总局对全国

集市计量工作实施统一监督管理。

县级以上地方市场监督管理部门对本行政区域内的集市计量工作实施监督管理。

第四条 集市的计量活动应当遵循公正、公开、公平的原则，保证计量器具和商品量的准确，正确使用国家法定计量单位。

第五条 集市主办者应当做到：

（一）积极宣传计量法律、法规和规章，制定集市计量管理及保护消费者权益的制度，并组织实施。

（二）在与经营者签订的入场经营协议中，明确有关计量活动的权利义务和相应的法律责任。

（三）根据集市经营情况配备专（兼）职计量管理人员，负责集市内的计量管理工作，集市的计量管理人员应当接受计量业务知识的培训。

（四）对集市使用的属于强制检定的计量器具登记造册，向当地市场监督管理部门备案，并配合市场监督管理部门及其指定的法定计量检定机构做好强制检定工作。

（五）国家明令淘汰的计量器具禁止使用；国家限制使用的计量器具，应当遵守有关规定；未申请检定、超过检定周期或者经检定不合格的计量器具不得使用。

（六）集市应当设置符合要求的公平秤，并负责保管、维护和监督检查，定期送当地市场监督管理部门所属的法定计量检定机构进行检定。

公平秤是指对经营者和消费者之间因商品量称量结果发生的纠纷具有裁决作用的衡器。

（七）配合市场监督管理部门，做好集市定量包装商品、零售商品等商品量的计量监督管理工作。

（八）集市主办者可以统一配置经强制检定合格的计量器具，提供给经营者使用；也可以要求经营者配备和使用符合国家规定，与其经营项目相适应的计量器具，并督促检查。

第六条 经营者应当做到：

（一）遵守计量法律、法规及集市主办者关于计量活动的有关规定。

（二）对配置和使用的计量器具进行维护和管理，定期接受市场监督管理部门指定的法定计量检定机构对计量器具的强制检定。

（三）不得使用不合格的计量器具，不得破坏计量器具准确度或者伪造数据，不得破坏铅签封。

（四）凡以商品量的量值作为结算依据的，应当使用计量器具测量量值；计量偏差在国家规定的范围内，结算值与实际值相符。不得估量计费。不具备计量条件并经交易当事人同意的除外。

（五）现场交易时，应当明示计量单位、计量过程和计量器具显示的量值。如有异议的，经营者应当重新操作计量过程和显示量值。

（六）销售定量包装商品应当符合《定量包装商品计量监督管理办法》的规定。

第七条 计量检定机构进行强制检定时，应当执行国家计量检定规程，并在规定期限内完成检定，确保量值传递准确。

第八条 各级市场监督管理部门应当做到：

（一）宣传计量法律、法规，对集市主办者、计量管理人员进行计量方面的培训。

（二）督促集市主办者按照计量法律、法规和有关规定的要求，做好集市的计量管理工作。

（三）对集市的计量器具管理、商品量计量管理和计量行为，进行计量监督和执法检查。

（四）积极受理计量纠纷，负责计量调解和仲裁检定。

第九条 集市主办者或经营者申请计量器具检定，应当按物价部门核准的项目和收费标准缴纳费用。

第十条 消费者所购商品，在保持原状的情况下，经复核，短秤缺量的，可以向经营者要求赔偿，也可以向集市主办者要求赔偿。集市主办者赔偿后有权向经营者追偿。

第十一条　集市主办者违反本办法第五条第（四）项规定的，责令改正，逾期不改的，处以1000元以下的罚款。

集市主办者违反本办法第五条第（五）项规定的，责令停止使用，限期改正，没收淘汰的计量器具，并处以1000元以下的罚款。

集市主办者违反本办法第五条第（六）项规定的，限期改正，并处以1000元以下的罚款。

第十二条　经营者违反本办法第六条第（二）项规定的，责令其停止使用，可并处以1000元以下的罚款。

经营者违反本办法第六条第（三）项规定，给国家和消费者造成损失的，责令其赔偿损失，没收计量器具和全部违法所得，可并处以2000元以下的罚款；构成犯罪的，移送司法机关追究其刑事责任。

经营者违反本办法第六条第（四）项规定，应当使用计量器具测量量值而未使用计量器具的，限期改正；逾期不改的，处以1000元以下罚款。经营者销售商品的结算值与实际值不相符的，按照《商品量计量违法行为处罚规定》第五条、第六条的规定处罚。

经营者违反本办法第六条第（六）项规定的，按照《定量包装商品计量监督管理办法》有关规定处罚。

第十三条　从事集市计量监督管理的国家工作人员违法失职、徇私舞弊，情节轻微的，给予行政处分；构成犯罪的，依法追究刑事责任。

第十四条　本办法规定的行政处罚，由县级以上地方市场监督管理部门决定。

县级以上地方市场监督管理部门按照本办法实施行政处罚，必须遵守国家市场监督管理总局关于行政案件办理程序的有关规定。

第十五条　本办法由国家市场监督管理总局负责解释。

第十六条　本办法自2002年5月25日起施行。

计量违法行为处罚细则

（1990年8月25日国家技术监督局令第14号公布，根据2015年8月25日国家质量技术监督检验检疫总局令第166号第一次修订，根据2022年9月29日国家市场监督管理总局令第61号第二次修订）

第一章　总　　则

第一条　根据《中华人民共和国计量法》《中华人民共和国计量法实施细则》及有关法律、法规的规定，制定本细则。

第二条　在中华人民共和国境内，对违反计量法律、法规行为的处罚，适用本细则。

第三条　县级以上地方人民政府计量行政部门负责对违反计量法律、法规的行为执行行政处罚。

法律、法规另有规定的，按法律、法规规定的执行。

第四条　处理违反计量法律、法规的行为，必须坚持以事实为依据，以法律为准绳，做到事实清楚，证据确凿，适用法律、法规正确，符合规定程序。

第二章 违反计量法律、法规的行为及处理

第五条 违反计量法律、法规使用非法定计量单位的，按以下规定处罚：

（一）非出版物使用非法定计量单位的，责令其改正。

（二）出版物使用非法定计量单位的，责令其停止销售，可并处一千元以下罚款。

第六条 损坏计量基准，或未经国务院计量行政部门批准，随意拆卸、改装计量基准，或自行中断、擅自终止检定工作的，对直接责任人员进行批评教育，给予行政处分；构成犯罪的，依法追究刑事责任。

第七条 社会公用计量标准，经检查达不到原考核条件的，责令其停止使用，限期整改。

第八条 部门和企业、事业单位使用的各项最高计量标准，违反计量法律、法规的，按以下规定处罚：

（一）未取得有关人民政府计量行政部门颁发的计量标准考核证书而开展检定的，责令其停止使用，可并处一千元以下罚款。

（二）计量标准考核证书有效期满，未经原发证机关复查合格而继续开展检定的，责令其停止使用，限期申请复查。

（三）考核合格投入使用的计量标准，经检查达不到原考核条件的，责令其停止使用，限期整改。

第九条 被授权单位违反计量法律、法规的，按以下规定处罚：

（一）被授权项目经检查达不到原考核条件的，责令其停止检定、测试，限期整改。

（二）超过授权项目擅自对外进行检定、测试的，责令其改正，停止开展超出授权范围的相关检定、测试活动。

（三）未经授权机关批准，擅自终止所承担的授权工作，给有关单位造成损失的，责令其赔偿损失。

第十条 未经有关人民政府计量行政部门授权，擅自对外进行检定、测试的，没收全部违法所得。给有关单位造成损失的，责令其赔偿损失。

第十一条 使用计量器具违反计量法律、法规的，按以下规定处罚：

（一）社会公用计量标准和部门、企业、事业单位各项最高计量标准，未按照规定申请检定的或超过检定周期而继续使用的，责令其停止使用，可并处五百元以下罚款；经检定不合格而继续使用的，责令其停止使用，可并处一千元以下罚款。

（二）属于强制检定的工作计量器具，未按照规定申请检定或超过检定周期而继续使用的，责令其停止使用，可并处五百元以下罚款；经检定不合格而继续使用的，责令其停止使用，可并处一千元以下罚款。

（三）属于非强制检定的计量器具，未按照规定自行定期检定或者送其他有权对社会开展检定工作的计量检定机构定期检定的，责令其停止使用，可并处二百元以下罚款；经检定不合格而继续使用的，责令其停止使用，可并处五百元以下罚款。

（四）在经销活动中，使用非法定计量单位计量器具的，没收该计量器具。

（五）使用不合格的计量器具给国家或消费者造成损失的，责令赔偿损失，没收计量器具和全部违法所得，可并处二千元以下罚款。

（六）使用以欺骗消费者为目的的计量器具或者破坏计量器具准确度、伪造数据，给国家或消费者造成损失的，责令赔偿损失，没收计量器具和全部违法所得，可并处二千元以下罚款；构成犯罪的，依法追究刑事责任。

第十二条 进口计量器具，以及外商（含外国制造商、经销商）或其代理人在中国销售计量器具，违反计量法律、法规的，按以下规定处罚：

（一）未经省、自治区、直辖市人民政

府计量行政部门批准，进口、销售国务院规定废除的非法定计量单位的计量器具或国务院禁止使用的其他计量器具的，责令其停止进口、销售，没收计量器具和全部违法所得，可并处相当其违法所得百分之十至百分之五十的罚款。

（二）进口、销售列入《中华人民共和国进口计量器具型式审查目录》内的计量器具，未经国务院计量行政部门型式批准的，封存计量器具，责令其补办型式批准手续，没收全部违法所得，可并处相当其进口额或销售额百分之三十以下的罚款。

第十三条　制造、修理计量器具，违反计量法律、法规的，按以下规定处罚：

（一）未经批准制造国务院规定废除的非法定计量单位的计量器具和国务院禁止使用的其他计量器具的，责令其停止制造、销售，没收计量器具和全部违法所得，可并处相当其违法所得百分之十至百分之五十的罚款。

（二）制造、销售未经型式批准或样机试验合格的计量器具新产品的，责令其停止制造、销售，封存该种新产品，没收全部违法所得，可并处三千元以下罚款。

（三）企业、事业单位制造、修理的计量器具未经出厂检定或经检定不合格而出厂的，责令其停止出厂，没收全部违法所得；情节严重的，可并处三千元以下罚款。个体工商户制造、修理计量器具未经检定或经检定不合格而销售或交付用户使用的，责令其停止制造、修理或者重修、重检，没收全部违法所得；情节严重的，可并处五百元以下的罚款。

第十四条　制造、修理、销售以欺骗消费者为目的的计量器具的，没收计量器具和全部违法所得，可并处二千元以下罚款；构成犯罪的，对个人或单位直接责任人员，依法追究刑事责任。

第十五条　销售超过有效期的标准物质的，责令改正；逾期不改正的，处三万元以下罚款。

第十六条　经营销售残次计量器具零配件的，使用残次计量器具零配件组装、修理计量器具的，责令其停止经营销售，没收残次计量器具零配件及组装的计量器具和全部违法所得，可并处二千元以下的罚款；情节严重的，吊销其营业执照。

第十七条　伪造、盗用、倒卖检定印、证的，没收其非法检定印、证和全部违法所得，可并处二千元以下罚款；构成犯罪的，依法追究刑事责任。

第十八条　计量监督管理人员违法失职，情节轻微的，给予行政处分，或者由有关人民政府计量行政部门撤销其计量监督员职务；利用职权收受贿赂、徇私舞弊，构成犯罪的，依法追究刑事责任。

第十九条　负责计量器具新产品定型鉴定、样机试验的单位，泄漏申请单位提供的样机和技术文件、资料秘密的，按国家有关规定，赔偿申请单位的损失，并给予直接责任人员行政处分；构成犯罪的，依法追究刑事责任。

第二十条　计量检定人员有下列行为之一的，给予行政处分；构成犯罪的，依法追究刑事责任：

（一）违反检定规程进行计量检定的；

（二）使用未经考核合格的计量标准开展检定的；

（三）未取得计量检定证件进行计量检定的；

（四）伪造检定数据的。

第二十一条　计量检定人员出具错误数据，给送检一方造成损失的，由其所在的技术机构赔偿损失；情节轻微的，给予计量检定人员行政处分；构成犯罪的，依法追究其刑事责任。

第二十二条　执行强制检定的工作计量器具任务的机构无故拖延检定期限的，送检单位可免交检定费；给送检单位造成损失的，应赔偿损失；情节严重的，给予直接责任人员行政处分。

第二十三条　围攻、报复计量执法人员、检定人员，或以暴力威胁手段阻碍计量执法人员、检定人员执行公务的，提请公安机关或司法部门追究法律责任。

第三章　附　　则

第二十四条　本细则下列用语的含义是：

（一）伪造数据是指单位或个人使用合格的计量器具，进行不诚实的测量，出具虚假数据或者定量包装商品实际量与标注量不符的违法行为。

（二）出版物是指公开或内部发行的，除古籍和文学书籍以外的图书、报纸、期刊，以及除文艺作品外的音像制品。

（三）非出版物是指公文、统计报表、商品包装物、产品铭牌、说明书、标签标价、票据收据等。

第二十五条　本细则由国家市场监督管理总局负责解释。

第二十六条　本细则自发布之日起施行。

消费品召回管理暂行规定

（2019年11月8日经国家市场监督管理总局2019年第14次局务会议审议通过，2019年11月21日公布，自2020年1月1日起施行）

第一条　为了规范缺陷消费品召回工作，保障人体健康和人身、财产安全，根据《中华人民共和国消费者权益保护法》等法律、行政法规，制定本规定。

第二条　中华人民共和国境内缺陷消费品的召回及其监督管理，适用本规定。

法律、行政法规、部门规章对消费品的监督管理部门或者召回程序等另有规定的，依照其规定。

第三条　本规定所称消费品，是指消费者为生活消费需要购买、使用的产品。

本规定所称缺陷，是指因设计、制造、警示等原因，致使同一批次、型号或者类别的消费品中普遍存在的危及人身、财产安全的不合理危险。

本规定所称召回，是指生产者对存在缺陷的消费品，通过补充或者修正警示标识、修理、更换、退货等补救措施，消除缺陷或者降低安全风险的活动。

第四条　生产者应当对其生产的消费品的安全负责。消费品存在缺陷的，生产者应当实施召回。

第五条　国家市场监督管理总局负责指导协调、监督管理全国缺陷消费品召回工作。

省级市场监督管理部门负责监督管理本行政区域内缺陷消费品召回工作。

省级以上市场监督管理部门可以委托相关技术机构承担缺陷消费品召回的具体技术工作。

第六条　任何单位或者个人有权向市场监督管理部门反映消费品可能存在缺陷的信息。

市场监督管理部门应当畅通信息反映渠道，收集汇总、分析处理消费品可能存在缺陷的信息。

第七条　生产者和从事消费品销售、租赁、修理等活动的其他经营者（以下简称其他经营者）应当建立消费品缺陷信息的收集核实和分析处理制度。

鼓励生产者和其他经营者建立消费品可追溯制度。

第八条　生产者和其他经营者发现其生产经营的消费品存在以下情形之一的，应当自发现之日起二个工作日内向所在地省级市场监督管理部门报告：

（一）已经造成或者可能造成死亡、严重人身伤害、重大财产损失的；

（二）在中华人民共和国境外实施召回的。

省级市场监督管理部门接到前款规定事项报告，发现消费品生产者不在本行政区域内的，应当自发现之日起二个工作日内通报生产者所在地省级市场监督管理部门。

第九条　生产者发现消费品可能存在缺陷的，应当立即组织调查分析。

省级市场监督管理部门发现本行政区域内生产者生产的消费品可能存在缺陷的，应当自发现之日起三个工作日内通知生产者开展调查分析。生产者应当按照通知要求开展调查分析，并将调查分析结果报告省级市场监督管理部门。

经调查分析认为消费品存在缺陷的，生产者应当立即实施召回，不得隐瞒缺陷。

第十条　生产者未按照通知要求开展调查分析，或者省级市场监督管理部门认为调查分析结果不足以证明消费品不存在缺陷的，省级市场监督管理部门应当组织缺陷调查。

省级以上市场监督管理部门认为消费品可能存在足以造成严重后果或者影响范围较大的缺陷的，可以直接组织缺陷调查。

第十一条　市场监督管理部门组织缺陷调查，可以进入生产者和其他经营者的生产经营场所进行现场调查，查阅、复制相关资料和记录，向相关单位和个人了解消费品可能存在缺陷的情况，组织相关技术机构和专家进行技术分析和风险评估，必要时可以约谈生产者。

生产者和其他经营者应当配合市场监督管理部门开展的缺陷调查，提供调查需要的资料、消费品和专用设备等。

第十二条　经缺陷调查认为消费品存在缺陷的，组织缺陷调查的市场监督管理部门应当通知生产者实施召回。

生产者接到召回通知，认为消费品存在缺陷的，应当立即实施召回。

第十三条　生产者认为消费品不存在缺陷的，可以自收到通知之日起十个工作日内向通知其召回的市场监督管理部门提出异议，并提供相关材料。

接到异议的市场监督管理部门应当审查相关材料，必要时组织相关技术机构或者专家采用检验、检测、鉴定或者论证等方式进行缺陷认定，并将认定结果通知生产者。认定消费品存在缺陷的，生产者应当立即实施召回。

第十四条　生产者既不按照市场监督管理部门通知要求实施召回又未在规定期限内提出异议，或者经缺陷认定确认消费品存在缺陷但仍未实施召回的，由国家市场监督管理总局责令其实施召回。生产者应当立即实施召回。

第十五条　生产者认为消费品存在缺陷或者被责令实施召回的，应当立即停止生产、销售、进口缺陷消费品，通知其他经营者停止经营。

生产者应当承担消费者因消费品被召回支出的必要费用。

第十六条　其他经营者接到生产者通知的，应当立即停止经营存在缺陷的消费品，并协助生产者实施召回。

第十七条　生产者主动实施召回的，应当自调查分析认为消费品存在缺陷之日起十个工作日内向所在地省级市场监督管理部门报告召回计划。

生产者按照市场监督管理部门通知实施召回的，应当自接到通知之日起十个工作日内向通知其召回的市场监督管理部门报告召回计划。

生产者被责令实施召回的，应当自被责

令召回之日起十个工作日内向国家市场监督管理总局报告召回计划。

第十八条 召回计划应当包括以下内容：

（一）需要召回的消费品范围、存在的缺陷以及避免损害发生的应急处置方式；

（二）具体的召回措施；

（三）召回的负责机构、联系方式、进度安排；

（四）其他需要报告的内容。

第十九条 接到召回计划报告的市场监督管理部门应当通过消费品召回管理信息系统向社会公示生产者报告的召回计划。

生产者应当自召回计划报告之日起三个工作日内以便于公众知晓的方式发布召回信息，并接受公众咨询。其他经营者应当在其门店、网站等经营场所公开生产者发布的召回信息。

第二十条 生产者应当按照召回计划实施召回。对采取更换、退货方式召回的缺陷消费品，生产者应当按照有关规定进行处理。未消除缺陷或者降低安全风险的，不得再次销售或者交付使用。

第二十一条 生产者应当自召回实施之日起每三个月向报告召回计划的市场监督管理部门提交召回阶段性总结，并在完成召回计划后十五个工作日内提交召回总结。

生产者应当制作并保存召回记录。召回记录的保存期不得少于五年。

第二十二条 生产者发现召回的消费品范围不准确、召回措施未能消除缺陷或者降低安全风险的，应当重新实施召回。

接到召回计划报告的市场监督管理部门应当对生产者召回实施情况进行监督。发现生产者召回的消费品范围不准确、召回措施未能消除缺陷或者降低安全风险的，应当通知生产者重新实施召回。

第二十三条 参与缺陷消费品召回监督管理相关工作的单位及其人员对工作中获悉的商业秘密、个人隐私，应当依法保密。

第二十四条 生产者经责令召回仍拒绝或者拖延实施召回的，按照《中华人民共和国消费者权益保护法》第五十六条规定处理。

第二十五条 生产者和其他经营者违反本规定第八条第一款、第十一条第二款、第十五条至第十七条、第十九条第二款、第二十条、第二十一条规定，由省级市场监督管理部门责令限期改正；逾期未改正的，处一万元以上三万元以下罚款；涉嫌构成犯罪，依法需要追究刑事责任的，按照有关规定移送公安机关。

第二十六条 从事缺陷消费品召回监督管理工作的人员滥用职权、玩忽职守、徇私舞弊的，对直接负责的主管人员和其他直接责任人员依法给予行政处分。

第二十七条 市场监督管理部门应当将责令召回情况及行政处罚信息记入信用档案，依法向社会公布。

第二十八条 生产者按照本规定召回缺陷消费品，不免除其依法应当承担的其他法律责任。

第二十九条 进口消费品的境外生产者指定的在中华人民共和国境内实施召回的机构，视为本规定所称生产者；境外生产者未指定的，进口商视为本规定所称生产者。

第三十条 根据需要，市级、县级市场监督管理部门可以负责省级市场监督管理部门缺陷消费品召回监督管理部分工作，具体职责分工由省级市场监督管理部门确定。

第三十一条 除消费品以外，法律、行政法规规定由市场监督管理部门负责监督管理召回活动的其他产品，可以参照本规定执行。

第三十二条 本规定自 2020 年 1 月 1 日起施行。2007 年 8 月 27 日原国家质量监督检验检疫总局令第 101 号公布的《儿童玩具召回管理规定》同时废止。

网络交易监督管理办法

（2021年3月3日国家市场监督管理总局第3次局务会议审议通过，2021年3月15日公布，自2021年5月1日起施行）

第一章 总 则

第一条 为了规范网络交易活动，维护网络交易秩序，保障网络交易各方主体合法权益，促进数字经济持续健康发展，根据有关法律、行政法规，制定本办法。

第二条 在中华人民共和国境内，通过互联网等信息网络（以下简称通过网络）销售商品或者提供服务的经营活动以及市场监督管理部门对其进行监督管理，适用本办法。

在网络社交、网络直播等信息网络活动中销售商品或者提供服务的经营活动，适用本办法。

第三条 网络交易经营者从事经营活动，应当遵循自愿、平等、公平、诚信原则，遵守法律、法规、规章和商业道德、公序良俗，公平参与市场竞争，认真履行法定义务，积极承担主体责任，接受社会各界监督。

第四条 网络交易监督管理坚持鼓励创新、包容审慎、严守底线、线上线下一体化监管的原则。

第五条 国家市场监督管理总局负责组织指导全国网络交易监督管理工作。

县级以上地方市场监督管理部门负责本行政区域内的网络交易监督管理工作。

第六条 市场监督管理部门引导网络交易经营者、网络交易行业组织、消费者组织、消费者共同参与网络交易市场治理，推动完善多元参与、有效协同、规范有序的网络交易市场治理体系。

第二章 网络交易经营者

第一节 一般规定

第七条 本办法所称网络交易经营者，是指组织、开展网络交易活动的自然人、法人和非法人组织，包括网络交易平台经营者、平台内经营者、自建网站经营者以及通过其他网络服务开展网络交易活动的网络交易经营者。

本办法所称网络交易平台经营者，是指在网络交易活动中为交易双方或者多方提供网络经营场所、交易撮合、信息发布等服务，供交易双方或者多方独立开展网络交易活动的法人或者非法人组织。

本办法所称平台内经营者，是指通过网络交易平台开展网络交易活动的网络交易经营者。

网络社交、网络直播等网络服务提供者为经营者提供网络经营场所、商品浏览、订单生成、在线支付等网络交易平台服务的，应当依法履行网络交易平台经营者的义务。通过上述网络交易平台服务开展网络交易活动的经营者，应当依法履行平台内经营者的义务。

第八条 网络交易经营者不得违反法律、法规、国务院决定的规定，从事无证无照经营。除《中华人民共和国电子商务法》第十条规定的不需要进行登记的情形外，网络交易经营者应当依法办理市场主体登记。

个人通过网络从事保洁、洗涤、缝纫、理发、搬家、配制钥匙、管道疏通、家电家具修理修配等依法无须取得许可的便民劳务活动，依照《中华人民共和国电子商务法》第十条的规定不需要进行登记。

个人从事网络交易活动，年交易额累计不超过10万元的，依照《中华人民共和国电子商务法》第十条的规定不需要进行登记。同一经营者在同一平台或者不同平台开设多家网店的，各网店交易额合并计算。个人从事的零星小额交易须依法取得行政许可的，应当依法办理市场主体登记。

第九条 仅通过网络开展经营活动的平台内经营者申请登记为个体工商户的，可以将网络经营场所登记为经营场所，将经常居住地登记为住所，其住所所在地的县、自治县、不设区的市、市辖区市场监督管理部门为其登记机关。同一经营者有两个以上网络经营场所的，应当一并登记。

第十条 平台内经营者申请将网络经营场所登记为经营场所的，由其入驻的网络交易平台为其出具符合登记机关要求的网络经营场所相关材料。

第十一条 网络交易经营者销售的商品或者提供的服务应当符合保障人身、财产安全的要求和环境保护要求，不得销售或者提供法律、行政法规禁止交易，损害国家利益和社会公共利益，违背公序良俗的商品或者服务。

第十二条 网络交易经营者应当在其网站首页或者从事经营活动的主页面显著位置，持续公示经营者主体信息或者该信息的链接标识。鼓励网络交易经营者链接到国家市场监督管理总局电子营业执照亮照系统，公示其营业执照信息。

已经办理市场主体登记的网络交易经营者应当如实公示下列营业执照信息以及与其经营业务有关的行政许可等信息，或者该信息的链接标识：

（一）企业应当公示其营业执照登载的统一社会信用代码、名称、企业类型、法定代表人（负责人）、住所、注册资本（出资额）等信息；

（二）个体工商户应当公示其营业执照登载的统一社会信用代码、名称、经营者姓名、经营场所、组成形式等信息；

（三）农民专业合作社、农民专业合作社联合社应当公示其营业执照登载的统一社会信用代码、名称、法定代表人、住所、成员出资总额等信息。

依照《中华人民共和国电子商务法》第十条规定不需要进行登记的经营者应当根据自身实际经营活动类型，如实公示以下自我声明以及实际经营地址、联系方式等信息，或者该信息的链接标识：

（一）“个人销售自产农副产品，依法不需要办理市场主体登记”；

（二）“个人销售家庭手工业产品，依法不需要办理市场主体登记”；

（三）“个人利用自己的技能从事依法无须取得许可的便民劳务活动，依法不需要办理市场主体登记”；

（四）“个人从事零星小额交易活动，依法不需要办理市场主体登记”。

网络交易经营者公示的信息发生变更的，应当在十个工作日内完成更新公示。

第十三条 网络交易经营者收集、使用消费者个人信息，应当遵循合法、正当、必要的原则，明示收集、使用信息的目的、方式和范围，并经消费者同意。网络交易经营者收集、使用消费者个人信息，应当公开其收集、使用规则，不得违反法律、法规的规定和双方的约定收集、使用信息。

网络交易经营者不得采用一次概括授权、默认授权、与其他授权捆绑、停止安装使用等方式，强迫或者变相强迫消费者同意收集、使用与经营活动无直接关系的信息。收集、使用个人生物特征、医疗健康、金融账户、个人行踪等敏感信息的，应当逐项取得消费者同意。

网络交易经营者及其工作人员应当对收集的个人信息严格保密，除依法配合监管执法活动外，未经被收集者授权同意，不得向包括关联方在内的任何第三方提供。

第十四条　网络交易经营者不得违反《中华人民共和国反不正当竞争法》等规定，实施扰乱市场竞争秩序，损害其他经营者或者消费者合法权益的不正当竞争行为。

网络交易经营者不得以下列方式，作虚假或者引人误解的商业宣传，欺骗、误导消费者：

（一）虚构交易、编造用户评价；

（二）采用误导性展示等方式，将好评前置、差评后置，或者不显著区分不同商品或者服务的评价等；

（三）采用谎称现货、虚构预订、虚假抢购等方式进行虚假营销；

（四）虚构点击量、关注度等流量数据，以及虚构点赞、打赏等交易互动数据。

网络交易经营者不得实施混淆行为，引人误认为是他人商品、服务或者与他人存在特定联系。

网络交易经营者不得编造、传播虚假信息或者误导性信息，损害竞争对手的商业信誉、商品声誉。

第十五条　消费者评价中包含法律、行政法规、规章禁止发布或者传输的信息的，网络交易经营者可以依法予以技术处理。

第十六条　网络交易经营者未经消费者同意或者请求，不得向其发送商业性信息。

网络交易经营者发送商业性信息时，应当明示其真实身份和联系方式，并向消费者提供显著、简便、免费的拒绝继续接收的方式。消费者明确表示拒绝的，应当立即停止发送，不得更换名义后再次发送。

第十七条　网络交易经营者以直接捆绑或者提供多种可选项方式向消费者搭售商品或者服务的，应当以显著方式提醒消费者注意。提供多种可选项方式的，不得将搭售商品或者服务的任何选项设定为消费者默认同意，不得将消费者以往交易中选择的选项在后续独立交易中设定为消费者默认选择。

第十八条　网络交易经营者采取自动展期、自动续费等方式提供服务的，应当在消费者接受服务前和自动展期、自动续费等日期前五日，以显著方式提请消费者注意，由消费者自主选择；在服务期间内，应当为消费者提供显著、简便的随时取消或者变更的选项，并不得收取不合理费用。

第十九条　网络交易经营者应当全面、真实、准确、及时地披露商品或者服务信息，保障消费者的知情权和选择权。

第二十条　通过网络社交、网络直播等网络服务开展网络交易活动的网络交易经营者，应当以显著方式展示商品或者服务及其实际经营主体、售后服务等信息，或者上述信息的链接标识。

网络直播服务提供者对网络交易活动的直播视频保存时间自直播结束之日起不少于三年。

第二十一条　网络交易经营者向消费者提供商品或者服务使用格式条款、通知、声明等的，应当以显著方式提请消费者注意与消费者有重大利害关系的内容，并按照消费者的要求予以说明，不得作出含有下列内容的规定：

（一）免除或者部分免除网络交易经营者对其所提供的商品或者服务应当承担的修理、重作、更换、退货、补足商品数量、退还货款和服务费用、赔偿损失等责任；

（二）排除或者限制消费者提出修理、更换、退货、赔偿损失以及获得违约金和其他合理赔偿的权利；

（三）排除或者限制消费者依法投诉、举报、请求调解、申请仲裁、提起诉讼的权利；

（四）排除或者限制消费者依法变更或者解除合同的权利；

（五）规定网络交易经营者单方享有解释权或者最终解释权；

（六）其他对消费者不公平、不合理的规定。

第二十二条 网络交易经营者应当按照国家市场监督管理总局及其授权的省级市场监督管理部门的要求，提供特定时段、特定品类、特定区域的商品或者服务的价格、销量、销售额等数据信息。

第二十三条 网络交易经营者自行终止从事网络交易活动的，应当提前三十日在其网站首页或者从事经营活动的主页面显著位置，持续公示终止网络交易活动公告等有关信息，并采取合理、必要、及时的措施保障消费者和相关经营者的合法权益。

第二节 网络交易平台经营者

第二十四条 网络交易平台经营者应当要求申请进入平台销售商品或者提供服务的经营者提交其身份、地址、联系方式、行政许可等真实信息，进行核验、登记，建立登记档案，并至少每六个月核验更新一次。

网络交易平台经营者应当对未办理市场主体登记的平台内经营者进行动态监测，对超过本办法第八条第三款规定额度的，及时提醒其依法办理市场主体登记。

第二十五条 网络交易平台经营者应当依照法律、行政法规的规定，向市场监督管理部门报送有关信息。

网络交易平台经营者应当分别于每年1月和7月向住所地省级市场监督管理部门报送平台内经营者的下列身份信息：

（一）已办理市场主体登记的平台内经营者的名称（姓名）、统一社会信用代码、实际经营地址、联系方式、网店名称以及网址链接等信息；

（二）未办理市场主体登记的平台内经营者的姓名、身份证件号码、实际经营地址、联系方式、网店名称以及网址链接、属于依法不需要办理市场主体登记的具体情形的自我声明等信息；其中，对超过本办法第八条第三款规定额度的平台内经营者进行特别标示。

鼓励网络交易平台经营者与市场监督管理部门建立开放数据接口等形式的自动化信息报送机制。

第二十六条 网络交易平台经营者应当为平台内经营者依法履行信息公示义务提供技术支持。平台内经营者公示的信息发生变更的，应当在三个工作日内将变更情况报送平台，平台应当在七个工作日内进行核验，完成更新公示。

第二十七条 网络交易平台经营者应当以显著方式区分标记已办理市场主体登记的经营者和未办理市场主体登记的经营者，确保消费者能够清晰辨认。

第二十八条 网络交易平台经营者修改平台服务协议和交易规则的，应当完整保存修改后的版本生效之日前三年的全部历史版本，并保证经营者和消费者能够便利、完整地阅览和下载。

第二十九条 网络交易平台经营者应当对平台内经营者及其发布的商品或者服务信息建立检查监控制度。网络交易平台经营者发现平台内的商品或者服务信息有违反市场监督管理法律、法规、规章，损害国家利益和社会公共利益，违背公序良俗的，应当依法采取必要的处置措施，保存有关记录，并向平台住所地县级以上市场监督管理部门报告。

第三十条 网络交易平台经营者依据法律、法规、规章的规定或者平台服务协议和交易规则对平台内经营者违法行为采取警示、暂停或者终止服务等处理措施的，应当自决定作出处理措施之日起一个工作日内予以公示，载明平台内经营者的网店名称、违法行为、处理措施等信息。警示、暂停服务等短期处理措施的相关信息应当持续公示至处理措施实施期满之日止。

第三十一条 网络交易平台经营者对平台内经营者身份信息的保存时间自其退出平台之日起不少于三年；对商品或者服务信息，支付记录、物流快递、退换货以及售后等交易信息的保存时间自交易完成之日起不少于三年。法律、行政法规另有规定的，依照其规定。

第三十二条　网络交易平台经营者不得违反《中华人民共和国电子商务法》第三十五条的规定，对平台内经营者在平台内的交易、交易价格以及与其他经营者的交易等进行不合理限制或者附加不合理条件，干涉平台内经营者的自主经营。具体包括：

（一）通过搜索降权、下架商品、限制经营、屏蔽店铺、提高服务收费等方式，禁止或者限制平台内经营者自主选择在多个平台开展经营活动，或者利用不正当手段限制其仅在特定平台开展经营活动；

（二）禁止或者限制平台内经营者自主选择快递物流等交易辅助服务提供者；

（三）其他干涉平台内经营者自主经营的行为。

第三章　监督管理

第三十三条　县级以上地方市场监督管理部门应当在日常管理和执法活动中加强协同配合。

网络交易平台经营者住所地省级市场监督管理部门应当根据工作需要，及时将掌握的平台内经营者身份信息与其实际经营地的省级市场监督管理部门共享。

第三十四条　市场监督管理部门在依法开展监督检查、案件调查、事故处置、缺陷消费品召回、消费争议处理等监管执法活动时，可以要求网络交易平台经营者提供有关的平台内经营者身份信息，商品或者服务信息，支付记录、物流快递、退换货以及售后等交易信息。网络交易平台经营者应当提供，并在技术方面积极配合市场监督管理部门开展网络交易违法行为监测工作。

为网络交易经营者提供宣传推广、支付结算、物流快递、网络接入、服务器托管、虚拟主机、云服务、网站网页设计制作等服务的经营者（以下简称其他服务提供者），应当及时协助市场监督管理部门依法查处网络交易违法行为，提供其掌握的有关数据信息。法律、行政法规另有规定的，依照其规定。

市场监督管理部门发现网络交易经营者有违法行为，依法要求网络交易平台经营者、其他服务提供者采取措施制止的，网络交易平台经营者、其他服务提供者应当予以配合。

第三十五条　市场监督管理部门对涉嫌违法的网络交易行为进行查处时，可以依法采取下列措施：

（一）对与涉嫌违法的网络交易行为有关的场所进行现场检查；

（二）查阅、复制与涉嫌违法的网络交易行为有关的合同、票据、账簿等有关资料；

（三）收集、调取、复制与涉嫌违法的网络交易行为有关的电子数据；

（四）询问涉嫌从事违法的网络交易行为的当事人；

（五）向与涉嫌违法的网络交易行为有关的自然人、法人和非法人组织调查了解有关情况；

（六）法律、法规规定可以采取的其他措施。

采取前款规定的措施，依法需要报经批准的，应当办理批准手续。

市场监督管理部门对网络交易违法行为的技术监测记录资料，可以作为实施行政处罚或者采取行政措施的电子数据证据。

第三十六条　市场监督管理部门应当采取必要措施保护网络交易经营者提供的数据信息的安全，并对其中的个人信息、隐私和商业秘密严格保密。

第三十七条　市场监督管理部门依法对网络交易经营者实施信用监管，将网络交易经营者的注册登记、备案、行政许可、抽查检查结果、行政处罚、列入经营异常名录和严重违法失信企业名单等信息，通过国家企业信用信息公示系统统一归集并公示。对存在严重违法失信行为的，依法实施联合惩戒。

前款规定的信息还可以通过市场监督管理部门官方网站、网络搜索引擎、经营者从事经营活动的主页面显著位置等途径公示。

第三十八条　网络交易经营者未依法履行法定责任和义务，扰乱或者可能扰乱网络交易秩序，影响消费者合法权益的，市场监督管理部门可以依职责对其法定代表人或者主要负责人进行约谈，要求其采取措施进行整改。

第四章　法律责任

第三十九条　法律、行政法规对网络交易违法行为的处罚已有规定的，依照其规定。

第四十条　网络交易平台经营者违反本办法第十条，拒不为入驻的平台内经营者出具网络经营场所相关材料的，由市场监督管理部门责令限期改正；逾期不改正的，处一万元以上三万元以下罚款。

第四十一条　网络交易经营者违反本办法第十一条、第十三条、第十六条、第十八条，法律、行政法规有规定的，依照其规定；法律、行政法规没有规定的，由市场监督管理部门依职责责令限期改正，可以处五千元以上三万元以下罚款。

第四十二条　网络交易经营者违反本办法第十二条、第二十三条，未履行法定信息公示义务的，依照《中华人民共和国电子商务法》第七十六条的规定进行处罚。对其中的网络交易平台经营者，依照《中华人民共和国电子商务法》第八十一条第一款的规定进行处罚。

第四十三条　网络交易经营者违反本办法第十四条的，依照《中华人民共和国反不正当竞争法》的相关规定进行处罚。

第四十四条　网络交易经营者违反本办法第十七条的，依照《中华人民共和国电子商务法》第七十七条的规定进行处罚。

第四十五条　网络交易经营者违反本办法第二十条，法律、行政法规有规定的，依照其规定；法律、行政法规没有规定的，由市场监督管理部门责令限期改正；逾期不改正的，处一万元以下罚款。

第四十六条　网络交易经营者违反本办法第二十二条的，由市场监督管理部门责令限期改正；逾期不改正的，处五千元以上三万元以下罚款。

第四十七条　网络交易平台经营者违反本办法第二十四条第一款、第二十五条第二款、第三十一条，不履行法定核验、登记义务，有关信息报送义务，商品和服务信息、交易信息保存义务的，依照《中华人民共和国电子商务法》第八十条的规定进行处罚。

第四十八条　网络交易平台经营者违反本办法第二十七条、第二十八条、第三十条的，由市场监督管理部门责令限期改正；逾期不改正的，处一万元以上三万元以下罚款。

第四十九条　网络交易平台经营者违反本办法第二十九条，法律、行政法规有规定的，依照其规定；法律、行政法规没有规定的，由市场监督管理部门依职责责令限期改正，可以处一万元以上三万元以下罚款。

第五十条　网络交易平台经营者违反本办法第三十二条的，依照《中华人民共和国电子商务法》第八十二条的规定进行处罚。

第五十一条　网络交易经营者销售商品或者提供服务，不履行合同义务或者履行合同义务不符合约定，或者造成他人损害的，依法承担民事责任。

第五十二条　网络交易平台经营者知道或者应当知道平台内经营者销售的商品或者提供的服务不符合保障人身、财产安全的要求，或者有其他侵害消费者合法权益行为，未采取必要措施的，依法与该平台内经营者承担连带责任。

对关系消费者生命健康的商品或者服务，网络交易平台经营者对平台内经营者的资质资格未尽到审核义务，或者对消费者未尽到安全保障义务，造成消费者损害的，依法承担相应的责任。

第五十三条　对市场监督管理部门依法开展的监管执法活动，拒绝依照本办法规定提供有关材料、信息，或者提供虚假材料、信息，或者隐匿、销毁、转移证据，或者有其他拒绝、阻碍监管执法行为，法律、行政法规、其他市场监督管理部门规章有规定的，依照其规定；法律、行政法规、其他市场监督管理部门规章没有规定的，由市场监督管理部门责令改正，可以处五千元以上三万元以下罚款。

第五十四条　市场监督管理部门的工作人员，玩忽职守、滥用职权、徇私舞弊，或者泄露、出售或者非法向他人提供在履行职责中所知悉的个人信息、隐私和商业秘密的，依法追究法律责任。

第五十五条　违反本办法规定，构成犯罪的，依法追究刑事责任。

第五章　附　　则

第五十六条　本办法自2021年5月1日起施行。2014年1月26日原国家工商行政管理总局令第60号公布的《网络交易管理办法》同时废止。

网络购买商品七日无理由退货暂行办法

（2017年1月6日国家工商行政管理总局令第90号公布，根据2020年10月23日国家市场监督管理总局令第31号修订）

第一章　总　　则

第一条　为保障《消费者权益保护法》七日无理由退货规定的实施，保护消费者合法权益，促进电子商务健康发展，根据《消费者权益保护法》等相关法律、行政法规，制定本办法。

第二条　消费者为生活消费需要通过网络购买商品，自收到商品之日起七日内依照《消费者权益保护法》第二十五条规定退货的，适用本办法。

第三条　网络商品销售者应当依法履行七日无理由退货义务。

网络交易平台提供者应当引导和督促平台上的网络商品销售者履行七日无理由退货义务，进行监督检查，并提供技术保障。

第四条　消费者行使七日无理由退货权利和网络商品销售者履行七日无理由退货义务都应当遵循公平、诚实信用的原则，遵守商业道德。

第五条　鼓励网络商品销售者作出比本办法更有利于消费者的无理由退货承诺。

第二章　不适用退货的商品范围和商品完好标准

第六条　下列商品不适用七日无理由退货规定：

（一）消费者定作的商品；

（二）鲜活易腐的商品；

（三）在线下载或者消费者拆封的音像制品、计算机软件等数字化商品；

（四）交付的报纸、期刊。

第七条　下列性质的商品经消费者在购买时确认，可以不适用七日无理由退货规定：

（一）拆封后易影响人身安全或者生命健康的商品，或者拆封后易导致商品品质发生改变的商品；

（二）一经激活或者试用后价值贬损较

大的商品；

（三）销售时已明示的临近保质期的商品、有瑕疵的商品。

第八条 消费者退回的商品应当完好。

商品能够保持原有品质、功能，商品本身、配件、商标标识齐全的，视为商品完好。

消费者基于查验需要而打开商品包装，或者为确认商品的品质、功能而进行合理的调试不影响商品的完好。

第九条 对超出查验和确认商品品质、功能需要而使用商品，导致商品价值贬损较大的，视为商品不完好。具体判定标准如下：

（一）食品（含保健食品）、化妆品、医疗器械、计生用品：必要的一次性密封包装被损坏；

（二）电子电器类：进行未经授权的维修、改动，破坏、涂改强制性产品认证标志、指示标贴、机器序列号等，有难以恢复原状的外观类使用痕迹，或者产生激活、授权信息、不合理的个人使用数据留存等数据类使用痕迹；

（三）服装、鞋帽、箱包、玩具、家纺、家居类：商标标识被摘、标识被剪，商品受污、受损。

第三章 退货程序

第十条 选择无理由退货的消费者应当自收到商品之日起七日内向网络商品销售者发出退货通知。

七日期间自消费者签收商品的次日开始起算。

第十一条 网络商品销售者收到退货通知后应当及时向消费者提供真实、准确的退货地址、退货联系人、退货联系电话等有效联系信息。

消费者获得上述信息后应当及时退回商品，并保留退货凭证。

第十二条 消费者退货时应当将商品本身、配件及赠品一并退回。

赠品包括赠送的实物、积分、代金券、优惠券等形式。如果赠品不能一并退回，经营者可以要求消费者按照事先标明的赠品价格支付赠品价款。

第十三条 消费者退回的商品完好的，网络商品销售者应当在收到退回商品之日起七日内向消费者返还已支付的商品价款。

第十四条 退款方式比照购买商品的支付方式。经营者与消费者另有约定的，从其约定。

购买商品时采用多种方式支付价款的，一般应当按照各种支付方式的实际支付价款以相应方式退款。

除征得消费者明确表示同意的以外，网络商品销售者不应当自行指定其他退款方式。

第十五条 消费者采用积分、代金券、优惠券等形式支付价款的，网络商品销售者在消费者退还商品后应当以相应形式返还消费者。对积分、代金券、优惠券的使用和返还有约定的，可以从其约定。

第十六条 消费者购买商品时采用信用卡支付方式并支付手续费的，网络商品销售者退款时可以不退回手续费。

消费者购买商品时采用信用卡支付方式并被网络商品销售者免除手续费的，网络商品销售者可以在退款时扣除手续费。

第十七条 退货价款以消费者实际支出的价款为准。

套装或者满减优惠活动中的部分商品退货，导致不能再享受优惠的，根据购买时各商品价格进行结算，多退少补。

第十八条 商品退回所产生的运费依法由消费者承担。经营者与消费者另有约定的，按照约定。

消费者参加满足一定条件免运费活动，但退货后已不能达到免运费活动要求的，网络商品销售者在退款时可以扣除运费。

第十九条 网络商品销售者可以与消费者约定退货方式，但不应当限制消费者的退货方式。

网络商品销售者可以免费上门取货，也

可以征得消费者同意后有偿上门取货。

第四章　特别规定

第二十条　网络商品销售者应当采取技术手段或者其他措施，对于本办法第六条规定的不适用七日无理由退货的商品进行明确标注。

符合本办法第七条规定的商品，网络商品销售者应当在商品销售必经流程中设置显著的确认程序，供消费者对单次购买行为进行确认。如无确认，网络商品销售者不得拒绝七日无理由退货。

第二十一条　网络交易平台提供者应当与其平台上的网络商品销售者订立协议，明确双方七日无理由退货各自的权利、义务和责任。

第二十二条　网络交易平台提供者应当依法建立、完善其平台七日无理由退货规则以及配套的消费者权益保护有关制度，在其首页显著位置持续公示，并保证消费者能够便利、完整地阅览和下载。

第二十三条　网络交易平台提供者应当对其平台上的网络商品销售者履行七日无理由退货义务建立检查监控制度，发现有违反相关法律、法规、规章的，应当及时采取制止措施，并向网络交易平台提供者或者网络商品销售者所在地市场监督管理部门报告，必要时可以停止对其提供平台服务。

第二十四条　网络交易平台提供者应当建立消费纠纷和解和消费维权自律制度。消费者在网络交易平台上购买商品，因退货而发生消费纠纷或其合法权益受到损害时，要求网络交易平台提供者调解的，网络交易平台提供者应当调解；消费者通过其他渠道维权的，网络交易平台提供者应当向消费者提供其平台上的网络商品销售者的真实名称、地址和有效联系方式，积极协助消费者维护自身合法权益。

第二十五条　网络商品销售者应当建立完善的七日无理由退货商品检验和处理程序。

对能够完全恢复到初始销售状态的七日无理由退货商品，可以作为全新商品再次销售；对不能够完全恢复到初始销售状态的七日无理由退货商品而再次销售的，应当通过显著的方式将商品的实际情况明确标注。

第五章　监督检查

第二十六条　市场监督管理部门应当加强对网络商品销售者和网络交易平台提供者经营行为的监督检查，督促和引导其建立健全经营者首问和赔偿先付制度，依法履行网络购买商品七日无理由退货义务。

第二十七条　市场监督管理部门应当及时受理和依法处理消费者有关七日无理由退货的投诉、举报。

第二十八条　市场监督管理部门应当依照公正、公开、及时的原则，综合运用建议、约谈、示范等方式，加强对网络商品销售者和网络交易平台提供者履行七日无理由退货法定义务的行政指导。

第二十九条　市场监督管理部门在对网络商品交易的监督检查中，发现经营者存在拒不履行七日无理由退货义务，侵害消费者合法权益行为的，应当依法进行查处，同时将相关处罚信息计入信用档案，向社会公布。

第六章　法律责任

第三十条　网络商品销售者违反本办法第六条、第七条规定，擅自扩大不适用七日无理由退货的商品范围的，按照《消费者权益保护法》第五十六条第一款第（八）项规定予以处罚。

第三十一条　网络商品销售者违反本办法规定，有下列情形之一的，依照《消费者权益保护法》第五十六条第一款第（八）项规定予以处罚：

（一）未经消费者在购买时确认，擅自以商品不适用七日无理由退货为由拒绝退货，或者以消费者已拆封、查验影响商品完好为由拒绝退货的；

（二）自收到消费者退货要求之日起超过十五日未办理退货手续，或者未向消费者提供真实、准确的退货地址、退货联系人等有效联系信息，致使消费者无法办理退货手续的；

（三）在收到退回商品之日起超过十五日未向消费者返还已支付的商品价款的。

第三十二条　网络交易平台提供者违反本办法第二十二条规定的，依照《电子商务法》第八十一条第一款第（一）项规定予以处罚。

第三十三条　网络商品销售者违反本办法第二十五条规定，销售不能够完全恢复到初始状态的无理由退货商品，且未通过显著的方式明确标注商品实际情况的，违反其他法律、行政法规的，依照有关法律、行政法规的规定处罚；法律、行政法规未作规定的，予以警告，责令改正，并处一万元以上三万元以下的罚款。

第三十四条　网络交易平台提供者拒绝协助市场监督管理部门对涉嫌违法行为采取措施、开展调查的，予以警告，责令改正；拒不改正的，处三万元以下的罚款。

第七章　附　　则

第三十五条　网络商品销售者提供的商品不符合质量要求，消费者要求退货的，适用《消费者权益保护法》第二十四条以及其他相关规定。

第三十六条　经营者采用电视、电话、邮购等方式销售商品，依照本办法执行。

第三十七条　本办法由国家市场监督管理总局负责解释。

第三十八条　本办法自 2017 年 3 月 15 日起施行。

中华人民共和国烟草专卖法

（1991 年 6 月 29 日第七届全国人民代表大会常务委员会第二十次会议通过，根据 2009 年 8 月 27 日第十一届全国人民代表大会常务委员会第十次会议《关于修改部分法律的决定》第一次修正，根据 2013 年 12 月 28 日第十二届全国人民代表大会常务委员会第六次会议《关于修改〈中华人民共和国海洋环境保护法〉等七部法律的决定》第二次修正，根据 2015 年 4 月 24 日第十二届全国人民代表大会常务委员会第十四次会议《关于修改〈中华人民共和国计量法〉等五部法律的决定》第三次修正）

第一章　总　　则

第一条　为实行烟草专卖管理，有计划地组织烟草专卖品的生产和经营，提高烟草制品质量，维护消费者利益，保证国家财政收入，制定本法。

第二条　本法所称烟草专卖品是指卷烟、雪茄烟、烟丝、复烤烟叶、烟叶、卷烟纸、滤嘴棒、烟用丝束、烟草专用机械。

卷烟、雪茄烟、烟丝、复烤烟叶统称烟草制品。

第三条　国家对烟草专卖品的生产、销售、进出口依法实行专卖管理，并实行烟草专卖许可证制度。

第四条　国务院烟草专卖行政主管部门主管全国烟草专卖工作。省、自治区、直辖市烟草专卖行政主管部门主管本辖区的烟草专卖工作，受国务院烟草专卖行政主管部门和省、自治区、直辖市人民政府的双重领导，以国务院烟草专卖行政主管部门的领导为主。

第五条　国家加强对烟草专卖品的科学研究和技术开发，提高烟草制品的质量，降低焦油和其他有害成份的含量。

国家和社会加强吸烟危害健康的宣传教育，禁止或者限制在公共交通工具和公共场所吸烟，劝阻青少年吸烟，禁止中小学生吸烟。

第六条　国家在民族自治地方实行烟草专卖管理，应当依照本法和民族区域自治法的有关规定，照顾民族自治地方的利益，对民族自治地方的烟叶种植和烟草制品生产给予照顾。

第二章　烟叶的种植、收购和调拨

第七条　本法所称烟叶是指生产烟草制品所需的烤烟和名晾晒烟，名晾晒烟的名录由国务院烟草专卖行政主管部门规定。

未列入名晾晒烟名录的其他晾晒烟可以在集市贸易市场出售。

第八条　烟草种植应当因地制宜地培育和推广优良品种。优良品种由当地烟草公司组织供应。

第九条　烟叶收购计划由县级以上地方人民政府计划部门根据国务院计划部门下达的计划下达，其他单位和个人不得变更。

烟草公司或者其委托单位应当与烟叶种植者签订烟叶收购合同。烟叶收购合同应当约定烟叶种植面积、烟叶收购价格。

第十条　烟叶由烟草公司或者其委托单位按照国家规定的收购标准统一收购，其他单位和个人不得收购。

烟草公司及其委托单位对烟叶种植者按照烟叶收购合同约定的种植面积生产的烟叶，应当按照合同约定的收购价格，全部收购，不得压级压价，并妥善处理收购烟叶发生的纠纷。

第十一条　省、自治区、直辖市之间的烟叶、复烤烟叶的调拨计划由国务院计划部门下达，省、自治区、直辖市辖区内的烟叶、复烤烟叶的调拨计划由省、自治区、直辖市计划部门下达，其他单位和个人不得变更。

烟叶、复烤烟叶的调拨必须签订合同。

第三章　烟草制品的生产

第十二条　开办烟草制品生产企业，必须经国务院烟草专卖行政主管部门批准，取得烟草专卖生产企业许可证，并经工商行政管理部门核准登记；其分立、合并、撤销，必须经国务院烟草专卖行政主管部门批准，并向工商行政管理部门办理变更、注销登记手续。未取得烟草专卖生产企业许可证的，工商行政管理部门不得核准登记。

第十三条　烟草制品生产企业为扩大生产能力进行基本建设或者技术改造，必须经国务院烟草专卖行政主管部门批准。

第十四条　省、自治区、直辖市的卷烟、雪茄烟年度总产量计划由国务院计划部门下达。烟草制品生产企业的卷烟、雪茄烟年度总产量计划，由省级烟草专卖行政主管部门根据国务院计划部门下达的计划，结合市场销售情况下达，地方人民政府不得向烟草制品生产企业下达超产任务。烟草制品生产企业根据市场销售情况，需要超过年度总产量计划生产卷烟、雪茄烟，必须经国务院烟草专卖行政主管部门批准。

全国烟草总公司根据国务院计划部门下达的年度总产量计划向省级烟草公司下达分等级、分种类的卷烟产量指标。省级烟草公司根据全国烟草总公司下达的分等级、分种类的卷烟产量指标，结合市场销售情况，向烟草制品生产企业下达分等级、分种类的卷烟产量指标。烟草制品生产企业可以根据市场销售情况，在该企业的年度总产量计划的范围内，对分等级、分种类的卷烟产量指标适当调整。

第四章　烟草制品的销售和运输

第十五条　经营烟草制品批发业务的企

业，必须经国务院烟草专卖行政主管部门或者省级烟草专卖行政主管部门批准，取得烟草专卖批发企业许可证，并经工商行政管理部门核准登记。

第十六条 经营烟草制品零售业务的企业或者个人，由县级人民政府工商行政管理部门根据上一级烟草专卖行政主管部门的委托，审查批准发给烟草专卖零售许可证。已经设立县级烟草专卖行政主管部门的地方，也可以由县级烟草专卖行政主管部门审查批准发给烟草专卖零售许可证。

第十七条 国家制定卷烟、雪茄烟的焦油含量级标准。卷烟、雪茄烟应当在包装上标明焦油含量级和“吸烟有害健康”。

第十八条 禁止在广播电台、电视台、报刊播放、刊登烟草制品广告。

第十九条 卷烟、雪茄烟和有包装的烟丝必须申请商标注册，未经核准注册的，不得生产、销售。

禁止生产、销售假冒他人注册商标的烟草制品。

第二十条 烟草制品商标标识必须由省级工商行政管理部门指定的企业印制；非指定的企业不得印制烟草制品商标标识。

第二十一条 托运或者自运烟草专卖品必须持有烟草专卖行政主管部门或者烟草专卖行政主管部门授权的机构签发的准运证；无准运证的，承运人不得承运。

第二十二条 邮寄、异地携带烟叶、烟草制品的，不得超过国务院有关主管部门规定的限量。

第二十三条 个人进入中国境内携带烟草制品的，不得超过国务院有关主管部门规定的限量。

第五章 卷烟纸、滤嘴棒、烟用丝束、烟草专用机械的生产和销售

第二十四条 生产卷烟纸、滤嘴棒、烟用丝束、烟草专用机械的企业，必须报国务院烟草专卖行政主管部门批准，取得烟草专卖生产企业许可证。

本法所称烟草专用机械是指烟草专用机械的整机。

第二十五条 生产卷烟纸、滤嘴棒、烟用丝束、烟草专用机械的企业，应当按照国务院烟草专卖行政主管部门的计划以及与烟草制品生产企业签订的订货合同组织生产。

第二十六条 生产卷烟纸、滤嘴棒、烟用丝束、烟草专用机械的企业，只可将产品销售给烟草公司和持有烟草专卖生产企业许可证的烟草制品生产企业。

第六章 进出口贸易和对外经济技术合作

第二十七条 国务院烟草专卖行政主管部门根据国务院规定，管理烟草行业的进出口贸易和对外经济技术合作。

第七章 法律责任

第二十八条 违反本法规定擅自收购烟叶的，由烟草专卖行政主管部门处以罚款，并按照查获地省级烟草专卖行政主管部门出具的上年度烟叶平均收购价格的百分之七十收购违法收购的烟叶；数量巨大的，没收违法收购的烟叶和违法所得。

第二十九条 无准运证或者超过准运证规定的数量托运或者自运烟草专卖品的，由烟草专卖行政主管部门处以罚款，可以按照查获地省级烟草专卖行政主管部门出具的上年度烟叶平均收购价格的百分之七十收购违法运输的烟叶，按照市场批发价格的百分之七十收购违法运输的除烟叶外的其他烟草专卖品；情节严重的，没收违法运输的烟草专卖品和违法所得。

承运人明知是烟草专卖品而为无准运证的单位、个人运输的，由烟草专卖行政主管部门没收违法所得，并处罚款。

超过国家规定的限量异地携带烟叶、烟草制品，数量较大的，依照第一款的规定处理。

第三十条 无烟草专卖生产企业许可证

生产烟草制品的，由烟草专卖行政主管部门责令关闭，没收违法所得，并处罚款。

无烟草专卖生产企业许可证生产卷烟纸、滤嘴棒、烟用丝束或者烟草专用机械的，由烟草专卖行政主管部门责令停止生产上述产品，没收违法所得，可以并处罚款。

第三十一条　无烟草专卖批发企业许可证经营烟草制品批发业务的，由烟草专卖行政主管部门责令关闭或者停止经营烟草制品批发业务，没收违法所得，并处罚款。

第三十二条　无烟草专卖零售许可证经营烟草制品零售业务的，由工商行政管理部门责令停止经营烟草制品零售业务，没收违法所得，并处罚款。

第三十三条　生产、销售没有注册商标的卷烟、雪茄烟、有包装的烟丝的，由工商行政管理部门责令停止生产、销售，并处罚款。

生产、销售假冒他人注册商标的烟草制品的，由工商行政管理部门责令停止侵权行为，赔偿被侵权人的损失，可以并处罚款；构成犯罪的，依法追究刑事责任。

第三十四条　违反本法第二十条的规定，非法印制烟草制品商标标识的，由工商行政管理部门销毁印制的商标标识，没收违法所得，并处罚款。

第三十五条　倒卖烟草专卖品，构成犯罪的，依法追究刑事责任；情节轻微，不构成犯罪的，由工商行政管理部门没收倒卖的烟草专卖品和违法所得，可以并处罚款。

烟草专卖行政主管部门和烟草公司工作人员利用职务上的便利犯前款罪的，依法从重处罚。

第三十六条　伪造、变造、买卖本法规定的烟草专卖生产企业许可证、烟草专卖经营许可证等许可证件和准运证的，依照刑法有关规定追究刑事责任。

烟草专卖行政主管部门和烟草公司工作人员利用职务上的便利犯前款罪的，依法从重处罚。

第三十七条　走私烟草专卖品，构成走私罪的，依照刑法有关规定追究刑事责任；走私烟草专卖品，数额不大，不构成走私罪的，由海关没收走私货物、物品和违法所得，可以并处罚款。

烟草专卖行政主管部门和烟草公司工作人员利用职务上的便利犯前款罪的，依法从重处罚。

第三十八条　烟草专卖行政主管部门有权对本法实施情况进行检查。以暴力、威胁方法阻碍烟草专卖检查人员依法执行职务的，依法追究刑事责任；拒绝、阻碍烟草专卖检查人员依法执行职务未使用暴力、威胁方法的，由公安机关依照治安管理处罚法的规定处罚。

第三十九条　人民法院和处理违法案件的有关部门的工作人员私分没收的烟草制品，依照刑法有关规定追究刑事责任。

人民法院和处理违法案件的有关部门的工作人员购买没收的烟草制品的，责令退还，可以给予行政处分。

第四十条　烟草专卖行政主管部门和烟草公司的工作人员滥用职权、徇私舞弊或者玩忽职守的，给予行政处分；情节严重，构成犯罪的，依法追究刑事责任。

第四十一条　当事人对烟草专卖行政主管部门和工商行政管理部门作出的行政处罚决定不服的，可以在接到处罚通知之日起十五日内向作出处罚决定的机关的上一级机关申请复议；当事人也可以在接到处罚通知之日起十五日内直接向人民法院起诉。

复议机关应当在接到复议申请之日起六十日内作出复议决定。当事人对复议决定不服的，可以在接到复议决定之日起十五日内向人民法院起诉；复议机关逾期不作出复议决定的，当事人可以在复议期满之日起十五日内向人民法院起诉。

当事人逾期不申请复议也不向人民法院起诉、又不履行处罚决定的，作出处罚决定的机关可以申请人民法院强制执行。

第八章 附 则

第四十二条 国务院根据本法制定实施条例。

第四十三条 本法自1992年1月1日起施行。1983年9月23日国务院发布的《烟草专卖条例》同时废止。

中华人民共和国认证认可条例

（2003年9月3日中华人民共和国国务院令第390号公布，根据2016年2月6日《国务院关于修改部分行政法规的决定》第一次修订，根据2020年11月29日《国务院关于修改和废止部分行政法规的决定》第二次修订，根据2023年7月20日《国务院关于修改和废止部分行政法规的决定》第三次修订）

第一章 总 则

第一条 为了规范认证认可活动，提高产品、服务的质量和管理水平，促进经济和社会的发展，制定本条例。

第二条 本条例所称认证，是指由认证机构证明产品、服务、管理体系符合相关技术规范、相关技术规范的强制性要求或者标准的合格评定活动。

本条例所称认可，是指由认可机构对认证机构、检查机构、实验室以及从事评审、审核等认证活动人员的能力和执业资格，予以承认的合格评定活动。

第三条 在中华人民共和国境内从事认证认可活动，应当遵守本条例。

第四条 国家实行统一的认证认可监督管理制度。

国家对认证认可工作实行在国务院认证认可监督管理部门统一管理、监督和综合协调下，各有关方面共同实施的工作机制。

第五条 国务院认证认可监督管理部门应当依法对认证培训机构、认证咨询机构的活动加强监督管理。

第六条 认证认可活动应当遵循客观独立、公开公正、诚实信用的原则。

第七条 国家鼓励平等互利地开展认证认可国际互认活动。认证认可国际互认活动不得损害国家安全和社会公共利益。

第八条 从事认证认可活动的机构及其人员，对其所知悉的国家秘密和商业秘密负有保密义务。

第二章 认证机构

第九条 取得认证机构资质，应当经国务院认证认可监督管理部门批准，并在批准范围内从事认证活动。

未经批准，任何单位和个人不得从事认证活动。

第十条 取得认证机构资质，应当符合下列条件：

（一）取得法人资格；

（二）有固定的场所和必要的设施；

（三）有符合认证认可要求的管理制度；

（四）注册资本不得少于人民币300万元；

（五）有10名以上相应领域的专职认证人员。

从事产品认证活动的认证机构，还应当具备与从事相关产品认证活动相适应的检测、检查等技术能力。

第十一条　认证机构资质的申请和批准程序：

（一）认证机构资质的申请人，应当向国务院认证认可监督管理部门提出书面申请，并提交符合本条例第十条规定条件的证明文件；

（二）国务院认证认可监督管理部门自受理认证机构资质申请之日起45日内，应当作出是否批准的决定。涉及国务院有关部门职责的，应当征求国务院有关部门的意见。决定批准的，向申请人出具批准文件，决定不予批准的，应当书面通知申请人，并说明理由。

国务院认证认可监督管理部门应当公布依法取得认证机构资质的企业名录。

第十二条　境外认证机构在中华人民共和国境内设立代表机构，须向市场监督管理部门依法办理登记手续后，方可从事与所从属机构的业务范围相关的推广活动，但不得从事认证活动。

境外认证机构在中华人民共和国境内设立代表机构的登记，按照有关外商投资法律、行政法规和国家有关规定办理。

第十三条　认证机构不得与行政机关存在利益关系。

认证机构不得接受任何可能对认证活动的客观公正产生影响的资助；不得从事任何可能对认证活动的客观公正产生影响的产品开发、营销等活动。

认证机构不得与认证委托人存在资产、管理方面的利益关系。

第十四条　认证人员从事认证活动，应当在一个认证机构执业，不得同时在两个以上认证机构执业。

第十五条　向社会出具具有证明作用的数据和结果的检查机构、实验室，应当具备有关法律、行政法规规定的基本条件和能力，并依法经认定后，方可从事相应活动，认定结果由国务院认证认可监督管理部门公布。

第三章　认　　证

第十六条　国家根据经济和社会发展的需要，推行产品、服务、管理体系认证。

第十七条　认证机构应当按照认证基本规范、认证规则从事认证活动。认证基本规范、认证规则由国务院认证认可监督管理部门制定；涉及国务院有关部门职责的，国务院认证认可监督管理部门应当会同国务院有关部门制定。

属于认证新领域，前款规定的部门尚未制定认证规则的，认证机构可以自行制定认证规则，并报国务院认证认可监督管理部门备案。

第十八条　任何法人、组织和个人可以自愿委托依法设立的认证机构进行产品、服务、管理体系认证。

第十九条　认证机构不得以委托人未参加认证咨询或者认证培训等为理由，拒绝提供本认证机构业务范围内的认证服务，也不得向委托人提出与认证活动无关的要求或者限制条件。

第二十条　认证机构应当公开认证基本规范、认证规则、收费标准等信息。

第二十一条　认证机构以及与认证有关的检查机构、实验室从事认证以及与认证有关的检查、检测活动，应当完成认证基本规范、认证规则规定的程序，确保认证、检查、检测的完整、客观、真实，不得增加、减少、遗漏程序。

认证机构以及与认证有关的检查机构、实验室应当对认证、检查、检测过程作出完整记录，归档留存。

第二十二条　认证机构及其认证人员应当及时作出认证结论，并保证认证结论的客观、真实。认证结论经认证人员签字后，由认证机构负责人签署。

认证机构及其认证人员对认证结果负责。

第二十三条 认证结论为产品、服务、管理体系符合认证要求的，认证机构应当及时向委托人出具认证证书。

第二十四条 获得认证证书的，应当在认证范围内使用认证证书和认证标志，不得利用产品、服务认证证书、认证标志和相关文字、符号，误导公众认为其管理体系已通过认证，也不得利用管理体系认证证书、认证标志和相关文字、符号，误导公众认为其产品、服务已通过认证。

第二十五条 认证机构可以自行制定认证标志。认证机构自行制定的认证标志的式样、文字和名称，不得违反法律、行政法规的规定，不得与国家推行的认证标志相同或者近似，不得妨碍社会管理，不得有损社会道德风尚。

第二十六条 认证机构应当对其认证的产品、服务、管理体系实施有效的跟踪调查，认证的产品、服务、管理体系不能持续符合认证要求的，认证机构应当暂停其使用直至撤销认证证书，并予公布。

第二十七条 为了保护国家安全、防止欺诈行为、保护人体健康或者安全、保护动植物生命或者健康、保护环境，国家规定相关产品必须经过认证的，应当经过认证并标注认证标志后，方可出厂、销售、进口或者在其他经营活动中使用。

第二十八条 国家对必须经过认证的产品，统一产品目录，统一技术规范的强制性要求、标准和合格评定程序，统一标志，统一收费标准。

统一的产品目录（以下简称目录）由国务院认证认可监督管理部门会同国务院有关部门制定、调整，由国务院认证认可监督管理部门发布，并会同有关方面共同实施。

第二十九条 列入目录的产品，必须经国务院认证认可监督管理部门指定的认证机构进行认证。

列入目录产品的认证标志，由国务院认证认可监督管理部门统一规定。

第三十条 列入目录的产品，涉及进出口商品检验目录的，应当在进出口商品检验时简化检验手续。

第三十一条 国务院认证认可监督管理部门指定的从事列入目录产品认证活动的认证机构以及与认证有关的实验室（以下简称指定的认证机构、实验室），应当是长期从事相关业务、无不良记录，且已经依照本条例的规定取得认可、具备从事相关认证活动能力的机构。国务院认证认可监督管理部门指定从事列入目录产品认证活动的认证机构，应当确保在每一列入目录产品领域至少指定两家符合本条例规定条件的机构。

国务院认证认可监督管理部门指定前款规定的认证机构、实验室，应当事先公布有关信息，并组织在相关领域公认的专家组成专家评审委员会，对符合前款规定要求的认证机构、实验室进行评审；经评审并征求国务院有关部门意见后，按照资源合理利用、公平竞争和便利、有效的原则，在公布的时间内作出决定。

第三十二条 国务院认证认可监督管理部门应当公布指定的认证机构、实验室名录及指定的业务范围。

未经指定的认证机构、实验室不得从事列入目录产品的认证以及与认证有关的检查、检测活动。

第三十三条 列入目录产品的生产者或者销售者、进口商，均可自行委托指定的认证机构进行认证。

第三十四条 指定的认证机构、实验室应当在指定业务范围内，为委托人提供方便、及时的认证、检查、检测服务，不得拖延，不得歧视、刁难委托人，不得牟取不当利益。

指定的认证机构不得向其他机构转让指定的认证业务。

第三十五条 指定的认证机构、实验室开展国际互认活动，应当在国务院认证认可监督管理部门或者经授权的国务院有关部门对外签署的国际互认协议框架内进行。

第四章　认　　可

第三十六条　国务院认证认可监督管理部门确定的认可机构（以下简称认可机构），独立开展认可活动。

除国务院认证认可监督管理部门确定的认可机构外，其他任何单位不得直接或者变相从事认可活动。其他单位直接或者变相从事认可活动的，其认可结果无效。

第三十七条　认证机构、检查机构、实验室可以通过认可机构的认可，以保证其认证、检查、检测能力持续、稳定地符合认可条件。

第三十八条　从事评审、审核等认证活动的人员，应当经认可机构注册后，方可从事相应的认证活动。

第三十九条　认可机构应当具有与其认可范围相适应的质量体系，并建立内部审核制度，保证质量体系的有效实施。

第四十条　认可机构根据认可的需要，可以选聘从事认可评审活动的人员。从事认可评审活动的人员应当是相关领域公认的专家，熟悉有关法律、行政法规以及认可规则和程序，具有评审所需要的良好品德、专业知识和业务能力。

第四十一条　认可机构委托他人完成与认可有关的具体评审业务的，由认可机构对评审结论负责。

第四十二条　认可机构应当公开认可条件、认可程序、收费标准等信息。

认可机构受理认可申请，不得向申请人提出与认可活动无关的要求或者限制条件。

第四十三条　认可机构应当在公布的时间内，按照国家标准和国务院认证认可监督管理部门的规定，完成对认证机构、检查机构、实验室的评审，作出是否给予认可的决定，并对认可过程作出完整记录，归档留存。认可机构应当确保认可的客观公正和完整有效，并对认可结论负责。

认可机构应当向取得认可的认证机构、检查机构、实验室颁发认可证书，并公布取得认可的认证机构、检查机构、实验室名录。

第四十四条　认可机构应当按照国家标准和国务院认证认可监督管理部门的规定，对从事评审、审核等认证活动的人员进行考核，考核合格的，予以注册。

第四十五条　认可证书应当包括认可范围、认可标准、认可领域和有效期限。

第四十六条　取得认可的机构应当在取得认可的范围内使用认可证书和认可标志。取得认可的机构不当使用认可证书和认可标志的，认可机构应当暂停其使用直至撤销认可证书，并予公布。

第四十七条　认可机构应当对取得认可的机构和人员实施有效的跟踪监督，定期对取得认可的机构进行复评审，以验证其是否持续符合认可条件。取得认可的机构和人员不再符合认可条件的，认可机构应当撤销认可证书，并予公布。

取得认可的机构的从业人员和主要负责人、设施、自行制定的认证规则等与认可条件相关的情况发生变化的，应当及时告知认可机构。

第四十八条　认可机构不得接受任何可能对认可活动的客观公正产生影响的资助。

第四十九条　境内的认证机构、检查机构、实验室取得境外认可机构认可的，应当向国务院认证认可监督管理部门备案。

第五章　监督管理

第五十条　国务院认证认可监督管理部门可以采取组织同行评议，向被认证企业征求意见，对认证活动和认证结果进行抽查，要求认证机构以及与认证有关的检查机构、实验室报告业务活动情况的方式，对其遵守本条例的情况进行监督。发现有违反本条例行为的，应当及时查处，涉及国务院有关部门职责的，应当及时通报有关部门。

第五十一条 国务院认证认可监督管理部门应当重点对指定的认证机构、实验室进行监督，对其认证、检查、检测活动进行定期或者不定期的检查。指定的认证机构、实验室，应当定期向国务院认证认可监督管理部门提交报告，并对报告的真实性负责；报告应当对从事列入目录产品认证、检查、检测活动的情况作出说明。

第五十二条 认可机构应当定期向国务院认证认可监督管理部门提交报告，并对报告的真实性负责；报告应当对认可机构执行认可制度的情况、从事认可活动的情况、从业人员的工作情况作出说明。

国务院认证认可监督管理部门应当对认可机构的报告作出评价，并采取查阅认可活动档案资料、向有关人员了解情况等方式，对认可机构实施监督。

第五十三条 国务院认证认可监督管理部门可以根据认证认可监督管理的需要，就有关事项询问认可机构、认证机构、检查机构、实验室的主要负责人，调查了解情况，给予告诫，有关人员应当积极配合。

第五十四条 县级以上地方人民政府市场监督管理部门在国务院认证认可监督管理部门的授权范围内，依照本条例的规定对认证活动实施监督管理。

国务院认证认可监督管理部门授权的县级以上地方人民政府市场监督管理部门，以下称地方认证监督管理部门。

第五十五条 任何单位和个人对认证认可违法行为，有权向国务院认证认可监督管理部门和地方认证监督管理部门举报。国务院认证认可监督管理部门和地方认证监督管理部门应当及时调查处理，并为举报人保密。

第六章 法律责任

第五十六条 未经批准擅自从事认证活动的，予以取缔，处 10 万元以上 50 万元以下的罚款，有违法所得的，没收违法所得。

第五十七条 境外认证机构未经登记在中华人民共和国境内设立代表机构的，予以取缔，处 5 万元以上 20 万元以下的罚款。

经登记设立的境外认证机构代表机构在中华人民共和国境内从事认证活动的，责令改正，处 10 万元以上 50 万元以下的罚款，有违法所得的，没收违法所得；情节严重的，撤销批准文件，并予公布。

第五十八条 认证机构接受可能对认证活动的客观公正产生影响的资助，或者从事可能对认证活动的客观公正产生影响的产品开发、营销等活动，或者与认证委托人存在资产、管理方面的利益关系的，责令停业整顿；情节严重的，撤销批准文件，并予公布；有违法所得的，没收违法所得；构成犯罪的，依法追究刑事责任。

第五十九条 认证机构有下列情形之一的，责令改正，处 5 万元以上 20 万元以下的罚款，有违法所得的，没收违法所得；情节严重的，责令停业整顿，直至撤销批准文件，并予公布：

（一）超出批准范围从事认证活动的；

（二）增加、减少、遗漏认证基本规范、认证规则规定的程序的；

（三）未对其认证的产品、服务、管理体系实施有效的跟踪调查，或者发现其认证的产品、服务、管理体系不能持续符合认证要求，不及时暂停其使用或者撤销认证证书并予公布的；

（四）聘用未经认可机构注册的人员从事认证活动的。

与认证有关的检查机构、实验室增加、减少、遗漏认证基本规范、认证规则规定的程序的，依照前款规定处罚。

第六十条 认证机构有下列情形之一的，责令限期改正；逾期未改正的，处 2 万元以上 10 万元以下的罚款：

（一）以委托人未参加认证咨询或者认证培训等为理由，拒绝提供本认证机构业务范围内的认证服务，或者向委托人提出与认证活动无关的要求或者限制条件的；

（二）自行制定的认证标志的式样、文字和名称，与国家推行的认证标志相同或者近似，或者妨碍社会管理，或者有损社会道德风尚的；

（三）未公开认证基本规范、认证规则、收费标准等信息的；

（四）未对认证过程作出完整记录，归档留存的；

（五）未及时向其认证的委托人出具认证证书的。

与认证有关的检查机构、实验室未对与认证有关的检查、检测过程作出完整记录，归档留存的，依照前款规定处罚。

第六十一条　认证机构出具虚假的认证结论，或者出具的认证结论严重失实的，撤销批准文件，并予公布；对直接负责的主管人员和负有直接责任的认证人员，撤销其执业资格；构成犯罪的，依法追究刑事责任；造成损害的，认证机构应当承担相应的赔偿责任。

指定的认证机构有前款规定的违法行为的，同时撤销指定。

第六十二条　认证人员从事认证活动，不在认证机构执业或者同时在两个以上认证机构执业的，责令改正，给予停止执业6个月以上2年以下的处罚，仍不改正的，撤销其执业资格。

第六十三条　认证机构以及与认证有关的实验室未经指定擅自从事列入目录产品的认证以及与认证有关的检查、检测活动的，责令改正，处10万元以上50万元以下的罚款，有违法所得的，没收违法所得。

认证机构未经指定擅自从事列入目录产品的认证活动的，撤销批准文件，并予公布。

第六十四条　指定的认证机构、实验室超出指定的业务范围从事列入目录产品的认证以及与认证有关的检查、检测活动的，责令改正，处10万元以上50万元以下的罚款，有违法所得的，没收违法所得；情节严重的，撤销指定直至撤销批准文件，并予公布。

指定的认证机构转让指定的认证业务的，依照前款规定处罚。

第六十五条　认证机构、检查机构、实验室取得境外认可机构认可，未向国务院认证认可监督管理部门备案的，给予警告，并予公布。

第六十六条　列入目录的产品未经认证，擅自出厂、销售、进口或者在其他经营活动中使用的，责令限期改正，处5万元以上20万元以下的罚款；未经认证的违法产品货值金额不足1万元的，处货值金额2倍以下的罚款；有违法所得的，没收违法所得。

第六十七条　认可机构有下列情形之一的，责令改正；情节严重的，对主要负责人和负有责任的人员撤职或者解聘：

（一）对不符合认可条件的机构和人员予以认可的；

（二）发现取得认可的机构和人员不符合认可条件，不及时撤销认可证书，并予公布的；

（三）接受可能对认可活动的客观公正产生影响的资助的。

被撤职或者解聘的认可机构主要负责人和负有责任的人员，自被撤职或者解聘之日起5年内不得从事认可活动。

第六十八条　认可机构有下列情形之一的，责令改正；对主要负责人和负有责任的人员给予警告：

（一）受理认可申请，向申请人提出与认可活动无关的要求或者限制条件的；

（二）未在公布的时间内完成认可活动，或者未公开认可条件、认可程序、收费标准等信息的；

（三）发现取得认可的机构不当使用认可证书和认可标志，不及时暂停其使用或者撤销认可证书并予公布的；

（四）未对认可过程作出完整记录，归档留存的。

第六十九条 国务院认证认可监督管理部门和地方认证监督管理部门及其工作人员，滥用职权、徇私舞弊、玩忽职守，有下列行为之一的，对直接负责的主管人员和其他直接责任人员，依法给予降级或者撤职的行政处分；构成犯罪的，依法追究刑事责任：

（一）不按照本条例规定的条件和程序，实施批准和指定的；

（二）发现认证机构不再符合本条例规定的批准或者指定条件，不撤销批准文件或者指定的；

（三）发现指定的实验室不再符合本条例规定的指定条件，不撤销指定的；

（四）发现认证机构以及与认证有关的检查机构、实验室出具虚假的认证以及与认证有关的检查、检测结论或者出具的认证以及与认证有关的检查、检测结论严重失实，不予查处的；

（五）发现本条例规定的其他认证认可违法行为，不予查处的。

第七十条 伪造、冒用、买卖认证标志或者认证证书的，依照《中华人民共和国产品质量法》等法律的规定查处。

第七十一条 本条例规定的行政处罚，由国务院认证认可监督管理部门或者其授权的地方认证监督管理部门按照各自职责实施。法律、其他行政法规另有规定的，依照法律、其他行政法规的规定执行。

第七十二条 认证人员自被撤销执业资格之日起 5 年内，认可机构不再受理其注册申请。

第七十三条 认证机构未对其认证的产品实施有效的跟踪调查，或者发现其认证的产品不能持续符合认证要求，不及时暂停或者撤销认证证书和要求其停止使用认证标志给消费者造成损失的，与生产者、销售者承担连带责任。

第七章 附 则

第七十四条 药品生产、经营企业质量管理规范认证，实验动物质量合格认证，军工产品的认证，以及从事军工产品校准、检测的实验室及其人员的认可，不适用本条例。

依照本条例经批准的认证机构从事矿山、危险化学品、烟花爆竹生产经营单位管理体系认证，由国务院安全生产监督管理部门结合安全生产的特殊要求组织；从事矿山、危险化学品、烟花爆竹生产经营单位安全生产综合评价的认证机构，经国务院安全生产监督管理部门推荐，方可取得认可机构的认可。

第七十五条 认证认可收费，应当符合国家有关价格法律、行政法规的规定。

第七十六条 认证培训机构、认证咨询机构的管理办法由国务院认证认可监督管理部门制定。

第七十七条 本条例自 2003 年 11 月 1 日起施行。1991 年 5 月 7 日国务院发布的《中华人民共和国产品质量认证管理条例》同时废止。

（二）食品安全类

中华人民共和国食品安全法

（2009年2月28日第十一届全国人民代表大会常务委员会第七次会议通过，2015年4月24日第十二届全国人民代表大会常务委员会第十四次会议修订，根据2018年12月29日第十三届全国人民代表大会常务委员会第七次会议《关于修改〈中华人民共和国产品质量法〉等五部法律的决定》第一次修正，根据2021年4月29日第十三届全国人民代表大会常务委员会第二十八次会议《关于修改〈中华人民共和国道路交通安全法〉等八部法律的决定》第二次修正）

第一章　总　　则

第一条　为了保证食品安全，保障公众身体健康和生命安全，制定本法。

第二条　在中华人民共和国境内从事下列活动，应当遵守本法：

（一）食品生产和加工（以下称食品生产），食品销售和餐饮服务（以下称食品经营）；

（二）食品添加剂的生产经营；

（三）用于食品的包装材料、容器、洗涤剂、消毒剂和用于食品生产经营的工具、设备（以下称食品相关产品）的生产经营；

（四）食品生产经营者使用食品添加剂、食品相关产品；

（五）食品的贮存和运输；

（六）对食品、食品添加剂、食品相关产品的安全管理。

供食用的源于农业的初级产品（以下称食用农产品）的质量安全管理，遵守《中华人民共和国农产品质量安全法》的规定。但是，食用农产品的市场销售、有关质量安全标准的制定、有关安全信息的公布和本法对农业投入品作出规定的，应当遵守本法的规定。

第三条　食品安全工作实行预防为主、风险管理、全程控制、社会共治，建立科学、严格的监督管理制度。

第四条　食品生产经营者对其生产经营食品的安全负责。

食品生产经营者应当依照法律、法规和食品安全标准从事生产经营活动，保证食品安全，诚信自律，对社会和公众负责，接受社会监督，承担社会责任。

第五条　国务院设立食品安全委员会，其职责由国务院规定。

国务院食品安全监督管理部门依照本法和国务院规定的职责，对食品生产经营活动实施监督管理。

国务院卫生行政部门依照本法和国务院规定的职责，组织开展食品安全风险监测和风险评估，会同国务院食品安全监督管理部门制定并公布食品安全国家标准。

国务院其他有关部门依照本法和国务院

规定的职责，承担有关食品安全工作。

第六条　县级以上地方人民政府对本行政区域的食品安全监督管理工作负责，统一领导、组织、协调本行政区域的食品安全监督管理工作以及食品安全突发事件应对工作，建立健全食品安全全程监督管理工作机制和信息共享机制。

县级以上地方人民政府依照本法和国务院的规定，确定本级食品安全监督管理、卫生行政部门和其他有关部门的职责。有关部门在各自职责范围内负责本行政区域的食品安全监督管理工作。

县级人民政府食品安全监督管理部门可以在乡镇或者特定区域设立派出机构。

第七条　县级以上地方人民政府实行食品安全监督管理责任制。上级人民政府负责对下一级人民政府的食品安全监督管理工作进行评议、考核。县级以上地方人民政府负责对本级食品安全监督管理部门和其他有关部门的食品安全监督管理工作进行评议、考核。

第八条　县级以上人民政府应当将食品安全工作纳入本级国民经济和社会发展规划，将食品安全工作经费列入本级政府财政预算，加强食品安全监督管理能力建设，为食品安全工作提供保障。

县级以上人民政府食品安全监督管理部门和其他有关部门应当加强沟通、密切配合，按照各自职责分工，依法行使职权，承担责任。

第九条　食品行业协会应当加强行业自律，按照章程建立健全行业规范和奖惩机制，提供食品安全信息、技术等服务，引导和督促食品生产经营者依法生产经营，推动行业诚信建设，宣传、普及食品安全知识。

消费者协会和其他消费者组织对违反本法规定，损害消费者合法权益的行为，依法进行社会监督。

第十条　各级人民政府应当加强食品安全的宣传教育，普及食品安全知识，鼓励社会组织、基层群众性自治组织、食品生产经营者开展食品安全法律、法规以及食品安全标准和知识的普及工作，倡导健康的饮食方式，增强消费者食品安全意识和自我保护能力。

新闻媒体应当开展食品安全法律、法规以及食品安全标准和知识的公益宣传，并对食品安全违法行为进行舆论监督。有关食品安全的宣传报道应当真实、公正。

第十一条　国家鼓励和支持开展与食品安全有关的基础研究、应用研究，鼓励和支持食品生产经营者为提高食品安全水平采用先进技术和先进管理规范。

国家对农药的使用实行严格的管理制度，加快淘汰剧毒、高毒、高残留农药，推动替代产品的研发和应用，鼓励使用高效低毒低残留农药。

第十二条　任何组织或者个人有权举报食品安全违法行为，依法向有关部门了解食品安全信息，对食品安全监督管理工作提出意见和建议。

第十三条　对在食品安全工作中做出突出贡献的单位和个人，按照国家有关规定给予表彰、奖励。

第二章　食品安全风险监测和评估

第十四条　国家建立食品安全风险监测制度，对食源性疾病、食品污染以及食品中的有害因素进行监测。

国务院卫生行政部门会同国务院食品安全监督管理等部门，制定、实施国家食品安全风险监测计划。

国务院食品安全监督管理部门和其他有关部门获知有关食品安全风险信息后，应当立即核实并向国务院卫生行政部门通报。对有关部门通报的食品安全风险信息以及医疗机构报告的食源性疾病等有关疾病信息，国务院卫生行政部门应当会同国务院有关部门分析研究，认为必要的，及时调整国家食品安全风险监测计划。

省、自治区、直辖市人民政府卫生行政部门会同同级食品安全监督管理等部门，根据国家食品安全风险监测计划，结合本行政区域的具体情况，制定、调整本行政区域的食品安全风险监测方案，报国务院卫生行政部门备案并实施。

第十五条　承担食品安全风险监测工作的技术机构应当根据食品安全风险监测计划和监测方案开展监测工作，保证监测数据真实、准确，并按照食品安全风险监测计划和监测方案的要求报送监测数据和分析结果。

食品安全风险监测工作人员有权进入相关食用农产品种植养殖、食品生产经营场所采集样品、收集相关数据。采集样品应当按照市场价格支付费用。

第十六条　食品安全风险监测结果表明可能存在食品安全隐患的，县级以上人民政府卫生行政部门应当及时将相关信息通报同级食品安全监督管理等部门，并报告本级人民政府和上级人民政府卫生行政部门。食品安全监督管理等部门应当组织开展进一步调查。

第十七条　国家建立食品安全风险评估制度，运用科学方法，根据食品安全风险监测信息、科学数据以及有关信息，对食品、食品添加剂、食品相关产品中生物性、化学性和物理性危害因素进行风险评估。

国务院卫生行政部门负责组织食品安全风险评估工作，成立由医学、农业、食品、营养、生物、环境等方面的专家组成的食品安全风险评估专家委员会进行食品安全风险评估。食品安全风险评估结果由国务院卫生行政部门公布。

对农药、肥料、兽药、饲料和饲料添加剂等的安全性评估，应当有食品安全风险评估专家委员会的专家参加。

食品安全风险评估不得向生产经营者收取费用，采集样品应当按照市场价格支付费用。

第十八条　有下列情形之一的，应当进行食品安全风险评估：

（一）通过食品安全风险监测或者接到举报发现食品、食品添加剂、食品相关产品可能存在安全隐患的；

（二）为制定或者修订食品安全国家标准提供科学依据需要进行风险评估的；

（三）为确定监督管理的重点领域、重点品种需要进行风险评估的；

（四）发现新的可能危害食品安全因素的；

（五）需要判断某一因素是否构成食品安全隐患的；

（六）国务院卫生行政部门认为需要进行风险评估的其他情形。

第十九条　国务院食品安全监督管理、农业行政等部门在监督管理工作中发现需要进行食品安全风险评估的，应当向国务院卫生行政部门提出食品安全风险评估的建议，并提供风险来源、相关检验数据和结论等信息、资料。属于本法第十八条规定情形的，国务院卫生行政部门应当及时进行食品安全风险评估，并向国务院有关部门通报评估结果。

第二十条　省级以上人民政府卫生行政、农业行政部门应当及时相互通报食品、食用农产品安全风险监测信息。

国务院卫生行政、农业行政部门应当及时相互通报食品、食用农产品安全风险评估结果等信息。

第二十一条　食品安全风险评估结果是制定、修订食品安全标准和实施食品安全监督管理的科学依据。

经食品安全风险评估，得出食品、食品添加剂、食品相关产品不安全结论的，国务院食品安全监督管理等部门应当依据各自职责立即向社会公告，告知消费者停止食用或者使用，并采取相应措施，确保该食品、食品添加剂、食品相关产品停止生产经营；需要制定、修订相关食品安全国家标准的，国务院卫生行政部门应当会同国务院食品安全监督管理部门立即制定、修订。

第二十二条 国务院食品安全监督管理部门应当会同国务院有关部门，根据食品安全风险评估结果、食品安全监督管理信息，对食品安全状况进行综合分析。对经综合分析表明可能具有较高程度安全风险的食品，国务院食品安全监督管理部门应当及时提出食品安全风险警示，并向社会公布。

第二十三条 县级以上人民政府食品安全监督管理部门和其他有关部门、食品安全风险评估专家委员会及其技术机构，应当按照科学、客观、及时、公开的原则，组织食品生产经营者、食品检验机构、认证机构、食品行业协会、消费者协会以及新闻媒体等，就食品安全风险评估信息和食品安全监督管理信息进行交流沟通。

第三章 食品安全标准

第二十四条 制定食品安全标准，应当以保障公众身体健康为宗旨，做到科学合理、安全可靠。

第二十五条 食品安全标准是强制执行的标准。除食品安全标准外，不得制定其他食品强制性标准。

第二十六条 食品安全标准应当包括下列内容：

（一）食品、食品添加剂、食品相关产品中的致病性微生物，农药残留、兽药残留、生物毒素、重金属等污染物质以及其他危害人体健康物质的限量规定；

（二）食品添加剂的品种、使用范围、用量；

（三）专供婴幼儿和其他特定人群的主辅食品的营养成分要求；

（四）对与卫生、营养等食品安全要求有关的标签、标志、说明书的要求；

（五）食品生产经营过程的卫生要求；

（六）与食品安全有关的质量要求；

（七）与食品安全有关的食品检验方法与规程；

（八）其他需要制定为食品安全标准的内容。

第二十七条 食品安全国家标准由国务院卫生行政部门会同国务院食品安全监督管理部门制定、公布，国务院标准化行政部门提供国家标准编号。

食品中农药残留、兽药残留的限量规定及其检验方法与规程由国务院卫生行政部门、国务院农业行政部门会同国务院食品安全监督管理部门制定。

屠宰畜、禽的检验规程由国务院农业行政部门会同国务院卫生行政部门制定。

第二十八条 制定食品安全国家标准，应当依据食品安全风险评估结果并充分考虑食用农产品安全风险评估结果，参照相关的国际标准和国际食品安全风险评估结果，并将食品安全国家标准草案向社会公布，广泛听取食品生产经营者、消费者、有关部门等方面的意见。

食品安全国家标准应当经国务院卫生行政部门组织的食品安全国家标准审评委员会审查通过。食品安全国家标准审评委员会由医学、农业、食品、营养、生物、环境等方面的专家以及国务院有关部门、食品行业协会、消费者协会的代表组成，对食品安全国家标准草案的科学性和实用性等进行审查。

第二十九条 对地方特色食品，没有食品安全国家标准的，省、自治区、直辖市人民政府卫生行政部门可以制定并公布食品安全地方标准，报国务院卫生行政部门备案。食品安全国家标准制定后，该地方标准即行废止。

第三十条 国家鼓励食品生产企业制定严于食品安全国家标准或者地方标准的企业标准，在本企业适用，并报省、自治区、直辖市人民政府卫生行政部门备案。

第三十一条 省级以上人民政府卫生行政部门应当在其网站上公布制定和备案的食品安全国家标准、地方标准和企业标准，供公众免费查阅、下载。

对食品安全标准执行过程中的问题，县级以上人民政府卫生行政部门应当会同有关部门及时给予指导、解答。

第三十二条　省级以上人民政府卫生行政部门应当会同同级食品安全监督管理、农业行政等部门，分别对食品安全国家标准和地方标准的执行情况进行跟踪评价，并根据评价结果及时修订食品安全标准。

省级以上人民政府食品安全监督管理、农业行政等部门应当对食品安全标准执行中存在的问题进行收集、汇总，并及时向同级卫生行政部门通报。

食品生产经营者、食品行业协会发现食品安全标准在执行中存在问题的，应当立即向卫生行政部门报告。

第四章　食品生产经营

第一节　一般规定

第三十三条　食品生产经营应当符合食品安全标准，并符合下列要求：

（一）具有与生产经营的食品品种、数量相适应的食品原料处理和食品加工、包装、贮存等场所，保持该场所环境整洁，并与有毒、有害场所以及其他污染源保持规定的距离；

（二）具有与生产经营的食品品种、数量相适应的生产经营设备或者设施，有相应的消毒、更衣、盥洗、采光、照明、通风、防腐、防尘、防蝇、防鼠、防虫、洗涤以及处理废水、存放垃圾和废弃物的设备或者设施；

（三）有专职或者兼职的食品安全专业技术人员、食品安全管理人员和保证食品安全的规章制度；

（四）具有合理的设备布局和工艺流程，防止待加工食品与直接入口食品、原料与成品交叉污染，避免食品接触有毒物、不洁物；

（五）餐具、饮具和盛放直接入口食品的容器，使用前应当洗净、消毒，炊具、用具用后应当洗净，保持清洁；

（六）贮存、运输和装卸食品的容器、工具和设备应当安全、无害，保持清洁，防止食品污染，并符合保证食品安全所需的温度、湿度等特殊要求，不得将食品与有毒、有害物品一同贮存、运输；

（七）直接入口的食品应当使用无毒、清洁的包装材料、餐具、饮具和容器；

（八）食品生产经营人员应当保持个人卫生，生产经营食品时，应当将手洗净，穿戴清洁的工作衣、帽等；销售无包装的直接入口食品时，应当使用无毒、清洁的容器、售货工具和设备；

（九）用水应当符合国家规定的生活饮用水卫生标准；

（十）使用的洗涤剂、消毒剂应当对人体安全、无害；

（十一）法律、法规规定的其他要求。

非食品生产经营者从事食品贮存、运输和装卸的，应当符合前款第六项的规定。

第三十四条　禁止生产经营下列食品、食品添加剂、食品相关产品：

（一）用非食品原料生产的食品或者添加食品添加剂以外的化学物质和其他可能危害人体健康物质的食品，或者用回收食品作为原料生产的食品；

（二）致病性微生物，农药残留、兽药残留、生物毒素、重金属等污染物质以及其他危害人体健康的物质含量超过食品安全标准限量的食品、食品添加剂、食品相关产品；

（三）用超过保质期的食品原料、食品添加剂生产的食品、食品添加剂；

（四）超范围、超限量使用食品添加剂的食品；

（五）营养成分不符合食品安全标准的专供婴幼儿和其他特定人群的主辅食品；

（六）腐败变质、油脂酸败、霉变生虫、污秽不洁、混有异物、掺假掺杂或者感官性状异常的食品、食品添加剂；

（七）病死、毒死或者死因不明的禽、畜、兽、水产动物肉类及其制品；

（八）未按规定进行检疫或者检疫不合格的肉类，或者未经检验或者检验不合格的肉类制品；

（九）被包装材料、容器、运输工具等污染的食品、食品添加剂；

（十）标注虚假生产日期、保质期或者超过保质期的食品、食品添加剂；

（十一）无标签的预包装食品、食品添加剂；

（十二）国家为防病等特殊需要明令禁止生产经营的食品；

（十三）其他不符合法律、法规或者食品安全标准的食品、食品添加剂、食品相关产品。

第三十五条　国家对食品生产经营实行许可制度。从事食品生产、食品销售、餐饮服务，应当依法取得许可。但是，销售食用农产品和仅销售预包装食品的，不需要取得许可。仅销售预包装食品的，应当报所在地县级以上地方人民政府食品安全监督管理部门备案。

县级以上地方人民政府食品安全监督管理部门应当依照《中华人民共和国行政许可法》的规定，审核申请人提交的本法第三十三条第一款第一项至第四项规定要求的相关资料，必要时对申请人的生产经营场所进行现场核查；对符合规定条件的，准予许可；对不符合规定条件的，不予许可并书面说明理由。

第三十六条　食品生产加工小作坊和食品摊贩等从事食品生产经营活动，应当符合本法规定的与其生产经营规模、条件相适应的食品安全要求，保证所生产经营的食品卫生、无毒、无害，食品安全监督管理部门应当对其加强监督管理。

县级以上地方人民政府应当对食品生产加工小作坊、食品摊贩等进行综合治理，加强服务和统一规划，改善其生产经营环境，鼓励和支持其改进生产经营条件，进入集中交易市场、店铺等固定场所经营，或者在指定的临时经营区域、时段经营。

食品生产加工小作坊和食品摊贩等的具体管理办法由省、自治区、直辖市制定。

第三十七条　利用新的食品原料生产食品，或者生产食品添加剂新品种、食品相关产品新品种，应当向国务院卫生行政部门提交相关产品的安全性评估材料。国务院卫生行政部门应当自收到申请之日起六十日内组织审查；对符合食品安全要求的，准予许可并公布；对不符合食品安全要求的，不予许可并书面说明理由。

第三十八条　生产经营的食品中不得添加药品，但是可以添加按照传统既是食品又是中药材的物质。按照传统既是食品又是中药材的物质目录由国务院卫生行政部门会同国务院食品安全监督管理部门制定、公布。

第三十九条　国家对食品添加剂生产实行许可制度。从事食品添加剂生产，应当具有与所生产食品添加剂品种相适应的场所、生产设备或者设施、专业技术人员和管理制度，并依照本法第三十五条第二款规定的程序，取得食品添加剂生产许可。

生产食品添加剂应当符合法律、法规和食品安全国家标准。

第四十条　食品添加剂应当在技术上确有必要且经过风险评估证明安全可靠，方可列入允许使用的范围；有关食品安全国家标准应当根据技术必要性和食品安全风险评估结果及时修订。

食品生产经营者应当按照食品安全国家标准使用食品添加剂。

第四十一条　生产食品相关产品应当符合法律、法规和食品安全国家标准。对直接接触食品的包装材料等具有较高风险的食品相关产品，按照国家有关工业产品生产许可证管理的规定实施生产许可。食品安全监督管理部门应当加强对食品相关产品生产活动的监督管理。

第四十二条　国家建立食品安全全程追溯制度。

食品生产经营者应当依照本法的规定，建立食品安全追溯体系，保证食品可追溯。国家鼓励食品生产经营者采用信息化手段采集、留存生产经营信息，建立食品安全追溯体系。

国务院食品安全监督管理部门会同国务院农业行政等有关部门建立食品安全全程追溯协作机制。

第四十三条　地方各级人民政府应当采取措施鼓励食品规模化生产和连锁经营、配送。

国家鼓励食品生产经营企业参加食品安全责任保险。

第二节　生产经营过程控制

第四十四条　食品生产经营企业应当建立健全食品安全管理制度，对职工进行食品安全知识培训，加强食品检验工作，依法从事生产经营活动。

食品生产经营企业的主要负责人应当落实企业食品安全管理制度，对本企业的食品安全工作全面负责。

食品生产经营企业应当配备食品安全管理人员，加强对其培训和考核。经考核不具备食品安全管理能力的，不得上岗。食品安全监督管理部门应当对企业食品安全管理人员随机进行监督抽查考核并公布考核情况。监督抽查考核不得收取费用。

第四十五条　食品生产经营者应当建立并执行从业人员健康管理制度。患有国务院卫生行政部门规定的有碍食品安全疾病的人员，不得从事接触直接入口食品的工作。

从事接触直接入口食品工作的食品生产经营人员应当每年进行健康检查，取得健康证明后方可上岗工作。

第四十六条　食品生产企业应当就下列事项制定并实施控制要求，保证所生产的食品符合食品安全标准：

（一）原料采购、原料验收、投料等原料控制；

（二）生产工序、设备、贮存、包装等生产关键环节控制；

（三）原料检验、半成品检验、成品出厂检验等检验控制；

（四）运输和交付控制。

第四十七条　食品生产经营者应当建立食品安全自查制度，定期对食品安全状况进行检查评价。生产经营条件发生变化，不再符合食品安全要求的，食品生产经营者应当立即采取整改措施；有发生食品安全事故潜在风险的，应当立即停止食品生产经营活动，并向所在地县级人民政府食品安全监督管理部门报告。

第四十八条　国家鼓励食品生产经营企业符合良好生产规范要求，实施危害分析与关键控制点体系，提高食品安全管理水平。

对通过良好生产规范、危害分析与关键控制点体系认证的食品生产经营企业，认证机构应当依法实施跟踪调查；对不再符合认证要求的企业，应当依法撤销认证，及时向县级以上人民政府食品安全监督管理部门通报，并向社会公布。认证机构实施跟踪调查不得收取费用。

第四十九条　食用农产品生产者应当按照食品安全标准和国家有关规定使用农药、肥料、兽药、饲料和饲料添加剂等农业投入品，严格执行农业投入品使用安全间隔期或者休药期的规定，不得使用国家明令禁止的农业投入品。禁止将剧毒、高毒农药用于蔬菜、瓜果、茶叶和中草药材等国家规定的农作物。

食用农产品的生产企业和农民专业合作经济组织应当建立农业投入品使用记录制度。

县级以上人民政府农业行政部门应当加强对农业投入品使用的监督管理和指导，建立健全农业投入品安全使用制度。

第五十条 食品生产者采购食品原料、食品添加剂、食品相关产品，应当查验供货者的许可证和产品合格证明；对无法提供合格证明的食品原料，应当按照食品安全标准进行检验；不得采购或者使用不符合食品安全标准的食品原料、食品添加剂、食品相关产品。

食品生产企业应当建立食品原料、食品添加剂、食品相关产品进货查验记录制度，如实记录食品原料、食品添加剂、食品相关产品的名称、规格、数量、生产日期或者生产批号、保质期、进货日期以及供货者名称、地址、联系方式等内容，并保存相关凭证。记录和凭证保存期限不得少于产品保质期满后六个月；没有明确保质期的，保存期限不得少于二年。

第五十一条 食品生产企业应当建立食品出厂检验记录制度，查验出厂食品的检验合格证和安全状况，如实记录食品的名称、规格、数量、生产日期或者生产批号、保质期、检验合格证号、销售日期以及购货者名称、地址、联系方式等内容，并保存相关凭证。记录和凭证保存期限应当符合本法第五十条第二款的规定。

第五十二条 食品、食品添加剂、食品相关产品的生产者，应当按照食品安全标准对所生产的食品、食品添加剂、食品相关产品进行检验，检验合格后方可出厂或者销售。

第五十三条 食品经营者采购食品，应当查验供货者的许可证和食品出厂检验合格证或者其他合格证明（以下称合格证明文件）。

食品经营企业应当建立食品进货查验记录制度，如实记录食品的名称、规格、数量、生产日期或者生产批号、保质期、进货日期以及供货者名称、地址、联系方式等内容，并保存相关凭证。记录和凭证保存期限应当符合本法第五十条第二款的规定。

实行统一配送经营方式的食品经营企业，可以由企业总部统一查验供货者的许可证和食品合格证明文件，进行食品进货查验记录。

从事食品批发业务的经营企业应当建立食品销售记录制度，如实记录批发食品的名称、规格、数量、生产日期或者生产批号、保质期、销售日期以及购货者名称、地址、联系方式等内容，并保存相关凭证。记录和凭证保存期限应当符合本法第五十条第二款的规定。

第五十四条 食品经营者应当按照保证食品安全的要求贮存食品，定期检查库存食品，及时清理变质或者超过保质期的食品。

食品经营者贮存散装食品，应当在贮存位置标明食品的名称、生产日期或者生产批号、保质期、生产者名称及联系方式等内容。

第五十五条 餐饮服务提供者应当制定并实施原料控制要求，不得采购不符合食品安全标准的食品原料。倡导餐饮服务提供者公开加工过程，公示食品原料及其来源等信息。

餐饮服务提供者在加工过程中应当检查待加工的食品及原料，发现有本法第三十四条第六项规定情形的，不得加工或者使用。

第五十六条 餐饮服务提供者应当定期维护食品加工、贮存、陈列等设施、设备；定期清洗、校验保温设施及冷藏、冷冻设施。

餐饮服务提供者应当按照要求对餐具、饮具进行清洗消毒，不得使用未经清洗消毒的餐具、饮具；餐饮服务提供者委托清洗消毒餐具、饮具的，应当委托符合本法规定条件的餐具、饮具集中消毒服务单位。

第五十七条 学校、托幼机构、养老机构、建筑工地等集中用餐单位的食堂应当严格遵守法律、法规和食品安全标准；从供餐单位订餐的，应当从取得食品生产经营许可的企业订购，并按照要求对订购的食品进行查验。供餐单位应当严格遵守法律、法规和食品安全标准，当餐加工，确保食品安全。

学校、托幼机构、养老机构、建筑工地

等集中用餐单位的主管部门应当加强对集中用餐单位的食品安全教育和日常管理，降低食品安全风险，及时消除食品安全隐患。

第五十八条　餐具、饮具集中消毒服务单位应当具备相应的作业场所、清洗消毒设备或者设施，用水和使用的洗涤剂、消毒剂应当符合相关食品安全国家标准和其他国家标准、卫生规范。

餐具、饮具集中消毒服务单位应当对消毒餐具、饮具进行逐批检验，检验合格后方可出厂，并应当随附消毒合格证明。消毒后的餐具、饮具应当在独立包装上标注单位名称、地址、联系方式、消毒日期以及使用期限等内容。

第五十九条　食品添加剂生产者应当建立食品添加剂出厂检验记录制度，查验出厂产品的检验合格证和安全状况，如实记录食品添加剂的名称、规格、数量、生产日期或者生产批号、保质期、检验合格证号、销售日期以及购货者名称、地址、联系方式等相关内容，并保存相关凭证。记录和凭证保存期限应当符合本法第五十条第二款的规定。

第六十条　食品添加剂经营者采购食品添加剂，应当依法查验供货者的许可证和产品合格证明文件，如实记录食品添加剂的名称、规格、数量、生产日期或者生产批号、保质期、进货日期以及供货者名称、地址、联系方式等内容，并保存相关凭证。记录和凭证保存期限应当符合本法第五十条第二款的规定。

第六十一条　集中交易市场的开办者、柜台出租者和展销会举办者，应当依法审查入场食品经营者的许可证，明确其食品安全管理责任，定期对其经营环境和条件进行检查，发现其有违反本法规定行为的，应当及时制止并立即报告所在地县级人民政府食品安全监督管理部门。

第六十二条　网络食品交易第三方平台提供者应当对入网食品经营者进行实名登记，明确其食品安全管理责任；依法应当取得许可证的，还应当审查其许可证。

网络食品交易第三方平台提供者发现入网食品经营者有违反本法规定行为的，应当及时制止并立即报告所在地县级人民政府食品安全监督管理部门；发现严重违法行为的，应当立即停止提供网络交易平台服务。

第六十三条　国家建立食品召回制度。食品生产者发现其生产的食品不符合食品安全标准或者有证据证明可能危害人体健康的，应当立即停止生产，召回已经上市销售的食品，通知相关生产经营者和消费者，并记录召回和通知情况。

食品经营者发现其经营的食品有前款规定情形的，应当立即停止经营，通知相关生产经营者和消费者，并记录停止经营和通知情况。食品生产者认为应当召回的，应当立即召回。由于食品经营者的原因造成其经营的食品有前款规定情形的，食品经营者应当召回。

食品生产经营者应当对召回的食品采取无害化处理、销毁等措施，防止其再次流入市场。但是，对因标签、标志或者说明书不符合食品安全标准而被召回的食品，食品生产者在采取补救措施且能保证食品安全的情况下可以继续销售；销售时应当向消费者明示补救措施。

食品生产经营者应当将食品召回和处理情况向所在地县级人民政府食品安全监督管理部门报告；需要对召回的食品进行无害化处理、销毁的，应当提前报告时间、地点。食品安全监督管理部门认为必要的，可以实施现场监督。

食品生产经营者未依照本条规定召回或者停止经营的，县级以上人民政府食品安全监督管理部门可以责令其召回或者停止经营。

第六十四条　食用农产品批发市场应当配备检验设备和检验人员或者委托符合本法规定的食品检验机构，对进入该批发市场销售的食用农产品进行抽样检验；发现不符合食品安全标准的，应当要求销售者立即停止销售，并向食品安全监督管理部门报告。

第六十五条 食用农产品销售者应当建立食用农产品进货查验记录制度，如实记录食用农产品的名称、数量、进货日期以及供货者名称、地址、联系方式等内容，并保存相关凭证。记录和凭证保存期限不得少于六个月。

第六十六条 进入市场销售的食用农产品在包装、保鲜、贮存、运输中使用保鲜剂、防腐剂等食品添加剂和包装材料等食品相关产品，应当符合食品安全国家标准。

第三节 标签、说明书和广告

第六十七条 预包装食品的包装上应当有标签。标签应当标明下列事项：

（一）名称、规格、净含量、生产日期；

（二）成分或者配料表；

（三）生产者的名称、地址、联系方式；

（四）保质期；

（五）产品标准代号；

（六）贮存条件；

（七）所使用的食品添加剂在国家标准中的通用名称；

（八）生产许可证编号；

（九）法律、法规或者食品安全标准规定应当标明的其他事项。

专供婴幼儿和其他特定人群的主辅食品，其标签还应当标明主要营养成分及其含量。

食品安全国家标准对标签标注事项另有规定的，从其规定。

第六十八条 食品经营者销售散装食品，应当在散装食品的容器、外包装上标明食品的名称、生产日期或者生产批号、保质期以及生产经营者名称、地址、联系方式等内容。

第六十九条 生产经营转基因食品应当按照规定显著标示。

第七十条 食品添加剂应当有标签、说明书和包装。标签、说明书应当载明本法第六十七条第一款第一项至第六项、第八项、第九项规定的事项，以及食品添加剂的使用范围、用量、使用方法，并在标签上载明“食品添加剂”字样。

第七十一条 食品和食品添加剂的标签、说明书，不得含有虚假内容，不得涉及疾病预防、治疗功能。生产经营者对其提供的标签、说明书的内容负责。

食品和食品添加剂的标签、说明书应当清楚、明显，生产日期、保质期等事项应当显著标注，容易辨识。

食品和食品添加剂与其标签、说明书的内容不符的，不得上市销售。

第七十二条 食品经营者应当按照食品标签标示的警示标志、警示说明或者注意事项的要求销售食品。

第七十三条 食品广告的内容应当真实合法，不得含有虚假内容，不得涉及疾病预防、治疗功能。食品生产经营者对食品广告内容的真实性、合法性负责。

县级以上人民政府食品安全监督管理部门和其他有关部门以及食品检验机构、食品行业协会不得以广告或者其他形式向消费者推荐食品。消费者组织不得以收取费用或者其他牟取利益的方式向消费者推荐食品。

第四节 特殊食品

第七十四条 国家对保健食品、特殊医学用途配方食品和婴幼儿配方食品等特殊食品实行严格监督管理。

第七十五条 保健食品声称保健功能，应当具有科学依据，不得对人体产生急性、亚急性或者慢性危害。

保健食品原料目录和允许保健食品声称的保健功能目录，由国务院食品安全监督管理部门会同国务院卫生行政部门、国家中医药管理部门制定、调整并公布。

保健食品原料目录应当包括原料名称、用量及其对应的功效；列入保健食品原料目录的原料只能用于保健食品生产，不得用于其他食品生产。

第七十六条　使用保健食品原料目录以外原料的保健食品和首次进口的保健食品应当经国务院食品安全监督管理部门注册。但是，首次进口的保健食品中属于补充维生素、矿物质等营养物质的，应当报国务院食品安全监督管理部门备案。其他保健食品应当报省、自治区、直辖市人民政府食品安全监督管理部门备案。

进口的保健食品应当是出口国（地区）主管部门准许上市销售的产品。

第七十七条　依法应当注册的保健食品，注册时应当提交保健食品的研发报告、产品配方、生产工艺、安全性和保健功能评价、标签、说明书等材料及样品，并提供相关证明文件。国务院食品安全监督管理部门经组织技术审评，对符合安全和功能声称要求的，准予注册；对不符合要求的，不予注册并书面说明理由。对使用保健食品原料目录以外原料的保健食品作出准予注册决定的，应当及时将该原料纳入保健食品原料目录。

依法应当备案的保健食品，备案时应当提交产品配方、生产工艺、标签、说明书以及表明产品安全性和保健功能的材料。

第七十八条　保健食品的标签、说明书不得涉及疾病预防、治疗功能，内容应当真实，与注册或者备案的内容相一致，载明适宜人群、不适宜人群、功效成分或者标志性成分及其含量等，并声明“本品不能代替药物”。保健食品的功能和成分应当与标签、说明书相一致。

第七十九条　保健食品广告除应当符合本法第七十三条第一款的规定外，还应当声明“本品不能代替药物”；其内容应当经生产企业所在地省、自治区、直辖市人民政府食品安全监督管理部门审查批准，取得保健食品广告批准文件。省、自治区、直辖市人民政府食品安全监督管理部门应当公布并及时更新已经批准的保健食品广告目录以及批准的广告内容。

第八十条　特殊医学用途配方食品应当经国务院食品安全监督管理部门注册。注册时，应当提交产品配方、生产工艺、标签、说明书以及表明产品安全性、营养充足性和特殊医学用途临床效果的材料。

特殊医学用途配方食品广告适用《中华人民共和国广告法》和其他法律、行政法规关于药品广告管理的规定。

第八十一条　婴幼儿配方食品生产企业应当实施从原料进厂到成品出厂的全过程质量控制，对出厂的婴幼儿配方食品实施逐批检验，保证食品安全。

生产婴幼儿配方食品使用的生鲜乳、辅料等食品原料、食品添加剂等，应当符合法律、行政法规的规定和食品安全国家标准，保证婴幼儿生长发育所需的营养成分。

婴幼儿配方食品生产企业应当将食品原料、食品添加剂、产品配方及标签等事项向省、自治区、直辖市人民政府食品安全监督管理部门备案。

婴幼儿配方乳粉的产品配方应当经国务院食品安全监督管理部门注册。注册时，应当提交配方研发报告和其他表明配方科学性、安全性的材料。

不得以分装方式生产婴幼儿配方乳粉，同一企业不得用同一配方生产不同品牌的婴幼儿配方乳粉。

第八十二条　保健食品、特殊医学用途配方食品、婴幼儿配方乳粉的注册人或者备案人应当对其提交材料的真实性负责。

省级以上人民政府食品安全监督管理部门应当及时公布注册或者备案的保健食品、特殊医学用途配方食品、婴幼儿配方乳粉目录，并对注册或者备案中获知的企业商业秘密予以保密。

保健食品、特殊医学用途配方食品、婴幼儿配方乳粉生产企业应当按照注册或者备案的产品配方、生产工艺等技术要求组织生产。

第八十三条 生产保健食品，特殊医学用途配方食品、婴幼儿配方食品和其他专供特定人群的主辅食品的企业，应当按照良好生产规范的要求建立与所生产食品相适应的生产质量管理体系，定期对该体系的运行情况进行自查，保证其有效运行，并向所在地县级人民政府食品安全监督管理部门提交自查报告。

第五章 食品检验

第八十四条 食品检验机构按照国家有关认证认可的规定取得资质认定后，方可从事食品检验活动。但是，法律另有规定的除外。

食品检验机构的资质认定条件和检验规范，由国务院食品安全监督管理部门规定。

符合本法规定的食品检验机构出具的检验报告具有同等效力。

县级以上人民政府应当整合食品检验资源，实现资源共享。

第八十五条 食品检验由食品检验机构指定的检验人独立进行。

检验人应当依照有关法律、法规的规定，并按照食品安全标准和检验规范对食品进行检验，尊重科学，恪守职业道德，保证出具的检验数据和结论客观、公正，不得出具虚假检验报告。

第八十六条 食品检验实行食品检验机构与检验人负责制。食品检验报告应当加盖食品检验机构公章，并有检验人的签名或者盖章。食品检验机构和检验人对出具的食品检验报告负责。

第八十七条 县级以上人民政府食品安全监督管理部门应当对食品进行定期或者不定期的抽样检验，并依据有关规定公布检验结果，不得免检。进行抽样检验，应当购买抽取的样品，委托符合本法规定的食品检验机构进行检验，并支付相关费用；不得向食品生产经营者收取检验费和其他费用。

第八十八条 对依照本法规定实施的检验结论有异议的，食品生产经营者可以自收到检验结论之日起七个工作日内向实施抽样检验的食品安全监督管理部门或者其上一级食品安全监督管理部门提出复检申请，由受理复检申请的食品安全监督管理部门在公布的复检机构名录中随机确定复检机构进行复检。复检机构出具的复检结论为最终检验结论。复检机构与初检机构不得为同一机构。复检机构名录由国务院认证认可监督管理、食品安全监督管理、卫生行政、农业行政等部门共同公布。

采用国家规定的快速检测方法对食用农产品进行抽查检测，被抽查人对检测结果有异议的，可以自收到检测结果时起四小时内申请复检。复检不得采用快速检测方法。

第八十九条 食品生产企业可以自行对所生产的食品进行检验，也可以委托符合本法规定的食品检验机构进行检验。

食品行业协会和消费者协会等组织、消费者需要委托食品检验机构对食品进行检验的，应当委托符合本法规定的食品检验机构进行。

第九十条 食品添加剂的检验，适用本法有关食品检验的规定。

第六章 食品进出口

第九十一条 国家出入境检验检疫部门对进出口食品安全实施监督管理。

第九十二条 进口的食品、食品添加剂、食品相关产品应当符合我国食品安全国家标准。

进口的食品、食品添加剂应当经出入境检验检疫机构依照进出口商品检验相关法律、行政法规的规定检验合格。

进口的食品、食品添加剂应当按照国家出入境检验检疫部门的要求随附合格证明材料。

第九十三条 进口尚无食品安全国家标准的食品，由境外出口商、境外生产企业或者其委托的进口商向国务院卫生行政部门提交所执行的相关国家（地区）标准或者国际标准。国务院卫生行政部门对相关标准进行审查，认为符合食品安全要求的，决定暂予适用，并及时制定相应的食品安全国家标准。进口利用新的食品原料生产的食品或者进口食品添加剂新品种、食品相关产品新品种，依照本法第三十七条的规定办理。

出入境检验检疫机构按照国务院卫生行政部门的要求，对前款规定的食品、食品添加剂、食品相关产品进行检验。检验结果应当公开。

第九十四条　境外出口商、境外生产企业应当保证向我国出口的食品、食品添加剂、食品相关产品符合本法以及我国其他有关法律、行政法规的规定和食品安全国家标准的要求，并对标签、说明书的内容负责。

进口商应当建立境外出口商、境外生产企业审核制度，重点审核前款规定的内容；审核不合格的，不得进口。

发现进口食品不符合我国食品安全国家标准或者有证据证明可能危害人体健康的，进口商应当立即停止进口，并依照本法第六十三条的规定召回。

第九十五条　境外发生的食品安全事件可能对我国境内造成影响，或者在进口食品、食品添加剂、食品相关产品中发现严重食品安全问题的，国家出入境检验检疫部门应当及时采取风险预警或者控制措施，并向国务院食品安全监督管理、卫生行政、农业行政部门通报。接到通报的部门应当及时采取相应措施。

县级以上人民政府食品安全监督管理部门对国内市场上销售的进口食品、食品添加剂实施监督管理。发现存在严重食品安全问题的，国务院食品安全监督管理部门应当及时向国家出入境检验检疫部门通报。国家出入境检验检疫部门应当及时采取相应措施。

第九十六条　向我国境内出口食品的境外出口商或者代理商、进口食品的进口商应当向国家出入境检验检疫部门备案。向我国境内出口食品的境外食品生产企业应当经国家出入境检验检疫部门注册。已经注册的境外食品生产企业提供虚假材料，或者因其自身的原因致使进口食品发生重大食品安全事故的，国家出入境检验检疫部门应当撤销注册并公告。

国家出入境检验检疫部门应当定期公布已经备案的境外出口商、代理商、进口商和已经注册的境外食品生产企业名单。

第九十七条　进口的预包装食品、食品添加剂应当有中文标签；依法应当有说明书的，还应当有中文说明书。标签、说明书应当符合本法以及我国其他有关法律、行政法规的规定和食品安全国家标准的要求，并载明食品的原产地以及境内代理商的名称、地址、联系方式。预包装食品没有中文标签、中文说明书或者标签、说明书不符合本条规定的，不得进口。

第九十八条　进口商应当建立食品、食品添加剂进口和销售记录制度，如实记录食品、食品添加剂的名称、规格、数量、生产日期、生产或者进口批号、保质期、境外出口商和购货者名称、地址及联系方式、交货日期等内容，并保存相关凭证。记录和凭证保存期限应当符合本法第五十条第二款的规定。

第九十九条　出口食品生产企业应当保证其出口食品符合进口国（地区）的标准或者合同要求。

出口食品生产企业和出口食品原料种植、养殖场应当向国家出入境检验检疫部门备案。

第一百条　国家出入境检验检疫部门应当收集、汇总下列进出口食品安全信息，并及时通报相关部门、机构和企业：

（一）出入境检验检疫机构对进出口食品实施检验检疫发现的食品安全信息；

（二）食品行业协会和消费者协会等组织、消费者反映的进口食品安全信息；

（三）国际组织、境外政府机构发布的

风险预警信息及其他食品安全信息，以及境外食品行业协会等组织、消费者反映的食品安全信息；

（四）其他食品安全信息。

国家出入境检验检疫部门应当对进出口食品的进口商、出口商和出口食品生产企业实施信用管理，建立信用记录，并依法向社会公布。对有不良记录的进口商、出口商和出口食品生产企业，应当加强对其进出口食品的检验检疫。

第一百零一条 国家出入境检验检疫部门可以对向我国境内出口食品的国家（地区）的食品安全管理体系和食品安全状况进行评估和审查，并根据评估和审查结果，确定相应检验检疫要求。

第七章 食品安全事故处置

第一百零二条 国务院组织制定国家食品安全事故应急预案。

县级以上地方人民政府应当根据有关法律、法规的规定和上级人民政府的食品安全事故应急预案以及本行政区域的实际情况，制定本行政区域的食品安全事故应急预案，并报上一级人民政府备案。

食品安全事故应急预案应当对食品安全事故分级、事故处置组织指挥体系与职责、预防预警机制、处置程序、应急保障措施等作出规定。

食品生产经营企业应当制定食品安全事故处置方案，定期检查本企业各项食品安全防范措施的落实情况，及时消除事故隐患。

第一百零三条 发生食品安全事故的单位应当立即采取措施，防止事故扩大。事故单位和接收病人进行治疗的单位应当及时向事故发生地县级人民政府食品安全监督管理、卫生行政部门报告。

县级以上人民政府农业行政等部门在日常监督管理中发现食品安全事故或者接到事故举报，应当立即向同级食品安全监督管理部门通报。

发生食品安全事故，接到报告的县级人民政府食品安全监督管理部门应当按照应急预案的规定向本级人民政府和上级人民政府食品安全监督管理部门报告。县级人民政府和上级人民政府食品安全监督管理部门应当按照应急预案的规定上报。

任何单位和个人不得对食品安全事故隐瞒、谎报、缓报，不得隐匿、伪造、毁灭有关证据。

第一百零四条 医疗机构发现其接收的病人属于食源性疾病病人或者疑似病人的，应当按照规定及时将相关信息向所在地县级人民政府卫生行政部门报告。县级人民政府卫生行政部门认为与食品安全有关的，应当及时通报同级食品安全监督管理部门。

县级以上人民政府卫生行政部门在调查处理传染病或者其他突发公共卫生事件中发现与食品安全相关的信息，应当及时通报同级食品安全监督管理部门。

第一百零五条 县级以上人民政府食品安全监督管理部门接到食品安全事故的报告后，应当立即会同同级卫生行政、农业行政等部门进行调查处理，并采取下列措施，防止或者减轻社会危害：

（一）开展应急救援工作，组织救治因食品安全事故导致人身伤害的人员；

（二）封存可能导致食品安全事故的食品及其原料，并立即进行检验；对确认属于被污染的食品及其原料，责令食品生产经营者依照本法第六十三条的规定召回或者停止经营；

（三）封存被污染的食品相关产品，并责令进行清洗消毒；

（四）做好信息发布工作，依法对食品安全事故及其处理情况进行发布，并对可能产生的危害加以解释、说明。

发生食品安全事故需要启动应急预案的，县级以上人民政府应当立即成立事故处置指挥机构，启动应急预案，依照前款和应急预案的规定进行处置。

发生食品安全事故，县级以上疾病预防控制机构应当对事故现场进行卫生处理，并对与事故有关的因素开展流行病学调查，有关部门应当予以协助。县级以上疾病预防控制机构应当向同级食品安全监督管理、卫生行政部门提交流行病学调查报告。

第一百零六条　发生食品安全事故，设区的市级以上人民政府食品安全监督管理部门应当立即会同有关部门进行事故责任调查，督促有关部门履行职责，向本级人民政府和上一级人民政府食品安全监督管理部门提出事故责任调查处理报告。

涉及两个以上省、自治区、直辖市的重大食品安全事故由国务院食品安全监督管理部门依照前款规定组织事故责任调查。

第一百零七条　调查食品安全事故，应当坚持实事求是、尊重科学的原则，及时、准确查清事故性质和原因，认定事故责任，提出整改措施。

调查食品安全事故，除了查明事故单位的责任，还应当查明有关监督管理部门、食品检验机构、认证机构及其工作人员的责任。

第一百零八条　食品安全事故调查部门有权向有关单位和个人了解与事故有关的情况，并要求提供相关资料和样品。有关单位和个人应当予以配合，按照要求提供相关资料和样品，不得拒绝。

任何单位和个人不得阻挠、干涉食品安全事故的调查处理。

第八章　监督管理

第一百零九条　县级以上人民政府食品安全监督管理部门根据食品安全风险监测、风险评估结果和食品安全状况等，确定监督管理的重点、方式和频次，实施风险分级管理。

县级以上地方人民政府组织本级食品安全监督管理、农业行政等部门制定本行政区域的食品安全年度监督管理计划，向社会公布并组织实施。

食品安全年度监督管理计划应当将下列事项作为监督管理的重点：

（一）专供婴幼儿和其他特定人群的主辅食品；

（二）保健食品生产过程中的添加行为和按照注册或者备案的技术要求组织生产的情况，保健食品标签、说明书以及宣传材料中有关功能宣传的情况；

（三）发生食品安全事故风险较高的食品生产经营者；

（四）食品安全风险监测结果表明可能存在食品安全隐患的事项。

第一百一十条　县级以上人民政府食品安全监督管理部门履行食品安全监督管理职责，有权采取下列措施，对生产经营者遵守本法的情况进行监督检查：

（一）进入生产经营场所实施现场检查；

（二）对生产经营的食品、食品添加剂、食品相关产品进行抽样检验；

（三）查阅、复制有关合同、票据、账簿以及其他有关资料；

（四）查封、扣押有证据证明不符合食品安全标准或者有证据证明存在安全隐患以及用于违法生产经营的食品、食品添加剂、食品相关产品；

（五）查封违法从事生产经营活动的场所。

第一百一十一条　对食品安全风险评估结果证明食品存在安全隐患，需要制定、修订食品安全标准的，在制定、修订食品安全标准前，国务院卫生行政部门应当及时会同国务院有关部门规定食品中有害物质的临时限量值和临时检验方法，作为生产经营和监督管理的依据。

第一百一十二条　县级以上人民政府食品安全监督管理部门在食品安全监督管理工作中可以采用国家规定的快速检测方法对食品进行抽查检测。

对抽查检测结果表明可能不符合食品安

全标准的食品，应当依照本法第八十七条的规定进行检验。抽查检测结果确定有关食品不符合食品安全标准的，可以作为行政处罚的依据。

第一百一十三条 县级以上人民政府食品安全监督管理部门应当建立食品生产经营者食品安全信用档案，记录许可颁发、日常监督检查结果、违法行为查处等情况，依法向社会公布并实时更新；对有不良信用记录的食品生产经营者增加监督检查频次，对违法行为情节严重的食品生产经营者，可以通报投资主管部门、证券监督管理机构和有关的金融机构。

第一百一十四条 食品生产经营过程中存在食品安全隐患，未及时采取措施消除的，县级以上人民政府食品安全监督管理部门可以对食品生产经营者的法定代表人或者主要负责人进行责任约谈。食品生产经营者应当立即采取措施，进行整改，消除隐患。责任约谈情况和整改情况应当纳入食品生产经营者食品安全信用档案。

第一百一十五条 县级以上人民政府食品安全监督管理等部门应当公布本部门的电子邮件地址或者电话，接受咨询、投诉、举报。接到咨询、投诉、举报，对属于本部门职责的，应当受理并在法定期限内及时答复、核实、处理；对不属于本部门职责的，应当移交有权处理的部门并书面通知咨询、投诉、举报人。有权处理的部门应当在法定期限内及时处理，不得推诿。对查证属实的举报，给予举报人奖励。

有关部门应当对举报人的信息予以保密，保护举报人的合法权益。举报人举报所在企业的，该企业不得以解除、变更劳动合同或者其他方式对举报人进行打击报复。

第一百一十六条 县级以上人民政府食品安全监督管理等部门应当加强对执法人员食品安全法律、法规、标准和专业知识与执法能力等的培训，并组织考核。不具备相应知识和能力的，不得从事食品安全执法工作。

食品生产经营者、食品行业协会、消费者协会等发现食品安全执法人员在执法过程中有违反法律、法规规定的行为以及不规范执法行为的，可以向本级或者上级人民政府食品安全监督管理等部门或者监察机关投诉、举报。接到投诉、举报的部门或者机关应当进行核实，并将经核实的情况向食品安全执法人员所在部门通报；涉嫌违法违纪的，按照本法和有关规定处理。

第一百一十七条 县级以上人民政府食品安全监督管理等部门未及时发现食品安全系统性风险，未及时消除监督管理区域内的食品安全隐患的，本级人民政府可以对其主要负责人进行责任约谈。

地方人民政府未履行食品安全职责，未及时消除区域性重大食品安全隐患的，上级人民政府可以对其主要负责人进行责任约谈。

被约谈的食品安全监督管理等部门、地方人民政府应当立即采取措施，对食品安全监督管理工作进行整改。

责任约谈情况和整改情况应当纳入地方人民政府和有关部门食品安全监督管理工作评议、考核记录。

第一百一十八条 国家建立统一的食品安全信息平台，实行食品安全信息统一公布制度。国家食品安全总体情况、食品安全风险警示信息、重大食品安全事故及其调查处理信息和国务院确定需要统一公布的其他信息由国务院食品安全监督管理部门统一公布。食品安全风险警示信息和重大食品安全事故及其调查处理信息的影响限于特定区域的，也可以由有关省、自治区、直辖市人民政府食品安全监督管理部门公布。未经授权不得发布上述信息。

县级以上人民政府食品安全监督管理、农业行政部门依据各自职责公布食品安全日常监督管理信息。

公布食品安全信息，应当做到准确、及

时，并进行必要的解释说明，避免误导消费者和社会舆论。

第一百一十九条　县级以上地方人民政府食品安全监督管理、卫生行政、农业行政部门获知本法规定需要统一公布的信息，应当向上级主管部门报告，由上级主管部门立即报告国务院食品安全监督管理部门；必要时，可以直接向国务院食品安全监督管理部门报告。

县级以上人民政府食品安全监督管理、卫生行政、农业行政部门应当相互通报获知的食品安全信息。

第一百二十条　任何单位和个人不得编造、散布虚假食品安全信息。

县级以上人民政府食品安全监督管理部门发现可能误导消费者和社会舆论的食品安全信息，应当立即组织有关部门、专业机构、相关食品生产经营者等进行核实、分析，并及时公布结果。

第一百二十一条　县级以上人民政府食品安全监督管理等部门发现涉嫌食品安全犯罪的，应当按照有关规定及时将案件移送公安机关。对移送的案件，公安机关应当及时审查；认为有犯罪事实需要追究刑事责任的，应当立案侦查。

公安机关在食品安全犯罪案件侦查过程中认为没有犯罪事实，或者犯罪事实显著轻微，不需要追究刑事责任，但依法应当追究行政责任的，应当及时将案件移送食品安全监督管理等部门和监察机关，有关部门应当依法处理。

公安机关商请食品安全监督管理、生态环境等部门提供检验结论、认定意见以及对涉案物品进行无害化处理等协助的，有关部门应当及时提供，予以协助。

第九章　法律责任

第一百二十二条　违反本法规定，未取得食品生产经营许可从事食品生产经营活动，或者未取得食品添加剂生产许可从事食品添加剂生产活动的，由县级以上人民政府食品安全监督管理部门没收违法所得和违法生产经营的食品、食品添加剂以及用于违法生产经营的工具、设备、原料等物品；违法生产经营的食品、食品添加剂货值金额不足一万元的，并处五万元以上十万元以下罚款；货值金额一万元以上的，并处货值金额十倍以上二十倍以下罚款。

明知从事前款规定的违法行为，仍为其提供生产经营场所或者其他条件的，由县级以上人民政府食品安全监督管理部门责令停止违法行为，没收违法所得，并处五万元以上十万元以下罚款；使消费者的合法权益受到损害的，应当与食品、食品添加剂生产经营者承担连带责任。

第一百二十三条　违反本法规定，有下列情形之一，尚不构成犯罪的，由县级以上人民政府食品安全监督管理部门没收违法所得和违法生产经营的食品，并可以没收用于违法生产经营的工具、设备、原料等物品；违法生产经营的食品货值金额不足一万元的，并处十万元以上十五万元以下罚款；货值金额一万元以上的，并处货值金额十五倍以上三十倍以下罚款；情节严重的，吊销许可证，并可以由公安机关对其直接负责的主管人员和其他直接责任人员处五日以上十五日以下拘留：

（一）用非食品原料生产食品、在食品中添加食品添加剂以外的化学物质和其他可能危害人体健康的物质，或者用回收食品作为原料生产食品，或者经营上述食品；

（二）生产经营营养成分不符合食品安全标准的专供婴幼儿和其他特定人群的主辅食品；

（三）经营病死、毒死或者死因不明的禽、畜、兽、水产动物肉类，或者生产经营其制品；

（四）经营未按规定进行检疫或者检疫不合格的肉类，或者生产经营未经检验或者检验不合格的肉类制品；

（五）生产经营国家为防病等特殊需要明令禁止生产经营的食品；

（六）生产经营添加药品的食品。

明知从事前款规定的违法行为，仍为其提供生产经营场所或者其他条件的，由县级以上人民政府食品安全监督管理部门责令停止违法行为，没收违法所得，并处十万元以上二十万元以下罚款；使消费者的合法权益受到损害的，应当与食品生产经营者承担连带责任。

违法使用剧毒、高毒农药的，除依照有关法律、法规规定给予处罚外，可以由公安机关依照第一款规定给予拘留。

第一百二十四条 违反本法规定，有下列情形之一，尚不构成犯罪的，由县级以上人民政府食品安全监督管理部门没收违法所得和违法生产经营的食品、食品添加剂，并可以没收用于违法生产经营的工具、设备、原料等物品；违法生产经营的食品、食品添加剂货值金额不足一万元的，并处五万元以上十万元以下罚款；货值金额一万元以上的，并处货值金额十倍以上二十倍以下罚款；情节严重的，吊销许可证：

（一）生产经营致病性微生物，农药残留、兽药残留、生物毒素、重金属等污染物质以及其他危害人体健康的物质含量超过食品安全标准限量的食品、食品添加剂；

（二）用超过保质期的食品原料、食品添加剂生产食品、食品添加剂，或者经营上述食品、食品添加剂；

（三）生产经营超范围、超限量使用食品添加剂的食品；

（四）生产经营腐败变质、油脂酸败、霉变生虫、污秽不洁、混有异物、掺假掺杂或者感官性状异常的食品、食品添加剂；

（五）生产经营标注虚假生产日期、保质期或者超过保质期的食品、食品添加剂；

（六）生产经营未按规定注册的保健食品、特殊医学用途配方食品、婴幼儿配方乳粉，或者未按注册的产品配方、生产工艺等技术要求组织生产；

（七）以分装方式生产婴幼儿配方乳粉，或者同一企业以同一配方生产不同品牌的婴幼儿配方乳粉；

（八）利用新的食品原料生产食品，或者生产食品添加剂新品种，未通过安全性评估；

（九）食品生产经营者在食品安全监督管理部门责令其召回或者停止经营后，仍拒不召回或者停止经营。

除前款和本法第一百二十三条、第一百二十五条规定的情形外，生产经营不符合法律、法规或者食品安全标准的食品、食品添加剂的，依照前款规定给予处罚。

生产食品相关产品新品种，未通过安全性评估，或者生产不符合食品安全标准的食品相关产品的，由县级以上人民政府食品安全监督管理部门依照第一款规定给予处罚。

第一百二十五条 违反本法规定，有下列情形之一的，由县级以上人民政府食品安全监督管理部门没收违法所得和违法生产经营的食品、食品添加剂，并可以没收用于违法生产经营的工具、设备、原料等物品；违法生产经营的食品、食品添加剂货值金额不足一万元的，并处五千元以上五万元以下罚款；货值金额一万元以上的，并处货值金额五倍以上十倍以下罚款；情节严重的，责令停产停业，直至吊销许可证：

（一）生产经营被包装材料、容器、运输工具等污染的食品、食品添加剂；

（二）生产经营无标签的预包装食品、食品添加剂或者标签、说明书不符合本法规定的食品、食品添加剂；

（三）生产经营转基因食品未按规定进行标示；

（四）食品生产经营者采购或者使用不符合食品安全标准的食品原料、食品添加剂、食品相关产品。

生产经营的食品、食品添加剂的标签、说明书存在瑕疵但不影响食品安全且不会对消费者造成误导的，由县级以上人民政府食品安全监督管理部门责令改正；拒不改正的，处二千元以下罚款。

第一百二十六条　违反本法规定，有下列情形之一的，由县级以上人民政府食品安全监督管理部门责令改正，给予警告；拒不改正的，处五千元以上五万元以下罚款；情节严重的，责令停产停业，直至吊销许可证：

（一）食品、食品添加剂生产者未按规定对采购的食品原料和生产的食品、食品添加剂进行检验；

（二）食品生产经营企业未按规定建立食品安全管理制度，或者未按规定配备或者培训、考核食品安全管理人员；

（三）食品、食品添加剂生产经营者进货时未查验许可证和相关证明文件，或者未按规定建立并遵守进货查验记录、出厂检验记录和销售记录制度；

（四）食品生产经营企业未制定食品安全事故处置方案；

（五）餐具、饮具和盛放直接入口食品的容器，使用前未经洗净、消毒或者清洗消毒不合格，或者餐饮服务设施、设备未按规定定期维护、清洗、校验；

（六）食品生产经营者安排未取得健康证明或者患有国务院卫生行政部门规定的有碍食品安全疾病的人员从事接触直接入口食品的工作；

（七）食品经营者未按规定要求销售食品；

（八）保健食品生产企业未按规定向食品安全监督管理部门备案，或者未按备案的产品配方、生产工艺等技术要求组织生产；

（九）婴幼儿配方食品生产企业未将食品原料、食品添加剂、产品配方、标签等向食品安全监督管理部门备案；

（十）特殊食品生产企业未按规定建立生产质量管理体系并有效运行，或者未定期提交自查报告；

（十一）食品生产经营者未定期对食品安全状况进行检查评价，或者生产经营条件发生变化，未按规定处理；

（十二）学校、托幼机构、养老机构、建筑工地等集中用餐单位未按规定履行食品安全管理责任；

（十三）食品生产企业、餐饮服务提供者未按规定制定、实施生产经营过程控制要求。

餐具、饮具集中消毒服务单位违反本法规定用水，使用洗涤剂、消毒剂，或者出厂的餐具、饮具未按规定检验合格并随附消毒合格证明，或者未按规定在独立包装上标注相关内容的，由县级以上人民政府卫生行政部门依照前款规定给予处罚。

食品相关产品生产者未按规定对生产的食品相关产品进行检验的，由县级以上人民政府食品安全监督管理部门依照第一款规定给予处罚。

食用农产品销售者违反本法第六十五条规定的，由县级以上人民政府食品安全监督管理部门依照第一款规定给予处罚。

第一百二十七条　对食品生产加工小作坊、食品摊贩等的违法行为的处罚，依照省、自治区、直辖市制定的具体管理办法执行。

第一百二十八条　违反本法规定，事故单位在发生食品安全事故后未进行处置、报告的，由有关主管部门按照各自职责分工责令改正，给予警告；隐匿、伪造、毁灭有关证据的，责令停产停业，没收违法所得，并处十万元以上五十万元以下罚款；造成严重后果的，吊销许可证。

第一百二十九条　违反本法规定，有下列情形之一的，由出入境检验检疫机构依照本法第一百二十四条的规定给予处罚：

（一）提供虚假材料，进口不符合我国食品安全国家标准的食品、食品添加剂、食品相关产品；

（二）进口尚无食品安全国家标准的食品，未提交所执行的标准并经国务院卫生行政部门审查，或者进口利用新的食品原料生产的食品或者进口食品添加剂新品种、食品相关产品新品种，未通过安全性评估；

（三）未遵守本法的规定出口食品；

（四）进口商在有关主管部门责令其依照本法规定召回进口的食品后，仍拒不召回。

违反本法规定，进口商未建立并遵守食品、食品添加剂进口和销售记录制度、境外出口商或者生产企业审核制度的，由出入境检验检疫机构依照本法第一百二十六条的规定给予处罚。

第一百三十条 违反本法规定，集中交易市场的开办者、柜台出租者、展销会的举办者允许未依法取得许可的食品经营者进入市场销售食品，或者未履行检查、报告等义务的，由县级以上人民政府食品安全监督管理部门责令改正，没收违法所得，并处五万元以上二十万元以下罚款；造成严重后果的，责令停业，直至由原发证部门吊销许可证；使消费者的合法权益受到损害的，应当与食品经营者承担连带责任。

食用农产品批发市场违反本法第六十四条规定的，依照前款规定承担责任。

第一百三十一条 违反本法规定，网络食品交易第三方平台提供者未对入网食品经营者进行实名登记、审查许可证，或者未履行报告、停止提供网络交易平台服务等义务的，由县级以上人民政府食品安全监督管理部门责令改正，没收违法所得，并处五万元以上二十万元以下罚款；造成严重后果的，责令停业，直至由原发证部门吊销许可证；使消费者的合法权益受到损害的，应当与食品经营者承担连带责任。

消费者通过网络食品交易第三方平台购买食品，其合法权益受到损害的，可以向入网食品经营者或者食品生产者要求赔偿。网络食品交易第三方平台提供者不能提供入网食品经营者的真实名称、地址和有效联系方式的，由网络食品交易第三方平台提供者赔偿。网络食品交易第三方平台提供者赔偿后，有权向入网食品经营者或者食品生产者追偿。网络食品交易第三方平台提供者作出更有利于消费者承诺的，应当履行其承诺。

第一百三十二条 违反本法规定，未按要求进行食品贮存、运输和装卸的，由县级以上人民政府食品安全监督管理等部门按照各自职责分工责令改正，给予警告；拒不改正的，责令停产停业，并处一万元以上五万元以下罚款；情节严重的，吊销许可证。

第一百三十三条 违反本法规定，拒绝、阻挠、干涉有关部门、机构及其工作人员依法开展食品安全监督检查、事故调查处理、风险监测和风险评估的，由有关主管部门按照各自职责分工责令停产停业，并处二千元以上五万元以下罚款；情节严重的，吊销许可证；构成违反治安管理行为的，由公安机关依法给予治安管理处罚。

违反本法规定，对举报人以解除、变更劳动合同或者其他方式打击报复的，应当依照有关法律的规定承担责任。

第一百三十四条 食品生产经营者在一年内累计三次因违反本法规定受到责令停产停业、吊销许可证以外处罚的，由食品安全监督管理部门责令停产停业，直至吊销许可证。

第一百三十五条 被吊销许可证的食品生产经营者及其法定代表人、直接负责的主管人员和其他直接责任人员自处罚决定作出之日起五年内不得申请食品生产经营许可，或者从事食品生产经营管理工作、担任食品生产经营企业食品安全管理人员。

因食品安全犯罪被判处有期徒刑以上刑罚的，终身不得从事食品生产经营管理工作，也不得担任食品生产经营企业食品安全管理人员。

食品生产经营者聘用人员违反前两款规定的，由县级以上人民政府食品安全监督管理部门吊销许可证。

第一百三十六条 食品经营者履行了本

法规定的进货查验等义务，有充分证据证明其不知道所采购的食品不符合食品安全标准，并能如实说明其进货来源的，可以免予处罚，但应当依法没收其不符合食品安全标准的食品；造成人身、财产或者其他损害的，依法承担赔偿责任。

第一百三十七条　违反本法规定，承担食品安全风险监测、风险评估工作的技术机构、技术人员提供虚假监测、评估信息的，依法对技术机构直接负责的主管人员和技术人员给予撤职、开除处分；有执业资格的，由授予其资格的主管部门吊销执业证书。

第一百三十八条　违反本法规定，食品检验机构、食品检验人员出具虚假检验报告的，由授予其资质的主管部门或者机构撤销该食品检验机构的检验资质，没收所收取的检验费用，并处检验费用五倍以上十倍以下罚款，检验费用不足一万元的，并处五万元以上十万元以下罚款；依法对食品检验机构直接负责的主管人员和食品检验人员给予撤职或者开除处分；导致发生重大食品安全事故的，对直接负责的主管人员和食品检验人员给予开除处分。

违反本法规定，受到开除处分的食品检验机构人员，自处分决定作出之日起十年内不得从事食品检验工作；因食品安全违法行为受到刑事处罚或者因出具虚假检验报告导致发生重大食品安全事故受到开除处分的食品检验机构人员，终身不得从事食品检验工作。食品检验机构聘用不得从事食品检验工作的人员的，由授予其资质的主管部门或者机构撤销该食品检验机构的检验资质。

食品检验机构出具虚假检验报告，使消费者的合法权益受到损害的，应当与食品生产经营者承担连带责任。

第一百三十九条　违反本法规定，认证机构出具虚假认证结论，由认证认可监督管理部门没收所收取的认证费用，并处认证费用五倍以上十倍以下罚款，认证费用不足一万元的，并处五万元以上十万元以下罚款；情节严重的，责令停业，直至撤销认证机构批准文件，并向社会公布；对直接负责的主管人员和负有直接责任的认证人员，撤销其执业资格。

认证机构出具虚假认证结论，使消费者的合法权益受到损害的，应当与食品生产经营者承担连带责任。

第一百四十条　违反本法规定，在广告中对食品作虚假宣传，欺骗消费者，或者发布未取得批准文件、广告内容与批准文件不一致的保健食品广告的，依照《中华人民共和国广告法》的规定给予处罚。

广告经营者、发布者设计、制作、发布虚假食品广告，使消费者的合法权益受到损害的，应当与食品生产经营者承担连带责任。

社会团体或者其他组织、个人在虚假广告或者其他虚假宣传中向消费者推荐食品，使消费者的合法权益受到损害的，应当与食品生产经营者承担连带责任。

违反本法规定，食品安全监督管理等部门、食品检验机构、食品行业协会以广告或者其他形式向消费者推荐食品，消费者组织以收取费用或者其他牟取利益的方式向消费者推荐食品的，由有关主管部门没收违法所得，依法对直接负责的主管人员和其他直接责任人员给予记大过、降级或者撤职处分；情节严重的，给予开除处分。

对食品作虚假宣传且情节严重的，由省级以上人民政府食品安全监督管理部门决定暂停销售该食品，并向社会公布；仍然销售该食品的，由县级以上人民政府食品安全监督管理部门没收违法所得和违法销售的食品，并处二万元以上五万元以下罚款。

第一百四十一条　违反本法规定，编造、散布虚假食品安全信息，构成违反治安管理行为的，由公安机关依法给予治安管理处罚。

媒体编造、散布虚假食品安全信息的，由有关主管部门依法给予处罚，并对直接负责的主管人员和其他直接责任人员给予处分；使公民、法人或者其他组织的合法权益受到损害的，依法承担消除影响、恢复名誉、赔偿损失、赔礼道歉等民事责任。

第一百四十二条　违反本法规定，县级以上地方人民政府有下列行为之一的，对直接负责的主管人员和其他直接责任人员给予记大过处分；情节较重的，给予降级或者撤职处分；情节严重的，给予开除处分；造成严重后果的，其主要负责人还应当引咎辞职：

（一）对发生在本行政区域内的食品安全事故，未及时组织协调有关部门开展有效处置，造成不良影响或者损失；

（二）对本行政区域内涉及多环节的区域性食品安全问题，未及时组织整治，造成不良影响或者损失；

（三）隐瞒、谎报、缓报食品安全事故；

（四）本行政区域内发生特别重大食品安全事故，或者连续发生重大食品安全事故。

第一百四十三条　违反本法规定，县级以上地方人民政府有下列行为之一的，对直接负责的主管人员和其他直接责任人员给予警告、记过或者记大过处分；造成严重后果的，给予降级或者撤职处分：

（一）未确定有关部门的食品安全监督管理职责，未建立健全食品安全全程监督管理工作机制和信息共享机制，未落实食品安全监督管理责任制；

（二）未制定本行政区域的食品安全事故应急预案，或者发生食品安全事故后未按规定立即成立事故处置指挥机构、启动应急预案。

第一百四十四条　违反本法规定，县级以上人民政府食品安全监督管理、卫生行政、农业行政等部门有下列行为之一的，对直接负责的主管人员和其他直接责任人员给予记大过处分；情节较重的，给予降级或者撤职处分；情节严重的，给予开除处分；造成严重后果的，其主要负责人还应当引咎辞职：

（一）隐瞒、谎报、缓报食品安全事故；

（二）未按规定查处食品安全事故，或者接到食品安全事故报告未及时处理，造成事故扩大或者蔓延；

（三）经食品安全风险评估得出食品、食品添加剂、食品相关产品不安全结论后，未及时采取相应措施，造成食品安全事故或者不良社会影响；

（四）对不符合条件的申请人准予许可，或者超越法定职权准予许可；

（五）不履行食品安全监督管理职责，导致发生食品安全事故。

第一百四十五条　违反本法规定，县级以上人民政府食品安全监督管理、卫生行政、农业行政等部门有下列行为之一，造成不良后果的，对直接负责的主管人员和其他直接责任人员给予警告、记过或者记大过处分；情节较重的，给予降级或者撤职处分；情节严重的，给予开除处分：

（一）在获知有关食品安全信息后，未按规定向上级主管部门和本级人民政府报告，或者未按规定相互通报；

（二）未按规定公布食品安全信息；

（三）不履行法定职责，对查处食品安全违法行为不配合，或者滥用职权、玩忽职守、徇私舞弊。

第一百四十六条　食品安全监督管理等部门在履行食品安全监督管理职责过程中，违法实施检查、强制等执法措施，给生产经营者造成损失的，应当依法予以赔偿，对直接负责的主管人员和其他直接责任人员依法给予处分。

第一百四十七条　违反本法规定，造成人身、财产或者其他损害的，依法承担赔偿责任。生产经营者财产不足以同时承担民事赔偿责任和缴纳罚款、罚金时，先承担民事赔偿责任。

第一百四十八条　消费者因不符合食品安全标准的食品受到损害的，可以向经营者要求赔偿损失，也可以向生产者要求赔偿损失。接到消费者赔偿要求的生产经营者，应当实行首负责任制，先行赔付，不得推诿；属于生产者责任的，经营者赔偿后有权向生产者追偿；属于经营者责任的，生产者赔偿后有权向经营者追偿。

生产不符合食品安全标准的食品或者经营明知是不符合食品安全标准的食品，消费者除要求赔偿损失外，还可以向生产者或者经营者要求支付价款十倍或者损失三倍的赔偿金；增加赔偿的金额不足一千元的，为一千元。但是，食品的标签、说明书存在不影响食品安全且不会对消费者造成误导的瑕疵的除外。

第一百四十九条　违反本法规定，构成犯罪的，依法追究刑事责任。

第十章　附　　则

第一百五十条　本法下列用语的含义：

食品，指各种供人食用或者饮用的成品和原料以及按照传统既是食品又是中药材的物品，但是不包括以治疗为目的的物品。

食品安全，指食品无毒、无害，符合应当有的营养要求，对人体健康不造成任何急性、亚急性或者慢性危害。

预包装食品，指预先定量包装或者制作在包装材料、容器中的食品。

食品添加剂，指为改善食品品质和色、香、味以及为防腐、保鲜和加工工艺的需要而加入食品中的人工合成或者天然物质，包括营养强化剂。

用于食品的包装材料和容器，指包装、盛放食品或者食品添加剂用的纸、竹、木、金属、搪瓷、陶瓷、塑料、橡胶、天然纤维、化学纤维、玻璃等制品和直接接触食品或者食品添加剂的涂料。

用于食品生产经营的工具、设备，指在食品或者食品添加剂生产、销售、使用过程中直接接触食品或者食品添加剂的机械、管道、传送带、容器、用具、餐具等。

用于食品的洗涤剂、消毒剂，指直接用于洗涤或者消毒食品、餐具、饮具以及直接接触食品的工具、设备或者食品包装材料和容器的物质。

食品保质期，指食品在标明的贮存条件下保持品质的期限。

食源性疾病，指食品中致病因素进入人体引起的感染性、中毒性等疾病，包括食物中毒。

食品安全事故，指食源性疾病、食品污染等源于食品，对人体健康有危害或者可能有危害的事故。

第一百五十一条　转基因食品和食盐的食品安全管理，本法未作规定的，适用其他法律、行政法规的规定。

第一百五十二条　铁路、民航运营中食品安全的管理办法由国务院食品安全监督管理部门会同国务院有关部门依照本法制定。

保健食品的具体管理办法由国务院食品安全监督管理部门依照本法制定。

食品相关产品生产活动的具体管理办法由国务院食品安全监督管理部门依照本法制定。

国境口岸食品的监督管理由出入境检验检疫机构依照本法以及有关法律、行政法规的规定实施。

军队专用食品和自供食品的食品安全管理办法由中央军事委员会依照本法制定。

第一百五十三条　国务院根据实际需要，可以对食品安全监督管理体制作出调整。

第一百五十四条　本法自2015年10月1日起施行。

中华人民共和国食品安全法实施条例

（2009 年 7 月 20 日中华人民共和国国务院令第 557 号公布，根据 2016 年 2 月 6 日《国务院关于修改部分行政法规的决定》修订，2019 年 3 月 26 日国务院第 42 次常务会议修订通过）

第一章　总　　则

第一条　根据《中华人民共和国食品安全法》（以下简称食品安全法），制定本条例。

第二条　食品生产经营者应当依照法律、法规和食品安全标准从事生产经营活动，建立健全食品安全管理制度，采取有效措施预防和控制食品安全风险，保证食品安全。

第三条　国务院食品安全委员会负责分析食品安全形势，研究部署、统筹指导食品安全工作，提出食品安全监督管理的重大政策措施，督促落实食品安全监督管理责任。县级以上地方人民政府食品安全委员会按照本级人民政府规定的职责开展工作。

第四条　县级以上人民政府建立统一权威的食品安全监督管理体制，加强食品安全监督管理能力建设。

县级以上人民政府食品安全监督管理部门和其他有关部门应当依法履行职责，加强协调配合，做好食品安全监督管理工作。

乡镇人民政府和街道办事处应当支持、协助县级人民政府食品安全监督管理部门及其派出机构依法开展食品安全监督管理工作。

第五条　国家将食品安全知识纳入国民素质教育内容，普及食品安全科学常识和法律知识，提高全社会的食品安全意识。

第二章　食品安全风险监测和评估

第六条　县级以上人民政府卫生行政部门会同同级食品安全监督管理等部门建立食品安全风险监测会商机制，汇总、分析风险监测数据，研判食品安全风险，形成食品安全风险监测分析报告，报本级人民政府；县级以上地方人民政府卫生行政部门还应当将食品安全风险监测分析报告同时报上一级人民政府卫生行政部门。食品安全风险监测会商的具体办法由国务院卫生行政部门会同国务院食品安全监督管理等部门制定。

第七条　食品安全风险监测结果表明存在食品安全隐患，食品安全监督管理等部门经进一步调查确认有必要通知相关食品生产经营者的，应当及时通知。

接到通知的食品生产经营者应当立即进行自查，发现食品不符合食品安全标准或者有证据证明可能危害人体健康的，应当依照食品安全法第六十三条的规定停止生产、经营，实施食品召回，并报告相关情况。

第八条　国务院卫生行政、食品安全监督管理等部门发现需要对农药、肥料、兽药、饲料和饲料添加剂等进行安全性评估的，应当向国务院农业行政部门提出安全性评估建议。国务院农业行政部门应当及时组织评估，并向国务院有关部门通报评估结果。

第九条　国务院食品安全监督管理部门和其他有关部门建立食品安全风险信息交流机制，明确食品安全风险信息交流的内容、程序和要求。

第三章　食品安全标准

第十条　国务院卫生行政部门会同国务

院食品安全监督管理、农业行政等部门制定食品安全国家标准规划及其年度实施计划。国务院卫生行政部门应当在其网站上公布食品安全国家标准规划及其年度实施计划的草案，公开征求意见。

第十一条　省、自治区、直辖市人民政府卫生行政部门依照食品安全法第二十九条的规定制定食品安全地方标准，应当公开征求意见。省、自治区、直辖市人民政府卫生行政部门应当自食品安全地方标准公布之日起30个工作日内，将地方标准报国务院卫生行政部门备案。国务院卫生行政部门发现备案的食品安全地方标准违反法律、法规或者食品安全国家标准的，应当及时予以纠正。

食品安全地方标准依法废止的，省、自治区、直辖市人民政府卫生行政部门应当及时在其网站上公布废止情况。

第十二条　保健食品、特殊医学用途配方食品、婴幼儿配方食品等特殊食品不属于地方特色食品，不得对其制定食品安全地方标准。

第十三条　食品安全标准公布后，食品生产经营者可以在食品安全标准规定的实施日期之前实施并公开提前实施情况。

第十四条　食品生产企业不得制定低于食品安全国家标准或者地方标准要求的企业标准。食品生产企业制定食品安全指标严于食品安全国家标准或者地方标准的企业标准的，应当报省、自治区、直辖市人民政府卫生行政部门备案。

食品生产企业制定企业标准的，应当公开，供公众免费查阅。

第四章　食品生产经营

第十五条　食品生产经营许可的有效期为5年。

食品生产经营者的生产经营条件发生变化，不再符合食品生产经营要求的，食品生产经营者应当立即采取整改措施；需要重新办理许可手续的，应当依法办理。

第十六条　国务院卫生行政部门应当及时公布新的食品原料、食品添加剂新品种和食品相关产品新品种目录以及所适用的食品安全国家标准。

对按照传统既是食品又是中药材的物质目录，国务院卫生行政部门会同国务院食品安全监督管理部门应当及时更新。

第十七条　国务院食品安全监督管理部门会同国务院农业行政等有关部门明确食品安全全程追溯基本要求，指导食品生产经营者通过信息化手段建立、完善食品安全追溯体系。

食品安全监督管理等部门应当将婴幼儿配方食品等针对特定人群的食品以及其他食品安全风险较高或者销售量大的食品的追溯体系建设作为监督检查的重点。

第十八条　食品生产经营者应当建立食品安全追溯体系，依照食品安全法的规定如实记录并保存进货查验、出厂检验、食品销售等信息，保证食品可追溯。

第十九条　食品生产经营企业的主要负责人对本企业的食品安全工作全面负责，建立并落实本企业的食品安全责任制，加强供货者管理、进货查验和出厂检验、生产经营过程控制、食品安全自查等工作。食品生产经营企业的食品安全管理人员应当协助企业主要负责人做好食品安全管理工作。

第二十条　食品生产经营企业应当加强对食品安全管理人员的培训和考核。食品安全管理人员应当掌握与其岗位相适应的食品安全法律、法规、标准和专业知识，具备食品安全管理能力。食品安全监督管理部门应当对企业食品安全管理人员进行随机监督抽查考核。考核指南由国务院食品安全监督管理部门制定、公布。

第二十一条　食品、食品添加剂生产经营者委托生产食品、食品添加剂的，应当委托取得食品生产许可、食品添加剂生产许可的生产者生产，并对其生产行为进行监督，对委托生产的食品、食品添加剂的安全负责。受托方应当依照法律、法规、食品安全标准以及合同约定进行生产，对生产行为负责，并接受委托方的监督。

第二十二条 食品生产经营者不得在食品生产、加工场所贮存依照本条例第六十三条规定制定的名录中的物质。

第二十三条 对食品进行辐照加工，应当遵守食品安全国家标准，并按照食品安全国家标准的要求对辐照加工食品进行检验和标注。

第二十四条 贮存、运输对温度、湿度等有特殊要求的食品，应当具备保温、冷藏或者冷冻等设备设施，并保持有效运行。

第二十五条 食品生产经营者委托贮存、运输食品的，应当对受托方的食品安全保障能力进行审核，并监督受托方按照保证食品安全的要求贮存、运输食品。受托方应当保证食品贮存、运输条件符合食品安全的要求，加强食品贮存、运输过程管理。

接受食品生产经营者委托贮存、运输食品的，应当如实记录委托方和收货方的名称、地址、联系方式等内容。记录保存期限不得少于贮存、运输结束后2年。

非食品生产经营者从事对温度、湿度等有特殊要求的食品贮存业务的，应当自取得营业执照之日起30个工作日内向所在地县级人民政府食品安全监督管理部门备案。

第二十六条 餐饮服务提供者委托餐具饮具集中消毒服务单位提供清洗消毒服务的，应当查验、留存餐具饮具集中消毒服务单位的营业执照复印件和消毒合格证明。保存期限不得少于消毒餐具饮具使用期限到期后6个月。

第二十七条 餐具饮具集中消毒服务单位应当建立餐具饮具出厂检验记录制度，如实记录出厂餐具饮具的数量、消毒日期和批号、使用期限、出厂日期以及委托方名称、地址、联系方式等内容。出厂检验记录保存期限不得少于消毒餐具饮具使用期限到期后6个月。消毒后的餐具饮具应当在独立包装上标注单位名称、地址、联系方式、消毒日期和批号以及使用期限等内容。

第二十八条 学校、托幼机构、养老机构、建筑工地等集中用餐单位的食堂应当执行原料控制、餐具饮具清洗消毒、食品留样等制度，并依照食品安全法第四十七条的规定定期开展食堂食品安全自查。

承包经营集中用餐单位食堂的，应当依法取得食品经营许可，并对食堂的食品安全负责。集中用餐单位应当督促承包方落实食品安全管理制度，承担管理责任。

第二十九条 食品生产经营者应当对变质、超过保质期或者回收的食品进行显著标示或者单独存放在有明确标志的场所，及时采取无害化处理、销毁等措施并如实记录。

食品安全法所称回收食品，是指已经售出，因违反法律、法规、食品安全标准或者超过保质期等原因，被召回或者退回的食品，不包括依照食品安全法第六十三条第三款的规定可以继续销售的食品。

第三十条 县级以上地方人民政府根据需要建设必要的食品无害化处理和销毁设施。食品生产经营者可以按照规定使用政府建设的设施对食品进行无害化处理或者予以销毁。

第三十一条 食品集中交易市场的开办者、食品展销会的举办者应当在市场开业或者展销会举办前向所在地县级人民政府食品安全监督管理部门报告。

第三十二条 网络食品交易第三方平台提供者应当妥善保存入网食品经营者的登记信息和交易信息。县级以上人民政府食品安全监督管理部门开展食品安全监督检查、食品安全案件调查处理、食品安全事故处置确需了解有关信息的，经其负责人批准，可以要求网络食品交易第三方平台提供者提供，网络食品交易第三方平台提供者应当按照要求提供。县级以上人民政府食品安全监督管理部门及其工作人员对网络食品交易第三方平台提供者提供的信息依法负有保密义务。

第三十三条　生产经营转基因食品应当显著标示，标示办法由国务院食品安全监督管理部门会同国务院农业行政部门制定。

第三十四条　禁止利用包括会议、讲座、健康咨询在内的任何方式对食品进行虚假宣传。食品安全监督管理部门发现虚假宣传行为的，应当依法及时处理。

第三十五条　保健食品生产工艺有原料提取、纯化等前处理工序的，生产企业应当具备相应的原料前处理能力。

第三十六条　特殊医学用途配方食品生产企业应当按照食品安全国家标准规定的检验项目对出厂产品实施逐批检验。

特殊医学用途配方食品中的特定全营养配方食品应当通过医疗机构或者药品零售企业向消费者销售。医疗机构、药品零售企业销售特定全营养配方食品的，不需要取得食品经营许可，但是应当遵守食品安全法和本条例关于食品销售的规定。

第三十七条　特殊医学用途配方食品中的特定全营养配方食品广告按照处方药广告管理，其他类别的特殊医学用途配方食品广告按照非处方药广告管理。

第三十八条　对保健食品之外的其他食品，不得声称具有保健功能。

对添加食品安全国家标准规定的选择性添加物质的婴幼儿配方食品，不得以选择性添加物质命名。

第三十九条　特殊食品的标签、说明书内容应当与注册或者备案的标签、说明书一致。销售特殊食品，应当核对食品标签、说明书内容是否与注册或者备案的标签、说明书一致，不一致的不得销售。省级以上人民政府食品安全监督管理部门应当在其网站上公布注册或者备案的特殊食品的标签、说明书。

特殊食品不得与普通食品或者药品混放销售。

第五章　食品检验

第四十条　对食品进行抽样检验，应当按照食品安全标准、注册或者备案的特殊食品的产品技术要求以及国家有关规定确定的检验项目和检验方法进行。

第四十一条　对可能掺杂掺假的食品，按照现有食品安全标准规定的检验项目和检验方法以及依照食品安全法第一百一十一条和本条例第六十三条规定制定的检验项目和检验方法无法检验的，国务院食品安全监督管理部门可以制定补充检验项目和检验方法，用于对食品的抽样检验、食品安全案件调查处理和食品安全事故处置。

第四十二条　依照食品安全法第八十八条的规定申请复检的，申请人应当向复检机构先行支付复检费用。复检结论表明食品不合格的，复检费用由复检申请人承担；复检结论表明食品合格的，复检费用由实施抽样检验的食品安全监督管理部门承担。

复检机构无正当理由不得拒绝承担复检任务。

第四十三条　任何单位和个人不得发布未依法取得资质认定的食品检验机构出具的食品检验信息，不得利用上述检验信息对食品、食品生产经营者进行等级评定，欺骗、误导消费者。

第六章　食品进出口

第四十四条　进口商进口食品、食品添加剂，应当按照规定向出入境检验检疫机构报检，如实申报产品相关信息，并随附法律、行政法规规定的合格证明材料。

第四十五条　进口食品运达口岸后，应当存放在出入境检验检疫机构指定或者认可的场所；需要移动的，应当按照出入境检验检疫机构的要求采取必要的安全防护措施。大宗散装进口食品应当在卸货口岸进行检验。

第四十六条　国家出入境检验检疫部门根据风险管理需要，可以对部分食品实行指定口岸进口。

第四十七条　国务院卫生行政部门依照

食品安全法第九十三条的规定对境外出口商、境外生产企业或者其委托的进口商提交的相关国家（地区）标准或者国际标准进行审查，认为符合食品安全要求的，决定暂予适用并予以公布；暂予适用的标准公布前，不得进口尚无食品安全国家标准的食品。

食品安全国家标准中通用标准已经涵盖的食品不属于食品安全法第九十三条规定的尚无食品安全国家标准的食品。

第四十八条　进口商应当建立境外出口商、境外生产企业审核制度，重点审核境外出口商、境外生产企业制定和执行食品安全风险控制措施的情况以及向我国出口的食品是否符合食品安全法、本条例和其他有关法律、行政法规的规定以及食品安全国家标准的要求。

第四十九条　进口商依照食品安全法第九十四条第三款的规定召回进口食品的，应当将食品召回和处理情况向所在地县级人民政府食品安全监督管理部门和所在地出入境检验检疫机构报告。

第五十条　国家出入境检验检疫部门发现已经注册的境外食品生产企业不再符合注册要求的，应当责令其在规定期限内整改，整改期间暂停进口其生产的食品；经整改仍不符合注册要求的，国家出入境检验检疫部门应当撤销境外食品生产企业注册并公告。

第五十一条　对通过我国良好生产规范、危害分析与关键控制点体系认证的境外生产企业，认证机构应当依法实施跟踪调查。对不再符合认证要求的企业，认证机构应当依法撤销认证并向社会公布。

第五十二条　境外发生的食品安全事件可能对我国境内造成影响，或者在进口食品、食品添加剂、食品相关产品中发现严重食品安全问题的，国家出入境检验检疫部门应当及时进行风险预警，并可以对相关的食品、食品添加剂、食品相关产品采取下列控制措施：

（一）退货或者销毁处理；

（二）有条件地限制进口；

（三）暂停或者禁止进口。

第五十三条　出口食品、食品添加剂的生产企业应当保证其出口食品、食品添加剂符合进口国家（地区）的标准或者合同要求；我国缔结或者参加的国际条约、协定有要求的，还应当符合国际条约、协定的要求。

第七章　食品安全事故处置

第五十四条　食品安全事故按照国家食品安全事故应急预案实行分级管理。县级以上人民政府食品安全监督管理部门会同同级有关部门负责食品安全事故调查处理。

县级以上人民政府应当根据实际情况及时修改、完善食品安全事故应急预案。

第五十五条　县级以上人民政府应当完善食品安全事故应急管理机制，改善应急装备，做好应急物资储备和应急队伍建设，加强应急培训、演练。

第五十六条　发生食品安全事故的单位应当对导致或者可能导致食品安全事故的食品及原料、工具、设备、设施等，立即采取封存等控制措施。

第五十七条　县级以上人民政府食品安全监督管理部门接到食品安全事故报告后，应当立即会同同级卫生行政、农业行政等部门依照食品安全法第一百零五条的规定进行调查处理。食品安全监督管理部门应当对事故单位封存的食品及原料、工具、设备、设施等予以保护，需要封存而事故单位尚未封存的应当直接封存或者责令事故单位立即封存，并通知疾病预防控制机构对与事故有关的因素开展流行病学调查。

疾病预防控制机构应当在调查结束后向同级食品安全监督管理、卫生行政部门同时提交流行病学调查报告。

任何单位和个人不得拒绝、阻挠疾病预防控制机构开展流行病学调查。有关部门应当对疾病预防控制机构开展流行病学调查予以协助。

第五十八条　国务院食品安全监督管理部门会同国务院卫生行政、农业行政等部门定期对全国食品安全事故情况进行分析，完善食品安全监督管理措施，预防和减少事故的发生。

第八章　监督管理

第五十九条　设区的市级以上人民政府食品安全监督管理部门根据监督管理工作需要，可以对由下级人民政府食品安全监督管理部门负责日常监督管理的食品生产经营者实施随机监督检查，也可以组织下级人民政府食品安全监督管理部门对食品生产经营者实施异地监督检查。

设区的市级以上人民政府食品安全监督管理部门认为必要的，可以直接调查处理下级人民政府食品安全监督管理部门管辖的食品安全违法案件，也可以指定其他下级人民政府食品安全监督管理部门调查处理。

第六十条　国家建立食品安全检查员制度，依托现有资源加强职业化检查员队伍建设，强化考核培训，提高检查员专业化水平。

第六十一条　县级以上人民政府食品安全监督管理部门依照食品安全法第一百一十条的规定实施查封、扣押措施，查封、扣押的期限不得超过30日；情况复杂的，经实施查封、扣押措施的食品安全监督管理部门负责人批准，可以延长，延长期限不得超过45日。

第六十二条　网络食品交易第三方平台多次出现入网食品经营者违法经营或者入网食品经营者的违法经营行为造成严重后果的，县级以上人民政府食品安全监督管理部门可以对网络食品交易第三方平台提供者的法定代表人或者主要负责人进行责任约谈。

第六十三条　国务院食品安全监督管理部门会同国务院卫生行政等部门根据食源性疾病信息、食品安全风险监测信息和监督管理信息等，对发现的添加或者可能添加到食品中的非食品用化学物质和其他可能危害人体健康的物质，制定名录及检测方法并予以公布。

第六十四条　县级以上地方人民政府卫生行政部门应当对餐具饮具集中消毒服务单位进行监督检查，发现不符合法律、法规、国家相关标准以及相关卫生规范等要求的，应当及时调查处理。监督检查的结果应当向社会公布。

第六十五条　国家实行食品安全违法行为举报奖励制度，对查证属实的举报，给予举报人奖励。举报人举报所在企业食品安全重大违法犯罪行为的，应当加大奖励力度。有关部门应当对举报人的信息予以保密，保护举报人的合法权益。食品安全违法行为举报奖励办法由国务院食品安全监督管理部门会同国务院财政等有关部门制定。

食品安全违法行为举报奖励资金纳入各级人民政府预算。

第六十六条　国务院食品安全监督管理部门应当会同国务院有关部门建立守信联合激励和失信联合惩戒机制，结合食品生产经营者信用档案，建立严重违法生产经营者黑名单制度，将食品安全信用状况与准入、融资、信贷、征信等相衔接，及时向社会公布。

第九章　法律责任

第六十七条　有下列情形之一的，属于食品安全法第一百二十三条至第一百二十六条、第一百三十二条以及本条例第七十二条、第七十三条规定的情节严重情形：

（一）违法行为涉及的产品货值金额2万元以上或者违法行为持续时间3个月以上；

（二）造成食源性疾病并出现死亡病例，或者造成30人以上食源性疾病但未出现死亡病例；

（三）故意提供虚假信息或者隐瞒真实情况；

（四）拒绝、逃避监督检查；

（五）因违反食品安全法律、法规受到行政处罚后 1 年内又实施同一性质的食品安全违法行为，或者因违反食品安全法律、法规受到刑事处罚后又实施食品安全违法行为；

（六）其他情节严重的情形。

对情节严重的违法行为处以罚款时，应当依法从重从严。

第六十八条　有下列情形之一的，依照食品安全法第一百二十五条第一款、本条例第七十五条的规定给予处罚：

（一）在食品生产、加工场所贮存依照本条例第六十三条规定制定的名录中的物质；

（二）生产经营的保健食品之外的食品的标签、说明书声称具有保健功能；

（三）以食品安全国家标准规定的选择性添加物质命名婴幼儿配方食品；

（四）生产经营的特殊食品的标签、说明书内容与注册或者备案的标签、说明书不一致。

第六十九条　有下列情形之一的，依照食品安全法第一百二十六条第一款、本条例第七十五条的规定给予处罚：

（一）接受食品生产经营者委托贮存、运输食品，未按照规定记录保存信息；

（二）餐饮服务提供者未查验、留存餐具饮具集中消毒服务单位的营业执照复印件和消毒合格证明；

（三）食品生产经营者未按照规定对变质、超过保质期或者回收的食品进行标示或者存放，或者未及时对上述食品采取无害化处理、销毁等措施并如实记录；

（四）医疗机构和药品零售企业之外的单位或者个人向消费者销售特殊医学用途配方食品中的特定全营养配方食品；

（五）将特殊食品与普通食品或者药品混放销售。

第七十条　除食品安全法第一百二十五条第一款、第一百二十六条规定的情形外，食品生产经营者的生产经营行为不符合食品安全法第三十三条第一款第五项、第七项至第十项的规定，或者不符合有关食品生产经营过程要求的食品安全国家标准的，依照食品安全法第一百二十六条第一款、本条例第七十五条的规定给予处罚。

第七十一条　餐具饮具集中消毒服务单位未按照规定建立并遵守出厂检验记录制度的，由县级以上人民政府卫生行政部门依照食品安全法第一百二十六条第一款、本条例第七十五条的规定给予处罚。

第七十二条　从事对温度、湿度等有特殊要求的食品贮存业务的非食品生产经营者，食品集中交易市场的开办者、食品展销会的举办者，未按照规定备案或者报告的，由县级以上人民政府食品安全监督管理部门责令改正，给予警告；拒不改正的，处 1 万元以上 5 万元以下罚款；情节严重的，责令停产停业，并处 5 万元以上 20 万元以下罚款。

第七十三条　利用会议、讲座、健康咨询等方式对食品进行虚假宣传的，由县级以上人民政府食品安全监督管理部门责令消除影响，有违法所得的，没收违法所得；情节严重的，依照食品安全法第一百四十条第五款的规定进行处罚；属于单位违法的，还应当依照本条例第七十五条的规定对单位的法定代表人、主要负责人、直接负责的主管人员和其他直接责任人员给予处罚。

第七十四条　食品生产经营者生产经营的食品符合食品安全标准但不符合食品所标注的企业标准规定的食品安全指标的，由县级以上人民政府食品安全监督管理部门给予警告，并责令食品经营者停止经营该食品，责令食品生产企业改正；拒不停止经营或者改正的，没收不符合企业标准规定的食品安全指标的食品，货值金额不足 1 万元的，并处 1 万元以上 5 万元以下罚款，货值金额 1

万元以上的，并处货值金额 5 倍以上 10 倍以下罚款。

第七十五条　食品生产经营企业等单位有食品安全法规定的违法情形，除依照食品安全法的规定给予处罚外，有下列情形之一的，对单位的法定代表人、主要负责人、直接负责的主管人员和其他直接责任人员处以其上一年度从本单位取得收入的 1 倍以上 10 倍以下罚款：

（一）故意实施违法行为；

（二）违法行为性质恶劣；

（三）违法行为造成严重后果。

属于食品安全法第一百二十五条第二款规定情形的，不适用前款规定。

第七十六条　食品生产经营者依照食品安全法第六十三条第一款、第二款的规定停止生产、经营，实施食品召回，或者采取其他有效措施减轻或者消除食品安全风险，未造成危害后果的，可以从轻或者减轻处罚。

第七十七条　县级以上地方人民政府食品安全监督管理等部门对有食品安全法第一百二十三条规定的违法情形且情节严重，可能需要行政拘留的，应当及时将案件及有关材料移送同级公安机关。公安机关认为需要补充材料的，食品安全监督管理等部门应当及时提供。公安机关经审查认为不符合行政拘留条件的，应当及时将案件及有关材料退回移送的食品安全监督管理等部门。

第七十八条　公安机关对发现的食品安全违法行为，经审查没有犯罪事实或者立案侦查后认为不需要追究刑事责任，但依法应当予以行政拘留的，应当及时作出行政拘留的处罚决定；不需要予以行政拘留但依法应当追究其他行政责任的，应当及时将案件及有关材料移送同级食品安全监督管理等部门。

第七十九条　复检机构无正当理由拒绝承担复检任务的，由县级以上人民政府食品安全监督管理部门给予警告，无正当理由 1 年内 2 次拒绝承担复检任务的，由国务院有关部门撤销其复检机构资质并向社会公布。

第八十条　发布未依法取得资质认定的食品检验机构出具的食品检验信息，或者利用上述检验信息对食品、食品生产经营者进行等级评定，欺骗、误导消费者的，由县级以上人民政府食品安全监督管理部门责令改正，有违法所得的，没收违法所得，并处 10 万元以上 50 万元以下罚款；拒不改正的，处 50 万元以上 100 万元以下罚款；构成违反治安管理行为的，由公安机关依法给予治安管理处罚。

第八十一条　食品安全监督管理部门依照食品安全法、本条例对违法单位或者个人处以 30 万元以上罚款的，由设区的市级以上人民政府食品安全监督管理部门决定。罚款具体处罚权限由国务院食品安全监督管理部门规定。

第八十二条　阻碍食品安全监督管理等部门工作人员依法执行职务，构成违反治安管理行为的，由公安机关依法给予治安管理处罚。

第八十三条　县级以上人民政府食品安全监督管理等部门发现单位或者个人违反食品安全法第一百二十条第一款规定，编造、散布虚假食品安全信息，涉嫌构成违反治安管理行为的，应当将相关情况通报同级公安机关。

第八十四条　县级以上人民政府食品安全监督管理部门及其工作人员违法向他人提供网络食品交易第三方平台提供者提供的信息的，依照食品安全法第一百四十五条的规定给予处分。

第八十五条　违反本条例规定，构成犯罪的，依法追究刑事责任。

第十章　附　　则

第八十六条　本条例自 2019 年 12 月 1 日起施行。

中华人民共和国粮食安全保障法

（2023 年 12 月 29 日第十四届全国人民代表大会常务委员会第七次会议通过，2023 年 12 月 29 日公布，自 2024 年 6 月 1 日起施行）

第一章 总 则

第一条 为了保障粮食有效供给，确保国家粮食安全，提高防范和抵御粮食安全风险能力，维护经济社会稳定和国家安全，根据宪法，制定本法。

第二条 国家粮食安全工作坚持中国共产党的领导，贯彻总体国家安全观，统筹发展和安全，实施以我为主、立足国内、确保产能、适度进口、科技支撑的国家粮食安全战略，坚持藏粮于地、藏粮于技，提高粮食生产、储备、流通、加工能力，确保谷物基本自给、口粮绝对安全。

保障国家粮食安全应当树立大食物观，构建多元化食物供给体系，全方位、多途径开发食物资源，满足人民群众对食物品种丰富多样、品质营养健康的消费需求。

第三条 国家建立粮食安全责任制，实行粮食安全党政同责。县级以上地方人民政府应当承担保障本行政区域粮食安全的具体责任。

县级以上人民政府发展改革、自然资源、农业农村、粮食和储备等主管部门依照本法和规定的职责，协同配合，做好粮食安全保障工作。

第四条 国家加强粮食宏观调控，优化粮食品种结构和区域布局，统筹利用国内、国际的市场和资源，构建科学合理、安全高效的粮食供给保障体系，提升粮食供给能力和质量安全。

国家加强国际粮食安全合作，发挥粮食国际贸易作用。

第五条 县级以上人民政府应当将粮食安全保障纳入国民经济和社会发展规划。县级以上人民政府有关部门应当根据粮食安全保障目标、任务等，编制粮食安全保障相关专项规划，按照程序批准后实施。

第六条 国家建立健全粮食安全保障投入机制，采取财政、金融等支持政策加强粮食安全保障，完善粮食生产、收购、储存、运输、加工、销售协同保障机制，建设国家粮食安全产业带，调动粮食生产者和地方人民政府保护耕地、种粮、做好粮食安全保障工作的积极性，全面推进乡村振兴，促进粮食产业高质量发展，增强国家粮食安全保障能力。

国家引导社会资本投入粮食生产、储备、流通、加工等领域，并保障其合法权益。

国家引导金融机构合理推出金融产品和服务，为粮食生产、储备、流通、加工等提供支持。国家完善政策性农业保险制度，鼓励开展商业性保险业务。

第七条 国家加强粮食安全科技创新能力和信息化建设，支持粮食领域基础研究、关键技术研发和标准化工作，完善科技人才培养、评价和激励等机制，促进科技创新成果转化和先进技术、设备的推广使用，提高粮食生产、储备、流通、加工的科技支撑能力和应用水平。

第八条 各级人民政府及有关部门应当采取多种形式加强粮食安全宣传教育，提升全社会粮食安全意识，引导形成爱惜粮食、节约粮食的良好风尚。

第九条　对在国家粮食安全保障工作中做出突出贡献的单位和个人，按照国家有关规定给予表彰和奖励。

第二章　耕地保护

第十条　国家实施国土空间规划下的国土空间用途管制，统筹布局农业、生态、城镇等功能空间，划定落实耕地和永久基本农田保护红线、生态保护红线和城镇开发边界，严格保护耕地。

国务院确定省、自治区、直辖市人民政府耕地和永久基本农田保护任务。县级以上地方人民政府应当确保本行政区域内耕地和永久基本农田总量不减少、质量有提高。

国家建立耕地保护补偿制度，调动耕地保护责任主体保护耕地的积极性。

第十一条　国家实行占用耕地补偿制度，严格控制各类占用耕地行为；确需占用耕地的，应当依法落实补充耕地责任，补充与所占用耕地数量相等、质量相当的耕地。

省、自治区、直辖市人民政府应当组织本级人民政府自然资源主管部门、农业农村主管部门对补充耕地的数量进行认定、对补充耕地的质量进行验收，并加强耕地质量跟踪评价。

第十二条　国家严格控制耕地转为林地、草地、园地等其他农用地。禁止违规占用耕地绿化造林、挖湖造景等行为。禁止在国家批准的退耕还林还草计划外擅自扩大退耕范围。

第十三条　耕地应当主要用于粮食和棉、油、糖、蔬菜等农产品及饲草饲料生产。县级以上地方人民政府应当根据粮食和重要农产品保供目标任务，加强耕地种植用途管控，落实耕地利用优先序，调整优化种植结构。具体办法由国务院农业农村主管部门制定。

县级以上地方人民政府农业农村主管部门应当加强耕地种植用途管控日常监督。村民委员会、农村集体经济组织发现违反耕地种植用途管控要求行为的，应当及时向乡镇人民政府或者县级人民政府农业农村主管部门报告。

第十四条　国家建立严格的耕地质量保护制度，加强高标准农田建设，按照量质并重、系统推进、永续利用的要求，坚持政府主导与社会参与、统筹规划与分步实施、用养结合与建管并重的原则，健全完善多元投入保障机制，提高建设标准和质量。

第十五条　县级以上人民政府应当建立耕地质量和种植用途监测网络，开展耕地质量调查和监测评价，采取土壤改良、地力培肥、治理修复等措施，提高中低产田产能，治理退化耕地，加强大中型灌区建设与改造，提升耕地质量。

国家建立黑土地保护制度，保护黑土地的优良生产能力。

国家建立健全耕地轮作休耕制度，鼓励农作物秸秆科学还田，加强农田防护林建设；支持推广绿色、高效粮食生产技术，促进生态环境改善和资源永续利用。

第十六条　县级以上地方人民政府应当因地制宜、分类推进撂荒地治理，采取措施引导复耕。家庭承包的发包方可以依法通过组织代耕代种等形式将撂荒地用于农业生产。

第十七条　国家推动盐碱地综合利用，制定相关规划和支持政策，鼓励和引导社会资本投入，挖掘盐碱地开发利用潜力，分区分类开展盐碱耕地治理改良，加快选育耐盐碱特色品种，推广改良盐碱地有效做法，遏制耕地盐碱化趋势。

第三章　粮食生产

第十八条　国家推进种业振兴，维护种业安全，推动种业高质量发展。

国家加强粮食作物种质资源保护开发利用，建设国家农业种质资源库，健全国家良种繁育体系，推进粮食作物种质资源保护与管理信息化建设，提升供种保障能力。

国家加强植物新品种权保护，支持育种基础性、前沿性研究和应用技术研究，鼓励粮食作物种子科技创新和产业化应用，支持开展育种联合攻关，培育具有自主知识产权的优良品种。

第十九条 省级以上人民政府应当建立种子储备制度，主要用于发生灾害时的粮食生产需要及余缺调剂。

第二十条 县级以上人民政府应当统筹做好肥料、农药、农用薄膜等农业生产资料稳定供应工作，引导粮食生产者科学施用化肥、农药，合理使用农用薄膜，增施有机肥料。

第二十一条 国家加强水资源管理和水利基础设施建设，优化水资源配置，保障粮食生产合理用水需求。各级人民政府应当组织做好农田水利建设和运行维护，保护和完善农田灌溉排水体系，因地制宜发展高效节水农业。

县级以上人民政府应当组织开展水土流失综合治理、土壤污染防治和地下水超采治理。

第二十二条 国家推进农业机械产业发展，加强农业机械化作业基础条件建设，推广普及粮食生产机械化技术，鼓励使用绿色、智能、高效的农业机械，促进粮食生产全程机械化，提高粮食生产效率。

第二十三条 国家加强农业技术推广体系建设，支持推广应用先进适用的粮食生产技术，因地制宜推广间作套种等种植方法，鼓励创新推广方式，提高粮食生产技术推广服务水平，促进提高粮食单产。

国家鼓励农业信息化建设，提高粮食生产信息化、智能化水平，推进智慧农业发展。

第二十四条 国家加强粮食生产防灾减灾救灾能力建设。县级以上人民政府应当建立健全农业自然灾害和生物灾害监测预警体系、防灾减灾救灾工作机制，加强干旱、洪涝、低温、高温、风雹、台风等灾害防御防控技术研究应用和安全生产管理，落实灾害防治属地责任，加强粮食作物病虫害防治和植物检疫工作。

国家鼓励和支持开展粮食作物病虫害绿色防控和统防统治。粮食生产者应当做好粮食作物病虫害防治工作，并对各级人民政府及有关部门组织开展的病虫害防治工作予以配合。

第二十五条 国家加强粮食生产功能区和重要农产品生产保护区建设，鼓励农业生产者种植优质农作物。县级以上人民政府应当按照规定组织划定粮食生产功能区和重要农产品生产保护区并加强建设和管理，引导农业生产者种植目标作物。

第二十六条 国家采取措施稳定粮食播种面积，合理布局粮食生产，粮食主产区、主销区、产销平衡区都应当保面积、保产量。

粮食主产区应当不断提高粮食综合生产能力，粮食主销区应当稳定和提高粮食自给率，粮食产销平衡区应当确保粮食基本自给。

国家健全粮食生产者收益保障机制，以健全市场机制为目标完善农业支持保护制度和粮食价格形成机制，促进农业增效、粮食生产者增收，保护粮食生产者的种粮积极性。

省级以上人民政府应当通过预算安排资金，支持粮食生产。

第二十七条 国家扶持和培育家庭农场、农民专业合作社等新型农业经营主体从事粮食生产，鼓励其与农户建立利益联结机制，提高粮食生产能力和现代化水平。

国家支持面向粮食生产者的产前、产中、产后社会化服务，提高社会化服务水平，鼓励和引导粮食适度规模经营，支持粮食生产集约化。

第二十八条 国家健全粮食主产区利益补偿机制，完善对粮食主产区和产粮大县的财政转移支付制度，调动粮食生产积极性。

省、自治区、直辖市人民政府可以根据本行政区域实际情况，建立健全对产粮大县的利益补偿机制，提高粮食安全保障相关指标在产粮大县经济社会发展综合考核中的比重。

第四章　粮食储备

第二十九条　国家建立政府粮食储备体系。政府粮食储备分为中央政府储备和地方政府储备。政府粮食储备用于调节粮食供求、稳定粮食市场、应对突发事件等。

中央政府粮食储备规模和地方政府粮食储备总量规模由国务院确定并实行动态调整。政府粮食储备的品种结构、区域布局按照国务院有关规定确定。

政府粮食储备的收购、销售、轮换、动用等应当严格按照国家有关规定执行。

第三十条　承储政府粮食储备的企业或者其他组织应当遵守法律、法规和国家有关规定，实行储备与商业性经营业务分开，建立健全内部管理制度，落实安全生产责任和消防安全责任，对承储粮食数量、质量负责，实施粮食安全风险事项报告制度，确保政府粮食储备安全。

承储中央政府粮食储备和省级地方政府粮食储备的企业应当剥离商业性经营业务。

政府粮食储备的收购、销售、轮换、动用等应当进行全过程记录，实现政府粮食储备信息实时采集、处理、传输、共享，确保可查询、可追溯。

第三十一条　承储政府粮食储备的企业或者其他组织应当保证政府粮食储备账实相符、账账相符，实行专仓储存、专人保管、专账记载，不得虚报、瞒报政府粮食储备数量、质量、品种。

承储政府粮食储备的企业或者其他组织应当执行储备粮食质量安全检验监测制度，保证政府粮食储备符合规定的质量安全标准、达到规定的质量等级。

第三十二条　县级以上地方人民政府应当根据本行政区域实际情况，指导规模以上粮食加工企业建立企业社会责任储备，鼓励家庭农场、农民专业合作社、农业产业化龙头企业自主储粮，鼓励有条件的经营主体为农户提供粮食代储服务。

第三十三条　县级以上人民政府应当加强粮食储备基础设施及质量检验能力建设，推进仓储科技创新和推广应用，加强政府粮食储备管理信息化建设。

第三十四条　县级以上人民政府应当将政府粮食储备情况列为年度国有资产报告内容，向本级人民代表大会常务委员会报告。

第五章　粮食流通

第三十五条　国家加强对粮食市场的管理，充分发挥市场作用，健全市场规则，维护市场秩序，依法保障粮食经营者公平参与市场竞争，维护粮食经营者合法权益。

国家采取多种手段加强对粮食市场的调控，保持全国粮食供求总量基本平衡和市场基本稳定。县级以上地方人民政府应当采取措施确保国家粮食宏观调控政策的贯彻执行。

第三十六条　县级以上地方人民政府应当加强对粮食仓储、物流等粮食流通基础设施的建设和保护，组织建设与本行政区域粮食收储规模和保障供应要求相匹配，布局合理、功能齐全的粮食流通基础设施，并引导社会资本投入粮食流通基础设施建设。

任何单位和个人不得侵占、损毁、擅自拆除或者迁移政府投资建设的粮食流通基础设施，不得擅自改变政府投资建设的粮食流通基础设施的用途。

第三十七条　从事粮食收购、储存、加工、销售的经营者以及饲料、工业用粮企业，应当按照规定建立粮食经营台账，并向所在地的县级人民政府粮食和储备主管部门报送粮食购进、储存、销售等基本数据和有关情况。

第三十八条　为了保障市场供应、保护粮食生产者利益，必要时国务院可以根据粮食安全形势和财政状况，决定对重点粮食品种在粮食主产区实行政策性收储。

第三十九条 从事粮食收购、加工、销售的规模以上经营者，应当按照所在地省、自治区、直辖市人民政府的规定，执行特定情况下的粮食库存量。

第四十条 粮食供求关系和价格显著变化或者有可能显著变化时，县级以上人民政府及其有关部门可以按照权限采取下列措施调控粮食市场：

（一）发布粮食市场信息；

（二）实行政策性粮食收储和销售；

（三）要求执行特定情况下的粮食库存量；

（四）组织投放储备粮食；

（五）引导粮食加工转化或者限制粮食深加工用粮数量；

（六）其他必要措施。

必要时，国务院和省、自治区、直辖市人民政府可以依照《中华人民共和国价格法》的规定采取相应措施。

第四十一条 国家建立健全粮食风险基金制度。粮食风险基金主要用于支持粮食储备、稳定粮食市场等。

第六章 粮食加工

第四十二条 国家鼓励和引导粮食加工业发展，重点支持在粮食生产功能区和重要农产品生产保护区发展粮食加工业，协调推进粮食初加工、精深加工、综合利用加工，保障粮食加工产品有效供给和质量安全。

粮食加工经营者应当执行国家有关标准，不得掺杂使假、以次充好，对其加工的粮食质量安全负责，接受监督。

第四十三条 国家鼓励和引导粮食加工结构优化，增加优质、营养粮食加工产品供给，优先保障口粮加工，饲料用粮、工业用粮加工应当服从口粮保障。

第四十四条 县级以上地方人民政府应当根据本行政区域人口和经济社会发展水平，科学布局粮食加工业，确保本行政区域的粮食加工能力特别是应急状态下的粮食加工能力。

县级以上地方人民政府应当在粮食生产功能区和重要农产品生产保护区科学规划布局粮食加工能力，合理安排粮食就地就近转化。

第四十五条 国家鼓励粮食主产区和主销区以多种形式建立稳定的产销关系，鼓励粮食主销区的企业在粮食主产区建立粮源基地、加工基地和仓储物流设施等，促进区域粮食供求平衡。

第四十六条 国家支持建设粮食加工原料基地、基础设施和物流体系，支持粮食加工新技术、新工艺、新设备的推广应用。

第七章 粮食应急

第四十七条 国家建立统一领导、分级负责、属地管理为主的粮食应急管理体制。

县级以上人民政府应当加强粮食应急体系建设，健全布局合理、运转高效协调的粮食应急储存、运输、加工、供应网络，必要时建立粮食紧急疏运机制，确保具备与应急需求相适应的粮食应急能力，定期开展应急演练和培训。

第四十八条 国务院发展改革、粮食和储备主管部门会同有关部门制定全国的粮食应急预案，报请国务院批准。省、自治区、直辖市人民政府应当根据本行政区域的实际情况，制定本行政区域的粮食应急预案。

设区的市级、县级人民政府粮食应急预案的制定，由省、自治区、直辖市人民政府决定。

第四十九条 国家建立粮食市场异常波动报告制度。发生突发事件，引起粮食市场供求关系和价格异常波动时，县级以上地方人民政府发展改革、农业农村、粮食和储备、市场监督管理等主管部门应当及时将粮食市场有关情况向本级人民政府和上一级人民政府主管部门报告。

第五十条　县级以上人民政府按照权限确认出现粮食应急状态的，应当及时启动应急响应，可以依法采取下列应急处置措施：

（一）本法第四十条规定的措施；

（二）增设应急供应网点；

（三）组织进行粮食加工、运输和供应；

（四）征用粮食、仓储设施、场地、交通工具以及保障粮食供应的其他物资；

（五）其他必要措施。

必要时，国务院可以依照《中华人民共和国价格法》的规定采取相应措施。

出现粮食应急状态时，有关单位和个人应当服从县级以上人民政府的统一指挥和调度，配合采取应急处置措施，协助维护粮食市场秩序。

因执行粮食应急处置措施给他人造成损失的，县级以上人民政府应当按照规定予以公平、合理补偿。

第五十一条　粮食应急状态消除后，县级以上人民政府应当及时终止实施应急处置措施，并恢复应对粮食应急状态的能力。

第八章　粮食节约

第五十二条　国家厉行节约，反对浪费。县级以上人民政府应当建立健全引导激励与惩戒教育相结合的机制，加强对粮食节约工作的领导和监督管理，推进粮食节约工作。

县级以上人民政府发展改革、农业农村、粮食和储备、市场监督管理、商务、工业和信息化、交通运输等有关部门，应当依照职责做好粮食生产、储备、流通、加工、消费等环节的粮食节约工作。

第五十三条　粮食生产者应当加强粮食作物生长期保护和生产作业管理，减少播种、田间管理、收获等环节的粮食损失和浪费。

禁止故意毁坏在耕地上种植的粮食作物青苗。

国家鼓励和支持推广适时农业机械收获和产地烘干等实用技术，引导和扶持粮食生产者科学收获、储存粮食，改善粮食收获、储存条件，保障粮食品质良好，减少产后损失。

第五十四条　国家鼓励粮食经营者运用先进、高效的粮食储存、运输、加工设施设备，减少粮食损失损耗。

第五十五条　国家推广应用粮食适度加工技术，防止过度加工，提高成品粮出品率。

国家优化工业用粮生产结构，调控粮食不合理加工转化。

第五十六条　粮食食品生产经营者应当依照有关法律、法规的规定，建立健全生产、储存、运输、加工等管理制度，引导消费者合理消费，防止和减少粮食浪费。

公民个人和家庭应当树立文明、健康、理性、绿色的消费理念，培养形成科学健康、物尽其用、杜绝浪费的良好习惯。

第五十七条　机关、人民团体、社会组织、学校、企业事业单位等应当加强本单位食堂的管理，定期开展节约粮食检查，纠正浪费行为。

有关粮食食品学会、协会等应当依法制定和完善节约粮食、减少损失损耗的相关团体标准，开展节约粮食知识普及和宣传教育工作。

第九章　监督管理

第五十八条　县级以上人民政府发展改革、农业农村、粮食和储备、自然资源、水行政、生态环境、市场监督管理、工业和信息化等有关部门应当依照职责对粮食生产、储备、流通、加工等实施监督检查，并建立粮食安全监管协调机制和信息共享机制，加强协作配合。

第五十九条　国务院发展改革、农业农村、粮食和储备主管部门应当会同有关部门建立粮食安全监测预警体系，加强粮食安全风险评估，健全粮食安全信息发布机制。

任何单位和个人不得编造、散布虚假的粮食安全信息。

第六十条 国家完善粮食生产、储存、运输、加工标准体系。粮食生产经营者应当严格遵守有关法律、法规的规定，执行有关标准和技术规范，确保粮食质量安全。

县级以上人民政府应当依法加强粮食生产、储备、流通、加工等环节的粮食质量安全监督管理工作，建立粮食质量安全追溯体系，完善粮食质量安全风险监测和检验制度。

第六十一条 县级以上人民政府有关部门依照职责开展粮食安全监督检查，可以采取下列措施：

（一）进入粮食生产经营场所实施现场检查；

（二）向有关单位和人员调查了解相关情况；

（三）进入涉嫌违法活动的场所调查取证；

（四）查阅、复制有关文件、资料、账簿、凭证，对可能被转移、隐匿或者损毁的文件、资料、账簿、凭证、电子设备等予以封存；

（五）查封、扣押涉嫌违法活动的场所、设施或者财物；

（六）对有关单位的法定代表人、负责人或者其他工作人员进行约谈、询问。

县级以上人民政府有关部门履行监督检查职责，发现公职人员涉嫌职务违法或者职务犯罪的问题线索，应当及时移送监察机关，监察机关应当依法受理并进行调查处置。

第六十二条 国务院发展改革、自然资源、农业农村、粮食和储备主管部门应当会同有关部门，按照规定具体实施对省、自治区、直辖市落实耕地保护和粮食安全责任制情况的考核。

省、自治区、直辖市对本行政区域耕地保护和粮食安全负总责，其主要负责人是本行政区域耕地保护和粮食安全的第一责任人，对本行政区域内的耕地保护和粮食安全目标负责。

县级以上地方人民政府应当定期对本行政区域耕地保护和粮食安全责任落实情况开展监督检查，将耕地保护和粮食安全责任落实情况纳入对本级人民政府有关部门负责人、下级人民政府及其负责人的考核评价内容。

对耕地保护和粮食安全工作责任落实不力、问题突出的地方人民政府，上级人民政府可以对其主要负责人进行责任约谈。被责任约谈的地方人民政府应当立即采取措施进行整改。

第六十三条 外商投资粮食生产经营，影响或者可能影响国家安全的，应当按照国家有关规定进行外商投资安全审查。

第六十四条 县级以上人民政府发展改革、农业农村、粮食和储备等主管部门应当加强粮食安全信用体系建设，建立粮食生产经营者信用记录。

单位、个人有权对粮食安全保障工作进行监督，对违反本法的行为向县级以上人民政府有关部门进行投诉、举报，接到投诉、举报的部门应当按照规定及时处理。

第十章 法律责任

第六十五条 违反本法规定，地方人民政府和县级以上人民政府有关部门不履行粮食安全保障工作职责或者有其他滥用职权、玩忽职守、徇私舞弊行为的，对负有责任的领导人员和直接责任人员依法给予处分。

第六十六条 违反本法规定，种植不符合耕地种植用途管控要求作物的，由县级人民政府农业农村主管部门或者乡镇人民政府给予批评教育；经批评教育仍不改正的，可以不予发放粮食生产相关补贴；对有关农业生产经营组织，可以依法处以罚款。

第六十七条 违反本法规定，承储政府粮食储备的企业或者其他组织有下列行为之一的，依照有关行政法规的规定处罚：

（一）拒不执行或者违反政府粮食储备的收购、销售、轮换、动用等规定；

（二）未对政府粮食储备的收购、销售、轮换、动用等进行全过程记录；

（三）未按照规定保障政府粮食储备数量、质量安全。

从事粮食收购、储存、加工、销售的经营者以及饲料、工业用粮企业未按照规定建立粮食经营台账，或者报送粮食基本数据和有关情况的，依照前款规定处罚。

第六十八条　违反本法规定，侵占、损毁、擅自拆除或者迁移政府投资建设的粮食流通基础设施，或者擅自改变其用途的，由县级以上地方人民政府有关部门依照职责责令停止违法行为，限期恢复原状或者采取其他补救措施；逾期不恢复原状、不采取其他补救措施的，对单位处五万元以上五十万元以下罚款，对个人处五千元以上五万元以下罚款。

第六十九条　违反本法规定，粮食应急状态发生时，不服从县级以上人民政府的统一指挥和调度，或者不配合采取应急处置措施的，由县级以上人民政府有关部门依照职责责令改正，给予警告；拒不改正的，对单位处二万元以上二十万元以下罚款，对个人处二千元以上二万元以下罚款；情节严重的，对单位处二十万元以上二百万元以下罚款，对个人处二万元以上二十万元以下罚款。

第七十条　违反本法规定，故意毁坏在耕地上种植的粮食作物青苗的，由县级以上地方人民政府农业农村主管部门责令停止违法行为；情节严重的，可以处毁坏粮食作物青苗价值五倍以下罚款。

第七十一条　违反有关土地管理、耕地保护、种子、农产品质量安全、食品安全、反食品浪费、安全生产等法律、行政法规的，依照相关法律、行政法规的规定处理、处罚。

第七十二条　违反本法规定，给他人造成损失的，依法承担赔偿责任；构成违反治安管理行为的，由公安机关依法给予治安管理处罚；构成犯罪的，依法追究刑事责任。

第十一章　附　　则

第七十三条　本法所称粮食，是指小麦、稻谷、玉米、大豆、杂粮及其成品粮。杂粮包括谷子、高粱、大麦、荞麦、燕麦、青稞、绿豆、马铃薯、甘薯等。

油料、食用植物油的安全保障工作参照适用本法。

第七十四条　本法自 2024 年 6 月 1 日起施行。

食品生产许可管理办法

（2019 年 12 月 23 日经国家市场监督管理总局 2019 年第 18 次局务会议审议通过，2020 年 1 月 2 日公布，自 2020 年 3 月 1 日起施行）

第一章　总　　则

第一条　为规范食品、食品添加剂生产许可活动，加强食品生产监督管理，保障食品安全，根据《中华人民共和国行政许可法》、《中华人民共和国食品安全法》、《中华人民共和国食品安全法实施条例》等法律法规，制定本办法。

第二条 在中华人民共和国境内，从事食品生产活动，应当依法取得食品生产许可。

食品生产许可的申请、受理、审查、决定及其监督检查，适用本办法。

第三条 食品生产许可应当遵循依法、公开、公平、公正、便民、高效的原则。

第四条 食品生产许可实行一企一证原则，即同一个食品生产者从事食品生产活动，应当取得一个食品生产许可证。

第五条 市场监督管理部门按照食品的风险程度，结合食品原料、生产工艺等因素，对食品生产实施分类许可。

第六条 国家市场监督管理总局负责监督指导全国食品生产许可管理工作。

县级以上地方市场监督管理部门负责本行政区域内的食品生产许可监督管理工作。

第七条 省、自治区、直辖市市场监督管理部门可以根据食品类别和食品安全风险状况，确定市、县级市场监督管理部门的食品生产许可管理权限。

保健食品、特殊医学用途配方食品、婴幼儿配方食品、婴幼儿辅助食品、食盐等食品的生产许可，由省、自治区、直辖市市场监督管理部门负责。

第八条 国家市场监督管理总局负责制定食品生产许可审查通则和细则。

省、自治区、直辖市市场监督管理部门可以根据本行政区域食品生产许可审查工作的需要，对地方特色食品制定食品生产许可审查细则，在本行政区域内实施，并向国家市场监督管理总局报告。国家市场监督管理总局制定公布相关食品生产许可审查细则后，地方特色食品生产许可审查细则自行废止。

县级以上地方市场监督管理部门实施食品生产许可审查，应当遵守食品生产许可审查通则和细则。

第九条 县级以上地方市场监督管理部门应当加快信息化建设，推进许可申请、受理、审查、发证、查询等全流程网上办理，并在行政机关的网站上公布生产许可事项，提高办事效率。

第二章 申请与受理

第十条 申请食品生产许可，应当先行取得营业执照等合法主体资格。

企业法人、合伙企业、个人独资企业、个体工商户、农民专业合作组织等，以营业执照载明的主体作为申请人。

第十一条 申请食品生产许可，应当按照以下食品类别提出：粮食加工品，食用油、油脂及其制品，调味品，肉制品，乳制品，饮料，方便食品，饼干，罐头，冷冻饮品，速冻食品，薯类和膨化食品，糖果制品，茶叶及相关制品，酒类，蔬菜制品，水果制品，炒货食品及坚果制品，蛋制品，可可及焙烤咖啡产品，食糖，水产制品，淀粉及淀粉制品，糕点，豆制品，蜂产品，保健食品，特殊医学用途配方食品，婴幼儿配方食品，特殊膳食食品，其他食品等。

国家市场监督管理总局可以根据监督管理工作需要对食品类别进行调整。

第十二条 申请食品生产许可，应当符合下列条件：

（一）具有与生产的食品品种、数量相适应的食品原料处理和食品加工、包装、贮存等场所，保持该场所环境整洁，并与有毒、有害场所以及其他污染源保持规定的距离；

（二）具有与生产的食品品种、数量相适应的生产设备或者设施，有相应的消毒、更衣、盥洗、采光、照明、通风、防腐、防尘、防蝇、防鼠、防虫、洗涤以及处理废水、存放垃圾和废弃物的设备或者设施；保健食品生产工艺有原料提取、纯化等前处理工序的，需要具备与生产的品种、数量相适应的原料前处理设备或者设施；

（三）有专职或者兼职的食品安全专业技术人员、食品安全管理人员和保证食品安全的规章制度；

（四）具有合理的设备布局和工艺流程，防止待加工食品与直接入口食品、原料与成品交叉污染，避免食品接触有毒物、不洁物；

（五）法律、法规规定的其他条件。

第十三条　申请食品生产许可，应当向申请人所在地县级以上地方市场监督管理部门提交下列材料：

（一）食品生产许可申请书；

（二）食品生产设备布局图和食品生产工艺流程图；

（三）食品生产主要设备、设施清单；

（四）专职或者兼职的食品安全专业技术人员、食品安全管理人员信息和食品安全管理制度。

第十四条　申请保健食品、特殊医学用途配方食品、婴幼儿配方食品等特殊食品的生产许可，还应当提交与所生产食品相适应的生产质量管理体系文件以及相关注册和备案文件。

第十五条　从事食品添加剂生产活动，应当依法取得食品添加剂生产许可。

申请食品添加剂生产许可，应当具备与所生产食品添加剂品种相适应的场所、生产设备或者设施、食品安全管理人员、专业技术人员和管理制度。

第十六条　申请食品添加剂生产许可，应当向申请人所在地县级以上地方市场监督管理部门提交下列材料：

（一）食品添加剂生产许可申请书；

（二）食品添加剂生产设备布局图和生产工艺流程图；

（三）食品添加剂生产主要设备、设施清单；

（四）专职或者兼职的食品安全专业技术人员、食品安全管理人员信息和食品安全管理制度。

第十七条　申请人应当如实向市场监督管理部门提交有关材料和反映真实情况，对申请材料的真实性负责，并在申请书等材料上签名或者盖章。

第十八条　申请人申请生产多个类别食品的，由申请人按照省级市场监督管理部门确定的食品生产许可管理权限，自主选择其中一个受理部门提交申请材料。受理部门应当及时告知有相应审批权限的市场监督管理部门，组织联合审查。

第十九条　县级以上地方市场监督管理部门对申请人提出的食品生产许可申请，应当根据下列情况分别作出处理：

（一）申请事项依法不需要取得食品生产许可的，应当即时告知申请人不受理；

（二）申请事项依法不属于市场监督管理部门职权范围的，应当即时作出不予受理的决定，并告知申请人向有关行政机关申请；

（三）申请材料存在可以当场更正的错误的，应当允许申请人当场更正，由申请人在更正处签名或者盖章，注明更正日期；

（四）申请材料不齐全或者不符合法定形式的，应当当场或者在5个工作日内一次告知申请人需要补正的全部内容。当场告知的，应当将申请材料退回申请人；在5个工作日内告知的，应当收取申请材料并出具收到申请材料的凭据。逾期不告知的，自收到申请材料之日起即为受理；

（五）申请材料齐全、符合法定形式，或者申请人按照要求提交全部补正材料的，应当受理食品生产许可申请。

第二十条　县级以上地方市场监督管理部门对申请人提出的申请决定予以受理的，应当出具受理通知书；决定不予受理的，应当出具不予受理通知书，说明不予受理的理由，并告知申请人依法享有申请行政复议或者提起行政诉讼的权利。

第三章　审查与决定

第二十一条　县级以上地方市场监督管理部门应当对申请人提交的申请材料进行审

查。需要对申请材料的实质内容进行核实的，应当进行现场核查。

市场监督管理部门开展食品生产许可现场核查时，应当按照申请材料进行核查。对首次申请许可或者增加食品类别的变更许可的，根据食品生产工艺流程等要求，核查试制食品的检验报告。开展食品添加剂生产许可现场核查时，可以根据食品添加剂品种特点，核查试制食品添加剂的检验报告和复配食品添加剂配方等。试制食品检验可以由生产者自行检验，或者委托有资质的食品检验机构检验。

现场核查应当由食品安全监管人员进行，根据需要可以聘请专业技术人员作为核查人员参加现场核查。核查人员不得少于2人。核查人员应当出示有效证件，填写食品生产许可现场核查表，制作现场核查记录，经申请人核对无误后，由核查人员和申请人在核查表和记录上签名或者盖章。申请人拒绝签名或者盖章的，核查人员应当注明情况。

申请保健食品、特殊医学用途配方食品、婴幼儿配方乳粉生产许可，在产品注册或者产品配方注册时经过现场核查的项目，可以不再重复进行现场核查。

市场监督管理部门可以委托下级市场监督管理部门，对受理的食品生产许可申请进行现场核查。特殊食品生产许可的现场核查原则上不得委托下级市场监督管理部门实施。

核查人员应当自接受现场核查任务之日起5个工作日内，完成对生产场所的现场核查。

第二十二条　除可以当场作出行政许可决定的外，县级以上地方市场监督管理部门应当自受理申请之日起10个工作日内作出是否准予行政许可的决定。因特殊原因需要延长期限的，经本行政机关负责人批准，可以延长5个工作日，并应当将延长期限的理由告知申请人。

第二十三条　县级以上地方市场监督管理部门应当根据申请材料审查和现场核查等情况，对符合条件的，作出准予生产许可的决定，并自作出决定之日起5个工作日内向申请人颁发食品生产许可证；对不符合条件的，应当及时作出不予许可的书面决定并说明理由，同时告知申请人依法享有申请行政复议或者提起行政诉讼的权利。

第二十四条　食品添加剂生产许可申请符合条件的，由申请人所在地县级以上地方市场监督管理部门依法颁发食品生产许可证，并标注食品添加剂。

第二十五条　食品生产许可证发证日期为许可决定作出的日期，有效期为5年。

第二十六条　县级以上地方市场监督管理部门认为食品生产许可申请涉及公共利益的重大事项，需要听证的，应当向社会公告并举行听证。

第二十七条　食品生产许可直接涉及申请人与他人之间重大利益关系的，县级以上地方市场监督管理部门在作出行政许可决定前，应当告知申请人、利害关系人享有要求听证的权利。

申请人、利害关系人在被告知听证权利之日起5个工作日内提出听证申请的，市场监督管理部门应当在20个工作日内组织听证。听证期限不计算在行政许可审查期限之内。

第四章　许可证管理

第二十八条　食品生产许可证分为正本、副本。正本、副本具有同等法律效力。

国家市场监督管理总局负责制定食品生产许可证式样。省、自治区、直辖市市场监督管理部门负责本行政区域食品生产许可证的印制、发放等管理工作。

第二十九条　食品生产许可证应当载明：生产者名称、社会信用代码、法定代表人（负责人）、住所、生产地址、食品类别、许可证编号、有效期、发证机关、发证日期和二维码。

副本还应当载明食品明细。生产保健食品、特殊医学用途配方食品、婴幼儿配方食品的，还应当载明产品或者产品配方的注册号或者备案登记号；接受委托生产保健食品的，还应当载明委托企业名称及住所等相关信息。

第三十条　食品生产许可证编号由SC（“生产”的汉语拼音字母缩写）和14位阿拉伯数字组成。数字从左至右依次为：3位食品类别编码、2位省（自治区、直辖市）代码、2位市（地）代码、2位县（区）代码、4位顺序码、1位校验码。

第三十一条　食品生产者应当妥善保管食品生产许可证，不得伪造、涂改、倒卖、出租、出借、转让。

食品生产者应当在生产场所的显著位置悬挂或者摆放食品生产许可证正本。

第五章　变更、延续与注销

第三十二条　食品生产许可证有效期内，食品生产者名称、现有设备布局和工艺流程、主要生产设备设施、食品类别等事项发生变化，需要变更食品生产许可证载明的许可事项的，食品生产者应当在变化后10个工作日内向原发证的市场监督管理部门提出变更申请。

食品生产者的生产场所迁址的，应当重新申请食品生产许可。

食品生产许可证副本载明的同一食品类别内的事项发生变化的，食品生产者应当在变化后10个工作日内向原发证的市场监督管理部门报告。

食品生产者的生产条件发生变化，不再符合食品生产要求，需要重新办理许可手续的，应当依法办理。

第三十三条　申请变更食品生产许可的，应当提交下列申请材料：

（一）食品生产许可变更申请书；

（二）与变更食品生产许可事项有关的其他材料。

第三十四条　食品生产者需要延续依法取得的食品生产许可的有效期的，应当在该食品生产许可有效期届满30个工作日前，向原发证的市场监督管理部门提出申请。

第三十五条　食品生产者申请延续食品生产许可，应当提交下列材料：

（一）食品生产许可延续申请书；

（二）与延续食品生产许可事项有关的其他材料。

保健食品、特殊医学用途配方食品、婴幼儿配方食品的生产企业申请延续食品生产许可的，还应当提供生产质量管理体系运行情况的自查报告。

第三十六条　县级以上地方市场监督管理部门应当根据被许可人的延续申请，在该食品生产许可有效期届满前作出是否准予延续的决定。

第三十七条　县级以上地方市场监督管理部门应当对变更或者延续食品生产许可的申请材料进行审查，并按照本办法第二十一条的规定实施现场核查。

申请人声明生产条件未发生变化的，县级以上地方市场监督管理部门可以不再进行现场核查。

申请人的生产条件及周边环境发生变化，可能影响食品安全的，市场监督管理部门应当就变化情况进行现场核查。

保健食品、特殊医学用途配方食品、婴幼儿配方食品注册或者备案的生产工艺发生变化的，应当先办理注册或者备案变更手续。

第三十八条　市场监督管理部门决定准予变更的，应当向申请人颁发新的食品生产许可证。食品生产许可证编号不变，发证日期为市场监督管理部门作出变更许可决定的日期，有效期与原证书一致。但是，对因迁址等原因而进行全面现场核查的，其换发的食品生产许可证有效期自发证之日起计算。

因食品安全国家标准发生重大变化，国家和省级市场监督管理部门决定组织重新核查而换发的食品生产许可证，其发证日期以重新批准日期为准，有效期自重新发证之日起计算。

第三十九条　市场监督管理部门决定准予延续的，应当向申请人颁发新的食品生产许可证，许可证编号不变，有效期自市场监督管理部门作出延续许可决定之日起计算。

不符合许可条件的，市场监督管理部门应当作出不予延续食品生产许可的书面决定，并说明理由。

第四十条　食品生产者终止食品生产，食品生产许可被撤回、撤销，应当在 20 个工作日内向原发证的市场监督管理部门申请办理注销手续。

食品生产者申请注销食品生产许可的，应当向原发证的市场监督管理部门提交食品生产许可注销申请书。

食品生产许可被注销的，许可证编号不得再次使用。

第四十一条　有下列情形之一，食品生产者未按规定申请办理注销手续的，原发证的市场监督管理部门应当依法办理食品生产许可注销手续，并在网站进行公示：

（一）食品生产许可有效期届满未申请延续的；

（二）食品生产者主体资格依法终止的；

（三）食品生产许可依法被撤回、撤销或者食品生产许可证依法被吊销的；

（四）因不可抗力导致食品生产许可事项无法实施的；

（五）法律法规规定的应当注销食品生产许可的其他情形。

第四十二条　食品生产许可证变更、延续与注销的有关程序参照本办法第二章、第三章的有关规定执行。

第六章　监督检查

第四十三条　县级以上地方市场监督管理部门应当依据法律法规规定的职责，对食品生产者的许可事项进行监督检查。

第四十四条　县级以上地方市场监督管理部门应当建立食品许可管理信息平台，便于公民、法人和其他社会组织查询。

县级以上地方市场监督管理部门应当将食品生产许可颁发、许可事项检查、日常监督检查、许可违法行为查处等情况记入食品生产者食品安全信用档案，并通过国家企业信用信息公示系统向社会公示；对有不良信用记录的食品生产者应当增加监督检查频次。

第四十五条　县级以上地方市场监督管理部门及其工作人员履行食品生产许可管理职责，应当自觉接受食品生产者和社会监督。

接到有关工作人员在食品生产许可管理过程中存在违法行为的举报，市场监督管理部门应当及时进行调查核实。情况属实的，应当立即纠正。

第四十六条　县级以上地方市场监督管理部门应当建立食品生产许可档案管理制度，将办理食品生产许可的有关材料、发证情况及时归档。

第四十七条　国家市场监督管理总局可以定期或者不定期组织对全国食品生产许可工作进行监督检查；省、自治区、直辖市市场监督管理部门可以定期或者不定期组织对本行政区域内的食品生产许可工作进行监督检查。

第四十八条　未经申请人同意，行政机关及其工作人员、参加现场核查的人员不得披露申请人提交的商业秘密、未披露信息或者保密商务信息，法律另有规定或者涉及国家安全、重大社会公共利益的除外。

第七章　法律责任

第四十九条　未取得食品生产许可从事食品生产活动的，由县级以上地方市场监督管理部门依照《中华人民共和国食品安全法》第一百二十二条的规定给予处罚。

食品生产者生产的食品不属于食品生产许可证上载明的食品类别的，视为未取得食品生产许可从事食品生产活动。

第五十条 许可申请人隐瞒真实情况或者提供虚假材料申请食品生产许可的，由县级以上地方市场监督管理部门给予警告。申请人在1年内不得再次申请食品生产许可。

第五十一条 被许可人以欺骗、贿赂等不正当手段取得食品生产许可的，由原发证的市场监督管理部门撤销许可，并处1万元以上3万元以下罚款。被许可人在3年内不得再次申请食品生产许可。

第五十二条 违反本办法第三十一条第一款规定，食品生产者伪造、涂改、倒卖、出租、出借、转让食品生产许可证的，由县级以上地方市场监督管理部门责令改正，给予警告，并处1万元以下罚款；情节严重的，处1万元以上3万元以下罚款。

违反本办法第三十一条第二款规定，食品生产者未按规定在生产场所的显著位置悬挂或者摆放食品生产许可证的，由县级以上地方市场监督管理部门责令改正；拒不改正的，给予警告。

第五十三条 违反本办法第三十二条第一款规定，食品生产许可证有效期内，食品生产者名称、现有设备布局和工艺流程、主要生产设备设施等事项发生变化，需要变更食品生产许可证载明的许可事项，未按规定申请变更的，由原发证的市场监督管理部门责令改正，给予警告；拒不改正的，处1万元以上3万元以下罚款。

违反本办法第三十二条第二款规定，食品生产者的生产场所迁址后未重新申请取得食品生产许可从事食品生产活动的，由县级以上地方市场监督管理部门依照《中华人民共和国食品安全法》第一百二十二条的规定给予处罚。

违反本办法第三十二条第三款、第四十条第一款规定，食品生产许可证副本载明的同一食品类别内的事项发生变化，食品生产者未按规定报告的，食品生产者终止食品生产，食品生产许可被撤回、撤销或者食品生产许可证被吊销，未按规定申请办理注销手续的，由原发证的市场监督管理部门责令改正；拒不改正的，给予警告，并处5000元以下罚款。

第五十四条 食品生产者违反本办法规定，有《中华人民共和国食品安全法实施条例》第七十五条第一款规定的情形的，依法对单位的法定代表人、主要负责人、直接负责的主管人员和其他直接责任人员给予处罚。

被吊销生产许可证的食品生产者及其法定代表人、直接负责的主管人员和其他直接责任人员自处罚决定作出之日起5年内不得申请食品生产经营许可，或者从事食品生产经营管理工作、担任食品生产经营企业食品安全管理人员。

第五十五条 市场监督管理部门对不符合条件的申请人准予许可，或者超越法定职权准予许可的，依照《中华人民共和国食品安全法》第一百四十四条的规定给予处分。

第八章 附 则

第五十六条 取得食品经营许可的餐饮服务提供者在其餐饮服务场所制作加工食品，不需要取得本办法规定的食品生产许可。

第五十七条 食品添加剂的生产许可管理原则、程序、监督检查和法律责任，适用本办法有关食品生产许可的规定。

第五十八条 对食品生产加工小作坊的监督管理，按照省、自治区、直辖市制定的具体管理办法执行。

第五十九条 各省、自治区、直辖市市场监督管理部门可以根据本行政区域实际情况，制定有关食品生产许可管理的具体实施办法。

第六十条 市场监督管理部门制作的食品生产许可电子证书与印制的食品生产许可证书具有同等法律效力。

第六十一条 本办法自2020年3月1日起施行。原国家食品药品监督管理总局

2015年8月31日公布，根据2017年11月7日原国家食品药品监督管理总局《关于修改部分规章的决定》修正的《食品生产许可管理办法》同时废止。

食品经营许可和备案管理办法

（2023年6月7日市场监管总局第10次局务会议通过，2023年6月15日公布，自2023年12月1日起施行）

第一章　总　　则

第一条　为了规范食品经营许可和备案活动，加强食品经营安全监督管理，落实食品安全主体责任，保障食品安全，根据《中华人民共和国行政许可法》、《中华人民共和国食品安全法》、《中华人民共和国食品安全法实施条例》等法律法规，制定本办法。

第二条　食品经营许可的申请、受理、审查、决定，仅销售预包装食品（含保健食品、特殊医学用途配方食品、婴幼儿配方乳粉以及其他婴幼儿配方食品等特殊食品，下同）的备案，以及相关监督检查工作，适用本办法。

第三条　食品经营许可和备案应当遵循依法、公开、公平、公正、便民、高效的原则。

第四条　在中华人民共和国境内从事食品销售和餐饮服务活动，应当依法取得食品经营许可。

下列情形不需要取得食品经营许可：

（一）销售食用农产品；

（二）仅销售预包装食品；

（三）医疗机构、药品零售企业销售特殊医学用途配方食品中的特定全营养配方食品；

（四）已经取得食品生产许可的食品生产者，在其生产加工场所或者通过网络销售其生产的食品；

（五）法律、法规规定的其他不需要取得食品经营许可的情形。

除上述情形外，还开展其他食品经营项目的，应当依法取得食品经营许可。

第五条　仅销售预包装食品的，应当报所在地县级以上地方市场监督管理部门备案。

仅销售预包装食品的食品经营者在办理备案后，增加其他应当取得食品经营许可的食品经营项目的，应当依法取得食品经营许可；取得食品经营许可之日起备案自行失效。

食品经营者已经取得食品经营许可，增加预包装食品销售的，不需要另行备案。

已经取得食品生产许可的食品生产者在其生产加工场所或者通过网络销售其生产的预包装食品的，不需要另行备案。

医疗机构、药品零售企业销售特殊医学用途配方食品中的特定全营养配方食品不需要备案，但是向医疗机构、药品零售企业销售特定全营养配方食品的经营企业，应当取得食品经营许可或者进行备案。

第六条　食品展销会的举办者应当在展销会举办前十五个工作日内，向所在地县级市场监督管理部门报告食品经营区域布局、经营项目、经营期限、食品安全管理制度以及入场食品经营者主体信息核验情况等。法律、法规、规章或者县级以上地方人民政府有规定的，依照其规定。

食品展销会的举办者应当依法承担食品

安全管理责任，核验并留存入场食品经营者的许可证或者备案情况等信息，明确入场食品经营者的食品安全义务和责任并督促落实，定期对其经营环境、条件进行检查，发现有食品安全违法行为的，应当及时制止并立即报告所在地县级市场监督管理部门。

本条规定的展销会包括交易会、博览会、庙会等。

第七条　食品经营者在不同经营场所从事食品经营活动的，应当依法分别取得食品经营许可或者进行备案。通过自动设备从事食品经营活动或者仅从事食品经营管理活动的，取得一个经营场所的食品经营许可或者进行备案后，即可在本省级行政区域内的其他经营场所开展已取得许可或者备案范围内的经营活动。

利用自动设备跨省经营的，应当分别向经营者所在地和自动设备放置地点所在地省级市场监督管理部门报告。

跨省从事食品经营管理活动的，应当分别向经营者所在地和从事经营管理活动所在地省级市场监督管理部门报告。

第八条　国家市场监督管理总局负责指导全国食品经营许可和备案管理工作。

县级以上地方市场监督管理部门负责本行政区域内的食品经营许可和备案管理工作。

省、自治区、直辖市市场监督管理部门可以根据食品经营主体业态、经营项目和食品安全风险状况等，结合食品安全风险管理实际，确定本行政区域内市场监督管理部门的食品经营许可和备案管理权限。

第九条　县级以上地方市场监督管理部门应当加强食品经营许可和备案信息化建设，在行政机关网站公开食品经营许可和备案管理权限、办事指南等事项。

县级以上地方市场监督管理部门应当通过食品经营许可和备案管理信息平台实施食品经营许可和备案全流程网上办理。

食品经营许可电子证书与纸质食品经营许可证书具有同等法律效力。

第二章　申请与受理

第十条　申请食品经营许可，应当先行取得营业执照等合法主体资格。

企业法人、合伙企业、个人独资企业、个体工商户等，以营业执照载明的主体作为申请人。

机关、事业单位、社会团体、民办非企业单位、企业等申办食堂，以机关或者事业单位法人登记证、社会团体登记证或者营业执照等载明的主体作为申请人。

第十一条　申请食品经营许可，应当按照食品经营主体业态和经营项目分类提出。

食品经营主体业态分为食品销售经营者、餐饮服务经营者、集中用餐单位食堂。食品经营者从事食品批发销售、中央厨房、集体用餐配送的，利用自动设备从事食品经营的，或者学校、托幼机构食堂，应当在主体业态后以括号标注。主体业态以主要经营项目确定，不可以复选。

食品经营项目分为食品销售、餐饮服务、食品经营管理三类。食品经营项目可以复选。

食品销售，包括散装食品销售、散装食品和预包装食品销售。

餐饮服务，包括热食类食品制售、冷食类食品制售、生食类食品制售、半成品制售、自制饮品制售等，其中半成品制售仅限中央厨房申请。

食品经营管理，包括食品销售连锁管理、餐饮服务连锁管理、餐饮服务管理等。

食品经营者从事散装食品销售中的散装熟食销售、冷食类食品制售中的冷加工糕点制售和冷荤类食品制售应当在经营项目后以括号标注。

具有热、冷、生、固态、液态等多种情形，难以明确归类的食品，可以按照食品安全风险等级最高的情形进行归类。

国家市场监督管理总局可以根据监督管

理工作需要对食品经营项目进行调整。

第十二条 申请食品经营许可，应当符合与其主体业态、经营项目相适应的食品安全要求，具备下列条件：

（一）具有与经营的食品品种、数量相适应的食品原料处理和食品加工、销售、贮存等场所，保持该场所环境整洁，并与有毒、有害场所以及其他污染源保持规定的距离；

（二）具有与经营的食品品种、数量相适应的经营设备或者设施，有相应的消毒、更衣、盥洗、采光、照明、通风、防腐、防尘、防蝇、防鼠、防虫、洗涤以及处理废水、存放垃圾和废弃物的设备或者设施；

（三）有专职或者兼职的食品安全总监、食品安全员等食品安全管理人员和保证食品安全的规章制度；

（四）具有合理的设备布局和工艺流程，防止待加工食品与直接入口食品、原料与成品交叉污染，避免食品接触有毒物、不洁物；

（五）食品安全相关法律、法规规定的其他条件。

从事食品经营管理的，应当具备与其经营规模相适应的食品安全管理能力，建立健全食品安全管理制度，并按照规定配备食品安全管理人员，对其经营管理的食品安全负责。

第十三条 申请食品经营许可，应当提交下列材料：

（一）食品经营许可申请书；

（二）营业执照或者其他主体资格证明文件复印件；

（三）与食品经营相适应的主要设备设施、经营布局、操作流程等文件；

（四）食品安全自查、从业人员健康管理、进货查验记录、食品安全事故处置等保证食品安全的规章制度目录清单。

利用自动设备从事食品经营的，申请人应当提交每台设备的具体放置地点、食品经营许可证的展示方法、食品安全风险管控方案等材料。

营业执照或者其他主体资格证明文件能够实现网上核验的，申请人不需要提供本条第一款第二项规定的材料。从事食品经营管理的食品经营者，可以不提供主要设备设施、经营布局材料。仅从事食品销售类经营项目的不需要提供操作流程。

申请人委托代理人办理食品经营许可申请的，代理人应当提交授权委托书以及代理人的身份证明文件。

第十四条 食品经营者从事解冻、简单加热、冲调、组合、摆盘、洗切等食品安全风险较低的简单制售的，县级以上地方市场监督管理部门在保证食品安全的前提下，可以适当简化设备设施、专门区域等审查内容。

从事生食类食品、冷加工糕点、冷荤类食品等高风险食品制售的不适用前款规定。

第十五条 学校、托幼机构、养老机构、建筑工地等集中用餐单位的食堂应当依法取得食品经营许可，落实食品安全主体责任。

承包经营集中用餐单位食堂的，应当取得与承包内容相适应的食品经营许可，具有与所承包的食堂相适应的食品安全管理制度和能力，按照规定配备食品安全管理人员，并对食堂的食品安全负责。集中用餐单位应当落实食品安全管理责任，按照规定配备食品安全管理人员，对承包方的食品经营活动进行监督管理，督促承包方落实食品安全管理制度。

第十六条 食品经营者从事网络经营的，外设仓库（包括自有和租赁）的，或者集体用餐配送单位向学校、托幼机构供餐的，应当在开展相关经营活动之日起十个工作日内向所在地县级以上地方市场监督管理部门报告。所在地县级以上地方市场监督管理部门应当在食品经营许可和备案管理信息平台记录报告情况。

第十七条　申请人应当如实向县级以上地方市场监督管理部门提交有关材料并反映真实情况，对申请材料的真实性负责，并在申请书等材料上签名或者盖章。符合法律规定的可靠电子签名、电子印章与手写签名或者盖章具有同等法律效力。

第十八条　县级以上地方市场监督管理部门对申请人提出的食品经营许可申请，应当根据下列情况分别作出处理：

（一）申请事项依法不需要取得食品经营许可的，应当即时告知申请人不受理。

（二）申请事项依法不属于市场监督管理部门职权范围的，应当即时作出不予受理的决定，并告知申请人向有关行政机关申请。

（三）申请材料存在可以当场更正的错误的，应当允许申请人当场更正，由申请人在更正处签名或者盖章，注明更正日期。

（四）申请材料不齐全或者不符合法定形式的，应当当场或者自收到申请材料之日起五个工作日内一次告知申请人需要补正的全部内容和合理的补正期限。申请人无正当理由逾期不予补正的，视为放弃行政许可申请，市场监督管理部门不需要作出不予受理的决定。市场监督管理部门逾期未告知申请人补正的，自收到申请材料之日起即为受理。

（五）申请材料齐全、符合法定形式，或者申请人按照要求提交全部补正材料的，应当受理食品经营许可申请。

第十九条　县级以上地方市场监督管理部门对申请人提出的申请决定予以受理的，应当出具受理通知书；当场作出许可决定并颁发许可证的，不需要出具受理通知书；决定不予受理的，应当出具不予受理通知书，说明理由，并告知申请人依法享有申请行政复议或者提起行政诉讼的权利。

第三章　审查与决定

第二十条　县级以上地方市场监督管理部门应当对申请人提交的许可申请材料进行审查。需要对申请材料的实质内容进行核实的，应当进行现场核查。食品经营许可申请包含预包装食品销售的，对其中的预包装食品销售项目不需要进行现场核查。

现场核查应当由符合要求的核查人员进行。核查人员不得少于两人。核查人员应当出示有效证件，填写食品经营许可现场核查表，制作现场核查记录，经申请人核对无误后，由核查人员和申请人在核查表上签名或者盖章。申请人拒绝签名或者盖章的，核查人员应当注明情况。

上级地方市场监督管理部门可以委托下级地方市场监督管理部门，对受理的食品经营许可申请进行现场核查。

核查人员应当自接受现场核查任务之日起五个工作日内，完成对经营场所的现场核查。经核查，通过现场整改能够符合条件的，应当允许现场整改；需要通过一定时限整改的，应当明确整改要求和整改时限，并经市场监督管理部门负责人同意。

第二十一条　县级以上地方市场监督管理部门应当自受理申请之日起十个工作日内作出是否准予行政许可的决定。因特殊原因需要延长期限的，经市场监督管理部门负责人批准，可以延长五个工作日，并应当将延长期限的理由告知申请人。鼓励有条件的地方市场监督管理部门优化许可工作流程，压减现场核查、许可决定等工作时限。

第二十二条　县级以上地方市场监督管理部门应当根据申请材料审查和现场核查等情况，对符合条件的，作出准予行政许可的决定，并自作出决定之日起五个工作日内向申请人颁发食品经营许可证；对不符合条件的，应当作出不予许可的决定，说明理由，并告知申请人依法享有申请行政复议或者提起行政诉讼的权利。

第二十三条　食品经营许可证发证日期为许可决定作出的日期，有效期为五年。

第二十四条　县级以上地方市场监督管

理部门认为食品经营许可申请涉及公共利益的重大事项，需要听证的，应当向社会公告并举行听证。

食品经营许可直接涉及申请人与他人之间重大利益关系的，县级以上地方市场监督管理部门在作出行政许可决定前，应当告知申请人、利害关系人享有要求听证的权利。申请人、利害关系人在被告知听证权利之日起五个工作日内提出听证申请的，市场监督管理部门应当在二十个工作日内组织听证。听证期限不计算在行政许可审查期限之内。

第四章 许可证管理

第二十五条 食品经营许可证分为正本、副本。正本、副本具有同等法律效力。

国家市场监督管理总局负责制定食品经营许可证正本、副本式样。省、自治区、直辖市市场监督管理部门负责本行政区域内食品经营许可证的印制和发放等管理工作。

第二十六条 食品经营许可证应当载明：经营者名称、统一社会信用代码、法定代表人（负责人）、住所、经营场所、主体业态、经营项目、许可证编号、有效期、投诉举报电话、发证机关、发证日期，并赋有二维码。其中，经营场所、主体业态、经营项目属于许可事项，其他事项不属于许可事项。

食品经营者取得餐饮服务、食品经营管理经营项目的，销售预包装食品不需要在许可证上标注食品销售类经营项目。

第二十七条 食品经营许可证编号由JY（“经营”的汉语拼音首字母缩写）和十四位阿拉伯数字组成。数字从左至右依次为：一位主体业态代码、两位省（自治区、直辖市）代码、两位市（地）代码、两位县（区）代码、六位顺序码、一位校验码。

第二十八条 食品经营者应当妥善保管食品经营许可证，不得伪造、涂改、倒卖、出租、出借、转让。

食品经营者应当在经营场所的显著位置悬挂、摆放纸质食品经营许可证正本或者展示其电子证书。

利用自动设备从事食品经营的，应当在自动设备的显著位置展示食品经营者的联系方式、食品经营许可证复印件或者电子证书、备案编号。

第五章 变更、延续、补办与注销

第二十九条 食品经营许可证载明的事项发生变化的，食品经营者应当在变化后十个工作日内向原发证的市场监督管理部门申请变更食品经营许可。食品经营者地址迁移，不在原许可经营场所从事食品经营活动的，应当重新申请食品经营许可。

第三十条 发生下列情形的，食品经营者应当在变化后十个工作日内向原发证的市场监督管理部门报告：

（一）食品经营者的主要设备设施、经营布局、操作流程等发生较大变化，可能影响食品安全的；

（二）从事网络经营情况发生变化的；

（三）外设仓库（包括自有和租赁）地址发生变化的；

（四）集体用餐配送单位向学校、托幼机构供餐情况发生变化的；

（五）自动设备放置地点、数量发生变化的；

（六）增加预包装食品销售的。

符合前款第一项、第五项情形的，县级以上地方市场监督管理部门应当在收到食品经营者的报告后三十个工作日内对其实施监督检查，重点检查食品经营实际情况与报告内容是否相符、食品经营条件是否符合食品安全要求等。

第三十一条 食品经营者申请变更食品经营许可的，应当提交食品经营许可变更申请书，以及与变更食品经营许可事项有关的材料。食品经营者取得纸质食品经营许可证正本、副本的，应当同时提交。

第三十二条 食品经营者需要延续依法

取得的食品经营许可有效期的，应当在该食品经营许可有效期届满前九十个工作日至十五个工作日期间，向原发证的市场监督管理部门提出申请。

县级以上地方市场监督管理部门应当根据被许可人的延续申请，在该食品经营许可有效期届满前作出是否准予延续的决定。

在食品经营许可有效期届满前十五个工作日内提出延续许可申请的，原食品经营许可有效期届满后，食品经营者应当暂停食品经营活动，原发证的市场监督管理部门作出准予延续的决定后，方可继续开展食品经营活动。

第三十三条　食品经营者申请延续食品经营许可的，应当提交食品经营许可延续申请书，以及与延续食品经营许可事项有关的其他材料。食品经营者取得纸质食品经营许可证正本、副本的，应当同时提交。

第三十四条　县级以上地方市场监督管理部门应当对变更或者延续食品经营许可的申请材料进行审查。

申请人的经营条件发生变化或者增加经营项目，可能影响食品安全的，市场监督管理部门应当就变化情况进行现场核查。

申请变更或者延续食品经营许可时，申请人声明经营条件未发生变化、经营项目减项或者未发生变化的，市场监督管理部门可以不进行现场核查，对申请材料齐全、符合法定形式的，当场作出准予变更或者延续食品经营许可决定。

未现场核查的，县级以上地方市场监督管理部门应当自申请人取得食品经营许可之日起三十个工作日内对其实施监督检查。现场核查发现实际情况与申请材料内容不相符的，食品经营者应当立即采取整改措施，经整改仍不相符的，依法撤销变更或者延续食品经营许可决定。

第三十五条　原发证的市场监督管理部门决定准予变更的，应当向申请人颁发新的食品经营许可证。食品经营许可证编号不变，发证日期为市场监督管理部门作出变更许可决定的日期，有效期与原证书一致。

不符合许可条件的，原发证的市场监督管理部门应当作出不予变更食品经营许可的书面决定，说明理由，并告知申请人依法享有申请行政复议或者提起行政诉讼的权利。

第三十六条　原发证的市场监督管理部门决定准予延续的，应当向申请人颁发新的食品经营许可证，许可证编号不变，有效期自作出延续许可决定之日起计算。

不符合许可条件的，原发证的市场监督管理部门应当作出不予延续食品经营许可的书面决定，说明理由，并告知申请人依法享有申请行政复议或者提起行政诉讼的权利。

第三十七条　食品经营许可证遗失、损坏，应当向原发证的市场监督管理部门申请补办，并提交下列材料：

（一）食品经营许可证补办申请书；

（二）书面遗失声明或者受损坏的食品经营许可证。

材料符合要求的，县级以上地方市场监督管理部门应当在受理后十个工作日内予以补发。

因遗失、损坏补发的食品经营许可证，许可证编号不变，发证日期和有效期与原证书保持一致。

第三十八条　食品经营者申请注销食品经营许可的，应当向原发证的市场监督管理部门提交食品经营许可注销申请书，以及与注销食品经营许可有关的其他材料。食品经营者取得纸质食品经营许可证正本、副本的，应当同时提交。

第三十九条　有下列情形之一，原发证的市场监督管理部门应当依法办理食品经营许可注销手续：

（一）食品经营许可有效期届满未申请延续的；

（二）食品经营者主体资格依法终止的；

（三）食品经营许可依法被撤回、撤销

或者食品经营许可证依法被吊销的；

（四）因不可抗力导致食品经营许可事项无法实施的；

（五）法律、法规规定的应当注销食品经营许可的其他情形。

食品经营许可被注销的，许可证编号不得再次使用。

第四十条 食品经营许可证变更、延续、补办与注销的有关程序参照本办法第二章和第三章的有关规定执行。

第六章 仅销售预包装食品备案

第四十一条 备案人应当取得营业执照等合法主体资格，并具备与销售的食品品种、数量等相适应的经营条件。

第四十二条 拟从事仅销售预包装食品活动的，在办理市场主体登记注册时，可以一并进行仅销售预包装食品备案，并提交仅销售预包装食品备案信息采集表。已经取得合法主体资格的备案人从事仅销售预包装食品活动的，应当在开展销售活动之日起五个工作日内向县级以上地方市场监督管理部门提交备案信息材料。材料齐全的，获得备案编号。备案人对所提供的备案信息的真实性、完整性负责。

利用自动设备仅销售预包装食品的，备案人应当提交每台设备的具体放置地点、备案编号的展示方法、食品安全风险管控方案等材料。

第四十三条 县级以上地方市场监督管理部门应当在备案后五个工作日内将经营者名称、经营场所、经营种类、备案编号等相关备案信息向社会公开。

第四十四条 备案信息发生变化的，备案人应当自发生变化后十五个工作日内向原备案的市场监督管理部门进行备案信息更新。

第四十五条 备案实施唯一编号管理。备案编号由YB（“预”、“备”的汉语拼音首字母缩写）和十四位阿拉伯数字组成。数字从左至右依次为：一位业态类型代码（1为批发、2为零售）、两位省（自治区、直辖市）代码、两位市（地）代码、两位县（区）代码、六位顺序码、一位校验码。食品经营者主体资格依法终止的，备案编号自行失效。

第七章 监督检查

第四十六条 县级以上地方市场监督管理部门应当依据法律、法规规定的职责，对食品经营者的许可和备案事项进行监督检查。

第四十七条 县级以上地方市场监督管理部门应当建设完善食品经营许可和备案管理信息平台，便于公民、法人和其他社会组织查询。

县级以上地方市场监督管理部门应当将食品经营许可颁发、备案情况、监督检查、违法行为查处等情况记入食品经营者食品安全信用档案，并依法通过国家企业信用信息公示系统向社会公示；对有不良信用记录、信用风险高的食品经营者应当增加监督检查频次，并按照规定实施联合惩戒。

第四十八条 县级以上地方市场监督管理部门负责辖区内食品经营者许可和备案事项的监督检查，应当按照规定的频次对辖区内的食品经营者实施全覆盖检查。必要时，应当依法对相关食品贮存、运输服务提供者进行检查。

第四十九条 县级以上地方市场监督管理部门及其工作人员履行食品经营许可和备案管理职责，应当自觉接受食品经营者和社会监督。接到有关工作人员在食品经营许可和备案管理过程中存在违法行为的举报，市场监督管理部门应当及时进行调查核实，并依法处理。

第五十条 县级以上地方市场监督管理部门应当建立食品经营许可和备案档案管理制度，将办理食品经营许可和备案的有关材料、发证情况及时归档。

第五十一条　国家市场监督管理总局可以定期或者不定期组织对全国食品经营许可和备案管理工作进行监督检查；省、自治区、直辖市市场监督管理部门可以定期或者不定期组织对本行政区域内的食品经营许可和备案管理工作进行监督检查。

第八章　法律责任

第五十二条　未取得食品经营许可从事食品经营活动的，由县级以上地方市场监督管理部门依照《中华人民共和国食品安全法》第一百二十二条的规定给予处罚。

食品经营者地址迁移，不在原许可的经营场所从事食品经营活动，未按照规定重新申请食品经营许可的，或者食品经营许可有效期届满，未按照规定申请办理延续手续，仍继续从事食品经营活动的，由县级以上地方市场监督管理部门依照《中华人民共和国食品安全法》第一百二十二条的规定给予处罚。

食品经营许可证载明的主体业态、经营项目等许可事项发生变化，食品经营者未按照规定申请变更的，由县级以上地方市场监督管理部门依照《中华人民共和国食品安全法》第一百二十二条的规定给予处罚。但是，有下列情形之一，依照《中华人民共和国行政处罚法》第三十二条、第三十三条的规定从轻、减轻或者不予行政处罚：

（一）主体业态、经营项目发生变化，但食品安全风险等级未升高的；

（二）增加经营项目类型，但增加的经营项目所需的经营条件被已经取得许可的经营项目涵盖的；

（三）违法行为轻微，未对消费者人身健康和生命安全等造成危害后果的；

（四）法律、法规、规章规定的其他情形。

食品经营许可证载明的除许可事项以外的其他事项发生变化，食品经营者未按照规定申请变更的，由县级以上地方市场监督管理部门责令限期改正；逾期不改的，处一千元以上一万元以下罚款。

第五十三条　许可申请人隐瞒真实情况或者提供虚假材料申请食品经营许可的，由县级以上地方市场监督管理部门给予警告。申请人在一年内不得再次申请食品经营许可。

第五十四条　被许可人以欺骗、贿赂等不正当手段取得食品经营许可的，由原发证的市场监督管理部门撤销许可，处一万元以上三万元以下罚款；造成危害后果的，处三万元以上二十万元以下罚款。被许可人在三年内不得再次申请食品经营许可。

第五十五条　违反本办法第六条第一款规定，食品展销会举办者未按照规定在展销会举办前报告的，由县级以上地方市场监督管理部门依照《中华人民共和国食品安全法实施条例》第七十二条的规定给予处罚。

违反本办法第六条第二款规定，食品展销会举办者未履行检查、报告义务的，由县级以上地方市场监督管理部门依照《中华人民共和国食品安全法》第一百三十条的规定给予处罚。

第五十六条　违反本办法第七条第二款、第三款或者第十六条规定的，由县级以上地方市场监督管理部门责令限期改正；逾期不改的，处一千元以上一万元以下罚款。

第五十七条　违反本办法第二十八条第一款规定的，由县级以上地方市场监督管理部门责令改正，给予警告，并处一万元以上三万元以下罚款；情节严重的，处三万元以上十万元以下罚款；造成危害后果的，处十万元以上二十万元以下罚款。

违反本办法第二十八条第二款、第三款规定的，由县级以上地方市场监督管理部门责令限期改正；逾期不改的，给予警告。

第五十八条　违反本办法第三十条第一款第一项规定的，由县级以上地方市场监督管理部门责令限期改正；逾期不改的，处两千元以上一万元以下罚款；情节严重的，处一万元以上五万元以下罚款；造成危害后果的，处五万元以上二十万元以下罚款。

违反本办法第三十条第一款第二项至第六项规定的，由县级以上地方市场监督管理部门责令限期改正；逾期不改的，处一千元以上一万元以下罚款。

第五十九条 未按照规定提交备案信息或者备案信息发生变化未按照规定进行备案信息更新的，由县级以上地方市场监督管理部门责令限期改正；逾期不改的，处两千元以上一万元以下罚款。

备案时提供虚假信息的，由县级以上地方市场监督管理部门取消备案，处五千元以上三万元以下罚款。

第六十条 被吊销食品经营许可证的食品经营者及其法定代表人、直接负责的主管人员和其他直接责任人员自处罚决定作出之日起五年内不得申请食品生产经营许可，或者从事食品生产经营管理工作，担任食品生产经营企业食品安全管理人员。

第六十一条 市场监督管理部门对不符合条件的申请人准予许可，或者超越法定职权准予许可的，依照《中华人民共和国食品安全法》第一百四十四条的规定给予处分。

第九章 附 则

第六十二条 本办法用语的含义：

（一）集中用餐单位食堂，指设于机关、事业单位、社会团体、民办非企业单位、企业等，供应内部职工、学生等集中就餐的餐饮服务提供者。

（二）中央厨房，指由食品经营企业建立，具有独立场所和设施设备，集中完成食品成品或者半成品加工制作并配送给本单位连锁门店，供其进一步加工制作后提供给消费者的经营主体。

（三）集体用餐配送单位，指主要服务于集体用餐单位，根据其订购要求，集中加工、分送食品但不提供就餐场所的餐饮服务提供者。

（四）食品销售连锁管理，指食品销售连锁企业总部对其管理的门店实施统一的采购配送、质量管理、经营指导，或者品牌管理等规范化管理的活动。

（五）餐饮服务连锁管理，指餐饮服务连锁企业总部对其管理的门店实施统一的采购配送、质量管理、经营指导，或者品牌管理等规范化管理的活动。

（六）餐饮服务管理，指为餐饮服务提供者提供人员、加工制作、经营或者食品安全管理等服务的第三方管理活动。

（七）散装食品，指在经营过程中无食品生产者预先制作的定量包装或者容器、需要称重或者计件销售的食品，包括无包装以及称重或者计件后添加包装的食品。在经营过程中，食品经营者进行的包装，不属于定量包装。

（八）热食类食品，指食品原料经过粗加工、切配并经过蒸、煮、烹、煎、炒、烤、炸、焙烤等烹饪工艺制作的即食食品，含热加工糕点、汉堡，以及火锅和烧烤等烹饪方式加工而成的食品等。

（九）冷食类食品，指最后一道工艺是在常温或者低温条件下进行的，包括解冻、切配、调制等过程，加工后在常温或者低温条件下即可食用的食品，含生食瓜果蔬菜、腌菜、冷加工糕点、冷荤类食品等。

（十）生食类食品，一般特指生食动物性水产品（主要是海产品）。

（十一）半成品，指原料经初步或者部分加工制作后，尚需进一步加工制作的非直接入口食品，不包括储存的已加工成成品的食品。

（十二）自制饮品，指经营者现场制作的各种饮料，含冰淇淋等。

（十三）冷加工糕点，指在各种加热熟制工序后，在常温或者低温条件下再进行二次加工的糕点。

第六十三条 省、自治区、直辖市市场监督管理部门可以根据本行政区域实际情况，制定有关食品经营许可和备案管理的具体实施办法。

第六十四条　省、自治区、直辖市依照《中华人民共和国食品安全法》第三十六条的规定对食品摊贩、小餐饮、小食品店等的监督管理作出规定的，依照其规定执行。其中，规定对用餐人数较少的小型食堂（学校、托幼机构、养老机构的食堂除外）参照小餐饮管理的，依照其规定；未作出规定的，省、自治区、直辖市市场监督管理部门可以制定具体管理办法，明确纳入食品经营活动管理的具体人数范围等监督管理要求。

第六十五条　从事对温度、湿度等有特殊要求食品贮存业务的非食品生产经营者备案参照仅销售预包装食品备案管理。

第六十六条　本办法自2023年12月1日起施行。2015年8月31日原国家食品药品监督管理总局令第17号公布的《食品经营许可管理办法》同时废止。

食品召回管理办法

（2015年3月11日国家食品药品监督管理总局令第12号公布，根据2020年10月23日国家市场监督管理总局令第31号修订）

第一章　总　　则

第一条　为加强食品生产经营管理，减少和避免不安全食品的危害，保障公众身体健康和生命安全，根据《中华人民共和国食品安全法》及其实施条例等法律法规的规定，制定本办法。

第二条　在中华人民共和国境内，不安全食品的停止生产经营、召回和处置及其监督管理，适用本办法。

不安全食品是指食品安全法律法规规定禁止生产经营的食品以及其他有证据证明可能危害人体健康的食品。

第三条　食品生产经营者应当依法承担食品安全第一责任人的义务，建立健全相关管理制度，收集、分析食品安全信息，依法履行不安全食品的停止生产经营、召回和处置义务。

第四条　国家市场监督管理总局负责指导全国不安全食品停止生产经营、召回和处置的监督管理工作。

县级以上地方市场监督管理部门负责本行政区域的不安全食品停止生产经营、召回和处置的监督管理工作。

第五条　县级以上市场监督管理部门组织建立由医学、毒理、化学、食品、法律等相关领域专家组成的食品安全专家库，为不安全食品的停止生产经营、召回和处置提供专业支持。

第六条　国家市场监督管理总局负责汇总分析全国不安全食品的停止生产经营、召回和处置信息，根据食品安全风险因素，完善食品安全监督管理措施。

县级以上地方市场监督管理部门负责收集、分析和处理本行政区域不安全食品的停止生产经营、召回和处置信息，监督食品生产经营者落实主体责任。

第七条　鼓励和支持食品行业协会加强行业自律，制定行业规范，引导和促进食品生产经营者依法履行不安全食品的停止生产经营、召回和处置义务。

鼓励和支持公众对不安全食品的停止生

产经营、召回和处置等活动进行社会监督。

第二章 停止生产经营

第八条 食品生产经营者发现其生产经营的食品属于不安全食品的，应当立即停止生产经营，采取通知或者公告的方式告知相关食品生产经营者停止生产经营、消费者停止食用，并采取必要的措施防控食品安全风险。

食品生产经营者未依法停止生产经营不安全食品的，县级以上市场监督管理部门可以责令其停止生产经营不安全食品。

第九条 食品集中交易市场的开办者、食品经营柜台的出租者、食品展销会的举办者发现食品经营者经营的食品属于不安全食品的，应当及时采取有效措施，确保相关经营者停止经营不安全食品。

第十条 网络食品交易第三方平台提供者发现网络食品经营者经营的食品属于不安全食品的，应当依法采取停止网络交易平台服务等措施，确保网络食品经营者停止经营不安全食品。

第十一条 食品生产经营者生产经营的不安全食品未销售给消费者，尚处于其他生产经营者控制中的，食品生产经营者应当立即追回不安全食品，并采取必要措施消除风险。

第三章 召 回

第十二条 食品生产者通过自检自查、公众投诉举报、经营者和监督管理部门告知等方式知悉其生产经营的食品属于不安全食品的，应当主动召回。

食品生产者应当主动召回不安全食品而没有主动召回的，县级以上市场监督管理部门可以责令其召回。

第十三条 根据食品安全风险的严重和紧急程度，食品召回分为三级：

（一）一级召回：食用后已经或者可能导致严重健康损害甚至死亡的，食品生产者应当在知悉食品安全风险后24小时内启动召回，并向县级以上地方市场监督管理部门报告召回计划。

（二）二级召回：食用后已经或者可能导致一般健康损害，食品生产者应当在知悉食品安全风险后48小时内启动召回，并向县级以上地方市场监督管理部门报告召回计划。

（三）三级召回：标签、标识存在虚假标注的食品，食品生产者应当在知悉食品安全风险后72小时内启动召回，并向县级以上地方市场监督管理部门报告召回计划。标签、标识存在瑕疵，食用后不会造成健康损害的食品，食品生产者应当改正，可以自愿召回。

第十四条 食品生产者应当按照召回计划召回不安全食品。

县级以上地方市场监督管理部门收到食品生产者的召回计划后，必要时可以组织专家对召回计划进行评估。评估结论认为召回计划应当修改的，食品生产者应当立即修改，并按照修改后的召回计划实施召回。

第十五条 食品召回计划应当包括下列内容：

（一）食品生产者的名称、住所、法定代表人、具体负责人、联系方式等基本情况；

（二）食品名称、商标、规格、生产日期、批次、数量以及召回的区域范围；

（三）召回原因及危害后果；

（四）召回等级、流程及时限；

（五）召回通知或者公告的内容及发布方式；

（六）相关食品生产经营者的义务和责任；

（七）召回食品的处置措施、费用承担情况；

（八）召回的预期效果。

第十六条 食品召回公告应当包括下列内容：

（一）食品生产者的名称、住所、法定代表人、具体负责人、联系电话、电子邮箱等；

（二）食品名称、商标、规格、生产日期、批次等；

（三）召回原因、等级、起止日期、区域范围；

（四）相关食品生产经营者的义务和消费者退货及赔偿的流程。

第十七条　不安全食品在本省、自治区、直辖市销售的，食品召回公告应当在省级市场监督管理部门网站和省级主要媒体上发布。省级市场监督管理部门网站发布的召回公告应当与国家市场监督管理总局网站链接。

不安全食品在两个以上省、自治区、直辖市销售的，食品召回公告应当在国家市场监督管理总局网站和中央主要媒体上发布。

第十八条　实施一级召回的，食品生产者应当自公告发布之日起10个工作日内完成召回工作。

实施二级召回的，食品生产者应当自公告发布之日起20个工作日内完成召回工作。

实施三级召回的，食品生产者应当自公告发布之日起30个工作日内完成召回工作。

情况复杂的，经县级以上地方市场监督管理部门同意，食品生产者可以适当延长召回时间并公布。

第十九条　食品经营者知悉食品生产者召回不安全食品后，应当立即采取停止购进、销售，封存不安全食品，在经营场所醒目位置张贴生产者发布的召回公告等措施，配合食品生产者开展召回工作。

第二十条　食品经营者对因自身原因所导致的不安全食品，应当根据法律法规的规定在其经营的范围内主动召回。

食品经营者召回不安全食品应当告知供货商。供货商应当及时告知生产者。

食品经营者在召回通知或者公告中应当特别注明系因其自身的原因导致食品出现不安全问题。

第二十一条　因生产者无法确定、破产等原因无法召回不安全食品的，食品经营者应当在其经营的范围内主动召回不安全食品。

第二十二条　食品经营者召回不安全食品的程序，参照食品生产者召回不安全食品的相关规定处理。

第四章　处　　置

第二十三条　食品生产经营者应当依据法律法规的规定，对因停止生产经营、召回等原因退出市场的不安全食品采取补救、无害化处理、销毁等处置措施。

食品生产经营者未依法处置不安全食品的，县级以上地方市场监督管理部门可以责令其依法处置不安全食品。

第二十四条　对违法添加非食用物质、腐败变质、病死畜禽等严重危害人体健康和生命安全的不安全食品，食品生产经营者应当立即就地销毁。

不具备就地销毁条件的，可由不安全食品生产经营者集中销毁处理。食品生产经营者在集中销毁处理前，应当向县级以上地方市场监督管理部门报告。

第二十五条　对因标签、标识等不符合食品安全标准而被召回的食品，食品生产者可以在采取补救措施且能保证食品安全的情况下继续销售，销售时应当向消费者明示补救措施。

第二十六条　对不安全食品进行无害化处理，能够实现资源循环利用的，食品生产经营者可以按照国家有关规定进行处理。

第二十七条　食品生产经营者对不安全食品处置方式不能确定的，应当组织相关专家进行评估，并根据评估意见进行处置。

第二十八条　食品生产经营者应当如实记录停止生产经营、召回和处置不安全食品的名称、商标、规格、生产日期、批次、数量等内容。记录保存期限不得少于2年。

第五章　监督管理

第二十九条　县级以上地方市场监督管理部门发现不安全食品的，应当通知相关食品生产经营者停止生产经营或者召回，采取相关措施消除食品安全风险。

第三十条　县级以上地方市场监督管理部门发现食品生产经营者生产经营的食品可能属于不安全食品的，可以开展调查分析，相关食品生产经营者应当积极协助。

第三十一条　县级以上地方市场监督管理部门可以对食品生产经营者停止生产经营、召回和处置不安全食品情况进行现场监督检查。

第三十二条　食品生产经营者停止生产经营、召回和处置的不安全食品存在较大风险的，应当在停止生产经营、召回和处置不安全食品结束后5个工作日内向县级以上地方市场监督管理部门书面报告情况。

第三十三条　县级以上地方市场监督管理部门可以要求食品生产经营者定期或者不定期报告不安全食品停止生产经营、召回和处置情况。

第三十四条　县级以上地方市场监督管理部门可以对食品生产经营者提交的不安全食品停止生产经营、召回和处置报告进行评价。

评价结论认为食品生产经营者采取的措施不足以控制食品安全风险的，县级以上地方市场监督管理部门应当责令食品生产经营者采取更为有效的措施停止生产经营、召回和处置不安全食品。

第三十五条　为预防和控制食品安全风险，县级以上地方市场监督管理部门可以发布预警信息，要求相关食品生产经营者停止生产经营不安全食品，提示消费者停止食用不安全食品。

第三十六条　县级以上地方市场监督管理部门将不安全食品停止生产经营、召回和处置情况记入食品生产经营者信用档案。

第六章　法律责任

第三十七条　食品生产经营者违反本办法有关不安全食品停止生产经营、召回和处置的规定，食品安全法律法规有规定的，依照相关规定处理。

第三十八条　食品生产经营者违反本办法第八条第一款、第十二条第一款、第十三条、第十四条、第二十条第一款、第二十一条、第二十三条第一款、第二十四条第一款的规定，不立即停止生产经营、不主动召回、不按规定时限启动召回、不按照召回计划召回不安全食品或者不按照规定处置不安全食品的，由市场监督管理部门给予警告，并处1万元以上3万元以下罚款。

第三十九条　食品经营者违反本办法第十九条的规定，不配合食品生产者召回不安全食品的，由市场监督管理部门给予警告，并处5000元以上3万元以下罚款。

第四十条　食品生产经营者违反本办法第十三条、第二十四条第二款、第三十二条的规定，未按规定履行相关报告义务的，由市场监督管理部门责令改正，给予警告；拒不改正的，处2000元以上2万元以下罚款。

第四十一条　食品生产经营者违反本办法第二十三条第二款的规定，市场监督管理部门责令食品生产经营者依法处置不安全食品，食品生产经营者拒绝或者拖延履行的，由市场监督管理部门给予警告，并处2万元以上3万元以下罚款。

第四十二条　食品生产经营者违反本办法第二十八条的规定，未按规定记录保存不安全食品停止生产经营、召回和处置情况的，由市场监督管理部门责令改正，给予警告；拒不改正的，处2000元以上2万元以下罚款。

第四十三条　食品生产经营者停止生产经营、召回和处置不安全食品，不免除其依法应当承担的其他法律责任。

食品生产经营者主动采取停止生产经

营、召回和处置不安全食品措施，消除或者减轻危害后果的，依法从轻或者减轻处罚；违法情节轻微并及时纠正，没有造成危害后果的，不予行政处罚。

第四十四条 县级以上地方市场监督管理部门不依法履行本办法规定的职责，造成不良后果的，依照《中华人民共和国食品安全法》的有关规定，对直接负责的主管人员和其他直接责任人员给予行政处分。

第七章 附 则

第四十五条 本办法适用于食品、食品添加剂和保健食品。

食品生产经营者对进入批发、零售市场或者生产加工企业后的食用农产品的停止经营、召回和处置，参照本办法执行。

第四十六条 本办法自2015年9月1日起施行。

食品安全抽样检验管理办法

（2019年8月8日国家市场监督管理总局令第15号公布，根据2022年9月29日国家市场监督管理总局令第61号修正）

第一章 总 则

第一条 为规范食品安全抽样检验工作，加强食品安全监督管理，保障公众身体健康和生命安全，根据《中华人民共和国食品安全法》等法律法规，制定本办法。

第二条 市场监督管理部门组织实施的食品安全监督抽检和风险监测的抽样检验工作，适用本办法。

第三条 国家市场监督管理总局负责组织开展全国性食品安全抽样检验工作，监督指导地方市场监督管理部门组织实施食品安全抽样检验工作。

县级以上地方市场监督管理部门负责组织开展本级食品安全抽样检验工作，并按照规定实施上级市场监督管理部门组织的食品安全抽样检验工作。

第四条 市场监督管理部门应当按照科学、公开、公平、公正的原则，以发现和查处食品安全问题为导向，依法对食品生产经营活动全过程组织开展食品安全抽样检验工作。

食品生产经营者是食品安全第一责任人，应当依法配合市场监督管理部门组织实施的食品安全抽样检验工作。

第五条 市场监督管理部门应当与承担食品安全抽样、检验任务的技术机构（以下简称承检机构）签订委托协议，明确双方权利和义务。

承检机构应当依照有关法律、法规规定取得资质认定后方可从事检验活动。承检机构进行检验，应当尊重科学，恪守职业道德，保证出具的检验数据和结论客观、公正，不得出具虚假检验报告。

市场监督管理部门应当对承检机构的抽样检验工作进行监督检查，发现存在检验能力缺陷或者有重大检验质量问题等情形的，应当按照有关规定及时处理。

第六条 国家市场监督管理总局建立国家食品安全抽样检验信息系统，定期分析食品安全抽样检验数据，加强食品安全风险预警，完善并督促落实相关监督管理制度。

县级以上地方市场监督管理部门应当按照规定通过国家食品安全抽样检验信息系统，及时报送并汇总分析食品安全抽样检验数据。

第七条 国家市场监督管理总局负责组

织制定食品安全抽样检验指导规范。

开展食品安全抽样检验工作应当遵守食品安全抽样检验指导规范。

第二章　计　　划

第八条　国家市场监督管理总局根据食品安全监管工作的需要，制定全国性食品安全抽样检验年度计划。

县级以上地方市场监督管理部门应当根据上级市场监督管理部门制定的抽样检验年度计划并结合实际情况，制定本行政区域的食品安全抽样检验工作方案。

市场监督管理部门可以根据工作需要不定期开展食品安全抽样检验工作。

第九条　食品安全抽样检验工作计划和工作方案应当包括下列内容：

（一）抽样检验的食品品种；

（二）抽样环节、抽样方法、抽样数量等抽样工作要求；

（三）检验项目、检验方法、判定依据等检验工作要求；

（四）抽检结果及汇总分析的报送方式和时限；

（五）法律、法规、规章和食品安全标准规定的其他内容。

第十条　下列食品应当作为食品安全抽样检验工作计划的重点：

（一）风险程度高以及污染水平呈上升趋势的食品；

（二）流通范围广、消费量大、消费者投诉举报多的食品；

（三）风险监测、监督检查、专项整治、案件稽查、事故调查、应急处置等工作表明存在较大隐患的食品；

（四）专供婴幼儿和其他特定人群的主辅食品；

（五）学校和托幼机构食堂以及旅游景区餐饮服务单位、中央厨房、集体用餐配送单位经营的食品；

（六）有关部门公布的可能违法添加非食用物质的食品；

（七）已在境外造成健康危害并有证据表明可能在国内产生危害的食品；

（八）其他应当作为抽样检验工作重点的食品。

第三章　抽　　样

第十一条　市场监督管理部门可以自行抽样或者委托承检机构抽样。食品安全抽样工作应当遵守随机选取抽样对象、随机确定抽样人员的要求。

县级以上地方市场监督管理部门应当按照上级市场监督管理部门的要求，配合做好食品安全抽样工作。

第十二条　食品安全抽样检验应当支付样品费用。

第十三条　抽样单位应当建立食品抽样管理制度，明确岗位职责、抽样流程和工作纪律，加强对抽样人员的培训和指导，保证抽样工作质量。

抽样人员应当熟悉食品安全法律、法规、规章和食品安全标准等的相关规定。

第十四条　抽样人员执行现场抽样任务时不得少于2人，并向被抽样食品生产经营者出示抽样检验告知书及有效身份证明文件。由承检机构执行抽样任务的，还应当出示任务委托书。

案件稽查、事故调查中的食品安全抽样活动，应当由食品安全行政执法人员进行或者陪同。

承担食品安全抽样检验任务的抽样单位和相关人员不得提前通知被抽样食品生产经营者。

第十五条　抽样人员现场抽样时，应当记录被抽样食品生产经营者的营业执照、许可证等可追溯信息。

抽样人员可以从食品经营者的经营场所、仓库以及食品生产者的成品库待销产品中随机抽取样品，不得由食品生产经营者自行提供样品。

抽样数量原则上应当满足检验和复检的要求。

第十六条 风险监测、案件稽查、事故调查、应急处置中的抽样，不受抽样数量、抽样地点、被抽样单位是否具备合法资质等限制。

第十七条 食品安全监督抽检中的样品分为检验样品和复检备份样品。

现场抽样的，抽样人员应当采取有效的防拆封措施，对检验样品和复检备份样品分别封样，并由抽样人员和被抽样食品生产经营者签字或者盖章确认。

抽样人员应当保存购物票据，并对抽样场所、贮存环境、样品信息等通过拍照或者录像等方式留存证据。

第十八条 市场监督管理部门开展网络食品安全抽样检验时，应当记录买样人员以及付款账户、注册账号、收货地址、联系方式等信息。买样人员应当通过截图、拍照或者录像等方式记录被抽样网络食品生产经营者信息、样品网页展示信息，以及订单信息、支付记录等。

抽样人员收到样品后，应当通过拍照或者录像等方式记录拆封过程，对递送包装、样品包装、样品储运条件等进行查验，并对检验样品和复检备份样品分别封样。

第十九条 抽样人员应当使用规范的抽样文书，详细记录抽样信息。记录保存期限不得少于2年。

现场抽样时，抽样人员应当书面告知被抽样食品生产经营者依法享有的权利和应当承担的义务。被抽样食品生产经营者应当在食品安全抽样文书上签字或者盖章，不得拒绝或者阻挠食品安全抽样工作。

第二十条 现场抽样时，样品、抽样文书以及相关资料应当由抽样人员于5个工作日内携带或者寄送至承检机构，不得由被抽样食品生产经营者自行送样和寄送文书。因客观原因需要延长送样期限的，应当经组织抽样检验的市场监督管理部门同意。

对有特殊贮存和运输要求的样品，抽样人员应当采取相应措施，保证样品贮存、运输过程符合国家相关规定和包装标示的要求，不发生影响检验结论的变化。

第二十一条 抽样人员发现食品生产经营者涉嫌违法、生产经营的食品及原料没有合法来源或者无正当理由拒绝接受食品安全抽样的，应当报告有管辖权的市场监督管理部门进行处理。

第四章 检验与结果报送

第二十二条 食品安全抽样检验的样品由承检机构保存。

承检机构接收样品时，应当查验、记录样品的外观、状态、封条有无破损以及其他可能对检验结论产生影响的情况，并核对样品与抽样文书信息，将检验样品和复检备份样品分别加贴相应标识后，按照要求入库存放。

对抽样不规范的样品，承检机构应当拒绝接收并书面说明理由，及时向组织或者实施食品安全抽样检验的市场监督管理部门报告。

第二十三条 食品安全监督抽检应当采用食品安全标准规定的检验项目和检验方法。没有食品安全标准的，应当采用依照法律法规制定的临时限量值、临时检验方法或者补充检验方法。

风险监测、案件稽查、事故调查、应急处置等工作中，在没有前款规定的检验方法的情况下，可以采用其他检验方法分析查找食品安全问题的原因。所采用的方法应当遵循技术手段先进的原则，并取得国家或者省级市场监督管理部门同意。

第二十四条 食品安全抽样检验实行承检机构与检验人负责制。承检机构出具的食品安全检验报告应当加盖机构公章，并有检验人的签名或者盖章。承检机构和检验人对出具的食品安全检验报告负责。

承检机构应当自收到样品之日起20个

工作日内出具检验报告。市场监督管理部门与承检机构另有约定的，从其约定。

未经组织实施抽样检验任务的市场监督管理部门同意，承检机构不得分包或者转包检验任务。

第二十五条 食品安全监督抽检的检验结论合格的，承检机构应当自检验结论作出之日起3个月内妥善保存复检备份样品。复检备份样品剩余保质期不足3个月的，应当保存至保质期结束。合格备份样品能合理再利用、且符合省级以上市场监督管理部门有关要求的，可不受上述保存时间限制。

检验结论不合格的，承检机构应当自检验结论作出之日起6个月内妥善保存复检备份样品。复检备份样品剩余保质期不足6个月的，应当保存至保质期结束。

第二十六条 食品安全监督抽检的检验结论合格的，承检机构应当在检验结论作出后7个工作日内将检验结论报送组织或者委托实施抽样检验的市场监督管理部门。

抽样检验结论不合格的，承检机构应当在检验结论作出后2个工作日内报告组织或者委托实施抽样检验的市场监督管理部门。

第二十七条 国家市场监督管理总局组织的食品安全监督抽检的检验结论不合格的，承检机构除按照相关要求报告外，还应当通过国家食品安全抽样检验信息系统及时通报抽样地以及标称的食品生产者住所地市场监督管理部门。

地方市场监督管理部门组织或者实施食品安全监督抽检的检验结论不合格的，抽样地与标称食品生产者住所地不在同一省级行政区域的，抽样地市场监督管理部门应当在收到不合格检验结论后通过国家食品安全抽样检验信息系统及时通报标称的食品生产者住所地同级市场监督管理部门。同一省级行政区域内不合格检验结论的通报按照抽检地省级市场监督管理部门规定的程序和时限通报。

通过网络食品交易第三方平台抽样的，除按照前两款的规定通报外，还应当同时通报网络食品交易第三方平台提供者住所地市场监督管理部门。

第二十八条 食品安全监督抽检的抽样检验结论表明不合格食品可能对身体健康和生命安全造成严重危害的，市场监督管理部门和承检机构应当按照规定立即报告或者通报。

案件稽查、事故调查、应急处置中的检验结论的通报和报告，不受本办法规定时限限制。

第二十九条 县级以上地方市场监督管理部门收到监督抽检不合格检验结论后，应当按照省级以上市场监督管理部门的规定，在5个工作日内将检验报告和抽样检验结果通知书送达被抽样食品生产经营者、食品集中交易市场开办者、网络食品交易第三方平台提供者，并告知其依法享有的权利和应当承担的义务。

第五章 复检和异议

第三十条 食品生产经营者对依照本办法规定实施的监督抽检检验结论有异议的，可以自收到检验结论之日起7个工作日内，向实施监督抽检的市场监督管理部门或者其上一级市场监督管理部门提出书面复检申请。向国家市场监督管理总局提出复检申请的，国家市场监督管理总局可以委托复检申请人住所地省级市场监督管理部门负责办理。逾期未提出的，不予受理。

第三十一条 有下列情形之一的，不予复检：

（一）检验结论为微生物指标不合格的；

（二）复检备份样品超过保质期的；

（三）逾期提出复检申请的；

（四）其他原因导致备份样品无法实现复检目的的；

（五）法律、法规、规章以及食品安全标准规定的不予复检的其他情形。

第三十二条　市场监督管理部门应当自收到复检申请材料之日起5个工作日内，出具受理或者不予受理通知书。不予受理的，应当书面说明理由。

市场监督管理部门应当自出具受理通知书之日起5个工作日内，在公布的复检机构名录中，遵循便捷高效原则，随机确定复检机构进行复检。复检机构不得与初检机构为同一机构。因客观原因不能及时确定复检机构的，可以延长5个工作日，并向申请人说明理由。

复检机构无正当理由不得拒绝复检任务，确实无法承担复检任务的，应当在2个工作日内向相关市场监督管理部门作出书面说明。

复检机构与复检申请人存在日常检验业务委托等利害关系的，不得接受复检申请。

第三十三条　初检机构应当自复检机构确定后3个工作日内，将备份样品移交至复检机构。因客观原因不能按时移交的，经受理复检的市场监督管理部门同意，可以延长3个工作日。复检样品的递送方式由初检机构和申请人协商确定。

复检机构接到备份样品后，应当通过拍照或者录像等方式对备份样品外包装、封条等完整性进行确认，并做好样品接收记录。复检备份样品封条、包装破坏，或者出现其他对结果判定产生影响的情况，复检机构应当及时书面报告市场监督管理部门。

第三十四条　复检机构实施复检，应当使用与初检机构一致的检验方法。实施复检时，食品安全标准对检验方法有新的规定的，从其规定。

初检机构可以派员观察复检机构的复检实施过程，复检机构应当予以配合。初检机构不得干扰复检工作。

第三十五条　复检机构应当自收到备份样品之日起10个工作日内，向市场监督管理部门提交复检结论。市场监督管理部门与复检机构对时限另有约定的，从其约定。复检机构出具的复检结论为最终检验结论。

市场监督管理部门应当自收到复检结论之日起5个工作日内，将复检结论通知申请人，并通报不合格食品生产经营者住所地市场监督管理部门。

第三十六条　复检申请人应当向复检机构先行支付复检费用。复检结论与初检结论一致的，复检费用由复检申请人承担。复检结论与初检结论不一致的，复检费用由实施监督抽检的市场监督管理部门承担。

复检费用包括检验费用和样品递送产生的相关费用。

第三十七条　在食品安全监督抽检工作中，食品生产经营者可以对其生产经营食品的抽样过程、样品真实性、检验方法、标准适用等事项依法提出异议处理申请。

对抽样过程有异议的，申请人应当在抽样完成后7个工作日内，向实施监督抽检的市场监督管理部门提出书面申请，并提交相关证明材料。

对样品真实性、检验方法、标准适用等事项有异议的，申请人应当自收到不合格结论通知之日起7个工作日内，向组织实施监督抽检的市场监督管理部门提出书面申请，并提交相关证明材料。

向国家市场监督管理总局提出异议申请的，国家市场监督管理总局可以委托申请人住所地省级市场监督管理部门负责办理。

第三十八条　异议申请材料不符合要求或者证明材料不齐全的，市场监督管理部门应当当场或者在5个工作日内一次告知申请人需要补正的全部内容。

市场监督管理部门应当自收到申请材料之日起5个工作日内，出具受理或者不予受理通知书。不予受理的，应当书面说明理由。

第三十九条　异议审核需要其他市场监督管理部门协助的，相关市场监督管理部门应当积极配合。

对抽样过程有异议的，市场监督管理部门应当自受理之日起20个工作日内，完成异议审核，并将审核结论书面告知申请人。

对样品真实性、检验方法、标准适用等事项有异议的，市场监督管理部门应当自受理之日起30个工作日内，完成异议审核，并将审核结论书面告知申请人。需商请有关部门明确检验以及判定依据相关要求的，所需时间不计算在内。

市场监督管理部门应当根据异议核查实际情况依法进行处理，并及时将异议处理申请受理情况及审核结论，通报不合格食品生产经营者住所地市场监督管理部门。

第六章　核查处置及信息发布

第四十条　食品生产经营者收到监督抽检不合格检验结论后，应当立即采取封存不合格食品，暂停生产、经营不合格食品，通知相关生产经营者和消费者，召回已上市销售的不合格食品等风险控制措施，排查不合格原因并进行整改，及时向住所地市场监督管理部门报告处理情况，积极配合市场监督管理部门的调查处理，不得拒绝、逃避。

在复检和异议期间，食品生产经营者不得停止履行前款规定的义务。食品生产经营者未主动履行的，市场监督管理部门应当责令其履行。

在国家利益、公共利益需要时，或者为处置重大食品安全突发事件，经省级以上市场监督管理部门同意，可以由省级以上市场监督管理部门组织调查分析或者再次抽样检验，查明不合格原因。

第四十一条　食品安全风险监测结果表明存在食品安全隐患的，省级以上市场监督管理部门应当组织相关领域专家进一步调查和分析研判，确认有必要通知相关食品生产经营者的，应当及时通知。

接到通知的食品生产经营者应当立即进行自查，发现食品不符合食品安全标准或者有证据证明可能危害人体健康的，应当依照食品安全法第六十三条的规定停止生产、经营，实施食品召回，并报告相关情况。

食品生产经营者未主动履行前款规定义务的，市场监督管理部门应当责令其履行，并可以对食品生产经营者的法定代表人或者主要负责人进行责任约谈。

第四十二条　食品经营者收到监督抽检不合格检验结论后，应当按照国家市场监督管理总局的规定在被抽检经营场所显著位置公示相关不合格产品信息。

第四十三条　市场监督管理部门收到监督抽检不合格检验结论后，应当及时启动核查处置工作，督促食品生产经营者履行法定义务，依法开展调查处理。必要时，上级市场监督管理部门可以直接组织调查处理。

县级以上地方市场监督管理部门组织的监督抽检，检验结论表明不合格食品含有违法添加的非食用物质，或者存在致病性微生物、农药残留、兽药残留、生物毒素、重金属以及其他危害人体健康的物质严重超出标准限量等情形的，应当依法及时处理并逐级报告至国家市场监督管理总局。

第四十四条　调查中发现涉及其他部门职责的，应当将有关信息通报相关职能部门。有委托生产情形的，受托方食品生产者住所地市场监督管理部门在开展核查处置的同时，还应当通报委托方食品生产经营者住所地市场监督管理部门。

第四十五条　市场监督管理部门应当在90日内完成不合格食品的核查处置工作。需要延长办理期限的，应当书面报请负责核查处置的市场监督管理部门负责人批准。

第四十六条　市场监督管理部门应当通过政府网站等媒体及时向社会公开监督抽检结果和不合格食品核查处置的相关信息，并按照要求将相关信息记入食品生产经营者信用档案。市场监督管理部门公布食品安全监督抽检不合格信息，包括被抽检食品名称、规格、商标、生产日期或者批号、不合格项目，标称的生产者名称、地址，以及被抽样单位名称、地址等。

可能对公共利益产生重大影响的食品安全监督抽检信息，市场监督管理部门应当在信息公布前加强分析研判，科学、准确公布信息，必要时，应当通报相关部门并报告同级人民政府或者上级市场监督管理部门。

任何单位和个人不得擅自发布、泄露市场监督管理部门组织的食品安全监督抽检信息。

第七章　法律责任

第四十七条　食品生产经营者违反本办法的规定，无正当理由拒绝、阻挠或者干涉食品安全抽样检验、风险监测和调查处理的，由县级以上人民政府市场监督管理部门依照食品安全法第一百三十三条第一款的规定处罚；违反治安管理处罚法有关规定的，由市场监督管理部门依法移交公安机关处理。

食品生产经营者违反本办法第三十七条的规定，提供虚假证明材料的，由市场监督管理部门给予警告，并处1万元以上3万元以下罚款。

违反本办法第四十二条的规定，食品经营者未按规定公示相关不合格产品信息的，由市场监督管理部门责令改正；拒不改正的，给予警告，并处2000元以上3万元以下罚款。

第四十八条　违反本办法第四十条、第四十一条的规定，经市场监督管理部门责令履行后，食品生产经营者仍拒不召回或者停止经营的，由县级以上人民政府市场监督管理部门依照食品安全法第一百二十四条第一款的规定处罚。

第四十九条　市场监督管理部门应当依法将食品生产经营者受到的行政处罚等信息归集至国家企业信用信息公示系统，记于食品生产经营者名下并向社会公示。对存在严重违法失信行为的，按照规定实施联合惩戒。

第五十条　有下列情形之一的，市场监督管理部门应当按照有关规定依法处理并向社会公布；构成犯罪的，依法移送司法机关处理。

（一）调换样品、伪造检验数据或者出具虚假检验报告的；

（二）利用抽样检验工作之便牟取不正当利益的；

（三）违反规定事先通知被抽检食品生产经营者的；

（四）擅自发布食品安全抽样检验信息的；

（五）未按照规定的时限和程序报告不合格检验结论，造成严重后果的；

（六）有其他违法行为的。

有前款规定的第（一）项情形的，市场监督管理部门终身不得委托其承担抽样检验任务；有前款规定的第（一）项以外其他情形的，市场监督管理部门五年内不得委托其承担抽样检验任务。

复检机构有第一款规定的情形，或者无正当理由拒绝承担复检任务的，由县级以上人民政府市场监督管理部门给予警告；无正当理由1年内2次拒绝承担复检任务的，由国务院市场监督管理部门商有关部门撤销其复检机构资质并向社会公布。

第五十一条　市场监督管理部门及其工作人员有违反法律、法规以及本办法规定和有关纪律要求的，应当依据食品安全法和相关规定，对直接负责的主管人员和其他直接责任人员，给予相应的处分；构成犯罪的，依法移送司法机关处理。

第八章　附　　则

第五十二条　本办法所称监督抽检是指市场监督管理部门按照法定程序和食品安全标准等规定，以排查风险为目的，对食品组织的抽样、检验、复检、处理等活动。

本办法所称风险监测是指市场监督管理部门对没有食品安全标准的风险因素，开展监测、分析、处理的活动。

第五十三条　市场监督管理部门可以参照本办法的有关规定组织开展评价性抽检。

评价性抽检是指依据法定程序和食品安全标准等规定开展抽样检验，对市场上食品总体安全状况进行评估的活动。

第五十四条　食品添加剂的检验，适用本办法有关食品检验的规定。

餐饮食品、食用农产品进入食品生产经营环节的抽样检验以及保质期短的食品、节令性食品的抽样检验，参照本办法执行。

市场监督管理部门可以参照本办法关于网络食品安全监督抽检的规定对自动售卖机、无人超市等没有实际经营人员的食品经营者组织实施抽样检验。

第五十五条　承检机构制作的电子检验报告与出具的书面检验报告具有同等法律效力。

第五十六条　本办法自2019年10月1日起施行。

保健食品注册与备案管理办法

（2016年2月26日国家食品药品监督管理总局令第22号公布，根据2020年10月23日国家市场监督管理总局令第31号修订）

第一章　总　　则

第一条　为规范保健食品的注册与备案，根据《中华人民共和国食品安全法》，制定本办法。

第二条　在中华人民共和国境内保健食品的注册与备案及其监督管理适用本办法。

第三条　保健食品注册，是指市场监督管理部门根据注册申请人申请，依照法定程序、条件和要求，对申请注册的保健食品的安全性、保健功能和质量可控性等相关申请材料进行系统评价和审评，并决定是否准予其注册的审批过程。

保健食品备案，是指保健食品生产企业依照法定程序、条件和要求，将表明产品安全性、保健功能和质量可控性的材料提交市场监督管理部门进行存档、公开、备查的过程。

第四条　保健食品的注册与备案及其监督管理应当遵循科学、公开、公正、便民、高效的原则。

第五条　国家市场监督管理总局负责保健食品注册管理，以及首次进口的属于补充维生素、矿物质等营养物质的保健食品备案管理，并指导监督省、自治区、直辖市市场监督管理部门承担的保健食品注册与备案相关工作。

省、自治区、直辖市市场监督管理部门负责本行政区域内保健食品备案管理，并配合国家市场监督管理总局开展保健食品注册现场核查等工作。

市、县级市场监督管理部门负责本行政区域内注册和备案保健食品的监督管理，承担上级市场监督管理部门委托的其他工作。

第六条　国家市场监督管理总局行政受理机构（以下简称受理机构）负责受理保健食品注册和接收相关进口保健食品备案材料。

省、自治区、直辖市市场监督管理部门负责接收相关保健食品备案材料。

国家市场监督管理总局保健食品审评机构（以下简称审评机构）负责组织保健食品审评，管理审评专家，并依法承担相关保健食品备案工作。

国家市场监督管理总局审核查验机构（以下简称查验机构）负责保健食品注册现

场核查工作。

第七条　保健食品注册申请人或者备案人应当具有相应的专业知识，熟悉保健食品注册管理的法律、法规、规章和技术要求。

保健食品注册申请人或者备案人应当对所提交材料的真实性、完整性、可溯源性负责，并对提交材料的真实性承担法律责任。

保健食品注册申请人或者备案人应当协助市场监督管理部门开展与注册或者备案相关的现场核查、样品抽样、复核检验和监督管理等工作。

第八条　省级以上市场监督管理部门应当加强信息化建设，提高保健食品注册与备案管理信息化水平，逐步实现电子化注册与备案。

第二章　注　　册

第九条　生产和进口下列产品应当申请保健食品注册：

（一）使用保健食品原料目录以外原料（以下简称目录外原料）的保健食品；

（二）首次进口的保健食品（属于补充维生素、矿物质等营养物质的保健食品除外）。

首次进口的保健食品，是指非同一国家、同一企业、同一配方申请中国境内上市销售的保健食品。

第十条　产品声称的保健功能应当已经列入保健食品功能目录。

第十一条　国产保健食品注册申请人应当是在中国境内登记的法人或者其他组织；进口保健食品注册申请人应当是上市保健食品的境外生产厂商。

申请进口保健食品注册的，应当由其常驻中国代表机构或者由其委托中国境内的代理机构办理。

境外生产厂商，是指产品符合所在国（地区）上市要求的法人或者其他组织。

第十二条　申请保健食品注册应当提交下列材料：

（一）保健食品注册申请表，以及申请人对申请材料真实性负责的法律责任承诺书；

（二）注册申请人主体登记证明文件复印件；

（三）产品研发报告，包括研发人、研发时间、研制过程、中试规模以上的验证数据，目录外原料及产品安全性、保健功能、质量可控性的论证报告和相关科学依据，以及根据研发结果综合确定的产品技术要求等；

（四）产品配方材料，包括原料和辅料的名称及用量、生产工艺、质量标准，必要时还应当按照规定提供原料使用依据、使用部位的说明、检验合格证明、品种鉴定报告等；

（五）产品生产工艺材料，包括生产工艺流程简图及说明，关键工艺控制点及说明；

（六）安全性和保健功能评价材料，包括目录外原料及产品的安全性、保健功能试验评价材料，人群食用评价材料；功效成分或者标志性成分、卫生学、稳定性、菌种鉴定、菌种毒力等试验报告，以及涉及兴奋剂、违禁药物成分等检测报告；

（七）直接接触保健食品的包装材料种类、名称、相关标准等；

（八）产品标签、说明书样稿；产品名称中的通用名与注册的药品名称不重名的检索材料；

（九）3个最小销售包装样品；

（十）其他与产品注册审评相关的材料。

第十三条　申请首次进口保健食品注册，除提交本办法第十二条规定的材料外，还应当提交下列材料：

（一）产品生产国（地区）政府主管部门或者法律服务机构出具的注册申请人为上市保健食品境外生产厂商的资质证明文件；

（二）产品生产国（地区）政府主管部

门或者法律服务机构出具的保健食品上市销售一年以上的证明文件，或者产品境外销售以及人群食用情况的安全性报告；

（三）产品生产国（地区）或者国际组织与保健食品相关的技术法规或者标准；

（四）产品在生产国（地区）上市的包装、标签、说明书实样。

由境外注册申请人常驻中国代表机构办理注册事务的，应当提交《外国企业常驻中国代表机构登记证》及其复印件；境外注册申请人委托境内的代理机构办理注册事项的，应当提交经过公证的委托书原件以及受委托的代理机构营业执照复印件。

第十四条 受理机构收到申请材料后，应当根据下列情况分别作出处理：

（一）申请事项依法不需要取得注册的，应当即时告知注册申请人不受理；

（二）申请事项依法不属于国家市场监督管理总局职权范围的，应当即时作出不予受理的决定，并告知注册申请人向有关行政机关申请；

（三）申请材料存在可以当场更正的错误的，应当允许注册申请人当场更正；

（四）申请材料不齐全或者不符合法定形式的，应当当场或者在5个工作日内一次告知注册申请人需要补正的全部内容，逾期不告知的，自收到申请材料之日起即为受理；

（五）申请事项属于国家市场监督管理总局职权范围，申请材料齐全、符合法定形式，注册申请人按照要求提交全部补正申请材料的，应当受理注册申请。

受理或者不予受理注册申请，应当出具加盖国家市场监督管理总局行政许可受理专用章和注明日期的书面凭证。

第十五条 受理机构应当在受理后3个工作日内将申请材料一并送交审评机构。

第十六条 审评机构应当组织审评专家对申请材料进行审查，并根据实际需要组织查验机构开展现场核查，组织检验机构开展复核检验，在60个工作日内完成审评工作，并向国家市场监督管理总局提交综合审评结论和建议。

特殊情况下需要延长审评时间的，经审评机构负责人同意，可以延长20个工作日，延长决定应当及时书面告知申请人。

第十七条 审评机构应当组织对申请材料中的下列内容进行审评，并根据科学依据的充足程度明确产品保健功能声称的限定用语：

（一）产品研发报告的完整性、合理性和科学性；

（二）产品配方的科学性，及产品安全性和保健功能；

（三）目录外原料及产品的生产工艺合理性、可行性和质量可控性；

（四）产品技术要求和检验方法的科学性和复现性；

（五）标签、说明书样稿主要内容以及产品名称的规范性。

第十八条 审评机构在审评过程中可以调阅原始资料。

审评机构认为申请材料不真实、产品存在安全性或者质量可控性问题，或者不具备声称的保健功能的，应当终止审评，提出不予注册的建议。

第十九条 审评机构认为需要注册申请人补正材料的，应当一次告知需要补正的全部内容。注册申请人应当在3个月内按照补正通知的要求一次提供补充材料；审评机构收到补充材料后，审评时间重新计算。

注册申请人逾期未提交补充材料或者未完成补正，不足以证明产品安全性、保健功能和质量可控性的，审评机构应当终止审评，提出不予注册的建议。

第二十条 审评机构认为需要开展现场核查的，应当及时通知查验机构按照申请材料中的产品研发报告、配方、生产工艺等技术要求进行现场核查，并对下线产品封样送复核检验机构检验。

查验机构应当自接到通知之日起30个工作日内完成现场核查，并将核查报告送交审评机构。

核查报告认为申请材料不真实、无法溯源复现或者存在重大缺陷的，审评机构应当终止审评，提出不予注册的建议。

第二十一条　复核检验机构应当严格按照申请材料中的测定方法以及相关说明进行操作，对测定方法的科学性、复现性、适用性进行验证，对产品质量可控性进行复核检验，并应当自接受委托之日起60个工作日内完成复核检验，将复核检验报告送交审评机构。

复核检验结论认为测定方法不科学、无法复现、不适用或者产品质量不可控的，审评机构应当终止审评，提出不予注册的建议。

第二十二条　首次进口的保健食品境外现场核查和复核检验时限，根据境外生产厂商的实际情况确定。

第二十三条　保健食品审评涉及的试验和检验工作应当由国家市场监督管理总局选择的符合条件的食品检验机构承担。

第二十四条　审评机构认为申请材料真实，产品科学、安全、具有声称的保健功能，生产工艺合理、可行和质量可控，技术要求和检验方法科学、合理的，应当提出予以注册的建议。

审评机构提出不予注册建议的，应当同时向注册申请人发出拟不予注册的书面通知。注册申请人对通知有异议的，应当自收到通知之日起20个工作日内向审评机构提出书面复审申请并说明复审理由。复审的内容仅限于原申请事项及申请材料。

审评机构应当自受理复审申请之日起30个工作日内作出复审决定。改变不予注册建议的，应当书面通知注册申请人。

第二十五条　审评机构作出综合审评结论及建议后，应当在5个工作日内报送国家市场监督管理总局。

第二十六条　国家市场监督管理总局应当自受理之日起20个工作日内对审评程序和结论的合法性、规范性以及完整性进行审查，并作出准予注册或者不予注册的决定。

第二十七条　现场核查、复核检验、复审所需时间不计算在审评和注册决定的期限内。

第二十八条　国家市场监督管理总局作出准予注册或者不予注册的决定后，应当自作出决定之日起10个工作日内，由受理机构向注册申请人发出保健食品注册证书或者不予注册决定。

第二十九条　注册申请人对国家市场监督管理总局作出不予注册的决定有异议的，可以向国家市场监督管理总局提出书面行政复议申请或者向法院提出行政诉讼。

第三十条　保健食品注册人转让技术的，受让方应当在转让方的指导下重新提出产品注册申请，产品技术要求等应当与原申请材料一致。

审评机构按照相关规定简化审评程序。符合要求的，国家市场监督管理总局应当为受让方核发新的保健食品注册证书，并对转让方保健食品注册予以注销。

受让方除提交本办法规定的注册申请材料外，还应当提交经公证的转让合同。

第三十一条　保健食品注册证书及其附件所载明内容变更的，应当由保健食品注册人申请变更并提交书面变更的理由和依据。

注册人名称变更的，应当由变更后的注册申请人申请变更。

第三十二条　已经生产销售的保健食品注册证书有效期届满需要延续的，保健食品注册人应当在有效期届满6个月前申请延续。

获得注册的保健食品原料已经列入保健食品原料目录，并符合相关技术要求，保健食品注册人申请变更注册，或者期满申请延续注册的，应当按照备案程序办理。

第三十三条　申请变更国产保健食品注

册的，除提交保健食品注册变更申请表（包括申请人对申请材料真实性负责的法律责任承诺书）、注册申请人主体登记证明文件复印件、保健食品注册证书及其附件的复印件外，还应当按照下列情形分别提交材料：

（一）改变注册人名称、地址的变更申请，还应当提供该注册人名称、地址变更的证明材料；

（二）改变产品名称的变更申请，还应当提供拟变更后的产品通用名与已经注册的药品名称不重名的检索材料；

（三）增加保健食品功能项目的变更申请，还应当提供所增加功能项目的功能学试验报告；

（四）改变产品规格、保质期、生产工艺等涉及产品技术要求的变更申请，还应当提供证明变更后产品的安全性、保健功能和质量可控性与原注册内容实质等同的材料、依据及变更后3批样品符合产品技术要求的全项目检验报告；

（五）改变产品标签、说明书的变更申请，还应当提供拟变更的保健食品标签、说明书样稿。

第三十四条 申请延续国产保健食品注册的，应当提交下列材料：

（一）保健食品延续注册申请表，以及申请人对申请材料真实性负责的法律责任承诺书；

（二）注册申请人主体登记证明文件复印件；

（三）保健食品注册证书及其附件的复印件；

（四）经省级市场监督管理部门核实的注册证书有效期内保健食品的生产销售情况；

（五）人群食用情况分析报告、生产质量管理体系运行情况的自查报告以及符合产品技术要求的检验报告。

第三十五条 申请进口保健食品变更注册或者延续注册的，除分别提交本办法第三十三条、第三十四条规定的材料外，还应当提交本办法第十三条第一款（一）、（二）、（三）、（四）项和第二款规定的相关材料。

第三十六条 变更申请的理由依据充分合理，不影响产品安全性、保健功能和质量可控性的，予以变更注册；变更申请的理由依据不充分、不合理，或者拟变更事项影响产品安全性、保健功能和质量可控性的，不予变更注册。

第三十七条 申请延续注册的保健食品的安全性、保健功能和质量可控性符合要求的，予以延续注册。

申请延续注册的保健食品的安全性、保健功能和质量可控性依据不足或者不再符合要求，在注册证书有效期内未进行生产销售的，以及注册人未在规定时限内提交延续申请的，不予延续注册。

第三十八条 接到保健食品延续注册申请的市场监督管理部门应当在保健食品注册证书有效期届满前作出是否准予延续的决定。逾期未作出决定的，视为准予延续注册。

第三十九条 准予变更注册或者延续注册的，颁发新的保健食品注册证书，同时注销原保健食品注册证书。

第四十条 保健食品变更注册与延续注册的程序未作规定的，可以适用本办法关于保健食品注册的相关规定。

第三章 注册证书管理

第四十一条 保健食品注册证书应当载明产品名称、注册人名称和地址、注册号、颁发日期及有效期、保健功能、功效成分或者标志性成分及含量、产品规格、保质期、适宜人群、不适宜人群、注意事项。

保健食品注册证书附件应当载明产品标签、说明书主要内容和产品技术要求等。

产品技术要求应当包括产品名称、配方、生产工艺、感官要求、鉴别、理化指标、微生物指标、功效成分或者标志性成分含量及检测方法、装量或者重量差异指标（净含量及允许负偏差指标）、原辅料质量要求等内容。

第四十二条　保健食品注册证书有效期为5年。变更注册的保健食品注册证书有效期与原保健食品注册证书有效期相同。

第四十三条　国产保健食品注册号格式为：国食健注G+4位年代号+4位顺序号；进口保健食品注册号格式为：国食健注J+4位年代号+4位顺序号。

第四十四条　保健食品注册有效期内，保健食品注册证书遗失或者损坏的，保健食品注册人应当向受理机构提出书面申请并说明理由。因遗失申请补发的，应当在省、自治区、直辖市市场监督管理部门网站上发布遗失声明；因损坏申请补发的，应当交回保健食品注册证书原件。

国家市场监督管理总局应当在受理后20个工作日内予以补发。补发的保健食品注册证书应当标注原批准日期，并注明"补发"字样。

第四章　备　　案

第四十五条　生产和进口下列保健食品应当依法备案：

（一）使用的原料已经列入保健食品原料目录的保健食品；

（二）首次进口的属于补充维生素、矿物质等营养物质的保健食品。

首次进口的属于补充维生素、矿物质等营养物质的保健食品，其营养物质应当是列入保健食品原料目录的物质。

第四十六条　国产保健食品的备案人应当是保健食品生产企业，原注册人可以作为备案人；进口保健食品的备案人，应当是上市保健食品境外生产厂商。

第四十七条　备案的产品配方、原辅料名称及用量、功效、生产工艺等应当符合法律、法规、规章、强制性标准以及保健食品原料目录技术要求的规定。

第四十八条　申请保健食品备案，除应当提交本办法第十二条第（四）、（五）、（六）、（七）、（八）项规定的材料外，还应当提交下列材料：

（一）保健食品备案登记表，以及备案人对提交材料真实性负责的法律责任承诺书；

（二）备案人主体登记证明文件复印件；

（三）产品技术要求材料；

（四）具有合法资质的检验机构出具的符合产品技术要求全项目检验报告；

（五）其他表明产品安全性和保健功能的材料。

第四十九条　申请进口保健食品备案的，除提交本办法第四十八条规定的材料外，还应当提交本办法第十三条第一款（一）、（二）、（三）、（四）项和第二款规定的相关材料。

第五十条　市场监督管理部门收到备案材料后，备案材料符合要求的，当场备案；不符合要求的，应当一次告知备案人补正相关材料。

第五十一条　市场监督管理部门应当完成备案信息的存档备查工作，并发放备案号。对备案的保健食品，市场监督管理部门应当按照相关要求的格式制作备案凭证，并将备案信息表中登载的信息在其网站上公布。

国产保健食品备案号格式为：食健备G+4位年代号+2位省级行政区域代码+6位顺序编号；进口保健食品备案号格式为：食健备J+4位年代号+00+6位顺序编号。

第五十二条　已经备案的保健食品，需要变更备案材料的，备案人应当向原备案机关提交变更说明及相关证明文件。备案材料符合要求的，市场监督管理部门应当将变更情况登载于变更信息中，将备案材料存档备查。

第五十三条　保健食品备案信息应当包括产品名称、备案人名称和地址、备案登记号、登记日期以及产品标签、说明书和技术要求。

第五章 标签、说明书

第五十四条 申请保健食品注册或者备案的，产品标签、说明书样稿应当包括产品名称、原料、辅料、功效成分或者标志性成分及含量、适宜人群、不适宜人群、保健功能、食用量及食用方法、规格、贮藏方法、保质期、注意事项等内容及相关制定依据和说明等。

第五十五条 保健食品的标签、说明书主要内容不得涉及疾病预防、治疗功能，并声明“本品不能代替药物”。

第五十六条 保健食品的名称由商标名、通用名和属性名组成。

商标名，是指保健食品使用依法注册的商标名称或者符合《商标法》规定的未注册的商标名称，用以表明其产品是独有的、区别于其他同类产品。

通用名，是指表明产品主要原料等特性的名称。

属性名，是指表明产品剂型或者食品分类属性等的名称。

第五十七条 保健食品名称不得含有下列内容：

（一）虚假、夸大或者绝对化的词语；

（二）明示或者暗示预防、治疗功能的词语；

（三）庸俗或者带有封建迷信色彩的词语；

（四）人体组织器官等词语；

（五）除“”之外的符号；

（六）其他误导消费者的词语。

保健食品名称不得含有人名、地名、汉语拼音、字母及数字等，但注册商标作为商标名、通用名中含有符合国家规定的含字母及数字的原料名除外。

第五十八条 通用名不得含有下列内容：

（一）已经注册的药品通用名，但以原料名称命名或者保健食品注册批准在先的除外；

（二）保健功能名称或者与表述产品保健功能相关的文字；

（三）易产生误导的原料简写名称；

（四）营养素补充剂产品配方中部分维生素或者矿物质；

（五）法律法规规定禁止使用的其他词语。

第五十九条 备案保健食品通用名应当以规范的原料名称命名。

第六十条 同一企业不得使用同一配方注册或者备案不同名称的保健食品；不得使用同一名称注册或者备案不同配方的保健食品。

第六章 监督管理

第六十一条 国家市场监督管理总局应当及时制定并公布保健食品注册申请服务指南和审查细则，方便注册申请人申报。

第六十二条 承担保健食品审评、核查、检验的机构和人员应当对出具的审评意见、核查报告、检验报告负责。

保健食品审评、核查、检验机构和人员应当依照有关法律、法规、规章的规定，恪守职业道德，按照食品安全标准、技术规范等对保健食品进行审评、核查和检验，保证相关工作科学、客观和公正。

第六十三条 参与保健食品注册与备案管理工作的单位和个人，应当保守在注册或者备案中获知的商业秘密。

属于商业秘密的，注册申请人和备案人在申请注册或者备案时应当在提交的资料中明确相关内容和依据。

第六十四条 市场监督管理部门接到有关单位或者个人举报的保健食品注册受理、审评、核查、检验、审批等工作中的违法违规行为后，应当及时核实处理。

第六十五条 除涉及国家秘密、商业秘密外，市场监督管理部门应当自完成注册或者备案工作之日起20个工作日内根据相关职责在网站公布已经注册或者备案的保健食品目录及相关信息。

第六十六条　有下列情形之一的，国家市场监督管理总局根据利害关系人的请求或者依据职权，可以撤销保健食品注册证书：

（一）行政机关工作人员滥用职权、玩忽职守作出准予注册决定的；

（二）超越法定职权或者违反法定程序作出准予注册决定的；

（三）对不具备申请资格或者不符合法定条件的注册申请人准予注册的；

（四）依法可以撤销保健食品注册证书的其他情形。

注册人以欺骗、贿赂等不正当手段取得保健食品注册的，国家市场监督管理总局应当予以撤销。

第六十七条　有下列情形之一的，国家市场监督管理总局应当依法办理保健食品注册注销手续：

（一）保健食品注册有效期届满，注册人未申请延续或者国家食品药品监管总局不予延续的；

（二）保健食品注册人申请注销的；

（三）保健食品注册人依法终止的；

（四）保健食品注册依法被撤销，或者保健食品注册证书依法被吊销的；

（五）根据科学研究的发展，有证据表明保健食品可能存在安全隐患，依法被撤回的；

（六）法律、法规规定的应当注销保健食品注册的其他情形。

第六十八条　有下列情形之一的，市场监督管理部门取消保健食品备案：

（一）备案材料虚假的；

（二）备案产品生产工艺、产品配方等存在安全性问题的；

（三）保健食品生产企业的生产许可被依法吊销、注销的；

（四）备案人申请取消备案的；

（五）依法应当取消备案的其他情形。

第七章　法律责任

第六十九条　保健食品注册与备案违法行为，食品安全法等法律法规已有规定的，依照其规定。

第七十条　注册申请人隐瞒真实情况或者提供虚假材料申请注册的，国家市场监督管理总局不予受理或者不予注册，并给予警告；申请人在1年内不得再次申请注册该保健食品；构成犯罪的，依法追究刑事责任。

第七十一条　注册申请人以欺骗、贿赂等不正当手段取得保健食品注册证书的，由国家市场监督管理总局撤销保健食品注册证书，并处1万元以上3万元以下罚款。被许可人在3年内不得再次申请注册；构成犯罪的，依法追究刑事责任。

第七十二条　有下列情形之一的，由县级以上人民政府市场监督管理部门处以1万元以上3万元以下罚款；构成犯罪的，依法追究刑事责任。

（一）擅自转让保健食品注册证书的；

（二）伪造、涂改、倒卖、出租、出借保健食品注册证书的。

第七十三条　市场监督管理部门及其工作人员对不符合条件的申请人准予注册，或者超越法定职权准予注册的，依照食品安全法第一百四十四条的规定予以处理。

市场监督管理部门及其工作人员在注册审评过程中滥用职权、玩忽职守、徇私舞弊的，依照食品安全法第一百四十五条的规定予以处理。

第八章　附　　则

第七十四条　申请首次进口保健食品注册和办理进口保健食品备案及其变更的，应当提交中文材料，外文材料附后。中文译本应当由境内公证机构进行公证，确保与原文内容一致；申请注册的产品质量标准（中文本），必须符合中国保健食品质量标准的格式。境外机构出具的证明文件应当经生产国（地区）的公证机构公证和中国驻所在国使领馆确认。

第七十五条　本办法自2016年7月1日起施行。2005年4月30日公布的《保健食品注册管理办法（试行）》（原国家食品药品监督管理局令第19号）同时废止。

特殊医学用途配方食品注册管理办法

（2023年11月13日市场监管总局第24次局务会议通过，2023年11月28日公布，自2024年1月1日起施行）

第一章　总　　则

第一条　为了规范特殊医学用途配方食品注册行为，保证特殊医学用途配方食品质量安全，根据《中华人民共和国行政许可法》、《中华人民共和国食品安全法》（以下简称《食品安全法》）、《中华人民共和国食品安全法实施条例》等法律法规，制定本办法。

第二条　在中华人民共和国境内生产销售和进口的特殊医学用途配方食品的注册管理，适用本办法。

第三条　特殊医学用途配方食品注册，是指国家市场监督管理总局依据本办法规定的程序和要求，对申请注册的特殊医学用途配方食品进行审查，并决定是否准予注册的活动。

第四条　特殊医学用途配方食品注册管理，以临床营养需求为导向，遵循科学、公开、公平、公正的原则，鼓励创新。

第五条　国家市场监督管理总局负责特殊医学用途配方食品的注册管理工作。

国家市场监督管理总局食品审评机构（食品审评中心，以下简称审评机构）负责特殊医学用途配方食品注册申请的受理、技术审评、现场核查、制证送达等工作，并根据需要组织专家进行论证。

省、自治区、直辖市市场监督管理部门应当配合特殊医学用途配方食品注册的现场核查等工作。

第六条　特殊医学用途配方食品注册申请人（以下简称申请人）应当对所提交材料的真实性、完整性、合法性和可溯源性负责，并承担法律责任。

申请人应当配合市场监督管理部门开展与注册相关的现场核查、抽样检验等工作，提供必要的工作条件。

第二章　申请与注册

第七条　申请人应当为拟在中华人民共和国境内生产并销售特殊医学用途配方食品的生产企业或者拟向中华人民共和国出口特殊医学用途配方食品的境外生产企业。

申请人应当具备与所生产特殊医学用途配方食品相适应的研发能力、生产能力、检验能力，设立特殊医学用途配方食品研发机构，按照良好生产规范要求建立与所生产特殊医学用途配方食品相适应的生产质量管理体系，对出厂产品按照有关法律法规、食品安全国家标准和技术要求规定的项目实施逐批检验。

研发机构中应当有食品相关专业高级职称或者相应专业能力的人员。

第八条　申请特殊医学用途配方食品注册，应当向国家市场监督管理总局提交下列材料：

（一）特殊医学用途配方食品注册申请书；

（二）申请人主体资质文件；

（三）产品研发报告；

（四）产品配方及其设计依据；

（五）生产工艺资料；

（六）产品标准和技术要求；

（七）产品标签、说明书样稿；

（八）产品检验报告；

（九）研发能力、生产能力、检验能力的材料；

（十）其他表明产品安全性、营养充足性以及特殊医学用途临床效果的材料。

申请特定全营养配方食品注册，一般还应当提交临床试验报告。

第九条　申请人应当按照国家有关规定对申请材料中的商业秘密、未披露信息或者保密商务信息进行标注并注明依据。

第十条　对申请人提出的注册申请，应当根据下列情况分别作出处理：

（一）申请事项依法不需要进行注册的，应当即时告知申请人不受理；

（二）申请事项依法不属于国家市场监督管理总局职权范围的，应当即时作出不予受理的决定，并告知申请人向有关行政机关申请；

（三）申请材料存在可以当场更正的错误的，应当允许申请人当场更正；

（四）申请材料不齐全或者不符合法定形式的，应当当场或者在五个工作日内一次告知申请人需要补正的全部内容；逾期不告知的，自收到申请材料之日起即为受理；

（五）申请事项属于国家市场监督管理总局职权范围，申请材料齐全、符合法定形式，或者申请人按照要求提交全部补正申请材料的，应当受理注册申请。

受理或者不予受理注册申请，应当出具加盖国家市场监督管理总局行政许可专用章和注明日期的凭证。

第十一条　审评机构应当对申请注册产品的产品配方、生产工艺、标签、说明书以及产品安全性、营养充足性和特殊医学用途临床效果进行审查，自受理之日起六十个工作日内完成审评工作。

特殊情况下需要延长审评时限的，经审评机构负责人同意，可以延长三十个工作日，延长决定应当书面告知申请人。

第十二条　审评过程中认为需要申请人补正材料的，审评机构应当一次告知需要补正的全部内容。申请人应当在六个月内按照补正通知的要求一次补正材料。补正材料的时间不计算在审评时限内。

第十三条　审评机构可以组织营养学、临床医学、食品安全、食品加工等领域专家对审评过程中遇到的问题进行论证，并形成专家意见。

第十四条　审评机构根据食品安全风险组织对申请人进行生产现场核查和抽样检验，对临床试验进行现场核查。必要时，可对食品原料、食品添加剂生产企业等开展延伸核查。

第十五条　审评机构应当通过书面或者电子等方式告知申请人核查事项。

申请人应当在三十个工作日内反馈接受现场核查的日期。因不可抗力等因素无法在规定时限内反馈的，申请人应当书面提出延期申请并说明理由。

第十六条　审评机构应当自申请人确认的生产现场核查日期起二十个工作日内完成对申请人的研发能力、生产能力、检验能力以及申请材料与实际情况的一致性等的现场核查，并出具生产现场核查报告。

审评机构通知申请人所在地省级市场监督管理部门参与现场核查的，省级市场监督管理部门应当派员参与。

第十七条　审评机构在生产现场核查中抽取动态生产的样品，委托具有法定资质的食品检验机构进行检验。

检验机构应当自收到样品之日起三十个工作日内按照食品安全国家标准和技术要求

完成样品检验，并向审评机构出具样品检验报告。

第十八条 对于申请特定全营养配方食品注册的临床试验现场核查，审评机构应当自申请人确认的临床试验现场核查日期起三十个工作日内完成对临床试验的真实性、完整性、合法性和可溯源性等情况的现场核查，并出具临床试验现场核查报告。

第十九条 审评机构应当根据申请人提交的申请材料、现场核查报告、样品检验报告等资料开展审评，并作出审评结论。

第二十条 申请人的申请符合法定条件、标准，产品科学、安全，生产工艺合理、可行，产品质量可控，技术要求和检验方法科学、合理，现场核查报告结论、样品检验报告结论符合注册要求的，审评机构应当作出建议准予注册的审评结论。

第二十一条 有下列情形之一的，审评机构应当作出拟不予注册的审评结论：

（一）申请材料弄虚作假、不真实的；

（二）申请材料不支持产品安全性、营养充足性以及特殊医学用途临床效果的；

（三）申请人不具备与所申请注册产品相适应的研发能力、生产能力或者检验能力的；

（四）申请人未在规定时限内提交补正材料，或者提交的补正材料不符合要求的；

（五）逾期不能确认现场核查日期，拒绝或者不配合现场核查、抽样检验的；

（六）现场核查报告结论或者样品检验报告结论为不符合注册要求的；

（七）其他不符合法律、法规、规章、食品安全国家标准和技术要求等注册要求的情形。

审评机构作出不予注册审评结论的，应当向申请人发出拟不予注册通知并说明理由。申请人对审评结论有异议的，应当自收到通知之日起二十个工作日内向审评机构提出书面复审申请并说明复审理由。复审的内容仅限于原申请事项及申请材料。

审评机构应当自受理复审申请之日起三十个工作日内作出复审决定，并通知申请人。

第二十二条 现场核查、抽样检验、复审所需要的时间不计算在审评时限内。

对境外现场核查、抽样检验的工作时限，根据实际情况确定。

第二十三条 国家市场监督管理总局在审评结束后，依法作出是否批准的决定。对准予注册的，颁发特殊医学用途配方食品注册证书。对不予注册的，发给不予注册决定书，说明理由，并告知申请人享有依法申请行政复议或者提起行政诉讼的权利。

第二十四条 国家市场监督管理总局应当自受理之日起二十个工作日内作出决定。

审评机构应当自国家市场监督管理总局作出决定之日起十个工作日内向申请人送达特殊医学用途配方食品注册证书或者不予注册决定书。

第二十五条 特殊医学用途配方食品注册证书及附件应当载明下列事项：

（一）产品名称；

（二）企业名称、生产地址；

（三）注册号、批准日期及有效期；

（四）产品类别；

（五）产品配方；

（六）生产工艺；

（七）产品标签、说明书样稿；

（八）产品其他技术要求。

特殊医学用途配方食品注册号的格式为：国食注字TY+四位年代号+四位顺序号，其中TY代表特殊医学用途配方食品。

特殊医学用途配方食品注册证书有效期五年，电子证书与纸质证书具有同等法律效力。

第二十六条 特殊医学用途配方食品注册证书有效期内，申请人需要变更注册证书及其附件载明事项的，应当向国家市场监督管理总局提出变更注册申请，并提交下列材料：

（一）特殊医学用途配方食品变更注册申请书；

（二）产品变更论证报告；

（三）与变更事项有关的其他材料。

第二十七条　申请人申请产品配方变更、生产工艺变更等可能影响产品安全性、营养充足性或者特殊医学用途临床效果的，审评机构应当按照本办法第十一条的规定组织开展审评，作出审评结论。

申请人申请企业名称变更、生产地址名称变更、产品名称变更等不影响产品安全性、营养充足性以及特殊医学用途临床效果的，审评机构应当自受理之日起十个工作日内作出审评结论。申请人企业名称变更的，应当以变更后的名称申请。

第二十八条　国家市场监督管理总局自审评结论作出之日起十个工作日内作出准予变更或者不予变更的决定。准予变更注册的，向申请人换发注册证书，标注变更时间和变更事项，注册证书发证日期以变更批准日期为准，原注册号不变，证书有效期不变；不予批准变更注册的，发给不予变更注册决定书，说明理由，并告知申请人享有依法申请行政复议或者提起行政诉讼的权利。

第二十九条　产品的食品原料和食品添加剂品种不变、配料表顺序不变、营养成分表不变，使用量在一定范围内合理波动或者调整的，不需要申请变更。

第三十条　特殊医学用途配方食品注册证书有效期届满需要延续的，申请人应当在注册证书有效期届满六个月前向国家市场监督管理总局提出延续注册申请，并提交下列材料：

（一）特殊医学用途配方食品延续注册申请书；

（二）申请人主体资质文件；

（三）企业研发能力、生产能力、检验能力情况；

（四）企业生产质量管理体系自查报告；

（五）产品安全性、营养充足性和特殊医学临床效果方面的跟踪评价情况；

（六）生产企业所在地省、自治区、直辖市市场监督管理部门延续注册意见书；

（七）与延续注册有关的其他材料。

第三十一条　审评机构应当按照本办法第十一条的规定对延续注册申请组织开展审评，并作出审评结论。

第三十二条　国家市场监督管理总局自受理申请之日起二十个工作日内作出准予延续注册或者不予延续注册的决定。准予延续注册的，向申请人换发注册证书，原注册号不变，证书有效期自批准之日起重新计算；不予延续注册的，发给不予延续注册决定书，说明理由，并告知申请人享有依法申请行政复议或者提起行政诉讼的权利。逾期未作决定的，视为准予延续。

第三十三条　有下列情形之一的，不予延续注册：

（一）未在规定时限内提出延续注册申请的；

（二）注册产品连续十二个月内在省级以上监督抽检中出现三批次及以上不合格的；

（三）申请人未能保持注册时研发能力、生产能力、检验能力的；

（四）其他不符合有关规定的情形。

第三十四条　申请人申请注册特殊医学用途配方食品有下列情形之一，可以申请适用优先审评审批程序：

（一）罕见病类特殊医学用途配方食品；

（二）临床急需且尚未批准过的新类型特殊医学用途配方食品；

（三）国家市场监督管理总局规定的其他优先审评审批的情形。

第三十五条　申请人在提出注册申请前，应当与审评机构沟通交流，经确认后，在提出注册申请的同时，向审评机构提出优先审评审批申请。经审查，符合本办法第三十四条规定的情形，且经公示无异议后，审评机构纳入优先审评审批程序。

第三十六条　纳入优先审评审批程序的特殊医学用途配方食品，审评时限为三十个工作日；经沟通交流确认后，申请人可以补充提交技术材料；需要开展现场核查、抽样检验的，优先安排。

第三十七条　审评过程中，发现纳入优先审评审批程序的特殊医学用途配方食品注册申请不能满足优先审评审批条件的，审评机构应当终止该产品优先审评审批程序，按照正常审评程序继续审评，并告知申请人。

第三十八条　特殊医学用途配方食品变更注册、延续注册、优先审评审批的程序未作规定的，适用特殊医学用途配方食品注册相关规定。

第三章　临床试验

第三十九条　开展特定全营养配方食品注册临床试验，应当经伦理委员会审查同意。

第四十条　临床试验应当按照特殊医学用途配方食品临床试验质量管理规范开展。

特殊医学用途配方食品临床试验质量管理规范由国家市场监督管理总局发布。

第四十一条　申请人应当委托符合要求的临床机构开展临床试验。接受委托开展临床试验的临床机构应当出具临床试验报告，临床试验报告应当包括完整的统计分析报告和数据。

第四十二条　申请人组织开展多中心临床试验的，应当明确组长单位和统计单位。

第四十三条　申请人应当对用于临床试验的试验样品和对照样品的质量安全负责。

用于临床试验的试验样品应当由申请人按照申请注册的产品配方、生产工艺生产，生产条件应当符合特殊医学用途配方食品良好生产规范要求，产品应当符合相应食品安全国家标准和技术要求。

第四章　标签和说明书

第四十四条　特殊医学用途配方食品的标签、说明书应当符合法律、法规、规章和食品安全国家标准，并按照国家市场监督管理总局的规定进行标识。

第四十五条　特殊医学用途配方食品的名称应当反映食品的真实属性，使用食品安全国家标准规定的分类名称或者等效名称。

第四十六条　特殊医学用途配方食品的标签应当在主要展示版面标注产品名称、注册号、适用人群以及“请在医生或者临床营养师指导下使用”。

第四十七条　特殊医学用途配方食品标签、说明书应当对产品的配方特点或者营养学特征进行描述，并按照食品安全国家标准的规定标示“不适用于非目标人群使用”、“本品禁止用于肠外营养支持和静脉注射”。

第四十八条　申请人对其提供的特殊医学用途配方食品标签、说明书的内容负责。标签、说明书应当真实、准确、清楚、明显；不得含有虚假内容，不得涉及疾病预防、治疗功能，不得对产品中的营养素及其他成分进行功能声称，不得误导消费者。

第四十九条　特殊医学用途配方食品的标签和说明书的内容应当一致，涉及特殊医学用途配方食品注册证书内容的，应当与注册证书内容一致。

标签已经涵盖说明书全部内容的，可以不另附说明书。

第五章　监督管理

第五十条　承担技术审评、现场核查、抽样检验的机构和人员应当对出具的审评结论、现场核查报告、样品检验报告等负责；参加论证的专家出具专家意见，应当恪守职业道德。

技术审评、现场核查、抽样检验、专家论证应当依照法律、法规、规章、食品安全国家标准、技术规范等开展，保证相关工作科学、客观和公正。

第五十一条　市场监督管理部门接到有关单位或者个人举报的特殊医学用途配方食品注册工作中的违法违规行为，应当及时核实处理。

第五十二条　未经申请人同意，参与特殊医学用途配方食品注册工作的机构和人员不得披露申请人提交的商业秘密、未披露信息或者保密商务信息，法律另有规定或者涉及国家安全、重大社会公共利益的除外。

第五十三条　特殊医学用途配方食品申请受理后，申请人提出撤回特殊医学用途配方食品注册申请的，应当提交书面申请并说明理由。同意撤回申请的，国家市场监督管理总局终止其注册程序。

技术审评、现场核查和抽样检验过程中发现涉嫌存在隐瞒真实情况或者提供虚假信息等违法行为的，应当依法处理，申请人不得撤回注册申请。

第五十四条　有下列情形之一的，国家市场监督管理总局根据利害关系人的请求或者依据职权，可以撤销特殊医学用途配方食品注册：

（一）工作人员滥用职权、玩忽职守作出准予注册决定的；

（二）超越法定职权作出准予注册决定的；

（三）违反法定程序作出准予注册决定的；

（四）对不具备申请资格或者不符合法定条件的申请人准予注册的；

（五）食品生产许可证被吊销的；

（六）依法可以撤销注册的其他情形。

第五十五条　有下列情形之一的，国家市场监督管理总局应当依法办理特殊医学用途配方食品注册注销手续：

（一）企业申请注销的；

（二）企业依法终止的；

（三）注册证书有效期届满未延续的；

（四）注册证书依法被撤销、撤回或者依法被吊销的；

（五）法律、法规规定应当注销注册的其他情形。

第六章　法律责任

第五十六条　《食品安全法》等法律法规对特殊医学用途配方食品注册违法行为已有规定的，从其规定。

第五十七条　申请人隐瞒有关情况或者提供虚假材料申请特殊医学用途配方食品注册的，国家市场监督管理总局不予受理或者不予注册，对申请人给予警告；申请人在一年内不得再次申请特殊医学用途配方食品注册；涉嫌犯罪的，依法移送公安机关，追究刑事责任。

第五十八条　申请人以欺骗、贿赂等不正当手段取得特殊医学用途配方食品注册证书的，国家市场监督管理总局依法予以撤销，被许可人三年内不得再次申请特殊医学用途配方食品注册；处一万元以上三万元以下罚款；造成危害后果的，处三万元以上二十万元以下罚款；涉嫌犯罪的，依法移送公安机关，追究刑事责任。

第五十九条　伪造、涂改、倒卖、出租、出借、转让特殊医学用途配方食品注册证书的，由县级以上市场监督管理部门处三万元以上十万元以下罚款；造成危害后果的，处十万元以上二十万元以下罚款；涉嫌犯罪的，依法移送公安机关，追究刑事责任。

第六十条　申请人变更不影响产品安全性、营养充足性以及特殊医学用途临床效果的事项，未依法申请变更的，由县级以上市场监督管理部门责令限期改正；逾期不改的，处一千元以上一万元以下罚款。

申请人变更产品配方、生产工艺等可能影响产品安全性、营养充足性以及特殊医学用途临床效果的事项，未依法申请变更的，由县级以上市场监督管理部门依照《食品安全法》第一百二十四条的规定进行处罚。

第六十一条 市场监督管理部门及其工作人员对不符合条件的申请人准予注册，或者超越法定职权准予注册的，依照《食品安全法》第一百四十四条的规定处理。

市场监督管理部门及其工作人员在注册审批过程中滥用职权、玩忽职守、徇私舞弊的，依照《食品安全法》第一百四十五条的规定处理。

第七章 附 则

第六十二条 本办法所称特殊医学用途配方食品，是指为满足进食受限、消化吸收障碍、代谢紊乱或者特定疾病状态人群对营养素或者膳食的特殊需要，专门加工配制而成的配方食品，包括适用于0月龄至12月龄的特殊医学用途婴儿配方食品和适用于1岁以上人群的特殊医学用途配方食品。

适用于1岁以上人群的特殊医学用途配方食品，包括全营养配方食品、特定全营养配方食品、非全营养配方食品。

第六十三条 医疗机构等配制供病人食用的营养餐不适用本办法。

第六十四条 本办法自2024年1月1日起施行。2016年3月7日原国家食品药品监督管理总局令第24号公布的《特殊医学用途配方食品注册管理办法》同时废止。

乳品质量安全监督管理条例

（2008年10月6日国务院第28次常务会议通过，2008年10月9日公布，自2008年10月9日起施行）

第一章 总 则

第一条 为了加强乳品质量安全监督管理，保证乳品质量安全，保障公众身体健康和生命安全，促进奶业健康发展，制定本条例。

第二条 本条例所称乳品，是指生鲜乳和乳制品。

乳品质量安全监督管理适用本条例；法律对乳品质量安全监督管理另有规定的，从其规定。

第三条 奶畜养殖者、生鲜乳收购者、乳制品生产企业和销售者对其生产、收购、运输、销售的乳品质量安全负责，是乳品质量安全的第一责任者。

第四条 县级以上地方人民政府对本行政区域内的乳品质量安全监督管理负总责。

县级以上人民政府畜牧兽医主管部门负责奶畜饲养以及生鲜乳生产环节、收购环节的监督管理。县级以上质量监督检验检疫部门负责乳制品生产环节和乳品进出口环节的监督管理。县级以上工商行政管理部门负责乳制品销售环节的监督管理。县级以上食品药品监督部门负责乳制品餐饮服务环节的监督管理。县级以上人民政府卫生主管部门依照职权负责乳品质量安全监督管理的综合协调、组织查处食品安全重大事故。县级以上人民政府其他有关部门在各自职责范围内负责乳品质量安全监督管理的其他工作。

第五条 发生乳品质量安全事故，应当依照有关法律、行政法规的规定及时报告、处理；造成严重后果或者恶劣影响的，对有关人民政府、有关部门负有领导责任的负责人依法追究责任。

第六条 生鲜乳和乳制品应当符合乳品质量安全国家标准。乳品质量安全国家标准由国务院卫生主管部门组织制定，并根据风险监测和风险评估的结果及时组织修订。

乳品质量安全国家标准应当包括乳品中的致病性微生物、农药残留、兽药残留、重金属以及其他危害人体健康物质的限量规定，乳品生产经营过程的卫生要求，通用的乳品检验方法与规程，与乳品安全有关的质量要求，以及其他需要制定为乳品质量安全国家标准的内容。

制定婴幼儿奶粉的质量安全国家标准应当充分考虑婴幼儿身体特点和生长发育需要，保证婴幼儿生长发育所需的营养成分。

国务院卫生主管部门应当根据疾病信息和监督管理部门的监督管理信息等，对发现添加或者可能添加到乳品中的非食品用化学物质和其他可能危害人体健康的物质，立即组织进行风险评估，采取相应的监测、检测和监督措施。

第七条　禁止在生鲜乳生产、收购、贮存、运输、销售过程中添加任何物质。

禁止在乳制品生产过程中添加非食品用化学物质或者其他可能危害人体健康的物质。

第八条　国务院畜牧兽医主管部门会同国务院发展改革部门、工业和信息化部门、商务部门，制定全国奶业发展规划，加强奶源基地建设，完善服务体系，促进奶业健康发展。

县级以上地方人民政府应当根据全国奶业发展规划，合理确定本行政区域内奶畜养殖规模，科学安排生鲜乳的生产、收购布局。

第九条　有关行业协会应当加强行业自律，推动行业诚信建设，引导、规范奶畜养殖者、生鲜乳收购者、乳制品生产企业和销售者依法生产经营。

第二章　奶畜养殖

第十条　国家采取有效措施，鼓励、引导、扶持奶畜养殖者提高生鲜乳质量安全水平。省级以上人民政府应当在本级财政预算内安排支持奶业发展资金，并鼓励对奶畜养殖者、奶农专业生产合作社等给予信贷支持。

国家建立奶畜政策性保险制度，对参保奶畜养殖者给予保费补助。

第十一条　畜牧兽医技术推广机构应当向奶畜养殖者提供养殖技术培训、良种推广、疫病防治等服务。

国家鼓励乳制品生产企业和其他相关生产经营者为奶畜养殖者提供所需的服务。

第十二条　设立奶畜养殖场、养殖小区应当具备下列条件：

（一）符合所在地人民政府确定的本行政区域奶畜养殖规模；

（二）有与其养殖规模相适应的场所和配套设施；

（三）有为其服务的畜牧兽医技术人员；

（四）具备法律、行政法规和国务院畜牧兽医主管部门规定的防疫条件；

（五）有对奶畜粪便、废水和其他固体废物进行综合利用的沼气池等设施或者其他无害化处理设施；

（六）有生鲜乳生产、销售、运输管理制度；

（七）法律、行政法规规定的其他条件。

奶畜养殖场、养殖小区开办者应当将养殖场、养殖小区的名称、养殖地址、奶畜品种和养殖规模向养殖场、养殖小区所在地县级人民政府畜牧兽医主管部门备案。

第十三条　奶畜养殖场应当建立养殖档案，载明以下内容：

（一）奶畜的品种、数量、繁殖记录、标识情况、来源和进出场日期；

（二）饲料、饲料添加剂、兽药等投入品的来源、名称、使用对象、时间和用量；

（三）检疫、免疫、消毒情况；

（四）奶畜发病、死亡和无害化处理情况；

（五）生鲜乳生产、检测、销售情况；

（六）国务院畜牧兽医主管部门规定的其他内容。

奶畜养殖小区开办者应当逐步建立养殖档案。

第十四条　从事奶畜养殖，不得使用国家禁用的饲料、饲料添加剂、兽药以及其他对动物和人体具有直接或者潜在危害的物质。

禁止销售在规定用药期和休药期内的奶畜产的生鲜乳。

第十五条　奶畜养殖者应当确保奶畜符合国务院畜牧兽医主管部门规定的健康标准，并确保奶畜接受强制免疫。

动物疫病预防控制机构应当对奶畜的健康情况进行定期检测；经检测不符合健康标准的，应当立即隔离、治疗或者做无害化处理。

第十六条　奶畜养殖者应当做好奶畜和养殖场所的动物防疫工作，发现奶畜染疫或者疑似染疫的，应当立即报告，停止生鲜乳生产，并采取隔离等控制措施，防止疫病扩散。

奶畜养殖者对奶畜养殖过程中的排泄物、废弃物应当及时清运、处理。

第十七条　奶畜养殖者应当遵守国务院畜牧兽医主管部门制定的生鲜乳生产技术规程。直接从事挤奶工作的人员应当持有有效的健康证明。

奶畜养殖者对挤奶设施、生鲜乳贮存设施等应当及时清洗、消毒，避免对生鲜乳造成污染。

第十八条　生鲜乳应当冷藏。超过2小时未冷藏的生鲜乳，不得销售。

第三章　生鲜乳收购

第十九条　省、自治区、直辖市人民政府畜牧兽医主管部门应当根据当地奶源分布情况，按照方便奶畜养殖者、促进规模化养殖的原则，对生鲜乳收购站的建设进行科学规划和合理布局。必要时，可以实行生鲜乳集中定点收购。

国家鼓励乳制品生产企业按照规划布局，自行建设生鲜乳收购站或者收购原有生鲜乳收购站。

第二十条　生鲜乳收购站应当由取得工商登记的乳制品生产企业、奶畜养殖场、奶农专业生产合作社开办，并具备下列条件，取得所在地县级人民政府畜牧兽医主管部门颁发的生鲜乳收购许可证：

（一）符合生鲜乳收购站建设规划布局；

（二）有符合环保和卫生要求的收购场所；

（三）有与收奶量相适应的冷却、冷藏、保鲜设施和低温运输设备；

（四）有与检测项目相适应的化验、计量、检测仪器设备；

（五）有经培训合格并持有有效健康证明的从业人员；

（六）有卫生管理和质量安全保障制度。

生鲜乳收购许可证有效期2年；生鲜乳收购站不再办理工商登记。

禁止其他单位或者个人开办生鲜乳收购站。禁止其他单位或者个人收购生鲜乳。

国家对生鲜乳收购站给予扶持和补贴，提高其机械化挤奶和生鲜乳冷藏运输能力。

第二十一条　生鲜乳收购站应当及时对挤奶设施、生鲜乳贮存运输设施等进行清洗、消毒，避免对生鲜乳造成污染。

生鲜乳收购站应当按照乳品质量安全国家标准对收购的生鲜乳进行常规检测。检测费用不得向奶畜养殖者收取。

生鲜乳收购站应当保持生鲜乳的质量。

第二十二条　生鲜乳收购站应当建立生鲜乳收购、销售和检测记录。生鲜乳收购、销售和检测记录应当包括畜主姓名、单次收购量、生鲜乳检测结果、销售去向等内容，并保存2年。

第二十三条　县级以上地方人民政府价

格主管部门应当加强对生鲜乳价格的监控和通报，及时发布市场供求信息和价格信息。必要时，县级以上地方人民政府建立由价格、畜牧兽医等部门以及行业协会、乳制品生产企业、生鲜乳收购者、奶畜养殖者代表组成的生鲜乳价格协调委员会，确定生鲜乳交易参考价格，供购销双方签订合同时参考。

生鲜乳购销双方应当签订书面合同。生鲜乳购销合同示范文本由国务院畜牧兽医主管部门会同国务院工商行政管理部门制定并公布。

第二十四条　禁止收购下列生鲜乳：

（一）经检测不符合健康标准或者未经检疫合格的奶畜产的；

（二）奶畜产犊7日内的初乳，但以初乳为原料从事乳制品生产的除外；

（三）在规定用药期和休药期内的奶畜产的；

（四）其他不符合乳品质量安全国家标准的。

对前款规定的生鲜乳，经检测无误后，应当予以销毁或者采取其他无害化处理措施。

第二十五条　贮存生鲜乳的容器，应当符合国家有关卫生标准，在挤奶后2小时内应当降温至0—4℃。

生鲜乳运输车辆应当取得所在地县级人民政府畜牧兽医主管部门核发的生鲜乳准运证明，并随车携带生鲜乳交接单。交接单应当载明生鲜乳收购站的名称、生鲜乳数量、交接时间，并由生鲜乳收购站经手人、押运员、司机、收奶员签字。

生鲜乳交接单一式两份，分别由生鲜乳收购站和乳品生产者保存，保存时间2年。准运证明和交接单式样由省、自治区、直辖市人民政府畜牧兽医主管部门制定。

第二十六条　县级以上人民政府应当加强生鲜乳质量安全监测体系建设，配备相应的人员和设备，确保监测能力与监测任务相适应。

第二十七条　县级以上人民政府畜牧兽医主管部门应当加强生鲜乳质量安全监测工作，制定并组织实施生鲜乳质量安全监测计划，对生鲜乳进行监督抽查，并按照法定权限及时公布监督抽查结果。

监测抽查不得向被抽查人收取任何费用，所需费用由同级财政列支。

第四章　乳制品生产

第二十八条　从事乳制品生产活动，应当具备下列条件，取得所在地质量监督部门颁发的食品生产许可证：

（一）符合国家奶业产业政策；

（二）厂房的选址和设计符合国家有关规定；

（三）有与所生产的乳制品品种和数量相适应的生产、包装和检测设备；

（四）有相应的专业技术人员和质量检验人员；

（五）有符合环保要求的废水、废气、垃圾等污染物的处理设施；

（六）有经培训合格并持有有效健康证明的从业人员；

（七）法律、行政法规规定的其他条件。

质量监督部门对乳制品生产企业颁发食品生产许可证，应当征求所在地工业行业管理部门的意见。

未取得食品生产许可证的任何单位和个人，不得从事乳制品生产。

第二十九条　乳制品生产企业应当建立质量管理制度，采取质量安全管理措施，对乳制品生产实施从原料进厂到成品出厂的全过程质量控制，保证产品质量安全。

第三十条　乳制品生产企业应当符合良好生产规范要求。国家鼓励乳制品生产企业实施危害分析与关键控制点体系，提高乳制品安全管理水平。生产婴幼儿奶粉的企业应当实施危害分析与关键控制点体系。

对通过良好生产规范、危害分析与关键控制点体系认证的乳制品生产企业，认证机构应当依法实施跟踪调查；对不再符合认证要求的企业，应当依法撤销认证，并及时向有关主管部门报告。

第三十一条 乳制品生产企业应当建立生鲜乳进货查验制度，逐批检测收购的生鲜乳，如实记录质量检测情况、供货者的名称以及联系方式、进货日期等内容，并查验运输车辆生鲜乳交接单。查验记录和生鲜乳交接单应当保存 2 年。乳制品生产企业不得向未取得生鲜乳收购许可证的单位和个人购进生鲜乳。

乳制品生产企业不得购进兽药等化学物质残留超标，或者含有重金属等有毒有害物质、致病性的寄生虫和微生物、生物毒素以及其他不符合乳品质量安全国家标准的生鲜乳。

第三十二条 生产乳制品使用的生鲜乳、辅料、添加剂等，应当符合法律、行政法规的规定和乳品质量安全国家标准。

生产的乳制品应当经过巴氏杀菌、高温杀菌、超高温杀菌或者其他有效方式杀菌。

生产发酵乳制品的菌种应当纯良、无害，定期鉴定，防止杂菌污染。

生产婴幼儿奶粉应当保证婴幼儿生长发育所需的营养成分，不得添加任何可能危害婴幼儿身体健康和生长发育的物质。

第三十三条 乳制品的包装应当有标签。标签应当如实标明产品名称、规格、净含量、生产日期，成分或者配料表，生产企业的名称、地址、联系方式，保质期，产品标准代号，贮存条件，所使用的食品添加剂的化学通用名称，食品生产许可证编号，法律、行政法规或者乳品质量安全国家标准规定必须标明的其他事项。

使用奶粉、黄油、乳清粉等原料加工的液态奶，应当在包装上注明；使用复原乳作为原料生产液态奶的，应当标明“复原乳”字样，并在产品配料中如实标明复原乳所含原料及比例。

婴幼儿奶粉标签还应当标明主要营养成分及其含量，详细说明使用方法和注意事项。

第三十四条 出厂的乳制品应当符合乳品质量安全国家标准。

乳制品生产企业应当对出厂的乳制品逐批检验，并保存检验报告，留取样品。检验内容应当包括乳制品的感官指标、理化指标、卫生指标和乳制品中使用的添加剂、稳定剂以及酸奶中使用的菌种等；婴幼儿奶粉在出厂前还应当检测营养成分。对检验合格的乳制品应当标识检验合格证号；检验不合格的不得出厂。检验报告应当保存 2 年。

第三十五条 乳制品生产企业应当如实记录销售的乳制品名称、数量、生产日期、生产批号、检验合格证号、购货者名称及其联系方式、销售日期等。

第三十六条 乳制品生产企业发现其生产的乳制品不符合乳品质量安全国家标准、存在危害人体健康和生命安全危险或者可能危害婴幼儿身体健康或者生长发育的，应当立即停止生产，报告有关主管部门，告知销售者、消费者，召回已经出厂、上市销售的乳制品，并记录召回情况。

乳制品生产企业对召回的乳制品应当采取销毁、无害化处理等措施，防止其再次流入市场。

第五章　乳制品销售

第三十七条 从事乳制品销售应当按照食品安全监督管理的有关规定，依法向工商行政管理部门申请领取有关证照。

第三十八条 乳制品销售者应当建立并执行进货查验制度，审验供货商的经营资格，验明乳制品合格证明和产品标识，并建立乳制品进货台账，如实记录乳制品的名称、规格、数量、供货商及其联系方式、进货时间等内容。从事乳制品批发业务的销售企业应当建立乳制品销售台账，如实记录批发的乳制品的品种、规格、数量、流向等内容。进货台账和销售台账保存期限不得少于2年。

第三十九条　乳制品销售者应当采取措施，保持所销售乳制品的质量。

销售需要低温保存的乳制品的，应当配备冷藏设备或者采取冷藏措施。

第四十条　禁止购进、销售无质量合格证明、无标签或者标签残缺不清的乳制品。

禁止购进、销售过期、变质或者不符合乳品质量安全国家标准的乳制品。

第四十一条　乳制品销售者不得伪造产地，不得伪造或者冒用他人的厂名、厂址，不得伪造或者冒用认证标志等质量标志。

第四十二条　对不符合乳品质量安全国家标准、存在危害人体健康和生命安全或者可能危害婴幼儿身体健康和生长发育的乳制品，销售者应当立即停止销售，追回已经售出的乳制品，并记录追回情况。

乳制品销售者自行发现其销售的乳制品有前款规定情况的，还应当立即报告所在地工商行政管理等有关部门，通知乳制品生产企业。

第四十三条　乳制品销售者应当向消费者提供购货凭证，履行不合格乳制品的更换、退货等义务。

乳制品销售者依照前款规定履行更换、退货等义务后，属于乳制品生产企业或者供货商的责任的，销售者可以向乳制品生产企业或者供货商追偿。

第四十四条　进口的乳品应当按照乳品质量安全国家标准进行检验；尚未制定乳品质量安全国家标准的，可以参照国家有关部门指定的国外有关标准进行检验。

第四十五条　出口乳品的生产者、销售者应当保证其出口乳品符合乳品质量安全国家标准的同时还符合进口国家（地区）的标准或者合同要求。

第六章　监督检查

第四十六条　县级以上人民政府畜牧兽医主管部门应当加强对奶畜饲养以及生鲜乳生产环节、收购环节的监督检查。县级以上质量监督检验检疫部门应当加强对乳制品生产环节和乳品进出口环节的监督检查。县级以上工商行政管理部门应当加强对乳制品销售环节的监督检查。县级以上食品药品监督部门应当加强对乳制品餐饮服务环节的监督管理。监督检查部门之间，监督检查部门与其他有关部门之间，应当及时通报乳品质量安全监督管理信息。

畜牧兽医、质量监督、工商行政管理等部门应当定期开展监督抽查，并记录监督抽查的情况和处理结果。需要对乳品进行抽样检查的，不得收取任何费用，所需费用由同级财政列支。

第四十七条　畜牧兽医、质量监督、工商行政管理等部门在依据各自职责进行监督检查时，行使下列职权：

（一）实施现场检查；

（二）向有关人员调查、了解有关情况；

（三）查阅、复制有关合同、票据、账簿、检验报告等资料；

（四）查封、扣押有证据证明不符合乳品质量安全国家标准的乳品以及违法使用的生鲜乳、辅料、添加剂；

（五）查封涉嫌违法从事乳品生产经营活动的场所，扣押用于违法生产经营的工具、设备；

（六）法律、行政法规规定的其他职权。

第四十八条　县级以上质量监督部门、工商行政管理部门在监督检查中，对不符合乳品质量安全国家标准、存在危害人体健康和生命安全危险或者可能危害婴幼儿身体健康和生长发育的乳制品，责令并监督生产企业召回、销售者停止销售。

第四十九条　县级以上人民政府价格主管部门应当加强对生鲜乳购销过程中压级压价、价格欺诈、价格串通等不正当价格行为的监督检查。

第五十条　畜牧兽医主管部门、质量监督部门、工商行政管理部门应当建立乳品生产经营者违法行为记录，及时提供给中国人民银行，由中国人民银行纳入企业信用信息基础数据库。

第五十一条　省级以上人民政府畜牧兽医主管部门、质量监督部门、工商行政管理部门依据各自职责，公布乳品质量安全监督管理信息。有关监督管理部门应当及时向同级卫生主管部门通报乳品质量安全事故信息；乳品质量安全重大事故信息由省级以上人民政府卫生主管部门公布。

第五十二条　有关监督管理部门发现奶畜养殖者、生鲜乳收购者、乳制品生产企业和销售者涉嫌犯罪的，应当及时移送公安机关立案侦查。

第五十三条　任何单位和个人有权向畜牧兽医、卫生、质量监督、工商行政管理、食品药品监督等部门举报乳品生产经营中的违法行为。畜牧兽医、卫生、质量监督、工商行政管理、食品药品监督等部门应当公布本单位的电子邮件地址和举报电话；对接到的举报，应当完整地记录、保存。

接到举报的部门对属于本部门职责范围内的事项，应当及时依法处理，对于实名举报，应当及时答复；对不属于本部门职责范围内的事项，应当及时移交有权处理的部门，有权处理的部门应当立即处理，不得推诿。

第七章　法律责任

第五十四条　生鲜乳收购者、乳制品生产企业在生鲜乳收购、乳制品生产过程中，加入非食品用化学物质或者其他可能危害人体健康的物质，依照刑法第一百四十四条的规定，构成犯罪的，依法追究刑事责任，并由发证机关吊销许可证照；尚不构成犯罪的，由畜牧兽医主管部门、质量监督部门依据各自职责没收违法所得和违法生产的乳品，以及相关的工具、设备等物品，并处违法乳品货值金额 15 倍以上 30 倍以下罚款，由发证机关吊销许可证照。

第五十五条　生产、销售不符合乳品质量安全国家标准的乳品，依照刑法第一百四十三条的规定，构成犯罪的，依法追究刑事责任，并由发证机关吊销许可证照；尚不构成犯罪的，由畜牧兽医主管部门、质量监督部门、工商行政管理部门依据各自职责没收违法所得、违法乳品和相关的工具、设备等物品，并处违法乳品货值金额 10 倍以上 20 倍以下罚款，由发证机关吊销许可证照。

第五十六条　乳制品生产企业违反本条例第三十六条的规定，对不符合乳品质量安全国家标准、存在危害人体健康和生命安全或者可能危害婴幼儿身体健康和生长发育的乳制品，不停止生产、不召回的，由质量监督部门责令停止生产、召回；拒不停止生产、拒不召回的，没收其违法所得、违法乳制品和相关的工具、设备等物品，并处违法乳制品货值金额 15 倍以上 30 倍以下罚款，由发证机关吊销许可证照。

第五十七条　乳制品销售者违反本条例第四十二条的规定，对不符合乳品质量安全国家标准、存在危害人体健康和生命安全或者可能危害婴幼儿身体健康和生长发育的乳制品，不停止销售、不追回的，由工商行政管理部门责令停止销售、追回；拒不停止销售、拒不追回的，没收其违法所得、违法乳制品和相关的工具、设备等物品，并处违法乳制品货值金额 15 倍以上 30 倍以下罚款，由发证机关吊销许可证照。

第五十八条　违反本条例规定，在婴幼儿奶粉生产过程中，加入非食品用化学物质或其他可能危害人体健康的物质的，或者生产、销售的婴幼儿奶粉营养成分不足、不符合乳品质量安全国家标准的，依照本条例规定，从重处罚。

第五十九条　奶畜养殖者、生鲜乳收购者、乳制品生产企业和销售者在发生乳品质量安全事故后未报告、处置的，由畜牧兽医、质量监督、工商行政管理、食品药品监督等部门依据各自职责，责令改正，给予警告；毁灭有关证据的，责令停产停业，并处10万元以上20万元以下罚款；造成严重后果的，由发证机关吊销许可证照；构成犯罪的，依法追究刑事责任。

第六十条　有下列情形之一的，由县级以上地方人民政府畜牧兽医主管部门没收违法所得、违法收购的生鲜乳和相关的设备、设施等物品，并处违法乳品货值金额5倍以上10倍以下罚款；有许可证照的，由发证机关吊销许可证照：

（一）未取得生鲜乳收购许可证收购生鲜乳的；

（二）生鲜乳收购站取得生鲜乳收购许可证后，不再符合许可条件继续从事生鲜乳收购的；

（三）生鲜乳收购站收购本条例第二十四条规定禁止收购的生鲜乳的。

第六十一条　乳制品生产企业和销售者未取得许可证，或者取得许可证后不按照法定条件、法定要求从事生产销售活动的，由县级以上地方质量监督部门、工商行政管理部门依照《国务院关于加强食品等产品安全监督管理的特别规定》等法律、行政法规的规定处罚。

第六十二条　畜牧兽医、卫生、质量监督、工商行政管理等部门，不履行本条例规定职责、造成后果的，或者滥用职权、有其他渎职行为的，由监察机关或者任免机关对其主要负责人、直接负责的主管人员和其他直接责任人员给予记大过或者降级的处分；造成严重后果的，给予撤职或者开除的处分；构成犯罪的，依法追究刑事责任。

第八章　附　　则

第六十三条　草原牧区放牧饲养的奶畜所产的生鲜乳收购办法，由所在省、自治区、直辖市人民政府参照本条例另行制定。

第六十四条　本条例自公布之日起施行。

婴幼儿配方乳粉产品配方注册管理办法

（2023年6月15日市场监管总局第11次局务会议通过，2023年6月26日公布，自2023年10月1日起施行）

第一章　总　　则

第一条　为了严格婴幼儿配方乳粉产品配方注册管理，保证婴幼儿配方乳粉质量安全，根据《中华人民共和国行政许可法》、《中华人民共和国食品安全法》、《中华人民共和国食品安全法实施条例》等法律法规，制定本办法。

第二条　在中华人民共和国境内生产销售和进口的婴幼儿配方乳粉产品配方注册管理，适用本办法。

第三条　婴幼儿配方乳粉产品配方注册，是指国家市场监督管理总局依据本办法规定的程序和要求，对申请注册的婴幼儿配方乳粉产品配方进行审评，并决定是否准予注册的活动。

第四条　婴幼儿配方乳粉产品配方注册管理，应当遵循科学、严格、公开、公平、公正的原则。

第五条　国家市场监督管理总局负责婴幼儿配方乳粉产品配方注册管理工作。

国家市场监督管理总局食品审评机构

（食品审评中心，以下简称审评机构）负责婴幼儿配方乳粉产品配方注册申请的受理、技术审评、现场核查、制证送达等工作，并根据需要组织专家进行论证。

省、自治区、直辖市市场监督管理部门应当配合婴幼儿配方乳粉产品配方注册的现场核查等工作。

第六条 婴幼儿配方乳粉产品配方注册申请人（以下简称申请人）应当对提交材料的真实性、完整性、合法性负责，并承担法律责任。

申请人应当配合市场监督管理部门开展与注册相关的现场核查、抽样检验等工作，提供必要工作条件。

第七条 鼓励婴幼儿配方乳粉产品配方研发和创新，结合母乳研究成果优化配方，提升婴幼儿配方乳粉品质。

第二章 申请与注册

第八条 申请人应当为拟在中华人民共和国境内生产并销售婴幼儿配方乳粉的生产企业或者拟向中华人民共和国出口婴幼儿配方乳粉的境外生产企业。

申请人应当具备与所生产婴幼儿配方乳粉相适应的研发能力、生产能力、检验能力，符合粉状婴幼儿配方食品良好生产规范要求，实施危害分析与关键控制点体系，对出厂产品按照有关法律法规和婴幼儿配方乳粉食品安全国家标准规定的项目实施逐批检验。企业集团设有独立研发机构的，控股子公司作为申请人可以共享集团部分研发能力。

申请人使用已经符合婴幼儿配方食品安全国家标准营养成分要求的复合配料作为原料申请配方注册的，不予注册。

第九条 申请注册产品配方应当符合有关法律法规和食品安全国家标准的要求，并提供产品配方科学性、安全性的研发与论证报告和充足依据。

申请婴幼儿配方乳粉产品配方注册，应当向国家市场监督管理总局提交下列材料：

（一）婴幼儿配方乳粉产品配方注册申请书；

（二）申请人主体资质文件；

（三）原辅料的质量安全标准；

（四）产品配方；

（五）产品配方研发与论证报告；

（六）生产工艺说明；

（七）产品检验报告；

（八）研发能力、生产能力、检验能力的材料；

（九）其他表明配方科学性、安全性的材料。

申请人应当按照国家有关规定对申请材料中的商业秘密、未披露信息或者保密商务信息进行标注并注明依据。

第十条 同一企业申请注册两个以上同年龄段产品配方时，产品配方之间应当有明显差异，并经科学证实。每个企业原则上不得超过三个配方系列九种产品配方，每个配方系列包括婴儿配方乳粉（0—6月龄，1段）、较大婴儿配方乳粉（6—12月龄，2段）、幼儿配方乳粉（12—36月龄，3段）。

第十一条 已经取得婴幼儿配方乳粉产品配方注册证书及生产许可的企业集团母公司或者其控股子公司可以使用同一企业集团内其他控股子公司或者企业集团母公司已经注册的婴幼儿配方乳粉产品配方。组织生产前，企业集团母公司应当充分评估配方调用的可行性，确保产品质量安全，并向国家市场监督管理总局提交书面报告。

第十二条 对申请人提出的婴幼儿配方乳粉产品配方注册申请，应当根据下列情况分别作出处理：

（一）申请事项依法不需要进行注册的，应当即时告知申请人不受理；

（二）申请事项依法不属于国家市场监督管理总局职权范围的，应当即时作出不予受理的决定，并告知申请人向有关行政机关申请；

（三）申请材料存在可以当场更正的错误的，应当允许申请人当场更正；

（四）申请材料不齐全或者不符合法定形式的，应当当场或者在五个工作日内一次告知申请人需要补正的全部内容；逾期不告知的，自收到申请材料之日起即为受理；

（五）申请事项属于国家市场监督管理总局职权范围，申请材料齐全、符合法定形式，或者申请人按照要求提交全部补正申请材料的，应当受理注册申请。

受理或者不予受理注册申请，应当出具加盖国家市场监督管理总局行政许可专用章和注明日期的凭证。

第十三条　审评机构应当对申请配方的科学性和安全性以及产品配方声称与产品配方注册内容的一致性进行审查，自受理之日起六十个工作日内完成审评工作。

特殊情况下需要延长审评时限的，经审评机构负责人同意，可以延长二十个工作日，延长决定应当书面告知申请人。

第十四条　审评过程中认为需要申请人补正材料的，审评机构应当一次告知需要补正的全部内容。申请人应当在三个月内按照补正通知的要求一次补正材料。补正材料的时间不计算在审评时限内。

第十五条　审评机构根据实际需要组织开展现场核查和抽样检验，必要时对原料生产企业等开展延伸核查。

现场核查应当对申请人研发能力、生产能力、检验能力以及申请材料与实际情况的一致性等进行核实，并抽取动态生产的样品进行检验。抽样检验的动态生产样品品种基于风险确定。

第十六条　有下列情形之一的，应当开展现场核查：

（一）申请人首次申请注册的三个配方系列九种产品配方；

（二）产品配方组成发生重大变化的；

（三）生产工艺类型发生变化且申请人已注册尚在有效期内的配方无此工艺类型的；

（四）生产地址发生实际变化的；

（五）技术审评过程中发现需经现场核查核实问题的；

（六）既往注册申请存在隐瞒真实情况、提供虚假材料的；

（七）其他需要开展现场核查的情形。

婴幼儿配方食品安全国家标准发生重大变化，申请人申请产品配方注册或者变更的，审评机构应当开展现场核查。但是，申请人同一系列三个产品配方在标准变化后均已取得行政许可的，相同生产工艺类型的其他系列产品配方可以不再开展现场核查。

第十七条　需要开展现场核查的，审评机构应当通过书面或者电子等方式告知申请人核查事项，申请人三十个工作日内反馈接受现场核查的日期。因不可抗力等原因无法在规定时限内反馈的，申请人应当书面提出延期申请并说明理由。审评机构自申请人确认的现场核查日期起二十个工作日内完成现场核查。

审评机构通知申请人所在地省级市场监督管理部门参与现场核查的，省级市场监督管理部门应当派员参与。

第十八条　审评机构应当委托具有法定资质的食品检验机构开展检验。

检验机构应当自收到样品之日起二十个工作日内按照食品安全国家标准和申请人提交的测定方法完成检验工作，并向审评机构出具样品检验报告。

第十九条　审评机构应当根据申请人提交的申请材料、现场核查报告、样品检验报告开展审评，并作出审评结论。在技术审评、现场核查、产品检验等过程中，可以就重大、复杂问题听取食品安全、食品加工、营养和临床医学等领域专家的意见。

第二十条　申请人的申请符合法定条件、标准，产品配方科学、安全，现场核查报告结论、检验报告结论为符合注册要求的，审评机构应当作出建议准予注册的审评结论。

第二十一条　有下列情形之一的，审评机构应当作出拟不予注册的审评结论：

（一）申请材料弄虚作假，不真实的；

（二）产品配方科学性、安全性依据不充足的；

（三）申请人不具备与所申请注册的产品配方相适应的研发能力、生产能力或者检验能力的；

（四）申请人未在规定时限内提交补正材料，或者提交的补正材料不符合要求的；

（五）申请人逾期不能确认现场核查日期，拒绝或者不配合现场核查、抽样检验的；

（六）现场核查报告结论或者检验报告结论为不符合注册要求的；

（七）同一企业申请注册的产品配方与其同年龄段已申请产品配方之间没有明显差异的；

（八）其他不符合法律、法规、规章、食品安全国家标准等注册要求的情形。

审评机构作出不予注册审评结论的，应当向申请人发出拟不予注册通知并说明理由。申请人对审评结论有异议的，应当自收到通知之日起二十个工作日内向审评机构提出书面复审申请并说明复审理由。复审的内容仅限于原申请事项及申请材料。

审评机构应当自受理复审申请之日起三十个工作日内作出复审决定，并通知申请人。

第二十二条　国家市场监督管理总局在审评结束后，依法作出是否批准的决定。对准予注册的，颁发婴幼儿配方乳粉产品配方注册证书。对不予注册的，发给不予注册决定书，说明理由，并告知申请人享有依法申请行政复议或者提起行政诉讼的权利。

第二十三条　国家市场监督管理总局自受理之日起二十个工作日内作出决定。

审评机构应当自国家市场监督管理总局作出决定之日起十个工作日内向申请人送达婴幼儿配方乳粉产品配方注册证书或者不予注册决定书。

第二十四条　现场核查、抽样检验、复审所需时间不计算在审评时限内。

对境外生产企业现场核查、抽样检验的工作时限，根据实际情况确定。

第二十五条　婴幼儿配方乳粉产品配方注册证书及附件应当载明下列事项：

（一）产品名称；

（二）企业名称、生产地址；

（三）注册号、批准日期及有效期；

（四）生产工艺类型；

（五）产品配方。

婴幼儿配方乳粉产品配方注册号格式为：国食注字YP＋四位年代号＋四位顺序号，其中YP代表婴幼儿配方乳粉产品配方。

婴幼儿配方乳粉产品配方注册证书有效期五年，电子证书与纸质证书具有同等法律效力。

第二十六条　婴幼儿配方乳粉产品配方注册有效期内，婴幼儿配方乳粉产品配方注册证书遗失或者损毁的，申请人应当向国家市场监督管理总局提出补发申请并说明理由。因遗失申请补发的，应当提交遗失声明；因损毁申请补发的，应当交回婴幼儿配方乳粉产品配方注册证书原件。

国家市场监督管理总局自受理之日起十个工作日内予以补发。补发的婴幼儿配方乳粉产品配方注册证书应当标注原批准日期，并注明“补发”字样。

第二十七条　婴幼儿配方乳粉产品配方注册证书有效期内，申请人需要变更注册证书或者附件载明事项的，应当向国家市场监督管理总局提出变更注册申请，并提交下列材料：

（一）婴幼儿配方乳粉产品配方变更注册申请书；

（二）产品配方变更论证报告；

（三）与变更事项有关的其他材料。

第二十八条　申请人申请产品配方变更等可能影响产品配方科学性、安全性的，审评机构应当按照本办法第十三条的规定组织开展审评，并作出审评结论。

申请人申请企业名称变更、生产地址名称变更、产品名称变更等不影响产品配方科学性、安全性的，审评机构应当进行核实并自受理之日起十个工作日内作出审评结论。申请人企业名称变更的，应当以变更后的名称申请。

国家市场监督管理总局自审评结论作出之日起十个工作日内作出准予变更或者不予变更的决定。对符合条件的，依法办理变更手续，注册证书发证日期以变更批准日期为准，原注册号不变，证书有效期不变；不予变更注册的，发给不予变更注册决定书，说明理由，并告知申请人享有依法申请行政复议或者提起行政诉讼的权利。

第二十九条　产品配方原料（含食品添加剂）品种不变、配料表顺序不变、营养成分表不变，使用量在一定范围内合理波动或者调整的，不需要申请变更。

产品配方原料（含食品添加剂）品种和营养成分表同时调整，实质上已经构成新的产品配方的，应当重新申请产品配方注册。

第三十条　婴幼儿配方乳粉产品配方注册证书有效期届满需要延续的，申请人应当在注册证书有效期届满六个月前向国家市场监督管理总局提出延续注册申请，并提交下列材料：

（一）婴幼儿配方乳粉产品配方延续注册申请书；

（二）申请人主体资质文件；

（三）企业研发能力、生产能力、检验能力情况；

（四）企业生产质量管理体系自查报告；

（五）产品营养、安全方面的跟踪评价情况；

（六）生产企业所在地省、自治区、直辖市市场监督管理部门延续注册意见书。

审评机构应当按照本办法第十三条的规定对延续注册申请组织开展审评，并作出审评结论。

国家市场监督管理总局自受理申请之日起二十个工作日内作出准予延续注册或者不予延续注册的决定。准予延续注册的，向申请人换发注册证书，原注册号不变，证书有效期自批准之日起重新计算；不予延续注册的，发给不予延续注册决定书，说明理由，并告知申请人享有依法申请行政复议或者提起行政诉讼的权利。逾期未作决定的，视为准予延续。

第三十一条　有下列情形之一的，不予延续注册：

（一）未在规定时限内提出延续注册申请的；

（二）申请人在产品配方注册后五年内未按照注册配方组织生产的；

（三）企业未能保持注册时研发能力、生产能力、检验能力的；

（四）其他不符合有关规定的情形。

第三十二条　婴幼儿配方乳粉产品配方变更注册与延续注册的程序未作规定的，适用本办法有关婴幼儿配方乳粉产品配方注册的相关规定。

第三章　标签与说明书

第三十三条　婴幼儿配方乳粉标签、说明书应当符合法律、法规、规章和食品安全国家标准，并按照国家市场监督管理总局的规定进行标识。

申请人申请婴幼儿配方乳粉产品配方注册，应当提交标签样稿及声称的说明材料；同时提交说明书的，说明书应当与标签内容一致。

标签、说明书涉及婴幼儿配方乳粉产品配方的，应当与产品配方注册内容一致，并标注注册号。

第三十四条　产品名称中有动物性来源字样的，其生乳、乳粉、乳清粉等乳蛋白来源应当全部来自该物种。

配料表应当将食用植物油具体的品种名称按照加入量的递减顺序标注。

营养成分表应当按照婴幼儿配方乳粉食品安全国家标准规定的营养素顺序列出，并按照能量、蛋白质、脂肪、碳水化合物、维生素、矿物质、可选择成分等类别分类列出。

第三十五条　声称生乳、原料乳粉等原料来源的，应当如实标明来源国或者具体来源地。

第三十六条　标签应当注明婴幼儿配方乳粉适用月龄，可以同时使用“1 段”、“2 段”、“3 段”的方式标注。

第三十七条　标签不得含有下列内容：

（一）涉及疾病预防、治疗功能；

（二）明示或者暗示具有增强免疫力、调节肠道菌群等保健作用；

（三）明示或者暗示具有益智、增加抵抗力、保护肠道等功能性表述；

（四）对于按照法律法规和食品安全国家标准等不应当在产品配方中含有或者使用的物质，以“不添加”、“不含有”、“零添加”等字样强调未使用或者不含有；

（五）虚假、夸大、违反科学原则或者绝对化的内容；

（六）使用“进口奶源”、“源自国外牧场”、“生态牧场”、“进口原料”、“原生态奶源”、“无污染奶源”等模糊信息；

（七）与产品配方注册内容不一致的声称；

（八）使用婴儿和妇女的形象，“人乳化”、“母乳化”或者近似术语表述；

（九）其他不符合法律、法规、规章和食品安全国家标准规定的内容。

第四章　监督管理

第三十八条　承担技术审评、现场核查、抽样检验的机构和人员应当对出具的审评结论、现场核查报告、产品检验报告等负责；参加论证的专家出具专家意见，应当恪守职业道德。

技术审评、现场核查、抽样检验、专家论证应当依照法律、法规、规章、食品安全国家标准、技术规范等开展，保证相关工作科学、客观和公正。

第三十九条　市场监督管理部门接到有关单位或者个人举报的婴幼儿配方乳粉产品配方注册工作中的违法违规行为，应当及时核实处理。

第四十条　国家市场监督管理总局自批准之日起二十个工作日内公布婴幼儿配方乳粉产品配方注册信息。

第四十一条　未经申请人同意，参与婴幼儿配方乳粉产品配方注册工作的机构和人员不得披露申请人提交的商业秘密、未披露信息或者保密商务信息，法律另有规定或者涉及国家安全、重大社会公共利益的除外。

第四十二条　婴幼儿配方乳粉产品配方注册申请受理后，申请人提出撤回婴幼儿配方乳粉产品配方注册申请的，应当提交书面申请并说明理由。同意撤回申请的，国家市场监督管理总局终止其注册程序。

技术审评、现场核查和抽样检验过程中发现涉嫌存在隐瞒真实情况或者提供虚假信息等违法行为的，应当依法处理，申请人不得撤回注册申请。

第四十三条　有下列情形之一的，国家市场监督管理总局根据利害关系人的请求或者依据职权，可以撤销婴幼儿配方乳粉产品配方注册：

（一）工作人员滥用职权、玩忽职守作出准予注册决定的；

（二）超越法定职权作出准予注册决定的；

（三）违反法定程序作出准予注册决定的；

（四）对不具备申请资格或者不符合法定条件的申请人准予注册的；

（五）依法可以撤销注册的其他情形。

第四十四条　有下列情形之一的，由国家市场监督管理总局注销婴幼儿配方乳粉产品配方注册：

（一）企业申请注销的；

（二）企业依法终止的；

（三）注册证书有效期届满未延续的；

（四）注册证书依法被撤销、撤回或者依法被吊销的；

（五）法律、法规规定应当注销的其他情形。

第五章　法律责任

第四十五条　食品安全法等法律法规对婴幼儿配方乳粉产品配方注册违法行为已有规定的，从其规定。

第四十六条　申请人隐瞒有关情况或者提供虚假材料申请婴幼儿配方乳粉产品配方注册的，国家市场监督管理总局不予受理或者不予注册，对申请人给予警告；申请人在一年内不得再次申请婴幼儿配方乳粉产品配方注册；涉嫌犯罪的，依法移送公安机关，追究刑事责任。

申请人以欺骗、贿赂等不正当手段取得婴幼儿配方乳粉产品配方注册证书的，国家市场监督管理总局依法予以撤销，被许可人三年内不得再次申请注册；处一万元以上三万元以下罚款；造成危害后果的，处三万元以上二十万元以下罚款；涉嫌犯罪的，依法移送公安机关，追究刑事责任。

第四十七条　申请人变更不影响产品配方科学性、安全性的事项，未依法申请变更的，由县级以上市场监督管理部门责令限期改正；逾期不改的，处一千元以上一万元以下罚款。

申请人变更可能影响产品配方科学性、安全性的事项，未依法申请变更的，由县级以上市场监督管理部门依照食品安全法第一百二十四条的规定处罚。

第四十八条　伪造、涂改、倒卖、出租、出借、转让婴幼儿配方乳粉产品配方注册证书的，由县级以上市场监督管理部门处三万元以上十万元以下罚款；造成危害后果的，处十万元以上二十万元以下罚款；涉嫌犯罪的，依法移送公安机关，追究刑事责任。

第四十九条　婴幼儿配方乳粉生产销售者违反本办法第三十三条至第三十七条规定，由县级以上地方市场监督管理部门责令限期改正，处一万元以上三万元以下罚款；情节严重的，处三万元以上十万元以下罚款；造成危害后果的，处十万元以上二十万元以下罚款。

第五十条　市场监督管理部门及其工作人员对不符合条件的申请人准予注册，或者超越法定职权准予注册的，依照食品安全法第一百四十四条的规定处理。

市场监督管理部门及其工作人员在注册审评过程中滥用职权、玩忽职守、徇私舞弊的，依照食品安全法第一百四十五条的规定处理。

第六章　附　　则

第五十一条　本办法所称婴幼儿配方乳粉产品配方，是指生产婴幼儿配方乳粉使用的食品原料、食品添加剂及其使用量，以及产品中营养成分的含量。

第五十二条　本办法自2023年10月1日起施行，2016年6月6日原国家食品药品监督管理总局令第26号公布的《婴幼儿配方乳粉产品配方注册管理办法》同时废止。

网络食品安全违法行为查处办法

（2016年7月13日国家食品药品监督管理总局令第27号公布，根据2021年4月2日《国家市场监督管理总局关于废止和修改部分规章的决定》修改）

第一章　总　则

第一条　为依法查处网络食品安全违法行为，加强网络食品安全监督管理，保证食品安全，根据《中华人民共和国食品安全法》等法律法规，制定本办法。

第二条　在中华人民共和国境内网络食品交易第三方平台提供者以及通过第三方平台或者自建的网站进行交易的食品生产经营者（以下简称入网食品生产经营者）违反食品安全法律、法规、规章或者食品安全标准行为的查处，适用本办法。

第三条　国家市场监督管理总局负责监督指导全国网络食品安全违法行为查处工作。

县级以上地方市场监督管理部门负责本行政区域内网络食品安全违法行为查处工作。

第四条　网络食品交易第三方平台提供者和入网食品生产经营者应当履行法律、法规和规章规定的食品安全义务。

网络食品交易第三方平台提供者和入网食品生产经营者应当对网络食品安全信息的真实性负责。

第五条　网络食品交易第三方平台提供者和入网食品生产经营者应当配合市场监督管理部门对网络食品安全违法行为的查处，按照市场监督管理部门的要求提供网络食品交易相关数据和信息。

第六条　鼓励网络食品交易第三方平台提供者和入网食品生产经营者开展食品安全法律、法规以及食品安全标准和食品安全知识的普及工作。

第七条　任何组织或者个人均可向市场监督管理部门举报网络食品安全违法行为。

第二章　网络食品安全义务

第八条　网络食品交易第三方平台提供者应当在通信主管部门批准后30个工作日内，向所在地省级市场监督管理部门备案，取得备案号。

通过自建网站交易的食品生产经营者应当在通信主管部门批准后30个工作日内，向所在地市、县级市场监督管理部门备案，取得备案号。

省级和市、县级市场监督管理部门应当自完成备案后7个工作日内向社会公开相关备案信息。

备案信息包括域名、IP地址、电信业务经营许可证、企业名称、法定代表人或者负责人姓名、备案号等。

第九条　网络食品交易第三方平台提供者和通过自建网站交易的食品生产经营者应当具备数据备份、故障恢复等技术条件，保障网络食品交易数据和资料的可靠性与安全性。

第十条　网络食品交易第三方平台提供者应当建立入网食品生产经营者审查登记、食品安全自查、食品安全违法行为制止及报告、严重违法行为平台服务停止、食品安全投诉举报处理等制度，并在网络平台上公开。

第十一条　网络食品交易第三方平台提供者应当对入网食品生产经营者食品生产经营许可证、入网食品添加剂生产企业生产许可证等材料进行审查，如实记录并及时更新。

网络食品交易第三方平台提供者应当对入网食用农产品生产经营者营业执照、入网食品添加剂经营者营业执照以及入网交易食用农产品的个人的身份证号码、住址、联系方式等信息进行登记，如实记录并及时更新。

第十二条　网络食品交易第三方平台提供者应当建立入网食品生产经营者档案，记录入网食品生产经营者的基本情况、食品安全管理人员等信息。

第十三条　网络食品交易第三方平台提供者和通过自建网站交易食品的生产经营者应当记录、保存食品交易信息，保存时间不得少于产品保质期满后6个月；没有明确保质期的，保存时间不得少于2年。

第十四条　网络食品交易第三方平台提供者应当设置专门的网络食品安全管理机构或者指定专职食品安全管理人员，对平台上的食品经营行为及信息进行检查。

网络食品交易第三方平台提供者发现存在食品安全违法行为的，应当及时制止，并向所在地县级市场监督管理部门报告。

第十五条　网络食品交易第三方平台提供者发现入网食品生产经营者有下列严重违法行为之一的，应当停止向其提供网络交易平台服务：

（一）入网食品生产经营者因涉嫌食品安全犯罪被立案侦查或者提起公诉的；

（二）入网食品生产经营者因食品安全相关犯罪被人民法院判处刑罚的；

（三）入网食品生产经营者因食品安全违法行为被公安机关拘留或者给予其他治安管理处罚的；

（四）入网食品生产经营者被市场监督管理部门依法作出吊销许可证、责令停产停业等处罚的。

第十六条　入网食品生产经营者应当依法取得许可，入网食品生产者应当按照许可的类别范围销售食品，入网食品经营者应当按照许可的经营项目范围从事食品经营。法律、法规规定不需要取得食品生产经营许可的除外。

取得食品生产许可的食品生产者，通过网络销售其生产的食品，不需要取得食品经营许可。取得食品经营许可的食品经营者通过网络销售其制作加工的食品，不需要取得食品生产许可。

第十七条　入网食品生产经营者不得从事下列行为：

（一）网上刊载的食品名称、成分或者配料表、产地、保质期、贮存条件，生产者名称、地址等信息与食品标签或者标识不一致。

（二）网上刊载的非保健食品信息明示或者暗示具有保健功能；网上刊载的保健食品的注册证书或者备案凭证等信息与注册或者备案信息不一致。

（三）网上刊载的婴幼儿配方乳粉产品信息明示或者暗示具有益智、增加抵抗力、提高免疫力、保护肠道等功能或者保健作用。

（四）对在贮存、运输、食用等方面有特殊要求的食品，未在网上刊载的食品信息中予以说明和提示。

（五）法律、法规规定禁止从事的其他行为。

第十八条　通过第三方平台进行交易的食品生产经营者应当在其经营活动主页面显著位置公示其食品生产经营许可证。通过自建网站交易的食品生产经营者应当在其网站首页显著位置公示营业执照、食品生产经营许可证。

餐饮服务提供者还应当同时公示其餐饮服务食品安全监督量化分级管理信息。相关信息应当画面清晰，容易辨识。

第十九条 入网销售保健食品、特殊医学用途配方食品、婴幼儿配方乳粉的食品生产经营者，除依照本办法第十八条的规定公示相关信息外，还应当依法公示产品注册证书或者备案凭证，持有广告审查批准文号的还应当公示广告审查批准文号，并链接至市场监督管理部门网站对应的数据查询页面。保健食品还应当显著标明“本品不能代替药物”。

特殊医学用途配方食品中特定全营养配方食品不得进行网络交易。

第二十条 网络交易的食品有保鲜、保温、冷藏或者冷冻等特殊贮存条件要求的，入网食品生产经营者应当采取能够保证食品安全的贮存、运输措施，或者委托具备相应贮存、运输能力的企业贮存、配送。

第三章 网络食品安全违法行为查处管理

第二十一条 对网络食品交易第三方平台提供者食品安全违法行为的查处，由网络食品交易第三方平台提供者所在地县级以上地方市场监督管理部门管辖。

对网络食品交易第三方平台提供者分支机构的食品安全违法行为的查处，由网络食品交易第三方平台提供者所在地或者分支机构所在地县级以上地方市场监督管理部门管辖。

对入网食品生产经营者食品安全违法行为的查处，由入网食品生产经营者所在地或者生产经营场所所在地县级以上地方市场监督管理部门管辖；对应当取得食品生产经营许可而没有取得许可的违法行为的查处，由入网食品生产经营者所在地、实际生产经营地县级以上地方市场监督管理部门管辖。

因网络食品交易引发食品安全事故或者其他严重危害后果的，也可以由网络食品安全违法行为发生地或者违法行为结果地的县级以上地方市场监督管理部门管辖。

第二十二条 两个以上市场监督管理部门都有管辖权的网络食品安全违法案件，由最先立案查处的市场监督管理部门管辖。对管辖有争议的，由双方协商解决。协商不成的，报请共同的上一级市场监督管理部门指定管辖。

第二十三条 消费者因网络食品安全违法问题进行投诉举报的，由网络食品交易第三方平台提供者所在地、入网食品生产经营者所在地或者生产经营场所所在地等县级以上地方市场监督管理部门处理。

第二十四条 县级以上地方市场监督管理部门，对网络食品安全违法行为进行调查处理时，可以行使下列职权：

（一）进入当事人网络食品交易场所实施现场检查；

（二）对网络交易的食品进行抽样检验；

（三）询问有关当事人，调查其从事网络食品交易行为的相关情况；

（四）查阅、复制当事人的交易数据、合同、票据、账簿以及其他相关资料；

（五）调取网络交易的技术监测、记录资料；

（六）法律、法规规定可以采取的其他措施。

第二十五条 县级以上市场监督管理部门通过网络购买样品进行检验的，应当按照相关规定填写抽样单，记录抽检样品的名称、类别以及数量，购买样品的人员以及付款账户、注册账号、收货地址、联系方式，并留存相关票据。买样人员应当对网络购买样品包装等进行查验，对样品和备份样品分别封样，并采取拍照或者录像等手段记录拆封过程。

第二十六条 检验结果不符合食品安全标准的，市场监督管理部门应当按照有关规定及时将检验结果通知被抽样的入网食品生产经营者。入网食品生产经营者应当采取停止生产经营、封存不合格食品等措施，控制食品安全风险。

通过网络食品交易第三方平台购买样品的，应当同时将检验结果通知网络食品交易第三方平台提供者。网络食品交易第三方平台提供者应当依法制止不合格食品的销售。

入网食品生产经营者联系方式不详的，网络食品交易第三方平台提供者应当协助通知。入网食品生产经营者无法联系的，网络食品交易第三方平台提供者应当停止向其提供网络食品交易平台服务。

第二十七条 网络食品交易第三方平台提供者和入网食品生产经营者有下列情形之一的，县级以上市场监督管理部门可以对其法定代表人或者主要负责人进行责任约谈：

（一）发生食品安全问题，可能引发食品安全风险蔓延的；

（二）未及时妥善处理投诉举报的食品安全问题，可能存在食品安全隐患的；

（三）未及时采取有效措施排查、消除食品安全隐患，落实食品安全责任的；

（四）县级以上市场监督管理部门认为需要进行责任约谈的其他情形。

责任约谈不影响市场监督管理部门依法对其进行行政处理，责任约谈情况及后续处理情况应当向社会公开。

被约谈者无正当理由未按照要求落实整改的，县级以上地方市场监督管理部门应当增加监督检查频次。

第四章 法律责任

第二十八条 食品安全法等法律法规对网络食品安全违法行为已有规定的，从其规定。

第二十九条 违反本办法第八条规定，网络食品交易第三方平台提供者和通过自建网站交易的食品生产经营者未履行相应备案义务的，由县级以上地方市场监督管理部门责令改正，给予警告；拒不改正的，处5000元以上3万元以下罚款。

第三十条 违反本办法第九条规定，网络食品交易第三方平台提供者和通过自建网站交易的食品生产经营者不具备数据备份、故障恢复等技术条件，不能保障网络食品交易数据和资料的可靠性与安全性的，由县级以上地方市场监督管理部门责令改正，给予警告；拒不改正的，处3万元罚款。

第三十一条 违反本办法第十条规定，网络食品交易第三方平台提供者未按要求建立入网食品生产经营者审查登记、食品安全自查、食品安全违法行为制止及报告、严重违法行为平台服务停止、食品安全投诉举报处理等制度的或者未公开以上制度的，由县级以上地方市场监督管理部门责令改正，给予警告；拒不改正的，处5000元以上3万元以下罚款。

第三十二条 违反本办法第十一条规定，网络食品交易第三方平台提供者未对入网食品生产经营者的相关材料及信息进行审查登记、如实记录并更新的，由县级以上地方市场监督管理部门依照食品安全法第一百三十一条的规定处罚。

第三十三条 违反本办法第十二条规定，网络食品交易第三方平台提供者未建立入网食品生产经营者档案、记录入网食品生产经营者相关信息的，由县级以上地方市场监督管理部门责令改正，给予警告；拒不改正的，处5000元以上3万元以下罚款。

第三十四条 违反本办法第十三条规定，网络食品交易第三方平台提供者未按要求记录、保存食品交易信息的，由县级以上地方市场监督管理部门责令改正，给予警告；拒不改正的，处5000元以上3万元以下罚款。

第三十五条 违反本办法第十四条规定，网络食品交易第三方平台提供者未设置专门的网络食品安全管理机构或者指定专职食品安全管理人员对平台上的食品安全经营行为及信息进行检查的，由县级以上地方市场监督管理部门责令改正，给予警告；拒不改正的，处5000元以上3万元以下罚款。

第三十六条 违反本办法第十五条规

定，网络食品交易第三方平台提供者发现入网食品生产经营者有严重违法行为未停止提供网络交易平台服务的，由县级以上地方市场监督管理部门依照食品安全法第一百三十一条的规定处罚。

第三十七条　网络食品交易第三方平台提供者未履行相关义务，导致发生下列严重后果之一的，由县级以上地方市场监督管理部门依照食品安全法第一百三十一条的规定责令停业，并将相关情况移送通信主管部门处理：

（一）致人死亡或者造成严重人身伤害的；

（二）发生较大级别以上食品安全事故的；

（三）发生较为严重的食源性疾病的；

（四）侵犯消费者合法权益，造成严重不良社会影响的；

（五）引发其他的严重后果的。

第三十八条　违反本办法第十六条规定，入网食品生产经营者未依法取得食品生产经营许可的，或者入网食品生产者超过许可的类别范围销售食品、入网食品经营者超过许可的经营项目范围从事食品经营的，依照食品安全法第一百二十二条的规定处罚。

第三十九条　入网食品生产经营者违反本办法第十七条禁止性规定的，由县级以上地方市场监督管理部门责令改正，给予警告；拒不改正的，处 5000 元以上 3 万元以下罚款。

第四十条　违反本办法第十八条规定，入网食品生产经营者未按要求进行信息公示的，由县级以上地方市场监督管理部门责令改正，给予警告；拒不改正的，处 5000 元以上 3 万元以下罚款。

第四十一条　违反本办法第十九条第一款规定，食品生产经营者未按要求公示特殊食品相关信息的，由县级以上地方市场监督管理部门责令改正，给予警告；拒不改正的，处 5000 元以上 3 万元以下罚款。

违反本办法第十九条第二款规定，食品生产经营者通过网络销售特定全营养配方食品的，由县级以上地方市场监督管理部门处 3 万元罚款。

第四十二条　违反本办法第二十条规定，入网食品生产经营者未按要求采取保证食品安全的贮存、运输措施，或者委托不具备相应贮存、运输能力的企业从事贮存、配送的，由县级以上地方市场监督管理部门依照食品安全法第一百三十二条的规定处罚。

第四十三条　违反本办法规定，网络食品交易第三方平台提供者、入网食品生产经营者提供虚假信息的，由县级以上地方市场监督管理部门责令改正，处 1 万元以上 3 万元以下罚款。

第四十四条　网络食品交易第三方平台提供者、入网食品生产经营者违反食品安全法规定，构成犯罪的，依法追究刑事责任。

第四十五条　市场监督管理部门工作人员不履行职责或者滥用职权、玩忽职守、徇私舞弊的，依法追究行政责任；构成犯罪的，移送司法机关，依法追究刑事责任。

第五章　附　　则

第四十六条　对食品生产加工小作坊、食品摊贩等的网络食品安全违法行为的查处，可以参照本办法执行。

第四十七条　市场监督管理部门依法对网络食品安全违法行为进行查处的，应当自行政处罚决定书作出之日起 20 个工作日内，公开行政处罚决定书。

第四十八条　本办法自 2016 年 10 月 1 日起施行。

食品添加剂新品种管理办法

（2010年3月30日卫生部令第73号发布，根据2017年12月26日国家卫生和计划生育委员会令第18号《国家卫生计生委关于修改〈新食品原料安全性审查管理办法〉等7件部门规章的决定》修订）

第一条　为加强食品添加剂新品种管理，根据《食品安全法》和《食品安全法实施条例》有关规定，制定本办法。

第二条　食品添加剂新品种是指：

（一）未列入食品安全国家标准的食品添加剂品种；

（二）未列入国家卫生计生委公告允许使用的食品添加剂品种；

（三）扩大使用范围或者用量的食品添加剂品种。

第三条　食品添加剂应当在技术上确有必要且经过风险评估证明安全可靠。

第四条　使用食品添加剂应当符合下列要求：

（一）不应当掩盖食品腐败变质；

（二）不应当掩盖食品本身或者加工过程中的质量缺陷；

（三）不以掺杂、掺假、伪造为目的而使用食品添加剂；

（四）不应当降低食品本身的营养价值；

（五）在达到预期的效果下尽可能降低在食品中的用量；

（六）食品工业用加工助剂应当在制成最后成品之前去除，有规定允许残留量的除外。

第五条　国家卫生计生委负责食品添加剂新品种的审查许可工作，组织制定食品添加剂新品种技术评价和审查规范。

国家卫生计生委食品添加剂新品种技术审评机构（以下简称审评机构）负责食品添加剂新品种技术审查，提出综合审查结论及建议。

第六条　申请食品添加剂新品种生产、经营、使用或者进口的单位或者个人（以下简称申请人），应当提出食品添加剂新品种许可申请，并提交以下材料：

（一）添加剂的通用名称、功能分类，用量和使用范围；

（二）证明技术上确有必要和使用效果的资料或者文件；

（三）食品添加剂的质量规格要求、生产工艺和检验方法，食品中该添加剂的检验方法或者相关情况说明；

（四）安全性评估材料，包括生产原料或者来源、化学结构和物理特性、生产工艺、毒理学安全性评价资料或者检验报告、质量规格检验报告；

（五）标签、说明书和食品添加剂产品样品；

（六）其他国家（地区）、国际组织允许生产和使用等有助于安全性评估的资料。

申请食品添加剂品种扩大使用范围或者用量的，可以免于提交前款第四项材料，但是技术评审中要求补充提供的除外。

第七条　申请首次进口食品添加剂新品种的，除提交第六条规定的材料外，还应当提交以下材料：

（一）出口国（地区）相关部门或者机构出具的允许该添加剂在本国（地区）生

产或者销售的证明材料；

（二）生产企业所在国（地区）有关机构或者组织出具的对生产企业审查或者认证的证明材料。

第八条　申请人应当如实提交有关材料，反映真实情况，并对申请材料内容的真实性负责，承担法律后果。

第九条　申请人应当在其提交的本办法第六条第一款第一项、第二项、第三项材料中注明不涉及商业秘密，可以向社会公开的内容。

食品添加剂新品种技术上确有必要和使用效果等情况，应当向社会公开征求意见，同时征求质量监督、工商行政管理、食品药品监督管理、工业和信息化、商务等有关部门和相关行业组织的意见。

对有重大意见分歧，或者涉及重大利益关系的，可以举行听证会听取意见。

反映的有关意见作为技术评审的参考依据。

第十条　国家卫生计生委应当在受理后60日内组织医学、农业、食品、营养、工艺等方面的专家对食品添加剂新品种技术上确有必要性和安全性评估资料进行技术审查，并作出技术评审结论。对技术评审中需要补充有关资料的，应当及时通知申请人，申请人应当按照要求及时补充有关材料。

必要时，可以组织专家对食品添加剂新品种研制及生产现场进行核实、评价。

第十一条　食品添加剂新品种行政许可的具体程序按照《行政许可法》和《卫生行政许可管理办法》等有关规定执行。

第十二条　审评机构提出的综合审查结论，应当包括安全性、技术必要性审查结果和社会稳定风险评估结果。

第十三条　根据技术评审结论，国家卫生计生委决定对在技术上确有必要性和符合食品安全要求的食品添加剂新品种准予许可并列入允许使用的食品添加剂名单予以公布。

对缺乏技术上必要性和不符合食品安全要求的，不予许可并书面说明理由。

对发现可能添加到食品中的非食用化学物质或者其他危害人体健康的物质，按照《食品安全法实施条例》第四十九条执行。

第十四条　国家卫生计生委根据技术上必要性和食品安全风险评估结果，将公告允许使用的食品添加剂的品种、使用范围、用量按照食品安全国家标准的程序，制定、公布为食品安全国家标准。

第十五条　有下列情形之一的，国家卫生计生委应当及时组织对食品添加剂进行重新评估：

（一）科学研究结果或者有证据表明食品添加剂安全性可能存在问题的；

（二）不再具备技术上必要性的。

对重新审查认为不符合食品安全要求的，国家卫生计生委可以公告撤销已批准的食品添加剂品种或者修订其使用范围和用量。

第十六条　申请人隐瞒有关情况或者提供虚假材料申请食品添加剂新品种许可的，国家卫生计生委不予受理或者不予行政许可，并给予警告，且申请人在一年内不得再次申请食品添加剂新品种许可。

以欺骗、贿赂等不正当手段通过食品添加剂新品种审查并取得许可的，国家卫生计生委应当撤销许可，且申请人在三年内不得再次申请食品添加剂新品种许可。

第十七条　本办法自公布之日起施行。卫生部2002年3月28日发布的《食品添加剂卫生管理办法》同时废止。

食品标识管理规定

（2007 年 8 月 27 日国家质量监督检验检疫总局令第 102 号公布，根据 2009 年 10 月 22 日国家质量监督检验检疫总局令 2009 年第 123 号《国家质量监督检验检疫总局关于修改〈食品标识管理规定〉的决定》修订）

第一章　总　　则

第一条　为了加强对食品标识的监督管理，规范食品标识的标注，防止质量欺诈，保护企业和消费者合法权益，根据《中华人民共和国食品安全法》、《中华人民共和国产品质量法》、《国务院关于加强食品等产品安全监督管理的特别规定》等法律法规，制定本规定。

第二条　在中华人民共和国境内生产（含分装）、销售的食品的标识标注和管理，适用本规定。

第三条　本规定所称食品标识是指粘贴、印刷、标记在食品或者其包装上，用以表示食品名称、质量等级、商品量、食用或者使用方法、生产者或者销售者等相关信息的文字、符号、数字、图案以及其他说明的总称。

第四条　国家质量监督检验检疫总局（以下简称国家质检总局）在其职权范围内负责组织全国食品标识的监督管理工作。

县级以上地方质量技术监督部门在其职权范围内负责本行政区域内食品标识的监督管理工作。

第二章　食品标识的标注内容

第五条　食品或者其包装上应当附加标识，但是按法律、行政法规规定可以不附加标识的食品除外。

食品标识的内容应当真实准确、通俗易懂、科学合法。

第六条　食品标识应当标注食品名称。

食品名称应当表明食品的真实属性，并符合下列要求：

（一）国家标准、行业标准对食品名称有规定的，应当采用国家标准、行业标准规定的名称；

（二）国家标准、行业标准对食品名称没有规定的，应当使用不会引起消费者误解和混淆的常用名称或者俗名；

（三）标注“新创名称”、“奇特名称”、“音译名称”、“牌号名称”、“地区俚语名称”或者“商标名称”等易使人误解食品属性的名称时，应当在所示名称的邻近部位使用同一字号标注本条（一）、（二）项规定的一个名称或者分类（类属）名称；

（四）由两种或者两种以上食品通过物理混合而成且外观均匀一致难以相互分离的食品，其名称应当反映该食品的混合属性和分类（类属）名称；

（五）以动、植物食物为原料，采用特定的加工工艺制作，用以模仿其他生物的个体、器官、组织等特征的食品，应当在名称前冠以“人造”、“仿”或者“素”等字样，并标注该食品真实属性的分类（类属）名称。

第七条　食品标识应当标注食品的产地。

食品产地应当按照行政区划标注到地市级地域。

第八条 食品标识应当标注生产者的名称、地址和联系方式。生产者名称和地址应当是依法登记注册、能够承担产品质量责任的生产者的名称、地址。

有下列情形之一的，按照下列规定相应予以标注：

（一）依法独立承担法律责任的公司或者其子公司，应当标注各自的名称和地址；

（二）依法不能独立承担法律责任的公司分公司或者公司的生产基地，应当标注公司和分公司或者生产基地的名称、地址，或者仅标注公司的名称、地址；

（三）受委托生产加工食品且不负责对外销售的，应当标注委托企业的名称和地址；对于实施生产许可证管理的食品，委托企业具有其委托加工的食品生产许可证的，应当标注委托企业的名称、地址和被委托企业的名称，或者仅标注委托企业的名称和地址；

（四）分装食品应当标注分装者的名称及地址，并注明分装字样。

第九条 食品标识应当清晰地标注食品的生产日期、保质期，并按照有关规定要求标注贮存条件。

乙醇含量10%以上（含10%）的饮料酒、食醋、食用盐、固态食糖类，可以免除标注保质期。

日期的标注方法应当符合国家标准规定或者采用“年、月、日”表示。

第十条 定量包装食品标识应当标注净含量，并按照有关规定要求标注规格。对含有固、液两相物质的食品，除标示净含量外，还应当标示沥干物（固形物）的含量。

净含量应当与食品名称排在食品包装的同一展示版面。净含量的标注应当符合《定量包装商品计量监督管理办法》的规定。

第十一条 食品标识应当标注食品的成分或者配料清单。

配料清单中各种配料应当按照生产加工食品时加入量的递减顺序进行标注，具体标注方法按照国家标准的规定执行。

在食品中直接使用甜味剂、防腐剂、着色剂的，应当在配料清单食品添加剂项下标注具体名称；使用其他食品添加剂的，可以标注具体名称、种类或者代码。食品添加剂的使用范围和使用量应当按照国家标准的规定执行。

专供婴幼儿和其他特定人群的主辅食品，其标识还应当标注主要营养成分及其含量。

第十二条 食品标识应当标注企业所执行的产品标准代号。

第十三条 食品执行的标准明确要求标注食品的质量等级、加工工艺的，应当相应地予以标明。

第十四条 实施生产许可证管理的食品，食品标识应当标注食品生产许可证编号及QS标志。

委托生产加工实施生产许可证管理的食品，委托企业具有其委托加工食品生产许可证的，可以标注委托企业或者被委托企业的生产许可证编号。

第十五条 混装非食用产品易造成误食，使用不当，容易造成人身伤害的，应当在其标识上标注警示标志或者中文警示说明。

第十六条 食品有以下情形之一的，应当在其标识上标注中文说明：

（一）医学临床证明对特殊群体易造成危害的；

（二）经过电离辐射或者电离能量处理过的；

（三）属于转基因食品或者含法定转基因原料的；

（四）按照法律、法规和国家标准等规定，应当标注其他中文说明的。

第十七条 食品在其名称或者说明中标注“营养”、“强化”字样的，应当按照国家标准有关规定，标注该食品的营养素和热量，并符合国家标准规定的定量标示。

第十八条　食品标识不得标注下列内容：

（一）明示或者暗示具有预防、治疗疾病作用的；

（二）非保健食品明示或者暗示具有保健作用的；

（三）以欺骗或者误导的方式描述或者介绍食品的；

（四）附加的产品说明无法证实其依据的；

（五）文字或者图案不尊重民族习俗，带有歧视性描述的；

（六）使用国旗、国徽或者人民币等进行标注的；

（七）其他法律、法规和标准禁止标注的内容。

第十九条　禁止下列食品标识违法行为：

（一）伪造或者虚假标注生产日期和保质期；

（二）伪造食品产地，伪造或者冒用其他生产者的名称、地址；

（三）伪造、冒用、变造生产许可证标志及编号；

（四）法律、法规禁止的其他行为。

第三章　食品标识的标注形式

第二十条　食品标识不得与食品或者其包装分离。

第二十一条　食品标识应当直接标注在最小销售单元的食品或者其包装上。

第二十二条　在一个销售单元的包装中含有不同品种、多个独立包装的食品，每件独立包装的食品标识应当按照本规定进行标注。

透过销售单元的外包装，不能清晰地识别各独立包装食品的所有或者部分强制标注内容的，应当在销售单元的外包装上分别予以标注，但外包装易于开启识别的除外；能够清晰地识别各独立包装食品的所有或者部分强制标注内容的，可以不在外包装上重复标注相应内容。

第二十三条　食品标识应当清晰醒目，标识的背景和底色应当采用对比色，使消费者易于辨认、识读。

第二十四条　食品标识所用文字应当为规范的中文，但注册商标除外。

食品标识可以同时使用汉语拼音或者少数民族文字，也可以同时使用外文，但应当与中文有对应关系，所用外文不得大于相应的中文，但注册商标除外。

第二十五条　食品或者其包装最大表面面积大于20平方厘米时，食品标识中强制标注内容的文字、符号、数字的高度不得小于1.8毫米。

食品或者其包装最大表面面积小于10平方厘米时，其标识可以仅标注食品名称、生产者名称和地址、净含量以及生产日期和保质期。但是，法律、行政法规规定应当标注的，依照其规定。

第四章　法律责任

第二十六条　违反本规定构成《中华人民共和国食品安全法》及其实施条例等法律法规规定的违法行为的，依照有关法律法规的规定予以处罚。

第二十七条　违反本规定第六条至第八条、第十一条至第十三条，未按规定标注应当标注内容的，责令限期改正；逾期不改的，处以500元以上1万元以下罚款。

第二十八条　违反本规定第十五条，未按规定标注警示标志或中文警示说明的，依照《中华人民共和国产品质量法》第五十四条规定进行处罚。

第二十九条　违反本规定第十条，未按规定标注净含量的，依照《定量包装商品计量监督管理办法》规定进行处罚。

第三十条　违反本规定第十七条，未按规定标注食品营养素、热量以及定量标示的，责令限期改正；逾期不改的，处以5000 元以下罚款。

第三十一条 违反本规定第十八条，食品标识标注禁止性内容的，责令限期改正；逾期不改的，处以 1 万元以下罚款；违反有关法律法规规定的，按有关法律法规规定处理。

第三十二条 伪造或者虚假标注食品生产日期和保质期的，责令限期改正，处以500 元以上 1 万元以下罚款；情节严重，造成后果的，依照有关法律、行政法规规定进行处罚。

第三十三条 伪造食品产地，伪造或者冒用其他生产者的名称、地址的，依照《中华人民共和国产品质量法》第五十三条规定进行处罚。

第三十四条 违反本规定第二十条，食品标识与食品或者其包装分离的，责令限期改正，处以 5000 元以下罚款。

第三十五条 违反本规定第二十一条、第二十二第二款、第二十四条、第二十五条的，责令限期改正；逾期不改的，处以 1 万元以下罚款。

第三十六条 违反本规定第二十二条第一款的，依照本章有关规定处罚。

第三十七条 从事食品标识监督管理的工作人员，玩忽职守、滥用职权、包庇放纵违法行为的，依法给予行政处分；构成犯罪的，依法追究刑事责任。

第三十八条 本规定规定的行政处罚由县级以上地方质量技术监督部门在职权范围内依法实施。

法律、行政法规对行政处罚另有规定的，依照其规定。

第五章 附 则

第三十九条 进出口食品标识的管理，由出入境检验检疫机构按照国家质检总局有关规定执行。

第四十条 本规定由国家质检总局负责解释。

第四十一条 本规定自 2008 年 9 月 1 日起施行。原国家技术监督局公布的《查处食品标签违法行为规定》同时废止。

网络餐饮服务食品安全监督管理办法

（2017 年 11 月 6 日国家食品药品监督管理总局令第 36 号公布，根据 2020 年 10 月 23 日国家市场监督管理总局令第 31 号修订）

第一条 为加强网络餐饮服务食品安全监督管理，规范网络餐饮服务经营行为，保证餐饮食品安全，保障公众身体健康，根据《中华人民共和国食品安全法》等法律法规，制定本办法。

第二条 在中华人民共和国境内，网络餐饮服务第三方平台提供者、通过第三方平台和自建网站提供餐饮服务的餐饮服务提供者（以下简称入网餐饮服务提供者），利用互联网提供餐饮服务及其监督管理，适用本办法。

第三条 国家市场监督管理总局负责指导全国网络餐饮服务食品安全监督管理工作，并组织开展网络餐饮服务食品安全监测。

县级以上地方市场监督管理部门负责本行政区域内网络餐饮服务食品安全监督管理工作。

第四条　入网餐饮服务提供者应当具有实体经营门店并依法取得食品经营许可证，并按照食品经营许可证载明的主体业态、经营项目从事经营活动，不得超范围经营。

第五条　网络餐饮服务第三方平台提供者应当在通信主管部门批准后30个工作日内，向所在地省级市场监督管理部门备案。自建网站餐饮服务提供者应当在通信主管部门备案后30个工作日内，向所在地县级市场监督管理部门备案。备案内容包括域名、IP地址、电信业务经营许可证或者备案号、企业名称、地址、法定代表人或者负责人姓名等。

网络餐饮服务第三方平台提供者设立从事网络餐饮服务分支机构的，应当在设立后30个工作日内，向所在地县级市场监督管理部门备案。备案内容包括分支机构名称、地址、法定代表人或者负责人姓名等。

市场监督管理部门应当及时向社会公开相关备案信息。

第六条　网络餐饮服务第三方平台提供者应当建立并执行入网餐饮服务提供者审查登记、食品安全违法行为制止及报告、严重违法行为平台服务停止、食品安全事故处置等制度，并在网络平台上公开相关制度。

第七条　网络餐饮服务第三方平台提供者应当设置专门的食品安全管理机构，配备专职食品安全管理人员，每年对食品安全管理人员进行培训和考核。培训和考核记录保存期限不得少于2年。经考核不具备食品安全管理能力的，不得上岗。

第八条　网络餐饮服务第三方平台提供者应当对入网餐饮服务提供者的食品经营许可证进行审查，登记入网餐饮服务提供者的名称、地址、法定代表人或者负责人及联系方式等信息，保证入网餐饮服务提供者食品经营许可证载明的经营场所等许可信息真实。

网络餐饮服务第三方平台提供者应当与入网餐饮服务提供者签订食品安全协议，明确食品安全责任。

第九条　网络餐饮服务第三方平台提供者和入网餐饮服务提供者应当在餐饮服务经营活动主页面公示餐饮服务提供者的食品经营许可证。食品经营许可等信息发生变更的，应当及时更新。

第十条　网络餐饮服务第三方平台提供者和入网餐饮服务提供者应当在网上公示餐饮服务提供者的名称、地址、量化分级信息，公示的信息应当真实。

第十一条　入网餐饮服务提供者应当在网上公示菜品名称和主要原料名称，公示的信息应当真实。

第十二条　网络餐饮服务第三方平台提供者提供食品容器、餐具和包装材料的，所提供的食品容器、餐具和包装材料应当无毒、清洁。

鼓励网络餐饮服务第三方平台提供者提供可降解的食品容器、餐具和包装材料。

第十三条　网络餐饮服务第三方平台提供者和入网餐饮服务提供者应当加强对送餐人员的食品安全培训和管理。委托送餐单位送餐的，送餐单位应当加强对送餐人员的食品安全培训和管理。培训记录保存期限不得少于2年。

第十四条　送餐人员应当保持个人卫生，使用安全、无害的配送容器，保持容器清洁，并定期进行清洗消毒。送餐人员应当核对配送食品，保证配送过程食品不受污染。

第十五条　网络餐饮服务第三方平台提供者和自建网站餐饮服务提供者应当履行记录义务，如实记录网络订餐的订单信息，包括食品的名称、下单时间、送餐人员、送达时间以及收货地址，信息保存时间不得少于6个月。

第十六条　网络餐饮服务第三方平台提供者应当对入网餐饮服务提供者的经营行为进行抽查和监测。

网络餐饮服务第三方平台提供者发现入

网餐饮服务提供者存在违法行为的，应当及时制止并立即报告入网餐饮服务提供者所在地县级市场监督管理部门；发现严重违法行为的，应当立即停止提供网络交易平台服务。

第十七条　网络餐饮服务第三方平台提供者应当建立投诉举报处理制度，公开投诉举报方式，对涉及消费者食品安全的投诉举报及时进行处理。

第十八条　入网餐饮服务提供者加工制作餐饮食品应当符合下列要求：

（一）制定并实施原料控制要求，选择资质合法、保证原料质量安全的供货商，或者从原料生产基地、超市采购原料，做好食品原料索证索票和进货查验记录，不得采购不符合食品安全标准的食品及原料；

（二）在加工过程中应当检查待加工的食品及原料，发现有腐败变质、油脂酸败、霉变生虫、污秽不洁、混有异物、掺假掺杂或者感官性状异常的，不得加工使用；

（三）定期维护食品贮存、加工、清洗消毒等设施、设备，定期清洗和校验保温、冷藏和冷冻等设施、设备，保证设施、设备运转正常；

（四）在自己的加工操作区内加工食品，不得将订单委托其他食品经营者加工制作；

（五）网络销售的餐饮食品应当与实体店销售的餐饮食品质量安全保持一致。

第十九条　入网餐饮服务提供者应当使用无毒、清洁的食品容器、餐具和包装材料，并对餐饮食品进行包装，避免送餐人员直接接触食品，确保送餐过程中食品不受污染。

第二十条　入网餐饮服务提供者配送有保鲜、保温、冷藏或者冷冻等特殊要求食品的，应当采取能保证食品安全的保存、配送措施。

第二十一条　国家市场监督管理总局组织监测发现网络餐饮服务第三方平台提供者和入网餐饮服务提供者存在违法行为的，通知有关省级市场监督管理部门依法组织查处。

第二十二条　县级以上地方市场监督管理部门接到网络餐饮服务第三方平台提供者报告入网餐饮服务提供者存在违法行为的，应当及时依法查处。

第二十三条　县级以上地方市场监督管理部门应当加强对网络餐饮服务食品安全的监督检查，发现网络餐饮服务第三方平台提供者和入网餐饮服务提供者存在违法行为的，依法进行查处。

第二十四条　县级以上地方市场监督管理部门对网络餐饮服务交易活动的技术监测记录资料，可以依法作为认定相关事实的依据。

第二十五条　县级以上地方市场监督管理部门对于消费者投诉举报反映的线索，应当及时进行核查，被投诉举报人涉嫌违法的，依法进行查处。

第二十六条　县级以上地方市场监督管理部门查处的入网餐饮服务提供者有严重违法行为的，应当通知网络餐饮服务第三方平台提供者，要求其立即停止对入网餐饮服务提供者提供网络交易平台服务。

第二十七条　违反本办法第四条规定，入网餐饮服务提供者不具备实体经营门店，未依法取得食品经营许可证的，由县级以上地方市场监督管理部门依照食品安全法第一百二十二条的规定处罚。

第二十八条　违反本办法第五条规定，网络餐饮服务第三方平台提供者以及分支机构或者自建网站餐饮服务提供者未履行相应备案义务的，由县级以上地方市场监督管理部门责令改正，给予警告；拒不改正的，处5000元以上3万元以下罚款。

第二十九条　违反本办法第六条规定，网络餐饮服务第三方平台提供者未按要求建立、执行并公开相关制度的，由县级以上地方市场监督管理部门责令改正，给予警告；

拒不改正的，处 5000 元以上 3 万元以下罚款。

第三十条 违反本办法第七条规定，网络餐饮服务第三方平台提供者未设置专门的食品安全管理机构，配备专职食品安全管理人员，或者未按要求对食品安全管理人员进行培训、考核并保存记录的，由县级以上地方市场监督管理部门责令改正，给予警告；拒不改正的，处 5000 元以上 3 万元以下罚款。

第三十一条 违反本办法第八条第一款规定，网络餐饮服务第三方平台提供者未对入网餐饮服务提供者的食品经营许可证进行审查，未登记入网餐饮服务提供者的名称、地址、法定代表人或者负责人及联系方式等信息，或者入网餐饮服务提供者食品经营许可证载明的经营场所等许可信息不真实的，由县级以上地方市场监督管理部门依照食品安全法第一百三十一条的规定处罚。

违反本办法第八条第二款规定，网络餐饮服务第三方平台提供者未与入网餐饮服务提供者签订食品安全协议的，由县级以上地方市场监督管理部门责令改正，给予警告；拒不改正的，处 5000 元以上 3 万元以下罚款。

第三十二条 违反本办法第九条、第十条、第十一条规定，网络餐饮服务第三方平台提供者和入网餐饮服务提供者未按要求进行信息公示和更新的，由县级以上地方市场监督管理部门责令改正，给予警告；拒不改正的，处 5000 元以上 3 万元以下罚款。

第三十三条 违反本办法第十二条规定，网络餐饮服务第三方平台提供者提供的食品配送容器、餐具和包装材料不符合规定的，由县级以上地方市场监督管理部门按照食品安全法第一百三十二条的规定处罚。

第三十四条 违反本办法第十三条规定，网络餐饮服务第三方平台提供者和入网餐饮服务提供者未对送餐人员进行食品安全培训和管理，或者送餐单位未对送餐人员进行食品安全培训和管理，或者未按要求保存培训记录的，由县级以上地方市场监督管理部门责令改正，给予警告；拒不改正的，处 5000 元以上 3 万元以下罚款。

第三十五条 违反本办法第十四条规定，送餐人员未履行使用安全、无害的配送容器等义务的，由县级以上地方市场监督管理部门对送餐人员所在单位按照食品安全法第一百三十二条的规定处罚。

第三十六条 违反本办法第十五条规定，网络餐饮服务第三方平台提供者和自建网站餐饮服务提供者未按要求记录、保存网络订餐信息的，由县级以上地方市场监督管理部门责令改正，给予警告；拒不改正的，处 5000 元以上 3 万元以下罚款。

第三十七条 违反本办法第十六条第一款规定，网络餐饮服务第三方平台提供者未对入网餐饮服务提供者的经营行为进行抽查和监测的，由县级以上地方市场监督管理部门责令改正，给予警告；拒不改正的，处 5000 元以上 3 万元以下罚款。

违反本办法第十六条第二款规定，网络餐饮服务第三方平台提供者发现入网餐饮服务提供者存在违法行为，未及时制止并立即报告入网餐饮服务提供者所在地县级市场监督管理部门的，或者发现入网餐饮服务提供者存在严重违法行为，未立即停止提供网络交易平台服务的，由县级以上地方市场监督管理部门依照食品安全法第一百三十一条的规定处罚。

第三十八条 违反本办法第十七条规定，网络餐饮服务第三方平台提供者未按要求建立消费者投诉举报处理制度，公开投诉举报方式，或者未对涉及消费者食品安全的投诉举报及时进行处理的，由县级以上地方市场监督管理部门责令改正，给予警告；拒不改正的，处 5000 元以上 3 万元以下罚款。

第三十九条 违反本办法第十八条第（一）项规定，入网餐饮服务提供者未履行制定实施原料控制要求等义务的，由县级以上地方市场监督管理部门依照食品安全法第一百二十六条第一款的规定处罚。

违反本办法第十八条第（二）项规定，入网餐饮服务提供者使用腐败变质、油脂酸败、霉变生虫、污秽不洁、混有异物、掺假掺杂或者感官性状异常等原料加工食品的，由县级以上地方市场监督管理部门依照食品安全法第一百二十四条第一款的规定处罚。

违反本办法第十八条第（三）项规定，入网餐饮服务提供者未定期维护食品贮存、加工、清洗消毒等设施、设备，或者未定期清洗和校验保温、冷藏和冷冻等设施、设备的，由县级以上地方市场监督管理部门依照食品安全法第一百二十六条第一款的规定处罚。

违反本办法第十八条第（四）项、第（五）项规定，入网餐饮服务提供者将订单委托其他食品经营者加工制作，或者网络销售的餐饮食品未与实体店销售的餐饮食品质量安全保持一致的，由县级以上地方市场监督管理部门责令改正，给予警告；拒不改正的，处 5000 元以上 3 万元以下罚款。

第四十条 违反本办法第十九条规定，入网餐饮服务提供者未履行相应的包装义务的，由县级以上地方市场监督管理部门责令改正，给予警告；拒不改正的，处 5000 元以上 3 万元以下罚款。

第四十一条 违反本办法第二十条规定，入网餐饮服务提供者配送有保鲜、保温、冷藏或者冷冻等特殊要求食品，未采取能保证食品安全的保存、配送措施的，由县级以上地方市场监督管理部门依照食品安全法第一百三十二条的规定处罚。

第四十二条 县级以上地方市场监督管理部门应当自对网络餐饮服务第三方平台提供者和入网餐饮服务提供者违法行为作出处罚决定之日起 20 个工作日内在网上公开行政处罚决定书。

第四十三条 省、自治区、直辖市的地方性法规和政府规章对小餐饮网络经营作出规定的，按照其规定执行。

本办法对网络餐饮服务食品安全违法行为的查处未作规定的，按照《网络食品安全违法行为查处办法》执行。

第四十四条 网络餐饮服务第三方平台提供者和入网餐饮服务提供者违反食品安全法规定，构成犯罪的，依法追究刑事责任。

第四十五条 餐饮服务连锁公司总部建立网站为其门店提供网络交易服务的，参照本办法关于网络餐饮服务第三方平台提供者的规定执行。

第四十六条 本办法自 2018 年 1 月 1 日起施行。

食品生产企业安全生产监督管理暂行规定

（2014 年 1 月 3 日国家安全监管总局令第 66 号公布，根据 2015 年 5 月 29 日国家安全监管总局令第 80 号修正）

第一章 总 则

第一条 为加强食品生产企业的安全生产工作，防止和减少生产安全事故，保障从业人员的生命和财产安全，根据《中华人民共和国安全生产法》等有关法律、行政法规，制定本规定。

第二条 食品生产企业的安全生产及其监督管理，适用本规定。农副产品从种植养殖环节进入批发、零售市场或者生产加工企业前的安全生产及其监督管理，不适用本规定。

本规定所称食品生产企业，是指以农业、渔业、畜牧业、林业或者化学工业的产品、半成品为原料，通过工业化加工、制作，为人们提供食用或者饮用的物品的企业。

第三条　国家安全生产监督管理总局对全国食品生产企业的安全生产工作实施监督管理。

县级以上地方人民政府安全生产监督管理部门和有关部门（以下统称负责食品生产企业安全生产监管的部门）根据本级人民政府规定的职责，按照属地监管、分级负责的原则，对本行政区域内食品生产企业的安全生产工作实施监督管理。

食品生产企业的工程建设安全、消防安全和特种设备安全，依照法律、行政法规的规定由县级以上地方人民政府相关部门负责专项监督管理。

第四条　食品生产企业是安全生产的责任主体，其主要负责人对本企业的安全生产工作全面负责，分管安全生产工作的负责人和其他负责人对其职责范围内的安全生产工作负责。

集团公司对其所属或者控股的食品生产企业的安全生产工作负主管责任。

第二章　安全生产的基本要求

第五条　食品生产企业应当严格遵守有关安全生产法律、行政法规和国家标准、行业标准的规定，建立健全安全生产责任制、安全生产规章制度和安全操作规程。

第六条　从业人员超过100人的食品生产企业，应当设置安全生产管理机构或者配备3名以上专职安全生产管理人员，鼓励配备注册安全工程师从事安全生产管理工作。

前款规定以外的其他食品生产企业，应当配备专职或者兼职安全生产管理人员，或者委托安全生产中介机构提供安全生产服务。

委托安全生产中介机构提供安全生产技术、管理服务的，保证安全生产的责任仍由本企业负责。

第七条　食品生产企业应当支持安全生产管理机构和安全生产管理人员履行管理职责，并保证其开展工作所必须的条件。

食品生产企业作出涉及安全生产的决策，应当听取安全生产管理机构以及安全生产管理人员的意见，不得因安全生产管理人员依法履行职责而降低其工资、福利等待遇或者解除与其订立的劳动合同。

第八条　食品生产企业应当推进安全生产标准化建设，强化安全生产基础，做到安全管理标准化、设施设备标准化、作业现场标准化和作业行为标准化，并持续改进，不断提高企业本质安全水平。

第九条　食品生产企业新建、改建和扩建建设项目（以下统称建设项目）的安全设施，必须与主体工程同时设计、同时施工、同时投入生产和使用。安全设施投资应当纳入建设项目概算。

第十条　食品生产企业应当委托具备国家规定资质的工程设计单位、施工单位和监理单位，对建设工程进行设计、施工和监理。

工程设计单位、施工单位和监理单位应当按照有关法律、行政法规、国家标准或者行业标准的规定进行设计、施工和监理，并对其工作成果负责。

第十一条　食品生产企业应当按照有关法律、行政法规的规定，加强工程建设、消防、特种设备的安全管理；对于需要有关部门审批和验收的事项，应当依法向有关部门提出申请；未经有关部门依法批准或者验收合格的，不得投入生产和使用。

第十二条　食品生产企业应当建立健全事故隐患排查治理制度，明确事故隐患治理的措施、责任、资金、时限和预案，采取技术、管理措施，及时发现并消除事故隐患。事故隐患排查治理情况应当如实记录，向从业人员通报，并按规定报告所在地负责食品生产企业安全生产监管的部门。

第十三条　食品生产企业的加工、制作等项目有多个承包单位、承租单位，或者存在空间交叉的，应当对承包单位、承租单位的安全生产工作进行统一协调、管理。承包单位、承租单位应当服从食品生产企业的统一管理，并对作业现场的安全生产负责。

第十四条　食品生产企业应当对新录用、季节性复工、调整工作岗位和离岗半年以上重新上岗的从业人员，进行相应的安全生产教育培训。未经安全生产教育培训合格的从业人员，不得上岗作业。

第十五条　食品生产企业应当定期组织开展危险源辨识，并将其工作场所存在和作业过程中可能产生的危险因素、防范措施和事故应急措施等如实书面告知从业人员，不得隐瞒或者欺骗。

从业人员发现直接危及人身安全的紧急情况时，有权停止作业或者在采取可能的应急措施后撤离作业场所。食品生产企业不得因此降低其工资、福利待遇或者解除劳动合同。

第三章　作业过程的安全管理

第十六条　食品生产企业的作业场所应当符合下列要求：

（一）生产设施设备，按照国家有关规定配备有温度、压力、流量、液位以及粉尘浓度、可燃和有毒气体浓度等工艺指标的超限报警装置；

（二）用电设备设施和场所，采取保护措施，并在配电设备设施上安装剩余电流动作保护装置或者其他防止触电的装置；

（三）涉及烘制、油炸等高温的设施设备和岗位，采用必要的防过热自动报警切断和隔热板、墙等保护设施；

（四）涉及淀粉等可燃性粉尘爆炸危险的场所、设施设备，采用惰化、抑爆、阻爆、泄爆等措施防止粉尘爆炸，现场安全管理措施和条件符合《粉尘防爆安全规程》（GB 15577）等国家标准或者行业标准的要求；

（五）油库（罐）、燃气站、除尘器、压缩空气站、压力容器、压力管道、电缆隧道（沟）等重点防火防爆部位，采取有效、可靠的监控、监测、预警、防火、防爆、防毒等安全措施。安全附件和联锁装置不得随意拆弃和解除，声、光报警等信号不得随意切断；

（六）制冷车间符合《冷库设计规范》（GB 50072）、《冷库安全规程》（GB 28009）等国家标准或者行业标准的规定，设置气体浓度报警装置，且与制冷电机联锁、与事故排风机联动。在包装间、分割间等人员密集场所，严禁采用氨直接蒸发的制冷系统。

第十七条　食品生产企业涉及生产、储存和使用危险化学品的，应当严格按照《危险化学品安全管理条例》等法律、行政法规、国家标准或者行业标准的规定，根据危险化学品的种类和危险特性，在生产、储存和使用场所设置相应的监测、监控、通风、防晒、调温、防火、灭火、防爆、泄压、防毒、中和、防潮、防雷、防静电、防腐、防泄漏以及防护围堤等安全设施设备，并对安全设施设备进行经常性维护保养，保证其正常运行。

食品生产企业的中间产品为危险化学品的，应当依照有关规定取得危险化学品安全生产许可证。

第十八条　食品生产企业应当定期组织对作业场所、仓库、设备设施使用、从业人员持证、劳动防护用品配备和使用、危险源管理情况进行检查，对检查发现的问题应当立即整改；不能立即整改的，应当制定相应的防范措施和整改计划，限期整改。检查应当作好记录，并由有关人员签字。

第十九条　食品生产企业应当加强日常消防安全管理，按照有关规定配置并保持消防设施完好有效。生产作业场所应当设有标志明显、符合要求的安全出口和疏散通道，禁止封堵、锁闭生产作业场所的安全出口和疏散通道。

第二十条　食品生产企业应当使用符合安全技术规范要求的特种设备，并按照国家规定向有关部门登记，进行定期检验。

食品生产企业应当在有危险因素的场所和有关设施、设备上设置明显的安全警示标志和警示说明。

第二十一条　食品生产企业进行高处作业、吊装作业、临近高压输电线路作业、电焊气焊等动火作业，以及在污水池等有限空间内作业的，应当实行作业审批制度，安排专门人员负责现场安全管理，落实现场安全管理措施。

第四章　监督管理

第二十二条　县级以上人民政府负责食品生产企业安全生产监管的部门及其行政执法人员应当在其职责范围内加强对食品生产企业安全生产的监督检查，对违反有关安全生产法律、行政法规、国家标准或者行业标准和本规定的违法行为，依法实施行政处罚。

第二十三条　县级以上地方人民政府负责食品生产企业安全生产监管的部门应当将食品生产企业纳入年度执法工作计划，明确检查的重点企业、关键事项、时间和标准，对检查中发现的重大事故隐患实施挂牌督办。

第二十四条　县级以上地方人民政府负责食品生产企业安全生产监管的部门接到食品生产企业报告的重大事故隐患后，应当根据需要，进行现场核查，督促食品生产企业按照治理方案排除事故隐患，防止事故发生；必要时，可以责令食品生产企业暂时停产停业或者停止使用；重大事故隐患治理后，经县级以上地方人民政府负责食品生产企业安全生产监管的部门审查同意，方可恢复生产经营和使用。

第二十五条　县级以上地方人民政府负责食品生产企业安全生产监管的部门对食品生产企业进行监督检查时，发现其存在工程建设、消防和特种设备等方面的事故隐患或者违法行为的，应当及时移送本级人民政府有关部门处理。

第五章　法律责任

第二十六条　食品生产企业有下列行为之一的，责令限期改正，可以处5万元以下的罚款；逾期未改正的，责令停产停业整顿，并处5万元以上10万元以下的罚款，对其直接负责的主管人员和其他直接责任人员处1万元以上2万元以下的罚款：

（一）未按照规定设置安全生产管理机构或者配备安全生产管理人员的；

（二）未如实记录安全生产教育和培训情况的；

（三）未将事故隐患排查治理情况如实记录或者未向从业人员通报的。

第二十七条　食品生产企业不具备法律、行政法规和国家标准或者行业标准规定的安全生产条件，经停产整顿后仍不具备安全生产条件的，县级以上地方人民政府负责食品生产企业安全生产监管的部门应当提请本级人民政府依法予以关闭。

第二十八条　监督检查人员在对食品生产企业进行监督检查时，滥用职权、玩忽职守、徇私舞弊的，依照有关规定给予处分；构成犯罪的，依法追究刑事责任。

第二十九条　本规定的行政处罚由县级以上地方人民政府负责食品生产企业安全生产监管的部门实施，有关法律、法规和规章对行政处罚的种类、幅度和决定机关另有规定的，依照其规定。

第六章　附　　则

第三十条　本规定自2014年3月1日起施行。

食盐质量安全监督管理办法

（2019年12月23日经国家市场监督管理总局2019年第18次局务会议审议通过，2020年1月2日公布，自2020年3月1日起施行）

第一条 为加强食盐质量安全监督管理，保障公众身体健康和生命安全，根据《中华人民共和国食品安全法》、《中华人民共和国食品安全法实施条例》、《食盐专营办法》等法律法规，制定本办法。

第二条 在中华人民共和国境内从事食盐生产经营活动，开展食盐质量安全监督管理，适用本办法。

第三条 国家市场监督管理总局负责全国食盐质量安全监督管理。

县级以上地方市场监督管理部门依据法定职责负责本行政区域内的食盐质量安全监督管理。

第四条 食盐生产经营者应当依照法律、法规、规章和食品安全标准从事生产经营活动，对食盐的质量安全负责。

第五条 依法成立的食盐行业组织应当加强行业自律，引导和督促食盐生产经营者依法生产经营，推动行业诚信建设，宣传、普及食盐质量安全知识。

第六条 从事食盐生产活动，应当依照《食品生产许可管理办法》的规定，取得食品生产许可。食盐的食品生产许可由省、自治区、直辖市市场监督管理部门负责。

从事食盐批发、零售活动，应当依照《食品经营许可管理办法》的规定，取得食品经营许可。

第七条 食盐生产经营者应当保证其生产经营的食盐符合法律、法规、规章和食品安全标准的规定。

食盐生产企业应当按照食品安全国家标准使用食品添加剂，不得超过食品安全国家标准规定的使用范围和限量。

食盐的贮存、运输，应当符合食品安全的要求。

第八条 食盐生产经营禁止下列行为：

（一）将液体盐（含天然卤水）作为食盐销售；

（二）将工业用盐和其他非食用盐作为食盐销售；

（三）将利用盐土、硝土或者工业废渣、废液制作的盐作为食盐销售；

（四）利用井矿盐卤水熬制食盐，或者将利用井矿盐卤水熬制的盐作为食盐销售；

（五）生产经营掺假掺杂、混有异物的食盐；

（六）生产经营其他不符合法律、法规、规章和食品安全标准的食盐。

禁止食盐零售单位销售散装食盐，禁止餐饮服务提供者采购、贮存、使用散装食盐。

第九条 食盐的包装上应当有标签。禁止销售无标签或者标签不符合法律、法规、规章和食品安全标准规定的食盐。

加碘食盐应当有明显标识并标明碘的含量。

未加碘食盐的标签应当在显著位置标注“未加碘”字样。

第十条 食盐生产经营企业应当建立健全并落实食品安全管理制度，实施生产经营过程控制要求，依法配备食品安全管理人员，落实食品安全责任。

第十一条 食盐生产经营者应当建立食

盐质量安全追溯体系，落实生产销售全程记录制度，依照食品安全法的规定如实记录并保存进货查验、出厂检验、食盐销售等信息，保证食盐质量安全可追溯。记录和凭证保存期限不得少于产品保质期满后六个月；没有明确保质期的，保存期限不得少于二年。

鼓励食盐生产经营者采用信息化手段采集、留存生产经营信息。

第十二条　食盐生产经营者应当建立食品安全自查制度，定期对食盐质量安全状况进行检查评价。生产经营条件发生变化，不再符合食品安全要求的，食盐生产经营者应当立即采取整改措施；有发生食品安全事故潜在风险的，应当立即停止食盐生产经营活动，并向所在地县级市场监督管理部门报告。

第十三条　食盐生产经营者发现其生产经营的食盐不符合食品安全标准或者有证据证明可能危害人体健康的，应当立即停止生产经营，依法实施召回。

食盐生产经营者未主动履行前款规定义务的，县级以上市场监督管理部门可以责令其召回或者停止经营。

食盐生产经营者应当依法对召回的食盐采取无害化处理、销毁等措施，防止其再次流入市场。

第十四条　食盐生产和批发企业应当建立食品安全应急管理和突发事故报告制度，成立应急处置机构，制定应急处置方案，定期检查本企业各项防范措施的落实情况，及时消除食品安全隐患。

第十五条　县级以上市场监督管理部门应当按照食品安全风险管理的要求，加强食盐质量安全监督管理，增加对食盐质量安全抽样检验的频次，并将本行政区域内的食盐生产企业、食盐批发企业作为监督检查的重点。

第十六条　县级以上市场监督管理部门在监督检查、风险监测、抽样检验、案件查处等工作中，发现食盐质量安全隐患的，应当依法采取有效措施，预防和控制食盐质量安全风险。

第十七条　发生食盐质量安全事故，食盐生产经营者应当立即采取措施，防止事故扩大，按照规定及时报告，不得对事故隐瞒、谎报、缓报，不得隐匿、伪造、毁灭有关证据。

发生食盐质量安全事故，县级以上市场监督管理部门应当按照食品安全事故应急预案的规定报告，并立即会同相关部门进行调查处理，采取应急救援等措施，防止或者减轻社会危害。

第十八条　县级以上市场监督管理部门应当按照规定及时做好信息公布工作，及时准确公布食盐监督检查、抽样检验、案件查处等信息。

县级以上市场监督管理部门发现可能误导消费者和社会舆论的食盐质量安全信息，应当立即组织有关部门、专业机构、相关食盐生产经营者等进行核实、分析，并及时公布结果。

第十九条　违法生产经营食盐涉嫌犯罪的，县级以上市场监督管理部门应当按照有关规定及时将案件移送公安机关。

第二十条　食盐生产经营的违法行为，食品安全法及其实施条例等法律法规已有规定的，依照其规定。

第二十一条　违反本办法第六条，未取得食品生产经营许可从事食盐生产经营活动的，由县级以上市场监督管理部门依照食品安全法第一百二十二条的规定处罚。

第二十二条　违反本办法第八条第一款第一项至第四项的禁止性规定生产经营食盐的，由县级以上市场监督管理部门依照食品安全法第一百二十三条第一款的规定处罚。

第二十三条　违反本办法第八条第一款第五项，生产经营掺假掺杂、混有异物的食盐，由县级以上市场监督管理部门依照食品安全法第一百二十四条第一款的规定处罚。

第二十四条　违反本办法第八条第二款，食盐零售单位销售散装食盐，或者餐饮服务提供者采购、贮存、使用散装食盐的，由县级以上市场监督管理部门责令改正；拒不改正的，给予警告，并处 5000 元以上 3 万元以下罚款。

第二十五条 违反本办法第九条第一款、第二款，生产经营无标签或者标签不符合法律、法规、规章和食品安全标准规定的食盐的，或者加碘食盐的标签未标明碘的含量的，由县级以上市场监督管理部门依照食品安全法第一百二十五条第一款的规定处罚。

违反本办法第九条第三款，未加碘食盐的标签未在显著位置标注“未加碘”字样的，由县级以上市场监督管理部门责令改正；拒不改正的，给予警告，并处5000 元以上 3 万元以下罚款。

第二十六条 县级以上市场监督管理部门应当依法将食盐生产经营者受到的行政处罚等信息归集至国家企业信用信息公示系统，记于食品生产经营者名下并向社会公示。对存在严重违法失信行为的，依法实施联合惩戒。

第二十七条 市场监督管理部门及其工作人员有违反法律、法规以及本办法规定和有关纪律要求的，应当依据食品安全法和相关规定，对直接负责的主管人员和其他直接责任人员，给予相应的处分。

第二十八条 本办法所称食盐，是指直接食用和制作食品所用的盐。

第二十九条 本办法自 2020 年 3 月 1 日起施行。

生活饮用水卫生监督管理办法

（1996 年 9 月 1 日建设部、卫生部令第 53 号发布，根据 2010 年 2 月 12 日《卫生部关于修改〈公共场所卫生管理条例实施细则〉等规范性文件部分内容的通知》第一次修改，根据 2016 年 4 月 17 日住房城乡建设部、国家卫生计生委令第 31 号《住房城乡建设部、国家卫生计生委关于修改〈生活饮用水卫生监督管理办法〉的决定》第二次修改）

第一章 总 则

第一条 为保证生活饮用水（以下简称饮用水）卫生安全，保障人体健康，根据《中华人民共和国传染病防治法》及《城市供水条例》的有关规定，制定本办法。

第二条 本办法适用于集中式供水、二次供水单位（以下简称供水单位）和涉及饮用水卫生安全的产品的卫生监督管理。

凡在中华人民共和国领域内的任何单位和个人均应遵守本办法。

第三条 国务院卫生计生主管部门主管全国饮用水卫生监督工作。县级以上地方人民政府卫生计生主管部门主管本行政区域内饮用水卫生监督工作。

国务院住房城乡建设主管部门主管全国城市饮用水卫生管理工作。县级以上地方人民政府建设行政主管部门主管本行政区域内城镇饮用水卫生管理工作。

第四条 国家对供水单位和涉及饮用水卫生安全的产品实行卫生许可制度。

第五条 国家鼓励有益于饮用水卫生安全的新产品、新技术、新工艺的研制开发和推广应用。

第二章　卫生管理

第六条　供水单位供应的饮用水必须符合国家生活饮用水卫生标准。

第七条　集中式供水单位取得工商行政管理部门颁发的营业执照后，还应当取得县级以上地方人民政府卫生计生主管部门颁发的卫生许可证，方可供水。

第八条　供水单位新建、改建、扩建的饮用水供水工程项目，应当符合卫生要求，选址和设计审查、竣工验收必须有建设卫生计生主管部门参加。

新建、改建、扩建的城市公共饮用水供水工程项目由建设行政主管部门负责组织选址、设计审查和竣工验收，卫生计生主管部门参加。

第九条　供水单位应建立饮用水卫生管理规章制度，配备专职或兼职人员，负责饮用水卫生管理工作。

第十条　集中式供水单位必须有水质净化消毒设施及必要的水质检验仪器、设备和人员，对水质进行日常性检验，并向当地人民政府卫生计生主管部门和建设行政主管部门报送检测资料。

城市自来水供水企业和自建设施对外供水的企业，其生产管理制度的建立和执行、人员上岗的资格和水质日常检测工作由城市建设行政主管部门负责管理。

第十一条　直接从事供、管水的人员必须取得体检合格证后方可上岗工作，并每年进行一次健康检查。

凡患有痢疾、伤寒、甲型病毒性肝炎、戊型病毒性肝炎、活动性肺结核、化脓性或渗出性皮肤病及其他有碍饮用水卫生的疾病的和病原携带者，不得直接从事供、管水工作。

直接从事供、管水的人员，未经卫生知识培训不得上岗工作。

第十二条　生产涉及饮用水卫生安全的产品的单位和个人，必须按规定向政府卫生计生主管部门申请办理产品卫生许可批准文件，取得批准文件后，方可生产和销售。

任何单位和个人不得生产、销售、使用无批准文件的前款产品。

第十三条　饮用水水源地必须设置水源保护区。保护区内严禁修建任何可能危害水源水质卫生的设施及一切有碍水源水质卫生的行为。

第十四条　二次供水设施选址、设计、施工及所用材料，应保证不使饮用水水质受到污染，并有利于清洗和消毒。各类蓄水设施要加强卫生防护，定期清洗和消毒。具体管理办法由省、自治区、直辖市根据本地区情况另行规定。

第十五条　当饮用水被污染，可能危及人体健康时，有关单位或责任人应立即采取措施，消除污染，并向当地人民政府卫生计生主管部门和建设行政主管部门报告。

第三章　卫生监督

第十六条　县级以上人民政府卫生计生主管部门负责本行政区域内饮用水卫生监督监测工作。

供水单位的供水范围在本行政区域内的，由该行政区人民政府卫生计生主管部门负责其饮用水卫生监督监测工作；

供水单位的供水范围超出其所在行政区域的，由供水单位所在行政区域的上一级人民政府卫生计生主管部门负责其饮用水卫生监督监测工作；

供水单位的供水范围超出其所在省、自治区、直辖市的，由该供水单位所在省、自治区、直辖市人民政府卫生计生主管部门负责其饮用水卫生监督监测工作。

铁道、交通、民航行政主管部门设立的卫生监督机构，行使国务院卫生计生主管部门会同国务院有关部门规定的饮用水卫生监督职责。

第十七条　新建、改建、扩建集中式供水项目时，当地人民政府卫生计生主管部门应做好预防性卫生监督工作，并负责本行政区域内饮用水的水源水质监测和评价。

第十八条　医疗单位发现因饮用水污染

出现的介水传染病或化学中毒病例时，应及时向当地人民政府卫生计生主管部门和卫生防疫机构报告。

第十九条 县级以上地方人民政府卫生计生主管部门负责本行政区域内饮用水污染事故对人体健康影响的调查。当发现饮用水污染危及人体健康，须停止使用时，对二次供水单位应责令其立即停止供水；对集中式供水单位应当会同城市建设行政主管部门报同级人民政府批准后停止供水。

第二十条 供水单位卫生许可证由县级以上人民政府卫生计生主管部门按照本办法第十六条规定的管理范围发放，有效期四年。有效期满前六个月重新提出申请换发新证。

第二十一条 涉及饮用水卫生安全的产品，应当按照有关规定进行卫生安全性评价，符合卫生标准和卫生规范要求。

利用新材料、新工艺和新化学物质生产的涉及饮用水卫生安全产品应当取得国务院卫生计生主管部门颁发的卫生许可批准文件；除利用新材料、新工艺和新化学物质外生产的其他涉及饮用水卫生安全产品应当取得省级人民政府卫生计生主管部门颁发的卫生许可批准文件。

涉及饮用水卫生安全产品的卫生许可批准文件的有效期为四年。

第二十二条 凡取得卫生许可证的单位或个人，以及取得卫生许可批准文件的饮用水卫生安全的产品，经日常监督检查，发现已不符合卫生许可证颁发条件或不符合卫生许可批准文件颁发要求的，原批准机关有权收回有关证件或批准文件。

第二十三条 县级以上人民政府卫生计生主管部门设饮用水卫生监督员，负责饮用水卫生监督工作。县级人民政府卫生计生主管部门可聘任饮用水卫生检查员，负责乡、镇饮用水卫生检查工作。

饮用水卫生监督员由县级以上人民政府卫生计生主管部门发给证书，饮用水卫生检查员由县级人民政府卫生计生主管部门发给证书。

铁道、交通、民航的饮用水卫生监督员，由其上级行政主管部门发给证书。

第二十四条 饮用水卫生监督员应秉公执法，忠于职守，不得利用职权谋取私利。

第四章 罚 则

第二十五条 集中式供水单位安排未取得体检合格证的人员从事直接供、管水工作或安排患有有碍饮用水卫生疾病的或病原携带者从事直接供、管水工作的，县级以上地方人民政府卫生计生主管部门应当责令限期改进，并可对供水单位处以20元以上1000元以下的罚款。

第二十六条 违反本办法规定，有下列情形之一的，县级以上地方人民政府卫生计生主管部门应当责令限期改进，并可处以20元以上5000元以下的罚款：

（一）在饮用水水源保护区修建危害水源水质卫生的设施或进行有碍水源水质卫生的作业的；

（二）新建、改建、扩建的饮用水供水项目未经卫生计生主管部门参加选址、设计审查和竣工验收而擅自供水的；

（三）供水单位未取得卫生许可证而擅自供水的；

（四）供水单位供应的饮用水不符合国家规定的生活饮用水卫生标准的。

第二十七条 违反本办法规定，生产或者销售无卫生许可批准文件的涉及饮用水卫生安全的产品的，县级以上地方人民政府卫生计生主管部门应当责令改进，并可处以违法所得3倍以下的罚款，但最高不超过30000元，或处以500元以上10000元以下的罚款。

第二十八条 城市自来水供水企业和自建设施对外供水的企业，有下列行为之一的，由建设行政主管部门责令限期改进，并可处以违法所得3倍以下的罚款，但最高不超过30000元，没有违法所得的可处以10000元以下罚款：

（一）新建、改建、扩建的饮用水供水

工程项目未经建设行政主管部门设计审查和竣工验收而擅自建设并投入使用的；

（二）未按规定进行日常性水质检验工作的。

第五章　附　　则

第二十九条　本办法下列用语的含义是：

集中式供水：由水源集中取水，经统一净化处理和消毒后，由输水管网送至用户的供水方式（包括公共供水和单位自建设施供水）。

二次供水：将来自集中式供水的管道水另行加压、贮存，再送至水站或用户的供水设施；包括客运船舶、火车客车等交通运输工具上的供水（有独自制水设施者除外）。

涉及饮用水卫生安全的产品：凡在饮用水生产和供水过程中与饮用水接触的联接止水材料、塑料及有机合成管材、管件、防护涂料、水处理剂、除垢剂、水质处理器及其他新材料和化学物质。

直接从事供、管水的人员：从事净水、取样、化验、二次供水卫生管理及水池、水箱清洗人员。

第三十条　本办法由国务院卫生计生主管部门、国务院住房城乡建设主管部门负责解释。

第三十一条　本办法自一九九七年一月一日起施行。

最高人民法院关于审理食品安全民事纠纷案件适用法律若干问题的解释（一）

（2020 年 10 月 19 日最高人民法院审判委员会第 1813 次会议通过，2020 年 12 月 8 日公布，自 2021 年 1 月 1 日起施行）

为正确审理食品安全民事纠纷案件，保障公众身体健康和生命安全，根据《中华人民共和国民法典》《中华人民共和国食品安全法》《中华人民共和国消费者权益保护法》《中华人民共和国民事诉讼法》等法律的规定，结合民事审判实践，制定本解释。

第一条　消费者因不符合食品安全标准的食品受到损害，依据食品安全法第一百四十八条第一款规定诉请食品生产者或者经营者赔偿损失，被诉的生产者或者经营者以赔偿责任应由生产经营者中的另一方承担为由主张免责的，人民法院不予支持。属于生产者责任的，经营者赔偿后有权向生产者追偿；属于经营者责任的，生产者赔偿后有权向经营者追偿。

第二条　电子商务平台经营者以标记自营业务方式所销售的食品或者虽未标记自营但实际开展自营业务所销售的食品不符合食品安全标准，消费者依据食品安全法第一百四十八条规定主张电子商务平台经营者承担作为食品经营者的赔偿责任的，人民法院应予支持。

电子商务平台经营者虽非实际开展自营业务，但其所作标识等足以误导消费者让消费者相信系电子商务平台经营者自营，消费者依据食品安全法第一百四十八条规定主张电子商务平台经营者承担作为食品经营者的赔偿责任的，人民法院应予支持。

第三条　电子商务平台经营者违反食品安全法第六十二条和第一百三十一条规定，未对平台内食品经营者进行实名登记、审查许可证，或者未履行报告、停止提供网络交易平台服务等义务，使消费者的合法权益受到损害，消费者主张电子商务平台经营者与平台内食品经营者承担连带责任的，人民法院应予支持。

第四条　公共交通运输的承运人向旅客提供的食品不符合食品安全标准，旅客主张承运人依据食品安全法第一百四十八条规定承担作为食品生产者或者经营者的赔偿责任的，人民法院应予支持；承运人以其不是食品的生产经营者或者食品是免费提供为由进行免责抗辩的，人民法院不予支持。

第五条　有关单位或者个人明知食品生产经营者从事食品安全法第一百二十三条第一款规定的违法行为而仍为其提供设备、技术、原料、销售渠道、运输、储存或者其他便利条件，消费者主张该单位或者个人依据食品安全法第一百二十三条第二款的规定与食品生产经营者承担连带责任的，人民法院应予支持。

第六条　食品经营者具有下列情形之一，消费者主张构成食品安全法第一百四十八条规定的“明知”的，人民法院应予支持：

（一）已过食品标明的保质期但仍然销售的；

（二）未能提供所售食品的合法进货来源的；

（三）以明显不合理的低价进货且无合理原因的；

（四）未依法履行进货查验义务的；

（五）虚假标注、更改食品生产日期、批号的；

（六）转移、隐匿、非法销毁食品进销货记录或者故意提供虚假信息的；

（七）其他能够认定为明知的情形。

第七条　消费者认为生产经营者生产经营不符合食品安全标准的食品同时构成欺诈的，有权选择依据食品安全法第一百四十八条第二款或者消费者权益保护法第五十五条第一款规定主张食品生产者或者经营者承担惩罚性赔偿责任。

第八条　经营者经营明知是不符合食品安全标准的食品，但向消费者承诺的赔偿标准高于食品安全法第一百四十八条规定的赔偿标准，消费者主张经营者按照承诺赔偿的，人民法院应当依法予以支持。

第九条　食品符合食品安全标准但未达到生产经营者承诺的质量标准，消费者依照民法典、消费者权益保护法等法律规定主张生产经营者承担责任的，人民法院应予支持，但消费者主张生产经营者依据食品安全法第一百四十八条规定承担赔偿责任的，人民法院不予支持。

第十条　食品不符合食品安全标准，消费者主张生产者或者经营者依据食品安全法第一百四十八条第二款规定承担惩罚性赔偿责任，生产者或者经营者以未造成消费者人身损害为由抗辩的，人民法院不予支持。

第十一条　生产经营未标明生产者名称、地址、成分或者配料表，或者未清晰标明生产日期、保质期的预包装食品，消费者主张生产者或者经营者依据食品安全法第一百四十八条第二款规定承担惩罚性赔偿责任的，人民法院应予支持，但法律、行政法规、食品安全国家标准对标签标注事项另有规定的除外。

第十二条　进口的食品不符合我国食品安全国家标准或者国务院卫生行政部门决定暂予适用的标准，消费者主张销售者、进口商等经营者依据食品安全法第一百四十八条规定承担赔偿责任，销售者、进口商等经营者仅以进口的食品符合出口地食品安全标准或者已经过我国出入境检验检疫机构检验检疫为由进行免责抗辩的，人民法院不予支持。

第十三条　生产经营不符合食品安全标准的食品，侵害众多消费者合法权益，损害社会公共利益，民事诉讼法、消费者权益保护法等法律规定的机关和有关组织依法提起公益诉讼的，人民法院应予受理。

第十四条　本解释自 2021 年 1 月 1 日起施行。

本解释施行后人民法院正在审理的一审、二审案件适用本解释。

本解释施行前已经终审，本解释施行后当事人申请再审或者按照审判监督程序决定再审的案件，不适用本解释。

最高人民法院以前发布的司法解释与本解释不一致的，以本解释为准。

探索建立食品安全民事公益诉讼惩罚性赔偿制度座谈会会议纪要

（2021年3月30日最高人民检察院、最高人民法院、农业农村部印发）

近日，最高人民检察院与最高人民法院、农业农村部、海关总署、国家市场监督管理总局、国家粮食和物资储备局、中国消费者协会等部门共同召开了探索建立食品安全民事公益诉讼惩罚性赔偿制度座谈会。会议交流了当前办理食品安全领域民事公益诉讼惩罚性赔偿案件的基本情况，分析了办案实践中存在的主要问题，并就深化实践探索、推动制度建立相关问题达成共识，形成纪要如下。

一、充分认识建立食品安全民事公益诉讼惩罚性赔偿制度的意义

会议认为，食品安全是重大政治问题、民生问题，也是重大的公共安全问题。近年来，各地区各有关部门深入实施食品安全战略，食品安全总体形势不断好转，但仍面临不少问题和挑战，形势依然复杂严峻。中共中央、国务院《关于深化改革加强食品安全工作的意见》提出“探索建立食品安全民事公益诉讼惩罚性赔偿制度”，是深入贯彻落实习近平总书记关于食品安全“四个最严”要求的重要制度安排，可以在对食品违法犯罪行为予以刑事打击、行政处罚的同时，充分发挥民事公益诉讼的追责功能，通过对侵权人提起民事公益诉讼惩罚性赔偿，加大其违法成本，对侵权人及潜在违法者产生震慑与警示作用。探索建立食品安全民事公益诉讼惩罚性赔偿制度，对于维护市场秩序，保障消费者合法权益，维护社会公共利益，推动食品安全国家治理体系和治理能力现代化具有重大意义。

二、积极推进食品安全民事公益诉讼惩罚性赔偿制度实践探索

会议指出，由于目前我国法律、司法解释对通过食品安全民事公益诉讼提出惩罚性赔偿诉讼请求的规定还不够明确，实践探索中还存在一些不同认识。各有关部门要认真落实《关于深化改革加强食品安全工作的意见》要求，强化政治意识、大局意识和责任担当，积极支持地方执法、司法部门稳步推进食品安全民事公益诉讼惩罚性赔偿实践探索。

会议强调，办理食品安全民事公益诉讼惩罚性赔偿案件，要准确把握惩罚性赔偿制度惩罚、遏制和预防严重不法行为的功能定位，应当根据侵权人主观过错程度、违法次数和持续时间、受害人数、损害类型、经营状况、获利情况、财产状况、行政处罚和刑事处罚等因素，综合考虑是否提出惩罚性赔偿诉讼请求。有下列情形之一的，可以参照《中华人民共和国民法典》《中华人民共和国食品安全法》《中华人民共和国消费者权益保护法》等法律规定提出惩罚性赔偿诉讼请求：一是侵权人主观过错严重；二是违法行为次数多、持续时间长；三是违法销售金额大、获利金额多、受害人覆盖面广；四是造成严重侵害后果或者恶劣社会影响的；五是具有其他严重侵害社会公共利益的情形。

会议认为，办理食品安全民事公益诉讼惩罚性赔偿案件，认定是否侵害众多不特定消费者合法权益，损害社会公共利益，应当以是否存在对众多不特定消费者造成食品安全潜在风险为前提，不仅包括已经发生的损

害，也包括有重大损害风险的情形，可以结合鉴定意见、专家意见、行政执法机关检验检测报告等予以认定。向众多不特定消费者销售明知是不符合食品安全标准的食品，应当认定为侵害众多不特定消费者合法权益，对众多不特定消费者生命健康安全产生公益损害风险，构成损害社会公共利益。

会议指出，食品安全民事公益诉讼惩罚性赔偿金的管理使用应坚持用之于公益的原则。食品安全民事公益诉讼惩罚性赔偿案件判决生效后，人民法院审判部门要及时移送执行部门执行。各地可以探索把惩罚性赔偿金纳入专门公益基金账户统一管理，依法统筹用于消费者合法权益保护。

三、加强沟通，构建长效协作配合机制

会议要求，人民法院、人民检察院、食品安全有关部门、消费者协会应当加强沟通联系，相互配合支持，建立健全办理食品安全民事公益诉讼惩罚性赔偿案件的常态化沟通协作机制，完善案件线索移送和信息共享机制。可以定期召开联席会议，通报案件办理工作情况；适时围绕食品安全民事公益诉讼惩罚性赔偿典型案件开展案件会商、联合调研、专项督导、联合培训等活动，加强对司法实践中出现的新情况、新问题研判。食品安全有关部门可以在检验检测、鉴定评估等方面为人民检察院和人民法院提供专业咨询和技术支持。消费者协会提起食品安全民事公益诉讼惩罚性赔偿的，人民检察院可以采取提供法律咨询、协助调查取证、提交支持起诉意见书、出席法庭等方式支持起诉。

（三）药品安全类

中华人民共和国药品管理法

（1984年9月20日第六届全国人民代表大会常务委员会第七次会议通过，2001年2月28日第九届全国人民代表大会常务委员会第二十次会议第一次修订，根据2013年12月28日第十二届全国人民代表大会常务委员会第六次会议《关于修改〈中华人民共和国海洋环境保护法〉等七部法律的决定》第一次修正，根据2015年4月24日第十二届全国人民代表大会常务委员会第十四次会议《关于修改〈中华人民共和国药品管理法〉的决定》第二次修正，2019年8月26日第十三届全国人民代表大会常务委员会第十二次会议第二次修订）

第一章　总　　则

第一条　为了加强药品管理，保证药品质量，保障公众用药安全和合法权益，保护和促进公众健康，制定本法。

第二条　在中华人民共和国境内从事药品研制、生产、经营、使用和监督管理活动，适用本法。

本法所称药品，是指用于预防、治疗、诊断人的疾病，有目的地调节人的生理机能并规定有适应症或者功能主治、用法和用量的物质，包括中药、化学药和生物制品等。

第三条　药品管理应当以人民健康为中心，坚持风险管理、全程管控、社会共治的原则，建立科学、严格的监督管理制度，全面提升药品质量，保障药品的安全、有效、可及。

第四条　国家发展现代药和传统药，充分发挥其在预防、医疗和保健中的作用。

国家保护野生药材资源和中药品种，鼓励培育道地中药材。

第五条　国家鼓励研究和创制新药，保护公民、法人和其他组织研究、开发新药的合法权益。

第六条　国家对药品管理实行药品上市许可持有人制度。药品上市许可持有人依法对药品研制、生产、经营、使用全过程中药品的安全性、有效性和质量可控性负责。

第七条　从事药品研制、生产、经营、使用活动，应当遵守法律、法规、规章、标准和规范，保证全过程信息真实、准确、完整和可追溯。

第八条　国务院药品监督管理部门主管全国药品监督管理工作。国务院有关部门在各自职责范围内负责与药品有关的监督管理工作。国务院药品监督管理部门配合国务院有关部门，执行国家药品行业发展规划和产业政策。

省、自治区、直辖市人民政府药品监督管理部门负责本行政区域内的药品监督管理工作。设区的市级、县级人民政府承担药品监督管理职责的部门（以下称药品监督管理部门）负责本行政区域内的药品监督管理工作。县级以上地方人民政府有关部门在各自职责范围内负责与药品有关的监督管理工作。

第九条　县级以上地方人民政府对本行政区域内的药品监督管理工作负责，统一领导、组织、协调本行政区域内的药品监督管理工作以及药品安全突发事件应对工作，建立健全药品监督管理工作机制和信息共享机制。

第十条　县级以上人民政府应当将药品安全工作纳入本级国民经济和社会发展规划，将药品安全工作经费列入本级政府预算，加强药品监督管理能力建设，为药品安全工作提供保障。

第十一条　药品监督管理部门设置或者指定的药品专业技术机构，承担依法实施药品监督管理所需的审评、检验、核查、监测与评价等工作。

第十二条　国家建立健全药品追溯制度。国务院药品监督管理部门应当制定统一的药品追溯标准和规范，推进药品追溯信息互通互享，实现药品可追溯。

国家建立药物警戒制度，对药品不良反应及其他与用药有关的有害反应进行监测、识别、评估和控制。

第十三条　各级人民政府及其有关部门、药品行业协会等应当加强药品安全宣传教育，开展药品安全法律法规等知识的普及工作。

新闻媒体应当开展药品安全法律法规等知识的公益宣传，并对药品违法行为进行舆论监督。有关药品的宣传报道应当全面、科学、客观、公正。

第十四条　药品行业协会应当加强行业自律，建立健全行业规范，推动行业诚信体系建设，引导和督促会员依法开展药品生产经营等活动。

第十五条　县级以上人民政府及其有关部门对在药品研制、生产、经营、使用和监督管理工作中做出突出贡献的单位和个人，按照国家有关规定给予表彰、奖励。

第二章　药品研制和注册

第十六条　国家支持以临床价值为导向、对人的疾病具有明确或者特殊疗效的药物创新，鼓励具有新的治疗机理、治疗严重危及生命的疾病或者罕见病、对人体具有多靶向系统性调节干预功能等的新药研制，推动药品技术进步。

国家鼓励运用现代科学技术和传统中药研究方法开展中药科学技术研究和药物开发，建立和完善符合中药特点的技术评价体系，促进中药传承创新。

国家采取有效措施，鼓励儿童用药品的研制和创新，支持开发符合儿童生理特征的儿童用药品新品种、剂型和规格，对儿童用药品予以优先审评审批。

第十七条　从事药品研制活动，应当遵守药物非临床研究质量管理规范、药物临床试验质量管理规范，保证药品研制全过程持续符合法定要求。

药物非临床研究质量管理规范、药物临床试验质量管理规范由国务院药品监督管理部门会同国务院有关部门制定。

第十八条　开展药物非临床研究，应当符合国家有关规定，有与研究项目相适应的人员、场地、设备、仪器和管理制度，保证有关数据、资料和样品的真实性。

第十九条　开展药物临床试验，应当按照国务院药品监督管理部门的规定如实报送研制方法、质量指标、药理及毒理试验结果等有关数据、资料和样品，经国务院药品监督管理部门批准。国务院药品监督管理部门应当自受理临床试验申请之日起六十个工作日内决定是否同意并通知临床试验申办者，逾期未通知的，视为同意。其中，开展生物等效性试验的，报国务院药品监督管理部门备案。

开展药物临床试验，应当在具备相应条件的临床试验机构进行。药物临床试验机构实行备案管理，具体办法由国务院药品监督管理部门、国务院卫生健康主管部门共同制定。

第二十条　开展药物临床试验，应当符合伦理原则，制定临床试验方案，经伦理委员会审查同意。

伦理委员会应当建立伦理审查工作制度，保证伦理审查过程独立、客观、公正，监督规范开展药物临床试验，保障受试者合法权益，维护社会公共利益。

第二十一条　实施药物临床试验，应当向受试者或者其监护人如实说明和解释临床试验的目的和风险等详细情况，取得受试者或者其监护人自愿签署的知情同意书，并采取有效措施保护受试者合法权益。

第二十二条　药物临床试验期间，发现存在安全性问题或者其他风险的，临床试验申办者应当及时调整临床试验方案、暂停或者终止临床试验，并向国务院药品监督管理部门报告。必要时，国务院药品监督管理部门可以责令调整临床试验方案、暂停或者终止临床试验。

第二十三条　对正在开展临床试验的用于治疗严重危及生命且尚无有效治疗手段的疾病的药物，经医学观察可能获益，并且符合伦理原则的，经审查、知情同意后可以在开展临床试验的机构内用于其他病情相同的患者。

第二十四条　在中国境内上市的药品，应当经国务院药品监督管理部门批准，取得药品注册证书；但是，未实施审批管理的中药材和中药饮片除外。实施审批管理的中药材、中药饮片品种目录由国务院药品监督管理部门会同国务院中医药主管部门制定。

申请药品注册，应当提供真实、充分、可靠的数据、资料和样品，证明药品的安全性、有效性和质量可控性。

第二十五条　对申请注册的药品，国务院药品监督管理部门应当组织药学、医学和其他技术人员进行审评，对药品的安全性、有效性和质量可控性以及申请人的质量管理、风险防控和责任赔偿等能力进行审查；符合条件的，颁发药品注册证书。

国务院药品监督管理部门在审批药品时，对化学原料药一并审评审批，对相关辅料、直接接触药品的包装材料和容器一并审评，对药品的质量标准、生产工艺、标签和说明书一并核准。

本法所称辅料，是指生产药品和调配处方时所用的赋形剂和附加剂。

第二十六条　对治疗严重危及生命且尚无有效治疗手段的疾病以及公共卫生方面急需的药品，药物临床试验已有数据显示疗效并能预测其临床价值的，可以附条件批准，并在药品注册证书中载明相关事项。

第二十七条　国务院药品监督管理部门应当完善药品审评审批工作制度，加强能力建设，建立健全沟通交流、专家咨询等机制，优化审评审批流程，提高审评审批效率。

批准上市药品的审评结论和依据应当依法公开，接受社会监督。对审评审批中知悉的商业秘密应当保密。

第二十八条　药品应当符合国家药品标准。经国务院药品监督管理部门核准的药品质量标准高于国家药品标准的，按照经核准的药品质量标准执行；没有国家药品标准的，应当符合经核准的药品质量标准。

国务院药品监督管理部门颁布的《中华人民共和国药典》和药品标准为国家药品标准。

国务院药品监督管理部门会同国务院卫生健康主管部门组织药典委员会，负责国家药品标准的制定和修订。

国务院药品监督管理部门设置或者指定的药品检验机构负责标定国家药品标准品、对照品。

第二十九条　列入国家药品标准的药品名称为药品通用名称。已经作为药品通用名称的，该名称不得作为药品商标使用。

第三章　药品上市许可持有人

第三十条　药品上市许可持有人是指取得药品注册证书的企业或者药品研制机构等。

药品上市许可持有人应当依照本法规定，对药品的非临床研究、临床试验、生产经营、上市后研究、不良反应监测及报告与处理等承担责任。其他从事药品研制、生产、经营、储存、运输、使用等活动的单位和个人依法承担相应责任。

药品上市许可持有人的法定代表人、主要负责人对药品质量全面负责。

第三十一条　药品上市许可持有人应当建立药品质量保证体系，配备专门人员独立负责药品质量管理。

药品上市许可持有人应当对受托药品生产企业、药品经营企业的质量管理体系进行定期审核，监督其持续具备质量保证和控制能力。

第三十二条　药品上市许可持有人可以自行生产药品，也可以委托药品生产企业生产。

药品上市许可持有人自行生产药品的，应当依照本法规定取得药品生产许可证；委托生产的，应当委托符合条件的药品生产企业。药品上市许可持有人和受托生产企业应当签订委托协议和质量协议，并严格履行协议约定的义务。

国务院药品监督管理部门制定药品委托生产质量协议指南，指导、监督药品上市许可持有人和受托生产企业履行药品质量保证义务。

血液制品、麻醉药品、精神药品、医疗用毒性药品、药品类易制毒化学品不得委托生产；但是，国务院药品监督管理部门另有规定的除外。

第三十三条　药品上市许可持有人应当建立药品上市放行规程，对药品生产企业出厂放行的药品进行审核，经质量受权人签字后方可放行。不符合国家药品标准的，不得放行。

第三十四条　药品上市许可持有人可以自行销售其取得药品注册证书的药品，也可以委托药品经营企业销售。药品上市许可持有人从事药品零售活动的，应当取得药品经营许可证。

药品上市许可持有人自行销售药品的，应当具备本法第五十二条规定的条件；委托销售的，应当委托符合条件的药品经营企业。药品上市许可持有人和受托经营企业应当签订委托协议，并严格履行协议约定的义务。

第三十五条 药品上市许可持有人、药品生产企业、药品经营企业委托储存、运输药品的，应当对受托方的质量保证能力和风险管理能力进行评估，与其签订委托协议，约定药品质量责任、操作规程等内容，并对受托方进行监督。

第三十六条 药品上市许可持有人、药品生产企业、药品经营企业和医疗机构应当建立并实施药品追溯制度，按照规定提供追溯信息，保证药品可追溯。

第三十七条 药品上市许可持有人应当建立年度报告制度，每年将药品生产销售、上市后研究、风险管理等情况按照规定向省、自治区、直辖市人民政府药品监督管理部门报告。

第三十八条 药品上市许可持有人为境外企业的，应当由其指定的在中国境内的企业法人履行药品上市许可持有人义务，与药品上市许可持有人承担连带责任。

第三十九条 中药饮片生产企业履行药品上市许可持有人的相关义务，对中药饮片生产、销售实行全过程管理，建立中药饮片追溯体系，保证中药饮片安全、有效、可追溯。

第四十条 经国务院药品监督管理部门批准，药品上市许可持有人可以转让药品上市许可。受让方应当具备保障药品安全性、有效性和质量可控性的质量管理、风险防控和责任赔偿等能力，履行药品上市许可持有人义务。

第四章 药品生产

第四十一条 从事药品生产活动，应当经所在地省、自治区、直辖市人民政府药品监督管理部门批准，取得药品生产许可证。无药品生产许可证的，不得生产药品。

药品生产许可证应当标明有效期和生产范围，到期重新审查发证。

第四十二条 从事药品生产活动，应当具备以下条件：

（一）有依法经过资格认定的药学技术人员、工程技术人员及相应的技术工人；

（二）有与药品生产相适应的厂房、设施和卫生环境；

（三）有能对所生产药品进行质量管理和质量检验的机构、人员及必要的仪器设备；

（四）有保证药品质量的规章制度，并符合国务院药品监督管理部门依据本法制定的药品生产质量管理规范要求。

第四十三条 从事药品生产活动，应当遵守药品生产质量管理规范，建立健全药品生产质量管理体系，保证药品生产全过程持续符合法定要求。

药品生产企业的法定代表人、主要负责人对本企业的药品生产活动全面负责。

第四十四条 药品应当按照国家药品标准和经药品监督管理部门核准的生产工艺进行生产。生产、检验记录应当完整准确，不得编造。

中药饮片应当按照国家药品标准炮制；国家药品标准没有规定的，应当按照省、自治区、直辖市人民政府药品监督管理部门制定的炮制规范炮制。省、自治区、直辖市人民政府药品监督管理部门制定的炮制规范应当报国务院药品监督管理部门备案。不符合国家药品标准或者不按照省、自治区、直辖市人民政府药品监督管理部门制定的炮制规范炮制的，不得出厂、销售。

第四十五条 生产药品所需的原料、辅料，应当符合药用要求、药品生产质量管理规范的有关要求。

生产药品，应当按照规定对供应原料、辅料等的供应商进行审核，保证购进、使用的原料、辅料等符合前款规定要求。

第四十六条　直接接触药品的包装材料和容器，应当符合药用要求，符合保障人体健康、安全的标准。

对不合格的直接接触药品的包装材料和容器，由药品监督管理部门责令停止使用。

第四十七条　药品生产企业应当对药品进行质量检验。不符合国家药品标准的，不得出厂。

药品生产企业应当建立药品出厂放行规程，明确出厂放行的标准、条件。符合标准、条件的，经质量受权人签字后方可放行。

第四十八条　药品包装应当适合药品质量的要求，方便储存、运输和医疗使用。

发运中药材应当有包装。在每件包装上，应当注明品名、产地、日期、供货单位，并附有质量合格的标志。

第四十九条　药品包装应当按照规定印有或者贴有标签并附有说明书。

标签或者说明书应当注明药品的通用名称、成份、规格、上市许可持有人及其地址、生产企业及其地址、批准文号、产品批号、生产日期、有效期、适应症或者功能主治、用法、用量、禁忌、不良反应和注意事项。标签、说明书中的文字应当清晰，生产日期、有效期等事项应当显著标注，容易辨识。

麻醉药品、精神药品、医疗用毒性药品、放射性药品、外用药品和非处方药的标签、说明书，应当印有规定的标志。

第五十条　药品上市许可持有人、药品生产企业、药品经营企业和医疗机构中直接接触药品的工作人员，应当每年进行健康检查。患有传染病或者其他可能污染药品的疾病的，不得从事直接接触药品的工作。

第五章　药品经营

第五十一条　从事药品批发活动，应当经所在地省、自治区、直辖市人民政府药品监督管理部门批准，取得药品经营许可证。从事药品零售活动，应当经所在地县级以上地方人民政府药品监督管理部门批准，取得药品经营许可证。无药品经营许可证的，不得经营药品。

药品经营许可证应当标明有效期和经营范围，到期重新审查发证。

药品监督管理部门实施药品经营许可，除依据本法第五十二条规定的条件外，还应当遵循方便群众购药的原则。

第五十二条　从事药品经营活动应当具备以下条件：

（一）有依法经过资格认定的药师或者其他药学技术人员；

（二）有与所经营药品相适应的营业场所、设备、仓储设施和卫生环境；

（三）有与所经营药品相适应的质量管理机构或者人员；

（四）有保证药品质量的规章制度，并符合国务院药品监督管理部门依据本法制定的药品经营质量管理规范要求。

第五十三条　从事药品经营活动，应当遵守药品经营质量管理规范，建立健全药品经营质量管理体系，保证药品经营全过程持续符合法定要求。

国家鼓励、引导药品零售连锁经营。从事药品零售连锁经营活动的企业总部，应当建立统一的质量管理制度，对所属零售企业的经营活动履行管理责任。

药品经营企业的法定代表人、主要负责人对本企业的药品经营活动全面负责。

第五十四条　国家对药品实行处方药与非处方药分类管理制度。具体办法由国务院药品监督管理部门会同国务院卫生健康主管部门制定。

第五十五条　药品上市许可持有人、药品生产企业、药品经营企业和医疗机构应当从药品上市许可持有人或者具有药品生产、经营资格的企业购进药品；但是，购进未实施审批管理的中药材除外。

第五十六条　药品经营企业购进药品，

应当建立并执行进货检查验收制度，验明药品合格证明和其他标识；不符合规定要求的，不得购进和销售。

第五十七条 药品经营企业购销药品，应当有真实、完整的购销记录。购销记录应当注明药品的通用名称、剂型、规格、产品批号、有效期、上市许可持有人、生产企业、购销单位、购销数量、购销价格、购销日期及国务院药品监督管理部门规定的其他内容。

第五十八条 药品经营企业零售药品应当准确无误，并正确说明用法、用量和注意事项；调配处方应当经过核对，对处方所列药品不得擅自更改或者代用。对有配伍禁忌或者超剂量的处方，应当拒绝调配；必要时，经处方医师更正或者重新签字，方可调配。

药品经营企业销售中药材，应当标明产地。

依法经过资格认定的药师或者其他药学技术人员负责本企业的药品管理、处方审核和调配、合理用药指导等工作。

第五十九条 药品经营企业应当制定和执行药品保管制度，采取必要的冷藏、防冻、防潮、防虫、防鼠等措施，保证药品质量。

药品入库和出库应当执行检查制度。

第六十条 城乡集市贸易市场可以出售中药材，国务院另有规定的除外。

第六十一条 药品上市许可持有人、药品经营企业通过网络销售药品，应当遵守本法药品经营的有关规定。具体管理办法由国务院药品监督管理部门会同国务院卫生健康主管部门等部门制定。

疫苗、血液制品、麻醉药品、精神药品、医疗用毒性药品、放射性药品、药品类易制毒化学品等国家实行特殊管理的药品不得在网络上销售。

第六十二条 药品网络交易第三方平台提供者应当按照国务院药品监督管理部门的规定，向所在地省、自治区、直辖市人民政府药品监督管理部门备案。

第三方平台提供者应当依法对申请进入平台经营的药品上市许可持有人、药品经营企业的资质等进行审核，保证其符合法定要求，并对发生在平台的药品经营行为进行管理。

第三方平台提供者发现进入平台经营的药品上市许可持有人、药品经营企业有违反本法规定行为的，应当及时制止并立即报告所在地县级人民政府药品监督管理部门；发现严重违法行为的，应当立即停止提供网络交易平台服务。

第六十三条 新发现和从境外引种的药材，经国务院药品监督管理部门批准后，方可销售。

第六十四条 药品应当从允许药品进口的口岸进口，并由进口药品的企业向口岸所在地药品监督管理部门备案。海关凭药品监督管理部门出具的进口药品通关单办理通关手续。无进口药品通关单的，海关不得放行。

口岸所在地药品监督管理部门应当通知药品检验机构按照国务院药品监督管理部门的规定对进口药品进行抽查检验。

允许药品进口的口岸由国务院药品监督管理部门会同海关总署提出，报国务院批准。

第六十五条 医疗机构因临床急需进口少量药品的，经国务院药品监督管理部门或者国务院授权的省、自治区、直辖市人民政府批准，可以进口。进口的药品应当在指定医疗机构内用于特定医疗目的。

个人自用携带入境少量药品，按照国家有关规定办理。

第六十六条 进口、出口麻醉药品和国家规定范围内的精神药品，应当持有国务院药品监督管理部门颁发的进口准许证、出口准许证。

第六十七条 禁止进口疗效不确切、不良反应大或者因其他原因危害人体健康的药品。

第六十八条　国务院药品监督管理部门对下列药品在销售前或者进口时，应当指定药品检验机构进行检验；未经检验或者检验不合格的，不得销售或者进口：

（一）首次在中国境内销售的药品；

（二）国务院药品监督管理部门规定的生物制品；

（三）国务院规定的其他药品。

第六章　医疗机构药事管理

第六十九条　医疗机构应当配备依法经过资格认定的药师或者其他药学技术人员，负责本单位的药品管理、处方审核和调配、合理用药指导等工作。非药学技术人员不得直接从事药剂技术工作。

第七十条　医疗机构购进药品，应当建立并执行进货检查验收制度，验明药品合格证明和其他标识；不符合规定要求的，不得购进和使用。

第七十一条　医疗机构应当有与所使用药品相适应的场所、设备、仓储设施和卫生环境，制定和执行药品保管制度，采取必要的冷藏、防冻、防潮、防虫、防鼠等措施，保证药品质量。

第七十二条　医疗机构应当坚持安全有效、经济合理的用药原则，遵循药品临床应用指导原则、临床诊疗指南和药品说明书等合理用药，对医师处方、用药医嘱的适宜性进行审核。

医疗机构以外的其他药品使用单位，应当遵守本法有关医疗机构使用药品的规定。

第七十三条　依法经过资格认定的药师或者其他药学技术人员调配处方，应当进行核对，对处方所列药品不得擅自更改或者代用。对有配伍禁忌或者超剂量的处方，应当拒绝调配；必要时，经处方医师更正或者重新签字，方可调配。

第七十四条　医疗机构配制制剂，应当经所在地省、自治区、直辖市人民政府药品监督管理部门批准，取得医疗机构制剂许可证。无医疗机构制剂许可证的，不得配制制剂。

医疗机构制剂许可证应当标明有效期，到期重新审查发证。

第七十五条　医疗机构配制制剂，应当有能够保证制剂质量的设施、管理制度、检验仪器和卫生环境。

医疗机构配制制剂，应当按照经核准的工艺进行，所需的原料、辅料和包装材料等应当符合药用要求。

第七十六条　医疗机构配制的制剂，应当是本单位临床需要而市场上没有供应的品种，并应当经所在地省、自治区、直辖市人民政府药品监督管理部门批准；但是，法律对配制中药制剂另有规定的除外。

医疗机构配制的制剂应当按照规定进行质量检验；合格的，凭医师处方在本单位使用。经国务院药品监督管理部门或者省、自治区、直辖市人民政府药品监督管理部门批准，医疗机构配制的制剂可以在指定的医疗机构之间调剂使用。

医疗机构配制的制剂不得在市场上销售。

第七章　药品上市后管理

第七十七条　药品上市许可持有人应当制定药品上市后风险管理计划，主动开展药品上市后研究，对药品的安全性、有效性和质量可控性进行进一步确证，加强对已上市药品的持续管理。

第七十八条　对附条件批准的药品，药品上市许可持有人应当采取相应风险管理措施，并在规定期限内按照要求完成相关研究；逾期未按照要求完成研究或者不能证明其获益大于风险的，国务院药品监督管理部门应当依法处理，直至注销药品注册证书。

第七十九条　对药品生产过程中的变更，按照其对药品安全性、有效性和质量可控性的风险和产生影响的程度，实行分类管理。属于重大变更的，应当经国务院药品监督管理部门批准，其他变更应当按照国务院药品监督管理部门的规定备案或者报告。

药品上市许可持有人应当按照国务院药品监督管理部门的规定，全面评估、验证变更事项对药品安全性、有效性和质量可控性的影响。

第八十条 药品上市许可持有人应当开展药品上市后不良反应监测，主动收集、跟踪分析疑似药品不良反应信息，对已识别风险的药品及时采取风险控制措施。

第八十一条 药品上市许可持有人、药品生产企业、药品经营企业和医疗机构应当经常考察本单位所生产、经营、使用的药品质量、疗效和不良反应。发现疑似不良反应的，应当及时向药品监督管理部门和卫生健康主管部门报告。具体办法由国务院药品监督管理部门会同国务院卫生健康主管部门制定。

对已确认发生严重不良反应的药品，由国务院药品监督管理部门或者省、自治区、直辖市人民政府药品监督管理部门根据实际情况采取停止生产、销售、使用等紧急控制措施，并应当在五日内组织鉴定，自鉴定结论作出之日起十五日内依法作出行政处理决定。

第八十二条 药品存在质量问题或者其他安全隐患的，药品上市许可持有人应当立即停止销售，告知相关药品经营企业和医疗机构停止销售和使用，召回已销售的药品，及时公开召回信息，必要时应当立即停止生产，并将药品召回和处理情况向省、自治区、直辖市人民政府药品监督管理部门和卫生健康主管部门报告。药品生产企业、药品经营企业和医疗机构应当配合。

药品上市许可持有人依法应当召回药品而未召回的，省、自治区、直辖市人民政府药品监督管理部门应当责令其召回。

第八十三条 药品上市许可持有人应当对已上市药品的安全性、有效性和质量可控性定期开展上市后评价。必要时，国务院药品监督管理部门可以责令药品上市许可持有人开展上市后评价或者直接组织开展上市后评价。

经评价，对疗效不确切、不良反应大或者因其他原因危害人体健康的药品，应当注销药品注册证书。

已被注销药品注册证书的药品，不得生产或者进口、销售和使用。

已被注销药品注册证书、超过有效期等的药品，应当由药品监督管理部门监督销毁或者依法采取其他无害化处理等措施。

第八章 药品价格和广告

第八十四条 国家完善药品采购管理制度，对药品价格进行监测，开展成本价格调查，加强药品价格监督检查，依法查处价格垄断、哄抬价格等药品价格违法行为，维护药品价格秩序。

第八十五条 依法实行市场调节价的药品，药品上市许可持有人、药品生产企业、药品经营企业和医疗机构应当按照公平、合理和诚实信用、质价相符的原则制定价格，为用药者提供价格合理的药品。

药品上市许可持有人、药品生产企业、药品经营企业和医疗机构应当遵守国务院药品价格主管部门关于药品价格管理的规定，制定和标明药品零售价格，禁止暴利、价格垄断和价格欺诈等行为。

第八十六条 药品上市许可持有人、药品生产企业、药品经营企业和医疗机构应当依法向药品价格主管部门提供其药品的实际购销价格和购销数量等资料。

第八十七条 医疗机构应当向患者提供所用药品的价格清单，按照规定如实公布其常用药品的价格，加强合理用药管理。具体办法由国务院卫生健康主管部门制定。

第八十八条 禁止药品上市许可持有人、药品生产企业、药品经营企业和医疗机构在药品购销中给予、收受回扣或者其他不正当利益。

禁止药品上市许可持有人、药品生产企业、药品经营企业或者代理人以任何名义给予使用其药品的医疗机构的负责人、药品采购人员、医师、药师等有关人员财物或者其他不正当利益。禁止医疗机构的负责人、药品采购人员、医师、药师等有关人员以任何名义收受药品上市许可持有人、药品生产企业、药品经营企业或者代理人给予的财物或者其他不正当利益。

第八十九条　药品广告应当经广告主所在地省、自治区、直辖市人民政府确定的广告审查机关批准；未经批准的，不得发布。

第九十条　药品广告的内容应当真实、合法，以国务院药品监督管理部门核准的药品说明书为准，不得含有虚假的内容。

药品广告不得含有表示功效、安全性的断言或者保证；不得利用国家机关、科研单位、学术机构、行业协会或者专家、学者、医师、药师、患者等的名义或者形象作推荐、证明。

非药品广告不得有涉及药品的宣传。

第九十一条　药品价格和广告，本法未作规定的，适用《中华人民共和国价格法》、《中华人民共和国反垄断法》、《中华人民共和国反不正当竞争法》、《中华人民共和国广告法》等的规定。

第九章　药品储备和供应

第九十二条　国家实行药品储备制度，建立中央和地方两级药品储备。

发生重大灾情、疫情或者其他突发事件时，依照《中华人民共和国突发事件应对法》的规定，可以紧急调用药品。

第九十三条　国家实行基本药物制度，遴选适当数量的基本药物品种，加强组织生产和储备，提高基本药物的供给能力，满足疾病防治基本用药需求。

第九十四条　国家建立药品供求监测体系，及时收集和汇总分析短缺药品供求信息，对短缺药品实行预警，采取应对措施。

第九十五条　国家实行短缺药品清单管理制度。具体办法由国务院卫生健康主管部门会同国务院药品监督管理部门等部门制定。

药品上市许可持有人停止生产短缺药品的，应当按照规定向国务院药品监督管理部门或者省、自治区、直辖市人民政府药品监督管理部门报告。

第九十六条　国家鼓励短缺药品的研制和生产，对临床急需的短缺药品、防治重大传染病和罕见病等疾病的新药予以优先审评审批。

第九十七条　对短缺药品，国务院可以限制或者禁止出口。必要时，国务院有关部门可以采取组织生产、价格干预和扩大进口等措施，保障药品供应。

药品上市许可持有人、药品生产企业、药品经营企业应当按照规定保障药品的生产和供应。

第十章　监督管理

第九十八条　禁止生产（包括配制，下同）、销售、使用假药、劣药。

有下列情形之一的，为假药：

（一）药品所含成份与国家药品标准规定的成份不符；

（二）以非药品冒充药品或者以他种药品冒充此种药品；

（三）变质的药品；

（四）药品所标明的适应症或者功能主治超出规定范围。

有下列情形之一的，为劣药：

（一）药品成份的含量不符合国家药品标准；

（二）被污染的药品；

（三）未标明或者更改有效期的药品；

（四）未注明或者更改产品批号的药品；

（五）超过有效期的药品；

（六）擅自添加防腐剂、辅料的药品；

（七）其他不符合药品标准的药品。

禁止未取得药品批准证明文件生产、进口药品；禁止使用未按照规定审评、审批的原料药、包装材料和容器生产药品。

第九十九条 药品监督管理部门应当依照法律、法规的规定对药品研制、生产、经营和药品使用单位使用药品等活动进行监督检查，必要时可以对为药品研制、生产、经营、使用提供产品或者服务的单位和个人进行延伸检查，有关单位和个人应当予以配合，不得拒绝和隐瞒。

药品监督管理部门应当对高风险的药品实施重点监督检查。

对有证据证明可能存在安全隐患的，药品监督管理部门根据监督检查情况，应当采取告诫、约谈、限期整改以及暂停生产、销售、使用、进口等措施，并及时公布检查处理结果。

药品监督管理部门进行监督检查时，应当出示证明文件，对监督检查中知悉的商业秘密应当保密。

第一百条 药品监督管理部门根据监督管理的需要，可以对药品质量进行抽查检验。抽查检验应当按照规定抽样，并不得收取任何费用；抽样应当购买样品。所需费用按照国务院规定列支。

对有证据证明可能危害人体健康的药品及其有关材料，药品监督管理部门可以查封、扣押，并在七日内作出行政处理决定；药品需要检验的，应当自检验报告书发出之日起十五日内作出行政处理决定。

第一百零一条 国务院和省、自治区、直辖市人民政府的药品监督管理部门应当定期公告药品质量抽查检验结果；公告不当的，应当在原公告范围内予以更正。

第一百零二条 当事人对药品检验结果有异议的，可以自收到药品检验结果之日起七日内向原药品检验机构或者上一级药品监督管理部门设置或者指定的药品检验机构申请复验，也可以直接向国务院药品监督管理部门设置或者指定的药品检验机构申请复验。受理复验的药品检验机构应当在国务院药品监督管理部门规定的时间内作出复验结论。

第一百零三条 药品监督管理部门应当对药品上市许可持有人、药品生产企业、药品经营企业和药物非临床安全性评价研究机构、药物临床试验机构等遵守药品生产质量管理规范、药品经营质量管理规范、药物非临床研究质量管理规范、药物临床试验质量管理规范等情况进行检查，监督其持续符合法定要求。

第一百零四条 国家建立职业化、专业化药品检查员队伍。检查员应当熟悉药品法律法规，具备药品专业知识。

第一百零五条 药品监督管理部门建立药品上市许可持有人、药品生产企业、药品经营企业、药物非临床安全性评价研究机构、药物临床试验机构和医疗机构药品安全信用档案，记录许可颁发、日常监督检查结果、违法行为查处等情况，依法向社会公布并及时更新；对有不良信用记录的，增加监督检查频次，并可以按照国家规定实施联合惩戒。

第一百零六条 药品监督管理部门应当公布本部门的电子邮件地址、电话，接受咨询、投诉、举报，并依法及时答复、核实、处理。对查证属实的举报，按照有关规定给予举报人奖励。

药品监督管理部门应当对举报人的信息予以保密，保护举报人的合法权益。举报人举报所在单位的，该单位不得以解除、变更劳动合同或者其他方式对举报人进行打击报复。

第一百零七条 国家实行药品安全信息统一公布制度。国家药品安全总体情况、药品安全风险警示信息、重大药品安全事件及其调查处理信息和国务院确定需要统一公布的其他信息由国务院药品监督管理部门统一公布。药品安全风险警示信息和重大药品安全事件及其调查处理信息的影响限于特定区域的，也可以由有关省、自治区、直辖市人民政府药品监督管理部门公布。未经授权不得发布上述信息。

公布药品安全信息，应当及时、准确、全面，并进行必要的说明，避免误导。

任何单位和个人不得编造、散布虚假药品安全信息。

第一百零八条　县级以上人民政府应当制定药品安全事件应急预案。药品上市许可持有人、药品生产企业、药品经营企业和医疗机构等应当制定本单位的药品安全事件处置方案，并组织开展培训和应急演练。

发生药品安全事件，县级以上人民政府应当按照应急预案立即组织开展应对工作；有关单位应当立即采取有效措施进行处置，防止危害扩大。

第一百零九条　药品监督管理部门未及时发现药品安全系统性风险，未及时消除监督管理区域内药品安全隐患的，本级人民政府或者上级人民政府药品监督管理部门应当对其主要负责人进行约谈。

地方人民政府未履行药品安全职责，未及时消除区域性重大药品安全隐患的，上级人民政府或者上级人民政府药品监督管理部门应当对其主要负责人进行约谈。

被约谈的部门和地方人民政府应当立即采取措施，对药品监督管理工作进行整改。

约谈情况和整改情况应当纳入有关部门和地方人民政府药品监督管理工作评议、考核记录。

第一百一十条　地方人民政府及其药品监督管理部门不得以要求实施药品检验、审批等手段限制或者排斥非本地区药品上市许可持有人、药品生产企业生产的药品进入本地区。

第一百一十一条　药品监督管理部门及其设置或者指定的药品专业技术机构不得参与药品生产经营活动，不得以其名义推荐或者监制、监销药品。

药品监督管理部门及其设置或者指定的药品专业技术机构的工作人员不得参与药品生产经营活动。

第一百一十二条　国务院对麻醉药品、精神药品、医疗用毒性药品、放射性药品、药品类易制毒化学品等有其他特殊管理规定的，依照其规定。

第一百一十三条　药品监督管理部门发现药品违法行为涉嫌犯罪的，应当及时将案件移送公安机关。

对依法不需要追究刑事责任或者免予刑事处罚，但应当追究行政责任的，公安机关、人民检察院、人民法院应当及时将案件移送药品监督管理部门。

公安机关、人民检察院、人民法院商请药品监督管理部门、生态环境主管部门等部门提供检验结论、认定意见以及对涉案药品进行无害化处理等协助的，有关部门应当及时提供，予以协助。

第十一章　法律责任

第一百一十四条　违反本法规定，构成犯罪的，依法追究刑事责任。

第一百一十五条　未取得药品生产许可证、药品经营许可证或者医疗机构制剂许可证生产、销售药品的，责令关闭，没收违法生产、销售的药品和违法所得，并处违法生产、销售的药品（包括已售出和未售出的药品，下同）货值金额十五倍以上三十倍以下的罚款；货值金额不足十万元的，按十万元计算。

第一百一十六条　生产、销售假药的，没收违法生产、销售的药品和违法所得，责令停产停业整顿，吊销药品批准证明文件，并处违法生产、销售的药品货值金额十五倍以上三十倍以下的罚款；货值金额不足十万元的，按十万元计算；情节严重的，吊销药品生产许可证、药品经营许可证或者医疗机构制剂许可证，十年内不受理其相应申请；药品上市许可持有人为境外企业的，十年内禁止其药品进口。

第一百一十七条 生产、销售劣药的，没收违法生产、销售的药品和违法所得，并处违法生产、销售的药品货值金额十倍以上二十倍以下的罚款；违法生产、批发的药品货值金额不足十万元的，按十万元计算，违法零售的药品货值金额不足一万元的，按一万元计算；情节严重的，责令停产停业整顿直至吊销药品批准证明文件、药品生产许可证、药品经营许可证或者医疗机构制剂许可证。

生产、销售的中药饮片不符合药品标准，尚不影响安全性、有效性的，责令限期改正，给予警告；可以处十万元以上五十万元以下的罚款。

第一百一十八条 生产、销售假药，或者生产、销售劣药且情节严重的，对法定代表人、主要负责人、直接负责的主管人员和其他责任人员，没收违法行为发生期间自本单位所获收入，并处所获收入百分之三十以上三倍以下的罚款，终身禁止从事药品生产经营活动，并可以由公安机关处五日以上十五日以下的拘留。

对生产者专门用于生产假药、劣药的原料、辅料、包装材料、生产设备予以没收。

第一百一十九条 药品使用单位使用假药、劣药的，按照销售假药、零售劣药的规定处罚；情节严重的，法定代表人、主要负责人、直接负责的主管人员和其他责任人员有医疗卫生人员执业证书的，还应当吊销执业证书。

第一百二十条 知道或者应当知道属于假药、劣药或者本法第一百二十四条第一款第一项至第五项规定的药品，而为其提供储存、运输等便利条件的，没收全部储存、运输收入，并处违法收入一倍以上五倍以下的罚款；情节严重的，并处违法收入五倍以上十五倍以下的罚款；违法收入不足五万元的，按五万元计算。

第一百二十一条 对假药、劣药的处罚决定，应当依法载明药品检验机构的质量检验结论。

第一百二十二条 伪造、变造、出租、出借、非法买卖许可证或者药品批准证明文件的，没收违法所得，并处违法所得一倍以上五倍以下的罚款；情节严重的，并处违法所得五倍以上十五倍以下的罚款，吊销药品生产许可证、药品经营许可证、医疗机构制剂许可证或者药品批准证明文件，对法定代表人、主要负责人、直接负责的主管人员和其他责任人员，处二万元以上二十万元以下的罚款，十年内禁止从事药品生产经营活动，并可以由公安机关处五日以上十五日以下的拘留；违法所得不足十万元的，按十万元计算。

第一百二十三条 提供虚假的证明、数据、资料、样品或者采取其他手段骗取临床试验许可、药品生产许可、药品经营许可、医疗机构制剂许可或者药品注册等许可的，撤销相关许可，十年内不受理其相应申请，并处五十万元以上五百万元以下的罚款；情节严重的，对法定代表人、主要负责人、直接负责的主管人员和其他责任人员，处二万元以上二十万元以下的罚款，十年内禁止从事药品生产经营活动，并可以由公安机关处五日以上十五日以下的拘留。

第一百二十四条 违反本法规定，有下列行为之一的，没收违法生产、进口、销售的药品和违法所得以及专门用于违法生产的原料、辅料、包装材料和生产设备，责令停产停业整顿，并处违法生产、进口、销售的药品货值金额十五倍以上三十倍以下的罚款；货值金额不足十万元的，按十万元计算；情节严重的，吊销药品批准证明文件直至吊销药品生产许可证、药品经营许可证或者医疗机构制剂许可证，对法定代表人、主要负责人、直接负责的主管人员和其他责任人员，没收违法行为发生期间自本单位所获收入，并处所获收入百分之三十以上三倍以下的罚款，十年直至终身禁止从事药品生产经营活动，并可以由公安机关处五日以上十五日以下的拘留：

（一）未取得药品批准证明文件生产、进口药品；

（二）使用采取欺骗手段取得的药品批准证明文件生产、进口药品；

（三）使用未经审评审批的原料药生产药品；

（四）应当检验而未经检验即销售药品；

（五）生产、销售国务院药品监督管理部门禁止使用的药品；

（六）编造生产、检验记录；

（七）未经批准在药品生产过程中进行重大变更。

销售前款第一项至第三项规定的药品，或者药品使用单位使用前款第一项至第五项规定的药品的，依照前款规定处罚；情节严重的，药品使用单位的法定代表人、主要负责人、直接负责的主管人员和其他责任人员有医疗卫生人员执业证书的，还应当吊销执业证书。

未经批准进口少量境外已合法上市的药品，情节较轻的，可以依法减轻或者免予处罚。

第一百二十五条　违反本法规定，有下列行为之一的，没收违法生产、销售的药品和违法所得以及包装材料、容器，责令停产停业整顿，并处五十万元以上五百万元以下的罚款；情节严重的，吊销药品批准证明文件、药品生产许可证、药品经营许可证，对法定代表人、主要负责人、直接负责的主管人员和其他责任人员处二万元以上二十万元以下的罚款，十年直至终身禁止从事药品生产经营活动：

（一）未经批准开展药物临床试验；

（二）使用未经审评的直接接触药品的包装材料或者容器生产药品，或者销售该类药品；

（三）使用未经核准的标签、说明书。

第一百二十六条　除本法另有规定的情形外，药品上市许可持有人、药品生产企业、药品经营企业、药物非临床安全性评价研究机构、药物临床试验机构等未遵守药品生产质量管理规范、药品经营质量管理规范、药物非临床研究质量管理规范、药物临床试验质量管理规范等的，责令限期改正，给予警告；逾期不改正的，处十万元以上五十万元以下的罚款；情节严重的，处五十万元以上二百万元以下的罚款，责令停产停业整顿直至吊销药品批准证明文件、药品生产许可证、药品经营许可证等，药物非临床安全性评价研究机构、药物临床试验机构等五年内不得开展药物非临床安全性评价研究、药物临床试验，对法定代表人、主要负责人、直接负责的主管人员和其他责任人员，没收违法行为发生期间自本单位所获收入，并处所获收入百分之十以上百分之五十以下的罚款，十年直至终身禁止从事药品生产经营等活动。

第一百二十七条　违反本法规定，有下列行为之一的，责令限期改正，给予警告；逾期不改正的，处十万元以上五十万元以下的罚款：

（一）开展生物等效性试验未备案；

（二）药物临床试验期间，发现存在安全性问题或者其他风险，临床试验申办者未及时调整临床试验方案、暂停或者终止临床试验，或者未向国务院药品监督管理部门报告；

（三）未按照规定建立并实施药品追溯制度；

（四）未按照规定提交年度报告；

（五）未按照规定对药品生产过程中的变更进行备案或者报告；

（六）未制定药品上市后风险管理计划；

（七）未按照规定开展药品上市后研究

或者上市后评价。

第一百二十八条 除依法应当按照假药、劣药处罚的外，药品包装未按照规定印有、贴有标签或者附有说明书，标签、说明书未按照规定注明相关信息或者印有规定标志的，责令改正，给予警告；情节严重的，吊销药品注册证书。

第一百二十九条 违反本法规定，药品上市许可持有人、药品生产企业、药品经营企业或者医疗机构未从药品上市许可持有人或者具有药品生产、经营资格的企业购进药品的，责令改正，没收违法购进的药品和违法所得，并处违法购进药品货值金额二倍以上十倍以下的罚款；情节严重的，并处货值金额十倍以上三十倍以下的罚款，吊销药品批准证明文件、药品生产许可证、药品经营许可证或者医疗机构执业许可证；货值金额不足五万元的，按五万元计算。

第一百三十条 违反本法规定，药品经营企业购销药品未按照规定进行记录，零售药品未正确说明用法、用量等事项，或者未按照规定调配处方的，责令改正，给予警告；情节严重的，吊销药品经营许可证。

第一百三十一条 违反本法规定，药品网络交易第三方平台提供者未履行资质审核、报告、停止提供网络交易平台服务等义务的，责令改正，没收违法所得，并处二十万元以上二百万元以下的罚款；情节严重的，责令停业整顿，并处二百万元以上五百万元以下的罚款。

第一百三十二条 进口已获得药品注册证书的药品，未按照规定向允许药品进口的口岸所在地药品监督管理部门备案的，责令限期改正，给予警告；逾期不改正的，吊销药品注册证书。

第一百三十三条 违反本法规定，医疗机构将其配制的制剂在市场上销售的，责令改正，没收违法销售的制剂和违法所得，并处违法销售制剂货值金额二倍以上五倍以下的罚款；情节严重的，并处货值金额五倍以上十五倍以下的罚款；货值金额不足五万元的，按五万元计算。

第一百三十四条 药品上市许可持有人未按照规定开展药品不良反应监测或者报告疑似药品不良反应的，责令限期改正，给予警告；逾期不改正的，责令停产停业整顿，并处十万元以上一百万元以下的罚款。

药品经营企业未按照规定报告疑似药品不良反应的，责令限期改正，给予警告；逾期不改正的，责令停产停业整顿，并处五万元以上五十万元以下的罚款。

医疗机构未按照规定报告疑似药品不良反应的，责令限期改正，给予警告；逾期不改正的，处五万元以上五十万元以下的罚款。

第一百三十五条 药品上市许可持有人在省、自治区、直辖市人民政府药品监督管理部门责令其召回后，拒不召回的，处应召回药品货值金额五倍以上十倍以下的罚款；货值金额不足十万元的，按十万元计算；情节严重的，吊销药品批准证明文件、药品生产许可证、药品经营许可证，对法定代表人、主要负责人、直接负责的主管人员和其他责任人员，处二万元以上二十万元以下的罚款。药品生产企业、药品经营企业、医疗机构拒不配合召回的，处十万元以上五十万元以下的罚款。

第一百三十六条 药品上市许可持有人为境外企业的，其指定的在中国境内的企业法人未依照本法规定履行相关义务的，适用本法有关药品上市许可持有人法律责任的规定。

第一百三十七条 有下列行为之一的，在本法规定的处罚幅度内从重处罚：

（一）以麻醉药品、精神药品、医疗用毒性药品、放射性药品、药品类易制毒化学品冒充其他药品，或者以其他药品冒充上述药品；

（二）生产、销售以孕产妇、儿童为主要使用对象的假药、劣药；

（三）生产、销售的生物制品属于假药、劣药；

（四）生产、销售假药、劣药，造成人身伤害后果；

（五）生产、销售假药、劣药，经处理后再犯；

（六）拒绝、逃避监督检查，伪造、销毁、隐匿有关证据材料，或者擅自动用查封、扣押物品。

第一百三十八条　药品检验机构出具虚假检验报告的，责令改正，给予警告，对单位并处二十万元以上一百万元以下的罚款；对直接负责的主管人员和其他直接责任人员依法给予降级、撤职、开除处分，没收违法所得，并处五万元以下的罚款；情节严重的，撤销其检验资格。药品检验机构出具的检验结果不实，造成损失的，应当承担相应的赔偿责任。

第一百三十九条　本法第一百一十五条至第一百三十八条规定的行政处罚，由县级以上人民政府药品监督管理部门按照职责分工决定；撤销许可、吊销许可证件的，由原批准、发证的部门决定。

第一百四十条　药品上市许可持有人、药品生产企业、药品经营企业或者医疗机构违反本法规定聘用人员的，由药品监督管理部门或者卫生健康主管部门责令解聘，处五万元以上二十万元以下的罚款。

第一百四十一条　药品上市许可持有人、药品生产企业、药品经营企业或者医疗机构在药品购销中给予、收受回扣或者其他不正当利益的，药品上市许可持有人、药品生产企业、药品经营企业或者代理人给予使用其药品的医疗机构的负责人、药品采购人员、医师、药师等有关人员财物或者其他不正当利益的，由市场监督管理部门没收违法所得，并处三十万元以上三百万元以下的罚款；情节严重的，吊销药品上市许可持有人、药品生产企业、药品经营企业营业执照，并由药品监督管理部门吊销药品批准证明文件、药品生产许可证、药品经营许可证。

药品上市许可持有人、药品生产企业、药品经营企业在药品研制、生产、经营中向国家工作人员行贿的，对法定代表人、主要负责人、直接负责的主管人员和其他责任人员终身禁止从事药品生产经营活动。

第一百四十二条　药品上市许可持有人、药品生产企业、药品经营企业的负责人、采购人员等有关人员在药品购销中收受其他药品上市许可持有人、药品生产企业、药品经营企业或者代理人给予的财物或者其他不正当利益的，没收违法所得，依法给予处罚；情节严重的，五年内禁止从事药品生产经营活动。

医疗机构的负责人、药品采购人员、医师、药师等有关人员收受药品上市许可持有人、药品生产企业、药品经营企业或者代理人给予的财物或者其他不正当利益的，由卫生健康主管部门或者本单位给予处分，没收违法所得；情节严重的，还应当吊销其执业证书。

第一百四十三条　违反本法规定，编造、散布虚假药品安全信息，构成违反治安管理行为的，由公安机关依法给予治安管理处罚。

第一百四十四条　药品上市许可持有人、药品生产企业、药品经营企业或者医疗机构违反本法规定，给用药者造成损害的，依法承担赔偿责任。

因药品质量问题受到损害的，受害人可以向药品上市许可持有人、药品生产企业请求赔偿损失，也可以向药品经营企业、医疗机构请求赔偿损失。接到受害人赔偿请求的，应当实行首负责任制，先行赔付；先行赔付后，可以依法追偿。

生产假药、劣药或者明知是假药、劣药仍然销售、使用的，受害人或者其近亲属除请求赔偿损失外，还可以请求支付价款十倍或者损失三倍的赔偿金；增加赔偿的金额不足一千元的，为一千元。

第一百四十五条 药品监督管理部门或者其设置、指定的药品专业技术机构参与药品生产经营活动的，由其上级主管机关责令改正，没收违法收入；情节严重的，对直接负责的主管人员和其他直接责任人员依法给予处分。

药品监督管理部门或者其设置、指定的药品专业技术机构的工作人员参与药品生产经营活动的，依法给予处分。

第一百四十六条 药品监督管理部门或者其设置、指定的药品检验机构在药品监督检验中违法收取检验费用的，由政府有关部门责令退还，对直接负责的主管人员和其他直接责任人员依法给予处分；情节严重的，撤销其检验资格。

第一百四十七条 违反本法规定，药品监督管理部门有下列行为之一的，应当撤销相关许可，对直接负责的主管人员和其他直接责任人员依法给予处分：

（一）不符合条件而批准进行药物临床试验；

（二）对不符合条件的药品颁发药品注册证书；

（三）对不符合条件的单位颁发药品生产许可证、药品经营许可证或者医疗机构制剂许可证。

第一百四十八条 违反本法规定，县级以上地方人民政府有下列行为之一的，对直接负责的主管人员和其他直接责任人员给予记过或者记大过处分；情节严重的，给予降级、撤职或者开除处分：

（一）瞒报、谎报、缓报、漏报药品安全事件；

（二）未及时消除区域性重大药品安全隐患，造成本行政区域内发生特别重大药品安全事件，或者连续发生重大药品安全事件；

（三）履行职责不力，造成严重不良影响或者重大损失。

第一百四十九条 违反本法规定，药品监督管理等部门有下列行为之一的，对直接负责的主管人员和其他直接责任人员给予记过或者记大过处分；情节较重的，给予降级或者撤职处分；情节严重的，给予开除处分：

（一）瞒报、谎报、缓报、漏报药品安全事件；

（二）对发现的药品安全违法行为未及时查处；

（三）未及时发现药品安全系统性风险，或者未及时消除监督管理区域内药品安全隐患，造成严重影响；

（四）其他不履行药品监督管理职责，造成严重不良影响或者重大损失。

第一百五十条 药品监督管理人员滥用职权、徇私舞弊、玩忽职守的，依法给予处分。

查处假药、劣药违法行为有失职、渎职行为的，对药品监督管理部门直接负责的主管人员和其他直接责任人员依法从重给予处分。

第一百五十一条 本章规定的货值金额以违法生产、销售药品的标价计算；没有标价的，按照同类药品的市场价格计算。

第十二章 附 则

第一百五十二条 中药材种植、采集和饲养的管理，依照有关法律、法规的规定执行。

第一百五十三条 地区性民间习用药材的管理办法，由国务院药品监督管理部门会同国务院中医药主管部门制定。

第一百五十四条 中国人民解放军和中国人民武装警察部队执行本法的具体办法，由国务院、中央军事委员会依据本法制定。

第一百五十五条 本法自2019年12月1日起施行。

中华人民共和国药品管理法实施条例

（2002 年 8 月 4 日中华人民共和国国务院令第 360 号公布，根据 2016 年 2 月 6 日《国务院关于修改部分行政法规的决定》修订，根据 2019 年 3 月 2 日《国务院关于修改部分行政法规的决定》修订）

第一章 总 则

第一条 根据《中华人民共和国药品管理法》（以下简称《药品管理法》），制定本条例。

第二条 国务院药品监督管理部门设置国家药品检验机构。

省、自治区、直辖市人民政府药品监督管理部门可以在本行政区域内设置药品检验机构。地方药品检验机构的设置规划由省、自治区、直辖市人民政府药品监督管理部门提出，报省、自治区、直辖市人民政府批准。

国务院和省、自治区、直辖市人民政府的药品监督管理部门可以根据需要，确定符合药品检验条件的检验机构承担药品检验工作。

第二章 药品生产企业管理

第三条 开办药品生产企业，申办人应当向拟办企业所在地省、自治区、直辖市人民政府药品监督管理部门提出申请。省、自治区、直辖市人民政府药品监督管理部门应当自收到申请之日起 30 个工作日内，依据《药品管理法》第八条规定的开办条件组织验收；验收合格的，发给《药品生产许可证》。

第四条 药品生产企业变更《药品生产许可证》许可事项的，应当在许可事项发生变更 30 日前，向原发证机关申请《药品生产许可证》变更登记；未经批准，不得变更许可事项。原发证机关应当自收到申请之日起 15 个工作日内作出决定。

第五条 省级以上人民政府药品监督管理部门应当按照《药品生产质量管理规范》和国务院药品监督管理部门规定的实施办法和实施步骤，组织对药品生产企业的认证工作；符合《药品生产质量管理规范》的，发给认证证书。其中，生产注射剂、放射性药品和国务院药品监督管理部门规定的生物制品的药品生产企业的认证工作，由国务院药品监督管理部门负责。

《药品生产质量管理规范》认证证书的格式由国务院药品监督管理部门统一规定。

第六条 新开办药品生产企业、药品生产企业新建药品生产车间或者新增生产剂型的，应当自取得药品生产证明文件或者经批准正式生产之日起 30 日内，按照规定向药品监督管理部门申请《药品生产质量管理规范》认证。受理申请的药品监督管理部门应当自收到企业申请之日起 6 个月内，组织对申请企业是否符合《药品生产质量管理规范》进行认证；认证合格的，发给认证证书。

第七条 国务院药品监督管理部门应当设立《药品生产质量管理规范》认证检查员库。《药品生产质量管理规范》认证检查员必须符合国务院药品监督管理部门规定的条件。进行《药品生产质量管理规范》认证，必须按照国务院药品监督管理部门的规定，从《药品生产质量管理规范》认证检查员库中随机抽取认证检查员组成认证检查组进行认证检查。

第八条　《药品生产许可证》有效期为5年。有效期届满，需要继续生产药品的，持证企业应当在许可证有效期届满前6个月，按照国务院药品监督管理部门的规定申请换发《药品生产许可证》。

药品生产企业终止生产药品或者关闭的，《药品生产许可证》由原发证部门缴销。

第九条　药品生产企业生产药品所使用的原料药，必须具有国务院药品监督管理部门核发的药品批准文号或者进口药品注册证书、医药产品注册证书；但是，未实施批准文号管理的中药材、中药饮片除外。

第十条　依据《药品管理法》第十三条规定，接受委托生产药品的，受托方必须是持有与其受托生产的药品相适应的《药品生产质量管理规范》认证证书的药品生产企业。

疫苗、血液制品和国务院药品监督管理部门规定的其他药品，不得委托生产。

第三章　药品经营企业管理

第十一条　开办药品批发企业，申办人应当向拟办企业所在地省、自治区、直辖市人民政府药品监督管理部门提出申请。省、自治区、直辖市人民政府药品监督管理部门应当自收到申请之日起30个工作日内，依据国务院药品监督管理部门规定的设置标准作出是否同意筹建的决定。申办人完成拟办企业筹建后，应当向原审批部门申请验收。原审批部门应当自收到申请之日起30个工作日内，依据《药品管理法》第十五条规定的开办条件组织验收；符合条件的，发给《药品经营许可证》。

第十二条　开办药品零售企业，申办人应当向拟办企业所在地设区的市级药品监督管理机构或者省、自治区、直辖市人民政府药品监督管理部门直接设置的县级药品监督管理机构提出申请。受理申请的药品监督管理机构应当自收到申请之日起30个工作日内，依据国务院药品监督管理部门的规定，结合当地常住人口数量、地域、交通状况和实际需要进行审查，作出是否同意筹建的决定。申办人完成拟办企业筹建后，应当向原审批机构申请验收。原审批机构应当自收到申请之日起15个工作日内，依据《药品管理法》第十五条规定的开办条件组织验收；符合条件的，发给《药品经营许可证》。

第十三条　省、自治区、直辖市人民政府药品监督管理部门和设区的市级药品监督管理机构负责组织药品经营企业的认证工作。药品经营企业应当按照国务院药品监督管理部门规定的实施办法和实施步骤，通过省、自治区、直辖市人民政府药品监督管理部门或者设区的市级药品监督管理机构组织的《药品经营质量管理规范》的认证，取得认证证书。《药品经营质量管理规范》认证证书的格式由国务院药品监督管理部门统一规定。

新开办药品批发企业和药品零售企业，应当自取得《药品经营许可证》之日起30日内，向发给其《药品经营许可证》的药品监督管理部门或者药品监督管理机构申请《药品经营质量管理规范》认证。受理申请的药品监督管理部门或者药品监督管理机构应当自收到申请之日起3个月内，按照国务院药品监督管理部门的规定，组织对申请认证的药品批发企业或者药品零售企业是否符合《药品经营质量管理规范》进行认证；认证合格的，发给认证证书。

第十四条　省、自治区、直辖市人民政府药品监督管理部门应当设立《药品经营质量管理规范》认证检查员库。《药品经营质量管理规范》认证检查员必须符合国务院药品监督管理部门规定的条件。进行《药品经营质量管理规范》认证，必须按照国务院药品监督管理部门的规定，从《药品经营质量管理规范》认证检查员库中随机抽取认证检查员组成认证检查组进行认证检查。

第十五条　国家实行处方药和非处方药分类管理制度。国家根据非处方药品的安全性，将非处方药分为甲类非处方药和乙类非处方药。

经营处方药、甲类非处方药的药品零售企业，应当配备执业药师或者其他依法经资格认定的药学技术人员。经营乙类非处方药的药品零售企业，应当配备经设区的市级药品监督管理机构或者省、自治区、直辖市人民政府药品监督管理部门直接设置的县级药品监督管理机构组织考核合格的业务人员。

第十六条　药品经营企业变更《药品经营许可证》许可事项的，应当在许可事项发生变更30日前，向原发证机关申请《药品经营许可证》变更登记；未经批准，不得变更许可事项。原发证机关应当自收到企业申请之日起15个工作日内作出决定。

第十七条　《药品经营许可证》有效期为5年。有效期届满，需要继续经营药品的，持证企业应当在许可证有效期届满前6个月，按照国务院药品监督管理部门的规定申请换发《药品经营许可证》。

药品经营企业终止经营药品或者关闭的，《药品经营许可证》由原发证机关缴销。

第十八条　交通不便的边远地区城乡集市贸易市场没有药品零售企业的，当地药品零售企业经所在地县（市）药品监督管理机构批准并到工商行政管理部门办理登记注册后，可以在该城乡集市贸易市场内设点并在批准经营的药品范围内销售非处方药品。

第十九条　通过互联网进行药品交易的药品生产企业、药品经营企业、医疗机构及其交易的药品，必须符合《药品管理法》和本条例的规定。互联网药品交易服务的管理办法，由国务院药品监督管理部门会同国务院有关部门制定。

第四章　医疗机构的药剂管理

第二十条　医疗机构设立制剂室，应当向所在地省、自治区、直辖市人民政府卫生行政部门提出申请，经审核同意后，报同级人民政府药品监督管理部门审批；省、自治区、直辖市人民政府药品监督管理部门验收合格的，予以批准，发给《医疗机构制剂许可证》。

省、自治区、直辖市人民政府卫生行政部门和药品监督管理部门应当在各自收到申请之日起30个工作日内，作出是否同意或者批准的决定。

第二十一条　医疗机构变更《医疗机构制剂许可证》许可事项的，应当在许可事项发生变更30日前，依照本条例第二十条的规定向原审核、批准机关申请《医疗机构制剂许可证》变更登记；未经批准，不得变更许可事项。原审核、批准机关应当在各自收到申请之日起15个工作日内作出决定。

医疗机构新增配制剂型或者改变配制场所的，应当经所在地省、自治区、直辖市人民政府药品监督管理部门验收合格后，依照前款规定办理《医疗机构制剂许可证》变更登记。

第二十二条　《医疗机构制剂许可证》有效期为5年。有效期届满，需要继续配制制剂的，医疗机构应当在许可证有效期届满前6个月，按照国务院药品监督管理部门的规定申请换发《医疗机构制剂许可证》。

医疗机构终止配制制剂或者关闭的，《医疗机构制剂许可证》由原发证机关缴销。

第二十三条　医疗机构配制制剂，必须按照国务院药品监督管理部门的规定报送有关资料和样品，经所在地省、自治区、直辖市人民政府药品监督管理部门批准，并发给制剂批准文号后，方可配制。

第二十四条　医疗机构配制的制剂不得在市场上销售或者变相销售，不得发布医疗机构制剂广告。

发生灾情、疫情、突发事件或者临床急需而市场没有供应时，经国务院或者省、自治区、直辖市人民政府的药品监督管理部门批准，在规定期限内，医疗机构配制的制剂可以在指定的医疗机构之间调剂使用。

国务院药品监督管理部门规定的特殊制剂的调剂使用以及省、自治区、直辖市之间医疗机构制剂的调剂使用，必须经国务院药品监督管理部门批准。

第二十五条 医疗机构审核和调配处方的药剂人员必须是依法经资格认定的药学技术人员。

第二十六条 医疗机构购进药品，必须有真实、完整的药品购进记录。药品购进记录必须注明药品的通用名称、剂型、规格、批号、有效期、生产厂商、供货单位、购货数量、购进价格、购货日期以及国务院药品监督管理部门规定的其他内容。

第二十七条 医疗机构向患者提供的药品应当与诊疗范围相适应，并凭执业医师或者执业助理医师的处方调配。

计划生育技术服务机构采购和向患者提供药品，其范围应当与经批准的服务范围相一致，并凭执业医师或者执业助理医师的处方调配。

个人设置的门诊部、诊所等医疗机构不得配备常用药品和急救药品以外的其他药品。常用药品和急救药品的范围和品种，由所在地的省、自治区、直辖市人民政府卫生行政部门会同同级人民政府药品监督管理部门规定。

第五章　药品管理

第二十八条 药物非临床安全性评价研究机构必须执行《药物非临床研究质量管理规范》，药物临床试验机构必须执行《药物临床试验质量管理规范》。《药物非临床研究质量管理规范》、《药物临床试验质量管理规范》由国务院药品监督管理部门分别商国务院科学技术行政部门和国务院卫生行政部门制定。

第二十九条 药物临床试验、生产药品和进口药品，应当符合《药品管理法》及本条例的规定，经国务院药品监督管理部门审查批准；国务院药品监督管理部门可以委托省、自治区、直辖市人民政府药品监督管理部门对申报药物的研制情况及条件进行审查，对申报资料进行形式审查，并对试制的样品进行检验。具体办法由国务院药品监督管理部门制定。

第三十条 研制新药，需要进行临床试验的，应当依照《药品管理法》第二十九条的规定，经国务院药品监督管理部门批准。

药物临床试验申请经国务院药品监督管理部门批准后，申报人应当在经依法认定的具有药物临床试验资格的机构中选择承担药物临床试验的机构，并将该临床试验机构报国务院药品监督管理部门和国务院卫生行政部门备案。

药物临床试验机构进行药物临床试验，应当事先告知受试者或者其监护人真实情况，并取得其书面同意。

第三十一条 生产已有国家标准的药品，应当按照国务院药品监督管理部门的规定，向省、自治区、直辖市人民政府药品监督管理部门或者国务院药品监督管理部门提出申请，报送有关技术资料并提供相关证明文件。省、自治区、直辖市人民政府药品监督管理部门应当自受理申请之日起30个工作日内进行审查，提出意见后报送国务院药品监督管理部门审核，并同时将审查意见通知申报方。国务院药品监督管理部门经审核符合规定的，发给药品批准文号。

第三十二条 变更研制新药、生产药品和进口药品已获批准证明文件及其附件中载明事项的，应当向国务院药品监督管理部门提出补充申请；国务院药品监督管理部门经审核符合规定的，应当予以批准。其中，不改变药品内在质量的，应当向省、自治区、直辖市人民政府药品监督管理部门提出补充申请；省、自治区、直辖市人民政府药品监督管理部门经审核符合规定的，应当予以批准，并报国务院药品监督管理部门备案。不改变药品内在质量的补充申请事项由国务院药品监督管理部门制定。

第三十三条 国务院药品监督管理部门根据保护公众健康的要求，可以对药品生产企业生产的新药品种设立不超过5年的监测期；在监测期内，不得批准其他企业生产和进口。

第三十四条 国家对获得生产或者销售含有新型化学成份药品许可的生产者或者销售者提交的自行取得且未披露的试验数据和其他数据实施保护，任何人不得对该未披露的试验数据和其他数据进行不正当的商业利用。

自药品生产者或者销售者获得生产、销售新型化学成份药品的许可证明文件之日起6年内，对其他申请人未经已获得许可的申请人同意，使用前款数据申请生产、销售新型化学成份药品许可的，药品监督管理部门不予许可；但是，其他申请人提交自行取得数据的除外。

除下列情形外，药品监督管理部门不得披露本条第一款规定的数据：

（一）公共利益需要；

（二）已采取措施确保该类数据不会被不正当地进行商业利用。

第三十五条 申请进口的药品，应当是在生产国家或者地区获得上市许可的药品；未在生产国家或者地区获得上市许可的，经国务院药品监督管理部门确认该药品品种安全、有效而且临床需要的，可以依照《药品管理法》及本条例的规定批准进口。

进口药品，应当按照国务院药品监督管理部门的规定申请注册。国外企业生产的药品取得《进口药品注册证》，中国香港、澳门和台湾地区企业生产的药品取得《医药产品注册证》后，方可进口。

第三十六条 医疗机构因临床急需进口少量药品的，应当持《医疗机构执业许可证》向国务院药品监督管理部门提出申请；经批准后，方可进口。进口的药品应当在指定医疗机构内用于特定医疗目的。

第三十七条 进口药品到岸后，进口单位应当持《进口药品注册证》或者《医药产品注册证》以及产地证明原件、购货合同副本、装箱单、运单、货运发票、出厂检验报告书、说明书等材料，向口岸所在地药品监督管理部门备案。口岸所在地药品监督管理部门经审查，提交的材料符合要求的，发给《进口药品通关单》。进口单位凭《进口药品通关单》向海关办理报关验放手续。

口岸所在地药品监督管理部门应当通知药品检验机构对进口药品逐批进行抽查检验；但是，有《药品管理法》第四十一条规定情形的除外。

第三十八条 疫苗类制品、血液制品、用于血源筛查的体外诊断试剂以及国务院药品监督管理部门规定的其他生物制品在销售前或者进口时，应当按照国务院药品监督管理部门的规定进行检验或者审核批准；检验不合格或者未获批准的，不得销售或者进口。

第三十九条 国家鼓励培育中药材。对集中规模化栽培养殖、质量可以控制并符合国务院药品监督管理部门规定条件的中药材品种，实行批准文号管理。

第四十条 国务院药品监督管理部门对已批准生产、销售的药品进行再评价，根据药品再评价结果，可以采取责令修改药品说明书，暂停生产、销售和使用的措施；对不良反应大或者其他原因危害人体健康的药品，应当撤销该药品批准证明文件。

第四十一条 国务院药品监督管理部门核发的药品批准文号、《进口药品注册证》、《医药产品注册证》的有效期为5年。有效期届满，需要继续生产或者进口的，应当在有效期届满前6个月申请再注册。药品再注册时，应当按照国务院药品监督管理部门的规定报送相关资料。有效期届满，未申请再注册或者经审查不符合国务院药品监督管理部门关于再注册的规定的，注销其药品批准文号、《进口药品注册证》或者《医药产品注册证》。

药品批准文号的再注册由省、自治区、直辖市人民政府药品监督管理部门审批，并报国务院药品监督管理部门备案；《进口药品注册证》、《医药产品注册证》的再注册由国务院药品监督管理部门审批。

第四十二条　非药品不得在其包装、标签、说明书及有关宣传资料上进行含有预防、治疗、诊断人体疾病等有关内容的宣传；但是，法律、行政法规另有规定的除外。

第六章　药品包装的管理

第四十三条　药品生产企业使用的直接接触药品的包装材料和容器，必须符合药用要求和保障人体健康、安全的标准。

直接接触药品的包装材料和容器的管理办法、产品目录和药用要求与标准，由国务院药品监督管理部门组织制定并公布。

第四十四条　生产中药饮片，应当选用与药品性质相适应的包装材料和容器；包装不符合规定的中药饮片，不得销售。中药饮片包装必须印有或者贴有标签。

中药饮片的标签必须注明品名、规格、产地、生产企业、产品批号、生产日期，实施批准文号管理的中药饮片还必须注明药品批准文号。

第四十五条　药品包装、标签、说明书必须依照《药品管理法》第五十四条和国务院药品监督管理部门的规定印制。

药品商品名称应当符合国务院药品监督管理部门的规定。

第四十六条　医疗机构配制制剂所使用的直接接触药品的包装材料和容器、制剂的标签和说明书应当符合《药品管理法》第六章和本条例的有关规定，并经省、自治区、直辖市人民政府药品监督管理部门批准。

第七章　药品价格和广告的管理

第四十七条　政府价格主管部门依照《价格法》第二十八条的规定实行药品价格监测时，为掌握、分析药品价格变动和趋势，可以指定部分药品生产企业、药品经营企业和医疗机构作为价格监测定点单位；定点单位应当给予配合、支持，如实提供有关信息资料。

第四十八条　发布药品广告，应当向药品生产企业所在地省、自治区、直辖市人民政府药品监督管理部门报送有关材料。省、自治区、直辖市人民政府药品监督管理部门应当自收到有关材料之日起 10 个工作日内作出是否核发药品广告批准文号的决定；核发药品广告批准文号的，应当同时报国务院药品监督管理部门备案。具体办法由国务院药品监督管理部门制定。

发布进口药品广告，应当依照前款规定向进口药品代理机构所在地省、自治区、直辖市人民政府药品监督管理部门申请药品广告批准文号。

在药品生产企业所在地和进口药品代理机构所在地以外的省、自治区、直辖市发布药品广告的，发布广告的企业应当在发布前向发布地省、自治区、直辖市人民政府药品监督管理部门备案。接受备案的省、自治区、直辖市人民政府药品监督管理部门发现药品广告批准内容不符合药品广告管理规定的，应当交由原核发部门处理。

第四十九条　经国务院或者省、自治区、直辖市人民政府的药品监督管理部门决定，责令暂停生产、销售和使用的药品，在暂停期间不得发布该品种药品广告；已经发布广告的，必须立即停止。

第五十条　未经省、自治区、直辖市人民政府药品监督管理部门批准的药品广告，使用伪造、冒用、失效的药品广告批准文号的广告，或者因其他广告违法活动被撤销药品广告批准文号的广告，发布广告的企业、广告经营者、广告发布者必须立即停止该药品广告的发布。

对违法发布药品广告，情节严重的，省、自治区、直辖市人民政府药品监督管理部门可以予以公告。

第八章　药品监督

第五十一条　药品监督管理部门（含省级人民政府药品监督管理部门依法设立的药品监督管理机构，下同）依法对药品的研制、生产、经营、使用实施监督检查。

第五十二条　药品抽样必须由两名以上药品监督检查人员实施，并按照国务院药品监督管理部门的规定进行抽样；被抽检方应当提供抽检样品，不得拒绝。

药品被抽检单位没有正当理由，拒绝抽查检验的，国务院药品监督管理部门和被抽检单位所在地省、自治区、直辖市人民政府药品监督管理部门可以宣布停止该单位拒绝抽检的药品上市销售和使用。

第五十三条　对有掺杂、掺假嫌疑的药品，在国家药品标准规定的检验方法和检验项目不能检验时，药品检验机构可以补充检验方法和检验项目进行药品检验；经国务院药品监督管理部门批准后，使用补充检验方法和检验项目所得出的检验结果，可以作为药品监督管理部门认定药品质量的依据。

第五十四条　国务院和省、自治区、直辖市人民政府的药品监督管理部门应当根据药品质量抽查检验结果，定期发布药品质量公告。药品质量公告应当包括抽验药品的品名、检品来源、生产企业、生产批号、药品规格、检验机构、检验依据、检验结果、不合格项目等内容。药品质量公告不当的，发布部门应当自确认公告不当之日起5日内，在原公告范围内予以更正。

当事人对药品检验机构的检验结果有异议，申请复验的，应当向负责复验的药品检验机构提交书面申请、原药品检验报告书。复验的样品从原药品检验机构留样中抽取。

第五十五条　药品监督管理部门依法对有证据证明可能危害人体健康的药品及其有关证据材料采取查封、扣押的行政强制措施的，应当自采取行政强制措施之日起7日内作出是否立案的决定；需要检验的，应当自检验报告书发出之日起15日内作出是否立案的决定；不符合立案条件的，应当解除行政强制措施；需要暂停销售和使用的，应当由国务院或者省、自治区、直辖市人民政府的药品监督管理部门作出决定。

第五十六条　药品抽查检验，不得收取任何费用。

当事人对药品检验结果有异议，申请复验的，应当按照国务院有关部门或者省、自治区、直辖市人民政府有关部门的规定，向复验机构预先支付药品检验费用。复验结论与原检验结论不一致的，复验检验费用由原药品检验机构承担。

第五十七条　依据《药品管理法》和本条例的规定核发证书、进行药品注册、药品认证和实施药品审批检验及其强制性检验，可以收取费用。具体收费标准由国务院财政部门、国务院价格主管部门制定。

第九章　法律责任

第五十八条　药品生产企业、药品经营企业有下列情形之一的，由药品监督管理部门依照《药品管理法》第七十九条的规定给予处罚：

（一）开办药品生产企业、药品生产企业新建药品生产车间、新增生产剂型，在国务院药品监督管理部门规定的时间内未通过《药品生产质量管理规范》认证，仍进行药品生产的；

（二）开办药品经营企业，在国务院药品监督管理部门规定的时间内未通过《药品经营质量管理规范》认证，仍进行药品经营的。

第五十九条　违反《药品管理法》第

十三条的规定，擅自委托或者接受委托生产药品的，对委托方和受托方均依照《药品管理法》第七十四条的规定给予处罚。

第六十条 未经批准，擅自在城乡集市贸易市场设点销售药品或者在城乡集市贸易市场设点销售的药品超出批准经营的药品范围的，依照《药品管理法》第七十三条的规定给予处罚。

第六十一条 未经批准，医疗机构擅自使用其他医疗机构配制的制剂的，依照《药品管理法》第八十条的规定给予处罚。

第六十二条 个人设置的门诊部、诊所等医疗机构向患者提供的药品超出规定的范围和品种的，依照《药品管理法》第七十三条的规定给予处罚。

第六十三条 医疗机构使用假药、劣药的，依照《药品管理法》第七十四条、第七十五条的规定给予处罚。

第六十四条 违反《药品管理法》第二十九条的规定，擅自进行临床试验的，对承担药物临床试验的机构，依照《药品管理法》第七十九条的规定给予处罚。

第六十五条 药品申报者在申报临床试验时，报送虚假研制方法、质量标准、药理及毒理试验结果等有关资料和样品的，国务院药品监督管理部门对该申报药品的临床试验不予批准，对药品申报者给予警告；情节严重的，3年内不受理该药品申报者申报该品种的临床试验申请。

第六十六条 生产没有国家药品标准的中药饮片，不符合省、自治区、直辖市人民政府药品监督管理部门制定的炮制规范的；医疗机构不按照省、自治区、直辖市人民政府药品监督管理部门批准的标准配制制剂的，依照《药品管理法》第七十五条的规定给予处罚。

第六十七条 药品监督管理部门及其工作人员违反规定，泄露生产者、销售者为获得生产、销售含有新型化学成份药品许可而提交的未披露试验数据或者其他数据，造成申请人损失的，由药品监督管理部门依法承担赔偿责任；药品监督管理部门赔偿损失后，应当责令故意或者有重大过失的工作人员承担部分或者全部赔偿费用，并对直接责任人员依法给予行政处分。

第六十八条 药品生产企业、药品经营企业生产、经营的药品及医疗机构配制的制剂，其包装、标签、说明书违反《药品管理法》及本条例规定的，依照《药品管理法》第八十六条的规定给予处罚。

第六十九条 药品生产企业、药品经营企业和医疗机构变更药品生产经营许可事项，应当办理变更登记手续而未办理的，由原发证部门给予警告，责令限期补办变更登记手续；逾期不补办的，宣布其《药品生产许可证》、《药品经营许可证》和《医疗机构制剂许可证》无效；仍从事药品生产经营活动的，依照《药品管理法》第七十三条的规定给予处罚。

第七十条 篡改经批准的药品广告内容的，由药品监督管理部门责令广告主立即停止该药品广告的发布，并由原审批的药品监督管理部门依照《药品管理法》第九十二条的规定给予处罚。

药品监督管理部门撤销药品广告批准文号后，应当自作出行政处理决定之日起5个工作日内通知广告监督管理机关。广告监督管理机关应当自收到药品监督管理部门通知之日起15个工作日内，依照《中华人民共和国广告法》的有关规定作出行政处理决定。

第七十一条 发布药品广告的企业在药品生产企业所在地或者进口药品代理机构所在地以外的省、自治区、直辖市发布药品广告，未按照规定向发布地省、自治区、直辖市人民政府药品监督管理部门备案的，由发布地的药品监督管理部门责令限期改正；逾期不改正的，停止该药品品种在发布地的广告发布活动。

第七十二条 未经省、自治区、直辖市人民政府药品监督管理部门批准，擅自发布药品广告的，药品监督管理部门发现后，应当通知广告监督管理部门依法查处。

第七十三条　违反《药品管理法》和本条例的规定，有下列行为之一的，由药品监督管理部门在《药品管理法》和本条例规定的处罚幅度内从重处罚：

（一）以麻醉药品、精神药品、医疗用毒性药品、放射性药品冒充其他药品，或者以其他药品冒充上述药品的；

（二）生产、销售以孕产妇、婴幼儿及儿童为主要使用对象的假药、劣药的；

（三）生产、销售的生物制品、血液制品属于假药、劣药的；

（四）生产、销售、使用假药、劣药，造成人员伤害后果的；

（五）生产、销售、使用假药、劣药，经处理后重犯的；

（六）拒绝、逃避监督检查，或者伪造、销毁、隐匿有关证据材料的，或者擅自动用查封、扣押物品的。

第七十四条　药品监督管理部门设置的派出机构，有权作出《药品管理法》和本条例规定的警告、罚款、没收违法生产、销售的药品和违法所得的行政处罚。

第七十五条　药品经营企业、医疗机构未违反《药品管理法》和本条例的有关规定，并有充分证据证明其不知道所销售或者使用的药品是假药、劣药的，应当没收其销售或者使用的假药、劣药和违法所得；但是，可以免除其他行政处罚。

第七十六条　依照《药品管理法》和本条例的规定没收的物品，由药品监督管理部门按照规定监督处理。

第十章　附　　则

第七十七条　本条例下列用语的含义：

药品合格证明和其他标识，是指药品生产批准证明文件、药品检验报告书、药品的包装、标签和说明书。

新药，是指未曾在中国境内上市销售的药品。

处方药，是指凭执业医师和执业助理医师处方方可购买、调配和使用的药品。

非处方药，是指由国务院药品监督管理部门公布的，不需要凭执业医师和执业助理医师处方，消费者可以自行判断、购买和使用的药品。

医疗机构制剂，是指医疗机构根据本单位临床需要经批准而配制、自用的固定处方制剂。

药品认证，是指药品监督管理部门对药品研制、生产、经营、使用单位实施相应质量管理规范进行检查、评价并决定是否发给相应认证证书的过程。

药品经营方式，是指药品批发和药品零售。

药品经营范围，是指经药品监督管理部门核准经营药品的品种类别。

药品批发企业，是指将购进的药品销售给药品生产企业、药品经营企业、医疗机构的药品经营企业。

药品零售企业，是指将购进的药品直接销售给消费者的药品经营企业。

第七十八条　《药品管理法》第四十一条中“首次在中国销售的药品”，是指国内或者国外药品生产企业第一次在中国销售的药品，包括不同药品生产企业生产的相同品种。

第七十九条　《药品管理法》第五十九条第二款“禁止药品的生产企业、经营企业或者其代理人以任何名义给予使用其药品的医疗机构的负责人、药品采购人员、医师等有关人员以财物或者其他利益”中的“财物或者其他利益”，是指药品的生产企业、经营企业或者其代理人向医疗机构的负责人、药品采购人员、医师等有关人员提供的目的在于影响其药品采购或者药品处方行为的不正当利益。

第八十条　本条例自2002年9月15日起施行。

中华人民共和国中医药法

（2016年12月25日第十二届全国人民代表大会常务委员会第二十五次会议通过，2016年12月25日公布，自2017年7月1日起施行）

第一章 总 则

第一条 为了继承和弘扬中医药，保障和促进中医药事业发展，保护人民健康，制定本法。

第二条 本法所称中医药，是包括汉族和少数民族医药在内的我国各民族医药的统称，是反映中华民族对生命、健康和疾病的认识，具有悠久历史传统和独特理论及技术方法的医药学体系。

第三条 中医药事业是我国医药卫生事业的重要组成部分。国家大力发展中医药事业，实行中西医并重的方针，建立符合中医药特点的管理制度，充分发挥中医药在我国医药卫生事业中的作用。

发展中医药事业应当遵循中医药发展规律，坚持继承和创新相结合，保持和发挥中医药特色和优势，运用现代科学技术，促进中医药理论和实践的发展。

国家鼓励中医西医相互学习，相互补充，协调发展，发挥各自优势，促进中西医结合。

第四条 县级以上人民政府应当将中医药事业纳入国民经济和社会发展规划，建立健全中医药管理体系，统筹推进中医药事业发展。

第五条 国务院中医药主管部门负责全国的中医药管理工作。国务院其他有关部门在各自职责范围内负责与中医药管理有关的工作。

县级以上地方人民政府中医药主管部门负责本行政区域的中医药管理工作。县级以上地方人民政府其他有关部门在各自职责范围内负责与中医药管理有关的工作。

第六条 国家加强中医药服务体系建设，合理规划和配置中医药服务资源，为公民获得中医药服务提供保障。

国家支持社会力量投资中医药事业，支持组织和个人捐赠、资助中医药事业。

第七条 国家发展中医药教育，建立适应中医药事业发展需要、规模适宜、结构合理、形式多样的中医药教育体系，培养中医药人才。

第八条 国家支持中医药科学研究和技术开发，鼓励中医药科学技术创新，推广应用中医药科学技术成果，保护中医药知识产权，提高中医药科学技术水平。

第九条 国家支持中医药对外交流与合作，促进中医药的国际传播和应用。

第十条 对在中医药事业中做出突出贡献的组织和个人，按照国家有关规定给予表彰、奖励。

第二章 中医药服务

第十一条 县级以上人民政府应当将中医医疗机构建设纳入医疗机构设置规划，举办规模适宜的中医医疗机构，扶持有中医药特色和优势的医疗机构发展。

合并、撤销政府举办的中医医疗机构或者改变其中医医疗性质，应当征求上一级人民政府中医药主管部门的意见。

第十二条 政府举办的综合医院、妇幼保健机构和有条件的专科医院、社区卫生服务中心、乡镇卫生院，应当设置中医药科室。

县级以上人民政府应当采取措施，增强社区卫生服务站和村卫生室提供中医药服务的能力。

第十三条　国家支持社会力量举办中医医疗机构。

社会力量举办的中医医疗机构在准入、执业、基本医疗保险、科研教学、医务人员职称评定等方面享有与政府举办的中医医疗机构同等的权利。

第十四条　举办中医医疗机构应当按照国家有关医疗机构管理的规定办理审批手续，并遵守医疗机构管理的有关规定。

举办中医诊所的，将诊所的名称、地址、诊疗范围、人员配备情况等报所在地县级人民政府中医药主管部门备案后即可开展执业活动。中医诊所应当将本诊所的诊疗范围、中医医师的姓名及其执业范围在诊所的明显位置公示，不得超出备案范围开展医疗活动。具体办法由国务院中医药主管部门拟订，报国务院卫生行政部门审核、发布。

第十五条　从事中医医疗活动的人员应当依照《中华人民共和国执业医师法》的规定，通过中医医师资格考试取得中医医师资格，并进行执业注册。中医医师资格考试的内容应当体现中医药特点。

以师承方式学习中医或者经多年实践，医术确有专长的人员，由至少两名中医医师推荐，经省、自治区、直辖市人民政府中医药主管部门组织实践技能和效果考核合格后，即可取得中医医师资格；按照考核内容进行执业注册后，即可在注册的执业范围内，以个人开业的方式或者在医疗机构内从事中医医疗活动。国务院中医药主管部门应当根据中医药技术方法的安全风险拟订本款规定人员的分类考核办法，报国务院卫生行政部门审核、发布。

第十六条　中医医疗机构配备医务人员应当以中医药专业技术人员为主，主要提供中医药服务；经考试取得医师资格的中医医师按照国家有关规定，经培训、考核合格后，可以在执业活动中采用与其专业相关的现代科学技术方法。在医疗活动中采用现代科学技术方法的，应当有利于保持和发挥中医药特色和优势。

社区卫生服务中心、乡镇卫生院、社区卫生服务站以及有条件的村卫生室应当合理配备中医药专业技术人员，并运用和推广适宜的中医药技术方法。

第十七条　开展中医药服务，应当以中医药理论为指导，运用中医药技术方法，并符合国务院中医药主管部门制定的中医药服务基本要求。

第十八条　县级以上人民政府应当发展中医药预防、保健服务，并按照国家有关规定将其纳入基本公共卫生服务项目统筹实施。

县级以上人民政府应当发挥中医药在突发公共卫生事件应急工作中的作用，加强中医药应急物资、设备、设施、技术与人才资源储备。

医疗卫生机构应当在疾病预防与控制中积极运用中医药理论和技术方法。

第十九条　医疗机构发布中医医疗广告，应当经所在地省、自治区、直辖市人民政府中医药主管部门审查批准；未经审查批准，不得发布。发布的中医医疗广告内容应当与经审查批准的内容相符合，并符合《中华人民共和国广告法》的有关规定。

第二十条　县级以上人民政府中医药主管部门应当加强对中医药服务的监督检查，并将下列事项作为监督检查的重点：

（一）中医医疗机构、中医医师是否超出规定的范围开展医疗活动；

（二）开展中医药服务是否符合国务院中医药主管部门制定的中医药服务基本要求；

（三）中医医疗广告发布行为是否符合本法的规定。

中医药主管部门依法开展监督检查，有关单位和个人应当予以配合，不得拒绝或者阻挠。

第三章 中药保护与发展

第二十一条 国家制定中药材种植养殖、采集、贮存和初加工的技术规范、标准，加强对中药材生产流通全过程的质量监督管理，保障中药材质量安全。

第二十二条 国家鼓励发展中药材规范化种植养殖，严格管理农药、肥料等农业投入品的使用，禁止在中药材种植过程中使用剧毒、高毒农药，支持中药材良种繁育，提高中药材质量。

第二十三条 国家建立道地中药材评价体系，支持道地中药材品种选育，扶持道地中药材生产基地建设，加强道地中药材生产基地生态环境保护，鼓励采取地理标志产品保护等措施保护道地中药材。

前款所称道地中药材，是指经过中医临床长期应用优选出来的，产在特定地域，与其他地区所产同种中药材相比，品质和疗效更好，且质量稳定，具有较高知名度的中药材。

第二十四条 国务院药品监督管理部门应当组织并加强对中药材质量的监测，定期向社会公布监测结果。国务院有关部门应当协助做好中药材质量监测有关工作。

采集、贮存中药材以及对中药材进行初加工，应当符合国家有关技术规范、标准和管理规定。

国家鼓励发展中药材现代流通体系，提高中药材包装、仓储等技术水平，建立中药材流通追溯体系。药品生产企业购进中药材应当建立进货查验记录制度。中药材经营者应当建立进货查验和购销记录制度，并标明中药材产地。

第二十五条 国家保护药用野生动植物资源，对药用野生动植物资源实行动态监测和定期普查，建立药用野生动植物资源种质基因库，鼓励发展人工种植养殖，支持依法开展珍贵、濒危药用野生动植物的保护、繁育及其相关研究。

第二十六条 在村医疗机构执业的中医医师、具备中药材知识和识别能力的乡村医生，按照国家有关规定可以自种、自采地产中药材并在其执业活动中使用。

第二十七条 国家保护中药饮片传统炮制技术和工艺，支持应用传统工艺炮制中药饮片，鼓励运用现代科学技术开展中药饮片炮制技术研究。

第二十八条 对市场上没有供应的中药饮片，医疗机构可以根据本医疗机构医师处方的需要，在本医疗机构内炮制、使用。医疗机构应当遵守中药饮片炮制的有关规定，对其炮制的中药饮片的质量负责，保证药品安全。医疗机构炮制中药饮片，应当向所在地设区的市级人民政府药品监督管理部门备案。

根据临床用药需要，医疗机构可以凭本医疗机构医师的处方对中药饮片进行再加工。

第二十九条 国家鼓励和支持中药新药的研制和生产。

国家保护传统中药加工技术和工艺，支持传统剂型中成药的生产，鼓励运用现代科学技术研究开发传统中成药。

第三十条 生产符合国家规定条件的来源于古代经典名方的中药复方制剂，在申请药品批准文号时，可以仅提供非临床安全性研究资料。具体管理办法由国务院药品监督管理部门会同中医药主管部门制定。

前款所称古代经典名方，是指至今仍广泛应用、疗效确切、具有明显特色与优势的古代中医典籍所记载的方剂。具体目录由国务院中医药主管部门会同药品监督管理部门制定。

第三十一条 国家鼓励医疗机构根据本医疗机构临床用药需要配制和使用中药制剂，支持应用传统工艺配制中药制剂，支持以中药制剂为基础研制中药新药。

医疗机构配制中药制剂，应当依照《中华人民共和国药品管理法》的规定取得医疗机构制剂许可证，或者委托取得药品生产许可证的药品生产企业、取得医疗机构制剂许可证的其他医疗机构配制中药制剂。委托配制中药制剂，应当向委托方所在地省、自治区、直辖市人民政府药品监督管理部门备案。

医疗机构对其配制的中药制剂的质量负责；委托配制中药制剂的，委托方和受托方对所配制的中药制剂的质量分别承担相应责任。

第三十二条　医疗机构配制的中药制剂品种，应当依法取得制剂批准文号。但是，仅应用传统工艺配制的中药制剂品种，向医疗机构所在地省、自治区、直辖市人民政府药品监督管理部门备案后即可配制，不需要取得制剂批准文号。

医疗机构应当加强对备案的中药制剂品种的不良反应监测，并按照国家有关规定进行报告。药品监督管理部门应当加强对备案的中药制剂品种配制、使用的监督检查。

第四章　中医药人才培养

第三十三条　中医药教育应当遵循中医药人才成长规律，以中医药内容为主，体现中医药文化特色，注重中医药经典理论和中医药临床实践、现代教育方式和传统教育方式相结合。

第三十四条　国家完善中医药学校教育体系，支持专门实施中医药教育的高等学校、中等职业学校和其他教育机构的发展。

中医药学校教育的培养目标、修业年限、教学形式、教学内容、教学评价及学术水平评价标准等，应当体现中医药学科特色，符合中医药学科发展规律。

第三十五条　国家发展中医药师承教育，支持有丰富临床经验和技术专长的中医医师、中药专业技术人员在执业、业务活动中带徒授业，传授中医药理论和技术方法，培养中医药专业技术人员。

第三十六条　国家加强对中医医师和城乡基层中医药专业技术人员的培养和培训。

国家发展中西医结合教育，培养高层次的中西医结合人才。

第三十七条　县级以上地方人民政府中医药主管部门应当组织开展中医药继续教育，加强对医务人员，特别是城乡基层医务人员中医药基本知识和技能的培训。

中医药专业技术人员应当按照规定参加继续教育，所在机构应当为其接受继续教育创造条件。

第五章　中医药科学研究

第三十八条　国家鼓励科研机构、高等学校、医疗机构和药品生产企业等，运用现代科学技术和传统中医药研究方法，开展中医药科学研究，加强中西医结合研究，促进中医药理论和技术方法的继承和创新。

第三十九条　国家采取措施支持对中医药古籍文献、著名中医药专家的学术思想和诊疗经验以及民间中医药技术方法的整理、研究和利用。

国家鼓励组织和个人捐献有科学研究和临床应用价值的中医药文献、秘方、验方、诊疗方法和技术。

第四十条　国家建立和完善符合中医药特点的科学技术创新体系、评价体系和管理体制，推动中医药科学技术进步与创新。

第四十一条　国家采取措施，加强对中医药基础理论和辨证论治方法，常见病、多发病、慢性病和重大疑难疾病、重大传染病的中医药防治，以及其他对中医药理论和实践发展有重大促进作用的项目的科学研究。

第六章　中医药传承与文化传播

第四十二条　对具有重要学术价值的中医药理论和技术方法，省级以上人民政府中医药主管部门应当组织遴选本行政区域内的中医药学术传承项目和传承人，并为传承活动提供必要的条件。传承人应当开展传承活动，培养后继人才，收集整理并妥善保存相关的学术资料。属于非物质文化遗产代表性项目的，依照《中华人民共和国非物质文化遗产法》的有关规定开展传承活动。

第四十三条 国家建立中医药传统知识保护数据库、保护名录和保护制度。

中医药传统知识持有人对其持有的中医药传统知识享有传承使用的权利，对他人获取、利用其持有的中医药传统知识享有知情同意和利益分享等权利。

国家对经依法认定属于国家秘密的传统中药处方组成和生产工艺实行特殊保护。

第四十四条 国家发展中医养生保健服务，支持社会力量举办规范的中医养生保健机构。中医养生保健服务规范、标准由国务院中医药主管部门制定。

第四十五条 县级以上人民政府应当加强中医药文化宣传，普及中医药知识，鼓励组织和个人创作中医药文化和科普作品。

第四十六条 开展中医药文化宣传和知识普及活动，应当遵守国家有关规定。任何组织或者个人不得对中医药作虚假、夸大宣传，不得冒用中医药名义牟取不正当利益。

广播、电视、报刊、互联网等媒体开展中医药知识宣传，应当聘请中医药专业技术人员进行。

第七章 保障措施

第四十七条 县级以上人民政府应当为中医药事业发展提供政策支持和条件保障，将中医药事业发展经费纳入本级财政预算。

县级以上人民政府及其有关部门制定基本医疗保险支付政策、药物政策等医药卫生政策，应当有中医药主管部门参加，注重发挥中医药的优势，支持提供和利用中医药服务。

第四十八条 县级以上人民政府及其有关部门应当按照法定价格管理权限，合理确定中医医疗服务的收费项目和标准，体现中医医疗服务成本和专业技术价值。

第四十九条 县级以上地方人民政府有关部门应当按照国家规定，将符合条件的中医医疗机构纳入基本医疗保险定点医疗机构范围，将符合条件的中医诊疗项目、中药饮片、中成药和医疗机构中药制剂纳入基本医疗保险基金支付范围。

第五十条 国家加强中医药标准体系建设，根据中医药特点对需要统一的技术要求制定标准并及时修订。

中医药国家标准、行业标准由国务院有关部门依据职责制定或者修订，并在其网站上公布，供公众免费查阅。

国家推动建立中医药国际标准体系。

第五十一条 开展法律、行政法规规定的与中医药有关的评审、评估、鉴定活动，应当成立中医药评审、评估、鉴定的专门组织，或者有中医药专家参加。

第五十二条 国家采取措施，加大对少数民族医药传承创新、应用发展和人才培养的扶持力度，加强少数民族医疗机构和医师队伍建设，促进和规范少数民族医药事业发展。

第八章 法律责任

第五十三条 县级以上人民政府中医药主管部门及其他有关部门未履行本法规定的职责的，由本级人民政府或者上级人民政府有关部门责令改正；情节严重的，对直接负责的主管人员和其他直接责任人员，依法给予处分。

第五十四条 违反本法规定，中医诊所超出备案范围开展医疗活动的，由所在地县级人民政府中医药主管部门责令改正，没收违法所得，并处一万元以上三万元以下罚款；情节严重的，责令停止执业活动。

中医诊所被责令停止执业活动的，其直接负责的主管人员自处罚决定作出之日起五年内不得在医疗机构内从事管理工作。医疗机构聘用上述不得从事管理工作的人员从事管理工作的，由原发证部门吊销执业许可证或者由原备案部门责令停止执业活动。

第五十五条　违反本法规定，经考核取得医师资格的中医医师超出注册的执业范围从事医疗活动的，由县级以上人民政府中医药主管部门责令暂停六个月以上一年以下执业活动，并处一万元以上三万元以下罚款；情节严重的，吊销执业证书。

第五十六条　违反本法规定，举办中医诊所、炮制中药饮片、委托配制中药制剂应当备案而未备案，或者备案时提供虚假材料的，由中医药主管部门和药品监督管理部门按照各自职责分工责令改正，没收违法所得，并处三万元以下罚款，向社会公告相关信息；拒不改正的，责令停止执业活动或者责令停止炮制中药饮片、委托配制中药制剂活动，其直接责任人员五年内不得从事中医药相关活动。

医疗机构应用传统工艺配制中药制剂未依照本法规定备案，或者未按照备案材料载明的要求配制中药制剂的，按生产假药给予处罚。

第五十七条　违反本法规定，发布的中医医疗广告内容与经审查批准的内容不相符的，由原审查部门撤销该广告的审查批准文件，一年内不受理该医疗机构的广告审查申请。

违反本法规定，发布中医医疗广告有前款规定以外违法行为的，依照《中华人民共和国广告法》的规定给予处罚。

第五十八条　违反本法规定，在中药材种植过程中使用剧毒、高毒农药的，依照有关法律、法规规定给予处罚；情节严重的，可以由公安机关对其直接负责的主管人员和其他直接责任人员处五日以上十五日以下拘留。

第五十九条　违反本法规定，造成人身、财产损害的，依法承担民事责任；构成犯罪的，依法追究刑事责任。

第九章　附　　则

第六十条　中医药的管理，本法未作规定的，适用《中华人民共和国执业医师法》、《中华人民共和国药品管理法》等相关法律、行政法规的规定。

军队的中医药管理，由军队卫生主管部门依照本法和军队有关规定组织实施。

第六十一条　民族自治地方可以根据《中华人民共和国民族区域自治法》和本法的有关规定，结合实际，制定促进和规范本地方少数民族医药事业发展的办法。

第六十二条　盲人按照国家有关规定取得盲人医疗按摩人员资格的，可以以个人开业的方式或者在医疗机构内提供医疗按摩服务。

第六十三条　本法自 2017 年 7 月 1 日起施行。

医疗机构制剂注册管理办法（试行）

（2005 年 3 月 22 日国家食品药品监督管理局局务会审议通过，2005 年 6 月 22 日公布，自 2005 年 8 月 1 日起施行）

第一章　总　　则

第一条　为加强医疗机构制剂的管理，规范医疗机构制剂的申报与审批，根据《中华人民共和国药品管理法》（以下简称《药品管理法》）及《中华人民共和国药品管理法实施条例》（以下简称《药品管理法实施条例》），制定本办法。

第二条 在中华人民共和国境内申请医疗机构制剂的配制、调剂使用，以及进行相关的审批、检验和监督管理，适用本办法。

第三条 医疗机构制剂，是指医疗机构根据本单位临床需要经批准而配制、自用的固定处方制剂。

医疗机构配制的制剂，应当是市场上没有供应的品种。

第四条 国家食品药品监督管理局负责全国医疗机构制剂的监督管理工作。

省、自治区、直辖市（食品）药品监督管理部门负责本辖区医疗机构制剂的审批和监督管理工作。

第五条 医疗机构制剂的申请人，应当是持有《医疗机构执业许可证》并取得《医疗机构制剂许可证》的医疗机构。

未取得《医疗机构制剂许可证》或者《医疗机构制剂许可证》无相应制剂剂型的“医院”类别的医疗机构可以申请医疗机构中药制剂，但是必须同时提出委托配制制剂的申请。接受委托配制的单位应当是取得《医疗机构制剂许可证》的医疗机构或者取得《药品生产质量管理规范》认证证书的药品生产企业。委托配制的制剂剂型应当与受托方持有的《医疗机构制剂许可证》或者《药品生产质量管理规范》认证证书所载明的范围一致。

第六条 医疗机构制剂只能在本医疗机构内凭执业医师或者执业助理医师的处方使用，并与《医疗机构执业许可证》所载明的诊疗范围一致。

第二章 申报与审批

第七条 申请医疗机构制剂，应当进行相应的临床前研究，包括处方筛选、配制工艺、质量指标、药理、毒理学研究等。

第八条 申请医疗机构制剂注册所报送的资料应当真实、完整、规范。

第九条 申请制剂所用的化学原料药及实施批准文号管理的中药材、中药饮片必须具有药品批准文号，并符合法定的药品标准。

第十条 申请人应当对其申请注册的制剂或者使用的处方、工艺、用途等，提供申请人或者他人在中国的专利及其权属状态说明；他人在中国存在专利的，申请人应当提交对他人的专利不构成侵权的声明。

第十一条 医疗机构制剂的名称，应当按照国家食品药品监督管理局颁布的药品命名原则命名，不得使用商品名称。

第十二条 医疗机构配制制剂使用的辅料和直接接触制剂的包装材料、容器等，应当符合国家食品药品监督管理局有关辅料、直接接触药品的包装材料和容器的管理规定。

第十三条 医疗机构制剂的说明书和包装标签由省、自治区、直辖市（食品）药品监督管理部门根据申请人申报的资料，在批准制剂申请时一并予以核准。

医疗机构制剂的说明书和包装标签应当按照国家食品药品监督管理局有关药品说明书和包装标签的管理规定印制，其文字、图案不得超出核准的内容，并需标注“本制剂仅限本医疗机构使用”字样。

第十四条 有下列情形之一的，不得作为医疗机构制剂申报：

（一）市场上已有供应的品种；

（二）含有未经国家食品药品监督管理局批准的活性成份的品种；

（三）除变态反应原外的生物制品；

（四）中药注射剂；

（五）中药、化学药组成的复方制剂；

（六）麻醉药品、精神药品、医疗用毒性药品、放射性药品；

（七）其他不符合国家有关规定的制剂。

第十五条 申请配制医疗机构制剂，申请人应当填写《医疗机构制剂注册申请表》，向所在地省、自治区、直辖市（食品）药品监督管理部门或者其委托的设区的市级（食品）药品监督管理机构提出申请，报送有关资料和制剂实样。

第十六条 收到申请的省、自治区、直辖市（食品）药品监督管理部门或者其委托的设区的市级（食品）药品监督管理机构对申报资料进行形式审查，符合要求的予以受理；不符合要求的，应当自收到申请材料之日起5日内书面通知申请人并说明理由，逾期未通知的自收到材料之日起即为受理。

第十七条 省、自治区、直辖市（食品）药品监督管理部门或者其委托的设区的市级（食品）药品监督管理机构应当在申请受理后10日内组织现场考察，抽取连续3批检验用样品，通知指定的药品检验所进行样品检验和质量标准技术复核。受委托的设区的市级（食品）药品监督管理机构应当在完成上述工作后将审查意见、考察报告及申报资料报送省、自治区、直辖市（食品）药品监督管理部门，并通知申请人。

第十八条 接到检验通知的药品检验所应当在40日内完成样品检验和质量标准技术复核，出具检验报告书及标准复核意见，报送省、自治区、直辖市（食品）药品监督管理部门并抄送通知其检验的（食品）药品监督管理机构和申请人。

第十九条 省、自治区、直辖市（食品）药品监督管理部门应当在收到全部资料后40日内组织完成技术审评，符合规定的，发给《医疗机构制剂临床研究批件》。

申请配制的化学制剂已有同品种获得制剂批准文号的，可以免于进行临床研究。

第二十条 临床研究用的制剂，应当按照《医疗机构制剂配制质量管理规范》或者《药品生产质量管理规范》的要求配制，配制的制剂应当符合经省、自治区、直辖市（食品）药品监督管理部门审定的质量标准。

第二十一条 医疗机构制剂的临床研究，应当在获得《医疗机构制剂临床研究批件》后，取得受试者知情同意书以及伦理委员会的同意，按照《药物临床试验质量管理规范》的要求实施。

第二十二条 医疗机构制剂的临床研究，应当在本医疗机构按照临床研究方案进行，受试例数不得少于60例。

第二十三条 完成临床研究后，申请人向所在地省、自治区、直辖市（食品）药品监督管理部门或者其委托的设区的市级（食品）药品监督管理机构报送临床研究总结资料。

第二十四条 省、自治区、直辖市（食品）药品监督管理部门收到全部申报资料后40日内组织完成技术审评，做出是否准予许可的决定。符合规定的，应当自做出准予许可决定之日起10日内向申请人核发《医疗机构制剂注册批件》及制剂批准文号，同时报国家食品药品监督管理局备案；不符合规定的，应当书面通知申请人并说明理由，同时告知申请人享有依法申请行政复议或者提起行政诉讼的权利。

第二十五条 医疗机构制剂批准文号的格式为：

X药制字H（Z）+4位年号+4位流水号。

X-省、自治区、直辖市简称，H-化学制剂，Z-中药制剂。

第三章 调剂使用

第二十六条 医疗机构制剂一般不得调剂使用。发生灾情、疫情、突发事件或者临床急需而市场没有供应时，需要调剂使用的，属省级辖区内医疗机构制剂调剂的，必须经所在地省、自治区、直辖市（食品）药品监督管理部门批准；属国家食品药品监督管理局规定的特殊制剂以及省、自治区、直辖市之间医疗机构制剂调剂的，必须经国家食品药品监督管理局批准。

第二十七条 省级辖区内申请医疗机构

制剂调剂使用的，应当由使用单位向所在地省、自治区、直辖市（食品）药品监督管理部门提出申请，说明使用理由、期限、数量和范围，并报送有关资料。

省、自治区、直辖市之间医疗机构制剂的调剂使用以及国家食品药品监督管理局规定的特殊制剂的调剂使用，应当由取得制剂批准文号的医疗机构向所在地省、自治区、直辖市（食品）药品监督管理部门提出申请，说明使用理由、期限、数量和范围，经所在地省、自治区、直辖市（食品）药品监督管理部门审查同意后，由使用单位将审查意见和相关资料一并报送使用单位所在地省、自治区、直辖市（食品）药品监督管理部门审核同意后，报国家食品药品监督管理局审批。

第二十八条 取得制剂批准文号的医疗机构应当对调剂使用的医疗机构制剂的质量负责。接受调剂的医疗机构应当严格按照制剂的说明书使用制剂，并对超范围使用或者使用不当造成的不良后果承担责任。

第二十九条 医疗机构制剂的调剂使用，不得超出规定的期限、数量和范围。

第四章 补充申请与再注册

第三十条 医疗机构配制制剂，应当严格执行经批准的质量标准，并不得擅自变更工艺、处方、配制地点和委托配制单位。需要变更的，申请人应当提出补充申请，报送相关资料，经批准后方可执行。

第三十一条 医疗机构制剂批准文号的有效期为3年。有效期届满需要继续配制的，申请人应当在有效期届满前3个月按照原申请配制程序提出再注册申请，报送有关资料。

第三十二条 省、自治区、直辖市（食品）药品监督管理部门应当在受理再注册申请后30日内，作出是否批准再注册的决定。准予再注册的，应当自决定做出之日起10日内通知申请人，予以换发《医疗机构制剂注册批件》，并报国家食品药品监督管理局备案。

决定不予再注册的，应当书面通知申请人并说明理由，同时告知申请人享有依法申请行政复议或者提起行政诉讼的权利。

第三十三条 有下列情形之一的，省、自治区、直辖市（食品）药品监督管理部门不予批准再注册，并注销制剂批准文号：

（一）市场上已有供应的品种；

（二）按照本办法应予撤销批准文号的；

（三）未在规定时间内提出再注册申请的；

（四）其他不符合规定的。

第三十四条 已被注销批准文号的医疗机构制剂，不得配制和使用；已经配制的，由当地（食品）药品监督管理部门监督销毁或者处理。

第五章 监督管理

第三十五条 配制和使用制剂的医疗机构应当注意观察制剂不良反应，并按照国家食品药品监督管理局的有关规定报告和处理。

第三十六条 省、自治区、直辖市（食品）药品监督管理部门对质量不稳定、疗效不确切、不良反应大或者其他原因危害人体健康的医疗机构制剂，应当责令医疗机构停止配制，并撤销其批准文号。

已被撤销批准文号的医疗机构制剂，不得配制和使用；已经配制的，由当地（食品）药品监督管理部门监督销毁或者处理。

第三十七条 医疗机构制剂的抽查检验，按照国家食品药品监督管理局药品抽查检验的有关规定执行。

第三十八条 医疗机构不再具有配制制剂的资格或者条件时，其取得的相应制剂批准文号自行废止，并由省、自治区、直辖市（食品）药品监督管理部门予以注销，但允许委托配制的中药制剂批准文号除外。允许委托配制的中药制剂如需继续配制，可参照本办法第三十条变更委托配制单位的规定提出委托配制的补充申请。

第三十九条　未经批准，医疗机构擅自使用其他医疗机构配制的制剂的，依照《药品管理法》第八十条的规定给予处罚。

第四十条　医疗机构配制制剂，违反《药品管理法》第四十八条、第四十九条规定的，分别依照《药品管理法》第七十四条、第七十五条的规定给予处罚。

未按省、自治区、直辖市（食品）药品监督管理部门批准的标准配制制剂的，属于《药品管理法》第四十九条第三款第六项其他不符合药品标准规定的情形，依照《药品管理法》第七十五条的规定给予处罚。

第四十一条　提供虚假的证明文件、申报资料、样品或者采取其他欺骗手段申请批准证明文件的，省、自治区、直辖市（食品）药品监督管理部门对该申请不予受理，对申请人给予警告，一年内不受理其申请；已取得批准证明文件的，撤销其批准证明文件，五年内不受理其申请，并处一万元以上三万元以下罚款。

第四十二条　医疗机构配制的制剂不得在市场上销售或者变相销售，不得发布医疗机构制剂广告。

医疗机构将其配制的制剂在市场上销售或者变相销售的，依照《药品管理法》第八十四条的规定给予处罚。

第四十三条　省、自治区、直辖市（食品）药品监督管理部门违反本办法的行政行为，国家食品药品监督管理局应当责令其限期改正；逾期不改正的，由国家食品药品监督管理局予以改变或者撤销。

第六章　附　　则

第四十四条　本办法规定的行政机关实施行政许可的期限以工作日计算，不含法定节假日。

第四十五条　本办法中“固定处方制剂”，是指制剂处方固定不变，配制工艺成熟，并且可在临床上长期使用于某一病症的制剂。

第四十六条　省、自治区、直辖市（食品）药品监督管理部门可以根据本办法，结合本地实际制定实施细则。

第四十七条　本办法自2005年8月1日起施行。

附件：（略）

医疗机构制剂配制监督管理办法（试行）

（2005年3月22日国家食品药品监督管理局局务会审议通过，2005年4月14日发布，自2005年6月1日起施行）

第一章　总　　则

第一条　为加强医疗机构制剂配制的监督管理，根据《中华人民共和国药品管理法》（以下简称《药品管理法》）、《中华人民共和国药品管理法实施条例》（以下简称《药品管理法实施条例》）的规定，制定本办法。

第二条　医疗机构制剂的配制及其监督管理适用本办法。

第三条　医疗机构制剂配制监督管理是指（食品）药品监督管理部门依法对医疗机构制剂配制条件和配制过程等进行审查、许可、检查的监督管理活动。

第四条　国家食品药品监督管理局负责全国医疗机构制剂配制的监督管理工作。

省、自治区、直辖市（食品）药品监

督管理部门负责本辖区医疗机构制剂配制的监督管理工作。

第五条 医疗机构配制制剂应当遵守《医疗机构制剂配制质量管理规范》。

第二章 医疗机构设立制剂室的许可

第六条 医疗机构配制制剂，必须具有能够保证制剂质量的人员、设施、检验仪器、卫生条件和管理制度。

第七条 医疗机构设立制剂室，应当向所在地省、自治区、直辖市（食品）药品监督管理部门提交以下材料：

（一）《医疗机构制剂许可证申请表》（见附件1）；

（二）实施《医疗机构制剂配制质量管理规范》自查报告；

（三）医疗机构的基本情况及《医疗机构执业许可证》副本复印件；

（四）所在地省、自治区、直辖市卫生行政部门的审核同意意见；

（五）拟办制剂室的基本情况，包括制剂室的投资规模、占地面积、周围环境、基础设施等条件说明，并提供医疗机构总平面布局图、制剂室总平面布局图（标明空气洁净度等级）；

制剂室负责人、药检室负责人、制剂质量管理组织负责人简历（包括姓名、年龄、性别、学历、所学专业、职务、职称、原从事药学工作年限等）及专业技术人员占制剂室工作人员的比例；

制剂室负责人、药检室负责人、制剂质量管理组织负责人应当为本单位在职专业人员，且制剂室负责人和药检室负责人不得互相兼任；

（六）拟配制剂型、配制能力、品种、规格；

（七）配制剂型的工艺流程图、质量标准（或草案）；

（八）主要配制设备、检测仪器目录；

（九）制剂配制管理、质量管理文件目录。

第八条 申请人应当对其申请材料的真实性负责。

第九条 省、自治区、直辖市（食品）药品监督管理部门收到申请后，应当根据下列情况分别作出处理：

（一）申请事项依法不属于本部门职权范围的，应当即时作出不予受理的决定，并告知申请人向有关行政机关申请；

（二）申请材料存在可以当场更正的错误的，应当允许申请人当场更正；

（三）申请材料不齐全或者不符合形式审查要求的，应当当场或者在5个工作日内发给申请人《补正材料通知书》，一次性告知申请人需要补正的全部内容，逾期不告知的，自收到申请材料之日起即为受理；

（四）申请材料齐全、符合形式审查要求，或者申请人按照要求提交全部补正材料的，予以受理。

省、自治区、直辖市（食品）药品监督管理部门受理或者不受理《医疗机构制剂许可证》申请的，应当出具加盖本部门受理专用印章并注明日期的《受理通知书》或者《不予受理通知书》。

第十条 省、自治区、直辖市（食品）药品监督管理部门应当自收到申请之日起30个工作日内，按照国家食品药品监督管理局制定的《医疗机构制剂许可证验收标准》组织验收。验收合格的，予以批准，并自批准决定作出之日起10个工作日内向申请人核发《医疗机构制剂许可证》；验收不合格的，作出不予批准的决定，书面通知申请人并说明理由，同时告知申请人享有依法申请行政复议或者提起行政诉讼的权利。

省、自治区、直辖市（食品）药品监督管理部门验收合格后，应当自颁发《医疗机构制剂许可证》之日起20个工作日内，将有关情况报国家食品药品监督管理局备案。

第十一条 省、自治区、直辖市（食品）药品监督管理部门应当在办公场所公示申请《医疗机构制剂许可证》所需的事项、依据、条件、期限、需要提交的全部材料的目录和申请书示范文本等。

省、自治区、直辖市（食品）药品监督管理部门颁发《医疗机构制剂许可证》的有关决定，应当予以公开，公众有权查阅。

第十二条 省、自治区、直辖市（食品）药品监督管理部门在对医疗机构制剂室开办申请进行审查时，应当公示审批过程和审批结果。申请人和利害关系人可以对直接关系其重大利益的事项提交书面意见进行陈述和申辩。

第十三条 医疗机构设立制剂室的申请，直接涉及申请人与他人之间重大利益关系的，省、自治区、直辖市（食品）药品监督管理部门应当告知申请人、利害关系人享有申请听证的权利。

在核发《医疗机构制剂许可证》的过程中，省、自治区、直辖市（食品）药品监督管理部门认为涉及公共利益的重大许可事项，应当向社会公告，并举行听证。

第十四条 医疗机构不得与其他单位共用配制场所、配制设备及检验设施等。

第三章 《医疗机构制剂许可证》的管理

第十五条 《医疗机构制剂许可证》分正本和副本。正、副本具有同等法律效力，有效期为5年。

《医疗机构制剂许可证》格式由国家食品药品监督管理局统一规定。

第十六条 《医疗机构制剂许可证》是医疗机构配制制剂的法定凭证，应当载明证号、医疗机构名称、医疗机构类别、法定代表人、制剂室负责人、配制范围、注册地址、配制地址、发证机关、发证日期、有效期限等项目。其中由（食品）药品监督管理部门核准的许可事项为：制剂室负责人、配制地址、配制范围、有效期限。证号和配制范围按国家食品药品监督管理局规定的编号方法和制剂类别填写（见附件2、3）。

第十七条 《医疗机构制剂许可证》变更分为许可事项变更和登记事项变更。

许可事项变更是指制剂室负责人、配制地址、配制范围的变更。

登记事项变更是指医疗机构名称、医疗机构类别、法定代表人、注册地址等事项的变更。

第十八条 医疗机构变更《医疗机构制剂许可证》许可事项的，在许可事项发生变更前30日，向原审核、批准机关申请变更登记。原发证机关应当自收到变更申请之日起15个工作日内作出准予变更或者不予变更的决定。

医疗机构增加配制范围或者改变配制地址的，应当按本办法第七条的规定提交材料，经省、自治区、直辖市（食品）药品监督管理部门验收合格后，依照前款办理《医疗机构制剂许可证》变更登记。

第十九条 医疗机构变更登记事项的，应当在有关部门核准变更后30日内，向原发证机关申请《医疗机构制剂许可证》变更登记，原发证机关应当在收到变更申请之日起15个工作日内办理变更手续。

第二十条 《医疗机构制剂许可证》变更后，原发证机关应当在《医疗机构制剂许可证》副本上记录变更的内容和时间，并按变更后的内容重新核发《医疗机构制剂许可证》正本，收回原《医疗机构制剂许可证》正本。

第二十一条 《医疗机构制剂许可证》有效期届满需要继续配制制剂的，医疗机构应当在有效期届满前6个月，向原发证机关申请换发《医疗机构制剂许可证》。

原发证机关结合医疗机构遵守法律法规、《医疗机构制剂配制质量管理规范》和质量体系运行情况，按照本办法关于设立医疗机构制剂室的条件和程序进行审查，在

《医疗机构制剂许可证》有效期届满前作出是否准予换证的决定。符合规定准予换证的，收回原证，换发新证；不符合规定的，作出不予换证的书面决定，并说明理由，同时告知申请人享有依法申请行政复议或者提起行政诉讼的权利；逾期未作出决定的，视为同意换证，并办理相应手续。

第二十二条 医疗机构终止配制制剂或者关闭的，由原发证机关缴销《医疗机构制剂许可证》，同时报国家食品药品监督管理局备案。

第二十三条 遗失《医疗机构制剂许可证》的，持证单位应当在原发证机关指定的媒体上登载遗失声明并同时向原发证机关申请补发。遗失声明登载满1个月后原发证机关在10个工作日内补发《医疗机构制剂许可证》。

第二十四条 医疗机构制剂室的药检室负责人及质量管理组织负责人发生变更的，应当在变更之日起30日内将变更人员简历及学历证明等有关情况报所在地省、自治区、直辖市（食品）药品监督管理部门备案。

第二十五条 医疗机构制剂室的关键配制设施等条件发生变化的，应当自发生变化之日起30日内报所在地省、自治区、直辖市（食品）药品监督管理部门备案，省、自治区、直辖市（食品）药品监督管理部门根据需要进行检查。

第二十六条 省、自治区、直辖市（食品）药品监督管理部门应当将上年度《医疗机构制剂许可证》核发、变更、换发、缴销、补办等办理情况，在每年3月底前汇总报国家食品药品监督管理局。

第二十七条 任何单位和个人不得伪造、变造、买卖、出租、出借《医疗机构制剂许可证》。

第四章 “医院”类别医疗机构中药制剂委托配制的管理

第二十八条 经省、自治区、直辖市（食品）药品监督管理部门批准，具有《医疗机构制剂许可证》且取得制剂批准文号，并属于“医院”类别的医疗机构的中药制剂，可以委托本省、自治区、直辖市内取得《医疗机构制剂许可证》的医疗机构或者取得《药品生产质量管理规范》认证证书的药品生产企业配制制剂。委托配制的制剂剂型应当与受托方持有的《医疗机构制剂许可证》或者《药品生产质量管理规范》认证证书所载明的范围一致。

未取得《医疗机构制剂许可证》的“医院”类别的医疗机构，在申请中药制剂批准文号时申请委托配制的，应当按照《医疗机构制剂注册管理办法》的相关规定办理。

第二十九条 委托方按照本办法第三十三条的规定向所在地省、自治区、直辖市（食品）药品监督管理部门提交中药制剂委托配制的申请材料；省、自治区、直辖市（食品）药品监督管理部门参照本办法第九条的规定进行受理。

第三十条 省、自治区、直辖市（食品）药品监督管理部门应当自申请受理之日起20个工作日内，按照本章规定的条件对申请进行审查，并作出决定。

经审查符合规定的，予以批准，并自书面批准决定作出之日起10个工作日内向委托方发放《医疗机构中药制剂委托配制批件》；不符合规定的，书面通知委托方并说明理由，同时告知其享有依法申请行政复议或者提起行政诉讼的权利。

第三十一条 《医疗机构中药制剂委托配制批件》有效期不得超过该制剂批准证明文件载明的有效期限。在《医疗机构中药制剂委托配制批件》有效期内，委托方不得再行委托其他单位配制该制剂。

第三十二条 《医疗机构中药制剂委托配制批件》有效期届满，需要继续委托配制的，委托方应当在有效期届满30日前办理委托配制的续展手续。

委托配制合同终止的，《医疗机构中药制剂委托配制批件》自动废止。

第三十三条　申请制剂委托配制应当提供以下资料：

（一）《医疗机构中药制剂委托配制申请表》（见附件4）；

（二）委托方的《医疗机构制剂许可证》、制剂批准证明文件复印件；

（三）受托方的《药品生产许可证》、《药品生产质量管理规范》认证证书或者《医疗机构制剂许可证》复印件；

（四）委托配制的制剂质量标准、配制工艺；

（五）委托配制的制剂原最小包装、标签和使用说明书实样；

（六）委托配制的制剂拟采用的包装、标签和说明书式样及色标；

（七）委托配制合同；

（八）受托方所在地设区的市级（食品）药品监督管理机构组织对受托方技术人员，厂房（制剂室）、设施、设备等生产条件和能力，以及质检机构、检测设备等质量保证体系考核的意见。

委托配制申请续展应当提供以下资料：

（一）委托方的《医疗机构制剂许可证》、制剂批准证明文件复印件；

（二）受托方的《药品生产许可证》、《药品生产质量管理规范》认证证书或者《医疗机构制剂许可证》复印件；

（三）前次批准的《医疗机构中药制剂委托配制批件》；

（四）前次委托配制期间，配制及制剂质量情况的总结；

（五）与前次《医疗机构中药制剂委托配制批件》发生变化的证明文件。

第三十四条　委托配制制剂的质量标准应当执行原批准的质量标准，其处方、工艺、包装规格、标签及使用说明书等应当与原批准的内容相同。在委托配制的制剂包装、标签和说明书上，应当标明委托单位和受托单位名称、受托单位生产地址。

委托单位取得《医疗机构中药制剂委托配制批件》后，应当向所在地的设区的市级以上药品检验所报送委托配制的前三批制剂，经检验合格后方可投入使用。

第三十五条　委托方对委托配制制剂的质量负责；受托方应当具备与配制该制剂相适应的配制与质量保证条件，按《药品生产质量管理规范》或者《医疗机构制剂配制质量管理规范》进行配制，向委托方出具批检验报告书，并按规定保存所有受托配制的文件和记录。

第三十六条　省、自治区、直辖市（食品）药品监督管理部门对制剂委托配制申请进行审查时，应当参照执行本办法第十一条至第十三条的有关规定。

第三十七条　省、自治区、直辖市（食品）药品监督管理部门应当将制剂委托配制的批准情况报国家食品药品监督管理局。

第五章　监督检查

第三十八条　本办法规定的监督检查的主要内容是医疗机构执行《医疗机构制剂配制质量管理规范》的情况、《医疗机构制剂许可证》换发的现场检查以及日常的监督检查。

第三十九条　省、自治区、直辖市（食品）药品监督管理部门负责本辖区内医疗机构制剂配制的监督检查工作，应当建立实施监督检查的运行机制和管理制度，确定设区的市级（食品）药品监督管理机构和县级（食品）药品监督管理机构的监督检查职责。

国家食品药品监督管理局可以根据需要组织对医疗机构制剂配制进行监督检查，同时对省、自治区、直辖市（食品）药品监督管理部门的监督检查工作情况进行监督和抽查。

第四十条　各级（食品）药品监督管理部门组织监督检查时，应当制订检查方案，明确检查标准，如实记录现场检查情况，提出整改内容及整改期限，检查结果以书面形式告知被检查单位，并实施追踪检查。

第四十一条 监督检查时，医疗机构应当提供有关情况和材料：

（一）实施《医疗机构制剂配制质量管理规范》自查情况；

（二）《医疗机构执业许可证》、《医疗机构制剂许可证》；

（三）药检室和制剂质量管理组织负责人以及主要配制条件、配制设备的变更情况；

（四）制剂室接受监督检查及整改落实情况；

（五）不合格制剂被质量公报通告后的整改情况；

（六）需要审查的其他材料。

第四十二条 监督检查完成后，（食品）药品监督管理部门在《医疗机构制剂许可证》副本上载明检查情况，并记载以下内容：

（一）检查结论；

（二）配制的制剂是否发生重大质量事故，是否有不合格制剂受到药品质量公报通告；

（三）制剂室是否有违法配制行为及查处情况；

（四）制剂室当年是否无配制制剂行为。

第四十三条 医疗机构制剂配制发生重大质量事故，必须立即报所在地省、自治区、直辖市（食品）药品监督管理部门和有关部门，省、自治区、直辖市（食品）药品监督管理局部门应当在24小时内报国家食品药品监督管理局。

第四十四条 （食品）药品监督管理部门实施监督检查，不得妨碍医疗机构的正常配制活动，不得索取或者收受医疗机构的财物，不得谋取其他利益。

第四十五条 任何单位和个人发现医疗机构进行违法配制的活动，有权向（食品）药品监督管理部门举报，接受举报的（食品）药品监督管理部门应当及时核实、处理。

第四十六条 有《中华人民共和国行政许可法》（以下简称《行政许可法》）第七十条情形之一的，原发证机关应当依法注销《医疗机构制剂许可证》。

省、自治区、直辖市（食品）药品监督管理部门注销《医疗机构制剂许可证》的，应当自注销之日起5个工作日内通知有关部门，并报国家食品药品监督管理局备案。

第六章 法律责任

第四十七条 有《行政许可法》第六十九条规定情形的，国家食品药品监督管理局或者省、自治区、直辖市（食品）药品监督管理部门根据利害关系人的请求或者依据职权，可以撤销《医疗机构制剂许可证》。

第四十八条 申请人隐瞒有关情况或者提供虚假材料申请《医疗机构制剂许可证》的，省、自治区、直辖市（食品）药品监督管理部门不予受理或者不予批准，并给予警告，申请人在1年内不得再申请。

申请人提供虚假材料取得《医疗机构制剂许可证》的，省、自治区、直辖市（食品）药品监督管理部门应当吊销其《医疗机构制剂许可证》，并处1万元以上3万元以下的罚款，申请人在5年内不得再申请。

第四十九条 未取得《医疗机构制剂许可证》配制制剂的，按《药品管理法》第七十三条的规定给予处罚。

第五十条 （食品）药品监督管理部门对不符合法定条件的单位发给《医疗机构制剂许可证》的，按《药品管理法》第九十四条规定给予处罚。

第五十一条 未经批准擅自委托或者接受委托配制制剂的，对委托方和受托方均依照《药品管理法》第七十四条的规定给予处罚。

第五十二条　医疗机构违反本办法第十九条、第二十四条规定的，由所在地省、自治区、直辖市（食品）药品监督管理部门责令改正。

医疗机构违反本办法第二十五条规定的，由所在地省、自治区、直辖市（食品）药品监督管理部门给予警告，责令限期改正；逾期不改正的，可以处5000元以上1万元以下的罚款。

第五十三条　在实施本办法规定的行政许可中违反相关法律、法规的，按有关法律、法规处理。

第七章　附　　则

第五十四条　本办法由国家食品药品监督管理局负责解释。

第五十五条　本办法自2005年6月1日起施行。

附件：（略）

麻醉药品和精神药品管理条例

（2005年8月3日中华人民共和国国务院令第442号公布，根据2013年12月7日《国务院关于修改部分行政法规的决定》第一次修订，根据2016年2月6日《国务院关于修改部分行政法规的决定》第二次修订）

第一章　总　　则

第一条　为加强麻醉药品和精神药品的管理，保证麻醉药品和精神药品的合法、安全、合理使用，防止流入非法渠道，根据药品管理法和其他有关法律的规定，制定本条例。

第二条　麻醉药品药用原植物的种植，麻醉药品和精神药品的实验研究、生产、经营、使用、储存、运输等活动以及监督管理，适用本条例。

麻醉药品和精神药品的进出口依照有关法律的规定办理。

第三条　本条例所称麻醉药品和精神药品，是指列入麻醉药品目录、精神药品目录（以下称目录）的药品和其他物质。精神药品分为第一类精神药品和第二类精神药品。

目录由国务院药品监督管理部门会同国务院公安部门、国务院卫生主管部门制定、调整并公布。

上市销售但尚未列入目录的药品和其他物质或者第二类精神药品发生滥用，已经造成或者可能造成严重社会危害的，国务院药品监督管理部门会同国务院公安部门、国务院卫生主管部门应当及时将该药品和该物质列入目录或者将该第二类精神药品调整为第一类精神药品。

第四条　国家对麻醉药品药用原植物以及麻醉药品和精神药品实行管制。除本条例另有规定的外，任何单位、个人不得进行麻醉药品药用原植物的种植以及麻醉药品和精神药品的实验研究、生产、经营、使用、储存、运输等活动。

第五条　国务院药品监督管理部门负责全国麻醉药品和精神药品的监督管理工作，并会同国务院农业主管部门对麻醉药品药用原植物实施监督管理。国务院公安部门负责对造成麻醉药品药用原植物、麻醉药品和精神药品流入非法渠道的行为进行查处。国务院其他有关主管部门在各自的职责范围内负责与麻醉药品和精神药品有关的管理工作。

省、自治区、直辖市人民政府药品监督管理部门负责本行政区域内麻醉药品和精神药品的监督管理工作。县级以上地方公安机关负责对本行政区域内造成麻醉药品和精神药品流入非法渠道的行为进行查处。县级以上地方人民政府其他有关主管部门在各自的职责范围内负责与麻醉药品和精神药品有关的管理工作。

第六条　麻醉药品和精神药品生产、经营企业和使用单位可以依法参加行业协会。行业协会应当加强行业自律管理。

第二章　种植、实验研究和生产

第七条　国家根据麻醉药品和精神药品的医疗、国家储备和企业生产所需原料的需要确定需求总量，对麻醉药品药用原植物的种植、麻醉药品和精神药品的生产实行总量控制。

国务院药品监督管理部门根据麻醉药品和精神药品的需求总量制定年度生产计划。

国务院药品监督管理部门和国务院农业主管部门根据麻醉药品年度生产计划，制定麻醉药品药用原植物年度种植计划。

第八条　麻醉药品药用原植物种植企业应当根据年度种植计划，种植麻醉药品药用原植物。

麻醉药品药用原植物种植企业应当向国务院药品监督管理部门和国务院农业主管部门定期报告种植情况。

第九条　麻醉药品药用原植物种植企业由国务院药品监督管理部门和国务院农业主管部门共同确定，其他单位和个人不得种植麻醉药品药用原植物。

第十条　开展麻醉药品和精神药品实验研究活动应当具备下列条件，并经国务院药品监督管理部门批准：

（一）以医疗、科学研究或者教学为目的；

（二）有保证实验所需麻醉药品和精神药品安全的措施和管理制度；

（三）单位及其工作人员 2 年内没有违反有关禁毒的法律、行政法规规定的行为。

第十一条　麻醉药品和精神药品的实验研究单位申请相关药品批准证明文件，应当依照药品管理法的规定办理；需要转让研究成果的，应当经国务院药品监督管理部门批准。

第十二条　药品研究单位在普通药品的实验研究过程中，产生本条例规定的管制品种的，应当立即停止实验研究活动，并向国务院药品监督管理部门报告。国务院药品监督管理部门应当根据情况，及时作出是否同意其继续实验研究的决定。

第十三条　麻醉药品和第一类精神药品的临床试验，不得以健康人为受试对象。

第十四条　国家对麻醉药品和精神药品实行定点生产制度。

国务院药品监督管理部门应当根据麻醉药品和精神药品的需求总量，确定麻醉药品和精神药品定点生产企业的数量和布局，并根据年度需求总量对数量和布局进行调整、公布。

第十五条　麻醉药品和精神药品的定点生产企业应当具备下列条件：

（一）有药品生产许可证；

（二）有麻醉药品和精神药品实验研究批准文件；

（三）有符合规定的麻醉药品和精神药品生产设施、储存条件和相应的安全管理设施；

（四）有通过网络实施企业安全生产管理和向药品监督管理部门报告生产信息的能力；

（五）有保证麻醉药品和精神药品安全生产的管理制度；

（六）有与麻醉药品和精神药品安全生产要求相适应的管理水平和经营规模；

（七）麻醉药品和精神药品生产管理、质量管理部门的人员应当熟悉麻醉药品和精神药品管理以及有关禁毒的法律、行政法规；

（八）没有生产、销售假药、劣药或者违反有关禁毒的法律、行政法规规定的行为；

（九）符合国务院药品监督管理部门公布的麻醉药品和精神药品定点生产企业数量和布局的要求。

第十六条　从事麻醉药品、精神药品生产的企业，应当经所在地省、自治区、直辖市人民政府药品监督管理部门批准。

第十七条　定点生产企业生产麻醉药品和精神药品，应当依照药品管理法的规定取得药品批准文号。

国务院药品监督管理部门应当组织医学、药学、社会学、伦理学和禁毒等方面的专家成立专家组，由专家组对申请首次上市的麻醉药品和精神药品的社会危害性和被滥用的可能性进行评价，并提出是否批准的建议。

未取得药品批准文号的，不得生产麻醉药品和精神药品。

第十八条　发生重大突发事件，定点生产企业无法正常生产或者不能保证供应麻醉药品和精神药品时，国务院药品监督管理部门可以决定其他药品生产企业生产麻醉药品和精神药品。

重大突发事件结束后，国务院药品监督管理部门应当及时决定前款规定的企业停止麻醉药品和精神药品的生产。

第十九条　定点生产企业应当严格按照麻醉药品和精神药品年度生产计划安排生产，并依照规定向所在地省、自治区、直辖市人民政府药品监督管理部门报告生产情况。

第二十条　定点生产企业应当依照本条例的规定，将麻醉药品和精神药品销售给具有麻醉药品和精神药品经营资格的企业或者依照本条例规定批准的其他单位。

第二十一条　麻醉药品和精神药品的标签应当印有国务院药品监督管理部门规定的标志。

第三章　经　　营

第二十二条　国家对麻醉药品和精神药品实行定点经营制度。

国务院药品监督管理部门应当根据麻醉药品和第一类精神药品的需求总量，确定麻醉药品和第一类精神药品的定点批发企业布局，并应当根据年度需求总量对布局进行调整、公布。

药品经营企业不得经营麻醉药品原料药和第一类精神药品原料药。但是，供医疗、科学研究、教学使用的小包装的上述药品可以由国务院药品监督管理部门规定的药品批发企业经营。

第二十三条　麻醉药品和精神药品定点批发企业除应当具备药品管理法第十五条规定的药品经营企业的开办条件外，还应当具备下列条件：

（一）有符合本条例规定的麻醉药品和精神药品储存条件；

（二）有通过网络实施企业安全管理和向药品监督管理部门报告经营信息的能力；

（三）单位及其工作人员 2 年内没有违反有关禁毒的法律、行政法规规定的行为；

（四）符合国务院药品监督管理部门公布的定点批发企业布局。

麻醉药品和第一类精神药品的定点批发企业，还应当具有保证供应责任区域内医疗机构所需麻醉药品和第一类精神药品的能力，并具有保证麻醉药品和第一类精神药品安全经营的管理制度。

第二十四条　跨省、自治区、直辖市从事麻醉药品和第一类精神药品批发业务的企业（以下称全国性批发企业），应当经国务院药品监督管理部门批准；在本省、自治区、直辖市行政区域内从事麻醉药品和第一类精神药品批发业务的企业（以下称区域性批发企业），应当经所在地省、自治区、直辖市人民政府药品监督管理部门批准。专门从事第二类精神药品批发业务的企业，应当经所在地省、自治区、直辖市人民政府药品监督管理部门批准。

全国性批发企业和区域性批发企业可以从事第二类精神药品批发业务。

第二十五条 全国性批发企业可以向区域性批发企业，或者经批准可以向取得麻醉药品和第一类精神药品使用资格的医疗机构以及依照本条例规定批准的其他单位销售麻醉药品和第一类精神药品。

全国性批发企业向取得麻醉药品和第一类精神药品使用资格的医疗机构销售麻醉药品和第一类精神药品，应当经医疗机构所在地省、自治区、直辖市人民政府药品监督管理部门批准。

国务院药品监督管理部门在批准全国性批发企业时，应当明确其所承担供药责任的区域。

第二十六条 区域性批发企业可以向本省、自治区、直辖市行政区域内取得麻醉药品和第一类精神药品使用资格的医疗机构销售麻醉药品和第一类精神药品；由于特殊地理位置的原因，需要就近向其他省、自治区、直辖市行政区域内取得麻醉药品和第一类精神药品使用资格的医疗机构销售的，应当经企业所在地省、自治区、直辖市人民政府药品监督管理部门批准。审批情况由负责审批的药品监督管理部门在批准后5日内通报医疗机构所在地省、自治区、直辖市人民政府药品监督管理部门。

省、自治区、直辖市人民政府药品监督管理部门在批准区域性批发企业时，应当明确其所承担供药责任的区域。区域性批发企业之间因医疗急需、运输困难等特殊情况需要调剂麻醉药品和第一类精神药品的，应当在调剂后2日内将调剂情况分别报所在地省、自治区、直辖市人民政府药品监督管理部门备案。

第二十七条 全国性批发企业应当从定点生产企业购进麻醉药品和第一类精神药品。

区域性批发企业可以从全国性批发企业购进麻醉药品和第一类精神药品；经所在地省、自治区、直辖市人民政府药品监督管理部门批准，也可以从定点生产企业购进麻醉药品和第一类精神药品。

第二十八条 全国性批发企业和区域性批发企业向医疗机构销售麻醉药品和第一类精神药品，应当将药品送至医疗机构。医疗机构不得自行提货。

第二十九条 第二类精神药品定点批发企业可以向医疗机构、定点批发企业和符合本条例第三十一条规定的药品零售企业以及依照本条例规定批准的其他单位销售第二类精神药品。

第三十条 麻醉药品和第一类精神药品不得零售。

禁止使用现金进行麻醉药品和精神药品交易，但是个人合法购买麻醉药品和精神药品的除外。

第三十一条 经所在地设区的市级药品监督管理部门批准，实行统一进货、统一配送、统一管理的药品零售连锁企业可以从事第二类精神药品零售业务。

第三十二条 第二类精神药品零售企业应当凭执业医师出具的处方，按规定剂量销售第二类精神药品，并将处方保存2年备查；禁止超剂量或者无处方销售第二类精神药品；不得向未成年人销售第二类精神药品。

第三十三条 麻醉药品和精神药品实行政府定价，在制定出厂和批发价格的基础上，逐步实行全国统一零售价格。具体办法由国务院价格主管部门制定。

第四章 使　用

第三十四条 药品生产企业需要以麻醉药品和第一类精神药品为原料生产普通药品的，应当向所在地省、自治区、直辖市人民政府药品监督管理部门报送年度需求计划，由省、自治区、直辖市人民政府药品监督管理部门汇总报国务院药品监督管理部门批准后，向定点生产企业购买。

药品生产企业需要以第二类精神药品为原料生产普通药品的，应当将年度需求计划报所在地省、自治区、直辖市人民政府药品监督管理部门，并向定点批发企业或者定点生产企业购买。

第三十五条　食品、食品添加剂、化妆品、油漆等非药品生产企业需要使用咖啡因作为原料的，应当经所在地省、自治区、直辖市人民政府药品监督管理部门批准，向定点批发企业或者定点生产企业购买。

科学研究、教学单位需要使用麻醉药品和精神药品开展实验、教学活动的，应当经所在地省、自治区、直辖市人民政府药品监督管理部门批准，向定点批发企业或者定点生产企业购买。需要使用麻醉药品和精神药品的标准品、对照品的，应当经所在地省、自治区、直辖市人民政府药品监督管理部门批准，向国务院药品监督管理部门批准的单位购买。

第三十六条　医疗机构需要使用麻醉药品和第一类精神药品的，应当经所在地设区的市级人民政府卫生主管部门批准，取得麻醉药品、第一类精神药品购用印鉴卡（以下称印鉴卡）。医疗机构应当凭印鉴卡向本省、自治区、直辖市行政区域内的定点批发企业购买麻醉药品和第一类精神药品。

设区的市级人民政府卫生主管部门发给医疗机构印鉴卡时，应当将取得印鉴卡的医疗机构情况抄送所在地设区的市级药品监督管理部门，并报省、自治区、直辖市人民政府卫生主管部门备案。省、自治区、直辖市人民政府卫生主管部门应当将取得印鉴卡的医疗机构名单向本行政区域内的定点批发企业通报。

第三十七条　医疗机构取得印鉴卡应当具备下列条件：

（一）有专职的麻醉药品和第一类精神药品管理人员；

（二）有获得麻醉药品和第一类精神药品处方资格的执业医师；

（三）有保证麻醉药品和第一类精神药品安全储存的设施和管理制度。

第三十八条　医疗机构应当按照国务院卫生主管部门的规定，对本单位执业医师进行有关麻醉药品和精神药品使用知识的培训、考核，经考核合格的，授予麻醉药品和第一类精神药品处方资格。执业医师取得麻醉药品和第一类精神药品的处方资格后，方可在本医疗机构开具麻醉药品和第一类精神药品处方，但不得为自己开具该种处方。医疗机构应当将具有麻醉药品和第一类精神药品处方资格的执业医师名单及其变更情况，定期报送所在地设区的市级人民政府卫生主管部门，并抄送同级药品监督管理部门。医务人员应当根据国务院卫生主管部门制定的临床应用指导原则，使用麻醉药品和精神药品。

第三十九条　具有麻醉药品和第一类精神药品处方资格的执业医师，根据临床应用指导原则，对确需使用麻醉药品或者第一类精神药品的患者，应当满足其合理用药需求。在医疗机构就诊的癌症疼痛患者和其他危重患者得不到麻醉药品或者第一类精神药品时，患者或者其亲属可以向执业医师提出申请。具有麻醉药品和第一类精神药品处方资格的执业医师认为要求合理的，应当及时为患者提供所需麻醉药品或者第一类精神药品。

第四十条　执业医师应当使用专用处方开具麻醉药品和精神药品，单张处方的最大用量应当符合国务院卫生主管部门的规定。

对麻醉药品和第一类精神药品处方，处方的调配人、核对人应当仔细核对，签署姓名，并予以登记；对不符合本条例规定的，处方的调配人、核对人应当拒绝发药。

麻醉药品和精神药品专用处方的格式由

国务院卫生主管部门规定。

第四十一条 医疗机构应当对麻醉药品和精神药品处方进行专册登记，加强管理。麻醉药品处方至少保存3年，精神药品处方至少保存2年。

第四十二条 医疗机构抢救病人急需麻醉药品和第一类精神药品而本医疗机构无法提供时，可以从其他医疗机构或者定点批发企业紧急借用；抢救工作结束后，应当及时将借用情况报所在地设区的市级药品监督管理部门和卫生主管部门备案。

第四十三条 对临床需要而市场无供应的麻醉药品和精神药品，持有医疗机构制剂许可证和印鉴卡的医疗机构需要配制制剂的，应当经所在地省、自治区、直辖市人民政府药品监督管理部门批准。医疗机构配制的麻醉药品和精神药品制剂只能在本医疗机构使用，不得对外销售。

第四十四条 因治疗疾病需要，个人凭医疗机构出具的医疗诊断书、本人身份证明，可以携带单张处方最大用量以内的麻醉药品和第一类精神药品；携带麻醉药品和第一类精神药品出入境的，由海关根据自用、合理的原则放行。

医务人员为了医疗需要携带少量麻醉药品和精神药品出入境的，应当持有省级以上人民政府药品监督管理部门发放的携带麻醉药品和精神药品证明。海关凭携带麻醉药品和精神药品证明放行。

第四十五条 医疗机构、戒毒机构以开展戒毒治疗为目的，可以使用美沙酮或者国家确定的其他用于戒毒治疗的麻醉药品和精神药品。具体管理办法由国务院药品监督管理部门、国务院公安部门和国务院卫生主管部门制定。

第五章 储　　存

第四十六条 麻醉药品药用原植物种植企业、定点生产企业、全国性批发企业和区域性批发企业以及国家设立的麻醉药品储存单位，应当设置储存麻醉药品和第一类精神药品的专库。该专库应当符合下列要求：

（一）安装专用防盗门，实行双人双锁管理；

（二）具有相应的防火设施；

（三）具有监控设施和报警装置，报警装置应当与公安机关报警系统联网。

全国性批发企业经国务院药品监督管理部门批准设立的药品储存点应当符合前款的规定。

麻醉药品定点生产企业应当将麻醉药品原料药和制剂分别存放。

第四十七条 麻醉药品和第一类精神药品的使用单位应当设立专库或者专柜储存麻醉药品和第一类精神药品。专库应当设有防盗设施并安装报警装置；专柜应当使用保险柜。专库和专柜应当实行双人双锁管理。

第四十八条 麻醉药品药用原植物种植企业、定点生产企业、全国性批发企业和区域性批发企业、国家设立的麻醉药品储存单位以及麻醉药品和第一类精神药品的使用单位，应当配备专人负责管理工作，并建立储存麻醉药品和第一类精神药品的专用账册。药品入库双人验收，出库双人复核，做到账物相符。专用账册的保存期限应当自药品有效期期满之日起不少于5年。

第四十九条 第二类精神药品经营企业应当在药品库房中设立独立的专库或者专柜储存第二类精神药品，并建立专用账册，实行专人管理。专用账册的保存期限应当自药品有效期期满之日起不少于5年。

第六章 运　　输

第五十条 托运、承运和自行运输麻醉药品和精神药品的，应当采取安全保障措施，防止麻醉药品和精神药品在运输过程中被盗、被抢、丢失。

第五十一条 通过铁路运输麻醉药品和第一类精神药品的，应当使用集装箱或者铁路行李车运输，具体办法由国务院药品监督管理部门会同国务院铁路主管部门制定。

没有铁路需要通过公路或者水路运输麻醉药品和第一类精神药品的，应当由专人负责押运。

第五十二条　托运或者自行运输麻醉药品和第一类精神药品的单位，应当向所在地设区的市级药品监督管理部门申请领取运输证明。运输证明有效期为1年。

运输证明应当由专人保管，不得涂改、转让、转借。

第五十三条　托运人办理麻醉药品和第一类精神药品运输手续，应当将运输证明副本交付承运人。承运人应当查验、收存运输证明副本，并检查货物包装。没有运输证明或者货物包装不符合规定的，承运人不得承运。

承运人在运输过程中应当携带运输证明副本，以备查验。

第五十四条　邮寄麻醉药品和精神药品，寄件人应当提交所在地设区的市级药品监督管理部门出具的准予邮寄证明。邮政营业机构应当查验、收存准予邮寄证明；没有准予邮寄证明的，邮政营业机构不得收寄。

省、自治区、直辖市邮政主管部门指定符合安全保障条件的邮政营业机构负责收寄麻醉药品和精神药品。邮政营业机构收寄麻醉药品和精神药品，应当依法对收寄的麻醉药品和精神药品予以查验。

邮寄麻醉药品和精神药品的具体管理办法，由国务院药品监督管理部门会同国务院邮政主管部门制定。

第五十五条　定点生产企业、全国性批发企业和区域性批发企业之间运输麻醉药品、第一类精神药品，发货人在发货前应当向所在地省、自治区、直辖市人民政府药品监督管理部门报送本次运输的相关信息。属于跨省、自治区、直辖市运输的，收到信息的药品监督管理部门应当向收货人所在地的同级药品监督管理部门通报；属于在本省、自治区、直辖市行政区域内运输的，收到信息的药品监督管理部门应当向收货人所在地设区的市级药品监督管理部门通报。

第七章　审批程序和监督管理

第五十六条　申请人提出本条例规定的审批事项申请，应当提交能够证明其符合本条例规定条件的相关资料。审批部门应当自收到申请之日起40日内作出是否批准的决定；作出批准决定的，发给许可证明文件或者在相关许可证明文件上加注许可事项；作出不予批准决定的，应当书面说明理由。

确定定点生产企业和定点批发企业，审批部门应当在经审查符合条件的企业中，根据布局的要求，通过公平竞争的方式初步确定定点生产企业和定点批发企业，并予公布。其他符合条件的企业可以自公布之日起10日内向审批部门提出异议。审批部门应当自收到异议之日起20日内对异议进行审查，并作出是否调整的决定。

第五十七条　药品监督管理部门应当根据规定的职责权限，对麻醉药品药用原植物的种植以及麻醉药品和精神药品的实验研究、生产、经营、使用、储存、运输活动进行监督检查。

第五十八条　省级以上人民政府药品监督管理部门根据实际情况建立监控信息网络，对定点生产企业、定点批发企业和使用单位的麻醉药品和精神药品生产、进货、销售、库存、使用的数量以及流向实行实时监控，并与同级公安机关做到信息共享。

第五十九条　尚未连接监控信息网络的麻醉药品和精神药品定点生产企业、定点批发企业和使用单位，应当每月通过电子信息、传真、书面等方式，将本单位麻醉药品和精神药品生产、进货、销售、库存、使用的数量以及流向，报所在地设区的市级药品监督管理部门和公安机关；医疗机构还应当报所在地设区的市级人民政府卫生主管部门。

设区的市级药品监督管理部门应当每3

个月向上一级药品监督管理部门报告本地区麻醉药品和精神药品的相关情况。

第六十条 对已经发生滥用，造成严重社会危害的麻醉药品和精神药品品种，国务院药品监督管理部门应当采取在一定期限内中止生产、经营、使用或者限定其使用范围和用途等措施。对不再作为药品使用的麻醉药品和精神药品，国务院药品监督管理部门应当撤销其药品批准文号和药品标准，并予以公布。

药品监督管理部门、卫生主管部门发现生产、经营企业和使用单位的麻醉药品和精神药品管理存在安全隐患时，应当责令其立即排除或者限期排除；对有证据证明可能流入非法渠道的，应当及时采取查封、扣押的行政强制措施，在7日内作出行政处理决定，并通报同级公安机关。

药品监督管理部门发现取得印鉴卡的医疗机构未依照规定购买麻醉药品和第一类精神药品时，应当及时通报同级卫生主管部门。接到通报的卫生主管部门应当立即调查处理。必要时，药品监督管理部门可以责令定点批发企业中止向该医疗机构销售麻醉药品和第一类精神药品。

第六十一条 麻醉药品和精神药品的生产、经营企业和使用单位对过期、损坏的麻醉药品和精神药品应当登记造册，并向所在地县级药品监督管理部门申请销毁。药品监督管理部门应当自接到申请之日起5日内到场监督销毁。医疗机构对存放在本单位的过期、损坏麻醉药品和精神药品，应当按照本条规定的程序向卫生主管部门提出申请，由卫生主管部门负责监督销毁。

对依法收缴的麻醉药品和精神药品，除经国务院药品监督管理部门或者国务院公安部门批准用于科学研究外，应当依照国家有关规定予以销毁。

第六十二条 县级以上人民政府卫生主管部门应当对执业医师开具麻醉药品和精神药品处方的情况进行监督检查。

第六十三条 药品监督管理部门、卫生主管部门和公安机关应当互相通报麻醉药品和精神药品生产、经营企业和使用单位的名单以及其他管理信息。

各级药品监督管理部门应当将在麻醉药品药用原植物的种植以及麻醉药品和精神药品的实验研究、生产、经营、使用、储存、运输等各环节的管理中的审批、撤销等事项通报同级公安机关。

麻醉药品和精神药品的经营企业、使用单位报送各级药品监督管理部门的备案事项，应当同时报送同级公安机关。

第六十四条 发生麻醉药品和精神药品被盗、被抢、丢失或者其他流入非法渠道的情形的，案发单位应当立即采取必要的控制措施，同时报告所在地县级公安机关和药品监督管理部门。医疗机构发生上述情形的，还应当报告其主管部门。

公安机关接到报告、举报，或者有证据证明麻醉药品和精神药品可能流入非法渠道时，应当及时开展调查，并可以对相关单位采取必要的控制措施。

药品监督管理部门、卫生主管部门以及其他有关部门应当配合公安机关开展工作。

第八章　法律责任

第六十五条 药品监督管理部门、卫生主管部门违反本条例的规定，有下列情形之一的，由其上级行政机关或者监察机关责令改正；情节严重的，对直接负责的主管人员和其他直接责任人员依法给予行政处分；构成犯罪的，依法追究刑事责任：

（一）对不符合条件的申请人准予行政许可或者超越法定职权作出准予行政许可决定的；

（二）未到场监督销毁过期、损坏的麻醉药品和精神药品的；

（三）未依法履行监督检查职责，应当发现而未发现违法行为、发现违法行为不及时查处，或者未依照本条例规定的程序实施监督检查的；

（四）违反本条例规定的其他失职、渎职行为。

第六十六条　麻醉药品药用原植物种植企业违反本条例的规定，有下列情形之一的，由药品监督管理部门责令限期改正，给予警告；逾期不改正的，处5万元以上10万元以下的罚款；情节严重的，取消其种植资格：

（一）未依照麻醉药品药用原植物年度种植计划进行种植的；

（二）未依照规定报告种植情况的；

（三）未依照规定储存麻醉药品的。

第六十七条　定点生产企业违反本条例的规定，有下列情形之一的，由药品监督管理部门责令限期改正，给予警告，并没收违法所得和违法销售的药品；逾期不改正的，责令停产，并处5万元以上10万元以下的罚款；情节严重的，取消其定点生产资格：

（一）未按照麻醉药品和精神药品年度生产计划安排生产的；

（二）未依照规定向药品监督管理部门报告生产情况的；

（三）未依照规定储存麻醉药品和精神药品，或者未依照规定建立、保存专用账册的；

（四）未依照规定销售麻醉药品和精神药品的；

（五）未依照规定销毁麻醉药品和精神药品的。

第六十八条　定点批发企业违反本条例的规定销售麻醉药品和精神药品，或者违反本条例的规定经营麻醉药品原料药和第一类精神药品原料药的，由药品监督管理部门责令限期改正，给予警告，并没收违法所得和违法销售的药品；逾期不改正的，责令停业，并处违法销售药品货值金额2倍以上5倍以下的罚款；情节严重的，取消其定点批发资格。

第六十九条　定点批发企业违反本条例的规定，有下列情形之一的，由药品监督管理部门责令限期改正，给予警告；逾期不改正的，责令停业，并处2万元以上5万元以下的罚款；情节严重的，取消其定点批发资格：

（一）未依照规定购进麻醉药品和第一类精神药品的；

（二）未保证供药责任区域内的麻醉药品和第一类精神药品的供应的；

（三）未对医疗机构履行送货义务的；

（四）未依照规定报告麻醉药品和精神药品的进货、销售、库存数量以及流向的；

（五）未依照规定储存麻醉药品和精神药品，或者未依照规定建立、保存专用账册的；

（六）未依照规定销毁麻醉药品和精神药品的；

（七）区域性批发企业之间违反本条例的规定调剂麻醉药品和第一类精神药品，或者因特殊情况调剂麻醉药品和第一类精神药品后未依照规定备案的。

第七十条　第二类精神药品零售企业违反本条例的规定储存、销售或者销毁第二类精神药品的，由药品监督管理部门责令限期改正，给予警告，并没收违法所得和违法销售的药品；逾期不改正的，责令停业，并处5000元以上2万元以下的罚款；情节严重的，取消其第二类精神药品零售资格。

第七十一条　本条例第三十四条、第三十五条规定的单位违反本条例的规定，购买麻醉药品和精神药品的，由药品监督管理部门没收违法购买的麻醉药品和精神药品，责令限期改正，给予警告；逾期不改正的，责令停产或者停止相关活动，并处2万元以上5万元以下的罚款。

第七十二条　取得印鉴卡的医疗机构违反本条例的规定，有下列情形之一的，由设区的市级人民政府卫生主管部门责令限期改正，给予警告；逾期不改正的，处5000元以上1万元以下的罚款；情节严重的，吊销其印鉴卡；对直接负责的主管人员和其他直接责任人员，依法给予降级、撤职、开除的处分：

（一）未依照规定购买、储存麻醉药品和第一类精神药品的；

（二）未依照规定保存麻醉药品和精神药品专用处方，或者未依照规定进行处方专册登记的；

（三）未依照规定报告麻醉药品和精神药品的进货、库存、使用数量的；

（四）紧急借用麻醉药品和第一类精神药品后未备案的；

（五）未依照规定销毁麻醉药品和精神药品的。

第七十三条 具有麻醉药品和第一类精神药品处方资格的执业医师，违反本条例的规定开具麻醉药品和第一类精神药品处方，或者未按照临床应用指导原则的要求使用麻醉药品和第一类精神药品的，由其所在医疗机构取消其麻醉药品和第一类精神药品处方资格；造成严重后果的，由原发证部门吊销其执业证书。执业医师未按照临床应用指导原则的要求使用第二类精神药品或者未使用专用处方开具第二类精神药品，造成严重后果的，由原发证部门吊销其执业证书。

未取得麻醉药品和第一类精神药品处方资格的执业医师擅自开具麻醉药品和第一类精神药品处方，由县级以上人民政府卫生主管部门给予警告，暂停其执业活动；造成严重后果的，吊销其执业证书；构成犯罪的，依法追究刑事责任。

处方的调配人、核对人违反本条例的规定未对麻醉药品和第一类精神药品处方进行核对，造成严重后果的，由原发证部门吊销其执业证书。

第七十四条 违反本条例的规定运输麻醉药品和精神药品的，由药品监督管理部门和运输管理部门依照各自职责，责令改正，给予警告，处 2 万元以上 5 万元以下的罚款。

收寄麻醉药品、精神药品的邮政营业机构未依照本条例的规定办理邮寄手续的，由邮政主管部门责令改正，给予警告；造成麻醉药品、精神药品邮件丢失的，依照邮政法律、行政法规的规定处理。

第七十五条 提供虚假材料、隐瞒有关情况，或者采取其他欺骗手段取得麻醉药品和精神药品的实验研究、生产、经营、使用资格的，由原审批部门撤销其已取得的资格，5 年内不得提出有关麻醉药品和精神药品的申请；情节严重的，处 1 万元以上 3 万元以下的罚款，有药品生产许可证、药品经营许可证、医疗机构执业许可证的，依法吊销其许可证明文件。

第七十六条 药品研究单位在普通药品的实验研究和研制过程中，产生本条例规定管制的麻醉药品和精神药品，未依照本条例的规定报告的，由药品监督管理部门责令改正，给予警告，没收违法药品；拒不改正的，责令停止实验研究和研制活动。

第七十七条 药物临床试验机构以健康人为麻醉药品和第一类精神药品临床试验的受试对象的，由药品监督管理部门责令停止违法行为，给予警告；情节严重的，取消其药物临床试验机构的资格；构成犯罪的，依法追究刑事责任。对受试对象造成损害的，药物临床试验机构依法承担治疗和赔偿责任。

第七十八条 定点生产企业、定点批发企业和第二类精神药品零售企业生产、销售假劣麻醉药品和精神药品的，由药品监督管理部门取消其定点生产资格、定点批发资格或者第二类精神药品零售资格，并依照药品管理法的有关规定予以处罚。

第七十九条 定点生产企业、定点批发企业和其他单位使用现金进行麻醉药品和精神药品交易的，由药品监督管理部门责令改正，给予警告，没收违法交易的药品，并处 5 万元以上 10 万元以下的罚款。

第八十条 发生麻醉药品和精神药品被

盗、被抢、丢失案件的单位，违反本条例的规定未采取必要的控制措施或者未依照本条例的规定报告的，由药品监督管理部门和卫生主管部门依照各自职责，责令改正，给予警告；情节严重的，处5000元以上1万元以下的罚款；有上级主管部门的，由其上级主管部门对直接负责的主管人员和其他直接责任人员，依法给予降级、撤职的处分。

第八十一条　依法取得麻醉药品药用原植物种植或者麻醉药品和精神药品实验研究、生产、经营、使用、运输等资格的单位，倒卖、转让、出租、出借、涂改其麻醉药品和精神药品许可证明文件的，由原审批部门吊销相应许可证明文件，没收违法所得；情节严重的，处违法所得2倍以上5倍以下的罚款；没有违法所得的，处2万元以上5万元以下的罚款；构成犯罪的，依法追究刑事责任。

第八十二条　违反本条例的规定，致使麻醉药品和精神药品流入非法渠道造成危害，构成犯罪的，依法追究刑事责任；尚不构成犯罪的，由县级以上公安机关处5万元以上10万元以下的罚款；有违法所得的，没收违法所得；情节严重的，处违法所得2倍以上5倍以下的罚款；由原发证部门吊销其药品生产、经营和使用许可证明文件。

药品监督管理部门、卫生主管部门在监督管理工作中发现前款规定情形的，应当立即通报所在地同级公安机关，并依照国家有关规定，将案件以及相关材料移送公安机关。

第八十三条　本章规定由药品监督管理部门作出的行政处罚，由县级以上药品监督管理部门按照国务院药品监督管理部门规定的职责分工决定。

第九章　附　　则

第八十四条　本条例所称实验研究是指以医疗、科学研究或者教学为目的的临床前药物研究。

经批准可以开展与计划生育有关的临床医疗服务的计划生育技术服务机构需要使用麻醉药品和精神药品的，依照本条例有关医疗机构使用麻醉药品和精神药品的规定执行。

第八十五条　麻醉药品目录中的罂粟壳只能用于中药饮片和中成药的生产以及医疗配方使用。具体管理办法由国务院药品监督管理部门另行制定。

第八十六条　生产含麻醉药品的复方制剂，需要购进、储存、使用麻醉药品原料药的，应当遵守本条例有关麻醉药品管理的规定。

第八十七条　军队医疗机构麻醉药品和精神药品的供应、使用，由国务院药品监督管理部门会同中国人民解放军总后勤部依据本条例制定具体管理办法。

第八十八条　对动物用麻醉药品和精神药品的管理，由国务院兽医主管部门会同国务院药品监督管理部门依据本条例制定具体管理办法。

第八十九条　本条例自2005年11月1日起施行。1987年11月28日国务院发布的《麻醉药品管理办法》和1988年12月27日国务院发布的《精神药品管理办法》同时废止。

处方药与非处方药分类管理办法（试行）

（1999 年 6 月 11 日国家药品监督管理局局务会审议通过，1999 年 6 月 18 日发布，自 2000 年 1 月 1 日起施行）

第一条 为保障人民用药安全有效、使用方便，根据《中共中央、国务院关于卫生改革与发展的决定》，制定处方药与非处方药分类管理办法。

第二条 根据药品品种、规格、适应症、剂量及给药途径不同，对药品分别按处方药与非处方药进行管理。

处方药必须凭执业医师或执业助理医师处方才可调配、购买和使用；非处方药不需要凭执业医师或执业助理医师处方即可自行判断、购买和使用。

第三条 国家药品监督管理局负责处方药与非处方药分类管理办法的制定。各级药品监督管理部门负责辖区内处方药与非处方药分类管理的组织实施和监督管理。

第四条 国家药品监督管理局负责非处方药目录的遴选、审批、发布和调整工作。

第五条 处方药、非处方药生产企业必须具有《药品生产企业许可证》，其生产品种必须取得药品批准文号。

第六条 非处方药标签和说明书除符合规定外，用语应当科学、易懂，便于消费者自行判断、选择和使用。非处方药的标签和说明书必须经国家药品监督管理局批准。

第七条 非处方药的包装必须印有国家指定的非处方药专有标识，必须符合质量要求，方便储存、运输和使用。每个销售基本单元包装必须附有标签和说明书。

第八条 根据药品的安全性，非处方药分为甲、乙两类。

经营处方药、非处方药的批发企业和经营处方药、甲类非处方药的零售企业必须具有《药品经营企业许可证》。

经省级药品监督管理部门或其授权的药品监督管理部门批准的其他商业企业可以零售乙类非处方药。

第九条 零售乙类非处方药的商业企业必须配备专职的具有高中以上文化程度，经专业培训后，由省级药品监督管理部门或其授权的药品监督管理部门考核合格并取得上岗证的人员。

第十条 医疗机构根据医疗需要可以决定或推荐使用非处方药。

第十一条 消费者有权自主选购非处方药，并须按非处方药标签和说明书所示内容使用。

第十二条 处方药只准在专业性医药报刊进行广告宣传，非处方药经审批可以在大众传播媒介进行广告宣传。

第十三条 处方药与非处方药分类管理有关审批、流通、广告等具体办法另行制定。

第十四条 本办法由国家药品监督管理局负责解释。

第十五条 本办法自 2000 年 1 月 1 日起施行。

药品注册管理办法

（2020 年 1 月 15 日经国家市场监督管理总局 2020 年第 1 次局务会议审议通过，2020 年 1 月 22 日公布，自 2020 年 7 月 1 日起施行）

第一章　总　　则

第一条　为规范药品注册行为，保证药品的安全、有效和质量可控，根据《中华人民共和国药品管理法》（以下简称《药品管理法》）、《中华人民共和国中医药法》、《中华人民共和国疫苗管理法》（以下简称《疫苗管理法》）、《中华人民共和国行政许可法》、《中华人民共和国药品管理法实施条例》等法律、行政法规，制定本办法。

第二条　在中华人民共和国境内以药品上市为目的，从事药品研制、注册及监督管理活动，适用本办法。

第三条　药品注册是指药品注册申请人（以下简称申请人）依照法定程序和相关要求提出药物临床试验、药品上市许可、再注册等申请以及补充申请，药品监督管理部门基于法律法规和现有科学认知进行安全性、有效性和质量可控性等审查，决定是否同意其申请的活动。

申请人取得药品注册证书后，为药品上市许可持有人（以下简称持有人）。

第四条　药品注册按照中药、化学药和生物制品等进行分类注册管理。

中药注册按照中药创新药、中药改良型新药、古代经典名方中药复方制剂、同名同方药等进行分类。

化学药注册按照化学药创新药、化学药改良型新药、仿制药等进行分类。

生物制品注册按照生物制品创新药、生物制品改良型新药、已上市生物制品（含生物类似药）等进行分类。

中药、化学药和生物制品等药品的细化分类和相应的申报资料要求，由国家药品监督管理局根据注册药品的产品特性、创新程度和审评管理需要组织制定，并向社会公布。

境外生产药品的注册申请，按照药品的细化分类和相应的申报资料要求执行。

第五条　国家药品监督管理局主管全国药品注册管理工作，负责建立药品注册管理工作体系和制度，制定药品注册管理规范，依法组织药品注册审评审批以及相关的监督管理工作。国家药品监督管理局药品审评中心（以下简称药品审评中心）负责药物临床试验申请、药品上市许可申请、补充申请和境外生产药品再注册申请等的审评。中国食品药品检定研究院（以下简称中检院）、国家药典委员会（以下简称药典委）、国家药品监督管理局食品药品审核查验中心（以下简称药品核查中心）、国家药品监督管理局药品评价中心（以下简称药品评价中心）、国家药品监督管理局行政事项受理服务和投诉举报中心、国家药品监督管理局信息中心（以下简称信息中心）等药品专业技术机构，承担依法实施药品注册管理所需的药品注册检验、通用名称核准、核查、监测与评价、制证送达以及相应的信息化建设与管理等相关工作。

第六条　省、自治区、直辖市药品监督管理部门负责本行政区域内以下药品注册相关管理工作：

（一）境内生产药品再注册申请的受理、审查和审批；

（二）药品上市后变更的备案、报告事项管理；

（三）组织对药物非临床安全性评价研究机构、药物临床试验机构的日常监管及违法行为的查处；

（四）参与国家药品监督管理局组织的药品注册核查、检验等工作；

（五）国家药品监督管理局委托实施的药品注册相关事项。

省、自治区、直辖市药品监督管理部门设置或者指定的药品专业技术机构，承担依法实施药品监督管理所需的审评、检验、核查、监测与评价等工作。

第七条 药品注册管理遵循公开、公平、公正原则，以临床价值为导向，鼓励研究和创制新药，积极推动仿制药发展。

国家药品监督管理局持续推进审评审批制度改革，优化审评审批程序，提高审评审批效率，建立以审评为主导，检验、核查、监测与评价等为支撑的药品注册管理体系。

第二章 基本制度和要求

第八条 从事药物研制和药品注册活动，应当遵守有关法律、法规、规章、标准和规范；参照相关技术指导原则，采用其他评价方法和技术的，应当证明其科学性、适用性；应当保证全过程信息真实、准确、完整和可追溯。

药品应当符合国家药品标准和经国家药品监督管理局核准的药品质量标准。经国家药品监督管理局核准的药品质量标准，为药品注册标准。药品注册标准应当符合《中华人民共和国药典》通用技术要求，不得低于《中华人民共和国药典》的规定。申报注册品种的检测项目或者指标不适用《中华人民共和国药典》的，申请人应当提供充分的支持性数据。

药品审评中心等专业技术机构，应当根据科学进展、行业发展实际和药品监督管理工作需要制定技术指导原则和程序，并向社会公布。

第九条 申请人应当为能够承担相应法律责任的企业或者药品研制机构等。境外申请人应当指定中国境内的企业法人办理相关药品注册事项。

第十条 申请人在申请药品上市注册前，应当完成药学、药理毒理学和药物临床试验等相关研究工作。药物非临床安全性评价研究应当在经过药物非临床研究质量管理规范认证的机构开展，并遵守药物非临床研究质量管理规范。药物临床试验应当经批准，其中生物等效性试验应当备案；药物临床试验应当在符合相关规定的药物临床试验机构开展，并遵守药物临床试验质量管理规范。

申请药品注册，应当提供真实、充分、可靠的数据、资料和样品，证明药品的安全性、有效性和质量可控性。

使用境外研究资料和数据支持药品注册的，其来源、研究机构或者实验室条件、质量体系要求及其他管理条件等应当符合国际人用药品注册技术要求协调会通行原则，并符合我国药品注册管理的相关要求。

第十一条 变更原药品注册批准证明文件及其附件所载明的事项或者内容的，申请人应当按照规定，参照相关技术指导原则，对药品变更进行充分研究和验证，充分评估变更可能对药品安全性、有效性和质量可控性的影响，按照变更程序提出补充申请、备案或者报告。

第十二条 药品注册证书有效期为五年，药品注册证书有效期内持有人应当持续保证上市药品的安全性、有效性和质量可控性，并在有效期届满前六个月申请药品再注册。

第十三条 国家药品监督管理局建立药品加快上市注册制度，支持以临床价值为导向的药物创新。对符合条件的药品注册申请，申请人可以申请适用突破性治疗药物、附条件批准、优先审评审批及特别审批程序。在药品研制和注册过程中，药品监督管理部门及其专业技术机构给予必要的技术指导、沟通交流、优先配置资源、缩短审评时限等政策和技术支持。

第十四条　国家药品监督管理局建立化学原料药、辅料及直接接触药品的包装材料和容器关联审评审批制度。在审批药品制剂时，对化学原料药一并审评审批，对相关辅料、直接接触药品的包装材料和容器一并审评。药品审评中心建立化学原料药、辅料及直接接触药品的包装材料和容器信息登记平台，对相关登记信息进行公示，供相关申请人或者持有人选择，并在相关药品制剂注册申请审评时关联审评。

第十五条　处方药和非处方药实行分类注册和转换管理。药品审评中心根据非处方药的特点，制定非处方药上市注册相关技术指导原则和程序，并向社会公布。药品评价中心制定处方药和非处方药上市后转换相关技术要求和程序，并向社会公布。

第十六条　申请人在药物临床试验申请前、药物临床试验过程中以及药品上市许可申请前等关键阶段，可以就重大问题与药品审评中心等专业技术机构进行沟通交流。药品注册过程中，药品审评中心等专业技术机构可以根据工作需要组织与申请人进行沟通交流。

沟通交流的程序、要求和时限，由药品审评中心等专业技术机构依照职能分别制定，并向社会公布。

第十七条　药品审评中心等专业技术机构根据工作需要建立专家咨询制度，成立专家咨询委员会，在审评、核查、检验、通用名称核准等过程中就重大问题听取专家意见，充分发挥专家的技术支撑作用。

第十八条　国家药品监督管理局建立收载新批准上市以及通过仿制药质量和疗效一致性评价的化学药品目录集，载明药品名称、活性成分、剂型、规格、是否为参比制剂、持有人等相关信息，及时更新并向社会公开。化学药品目录集收载程序和要求，由药品审评中心制定，并向社会公布。

第十九条　国家药品监督管理局支持中药传承和创新，建立和完善符合中药特点的注册管理制度和技术评价体系，鼓励运用现代科学技术和传统研究方法研制中药，加强中药质量控制，提高中药临床试验水平。

中药注册申请，申请人应当进行临床价值和资源评估，突出以临床价值为导向，促进资源可持续利用。

第三章　药品上市注册

第一节　药物临床试验

第二十条　本办法所称药物临床试验是指以药品上市注册为目的，为确定药物安全性与有效性在人体开展的药物研究。

第二十一条　药物临床试验分为Ⅰ期临床试验、Ⅱ期临床试验、Ⅲ期临床试验、Ⅳ期临床试验以及生物等效性试验。根据药物特点和研究目的，研究内容包括临床药理学研究、探索性临床试验、确证性临床试验和上市后研究。

第二十二条　药物临床试验应当在具备相应条件并按规定备案的药物临床试验机构开展。其中，疫苗临床试验应当由符合国家药品监督管理局和国家卫生健康委员会规定条件的三级医疗机构或者省级以上疾病预防控制机构实施或者组织实施。

第二十三条　申请人完成支持药物临床试验的药学、药理毒理学等研究后，提出药物临床试验申请的，应当按照申报资料要求提交相关研究资料。经形式审查，申报资料符合要求的，予以受理。药品审评中心应当组织药学、医学和其他技术人员对已受理的药物临床试验申请进行审评。对药物临床试验申请应当自受理之日起六十日内决定是否同意开展，并通过药品审评中心网站通知申请人审批结果；逾期未通知的，视为同意，申请人可以按照提交的方案开展药物临床试验。

申请人获准开展药物临床试验的为药物临床试验申办者（以下简称申办者）。

第二十四条 申请人拟开展生物等效性试验的，应当按照要求在药品审评中心网站完成生物等效性试验备案后，按照备案的方案开展相关研究工作。

第二十五条 开展药物临床试验，应当经伦理委员会审查同意。

药物临床试验用药品的管理应当符合药物临床试验质量管理规范的有关要求。

第二十六条 获准开展药物临床试验的，申办者在开展后续分期药物临床试验前，应当制定相应的药物临床试验方案，经伦理委员会审查同意后开展，并在药品审评中心网站提交相应的药物临床试验方案和支持性资料。

第二十七条 获准开展药物临床试验的药物拟增加适应症（或者功能主治）以及增加与其他药物联合用药的，申请人应当提出新的药物临床试验申请，经批准后方可开展新的药物临床试验。

获准上市的药品增加适应症（或者功能主治）需要开展药物临床试验的，应当提出新的药物临床试验申请。

第二十八条 申办者应当定期在药品审评中心网站提交研发期间安全性更新报告。研发期间安全性更新报告应当每年提交一次，于药物临床试验获准后每满一年后的两个月内提交。药品审评中心可以根据审查情况，要求申办者调整报告周期。

对于药物临床试验期间出现的可疑且非预期严重不良反应和其他潜在的严重安全性风险信息，申办者应当按照相关要求及时向药品审评中心报告。根据安全性风险严重程度，可以要求申办者采取调整药物临床试验方案、知情同意书、研究者手册等加强风险控制的措施，必要时可以要求申办者暂停或者终止药物临床试验。

研发期间安全性更新报告的具体要求由药品审评中心制定公布。

第二十九条 药物临床试验期间，发生药物临床试验方案变更、非临床或者药学的变化或者有新发现的，申办者应当按照规定，参照相关技术指导原则，充分评估对受试者安全的影响。

申办者评估认为不影响受试者安全的，可以直接实施并在研发期间安全性更新报告中报告。可能增加受试者安全性风险的，应当提出补充申请。对补充申请应当自受理之日起六十日内决定是否同意，并通过药品审评中心网站通知申请人审批结果；逾期未通知的，视为同意。

申办者发生变更的，由变更后的申办者承担药物临床试验的相关责任和义务。

第三十条 药物临床试验期间，发现存在安全性问题或者其他风险的，申办者应当及时调整临床试验方案、暂停或者终止临床试验，并向药品审评中心报告。

有下列情形之一的，可以要求申办者调整药物临床试验方案、暂停或者终止药物临床试验：

（一）伦理委员会未履行职责的；

（二）不能有效保证受试者安全的；

（三）申办者未按照要求提交研发期间安全性更新报告的；

（四）申办者未及时处置并报告可疑且非预期严重不良反应的；

（五）有证据证明研究药物无效的；

（六）临床试验用药品出现质量问题的；

（七）药物临床试验过程中弄虚作假的；

（八）其他违反药物临床试验质量管理规范的情形。

药物临床试验中出现大范围、非预期的严重不良反应，或者有证据证明临床试验用药品存在严重质量问题时，申办者和药物临床试验机构应当立即停止药物临床试验。药品监督管理部门依职责可以责令调整临床试验方案、暂停或者终止药物临床试验。

第三十一条　药物临床试验被责令暂停后，申办者拟继续开展药物临床试验的，应当在完成整改后提出恢复药物临床试验的补充申请，经审查同意后方可继续开展药物临床试验。药物临床试验暂停时间满三年且未申请并获准恢复药物临床试验的，该药物临床试验许可自行失效。

药物临床试验终止后，拟继续开展药物临床试验的，应当重新提出药物临床试验申请。

第三十二条　药物临床试验应当在批准后三年内实施。药物临床试验申请自获准之日起，三年内未有受试者签署知情同意书的，该药物临床试验许可自行失效。仍需实施药物临床试验的，应当重新申请。

第三十三条　申办者应当在开展药物临床试验前在药物临床试验登记与信息公示平台登记药物临床试验方案等信息。药物临床试验期间，申办者应当持续更新登记信息，并在药物临床试验结束后登记药物临床试验结果等信息。登记信息在平台进行公示，申办者对药物临床试验登记信息的真实性负责。

药物临床试验登记和信息公示的具体要求，由药品审评中心制定公布。

第二节　药品上市许可

第三十四条　申请人在完成支持药品上市注册的药学、药理毒理学和药物临床试验等研究，确定质量标准，完成商业规模生产工艺验证，并做好接受药品注册核查检验的准备后，提出药品上市许可申请，按照申报资料要求提交相关研究资料。经对申报资料进行形式审查，符合要求的，予以受理。

第三十五条　仿制药、按照药品管理的体外诊断试剂以及其他符合条件的情形，经申请人评估，认为无需或者不能开展药物临床试验，符合豁免药物临床试验条件的，申请人可以直接提出药品上市许可申请。豁免药物临床试验的技术指导原则和有关具体要求，由药品审评中心制定公布。

仿制药应当与参比制剂质量和疗效一致。申请人应当参照相关技术指导原则选择合理的参比制剂。

第三十六条　符合以下情形之一的，可以直接提出非处方药上市许可申请：

（一）境内已有相同活性成分、适应症（或者功能主治）、剂型、规格的非处方药上市的药品；

（二）经国家药品监督管理局确定的非处方药改变剂型或者规格，但不改变适应症（或者功能主治）、给药剂量以及给药途径的药品；

（三）使用国家药品监督管理局确定的非处方药的活性成份组成的新的复方制剂；

（四）其他直接申报非处方药上市许可的情形。

第三十七条　申报药品拟使用的药品通用名称，未列入国家药品标准或者药品注册标准的，申请人应当在提出药品上市许可申请时同时提出通用名称核准申请。药品上市许可申请受理后，通用名称核准相关资料转药典委，药典委核准后反馈药品审评中心。

申报药品拟使用的药品通用名称，已列入国家药品标准或者药品注册标准，药品审评中心在审评过程中认为需要核准药品通用名称的，应当通知药典委核准通用名称并提供相关资料，药典委核准后反馈药品审评中心。

药典委在核准药品通用名称时，应当与申请人做好沟通交流，并将核准结果告知申请人。

第三十八条　药品审评中心应当组织药学、医学和其他技术人员，按要求对已受理的药品上市许可申请进行审评。

审评过程中基于风险启动药品注册核查、检验，相关技术机构应当在规定时限内完成核查、检验工作。

药品审评中心根据药品注册申报资料、核查结果、检验结果等，对药品的安全性、有效性和质量可控性等进行综合审评，非处方药还应当转药品评价中心进行非处方药适宜性审查。

第三十九条　综合审评结论通过的，批准药品上市，发给药品注册证书。综合审评结论不通过的，作出不予批准决定。药品注册证书载明药品批准文号、持有人、生产企业等信息。非处方药的药品注册证书还应当注明非处方药类别。

经核准的药品生产工艺、质量标准、说明书和标签作为药品注册证书的附件一并发给申请人，必要时还应当附药品上市后研究要求。上述信息纳入药品品种档案，并根据上市后变更情况及时更新。

药品批准上市后，持有人应当按照国家药品监督管理局核准的生产工艺和质量标准生产药品，并按照药品生产质量管理规范要求进行细化和实施。

第四十条　药品上市许可申请审评期间，发生可能影响药品安全性、有效性和质量可控性的重大变更的，申请人应当撤回原注册申请，补充研究后重新申报。

申请人名称变更、注册地址名称变更等不涉及技术审评内容的，应当及时书面告知药品审评中心并提交相关证明性资料。

第三节　关联审评审批

第四十一条　药品审评中心在审评药品制剂注册申请时，对药品制剂选用的化学原料药、辅料及直接接触药品的包装材料和容器进行关联审评。

化学原料药、辅料及直接接触药品的包装材料和容器生产企业应当按照关联审评审批制度要求，在化学原料药、辅料及直接接触药品的包装材料和容器登记平台登记产品信息和研究资料。药品审评中心向社会公示登记号、产品名称、企业名称、生产地址等基本信息，供药品制剂注册申请人选择。

第四十二条　药品制剂申请人提出药品注册申请，可以直接选用已登记的化学原料药、辅料及直接接触药品的包装材料和容器；选用未登记的化学原料药、辅料及直接接触药品的包装材料和容器的，相关研究资料应当随药品制剂注册申请一并申报。

第四十三条　药品审评中心在审评药品制剂注册申请时，对药品制剂选用的化学原料药、辅料及直接接触药品的包装材料和容器进行关联审评，需补充资料的，按照补充资料程序要求药品制剂申请人或者化学原料药、辅料及直接接触药品的包装材料和容器登记企业补充资料，可以基于风险提出对化学原料药、辅料及直接接触药品的包装材料和容器企业进行延伸检查。

仿制境内已上市药品所用的化学原料药的，可以申请单独审评审批。

第四十四条　化学原料药、辅料及直接接触药品的包装材料和容器关联审评通过的或者单独审评审批通过的，药品审评中心在化学原料药、辅料及直接接触药品的包装材料和容器登记平台更新登记状态标识，向社会公示相关信息。其中，化学原料药同时发给化学原料药批准通知书及核准后的生产工艺、质量标准和标签，化学原料药批准通知书中载明登记号；不予批准的，发给化学原料药不予批准通知书。

未通过关联审评审批的，化学原料药、辅料及直接接触药品的包装材料和容器产品的登记状态维持不变，相关药品制剂申请不予批准。

第四节　药品注册核查

第四十五条　药品注册核查，是指为核实申报资料的真实性、一致性以及药品上市商业化生产条件，检查药品研制的合规性、数据可靠性等，对研制现场和生产现场开展的核查活动，以及必要时对药品注册申请所涉及的化学原料药、辅料及直接接触药品的包装材料和容器生产企业、供应商或者其他受托机构开展的延伸检查活动。

药品注册核查启动的原则、程序、时限和要求，由药品审评中心制定公布；药品注册核查实施的原则、程序、时限和要求，由药品核查中心制定公布。

第四十六条 药品审评中心根据药物创新程度、药物研究机构既往接受核查情况等，基于风险决定是否开展药品注册研制现场核查。

药品审评中心决定启动药品注册研制现场核查的，通知药品核查中心在审评期间组织实施核查，同时告知申请人。药品核查中心应当在规定时限内完成现场核查，并将核查情况、核查结论等相关材料反馈药品审评中心进行综合审评。

第四十七条 药品审评中心根据申报注册的品种、工艺、设施、既往接受核查情况等因素，基于风险决定是否启动药品注册生产现场核查。

对于创新药、改良型新药以及生物制品等，应当进行药品注册生产现场核查和上市前药品生产质量管理规范检查。

对于仿制药等，根据是否已获得相应生产范围药品生产许可证且已有同剂型品种上市等情况，基于风险进行药品注册生产现场核查、上市前药品生产质量管理规范检查。

第四十八条 药品注册申请受理后，药品审评中心应当在受理后四十日内进行初步审查，需要药品注册生产现场核查的，通知药品核查中心组织核查，提供核查所需的相关材料，同时告知申请人以及申请人或者生产企业所在地省、自治区、直辖市药品监督管理部门。药品核查中心原则上应当在审评时限届满四十日前完成核查工作，并将核查情况、核查结果等相关材料反馈至药品审评中心。

需要上市前药品生产质量管理规范检查的，由药品核查中心协调相关省、自治区、直辖市药品监督管理部门与药品注册生产现场核查同步实施。上市前药品生产质量管理规范检查的管理要求，按照药品生产监督管理办法的有关规定执行。

申请人应当在规定时限内接受核查。

第四十九条 药品审评中心在审评过程中，发现申报资料真实性存疑或者有明确线索举报等，需要现场检查核实的，应当启动有因检查，必要时进行抽样检验。

第五十条 申请药品上市许可时，申请人和生产企业应当已取得相应的药品生产许可证。

第五节 药品注册检验

第五十一条 药品注册检验，包括标准复核和样品检验。标准复核，是指对申请人申报药品标准中设定项目的科学性、检验方法的可行性、质控指标的合理性等进行的实验室评估。样品检验，是指按照申请人申报或者药品审评中心核定的药品质量标准对样品进行的实验室检验。

药品注册检验启动的原则、程序、时限等要求，由药品审评中心组织制定公布。药品注册申请受理前提出药品注册检验的具体工作程序和要求以及药品注册检验技术要求和规范，由中检院制定公布。

第五十二条 与国家药品标准收载的同品种药品使用的检验项目和检验方法一致的，可以不进行标准复核，只进行样品检验。其他情形应当进行标准复核和样品检验。

第五十三条 中检院或者经国家药品监督管理局指定的药品检验机构承担以下药品注册检验：

（一）创新药；

（二）改良型新药（中药除外）；

（三）生物制品、放射性药品和按照药品管理的体外诊断试剂；

（四）国家药品监督管理局规定的其他药品。

境外生产药品的药品注册检验由中检院组织口岸药品检验机构实施。

其他药品的注册检验，由申请人或者生产企业所在地省级药品检验机构承担。

第五十四条　申请人完成支持药品上市的药学相关研究，确定质量标准，并完成商业规模生产工艺验证后，可以在药品注册申请受理前向中检院或者省、自治区、直辖市药品监督管理部门提出药品注册检验；申请人未在药品注册申请受理前提出药品注册检验的，在药品注册申请受理后四十日内由药品审评中心启动药品注册检验。原则上申请人在药品注册申请受理前只能提出一次药品注册检验，不得同时向多个药品检验机构提出药品注册检验。

申请人提交的药品注册检验资料应当与药品注册申报资料的相应内容一致，不得在药品注册检验过程中变更药品检验机构、样品和资料等。

第五十五条　境内生产药品的注册申请，申请人在药品注册申请受理前提出药品注册检验的，向相关省、自治区、直辖市药品监督管理部门申请抽样，省、自治区、直辖市药品监督管理部门组织进行抽样并封签，由申请人将抽样单、样品、检验所需资料及标准物质等送至相应药品检验机构。

境外生产药品的注册申请，申请人在药品注册申请受理前提出药品注册检验的，申请人应当按规定要求抽取样品，并将样品、检验所需资料及标准物质等送至中检院。

第五十六条　境内生产药品的注册申请，药品注册申请受理后需要药品注册检验的，药品审评中心应当在受理后四十日内向药品检验机构和申请人发出药品注册检验通知。申请人向相关省、自治区、直辖市药品监督管理部门申请抽样，省、自治区、直辖市药品监督管理部门组织进行抽样并封签，申请人应当在规定时限内将抽样单、样品、检验所需资料及标准物质等送至相应药品检验机构。

境外生产药品的注册申请，药品注册申请受理后需要药品注册检验的，申请人应当按规定要求抽取样品，并将样品、检验所需资料及标准物质等送至中检院。

第五十七条　药品检验机构应当在五日内对申请人提交的检验用样品及资料等进行审核，作出是否接收的决定，同时告知药品审评中心。需要补正的，应当一次性告知申请人。

药品检验机构原则上应当在审评时限届满四十日前，将标准复核意见和检验报告反馈至药品审评中心。

第五十八条　在药品审评、核查过程中，发现申报资料真实性存疑或者有明确线索举报，或者认为有必要进行样品检验的，可抽取样品进行样品检验。

审评过程中，药品审评中心可以基于风险提出质量标准单项复核。

第四章　药品加快上市注册程序

第一节　突破性治疗药物程序

第五十九条　药物临床试验期间，用于防治严重危及生命或者严重影响生存质量的疾病，且尚无有效防治手段或者与现有治疗手段相比有足够证据表明具有明显临床优势的创新药或者改良型新药等，申请人可以申请适用突破性治疗药物程序。

第六十条　申请适用突破性治疗药物程序的，申请人应当向药品审评中心提出申请。符合条件的，药品审评中心按照程序公示后纳入突破性治疗药物程序。

第六十一条　对纳入突破性治疗药物程序的药物临床试验，给予以下政策支持：

（一）申请人可以在药物临床试验的关键阶段向药品审评中心提出沟通交流申请，药品审评中心安排审评人员进行沟通交流；

（二）申请人可以将阶段性研究资料提交药品审评中心，药品审评中心基于已有研究资料，对下一步研究方案提出意见或者建议，并反馈给申请人。

第六十二条　对纳入突破性治疗药物程序的药物临床试验，申请人发现不再符合纳入条件时，应当及时向药品审评中心提出终止突破性治疗药物程序。药品审评中心发现不再符合纳入条件的，应当及时终止该品种的突破性治疗药物程序，并告知申请人。

第二节　附条件批准程序

第六十三条　药物临床试验期间，符合以下情形的药品，可以申请附条件批准：

（一）治疗严重危及生命且尚无有效治疗手段的疾病的药品，药物临床试验已有数据证实疗效并能预测其临床价值的；

（二）公共卫生方面急需的药品，药物临床试验已有数据显示疗效并能预测其临床价值的；

（三）应对重大突发公共卫生事件急需的疫苗或者国家卫生健康委员会认定急需的其他疫苗，经评估获益大于风险的。

第六十四条　申请附条件批准的，申请人应当就附条件批准上市的条件和上市后继续完成的研究工作等与药品审评中心沟通交流，经沟通交流确认后提出药品上市许可申请。

经审评，符合附条件批准要求的，在药品注册证书中载明附条件批准药品注册证书的有效期、上市后需要继续完成的研究工作及完成时限等相关事项。

第六十五条　审评过程中，发现纳入附条件批准程序的药品注册申请不能满足附条件批准条件的，药品审评中心应当终止该品种附条件批准程序，并告知申请人按照正常程序研究申报。

第六十六条　对附条件批准的药品，持有人应当在药品上市后采取相应的风险管理措施，并在规定期限内按照要求完成药物临床试验等相关研究，以补充申请方式申报。

对批准疫苗注册申请时提出进一步研究要求的，疫苗持有人应当在规定期限内完成研究。

第六十七条　对附条件批准的药品，持有人逾期未按照要求完成研究或者不能证明其获益大于风险的，国家药品监督管理局应当依法处理，直至注销药品注册证书。

第三节　优先审评审批程序

第六十八条　药品上市许可申请时，以下具有明显临床价值的药品，可以申请适用优先审评审批程序：

（一）临床急需的短缺药品、防治重大传染病和罕见病等疾病的创新药和改良型新药；

（二）符合儿童生理特征的儿童用药品新品种、剂型和规格；

（三）疾病预防、控制急需的疫苗和创新疫苗；

（四）纳入突破性治疗药物程序的药品；

（五）符合附条件批准的药品；

（六）国家药品监督管理局规定其他优先审评审批的情形。

第六十九条　申请人在提出药品上市许可申请前，应当与药品审评中心沟通交流，经沟通交流确认后，在提出药品上市许可申请的同时，向药品审评中心提出优先审评审批申请。符合条件的，药品审评中心按照程序公示后纳入优先审评审批程序。

第七十条　对纳入优先审评审批程序的药品上市许可申请，给予以下政策支持：

（一）药品上市许可申请的审评时限为一百三十日；

（二）临床急需的境外已上市境内未上市的罕见病药品，审评时限为七十日；

（三）需要核查、检验和核准药品通用名称的，予以优先安排；

（四）经沟通交流确认后，可以补充提交技术资料。

第七十一条　审评过程中，发现纳入优先审评审批程序的药品注册申请不能满足优先审评审批条件的，药品审评中心应当终止该品种优先审评审批程序，按照正常审评程序审评，并告知申请人。

第四节　特别审批程序

第七十二条　在发生突发公共卫生事件的威胁时以及突发公共卫生事件发生后，国家药品监督管理局可以依法决定对突发公共卫生事件应急所需防治药品实行特别审批。

第七十三条　对实施特别审批的药品注册申请，国家药品监督管理局按照统一指挥、早期介入、快速高效、科学审批的原则，组织加快并同步开展药品注册受理、审评、核查、检验工作。特别审批的情形、程序、时限、要求等按照药品特别审批程序规定执行。

第七十四条　对纳入特别审批程序的药品，可以根据疾病防控的特定需要，限定其在一定期限和范围内使用。

第七十五条　对纳入特别审批程序的药品，发现其不再符合纳入条件的，应当终止该药品的特别审批程序，并告知申请人。

第五章　药品上市后变更和再注册

第一节　药品上市后研究和变更

第七十六条　持有人应当主动开展药品上市后研究，对药品的安全性、有效性和质量可控性进行进一步确证，加强对已上市药品的持续管理。

药品注册证书及附件要求持有人在药品上市后开展相关研究工作的，持有人应当在规定时限内完成并按照要求提出补充申请、备案或者报告。

药品批准上市后，持有人应当持续开展药品安全性和有效性研究，根据有关数据及时备案或者提出修订说明书的补充申请，不断更新完善说明书和标签。药品监督管理部门依职责可以根据药品不良反应监测和药品上市后评价结果等，要求持有人对说明书和标签进行修订。

第七十七条　药品上市后的变更，按照其对药品安全性、有效性和质量可控性的风险和产生影响的程度，实行分类管理，分为审批类变更、备案类变更和报告类变更。

持有人应当按照相关规定，参照相关技术指导原则，全面评估、验证变更事项对药品安全性、有效性和质量可控性的影响，进行相应的研究工作。

药品上市后变更研究的技术指导原则，由药品审评中心制定，并向社会公布。

第七十八条　以下变更，持有人应当以补充申请方式申报，经批准后实施：

（一）药品生产过程中的重大变更；

（二）药品说明书中涉及有效性内容以及增加安全性风险的其他内容的变更；

（三）持有人转让药品上市许可；

（四）国家药品监督管理局规定需要审批的其他变更。

第七十九条　以下变更，持有人应当在变更实施前，报所在地省、自治区、直辖市药品监督管理部门备案：

（一）药品生产过程中的中等变更；

（二）药品包装标签内容的变更；

（三）药品分包装；

（四）国家药品监督管理局规定需要备案的其他变更。

境外生产药品发生上述变更的，应当在变更实施前报药品审评中心备案。

药品分包装备案的程序和要求，由药品审评中心制定发布。

第八十条　以下变更，持有人应当在年度报告中报告：

（一）药品生产过程中的微小变更；

（二）国家药品监督管理局规定需要报告的其他变更。

第八十一条　药品上市后提出的补充申请，需要核查、检验的，参照本办法有关药品注册核查、检验程序进行。

第二节　药品再注册

第八十二条　持有人应当在药品注册证书有效期届满前六个月申请再注册。境内生产药品再注册申请由持有人向其所在地省、自治区、直辖市药品监督管理部门提出，境外生产药品再注册申请由持有人向药品审评中心提出。

第八十三条　药品再注册申请受理后，省、自治区、直辖市药品监督管理部门或者药品审评中心对持有人开展药品上市后评价和不良反应监测情况，按照药品批准证明文件和药品监督管理部门要求开展相关工作情况，以及药品批准证明文件载明信息变化情况等进行审查，符合规定的，予以再注册，发给药品再注册批准通知书。不符合规定的，不予再注册，并报请国家药品监督管理局注销药品注册证书。

第八十四条　有下列情形之一的，不予再注册：

（一）有效期届满未提出再注册申请的；

（二）药品注册证书有效期内持有人不能履行持续考察药品质量、疗效和不良反应责任的；

（三）未在规定时限内完成药品批准证明文件和药品监督管理部门要求的研究工作且无合理理由的；

（四）经上市后评价，属于疗效不确切、不良反应大或者因其他原因危害人体健康的；

（五）法律、行政法规规定的其他不予再注册情形。

对不予再注册的药品，药品注册证书有效期届满时予以注销。

第六章　受理、撤回申请、审批决定和争议解决

第八十五条　药品监督管理部门收到药品注册申请后进行形式审查，并根据下列情况分别作出是否受理的决定：

（一）申请事项依法不需要取得行政许可的，应当即时作出不予受理的决定，并说明理由。

（二）申请事项依法不属于本部门职权范围的，应当即时作出不予受理的决定，并告知申请人向有关行政机关申请。

（三）申报资料存在可以当场更正的错误的，应当允许申请人当场更正；更正后申请材料齐全、符合法定形式的，应当予以受理。

（四）申报资料不齐全或者不符合法定形式的，应当当场或者在五日内一次告知申请人需要补正的全部内容。按照规定需要在告知时一并退回申请材料的，应当予以退回。申请人应当在三十日内完成补正资料。申请人无正当理由逾期不予补正的，视为放弃申请，无需作出不予受理的决定。逾期未告知申请人补正的，自收到申请材料之日起即为受理。

（五）申请事项属于本部门职权范围，申报资料齐全、符合法定形式，或者申请人按照要求提交全部补正资料的，应当受理药品注册申请。

药品注册申请受理后，需要申请人缴纳费用的，申请人应当按规定缴纳费用。申请人未在规定期限内缴纳费用的，终止药品注册审评审批。

第八十六条　药品注册申请受理后，有药品安全性新发现的，申请人应当及时报告并补充相关资料。

第八十七条　药品注册申请受理后，需要申请人在原申报资料基础上补充新的技术资料的，药品审评中心原则上提出一次补充资料要求，列明全部问题后，以书面方式通知申请人在八十日内补充提交资料。申请人应当一次性按要求提交全部补充资料，补充资料时间不计入药品审评时限。药品审评中心收到申请人全部补充资料后启动审评，审评时限延长三分之一；适用优先审评审批程序的，审评时限延长四分之一。

不需要申请人补充新的技术资料，仅需要申请人对原申报资料进行解释说明的，药品审评中心通知申请人在五日内按照要求提

交相关解释说明。

药品审评中心认为存在实质性缺陷无法补正的，不再要求申请人补充资料。基于已有申报资料做出不予批准的决定。

第八十八条　药物临床试验申请、药物临床试验期间的补充申请，在审评期间，不得补充新的技术资料；如需要开展新的研究，申请人可以在撤回后重新提出申请。

第八十九条　药品注册申请受理后，申请人可以提出撤回申请。同意撤回申请的，药品审评中心或者省、自治区、直辖市药品监督管理部门终止其注册程序，并告知药品注册核查、检验等技术机构。审评、核查和检验过程中发现涉嫌存在隐瞒真实情况或者提供虚假信息等违法行为的，依法处理，申请人不得撤回药品注册申请。

第九十条　药品注册期间，对于审评结论为不通过的，药品审评中心应当告知申请人不通过的理由，申请人可以在十五日内向药品审评中心提出异议。药品审评中心结合申请人的异议意见进行综合评估并反馈申请人。

申请人对综合评估结果仍有异议的，药品审评中心应当按照规定，在五十日内组织专家咨询委员会论证，并综合专家论证结果形成最终的审评结论。

申请人异议和专家论证时间不计入审评时限。

第九十一条　药品注册期间，申请人认为工作人员在药品注册受理、审评、核查、检验、审批等工作中违反规定或者有不规范行为的，可以向其所在单位或者上级机关投诉举报。

第九十二条　药品注册申请符合法定要求的，予以批准。

药品注册申请有下列情形之一的，不予批准：

（一）药物临床试验申请的研究资料不足以支持开展药物临床试验或者不能保障受试者安全的；

（二）申报资料显示其申请药品安全性、有效性、质量可控性等存在较大缺陷的；

（三）申报资料不能证明药品安全性、有效性、质量可控性，或者经评估认为药品风险大于获益的；

（四）申请人未能在规定时限内补充资料的；

（五）申请人拒绝接受或者无正当理由未在规定时限内接受药品注册核查、检验的；

（六）药品注册过程中认为申报资料不真实，申请人不能证明其真实性的；

（七）药品注册现场核查或者样品检验结果不符合规定的；

（八）法律法规规定的不应当批准的其他情形。

第九十三条　药品注册申请审批结束后，申请人对行政许可决定有异议的，可以依法提起行政复议或者行政诉讼。

第七章　工作时限

第九十四条　本办法所规定的时限是药品注册的受理、审评、核查、检验、审批等工作的最长时间。优先审评审批程序相关工作时限，按优先审评审批相关规定执行。

药品审评中心等专业技术机构应当明确本单位工作程序和时限，并向社会公布。

第九十五条　药品监督管理部门收到药品注册申请后进行形式审查，应当在五日内作出受理、补正或者不予受理决定。

第九十六条　药品注册审评时限，按照以下规定执行：

（一）药物临床试验申请、药物临床试验期间补充申请的审评审批时限为六十日；

（二）药品上市许可申请审评时限为二百日，其中优先审评审批程序的审评时限为一百三十日，临床急需境外已上市罕见病用药优先审评审批程序的审评时限为七十日；

（三）单独申报仿制境内已上市化学原料药的审评时限为二百日；

（四）审批类变更的补充申请审评时限为六十日，补充申请合并申报事项的，审评时限为八十日，其中涉及临床试验研究数据审查、药品注册核查检验的审评时限为二百日；

（五）药品通用名称核准时限为三十日；

（六）非处方药适宜性审核时限为三十日。

关联审评时限与其关联药品制剂的审评时限一致。

第九十七条　药品注册核查时限，按照以下规定执行：

（一）药品审评中心应当在药品注册申请受理后四十日内通知药品核查中心启动核查，并同时通知申请人；

（二）药品核查中心原则上在审评时限届满四十日前完成药品注册生产现场核查，并将核查情况、核查结果等相关材料反馈至药品审评中心。

第九十八条　药品注册检验时限，按照以下规定执行：

（一）样品检验时限为六十日，样品检验和标准复核同时进行的时限为九十日；

（二）药品注册检验过程中补充资料时限为三十日；

（三）药品检验机构原则上在审评时限届满四十日前完成药品注册检验相关工作，并将药品标准复核意见和检验报告反馈至药品审评中心。

第九十九条　药品再注册审查审批时限为一百二十日。

第一百条　行政审批决定应当在二十日内作出。

第一百零一条　药品监督管理部门应当自作出药品注册审批决定之日起十日内颁发、送达有关行政许可证件。

第一百零二条　因品种特性及审评、核查、检验等工作遇到特殊情况确需延长时限的，延长的时限不得超过原时限的二分之一，经药品审评、核查、检验等相关技术机构负责人批准后，由延长时限的技术机构书面告知申请人，并通知其他相关技术机构。

第一百零三条　以下时间不计入相关工作时限：

（一）申请人补充资料、核查后整改以及按要求核对生产工艺、质量标准和说明书等所占用的时间；

（二）因申请人原因延迟核查、检验、召开专家咨询会等的时间；

（三）根据法律法规的规定中止审评审批程序的，中止审评审批程序期间所占用的时间；

（四）启动境外核查的，境外核查所占用的时间。

第八章　监督管理

第一百零四条　国家药品监督管理局负责对药品审评中心等相关专业技术机构及省、自治区、直辖市药品监督管理部门承担药品注册管理相关工作的监督管理、考核评价与指导。

第一百零五条　药品监督管理部门应当依照法律、法规的规定对药品研制活动进行监督检查，必要时可以对为药品研制提供产品或者服务的单位和个人进行延伸检查，有关单位和个人应当予以配合，不得拒绝和隐瞒。

第一百零六条　信息中心负责建立药品品种档案，对药品实行编码管理，汇集药品注册申报、临床试验期间安全性相关报告、审评、核查、检验、审批以及药品上市后变更的审批、备案、报告等信息，并持续更新。药品品种档案和编码管理的相关制度，由信息中心制定公布。

第一百零七条　省、自治区、直辖市药品监督管理部门应当组织对辖区内药物非临床安全性评价研究机构、药物临床试验机构等遵守药物非临床研究质量管理规范、药物临床试验质量管理规范等情况进行日常监督检查，监督其持续符合法定要求。国家药品监督管理局根据需要进行药物非临床安全性评价研究机构、药物临床试验机构等研究机构的监督检查。

第一百零八条　国家药品监督管理局建

立药品安全信用管理制度，药品核查中心负责建立药物非临床安全性评价研究机构、药物临床试验机构药品安全信用档案，记录许可颁发、日常监督检查结果、违法行为查处等情况，依法向社会公布并及时更新。药品监督管理部门对有不良信用记录的，增加监督检查频次，并可以按照国家规定实施联合惩戒。药物非临床安全性评价研究机构、药物临床试验机构药品安全信用档案的相关制度，由药品核查中心制定公布。

第一百零九条 国家药品监督管理局依法向社会公布药品注册审批事项清单及法律依据、审批要求和办理时限，向申请人公开药品注册进度，向社会公开批准上市药品的审评结论和依据以及监督检查发现的违法违规行为，接受社会监督。

批准上市药品的说明书应当向社会公开并及时更新。其中，疫苗还应当公开标签内容并及时更新。

未经申请人同意，药品监督管理部门、专业技术机构及其工作人员、参与专家评审等的人员不得披露申请人提交的商业秘密、未披露信息或者保密商务信息，法律另有规定或者涉及国家安全、重大社会公共利益的除外。

第一百一十条 具有下列情形之一的，由国家药品监督管理局注销药品注册证书，并予以公布：

（一）持有人自行提出注销药品注册证书的；

（二）按照本办法规定不予再注册的；

（三）持有人药品注册证书、药品生产许可证等行政许可被依法吊销或者撤销的；

（四）按照《药品管理法》第八十三条的规定，疗效不确切、不良反应大或者因其他原因危害人体健康的；

（五）按照《疫苗管理法》第六十一条的规定，经上市后评价，预防接种异常反应严重或者其他原因危害人体健康的；

（六）按照《疫苗管理法》第六十二条的规定，经上市后评价发现该疫苗品种的产品设计、生产工艺、安全性、有效性或者质量可控性明显劣于预防、控制同种疾病的其他疫苗品种的；

（七）违反法律、行政法规规定，未按照药品批准证明文件要求或者药品监督管理部门要求在规定时限内完成相应研究工作且无合理理由的；

（八）其他依法应当注销药品注册证书的情形。

第九章 法律责任

第一百一十一条 在药品注册过程中，提供虚假的证明、数据、资料、样品或者采取其他手段骗取临床试验许可或者药品注册等许可的，按照《药品管理法》第一百二十三条处理。

第一百一十二条 申请疫苗临床试验、注册提供虚假数据、资料、样品或者有其他欺骗行为的，按照《疫苗管理法》第八十一条进行处理。

第一百一十三条 在药品注册过程中，药物非临床安全性评价研究机构、药物临床试验机构等，未按照规定遵守药物非临床研究质量管理规范、药物临床试验质量管理规范等的，按照《药品管理法》第一百二十六条处理。

第一百一十四条 未经批准开展药物临床试验的，按照《药品管理法》第一百二十五条处理；开展生物等效性试验未备案的，按照《药品管理法》第一百二十七条处理。

第一百一十五条 药物临床试验期间，发现存在安全性问题或者其他风险，临床试验申办者未及时调整临床试验方案、暂停或者终止临床试验，或者未向国家药品监督管理局报告的，按照《药品管理法》第一百二十七条处理。

第一百一十六条 违反本办法第二十八条、第三十三条规定，申办者有下列情形之一的，责令限期改正；逾期不改正的，处一万元以上三万元以下罚款：

（一）开展药物临床试验前未按规定在药物临床试验登记与信息公示平台进行登记；

（二）未按规定提交研发期间安全性更新报告；

（三）药物临床试验结束后未登记临床试验结果等信息。

第一百一十七条　药品检验机构在承担药品注册所需要的检验工作时，出具虚假检验报告的，按照《药品管理法》第一百三十八条处理。

第一百一十八条　对不符合条件而批准进行药物临床试验、不符合条件的药品颁发药品注册证书的，按照《药品管理法》第一百四十七条处理。

第一百一十九条　药品监督管理部门及其工作人员在药品注册管理过程中有违法违规行为的，按照相关法律法规处理。

第十章　附　　则

第一百二十条　麻醉药品、精神药品、医疗用毒性药品、放射性药品、药品类易制毒化学品等有其他特殊管理规定药品的注册申请，除按照本办法的规定办理外，还应当符合国家的其他有关规定。

第一百二十一条　出口疫苗的标准应当符合进口国（地区）的标准或者合同要求。

第一百二十二条　拟申报注册的药械组合产品，已有同类产品经属性界定为药品的，按照药品进行申报；尚未经属性界定的，申请人应当在申报注册前向国家药品监督管理局申请产品属性界定。属性界定为药品为主的，按照本办法规定的程序进行注册，其中属于医疗器械部分的研究资料由国家药品监督管理局医疗器械技术审评中心作出审评结论后，转交药品审评中心进行综合审评。

第一百二十三条　境内生产药品批准文号格式为：国药准字 H（Z、S）+四位年号+四位顺序号。中国香港、澳门和台湾地区生产药品批准文号格式为：国药准字 H（Z、S）C+四位年号+四位顺序号。

境外生产药品批准文号格式为：国药准字 H（Z、S）J+四位年号+四位顺序号。

其中，H 代表化学药，Z 代表中药，S 代表生物制品。

药品批准文号，不因上市后的注册事项的变更而改变。

中药另有规定的从其规定。

第一百二十四条　药品监督管理部门制作的药品注册批准证明电子文件及原料药批准文件电子文件与纸质文件具有同等法律效力。

第一百二十五条　本办法规定的期限以工作日计算。

第一百二十六条　本办法自 2020 年 7 月 1 日起施行。2007 年 7 月 10 日原国家食品药品监督管理局令第 28 号公布的《药品注册管理办法》同时废止。

药品生产监督管理办法

（2020 年 1 月 15 日经国家市场监督管理总局 2020 年第 1 次局务会议审议通过，2020 年 1 月 22 日公布，自 2020 年 7 月 1 日起施行）

第一章　总　　则

第一条　为加强药品生产监督管理，规范药品生产活动，根据《中华人民共和国药品管理法》（以下简称《药品管理法》）、《中华人民共和国中医药法》、《中华人民共和国疫苗管理法》（以下简称《疫苗管理法》）、《中华人民共和国行政许可法》、《中华人民共和国药品管理法实施条例》等法律、行政法规，制定本办法。

第二条　在中华人民共和国境内上市药品的生产及监督管理活动，应当遵守本办法。

第三条　从事药品生产活动，应当遵守法律、法规、规章、标准和规范，保证全过程信息真实、准确、完整和可追溯。

从事药品生产活动，应当经所在地省、自治区、直辖市药品监督管理部门批准，依法取得药品生产许可证，严格遵守药品生产质量管理规范，确保生产过程持续符合法定要求。

药品上市许可持有人应当建立药品质量保证体系，履行药品上市放行责任，对其取得药品注册证书的药品质量负责。

中药饮片生产企业应当履行药品上市许可持有人的相关义务，确保中药饮片生产过程持续符合法定要求。

原料药生产企业应当按照核准的生产工艺组织生产，严格遵守药品生产质量管理规范，确保生产过程持续符合法定要求。

经关联审评的辅料、直接接触药品的包装材料和容器的生产企业以及其他从事与药品相关生产活动的单位和个人依法承担相应责任。

第四条　药品上市许可持有人、药品生产企业应当建立并实施药品追溯制度，按照规定赋予药品各级销售包装单元追溯标识，通过信息化手段实施药品追溯，及时准确记录、保存药品追溯数据，并向药品追溯协同服务平台提供追溯信息。

第五条　国家药品监督管理局主管全国药品生产监督管理工作，对省、自治区、直辖市药品监督管理部门的药品生产监督管理工作进行监督和指导。

省、自治区、直辖市药品监督管理部门负责本行政区域内的药品生产监督管理，承担药品生产环节的许可、检查和处罚等工作。

国家药品监督管理局食品药品审核查验中心（以下简称核查中心）组织制定药品检查技术规范和文件，承担境外检查以及组织疫苗巡查等，分析评估检查发现风险、作出检查结论并提出处置建议，负责各省、自治区、直辖市药品检查机构质量管理体系的指导和评估。

国家药品监督管理局信息中心负责药品追溯协同服务平台、药品安全信用档案建设和管理，对药品生产场地进行统一编码。

药品监督管理部门依法设置或者指定的药品审评、检验、核查、监测与评价等专业技术机构，依职责承担相关技术工作并出具技术结论，为药品生产监督管理提供技术支撑。

第二章　生产许可

第六条　从事药品生产，应当符合以下条件：

（一）有依法经过资格认定的药学技术人员、工程技术人员及相应的技术工人，法定代表人、企业负责人、生产管理负责人（以下称生产负责人）、质量管理负责人（以下称质量负责人）、质量受权人及其他相关人员符合《药品管理法》、《疫苗管理法》规定的条件；

（二）有与药品生产相适应的厂房、设施、设备和卫生环境；

（三）有能对所生产药品进行质量管理和质量检验的机构、人员；

（四）有能对所生产药品进行质量管理和质量检验的必要的仪器设备；

（五）有保证药品质量的规章制度，并符合药品生产质量管理规范要求。

从事疫苗生产活动的，还应当具备下列条件：

（一）具备适度规模和足够的产能储备；

（二）具有保证生物安全的制度和设施、设备；

（三）符合疾病预防、控制需要。

第七条　从事制剂、原料药、中药饮片生产活动，申请人应当按照本办法和国家药品监督管理局规定的申报资料要求，向所在地省、自治区、直辖市药品监督管理部门提出申请。

委托他人生产制剂的药品上市许可持有人，应当具备本办法第六条第一款第一项、第三项、第五项规定的条件，并与符合条件的药品生产企业签订委托协议和质量协议，将相关协议和实际生产场地申请资料合并提交至药品上市许可持有人所在地省、自治区、直辖市药品监督管理部门，按照本办法规定申请办理药品生产许可证。

申请人应当对其申请材料全部内容的真实性负责。

第八条　省、自治区、直辖市药品监督管理部门收到申请后，应当根据下列情况分别作出处理：

（一）申请事项依法不属于本部门职权范围的，应当即时作出不予受理的决定，并告知申请人向有关行政机关申请；

（二）申请事项依法不需要取得行政许可的，应当即时告知申请人不受理；

（三）申请材料存在可以当场更正的错误的，应当允许申请人当场更正；

（四）申请材料不齐全或者不符合形式审查要求的，应当当场或者在五日内发给申请人补正材料通知书，一次性告知申请人需要补正的全部内容，逾期不告知的，自收到申请材料之日起即为受理；

（五）申请材料齐全、符合形式审查要求，或者申请人按照要求提交全部补正材料的，予以受理。

省、自治区、直辖市药品监督管理部门受理或者不予受理药品生产许可证申请的，应当出具加盖本部门专用印章和注明日期的受理通知书或者不予受理通知书。

第九条　省、自治区、直辖市药品监督管理部门应当自受理之日起三十日内，作出决定。

经审查符合规定的，予以批准，并自书面批准决定作出之日起十日内颁发药品生产许可证；不符合规定的，作出不予批准的书面决定，并说明理由。

省、自治区、直辖市药品监督管理部门按照药品生产质量管理规范等有关规定组织开展申报资料技术审查和评定、现场检查。

第十条　省、自治区、直辖市药品监督管理部门应当在行政机关的网站和办公场所公示申请药品生产许可证所需要的条件、程序、期限、需要提交的全部材料的目录和申请书示范文本等。

省、自治区、直辖市药品监督管理部门颁发药品生产许可证的有关信息，应当予以公开，公众有权查阅。

第十一条　省、自治区、直辖市药品监督管理部门对申请办理药品生产许可证进行审查时，应当公开审批结果，并提供条件便利申请人查询审批进程。

未经申请人同意，药品监督管理部门、专业技术机构及其工作人员不得披露申请人提交的商业秘密、未披露信息或者保密商务信息，法律另有规定或者涉及国家安全、重大社会公共利益的除外。

第十二条　申请办理药品生产许可证直接涉及申请人与他人之间重大利益关系的，申请人、利害关系人依照法律、法规规定享有申请听证的权利。

在对药品生产企业的申请进行审查时，省、自治区、直辖市药品监督管理部门认为涉及公共利益的，应当向社会公告，并举行听证。

第十三条　药品生产许可证有效期为五年，分为正本和副本。药品生产许可证样式由国家药品监督管理局统一制定。药品生产许可证电子证书与纸质证书具有同等法律效力。

第十四条 药品生产许可证应当载明许可证编号、分类码、企业名称、统一社会信用代码、住所（经营场所）、法定代表人、企业负责人、生产负责人、质量负责人、质量受权人、生产地址和生产范围、发证机关、发证日期、有效期限等项目。

企业名称、统一社会信用代码、住所（经营场所）、法定代表人等项目应当与市场监督管理部门核发的营业执照中载明的相关内容一致。

第十五条 药品生产许可证载明事项分为许可事项和登记事项。

许可事项是指生产地址和生产范围等。

登记事项是指企业名称、住所（经营场所）、法定代表人、企业负责人、生产负责人、质量负责人、质量受权人等。

第十六条 变更药品生产许可证许可事项的，向原发证机关提出药品生产许可证变更申请。未经批准，不得擅自变更许可事项。

原发证机关应当自收到企业变更申请之日起十五日内作出是否准予变更的决定。不予变更的，应当书面说明理由，并告知申请人享有依法申请行政复议或者提起行政诉讼的权利。

变更生产地址或者生产范围，药品生产企业应当按照本办法第六条的规定及相关变更技术要求，提交涉及变更内容的有关材料，并报经所在地省、自治区、直辖市药品监督管理部门审查决定。

原址或者异地新建、改建、扩建车间或者生产线的，应当符合相关规定和技术要求，提交涉及变更内容的有关材料，并报经所在地省、自治区、直辖市药品监督管理部门进行药品生产质量管理规范符合性检查，检查结果应当通知企业。检查结果符合规定，产品符合放行要求的可以上市销售。有关变更情况，应当在药品生产许可证副本中载明。

上述变更事项涉及药品注册证书及其附件载明内容的，由省、自治区、直辖市药品监督管理部门批准后，报国家药品监督管理局药品审评中心更新药品注册证书及其附件相关内容。

第十七条 变更药品生产许可证登记事项的，应当在市场监督管理部门核准变更或者企业完成变更后三十日内，向原发证机关申请药品生产许可证变更登记。原发证机关应当自收到企业变更申请之日起十日内办理变更手续。

第十八条 药品生产许可证变更后，原发证机关应当在药品生产许可证副本上记录变更的内容和时间，并按照变更后的内容重新核发药品生产许可证正本，收回原药品生产许可证正本，变更后的药品生产许可证终止期限不变。

第十九条 药品生产许可证有效期届满，需要继续生产药品的，应当在有效期届满前六个月，向原发证机关申请重新发放药品生产许可证。

原发证机关结合企业遵守药品管理法律法规、药品生产质量管理规范和质量体系运行情况，根据风险管理原则进行审查，在药品生产许可证有效期届满前作出是否准予其重新发证的决定。符合规定准予重新发证的，收回原证，重新发证；不符合规定的，作出不予重新发证的书面决定，并说明理由，同时告知申请人享有依法申请行政复议或者提起行政诉讼的权利；逾期未作出决定的，视为同意重新发证，并予补办相应手续。

第二十条 有下列情形之一的，药品生产许可证由原发证机关注销，并予以公告：

（一）主动申请注销药品生产许可证的；

（二）药品生产许可证有效期届满未重新发证的；

（三）营业执照依法被吊销或者注销的；

（四）药品生产许可证依法被吊销或者

撤销的；

（五）法律、法规规定应当注销行政许可的其他情形。

第二十一条　药品生产许可证遗失的，药品上市许可持有人、药品生产企业应当向原发证机关申请补发，原发证机关按照原核准事项在十日内补发药品生产许可证。许可证编号、有效期等与原许可证一致。

第二十二条　任何单位或者个人不得伪造、变造、出租、出借、买卖药品生产许可证。

第二十三条　省、自治区、直辖市药品监督管理部门应当将药品生产许可证核发、重新发证、变更、补发、吊销、撤销、注销等办理情况，在办理工作完成后十日内在药品安全信用档案中更新。

第三章　生产管理

第二十四条　从事药品生产活动，应当遵守药品生产质量管理规范，按照国家药品标准、经药品监督管理部门核准的药品注册标准和生产工艺进行生产，按照规定提交并持续更新场地管理文件，对质量体系运行过程进行风险评估和持续改进，保证药品生产全过程持续符合法定要求。生产、检验等记录应当完整准确，不得编造和篡改。

第二十五条　疫苗上市许可持有人应当具备疫苗生产、检验必需的厂房设施设备，配备具有资质的管理人员，建立完善质量管理体系，具备生产出符合注册要求疫苗的能力，超出疫苗生产能力确需委托生产的，应当经国家药品监督管理局批准。

第二十六条　从事药品生产活动，应当遵守药品生产质量管理规范，建立健全药品生产质量管理体系，涵盖影响药品质量的所有因素，保证药品生产全过程持续符合法定要求。

第二十七条　药品上市许可持有人应当建立药品质量保证体系，配备专门人员独立负责药品质量管理，对受托药品生产企业、药品经营企业的质量管理体系进行定期审核，监督其持续具备质量保证和控制能力。

第二十八条　药品上市许可持有人的法定代表人、主要负责人应当对药品质量全面负责，履行以下职责：

（一）配备专门质量负责人独立负责药品质量管理；

（二）配备专门质量受权人独立履行药品上市放行责任；

（三）监督质量管理体系正常运行；

（四）对药品生产企业、供应商等相关方与药品生产相关的活动定期开展质量体系审核，保证持续合规；

（五）按照变更技术要求，履行变更管理责任；

（六）对委托经营企业进行质量评估，与使用单位等进行信息沟通；

（七）配合药品监督管理部门对药品上市许可持有人及相关方的延伸检查；

（八）发生与药品质量有关的重大安全事件，应当及时报告并按持有人制定的风险管理计划开展风险处置，确保风险得到及时控制；

（九）其他法律法规规定的责任。

第二十九条　药品生产企业的法定代表人、主要负责人应当对本企业的药品生产活动全面负责，履行以下职责：

（一）配备专门质量负责人独立负责药品质量管理，监督质量管理规范执行，确保适当的生产过程控制和质量控制，保证药品符合国家药品标准和药品注册标准；

（二）配备专门质量受权人履行药品出厂放行责任；

（三）监督质量管理体系正常运行，保证药品生产过程控制、质量控制以及记录和数据真实性；

（四）发生与药品质量有关的重大安全事件，应当及时报告并按企业制定的风险管理计划开展风险处置，确保风险得到及时控制；

（五）其他法律法规规定的责任。

第三十条 药品上市许可持有人、药品生产企业应当每年对直接接触药品的工作人员进行健康检查并建立健康档案，避免患有传染病或者其他可能污染药品疾病的人员从事直接接触药品的生产活动。

第三十一条 药品上市许可持有人、药品生产企业在药品生产中，应当开展风险评估、控制、验证、沟通、审核等质量管理活动，对已识别的风险及时采取有效的风险控制措施，以保证产品质量。

第三十二条 从事药品生产活动，应当对使用的原料药、辅料、直接接触药品的包装材料和容器等相关物料供应商或者生产企业进行审核，保证购进、使用符合法规要求。

生产药品所需的原料、辅料，应当符合药用要求以及相应的生产质量管理规范的有关要求。直接接触药品的包装材料和容器，应当符合药用要求，符合保障人体健康、安全的标准。

第三十三条 经批准或者通过关联审评审批的原料药、辅料、直接接触药品的包装材料和容器的生产企业，应当遵守国家药品监督管理局制定的质量管理规范以及关联审评审批有关要求，确保质量保证体系持续合规，接受药品上市许可持有人的质量审核，接受药品监督管理部门的监督检查或者延伸检查。

第三十四条 药品生产企业应当确定需进行的确认与验证，按照确认与验证计划实施。定期对设施、设备、生产工艺及清洁方法进行评估，确认其持续保持验证状态。

第三十五条 药品生产企业应当采取防止污染、交叉污染、混淆和差错的控制措施，定期检查评估控制措施的适用性和有效性，以确保药品达到规定的国家药品标准和药品注册标准，并符合药品生产质量管理规范要求。

药品上市许可持有人和药品生产企业不得在药品生产厂房生产对药品质量有不利影响的其他产品。

第三十六条 药品包装操作应当采取降低混淆和差错风险的措施，药品包装应当确保有效期内的药品储存运输过程中不受污染。

药品说明书和标签中的表述应当科学、规范、准确，文字应当清晰易辨，不得以粘贴、剪切、涂改等方式进行修改或者补充。

第三十七条 药品生产企业应当建立药品出厂放行规程，明确出厂放行的标准、条件，并对药品质量检验结果、关键生产记录和偏差控制情况进行审核，对药品进行质量检验。符合标准、条件的，经质量受权人签字后方可出厂放行。

药品上市许可持有人应当建立药品上市放行规程，对药品生产企业出厂放行的药品检验结果和放行文件进行审核，经质量受权人签字后方可上市放行。

中药饮片符合国家药品标准或者省、自治区、直辖市药品监督管理部门制定的炮制规范的，方可出厂、销售。

第三十八条 药品上市许可持有人、药品生产企业应当每年进行自检，监控药品生产质量管理规范的实施情况，评估企业是否符合相关法规要求，并提出必要的纠正和预防措施。

第三十九条 药品上市许可持有人应当建立年度报告制度，按照国家药品监督管理局规定每年向省、自治区、直辖市药品监督管理部门报告药品生产销售、上市后研究、风险管理等情况。

疫苗上市许可持有人应当按照规定向国家药品监督管理局进行年度报告。

第四十条 药品上市许可持有人应当持续开展药品风险获益评估和控制，制定上市后药品风险管理计划，主动开展上市后研究，对药品的安全性、有效性和质量可控性进行进一步确证，加强对已上市药品的持续管理。

第四十一条　药品上市许可持有人应当建立药物警戒体系，按照国家药品监督管理局制定的药物警戒质量管理规范开展药物警戒工作。

药品上市许可持有人、药品生产企业应当经常考察本单位的药品质量、疗效和不良反应。发现疑似不良反应的，应当及时按照要求报告。

第四十二条　药品上市许可持有人委托生产药品的，应当符合药品管理的有关规定。

药品上市许可持有人委托符合条件的药品生产企业生产药品的，应当对受托方的质量保证能力和风险管理能力进行评估，根据国家药品监督管理局制定的药品委托生产质量协议指南要求，与其签订质量协议以及委托协议，监督受托方履行有关协议约定的义务。

受托方不得将接受委托生产的药品再次委托第三方生产。

经批准或者通过关联审评审批的原料药应当自行生产，不得再行委托他人生产。

第四十三条　药品上市许可持有人应当按照药品生产质量管理规范的要求对生产工艺变更进行管理和控制，并根据核准的生产工艺制定工艺规程。生产工艺变更应当开展研究，并依法取得批准、备案或者进行报告，接受药品监督管理部门的监督检查。

第四十四条　药品上市许可持有人、药品生产企业应当每年对所生产的药品按照品种进行产品质量回顾分析、记录，以确认工艺稳定可靠，以及原料、辅料、成品现行质量标准的适用性。

第四十五条　药品上市许可持有人、药品生产企业的质量管理体系相关的组织机构、企业负责人、生产负责人、质量负责人、质量受权人发生变更的，应当自发生变更之日起三十日内，完成登记手续。

疫苗上市许可持有人应当自发生变更之日起十五日内，向所在地省、自治区、直辖市药品监督管理部门报告生产负责人、质量负责人、质量受权人等关键岗位人员的变更情况。

第四十六条　列入国家实施停产报告的短缺药品清单的药品，药品上市许可持有人停止生产的，应当在计划停产实施六个月前向所在地省、自治区、直辖市药品监督管理部门报告；发生非预期停产的，在三日内报告所在地省、自治区、直辖市药品监督管理部门。必要时，向国家药品监督管理局报告。

药品监督管理部门接到报告后，应当及时通报同级短缺药品供应保障工作会商联动机制牵头单位。

第四十七条　药品上市许可持有人为境外企业的，应当指定一家在中国境内的企业法人，履行《药品管理法》与本办法规定的药品上市许可持有人的义务，并负责协调配合境外检查工作。

第四十八条　药品上市许可持有人的生产场地在境外的，应当按照《药品管理法》与本办法规定组织生产，配合境外检查工作。

第四章　监督检查

第四十九条　省、自治区、直辖市药品监督管理部门负责对本行政区域内药品上市许可持有人，制剂、化学原料药、中药饮片生产企业的监督管理。

省、自治区、直辖市药品监督管理部门应当对原料、辅料、直接接触药品的包装材料和容器等供应商、生产企业开展日常监督检查，必要时开展延伸检查。

第五十条　药品上市许可持有人和受托生产企业不在同一省、自治区、直辖市的，由药品上市许可持有人所在地省、自治区、直辖市药品监督管理部门负责对药品上市许可持有人的监督管理，受托生产企业所在地省、自治区、直辖市药品监督管理部门负责对受托生产企业的监督管理。省、自治区、直辖市药品监督管理部门应当加强监督检查信息互相通报，及时将监督检查信息更新到药品安全信用档案中，可以根据通报情况和药品安全信用档案中监管信息更新情况开展调查，对药品上市许可持有人或者受托生产企业依法作出行政处理，必要时可以开展联合检查。

第五十一条 药品监督管理部门应当建立健全职业化、专业化检查员制度，明确检查员的资格标准、检查职责、分级管理、能力培训、行为规范、绩效评价和退出程序等规定，提升检查员的专业素质和工作水平。检查员应当熟悉药品法律法规，具备药品专业知识。

药品监督管理部门应当根据监管事权、药品产业规模及检查任务等，配备充足的检查员队伍，保障检查工作需要。有疫苗等高风险药品生产企业的地区，还应当配备相应数量的具有疫苗等高风险药品检查技能和经验的药品检查员。

第五十二条 省、自治区、直辖市药品监督管理部门根据监管需要，对持有药品生产许可证的药品上市许可申请人及其受托生产企业，按以下要求进行上市前的药品生产质量管理规范符合性检查：

（一）未通过与生产该药品的生产条件相适应的药品生产质量管理规范符合性检查的品种，应当进行上市前的药品生产质量管理规范符合性检查。其中，拟生产药品需要进行药品注册现场核查的，国家药品监督管理局药品审评中心通知核查中心，告知相关省、自治区、直辖市药品监督管理部门和申请人。核查中心协调相关省、自治区、直辖市药品监督管理部门，同步开展药品注册现场核查和上市前的药品生产质量管理规范符合性检查。

（二）拟生产药品不需要进行药品注册现场核查的，国家药品监督管理局药品审评中心告知生产场地所在地省、自治区、直辖市药品监督管理部门和申请人，相关省、自治区、直辖市药品监督管理部门自行开展上市前的药品生产质量管理规范符合性检查。

（三）已通过与生产该药品的生产条件相适应的药品生产质量管理规范符合性检查的品种，相关省、自治区、直辖市药品监督管理部门根据风险管理原则决定是否开展上市前的药品生产质量管理规范符合性检查。

开展上市前的药品生产质量管理规范符合性检查的，在检查结束后，应当将检查情况、检查结果等形成书面报告，作为对药品上市监管的重要依据。上市前的药品生产质量管理规范符合性检查涉及药品生产许可证事项变更的，由原发证的省、自治区、直辖市药品监督管理部门依变更程序作出决定。

通过相应上市前的药品生产质量管理规范符合性检查的商业规模批次，在取得药品注册证书后，符合产品放行要求的可以上市销售。药品上市许可持有人应当重点加强上述批次药品的生产销售、风险管理等措施。

第五十三条 药品生产监督检查的主要内容包括：

（一）药品上市许可持有人、药品生产企业执行有关法律、法规及实施药品生产质量管理规范、药物警戒质量管理规范以及有关技术规范等情况；

（二）药品生产活动是否与药品品种档案载明的相关内容一致；

（三）疫苗储存、运输管理规范执行情况；

（四）药品委托生产质量协议及委托协议；

（五）风险管理计划实施情况；

（六）变更管理情况。

监督检查包括许可检查、常规检查、有因检查和其他检查。

第五十四条 省、自治区、直辖市药品监督管理部门应当坚持风险管理、全程管控原则，根据风险研判情况，制定年度检查计划并开展监督检查。年度检查计划至少包括检查范围、内容、方式、重点、要求、时限、承担检查的机构等。

第五十五条　省、自治区、直辖市药品监督管理部门应当根据药品品种、剂型、管制类别等特点，结合国家药品安全总体情况、药品安全风险警示信息、重大药品安全事件及其调查处理信息等，以及既往检查、检验、不良反应监测、投诉举报等情况确定检查频次：

（一）对麻醉药品、第一类精神药品、药品类易制毒化学品生产企业每季度检查不少于一次；

（二）对疫苗、血液制品、放射性药品、医疗用毒性药品、无菌药品等高风险药品生产企业，每年不少于一次药品生产质量管理规范符合性检查；

（三）对上述产品之外的药品生产企业，每年抽取一定比例开展监督检查，但应当在三年内对本行政区域内企业全部进行检查；

（四）对原料、辅料、直接接触药品的包装材料和容器等供应商、生产企业每年抽取一定比例开展监督检查，五年内对本行政区域内企业全部进行检查。

省、自治区、直辖市药品监督管理部门可以结合本行政区域内药品生产监管工作实际情况，调整检查频次。

第五十六条　国家药品监督管理局和省、自治区、直辖市药品监督管理部门组织监督检查时，应当制定检查方案，明确检查标准，如实记录现场检查情况，需要抽样检验或者研究的，按照有关规定执行。检查结论应当清晰明确，检查发现的问题应当以书面形式告知被检查单位。需要整改的，应当提出整改内容及整改期限，必要时对整改后情况实施检查。

在进行监督检查时，药品监督管理部门应当指派两名以上检查人员实施监督检查，检查人员应当向被检查单位出示执法证件。药品监督管理部门工作人员对知悉的商业秘密应当保密。

第五十七条　监督检查时，药品上市许可持有人和药品生产企业应当根据检查需要说明情况、提供有关材料：

（一）药品生产场地管理文件以及变更材料；

（二）药品生产企业接受监督检查及整改落实情况；

（三）药品质量不合格的处理情况；

（四）药物警戒机构、人员、制度制定情况以及疑似药品不良反应监测、识别、评估、控制情况；

（五）实施附条件批准的品种，开展上市后研究的材料；

（六）需要审查的其他必要材料。

第五十八条　现场检查结束后，应当对现场检查情况进行分析汇总，并客观、公平、公正地对检查中发现的缺陷进行风险评定并作出现场检查结论。

派出单位负责对现场检查结论进行综合研判。

第五十九条　国家药品监督管理局和省、自治区、直辖市药品监督管理部门通过监督检查发现药品生产管理或者疫苗储存、运输管理存在缺陷，有证据证明可能存在安全隐患的，应当依法采取相应措施：

（一）基本符合药品生产质量管理规范要求，需要整改的，应当发出告诫信并依据风险相应采取告诫、约谈、限期整改等措施；

（二）药品存在质量问题或者其他安全隐患的，药品监督管理部门根据监督检查情况，应当发出告诫信，并依据风险相应采取暂停生产、销售、使用、进口等控制措施。

药品存在质量问题或者其他安全隐患的，药品上市许可持有人应当依法召回药品而未召回的，省、自治区、直辖市药品监督管理部门应当责令其召回。

风险消除后，采取控制措施的药品监督管理部门应当解除控制措施。

第六十条　开展药品生产监督检查过程

中，发现存在药品质量安全风险的，应当及时向派出单位报告。药品监督管理部门经研判属于重大药品质量安全风险的，应当及时向上一级药品监督管理部门和同级地方人民政府报告。

第六十一条 开展药品生产监督检查过程中，发现存在涉嫌违反药品法律、法规、规章的行为，应当及时采取现场控制措施，按照规定做好证据收集工作。药品监督管理部门应当按照职责和权限依法查处，涉嫌犯罪的移送公安机关处理。

第六十二条 省、自治区、直辖市药品监督管理部门应当依法将本行政区域内药品上市许可持有人和药品生产企业的监管信息归入到药品安全信用档案管理，并保持相关数据的动态更新。监管信息包括药品生产许可、日常监督检查结果、违法行为查处、药品质量抽查检验、不良行为记录和投诉举报等内容。

第六十三条 国家药品监督管理局和省、自治区、直辖市药品监督管理部门在生产监督管理工作中，不得妨碍药品上市许可持有人、药品生产企业的正常生产活动，不得索取或者收受财物，不得谋取其他利益。

第六十四条 个人和组织发现药品上市许可持有人或者药品生产企业进行违法生产活动的，有权向药品监督管理部门举报，药品监督管理部门应当按照有关规定及时核实、处理。

第六十五条 发生与药品质量有关的重大安全事件，药品上市许可持有人应当立即对有关药品及其原料、辅料以及直接接触药品的包装材料和容器、相关生产线等采取封存等控制措施，并立即报告所在地省、自治区、直辖市药品监督管理部门和有关部门，省、自治区、直辖市药品监督管理部门应当在二十四小时内报告省级人民政府，同时报告国家药品监督管理局。

第六十六条 省、自治区、直辖市药品监督管理部门对有不良信用记录的药品上市许可持有人、药品生产企业，应当增加监督检查频次，并可以按照国家规定实施联合惩戒。

第六十七条 省、自治区、直辖市药品监督管理部门未及时发现生产环节药品安全系统性风险，未及时消除监督管理区域内药品安全隐患的，或者省级人民政府未履行药品安全职责，未及时消除区域性重大药品安全隐患的，国家药品监督管理局应当对其主要负责人进行约谈。

被约谈的省、自治区、直辖市药品监督管理部门和地方人民政府应当立即采取措施，对药品监督管理工作进行整改。

约谈情况和整改情况应当纳入省、自治区、直辖市药品监督管理部门和地方人民政府药品监督管理工作评议、考核记录。

第五章 法律责任

第六十八条 有下列情形之一的，按照《药品管理法》第一百一十五条给予处罚：

（一）药品上市许可持有人和药品生产企业变更生产地址、生产范围应当经批准而未经批准的；

（二）药品生产许可证超过有效期限仍进行生产的。

第六十九条 药品上市许可持有人和药品生产企业未按照药品生产质量管理规范的要求生产，有下列情形之一，属于《药品管理法》第一百二十六条规定的情节严重情形的，依法予以处罚：

（一）未配备专门质量负责人独立负责药品质量管理、监督质量管理规范执行；

（二）药品上市许可持有人未配备专门质量受权人履行药品上市放行责任；

（三）药品生产企业未配备专门质量受权人履行药品出厂放行责任；

（四）质量管理体系不能正常运行，药品生产过程控制、质量控制的记录和数据不真实；

（五）对已识别的风险未及时采取有效的风险控制措施，无法保证产品质量；

（六）其他严重违反药品生产质量管理

规范的情形。

第七十条　辅料、直接接触药品的包装材料和容器的生产企业及供应商未遵守国家药品监督管理局制定的质量管理规范等相关要求，不能确保质量保证体系持续合规的，由所在地省、自治区、直辖市药品监督管理部门按照《药品管理法》第一百二十六条的规定给予处罚。

第七十一条　药品上市许可持有人和药品生产企业有下列情形之一的，由所在地省、自治区、直辖市药品监督管理部门处一万元以上三万元以下的罚款：

（一）企业名称、住所（经营场所）、法定代表人未按规定办理登记事项变更；

（二）未按照规定每年对直接接触药品的工作人员进行健康检查并建立健康档案；

（三）未按照规定对列入国家实施停产报告的短缺药品清单的药品进行停产报告。

第七十二条　药品监督管理部门有下列行为之一的，对直接负责的主管人员和其他直接责任人员按照《药品管理法》第一百四十九条的规定给予处罚：

（一）瞒报、谎报、缓报、漏报药品安全事件；

（二）对发现的药品安全违法行为未及时查处；

（三）未及时发现药品安全系统性风险，或者未及时消除监督管理区域内药品安全隐患，造成严重影响；

（四）其他不履行药品监督管理职责，造成严重不良影响或者重大损失。

第六章　附　　则

第七十三条　本办法规定的期限以工作日计算。药品生产许可中技术审查和评定、现场检查、企业整改等所需时间不计入期限。

第七十四条　场地管理文件，是指由药品生产企业编写的药品生产活动概述性文件，是药品生产企业质量管理文件体系的一部分。场地管理文件有关要求另行制定。

经批准或者关联审评审批的原料药、辅料和直接接触药品的包装材料和容器生产场地、境外生产场地一并赋予统一编码。

第七十五条　告诫信，是指药品监督管理部门在药品监督管理活动中，对有证据证明可能存在安全隐患的，依法发出的信函。告诫信应当载明存在缺陷、问题和整改要求。

第七十六条　药品生产许可证编号格式为“省份简称 + 四位年号 + 四位顺序号”。企业变更名称等许可证项目以及重新发证，原药品生产许可证编号不变。

企业分立，在保留原药品生产许可证编号的同时，增加新的编号。企业合并，原药品生产许可证编号保留一个。

第七十七条　分类码是对许可证内生产范围进行统计归类的英文字母串。大写字母用于归类药品上市许可持有人和产品类型，包括：A 代表自行生产的药品上市许可持有人、B 代表委托生产的药品上市许可持有人、C 代表接受委托的药品生产企业、D 代表原料药生产企业；小写字母用于区分制剂属性，h 代表化学药、z 代表中成药、s 代表生物制品、d 代表按药品管理的体外诊断试剂、y 代表中药饮片、q 代表医用气体、t 代表特殊药品、x 代表其他。

第七十八条　药品生产许可证的生产范围应当按照《中华人民共和国药典》制剂通则及其他的国家药品标准等要求填写。

第七十九条　国家有关法律、法规对生产疫苗、血液制品、麻醉药品、精神药品、医疗用毒性药品、放射性药品、药品类易制毒化学品等另有规定的，依照其规定。

第八十条　出口的疫苗应当符合进口国（地区）的标准或者合同要求。

第八十一条　本办法自 2020 年 7 月 1 日起施行。2004 年 8 月 5 日原国家食品药品监督管理局令第 14 号公布的《药品生产监督管理办法》同时废止。

放射性药品管理办法

（1989年1月13日中华人民共和国国务院令第25号发布，根据2011年1月8日《国务院关于废止和修改部分行政法规的决定》第一次修订，根据2017年3月1日《国务院关于修改和废止部分行政法规的决定》第二次修订，根据2022年3月29日《国务院关于修改和废止部分行政法规的决定》第三次修订）

第一章　总　　则

第一条　为了加强放射性药品的管理，根据《中华人民共和国药品管理法》（以下称《药品管理法》）的规定，制定本办法。

第二条　放射性药品是指用于临床诊断或者治疗的放射性核素制剂或者其标记药物。

第三条　凡在中华人民共和国领域内进行放射性药品的研究、生产、经营、运输、使用、检验、监督管理的单位和个人都必须遵守本办法。

第四条　国务院药品监督管理部门负责全国放射性药品监督管理工作。国务院国防科技工业主管部门依据职责负责与放射性药品有关的管理工作。国务院环境保护主管部门负责与放射性药品有关的辐射安全与防护的监督管理工作。

第二章　放射性新药的研制、临床研究和审批

第五条　放射性新药的研制内容，包括工艺路线、质量标准、临床前药理及临床研究。研制单位在制订新药工艺路线的同时，必须研究该药的理化性能、纯度（包括核素纯度）及检验方法、药理、毒理、动物药代动力学、放射性比活度、剂量、剂型、稳定性等。

研制单位对放射免疫分析药盒必须进行可测限度、范围、特异性、准确度、精密度、稳定性等方法学的研究。

放射性新药的分类，按国务院药品监督管理部门有关药品注册的规定办理。

第六条　研制单位研制的放射性新药，在进行临床试验或者验证前，应当向国务院药品监督管理部门提出申请，按规定报送资料及样品，经国务院药品监督管理部门审批同意后，在国务院药品监督管理部门指定的药物临床试验机构进行临床研究。

第七条　研制单位在放射性新药临床研究结束后，向国务院药品监督管理部门提出申请，经国务院药品监督管理部门审核批准，发给新药证书。国务院药品监督管理部门在审核批准时，应当征求国务院国防科技工业主管部门的意见。

第八条　放射性新药投入生产，需由生产单位或者取得放射性药品生产许可证的研制单位，凭新药证书（副本）向国务院药品监督管理部门提出生产该药的申请，并提供样品，由国务院药品监督管理部门审核发给批准文号。

第三章　放射性药品的生产、经营和进出口

第九条　国家根据需要，对放射性药品的生产企业实行合理布局。

第十条　开办放射性药品生产、经营企

业，必须具备《药品管理法》规定的条件，符合国家有关放射性同位素安全和防护的规定与标准，并履行环境影响评价文件的审批手续；开办放射性药品生产企业，经所在省、自治区、直辖市国防科技工业主管部门审查同意，所在省、自治区、直辖市药品监督管理部门审核批准后，由所在省、自治区、直辖市药品监督管理部门发给《放射性药品生产企业许可证》；开办放射性药品经营企业，经所在省、自治区、直辖市药品监督管理部门审核并征求所在省、自治区、直辖市国防科技工业主管部门意见后批准的，由所在省、自治区、直辖市药品监督管理部门发给《放射性药品经营企业许可证》。无许可证的生产、经营企业，一律不准生产、销售放射性药品。

第十一条 《放射性药品生产企业许可证》、《放射性药品经营企业许可证》的有效期为5年，期满前6个月，放射性药品生产、经营企业应当分别向原发证的药品监督管理部门重新提出申请，按第十条审批程序批准后，换发新证。

第十二条 放射性药品生产企业生产已有国家标准的放射性药品，必须经国务院药品监督管理部门征求国务院国防科技工业主管部门意见后审核批准，并发给批准文号。凡是改变国务院药品监督管理部门已批准的生产工艺路线和药品标准的，生产单位必须按原报批程序提出补充申请，经国务院药品监督管理部门批准后方能生产。

第十三条 放射性药品生产、经营企业，必须配备与生产、经营放射性药品相适应的专业技术人员，具有安全、防护和废气、废物、废水处理等设施，并建立严格的质量管理制度。

第十四条 放射性药品生产、经营企业，必须建立质量检验机构，严格实行生产全过程的质量控制和检验。产品出厂前，须经质量检验。符合国家药品标准的产品方可出厂，不符合标准的产品一律不准出厂。

经国务院药品监督管理部门审核批准的含有短半衰期放射性核素的药品，可以边检验边出厂，但发现质量不符合国家药品标准时，该药品的生产企业应当立即停止生产、销售，并立即通知使用单位停止使用，同时报告国务院药品监督管理、卫生行政、国防科技工业主管部门。

第十五条 放射性药品的生产、经营单位和医疗单位凭省、自治区、直辖市药品监督管理部门发给的《放射性药品生产企业许可证》、《放射性药品经营企业许可证》，医疗单位凭省、自治区、直辖市药品监督管理部门发给的《放射性药品使用许可证》，开展放射性药品的购销活动。

第十六条 进口的放射性药品品种，必须符合我国的药品标准或者其他药用要求，并依照《药品管理法》的规定取得进口药品注册证书。

进出口放射性药品，应当按照国家有关对外贸易、放射性同位素安全和防护的规定，办理进出口手续。

第十七条 进口放射性药品，必须经国务院药品监督管理部门指定的药品检验机构抽样检验；检验合格的，方准进口。

对于经国务院药品监督管理部门审核批准的含有短半衰期放射性核素的药品，在保证安全使用的情况下，可以采取边进口检验，边投入使用的办法。进口检验单位发现药品质量不符合要求时，应当立即通知使用单位停止使用，并报告国务院药品监督管理、卫生行政、国防科技工业主管部门。

第四章 放射性药品的包装和运输

第十八条 放射性药品的包装必须安全实用，符合放射性药品质量要求，具有与放射性剂量相适应的防护装置。包装必须分内包装和外包装两部分，外包装必须贴有商标、标签、说明书和放射性药品标志，内包装必须贴有标签。

标签必须注明药品品名、放射性比活

度、装量。

说明书除注明前款内容外，还须注明生产单位、批准文号、批号、主要成份、出厂日期、放射性核素半衰期、适应症、用法、用量、禁忌症、有效期和注意事项等。

第十九条 放射性药品的运输，按国家运输、邮政等部门制订的有关规定执行。

严禁任何单位和个人随身携带放射性药品乘坐公共交通运输工具。

第五章 放射性药品的使用

第二十条 医疗单位设置核医学科、室（同位素室），必须配备与其医疗任务相适应的并经核医学技术培训的技术人员。非核医学专业技术人员未经培训，不得从事放射性药品使用工作。

第二十一条 医疗单位使用放射性药品，必须符合国家有关放射性同位素安全和防护的规定。所在地的省、自治区、直辖市药品监督管理部门，应当根据医疗单位核医疗技术人员的水平、设备条件，核发相应等级的《放射性药品使用许可证》，无许可证的医疗单位不得临床使用放射性药品。

《放射性药品使用许可证》有效期为5年，期满前6个月，医疗单位应当向原发证的行政部门重新提出申请，经审核批准后，换发新证。

第二十二条 医疗单位配制、使用放射性制剂，应当符合《药品管理法》及其实施条例的相关规定。

第二十三条 持有《放射性药品使用许可证》的医疗单位，必须负责对使用的放射性药品进行临床质量检验，收集药品不良反应等项工作，并定期向所在地药品监督管理、卫生行政部门报告。由省、自治区、直辖市药品监督管理、卫生行政部门汇总后分别报国务院药品监督管理、卫生行政部门。

第二十四条 放射性药品使用后的废物（包括患者排出物），必须按国家有关规定妥善处置。

第六章 放射性药品标准和检验

第二十五条 放射性药品的国家标准，由国务院药品监督管理部门药典委员会负责制定和修订，报国务院药品监督管理部门审批颁发。

第二十六条 放射性药品的检验由国务院药品监督管理部门公布的药品检验机构承担。

第七章 附 则

第二十七条 对违反本办法规定的单位或者个人，由县以上药品监督管理、卫生行政部门，按照《药品管理法》和有关法规的规定处罚。

第二十八条 本办法自发布之日起施行。

医疗用毒性药品管理办法

（1988年11月15日国务院第二十五次常务会议通过，1988年12月27日发布，自1988年12月27日起施行）

第一条 为加强医疗用毒性药品的管理，防止中毒或死亡事故的发生，根据《中华人民共和国药品管理法》的规定，制定本办法。

第二条 医疗用毒性药品（以下简称毒性药品），系指毒性剧烈、治疗剂量与中毒剂量相近，使用不当会致人中毒或死亡的药品。

毒性药品的管理品种，由卫生部会同国家医药管理局、国家中医药管理局规定。

第三条　毒性药品年度生产、收购、供应和配制计划，由省、自治区、直辖市医药管理根据医疗需要制定，经省、自治区直辖市卫生行政部门审核后，由医药管理部门下达给指定的毒性药品生产、收购、供应单位，并抄报卫生部、国家医药管理局和国家中医药管理局。生产单位不得擅自改变生产计划自行销售。

第四条　药厂必须由医药专业人员负责生产、配制和质量检验，并建立严格的管理制度。严防与其他药品混杂。每次配料，必须经二人以上复核无误，并详细记录每次生产所用原料和成品数。经手人要签字备查，所有工具、容器要处理干净，以防污染其他药品。标示量要准确无误，包装容器要有毒药标志。

第五条　毒性药品的收购、经营，由各级医药管理部门指定的药品经营单位负责；配方用药由国营药店、医疗单位负责。其他任何单位或者个人均不得从事毒性药品的收购、经营和配方业务。

第六条　收购、经营、加工、使用毒性药品的单位必须建立健全保管、验收、领发、核对等制度，严防收假、发错，严禁与其他药品混杂，做到划定仓位，专柜加销并由专人保管。

毒性药品的包装容器必须印有毒药标志。在运输毒性药品的过程中，应当采取有效措施，防止发生事故。

第七条　凡加工炮制毒性中药，必须按照《中华人民共和国药典》或者省、自治区、直辖市卫生行政部门制定的《炮制规范》的规定进行。药材符合药用要求的，方可供应、配方和用于中成药生产。

第八条　生产毒性药品及其制剂，必须严格执行生产工艺操作规程，在本单位药品检验人员的监督下准确投料，并建立完整的生产记录，保存五年备查。

在生产毒性药品过程中产生的废弃物，必须妥善处理，不得污染环境。

第九条　医疗单位供应和调配毒性药品，凭医生签名的正式处方。国营药店供应和调配毒性药品，凭盖有医生所在的医疗单位公章的正式处方。每次处方剂量不得超过二日极量。

调配处方时，必须认真负责，计量准确，按医嘱注明要求，并由配方人员及具有药师以上技术职称的复核人员签名盖章后方可发出。对处方未注明“生用”的毒性中药，应当付炮制品。如发现处方有疑问时，须经原处方医生重新审定后再行调配。处方一次有效，取药后处方保存二年备查。

第十条　科研和教学单位所需的毒性药品，必须持本单位的证明信，经单位所在地县以上卫生行政部门批准后，供应部门方能发售。

群众自配民间单、秘、验方需用毒性中药，购买时要持有本单位或者城市街道办事处、乡（镇）人民政府的证明信，供应部门方可发售。每次购用量不得超过二日极量。

第十一条　对违反本办法的规定，擅自生产、收购、经营毒性药品的单位或者个人，由县以上卫生行政部门没收其全部毒性药品，并处以警告或按非法所得的五至十倍罚款。情节严重、致人伤残或死亡，构成犯罪的，由司法机关依法追究其刑事责任。

第十二条　当事人对处罚不服的，可在接到得罚通知之日起十五日内，向作出处理的机关的上级机关申请复议。但申请复议期间仍应执行原处罚决定。上级机关应在接到申请之日起十日内作出答复。对答复不服的，可在接到答复之日起十五日内，向人民法院起诉。

第十三条　本办法由卫生部负责解释。

第十四条　本办法自发布之日起施行。1964 年 4 月 20 日卫生部、商业部、化工部发布的《管理毒药、限制性剧药暂行规定》，1964 年 12 月 7 日卫生部、商业部发布的《管理毒性中药的暂行办法》，1979年6月30日卫生部、国家医药管理总局发布的《医疗用毒药、限制性剧药管理规定》，同时废止。

药品、医疗器械、保健食品、特殊医学用途配方食品广告审查管理暂行办法

（2019年12月13日经国家市场监督管理总局2019年第16次局务会议审议通过，2019年12月24日公布，自2020年3月1日起施行）

第一条 为加强药品、医疗器械、保健食品和特殊医学用途配方食品广告监督管理，规范广告审查工作，维护广告市场秩序，保护消费者合法权益，根据《中华人民共和国广告法》等法律、行政法规，制定本办法。

第二条 药品、医疗器械、保健食品和特殊医学用途配方食品广告的审查适用本办法。

未经审查不得发布药品、医疗器械、保健食品和特殊医学用途配方食品广告。

第三条 药品、医疗器械、保健食品和特殊医学用途配方食品广告应当真实、合法，不得含有虚假或者引人误解的内容。

广告主应当对药品、医疗器械、保健食品和特殊医学用途配方食品广告内容的真实性和合法性负责。

第四条 国家市场监督管理总局负责组织指导药品、医疗器械、保健食品和特殊医学用途配方食品广告审查工作。

各省、自治区、直辖市市场监督管理部门、药品监督管理部门（以下称广告审查机关）负责药品、医疗器械、保健食品和特殊医学用途配方食品广告审查，依法可以委托其他行政机关具体实施广告审查。

第五条 药品广告的内容应当以国务院药品监督管理部门核准的说明书为准。药品广告涉及药品名称、药品适应症或者功能主治、药理作用等内容的，不得超出说明书范围。

药品广告应当显著标明禁忌、不良反应，处方药广告还应当显著标明"本广告仅供医学药学专业人士阅读"，非处方药广告还应当显著标明非处方药标识（OTC）和"请按药品说明书或者在药师指导下购买和使用"。

第六条 医疗器械广告的内容应当以药品监督管理部门批准的注册证书或者备案凭证、注册或者备案的产品说明书内容为准。医疗器械广告涉及医疗器械名称、适用范围、作用机理或者结构及组成等内容的，不得超出注册证书或者备案凭证、注册或者备案的产品说明书范围。

推荐给个人自用的医疗器械的广告，应当显著标明"请仔细阅读产品说明书或者在医务人员的指导下购买和使用"。医疗器械产品注册证书中有禁忌内容、注意事项的，广告应当显著标明"禁忌内容或者注意事项详见说明书"。

第七条 保健食品广告的内容应当以市场监督管理部门批准的注册证书或者备案凭证、注册或者备案的产品说明书内容为准，不得涉及疾病预防、治疗功能。保健食品广告涉及保健功能、产品功效成分或者标志性成分及含量、适宜人群或者食用量等内容的，不得超出注册证书或者备案凭证、注册

或者备案的产品说明书范围。

保健食品广告应当显著标明“保健食品不是药物，不能代替药物治疗疾病”，声明本品不能代替药物，并显著标明保健食品标志、适宜人群和不适宜人群。

第八条　特殊医学用途配方食品广告的内容应当以国家市场监督管理总局批准的注册证书和产品标签、说明书为准。特殊医学用途配方食品广告涉及产品名称、配方、营养学特征、适用人群等内容的，不得超出注册证书、产品标签、说明书范围。

特殊医学用途配方食品广告应当显著标明适用人群、“不适用于非目标人群使用”“请在医生或者临床营养师指导下使用”。

第九条　药品、医疗器械、保健食品和特殊医学用途配方食品广告应当显著标明广告批准文号。

第十条　药品、医疗器械、保健食品和特殊医学用途配方食品广告中应当显著标明的内容，其字体和颜色必须清晰可见、易于辨认，在视频广告中应当持续显示。

第十一条　药品、医疗器械、保健食品和特殊医学用途配方食品广告不得违反《中华人民共和国广告法》第九条、第十六条、第十七条、第十八条、第十九条规定，不得包含下列情形：

（一）使用或者变相使用国家机关、国家机关工作人员、军队单位或者军队人员的名义或者形象，或者利用军队装备、设施等从事广告宣传；

（二）使用科研单位、学术机构、行业协会或者专家、学者、医师、药师、临床营养师、患者等的名义或者形象作推荐、证明；

（三）违反科学规律，明示或者暗示可以治疗所有疾病、适应所有症状、适应所有人群，或者正常生活和治疗病症所必需等内容；

（四）引起公众对所处健康状况和所患疾病产生不必要的担忧和恐惧，或者使公众误解不使用该产品会患某种疾病或者加重病情的内容；

（五）含有“安全”“安全无毒副作用”“毒副作用小”；明示或者暗示成分为“天然”，因而安全性有保证等内容；

（六）含有“热销、抢购、试用”“家庭必备、免费治疗、免费赠送”等诱导性内容，“评比、排序、推荐、指定、选用、获奖”等综合性评价内容，“无效退款、保险公司保险”等保证性内容，怂恿消费者任意、过量使用药品、保健食品和特殊医学用途配方食品的内容；

（七）含有医疗机构的名称、地址、联系方式、诊疗项目、诊疗方法以及有关义诊、医疗咨询电话、开设特约门诊等医疗服务的内容；

（八）法律、行政法规规定不得含有的其他内容。

第十二条　药品、医疗器械、保健食品和特殊医学用途配方食品注册证明文件或者备案凭证持有人及其授权同意的生产、经营企业为广告申请人（以下简称申请人）。

申请人可以委托代理人办理药品、医疗器械、保健食品和特殊医学用途配方食品广告审查申请。

第十三条　药品、特殊医学用途配方食品广告审查申请应当依法向生产企业或者进口代理人等广告主所在地广告审查机关提出。

医疗器械、保健食品广告审查申请应当依法向生产企业或者进口代理人所在地广告审查机关提出。

第十四条　申请药品、医疗器械、保健食品、特殊医学用途配方食品广告审查，应当依法提交《广告审查表》、与发布内容一致的广告样件，以及下列合法有效的材料：

（一）申请人的主体资格相关材料，或者合法有效的登记文件；

（二）产品注册证明文件或者备案凭证、注册或者备案的产品标签和说明书，以及生产许可文件；

（三）广告中涉及的知识产权相关有效证明材料。

经授权同意作为申请人的生产、经营企业，还应当提交合法的授权文件；委托代理人进行申请的，还应当提交委托书和代理人的主体资格相关材料。

第十五条 申请人可以到广告审查机关受理窗口提出申请，也可以通过信函、传真、电子邮件或者电子政务平台提交药品、医疗器械、保健食品和特殊医学用途配方食品广告申请。

广告审查机关收到申请人提交的申请后，应当在五个工作日内作出受理或者不予受理决定。申请材料齐全、符合法定形式的，应当予以受理，出具《广告审查受理通知书》。申请材料不齐全、不符合法定形式的，应当一次性告知申请人需要补正的全部内容。

第十六条 广告审查机关应当对申请人提交的材料进行审查，自受理之日起十个工作日内完成审查工作。经审查，对符合法律、行政法规和本办法规定的广告，应当作出审查批准的决定，编发广告批准文号。

对不符合法律、行政法规和本办法规定的广告，应当作出不予批准的决定，送达申请人并说明理由，同时告知其享有依法申请行政复议或者提起行政诉讼的权利。

第十七条 经审查批准的药品、医疗器械、保健食品和特殊医学用途配方食品广告，广告审查机关应当通过本部门网站以及其他方便公众查询的方式，在十个工作日内向社会公开。公开的信息应当包括广告批准文号、申请人名称、广告发布内容、广告批准文号有效期、广告类别、产品名称、产品注册证明文件或者备案凭证编号等内容。

第十八条 药品、医疗器械、保健食品和特殊医学用途配方食品广告批准文号的有效期与产品注册证明文件、备案凭证或者生产许可文件最短的有效期一致。

产品注册证明文件、备案凭证或者生产许可文件未规定有效期的，广告批准文号有效期为两年。

第十九条 申请人有下列情形的，不得继续发布审查批准的广告，并应当主动申请注销药品、医疗器械、保健食品和特殊医学用途配方食品广告批准文号：

（一）主体资格证照被吊销、撤销、注销的；

（二）产品注册证明文件、备案凭证或者生产许可文件被撤销、注销的；

（三）法律、行政法规规定应当注销的其他情形。

广告审查机关发现申请人有前款情形的，应当依法注销其药品、医疗器械、保健食品和特殊医学用途配方食品广告批准文号。

第二十条 广告主、广告经营者、广告发布者应当严格按照审查通过的内容发布药品、医疗器械、保健食品和特殊医学用途配方食品广告，不得进行剪辑、拼接、修改。

已经审查通过的广告内容需要改动的，应当重新申请广告审查。

第二十一条 下列药品、医疗器械、保健食品和特殊医学用途配方食品不得发布广告：

（一）麻醉药品、精神药品、医疗用毒性药品、放射性药品、药品类易制毒化学品，以及戒毒治疗的药品、医疗器械；

（二）军队特需药品、军队医疗机构配制的制剂；

（三）医疗机构配制的制剂；

（四）依法停止或者禁止生产、销售或者使用的药品、医疗器械、保健食品和特殊医学用途配方食品；

（五）法律、行政法规禁止发布广告的情形。

第二十二条 本办法第二十一条规定以外的处方药和特殊医学用途配方食品中的特定全营养配方食品广告只能在国务院卫生行

政部门和国务院药品监督管理部门共同指定的医学、药学专业刊物上发布。

不得利用处方药或者特定全营养配方食品的名称为各种活动冠名进行广告宣传。不得使用与处方药名称或者特定全营养配方食品名称相同的商标、企业字号在医学、药学专业刊物以外的媒介变相发布广告，也不得利用该商标、企业字号为各种活动冠名进行广告宣传。

特殊医学用途婴儿配方食品广告不得在大众传播媒介或者公共场所发布。

第二十三条　药品、医疗器械、保健食品和特殊医学用途配方食品广告中只宣传产品名称（含药品通用名称和药品商品名称）的，不再对其内容进行审查。

第二十四条　经广告审查机关审查通过并向社会公开的药品广告，可以依法在全国范围内发布。

第二十五条　违反本办法第十条规定，未显著、清晰表示广告中应当显著标明内容的，按照《中华人民共和国广告法》第五十九条处罚。

第二十六条　有下列情形之一的，按照《中华人民共和国广告法》第五十八条处罚：

（一）违反本办法第二条第二款规定，未经审查发布药品、医疗器械、保健食品和特殊医学用途配方食品广告；

（二）违反本办法第十九条规定或者广告批准文号已超过有效期，仍继续发布药品、医疗器械、保健食品和特殊医学用途配方食品广告；

（三）违反本办法第二十条规定，未按照审查通过的内容发布药品、医疗器械、保健食品和特殊医学用途配方食品广告。

第二十七条　违反本办法第十一条第二项至第五项规定，发布药品、医疗器械、保健食品和特殊医学用途配方食品广告的，依照《中华人民共和国广告法》第五十八条的规定处罚；构成虚假广告的，依照《中华人民共和国广告法》第五十五条的规定处罚。

第二十八条　违反本办法第十一条第六项至第八项规定，发布药品、医疗器械、保健食品和特殊医学用途配方食品广告的，《中华人民共和国广告法》及其他法律法规有规定的，依照相关规定处罚，没有规定的，由县级以上市场监督管理部门责令改正；对负有责任的广告主、广告经营者、广告发布者处以违法所得三倍以下罚款，但最高不超过三万元；没有违法所得的，可处一万元以下罚款。

第二十九条　违反本办法第十一条第一项、第二十一条、第二十二条规定的，按照《中华人民共和国广告法》第五十七条处罚。

第三十条　有下列情形之一的，按照《中华人民共和国广告法》第六十五条处罚：

（一）隐瞒真实情况或者提供虚假材料申请药品、医疗器械、保健食品和特殊医学用途配方食品广告审查的；

（二）以欺骗、贿赂等不正当手段取得药品、医疗器械、保健食品和特殊医学用途配方食品广告批准文号的。

第三十一条　市场监督管理部门对违反本办法规定的行为作出行政处罚决定后，应当依法通过国家企业信用信息公示系统向社会公示。

第三十二条　广告审查机关的工作人员玩忽职守、滥用职权、徇私舞弊的，依法给予处分。构成犯罪的，依法追究刑事责任。

第三十三条　本办法涉及的文书格式范本由国家市场监督管理总局统一制定。

第三十四条　本办法自2020年3月1日起施行。1996年12月30日原国家工商行政管理局令第72号公布的《食品广告发布暂行规定》，2007年3月3日原国家工商行政管理总局、原国家食品药品监督管理局令第27号公布的《药品广告审查发布标准》，2007年3月13日原国家食品药品监督管理局、原国家工商行政管理总局令第27号发布的《药品广告审查办法》，2009年4月7日原卫生部、原国家工商行政管理总局、原国家食品药品监督管理局令第65号发布的《医疗器械广告审查办法》，2009年4月28日原国家工商行政管理总局、原卫生部、原国家食品药品监督管理局令第40号公布的《医疗器械广告审查发布标准》同时废止。

互联网药品信息服务管理办法

（2004年7月8日国家食品药品监督管理局令第9号公布，根据2017年11月7日国家食品药品监督管理总局局务会议《关于修改部分规章的决定》修正）

第一条 为加强药品监督管理，规范互联网药品信息服务活动，保证互联网药品信息的真实、准确，根据《中华人民共和国药品管理法》《互联网信息服务管理办法》，制定本办法。

第二条 在中华人民共和国境内提供互联网药品信息服务活动，适用本办法。

本办法所称互联网药品信息服务，是指通过互联网向上网用户提供药品（含医疗器械）信息的服务活动。

第三条 互联网药品信息服务分为经营性和非经营性两类。

经营性互联网药品信息服务是指通过互联网向上网用户有偿提供药品信息等服务的活动。

非经营性互联网药品信息服务是指通过互联网向上网用户无偿提供公开的、共享性药品信息等服务的活动。

第四条 国家食品药品监督管理总局对全国提供互联网药品信息服务活动的网站实施监督管理。

省、自治区、直辖市食品药品监督管理部门对本行政区域内提供互联网药品信息服务活动的网站实施监督管理。

第五条 拟提供互联网药品信息服务的网站，应当在向国务院信息产业主管部门或者省级电信管理机构申请办理经营许可证或者办理备案手续之前，按照属地监督管理的原则，向该网站主办单位所在地省、自治区、直辖市食品药品监督管理部门提出申请，经审核同意后取得提供互联网药品信息服务的资格。

第六条 各省、自治区、直辖市食品药品监督管理部门对本辖区内申请提供互联网药品信息服务的互联网站进行审核，符合条件的核发《互联网药品信息服务资格证书》。

第七条 《互联网药品信息服务资格证书》的格式由国家食品药品监督管理总局统一制定。

第八条 提供互联网药品信息服务的网站，应当在其网站主页显著位置标注《互联网药品信息服务资格证书》的证书编号。

第九条 提供互联网药品信息服务网站所登载的药品信息必须科学、准确，必须符合国家的法律、法规和国家有关药品、医疗器械管理的相关规定。

提供互联网药品信息服务的网站不得发布麻醉药品、精神药品、医疗用毒性药品、放射性药品、戒毒药品和医疗机构制剂的产品信息。

第十条 提供互联网药品信息服务的网站发布的药品（含医疗器械）广告，必须经过食品药品监督管理部门审查批准。

提供互联网药品信息服务的网站发布的

药品（含医疗器械）广告要注明广告审查批准文号。

第十一条　申请提供互联网药品信息服务，除应当符合《互联网信息服务管理办法》规定的要求外，还应当具备下列条件：

（一）互联网药品信息服务的提供者应当为依法设立的企事业单位或者其他组织；

（二）具有与开展互联网药品信息服务活动相适应的专业人员、设施及相关制度；

（三）有两名以上熟悉药品、医疗器械管理法律、法规和药品、医疗器械专业知识，或者依法经资格认定的药学、医疗器械技术人员。

第十二条　提供互联网药品信息服务的申请应当以一个网站为基本单元。

第十三条　申请提供互联网药品信息服务，应当填写国家食品药品监督管理总局统一制发的《互联网药品信息服务申请表》，向网站主办单位所在地省、自治区、直辖市食品药品监督管理部门提出申请，同时提交以下材料：

（一）企业营业执照复印件。

（二）网站域名注册的相关证书或者证明文件。从事互联网药品信息服务网站的中文名称，除与主办单位名称相同的以外，不得以“中国”“中华”“全国”等冠名；除取得药品招标代理机构资格证书的单位开办的互联网站外，其他提供互联网药品信息服务的网站名称中不得出现“电子商务”“药品招商”“药品招标”等内容。

（三）网站栏目设置说明（申请经营性互联网药品信息服务的网站需提供收费栏目及收费方式的说明）。

（四）网站对历史发布信息进行备份和查阅的相关管理制度及执行情况说明。

（五）食品药品监督管理部门在线浏览网站上所有栏目、内容的方法及操作说明。

（六）药品及医疗器械相关专业技术人员学历证明或者其专业技术资格证书复印件、网站负责人身份证复印件及简历。

（七）健全的网络与信息安全保障措施，包括网站安全保障措施、信息安全保密管理制度、用户信息安全管理制度。

（八）保证药品信息来源合法、真实、安全的管理措施、情况说明及相关证明。

第十四条　省、自治区、直辖市食品药品监督管理部门在收到申请材料之日起5日内做出受理与否的决定，受理的，发给受理通知书；不受理的，书面通知申请人并说明理由，同时告知申请人享有依法申请行政复议或者提起行政诉讼的权利。

第十五条　对于申请材料不规范、不完整的，省、自治区、直辖市食品药品监督管理部门自申请之日起5日内一次告知申请人需要补正的全部内容；逾期不告知的，自收到材料之日起即为受理。

第十六条　省、自治区、直辖市食品药品监督管理部门自受理之日起20日内对申请提供互联网药品信息服务的材料进行审核，并作出同意或者不同意的决定。同意的，由省、自治区、直辖市食品药品监督管理部门核发《互联网药品信息服务资格证书》，同时报国家食品药品监督管理总局备案并发布公告；不同意的，应当书面通知申请人并说明理由，同时告知申请人享有依法申请行政复议或者提起行政诉讼的权利。

国家食品药品监督管理总局对各省、自治区、直辖市食品药品监督管理部门的审核工作进行监督。

第十七条　《互联网药品信息服务资格证书》有效期为5年。有效期届满，需要继续提供互联网药品信息服务的，持证单位应当在有效期届满前6个月内，向原发证机关申请换发《互联网药品信息服务资格证书》。原发证机关进行审核后，认为符合条件的，予以换发新证；认为不符合条件的，发给不予换发新证的通知并说明理由，原《互联网药品信息服务资格证书》由原发证机关收回并公告注销。

省、自治区、直辖市食品药品监督管理

部门根据申请人的申请，应当在《互联网药品信息服务资格证书》有效期届满前作出是否准予其换证的决定。逾期未作出决定的，视为准予换证。

第十八条 《互联网药品信息服务资格证书》可以根据互联网药品信息服务提供者的书面申请，由原发证机关收回，原发证机关应当报国家食品药品监督管理总局备案并发布公告。被收回《互联网药品信息服务资格证书》的网站不得继续从事互联网药品信息服务。

第十九条 互联网药品信息服务提供者变更下列事项之一的，应当向原发证机关申请办理变更手续，填写《互联网药品信息服务项目变更申请表》，同时提供下列相关证明文件：

（一）《互联网药品信息服务资格证书》中审核批准的项目（互联网药品信息服务提供者单位名称、网站名称、IP地址等）；

（二）互联网药品信息服务提供者的基本项目（地址、法定代表人、企业负责人等）；

（三）网站提供互联网药品信息服务的基本情况（服务方式、服务项目等）。

第二十条 省、自治区、直辖市食品药品监督管理部门自受理变更申请之日起20个工作日内作出是否同意变更的审核决定。同意变更的，将变更结果予以公告并报国家食品药品监督管理总局备案；不同意变更的，以书面形式通知申请人并说明理由。

第二十一条 省、自治区、直辖市食品药品监督管理部门对申请人的申请进行审查时，应当公示审批过程和审批结果。申请人和利害关系人可以对直接关系其重大利益的事项提交书面意见进行陈述和申辩。依法应当听证的，按照法定程序举行听证。

第二十二条 未取得或者超出有效期使用《互联网药品信息服务资格证书》从事互联网药品信息服务的，由国家食品药品监督管理总局或者省、自治区、直辖市食品药品监督管理部门给予警告，并责令其停止从事互联网药品信息服务；情节严重的，移送相关部门，依照有关法律、法规给予处罚。

第二十三条 提供互联网药品信息服务的网站不在其网站主页的显著位置标注《互联网药品信息服务资格证书》的证书编号的，国家食品药品监督管理总局或者省、自治区、直辖市食品药品监督管理部门给予警告，责令限期改正；在限定期限内拒不改正的，对提供非经营性互联网药品信息服务的网站处以500元以下罚款，对提供经营性互联网药品信息服务的网站处以5000元以上1万元以下罚款。

第二十四条 互联网药品信息服务提供者违反本办法，有下列情形之一的，由国家食品药品监督管理总局或者省、自治区、直辖市食品药品监督管理部门给予警告，责令限期改正；情节严重的，对提供非经营性互联网药品信息服务的网站处以1000元以下罚款，对提供经营性互联网药品信息服务的网站处以1万元以上3万元以下罚款；构成犯罪的，移送司法部门追究刑事责任：

（一）已经获得《互联网药品信息服务资格证书》，但提供的药品信息直接撮合药品网上交易的；

（二）已经获得《互联网药品信息服务资格证书》，但超出审核同意的范围提供互联网药品信息服务的；

（三）提供不真实互联网药品信息服务并造成不良社会影响的；

（四）擅自变更互联网药品信息服务项目的。

第二十五条 互联网药品信息服务提供者在其业务活动中，违法使用《互联网药品信息服务资格证书》的，由国家食品药品监督管理总局或者省、自治区、直辖市食品药品监督管理部门依照有关法律、法规的规定处罚。

第二十六条 省、自治区、直辖市食品药品监督管理部门违法对互联网药品信息服务申请作出审核批准的，原发证机关应当撤销原批准的《互联网药品信息服务资格证书》，由此给申请人的合法权益造成损害的，由原发证机关依照国家赔偿法的规定给予赔偿；对直接负责的主管人员和其他直接责任人员，由其所在单位或者上级机关依法给予行政处分。

第二十七条　省、自治区、直辖市食品药品监督管理部门应当对提供互联网药品信息服务的网站进行监督检查，并将检查情况向社会公告。

第二十八条　本办法由国家食品药品监督管理总局负责解释。

第二十九条　本办法自公布之日起施行。《互联网药品信息服务管理暂行规定》（国家药品监督管理局令第26号）同时废止。

药品进口管理办法

（2003年8月18日食品药品监管局、海关总署第4号令公布，根据2012年8月24日卫生部、海关总署第86号令《关于修改〈药品进口管理办法〉的决定》修正）

第一章　总　　则

第一条　为规范药品进口备案、报关和口岸检验工作，保证进口药品的质量，根据《中华人民共和国药品管理法》、《中华人民共和国海关法》、《中华人民共和国药品管理法实施条例》（以下简称《药品管理法》、《海关法》、《药品管理法实施条例》）及相关法律法规的规定，制定本办法。

第二条　药品的进口备案、报关、口岸检验以及进口，适用本办法。

第三条　药品必须经由国务院批准的允许药品进口的口岸进口。

第四条　本办法所称进口备案，是指进口单位向允许药品进口的口岸所在地药品监督管理部门（以下称口岸药品监督管理局）申请办理《进口药品通关单》的过程。麻醉药品、精神药品进口备案，是指进口单位向口岸药品监督管理局申请办理《进口药品口岸检验通知书》的过程。

本办法所称口岸检验，是指国家食品药品监督管理局确定的药品检验机构（以下称口岸药品检验所）对抵达口岸的进口药品依法实施的检验工作。

第五条　进口药品必须取得国家食品药品监督管理局核发的《进口药品注册证》（或者《医药产品注册证》），或者《进口药品批件》后，方可办理进口备案和口岸检验手续。

进口麻醉药品、精神药品，还必须取得国家食品药品监督管理局核发的麻醉药品、精神药品《进口准许证》。

第六条　进口单位持《进口药品通关单》向海关申报，海关凭口岸药品监督管理局出具的《进口药品通关单》，办理进口药品的报关验放手续。

进口麻醉药品、精神药品，海关凭国家食品药品监督管理局核发的麻醉药品、精神药品《进口准许证》办理报关验放手续。

第七条　国家食品药品监督管理局会同海关总署制定、修订、公布进口药品目录。

第二章　进口备案

第八条　口岸药品监督管理局负责药品的进口备案工作。口岸药品监督管理局承担的进口备案工作受国家食品药品监督管理局的领导，其具体职责包括：

（一）受理进口备案申请，审查进口备案资料；

（二）办理进口备案或者不予进口备案的有关事项；

（三）联系海关办理与进口备案有关的事项；

（四）通知口岸药品检验所对进口药品实施口岸检验；

（五）对进口备案和口岸检验中发现的问题进行监督处理；

（六）国家食品药品监督管理局规定的其他事项。

第九条　报验单位应当是持有《药品经营许可证》的独立法人。药品生产企业进口本企业所需原料药和制剂中间体（包括境内分包装用制剂），应当持有《药品生产许可证》。

第十条　下列情形的进口药品，必须经口岸药品检验所检验符合标准规定后，方可办理进口备案手续。检验不符合标准规定的，口岸药品监督管理局不予进口备案：

（一）国家食品药品监督管理局规定的生物制品；

（二）首次在中国境内销售的药品；

（三）国务院规定的其他药品。

第十一条　进口单位签订购货合同时，货物到岸地应当从允许药品进口的口岸选择。其中本办法第十条规定情形的药品，必须经由国家特别批准的允许药品进口的口岸进口。

第十二条　进口备案，应当向货物到岸地口岸药品监督管理局提出申请，并由负责本口岸药品检验的口岸药品检验所进行检验。

第十三条　办理进口备案，报验单位应当填写《进口药品报验单》，持《进口药品注册证》（或者《医药产品注册证》）（正本或者副本）原件，进口麻醉药品、精神药品还应当持麻醉药品、精神药品《进口准许证》原件，向所在地口岸药品监督管理局报送所进口品种的有关资料一式两份：

（一）《进口药品注册证》（或者《医药产品注册证》）（正本或者副本）复印件；麻醉药品、精神药品的《进口准许证》复印件；

（二）报验单位的《药品经营许可证》和《企业法人营业执照》复印件；

（三）原产地证明复印件；

（四）购货合同复印件；

（五）装箱单、提运单和货运发票复印件；

（六）出厂检验报告书复印件；

（七）药品说明书及包装、标签的式样（原料药和制剂中间体除外）；

（八）国家食品药品监督管理局规定批签发的生物制品，需要提供生产检定记录摘要及生产国或者地区药品管理机构出具的批签发证明原件；

（九）本办法第十条规定情形以外的药品，应当提交最近一次《进口药品检验报告书》和《进口药品通关单》复印件。

药品生产企业自行进口本企业生产所需原料药和制剂中间体的进口备案，第（二）项资料应当提交其《药品生产许可证》和《企业法人营业执照》复印件。

经其他国家或者地区转口的进口药品，需要同时提交从原产地到各转口地的全部购货合同、装箱单、提运单和货运发票等。

上述各类复印件应当加盖进口单位公章。

第十四条　口岸药品监督管理局接到《进口药品报验单》及相关资料后，按照下列程序的要求予以审查：

（一）逐项核查所报资料是否完整、真实；

（二）查验《进口药品注册证》（或者《医药产品注册证》）（正本或者副本）原件，或者麻醉药品、精神药品的《进口准许证》原件真实性；

（三）审查无误后，将《进口药品注册证》（或者《医药产品注册证》）（正本或者副本）原件，或者麻醉药品、精神药品的《进口准许证》原件，交还报验单位，并于当日办结进口备案的相关手续。

第十五条　本办法第十条规定情形的药品，口岸药品监督管理局审查全部资料无误后，应当向负责检验的口岸药品检验所发出《进口药品口岸检验通知书》，附本办法第十三条规定的资料一份，同时向海关发出《进口药品抽样通知书》。有关口岸药品检验进入海关监管场所抽样的管理规定，由国家食品药品监督管理局与海关总署另行制定。

口岸药品检验所按照《进口药品口岸检验通知书》规定的抽样地点，抽取检验样品，进行质量检验，并将检验结果送交所在地口岸药品监督管理局。检验符合标准规定的，准予进口备案，由口岸药品监督管理局发出《进口药品通关单》；不符合标准规定的，不予进口备案，由口岸药品监督管理局发出《药品不予进口备案通知书》。

第十六条　本办法第十条规定情形以外的药品，口岸药品监督管理局审查全部资料无误后，准予进口备案，发出《进口药品通关单》。同时向负责检验的口岸药品检验所发出《进口药品口岸检验通知书》，附本办法第十三条规定的资料一份。

对麻醉药品、精神药品，口岸药品监督管理局审查全部资料无误后，应当只向负责检验的口岸药品检验所发出《进口药品口岸检验通知书》，附本办法第十三条规定的资料一份，无需办理《进口药品通关单》。

口岸药品检验所应当到《进口药品口岸检验通知书》规定的抽样地点抽取样品，进行质量检验，并将检验结果送交所在地口岸药品监督管理局。对检验不符合标准规定的药品，由口岸药品监督管理局依照《药品管理法》及有关规定处理。

第十七条　下列情形之一的进口药品，不予进口备案，由口岸药品监督管理局发出《药品不予进口备案通知书》；对麻醉药品、精神药品，口岸药品监督管理局不予发放《进口药品口岸检验通知书》：

（一）不能提供《进口药品注册证》（或者《医药产品注册证》）（正本或者副本）、《进口药品批件》或者麻醉药品、精神药品的《进口准许证》原件的；

（二）办理进口备案时，《进口药品注册证》（或者《医药产品注册证》），或者麻醉药品、精神药品的《进口准许证》已超过有效期的；

（三）办理进口备案时，药品的有效期限已不满12个月的。（对于药品本身有效期不足12个月的，进口备案时，其有效期限应当不低于6个月）；

（四）原产地证明所标示的实际生产地与《进口药品注册证》（或者《医药产品注册证》）规定的产地不符的，或者区域性国际组织出具的原产地证明未标明《进口药品注册证》（或者《医药产品注册证》）规定产地的；

（五）进口单位未取得《药品经营许可证》（生产企业应当取得《药品生产许可证》）和《企业法人营业执照》的；

（六）到岸品种的包装、标签与国家食品药品监督管理局的规定不符的；

（七）药品制剂无中文说明书或者中文说明书与批准的说明书不一致的；

（八）未在国务院批准的允许药品进口的口岸组织进口的，或者货物到岸地不属于所在地口岸药品监督管理局管辖范围的；

（九）国家食品药品监督管理局规定批签发的生物制品未提供有效的生产国或者地区药品管理机构出具的生物制品批签发证明文件的；

（十）伪造、变造有关文件和票据的；

（十一）《进口药品注册证》（或者《医药产品注册证》）已被撤销的；

（十二）本办法第十条规定情形的药

品，口岸药品检验所根据本办法第二十五条的规定不予抽样的；

（十三）本办法第十条规定情形的药品，口岸检验不符合标准规定的；

（十四）药品监督管理部门有其他证据证明进口药品可能危害人体健康的。

第十八条 对不予进口备案的进口药品，进口单位应当予以退运。无法退运的，由海关移交口岸药品监督管理局监督处理。

第十九条 进口临床急需药品、捐赠药品、新药研究和药品注册所需样品或者对照药品等，必须经国家食品药品监督管理局批准，并凭国家食品药品监督管理局核发的《进口药品批件》，按照本办法第十六条的规定，办理进口备案手续。

第三章 口岸检验

第二十条 口岸药品检验所由国家食品药品监督管理局根据进口药品口岸检验工作的需要确定。口岸药品检验所的职责包括：

（一）对到岸货物实施现场核验；

（二）核查出厂检验报告书和原产地证明原件；

（三）按照规定进行抽样；

（四）对进口药品实施口岸检验；

（五）对有异议的检验结果进行复验；

（六）国家食品药品监督管理局规定的其他事项。

第二丨 条 中国药品生物制品检定所负责进口药品口岸检验工作的指导和协调。口岸检验所需标准品、对照品由中国药品生物制品检定所负责审核、标定。

第二十二条 口岸药品检验所应当按照《进口药品注册证》（或者《医药产品注册证》）载明的注册标准对进口药品进行检验。

第二十三条 口岸药品检验所接到《进口药品口岸检验通知书》后，应当在2日内与进口单位联系，到规定的存货地点按照《进口药品抽样规定》进行现场抽样。

进口单位应当在抽样前，提供出厂检验报告书和原产地证明原件。

对需进入海关监管区抽样的，口岸药品检验所应当同时与海关联系抽样事宜，并征得海关同意。抽样时，进口单位和海关的人员应当同时在场。

第二十四条 口岸药品检验所现场抽样时，应当注意核查进口品种的实际到货情况，做好抽样记录并填写《进口药品抽样记录单》。

本办法第十条规定情形以外的药品，抽样完成后，口岸药品检验所应当在进口单位持有的《进口药品通关单》原件上注明“已抽样”的字样，并加盖抽样单位的公章。

对麻醉药品、精神药品，抽样完成后，应当在《进口准许证》原件上注明“已抽样”的字样，并加盖抽样单位的公章。

第二十五条 对有下列情形之一的进口药品，口岸药品检验所不予抽样：

（一）未提供出厂检验报告书和原产地证明原件，或者所提供的原件与申报进口备案时的复印件不符的；

（二）装运唛头与单证不符的；

（三）进口药品批号或者数量与单证不符的；

（四）进口药品包装及标签与单证不符的；

（五）药品监督管理部门有其他证据证明进口药品可能危害人体健康的。

对不予抽样的药品，口岸药品检验所应当在2日内，将《进口药品抽样记录单》送交所在地口岸药品监督管理局。

第二十六条 口岸药品检验所应当及时对所抽取的样品进行检验，并在抽样后20日内，完成检验工作，出具《进口药品检验报告书》。特殊品种或者特殊情况不能按时完成检验时，可以适当延长检验期限，并通知进口单位和口岸药品监督管理局。

《进口药品检验报告书》应当明确标有

“符合标准规定”或者“不符合标准规定”的检验结论。

国家食品药品监督管理局规定批签发的生物制品，口岸检验符合标准规定，审核符合要求的，应当同时发放生物制品批签发证明。

第二十七条　对检验符合标准规定的进口药品，口岸药品检验所应当将《进口药品检验报告书》送交所在地口岸药品监督管理局和进口单位。

对检验不符合标准规定的进口药品，口岸药品检验所应当将《进口药品检验报告书》及时发送口岸药品监督管理局和其他口岸药品检验所，同时报送国家食品药品监督管理局和中国药品生物制品检定所。

第二十八条　进口药品的检验样品应当保存至有效期满。不易贮存的留样，可根据实际情况掌握保存时间。索赔或者退货检品的留样应当保存至该案完结时。超过保存期的留样，由口岸药品检验所予以处理并记录备案。

第二十九条　进口单位对检验结果有异议的，可以自收到检验结果之日起7日内向原口岸药品检验所申请复验，也可以直接向中国药品生物制品检定所申请复验。生物制品的复验直接向中国药品生物制品检定所申请。

口岸药品检验所在受理复验申请后，应当及时通知口岸药品监督管理局，并自受理复验之日起10日内，作出复验结论，通知口岸药品监督管理局、其他口岸药品检验所，报国家食品药品监督管理局和中国药品生物制品检定所。

第四章　监督管理

第三十条　口岸药品检验所根据本办法第二十五条的规定不予抽样但已办结海关验放手续的药品，口岸药品监督管理局应当对已进口的全部药品采取查封、扣押的行政强制措施。

第三十一条　本办法第十条规定情形以外的药品，经口岸药品检验所检验不符合标准规定的，进口单位应当在收到《进口药品检验报告书》后2日内，将全部进口药品流通、使用的详细情况，报告所在地口岸药品监督管理局。

所在地口岸药品监督管理局收到《进口药品检验报告书》后，应当及时采取对全部药品予以查封、扣押的行政强制措施，并在7日内作出行政处理决定。对申请复验的，必须自检验报告书发出之日起15日内作出行政处理决定。有关情况应当及时报告国家食品药品监督管理局，同时通告各省、自治区、直辖市药品监督管理局和其他口岸药品监督管理局。

第三十二条　未在规定时间内提出复验或者经复验仍不符合标准规定的，口岸药品监督管理局应当按照《药品管理法》以及有关规定作出行政处理决定。有关情况应当及时报告国家食品药品监督管理局，同时通告各省、自治区、直辖市药品监督管理局和其他口岸药品监督管理局。

经复验符合标准规定的，口岸药品监督管理局应当解除查封、扣押的行政强制措施，并将处理情况报告国家食品药品监督管理局，同时通告各省、自治区、直辖市药品监督管理局和其他口岸药品监督管理局。

第三十三条　药品进口备案中发现的其他问题，由口岸药品监督管理局按照《药品管理法》以及有关规定予以处理。

第三十四条　国内药品生产企业、经营企业以及医疗机构采购进口药品时，供货单位应当同时提供以下资料：

（一）《进口药品注册证》（或者《医药产品注册证》）复印件、《进口药品批件》复印件；

（二）《进口药品检验报告书》复印件或者注明“已抽样”并加盖公章的《进口药品通关单》复印件；

国家食品药品监督管理局规定批签发的

生物制品，需要同时提供口岸药品检验所核发的批签发证明复印件。

进口麻醉药品、精神药品，应当同时提供其《进口药品注册证》（或者《医药产品注册证》）复印件、《进口准许证》复印件和《进口药品检验报告书》复印件。

上述各类复印件均需加盖供货单位公章。

第三十五条　口岸药品监督管理局和口岸药品检验所应当建立严格的进口备案资料和口岸检验资料的管理制度，并对进口单位的呈报资料承担保密责任。

第三十六条　对于违反本办法进口备案和口岸检验有关规定的口岸药品监督管理局和口岸药品检验所，国家食品药品监督管理局将根据情节给予批评、通报批评，情节严重的停止其进口备案和口岸检验资格。

第三十七条　违反本办法涉及海关有关规定的，海关按照《海关法》、《中华人民共和国海关法行政处罚实施细则》的规定处理。

第五章　附　　则

第三十八条　本办法所称进口单位，包括经营单位、收货单位和报验单位。

经营单位，是指对外签订并执行进出口贸易合同的中国境内企业或单位。

收货单位，是指购货合同和货运发票中载明的收货人或者货主。

报验单位，是指该批进口药品的实际货主或者境内经销商，并具体负责办理进口备案和口岸检验手续。

收货单位和报验单位可以为同一单位。

第三十九条　从境外进入保税仓库、保税区、出口加工区的药品，免予办理进口备案和口岸检验等进口手续，海关按有关规定实施监管；从保税仓库、出口监管仓库、保税区、出口加工区出库或出区进入国内的药品，按本办法有关规定办理进口备案和口岸检验等手续。

经批准以加工贸易方式进口的原料药、药材，免予办理进口备案和口岸检验等进口手续，其原料药及制成品禁止转为内销。确因特殊情况无法出口的，移交地方药品监督管理部门按规定处理，海关予以核销。

进出境人员随身携带的个人自用的少量药品，应当以自用、合理数量为限，并接受海关监管。

第四十条　进口暂未列入进口药品目录的原料药，应当遵照本办法的规定，到口岸药品监督管理局办理进口备案手续。

第四十一条　药材进口备案和口岸检验的规定，由国家食品药品监督管理局另行制定。

第四十二条　进口麻醉药品、精神药品凭《进口药品注册证》（或者《医药产品注册证》），按照国务院麻醉药品、精神药品管理的有关法规办理《进口准许证》。

第四十三条　本办法规定的麻醉药品、精神药品是指供临床使用的品种，科研、教学、兽用等麻醉药品、精神药品的进口，按照国务院麻醉药品、精神药品管理的有关法规执行。

第四十四条　本办法由国家食品药品监督管理局和海关总署负责解释。

第四十五条　本办法自 2004 年 1 月 1 日起实施。1999 年 5 月 1 日实施的《进口药品管理办法》同时废止。

附：（略）

药品网络销售监督管理办法

（2022年7月15日市场监管总局第9次局务会议通过，2022年8月3日公布，自2022年12月1日起施行）

第一章　总　　则

第一条　为了规范药品网络销售和药品网络交易平台服务活动，保障公众用药安全，根据《中华人民共和国药品管理法》（以下简称药品管理法）等法律、行政法规，制定本办法。

第二条　在中华人民共和国境内从事药品网络销售、提供药品网络交易平台服务及其监督管理，应当遵守本办法。

第三条　国家药品监督管理局主管全国药品网络销售的监督管理工作。

省级药品监督管理部门负责本行政区域内药品网络销售的监督管理工作，负责监督管理药品网络交易第三方平台以及药品上市许可持有人、药品批发企业通过网络销售药品的活动。

设区的市级、县级承担药品监督管理职责的部门（以下称药品监督管理部门）负责本行政区域内药品网络销售的监督管理工作，负责监督管理药品零售企业通过网络销售药品的活动。

第四条　从事药品网络销售、提供药品网络交易平台服务，应当遵守药品法律、法规、规章、标准和规范，依法诚信经营，保障药品质量安全。

第五条　从事药品网络销售、提供药品网络交易平台服务，应当采取有效措施保证交易全过程信息真实、准确、完整和可追溯，并遵守国家个人信息保护的有关规定。

第六条　药品监督管理部门应当与相关部门加强协作，充分发挥行业组织等机构的作用，推进信用体系建设，促进社会共治。

第二章　药品网络销售管理

第七条　从事药品网络销售的，应当是具备保证网络销售药品安全能力的药品上市许可持有人或者药品经营企业。

中药饮片生产企业销售其生产的中药饮片，应当履行药品上市许可持有人相关义务。

第八条　药品网络销售企业应当按照经过批准的经营方式和经营范围经营。药品网络销售企业为药品上市许可持有人的，仅能销售其取得药品注册证书的药品。未取得药品零售资质的，不得向个人销售药品。

疫苗、血液制品、麻醉药品、精神药品、医疗用毒性药品、放射性药品、药品类易制毒化学品等国家实行特殊管理的药品不得在网络上销售，具体目录由国家药品监督管理局组织制定。

药品网络零售企业不得违反规定以买药品赠药品、买商品赠药品等方式向个人赠送处方药、甲类非处方药。

第九条　通过网络向个人销售处方药的，应当确保处方来源真实、可靠，并实行实名制。

药品网络零售企业应当与电子处方提供单位签订协议，并严格按照有关规定进行处方审核调配，对已经使用的电子处方进行标记，避免处方重复使用。

第三方平台承接电子处方的，应当对电子处方提供单位的情况进行核实，并签订协议。

药品网络零售企业接收的处方为纸质处方影印版本的，应当采取有效措施避免处方重复使用。

第十条 药品网络销售企业应当建立并实施药品质量安全管理、风险控制、药品追溯、储存配送管理、不良反应报告、投诉举报处理等制度。

药品网络零售企业还应当建立在线药学服务制度，由依法经过资格认定的药师或者其他药学技术人员开展处方审核调配、指导合理用药等工作。依法经过资格认定的药师或者其他药学技术人员数量应当与经营规模相适应。

第十一条 药品网络销售企业应当向药品监督管理部门报告企业名称、网站名称、应用程序名称、IP地址、域名、药品生产许可证或者药品经营许可证等信息。信息发生变化的，应当在10个工作日内报告。

药品网络销售企业为药品上市许可持有人或者药品批发企业的，应当向所在地省级药品监督管理部门报告。药品网络销售企业为药品零售企业的，应当向所在地市县级药品监督管理部门报告。

第十二条 药品网络销售企业应当在网站首页或者经营活动的主页面显著位置，持续公示其药品生产或者经营许可证信息。药品网络零售企业还应当展示依法配备的药师或者其他药学技术人员的资格认定等信息。上述信息发生变化的，应当在10个工作日内予以更新。

第十三条 药品网络销售企业展示的药品相关信息应当真实、准确、合法。

从事处方药销售的药品网络零售企业，应当在每个药品展示页面下突出显示"处方药须凭处方在药师指导下购买和使用"等风险警示信息。处方药销售前，应当向消费者充分告知相关风险警示信息，并经消费者确认知情。

药品网络零售企业应当将处方药与非处方药区分展示，并在相关网页上显著标示处方药、非处方药。

药品网络零售企业在处方药销售主页面、首页面不得直接公开展示处方药包装、标签等信息。通过处方审核前，不得展示说明书等信息，不得提供处方药购买的相关服务。

第十四条 药品网络零售企业应当对药品配送的质量与安全负责。配送药品，应当根据药品数量、运输距离、运输时间、温湿度要求等情况，选择适宜的运输工具和设施设备，配送的药品应当放置在独立空间并明显标识，确保符合要求、全程可追溯。

药品网络零售企业委托配送的，应当对受托企业的质量管理体系进行审核，与受托企业签订质量协议，约定药品质量责任、操作规程等内容，并对受托方进行监督。

药品网络零售的具体配送要求由国家药品监督管理局另行制定。

第十五条 向个人销售药品的，应当按照规定出具销售凭证。销售凭证可以以电子形式出具，药品最小销售单元的销售记录应当清晰留存，确保可追溯。

药品网络销售企业应当完整保存供货企业资质文件、电子交易等记录。销售处方药的药品网络零售企业还应当保存处方、在线药学服务等记录。相关记录保存期限不少于5年，且不少于药品有效期满后1年。

第十六条 药品网络销售企业对存在质量问题或者安全隐患的药品，应当依法采取相应的风险控制措施，并及时在网站首页或者经营活动主页面公开相应信息。

第三章 平台管理

第十七条 第三方平台应当建立药品质量安全管理机构，配备药学技术人员承担药品质量安全管理工作，建立并实施药品质量安全、药品信息展示、处方审核、处方药实名购买、药品配送、交易记录保存、不良反应报告、投诉举报处理等管理制度。

第三方平台应当加强检查，对入驻平台

的药品网络销售企业的药品信息展示、处方审核、药品销售和配送等行为进行管理，督促其严格履行法定义务。

第十八条　第三方平台应当将企业名称、法定代表人、统一社会信用代码、网站名称以及域名等信息向平台所在地省级药品监督管理部门备案。省级药品监督管理部门应当将平台备案信息公示。

第十九条　第三方平台应当在其网站首页或者从事药品经营活动的主页面显著位置，持续公示营业执照、相关行政许可和备案、联系方式、投诉举报方式等信息或者上述信息的链接标识。

第三方平台展示药品信息应当遵守本办法第十三条的规定。

第二十条　第三方平台应当对申请入驻的药品网络销售企业资质、质量安全保证能力等进行审核，对药品网络销售企业建立登记档案，至少每六个月核验更新一次，确保入驻的药品网络销售企业符合法定要求。

第三方平台应当与药品网络销售企业签订协议，明确双方药品质量安全责任。

第二十一条　第三方平台应当保存药品展示、交易记录与投诉举报等信息。保存期限不少于5年，且不少于药品有效期满后1年。第三方平台应当确保有关资料、信息和数据的真实、完整，并为入驻的药品网络销售企业自行保存数据提供便利。

第二十二条　第三方平台应当对药品网络销售活动建立检查监控制度。发现入驻的药品网络销售企业有违法行为的，应当及时制止并立即向所在地县级药品监督管理部门报告。

第二十三条　第三方平台发现下列严重违法行为的，应当立即停止提供网络交易平台服务，停止展示药品相关信息：

（一）不具备资质销售药品的；

（二）违反本办法第八条规定销售国家实行特殊管理的药品的；

（三）超过药品经营许可范围销售药品的；

（四）因违法行为被药品监督管理部门责令停止销售、吊销药品批准证明文件或者吊销药品经营许可证的；

（五）其他严重违法行为的。

药品注册证书被依法撤销、注销的，不得展示相关药品的信息。

第二十四条　出现突发公共卫生事件或者其他严重威胁公众健康的紧急事件时，第三方平台、药品网络销售企业应当遵守国家有关应急处置规定，依法采取相应的控制和处置措施。

药品上市许可持有人依法召回药品的，第三方平台、药品网络销售企业应当积极予以配合。

第二十五条　药品监督管理部门开展监督检查、案件查办、事件处置等工作时，第三方平台应当予以配合。药品监督管理部门发现药品网络销售企业存在违法行为，依法要求第三方平台采取措施制止的，第三方平台应当及时履行相关义务。

药品监督管理部门依照法律、行政法规要求提供有关平台内销售者、销售记录、药学服务以及追溯等信息的，第三方平台应当及时予以提供。

鼓励第三方平台与药品监督管理部门建立开放数据接口等形式的自动化信息报送机制。

第四章　监督检查

第二十六条　药品监督管理部门应当依照法律、法规、规章等规定，按照职责分工对第三方平台和药品网络销售企业实施监督检查。

第二十七条　药品监督管理部门对第三方平台和药品网络销售企业进行检查时，可以依法采取下列措施：

（一）进入药品网络销售和网络平台服务有关场所实施现场检查；

（二）对网络销售的药品进行抽样

检验；

（三）询问有关人员，了解药品网络销售活动相关情况；

（四）依法查阅、复制交易数据、合同、票据、账簿以及其他相关资料；

（五）对有证据证明可能危害人体健康的药品及其有关材料，依法采取查封、扣押措施；

（六）法律、法规规定可以采取的其他措施。

必要时，药品监督管理部门可以对为药品研制、生产、经营、使用提供产品或者服务的单位和个人进行延伸检查。

第二十八条 对第三方平台、药品上市许可持有人、药品批发企业通过网络销售药品违法行为的查处，由省级药品监督管理部门负责。对药品网络零售企业违法行为的查处，由市县级药品监督管理部门负责。

药品网络销售违法行为由违法行为发生地的药品监督管理部门负责查处。因药品网络销售活动引发药品安全事件或者有证据证明可能危害人体健康的，也可以由违法行为结果地的药品监督管理部门负责。

第二十九条 药品监督管理部门应当加强药品网络销售监测工作。省级药品监督管理部门建立的药品网络销售监测平台，应当与国家药品网络销售监测平台实现数据对接。

药品监督管理部门对监测发现的违法行为，应当依法按照职责进行调查处置。

药品监督管理部门对网络销售违法行为的技术监测记录资料，可以依法作为实施行政处罚或者采取行政措施的电子数据证据。

第三十条 对有证据证明可能存在安全隐患的，药品监督管理部门应当根据监督检查情况，对药品网络销售企业或者第三方平台等采取告诫、约谈、限期整改以及暂停生产、销售、使用、进口等措施，并及时公布检查处理结果。

第三十一条 药品监督管理部门应当对药品网络销售企业或者第三方平台提供的个人信息和商业秘密严格保密，不得泄露、出售或者非法向他人提供。

第五章 法律责任

第三十二条 法律、行政法规对药品网络销售违法行为的处罚有规定的，依照其规定。药品监督管理部门发现药品网络销售违法行为涉嫌犯罪的，应当及时将案件移送公安机关。

第三十三条 违反本办法第八条第二款的规定，通过网络销售国家实行特殊管理的药品，法律、行政法规已有规定的，依照法律、行政法规的规定处罚。法律、行政法规未作规定的，责令限期改正，处5万元以上10万元以下罚款；造成危害后果的，处10万元以上20万元以下罚款。

第三十四条 违反本办法第九条第一款、第二款的规定，责令限期改正，处3万元以上5万元以下罚款；情节严重的，处5万元以上10万元以下罚款。

违反本办法第九条第三款的规定，责令限期改正，处5万元以上10万元以下罚款；造成危害后果的，处10万元以上20万元以下罚款。

违反本办法第九条第四款的规定，责令限期改正，处1万元以上3万元以下罚款；情节严重的，处3万元以上5万元以下罚款。

第三十五条 违反本办法第十一条的规定，责令限期改正；逾期不改正的，处1万元以上3万元以下罚款；情节严重的，处3万元以上5万元以下罚款。

第三十六条 违反本办法第十三条、第十九条第二款的规定，责令限期改正；逾期不改正的，处5万元以上10万元以下罚款。

第三十七条 违反本办法第十四条、第十五条的规定，药品网络销售企业未遵守药品经营质量管理规范的，依照药品管理法第一百二十六条的规定进行处罚。

第三十八条 违反本办法第十七条第一

款的规定，责令限期改正，处3万元以上10万元以下罚款；造成危害后果的，处10万元以上20万元以下罚款。

第三十九条 违反本办法第十八条的规定，责令限期改正；逾期不改正的，处5万元以上10万元以下罚款；造成危害后果的，处10万元以上20万元以下罚款。

第四十条 违反本办法第二十条、第二十二条、第二十三条的规定，第三方平台未履行资质审核、报告、停止提供网络交易平台服务等义务的，依照药品管理法第一百三十一条的规定处罚。

第四十一条 药品监督管理部门及其工作人员不履行职责或者滥用职权、玩忽职守、徇私舞弊，依法追究法律责任；构成犯罪的，依法追究刑事责任。

第六章 附 则

第四十二条 本办法自2022年12月1日起施行。

药品生产质量管理规范

（2010年10月19日卫生部部务会议审议通过，
2011年1月17日发布，自2011年3月1日起施行）

第一章 总 则

第一条 为规范药品生产质量管理，根据《中华人民共和国药品管理法》、《中华人民共和国药品管理法实施条例》，制定本规范。

第二条 企业应当建立药品质量管理体系。该体系应当涵盖影响药品质量的所有因素，包括确保药品质量符合预定用途的有组织、有计划的全部活动。

第三条 本规范作为质量管理体系的一部分，是药品生产管理和质量控制的基本要求，旨在最大限度地降低药品生产过程中污染、交叉污染以及混淆、差错等风险，确保持续稳定地生产出符合预定用途和注册要求的药品。

第四条 企业应当严格执行本规范，坚持诚实守信，禁止任何虚假、欺骗行为。

第二章 质量管理

第一节 原 则

第五条 企业应当建立符合药品质量管理要求的质量目标，将药品注册的有关安全、有效和质量可控的所有要求，系统地贯彻到药品生产、控制及产品放行、贮存、发运的全过程中，确保所生产的药品符合预定用途和注册要求。

第六条 企业高层管理人员应当确保实现既定的质量目标，不同层次的人员以及供应商、经销商应当共同参与并承担各自的责任。

第七条 企业应当配备足够的、符合要求的人员、厂房、设施和设备，为实现质量目标提供必要的条件。

第二节 质量保证

第八条 质量保证是质量管理体系的一部分。企业必须建立质量保证系统，同时建立完整的文件体系，以保证系统有效运行。

第九条 质量保证系统应当确保：

（一）药品的设计与研发体现本规范的要求；

（二）生产管理和质量控制活动符合本规范的要求；

（三）管理职责明确；

（四）采购和使用的原辅料和包装材料正确无误；

（五）中间产品得到有效控制；

（六）确认、验证的实施；

（七）严格按照规程进行生产、检查、检验和复核；

（八）每批产品经质量受权人批准后方可放行；

（九）在贮存、发运和随后的各种操作过程中有保证药品质量的适当措施；

（十）按照自检操作规程，定期检查评估质量保证系统的有效性和适用性。

第十条　药品生产质量管理的基本要求：

（一）制定生产工艺，系统地回顾并证明其可持续稳定地生产出符合要求的产品；

（二）生产工艺及其重大变更均经过验证；

（三）配备所需的资源，至少包括：

1. 具有适当的资质并经培训合格的人员；

2. 足够的厂房和空间；

3. 适用的设备和维修保障；

4. 正确的原辅料、包装材料和标签；

5. 经批准的工艺规程和操作规程；

6. 适当的贮运条件。

（四）应当使用准确、易懂的语言制定操作规程；

（五）操作人员经过培训，能够按照操作规程正确操作；

（六）生产全过程应当有记录，偏差均经过调查并记录；

（七）批记录和发运记录应当能够追溯批产品的完整历史，并妥善保存、便于查阅；

（八）降低药品发运过程中的质量风险；

（九）建立药品召回系统，确保能够召回任何一批已发运销售的产品；

（十）调查导致药品投诉和质量缺陷的原因，并采取措施，防止类似质量缺陷再次发生。

第三节　质量控制

第十一条　质量控制包括相应的组织机构、文件系统以及取样、检验等，确保物料或产品在放行前完成必要的检验，确认其质量符合要求。

第十二条　质量控制的基本要求：

（一）应当配备适当的设施、设备、仪器和经过培训的人员，有效、可靠地完成所有质量控制的相关活动；

（二）应当有批准的操作规程，用于原辅料、包装材料、中间产品、待包装产品和成品的取样、检查、检验以及产品的稳定性考察，必要时进行环境监测，以确保符合本规范的要求；

（三）由经授权的人员按照规定的方法对原辅料、包装材料、中间产品、待包装产品和成品取样；

（四）检验方法应当经过验证或确认；

（五）取样、检查、检验应当有记录，偏差应当经过调查并记录；

（六）物料、中间产品、待包装产品和成品必须按照质量标准进行检查和检验，并有记录；

（七）物料和最终包装的成品应当有足够的留样，以备必要的检查或检验；除最终包装容器过大的成品外，成品的留样包装应当与最终包装相同。

第四节　质量风险管理

第十三条　质量风险管理是在整个产品生命周期中采用前瞻或回顾的方式，对质量风险进行评估、控制、沟通、审核的系统过程。

第十四条　应当根据科学知识及经验对质量风险进行评估，以保证产品质量。

第十五条　质量风险管理过程所采用的

方法、措施、形式及形成的文件应当与存在风险的级别相适应。

第三章　机构与人员

第一节　原　　则

第十六条　企业应当建立与药品生产相适应的管理机构，并有组织机构图。

企业应当设立独立的质量管理部门，履行质量保证和质量控制的职责。质量管理部门可以分别设立质量保证部门和质量控制部门。

第十七条　质量管理部门应当参与所有与质量有关的活动，负责审核所有与本规范有关的文件。质量管理部门人员不得将职责委托给其他部门的人员。

第十八条　企业应当配备足够数量并具有适当资质（含学历、培训和实践经验）的管理和操作人员，应当明确规定每个部门和每个岗位的职责。岗位职责不得遗漏，交叉的职责应当有明确规定。每个人所承担的职责不应当过多。

所有人员应当明确并理解自己的职责，熟悉与其职责相关的要求，并接受必要的培训，包括上岗前培训和继续培训。

第十九条　职责通常不得委托给他人。确需委托的，其职责可委托给具有相当资质的指定人员。

第二节　关键人员

第二十条　关键人员应当为企业的全职人员，至少应当包括企业负责人、生产管理负责人、质量管理负责人和质量受权人。

质量管理负责人和生产管理负责人不得互相兼任。质量管理负责人和质量受权人可以兼任。应当制定操作规程确保质量受权人独立履行职责，不受企业负责人和其他人员的干扰。

第二十一条　企业负责人

企业负责人是药品质量的主要责任人，全面负责企业日常管理。为确保企业实现质量目标并按照本规范要求生产药品，企业负责人应当负责提供必要的资源，合理计划、组织和协调，保证质量管理部门独立履行其职责。

第二十二条　生产管理负责人

（一）资质：

生产管理负责人应当至少具有药学或相关专业本科学历（或中级专业技术职称或执业药师资格），具有至少三年从事药品生产和质量管理的实践经验，其中至少有一年的药品生产管理经验，接受过与所生产产品相关的专业知识培训。

（二）主要职责：

1. 确保药品按照批准的工艺规程生产、贮存，以保证药品质量；

2. 确保严格执行与生产操作相关的各种操作规程；

3. 确保批生产记录和批包装记录经过指定人员审核并送交质量管理部门；

4. 确保厂房和设备的维护保养，以保持其良好的运行状态；

5. 确保完成各种必要的验证工作；

6. 确保生产相关人员经过必要的上岗前培训和继续培训，并根据实际需要调整培训内容。

第二十三条　质量管理负责人

（一）资质：

质量管理负责人应当至少具有药学或相关专业本科学历（或中级专业技术职称或执业药师资格），具有至少五年从事药品生产和质量管理的实践经验，其中至少一年的药品质量管理经验，接受过与所生产产品相关的专业知识培训。

（二）主要职责：

1. 确保原辅料、包装材料、中间产品、待包装产品和成品符合经注册批准的要求和质量标准；

2. 确保在产品放行前完成对批记录的审核；

3. 确保完成所有必要的检验；

4. 批准质量标准、取样方法、检验方法和其他质量管理的操作规程；

5. 审核和批准所有与质量有关的变更；

6. 确保所有重大偏差和检验结果超标已经过调查并得到及时处理；

7. 批准并监督委托检验；

8. 监督厂房和设备的维护，以保持其良好的运行状态；

9. 确保完成各种必要的确认或验证工作，审核和批准确认或验证方案和报告；

10. 确保完成自检；

11. 评估和批准物料供应商；

12. 确保所有与产品质量有关的投诉已经过调查，并得到及时、正确的处理；

13. 确保完成产品的持续稳定性考察计划，提供稳定性考察的数据；

14. 确保完成产品质量回顾分析；

15. 确保质量控制和质量保证人员都已经过必要的上岗前培训和继续培训，并根据实际需要调整培训内容。

第二十四条　生产管理负责人和质量管理负责人通常有下列共同的职责：

（一）审核和批准产品的工艺规程、操作规程等文件；

（二）监督厂区卫生状况；

（三）确保关键设备经过确认；

（四）确保完成生产工艺验证；

（五）确保企业所有相关人员都已经过必要的上岗前培训和继续培训，并根据实际需要调整培训内容；

（六）批准并监督委托生产；

（七）确定和监控物料和产品的贮存条件；

（八）保存记录；

（九）监督本规范执行状况；

（十）监控影响产品质量的因素。

第二十五条　质量受权人

（一）资质：

质量受权人应当至少具有药学或相关专业本科学历（或中级专业技术职称或执业药师资格），具有至少五年从事药品生产和质量管理的实践经验，从事过药品生产过程控制和质量检验工作。

质量受权人应当具有必要的专业理论知识，并经过与产品放行有关的培训，方能独立履行其职责。

（二）主要职责：

1. 参与企业质量体系建立、内部自检、外部质量审计、验证以及药品不良反应报告、产品召回等质量管理活动；

2. 承担产品放行的职责，确保每批已放行产品的生产、检验均符合相关法规、药品注册要求和质量标准；

3. 在产品放行前，质量受权人必须按照上述第2项的要求出具产品放行审核记录，并纳入批记录。

第三节　培　训

第二十六条　企业应当指定部门或专人负责培训管理工作，应当有经生产管理负责人或质量管理负责人审核或批准的培训方案或计划，培训记录应当予以保存。

第二十七条　与药品生产、质量有关的所有人员都应当经过培训，培训的内容应当与岗位的要求相适应。除进行本规范理论和实践的培训外，还应当有相关法规、相应岗位的职责、技能的培训，并定期评估培训的实际效果。

第二十八条　高风险操作区（如：高活性、高毒性、传染性、高致敏性物料的生产区）的工作人员应当接受专门的培训。

第四节　人员卫生

第二十九条　所有人员都应当接受卫生要求的培训，企业应当建立人员卫生操作规程，最大限度地降低人员对药品生产造成污染的风险。

第三十条　人员卫生操作规程应当包括与健康、卫生习惯及人员着装相关的内容。生产区和质量控制区的人员应当正确理解相关的人员卫生操作规程。企业应当采取措施确保人员卫生操作规程的执行。

第三十一条　企业应当对人员健康进行管理，并建立健康档案。直接接触药品的生产人员上岗前应当接受健康检查，以后每年至少进行一次健康检查。

第三十二条　企业应当采取适当措施，避免体表有伤口、患有传染病或其他可能污染药品疾病的人员从事直接接触药品的生产。

第三十三条　参观人员和未经培训的人员不得进入生产区和质量控制区，特殊情况确需进入的，应当事先对个人卫生、更衣等事项进行指导。

第三十四条　任何进入生产区的人员均应当按照规定更衣。工作服的选材、式样及穿戴方式应当与所从事的工作和空气洁净度级别要求相适应。

第三十五条　进入洁净生产区的人员不得化妆和佩带饰物。

第三十六条　生产区、仓储区应当禁止吸烟和饮食，禁止存放食品、饮料、香烟和个人用药品等非生产用物品。

第三十七条　操作人员应当避免裸手直接接触药品、与药品直接接触的包装材料和设备表面。

第四章　厂房与设施

第一节　原　　则

第三十八条　厂房的选址、设计、布局、建造、改造和维护必须符合药品生产要求，应当能够最大限度地避免污染、交叉污染、混淆和差错，便于清洁、操作和维护。

第三十九条　应当根据厂房及生产防护措施综合考虑选址，厂房所处的环境应当能够最大限度地降低物料或产品遭受污染的风险。

第四十条　企业应当有整洁的生产环境；厂区的地面、路面及运输等不应当对药品的生产造成污染；生产、行政、生活和辅助区的总体布局应当合理，不得互相妨碍；厂区和厂房内的人、物流走向应当合理。

第四十一条　应当对厂房进行适当维护，并确保维修活动不影响药品的质量。应当按照详细的书面操作规程对厂房进行清洁或必要的消毒。

第四十二条　厂房应当有适当的照明、温度、湿度和通风，确保生产和贮存的产品质量以及相关设备性能不会直接或间接地受到影响。

第四十三条　厂房、设施的设计和安装应当能够有效防止昆虫或其它动物进入。应当采取必要的措施，避免所使用的灭鼠药、杀虫剂、烟熏剂等对设备、物料、产品造成污染。

第四十四条　应当采取适当措施，防止未经批准人员的进入。生产、贮存和质量控制区不应当作为非本区工作人员的直接通道。

第四十五条　应当保存厂房、公用设施、固定管道建造或改造后的竣工图纸。

第二节　生　产　区

第四十六条　为降低污染和交叉污染的风险，厂房、生产设施和设备应当根据所生产药品的特性、工艺流程及相应洁净度级别要求合理设计、布局和使用，并符合下列要求：

（一）应当综合考虑药品的特性、工艺和预定用途等因素，确定厂房、生产设施和设备多产品共用的可行性，并有相应评估报告；

（二）生产特殊性质的药品，如高致敏性药品（如青霉素类）或生物制品（如卡介苗或其他用活性微生物制备而成的药品），必须采用专用和独立的厂房、生产设施和设备。青霉素类药品产尘量大的操作区域应当保持相对负压，排至室外的废气应当经过净化处理并符合要求，排风口应当远离其他空气净化系统的进风口；

（三）生产β-内酰胺结构类药品、性激素类避孕药品必须使用专用设施（如独立的空气净化系统）和设备，并与其他药品生产区严格分开；

（四）生产某些激素类、细胞毒性类、高活性化学药品应当使用专用设施（如独立的空气净化系统）和设备；特殊情况下，如采取特别防护措施并经过必要的验证，上述药品制剂则可通过阶段性生产方式共用同一生产设施和设备；

（五）用于上述第（二）、（三）、（四）项的空气净化系统，其排风应当经过净化处理；

（六）药品生产厂房不得用于生产对药品质量有不利影响的非药用产品。

第四十七条 生产区和贮存区应当有足够的空间，确保有序地存放设备、物料、中间产品、待包装产品和成品，避免不同产品或物料的混淆、交叉污染，避免生产或质量控制操作发生遗漏或差错。

第四十八条 应当根据药品品种、生产操作要求及外部环境状况等配置空调净化系统，使生产区有效通风，并有温度、湿度控制和空气净化过滤，保证药品的生产环境符合要求。

洁净区与非洁净区之间、不同级别洁净区之间的压差应当不低于10帕斯卡。必要时，相同洁净度级别的不同功能区域（操作间）之间也应当保持适当的压差梯度。

口服液体和固体制剂、腔道用药（含直肠用药）、表皮外用药品等非无菌制剂生产的暴露工序区域及其直接接触药品的包装材料最终处理的暴露工序区域，应当参照“无菌药品”附录中D级洁净区的要求设置，企业可根据产品的标准和特性对该区域采取适当的微生物监控措施。

第四十九条 洁净区的内表面（墙壁、地面、天棚）应当平整光滑、无裂缝、接口严密、无颗粒物脱落，避免积尘，便于有效清洁，必要时应当进行消毒。

第五十条 各种管道、照明设施、风口和其他公用设施的设计和安装应当避免出现不易清洁的部位，应当尽可能在生产区外部对其进行维护。

第五十一条 排水设施应当大小适宜，并安装防止倒灌的装置。应当尽可能避免明沟排水；不可避免时，明沟宜浅，以方便清洁和消毒。

第五十二条 制剂的原辅料称量通常应当在专门设计的称量室内进行。

第五十三条 产尘操作间（如干燥物料或产品的取样、称量、混合、包装等操作间）应当保持相对负压或采取专门的措施，防止粉尘扩散、避免交叉污染并便于清洁。

第五十四条 用于药品包装的厂房或区域应当合理设计和布局，以避免混淆或交叉污染。如同一区域内有数条包装线，应当有隔离措施。

第五十五条 生产区应当有适度的照明，目视操作区域的照明应当满足操作要求。

第五十六条 生产区内可设中间控制区域，但中间控制操作不得给药品带来质量风险。

第三节 仓储区

第五十七条 仓储区应当有足够的空间，确保有序存放待验、合格、不合格、退货或召回的原辅料、包装材料、中间产品、待包装产品和成品等各类物料和产品。

第五十八条 仓储区的设计和建造应当确保良好的仓储条件，并有通风和照明设施。仓储区应当能够满足物料或产品的贮存条件（如温湿度、避光）和安全贮存的要求，并进行检查和监控。

第五十九条 高活性的物料或产品以及印刷包装材料应当贮存于安全的区域。

第六十条 接收、发放和发运区域应当能够保护物料、产品免受外界天气（如雨、雪）的影响。接收区的布局和设施应当能够确保到货物料在进入仓储区前可对外包装进行必要的清洁。

第六十一条　如采用单独的隔离区域贮存待验物料，待验区应当有醒目的标识，且只限于经批准的人员出入。

不合格、退货或召回的物料或产品应当隔离存放。

如果采用其他方法替代物理隔离，则该方法应当具有同等的安全性。

第六十二条　通常应当有单独的物料取样区。取样区的空气洁净度级别应当与生产要求一致。如在其他区域或采用其他方式取样，应当能够防止污染或交叉污染。

第四节　质量控制区

第六十三条　质量控制实验室通常应当与生产区分开。生物检定、微生物和放射性同位素的实验室还应当彼此分开。

第六十四条　实验室的设计应当确保其适用于预定的用途，并能够避免混淆和交叉污染，应当有足够的区域用于样品处置、留样和稳定性考察样品的存放以及记录的保存。

第六十五条　必要时，应当设置专门的仪器室，使灵敏度高的仪器免受静电、震动、潮湿或其他外界因素的干扰。

第六十六条　处理生物样品或放射性样品等特殊物品的实验室应当符合国家的有关要求。

第六十七条　实验动物房应当与其他区域严格分开，其设计、建造应当符合国家有关规定，并设有独立的空气处理设施以及动物的专用通道。

第五节　辅助区

第六十八条　休息室的设置不应当对生产区、仓储区和质量控制区造成不良影响。

第六十九条　更衣室和盥洗室应当方便人员进出，并与使用人数相适应。盥洗室不得与生产区和仓储区直接相通。

第七十条　维修间应当尽可能远离生产区。存放在洁净区内的维修用备件和工具，应当放置在专门的房间或工具柜中。

第五章　设　　备

第一节　原　　则

第七十一条　设备的设计、选型、安装、改造和维护必须符合预定用途，应当尽可能降低产生污染、交叉污染、混淆和差错的风险，便于操作、清洁、维护，以及必要时进行的消毒或灭菌。

第七十二条　应当建立设备使用、清洁、维护和维修的操作规程，并保存相应的操作记录。

第七十三条　应当建立并保存设备采购、安装、确认的文件和记录。

第二节　设计和安装

第七十四条　生产设备不得对药品质量产生任何不利影响。与药品直接接触的生产设备表面应当平整、光洁、易清洗或消毒、耐腐蚀，不得与药品发生化学反应、吸附药品或向药品中释放物质。

第七十五条　应当配备有适当量程和精度的衡器、量具、仪器和仪表。

第七十六条　应当选择适当的清洗、清洁设备，并防止这类设备成为污染源。

第七十七条　设备所用的润滑剂、冷却剂等不得对药品或容器造成污染，应当尽可能使用食用级或级别相当的润滑剂。

第七十八条　生产用模具的采购、验收、保管、维护、发放及报废应当制定相应操作规程，设专人专柜保管，并有相应记录。

第三节　维护和维修

第七十九条　设备的维护和维修不得影

响产品质量。

第八十条 应当制定设备的预防性维护计划和操作规程，设备的维护和维修应当有相应的记录。

第八十一条 经改造或重大维修的设备应当进行再确认，符合要求后方可用于生产。

第四节 使用和清洁

第八十二条 主要生产和检验设备都应当有明确的操作规程。

第八十三条 生产设备应当在确认的参数范围内使用。

第八十四条 应当按照详细规定的操作规程清洁生产设备。

生产设备清洁的操作规程应当规定具体而完整的清洁方法、清洁用设备或工具、清洁剂的名称和配制方法、去除前一批次标识的方法、保护已清洁设备在使用前免受污染的方法、已清洁设备最长的保存时限、使用前检查设备清洁状况的方法，使操作者能以可重现的、有效的方式对各类设备进行清洁。

如需拆装设备，还应当规定设备拆装的顺序和方法；如需对设备消毒或灭菌，还应当规定消毒或灭菌的具体方法、消毒剂的名称和配制方法。必要时，还应当规定设备生产结束至清洁前所允许的最长间隔时限。

第八十五条 已清洁的生产设备应当在清洁、干燥的条件下存放。

第八十六条 用于药品生产或检验的设备和仪器，应当有使用日志，记录内容包括使用、清洁、维护和维修情况以及日期、时间、所生产及检验的药品名称、规格和批号等。

第八十七条 生产设备应当有明显的状态标识，标明设备编号和内容物（如名称、规格、批号）；没有内容物的应当标明清洁状态。

第八十八条 不合格的设备如有可能应当搬出生产和质量控制区，未搬出前，应当有醒目的状态标识。

第八十九条 主要固定管道应当标明内容物名称和流向。

第五节 校 准

第九十条 应当按照操作规程和校准计划定期对生产和检验用衡器、量具、仪表、记录和控制设备以及仪器进行校准和检查，并保存相关记录。校准的量程范围应当涵盖实际生产和检验的使用范围。

第九十一条 应当确保生产和检验使用的关键衡器、量具、仪表、记录和控制设备以及仪器经过校准，所得出的数据准确、可靠。

第九十二条 应当使用计量标准器具进行校准，且所用计量标准器具应当符合国家有关规定。校准记录应当标明所用计量标准器具的名称、编号、校准有效期和计量合格证明编号，确保记录的可追溯性。

第九十三条 衡器、量具、仪表、用于记录和控制的设备以及仪器应当有明显的标识，标明其校准有效期。

第九十四条 不得使用未经校准、超过校准有效期、失准的衡器、量具、仪表以及用于记录和控制的设备、仪器。

第九十五条 在生产、包装、仓储过程中使用自动或电子设备的，应当按照操作规程定期进行校准和检查，确保其操作功能正常。校准和检查应当有相应的记录。

第六节 制药用水

第九十六条 制药用水应当适合其用途，并符合《中华人民共和国药典》的质量标准及相关要求。制药用水至少应当采用饮用水。

第九十七条 水处理设备及其输送系统的设计、安装、运行和维护应当确保制药用水达到设定的质量标准。水处理设备的运行不得超出其设计能力。

第九十八条　纯化水、注射用水储罐和输送管道所用材料应当无毒、耐腐蚀；储罐的通气口应当安装不脱落纤维的疏水性除菌滤器；管道的设计和安装应当避免死角、盲管。

第九十九条　纯化水、注射用水的制备、贮存和分配应当能够防止微生物的滋生。纯化水可采用循环，注射用水可采用70℃以上保温循环。

第一百条　应当对制药用水及原水的水质进行定期监测，并有相应的记录。

第一百零一条　应当按照操作规程对纯化水、注射用水管道进行清洗消毒，并有相关记录。发现制药用水微生物污染达到警戒限度、纠偏限度时应当按照操作规程处理。

第六章　物料与产品

第一节　原　　则

第一百零二条　药品生产所用的原辅料、与药品直接接触的包装材料应当符合相应的质量标准。药品上直接印字所用油墨应当符合食用标准要求。

进口原辅料应当符合国家相关的进口管理规定。

第一百零三条　应当建立物料和产品的操作规程，确保物料和产品的正确接收、贮存、发放、使用和发运，防止污染、交叉污染、混淆和差错。

物料和产品的处理应当按照操作规程或工艺规程执行，并有记录。

第一百零四条　物料供应商的确定及变更应当进行质量评估，并经质量管理部门批准后方可采购。

第一百零五条　物料和产品的运输应当能够满足其保证质量的要求，对运输有特殊要求的，其运输条件应当予以确认。

第一百零六条　原辅料、与药品直接接触的包装材料和印刷包装材料的接收应当有操作规程，所有到货物料均应当检查，以确保与订单一致，并确认供应商已经质量管理部门批准。

物料的外包装应当有标签，并注明规定的信息。必要时，还应当进行清洁，发现外包装损坏或其他可能影响物料质量的问题，应当向质量管理部门报告并进行调查和记录。

每次接收均应当有记录，内容包括：

（一）交货单和包装容器上所注物料的名称；

（二）企业内部所用物料名称和（或）代码；

（三）接收日期；

（四）供应商和生产商（如不同）的名称；

（五）供应商和生产商（如不同）标识的批号；

（六）接收总量和包装容器数量；

（七）接收后企业指定的批号或流水号；

（八）有关说明（如包装状况）。

第一百零七条　物料接收和成品生产后应当及时按照待验管理，直至放行。

第一百零八条　物料和产品应当根据其性质有序分批贮存和周转，发放及发运应当符合先进先出和近效期先出的原则。

第一百零九条　使用计算机化仓储管理的，应当有相应的操作规程，防止因系统故障、停机等特殊情况而造成物料和产品的混淆和差错。

使用完全计算机化仓储管理系统进行识别的，物料、产品等相关信息可不必以书面可读的方式标出。

第二节　原 辅 料

第一百一十条　应当制定相应的操作规程，采取核对或检验等适当措施，确认每一包装内的原辅料正确无误。

第一百一十一条　一次接收数个批次的物料，应当按批取样、检验、放行。

第一百一十二条 仓储区内的原辅料应当有适当的标识，并至少标明下述内容：

（一）指定的物料名称和企业内部的物料代码；

（二）企业接收时设定的批号；

（三）物料质量状态（如待验、合格、不合格、已取样）；

（四）有效期或复验期。

第一百一十三条 只有经质量管理部门批准放行并在有效期或复验期内的原辅料方可使用。

第一百一十四条 原辅料应当按照有效期或复验期贮存。贮存期内，如发现对质量有不良影响的特殊情况，应当进行复验。

第一百一十五条 应当由指定人员按照操作规程进行配料，核对物料后，精确称量或计量，并作好标识。

第一百一十六条 配制的每一物料及其重量或体积应当由他人独立进行复核，并有复核记录。

第一百一十七条 用于同一批药品生产的所有配料应当集中存放，并作好标识。

第三节 中间产品和待包装产品

第一百一十八条 中间产品和待包装产品应当在适当的条件下贮存。

第一百一十九条 中间产品和待包装产品应当有明确的标识，并至少标明下述内容：

（一）产品名称和企业内部的产品代码；

（二）产品批号；

（三）数量或重量（如毛重、净重等）；

（四）生产工序（必要时）；

（五）产品质量状态（必要时，如待验、合格、不合格、已取样）。

第四节 包装材料

第一百二十条 与药品直接接触的包装材料和印刷包装材料的管理和控制要求与原辅料相同。

第一百二十一条 包装材料应当由专人按照操作规程发放，并采取措施避免混淆和差错，确保用于药品生产的包装材料正确无误。

第一百二十二条 应当建立印刷包装材料设计、审核、批准的操作规程，确保印刷包装材料印制的内容与药品监督管理部门核准的一致，并建立专门的文档，保存经签名批准的印刷包装材料原版实样。

第一百二十三条 印刷包装材料的版本变更时，应当采取措施，确保产品所用印刷包装材料的版本正确无误。宜收回作废的旧版印刷模版并予以销毁。

第一百二十四条 印刷包装材料应当设置专门区域妥善存放，未经批准人员不得进入。切割式标签或其他散装印刷包装材料应当分别置于密闭容器内储运，以防混淆。

第一百二十五条 印刷包装材料应当由专人保管，并按照操作规程和需求量发放。

第一百二十六条 每批或每次发放的与药品直接接触的包装材料或印刷包装材料，均应当有识别标志，标明所用产品的名称和批号。

第一百二十七条 过期或废弃的印刷包装材料应当予以销毁并记录。

第五节 成　品

第一百二十八条 成品放行前应当待验贮存。

第一百二十九条 成品的贮存条件应当符合药品注册批准的要求。

第六节 特殊管理的物料和产品

第一百三十条 麻醉药品、精神药品、医疗用毒性药品（包括药材）、放射性药品、药品类易制毒化学品及易燃、易爆和其他危险品的验收、贮存、管理应当执行国家有关的规定。

第七节　其　　他

第一百三十一条　不合格的物料、中间产品、待包装产品和成品的每个包装容器上均应当有清晰醒目的标志，并在隔离区内妥善保存。

第一百三十二条　不合格的物料、中间产品、待包装产品和成品的处理应当经质量管理负责人批准，并有记录。

第一百三十三条　产品回收需经预先批准，并对相关的质量风险进行充分评估，根据评估结论决定是否回收。回收应当按照预定的操作规程进行，并有相应记录。回收处理后的产品应当按照回收处理中最早批次产品的生产日期确定有效期。

第一百三十四条　制剂产品不得进行重新加工。不合格的制剂中间产品、待包装产品和成品一般不得进行返工。只有不影响产品质量、符合相应质量标准，且根据预定、经批准的操作规程以及对相关风险充分评估后，才允许返工处理。返工应当有相应记录。

第一百三十五条　对返工或重新加工或回收合并后生产的成品，质量管理部门应当考虑需要进行额外相关项目的检验和稳定性考察。

第一百三十六条　企业应当建立药品退货的操作规程，并有相应的记录，内容至少应当包括：产品名称、批号、规格、数量、退货单位及地址、退货原因及日期、最终处理意见。

同一产品同一批号不同渠道的退货应当分别记录、存放和处理。

第一百三十七条　只有经检查、检验和调查，有证据证明退货质量未受影响，且经质量管理部门根据操作规程评价后，方可考虑将退货重新包装、重新发运销售。评价考虑的因素至少应当包括药品的性质、所需的贮存条件、药品的现状、历史，以及发运与退货之间的间隔时间等因素。不符合贮存和运输要求的退货，应当在质量管理部门监督下予以销毁。对退货质量存有怀疑时，不得重新发运。

对退货进行回收处理的，回收后的产品应当符合预定的质量标准和第一百三十三条的要求。

退货处理的过程和结果应当有相应记录。

第七章　确认与验证

第一百三十八条　企业应当确定需要进行的确认或验证工作，以证明有关操作的关键要素能够得到有效控制。确认或验证的范围和程度应当经过风险评估来确定。

第一百三十九条　企业的厂房、设施、设备和检验仪器应当经过确认，应当采用经过验证的生产工艺、操作规程和检验方法进行生产、操作和检验，并保持持续的验证状态。

第一百四十条　应当建立确认与验证的文件和记录，并能以文件和记录证明达到以下预定的目标：

（一）设计确认应当证明厂房、设施、设备的设计符合预定用途和本规范要求；

（二）安装确认应当证明厂房、设施、设备的建造和安装符合设计标准；

（三）运行确认应当证明厂房、设施、设备的运行符合设计标准；

（四）性能确认应当证明厂房、设施、设备在正常操作方法和工艺条件下能够持续符合标准；

（五）工艺验证应当证明一个生产工艺按照规定的工艺参数能够持续生产出符合预定用途和注册要求的产品。

第一百四十一条　采用新的生产处方或生产工艺前，应当验证其常规生产的适用性。生产工艺在使用规定的原辅料和设备条件下，应当能够始终生产出符合预定用途和注册要求的产品。

第一百四十二条　当影响产品质量的主

要因素，如原辅料、与药品直接接触的包装材料、生产设备、生产环境（或厂房）、生产工艺、检验方法等发生变更时，应当进行确认或验证。必要时，还应当经药品监督管理部门批准。

第一百四十三条 清洁方法应当经过验证，证实其清洁的效果，以有效防止污染和交叉污染。清洁验证应当综合考虑设备使用情况、所使用的清洁剂和消毒剂、取样方法和位置以及相应的取样回收率、残留物的性质和限度、残留物检验方法的灵敏度等因素。

第一百四十四条 确认和验证不是一次性的行为。首次确认或验证后，应当根据产品质量回顾分析情况进行再确认或再验证。关键的生产工艺和操作规程应当定期进行再验证，确保其能够达到预期结果。

第一百四十五条 企业应当制定验证总计划，以文件形式说明确认与验证工作的关键信息。

第一百四十六条 验证总计划或其他相关文件中应当作出规定，确保厂房、设施、设备、检验仪器、生产工艺、操作规程和检验方法等能够保持持续稳定。

第一百四十七条 应当根据确认或验证的对象制定确认或验证方案，并经审核、批准。确认或验证方案应当明确职责。

第一百四十八条 确认或验证应当按照预先确定和批准的方案实施，并有记录。确认或验证工作完成后，应当写出报告，并经审核、批准。确认或验证的结果和结论（包括评价和建议）应当有记录并存档。

第一百四十九条 应当根据验证的结果确认工艺规程和操作规程。

第八章 文件管理

第一节 原　　则

第一百五十条 文件是质量保证系统的基本要素。企业必须有内容正确的书面质量标准、生产处方和工艺规程、操作规程以及记录等文件。

第一百五十一条 企业应当建立文件管理的操作规程，系统地设计、制定、审核、批准和发放文件。与本规范有关的文件应当经质量管理部门的审核。

第一百五十二条 文件的内容应当与药品生产许可、药品注册等相关要求一致，并有助于追溯每批产品的历史情况。

第一百五十三条 文件的起草、修订、审核、批准、替换或撤销、复制、保管和销毁等应当按照操作规程管理，并有相应的文件分发、撤销、复制、销毁记录。

第一百五十四条 文件的起草、修订、审核、批准均应当由适当的人员签名并注明日期。

第一百五十五条 文件应当标明题目、种类、目的以及文件编号和版本号。文字应当确切、清晰、易懂，不能模棱两可。

第一百五十六条 文件应当分类存放、条理分明，便于查阅。

第一百五十七条 原版文件复制时，不得产生任何差错；复制的文件应当清晰可辨。

第一百五十八条 文件应当定期审核、修订；文件修订后，应当按照规定管理，防止旧版文件的误用。分发、使用的文件应当为批准的现行文本，已撤销的或旧版文件除留档备查外，不得在工作现场出现。

第一百五十九条 与本规范有关的每项活动均应当有记录，以保证产品生产、质量控制和质量保证等活动可以追溯。记录应当留有填写数据的足够空格。记录应当及时填写，内容真实，字迹清晰、易读，不易擦除。

第一百六十条 应当尽可能采用生产和检验设备自动打印的记录、图谱和曲线图等，并标明产品或样品的名称、批号和记录设备的信息，操作人应当签注姓名和日期。

第一百六十一条　记录应当保持清洁，不得撕毁和任意涂改。记录填写的任何更改都应当签注姓名和日期，并使原有信息仍清晰可辨，必要时，应当说明更改的理由。记录如需重新誊写，则原有记录不得销毁，应当作为重新誊写记录的附件保存。

第一百六十二条　每批药品应当有批记录，包括批生产记录、批包装记录、批检验记录和药品放行审核记录等与本批产品有关的记录。批记录应当由质量管理部门负责管理，至少保存至药品有效期后一年。

质量标准、工艺规程、操作规程、稳定性考察、确认、验证、变更等其他重要文件应当长期保存。

第一百六十三条　如使用电子数据处理系统、照相技术或其他可靠方式记录数据资料，应当有所用系统的操作规程；记录的准确性应当经过核对。

使用电子数据处理系统的，只有经授权的人员方可输入或更改数据，更改和删除情况应当有记录；应当使用密码或其他方式来控制系统的登录；关键数据输入后，应当由他人独立进行复核。

用电子方法保存的批记录，应当采用磁带、缩微胶卷、纸质副本或其他方法进行备份，以确保记录的安全，且数据资料在保存期内便于查阅。

第二节　质量标准

第一百六十四条　物料和成品应当有经批准的现行质量标准；必要时，中间产品或待包装产品也应当有质量标准。

第一百六十五条　物料的质量标准一般应当包括：

（一）物料的基本信息：

1. 企业统一指定的物料名称和内部使用的物料代码；

2. 质量标准的依据；

3. 经批准的供应商；

4. 印刷包装材料的实样或样稿。

（二）取样、检验方法或相关操作规程编号；

（三）定性和定量的限度要求；

（四）贮存条件和注意事项；

（五）有效期或复验期。

第一百六十六条　外购或外销的中间产品和待包装产品应当有质量标准；如果中间产品的检验结果用于成品的质量评价，则应当制定与成品质量标准相对应的中间产品质量标准。

第一百六十七条　成品的质量标准应当包括：

（一）产品名称以及产品代码；

（二）对应的产品处方编号（如有）；

（三）产品规格和包装形式；

（四）取样、检验方法或相关操作规程编号；

（五）定性和定量的限度要求；

（六）贮存条件和注意事项；

（七）有效期。

第三节　工艺规程

第一百六十八条　每种药品的每个生产批量均应当有经企业批准的工艺规程，不同药品规格的每种包装形式均应当有各自的包装操作要求。工艺规程的制定应当以注册批准的工艺为依据。

第一百六十九条　工艺规程不得任意更改。如需更改，应当按照相关的操作规程修订、审核、批准。

第一百七十条　制剂的工艺规程的内容至少应当包括：

（一）生产处方：

1. 产品名称和产品代码；

2. 产品剂型、规格和批量；

3. 所用原辅料清单（包括生产过程中使用，但不在成品中出现的物料），阐明每一物料的指定名称、代码和用量；如原辅料的用量需要折算时，还应当说明计算方法。

（二）生产操作要求：

1. 对生产场所和所用设备的说明（如操作间的位置和编号、洁净度级别、必要的温湿度要求、设备型号和编号等）；

2. 关键设备的准备（如清洗、组装、校准、灭菌等）所采用的方法或相应操作规程编号；

3. 详细的生产步骤和工艺参数说明（如物料的核对、预处理、加入物料的顺序、混合时间、温度等）；

4. 所有中间控制方法及标准；

5. 预期的最终产量限度，必要时，还应当说明中间产品的产量限度，以及物料平衡的计算方法和限度；

6. 待包装产品的贮存要求，包括容器、标签及特殊贮存条件；

7. 需要说明的注意事项。

（三）包装操作要求：

1. 以最终包装容器中产品的数量、重量或体积表示的包装形式；

2. 所需全部包装材料的完整清单，包括包装材料的名称、数量、规格、类型以及与质量标准有关的每一包装材料的代码；

3. 印刷包装材料的实样或复制品，并标明产品批号、有效期打印位置；

4. 需要说明的注意事项，包括对生产区和设备进行的检查，在包装操作开始前，确认包装生产线的清场已经完成等；

5. 包装操作步骤的说明，包括重要的辅助性操作和所用设备的注意事项、包装材料使用前的核对；

6. 中间控制的详细操作，包括取样方法及标准；

7. 待包装产品、印刷包装材料的物料平衡计算方法和限度。

第四节　批生产记录

第一百七十一条　每批产品均应当有相应的批生产记录，可追溯该批产品的生产历史以及与质量有关的情况。

第一百七十二条　批生产记录应当依据现行批准的工艺规程的相关内容制定。记录的设计应当避免填写差错。批生产记录的每一页应当标注产品的名称、规格和批号。

第一百七十三条　原版空白的批生产记录应当经生产管理负责人和质量管理负责人审核和批准。批生产记录的复制和发放均应当按照操作规程进行控制并有记录，每批产品的生产只能发放一份原版空白批生产记录的复制件。

第一百七十四条　在生产过程中，进行每项操作时应当及时记录，操作结束后，应当由生产操作人员确认并签注姓名和日期。

第一百七十五条　批生产记录的内容应当包括：

（一）产品名称、规格、批号；

（二）生产以及中间工序开始、结束的日期和时间；

（三）每一生产工序的负责人签名；

（四）生产步骤操作人员的签名；必要时，还应当有操作（如称量）复核人员的签名；

（五）每一原辅料的批号以及实际称量的数量（包括投入的回收或返工处理产品的批号及数量）；

（六）相关生产操作或活动、工艺参数及控制范围，以及所用主要生产设备的编号；

（七）中间控制结果的记录以及操作人员的签名；

（八）不同生产工序所得产量及必要时的物料平衡计算；

（九）对特殊问题或异常事件的记录，包括对偏离工艺规程的偏差情况的详细说明或调查报告，并经签字批准。

第五节　批包装记录

第一百七十六条　每批产品或每批中部分产品的包装，都应当有批包装记录，以便追溯该批产品包装操作以及与质量有关的情况。

第一百七十七条 批包装记录应当依据工艺规程中与包装相关的内容制定。记录的设计应当注意避免填写差错。批包装记录的每一页均应当标注所包装产品的名称、规格、包装形式和批号。

第一百七十八条 批包装记录应当有待包装产品的批号、数量以及成品的批号和计划数量。原版空白的批包装记录的审核、批准、复制和发放的要求与原版空白的批生产记录相同。

第一百七十九条 在包装过程中，进行每项操作时应当及时记录，操作结束后，应当由包装操作人员确认并签注姓名和日期。

第一百八十条 批包装记录的内容包括：

（一）产品名称、规格、包装形式、批号、生产日期和有效期；

（二）包装操作日期和时间；

（三）包装操作负责人签名；

（四）包装工序的操作人员签名；

（五）每一包装材料的名称、批号和实际使用的数量；

（六）根据工艺规程所进行的检查记录，包括中间控制结果；

（七）包装操作的详细情况，包括所用设备及包装生产线的编号；

（八）所用印刷包装材料的实样，并印有批号、有效期及其他打印内容；不易随批包装记录归档的印刷包装材料可采用印有上述内容的复制品；

（九）对特殊问题或异常事件的记录，包括对偏离工艺规程的偏差情况的详细说明或调查报告，并经签字批准；

（十）所有印刷包装材料和待包装产品的名称、代码，以及发放、使用、销毁或退库的数量、实际产量以及物料平衡检查。

第六节 操作规程和记录

第一百八十一条 操作规程的内容应当包括：题目、编号、版本号、颁发部门、生效日期、分发部门以及制定人、审核人、批准人的签名并注明日期，标题、正文及变更历史。

第一百八十二条 厂房、设备、物料、文件和记录应当有编号（或代码），并制定编制编号（或代码）的操作规程，确保编号（或代码）的唯一性。

第一百八十三条 下述活动也应当有相应的操作规程，其过程和结果应当有记录：

（一）确认和验证；

（二）设备的装配和校准；

（三）厂房和设备的维护、清洁和消毒；

（四）培训、更衣及卫生等与人员相关的事宜；

（五）环境监测；

（六）虫害控制；

（七）变更控制；

（八）偏差处理；

（九）投诉；

（十）药品召回；

（十一）退货。

第九章 生产管理

第一节 原 则

第一百八十四条 所有药品的生产和包装均应当按照批准的工艺规程和操作规程进行操作并有相关记录，以确保药品达到规定的质量标准，并符合药品生产许可和注册批准的要求。

第一百八十五条 应当建立划分产品生产批次的操作规程，生产批次的划分应当能够确保同一批次产品质量和特性的均一性。

第一百八十六条 应当建立编制药品批号和确定生产日期的操作规程。每批药品均应当编制唯一的批号。除另有法定要求外，生产日期不得迟于产品成型或灌装（封）前经最后混合的操作开始日期，不得以产品包装日期作为生产日期。

第一百八十七条　每批产品应当检查产量和物料平衡，确保物料平衡符合设定的限度。如有差异，必须查明原因，确认无潜在质量风险后，方可按照正常产品处理。

第一百八十八条　不得在同一生产操作间同时进行不同品种和规格药品的生产操作，除非没有发生混淆或交叉污染的可能。

第一百八十九条　在生产的每一阶段，应当保护产品和物料免受微生物和其他污染。

第一百九十条　在干燥物料或产品，尤其是高活性、高毒性或高致敏性物料或产品的生产过程中，应当采取特殊措施，防止粉尘的产生和扩散。

第一百九十一条　生产期间使用的所有物料、中间产品或待包装产品的容器及主要设备、必要的操作室应当贴签标识或以其他方式标明生产中的产品或物料名称、规格和批号，如有必要，还应当标明生产工序。

第一百九十二条　容器、设备或设施所用标识应当清晰明了，标识的格式应当经企业相关部门批准。除在标识上使用文字说明外，还可采用不同的颜色区分被标识物的状态（如待验、合格、不合格或已清洁等）。

第一百九十三条　应当检查产品从一个区域输送至另一个区域的管道和其他设备连接，确保连接正确无误。

第一百九十四条　每次生产结束后应当进行清场，确保设备和工作场所没有遗留与本次生产有关的物料、产品和文件。下次生产开始前，应当对前次清场情况进行确认。

第一百九十五条　应当尽可能避免出现任何偏离工艺规程或操作规程的偏差。一旦出现偏差，应当按照偏差处理操作规程执行。

第一百九十六条　生产厂房应当仅限于经批准的人员出入。

第二节　防止生产过程中的污染和交叉污染

第一百九十七条　生产过程中应当尽可能采取措施，防止污染和交叉污染，如：

（一）在分隔的区域内生产不同品种的药品；

（二）采用阶段性生产方式；

（三）设置必要的气锁间和排风；空气洁净度级别不同的区域应当有压差控制；

（四）应当降低未经处理或未经充分处理的空气再次进入生产区导致污染的风险；

（五）在易产生交叉污染的生产区内，操作人员应当穿戴该区域专用的防护服；

（六）采用经过验证或已知有效的清洁和去污染操作规程进行设备清洁；必要时，应当对与物料直接接触的设备表面的残留物进行检测；

（七）采用密闭系统生产；

（八）干燥设备的进风应当有空气过滤器，排风应当有防止空气倒流装置；

（九）生产和清洁过程中应当避免使用易碎、易脱屑、易发霉器具；使用筛网时，应当有防止因筛网断裂而造成污染的措施；

（十）液体制剂的配制、过滤、灌封、灭菌等工序应当在规定时间内完成；

（十一）软膏剂、乳膏剂、凝胶剂等半固体制剂以及栓剂的中间产品应当规定贮存期和贮存条件。

第一百九十八条　应当定期检查防止污染和交叉污染的措施并评估其适用性和有效性。

第三节　生产操作

第一百九十九条　生产开始前应当进行检查，确保设备和工作场所没有上批遗留的产品、文件或与本批产品生产无关的物料，设备处于已清洁及待用状态。检查结果应当有记录。

生产操作前，还应当核对物料或中间产品的名称、代码、批号和标识，确保生产所用物料或中间产品正确且符合要求。

第二百条　应当进行中间控制和必要的环境监测，并予以记录。

第二百零一条　每批药品的每一生产阶段完成后必须由生产操作人员清场，并填写清场记录。清场记录内容包括：操作间编号、产品名称、批号、生产工序、清场日期、检查项目及结果、清场负责人及复核人签名。清场记录应当纳入批生产记录。

第四节　包装操作

第二百零二条　包装操作规程应当规定降低污染和交叉污染、混淆或差错风险的措施。

第二百零三条　包装开始前应当进行检查，确保工作场所、包装生产线、印刷机及其他设备已处于清洁或待用状态，无上批遗留的产品、文件或与本批产品包装无关的物料。检查结果应当有记录。

第二百零四条　包装操作前，还应当检查所领用的包装材料正确无误，核对待包装产品和所用包装材料的名称、规格、数量、质量状态，且与工艺规程相符。

第二百零五条　每一包装操作场所或包装生产线，应当有标识标明包装中的产品名称、规格、批号和批量的生产状态。

第二百零六条　有数条包装线同时进行包装时，应当采取隔离或其他有效防止污染、交叉污染或混淆的措施。

第二百零七条　待用分装容器在分装前应当保持清洁，避免容器中有玻璃碎屑、金属颗粒等污染物。

第二百零八条　产品分装、封口后应当及时贴签。未能及时贴签时，应当按照相关的操作规程操作，避免发生混淆或贴错标签等差错。

第二百零九条　单独打印或包装过程中在线打印的信息（如产品批号或有效期）均应当进行检查，确保其正确无误，并予以记录。如手工打印，应当增加检查频次。

第二百一十条　使用切割式标签或在包装线以外单独打印标签，应当采取专门措施，防止混淆。

第二百一十一条　应当对电子读码机、标签计数器或其他类似装置的功能进行检查，确保其准确运行。检查应当有记录。

第二百一十二条　包装材料上印刷或模压的内容应当清晰，不易褪色和擦除。

第二百一十三条　包装期间，产品的中间控制检查应当至少包括下述内容：

（一）包装外观；

（二）包装是否完整；

（三）产品和包装材料是否正确；

（四）打印信息是否正确；

（五）在线监控装置的功能是否正常。

样品从包装生产线取走后不应当再返还，以防止产品混淆或污染。

第二百一十四条　因包装过程产生异常情况而需要重新包装产品的，必须经专门检查、调查并由指定人员批准。重新包装应当有详细记录。

第二百一十五条　在物料平衡检查中，发现待包装产品、印刷包装材料以及成品数量有显著差异时，应当进行调查，未得出结论前，成品不得放行。

第二百一十六条　包装结束时，已打印批号的剩余包装材料应当由专人负责全部计数销毁，并有记录。如将未打印批号的印刷包装材料退库，应当按照操作规程执行。

第十章　质量控制与质量保证

第一节　质量控制实验室管理

第二百一十七条　质量控制实验室的人员、设施、设备应当与产品性质和生产规模相适应。

企业通常不得进行委托检验，确需委托检验的，应当按照第十一章中委托检验部分的规定，委托外部实验室进行检验，但应当在检验报告中予以说明。

第二百一十八条　质量控制负责人应当具有足够的管理实验室的资质和经验，可以管理同一企业的一个或多个实验室。

第二百一十九条 质量控制实验室的检验人员至少应当具有相关专业中专或高中以上学历，并经过与所从事的检验操作相关的实践培训且通过考核。

第二百二十条 质量控制实验室应当配备药典、标准图谱等必要的工具书，以及标准品或对照品等相关的标准物质。

第二百二十一条 质量控制实验室的文件应当符合第八章的原则，并符合下列要求：

（一）质量控制实验室应当至少有下列详细文件：

1. 质量标准；

2. 取样操作规程和记录；

3. 检验操作规程和记录（包括检验记录或实验室工作记事簿）；

4. 检验报告或证书；

5. 必要的环境监测操作规程、记录和报告；

6. 必要的检验方法验证报告和记录；

7. 仪器校准和设备使用、清洁、维护的操作规程及记录。

（二）每批药品的检验记录应当包括中间产品、待包装产品和成品的质量检验记录，可追溯该批药品所有相关的质量检验情况；

（三）宜采用便于趋势分析的方法保存某些数据（如检验数据、环境监测数据、制药用水的微生物监测数据）；

（四）除与批记录相关的资料信息外，还应当保存其他原始资料或记录，以方便查阅。

第二百二十二条 取样应当至少符合以下要求：

（一）质量管理部门的人员有权进入生产区和仓储区进行取样及调查；

（二）应当按照经批准的操作规程取样，操作规程应当详细规定：

1. 经授权的取样人；

2. 取样方法；

3. 所用器具；

4. 样品量；

5. 分样的方法；

6. 存放样品容器的类型和状态；

7. 取样后剩余部分及样品的处置和标识；

8. 取样注意事项，包括为降低取样过程产生的各种风险所采取的预防措施，尤其是无菌或有害物料的取样以及防止取样过程中污染和交叉污染的注意事项；

9. 贮存条件；

10. 取样器具的清洁方法和贮存要求。

（三）取样方法应当科学、合理，以保证样品的代表性；

（四）留样应当能够代表被取样批次的产品或物料，也可抽取其他样品来监控生产过程中最重要的环节（如生产的开始或结束）；

（五）样品的容器应当贴有标签，注明样品名称、批号、取样日期、取自哪一包装容器、取样人等信息；

（六）样品应当按照规定的贮存要求保存。

第二百二十三条 物料和不同生产阶段产品的检验应当至少符合以下要求：

（一）企业应当确保药品按照注册批准的方法进行全项检验；

（二）符合下列情形之一的，应当对检验方法进行验证：

1. 采用新的检验方法；

2. 检验方法需变更的；

3. 采用《中华人民共和国药典》及其他法定标准未收载的检验方法；

4. 法规规定的其他需要验证的检验方法。

（三）对不需要进行验证的检验方法，企业应当对检验方法进行确认，以确保检验数据准确、可靠；

（四）检验应当有书面操作规程，规定所用方法、仪器和设备，检验操作规程的内容应当与经确认或验证的检验方法一致；

（五）检验应当有可追溯的记录并应当复核，确保结果与记录一致。所有计算均应当严格核对；

（六）检验记录应当至少包括以下内容：

1. 产品或物料的名称、剂型、规格、批号或供货批号，必要时注明供应商和生产商（如不同）的名称或来源；

2. 依据的质量标准和检验操作规程；

3. 检验所用的仪器或设备的型号和编号；

4. 检验所用的试液和培养基的配制批号、对照品或标准品的来源和批号；

5. 检验所用动物的相关信息；

6. 检验过程，包括对照品溶液的配制、各项具体的检验操作、必要的环境温湿度；

7. 检验结果，包括观察情况、计算和图谱或曲线图，以及依据的检验报告编号；

8. 检验日期；

9. 检验人员的签名和日期；

10. 检验、计算复核人员的签名和日期。

（七）所有中间控制（包括生产人员所进行的中间控制），均应当按照经质量管理部门批准的方法进行，检验应当有记录；

（八）应当对实验室容量分析用玻璃仪器、试剂、试液、对照品以及培养基进行质量检查；

（九）必要时应当将检验用实验动物在使用前进行检验或隔离检疫。饲养和管理应当符合相关的实验动物管理规定。动物应当有标识，并应当保存使用的历史记录。

第二百二十四条　质量控制实验室应当建立检验结果超标调查的操作规程。任何检验结果超标都必须按照操作规程进行完整的调查，并有相应的记录。

第二百二十五条　企业按规定保存的、用于药品质量追溯或调查的物料、产品样品为留样。用于产品稳定性考察的样品不属于留样。

留样应当至少符合以下要求：

（一）应当按照操作规程对留样进行管理；

（二）留样应当能够代表被取样批次的物料或产品；

（三）成品的留样：

1. 每批药品均应当有留样；如果一批药品分成数次进行包装，则每次包装至少应当保留一件最小市售包装的成品；

2. 留样的包装形式应当与药品市售包装形式相同，原料药的留样如无法采用市售包装形式的，可采用模拟包装；

3. 每批药品的留样数量一般至少应当能够确保按照注册批准的质量标准完成两次全检（无菌检查和热原检查等除外）；

4. 如果不影响留样的包装完整性，保存期间内至少应当每年对留样进行一次目检观察，如有异常，应当进行彻底调查并采取相应的处理措施；

5. 留样观察应当有记录；

6. 留样应当按照注册批准的贮存条件至少保存至药品有效期后一年；

7. 如企业终止药品生产或关闭的，应当将留样转交受权单位保存，并告知当地药品监督管理部门，以便在必要时可随时取得留样。

（四）物料的留样：

1. 制剂生产用每批原辅料和与药品直接接触的包装材料均应当有留样。与药品直接接触的包装材料（如输液瓶），如成品已有留样，可不必单独留样；

2. 物料的留样量应当至少满足鉴别的需要；

3. 除稳定性较差的原辅料外，用于制剂生产的原辅料（不包括生产过程中使用的溶剂、气体或制药用水）和与药品直接接触的包装材料的留样应当至少保存至产品放行后二年。如果物料的有效期较短，则留样时间可相应缩短；

4. 物料的留样应当按照规定的条件贮存，必要时还应当适当包装密封。

第二百二十六条　试剂、试液、培养基和检定菌的管理应当至少符合以下要求：

（一）试剂和培养基应当从可靠的供应商处采购，必要时应当对供应商进行评估；

（二）应当有接收试剂、试液、培养基的记录，必要时，应当在试剂、试液、培养基的容器上标注接收日期；

（三）应当按照相关规定或使用说明配制、贮存和使用试剂、试液和培养基。特殊情况下，在接收或使用前，还应当对试剂进行鉴别或其他检验；

（四）试液和已配制的培养基应当标注配制批号、配制日期和配制人员姓名，并有配制（包括灭菌）记录。不稳定的试剂、试液和培养基应当标注有效期及特殊贮存条件。标准液、滴定液还应当标注最后一次标化的日期和校正因子，并有标化记录；

（五）配制的培养基应当进行适用性检查，并有相关记录。应当有培养基使用记录；

（六）应当有检验所需的各种检定菌，并建立检定菌保存、传代、使用、销毁的操作规程和相应记录；

（七）检定菌应当有适当的标识，内容至少包括菌种名称、编号、代次、传代日期、传代操作人；

（八）检定菌应当按照规定的条件贮存，贮存的方式和时间不应当对检定菌的生长特性有不利影响。

第二百二十七条　标准品或对照品的管理应当至少符合以下要求：

（一）标准品或对照品应当按照规定贮存和使用；

（二）标准品或对照品应当有适当的标识，内容至少包括名称、批号、制备日期（如有）、有效期（如有）、首次开启日期、含量或效价、贮存条件；

（三）企业如需自制工作标准品或对照品，应当建立工作标准品或对照品的质量标准以及制备、鉴别、检验、批准和贮存的操作规程，每批工作标准品或对照品应当用法定标准品或对照品进行标化，并确定有效期，还应当通过定期标化证明工作标准品或对照品的效价或含量在有效期内保持稳定。标化的过程和结果应当有相应的记录。

第二节　物料和产品放行

第二百二十八条　应当分别建立物料和产品批准放行的操作规程，明确批准放行的标准、职责，并有相应的记录。

第二百二十九条　物料的放行应当至少符合以下要求：

（一）物料的质量评价内容应当至少包括生产商的检验报告、物料包装完整性和密封性的检查情况和检验结果；

（二）物料的质量评价应当有明确的结论，如批准放行、不合格或其他决定；

（三）物料应当由指定人员签名批准放行。

第二百三十条　产品的放行应当至少符合以下要求：

（一）在批准放行前，应当对每批药品进行质量评价，保证药品及其生产应当符合注册和本规范要求，并确认以下各项内容：

1. 主要生产工艺和检验方法经过验证；

2. 已完成所有必需的检查、检验，并综合考虑实际生产条件和生产记录；

3. 所有必需的生产和质量控制均已完成并经相关主管人员签名；

4. 变更已按照相关规程处理完毕，需要经药品监督管理部门批准的变更已得到批准；

5. 对变更或偏差已完成所有必要的取样、检查、检验和审核；

6. 所有与该批产品有关的偏差均已有明确的解释或说明，或者已经过彻底调查和适当处理；如偏差还涉及其他批次产品，应当一并处理。

（二）药品的质量评价应当有明确的结论，如批准放行、不合格或其他决定；

（三）每批药品均应当由质量受权人签名批准放行；

（四）疫苗类制品、血液制品、用于血源筛查的体外诊断试剂以及国家食品药品监督管理局规定的其他生物制品放行前还应当取得批签发合格证明。

第三节　持续稳定性考察

第二百三十一条　持续稳定性考察的目的是在有效期内监控已上市药品的质量，以发现药品与生产相关的稳定性问题（如杂质含量或溶出度特性的变化），并确定药品能够在标示的贮存条件下，符合质量标准的各项要求。

第二百三十二条　持续稳定性考察主要针对市售包装药品，但也需兼顾待包装产品。例如，当待包装产品在完成包装前，或从生产厂运输到包装厂，还需要长期贮存时，应当在相应的环境条件下，评估其对包装后产品稳定性的影响。此外，还应当考虑对贮存时间较长的中间产品进行考察。

第二百三十三条　持续稳定性考察应当有考察方案，结果应当有报告。用于持续稳定性考察的设备（尤其是稳定性试验设备或设施）应当按照第七章和第五章的要求进行确认和维护。

第二百三十四条　持续稳定性考察的时间应当涵盖药品有效期，考察方案应当至少包括以下内容：

（一）每种规格、每个生产批量药品的考察批次数；

（二）相关的物理、化学、微生物和生物学检验方法，可考虑采用稳定性考察专属的检验方法；

（三）检验方法依据；

（四）合格标准；

（五）容器密封系统的描述；

（六）试验间隔时间（测试时间点）；

（七）贮存条件（应当采用与药品标示贮存条件相对应的《中华人民共和国药典》规定的长期稳定性试验标准条件）；

（八）检验项目，如检验项目少于成品质量标准所包含的项目，应当说明理由。

第二百三十五条　考察批次数和检验频次应当能够获得足够的数据，以供趋势分析。通常情况下，每种规格、每种内包装形式的药品，至少每年应当考察一个批次，除非当年没有生产。

第二百三十六条　某些情况下，持续稳定性考察中应当额外增加批次数，如重大变更或生产和包装有重大偏差的药品应当列入稳定性考察。此外，重新加工、返工或回收的批次，也应当考虑列入考察，除非已经过验证和稳定性考察。

第二百三十七条　关键人员，尤其是质量受权人，应当了解持续稳定性考察的结果。当持续稳定性考察不在待包装产品和成品的生产企业进行时，则相关各方之间应当有书面协议，且均应当保存持续稳定性考察的结果以供药品监督管理部门审查。

第二百三十八条　应当对不符合质量标准的结果或重要的异常趋势进行调查。对任何已确认的不符合质量标准的结果或重大不良趋势，企业都应当考虑是否可能对已上市药品造成影响，必要时应当实施召回，调查结果以及采取的措施应当报告当地药品监督管理部门。

第二百三十九条　应当根据所获得的全部数据资料，包括考察的阶段性结论，撰写总结报告并保存。应当定期审核总结报告。

第四节　变更控制

第二百四十条　企业应当建立变更控制系统，对所有影响产品质量的变更进行评估和管理。需要经药品监督管理部门批准的变更应当在得到批准后方可实施。

第二百四十一条　应当建立操作规程，规定原辅料、包装材料、质量标准、检验方法、操作规程、厂房、设施、设备、仪器、生产工艺和计算机软件变更的申请、评估、审核、批准和实施。质量管理部门应当指定专人负责变更控制。

第二百四十二条　变更都应当评估其对产品质量的潜在影响。企业可以根据变更的性质、范围、对产品质量潜在影响的程度将变更分类（如主要、次要变更）。判断变更所需的验证、额外的检验以及稳定性考察应当有科学依据。

第二百四十三条　与产品质量有关的变更由申请部门提出后，应当经评估、制定实施计划并明确实施职责，最终由质量管理部门审核批准。变更实施应当有相应的完整记录。

第二百四十四条　改变原辅料、与药品直接接触的包装材料、生产工艺、主要生产设备以及其他影响药品质量的主要因素时，还应当对变更实施后最初至少三个批次的药品质量进行评估。如果变更可能影响药品的有效期，则质量评估还应当包括对变更实施后生产的药品进行稳定性考察。

第二百四十五条　变更实施时，应当确保与变更相关的文件均已修订。

第二百四十六条　质量管理部门应当保存所有变更的文件和记录。

第五节　偏差处理

第二百四十七条　各部门负责人应当确保所有人员正确执行生产工艺、质量标准、检验方法和操作规程，防止偏差的产生。

第二百四十八条　企业应当建立偏差处理的操作规程，规定偏差的报告、记录、调查、处理以及所采取的纠正措施，并有相应的记录。

第二百四十九条　任何偏差都应当评估其对产品质量的潜在影响。企业可以根据偏差的性质、范围、对产品质量潜在影响的程度将偏差分类（如重大、次要偏差），对重大偏差的评估还应当考虑是否需要对产品进行额外的检验以及对产品有效期的影响，必要时，应当对涉及重大偏差的产品进行稳定性考察。

第二百五十条　任何偏离生产工艺、物料平衡限度、质量标准、检验方法、操作规程等的情况均应当有记录，并立即报告主管人员及质量管理部门，应当有清楚的说明，重大偏差应当由质量管理部门会同其他部门进行彻底调查，并有调查报告。偏差调查报告应当由质量管理部门的指定人员审核并签字。

企业还应当采取预防措施有效防止类似偏差的再次发生。

第二百五十一条　质量管理部门应当负责偏差的分类，保存偏差调查、处理的文件和记录。

第六节　纠正措施和预防措施

第二百五十二条　企业应当建立纠正措施和预防措施系统，对投诉、召回、偏差、自检或外部检查结果、工艺性能和质量监测趋势等进行调查并采取纠正和预防措施。调查的深度和形式应当与风险的级别相适应。纠正措施和预防措施系统应当能够增进对产品和工艺的理解，改进产品和工艺。

第二百五十三条　企业应当建立实施纠正和预防措施的操作规程，内容至少包括：

（一）对投诉、召回、偏差、自检或外部检查结果、工艺性能和质量监测趋势以及其他来源的质量数据进行分析，确定已有和潜在的质量问题。必要时，应当采用适当的统计学方法；

（二）调查与产品、工艺和质量保证系统有关的原因；

（三）确定所需采取的纠正和预防措施，防止问题的再次发生；

（四）评估纠正和预防措施的合理性、有效性和充分性；

（五）对实施纠正和预防措施过程中所有发生的变更应当予以记录；

（六）确保相关信息已传递到质量受权人和预防问题再次发生的直接负责人；

（七）确保相关信息及其纠正和预防措施已通过高层管理人员的评审。

第二百五十四条　实施纠正和预防措施应当有文件记录，并由质量管理部门保存。

第七节　供应商的评估和批准

第二百五十五条　质量管理部门应当对所有生产用物料的供应商进行质量评估，会同有关部门对主要物料供应商（尤其是生产商）的质量体系进行现场质量审计，并对质量评估不符合要求的供应商行使否决权。

主要物料的确定应当综合考虑企业所生产的药品质量风险、物料用量以及物料对药品质量的影响程度等因素。

企业法定代表人、企业负责人及其他部门的人员不得干扰或妨碍质量管理部门对物料供应商独立作出质量评估。

第二百五十六条　应当建立物料供应商评估和批准的操作规程，明确供应商的资质、选择的原则、质量评估方式、评估标准、物料供应商批准的程序。

如质量评估需采用现场质量审计方式的，还应当明确审计内容、周期、审计人员的组成及资质。需采用样品小批量试生产的，还应当明确生产批量、生产工艺、产品质量标准、稳定性考察方案。

第二百五十七条　质量管理部门应当指定专人负责物料供应商质量评估和现场质量审计，分发经批准的合格供应商名单。被指定的人员应当具有相关的法规和专业知识，具有足够的质量评估和现场质量审计的实践经验。

第二百五十八条　现场质量审计应当核实供应商资质证明文件和检验报告的真实性，核实是否具备检验条件。应当对其人员机构、厂房设施和设备、物料管理、生产工艺流程和生产管理、质量控制实验室的设备、仪器、文件管理等进行检查，以全面评估其质量保证系统。现场质量审计应当有报告。

第二百五十九条　必要时，应当对主要物料供应商提供的样品进行小批量试生产，并对试生产的药品进行稳定性考察。

第二百六十条　质量管理部门对物料供应商的评估至少应当包括：供应商的资质证明文件、质量标准、检验报告、企业对物料样品的检验数据和报告。如进行现场质量审计和样品小批量试生产的，还应当包括现场质量审计报告，以及小试产品的质量检验报告和稳定性考察报告。

第二百六十一条　改变物料供应商，应当对新的供应商进行质量评估；改变主要物料供应商的，还需要对产品进行相关的验证及稳定性考察。

第二百六十二条　质量管理部门应当向物料管理部门分发经批准的合格供应商名单，该名单内容至少包括物料名称、规格、质量标准、生产商名称和地址、经销商（如有）名称等，并及时更新。

第二百六十三条　质量管理部门应当与主要物料供应商签订质量协议，在协议中应当明确双方所承担的质量责任。

第二百六十四条　质量管理部门应当定期对物料供应商进行评估或现场质量审计，回顾分析物料质量检验结果、质量投诉和不合格处理记录。如物料出现质量问题或生产条件、工艺、质量标准和检验方法等可能影响质量的关键因素发生重大改变时，还应当尽快进行相关的现场质量审计。

第二百六十五条　企业应当对每家物料供应商建立质量档案，档案内容应当包括供应商的资质证明文件、质量协议、质量标准、样品检验数据和报告、供应商的检验报告、现场质量审计报告、产品稳定性考察报告、定期的质量回顾分析报告等。

第八节　产品质量回顾分析

第二百六十六条　应当按照操作规程，

每年对所有生产的药品按品种进行产品质量回顾分析，以确认工艺稳定可靠，以及原辅料、成品现行质量标准的适用性，及时发现不良趋势，确定产品及工艺改进的方向。应当考虑以往回顾分析的历史数据，还应当对产品质量回顾分析的有效性进行自检。

当有合理的科学依据时，可按照产品的剂型分类进行质量回顾，如固体制剂、液体制剂和无菌制剂等。

回顾分析应当有报告。

企业至少应当对下列情形进行回顾分析：

（一）产品所用原辅料的所有变更，尤其是来自新供应商的原辅料；

（二）关键中间控制点及成品的检验结果；

（三）所有不符合质量标准的批次及其调查；

（四）所有重大偏差及相关的调查、所采取的整改措施和预防措施的有效性；

（五）生产工艺或检验方法等的所有变更；

（六）已批准或备案的药品注册所有变更；

（七）稳定性考察的结果及任何不良趋势；

（八）所有因质量原因造成的退货、投诉、召回及调查；

（九）与产品工艺或设备相关的纠正措施的执行情况和效果；

（十）新获批准和有变更的药品，按照注册要求上市后应当完成的工作情况；

（十一）相关设备和设施，如空调净化系统、水系统、压缩空气等的确认状态；

（十二）委托生产或检验的技术合同履行情况。

第二百六十七条 应当对回顾分析的结果进行评估，提出是否需要采取纠正和预防措施或进行再确认或再验证的评估意见及理由，并及时、有效地完成整改。

第二百六十八条 药品委托生产时，委托方和受托方之间应当有书面的技术协议，规定产品质量回顾分析中各方的责任，确保产品质量回顾分析按时进行并符合要求。

第九节 投诉与不良反应报告

第二百六十九条 应当建立药品不良反应报告和监测管理制度，设立专门机构并配备专职人员负责管理。

第二百七十条 应当主动收集药品不良反应，对不良反应应当详细记录、评价、调查和处理，及时采取措施控制可能存在的风险，并按照要求向药品监督管理部门报告。

第二百七十一条 应当建立操作规程，规定投诉登记、评价、调查和处理的程序，并规定因可能的产品缺陷发生投诉时所采取的措施，包括考虑是否有必要从市场召回药品。

第二百七十二条 应当有专人及足够的辅助人员负责进行质量投诉的调查和处理，所有投诉、调查的信息应当向质量受权人通报。

第二百七十三条 所有投诉都应当登记与审核，与产品质量缺陷有关的投诉，应当详细记录投诉的各个细节，并进行调查。

第二百七十四条 发现或怀疑某批药品存在缺陷，应当考虑检查其他批次的药品，查明其是否受到影响。

第二百七十五条 投诉调查和处理应当有记录，并注明所查相关批次产品的信息。

第二百七十六条 应当定期回顾分析投诉记录，以便发现需要警觉、重复出现以及可能需要从市场召回药品的问题，并采取相应措施。

第二百七十七条 企业出现生产失误、药品变质或其他重大质量问题，应当及时采取相应措施，必要时还应当向当地药品监督管理部门报告。

第十一章 委托生产与委托检验

第一节 原 则

第二百七十八条 为确保委托生产产品

的质量和委托检验的准确性和可靠性，委托方和受托方必须签订书面合同，明确规定各方责任、委托生产或委托检验的内容及相关的技术事项。

第二百七十九条　委托生产或委托检验的所有活动，包括在技术或其他方面拟采取的任何变更，均应当符合药品生产许可和注册的有关要求。

第二节　委托方

第二百八十条　委托方应当对受托方进行评估，对受托方的条件、技术水平、质量管理情况进行现场考核，确认其具有完成受托工作的能力，并能保证符合本规范的要求。

第二百八十一条　委托方应当向受托方提供所有必要的资料，以使受托方能够按照药品注册和其他法定要求正确实施所委托的操作。

委托方应当使受托方充分了解与产品或操作相关的各种问题，包括产品或操作对受托方的环境、厂房、设备、人员及其他物料或产品可能造成的危害。

第二百八十二条　委托方应当对受托生产或检验的全过程进行监督。

第二百八十三条　委托方应当确保物料和产品符合相应的质量标准。

第三节　受托方

第二百八十四条　受托方必须具备足够的厂房、设备、知识和经验以及人员，满足委托方所委托的生产或检验工作的要求。

第二百八十五条　受托方应当确保所收到委托方提供的物料、中间产品和待包装产品适用于预定用途。

第二百八十六条　受托方不得从事对委托生产或检验的产品质量有不利影响的活动。

第四节　合　同

第二百八十七条　委托方与受托方之间签订的合同应当详细规定各自的产品生产和控制职责，其中的技术性条款应当由具有制药技术、检验专业知识和熟悉本规范的主管人员拟订。委托生产及检验的各项工作必须符合药品生产许可和药品注册的有关要求并经双方同意。

第二百八十八条　合同应当详细规定质量受权人批准放行每批药品的程序，确保每批产品都已按照药品注册的要求完成生产和检验。

第二百八十九条　合同应当规定何方负责物料的采购、检验、放行、生产和质量控制（包括中间控制），还应当规定何方负责取样和检验。

在委托检验的情况下，合同应当规定受托方是否在委托方的厂房内取样。

第二百九十条　合同应当规定由受托方保存的生产、检验和发运记录及样品，委托方应当能够随时调阅或检查；出现投诉、怀疑产品有质量缺陷或召回时，委托方应当能够方便地查阅所有与评价产品质量相关的记录。

第二百九十一条　合同应当明确规定委托方可以对受托方进行检查或现场质量审计。

第二百九十二条　委托检验合同应当明确受托方有义务接受药品监督管理部门检查。

第十二章　产品发运与召回

第一节　原　则

第二百九十三条　企业应当建立产品召回系统，必要时可迅速、有效地从市场召回任何一批存在安全隐患的产品。

第二百九十四条　因质量原因退货和召回的产品，均应当按照规定监督销毁，有证据证明退货产品质量未受影响的除外。

第二节　发　运

第二百九十五条　每批产品均应当有发

运记录。根据发运记录，应当能够追查每批产品的销售情况，必要时应当能够及时全部追回，发运记录内容应当包括：产品名称、规格、批号、数量、收货单位和地址、联系方式、发货日期、运输方式等。

第二百九十六条 药品发运的零头包装只限两个批号为一个合箱，合箱外应当标明全部批号，并建立合箱记录。

第二百九十七条 发运记录应当至少保存至药品有效期后一年。

第三节 召　　回

第二百九十八条 应当制定召回操作规程，确保召回工作的有效性。

第二百九十九条 应当指定专人负责组织协调召回工作，并配备足够数量的人员。产品召回负责人应当独立于销售和市场部门；如产品召回负责人不是质量受权人，则应当向质量受权人通报召回处理情况。

第三百条 召回应当能够随时启动，并迅速实施。

第三百零一条 因产品存在安全隐患决定从市场召回的，应当立即向当地药品监督管理部门报告。

第三百零二条 产品召回负责人应当能够迅速查阅到药品发运记录。

第三百零三条 已召回的产品应当有标识，并单独、妥善贮存，等待最终处理决定。

第三百零四条 召回的进展过程应当有记录，并有最终报告。产品发运数量、已召回数量以及数量平衡情况应当在报告中予以说明。

第三百零五条 应当定期对产品召回系统的有效性进行评估。

第十三章 自　　检

第一节 原　　则

第三百零六条 质量管理部门应当定期组织对企业进行自检，监控本规范的实施情况，评估企业是否符合本规范要求，并提出必要的纠正和预防措施。

第二节 自　　检

第三百零七条 自检应当有计划，对机构与人员、厂房与设施、设备、物料与产品、确认与验证、文件管理、生产管理、质量控制与质量保证、委托生产与委托检验、产品发运与召回等项目定期进行检查。

第三百零八条 应当由企业指定人员进行独立、系统、全面的自检，也可由外部人员或专家进行独立的质量审计。

第三百零九条 自检应当有记录。自检完成后应当有自检报告，内容至少包括自检过程中观察到的所有情况、评价的结论以及提出纠正和预防措施的建议。自检情况应当报告企业高层管理人员。

第十四章 附　　则

第三百一十条 本规范为药品生产质量管理的基本要求。对无菌药品、生物制品、血液制品等药品或生产质量管理活动的特殊要求，由国家食品药品监督管理局以附录方式另行制定。

第三百一十一条 企业可以采用经过验证的替代方法，达到本规范的要求。

第三百一十二条 本规范下列术语（按汉语拼音排序）的含义是：

（一）包装

待包装产品变成成品所需的所有操作步骤，包括分装、贴签等。但无菌生产工艺中产品的无菌灌装，以及最终灭菌产品的灌装等不视为包装。

（二）包装材料

药品包装所用的材料，包括与药品直接接触的包装材料和容器、印刷包装材料，但不包括发运用的外包装材料。

（三）操作规程

经批准用来指导设备操作、维护与清

洁、验证、环境控制、取样和检验等药品生产活动的通用性文件，也称标准操作规程。

（四）产品

包括药品的中间产品、待包装产品和成品。

（五）产品生命周期

产品从最初的研发、上市直至退市的所有阶段。

（六）成品

已完成所有生产操作步骤和最终包装的产品。

（七）重新加工

将某一生产工序生产的不符合质量标准的一批中间产品或待包装产品的一部分或全部，采用不同的生产工艺进行再加工，以符合预定的质量标准。

（八）待包装产品

尚未进行包装但已完成所有其他加工工序的产品。

（九）待验

指原辅料、包装材料、中间产品、待包装产品或成品，采用物理手段或其他有效方式将其隔离或区分，在允许用于投料生产或上市销售之前贮存、等待作出放行决定的状态。

（十）发放

指生产过程中物料、中间产品、待包装产品、文件、生产用模具等在企业内部流转的一系列操作。

（十一）复验期

原辅料、包装材料贮存一定时间后，为确保其仍适用于预定用途，由企业确定的需重新检验的日期。

（十二）发运

指企业将产品发送到经销商或用户的一系列操作，包括配货、运输等。

（十三）返工

将某一生产工序生产的不符合质量标准的一批中间产品或待包装产品、成品的一部分或全部返回到之前的工序，采用相同的生产工艺进行再加工，以符合预定的质量标准。

（十四）放行

对一批物料或产品进行质量评价，作出批准使用或投放市场或其他决定的操作。

（十五）高层管理人员

在企业内部最高层指挥和控制企业、具有调动资源的权力和职责的人员。

（十六）工艺规程

为生产特定数量的成品而制定的一个或一套文件，包括生产处方、生产操作要求和包装操作要求，规定原辅料和包装材料的数量、工艺参数和条件、加工说明（包括中间控制）、注意事项等内容。

（十七）供应商

指物料、设备、仪器、试剂、服务等的提供方，如生产商、经销商等。

（十八）回收

在某一特定的生产阶段，将以前生产的一批或数批符合相应质量要求的产品的一部分或全部，加入到另一批次中的操作。

（十九）计算机化系统

用于报告或自动控制的集成系统，包括数据输入、电子处理和信息输出。

（二十）交叉污染

不同原料、辅料及产品之间发生的相互污染。

（二十一）校准

在规定条件下，确定测量、记录、控制仪器或系统的示值（尤指称量）或实物量具所代表的量值，与对应的参照标准量值之间关系的一系列活动。

（二十二）阶段性生产方式

指在共用生产区内，在一段时间内集中生产某一产品，再对相应的共用生产区、设施、设备、工器具等进行彻底清洁，更换生产另一种产品的方式。

（二十三）洁净区

需要对环境中尘粒及微生物数量进行控制的房间（区域），其建筑结构、装备及其使用应当能够减少该区域内污染物的引入、产生和滞留。

（二十四）警戒限度

系统的关键参数超出正常范围，但未达到纠偏限度，需要引起警觉，可能需要采取纠正措施的限度标准。

（二十五）纠偏限度

系统的关键参数超出可接受标准，需要进行调查并采取纠正措施的限度标准。

（二十六）检验结果超标

检验结果超出法定标准及企业制定标准的所有情形。

（二十七）批

经一个或若干加工过程生产的、具有预期均一质量和特性的一定数量的原辅料、包装材料或成品。为完成某些生产操作步骤，可能有必要将一批产品分成若干亚批，最终合并成为一个均一的批。在连续生产情况下，批必须与生产中具有预期均一特性的确定数量的产品相对应，批量可以是固定数量或固定时间段内生产的产品量。

例如：口服或外用的固体、半固体制剂在成型或分装前使用同一台混合设备一次混合所生产的均质产品为一批；口服或外用的液体制剂以灌装（封）前经最后混合的药液所生产的均质产品为一批。

（二十八）批号

用于识别一个特定批的具有唯一性的数字和（或）字母的组合。

（二十九）批记录

用于记述每批药品生产、质量检验和放行审核的所有文件和记录，可追溯所有与成品质量有关的历史信息。

（三十）气锁间

设置于两个或数个房间之间（如不同洁净度级别的房间之间）的具有两扇或多扇门的隔离空间。设置气锁间的目的是在人员或物料出入时，对气流进行控制。气锁间有人员气锁间和物料气锁间。

（三十一）企业

在本规范中如无特别说明，企业特指药品生产企业。

（三十二）确认

证明厂房、设施、设备能正确运行并可达到预期结果的一系列活动。

（三十三）退货

将药品退还给企业的活动。

（三十四）文件

本规范所指的文件包括质量标准、工艺规程、操作规程、记录、报告等。

（三十五）物料

指原料、辅料和包装材料等。

例如：化学药品制剂的原料是指原料药；生物制品的原料是指原材料；中药制剂的原料是指中药材、中药饮片和外购中药提取物；原料药的原料是指用于原料药生产的除包装材料以外的其他物料。

（三十六）物料平衡

产品或物料实际产量或实际用量及收集到的损耗之和与理论产量或理论用量之间的比较，并考虑可允许的偏差范围。

（三十七）污染

在生产、取样、包装或重新包装、贮存或运输等操作过程中，原辅料、中间产品、待包装产品、成品受到具有化学或微生物特性的杂质或异物的不利影响。

（三十八）验证

证明任何操作规程（或方法）、生产工艺或系统能够达到预期结果的一系列活动。

（三十九）印刷包装材料

指具有特定式样和印刷内容的包装材料，如印字铝箔、标签、说明书、纸盒等。

（四十）原辅料

除包装材料之外，药品生产中使用的任何物料。

（四十一）中间产品

指完成部分加工步骤的产品，尚需进一步加工方可成为待包装产品。

（四十二）中间控制

也称过程控制，指为确保产品符合有关标准，生产中对工艺过程加以监控，以便在必要时进行调节而做的各项检查。可将对环境或设备控制视作中间控制的一部分。

第三百一十三条　本规范自2011年3月1日起施行。按照《中华人民共和国药品管理法》第九条规定，具体实施办法和实施步骤由国家食品药品监督管理局规定。

药品经营质量管理规范

（2000年4月30日原国家药品监督管理局局令第20号公布，2012年11月6日原卫生部部务会议第一次修订，2015年5月18日国家食品药品监督管理总局局务会议第二次修订，根据2016年6月30日国家食品药品监督管理总局令第28号国家食品药品监督管理总局局务会议《关于修改〈药品经营质量管理规范〉的决定》修正）

第一章　总　　则

第一条　为加强药品经营质量管理，规范药品经营行为，保障人体用药安全、有效，根据《中华人民共和国药品管理法》、《中华人民共和国药品管理法实施条例》，制定本规范。

第二条　本规范是药品经营管理和质量控制的基本准则。

企业应当在药品采购、储存、销售、运输等环节采取有效的质量控制措施，确保药品质量，并按照国家有关要求建立药品追溯系统，实现药品可追溯。

第三条　药品经营企业应当严格执行本规范。

药品生产企业销售药品、药品流通过程中其他涉及储存与运输药品的，也应当符合本规范相关要求。

第四条　药品经营企业应当坚持诚实守信，依法经营。禁止任何虚假、欺骗行为。

第二章　药品批发的质量管理

第一节　质量管理体系

第五条　企业应当依据有关法律法规及本规范的要求建立质量管理体系，确定质量方针，制定质量管理体系文件，开展质量策划、质量控制、质量保证、质量改进和质量风险管理等活动。

第六条　企业制定的质量方针文件应当明确企业总的质量目标和要求，并贯彻到药品经营活动的全过程。

第七条　企业质量管理体系应当与其经营范围和规模相适应，包括组织机构、人员、设施设备、质量管理体系文件及相应的计算机系统等。

第八条　企业应当定期以及在质量管理体系关键要素发生重大变化时，组织开展内审。

第九条　企业应当对内审的情况进行分析，依据分析结论制定相应的质量管理体系改进措施，不断提高质量控制水平，保证质量管理体系持续有效运行。

第十条　企业应当采用前瞻或者回顾的方式，对药品流通过程中的质量风险进行评估、控制、沟通和审核。

第十一条　企业应当对药品供货单位、购货单位的质量管理体系进行评价，确认其质量保证能力和质量信誉，必要时进行实地考察。

第十二条　企业应当全员参与质量管理。各部门、岗位人员应当正确理解并履行职责，承担相应质量责任。

第二节　组织机构与质量管理职责

第十三条　企业应当设立与其经营活动和质量管理相适应的组织机构或者岗位，明确规定其职责、权限及相互关系。

第十四条　企业负责人是药品质量的主要责任人，全面负责企业日常管理，负责提供必要的条件，保证质量管理部门和质量管理人员有效履行职责，确保企业实现质量目标并按照本规范要求经营药品。

第十五条　企业质量负责人应当由高层管理人员担任，全面负责药品质量管理工作，独立履行职责，在企业内部对药品质量管理具有裁决权。

第十六条　企业应当设立质量管理部门，有效开展质量管理工作。质量管理部门的职责不得由其他部门及人员履行。

第十七条　质量管理部门应当履行以下职责：

（一）督促相关部门和岗位人员执行药品管理的法律法规及本规范；

（二）组织制订质量管理体系文件，并指导、监督文件的执行；

（三）负责对供货单位和购货单位的合法性、购进药品的合法性以及供货单位销售人员、购货单位采购人员的合法资格进行审核，并根据审核内容的变化进行动态管理；

（四）负责质量信息的收集和管理，并建立药品质量档案；

（五）负责药品的验收，指导并监督药品采购、储存、养护、销售、退货、运输等环节的质量管理工作；

（六）负责不合格药品的确认，对不合格药品的处理过程实施监督；

（七）负责药品质量投诉和质量事故的调查、处理及报告；

（八）负责假劣药品的报告；

（九）负责药品质量查询；

（十）负责指导设定计算机系统质量控制功能；

（十一）负责计算机系统操作权限的审核和质量管理基础数据的建立及更新；

（十二）组织验证、校准相关设施设备；

（十三）负责药品召回的管理；

（十四）负责药品不良反应的报告；

（十五）组织质量管理体系的内审和风险评估；

（十六）组织对药品供货单位及购货单位质量管理体系和服务质量的考察和评价；

（十七）组织对被委托运输的承运方运输条件和质量保障能力的审查；

（十八）协助开展质量管理教育和培训；

（十九）其他应当由质量管理部门履行的职责。

第三节　人员与培训

第十八条　企业从事药品经营和质量管理工作的人员，应当符合有关法律法规及本规范规定的资格要求，不得有相关法律法规禁止从业的情形。

第十九条　企业负责人应当具有大学专科以上学历或者中级以上专业技术职称，经过基本的药学专业知识培训，熟悉有关药品管理的法律法规及本规范。

第二十条　企业质量负责人应当具有大学本科以上学历、执业药师资格和 3 年以上药品经营质量管理工作经历，在质量管理工作中具备正确判断和保障实施的能力。

第二十一条　企业质量管理部门负责人应当具有执业药师资格和 3 年以上药品经营质量管理工作经历，能独立解决经营过程中的质量问题。

第二十二条　企业应当配备符合以下资格要求的质量管理、验收及养护等岗位人员：

（一）从事质量管理工作的，应当具有

药学中专或者医学、生物、化学等相关专业大学专科以上学历或者具有药学初级以上专业技术职称；

（二）从事验收、养护工作的，应当具有药学或者医学、生物、化学等相关专业中专以上学历或者具有药学初级以上专业技术职称；

（三）从事中药材、中药饮片验收工作的，应当具有中药学专业中专以上学历或者具有中药学中级以上专业技术职称；从事中药材、中药饮片养护工作的，应当具有中药学专业中专以上学历或者具有中药学初级以上专业技术职称；直接收购地产中药材的，验收人员应当具有中药学中级以上专业技术职称。

从事疫苗配送的，还应当配备2名以上专业技术人员专门负责疫苗质量管理和验收工作。专业技术人员应当具有预防医学、药学、微生物学或者医学等专业本科以上学历及中级以上专业技术职称，并有3年以上从事疫苗管理或者技术工作经历。

第二十三条　从事质量管理、验收工作的人员应当在职在岗，不得兼职其他业务工作。

第二十四条　从事采购工作的人员应当具有药学或者医学、生物、化学等相关专业中专以上学历，从事销售、储存等工作的人员应当具有高中以上文化程度。

第二十五条　企业应当对各岗位人员进行与其职责和工作内容相关的岗前培训和继续培训，以符合本规范要求。

第二十六条　培训内容应当包括相关法律法规、药品专业知识及技能、质量管理制度、职责及岗位操作规程等。

第二十七条　企业应当按照培训管理制度制定年度培训计划并开展培训，使相关人员能正确理解并履行职责。培训工作应当做好记录并建立档案。

第二十八条　从事特殊管理的药品和冷藏冷冻药品的储存、运输等工作的人员，应当接受相关法律法规和专业知识培训并经考核合格后方可上岗。

第二十九条　企业应当制定员工个人卫生管理制度，储存、运输等岗位人员的着装应当符合劳动保护和产品防护的要求。

第三十条　质量管理、验收、养护、储存等直接接触药品岗位的人员应当进行岗前及年度健康检查，并建立健康档案。患有传染病或者其他可能污染药品的疾病的，不得从事直接接触药品的工作。身体条件不符合相应岗位特定要求的，不得从事相关工作。

第四节　质量管理体系文件

第三十一条　企业制定质量管理体系文件应当符合企业实际。文件包括质量管理制度、部门及岗位职责、操作规程、档案、报告、记录和凭证等。

第三十二条　文件的起草、修订、审核、批准、分发、保管，以及修改、撤销、替换、销毁等应当按照文件管理操作规程进行，并保存相关记录。

第三十三条　文件应当标明题目、种类、目的以及文件编号和版本号。文字应当准确、清晰、易懂。

文件应当分类存放，便于查阅。

第三十四条　企业应当定期审核、修订文件，使用的文件应当为现行有效的文本，已废止或者失效的文件除留档备查外，不得在工作现场出现。

第三十五条　企业应当保证各岗位获得与其工作内容相对应的必要文件，并严格按照规定开展工作。

第三十六条　质量管理制度应当包括以下内容：

（一）质量管理体系内审的规定；

（二）质量否决权的规定；

（三）质量管理文件的管理；

（四）质量信息的管理；

（五）供货单位、购货单位、供货单位

销售人员及购货单位采购人员等资格审核的规定；

（六）药品采购、收货、验收、储存、养护、销售、出库、运输的管理；

（七）特殊管理的药品的规定；

（八）药品有效期的管理；

（九）不合格药品、药品销毁的管理；

（十）药品退货的管理；

（十一）药品召回的管理；

（十二）质量查询的管理；

（十三）质量事故、质量投诉的管理；

（十四）药品不良反应报告的规定；

（十五）环境卫生、人员健康的规定；

（十六）质量方面的教育、培训及考核的规定；

（十七）设施设备保管和维护的管理；

（十八）设施设备验证和校准的管理；

（十九）记录和凭证的管理；

（二十）计算机系统的管理；

（二十一）药品追溯的规定；

（二十二）其他应当规定的内容。

第三十七条　部门及岗位职责应当包括：

（一）质量管理、采购、储存、销售、运输、财务和信息管理等部门职责；

（二）企业负责人、质量负责人及质量管理、采购、储存、销售、运输、财务和信息管理等部门负责人的岗位职责；

（三）质量管理、采购、收货、验收、储存、养护、销售、出库复核、运输、财务、信息管理等岗位职责；

（四）与药品经营相关的其他岗位职责。

第三十八条　企业应当制定药品采购、收货、验收、储存、养护、销售、出库复核、运输等环节及计算机系统的操作规程。

第三十九条　企业应当建立药品采购、验收、养护、销售、出库复核、销后退回和购进退出、运输、储运温湿度监测、不合格药品处理等相关记录，做到真实、完整、准确、有效和可追溯。

第四十条　通过计算机系统记录数据时，有关人员应当按照操作规程，通过授权及密码登录后方可进行数据的录入或者复核；数据的更改应当经质量管理部门审核并在其监督下进行，更改过程应当留有记录。

第四十一条　书面记录及凭证应当及时填写，并做到字迹清晰，不得随意涂改，不得撕毁。更改记录的，应当注明理由、日期并签名，保持原有信息清晰可辨。

第四十二条　记录及凭证应当至少保存5年。疫苗、特殊管理的药品的记录及凭证按相关规定保存。

第五节　设施与设备

第四十三条　企业应当具有与其药品经营范围、经营规模相适应的经营场所和库房。

第四十四条　库房的选址、设计、布局、建造、改造和维护应当符合药品储存的要求，防止药品的污染、交叉污染、混淆和差错。

第四十五条　药品储存作业区、辅助作业区应当与办公区和生活区分开一定距离或者有隔离措施。

第四十六条　库房的规模及条件应当满足药品的合理、安全储存，并达到以下要求，便于开展储存作业：

（一）库房内外环境整洁，无污染源，库区地面硬化或者绿化；

（二）库房内墙、顶光洁，地面平整，门窗结构严密；

（三）库房有可靠的安全防护措施，能够对无关人员进入实行可控管理，防止药品被盗、替换或者混入假药；

（四）有防止室外装卸、搬运、接收、发运等作业受异常天气影响的措施。

第四十七条　库房应当配备以下设施设备：

（一）药品与地面之间有效隔离的设备；

（二）避光、通风、防潮、防虫、防鼠等设备；

（三）有效调控温湿度及室内外空气交换的设备；

（四）自动监测、记录库房温湿度的设备；

（五）符合储存作业要求的照明设备；

（六）用于零货拣选、拼箱发货操作及复核的作业区域和设备；

（七）包装物料的存放场所；

（八）验收、发货、退货的专用场所；

（九）不合格药品专用存放场所；

（十）经营特殊管理的药品有符合国家规定的储存设施。

第四十八条　经营中药材、中药饮片的，应当有专用的库房和养护工作场所，直接收购地产中药材的应当设置中药样品室（柜）。

第四十九条　储存、运输冷藏、冷冻药品的，应当配备以下设施设备：

（一）与其经营规模和品种相适应的冷库，储存疫苗的应当配备两个以上独立冷库；

（二）用于冷库温度自动监测、显示、记录、调控、报警的设备；

（三）冷库制冷设备的备用发电机组或者双回路供电系统；

（四）对有特殊低温要求的药品，应当配备符合其储存要求的设施设备；

（五）冷藏车及车载冷藏箱或者保温箱等设备。

第五十条　运输药品应当使用封闭式货物运输工具。

第五十一条　运输冷藏、冷冻药品的冷藏车及车载冷藏箱、保温箱应当符合药品运输过程中对温度控制的要求。冷藏车具有自动调控温度、显示温度、存储和读取温度监测数据的功能；冷藏箱及保温箱具有外部显示和采集箱体内温度数据的功能。

第五十二条　储存、运输设施设备的定期检查、清洁和维护应当由专人负责，并建立记录和档案。

第六节　校准与验证

第五十三条　企业应当按照国家有关规定，对计量器具、温湿度监测设备等定期进行校准或者检定。

企业应当对冷库、储运温湿度监测系统以及冷藏运输等设施设备进行使用前验证、定期验证及停用时间超过规定时限的验证。

第五十四条　企业应当根据相关验证管理制度，形成验证控制文件，包括验证方案、报告、评价、偏差处理和预防措施等。

第五十五条　验证应当按照预先确定和批准的方案实施，验证报告应当经过审核和批准，验证文件应当存档。

第五十六条　企业应当根据验证确定的参数及条件，正确、合理使用相关设施设备。

第七节　计算机系统

第五十七条　企业应当建立能够符合经营全过程管理及质量控制要求的计算机系统，实现药品可追溯。

第五十八条　企业计算机系统应当符合以下要求：

（一）有支持系统正常运行的服务器和终端机；

（二）有安全、稳定的网络环境，有固定接入互联网的方式和安全可靠的信息平台；

（三）有实现部门之间、岗位之间信息传输和数据共享的局域网；

（四）有药品经营业务票据生成、打印和管理功能；

（五）有符合本规范要求及企业管理实际需要的应用软件和相关数据库。

第五十九条　各类数据的录入、修改、保存等操作应当符合授权范围、操作规程和管理制度的要求，保证数据原始、真实、准确、安全和可追溯。

第六十条 计算机系统运行中涉及企业经营和管理的数据应当采用安全、可靠的方式储存并按日备份，备份数据应当存放在安全场所，记录类数据的保存时限应当符合本规范第四十二条的要求。

第八节 采 购

第六十一条 企业的采购活动应当符合以下要求：

（一）确定供货单位的合法资格；

（二）确定所购入药品的合法性；

（三）核实供货单位销售人员的合法资格；

（四）与供货单位签订质量保证协议。

采购中涉及的首营企业、首营品种，采购部门应当填写相关申请表格，经过质量管理部门和企业质量负责人的审核批准。必要时应当组织实地考察，对供货单位质量管理体系进行评价。

第六十二条 对首营企业的审核，应当查验加盖其公章原印章的以下资料，确认真实、有效：

（一）《药品生产许可证》或者《药品经营许可证》复印件；

（二）营业执照、税务登记、组织机构代码的证件复印件，及上一年度企业年度报告公示情况；

（三）《药品生产质量管理规范》认证证书或者《药品经营质量管理规范》认证证书复印件；

（四）相关印章、随货同行单（票）样式；

（五）开户户名、开户银行及账号。

第六十三条 采购首营品种应当审核药品的合法性，索取加盖供货单位公章原印章的药品生产或者进口批准证明文件复印件并予以审核，审核无误的方可采购。

以上资料应当归入药品质量档案。

第六十四条 企业应当核实、留存供货单位销售人员以下资料：

（一）加盖供货单位公章原印章的销售人员身份证复印件；

（二）加盖供货单位公章原印章和法定代表人印章或者签名的授权书，授权书应当载明被授权人姓名、身份证号码，以及授权销售的品种、地域、期限；

（三）供货单位及供货品种相关资料。

第六十五条 企业与供货单位签订的质量保证协议至少包括以下内容：

（一）明确双方质量责任；

（二）供货单位应当提供符合规定的资料且对其真实性、有效性负责；

（三）供货单位应当按照国家规定开具发票；

（四）药品质量符合药品标准等有关要求；

（五）药品包装、标签、说明书符合有关规定；

（六）药品运输的质量保证及责任；

（七）质量保证协议的有效期限。

第六十六条 采购药品时，企业应当向供货单位索取发票。发票应当列明药品的通用名称、规格、单位、数量、单价、金额等；不能全部列明的，应当附《销售货物或者提供应税劳务清单》，并加盖供货单位发票专用章原印章、注明税票号码。

第六十七条 发票上的购、销单位名称及金额、品名应当与付款流向及金额、品名一致，并与财务账目内容相对应。发票按有关规定保存。

第六十八条 采购药品应当建立采购记录。采购记录应当有药品的通用名称、剂型、规格、生产厂商、供货单位、数量、价格、购货日期等内容，采购中药材、中药饮片的还应当标明产地。

第六十九条 发生灾情、疫情、突发事件或者临床紧急救治等特殊情况，以及其他符合国家有关规定的情形，企业可采用直调方式购销药品，将已采购的药品不入本企业仓库，直接从供货单位发送到购货单位，并建立专门的采购记录，保证有效的质量跟踪和追溯。

第七十条　采购特殊管理的药品，应当严格按照国家有关规定进行。

第七十一条　企业应当定期对药品采购的整体情况进行综合质量评审，建立药品质量评审和供货单位质量档案，并进行动态跟踪管理。

第九节　收货与验收

第七十二条　企业应当按照规定的程序和要求对到货药品逐批进行收货、验收，防止不合格药品入库。

第七十三条　药品到货时，收货人员应当核实运输方式是否符合要求，并对照随货同行单（票）和采购记录核对药品，做到票、账、货相符。

随货同行单（票）应当包括供货单位、生产厂商、药品的通用名称、剂型、规格、批号、数量、收货单位、收货地址、发货日期等内容，并加盖供货单位药品出库专用章原印章。

第七十四条　冷藏、冷冻药品到货时，应当对其运输方式及运输过程的温度记录、运输时间等质量控制状况进行重点检查并记录。不符合温度要求的应当拒收。

第七十五条　收货人员对符合收货要求的药品，应当按品种特性要求放于相应待验区域，或者设置状态标志，通知验收。冷藏、冷冻药品应当在冷库内待验。

第七十六条　验收药品应当按照药品批号查验同批号的检验报告书。供货单位为批发企业的，检验报告书应当加盖其质量管理专用章原印章。检验报告书的传递和保存可以采用电了数据形式，但应当保证其合法性和有效性。

第七十七条　企业应当按照验收规定，对每次到货药品进行逐批抽样验收，抽取的样品应当具有代表性：

（一）同一批号的药品应当至少检查一个最小包装，但生产企业有特殊质量控制要求或者打开最小包装可能影响药品质量的，可不打开最小包装；

（二）破损、污染、渗液、封条损坏等包装异常以及零货、拼箱的，应当开箱检查至最小包装；

（三）外包装及封签完整的原料药、实施批签发管理的生物制品，可不开箱检查。

第七十八条　验收人员应当对抽样药品的外观、包装、标签、说明书以及相关的证明文件等逐一进行检查、核对；验收结束后，应当将抽取的完好样品放回原包装箱，加封并标示。

第七十九条　特殊管理的药品应当按照相关规定在专库或者专区内验收。

第八十条　验收药品应当做好验收记录，包括药品的通用名称、剂型、规格、批准文号、批号、生产日期、有效期、生产厂商、供货单位、到货数量、到货日期、验收合格数量、验收结果等内容。验收人员应当在验收记录上签署姓名和验收日期。

中药材验收记录应当包括品名、产地、供货单位、到货数量、验收合格数量等内容。中药饮片验收记录应当包括品名、规格、批号、产地、生产日期、生产厂商、供货单位、到货数量、验收合格数量等内容，实施批准文号管理的中药饮片还应当记录批准文号。

验收不合格的还应当注明不合格事项及处置措施。

第八十一条　企业应当建立库存记录，验收合格的药品应当及时入库登记；验收不合格的，不得入库，并由质量管理部门处理。

第八十二条　企业按本规范第六十九条规定进行药品直调的，可委托购货单位进行药品验收。购货单位应当严格按照本规范的要求验收药品，并建立专门的直调药品验收记录。验收当日应当将验收记录相关信息传递给直调企业。

第十节 储存与养护

第八十三条 企业应当根据药品的质量特性对药品进行合理储存，并符合以下要求：

（一）按包装标示的温度要求储存药品，包装上没有标示具体温度的，按照《中华人民共和国药典》规定的贮藏要求进行储存；

（二）储存药品相对湿度为35%—75%；

（三）在人工作业的库房储存药品，按质量状态实行色标管理，合格药品为绿色，不合格药品为红色，待确定药品为黄色；

（四）储存药品应当按照要求采取避光、遮光、通风、防潮、防虫、防鼠等措施；

（五）搬运和堆码药品应当严格按照外包装标示要求规范操作，堆码高度符合包装图示要求，避免损坏药品包装；

（六）药品按批号堆码，不同批号的药品不得混垛，垛间距不小于5厘米，与库房内墙、顶、温度调控设备及管道等设施间距不小于30厘米，与地面间距不小于10厘米；

（七）药品与非药品、外用药与其他药品分开存放，中药材和中药饮片分库存放；

（八）特殊管理的药品应当按照国家有关规定储存；

（九）拆除外包装的零货药品应当集中存放；

（十）储存药品的货架、托盘等设施设备应当保持清洁，无破损和杂物堆放；

（十一）未经批准的人员不得进入储存作业区，储存作业区内的人员不得有影响药品质量和安全的行为；

（十二）药品储存作业区内不得存放与储存管理无关的物品。

第八十四条 养护人员应当根据库房条件、外部环境、药品质量特性等对药品进行养护，主要内容是：

（一）指导和督促储存人员对药品进行合理储存与作业。

（二）检查并改善储存条件、防护措施、卫生环境。

（三）对库房温湿度进行有效监测、调控。

（四）按照养护计划对库存药品的外观、包装等质量状况进行检查，并建立养护记录；对储存条件有特殊要求的或者有效期较短的品种应当进行重点养护。

（五）发现有问题的药品应当及时在计算机系统中锁定和记录，并通知质量管理部门处理。

（六）对中药材和中药饮片应当按其特性采取有效方法进行养护并记录，所采取的养护方法不得对药品造成污染。

（七）定期汇总、分析养护信息。

第八十五条 企业应当采用计算机系统对库存药品的有效期进行自动跟踪和控制，采取近效期预警及超过有效期自动锁定等措施，防止过期药品销售。

第八十六条 药品因破损而导致液体、气体、粉末泄漏时，应当迅速采取安全处理措施，防止对储存环境和其他药品造成污染。

第八十七条 对质量可疑的药品应当立即采取停售措施，并在计算机系统中锁定，同时报告质量管理部门确认。对存在质量问题的药品应当采取以下措施：

（一）存放于标志明显的专用场所，并有效隔离，不得销售；

（二）怀疑为假药的，及时报告食品药品监督管理部门；

（三）属于特殊管理的药品，按照国家有关规定处理；

（四）不合格药品的处理过程应当有完整的手续和记录；

（五）对不合格药品应当查明并分析原因，及时采取预防措施。

第八十八条　企业应当对库存药品定期盘点，做到账、货相符。

第十一节　销　　售

第八十九条　企业应当将药品销售给合法的购货单位，并对购货单位的证明文件、采购人员及提货人员的身份证明进行核实，保证药品销售流向真实、合法。

第九十条　企业应当严格审核购货单位的生产范围、经营范围或者诊疗范围，并按照相应的范围销售药品。

第九十一条　企业销售药品，应当如实开具发票，做到票、账、货、款一致。

第九十二条　企业应当做好药品销售记录。销售记录应当包括药品的通用名称、规格、剂型、批号、有效期、生产厂商、购货单位、销售数量、单价、金额、销售日期等内容。按照本规范第六十九条规定进行药品直调的，应当建立专门的销售记录。

中药材销售记录应当包括品名、规格、产地、购货单位、销售数量、单价、金额、销售日期等内容；中药饮片销售记录应当包括品名、规格、批号、产地、生产厂商、购货单位、销售数量、单价、金额、销售日期等内容。

第九十三条　销售特殊管理的药品以及国家有专门管理要求的药品，应当严格按照国家有关规定执行。

第十二节　出　　库

第九十四条　出库时应当对照销售记录进行复核。发现以下情况不得出库，并报告质量管理部门处理：

（一）药品包装出现破损、污染、封口不牢、衬垫不实、封条损坏等问题；

（二）包装内有异常响动或者液体渗漏；

（三）标签脱落、字迹模糊不清或者标识内容与实物不符；

（四）药品已超过有效期；

（五）其他异常情况的药品。

第九十五条　药品出库复核应当建立记录，包括购货单位、药品的通用名称、剂型、规格、数量、批号、有效期、生产厂商、出库日期、质量状况和复核人员等内容。

第九十六条　特殊管理的药品出库应当按照有关规定进行复核。

第九十七条　药品拼箱发货的代用包装箱应当有醒目的拼箱标志。

第九十八条　药品出库时，应当附加盖企业药品出库专用章原印章的随货同行单（票）。

企业按照本规范第六十九条规定直调药品的，直调药品出库时，由供货单位开具两份随货同行单（票），分别发往直调企业和购货单位。随货同行单（票）的内容应当符合本规范第七十三条第二款的要求，还应当标明直调企业名称。

第九十九条　冷藏、冷冻药品的装箱、装车等项作业，应当由专人负责并符合以下要求：

（一）车载冷藏箱或者保温箱在使用前应当达到相应的温度要求；

（二）应当在冷藏环境下完成冷藏、冷冻药品的装箱、封箱工作；

（三）装车前应当检查冷藏车辆的启动、运行状态，达到规定温度后方可装车；

（四）启运时应当做好运输记录，内容包括运输工具和启运时间等。

第十三节　运输与配送

第一百条　企业应当按照质量管理制度的要求，严格执行运输操作规程，并采取有效措施保证运输过程中的药品质量与安全。

第一百零一条　运输药品，应当根据药品的包装、质量特性并针对车况、道路、天气等因素，选用适宜的运输工具，采取相应措施防止出现破损、污染等问题。

第一百零二条　发运药品时，应当检查运输工具，发现运输条件不符合规定的，不得发运。运输药品过程中，运载工具应当保持密闭。

第一百零三条 企业应当严格按照外包装标示的要求搬运、装卸药品。

第一百零四条 企业应当根据药品的温度控制要求，在运输过程中采取必要的保温或者冷藏、冷冻措施。

运输过程中，药品不得直接接触冰袋、冰排等蓄冷剂，防止对药品质量造成影响。

第一百零五条 在冷藏、冷冻药品运输途中，应当实时监测并记录冷藏车、冷藏箱或者保温箱内的温度数据。

第一百零六条 企业应当制定冷藏、冷冻药品运输应急预案，对运输途中可能发生的设备故障、异常天气影响、交通拥堵等突发事件，能够采取相应的应对措施。

第一百零七条 企业委托其他单位运输药品的，应当对承运方运输药品的质量保障能力进行审计，索取运输车辆的相关资料，符合本规范运输设施设备条件和要求的方可委托。

第一百零八条 企业委托运输药品应当与承运方签订运输协议，明确药品质量责任、遵守运输操作规程和在途时限等内容。

第一百零九条 企业委托运输药品应当有记录，实现运输过程的质量追溯。记录至少包括发货时间、发货地址、收货单位、收货地址、货单号、药品件数、运输方式、委托经办人、承运单位，采用车辆运输的还应当载明车牌号，并留存驾驶人员的驾驶证复印件。记录应当至少保存5年。

第一百一十条 已装车的药品应当及时发运并尽快送达。委托运输的，企业应当要求并监督承运方严格履行委托运输协议，防止因在途时间过长影响药品质量。

第一百一十一条 企业应当采取运输安全管理措施，防止在运输过程中发生药品盗抢、遗失、调换等事故。

第一百一十二条 特殊管理的药品的运输应当符合国家有关规定。

第十四节 售后管理

第一百一十三条 企业应当加强对退货的管理，保证退货环节药品的质量和安全，防止混入假冒药品。

第一百一十四条 企业应当按照质量管理制度的要求，制定投诉管理操作规程，内容包括投诉渠道及方式、档案记录、调查与评估、处理措施、反馈和事后跟踪等。

第一百一十五条 企业应当配备专职或者兼职人员负责售后投诉管理，对投诉的质量问题查明原因，采取有效措施及时处理和反馈，并做好记录，必要时应当通知供货单位及药品生产企业。

第一百一十六条 企业应当及时将投诉及处理结果等信息记入档案，以便查询和跟踪。

第一百一十七条 企业发现已售出药品有严重质量问题，应当立即通知购货单位停售、追回并做好记录，同时向食品药品监督管理部门报告。

第一百一十八条 企业应当协助药品生产企业履行召回义务，按照召回计划的要求及时传达、反馈药品召回信息，控制和收回存在安全隐患的药品，并建立药品召回记录。

第一百一十九条 企业质量管理部门应当配备专职或者兼职人员，按照国家有关规定承担药品不良反应监测和报告工作。

第三章 药品零售的质量管理

第一节 质量管理与职责

第一百二十条 企业应当按照有关法律法规及本规范的要求制定质量管理文件，开展质量管理活动，确保药品质量。

第一百二十一条 企业应当具有与其经营范围和规模相适应的经营条件，包括组织机构、人员、设施设备、质量管理文件，并按照规定设置计算机系统。

第一百二十二条 企业负责人是药品质量的主要责任人，负责企业日常管理，负责提供必要的条件，保证质量管理部门和质量管理人员有效履行职责，确保企业按照本规范要求经营药品。

第一百二十三条 企业应当设置质量管理部门或者配备质量管理人员，履行以下职责：

（一）督促相关部门和岗位人员执行药品管理的法律法规及本规范；

（二）组织制订质量管理文件，并指导、监督文件的执行；

（三）负责对供货单位及其销售人员资格证明的审核；

（四）负责对所采购药品合法性的审核；

（五）负责药品的验收，指导并监督药品采购、储存、陈列、销售等环节的质量管理工作；

（六）负责药品质量查询及质量信息管理；

（七）负责药品质量投诉和质量事故的调查、处理及报告；

（八）负责对不合格药品的确认及处理；

（九）负责假劣药品的报告；

（十）负责药品不良反应的报告；

（十一）开展药品质量管理教育和培训；

（十二）负责计算机系统操作权限的审核、控制及质量管理基础数据的维护；

（十三）负责组织计量器具的校准及检定工作；

（十四）指导并监督药学服务工作；

（十五）其他应当由质量管埋部门或者质量管理人员履行的职责。

第二节 人员管理

第一百二十四条 企业从事药品经营和质量管理工作的人员，应当符合有关法律法规及本规范规定的资格要求，不得有相关法律法规禁止从业的情形。

第一百二十五条 企业法定代表人或者企业负责人应当具备执业药师资格。

企业应当按照国家有关规定配备执业药师，负责处方审核，指导合理用药。

第一百二十六条 质量管理、验收、采购人员应当具有药学或者医学、生物、化学等相关专业学历或者具有药学专业技术职称。从事中药饮片质量管理、验收、采购人员应当具有中药学中专以上学历或者具有中药学专业初级以上专业技术职称。

营业员应当具有高中以上文化程度或者符合省级食品药品监督管理部门规定的条件。中药饮片调剂人员应当具有中药学中专以上学历或者具备中药调剂员资格。

第一百二十七条 企业各岗位人员应当接受相关法律法规及药品专业知识与技能的岗前培训和继续培训，以符合本规范要求。

第一百二十八条 企业应当按照培训管理制度制定年度培训计划并开展培训，使相关人员能正确理解并履行职责。培训工作应当做好记录并建立档案。

第一百二十九条 企业应当为销售特殊管理的药品、国家有专门管理要求的药品、冷藏药品的人员接受相应培训提供条件，使其掌握相关法律法规和专业知识。

第一百三十条 在营业场所内，企业工作人员应当穿着整洁、卫生的工作服。

第一百三十一条 企业应当对直接接触药品岗位的人员进行岗前及年度健康检查，并建立健康档案。患有传染病或者其他可能污染药品的疾病的，不得从事直接接触药品的工作。

第一百三十二条 在药品储存、陈列等区域不得存放与经营活动无关的物品及私人用品，在工作区域内不得有影响药品质量和安全的行为。

第三节 文 件

第一百三十三条 企业应当按照有关法律法规及本规范规定，制定符合企业实际的质量管理文件。文件包括质量管理制度、岗位职责、操作规程、档案、记录和凭证等，并对质量管理文件定期审核、及时修订。

第一百三十四条 企业应当采取措施确保各岗位人员正确理解质量管理文件的内容，保证质量管理文件有效执行。

第一百三十五条 药品零售质量管理制度应当包括以下内容：

（一）药品采购、验收、陈列、销售等环节的管理，设置库房的还应当包括储存、养护的管理；

（二）供货单位和采购品种的审核；

（三）处方药销售的管理；

（四）药品拆零的管理；

（五）特殊管理的药品和国家有专门管理要求的药品的管理；

（六）记录和凭证的管理；

（七）收集和查询质量信息的管理；

（八）质量事故、质量投诉的管理；

（九）中药饮片处方审核、调配、核对的管理；

（十）药品有效期的管理；

（十一）不合格药品、药品销毁的管理；

（十二）环境卫生、人员健康的规定；

（十三）提供用药咨询、指导合理用药等药学服务的管理；

（十四）人员培训及考核的规定；

（十五）药品不良反应报告的规定；

（十六）计算机系统的管理；

（十七）药品追溯的规定；

（十八）其他应当规定的内容。

第一百三十六条 企业应当明确企业负责人、质量管理、采购、验收、营业员以及处方审核、调配等岗位的职责，设置库房的还应当包括储存、养护等岗位职责。

第一百三十七条 质量管理岗位、处方审核岗位的职责不得由其他岗位人员代为履行。

第一百三十八条 药品零售操作规程应当包括：

（一）药品采购、验收、销售；

（二）处方审核、调配、核对；

（三）中药饮片处方审核、调配、核对；

（四）药品拆零销售；

（五）特殊管理的药品和国家有专门管理要求的药品的销售；

（六）营业场所药品陈列及检查；

（七）营业场所冷藏药品的存放；

（八）计算机系统的操作和管理；

（九）设置库房的还应当包括储存和养护的操作规程。

第一百三十九条 企业应当建立药品采购、验收、销售、陈列检查、温湿度监测、不合格药品处理等相关记录，做到真实、完整、准确、有效和可追溯。

第一百四十条 记录及相关凭证应当至少保存5年。特殊管理的药品的记录及凭证按相关规定保存。

第一百四十一条 通过计算机系统记录数据时，相关岗位人员应当按照操作规程，通过授权及密码登录计算机系统，进行数据的录入，保证数据原始、真实、准确、安全和可追溯。

第一百四十二条 电子记录数据应当以安全、可靠方式定期备份。

第四节 设施与设备

第一百四十三条 企业的营业场所应当与其药品经营范围、经营规模相适应，并与药品储存、办公、生活辅助及其他区域分开。

第一百四十四条 营业场所应当具有相应设施或者采取其他有效措施，避免药品受室外环境的影响，并做到宽敞、明亮、整洁、卫生。

第一百四十五条　营业场所应当有以下营业设备：

（一）货架和柜台；

（二）监测、调控温度的设备；

（三）经营中药饮片的，有存放饮片和处方调配的设备；

（四）经营冷藏药品的，有专用冷藏设备；

（五）经营第二类精神药品、毒性中药品种和罂粟壳的，有符合安全规定的专用存放设备；

（六）药品拆零销售所需的调配工具、包装用品。

第一百四十六条　企业应当建立能够符合经营和质量管理要求的计算机系统，并满足药品追溯的要求。

第一百四十七条　企业设置库房的，应当做到库房内墙、顶光洁，地面平整，门窗结构严密；有可靠的安全防护、防盗等措施。

第一百四十八条　仓库应当有以下设施设备：

（一）药品与地面之间有效隔离的设备；

（二）避光、通风、防潮、防虫、防鼠等设备；

（三）有效监测和调控温湿度的设备；

（四）符合储存作业要求的照明设备；

（五）验收专用场所；

（六）不合格药品专用存放场所；

（七）经营冷藏药品的，有与其经营品种及经营规模相适应的专用设备。

第一百四十九条　经营特殊管理的药品应当有符合国家规定的储存设施。

第一百五十条　储存中药饮片应当设立专用库房。

第一百五十一条　企业应当按照国家有关规定，对计量器具、温湿度监测设备等定期进行校准或者检定。

第五节　采购与验收

第一百五十二条　企业采购药品，应当符合本规范第二章第八节的相关规定。

第一百五十三条　药品到货时，收货人员应当按采购记录，对照供货单位的随货同行单（票）核实药品实物，做到票、账、货相符。

第一百五十四条　企业应当按规定的程序和要求对到货药品逐批进行验收，并按照本规范第八十条规定做好验收记录。

验收抽取的样品应当具有代表性。

第一百五十五条　冷藏药品到货时，应当按照本规范第七十四条规定进行检查。

第一百五十六条　验收药品应当按照本规范第七十六条规定查验药品检验报告书。

第一百五十七条　特殊管理的药品应当按照相关规定进行验收。

第一百五十八条　验收合格的药品应当及时入库或者上架，验收不合格的，不得入库或者上架，并报告质量管理人员处理。

第六节　陈列与储存

第一百五十九条　企业应当对营业场所温度进行监测和调控，以使营业场所的温度符合常温要求。

第一百六十条　企业应当定期进行卫生检查，保持环境整洁。存放、陈列药品的设备应当保持清洁卫生，不得放置与销售活动无关的物品，并采取防虫、防鼠等措施，防止污染药品。

第一百六十一条　药品的陈列应当符合以下要求：

（一）按剂型、用途以及储存要求分类陈列，并设置醒目标志，类别标签字迹清晰、放置准确。

（二）药品放置于货架（柜），摆放整齐有序，避免阳光直射。

（三）处方药、非处方药分区陈列，并有处方药、非处方药专用标识。

（四）处方药不得采用开架自选的方式陈列和销售。

（五）外用药与其他药品分开摆放。

（六）拆零销售的药品集中存放于拆零专柜或者专区。

（七）第二类精神药品、毒性中药品种和罂粟壳不得陈列。

（八）冷藏药品放置在冷藏设备中，按规定对温度进行监测和记录，并保证存放温度符合要求。

（九）中药饮片柜斗谱的书写应当正名正字；装斗前应当复核，防止错斗、串斗；应当定期清斗，防止饮片生虫、发霉、变质；不同批号的饮片装斗前应当清斗并记录。

（十）经营非药品应当设置专区，与药品区域明显隔离，并有醒目标志。

第一百六十二条 企业应当定期对陈列、存放的药品进行检查，重点检查拆零药品和易变质、近效期、摆放时间较长的药品以及中药饮片。发现有质量疑问的药品应当及时撤柜，停止销售，由质量管理人员确认和处理，并保留相关记录。

第一百六十三条 企业应当对药品的有效期进行跟踪管理，防止近效期药品售出后可能发生的过期使用。

第一百六十四条 企业设置库房的，库房的药品储存与养护管理应当符合本规范第二章第十节的相关规定。

第七节　销售管理

第一百六十五条 企业应当在营业场所的显著位置悬挂《药品经营许可证》、营业执照、执业药师注册证等。

第一百六十六条 营业人员应当佩戴有照片、姓名、岗位等内容的工作牌，是执业药师和药学技术人员的，工作牌还应当标明执业资格或者药学专业技术职称。在岗执业的执业药师应当挂牌明示。

第一百六十七条 销售药品应当符合以下要求：

（一）处方经执业药师审核后方可调配；对处方所列药品不得擅自更改或者代用，对有配伍禁忌或者超剂量的处方，应当拒绝调配，但经处方医师更正或者重新签字确认的，可以调配；调配处方后经过核对方可销售。

（二）处方审核、调配、核对人员应当在处方上签字或者盖章，并按照有关规定保存处方或者其复印件。

（三）销售近效期药品应当向顾客告知有效期。

（四）销售中药饮片做到计量准确，并告知煎服方法及注意事项；提供中药饮片代煎服务，应当符合国家有关规定。

第一百六十八条 企业销售药品应当开具销售凭证，内容包括药品名称、生产厂商、数量、价格、批号、规格等，并做好销售记录。

第一百六十九条 药品拆零销售应当符合以下要求：

（一）负责拆零销售的人员经过专门培训；

（二）拆零的工作台及工具保持清洁、卫生，防止交叉污染；

（三）做好拆零销售记录，内容包括拆零起始日期、药品的通用名称、规格、批号、生产厂商、有效期、销售数量、销售日期、分拆及复核人员等；

（四）拆零销售应当使用洁净、卫生的包装，包装上注明药品名称、规格、数量、用法、用量、批号、有效期以及药店名称等内容；

（五）提供药品说明书原件或者复印件；

（六）拆零销售期间，保留原包装和说明书。

第一百七十条 销售特殊管理的药品和国家有专门管理要求的药品，应当严格执行国家有关规定。

第一百七十一条 药品广告宣传应当严格执行国家有关广告管理的规定。

第一百七十二条　非本企业在职人员不得在营业场所内从事药品销售相关活动。

第八节　售后管理

第一百七十三条　除药品质量原因外，药品一经售出，不得退换。

第一百七十四条　企业应当在营业场所公布食品药品监督管理部门的监督电话，设置顾客意见簿，及时处理顾客对药品质量的投诉。

第一百七十五条　企业应当按照国家有关药品不良反应报告制度的规定，收集、报告药品不良反应信息。

第一百七十六条　企业发现已售出药品有严重质量问题，应当及时采取措施追回药品并做好记录，同时向食品药品监督管理部门报告。

第一百七十七条　企业应当协助药品生产企业履行召回义务，控制和收回存在安全隐患的药品，并建立药品召回记录。

第四章　附　　则

第一百七十八条　本规范下列术语的含义是：

（一）在职：与企业确定劳动关系的在册人员。

（二）在岗：相关岗位人员在工作时间内在规定的岗位履行职责。

（三）首营企业：采购药品时，与本企业首次发生供需关系的药品生产或者经营企业。

（四）首营品种：本企业首次采购的药品。

（五）原印章：企业在购销活动中，为证明企业身份在相关文件或者凭证上加盖的企业公章、发票专用章、质量管理专用章、药品出库专用章的原始印记，不能是印刷、影印、复印等复制后的印记。

（六）待验：对到货、销后退回的药品采用有效的方式进行隔离或者区分，在入库前等待质量验收的状态。

（七）零货：拆除了用于运输、储藏包装的药品。

（八）拼箱发货：将零货药品集中拼装至同一包装箱内发货的方式。

（九）拆零销售：将最小包装拆分销售的方式。

（十）国家有专门管理要求的药品：国家对蛋白同化制剂、肽类激素、含特殊药品复方制剂等品种实施特殊监管措施的药品。

第一百七十九条　药品零售连锁企业总部的管理应当符合本规范药品批发企业相关规定，门店的管理应当符合本规范药品零售企业相关规定。

第一百八十条　本规范为药品经营质量管理的基本要求。对企业信息化管理、药品储运温湿度自动监测、药品验收管理、药品冷链物流管理、零售连锁管理等具体要求，由国家食品药品监督管理总局以附录方式另行制定。

第一百八十一条　麻醉药品、精神药品、药品类易制毒化学品的追溯应当符合国家有关规定。

第一百八十二条　医疗机构药房和计划生育技术服务机构的药品采购、储存、养护等质量管理规范由国家食品药品监督管理总局商相关主管部门另行制定。

互联网销售药品的质量管理规定由国家食品药品监督管理总局另行制定。

第一百八十三条　药品经营企业违反本规范的，由食品药品监督管理部门按照《中华人民共和国药品管理法》第七十八条的规定给予处罚。

第一百八十四条　本规范自发布之日起施行，卫生部2013年6月1日施行的《药品经营质量管理规范》（中华人民共和国卫生部令第90号）同时废止。

药品经营和使用质量监督管理办法

（2023年9月14日市场监管总局第19次局务会议通过，2023年9月27日公布，自2024年1月1日起施行）

第一章　总　　则

第一条　为了加强药品经营和药品使用质量监督管理，规范药品经营和药品使用质量管理活动，根据《中华人民共和国药品管理法》（以下简称《药品管理法》）、《中华人民共和国疫苗管理法》、《中华人民共和国药品管理法实施条例》等法律、行政法规，制定本办法。

第二条　在中华人民共和国境内的药品经营、使用质量管理及其监督管理活动，应当遵守本办法。

第三条　从事药品批发或者零售活动的，应当经药品监督管理部门批准，依法取得药品经营许可证，严格遵守法律、法规、规章、标准和规范。

药品上市许可持有人可以自行销售其取得药品注册证书的药品，也可以委托药品经营企业销售。但是，药品上市许可持有人从事药品零售活动的，应当取得药品经营许可证。

其他单位从事药品储存、运输等相关活动的，应当遵守本办法相关规定。

第四条　医疗机构应当建立药品质量管理体系，对本单位药品购进、储存、使用全过程的药品质量管理负责。使用放射性药品等特殊管理的药品的，应当按规定取得相关的使用许可。

医疗机构以外的其他药品使用单位，应当遵守本办法关于医疗机构药品购进、储存、使用全过程的药品质量管理规定。

第五条　药品上市许可持有人、药品经营企业和医疗机构等应当遵守国家药品监督管理局制定的统一药品追溯标准和规范，建立并实施药品追溯制度，按照规定提供追溯信息，保证药品可追溯。

第六条　国家药品监督管理局主管全国药品经营和使用质量监督管理工作，对省、自治区、直辖市药品监督管理部门的药品经营和使用质量监督管理工作进行指导。

省、自治区、直辖市药品监督管理部门负责本行政区域内药品经营和使用质量监督管理，负责药品批发企业、药品零售连锁总部的许可、检查和处罚，以及药品上市许可持有人销售行为的检查和处罚；按职责指导设区的市级、县级人民政府承担药品监督管理职责的部门（以下简称市县级药品监督管理部门）的药品经营和使用质量监督管理工作。

市县级药品监督管理部门负责本行政区域内药品经营和使用质量监督管理，负责药品零售企业的许可、检查和处罚，以及药品使用环节质量的检查和处罚。

国家市场监督管理总局按照有关规定加强市场监管综合执法队伍的指导。

第七条　国家药品监督管理局制定药品经营质量管理规范及其现场检查指导原则。省、自治区、直辖市药品监督管理部门可以依据本办法、药品经营质量管理规范及其现场检查指导原则，结合本行政区域实际情况制定检查细则。

第二章　经营许可

第八条　从事药品批发活动的，应当具备以下条件：

（一）有与其经营范围相适应的质量管理机构和人员；企业法定代表人、主要负责人、质量负责人、质量管理部门负责人等符合规定的条件；

（二）有依法经过资格认定的药师或者其他药学技术人员；

（三）有与其经营品种和规模相适应的自营仓库、营业场所和设施设备，仓库具备实现药品入库、传送、分拣、上架、出库等操作的现代物流设施设备；

（四）有保证药品质量的质量管理制度以及覆盖药品经营、质量控制和追溯全过程的信息管理系统，并符合药品经营质量管理规范要求。

第九条　从事药品零售连锁经营活动的，应当设立药品零售连锁总部，对零售门店进行统一管理。药品零售连锁总部应当具备本办法第八条第一项、第二项、第四项规定的条件，并具备能够保证药品质量、与其经营品种和规模相适应的仓库、配送场所和设施设备。

第十条　从事药品零售活动的，应当具备以下条件：

（一）经营处方药、甲类非处方药的，应当按规定配备与经营范围和品种相适应的依法经过资格认定的药师或者其他药学技术人员。只经营乙类非处方药的，可以配备经设区的市级药品监督管理部门组织考核合格的药品销售业务人员。

（二）有与所经营药品相适应的营业场所、设备、陈列、仓储设施以及卫生环境；同时经营其他商品（非药品）的，陈列、仓储设施应当与药品分开设置；在超市等其他场所从事药品零售活动的，应当具有独立的经营区域。

（三）有与所经营药品相适应的质量管理机构或者人员，企业法定代表人、主要负责人、质量负责人等符合规定的条件。

（四）有保证药品质量的质量管理制度、符合质量管理与追溯要求的信息管理系统，符合药品经营质量管理规范要求。

第十一条　开办药品经营企业，应当在取得营业执照后，向所在地县级以上药品监督管理部门申请药品经营许可证，提交下列材料：

（一）药品经营许可证申请表；

（二）质量管理机构情况以及主要负责人、质量负责人、质量管理部门负责人学历、工作经历相关材料；

（三）药师或者其他药学技术人员资格证书以及任职文件；

（四）经营药品的方式和范围相关材料；

（五）药品质量管理规章制度以及陈列、仓储等关键设施设备清单；

（六）营业场所、设备、仓储设施及周边卫生环境等情况，营业场所、仓库平面布置图及房屋产权或者使用权相关材料；

（七）法律、法规规定的其他材料。

申请人应当对其申请材料全部内容的真实性负责。

申请人应当按照国家有关规定对申请材料中的商业秘密、未披露信息或者保密商务信息进行标注，并注明依据。

第十二条　药品监督管理部门收到药品经营许可证申请后，应当根据下列情况分别作出处理：

（一）申请事项依法不需要取得药品经营许可的，应当即时告知申请人不受理；

（二）申请事项依法不属于本部门职权范围的，应当即时作出不予受理的决定，并告知申请人向有关行政机关申请；

（三）申请材料存在可以当场更正的错误的，应当允许申请人当场更正；

（四）申请材料不齐全或者不符合形式审查要求的，应当当场或者在五日内发给申请人补正材料通知书，一次告知申请人需要补正的全部内容，逾期不告知的，自收到申请材料之日起即为受理；

（五）申请材料齐全、符合形式审查要求，或者申请人按照要求提交全部补正材料的，应当受理药品经营许可证申请。

药品监督管理部门受理或者不予受理药品经营许可证申请的，应当出具加盖本部门专用印章和注明日期的受理通知书或者不予受理通知书。

第十三条 药品监督管理部门应当自受理申请之日起二十日内作出决定。

药品监督管理部门按照药品经营质量管理规范及其现场检查指导原则、检查细则等有关规定，组织开展申报资料技术审查和现场检查。

经技术审查和现场检查，符合条件的，准予许可，并自许可决定作出之日起五日内颁发药品经营许可证；不符合条件的，作出不予许可的书面决定，并说明理由。

仅从事乙类非处方药零售活动的，申请人提交申请材料和承诺书后，符合条件的，准予许可，当日颁发药品经营许可证。自许可决定作出之日起三个月内药品监督管理部门组织开展技术审查和现场检查，发现承诺不实的，责令限期整改，整改后仍不符合条件的，撤销药品经营许可证。

第十四条 药品监督管理部门应当在网站和办公场所公示申请药品经营许可证的条件、程序、期限、需要提交的全部材料目录和申请表格式文本等。

第十五条 药品监督管理部门应当公开药品经营许可证申请的许可结果，并提供条件便利申请人查询审批进程。

未经申请人同意，药品监督管理部门、专业技术机构及其工作人员不得披露申请人提交的商业秘密、未披露信息或者保密商务信息，法律另有规定或者涉及国家安全、重大社会公共利益的除外。

第十六条 药品监督管理部门认为药品经营许可涉及公共利益的，应当向社会公告，并举行听证。

药品经营许可直接涉及申请人与他人之间重大利益关系的，药品监督管理部门作出行政许可决定前，应当告知申请人、利害关系人享有要求听证的权利。

第十七条 药品经营许可证有效期为五年，分为正本和副本。药品经营许可证样式由国家药品监督管理局统一制定。药品经营许可证电子证书与纸质证书具有同等法律效力。

第十八条 药品经营许可证应当载明许可证编号、企业名称、统一社会信用代码、经营地址、法定代表人、主要负责人、质量负责人、经营范围、经营方式、仓库地址、发证机关、发证日期、有效期等项目。

企业名称、统一社会信用代码、法定代表人等项目应当与市场监督管理部门核发的营业执照中载明的相关内容一致。

第十九条 药品经营许可证载明事项分为许可事项和登记事项。

许可事项是指经营地址、经营范围、经营方式、仓库地址。

登记事项是指企业名称、统一社会信用代码、法定代表人、主要负责人、质量负责人等。

第二十条 药品批发企业经营范围包括中药饮片、中成药、化学药、生物制品、体外诊断试剂（药品）、麻醉药品、第一类精神药品、第二类精神药品、药品类易制毒化学品、医疗用毒性药品、蛋白同化制剂、肽类激素等。其中麻醉药品、第一类精神药品、第二类精神药品、药品类易制毒化学品、医疗用毒性药品、蛋白同化制剂、肽类激素等经营范围的核定，按照国家有关规定执行。

经营冷藏冷冻等有特殊管理要求的药品的，应当在经营范围中予以标注。

第二十一条 从事药品零售活动的，应当核定经营类别，并在经营范围中予以明确。经营类别分为处方药、甲类非处方药、乙类非处方药。

药品零售企业经营范围包括中药饮片、

中成药、化学药、第二类精神药品、血液制品、细胞治疗类生物制品及其他生物制品等。其中第二类精神药品、血液制品、细胞治疗类生物制品经营范围的核定，按照国家有关规定执行。

经营冷藏冷冻药品的，应当在经营范围中予以标注。

药品零售连锁门店的经营范围不得超过药品零售连锁总部的经营范围。

第二十二条　从事放射性药品经营活动的，应当按照国家有关规定申领放射性药品经营许可证。

第二十三条　变更药品经营许可证载明的许可事项的，应当向发证机关提出药品经营许可证变更申请。未经批准，不得擅自变更许可事项。

发证机关应当自受理变更申请之日起十五日内作出准予变更或者不予变更的决定。

药品零售企业被其他药品零售连锁总部收购的，按照变更药品经营许可证程序办理。

第二十四条　药品经营许可证载明的登记事项发生变化的，应当在发生变化起三十日内，向发证机关申请办理药品经营许可证变更登记。发证机关应当在十日内完成变更登记。

第二十五条　药品经营许可证载明事项发生变更的，由发证机关在副本上记录变更的内容和时间，并按照变更后的内容重新核发药品经营许可证正本。

第二十六条　药品经营许可证有效期届满需要继续经营药品的，药品经营企业应当在有效期届满前六个月至两个月期间，向发证机关提出重新审查发证申请。

发证机关按照本办法关于申请办理药品经营许可证的程序和要求进行审查，必要时开展现场检查。药品经营许可证有效期届满前，应当作出是否许可的决定。

经审查符合规定条件的，准予许可，药品经营许可证编号不变。不符合规定条件的，责令限期整改；整改后仍不符合规定条件的，不予许可，并书面说明理由。逾期未作出决定的，视为准予许可。

在有效期届满前两个月内提出重新审查发证申请的，药品经营许可证有效期届满后不得继续经营；药品监督管理部门准予许可后，方可继续经营。

第二十七条　有下列情形之一的，由发证机关依法办理药品经营许可证注销手续，并予以公告：

（一）企业主动申请注销药品经营许可证的；

（二）药品经营许可证有效期届满未申请重新审查发证的；

（三）药品经营许可依法被撤销、撤回或者药品经营许可证依法被吊销的；

（四）企业依法终止的；

（五）法律、法规规定的应当注销行政许可的其他情形。

第二十八条　药品经营许可证遗失的，应当向原发证机关申请补发。原发证机关应当及时补发药品经营许可证，补发的药品经营许可证编号和有效期限与原许可证一致。

第二十九条　任何单位或者个人不得伪造、变造、出租、出借、买卖药品经营许可证。

第三十条　药品监督管理部门应当及时更新药品经营许可证核发、重新审查发证、变更、吊销、撤销、注销等信息，并在完成后十日内予以公开。

第三章　经营管理

第三十一条　从事药品经营活动的，应当遵守药品经营质量管理规范，按照药品经营许可证载明的经营方式和经营范围，在药品监督管理部门核准的地址销售、储存药品，保证药品经营全过程符合法定要求。

药品经营企业应当建立覆盖药品经营全过程的质量管理体系。购销记录以及储存条件、运输过程、质量控制等记录应当完整准确，不得编造和篡改。

第三十二条 药品经营企业应当开展评估、验证、审核等质量管理活动，对已识别的风险及时采取有效控制措施，保证药品质量。

第三十三条 药品经营企业的法定代表人、主要负责人对药品经营活动全面负责。

药品经营企业的主要负责人、质量负责人应当符合药品经营质量管理规范规定的条件。主要负责人全面负责企业日常管理，负责配备专门的质量负责人；质量负责人全面负责药品质量管理工作，保证药品质量。

第三十四条 药品上市许可持有人将其持有的品种委托销售的，接受委托的药品经营企业应当具有相应的经营范围。受托方不得再次委托销售。药品上市许可持有人应当与受托方签订委托协议，明确约定药品质量责任等内容，对受托方销售行为进行监督。

药品上市许可持有人委托销售的，应当向其所在地省、自治区、直辖市药品监督管理部门报告；跨省、自治区、直辖市委托销售的，应当同时报告药品经营企业所在地省、自治区、直辖市药品监督管理部门。

第三十五条 药品上市许可持有人应当建立质量管理体系，对药品经营过程中药品的安全性、有效性和质量可控性负责。药品存在质量问题或者其他安全隐患的，药品上市许可持有人应当立即停止销售，告知药品经营企业和医疗机构停止销售和使用，及时依法采取召回等风险控制措施。

第三十六条 药品经营企业不得经营疫苗、医疗机构制剂、中药配方颗粒等国家禁止药品经营企业经营的药品。

药品零售企业不得销售麻醉药品、第一类精神药品、放射性药品、药品类易制毒化学品、蛋白同化制剂、肽类激素（胰岛素除外）、终止妊娠药品等国家禁止零售的药品。

第三十七条 药品上市许可持有人、药品经营企业应当加强药品采购、销售人员的管理，对其进行法律、法规、规章、标准、规范和专业知识培训，并对其药品经营行为承担法律责任。

第三十八条 药品上市许可持有人、药品批发企业销售药品时，应当向购药单位提供以下材料：

（一）药品生产许可证、药品经营许可证复印件；

（二）所销售药品批准证明文件和检验报告书复印件；

（三）企业派出销售人员授权书原件和身份证复印件；

（四）标明供货单位名称、药品通用名称、药品上市许可持有人（中药饮片标明生产企业、产地）、批准文号、产品批号、剂型、规格、有效期、销售数量、销售价格、销售日期等内容的凭证；

（五）销售进口药品的，按照国家有关规定提供相关证明文件；

（六）法律、法规要求的其他材料。

上述资料应当加盖企业印章。符合法律规定的可靠电子签名、电子印章与手写签名或者盖章具有同等法律效力。

第三十九条 药品经营企业采购药品时，应当索取、查验、留存本办法第三十八条规定的有关材料、凭证。

第四十条 药品上市许可持有人、药品经营企业购销活动中的有关资质材料和购销凭证、记录保存不得少于五年，且不少于药品有效期满后一年。

第四十一条 药品储存、运输应当严格遵守药品经营质量管理规范的要求，根据药品包装、质量特性、温度控制等要求采取有效措施，保证储存、运输过程中的药品质量安全。冷藏冷冻药品储存、运输应当按要求配备冷藏冷冻设施设备，确保全过程处于规定的温度环境，按照规定做好监测记录。

第四十二条 药品零售企业应当遵守国家处方药与非处方药分类管理制度，按规定凭处方销售处方药，处方保留不少于五年。

药品零售企业不得以买药品赠药品或者买商品赠药品等方式向公众赠送处方药、甲类非处方药。处方药不得开架销售。

药品零售企业销售药品时，应当开具标明药品通用名称、药品上市许可持有人(中药饮片标明生产企业、产地)、产品批号、剂型、规格、销售数量、销售价格、销售日期、销售企业名称等内容的凭证。

药品零售企业配备依法经过资格认定的药师或者其他药学技术人员，负责药品质量管理、处方审核和调配、合理用药指导以及不良反应信息收集与报告等工作。

药品零售企业营业时间内，依法经过资格认定的药师或者其他药学技术人员不在岗时，应当挂牌告知。未经依法经过资格认定的药师或者其他药学技术人员审核，不得销售处方药。

第四十三条　药品零售连锁总部应当建立健全质量管理体系，统一企业标识、规章制度、计算机系统、人员培训、采购配送、票据管理、药学服务标准规范等，对所属零售门店的经营活动履行管理责任。

药品零售连锁总部所属零售门店应当按照总部统一质量管理体系要求开展药品零售活动。

第四十四条　药品零售连锁总部应当加强对所属零售门店的管理，保证其持续符合药品经营质量管理规范和统一的质量管理体系要求。发现所属零售门店经营的药品存在质量问题或者其他安全隐患的，应当及时采取风险控制措施，并依法向药品监督管理部门报告。

第四十五条　药品上市许可持有人、药品经营企业委托储存、运输药品的，应当对受托方质量保证能力和风险管理能力进行评估，与其签订委托协议，约定药品质量责任、操作规程等内容，对受托方进行监督，并开展定期检查。

药品上市许可持有人委托储存的，应当按规定向药品上市许可持有人、受托方所在地省、自治区、直辖市药品监督管理部门报告。药品经营企业委托储存药品的，按照变更仓库地址办理。

第四十六条　接受委托储存药品的单位应当符合药品经营质量管理规范有关要求，并具备以下条件：

（一）有符合资质的人员，相应的药品质量管理体系文件，包括收货、验收、入库、储存、养护、出库、运输等操作规程；

（二）有与委托单位实现数据对接的计算机系统，对药品入库、出库、储存、运输和药品质量信息进行记录并可追溯，为委托方药品召回等提供支持；

（三）有符合省级以上药品监督管理部门规定的现代物流要求的药品储存场所和设施设备。

第四十七条　接受委托储存、运输药品的单位应当按照药品经营质量管理规范要求开展药品储存、运输活动，履行委托协议约定的义务，并承担相应的法律责任。受托方不得再次委托储存。

受托方再次委托运输的，应当征得委托方同意，并签订质量保证协议，确保药品运输过程符合药品经营质量管理规范要求。疫苗、麻醉药品、精神药品、医疗用毒性药品、放射性药品、药品类易制毒化学品等特殊管理的药品不得再次委托运输。

受托方发现药品存在重大质量问题的，应当立即向委托方所在地和受托方所在地药品监督管理部门报告，并主动采取风险控制措施。

第四十八条　药品批发企业跨省、自治区、直辖市设置仓库的，药品批发企业所在地省、自治区、直辖市药品监督管理部门商仓库所在地省、自治区、直辖市药品监督管理部门后，符合要求的，按照变更仓库地址办理。

药品批发企业跨省、自治区、直辖市设置的仓库，应当符合本办法第八条有关药品批发企业仓库的条件。药品批发企业应当对异地仓库实施统一的质量管理。

药品批发企业所在地省、自治区、直辖市药品监督管理部门负责对跨省、自治区、直辖市设置仓库的监督管理，仓库所在地省、自治区、直辖市药品监督管理部门负责协助日常监管。

第四十九条 因科学研究、检验检测、慈善捐助、突发公共卫生事件等有特殊购药需求的单位，向所在地设区的市级以上地方药品监督管理部门报告后，可以到指定的药品上市许可持有人或者药品经营企业购买药品。供货单位应当索取购药单位有关资质材料并做好销售记录，存档备查。

突发公共卫生事件或者其他严重威胁公众健康的紧急事件发生时，药品经营企业应当按照县级以上人民政府的应急处置规定，采取相应措施。

第五十条 药品上市许可持有人、药品经营企业通过网络销售药品的，应当遵守《药品管理法》及药品网络销售监督管理有关规定。

第四章 药品使用质量管理

第五十一条 医疗机构应当建立健全药品质量管理体系，完善药品购进、验收、储存、养护及使用等环节的质量管理制度，明确各环节中工作人员的岗位责任。

医疗机构应当设置专门部门负责药品质量管理；未设专门部门的，应当指定专人负责药品质量管理。

第五十二条 医疗机构购进药品，应当核实供货单位的药品生产许可证或者药品经营许可证、授权委托书以及药品批准证明文件、药品合格证明等有效证明文件。首次购进药品的，应当妥善保存加盖供货单位印章的上述材料复印件，保存期限不得少于五年。

医疗机构购进药品时应当索取、留存合法票据，包括税票及详细清单，清单上应当载明供货单位名称、药品通用名称、药品上市许可持有人（中药饮片标明生产企业、产地）、批准文号、产品批号、剂型、规格、销售数量、销售价格等内容。票据保存不得少于三年，且不少于药品有效期满后一年。

第五十三条 医疗机构应当建立和执行药品购进验收制度，购进药品应当逐批验收，并建立真实、完整的记录。

药品购进验收记录应当注明药品的通用名称、药品上市许可持有人（中药饮片标明生产企业、产地）、批准文号、产品批号、剂型、规格、有效期、供货单位、购进数量、购进价格、购进日期。药品购进验收记录保存不得少于三年，且不少于药品有效期满后一年。

医疗机构接受捐赠药品、从其他医疗机构调入急救药品应当遵守本条规定。

第五十四条 医疗机构应当制定并执行药品储存、养护制度，配备专用场所和设施设备储存药品，做好储存、养护记录，确保药品储存符合药品说明书标明的条件。

医疗机构应当按照有关规定，根据药品属性和类别分库、分区、分垛储存药品，并实行色标管理。药品与非药品分开存放；中药饮片、中成药、化学药、生物制品分类存放；过期、变质、被污染等的药品应当放置在不合格库（区）；麻醉药品、精神药品、医疗用毒性药品、放射性药品、药品类易制毒化学品以及易燃、易爆、强腐蚀等危险性药品应当按照相关规定存放，并采取必要的安全措施。

第五十五条 医疗机构应当制定和执行药品养护管理制度，并采取必要的控温、防潮、避光、通风、防火、防虫、防鼠、防污染等措施，保证药品质量。

医疗机构应当配备药品养护人员，定期对储存药品进行检查和养护，监测和记录储存区域的温湿度，维护储存设施设备，并建立相应的养护档案。

第五十六条　医疗机构发现使用的药品存在质量问题或者其他安全隐患的，应当立即停止使用，向供货单位反馈并及时向所在地市县级药品监督管理部门报告。市县级药品监督管理部门应当按照有关规定进行监督检查，必要时开展抽样检验。

第五十七条　医疗机构应当积极协助药品上市许可持有人、中药饮片生产企业、药品批发企业履行药品召回、追回义务。

第五十八条　医疗机构应当建立覆盖药品购进、储存、使用的全过程追溯体系，开展追溯数据校验和采集，按规定提供药品追溯信息。

第五章　监督检查

第五十九条　药品监督管理部门应当根据药品经营使用单位的质量管理，所经营和使用药品品种，检查、检验、投诉、举报等药品安全风险和信用情况，制定年度检查计划、开展监督检查并建立监督检查档案。检查计划包括检查范围、检查内容、检查方式、检查重点、检查要求、检查时限、承担检查的单位等。

药品监督管理部门应当将上一年度新开办的药品经营企业纳入本年度的监督检查计划，对其实施药品经营质量管理规范符合性检查。

第六十条　县级以上地方药品监督管理部门应当根据药品经营和使用质量管理风险，确定监督检查频次：

（一）对麻醉药品和第一类精神药品、药品类易制毒化学品经营企业检查，每半年不少于一次；

（二）对冷藏冷冻药品、血液制品、细胞治疗类生物制品、第二类精神药品、医疗用毒性药品经营企业检查，每年不少于一次；

（三）对第一项、第二项以外的药品经营企业，每年确定一定比例开展药品经营质量管理规范符合性检查，三年内对本行政区域内药品经营企业全部进行检查；

（四）对接收、储存疫苗的疾病预防控制机构、接种单位执行疫苗储存和运输管理规范情况进行检查，原则上每年不少于一次；

（五）每年确定一定比例医疗机构，对其购进、验收、储存药品管理情况进行检查，三年内对行政区域内医疗机构全部进行检查。

药品监督管理部门可结合本行政区域内工作实际，增加检查频次。

第六十一条　药品上市许可持有人、药品经营企业与受托开展药品经营相关活动的受托方不在同一省、自治区、直辖市的，委托方所在地药品监督管理部门负责对跨省、自治区、直辖市委托开展的药品经营活动实施监督管理，受托方所在地药品监督管理部门负责协助日常监管。委托方和受托方所在地药品监督管理部门应当加强信息沟通，相互通报监督检查等情况，必要时可以开展联合检查。

第六十二条　药品监督管理部门在监督检查过程中发现可能存在质量问题的药品，可以按照有关规定进行抽样检验。

第六十三条　根据监督检查情况，有证据证明可能存在药品安全隐患的，药品监督管理部门可以依法采取以下行政措施：

（一）行政告诫；

（二）责任约谈；

（三）责令限期整改；

（四）责令暂停相关药品销售和使用；

（五）责令召回药品；

（六）其他风险控制措施。

第六十四条　药品监督管理部门在监督检查过程中，发现存在涉嫌违反药品法律、法规、规章行为的，应当及时采取措施，按照职责和权限依法查处；涉嫌犯罪的，移交公安机关处理。发现涉嫌违纪线索的，移送纪检监察部门。

第六十五条　药品上市许可持有人、药品生产企业、药品经营企业和医疗机构应当积极配合药品监督管理部门实施的监督检查，如实提供与被检查事项有关的物品和记录、凭证以及医学文书等资料，不得以任何理由拒绝、逃避监督检查，不得伪造、销毁、隐匿有关证据材料，不得擅自动用查封、扣押物品。

第六章　法律责任

第六十六条　药品经营和使用质量管理的违法行为，法律、行政法规已有规定的，依照其规定。

违反本办法规定，主动消除或者减轻违法行为危害后果的；违法行为轻微并及时改正，没有造成危害后果的；初次违法且危害后果轻微并及时改正的，依据《中华人民共和国行政处罚法》第三十二条、第三十三条规定从轻、减轻或者不予处罚。有证据足以证明没有主观过错的，不予行政处罚。

第六十七条　药品经营企业未按规定办理药品经营许可证登记事项变更的，由药品监督管理部门责令限期改正；逾期不改正的，处五千元以上五万元以下罚款。

第六十八条　药品经营企业未经批准变更许可事项或者药品经营许可证超过有效期继续开展药品经营活动的，药品监督管理部门按照《药品管理法》第一百一十五条的规定给予处罚，但是，有下列情形之一，药品经营企业及时改正，不影响药品质量安全的，给予减轻处罚：

（一）药品经营企业超出许可的经营方式、经营地址从事药品经营活动的；

（二）超出经营范围经营的药品不属于疫苗、麻醉药品、精神药品、药品类易制毒化学品、医疗用毒性药品、血液制品、细胞治疗类生物制品的；

（三）药品经营许可证超过有效期但符合申请办理药品经营许可证要求的；

（四）依法可以减轻处罚的其他情形。

药品零售企业违反本办法第三十六条第二款规定，法律、行政法规已有规定的，依照法律、行政法规的规定处罚。法律、行政法规未作规定的，责令限期改正，处五万元以上十万元以下罚款；造成危害后果的，处十万元以上二十万元以下罚款。

第六十九条　有下列违反药品经营质量管理规范情形之一的，药品监督管理部门可以依据《药品管理法》第一百二十六条规定的情节严重的情形给予处罚：

（一）药品上市许可持有人委托不具备相应资质条件的企业销售药品的；

（二）药品上市许可持有人、药品批发企业将国家有专门管理要求的药品销售给个人或者不具备相应资质的单位，导致相关药品流入非法渠道或者去向不明，或者知道、应当知道购进单位将相关药品流入非法渠道仍销售药品的；

（三）药品经营质量管理和质量控制过程中，记录或者票据不真实，存在虚假欺骗行为的；

（四）对已识别的风险未及时采取有效的风险控制措施，造成严重后果的；

（五）知道或者应当知道他人从事非法药品生产、经营和使用活动，依然为其提供药品的；

（六）其他情节严重的情形。

第七十条　有下列情形之一的，由药品监督管理部门责令限期改正；逾期不改正的，处五千元以上三万元以下罚款：

（一）接受药品上市许可持有人委托销售的药品经营企业违反本办法第三十四条第一款规定再次委托销售的；

（二）药品上市许可持有人未按本办法第三十四条第一款、第三十五条规定对委托销售行为进行管理的；

（三）药品上市许可持有人、药品经营企业未按本办法第四十五条第一款规定对委托储存、运输行为进行管理的；

（四）药品上市许可持有人、药品经营

企业未按本办法第三十四条第二款、第四十五条第二款规定报告委托销售、储存情况的；

（五）接受委托储存药品的受托方违反本办法第四十七条第一款规定再次委托储存药品的；

（六）接受委托运输药品的受托方违反本办法第四十七条第二款规定运输药品的；

（七）接受委托储存、运输的受托方未按本办法第四十七条第三款规定向委托方所在地和受托方所在地药品监督管理部门报告药品重大质量问题的。

第七十一条　药品上市许可持有人、药品经营企业未按本办法第三十八条、第三十九条、第四十条、第四十二条第三款规定履行购销查验义务或者开具销售凭证，违反药品经营质量管理规范的，药品监督管理部门按照《药品管理法》第一百二十六条给予处罚。

第七十二条　药品零售企业有以下情形之一的，由药品监督管理部门责令限期改正；逾期不改正的，处五千元以上五万元以下罚款；造成危害后果的，处五万元以上二十万元以下罚款：

（一）未按规定凭处方销售处方药的；

（二）以买药品赠药品或者买商品赠药品等方式向公众直接或者变相赠送处方药、甲类非处方药的；

（三）违反本办法第四十二条第五款规定的药师或者药学技术人员管理要求的。

第七十三条　医疗机构未按本办法第五十一条第二款规定设置专门质量管理部门或者人员、未按本办法第五十二条、第五十三条、第五十四条、第五十五条、第五十六条规定履行进货查验、药品储存和养护、停止使用、报告等义务的，由药品监督管理部门责令限期改正，并通报卫生健康主管部门；逾期不改正或者情节严重的，处五千元以上五万元以下罚款；造成严重后果的，处五万元以上二十万元以下罚款。

第七章　附　　则

第七十四条　国家对疫苗、血液制品、麻醉药品、精神药品、医疗用毒性药品、放射性药品、药品类易制毒化学品等的经营、使用管理另有规定的，依照其规定。

第七十五条　本办法规定的期限以工作日计算。药品经营许可中技术审查、现场检查、企业整改等所需时间不计入期限。

第七十六条　药品经营许可证编号格式为“省份简称＋两位分类代码＋四位地区代码＋五位顺序号”。

其中两位分类代码为大写英文字母，第一位A表示批发企业，B表示药品零售连锁总部，C表示零售连锁门店，D表示单体药品零售企业；第二位A表示法人企业，B表示非法人企业。

四位地区代码为阿拉伯数字，对应企业所在地区（市、州）代码，按照国内电话区号编写，区号为四位的去掉第一个0，区号为三位的全部保留，第四位为调整码。

第七十七条　药品批发企业，是指将购进的药品销售给药品生产企业、药品经营企业、医疗机构的药品经营企业。

药品零售连锁企业由总部、配送中心和若干个门店构成，在总部的管理下，实施规模化、集团化管理经营。

药品零售企业，是指将购进的药品直接销售给消费者的药品经营企业。

药品使用单位包括医疗机构、疾病预防控制机构等。

第七十八条　各省、自治区、直辖市药品监督管理部门可以依据本办法制定实施细则。

第七十九条　本办法自2024年1月1日起实施。2004年2月4日原国家食品药品监督管理局令第6号公布的《药品经营许可证管理办法》和2007年1月31日原国家食品药品监督管理局令第26号公布的《药品流通监督管理办法》同时废止。

药品召回管理办法

（2022年10月24日国家药监局组织修订）

第一章　总　　则

第一条　为加强药品质量监管，保障公众用药安全，根据《中华人民共和国药品管理法》《中华人民共和国疫苗管理法》《中华人民共和国药品管理法实施条例》等法律法规，制定本办法。

第二条　中华人民共和国境内生产和上市药品的召回及其监督管理，适用本办法。

第三条　本办法所称药品召回，是指药品上市许可持有人（以下称持有人）按照规定的程序收回已上市的存在质量问题或者其他安全隐患药品，并采取相应措施，及时控制风险、消除隐患的活动。

第四条　本办法所称质量问题或者其他安全隐患，是指由于研制、生产、储运、标识等原因导致药品不符合法定要求，或者其他可能使药品具有的危及人体健康和生命安全的不合理危险。

第五条　持有人是控制风险和消除隐患的责任主体，应当建立并完善药品召回制度，收集药品质量和安全的相关信息，对可能存在的质量问题或者其他安全隐患进行调查、评估，及时召回存在质量问题或者其他安全隐患的药品。

药品生产企业、药品经营企业、药品使用单位应当积极协助持有人对可能存在质量问题或者其他安全隐患的药品进行调查、评估，主动配合持有人履行召回义务，按照召回计划及时传达、反馈药品召回信息，控制和收回存在质量问题或者其他安全隐患的药品。

第六条　药品生产企业、药品经营企业、药品使用单位发现其生产、销售或者使用的药品可能存在质量问题或者其他安全隐患的，应当及时通知持有人，必要时应当暂停生产、放行、销售、使用，并向所在地省、自治区、直辖市人民政府药品监督管理部门报告，通知和报告的信息应当真实。

第七条　持有人、药品生产企业、药品经营企业、药品使用单位应当按规定建立并实施药品追溯制度，保存完整的购销记录，保证上市药品的可溯源。

第八条　省、自治区、直辖市人民政府药品监督管理部门负责本行政区域内药品召回的监督管理工作。

市县级地方人民政府药品监督管理部门负责配合、协助做好药品召回的有关工作，负责行政区域内药品经营企业、药品使用单位协助召回情况的监督管理工作。

国家药品监督管理局负责指导全国药品召回的管理工作。

第九条　国家药品监督管理局和省、自治区、直辖市人民政府药品监督管理部门应当按照药品信息公开有关制度，采取有效途径向社会公布存在质量问题或者其他安全隐患的药品信息和召回信息，必要时向同级卫生健康主管部门通报相关信息。

持有人应当制定药品召回信息公开制度，依法主动公布药品召回信息。

第二章　调查与评估

第十条　持有人应当主动收集、记录药品的质量问题、药品不良反应/事件、其他安全风险信息，对可能存在的质量问题或者其他安全隐患进行调查和评估。

药品生产企业、药品经营企业、药品使用单位应当配合持有人对有关药品质量问题或者其他安全隐患进行调查，并提供有关资料。

第十一条　对可能存在质量问题或者其他安全隐患的药品进行调查，应当根据实际情况确定调查内容，可以包括：

（一）已发生药品不良反应/事件的种类、范围及原因；

（二）药品处方、生产工艺等是否符合相应药品标准、核准的生产工艺要求；

（三）药品生产过程是否符合药品生产质量管理规范；生产过程中的变更是否符合药品注册管理和相关变更技术指导原则等规定；

（四）药品储存、运输等是否符合药品经营质量管理规范；

（五）药品使用是否符合药品临床应用指导原则、临床诊疗指南和药品说明书、标签规定等；

（六）药品主要使用人群的构成及比例；

（七）可能存在质量问题或者其他安全隐患的药品批次、数量及流通区域和范围；

（八）其他可能影响药品质量和安全的因素。

第十二条　对存在质量问题或者其他安全隐患药品评估的主要内容包括：

（一）该药品引发危害的可能性，以及是否已经对人体健康造成了危害；

（二）对主要使用人群的危害影响；

（三）对特殊人群，尤其是高危人群的危害影响，如老年人、儿童、孕妇、肝肾功能不全者、外科手术病人等；

（四）危害的严重与紧急程度；

（五）危害导致的后果。

第十三条　根据药品质量问题或者其他安全隐患的严重程度，药品召回分为：

（一）一级召回：使用该药品可能或者已经引起严重健康危害的；

（二）二级召回：使用该药品可能或者已经引起暂时或者可逆的健康危害的；

（三）三级召回：使用该药品一般不会引起健康危害，但由于其他原因需要收回的。

第十四条　持有人应当根据调查和评估结果和药品召回等级，形成调查评估报告，科学制定召回计划。

调查评估报告应当包括以下内容：

（一）召回药品的具体情况，包括名称、规格、批次等基本信息；

（二）实施召回的原因；

（三）调查评估结果；

（四）召回等级。

召回计划应当包括以下内容：

（一）药品生产销售情况及拟召回的数量；

（二）召回措施具体内容，包括实施的组织、范围和时限等；

（三）召回信息的公布途径和范围；

（四）召回的预期效果；

（五）药品召回后的处理措施；

（六）联系人的姓名及联系方式。

第三章　主动召回

第十五条　持有人经调查评估后，确定药品存在质量问题或者其他安全隐患的，应当立即决定并实施召回，同时通过企业官方网站或者药品相关行业媒体向社会发布召回信息。召回信息应当包括以下内容：药品名称、规格、批次、持有人、药品生产企业、召回原因、召回等级等。

实施一级、二级召回的，持有人还应当申请在所在地省、自治区、直辖市人民政府药品监督管理部门网站依法发布召回信息。省、自治区、直辖市人民政府药品监督管理部门网站发布的药品召回信息应当与国家药品监督管理局网站链接。

第十六条　持有人作出药品召回决定的，一级召回在1日内，二级召回在3日内，三级召回在7日内，应当发出召回通知，通知到药品生产企业、药品经营企业、药品使用单位等，同时向所在地省、自治区、直辖市人民政府药品监督管理部门备案调查评估报告、召回计划和召回通知。召回通知应当包括以下内容：

（一）召回药品的具体情况，包括名称、规格、批次等基本信息；

（二）召回的原因；

（三）召回等级；

（四）召回要求，如立即暂停生产、放行、销售、使用；转发召回通知等；

（五）召回处理措施，如召回药品外包装标识、隔离存放措施、储运条件、监督销毁等。

第十七条　持有人在实施召回过程中，一级召回每日，二级召回每3日，三级召回每7日，向所在地省、自治区、直辖市人民政府药品监督管理部门报告药品召回进展情况。

召回过程中，持有人应当及时评估召回效果，发现召回不彻底的，应当变更召回计划，扩大召回范围或者重新召回。变更召回计划的，应当及时向所在地省、自治区、直辖市人民政府药品监督管理部门备案。

第十八条　持有人应当明确召回药品的标识及存放要求，召回药品的外包装标识、隔离存放措施等，应当与正常药品明显区别，防止差错、混淆。对需要特殊储存条件的，在其储存和转运过程中，应当保证储存条件符合规定。

第十九条　召回药品需要销毁的，应当在持有人、药品生产企业或者储存召回药品所在地县级以上人民政府药品监督管理部门或者公证机构监督下销毁。

对通过更换标签、修改并完善说明书、重新外包装等方式能够消除隐患的，或者对不符合药品标准但尚不影响安全性、有效性的中药饮片，且能够通过返工等方式解决该问题的，可以适当处理后再上市。相关处理操作应当符合相应药品质量管理规范等要求，不得延长药品有效期或者保质期。

持有人对召回药品的处理应当有详细的记录，记录应当保存5年且不得少于药品有效期后1年。

第二十条　持有人应当按照《药品管理法》第八十二条规定，在召回完成后10个工作日内，将药品召回和处理情况向所在地省、自治区、直辖市人民政府药品监督管理部门和卫生健康主管部门报告。

持有人应当在药品年度报告中说明报告期内药品召回情况。

第二十一条　境外生产药品涉及在境内实施召回的，境外持有人指定的在中国境内履行持有人义务的企业法人（以下称境内代理人）应当按照本办法组织实施召回，并向其所在地省、自治区、直辖市人民政府药品监督管理部门和卫生健康主管部门报告药品召回和处理情况。

境外持有人在境外实施药品召回，经综合评估认为属于下列情形的，其境内代理人应当于境外召回启动后10个工作日内，向所在地省、自治区、直辖市人民政府药品监督管理部门报告召回药品的名称、规格、批次、召回原因等信息：

（一）与境内上市药品为同一品种，但不涉及境内药品规格、批次或者剂型的；

（二）与境内上市药品共用生产线的；

（三）其他需要向药品监督管理部门报告的。

境外持有人应当综合研判境外实施召回情况，如需要在中国境内召回的，应当按照本条第一款规定组织实施召回。

第四章　责令召回

第二十二条　有以下情形之一的，省、自治区、直辖市人民政府药品监督管理部门应当责令持有人召回药品：

（一）药品监督管理部门经过调查评估，认为持有人应当召回药品而未召回的；

（二）药品监督管理部门经对持有人主动召回结果审查，认为持有人召回药品不彻底的。

第二十三条　省、自治区、直辖市人民政府药品监督管理部门责令召回药品的，应当按本办法第九条、第十五条相关规定向社会公布责令召回药品信息，要求持有人、药品生产企业、药品经营企业和药品使用单位停止生产、放行、销售、使用。

持有人应当按照责令召回要求实施召回，并按照本办法第十五条相关规定向社会发布药品召回信息。

第二十四条　省、自治区、直辖市人民政府药品监督管理部门作出责令召回决定，应当将责令召回通知书送达持有人。责令召回通知书应当包括以下内容：

（一）召回药品的具体情况，包括名称、规格、批次等基本信息；

（二）实施召回的原因；

（三）审查评价和/或调查评估结果；

（四）召回等级；

（五）召回要求，包括范围和时限等。

第二十五条　持有人在收到责令召回通知书后，应当按照本办法第十四条、第十六条的规定，通知药品生产企业、药品经营企业和药品使用单位，制定、备案召回计划，并组织实施。

第二十六条　持有人在实施召回过程中，应当按照本办法第十七条相关要求向所在地省、自治区、直辖市人民政府药品监督管理部门报告药品召回进展情况。

第二十七条　持有人应当按照本办法第十八条、第十九条规定做好后续处理和记录，并在完成召回和处理后10个工作日内向所在地省、自治区、直辖市人民政府药品监督管理部门和卫生健康主管部门提交药品召回的总结报告。

第二十八条　省、自治区、直辖市人民政府药品监督管理部门应当自收到总结报告之日起10个工作日内进行审查，并对召回效果进行评价，必要时组织专家进行审查和评价。认为召回尚未有效控制风险或者消除隐患的，应当书面要求持有人重新召回。

第二十九条　对持有人违反本办法规定，在其所在地省、自治区、直辖市人民政府药品监督管理部门责令其召回后而拒不召回的，药品生产企业、药品经营企业、药品使用单位不配合召回的，相应省、自治区、直辖市人民政府药品监督管理部门应当按照《药品管理法》第一百三十五条的规定进行查处。

第五章　附　　则

第三十条　在中国境内上市疫苗的召回程序适用本办法。疫苗存在或者疑似存在质量问题的处置要求应当按照《疫苗管理法》的规定执行。

第三十一条　境内持有人发现出口药品存在质量问题或者其他安全隐患的，应当及时通报进口国（地区）药品监管机构和采购方，需要在境外实施召回的，应当按照进口国（地区）有关法律法规及采购合同的规定组织实施召回。

第三十二条　中药饮片、中药配方颗粒的召回，其生产企业按照本办法实施。

第三十三条　本办法自2022年11月1日施行。

药品说明书和标签管理规定

（2006年3月10日国家食品药品监督管理局局务会审议通过，2006年3月15日公布，自2006年6月1日起施行）

第一章　总　　则

第一条　为规范药品说明书和标签的管理，根据《中华人民共和国药品管理法》和《中华人民共和国药品管理法实施条例》制定本规定。

第二条　在中华人民共和国境内上市销售的药品，其说明书和标签应当符合本规定的要求。

第三条　药品说明书和标签由国家食品药品监督管理局予以核准。

药品的标签应当以说明书为依据，其内容不得超出说明书的范围，不得印有暗示疗效、误导使用和不适当宣传产品的文字和标识。

第四条　药品包装必须按照规定印有或者贴有标签，不得夹带其他任何介绍或者宣传产品、企业的文字、音像及其他资料。

药品生产企业生产供上市销售的最小包装必须附有说明书。

第五条　药品说明书和标签的文字表述应当科学、规范、准确。非处方药说明书还应当使用容易理解的文字表述，以便患者自行判断、选择和使用。

第六条　药品说明书和标签中的文字应当清晰易辨，标识应当清楚醒目，不得有印字脱落或者粘贴不牢等现象，不得以粘贴、剪切、涂改等方式进行修改或者补充。

第七条　药品说明书和标签应当使用国家语言文字工作委员会公布的规范化汉字，增加其他文字对照的，应当以汉字表述为准。

第八条　出于保护公众健康和指导正确合理用药的目的，药品生产企业可以主动提出在药品说明书或者标签上加注警示语，国家食品药品监督管理局也可以要求药品生产企业在说明书或者标签上加注警示语。

第二章　药品说明书

第九条　药品说明书应当包含药品安全性、有效性的重要科学数据、结论和信息，用以指导安全、合理使用药品。药品说明书的具体格式、内容和书写要求由国家食品药品监督管理局制定并发布。

第十条　药品说明书对疾病名称、药学专业名词、药品名称、临床检验名称和结果的表述，应当采用国家统一颁布或规范的专用词汇，度量衡单位应当符合国家标准的规定。

第十一条　药品说明书应当列出全部活性成份或者组方中的全部中药药味。注射剂和非处方药还应当列出所用的全部辅料名称。

药品处方中含有可能引起严重不良反应的成份或者辅料的，应当予以说明。

第十二条　药品生产企业应当主动跟踪药品上市后的安全性、有效性情况，需要对药品说明书进行修改的，应当及时提出申请。

根据药品不良反应监测、药品再评价结果等信息，国家食品药品监督管理局也可以要求药品生产企业修改药品说明书。

第十三条　药品说明书获准修改后，药品生产企业应当将修改的内容立即通知相关药品经营企业、使用单位及其他部门，并按要求及时使用修改后的说明书和标签。

第十四条　药品说明书应当充分包含药品不良反应信息，详细注明药品不良反应。药品生产企业未根据药品上市后的安全性、有效性情况及时修改说明书或者未将药品不良反应在说明书中充分说明的，由此引起的不良后果由该生产企业承担。

第十五条　药品说明书核准日期和修改日期应当在说明书中醒目标示。

第三章　药品的标签

第十六条　药品的标签是指药品包装上印有或者贴有的内容，分为内标签和外标签。药品内标签指直接接触药品的包装的标签，外标签指内标签以外的其他包装的标签。

第十七条　药品的内标签应当包含药品通用名称、适应症或者功能主治、规格、用法用量、生产日期、产品批号、有效期、生产企业等内容。

包装尺寸过小无法全部标明上述内容的，至少应当标注药品通用名称、规格、产品批号、有效期等内容。

第十八条　药品外标签应当注明药品通用名称、成份、性状、适应症或者功能主治、规格、用法用量、不良反应、禁忌、注意事项、贮藏、生产日期、产品批号、有效期、批准文号、生产企业等内容。适应症或者功能主治、用法用量、不良反应、禁忌、注意事项不能全部注明的，应当标出主要内容并注明“详见说明书”字样。

第十九条　用于运输、储藏的包装的标签，至少应当注明药品通用名称、规格、贮藏、生产日期、产品批号、有效期、批准文号、生产企业，也可以根据需要注明包装数量、运输注意事项或者其他标记等必要内容。

第二十条　原料药的标签应当注明药品名称、贮藏、生产日期、产品批号、有效期、执行标准、批准文号、生产企业，同时还需注明包装数量以及运输注意事项等必要内容。

第二十一条　同一药品生产企业生产的同一药品，药品规格和包装规格均相同的，其标签的内容、格式及颜色必须一致；药品规格或者包装规格不同的，其标签应当明显区别或者规格项明显标注。

同一药品生产企业生产的同一药品，分别按处方药与非处方药管理的，两者的包装颜色应当明显区别。

第二十二条　对贮藏有特殊要求的药品，应当在标签的醒目位置注明。

第二十三条　药品标签中的有效期应当按照年、月、日的顺序标注，年份用四位数字表示，月、日用两位数表示。其具体标注格式为“有效期至××××年××月”或者“有效期至××××年××月××日”；也可以用数字和其他符号表示为“有效期至××××.××.”或者“有效期至××××/××/××”等。

预防用生物制品有效期的标注按照国家食品药品监督管理局批准的注册标准执行，治疗用生物制品有效期的标注自分装日期计算，其他药品有效期的标注自生产日期计算。

有效期若标注到日，应当为起算日期对应年月日的前一天，若标注到月，应当为起算月份对应年月的前一月。

第四章　药品名称和注册商标的使用

第二十四条　药品说明书和标签中标注的药品名称必须符合国家食品药品监督管理局公布的药品通用名称和商品名称的命名原则，并与药品批准证明文件的相应内容一致。

第二十五条　药品通用名称应当显著、突出，其字体、字号和颜色必须一致，并符合以下要求：

（一）对于横版标签，必须在上三分之

一范围内显著位置标出；对于竖版标签，必须在右三分之一范围内显著位置标出；

（二）不得选用草书、篆书等不易识别的字体，不得使用斜体、中空、阴影等形式对字体进行修饰；

（三）字体颜色应当使用黑色或者白色，与相应的浅色或者深色背景形成强烈反差；

（四）除因包装尺寸的限制而无法同行书写的，不得分行书写。

第二十六条　药品商品名称不得与通用名称同行书写，其字体和颜色不得比通用名称更突出和显著，其字体以单字面积计不得大于通用名称所用字体的二分之一。

第二十七条　药品说明书和标签中禁止使用未经注册的商标以及其他未经国家食品药品监督管理局批准的药品名称。

药品标签使用注册商标的，应当印刷在药品标签的边角，含文字的，其字体以单字面积计不得大于通用名称所用字体的四分之一。

第五章　其他规定

第二十八条　麻醉药品、精神药品、医疗用毒性药品、放射性药品、外用药品和非处方药品等国家规定有专用标识的，其说明书和标签必须印有规定的标识。

国家对药品说明书和标签有特殊规定的，从其规定。

第二十九条　中药材、中药饮片的标签管理规定由国家食品药品监督管理局另行制定。

第三十条　药品说明书和标签不符合本规定的，按照《中华人民共和国药品管理法》的相关规定进行处罚。

第六章　附　　则

第三十一条　本规定自2006年6月1日起施行。国家药品监督管理局于2000年10月15日发布的《药品包装、标签和说明书管理规定（暂行）》同时废止。

中华人民共和国疫苗管理法

（2019年6月29日第十三届全国人民代表大会常务委员会第十一次会议通过，2019年6月29日公布，自2019年12月1日起施行）

第一章　总　　则

第一条　为了加强疫苗管理，保证疫苗质量和供应，规范预防接种，促进疫苗行业发展，保障公众健康，维护公共卫生安全，制定本法。

第二条　在中华人民共和国境内从事疫苗研制、生产、流通和预防接种及其监督管理活动，适用本法。本法未作规定的，适用《中华人民共和国药品管理法》、《中华人民共和国传染病防治法》等法律、行政法规的规定。

本法所称疫苗，是指为预防、控制疾病的发生、流行，用于人体免疫接种的预防性生物制品，包括免疫规划疫苗和非免疫规划疫苗。

第三条　国家对疫苗实行最严格的管理制度，坚持安全第一、风险管理、全程管控、科学监管、社会共治。

第四条　国家坚持疫苗产品的战略性和公益性。

国家支持疫苗基础研究和应用研究，促

进疫苗研制和创新，将预防、控制重大疾病的疫苗研制、生产和储备纳入国家战略。

国家制定疫苗行业发展规划和产业政策，支持疫苗产业发展和结构优化，鼓励疫苗生产规模化、集约化，不断提升疫苗生产工艺和质量水平。

第五条　疫苗上市许可持有人应当加强疫苗全生命周期质量管理，对疫苗的安全性、有效性和质量可控性负责。

从事疫苗研制、生产、流通和预防接种活动的单位和个人，应当遵守法律、法规、规章、标准和规范，保证全过程信息真实、准确、完整和可追溯，依法承担责任，接受社会监督。

第六条　国家实行免疫规划制度。

居住在中国境内的居民，依法享有接种免疫规划疫苗的权利，履行接种免疫规划疫苗的义务。政府免费向居民提供免疫规划疫苗。

县级以上人民政府及其有关部门应当保障适龄儿童接种免疫规划疫苗。监护人应当依法保证适龄儿童按时接种免疫规划疫苗。

第七条　县级以上人民政府应当将疫苗安全工作和预防接种工作纳入本级国民经济和社会发展规划，加强疫苗监督管理能力建设，建立健全疫苗监督管理工作机制。

县级以上地方人民政府对本行政区域疫苗监督管理工作负责，统一领导、组织、协调本行政区域疫苗监督管理工作。

第八条　国务院药品监督管理部门负责全国疫苗监督管理工作。国务院卫生健康主管部门负责全国预防接种监督管理工作。国务院其他有关部门在各自职责范围内负责与疫苗有关的监督管理工作。

省、自治区、直辖市人民政府药品监督管理部门负责本行政区域疫苗监督管理工作。设区的市级、县级人民政府承担药品监督管理职责的部门（以下称药品监督管理部门）负责本行政区域疫苗监督管理工作。县级以上地方人民政府卫生健康主管部门负责本行政区域预防接种监督管理工作。县级以上地方人民政府其他有关部门在各自职责范围内负责与疫苗有关的监督管理工作。

第九条　国务院和省、自治区、直辖市人民政府建立部门协调机制，统筹协调疫苗监督管理有关工作，定期分析疫苗安全形势，加强疫苗监督管理，保障疫苗供应。

第十条　国家实行疫苗全程电子追溯制度。

国务院药品监督管理部门会同国务院卫生健康主管部门制定统一的疫苗追溯标准和规范，建立全国疫苗电子追溯协同平台，整合疫苗生产、流通和预防接种全过程追溯信息，实现疫苗可追溯。

疫苗上市许可持有人应当建立疫苗电子追溯系统，与全国疫苗电子追溯协同平台相衔接，实现生产、流通和预防接种全过程最小包装单位疫苗可追溯、可核查。

疾病预防控制机构、接种单位应当依法如实记录疫苗流通、预防接种等情况，并按照规定向全国疫苗电子追溯协同平台提供追溯信息。

第十一条　疫苗研制、生产、检验等过程中应当建立健全生物安全管理制度，严格控制生物安全风险，加强菌毒株等病原微生物的生物安全管理，保护操作人员和公众的健康，保证菌毒株等病原微生物用途合法、正当。

疫苗研制、生产、检验等使用的菌毒株和细胞株，应当明确历史、生物学特征、代次，建立详细档案，保证来源合法、清晰、可追溯；来源不明的，不得使用。

第十二条　各级人民政府及其有关部门、疾病预防控制机构、接种单位、疫苗上市许可持有人和疫苗行业协会等应当通过全国儿童预防接种日等活动定期开展疫苗安全法律、法规以及预防接种知识等的宣传教育、普及工作。

新闻媒体应当开展疫苗安全法律、法规以及预防接种知识等的公益宣传，并对疫苗违法行为进行舆论监督。有关疫苗的宣传报道应当全面、科学、客观、公正。

第十三条 疫苗行业协会应当加强行业自律，建立健全行业规范，推动行业诚信体系建设，引导和督促会员依法开展生产经营等活动。

第二章 疫苗研制和注册

第十四条 国家根据疾病流行情况、人群免疫状况等因素，制定相关研制规划，安排必要资金，支持多联多价等新型疫苗的研制。

国家组织疫苗上市许可持有人、科研单位、医疗卫生机构联合攻关，研制疾病预防、控制急需的疫苗。

第十五条 国家鼓励疫苗上市许可持有人加大研制和创新资金投入，优化生产工艺，提升质量控制水平，推动疫苗技术进步。

第十六条 开展疫苗临床试验，应当经国务院药品监督管理部门依法批准。

疫苗临床试验应当由符合国务院药品监督管理部门和国务院卫生健康主管部门规定条件的三级医疗机构或者省级以上疾病预防控制机构实施或者组织实施。

国家鼓励符合条件的医疗机构、疾病预防控制机构等依法开展疫苗临床试验。

第十七条 疫苗临床试验申办者应当制定临床试验方案，建立临床试验安全监测与评价制度，审慎选择受试者，合理设置受试者群体和年龄组，并根据风险程度采取有效措施，保护受试者合法权益。

第十八条 开展疫苗临床试验，应当取得受试者的书面知情同意；受试者为无民事行为能力人的，应当取得其监护人的书面知情同意；受试者为限制民事行为能力人的，应当取得本人及其监护人的书面知情同意。

第十九条 在中国境内上市的疫苗应当经国务院药品监督管理部门批准，取得药品注册证书；申请疫苗注册，应当提供真实、充分、可靠的数据、资料和样品。

对疾病预防、控制急需的疫苗和创新疫苗，国务院药品监督管理部门应当予以优先审评审批。

第二十条 应对重大突发公共卫生事件急需的疫苗或者国务院卫生健康主管部门认定急需的其他疫苗，经评估获益大于风险的，国务院药品监督管理部门可以附条件批准疫苗注册申请。

出现特别重大突发公共卫生事件或者其他严重威胁公众健康的紧急事件，国务院卫生健康主管部门根据传染病预防、控制需要提出紧急使用疫苗的建议，经国务院药品监督管理部门组织论证同意后可以在一定范围和期限内紧急使用。

第二十一条 国务院药品监督管理部门在批准疫苗注册申请时，对疫苗的生产工艺、质量控制标准和说明书、标签予以核准。

国务院药品监督管理部门应当在其网站上及时公布疫苗说明书、标签内容。

第三章 疫苗生产和批签发

第二十二条 国家对疫苗生产实行严格准入制度。

从事疫苗生产活动，应当经省级以上人民政府药品监督管理部门批准，取得药品生产许可证。

从事疫苗生产活动，除符合《中华人民共和国药品管理法》规定的从事药品生产活动的条件外，还应当具备下列条件：

（一）具备适度规模和足够的产能储备；

（二）具有保证生物安全的制度和设施、设备；

（三）符合疾病预防、控制需要。

疫苗上市许可持有人应当具备疫苗生产能力；超出疫苗生产能力确需委托生产的，应当经国务院药品监督管理部门批准。接受委托生产的，应当遵守本法规定和国家有关规定，保证疫苗质量。

第二十三条　疫苗上市许可持有人的法定代表人、主要负责人应当具有良好的信用记录，生产管理负责人、质量管理负责人、质量受权人等关键岗位人员应当具有相关专业背景和从业经历。

疫苗上市许可持有人应当加强对前款规定人员的培训和考核，及时将其任职和变更情况向省、自治区、直辖市人民政府药品监督管理部门报告。

第二十四条　疫苗应当按照经核准的生产工艺和质量控制标准进行生产和检验，生产全过程应当符合药品生产质量管理规范的要求。

疫苗上市许可持有人应当按照规定对疫苗生产全过程和疫苗质量进行审核、检验。

第二十五条　疫苗上市许可持有人应当建立完整的生产质量管理体系，持续加强偏差管理，采用信息化手段如实记录生产、检验过程中形成的所有数据，确保生产全过程持续符合法定要求。

第二十六条　国家实行疫苗批签发制度。

每批疫苗销售前或者进口时，应当经国务院药品监督管理部门指定的批签发机构按照相关技术要求进行审核、检验。符合要求的，发给批签发证明；不符合要求的，发给不予批签发通知书。

不予批签发的疫苗不得销售，并应当由省、自治区、直辖市人民政府药品监督管理部门监督销毁；不予批签发的进口疫苗应当由口岸所在地药品监督管理部门监督销毁或者依法进行其他处理。

国务院药品监督管理部门、批签发机构应当及时公布上市疫苗批签发结果，供公众查询。

第二十七条　申请疫苗批签发应当按照规定向批签发机构提供批生产及检验记录摘要等资料和同批号产品等样品。进口疫苗还应当提供原产地证明、批签发证明；在原产地免予批签发的，应当提供免予批签发证明。

第二十八条　预防、控制传染病疫情或者应对突发事件急需的疫苗，经国务院药品监督管理部门批准，免予批签发。

第二十九条　疫苗批签发应当逐批进行资料审核和抽样检验。疫苗批签发检验项目和检验频次应当根据疫苗质量风险评估情况进行动态调整。

对疫苗批签发申请资料或者样品的真实性有疑问，或者存在其他需要进一步核实的情况的，批签发机构应当予以核实，必要时应当采用现场抽样检验等方式组织开展现场核实。

第三十条　批签发机构在批签发过程中发现疫苗存在重大质量风险的，应当及时向国务院药品监督管理部门和省、自治区、直辖市人民政府药品监督管理部门报告。

接到报告的部门应当立即对疫苗上市许可持有人进行现场检查，根据检查结果通知批签发机构对疫苗上市许可持有人的相关产品或者所有产品不予批签发或者暂停批签发，并责令疫苗上市许可持有人整改。疫苗上市许可持有人应当立即整改，并及时将整改情况向责令其整改的部门报告。

第三十一条　对生产工艺偏差、质量差异、生产过程中的故障和事故以及采取的措施，疫苗上市许可持有人应当如实记录，并在相应批产品申请批签发的文件中载明；可能影响疫苗质量的，疫苗上市许可持有人应当立即采取措施，并向省、自治区、直辖市人民政府药品监督管理部门报告。

第四章　疫苗流通

第三十二条　国家免疫规划疫苗由国务院卫生健康主管部门会同国务院财政部门等组织集中招标或者统一谈判，形成并公布中标价格或者成交价格，各省、自治区、直辖市实行统一采购。

国家免疫规划疫苗以外的其他免疫规划

疫苗、非免疫规划疫苗由各省、自治区、直辖市通过省级公共资源交易平台组织采购。

第三十三条 疫苗的价格由疫苗上市许可持有人依法自主合理制定。疫苗的价格水平、差价率、利润率应当保持在合理幅度。

第三十四条 省级疾病预防控制机构应当根据国家免疫规划和本行政区域疾病预防、控制需要，制定本行政区域免疫规划疫苗使用计划，并按照国家有关规定向组织采购疫苗的部门报告，同时报省、自治区、直辖市人民政府卫生健康主管部门备案。

第三十五条 疫苗上市许可持有人应当按照采购合同约定，向疾病预防控制机构供应疫苗。

疾病预防控制机构应当按照规定向接种单位供应疫苗。

疾病预防控制机构以外的单位和个人不得向接种单位供应疫苗，接种单位不得接收该疫苗。

第三十六条 疫苗上市许可持有人应当按照采购合同约定，向疾病预防控制机构或者疾病预防控制机构指定的接种单位配送疫苗。

疫苗上市许可持有人、疾病预防控制机构自行配送疫苗应当具备疫苗冷链储存、运输条件，也可以委托符合条件的疫苗配送单位配送疫苗。

疾病预防控制机构配送非免疫规划疫苗可以收取储存、运输费用，具体办法由国务院财政部门会同国务院价格主管部门制定，收费标准由省、自治区、直辖市人民政府价格主管部门会同财政部门制定。

第三十七条 疾病预防控制机构、接种单位、疫苗上市许可持有人、疫苗配送单位应当遵守疫苗储存、运输管理规范，保证疫苗质量。

疫苗在储存、运输全过程中应当处于规定的温度环境，冷链储存、运输应当符合要求，并定时监测、记录温度。

疫苗储存、运输管理规范由国务院药品监督管理部门、国务院卫生健康主管部门共同制定。

第三十八条 疫苗上市许可持有人在销售疫苗时，应当提供加盖其印章的批签发证明复印件或者电子文件；销售进口疫苗的，还应当提供加盖其印章的进口药品通关单复印件或者电子文件。

疾病预防控制机构、接种单位在接收或者购进疫苗时，应当索取前款规定的证明文件，并保存至疫苗有效期满后不少于五年备查。

第三十九条 疫苗上市许可持有人应当按照规定，建立真实、准确、完整的销售记录，并保存至疫苗有效期满后不少于五年备查。

疾病预防控制机构、接种单位、疫苗配送单位应当按照规定，建立真实、准确、完整的接收、购进、储存、配送、供应记录，并保存至疫苗有效期满后不少于五年备查。

疾病预防控制机构、接种单位接收或者购进疫苗时，应当索取本次运输、储存全过程温度监测记录，并保存至疫苗有效期满后不少于五年备查；对不能提供本次运输、储存全过程温度监测记录或者温度控制不符合要求的，不得接收或者购进，并应当立即向县级以上地方人民政府药品监督管理部门、卫生健康主管部门报告。

第四十条 疾病预防控制机构、接种单位应当建立疫苗定期检查制度，对存在包装无法识别、储存温度不符合要求、超过有效期等问题的疫苗，采取隔离存放、设置警示标志等措施，并按照国务院药品监督管理部门、卫生健康主管部门、生态环境主管部门的规定处置。疾病预防控制机构、接种单位应当如实记录处置情况，处置记录应当保存至疫苗有效期满后不少于五年备查。

第五章 预防接种

第四十一条 国务院卫生健康主管部门

制定国家免疫规划；国家免疫规划疫苗种类由国务院卫生健康主管部门会同国务院财政部门拟订，报国务院批准后公布。

国务院卫生健康主管部门建立国家免疫规划专家咨询委员会，并会同国务院财政部门建立国家免疫规划疫苗种类动态调整机制。

省、自治区、直辖市人民政府在执行国家免疫规划时，可以根据本行政区域疾病预防、控制需要，增加免疫规划疫苗种类，报国务院卫生健康主管部门备案并公布。

第四十二条　国务院卫生健康主管部门应当制定、公布预防接种工作规范，强化预防接种规范化管理。

国务院卫生健康主管部门应当制定、公布国家免疫规划疫苗的免疫程序和非免疫规划疫苗的使用指导原则。

省、自治区、直辖市人民政府卫生健康主管部门应当结合本行政区域实际情况制定接种方案，并报国务院卫生健康主管部门备案。

第四十三条　各级疾病预防控制机构应当按照各自职责，开展与预防接种相关的宣传、培训、技术指导、监测、评价、流行病学调查、应急处置等工作。

第四十四条　接种单位应当具备下列条件：

（一）取得医疗机构执业许可证；

（二）具有经过县级人民政府卫生健康主管部门组织的预防接种专业培训并考核合格的医师、护士或者乡村医生；

（三）具有符合疫苗储存、运输管理规范的冷藏设施、设备和冷藏保管制度。

县级以上地方人民政府卫生健康主管部门指定符合条件的医疗机构承担责任区域内免疫规划疫苗接种工作。符合条件的医疗机构可以承担非免疫规划疫苗接种工作，并应当报颁发其医疗机构执业许可证的卫生健康主管部门备案。

接种单位应当加强内部管理，开展预防接种工作应当遵守预防接种工作规范、免疫程序、疫苗使用指导原则和接种方案。

各级疾病预防控制机构应当加强对接种单位预防接种工作的技术指导和疫苗使用的管理。

第四十五条　医疗卫生人员实施接种，应当告知受种者或者其监护人所接种疫苗的品种、作用、禁忌、不良反应以及现场留观等注意事项，询问受种者的健康状况以及是否有接种禁忌等情况，并如实记录告知和询问情况。受种者或者其监护人应当如实提供受种者的健康状况和接种禁忌等情况。有接种禁忌不能接种的，医疗卫生人员应当向受种者或者其监护人提出医学建议，并如实记录提出医学建议情况。

医疗卫生人员在实施接种前，应当按照预防接种工作规范的要求，检查受种者健康状况、核查接种禁忌，查对预防接种证，检查疫苗、注射器的外观、批号、有效期，核对受种者的姓名、年龄和疫苗的品名、规格、剂量、接种部位、接种途径，做到受种者、预防接种证和疫苗信息相一致，确认无误后方可实施接种。

医疗卫生人员应当对符合接种条件的受种者实施接种。受种者在现场留观期间出现不良反应的，医疗卫生人员应当按照预防接种工作规范的要求，及时采取救治等措施。

第四十六条　医疗卫生人员应当按照国务院卫生健康主管部门的规定，真实、准确、完整记录疫苗的品种、上市许可持有人、最小包装单位的识别信息、有效期、接种时间、实施接种的医疗卫生人员、受种者等接种信息，确保接种信息可追溯、可查询。接种记录应当保存至疫苗有效期满后不少于五年备查。

第四十七条　国家对儿童实行预防接种证制度。在儿童出生后一个月内，其监护人应当到儿童居住地承担预防接种工作的接种单位或者出生医院为其办理预防接种证。接种单位或者出生医院不得拒绝办理。监护人应当妥善保管预防接种证。

预防接种实行居住地管理，儿童离开原居住地期间，由现居住地承担预防接种工作的接种单位负责对其实施接种。

预防接种证的格式由国务院卫生健康主管部门规定。

第四十八条 儿童入托、入学时，托幼机构、学校应当查验预防接种证，发现未按照规定接种免疫规划疫苗的，应当向儿童居住地或者托幼机构、学校所在地承担预防接种工作的接种单位报告，并配合接种单位督促其监护人按照规定补种。疾病预防控制机构应当为托幼机构、学校查验预防接种证等提供技术指导。

儿童入托、入学预防接种证查验办法由国务院卫生健康主管部门会同国务院教育行政部门制定。

第四十九条 接种单位接种免疫规划疫苗不得收取任何费用。

接种单位接种非免疫规划疫苗，除收取疫苗费用外，还可以收取接种服务费。接种服务费的收费标准由省、自治区、直辖市人民政府价格主管部门会同财政部门制定。

第五十条 县级以上地方人民政府卫生健康主管部门根据传染病监测和预警信息，为预防、控制传染病暴发、流行，报经本级人民政府决定，并报省级以上人民政府卫生健康主管部门备案，可以在本行政区域进行群体性预防接种。

需要在全国范围或者跨省、自治区、直辖市范围内进行群体性预防接种的，应当由国务院卫生健康主管部门决定。

作出群体性预防接种决定的县级以上地方人民政府或者国务院卫生健康主管部门应当组织有关部门做好人员培训、宣传教育、物资调用等工作。

任何单位和个人不得擅自进行群体性预防接种。

第五十一条 传染病暴发、流行时，县级以上地方人民政府或者其卫生健康主管部门需要采取应急接种措施的，依照法律、行政法规的规定执行。

第六章 异常反应监测和处理

第五十二条 预防接种异常反应，是指合格的疫苗在实施规范接种过程中或者实施规范接种后造成受种者机体组织器官、功能损害，相关各方均无过错的药品不良反应。

下列情形不属于预防接种异常反应：

（一）因疫苗本身特性引起的接种后一般反应；

（二）因疫苗质量问题给受种者造成的损害；

（三）因接种单位违反预防接种工作规范、免疫程序、疫苗使用指导原则、接种方案给受种者造成的损害；

（四）受种者在接种时正处于某种疾病的潜伏期或者前驱期，接种后偶合发病；

（五）受种者有疫苗说明书规定的接种禁忌，在接种前受种者或者其监护人未如实提供受种者的健康状况和接种禁忌等情况，接种后受种者原有疾病急性复发或者病情加重；

（六）因心理因素发生的个体或者群体的心因性反应。

第五十三条 国家加强预防接种异常反应监测。预防接种异常反应监测方案由国务院卫生健康主管部门会同国务院药品监督管理部门制定。

第五十四条 接种单位、医疗机构等发现疑似预防接种异常反应的，应当按照规定向疾病预防控制机构报告。

疫苗上市许可持有人应当设立专门机构，配备专职人员，主动收集、跟踪分析疑似预防接种异常反应，及时采取风险控制措施，将疑似预防接种异常反应向疾病预防控制机构报告，将质量分析报告提交省、自治区、直辖市人民政府药品监督管理部门。

第五十五条 对疑似预防接种异常反应，疾病预防控制机构应当按照规定及时报告，组织调查、诊断，并将调查、诊断结论告知受种者或者其监护人。对调查、诊断结论有争议的，可以根据国务院卫生健康主管部门制定的鉴定办法申请鉴定。

因预防接种导致受种者死亡、严重残疾，或者群体性疑似预防接种异常反应等对社会有重大影响的疑似预防接种异常反应，由设区的市级以上人民政府卫生健康主管部门、药品监督管理部门按照各自职责组织调查、处理。

第五十六条　国家实行预防接种异常反应补偿制度。实施接种过程中或者实施接种后出现受种者死亡、严重残疾、器官组织损伤等损害，属于预防接种异常反应或者不能排除的，应当给予补偿。补偿范围实行目录管理，并根据实际情况进行动态调整。

接种免疫规划疫苗所需的补偿费用，由省、自治区、直辖市人民政府财政部门在预防接种经费中安排；接种非免疫规划疫苗所需的补偿费用，由相关疫苗上市许可持有人承担。国家鼓励通过商业保险等多种形式对预防接种异常反应受种者予以补偿。

预防接种异常反应补偿应当及时、便民、合理。预防接种异常反应补偿范围、标准、程序由国务院规定，省、自治区、直辖市制定具体实施办法。

第七章　疫苗上市后管理

第五十七条　疫苗上市许可持有人应当建立健全疫苗全生命周期质量管理体系，制定并实施疫苗上市后风险管理计划，开展疫苗上市后研究，对疫苗的安全性、有效性和质量可控性进行进一步确证。

对批准疫苗注册申请时提出进一步研究要求的疫苗，疫苗上市许可持有人应当在规定期限内完成研究；逾期未完成研究或者不能证明其获益大于风险的，国务院药品监督管理部门应当依法处理，直至注销该疫苗的药品注册证书。

第五十八条　疫苗上市许可持有人应当对疫苗进行质量跟踪分析，持续提升质量控制标准，改进生产工艺，提高生产工艺稳定性。

生产工艺、生产场地、关键设备等发生变更的，应当进行评估、验证，按照国务院药品监督管理部门有关变更管理的规定备案或者报告；变更可能影响疫苗安全性、有效性和质量可控性的，应当经国务院药品监督管理部门批准。

第五十九条　疫苗上市许可持有人应当根据疫苗上市后研究、预防接种异常反应等情况持续更新说明书、标签，并按照规定申请核准或者备案。

国务院药品监督管理部门应当在其网站上及时公布更新后的疫苗说明书、标签内容。

第六十条　疫苗上市许可持有人应当建立疫苗质量回顾分析和风险报告制度，每年将疫苗生产流通、上市后研究、风险管理等情况按照规定如实向国务院药品监督管理部门报告。

第六十一条　国务院药品监督管理部门可以根据实际情况，责令疫苗上市许可持有人开展上市后评价或者直接组织开展上市后评价。

对预防接种异常反应严重或者其他原因危害人体健康的疫苗，国务院药品监督管理部门应当注销该疫苗的药品注册证书。

第六十二条　国务院药品监督管理部门可以根据疾病预防、控制需要和疫苗行业发展情况，组织对疫苗品种开展上市后评价，发现该疫苗品种的产品设计、生产工艺、安全性、有效性或者质量可控性明显劣于预防、控制同种疾病的其他疫苗品种的，应当注销该品种所有疫苗的药品注册证书并废止相应的国家药品标准。

第八章　保障措施

第六十三条　县级以上人民政府应当将

疫苗安全工作、购买免疫规划疫苗和预防接种工作以及信息化建设等所需经费纳入本级政府预算，保证免疫规划制度的实施。

县级人民政府按照国家有关规定对从事预防接种工作的乡村医生和其他基层医疗卫生人员给予补助。

国家根据需要对经济欠发达地区的预防接种工作给予支持。省、自治区、直辖市人民政府和设区的市级人民政府应当对经济欠发达地区的县级人民政府开展与预防接种相关的工作给予必要的经费补助。

第六十四条　省、自治区、直辖市人民政府根据本行政区域传染病流行趋势，在国务院卫生健康主管部门确定的传染病预防、控制项目范围内，确定本行政区域与预防接种相关的项目，并保证项目的实施。

第六十五条　国务院卫生健康主管部门根据各省、自治区、直辖市国家免疫规划疫苗使用计划，向疫苗上市许可持有人提供国家免疫规划疫苗需求信息，疫苗上市许可持有人根据疫苗需求信息合理安排生产。

疫苗存在供应短缺风险时，国务院卫生健康主管部门、国务院药品监督管理部门提出建议，国务院工业和信息化主管部门、国务院财政部门应当采取有效措施，保障疫苗生产、供应。

疫苗上市许可持有人应当依法组织生产，保障疫苗供应；疫苗上市许可持有人停止疫苗生产的，应当及时向国务院药品监督管理部门或者省、自治区、直辖市人民政府药品监督管理部门报告。

第六十六条　国家将疫苗纳入战略物资储备，实行中央和省级两级储备。

国务院工业和信息化主管部门、财政部门会同国务院卫生健康主管部门、公安部门、市场监督管理部门和药品监督管理部门，根据疾病预防、控制和公共卫生应急准备的需要，加强储备疫苗的产能、产品管理，建立动态调整机制。

第六十七条　各级财政安排用于预防接种的经费应当专款专用，任何单位和个人不得挪用、挤占。

有关单位和个人使用预防接种的经费应当依法接受审计机关的审计监督。

第六十八条　国家实行疫苗责任强制保险制度。

疫苗上市许可持有人应当按照规定投保疫苗责任强制保险。因疫苗质量问题造成受种者损害的，保险公司在承保的责任限额内予以赔付。

疫苗责任强制保险制度的具体实施办法，由国务院药品监督管理部门会同国务院卫生健康主管部门、保险监督管理机构等制定。

第六十九条　传染病暴发、流行时，相关疫苗上市许可持有人应当及时生产和供应预防、控制传染病的疫苗。交通运输单位应当优先运输预防、控制传染病的疫苗。县级以上人民政府及其有关部门应当做好组织、协调、保障工作。

第九章　监督管理

第七十条　药品监督管理部门、卫生健康主管部门按照各自职责对疫苗研制、生产、流通和预防接种全过程进行监督管理，监督疫苗上市许可持有人、疾病预防控制机构、接种单位等依法履行义务。

药品监督管理部门依法对疫苗研制、生产、储存、运输以及预防接种中的疫苗质量进行监督检查。卫生健康主管部门依法对免疫规划制度的实施、预防接种活动进行监督检查。

药品监督管理部门应当加强对疫苗上市许可持有人的现场检查；必要时，可以对为疫苗研制、生产、流通等活动提供产品或者服务的单位和个人进行延伸检查；有关单位和个人应当予以配合，不得拒绝和隐瞒。

第七十一条　国家建设中央和省级两级职业化、专业化药品检查员队伍，加强对疫苗的监督检查。

省、自治区、直辖市人民政府药品监督管理部门选派检查员入驻疫苗上市许可持有人。检查员负责监督检查药品生产质量管理规范执行情况，收集疫苗质量风险和违法违规线索，向省、自治区、直辖市人民政府药品监督管理部门报告情况并提出建议，对派驻期间的行为负责。

第七十二条　疫苗质量管理存在安全隐患，疫苗上市许可持有人等未及时采取措施消除的，药品监督管理部门可以采取责任约谈、限期整改等措施。

严重违反药品相关质量管理规范的，药品监督管理部门应当责令暂停疫苗生产、销售、配送，立即整改；整改完成后，经药品监督管理部门检查符合要求的，方可恢复生产、销售、配送。

药品监督管理部门应当建立疫苗上市许可持有人及其相关人员信用记录制度，纳入全国信用信息共享平台，按照规定公示其严重失信信息，实施联合惩戒。

第七十三条　疫苗存在或者疑似存在质量问题的，疫苗上市许可持有人、疾病预防控制机构、接种单位应当立即停止销售、配送、使用，必要时立即停止生产，按照规定向县级以上人民政府药品监督管理部门、卫生健康主管部门报告。卫生健康主管部门应当立即组织疾病预防控制机构和接种单位采取必要的应急处置措施，同时向上级人民政府卫生健康主管部门报告。药品监督管理部门应当依法采取查封、扣押等措施。对已经销售的疫苗，疫苗上市许可持有人应当及时通知相关疾病预防控制机构、疫苗配送单位、接种单位，按照规定召回，如实记录召回和通知情况，疾病预防控制机构、疫苗配送单位、接种单位应当予以配合。

未依照前款规定停止生产、销售、配送、使用或者召回疫苗的，县级以上人民政府药品监督管理部门、卫生健康主管部门应当按照各自职责责令停止生产、销售、配送、使用或者召回疫苗。

疫苗上市许可持有人、疾病预防控制机构、接种单位发现存在或者疑似存在质量问题的疫苗，不得瞒报、谎报、缓报、漏报，不得隐匿、伪造、毁灭有关证据。

第七十四条　疫苗上市许可持有人应当建立信息公开制度，按照规定在其网站上及时公开疫苗产品信息、说明书和标签、药品相关质量管理规范执行情况、批签发情况、召回情况、接受检查和处罚情况以及投保疫苗责任强制保险情况等信息。

第七十五条　国务院药品监督管理部门会同国务院卫生健康主管部门等建立疫苗质量、预防接种等信息共享机制。

省级以上人民政府药品监督管理部门、卫生健康主管部门等应当按照科学、客观、及时、公开的原则，组织疫苗上市许可持有人、疾病预防控制机构、接种单位、新闻媒体、科研单位等，就疫苗质量和预防接种等信息进行交流沟通。

第七十六条　国家实行疫苗安全信息统一公布制度。

疫苗安全风险警示信息、重大疫苗安全事故及其调查处理信息和国务院确定需要统一公布的其他疫苗安全信息，由国务院药品监督管理部门会同有关部门公布。全国预防接种异常反应报告情况，由国务院卫生健康主管部门会同国务院药品监督管理部门统一公布。未经授权不得发布上述信息。公布重大疫苗安全信息，应当及时、准确、全面，并按照规定进行科学评估，作出必要的解释说明。

县级以上人民政府药品监督管理部门发现可能误导公众和社会舆论的疫苗安全信息，应当立即会同卫生健康主管部门及其他有关部门、专业机构、相关疫苗上市许可持有人等进行核实、分析，并及时公布结果。

任何单位和个人不得编造、散布虚假疫苗安全信息。

第七十七条　任何单位和个人有权依法了解疫苗信息，对疫苗监督管理工作提出意见、建议。

任何单位和个人有权向卫生健康主管部门、药品监督管理部门等部门举报疫苗违法行为，对卫生健康主管部门、药品监督管理部门等部门及其工作人员未依法履行监督管理职责的情况有权向本级或者上级人民政府及其有关部门、监察机关举报。有关部门、机关应当及时核实、处理；对查证属实的举报，按照规定给予举报人奖励；举报人举报所在单位严重违法行为，查证属实的，给予重奖。

第七十八条　县级以上人民政府应当制定疫苗安全事件应急预案，对疫苗安全事件分级、处置组织指挥体系与职责、预防预警机制、处置程序、应急保障措施等作出规定。

疫苗上市许可持有人应当制定疫苗安全事件处置方案，定期检查各项防范措施的落实情况，及时消除安全隐患。

发生疫苗安全事件，疫苗上市许可持有人应当立即向国务院药品监督管理部门或者省、自治区、直辖市人民政府药品监督管理部门报告；疾病预防控制机构、接种单位、医疗机构应当立即向县级以上人民政府卫生健康主管部门、药品监督管理部门报告。药品监督管理部门应当会同卫生健康主管部门按照应急预案的规定，成立疫苗安全事件处置指挥机构，开展医疗救治、风险控制、调查处理、信息发布、解释说明等工作，做好补种等善后处置工作。因质量问题造成的疫苗安全事件的补种费用由疫苗上市许可持有人承担。

有关单位和个人不得瞒报、谎报、缓报、漏报疫苗安全事件，不得隐匿、伪造、毁灭有关证据。

第十章　法律责任

第七十九条　违反本法规定，构成犯罪的，依法从重追究刑事责任。

第八十条　生产、销售的疫苗属于假药的，由省级以上人民政府药品监督管理部门没收违法所得和违法生产、销售的疫苗以及专门用于违法生产疫苗的原料、辅料、包装材料、设备等物品，责令停产停业整顿，吊销药品注册证书，直至吊销药品生产许可证等，并处违法生产、销售疫苗货值金额十五倍以上五十倍以下的罚款，货值金额不足五十万元的，按五十万元计算。

生产、销售的疫苗属于劣药的，由省级以上人民政府药品监督管理部门没收违法所得和违法生产、销售的疫苗以及专门用于违法生产疫苗的原料、辅料、包装材料、设备等物品，责令停产停业整顿，并处违法生产、销售疫苗货值金额十倍以上三十倍以下的罚款，货值金额不足五十万元的，按五十万元计算；情节严重的，吊销药品注册证书，直至吊销药品生产许可证等。

生产、销售的疫苗属于假药，或者生产、销售的疫苗属于劣药且情节严重的，由省级以上人民政府药品监督管理部门对法定代表人、主要负责人、直接负责的主管人员和关键岗位人员以及其他责任人员，没收违法行为发生期间自本单位所获收入，并处所获收入一倍以上十倍以下的罚款，终身禁止从事药品生产经营活动，由公安机关处五日以上十五日以下拘留。

第八十一条　有下列情形之一的，由省级以上人民政府药品监督管理部门没收违法所得和违法生产、销售的疫苗以及专门用于违法生产疫苗的原料、辅料、包装材料、设备等物品，责令停产停业整顿，并处违法生产、销售疫苗货值金额十五倍以上五十倍以下的罚款，货值金额不足五十万元的，按五十万元计算；情节严重的，吊销药品相关批准证明文件，直至吊销药品生产许可证等，对法定代表人、主要负责人、直接负责的主管人员和关键岗位人员以及其他责任人员，没收违法行为发生期间自本单位所获收入，并处所获收入百分之五十以上十倍以下的罚款，十年内直至终身禁止从事药品生产经营活动，由公安机关处五日以上十五日以下拘留：

（一）申请疫苗临床试验、注册、批签发提供虚假数据、资料、样品或者有其他欺骗行为；

（二）编造生产、检验记录或者更改产品批号；

（三）疾病预防控制机构以外的单位或者个人向接种单位供应疫苗；

（四）委托生产疫苗未经批准；

（五）生产工艺、生产场地、关键设备等发生变更按照规定应当经批准而未经批准；

（六）更新疫苗说明书、标签按照规定应当经核准而未经核准。

第八十二条　除本法另有规定的情形外，疫苗上市许可持有人或者其他单位违反药品相关质量管理规范的，由县级以上人民政府药品监督管理部门责令改正，给予警告；拒不改正的，处二十万元以上五十万元以下的罚款；情节严重的，处五十万元以上三百万元以下的罚款，责令停产停业整顿，直至吊销药品相关批准证明文件、药品生产许可证等，对法定代表人、主要负责人、直接负责的主管人员和关键岗位人员以及其他责任人员，没收违法行为发生期间自本单位所获收入，并处所获收入百分之五十以上五倍以下的罚款，十年内直至终身禁止从事药品生产经营活动。

第八十三条　违反本法规定，疫苗上市许可持有人有下列情形之一的，由省级以上人民政府药品监督管理部门责令改正，给予警告；拒不改正的，处二十万元以上五十万元以下的罚款；情节严重的，责令停产停业整顿，并处五十万元以上二百万元以下的罚款：

（一）未按照规定建立疫苗电子追溯系统；

（二）法定代表人、主要负责人和生产管理负责人、质量管理负责人、质量受权人等关键岗位人员不符合规定条件或者未按照规定对其进行培训、考核；

（三）未按照规定报告或者备案；

（四）未按照规定开展上市后研究，或者未按照规定设立机构、配备人员主动收集、跟踪分析疑似预防接种异常反应；

（五）未按照规定投保疫苗责任强制保险；

（六）未按照规定建立信息公开制度。

第八十四条　违反本法规定，批签发机构有下列情形之一的，由国务院药品监督管理部门责令改正，给予警告，对主要负责人、直接负责的主管人员和其他直接责任人员依法给予警告直至降级处分：

（一）未按照规定进行审核和检验；

（二）未及时公布上市疫苗批签发结果；

（三）未按照规定进行核实；

（四）发现疫苗存在重大质量风险未按照规定报告。

违反本法规定，批签发机构未按照规定发给批签发证明或者不予批签发通知书的，由国务院药品监督管理部门责令改正，给予警告，对主要负责人、直接负责的主管人员和其他直接责任人员依法给予降级或者撤职处分；情节严重的，对主要负责人、直接负责的主管人员和其他直接责任人员依法给予开除处分。

第八十五条　疾病预防控制机构、接种单位、疫苗上市许可持有人、疫苗配送单位违反疫苗储存、运输管理规范有关冷链储存、运输要求的，由县级以上人民政府药品监督管理部门责令改正，给予警告，对违法储存、运输的疫苗予以销毁，没收违法所得；拒不改正的，对接种单位、疫苗上市许可持有人、疫苗配送单位处二十万元以上一百万元以下的罚款；情节严重的，对接种单位、疫苗上市许可持有人、疫苗配送单位处违法储存、运输疫苗货值金额十倍以上三十倍以下的罚款，货值金额不足十万元的，按十万元计算，责令疫苗上市许可持有人、疫苗配送单位停产停业整顿，直至吊销药品相关批准证明文件、药品生产许可证等，对疫苗上市许可持有人、疫苗配送单位的法定代表人、主要负责人、直接负责的主管人员和关键岗位人员以及其他责任人员依照本法第八十二条规定给予处罚。

疾病预防控制机构、接种单位有前款规定违法行为的，由县级以上人民政府卫生健康主管部门对主要负责人、直接负责的主管人员和其他直接责任人员依法给予警告直至撤职处分，责令负有责任的医疗卫生人员暂停一年以上十八个月以下执业活动；造成严重后果的，对主要负责人、直接负责的主管人员和其他直接责任人员依法给予开除处分，并可以吊销接种单位的接种资格，由原发证部门吊销负有责任的医疗卫生人员的执业证书。

第八十六条 疾病预防控制机构、接种单位、疫苗上市许可持有人、疫苗配送单位有本法第八十五条规定以外的违反疫苗储存、运输管理规范行为的，由县级以上人民政府药品监督管理部门责令改正，给予警告，没收违法所得；拒不改正的，对接种单位、疫苗上市许可持有人、疫苗配送单位处十万元以上三十万元以下的罚款；情节严重的，对接种单位、疫苗上市许可持有人、疫苗配送单位处违法储存、运输疫苗货值金额三倍以上十倍以下的罚款，货值金额不足十万元的，按十万元计算。

疾病预防控制机构、接种单位有前款规定违法行为的，县级以上人民政府卫生健康主管部门可以对主要负责人、直接负责的主管人员和其他直接责任人员依法给予警告直至撤职处分，责令负有责任的医疗卫生人员暂停六个月以上一年以下执业活动；造成严重后果的，对主要负责人、直接负责的主管人员和其他直接责任人员依法给予开除处分，由原发证部门吊销负有责任的医疗卫生人员的执业证书。

第八十七条 违反本法规定，疾病预防控制机构、接种单位有下列情形之一的，由县级以上人民政府卫生健康主管部门责令改正，给予警告，没收违法所得；情节严重的，对主要负责人、直接负责的主管人员和其他直接责任人员依法给予警告直至撤职处分，责令负有责任的医疗卫生人员暂停一年以上十八个月以下执业活动；造成严重后果的，对主要负责人、直接负责的主管人员和其他直接责任人员依法给予开除处分，由原发证部门吊销负有责任的医疗卫生人员的执业证书：

（一）未按照规定供应、接收、采购疫苗；

（二）接种疫苗未遵守预防接种工作规范、免疫程序、疫苗使用指导原则、接种方案；

（三）擅自进行群体性预防接种。

第八十八条 违反本法规定，疾病预防控制机构、接种单位有下列情形之一的，由县级以上人民政府卫生健康主管部门责令改正，给予警告；情节严重的，对主要负责人、直接负责的主管人员和其他直接责任人员依法给予警告直至撤职处分，责令负有责任的医疗卫生人员暂停六个月以上一年以下执业活动；造成严重后果的，对主要负责人、直接负责的主管人员和其他直接责任人员依法给予开除处分，由原发证部门吊销负有责任的医疗卫生人员的执业证书：

（一）未按照规定提供追溯信息；

（二）接收或者购进疫苗时未按照规定索取并保存相关证明文件、温度监测记录；

（三）未按照规定建立并保存疫苗接收、购进、储存、配送、供应、接种、处置记录；

（四）未按照规定告知、询问受种者或者其监护人有关情况。

第八十九条 疾病预防控制机构、接种单位、医疗机构未按照规定报告疑似预防接种异常反应、疫苗安全事件等，或者未按照规定对疑似预防接种异常反应组织调查、诊断等的，由县级以上人民政府卫生健康主管部门责令改正，给予警告；情节严重的，对接种单位、医疗机构处五万元以上五十万元以下的罚款，对疾病预防控制机构、接种单位、医疗机构的主要负责人、直接负责的主管人员和其他直接责任人员依法给予警告直至撤职处分；造成严重后果的，对主要负责人、直接负责的主管人员和其他直接责任人员依法给予开除处分，由原发证部门吊销负有责任的医疗卫生人员的执业证书。

第九十条　疾病预防控制机构、接种单位违反本法规定收取费用的，由县级以上人民政府卫生健康主管部门监督其将违法收取的费用退还给原缴费的单位或者个人，并由县级以上人民政府市场监督管理部门依法给予处罚。

第九十一条　违反本法规定，未经县级以上地方人民政府卫生健康主管部门指定擅自从事免疫规划疫苗接种工作、从事非免疫规划疫苗接种工作不符合条件或者未备案的，由县级以上人民政府卫生健康主管部门责令改正，给予警告，没收违法所得和违法持有的疫苗，责令停业整顿，并处十万元以上一百万元以下的罚款，对主要负责人、直接负责的主管人员和其他直接责任人员依法给予处分。

违反本法规定，疾病预防控制机构、接种单位以外的单位或者个人擅自进行群体性预防接种的，由县级以上人民政府卫生健康主管部门责令改正，没收违法所得和违法持有的疫苗，并处违法持有的疫苗货值金额十倍以上三十倍以下的罚款，货值金额不足五万元的，按五万元计算。

第九十二条　监护人未依法保证适龄儿童按时接种免疫规划疫苗的，由县级人民政府卫生健康主管部门批评教育，责令改正。

托幼机构、学校在儿童入托、入学时未按照规定查验预防接种证，或者发现未按照规定接种的儿童后未向接种单位报告的，由县级以上地方人民政府教育行政部门责令改正，给予警告，对主要负责人、直接负责的主管人员和其他直接责任人员依法给予处分。

第九十三条　编造、散布虚假疫苗安全信息，或者在接种单位寻衅滋事，构成违反治安管理行为的，由公安机关依法给予治安管理处罚。

报纸、期刊、广播、电视、互联网站等传播媒介编造、散布虚假疫苗安全信息的，由有关部门依法给予处罚，对主要负责人、直接负责的主管人员和其他直接责任人员依法给予处分。

第九十四条　县级以上地方人民政府在疫苗监督管理工作中有下列情形之一的，对直接负责的主管人员和其他直接责任人员依法给予降级或者撤职处分；情节严重的，依法给予开除处分；造成严重后果的，其主要负责人应当引咎辞职：

（一）履行职责不力，造成严重不良影响或者重大损失；

（二）瞒报、谎报、缓报、漏报疫苗安全事件；

（三）干扰、阻碍对疫苗违法行为或者疫苗安全事件的调查；

（四）本行政区域发生特别重大疫苗安全事故，或者连续发生重大疫苗安全事故。

第九十五条　药品监督管理部门、卫生健康主管部门等部门在疫苗监督管理工作中有下列情形之一的，对直接负责的主管人员和其他直接责任人员依法给予降级或者撤职处分；情节严重的，依法给予开除处分；造成严重后果的，其主要负责人应当引咎辞职：

（一）未履行监督检查职责，或者发现违法行为不及时查处；

（二）擅自进行群体性预防接种；

（三）瞒报、谎报、缓报、漏报疫苗安全事件；

（四）干扰、阻碍对疫苗违法行为或者疫苗安全事件的调查；

（五）泄露举报人的信息；

（六）接到疑似预防接种异常反应相关报告，未按照规定组织调查、处理；

（七）其他未履行疫苗监督管理职责的行为，造成严重不良影响或者重大损失。

第九十六条 因疫苗质量问题造成受种者损害的，疫苗上市许可持有人应当依法承担赔偿责任。

疾病预防控制机构、接种单位因违反预防接种工作规范、免疫程序、疫苗使用指导原则、接种方案，造成受种者损害的，应当依法承担赔偿责任。

第十一章 附 则

第九十七条 本法下列用语的含义是：

免疫规划疫苗，是指居民应当按照政府的规定接种的疫苗，包括国家免疫规划确定的疫苗，省、自治区、直辖市人民政府在执行国家免疫规划时增加的疫苗，以及县级以上人民政府或者其卫生健康主管部门组织的应急接种或者群体性预防接种所使用的疫苗。

非免疫规划疫苗，是指由居民自愿接种的其他疫苗。

疫苗上市许可持有人，是指依法取得疫苗药品注册证书和药品生产许可证的企业。

第九十八条 国家鼓励疫苗生产企业按照国际采购要求生产、出口疫苗。

出口的疫苗应当符合进口国（地区）的标准或者合同要求。

第九十九条 出入境预防接种及所需疫苗的采购，由国境卫生检疫机关商国务院财政部门另行规定。

第一百条 本法自2019年12月1日起施行。

化妆品监督管理条例

（2020年1月3日国务院第77次常务会议通过，2020年6月16日公布，自2021年1月1日起施行）

第一章 总 则

第一条 为了规范化妆品生产经营活动，加强化妆品监督管理，保证化妆品质量安全，保障消费者健康，促进化妆品产业健康发展，制定本条例。

第二条 在中华人民共和国境内从事化妆品生产经营活动及其监督管理，应当遵守本条例。

第三条 本条例所称化妆品，是指以涂擦、喷洒或者其他类似方法，施用于皮肤、毛发、指甲、口唇等人体表面，以清洁、保护、美化、修饰为目的的日用化学工业产品。

第四条 国家按照风险程度对化妆品、化妆品原料实行分类管理。

化妆品分为特殊化妆品和普通化妆品。国家对特殊化妆品实行注册管理，对普通化妆品实行备案管理。

化妆品原料分为新原料和已使用的原料。国家对风险程度较高的化妆品新原料实行注册管理，对其他化妆品新原料实行备案管理。

第五条 国务院药品监督管理部门负责全国化妆品监督管理工作。国务院有关部门在各自职责范围内负责与化妆品有关的监督管理工作。

县级以上地方人民政府负责药品监督管理的部门负责本行政区域的化妆品监督管理工作。县级以上地方人民政府有关部门在各自职责范围内负责与化妆品有关的监督管理工作。

第六条 化妆品注册人、备案人对化妆品的质量安全和功效宣称负责。

化妆品生产经营者应当依照法律、法规、强制性国家标准、技术规范从事生产经营活动，加强管理，诚信自律，保证化妆品质量安全。

第七条 化妆品行业协会应当加强行业自律，督促引导化妆品生产经营者依法从事生产经营活动，推动行业诚信建设。

第八条 消费者协会和其他消费者组织对违反本条例规定损害消费者合法权益的行为，依法进行社会监督。

第九条 国家鼓励和支持开展化妆品研究、创新，满足消费者需求，推进化妆品品牌建设，发挥品牌引领作用。国家保护单位和个人开展化妆品研究、创新的合法权益。

国家鼓励和支持化妆品生产经营者采用先进技术和先进管理规范，提高化妆品质量安全水平；鼓励和支持运用现代科学技术，结合我国传统优势项目和特色植物资源研究开发化妆品。

第十条 国家加强化妆品监督管理信息化建设，提高在线政务服务水平，为办理化妆品行政许可、备案提供便利，推进监督管理信息共享。

第二章 原料与产品

第十一条 在我国境内首次使用于化妆品的天然或者人工原料为化妆品新原料。具有防腐、防晒、着色、染发、祛斑美白功能的化妆品新原料，经国务院药品监督管理部门注册后方可使用；其他化妆品新原料应当在使用前向国务院药品监督管理部门备案。国务院药品监督管理部门可以根据科学研究的发展，调整实行注册管理的化妆品新原料的范围，经国务院批准后实施。

第十二条 申请化妆品新原料注册或者进行化妆品新原料备案，应当提交下列资料：

（一）注册申请人、备案人的名称、地址、联系方式；

（二）新原料研制报告；

（三）新原料的制备工艺、稳定性及其质量控制标准等研究资料；

（四）新原料安全评估资料。

注册申请人、备案人应当对所提交资料的真实性、科学性负责。

第十三条 国务院药品监督管理部门应当自受理化妆品新原料注册申请之日起3个工作日内将申请资料转交技术审评机构。技术审评机构应当自收到申请资料之日起90个工作日内完成技术审评，向国务院药品监督管理部门提交审评意见。国务院药品监督管理部门应当自收到审评意见之日起20个工作日内作出决定。对符合要求的，准予注册并发给化妆品新原料注册证；对不符合要求的，不予注册并书面说明理由。

化妆品新原料备案人通过国务院药品监督管理部门在线政务服务平台提交本条例规定的备案资料后即完成备案。

国务院药品监督管理部门应当自化妆品新原料准予注册之日起、备案人提交备案资料之日起5个工作日内向社会公布注册、备案有关信息。

第十四条 经注册、备案的化妆品新原料投入使用后3年内，新原料注册人、备案人应当每年向国务院药品监督管理部门报告新原料的使用和安全情况。对存在安全问题的化妆品新原料，由国务院药品监督管理部门撤销注册或者取消备案。3年期满未发生安全问题的化妆品新原料，纳入国务院药品监督管理部门制定的已使用的化妆品原料目录。

经注册、备案的化妆品新原料纳入已使用的化妆品原料目录前，仍然按照化妆品新原料进行管理。

第十五条 禁止用于化妆品生产的原料目录由国务院药品监督管理部门制定、

公布。

第十六条　用于染发、烫发、祛斑美白、防晒、防脱发的化妆品以及宣称新功效的化妆品为特殊化妆品。特殊化妆品以外的化妆品为普通化妆品。

国务院药品监督管理部门根据化妆品的功效宣称、作用部位、产品剂型、使用人群等因素，制定、公布化妆品分类规则和分类目录。

第十七条　特殊化妆品经国务院药品监督管理部门注册后方可生产、进口。国产普通化妆品应当在上市销售前向备案人所在地省、自治区、直辖市人民政府药品监督管理部门备案。进口普通化妆品应当在进口前向国务院药品监督管理部门备案。

第十八条　化妆品注册申请人、备案人应当具备下列条件：

（一）是依法设立的企业或者其他组织；

（二）有与申请注册、进行备案的产品相适应的质量管理体系；

（三）有化妆品不良反应监测与评价能力。

第十九条　申请特殊化妆品注册或者进行普通化妆品备案，应当提交下列资料：

（一）注册申请人、备案人的名称、地址、联系方式；

（二）生产企业的名称、地址、联系方式；

（三）产品名称；

（四）产品配方或者产品全成分；

（五）产品执行的标准；

（六）产品标签样稿；

（七）产品检验报告；

（八）产品安全评估资料。

注册申请人首次申请特殊化妆品注册或者备案人首次进行普通化妆品备案的，应当提交其符合本条例第十八条规定条件的证明资料。申请进口特殊化妆品注册或者进行进口普通化妆品备案的，应当同时提交产品在生产国（地区）已经上市销售的证明文件以及境外生产企业符合化妆品生产质量管理规范的证明资料；专为向我国出口生产、无法提交产品在生产国（地区）已经上市销售的证明文件的，应当提交面向我国消费者开展的相关研究和试验的资料。

注册申请人、备案人应当对所提交资料的真实性、科学性负责。

第二十条　国务院药品监督管理部门依照本条例第十三条第一款规定的化妆品新原料注册审查程序对特殊化妆品注册申请进行审查。对符合要求的，准予注册并发给特殊化妆品注册证；对不符合要求的，不予注册并书面说明理由。已经注册的特殊化妆品在生产工艺、功效宣称等方面发生实质性变化的，注册人应当向原注册部门申请变更注册。

普通化妆品备案人通过国务院药品监督管理部门在线政务服务平台提交本条例规定的备案资料后即完成备案。

省级以上人民政府药品监督管理部门应当自特殊化妆品准予注册之日起、普通化妆品备案人提交备案资料之日起5个工作日内向社会公布注册、备案有关信息。

第二十一条　化妆品新原料和化妆品注册、备案前，注册申请人、备案人应当自行或者委托专业机构开展安全评估。

从事安全评估的人员应当具备化妆品质量安全相关专业知识，并具有5年以上相关专业从业经历。

第二十二条　化妆品的功效宣称应当有充分的科学依据。化妆品注册人、备案人应当在国务院药品监督管理部门规定的专门网站公布功效宣称所依据的文献资料、研究数据或者产品功效评价资料的摘要，接受社会监督。

第二十三条　境外化妆品注册人、备案人应当指定我国境内的企业法人办理化妆品注册、备案，协助开展化妆品不良反应监测、实施产品召回。

第二十四条　特殊化妆品注册证有效期为5年。有效期届满需要延续注册的，应当在有效期届满30个工作日前提出延续注册的申请。除有本条第二款规定情形外，国务院药品监督管理部门应当在特殊化妆品注册证有效期届满前作出准予延续的决定；逾期未作决定的，视为准予延续。

有下列情形之一的，不予延续注册：

（一）注册人未在规定期限内提出延续注册申请；

（二）强制性国家标准、技术规范已经修订，申请延续注册的化妆品不能达到修订后标准、技术规范的要求。

第二十五条　国务院药品监督管理部门负责化妆品强制性国家标准的项目提出、组织起草、征求意见和技术审查。国务院标准化行政部门负责化妆品强制性国家标准的立项、编号和对外通报。

化妆品国家标准文本应当免费向社会公开。

化妆品应当符合强制性国家标准。鼓励企业制定严于强制性国家标准的企业标准。

第三章　生产经营

第二十六条　从事化妆品生产活动，应当具备下列条件：

（一）是依法设立的企业；

（二）有与生产的化妆品相适应的生产场地、环境条件、生产设施设备；

（三）有与生产的化妆品相适应的技术人员；

（四）有能对生产的化妆品进行检验的检验人员和检验设备；

（五）有保证化妆品质量安全的管理制度。

第二十七条　从事化妆品生产活动，应当向所在地省、自治区、直辖市人民政府药品监督管理部门提出申请，提交其符合本条例第二十六条规定条件的证明资料，并对资料的真实性负责。

省、自治区、直辖市人民政府药品监督管理部门应当对申请资料进行审核，对申请人的生产场所进行现场核查，并自受理化妆品生产许可申请之日起30个工作日内作出决定。对符合规定条件的，准予许可并发给化妆品生产许可证；对不符合规定条件的，不予许可并书面说明理由。

化妆品生产许可证有效期为5年。有效期届满需要延续的，依照《中华人民共和国行政许可法》的规定办理。

第二十八条　化妆品注册人、备案人可以自行生产化妆品，也可以委托其他企业生产化妆品。

委托生产化妆品的，化妆品注册人、备案人应当委托取得相应化妆品生产许可的企业，并对受委托企业（以下称受托生产企业）的生产活动进行监督，保证其按照法定要求进行生产。受托生产企业应当依照法律、法规、强制性国家标准、技术规范以及合同约定进行生产，对生产活动负责，并接受化妆品注册人、备案人的监督。

第二十九条　化妆品注册人、备案人、受托生产企业应当按照国务院药品监督管理部门制定的化妆品生产质量管理规范的要求组织生产化妆品，建立化妆品生产质量管理体系，建立并执行供应商遴选、原料验收、生产过程及质量控制、设备管理、产品检验及留样等管理制度。

化妆品注册人、备案人、受托生产企业应当按照化妆品注册或者备案资料载明的技术要求生产化妆品。

第三十条　化妆品原料、直接接触化妆品的包装材料应当符合强制性国家标准、技术规范。

不得使用超过使用期限、废弃、回收的化妆品或者化妆品原料生产化妆品。

第三十一条　化妆品注册人、备案人、受托生产企业应当建立并执行原料以及直接接触化妆品的包装材料进货查验记录制度、产品销售记录制度。进货查验记录和产品销售记录应当真实、完整，保证可追溯，保存期限不得少于产品使用期限届满后1年；产品使用期限不足1年的，记录保存期限不得少于2年。

化妆品经出厂检验合格后方可上市销售。

第三十二条　化妆品注册人、备案人、受托生产企业应当设质量安全负责人，承担相应的产品质量安全管理和产品放行职责。

质量安全负责人应当具备化妆品质量安全相关专业知识，并具有5年以上化妆品生产或者质量安全管理经验。

第三十三条　化妆品注册人、备案人、受托生产企业应当建立并执行从业人员健康管理制度。患有国务院卫生主管部门规定的有碍化妆品质量安全疾病的人员不得直接从事化妆品生产活动。

第三十四条　化妆品注册人、备案人、受托生产企业应当定期对化妆品生产质量管理规范的执行情况进行自查；生产条件发生变化，不再符合化妆品生产质量管理规范要求的，应当立即采取整改措施；可能影响化妆品质量安全的，应当立即停止生产并向所在地省、自治区、直辖市人民政府药品监督管理部门报告。

第三十五条　化妆品的最小销售单元应当有标签。标签应当符合相关法律、行政法规、强制性国家标准，内容真实、完整、准确。

进口化妆品可以直接使用中文标签，也可以加贴中文标签；加贴中文标签的，中文标签内容应当与原标签内容一致。

第三十六条　化妆品标签应当标注下列内容：

（一）产品名称、特殊化妆品注册证编号；

（二）注册人、备案人、受托生产企业的名称、地址；

（三）化妆品生产许可证编号；

（四）产品执行的标准编号；

（五）全成分；

（六）净含量；

（七）使用期限、使用方法以及必要的安全警示；

（八）法律、行政法规和强制性国家标准规定应当标注的其他内容。

第三十七条　化妆品标签禁止标注下列内容：

（一）明示或者暗示具有医疗作用的内容；

（二）虚假或者引人误解的内容；

（三）违反社会公序良俗的内容；

（四）法律、行政法规禁止标注的其他内容。

第三十八条　化妆品经营者应当建立并执行进货查验记录制度，查验供货者的市场主体登记证明、化妆品注册或者备案情况、产品出厂检验合格证明，如实记录并保存相关凭证。记录和凭证保存期限应当符合本条例第三十一条第一款的规定。

化妆品经营者不得自行配制化妆品。

第三十九条　化妆品生产经营者应当依照有关法律、法规的规定和化妆品标签标示的要求贮存、运输化妆品，定期检查并及时处理变质或者超过使用期限的化妆品。

第四十条　化妆品集中交易市场开办者、展销会举办者应当审查入场化妆品经营者的市场主体登记证明，承担入场化妆品经营者管理责任，定期对入场化妆品经营者进行检查；发现入场化妆品经营者有违反本条例规定行为的，应当及时制止并报告所在地县级人民政府负责药品监督管理的部门。

第四十一条　电子商务平台经营者应当对平台内化妆品经营者进行实名登记，承担平台内化妆品经营者管理责任，发现平台内化妆品经营者有违反本条例规定行为的，应当及时制止并报告电子商务平台经营者所在地省、自治区、直辖市人民政府药品监督管理部门；发现严重违法行为的，应当立即停止向违法的化妆品经营者提供电子商务平台服务。

平台内化妆品经营者应当全面、真实、

准确、及时披露所经营化妆品的信息。

第四十二条　美容美发机构、宾馆等在经营中使用化妆品或者为消费者提供化妆品的，应当履行本条例规定的化妆品经营者义务。

第四十三条　化妆品广告的内容应当真实、合法。

化妆品广告不得明示或者暗示产品具有医疗作用，不得含有虚假或者引人误解的内容，不得欺骗、误导消费者。

第四十四条　化妆品注册人、备案人发现化妆品存在质量缺陷或者其他问题，可能危害人体健康的，应当立即停止生产，召回已经上市销售的化妆品，通知相关化妆品经营者和消费者停止经营、使用，并记录召回和通知情况。化妆品注册人、备案人应当对召回的化妆品采取补救、无害化处理、销毁等措施，并将化妆品召回和处理情况向所在地省、自治区、直辖市人民政府药品监督管理部门报告。

受托生产企业、化妆品经营者发现其生产、经营的化妆品有前款规定情形的，应当立即停止生产、经营，通知相关化妆品注册人、备案人。化妆品注册人、备案人应当立即实施召回。

负责药品监督管理的部门在监督检查中发现化妆品有本条第一款规定情形的，应当通知化妆品注册人、备案人实施召回，通知受托生产企业、化妆品经营者停止生产、经营。

化妆品注册人、备案人实施召回的，受托生产企业、化妆品经营者应当予以配合。

化妆品注册人、备案人、受托生产企业、经营者未依照本条规定实施召回或者停止生产、经营的，负责药品监督管理的部门责令其实施召回或者停止生产、经营。

第四十五条　出入境检验检疫机构依照《中华人民共和国进出口商品检验法》的规定对进口的化妆品实施检验；检验不合格的，不得进口。

进口商应当对拟进口的化妆品是否已经注册或者备案以及是否符合本条例和强制性国家标准、技术规范进行审核；审核不合格的，不得进口。进口商应当如实记录进口化妆品的信息，记录保存期限应当符合本条例第三十一条第一款的规定。

出口的化妆品应当符合进口国（地区）的标准或者合同要求。

第四章　监督管理

第四十六条　负责药品监督管理的部门对化妆品生产经营进行监督检查时，有权采取下列措施：

（一）进入生产经营场所实施现场检查；

（二）对生产经营的化妆品进行抽样检验；

（三）查阅、复制有关合同、票据、账簿以及其他有关资料；

（四）查封、扣押不符合强制性国家标准、技术规范或者有证据证明可能危害人体健康的化妆品及其原料、直接接触化妆品的包装材料，以及有证据证明用于违法生产经营的工具、设备；

（五）查封违法从事生产经营活动的场所。

第四十七条　负责药品监督管理的部门对化妆品生产经营进行监督检查时，监督检查人员不得少于2人，并应当出示执法证件。监督检查人员对监督检查中知悉的被检查单位的商业秘密，应当依法予以保密。被检查单位对监督检查应当予以配合，不得隐瞒有关情况。

负责药品监督管理的部门应当对监督检查情况和处理结果予以记录，由监督检查人员和被检查单位负责人签字；被检查单位负责人拒绝签字的，应当予以注明。

第四十八条　省级以上人民政府药品监督管理部门应当组织对化妆品进行抽样检验；对举报反映或者日常监督检查中发现问

题较多的化妆品，负责药品监督管理的部门可以进行专项抽样检验。

进行抽样检验，应当支付抽取样品的费用，所需费用纳入本级政府预算。

负责药品监督管理的部门应当按照规定及时公布化妆品抽样检验结果。

第四十九条 化妆品检验机构按照国家有关认证认可的规定取得资质认定后，方可从事化妆品检验活动。化妆品检验机构的资质认定条件由国务院药品监督管理部门、国务院市场监督管理部门制定。

化妆品检验规范以及化妆品检验相关标准品管理规定，由国务院药品监督管理部门制定。

第五十条 对可能掺杂掺假或者使用禁止用于化妆品生产的原料生产的化妆品，按照化妆品国家标准规定的检验项目和检验方法无法检验的，国务院药品监督管理部门可以制定补充检验项目和检验方法，用于对化妆品的抽样检验、化妆品质量安全案件调查处理和不良反应调查处置。

第五十一条 对依照本条例规定实施的检验结论有异议的，化妆品生产经营者可以自收到检验结论之日起7个工作日内向实施抽样检验的部门或者其上一级负责药品监督管理的部门提出复检申请，由受理复检申请的部门在复检机构名录中随机确定复检机构进行复检。复检机构出具的复检结论为最终检验结论。复检机构与初检机构不得为同一机构。复检机构名录由国务院药品监督管理部门公布。

第五十二条 国家建立化妆品不良反应监测制度。化妆品注册人、备案人应当监测其上市销售化妆品的不良反应，及时开展评价，按照国务院药品监督管理部门的规定向化妆品不良反应监测机构报告。受托生产企业、化妆品经营者和医疗机构发现可能与使用化妆品有关的不良反应的，应当报告化妆品不良反应监测机构。鼓励其他单位和个人向化妆品不良反应监测机构或者负责药品监督管理的部门报告可能与使用化妆品有关的不良反应。

化妆品不良反应监测机构负责化妆品不良反应信息的收集、分析和评价，并向负责药品监督管理的部门提出处理建议。

化妆品生产经营者应当配合化妆品不良反应监测机构、负责药品监督管理的部门开展化妆品不良反应调查。

化妆品不良反应是指正常使用化妆品所引起的皮肤及其附属器官的病变，以及人体局部或者全身性的损害。

第五十三条 国家建立化妆品安全风险监测和评价制度，对影响化妆品质量安全的风险因素进行监测和评价，为制定化妆品质量安全风险控制措施和标准、开展化妆品抽样检验提供科学依据。

国家化妆品安全风险监测计划由国务院药品监督管理部门制定、发布并组织实施。国家化妆品安全风险监测计划应当明确重点监测的品种、项目和地域等。

国务院药品监督管理部门建立化妆品质量安全风险信息交流机制，组织化妆品生产经营者、检验机构、行业协会、消费者协会以及新闻媒体等就化妆品质量安全风险信息进行交流沟通。

第五十四条 对造成人体伤害或者有证据证明可能危害人体健康的化妆品，负责药品监督管理的部门可以采取责令暂停生产、经营的紧急控制措施，并发布安全警示信息；属于进口化妆品的，国家出入境检验检疫部门可以暂停进口。

第五十五条 根据科学研究的发展，对化妆品、化妆品原料的安全性有认识上的改变的，或者有证据表明化妆品、化妆品原料可能存在缺陷的，省级以上人民政府药品监督管理部门可以责令化妆品、化妆品新原料的注册人、备案人开展安全再评估或者直接组织开展安全再评估。再评估结果表明化妆品、化妆品原料不能保证安全的，由原注册部门撤销注册、备案部门取消备案，由国务院药品监督管理部门将该化妆品原料纳入禁止用于化妆品生产的原料目录，并向社会公布。

第五十六条　负责药品监督管理的部门应当依法及时公布化妆品行政许可、备案、日常监督检查结果、违法行为查处等监督管理信息。公布监督管理信息时，应当保守当事人的商业秘密。

负责药品监督管理的部门应当建立化妆品生产经营者信用档案。对有不良信用记录的化妆品生产经营者，增加监督检查频次；对有严重不良信用记录的生产经营者，按照规定实施联合惩戒。

第五十七条　化妆品生产经营过程中存在安全隐患，未及时采取措施消除的，负责药品监督管理的部门可以对化妆品生产经营者的法定代表人或者主要负责人进行责任约谈。化妆品生产经营者应当立即采取措施，进行整改，消除隐患。责任约谈情况和整改情况应当纳入化妆品生产经营者信用档案。

第五十八条　负责药品监督管理的部门应当公布本部门的网站地址、电子邮件地址或者电话，接受咨询、投诉、举报，并及时答复或者处理。对查证属实的举报，按照国家有关规定给予举报人奖励。

第五章　法律责任

第五十九条　有下列情形之一的，由负责药品监督管理的部门没收违法所得、违法生产经营的化妆品和专门用于违法生产经营的原料、包装材料、工具、设备等物品；违法生产经营的化妆品货值金额不足1万元的，并处5万元以上15万元以下罚款；货值金额1万元以上的，并处货值金额15倍以上30倍以下罚款；情节严重的，责令停产停业、由备案部门取消备案或者由原发证部门吊销化妆品许可证件，10年内不予办理其提出的化妆品备案或者受理其提出的化妆品行政许可申请，对违法单位的法定代表人或者主要负责人、直接负责的主管人员和其他直接责任人员处以其上一年度从本单位取得收入的3倍以上5倍以下罚款，终身禁止其从事化妆品生产经营活动；构成犯罪的，依法追究刑事责任：

（一）未经许可从事化妆品生产活动，或者化妆品注册人、备案人委托未取得相应化妆品生产许可的企业生产化妆品；

（二）生产经营或者进口未经注册的特殊化妆品；

（三）使用禁止用于化妆品生产的原料、应当注册但未经注册的新原料生产化妆品，在化妆品中非法添加可能危害人体健康的物质，或者使用超过使用期限、废弃、回收的化妆品或者原料生产化妆品。

第六十条　有下列情形之一的，由负责药品监督管理的部门没收违法所得、违法生产经营的化妆品和专门用于违法生产经营的原料、包装材料、工具、设备等物品；违法生产经营的化妆品货值金额不足1万元的，并处1万元以上5万元以下罚款；货值金额1万元以上的，并处货值金额5倍以上20倍以下罚款；情节严重的，责令停产停业、由备案部门取消备案或者由原发证部门吊销化妆品许可证件，对违法单位的法定代表人或者主要负责人、直接负责的主管人员和其他直接责任人员处以其上一年度从本单位取得收入的1倍以上3倍以下罚款，10年内禁止其从事化妆品生产经营活动；构成犯罪的，依法追究刑事责任：

（一）使用不符合强制性国家标准、技术规范的原料、直接接触化妆品的包装材料，应当备案但未备案的新原料生产化妆品，或者不按照强制性国家标准或者技术规范使用原料；

（二）生产经营不符合强制性国家标准、技术规范或者不符合化妆品注册、备案资料载明的技术要求的化妆品；

（三）未按照化妆品生产质量管理规范的要求组织生产；

（四）更改化妆品使用期限；

（五）化妆品经营者擅自配制化妆品，或者经营变质、超过使用期限的化妆品；

（六）在负责药品监督管理的部门责令其实施召回后拒不召回，或者在负责药品监督管理的部门责令停止或者暂停生产、经营后拒不停止或者暂停生产、经营。

第六十一条 有下列情形之一的，由负责药品监督管理的部门没收违法所得、违法生产经营的化妆品，并可以没收专门用于违法生产经营的原料、包装材料、工具、设备等物品；违法生产经营的化妆品货值金额不足1万元的，并处1万元以上3万元以下罚款；货值金额1万元以上的，并处货值金额3倍以上10倍以下罚款；情节严重的，责令停产停业、由备案部门取消备案或者由原发证部门吊销化妆品许可证件，对违法单位的法定代表人或者主要负责人、直接负责的主管人员和其他直接责任人员处以其上一年度从本单位取得收入的1倍以上2倍以下罚款，5年内禁止其从事化妆品生产经营活动：

（一）上市销售、经营或者进口未备案的普通化妆品；

（二）未依照本条例规定设质量安全负责人；

（三）化妆品注册人、备案人未对受托生产企业的生产活动进行监督；

（四）未依照本条例规定建立并执行从业人员健康管理制度；

（五）生产经营标签不符合本条例规定的化妆品。

生产经营的化妆品的标签存在瑕疵但不影响质量安全且不会对消费者造成误导的，由负责药品监督管理的部门责令改正；拒不改正的，处2000元以下罚款。

第六十二条 有下列情形之一的，由负责药品监督管理的部门责令改正，给予警告，并处1万元以上3万元以下罚款；情节严重的，责令停产停业，并处3万元以上5万元以下罚款，对违法单位的法定代表人或者主要负责人、直接负责的主管人员和其他直接责任人员处1万元以上3万元以下罚款：

（一）未依照本条例规定公布化妆品功效宣称依据的摘要；

（二）未依照本条例规定建立并执行进货查验记录制度、产品销售记录制度；

（三）未依照本条例规定对化妆品生产质量管理规范的执行情况进行自查；

（四）未依照本条例规定贮存、运输化妆品；

（五）未依照本条例规定监测、报告化妆品不良反应，或者对化妆品不良反应监测机构、负责药品监督管理的部门开展的化妆品不良反应调查不予配合。

进口商未依照本条例规定记录、保存进口化妆品信息的，由出入境检验检疫机构依照前款规定给予处罚。

第六十三条 化妆品新原料注册人、备案人未依照本条例规定报告化妆品新原料使用和安全情况的，由国务院药品监督管理部门责令改正，处5万元以上20万元以下罚款；情节严重的，吊销化妆品新原料注册证或者取消化妆品新原料备案，并处20万元以上50万元以下罚款。

第六十四条 在申请化妆品行政许可时提供虚假资料或者采取其他欺骗手段的，不予行政许可，已经取得行政许可的，由作出行政许可决定的部门撤销行政许可，5年内不受理其提出的化妆品相关许可申请，没收违法所得和已经生产、进口的化妆品；已经生产、进口的化妆品货值金额不足1万元的，并处5万元以上15万元以下罚款；货值金额1万元以上的，并处货值金额15倍以上30倍以下罚款；对违法单位的法定代表人或者主要负责人、直接负责的主管人员和其他直接责任人员处以其上一年度从本单位取得收入的3倍以上5倍以下罚款，终身禁止其从事化妆品生产经营活动。

伪造、变造、出租、出借或者转让化妆品许可证件的，由负责药品监督管理的部门或者原发证部门予以收缴或者吊销，没收违法所得；违法所得不足1万元的，并处5万元以上10万元以下罚款；违法所得1万元以上的，并处违法所得10倍以上20倍以下罚款；构成违反治安管理行为的，由公安机关依法给予治安管理处罚；构成犯罪的，依法追究刑事责任。

第六十五条　备案时提供虚假资料的，由备案部门取消备案，3年内不予办理其提出的该项备案，没收违法所得和已经生产、进口的化妆品；已经生产、进口的化妆品货值金额不足1万元的，并处1万元以上3万元以下罚款；货值金额1万元以上的，并处货值金额3倍以上10倍以下罚款；情节严重的，责令停产停业直至由原发证部门吊销化妆品生产许可证，对违法单位的法定代表人或者主要负责人、直接负责的主管人员和其他直接责任人员处以其上一年度从本单位取得收入的1倍以上2倍以下罚款，5年内禁止其从事化妆品生产经营活动。

已经备案的资料不符合要求的，由备案部门责令限期改正，其中，与化妆品、化妆品新原料安全性有关的备案资料不符合要求的，备案部门可以同时责令暂停销售、使用；逾期不改正的，由备案部门取消备案。

备案部门取消备案后，仍然使用该化妆品新原料生产化妆品或者仍然上市销售、进口该普通化妆品的，分别依照本条例第六十条、第六十一条的规定给予处罚。

第六十六条　化妆品集中交易市场开办者、展销会举办者未依照本条例规定履行审查、检查、制止、报告等管理义务的，由负责药品监督管理的部门处2万元以上10万元以下罚款；情节严重的，责令停业，并处10万元以上50万元以下罚款。

第六十七条　电子商务平台经营者未依照本条例规定履行实名登记、制止、报告、停止提供电子商务平台服务等管理义务的，由省、自治区、直辖市人民政府药品监督管理部门依照《中华人民共和国电子商务法》的规定给予处罚。

第六十八条　化妆品经营者履行了本条例规定的进货查验记录等义务，有证据证明其不知道所采购的化妆品是不符合强制性国家标准、技术规范或者不符合化妆品注册、备案资料载明的技术要求的，收缴其经营的不符合强制性国家标准、技术规范或者不符合化妆品注册、备案资料载明的技术要求的化妆品，可以免除行政处罚。

第六十九条　化妆品广告违反本条例规定的，依照《中华人民共和国广告法》的规定给予处罚；采用其他方式对化妆品作虚假或者引人误解的宣传的，依照有关法律的规定给予处罚；构成犯罪的，依法追究刑事责任。

第七十条　境外化妆品注册人、备案人指定的在我国境内的企业法人未协助开展化妆品不良反应监测、实施产品召回的，由省、自治区、直辖市人民政府药品监督管理部门责令改正，给予警告，并处2万元以上10万元以下罚款；情节严重的，处10万元以上50万元以下罚款，5年内禁止其法定代表人或者主要负责人、直接负责的主管人员和其他直接责任人员从事化妆品生产经营活动。

境外化妆品注册人、备案人拒不履行依据本条例作出的行政处罚决定的，10年内禁止其化妆品进口。

第七十一条　化妆品检验机构出具虚假检验报告的，由认证认可监督管理部门吊销检验机构资质证书，10年内不受理其资质认定申请，没收所收取的检验费用，并处5万元以上10万元以下罚款；对其法定代表人或者主要负责人、直接负责的主管人员和其他直接责任人员处以其上一年度从本单位取得收入的1倍以上3倍以下罚款，依法给予或者责令给予降低岗位等级、撤职或者开除的处分，受到开除处分的，10年内禁止其从事化妆品检验工作；构成犯罪的，依法追究刑事责任。

第七十二条　化妆品技术审评机构、化妆品不良反应监测机构和负责化妆品安全风险监测的机构未依照本条例规定履行职责，致使技术审评、不良反应监测、安全风险监测工作出现重大失误的，由负责药品监督管理的部门责令改正，给予警告，通报批评；造成严重后果的，对其法定代表人或者主要负责人、直接负责的主管人员和其他直接责任人员，依法给予或者责令给予降低岗位等级、撤职或者开除的处分。

第七十三条 化妆品生产经营者、检验机构招用、聘用不得从事化妆品生产经营活动的人员或者不得从事化妆品检验工作的人员从事化妆品生产经营或者检验的，由负责药品监督管理的部门或者其他有关部门责令改正，给予警告；拒不改正的，责令停产停业直至吊销化妆品许可证件、检验机构资质证书。

第七十四条 有下列情形之一，构成违反治安管理行为的，由公安机关依法给予治安管理处罚；构成犯罪的，依法追究刑事责任：

（一）阻碍负责药品监督管理的部门工作人员依法执行职务；

（二）伪造、销毁、隐匿证据或者隐藏、转移、变卖、损毁依法查封、扣押的物品。

第七十五条 负责药品监督管理的部门工作人员违反本条例规定，滥用职权、玩忽职守、徇私舞弊的，依法给予警告、记过或者记大过的处分；造成严重后果的，依法给予降级、撤职或者开除的处分；构成犯罪的，依法追究刑事责任。

第七十六条 违反本条例规定，造成人身、财产或者其他损害的，依法承担赔偿责任。

第六章 附 则

第七十七条 牙膏参照本条例有关普通化妆品的规定进行管理。牙膏备案人按照国家标准、行业标准进行功效评价后，可以宣称牙膏具有防龋、抑牙菌斑、抗牙本质敏感、减轻牙龈问题等功效。牙膏的具体管理办法由国务院药品监督管理部门拟订，报国务院市场监督管理部门审核、发布。

香皂不适用本条例，但是宣称具有特殊化妆品功效的适用本条例。

第七十八条 对本条例施行前已经注册的用于育发、脱毛、美乳、健美、除臭的化妆品自本条例施行之日起设置5年的过渡期，过渡期内可以继续生产、进口、销售，过渡期满后不得生产、进口、销售该化妆品。

第七十九条 本条例所称技术规范，是指尚未制定强制性国家标准、国务院药品监督管理部门结合监督管理工作需要制定的化妆品质量安全补充技术要求。

第八十条 本条例自2021年1月1日起施行。《化妆品卫生监督条例》同时废止。

医疗器械监督管理条例

（2000年1月4日中华人民共和国国务院令第276号公布，2014年2月12日国务院第39次常务会议修订通过，根据2017年5月4日《国务院关于修改〈医疗器械监督管理条例〉的决定》修订，2020年12月21日国务院第119次常务会议修订通过）

第一章 总 则

第一条 为了保证医疗器械的安全、有效，保障人体健康和生命安全，促进医疗器械产业发展，制定本条例。

第二条 在中华人民共和国境内从事医

疗器械的研制、生产、经营、使用活动及其监督管理，适用本条例。

第三条　国务院药品监督管理部门负责全国医疗器械监督管理工作。

国务院有关部门在各自的职责范围内负责与医疗器械有关的监督管理工作。

第四条　县级以上地方人民政府应当加强对本行政区域的医疗器械监督管理工作的领导，组织协调本行政区域内的医疗器械监督管理工作以及突发事件应对工作，加强医疗器械监督管理能力建设，为医疗器械安全工作提供保障。

县级以上地方人民政府负责药品监督管理的部门负责本行政区域的医疗器械监督管理工作。县级以上地方人民政府有关部门在各自的职责范围内负责与医疗器械有关的监督管理工作。

第五条　医疗器械监督管理遵循风险管理、全程管控、科学监管、社会共治的原则。

第六条　国家对医疗器械按照风险程度实行分类管理。

第一类是风险程度低，实行常规管理可以保证其安全、有效的医疗器械。

第二类是具有中度风险，需要严格控制管理以保证其安全、有效的医疗器械。

第三类是具有较高风险，需要采取特别措施严格控制管理以保证其安全、有效的医疗器械。

评价医疗器械风险程度，应当考虑医疗器械的预期目的、结构特征、使用方法等因素。

国务院药品监督管理部门负责制定医疗器械的分类规则和分类目录，并根据医疗器械生产、经营、使用情况，及时对医疗器械的风险变化进行分析、评价，对分类规则和分类目录进行调整。制定、调整分类规则和分类目录，应当充分听取医疗器械注册人、备案人、生产经营企业以及使用单位、行业组织的意见，并参考国际医疗器械分类实践。医疗器械分类规则和分类目录应当向社会公布。

第七条　医疗器械产品应当符合医疗器械强制性国家标准；尚无强制性国家标准的，应当符合医疗器械强制性行业标准。

第八条　国家制定医疗器械产业规划和政策，将医疗器械创新纳入发展重点，对创新医疗器械予以优先审评审批，支持创新医疗器械临床推广和使用，推动医疗器械产业高质量发展。国务院药品监督管理部门应当配合国务院有关部门，贯彻实施国家医疗器械产业规划和引导政策。

第九条　国家完善医疗器械创新体系，支持医疗器械的基础研究和应用研究，促进医疗器械新技术的推广和应用，在科技立项、融资、信贷、招标采购、医疗保险等方面予以支持。支持企业设立或者联合组建研制机构，鼓励企业与高等学校、科研院所、医疗机构等合作开展医疗器械的研究与创新，加强医疗器械知识产权保护，提高医疗器械自主创新能力。

第十条　国家加强医疗器械监督管理信息化建设，提高在线政务服务水平，为医疗器械行政许可、备案等提供便利。

第十一条　医疗器械行业组织应当加强行业自律，推进诚信体系建设，督促企业依法开展生产经营活动，引导企业诚实守信。

第十二条　对在医疗器械的研究与创新方面做出突出贡献的单位和个人，按照国家有关规定给予表彰奖励。

第二章　医疗器械产品注册与备案

第十三条　第一类医疗器械实行产品备案管理，第二类、第三类医疗器械实行产品注册管理。

医疗器械注册人、备案人应当加强医疗器械全生命周期质量管理，对研制、生产、经营、使用全过程中医疗器械的安全性、有效性依法承担责任。

第十四条　第一类医疗器械产品备案和

申请第二类、第三类医疗器械产品注册，应当提交下列资料：

（一）产品风险分析资料；

（二）产品技术要求；

（三）产品检验报告；

（四）临床评价资料；

（五）产品说明书以及标签样稿；

（六）与产品研制、生产有关的质量管理体系文件；

（七）证明产品安全、有效所需的其他资料。

产品检验报告应当符合国务院药品监督管理部门的要求，可以是医疗器械注册申请人、备案人的自检报告，也可以是委托有资质的医疗器械检验机构出具的检验报告。

符合本条例第二十四条规定的免于进行临床评价情形的，可以免于提交临床评价资料。

医疗器械注册申请人、备案人应当确保提交的资料合法、真实、准确、完整和可追溯。

第十五条 第一类医疗器械产品备案，由备案人向所在地设区的市级人民政府负责药品监督管理的部门提交备案资料。

向我国境内出口第一类医疗器械的境外备案人，由其指定的我国境内企业法人向国务院药品监督管理部门提交备案资料和备案人所在国（地区）主管部门准许该医疗器械上市销售的证明文件。未在境外上市的创新医疗器械，可以不提交备案人所在国（地区）主管部门准许该医疗器械上市销售的证明文件。

备案人向负责药品监督管理的部门提交符合本条例规定的备案资料后即完成备案。负责药品监督管理的部门应当自收到备案资料之日起 5 个工作日内，通过国务院药品监督管理部门在线政务服务平台向社会公布备案有关信息。

备案资料载明的事项发生变化的，应当向原备案部门变更备案。

第十六条 申请第二类医疗器械产品注册，注册申请人应当向所在地省、自治区、直辖市人民政府药品监督管理部门提交注册申请资料。申请第三类医疗器械产品注册，注册申请人应当向国务院药品监督管理部门提交注册申请资料。

向我国境内出口第二类、第三类医疗器械的境外注册申请人，由其指定的我国境内企业法人向国务院药品监督管理部门提交注册申请资料和注册申请人所在国（地区）主管部门准许该医疗器械上市销售的证明文件。未在境外上市的创新医疗器械，可以不提交注册申请人所在国（地区）主管部门准许该医疗器械上市销售的证明文件。

国务院药品监督管理部门应当对医疗器械注册审查程序和要求作出规定，并加强对省、自治区、直辖市人民政府药品监督管理部门注册审查工作的监督指导。

第十七条 受理注册申请的药品监督管理部门应当对医疗器械的安全性、有效性以及注册申请人保证医疗器械安全、有效的质量管理能力等进行审查。

受理注册申请的药品监督管理部门应当自受理注册申请之日起 3 个工作日内将注册申请资料转交技术审评机构。技术审评机构应当在完成技术审评后，将审评意见提交受理注册申请的药品监督管理部门作为审批的依据。

受理注册申请的药品监督管理部门在组织对医疗器械的技术审评时认为有必要对质量管理体系进行核查的，应当组织开展质量管理体系核查。

第十八条 受理注册申请的药品监督管理部门应当自收到审评意见之日起 20 个工作日内作出决定。对符合条件的，准予注册并发给医疗器械注册证；对不符合条件的，不予注册并书面说明理由。

受理注册申请的药品监督管理部门应当自医疗器械准予注册之日起 5 个工作日内，通过国务院药品监督管理部门在线政务服务平台向社会公布注册有关信息。

第十九条　对用于治疗罕见疾病、严重危及生命且尚无有效治疗手段的疾病和应对公共卫生事件等急需的医疗器械，受理注册申请的药品监督管理部门可以作出附条件批准决定，并在医疗器械注册证中载明相关事项。

出现特别重大突发公共卫生事件或者其他严重威胁公众健康的紧急事件，国务院卫生主管部门根据预防、控制事件的需要提出紧急使用医疗器械的建议，经国务院药品监督管理部门组织论证同意后可以在一定范围和期限内紧急使用。

第二十条　医疗器械注册人、备案人应当履行下列义务：

（一）建立与产品相适应的质量管理体系并保持有效运行；

（二）制定上市后研究和风险管控计划并保证有效实施；

（三）依法开展不良事件监测和再评价；

（四）建立并执行产品追溯和召回制度；

（五）国务院药品监督管理部门规定的其他义务。

境外医疗器械注册人、备案人指定的我国境内企业法人应当协助注册人、备案人履行前款规定的义务。

第二十一条　已注册的第二类、第三类医疗器械产品，其设计、原材料、生产工艺、适用范围、使用方法等发生实质性变化，有可能影响该医疗器械安全、有效的，注册人应当向原注册部门申请办理变更注册手续；发生其他变化的，应当按照国务院药品监督管理部门的规定备案或者报告。

第二十二条　医疗器械注册证有效期为5年。有效期届满需要延续注册的，应当在有效期届满6个月前向原注册部门提出延续注册的申请。

除有本条第三款规定情形外，接到延续注册申请的药品监督管理部门应当在医疗器械注册证有效期届满前作出准予延续的决定。逾期未作决定的，视为准予延续。

有下列情形之一的，不予延续注册：

（一）未在规定期限内提出延续注册申请；

（二）医疗器械强制性标准已经修订，申请延续注册的医疗器械不能达到新要求；

（三）附条件批准的医疗器械，未在规定期限内完成医疗器械注册证载明事项。

第二十三条　对新研制的尚未列入分类目录的医疗器械，申请人可以依照本条例有关第三类医疗器械产品注册的规定直接申请产品注册，也可以依据分类规则判断产品类别并向国务院药品监督管理部门申请类别确认后依照本条例的规定申请产品注册或者进行产品备案。

直接申请第三类医疗器械产品注册的，国务院药品监督管理部门应当按照风险程度确定类别，对准予注册的医疗器械及时纳入分类目录。申请类别确认的，国务院药品监督管理部门应当自受理申请之日起20个工作日内对该医疗器械的类别进行判定并告知申请人。

第二十四条　医疗器械产品注册、备案，应当进行临床评价；但是符合下列情形之一，可以免于进行临床评价：

（一）工作机理明确、设计定型，生产工艺成熟，已上市的同品种医疗器械临床应用多年且无严重不良事件记录，不改变常规用途的；

（二）其他通过非临床评价能够证明该医疗器械安全、有效的。

国务院药品监督管理部门应当制定医疗器械临床评价指南。

第二十五条　进行医疗器械临床评价，可以根据产品特征、临床风险、已有临床数据等情形，通过开展临床试验，或者通过对同品种医疗器械临床文献资料、临床数据进行分析评价，证明医疗器械安全、有效。

按照国务院药品监督管理部门的规定，进行医疗器械临床评价时，已有临床文献资料、临床数据不足以确认产品安全、有效的医疗器械，应当开展临床试验。

第二十六条 开展医疗器械临床试验，应当按照医疗器械临床试验质量管理规范的要求，在具备相应条件的临床试验机构进行，并向临床试验申办者所在地省、自治区、直辖市人民政府药品监督管理部门备案。接受临床试验备案的药品监督管理部门应当将备案情况通报临床试验机构所在地同级药品监督管理部门和卫生主管部门。

医疗器械临床试验机构实行备案管理。医疗器械临床试验机构应当具备的条件以及备案管理办法和临床试验质量管理规范，由国务院药品监督管理部门会同国务院卫生主管部门制定并公布。

国家支持医疗机构开展临床试验，将临床试验条件和能力评价纳入医疗机构等级评审，鼓励医疗机构开展创新医疗器械临床试验。

第二十七条 第三类医疗器械临床试验对人体具有较高风险的，应当经国务院药品监督管理部门批准。国务院药品监督管理部门审批临床试验，应当对拟承担医疗器械临床试验的机构的设备、专业人员等条件，该医疗器械的风险程度，临床试验实施方案，临床受益与风险对比分析报告等进行综合分析，并自受理申请之日起60个工作日内作出决定并通知临床试验申办者。逾期未通知的，视为同意。准予开展临床试验的，应当通报临床试验机构所在地省、自治区、直辖市人民政府药品监督管理部门和卫生主管部门。

临床试验对人体具有较高风险的第三类医疗器械目录由国务院药品监督管理部门制定、调整并公布。

第二十八条 开展医疗器械临床试验，应当按照规定进行伦理审查，向受试者告知试验目的、用途和可能产生的风险等详细情况，获得受试者的书面知情同意；受试者为无民事行为能力人或者限制民事行为能力人的，应当依法获得其监护人的书面知情同意。

开展临床试验，不得以任何形式向受试者收取与临床试验有关的费用。

第二十九条 对正在开展临床试验的用于治疗严重危及生命且尚无有效治疗手段的疾病的医疗器械，经医学观察可能使患者获益，经伦理审查、知情同意后，可以在开展医疗器械临床试验的机构内免费用于其他病情相同的患者，其安全性数据可以用于医疗器械注册申请。

第三章 医疗器械生产

第三十条 从事医疗器械生产活动，应当具备下列条件：

（一）有与生产的医疗器械相适应的生产场地、环境条件、生产设备以及专业技术人员；

（二）有能对生产的医疗器械进行质量检验的机构或者专职检验人员以及检验设备；

（三）有保证医疗器械质量的管理制度；

（四）有与生产的医疗器械相适应的售后服务能力；

（五）符合产品研制、生产工艺文件规定的要求。

第三十一条 从事第一类医疗器械生产的，应当向所在地设区的市级人民政府负责药品监督管理的部门备案，在提交符合本条例第三十条规定条件的有关资料后即完成备案。

医疗器械备案人自行生产第一类医疗器械的，可以在依照本条例第十五条规定进行产品备案时一并提交符合本条例第三十条规定条件的有关资料，即完成生产备案。

第三十二条 从事第二类、第三类医疗器械生产的，应当向所在地省、自治区、直辖市人民政府药品监督管理部门申请生产许可并提交其符合本条例第三十条规定条件的有关资料以及所生产医疗器械的注册证。

受理生产许可申请的药品监督管理部门应当对申请资料进行审核，按照国务院药品监督管理部门制定的医疗器械生产质量管理规范的要求进行核查，并自受理申请之日起20个工作日内作出决定。对符合规定条件的，准予许可并发给医疗器械生产许可证；对不符合规定条件的，不予许可并书面说明理由。

医疗器械生产许可证有效期为5年。有效期届满需要延续的，依照有关行政许可的法律规定办理延续手续。

第三十三条　医疗器械生产质量管理规范应当对医疗器械的设计开发、生产设备条件、原材料采购、生产过程控制、产品放行、企业的机构设置和人员配备等影响医疗器械安全、有效的事项作出明确规定。

第三十四条　医疗器械注册人、备案人可以自行生产医疗器械，也可以委托符合本条例规定、具备相应条件的企业生产医疗器械。

委托生产医疗器械的，医疗器械注册人、备案人应当对所委托生产的医疗器械质量负责，并加强对受托生产企业生产行为的管理，保证其按照法定要求进行生产。医疗器械注册人、备案人应当与受托生产企业签订委托协议，明确双方权利、义务和责任。受托生产企业应当依照法律法规、医疗器械生产质量管理规范、强制性标准、产品技术要求和委托协议组织生产，对生产行为负责，并接受委托方的监督。

具有高风险的植入性医疗器械不得委托生产，具体目录由国务院药品监督管理部门制定、调整并公布。

第三十五条　医疗器械注册人、备案人、受托生产企业应当按照医疗器械生产质量管理规范，建立健全与所生产医疗器械相适应的质量管理体系并保证其有效运行；严格按照经注册或者备案的产品技术要求组织生产，保证出厂的医疗器械符合强制性标准以及经注册或者备案的产品技术要求。

医疗器械注册人、备案人、受托生产企业应当定期对质量管理体系的运行情况进行自查，并按照国务院药品监督管理部门的规定提交自查报告。

第三十六条　医疗器械的生产条件发生变化，不再符合医疗器械质量管理体系要求的，医疗器械注册人、备案人、受托生产企业应当立即采取整改措施；可能影响医疗器械安全、有效的，应当立即停止生产活动，并向原生产许可或者生产备案部门报告。

第三十七条　医疗器械应当使用通用名称。通用名称应当符合国务院药品监督管理部门制定的医疗器械命名规则。

第三十八条　国家根据医疗器械产品类别，分步实施医疗器械唯一标识制度，实现医疗器械可追溯，具体办法由国务院药品监督管理部门会同国务院有关部门制定。

第三十九条　医疗器械应当有说明书、标签。说明书、标签的内容应当与经注册或者备案的相关内容一致，确保真实、准确。

医疗器械的说明书、标签应当标明下列事项：

（一）通用名称、型号、规格；

（二）医疗器械注册人、备案人、受托生产企业的名称、地址以及联系方式；

（三）生产日期，使用期限或者失效日期；

（四）产品性能、主要结构、适用范围；

（五）禁忌、注意事项以及其他需要警示或者提示的内容；

（六）安装和使用说明或者图示；

（七）维护和保养方法，特殊运输、贮存的条件、方法；

（八）产品技术要求规定应当标明的其他内容。

第二类、第三类医疗器械还应当标明医

疗器械注册证编号。

由消费者个人自行使用的医疗器械还应当具有安全使用的特别说明。

第四章　医疗器械经营与使用

第四十条　从事医疗器械经营活动，应当有与经营规模和经营范围相适应的经营场所和贮存条件，以及与经营的医疗器械相适应的质量管理制度和质量管理机构或者人员。

第四十一条　从事第二类医疗器械经营的，由经营企业向所在地设区的市级人民政府负责药品监督管理的部门备案并提交符合本条例第四十条规定条件的有关资料。

按照国务院药品监督管理部门的规定，对产品安全性、有效性不受流通过程影响的第二类医疗器械，可以免于经营备案。

第四十二条　从事第三类医疗器械经营的，经营企业应当向所在地设区的市级人民政府负责药品监督管理的部门申请经营许可并提交符合本条例第四十条规定条件的有关资料。

受理经营许可申请的负责药品监督管理的部门应当对申请资料进行审查，必要时组织核查，并自受理申请之日起20个工作日内作出决定。对符合规定条件的，准予许可并发给医疗器械经营许可证；对不符合规定条件的，不予许可并书面说明理由。

医疗器械经营许可证有效期为5年。有效期届满需要延续的，依照有关行政许可的法律规定办理延续手续。

第四十三条　医疗器械注册人、备案人经营其注册、备案的医疗器械，无需办理医疗器械经营许可或者备案，但应当符合本条例规定的经营条件。

第四十四条　从事医疗器械经营，应当依照法律法规和国务院药品监督管理部门制定的医疗器械经营质量管理规范的要求，建立健全与所经营医疗器械相适应的质量管理体系并保证其有效运行。

第四十五条　医疗器械经营企业、使用单位应当从具备合法资质的医疗器械注册人、备案人、生产经营企业购进医疗器械。购进医疗器械时，应当查验供货者的资质和医疗器械的合格证明文件，建立进货查验记录制度。从事第二类、第三类医疗器械批发业务以及第三类医疗器械零售业务的经营企业，还应当建立销售记录制度。

记录事项包括：

（一）医疗器械的名称、型号、规格、数量；

（二）医疗器械的生产批号、使用期限或者失效日期、销售日期；

（三）医疗器械注册人、备案人和受托生产企业的名称；

（四）供货者或者购货者的名称、地址以及联系方式；

（五）相关许可证明文件编号等。

进货查验记录和销售记录应当真实、准确、完整和可追溯，并按照国务院药品监督管理部门规定的期限予以保存。国家鼓励采用先进技术手段进行记录。

第四十六条　从事医疗器械网络销售的，应当是医疗器械注册人、备案人或者医疗器械经营企业。从事医疗器械网络销售的经营者，应当将从事医疗器械网络销售的相关信息告知所在地设区的市级人民政府负责药品监督管理的部门，经营第一类医疗器械和本条例第四十一条第二款规定的第二类医疗器械的除外。

为医疗器械网络交易提供服务的电子商务平台经营者应当对入网医疗器械经营者进行实名登记，审查其经营许可、备案情况和所经营医疗器械产品注册、备案情况，并对其经营行为进行管理。电子商务平台经营者发现入网医疗器械经营者有违反本条例规定行为的，应当及时制止并立即报告医疗器械经营者所在地设区的市级人民政府负责药品监督管理的部门；发现严重违法行为的，应当立即停止提供网络交易平台服务。

第四十七条　运输、贮存医疗器械，应当符合医疗器械说明书和标签标示的要求；对温度、湿度等环境条件有特殊要求的，应当采取相应措施，保证医疗器械的安全、有效。

第四十八条　医疗器械使用单位应当有与在用医疗器械品种、数量相适应的贮存场所和条件。医疗器械使用单位应当加强对工作人员的技术培训，按照产品说明书、技术操作规范等要求使用医疗器械。

医疗器械使用单位配置大型医用设备，应当符合国务院卫生主管部门制定的大型医用设备配置规划，与其功能定位、临床服务需求相适应，具有相应的技术条件、配套设施和具备相应资质、能力的专业技术人员，并经省级以上人民政府卫生主管部门批准，取得大型医用设备配置许可证。

大型医用设备配置管理办法由国务院卫生主管部门会同国务院有关部门制定。大型医用设备目录由国务院卫生主管部门商国务院有关部门提出，报国务院批准后执行。

第四十九条　医疗器械使用单位对重复使用的医疗器械，应当按照国务院卫生主管部门制定的消毒和管理的规定进行处理。

一次性使用的医疗器械不得重复使用，对使用过的应当按照国家有关规定销毁并记录。一次性使用的医疗器械目录由国务院药品监督管理部门会同国务院卫生主管部门制定、调整并公布。列入一次性使用的医疗器械目录，应当具有充足的无法重复使用的证据理由。重复使用可以保证安全、有效的医疗器械，不列入一次性使用的医疗器械目录。对因设计、生产工艺、消毒灭菌技术等改进后重复使用可以保证安全、有效的医疗器械，应当调整出一次性使用的医疗器械目录，允许重复使用。

第五十条　医疗器械使用单位对需要定期检查、检验、校准、保养、维护的医疗器械，应当按照产品说明书的要求进行检查、检验、校准、保养、维护并予以记录，及时进行分析、评估，确保医疗器械处于良好状态，保障使用质量；对使用期限长的大型医疗器械，应当逐台建立使用档案，记录其使用、维护、转让、实际使用时间等事项。记录保存期限不得少于医疗器械规定使用期限终止后5年。

第五十一条　医疗器械使用单位应当妥善保存购入第三类医疗器械的原始资料，并确保信息具有可追溯性。

使用大型医疗器械以及植入和介入类医疗器械的，应当将医疗器械的名称、关键性技术参数等信息以及与使用质量安全密切相关的必要信息记载到病历等相关记录中。

第五十二条　发现使用的医疗器械存在安全隐患的，医疗器械使用单位应当立即停止使用，并通知医疗器械注册人、备案人或者其他负责产品质量的机构进行检修；经检修仍不能达到使用安全标准的医疗器械，不得继续使用。

第五十三条　对国内尚无同品种产品上市的体外诊断试剂，符合条件的医疗机构根据本单位的临床需要，可以自行研制，在执业医师指导下在本单位内使用。具体管理办法由国务院药品监督管理部门会同国务院卫生主管部门制定。

第五十四条　负责药品监督管理的部门和卫生主管部门依据各自职责，分别对使用环节的医疗器械质量和医疗器械使用行为进行监督管理。

第五十五条　医疗器械经营企业、使用单位不得经营、使用未依法注册或者备案、无合格证明文件以及过期、失效、淘汰的医疗器械。

第五十六条　医疗器械使用单位之间转让在用医疗器械，转让方应当确保所转让的医疗器械安全、有效，不得转让过期、失效、淘汰以及检验不合格的医疗器械。

第五十七条　进口的医疗器械应当是依照本条例第二章的规定已注册或者已备案的

医疗器械。

进口的医疗器械应当有中文说明书、中文标签。说明书、标签应当符合本条例规定以及相关强制性标准的要求，并在说明书中载明医疗器械的原产地以及境外医疗器械注册人、备案人指定的我国境内企业法人的名称、地址、联系方式。没有中文说明书、中文标签或者说明书、标签不符合本条规定的，不得进口。

医疗机构因临床急需进口少量第二类、第三类医疗器械的，经国务院药品监督管理部门或者国务院授权的省、自治区、直辖市人民政府批准，可以进口。进口的医疗器械应当在指定医疗机构内用于特定医疗目的。

禁止进口过期、失效、淘汰等已使用过的医疗器械。

第五十八条 出入境检验检疫机构依法对进口的医疗器械实施检验；检验不合格的，不得进口。

国务院药品监督管理部门应当及时向国家出入境检验检疫部门通报进口医疗器械的注册和备案情况。进口口岸所在地出入境检验检疫机构应当及时向所在地设区的市级人民政府负责药品监督管理的部门通报进口医疗器械的通关情况。

第五十九条 出口医疗器械的企业应当保证其出口的医疗器械符合进口国（地区）的要求。

第六十条 医疗器械广告的内容应当真实合法，以经负责药品监督管理的部门注册或者备案的医疗器械说明书为准，不得含有虚假、夸大、误导性的内容。

发布医疗器械广告，应当在发布前由省、自治区、直辖市人民政府确定的广告审查机关对广告内容进行审查，并取得医疗器械广告批准文号；未经审查，不得发布。

省级以上人民政府药品监督管理部门责令暂停生产、进口、经营和使用的医疗器械，在暂停期间不得发布涉及该医疗器械的广告。

医疗器械广告的审查办法由国务院市场监督管理部门制定。

第五章 不良事件的处理与医疗器械的召回

第六十一条 国家建立医疗器械不良事件监测制度，对医疗器械不良事件及时进行收集、分析、评价、控制。

第六十二条 医疗器械注册人、备案人应当建立医疗器械不良事件监测体系，配备与其产品相适应的不良事件监测机构和人员，对其产品主动开展不良事件监测，并按照国务院药品监督管理部门的规定，向医疗器械不良事件监测技术机构报告调查、分析、评价、产品风险控制等情况。

医疗器械生产经营企业、使用单位应当协助医疗器械注册人、备案人对所生产经营或者使用的医疗器械开展不良事件监测；发现医疗器械不良事件或者可疑不良事件，应当按照国务院药品监督管理部门的规定，向医疗器械不良事件监测技术机构报告。

其他单位和个人发现医疗器械不良事件或者可疑不良事件，有权向负责药品监督管理的部门或者医疗器械不良事件监测技术机构报告。

第六十三条 国务院药品监督管理部门应当加强医疗器械不良事件监测信息网络建设。

医疗器械不良事件监测技术机构应当加强医疗器械不良事件信息监测，主动收集不良事件信息；发现不良事件或者接到不良事件报告的，应当及时进行核实，必要时进行调查、分析、评估，向负责药品监督管理的部门和卫生主管部门报告并提出处理建议。

医疗器械不良事件监测技术机构应当公布联系方式，方便医疗器械注册人、备案人、生产经营企业、使用单位等报告医疗器械不良事件。

第六十四条 负责药品监督管理的部门应当根据医疗器械不良事件评估结果及时采

取发布警示信息以及责令暂停生产、进口、经营和使用等控制措施。

省级以上人民政府药品监督管理部门应当会同同级卫生主管部门和相关部门组织对引起突发、群发的严重伤害或者死亡的医疗器械不良事件及时进行调查和处理，并组织对同类医疗器械加强监测。

负责药品监督管理的部门应当及时向同级卫生主管部门通报医疗器械使用单位的不良事件监测有关情况。

第六十五条　医疗器械注册人、备案人、生产经营企业、使用单位应当对医疗器械不良事件监测技术机构、负责药品监督管理的部门、卫生主管部门开展的医疗器械不良事件调查予以配合。

第六十六条　有下列情形之一的，医疗器械注册人、备案人应当主动开展已上市医疗器械再评价：

（一）根据科学研究的发展，对医疗器械的安全、有效有认识上的改变；

（二）医疗器械不良事件监测、评估结果表明医疗器械可能存在缺陷；

（三）国务院药品监督管理部门规定的其他情形。

医疗器械注册人、备案人应当根据再评价结果，采取相应控制措施，对已上市医疗器械进行改进，并按照规定进行注册变更或者备案变更。再评价结果表明已上市医疗器械不能保证安全、有效的，医疗器械注册人、备案人应当主动申请注销医疗器械注册证或者取消备案；医疗器械注册人、备案人未申请注销医疗器械注册证或者取消备案的，由负责药品监督管理的部门注销医疗器械注册证或者取消备案。

省级以上人民政府药品监督管理部门根据医疗器械不良事件监测、评估等情况，对已上市医疗器械开展再评价。再评价结果表明已上市医疗器械不能保证安全、有效的，应当注销医疗器械注册证或者取消备案。

负责药品监督管理的部门应当向社会及时公布注销医疗器械注册证和取消备案情况。被注销医疗器械注册证或者取消备案的医疗器械不得继续生产、进口、经营、使用。

第六十七条　医疗器械注册人、备案人发现生产的医疗器械不符合强制性标准、经注册或者备案的产品技术要求，或者存在其他缺陷的，应当立即停止生产，通知相关经营企业、使用单位和消费者停止经营和使用，召回已经上市销售的医疗器械，采取补救、销毁等措施，记录相关情况，发布相关信息，并将医疗器械召回和处理情况向负责药品监督管理的部门和卫生主管部门报告。

医疗器械受托生产企业、经营企业发现生产、经营的医疗器械存在前款规定情形的，应当立即停止生产、经营，通知医疗器械注册人、备案人，并记录停止生产、经营和通知情况。医疗器械注册人、备案人认为属于依照前款规定需要召回的医疗器械，应当立即召回。

医疗器械注册人、备案人、受托生产企业、经营企业未依照本条规定实施召回或者停止生产、经营的，负责药品监督管理的部门可以责令其召回或者停止生产、经营。

第六章　监督检查

第六十八条　国家建立职业化专业化检查员制度，加强对医疗器械的监督检查。

第六十九条　负责药品监督管理的部门应当对医疗器械的研制、生产、经营活动以及使用环节的医疗器械质量加强监督检查，并对下列事项进行重点监督检查：

（一）是否按照经注册或者备案的产品技术要求组织生产；

（二）质量管理体系是否保持有效运行；

（三）生产经营条件是否持续符合法定要求。

必要时，负责药品监督管理的部门可以对为医疗器械研制、生产、经营、使用等活动提供产品或者服务的其他相关单位和个人进行延伸检查。

第七十条 负责药品监督管理的部门在监督检查中有下列职权：

（一）进入现场实施检查、抽取样品；

（二）查阅、复制、查封、扣押有关合同、票据、账簿以及其他有关资料；

（三）查封、扣押不符合法定要求的医疗器械，违法使用的零配件、原材料以及用于违法生产经营医疗器械的工具、设备；

（四）查封违反本条例规定从事医疗器械生产经营活动的场所。

进行监督检查，应当出示执法证件，保守被检查单位的商业秘密。

有关单位和个人应当对监督检查予以配合，提供相关文件和资料，不得隐瞒、拒绝、阻挠。

第七十一条 卫生主管部门应当对医疗机构的医疗器械使用行为加强监督检查。实施监督检查时，可以进入医疗机构，查阅、复制有关档案、记录以及其他有关资料。

第七十二条 医疗器械生产经营过程中存在产品质量安全隐患，未及时采取措施消除的，负责药品监督管理的部门可以采取告诫、责任约谈、责令限期整改等措施。

对人体造成伤害或者有证据证明可能危害人体健康的医疗器械，负责药品监督管理的部门可以采取责令暂停生产、进口、经营、使用的紧急控制措施，并发布安全警示信息。

第七十三条 负责药品监督管理的部门应当加强对医疗器械注册人、备案人、生产经营企业和使用单位生产、经营、使用的医疗器械的抽查检验。抽查检验不得收取检验费和其他任何费用，所需费用纳入本级政府预算。省级以上人民政府药品监督管理部门应当根据抽查检验结论及时发布医疗器械质量公告。

卫生主管部门应当对大型医用设备的使用状况进行监督和评估；发现违规使用以及与大型医用设备相关的过度检查、过度治疗等情形的，应当立即纠正，依法予以处理。

第七十四条 负责药品监督管理的部门未及时发现医疗器械安全系统性风险，未及时消除监督管理区域内医疗器械安全隐患的，本级人民政府或者上级人民政府负责药品监督管理的部门应当对其主要负责人进行约谈。

地方人民政府未履行医疗器械安全职责，未及时消除区域性重大医疗器械安全隐患的，上级人民政府或者上级人民政府负责药品监督管理的部门应当对其主要负责人进行约谈。

被约谈的部门和地方人民政府应当立即采取措施，对医疗器械监督管理工作进行整改。

第七十五条 医疗器械检验机构资质认定工作按照国家有关规定实行统一管理。经国务院认证认可监督管理部门会同国务院药品监督管理部门认定的检验机构，方可对医疗器械实施检验。

负责药品监督管理的部门在执法工作中需要对医疗器械进行检验的，应当委托有资质的医疗器械检验机构进行，并支付相关费用。

当事人对检验结论有异议的，可以自收到检验结论之日起7个工作日内向实施抽样检验的部门或者其上一级负责药品监督管理的部门提出复检申请，由受理复检申请的部门在复检机构名录中随机确定复检机构进行复检。承担复检工作的医疗器械检验机构应当在国务院药品监督管理部门规定的时间内作出复检结论。复检结论为最终检验结论。复检机构与初检机构不得为同一机构；相关检验项目只有一家有资质的检验机构的，复检时应当变更承办部门或者人员。复检机构名录由国务院药品监督管理部门公布。

第七十六条 对可能存在有害物质或者擅自改变医疗器械设计、原材料和生产工艺并存在安全隐患的医疗器械，按照医疗器械国家标准、行业标准规定的检验项目和检验方法无法检验的，医疗器械检验机构可以使用国务院药品监督管理部门批准的补充检验项目和检验方法进行检验；使用补充检验项目、检验方法得出的检验结论，可以作为负责药品监督管理的部门认定医疗器械质量的依据。

第七十七条　市场监督管理部门应当依照有关广告管理的法律、行政法规的规定，对医疗器械广告进行监督检查，查处违法行为。

第七十八条　负责药品监督管理的部门应当通过国务院药品监督管理部门在线政务服务平台依法及时公布医疗器械许可、备案、抽查检验、违法行为查处等日常监督管理信息。但是，不得泄露当事人的商业秘密。

负责药品监督管理的部门建立医疗器械注册人、备案人、生产经营企业、使用单位信用档案，对有不良信用记录的增加监督检查频次，依法加强失信惩戒。

第七十九条　负责药品监督管理的部门等部门应当公布本单位的联系方式，接受咨询、投诉、举报。负责药品监督管理的部门等部门接到与医疗器械监督管理有关的咨询，应当及时答复；接到投诉、举报，应当及时核实、处理、答复。对咨询、投诉、举报情况及其答复、核实、处理情况，应当予以记录、保存。

有关医疗器械研制、生产、经营、使用行为的举报经调查属实的，负责药品监督管理的部门等部门对举报人应当给予奖励。有关部门应当为举报人保密。

第八十条　国务院药品监督管理部门制定、调整、修改本条例规定的目录以及与医疗器械监督管理有关的规范，应当公开征求意见；采取听证会、论证会等形式，听取专家、医疗器械注册人、备案人、生产经营企业、使用单位、消费者、行业协会以及相关组织等方面的意见。

第七章　法律责任

第八十一条　有下列情形之一的，由负责药品监督管理的部门没收违法所得、违法生产经营的医疗器械和用于违法生产经营的工具、设备、原材料等物品；违法生产经营的医疗器械货值金额不足1万元的，并处5万元以上15万元以下罚款；货值金额1万元以上的，并处货值金额15倍以上30倍以下罚款；情节严重的，责令停产停业，10年内不受理相关责任人以及单位提出的医疗器械许可申请，对违法单位的法定代表人、主要负责人、直接负责的主管人员和其他责任人员，没收违法行为发生期间自本单位所获收入，并处所获收入30%以上3倍以下罚款，终身禁止其从事医疗器械生产经营活动：

（一）生产、经营未取得医疗器械注册证的第二类、第三类医疗器械；

（二）未经许可从事第二类、第三类医疗器械生产活动；

（三）未经许可从事第三类医疗器械经营活动。

有前款第一项情形、情节严重的，由原发证部门吊销医疗器械生产许可证或者医疗器械经营许可证。

第八十二条　未经许可擅自配置使用大型医用设备的，由县级以上人民政府卫生主管部门责令停止使用，给予警告，没收违法所得；违法所得不足1万元的，并处5万元以上10万元以下罚款；违法所得1万元以上的，并处违法所得10倍以上30倍以下罚款；情节严重的，5年内不受理相关责任人以及单位提出的大型医用设备配置许可申请，对违法单位的法定代表人、主要负责人、直接负责的主管人员和其他责任人员，没收违法行为发生期间自本单位所获收入，并处所获收入30%以上3倍以下罚款，依法给予处分。

第八十三条　在申请医疗器械行政许可

时提供虚假资料或者采取其他欺骗手段的，不予行政许可，已经取得行政许可的，由作出行政许可决定的部门撤销行政许可，没收违法所得、违法生产经营使用的医疗器械，10年内不受理相关责任人以及单位提出的医疗器械许可申请；违法生产经营使用的医疗器械货值金额不足1万元的，并处5万元以上15万元以下罚款；货值金额1万元以上的，并处货值金额15倍以上30倍以下罚款；情节严重的，责令停产停业，对违法单位的法定代表人、主要负责人、直接负责的主管人员和其他责任人员，没收违法行为发生期间自本单位所获收入，并处所获收入30%以上3倍以下罚款，终身禁止其从事医疗器械生产经营活动。

伪造、变造、买卖、出租、出借相关医疗器械许可证件的，由原发证部门予以收缴或者吊销，没收违法所得；违法所得不足1万元的，并处5万元以上10万元以下罚款；违法所得1万元以上的，并处违法所得10倍以上20倍以下罚款；构成违反治安管理行为的，由公安机关依法予以治安管理处罚。

第八十四条 有下列情形之一的，由负责药品监督管理的部门向社会公告单位和产品名称，责令限期改正；逾期不改正的，没收违法所得、违法生产经营的医疗器械；违法生产经营的医疗器械货值金额不足1万元的，并处1万元以上5万元以下罚款；货值金额1万元以上的，并处货值金额5倍以上20倍以下罚款；情节严重的，对违法单位的法定代表人、主要负责人、直接负责的主管人员和其他责任人员，没收违法行为发生期间自本单位所获收入，并处所获收入30%以上2倍以下罚款，5年内禁止其从事医疗器械生产经营活动：

（一）生产、经营未经备案的第一类医疗器械；

（二）未经备案从事第一类医疗器械生产；

（三）经营第二类医疗器械，应当备案但未备案；

（四）已经备案的资料不符合要求。

第八十五条 备案时提供虚假资料的，由负责药品监督管理的部门向社会公告备案单位和产品名称，没收违法所得、违法生产经营的医疗器械；违法生产经营的医疗器械货值金额不足1万元的，并处2万元以上5万元以下罚款；货值金额1万元以上的，并处货值金额5倍以上20倍以下罚款；情节严重的，责令停产停业，对违法单位的法定代表人、主要负责人、直接负责的主管人员和其他责任人员，没收违法行为发生期间自本单位所获收入，并处所获收入30%以上3倍以下罚款，10年内禁止其从事医疗器械生产经营活动。

第八十六条 有下列情形之一的，由负责药品监督管理的部门责令改正，没收违法生产经营使用的医疗器械；违法生产经营使用的医疗器械货值金额不足1万元的，并处2万元以上5万元以下罚款；货值金额1万元以上的，并处货值金额5倍以上20倍以下罚款；情节严重的，责令停产停业，直至由原发证部门吊销医疗器械注册证、医疗器械生产许可证、医疗器械经营许可证，对违法单位的法定代表人、主要负责人、直接负责的主管人员和其他责任人员，没收违法行为发生期间自本单位所获收入，并处所获收入30%以上3倍以下罚款，10年内禁止其从事医疗器械生产经营活动：

（一）生产、经营、使用不符合强制性标准或者不符合经注册或者备案的产品技术要求的医疗器械；

（二）未按照经注册或者备案的产品技术要求组织生产，或者未依照本条例规定建立质量管理体系并保持有效运行，影响产品安全、有效；

（三）经营、使用无合格证明文件、过期、失效、淘汰的医疗器械，或者使用未依法注册的医疗器械；

（四）在负责药品监督管理的部门责令召回后仍拒不召回，或者在负责药品监督管理的部门责令停止或者暂停生产、进口、经营后，仍拒不停止生产、进口、经营医疗器械；

（五）委托不具备本条例规定条件的企业生产医疗器械，或者未对受托生产企业的生产行为进行管理；

（六）进口过期、失效、淘汰等已使用过的医疗器械。

第八十七条　医疗器械经营企业、使用单位履行了本条例规定的进货查验等义务，有充分证据证明其不知道所经营、使用的医疗器械为本条例第八十一条第一款第一项、第八十四条第一项、第八十六条第一项和第三项规定情形的医疗器械，并能如实说明其进货来源的，收缴其经营、使用的不符合法定要求的医疗器械，可以免除行政处罚。

第八十八条　有下列情形之一的，由负责药品监督管理的部门责令改正，处1万元以上5万元以下罚款；拒不改正的，处5万元以上10万元以下罚款；情节严重的，责令停产停业，直至由原发证部门吊销医疗器械生产许可证、医疗器械经营许可证，对违法单位的法定代表人、主要负责人、直接负责的主管人员和其他责任人员，没收违法行为发生期间自本单位所获收入，并处所获收入30%以上2倍以下罚款，5年内禁止其从事医疗器械生产经营活动：

（一）生产条件发生变化、不再符合医疗器械质量管理体系要求，未依照本条例规定整改、停止生产、报告；

（二）生产、经营说明书、标签不符合本条例规定的医疗器械；

（三）未按照医疗器械说明书和标签标示要求运输、贮存医疗器械；

（四）转让过期、失效、淘汰或者检验不合格的在用医疗器械。

第八十九条　有下列情形之一的，由负责药品监督管理的部门和卫生主管部门依据各自职责责令改正，给予警告；拒不改正的，处1万元以上10万元以下罚款；情节严重的，责令停产停业，直至由原发证部门吊销医疗器械注册证、医疗器械生产许可证、医疗器械经营许可证，对违法单位的法定代表人、主要负责人、直接负责的主管人员和其他责任人员处1万元以上3万元以下罚款：

（一）未按照要求提交质量管理体系自查报告；

（二）从不具备合法资质的供货者购进医疗器械；

（三）医疗器械经营企业、使用单位未依照本条例规定建立并执行医疗器械进货查验记录制度；

（四）从事第二类、第三类医疗器械批发业务以及第三类医疗器械零售业务的经营企业未依照本条例规定建立并执行销售记录制度；

（五）医疗器械注册人、备案人、生产经营企业、使用单位未依照本条例规定开展医疗器械不良事件监测，未按照要求报告不良事件，或者对医疗器械不良事件监测技术机构、负责药品监督管理的部门、卫生主管部门开展的不良事件调查不予配合；

（六）医疗器械注册人、备案人未按照规定制定上市后研究和风险管控计划并保证有效实施；

（七）医疗器械注册人、备案人未按照规定建立并执行产品追溯制度；

（八）医疗器械注册人、备案人、经营企业从事医疗器械网络销售未按照规定告知负责药品监督管理的部门；

（九）对需要定期检查、检验、校准、保养、维护的医疗器械，医疗器械使用单位未按照产品说明书要求进行检查、检验、校准、保养、维护并予以记录，及时进行分析、评估，确保医疗器械处于良好状态；

（十）医疗器械使用单位未妥善保存购入第三类医疗器械的原始资料。

第九十条 有下列情形之一的，由县级以上人民政府卫生主管部门责令改正，给予警告；拒不改正的，处5万元以上10万元以下罚款；情节严重的，处10万元以上30万元以下罚款，责令暂停相关医疗器械使用活动，直至由原发证部门吊销执业许可证，依法责令相关责任人员暂停6个月以上1年以下执业活动，直至由原发证部门吊销相关人员执业证书，对违法单位的法定代表人、主要负责人、直接负责的主管人员和其他责任人员，没收违法行为发生期间自本单位所获收入，并处所获收入30%以上3倍以下罚款，依法给予处分：

（一）对重复使用的医疗器械，医疗器械使用单位未按照消毒和管理的规定进行处理；

（二）医疗器械使用单位重复使用一次性使用的医疗器械，或者未按照规定销毁使用过的一次性使用的医疗器械；

（三）医疗器械使用单位未按照规定将大型医疗器械以及植入和介入类医疗器械的信息记载到病历等相关记录中；

（四）医疗器械使用单位发现使用的医疗器械存在安全隐患未立即停止使用、通知检修，或者继续使用经检修仍不能达到使用安全标准的医疗器械；

（五）医疗器械使用单位违规使用大型医用设备，不能保障医疗质量安全。

第九十一条 违反进出口商品检验相关法律、行政法规进口医疗器械的，由出入境检验检疫机构依法处理。

第九十二条 为医疗器械网络交易提供服务的电子商务平台经营者违反本条例规定，未履行对入网医疗器械经营者进行实名登记，审查许可、注册、备案情况，制止并报告违法行为，停止提供网络交易平台服务等管理义务的，由负责药品监督管理的部门依照《中华人民共和国电子商务法》的规定给予处罚。

第九十三条 未进行医疗器械临床试验机构备案开展临床试验的，由负责药品监督管理的部门责令停止临床试验并改正；拒不改正的，该临床试验数据不得用于产品注册、备案，处5万元以上10万元以下罚款，并向社会公告；造成严重后果的，5年内禁止其开展相关专业医疗器械临床试验，并处10万元以上30万元以下罚款，由卫生主管部门对违法单位的法定代表人、主要负责人、直接负责的主管人员和其他责任人员，没收违法行为发生期间自本单位所获收入，并处所获收入30%以上3倍以下罚款，依法给予处分。

临床试验申办者开展临床试验未经备案的，由负责药品监督管理的部门责令停止临床试验，对临床试验申办者处5万元以上10万元以下罚款，并向社会公告；造成严重后果的，处10万元以上30万元以下罚款。该临床试验数据不得用于产品注册、备案，5年内不受理相关责任人以及单位提出的医疗器械注册申请。

临床试验申办者未经批准开展对人体具有较高风险的第三类医疗器械临床试验的，由负责药品监督管理的部门责令立即停止临床试验，对临床试验申办者处10万元以上30万元以下罚款，并向社会公告；造成严重后果的，处30万元以上100万元以下罚款。该临床试验数据不得用于产品注册，10年内不受理相关责任人以及单位提出的医疗器械临床试验和注册申请，对违法单位的法定代表人、主要负责人、直接负责的主管人员和其他责任人员，没收违法行为发生期间自本单位所获收入，并处所获收入30%以上3倍以下罚款。

第九十四条 医疗器械临床试验机构开展医疗器械临床试验未遵守临床试验质量管理规范的，由负责药品监督管理的部门责令改正或者立即停止临床试验，处5万元以上10万元以下罚款；造成严重后果的，5年内禁止其开展相关专业医疗器械临床试验，由卫生主管部门对违法单位的法定代表人、主要负责人、直接负责的主管人员和其他责任人员，没收违法行为发生期间自本单位所获收入，并处所获收入30%以上3倍以下罚款，依法给予处分。

第九十五条　医疗器械临床试验机构出具虚假报告的，由负责药品监督管理的部门处10万元以上30万元以下罚款；有违法所得的，没收违法所得；10年内禁止其开展相关专业医疗器械临床试验；由卫生主管部门对违法单位的法定代表人、主要负责人、直接负责的主管人员和其他责任人员，没收违法行为发生期间自本单位所获收入，并处所获收入30%以上3倍以下罚款，依法给予处分。

第九十六条　医疗器械检验机构出具虚假检验报告的，由授予其资质的主管部门撤销检验资质，10年内不受理相关责任人以及单位提出的资质认定申请，并处10万元以上30万元以下罚款；有违法所得的，没收违法所得；对违法单位的法定代表人、主要负责人、直接负责的主管人员和其他责任人员，没收违法行为发生期间自本单位所获收入，并处所获收入30%以上3倍以下罚款，依法给予处分；受到开除处分的，10年内禁止其从事医疗器械检验工作。

第九十七条　违反本条例有关医疗器械广告管理规定的，依照《中华人民共和国广告法》的规定给予处罚。

第九十八条　境外医疗器械注册人、备案人指定的我国境内企业法人未依照本条例规定履行相关义务的，由省、自治区、直辖市人民政府药品监督管理部门责令改正，给予警告，并处5万元以上10万元以下罚款；情节严重的，处10万元以上50万元以下罚款，5年内禁止其法定代表人、主要负责人、直接负责的主管人员和其他责任人员从事医疗器械生产经营活动。

境外医疗器械注册人、备案人拒不履行依据本条例作出的行政处罚决定的，10年内禁止其医疗器械进口。

第九十九条　医疗器械研制、生产、经营单位和检验机构违反本条例规定使用禁止从事医疗器械生产经营活动、检验工作的人员的，由负责药品监督管理的部门责令改正，给予警告；拒不改正的，责令停产停业直至吊销许可证件。

第一百条　医疗器械技术审评机构、医疗器械不良事件监测技术机构未依照本条例规定履行职责，致使审评、监测工作出现重大失误的，由负责药品监督管理的部门责令改正，通报批评，给予警告；造成严重后果的，对违法单位的法定代表人、主要负责人、直接负责的主管人员和其他责任人员，依法给予处分。

第一百零一条　负责药品监督管理的部门或者其他有关部门工作人员违反本条例规定，滥用职权、玩忽职守、徇私舞弊的，依法给予处分。

第一百零二条　违反本条例规定，构成犯罪的，依法追究刑事责任；造成人身、财产或者其他损害的，依法承担赔偿责任。

第八章　附　　则

第一百零三条　本条例下列用语的含义：

医疗器械，是指直接或者间接用于人体的仪器、设备、器具、体外诊断试剂及校准物、材料以及其他类似或者相关的物品，包括所需要的计算机软件；其效用主要通过物理等方式获得，不是通过药理学、免疫学或者代谢的方式获得，或者虽然有这些方式参与但是只起辅助作用；其目的是：

（一）疾病的诊断、预防、监护、治疗或者缓解；

（二）损伤的诊断、监护、治疗、缓解或者功能补偿；

（三）生理结构或者生理过程的检验、替代、调节或者支持；

（四）生命的支持或者维持；

（五）妊娠控制；

（六）通过对来自人体的样本进行检

查，为医疗或者诊断目的提供信息。

医疗器械注册人、备案人，是指取得医疗器械注册证或者办理医疗器械备案的企业或者研制机构。

医疗器械使用单位，是指使用医疗器械为他人提供医疗等技术服务的机构，包括医疗机构、计划生育技术服务机构、血站、单采血浆站、康复辅助器具适配机构等。

大型医用设备，是指使用技术复杂、资金投入量大、运行成本高、对医疗费用影响大且纳入目录管理的大型医疗器械。

第一百零四条　医疗器械产品注册可以收取费用。具体收费项目、标准分别由国务院财政、价格主管部门按照国家有关规定制定。

第一百零五条　医疗卫生机构为应对突发公共卫生事件而研制的医疗器械的管理办法，由国务院药品监督管理部门会同国务院卫生主管部门制定。

从事非营利的避孕医疗器械的存储、调拨和供应，应当遵守国务院卫生主管部门会同国务院药品监督管理部门制定的管理办法。

中医医疗器械的技术指导原则，由国务院药品监督管理部门会同国务院中医药管理部门制定。

第一百零六条　军队医疗器械使用的监督管理，依照本条例和军队有关规定执行。

第一百零七条　本条例自 2021 年 6 月 1 日起施行。

医疗器械经营监督管理办法

（2022 年 2 月 18 日市场监管总局第 4 次局务会议通过，2022 年 3 月 10 日公布，自 2022 年 5 月 1 日起施行）

第一章　总　　则

第一条　为了加强医疗器械经营监督管理，规范医疗器械经营活动，保证医疗器械安全、有效，根据《医疗器械监督管理条例》，制定本办法。

第二条　在中华人民共和国境内从事医疗器械经营活动及其监督管理，应当遵守本办法。

第三条　从事医疗器械经营活动，应当遵守法律、法规、规章、强制性标准和医疗器械经营质量管理规范等要求，保证医疗器械经营过程信息真实、准确、完整和可追溯。

医疗器械注册人、备案人可以自行销售，也可以委托医疗器械经营企业销售其注册、备案的医疗器械。

第四条　按照医疗器械风险程度，医疗器械经营实施分类管理。

经营第三类医疗器械实行许可管理，经营第二类医疗器械实行备案管理，经营第一类医疗器械不需要许可和备案。

第五条　国家药品监督管理局主管全国医疗器械经营监督管理工作。

省、自治区、直辖市药品监督管理部门负责本行政区域的医疗器械经营监督管理工作。

设区的市级、县级负责药品监督管理的部门负责本行政区域的医疗器械经营监督管理工作。

第六条　药品监督管理部门依法设置或者指定的医疗器械检查、检验、监测与评价等专业技术机构，按照职责分工承担相关技术工作并出具技术意见，为医疗器械经营监督管理提供技术支持。

第七条　国家药品监督管理局加强医疗

器械经营监督管理信息化建设，提高在线政务服务水平。

省、自治区、直辖市药品监督管理部门负责本行政区域医疗器械经营监督管理信息化建设和管理工作，按照国家药品监督管理局要求统筹推进医疗器械经营监督管理信息共享。

第八条　药品监督管理部门依法及时公开医疗器械经营许可、备案等信息以及监督检查、行政处罚的结果，方便公众查询，接受社会监督。

第二章　经营许可与备案管理

第九条　从事医疗器械经营活动，应当具备下列条件：

（一）与经营范围和经营规模相适应的质量管理机构或者质量管理人员，质量管理人员应当具有相关专业学历或者职称；

（二）与经营范围和经营规模相适应的经营场所；

（三）与经营范围和经营规模相适应的贮存条件；

（四）与经营的医疗器械相适应的质量管理制度；

（五）与经营的医疗器械相适应的专业指导、技术培训和售后服务的质量管理机构或者人员。

从事第三类医疗器械经营的企业还应当具有符合医疗器械经营质量管理制度要求的计算机信息管理系统，保证经营的产品可追溯。鼓励从事第一类、第二类医疗器械经营的企业建立符合医疗器械经营质量管理制度要求的计算机信息管理系统。

第十条　从事第三类医疗器械经营的，经营企业应当向所在地设区的市级负责药品监督管理的部门提出申请，并提交下列资料：

（一）法定代表人（企业负责人）、质量负责人身份证明、学历或者职称相关材料复印件；

（二）企业组织机构与部门设置；

（三）医疗器械经营范围、经营方式；

（四）经营场所和库房的地理位置图、平面图、房屋产权文件或者租赁协议复印件；

（五）主要经营设施、设备目录；

（六）经营质量管理制度、工作程序等文件目录；

（七）信息管理系统基本情况；

（八）经办人授权文件。

医疗器械经营许可申请人应当确保提交的资料合法、真实、准确、完整和可追溯。

第十一条　设区的市级负责药品监督管理的部门收到申请后，应当根据下列情况分别作出处理：

（一）申请事项属于本行政机关职权范围，申请资料齐全、符合法定形式的，应当受理申请。

（二）申请资料存在可以当场更正的错误的，应当允许申请人当场更正。

（三）申请资料不齐全或者不符合法定形式的，应当当场或者在5个工作日内一次告知申请人需要补正的全部内容。逾期不告知的，自收到申请资料之日起即为受理。

（四）申请事项不属于本行政机关职权范围的，应当即时作出不予受理的决定，并告知申请人向有关行政部门申请。

设区的市级负责药品监督管理的部门受理或者不予受理医疗器械经营许可申请的，应当出具加盖本行政机关专用印章和注明日期的受理或者不予受理通知书。

第十二条　法律、法规、规章规定实施行政许可应当听证的事项，或者药品监督管理部门认为需要听证的其他涉及公共利益的重大行政许可事项，药品监督管理部门应当向社会公告，并举行听证。医疗器械经营许可申请直接涉及申请人与他人之间重大利益关系的，药品监督管理部门在作出行政许可决定前，应当告知申请人、利害关系人享有要求听证的权利。

第十三条 设区的市级负责药品监督管理的部门自受理经营许可申请后，应当对申请资料进行审查，必要时按照医疗器械经营质量管理规范的要求开展现场核查，并自受理之日起 20 个工作日内作出决定。需要整改的，整改时间不计入审核时限。

符合规定条件的，作出准予许可的书面决定，并于 10 个工作日内发给医疗器械经营许可证；不符合规定条件的，作出不予许可的书面决定，并说明理由。

第十四条 医疗器械经营许可证有效期为 5 年，载明许可证编号、企业名称、统一社会信用代码、法定代表人、企业负责人、住所、经营场所、经营方式、经营范围、库房地址、发证部门、发证日期和有效期限等事项。

医疗器械经营许可证由国家药品监督管理局统一样式，由设区的市级负责药品监督管理的部门印制。

药品监督管理部门制作的医疗器械经营许可证的电子证书与纸质证书具有同等法律效力。

第十五条 医疗器械经营许可证变更的，应当向原发证部门提出医疗器械经营许可证变更申请，并提交本办法第十条规定中涉及变更内容的有关材料。经营场所、经营方式、经营范围、库房地址变更的，药品监督管理部门自受理之日起 20 个工作日内作出准予变更或者不予变更的决定。必要时按照医疗器械经营质量管理规范的要求开展现场核查。

需要整改的，整改时间不计入审核时限。不予变更的，应当书面说明理由并告知申请人。其他事项变更的，药品监督管理部门应当当场予以变更。

变更后的医疗器械经营许可证编号和有效期限不变。

第十六条 医疗器械经营许可证有效期届满需要延续的，医疗器械经营企业应当在有效期届满前 90 个工作日至 30 个工作日期间提出延续申请。逾期未提出延续申请的，不再受理其延续申请。

原发证部门应当按照本办法第十三条的规定对延续申请进行审查，必要时开展现场核查，在医疗器械经营许可证有效期届满前作出是否准予延续的决定。

经审查符合规定条件的，准予延续，延续后的医疗器械经营许可证编号不变。不符合规定条件的，责令限期整改；整改后仍不符合规定条件的，不予延续，并书面说明理由。逾期未作出决定的，视为准予延续。

延续许可的批准时间在原许可证有效期内的，延续起始日为原许可证到期日的次日；批准时间不在原许可证有效期内的，延续起始日为批准延续许可的日期。

第十七条 经营企业跨设区的市设置库房的，由医疗器械经营许可发证部门或者备案部门通报库房所在地设区的市级负责药品监督管理的部门。

第十八条 经营企业新设立独立经营场所的，应当依法单独申请医疗器械经营许可或者进行备案。

第十九条 医疗器械经营许可证遗失的，应当向原发证部门申请补发。原发证部门应当及时补发医疗器械经营许可证，补发的医疗器械经营许可证编号和有效期限与原许可证一致。

第二十条 有下列情形之一的，由原发证部门依法注销医疗器械经营许可证，并予以公告：

（一）主动申请注销的；

（二）有效期届满未延续的；

（三）市场主体资格依法终止的；

（四）医疗器械经营许可证依法被吊销或者撤销的；

（五）法律、法规规定应当注销行政许可的其他情形。

第二十一条 从事第二类医疗器械经营的，经营企业应当向所在地设区的市级负责药品监督管理的部门备案，并提交符合本办法第十条规定的资料（第七项除外），即完成经营备案，获取经营备案编号。

医疗器械经营备案人应当确保提交的资料合法、真实、准确、完整和可追溯。

第二十二条　必要时，设区的市级负责药品监督管理的部门在完成备案之日起3个月内，对提交的资料以及执行医疗器械经营质量管理规范情况开展现场检查。

现场检查发现与提交的资料不一致或者不符合医疗器械经营质量管理规范要求的，责令限期改正；不能保证产品安全、有效的，取消备案并向社会公告。

第二十三条　同时申请第三类医疗器械经营许可和进行第二类医疗器械经营备案的，或者已经取得第三类医疗器械经营许可进行第二类医疗器械备案的，可以免予提交相应资料。

第二十四条　第二类医疗器械经营企业的经营场所、经营方式、经营范围、库房地址等发生变化的，应当及时进行备案变更。必要时设区的市级负责药品监督管理的部门开展现场检查。现场检查不符合医疗器械经营质量管理规范要求的，责令限期改正；不能保证产品安全、有效的，取消备案并向社会公告。

第二十五条　对产品安全性、有效性不受流通过程影响的第二类医疗器械，可以免予经营备案。具体产品名录由国家药品监督管理局制定、调整并公布。

第二十六条　从事非营利的避孕医疗器械贮存、调拨和供应的机构，应当符合有关规定，无需办理医疗器械经营许可或者备案。

第二十七条　医疗器械注册人、备案人在其住所或者生产地址销售其注册、备案的医疗器械，无需办理医疗器械经营许可或者备案，但应当符合规定的经营条件；在其他场所贮存并销售医疗器械的，应当按照规定办理医疗器械经营许可或者备案。

第二十八条　任何单位和个人不得伪造、变造、买卖、出租、出借医疗器械经营许可证。

第三章　经营质量管理

第二十九条　从事医疗器械经营，应当按照法律法规和医疗器械经营质量管理规范的要求，建立覆盖采购、验收、贮存、销售、运输、售后服务等全过程的质量管理制度和质量控制措施，并做好相关记录，保证经营条件和经营活动持续符合要求。

第三十条　医疗器械经营企业应当建立并实施产品追溯制度，保证产品可追溯。

医疗器械经营企业应当按照国家有关规定执行医疗器械唯一标识制度。

第三十一条　医疗器械经营企业应当从具有合法资质的医疗器械注册人、备案人、经营企业购进医疗器械。

第三十二条　医疗器械经营企业应当建立进货查验记录制度，购进医疗器械时应当查验供货企业的资质，以及医疗器械注册证和备案信息、合格证明文件。进货查验记录应当真实、准确、完整和可追溯。进货查验记录包括：

（一）医疗器械的名称、型号、规格、数量；

（二）医疗器械注册证编号或者备案编号；

（三）医疗器械注册人、备案人和受托生产企业名称、生产许可证号或者备案编号；

（四）医疗器械的生产批号或者序列号、使用期限或者失效日期、购货日期等；

（五）供货者的名称、地址以及联系方式。

进货查验记录应当保存至医疗器械有效期满后2年；没有有效期的，不得少于5年。植入类医疗器械进货查验记录应当永久保存。

第三十三条　医疗器械经营企业应当采取有效措施，确保医疗器械运输、贮存符合医疗器械说明书或者标签标示要求，并做好相应记录。

对温度、湿度等环境条件有特殊要求的，应当采取相应措施，保证医疗器械的安全、有效。

第三十四条　医疗器械注册人、备案人和经营企业委托其他单位运输、贮存医疗器械的，应当对受托方运输、贮存医疗器械的质量保障能力进行评估，并与其签订委托协议，明确运输、贮存过程中的质量责任，确保运输、贮存过程中的质量安全。

第三十五条　为医疗器械注册人、备案人和经营企业专门提供运输、贮存服务的，应当与委托方签订书面协议，明确双方权利义务和质量责任，并具有与产品运输、贮存条件和规模相适应的设备设施，具备与委托方开展实时电子数据交换和实现产品经营质量管理全过程可追溯的信息管理平台和技术手段。

第三十六条　医疗器械注册人、备案人委托销售的，应当委托符合条件的医疗器械经营企业，并签订委托协议，明确双方的权利和义务。

第三十七条　医疗器械注册人、备案人和经营企业应当加强对销售人员的培训和管理，对销售人员以本企业名义从事的医疗器械购销行为承担法律责任。

第三十八条　从事第二类、第三类医疗器械批发业务以及第三类医疗器械零售业务的经营企业应当建立销售记录制度。销售记录信息应当真实、准确、完整和可追溯。销售记录包括：

（一）医疗器械的名称、型号、规格、注册证编号或者备案编号、数量、单价、金额；

（二）医疗器械的生产批号或者序列号、使用期限或者失效日期、销售日期；

（三）医疗器械注册人、备案人和受托生产企业名称、生产许可证编号或者备案编号。

从事第二类、第三类医疗器械批发业务的企业，销售记录还应当包括购货者的名称、地址、联系方式、相关许可证明文件编号或者备案编号等。

销售记录应当保存至医疗器械有效期满后2年；没有有效期的，不得少于5年。植入类医疗器械销售记录应当永久保存。

第三十九条　医疗器械经营企业应当提供售后服务。约定由供货者或者其他机构提供售后服务的，经营企业应当加强管理，保证医疗器械售后的安全使用。

第四十条　医疗器械经营企业应当配备专职或者兼职人员负责售后管理，对客户投诉的质量问题应当查明原因，采取有效措施及时处理和反馈，并做好记录，必要时及时通知医疗器械注册人、备案人、生产经营企业。

第四十一条　医疗器械经营企业应当协助医疗器械注册人、备案人，对所经营的医疗器械开展不良事件监测，按照国家药品监督管理局的规定，向医疗器械不良事件监测技术机构报告。

第四十二条　医疗器械经营企业发现其经营的医疗器械不符合强制性标准、经注册或者备案的产品技术要求，或者存在其他缺陷的，应当立即停止经营，通知医疗器械注册人、备案人等有关单位，并记录停止经营和通知情况。医疗器械注册人、备案人认为需要召回的，应当立即召回。

第四十三条　第三类医疗器械经营企业停业一年以上，恢复经营前，应当进行必要的验证和确认，并书面报告所在地设区的市级负责药品监督管理的部门。可能影响质量安全的，药品监督管理部门可以根据需要组织核查。

医疗器械注册人、备案人、经营企业经营条件发生重大变化，不再符合医疗器械经营质量管理体系要求的，应当立即采取整改措施；可能影响医疗器械安全、有效的，应当立即停止经营活动，并向原经营许可或者备案部门报告。

第四十四条　医疗器械经营企业应当建立质量管理自查制度，按照医疗器械经营质量管理规范要求进行自查，每年3月31日前向所在地市县级负责药品监督管理的部门提交上一年度的自查报告。

第四十五条　从事医疗器械经营活动的，不得经营未依法注册或者备案，无合格证明文件以及过期、失效、淘汰的医疗器械。

禁止进口、销售过期、失效、淘汰等已使用过的医疗器械。

第四章　监督检查

第四十六条　省、自治区、直辖市药品监督管理部门组织对本行政区域的医疗器械经营监督管理工作进行监督检查。

设区的市级、县级负责药品监督管理的部门负责本行政区域医疗器械经营活动的监督检查。

第四十七条　药品监督管理部门根据医疗器械经营企业质量管理和所经营医疗器械产品的风险程度，实施分类分级管理并动态调整。

第四十八条　设区的市级、县级负责药品监督管理的部门应当制定年度检查计划，明确监管重点、检查频次和覆盖范围并组织实施。

第四十九条　药品监督管理部门组织监督检查，检查方式原则上应当采取突击性监督检查，现场检查时不得少于两人，并出示执法证件，如实记录现场检查情况。检查发现存在质量安全风险或者不符合规范要求的，将检查结果书面告知被检查企业。需要整改的，应当明确整改内容以及整改期限，并进行跟踪检查。

第五十条　设区的市级、县级负责药品监督管理的部门应当对医疗器械经营企业符合医疗器械经营质量管理规范要求的情况进行监督检查，督促其规范经营活动。

第五十一条　设区的市级、县级负责药品监督管理的部门应当结合医疗器械经营企业提交的年度自查报告反映的情况加强监督检查。

第五十二条　药品监督管理部门应当对有下列情形的进行重点监督检查：

（一）上一年度监督检查中发现存在严重问题的；

（二）因违反有关法律、法规受到行政处罚的；

（三）风险会商确定的重点检查企业；

（四）有不良信用记录的；

（五）新开办或者经营条件发生重大变化的医疗器械批发企业和第三类医疗器械零售企业；

（六）为其他医疗器械注册人、备案人和生产经营企业专门提供贮存、运输服务的；

（七）其他需要重点监督检查的情形。

第五十三条　药品监督管理部门对不良事件监测、抽查检验、投诉举报等发现可能存在严重质量安全风险的，原则上应当开展有因检查。有因检查原则上采取非预先告知的方式进行。

第五十四条　药品监督管理部门根据医疗器械质量安全风险防控需要，可以对为医疗器械经营活动提供产品或者服务的其他相关单位和个人进行延伸检查。

第五十五条　医疗器械经营企业跨设区的市设置的库房，由库房所在地药品监督管理部门负责监督检查。

医疗器械经营企业所在地药品监督管理部门和库房所在地药品监督管理部门应当加强监管信息共享，必要时可以开展联合检查。

第五十六条　药品监督管理部门应当加强医疗器械经营环节的抽查检验，对抽查检验不合格的，应当及时处置。

省级以上药品监督管理部门应当根据抽查检验结论及时发布医疗器械质量公告。

第五十七条 经营的医疗器械对人体造成伤害或者有证据证明可能危害人体健康的，药品监督管理部门可以采取暂停进口、经营、使用的紧急控制措施，并发布安全警示信息。

监督检查中发现经营活动严重违反医疗器械经营质量管理规范，不能保证产品安全有效，可能危害人体健康的，依照前款规定处理。

第五十八条 药品监督管理部门应当根据监督检查、产品抽检、不良事件监测、投诉举报、行政处罚等情况，定期开展风险会商研判，做好医疗器械质量安全隐患排查和防控处置工作。

第五十九条 医疗器械注册人、备案人、经营企业对存在的医疗器械质量安全风险，未采取有效措施消除的，药品监督管理部门可以对医疗器械注册人、备案人、经营企业的法定代表人或者企业负责人进行责任约谈。

第六十条 设区的市级负责药品监督管理的部门应当建立并及时更新辖区内医疗器械经营企业信用档案。信用档案中应当包括医疗器械经营企业许可备案、监督检查结果、违法行为查处、质量抽查检验、自查报告、不良行为记录和投诉举报等信息。

对有不良信用记录的医疗器械注册人、备案人和经营企业，药品监督管理部门应当增加监督检查频次，依法加强失信惩戒。

第六十一条 药品监督管理部门应当公布接受投诉、举报的联系方式。接到举报的药品监督管理部门应当及时核实、处理、答复。经查证属实的，应当按照有关规定对举报人给予奖励。

第六十二条 药品监督管理部门在监督检查中，发现涉嫌违法行为的，应当及时收集和固定证据，依法立案查处；涉嫌犯罪的，及时移交公安机关处理。

第六十三条 药品监督管理部门及其工作人员对调查、检查中知悉的商业秘密应当保密。

第六十四条 药品监督管理部门及其工作人员在监督检查中，应当严格规范公正文明执法，严格执行廉政纪律，不得索取或者收受财物，不得谋取其他利益，不得妨碍企业的正常经营活动。

第五章 法律责任

第六十五条 医疗器械经营的违法行为，医疗器械监督管理条例等法律法规已有规定的，依照其规定。

第六十六条 有下列情形之一的，责令限期改正，并处 1 万元以上 5 万元以下罚款；情节严重的，处 5 万元以上 10 万元以下罚款；造成危害后果的，处 10 万元以上 20 万元以下罚款：

（一）第三类医疗器械经营企业擅自变更经营场所、经营范围、经营方式、库房地址；

（二）医疗器械经营许可证有效期届满后，未依法办理延续手续仍继续从事医疗器械经营活动。

未经许可从事第三类医疗器械经营活动的，依照医疗器械监督管理条例第八十一条的规定处罚。

第六十七条 违反医疗器械经营质量管理规范有关要求的，由药品监督管理部门责令限期改正；影响医疗器械产品安全、有效的，依照医疗器械监督管理条例第八十六条的规定处罚。

第六十八条 医疗器械经营企业未按照要求提交质量管理体系年度自查报告，或者违反本办法规定为其他医疗器械生产经营企业专门提供贮存、运输服务的，由药品监督管理部门责令限期改正；拒不改正的，处 1 万元以上 5 万元以下罚款；情节严重的，处 5 万元以上 10 万元以下罚款。

第六十九条 第三类医疗器械经营企业未按照本办法规定办理企业名称、法定代表人、企业负责人变更的，由药品监督管理部门责令限期改正；拒不改正的，处5000元以上3万元以下罚款。

第七十条　药品监督管理部门工作人员违反本办法规定，滥用职权、玩忽职守、徇私舞弊的，依法给予处分。

第六章　附　　则

第七十一条　本办法下列用语的含义是：

医疗器械批发，是指将医疗器械销售给医疗器械生产企业、医疗器械经营企业、医疗器械使用单位或者其他有合理使用需求的单位的医疗器械经营行为。

医疗器械零售，是指将医疗器械直接销售给消费者个人使用的医疗器械经营行为。

第七十二条　从事医疗器械网络销售的，应当遵守法律、法规和规章有关规定。

第七十三条　本办法自2022年5月1日起施行。2014年7月30日原国家食品药品监督管理总局令第8号公布的《医疗器械经营监督管理办法》同时废止。

医疗器械网络销售监督管理办法

（2017年11月7日经国家食品药品监督管理总局局务会议审议通过，2017年12月20日公布，自2018年3月1日起施行）

第一章　总　　则

第一条　为加强医疗器械网络销售和医疗器械网络交易服务监督管理，保障公众用械安全，根据《中华人民共和国网络安全法》《医疗器械监督管理条例》《互联网信息服务管理办法》等法律法规，制定本办法。

第二条　在中华人民共和国境内从事医疗器械网络销售、提供医疗器械网络交易服务及其监督管理，应当遵守本办法。

第三条　国家食品药品监督管理总局负责指导全国医疗器械网络销售、医疗器械网络交易服务的监督管理，并组织开展全国医疗器械网络销售和网络交易服务监测。

省级食品药品监督管理部门负责医疗器械网络交易服务的监督管理。

县级以上地方食品药品监督管理部门负责本行政区域内医疗器械网络销售的监督管理。

第四条　从事医疗器械网络销售的企业、医疗器械网络交易服务第三方平台提供者应当遵守医疗器械法规、规章和规范，建立健全管理制度，依法诚信经营，保证医疗器械质量安全。

从事医疗器械网络销售的企业，是指通过网络销售医疗器械的医疗器械上市许可持有人（即医疗器械注册人或者备案人，以下简称持有人）和医疗器械生产经营企业。

医疗器械网络交易服务第三方平台提供者，是指在医疗器械网络交易中仅提供网页空间、虚拟交易场所、交易规则、交易撮合、电子订单等交易服务，供交易双方或者多方开展交易活动，不直接参与医疗器械销售的企业。

第五条　从事医疗器械网络销售的企业、医疗器械网络交易服务第三方平台提供者应当采取技术措施，保障医疗器械网络销售数据和资料的真实、完整、可追溯。

第六条　从事医疗器械网络销售的企业、医疗器械网络交易服务第三方平台提供者应当积极配合食品药品监督管理部门开展网络监测、抽样检验、现场检查等监督管理，按照食品药品监督管理部门的要求存储数据，提供信息查询、数据提取等相关支持。

第二章 医疗器械网络销售

第七条 从事医疗器械网络销售的企业应当是依法取得医疗器械生产许可、经营许可或者办理备案的医疗器械生产经营企业。法律法规规定不需要办理许可或者备案的除外。

持有人通过网络销售其医疗器械，医疗器械生产企业受持有人委托通过网络销售受托生产的医疗器械，不需要办理经营许可或者备案，其销售条件应当符合《医疗器械监督管理条例》和本办法的要求。

持有人委托开展医疗器械网络销售的，应当评估确认受托方的合法资质、销售条件、技术水平和质量管理能力，对网络销售过程和质量控制进行指导和监督，对网络销售的医疗器械质量负责。

第八条 从事医疗器械网络销售的企业，应当填写医疗器械网络销售信息表，将企业名称、法定代表人或者主要负责人、网站名称、网络客户端应用程序名、网站域名、网站 IP 地址、电信业务经营许可证或者非经营性互联网信息服务备案编号、医疗器械生产经营许可证件或者备案凭证编号等信息事先向所在地设区的市级食品药品监督管理部门备案。相关信息发生变化的，应当及时变更备案。

第九条 从事医疗器械网络销售的企业，应当通过自建网站或者医疗器械网络交易服务第三方平台开展医疗器械网络销售活动。

通过自建网站开展医疗器械网络销售的企业，应当依法取得《互联网药品信息服务资格证书》，并具备与其规模相适应的办公场所以及数据备份、故障恢复等技术条件。

第十条 从事医疗器械网络销售的企业，应当在其主页面显著位置展示其医疗器械生产经营许可证件或者备案凭证，产品页面应当展示该产品的医疗器械注册证或者备案凭证。相关展示信息应当画面清晰，容易辨识。其中，医疗器械生产经营许可证件或者备案凭证、医疗器械注册证或者备案凭证的编号还应当以文本形式展示。相关信息发生变更的，应当及时更新展示内容。

第十一条 从事医疗器械网络销售的企业在网上发布的医疗器械名称、型号、规格、结构及组成、适用范围、医疗器械注册证编号或者备案凭证编号、注册人或者备案人信息、生产许可证或者备案凭证编号、产品技术要求编号、禁忌症等信息，应当与经注册或者备案的相关内容保持一致。

第十二条 从事医疗器械网络销售的企业应当记录医疗器械销售信息，记录应当保存至医疗器械有效期后 2 年；无有效期的，保存时间不得少于 5 年；植入类医疗器械的销售信息应当永久保存。相关记录应当真实、完整、可追溯。

第十三条 从事医疗器械网络销售的企业，经营范围不得超出其生产经营许可或者备案的范围。

医疗器械批发企业从事医疗器械网络销售，应当销售给具有资质的医疗器械经营企业或者使用单位。

医疗器械零售企业从事医疗器械网络销售，应当销售给消费者。销售给消费者个人的医疗器械，应当是可以由消费者个人自行使用的，其说明书应当符合医疗器械说明书和标签管理相关规定，标注安全使用的特别说明。

第十四条 从事医疗器械网络销售的企业，应当按照医疗器械标签和说明书标明的条件贮存和运输医疗器械。委托其他单位贮存和运输医疗器械的，应当对被委托方贮存和运输医疗器械的质量保障能力进行考核评估，明确贮存和运输过程中的质量安全责任，确保贮存和运输过程中的质量安全。

第三章　医疗器械网络交易服务

第十五条　医疗器械网络交易服务第三方平台提供者应当依法取得《互联网药品信息服务资格证书》，具备与其规模相适应的办公场所以及数据备份、故障恢复等技术条件，设置专门的医疗器械网络质量安全管理机构或者配备医疗器械质量安全管理人员。

第十六条　医疗器械网络交易服务第三方平台提供者应当向所在地省级食品药品监督管理部门备案，填写医疗器械网络交易服务第三方平台备案表，并提交以下材料：

（一）营业执照原件、复印件；

（二）法定代表人或者主要负责人、医疗器械质量安全管理人身份证明原件、复印件；

（三）组织机构与部门设置说明；

（四）办公场所地理位置图、房屋产权证明文件或者租赁协议（附房屋产权证明文件）原件、复印件；

（五）电信业务经营许可证原件、复印件或者非经营性互联网信息服务备案说明；

（六）《互联网药品信息服务资格证书》原件、复印件；

（七）医疗器械网络交易服务质量管理制度等文件目录；

（八）网站或者网络客户端应用程序基本情况介绍和功能说明；

（九）其他相关证明材料。

第十七条　省级食品药品监督管理部门应当当场对企业提交材料的完整性进行核对，符合规定的予以备案，发给医疗器械网络交易服务第三方平台备案凭证；提交资料不齐全或者不符合法定情形的，应当一次性告知需要补充材料的事项。

省级食品药品监督管理部门应当在备案后7个工作日内向社会公开相关备案信息。备案信息包括企业名称、法定代表人或者主要负责人、网站名称、网络客户端应用程序名、网站域名、网站IP地址、电信业务经营许可证或者非经营性互联网信息服务备案编号、医疗器械网络交易服务第三方平台备案凭证编号等。

省级食品药品监督管理部门应当在医疗器械网络交易服务第三方平台提供者备案后3个月内，对医疗器械网络交易服务第三方平台开展现场检查。

第十八条　医疗器械网络交易服务第三方平台提供者名称、法定代表人或者主要负责人、网站名称、网络客户端应用程序名、网站域名、网站IP地址、电信业务经营许可证或者非经营性互联网信息服务备案编号等备案信息发生变化的，应当及时变更备案。

第十九条　医疗器械网络交易服务第三方平台提供者，应当在其网站主页面显著位置标注医疗器械网络交易服务第三方平台备案凭证的编号。

第二十条　医疗器械网络交易服务第三方平台提供者应当建立包括入驻平台的企业核实登记、质量安全监测、交易安全保障、网络销售违法行为制止及报告、严重违法行为平台服务停止、安全投诉举报处理、消费者权益保护、质量安全信息公告等管理制度。

第二十一条　医疗器械网络交易服务第三方平台提供者应当对申请入驻平台的企业提供的医疗器械生产经营许可证件或者备案凭证、医疗器械注册证或者备案凭证、企业营业执照等材料进行核实，建立档案并及时更新，保证入驻平台的企业许可证件或者备案凭证所载明的生产经营场所等许可或者备案信息真实。

医疗器械网络交易服务第三方平台提供者应当与入驻平台的企业签订入驻协议，并在协议中明确双方义务及违约处置措施等相关内容。

第二十二条　医疗器械网络交易服务第三方平台提供者应当记录在其平台上开展的医疗器械交易信息，记录应当保存至医疗器械有效期后2年；无有效期的，保存时间不得少于5年；植入类医疗器械交易信息应当永久保存。相关记录应当真实、完整、可追溯。

第二十三条 医疗器械网络交易服务第三方平台提供者应当对平台上的医疗器械销售行为及信息进行监测，发现入驻网络交易服务第三方平台的企业存在超范围经营、发布虚假信息、夸大宣传等违法违规行为、无法取得联系或者存在其他严重安全隐患的，应当立即对其停止网络交易服务，并保存有关记录，向所在地省级食品药品监督管理部门报告。

发现入驻网络交易服务第三方平台的企业被食品药品监督管理部门责令停产停业、吊销许可证件等处罚，或者平台交易的产品被食品药品监督管理部门暂停销售或者停止销售的，应当立即停止提供相关网络交易服务。

第二十四条 医疗器械网络交易服务第三方平台提供者应当在网站醒目位置及时发布产品质量安全隐患等相关信息。

第四章　监督检查

第二十五条 食品药品监督管理部门依照法律、法规、规章的规定，依职权对从事医疗器械网络销售的企业和医疗器械网络交易服务第三方平台实施监督检查和抽样检验。

第二十六条 对从事医疗器械网络销售的企业违法行为的查处，由其所在地县级以上地方食品药品监督管理部门管辖。

未经许可或者备案从事医疗器械网络销售，能确定违法销售企业地址的，由违法销售企业所在地县级以上地方食品药品监督管理部门管辖；不能确定违法销售企业所在地的，由违法行为发生地或者违法行为结果地的县级以上地方食品药品监督管理部门管辖。通过医疗器械网络交易服务第三方平台销售的，由医疗器械网络交易服务第三方平台提供者所在地省级食品药品监督管理部门管辖；经调查后能够确定管辖地的，及时移送有管辖权的食品药品监督管理部门。

对医疗器械网络交易服务第三方平台提供者违法行为的查处，由其所在地省级食品药品监督管理部门管辖。

网络销售的医疗器械发生重大质量事故或者造成其他严重危害后果的，可以由违法企业所在地、违法行为发生地或者违法行为结果地省级食品药品监督管理部门管辖；后果特别严重的，省级食品药品监督管理部门可以报请国家食品药品监督管理总局协调或者组织直接查处。

对发生医疗器械网络销售违法行为的网站，由省级食品药品监督管理部门通报同级通信主管部门。

第二十七条 国家食品药品监督管理总局组织建立国家医疗器械网络交易监测平台，开展全国医疗器械网络销售和网络交易监测与处置，监测情况定期通报省级食品药品监督管理部门。对监测发现的涉嫌违法违规信息，及时转送相关省级食品药品监督管理部门。省级食品药品监督管理部门应当及时组织处理。

第二十八条 省级食品药品监督管理部门自行建立的医疗器械网络销售监测平台，应当与国家医疗器械网络交易监测平台实现数据对接。

第二十九条 食品药品监督管理部门开展医疗器械网络销售日常监督管理，或者对涉嫌违法违规的医疗器械网络销售行为进行查处时，有权采取下列措施：

（一）进入企业医疗器械经营场所、办公场所和服务器所在地等实施现场检查；

（二）对网络销售的医疗器械进行抽样检验；

（三）询问有关人员，调查企业从事医疗器械网络销售行为的相关情况；

（四）查阅、复制企业的交易数据、合同、票据、账簿以及其他相关资料；

（五）调取网络销售的技术监测、记录资料；

（六）依法查封扣押数据存储介质等；

（七）法律、法规规定可以采取的其他措施。

第三十条 对网络销售医疗器械的抽样检验，按照医疗器械质量监督抽查检验相关管理规定实施。

检验结果不符合医疗器械质量安全标准的，食品药品监督管理部门收到检验报告后，应当及时对相关生产经营企业开展监督检查，采取控制措施，及时发布质量公告，对违法行为依法查处。

第三十一条 食品药品监督管理部门对医疗器械网络销售的技术监测记录、信息追溯资料等，可以作为认定医疗器械网络销售违法事实的依据。

第三十二条 从事医疗器械网络销售的企业实际情况与备案信息不符且无法取得联系的，经所在地设区的市级食品药品监督管理部门公示后，依法注销其《医疗器械经营许可证》或者在第二类医疗器械经营备案信息中予以标注，并向社会公告。相关网站由省级食品药品监督管理部门通报同级通信主管部门。

医疗器械网络交易服务第三方平台提供者实际情况与备案信息不符且无法取得联系的，经原备案所在地省级食品药品监督管理部门公示后，在其备案信息中予以标注，向社会公告；备案时提供虚假资料的，由省级食品药品监督管理部门向社会公告备案单位。其网站由省级食品药品监督管理部门通报同级通信主管部门。

第三十三条 食品药品监督管理部门在检查中发现从事医疗器械网络销售的企业或者医疗器械网络交易服务第三方平台未按规定建立并执行相关质量管理制度，且存在医疗器械质量安全隐患的，食品药品监督管理部门可以责令其暂停网络销售或者暂停提供相关网络交易服务。

恢复网络销售或者恢复提供相关网络交易服务的，从事医疗器械网络销售的企业或者医疗器械网络交易服务第三方平台提供者应当向原作出处理决定的食品药品监督管理部门提出申请，经食品药品监督管理部门检查通过后方可恢复。

第三十四条 从事医疗器械网络销售的企业、医疗器械网络交易服务第三方平台提供者，有下列情形之一的，食品药品监督管理部门可以依职责对其法定代表人或者主要负责人进行约谈：

（一）发生医疗器械质量安全问题，可能引发医疗器械质量安全风险的；

（二）未及时妥善处理投诉举报的医疗器械质量问题，可能存在医疗器械质量安全隐患的；

（三）未及时采取有效措施排查、消除医疗器械质量安全隐患，未落实医疗器械质量安全责任的；

（四）需要进行约谈的其他情形。

约谈不影响食品药品监督管理部门依法对其进行行政处理，约谈情况及后续处理情况可以向社会公开。

被约谈企业无正当理由未按照要求落实整改的，省级食品药品监督管理部门、所在地设区的市级食品药品监督管理部门应当依职责增加监督检查频次。

第三十五条 有下列情形之一的，食品药品监督管理部门可以将从事医疗器械网络销售的企业、医疗器械网络交易服务第三方平台提供者及其法定代表人或者主要负责人列入失信企业和失信人员名单，并向社会公开：

（一）拒不执行暂停网络销售或者暂停提供相关网络交易服务决定的；

（二）企业被约谈后拒不按照要求整改的。

第三十六条 县级以上地方食品药品监督管理部门应当定期汇总分析本行政区域医疗器械网络销售监督管理情况，报告上一级食品药品监督管理部门，并依法向社会公开。

省级食品药品监督管理部门应当每年汇总分析医疗器械网络销售和网络交易服务第三方平台监督管理情况，报告国家食品药品监督管理总局，并依法向社会公开。

第五章　法律责任

第三十七条　从事医疗器械网络销售的企业、医疗器械网络交易服务第三方平台提供者违反法律法规有关规定从事销售或者交易服务，法律法规已有规定的，从其规定。构成犯罪的，移送公安机关处理。

第三十八条　违反本办法规定，未取得医疗器械经营许可从事网络第三类医疗器械销售的，依照《医疗器械监督管理条例》第六十三条的规定予以处罚；未取得第二类医疗器械经营备案凭证从事网络第二类医疗器械销售的，依照《医疗器械监督管理条例》第六十五条的规定予以处罚。

第三十九条　从事医疗器械网络销售的企业未按照本办法规定备案的，由县级以上地方食品药品监督管理部门责令限期改正，给予警告；拒不改正的，向社会公告，处1万元以下罚款。

第四十条　有下列情形之一的，由县级以上地方食品药品监督管理部门责令改正，给予警告；拒不改正的，处5000元以上1万元以下罚款：

（一）从事医疗器械网络销售的企业未按照本办法要求展示医疗器械生产经营许可证或者备案凭证、医疗器械注册证或者备案凭证的；

（二）医疗器械网络交易服务第三方平台提供者未按照本办法要求展示医疗器械网络交易服务第三方平台备案凭证编号的。

第四十一条　有下列情形之一的，由县级以上地方食品药品监督管理部门责令改正，给予警告；拒不改正的，处5000元以上2万元以下罚款：

（一）从事医疗器械网络销售的企业备案信息发生变化，未按规定变更的；

（二）从事医疗器械网络销售的企业未按规定建立并执行质量管理制度的；

（三）医疗器械网络交易服务第三方平台提供者备案事项发生变化未按规定办理变更的；

（四）医疗器械网络交易服务第三方平台提供者未按规定要求设置与其规模相适应的质量安全管理机构或者配备质量安全管理人员的；

（五）医疗器械网络交易服务第三方平台提供者未按规定建立并执行质量管理制度的。

第四十二条　医疗器械网络交易服务第三方平台提供者未按本办法规定备案的，由省级食品药品监督管理部门责令限期改正；拒不改正的，向社会公告，处3万元以下罚款。

第四十三条　有下列情形之一的，由县级以上地方食品药品监督管理部门责令改正，给予警告；拒不改正的，处1万元以上3万元以下罚款：

（一）从事医疗器械网络销售的企业、医疗器械网络交易服务第三方平台条件发生变化，不再满足规定要求的；

（二）从事医疗器械网络销售的企业、医疗器械网络交易服务第三方平台提供者不配合食品药品监督管理部门的监督检查，或者拒绝、隐瞒、不如实提供相关材料和数据的。

第四十四条　有下列情形之一的，由县级以上地方食品药品监督管理部门责令改正，处1万元以上3万元以下罚款：

（一）从事医疗器械网络销售的企业超出经营范围销售的；

（二）医疗器械批发企业销售给不具有资质的经营企业、使用单位的。

医疗器械零售企业将非消费者自行使用的医疗器械销售给消费者个人的，依照前款第一项规定予以处罚。

第四十五条　从事医疗器械网络销售的企业未按照医疗器械说明书和标签标示要求

运输、贮存医疗器械的，依照《医疗器械监督管理条例》第六十七条的规定予以处罚。

第四十六条　负责监管医疗器械网络销售的食品药品监督管理部门工作人员不履行职责或者滥用职权、玩忽职守、徇私舞弊的，依法追究行政责任；构成犯罪的，移送司法机关追究刑事责任。

第四十七条　医疗器械网络交易服务第三方平台提供者提供的医疗器械产品或者服务造成他人人身、财产损失的，根据相关法律法规的规定承担民事责任。

第六章　附　　则

第四十八条　医疗器械网络交易服务第三方平台备案凭证的格式由国家食品药品监督管理总局统一制定。

医疗器械网络交易服务第三方平台备案凭证由省级食品药品监督管理部门印制。

医疗器械网络交易服务第三方平台备案凭证编号的编排方式为：（X）网械平台备字〔XXXX〕第XXXXX号。其中：

第一位X代表备案部门所在地省、自治区、直辖市的简称；

第二到五位X代表4位数备案年份；

第六到十位X代表5位数备案流水号。

第四十九条　医疗器械网络信息服务按照《互联网药品信息服务管理办法》执行。

第五十条　本办法自2018年3月1日起施行。

进口药材管理办法

（2019年4月28日经国家市场监督管理总局2019年第8次局务会议审议通过，2019年5月16日公布，自2020年1月1日起施行）

第一章　总　　则

第一条　为加强进口药材监督管理，保证进口药材质量，根据《中华人民共和国药品管理法》《中华人民共和国药品管理法实施条例》等法律、行政法规，制定本办法。

第二条　进口药材申请、审批、备案、口岸检验以及监督管理，适用本办法。

第三条　药材应当从国务院批准的允许药品进口的口岸或者允许药材进口的边境口岸进口。

第四条　国家药品监督管理局主管全国进口药材监督管理工作。国家药品监督管理局委托省、自治区、直辖市药品监督管理部门（以下简称省级药品监督管理部门）实施首次进口药材审批，并对委托实施首次进口药材审批的行为进行监督指导。

省级药品监督管理部门依法对进口药材进行监督管理，并在委托范围内以国家药品监督管理局的名义实施首次进口药材审批。

允许药品进口的口岸或者允许药材进口的边境口岸所在地负责药品监督管理的部门（以下简称口岸药品监督管理部门）负责进口药材的备案，组织口岸检验并进行监督管理。

第五条　本办法所称药材进口单位是指办理首次进口药材审批的申请人或者办理进口药材备案的单位。

药材进口单位，应当是中国境内的中成药上市许可持有人、中药生产企业，以及具有中药材或者中药饮片经营范围的药品经营企业。

第六条　首次进口药材，应当按照本办法规定取得进口药材批件后，向口岸药品监督管理部门办理备案。首次进口药材，是指非同一国家（地区）、非同一申请人、非同一药材基原的进口药材。

非首次进口药材，应当按照本办法规定直接向口岸药品监督管理部门办理备案。非首次进口药材实行目录管理，具体目录由国家药品监督管理局制定并调整。尚未列入目录，但申请人、药材基原以及国家（地区）均未发生变更的，按照非首次进口药材管理。

第七条　进口的药材应当符合国家药品标准。中国药典现行版未收载的品种，应当执行进口药材标准；中国药典现行版、进口药材标准均未收载的品种，应当执行其他的国家药品标准。少数民族地区进口当地习用的少数民族药药材，尚无国家药品标准的，应当符合相应的省、自治区药材标准。

第二章　首次进口药材申请与审批

第八条　首次进口药材，申请人应当通过国家药品监督管理局的信息系统（以下简称信息系统）填写进口药材申请表，并向所在地省级药品监督管理部门报送以下资料：

（一）进口药材申请表；

（二）申请人药品生产许可证或者药品经营许可证复印件，申请人为中成药上市许可持有人的，应当提供相关药品批准证明文件复印件；

（三）出口商主体登记证明文件复印件；

（四）购货合同及其公证文书复印件；

（五）药材产地生态环境、资源储量、野生或者种植养殖情况、采收及产地初加工等信息；

（六）药材标准及标准来源；

（七）由中国境内具有动、植物基原鉴定资质的机构出具的载有鉴定依据、鉴定结论、样品图片、鉴定人、鉴定机构及其公章等信息的药材基原鉴定证明原件。

申请人应当对申报资料的真实性负责。

第九条　省级药品监督管理部门收到首次进口药材申报资料后，应当对申报资料的规范性、完整性进行形式审查。申报资料存在可以当场更正的错误的，应当允许申请人当场更正；申报资料不齐全或者不符合法定形式的，应当当场或者5日内一次告知申请人需要补正的全部内容，逾期不告知的，自收到申报资料之日起即为受理。

省级药品监督管理部门受理或者不予受理首次进口药材申请，应当出具受理或者不予受理通知书；不予受理的，应当书面说明理由。

第十条　申请人收到首次进口药材受理通知书后，应当及时将检验样品报送所在地省级药品检验机构，同时提交本办法第八条规定的资料。

第十一条　省级药品检验机构收到检验样品和相关资料后，应当在30日内完成样品检验，向申请人出具进口药材检验报告书，并报送省级药品监督管理部门。因品种特性或者检验项目等原因确需延长检验时间的，应当将延期的时限、理由书面报告省级药品监督管理部门并告知申请人。

第十二条　申请人对检验结果有异议的，可以依照药品管理法的规定申请复验。药品检验机构应当在复验申请受理后20日内作出复验结论，并报告省级药品监督管理部门，通知申请人。

第十三条　在审批过程中，省级药品监督管理部门认为需要申请人补充资料的，应当一次告知需要补充的全部内容。

申请人应当在收到补充资料通知书后4个月内，按照要求一次提供补充资料。逾期未提交补充资料的，作出不予批准的决定。因不可抗力等原因无法在规定时限内提交补充资料的，申请人应当向所在地省级药品监督管理部门提出延期申请，并说明理由。

第十四条　省级药品监督管理部门应当

自受理申请之日起20日内作出准予或者不予批准的决定。对符合要求的，发给一次性进口药材批件。检验、补充资料期限不计入审批时限。

第十五条　变更进口药材批件批准事项的，申请人应当通过信息系统填写进口药材补充申请表，向原发出批件的省级药品监督管理部门提出补充申请。补充申请的申请人应当是原进口药材批件的持有者，并报送以下资料：

（一）进口药材补充申请表；

（二）进口药材批件原件；

（三）与变更事项有关的材料。

申请人变更名称的，除第一款规定资料外，还应当报送申请人药品生产许可证或者药品经营许可证以及变更记录页复印件，或者药品批准证明文件以及持有人名称变更补充申请批件复印件。

申请人变更到货口岸的，除第一款规定资料外，还应当报送购货合同及其公证文书复印件。

第十六条　省级药品监督管理部门应当在补充申请受理后20日内完成审批。对符合要求的，发给进口药材补充申请批件。

第十七条　省级药品监督管理部门决定予以批准的，应当在作出批准决定后10日内，向申请人送达进口药材批件或者进口药材补充申请批件；决定不予批准的，应当在作出不予批准决定后10日内，向申请人送达审查意见通知书，并说明理由，告知申请人享有依法申请行政复议或者提起行政诉讼的权利。

第三章　备　　案

第十八条　首次进口药材申请人应当在取得进口药材批件后1年内，从进口药材批件注明的到货口岸组织药材进口。

第十九条　进口单位应当向口岸药品监督管理部门备案，通过信息系统填报进口药材报验单，并报送以下资料：

（一）进口药材报验单原件；

（二）产地证明复印件；

（三）药材标准及标准来源；

（四）装箱单、提运单和货运发票复印件；

（五）经其他国家（地区）转口的进口药材，应当同时提交产地到各转口地的全部购货合同、装箱单、提运单和货运发票复印件；

（六）进口药材涉及《濒危野生动植物种国际贸易公约》限制进出口的濒危野生动植物的，还应当提供国家濒危物种进出口管理机构核发的允许进出口证明书复印件。

办理首次进口药材备案的，除第一款规定资料外，还应当报送进口药材批件和进口药材补充申请批件（如有）复印件。

办理非首次进口药材备案的，除第一款规定资料外，还应当报送进口单位的药品生产许可证或者药品经营许可证复印件、出口商主体登记证明文件复印件、购货合同及其公证文书复印件。进口单位为中成药上市许可持有人的，应当提供相关药品批准证明文件复印件。

第二十条　口岸药品监督管理部门应当对备案资料的完整性、规范性进行形式审查，符合要求的，发给进口药品通关单，收回首次进口药材批件，同时向口岸药品检验机构发出进口药材口岸检验通知书，并附备案资料一份。

第二十一条　进口单位持进口药品通关单向海关办理报关验放手续。

第四章　口岸检验

第二十二条　口岸药品检验机构收到进口药材口岸检验通知书后，应当在2日内与进口单位商定现场抽样时间，按时到规定的存货地点进行现场抽样。现场抽样时，进口单位应当出示产地证明原件。

第二十三条　口岸药品检验机构应当对产地证明原件和药材实际到货情况与口岸药品监督管理部门提供的备案资料的一致性进行核查。符合要求的，予以抽样，填写进口药材抽样记录单，在进口单位持有的进口药品通关单原件上注明“已抽样”字样，并加盖抽样单位公章；不符合要求的，不予抽样，并在2日内报告所在地口岸药品监督管理部门。

第二十四条 口岸药品检验机构一般应当在抽样后20日内完成检验工作，出具进口药材检验报告书。因客观原因无法按时完成检验的，应当将延期的时限、理由书面告知进口单位并报告口岸药品监督管理部门。

口岸药品检验机构应当将进口药材检验报告书报送口岸药品监督管理部门，并告知进口单位。

经口岸检验合格的进口药材方可销售使用。

第二十五条 进口单位对检验结果有异议的，可以依照药品管理法的规定申请复验。药品检验机构应当在复验申请受理后20日内作出复验结论，并报告口岸药品监督管理部门，通知进口单位。

第五章 监督管理

第二十六条 口岸药品监督管理部门收到进口药材不予抽样通知书后，对有证据证明可能危害人体健康且已办结海关验放手续的全部药材采取查封、扣押的行政强制措施，并在7日内作出处理决定。

第二十七条 对检验不符合标准规定且已办结海关验放手续的进口药材，口岸药品监督管理部门应当在收到检验报告书后及时采取查封、扣押的行政强制措施，并依法作出处理决定，同时将有关处理情况报告所在地省级药品监督管理部门。

第二十八条 国家药品监督管理局根据需要，可以对进口药材的产地、初加工等生产现场组织实施境外检查。药材进口单位应当协调出口商配合检查。

第二十九条 中成药上市许可持有人、中药生产企业和药品经营企业采购进口药材时，应当查验口岸药品检验机构出具的进口药材检验报告书复印件和注明“已抽样”并加盖公章的进口药品通关单复印件，严格执行药品追溯管理的有关规定。

第三十条 进口药材的包装必须适合进口药材的质量要求，方便储存、运输以及进口检验。在每件包装上，必须注明药材中文名称、批件编号（非首次进口药材除外）、产地、唛头号、进口单位名称、出口商名称、到货口岸、重量以及加工包装日期等。

第三十一条 药材进口申请受理、审批结果、有关违法违规的情形及其处罚结果应当在国家药品监督管理部门网站公开。

第六章 法律责任

第三十二条 进口单位提供虚假的证明、文件资料样品或者采取其他欺骗手段取得首次进口药材批件的，依照药品管理法等法律法规的规定处理。

第三十三条 进口单位提供虚假证明、文件资料或者采取其他欺骗手段办理备案的，给予警告，并处1万元以上3万元以下罚款。

第七章 附 则

第三十四条 进口药材批件编号格式为：（省、自治区、直辖市简称）药材进字+4位年号+4位顺序号。

第三十五条 本办法自2020年1月1日起施行。原国家食品药品监督管理局2005年11月24日公布的《进口药材管理办法（试行）》同时废止。

医疗质量管理办法

（2016年7月26日国家卫生计生委委主任会议讨论通过，2016年9月25日公布，自2016年11月1日起施行）

第一章　总　　则

第一条　为加强医疗质量管理，规范医疗服务行为，保障医疗安全，根据有关法律法规，制定本办法。

第二条　本办法适用于各级卫生计生行政部门以及各级各类医疗机构医疗质量管理工作。

第三条　国家卫生计生委负责全国医疗机构医疗质量管理工作。

县级以上地方卫生计生行政部门负责本行政区域内医疗机构医疗质量管理工作。

国家中医药管理局和军队卫生主管部门分别在职责范围内负责中医和军队医疗机构医疗质量管理工作。

第四条　医疗质量管理是医疗管理的核心，各级各类医疗机构是医疗质量管理的第一责任主体，应当全面加强医疗质量管理，持续改进医疗质量，保障医疗安全。

第五条　医疗质量管理应当充分发挥卫生行业组织的作用，各级卫生计生行政部门应当为卫生行业组织参与医疗质量管理创造条件。

第二章　组织机构和职责

第六条　国家卫生计生委负责组织或者委托专业机构、行业组织（以下称专业机构）制订医疗质量管理相关制度、规范、标准和指南，指导地方各级卫生计生行政部门和医疗机构开展医疗质量管理与控制工作。

省级卫生计生行政部门可以根据本地区实际，制订行政区域医疗质量管理相关制度、规范和具体实施方案。

县级以上地方卫生计生行政部门在职责范围内负责监督、指导医疗机构落实医疗质量管理有关规章制度。

第七条　国家卫生计生委建立国家医疗质量管理与控制体系，完善医疗质量控制与持续改进的制度和工作机制。

各级卫生计生行政部门组建或者指定各级、各专业医疗质量控制组织（以下称质控组织）落实医疗质量管理与控制的有关工作要求。

第八条　国家级各专业质控组织在国家卫生计生委指导下，负责制订全国统一的质控指标、标准和质量管理要求，收集、分析医疗质量数据，定期发布质控信息。

省级和有条件的地市级卫生计生行政部门组建相应级别、专业的质控组织，开展医疗质量管理与控制工作。

第九条　医疗机构医疗质量管理实行院、科两级责任制。

医疗机构主要负责人是本机构医疗质量管理的第一责任人；临床科室以及药学、护理、医技等部门（以下称业务科室）主要负责人是本科室医疗质量管理的第一责任人。

第十条　医疗机构应当成立医疗质量管理专门部门，负责本机构的医疗质量管理工作。

二级以上的医院、妇幼保健院以及专科疾病防治机构（以下称二级以上医院）应当设立医疗质量管理委员会。医疗质量管理委员会主任由医疗机构主要负责人担任，委员由医疗管理、质量控制、护理、医院感染管理、医学工程、信息、后勤等相关职能部门负责人以及相关临床、药学、医技等科室负责人组成，指定或者成立专门部门具体负责日常管理工作。

其他医疗机构应当设立医疗质量管理工作小组或者指定专（兼）职人员，负责医疗质量具体管理工作。

第十一条　医疗机构医疗质量管理委员会的主要职责是：

（一）按照国家医疗质量管理的有关要求，制订本机构医疗质量管理制度并组织实施；

（二）组织开展本机构医疗质量监测、预警、分析、考核、评估以及反馈工作，定期发布本机构质量管理信息；

（三）制订本机构医疗质量持续改进计划、实施方案并组织实施；

（四）制订本机构临床新技术引进和医疗技术临床应用管理相关工作制度并组织实施；

（五）建立本机构医务人员医疗质量管理相关法律、法规、规章制度、技术规范的培训制度，制订培训计划并监督实施；

（六）落实省级以上卫生计生行政部门规定的其他内容。

第十二条　二级以上医院各业务科室应当成立本科室医疗质量管理工作小组，组长由科室主要负责人担任，指定专人负责日常具体工作。医疗质量管理工作小组主要职责是：

（一）贯彻执行医疗质量管理相关的法律、法规、规章、规范性文件和本科室医疗质量管理制度；

（二）制订本科室年度质量控制实施方案，组织开展科室医疗质量管理与控制工作；

（三）制订本科室医疗质量持续改进计划和具体落实措施；

（四）定期对科室医疗质量进行分析和评估，对医疗质量薄弱环节提出整改措施并组织实施；

（五）对本科室医务人员进行医疗质量管理相关法律、法规、规章制度、技术规范、标准、诊疗常规及指南的培训和宣传教育；

（六）按照有关要求报送本科室医疗质量管理相关信息。

第十三条　各级卫生计生行政部门和医疗机构应当建立健全医疗质量管理人员的培养和考核制度，充分发挥专业人员在医疗质量管理工作中的作用。

第三章　医疗质量保障

第十四条　医疗机构应当加强医务人员职业道德教育，发扬救死扶伤的人道主义精神，坚持“以患者为中心”，尊重患者权利，履行防病治病、救死扶伤、保护人民健康的神圣职责。

第十五条　医务人员应当恪守职业道德，认真遵守医疗质量管理相关法律法规、规范、标准和本机构医疗质量管理制度的规定，规范临床诊疗行为，保障医疗质量和医疗安全。

第十六条　医疗机构应当按照核准登记的诊疗科目执业。卫生技术人员开展诊疗活动应当依法取得执业资质，医疗机构人力资源配备应当满足临床工作需要。

医疗机构应当按照有关法律法规、规范、标准要求，使用经批准的药品、医疗器械、耗材开展诊疗活动。

医疗机构开展医疗技术应当与其功能任务和技术能力相适应，按照国家关于医疗技术和手术管理有关规定，加强医疗技术临床应用管理。

第十七条　医疗机构及其医务人员应当遵循临床诊疗指南、临床技术操作规范、行业标准和临床路径等有关要求开展诊疗工作，严格遵守医疗质量安全核心制度，做到合理检查、合理用药、合理治疗。

第十八条　医疗机构应当加强药学部门

建设和药事质量管理，提升临床药学服务能力，推行临床药师制，发挥药师在处方审核、处方点评、药学监护等合理用药管理方面的作用。临床诊断、预防和治疗疾病用药应当遵循安全、有效、经济的合理用药原则，尊重患者对药品使用的知情权。

第十九条　医疗机构应当加强护理质量管理，完善并实施护理相关工作制度、技术规范和护理指南；加强护理队伍建设，创新管理方法，持续改善护理质量。

第二十条　医疗机构应当加强医技科室的质量管理，建立覆盖检查、检验全过程的质量管理制度，加强室内质量控制，配合做好室间质量评价工作，促进临床检查检验结果互认。

第二十一条　医疗机构应当完善门急诊管理制度，规范门急诊质量管理，加强门急诊专业人员和技术力量配备，优化门急诊服务流程，保证门急诊医疗质量和医疗安全，并把门急诊工作质量作为考核科室和医务人员的重要内容。

第二十二条　医疗机构应当加强医院感染管理，严格执行消毒隔离、手卫生、抗菌药物合理使用和医院感染监测等规定，建立医院感染的风险监测、预警以及多部门协同干预机制，开展医院感染防控知识的培训和教育，严格执行医院感染暴发报告制度。

第二十三条　医疗机构应当加强病历质量管理，建立并实施病历质量管理制度，保障病历书写客观、真实、准确、及时、完整、规范。

第二十四条　医疗机构及其医务人员开展诊疗活动，应当遵循患者知情同意原则，尊重患者的自主选择权和隐私权，并对患者的隐私保密。

第二十五条　医疗机构开展中医医疗服务，应当符合国家关于中医诊疗、技术、药事等管理的有关规定，加强中医医疗质量管理。

第四章　医疗质量持续改进

第二十六条　医疗机构应当建立本机构全员参与、覆盖临床诊疗服务全过程的医疗质量管理与控制工作制度。医疗机构应当严格按照卫生计生行政部门和质控组织关于医疗质量管理控制工作的有关要求，积极配合质控组织开展工作，促进医疗质量持续改进。

医疗机构应当按照有关要求，向卫生计生行政部门或者质控组织及时、准确地报送本机构医疗质量安全相关数据信息。

医疗机构应当熟练运用医疗质量管理工具开展医疗质量管理与自我评价，根据卫生计生行政部门或者质控组织发布的质控指标和标准完善本机构医疗质量管理相关指标体系，及时收集相关信息，形成本机构医疗质量基础数据。

第二十七条　医疗机构应当加强临床专科服务能力建设，重视专科协同发展，制订专科建设发展规划并组织实施，推行“以患者为中心、以疾病为链条”的多学科诊疗模式。加强继续医学教育，重视人才培养、临床技术创新性研究和成果转化，提高专科临床服务能力与水平。

第二十八条　医疗机构应当加强单病种质量管理与控制工作，建立本机构单病种管理的指标体系，制订单病种医疗质量参考标准，促进医疗质量精细化管理。

第二十九条　医疗机构应当制订满意度监测指标并不断完善，定期开展患者和员工满意度监测，努力改善患者就医体验和员工执业感受。

第三十条　医疗机构应当开展全过程成本精确管理，加强成本核算、过程控制、细节管理和量化分析，不断优化投入产出比，努力提高医疗资源利用效率。

第三十一条　医疗机构应当对各科室医疗质量管理情况进行现场检查和抽查，建立本机构医疗质量内部公示制度，对各科室医疗质量关键指标的完成情况予以内部公示。

医疗机构应当定期对医疗卫生技术人员开展医疗卫生管理法律法规、医院管理制度、医疗质量管理与控制方法、专业技术规范等相关内容的培训和考核。

医疗机构应当将科室医疗质量管理情况作为科室负责人综合目标考核以及聘任、晋升、评先评优的重要指标。

医疗机构应当将科室和医务人员医疗质量管理情况作为医师定期考核、晋升以及科室和医务人员绩效考核的重要依据。

第三十二条 医疗机构应当强化基于电子病历的医院信息平台建设，提高医院信息化工作的规范化水平，使信息化工作满足医疗质量管理与控制需要，充分利用信息化手段开展医疗质量管理与控制。建立完善医疗机构信息管理制度，保障信息安全。

第三十三条 医疗机构应当对本机构医疗质量管理要求执行情况进行评估，对收集的医疗质量信息进行及时分析和反馈，对医疗质量问题和医疗安全风险进行预警，对存在的问题及时采取有效干预措施，并评估干预效果，促进医疗质量的持续改进。

第五章 医疗安全风险防范

第三十四条 国家建立医疗质量（安全）不良事件报告制度，鼓励医疗机构和医务人员主动上报临床诊疗过程中的不良事件，促进信息共享和持续改进。

医疗机构应当建立医疗质量（安全）不良事件信息采集、记录和报告相关制度，并作为医疗机构持续改进医疗质量的重要基础工作。

第三十五条 医疗机构应当建立药品不良反应、药品损害事件和医疗器械不良事件监测报告制度，并按照国家有关规定向相关部门报告。

第三十六条 医疗机构应当提高医疗安全意识，建立医疗安全与风险管理体系，完善医疗安全管理相关工作制度、应急预案和工作流程，加强医疗质量重点部门和关键环节的安全与风险管理，落实患者安全目标。

医疗机构应当提高风险防范意识，建立完善相关制度，利用医疗责任保险、医疗意外保险等风险分担形式，保障医患双方合法权益。制订防范、处理医疗纠纷的预案，预防、减少医疗纠纷的发生。完善投诉管理，及时化解和妥善处理医疗纠纷。

第六章 监督管理

第三十七条 县级以上地方卫生计生行政部门负责对本行政区域医疗机构医疗质量管理情况的监督检查。医疗机构应当予以配合，不得拒绝、阻碍或者隐瞒有关情况。

第三十八条 县级以上地方卫生计生行政部门应当建立医疗机构医疗质量管理评估制度，可以根据当地实际情况，组织或者委托专业机构，利用信息化手段开展第三方评估工作，定期在行业内发布评估结果。

县级以上地方卫生计生行政部门和各级质控组织应当重点加强对县级医院、基层医疗机构和民营医疗机构的医疗质量管理和监督。

第三十九条 国家卫生计生委依托国家级人口健康信息平台建立全国医疗质量管理与控制信息系统，对全国医疗质量管理的主要指标信息进行收集、分析和反馈。

省级卫生计生行政部门应当依托区域人口健康信息平台，建立本行政区域的医疗质量管理与控制信息系统，对本行政区域医疗机构医疗质量管理相关信息进行收集、分析和反馈，对医疗机构医疗质量进行评价，并实现与全国医疗质量管理与控制信息系统互连互通。

第四十条 各级卫生计生行政部门应当建立医疗机构医疗质量管理激励机制，采取适当形式对医疗质量管理先进的医疗机构和管理人员予以表扬和鼓励，积极推广先进经验和做法。

第四十一条 县级以上地方卫生计生行

政部门应当建立医疗机构医疗质量管理情况约谈制度。对发生重大或者特大医疗质量安全事件、存在严重医疗质量安全隐患，或者未按要求整改的各级各类医疗机构负责人进行约谈；对造成严重后果的，予以通报，依法处理，同时报上级卫生计生行政部门备案。

第四十二条　各级卫生计生行政部门应当将医疗机构医疗质量管理情况和监督检查结果纳入医疗机构及其主要负责人考核的关键指标，并与医疗机构校验、医院评审、评价以及个人业绩考核相结合。考核不合格的，视情况对医疗机构及其主要负责人进行处理。

第七章　法律责任

第四十三条　医疗机构开展诊疗活动超出登记范围、使用非卫生技术人员从事诊疗工作、违规开展禁止或者限制临床应用的医疗技术、使用不合格或者未经批准的药品、医疗器械、耗材等开展诊疗活动的，由县级以上地方卫生计生行政部门依据国家有关法律法规进行处理。

第四十四条　医疗机构有下列情形之一的，由县级以上卫生计生行政部门责令限期改正；逾期不改的，给予警告，并处三万元以下罚款；对公立医疗机构负有责任的主管人员和其他直接责任人员，依法给予处分：

（一）未建立医疗质量管理部门或者未指定专（兼）职人员负责医疗质量管理工作的；

（二）未建立医疗质量管理相关规章制度的；

（三）医疗质量管理制度不落实或者落实不到位，导致医疗质量管理混乱的；

（四）发生重大医疗质量安全事件隐匿不报的；

（五）未按照规定报送医疗质量安全相关信息的；

（六）其他违反本办法规定的行为。

第四十五条　医疗机构执业的医师、护士在执业活动中，有下列行为之一的，由县级以上地方卫生计生行政部门依据《执业医师法》、《护士条例》等有关法律法规的规定进行处理；构成犯罪的，依法追究刑事责任：

（一）违反卫生法律、法规、规章制度或者技术操作规范，造成严重后果的；

（二）由于不负责任延误急危患者抢救和诊治，造成严重后果的；

（三）未经亲自诊查，出具检查结果和相关医学文书的；

（四）泄露患者隐私，造成严重后果的；

（五）开展医疗活动未遵守知情同意原则的；

（六）违规开展禁止或者限制临床应用的医疗技术、不合格或者未经批准的药品、医疗器械、耗材等开展诊疗活动的；

（七）其他违反本办法规定的行为。

其他卫生技术人员违反本办法规定的，根据有关法律、法规的规定予以处理。

第四十六条　县级以上地方卫生计生行政部门未按照本办法规定履行监管职责，造成严重后果的，对直接负责的主管人员和其他直接责任人员依法给予行政处分。

第八章　附　　则

第四十七条　本办法下列用语的含义：

（一）医疗质量：指在现有医疗技术水平及能力、条件下，医疗机构及其医务人员在临床诊断及治疗过程中，按照职业道德及诊疗规范要求，给予患者医疗照顾的程度。

（二）医疗质量管理：指按照医疗质量形成的规律和有关法律、法规要求，运用现代科学管理方法，对医疗服务要素、过程和结果进行管理与控制，以实现医疗质量系统改进、持续改进的过程。

（三）医疗质量安全核心制度：指医疗机构及其医务人员在诊疗活动中应当严格遵守的相关制度，主要包括：首诊负责制度、三级查房制度、会诊制度、分级护理制度、值班和交接班制度、疑难病例讨论制度、急危重患者抢救制度、术前讨论制度、死亡病例讨论制度、查对制度、手术安全核查制度、手术分级管理制度、新技术和新项目准入制度、危急值报告制度、病历管理制度、抗菌药物分级管理制度、临床用血审核制度、信息安全管理制度等。

（四）医疗质量管理工具：指为实现医疗质量管理目标和持续改进所采用的措施、方法和手段，如全面质量管理（TQC）、质量环（PDCA循环）、品管圈（QCC）、疾病诊断相关组（DRGs）绩效评价、单病种管理、临床路径管理等。

第四十八条 本办法自2016年11月1日起施行。

医疗机构管理条例

（1994年2月26日中华人民共和国国务院令第149号发布，根据2016年2月6日《国务院关于修改部分行政法规的决定》第一次修订，根据2022年3月29日《国务院关于修改和废止部分行政法规的决定》第二次修订）

第一章 总 则

第一条 为了加强对医疗机构的管理，促进医疗卫生事业的发展，保障公民健康，制定本条例。

第二条 本条例适用于从事疾病诊断、治疗活动的医院、卫生院、疗养院、门诊部、诊所、卫生所（室）以及急救站等医疗机构。

第三条 医疗机构以救死扶伤，防病治病，为公民的健康服务为宗旨。

第四条 国家扶持医疗机构的发展，鼓励多种形式兴办医疗机构。

第五条 国务院卫生行政部门负责全国医疗机构的监督管理工作。

县级以上地方人民政府卫生行政部门负责本行政区域内医疗机构的监督管理工作。

中国人民解放军卫生主管部门依照本条例和国家有关规定，对军队的医疗机构实施监督管理。

第二章 规划布局和设置审批

第六条 县级以上地方人民政府卫生行政部门应当根据本行政区域内的人口、医疗资源、医疗需求和现有医疗机构的分布状况，制定本行政区域医疗机构设置规划。

机关、企业和事业单位可以根据需要设置医疗机构，并纳入当地医疗机构的设置规划。

第七条 县级以上地方人民政府应当把医疗机构设置规划纳入当地的区域卫生发展规划和城乡建设发展总体规划。

第八条 设置医疗机构应当符合医疗机构设置规划和医疗机构基本标准。

医疗机构基本标准由国务院卫生行政部门制定。

第九条 单位或者个人设置医疗机构，按照国务院的规定应当办理设置医疗机构批准书的，应当经县级以上地方人民政府卫生行政部门审查批准，并取得设置医疗机构批准书。

第十条 申请设置医疗机构，应当提交下列文件：

（一）设置申请书；

（二）设置可行性研究报告；

（三）选址报告和建筑设计平面图。

第十一条　单位或者个人设置医疗机构，应当按照以下规定提出设置申请：

（一）不设床位或者床位不满100张的医疗机构，向所在地的县级人民政府卫生行政部门申请；

（二）床位在100张以上的医疗机构和专科医院按照省级人民政府卫生行政部门的规定申请。

第十二条　县级以上地方人民政府卫生行政部门应当自受理设置申请之日起30日内，作出批准或者不批准的书面答复；批准设置的，发给设置医疗机构批准书。

第十三条　国家统一规划的医疗机构的设置，由国务院卫生行政部门决定。

第三章　登　　记

第十四条　医疗机构执业，必须进行登记，领取《医疗机构执业许可证》；诊所按照国务院卫生行政部门的规定向所在地的县级人民政府卫生行政部门备案后，可以执业。

第十五条　申请医疗机构执业登记，应当具备下列条件：

（一）按照规定应当办理设置医疗机构批准书的，已取得设置医疗机构批准书；

（二）符合医疗机构的基本标准；

（三）有适合的名称、组织机构和场所；

（四）有与其开展的业务相适应的经费、设施、设备和专业卫生技术人员；

（五）有相应的规章制度；

（六）能够独立承担民事责任。

第十六条　医疗机构的执业登记，由批准其设置的人民政府卫生行政部门办理；不需要办理设置医疗机构批准书的医疗机构的执业登记，由所在地的县级以上地方人民政府卫生行政部门办理。

按照本条例第十三条规定设置的医疗机构的执业登记，由所在地的省、自治区、直辖市人民政府卫生行政部门办理。

机关、企业和事业单位设置的为内部职工服务的门诊部、卫生所（室）、诊所的执业登记或者备案，由所在地的县级人民政府卫生行政部门办理。

第十七条　医疗机构执业登记的主要事项：

（一）名称、地址、主要负责人；

（二）所有制形式；

（三）诊疗科目、床位；

（四）注册资金。

第十八条　县级以上地方人民政府卫生行政部门自受理执业登记申请之日起45日内，根据本条例和医疗机构基本标准进行审核。审核合格的，予以登记，发给《医疗机构执业许可证》；审核不合格的，将审核结果以书面形式通知申请人。

第十九条　医疗机构改变名称、场所、主要负责人、诊疗科目、床位，必须向原登记机关办理变更登记或者向原备案机关备案。

第二十条　医疗机构歇业，必须向原登记机关办理注销登记或者向原备案机关备案。经登记机关核准后，收缴《医疗机构执业许可证》。

医疗机构非因改建、扩建、迁建原因停业超过1年的，视为歇业。

第二十一条　床位不满100张的医疗机构，其《医疗机构执业许可证》每年校验1次；床位在100张以上的医疗机构，其《医疗机构执业许可证》每3年校验1次。校验由原登记机关办理。

第二十二条　《医疗机构执业许可证》不得伪造、涂改、出卖、转让、出借。

《医疗机构执业许可证》遗失的，应当及时申明，并向原登记机关申请补发。

第四章　执　　业

第二十三条　任何单位或者个人，未取得《医疗机构执业许可证》或者未经备案，不得开展诊疗活动。

第二十四条　医疗机构执业，必须遵守有关法律、法规和医疗技术规范。

第二十五条 医疗机构必须将《医疗机构执业许可证》、诊疗科目、诊疗时间和收费标准悬挂于明显处所。

第二十六条 医疗机构必须按照核准登记或者备案的诊疗科目开展诊疗活动。

第二十七条 医疗机构不得使用非卫生技术人员从事医疗卫生技术工作。

第二十八条 医疗机构应当加强对医务人员的医德教育。

第二十九条 医疗机构工作人员上岗工作，必须佩带载有本人姓名、职务或者职称的标牌。

第三十条 医疗机构对危重病人应当立即抢救。对限于设备或者技术条件不能诊治的病人，应当及时转诊。

第三十一条 未经医师（士）亲自诊查病人，医疗机构不得出具疾病诊断书、健康证明书或者死亡证明书等证明文件；未经医师（士）、助产人员亲自接产，医疗机构不得出具出生证明书或者死产报告书。

第三十二条 医务人员在诊疗活动中应当向患者说明病情和医疗措施。需要实施手术、特殊检查、特殊治疗的，医务人员应当及时向患者具体说明医疗风险、替代医疗方案等情况，并取得其明确同意；不能或者不宜向患者说明的，应当向患者的近亲属说明，并取得其明确同意。因抢救生命垂危的患者等紧急情况，不能取得患者或者其近亲属意见的，经医疗机构负责人或者授权的负责人批准，可以立即实施相应的医疗措施。

第三十三条 医疗机构发生医疗事故，按照国家有关规定处理。

第三十四条 医疗机构对传染病、精神病、职业病等患者的特殊诊治和处理，应当按照国家有关法律、法规的规定办理。

第三十五条 医疗机构必须按照有关药品管理的法律、法规，加强药品管理。

第三十六条 医疗机构必须按照人民政府或者物价部门的有关规定收取医疗费用，详列细项，并出具收据。

第三十七条 医疗机构必须承担相应的预防保健工作，承担县级以上人民政府卫生行政部门委托的支援农村、指导基层医疗卫生工作等任务。

第三十八条 发生重大灾害、事故、疾病流行或者其他意外情况时，医疗机构及其卫生技术人员必须服从县级以上人民政府卫生行政部门的调遣。

第五章 监督管理

第三十九条 县级以上人民政府卫生行政部门行使下列监督管理职权：

（一）负责医疗机构的设置审批、执业登记、备案和校验；

（二）对医疗机构的执业活动进行检查指导；

（三）负责组织对医疗机构的评审；

（四）对违反本条例的行为给予处罚。

第四十条 国家实行医疗机构评审制度，由专家组成的评审委员会按照医疗机构评审办法和评审标准，对医疗机构的执业活动、医疗服务质量等进行综合评价。

医疗机构评审办法和评审标准由国务院卫生行政部门制定。

第四十一条 县级以上地方人民政府卫生行政部门负责组织本行政区域医疗机构评审委员会。

医疗机构评审委员会由医院管理、医学教育、医疗、医技、护理和财务等有关专家组成。评审委员会成员由县级以上地方人民政府卫生行政部门聘任。

第四十二条 县级以上地方人民政府卫生行政部门根据评审委员会的评审意见，对达到评审标准的医疗机构，发给评审合格证书；对未达到评审标准的医疗机构，提出处理意见。

第六章 罚 则

第四十三条 违反本条例第二十三条规

定，未取得《医疗机构执业许可证》擅自执业的，依照《中华人民共和国基本医疗卫生与健康促进法》的规定予以处罚。

违反本条例第二十三条规定，诊所未经备案执业的，由县级以上人民政府卫生行政部门责令其改正，没收违法所得，并处3万元以下罚款；拒不改正的，责令其停止执业活动。

第四十四条　违反本条例第二十一条规定，逾期不校验《医疗机构执业许可证》仍从事诊疗活动的，由县级以上人民政府卫生行政部门责令其限期补办校验手续；拒不校验的，吊销其《医疗机构执业许可证》。

第四十五条　违反本条例第二十二条规定，出卖、转让、出借《医疗机构执业许可证》的，依照《中华人民共和国基本医疗卫生与健康促进法》的规定予以处罚。

第四十六条　违反本条例第二十六条规定，诊疗活动超出登记或者备案范围的，由县级以上人民政府卫生行政部门予以警告、责令其改正，没收违法所得，并可以根据情节处以1万元以上10万元以下的罚款；情节严重的，吊销其《医疗机构执业许可证》或者责令其停止执业活动。

第四十七条　违反本条例第二十七条规定，使用非卫生技术人员从事医疗卫生技术工作的，由县级以上人民政府卫生行政部门责令其限期改正，并可以处以1万元以上10万元以下的罚款；情节严重的，吊销其《医疗机构执业许可证》或者责令其停止执业活动。

第四十八条　违反本条例第三十一条规定，出具虚假证明文件的，由县级以上人民政府卫生行政部门予以警告；对造成危害后果的，可以处以1万元以上10万元以下的罚款；对直接责任人员由所在单位或者上级机关给予行政处分。

第四十九条　没收的财物和罚款全部上交国库。

第五十条　当事人对行政处罚决定不服的，可以依照国家法律、法规的规定申请行政复议或者提起行政诉讼。当事人对罚款及没收药品、器械的处罚决定未在法定期限内申请复议或者提起诉讼又不履行的，县级以上人民政府卫生行政部门可以申请人民法院强制执行。

第七章　附　　则

第五十一条　本条例实施前已经执业的医疗机构，应当在条例实施后的6个月内，按照本条例第三章的规定，补办登记手续，领取《医疗机构执业许可证》。

第五十二条　外国人在中华人民共和国境内开设医疗机构及香港、澳门、台湾居民在内地开设医疗机构的管理办法，由国务院卫生行政部门另行制定。

第五十三条　本条例自1994年9月1日起施行。1951年政务院批准发布的《医院诊所管理暂行条例》同时废止。

处方管理办法

（2006年11月27日卫生部部务会议讨论通过，
2007年2月14日发布，自2007年5月1日起施行）

第一章　总　　则

第一条　为规范处方管理，提高处方质量，促进合理用药，保障医疗安全，根据《执业医师法》、《药品管理法》、《医疗机构管理条例》、《麻醉药品和精神药品管理条例》等有关法律、法规，制定本办法。

第二条 本办法所称处方，是指由注册的执业医师和执业助理医师（以下简称医师）在诊疗活动中为患者开具的、由取得药学专业技术职务任职资格的药学专业技术人员（以下简称药师）审核、调配、核对，并作为患者用药凭证的医疗文书。处方包括医疗机构病区用药医嘱单。

本办法适用于与处方开具、调剂、保管相关的医疗机构及其人员。

第三条 卫生部负责全国处方开具、调剂、保管相关工作的监督管理。

县级以上地方卫生行政部门负责本行政区域内处方开具、调剂、保管相关工作的监督管理。

第四条 医师开具处方和药师调剂处方应当遵循安全、有效、经济的原则。

处方药应当凭医师处方销售、调剂和使用。

第二章 处方管理的一般规定

第五条 处方标准（附件1）由卫生部统一规定，处方格式由省、自治区、直辖市卫生行政部门（以下简称省级卫生行政部门）统一制定，处方由医疗机构按照规定的标准和格式印制。

第六条 处方书写应当符合下列规则：

（一）患者一般情况、临床诊断填写清晰、完整，并与病历记载相一致。

（二）每张处方限于一名患者的用药。

（三）字迹清楚，不得涂改；如需修改，应当在修改处签名并注明修改日期。

（四）药品名称应当使用规范的中文名称书写，没有中文名称的可以使用规范的英文名称书写；医疗机构或者医师、药师不得自行编制药品缩写名称或者使用代号；书写药品名称、剂量、规格、用法、用量要准确规范，药品用法可用规范的中文、英文、拉丁文或者缩写体书写，但不得使用“遵医嘱”、“自用”等含糊不清字句。

（五）患者年龄应当填写实足年龄，新生儿、婴幼儿写日、月龄，必要时要注明体重。

（六）西药和中成药可以分别开具处方，也可以开具一张处方，中药饮片应当单独开具处方。

（七）开具西药、中成药处方，每一种药品应当另起一行，每张处方不得超过5种药品。

（八）中药饮片处方的书写，一般应当按照“君、臣、佐、使”的顺序排列；调剂、煎煮的特殊要求注明在药品右上方，并加括号，如布包、先煎、后下等；对饮片的产地、炮制有特殊要求的，应当在药品名称之前写明。

（九）药品用法用量应当按照药品说明书规定的常规用法用量使用，特殊情况需要超剂量使用时，应当注明原因并再次签名。

（十）除特殊情况外，应当注明临床诊断。

（十一）开具处方后的空白处划一斜线以示处方完毕。

（十二）处方医师的签名式样和专用签章应当与院内药学部门留样备查的式样相一致，不得任意改动，否则应当重新登记留样备案。

第七条 药品剂量与数量用阿拉伯数字书写。剂量应当使用法定剂量单位：重量以克（g）、毫克（mg）、微克（μg）、纳克（ng）为单位；容量以升（L）、毫升（ml）为单位；国际单位（IU）、单位（U）；中药饮片以克（g）为单位。

片剂、丸剂、胶囊剂、颗粒剂分别以片、丸、粒、袋为单位；溶液剂以支、瓶为单位；软膏及乳膏剂以支、盒为单位；注射剂以支、瓶为单位，应当注明含量；中药饮片以剂为单位。

第三章 处方权的获得

第八条 经注册的执业医师在执业地点

取得相应的处方权。

经注册的执业助理医师在医疗机构开具的处方，应当经所在执业地点执业医师签名或加盖专用签章后方有效。

第九条　经注册的执业助理医师在乡、民族乡、镇、村的医疗机构独立从事一般的执业活动，可以在注册的执业地点取得相应的处方权。

第十条　医师应当在注册的医疗机构签名留样或者专用签章备案后，方可开具处方。

第十一条　医疗机构应当按照有关规定，对本机构执业医师和药师进行麻醉药品和精神药品使用知识和规范化管理的培训。执业医师经考核合格后取得麻醉药品和第一类精神药品的处方权，药师经考核合格后取得麻醉药品和第一类精神药品调剂资格。

医师取得麻醉药品和第一类精神药品处方权后，方可在本机构开具麻醉药品和第一类精神药品处方，但不得为自己开具该类药品处方。药师取得麻醉药品和第一类精神药品调剂资格后，方可在本机构调剂麻醉药品和第一类精神药品。

第十二条　试用期人员开具处方，应当经所在医疗机构有处方权的执业医师审核、并签名或加盖专用签章后方有效。

第十三条　进修医师由接收进修的医疗机构对其胜任本专业工作的实际情况进行认定后授予相应的处方权。

第四章　处方的开具

第十四条　医师应当根据医疗、预防、保健需要，按照诊疗规范、药品说明书中的药品适应证、药理作用、用法、用量、禁忌、不良反应和注意事项等开具处方。

开具医疗用毒性药品、放射性药品的处方应当严格遵守有关法律、法规和规章的规定。

第十五条　医疗机构应当根据本机构性质、功能、任务，制定药品处方集。

第十六条　医疗机构应当按照经药品监督管理部门批准并公布的药品通用名称购进药品。同一通用名称药品的品种，注射剂型和口服剂型各不得超过2种，处方组成类同的复方制剂1～2种。因特殊诊疗需要使用其他剂型和剂量规格药品的情况除外。

第十七条　医师开具处方应当使用经药品监督管理部门批准并公布的药品通用名称、新活性化合物的专利药品名称和复方制剂药品名称。

医师开具院内制剂处方时应当使用经省级卫生行政部门审核、药品监督管理部门批准的名称。

医师可以使用由卫生部公布的药品习惯名称开具处方。

第十八条　处方开具当日有效。特殊情况下需延长有效期的，由开具处方的医师注明有效期限，但有效期最长不得超过3天。

第十九条　处方一般不得超过7日用量；急诊处方一般不得超过3日用量；对于某些慢性病、老年病或特殊情况，处方用量可适当延长，但医师应当注明理由。

医疗用毒性药品、放射性药品的处方用量应当严格按照国家有关规定执行。

第二十条　医师应当按照卫生部制定的麻醉药品和精神药品临床应用指导原则，开具麻醉药品、第一类精神药品处方。

第二十一条　门（急）诊癌症疼痛患者和中、重度慢性疼痛患者需长期使用麻醉药品和第一类精神药品的，首诊医师应当亲自诊查患者，建立相应的病历，要求其签署《知情同意书》。

病历中应当留存下列材料复印件：

（一）二级以上医院开具的诊断证明；

（二）患者户籍簿、身份证或者其他相关有效身份证明文件；

（三）为患者代办人员身份证明文件。

第二十二条　除需长期使用麻醉药品和第一类精神药品的门（急）诊癌症疼痛患者和中、重度慢性疼痛患者外，麻醉药品注射剂仅限于医疗机构内使用。

第二十三条　为门（急）诊患者开具的麻醉药品注射剂，每张处方为一次常用量；控缓释制剂，每张处方不得超过7日常用量；其他剂型，每张处方不得超过3日常用量。

第一类精神药品注射剂，每张处方为一次常用量；控缓释制剂，每张处方不得超过7日常用量；其他剂型，每张处方不得超过3日常用量。哌醋甲酯用于治疗儿童多动症时，每张处方不得超过15日常用量。

第二类精神药品一般每张处方不得超过7日常用量；对于慢性病或某些特殊情况的患者，处方用量可以适当延长，医师应当注明理由。

第二十四条　为门（急）诊癌症疼痛患者和中、重度慢性疼痛患者开具的麻醉药品、第一类精神药品注射剂，每张处方不得超过3日常用量；控缓释制剂，每张处方不得超过15日常用量；其他剂型，每张处方不得超过7日常用量。

第二十五条　为住院患者开具的麻醉药品和第一类精神药品处方应当逐日开具，每张处方为1日常用量。

第二十六条　对于需要特别加强管制的麻醉药品，盐酸二氢埃托啡处方为一次常用量，仅限于二级以上医院内使用；盐酸哌替啶处方为一次常用量，仅限于医疗机构内使用。

第二十七条　医疗机构应当要求长期使用麻醉药品和第一类精神药品的门（急）诊癌症患者和中、重度慢性疼痛患者，每3个月复诊或者随诊一次。

第二十八条　医师利用计算机开具、传递普通处方时，应当同时打印出纸质处方，其格式与手写处方一致；打印的纸质处方经签名或者加盖签章后有效。药师核发药品时，应当核对打印的纸质处方，无误后发给药品，并将打印的纸质处方与计算机传递处方同时收存备查。

第五章　处方的调剂

第二十九条　取得药学专业技术职务任职资格的人员方可从事处方调剂工作。

第三十条　药师在执业的医疗机构取得处方调剂资格。药师签名或者专用签章式样应当在本机构留样备查。

第三十一条　具有药师以上专业技术职务任职资格的人员负责处方审核、评估、核对、发药以及安全用药指导；药士从事处方调配工作。

第三十二条　药师应当凭医师处方调剂处方药品，非经医师处方不得调剂。

第三十三条　药师应当按照操作规程调剂处方药品：认真审核处方，准确调配药品，正确书写药袋或粘贴标签，注明患者姓名和药品名称、用法、用量，包装；向患者交付药品时，按照药品说明书或者处方用法，进行用药交待与指导，包括每种药品的用法、用量、注意事项等。

第三十四条　药师应当认真逐项检查处方前记、正文和后记书写是否清晰、完整，并确认处方的合法性。

第三十五条　药师应当对处方用药适宜性进行审核，审核内容包括：

（一）规定必须做皮试的药品，处方医师是否注明过敏试验及结果的判定；

（二）处方用药与临床诊断的相符性；

（三）剂量、用法的正确性；

（四）选用剂型与给药途径的合理性；

（五）是否有重复给药现象；

（六）是否有潜在临床意义的药物相互作用和配伍禁忌；

（七）其它用药不适宜情况。

第三十六条　药师经处方审核后，认为存在用药不适宜时，应当告知处方医师，请其确认或者重新开具处方。

药师发现严重不合理用药或者用药错误，应当拒绝调剂，及时告知处方医师，并应当记录，按照有关规定报告。

第三十七条　药师调剂处方时必须做到“四查十对”：查处方，对科别、姓名、年龄；查药品，对药名、剂型、规格、数量；查配伍禁忌，对药品性状、用法用量；查用药合理性，对临床诊断。

第三十八条　药师在完成处方调剂后，应当在处方上签名或者加盖专用签章。

第三十九条　药师应当对麻醉药品和第一类精神药品处方，按年月日逐日编制顺序号。

第四十条　药师对于不规范处方或者不能判定其合法性的处方，不得调剂。

第四十一条　医疗机构应当将本机构基本用药供应目录内同类药品相关信息告知患者。

第四十二条　除麻醉药品、精神药品、医疗用毒性药品和儿科处方外，医疗机构不得限制门诊就诊人员持处方到药品零售企业购药。

第六章　监督管理

第四十三条　医疗机构应当加强对本机构处方开具、调剂和保管的管理。

第四十四条　医疗机构应当建立处方点评制度，填写处方评价表（附件 2），对处方实施动态监测及超常预警，登记并通报不合理处方，对不合理用药及时予以干预。

第四十五条　医疗机构应当对出现超常处方 3 次以上且无正当理由的医师提出警告，限制其处方权；限制处方权后，仍连续 2 次以上出现超常处方且无正当理由的，取消其处方权。

第四十六条　医师出现下列情形之一的，处方权由其所在医疗机构予以取消：

（一）被责令暂停执业；

（二）考核不合格离岗培训期间；

（三）被注销、吊销执业证书；

（四）不按照规定开具处方，造成严重后果的；

（五）不按照规定使用药品，造成严重后果的；

（六）因开具处方牟取私利。

第四十七条　未取得处方权的人员及被取消处方权的医师不得开具处方。未取得麻醉药品和第一类精神药品处方资格的医师不得开具麻醉药品和第一类精神药品处方。

第四十八条　除治疗需要外，医师不得开具麻醉药品、精神药品、医疗用毒性药品和放射性药品处方。

第四十九条　未取得药学专业技术职务任职资格的人员不得从事处方调剂工作。

第五十条　处方由调剂处方药品的医疗机构妥善保存。普通处方、急诊处方、儿科处方保存期限为 1 年，医疗用毒性药品、第二类精神药品处方保存期限为 2 年，麻醉药品和第一类精神药品处方保存期限为 3 年。

处方保存期满后，经医疗机构主要负责人批准、登记备案，方可销毁。

第五十一条　医疗机构应当根据麻醉药品和精神药品处方开具情况，按照麻醉药品和精神药品品种、规格对其消耗量进行专册登记，登记内容包括发药日期、患者姓名、用药数量。专册保存期限为 3 年。

第五十二条　县级以上地方卫生行政部门应当定期对本行政区域内医疗机构处方管理情况进行监督检查。

县级以上卫生行政部门在对医疗机构实施监督管理过程中，发现医师出现本办法第四十六条规定情形的，应当责令医疗机构取消医师处方权。

第五十三条　卫生行政部门的工作人员依法对医疗机构处方管理情况进行监督检查时，应当出示证件；被检查的医疗机构应当予以配合，如实反映情况，提供必要的资料，不得拒绝、阻碍、隐瞒。

第七章　法律责任

第五十四条　医疗机构有下列情形之一的，由县级以上卫生行政部门按照《医疗机构管理条例》第四十八条的规定，责令限期改正，并可处以 5000 元以下的罚款；情节严重的，吊销其《医疗机构执业许可证》：

（一）使用未取得处方权的人员、被取消处方权的医师开具处方的；

（二）使用未取得麻醉药品和第一类精神药品处方资格的医师开具麻醉药品和第一类精神药品处方的；

（三）使用未取得药学专业技术职务任职资格的人员从事处方调剂工作的。

第五十五条 医疗机构未按照规定保管麻醉药品和精神药品处方，或者未依照规定进行专册登记的，按照《麻醉药品和精神药品管理条例》第七十二条的规定，由设区的市级卫生行政部门责令限期改正，给予警告；逾期不改正的，处5000元以上1万元以下的罚款；情节严重的，吊销其印鉴卡；对直接负责的主管人员和其他直接责任人员，依法给予降级、撤职、开除的处分。

第五十六条 医师和药师出现下列情形之一的，由县级以上卫生行政部门按照《麻醉药品和精神药品管理条例》第七十三条的规定予以处罚：

（一）未取得麻醉药品和第一类精神药品处方资格的医师擅自开具麻醉药品和第一类精神药品处方的；

（二）具有麻醉药品和第一类精神药品处方医师未按照规定开具麻醉药品和第一类精神药品处方，或者未按照卫生部制定的麻醉药品和精神药品临床应用指导原则使用麻醉药品和第一类精神药品的；

（三）药师未按照规定调剂麻醉药品、精神药品处方的。

第五十七条 医师出现下列情形之一的，按照《执业医师法》第三十七条的规定，由县级以上卫生行政部门给予警告或者责令暂停六个月以上一年以下执业活动；情节严重的，吊销其执业证书：

（一）未取得处方权或者被取消处方权后开具药品处方的；

（二）未按照本办法规定开具药品处方的；

（三）违反本办法其他规定的。

第五十八条 药师未按照规定调剂处方药品，情节严重的，由县级以上卫生行政部门责令改正、通报批评，给予警告；并由所在医疗机构或者其上级单位给予纪律处分。

第五十九条 县级以上地方卫生行政部门未按照本办法规定履行监管职责的，由上级卫生行政部门责令改正。

第八章 附 则

第六十条 乡村医生按照《乡村医生从业管理条例》的规定，在省级卫生行政部门制定的乡村医生基本用药目录范围内开具药品处方。

第六十一条 本办法所称药学专业技术人员，是指按照卫生部《卫生技术人员职务试行条例》规定，取得药学专业技术职务任职资格人员，包括主任药师、副主任药师、主管药师、药师、药士。

第六十二条 本办法所称医疗机构，是指按照《医疗机构管理条例》批准登记的从事疾病诊断、治疗活动的医院、社区卫生服务中心（站）、妇幼保健院、卫生院、疗养院、门诊部、诊所、卫生室（所）、急救中心（站）、专科疾病防治院（所、站）以及护理院（站）等医疗机构。

第六十三条 本办法自2007年5月1日起施行。《处方管理办法（试行）》（卫医发〔2004〕269号）和《麻醉药品、精神药品处方管理规定》（卫医法〔2005〕436号）同时废止。

中华人民共和国医师法

（2021年8月20日第十三届全国人民代表大会常务委员会第三十次会议通过，2021年8月20日公布，自2022年3月1日起施行）

第一章　总　　则

第一条　为了保障医师合法权益，规范医师执业行为，加强医师队伍建设，保护人民健康，推进健康中国建设，制定本法。

第二条　本法所称医师，是指依法取得医师资格，经注册在医疗卫生机构中执业的专业医务人员，包括执业医师和执业助理医师。

第三条　医师应当坚持人民至上、生命至上，发扬人道主义精神，弘扬敬佑生命、救死扶伤、甘于奉献、大爱无疆的崇高职业精神，恪守职业道德，遵守执业规范，提高执业水平，履行防病治病、保护人民健康的神圣职责。

医师依法执业，受法律保护。医师的人格尊严、人身安全不受侵犯。

第四条　国务院卫生健康主管部门负责全国的医师管理工作。国务院教育、人力资源社会保障、中医药等有关部门在各自职责范围内负责有关的医师管理工作。

县级以上地方人民政府卫生健康主管部门负责本行政区域内的医师管理工作。县级以上地方人民政府教育、人力资源社会保障、中医药等有关部门在各自职责范围内负责有关的医师管理工作。

第五条　每年8月19日为中国医师节。

对在医疗卫生服务工作中做出突出贡献的医师，按照国家有关规定给予表彰、奖励。

全社会应当尊重医师。各级人民政府应当关心爱护医师，弘扬先进事迹，加强业务培训，支持开拓创新，帮助解决困难，推动在全社会广泛形成尊医重卫的良好氛围。

第六条　国家建立健全医师医学专业技术职称设置、评定和岗位聘任制度，将职业道德、专业实践能力和工作业绩作为重要条件，科学设置有关评定、聘任标准。

第七条　医师可以依法组织和参加医师协会等有关行业组织、专业学术团体。

医师协会等有关行业组织应当加强行业自律和医师执业规范，维护医师合法权益，协助卫生健康主管部门和其他有关部门开展相关工作。

第二章　考试和注册

第八条　国家实行医师资格考试制度。

医师资格考试分为执业医师资格考试和执业助理医师资格考试。医师资格考试由省级以上人民政府卫生健康主管部门组织实施。

医师资格考试的类别和具体办法，由国务院卫生健康主管部门制定。

第九条　具有下列条件之一的，可以参加执业医师资格考试：

（一）具有高等学校相关医学专业本科以上学历，在执业医师指导下，在医疗卫生机构中参加医学专业工作实践满一年；

（二）具有高等学校相关医学专业专科学历，取得执业助理医师执业证书后，在医疗卫生机构中执业满二年。

第十条　具有高等学校相关医学专业专科以上学历，在执业医师指导下，在医疗卫生机构中参加医学专业工作实践满一年的，可以参加执业助理医师资格考试。

第十一条 以师承方式学习中医满三年，或者经多年实践医术确有专长的，经县级以上人民政府卫生健康主管部门委托的中医药专业组织或者医疗卫生机构考核合格并推荐，可以参加中医医师资格考试。

以师承方式学习中医或者经多年实践，医术确有专长的，由至少二名中医医师推荐，经省级人民政府中医药主管部门组织实践技能和效果考核合格后，即可取得中医医师资格及相应的资格证书。

本条规定的相关考试、考核办法，由国务院中医药主管部门拟订，报国务院卫生健康主管部门审核、发布。

第十二条 医师资格考试成绩合格，取得执业医师资格或者执业助理医师资格，发给医师资格证书。

第十三条 国家实行医师执业注册制度。

取得医师资格的，可以向所在地县级以上地方人民政府卫生健康主管部门申请注册。医疗卫生机构可以为本机构中的申请人集体办理注册手续。

除有本法规定不予注册的情形外，卫生健康主管部门应当自受理申请之日起二十个工作日内准予注册，将注册信息录入国家信息平台，并发给医师执业证书。

未注册取得医师执业证书，不得从事医师执业活动。

医师执业注册管理的具体办法，由国务院卫生健康主管部门制定。

第十四条 医师经注册后，可以在医疗卫生机构中按照注册的执业地点、执业类别、执业范围执业，从事相应的医疗卫生服务。

中医、中西医结合医师可以在医疗机构中的中医科、中西医结合科或者其他临床科室按照注册的执业类别、执业范围执业。

医师经相关专业培训和考核合格，可以增加执业范围。法律、行政法规对医师从事特定范围执业活动的资质条件有规定的，从其规定。

经考试取得医师资格的中医医师按照国家有关规定，经培训和考核合格，在执业活动中可以采用与其专业相关的西医药技术方法。西医医师按照国家有关规定，经培训和考核合格，在执业活动中可以采用与其专业相关的中医药技术方法。

第十五条 医师在二个以上医疗卫生机构定期执业的，应当以一个医疗卫生机构为主，并按照国家有关规定办理相关手续。国家鼓励医师定期定点到县级以下医疗卫生机构，包括乡镇卫生院、村卫生室、社区卫生服务中心等，提供医疗卫生服务，主执业机构应当支持并提供便利。

卫生健康主管部门、医疗卫生机构应当加强对有关医师的监督管理，规范其执业行为，保证医疗卫生服务质量。

第十六条 有下列情形之一的，不予注册：

（一）无民事行为能力或者限制民事行为能力；

（二）受刑事处罚，刑罚执行完毕不满二年或者被依法禁止从事医师职业的期限未满；

（三）被吊销医师执业证书不满二年；

（四）因医师定期考核不合格被注销注册不满一年；

（五）法律、行政法规规定不得从事医疗卫生服务的其他情形。

受理申请的卫生健康主管部门对不予注册的，应当自受理申请之日起二十个工作日内书面通知申请人和其所在医疗卫生机构，并说明理由。

第十七条 医师注册后有下列情形之一的，注销注册，废止医师执业证书：

（一）死亡；

（二）受刑事处罚；

（三）被吊销医师执业证书；

（四）医师定期考核不合格，暂停执业活动期满，再次考核仍不合格；

（五）中止医师执业活动满二年；

（六）法律、行政法规规定不得从事医疗卫生服务或者应当办理注销手续的其他情形。

有前款规定情形的，医师所在医疗卫生机构应当在三十日内报告准予注册的卫生健康主管部门；卫生健康主管部门依职权发现医师有前款规定情形的，应当及时通报准予注册的卫生健康主管部门。准予注册的卫生健康主管部门应当及时注销注册，废止医师执业证书。

第十八条　医师变更执业地点、执业类别、执业范围等注册事项的，应当依照本法规定到准予注册的卫生健康主管部门办理变更注册手续。

医师从事下列活动的，可以不办理相关变更注册手续：

（一）参加规范化培训、进修、对口支援、会诊、突发事件医疗救援、慈善或者其他公益性医疗、义诊；

（二）承担国家任务或者参加政府组织的重要活动等；

（三）在医疗联合体内的医疗机构中执业。

第十九条　中止医师执业活动二年以上或者本法规定不予注册的情形消失，申请重新执业的，应当由县级以上人民政府卫生健康主管部门或者其委托的医疗卫生机构、行业组织考核合格，并依照本法规定重新注册。

第二十条　医师个体行医应当依法办理审批或者备案手续。

执业医师个体行医，须经注册后在医疗卫生机构中执业满五年；但是，依照本法第十一条第二款规定取得中医医师资格的人员，按照考核内容进行执业注册后，即可在注册的执业范围内个体行医。

县级以上地方人民政府卫生健康主管部门对个体行医的医师，应当按照国家有关规定实施监督检查，发现有本法规定注销注册的情形的，应当及时注销注册，废止医师执业证书。

第二十一条　县级以上地方人民政府卫生健康主管部门应当将准予注册和注销注册的人员名单及时予以公告，由省级人民政府卫生健康主管部门汇总，报国务院卫生健康主管部门备案，并按照规定通过网站提供医师注册信息查询服务。

第三章　执业规则

第二十二条　医师在执业活动中享有下列权利：

（一）在注册的执业范围内，按照有关规范进行医学诊查、疾病调查、医学处置、出具相应的医学证明文件，选择合理的医疗、预防、保健方案；

（二）获取劳动报酬，享受国家规定的福利待遇，按照规定参加社会保险并享受相应待遇；

（三）获得符合国家规定标准的执业基本条件和职业防护装备；

（四）从事医学教育、研究、学术交流；

（五）参加专业培训，接受继续医学教育；

（六）对所在医疗卫生机构和卫生健康主管部门的工作提出意见和建议，依法参与所在机构的民主管理；

（七）法律、法规规定的其他权利。

第二十三条　医师在执业活动中履行下列义务：

（一）树立敬业精神，恪守职业道德，履行医师职责，尽职尽责救治患者，执行疫情防控等公共卫生措施；

（二）遵循临床诊疗指南，遵守临床技术操作规范和医学伦理规范等；

（三）尊重、关心、爱护患者，依法保护患者隐私和个人信息；

（四）努力钻研业务，更新知识，提高医学专业技术能力和水平，提升医疗卫生服务质量；

（五）宣传推广与岗位相适应的健康科普知识，对患者及公众进行健康教育和健康指导；

（六）法律、法规规定的其他义务。

第二十四条 医师实施医疗、预防、保健措施，签署有关医学证明文件，必须亲自诊查、调查，并按照规定及时填写病历等医学文书，不得隐匿、伪造、篡改或者擅自销毁病历等医学文书及有关资料。

医师不得出具虚假医学证明文件以及与自己执业范围无关或者与执业类别不相符的医学证明文件。

第二十五条 医师在诊疗活动中应当向患者说明病情、医疗措施和其他需要告知的事项。需要实施手术、特殊检查、特殊治疗的，医师应当及时向患者具体说明医疗风险、替代医疗方案等情况，并取得其明确同意；不能或者不宜向患者说明的，应当向患者的近亲属说明，并取得其明确同意。

第二十六条 医师开展药物、医疗器械临床试验和其他医学临床研究应当符合国家有关规定，遵守医学伦理规范，依法通过伦理审查，取得书面知情同意。

第二十七条 对需要紧急救治的患者，医师应当采取紧急措施进行诊治，不得拒绝急救处置。

因抢救生命垂危的患者等紧急情况，不能取得患者或者其近亲属意见的，经医疗机构负责人或者授权的负责人批准，可以立即实施相应的医疗措施。

国家鼓励医师积极参与公共交通工具等公共场所急救服务；医师因自愿实施急救造成受助人损害的，不承担民事责任。

第二十八条 医师应当使用经依法批准或者备案的药品、消毒药剂、医疗器械，采用合法、合规、科学的诊疗方法。

除按照规范用于诊断治疗外，不得使用麻醉药品、医疗用毒性药品、精神药品、放射性药品等。

第二十九条 医师应当坚持安全有效、经济合理的用药原则，遵循药品临床应用指导原则、临床诊疗指南和药品说明书等合理用药。

在尚无有效或者更好治疗手段等特殊情况下，医师取得患者明确知情同意后，可以采用药品说明书中未明确但具有循证医学证据的药品用法实施治疗。医疗机构应当建立管理制度，对医师处方、用药医嘱的适宜性进行审核，严格规范医师用药行为。

第三十条 执业医师按照国家有关规定，经所在医疗卫生机构同意，可以通过互联网等信息技术提供部分常见病、慢性病复诊等适宜的医疗卫生服务。国家支持医疗卫生机构之间利用互联网等信息技术开展远程医疗合作。

第三十一条 医师不得利用职务之便，索要、非法收受财物或者牟取其他不正当利益；不得对患者实施不必要的检查、治疗。

第三十二条 遇有自然灾害、事故灾难、公共卫生事件和社会安全事件等严重威胁人民生命健康的突发事件时，县级以上人民政府卫生健康主管部门根据需要组织医师参与卫生应急处置和医疗救治，医师应当服从调遣。

第三十三条 在执业活动中有下列情形之一的，医师应当按照有关规定及时向所在医疗卫生机构或者有关部门、机构报告：

（一）发现传染病、突发不明原因疾病或者异常健康事件；

（二）发生或者发现医疗事故；

（三）发现可能与药品、医疗器械有关的不良反应或者不良事件；

（四）发现假药或者劣药；

（五）发现患者涉嫌伤害事件或者非正常死亡；

（六）法律、法规规定的其他情形。

第三十四条 执业助理医师应当在执业医师的指导下，在医疗卫生机构中按照注册的执业类别、执业范围执业。

在乡、民族乡、镇和村医疗卫生机构以

及艰苦边远地区县级医疗卫生机构中执业的执业助理医师，可以根据医疗卫生服务情况和本人实践经验，独立从事一般的执业活动。

第三十五条　参加临床教学实践的医学生和尚未取得医师执业证书、在医疗卫生机构中参加医学专业工作实践的医学毕业生，应当在执业医师监督、指导下参与临床诊疗活动。医疗卫生机构应当为有关医学生、医学毕业生参与临床诊疗活动提供必要的条件。

第三十六条　有关行业组织、医疗卫生机构、医学院校应当加强对医师的医德医风教育。

医疗卫生机构应当建立健全医师岗位责任、内部监督、投诉处理等制度，加强对医师的管理。

第四章　培训和考核

第三十七条　国家制定医师培养规划，建立适应行业特点和社会需求的医师培养和供需平衡机制，统筹各类医学人才需求，加强全科、儿科、精神科、老年医学等紧缺专业人才培养。

国家采取措施，加强医教协同，完善医学院校教育、毕业后教育和继续教育体系。

国家通过多种途径，加强以全科医生为重点的基层医疗卫生人才培养和配备。

国家采取措施，完善中医西医相互学习的教育制度，培养高层次中西医结合人才和能够提供中西医结合服务的全科医生。

第三十八条　国家建立健全住院医师规范化培训制度，健全临床带教激励机制，保障住院医师培训期间待遇，严格培训过程管理和结业考核。

国家建立健全专科医师规范化培训制度，不断提高临床医师专科诊疗水平。

第三十九条　县级以上人民政府卫生健康主管部门和其他有关部门应当制定医师培训计划，采取多种形式对医师进行分级分类培训，为医师接受继续医学教育提供条件。

县级以上人民政府应当采取有力措施，优先保障基层、欠发达地区和民族地区的医疗卫生人员接受继续医学教育。

第四十条　医疗卫生机构应当合理调配人力资源，按照规定和计划保证本机构医师接受继续医学教育。

县级以上人民政府卫生健康主管部门应当有计划地组织协调县级以上医疗卫生机构对乡镇卫生院、村卫生室、社区卫生服务中心等基层医疗卫生机构中的医疗卫生人员开展培训，提高其医学专业技术能力和水平。

有关行业组织应当为医师接受继续医学教育提供服务和创造条件，加强继续医学教育的组织、管理。

第四十一条　国家在每年的医学专业招生计划和教育培训计划中，核定一定比例用于定向培养、委托培训，加强基层和艰苦边远地区医师队伍建设。

有关部门、医疗卫生机构与接受定向培养、委托培训的人员签订协议，约定相关待遇、服务年限、违约责任等事项，有关人员应当履行协议约定的义务。县级以上人民政府有关部门应当采取措施，加强履约管理。协议各方违反约定的，应当承担违约责任。

第四十二条　国家实行医师定期考核制度。

县级以上人民政府卫生健康主管部门或者其委托的医疗卫生机构、行业组织应当按照医师执业标准，对医师的业务水平、工作业绩和职业道德状况进行考核，考核周期为三年。对具有较长年限执业经历、无不良行为记录的医师，可以简化考核程序。

受委托的机构或者组织应当将医师考核结果报准予注册的卫生健康主管部门备案。

对考核不合格的医师，县级以上人民政府卫生健康主管部门应当责令其暂停执业活动三个月至六个月，并接受相关专业培训。暂停执业活动期满，再次进行考核，对考核合格的，允许其继续执业。

第四十三条　省级以上人民政府卫生健康主管部门负责指导、检查和监督医师考核工作。

第五章 保障措施

第四十四条 国家建立健全体现医师职业特点和技术劳动价值的人事、薪酬、职称、奖励制度。

对从事传染病防治、放射医学和精神卫生工作以及其他特殊岗位工作的医师，应当按照国家有关规定给予适当的津贴。津贴标准应当定期调整。

在基层和艰苦边远地区工作的医师，按照国家有关规定享受津贴、补贴政策，并在职称评定、职业发展、教育培训和表彰奖励等方面享受优惠待遇。

第四十五条 国家加强疾病预防控制人才队伍建设，建立适应现代化疾病预防控制体系的医师培养和使用机制。

疾病预防控制机构、二级以上医疗机构以及乡镇卫生院、社区卫生服务中心等基层医疗卫生机构应当配备一定数量的公共卫生医师，从事人群疾病及危害因素监测、风险评估研判、监测预警、流行病学调查、免疫规划管理、职业健康管理等公共卫生工作。医疗机构应当建立健全管理制度，严格执行院内感染防控措施。

国家建立公共卫生与临床医学相结合的人才培养机制，通过多种途径对临床医师进行疾病预防控制、突发公共卫生事件应对等方面业务培训，对公共卫生医师进行临床医学业务培训，完善医防结合和中西医协同防治的体制机制。

第四十六条 国家采取措施，统筹城乡资源，加强基层医疗卫生队伍和服务能力建设，对乡村医疗卫生人员建立县乡村上下贯通的职业发展机制，通过县管乡用、乡聘村用等方式，将乡村医疗卫生人员纳入县域医疗卫生人员管理。

执业医师晋升为副高级技术职称的，应当有累计一年以上在县级以下或者对口支援的医疗卫生机构提供医疗卫生服务的经历；晋升副高级技术职称后，在县级以下或者对口支援的医疗卫生机构提供医疗卫生服务，累计一年以上的，同等条件下优先晋升正高级技术职称。

国家采取措施，鼓励取得执业医师资格或者执业助理医师资格的人员依法开办村医疗卫生机构，或者在村医疗卫生机构提供医疗卫生服务。

第四十七条 国家鼓励在村医疗卫生机构中向村民提供预防、保健和一般医疗服务的乡村医生通过医学教育取得医学专业学历；鼓励符合条件的乡村医生参加医师资格考试，依法取得医师资格。

国家采取措施，通过信息化、智能化手段帮助乡村医生提高医学技术能力和水平，进一步完善对乡村医生的服务收入多渠道补助机制和养老等政策。

乡村医生的具体管理办法，由国务院制定。

第四十八条 医师有下列情形之一的，按照国家有关规定给予表彰、奖励：

（一）在执业活动中，医德高尚，事迹突出；

（二）在医学研究、教育中开拓创新，对医学专业技术有重大突破，做出显著贡献；

（三）遇有突发事件时，在预防预警、救死扶伤等工作中表现突出；

（四）长期在艰苦边远地区的县级以下医疗卫生机构努力工作；

（五）在疾病预防控制、健康促进工作中做出突出贡献；

（六）法律、法规规定的其他情形。

第四十九条 县级以上人民政府及其有关部门应当将医疗纠纷预防和处理工作纳入社会治安综合治理体系，加强医疗卫生机构及周边治安综合治理，维护医疗卫生机构良好的执业环境，有效防范和依法打击涉医违法犯罪行为，保护医患双方合法权益。

医疗卫生机构应当完善安全保卫措施，

维护良好的医疗秩序，及时主动化解医疗纠纷，保障医师执业安全。

禁止任何组织或者个人阻碍医师依法执业，干扰医师正常工作、生活；禁止通过侮辱、诽谤、威胁、殴打等方式，侵犯医师的人格尊严、人身安全。

第五十条　医疗卫生机构应当为医师提供职业安全和卫生防护用品，并采取有效的卫生防护和医疗保健措施。

医师受到事故伤害或者在职业活动中因接触有毒、有害因素而引起疾病、死亡的，依照有关法律、行政法规的规定享受工伤保险待遇。

第五十一条　医疗卫生机构应当为医师合理安排工作时间，落实带薪休假制度，定期开展健康检查。

第五十二条　国家建立完善医疗风险分担机制。医疗机构应当参加医疗责任保险或者建立、参加医疗风险基金。鼓励患者参加医疗意外保险。

第五十三条　新闻媒体应当开展医疗卫生法律、法规和医疗卫生知识的公益宣传，弘扬医师先进事迹，引导公众尊重医师、理性对待医疗卫生风险。

第六章　法律责任

第五十四条　在医师资格考试中有违反考试纪律等行为，情节严重的，一年至三年内禁止参加医师资格考试。

以不正当手段取得医师资格证书或者医师执业证书的，由发给证书的卫生健康主管部门予以撤销，三年内不受理其相应申请。

伪造、变造、买卖、出租、出借医师执业证书的，由县级以上人民政府卫生健康主管部门责令改正，没收违法所得，并处违法所得二倍以上五倍以下的罚款，违法所得不足一万元的，按一万元计算；情节严重的，吊销医师执业证书。

第五十五条　违反本法规定，医师在执业活动中有下列行为之一的，由县级以上人民政府卫生健康主管部门责令改正，给予警告；情节严重的，责令暂停六个月以上一年以下执业活动直至吊销医师执业证书：

（一）在提供医疗卫生服务或者开展医学临床研究中，未按照规定履行告知义务或者取得知情同意；

（二）对需要紧急救治的患者，拒绝急救处置，或者由于不负责任延误诊治；

（三）遇有自然灾害、事故灾难、公共卫生事件和社会安全事件等严重威胁人民生命健康的突发事件时，不服从卫生健康主管部门调遣；

（四）未按照规定报告有关情形；

（五）违反法律、法规、规章或者执业规范，造成医疗事故或者其他严重后果。

第五十六条　违反本法规定，医师在执业活动中有下列行为之一的，由县级以上人民政府卫生健康主管部门责令改正，给予警告，没收违法所得，并处一万元以上三万元以下的罚款；情节严重的，责令暂停六个月以上一年以下执业活动直至吊销医师执业证书：

（一）泄露患者隐私或者个人信息；

（二）出具虚假医学证明文件，或者未经亲自诊查、调查，签署诊断、治疗、流行病学等证明文件或者有关出生、死亡等证明文件；

（三）隐匿、伪造、篡改或者擅自销毁病历等医学文书及有关资料；

（四）未按照规定使用麻醉药品、医疗用毒性药品、精神药品、放射性药品等；

（五）利用职务之便，索要、非法收受财物或者牟取其他不正当利益，或者违反诊疗规范，对患者实施不必要的检查、治疗造成不良后果；

（六）开展禁止类医疗技术临床应用。

第五十七条　违反本法规定，医师未按照注册的执业地点、执业类别、执业范围执业的，由县级以上人民政府卫生健康主管部门或者中医药主管部门责令改正，给予警告，没收违法所得，并处一万元以上三万元以下的罚款；情节严重的，责令暂停六个月以上一年以下执业活动直至吊销医师执业证书。

第五十八条 严重违反医师职业道德、医学伦理规范，造成恶劣社会影响的，由省级以上人民政府卫生健康主管部门吊销医师执业证书或者责令停止非法执业活动，五年直至终身禁止从事医疗卫生服务或者医学临床研究。

第五十九条 违反本法规定，非医师行医的，由县级以上人民政府卫生健康主管部门责令停止非法执业活动，没收违法所得和药品、医疗器械，并处违法所得二倍以上十倍以下的罚款，违法所得不足一万元的，按一万元计算。

第六十条 违反本法规定，阻碍医师依法执业，干扰医师正常工作、生活，或者通过侮辱、诽谤、威胁、殴打等方式，侵犯医师人格尊严、人身安全，构成违反治安管理行为的，依法给予治安管理处罚。

第六十一条 违反本法规定，医疗卫生机构未履行报告职责，造成严重后果的，由县级以上人民政府卫生健康主管部门给予警告，对直接负责的主管人员和其他直接责任人员依法给予处分。

第六十二条 违反本法规定，卫生健康主管部门和其他有关部门工作人员或者医疗卫生机构工作人员弄虚作假、滥用职权、玩忽职守、徇私舞弊的，依法给予处分。

第六十三条 违反本法规定，构成犯罪的，依法追究刑事责任；造成人身、财产损害的，依法承担民事责任。

第七章 附　　则

第六十四条 国家采取措施，鼓励具有中等专业学校医学专业学历的人员通过参加更高层次学历教育等方式，提高医学技术能力和水平。

在本法施行前以及在本法施行后一定期限内取得中等专业学校相关医学专业学历的人员，可以参加医师资格考试。具体办法由国务院卫生健康主管部门会同国务院教育、中医药等有关部门制定。

第六十五条 中国人民解放军和中国人民武装警察部队执行本法的具体办法，由国务院、中央军事委员会依据本法制定。

第六十六条 境外人员参加医师资格考试、申请注册、执业或者从事临床示教、临床研究、临床学术交流等活动的具体管理办法，由国务院卫生健康主管部门制定。

第六十七条 本法自2022年3月1日起施行。《中华人民共和国执业医师法》同时废止。

医疗广告管理办法

（2006年11月10日中华人民共和国国家工商行政管理总局和中华人民共和国卫生部令第26号公布，自2007年1月1日起施行）

第一条 为加强医疗广告管理，保障人民身体健康，根据《广告法》、《医疗机构管理条例》、《中医药条例》等法律法规的规定，制定本办法。

第二条 本办法所称医疗广告，是指利用各种媒介或者形式直接或间接介绍医疗机构或医疗服务的广告。

第三条 医疗机构发布医疗广告，应当在发布前申请医疗广告审查。未取得《医疗广告审查证明》，不得发布医疗广告。

第四条　工商行政管理机关负责医疗广告的监督管理。

卫生行政部门、中医药管理部门负责医疗广告的审查，并对医疗机构进行监督管理。

第五条　非医疗机构不得发布医疗广告，医疗机构不得以内部科室名义发布医疗广告。

第六条　医疗广告内容仅限于以下项目：

（一）医疗机构第一名称；

（二）医疗机构地址；

（三）所有制形式；

（四）医疗机构类别；

（五）诊疗科目；

（六）床位数；

（七）接诊时间；

（八）联系电话。

（一）至（六）项发布的内容必须与卫生行政部门、中医药管理部门核发的《医疗机构执业许可证》或其副本载明的内容一致。

第七条　医疗广告的表现形式不得含有以下情形：

（一）涉及医疗技术、诊疗方法、疾病名称、药物的；

（二）保证治愈或者隐含保证治愈的；

（三）宣传治愈率、有效率等诊疗效果的；

（四）淫秽、迷信、荒诞的；

（五）贬低他人的；

（六）利用患者、卫生技术人员、医学教育科研机构及人员以及其他社会社团、组织的名义、形象作证明的；

（七）使用解放军和武警部队名义的；

（八）法律、行政法规规定禁止的其他情形。

第八条　医疗机构发布医疗广告，应当向其所在地省级卫生行政部门申请，并提交以下材料：

（一）《医疗广告审查申请表》；

（二）《医疗机构执业许可证》副本原件和复印件，复印件应当加盖核发其《医疗机构执业许可证》的卫生行政部门公章；

（三）医疗广告成品样件。电视、广播广告可以先提交镜头脚本和广播文稿。

中医、中西医结合、民族医医疗机构发布医疗广告，应当向其所在地省级中医药管理部门申请。

第九条　省级卫生行政部门、中医药管理部门应当自受理之日起20日内对医疗广告成品样件内容进行审查。卫生行政部门、中医药管理部门需要请有关专家进行审查的，可延长10日。

对审查合格的医疗广告，省级卫生行政部门、中医药管理部门发给《医疗广告审查证明》，并将通过审查的医疗广告样件和核发的《医疗广告审查证明》予以公示；对审查不合格的医疗广告，应当书面通知医疗机构并告知理由。

第十条　省级卫生行政部门、中医药管理部门应对已审查的医疗广告成品样件和审查意见予以备案保存，保存时间自《医疗广告审查证明》生效之日起至少两年。

第十一条　《医疗广告审查申请表》、《医疗广告审查证明》的格式由卫生部、国家中医药管理局规定。

第十二条　省级卫生行政部门、中医药管理部门应在核发《医疗广告审查证明》之日起五个工作日内，将《医疗广告审查证明》抄送本地同级工商行政管理机关。

第十三条　《医疗广告审查证明》的有效期为一年。到期后仍需继续发布医疗广告的，应重新提出审查申请。

第十四条　发布医疗广告应当标注医疗机构第一名称和《医疗广告审查证明》文号。

第十五条　医疗机构发布户外医疗广告，应在取得《医疗广告审查证明》后，按照《户外广告登记管理规定》办理登记。

医疗机构在其法定控制地带标示仅含有医疗机构名称的户外广告，无需申请医疗广告审查和户外广告登记。

第十六条　禁止利用新闻形式、医疗资讯服务类专题节（栏）目发布或变相发布医疗广告。

有关医疗机构的人物专访、专题报道等宣传内容，可以出现医疗机构名称，但不得出现有关医疗机构的地址、联系方式等医疗广告内容；不得在同一媒介的同一时间段或者版面发布该医疗机构的广告。

第十七条　医疗机构应当按照《医疗广告审查证明》核准的广告成品样件内容与媒体类别发布医疗广告。

医疗广告内容需要改动或者医疗机构的执业情况发生变化，与经审查的医疗广告成品样件内容不符的，医疗机构应当重新提出审查申请。

第十八条　广告经营者、广告发布者发布医疗广告，应当由其广告审查员查验《医疗广告审查证明》，核实广告内容。

第十九条　有下列情况之一的，省级卫生行政部门、中医药管理部门应当收回《医疗广告审查证明》，并告知有关医疗机构：

（一）医疗机构受到停业整顿、吊销《医疗机构执业许可证》的；

（二）医疗机构停业、歇业或被注销的；

（三）其他应当收回《医疗广告审查证明》的情形。

第二十条　医疗机构违反本办法规定发布医疗广告，县级以上地方卫生行政部门、中医药管理部门应责令其限期改正，给予警告；情节严重的，核发《医疗机构执业许可证》的卫生行政部门、中医药管理部门可以责令其停业整顿、吊销有关诊疗科目，直至吊销《医疗机构执业许可证》。

未取得《医疗机构执业许可证》发布医疗广告的，按非法行医处罚。

第二十一条　医疗机构篡改《医疗广告审查证明》内容发布医疗广告的，省级卫生行政部门、中医药管理部门应当撤销《医疗广告审查证明》，并在一年内不受理该医疗机构的广告审查申请。

省级卫生行政部门、中医药管理部门撤销《医疗广告审查证明》后，应当自作出行政处理决定之日起5个工作日内通知同级工商行政管理机关，工商行政管理机关应当依法予以查处。

第二十二条　工商行政管理机关对违反本办法规定的广告主、广告经营者、广告发布者依据《广告法》、《反不正当竞争法》予以处罚，对情节严重，造成严重后果的，可以并处一至六个月暂停发布医疗广告、直至取消广告经营者、广告发布者的医疗广告经营和发布资格的处罚。法律法规没有规定的，工商行政管理机关应当对负有责任的广告主、广告经营者、广告发布者给予警告或者处以一万元以上三万元以下的罚款；医疗广告内容涉嫌虚假的，工商行政管理机关可根据需要会同卫生行政部门、中医药管理部门作出认定。

第二十三条　本办法自2007年1月1日起施行。

（四）农产品安全类

中华人民共和国农产品质量安全法

（2006年4月29日第十届全国人民代表大会常务委员会第二十一次会议通过，根据2018年10月26日第十三届全国人民代表大会常务委员会第六次会议《关于修改〈中华人民共和国野生动物保护法〉等十五部法律的决定》修正，2022年9月2日第十三届全国人民代表大会常务委员会第三十六次会议修订）

第一章　总　　则

第一条　为了保障农产品质量安全，维护公众健康，促进农业和农村经济发展，制定本法。

第二条　本法所称农产品，是指来源于种植业、林业、畜牧业和渔业等的初级产品，即在农业活动中获得的植物、动物、微生物及其产品。

本法所称农产品质量安全，是指农产品质量达到农产品质量安全标准，符合保障人的健康、安全的要求。

第三条　与农产品质量安全有关的农产品生产经营及其监督管理活动，适用本法。

《中华人民共和国食品安全法》对食用农产品的市场销售、有关质量安全标准的制定、有关安全信息的公布和农业投入品已经作出规定的，应当遵守其规定。

第四条　国家加强农产品质量安全工作，实行源头治理、风险管理、全程控制，建立科学、严格的监督管理制度，构建协同、高效的社会共治体系。

第五条　国务院农业农村主管部门、市场监督管理部门依照本法和规定的职责，对农产品质量安全实施监督管理。

国务院其他有关部门依照本法和规定的职责承担农产品质量安全的有关工作。

第六条　县级以上地方人民政府对本行政区域的农产品质量安全工作负责，统一领导、组织、协调本行政区域的农产品质量安全工作，建立健全农产品质量安全工作机制，提高农产品质量安全水平。

县级以上地方人民政府应当依照本法和有关规定，确定本级农业农村主管部门、市场监督管理部门和其他有关部门的农产品质量安全监督管理工作职责。各有关部门在职责范围内负责本行政区域的农产品质量安全监督管理工作。

乡镇人民政府应当落实农产品质量安全监督管理责任，协助上级人民政府及其有关部门做好农产品质量安全监督管理工作。

第七条　农产品生产经营者应当对其生产经营的农产品质量安全负责。

农产品生产经营者应当依照法律、法规和农产品质量安全标准从事生产经营活动，诚信自律，接受社会监督，承担社会责任。

第八条　县级以上人民政府应当将农产品质量安全管理工作纳入本级国民经济和社会发展规划，所需经费列入本级预算，加强农产品质量安全监督管理能力建设。

第九条 国家引导、推广农产品标准化生产，鼓励和支持生产绿色优质农产品，禁止生产、销售不符合国家规定的农产品质量安全标准的农产品。

第十条 国家支持农产品质量安全科学技术研究，推行科学的质量安全管理方法，推广先进安全的生产技术。国家加强农产品质量安全科学技术国际交流与合作。

第十一条 各级人民政府及有关部门应当加强农产品质量安全知识的宣传，发挥基层群众性自治组织、农村集体经济组织的优势和作用，指导农产品生产经营者加强质量安全管理，保障农产品消费安全。

新闻媒体应当开展农产品质量安全法律、法规和农产品质量安全知识的公益宣传，对违法行为进行舆论监督。有关农产品质量安全的宣传报道应当真实、公正。

第十二条 农民专业合作社和农产品行业协会等应当及时为其成员提供生产技术服务，建立农产品质量安全管理制度，健全农产品质量安全控制体系，加强自律管理。

第二章 农产品质量安全风险管理和标准制定

第十三条 国家建立农产品质量安全风险监测制度。

国务院农业农村主管部门应当制定国家农产品质量安全风险监测计划，并对重点区域、重点农产品品种进行质量安全风险监测。省、自治区、直辖市人民政府农业农村主管部门应当根据国家农产品质量安全风险监测计划，结合本行政区域农产品生产经营实际，制定本行政区域的农产品质量安全风险监测实施方案，并报国务院农业农村主管部门备案。县级以上地方人民政府农业农村主管部门负责组织实施本行政区域的农产品质量安全风险监测。

县级以上人民政府市场监督管理部门和其他有关部门获知有关农产品质量安全风险信息后，应当立即核实并向同级农业农村主管部门通报。接到通报的农业农村主管部门应当及时上报。制定农产品质量安全风险监测计划、实施方案的部门应当及时研究分析，必要时进行调整。

第十四条 国家建立农产品质量安全风险评估制度。

国务院农业农村主管部门应当设立农产品质量安全风险评估专家委员会，对可能影响农产品质量安全的潜在危害进行风险分析和评估。国务院卫生健康、市场监督管理等部门发现需要对农产品进行质量安全风险评估的，应当向国务院农业农村主管部门提出风险评估建议。

农产品质量安全风险评估专家委员会由农业、食品、营养、生物、环境、医学、化工等方面的专家组成。

第十五条 国务院农业农村主管部门应当根据农产品质量安全风险监测、风险评估结果采取相应的管理措施，并将农产品质量安全风险监测、风险评估结果及时通报国务院市场监督管理、卫生健康等部门和有关省、自治区、直辖市人民政府农业农村主管部门。

县级以上人民政府农业农村主管部门开展农产品质量安全风险监测和风险评估工作时，可以根据需要进入农产品产地、储存场所及批发、零售市场。采集样品应当按照市场价格支付费用。

第十六条 国家建立健全农产品质量安全标准体系，确保严格实施。农产品质量安全标准是强制执行的标准，包括以下与农产品质量安全有关的要求：

（一）农业投入品质量要求、使用范围、用法、用量、安全间隔期和休药期规定；

（二）农产品产地环境、生产过程管控、储存、运输要求；

（三）农产品关键成分指标等要求；

（四）与屠宰畜禽有关的检验规程；

（五）其他与农产品质量安全有关的强

制性要求。

《中华人民共和国食品安全法》对食用农产品的有关质量安全标准作出规定的，依照其规定执行。

第十七条　农产品质量安全标准的制定和发布，依照法律、行政法规的规定执行。

制定农产品质量安全标准应当充分考虑农产品质量安全风险评估结果，并听取农产品生产经营者、消费者、有关部门、行业协会等的意见，保障农产品消费安全。

第十八条　农产品质量安全标准应当根据科学技术发展水平以及农产品质量安全的需要，及时修订。

第十九条　农产品质量安全标准由农业农村主管部门商有关部门推进实施。

第三章　农产品产地

第二十条　国家建立健全农产品产地监测制度。

县级以上地方人民政府农业农村主管部门应当会同同级生态环境、自然资源等部门制定农产品产地监测计划，加强农产品产地安全调查、监测和评价工作。

第二十一条　县级以上地方人民政府农业农村主管部门应当会同同级生态环境、自然资源等部门按照保障农产品质量安全的要求，根据农产品品种特性和产地安全调查、监测、评价结果，依照土壤污染防治等法律、法规的规定提出划定特定农产品禁止生产区域的建议，报本级人民政府批准后实施。

任何单位和个人不得在特定农产品禁止生产区域种植、养殖、捕捞、采集特定农产品和建立特定农产品生产基地。

特定农产品禁止生产区域划定和管理的具体办法由国务院农业农村主管部门商国务院生态环境、自然资源等部门制定。

第二十二条　任何单位和个人不得违反有关环境保护法律、法规的规定向农产品产地排放或者倾倒废水、废气、固体废物或者其他有毒有害物质。

农业生产用水和用作肥料的固体废物，应当符合法律、法规和国家有关强制性标准的要求。

第二十三条　农产品生产者应当科学合理使用农药、兽药、肥料、农用薄膜等农业投入品，防止对农产品产地造成污染。

农药、肥料、农用薄膜等农业投入品的生产者、经营者、使用者应当按照国家有关规定回收并妥善处置包装物和废弃物。

第二十四条　县级以上人民政府应当采取措施，加强农产品基地建设，推进农业标准化示范建设，改善农产品的生产条件。

第四章　农产品生产

第二十五条　县级以上地方人民政府农业农村主管部门应当根据本地区的实际情况，制定保障农产品质量安全的生产技术要求和操作规程，并加强对农产品生产经营者的培训和指导。

农业技术推广机构应当加强对农产品生产经营者质量安全知识和技能的培训。国家鼓励科研教育机构开展农产品质量安全培训。

第二十六条　农产品生产企业、农民专业合作社、农业社会化服务组织应当加强农产品质量安全管理。

农产品生产企业应当建立农产品质量安全管理制度，配备相应的技术人员；不具备配备条件的，应当委托具有专业技术知识的人员进行农产品质量安全指导。

国家鼓励和支持农产品生产企业、农民专业合作社、农业社会化服务组织建立和实施危害分析和关键控制点体系，实施良好农业规范，提高农产品质量安全管理水平。

第二十七条　农产品生产企业、农民专业合作社、农业社会化服务组织应当建立农产品生产记录，如实记载下列事项：

（一）使用农业投入品的名称、来源、用法、用量和使用、停用的日期；

（二）动物疫病、农作物病虫害的发生和防治情况；

（三）收获、屠宰或者捕捞的日期。

农产品生产记录应当至少保存二年。禁止伪造、变造农产品生产记录。

国家鼓励其他农产品生产者建立农产品生产记录。

第二十八条 对可能影响农产品质量安全的农药、兽药、饲料和饲料添加剂、肥料、兽医器械，依照有关法律、行政法规的规定实行许可制度。

省级以上人民政府农业农村主管部门应当定期或者不定期组织对可能危及农产品质量安全的农药、兽药、饲料和饲料添加剂、肥料等农业投入品进行监督抽查，并公布抽查结果。

农药、兽药经营者应当依照有关法律、行政法规的规定建立销售台账，记录购买者、销售日期和药品施用范围等内容。

第二十九条 农产品生产经营者应当依照有关法律、行政法规和国家有关强制性标准、国务院农业农村主管部门的规定，科学合理使用农药、兽药、饲料和饲料添加剂、肥料等农业投入品，严格执行农业投入品使用安全间隔期或者休药期的规定；不得超范围、超剂量使用农业投入品危及农产品质量安全。

禁止在农产品生产经营过程中使用国家禁止使用的农业投入品以及其他有毒有害物质。

第三十条 农产品生产场所以及生产活动中使用的设施、设备、消毒剂、洗涤剂等应当符合国家有关质量安全规定，防止污染农产品。

第三十一条 县级以上人民政府农业农村主管部门应当加强对农业投入品使用的监督管理和指导，建立健全农业投入品的安全使用制度，推广农业投入品科学使用技术，普及安全、环保农业投入品的使用。

第三十二条 国家鼓励和支持农产品生产经营者选用优质特色农产品品种，采用绿色生产技术和全程质量控制技术，生产绿色优质农产品，实施分等分级，提高农产品品质，打造农产品品牌。

第三十三条 国家支持农产品产地冷链物流基础设施建设，健全有关农产品冷链物流标准、服务规范和监管保障机制，保障冷链物流农产品畅通高效、安全便捷，扩大高品质市场供给。

从事农产品冷链物流的生产经营者应当依照法律、法规和有关农产品质量安全标准，加强冷链技术创新与应用、质量安全控制，执行对冷链物流农产品及其包装、运输工具、作业环境等的检验检测检疫要求，保证冷链农产品质量安全。

第五章 农产品销售

第三十四条 销售的农产品应当符合农产品质量安全标准。

农产品生产企业、农民专业合作社应当根据质量安全控制要求自行或者委托检测机构对农产品质量安全进行检测；经检测不符合农产品质量安全标准的农产品，应当及时采取管控措施，且不得销售。

农业技术推广等机构应当为农户等农产品生产经营者提供农产品检测技术服务。

第三十五条 农产品在包装、保鲜、储存、运输中所使用的保鲜剂、防腐剂、添加剂、包装材料等，应当符合国家有关强制性标准以及其他农产品质量安全规定。

储存、运输农产品的容器、工具和设备应当安全、无害。禁止将农产品与有毒有害物质一同储存、运输，防止污染农产品。

第三十六条 有下列情形之一的农产品，不得销售：

（一）含有国家禁止使用的农药、兽药或者其他化合物；

（二）农药、兽药等化学物质残留或者含有的重金属等有毒有害物质不符合农产品质量安全标准；

（三）含有的致病性寄生虫、微生物或者生物毒素不符合农产品质量安全标准；

（四）未按照国家有关强制性标准以及其他农产品质量安全规定使用保鲜剂、防腐剂、添加剂、包装材料等，或者使用的保鲜剂、防腐剂、添加剂、包装材料等不符合国家有关强制性标准以及其他质量安全规定；

（五）病死、毒死或者死因不明的动物及其产品；

（六）其他不符合农产品质量安全标准的情形。

对前款规定不得销售的农产品，应当依照法律、法规的规定进行处置。

第三十七条　农产品批发市场应当按照规定设立或者委托检测机构，对进场销售的农产品质量安全状况进行抽查检测；发现不符合农产品质量安全标准的，应当要求销售者立即停止销售，并向所在地市场监督管理、农业农村等部门报告。

农产品销售企业对其销售的农产品，应当建立健全进货检查验收制度；经查验不符合农产品质量安全标准的，不得销售。

食品生产者采购农产品等食品原料，应当依照《中华人民共和国食品安全法》的规定查验许可证和合格证明，对无法提供合格证明的，应当按照规定进行检验。

第三十八条　农产品生产企业、农民专业合作社以及从事农产品收购的单位或者个人销售的农产品，按照规定应当包装或者附加承诺达标合格证等标识的，须经包装或者附加标识后方可销售。包装物或者标识上应当按照规定标明产品的品名、产地、生产者、生产日期、保质期、产品质量等级等内容；使用添加剂的，还应当按照规定标明添加剂的名称。具体办法由国务院农业农村主管部门制定。

第三十九条　农产品生产企业、农民专业合作社应当执行法律、法规的规定和国家有关强制性标准，保证其销售的农产品符合农产品质量安全标准，并根据质量安全控制、检测结果等开具承诺达标合格证，承诺不使用禁用的农药、兽药及其他化合物且使用的常规农药、兽药残留不超标等。鼓励和支持农户销售农产品时开具承诺达标合格证。法律、行政法规对畜禽产品的质量安全合格证明有特别规定的，应当遵守其规定。

从事农产品收购的单位或者个人应当按照规定收取、保存承诺达标合格证或者其他质量安全合格证明，对其收购的农产品进行混装或者分装后销售的，应当按照规定开具承诺达标合格证。

农产品批发市场应当建立健全农产品承诺达标合格证查验等制度。

县级以上人民政府农业农村主管部门应当做好承诺达标合格证有关工作的指导服务，加强日常监督检查。

农产品质量安全承诺达标合格证管理办法由国务院农业农村主管部门会同国务院有关部门制定。

第四十条　农产品生产经营者通过网络平台销售农产品的，应当依照本法和《中华人民共和国电子商务法》、《中华人民共和国食品安全法》等法律、法规的规定，严格落实质量安全责任，保证其销售的农产品符合质量安全标准。网络平台经营者应当依法加强对农产品生产经营者的管理。

第四十一条　国家对列入农产品质量安全追溯目录的农产品实施追溯管理。国务院农业农村主管部门应当会同国务院市场监督管理等部门建立农产品质量安全追溯协作机制。农产品质量安全追溯管理办法和追溯目录由国务院农业农村主管部门会同国务院市场监督管理等部门制定。

国家鼓励具备信息化条件的农产品生产经营者采用现代信息技术手段采集、留存生产记录、购销记录等生产经营信息。

第四十二条　农产品质量符合国家规定的有关优质农产品标准的，农产品生产经营者可以申请使用农产品质量标志。禁止冒用农产品质量标志。

国家加强地理标志农产品保护和管理。

第四十三条 属于农业转基因生物的农产品，应当按照农业转基因生物安全管理的有关规定进行标识。

第四十四条 依法需要实施检疫的动植物及其产品，应当附具检疫标志、检疫证明。

第六章 监督管理

第四十五条 县级以上人民政府农业农村主管部门和市场监督管理等部门应当建立健全农产品质量安全全程监督管理协作机制，确保农产品从生产到消费各环节的质量安全。

县级以上人民政府农业农村主管部门和市场监督管理部门应当加强收购、储存、运输过程中农产品质量安全监督管理的协调配合和执法衔接，及时通报和共享农产品质量安全监督管理信息，并按照职责权限，发布有关农产品质量安全日常监督管理信息。

第四十六条 县级以上人民政府农业农村主管部门应当根据农产品质量安全风险监测、风险评估结果和农产品质量安全状况等，制定监督抽查计划，确定农产品质量安全监督抽查的重点、方式和频次，并实施农产品质量安全风险分级管理。

第四十七条 县级以上人民政府农业农村主管部门应当建立健全随机抽查机制，按照监督抽查计划，组织开展农产品质量安全监督抽查。

农产品质量安全监督抽查检测应当委托符合本法规定条件的农产品质量安全检测机构进行。监督抽查不得向被抽查人收取费用，抽取的样品应当按照市场价格支付费用，并不得超过国务院农业农村主管部门规定的数量。

上级农业农村主管部门监督抽查的同批次农产品，下级农业农村主管部门不得另行重复抽查。

第四十八条 农产品质量安全检测应当充分利用现有的符合条件的检测机构。

从事农产品质量安全检测的机构，应当具备相应的检测条件和能力，由省级以上人民政府农业农村主管部门或者其授权的部门考核合格。具体办法由国务院农业农村主管部门制定。

农产品质量安全检测机构应当依法经资质认定。

第四十九条 从事农产品质量安全检测工作的人员，应当具备相应的专业知识和实际操作技能，遵纪守法，恪守职业道德。

农产品质量安全检测机构对出具的检测报告负责。检测报告应当客观公正，检测数据应当真实可靠，禁止出具虚假检测报告。

第五十条 县级以上地方人民政府农业农村主管部门可以采用国务院农业农村主管部门会同国务院市场监督管理等部门认定的快速检测方法，开展农产品质量安全监督抽查检测。抽查检测结果确定有关农产品不符合农产品质量安全标准的，可以作为行政处罚的证据。

第五十一条 农产品生产经营者对监督抽查检测结果有异议的，可以自收到检测结果之日起五个工作日内，向实施农产品质量安全监督抽查的农业农村主管部门或者其上一级农业农村主管部门申请复检。复检机构与初检机构不得为同一机构。

采用快速检测方法进行农产品质量安全监督抽查检测，被抽查人对检测结果有异议的，可以自收到检测结果时起四小时内申请复检。复检不得采用快速检测方法。

复检机构应当自收到复检样品之日起七个工作日内出具检测报告。

因检测结果错误给当事人造成损害的，依法承担赔偿责任。

第五十二条 县级以上地方人民政府农业农村主管部门应当加强对农产品生产的监督管理，开展日常检查，重点检查农产品产地环境、农业投入品购买和使用、农产品生产记录、承诺达标合格证开具等情况。

国家鼓励和支持基层群众性自治组织建立农产品质量安全信息员工作制度，协助开展有关工作。

第五十三条　开展农产品质量安全监督检查，有权采取下列措施：

（一）进入生产经营场所进行现场检查，调查了解农产品质量安全的有关情况；

（二）查阅、复制农产品生产记录、购销台账等与农产品质量安全有关的资料；

（三）抽样检测生产经营的农产品和使用的农业投入品以及其他有关产品；

（四）查封、扣押有证据证明存在农产品质量安全隐患或者经检测不符合农产品质量安全标准的农产品；

（五）查封、扣押有证据证明可能危及农产品质量安全或者经检测不符合产品质量标准的农业投入品以及其他有毒有害物质；

（六）查封、扣押用于违法生产经营农产品的设施、设备、场所以及运输工具；

（七）收缴伪造的农产品质量标志。

农产品生产经营者应当协助、配合农产品质量安全监督检查，不得拒绝、阻挠。

第五十四条　县级以上人民政府农业农村等部门应当加强农产品质量安全信用体系建设，建立农产品生产经营者信用记录，记载行政处罚等信息，推进农产品质量安全信用信息的应用和管理。

第五十五条　农产品生产经营过程中存在质量安全隐患，未及时采取措施消除的，县级以上地方人民政府农业农村主管部门可以对农产品生产经营者的法定代表人或者主要负责人进行责任约谈。农产品生产经营者应当立即采取措施，进行整改，消除隐患。

第五十六条　国家鼓励消费者协会和其他单位或者个人对农产品质量安全进行社会监督，对农产品质量安全监督管理工作提出意见和建议。任何单位和个人有权对违反本法的行为进行检举控告、投诉举报。

县级以上人民政府农业农村主管部门应当建立农产品质量安全投诉举报制度，公开投诉举报渠道，收到投诉举报后，应当及时处理。对不属于本部门职责的，应当移交有权处理的部门并书面通知投诉举报人。

第五十七条　县级以上地方人民政府农业农村主管部门应当加强对农产品质量安全执法人员的专业技术培训并组织考核。不具备相应知识和能力的，不得从事农产品质量安全执法工作。

第五十八条　上级人民政府应当督促下级人民政府履行农产品质量安全职责。对农产品质量安全责任落实不力、问题突出的地方人民政府，上级人民政府可以对其主要负责人进行责任约谈。被约谈的地方人民政府应当立即采取整改措施。

第五十九条　国务院农业农村主管部门应当会同国务院有关部门制定国家农产品质量安全突发事件应急预案，并与国家食品安全事故应急预案相衔接。

县级以上地方人民政府应当根据有关法律、行政法规的规定和上级人民政府的农产品质量安全突发事件应急预案，制定本行政区域的农产品质量安全突发事件应急预案。

发生农产品质量安全事故时，有关单位和个人应当采取控制措施，及时向所在地乡镇人民政府和县级人民政府农业农村等部门报告；收到报告的机关应当按照农产品质量安全突发事件应急预案及时处理并报本级人民政府、上级人民政府有关部门。发生重大农产品质量安全事故时，按照规定上报国务院及其有关部门。

任何单位和个人不得隐瞒、谎报、缓报农产品质量安全事故，不得隐匿、伪造、毁灭有关证据。

第六十条　县级以上地方人民政府市场监督管理部门依照本法和《中华人民共和国食品安全法》等法律、法规的规定，对农产品进入批发、零售市场或者生产加工企业后的生产经营活动进行监督检查。

第六十一条　县级以上人民政府农业农

村、市场监督管理等部门发现农产品质量安全违法行为涉嫌犯罪的，应当及时将案件移送公安机关。对移送的案件，公安机关应当及时审查；认为有犯罪事实需要追究刑事责任的，应当立案侦查。

公安机关对依法不需要追究刑事责任但应当给予行政处罚的，应当及时将案件移送农业农村、市场监督管理等部门，有关部门应当依法处理。

公安机关商请农业农村、市场监督管理、生态环境等部门提供检验结论、认定意见以及对涉案农产品进行无害化处理等协助的，有关部门应当及时提供、予以协助。

第七章 法律责任

第六十二条 违反本法规定，地方各级人民政府有下列情形之一的，对直接负责的主管人员和其他直接责任人员给予警告、记过、记大过处分；造成严重后果的，给予降级或者撤职处分：

（一）未确定有关部门的农产品质量安全监督管理工作职责，未建立健全农产品质量安全工作机制，或者未落实农产品质量安全监督管理责任；

（二）未制定本行政区域的农产品质量安全突发事件应急预案，或者发生农产品质量安全事故后未按照规定启动应急预案。

第六十三条 违反本法规定，县级以上人民政府农业农村等部门有下列行为之一的，对直接负责的主管人员和其他直接责任人员给予记大过处分；情节较重的，给予降级或者撤职处分；情节严重的，给予开除处分；造成严重后果的，其主要负责人还应当引咎辞职：

（一）隐瞒、谎报、缓报农产品质量安全事故或者隐匿、伪造、毁灭有关证据；

（二）未按照规定查处农产品质量安全事故，或者接到农产品质量安全事故报告未及时处理，造成事故扩大或者蔓延；

（三）发现农产品质量安全重大风险隐患后，未及时采取相应措施，造成农产品质量安全事故或者不良社会影响；

（四）不履行农产品质量安全监督管理职责，导致发生农产品质量安全事故。

第六十四条 县级以上地方人民政府农业农村、市场监督管理等部门在履行农产品质量安全监督管理职责过程中，违法实施检查、强制等执法措施，给农产品生产经营者造成损失的，应当依法予以赔偿，对直接负责的主管人员和其他直接责任人员依法给予处分。

第六十五条 农产品质量安全检测机构、检测人员出具虚假检测报告的，由县级以上人民政府农业农村主管部门没收所收取的检测费用，检测费用不足一万元的，并处五万元以上十万元以下罚款，检测费用一万元以上的，并处检测费用五倍以上十倍以下罚款；对直接负责的主管人员和其他直接责任人员处一万元以上五万元以下罚款；使消费者的合法权益受到损害的，农产品质量安全检测机构应当与农产品生产经营者承担连带责任。

因农产品质量安全违法行为受到刑事处罚或者因出具虚假检测报告导致发生重大农产品质量安全事故的检测人员，终身不得从事农产品质量安全检测工作。农产品质量安全检测机构不得聘用上述人员。

农产品质量安全检测机构有前两款违法行为的，由授予其资质的主管部门或者机构吊销该农产品质量安全检测机构的资质证书。

第六十六条 违反本法规定，在特定农产品禁止生产区域种植、养殖、捕捞、采集特定农产品或者建立特定农产品生产基地的，由县级以上地方人民政府农业农村主管部门责令停止违法行为，没收农产品和违法所得，并处违法所得一倍以上三倍以下罚款。

违反法律、法规规定，向农产品产地排放或者倾倒废水、废气、固体废物或者其他有毒有害物质的，依照有关环境保护法律、法规的规定处理、处罚；造成损害的，依法承担赔偿责任。

第六十七条　农药、肥料、农用薄膜等农业投入品的生产者、经营者、使用者未按照规定回收并妥善处置包装物或者废弃物的，由县级以上地方人民政府农业农村主管部门依照有关法律、法规的规定处理、处罚。

第六十八条　违反本法规定，农产品生产企业有下列情形之一的，由县级以上地方人民政府农业农村主管部门责令限期改正；逾期不改正的，处五千元以上五万元以下罚款：

（一）未建立农产品质量安全管理制度；

（二）未配备相应的农产品质量安全管理技术人员，且未委托具有专业技术知识的人员进行农产品质量安全指导。

第六十九条　农产品生产企业、农民专业合作社、农业社会化服务组织未依照本法规定建立、保存农产品生产记录，或者伪造、变造农产品生产记录的，由县级以上地方人民政府农业农村主管部门责令限期改正；逾期不改正的，处二千元以上二万元以下罚款。

第七十条　违反本法规定，农产品生产经营者有下列行为之一，尚不构成犯罪的，由县级以上地方人民政府农业农村主管部门责令停止生产经营、追回已经销售的农产品，对违法生产经营的农产品进行无害化处理或者予以监督销毁，没收违法所得，并可以没收用于违法生产经营的工具、设备、原料等物品；违法生产经营的农产品货值金额不足一万元的，并处十万元以上十五万元以下罚款，货值金额一万元以上的，并处货值金额十五倍以上三十倍以下罚款；对农户，并处一千元以上一万元以下罚款；情节严重的，有许可证的吊销许可证，并可以由公安机关对其直接负责的主管人员和其他直接责任人员处五日以上十五日以下拘留：

（一）在农产品生产经营过程中使用国家禁止使用的农业投入品或者其他有毒有害物质；

（二）销售含有国家禁止使用的农药、兽药或者其他化合物的农产品；

（三）销售病死、毒死或者死因不明的动物及其产品。

明知农产品生产经营者从事前款规定的违法行为，仍为其提供生产经营场所或者其他条件的，由县级以上地方人民政府农业农村主管部门责令停止违法行为，没收违法所得，并处十万元以上二十万元以下罚款；使消费者的合法权益受到损害的，应当与农产品生产经营者承担连带责任。

第七十一条　违反本法规定，农产品生产经营者有下列行为之一，尚不构成犯罪的，由县级以上地方人民政府农业农村主管部门责令停止生产经营、追回已经销售的农产品，对违法生产经营的农产品进行无害化处理或者予以监督销毁，没收违法所得，并可以没收用于违法生产经营的工具、设备、原料等物品；违法生产经营的农产品货值金额不足一万元的，并处五万元以上十万元以下罚款，货值金额一万元以上的，并处货值金额十倍以上二十倍以下罚款；对农户，并处五百元以上五千元以下罚款：

（一）销售农药、兽药等化学物质残留或者含有的重金属等有毒有害物质不符合农产品质量安全标准的农产品；

（二）销售含有的致病性寄生虫、微生物或者生物毒素不符合农产品质量安全标准的农产品；

（三）销售其他不符合农产品质量安全标准的农产品。

第七十二条　违反本法规定，农产品生产经营者有下列行为之一的，由县级以上地方人民政府农业农村主管部门责令停止生产经营、追回已经销售的农产品，对违法生产经营的农产品进行无害化处理或者予以监督销毁，没收违法所得，并可以没收用于违法生产经营的工具、设备、原料等物品；违法生产经营的农产品货值金额不足一万元的，并处五千元以上五万元以下罚款，货值金额一万元以上的，并处货值金额五倍以上十倍以下罚款；对农户，并处三百元以上三千元以下罚款：

（一）在农产品生产场所以及生产活动中使用的设施、设备、消毒剂、洗涤剂等不符合国家有关质量安全规定；

（二）未按照国家有关强制性标准或者其他农产品质量安全规定使用保鲜剂、防腐剂、添加剂、包装材料等，或者使用的保鲜剂、防腐剂、添加剂、包装材料等不符合国家有关强制性标准或者其他质量安全规定；

（三）将农产品与有毒有害物质一同储存、运输。

第七十三条 违反本法规定，有下列行为之一的，由县级以上地方人民政府农业农村主管部门按照职责给予批评教育，责令限期改正；逾期不改正的，处一百元以上一千元以下罚款：

（一）农产品生产企业、农民专业合作社、从事农产品收购的单位或者个人未按照规定开具承诺达标合格证；

（二）从事农产品收购的单位或者个人未按照规定收取、保存承诺达标合格证或者其他合格证明。

第七十四条 农产品生产经营者冒用农产品质量标志，或者销售冒用农产品质量标志的农产品的，由县级以上地方人民政府农业农村主管部门按照职责责令改正，没收违法所得；违法生产经营的农产品货值金额不足五千元的，并处五千元以上五万元以下罚款，货值金额五千元以上的，并处货值金额十倍以上二十倍以下罚款。

第七十五条 违反本法关于农产品质量安全追溯规定的，由县级以上地方人民政府农业农村主管部门按照职责责令限期改正；逾期不改正的，可以处一万元以下罚款。

第七十六条 违反本法规定，拒绝、阻挠依法开展的农产品质量安全监督检查、事故调查处理、抽样检测和风险评估的，由有关主管部门按照职责责令停产停业，并处二千元以上五万元以下罚款；构成违反治安管理行为的，由公安机关依法给予治安管理处罚。

第七十七条 《中华人民共和国食品安全法》对食用农产品进入批发、零售市场或者生产加工企业后的违法行为和法律责任有规定的，由县级以上地方人民政府市场监督管理部门依照其规定进行处罚。

第七十八条 违反本法规定，构成犯罪的，依法追究刑事责任。

第七十九条 违反本法规定，给消费者造成人身、财产或者其他损害的，依法承担民事赔偿责任。生产经营者财产不足以同时承担民事赔偿责任和缴纳罚款、罚金时，先承担民事赔偿责任。

食用农产品生产经营者违反本法规定，污染环境、侵害众多消费者合法权益，损害社会公共利益的，人民检察院可以依照《中华人民共和国民事诉讼法》、《中华人民共和国行政诉讼法》等法律的规定向人民法院提起诉讼。

第八章　附　　则

第八十条 粮食收购、储存、运输环节的质量安全管理，依照有关粮食管理的法律、行政法规执行。

第八十一条 本法自2023年1月1日起施行。

中华人民共和国动物防疫法

（1997年7月3日第八届全国人民代表大会常务委员会第二十六次会议通过，2007年8月30日第十届全国人民代表大会常务委员会第二十九次会议第一次修订，根据2013年6月29日第十二届全国人民代表大会常务委员会第三次会议《关于修改〈中华人民共和国文物保护法〉等十二部法律的决定》第一次修正，根据2015年4月24日第十二届全国人民代表大会常务委员会第十四次会议《关于修改〈中华人民共和国电力法〉等六部法律的决定》第二次修正，2021年1月22日第十三届全国人民代表大会常务委员会第二十五次会议第二次修订）

第一章　总　　则

第一条　为了加强对动物防疫活动的管理，预防、控制、净化、消灭动物疫病，促进养殖业发展，防控人畜共患传染病，保障公共卫生安全和人体健康，制定本法。

第二条　本法适用于在中华人民共和国领域内的动物防疫及其监督管理活动。

进出境动物、动物产品的检疫，适用《中华人民共和国进出境动植物检疫法》。

第三条　本法所称动物，是指家畜家禽和人工饲养、捕获的其他动物。

本法所称动物产品，是指动物的肉、生皮、原毛、绒、脏器、脂、血液、精液、卵、胚胎、骨、蹄、头、角、筋以及可能传播动物疫病的奶、蛋等。

本法所称动物疫病，是指动物传染病，包括寄生虫病。

本法所称动物防疫，是指动物疫病的预防、控制、诊疗、净化、消灭和动物、动物产品的检疫，以及病死动物、病害动物产品的无害化处理。

第四条　根据动物疫病对养殖业生产和人体健康的危害程度，本法规定的动物疫病分为下列三类：

（一）一类疫病，是指口蹄疫、非洲猪瘟、高致病性禽流感等对人、动物构成特别严重危害，可能造成重大经济损失和社会影响，需要采取紧急、严厉的强制预防、控制等措施的；

（二）二类疫病，是指狂犬病、布鲁氏菌病、草鱼出血病等对人、动物构成严重危害，可能造成较大经济损失和社会影响，需要采取严格预防、控制等措施的；

（三）三类疫病，是指大肠杆菌病、禽结核病、鳖腮腺炎病等常见多发，对人、动物构成危害，可能造成一定程度的经济损失和社会影响，需要及时预防、控制的。

前款一、二、三类动物疫病具体病种名录由国务院农业农村主管部门制定并公布。国务院农业农村主管部门应当根据动物疫病发生、流行情况和危害程度，及时增加、减少或者调整一、二、三类动物疫病具体病种并予以公布。

人畜共患传染病名录由国务院农业农村主管部门会同国务院卫生健康、野生动物保护等主管部门制定并公布。

第五条　动物防疫实行预防为主，预防与控制、净化、消灭相结合的方针。

第六条 国家鼓励社会力量参与动物防疫工作。各级人民政府采取措施，支持单位和个人参与动物防疫的宣传教育、疫情报告、志愿服务和捐赠等活动。

第七条 从事动物饲养、屠宰、经营、隔离、运输以及动物产品生产、经营、加工、贮藏等活动的单位和个人，依照本法和国务院农业农村主管部门的规定，做好免疫、消毒、检测、隔离、净化、消灭、无害化处理等动物防疫工作，承担动物防疫相关责任。

第八条 县级以上人民政府对动物防疫工作实行统一领导，采取有效措施稳定基层机构队伍，加强动物防疫队伍建设，建立健全动物防疫体系，制定并组织实施动物疫病防治规划。

乡级人民政府、街道办事处组织群众做好本辖区的动物疫病预防与控制工作，村民委员会、居民委员会予以协助。

第九条 国务院农业农村主管部门主管全国的动物防疫工作。

县级以上地方人民政府农业农村主管部门主管本行政区域的动物防疫工作。

县级以上人民政府其他有关部门在各自职责范围内做好动物防疫工作。

军队动物卫生监督职能部门负责军队现役动物和饲养自用动物的防疫工作。

第十条 县级以上人民政府卫生健康主管部门和本级人民政府农业农村、野生动物保护等主管部门应当建立人畜共患传染病防治的协作机制。

国务院农业农村主管部门和海关总署等部门应当建立防止境外动物疫病输入的协作机制。

第十一条 县级以上地方人民政府的动物卫生监督机构依照本法规定，负责动物、动物产品的检疫工作。

第十二条 县级以上人民政府按照国务院的规定，根据统筹规划、合理布局、综合设置的原则建立动物疫病预防控制机构。

动物疫病预防控制机构承担动物疫病的监测、检测、诊断、流行病学调查、疫情报告以及其他预防、控制等技术工作；承担动物疫病净化、消灭的技术工作。

第十三条 国家鼓励和支持开展动物疫病的科学研究以及国际合作与交流，推广先进适用的科学研究成果，提高动物疫病防治的科学技术水平。

各级人民政府和有关部门、新闻媒体，应当加强对动物防疫法律法规和动物防疫知识的宣传。

第十四条 对在动物防疫工作、相关科学研究、动物疫情扑灭中做出贡献的单位和个人，各级人民政府和有关部门按照国家有关规定给予表彰、奖励。

有关单位应当依法为动物防疫人员缴纳工伤保险费。对因参与动物防疫工作致病、致残、死亡的人员，按照国家有关规定给予补助或者抚恤。

第二章 动物疫病的预防

第十五条 国家建立动物疫病风险评估制度。

国务院农业农村主管部门根据国内外动物疫情以及保护养殖业生产和人体健康的需要，及时会同国务院卫生健康等有关部门对动物疫病进行风险评估，并制定、公布动物疫病预防、控制、净化、消灭措施和技术规范。

省、自治区、直辖市人民政府农业农村主管部门会同本级人民政府卫生健康等有关部门开展本行政区域的动物疫病风险评估，并落实动物疫病预防、控制、净化、消灭措施。

第十六条 国家对严重危害养殖业生产和人体健康的动物疫病实施强制免疫。

国务院农业农村主管部门确定强制免疫的动物疫病病种和区域。

省、自治区、直辖市人民政府农业农村

主管部门制定本行政区域的强制免疫计划；根据本行政区域动物疫病流行情况增加实施强制免疫的动物疫病病种和区域，报本级人民政府批准后执行，并报国务院农业农村主管部门备案。

第十七条　饲养动物的单位和个人应当履行动物疫病强制免疫义务，按照强制免疫计划和技术规范，对动物实施免疫接种，并按照国家有关规定建立免疫档案、加施畜禽标识，保证可追溯。

实施强制免疫接种的动物未达到免疫质量要求，实施补充免疫接种后仍不符合免疫质量要求的，有关单位和个人应当按照国家有关规定处理。

用于预防接种的疫苗应当符合国家质量标准。

第十八条　县级以上地方人民政府农业农村主管部门负责组织实施动物疫病强制免疫计划，并对饲养动物的单位和个人履行强制免疫义务的情况进行监督检查。

乡级人民政府、街道办事处组织本辖区饲养动物的单位和个人做好强制免疫，协助做好监督检查；村民委员会、居民委员会协助做好相关工作。

县级以上地方人民政府农业农村主管部门应当定期对本行政区域的强制免疫计划实施情况和效果进行评估，并向社会公布评估结果。

第十九条　国家实行动物疫病监测和疫情预警制度。

县级以上人民政府建立健全动物疫病监测网络，加强动物疫病监测。

国务院农业农村主管部门会同国务院有关部门制定国家动物疫病监测计划。省、自治区、直辖市人民政府农业农村主管部门根据国家动物疫病监测计划，制定本行政区域的动物疫病监测计划。

动物疫病预防控制机构按照国务院农业农村主管部门的规定和动物疫病监测计划，对动物疫病的发生、流行等情况进行监测；从事动物饲养、屠宰、经营、隔离、运输以及动物产品生产、经营、加工、贮藏、无害化处理等活动的单位和个人不得拒绝或者阻碍。

国务院农业农村主管部门和省、自治区、直辖市人民政府农业农村主管部门根据对动物疫病发生、流行趋势的预测，及时发出动物疫情预警。地方各级人民政府接到动物疫情预警后，应当及时采取预防、控制措施。

第二十条　陆路边境省、自治区人民政府根据动物疫病防控需要，合理设置动物疫病监测站点，健全监测工作机制，防范境外动物疫病传入。

科技、海关等部门按照本法和有关法律法规的规定做好动物疫病监测预警工作，并定期与农业农村主管部门互通情况，紧急情况及时通报。

县级以上人民政府应当完善野生动物疫源疫病监测体系和工作机制，根据需要合理布局监测站点；野生动物保护、农业农村主管部门按照职责分工做好野生动物疫源疫病监测等工作，并定期互通情况，紧急情况及时通报。

第二十一条　国家支持地方建立无规定动物疫病区，鼓励动物饲养场建设无规定动物疫病生物安全隔离区。对符合国务院农业农村主管部门规定标准的无规定动物疫病区和无规定动物疫病生物安全隔离区，国务院农业农村主管部门验收合格予以公布，并对其维持情况进行监督检查。

省、自治区、直辖市人民政府制定并组织实施本行政区域的无规定动物疫病区建设方案。国务院农业农村主管部门指导跨省、自治区、直辖市无规定动物疫病区建设。

国务院农业农村主管部门根据行政区划、养殖屠宰产业布局、风险评估情况等对动物疫病实施分区防控，可以采取禁止或者限制特定动物、动物产品跨区域调运等措施。

第二十二条 国务院农业农村主管部门制定并组织实施动物疫病净化、消灭规划。

县级以上地方人民政府根据动物疫病净化、消灭规划，制定并组织实施本行政区域的动物疫病净化、消灭计划。

动物疫病预防控制机构按照动物疫病净化、消灭规划、计划，开展动物疫病净化技术指导、培训，对动物疫病净化效果进行监测、评估。

国家推进动物疫病净化，鼓励和支持饲养动物的单位和个人开展动物疫病净化。饲养动物的单位和个人达到国务院农业农村主管部门规定的净化标准的，由省级以上人民政府农业农村主管部门予以公布。

第二十三条 种用、乳用动物应当符合国务院农业农村主管部门规定的健康标准。

饲养种用、乳用动物的单位和个人，应当按照国务院农业农村主管部门的要求，定期开展动物疫病检测；检测不合格的，应当按照国家有关规定处理。

第二十四条 动物饲养场和隔离场所、动物屠宰加工场所以及动物和动物产品无害化处理场所，应当符合下列动物防疫条件：

（一）场所的位置与居民生活区、生活饮用水水源地、学校、医院等公共场所的距离符合国务院农业农村主管部门的规定；

（二）生产经营区域封闭隔离，工程设计和有关流程符合动物防疫要求；

（三）有与其规模相适应的污水、污物处理设施，病死动物、病害动物产品无害化处理设施设备或者冷藏冷冻设施设备，以及清洗消毒设施设备；

（四）有与其规模相适应的执业兽医或者动物防疫技术人员；

（五）有完善的隔离消毒、购销台账、日常巡查等动物防疫制度；

（六）具备国务院农业农村主管部门规定的其他动物防疫条件。

动物和动物产品无害化处理场所除应当符合前款规定的条件外，还应当具有病原检测设备、检测能力和符合动物防疫要求的专用运输车辆。

第二十五条 国家实行动物防疫条件审查制度。

开办动物饲养场和隔离场所、动物屠宰加工场所以及动物和动物产品无害化处理场所，应当向县级以上地方人民政府农业农村主管部门提出申请，并附具相关材料。受理申请的农业农村主管部门应当依照本法和《中华人民共和国行政许可法》的规定进行审查。经审查合格的，发给动物防疫条件合格证；不合格的，应当通知申请人并说明理由。

动物防疫条件合格证应当载明申请人的名称（姓名）、场（厂）址、动物（动物产品）种类等事项。

第二十六条 经营动物、动物产品的集贸市场应当具备国务院农业农村主管部门规定的动物防疫条件，并接受农业农村主管部门的监督检查。具体办法由国务院农业农村主管部门制定。

县级以上地方人民政府应当根据本地情况，决定在城市特定区域禁止家畜家禽活体交易。

第二十七条 动物、动物产品的运载工具、垫料、包装物、容器等应当符合国务院农业农村主管部门规定的动物防疫要求。

染疫动物及其排泄物、染疫动物产品，运载工具中的动物排泄物以及垫料、包装物、容器等被污染的物品，应当按照国家有关规定处理，不得随意处置。

第二十八条 采集、保存、运输动物病料或者病原微生物以及从事病原微生物研究、教学、检测、诊断等活动，应当遵守国家有关病原微生物实验室管理的规定。

第二十九条 禁止屠宰、经营、运输下列动物和生产、经营、加工、贮藏、运输下列动物产品：

（一）封锁疫区内与所发生动物疫病有关的；

（二）疫区内易感染的；

（三）依法应当检疫而未经检疫或者检疫不合格的；

（四）染疫或者疑似染疫的；

（五）病死或者死因不明的；

（六）其他不符合国务院农业农村主管部门有关动物防疫规定的。

因实施集中无害化处理需要暂存、运输动物和动物产品并按照规定采取防疫措施的，不适用前款规定。

第三十条　单位和个人饲养犬只，应当按照规定定期免疫接种狂犬病疫苗，凭动物诊疗机构出具的免疫证明向所在地养犬登记机关申请登记。

携带犬只出户的，应当按照规定佩戴犬牌并采取系犬绳等措施，防止犬只伤人、疫病传播。

街道办事处、乡级人民政府组织协调居民委员会、村民委员会，做好本辖区流浪犬、猫的控制和处置，防止疫病传播。

县级人民政府和乡级人民政府、街道办事处应当结合本地实际，做好农村地区饲养犬只的防疫管理工作。

饲养犬只防疫管理的具体办法，由省、自治区、直辖市制定。

第三章　动物疫情的报告、通报和公布

第三十一条　从事动物疫病监测、检测、检验检疫、研究、诊疗以及动物饲养、屠宰、经营、隔离、运输等活动的单位和个人，发现动物染疫或者疑似染疫的，应当立即向所在地农业农村主管部门或者动物疫病预防控制机构报告，并迅速采取隔离等控制措施，防止动物疫情扩散。其他单位和个人发现动物染疫或者疑似染疫的，应当及时报告。

接到动物疫情报告的单位，应当及时采取临时隔离控制等必要措施，防止延误防控时机，并及时按照国家规定的程序上报。

第三十二条　动物疫情由县级以上人民政府农业农村主管部门认定；其中重大动物疫情由省、自治区、直辖市人民政府农业农村主管部门认定，必要时报国务院农业农村主管部门认定。

本法所称重大动物疫情，是指一、二、三类动物疫病突然发生，迅速传播，给养殖业生产安全造成严重威胁、危害，以及可能对公众身体健康与生命安全造成危害的情形。

在重大动物疫情报告期间，必要时，所在地县级以上地方人民政府可以作出封锁决定并采取扑杀、销毁等措施。

第三十三条　国家实行动物疫情通报制度。

国务院农业农村主管部门应当及时向国务院卫生健康等有关部门和军队有关部门以及省、自治区、直辖市人民政府农业农村主管部门通报重大动物疫情的发生和处置情况。

海关发现进出境动物和动物产品染疫或者疑似染疫的，应当及时处置并向农业农村主管部门通报。

县级以上地方人民政府野生动物保护主管部门发现野生动物染疫或者疑似染疫的，应当及时处置并向本级人民政府农业农村主管部门通报。

国务院农业农村主管部门应当依照我国缔结或者参加的条约、协定，及时向有关国际组织或者贸易方通报重大动物疫情的发生和处置情况。

第三十四条　发生人畜共患传染病疫情时，县级以上人民政府农业农村主管部门与本级人民政府卫生健康、野生动物保护等主管部门应当及时相互通报。

发生人畜共患传染病时，卫生健康主管部门应当对疫区易感染的人群进行监测，并应当依照《中华人民共和国传染病防治法》的规定及时公布疫情，采取相应的预防、控制措施。

第三十五条　患有人畜共患传染病的人

员不得直接从事动物疫病监测、检测、检验检疫、诊疗以及易感染动物的饲养、屠宰、经营、隔离、运输等活动。

第三十六条 国务院农业农村主管部门向社会及时公布全国动物疫情，也可以根据需要授权省、自治区、直辖市人民政府农业农村主管部门公布本行政区域的动物疫情。其他单位和个人不得发布动物疫情。

第三十七条 任何单位和个人不得瞒报、谎报、迟报、漏报动物疫情，不得授意他人瞒报、谎报、迟报动物疫情，不得阻碍他人报告动物疫情。

第四章 动物疫病的控制

第三十八条 发生一类动物疫病时，应当采取下列控制措施：

（一）所在地县级以上地方人民政府农业农村主管部门应当立即派人到现场，划定疫点、疫区、受威胁区，调查疫源，及时报请本级人民政府对疫区实行封锁。疫区范围涉及两个以上行政区域的，由有关行政区域共同的上一级人民政府对疫区实行封锁，或者由各有关行政区域的上一级人民政府共同对疫区实行封锁。必要时，上级人民政府可以责成下级人民政府对疫区实行封锁；

（二）县级以上地方人民政府应当立即组织有关部门和单位采取封锁、隔离、扑杀、销毁、消毒、无害化处理、紧急免疫接种等强制性措施；

（三）在封锁期间，禁止染疫、疑似染疫和易感染的动物、动物产品流出疫区，禁止非疫区的易感染动物进入疫区，并根据需要对出入疫区的人员、运输工具及有关物品采取消毒和其他限制性措施。

第三十九条 发生二类动物疫病时，应当采取下列控制措施：

（一）所在地县级以上地方人民政府农业农村主管部门应当划定疫点、疫区、受威胁区；

（二）县级以上地方人民政府根据需要组织有关部门和单位采取隔离、扑杀、销毁、消毒、无害化处理、紧急免疫接种、限制易感染的动物和动物产品及有关物品出入等措施。

第四十条 疫点、疫区、受威胁区的撤销和疫区封锁的解除，按照国务院农业农村主管部门规定的标准和程序评估后，由原决定机关决定并宣布。

第四十一条 发生三类动物疫病时，所在地县级、乡级人民政府应当按照国务院农业农村主管部门的规定组织防治。

第四十二条 二、三类动物疫病呈暴发性流行时，按照一类动物疫病处理。

第四十三条 疫区内有关单位和个人，应当遵守县级以上人民政府及其农业农村主管部门依法作出的有关控制动物疫病的规定。

任何单位和个人不得藏匿、转移、盗掘已被依法隔离、封存、处理的动物和动物产品。

第四十四条 发生动物疫情时，航空、铁路、道路、水路运输企业应当优先组织运送防疫人员和物资。

第四十五条 国务院农业农村主管部门根据动物疫病的性质、特点和可能造成的社会危害，制定国家重大动物疫情应急预案报国务院批准，并按照不同动物疫病病种、流行特点和危害程度，分别制定实施方案。

县级以上地方人民政府根据上级重大动物疫情应急预案和本地区的实际情况，制定本行政区域的重大动物疫情应急预案，报上一级人民政府农业农村主管部门备案，并抄送上一级人民政府应急管理部门。县级以上地方人民政府农业农村主管部门按照不同动物疫病病种、流行特点和危害程度，分别制定实施方案。

重大动物疫情应急预案和实施方案根据疫情状况及时调整。

第四十六条 发生重大动物疫情时，国务院农业农村主管部门负责划定动物疫病风险区，禁止或者限制特定动物、动物产品由高风险区向低风险区调运。

第四十七条　发生重大动物疫情时，依照法律和国务院的规定以及应急预案采取应急处置措施。

第五章　动物和动物产品的检疫

第四十八条　动物卫生监督机构依照本法和国务院农业农村主管部门的规定对动物、动物产品实施检疫。

动物卫生监督机构的官方兽医具体实施动物、动物产品检疫。

第四十九条　屠宰、出售或者运输动物以及出售或者运输动物产品前，货主应当按照国务院农业农村主管部门的规定向所在地动物卫生监督机构申报检疫。

动物卫生监督机构接到检疫申报后，应当及时指派官方兽医对动物、动物产品实施检疫；检疫合格的，出具检疫证明、加施检疫标志。实施检疫的官方兽医应当在检疫证明、检疫标志上签字或者盖章，并对检疫结论负责。

动物饲养场、屠宰企业的执业兽医或者动物防疫技术人员，应当协助官方兽医实施检疫。

第五十条　因科研、药用、展示等特殊情形需要非食用性利用的野生动物，应当按照国家有关规定报动物卫生监督机构检疫，检疫合格的，方可利用。

人工捕获的野生动物，应当按照国家有关规定报捕获地动物卫生监督机构检疫，检疫合格的，方可饲养、经营和运输。

国务院农业农村主管部门会同国务院野生动物保护主管部门制定野生动物检疫办法。

第五十一条　屠宰、经营、运输的动物，以及用于科研、展示、演出和比赛等非食用性利用的动物，应当附有检疫证明；经营和运输的动物产品，应当附有检疫证明、检疫标志。

第五十二条　经航空、铁路、道路、水路运输动物和动物产品的，托运人托运时应当提供检疫证明；没有检疫证明的，承运人不得承运。

进出口动物和动物产品，承运人凭进口报关单证或者海关签发的检疫单证运递。

从事动物运输的单位、个人以及车辆，应当向所在地县级人民政府农业农村主管部门备案，妥善保存行程路线和托运人提供的动物名称、检疫证明编号、数量等信息。具体办法由国务院农业农村主管部门制定。

运载工具在装载前和卸载后应当及时清洗、消毒。

第五十三条　省、自治区、直辖市人民政府确定并公布道路运输的动物进入本行政区域的指定通道，设置引导标志。跨省、自治区、直辖市通过道路运输动物的，应当经省、自治区、直辖市人民政府设立的指定通道入省境或者过省境。

第五十四条　输入到无规定动物疫病区的动物、动物产品，货主应当按照国务院农业农村主管部门的规定向无规定动物疫病区所在地动物卫生监督机构申报检疫，经检疫合格的，方可进入。

第五十五条　跨省、自治区、直辖市引进的种用、乳用动物到达输入地后，货主应当按照国务院农业农村主管部门的规定对引进的种用、乳用动物进行隔离观察。

第五十六条　经检疫不合格的动物、动物产品，货主应当在农业农村主管部门的监督下按照国家有关规定处理，处理费用由货主承担。

第六章　病死动物和病害动物产品的无害化处理

第五十七条　从事动物饲养、屠宰、经营、隔离以及动物产品生产、经营、加工、贮藏等活动的单位和个人，应当按照国家有关规定做好病死动物、病害动物产品的无害化处理，或者委托动物和动物产品无害化处理场所处理。

从事动物、动物产品运输的单位和个人，应当配合做好病死动物和病害动物产品的无害化处理，不得在途中擅自弃置和处理有关动物和动物产品。

任何单位和个人不得买卖、加工、随意弃置病死动物和病害动物产品。

动物和动物产品无害化处理管理办法由国务院农业农村、野生动物保护主管部门按照职责制定。

第五十八条 在江河、湖泊、水库等水域发现的死亡畜禽，由所在地县级人民政府组织收集、处理并溯源。

在城市公共场所和乡村发现的死亡畜禽，由所在地街道办事处、乡级人民政府组织收集、处理并溯源。

在野外环境发现的死亡野生动物，由所在地野生动物保护主管部门收集、处理。

第五十九条 省、自治区、直辖市人民政府制定动物和动物产品集中无害化处理场所建设规划，建立政府主导、市场运作的无害化处理机制。

第六十条 各级财政对病死动物无害化处理提供补助。具体补助标准和办法由县级以上人民政府财政部门会同本级人民政府农业农村、野生动物保护等有关部门制定。

第七章 动物诊疗

第六十一条 从事动物诊疗活动的机构，应当具备下列条件：

（一）有与动物诊疗活动相适应并符合动物防疫条件的场所；

（二）有与动物诊疗活动相适应的执业兽医；

（三）有与动物诊疗活动相适应的兽医器械和设备；

（四）有完善的管理制度。

动物诊疗机构包括动物医院、动物诊所以及其他提供动物诊疗服务的机构。

第六十二条 从事动物诊疗活动的机构，应当向县级以上地方人民政府农业农村主管部门申请动物诊疗许可证。受理申请的农业农村主管部门应当依照本法和《中华人民共和国行政许可法》的规定进行审查。经审查合格的，发给动物诊疗许可证；不合格的，应当通知申请人并说明理由。

第六十三条 动物诊疗许可证应当载明诊疗机构名称、诊疗活动范围、从业地点和法定代表人（负责人）等事项。

动物诊疗许可证载明事项变更的，应当申请变更或者换发动物诊疗许可证。

第六十四条 动物诊疗机构应当按照国务院农业农村主管部门的规定，做好诊疗活动中的卫生安全防护、消毒、隔离和诊疗废弃物处置等工作。

第六十五条 从事动物诊疗活动，应当遵守有关动物诊疗的操作技术规范，使用符合规定的兽药和兽医器械。

兽药和兽医器械的管理办法由国务院规定。

第八章 兽医管理

第六十六条 国家实行官方兽医任命制度。

官方兽医应当具备国务院农业农村主管部门规定的条件，由省、自治区、直辖市人民政府农业农村主管部门按照程序确认，由所在地县级以上人民政府农业农村主管部门任命。具体办法由国务院农业农村主管部门制定。

海关的官方兽医应当具备规定的条件，由海关总署任命。具体办法由海关总署会同国务院农业农村主管部门制定。

第六十七条 官方兽医依法履行动物、动物产品检疫职责，任何单位和个人不得拒绝或者阻碍。

第六十八条 县级以上人民政府农业农村主管部门制定官方兽医培训计划，提供培训条件，定期对官方兽医进行培训和考核。

第六十九条 国家实行执业兽医资格考

试制度。具有兽医相关专业大学专科以上学历的人员或者符合条件的乡村兽医，通过执业兽医资格考试的，由省、自治区、直辖市人民政府农业农村主管部门颁发执业兽医资格证书；从事动物诊疗等经营活动的，还应当向所在地县级人民政府农业农村主管部门备案。

执业兽医资格考试办法由国务院农业农村主管部门商国务院人力资源主管部门制定。

第七十条　执业兽医开具兽医处方应当亲自诊断，并对诊断结论负责。

国家鼓励执业兽医接受继续教育。执业兽医所在机构应当支持执业兽医参加继续教育。

第七十一条　乡村兽医可以在乡村从事动物诊疗活动。具体管理办法由国务院农业农村主管部门制定。

第七十二条　执业兽医、乡村兽医应当按照所在地人民政府和农业农村主管部门的要求，参加动物疫病预防、控制和动物疫情扑灭等活动。

第七十三条　兽医行业协会提供兽医信息、技术、培训等服务，维护成员合法权益，按照章程建立健全行业规范和奖惩机制，加强行业自律，推动行业诚信建设，宣传动物防疫和兽医知识。

第九章　监督管理

第七十四条　县级以上地方人民政府农业农村主管部门依照本法规定，对动物饲养、屠宰、经营、隔离、运输以及动物产品生产、经营、加工、贮藏、运输等活动中的动物防疫实施监督管理。

第七十五条　为控制动物疫病，县级人民政府农业农村主管部门应当派人在所在地依法设立的现有检查站执行监督检查任务；必要时，经省、自治区、直辖市人民政府批准，可以设立临时性的动物防疫检查站，执行监督检查任务。

第七十六条　县级以上地方人民政府农业农村主管部门执行监督检查任务，可以采取下列措施，有关单位和个人不得拒绝或者阻碍：

（一）对动物、动物产品按照规定采样、留验、抽检；

（二）对染疫或者疑似染疫的动物、动物产品及相关物品进行隔离、查封、扣押和处理；

（三）对依法应当检疫而未经检疫的动物和动物产品，具备补检条件的实施补检，不具备补检条件的予以收缴销毁；

（四）查验检疫证明、检疫标志和畜禽标识；

（五）进入有关场所调查取证，查阅、复制与动物防疫有关的资料。

县级以上地方人民政府农业农村主管部门根据动物疫病预防、控制需要，经所在地县级以上地方人民政府批准，可以在车站、港口、机场等相关场所派驻官方兽医或者工作人员。

第七十七条　执法人员执行动物防疫监督检查任务，应当出示行政执法证件，佩带统一标志。

县级以上人民政府农业农村主管部门及其工作人员不得从事与动物防疫有关的经营性活动，进行监督检查不得收取任何费用。

第七十八条　禁止转让、伪造或者变造检疫证明、检疫标志或者畜禽标识。

禁止持有、使用伪造或者变造的检疫证明、检疫标志或者畜禽标识。

检疫证明、检疫标志的管理办法由国务院农业农村主管部门制定。

第十章　保障措施

第七十九条　县级以上人民政府应当将动物防疫工作纳入本级国民经济和社会发展规划及年度计划。

第八十条　国家鼓励和支持动物防疫领域新技术、新设备、新产品等科学技术研究开发。

第八十一条 县级人民政府应当为动物卫生监督机构配备与动物、动物产品检疫工作相适应的官方兽医，保障检疫工作条件。

县级人民政府农业农村主管部门可以根据动物防疫工作需要，向乡、镇或者特定区域派驻兽医机构或者工作人员。

第八十二条 国家鼓励和支持执业兽医、乡村兽医和动物诊疗机构开展动物防疫和疫病诊疗活动；鼓励养殖企业、兽药及饲料生产企业组建动物防疫服务团队，提供防疫服务。地方人民政府组织村级防疫员参加动物疫病防治工作的，应当保障村级防疫员合理劳务报酬。

第八十三条 县级以上人民政府按照本级政府职责，将动物疫病的监测、预防、控制、净化、消灭，动物、动物产品的检疫和病死动物的无害化处理，以及监督管理所需经费纳入本级预算。

第八十四条 县级以上人民政府应当储备动物疫情应急处置所需的防疫物资。

第八十五条 对在动物疫病预防、控制、净化、消灭过程中强制扑杀的动物、销毁的动物产品和相关物品，县级以上人民政府给予补偿。具体补偿标准和办法由国务院财政部门会同有关部门制定。

第八十六条 对从事动物疫病预防、检疫、监督检查、现场处理疫情以及在工作中接触动物疫病病原体的人员，有关单位按照国家规定，采取有效的卫生防护、医疗保健措施，给予畜牧兽医医疗卫生津贴等相关待遇。

第十一章　法律责任

第八十七条 地方各级人民政府及其工作人员未依照本法规定履行职责的，对直接负责的主管人员和其他直接责任人员依法给予处分。

第八十八条 县级以上人民政府农业农村主管部门及其工作人员违反本法规定，有下列行为之一的，由本级人民政府责令改正，通报批评；对直接负责的主管人员和其他直接责任人员依法给予处分：

（一）未及时采取预防、控制、扑灭等措施的；

（二）对不符合条件的颁发动物防疫条件合格证、动物诊疗许可证，或者对符合条件的拒不颁发动物防疫条件合格证、动物诊疗许可证的；

（三）从事与动物防疫有关的经营性活动，或者违法收取费用的；

（四）其他未依照本法规定履行职责的行为。

第八十九条 动物卫生监督机构及其工作人员违反本法规定，有下列行为之一的，由本级人民政府或者农业农村主管部门责令改正，通报批评；对直接负责的主管人员和其他直接责任人员依法给予处分：

（一）对未经检疫或者检疫不合格的动物、动物产品出具检疫证明、加施检疫标志，或者对检疫合格的动物、动物产品拒不出具检疫证明、加施检疫标志的；

（二）对附有检疫证明、检疫标志的动物、动物产品重复检疫的；

（三）从事与动物防疫有关的经营性活动，或者违法收取费用的；

（四）其他未依照本法规定履行职责的行为。

第九十条 动物疫病预防控制机构及其工作人员违反本法规定，有下列行为之一的，由本级人民政府或者农业农村主管部门责令改正，通报批评；对直接负责的主管人员和其他直接责任人员依法给予处分：

（一）未履行动物疫病监测、检测、评估职责或者伪造监测、检测、评估结果的；

（二）发生动物疫情时未及时进行诊断、调查的；

（三）接到染疫或者疑似染疫报告后，未及时按照国家规定采取措施、上报的；

（四）其他未依照本法规定履行职责的

行为。

第九十一条　地方各级人民政府、有关部门及其工作人员瞒报、谎报、迟报、漏报或者授意他人瞒报、谎报、迟报动物疫情，或者阻碍他人报告动物疫情的，由上级人民政府或者有关部门责令改正，通报批评；对直接负责的主管人员和其他直接责任人员依法给予处分。

第九十二条　违反本法规定，有下列行为之一的，由县级以上地方人民政府农业农村主管部门责令限期改正，可以处一千元以下罚款；逾期不改正的，处一千元以上五千元以下罚款，由县级以上地方人民政府农业农村主管部门委托动物诊疗机构、无害化处理场所等代为处理，所需费用由违法行为人承担：

（一）对饲养的动物未按照动物疫病强制免疫计划或者免疫技术规范实施免疫接种的；

（二）对饲养的种用、乳用动物未按照国务院农业农村主管部门的要求定期开展疫病检测，或者经检测不合格而未按照规定处理的；

（三）对饲养的犬只未按照规定定期进行狂犬病免疫接种的；

（四）动物、动物产品的运载工具在装载前和卸载后未按照规定及时清洗、消毒的。

第九十三条　违反本法规定，对经强制免疫的动物未按照规定建立免疫档案，或者未按照规定加施畜禽标识的，依照《中华人民共和国畜牧法》的有关规定处罚。

第九十四条　违反本法规定，动物、动物产品的运载工具、垫料、包装物、容器等不符合国务院农业农村主管部门规定的动物防疫要求的，由县级以上地方人民政府农业农村主管部门责令改正，可以处五千元以下罚款；情节严重的，处五千元以上五万元以下罚款。

第九十五条　违反本法规定，对染疫动物及其排泄物、染疫动物产品或者被染疫动物、动物产品污染的运载工具、垫料、包装物、容器等未按照规定处置的，由县级以上地方人民政府农业农村主管部门责令限期处理；逾期不处理的，由县级以上地方人民政府农业农村主管部门委托有关单位代为处理，所需费用由违法行为人承担，处五千元以上五万元以下罚款。

造成环境污染或者生态破坏的，依照环境保护有关法律法规进行处罚。

第九十六条　违反本法规定，患有人畜共患传染病的人员，直接从事动物疫病监测、检测、检验检疫，动物诊疗以及易感染动物的饲养、屠宰、经营、隔离、运输等活动的，由县级以上地方人民政府农业农村或者野生动物保护主管部门责令改正；拒不改正的，处一千元以上一万元以下罚款；情节严重的，处一万元以上五万元以下罚款。

第九十七条　违反本法第二十九条规定，屠宰、经营、运输动物或者生产、经营、加工、贮藏、运输动物产品的，由县级以上地方人民政府农业农村主管部门责令改正、采取补救措施，没收违法所得、动物和动物产品，并处同类检疫合格动物、动物产品货值金额十五倍以上三十倍以下罚款；同类检疫合格动物、动物产品货值金额不足一万元的，并处五万元以上十五万元以下罚款；其中依法应当检疫而未检疫的，依照本法第一百条的规定处罚。

前款规定的违法行为人及其法定代表人（负责人）、直接负责的主管人员和其他直接责任人员，自处罚决定作出之日起五年内不得从事相关活动；构成犯罪的，终身不得从事屠宰、经营、运输动物或者生产、经营、加工、贮藏、运输动物产品等相关活动。

第九十八条　违反本法规定，有下列行为之一的，由县级以上地方人民政府农业农村主管部门责令改正，处三千元以上三万元以下罚款；情节严重的，责令停业整顿，并处三万元以上十万元以下罚款：

（一）开办动物饲养场和隔离场所、动物屠宰加工场所以及动物和动物产品无害化处理场所，未取得动物防疫条件合格证的；

（二）经营动物、动物产品的集贸市场不具备国务院农业农村主管部门规定的防疫条件的；

（三）未经备案从事动物运输的；

（四）未按照规定保存行程路线和托运人提供的动物名称、检疫证明编号、数量等信息的；

（五）未经检疫合格，向无规定动物疫病区输入动物、动物产品的；

（六）跨省、自治区、直辖市引进种用、乳用动物到达输入地后未按照规定进行隔离观察的；

（七）未按照规定处理或者随意弃置病死动物、病害动物产品的。

第九十九条 动物饲养场和隔离场所、动物屠宰加工场所以及动物和动物产品无害化处理场所，生产经营条件发生变化，不再符合本法第二十四条规定的动物防疫条件继续从事相关活动的，由县级以上地方人民政府农业农村主管部门给予警告，责令限期改正；逾期仍达不到规定条件的，吊销动物防疫条件合格证，并通报市场监督管理部门依法处理。

第一百条 违反本法规定，屠宰、经营、运输的动物未附有检疫证明，经营和运输的动物产品未附有检疫证明、检疫标志的，由县级以上地方人民政府农业农村主管部门责令改正，处同类检疫合格动物、动物产品货值金额一倍以下罚款；对货主以外的承运人处运输费用三倍以上五倍以下罚款，情节严重的，处五倍以上十倍以下罚款。

违反本法规定，用于科研、展示、演出和比赛等非食用性利用的动物未附有检疫证明的，由县级以上地方人民政府农业农村主管部门责令改正，处三千元以上一万元以下罚款。

第一百零一条 违反本法规定，将禁止或者限制调运的特定动物、动物产品由动物疫病高风险区调入低风险区的，由县级以上地方人民政府农业农村主管部门没收运输费用、违法运输的动物和动物产品，并处运输费用一倍以上五倍以下罚款。

第一百零二条 违反本法规定，通过道路跨省、自治区、直辖市运输动物，未经省、自治区、直辖市人民政府设立的指定通道入省境或者过省境的，由县级以上地方人民政府农业农村主管部门对运输人处五千元以上一万元以下罚款；情节严重的，处一万元以上五万元以下罚款。

第一百零三条 违反本法规定，转让、伪造或者变造检疫证明、检疫标志或者畜禽标识的，由县级以上地方人民政府农业农村主管部门没收违法所得和检疫证明、检疫标志、畜禽标识，并处五千元以上五万元以下罚款。

持有、使用伪造或者变造的检疫证明、检疫标志或者畜禽标识的，由县级以上人民政府农业农村主管部门没收检疫证明、检疫标志、畜禽标识和对应的动物、动物产品，并处三千元以上三万元以下罚款。

第一百零四条 违反本法规定，有下列行为之一的，由县级以上地方人民政府农业农村主管部门责令改正，处三千元以上三万元以下罚款：

（一）擅自发布动物疫情的；

（二）不遵守县级以上人民政府及其农业农村主管部门依法作出的有关控制动物疫病规定的；

（三）藏匿、转移、盗掘已被依法隔离、封存、处理的动物和动物产品的。

第一百零五条 违反本法规定，未取得动物诊疗许可证从事动物诊疗活动的，由县级以上地方人民政府农业农村主管部门责令停止诊疗活动，没收违法所得，并处违法所得一倍以上三倍以下罚款；违法所得不足三万元的，并处三千元以上三万元以下罚款。

动物诊疗机构违反本法规定，未按照规定实施卫生安全防护、消毒、隔离和处置诊疗废弃物的，由县级以上地方人民政府农业农村主管部门责令改正，处一千元以上一万元以下罚款；造成动物疫病扩散的，处一万元以上五万元以下罚款；情节严重的，吊销动物诊疗许可证。

第一百零六条　违反本法规定，未经执业兽医备案从事经营性动物诊疗活动的，由县级以上地方人民政府农业农村主管部门责令停止动物诊疗活动，没收违法所得，并处三千元以上三万元以下罚款；对其所在的动物诊疗机构处一万元以上五万元以下罚款。

执业兽医有下列行为之一的，由县级以上地方人民政府农业农村主管部门给予警告，责令暂停六个月以上一年以下动物诊疗活动；情节严重的，吊销执业兽医资格证书：

（一）违反有关动物诊疗的操作技术规范，造成或者可能造成动物疫病传播、流行的；

（二）使用不符合规定的兽药和兽医器械的；

（三）未按照当地人民政府或者农业农村主管部门要求参加动物疫病预防、控制和动物疫情扑灭活动的。

第一百零七条　违反本法规定，生产经营兽医器械，产品质量不符合要求的，由县级以上地方人民政府农业农村主管部门责令限期整改；情节严重的，责令停业整顿，并处二万元以上十万元以下罚款。

第一百零八条　违反本法规定，从事动物疫病研究、诊疗和动物饲养、屠宰、经营、隔离、运输，以及动物产品生产、经营、加工、贮藏、无害化处理等活动的单位和个人，有下列行为之一的，由县级以上地方人民政府农业农村主管部门责令改正，可以处一万元以下罚款；拒不改正的，处一万元以上五万元以下罚款，并可以责令停业整顿：

（一）发现动物染疫、疑似染疫未报告，或者未采取隔离等控制措施的；

（二）不如实提供与动物防疫有关的资料的；

（三）拒绝或者阻碍农业农村主管部门进行监督检查的；

（四）拒绝或者阻碍动物疫病预防控制机构进行动物疫病监测、检测、评估的；

（五）拒绝或者阻碍官方兽医依法履行职责的。

第一百零九条　违反本法规定，造成人畜共患传染病传播、流行的，依法从重给予处分、处罚。

违反本法规定，构成违反治安管理行为的，依法给予治安管理处罚；构成犯罪的，依法追究刑事责任。

违反本法规定，给他人人身、财产造成损害的，依法承担民事责任。

第十二章　附　　则

第一百一十条　本法下列用语的含义：

（一）无规定动物疫病区，是指具有天然屏障或者采取人工措施，在一定期限内没有发生规定的一种或者几种动物疫病，并经验收合格的区域；

（二）无规定动物疫病生物安全隔离区，是指处于同一生物安全管理体系下，在一定期限内没有发生规定的一种或者几种动物疫病的若干动物饲养场及其辅助生产场所构成的，并经验收合格的特定小型区域；

（三）病死动物，是指染疫死亡、因病死亡、死因不明或者经检验检疫可能危害人体或者动物健康的死亡动物；

（四）病害动物产品，是指来源于病死动物的产品，或者经检验检疫可能危害人体或者动物健康的动物产品。

第一百一十一条　境外无规定动物疫病区和无规定动物疫病生物安全隔离区的无疫等效性评估，参照本法有关规定执行。

第一百一十二条　实验动物防疫有特殊

要求的，按照实验动物管理的有关规定执行。

第一百一十三条 本法自2021年5月1日起施行。

动物防疫条件审查办法

（2022年8月22日农业农村部第9次常务会议审议通过，2022年9月7日公布，自2022年12月1日起施行）

第一章 总 则

第一条 为了规范动物防疫条件审查，有效预防、控制、净化、消灭动物疫病，防控人畜共患传染病，保障公共卫生安全和人体健康，根据《中华人民共和国动物防疫法》，制定本办法。

第二条 动物饲养场、动物隔离场所、动物屠宰加工场所以及动物和动物产品无害化处理场所，应当符合本办法规定的动物防疫条件，并取得动物防疫条件合格证。

经营动物和动物产品的集贸市场应当符合本办法规定的动物防疫条件。

第三条 农业农村部主管全国动物防疫条件审查和监督管理工作。

县级以上地方人民政府农业农村主管部门负责本行政区域内的动物防疫条件审查和监督管理工作。

第四条 动物防疫条件审查应当遵循公开、公平、公正、便民的原则。

第五条 农业农村部加强信息化建设，建立动物防疫条件审查信息管理系统。

第二章 动物防疫条件

第六条 动物饲养场、动物隔离场所、动物屠宰加工场所以及动物和动物产品无害化处理场所应当符合下列条件：

（一）各场所之间，各场所与动物诊疗场所、居民生活区、生活饮用水水源地、学校、医院等公共场所之间保持必要的距离；

（二）场区周围建有围墙等隔离设施；场区出入口处设置运输车辆消毒通道或者消毒池，并单独设置人员消毒通道；生产经营区与生活办公区分开，并有隔离设施；生产经营区入口处设置人员更衣消毒室；

（三）配备与其生产经营规模相适应的执业兽医或者动物防疫技术人员；

（四）配备与其生产经营规模相适应的污水、污物处理设施，清洗消毒设施设备，以及必要的防鼠、防鸟、防虫设施设备；

（五）建立隔离消毒、购销台账、日常巡查等动物防疫制度。

第七条 动物饲养场除符合本办法第六条规定外，还应当符合下列条件：

（一）设置配备疫苗冷藏冷冻设备、消毒和诊疗等防疫设备的兽医室；

（二）生产区清洁道、污染道分设；具有相对独立的动物隔离舍；

（三）配备符合国家规定的病死动物和病害动物产品无害化处理设施设备或者冷藏冷冻等暂存设施设备；

（四）建立免疫、用药、检疫申报、疫情报告、无害化处理、畜禽标识及养殖档案管理等动物防疫制度。

禽类饲养场内的孵化间与养殖区之间应当设置隔离设施，并配备种蛋熏蒸消毒设施，孵化间的流程应当单向，不得交叉或者回流。

种畜禽场除符合本条第一款、第二款规定外，还应当有国家规定的动物疫病的净化制度；有动物精液、卵、胚胎采集等生产需要的，应当设置独立的区域。

第八条　动物隔离场所除符合本办法第六条规定外，还应当符合下列条件：

（一）饲养区内设置配备疫苗冷藏冷冻设备、消毒和诊疗等防疫设备的兽医室；

（二）饲养区内清洁道、污染道分设；

（三）配备符合国家规定的病死动物和病害动物产品无害化处理设施设备或者冷藏冷冻等暂存设施设备；

（四）建立动物进出登记、免疫、用药、疫情报告、无害化处理等动物防疫制度。

第九条　动物屠宰加工场所除符合本办法第六条规定外，还应当符合下列条件：

（一）入场动物卸载区域有固定的车辆消毒场地，并配备车辆清洗消毒设备；

（二）有与其屠宰规模相适应的独立检疫室和休息室；有待宰圈、急宰间，加工原毛、生皮、绒、骨、角的，还应当设置封闭式熏蒸消毒间；

（三）屠宰间配备检疫操作台；

（四）有符合国家规定的病死动物和病害动物产品无害化处理设施设备或者冷藏冷冻等暂存设施设备；

（五）建立动物进场查验登记、动物产品出场登记、检疫申报、疫情报告、无害化处理等动物防疫制度。

第十条　动物和动物产品无害化处理场所除符合本办法第六条规定外，还应当符合下列条件：

（一）无害化处理区内设置无害化处理间、冷库；

（二）配备与其处理规模相适应的病死动物和病害动物产品的无害化处理设施设备，符合农业农村部规定条件的专用运输车辆，以及相关病原检测设备，或者委托有资质的单位开展检测；

（三）建立病死动物和病害动物产品入场登记、无害化处理记录、病原检测、处理产物流向登记、人员防护等动物防疫制度。

第十一条　经营动物和动物产品的集贸市场应当符合下列条件：

（一）场内设管理区、交易区和废弃物处理区，且各区相对独立；

（二）动物交易区与动物产品交易区相对隔离，动物交易区内不同种类动物交易场所相对独立；

（三）配备与其经营规模相适应的污水、污物处理设施和清洗消毒设施设备；

（四）建立定期休市、清洗消毒等动物防疫制度。

经营动物的集贸市场，除符合前款规定外，周围应当建有隔离设施，运输动物车辆出入口处设置消毒通道或者消毒池。

第十二条　活禽交易市场除符合本办法第十一条规定外，还应当符合下列条件：

（一）活禽销售应单独分区，有独立出入口；市场内水禽与其他家禽应相对隔离；活禽宰杀间应相对封闭，宰杀间、销售区域、消费者之间应实施物理隔离；

（二）配备通风、无害化处理等设施设备，设置排污通道；

（三）建立日常监测、从业人员卫生防护、突发事件应急处置等动物防疫制度。

第三章　审查发证

第十三条　开办动物饲养场、动物隔离场所、动物屠宰加工场所以及动物和动物产品无害化处理场所，应当向县级人民政府农业农村主管部门提交选址需求。

县级人民政府农业农村主管部门依据评估办法，结合场所周边的天然屏障、人工屏障、饲养环境、动物分布等情况，以及动物疫病发生、流行和控制等因素，实施综合评估，确定本办法第六条第一项要求的距离，确认选址。

前款规定的评估办法由省级人民政府农业农村主管部门依据《中华人民共和国畜牧法》、《中华人民共和国动物防疫法》等法律法规和本办法制定。

第十四条 本办法第十三条规定的场所建设竣工后，应当向所在地县级人民政府农业农村主管部门提出申请，并提交以下材料：

（一）《动物防疫条件审查申请表》；

（二）场所地理位置图、各功能区布局平面图；

（三）设施设备清单；

（四）管理制度文本；

（五）人员信息。

申请材料不齐全或者不符合规定条件的，县级人民政府农业农村主管部门应当自收到申请材料之日起五个工作日内，一次性告知申请人需补正的内容。

第十五条 县级人民政府农业农村主管部门应当自受理申请之日起十五个工作日内完成材料审核，并结合选址综合评估结果完成现场核查，审查合格的，颁发动物防疫条件合格证；审查不合格的，应当书面通知申请人，并说明理由。

第十六条 动物防疫条件合格证应当载明申请人的名称（姓名）、场（厂）址、动物（动物产品）种类等事项，具体格式由农业农村部规定。

第四章 监督管理

第十七条 患有人畜共患传染病的人员不得在本办法第二条所列场所直接从事动物疫病检测、检验、协助检疫、诊疗以及易感染动物的饲养、屠宰、经营、隔离等活动。

第十八条 县级以上地方人民政府农业农村主管部门依照《中华人民共和国动物防疫法》和本办法以及有关法律、法规的规定，对本办法第二条所列场所的动物防疫条件实施监督检查，有关单位和个人应当予以配合，不得拒绝和阻碍。

第十九条 推行动物饲养场分级管理制度，根据规模、设施设备状况、管理水平、生物安全风险等因素采取差异化监管措施。

第二十条 取得动物防疫条件合格证后，变更场址或者经营范围的，应当重新申请办理，同时交回原动物防疫条件合格证，由原发证机关予以注销。

变更布局、设施设备和制度，可能引起动物防疫条件发生变化的，应当提前三十日向原发证机关报告。发证机关应当在十五日内完成审查，并将审查结果通知申请人。

变更单位名称或者法定代表人（负责人）的，应当在变更后十五日内持有效证明申请变更动物防疫条件合格证。

第二十一条 动物饲养场、动物隔离场所、动物屠宰加工场所以及动物和动物产品无害化处理场所，应当在每年三月底前将上一年的动物防疫条件情况和防疫制度执行情况向县级人民政府农业农村主管部门报告。

第二十二条 禁止转让、伪造或者变造动物防疫条件合格证。

第二十三条 动物防疫条件合格证丢失或者损毁的，应当在十五日内向原发证机关申请补发。

第五章 法律责任

第二十四条 违反本办法规定，有下列行为之一的，依照《中华人民共和国动物防疫法》第九十八条的规定予以处罚：

（一）动物饲养场、动物隔离场所、动物屠宰加工场所以及动物和动物产品无害化处理场所变更场所地址或者经营范围，未按规定重新办理动物防疫条件合格证的；

（二）经营动物和动物产品的集贸市场不符合本办法第十一条、第十二条动物防疫条件的。

第二十五条 违反本办法规定，动物饲养场、动物隔离场所、动物屠宰加工场所以及动物和动物产品无害化处理场所未经审查变更布局、设施设备和制度，不再符合规定的动物防疫条件继续从事相关活动的，依照《中华人民共和国动物防疫法》第九十九条的规定予以处罚。

第二十六条 违反本办法规定，动物饲养场、动物隔离场所、动物屠宰加工场所以及动物和动物产品无害化处理场所变更单位名称或者法定代表人（负责人）未办理变更手续的，由县级以上地方人民政府农业农村主管部门责令限期改正；逾期不改正的，处一千元以上五千元以下罚款。

第二十七条 违反本办法规定，动物饲养场、动物隔离场所、动物屠宰加工场所以及动物和动物产品无害化处理场所未按规定报告动物防疫条件情况和防疫制度执行情况的，依照《中华人民共和国动物防疫法》第一百零八条的规定予以处罚。

第二十八条 违反本办法规定，涉嫌犯罪的，依法移送司法机关追究刑事责任。

第六章 附 则

第二十九条 本办法所称动物饲养场是指《中华人民共和国畜牧法》规定的畜禽养殖场。

本办法所称经营动物和动物产品的集贸市场，是指经营畜禽或者专门经营畜禽产品，并取得营业执照的集贸市场。

动物饲养场内自用的隔离舍，参照本办法第八条规定执行，不再另行办理动物防疫条件合格证。

动物饲养场、隔离场所、屠宰加工场所内的无害化处理区域，参照本办法第十条规定执行，不再另行办理动物防疫条件合格证。

第三十条 本办法自2022年12月1日起施行。农业部2010年1月21日公布的《动物防疫条件审查办法》同时废止。

本办法施行前已取得动物防疫条件合格证的各类场所，应当自本办法实施之日起一年内达到本办法规定的条件。

动物检疫管理办法

（2022年8月22日农业农村部第9次常务会议审议通过，2022年9月7日公布，自2022年12月1日起施行）

第一章 总 则

第一条 为了加强动物检疫活动管理，预防、控制、净化、消灭动物疫病，防控人畜共患传染病，保障公共卫生安全和人体健康，根据《中华人民共和国动物防疫法》，制定本办法。

第二条 本办法适用于中华人民共和国领域内的动物、动物产品的检疫及其监督管理活动。

陆生野生动物检疫办法，由农业农村部会同国家林业和草原局另行制定。

第三条 动物检疫遵循过程监管、风险控制、区域化和可追溯管理相结合的原则。

第四条 农业农村部主管全国动物检疫工作。

县级以上地方人民政府农业农村主管部门主管本行政区域内的动物检疫工作，负责动物检疫监督管理工作。

县级人民政府农业农村主管部门可以根据动物检疫工作需要，向乡、镇或者特定区域派驻动物卫生监督机构或者官方兽医。

县级以上人民政府建立的动物疫病预防控制机构应当为动物检疫及其监督管理工作提供技术支撑。

第五条 农业农村部制定、调整并公布检疫规程，明确动物检疫的范围、对象和程序。

第六条 农业农村部加强信息化建设，建立全国统一的动物检疫管理信息化系统，实现动物检疫信息的可追溯。

县级以上动物卫生监督机构应当做好本行政区域内的动物检疫信息数据管理工作。

从事动物饲养、屠宰、经营、运输、隔离等活动的单位和个人，应当按照要求在动物检疫管理信息化系统填报动物检疫相关信息。

第七条 县级以上地方人民政府的动物卫生监督机构负责本行政区域内动物检疫工作，依照《中华人民共和国动物防疫法》、本办法以及检疫规程等规定实施检疫。

动物卫生监督机构的官方兽医实施检疫，出具动物检疫证明、加施检疫标志，并对检疫结论负责。

第二章 检疫申报

第八条 国家实行动物检疫申报制度。

出售或者运输动物、动物产品的，货主应当提前三天向所在地动物卫生监督机构申报检疫。

屠宰动物的，应当提前六小时向所在地动物卫生监督机构申报检疫；急宰动物的，可以随时申报。

第九条 向无规定动物疫病区输入相关易感动物、易感动物产品的，货主除按本办法第八条规定向输出地动物卫生监督机构申报检疫外，还应当在启运三天前向输入地动物卫生监督机构申报检疫。输入易感动物的，向输入地隔离场所在地动物卫生监督机构申报；输入易感动物产品的，在输入地省级动物卫生监督机构指定的地点申报。

第十条 动物卫生监督机构应当根据动物检疫工作需要，合理设置动物检疫申报点，并向社会公布。

县级以上地方人民政府农业农村主管部门应当采取有力措施，加强动物检疫申报点建设。

第十一条 申报检疫的，应当提交检疫申报单以及农业农村部规定的其他材料，并对申报材料的真实性负责。

申报检疫采取在申报点填报或者通过传真、电子数据交换等方式申报。

第十二条 动物卫生监督机构接到申报后，应当及时对申报材料进行审查。申报材料齐全的，予以受理；有下列情形之一的，不予受理，并说明理由：

（一）申报材料不齐全的，动物卫生监督机构当场或在三日内已经一次性告知申报人需要补正的内容，但申报人拒不补正的；

（二）申报的动物、动物产品不属于本行政区域的；

（三）申报的动物、动物产品不属于动物检疫范围的；

（四）农业农村部规定不应当检疫的动物、动物产品；

（五）法律法规规定的其他不予受理的情形。

第十三条 受理申报后，动物卫生监督机构应当指派官方兽医实施检疫，可以安排协检人员协助官方兽医到现场或指定地点核实信息，开展临床健康检查。

第三章 产地检疫

第十四条 出售或者运输的动物，经检疫符合下列条件的，出具动物检疫证明：

（一）来自非封锁区及未发生相关动物疫情的饲养场（户）；

（二）来自符合风险分级管理有关规定的饲养场（户）；

（三）申报材料符合检疫规程规定；

（四）畜禽标识符合规定；

（五）按照规定进行了强制免疫，并在有效保护期内；

（六）临床检查健康；

（七）需要进行实验室疫病检测的，检测结果合格。

出售、运输的种用动物精液、卵、胚

胎、种蛋，经检疫其种用动物饲养场符合第一款第一项规定，申报材料符合第一款第三项规定，供体动物符合第一款第四项、第五项、第六项、第七项规定的，出具动物检疫证明。

出售、运输的生皮、原毛、绒、血液、角等产品，经检疫其饲养场（户）符合第一款第一项规定，申报材料符合第一款第三项规定，供体动物符合第一款第四项、第五项、第六项、第七项规定，且按规定消毒合格的，出具动物检疫证明。

第十五条　出售或者运输水生动物的亲本、稚体、幼体、受精卵、发眼卵及其他遗传育种材料等水产苗种的，经检疫符合下列条件的，出具动物检疫证明：

（一）来自未发生相关水生动物疫情的苗种生产场；

（二）申报材料符合检疫规程规定；

（三）临床检查健康；

（四）需要进行实验室疫病检测的，检测结果合格。

水产苗种以外的其他水生动物及其产品不实施检疫。

第十六条　已经取得产地检疫证明的动物，从专门经营动物的集贸市场继续出售或者运输的，或者动物展示、演出、比赛后需要继续运输的，经检疫符合下列条件的，出具动物检疫证明：

（一）有原始动物检疫证明和完整的进出场记录；

（二）畜禽标识符合规定；

（三）临床检查健康；

（四）原始动物检疫证明超过调运有效期，按规定需要进行实验室疫病检测的，检测结果合格。

第十七条　跨省、自治区、直辖市引进的乳用、种用动物到达输入地后，应当在隔离场或者饲养场内的隔离舍进行隔离观察，隔离期为三十天。经隔离观察合格的，方可混群饲养；不合格的，按照有关规定进行处理。隔离观察合格后需要继续运输的，货主应当申报检疫，并取得动物检疫证明。

跨省、自治区、直辖市输入到无规定动物疫病区的乳用、种用动物的隔离按照本办法第二十六条规定执行。

第十八条　出售或者运输的动物、动物产品取得动物检疫证明后，方可离开产地。

第四章　屠宰检疫

第十九条　动物卫生监督机构向依法设立的屠宰加工场所派驻（出）官方兽医实施检疫。屠宰加工场所应当提供与检疫工作相适应的官方兽医驻场检疫室、工作室和检疫操作台等设施。

第二十条　进入屠宰加工场所的待宰动物应当附有动物检疫证明并加施有符合规定的畜禽标识。

第二十一条　屠宰加工场所应当严格执行动物入场查验登记、待宰巡查等制度，查验进场待宰动物的动物检疫证明和畜禽标识，发现动物染疫或者疑似染疫的，应当立即向所在地农业农村主管部门或者动物疫病预防控制机构报告。

第二十二条　官方兽医应当检查待宰动物健康状况，在屠宰过程中开展同步检疫和必要的实验室疫病检测，并填写屠宰检疫记录。

第二十三条　经检疫符合下列条件的，对动物的胴体及生皮、原毛、绒、脏器、血液、蹄、头、角出具动物检疫证明，加盖检疫验讫印章或者加施其他检疫标志：

（一）申报材料符合检疫规程规定；

（二）待宰动物临床检查健康；

（三）同步检疫合格；

（四）需要进行实验室疫病检测的，检测结果合格。

第二十四条　官方兽医应当回收进入屠宰加工场所待宰动物附有的动物检疫证明，并将有关信息上传至动物检疫管理信息化系统。回收的动物检疫证明保存期限不得少于十二个月。

第五章　进入无规定动物疫病区的动物检疫

第二十五条　向无规定动物疫病区运输相关易感动物、动物产品的，除附有输出地动物卫生监督机构出具的动物检疫证明外，还应当按照本办法第二十六条、第二十七条规定取得动物检疫证明。

第二十六条　输入到无规定动物疫病区的相关易感动物，应当在输入地省级动物卫生监督机构指定的隔离场所进行隔离，隔离检疫期为三十天。隔离检疫合格的，由隔离场所在地县级动物卫生监督机构的官方兽医出具动物检疫证明。

第二十七条　输入到无规定动物疫病区的相关易感动物产品，应当在输入地省级动物卫生监督机构指定的地点，按照无规定动物疫病区有关检疫要求进行检疫。检疫合格的，由当地县级动物卫生监督机构的官方兽医出具动物检疫证明。

第六章　官方兽医

第二十八条　国家实行官方兽医任命制度。官方兽医应当符合以下条件：

（一）动物卫生监督机构的在编人员，或者接受动物卫生监督机构业务指导的其他机构在编人员；

（二）从事动物检疫工作；

（三）具有畜牧兽医水产初级以上职称或者相关专业大专以上学历或者从事动物防疫等相关工作满三年以上；

（四）接受岗前培训，并经考核合格；

（五）符合农业农村部规定的其他条件。

第二十九条　县级以上动物卫生监督机构提出官方兽医任命建议，报同级农业农村主管部门审核。审核通过的，由省级农业农村主管部门按程序确认、统一编号，并报农业农村部备案。

经省级农业农村主管部门确认的官方兽医，由其所在的农业农村主管部门任命，颁发官方兽医证，公布人员名单。

官方兽医证的格式由农业农村部统一规定。

第三十条　官方兽医实施动物检疫工作时，应当持有官方兽医证。禁止伪造、变造、转借或者以其他方式违法使用官方兽医证。

第三十一条　农业农村部制定全国官方兽医培训计划。

县级以上地方人民政府农业农村主管部门制定本行政区域官方兽医培训计划，提供必要的培训条件，设立考核指标，定期对官方兽医进行培训和考核。

第三十二条　官方兽医实施动物检疫的，可以由协检人员进行协助。协检人员不得出具动物检疫证明。

协检人员的条件和管理要求由省级农业农村主管部门规定。

第三十三条　动物饲养场、屠宰加工场所的执业兽医或者动物防疫技术人员，应当协助官方兽医实施动物检疫。

第三十四条　对从事动物检疫工作的人员，有关单位按照国家规定，采取有效的卫生防护、医疗保健措施，全面落实畜牧兽医医疗卫生津贴等相关待遇。

对在动物检疫工作中做出贡献的动物卫生监督机构、官方兽医，按照国家有关规定给予表彰、奖励。

第七章　动物检疫证章标志管理

第三十五条　动物检疫证章标志包括：

（一）动物检疫证明；

（二）动物检疫印章、动物检疫标志；

（三）农业农村部规定的其他动物检疫证章标志。

第三十六条　动物检疫证章标志的内容、格式、规格、编码和制作等要求，由农业农村部统一规定。

第三十七条　县级以上动物卫生监督机构负责本行政区域内动物检疫证章标志的管理工作，建立动物检疫证章标志管理制度，严格按照程序订购、保管、发放。

第三十八条 任何单位和个人不得伪造、变造、转让动物检疫证章标志，不得持有或者使用伪造、变造、转让的动物检疫证章标志。

第八章 监督管理

第三十九条 禁止屠宰、经营、运输依法应当检疫而未经检疫或者检疫不合格的动物。

禁止生产、经营、加工、贮藏、运输依法应当检疫而未经检疫或者检疫不合格的动物产品。

第四十条 经检疫不合格的动物、动物产品，由官方兽医出具检疫处理通知单，货主或者屠宰加工场所应当在农业农村主管部门的监督下按照国家有关规定处理。

动物卫生监督机构应当及时向同级农业农村主管部门报告检疫不合格情况。

第四十一条 有下列情形之一的，出具动物检疫证明的动物卫生监督机构或者其上级动物卫生监督机构，根据利害关系人的请求或者依据职权，撤销动物检疫证明，并及时通告有关单位和个人：

（一）官方兽医滥用职权、玩忽职守出具动物检疫证明的；

（二）以欺骗、贿赂等不正当手段取得动物检疫证明的；

（三）超出动物检疫范围实施检疫，出具动物检疫证明的；

（四）对不符合检疫申报条件或者不符合检疫合格标准的动物、动物产品，出具动物检疫证明的；

（五）其他未按照《中华人民共和国动物防疫法》、本办法和检疫规程的规定实施检疫，出具动物检疫证明的。

第四十二条 有下列情形之一的，按照依法应当检疫而未经检疫处理处罚：

（一）动物种类、动物产品名称、畜禽标识号与动物检疫证明不符的；

（二）动物、动物产品数量超出动物检疫证明载明部分的；

（三）使用转让的动物检疫证明的。

第四十三条 依法应当检疫而未经检疫的动物、动物产品，由县级以上地方人民政府农业农村主管部门依照《中华人民共和国动物防疫法》处理处罚，不具备补检条件的，予以收缴销毁；具备补检条件的，由动物卫生监督机构补检。

依法应当检疫而未经检疫的胴体、肉、脏器、脂、血液、精液、卵、胚胎、骨、蹄、头、筋、种蛋等动物产品，不予补检，予以收缴销毁。

第四十四条 补检的动物具备下列条件的，补检合格，出具动物检疫证明：

（一）畜禽标识符合规定；

（二）检疫申报需要提供的材料齐全、符合要求；

（三）临床检查健康；

（四）不符合第一项或者第二项规定条件，货主于七日内提供检疫规程规定的实验室疫病检测报告，检测结果合格。

第四十五条 补检的生皮、原毛、绒、角等动物产品具备下列条件的，补检合格，出具动物检疫证明：

（一）经外观检查无腐烂变质；

（二）按照规定进行消毒；

（三）货主于七日内提供检疫规程规定的实验室疫病检测报告，检测结果合格。

第四十六条 经检疫合格的动物应当按照动物检疫证明载明的目的地运输，并在规定时间内到达，运输途中发生疫情的应当按有关规定报告并处置。

跨省、自治区、直辖市通过道路运输动物的，应当经省级人民政府设立的指定通道入省境或者过省境。

饲养场（户）或者屠宰加工场所不得接收未附有有效动物检疫证明的动物。

第四十七条 运输用于继续饲养或屠宰的畜禽到达目的地后，货主或者承运人应当在三日内向启运地县级动物卫生监督机构报告；目的地饲养场（户）或者屠宰加工场所应当在接收畜禽后三日内向所在地县级动物卫生监督机构报告。

第九章　法律责任

第四十八条　申报动物检疫隐瞒有关情况或者提供虚假材料的，或者以欺骗、贿赂等不正当手段取得动物检疫证明的，依照《中华人民共和国行政许可法》有关规定予以处罚。

第四十九条　违反本办法规定运输畜禽，有下列行为之一的，由县级以上地方人民政府农业农村主管部门处一千元以上三千元以下罚款；情节严重的，处三千元以上三万元以下罚款：

（一）运输用于继续饲养或者屠宰的畜禽到达目的地后，未向启运地动物卫生监督机构报告的；

（二）未按照动物检疫证明载明的目的地运输的；

（三）未按照动物检疫证明规定时间运达且无正当理由的；

（四）实际运输的数量少于动物检疫证明载明数量且无正当理由的。

第五十条　其他违反本办法规定的行为，依照《中华人民共和国动物防疫法》有关规定予以处罚。

第十章　附　　则

第五十一条　水产苗种产地检疫，由从事水生动物检疫的县级以上动物卫生监督机构实施。

第五十二条　实验室疫病检测报告应当由动物疫病预防控制机构、取得相关资质认定、国家认可机构认可或者符合省级农业农村主管部门规定条件的实验室出具。

第五十三条　本办法自2022年12月1日起施行。农业部2010年1月21日公布、2019年4月25日修订的《动物检疫管理办法》同时废止。

生猪屠宰管理条例

（1997年12月19日中华人民共和国国务院令第238号公布，2008年5月25日中华人民共和国国务院令第525号第一次修订，根据2011年1月8日《国务院关于废止和修改部分行政法规的决定》第二次修订，根据2016年2月6日《国务院关于修改部分行政法规的决定》第三次修订，2021年6月25日中华人民共和国国务院令第742号第四次修订）

第一章　总　　则

第一条　为了加强生猪屠宰管理，保证生猪产品质量安全，保障人民身体健康，制定本条例。

第二条　国家实行生猪定点屠宰、集中检疫制度。

除农村地区个人自宰自食的不实行定点屠宰外，任何单位和个人未经定点不得从事生猪屠宰活动。

在边远和交通不便的农村地区，可以设置仅限于向本地市场供应生猪产品的小型生猪屠宰场点，具体管理办法由省、自治区、直辖市制定。

第三条　国务院农业农村主管部门负责全国生猪屠宰的行业管理工作。县级以上地方人民政府农业农村主管部门负责本行政区域内生猪屠宰活动的监督管理。

县级以上人民政府有关部门在各自职责范围内负责生猪屠宰活动的相关管理工作。

第四条　县级以上地方人民政府应当加强对生猪屠宰监督管理工作的领导，及时协调、解决生猪屠宰监督管理工作中的重大问题。

乡镇人民政府、街道办事处应当加强生猪定点屠宰的宣传教育，协助做好生猪屠宰监督管理工作。

第五条　国家鼓励生猪养殖、屠宰、加工、配送、销售一体化发展，推行标准化屠宰，支持建设冷链流通和配送体系。

第六条　国家根据生猪定点屠宰厂（场）的规模、生产和技术条件以及质量安全管理状况，推行生猪定点屠宰厂（场）分级管理制度，鼓励、引导、扶持生猪定点屠宰厂（场）改善生产和技术条件，加强质量安全管理，提高生猪产品质量安全水平。生猪定点屠宰厂（场）分级管理的具体办法由国务院农业农村主管部门制定。

第七条　县级以上人民政府农业农村主管部门应当建立生猪定点屠宰厂（场）信用档案，记录日常监督检查结果、违法行为查处等情况，并依法向社会公示。

第二章　生猪定点屠宰

第八条　省、自治区、直辖市人民政府农业农村主管部门会同生态环境主管部门以及其他有关部门，按照科学布局、集中屠宰、有利流通、方便群众的原则，结合生猪养殖、动物疫病防控和生猪产品消费实际情况制订生猪屠宰行业发展规划，报本级人民政府批准后实施。

生猪屠宰行业发展规划应当包括发展目标、屠宰厂（场）设置、政策措施等内容。

第九条　生猪定点屠宰厂（场）由设区的市级人民政府根据生猪屠宰行业发展规划，组织农业农村、生态环境主管部门以及其他有关部门，依照本条例规定的条件进行审查，经征求省、自治区、直辖市人民政府农业农村主管部门的意见确定，并颁发生猪定点屠宰证书和生猪定点屠宰标志牌。

生猪定点屠宰证书应当载明屠宰厂（场）名称、生产地址和法定代表人（负责人）等事项。

生猪定点屠宰厂（场）变更生产地址的，应当依照本条例的规定，重新申请生猪定点屠宰证书；变更屠宰厂（场）名称、法定代表人（负责人）的，应当在市场监督管理部门办理变更登记手续后15个工作日内，向原发证机关办理变更生猪定点屠宰证书。

设区的市级人民政府应当将其确定的生猪定点屠宰厂（场）名单及时向社会公布，并报省、自治区、直辖市人民政府备案。

第十条　生猪定点屠宰厂（场）应当将生猪定点屠宰标志牌悬挂于厂（场）区的显著位置。

生猪定点屠宰证书和生猪定点屠宰标志牌不得出借、转让。任何单位和个人不得冒用或者使用伪造的生猪定点屠宰证书和生猪定点屠宰标志牌。

第十一条　生猪定点屠宰厂（场）应当具备下列条件：

（一）有与屠宰规模相适应、水质符合国家规定标准的水源条件；

（二）有符合国家规定要求的待宰间、屠宰间、急宰间、检验室以及生猪屠宰设备和运载工具；

（三）有依法取得健康证明的屠宰技术人员；

（四）有经考核合格的兽医卫生检验人员；

（五）有符合国家规定要求的检验设备、消毒设施以及符合环境保护要求的污染防治设施；

（六）有病害生猪及生猪产品无害化处理设施或者无害化处理委托协议；

（七）依法取得动物防疫条件合格证。

第十二条 生猪定点屠宰厂（场）屠宰的生猪，应当依法经动物卫生监督机构检疫合格，并附有检疫证明。

第十三条 生猪定点屠宰厂（场）应当建立生猪进厂（场）查验登记制度。

生猪定点屠宰厂（场）应当依法查验检疫证明等文件，利用信息化手段核实相关信息，如实记录屠宰生猪的来源、数量、检疫证明号和供货者名称、地址、联系方式等内容，并保存相关凭证。发现伪造、变造检疫证明的，应当及时报告农业农村主管部门。发生动物疫情时，还应当查验、记录运输车辆基本情况。记录、凭证保存期限不得少于2年。

生猪定点屠宰厂（场）接受委托屠宰的，应当与委托人签订委托屠宰协议，明确生猪产品质量安全责任。委托屠宰协议自协议期满后保存期限不得少于2年。

第十四条 生猪定点屠宰厂（场）屠宰生猪，应当遵守国家规定的操作规程、技术要求和生猪屠宰质量管理规范，并严格执行消毒技术规范。发生动物疫情时，应当按照国务院农业农村主管部门的规定，开展动物疫病检测，做好动物疫情排查和报告。

第十五条 生猪定点屠宰厂（场）应当建立严格的肉品品质检验管理制度。肉品品质检验应当遵守生猪屠宰肉品品质检验规程，与生猪屠宰同步进行，并如实记录检验结果。检验结果记录保存期限不得少于2年。

经肉品品质检验合格的生猪产品，生猪定点屠宰厂（场）应当加盖肉品品质检验合格验讫印章，附具肉品品质检验合格证。未经肉品品质检验或者经肉品品质检验不合格的生猪产品，不得出厂（场）。经检验不合格的生猪产品，应当在兽医卫生检验人员的监督下，按照国家有关规定处理，并如实记录处理情况；处理情况记录保存期限不得少于2年。

生猪屠宰肉品品质检验规程由国务院农业农村主管部门制定。

第十六条 生猪屠宰的检疫及其监督，依照动物防疫法和国务院的有关规定执行。县级以上地方人民政府按照本级政府职责，将生猪、生猪产品的检疫和监督管理所需经费纳入本级预算。

县级以上地方人民政府农业农村主管部门应当按照规定足额配备农业农村主管部门任命的兽医，由其监督生猪定点屠宰厂（场）依法查验检疫证明等文件。

农业农村主管部门任命的兽医对屠宰的生猪实施检疫。检疫合格的，出具检疫证明、加施检疫标志，并在检疫证明、检疫标志上签字或者盖章，对检疫结论负责。未经检疫或者经检疫不合格的生猪产品，不得出厂（场）。经检疫不合格的生猪及生猪产品，应当在农业农村主管部门的监督下，按照国家有关规定处理。

第十七条 生猪定点屠宰厂（场）应当建立生猪产品出厂（场）记录制度，如实记录出厂（场）生猪产品的名称、规格、数量、检疫证明号、肉品品质检验合格证号、屠宰日期、出厂（场）日期以及购货者名称、地址、联系方式等内容，并保存相关凭证。记录、凭证保存期限不得少于2年。

第十八条 生猪定点屠宰厂（场）对其生产的生猪产品质量安全负责，发现其生产的生猪产品不符合食品安全标准、有证据证明可能危害人体健康、染疫或者疑似染疫的，应当立即停止屠宰，报告农业农村主管部门，通知销售者或者委托人，召回已经销售的生猪产品，并记录通知和召回情况。

生猪定点屠宰厂（场）应当对召回的生猪产品采取无害化处理等措施，防止其再次流入市场。

第十九条 生猪定点屠宰厂（场）对病害生猪及生猪产品进行无害化处理的费用

和损失，由地方各级人民政府结合本地实际予以适当补贴。

第二十条　严禁生猪定点屠宰厂（场）以及其他任何单位和个人对生猪、生猪产品注水或者注入其他物质。

严禁生猪定点屠宰厂（场）屠宰注水或者注入其他物质的生猪。

第二十一条　生猪定点屠宰厂（场）对未能及时出厂（场）的生猪产品，应当采取冷冻或者冷藏等必要措施予以储存。

第二十二条　严禁任何单位和个人为未经定点违法从事生猪屠宰活动的单位和个人提供生猪屠宰场所或者生猪产品储存设施，严禁为对生猪、生猪产品注水或者注入其他物质的单位和个人提供场所。

第二十三条　从事生猪产品销售、肉食品生产加工的单位和个人以及餐饮服务经营者、集中用餐单位生产经营的生猪产品，必须是生猪定点屠宰厂（场）经检疫和肉品品质检验合格的生猪产品。

第二十四条　地方人民政府及其有关部门不得限制外地生猪定点屠宰厂（场）经检疫和肉品品质检验合格的生猪产品进入本地市场。

第三章　监督管理

第二十五条　国家实行生猪屠宰质量安全风险监测制度。国务院农业农村主管部门负责组织制定国家生猪屠宰质量安全风险监测计划，对生猪屠宰环节的风险因素进行监测。

省、自治区、直辖市人民政府农业农村主管部门根据国家生猪屠宰质量安全风险监测计划，结合本行政区域实际情况，制定本行政区域生猪屠宰质量安全风险监测方案并组织实施，同时报国务院农业农村主管部门备案。

第二十六条　县级以上地方人民政府农业农村主管部门应当根据生猪屠宰质量安全风险监测结果和国务院农业农村主管部门的规定，加强对生猪定点屠宰厂（场）质量安全管理状况的监督检查。

第二十七条　农业农村主管部门应当依照本条例的规定严格履行职责，加强对生猪屠宰活动的日常监督检查，建立健全随机抽查机制。

农业农村主管部门依法进行监督检查，可以采取下列措施：

（一）进入生猪屠宰等有关场所实施现场检查；

（二）向有关单位和个人了解情况；

（三）查阅、复制有关记录、票据以及其他资料；

（四）查封与违法生猪屠宰活动有关的场所、设施，扣押与违法生猪屠宰活动有关的生猪、生猪产品以及屠宰工具和设备。

农业农村主管部门进行监督检查时，监督检查人员不得少于2人，并应当出示执法证件。

对农业农村主管部门依法进行的监督检查，有关单位和个人应当予以配合，不得拒绝、阻挠。

第二十八条　农业农村主管部门应当建立举报制度，公布举报电话、信箱或者电子邮箱，受理对违反本条例规定行为的举报，并及时依法处理。

第二十九条　农业农村主管部门发现生猪屠宰涉嫌犯罪的，应当按照有关规定及时将案件移送同级公安机关。

公安机关在生猪屠宰相关犯罪案件侦查过程中认为没有犯罪事实或者犯罪事实显著轻微，不需要追究刑事责任的，应当及时将案件移送同级农业农村主管部门。公安机关在侦查过程中，需要农业农村主管部门给予检验、认定等协助的，农业农村主管部门应当给予协助。

第四章　法律责任

第三十条　农业农村主管部门在监督检查中发现生猪定点屠宰厂（场）不再具备本条例规定条件的，应当责令停业整顿，并限期整改；逾期仍达不到本条例规定条件的，由设区的市级人民政府吊销生猪定点屠宰证书，收回生猪定点屠宰标志牌。

第三十一条　违反本条例规定，未经定点从事生猪屠宰活动的，由农业农村主管部门责令关闭，没收生猪、生猪产品、屠宰工具和设备以及违法所得；货值金额不足1万元的，并处5万元以上10万元以下的罚款；货值金额1万元以上的，并处货值金额10倍以上20倍以下的罚款。

冒用或者使用伪造的生猪定点屠宰证书或者生猪定点屠宰标志牌的，依照前款的规定处罚。

生猪定点屠宰厂（场）出借、转让生猪定点屠宰证书或者生猪定点屠宰标志牌的，由设区的市级人民政府吊销生猪定点屠宰证书，收回生猪定点屠宰标志牌；有违法所得的，由农业农村主管部门没收违法所得，并处5万元以上10万元以下的罚款。

第三十二条　违反本条例规定，生猪定点屠宰厂（场）有下列情形之一的，由农业农村主管部门责令改正，给予警告；拒不改正的，责令停业整顿，处5000元以上5万元以下的罚款，对其直接负责的主管人员和其他直接责任人员处2万元以上5万元以下的罚款；情节严重的，由设区的市级人民政府吊销生猪定点屠宰证书，收回生猪定点屠宰标志牌：

（一）未按照规定建立并遵守生猪进厂（场）查验登记制度、生猪产品出厂（场）记录制度的；

（二）未按照规定签订、保存委托屠宰协议的；

（三）屠宰生猪不遵守国家规定的操作规程、技术要求和生猪屠宰质量管理规范以及消毒技术规范的；

（四）未按照规定建立并遵守肉品品质检验制度的；

（五）对经肉品品质检验不合格的生猪产品未按照国家有关规定处理并如实记录处理情况的。

发生动物疫情时，生猪定点屠宰厂（场）未按照规定开展动物疫病检测的，由农业农村主管部门责令停业整顿，并处5000元以上5万元以下的罚款，对其直接负责的主管人员和其他直接责任人员处2万元以上5万元以下的罚款；情节严重的，由设区的市级人民政府吊销生猪定点屠宰证书，收回生猪定点屠宰标志牌。

第三十三条　违反本条例规定，生猪定点屠宰厂（场）出厂（场）未经肉品品质检验或者经肉品品质检验不合格的生猪产品的，由农业农村主管部门责令停业整顿，没收生猪产品和违法所得；货值金额不足1万元的，并处10万元以上15万元以下的罚款；货值金额1万元以上的，并处货值金额15倍以上30倍以下的罚款；对其直接负责的主管人员和其他直接责任人员处5万元以上10万元以下的罚款；情节严重的，由设区的市级人民政府吊销生猪定点屠宰证书，收回生猪定点屠宰标志牌，并可以由公安机关依照《中华人民共和国食品安全法》的规定，对其直接负责的主管人员和其他直接责任人员处5日以上15日以下拘留。

第三十四条　生猪定点屠宰厂（场）依照本条例规定应当召回生猪产品而不召回的，由农业农村主管部门责令召回，停止屠宰；拒不召回或者拒不停止屠宰的，责令停业整顿，没收生猪产品和违法所得；货值金额不足1万元的，并处5万元以上10万元以下的罚款；货值金额1万元以上的，并处货值金额10倍以上20倍以下的罚款；对其直接负责的主管人员和其他直接责任人员处5万元以上10万元以下的罚款；情节严重的，由设区的市级人民政府吊销生猪定点屠宰证书，收回生猪定点屠宰标志牌。

委托人拒不执行召回规定的，依照前款规定处罚。

第三十五条　违反本条例规定，生猪定点屠宰厂（场）、其他单位和个人对生猪、生猪产品注水或者注入其他物质的，由农业农村主管部门没收注水或者注入其他物质的生猪、生猪产品、注水工具和设备以及违法所得；货值金额不足1万元的，并处5万元以上10万元以下的罚款；货值金额1万元以上的，并处货值金额10倍以上20倍以下的罚款；对生猪定点屠宰厂（场）或者其他单位的直接负责的主管人员和其他直接责任人员处5万元以上10万元以下的罚款。注入其他物质的，还可以由公安机关依照《中华人民共和国食品安全法》的规定，对其直接负责的主管人员和其他直接责任人员处5日以上15日以下拘留。

生猪定点屠宰厂（场）对生猪、生猪产品注水或者注入其他物质的，除依照前款规定处罚外，还应当由农业农村主管部门责令停业整顿；情节严重的，由设区的市级人民政府吊销生猪定点屠宰证书，收回生猪定点屠宰标志牌。

第三十六条　违反本条例规定，生猪定点屠宰厂（场）屠宰注水或者注入其他物质的生猪的，由农业农村主管部门责令停业整顿，没收注水或者注入其他物质的生猪、生猪产品和违法所得；货值金额不足1万元的，并处5万元以上10万元以下的罚款；货值金额1万元以上的，并处货值金额10倍以上20倍以下的罚款；对其直接负责的主管人员和其他直接责任人员处5万元以上10万元以下的罚款；情节严重的，由设区的市级人民政府吊销生猪定点屠宰证书，收回生猪定点屠宰标志牌。

第三十七条　违反本条例规定，为未经定点违法从事生猪屠宰活动的单位和个人提供生猪屠宰场所或者生猪产品储存设施，或者为对生猪、生猪产品注水或者注入其他物质的单位和个人提供场所的，由农业农村主管部门责令改正，没收违法所得，并处5万元以上10万元以下的罚款。

第三十八条　违反本条例规定，生猪定点屠宰厂（场）被吊销生猪定点屠宰证书的，其法定代表人（负责人）、直接负责的主管人员和其他直接责任人员自处罚决定作出之日起5年内不得申请生猪定点屠宰证书或者从事生猪屠宰管理活动；因食品安全犯罪被判处有期徒刑以上刑罚的，终身不得从事生猪屠宰管理活动。

第三十九条　农业农村主管部门和其他有关部门的工作人员在生猪屠宰监督管理工作中滥用职权、玩忽职守、徇私舞弊，尚不构成犯罪的，依法给予处分。

第四十条　本条例规定的货值金额按照同类检疫合格及肉品品质检验合格的生猪、生猪产品的市场价格计算。

第四十一条　违反本条例规定，构成犯罪的，依法追究刑事责任。

第五章　附　　则

第四十二条　省、自治区、直辖市人民政府确定实行定点屠宰的其他动物的屠宰管理办法，由省、自治区、直辖市根据本地区的实际情况，参照本条例制定。

第四十三条　本条例所称生猪产品，是指生猪屠宰后未经加工的胴体、肉、脂、脏器、血液、骨、头、蹄、皮。

第四十四条　生猪定点屠宰证书、生猪定点屠宰标志牌以及肉品品质检验合格验讫印章和肉品品质检验合格证的式样，由国务院农业农村主管部门统一规定。

第四十五条　本条例自2021年8月1日起施行。

饲料和饲料添加剂管理条例

（1999年5月29日中华人民共和国国务院令第266号发布，根据2001年11月29日《国务院关于修改〈饲料和饲料添加剂管理条例〉的决定》第一次修订，2011年10月26日国务院第177次常务会议修订通过，根据2013年12月7日《国务院关于修改部分行政法规的决定》第二次修订，根据2016年2月6日《国务院关于修改部分行政法规的决定》第三次修订，根据2017年3月1日《国务院关于修改和废止部分行政法规的决定》第四次修订）

第一章　总　　则

第一条　为了加强对饲料、饲料添加剂的管理，提高饲料、饲料添加剂的质量，保障动物产品质量安全，维护公众健康，制定本条例。

第二条　本条例所称饲料，是指经工业化加工、制作的供动物食用的产品，包括单一饲料、添加剂预混合饲料、浓缩饲料、配合饲料和精料补充料。

本条例所称饲料添加剂，是指在饲料加工、制作、使用过程中添加的少量或者微量物质，包括营养性饲料添加剂和一般饲料添加剂。

饲料原料目录和饲料添加剂品种目录由国务院农业行政主管部门制定并公布。

第三条　国务院农业行政主管部门负责全国饲料、饲料添加剂的监督管理工作。

县级以上地方人民政府负责饲料、饲料添加剂管理的部门（以下简称饲料管理部门），负责本行政区域饲料、饲料添加剂的监督管理工作。

第四条　县级以上地方人民政府统一领导本行政区域饲料、饲料添加剂的监督管理工作，建立健全监督管理机制，保障监督管理工作的开展。

第五条　饲料、饲料添加剂生产企业、经营者应当建立健全质量安全制度，对其生产、经营的饲料、饲料添加剂的质量安全负责。

第六条　任何组织或者个人有权举报在饲料、饲料添加剂生产、经营、使用过程中违反本条例的行为，有权对饲料、饲料添加剂监督管理工作提出意见和建议。

第二章　审定和登记

第七条　国家鼓励研制新饲料、新饲料添加剂。

研制新饲料、新饲料添加剂，应当遵循科学、安全、有效、环保的原则，保证新饲料、新饲料添加剂的质量安全。

第八条　研制的新饲料、新饲料添加剂投入生产前，研制者或者生产企业应当向国务院农业行政主管部门提出审定申请，并提供该新饲料、新饲料添加剂的样品和下列资料：

（一）名称、主要成分、理化性质、研制方法、生产工艺、质量标准、检测方法、检验报告、稳定性试验报告、环境影响报告和污染防治措施；

（二）国务院农业行政主管部门指定的试验机构出具的该新饲料、新饲料添加剂的饲喂效果、残留消解动态以及毒理学安全性评价报告。

申请新饲料添加剂审定的，还应当说明该新饲料添加剂的添加目的、使用方法，并提供该饲料添加剂残留可能对人体健康造成影响的分析评价报告。

第九条　国务院农业行政主管部门应当自受理申请之日起5个工作日内，将新饲料、新饲料添加剂的样品和申请资料交全国饲料评审委员会，对该新饲料、新饲料添加剂的安全性、有效性及其对环境的影响进行评审。

全国饲料评审委员会由养殖、饲料加工、动物营养、毒理、药理、代谢、卫生、化工合成、生物技术、质量标准、环境保护、食品安全风险评估等方面的专家组成。全国饲料评审委员会对新饲料、新饲料添加剂的评审采取评审会议的形式，评审会议应当有9名以上全国饲料评审委员会专家参加，根据需要也可以邀请1至2名全国饲料评审委员会专家以外的专家参加，参加评审的专家对评审事项具有表决权。评审会议应当形成评审意见和会议纪要，并由参加评审的专家审核签字；有不同意见的，应当注明。参加评审的专家应当依法公平、公正履行职责，对评审资料保密，存在回避事由的，应当主动回避。

全国饲料评审委员会应当自收到新饲料、新饲料添加剂的样品和申请资料之日起9个月内出具评审结果并提交国务院农业行政主管部门；但是，全国饲料评审委员会决定由申请人进行相关试验的，经国务院农业行政主管部门同意，评审时间可以延长3个月。

国务院农业行政主管部门应当自收到评审结果之日起10个工作日内作出是否核发新饲料、新饲料添加剂证书的决定；决定不予核发的，应当书面通知申请人并说明理由。

第十条　国务院农业行政主管部门核发新饲料、新饲料添加剂证书，应当同时按照职责权限公布该新饲料、新饲料添加剂的产品质量标准。

第十一条　新饲料、新饲料添加剂的监测期为5年。新饲料、新饲料添加剂处于监测期的，不受理其他就该新饲料、新饲料添加剂的生产申请和进口登记申请，但超过3年不投入生产的除外。

生产企业应当收集处于监测期的新饲料、新饲料添加剂的质量稳定性及其对动物产品质量安全的影响等信息，并向国务院农业行政主管部门报告；国务院农业行政主管部门应当对新饲料、新饲料添加剂的质量安全状况组织跟踪监测，证实其存在安全问题的，应当撤销新饲料、新饲料添加剂证书并予以公告。

第十二条　向中国出口中国境内尚未使用但出口国已经批准生产和使用的饲料、饲料添加剂的，由出口方驻中国境内的办事机构或者其委托的中国境内代理机构向国务院农业行政主管部门申请登记，并提供该饲料、饲料添加剂的样品和下列资料：

（一）商标、标签和推广应用情况；

（二）生产地批准生产、使用的证明和生产地以外其他国家、地区的登记资料；

（三）主要成分、理化性质、研制方法、生产工艺、质量标准、检测方法、检验报告、稳定性试验报告、环境影响报告和污染防治措施；

（四）国务院农业行政主管部门指定的试验机构出具的该饲料、饲料添加剂的饲喂效果、残留消解动态以及毒理学安全性评价报告。

申请饲料添加剂进口登记的，还应当说明该饲料添加剂的添加目的、使用方法，并提供该饲料添加剂残留可能对人体健康造成影响的分析评价报告。

国务院农业行政主管部门应当依照本条

例第九条规定的新饲料、新饲料添加剂的评审程序组织评审，并决定是否核发饲料、饲料添加剂进口登记证。

首次向中国出口中国境内已经使用且出口国已经批准生产和使用的饲料、饲料添加剂的，应当依照本条第一款、第二款的规定申请登记。国务院农业行政主管部门应当自受理申请之日起 10 个工作日内对申请资料进行审查；审查合格的，将样品交由指定的机构进行复核检测；复核检测合格的，国务院农业行政主管部门应当在 10 个工作日内核发饲料、饲料添加剂进口登记证。

饲料、饲料添加剂进口登记证有效期为 5 年。进口登记证有效期满需要继续向中国出口饲料、饲料添加剂的，应当在有效期届满 6 个月前申请续展。

禁止进口未取得饲料、饲料添加剂进口登记证的饲料、饲料添加剂。

第十三条　国家对已经取得新饲料、新饲料添加剂证书或者饲料、饲料添加剂进口登记证的、含有新化合物的饲料、饲料添加剂的申请人提交的其自己所取得且未披露的试验数据和其他数据实施保护。

自核发证书之日起 6 年内，对其他申请人未经已取得新饲料、新饲料添加剂证书或者饲料、饲料添加剂进口登记证的申请人同意，使用前款规定的数据申请新饲料、新饲料添加剂审定或者饲料、饲料添加剂进口登记的，国务院农业行政主管部门不予审定或者登记；但是，其他申请人提交其自己所取得的数据的除外。

除下列情形外，国务院农业行政主管部门不得披露本条第一款规定的数据：

（一）公共利益需要；

（二）已采取措施确保该类信息不会被不正当地进行商业使用。

第三章　生产、经营和使用

第十四条　设立饲料、饲料添加剂生产企业，应当符合饲料工业发展规划和产业政策，并具备下列条件：

（一）有与生产饲料、饲料添加剂相适应的厂房、设备和仓储设施；

（二）有与生产饲料、饲料添加剂相适应的专职技术人员；

（三）有必要的产品质量检验机构、人员、设施和质量管理制度；

（四）有符合国家规定的安全、卫生要求的生产环境；

（五）有符合国家环境保护要求的污染防治措施；

（六）国务院农业行政主管部门制定的饲料、饲料添加剂质量安全管理规范规定的其他条件。

第十五条　申请从事饲料、饲料添加剂生产的企业，申请人应当向省、自治区、直辖市人民政府饲料管理部门提出申请。省、自治区、直辖市人民政府饲料管理部门应当自受理申请之日起 10 个工作日内进行书面审查；审查合格的，组织进行现场审核，并根据审核结果在 10 个工作日内作出是否核发生产许可证的决定。

生产许可证有效期为 5 年。生产许可证有效期满需要继续生产饲料、饲料添加剂的，应当在有效期届满 6 个月前申请续展。

第十六条　饲料添加剂、添加剂预混合饲料生产企业取得生产许可证后，由省、自治区、直辖市人民政府饲料管理部门按照国务院农业行政主管部门的规定，核发相应的产品批准文号。

第十七条　饲料、饲料添加剂生产企业应当按照国务院农业行政主管部门的规定和有关标准，对采购的饲料原料、单一饲料、饲料添加剂、药物饲料添加剂、添加剂预混合饲料和用于饲料添加剂生产的原料进行查验或者检验。

饲料生产企业使用限制使用的饲料原料、单一饲料、饲料添加剂、药物饲料添加剂、添加剂预混合饲料生产饲料的，应当遵守国务院农业行政主管部门的限制性规定。

禁止使用国务院农业行政主管部门公布的饲料原料目录、饲料添加剂品种目录和药物饲料添加剂品种目录以外的任何物质生产饲料。

饲料、饲料添加剂生产企业应当如实记录采购的饲料原料、单一饲料、饲料添加剂、药物饲料添加剂、添加剂预混合饲料和用于饲料添加剂生产的原料的名称、产地、数量、保质期、许可证明文件编号、质量检验信息、生产企业名称或者供货者名称及其联系方式、进货日期等。记录保存期限不得少于2年。

第十八条　饲料、饲料添加剂生产企业，应当按照产品质量标准以及国务院农业行政主管部门制定的饲料、饲料添加剂质量安全管理规范和饲料添加剂安全使用规范组织生产，对生产过程实施有效控制并实行生产记录和产品留样观察制度。

第十九条　饲料、饲料添加剂生产企业应当对生产的饲料、饲料添加剂进行产品质量检验；检验合格的，应当附具产品质量检验合格证。未经产品质量检验、检验不合格或者未附具产品质量检验合格证的，不得出厂销售。

饲料、饲料添加剂生产企业应当如实记录出厂销售的饲料、饲料添加剂的名称、数量、生产日期、生产批次、质量检验信息、购货者名称及其联系方式、销售日期等。记录保存期限不得少于2年。

第二十条　出厂销售的饲料、饲料添加剂应当包装，包装应当符合国家有关安全、卫生的规定。

饲料生产企业直接销售给养殖者的饲料可以使用罐装车运输。罐装车应当符合国家有关安全、卫生的规定，并随罐装车附具符合本条例第二十一条规定的标签。

易燃或者其他特殊的饲料、饲料添加剂的包装应当有警示标志或者说明，并注明储运注意事项。

第二十一条　饲料、饲料添加剂的包装上应当附具标签。标签应当以中文或者适用符号标明产品名称、原料组成、产品成分分析保证值、净重或者净含量、贮存条件、使用说明、注意事项、生产日期、保质期、生产企业名称以及地址、许可证明文件编号和产品质量标准等。加入药物饲料添加剂的，还应当标明“加入药物饲料添加剂”字样，并标明其通用名称、含量和休药期。乳和乳制品以外的动物源性饲料，还应当标明“本产品不得饲喂反刍动物”字样。

第二十二条　饲料、饲料添加剂经营者应当符合下列条件：

（一）有与经营饲料、饲料添加剂相适应的经营场所和仓储设施；

（二）有具备饲料、饲料添加剂使用、贮存等知识的技术人员；

（三）有必要的产品质量管理和安全管理制度。

第二十三条　饲料、饲料添加剂经营者进货时应当查验产品标签、产品质量检验合格证和相应的许可证明文件。

饲料、饲料添加剂经营者不得对饲料、饲料添加剂进行拆包、分装，不得对饲料、饲料添加剂进行再加工或者添加任何物质。

禁止经营用国务院农业行政主管部门公布的饲料原料目录、饲料添加剂品种目录和药物饲料添加剂品种目录以外的任何物质生产的饲料。

饲料、饲料添加剂经营者应当建立产品购销台账，如实记录购销产品的名称、许可证明文件编号、规格、数量、保质期、生产企业名称或者供货者名称及其联系方式、购销时间等。购销台账保存期限不得少于2年。

第二十四条　向中国出口的饲料、饲料添加剂应当包装，包装应当符合中国有关安全、卫生的规定，并附具符合本条例第二十一条规定的标签。

向中国出口的饲料、饲料添加剂应当符合中国有关检验检疫的要求，由出入境检验检疫机构依法实施检验检疫，并对其包装和标签进行核查。包装和标签不符合要求的，不得入境。

境外企业不得直接在中国销售饲料、饲料添加剂。境外企业在中国销售饲料、饲料添加剂的，应当依法在中国境内设立销售机构或者委托符合条件的中国境内代理机构销售。

第二十五条　养殖者应当按照产品使用说明和注意事项使用饲料。在饲料或者动物饮用水中添加饲料添加剂的，应当符合饲料添加剂使用说明和注意事项的要求，遵守国务院农业行政主管部门制定的饲料添加剂安全使用规范。

养殖者使用自行配制的饲料的，应当遵守国务院农业行政主管部门制定的自行配制饲料使用规范，并不得对外提供自行配制的饲料。

使用限制使用的物质养殖动物的，应当遵守国务院农业行政主管部门的限制性规定。禁止在饲料、动物饮用水中添加国务院农业行政主管部门公布禁用的物质以及对人体具有直接或者潜在危害的其他物质，或者直接使用上述物质养殖动物。禁止在反刍动物饲料中添加乳和乳制品以外的动物源性成分。

第二十六条　国务院农业行政主管部门和县级以上地方人民政府饲料管理部门应当加强饲料、饲料添加剂质量安全知识的宣传，提高养殖者的质量安全意识，指导养殖者安全、合理使用饲料、饲料添加剂。

第二十七条　饲料、饲料添加剂在使用过程中被证实对养殖动物、人体健康或者环境有害的，由国务院农业行政主管部门决定禁用并予以公布。

第二十八条　饲料、饲料添加剂生产企业发现其生产的饲料、饲料添加剂对养殖动物、人体健康有害或者存在其他安全隐患的，应当立即停止生产，通知经营者、使用者，向饲料管理部门报告，主动召回产品，并记录召回和通知情况。召回的产品应当在饲料管理部门监督下予以无害化处理或者销毁。

饲料、饲料添加剂经营者发现其销售的饲料、饲料添加剂具有前款规定情形的，应当立即停止销售，通知生产企业、供货者和使用者，向饲料管理部门报告，并记录通知情况。

养殖者发现其使用的饲料、饲料添加剂具有本条第一款规定情形的，应当立即停止使用，通知供货者，并向饲料管理部门报告。

第二十九条　禁止生产、经营、使用未取得新饲料、新饲料添加剂证书的新饲料、新饲料添加剂以及禁用的饲料、饲料添加剂。

禁止经营、使用无产品标签、无生产许可证、无产品质量标准、无产品质量检验合格证的饲料、饲料添加剂。禁止经营、使用无产品批准文号的饲料添加剂、添加剂预混合饲料。禁止经营、使用未取得饲料、饲料添加剂进口登记证的进口饲料、进口饲料添加剂。

第三十条　禁止对饲料、饲料添加剂作具有预防或者治疗动物疾病作用的说明或者宣传。但是，饲料中添加药物饲料添加剂的，可以对所添加的药物饲料添加剂的作用加以说明。

第三十一条　国务院农业行政主管部门和省、自治区、直辖市人民政府饲料管理部门应当按照职责权限对全国或者本行政区域饲料、饲料添加剂的质量安全状况进行监测，并根据监测情况发布饲料、饲料添加剂质量安全预警信息。

第三十二条　国务院农业行政主管部门和县级以上地方人民政府饲料管理部门，应当根据需要定期或者不定期组织实施饲料、饲料添加剂监督抽查；饲料、饲料添加剂监督抽查检测工作由国务院农业行政主管部门或者省、自治区、直辖市人民政府饲料管理部门指定的具有相应技术条件的机构承担。饲料、饲料添加剂监督抽查不得收费。

国务院农业行政主管部门和省、自治区、直辖市人民政府饲料管理部门应当按照职责权限公布监督抽查结果，并可以公布具有不良记录的饲料、饲料添加剂生产企业、经营者名单。

第三十三条　县级以上地方人民政府饲料管理部门应当建立饲料、饲料添加剂监督管理档案，记录日常监督检查、违法行为查处等情况。

第三十四条　国务院农业行政主管部门和县级以上地方人民政府饲料管理部门在监督检查中可以采取下列措施：

（一）对饲料、饲料添加剂生产、经营、使用场所实施现场检查；

（二）查阅、复制有关合同、票据、账簿和其他相关资料；

（三）查封、扣押有证据证明用于违法生产饲料的饲料原料、单一饲料、饲料添加剂、药物饲料添加剂、添加剂预混合饲料，用于违法生产饲料添加剂的原料，用于违法生产饲料、饲料添加剂的工具、设施，违法生产、经营、使用的饲料、饲料添加剂；

（四）查封违法生产、经营饲料、饲料添加剂的场所。

第四章　法律责任

第三十五条　国务院农业行政主管部门、县级以上地方人民政府饲料管理部门或者其他依照本条例规定行使监督管理权的部门及其工作人员，不履行本条例规定的职责或者滥用职权、玩忽职守、徇私舞弊的，对直接负责的主管人员和其他直接责任人员，依法给予处分；直接负责的主管人员和其他直接责任人员构成犯罪的，依法追究刑事责任。

第三十六条　提供虚假的资料、样品或者采取其他欺骗方式取得许可证明文件的，由发证机关撤销相关许可证明文件，处5万元以上10万元以下罚款，申请人3年内不得就同一事项申请行政许可。以欺骗方式取得许可证明文件给他人造成损失的，依法承担赔偿责任。

第三十七条　假冒、伪造或者买卖许可证明文件的，由国务院农业行政主管部门或者县级以上地方人民政府饲料管理部门按照职责权限收缴或者吊销、撤销相关许可证明文件；构成犯罪的，依法追究刑事责任。

第三十八条　未取得生产许可证生产饲料、饲料添加剂的，由县级以上地方人民政府饲料管理部门责令停止生产，没收违法所得、违法生产的产品和用于违法生产饲料的饲料原料、单一饲料、饲料添加剂、药物饲料添加剂、添加剂预混合饲料以及用于违法生产饲料添加剂的原料，违法生产的产品货值金额不足1万元的，并处1万元以上5万元以下罚款，货值金额1万元以上的，并处货值金额5倍以上10倍以下罚款；情节严重的，没收其生产设备，生产企业的主要负责人和直接负责的主管人员10年内不得从事饲料、饲料添加剂生产、经营活动。

已经取得生产许可证，但不再具备本条例第十四条规定的条件而继续生产饲料、饲料添加剂的，由县级以上地方人民政府饲料管理部门责令停止生产、限期改正，并处1万元以上5万元以下罚款；逾期不改正的，由发证机关吊销生产许可证。

已经取得生产许可证，但未取得产品批准文号而生产饲料添加剂、添加剂预混合饲料的，由县级以上地方人民政府饲料管理部门责令停止生产，没收违法所得、违法生产的产品和用于违法生产饲料的饲料原料、单一饲料、饲料添加剂、药物饲料添加剂以及用于违法生产饲料添加剂的原料，限期补办产品批准文号，并处违法生产的产品货值金额1倍以上3倍以下罚款；情节严重的，由发证机关吊销生产许可证。

第三十九条　饲料、饲料添加剂生产企业有下列行为之一的，由县级以上地方人民政府饲料管理部门责令改正，没收违法所得、违法生产的产品和用于违法生产饲料的饲料原料、单一饲料、饲料添加剂、药物饲料添加剂、添加剂预混合饲料以及用于违法生产饲料添加剂的原料，违法生产的产品货值金额不足 1 万元的，并处 1 万元以上 5 万元以下罚款，货值金额 1 万元以上的，并处货值金额 5 倍以上 10 倍以下罚款；情节严重的，由发证机关吊销、撤销相关许可证明文件，生产企业的主要负责人和直接负责的主管人员 10 年内不得从事饲料、饲料添加剂生产、经营活动；构成犯罪的，依法追究刑事责任：

（一）使用限制使用的饲料原料、单一饲料、饲料添加剂、药物饲料添加剂、添加剂预混合饲料生产饲料，不遵守国务院农业行政主管部门的限制性规定的；

（二）使用国务院农业行政主管部门公布的饲料原料目录、饲料添加剂品种目录和药物饲料添加剂品种目录以外的物质生产饲料的；

（三）生产未取得新饲料、新饲料添加剂证书的新饲料、新饲料添加剂或者禁用的饲料、饲料添加剂的。

第四十条 饲料、饲料添加剂生产企业有下列行为之一的，由县级以上地方人民政府饲料管理部门责令改正，处 1 万元以上 2 万元以下罚款；拒不改正的，没收违法所得、违法生产的产品和用于违法生产饲料的饲料原料、单一饲料、饲料添加剂、药物饲料添加剂、添加剂预混合饲料以及用于违法生产饲料添加剂的原料，并处 5 万元以上 10 万元以下罚款；情节严重的，责令停止生产，可以由发证机关吊销、撤销相关许可证明文件：

（一）不按照国务院农业行政主管部门的规定和有关标准对采购的饲料原料、单一饲料、饲料添加剂、药物饲料添加剂、添加剂预混合饲料和用于饲料添加剂生产的原料进行查验或者检验的；

（二）饲料、饲料添加剂生产过程中不遵守国务院农业行政主管部门制定的饲料、饲料添加剂质量安全管理规范和饲料添加剂安全使用规范的；

（三）生产的饲料、饲料添加剂未经产品质量检验的。

第四十一条 饲料、饲料添加剂生产企业不依照本条例规定实行采购、生产、销售记录制度或者产品留样观察制度的，由县级以上地方人民政府饲料管理部门责令改正，处 1 万元以上 2 万元以下罚款；拒不改正的，没收违法所得、违法生产的产品和用于违法生产饲料的饲料原料、单一饲料、饲料添加剂、药物饲料添加剂、添加剂预混合饲料以及用于违法生产饲料添加剂的原料，处 2 万元以上 5 万元以下罚款，并可以由发证机关吊销、撤销相关许可证明文件。

饲料、饲料添加剂生产企业销售的饲料、饲料添加剂未附具产品质量检验合格证或者包装、标签不符合规定的，由县级以上地方人民政府饲料管理部门责令改正；情节严重的，没收违法所得和违法销售的产品，可以处违法销售的产品货值金额 30% 以下罚款。

第四十二条 不符合本条例第二十二条规定的条件经营饲料、饲料添加剂的，由县级人民政府饲料管理部门责令限期改正；逾期不改正的，没收违法所得和违法经营的产品，违法经营的产品货值金额不足 1 万元的，并处 2000 元以上 2 万元以下罚款，货值金额 1 万元以上的，并处货值金额 2 倍以上 5 倍以下罚款；情节严重的，责令停止经营，并通知工商行政管理部门，由工商行政管理部门吊销营业执照。

第四十三条 饲料、饲料添加剂经营者有下列行为之一的，由县级人民政府饲料管理部门责令改正，没收违法所得和违法经营的产品，违法经营的产品货值金额不足 1 万元的，并处 2000 元以上 2 万元以下罚款，货值金额 1 万元以上的，并处货值金额 2 倍以上5倍以下罚款；情节严重的，责令停止经营，并通知工商行政管理部门，由工商行政管理部门吊销营业执照；构成犯罪的，依法追究刑事责任：

（一）对饲料、饲料添加剂进行再加工或者添加物质的；

（二）经营无产品标签、无生产许可证、无产品质量检验合格证的饲料、饲料添加剂的；

（三）经营无产品批准文号的饲料添加剂、添加剂预混合饲料的；

（四）经营用国务院农业行政主管部门公布的饲料原料目录、饲料添加剂品种目录和药物饲料添加剂品种目录以外的物质生产的饲料的；

（五）经营未取得新饲料、新饲料添加剂证书的新饲料、新饲料添加剂或者未取得饲料、饲料添加剂进口登记证的进口饲料、进口饲料添加剂以及禁用的饲料、饲料添加剂的。

第四十四条　饲料、饲料添加剂经营者有下列行为之一的，由县级人民政府饲料管理部门责令改正，没收违法所得和违法经营的产品，并处2000元以上1万元以下罚款：

（一）对饲料、饲料添加剂进行拆包、分装的；

（二）不依照本条例规定实行产品购销台账制度的；

（三）经营的饲料、饲料添加剂失效、霉变或者超过保质期的。

第四十五条　对本条例第二十八条规定的饲料、饲料添加剂，生产企业不主动召回的，由县级以上地方人民政府饲料管理部门责令召回，并监督生产企业对召回的产品予以无害化处理或者销毁；情节严重的，没收违法所得，并处应召回的产品货值金额1倍以上3倍以下罚款，可以由发证机关吊销、撤销相关许可证明文件；生产企业对召回的产品不予以无害化处理或者销毁的，由县级人民政府饲料管理部门代为销毁，所需费用由生产企业承担。

对本条例第二十八条规定的饲料、饲料添加剂，经营者不停止销售的，由县级以上地方人民政府饲料管理部门责令停止销售；拒不停止销售的，没收违法所得，处1000元以上5万元以下罚款；情节严重的，责令停止经营，并通知工商行政管理部门，由工商行政管理部门吊销营业执照。

第四十六条　饲料、饲料添加剂生产企业、经营者有下列行为之一的，由县级以上地方人民政府饲料管理部门责令停止生产、经营，没收违法所得和违法生产、经营的产品，违法生产、经营的产品货值金额不足1万元的，并处2000元以上2万元以下罚款，货值金额1万元以上的，并处货值金额2倍以上5倍以下罚款；构成犯罪的，依法追究刑事责任：

（一）在生产、经营过程中，以非饲料、非饲料添加剂冒充饲料、饲料添加剂或者以此种饲料、饲料添加剂冒充他种饲料、饲料添加剂的；

（二）生产、经营无产品质量标准或者不符合产品质量标准的饲料、饲料添加剂的；

（三）生产、经营的饲料、饲料添加剂与标签标示的内容不一致的。

饲料、饲料添加剂生产企业有前款规定的行为，情节严重的，由发证机关吊销、撤销相关许可证明文件；饲料、饲料添加剂经营者有前款规定的行为，情节严重的，通知工商行政管理部门，由工商行政管理部门吊销营业执照。

第四十七条　养殖者有下列行为之一的，由县级人民政府饲料管理部门没收违法使用的产品和非法添加物质，对单位处1万元以上5万元以下罚款，对个人处5000元以下罚款；构成犯罪的，依法追究刑事责任：

（一）使用未取得新饲料、新饲料添加剂证书的新饲料、新饲料添加剂或者未取得饲料、饲料添加剂进口登记证的进口饲料、进口饲料添加剂的；

（二）使用无产品标签、无生产许可证、无产品质量标准、无产品质量检验合格证的饲料、饲料添加剂的；

（三）使用无产品批准文号的饲料添加剂、添加剂预混合饲料的；

（四）在饲料或者动物饮用水中添加饲料添加剂，不遵守国务院农业行政主管部门制定的饲料添加剂安全使用规范的；

（五）使用自行配制的饲料，不遵守国务院农业行政主管部门制定的自行配制饲料使用规范的；

（六）使用限制使用的物质养殖动物，不遵守国务院农业行政主管部门的限制性规定的；

（七）在反刍动物饲料中添加乳和乳制品以外的动物源性成分的。

在饲料或者动物饮用水中添加国务院农业行政主管部门公布禁用的物质以及对人体具有直接或者潜在危害的其他物质，或者直接使用上述物质养殖动物的，由县级以上地方人民政府饲料管理部门责令其对饲喂了违禁物质的动物进行无害化处理，处3万元以上10万元以下罚款；构成犯罪的，依法追究刑事责任。

第四十八条 养殖者对外提供自行配制的饲料的，由县级人民政府饲料管理部门责令改正，处2000元以上2万元以下罚款。

第五章 附 则

第四十九条 本条例下列用语的含义：

（一）饲料原料，是指来源于动物、植物、微生物或者矿物质，用于加工制作饲料但不属于饲料添加剂的饲用物质。

（二）单一饲料，是指来源于一种动物、植物、微生物或者矿物质，用于饲料产品生产的饲料。

（三）添加剂预混合饲料，是指由两种（类）或者两种（类）以上营养性饲料添加剂为主，与载体或者稀释剂按照一定比例配制的饲料，包括复合预混合饲料、微量元素预混合饲料、维生素预混合饲料。

（四）浓缩饲料，是指主要由蛋白质、矿物质和饲料添加剂按照一定比例配制的饲料。

（五）配合饲料，是指根据养殖动物营养需要，将多种饲料原料和饲料添加剂按照一定比例配制的饲料。

（六）精料补充料，是指为补充草食动物的营养，将多种饲料原料和饲料添加剂按照一定比例配制的饲料。

（七）营养性饲料添加剂，是指为补充饲料营养成分而掺入饲料中的少量或者微量物质，包括饲料级氨基酸、维生素、矿物质微量元素、酶制剂、非蛋白氮等。

（八）一般饲料添加剂，是指为保证或者改善饲料品质、提高饲料利用率而掺入饲料中的少量或者微量物质。

（九）药物饲料添加剂，是指为预防、治疗动物疾病而掺入载体或者稀释剂的兽药的预混合物质。

（十）许可证明文件，是指新饲料、新饲料添加剂证书，饲料、饲料添加剂进口登记证，饲料、饲料添加剂生产许可证，饲料添加剂、添加剂预混合饲料产品批准文号。

第五十条 药物饲料添加剂的管理，依照《兽药管理条例》的规定执行。

第五十一条 本条例自2012年5月1日起施行。

饲料质量安全管理规范

（2014 年 1 月 13 日农业部令 2014 年第 1 号公布，2017 年 11 月 30 日农业部令 2017 年第 8 号修订）

第一章　总　　则

第一条　为规范饲料企业生产行为，保障饲料产品质量安全，根据《饲料和饲料添加剂管理条例》，制定本规范。

第二条　本规范适用于添加剂预混合饲料、浓缩饲料、配合饲料和精料补充料生产企业（以下简称企业）。

第三条　企业应当按照本规范的要求组织生产，实现从原料采购到产品销售的全程质量安全控制。

第四条　企业应当及时收集、整理、记录本规范执行情况和生产经营状况，认真履行饲料统计义务。

有委托生产行为的，委托方和受托方应当分别向所在地省级人民政府饲料管理部门备案。

第五条　县级以上人民政府饲料管理部门应当制定年度监督检查计划，对企业实施本规范的情况进行监督检查。

第二章　原料采购与管理

第六条　企业应当加强对饲料原料、单一饲料、饲料添加剂、药物饲料添加剂、添加剂预混合饲料和浓缩饲料（以下简称原料）的采购管理，全面评估原料生产企业和经销商（以下简称供应商）的资质和产品质量保障能力，建立供应商评价和再评价制度，编制合格供应商名录，填写并保存供应商评价记录：

（一）供应商评价和再评价制度应当规定供应商评价及再评价流程、评价内容、评价标准、评价记录等内容；

（二）从原料生产企业采购的，供应商评价记录应当包括生产企业名称及生产地址、联系方式、许可证明文件编号（评价单一饲料、饲料添加剂、药物饲料添加剂、添加剂预混合饲料、浓缩饲料生产企业时填写）、原料通用名称及商品名称、评价内容、评价结论、评价日期、评价人等信息；

（三）从原料经销商采购的，供应商评价记录应当包括经销商名称及注册地址、联系方式、营业执照注册号、原料通用名称及商品名称、评价内容、评价结论、评价日期、评价人等信息；

（四）合格供应商名录应当包括供应商的名称、原料通用名称及商品名称、许可证明文件编号（供应商为单一饲料、饲料添加剂、药物饲料添加剂、添加剂预混合饲料、浓缩饲料生产企业时填写）、评价日期等信息。

企业统一采购原料供分支机构使用的，分支机构应当复制、保存前款规定的合格供应商名录和供应商评价记录。

第七条　企业应当建立原料采购验收制度和原料验收标准，逐批对采购的原料进行查验或者检验：

（一）原料采购验收制度应当规定采购验收流程、查验要求、检验要求、原料验收标准、不合格原料处置、查验记录等内容；

（二）原料验收标准应当规定原料的通用名称、主成分指标验收值、卫生指标验收值等内容，卫生指标验收值应当符合有关法律法规和国家、行业标准的规定；

（三）企业采购实施行政许可的国产单

一饲料、饲料添加剂、药物饲料添加剂、添加剂预混合饲料、浓缩饲料的，应当逐批查验许可证明文件编号和产品质量检验合格证，填写并保存查验记录；查验记录应当包括原料通用名称、生产企业、生产日期、查验内容、查验结果、查验人等信息；无许可证明文件编号和产品质量检验合格证的，或者经查验许可证明文件编号不实的，不得接收、使用；

（四）企业采购实施登记管理的进口单一饲料、饲料添加剂、药物饲料添加剂、添加剂预混合饲料、浓缩饲料的，应当逐批查验进口登记证编号，填写并保存查验记录；查验记录应当包括原料通用名称、生产企业、生产日期、查验内容、查验结果、查验人等信息；无进口许可证明文件编号的，或者经查验进口许可证明文件编号不实的，不得接收、使用；

（五）企业采购不需行政许可的原料的，应当依据原料验收标准逐批查验供应商提供的该批原料的质量检验报告；无质量检验报告的，企业应当逐批对原料的主成分指标进行自行检验或者委托检验；不符合原料验收标准的，不得接收、使用；原料质量检验报告、自行检验结果、委托检验报告应当归档保存；

（六）企业应当每3个月至少选择5种原料，自行或者委托有资质的机构对其主要卫生指标进行检测，根据检测结果进行原料安全性评价，保存检测结果和评价报告；委托检测的，应当索取并保存受委托检测机构的计量认证或者实验室认可证书及附表复印件。

第八条　企业应当填写并保存原料进货台账，进货台账应当包括原料通用名称及商品名称、生产企业或者供货者名称、联系方式、产地、数量、生产日期、保质期、查验或者检验信息、进货日期、经办人等信息。

进货台账保存期限不得少于2年。

第九条　企业应当建立原料仓储管理制度，填写并保存出入库记录：

（一）原料仓储管理制度应当规定库位规划、堆放方式、垛位标识、库房盘点、环境要求、虫鼠防范、库房安全、出入库记录等内容；

（二）出入库记录应当包括原料名称、包装规格、生产日期、供应商简称或者代码、入库数量和日期、出库数量和日期、库存数量、保管人等信息。

第十条　企业应当按照“一垛一卡”的原则对原料实施垛位标识卡管理，垛位标识卡应当标明原料名称、供应商简称或者代码、垛位总量、已用数量、检验状态等信息。

第十一条　企业应当对维生素、微生物和酶制剂等热敏物质的贮存温度进行监控，填写并保存温度监控记录。监控记录应当包括设定温度、实际温度、监控时间、记录人等信息。

监控中发现实际温度超出设定温度范围的，应当采取有效措施及时处置。

第十二条　按危险化学品管理的亚硒酸钠等饲料添加剂的贮存间或者贮存柜应当设立清晰的警示标识，采用双人双锁管理。

第十三条　企业应当根据原料种类、库存时间、保质期、气候变化等因素建立长期库存原料质量监控制度，填写并保存监控记录：

（一）质量监控制度应当规定监控方式、监控内容、监控频次、异常情况界定、处置方式、处置权限、监控记录等内容；

（二）监控记录应当包括原料名称、监控内容、异常情况描述、处置方式、处置结果、监控日期、监控人等信息。

第三章　生产过程控制

第十四条　企业应当制定工艺设计文件，设定生产工艺参数。

工艺设计文件应当包括生产工艺流程图、工艺说明和生产设备清单等内容。

生产工艺应当至少设定以下参数：粉碎工艺设定筛片孔径，混合工艺设定混合时间，制粒工艺设定调质温度、蒸汽压力、环模规格、环模长径比、分级筛筛网孔径，膨化工艺设定调质温度、模板孔径。

第十五条　企业应当根据实际工艺流程，制定以下主要作业岗位操作规程：

（一）小料（指生产过程中，将微量添加的原料预先进行配料或者配料混合后获得的中间产品）配料岗位操作规程，规定小料原料的领取与核实、小料原料的放置与标识、称重电子秤校准与核查、现场清洁卫生、小料原料领取记录、小料配料记录等内容；

（二）小料预混合岗位操作规程，规定载体或者稀释剂领取、投料顺序、预混合时间、预混合产品分装与标识、现场清洁卫生、小料预混合记录等内容；

（三）小料投料与复核岗位操作规程，规定小料投放指令、小料复核、现场清洁卫生、小料投料与复核记录等内容；

（四）大料投料岗位操作规程，规定投料指令、垛位取料、感官检查、现场清洁卫生、大料投料记录等内容；

（五）粉碎岗位操作规程，规定筛片锤片检查与更换、粉碎粒度、粉碎料入仓检查、喂料器和磁选设备清理、粉碎作业记录等内容；

（六）中控岗位操作规程，规定设备开启与关闭原则、微机配料软件启动与配方核对、混合时间设置、配料误差核查、进仓原料核实、中控作业记录等内容；

（七）制粒岗位操作规程，规定设备开启与关闭原则、环模与分级筛网更换、破碎机轧距调节、制粒机润滑、调质参数监视、设备（制粒室、调质器、冷却器）清理、感官检查、现场清洁卫生、制粒作业记录等内容；

（八）膨化岗位操作规程，规定设备开启与关闭原则、调质参数监视、设备（膨化室、调质器、冷却器、干燥器）清理、感官检查、现场清洁卫生、膨化作业记录等内容；

（九）包装岗位操作规程，规定标签与包装袋领取、标签和包装袋核对、感官检查、包重校验、现场清洁卫生、包装作业记录等内容；

（十）生产线清洗操作规程，规定清洗原则、清洗实施与效果评价、清洗料的放置与标识、清洗料使用、生产线清洗记录等内容。

第十六条　企业应当根据实际工艺流程，制定生产记录表单，填写并保存相关记录：

（一）小料原料领取记录，包括小料原料名称、领用数量、领取时间、领取人等信息；

（二）小料配料记录，包括小料名称、理论值、实际称重值、配料数量、作业时间、配料人等信息；

（三）小料预混合记录，包括小料名称、重量、批次、混合时间、作业时间、操作人等信息；

（四）小料投料与复核记录，包括产品名称、接收批数、投料批数、重量复核、剩余批数、作业时间、投料人等信息；

（五）大料投料记录，包括大料名称、投料数量、感官检查、作业时间、投料人等信息；

（六）粉碎作业记录，包括物料名称、粉碎机号、筛片规格、作业时间、操作人等信息；

（七）大料配料记录，包括配方编号、大料名称、配料仓号、理论值、实际值、作业时间、配料人等信息；

（八）中控作业记录，包括产品名称、配方编号、清洗料、理论产量、成品仓号、洗仓情况、作业时间、操作人等信息；

（九）制粒作业记录，包括产品名称、制粒机号、制粒仓号、调质温度、蒸汽压力、环模孔径、环模长径比、分级筛筛网孔径、感官检查、作业时间、操作人等信息；

（十）膨化作业记录，包括产品名称、调质温度、模板孔径、膨化温度、感官检查、作业时间、操作人等信息；

（十一）包装作业记录，包括产品名称、实际产量、包装规格、包数、感官检查、头尾包数量、作业时间、操作人等信息；

（十二）标签领用记录，包括产品名称、领用数量、班次用量、损毁数量、剩余数量、领取时间、领用人等信息；

（十三）生产线清洗记录，包括班次、清洗料名称、清洗料重量、清洗过程描述、作业时间、清洗人等信息；

（十四）清洗料使用记录，包括清洗料名称、生产班次、清洗料使用情况描述、使用时间、操作人等信息。

第十七条 企业应当采取有效措施防止生产过程中的交叉污染：

（一）按照“无药物的在先、有药物的在后”原则制定生产计划；

（二）生产含有药物饲料添加剂的产品后，生产不含药物饲料添加剂或者改变所用药物饲料添加剂品种的产品的，应当对生产线进行清洗；清洗料回用的，应当明确标识并回置于同品种产品中；

（三）盛放饲料添加剂、药物饲料添加剂、添加剂预混合饲料、含有药物饲料添加剂的产品及其中间产品的器具或者包装物应当明确标识，不得交叉混用；

（四）设备应当定期清理，及时清除残存料、粉尘积垢等残留物。

第十八条 企业应当采取有效措施防止外来污染：

（一）生产车间应当配备防鼠、防鸟等设施，地面平整，无污垢积存；

（二）生产现场的原料、中间产品、返工料、清洗料、不合格品等应当分类存放，清晰标识；

（三）保持生产现场清洁，及时清理杂物；

（四）按照产品说明书规范使用润滑油、清洗剂；

（五）不得使用易碎、易断裂、易生锈的器具作为称量或者盛放用具；

（六）不得在饲料生产过程中进行维修、焊接、气割等作业。

第十九条 企业应当建立配方管理制度，规定配方的设计、审核、批准、更改、传递、使用等内容。

第二十条 企业应当建立产品标签管理制度，规定标签的设计、审核、保管、使用、销毁等内容。

产品标签应当专库（柜）存放，专人管理。

第二十一条 企业应当对生产配方中添加比例小于 0.2% 的原料进行预混合。

第二十二条 企业应当根据产品混合均匀度要求，确定产品的最佳混合时间，填写并保存最佳混合时间实验记录。实验记录应当包括混合机编号、混合物料名称、混合次数、混合时间、检验结果、最佳混合时间、检验日期、检验人等信息。

企业应当每 6 个月按照产品类别（添加剂预混合饲料、配合饲料、浓缩饲料、精料补充料）进行至少 1 次混合均匀度验证，填写并保存混合均匀度验证记录。验证记录应当包括产品名称、混合机编号、混合时间、检验方法、检验结果、验证结论、检验日期、检验人等信息。

混合机发生故障经修复投入生产前，应当按照前款规定进行混合均匀度验证。

第二十三条 企业应当建立生产设备管理制度和档案，制定粉碎机、混合机、制粒机、膨化机、空气压缩机等关键设备操作规程，填写并保存维护保养记录和维修记录：

（一）生产设备管理制度应当规定采购与验收、档案管理、使用操作、维护保养、备品备件管理、维护保养记录、维修记录等内容；

（二）设备操作规程应当规定开机前准备、启动与关闭、操作步骤、关机后整理、日常维护保养等内容；

（三）维护保养记录应当包括设备名称、设备编号、保养项目、保养日期、保养人等信息；

（四）维修记录应当包括设备名称、设备编号、维修部位、故障描述、维修方式及效果、维修日期、维修人等信息；

（五）关键设备应当实行“一机一档”管理，档案包括基本信息表（名称、编号、规格型号、制造厂家、联系方式、安装日期、投入使用日期）、使用说明书、操作规程、维护保养记录、维修记录等内容。

第二十四条　企业应当严格执行国家安全生产相关法律法规。

生产设备、辅助系统应当处于正常工作状态；锅炉、压力容器等特种设备应当通过安全检查；计量秤、地磅、压力表等测量设备应当定期检定或者校验。

第四章　产品质量控制

第二十五条　企业应当建立现场质量巡查制度，填写并保存现场质量巡查记录：

（一）现场质量巡查制度应当规定巡查位点、巡查内容、巡查频次、异常情况界定、处置方式、处置权限、巡查记录等内容；

（二）现场质量巡查记录应当包括巡查位点、巡查内容、异常情况描述、处置方式、处置结果、巡查时间、巡查人等信息。

第二十六条　企业应当建立检验管理制度，规定人员资质与职责、样品抽取与检验、检验结果判定、检验报告编制与审核、产品质量检验合格证签发等内容。

第二十七条　企业应当根据产品质量标准实施出厂检验，填写并保存产品出厂检验记录；检验记录应当包括产品名称或者编号、检验项目、检验方法、计算公式中符号的含义和数值、检验结果、检验日期、检验人等信息。

产品出厂检验记录保存期限不得少于2年。

第二十八条　企业应当每周从其生产的产品中至少抽取5个批次的产品自行检验下列主成分指标：

（一）维生素预混合饲料：两种以上维生素；

（二）微量元素预混合饲料：两种以上微量元素；

（三）复合预混合饲料：两种以上维生素和两种以上微量元素；

（四）浓缩饲料、配合饲料、精料补充料：粗蛋白质、粗灰分、钙、总磷。主成分指标检验记录保存期限不得少于2年。

第二十九条　企业应当根据仪器设备配置情况，建立分析天平、高温炉、干燥箱、酸度计、分光光度计、高效液相色谱仪、原子吸收分光光度计等主要仪器设备操作规程和档案，填写并保存仪器设备使用记录：

（一）仪器设备操作规程应当规定开机前准备、开机顺序、操作步骤、关机顺序、关机后整理、日常维护、使用记录等内容；

（二）仪器设备使用记录应当包括仪器设备名称、型号或者编号、使用日期、样品名称或者编号、检验项目、开始时间、完毕时间、仪器设备运行前后状态、使用人等信息；

（三）仪器设备应当实行“一机一档”管理，档案包括仪器基本信息表（名称、编号、型号、制造厂家、联系方式、安装日期、投入使用日期）、使用说明书、购置合同、操作规程、使用记录等内容。

第三十条　企业应当建立化学试剂和危险化学品管理制度，规定采购、贮存要求、出入库、使用、处理等内容。

化学试剂、危险化学品以及试验溶液的使用，应当遵循GB/T 601、GB/T 602、GB/T 603以及检验方法标准的要求。

企业应当填写并保存危险化学品出入库记录，记录应当包括危险化学品名称、入库数量和日期、出库数量和日期、保管人等信息。

第三十一条　企业应当每年选择 5 个检验项目，采取以下一项或者多项措施进行检验能力验证，对验证结果进行评价并编制评价报告：

（一）同具有法定资质的检验机构进行检验比对；

（二）利用购买的标准物质或者高纯度化学试剂进行检验验证；

（三）在实验室内部进行不同人员、不同仪器的检验比对；

（四）对曾经检验过的留存样品进行再检验；

（五）利用检验质量控制图等数理统计手段识别异常数据。

第三十二条　企业应当建立产品留样观察制度，对每批次产品实施留样观察，填写并保存留样观察记录：

（一）留样观察制度应当规定留样数量、留样标识、贮存环境、观察内容、观察频次、异常情况界定、处置方式、处置权限、到期样品处理、留样观察记录等内容；

（二）留样观察记录应当包括产品名称或者编号、生产日期或者批号、保质截止日期、观察内容、异常情况描述、处置方式、处置结果、观察日期、观察人等信息。

留样保存时间应当超过产品保质期 1 个月。

第三十三条　企业应当建立不合格品管理制度，填写并保存不合格品处置记录：

（一）不合格品管理制度应当规定不合格品的界定、标识、贮存、处置方式、处置权限、处置记录等内容；

（二）不合格品处置记录应当包括不合格品的名称、数量、不合格原因、处置方式、处置结果、处置日期、处置人等信息。

第五章　产品贮存和运输

第三十四条　企业应当建立产品仓储管理制度，填写并保存出入库记录：

（一）仓储管理制度应当规定库位规划、堆放方式、垛位标识、库房盘点、环境要求、虫鼠防范、库房安全、出入库记录等内容；

（二）出入库记录应当包括产品名称、规格或者等级、生产日期、入库数量和日期、出库数量和日期、库存数量、保管人等信息；

（三）不同产品的垛位之间应当保持适当距离；

（四）不合格产品和过期产品应当隔离存放并有清晰标识。

第三十五条　企业应当在产品装车前对运输车辆的安全、卫生状况实施检查。

第三十六条　企业使用罐装车运输产品的，应当专车专用，并随车附具产品标签和产品质量检验合格证。

装运不同产品时，应当对罐体进行清理。

第三十七条　企业应当填写并保存产品销售台账。销售台账应当包括产品的名称、数量、生产日期、生产批次、质量检验信息、购货者名称及其联系方式、销售日期等信息。

销售台账保存期限不得少于 2 年。

第六章　产品投诉与召回

第三十八条　企业应当建立客户投诉处理制度，填写并保存客户投诉处理记录：

（一）投诉处理制度应当规定投诉受理、处理方法、处理权限、投诉处理记录等内容；

（二）投诉处理记录应当包括投诉日期、投诉人姓名和地址、产品名称、生产日期、投诉内容、处理结果、处理日期、处理人等信息。

第三十九条　企业应当建立产品召回制度，填写并保存召回记录：

（一）召回制度应当规定召回流程、召

回产品的标识和贮存、召回记录等内容；

（二）召回记录应当包括产品名称、召回产品使用者、召回数量、召回日期等信息。

企业应当每年至少进行1次产品召回模拟演练，综合评估演练结果并编制模拟演练总结报告。

第四十条　企业应当在饲料管理部门的监督下对召回产品进行无害化处理或者销毁，填写并保存召回产品处置记录。处置记录应当包括处置产品名称、数量、处置方式、处置日期、处置人、监督人等信息。

第七章　培训、卫生和记录管理

第四十一条　企业应当建立人员培训制度，制定年度培训计划，每年对员工进行至少2次饲料质量安全知识培训，填写并保存培训记录：

（一）人员培训制度应当规定培训范围、培训内容、培训方式、考核方式、效果评价、培训记录等内容；

（二）培训记录应当包括培训对象、内容、师资、日期、地点、考核方式、考核结果等信息。

第四十二条　厂区环境卫生应当符合国家有关规定。

第四十三条　企业应当建立记录管理制度，规定记录表单的编制、格式、编号、审批、印发、修订、填写、存档、保存期限等内容。

除本规范中明确规定保存期限的记录外，其他记录保存期限不得少于1年。

第八章　附　　则

第四十四条　本规范自2015年7月1日起施行。

有机产品认证管理办法

（2013年11月15日国家质量监督检验检疫总局令第155号公布，根据2015年8月25日国家质量监督检验检疫总局令第166号第一次修订，根据2022年9月29日国家市场监督管理总局令第61号第二次修订）

第一章　总　　则

第一条　为了维护消费者、生产者和销售者合法权益，进一步提高有机产品质量，加强有机产品认证管理，促进生态环境保护和可持续发展，根据《中华人民共和国产品质量法》、《中华人民共和国进出口商品检验法》、《中华人民共和国认证认可条例》等法律、行政法规的规定，制定本办法。

第二条　在中华人民共和国境内从事有机产品认证以及获证有机产品生产、加工、进口和销售活动，应当遵守本办法。

第三条　本办法所称有机产品，是指生产、加工和销售符合中国有机产品国家标准的供人类消费、动物食用的产品。

本办法所称有机产品认证，是指认证机构依照本办法的规定，按照有机产品认证规则，对相关产品的生产、加工和销售活动符合中国有机产品国家标准进行的合格评定活动。

第四条　国家市场监督管理总局负责全国有机产品认证的统一管理、监督和综合协调工作。

地方市场监督管理部门负责所辖区域内有机产品认证活动的监督管理工作。

第五条　国家推行统一的有机产品认证

制度，实行统一的认证目录、统一的标准和认证实施规则、统一的认证标志。

国家市场监督管理总局负责制定和调整有机产品认证目录、认证实施规则，并对外公布。

第六条　国家市场监督管理总局按照平等互利的原则组织开展有机产品认证国际合作。

开展有机产品认证国际互认活动，应当在国家对外签署的国际合作协议内进行。

第二章　认证实施

第七条　有机产品认证机构（以下简称认证机构）应当依法取得法人资格，并经国家市场监督管理总局批准后，方可从事批准范围内的有机产品认证活动。

认证机构实施认证活动的能力应当符合有关产品认证机构国家标准的要求。

从事有机产品认证检查活动的检查员，应当经国家认证人员注册机构注册后，方可从事有机产品认证检查活动。

第八条　有机产品生产者、加工者（以下统称认证委托人），可以自愿委托认证机构进行有机产品认证，并提交有机产品认证实施规则中规定的申请材料。

认证机构不得受理不符合国家规定的有机产品生产产地环境要求，以及有机产品认证目录外产品的认证委托人的认证委托。

第九条　认证机构应当自收到认证委托人申请材料之日起10日内，完成材料审核，并作出是否受理的决定。对于不予受理的，应当书面通知认证委托人，并说明理由。

认证机构应当在对认证委托人实施现场检查前5日内，将认证委托人、认证检查方案等基本信息报送至国家市场监督管理总局确定的信息系统。

第十条　认证机构受理认证委托后，认证机构应当按照有机产品认证实施规则的规定，由认证检查员对有机产品生产、加工场所进行现场检查，并应当委托具有法定资质的检验检测机构对申请认证的产品进行检验检测。

按照有机产品认证实施规则的规定，需要进行产地（基地）环境监（检）测的，由具有法定资质的监（检）测机构出具监（检）测报告，或者采信认证委托人提供的其他合法有效的环境监（检）测结论。

第十一条　符合有机产品认证要求的，认证机构应当及时向认证委托人出具有机产品认证证书，允许其使用中国有机产品认证标志；对不符合认证要求的，应当书面通知认证委托人，并说明理由。

认证机构及认证人员应当对其作出的认证结论负责。

第十二条　认证机构应当保证认证过程的完整、客观、真实，并对认证过程作出完整记录，归档留存，保证认证过程和结果具有可追溯性。

产品检验检测和环境监（检）测机构应当确保检验检测、监测结论的真实、准确，并对检验检测、监测过程作出完整记录，归档留存。产品检验检测、环境监测机构及其相关人员应当对其作出的检验检测、监测报告的内容和结论负责。

本条规定的记录保存期为5年。

第十三条　认证机构应当按照认证实施规则的规定，对获证产品及其生产、加工过程实施有效跟踪检查，以保证认证结论能够持续符合认证要求。

第十四条　认证机构应当及时向认证委托人出具有机产品销售证，以保证获证产品的认证委托人所销售的有机产品类别、范围和数量与认证证书中的记载一致。

第十五条　有机配料含量（指重量或者液体体积，不包括水和盐，下同）等于或者高于95%的加工产品，应当在获得有机产品认证后，方可在产品或者产品包装及标签上标注“有机”字样，加施有机产品认证标志。

第十六条　认证机构不得对有机配料含

量低于95%的加工产品进行有机认证。

第三章　有机产品进口

第十七条　向中国出口有机产品的国家或者地区的有机产品主管机构，可以向国家市场监督管理总局提出有机产品认证体系等效性评估申请，国家市场监督管理总局受理其申请，并组织有关专家对提交的申请进行评估。

评估可以采取文件审查、现场检查等方式进行。

第十八条　向中国出口有机产品的国家或者地区的有机产品认证体系与中国有机产品认证体系等效的，国家市场监督管理总局可以与其主管部门签署相关备忘录。

该国家或者地区出口至中国的有机产品，依照相关备忘录的规定实施管理。

第十九条　未与国家市场监督管理总局就有机产品认证体系等效性方面签署相关备忘录的国家或者地区的进口产品，拟作为有机产品向中国出口时，应当符合中国有机产品相关法律法规和中国有机产品国家标准的要求。

第二十条　需要获得中国有机产品认证的进口产品生产商、销售商、进口商或者代理商（以下统称进口有机产品认证委托人），应当向经国家市场监督管理总局批准的认证机构提出认证委托。

第二十一条　进口有机产品认证委托人应当按照有机产品认证实施规则的规定，向认证机构提交相关申请资料和文件，其中申请书、调查表、加工工艺流程、产品配方和生产、加工过程中使用的投入品等认证申请材料、文件，应当同时提交中文版本。申请材料不符合要求的，认证机构应当不予受理其认证委托。

认证机构从事进口有机产品认证活动应当符合本办法和有机产品认证实施规则的规定，认证检查记录和检查报告等应当有中文版本。

第二十二条　进口有机产品申报入境检验检疫时，应当提交其所获中国有机产品认证证书复印件、有机产品销售证复印件、认证标志和产品标识等文件。

第二十三条　自对进口有机产品认证委托人出具有机产品认证证书起30日内，认证机构应当向国家市场监督管理总局提交以下书面材料：

（一）获证产品类别、范围和数量；

（二）进口有机产品认证委托人的名称、地址和联系方式；

（三）获证产品生产商、进口商的名称、地址和联系方式；

（四）认证证书和检查报告复印件（中外文版本）；

（五）国家市场监督管理总局规定的其他材料。

第四章　认证证书和认证标志

第二十四条　国家市场监督管理总局负责制定有机产品认证证书的基本格式、编号规则和认证标志的式样、编号规则。

第二十五条　认证证书有效期为1年。

第二十六条　认证证书应当包括以下内容：

（一）认证委托人的名称、地址；

（二）获证产品的生产者、加工者以及产地（基地）的名称、地址；

（三）获证产品的数量、产地（基地）面积和产品种类；

（四）认证类别；

（五）依据的国家标准或者技术规范；

（六）认证机构名称及其负责人签字、发证日期、有效期。

第二十七条　获证产品在认证证书有效期内，有下列情形之一的，认证委托人应当在15日内向认证机构申请变更。认证机构应当自收到认证证书变更申请之日起30日内，对认证证书进行变更：

（一）认证委托人或者有机产品生产、

加工单位名称或者法人性质发生变更的；

（二）产品种类和数量减少的；

（三）其他需要变更认证证书的情形。

第二十八条 有下列情形之一的，认证机构应当在30日内注销认证证书，并对外公布：

（一）认证证书有效期届满，未申请延续使用的；

（二）获证产品不再生产的；

（三）获证产品的认证委托人申请注销的；

（四）其他需要注销认证证书的情形。

第二十九条 有下列情形之一的，认证机构应当在15日内暂停认证证书，认证证书暂停期为1至3个月，并对外公布：

（一）未按照规定使用认证证书或者认证标志的；

（二）获证产品的生产、加工、销售等活动或者管理体系不符合认证要求，且经认证机构评估在暂停期限内能够采取有效纠正或者纠正措施的；

（三）其他需要暂停认证证书的情形。

第三十条 有下列情形之一的，认证机构应当在7日内撤销认证证书，并对外公布：

（一）获证产品质量不符合国家相关法规、标准强制要求或者被检出有机产品国家标准禁用物质的；

（二）获证产品生产、加工活动中使用了有机产品国家标准禁用物质或者受到禁用物质污染的；

（三）获证产品的认证委托人虚报、瞒报获证所需信息的；

（四）获证产品的认证委托人超范围使用认证标志的；

（五）获证产品的产地（基地）环境质量不符合认证要求的；

（六）获证产品的生产、加工、销售等活动或者管理体系不符合认证要求，且在认证证书暂停期间，未采取有效纠正或者纠正措施的；

（七）获证产品在认证证书标明的生产、加工场所外进行了再次加工、分装、分割的；

（八）获证产品的认证委托人对相关方重大投诉且确有问题未能采取有效处理措施的；

（九）获证产品的认证委托人从事有机产品认证活动因违反国家农产品、食品安全管理相关法律法规，受到相关行政处罚的；

（十）获证产品的认证委托人拒不接受市场监督管理部门或者认证机构对其实施监督的；

（十一）其他需要撤销认证证书的情形。

第三十一条 有机产品认证标志为中国有机产品认证标志。

中国有机产品认证标志标有中文“中国有机产品”字样和英文“ORGANIC”字样。图案如下：

第三十二条 中国有机产品认证标志应当在认证证书限定的产品类别、范围和数量内使用。

认证机构应当按照国家市场监督管理总局统一的编号规则，对每枚认证标志进行唯一编号（以下简称有机码），并采取有效防伪、追溯技术，确保发放的每枚认证标志能够溯源到其对应的认证证书和获证产品及其生产、加工单位。

第三十三条 获证产品的认证委托人应

当在获证产品或者产品的最小销售包装上，加施中国有机产品认证标志、有机码和认证机构名称。

获证产品标签、说明书及广告宣传等材料上可以印制中国有机产品认证标志，并可以按照比例放大或者缩小，但不得变形、变色。

第三十四条　有下列情形之一的，任何单位和个人不得在产品、产品最小销售包装及其标签上标注含有“有机”、“ORGANIC”等字样且可能误导公众认为该产品为有机产品的文字表述和图案：

（一）未获得有机产品认证的；

（二）获证产品在认证证书标明的生产、加工场所外进行了再次加工、分装、分割的。

第三十五条　认证证书暂停期间，获证产品的认证委托人应当暂停使用认证证书和认证标志；认证证书注销、撤销后，认证委托人应当向认证机构交回认证证书和未使用的认证标志。

第五章　监督管理

第三十六条　国家市场监督管理总局对有机产品认证活动组织实施监督检查和不定期的专项监督检查。

第三十七条　县级以上地方市场监督管理部门应当依法对所辖区域的有机产品认证活动进行监督检查，查处获证有机产品生产、加工、销售活动中的违法行为。

第三十八条　县级以上地方市场监督管理部门的监督检查的方式包括：

（一）对有机产品认证活动是否符合本办法和有机产品认证实施规则规定的监督检查；

（二）对获证产品的监督抽查；

（三）对获证产品认证、生产、加工、进口、销售单位的监督检查；

（四）对有机产品认证证书、认证标志的监督检查；

（五）对有机产品认证咨询活动是否符合相关规定的监督检查；

（六）对有机产品认证和认证咨询活动举报的调查处理；

（七）对违法行为的依法查处。

第三十九条　国家市场监督管理总局通过信息系统，定期公布有机产品认证动态信息。

认证机构在出具认证证书之前，应当按要求及时向信息系统报送有机产品认证相关信息，并获取认证证书编号。

认证机构在发放认证标志之前，应当将认证标志、有机码的相关信息上传到信息系统。

县级以上地方市场监督管理部门通过信息系统，根据认证机构报送和上传的认证相关信息，对所辖区域内开展的有机产品认证活动进行监督检查。

第四十条　获证产品的认证委托人以及有机产品销售单位和个人，在产品生产、加工、包装、贮藏、运输和销售等过程中，应当建立完善的产品质量安全追溯体系和生产、加工、销售记录档案制度。

第四十一条　有机产品销售单位和个人在采购、贮藏、运输、销售有机产品的活动中，应当符合有机产品国家标准的规定，保证销售的有机产品类别、范围和数量与销售证中的产品类别、范围和数量一致，并能够提供与正本内容一致的认证证书和有机产品销售证的复印件，以备相关行政监管部门或者消费者查询。

第四十二条　市场监督管理部门可以根据国家有关部门发布的动植物疫情、环境污染风险预警等信息，以及监督检查、消费者投诉举报、媒体反映等情况，及时发布关于有机产品认证区域、获证产品及其认证委托人、认证机构的认证风险预警信息，并采取相关应对措施。

第四十三条　获证产品的认证委托人提供虚假信息、违规使用禁用物质、超范围使用有机认证标志，或者出现产品质量安全重大事故的，认证机构 5 年内不得受理该企业及其生产基地、加工场所的有机产品认证委托。

第四十四条　认证委托人对认证机构的认证结论或者处理决定有异议的，可以向认证机构提出申诉。

第四十五条　任何单位和个人对有机产品认证活动中的违法行为，可以向市场监督管理部门举报。市场监督管理部门应当及时调查处理，并为举报人保密。

第六章　罚　　则

第四十六条　伪造、冒用、非法买卖认证标志的，县级以上地方市场监督管理部门依照《中华人民共和国产品质量法》、《中华人民共和国进出口商品检验法》及其实施条例等法律、行政法规的规定处罚。

第四十七条　伪造、变造、冒用、非法买卖、转让、涂改认证证书的，县级以上地方市场监督管理部门责令改正，处 3 万元罚款。

违反本办法第三十九条第二款的规定，认证机构在其出具的认证证书上自行编制认证证书编号的，视为伪造认证证书。

第四十八条　违反本办法第三十四条的规定，在产品或者产品包装及标签上标注含有“有机”、“ORGANIC”等字样且可能误导公众认为该产品为有机产品的文字表述和图案的，县级以上地方市场监督管理部门责令改正，处 3 万元以下罚款。

第四十九条　认证机构有下列情形之一的，国家市场监督管理总局应当责令改正，予以警告，并对外公布：

（一）未依照本办法第三十九条第三款的规定，将有机产品认证标志、有机码上传到国家市场监督管理总局确定的信息系统的；

（二）未依照本办法第九条第二款的规定，向国家市场监督管理总局确定的信息系统报送相关认证信息或者其所报送信息失实的；

（三）未依照本办法第二十三条的规定，向国家市场监督管理总局提交相关材料备案的。

第五十条　违反本办法第十六条的规定，认证机构对有机配料含量低于 95% 的加工产品进行有机认证的，县级以上地方市场监督管理部门责令改正，处 3 万元以下罚款。

第五十一条　认证机构违反本办法第二十九条、第三十条的规定，未及时暂停或者撤销认证证书并对外公布的，依照《中华人民共和国认证认可条例》第五十九条的规定处罚。

第五十二条　认证机构、获证产品的认证委托人拒绝接受国家市场监督管理总局或者县级以上地方市场监督管理部门监督检查的，责令限期改正；逾期未改正的，处 3 万元以下罚款。

第五十三条　有机产品认证活动中的其他违法行为，依照有关法律、行政法规、部门规章的规定处罚。

第七章　附　　则

第五十四条　有机产品认证收费应当依照国家有关价格法律、行政法规的规定执行。

第五十五条　出口的有机产品，应当符合进口国家或者地区的要求。

第五十六条　本办法所称有机配料，是指在制造或者加工有机产品时使用并存在（包括改性的形式存在）于产品中的任何物质，包括添加剂。

第五十七条　本办法由国家市场监督管理总局负责解释。

第五十八条　本办法自 2014 年 4 月 1 日起施行。国家质检总局 2004 年 11 月 5 日公布的《有机产品认证管理办法》（国家质检总局第 67 号令）同时废止。

食用农产品市场销售质量安全监督管理办法

（2023 年 6 月 26 日市场监管总局第 12 次局务会议通过，2023 年 6 月 30 日公布，自 2023 年 12 月 1 日起施行）

第一条　为了规范食用农产品市场销售行为，加强食用农产品市场销售质量安全监督管理，保障食用农产品质量安全，根据《中华人民共和国食品安全法》（以下简称食品安全法）、《中华人民共和国农产品质量安全法》、《中华人民共和国食品安全法实施条例》（以下简称食品安全法实施条例）等法律法规，制定本办法。

第二条　食用农产品市场销售质量安全及其监督管理适用本办法。

本办法所称食用农产品市场销售，是指通过食用农产品集中交易市场（以下简称集中交易市场）、商场、超市、便利店等固定场所销售食用农产品的活动，不包括食用农产品收购行为。

第三条　国家市场监督管理总局负责制定食用农产品市场销售质量安全监督管理制度，监督指导全国食用农产品市场销售质量安全的监督管理工作。

省、自治区、直辖市市场监督管理部门负责监督指导本行政区域食用农产品市场销售质量安全的监督管理工作。

市、县级市场监督管理部门负责本行政区域食用农产品市场销售质量安全的监督管理工作。

第四条　县级以上市场监督管理部门应当与同级农业农村等相关部门建立健全食用农产品市场销售质量安全监督管理协作机制，加强信息共享，推动产地准出与市场准入衔接，保证市场销售的食用农产品可追溯。

第五条　食用农产品市场销售相关行业组织应当加强行业自律，督促集中交易市场开办者和销售者履行法律义务，规范集中交易市场食品安全管理行为和销售者经营行为，提高食用农产品质量安全保障水平。

第六条　在严格执行食品安全标准的基础上，鼓励食用农产品销售企业通过应用推荐性国家标准、行业标准以及团体标准等促进食用农产品高质量发展。

第七条　食用农产品销售者（以下简称销售者）应当保持销售场所环境整洁，与有毒、有害场所以及其他污染源保持适当的距离，防止交叉污染。

销售生鲜食用农产品，不得使用对食用农产品的真实色泽等感官性状造成明显改变的照明等设施误导消费者对商品的感官认知。

鼓励采用净菜上市、冷鲜上市等方式销售食用农产品。

第八条　销售者采购食用农产品，应当依照食品安全法第六十五条的规定建立食用农产品进货查验记录制度，索取并留存食用农产品进货凭证，并核对供货者等有关信息。

采购按照规定应当检疫、检验的肉类，应当索取并留存动物检疫合格证明、肉品品质检验合格证等证明文件。采购进口食用农产品，应当索取并留存海关部门出具的入境货物检验检疫证明等证明文件。

供货者提供的销售凭证、食用农产品采购协议等凭证中含有食用农产品名称、数量、供货日期以及供货者名称、地址、联系方式等进货信息的，可以作为食用农产品的进货凭证。

第九条　从事连锁经营和批发业务的食用农产品销售企业应当主动加强对采购渠道的审核管理，优先采购附具承诺达标合格证或者其他产品质量合格凭证的食用农产品，不得采购不符合食品安全标准的食用农产品。对无法提供承诺达标合格证或者其他产品质量合格凭证的，鼓励销售企业进行抽样检验或者快速检测。

除生产者或者供货者出具的承诺达标合格证外，自检合格证明、有关部门出具的检验检疫合格证明等也可以作为食用农产品的产品质量合格凭证。

第十条　实行统一配送销售方式的食用农产品销售企业，对统一配送的食用农产品可以由企业总部统一建立进货查验记录制度并保存进货凭证和产品质量合格凭证；所属各销售门店应当保存总部的配送清单，提供可查验相应凭证的方式。配送清单保存期限不得少于六个月。

第十一条　从事批发业务的食用农产品销售企业应当建立食用农产品销售记录制度，如实记录批发食用农产品的名称、数量、进货日期、销售日期以及购货者名称、地址、联系方式等内容，并保存相关凭证。记录和凭证保存期限不得少于六个月。

第十二条　销售者销售食用农产品，应当在销售场所明显位置或者带包装产品的包装上如实标明食用农产品的名称、产地、生产者或者销售者的名称或者姓名等信息。产地应当具体到县（市、区），鼓励标注到乡镇、村等具体产地。对保质期有要求的，应当标注保质期；保质期与贮存条件有关的，应当予以标明；在包装、保鲜、贮存中使用保鲜剂、防腐剂等食品添加剂的，应当标明食品添加剂名称。

销售即食食用农产品还应当如实标明具体制作时间。

食用农产品标签所用文字应当使用规范的中文，标注的内容应当清楚、明显，不得含有虚假、错误或者其他误导性内容。

鼓励销售者在销售场所明显位置展示食用农产品的承诺达标合格证。带包装销售食用农产品的，鼓励在包装上标明生产日期或者包装日期、贮存条件以及最佳食用期限等内容。

第十三条　进口食用农产品的包装或者标签应当符合我国法律、行政法规的规定和食品安全标准的要求，并以中文载明原产国（地区），以及在中国境内依法登记注册的代理商、进口商或者经销者的名称、地址和联系方式，可以不标示生产者的名称、地址和联系方式。

进口鲜冻肉类产品的外包装上应当以中文标明规格、产地、目的地、生产日期、保质期、贮存条件等内容。

分装销售的进口食用农产品，应当在包装上保留原进口食用农产品全部信息以及分装企业、分装时间、地点、保质期等信息。

第十四条　销售者通过去皮、切割等方式简单加工、销售即食食用农产品的，应当采取有效措施做好食品安全防护，防止交叉污染。

第十五条　禁止销售者采购、销售食品安全法第三十四条规定情形的食用农产品。

可拣选的果蔬类食用农产品带泥、带沙、带虫、部分枯萎，以及可拣选的水产品带水、带泥、带沙等，不属于食品安全法第三十四条第六项规定的腐败变质、霉变生虫、污秽不洁、混有异物、掺假掺杂或者感官性状异常等情形。

第十六条　销售者贮存食用农产品，应当定期检查，及时清理腐败变质、油脂酸败、霉变生虫或者感官性状异常的食用农产品。贮存对温度、湿度等有特殊要求的食用农产品，应当具备保温、冷藏或者冷冻等设施设备，并保持有效运行。

销售者委托贮存食用农产品的，应当选择取得营业执照等合法主体资格、能够保障食品安全的贮存服务提供者，并监督受托方按照保证食品安全的要求贮存食用农产品。

第十七条　接受销售者委托贮存食用农产品的贮存服务提供者，应当按照保证食品安全的要求，加强贮存过程管理，履行下列义务：

（一）如实记录委托方名称或者姓名、地址、联系方式等内容，记录保存期限不得少于贮存结束后二年；

（二）非食品生产经营者从事对温度、湿度等有特殊要求的食用农产品贮存业务的，应当自取得营业执照之日起三十个工作日内向所在地县级市场监督管理部门备案，备案信息包括贮存场所名称、地址、贮存能力以及法定代表人或者负责人姓名、统一社会信用代码、联系方式等信息；

（三）保证贮存食用农产品的容器、工具和设备安全无害，保持清洁，防止污染，保证食品安全所需的温度、湿度和环境等特殊要求，不得将食用农产品与有毒、有害物品一同贮存；

（四）贮存肉类冻品应当查验并留存有关动物检疫合格证明、肉品品质检验合格证等证明文件；

（五）贮存进口食用农产品，应当查验并留存海关部门出具的入境货物检验检疫证明等证明文件；

（六）定期检查库存食用农产品，发现销售者有违法行为的，应当及时制止并立即报告所在地县级市场监督管理部门；

（七）法律、法规规定的其他义务。

第十八条　食用农产品的运输容器、工具和设备应当安全无害，保持清洁，防止污染，不得将食用农产品与有毒、有害物品一同运输。运输对温度、湿度等有特殊要求的食用农产品，应当具备保温、冷藏或者冷冻等设备设施，并保持有效运行。

销售者委托运输食用农产品的，应当对承运人的食品安全保障能力进行审核，并监督承运人加强运输过程管理，如实记录委托方和收货方的名称或者姓名、地址、联系方式等内容，记录保存期限不得少于运输结束后二年。

第十九条　集中交易市场开办者应当建立健全食品安全管理制度，履行入场销售者登记建档、签订协议、入场查验、场内检查、信息公示、食品安全违法行为制止及报告、食品安全事故处置、投诉举报处置等管理义务，食用农产品批发市场（以下简称批发市场）开办者还应当履行抽样检验、统一销售凭证格式以及监督入场销售者开具销售凭证等管理义务。

第二十条　集中交易市场开办者应当在市场开业前向所在地县级市场监督管理部门如实报告市场名称、住所、类型、法定代表人或者负责人姓名、食用农产品主要种类等信息。

集中交易市场开办者应当建立入场销售者档案并及时更新，如实记录销售者名称或者姓名、统一社会信用代码或者身份证号码、联系方式，以及市场自查和抽检中发现的问题和处理信息。入场销售者档案信息保存期限不少于销售者停止销售后六个月。

第二十一条　集中交易市场开办者应当按照食用农产品类别实行分区销售，为入场销售者提供符合食品安全要求的环境、设施、设备等经营条件，定期检查和维护，并做好检查记录。

第二十二条　鼓励集中交易市场开办者改造升级，为入场销售者提供满足经营需要的冷藏、冷冻、保鲜等专业贮存场所，更新设施、设备，提高食品安全保障能力和水平。

鼓励集中交易市场开办者采用信息化手段统一采集食用农产品进货、贮存、运输、交易等数据信息，提高食品安全追溯能力和水平。

第二十三条　集中交易市场开办者应当查验入场食用农产品的进货凭证和产品质量合格凭证，与入场销售者签订食用农产品质量安全协议，列明违反食品安全法律法规定的退市条款。未签订食用农产品质量安全协议的销售者和无法提供进货凭证的食用农产品不得进入市场销售。

集中交易市场开办者对声称销售自产食用农产品的，应当查验自产食用农产品的承诺达标合格证或者查验并留存销售者身份证号码、联系方式、住所以及食用农产品名称、数量、入场日期等信息。

对无法提供承诺达标合格证或者其他产品质量合格凭证的食用农产品，集中交易市场开办者应当进行抽样检验或者快速检测，结果合格的，方可允许进入市场销售。

鼓励和引导有条件的集中交易市场开办者对场内销售的食用农产品集中建立进货查验记录制度。

第二十四条　集中交易市场开办者应当配备食品安全员等食品安全管理人员，加强对食品安全管理人员的培训和考核；批发市场开办者还应当配备食品安全总监。

食品安全管理人员应当加强对入场销售者的食品安全宣传教育，对入场销售者的食用农产品经营行为进行检查。检查中发现存在违法行为的，集中交易市场开办者应当及时制止，并向所在地县级市场监督管理部门报告。

第二十五条　批发市场开办者应当依照食品安全法第六十四条的规定，对场内销售的食用农产品进行抽样检验。采取快速检测的，应当采用国家规定的快速检测方法。鼓励零售市场开办者配备检验设备和检验人员，或者委托具有资质的食品检验机构，进行食用农产品抽样检验。

集中交易市场开办者发现场内食用农产品不符合食品安全标准的，应当要求入场销售者立即停止销售，依照集中交易市场管理规定或者与入场销售者签订的协议进行销毁或者无害化处理，如实记录不合格食用农产品数量、产地、销售者、销毁方式等内容，留存不合格食用农产品销毁影像信息，并向所在地县级市场监督管理部门报告。记录保存期限不少于销售者停止销售后六个月。

第二十六条　集中交易市场开办者应当在醒目位置及时公布本市场食品安全管理制度、食品安全管理人员、投诉举报电话、市场自查结果、食用农产品抽样检验信息以及不合格食用农产品处理结果等信息。

公布的食用农产品抽样检验信息应当包括检验项目和检验结果。

第二十七条　批发市场开办者应当向入场销售者提供包括批发市场名称、食用农产品名称、产地、数量、销售日期以及销售者名称、摊位信息、联系方式等项目信息的统一销售凭证，或者指导入场销售者自行印制包括上述项目信息的销售凭证。

批发市场开办者印制或者按照批发市场要求印制的销售凭证，以及包括前款所列项目信息的电子凭证可以作为入场销售者的销售记录和相关购货者的进货凭证。销售凭证保存期限不得少于六个月。

第二十八条　与屠宰厂（场）、食用农产品种植养殖基地签订协议的批发市场开办者应当对屠宰厂（场）和食用农产品种植养殖基地进行实地考察，了解食用农产品生产过程以及相关信息。

第二十九条　县级以上市场监督管理部门按照本行政区域食品安全年度监督管理计划，对集中交易市场开办者、销售者及其委托的贮存服务提供者遵守本办法情况进行日常监督检查：

（一）对食用农产品销售、贮存等场所、设施、设备，以及信息公示情况等进行现场检查；

（二）向当事人和其他有关人员调查了解与食用农产品销售活动和质量安全有关的情况；

（三）检查食用农产品进货查验记录制度落实情况，查阅、复制与食用农产品质量安全有关的记录、协议、发票以及其他资料；

（四）检查集中交易市场抽样检验

情况；

（五）对集中交易市场的食品安全总监、食品安全员随机进行监督抽查考核并公布考核结果；

（六）对食用农产品进行抽样，送有资质的食品检验机构进行检验；

（七）对有证据证明不符合食品安全标准或者有证据证明存在质量安全隐患以及用于违法生产经营的食用农产品，有权查封、扣押、监督销毁；

（八）依法查封违法从事食用农产品销售活动的场所。

集中交易市场开办者、销售者及其委托的贮存服务提供者对市场监督管理部门依法实施的监督检查应当予以配合，不得拒绝、阻挠、干涉。

第三十条　市、县级市场监督管理部门可以采用国家规定的快速检测方法对食用农产品质量安全进行抽查检测，抽查检测结果表明食用农产品可能存在质量安全隐患的，销售者应当暂停销售；抽查检测结果确定食用农产品不符合食品安全标准的，可以作为行政处罚的证据。

被抽查人对快速检测结果有异议的，可以自收到检测结果时起四小时内申请复检。复检结论仍不合格的，复检费用由申请人承担。复检不得采用快速检测方法。

第三十一条　市、县级市场监督管理部门应当依据职责公布食用农产品质量安全监督管理信息。

公布食用农产品质量安全监督管理信息，应当做到准确、及时、客观，并进行必要的解释说明，避免误导消费者和社会舆论。

第三十二条　县级以上市场监督管理部门应当加强信息化建设，汇总分析食用农产品质量安全信息，加强监督管理，防范食品安全风险。

第三十三条　县级以上地方市场监督管理部门应当将监督检查、违法行为查处等情况记入集中交易市场开办者、销售者食品安全信用档案，并依法通过国家企业信用信息公示系统向社会公示。

对于性质恶劣、情节严重、社会危害较大，受到市场监督管理部门较重行政处罚的，依法列入市场监督管理严重违法失信名单，采取提高检查频次等管理措施，并依法实施联合惩戒。

市、县级市场监督管理部门应当逐步建立销售者市场准入前信用承诺制度，要求销售者以规范格式向社会作出公开承诺，如存在违法失信销售行为将自愿接受信用惩戒。信用承诺纳入销售者信用档案，接受社会监督，并作为事中事后监督管理的参考。

第三十四条　食用农产品在销售过程中存在质量安全隐患，未及时采取有效措施消除的，市、县级市场监督管理部门可以对集中交易市场开办者、销售企业负责人进行责任约谈。被约谈者无正当理由拒不按时参加约谈或者未按要求落实整改的，市场监督管理部门应当记入集中交易市场开办者、销售企业信用档案。

第三十五条　市、县级市场监督管理部门发现批发市场有国家法律法规及本办法禁止销售的食用农产品，在依法处理的同时，应当及时追查食用农产品来源和流向，查明原因、控制风险并报告上级市场监督管理部门，同时通报所涉地同级市场监督管理部门；涉及种植养殖和进出口环节的，还应当通报农业农村主管部门和海关部门。所涉地市场监督管理部门接到通报后应当积极配合开展调查，控制风险，并加强与事发地市场监督管理部门的信息通报和执法协作。

市、县级市场监督管理部门发现超出其管辖范围的食用农产品质量安全案件线索，应当及时移送有管辖权的市、县级市场监督管理部门。

第三十六条　市、县级市场监督管理部门发现下列情形之一的，应当及时通报所在地同级农业农村主管部门：

（一）农产品生产企业、农民专业合作社、从事农产品收购的单位或者个人未按照规定出具承诺达标合格证；

（二）承诺达标合格证存在虚假信息；

（三）附具承诺达标合格证的食用农产品不合格；

（四）其他有关承诺达标合格证违法违规行为。

农业农村主管部门发现附具承诺达标合格证的食用农产品不合格，向所在地市、县级市场监督管理部门通报的，市、县级市场监督管理部门应当根据农业农村主管部门提供的流向信息，及时追查不合格食用农产品并依法处理。

第三十七条　县级以上地方市场监督管理部门在监督管理中发现食用农产品质量安全事故，或者接到食用农产品质量安全事故的投诉举报，应当立即会同相关部门进行调查处理，采取措施防止或者减少社会危害。按照应急预案的规定报告当地人民政府和上级市场监督管理部门，并在当地人民政府统一领导下及时开展食用农产品质量安全事故调查处理。

第三十八条　销售者违反本办法第七条第一、二款、第十六条、第十八条规定，食用农产品贮存和运输受托方违反本办法第十七条、第十八条规定，有下列情形之一的，由县级以上市场监督管理部门责令改正，给予警告；拒不改正的，处五千元以上三万元以下罚款：

（一）销售和贮存场所环境、设施、设备等不符合食用农产品质量安全要求的；

（二）销售、贮存和运输对温度、湿度等有特殊要求的食用农产品，未配备必要的保温、冷藏或者冷冻等设施设备并保持有效运行的；

（三）贮存期间未定期检查，及时清理腐败变质、油脂酸败、霉变生虫或者感官性状异常的食用农产品的。

第三十九条　有下列情形之一的，由县级以上市场监督管理部门依照食品安全法第一百二十六条第一款的规定给予处罚：

（一）销售者违反本办法第八条第一款规定，未按要求建立食用农产品进货查验记录制度，或者未按要求索取进货凭证的；

（二）销售者违反本办法第八条第二款规定，采购、销售按规定应当检疫、检验的肉类或进口食用农产品，未索取或留存相关证明文件的；

（三）从事批发业务的食用农产品销售企业违反本办法第十一条规定，未按要求建立食用农产品销售记录制度的。

第四十条　销售者违反本办法第十二条、第十三条规定，未按要求标明食用农产品相关信息的，由县级以上市场监督管理部门责令改正；拒不改正的，处二千元以上一万元以下罚款。

第四十一条　销售者违反本办法第十四条规定，加工、销售即食食用农产品，未采取有效措施做好食品安全防护，造成污染的，由县级以上市场监督管理部门责令改正；拒不改正的，处五千元以上三万元以下罚款。

第四十二条　销售者违反本办法第十五条规定，采购、销售食品安全法第三十四条规定情形的食用农产品的，由县级以上市场监督管理部门依照食品安全法有关规定给予处罚。

第四十三条　集中交易市场开办者违反本办法第十九条、第二十四条规定，未按规定建立健全食品安全管理制度，或者未按规定配备、培训、考核食品安全总监、食品安全员等食品安全管理人员的，由县级以上市场监督管理部门依照食品安全法第一百二十六条第一款的规定给予处罚。

第四十四条　集中交易市场开办者违反本办法第二十条第一款规定，未按要求向所在地县级市场监督管理部门如实报告市场有关信息的，由县级以上市场监督管理部门依照食品安全法实施条例第七十二条的规定给予处罚。

第四十五条　集中交易市场开办者违反本办法第二十条第二款、第二十一条、第二十三条规定，有下列情形之一的，由县级以上市场监督管理部门责令改正；拒不改正的，处五千元以上三万元以下罚款：

（一）未按要求建立入场销售者档案并及时更新的；

（二）未按照食用农产品类别实施分区销售，经营条件不符合食品安全要求，或者未按规定对市场经营环境和条件进行定期检查和维护的；

（三）未按要求查验入场销售者和入场食用农产品的相关凭证信息，允许无法提供进货凭证的食用农产品入场销售，或者对无法提供食用农产品质量合格凭证的食用农产品未经抽样检验合格即允许入场销售的。

第四十六条　集中交易市场开办者违反本办法第二十五条第二款规定，抽检发现场内食用农产品不符合食品安全标准，未按要求处理并报告的，由县级以上市场监督管理部门责令改正；拒不改正的，处五千元以上三万元以下罚款。

集中交易市场开办者违反本办法第二十六条规定，未按要求公布食用农产品相关信息的，由县级以上市场监督管理部门责令改正；拒不改正的，处二千元以上一万元以下罚款。

第四十七条　批发市场开办者违反本办法第二十五条第一款规定，未依法对进入该批发市场销售的食用农产品进行抽样检验的，由县级以上市场监督管理部门依照食品安全法第一百三十条第二款的规定给予处罚。

批发市场开办者违反本办法第二十七条规定，未按要求向入场销售者提供统一格式的销售凭证或者指导入场销售者自行印制符合要求的销售凭证的，由县级以上市场监督管理部门责令改正；拒不改正的，处五千元以上三万元以下罚款。

第四十八条　销售者履行了本办法规定的食用农产品进货查验等义务，有充分证据证明其不知道所采购的食用农产品不符合食品安全标准，并能如实说明其进货来源的，可以免予处罚，但应当依法没收其不符合食品安全标准的食用农产品；造成人身、财产或者其他损害的，依法承担赔偿责任。

第四十九条　本办法下列用语的含义：

食用农产品，指来源于种植业、林业、畜牧业和渔业等供人食用的初级产品，即在农业活动中获得的供人食用的植物、动物、微生物及其产品，不包括法律法规禁止食用的野生动物产品及其制品。

即食食用农产品，指以生鲜食用农产品为原料，经过清洗、去皮、切割等简单加工后，可供人直接食用的食用农产品。

食用农产品集中交易市场，是指销售食用农产品的批发市场和零售市场（含农贸市场等集中零售市场）。

食用农产品集中交易市场开办者，指依法设立、为食用农产品批发、零售提供场地、设施、服务以及日常管理的企业法人或者其他组织。

食用农产品销售者，指通过固定场所销售食用农产品的个人或者企业，既包括通过集中交易市场销售食用农产品的入场销售者，也包括销售食用农产品的商场、超市、便利店等食品经营者。

第五十条　食品摊贩等销售食用农产品的具体管理规定由省、自治区、直辖市制定。

第五十一条　本办法自 2023 年 12 月 1 日起施行。2016 年 1 月 5 日原国家食品药品监督管理总局令第 20 号公布的《食用农产品市场销售质量安全监督管理办法》同时废止。

水产苗种管理办法

（2004 年 12 月 21 日农业部第 37 次常务会议修订通过，
2005 年 1 月 5 日公布，自 2005 年 4 月 1 日起施行）

第一章　总　　则

第一条　为保护和合理利用水产种质资源，加强水产品种选育和苗种生产、经营、进出口管理，提高水产苗种质量，维护水产苗种生产者、经营者和使用者的合法权益，促进水产养殖业持续健康发展，根据《中华人民共和国渔业法》及有关法律法规，制定本办法。

第二条　本办法所称的水产苗种包括用于繁育、增养殖（栽培）生产和科研试验、观赏的水产动植物的亲本、稚体、幼体、受精卵、孢子及其遗传育种材料。

第三条　在中华人民共和国境内从事水产种质资源开发利用，品种选育、培育，水产苗种生产、经营、管理、进口、出口活动的单位和个人，应当遵守本办法。

珍稀、濒危水生野生动植物及其苗种的管理按有关法律法规的规定执行。

第四条　农业部负责全国水产种质资源和水产苗种管理工作。

县级以上地方人民政府渔业行政主管部门负责本行政区域内的水产种质资源和水产苗种管理工作。

第二章　种质资源保护和品种选育

第五条　国家有计划地搜集、整理、鉴定、保护、保存和合理利用水产种质资源。禁止任何单位和个人侵占和破坏水产种质资源。

第六条　国家保护水产种质资源及其生存环境，并在具有较高经济价值和遗传育种价值的水产种质资源的主要生长繁殖区域建立水产种质资源保护区。未经农业部批准，任何单位或者个人不得在水产种质资源保护区从事捕捞活动。

建设项目对水产种质资源产生不利影响的，依照《中华人民共和国渔业法》第三十五条的规定处理。

第七条　省级以上人民政府渔业行政主管部门根据水产增养殖生产发展的需要和自然条件及种质资源特点，合理布局和建设水产原、良种场。

国家级或省级原、良种场负责保存或选育种用遗传材料和亲本，向水产苗种繁育单位提供亲本。

第八条　用于杂交生产商品苗种的亲本必须是纯系群体。对可育的杂交种不得用作亲本繁育。

养殖可育的杂交个体和通过生物工程等技术改变遗传性状的个体及后代，其场所必须建立严格的隔离和防逃措施，禁止将其投放于河流、湖泊、水库、海域等自然水域。

第九条　国家鼓励和支持水产优良品种的选育、培育和推广。县级以上人民政府渔业行政主管部门应当有计划地组织科研、教学和生产单位选育、培育水产优良新品种。

第十条　农业部设立全国水产原种和良种审定委员会，对水产新品种进行审定。对审定合格的水产新品种，经农业部公告后方可推广。

第三章　生产经营管理

第十一条　单位和个人从事水产苗种生

产，应当经县级以上地方人民政府渔业行政主管部门批准，取得水产苗种生产许可证。但是，渔业生产者自育、自用水产苗种的除外。

省级人民政府渔业行政主管部门负责水产原、良种场的水产苗种生产许可证的核发工作；其他水产苗种生产许可证发放权限由省级人民政府渔业行政主管部门规定。

水产苗种生产许可证由省级人民政府渔业行政主管部门统一印制。

第十二条　从事水产苗种生产的单位和个人应当具备下列条件：

（一）有固定的生产场地，水源充足，水质符合渔业用水标准；

（二）用于繁殖的亲本来源于原、良种场，质量符合种质标准；

（三）生产条件和设施符合水产苗种生产技术操作规程的要求；

（四）有与水产苗种生产和质量检验相适应的专业技术人员。

申请单位是水产原、良种场的，还应当符合农业部《水产原良种场生产管理规范》的要求。

第十三条　申请从事水产苗种生产的单位和个人应当填写水产苗种生产申请表，并提交证明其符合本办法第十二条规定条件的材料。

水产苗种生产申请表格式由省级人民政府渔业行政主管部门统一制订。

第十四条　县级以上地方人民政府渔业行政主管部门应当按照本办法第十一条第二款规定的审批权限，自受理申请之日起20日内对申请人提交的材料进行审查，并经现场考核后作出是否发放水产苗种生产许可证的决定。

第十五条　水产苗种生产单位和个人应当按照许可证规定的范围、种类等进行生产。需要变更生产范围、种类的，应当向原发证机关办理变更手续。

水产苗种生产许可证的许可有效期限为三年。期满需延期的，应当于期满三十日前向原发证机关提出申请，办理续展手续。

第十六条　水产苗种的生产应当遵守农业部制定的生产技术操作规程，保证苗种质量。

第十七条　县级以上人民政府渔业行政主管部门应当组织有关质量检验机构对辖区内苗种场的亲本和稚、幼体质量进行检验，检验不合格的，给予警告，限期整改；到期仍不合格的，由发证机关收回并注销水产苗种生产许可证。

第十八条　县级以上地方人民政府渔业行政主管部门应当加强对水产苗种的产地检疫。

国内异地引进水产苗种的，应当先到当地渔业行政主管部门办理检疫手续，经检疫合格后方可运输和销售。

检疫人员应当按照检疫规程实施检疫，对检疫合格的水产苗种出具检疫合格证明。

第十九条　禁止在水产苗种繁殖、栖息地从事采矿、挖沙、爆破、排放污水等破坏水域生态环境的活动。对水域环境造成污染的，依照《中华人民共和国水污染防治法》和《中华人民共和国海洋环境保护法》的有关规定处理。

在水生动物苗种主产区引水时，应当采取措施，保护苗种。

第四章　进出口管理

第二十条　单位和个人从事水产苗种进口和出口，应当经农业部或省级人民政府渔业行政主管部门批准。

第二十一条　农业部会同国务院有关部门制定水产苗种进口名录和出口名录，并定期公布。

水产苗种进口名录和出口名录分为Ⅰ、Ⅱ、Ⅲ类。列入进口名录Ⅰ类的水产苗种不得进口，列入出口名录Ⅰ类的水产苗种不得出口；列入名录Ⅱ类的水产苗种以及未列入名录的水产苗种的进口、出口由农业部审批，列入名录Ⅲ类的水产苗种的进口、出口由省级人民政府渔业行政主管部门审批。

第二十二条 申请进口水产苗种的单位和个人应当提交以下材料：

（一）水产苗种进口申请表；

（二）水产苗种进口安全影响报告（包括对引进地区水域生态环境、生物种类的影响，进口水产苗种可能携带的病虫害及危害性等）；

（三）与境外签订的意向书、赠送协议书复印件；

（四）进口水产苗种所在国（地区）主管部门出具的产地证明；

（五）营业执照复印件。

第二十三条 进口未列入水产苗种进口名录的水产苗种的单位应当具备以下条件：

（一）具有完整的防逃、隔离设施，试验池面积不少于3公顷；

（二）具备一定的科研力量，具有从事种质、疾病及生态研究的中高级技术人员；

（三）具备开展种质检测、疫病检疫以及水质检测工作的基本仪器设备。

进口未列入水产苗种进口名录的水产苗种的单位，除按第二十二条的规定提供材料外，还应当提供以下材料：

（一）进口水产苗种所在国家或地区的相关资料：包括进口水产苗种的分类地位、生物学性状、遗传特性、经济性状及开发利用现状，栖息水域及该地区的气候特点、水域生态条件等；

（二）进口水产苗种人工繁殖、养殖情况；

（三）进口国家或地区水产苗种疫病发生情况。

第二十四条 申请出口水产苗种的单位和个人应提交水产苗种出口申请表。

第二十五条 进出口水产苗种的单位和个人应当向省级人民政府渔业行政主管部门提出申请。省级人民政府渔业行政主管部门应当自申请受理之日起15日内对进出口水产苗种的申报材料进行审查核实，按审批权限直接审批或初步审查后将审查意见和全部材料报农业部审批。

省级人民政府渔业行政主管部门应当将其审批的水产苗种进出口情况，在每年年底前报农业部备案。

第二十六条 农业部收到省级人民政府渔业行政主管部门报送的材料后，对申请进口水产苗种的，在5日内委托全国水产原种和良种审定委员会组织专家对申请进口的水产苗种进行安全影响评估，并在收到安全影响评估报告后15日内作出是否同意进口的决定；对申请出口水产苗种的，应当在10日内作出是否同意出口的决定。

第二十七条 申请水产苗种进出口的单位或个人应当凭农业部或省级人民政府渔业行政主管部门批准的水产苗种进出口审批表办理进出口手续。

水产苗种进出口申请表、审批表格式由农业部统一制定。

第二十八条 进口、出口水产苗种应当实施检疫，防止病害传入境内和传出境外，具体检疫工作按照《中华人民共和国进出境动植物检疫法》等法律法规的规定执行。

第二十九条 水产苗种进口实行属地监管。

进口单位和个人在进口水产苗种经出入境检验检疫机构检疫合格后，应当立即向所在地省级人民政府渔业行政主管部门报告，由所在地省级人民政府渔业行政主管部门或其委托的县级以上地方人民政府渔业行政主管部门具体负责入境后的监督检查。

第三十条 进口未列入水产苗种进口名录的水产苗种的，进口单位和个人应当在该水产苗种经出入境检验检疫机构检疫合格后，设置专门场所进行试养，特殊情况下应在农业部指定的场所进行。

试养期间一般为进口水产苗种的一个繁殖周期。试养期间，农业部不再批准该水产苗种的进口，进口单位不得向试养场所外扩散该试养苗种。

试养期满后的水产苗种应当经过全国水

产原种和良种审定委员会审定、农业部公告后方可推广。

第三十一条 进口水产苗种投放于河流、湖泊、水库、海域等自然水域要严格遵守有关外来物种管理规定。

第五章 附 则

第三十二条 本办法所用术语的含义：

（一）原种：指取自模式种采集水域或取自其他天然水域的野生水生动植物种，以及用于选育的原始亲体。

（二）良种：指生长快、品质好、抗逆性强、性状稳定和适应一定地区自然条件，并适用于增养殖（栽培）生产的水产动植物种。

（三）杂交种：指将不同种、亚种、品种的水产动植物进行杂交获得的后代。

（四）品种：指经人工选育成的，遗传性状稳定，并具有不同于原种或同种内其他群体的优良经济性状的水生动植物。

（五）稚、幼体：指从孵出后至性成熟之前这一阶段的个体。

（六）亲本：指已达性成熟年龄的个体。

第三十三条 违反本办法的规定应当给予处罚的，依照《中华人民共和国渔业法》等法律法规的有关规定给予处罚。

第三十四条 转基因水产苗种的选育、培育、生产、经营和进出口管理，应当同时遵守《农业转基因生物安全管理条例》及国家其他有关规定。

第三十五条 本办法自 2005 年 4 月 1 日起施行。

无公害农产品管理办法

（2002 年 4 月 29 日中华人民共和国农业部、中华人民共和国国家质检检总局令第 12 号发布，根据 2007 年 11 月 8 日中华人民共和国农业部令第 6 号《农业部现行规章清理结果》修正）

第一章 总 则

第一条 为加强对无公害农产品的管理，维护消费者权益，提高农产品质量，保护农业生态环境，促进农业可持续发展，制定本办法。

第二条 本办法所称无公害农产品，是指产地环境、生产过程和产品质量符合国家有关标准和规范的要求，经认证合格获得认证证书并允许使用无公害农产品标志的未经加工或者初加工的食用农产品。

第三条 无公害农产品管理工作，由政府推动，并实行产地认定和产品认证的工作模式。

第四条 在中华人民共和国境内从事无公害农产品生产、产地认定、产品认证和监督管理等活动，适用本办法。

第五条 全国无公害农产品的管理及质量监督工作，由农业部门、国家质量监督检验检疫部门和国家认证认可监督管理委员会按照“三定”方案赋予的职责和国务院的有关规定，分工负责，共同做好工作。

第六条 各级农业行政主管部门和质量监督检验检疫部门应当在政策、资金、技术等方面扶持无公害农产品的发展，组织无公害农产品新技术的研究、开发和推广。

第七条 国家鼓励生产单位和个人申请无公害农产品产地认定和产品认证。

实施无公害农产品认证的产品范围由农

业部、国家认证认可监督管理委员会共同确定、调整。

第八条 国家适时推行强制性无公害农产品认证制度。

第二章 产地条件与生产管理

第九条 无公害农产品产地应当符合下列条件：

（一）产地环境符合无公害农产品产地环境的标准要求；

（二）区域范围明确；

（三）具备一定的生产规模。

第十条 无公害农产品的生产管理应当符合下列条件：

（一）生产过程符合无公害农产品生产技术的标准要求；

（二）有相应的专业技术和管理人员；

（三）有完善的质量控制措施，并有完整的生产和销售记录档案。

第十一条 从事无公害农产品生产的单位或者个人，应当严格按规定使用农业投入品。禁止使用国家禁用、淘汰的农业投入品。

第十二条 无公害农产品产地应当树立标示牌，标明范围、产品品种、责任人。

第三章 产地认定

第十三条 省级农业行政主管部门根据本办法的规定负责组织实施本辖区内无公害农产品产地的认定工作。

第十四条 申请无公害农产品产地认定的单位或者个人（以下简称申请人），应当向县级农业行政主管部门提交书面申请，书面申请应当包括以下内容：

（一）申请人的姓名（名称）、地址、电话号码；

（二）产地的区域范围、生产规模；

（三）无公害农产品生产计划；

（四）产地环境说明；

（五）无公害农产品质量控制措施；

（六）有关专业技术和管理人员的资质证明材料；

（七）保证执行无公害农产品标准和规范的声明；

（八）其他有关材料。

第十五条 县级农业行政主管部门自收到申请之日起，在 10 个工作日内完成对申请材料的初审工作。

申请材料初审不符合要求的，应当书面通知申请人。

第十六条 申请材料初审符合要求的，县级农业行政主管部门应当逐级将推荐意见和有关材料上报省级农业行政主管部门。

第十七条 省级农业行政主管部门自收到推荐意见和有关材料之日起，在 10 个工作日内完成对有关材料的审核工作，符合要求的，组织有关人员对产地环境、区域范围、生产规模、质量控制措施、生产计划等进行现场检查。

现场检查不符合要求的，应当书面通知申请人。

第十八条 现场检查符合要求的，应当通知申请人委托具有资质资格的检测机构，对产地环境进行检测。

承担产地环境检测任务的机构，根据检测结果出具产地环境检测报告。

第十九条 省级农业行政主管部门对材料审核、现场检查和产地环境检测结果符合要求的，应当自收到现场检查报告和产地环境检测报告之日起，30 个工作日内颁发无公害农产品产地认定证书，并报农业部和国家认证认可监督管理委员会备案。

不符合要求的，应当书面通知申请人。

第二十条 无公害农产品产地认定证书有效期为 3 年。期满需要继续使用的，应当在有效期满 90 日前按照本办法规定的无公害农产品产地认定程序，重新办理。

第四章 无公害农产品认证

第二十一条 无公害农产品的认证机构，由国家认证认可监督管理委员会审批，并获得国家认证认可监督管理委员会授权的认可机构的资格认可后，方可从事无公害农产品认证活动。

第二十二条　申请无公害产品认证的单位或者个人（以下简称申请人），应当向认证机构提交书面申请，书面申请应当包括以下内容：

（一）申请人的姓名（名称）、地址、电话号码；

（二）产品品种、产地的区域范围和生产规模；

（三）无公害农产品生产计划；

（四）产地环境说明；

（五）无公害农产品质量控制措施；

（六）有关专业技术和管理人员的资质证明材料；

（七）保证执行无公害农产品标准和规范的声明；

（八）无公害农产品产地认定证书；

（九）生产过程记录档案；

（十）认证机构要求提交的其他材料。

第二十三条　认证机构自收到无公害农产品认证申请之日起，应当在15个工作日内完成对申请材料的审核。

材料审核不符合要求的，应当书面通知申请人。

第二十四条　符合要求的，认证机构可以根据需要派员对产地环境、区域范围、生产规模、质量控制措施、生产计划、标准和规范的执行情况等进行现场检查。

现场检查不符合要求的，应当书面通知申请人。

第二十五条　材料审核符合要求的、或者材料审核和现场检查符合要求的（限于需要对现场进行检查时），认证机构应当通知申请人委托具有资质资格的检测机构对产品进行检测。

承担产品检测任务的机构，根据检测结果出具产品检测报告。

第二十六条　认证机构对材料审核、现场检查（限于需要对现场进行检查时）和产品检测结果符合要求的，应当在自收到现场检查报告和产品检测报告之日起，30个工作日内颁发无公害农产品认证证书。

不符合要求的，应当书面通知申请人。

第二十七条　认证机构应当自颁发无公害农产品认证证书后30个工作日内，将其颁发的认证证书副本同时报农业部和国家认证认可监督管理委员会备案，由农业部和国家认证认可监督管理委员会公告。

第二十八条　无公害农产品认证证书有效期为3年。期满需要继续使用的，应当在有效期满90日前按照本办法规定的无公害农产品认证程序，重新办理。

在有效期内生产无公害农产品认证证书以外的产品品种的，应当向原无公害农产品认证机构办理认证证书的变更手续。

第二十九条　无公害农产品产地认定证书、产品认证证书格式由农业部、国家认证认可监督管理委员会规定。

第五章　标志管理

第三十条　农业部和国家认证认可监督管理委员会制定并发布《无公害农产品标志管理办法》。

第三十一条　无公害农产品标志应当在认证的品种、数量等范围内使用。

第三十二条　获得无公害农产品认证证书的单位或者个人，可以在证书规定的产品、包装、标签、广告、说明书上使用无公害农产品标志。

第六章　监督管理

第三十三条　农业部、国家质量监督检验检疫总局、国家认证认可监督管理委员会和国务院有关部门根据职责分工依法组织对无公害农产品的生产、销售和无公害农产品标志使用等活动进行监督管理。

（一）查阅或者要求生产者、销售者提供有关材料；

（二）对无公害农产品产地认定工作进行监督；

（三）对无公害农产品认证机构的认证工作进行监督；

（四）对无公害农产品的检测机构的检测工作进行检查；

（五）对使用无公害农产品标志的产品进行检查、检验和鉴定；

（六）必要时对无公害农产品经营场所进行检查。

第三十四条 认证机构对获得认证的产品进行跟踪检查，受理有关的投诉、申诉工作。

第三十五条 任何单位和个人不得伪造、冒用、转让、买卖无公害农产品产地认定证书、产品认证证书和标志。

第七章 罚　　则

第三十六条 获得无公害农产品产地认定证书的单位或者个人违反本办法，有下列情形之一的，由省级农业行政主管部门予以警告，并责令限期改正；逾期未改正的，撤销其无公害农产品产地认定证书：

（一）无公害农产品产地被污染或者产地环境达不到标准要求的；

（二）无公害农产品产地使用的农业投入品不符合无公害农产品相关标准要求的；

（三）擅自扩大无公害农产品产地范围的。

第三十七条 违反本办法第三十五条规定的，由县级以上农业行政主管部门和各地质量监督检验检疫部门根据各自的职责分工责令其停止，并可处以违法所得1倍以上3倍以下的罚款，但最高罚款不得超过3万元；没有违法所得的，可以处1万元以下的罚款。

法律、法规对处罚另有规定的，从其规定。

第三十八条 获得无公害农产品认证并加贴标志的产品，经检查、检测、鉴定，不符合无公害农产品质量标准要求的，由县级以上农业行政主管部门或者各地质量监督检验检疫部门责令停止使用无公害农产品标志，由认证机构暂停或者撤销认证证书。

第三十九条 从事无公害农产品管理的工作人员滥用职权、徇私舞弊、玩忽职守的，由所在单位或者所在单位的上级行政主管部门给予行政处分；构成犯罪的，依法追究刑事责任。

第八章 附　　则

第四十条 从事无公害农产品的产地认定的部门和产品认证的机构不得收取费用。

检测机构的检测、无公害农产品标志按国家规定收取费用。

第四十一条 本办法由农业部、国家质量监督检验检疫总局和国家认证认可监督管理委员会负责解释。

第四十二条 本办法自发布之日起施行。

农作物病虫害防治条例

（2020年3月17日国务院第86次常务会议通过，2020年3月26日公布，自2020年5月1日起施行）

第一章 总　　则

第一条 为了防治农作物病虫害，保障国家粮食安全和农产品质量安全，保护生态环境，促进农业可持续发展，制定本条例。

第二条 本条例所称农作物病虫害防

治，是指对危害农作物及其产品的病、虫、草、鼠等有害生物的监测与预报、预防与控制、应急处置等防治活动及其监督管理。

第三条　农作物病虫害防治实行预防为主、综合防治的方针，坚持政府主导、属地负责、分类管理、科技支撑、绿色防控。

第四条　根据农作物病虫害的特点及其对农业生产的危害程度，将农作物病虫害分为下列三类：

（一）一类农作物病虫害，是指常年发生面积特别大或者可能给农业生产造成特别重大损失的农作物病虫害，其名录由国务院农业农村主管部门制定、公布；

（二）二类农作物病虫害，是指常年发生面积大或者可能给农业生产造成重大损失的农作物病虫害，其名录由省、自治区、直辖市人民政府农业农村主管部门制定、公布，并报国务院农业农村主管部门备案；

（三）三类农作物病虫害，是指一类农作物病虫害和二类农作物病虫害以外的其他农作物病虫害。

新发现的农作物病虫害可能给农业生产造成重大或者特别重大损失的，在确定其分类前，按照一类农作物病虫害管理。

第五条　县级以上人民政府应当加强对农作物病虫害防治工作的组织领导，将防治工作经费纳入本级政府预算。

第六条　国务院农业农村主管部门负责全国农作物病虫害防治的监督管理工作。县级以上地方人民政府农业农村主管部门负责本行政区域农作物病虫害防治的监督管理工作。

县级以上人民政府其他有关部门按照职责分工，做好农作物病虫害防治相关工作。

乡镇人民政府应当协助上级人民政府有关部门做好本行政区域农作物病虫害防治宣传、动员、组织等工作。

第七条　县级以上人民政府农业农村主管部门组织植物保护工作机构开展农作物病虫害防治有关技术工作。

第八条　农业生产经营者等有关单位和个人应当做好生产经营范围内的农作物病虫害防治工作，并对各级人民政府及有关部门开展的防治工作予以配合。

农村集体经济组织、村民委员会应当配合各级人民政府及有关部门做好农作物病虫害防治工作。

第九条　国家鼓励和支持开展农作物病虫害防治科技创新、成果转化和依法推广应用，普及应用信息技术、生物技术，推进农作物病虫害防治的智能化、专业化、绿色化。

国家鼓励和支持农作物病虫害防治国际合作与交流。

第十条　国家鼓励和支持使用生态治理、健康栽培、生物防治、物理防治等绿色防控技术和先进施药机械以及安全、高效、经济的农药。

第十一条　对在农作物病虫害防治工作中作出突出贡献的单位和个人，按照国家有关规定予以表彰。

第二章　监测与预报

第十二条　国家建立农作物病虫害监测制度。国务院农业农村主管部门负责编制全国农作物病虫害监测网络建设规划并组织实施。省、自治区、直辖市人民政府农业农村主管部门负责编制本行政区域农作物病虫害监测网络建设规划并组织实施。

县级以上人民政府农业农村主管部门应当加强对农作物病虫害监测网络的管理。

第十三条　任何单位和个人不得侵占、损毁、拆除、擅自移动农作物病虫害监测设施设备，或者以其他方式妨害农作物病虫害监测设施设备正常运行。

新建、改建、扩建建设工程应当避开农作物病虫害监测设施设备；确实无法避开、需要拆除农作物病虫害监测设施设备的，应当由县级以上人民政府农业农村主管部门按照有关技术要求组织迁建，迁建费用由建设单位承担。

农作物病虫害监测设施设备毁损的，县级以上人民政府农业农村主管部门应当及时组织修复或者重新建设。

第十四条 县级以上人民政府农业农村主管部门应当组织开展农作物病虫害监测。农作物病虫害监测包括下列内容：

（一）农作物病虫害发生的种类、时间、范围、程度；

（二）害虫主要天敌种类、分布与种群消长情况；

（三）影响农作物病虫害发生的田间气候；

（四）其他需要监测的内容。

农作物病虫害监测技术规范由省级以上人民政府农业农村主管部门制定。

农业生产经营者等有关单位和个人应当配合做好农作物病虫害监测。

第十五条 县级以上地方人民政府农业农村主管部门应当按照国务院农业农村主管部门的规定及时向上级人民政府农业农村主管部门报告农作物病虫害监测信息。

任何单位和个人不得瞒报、谎报农作物病虫害监测信息，不得授意他人编造虚假信息，不得阻挠他人如实报告。

第十六条 县级以上人民政府农业农村主管部门应当在综合分析监测结果的基础上，按照国务院农业农村主管部门的规定发布农作物病虫害预报，其他组织和个人不得向社会发布农作物病虫害预报。

农作物病虫害预报包括农作物病虫害发生以及可能发生的种类、时间、范围、程度以及预防控制措施等内容。

第十七条 境外组织和个人不得在我国境内开展农作物病虫害监测活动。确需开展的，应当由省级以上人民政府农业农村主管部门组织境内有关单位与其联合进行，并遵守有关法律、法规的规定。

任何单位和个人不得擅自向境外组织和个人提供未发布的农作物病虫害监测信息。

第三章 预防与控制

第十八条 国务院农业农村主管部门组织制定全国农作物病虫害预防控制方案，县级以上地方人民政府农业农村主管部门组织制定本行政区域农作物病虫害预防控制方案。

农作物病虫害预防控制方案根据农业生产情况、气候条件、农作物病虫害常年发生情况、监测预报情况以及发生趋势等因素制定，其内容包括预防控制目标、重点区域、防治阈值、预防控制措施和保障措施等方面。

第十九条 县级以上人民政府农业农村主管部门应当健全农作物病虫害防治体系，并组织开展农作物病虫害抗药性监测评估，为农业生产经营者提供农作物病虫害预防控制技术培训、指导、服务。

国家鼓励和支持科研单位、有关院校、农民专业合作社、企业、行业协会等单位和个人研究、依法推广绿色防控技术。

对在农作物病虫害防治工作中接触有毒有害物质的人员，有关单位应当组织做好安全防护，并按照国家有关规定发放津贴补贴。

第二十条 县级以上人民政府农业农村主管部门应当在农作物病虫害孳生地、源头区组织开展作物改种、植被改造、环境整治等生态治理工作，调整种植结构，防止农作物病虫害孳生和蔓延。

第二十一条 县级以上人民政府农业农村主管部门应当指导农业生产经营者选用抗病、抗虫品种，采用包衣、拌种、消毒等种子处理措施，采取合理轮作、深耕除草、覆盖除草、土壤消毒、清除农作物病残体等健康栽培管理措施，预防农作物病虫害。

第二十二条 从事农作物病虫害研究、饲养、繁殖、运输、展览等活动的，应当采取措施防止其逃逸、扩散。

第二十三条 农作物病虫害发生时，农业生产经营者等有关单位和个人应当及时采取防止农作物病虫害扩散的控制措施。发现农作物病虫害严重发生或者暴发的，应当及时报告所在地县级人民政府农业农村主管部门。

第二十四条　有关单位和个人开展农作物病虫害防治使用农药时，应当遵守农药安全、合理使用制度，严格按照农药标签或者说明书使用农药。

农田除草时，应当防止除草剂危害当季和后茬作物；农田灭鼠时，应当防止杀鼠剂危害人畜安全。

第二十五条　农作物病虫害严重发生时，县级以上地方人民政府农业农村主管部门应当按照农作物病虫害预防控制方案以及监测预报情况，及时组织、指导农业生产经营者、专业化病虫害防治服务组织等有关单位和个人采取统防统治等控制措施。

一类农作物病虫害严重发生时，国务院农业农村主管部门应当对控制工作进行综合协调、指导。二类、三类农作物病虫害严重发生时，省、自治区、直辖市人民政府农业农村主管部门应当对控制工作进行综合协调、指导。

国有荒地上发生的农作物病虫害由县级以上地方人民政府组织控制。

第二十六条　农田鼠害严重发生时，县级以上地方人民政府应当组织采取统一灭鼠措施。

第二十七条　县级以上地方人民政府农业农村主管部门应当组织做好农作物病虫害灾情调查汇总工作，将灾情信息及时报告本级人民政府和上一级人民政府农业农村主管部门，并抄送同级人民政府应急管理部门。

农作物病虫害灾情信息由县级以上人民政府农业农村主管部门商同级人民政府应急管理部门发布，其他组织和个人不得向社会发布。

第二十八条　国家鼓励和支持保险机构开展农作物病虫害防治相关保险业务，鼓励和支持农业生产经营者等有关单位和个人参加保险。

第四章　应急处置

第二十九条　国务院农业农村主管部门应当建立农作物病虫害防治应急响应和处置机制，制定应急预案。

县级以上地方人民政府及其有关部门应当根据本行政区域农作物病虫害应急处置需要，组织制定应急预案，开展应急业务培训和演练，储备必要的应急物资。

第三十条　农作物病虫害暴发时，县级以上地方人民政府应当立即启动应急响应，采取下列措施：

（一）划定应急处置的范围和面积；

（二）组织和调集应急处置队伍；

（三）启用应急备用药剂、机械等物资；

（四）组织应急处置行动。

第三十一条　县级以上地方人民政府有关部门应当在各自职责范围内做好农作物病虫害应急处置工作。

公安、交通运输等主管部门应当为应急处置所需物资的调度、运输提供便利条件，民用航空主管部门应当为应急处置航空作业提供优先保障，气象主管机构应当为应急处置提供气象信息服务。

第三十二条　农作物病虫害应急处置期间，县级以上地方人民政府可以根据需要依法调集必需的物资、运输工具以及相关设施设备。应急处置结束后，应当及时归还并对毁损、灭失的给予补偿。

第五章　专业化服务

第三十三条　国家通过政府购买服务等方式鼓励和扶持专业化病虫害防治服务组织，鼓励专业化病虫害防治服务组织使用绿色防控技术。

县级以上人民政府农业农村主管部门应当加强对专业化病虫害防治服务组织的规范和管理，并为专业化病虫害防治服务组织提供技术培训、指导、服务。

第三十四条 专业化病虫害防治服务组织应当具备相应的设施设备、技术人员、田间作业人员以及规范的管理制度。

依照有关法律、行政法规需要办理登记的专业化病虫害防治服务组织，应当依法向县级以上人民政府有关部门申请登记。

第三十五条 专业化病虫害防治服务组织的田间作业人员应当能够正确识别服务区域的农作物病虫害，正确掌握农药适用范围、施用方法、安全间隔期等专业知识以及田间作业安全防护知识，正确使用施药机械以及农作物病虫害防治相关用品。专业化病虫害防治服务组织应当定期组织田间作业人员参加技术培训。

第三十六条 专业化病虫害防治服务组织应当与服务对象共同商定服务方案或者签订服务合同。

专业化病虫害防治服务组织应当遵守国家有关农药安全、合理使用制度，建立服务档案，如实记录服务的时间、地点、内容以及使用农药的名称、用量、生产企业、农药包装废弃物处置方式等信息。服务档案应当保存2年以上。

第三十七条 专业化病虫害防治服务组织应当按照国家有关规定为田间作业人员参加工伤保险缴纳工伤保险费。国家鼓励专业化病虫害防治服务组织为田间作业人员投保人身意外伤害保险。

专业化病虫害防治服务组织应当为田间作业人员配备必要的防护用品。

第三十八条 专业化病虫害防治服务组织开展农作物病虫害预防控制航空作业，应当按照国家有关规定向公众公告作业范围、时间、施药种类以及注意事项；需要办理飞行计划或者备案手续的，应当按照国家有关规定办理。

第六章 法律责任

第三十九条 地方各级人民政府和县级以上人民政府有关部门及其工作人员有下列行为之一的，对负有责任的领导人员和直接责任人员依法给予处分；构成犯罪的，依法追究刑事责任：

（一）未依照本条例规定履行职责；

（二）瞒报、谎报农作物病虫害监测信息，授意他人编造虚假信息或者阻挠他人如实报告；

（三）擅自向境外组织和个人提供未发布的农作物病虫害监测信息；

（四）其他滥用职权、玩忽职守、徇私舞弊行为。

第四十条 违反本条例规定，侵占、损毁、拆除、擅自移动农作物病虫害监测设施设备或者以其他方式妨害农作物病虫害监测设施设备正常运行的，由县级以上人民政府农业农村主管部门责令停止违法行为，限期恢复原状或者采取其他补救措施，可以处5万元以下罚款；造成损失的，依法承担赔偿责任；构成犯罪的，依法追究刑事责任。

第四十一条 违反本条例规定，有下列行为之一的，由县级以上人民政府农业农村主管部门处5000元以上5万元以下罚款；情节严重的，处5万元以上10万元以下罚款；造成损失的，依法承担赔偿责任；构成犯罪的，依法追究刑事责任：

（一）擅自向社会发布农作物病虫害预报或者灾情信息；

（二）从事农作物病虫害研究、饲养、繁殖、运输、展览等活动未采取有效措施，造成农作物病虫害逃逸、扩散；

（三）开展农作物病虫害预防控制航空作业未按照国家有关规定进行公告。

第四十二条 专业化病虫害防治服务组织有下列行为之一的，由县级以上人民政府农业农村主管部门责令改正；拒不改正或者情节严重的，处2000元以上2万元以下罚款；造成损失的，依法承担赔偿责任：

（一）不具备相应的设施设备、技术人员、田间作业人员以及规范的管理制度；

（二）其田间作业人员不能正确识别服务区域的农作物病虫害，或者不能正确掌握农药适用范围、施用方法、安全间隔期等专业知识以及田间作业安全防护知识，或者不能正确使用施药机械以及农作物病虫害防治相关用品；

（三）未按规定建立或者保存服务档案；

（四）未为田间作业人员配备必要的防护用品。

第四十三条　境外组织和个人违反本条例规定，在我国境内开展农作物病虫害监测活动的，由县级以上人民政府农业农村主管部门责令其停止监测活动，没收监测数据和工具，并处10万元以上50万元以下罚款；情节严重的，并处50万元以上100万元以下罚款；构成犯罪的，依法追究刑事责任。

第七章　附　　则

第四十四条　储存粮食的病虫害防治依照有关法律、行政法规的规定执行。

第四十五条　本条例自2020年5月1日起施行。

兽用生物制品经营管理办法

（2021年3月2日农业农村部第3次常务会议审议通过，2021年3月17日发布，自2021年5月15日起施行）

第一条　为了加强兽用生物制品经营管理，保证兽用生物制品质量，根据《兽药管理条例》，制定本办法。

第二条　在中华人民共和国境内从事兽用生物制品的分发、经营和监督管理，应当遵守本办法。

第三条　本办法所称兽用生物制品，是指以天然或者人工改造的微生物、寄生虫、生物毒素或者生物组织及代谢产物等为材料，采用生物学、分子生物学或者生物化学、生物工程等相应技术制成的，用于预防、治疗、诊断动物疫病或者有目的地调节动物生理机能的兽药，主要包括血清制品、疫苗、诊断制品和微生态制品等。

第四条　兽用生物制品分为国家强制免疫计划所需兽用生物制品（以下简称国家强制免疫用生物制品）和非国家强制免疫计划所需兽用生物制品（以下简称非国家强制免疫用生物制品）。

国家强制免疫用生物制品品种名录由农业农村部确定并公布。非国家强制免疫用生物制品是指农业农村部确定的强制免疫用生物制品以外的兽用生物制品。

第五条　农业农村部负责全国兽用生物制品的监督管理工作。县级以上地方人民政府畜牧兽医主管部门负责本行政区域内兽用生物制品的监督管理工作。

第六条　兽用生物制品生产企业可以将本企业生产的兽用生物制品销售给各级人民政府畜牧兽医主管部门或养殖场（户）、动物诊疗机构等使用者，也可以委托经销商销售。

发生重大动物疫情、灾情或者其他突发事件时，根据工作需要，国家强制免疫用生物制品由农业农村部统一调用，生产企业不得自行销售。

第七条　从事兽用生物制品经营的企业，应当依法取得《兽药经营许可证》。《兽药经营许可证》的经营范围应当具体载明国家强制免疫用生物制品、非国家强制免疫用生物制品等产品类别和委托的兽用生物制品生产企业名称。经营范围发生变化的，应当办理变更手续。

第八条 兽用生物制品生产企业可自主确定、调整经销商，并与经销商签订销售代理合同，明确代理范围等事项。

经销商只能经营所代理兽用生物制品生产企业生产的兽用生物制品，不得经营未经委托的其他企业生产的兽用生物制品。经销商可以将所代理的产品销售给使用者和获得生产企业委托的其他经销商。

第九条 省级人民政府畜牧兽医主管部门对国家强制免疫用生物制品可以依法组织实行政府采购、分发。

承担国家强制免疫用生物制品政府采购、分发任务的单位，应当建立国家强制免疫用生物制品贮存、运输、分发等管理制度，建立真实、完整的分发和冷链运输记录，记录应当保存至制品有效期满2年后。

第十条 向国家强制免疫用生物制品生产企业或其委托的经销商采购自用的国家强制免疫用生物制品的养殖场（户），在申请强制免疫补助经费时，应当按要求将采购的品种、数量、生产企业及经销商等信息提供给所在地县级地方人民政府畜牧兽医主管部门。

养殖场（户）应当建立真实、完整的采购、贮存、使用记录，并保存至制品有效期满2年后。

第十一条 兽用生物制品生产、经营企业应当遵守兽药生产质量管理规范和兽药经营质量管理规范各项规定，建立真实、完整的贮存、销售、冷链运输记录，经营企业还应当建立真实、完整的采购记录。贮存记录应当每日记录贮存设施设备温度；销售记录和采购记录应当载明产品名称、产品批号、产品规格、产品数量、生产日期、有效期、供货单位或收货单位和地址、发货日期等内容；冷链运输记录应当记录起运和到达时的温度。

第十二条 兽用生物制品生产、经营企业自行配送兽用生物制品的，应当具备相应的冷链贮存、运输条件，也可以委托具备相应冷链贮存、运输条件的配送单位配送，并对委托配送的产品质量负责。冷链贮存、运输全过程应当处于规定的贮藏温度环境下。

第十三条 兽用生物制品生产、经营企业以及承担国家强制免疫用生物制品政府采购、分发任务的单位，应当按照兽药产品追溯要求及时、准确、完整地上传制品入库、出库追溯数据至国家兽药追溯系统。

第十四条 县级以上地方人民政府畜牧兽医主管部门应当依法加强对兽用生物制品生产、经营企业和使用者监督检查，发现有违反《兽药管理条例》和本办法规定情形的，应当依法做出处理决定或者报告上级畜牧兽医主管部门。

第十五条 各级畜牧兽医主管部门、兽药检验机构、动物卫生监督机构、动物疫病预防控制机构及其工作人员，不得参与兽用生物制品生产、经营活动，不得以其名义推荐或者监制、监销兽用生物制品和进行广告宣传。

第十六条 养殖场（户）、动物诊疗机构等使用者采购的或者经政府分发获得的兽用生物制品只限自用，不得转手销售。

养殖场（户）、动物诊疗机构等使用者转手销售兽用生物制品的，或者兽用生物制品经营企业超出《兽药经营许可证》载明的经营范围经营兽用生物制品的，属于无证经营，按照《兽药管理条例》第五十六条的规定处罚；属于国家强制免疫用生物制品的，依法从重处罚。

第十七条 兽用生物制品生产、经营企业未按照要求实施兽药产品追溯，以及未按照要求建立真实、完整的贮存、销售、冷链运输记录或未实施冷链贮存、运输的，按照《兽药管理条例》第五十九条的规定处罚。

第十八条 进口兽用生物制品的经营管理，还应当适用《兽药进口管理办法》。

第十九条 本办法自2021年5月15日起施行。农业部2007年3月29日发布的《兽用生物制品经营管理办法》（农业部令第3号）同时废止。

农药管理条例

（1997年5月8日中华人民共和国国务院令第216号发布，根据2001年11月29日《国务院关于修改〈农药管理条例〉的决定》第一次修订，2017年2月8日国务院第164次常务会议修订通过，根据2022年3月29日《国务院关于修改和废止部分行政法规的决定》第二次修订）

第一章　总　　则

第一条　为了加强农药管理，保证农药质量，保障农产品质量安全和人畜安全，保护农业、林业生产和生态环境，制定本条例。

第二条　本条例所称农药，是指用于预防、控制危害农业、林业的病、虫、草、鼠和其他有害生物以及有目的地调节植物、昆虫生长的化学合成或者来源于生物、其他天然物质的一种物质或者几种物质的混合物及其制剂。

前款规定的农药包括用于不同目的、场所的下列各类：

（一）预防、控制危害农业、林业的病、虫（包括昆虫、蜱、螨）、草、鼠、软体动物和其他有害生物；

（二）预防、控制仓储以及加工场所的病、虫、鼠和其他有害生物；

（三）调节植物、昆虫生长；

（四）农业、林业产品防腐或者保鲜；

（五）预防、控制蚊、蝇、蜚蠊、鼠和其他有害生物；

（六）预防、控制危害河流堤坝、铁路、码头、机场、建筑物和其他场所的有害生物。

第三条　国务院农业主管部门负责全国的农药监督管理工作。

县级以上地方人民政府农业主管部门负责本行政区域的农药监督管理工作。

县级以上人民政府其他有关部门在各自职责范围内负责有关的农药监督管理工作。

第四条　县级以上地方人民政府应当加强对农药监督管理工作的组织领导，将农药监督管理经费列入本级政府预算，保障农药监督管理工作的开展。

第五条　农药生产企业、农药经营者应当对其生产、经营的农药的安全性、有效性负责，自觉接受政府监管和社会监督。

农药生产企业、农药经营者应当加强行业自律，规范生产、经营行为。

第六条　国家鼓励和支持研制、生产、使用安全、高效、经济的农药，推进农药专业化使用，促进农药产业升级。

对在农药研制、推广和监督管理等工作中作出突出贡献的单位和个人，按照国家有关规定予以表彰或者奖励。

第二章　农药登记

第七条　国家实行农药登记制度。农药生产企业、向中国出口农药的企业应当依照本条例的规定申请农药登记，新农药研制者可以依照本条例的规定申请农药登记。

国务院农业主管部门所属的负责农药检定工作的机构负责农药登记具体工作。省、自治区、直辖市人民政府农业主管部门所属的负责农药检定工作的机构协助做好本行政区域的农药登记具体工作。

第八条 国务院农业主管部门组织成立农药登记评审委员会，负责农药登记评审。

农药登记评审委员会由下列人员组成：

（一）国务院农业、林业、卫生、环境保护、粮食、工业行业管理、安全生产监督管理等有关部门和供销合作总社等单位推荐的农药产品化学、药效、毒理、残留、环境、质量标准和检测等方面的专家；

（二）国家食品安全风险评估专家委员会的有关专家；

（三）国务院农业、林业、卫生、环境保护、粮食、工业行业管理、安全生产监督管理等有关部门和供销合作总社等单位的代表。

农药登记评审规则由国务院农业主管部门制定。

第九条 申请农药登记的，应当进行登记试验。

农药的登记试验应当报所在地省、自治区、直辖市人民政府农业主管部门备案。

第十条 登记试验应当由国务院农业主管部门认定的登记试验单位按照国务院农业主管部门的规定进行。

与已取得中国农药登记的农药组成成分、使用范围和使用方法相同的农药，免予残留、环境试验，但已取得中国农药登记的农药依照本条例第十五条的规定在登记资料保护期内的，应当经农药登记证持有人授权同意。

登记试验单位应当对登记试验报告的真实性负责。

第十一条 登记试验结束后，申请人应当向所在地省、自治区、直辖市人民政府农业主管部门提出农药登记申请，并提交登记试验报告、标签样张和农药产品质量标准及其检验方法等申请资料；申请新农药登记的，还应当提供农药标准品。

省、自治区、直辖市人民政府农业主管部门应当自受理申请之日起20个工作日内提出初审意见，并报送国务院农业主管部门。

向中国出口农药的企业申请农药登记的，应当持本条第一款规定的资料、农药标准品以及在有关国家（地区）登记、使用的证明材料，向国务院农业主管部门提出申请。

第十二条 国务院农业主管部门受理申请或者收到省、自治区、直辖市人民政府农业主管部门报送的申请资料后，应当组织审查和登记评审，并自收到评审意见之日起20个工作日内作出审批决定，符合条件的，核发农药登记证；不符合条件的，书面通知申请人并说明理由。

第十三条 农药登记证应当载明农药名称、剂型、有效成分及其含量、毒性、使用范围、使用方法和剂量、登记证持有人、登记证号以及有效期等事项。

农药登记证有效期为5年。有效期届满，需要继续生产农药或者向中国出口农药的，农药登记证持有人应当在有效期届满90日前向国务院农业主管部门申请延续。

农药登记证载明事项发生变化的，农药登记证持有人应当按照国务院农业主管部门的规定申请变更农药登记证。

国务院农业主管部门应当及时公告农药登记证核发、延续、变更情况以及有关的农药产品质量标准号、残留限量规定、检验方法、经核准的标签等信息。

第十四条 新农药研制者可以转让其已取得登记的新农药的登记资料；农药生产企业可以向具有相应生产能力的农药生产企业转让其已取得登记的农药的登记资料。

第十五条 国家对取得首次登记的、含有新化合物的农药的申请人提交的其自己所取得且未披露的试验数据和其他数据实施保护。

自登记之日起6年内，对其他申请人未经已取得登记的申请人同意，使用前款规定的数据申请农药登记的，登记机关不予登记；但是，其他申请人提交其自己所取得的数据的除外。

除下列情况外，登记机关不得披露本条第一款规定的数据：

（一）公共利益需要；

（二）已采取措施确保该类信息不会被不正当地进行商业使用。

第三章　农药生产

第十六条　农药生产应当符合国家产业政策。国家鼓励和支持农药生产企业采用先进技术和先进管理规范，提高农药的安全性、有效性。

第十七条　国家实行农药生产许可制度。农药生产企业应当具备下列条件，并按照国务院农业主管部门的规定向省、自治区、直辖市人民政府农业主管部门申请农药生产许可证：

（一）有与所申请生产农药相适应的技术人员；

（二）有与所申请生产农药相适应的厂房、设施；

（三）有对所申请生产农药进行质量管理和质量检验的人员、仪器和设备；

（四）有保证所申请生产农药质量的规章制度。

省、自治区、直辖市人民政府农业主管部门应当自受理申请之日起20个工作日内作出审批决定，必要时应当进行实地核查。符合条件的，核发农药生产许可证；不符合条件的，书面通知申请人并说明理由。

安全生产、环境保护等法律、行政法规对企业生产条件有其他规定的，农药生产企业还应当遵守其规定。

第十八条　农药生产许可证应当载明农药生产企业名称、住所、法定代表人（负责人）、生产范围、生产地址以及有效期等事项。

农药生产许可证有效期为5年。有效期届满，需要继续生产农药的，农药生产企业应当在有效期届满90日前向省、自治区、直辖市人民政府农业主管部门申请延续。

农药生产许可证载明事项发生变化的，农药生产企业应当按照国务院农业主管部门的规定申请变更农药生产许可证。

第十九条　委托加工、分装农药的，委托人应当取得相应的农药登记证，受托人应当取得农药生产许可证。

委托人应当对委托加工、分装的农药质量负责。

第二十条　农药生产企业采购原材料，应当查验产品质量检验合格证和有关许可证明文件，不得采购、使用未依法附具产品质量检验合格证、未依法取得有关许可证明文件的原材料。

农药生产企业应当建立原材料进货记录制度，如实记录原材料的名称、有关许可证明文件编号、规格、数量、供货人名称及其联系方式、进货日期等内容。原材料进货记录应当保存2年以上。

第二十一条　农药生产企业应当严格按照产品质量标准进行生产，确保农药产品与登记农药一致。农药出厂销售，应当经质量检验合格并附具产品质量检验合格证。

农药生产企业应当建立农药出厂销售记录制度，如实记录农药的名称、规格、数量、生产日期和批号、产品质量检验信息、购货人名称及其联系方式、销售日期等内容。农药出厂销售记录应当保存2年以上。

第二十二条　农药包装应当符合国家有关规定，并印制或者贴有标签。国家鼓励农药生产企业使用可回收的农药包装材料。

农药标签应当按照国务院农业主管部门的规定，以中文标注农药的名称、剂型、有效成分及其含量、毒性及其标识、使用范围、使用方法和剂量、使用技术要求和注意事项、生产日期、可追溯电子信息码等内容。

剧毒、高毒农药以及使用技术要求严格的其他农药等限制使用农药的标签还应当标注“限制使用”字样，并注明使用的特别限制和特殊要求。用于食用农产品的农药的标签还应当标注安全间隔期。

第二十三条 农药生产企业不得擅自改变经核准的农药的标签内容，不得在农药的标签中标注虚假、误导使用者的内容。

农药包装过小，标签不能标注全部内容的，应当同时附具说明书，说明书的内容应当与经核准的标签内容一致。

第四章 农药经营

第二十四条 国家实行农药经营许可制度，但经营卫生用农药的除外。农药经营者应当具备下列条件，并按照国务院农业主管部门的规定向县级以上地方人民政府农业主管部门申请农药经营许可证：

（一）有具备农药和病虫害防治专业知识，熟悉农药管理规定，能够指导安全合理使用农药的经营人员；

（二）有与其他商品以及饮用水水源、生活区域等有效隔离的营业场所和仓储场所，并配备与所申请经营农药相适应的防护设施；

（三）有与所申请经营农药相适应的质量管理、台账记录、安全防护、应急处置、仓储管理等制度。

经营限制使用农药的，还应当配备相应的用药指导和病虫害防治专业技术人员，并按照所在地省、自治区、直辖市人民政府农业主管部门的规定实行定点经营。

县级以上地方人民政府农业主管部门应当自受理申请之日起20个工作日内作出审批决定。符合条件的，核发农药经营许可证；不符合条件的，书面通知申请人并说明理由。

第二十五条 农药经营许可证应当载明农药经营者名称、住所、负责人、经营范围以及有效期等事项。

农药经营许可证有效期为5年。有效期届满，需要继续经营农药的，农药经营者应当在有效期届满90日前向发证机关申请延续。

农药经营许可证载明事项发生变化的，农药经营者应当按照国务院农业主管部门的规定申请变更农药经营许可证。

取得农药经营许可证的农药经营者设立分支机构的，应当依法申请变更农药经营许可证，并向分支机构所在地县级以上地方人民政府农业主管部门备案，其分支机构免予办理农药经营许可证。农药经营者应当对其分支机构的经营活动负责。

第二十六条 农药经营者采购农药应当查验产品包装、标签、产品质量检验合格证以及有关许可证明文件，不得向未取得农药生产许可证的农药生产企业或者未取得农药经营许可证的其他农药经营者采购农药。

农药经营者应当建立采购台账，如实记录农药的名称、有关许可证明文件编号、规格、数量、生产企业和供货人名称及其联系方式、进货日期等内容。采购台账应当保存2年以上。

第二十七条 农药经营者应当建立销售台账，如实记录销售农药的名称、规格、数量、生产企业、购买人、销售日期等内容。销售台账应当保存2年以上。

农药经营者应当向购买人询问病虫害发生情况并科学推荐农药，必要时应当实地查看病虫害发生情况，并正确说明农药的使用范围、使用方法和剂量、使用技术要求和注意事项，不得误导购买人。

经营卫生用农药的，不适用本条第一款、第二款的规定。

第二十八条 农药经营者不得加工、分装农药，不得在农药中添加任何物质，不得采购、销售包装和标签不符合规定，未附具产品质量检验合格证，未取得有关许可证明文件的农药。

经营卫生用农药的，应当将卫生用农药与其他商品分柜销售；经营其他农药的，不得在农药经营场所内经营食品、食用农产品、饲料等。

第二十九条　境外企业不得直接在中国销售农药。境外企业在中国销售农药的，应当依法在中国设立销售机构或者委托符合条件的中国代理机构销售。

向中国出口的农药应当附具中文标签、说明书，符合产品质量标准，并经出入境检验检疫部门依法检验合格。禁止进口未取得农药登记证的农药。

办理农药进出口海关申报手续，应当按照海关总署的规定出示相关证明文件。

第五章　农药使用

第三十条　县级以上人民政府农业主管部门应当加强农药使用指导、服务工作，建立健全农药安全、合理使用制度，并按照预防为主、综合防治的要求，组织推广农药科学使用技术，规范农药使用行为。林业、粮食、卫生等部门应当加强对林业、储粮、卫生用农药安全、合理使用的技术指导，环境保护主管部门应当加强对农药使用过程中环境保护和污染防治的技术指导。

第三十一条　县级人民政府农业主管部门应当组织植物保护、农业技术推广等机构向农药使用者提供免费技术培训，提高农药安全、合理使用水平。

国家鼓励农业科研单位、有关学校、农民专业合作社、供销合作社、农业社会化服务组织和专业人员为农药使用者提供技术服务。

第三十二条　国家通过推广生物防治、物理防治、先进施药器械等措施，逐步减少农药使用量。

县级人民政府应当制定并组织实施本行政区域的农药减量计划；对实施农药减量计划、自愿减少农药使用量的农药使用者，给予鼓励和扶持。

县级人民政府农业主管部门应当鼓励和扶持设立专业化病虫害防治服务组织，并对专业化病虫害防治和限制使用农药的配药、用药进行指导、规范和管理，提高病虫害防治水平。

县级人民政府农业主管部门应当指导农药使用者有计划地轮换使用农药，减缓危害农业、林业的病、虫、草、鼠和其他有害生物的抗药性。

乡、镇人民政府应当协助开展农药使用指导、服务工作。

第三十三条　农药使用者应当遵守国家有关农药安全、合理使用制度，妥善保管农药，并在配药、用药过程中采取必要的防护措施，避免发生农药使用事故。

限制使用农药的经营者应当为农药使用者提供用药指导，并逐步提供统一用药服务。

第三十四条　农药使用者应当严格按照农药的标签标注的使用范围、使用方法和剂量、使用技术要求和注意事项使用农药，不得扩大使用范围、加大用药剂量或者改变使用方法。

农药使用者不得使用禁用的农药。

标签标注安全间隔期的农药，在农产品收获前应当按照安全间隔期的要求停止使用。

剧毒、高毒农药不得用于防治卫生害虫，不得用于蔬菜、瓜果、茶叶、菌类、中草药材的生产，不得用于水生植物的病虫害防治。

第三十五条　农药使用者应当保护环境，保护有益生物和珍稀物种，不得在饮用水水源保护区、河道内丢弃农药、农药包装物或者清洗施药器械。

严禁在饮用水水源保护区内使用农药，严禁使用农药毒鱼、虾、鸟、兽等。

第三十六条　农产品生产企业、食品和食用农产品仓储企业、专业化病虫害防治服务组织和从事农产品生产的农民专业合作社等应当建立农药使用记录，如实记录使用农药的时间、地点、对象以及农药名称、用量、生产企业等。农药使用记录应当保存2年以上。

国家鼓励其他农药使用者建立农药使用记录。

第三十七条　国家鼓励农药使用者妥善收集农药包装物等废弃物；农药生产企业、农药经营者应当回收农药废弃物，防止农药污染环境和农药中毒事故的发生。具体办法由国务院环境保护主管部门会同国务院农业主管部门、国务院财政部门等部门制定。

第三十八条　发生农药使用事故，农药使用者、农药生产企业、农药经营者和其他有关人员应当及时报告当地农业主管部门。

接到报告的农业主管部门应当立即采取措施，防止事故扩大，同时通知有关部门采取相应措施。造成农药中毒事故的，由农业主管部门和公安机关依照职责权限组织调查处理，卫生主管部门应当按照国家有关规定立即对受到伤害的人员组织医疗救治；造成环境污染事故的，由环境保护等有关部门依法组织调查处理；造成储粮药剂使用事故和农作物药害事故的，分别由粮食、农业等部门组织技术鉴定和调查处理。

第三十九条　因防治突发重大病虫害等紧急需要，国务院农业主管部门可以决定临时生产、使用规定数量的未取得登记或者禁用、限制使用的农药，必要时应当会同国务院对外贸易主管部门决定临时限制出口或者临时进口规定数量、品种的农药。

前款规定的农药，应当在使用地县级人民政府农业主管部门的监督和指导下使用。

第六章　监督管理

第四十条　县级以上人民政府农业主管部门应当定期调查统计农药生产、销售、使用情况，并及时通报本级人民政府有关部门。

县级以上地方人民政府农业主管部门应当建立农药生产、经营诚信档案并予以公布；发现违法生产、经营农药的行为涉嫌犯罪的，应当依法移送公安机关查处。

第四十一条　县级以上人民政府农业主管部门履行农药监督管理职责，可以依法采取下列措施：

（一）进入农药生产、经营、使用场所实施现场检查；

（二）对生产、经营、使用的农药实施抽查检测；

（三）向有关人员调查了解有关情况；

（四）查阅、复制合同、票据、账簿以及其他有关资料；

（五）查封、扣押违法生产、经营、使用的农药，以及用于违法生产、经营、使用农药的工具、设备、原材料等；

（六）查封违法生产、经营、使用农药的场所。

第四十二条　国家建立农药召回制度。农药生产企业发现其生产的农药对农业、林业、人畜安全、农产品质量安全、生态环境等有严重危害或者较大风险的，应当立即停止生产，通知有关经营者和使用者，向所在地农业主管部门报告，主动召回产品，并记录通知和召回情况。

农药经营者发现其经营的农药有前款规定的情形的，应当立即停止销售，通知有关生产企业、供货人和购买人，向所在地农业主管部门报告，并记录停止销售和通知情况。

农药使用者发现其使用的农药有本条第一款规定的情形的，应当立即停止使用，通知经营者，并向所在地农业主管部门报告。

第四十三条　国务院农业主管部门和省、自治区、直辖市人民政府农业主管部门应当组织负责农药检定工作的机构、植物保护机构对已登记农药的安全性和有效性进行监测。

发现已登记农药对农业、林业、人畜安全、农产品质量安全、生态环境等有严重危害或者较大风险的，国务院农业主管部门应当组织农药登记评审委员会进行评审，根据评审结果撤销、变更相应的农药登记证，必要时应当决定禁用或者限制使用并予以公告。

第四十四条　有下列情形之一的，认定为假农药：

（一）以非农药冒充农药；

（二）以此种农药冒充他种农药；

（三）农药所含有效成分种类与农药的标签、说明书标注的有效成分不符。

禁用的农药，未依法取得农药登记证而生产、进口的农药，以及未附具标签的农药，按照假农药处理。

第四十五条　有下列情形之一的，认定为劣质农药：

（一）不符合农药产品质量标准；

（二）混有导致药害等有害成分。

超过农药质量保证期的农药，按照劣质农药处理。

第四十六条　假农药、劣质农药和回收的农药废弃物等应当交由具有危险废物经营资质的单位集中处置，处置费用由相应的农药生产企业、农药经营者承担；农药生产企业、农药经营者不明确的，处置费用由所在地县级人民政府财政列支。

第四十七条　禁止伪造、变造、转让、出租、出借农药登记证、农药生产许可证、农药经营许可证等许可证明文件。

第四十八条　县级以上人民政府农业主管部门及其工作人员和负责农药检定工作的机构及其工作人员，不得参与农药生产、经营活动。

第七章　法律责任

第四十九条　县级以上人民政府农业主管部门及其工作人员有下列行为之一的，由本级人民政府责令改正；对负有责任的领导人员和直接责任人员，依法给予处分；负有责任的领导人员和直接责任人员构成犯罪的，依法追究刑事责任：

（一）不履行监督管理职责，所辖行政区域的违法农药生产、经营活动造成重大损失或者恶劣社会影响；

（二）对不符合条件的申请人准予许可或者对符合条件的申请人拒不准予许可；

（三）参与农药生产、经营活动；

（四）有其他徇私舞弊、滥用职权、玩忽职守行为。

第五十条　农药登记评审委员会组成人员在农药登记评审中谋取不正当利益的，由国务院农业主管部门从农药登记评审委员会除名；属于国家工作人员的，依法给予处分；构成犯罪的，依法追究刑事责任。

第五十一条　登记试验单位出具虚假登记试验报告的，由省、自治区、直辖市人民政府农业主管部门没收违法所得，并处5万元以上10万元以下罚款；由国务院农业主管部门从登记试验单位中除名，5年内不再受理其登记试验单位认定申请；构成犯罪的，依法追究刑事责任。

第五十二条　未取得农药生产许可证生产农药或者生产假农药的，由县级以上地方人民政府农业主管部门责令停止生产，没收违法所得、违法生产的产品和用于违法生产的工具、设备、原材料等，违法生产的产品货值金额不足1万元的，并处5万元以上10万元以下罚款，货值金额1万元以上的，并处货值金额10倍以上20倍以下罚款，由发证机关吊销农药生产许可证和相应的农药登记证；构成犯罪的，依法追究刑事责任。

取得农药生产许可证的农药生产企业不再符合规定条件继续生产农药的，由县级以上地方人民政府农业主管部门责令限期整改；逾期拒不整改或者整改后仍不符合规定条件的，由发证机关吊销农药生产许可证。

农药生产企业生产劣质农药的，由县级以上地方人民政府农业主管部门责令停止生产，没收违法所得、违法生产的产品和用于违法生产的工具、设备、原材料等，违法生产的产品货值金额不足1万元的，并处1万元以上5万元以下罚款，货值金额1万元以上的，并处货值金额5倍以上10倍以下罚款；情节严重的，由发证机关吊销农药生产许可证和相应的农药登记证；构成犯罪的，依法追究刑事责任。

委托未取得农药生产许可证的受托人加工、分装农药，或者委托加工、分装假农药、劣质农药的，对委托人和受托人均依照本条第一款、第三款的规定处罚。

第五十三条 农药生产企业有下列行为之一的，由县级以上地方人民政府农业主管部门责令改正，没收违法所得、违法生产的产品和用于违法生产的原材料等，违法生产的产品货值金额不足1万元的，并处1万元以上2万元以下罚款，货值金额1万元以上的，并处货值金额2倍以上5倍以下罚款；拒不改正或者情节严重的，由发证机关吊销农药生产许可证和相应的农药登记证：

（一）采购、使用未依法附具产品质量检验合格证、未依法取得有关许可证明文件的原材料；

（二）出厂销售未经质量检验合格并附具产品质量检验合格证的农药；

（三）生产的农药包装、标签、说明书不符合规定；

（四）不召回依法应当召回的农药。

第五十四条 农药生产企业不执行原材料进货、农药出厂销售记录制度，或者不履行农药废弃物回收义务的，由县级以上地方人民政府农业主管部门责令改正，处1万元以上5万元以下罚款；拒不改正或者情节严重的，由发证机关吊销农药生产许可证和相应的农药登记证。

第五十五条 农药经营者有下列行为之一的，由县级以上地方人民政府农业主管部门责令停止经营，没收违法所得、违法经营的农药和用于违法经营的工具、设备等，违法经营的农药货值金额不足1万元的，并处5000元以上5万元以下罚款，货值金额1万元以上的，并处货值金额5倍以上10倍以下罚款；构成犯罪的，依法追究刑事责任：

（一）违反本条例规定，未取得农药经营许可证经营农药；

（二）经营假农药；

（三）在农药中添加物质。

有前款第二项、第三项规定的行为，情节严重的，还应当由发证机关吊销农药经营许可证。

取得农药经营许可证的农药经营者不再符合规定条件继续经营农药的，由县级以上地方人民政府农业主管部门责令限期整改；逾期拒不整改或者整改后仍不符合规定条件的，由发证机关吊销农药经营许可证。

第五十六条 农药经营者经营劣质农药的，由县级以上地方人民政府农业主管部门责令停止经营，没收违法所得、违法经营的农药和用于违法经营的工具、设备等，违法经营的农药货值金额不足1万元的，并处2000元以上2万元以下罚款，货值金额1万元以上的，并处货值金额2倍以上5倍以下罚款；情节严重的，由发证机关吊销农药经营许可证；构成犯罪的，依法追究刑事责任。

第五十七条 农药经营者有下列行为之一的，由县级以上地方人民政府农业主管部门责令改正，没收违法所得和违法经营的农药，并处5000元以上5万元以下罚款；拒不改正或者情节严重的，由发证机关吊销农药经营许可证：

（一）设立分支机构未依法变更农药经营许可证，或者未向分支机构所在地县级以上地方人民政府农业主管部门备案；

（二）向未取得农药生产许可证的农药生产企业或者未取得农药经营许可证的其他农药经营者采购农药；

（三）采购、销售未附具产品质量检验合格证或者包装、标签不符合规定的农药；

（四）不停止销售依法应当召回的农药。

第五十八条 农药经营者有下列行为之一的，由县级以上地方人民政府农业主管部门责令改正；拒不改正或者情节严重的，处

2000元以上2万元以下罚款，并由发证机关吊销农药经营许可证：

（一）不执行农药采购台账、销售台账制度；

（二）在卫生用农药以外的农药经营场所内经营食品、食用农产品、饲料等；

（三）未将卫生用农药与其他商品分柜销售；

（四）不履行农药废弃物回收义务。

第五十九条　境外企业直接在中国销售农药的，由县级以上地方人民政府农业主管部门责令停止销售，没收违法所得、违法经营的农药和用于违法经营的工具、设备等，违法经营的农药货值金额不足5万元的，并处5万元以上50万元以下罚款，货值金额5万元以上的，并处货值金额10倍以上20倍以下罚款，由发证机关吊销农药登记证。

取得农药登记证的境外企业向中国出口劣质农药情节严重或者出口假农药的，由国务院农业主管部门吊销相应的农药登记证。

第六十条　农药使用者有下列行为之一的，由县级人民政府农业主管部门责令改正，农药使用者为农产品生产企业、食品和食用农产品仓储企业、专业化病虫害防治服务组织和从事农产品生产的农民专业合作社等单位的，处5万元以上10万元以下罚款，农药使用者为个人的，处1万元以下罚款；构成犯罪的，依法追究刑事责任：

（一）不按照农药的标签标注的使用范围、使用方法和剂量、使用技术要求和注意事项、安全间隔期使用农药；

（二）使用禁用的农药；

（三）将剧毒、高毒农药用于防治卫生害虫，用于蔬菜、瓜果、茶叶、菌类、中草药材生产或者用于水生植物的病虫害防治；

（四）在饮用水水源保护区内使用农药；

（五）使用农药毒鱼、虾、鸟、兽等；

（六）在饮用水水源保护区、河道内丢弃农药、农药包装物或者清洗施药器械。

有前款第二项规定的行为的，县级人民政府农业主管部门还应当没收禁用的农药。

第六十一条　农产品生产企业、食品和食用农产品仓储企业、专业化病虫害防治服务组织和从事农产品生产的农民专业合作社等不执行农药使用记录制度的，由县级人民政府农业主管部门责令改正；拒不改正或者情节严重的，处2000元以上2万元以下罚款。

第六十二条　伪造、变造、转让、出租、出借农药登记证、农药生产许可证、农药经营许可证等许可证明文件的，由发证机关收缴或者予以吊销，没收违法所得，并处1万元以上5万元以下罚款；构成犯罪的，依法追究刑事责任。

第六十三条　未取得农药生产许可证生产农药，未取得农药经营许可证经营农药，或者被吊销农药登记证、农药生产许可证、农药经营许可证的，其直接负责的主管人员10年内不得从事农药生产、经营活动。

农药生产企业、农药经营者招用前款规定的人员从事农药生产、经营活动的，由发证机关吊销农药生产许可证、农药经营许可证。

被吊销农药登记证的，国务院农业主管部门5年内不再受理其农药登记申请。

第六十四条　生产、经营的农药造成农药使用者人身、财产损害的，农药使用者可以向农药生产企业要求赔偿，也可以向农药经营者要求赔偿。属于农药生产企业责任的，农药经营者赔偿后有权向农药生产企业追偿；属于农药经营者责任的，农药生产企业赔偿后有权向农药经营者追偿。

第八章　附　　则

第六十五条　申请农药登记的，申请人应当按照自愿有偿的原则，与登记试验单位协商确定登记试验费用。

第六十六条　本条例自2017年6月1日起施行。

兽药管理条例

（2004年4月9日中华人民共和国国务院令第404号公布，根据2014年7月29日《国务院关于修改部分行政法规的决定》第一次修订，根据2016年2月6日《国务院关于修改部分行政法规的决定》第二次修订，根据2020年3月27日《国务院关于修改和废止部分行政法规的决定》第三次修订）

第一章　总　　则

第一条　为了加强兽药管理，保证兽药质量，防治动物疾病，促进养殖业的发展，维护人体健康，制定本条例。

第二条　在中华人民共和国境内从事兽药的研制、生产、经营、进出口、使用和监督管理，应当遵守本条例。

第三条　国务院兽医行政管理部门负责全国的兽药监督管理工作。

县级以上地方人民政府兽医行政管理部门负责本行政区域内的兽药监督管理工作。

第四条　国家实行兽用处方药和非处方药分类管理制度。兽用处方药和非处方药分类管理的办法和具体实施步骤，由国务院兽医行政管理部门规定。

第五条　国家实行兽药储备制度。

发生重大动物疫情、灾情或者其他突发事件时，国务院兽医行政管理部门可以紧急调用国家储备的兽药；必要时，也可以调用国家储备以外的兽药。

第二章　新兽药研制

第六条　国家鼓励研制新兽药，依法保护研制者的合法权益。

第七条　研制新兽药，应当具有与研制相适应的场所、仪器设备、专业技术人员、安全管理规范和措施。

研制新兽药，应当进行安全性评价。从事兽药安全性评价的单位应当遵守国务院兽医行政管理部门制定的兽药非临床研究质量管理规范和兽药临床试验质量管理规范。

省级以上人民政府兽医行政管理部门应当对兽药安全性评价单位是否符合兽药非临床研究质量管理规范和兽药临床试验质量管理规范的要求进行监督检查，并公布监督检查结果。

第八条　研制新兽药，应当在临床试验前向临床试验场所所在地省、自治区、直辖市人民政府兽医行政管理部门备案，并附具该新兽药实验室阶段安全性评价报告及其他临床前研究资料。

研制的新兽药属于生物制品的，应当在临床试验前向国务院兽医行政管理部门提出申请，国务院兽医行政管理部门应当自收到申请之日起60个工作日内将审查结果书面通知申请人。

研制新兽药需要使用一类病原微生物的，还应当具备国务院兽医行政管理部门规定的条件，并在实验室阶段前报国务院兽医行政管理部门批准。

第九条　临床试验完成后，新兽药研制者向国务院兽医行政管理部门提出新兽药注册申请时，应当提交该新兽药的样品和下列资料：

（一）名称、主要成分、理化性质；

（二）研制方法、生产工艺、质量标准和检测方法；

（三）药理和毒理试验结果、临床试验报告和稳定性试验报告；

（四）环境影响报告和污染防治措施。

研制的新兽药属于生物制品的，还应当提供菌（毒、虫）种、细胞等有关材料和资料。菌（毒、虫）种、细胞由国务院兽医行政管理部门指定的机构保藏。

研制用于食用动物的新兽药，还应当按照国务院兽医行政管理部门的规定进行兽药残留试验并提供休药期、最高残留限量标准、残留检测方法及其制定依据等资料。

国务院兽医行政管理部门应当自收到申请之日起 10 个工作日内，将决定受理的新兽药资料送其设立的兽药评审机构进行评审，将新兽药样品送其指定的检验机构复核检验，并自收到评审和复核检验结论之日起 60 个工作日内完成审查。审查合格的，发给新兽药注册证书，并发布该兽药的质量标准；不合格的，应当书面通知申请人。

第十条　国家对依法获得注册的、含有新化合物的兽药的申请人提交的其自己所取得且未披露的试验数据和其他数据实施保护。

自注册之日起 6 年内，对其他申请人未经已获得注册兽药的申请人同意，使用前款规定的数据申请兽药注册的，兽药注册机关不予注册；但是，其他申请人提交其自己所取得的数据的除外。

除下列情况外，兽药注册机关不得披露本条第一款规定的数据：

（一）公共利益需要；

（二）已采取措施确保该类信息不会被不正当地进行商业使用。

第三章　兽药生产

第十一条　从事兽药生产的企业，应当符合国家兽药行业发展规划和产业政策，并具备下列条件：

（一）与所生产的兽药相适应的兽医学、药学或者相关专业的技术人员；

（二）与所生产的兽药相适应的厂房、设施；

（三）与所生产的兽药相适应的兽药质量管理和质量检验的机构、人员、仪器设备；

（四）符合安全、卫生要求的生产环境；

（五）兽药生产质量管理规范规定的其他生产条件。

符合前款规定条件的，申请人方可向省、自治区、直辖市人民政府兽医行政管理部门提出申请，并附具符合前款规定条件的证明材料；省、自治区、直辖市人民政府兽医行政管理部门应当自收到申请之日起 40 个工作日内完成审查。经审查合格的，发给兽药生产许可证；不合格的，应当书面通知申请人。

第十二条　兽药生产许可证应当载明生产范围、生产地点、有效期和法定代表人姓名、住址等事项。

兽药生产许可证有效期为 5 年。有效期届满，需要继续生产兽药的，应当在许可证有效期届满前 6 个月到发证机关申请换发兽药生产许可证。

第十三条　兽药生产企业变更生产范围、生产地点的，应当依照本条例第十一条的规定申请换发兽药生产许可证；变更企业名称、法定代表人的，应当在办理工商变更登记手续后 15 个工作日内，到发证机关申请换发兽药生产许可证。

第十四条　兽药生产企业应当按照国务院兽医行政管理部门制定的兽药生产质量管理规范组织生产。

省级以上人民政府兽医行政管理部门，应当对兽药生产企业是否符合兽药生产质量管理规范的要求进行监督检查，并公布检查结果。

第十五条　兽药生产企业生产兽药，应当取得国务院兽医行政管理部门核发的产品批准文号，产品批准文号的有效期为 5 年。

兽药产品批准文号的核发办法由国务院兽医行政管理部门制定。

第十六条 兽药生产企业应当按照兽药国家标准和国务院兽医行政管理部门批准的生产工艺进行生产。兽药生产企业改变影响兽药质量的生产工艺的，应当报原批准部门审核批准。

兽药生产企业应当建立生产记录，生产记录应当完整、准确。

第十七条 生产兽药所需的原料、辅料，应当符合国家标准或者所生产兽药的质量要求。

直接接触兽药的包装材料和容器应当符合药用要求。

第十八条 兽药出厂前应当经过质量检验，不符合质量标准的不得出厂。

兽药出厂应当附有产品质量合格证。

禁止生产假、劣兽药。

第十九条 兽药生产企业生产的每批兽用生物制品，在出厂前应当由国务院兽医行政管理部门指定的检验机构审查核对，并在必要时进行抽查检验；未经审查核对或者抽查检验不合格的，不得销售。

强制免疫所需兽用生物制品，由国务院兽医行政管理部门指定的企业生产。

第二十条 兽药包装应当按照规定印有或者贴有标签，附具说明书，并在显著位置注明“兽用”字样。

兽药的标签和说明书经国务院兽医行政管理部门批准并公布后，方可使用。

兽药的标签或者说明书，应当以中文注明兽药的通用名称、成分及其含量、规格、生产企业、产品批准文号（进口兽药注册证号）、产品批号、生产日期、有效期、适应症或者功能主治、用法、用量、休药期、禁忌、不良反应、注意事项、运输贮存保管条件及其他应当说明的内容。有商品名称的，还应当注明商品名称。

除前款规定的内容外，兽用处方药的标签或者说明书还应当印有国务院兽医行政管理部门规定的警示内容，其中兽用麻醉药品、精神药品、毒性药品和放射性药品还应当印有国务院兽医行政管理部门规定的特殊标志；兽用非处方药的标签或者说明书还应当印有国务院兽医行政管理部门规定的非处方药标志。

第二十一条 国务院兽医行政管理部门，根据保证动物产品质量安全和人体健康的需要，可以对新兽药设立不超过5年的监测期；在监测期内，不得批准其他企业生产或者进口该新兽药。生产企业应当在监测期内收集该新兽药的疗效、不良反应等资料，并及时报送国务院兽医行政管理部门。

第四章 兽药经营

第二十二条 经营兽药的企业，应当具备下列条件：

（一）与所经营的兽药相适应的兽药技术人员；

（二）与所经营的兽药相适应的营业场所、设备、仓库设施；

（三）与所经营的兽药相适应的质量管理机构或者人员；

（四）兽药经营质量管理规范规定的其他经营条件。

符合前款规定条件的，申请人方可向市、县人民政府兽医行政管理部门提出申请，并附具符合前款规定条件的证明材料；经营兽用生物制品的，应当向省、自治区、直辖市人民政府兽医行政管理部门提出申请，并附具符合前款规定条件的证明材料。

县级以上地方人民政府兽医行政管理部门，应当自收到申请之日起30个工作日内完成审查。审查合格的，发给兽药经营许可证；不合格的，应当书面通知申请人。

第二十三条 兽药经营许可证应当载明经营范围、经营地点、有效期和法定代表人姓名、住址等事项。

兽药经营许可证有效期为5年。有效期届满，需要继续经营兽药的，应当在许可证有效期届满前6个月到发证机关申请换发兽药经营许可证。

第二十四条　兽药经营企业变更经营范围、经营地点的，应当依照本条例第二十二条的规定申请换发兽药经营许可证；变更企业名称、法定代表人的，应当在办理工商变更登记手续后15个工作日内，到发证机关申请换发兽药经营许可证。

第二十五条　兽药经营企业，应当遵守国务院兽医行政管理部门制定的兽药经营质量管理规范。

县级以上地方人民政府兽医行政管理部门，应当对兽药经营企业是否符合兽药经营质量管理规范的要求进行监督检查，并公布检查结果。

第二十六条　兽药经营企业购进兽药，应当将兽药产品与产品标签或者说明书、产品质量合格证核对无误。

第二十七条　兽药经营企业，应当向购买者说明兽药的功能主治、用法、用量和注意事项。销售兽用处方药的，应当遵守兽用处方药管理办法。

兽药经营企业销售兽用中药材的，应当注明产地。

禁止兽药经营企业经营人用药品和假、劣兽药。

第二十八条　兽药经营企业购销兽药，应当建立购销记录。购销记录应当载明兽药的商品名称、通用名称、剂型、规格、批号、有效期、生产厂商、购销单位、购销数量、购销日期和国务院兽医行政管理部门规定的其他事项。

第二十九条　兽药经营企业，应当建立兽药保管制度，采取必要的冷藏、防冻、防潮、防虫、防鼠等措施，保持所经营兽药的质量。

兽药入库、出库，应当执行检查验收制度，并有准确记录。

第三十条　强制免疫所需兽用生物制品的经营，应当符合国务院兽医行政管理部门的规定。

第三十一条　兽药广告的内容应当与兽药说明书内容相一致，在全国重点媒体发布兽药广告的，应当经国务院兽医行政管理部门审查批准，取得兽药广告审查批准文号。在地方媒体发布兽药广告的，应当经省、自治区、直辖市人民政府兽医行政管理部门审查批准，取得兽药广告审查批准文号；未经批准的，不得发布。

第五章　兽药进出口

第三十二条　首次向中国出口的兽药，由出口方驻中国境内的办事机构或者其委托的中国境内代理机构向国务院兽医行政管理部门申请注册，并提交下列资料和物品：

（一）生产企业所在国家（地区）兽药管理部门批准生产、销售的证明文件。

（二）生产企业所在国家（地区）兽药管理部门颁发的符合兽药生产质量管理规范的证明文件。

（三）兽药的制造方法、生产工艺、质量标准、检测方法、药理和毒理试验结果、临床试验报告、稳定性试验报告及其他相关资料；用于食用动物的兽药的休药期、最高残留限量标准、残留检测方法及其制定依据等资料。

（四）兽药的标签和说明书样本。

（五）兽药的样品、对照品、标准品。

（六）环境影响报告和污染防治措施。

（七）涉及兽药安全性的其他资料。

申请向中国出口兽用生物制品的，还应当提供菌（毒、虫）种、细胞等有关材料和资料。

第三十三条　国务院兽医行政管理部门，应当自收到申请之日起10个工作日内组织初步审查。经初步审查合格的，应当将决定受理的兽药资料送其设立的兽药评审机构进行评审，将该兽药样品送其指定的检验机构复核检验，并自收到评审和复核检验结论之日起60个工作日内完成审查。经审查合格的，发给进口兽药注册证书，并发布该兽药的质量标准；不合格的，应当书面通知申请人。

在审查过程中，国务院兽医行政管理部门可以对向中国出口兽药的企业是否符合兽药生产质量管理规范的要求进行考查，并有权要求该企业在国务院兽医行政管理部门指定的机构进行该兽药的安全性和有效性试验。

国内急需兽药、少量科研用兽药或者注册兽药的样品、对照品、标准品的进口，按照国务院兽医行政管理部门的规定办理。

第三十四条 进口兽药注册证书的有效期为5年。有效期届满，需要继续向中国出口兽药的，应当在有效期届满前6个月到发证机关申请再注册。

第三十五条 境外企业不得在中国直接销售兽药。境外企业在中国销售兽药，应当依法在中国境内设立销售机构或者委托符合条件的中国境内代理机构。

进口在中国已取得进口兽药注册证书的兽药的，中国境内代理机构凭进口兽药注册证书到口岸所在地人民政府兽医行政管理部门办理进口兽药通关单。海关凭进口兽药通关单放行。兽药进口管理办法由国务院兽医行政管理部门会同海关总署制定。

兽用生物制品进口后，应当依照本条例第十九条的规定进行审查核对和抽查检验。其他兽药进口后，由当地兽医行政管理部门通知兽药检验机构进行抽查检验。

第三十六条 禁止进口下列兽药：

（一）药效不确定、不良反应大以及可能对养殖业、人体健康造成危害或者存在潜在风险的；

（二）来自疫区可能造成疫病在中国境内传播的兽用生物制品；

（三）经考查生产条件不符合规定的；

（四）国务院兽医行政管理部门禁止生产、经营和使用的。

第三十七条 向中国境外出口兽药，进口方要求提供兽药出口证明文件的，国务院兽医行政管理部门或者企业所在地的省、自治区、直辖市人民政府兽医行政管理部门可以出具出口兽药证明文件。

国内防疫急需的疫苗，国务院兽医行政管理部门可以限制或者禁止出口。

第六章 兽药使用

第三十八条 兽药使用单位，应当遵守国务院兽医行政管理部门制定的兽药安全使用规定，并建立用药记录。

第三十九条 禁止使用假、劣兽药以及国务院兽医行政管理部门规定禁止使用的药品和其他化合物。禁止使用的药品和其他化合物目录由国务院兽医行政管理部门制定公布。

第四十条 有休药期规定的兽药用于食用动物时，饲养者应当向购买者或者屠宰者提供准确、真实的用药记录；购买者或者屠宰者应当确保动物及其产品在用药期、休药期内不被用于食品消费。

第四十一条 国务院兽医行政管理部门，负责制定公布在饲料中允许添加的药物饲料添加剂品种目录。

禁止在饲料和动物饮用水中添加激素类药品和国务院兽医行政管理部门规定的其他禁用药品。

经批准可以在饲料中添加的兽药，应当由兽药生产企业制成药物饲料添加剂后方可添加。禁止将原料药直接添加到饲料及动物饮用水中或者直接饲喂动物。

禁止将人用药品用于动物。

第四十二条 国务院兽医行政管理部门，应当制定并组织实施国家动物及动物产品兽药残留监控计划。

县级以上人民政府兽医行政管理部门，负责组织对动物产品中兽药残留量的检测。兽药残留检测结果，由国务院兽医行政管理部门或者省、自治区、直辖市人民政府兽医行政管理部门按照权限予以公布。

动物产品的生产者、销售者对检测结果有异议的，可以自收到检测结果之日起7个工作日内向组织实施兽药残留检测的兽医行政管理部门或者其上级兽医行政管理部门提出申请，由受理申请的兽医行政管理部门指定检验机构进行复检。

兽药残留限量标准和残留检测方法，由国务院兽医行政管理部门制定发布。

第四十三条　禁止销售含有违禁药物或者兽药残留量超过标准的食用动物产品。

第七章　兽药监督管理

第四十四条　县级以上人民政府兽医行政管理部门行使兽药监督管理权。

兽药检验工作由国务院兽医行政管理部门和省、自治区、直辖市人民政府兽医行政管理部门设立的兽药检验机构承担。国务院兽医行政管理部门，可以根据需要认定其他检验机构承担兽药检验工作。

当事人对兽药检验结果有异议的，可以自收到检验结果之日起7个工作日内向实施检验的机构或者上级兽医行政管理部门设立的检验机构申请复检。

第四十五条　兽药应当符合兽药国家标准。

国家兽药典委员会拟定的、国务院兽医行政管理部门发布的《中华人民共和国兽药典》和国务院兽医行政管理部门发布的其他兽药质量标准为兽药国家标准。

兽药国家标准的标准品和对照品的标定工作由国务院兽医行政管理部门设立的兽药检验机构负责。

第四十六条　兽医行政管理部门依法进行监督检查时，对有证据证明可能是假、劣兽药的，应当采取查封、扣押的行政强制措施，并自采取行政强制措施之日起7个工作日内作出是否立案的决定；需要检验的，应当自检验报告书发出之日起15个工作日内作出是否立案的决定；不符合立案条件的，应当解除行政强制措施；需要暂停生产的，由国务院兽医行政管理部门或者省、自治区、直辖市人民政府兽医行政管理部门按照权限作出决定；需要暂停经营、使用的，由县级以上人民政府兽医行政管理部门按照权限作出决定。

未经行政强制措施决定机关或者其上级机关批准，不得擅自转移、使用、销毁、销售被查封或者扣押的兽药及有关材料。

第四十七条　有下列情形之一的，为假兽药：

（一）以非兽药冒充兽药或者以他种兽药冒充此种兽药的；

（二）兽药所含成分的种类、名称与兽药国家标准不符合的。

有下列情形之一的，按照假兽药处理：

（一）国务院兽医行政管理部门规定禁止使用的；

（二）依照本条例规定应当经审查批准而未经审查批准即生产、进口的，或者依照本条例规定应当经抽查检验、审查核对而未经抽查检验、审查核对即销售、进口的；

（三）变质的；

（四）被污染的；

（五）所标明的适应症或者功能主治超出规定范围的。

第四十八条　有下列情形之一的，为劣兽药：

（一）成分含量不符合兽药国家标准或者不标明有效成分的；

（二）不标明或者更改有效期或者超过有效期的；

（三）不标明或者更改产品批号的；

（四）其他不符合兽药国家标准，但不属于假兽药的。

第四十九条　禁止将兽用原料药拆零销售或者销售给兽药生产企业以外的单位和个人。

禁止未经兽医开具处方销售、购买、使用国务院兽医行政管理部门规定实行处方药管理的兽药。

第五十条　国家实行兽药不良反应报告制度。

兽药生产企业、经营企业、兽药使用单位和开具处方的兽医人员发现可能与兽药使用有关的严重不良反应，应当立即向所在地人民政府兽医行政管理部门报告。

第五十一条　兽药生产企业、经营企业停止生产、经营超过6个月或者关闭的，由发证机关责令其交回兽药生产许可证、兽药经营许可证。

第五十二条　禁止买卖、出租、出借兽药生产许可证、兽药经营许可证和兽药批准证明文件。

第五十三条　兽药评审检验的收费项目和标准，由国务院财政部门会同国务院价格主管部门制定，并予以公告。

第五十四条　各级兽医行政管理部门、兽药检验机构及其工作人员，不得参与兽药生产、经营活动，不得以其名义推荐或者监制、监销兽药。

第八章　法律责任

第五十五条　兽医行政管理部门及其工作人员利用职务上的便利收取他人财物或者谋取其他利益，对不符合法定条件的单位和个人核发许可证、签署审查同意意见，不履行监督职责，或者发现违法行为不予查处，造成严重后果，构成犯罪的，依法追究刑事责任；尚不构成犯罪的，依法给予行政处分。

第五十六条　违反本条例规定，无兽药生产许可证、兽药经营许可证生产、经营兽药的，或者虽有兽药生产许可证、兽药经营许可证，生产、经营假、劣兽药的，或者兽药经营企业经营人用药品的，责令其停止生产、经营，没收用于违法生产的原料、辅料、包装材料及生产、经营的兽药和违法所得，并处违法生产、经营的兽药（包括已出售的和未出售的兽药，下同）货值金额2倍以上5倍以下罚款，货值金额无法查证核实的，处10万元以上20万元以下罚款；无兽药生产许可证生产兽药，情节严重的，没收其生产设备；生产、经营假、劣兽药，情节严重的，吊销兽药生产许可证、兽药经营许可证；构成犯罪的，依法追究刑事责任；给他人造成损失的，依法承担赔偿责任。生产、经营企业的主要负责人和直接负责的主管人员终身不得从事兽药的生产、经营活动。

擅自生产强制免疫所需兽用生物制品的，按照无兽药生产许可证生产兽药处罚。

第五十七条　违反本条例规定，提供虚假的资料、样品或者采取其他欺骗手段取得兽药生产许可证、兽药经营许可证或者兽药批准证明文件的，吊销兽药生产许可证、兽药经营许可证或者撤销兽药批准证明文件，并处5万元以上10万元以下罚款；给他人造成损失的，依法承担赔偿责任。其主要负责人和直接负责的主管人员终身不得从事兽药的生产、经营和进出口活动。

第五十八条　买卖、出租、出借兽药生产许可证、兽药经营许可证和兽药批准证明文件的，没收违法所得，并处1万元以上10万元以下罚款；情节严重的，吊销兽药生产许可证、兽药经营许可证或者撤销兽药批准证明文件；构成犯罪的，依法追究刑事责任；给他人造成损失的，依法承担赔偿责任。

第五十九条　违反本条例规定，兽药安全性评价单位、临床试验单位、生产和经营企业未按照规定实施兽药研究试验、生产、经营质量管理规范的，给予警告，责令其限期改正；逾期不改正的，责令停止兽药研究试验、生产、经营活动，并处5万元以下罚款；情节严重的，吊销兽药生产许可证、兽药经营许可证；给他人造成损失的，依法承担赔偿责任。

违反本条例规定，研制新兽药不具备规定的条件擅自使用一类病原微生物或者在实验室阶段前未经批准的，责令其停止实验，并处5万元以上10万元以下罚款；构成犯罪的，依法追究刑事责任；给他人造成损失的，依法承担赔偿责任。

违反本条例规定，开展新兽药临床试验应当备案而未备案的，责令其立即改正，给予警告，并处5万元以上10万元以下罚款；给他人造成损失的，依法承担赔偿责任。

第六十条　违反本条例规定，兽药的标签和说明书未经批准的，责令其限期改正；逾期不改正的，按照生产、经营假兽药处罚；有兽药产品批准文号的，撤销兽药产品批准文号；给他人造成损失的，依法承担赔偿责任。

兽药包装上未附有标签和说明书，或者标签和说明书与批准的内容不一致的，责令其限期改正；情节严重的，依照前款规定处罚。

第六十一条　违反本条例规定，境外企业在中国直接销售兽药的，责令其限期改正，没收直接销售的兽药和违法所得，并处5万元以上10万元以下罚款；情节严重的，吊销进口兽药注册证书；给他人造成损失的，依法承担赔偿责任。

第六十二条　违反本条例规定，未按照国家有关兽药安全使用规定使用兽药的、未建立用药记录或者记录不完整真实的，或者使用禁止使用的药品和其他化合物的，或者将人用药品用于动物的，责令其立即改正，并对饲喂了违禁药物及其他化合物的动物及其产品进行无害化处理；对违法单位处1万元以上5万元以下罚款；给他人造成损失的，依法承担赔偿责任。

第六十三条　违反本条例规定，销售尚在用药期、休药期内的动物及其产品用于食品消费的，或者销售含有违禁药物和兽药残留超标的动物产品用于食品消费的，责令其对含有违禁药物和兽药残留超标的动物产品进行无害化处理，没收违法所得，并处3万元以上10万元以下罚款；构成犯罪的，依法追究刑事责任；给他人造成损失的，依法承担赔偿责任。

第六十四条　违反本条例规定，擅自转移、使用、销毁、销售被查封或者扣押的兽药及有关材料的，责令其停止违法行为，给予警告，并处5万元以上10万元以下罚款。

第六十五条　违反本条例规定，兽药生产企业、经营企业、兽药使用单位和开具处方的兽医人员发现可能与兽药使用有关的严重不良反应，不向所在地人民政府兽医行政管理部门报告的，给予警告，并处5000元以上1万元以下罚款。

生产企业在新兽药监测期内不收集或者不及时报送该新兽药的疗效、不良反应等资料的，责令其限期改正，并处1万元以上5万元以下罚款；情节严重的，撤销该新兽药的产品批准文号。

第六十六条　违反本条例规定，未经兽医开具处方销售、购买、使用兽用处方药的，责令其限期改正，没收违法所得，并处5万元以下罚款；给他人造成损失的，依法承担赔偿责任。

第六十七条　违反本条例规定，兽药生产、经营企业把原料药销售给兽药生产企业以外的单位和个人的，或者兽药经营企业拆零销售原料药的，责令其立即改正，给予警告，没收违法所得，并处2万元以上5万元以下罚款；情节严重的，吊销兽药生产许可证、兽药经营许可证；给他人造成损失的，依法承担赔偿责任。

第六十八条　违反本条例规定，在饲料和动物饮用水中添加激素类药品和国务院兽医行政管理部门规定的其他禁用药品，依照《饲料和饲料添加剂管理条例》的有关规定处罚；直接将原料药添加到饲料及动物饮用水中，或者饲喂动物的，责令其立即改正，并处1万元以上3万元以下罚款；给他人造成损失的，依法承担赔偿责任。

第六十九条　有下列情形之一的，撤销兽药的产品批准文号或者吊销进口兽药注册证书：

（一）抽查检验连续2次不合格的；

（二）药效不确定、不良反应大以及可能对养殖业、人体健康造成危害或者存在潜在风险的；

（三）国务院兽医行政管理部门禁止生产、经营和使用的兽药。

被撤销产品批准文号或者被吊销进口兽药注册证书的兽药，不得继续生产、进口、经营和使用。已经生产、进口的，由所在地兽医行政管理部门监督销毁，所需费用由违法行为人承担；给他人造成损失的，依法承担赔偿责任。

第七十条 本条例规定的行政处罚由县级以上人民政府兽医行政管理部门决定；其中吊销兽药生产许可证、兽药经营许可证，撤销兽药批准证明文件或者责令停止兽药研究试验的，由发证、批准、备案部门决定。

上级兽医行政管理部门对下级兽医行政管理部门违反本条例的行政行为，应当责令限期改正；逾期不改正的，有权予以改变或者撤销。

第七十一条 本条例规定的货值金额以违法生产、经营兽药的标价计算；没有标价的，按照同类兽药的市场价格计算。

第九章 附 则

第七十二条 本条例下列用语的含义是：

（一）兽药，是指用于预防、治疗、诊断动物疾病或者有目的地调节动物生理机能的物质（含药物饲料添加剂），主要包括：血清制品、疫苗、诊断制品、微生态制品、中药材、中成药、化学药品、抗生素、生化药品、放射性药品及外用杀虫剂、消毒剂等。

（二）兽用处方药，是指凭兽医处方方可购买和使用的兽药。

（三）兽用非处方药，是指由国务院兽医行政管理部门公布的、不需要凭兽医处方就可以自行购买并按照说明书使用的兽药。

（四）兽药生产企业，是指专门生产兽药的企业和兼产兽药的企业，包括从事兽药分装的企业。

（五）兽药经营企业，是指经营兽药的专营企业或者兼营企业。

（六）新兽药，是指未曾在中国境内上市销售的兽用药品。

（七）兽药批准证明文件，是指兽药产品批准文号、进口兽药注册证书、出口兽药证明文件、新兽药注册证书等文件。

第七十三条 兽用麻醉药品、精神药品、毒性药品和放射性药品等特殊药品，依照国家有关规定管理。

第七十四条 水产养殖中的兽药使用、兽药残留检测和监督管理以及水产养殖过程中违法用药的行政处罚，由县级以上人民政府渔业主管部门及其所属的渔政监督管理机构负责。

第七十五条 本条例自2004年11月1日起施行。

兽用处方药和非处方药管理办法

（2013年8月1日农业部第7次常务会议审议通过，
2013年9月11日发布，自2014年3月1日起施行）

第一条 为加强兽药监督管理，促进兽医临床合理用药，保障动物产品安全，根据《兽药管理条例》，制定本办法。

第二条 国家对兽药实行分类管理，根据兽药的安全性和使用风险程度，将兽药分为兽用处方药和非处方药。

兽用处方药是指凭兽医处方笺方可购买和使用的兽药。

兽用非处方药是指不需要兽医处方笺即可自行购买并按照说明书使用的兽药。

兽用处方药目录由农业部制定并公布。兽用处方药目录以外的兽药为兽用非处方药。

第三条　农业部主管全国兽用处方药和非处方药管理工作。

县级以上地方人民政府兽医行政管理部门负责本行政区域内兽用处方药和非处方药的监督管理，具体工作可以委托所属执法机构承担。

第四条　兽用处方药的标签和说明书应当标注“兽用处方药”字样，兽用非处方药的标签和说明书应当标注“兽用非处方药”字样。

前款字样应当在标签和说明书的右上角以宋体红色标注，背景应当为白色，字体大小根据实际需要设定，但必须醒目、清晰。

第五条　兽药生产企业应当跟踪本企业所生产兽药的安全性和有效性，发现不适合按兽用非处方药管理的，应当及时向农业部报告。

兽药经营者、动物诊疗机构、行业协会或者其他组织和个人发现兽用非处方药有前款规定情形的，应当向当地兽医行政管理部门报告。

第六条　兽药经营者应当在经营场所显著位置悬挂或者张贴“兽用处方药必须凭兽医处方购买”的提示语。

兽药经营者对兽用处方药、兽用非处方药应当分区或分柜摆放。兽用处方药不得采用开架自选方式销售。

第七条　兽用处方药凭兽医处方笺方可买卖，但下列情形除外：

（一）进出口兽用处方药的；

（二）向动物诊疗机构、科研单位、动物疫病预防控制机构和其他兽药生产企业、经营者销售兽用处方药的；

（三）向聘有依照《执业兽医管理办法》规定注册的专职执业兽医的动物饲养场（养殖小区）、动物园、实验动物饲育场等销售兽用处方药的。

第八条　兽医处方笺由依法注册的执业兽医按照其注册的执业范围开具。

第九条　兽医处方笺应当记载下列事项：

（一）畜主姓名或动物饲养场名称；

（二）动物种类、年（日）龄、体重及数量；

（三）诊断结果；

（四）兽药通用名称、规格、数量、用法、用量及休药期；

（五）开具处方日期及开具处方执业兽医注册号和签章。

处方笺一式三联，第一联由开具处方药的动物诊疗机构或执业兽医保存，第二联由兽药经营者保存，第三联由畜主或动物饲养场保存。动物饲养场（养殖小区）、动物园、实验动物饲育场等单位专职执业兽医开具的处方签由专职执业兽医所在单位保存。

处方笺应当保存二年以上。

第十条　兽药经营者应当对兽医处方笺进行查验，单独建立兽用处方药的购销记录，并保存二年以上。

第十一条　兽用处方药应当依照处方笺所载事项使用。

第十二条　乡村兽医应当按照农业部制定、公布的《乡村兽医基本用药目录》使用兽药。

第十三条　兽用麻醉药品、精神药品、毒性药品等特殊药品的生产、销售和使用，还应当遵守国家有关规定。

第十四条　违反本办法第四条规定的，依照《兽药管理条例》第六十条第二款的规定进行处罚。

第十五条　违反本办法规定，未经注册执业兽医开具处方销售、购买、使用兽用处方药的，依照《兽药管理条例》第六十六条的规定进行处罚。

第十六条 违反本办法规定，有下列情形之一的，依照《兽药管理条例》第五十九条第一款的规定进行处罚：

（一）兽药经营者未在经营场所明显位置悬挂或者张贴提示语的；

（二）兽用处方药与兽用非处方药未分区或分柜摆放的；

（三）兽用处方药采用开架自选方式销售的；

（四）兽医处方笺和兽用处方药购销记录未按规定保存的。

第十七条 违反本办法其他规定的，依照《中华人民共和国动物防疫法》、《兽药管理条例》有关规定进行处罚。

第十八条 本办法自2014年3月1日起施行。

四、国有财产保护类规范

（一）国家各项补贴类

农业机械购置补贴产品违规经营行为处理办法（试行）

（2017年5月19日　农办财〔2017〕26号）

第一章　总　　则

第一条　为做好农业机械购置补贴产品（以下简称“补贴产品”）违规经营行为查处工作，根据《财政违法行为处罚处分条例》（国务院令第427号）、《中央对地方专项转移支付管理办法》（财预〔2015〕230号）等有关规定，制定本办法。

第二条　本办法适用于查处农业机械生产企业、经销企业（以下简称“农机产销企业”）在参与农业机械购置补贴政策（以下简称“补贴政策”）实施中所发生的违规经营补贴产品的行为，以及申请农机购置补贴的购机者（以下简称“购机者”）参与违规经营补贴产品的行为。

第三条　本办法所称补贴产品违规经营行为（以下简称“违规行为”），是指农机产销企业在补贴产品投档、补贴产品信息上传农机购置补贴辅助管理系统、补贴产品经营、参与补贴申领等过程中发生的违规行为，以及购机者参与违规经营以申领补贴的行为。

第四条　违规行为查处遵循实事求是、公开公正、权责一致、地方为主的原则。

第五条　各级农机化、财政等部门在同级人民政府领导和组织下，按职责分工开展违规行为查处工作。

第六条　农机生产企业自主确定和公布补贴产品经销企业，指导监督其授权经销企业遵守补贴政策各项规定，并对经销企业的违规行为承担连带责任。农机产销企业自愿参与补贴政策实施，享有政策法规规定的合法权利，并承担以下责任义务。

（一）遵守补贴政策相关规定，合法合规经营，不得有骗补、套补等违法违规行为；

（二）正确宣传补贴政策，规范真实使用补贴产品标志标识，不误导购机者购置补贴产品，不参与购机者虚假申领补贴；

（三）按补贴政策要求提供、保存真实完整的纸质和电子资料，供应符合规定的农机产品；

（四）发现影响补贴政策实施的异常情况，应主动报告当地农机化主管部门，及时采取防范补救措施，并加强整改；

（五）对购机者符合规定的退（换）货要求，首先确认购机者尚未领取补贴或已将领取的补贴退回财政部门后，再为其办理退（换）货，并主动报告当地农机化、财政部门；

（六）承担违反政策规定所引起的纠纷和经济损失等后果，主动退回违规行为涉及的补贴资金，接受主管部门处理；

（七）其他有关责任义务。

农机产销企业应就所承担的责任义务向农机化、财政部门提供书面承诺。

第二章　违规行为类型与处罚

第七条　违规行为分轻微、较重和严重三类。

（一）轻微违规行为。主要指无主观故意，在补贴产品投档、信息上传、公示宣传、资料归集等方面履行承诺事项不到位，对补贴政策实施带来较轻影响的行为，且积极配合调查和整改。

（二）较重违规行为。主要指涉嫌主观故意，违背承诺，对补贴政策实施带来较大影响的行为，包括使用伪造、变造的补贴产品铭牌、合格证、鉴定证书，误导购机者购置补贴产品，销售的补贴产品配置与检验报告主参数配置不符，未主动报告所发现的影响补贴政策实施的异常情况并采取防范补救措施，未按规定程序办理补贴产品退（换）或未及时报告相关情况等。

（三）严重违规行为。主要指存在明显主观故意，采用未购报补、一机多补、重复报补等非法手段骗套补贴资金而对补贴政策实施带来严重影响的行为，以及有组织煽动购机者闹事、制造群体性事件等。

第八条　农机化、财政部门应针对不同性质的违规行为，对违规农机产销企业和购机者采取相应的处理措施，不同措施可独立或合并实施。

（一）对轻微违规行为的处理。县级及以上农机化主管部门可视情况对违规农机产销企业，采取警告、通报、暂停相关产品补贴资格、暂停经销相关补贴产品资格等措施，并限期整改。

（二）对较重违规行为的处理。省级及以上农机化主管部门可视情况对违规农机产销企业，采取或授权采取暂停相关或全部产品补贴资格、暂停或取消经销补贴产品资格、取消相关或全部产品补贴资格等措施。对参与较重违规行为的购机者，3年内不得享受农机购置补贴。同时，要求违规农机产销企业和购机者限期整改。

（三）对严重违规行为的处理。省级及以上农机化主管部门应对违规农机产销企业，采取取消经销补贴产品资格、取消全部产品补贴资格的措施，要求限期整改，并将违规农机产销企业及其法定代表人和购机者等相关人员列入补贴产品经营黑名单，禁止再参与补贴政策实施工作。

上述行为涉嫌犯罪的，依法移送司法机关处理。

第九条　在处理违规行为过程中涉及资金退缴、罚款等资金处理决定，由财政部门会同农机化主管部门作出。

对拒不履行资金处理决定的违规农机产销企业，由财政部门会同农机化主管部门向司法机关申请强制执行。

第十条　采取暂停处理措施的，应设3个月以上、2年以下的暂停期；暂停期满后，经企业书面申请，可按程序研究后续处理措施；暂停期满后6个月内，未收到企业书面申请的，视为该企业自行放弃相关产品补贴资格，原则上不再恢复。

对补贴资格被暂停或取消前，购机者已购置且经核查未发现违规问题的补贴产品，可按规定向购机者兑付补贴资金。补贴标准确需调整的，由省级农机化主管部门按规定重新组织测算，并将测算结果抄送同级财政部门。

第十一条　对积极配合调查、主动报告问题、有效挽回或减轻损失的可从轻或减轻处理。对拒不配合调查、拒不执行相关处理决定、多次或重复发生违规行为的，应从重或加重处理。

第三章　查处程序

第十二条　各级农机化、财政部门接到群众举报投诉、上级机关转办或其他部门转交的违规行为线索后，按照以下程序启动查处工作，全程留痕。

（一）受理登记。对上级机关转办、其他部门转交或实名反映的本行政区域内的违规线索，应予登记。对提供不实联系方式、匿名反映且无具体线索的，可不予登记。举报投诉事项涉及其他部门职权的，按规定移交有关线索。

（二）调查核实。对已受理登记的举报投诉组织调查或转办。经初步调查，对有具体违规线索且违规嫌疑较大的企业，可在农机购置补贴辅助管理系统中对涉及的产品或企业先行采取封闭等防范处理措施。对存在技术争议的，应组织有关部门和专家进行论证。

（三）约谈告知。作出处理决定前，应履行约谈程序，告知涉事企业及购机者其违规情节和拟采取的处理措施等，听取意见。涉事企业及购机者在规定时限内不接受约谈或不配合约谈的，视同无异议。

（四）处理通报。根据调查结果和约谈情况，经集体研究作出有关处理决定并予公布。

（五）材料留存。调查处理完结后，应对相关调查材料等留存备查。未经受理登记的相关材料亦应留存。调查材料保存期5—10年。

第十三条　根据农机购置补贴违规通报及黑名单数据库发布的信息，省级农机化、财政部门对在其他省份发生较重或严重违规行为而被处理的农机产销企业，可联动处理，处理措施宜与违规行为发生地的系列措施总体保持一致。

第四章　附　　则

第十四条　农机化、财政部门工作人员在补贴政策实施管理中的违纪、违法行为按相关法律法规和规定处理；涉嫌犯罪的，依法移送司法机关处理。

第十五条　本办法由农业部、财政部负责解释。各省、自治区、直辖市、计划单列市和新疆生产建设兵团、黑龙江省农垦总局、广东省农垦总局可根据本办法，制定本辖区农业机械购置补贴产品违规经营行为处理细则。

第十六条　本办法自发布之日起施行。以往相关规定与本办法不一致的，以本办法为准。

军粮差价补贴款专户管理办法

（1997年1月3日　财商字〔1997〕5号）

第一条　根据国务院、中央军委国发〔1996〕50号《关于深化军粮供应体制改革的通知》的有关规定，为加强对军供大米、小麦粉、油、豆、料差价补贴款的管理，制定本办法。

第二条　本办法适用于中央财政和省级人民政府负担的军粮差价补贴款的管理。

第三条　军粮差价补贴款的使用范围为：各地粮食部门按中国人民解放军总后勤部、财政部、国内贸易部、国家粮食储备局联合印发的《军粮供应管理暂行办法》的规定，供应给驻地部队的大米、小麦粉成本价（含必要费用和合理利润，下同）与军供价的差价开支；部队按随行就市原则从市场购买油、豆、料的成本价与规定的军供价的差价开支；部队按规定向有关人员支付的退发差价开支；总后勤部统筹以实物供应部队的“前运粮”的差价开支；加工野战食品用粮的差价开支。

第四条 承担军粮供应管理任务的各级粮食主管部门在同级农业发展银行（包括分支和业务代理机构，下同）“单位活期存款”科目下开设“军粮差价补贴”存款专户，并按中央财政和省级财政拨付款项分设“中央财政补贴款”和“省级财政补贴款”两个明细帐户。军队和武警团（旅）级（含，下同）以上单位后勤军需部门按业务系统分别在驻地农业发展银行“单位活期存款”科目下开设“军粮差价补贴”存款专户。

各级农业发展银行要协助粮食主管部门和部队后勤军需部门做好“军粮差价补贴”专户的开户工作，及时办理开户手续。

第五条 中央和省级财政拨补的军粮差价补贴款，通过各级粮食主管部门和部队后勤军需部门在农业发展银行设立的“军粮差价补贴”专户拨补给军粮供应企业和部队基层伙食单位。

中央财政负担的各地粮食部门供应给驻地部队大米、小麦粉的差价补贴款，由财政部按季提前两个月预拨到国家粮食储备局在中国农业发展银行总行开设的“军粮差价补贴”专户，然后由国家粮食储备局和财政部联合下达给省级粮食、财政部门；同时，联合向中国农业发展银行总行签发《军粮补贴款拨付通知书》（格式由财政部另行制定）。

中央财政负担的油、豆、料差价款和退发差价款，由财政部按季提前两个月分别预拨到总后勤部军需部和武警总部后勤部给养部在中国农业发展银行开设的“军粮差价补贴”专户，然后由总后勤部军需部和武警总部后勤部给养部下达给直供单位，并向中国农业发展银行总行签发《军粮补贴款拨付通知书》。

“前运粮”差价款，由财政部提前预拨到总后勤部军需部在中国农业发展银行总行开设的“军粮差价补贴”专户，按“前运粮”筹措办法的规定支用。加工野战食品差价款，由财政部提前分别预拨到总后勤部军需部和武警总部后勤部给养部在中国农业发展银行总行开设的“军粮差价补贴”专户，按野战食品筹措办法的规定支用。

省级人民政府负担的军粮差价补贴款，由省级财政部门按季提前一至两个月预拨到省级粮食主管部门在省级农业发展银行开设的“军粮差价补贴”专户。

军粮差价补贴款（不含“前运粮”和加工野战食品用粮差价款，下同）按上述办法分别逐级下拨到基层粮食主管部门和部队团（旅）级单位后勤军需部门在农业发展银行设立的“军粮差价补贴”专户，再由基层粮食主管部门和部队团（旅）级单位后勤军需部门分别拨付给军粮供应企业、部队基层伙食单位。有条件的地区，也可以不按行政级次设立专户，而采取跨级直拨的方式，促进军粮差价补贴款快速直拨到承担供应任务的粮食企业。

各级粮食主管部门会同财政部门和部队后勤军需部门下达军粮差价补贴款的有关文件或“通知书”等，要抄送同级农业发展银行。

第六条 中国农业发展银行总行收到国家粮食储备局与财政部联合签发以及总后勤部军需部或武警总部后勤部给养部签发的《军粮差价补贴款拨付通知书》、并与其下达的拨补军粮差价补贴款文件或“通知书”等核对无误后，在三日（指接到“通知书”至汇出资金的时间，节假日顺延）内从专户中分别如数向有关省级粮食主管部门、部队后勤军需部门在农业发展银行开设的“军粮差价补贴”专户汇划资金；如审核发现与规定不符的，不能办理资金划拨手续，并在两日（从接到“通知书”起）内分别通知国家粮食储备局、财政部、总后勤部军需部和武警总部后勤部给养部，查明原因并按规定重新办理拨补手续。农业发展银行汇划或收到军粮差价补贴资金后，要及时通知其开户单位。

省级及以下各级农业发展银行收到粮食和财政部门以及部队后勤军需部门的拨款通知后，比照上述办法办理。

第七条　粮食部门要建立军粮差价补贴款到位、使用、结转季报制度。省级粮食主管部门要将所在省（自治区、直辖市）“军粮差价补贴”专户补贴资金到位、使用、结转等情况按季汇总，经省级财政部门、农业发展银行审核签章后，于季度终了一个月内报送到国家粮食储备局汇总后送财政部审核，并抄送中国农业发展银行总行。季报的具体格式由财政部会同国家粮食储备局另行制定。

第八条　各级粮食部门、部队后期军需部门和农业发展银行要对军粮补贴款专户实行严格管理，并确保及时、足额拨付到军粮供应企业和部队伙食单位。各级财政、粮食部门和军粮供应企业及部队后勤军需部门，要严格按照《军粮供应管理暂行办法》的有关规定计算、申请、使用军粮差价补贴款。任何单位和个人不得延误、截留、挪用军粮差价补贴款。否则，要按中国人民银行、财政部银发〔1996〕392号《关于印发〈粮棉油政策性收购资金供应和管理规定〉的通知》的规定严肃处理。

第九条　军粮补贴款专户资金按单位活期存款利率按季计息，利息收入转入专户，经财政部审核后继续用于军粮供应业务方面的必要开支。

省级粮食、财政部门每半年汇总一次中央财政补贴款和省级财政补贴款利息收入，经省级农业发展银行签署审核意见后，提出利息收入使用计划，联合上报财政部和国家粮食储备局、抄报中国农业发展银行总行，由财政部会同国家粮食储备局核批。

部队总部直供单位后勤军需部门每半年汇总一次利息收入，经开户的农业发展银行签署审核意见后按业务系统分别上报总后勤部军需部和武警总部后勤部给养部，并抄送中国农业发展银行总行。总后勤部军需部和武警总部后勤部给养部按业务系统汇总利息收入，并提出使用计划，报财政部审批。

任何单位和个人均不得擅自动用军粮补贴款专户利息收入，否则，要按上述第八条的规定进行处理。

第十条　各省（自治区、直辖市）财政厅（局）、粮食局（厅）、部队总部直供单位后勤军需部门和省级农业发展银行要根据本办法的规定，制定具体实施办法，并报财政部、国家粮食储备局、总后勤部、武警总部、中国农业发展银行备案。

第十一条　本办法自1997年1月1日起执行，由财政部会同国家粮食储备局、总后勤部、武警总部、中国农业发展银行负责解释。

第十二条　国家另有规定的，从其规定。

农业科技入户项目资金管理暂行办法

（2005年10月9日　农财发〔2005〕70号）

第一章　总　　则

第一条　为规范农业科技入户项目资金（以下简称“项目资金”）管理，提高资金使用效益，根据农业财政专项资金管理的有关规定，制订本办法。

第二条 项目资金管理坚持“分级管理，分级负责；明确用途，

专款专用；农民受益，注重实效”的原则。

第三条 项目资金优先支持优势农产品和优势产区。鼓励地方匹配资金，安排工作经费，加大科技入户工程的实施力度。

第二章 资金安排

第四条 农业部根据全国科技入户工程规划，发布项目指南，分年度确定项目实施的领域、规模和任务。省农业行政主管部门根据项目指南，择优选择项目实施示范县（以下简称“示范县”），安排项目实施任务。示范县结合当地实际，编制项目实施方案，并提出资金预算申请。各示范县项目实施方案和资金预算经省农业行政主管部门审核汇总后，报农业部。

第五条 农业部对各省申报的项目实施方案和资金申请进行审核和批复。经农业部批复的项目实施方案和资金使用计划，示范县不得擅自变更、调整。如确需调整，应按原申报程序报批。

第六条 各省、示范县应按农业部批复下达的计划，认真组织实施，落实各项任务。

第三章 资金使用

第七条 项目资金按照国家财政资金拨付有关要求，直接拨付到项目承担单位。

第八条 项目资金主要用于以下三个方面：

（一）科技示范户补贴：用于科技示范户的示范条件建设补贴和采用新品种、新技术过程中物化技术的补贴。科技示范户补贴占总项目资金的比例不低于 40%。

（二）技术服务补贴：用于技术指导员开展技术服务的差旅费、通讯费、下乡补助等。技术服务补贴占总项目资金的比例不低于 40%。

（三）培训和项目监管补贴：用于技术指导员和科技示范户的科技培训，区域内主导品种、主推技术的遴选，建立核心示范区，编印培训资料，项目专家组工作和监管、调研、宣传等。培训和项目监管补贴占总项目资金的比例不超过 20%。

第九条 科技示范户补贴由科技示范户按照一定补贴额度提交合法支出凭证，经技术指导员审核，在项目承担单位报账，再由技术指导员兑现到每个科技示范户。

第十条 技术服务补贴主要是对技术指导员开展的技术服务工作给予补贴，可以技术指导券的形式发给科技示范户，科技示范户得到技术服务后在技术指导券上签字认可，交技术指导员，经项目承担单位审核后，发放给技术指导员技术服务补贴。

第十一条 项目承担单位应建立科技示范户、技术服务补贴资金支出的原始记录档案。

第四章 资金管理与监督

第十二条 农业部负责项目资金的预算、审核、拨付和检查。省农业行政主管部门负责本省项目资金的监管。项目承担单位严格执行国家有关财经政策和财务规章制度，专款专用，按照项目实施方案、合同任务和项目管理的规定，科学、合理、有效地使用项目资金。

第十三条 建立项目资金使用公示制度。将科技示范户、技术指导员的任务指标、经费补助标准等信息纳入数据库管理，并及时向社会公开，接受社会监督。

第十四条 县级农业行政主管部门与技术指导单位、技术指导单位与技术指导员、技术指导员与示范户之间分别签订技术服务合同，明确双方的责、权、利。合同内容、支出凭证、绩效证明等材料是项目资金使用检查监督的依据。

第十五条 建立项目信息反馈制度。各级农业行政主管部门要加强对项目资金的管

理，及时掌握资金到位、使用和项目进展情况，发现问题，及时纠正，保障项目的顺利实施。

第十六条　对挪用、虚领、套取、贪污项目资金的行为，依法追究相关单位和直接责任人的法律责任。

第五章　附　　则

第十七条　本办法由农业部负责解释。

第十八条　本办法自发布之日起施行。

家电下乡补贴资金管理办法

（2008 年 10 月 24 日　财建〔2008〕709 号）

第一章　总　　则

第一条　为贯彻落实党中央国务院关于扩大农村消费，提高农民生活质量、促进社会主义新农村建设的有关精神，国家财政对家电下乡给予资金补贴。为加强和规范家电下乡补贴资金管理，特制定本办法。

第二条　本办法所称家电下乡补贴资金（以下简称“补贴资金”），是指中央财政和省级财政安排的，对农民购买补贴类家电产品按一定比例给予补贴的资金。

第三条　补贴资金按照专项转移支付资金国库集中支付有关规定，纳入国库单一账户体系管理，实行国库集中支付。

第四条　补贴资金的管理和使用应当遵循公开透明、定向使用、科学管理和加强监督的原则。

第二章　补贴方式、标准及资金来源

第五条　补贴方式：凡农民在规定时间内购买补贴类家电产品、提出申请并经审核符合相关条件的，均给予财政资金直接补贴。

第六条　补贴标准：按补贴类家电产品销售价格的 13% 给予补贴。

第七条　资金来源：补贴资金由中央财政和省级财政共同负担。其中，中央财政负担 80%，省级财政负担 20%。

第三章　补贴的对象、产品和有效时间

第八条　补贴对象：具有农业户口并购买补贴类家电产品的所有人员（下称购买人），但每户每类补贴产品购买数量不得超过 1 台（件）。

第九条　补贴产品：彩电、冰箱（含冰柜）、手机、洗衣机，具体规格和型号由商务部和财政部另行发布。补贴产品如有调整，财政部、商务部将另行通知。

第十条　有效时间：凡在规定时间内，购买人在承担家电下乡销售业务的销售网点购买规定数量的补贴类产品（以申报补贴时提供的销售发票载明的时间为准），均可享受补贴。

第四章　补贴资金测算、拨付及清算

第十一条　财政部会同商务部根据各省农业人口和农村家电普及情况，农民购买能力及消费意愿等，测算年度补贴资金规模。

第十二条　根据测算的各省补贴资金规模，财政部将中央财政应负担的补贴资金按 80% 的比例预拨到省级财政部门。

第十三条　省级财政部门收到中央财政拨付的补贴资金后，应当落实地方应负担的补贴资金，在 15 个工作日内下达补贴资金预算分解文件，并根据预算文件，及时将不少于 50% 的补贴资金，通过中央专项资金

零余额账户直接支付到县级财政中央专项资金特设专户。其余补贴资金按需求进度和上述程序支付。实施过程中，如实际补贴资金超出预算，中央财政补贴资金缺口部分由省级财政先行垫付，待中央财政补贴资金到位后，由省级财政部门归垫。

第十四条 省级财政部门会同商务部门在每年4月底前，核实汇总本地区上年度补贴资金使用情况，报财政部进行审核清算。

第十五条 省级财政部门结合本地实际情况，制定本地区的补贴资金管理办法，并报财政部备案。

第五章 补贴资金的申报和兑付

第十六条 补贴资金的申报

（一）家电下乡产品销售网点应当在农民购买补贴类家电产品后，及时把购买人基本资料和产品等相关信息及时录入到商务部、财政部家电下乡信息管理系统的销售网点终端。购买人应当按规定的时间要求，及时持有关材料到户口所在地乡镇财政部门申报，可跨年度申报。

（二）申报补贴时购买人应提供的材料：

1. 购买产品的发票原件及复印件，发票在载明商品基本情况的同时，应加注购买人的姓名及身份证号码；

2. 能够证明购买人身份的居民身份证原件、户口本原件或公安户籍管理部门出具的证明，

3. 补贴类家电产品专用标识卡；

4. 购买人储蓄存折（可以用粮食直补专用存折），没有储蓄帐户的应及时到金融机构开立储蓄帐户；

5. 管理部门需要的其他材料。

第十七条 补贴资金的审核及兑付：

（一）乡镇财政部门按照本办法的规定，对申报材料进行审核，并按发票载明的产品销售价格的13%核定补贴金额。申报材料审核内容：

1. 购买人提供的身份证明与发票载明的是否一致；

2. 发票价格是否在该产品最高限价之下；

3. 产品标识卡与购买产品是否一致；

4. 其他应审核的内容。

（二）乡级财政部门核实确认后，符合补贴要求的，报送县级财政部门。不符合补贴要求的，应在购买人申报时立即告知当事人。

（三）县级财政部门应当在销售网点录入相关信息并且购买人提出申请的30个工作日内，通过中央专项资金特设专户将补贴资金直接支付到购买人的储蓄账户。购买人使用粮食直补专用存折等账户且其开户银行不是特设专户开户银行的，县级财政部门可以将补贴资金通过特设专户，直接支付到专用存折开户银行，由其分解到购买人专用存折的账户。

第六章 监督检查

第十八条 财政部对补贴资金支付情况实行动态监管。地方财政部门负责对补贴资金的财务管理进行监督检查，也可委托审计部门或社会审计机构进行财务审计和检查，并对违反财务管理规定的行为进行查处。财政部将不定期抽查。

第十九条 地方各级财政部门要会同商务部门要精心组织，周密部署，科学安排，确保补贴资金及时足额兑付到购买人手中。

第二十条 任何单位和个人不得以任何理由截留、挤占、挪用补贴资金，不得拖延兑付时间，严禁骗取补贴资金的行为，否则财政部门将追回或停止拨付补贴资金。对违反本办法规定的行为，一经查实，将按《财政违法行为处罚处分条例》（中华人民共和国国务院令第427号）予以处理；触犯刑律的，移交司法机关处理。

第七章 附 则

第二十一条 本办法自2008年12月1日起执行，《家电下乡补贴资金管理暂行办

法》（财建〔2007〕710号）同时废止。

第二十二条　有关省级财政部门应根据本办法规定制定具体实施办法，并报财政部备案。

第二十三条　本办法由财政部负责解释。

废弃电器电子产品处理基金征收使用管理办法

（2012年5月21日　财综〔2012〕34号）

第一章　总　　则

第一条　为了规范废弃电器电子产品处理基金征收使用管理，根据《废弃电器电子产品回收处理管理条例》（国务院令第551号，以下简称《条例》）的规定，制定本办法。

第二条　废弃电器电子产品处理基金（以下简称基金）是国家为促进废弃电器电子产品回收处理而设立的政府性基金。

第三条　基金全额上缴中央国库，纳入中央政府性基金预算管理，实行专款专用，年终结余结转下年度继续使用。

第二章　征收管理

第四条　电器电子产品生产者、进口电器电子产品的收货人或者其代理人应当按照本办法的规定履行基金缴纳义务。

电器电子产品生产者包括自主品牌生产企业和代工生产企业。

第五条　基金分别按照电器电子产品生产者销售、进口电器电子产品的收货人或者其代理人进口的电器电子产品数量定额征收。

第六条　纳入基金征收范围的电器电子产品按照《废弃电器电子产品处理目录》（以下简称《目录》）执行，具体征收范围和标准见附件。

第七条　财政部会同环境保护部、国家发展改革委、工业和信息化部根据废弃电器电子产品回收处理补贴资金的实际需要，在听取有关企业和行业协会意见的基础上，适时调整基金征收标准。

第八条　电器电子产品生产者应缴纳的基金，由国家税务局负责征收。进口电器电子产品的收货人或者其代理人应缴纳的基金，由海关负责征收。

第九条　电器电子产品生产者按季申报缴纳基金。

国家税务局对电器电子产品生产者征收基金，适用税收征收管理的规定。

第十条　进口电器电子产品的收货人或者其代理人在货物申报进口时缴纳基金。

海关对基金的征收缴库管理，按照关税征收缴库管理的规定执行。

第十一条　对采用有利于资源综合利用和无害化处理的设计方案以及使用环保和便于回收利用材料生产的电器电子产品，可以减征基金，具体办法由财政部会同环境保护部、国家发展改革委、工业和信息化部、税务总局、海关总署另行制定。

第十二条　电器电子产品生产者生产用于出口的电器电子产品免征基金，由电器电子产品生产者依据《中华人民共和国海关出口货物报关单》列明的出口产品名称和数量，向国家税务局申请从应缴纳基金的产品销售数量中扣除。

第十三条　电器电子产品生产者进口电器电子产品已缴纳基金的，国内销售时免征基金，由电器电子产品生产者依据《中华人民共和国海关进口货物报关单》和《进口废弃电器电子产品处理基金缴款书》列明的进口产品名称和数量，向国家税务局申请从应缴纳基金的产品销售数量中扣除。

第十四条　基金收入在政府收支分类科目中列103类01款75项“废弃电器电子产品处理基金收入”（新增）下的有关目级科目。

第十五条　未经国务院批准或者授权，任何地方、部门和单位不得擅自减免基金，不得改变基金征收对象、范围和标准。

第十六条　电器电子产品生产者、进口电器电子产品的收货人或者其代理人缴纳的基金计入生产经营成本，准予在计算应纳税所得额时扣除。

第三章　使用管理

第十七条　基金使用范围包括：

（一）废弃电器电子产品回收处理费用补贴；

（二）废弃电器电子产品回收处理和电器电子产品生产销售信息管理系统建设，以及相关信息采集发布支出；

（三）基金征收管理经费支出；

（四）经财政部批准与废弃电器电子产品回收处理相关的其他支出。

第十八条　依照《条例》和《废弃电器电子产品处理资格许可管理办法》（环境保护部令第13号）的规定取得废弃电器电子产品处理资格的企业（以下简称处理企业），对列入《目录》的废弃电器电子产品进行处理，可以申请基金补贴。

给予基金补贴的处理企业名单，由财政部、环境保护部会同国家发展改革委、工业和信息化部向社会公布。

第十九条　国家鼓励电器电子产品生产者自行回收处理列入《目录》的废弃电器电子产品。各省（区、市）环境保护主管部门在编制本地区废弃电器电子产品处理发展规划时，应当优先支持电器电子产品生产者设立处理企业。

第二十条　对处理企业按照实际完成拆解处理的废弃电器电子产品数量给予定额补贴。

基金补贴标准为：电视机85元/台、电冰箱80元/台、洗衣机35元/台、房间空调器35元/台、微型计算机85元/台。

上述实际完成拆解处理的废弃电器电子产品是指整机，不包括零部件或散件。

财政部会同环境保护部、国家发展改革委、工业和信息化部根据废弃电器电子产品回收处理成本变化情况，在听取有关企业和行业协会意见的基础上，适时调整基金补贴标准。

第二十一条　处理企业拆解处理废弃电器电子产品应当符合国家有关资源综合利用、环境保护的要求和相关技术规范，并按照环境保护部制定的审核办法核定废弃电器电子产品拆解处理数量后，方可获得基金补贴。

第二十二条　处理企业按季对完成拆解处理的废弃电器电子产品种类、数量进行统计，填写《废弃电器电子产品拆解处理情况表》，并在每个季度结束次月的5日前报送各省（区、市）环境保护主管部门。

第二十三条　处理企业报送《废弃电器电子产品拆解处理情况表》时，应当同时提供以下资料：

（一）废弃电器电子产品入库和出库记录报表；

（二）废弃电器电子产品拆解处理作业记录报表；

（三）废弃电器电子产品拆解产物出库和入库记录报表；

（四）废弃电器电子产品拆解产物销售凭证或处理证明。

相关报表和凭证按照环境保护部统一规定的格式报送。

第二十四条　各省（区、市）环境保护主管部门接到处理企业报送的《废弃电器电子产品拆解处理情况表》及相关资料后组织开展审核工作，并在每个季度结束次月的月底前将审核意见连同处理企业填写的《废弃电器电子产品拆解处理情况表》，以书面形式上报环境保护部。

环境保护部负责对各省（区、市）环境保护主管部门上报情况进行核实，确认每个处理企业完成拆解处理的废弃电器电子产品种类、数量，并汇总提交财政部。

财政部按照环境保护部提交的废弃电器电子产品拆解处理种类、数量和基金补贴标准，核定对每个处理企业补贴金额并支付资金。资金支付按照国库集中支付制度有关规定执行。

第二十五条　环境保护部、税务总局、海关总署等有关部门应当按照中央政府性基金预算编制的要求，编制年度基金支出预算，报财政部审核。

财政部应当按照预算管理规定审核基金支出预算并批复下达相关部门。

第二十六条　基金支出在政府收支分类科目中列211类61款“废弃电器电子产品处理基金支出”（新增）。

第四章　监督管理

第二十七条　电器电子产品生产者、进口电器电子产品的收货人或者其代理人应当分别向国家税务局、海关报送电器电子产品销售和进口的基本数据及情况，并按照规定申报缴纳基金，自觉接受国家税务局、海关的监督检查。

第二十八条　处理企业应当按照规定建立废弃电器电子产品的数据信息管理系统，跟踪记录废弃电器电子产品接收、贮存和处理，拆解产物出入库和销售，最终废弃物出入库和处理等信息，全面反映废弃电器电子产品在处理企业内部运转流程，并如实向环境保护等主管部门报送废弃电器电子产品回收和拆解处理的基本数据及情况。

第二十九条　处理企业申请基金补贴相关资料及记录废弃电器电子产品回收和拆解处理情况的原始凭证应当妥善保存备查，保存期限不得少于5年。

第三十条　环境保护部和各省（区、市）环境保护主管部门应当建立健全基金补贴审核制度，通过数据系统比对、书面核查、实地检查等方式，加强废弃电器电子产品拆解处理的环保核查和数量审核，防止弄虚作假、虚报冒领补贴资金等行为的发生。

第三十一条　财政部会同环境保护部、国家发展改革委、工业和信息化部建立实时监控废弃电器电子产品回收处理和生产销售的信息管理系统（以下简称监控系统）。

处理企业和电器电子产品生产者应当配合有关部门建立监控系统。处理企业建立的废弃电器电子产品数据信息管理系统应当与监控系统对接。电器电子产品生产者应当按照建立监控系统的要求，登记企业信息并报送电器电子产品生产销售情况。

第三十二条　财政部、审计署、环境保护部、国家发展改革委、工业和信息化部、税务总局、海关总署应当按照职责加强对基金缴纳、使用情况的监督检查，依法对基金违法违规行为进行处理、处罚。

第三十三条　有关行业协会应当协助环境保护主管部门和财政部门做好废弃电器电子产品拆解处理种类、数量的审核工作。

第三十四条　环境保护部和各省（区、市）环境保护主管部门应当分别公开全国和本地区处理企业拆解处理废弃电器电子产品及接受基金补贴情况，接受公众监督。

任何单位和个人有权监督和举报基金缴纳和使用中的违法违规问题。有关部门应当按照职责分工对单位和个人举报投拆的问题进行调查和处理。

第五章　法律责任

第三十五条　单位和个人有下列情形之一的，依照《财政违法行为处罚处分条例》（国务院令第427号）和《违反行政事业性收费和罚没收入收支两条线管理规定行政处分暂行规定》（国务院令第 281 号）等法律法规进行处理、处罚、处分；构成犯罪的，依法追究刑事责任：

（一）未经国务院批准或者授权，擅自减免基金或者改变基金征收范围、对象和标准的；

（二）以虚报、冒领等手段骗取基金补贴的；

（三）滞留、截留、挪用基金的；

（四）其他违反政府性基金管理规定的行为。

处理企业有第一款第（二）项行为的，取消给予基金补贴的资格，并向社会公示。

第三十六条　电器电子产品生产者违反基金征收管理规定的，由国家税务局比照税收违法行为予以行政处罚。进口电器电子产品的收货人或者其代理人违反基金征收管理规定的，由海关比照关税违法行为予以行政处罚。

第三十七条　基金征收、使用管理有关部门的工作人员违反本办法规定，在基金征收和使用管理工作中滥用职权、玩忽职守、徇私舞弊，构成犯罪的，依法追究刑事责任；尚不构成犯罪的，依法给予处分。

第六章　附　则

第三十八条　本办法由财政部、环境保护部、国家发展改革委、工业和信息化部、税务总局、海关总署负责解释。

第三十九条　本办法自 2012 年 7 月 1 日起执行。

附：（略）

军品配套科研项目后补助管理实施细则（试行）

（2018 年 6 月 11 日　科工管〔2018〕822 号）

第一章　总　则

第一条　为了进一步调动企事业单位军品配套产品研制的积极性，鼓励自主创新，引导单位先行投入资金开展产品技术研发，加快装机应用和推动军用材料（产品）发展，依据《国防科工局科研项目管理办法》《国防科技工业科研项目后补助管理暂行办法》及《军品配套科研项目管理实施细则》，制定本实施细则。

第二条　本细则所称的后补助是指符合条件的相关单位，根据国防科工局发布的《军品配套科研项目指南》（以下简称《指南》），先行投入资金开展的军品配套科研项目，通过审查确认后，按照相关程序给予一定额度的中央财政资金补助。后补助包括事前立项事后补助、奖励性后补助两种方式。

第二章　事前立项事后补助

第三条　符合以下条件的配套科研项目可以采取事前立项事后补助管理方式：

（一）需求迫切，有明确的装机对象的；

（二）研制周期原则上不超过 3 年的；

（三）科研成果具有推广应用前景的。

第四条　国防科工局根据军品配套科研项目管理的有关程序，拟采取事前立项事后补助方式的项目在《指南》中予以明确。

第五条　项目的后补助方案及验收方式在国防科工局立项批复中明确。项目立项后，国防科工局不再审批任务书，立项批复是项目执行、项目验收及补助资金拨付、监督检查的依据。对于在发布《指南》

中未明确实施后补助方式的，建议书评估后认为符合后补助支持方式的项目可纳入后补助管理。竞争类项目承担单位不超过两家，研制周期、经费概算保持一致。

第六条　项目承担单位及其主管单位按照批复的项目建议书自行组织实施和管理。除不可抗力因素外，后补助项目不得进行研制周期、成果目标、考核指标、概算经费等内容调整。

第七条　项目完成后，项目承担单位按程序提出验收申请，项目验收采取专家评审方式，由项目主管单位组织完成验收测试工作。国防科工局成立验收专家组，专家组成员一般不少于 7 人，由具有高级职称的技术、经济和管理专家组成，应遵循回避原则。超期 2 年未提出验收申请的项目，视同终止，不再予以后补助。竞争类项目采用同一第三方检测单位、同一验收专家组完成验收。

第八条　项目验收以批复的建议书为依据，重点验收项目的研究目标实现情况、研究内容完成情况、技术指标达到情况、产品交付及应用情况等，不再进行财务验收。未达到批复建议书要求的不通过验收。

第九条　国防科工局将项目验收结果及拟补助金额在项目申请单位和用户中公示，对于公示结束无异议的，或者异议处理结论不影响批复的，国防科工局予以批复。

第十条　事前立项事后补助项目通过验收的，按批复经费予以补助，未通过验收的不予补助。对于竞争类项目，均通过验收的，若产品综合性能相当，各按批复经费的 50% 补助；若产品综合性能差别较大，补助经费向有明显优势的单位倾斜，劣势单位补助经费不超过 30% 。

第十一条　项目通过验收后，国防科工局按照立项批复时确定的项目概算及后补助方案，提出项目后补助预算安排建议，报财政部批复。预算批复下达后，补助资金按照国库集中支付管理有关规定拨付项目承担单位，项目承担单位可统筹安排使用。

第三章　奖励性后补助

第十二条　国防科工局根据军品配套科研项目管理的有关程序，对拟采取奖励性后补助方案的项目在《指南》中予以明确。

第十三条　在《指南》中符合以下条件的配套科研项目可以采取奖励性后补助管理方式：

（一）研制出的新材料、新产品属原创成果，研发记录完备，具有潜在军事用途，并完成典型件试验验证的；

（二）已发布需求的进口替代项目，有关单位通过自有资金自主研发实现装机应用的；

（三）军用关键材料经过适应性改进，在国家重大工程、重大项目的型号产品上拓展应用并发挥重要作用的。

第十四条　奖励性后补助按研制材料（产品）成果的贡献划分为一类、二类、三类 3 个等级。一类为研制材料（产品）达到国际领先水平；二类为研制材料（产品）达到国际先进水平；三类为研制材料（产品）达到国内领先水平。水平认定综合主要技术的先进性、应用性等指标。一类奖励金额最低 600 万元，最高不超过 900 万元。二类奖励金额最低 300 万元，最高不超过 600 万元。三类奖励金额最低 100 万元，最高不超过 300 万元。

第十五条　奖励性后补助按照以下程序管理：

（一）征集成果。国防科工局根据已发布的《指南》征集成果信息。

（二）补助金申请。申请单位通过其主管单位向国防科工局提交奖励性后补助资金申请报告。资金申请报告应当包括研制材料（产品）的军事用途或在国家重大工程、重大项目的型号产品上拓展应用情况说明、国内外研制现状、研制材料主要技术指标与国内外同类材料技术指标对比、申请金额等。

（三）补助申请审查。国防科工局组织对申请书进行形式审查，审查内容主要为申请书的规范性、完整性、与《指南》符合性等；通过形式审查的项目委托专家或中介机构进行现场审查复核，现场审查复核主要内容为研制材料（产品）军事用途或拓展应用情况、主要研究内容完成情况、主要技术指标及成果先进性、申请金额等，审查复核完成后形成审查报告。

（四）补助申请核定及公示。国防科工局对审查结果在申请单位和用户范围进行公示。

（五）补助金批复及拨付。国防科工局根据审查结论按立项程序办理批复后，依照程序提出奖励性后补助预算安排，报财政部批复。预算批复下达后，补助资金按照国库集中支付管理有关规定拨付项目承担单位，项目承担单位可统筹安排使用。

第四章 罚 则

第十六条 项目承担单位或个人弄虚作假、伪造成果、重复申报立项、以不当方式唆使用户或第三方检测机构出具虚假评价或检测报告，骗取财政资金的，按照《财政违法行为处罚处分条例》等有关规定予以处理。情节严重涉及犯罪的，依法移送司法机关处理。

事前立项事后补助科研项目管理出现以下问题之一的，国防科工局将撤销该项目，已经获得事后补助经费的，予以追回，并视情节在2年内暂停受理相关项目承担单位的立项申请：

（一）立项批复后，未按立项批复要求开展研制工作；

（二）完全利用已有成果，未开展研制工作；

（三）其他财政资金渠道支持过的项目。

第十七条 对配套科研项目需求单位出现以下问题之一的，国防科工局将在1年内暂停受理相关需求单位的立项申请，并在行业内通报：

（一）虚报需求项目或需求项目上报后随意取消的；

（二）不按照任务总要求约定开展应用研究和考核验证的；

（三）未进行考核（或考核未通过）出具用户合格证明的。

第十八条 专家、中介机构、第三方检测机构存在弄虚作假等违规行为的，视情节轻重，可以采取宣布其出具的相关结果无效、视情况进行通报等处理措施，并将违规行为记录在案，作为以后遴选专家、中介机构、第三方检测机构的重要依据。

第五章 附 则

第十九条 本细则未尽事宜，按照《国防科工局科研项目管理办法》《国防科技工业科研项目后补助管理暂行办法》《军品配套科研项目管理实施细则》等有关规定执行。

第二十条 本细则自印发之日起施行。

城乡义务教育补助经费管理办法

（2021 年 4 月 1 日　财教〔2021〕56 号）

第一条　为加强城乡义务教育补助经费管理，提高资金使用效益，推进义务教育均衡发展，根据国家预算管理有关规定，制定本办法。

第二条　本办法所称城乡义务教育补助经费（以下称补助经费），是指中央财政用于支持城乡义务教育发展的转移支付资金。本办法所称城市、农村地区划分标准：国家统计局最新版本的《统计用区划代码》中的第 5－6 位（区县代码）为 01－20 且《统计用城乡划分代码》中的第 13－15 位（城乡分类代码）为 111 的主城区为城市，其他地区为农村。

第三条　补助经费管理遵循"城乡统一、重在农村，统筹安排、突出重点，客观公正、规范透明，注重绩效、强化监督"的原则。

第四条　现阶段，补助经费支持方向包括：

（一）落实城乡义务教育经费保障机制。

1. 对城乡义务教育学生（含民办学校学生）免除学杂费、免费提供教科书、对家庭经济困难学生补助生活费。民办学校学生由学校按照获得的生均公用经费补助免除学杂费。免费提供国家规定课程教科书和免费为小学一年级新生提供正版学生字典的补助标准由国家统一制定，所需资金由中央财政全额承担（含以 2016 年为基数核定的出版发行少数民族文字教材亏损补贴）。家庭经济困难学生生活补助资金由中央与地方按规定比例分担，其中家庭经济困难寄宿生生活补助国家基础标准由国家统一制定，并按国家基础标准的一定比例核定家庭经济困难非寄宿生生活补助标准。

2. 对城乡义务教育学校（含民办学校）按照不低于生均公用经费基准定额的标准补助公用经费，并适当提高寄宿制学校、规模较小学校、北方取暖地区学校、特殊教育学校和随班就读残疾学生的公用经费补助水平。城乡义务教育生均公用经费基准定额由国家统一制定。公用经费补助资金由中央与地方按规定比例分担，用于保障学校正常运转、完成教育教学活动和其他日常工作任务等方面支出，具体支出范围包括：教学业务与管理、教师培训、实验实习、文体活动、水电、取暖、交通差旅、邮电，仪器设备及图书资料等购置，房屋、建筑物及仪器设备的日常维修维护等。公用经费补助资金不得用于教职工福利、临时聘用人员工资等人员经费，基本建设投资，偿还债务等方面的支出。其中，教师培训费按照学校年度公用经费预算总额的 5% 安排，用于教师按照学校年度培训计划参加培训所需的差旅费、伙食补助费、资料费和住宿费等开支。

3. 巩固完善农村义务教育学校校舍安全保障长效机制，支持公办学校维修改造、抗震加固、改扩建校舍及其附属设施。公办学校校舍单位面积补助测算标准由国家统一制定，所需资金由中央与地方按规定比例分担。

4. 对地方落实乡村教师生活补助等政策给予综合奖补，奖补资金根据奖补标准、调整系数等绩效因素核定，地方可统筹用于城乡义务教育经费保障机制相关支出。

（二）实施农村义务教育阶段学校教师

特设岗位计划，中央财政对特岗教师给予工资性补助，补助资金按规定据实结算。

（三）实施农村义务教育学生营养改善计划。国家统一制定学生营养膳食补助国家基础标准。国家试点地区营养膳食补助所需资金，由中央财政全额承担，用于向学生提供等值优质的食品，不得以现金形式直接发放，不得用于补贴教职工伙食、学校公用经费，不得用于劳务费、宣传费、运输费等工作经费；对于地方试点地区，中央财政给予生均定额奖补。

第五条　财政部、教育部根据党中央、国务院有关决策部署、义务教育改革发展实际以及财力状况适时调整相关补助标准、分配因素及计算公式，并按规定报经国务院批准后执行。现行补助标准、分配因素和计算方法详见附表。

城乡义务教育补助经费分配公式为：某省份城乡义务教育补助经费＝城乡义务教育经费保障机制资金＋特岗教师工资性补助资金＋学生营养改善计划补助资金。

第六条　省级财政、教育部门应当于每年 1 月底前将当年补助经费申报材料送财政部当地监管局审核。监管局采取材料审核、实地检查等方式，对申报材料中反映的政策落实和资金使用管理情况进行审核，向财政部出具审核意见。经监管局审核后，省级财政、教育部门于 2 月底前将申报材料报送财政部、教育部。

申报材料主要包括：

（一）上年度工作总结，主要包括上年度补助经费使用情况、年度绩效目标完成情况、地方财政投入情况、主要管理措施、问题分析及对策。

（二）当年工作计划，主要包括当年全省义务教育工作目标、补助经费区域绩效目标表、重点任务和资金安排计划，绩效指标要指向明确、细化量化、合理可行、相应匹配。

第七条　补助经费由财政部、教育部共同管理。教育部负责审核地方提出的区域绩效目标等相关材料和数据，提供资金测算需要的基础数据，并对提供的基础数据的准确性、及时性负责。财政部根据预算管理相关规定，会同教育部研究确定各省份补助经费预算金额、补助经费整体绩效目标。省级财政、教育部门负责明确省级及省以下各级财政、教育部门在基础数据审核、经费分担、资金使用管理等方面的责任，切实加强资金管理。

第八条　财政部于每年全国人民代表大会批准中央预算后三十日内，会同教育部正式下达补助经费预算，并抄送财政部当地监管局。每年 10 月 31 日前，提前下达下一年度补助经费预计数。省级财政部门在收到中央财政补助经费预算后，应当会同教育部门在三十日内按照预算级次合理分配、及时下达本行政区域县级以上各级政府部门，并抄送财政部当地监管局。

第九条　补助经费支付执行国库集中支付制度。涉及政府采购的，按照政府采购有关法律制度执行，其中国家课程免费教科书由省级教育、财政部门结合当地实际，按政府采购有关规定统一组织采购。

第十条　省级财政、教育部门在分配补助经费时，应当结合本地区年度义务教育重点工作和本省省级财政安排的城乡义务教育补助经费，加大省级统筹力度，重点向农村地区倾斜，向边远地区、脱贫地区、民族地区、革命老区倾斜。省级财政、教育部门要按责任、按规定切实落实应承担的资金；合理界定学生贫困面，提高资助的精准度；合理确定校舍安全保障长效机制项目管理的具体级次和实施办法，做好与发展改革部门安排基本建设项目等各渠道资金的统筹和对接，防止资金、项目安排重复交叉或缺位；统筹落实好特岗教师在聘任期间的工资津补贴等政策；指导省以下各级有关部门科学确定营养改善计划供餐模式和经费补助方式。

第十一条　县（区）级财政、教育部门应当落实经费管理的主体责任，加强区域内相关教育经费的统筹安排和使用，兼顾不同规模学校运转的实际情况，向乡镇寄宿制学校、乡村小规模学校、教学点、薄弱学校倾斜，保障学校基本需求；加强学校预算管理，细化预算编制，硬化预算执行，强化预算监督；规范学校财务管理，确保补助经费使用安全、规范和有效。县（区）级教育部门应会同有关部门定期对辖区内学校校舍进行排查、核实，结合本地学校布局调整等规划，编制校舍安全保障总规划和年度计划，按照本省校舍安全保障长效机制项目管理有关规定，负责组织实施项目，项目实施和资金安排情况，要逐级上报省级教育、财政部门备案。

第十二条　学校应当健全预算管理制度，按照轻重缓急、统筹兼顾的原则安排使用公用经费，既要保证开展日常教育教学活动所需的基本支出，又要适当安排促进学生全面发展所需的活动经费支出；完善内部经费管理办法，细化公用经费等支出范围与标准，加强实物消耗核算，建立规范的经费、实物等管理程序，建立物品采购登记台账，健全物品验收、进出库、保管、领用制度，明确责任，严格管理；健全内部控制制度、经济责任制度等监督制度，依法公开财务信息；做好给予个人有关补助的信息公示工作，接受社会公众监督。

第十三条　地方各级财政、教育部门要按照全面实施预算绩效管理的要求，建立健全全过程预算绩效管理机制，按规定科学合理设定绩效目标，对照绩效目标做好绩效监控、绩效评价，强化绩效结果运用，做好绩效信息公开，提高城乡义务教育补助经费配置效率和使用效益。财政部、教育部根据工作需要适时组织开展重点绩效评价。

第十四条　财政部各地监管局应当按照工作职责和财政部要求，对补助经费实施监管。地方各级财政部门应当会同同级教育部门，按照各自职责加强项目审核申报、经费使用管理等工作，建立“谁使用、谁负责”的责任机制。严禁将补助经费用于平衡预算、偿还债务、支付利息、对外投资等支出，不得从补助经费中提取工作经费或管理经费。

第十五条　各级财政、教育部门及其工作人员、申报使用补助资金的部门、单位及个人存在违法违规行为的，有关部门依法责令改正并给予处罚；对负有责任的领导人员和直接责任人员依法给予处分；涉嫌犯罪的，依法移送有关机关处理。

第十六条　本办法由财政部、教育部负责解释。各省级财政、教育部门应当根据本办法，结合各地实际，制定具体管理办法，报财政部、教育部备案，并抄送财政部当地监管局。

第十七条　本办法自印发之日起施行。《财政部教育部关于印发〈城乡义务教育补助经费管理办法〉的通知》（财教〔2019〕121号）同时废止。

附件：（略）

特殊教育补助资金管理办法

（2021年4月10日修订　财教〔2021〕72号）

第一条　为规范和加强特殊教育补助资金管理，提高资金使用效益，根据国家预算管理有关规定，制定本办法。

第二条　本办法所称特殊教育补助资金

（以下简称补助资金），是指中央财政用于支持特殊教育发展的转移支付资金。实施期限根据教育领域中央与地方财政事权和支出责任划分改革方案、支持特殊教育改革发展政策等确定。

第三条　补助资金遵循“中央引导、省级统筹、突出重点、讲求绩效、规范透明、强化监督”的原则。

第四条　补助资金支持范围为全国独立设置的特殊教育学校和招收较多残疾学生随班就读的普通中小学校。重点支持中西部省份和东部部分困难地区。补助资金主要用于以下方面：

（一）支持特殊教育学校改善办学条件（不含新建），配备特殊教育专用设备设施和仪器；对特殊教育学校和随班就读学生较多的普通学校进行无障碍设施改造。

（二）支持承担特殊教育资源中心（含孤独症儿童教育中心）职能的学校和设置特殊教育资源教室的普通学校配置必要的设施设备。

（三）支持向重度残疾学生接受义务教育提供送教上门服务，为送教上门的教师提供必要的交通补助；支持普通中小学校创设融合校园文化环境，推进融合教育。

第五条　补助资金由财政部会同教育部共同管理。教育部负责审核地方提供的区域绩效目标等相关材料和数据，提供资金测算需要的基础数据，并对基础数据准确性、及时性负责。财政部根据预算管理相关规定，会同教育部研究确定有关省份资金预算金额、资金的整体绩效目标。

省级财政、教育部门明确省级及省以下各级财政、教育部门在基础数据审核、资金安排、使用管理等方面的责任，切实加强资金管理。

第六条　补助资金采取因素法分配。按照基础因素、投入因素分配到有关省份。其中：

基础因素（权重 80%）主要考虑特殊教育事业发展、教师队伍建设、改革创新等因素。各因素数据通过相关统计资料获得。

投入因素（权重 20%）主要考虑地方财政努力程度等因素。各因素数据通过相关统计资料获得。

财政部会同教育部综合考虑各地工作进展等情况，研究确定绩效调节系数，对资金分配情况进行适当调节。

计算公式为：

某省份补助资金 =（该省份基础因素/∑有关省份基础因素 × 权重 + 该省份投入因素/∑有关省份投入因素 × 权重）× 补助资金年度预算资金总额 × 绩效调节系数

财政部、教育部根据党中央、国务院有关决策部署和特殊教育改革发展新形势等情况，适时调整完善相关分配因素、权重、计算公式等。

第七条　省级财政、教育部门应当于每年 2 月底前，向财政部、教育部报送当年补助资金申报材料，并同时抄送财政部当地监管局。申报材料主要包括：

（一）上年度工作总结，包括上年度补助资金使用情况、年度绩效目标完成情况、绩效评价结果、地方财政投入情况、主要管理措施、问题分析及对策等。

（二）当年工作计划，主要包括当年全省工作目标和补助资金区域绩效目标、重点任务和资金安排计划，绩效指标要指向明确、细化量化、合理可行、相应匹配。

第八条　财政部于每年全国人民代表大会批准中央预算后三十日内，会同教育部正式下达资金预算，并抄送财政部有关监管局。每年 10 月 31 日前，提前下达下一年度资金预计数。省级财政在收到资金预算后，应当会同省级教育部门在三十日内按照预算级次合理分配、及时下达本行政区域县级以上各级政府部门，并抄送财政部当地监管局。

第九条　补助资金支付执行国库集中支付制度。涉及政府采购的，按照政府采购法律法规和有关制度执行。

第十条　省级财政、教育部门在分配补助资金时，应当结合本地区年度重点工作和省级财政安排相关资金，加大省级统筹力度，做好与发展改革部门安排基本建设项目等各渠道资金的统筹和对接，防止资金、项目安排重复交叉或缺位。

县（区）级财政、教育部门应当落实资金管理主体责任，加强区域内相关教育经费的统筹安排和使用，指导和督促本地区特殊教育学校健全财务、会计、资产管理制度。加强特殊教育学校预算管理，细化预算编制，硬化预算执行，强化预算监督；规范学校财务管理，确保资金使用安全、规范和高效。

各级财政、教育部门要加强财政风险控制，强化流程控制、依法合规分配和使用资金，实行不相容岗位（职责）分离控制。

第十一条　补助资金原则上应在当年执行完毕，年度未支出的资金按财政部结转结余资金管理有关规定处理。

第十二条　各级财政、教育部门要按照全面实施预算绩效管理的要求，建立健全全过程预算绩效管理机制，按规定科学合理设定绩效目标，对照绩效目标做好绩效监控，认真组织开展绩效评价，强化评价结果应用，做好绩效信息公开，提高资金配置效率和使用效益。财政部根据工作需要适时组织开展重点绩效评价。

第十三条　财政部各地监管局应当按照工作职责和财政部要求，对资金实施监管。地方各级财政部门应当会同同级教育部门，按照各自职责加强项目审核申报、经费使用管理等工作，建立"谁使用、谁负责"的责任机制。严禁将资金用于平衡预算、偿还债务、支付利息、对外投资等支出，不得从补助资金中提取工作经费或管理经费。

第十四条　各级财政、教育部门及其工作人员、申报使用补助资金的部门、单位及个人存在违法违规行为的，依法责令改正；对负有责任的领导人员和直接责任人员依法给予处分；涉嫌犯罪的，依法移送有关机关处理。

第十五条　本办法由财政部、教育部负责解释。各级财政、教育部门可以根据本办法，结合各地实际，制定具体管理办法，报财政部、教育部备案，并抄送财政部当地监管局。

第十六条　本办法自印发之日起施行。《财政部教育部关于印发〈特殊教育补助资金管理办法〉的通知》（财教〔2019〕261号）同时废止。

中央财政农业保险保费补贴管理办法

（2021年12月31日修订　财金〔2021〕130号）

第一章　总　　则

第一条　为加强农业保险保费补贴资金管理，提升农业保险数据信息服务水平，加快农业保险高质量发展，完善农业支持保护制度，助力乡村振兴，服务保障国家粮食安全，根据《中华人民共和国预算法》及其实施条例、《农业保险条例》、《金融企业财务规则》等规定，制定本办法。

第二条　本办法所称中央财政农业保险保费补贴，是指财政部对地方政府引导有关农业保险经营机构（以下简称承保机构）开展的符合条件的农业保险业务，按照保费的一定比例，为投保农户、农业生产经营组织等提供补贴。

本办法所称承保机构，是指保险公司以及依法设立并开展农业保险业务的农业互助保险等保险组织。本办法所称农业生产经营组织，是指农民专业合作社、农业企业以及其他农业生产经营组织。

第三条　农业保险工作遵循政府引导、市场运作、自主自愿、协同推进的原则。农业保险保费补贴工作实行财政支持、分级负责、预算约束、政策协同、绩效导向、惠及农户的原则。

（一）财政支持。财政部门履行牵头主责，从发展方向、制度设计、政策制定、资金保障等方面推进农业保险发展，通过保费补贴、机构遴选等多种政策手段，发挥农业保险机制性工具作用，督促承保机构依法合规展业，充分调动各参与方积极性，推动农业保险高质量发展。

（二）分级负责。财政部根据预算管理相关规定，加强对地方农业保险保费补贴工作的指导和监督。省级财政部门对本地区农业保险保费补贴工作负总责，省以下地方财政部门按照属地原则各负其责。

（三）预算约束。各级财政部门应综合考虑农业发展、财政承受能力等实际情况，适应农业保险业务发展趋势和内在规律，量力而行、尽力而为，合理确定本地区农业保险发展优先顺序，强化预算约束，提高财政预算管理水平。

（四）政策协同。各级财政部门加强与农业农村、保险监管、林草等有关单位以及承保机构的协同，推动农业保险保费补贴政策与其他农村金融和支农惠农政策有机结合，促进形成农业保险健康发展的长效机制。

（五）绩效导向。突出正向激励，构建科学合理的综合绩效评价指标体系，强化绩效目标管理，做好绩效运行监控，开展绩效评价和结果应用。

（六）惠及农户。各级财政部门会同有关方面聚焦服务“三农”，确保农业保险政策精准滴灌，切实提升投保农户政策获得感和满意度。

第二章　补贴政策

第四条　中央财政提供保费补贴的农业保险（以下简称补贴险种）标的为关系国计民生和粮食、生态安全的主要大宗农产品，以及根据党中央、国务院有关文件精神确定的其他农产品；对地方优势特色农产品保险，通过以奖代补政策给予支持。

鼓励各省、自治区、直辖市、计划单列市（以下统称省）结合本地实际和财力状况，对符合农业产业政策、适应当地“三农”发展需求的农业保险给予一定的保费补贴等政策支持。

第五条　中央财政补贴险种的保险标的主要包括：

（一）种植业。稻谷、小麦、玉米、棉花、马铃薯、油料作物、糖料作物、天然橡胶、三大粮食作物（稻谷、小麦、玉米）制种。

（二）养殖业。能繁母猪、育肥猪、奶牛。

（三）森林。公益林、商品林。

（四）涉藏特定品种。青稞、牦牛、藏系羊。

第六条　对中央财政补贴险种的保费，中央财政、省级财政按照保费的一定比例提供补贴，纳入补贴范围的中央单位承担一定比例保费。

省级财政平均补贴比例表示为（25% + a%），以保费规模为权重加权平均计算。

中央单位平均承担比例表示为（10% + b%），以保费规模为权重加权平均计算。中央单位指纳入中央财政农业保险保费补贴范围的新疆生产建设兵团、北大荒农垦集团有限公司、广东农垦集团公司、中国融通资产管理集团有限公司、中国储备粮管理集团有限公司、中国农业发展集团有限公司和大兴安岭林业集团公司。

第七条　对中央财政补贴险种的保费，中央财政承担补贴比例如下：

（一）种植业保险保费。当 a≥0 时，中央财政对中西部地区和东北地区（不含大连市）补贴45%，对东部地区补贴35%；当 a<0 时，中央财政对中西部地区和东北地区（不含大连市）补贴（45% + a% × 1.8），对东部地区补贴（35% + a% × 1.4）。当 b≥0 时，中央财政2022年对中央单位补贴65%，2023年对中央单位补贴60%，2024年起对中央单位补贴55%；当 b<0 时，中央财政2022年对中央单位补贴（65% +b% ×6.5），2023年对中央单位补贴（60% +b% ×6），2024年起对中央单位补贴（55% +b% ×5.5）。

（二）养殖业保险保费。当 a≥0 时，中央财政对中西部地区补贴50%，对东部地区补贴40%；当 a<0 时，中央财政对中西部地区补贴（50% +a% ×2），对东部地区补贴（40% +a% ×1.6）。当 b≥0 时，中央财政2022年对中央单位补贴70%，2023年对中央单位补贴65%，2024年起对中央单位补贴60%；当 b<0 时，中央财政2022年对中央单位补贴（70% +b% ×7），2023年对中央单位补贴（65% + b% ×6.5），2024年起对中央单位补贴（60% +b% ×6）。

（三）森林保险保费。当 a≥0 时，中央财政对各省公益林补贴50%、商品林补贴30%；当 a<0 时，中央财政对各省公益林补贴（50% + a% ×2）、商品林补贴（30% +a% ×1.2）。当 b≥0 时，中央财政对大兴安岭林业集团公司公益林补贴70%、商品林补贴50%；当 b<0 时，中央财政对大兴安岭林业集团公司公益林补贴（70% +b% ×7）、商品林补贴（50% +b% ×5）。

（四）涉藏特定品种保险保费。对于青稞、牦牛、藏系羊保险保费，当 a≥0 时，中央财政补贴40%；当 a<0 时，中央财政补贴（40% + a% ×1.6）。中央单位参照执行。

第八条　对地方优势特色农产品保险，中央财政每年安排一定资金给予奖补支持，结合各省和新疆生产建设兵团农业保险保费补贴综合绩效评价结果和地方优势特色农产品保险保费规模加权分配。

各省和新疆生产建设兵团农业保险保费补贴综合绩效评价结果权重为20%。在综合绩效评价结果整体权重下，按照综合绩效评价得分由高到低的顺序，将各省划分为4档，第一档10个省、第二档10个省、第三档8个省，其余省归为第四档。第一、二、三档分别分配综合绩效评价结果整体奖补资金总额的50%、35%、15%，每一档内各省平均分配；第四档不予分配综合绩效评价结果奖补资金。

上一年度省级财政给予补贴、符合保险原则的地方优势特色农产品保险保费规模权重为80%。

各省和新疆生产建设兵团所获地方优势特色农产品保险奖补资金不得高于该省所获大宗农产品中央财政农业保险保费补贴资金规模。所获大宗农产品中央财政农业保险保费补贴低于1000万元的省，不得享受地方优势特色农产品保险奖补政策。

假设中央财政安排当年地方优势特色农产品保险奖补资金为A，某省上一年度省级财政给予补贴、符合保险原则的地方优势特色农产品保险保费规模在全国占比为θ%，该省综合绩效评价得分属于第n档，该省所获大宗农产品中央财政农业保险保费补贴资金规模为B，则该省当年所获地方优势特色农产品保险奖补资金M可表示为：①当 n=1 时，M = A ×80% ×θ% + A ×20% ×50% ÷10；②当 n=2 时，M = A ×80% ×θ% + A ×20% ×35% ÷10；③当 n=3 时，M = A ×80% ×θ% + A ×20% ×15% ÷8；④当 n=4 时，M = A ×80% ×θ%。以上当且仅当 M≤B 且 B≥1000 万元时成立，否则 M 取零。

省级财政每年可从中央财政安排当地地方优势特色农产品保险奖补资金中提取一定比例的资金，统筹用于完善大灾风险分散机制、加强信息化建设等农业保险相关工作，具体用途由省级财政决定。省级财政每年提取金额不得超过当年中央财政安排当地奖补资金的20%。

第九条 鼓励省级财政部门结合实际，对不同险种、不同区域实施差异化的农业保险保费补贴政策，加大对重要农产品、规模经营主体、产粮大县、脱贫地区及脱贫户的支持力度。

第三章 保险方案

第十条 承保机构应当公平、合理拟订农业保险条款和费率。保险费率应当按照保本微利原则厘定，综合费用率不高于20%。属于财政给予保费补贴险种的保险条款和保险费率，承保机构应当在充分听取各地人民政府财政、农业农村、林草部门和农户代表以及财政部各地监管局（以下简称监管局）意见的基础上拟订。

第十一条 补贴险种的保险责任应当涵盖当地主要的自然灾害、重大病虫鼠害、动物疾病疫病、意外事故、野生动物毁损等风险；有条件的地方可稳步探索将产量、气象等变动作为保险责任。

第十二条 补贴险种的保险金额，主要包括：

（一）种植业保险。原则上为保险标的生长期内所发生的物化成本，包括种子、化肥、农药、灌溉、机耕和地膜等成本。对于13个粮食主产省（含大连市、青岛市）产粮大县的三大粮食作物，保险金额可以覆盖物化成本、土地成本和人工成本等农业生产总成本（完全成本）；如果相应品种的市场价格主要由市场机制形成，保险金额也可以体现农产品价格和产量，覆盖农业种植收入。

（二）养殖业保险。原则上为保险标的的生产成本，可包括部分购买价格或饲养成本，具体由各省根据养殖业发展实际、地方财力状况等因素综合确定保险金额。

（三）森林保险。原则上为林木损失后的再植成本，包括灾害木清理、整地、种苗处理与施肥、挖坑、栽植、抚育管理到树木成活所需的一次性总费用。

鼓励各省和承保机构根据本地农户的支付能力，适当调整保险金额。对于超出上述标准的部分，应当通过适当方式予以明确，由此产生的保费，有条件的地方可以结合实际，提供一定的补贴，或由投保人承担。

农业生产总成本、单产和价格（地头价）数据，以相关部门认可的数据或发展改革委最新发布的《全国农产品成本收益资料汇编》为准。

第十三条 各省财政部门应当会同有关部门，指导承保机构逐步建立当地农业保险费率调整机制，合理确定费率水平。中国农业再保险股份有限公司（以下简称中国农再）应当适时发布农业保险风险区划和风险费率参考。

第十四条 承保机构应当合理设置补贴险种赔付标准，维护投保农户合法权益。补贴险种不得设置绝对免赔，科学合理设置相对免赔，省级财政部门负责监督。

第十五条 补贴险种的保险条款应当通俗易懂、表述清晰，保单上应当明确载明农业保险标的位置和农户、农业生产经营组织、地方财政、中央财政等各方承担的保费比例及金额。

第四章 预算管理

第十六条 农业保险保费补贴资金实行专项管理、分账核算。财政部承担的保费补贴资金，列入年度中央预算。省级财政部门承担的保费补贴资金，由省级财政预算安排，省级以下财政部门承担的保费补贴资金，由省级财政部门负责监督落实，并向财政部报送《农业保险保费补贴资金到位承诺函》（附4－1）。中央单位向财政部报送《农业保险保费承担资金到位承诺函》（附4－2）。

第十七条　农业保险保费补贴资金实行专款专用、据实结算。各地保费补贴资金当年出现结余的，抵减下年度预算；如下年度不再为补贴地区，中央财政结余部分全额返还财政部。

第十八条　省级财政部门及有关中央单位应于每年3月31日前，编制当年保费补贴资金申请报告，报财政部，并抄送对口监管局。同时，对上年度中央财政农业保险保费补贴资金进行结算，编制结算报告（含用于申报奖补资金的地方优势特色农产品保险保费规模），送对口监管局审核，并抄送财政部。中央单位不同省的业务由业务所在地监管局审核。当年资金申请和上年度资金结算报告需分别报送，报告内容主要包括：

（一）保险方案。包括补贴险种的承保机构、经营模式、保险品种、保险费率、保险金额、保险责任、补贴区域、投保面积、单位保费、总保费等相关内容。

（二）补贴方案。包括农户自缴保费比例及金额、各级财政补贴或中央单位承担的比例及金额、资金拨付与结算等相关情况。

（三）保障措施。包括工作计划、组织领导、监督管理、承保、查勘、定损、理赔、防灾防损等相关措施。

（四）生产成本收益数据。包括相关部门认可的农业生产成本收益数据等相关内容。非完全成本保险或种植收入保险品种，保险金额超过物化成本的，应当进行说明，并测算地方各级财政应承担的补贴金额。

（五）相关表格。省级财政部门及有关中央单位应填报上年度中央财政农业保险保费补贴资金结算表（附1－1、1－2），当年中央财政农业保险保费补贴资金测算表（附2－1、2－2）；监管局对上年度资金结算情况进行审核后，填报中央财政农业保险保费补贴资金监管局确认结算表（附1－1、1－2）。

（六）其他材料。财政部要求、地方财政部门和监管局认为应当报送或有必要进行说明的材料。

（七）地方优势特色农产品保险数据。各省和新疆生产建设兵团应填报上一年度省级财政给予补贴、符合保险原则的地方优势特色农产品保险情况表（附1－3）；监管局对上年度地方优势特色农产品保险情况进行审核后，填报地方优势特色农产品保险情况监管局确认表（附1－3）。

第十九条　承保机构应加强对承保标的的核验，对承保理赔数据的真实性负责。地方财政部门及有关中央单位对报送材料的真实性负责，在此基础上监管局履行审核职责。监管局重点审核但不限于上年度中央财政补贴资金是否按规定用途使用、承保机构是否按照本办法规定报送保单级数据、市县各级财政保费补贴是否到位、承保机构是否收取农户保费以及承保理赔公示等情况。监管局可根据各地实际情况以及国家有关政策规定，适当扩大审核范围。

原则上，监管局应当在收到结算材料后1个月内，出具审核意见报财政部，并抄送相关财政部门或中央单位。省级财政部门及有关中央单位应当在收到监管局审核意见后10日内，根据审核意见向财政部报送补贴资金结算材料（含用于申报奖补资金的地方优势特色农产品保险保费规模），并附监管局审核意见。

第二十条　省级财政部门和新疆生产建设兵团财政局根据实际情况，对照农业保险保费补贴综合绩效评价指标（附3－1）进行自评，形成上年度农业保险保费补贴综合绩效评价报告，并提供必要的佐证材料。省级财政部门和新疆生产建设兵团财政局对报送材料和数据的真实性负责，自评材料于每年4月15日前报送财政部，抄送对口监管局。监管局对省级财政部门和新疆生产建设兵团财政局的自评材料进行复核，于每年5

月 15 日前将复核结果报送财政部。财政部结合日常工作掌握、客观数据、监管局复核结果等情况，组织对省级财政部门和新疆生产建设兵团财政局上报的自评材料进行复评，形成最终考核结果。综合绩效评价报告内容主要包括：

（一）各项综合绩效评价指标完成情况。对照各项三级绩效指标的指标释义和评价标准，逐项填写全年实际完成情况并计算分值。

（二）未完成绩效指标的原因和改进措施。对未完成绩效指标的原因逐条进行分析，书面作出说明并提出改进措施。

（三）相关表格。省级财政部门和新疆生产建设兵团财政局应填报农业保险保费补贴综合绩效评价表（附 3－2）；监管局审核后，填报农业保险保费补贴综合绩效监管局确认表（附 3－2）。

（四）其他材料。财政部要求、地方财政部门和监管局认为应当报送或有必要进行说明的材料。

第二十一条　省级财政部门及有关中央单位应加强和完善预算编制工作，根据补贴险种的投保面积、投保数量、保险金额、保险费率和保费补贴比例等情况，填报中央财政农业保险保费补贴资金测算表（附 2－1、2－2），测算下一年度各级财政应当承担的保费补贴资金并编制报告，于每年 8 月 20 日前上报财政部，并抄送对口监管局。

第二十二条　对未按上述规定时间报送补贴资金申请材料的地区，财政部和监管局不予受理，视同该年度该地区（单位）不申请中央财政农业保险保费补贴。

第二十三条　对于省级财政部门和中央单位报送的保费补贴预算申请，符合本办法规定条件的，财政部给予保费补贴支持。

第二十四条　财政部在收到省级财政部门按照本办法规定报送的材料以及监管局审核意见后，结合预算安排和已预拨保费补贴资金等情况，清算上年度并拨付当年剩余保费补贴资金。有关中央单位的保费补贴资金，按照相关预算管理规定执行。

地方各级财政部门在向承保机构拨付保费补贴资金时，应当要求承保机构提供保费补贴资金对应业务的保单级数据。保单级数据至少保存 10 年，由省级财政部门确定保单级数据的留存主体。相关保单级数据要做到可核验、可追溯、可追责。

对以前年度中央财政补贴资金结余较多的地区，省级财政部门及有关中央单位应当进行说明。对连续两年结余资金较多且无特殊原因的省及中央单位，财政部将根据预算管理相关规定，结合当年中央财政收支状况、地方或中央单位实际执行情况等，收回中央财政补贴结余资金，并酌情扣减当年预拨资金。

第二十五条　地方财政部门应当根据农业保险承保进度及签单情况，及时向承保机构拨付保费补贴资金，不得拖欠。具体资金拨付方式由省级财政部门自主决定。原则上，财政部门在收到承保机构的保费补贴资金申请后，要在一个季度内完成审核和资金拨付工作，超过一个季度仍未拨付的，相关财政部门应向省级财政部门书面说明。省级财政部门在申请中央财政保费补贴时，要将相关说明一并报财政部。有关中央单位参照执行。

第二十六条　承保机构在与中国农再进行数据交换时，应当将收取农户保费情况及已向财政部门提交资金申请的各级财政补贴到位情况一并交换。中国农再收到各地拖欠保费补贴资金情况后，应当向财政部报告。

对拖欠承保机构保费补贴较为严重的地区，财政部将通过适当方式公开通报，下达督办函进行督办。整改不力的，财政部将按规定收回中央财政补贴，取消该地区农业保险保费补贴资格，并依法依规追究相关人员责任。

第二十七条　省级财政部门应掌握保费补贴资金的实际使用情况，及时安排资金支付保费补贴。对中央财政应承担的保费补贴资金缺口，省级财政部门及有关中央单位可在次年向财政部报送资金结算申请时一并提出。

第二十八条　保费补贴拨付按照预算管理体制和国库集中支付制度有关规定执行。

第五章　机构管理

第二十九条　财政部依托中国农再建设全国农业保险数据信息系统（以下简称信息系统）。承保机构应当将农业保险核心业务系统与中国农再对接，及时、完整、准确报送农业保险数据信息。

信息系统与各省财政部门、监管局共享，适时扩大至有关方面和市县财政部门。信息系统属地数据真实性由当地财政部门负责监督。监管局可依托信息系统审核农业保险相关数据。中国农再可接受省级财政部门委托，根据省级财政部门需要，拓展信息系统功能。

第三十条　信息系统应当要求承保机构填报以下信息，承保机构应当按要求进行填报：

（一）农业保险保单级数据；

（二）农户保费缴纳情况；

（三）各级财政保费补贴到位情况；

（四）保险标的所属村级代码；

（五）财政部门要求填报的其他情况。

第三十一条　中国农再应当于每年3月10日前对承保机构年度数据报送质量进行评价，并将评价结果反馈财政部和对应省级财政部门。评价结果用于但不限于附3的指标评价。

中国农再应当对承保机构传送的数据，与土地确权、生猪生产等数据进行技术核实，并将核实结果报财政部并反馈省级财政部门，抄送对口监管局。

第三十二条　省级财政部门和相关中央单位应当根据有关规定，建立健全补贴险种承保机构遴选、考核等相关制度，按照公平、公正、公开和优胜劣汰的原则，公开遴选承保机构，提高保险服务水平与质量。

补贴险种承保机构应当满足财政部关于政策性农业保险承保机构遴选管理工作的有关要求。

第三十三条　承保机构要履行社会责任，把社会效益放在首位，兼顾经济效益，不断提高农业保险服务水平与质量：

（一）服务“三农”全局，统筹社会效益与经济效益，积极稳妥做好农业保险工作；

（二）加强农业保险产品与服务创新，合理拟定保险方案，改善承保工作，满足日益增长的“三农”保险需求；

（三）发挥网络、人才、管理、服务等专业优势，迅速及时做好灾后查勘、定损、理赔工作；

（四）加强宣传公示，促进农户了解保费补贴政策、保险条款及工作进展等情况；

（五）强化风险管控，预防为主、防赔结合，协助做好防灾防损工作，通过再保险等有效方式分散风险；

（六）其他惠及农户的相关工作。

第三十四条　承保机构应当按照财政部有关规定，及时、足额计提农业保险大灾风险准备金，逐年滚存，逐步建立应对农业大灾风险的长效机制。

第三十五条　承保机构应当于每年5月31日前将上一年度农业保险大灾风险准备金提取、使用情况报告同级财政部门，省级财政部门汇总后于6月30日前报财政部。

第三十六条　地方财政部门或承保机构不得引入保险中介机构为农户与承保机构办理中央财政补贴险种合同签订等有关事宜。中央财政补贴险种的保费或保费补贴，不得用于向保险中介机构支付手续费或佣金。

第六章　保障措施

第三十七条　各省应当结合本地财政状况、农户承受能力等情况，制定保费补贴方案。

鼓励各省和承保机构采取有效措施，加强防灾减损工作，防范逆向选择与道德风险。鼓励各省根据有关规定，对承保机构的展业、承保、查勘、定损、理赔、防灾防损等农业保险工作给予支持。

第三十八条 各省和承保机构应当因地制宜确定具体投保模式，坚持尊重农户意愿与提高组织程度相结合，积极发挥农业生产经营组织、乡镇农林财工作机构、村民委员会等组织服务功能，采取多种形式组织农户投保。

承保机构一般应当以单一投保人（农户）为单位出具保险单或保险凭证，保险单或保险凭证应发放到户。由农业生产经营组织、乡镇农林财工作机构、村民委员会等单位组织农户投保的，承保机构可以以村为单位出具保险单，制订投保清单，详细列明投保农户的投保信息，并由投保农户或其授权的直系亲属签字确认。

第三十九条 允许设立补贴险种协保员，协助承保机构开展承保、理赔等工作。每村结合实际需要可以设协保员一名，由承保机构和村民委员会协商确定，并在本村公示。

承保机构应当与协保员签订书面合同，约定双方权利义务。承保机构可以向协保员支付一定费用，具体标准由双方协商确定，但原则上不得超过当地公益性岗位的平均报酬。

承保机构应当加强对协保员的业务培训，对协保员的协办行为负责。

乡镇及以上农业保险协办业务由县级及以上财政部门另行规定。

第四十条 各省和承保机构应当结合实际，研究制定查勘定损工作标准，对定损办法、理赔起点、定损流程、赔偿处理等具体问题予以规范，切实维护投保农户合法权益。

第四十一条 承保机构应当在与被保险人达成赔偿协议后10日内，将应赔偿的保险金支付给被保险人。农业保险合同对赔偿保险金期限有约定的，承保机构应当按照约定履行赔偿保险金义务。

承保机构原则上应当通过财政补贴“一卡通”、银行转账等非现金方式，直接将保险赔款支付给投保农户。如果投保农户没有财政补贴“一卡通”和银行账户，承保机构应当采取适当方式确保将赔偿保险金直接赔付到户。

第四十二条 承保机构在确认收到农户、农业生产经营组织自缴保费后方可出具保险单。承保机构应当按规定在村（组）显著位置或企业公示栏，或通过互联网等方式，将惠农政策、承保情况、理赔结果、服务标准和监管要求进行公示，做到公开透明。

第七章 绩效管理和监督检查

第四十三条 省级财政部门应当按照全面实施预算绩效管理有关规定，科学设置绩效目标，开展绩效运行监控，建立和完善农业保险保费补贴绩效评价制度，并将其与完善农业保险政策、遴选承保机构等工作有机结合。

省级财政部门应于每年5月31日前，填报中央财政下达农业保险保费补贴预算时所附区域绩效自评表（参考）（附5），将上年度农业保险保费补贴区域绩效自评结果报财政部，抄送对口监管局。

第四十四条 财政部将适时对农业保险保费补贴工作进行监督检查，对农业保险保费补贴资金使用情况和效果进行评价。

地方各级财政部门应当建立健全农业保险保费补贴资金执行情况动态监控机制，定期或不定期自查本地区农业保险保费补贴工作，监管局应当定期或不定期抽查，有关情况及时报告财政部。

第四十五条 禁止以下列方式骗取农业保险保费补贴：

（一）虚构或者虚增保险标的，或者以同一保险标的进行多次投保；

（二）通过虚假理赔、虚列费用、虚假退保、截留或者代领或者挪用赔款、挪用经营费用等方式，冲销投保农户缴纳保费或者财政补贴资金；

（三）其他骗取农业保险保费补贴资金的方式。

第四十六条　对于地方财政部门、中央单位、承保机构以任何方式骗取保费补贴资金的，财政部及监管局将责令其改正并追回相应保费补贴资金，视情暂停其中央财政农业保险保费补贴资格，监管局可向财政部提出暂停补贴资金的建议；情节严重的，依法依规予以处罚。

在地方优势特色农产品保险奖补资金申请中，经财政部审核，存在将不符合要求的地方优势特色农产品保险品种纳入申报范围且保费规模达到或超过1000万元的省，暂停该省当年参与地方优势特色农产品保险奖补政策资格。

各级财政部门、监管局及其工作人员在农业保险保费补贴资金管理工作中，存在违反本办法规定以及其他滥用职权、玩忽职守、徇私舞弊等违法违规行为的，依法追究相应责任；涉嫌犯罪的，依法移送有关机关处理。

第八章　附　　则

第四十七条　各省和承保机构应当根据本办法规定，在收到本办法6个月内制定和完善相关实施细则。省级财政部门应当在实施细则中明确相关部门、单位和承保机构在农业保险数据真实性和承保标的核验、理赔结果确认、保费补贴资金申请审核等环节中的职责，报送财政部，抄送对口监管局。

中央财政农业保险保费补贴政策实施期暂定5年，政策到期后，财政部将根据相关法律、行政法规和党中央、国务院有关要求，结合农业保险发展需要进行评估，根据评估结果作出调整。

第四十八条　对未纳入中央财政农业保险保费补贴和地方优势特色农产品保险奖补政策支持范围，但享有地方财政资金支持的农业保险业务，参照本办法执行。

第四十九条　本办法自2022年1月1日起施行。《财政部关于加大对产粮大县三大粮食作物农业保险支持力度的通知》（财金〔2015〕184号）、《财政部关于印发〈中央财政农业保险保险费补贴管理办法〉的通知》（财金〔2016〕123号）、《财政部关于修订〈中央财政农业保险保险费补贴管理办法〉的通知》（财金〔2019〕36号）、《财政部关于开展中央财政对地方优势特色农产品保险奖补试点的通知》（财金〔2019〕55号）、《财政部关于扩大中央财政对地方优势特色农产品保险以奖代补试点范围的通知》（财金〔2020〕54号）同时废止，其他有关规定与本办法不符的，以本办法为准。

附：（略）

安全生产预防和应急救援能力建设补助资金管理办法

（2022年8月2日　财资环〔2022〕93号）

第一章　总　　则

第一条　为规范安全生产预防和应急救援能力建设补助资金（以下简称安全生产补助资金）管理，提高财政资金使用效益，根据《中华人民共和国预算法》、《中华人民共和国安全生产法》、《中共中央国务院关于全面实施预算绩效管理的意见》、《国务院办公厅关于印发应急救援领域中央与地方财政事权和支出责任划分改革方案的通知》（国办发〔2020〕22号）等相关法律法规和规章制度制定本办法。

第二条 安全生产工作坚持强化落实生产经营单位主体责任和政府监管责任。安全生产预防和应急救援能力建设以生产经营单位投入为主。各级地方政府有关部门应当加强安全生产基础设施建设和安全生产监管能力建设，合理保障所需资金，中央财政给予适当补助。

第三条 本办法所称安全生产补助资金，是指中央财政通过一般公共预算安排的用于支持地方政府和相关生产经营单位落实安全生产责任，提高安全生产基础能力和监管水平，加大安全生产预防和应急救援能力建设投入的共同财政事权转移支付。

第四条 安全生产补助资金重点支持范围包括：

（一）安全生产应急救援力量建设；

（二）危险化学品重大安全风险防控；

（三）尾矿库风险隐患治理；

（四）煤矿及重点非煤矿山重大灾害风险防控；

（五）党中央、国务院确定的其他促进安全生产工作。

安全生产补助资金不得用于人员日常工资、奖金和福利等支出，不得用于修建楼堂馆所及住宅、弥补生产经营单位亏损和偿还债务等支出。

第五条 财政部负责安全生产补助资金预算管理，确定年度预算安排总额，依法下达预算；会同应急部、国家矿山安监局在年度预算安排总额内研究确定分项补助资金规模。

应急部、国家矿山安监局负责指导地方开展安全生产预防和应急救援能力建设工作；提出安全生产补助资金分配建议；开展全过程绩效管理，督促指导地方有关部门严格执行财政资金管理使用规定。

第六条 安全生产补助资金政策实施期限到2026年。到期后，财政部会同应急部、国家矿山安监局对政策实施效果开展评估，根据评估结果确定下一阶段实施方案。

第七条 地方各级财政、应急、矿山安全监管部门以及安全生产补助资金具体使用单位，按照全过程预算绩效管理有关要求，对新增重大项目开展事前绩效评估，严格绩效目标管理，做好绩效运行监控，强化绩效评价，加强绩效结果应用，提高资金使用绩效。

绩效管理中发现违规使用资金、损失浪费严重、低效无效等重大问题的，应当按照程序及时报告应急部、国家矿山安监局、财政部。

第八条 地方各级财政、应急、矿山安全监管部门应当加强资金分配项目申报及使用管理，对上报的有关数据和信息的真实性、准确性负责。不符合法律、行政法规等有关规定，政策到期，相关目标已经实现或实施成效差、绩效低的事项，以及已从中央基建投资等其他渠道获得中央财政资金支持的项目，不得申请安全生产补助资金支持。

第九条 财政部各地监管局按照工作职责和财政部要求，开展安全生产补助资金申报、使用以及地方和生产经营单位投入资金到位情况等相关监管工作。

第二章 安全生产应急救援力量建设支出

第十条 安全生产应急救援力量建设支出由财政部会同应急部管理，用于支持国家专业应急救援队伍提高应急救援能力，提升区域和重点行业安全生产风险防范和应急处置水平。

第十一条 国家专业应急救援队伍是指由应急部牵头规划，在重点行业领域依托国有企业和有关单位建设的专业应急救援队伍，是国家综合性常备应急骨干力量。重特大生产安全事故发生后，由应急部统一调度指挥，承担应急救援任务。

国家专业应急救援队伍人员工资、日常训练、通用装备购置等资金由企业和单位投入，安全生产应急救援力量建设支出对队伍建设给予必要支持。

第十二条　应急部、财政部会同有关部门制定《安全生产应急救援力量建设总体方案》，明确队伍建设总体目标、规模布局、建设标准、政府部门和生产经营单位职责、装备配备类别指导目录、资金筹集方式、中央补助装备的购置和管理制度、采购方式、重特大事故灾害救援补助规则等事项，并按规定做好事前绩效评估。

第十三条　安全生产应急救援力量建设支出采用项目法分配，主要用于国家专业应急救援队伍配置《安全生产应急救援力量建设总体方案》装备配备类别指导目录内的装备、应急演练能力建设、设施设备运行维护及重特大事故灾害救援补助等。

第十四条　每年10月底前，应急部会同财政部根据《安全生产应急救援力量建设总体方案》发布下一年度队伍建设工作指南，明确下一年度重点建设领域、装备配置指导细则、资金申报规程等相关工作要求。

第十五条　每年12月底前，省级应急、财政部门根据工作指南向应急部、财政部申报下一年度队伍装备配置和运行维护方案及当年队伍参与救援、实训演练情况等。

第十六条　每年3月底前，应急部、财政部在地方申报基础上组织遴选项目建设队伍，根据安全生产救援工作需要、项目方案编制等情况，确定当年补助项目。

第十七条　财政部会同应急部在年度预算安排总额内按规定确定分项目补助金额。财政部按程序下达资金预算。

第十八条　应急部建立中央补助装备管理台账，组织检查装备管理使用情况。

省级应急、财政部门负责监督相关企业和单位按制度规定购置指定装备，执行相关会计核算、资产管理等制度规定。

第十九条　每年6月底前，省级财政、应急部门将上年度国家专业应急救援队伍安排使用中央补助资金情况报财政部当地监管局。财政部有关监管局进行核查，发现问题提出整改意见并及时报告财政部。

第二十条　应急部应按要求做好年度绩效自评，财政部根据工作需要适时开展财政重点绩效评价。结合绩效评价结果，对于未按规定购置装备，或违反规定使用资金的，相应扣回中央补助资金。

第三章　危险化学品重大安全风险防控支出

第二十一条　危险化学品重大安全风险防控支出由财政部会同应急部管理，用于支持重点化工产业聚集区地方政府落实安全生产监管责任，提升危险化学品重大安全风险防控能力，推动化工行业安全发展。

第二十二条　强化危化品安全生产工作生产经营单位主体责任和政府监管责任。生产经营单位内部防控系统建设支出以生产经营单位投入为主。对地方政府加强公共安全领域的防控系统建设，中央财政给予适当补助。

第二十三条　应急部、财政部制定《重点化工产业聚集区重大安全风险防控工作总体方案》，明确工作目标、建设任务、政府部门和生产经营单位责任、进度安排等事项，并按规定做好事前绩效评估。

第二十四条　危险化学品重大安全风险防控支出采用项目法分配。补助资金用于支持重点化工产业聚集区重大安全风险防控项目建设，包括建设智能化监管平台、配置易燃易爆有毒有害气体泄漏监测管控设备、建立危险化学品安全预防控制体系等。

第二十五条　省级应急、财政部门根据《重点化工产业聚集区重大安全风险防控工作总体方案》，指导重点化工产业聚集区所在地市级应急、财政部门，以地市为单位编制项目实施方案，明确建设目标任务、投入规模、资金筹集方案、实施期限等。

第二十六条 中央财政按照项目实施方案确定的财政资金投入规模，实行分档补助：第一档包括内蒙古、广西、重庆、四川、贵州、云南、西藏、陕西、甘肃、青海、宁夏、新疆12个省（区、市）和新疆生产建设兵团，中央财政补助不超过80%，单个项目补助金额一般不超过2400万元；第二档包括河北、山西、吉林、黑龙江、安徽、江西、河南、湖北、湖南、海南10个省，中央财政补助不超过60%，单个项目补助金额一般不超过1800万元；第三档包括辽宁、福建、山东3个省，中央财政补助不超过50%，单个项目补助金额一般不超过1500万元；第四档包括天津、江苏、浙江、广东4个省（市）和大连、宁波、厦门、青岛、深圳5个计划单列市，中央财政补助不超过30%，单个项目补助金额一般不超过900万元；第五档包括北京、上海2个直辖市，中央财政补助不超过10%，单个项目补助金额一般不超过300万元。

第二十七条 每年10月底前，应急部会同财政部根据《重点化工产业聚集区重大安全风险防控工作总体方案》发布下一年度项目申报工作指南，明确项目申报规程等相关工作要求。

第二十八条 每年12月底前，省级应急、财政部门按项目申报工作指南，将审核后的项目实施方案报应急部、财政部。

第二十九条 每年3月底前，应急部、财政部在地方申报基础上组织项目遴选，根据安全风险程度、项目实施方案编制等情况，确定补助项目。

第三十条 财政部会同应急部根据年度预算安排，按照分档补助方法确定分项目补助金额，按程序下达资金预算。

第三十一条 项目建设到期后，应急部负责组织对项目建设情况进行验收，省级财政、应急部门负责将地方财政和生产经营单位资金实际投入情况报财政部当地监管局。

第三十二条 财政部有关监管局对省级财政、应急部门报送的地方财政和生产经营单位资金实际投入情况进行审核，将审核结果报财政部。

第三十三条 应急部应按要求做好年度绩效自评，财政部根据工作需要适时开展财政重点绩效评价。结合绩效评价结果，对于未按期完成项目建设，或地方未按项目实施方案安排投入的，相应扣回中央补助资金。

第四章 尾矿库风险隐患治理支出

第三十四条 尾矿库风险隐患治理支出由财政部会同国家矿山安监局管理，用于支持地方政府履行安全生产属地管理责任，推动提升尾矿库安全风险防控能力，防范遏制尾矿库安全生产事故。

第三十五条 尾矿库风险隐患治理支出重点支持头顶库（指尾矿库坝脚下游1公里范围内有居民或重要设施的尾矿库）、无生产经营主体和风险隐患较高的尾矿库治理。实行“一库一策”治理措施，治理一个、达标一个、销号一个，逐个完成治理任务。

第三十六条 有生产经营单位管理的尾矿库，风险隐患治理工作由生产经营单位负责组织实施。无生产经营单位管理的尾矿库，由属地地方政府指定单位承担安全管理责任，开展风险隐患治理工作。

第三十七条 国家矿山安监局、财政部制定《尾矿库风险隐患治理工作总体方案》，确定尾矿库风险隐患治理项目清单、明确工作任务、地方政府和生产经营单位责任以及治理进度安排等，并按规定做好事前绩效评估。

第三十八条 尾矿库风险隐患治理支出采用项目法分配，补助资金用于支持以下尾矿库治理发生的支出：

（一）削坡压坡、增设排渗、开挖回填

及灌浆、周边灾害隐患治理等加固坝体支出；

（二）改造和新建排洪系统、修筑截洪沟和排水沟、修筑溢洪道及封堵原排水设施等加强防洪能力支出；

（三）坝坡和沉积滩面覆土植被绿化等支出。

第三十九条　中央财政按照项目实施方案确定的财政资金投入规模，实行分档补助：第一档包括内蒙古、广西、重庆、四川、贵州、云南、西藏、陕西、甘肃、青海、宁夏、新疆12个省（区、市）和新疆生产建设兵团，中央财政补助不超过80%，单个项目补助金额一般不超过1200万元；第二档包括河北、山西、吉林、黑龙江、安徽、江西、河南、湖北、湖南、海南10个省，中央财政补助不超过60%，单个项目补助金额一般不超过900万元；第三档包括辽宁、福建、山东3个省，中央财政补助不超过50%，单个项目补助金额一般不超过750万元；第四档包括天津、江苏、浙江、广东4个省（市）和大连、宁波、厦门、青岛、深圳5个计划单列市，中央财政补助不超过30%，单个项目补助金额一般不超过450万元；第五档包括北京、上海2个直辖市，中央财政补助不超过10%，单个项目补助金额一般不超过150万元。

第四十条　每年10月底前，国家矿山安监局会同财政部根据《尾矿库风险隐患治理工作总体方案》发布下一年度项目申报工作指南，明确项目申报规程等工作要求。

第四十一条　每年12月底前，省级应急、财政部门按项目申报工作指南，编制下一年度拟治理项目实施方案，明确建设任务、“一库一策”治理措施、投入规模及资金筹集方式、实施期限等，报国家矿山安监局、财政部。

第四十二条　每年3月底前，国家矿山安监局、财政部在地方申报基础上组织项目遴选，根据安全风险程度、项目实施方案编制等情况，确定补助项目。

第四十三条　财政部会同国家矿山安监局根据年度预算安排，按照分档补助方法确定分项目补助金额，按程序下达资金预算。

第四十四条　项目建设到期后，国家矿山安监局负责对项目建设情况组织验收，省级财政、应急部门负责将地方财政和生产经营单位资金实际投入情况报财政部当地监管局。

第四十五条　财政部有关监管局对省级财政、应急部门报送的地方财政和生产经营单位资金实际投入情况进行审核，将审核结果报财政部。

第四十六条　国家矿山安监局应按要求做好年度绩效自评，财政部根据工作需要适时开展财政重点绩效评价。结合绩效评价结果，对于未按期完成项目建设，或地方未按项目实施方案安排投入的，相应扣回中央补助资金。

第五章　煤矿及重点非煤矿山重大灾害风险防控支出

第四十七条　煤矿及重点非煤矿山重大灾害风险防控支出由财政部会同国家矿山安监局管理，用于支持地方矿山安全监管部门履行属地管理责任，提升矿山数字化、智能化安全生产预防和监管水平，推动矿山安全监管监察模式向远程化、智能化、可视化以及“互联网+监管”方式转变。

第四十八条　煤矿及重点非煤矿山重大灾害风险防控支出用于支持地方政府建设纳入全国性系统的重大违法行为智能识别分析系统、应急处置视频智能通讯系统和智能视频辅助监管监察系统，以及开展煤矿及重点非煤矿山重大安全风险隐患排查整治。

第四十九条　煤矿及重点非煤矿山重大灾害风险防控支出采用因素法分配，以相关省、自治区、直辖市开展风险防控工作任务量（根据纳入防控范围的矿井数量及单个矿井平均投入金额测算的总投入规模）作为分配因素，同时考虑各省（区、市）财政困难程度，并根据资金使用绩效和防控任务完成情况等对测算结果进行调整，体现结果导向。

第五十条 国家矿山安监局、财政部制定《煤矿及重点非煤矿山重大灾害风险防控建设工作总体方案》，明确煤矿及重点非煤矿山项目建设范围、建设任务和责任、进度安排等事项，并按规定做好事前绩效评估。

第五十一条 省级矿山安全监管、财政部门会同国家矿山安监局省级局根据《煤矿及重点非煤矿山重大灾害风险防控建设工作总体方案》编制本省（区、市）实施方案，确定工作目标，核算任务量。

第五十二条 每年12月底前，省级矿山安全监管部门、国家矿山安监局省级局会同省级财政部门编制下一年度工作任务计划，明确建设任务、政府和生产经营单位投入规模、实施期限等，报国家矿山安监局、财政部。

第五十三条 每年3月底前，国家矿山安监局审核各省（区、市）上报的工作任务计划，核定年度任务量，向财政部提出补助资金安排建议。财政部按程序审核下达资金预算。

第五十四条 省级财政部门收到补助资金后，应会同本级矿山安全监管部门、国家矿山安监局省级局及时按要求将补助资金安排到具体项目，并报送财政部当地监管局。

第五十五条 国家矿山安监局负责对各省、自治区、直辖市实施方案落实情况进行检查验收。

第五十六条 国家矿山安监局应按要求做好年度绩效自评，财政部根据工作需要适时开展财政重点绩效评价。财政部、国家矿山安监局结合绩效评价结果，对于未按期完成实施方案的，相应扣回中央补助资金。

第六章 预算管理与监督

第五十七条 地方各级财政、应急、矿山安全监管部门以及安全生产补助资金具体使用单位，按职责分工对安全生产补助资金申报材料的真实性、准确性、完整性负责。

第五十八条 财政部按照预算法等有关规定下达预算，组织实施全过程绩效管理，根据实际需要适时开展重点绩效评价。省级财政部门接到中央财政下达的安全生产补助资金预算后，应当按照预算法规定时限要求及时分解下达。

第五十九条 地方各级相关部门应当加快预算执行，提高资金使用效益。应急部、国家矿山安监局应当指导省级有关部门做好安全生产补助资金管理工作，督促地方有关部门按规定安排使用补助资金，按照下达的绩效目标组织开展绩效运行监控，年度终了按规定开展绩效自评。

第六十条 安全生产补助资金的结转结余资金按照有关规定处理。

第六十一条 安全生产补助资金的支付按照国库集中支付制度有关规定执行。涉及政府采购的，应当按照政府采购管理的有关规定执行。按政策规定应当通过基本建设支出支持的工程项目和工作任务，执行基本建设财务管理相关规定。

第六十二条 省级财政、应急、矿山安全监管部门申请、下达资金文件以及财政部下达预算发文，应当抄送财政部当地监管局。

第六十三条 省级财政部门会同本级应急、矿山安全监管部门根据本办法制定具体实施细则，强化风险控制，加强流程管理，依法合规下达预算，分配和使用资金。实施细则报国家有关部门备案，抄送财政部当地监管局。

第六十四条 安全生产补助资金使用管理应当严格执行预算公开有关规定。

第七章　法律责任

第六十五条　任何单位和个人不得截留、挤占和挪用安全生产补助资金。对于违反国家法律、行政法规和有关规定的单位和个人，有关部门应当及时制止和纠正，并严格按照《中华人民共和国预算法》、《财政违法行为处罚处分条例》等有关规定追究相应责任。构成犯罪的，依法追究刑事责任。

第六十六条　各级财政、应急、矿山安全监管、国家矿山安全监察部门及其工作人员存在违反本办法行为的，以及其他滥用职权、玩忽职守、徇私舞弊等违法违纪行为的，按照《中华人民共和国预算法》及其实施条例、《中华人民共和国监察法》、《财政违法行为处罚处分条例》等有关规定追究相应责任。构成犯罪的，依法追究刑事责任。

第八章　附　　则

第六十七条　本办法由财政部会同应急部、国家矿山安监局负责解释。

第六十八条　本办法自印发之日起施行。

综合客运枢纽投资补助项目管理办法

（2022年9月19日　交规划发〔2022〕95号）

第一章　总　　则

第一条　为增强综合客运枢纽投资补助项目管理的规范性、科学性，提高投资补助资金使用效益，加快综合客运枢纽一体化建设，提升各运输方式组合效率，依据《中共中央国务院关于深化投融资体制改革的意见》、《车辆购置税收入补助地方资金管理暂行办法》（财建〔2021〕50号）以及有关法律、行政法规，制定本办法。

第二条　本办法所称综合客运枢纽，是指在综合交通网络节点上，将两种及以上对外运输方式与城市交通客流转换场所在同一空间（或区域）内集中布设，实现设施设备、运输组织、公共信息服务等有效衔接且具备一定规模的基础设施。

纳入投资补助范围的综合客运枢纽应为党中央、国务院有关文件明确建设的综合客运枢纽或交通运输部确定的综合客运枢纽项目库中的项目。

第三条　投资补助资金应用于综合客运枢纽用地范围内各运输方式客运设施设备，重点包括：各运输方式间及各运输方式与城市交通间的换乘设施设备，专用匝道、提供公共服务的综合信息系统等方面。

第四条　交通运输部遵循公开、公正、高效的原则，平等对待各类市场主体。交通运输部统筹安排综合客运枢纽投资补助资金，对重大综合客运枢纽予以重点支持。自然资源部门优先保障综合客运枢纽项目用地用海需求。

第二章　资金申请报告编制和申报

第五条　投资补助的综合客运枢纽项目（简称投资补助项目）应按国家基本建设程序的有关规定，完成项目可行性研究报告、初步设计审批或核准、备案等前期工作。

第六条　项目单位应按有关要求编制资金申请报告，编制内容包括但不限于：项目单位的基本情况、项目定位及建设的必要性、项目建设条件的落实情况，项目主要功能、设计能力与技术标准、项目建设方案、建设规模、实施方案及建设进度、投资估算、绩效目标等基本情况，以及申请投资补助的主要理由、资金额度和资金投向等。具体要求见附件1。

第七条 资金申请报告应附项目合法开工等材料（原件或复印件），原则上应包括：

（一）实行审批管理的投资项目可行性研究报告和初步设计批复文件，实行核准管理的投资项目核准批复文件，实行备案管理的投资项目备案意见等相关文件和材料；

（二）自然资源行政主管部门出具的建设用地规划许可证和建设工程规划许可证；

（三）自然资源行政主管部门出具的法定不动产权属证书，或国有土地使用权出让合同、国有建设用地划拨决定书等用地落实证明材料；

（四）住房和城乡建设行政主管部门出具的建筑工程施工许可文件等项目合法开工建设的证明材料；建筑工程施工许可或其他满足相关技术要求的文件；

（五）项目符合环境保护、节能相关要求的证明材料；

（六）项目单位对资金申请报告真实性负责的声明（原件）。具体见附件2。

第八条 由项目所在地交通运输主管部门向项目所在省、自治区、直辖市或计划单列市、新疆生产建设兵团交通运输主管部门（以下统称省级交通运输主管部门）提交资金申请报告。

第九条 省级交通运输主管部门应按照本办法有关要求对项目资金申请报告进行严格审核，并对审核结果和申报材料的真实性、合规性、一致性负责。省级交通运输主管部门按照资金申请报告申报函模板（具体见附件3）形成资金申请报告申报函，将符合条件的资金申请报告连同审核意见等材料一并报送交通运输部。

第三章 资金申请报告复核

第十条 交通运输部收到资金申请报告后，应根据投资补助项目类型会同铁路、民航、邮政等部门对资金申请报告进行复核，必要时可委托技术咨询机构进行咨询评估。复核的重点包括以下内容：

（一）是否为党中央、国务院有关文件明确建设的综合客运枢纽或交通运输部确定的综合客运枢纽项目库中的项目；

（二）是否符合综合客运枢纽投资补助项目资金申请报告编制内容及主要技术和服务功能要求；

（三）提交的相关材料和文件是否齐备、有效、一致；

（四）项目建设运行条件是否落实；

（五）项目是否达到合法开工的规定要求；

（六）项目建设规模是否合理，用地是否节约集约，与服务功能是否相匹配。

第十一条 交通运输部对通过复核的项目出具安排建设资金的意见，并按有关规定纳入年度投资计划和年度项目预算。对于已安排其他中央财政资金的项目，交通运输部不重复受理其资金申请报告。

第四章 项目实施和跟踪

第十二条 投资补助项目单位应当严格执行国家有关政策，实行审批管理的项目应按照可行性研究报告批复文件、初步设计批复文件和资金申请报告中明确的有关技术要求建设运营，实行核准或备案管理的项目应按照核准文件、备案批复信息和资金申请报告中明确的有关技术要求建设运营。投资补助项目单位不得擅自对建设地点或者对建设规模、建设内容和公共服务功能作较大变更，严禁转移、侵占或者挪用投资补助资金。

省级交通运输主管部门应当对投资补助项目实施情况和绩效目标进行动态跟踪、检查及投资补助资金使用效果评估。

第十三条 投资补助项目建成后，应按照国家有关规定进行竣工验收，省级交通运输主管部门应将竣工验收有关情况报交通运输部。对不能完成既定建设目标或产生较大变更的项目，项目所在地省级交通运输主管部门应协调解决存在的突出问题，并向交通运输部上报情况。

第十四条　交通运输部组织对综合客运枢纽项目库、投资补助项目运行情况进行评估考核，并根据评估考核情况对综合客运枢纽项目库和有关政策进行优化调整。

第十五条　投资补助资金的财务管理，按照财政部门的有关财务管理规定执行。

第五章　监督检查

第十六条　不涉及保密要求的投资补助项目，省级交通运输主管部门应当按照有关规定向社会公开。

交通运输部接受单位、个人对项目申报、项目审核和复核以及项目建设过程中违反本办法有关规定行为的监督。

第十七条　省级交通运输主管部门应当对投资补助项目加强监管，保证资金的合理使用和项目顺利实施。

第十八条　省级交通运输主管部门对资金申请报告审查不严、造成投资补助资金损失的，交通运输部可根据情节轻重，提请相关部门依法依纪依规对相关责任人进行处理。

第十九条　项目单位有下列情形之一的，依据《财政违法行为处罚处分条例》、《政府投资条例》（国务院令第712号）等有关规定，追究相应责任；构成犯罪的，依法追究刑事责任。

（一）弄虚作假骗取投资补助资金的；

（二）未经批准对投资补助项目建设地点或者对建设规模、建设内容和公共服务功能作较大变更的；

（三）无正当理由不实施或不按照计划建设完工并投入使用的；

（四）其他违反国家法律法规和本办法规定的行为。

具有上款规定情形之一的，由省级交通运输主管部门责令改正并向交通运输部上报情况。交通运输部根据具体情形、整改等有关情况可不再安排资金或收回已安排资金。

第六章　附　　则

第二十条　本办法由交通运输部负责解释。

第二十一条　本办法自发布之日起施行。《综合客运枢纽投资补助项目管理办法》（交规划发〔2015〕35号）同时废止。

附件：（略）

中央支持地方公共文化服务体系建设补助资金管理办法

（2022年12月29日修订　财教〔2022〕270号）

第一章　总　　则

第一条　为规范和加强中央支持地方公共文化服务体系建设补助资金（以下简称补助资金）管理，提高资金使用效益，根据《中华人民共和国预算法》、《中华人民共和国公共文化服务保障法》、《中华人民共和国预算法实施条例》等法律法规和国家预算管理有关规定，结合公共文化服务体系建设工作实际，制定本办法。

第二条 补助资金由中央财政设立，用于支持和引导地方落实国家基本公共文化服务标准和地方基本公共文化服务实施标准，促进基本公共文化服务均等化，提升公共文化服务水平，保障群众基本文化权益。

补助资金的年度预算根据国家公共文化发展有关规划、年度工作计划以及国家财力情况核定。各级财政应按照公共文化领域中央与地方财政事权和支出责任划分改革方案，落实支出责任，保障本行政区域公共文化服务经费。

第三条 补助资金管理和使用坚持中央引导、地方统筹、突出重点、健全标准、分工负责、加强监督、注重绩效的原则。补助资金重点向革命老区、民族地区、边疆地区、农村地区倾斜。

第四条 补助资金由财政部会同中央宣传部、文化和旅游部、广电总局、体育总局、文物局等部门（以下统称中央有关主管部门），按职责分工共同管理。

中央有关主管部门负责测算基础数据，对数据的真实性、准确性、及时性负责，负责审核申报文件和提出补助资金分配建议方案，监督指导补助资金的使用和绩效管理。

财政部根据预算管理相关规定，会同中央有关主管部门研究确定各省（自治区、直辖市、计划单列市、新疆生产建设兵团，以下统称省）补助资金预算、绩效目标，对资金使用情况进行监督，指导开展全过程绩效管理。

省级财政部门会同有关主管部门负责明确省级及省以下相关部门在项目申报、数据审核、预算安排、资金使用、绩效管理等方面的职责分工，切实加强资金管理，提高使用效益，对申报资料的真实性、完整性、合规性负责。

第五条 补助资金政策实施期限为5年，具体为2023—2027年。政策实施期限到期前，财政部将会同中央有关主管部门进行评估，根据评估结果确定是否延续以及延续实施的期限。

资金管理和使用严格执行国家有关法律法规、财务规章制度和本办法的规定，并接受财政部门的监督以及审计、有关主管部门的监督检查。

第二章 补助资金支出范围

第六条 补助资金用于支持地方提供基本公共文化服务项目、公共文化体育设施维修和设备购置、基层公共文化服务人才队伍建设、其他公共文化项目等。

第七条 基本公共文化服务项目具体支出范围包括读书看报、收听广播、观看电视、观赏电影、送地方戏、公共数字文化服务以及开展文体活动等。

第八条 读书看报服务补助，用于公共图书馆、文化馆、乡镇（街道）综合文化站（中心），以及村（社区）综合文化中心、农家书屋等配备图书、报刊和电子书刊，设置公共阅报栏（屏），总分馆服务系统平台建设及设备购置等。

第九条 收听广播和观看电视服务补助用于以下方面：

（一）县级应急广播体系建设，包括应急广播服务平台建设及设备购置等。

（二）广播电视节目覆盖，包括纳入中央广播电视节目无线覆盖范围的发射机、附属系统购置及运行维护，广播电视直播卫星相关实施方案确定的家庭接收设备购置，民族地区有线高清交互数字电视设备购置等。

（三）融媒体中心建设，包括全媒体传播所需设备购置等。

第十条 观赏电影服务补助用于为农村群众提供数字电影放映服务。

送地方戏服务补助用于开展戏曲进乡村、免费或低票价公益性演出等公共文化服务。

第十一条 公共数字文化服务补助，用于搭建公共数字文化服务平台，加强资源建设、数据传输、线上活动、宣传培训推广等，提升公共文化服务数字化水平，推进国家文化大数据体系、全国智慧图书馆体系、公共文化云建设。

第十二条 开展文体活动补助用于开展群众性文化体育活动、流动文化服务、文化志愿服务活动、全民阅读活动等。

第十三条 公共文化体育设施维修和设备购置包括公共图书馆、美术馆、文化馆、博物馆、纪念馆、剧院（场）、体育场（馆），新时代文明实践中心、乡镇（街道）综合文化站（中心）、村（社区）综合文化中心、农家书屋，广播电视发射（监测）台站、转播台站、卫星地球站，保留事业单位性质的广播电视播出机构、新闻出版单位、文艺院团等的设施维修与设备购置，流动文化服务车辆购置。

第十四条 基层公共文化服务人才队伍建设包括配置村（社区）综合文化中心公益文化岗位，组织乡镇（街道）、村（社区）文化专兼职人员培训等。

第十五条 其他公共文化项目由中央有关主管部门、财政部确定实施。

第十六条 补助资金不得用于支付各种罚款、捐款、赞助、投资等支出，不得用于编制内在职人员工资性支出和离退休人员离退休费，不得用于偿还债务和基础设施建设，不得用于国家规定禁止列支的其他支出。

地方公共图书馆、美术馆、文化馆、博物馆、纪念馆、乡镇（街道）综合文化站（中心）免费开放运转，以及博物馆、纪念馆陈列布展相关经费，中央财政承担部分通过一般性转移支付体制结算补助安排。

第三章 补助资金分配与管理

第十七条 中央财政根据公共文化工作任务量、补助标准、绩效情况、财力状况等统筹确定对各省补助资金年度预算。

补助资金分为重点项目补助、一般项目补助和奖励资金，具体数额由财政部根据项目申报情况、补助资金年度预算等确定。

第十八条 重点项目补助实行项目法分配，由中央有关主管部门牵头申请并组织实施。

中央有关主管部门根据党中央、国务院部署要求，以及国家公共文化发展有关规划，会同财政部制定重点项目实施方案，明确项目实施期限。根据实施方案、工作任务量、补助标准、绩效情况等编制重点项目总体预算方案，提出分年度分地区预算安排建议、整体绩效目标和区域绩效目标，报财政部审核。

财政部根据财力状况、绩效情况等审核重点项目预算、绩效目标，按预算管理程序下达。

第十九条 一般项目补助实行因素法分配，分配因素包括基本因素、业务因素。基本因素按因素数据、权重分配各省金额，根据中央对地方均衡性转移支付办法规定的财政困难程度系数对基本因素各省分配金额进行调整。业务因素按工作任务量、测算标准分配各省金额。

第二十条 基本因素及权重如下：

（一）常住人口数（权重10%），按统计部门提供的最新数测算。

（二）乡镇（含街道）个数（权重15%），按统计部门提供的最新数测算。

（三）行政村个数（权重15%），按民政部门提供的行政村村委会个数的最新数测算。

（四）公共文化体育服务设施个数（权重15%），按中央有关主管部门提供的文化、广播电视、体育等公共文化设施个数最新数测算。

（五）公共文化体育服务设施面积（权重20%），按中央有关主管部门提供的文化、体育等公共文化设施面积最新数测算。

（六）人均公共文化体育服务次数（权重10%），按中央有关主管部门提供的基层公共文化体育活动参与人次最新数、常住人口数测算。

（七）边疆民族地区情况（权重15%），按民族省区、边疆省区个数测算。

同一因素中涉及多项数据或多个部门提供数据的，因素权重平均分配。

第二十一条 业务因素及测算标准如下：

（一）戏曲公益性演出。按中央有关主管部门提供的年度计划演出场次、补助标准测算。

（二）公共数字文化建设。按中央有关主管部门提供的年度计划任务量、补助标准测算。

（三）广播电视节目无线覆盖。按中央有关主管部门提供的发射机数量、补助标准测算。

（四）新时代文明实践中心服务。按中央有关主管部门提供的县级及县以下新时代文明实践中心（服务点、服务站）个数、补助标准测算。

（五）公共图书馆、文化馆总分馆建设。按中央有关主管部门提供的总馆、分馆数量和补助标准测算。

第二十二条 一般项目补助计算分配公式如下：

某省一般项目补助额度＝∑（某省基本因素值/全国该项基本因素总值×权重×一般项目基本因素补助总额）×某省财政困难程度系数相关调节系数＋∑（某省业务因素值×测算标准）。

第二十三条 奖励资金用于支持地方提升公共文化服务质量和服务效果，引导促进群众文化消费。

奖励资金由财政部根据各省基本公共文化服务评价结果、国家批准的有关试点示范单位（项目）情况测算分配。

第四章 申报与管理

第二十四条 中央有关主管部门于每年2月底之前，将年度重点项目补助申请、一般项目补助分配因素最新数报财政部。

第二十五条 财政部根据中央有关主管部门申请，综合考虑财力状况、绩效情况和预算管理要求，审核确定中央对地方补助资金分配方案、整体绩效目标和区域绩效目标，于每年全国人民代表大会批准中央预算后三十日内，下达中央对地方补助资金预算；每年10月31日前，提前下达下一年度预计数，并抄送财政部各地监管局。

第二十六条 省级财政部门在收到中央对地方补助资金预算后，应当及时商有关主管部门，制定资金分配使用方案，确定资金绩效目标，在三十日内下达并抄送有关主管部门、财政部当地监管局。

第二十七条 各级财政、有关主管部门应当按照全面实施预算绩效管理的要求，建立健全预算绩效管理机制，对照绩效目标做好绩效运行监控、绩效评价，强化绩效结果应用，做好绩效信息公开，提高资金配置效率和使用效益。

第二十八条 补助资金按照财政国库管理制度有关规定执行。属于政府采购管理范围的，应当按照政府采购法律制度规定执行。鼓励地方有关部门采取政府购买服务等方式，引导社会力量参与提供公共文化服务。结转结余资金，按照《中华人民共和国预算法》和其他有关结转结余资金管理的相关规定处理。

第二十九条 使用补助资金形成的资产属于国有资产的，应当按照国家国有资产管理有关规定管理，防止国有资产流失。

第三十条 各级财政、有关主管部门及其工作人员在补助资金分配、审核过程中存在违反本办法规定，以及其他滥用职权、玩忽职守、徇私舞弊等违法违规行为的，依法追究相应责任。

第三十一条 申报、使用补助资金的部门、单位及个人在资金申报、使用过程中存在违法违规行为的，依照《中华人民共和国预算法》及其实施条例、《财政违法行为处罚处分条例》等国家有关规定追究相应责任。

第五章　附　　则

第三十二条　省级财政部门可根据本办法，结合各地实际，制定具体管理办法，并抄送财政部当地监管局。

第三十三条　本办法自2023年1月1日起施行。《财政部关于印发〈中央补助地方公共文化服务体系建设专项资金管理暂行办法〉的通知》（财教〔2015〕527号）、《财政部关于〈中央补助地方公共文化服务体系建设专项资金管理暂行办法〉的补充通知》（财文〔2016〕27号）、《财政部关于〈中央补助地方公共文化服务体系建设专项资金管理暂行办法〉的补充通知》（财文〔2018〕134号）同时废止。

科技馆免费开放补助资金管理办法

（2023年8月30日　财教〔2023〕162号）

第一章　总　　则

第一条　为规范和加强科技馆免费开放补助资金（为一般性转移支付资金，以下称补助资金）管理，提高资金使用效益，根据《中华人民共和国预算法》及其实施条例、《中共中央国务院关于全面实施预算绩效管理的意见》、《中国科协、中宣部、财政部关于全国科技馆免费开放的通知》（科协发普字〔2015〕20号）等有关法律法规和政策规定，制定本办法。

第二条　中央财政设立补助资金，对具备基本常设展览和教育活动条件，满足正常开展科普工作等要求，且纳入免费开放实施范围的科协系统公益性科技馆进行补助，用于支持和鼓励科技馆开展与自身功能相适应的基本科普公共服务。

第三条　补助资金的管理和使用坚持“统筹安排、分级管理、分级负责、注重绩效”的原则。

第四条　补助资金由财政部会同中国科协管理。

财政部负责确定补助资金分配原则、分配标准，根据财力可能、实际需求等统筹确定补助资金年度预算规模，审核补助资金分配建议方案并下达预算，指导地方预算管理，组织、指导和实施全过程预算绩效管理等工作。

中国科协负责审核地方相关材料和数据，提供资金测算需要的基础数据，提出资金需求测算方案和分配建议，按规定开展预算绩效管理和日常监管等工作，督促和指导地方做好资金使用管理等。

省级财政部门和科协，应明确省级及以下各级财政部门和科协在基础数据审核、资金使用、预算绩效管理等方面的责任，切实加强资金管理。

第五条　补助资金的管理和使用严格执行国家法律法规和财务规章制度，并接受财政、审计、科协等部门的监督。

第二章　补助范围、支出内容与分配方式

第六条　补助资金由地方统筹用于以下方面：

（一）运行保障，包括科技馆正常运转、举办展览、开展公益性科学教育活动、人才培养等。

（二）展览展品的研发、维护、更新等。

（三）自主开展的面向基层公众的流动科普服务。

（四）数字科技馆和展教资源数字化建设、网络科普服务、展品和设备共享共用等相关支出。

（五）列支除上述支出项目之外的其他与科技馆运行工作直接相关的支出。其他支出应当符合相关管理规定。

第七条　补助资金不得用于科技馆基本建设、征地拆迁，不得用于支付各种罚款、捐款、赞助、投资、偿还债务等支出，不得用于行政事业单位编制内在职人员工资性支出和离退休人员离退休费。

第八条　补助资金采取因素法进行分配。分配因素包括基础因素（60%）、科技馆业务发展因素（30%）和政策任务因素（10%）：

（一）基础因素，包括科技馆展览教育面积、年服务观众人次、展品更新及维护数量等。

（二）科技馆业务发展因素，包括教育活动场次、短期展览数量、网络科普资源浏览量等。

（三）政策任务因素，主要包括党中央、国务院明确要求的科技馆建设重点任务、科普事业发展的新任务新要求等。

计算分配公式如下：

某省（区、市）因素总数＝Σ［某省（区、市）分配因素数额/全国该项分配因素总数×相应权重］

某省（区、市）补助资金额度＝年度补助资金总额×Σ［某省（区、市）因素总数/全国因素总数］

财政部会同中国科协根据绩效评价、财政困难程度等情况，研究确定调节系数，对补助资金分配情况进行适当调节。

财政部、中国科协根据党中央、国务院有关决策部署和科普事业发展新形势等情况，及时完善分配因素、权重，适时修订补助资金管理办法，调整完善计算公式等，对资金分配进行综合平衡。

第三章　测算与下达

第九条　省级科协会同财政部门，应当及时做好本地区上一年度科技馆免费开放情况总结和数据采集等审核汇总工作，于每年1月底前报送中国科协、财政部。

第十条　中国科协按要求组织专家根据各省（区、市）报送的科技馆免费开放情况、新增科技馆名单、绩效评价等内容，提出当年补助资金分配建议方案报财政部。

第十一条　财政部对补助资金分配建议方案进行审核，于每年全国人民代表大会批准中央预算后30日内，正式下达补助资金预算。

财政部按规定提前下达下一年度补助资金预计数，并抄送财政部各地监管局。

第十二条　省级财政部门接到中央财政下达的预算后，应当会同科协在30日内设定区域绩效目标，按照预算级次合理分配、及时下达（编列）补助资金预算，并抄送财政部、中国科协及财政部当地监管局。

第四章　管理与使用

第十三条　补助资金支付执行国库集中支付制度。涉及政府采购的，按照政府采购法律法规和有关制度执行。

第十四条　补助资金形成的资产属于国有资产，应当按照国家国有资产管理有关规定管理。

第十五条　补助资金原则上应当在当年执行完毕，年度未支出的补助资金按财政部结转结余资金管理有关规定处理。

第十六条　地方各级财政部门应当落实管理责任，不得挤占、挪用、截留和滞留补助资金。

第五章　绩效管理与监督

第十七条　财政部、中国科协应加强对补助资金分配使用管理情况的监督，督促地方财政部门、科协落实预算绩效管理要求。

财政部会同中国科协，结合地方绩效自评工作，对补助资金进行绩效评价，评价结果作为预算安排、改进管理、完善政策的重要依据。

地方各级科协、财政部门按照全面实施预算绩效管理的要求，具体开展本地区绩效目标管理、绩效运行监控、绩效评价和绩效结果应用、绩效信息公开等工作，提高补助资金使用效益。

第十八条　省级科协、财政部门应当于每年1月底前向中国科协、财政部报送上一年度补助资金绩效自评报告，并抄送财政部当地监管局，主要包括上一年度补助资金支出情况、科技馆免费开放组织实施情况、绩效目标完成情况、发现的主要问题和改进措施等。

第十九条　财政部各地监管局应当按照工作职责和财政部要求，对补助资金进行监管。

第二十条　各级财政部门、科协及科技馆应强化流程控制，依法合规分配和使用资金，提高补助资金使用的安全性、有效性、规范性。

第二十一条　地方各级财政部门、科协及科技馆，应当对上报的可能影响资金分配结果的有关数据和信息的真实性、准确性负责。发现违规使用资金、损失浪费严重、低效无效等重大问题的，应当按照程序及时报告财政部、中国科协。

第二十二条　科技馆应当严格执行国家会计法律法规制度，按规定管理使用资金，开展全过程绩效管理，并自觉接受监督及绩效评价。

第二十三条　各级财政部门、科协及其工作人员在补助资金分配、使用、管理等相关工作中，存在违反本办法规定，以及其他滥用职权、玩忽职守、徇私舞弊等违法违纪行为的，依法追究相应责任。

第二十四条　资金使用单位和个人在补助资金申报、使用过程中存在各类违法违规行为的，按照《中华人民共和国预算法》及其实施条例、《财政违法行为处罚处分条例》等国家有关规定追究相应责任。

第六章　附　　则

第二十五条　本办法由财政部会同中国科协负责解释。省级财政部门、科协可结合各地实际，根据本办法制定具体管理办法。

第二十六条　本办法自印发之日起施行。

就业补助资金管理办法

（2023年12月20日修订）

第一章　总　　则

第一条　为推动实施就业优先战略，落实各项就业创业扶持政策，规范就业补助资金管理，提高资金使用效益，根据《中华人民共和国预算法》、《中华人民共和国就业促进法》、《中华人民共和国预算法实施条例》、《中共中央　国务院关于全面实施预算绩效管理的意见》、《国务院办公厅关于印发基本公共服务领域中央与地方共同财政事权和支出责任划分改革方案的通知》（国办发〔2018〕6号）等相关法律法规和规定，制定本办法。

第二条　本办法所称就业补助资金是由县级以上人民政府设立，由本级财政部门会同人力资源社会保障部门管理，通过一般公共预算安排用于促进就业创业的专项资金。

第三条 就业补助资金管理应遵循以下原则：

（一）注重普惠，重点倾斜。落实国家普惠性的就业创业扶持政策，重点支持就业困难群体就业创业，中央财政就业补助资金分配适度向中西部地区、就业工作任务重地区倾斜，促进各类劳动者公平就业，推动地区间就业协同发展。

（二）奖补结合，激励相容。优化机制设计，奖补结合，充分调动各级政策执行部门、政策对象等积极性。

（三）科学合理，提升质效。提高政策可操作性和精准性，优化资金支出方向，加强监督与控制，以绩效导向、结果导向强化就业补助资金管理，并结合就业形势和工作任务变化对政策进行动态调整。

第二章 资金支出范围

第四条 就业补助资金分为对个人和单位的补贴、公共就业服务能力建设补助两类。

对个人和单位的补贴资金用于职业培训补贴、职业技能评价补贴、就业见习补贴、一次性求职补贴、一次性创业补贴、社会保险补贴、公益性岗位补贴及其他支出；公共就业服务能力建设补助资金用于就业创业服务补助和高技能人才培养补助及其他支出。

同一项目就业补助资金补贴与失业保险补贴有重复的，个人和单位不可重复享受。

第五条 享受职业培训补贴的人员范围包括：防止返贫监测对象、毕业年度高校毕业生（含技工院校高级工班、预备技师班、技师班和特殊教育院校职业教育类毕业生，下同）、城乡未继续升学的应届初高中毕业生、农村转移就业劳动者、城镇登记失业人员、就业困难人员等（以下统称六类人员），以及符合条件的企业职工。

职业培训补贴用于以下方面：

（一）六类人员就业技能培训和创业培训。对参加就业技能培训和创业培训的六类人员，培训后取得符合规定证书的（包括职业资格证书、职业技能等级证书、专项职业能力证书、培训合格证书，下同），给予一定标准的职业培训补贴。各地应精准对接产业发展和培训对象需求，定期发布急需紧缺职业（工种）指导目录，对指导目录内的职业培训，可适当提高补贴标准。对为城乡未继续升学的应届初高中毕业生垫付劳动预备制培训费的培训机构，给予一定标准的职业培训补贴。其中农村学员和城市低保家庭学员参加劳动预备制培训的，可给予一定标准的生活费补贴。

（二）符合条件的企业职工岗位技能培训。对企业新录用的六类人员，与企业签订 1 年以上期限劳动合同，并于签订劳动合同之日起 1 年内参加由企业依托所属培训机构或政府认定的培训机构开展岗位技能培训，培训后取得证书的给予职工个人或企业一定标准的职业培训补贴。对按国家有关规定参加企业新型学徒制培训、技师培训的企业在职职工，培训后取得证书的，给予职工个人或企业一定标准的职业培训补贴。

（三）符合条件人员项目制培训。各地人力资源社会保障、财政部门可按规定通过项目制方式，向培训机构整建制购买就业技能培训或创业培训服务，按规定对国家重大改革中的失业人员开展职业技能培训，对承担项目制培训任务的培训机构，给予一定标准的职业培训补贴。

职业培训补贴实行“先垫后补”和“信用支付”等办法，每人累计最多享受 3 次。有条件的地区可探索为培训对象建立职业培训个人信用账户，鼓励培训对象自主选择培训机构和课程，并通过信用账户支付培训费用。

第六条 对通过初次职业技能评价并取得符合规定证书（包括职业资格证书、职业技能等级证书、专项职业能力证书，不含培训合格证）的六类人员，给予职业技能评价补贴。对纳入重点产业职业资格评价和职业技能等级认定目录的职业工种，可适当提高补贴标准。每人累计最多享受3次，同一职业（工种）不得重复享受。

第七条　享受就业见习补贴的人员范围为离校2年内未就业高校毕业生和16－24岁登记失业青年。对吸纳就业见习的单位，给予一定标准的就业见习补贴，用于见习单位支付见习人员见习期间基本生活费、为见习人员办理人身意外伤害保险，以及对见习人员的指导管理费用。对见习人员见习期满留用率达到50%以上的单位，可适当提高见习补贴标准。

第八条　对在毕业学年积极求职创业的低保家庭、零就业家庭、防止返贫监测对象家庭和特困人员中的高校毕业生，残疾及获得国家助学贷款的高校毕业生，给予一次性求职补贴。

第九条　对首次创办小微企业或从事个体经营，且所创办企业或个体工商户自工商登记注册之日起正常运营1年以上的离校2年内高校毕业生、就业困难人员、返乡入乡农民工，可给予一次性创业补贴。

第十条　享受社会保险补贴的人员范围包括：符合《中华人民共和国就业促进法》规定的就业困难人员和高校毕业生。

社会保险补贴用于以下方面：

（一）就业困难人员社会保险补贴。对招用就业困难人员并缴纳社会保险费的单位，以及通过公益性岗位安置就业困难人员并缴纳社会保险费的单位，按其为就业困难人员实际缴纳的基本养老保险费、基本医疗保险费和失业保险费给予补贴，不包括就业困难人员个人应缴纳的部分。对就业困难人员灵活就业后缴纳的社会保险费，给予一定数额的社会保险补贴，补贴标准原则上不超过其实际缴费的2/3。就业困难人员社会保险补贴期限，除对距法定退休年龄不足5年的就业困难人员可延长至退休外，其余人员最长不超过3年（以初次核定其享受社会保险补贴时年龄为准）。

（二）高校毕业生社会保险补贴。对招用毕业年度和离校2年内未就业高校毕业生，与之签订1年以上劳动合同并为其缴纳社会保险费的小微企业，给予最长1年的社会保险补贴，不包括高校毕业生个人应缴纳的部分。对离校2年内未就业的高校毕业生灵活就业后缴纳的社会保险费，给予一定数额的社会保险补贴，补贴标准原则上不超过其实际缴费的2/3，补贴期限最长不超过2年。

第十一条　享受公益性岗位补贴的人员范围为就业困难人员，重点是其中的大龄失业人员和零就业家庭人员。

对公益性岗位安置的就业困难人员给予岗位补贴，补贴标准参照当地最低工资标准执行。

公益性岗位补贴期限，除对距法定退休年龄不足5年的就业困难人员可延长至退休外，其余人员最长不超过3年（以初次核定其享受公益性岗位补贴时年龄为准）。

对公益性岗位补贴期满后仍难以通过其他渠道实现就业的大龄就业困难人员、零就业家庭中的就业困难人员、重度残疾人等，可再次按程序通过公益性岗位予以安置，岗位补贴和社会保险补贴期限重新计算，并报送省级人力资源社会保障、财政部门备案，累计安置次数不超过2次。

第十二条　就业创业服务补助用于加强公共就业创业服务机构服务能力建设。

县级以上人力资源社会保障、财政部门可通过就业创业服务补助资金，支持公共就业服务机构加强就业信息网络系统建设及维护。对于基层公共就业服务机构（含政府设立的家门口就业服务站、零工驿站等）承担的免费公共就业服务和创业孵化基地开展的创业孵化服务，可根据工作量、专业性和成效等，给予一定的补助。对公共就业创业服务机构及其与高校开展的招聘活动和创业服务，可根据服务人数、成效和成本等，给予一定的补助。

县级以上人力资源社会保障、财政部门可按政府购买服务相关规定，向社会购买基本就业创业服务，具体范围和办法由省级人力资源社会保障、财政部门确定。

第十三条　高技能人才培养补助重点用于高技能人才培训基地建设和技能大师工作室建设等支出。

各地可结合区域经济发展、产业振兴发展规划和新兴战略性产业发展的需要，依托企业、院校、职业培训机构等具备高技能人才培训能力的单位，建设高技能人才培训基地，重点开展高技能人才研修提升培训、高技能人才评价、高技能人才课程研发、高技能人才成果交流等活动。

各地可发挥高技能领军人才在带徒传技、技能攻关、技艺传承、技能推广等方面的重要作用，选拔行业企业生产和服务一线的优秀高技能人才，依托其所在单位建设技能大师工作室，开展培训、研修、攻关、交流等技能传承提升活动。

高技能人才培养补助资金使用具体范围由省级人力资源社会保障、财政部门结合实际情况，按现行规定确定。

第十四条　其他支出是指经国务院批准同意，财政部、人力资源社会保障部根据就业形势变化新增的就业创业扶持政策支出，以及各地在确保国家确定的各项就业补贴政策落实到位的基础上，经省级人民政府批准，符合国家就业政策导向、与促进重点群体就业创业直接相关、现有补贴政策无法覆盖的就业创业扶持政策支出。

其他支出应当符合转移支付相关管理规定。

第十五条　就业补助资金中对个人和单位的补贴资金的具体标准，在符合以上原则规定的基础上，由省级人力资源社会保障、财政部门结合当地实际确定。各地应合理确定并科学控制公益性岗位补贴占比，严格控制就业创业服务补助和其他支出比例。

第十六条　就业补助资金不得用于以下支出：

（一）办公用房、职工宿舍建设及维修，交通工具购置及运维支出。

（二）发放工作人员工资、津贴补贴等支出。

（三）“三公”经费支出。

（四）普惠金融项下创业担保贷款（原小额担保贷款）贴息及补充创业担保贷款基金相关支出。

（五）办公设备及耗材、报刊书籍订阅、走访慰问等支出。

（六）赛事组织实施经费、奖金等支出。

（七）按规定应由其他财政资金渠道安排的支出。

（八）法律法规禁止的其他支出。

不得对机关事业单位在编人员发放本办法中的补贴。

个人、单位按照本办法申领获得的补贴资金，具体用途可由申请人或申请单位确定，不受本条规定限制。

第三章　资金分配与下达

第十七条　财政部、人力资源社会保障部分配中央财政就业补助资金，采用因素法与项目法相结合的方式。

因素法分配的资金，根据地区经济社会发展水平及财力实际状况，在东部地区和中西部地区之间进行划分后，再按照因素法分配。东部地区与中西部地区具体划分比例根据年度就业整体形势和就业工作任务等确定。东部地区包括北京、上海、江苏、浙江、福建、山东、广东7省（市）。

对人力资源社会保障部、财政部评选的促进就业工作先进地区，在分配中央财政就业补助资金时予以适当支持。

项目法分配的资金采取竞争性评审的方式确定支持对象。

第十八条　财政部、人力资源社会保障部因素法分配的因素包括基础因素、投入因素、工作成果因素和重点工作因素四类，并通过绩效调节系数和财力调节系数进行调节。其中：

（一）基础因素权重为35%，设置劳动力人口等指标，重点考虑就业工作任务量。

（二）投入因素权重为15%，设置地方政府就业补助资金的安排使用等指标，重点考虑地方投入力度和预算执行情况，引导地方加大投入，加快预算执行。

（三）工作成果因素权重为15%，设置城镇新增就业情况等指标，重点考虑就业工作成果完成情况。

（四）重点工作因素权重为35%，根据当年度就业工作重点任务设置具体指标。

每年分配资金选择的因素、权重、方式及增减幅上下限，可根据年度就业整体形势和工作任务重点适当调整。

绩效调节系数和财力调节系数分别通过绩效评价结果和财政困难程度系数确定。

地方财政、人力资源社会保障部门可结合实际确定具体分配方式。

第十九条　在因素法分配中央财政就业补助资金时，人力资源社会保障部负责会同有关部门提供资金测算需要的与就业相关的基础数据、绩效评价结果和资金分配建议。财政部负责收集汇总资金结转结余、预算执行、财政困难程度系数等业务相关数据。地方各级人力资源社会保障、财政部门向上级单位报送分配资金相关基础数据时，要明确分工、压实责任，加强审核把关。各单位按照“谁提供、谁负责”的原则，对所提供数据的准确性、完整性、及时性负责。

第二十条　地方可对公共就业服务能力建设补助资金中的高技能人才培养补助资金，实行项目管理，各地人力资源社会保障部门应编制高技能人才培养中长期规划，确定本地区支持的高技能人才重点领域。

各省级人力资源社会保障部门每年需会同财政部门组织专家对地方申报的国家级高技能人才培养项目进行评审，评审结果需报人力资源社会保障部、财政部备案，省级财政部门会同人力资源社会保障部门根据备案结果给予分类分档补助。

第二十一条　财政部会同人力资源社会保障部于每年10月31日前将下一年度中央财政就业补助资金预计数下达至各省级财政、人力资源社会保障部门，抄送财政部各地监管局；每年在全国人民代表大会审查批准中央预算后30日内正式下达中央财政就业补助资金预算。各省级财政、人力资源社会保障部门应在收到中央财政就业补助资金预算后30日内，正式下达到市、县级财政部门和人力资源社会保障部门，并将资金分配情况抄送财政部当地监管局。

地方各级财政、人力资源社会保障部门在收到中央财政转移支付预算时，应核对无误后再下达。如发现问题，应立即向上级财政、人力资源社会保障部门报告。地方不得擅自分配处置存疑的转移支付资金。

地方各级财政、人力资源社会保障部门应对其使用的就业补助资金提出明确的资金管理要求，及时组织实施各项就业创业政策。

第二十二条　各级人力资源社会保障、财政部门应对就业补助资金全面实施预算绩效管理，按照财政部关于转移支付预算绩效目标管理的规定，做好绩效目标的设定、审核、下达工作；建立全过程预算绩效管理链条，强化绩效目标管理，做好绩效运行监控和绩效评价；加强绩效结果应用，加大绩效信息公开力度，提高资金配置效率和使用效益。

第四章　资金管理与监督

第二十三条　地方各级人力资源社会保障部门要在坚持转变政府职能、提高行政效能的基础上，梳理并公开本地区就业补贴政策清单，明确申请材料、申领流程、经办渠道、办理时限。

地方各级人力资源社会保障、财政部门应及时受理各类单位和个人的申请，尽快完成材料审核和资金拨付等工作，并定期对账。做好就业补助资金使用管理的基础工作，加强事中事后监管，有效甄别享受补贴政策人员和单位的真实性，防范出现造假行为，对补贴金额大、人数多、期限长的补贴对象加强核查抽查，防范出现造假行为。

地方各级人力资源社会保障、财政部门应按规定加强信息化建设，依托全省集中的就业信息平台，将补贴申请、受理、审核、拨付纳入系统管理。对能依托信息系统或与相关单位信息共享、业务协同获得的信息和资料，不再要求提供纸质材料，对面向个人的补贴，具备条件的可通过社会保障卡发放。

第二十四条　中央财政就业补助资金按规定直达市县基层，严格按照国库集中支付管理制度相关规定支付。资金使用过程中，涉及政府采购的，应按照政府采购有关法律法规及制度执行。

各级财政、人力资源社会保障部门应加快预算执行进度，及时拨付到位，盘活存量资金，提高资金使用效益，结转结余资金管理按照财政部有关规定执行。

第二十五条　地方各级财政、人力资源社会保障部门应建立健全财务管理规章制度，强化内部财务管理，严格按照财务管理规定，落实岗位设置权限分设和权限不相容要求，优化业务流程，加强内部风险防控。

第二十六条　各级财政、人力资源社会保障部门应将就业补助资金管理使用情况列入重点监督检查范围，主动开展自查、互查、交叉检查或委托开展第三方检查，自觉接受审计等部门的检查和社会监督。

第二十七条　地方各级财政、人力资源社会保障部门应按照财政预决算管理的总体要求，做好年度预决算工作，并按要求向社会公开。

第二十八条　各级人力资源社会保障、财政部门应做好信息公开工作，通过当地媒体、部门网站等向社会公开年度就业工作总体目标、工作任务完成、各项补贴资金的使用等情况。

各项补贴资金的使用情况公开内容包括：享受各项补贴的单位名称或人员名单（含隐藏部分位数的身份证号码）、补贴标准及具体金额等。其中，公益性岗位补贴还应公开公益性岗位名称、设立单位、安置人员名单、享受补贴时间等；一次性求职补贴应在发放前在校内公示。

各级人力资源社会保障、财政部门应严格遵守国家有关个人信息保护的法规制度，既保证资金使用公开透明，又避免个人敏感信息泄露。

第二十九条　各级财政、人力资源社会保障部门应建立就业补助资金“谁使用、谁负责”的责任追究机制。

各级财政、人力资源社会保障部门及其工作人员在就业补助资金的分配审核、使用管理等工作中，存在违反本办法规定的行为，以及其他滥用职权、玩忽职守、徇私舞弊等违法违规行为的，依法追究相应责任。涉嫌犯罪的，依法移送有关机关处理。

对疏于管理、违规使用资金的地方，中央财政将相应扣减其下一年度中央财政就业补助资金；情节严重的，取消其下一年度获得中央财政就业补助资金的资格，并在全国范围内予以通报。

第五章　附　　则

第三十条　本办法由财政部、人力资源社会保障部负责解释。

省级财政、人力资源社会保障部门应根据各地实际情况，依照本办法制定就业补助资金管理和使用的具体实施办法。

第三十一条　中央财政就业补助资金相关支出实施期限至2025年。到期前，人力资源社会保障部会同财政部根据有关法律、行政法规和国务院相关规定及工作需要，组织开展绩效评估，根据评估结果确定是否延续补助政策及延续期限。

第三十二条　本办法自发布之日起施

行。《财政部　人力资源社会保障部关于印发〈就业补助资金管理办法〉的通知》（财社〔2017〕164号）、《财政部　人力资源社会保障部关于〈就业补助资金管理办法〉的补充通知》（财社〔2019〕122号）、《财政部　人力资源社会保障部关于〈就业补助资金管理办法〉的补充通知》（财社〔2021〕89号）同时废止。

汽车以旧换新补贴实施细则

（2024年4月24日　商消费函〔2024〕75号）

第一章　补贴范围和标准

第一条　自本细则印发之日至2024年12月31日期间，对个人消费者报废国三及以下排放标准燃油乘用车或2018年4月30日前（含当日，下同）注册登记的新能源乘用车，并购买纳入工业和信息化部《减免车辆购置税的新能源汽车车型目录》的新能源乘用车或2.0升及以下排量燃油乘用车，给予一次性定额补贴。其中，对报废上述两类旧车并购买新能源乘用车的，补贴1万元；对报废国三及以下排放标准燃油乘用车并购买2.0升及以下排量燃油乘用车的，补贴7000元。

第二条　本细则所称乘用车是指在公安交管部门注册登记的小型、微型载客汽车。国三及以下排放标准燃油乘用车是指在2011年6月30日前注册登记的汽油乘用车、2013年6月30日前注册登记的柴油乘用车和其他燃料类型乘用车。

第二章　补贴申报、审核和发放

第三条　拟申请汽车以旧换新补贴资金的个人消费者，应于2025年1月10日前，通过登录全国汽车流通信息管理系统网站或“汽车以旧换新”小程序（以下简称汽车以旧换新平台），填报个人身份信息，报废汽车的车辆识别代号、《报废机动车回收证明》和《机动车注销证明》原件照片或扫描件，新车的车辆识别代号、《机动车销售统一发票》和《机动车登记证书》原件照片或扫描件等，向补贴受理地（即《机动车销售统一发票》开具地）提交补贴申请。

上述《报废机动车回收证明》《机动车注销证明》《机动车销售统一发票》《机动车登记证书》，应于本细则印发之日至2024年12月31日期间取得。其中，《报废机动车回收证明》应由有资质的报废机动车回收拆解企业开具。

第四条　各地商务主管部门收到申请材料后，会同财政、公安、工业和信息化等部门按照职能职责进行审核，通过汽车以旧换新平台反馈审核结果。商务部、公安部、工业和信息化部等部门提供报废机动车回收和注销、新车注册登记、新能源新车车型等信息核查比对服务，支持地方高效开展审核工作。

申请人提交的信息真实完整，符合本细则要求的，予以审核通过。申请人提交的信息不完整或不清晰无法辨识的，受理地将补正信息要求告知申请人，申请人按要求在本细则明确的申请截止日期前通过原渠道补正有关信息。

第五条　各地商务主管部门及时汇总符合补贴条件的申请人信息，确定补贴金额，并向财政部门提出资金申请。各地财政部门根据商务主管部门提出的资金安排建议，经财政部地方监管局审核同意后，按程序将补贴资金拨付至申请人提供的银行账户。

第三章 补贴资金管理

第六条 汽车以旧换新补贴资金由中央财政和地方财政总体按 6∶4 比例共担，并分地区确定具体分担比例。其中，对东部省份按 5∶5 比例分担，对中部省份按 6∶4 比例分担，对西部省份按 7∶3 比例分担。地方负担的部分，由省级财政部门牵头负责落实到位。

第七条 根据 2023 年底各地国三及以下排放标准燃油乘用车保有量等情况，财政部向各省份预拨 70% 补助资金，用于支持地方启动相关工作。政策实施期间，中央和地方根据前述单车补贴标准，对符合条件的汽车报废更新车辆按既定分担比例进行补贴，各地与消费者进行据实结算。

第八条 政策实施期结束后，按照“多退少补”的原则，中央与地方再进行清算。各省级商务主管部门、财政部门于 2025 年 2 月 10 日前将补贴资金发放情况报送商务部、财政部，商务部对各地上报的补贴资金发放情况进行汇总审核，提出各省份补助资金清算建议报财政部。财政部根据商务部提出的建议下达预算。

第四章 监督管理

第九条 商务部、财政部会同公安部、工业和信息化部、税务总局等部门按职责分工指导地方相关部门对汽车以旧换新资金补贴工作实施监督管理。

第十条 各地商务主管部门负责对补贴资金审核进行监管，各地财政部门负责对补贴资金拨付进行监管，财政部适时组织财政部各地监管局对补贴资金申报、使用等情况开展核查，各地公安、工业和信息化、税务等部门按职责做好旧车注销登记、新车注册登记、机动车销售统一发票管理和信息统计上报等相关工作，确保资金安全、发放及时，落实好补贴政策。

各地不得要求将报废汽车交售给指定企业，不得另行设定具有地域性、技术产品指向性的补贴目录或企业名单。

第十一条 各地设立汽车以旧换新电话咨询热线，及时回应公众诉求，接受社会监督。对发现存在利用不正当手段（包括伪造、变造相关材料虚假交易、串通他人提供虚假信息等）骗取补贴资金等违法行为的，各地有关部门依法依规严肃处理。

第十二条 对买卖、伪造、变造《报废机动车回收证明》，拼装车以及将回收的报废车辆上路行驶或流向社会的，有关部门依据国务院令第 715 号（《报废机动车回收管理办法》）进行处理。

第十三条 对挪用、骗取补贴资金的单位和个人，有关部门依据国务院令第 427 号（《财政违法行为处罚处分条例》）及其他有关法规进行处理。

第五章 附 则

第十四条 本细则自发布之日起执行。各省级商务主管部门、财政部门可根据本细则并结合本地区实际情况制定汽车以旧换新具体实施细则。

第十五条 本细则由商务部、财政部会同有关部门负责解释。

中央财政城镇保障性安居工程补助资金管理办法

（2024 年 4 月 8 日　财综〔2024〕15 号）

第一章　总　　则

第一条　为规范中央财政城镇保障性安居工程补助资金（以下简称补助资金）管理，提高资金使用效益，按照国家预算管理和城镇保障性安居工程的有关规定，制定本办法。

第二条　本办法所称补助资金，是指中央财政安排用于支持保障符合条件城镇居民（包括纳入当地保障范围的农业转移人口）的基本居住需求、改善居住条件的共同财政事权转移支付资金。补助资金的分配、使用、管理和监督等适用本办法。

第三条　补助资金管理遵循公平公正、公开透明、突出重点、注重绩效、强化监督的原则。

第四条　补助资金由财政部、住房城乡建设部按职责分工管理。

财政部负责编制补助资金年度预算，提出三年支出规划建议，确定补助资金分配方案、下达补助资金预算，对补助资金的使用管理情况进行监督和绩效管理。财政部各地监管局按照工作职责和财政部要求，对补助资金政策执行情况进行监督。

住房城乡建设部负责全国保障性安居工程计划编制，提供各地年度计划数据，督促指导地方开展城镇保障性安居工程工作，组织做好绩效目标制定和落实、绩效监控和评价等。

第五条　地方财政部门、住房城乡建设部门按照职责分工做好本地区保障性安居工程相关工作，并加强协调配合。地方财政部门负责本地区补助资金的预算分解下达、资金审核拨付、资金使用监管以及组织开展本地区预算绩效管理等工作。

地方住房城乡建设部门负责本地区保障性安居工程计划编制，组织做好项目实施方案编制、项目组织实施和监督、项目竣工验收等，具体开展本地区绩效目标管理、绩效运行监控、绩效评价等工作。

第六条　补助资金实施期限至 2027 年，期满后，根据法律、行政法规和国务院有关规定以及城镇保障性安居工程形势需要，评估确定是否继续实施和延续期限。期间，根据党中央、国务院决策部署和形势需要，对于不再开展的城镇保障性安居工程任务，相应停止有关补助资金支持政策。

第二章　支持范围和资金分配

第七条　补助资金支持范围包括：

（一）住房保障。主要用于支持配租型保障性住房（公共租赁住房、保障性租赁住房）筹集（新建、购买、改建、改造等），与配售型保障性住房直接相关且不摊入售价的配套基础设施建设，以及向符合条件的在市场租赁住房的城镇公租房保障对象发放租赁补贴等。不得用于教育、医疗卫生、商业、养老、托幼、文化体育等公共服务及经营性设施支出。

（二）城中村改造。主要用于支持符合条件的城中村改造项目征收补偿、安置住房建设（购买）、安置住房小区直接相关的配套基础设施建设，以及完善水电路气等配套基础设施、提升房屋安全和消防安全等整治提升等支出。不得用于城中村改造中安置住房之外的住房开发，以及配套公共服务设施和经营性设施等支出。

（三）城镇老旧小区改造。主要用于支持小区内水电路气等配套基础设施和公共服务设施建设改造，小区内房屋公共区域修缮、建筑节能改造，支持有条件的小区加装电梯等支出。

（四）棚户区（城市危旧房）改造。主要用于支持城市（含县城）建成区范围内国有土地上 C、D 级危险住房，国有企事业单位破产改制、“三供一业”分离移交等遗留的非成套住房的征收补偿、安置住房建设（购买），上述住房的改建（扩建、翻建）、原址重建和抗震加固等支出。

第八条　补助资金按照奖补结合的原则，根据各省（自治区、直辖市、计划单列市，含新疆生产建设兵团，以下统称省）住房保障、城中村改造、城镇老旧小区改造、棚户区（城市危旧房）改造任务量、绩效评价结果等采取因素法进行分配。其中，80%资金按照各省的各项任务量进行分配，并结合财政困难程度进行调节，财政困难程度根据中央对地方均衡性转移支付办法规定的财政困难程度系数确定；20%作为奖励资金，依据各省保障性安居工程任务的绩效评价结果等，加权确定绩效调节系数，并结合各省任务量等因素调节分配。

年度住房保障、城镇老旧小区改造、城中村改造、棚户区（城市危旧房）改造资金规模由财政部会同住房城乡建设部根据年度任务状况等因素确定。

第九条　住房保障资金采取因素法，根据各省年度配租型保障性住房筹集套数、配售型保障性住房套数、租赁补贴户数等因素以及相应权重测算分配，并结合财政困难程度进行调节。具体计算公式如下：

分配给某省的住房保障资金 =〔（该省配租型保障性住房筹集套数 × 该省财政困难程度系数）÷Σ（各省配租型保障性住房筹集套数 × 相应省财政困难程度系数）× 相应权重 +（该省配售型保障性住房套数 × 该省财政困难程度系数）÷Σ（各省配售型保障性住房套数 × 相应省财政困难程度系数）× 相应权重 +（该省租赁补贴户数 × 该省财政困难程度系数）÷Σ（各省租赁补贴户数 × 相应省财政困难程度系数）× 相应权重〕× 年度住房保障资金。

配租型保障性住房筹集套数、配售型保障性住房套数、租赁补贴户数由住房城乡建设部根据各地申报数提供。其中，配租型保障性住房包括公共租赁住房和保障性租赁住房。租赁补贴、配租型保障性住房和配售型保障性住房的相应权重，由财政部会同住房城乡建设部根据年度租赁补贴发放计划、配租型保障性住房筹集和配售型保障性住房建设计划情况确定。

第十条　城中村改造资金采取因素法，根据各省年度城中村改造拆除新建因素和整治提升因素分配，并结合财政困难程度进行调节。具体计算公式如下：

分配给某省的城中村改造资金 =〔（该省城中村改造拆除新建因素 × 该省财政困难程度系数）÷Σ（各省城中村改造拆除新建因素 × 相应省财政困难程度系数）× 相应权重 +（该省城中村改造整治提升户数 × 该省财政困难程度系数）÷Σ（各省城中村改造整治提升户数 × 相应省财政困难程度系数）× 相应权重〕× 年度城中村改造资金。

城中村改造拆除新建因素中包含拆整结合中实施拆除新建的部分，城中村改造拆除新建因素 = 该省城中村改造拆除新建户数 × 50% + 该省城中村改造筹集安置住房套数 × 50%；城中村改造整治提升户数中包含拆整结合中实施改造提升的户数。

拆除新建户数、筹集安置住房套数、整治提升户数由住房城乡建设部根据各地申报数提供。拆除新建因素和整治提升因素的相应权重，由财政部会同住房城乡建设部根据年度拆除新建户数、筹集安置住房套数和整治提升户数计划情况确定。

第十一条　城镇老旧小区改造资金采取

因素法，根据各省年度老旧小区改造面积、改造户数、改造楼栋数、改造小区个数等因素以及相应权重测算分配，并结合财政困难程度进行调节。具体计算公式如下：

分配给某省的老旧小区改造资金 =〔（该省老旧小区改造面积×该省财政困难程度系数）÷Σ（各省老旧小区改造面积×相应省财政困难程度系数）×40% +（该省老旧小区改造户数×该省财政困难程度系数）÷Σ（各省老旧小区改造户数×相应省财政困难程度系数）×40% +（该省老旧小区改造楼栋数×该省财政困难程度系数）÷Σ（各省老旧小区改造楼栋数×相应省财政困难程度系数）×10% +（该省老旧小区改造个数×该省财政困难程度系数）÷Σ（各省老旧小区改造个数×相应省财政困难程度系数）×10%〕×年度老旧小区改造资金。

老旧小区改造面积、改造户数、改造楼栋数、改造小区个数由住房城乡建设部根据各地申报计划数提供。

第十二条　棚户区（城市危旧房）改造资金采取因素法，根据各省棚户区（城市危旧房）改造套数因素分配，并结合财政困难程度进行调节。具体计算公式如下：

分配给某省的棚户区（城市危旧房）改造资金 =（该省棚户区（城市危旧房）改造套数×该省财政困难程度系数）÷Σ（各省棚户区（城市危旧房）改造套数×相应省财政困难程度系数）×年度棚户区（城市危旧房）改造资金。

棚户区（城市危旧房）改造套（间）数由住房城乡建设部根据各地申报计划数提供。

第十三条　奖励资金依据各省保障性安居工程任务的绩效评价结果等，加权确定绩效调节系数，并结合各省任务量等因素调节分配。

绩效调节系数、计划任务量调节系数由财政部、住房城乡建设部根据党中央、国务院有关决策部署、经财政部各地监管局审核认定的绩效评价结果、各地各项任务申报计划数等综合设置。计算绩效调节系数时，各项工作绩效结果权重为，住房保障 50%，城中村改造 20%，老旧小区改造 20%，棚户区（城市危旧房）改造 10%。老旧小区改造计划停止后，权重调整至住房保障和城中村改造，分别为 60% 和 30%。对于没有城中村改造计划的省，城中村改造的绩效结果权重调整至住房保障。

奖励资金全部用于支持相关保障性安居工程建设。绩效评价结果得分 80 分以上的省参与奖励资金分配，低于 80 分的省不参与分配。

第十四条　省级财政部门应会同同级住房城乡建设部门，制定具体实施办法，建立以奖代补机制，细化评价标准，重点对进展快、示范效应好的保障性住房项目予以奖励，并兼顾其他保障性安居工程任务，具体实施办法抄送财政部当地监管局。

第十五条　财政部、住房城乡建设部根据党中央、国务院有关决策部署和城镇保障性安居工程新形势、新情况等，适时调整完善相关分配因素、权重、计算公式、调节系数等，按规定修改资金管理办法。

第十六条　对党中央、国务院确定需要重点支持以及城镇保障性安居工程工作成效明显的地区，财政部会同住房城乡建设部在补助资金分配时予以适当奖励。落实国务院督查激励要求相关资金从 20% 奖励资金中安排。

第三章　资金预算下达

第十七条　财政部会同住房城乡建设部在全国人大审查批准中央预算后 30 日内，将补助资金预算分配下达省级财政部门，并抄送财政部当地监管局。每年 10 月 31 日前，提前下达下一年度补助资金预计数。

第十八条　省级财政部门在接到补助资金预算后，应当会同同级住房城乡建设部门在 30 日内，按照预算级次合理分配、及时下达本行政区域县级以上各级政府财政部门，并抄送财政部当地监管局。

市县财政部门接到补助资金预算后，应当会同同级住房城乡建设部门及时将资金预算分解或明确到具体项目。在分配补助资金时，应当加强项目资金的统筹使用、规范管理，做好与发展改革部门安排的预算内投资项目等各渠道资金的统筹协调，原则上支持的具体项目不重复，确保项目资金具体投向不交叉。

第十九条　省级住房城乡建设部门、财政部门加强对市县有关部门的督促指导，强化本区域内项目监管，切实落实项目储备和推进机制，按照项目成熟度以及财政承受能力等因素科学排序，严格项目审批，加强日常监测，按项目执行进度拨付资金，避免出现“钱等项目”等情况。对于推进困难、无法继续实施以及建设严重滞后导致补助资金闲置一年及以上的项目，及时按规定调整，并将补助资金统筹用于保障性安居工程，切实提高资金使用效率。

第四章　资金使用管理和监督

第二十条　补助资金支付按照国库集中支付制度有关规定执行。属于政府采购管理范围的，按照政府采购有关规定执行。

第二十一条　补助资金根据支持内容不同，可以采取投资补助、项目资本金注入、贷款贴息等方式，发挥财政资金引导作用，吸引社会资本参与城镇保障性安居工程投资建设和运营管理。

第二十二条　补助资金结转结余的资金，按照《国务院关于印发推进财政资金统筹使用方案的通知》（国发〔2015〕35号）等有关规定执行。

第二十三条　地方各级财政部门应当对补助资金实行专项管理、分账核算、封闭运行，严格按照规定用途使用，严禁将补助资金用于平衡预算、偿还债务本息等支出。地方各级住房城乡建设部门及项目实施单位，建立“谁使用、谁负责”的责任机制，严格按照本办法规定使用补助资金，严禁挪作他用，不得从补助资金中提取工作经费或管理经费。

第二十四条　各级财政部门、住房城乡建设部门及其工作人员，在保障性安居工程相关工作中，存在未按规定用途使用资金行为，以及其他滥用职权、玩忽职守、徇私舞弊等违法违规行为的，依法追究相应责任。

第五章　绩效管理

第二十五条　各地住房城乡建设部门、财政部门应当按照全面实施预算绩效管理的有关规定，强化绩效目标管理，严格审核绩效目标，做好绩效运行监控和绩效评价，并加强绩效评价结果应用。以预算年度为周期开展绩效评价，在年度绩效评价的基础上，适时开展中期绩效评价。绩效评价的内容包括：决策情况、资金管理和使用情况、相关管理制度办法的健全性及执行情况、实现的产出情况、取得的效益情况、其他相关内容。

省级绩效评价指标体系由财政部会同住房城乡建设部设置，市县绩效评价指标体系由省级财政部门会同住房城乡建设部门参考省级绩效评价指标体系，结合实际情况设置。

第二十六条　省级财政部门、住房城乡建设部门按规定向财政部、住房城乡建设部报送本地区上年度绩效评价报告和自评表，并与中央对地方转移支付预算执行情况绩效自评工作做好统筹衔接。市县财政部门、住房城乡建设部门具体实施市县绩效评价工作，加强绩效评价结果应用，按规定向省级财政部门、住房城乡建设部门报送本市县绩效评价报告。

省级及以下住房城乡建设部门、财政部门对所提供的绩效评价相关材料的真实性、完整性负责。

各地区可以根据需要，委托专家、中介机构等第三方参与绩效评价工作。

第二十七条　年度绩效评价的工作程序如下：

（一）省级财政部门会同同级住房城乡建设部门将本地区上年度绩效评价报告、自评表（逐项说明评分理由），附带能够佐证绩效评价结果的相关材料，于每年2月28日前加盖两部门印章后报送财政部、住房城乡建设部和财政部当地监管局；对于无故不按时提交绩效评价报告、绩效评价自评表及相关证明材料的省，该省绩效评价得分按零分认定。

（二）财政部各地监管局对地方报送的上年度绩效评价报告、自评表及相关证明材料进行审核和实地抽查后，于每年3月20日之前将审核总结报告和审核意见表报送财政部，抄送住房城乡建设部和省级财政、住房城乡建设部门。其中，实地抽查审核比例原则上不少于3个地级市（含省直管县），抽查各项数据所占资金比例原则上不低于被抽查地区分配资金的20%。

财政部会同住房城乡建设部适时组织开展重点绩效评价。

第二十八条　各级财政部门会同住房城乡建设部门将绩效评价结果及有关问题整改情况作为分配补助资金、制定调整相关政策以及加强保障性安居工程建设和运营管理的参考依据。

第六章　附　　则

第二十九条　本办法由财政部会同住房城乡建设部负责解释。

第三十条　省级财政部门会同同级住房城乡建设部门可以结合本地实际，制定具体实施办法，并抄送财政部当地监管局。

第三十一条　本办法自印发之日起施行。《财政部　住房城乡建设部关于印发〈中央财政城镇保障性安居工程补助资金管理办法〉的通知》（财综〔2022〕37号）同时废止。

附：（略）

中央财政农村危房改造补助资金管理办法

（2023年6月29日　财社〔2023〕64号）

第一条　为规范和加强中央财政农村危房改造补助资金（以下简称补助资金）管理，提高资金使用效益，支持地方做好农村低收入群体等重点对象基本住房安全保障工作，根据《中华人民共和国预算法》、《中共中央国务院关于全面实施预算绩效管理的意见》等有关规定和农村危房改造（含农房抗震改造，下同）的相关政策，制定本办法。

第二条　本办法所称补助资金，是指在农村危房改造政策实施期内，中央财政设立用于支持地方开展农村危房改造的转移支付资金。

补助资金实施期限至2025年12月31日。期满前财政部会同住房城乡建设部根据法律、行政法规和国务院有关规定及工作需要，组织开展绩效评估，根据评估结果确定是否延续补助政策及延续期限。

第三条　补助资金分配使用遵循以下原则：

（一）科学合理，公正客观。科学合理分配补助资金，确保公平、公正、公开，充分发挥财政资金使用效益。

（二）突出重点，精准帮扶。按照巩固拓展脱贫攻坚成果同乡村振兴有效衔接要求，用于解决农村低收入群体等重点对象的基本住房安全问题。

（三）注重绩效，规范管理。对补助资金实施全过程绩效管理，适时开展绩效评价，健全资金监督管理机制，强化补助对象审核认定等基础管理工作。

第四条 补助资金由财政部会同住房城乡建设部管理。

财政部负责会同住房城乡建设部确定资金分配方案，下达补助资金预算，同步下达中央对地方转移支付区域绩效目标；对资金测算使用到的由本部门提供的基础数据负责；指导地方加强资金管理等。

住房城乡建设部负责牵头制定农村危房改造政策及相关技术标准；牵头制定农村危房改造年度综合绩效评价方案并组织开展年度综合绩效评价；对资金测算使用到的由本部门提供的基础数据负责；指导地方做好危房改造组织实施工作；管理全国农村危房改造信息系统并与相关部门共享基础数据等。

第五条 补助资金用于农村低收入群体等重点对象农村危房改造、7 度及以上抗震设防地区农房抗震改造以及其他符合政策规定的农村困难群众基本住房安全保障支出。农村低收入群体等重点对象包括农村易返贫致贫户、农村低保户、农村分散供养特困人员、因病因灾因意外事故等刚性支出较大或收入大幅缩减导致基本生活出现严重困难家庭、农村低保边缘家庭、未享受过农村住房保障政策支持且依靠自身力量无法解决住房安全问题的其他脱贫户。

补助资金不得用于以下方面支出：不以保障基本住房安全为目的的支出，包括单纯提升住房品质、改善居住环境方面的支出等；低收入群体等重点对象以外农户的住房安全保障支出；已纳入因灾倒损农房恢复重建补助范围等已有其他渠道资金支持的住房安全保障支出；农村危房改造管理工作经费；其他不符合规定的支出。

第六条 补助资金采用因素法分配。主要考虑需求因素、财力因素和绩效因素等，其中需求因素主要考虑各地保障对象数量，重点向保障任务重、财政困难、工作绩效好的地区倾斜。测算公式为：

$$\text{某地应拨付资金} = \text{资金总额} \times \frac{\text{该地分配系数}}{\Sigma\text{分配系数}}$$

其中：某地分配系数 = 该地需求系数 × 该地财力系数 × 该地绩效系数。

在每年分配资金时，财政部会同住房城乡建设部根据党中央、国务院的有关决策部署及管理改革要求，可据情对具体分配因素及其分配权重、变化幅度等进行适当调整。

住房城乡建设部、财政部会同有关部门对各地农村低收入群体等重点对象住房安全保障情况进行综合绩效评价，可委托第三方机构进行抽查或组织地方开展交叉检查，绩效评价结果与资金分配挂钩。

第七条 财政部会同住房城乡建设部按规定时间提前下达下一年度补助资金预算；在全国人民代表大会批准预算后规定时间内下达补助资金，并同步下达区域绩效目标。下达的资金文件及绩效目标一并抄送财政部当地监管局。

第八条 农村危房改造补助资金按照直达资金管理。省级财政部门和住房城乡建设部门共同制定本地农村危房改造资金分配方案。

省级财政部门应于规定时限内将资金分配方案报财政部备案后正式分解下达，并将资金分配结果抄送财政部当地监管局。经备案后的分配方案，在执行过程中有调整的，需按程序重新备案。

第九条 地方住房城乡建设部门根据职能参与本地区补助资金分配，加强同民政、乡村振兴部门工作对接和信息共享，做好农村低收入群体等重点对象年度住房安全动态监测，负责农村危房改造工作组织实施和综合绩效评价。县级住房城乡建设部门做好质量安全和农户档案等管理工作。

地方财政部门负责本地区补助资金的预算分解下达、组织预算执行、资金使用管理和监督以及组织指导预算绩效管理等工作。

地方各级住房城乡建设部门、财政部门应当对系统数据和信息的真实性、准确性、及时性负责。工作过程中如发现数据有误，应当立即向上级部门报告，并对有关数据更正后重新上报。

第十条　县级财政部门负责本地区农村危房改造补助资金管理。农村危房改造补助资金的支付，按照国库集中支付制度有关规定执行。属于政府采购管理范围的，应按照政府采购法律制度规定执行。

对于支付给农户的资金，应根据实际情况分阶段按比例或竣工验收后一次性足额支付到农户“一卡通”账户，全部资金支付时间不应晚于竣工验收后30日。

第十一条　地方各级财政、住房城乡建设部门应切实采取措施，加快补助资金预算执行进度。有关结转结余资金管理按照《国务院办公厅关于进一步做好盘活财政存量资金工作的通知》（国办发〔2014〕70号）、《财政部关于推进地方盘活财政存量资金有关事项的通知》（财预〔2015〕15号）等规定执行。

第十二条　地方各级住房城乡建设部门应会同财政部门建立健全农村危房改造工作监管机制。对农村危房改造补助对象的申请、评议、审核、审批和实际补助水平等情况，要实行公示公告制度。

第十三条　各级住房城乡建设部门、财政部门应当按照全面实施预算绩效管理的要求，建立健全预算绩效管理机制，加强绩效目标管理，依职责组织做好区域绩效目标分解下达、绩效监控及绩效评价工作，强化评价结果应用，提高资金配置效率和使用效益。年度预算执行终了时，财政部、住房城乡建设部组织开展绩效自评和综合绩效评价；根据工作需要，适时组织开展重点绩效评价。综合绩效评价和重点绩效评价结果作为安排预算、完善政策、改进管理的重要依据。

第十四条　地方各级财政、住房城乡建设部门应建立健全资金监管机制，定期或不定期地对补助资金的使用管理情况进行检查，及时发现和纠正有关问题。

财政部各地监管局按照财政部统一部署和固有职责对补助资金实施监管。

第十五条　各级财政部门、住房城乡建设部门要建立内部控制制度，强化流程控制、依法合规分配和使用资金，实行不相容岗位（职责）分离控制。

第十六条　各级财政、住房城乡建设部门应严格按规定使用补助资金，不得擅自扩大支出范围，不得以任何形式挤占、挪用、截留和滞留，不得向补助对象收取任何管理费用。

各级财政、住房城乡建设部门及其工作人员在补助资金的分配审核、使用管理等工作中，存在违反本办法规定的行为，以及其他滥用职权、玩忽职守、徇私舞弊等违法违规行为的，依法追究相应责任。涉嫌犯罪的，依法移送有关机关处理。

第十七条　分配到脱贫县及国家乡村振兴重点帮扶县的补助资金，按照财政部等11部门《关于继续支持脱贫县统筹整合使用财政涉农资金工作的通知》（财农〔2021〕22号）等有关文件规定使用管理。

第十八条　各省级财政、住房城乡建设部门可以根据本办法，结合当地实际，制定具体实施办法。

第十九条　本办法由财政部会同住房城乡建设部负责解释。

第二十条　本办法自印发之日起施行，《财政部　住房城乡建设部关于印发〈中央财政农村危房改造补助资金管理暂行办法〉的通知》（财社〔2022〕42号）同时废止。

中央财政衔接推进乡村振兴补助资金管理办法

（2021年3月26日 财农〔2021〕19号）

为贯彻落实《中共中央 国务院关于实现巩固拓展脱贫攻坚成果同乡村振兴有效衔接的意见》精神，加强过渡期中央财政衔接推进乡村振兴补助资金（以下简称衔接资金）管理，根据预算管理的有关规定，特制定本办法。

第一条 衔接资金用于支持各省（自治区、直辖市，以下统称各省）巩固拓展脱贫攻坚成果同乡村振兴有效衔接，具体包括以下三个方面：

（一）支持巩固拓展脱贫攻坚成果。

1. 健全防止返贫致贫监测和帮扶机制，加强监测预警，强化及时帮扶，对监测帮扶对象采取有针对性的预防性措施和事后帮扶措施。可安排产业发展、小额信贷贴息、生产经营和劳动技能培训、公益岗位补助等支出。低保、医保、养老保险、临时救助等综合保障措施，通过原资金渠道支持。监测预警工作经费通过各级部门预算安排。

2. "十三五"易地扶贫搬迁后续扶持。支持实施带动搬迁群众发展的项目，对集中安置区聘用搬迁群众的公共服务岗位和"一站式"社区综合服务设施建设等费用予以适当补助。对规划内的易地扶贫搬迁贷款和调整规范后的地方政府债券按规定予以贴息补助。

3. 外出务工脱贫劳动力（含监测帮扶对象）稳定就业，可对跨省就业的脱贫劳动力适当安排一次性交通补助。采取扶贫车间、以工代赈、生产奖补、劳务补助等方式，促进返乡在乡脱贫劳动力发展产业和就业增收。继续向符合条件的脱贫家庭（含监测帮扶对象家庭）安排"雨露计划"补助。

（二）支持衔接推进乡村振兴。

1. 培育和壮大欠发达地区特色优势产业并逐年提高资金占比，支持农业品种培优、品质提升、品牌打造。推动产销对接和消费帮扶，解决农产品"卖难"问题。支持必要的产业配套基础设施建设。支持脱贫村发展壮大村级集体经济。

2. 补齐必要的农村人居环境整治和小型公益性基础设施建设短板。主要包括水、电、路、网等农业生产配套设施，以及垃圾清运等小型公益性生活设施。教育、卫生、养老服务、文化等农村基本公共服务通过原资金渠道支持。

3. 实施兴边富民行动、人口较少民族发展、少数民族特色产业和民族村寨发展、困难群众饮用低氟边销茶，以工代赈项目，欠发达国有农场和欠发达国有林场巩固发展，"三西"地区农业建设。

（三）巩固拓展脱贫攻坚成果同乡村振兴有效衔接的其他相关支出。

衔接资金不得用于与巩固拓展脱贫攻坚成果和推进欠发达地区乡村振兴无关的支出，包括：单位基本支出、交通工具及通讯设备、修建楼堂馆所、各种奖金津贴和福利补助、偿还债务和垫资等。偿还易地扶贫搬迁债务按有关规定执行。

第二条 衔接资金按照巩固拓展脱贫攻坚成果和乡村振兴、以工代赈、少数民族发展、欠发达国有农场巩固提升、欠发达国有林场巩固提升、"三西"农业建设任务进行分配。资金分配按照因素法进行测算，因素和权重为：相关人群数量及结构30%、相关人群收入 30%、政策因素 30%、绩效等考核结果 10%，并进行综合平衡。各项任务按照上述因素分别确定具体测算指标（详见附件）。“三西”农业建设任务按照国务院批准的规模安排。

第三条　衔接资金应当统筹安排使用，形成合力。综合考虑脱贫县规模和分布，实行分类分档支持。对国家乡村振兴重点帮扶县及新疆、西藏予以倾斜支持。东部地区应结合实际将衔接资金主要用于吸纳中西部脱贫人口跨省就业。中西部地区继续按规定开展统筹整合使用财政涉农资金试点工作的脱贫县，资金使用按照统筹整合有关要求执行。

各省在分配衔接资金时，要统筹兼顾脱贫县和非贫困县实际情况，推动均衡发展。衔接资金项目审批权限下放到县级，强化县级管理责任，县级可统筹安排不超过 30% 的到县衔接资金，支持非贫困村发展产业、补齐必要的基础设施短板及县级乡村振兴规划相关项目。

第四条　各地要建立完善巩固拓展脱贫攻坚成果和乡村振兴项目库，提前做好项目储备，严格项目论证入库，衔接资金支持的项目原则上要从项目库选择，且符合本办法要求。属于政府采购管理范围的项目，执行政府采购相关规定，村级微小型项目可按照村民民主议事方式直接委托村级组织自建自营。各地要加强衔接资金和项目管理，落实绩效管理要求，全面推行公开公示制度，加快预算执行，提高资金使用效益。

各省可按照不超过 1% 的比例从衔接资金中统筹安排项目管理费，由县级使用。项目管理费主要用于项目前期设计、评审、招标、监理以及验收等与项目管理相关的支出。

第五条　各级财政部门负责预算安排、审核资金分配建议方案和下达资金，指导各级乡村振兴、发展改革、民委、农业农村、林草等行业主管部门（以下简称行业主管部门）及地方加强资金监管和绩效管理。各级行业主管部门负责提出资金分配建议方案、资金和项目使用管理、绩效管理、监督管理等工作，按照权责对等原则落实监管责任。

国家乡村振兴局、发展改革委、国家民委、农业农村部、林草局根据职责分工，于每年 1 月 31 日前提出当年衔接资金分配建议方案报送财政部。财政部于每年全国人民代表大会批准预算后 30 日内，根据预算管理要求、年度预算安排，结合行业主管部门资金分配建议方案研究确定分配方案，将衔接资金预算下达省级财政部门，并抄送财政部有关监管局。

第六条　财政部有关监管局按照工作职责和财政部要求，对衔接资金使用管理情况开展监管。各级财政和行业主管部门按要求配合审计、纪检监察、检察机关做好衔接资金和项目的审计、检查等工作。

各级财政和行业主管部门及其工作人员在衔接资金分配、使用管理等工作中，存在违反本办法规定，以及滥用职权、玩忽职守、徇私舞弊等违法违纪行为的，按照国家有关规定追究相应责任；涉嫌犯罪的，移送有关国家机关处理。

第七条　省级财政部门要会同省级行业主管部门，根据本办法制定具体资金管理办法。各级财政部门要根据巩固拓展脱贫攻坚成果同乡村振兴有效衔接的任务需要及财力情况，每年预算安排一定规模的本级衔接资金，保持投入力度总体稳定。

第八条　本办法自 2021 年 3 月 31 日起施行，由财政部会同行业主管部门负责解释。《财政部扶贫办国家发改委国家民委农业部林业局关于印发〈中央财政专项扶贫资金管理办法〉的通知》（财农〔2017〕8 号）和《财政部国家林业局关于印发〈国有贫困林场扶贫资金管理办法〉的通知》（财农〔2005〕104 号）、《财政部国务院扶贫办关于印发〈“三西”农业建设专项补助资金使用管理办法（修订稿）〉的通知》（财农〔2006〕356号）、《财政部 国家民委关于印发〈少数民族发展资金管理办法〉的通知》（财农〔2006〕18号）、《财政部 农业部关于印发〈国有贫困农场财政扶贫资金管理暂行办法〉的通知》（财农〔2007〕347号）同时废止。

附：（略）

（二）经营性、事业性国有财产类

中华人民共和国企业国有资产法

（2008年10月28日第十一届全国人民代表大会常务委员会第五次会议通过，2008年10月28日公布，自2009年5月1日起施行）

第一章 总 则

第一条 为了维护国家基本经济制度，巩固和发展国有经济，加强对国有资产的保护，发挥国有经济在国民经济中的主导作用，促进社会主义市场经济发展，制定本法。

第二条 本法所称企业国有资产（以下称国有资产），是指国家对企业各种形式的出资所形成的权益。

第三条 国有资产属于国家所有即全民所有。国务院代表国家行使国有资产所有权。

第四条 国务院和地方人民政府依照法律、行政法规的规定，分别代表国家对国家出资企业履行出资人职责，享有出资人权益。

国务院确定的关系国民经济命脉和国家安全的大型国家出资企业，重要基础设施和重要自然资源等领域的国家出资企业，由国务院代表国家履行出资人职责。其他的国家出资企业，由地方人民政府代表国家履行出资人职责。

第五条 本法所称国家出资企业，是指国家出资的国有独资企业、国有独资公司，以及国有资本控股公司、国有资本参股公司。

第六条 国务院和地方人民政府应当按照政企分开、社会公共管理职能与国有资产出资人职能分开、不干预企业依法自主经营的原则，依法履行出资人职责。

第七条 国家采取措施，推动国有资本向关系国民经济命脉和国家安全的重要行业和关键领域集中，优化国有经济布局和结构，推进国有企业的改革和发展，提高国有经济的整体素质，增强国有经济的控制力、影响力。

第八条 国家建立健全与社会主义市场经济发展要求相适应的国有资产管理与监督体制，建立健全国有资产保值增值考核和责任追究制度，落实国有资产保值增值责任。

第九条 国家建立健全国有资产基础管理制度。具体办法按照国务院的规定制定。

第十条 国有资产受法律保护，任何单位和个人不得侵害。

第二章 履行出资人职责的机构

第十一条 国务院国有资产监督管理机构和地方人民政府按照国务院的规定设立的

国有资产监督管理机构，根据本级人民政府的授权，代表本级人民政府对国家出资企业履行出资人职责。

国务院和地方人民政府根据需要，可以授权其他部门、机构代表本级人民政府对国家出资企业履行出资人职责。

代表本级人民政府履行出资人职责的机构、部门，以下统称履行出资人职责的机构。

第十二条　履行出资人职责的机构代表本级人民政府对国家出资企业依法享有资产收益、参与重大决策和选择管理者等出资人权利。

履行出资人职责的机构依照法律、行政法规的规定，制定或者参与制定国家出资企业的章程。

履行出资人职责的机构对法律、行政法规和本级人民政府规定须经本级人民政府批准的履行出资人职责的重大事项，应当报请本级人民政府批准。

第十三条　履行出资人职责的机构委派的股东代表参加国有资本控股公司、国有资本参股公司召开的股东会会议、股东大会会议，应当按照委派机构的指示提出提案、发表意见、行使表决权，并将其履行职责的情况和结果及时报告委派机构。

第十四条　履行出资人职责的机构应当依照法律、行政法规以及企业章程履行出资人职责，保障出资人权益，防止国有资产损失。

履行出资人职责的机构应当维护企业作为市场主体依法享有的权利，除依法履行出资人职责外，不得干预企业经营活动。

第十五条　履行出资人职责的机构对本级人民政府负责，向本级人民政府报告履行出资人职责的情况，接受本级人民政府的监督和考核，对国有资产的保值增值负责。

履行出资人职责的机构应当按照国家有关规定，定期向本级人民政府报告有关国有资产总量、结构、变动、收益等汇总分析的情况。

第三章　国家出资企业

第十六条　国家出资企业对其动产、不动产和其他财产依照法律、行政法规以及企业章程享有占有、使用、收益和处分的权利。

国家出资企业依法享有的经营自主权和其他合法权益受法律保护。

第十七条　国家出资企业从事经营活动，应当遵守法律、行政法规，加强经营管理，提高经济效益，接受人民政府及其有关部门、机构依法实施的管理和监督，接受社会公众的监督，承担社会责任，对出资人负责。

国家出资企业应当依法建立和完善法人治理结构，建立健全内部监督管理和风险控制制度。

第十八条　国家出资企业应当依照法律、行政法规和国务院财政部门的规定，建立健全财务、会计制度，设置会计账簿，进行会计核算，依照法律、行政法规以及企业章程的规定向出资人提供真实、完整的财务、会计信息。

国家出资企业应当依照法律、行政法规以及企业章程的规定，向出资人分配利润。

第十九条　国有独资公司、国有资本控股公司和国有资本参股公司依照《中华人民共和国公司法》的规定设立监事会。国有独资企业由履行出资人职责的机构按照国务院的规定委派监事组成监事会。

国家出资企业的监事会依照法律、行政法规以及企业章程的规定，对董事、高级管理人员执行职务的行为进行监督，对企业财务进行监督检查。

第二十条　国家出资企业依照法律规定，通过职工代表大会或者其他形式，实行民主管理。

第二十一条　国家出资企业对其所出资企业依法享有资产收益、参与重大决策和选择管理者等出资人权利。

国家出资企业对其所出资企业，应当依

照法律、行政法规的规定，通过制定或者参与制定所出资企业的章程，建立权责明确、有效制衡的企业内部监督管理和风险控制制度，维护其出资人权益。

第四章　国家出资企业管理者的选择与考核

第二十二条　履行出资人职责的机构依照法律、行政法规以及企业章程的规定，任免或者建议任免国家出资企业的下列人员：

（一）任免国有独资企业的经理、副经理、财务负责人和其他高级管理人员；

（二）任免国有独资公司的董事长、副董事长、董事、监事会主席和监事；

（三）向国有资本控股公司、国有资本参股公司的股东会、股东大会提出董事、监事人选。

国家出资企业中应当由职工代表出任的董事、监事，依照有关法律、行政法规的规定由职工民主选举产生。

第二十三条　履行出资人职责的机构任命或者建议任命的董事、监事、高级管理人员，应当具备下列条件：

（一）有良好的品行；

（二）有符合职位要求的专业知识和工作能力；

（三）有能够正常履行职责的身体条件；

（四）法律、行政法规规定的其他条件。

董事、监事、高级管理人员在任职期间出现不符合前款规定情形或者出现《中华人民共和国公司法》规定的不得担任公司董事、监事、高级管理人员情形的，履行出资人职责的机构应当依法予以免职或者提出免职建议。

第二十四条　履行出资人职责的机构对拟任命或者建议任命的董事、监事、高级管理人员的人选，应当按照规定的条件和程序进行考察。考察合格的，按照规定的权限和程序任命或者建议任命。

第二十五条　未经履行出资人职责的机构同意，国有独资企业、国有独资公司的董事、高级管理人员不得在其他企业兼职。未经股东会、股东大会同意，国有资本控股公司、国有资本参股公司的董事、高级管理人员不得在经营同类业务的其他企业兼职。

未经履行出资人职责的机构同意，国有独资公司的董事长不得兼任经理。未经股东会、股东大会同意，国有资本控股公司的董事长不得兼任经理。

董事、高级管理人员不得兼任监事。

第二十六条　国家出资企业的董事、监事、高级管理人员，应当遵守法律、行政法规以及企业章程，对企业负有忠实义务和勤勉义务，不得利用职权收受贿赂或者取得其他非法收入和不当利益，不得侵占、挪用企业资产，不得超越职权或者违反程序决定企业重大事项，不得有其他侵害国有资产出资人权益的行为。

第二十七条　国家建立国家出资企业管理者经营业绩考核制度。履行出资人职责的机构应当对其任命的企业管理者进行年度和任期考核，并依据考核结果决定对企业管理者的奖惩。

履行出资人职责的机构应当按照国家有关规定，确定其任命的国家出资企业管理者的薪酬标准。

第二十八条　国有独资企业、国有独资公司和国有资本控股公司的主要负责人，应当接受依法进行的任期经济责任审计。

第二十九条　本法第二十二条第一款第一项、第二项规定的企业管理者，国务院和地方人民政府规定由本级人民政府任免的，依照其规定。履行出资人职责的机构依照本章规定对上述企业管理者进行考核、奖惩并确定其薪酬标准。

第五章　关系国有资产出资人权益的重大事项

第一节　一般规定

第三十条　国家出资企业合并、分立、改制、上市，增加或者减少注册资本，发行债券，进行重大投资，为他人提供大额担保，转让重大财产，进行大额捐赠，分配利润，以及解散、申请破产等重大事项，应当遵守法律、行政法规以及企业章程的规定，不得损害出资人和债权人的权益。

第三十一条　国有独资企业、国有独资公司合并、分立，增加或者减少注册资本，发行债券，分配利润，以及解散、申请破产，由履行出资人职责的机构决定。

第三十二条　国有独资企业、国有独资公司有本法第三十条所列事项的，除依照本法第三十一条和有关法律、行政法规以及企业章程的规定，由履行出资人职责的机构决定的以外，国有独资企业由企业负责人集体讨论决定，国有独资公司由董事会决定。

第三十三条　国有资本控股公司、国有资本参股公司有本法第三十条所列事项的，依照法律、行政法规以及公司章程的规定，由公司股东会、股东大会或者董事会决定。由股东会、股东大会决定的，履行出资人职责的机构委派的股东代表应当依照本法第十三条的规定行使权利。

第三十四条　重要的国有独资企业、国有独资公司、国有资本控股公司的合并、分立、解散、申请破产以及法律、行政法规和本级人民政府规定应当由履行出资人职责的机构报经本级人民政府批准的重大事项，履行出资人职责的机构在作出决定或者向其委派参加国有资本控股公司股东会会议、股东大会会议的股东代表作出指示前，应当报请本级人民政府批准。

本法所称的重要的国有独资企业、国有独资公司和国有资本控股公司，按照国务院的规定确定。

第三十五条　国家出资企业发行债券、投资等事项，有关法律、行政法规规定应当报经人民政府或者人民政府有关部门、机构批准、核准或者备案的，依照其规定。

第三十六条　国家出资企业投资应当符合国家产业政策，并按照国家规定进行可行性研究；与他人交易应当公平、有偿，取得合理对价。

第三十七条　国家出资企业的合并、分立、改制、解散、申请破产等重大事项，应当听取企业工会的意见，并通过职工代表大会或者其他形式听取职工的意见和建议。

第三十八条　国有独资企业、国有独资公司、国有资本控股公司对其所出资企业的重大事项参照本章规定履行出资人职责。具体办法由国务院规定。

第二节　企业改制

第三十九条　本法所称企业改制是指：

（一）国有独资企业改为国有独资公司；

（二）国有独资企业、国有独资公司改为国有资本控股公司或者非国有资本控股公司；

（三）国有资本控股公司改为非国有资本控股公司。

第四十条　企业改制应当依照法定程序，由履行出资人职责的机构决定或者由公司股东会、股东大会决定。

重要的国有独资企业、国有独资公司、国有资本控股公司的改制，履行出资人职责的机构在作出决定或者向其委派参加国有资本控股公司股东会会议、股东大会会议的股东代表作出指示前，应当将改制方案报请本级人民政府批准。

第四十一条　企业改制应当制定改制方案，载明改制后的企业组织形式、企业资产和债权债务处理方案、股权变动方案、改制的操作程序、资产评估和财务审计等中介机构的选聘等事项。

企业改制涉及重新安置企业职工的，还应当制定职工安置方案，并经职工代表大会或者职工大会审议通过。

第四十二条　企业改制应当按照规定进行清产核资、财务审计、资产评估，准确界定和核实资产，客观、公正地确定资产的价值。

企业改制涉及以企业的实物、知识产权、土地使用权等非货币财产折算为国有资本出资或者股份的，应当按照规定对折价财产进行评估，以评估确认价格作为确定国有资本出资额或者股份数额的依据。不得将财产低价折股或者有其他损害出资人权益的行为。

第三节　与关联方的交易

第四十三条　国家出资企业的关联方不得利用与国家出资企业之间的交易，谋取不当利益，损害国家出资企业利益。

本法所称关联方，是指本企业的董事、监事、高级管理人员及其近亲属，以及这些人员所有或者实际控制的企业。

第四十四条　国有独资企业、国有独资公司、国有资本控股公司不得无偿向关联方提供资金、商品、服务或者其他资产，不得以不公平的价格与关联方进行交易。

第四十五条　未经履行出资人职责的机构同意，国有独资企业、国有独资公司不得有下列行为：

（一）与关联方订立财产转让、借款的协议；

（二）为关联方提供担保；

（三）与关联方共同出资设立企业，或者向董事、监事、高级管理人员或者其近亲属所有或者实际控制的企业投资。

第四十六条　国有资本控股公司、国有资本参股公司与关联方的交易，依照《中华人民共和国公司法》和有关行政法规以及公司章程的规定，由公司股东会、股东大会或者董事会决定。由公司股东会、股东大会决定的，履行出资人职责的机构委派的股东代表，应当依照本法第十三条的规定行使权利。

公司董事会对公司与关联方的交易作出决议时，该交易涉及的董事不得行使表决权，也不得代理其他董事行使表决权。

第四节　资产评估

第四十七条　国有独资企业、国有独资公司和国有资本控股公司合并、分立、改制，转让重大财产，以非货币财产对外投资，清算或者有法律、行政法规以及企业章程规定应当进行资产评估的其他情形的，应当按照规定对有关资产进行评估。

第四十八条　国有独资企业、国有独资公司和国有资本控股公司应当委托依法设立的符合条件的资产评估机构进行资产评估；涉及应当报经履行出资人职责的机构决定的事项的，应当将委托资产评估机构的情况向履行出资人职责的机构报告。

第四十九条　国有独资企业、国有独资公司、国有资本控股公司及其董事、监事、高级管理人员应当向资产评估机构如实提供有关情况和资料，不得与资产评估机构串通评估作价。

第五十条　资产评估机构及其工作人员受托评估有关资产，应当遵守法律、行政法规以及评估执业准则，独立、客观、公正地对受托评估的资产进行评估。资产评估机构应当对其出具的评估报告负责。

第五节　国有资产转让

第五十一条　本法所称国有资产转让，是指依法将国家对企业的出资所形成的权益转移给其他单位或者个人的行为；按照国家规定无偿划转国有资产的除外。

第五十二条　国有资产转让应当有利于国有经济布局和结构的战略性调整，防止国有资产损失，不得损害交易各方的合法权益。

第五十三条　国有资产转让由履行出资人职责的机构决定。履行出资人职责的机构决定转让全部国有资产的，或者转让部分国有资产致使国家对该企业不再具有控股地位的，应当报请本级人民政府批准。

第五十四条　国有资产转让应当遵循等

价有偿和公开、公平、公正的原则。

除按照国家规定可以直接协议转让的以外，国有资产转让应当在依法设立的产权交易场所公开进行。转让方应当如实披露有关信息，征集受让方；征集产生的受让方为两个以上的，转让应当采用公开竞价的交易方式。

转让上市交易的股份依照《中华人民共和国证券法》的规定进行。

第五十五条　国有资产转让应当以依法评估的、经履行出资人职责的机构认可或者由履行出资人职责的机构报经本级人民政府核准的价格为依据，合理确定最低转让价格。

第五十六条　法律、行政法规或者国务院国有资产监督管理机构规定可以向本企业的董事、监事、高级管理人员或者其近亲属，或者这些人员所有或者实际控制的企业转让的国有资产，在转让时，上述人员或者企业参与受让的，应当与其他受让参与者平等竞买；转让方应当按照国家有关规定，如实披露有关信息；相关的董事、监事和高级管理人员不得参与转让方案的制定和组织实施的各项工作。

第五十七条　国有资产向境外投资者转让的，应当遵守国家有关规定，不得危害国家安全和社会公共利益。

第六章　国有资本经营预算

第五十八条　国家建立健全国有资本经营预算制度，对取得的国有资本收入及其支出实行预算管理。

第五十九条　国家取得的下列国有资本收入，以及下列收入的支出，应当编制国有资本经营预算：

（一）从国家出资企业分得的利润；

（二）国有资产转让收入；

（三）从国家出资企业取得的清算收入；

（四）其他国有资本收入。

第六十条　国有资本经营预算按年度单独编制，纳入本级人民政府预算，报本级人民代表大会批准。

国有资本经营预算支出按照当年预算收入规模安排，不列赤字。

第六十一条　国务院和有关地方人民政府财政部门负责国有资本经营预算草案的编制工作，履行出资人职责的机构向财政部门提出由其履行出资人职责的国有资本经营预算建议草案。

第六十二条　国有资本经营预算管理的具体办法和实施步骤，由国务院规定，报全国人民代表大会常务委员会备案。

第七章　国有资产监督

第六十三条　各级人民代表大会常务委员会通过听取和审议本级人民政府履行出资人职责的情况和国有资产监督管理情况的专项工作报告，组织对本法实施情况的执法检查等，依法行使监督职权。

第六十四条　国务院和地方人民政府应当对其授权履行出资人职责的机构履行职责的情况进行监督。

第六十五条　国务院和地方人民政府审计机关依照《中华人民共和国审计法》的规定，对国有资本经营预算的执行情况和属于审计监督对象的国家出资企业进行审计监督。

第六十六条　国务院和地方人民政府应当依法向社会公布国有资产状况和国有资产监督管理工作情况，接受社会公众的监督。

任何单位和个人有权对造成国有资产损失的行为进行检举和控告。

第六十七条　履行出资人职责的机构根据需要，可以委托会计师事务所对国有独资企业、国有独资公司的年度财务会计报告进行审计，或者通过国有资本控股公司的股东会、股东大会决议，由国有资本控股公司聘请会计师事务所对公司的年度财务会计报告进行审计，维护出资人权益。

第八章　法律责任

第六十八条　履行出资人职责的机构有下列行为之一的，对其直接负责的主管人员和其他直接责任人员依法给予处分：

（一）不按照法定的任职条件，任命或者建议任命国家出资企业管理者的；

（二）侵占、截留、挪用国家出资企业的资金或者应当上缴的国有资本收入的；

（三）违反法定的权限、程序，决定国家出资企业重大事项，造成国有资产损失的；

（四）有其他不依法履行出资人职责的行为，造成国有资产损失的。

第六十九条　履行出资人职责的机构的工作人员玩忽职守、滥用职权、徇私舞弊，尚不构成犯罪的，依法给予处分。

第七十条　履行出资人职责的机构委派的股东代表未按照委派机构的指示履行职责，造成国有资产损失的，依法承担赔偿责任；属于国家工作人员的，并依法给予处分。

第七十一条　国家出资企业的董事、监事、高级管理人员有下列行为之一，造成国有资产损失的，依法承担赔偿责任；属于国家工作人员的，并依法给予处分：

（一）利用职权收受贿赂或者取得其他非法收入和不当利益的；

（二）侵占、挪用企业资产的；

（三）在企业改制、财产转让等过程中，违反法律、行政法规和公平交易规则，将企业财产低价转让、低价折股的；

（四）违反本法规定与本企业进行交易的；

（五）不如实向资产评估机构、会计师事务所提供有关情况和资料，或者与资产评估机构、会计师事务所串通出具虚假资产评估报告、审计报告的；

（六）违反法律、行政法规和企业章程规定的决策程序，决定企业重大事项的；

（七）有其他违反法律、行政法规和企业章程执行职务行为的。

国家出资企业的董事、监事、高级管理人员因前款所列行为取得的收入，依法予以追缴或者归国家出资企业所有。

履行出资人职责的机构任命或者建议任命的董事、监事、高级管理人员有本条第一款所列行为之一，造成国有资产重大损失的，由履行出资人职责的机构依法予以免职或者提出免职建议。

第七十二条　在涉及关联方交易、国有资产转让等交易活动中，当事人恶意串通，损害国有资产权益的，该交易行为无效。

第七十三条　国有独资企业、国有独资公司、国有资本控股公司的董事、监事、高级管理人员违反本法规定，造成国有资产重大损失，被免职的，自免职之日起五年内不得担任国有独资企业、国有独资公司、国有资本控股公司的董事、监事、高级管理人员；造成国有资产特别重大损失，或者因贪污、贿赂、侵占财产、挪用财产或者破坏社会主义市场经济秩序被判处刑罚的，终身不得担任国有独资企业、国有独资公司、国有资本控股公司的董事、监事、高级管理人员。

第七十四条　接受委托对国家出资企业进行资产评估、财务审计的资产评估机构、会计师事务所违反法律、行政法规的规定和执业准则，出具虚假的资产评估报告或者审计报告的，依照有关法律、行政法规的规定追究法律责任。

第七十五条　违反本法规定，构成犯罪的，依法追究刑事责任。

第九章　附　　则

第七十六条　金融企业国有资产的管理与监督，法律、行政法规另有规定的，依照其规定。

第七十七条　本法自2009年5月1日起施行。

中华人民共和国资产评估法

（2016年7月2日第十二届全国人民代表大会常务委员会第二十一次会议通过，2016年7月2日公布，自2016年12月1日起施行）

第一章　总　　则

第一条　为了规范资产评估行为，保护资产评估当事人合法权益和公共利益，促进资产评估行业健康发展，维护社会主义市场经济秩序，制定本法。

第二条　本法所称资产评估（以下称评估），是指评估机构及其评估专业人员根据委托对不动产、动产、无形资产、企业价值、资产损失或者其他经济权益进行评定、估算，并出具评估报告的专业服务行为。

第三条　自然人、法人或者其他组织需要确定评估对象价值的，可以自愿委托评估机构评估。

涉及国有资产或者公共利益等事项，法律、行政法规规定需要评估的（以下称法定评估），应当依法委托评估机构评估。

第四条　评估机构及其评估专业人员开展业务应当遵守法律、行政法规和评估准则，遵循独立、客观、公正的原则。

评估机构及其评估专业人员依法开展业务，受法律保护。

第五条　评估专业人员从事评估业务，应当加入评估机构，并且只能在一个评估机构从事业务。

第六条　评估行业可以按照专业领域依法设立行业协会，实行自律管理，并接受有关评估行政管理部门的监督和社会监督。

第七条　国务院有关评估行政管理部门按照各自职责分工，对评估行业进行监督管理。

设区的市级以上地方人民政府有关评估行政管理部门按照各自职责分工，对本行政区域内的评估行业进行监督管理。

第二章　评估专业人员

第八条　评估专业人员包括评估师和其他具有评估专业知识及实践经验的评估从业人员。

评估师是指通过评估师资格考试的评估专业人员。国家根据经济社会发展需要确定评估师专业类别。

第九条　有关全国性评估行业协会按照国家规定组织实施评估师资格全国统一考试。

具有高等院校专科以上学历的公民，可以参加评估师资格全国统一考试。

第十条　有关全国性评估行业协会应当在其网站上公布评估师名单，并实时更新。

第十一条　因故意犯罪或者在从事评估、财务、会计、审计活动中因过失犯罪而受刑事处罚，自刑罚执行完毕之日起不满五年的人员，不得从事评估业务。

第十二条　评估专业人员享有下列权利：

（一）要求委托人提供相关的权属证明、财务会计信息和其他资料，以及为执行公允的评估程序所需的必要协助；

（二）依法向有关国家机关或者其他组织查阅从事业务所需的文件、证明和资料；

（三）拒绝委托人或者其他组织、个人对评估行为和评估结果的非法干预；

（四）依法签署评估报告；

（五）法律、行政法规规定的其他权利。

第十三条 评估专业人员应当履行下列义务：

（一）诚实守信，依法独立、客观、公正从事业务；

（二）遵守评估准则，履行调查职责，独立分析估算，勤勉谨慎从事业务；

（三）完成规定的继续教育，保持和提高专业能力；

（四）对评估活动中使用的有关文件、证明和资料的真实性、准确性、完整性进行核查和验证；

（五）对评估活动中知悉的国家秘密、商业秘密和个人隐私予以保密；

（六）与委托人或者其他相关当事人及评估对象有利害关系的，应当回避；

（七）接受行业协会的自律管理，履行行业协会章程规定的义务；

（八）法律、行政法规规定的其他义务。

第十四条 评估专业人员不得有下列行为：

（一）私自接受委托从事业务、收取费用；

（二）同时在两个以上评估机构从事业务；

（三）采用欺骗、利诱、胁迫，或者贬损、诋毁其他评估专业人员等不正当手段招揽业务；

（四）允许他人以本人名义从事业务，或者冒用他人名义从事业务；

（五）签署本人未承办业务的评估报告；

（六）索要、收受或者变相索要、收受合同约定以外的酬金、财物，或者谋取其他不正当利益；

（七）签署虚假评估报告或者有重大遗漏的评估报告；

（八）违反法律、行政法规的其他行为。

第三章 评估机构

第十五条 评估机构应当依法采用合伙或者公司形式，聘用评估专业人员开展评估业务。

合伙形式的评估机构，应当有两名以上评估师；其合伙人三分之二以上应当是具有三年以上从业经历且最近三年内未受停止从业处罚的评估师。

公司形式的评估机构，应当有八名以上评估师和两名以上股东，其中三分之二以上股东应当是具有三年以上从业经历且最近三年内未受停止从业处罚的评估师。

评估机构的合伙人或者股东为两名的，两名合伙人或者股东都应当是具有三年以上从业经历且最近三年内未受停止从业处罚的评估师。

第十六条 设立评估机构，应当向工商行政管理部门申请办理登记。评估机构应当自领取营业执照之日起三十日内向有关评估行政管理部门备案。评估行政管理部门应当及时将评估机构备案情况向社会公告。

第十七条 评估机构应当依法独立、客观、公正开展业务，建立健全质量控制制度，保证评估报告的客观、真实、合理。

评估机构应当建立健全内部管理制度，对本机构的评估专业人员遵守法律、行政法规和评估准则的情况进行监督，并对其从业行为负责。

评估机构应当依法接受监督检查，如实提供评估档案以及相关情况。

第十八条 委托人拒绝提供或者不如实提供执行评估业务所需的权属证明、财务会计信息和其他资料的，评估机构有权依法拒绝其履行合同的要求。

第十九条 委托人要求出具虚假评估报告或者有其他非法干预评估结果情形的，评估机构有权解除合同。

第二十条　评估机构不得有下列行为：

（一）利用开展业务之便，谋取不正当利益；

（二）允许其他机构以本机构名义开展业务，或者冒用其他机构名义开展业务；

（三）以恶性压价、支付回扣、虚假宣传，或者贬损、诋毁其他评估机构等不正当手段招揽业务；

（四）受理与自身有利害关系的业务；

（五）分别接受利益冲突双方的委托，对同一评估对象进行评估；

（六）出具虚假评估报告或者有重大遗漏的评估报告；

（七）聘用或者指定不符合本法规定的人员从事评估业务；

（八）违反法律、行政法规的其他行为。

第二十一条　评估机构根据业务需要建立职业风险基金，或者自愿办理职业责任保险，完善风险防范机制。

第四章　评估程序

第二十二条　委托人有权自主选择符合本法规定的评估机构，任何组织或者个人不得非法限制或者干预。

评估事项涉及两个以上当事人的，由全体当事人协商委托评估机构。

委托开展法定评估业务，应当依法选择评估机构。

第二十三条　委托人应当与评估机构订立委托合同，约定双方的权利和义务。

委托人应当按照合同约定向评估机构支付费用，不得索要、收受或者变相索要、收受回扣。

委托人应当对其提供的权属证明、财务会计信息和其他资料的真实性、完整性和合法性负责。

第二十四条　对受理的评估业务，评估机构应当指定至少两名评估专业人员承办。

委托人有权要求与相关当事人及评估对象有利害关系的评估专业人员回避。

第二十五条　评估专业人员应当根据评估业务具体情况，对评估对象进行现场调查，收集权属证明、财务会计信息和其他资料并进行核查验证、分析整理，作为评估的依据。

第二十六条　评估专业人员应当恰当选择评估方法，除依据评估执业准则只能选择一种评估方法的外，应当选择两种以上评估方法，经综合分析，形成评估结论，编制评估报告。

评估机构应当对评估报告进行内部审核。

第二十七条　评估报告应当由至少两名承办该项业务的评估专业人员签名并加盖评估机构印章。

评估机构及其评估专业人员对其出具的评估报告依法承担责任。

委托人不得串通、唆使评估机构或者评估专业人员出具虚假评估报告。

第二十八条　评估机构开展法定评估业务，应当指定至少两名相应专业类别的评估师承办，评估报告应当由至少两名承办该项业务的评估师签名并加盖评估机构印章。

第二十九条　评估档案的保存期限不少于十五年，属于法定评估业务的，保存期限不少于三十年。

第三十条　委托人对评估报告有异议的，可以要求评估机构解释。

第三十一条　委托人认为评估机构或者评估专业人员违法开展业务的，可以向有关评估行政管理部门或者行业协会投诉、举报，有关评估行政管理部门或者行业协会应当及时调查处理，并答复委托人。

第三十二条　委托人或者评估报告使用人应当按照法律规定和评估报告载明的使用范围使用评估报告。

委托人或者评估报告使用人违反前款规定使用评估报告的，评估机构和评估专业人员不承担责任。

第五章　行业协会

第三十三条　评估行业协会是评估机构和评估专业人员的自律性组织，依照法律、行政法规和章程实行自律管理。

评估行业按照专业领域设立全国性评估行业协会，根据需要设立地方性评估行业协会。

第三十四条　评估行业协会的章程由会员代表大会制定，报登记管理机关核准，并报有关评估行政管理部门备案。

第三十五条　评估机构、评估专业人员加入有关评估行业协会，平等享有章程规定的权利，履行章程规定的义务。有关评估行业协会公布加入本协会的评估机构、评估专业人员名单。

第三十六条　评估行业协会履行下列职责：

（一）制定会员自律管理办法，对会员实行自律管理；

（二）依据评估基本准则制定评估执业准则和职业道德准则；

（三）组织开展会员继续教育；

（四）建立会员信用档案，将会员遵守法律、行政法规和评估准则的情况记入信用档案，并向社会公开；

（五）检查会员建立风险防范机制的情况；

（六）受理对会员的投诉、举报，受理会员的申诉，调解会员执业纠纷；

（七）规范会员从业行为，定期对会员出具的评估报告进行检查，按照章程规定对会员给予奖惩，并将奖惩情况及时报告有关评估行政管理部门；

（八）保障会员依法开展业务，维护会员合法权益；

（九）法律、行政法规和章程规定的其他职责。

第三十七条　有关评估行业协会应当建立沟通协作和信息共享机制，根据需要制定共同的行为规范，促进评估行业健康有序发展。

第三十八条　评估行业协会收取会员会费的标准，由会员代表大会通过，并向社会公开。不得以会员交纳会费数额作为其在行业协会中担任职务的条件。

会费的收取、使用接受会员代表大会和有关部门的监督，任何组织或者个人不得侵占、私分和挪用。

第六章　监督管理

第三十九条　国务院有关评估行政管理部门组织制定评估基本准则和评估行业监督管理办法。

第四十条　设区的市级以上人民政府有关评估行政管理部门依据各自职责，负责监督管理评估行业，对评估机构和评估专业人员的违法行为依法实施行政处罚，将处罚情况及时通报有关评估行业协会，并依法向社会公开。

第四十一条　评估行政管理部门对有关评估行业协会实施监督检查，对检查发现的问题和针对协会的投诉、举报，应当及时调查处理。

第四十二条　评估行政管理部门不得违反本法规定，对评估机构依法开展业务进行限制。

第四十三条　评估行政管理部门不得与评估行业协会、评估机构存在人员或者资金关联，不得利用职权为评估机构招揽业务。

第七章　法律责任

第四十四条　评估专业人员违反本法规定，有下列情形之一的，由有关评估行政管理部门予以警告，可以责令停止从业六个月以上一年以下；有违法所得的，没收违法所得；情节严重的，责令停止从业一年以上五年以下；构成犯罪的，依法追究刑事责任：

（一）私自接受委托从事业务、收取费用的；

（二）同时在两个以上评估机构从事业务的；

（三）采用欺骗、利诱、胁迫，或者贬损、诋毁其他评估专业人员等不正当手段招揽业务的；

（四）允许他人以本人名义从事业务，或者冒用他人名义从事业务的；

（五）签署本人未承办业务的评估报告或者有重大遗漏的评估报告的；

（六）索要、收受或者变相索要、收受合同约定以外的酬金、财物，或者谋取其他不正当利益的。

第四十五条 评估专业人员违反本法规定，签署虚假评估报告的，由有关评估行政管理部门责令停止从业两年以上五年以下；有违法所得的，没收违法所得；情节严重的，责令停止从业五年以上十年以下；构成犯罪的，依法追究刑事责任，终身不得从事评估业务。

第四十六条 违反本法规定，未经工商登记以评估机构名义从事评估业务的，由工商行政管理部门责令停止违法活动；有违法所得的，没收违法所得，并处违法所得一倍以上五倍以下罚款。

第四十七条 评估机构违反本法规定，有下列情形之一的，由有关评估行政管理部门予以警告，可以责令停业一个月以上六个月以下；有违法所得的，没收违法所得，并处违法所得一倍以上五倍以下罚款；情节严重的，由工商行政管理部门吊销营业执照；构成犯罪的，依法追究刑事责任：

（一）利用开展业务之便，谋取不正当利益的；

（二）允许其他机构以本机构名义开展业务，或者冒用其他机构名义开展业务的；

（三）以恶性压价、支付回扣、虚假宣传，或者贬损、诋毁其他评估机构等不正当手段招揽业务的；

（四）受理与自身有利害关系的业务的；

（五）分别接受利益冲突双方的委托，对同一评估对象进行评估的；

（六）出具有重大遗漏的评估报告的；

（七）未按本法规定的期限保存评估档案的；

（八）聘用或者指定不符合本法规定的人员从事评估业务的；

（九）对本机构的评估专业人员疏于管理，造成不良后果的。

评估机构未按本法规定备案或者不符合本法第十五条规定的条件的，由有关评估行政管理部门责令改正；拒不改正的，责令停业，可以并处一万元以上五万元以下罚款。

第四十八条 评估机构违反本法规定，出具虚假评估报告的，由有关评估行政管理部门责令停业六个月以上一年以下；有违法所得的，没收违法所得，并处违法所得一倍以上五倍以下罚款；情节严重的，由工商行政管理部门吊销营业执照；构成犯罪的，依法追究刑事责任。

第四十九条 评估机构、评估专业人员在一年内累计三次因违反本法规定受到责令停业、责令停止从业以外处罚的，有关评估行政管理部门可以责令其停业或者停止从业一年以上五年以下。

第五十条 评估专业人员违反本法规定，给委托人或者其他相关当事人造成损失的，由其所在的评估机构依法承担赔偿责任。评估机构履行赔偿责任后，可以向有故意或者重大过失行为的评估专业人员追偿。

第五十一条 违反本法规定，应当委托评估机构进行法定评估而未委托的，由有关部门责令改正；拒不改正的，处十万元以上五十万元以下罚款；情节严重的，对直接负责的主管人员和其他直接责任人员依法给予处分；造成损失的，依法承担赔偿责任；构成犯罪的，依法追究刑事责任。

第五十二条 违反本法规定，委托人在法定评估中有下列情形之一的，由有关评估行政管理部门会同有关部门责令改正；拒不改正的，处十万元以上五十万元以下罚款；有违法所得的，没收违法所得；情节严重的，对直接负责的主管人员和其他直接责任人员依法给予处分；造成损失的，依法承担赔偿责任；构成犯罪的，依法追究刑事责任：

（一）未依法选择评估机构的；

（二）索要、收受或者变相索要、收受回扣的；

（三）串通、唆使评估机构或者评估师出具虚假评估报告的；

（四）不如实向评估机构提供权属证明、财务会计信息和其他资料的；

（五）未按照法律规定和评估报告载明的使用范围使用评估报告的。

前款规定以外的委托人违反本法规定，给他人造成损失的，依法承担赔偿责任。

第五十三条 评估行业协会违反本法规定的，由有关评估行政管理部门给予警告，责令改正；拒不改正的，可以通报登记管理机关，由其依法给予处罚。

第五十四条 有关行政管理部门、评估行业协会工作人员违反本法规定，滥用职权、玩忽职守或者徇私舞弊的，依法给予处分；构成犯罪的，依法追究刑事责任。

第八章 附 则

第五十五条 本法自2016年12月1日起施行。

国有资产评估管理办法

（1991年11月16日中华人民共和国国务院令第91号发布，根据2020年11月29日《国务院关于修改和废止部分行政法规的决定》修订）

第一章 总 则

第一条 为了正确体现国有资产的价值量，保护国有资产所有者和经营者、使用者的合法权益，制定本办法。

第二条 国有资产评估，除法律、法规另有规定外，适用本办法。

第三条 国有资产占有单位（以下简称占有单位）有下列情形之一的，应当进行资产评估：

（一）资产拍卖、转让；

（二）企业兼并、出售、联营、股份经营；

（三）与外国公司、企业和其他经济组织或者个人开办外商投资企业；

（四）企业清算；

（五）依照国家有关规定需要进行资产评估的其他情形。

第四条 占有单位有下列情形之一，当事人认为需要的，可以进行资产评估：

（一）资产抵押及其他担保；

（二）企业租赁；

（二）需要进行资产评估的其他情形。

第五条 全国或者特定行业的国有资产评估，由国务院决定。

第六条 国有资产评估范围包括：固定资产、流动资产、无形资产和其他资产。

第七条 国有资产评估应当遵循真实性、科学性、可行性原则，依照国家规定的标准、程序和方法进行评定和估算。

第二章 组织管理

第八条 国有资产评估工作，按照国有资产管理权限，由国有资产管理行政主管部门负责管理和监督。

国有资产评估组织工作，按照占有单位的隶属关系，由行业主管部门负责。

国有资产管理行政主管部门和行业主管部门不直接从事国有资产评估业务。

第九条　持有国务院或者省、自治区、直辖市人民政府国有资产管理行政主管部门颁发的国有资产评估资格证书的资产评估公司、会计师事务所、审计事务所、财务咨询公司，经国务院或者省、自治区、直辖市人民政府国有资产管理行政主管部门认可的临时评估机构（以下统称资产评估机构），可以接受占有单位的委托，从事国有资产评估业务。

前款所列资产评估机构的管理办法，由国务院国有资产管理行政主管部门制定。

第十条　占有单位委托资产评估机构进行资产评估时，应当如实提供有关情况和资料。资产评估机构应当对占有单位提供的有关情况和资料保守秘密。

第十一条　资产评估机构进行资产评估，实行有偿服务。资产评估收费办法，由国务院国有资产管理行政主管部门会同财政部门、物价主管部门制定。

第三章　评估程序

第十二条　国有资产评估按照下列程序进行：

（一）申请立项；

（二）资产清查；

（三）评定估算；

（四）验证确认。

第十三条　依照本办法第三条、第四条规定进行资产评估的占有单位，经其主管部门审查同意后，应当向同级国有资产管理行政主管部门提交资产评估立项申请书，并附财产目录和有关会计报表等资料。

经国有资产管理行政主管部门授权或者委托，占有单位的主管部门可以审批资产评估立项申请。

第十四条　国有资产管理行政主管部门应当自收到资产评估立项申请书之日起十日内进行审核，并作出是否准予资产评估立项的决定，通知申请单位及其主管部门。

第十五条　国务院决定对全国或者特定行业进行国有资产评估的，视为已经准予资产评估立项。

第十六条　申请单位收到准予资产评估立项通知书后，可以委托资产评估机构评估资产。

第十七条　受占有单位委托的资产评估机构应当在对委托单位的资产、债权、债务进行全面清查的基础上，核实资产账面与实际是否相符，经营成果是否真实，据以作出鉴定。

第十八条　受占有单位委托的资产评估机构应当根据本办法的规定，对委托单位被评估资产的价值进行评定和估算，并向委托单位提出资产评估结果报告书。

委托单位收到资产评估机构的资产评估结果报告书后，应当报其主管部门审查；主管部门审查同意后，报同级国有资产管理行政主管部门确认资产评估结果。

经国有资产管理行政主管部门授权或者委托，占有单位的主管部门可以确认资产评估结果。

第十九条　国有资产管理行政主管部门应当自收到占有单位报送的资产评估结果报告书之日起四十五日内组织审核、验证、协商，确认资产评估结果，并下达确认通知书。

第二十条　占有单位对确认通知书有异议的，可以自收到通知书之日起十五日内向上一级国有资产管理行政主管部门申请复核。上一级国有资产管理行政主管部门应当自收到复核申请之日起三十日内作出裁定，并下达裁定通知书。

第二十一条　占有单位收到确认通知书或者裁定通知书后，应当根据国家有关财务、会计制度进行账务处理。

第四章　评估方法

第二十二条　国有资产重估价值，根据资产原值、净值、新旧程度、重置成本、获利能力等因素和本办法规定的资产评估方法评定。

第二十三条　国有资产评估方法包括：

（一）收益现值法；

（二）重置成本法；

（三）现行市价法；

（四）清算价格法；

（五）国务院国有资产管理行政主管部门规定的其他评估方法。

第二十四条　用收益现值法进行资产评估的，应当根据被评估资产合理的预期获利能力和适当的折现率，计算出资产的现值，并以此评定重估价值。

第二十五条　用重置成本法进行资产评估的，应当根据该项资产在全新情况下的重置成本，减去按重置成本计算的已使用年限的累积折旧额，考虑资产功能变化、成新率等因素，评定重估价值；或者根据资产的使用期限，考虑资产功能变化等因素重新确定成新率，评定重估价值。

第二十六条　用现行市价法进行资产评估的，应当参照相同或者类似资产的市场价格，评定重估价值。

第二十七条　用清算价格法进行资产评估的，应当根据企业清算时其资产可变现的价值，评定重估价值。

第二十八条　对流动资产中的原材料、在制品、协作件、库存商品、低值易耗品等进行评估时，应当根据该项资产的现行市场价格、计划价格，考虑购置费用、产品完工程度、损耗等因素，评定重估价值。

第二十九条　对有价证券的评估，参照市场价格评定重估价值；没有市场价格的，考虑票面价值、预期收益等因素，评定重估价值。

第三十条　对占有单位的无形资产，区别下列情况评定重估价值：

（一）外购的无形资产，根据购入成本及该项资产具有的获利能力；

（二）自创或者自身拥有的无形资产，根据其形成时所需实际成本及该项资产具有的获利能力；

（三）自创或者自身拥有的未单独计算成本的无形资产，根据该项资产具有的获利能力。

第五章　法律责任

第三十一条　占有单位违反本办法的规定，提供虚假情况和资料，或者与资产评估机构串通作弊，致使资产评估结果失实的，国有资产管理行政主管部门可以宣布资产评估结果无效，并可以根据情节轻重，单处或者并处下列处罚：

（一）通报批评；

（二）限期改正，并可以处以相当于评估费用以下的罚款；

（三）提请有关部门对单位主管人员和直接责任人员给予行政处分，并可以处以相当于本人三个月基本工资以下的罚款。

第三十二条　资产评估机构作弊或者玩忽职守，致使资产评估结果失实的，国有资产管理行政主管部门可以宣布资产评估结果无效，并可以根据情节轻重，对该资产评估机构给予下列处罚：

（一）警告；

（二）停业整顿；

（三）吊销国有资产评估资格证书。

第三十三条　被处罚的单位和个人对依照本办法第三十一条、第三十二条规定作出的处罚决定不服的，可以在收到处罚通知之日起十五日内，向上一级国有资产管理行政主管部门申请复议。上一级国有资产管理行政主管部门应当自收到复议申请之日起六十日内作出复议决定。申请人对复议决定不服的，可以自收到复议通知之日起十五日内，向人民法院提起诉讼。

第三十四条 国有资产管理行政主管部门或者行业主管部门工作人员违反本办法，利用职权谋取私利，或者玩忽职守，造成国有资产损失的，国有资产管理行政主管部门或者行业主管部门可以按照干部管理权限，给予行政处分，并可以处以相当于本人三个月基本工资以下的罚款。

违反本办法，利用职权谋取私利的，由有查处权的部门依法追缴其非法所得。

第三十五条 违反本办法，情节严重，构成犯罪的，由司法机关依法追究刑事责任。

第六章 附 则

第三十六条 境外国有资产的评估，不适用本办法。

第三十七条 有关国有自然资源有偿使用、开采的评估办法，由国务院另行规定。

第三十八条 本办法由国务院国有资产管理行政主管部门负责解释。本办法的施行细则由国务院国有资产管理行政主管部门制定。

第三十九条 本办法自发布之日起施行。

金融企业国有资产评估监督管理暂行办法

（经财政部部务会议审议通过，2007 年 10 月 12 日公布，自 2008 年 1 月 1 日起施行）

第一章 总 则

第一条 为了加强对金融企业国有资产评估的监督管理，规范金融企业国有资产评估行为，维护国有资产所有者合法权益，根据有关法律、行政法规和国务院相关规定，制定本办法。

第二条 在中华人民共和国境内依法设立，并占有国有资产的金融企业、金融控股公司、担保公司（以下简称金融企业）的资产评估，适用本办法。

金融资产管理公司不良资产处置评估另有规定的从其规定。

第三条 县级以上人民政府财政部门（以下简称财政部门）按照统一政策、分级管理的原则，对本级金融企业资产评估工作进行监督管理。

上级财政部门对下级财政部门监督管理金融企业资产评估工作进行指导和监督。

第四条 资产评估机构进行资产评估应当遵守有关法律、法规、部门规章，以及资产评估准则和执业规范，对评估报告的合法性、真实性和合理性负责，并承担责任。

资产评估委托方和提供资料的相关当事方，应当对所提供资料的真实性、合法性和完整性负责。

第五条 金融企业不得委托同一中介机构对同一经济行为进行资产评估、审计、会计业务服务。金融企业有关负责人与中介机构存在可能影响公正执业的利害关系时，应当予以回避。

第二章 评估事项

第六条 金融企业有下列情形之一的，应当委托资产评估机构进行资产评估：

（一）整体或者部分改制为有限责任公司或者股份有限公司的；

（二）以非货币性资产对外投资的；

（三）合并、分立、清算的；

（四）非上市金融企业国有股东股权比例变动的；

（五）产权转让的；

（六）资产转让、置换、拍卖的；

（七）债权转股权的；

（八）债务重组的；

（九）接受非货币性资产抵押或者质押的；

（十）处置不良资产的；

（十一）以非货币性资产抵债或者接受抵债的；

（十二）收购非国有单位资产的；

（十三）接受非国有单位以非货币性资产出资的；

（十四）确定涉讼资产价值的；

（十五）法律、行政法规规定的应当进行评估的其他情形。

第七条 金融企业有下列情形之一的，对相关的资产可以不进行资产评估：

（一）县级以上人民政府或者其授权部门批准其所属企业或者企业的部分资产实施无偿划转的；

（二）国有独资企业与其下属的独资企业之间，或者其下属独资企业之间的合并，以及资产或者产权置换、转让和无偿划转的；

（三）发生多次同类型的经济行为时，同一资产在评估报告使用有效期内，并且资产、市场状况未发生重大变化的；

（四）上市公司可流通的股权转让。

第八条 需要资产评估时，应当按照下列情况进行委托：

（一）经济行为涉及的评估对象属于金融企业法人财产权的，或者金融企业接受非国有资产的，资产评估由金融企业委托；

（二）经济行为涉及的评估对象属于金融企业出资人权利的，资产评估由金融企业出资人或者其上级单位委托。

第九条 金融企业有关经济行为的资产评估报告，自评估基准日起1年内有效。

第三章 核准和备案

第十条 金融企业资产评估项目实行核准制和备案制。

第十一条 金融企业下列经济行为涉及资产评估的，资产评估项目实行核准：

（一）经批准进行改组改制、拟在境内或者境外上市、以非货币性资产与外商合资经营或者合作经营的经济行为；

（二）经县级以上人民政府批准的其他涉及国有资产产权变动的经济行为。

中央金融企业资产评估项目报财政部核准。地方金融企业资产评估项目报本级财政部门核准。

第十二条 需要核准的资产评估项目，金融企业应当在资产评估前向财政部门报告下列情况：

（一）相关经济行为的批准情况；

（二）评估基准日的选择情况；

（三）资产评估范围的确定情况；

（四）资产评估机构的选择情况；

（五）资产评估的进度安排情况。

第十三条 对资产评估机构出具的评估报告，金融企业应当逐级上报审核，自评估基准日起8个月内向财政部门提出资产评估项目核准申请。

第十四条 金融企业申请资产评估项目核准时，应当向财政部门报送下列材料：

（一）资产评估项目核准申请文件；

（二）金融企业资产评估项目核准表（包括：资产评估项目基本情况和资产评估结果，见附件1，一式一份）；

（三）与资产评估目的相对应的经济行为批准文件及实施方案；

（四）资产评估报告及电子文档；

（五）按照规定应当进行审计的审计报告。

拟在境外和香港特别行政区上市的，还应当报送符合相关规定的资产评估报告。

第十五条 财政部门收到核准申请后，对申请材料不齐全或者不符合法定形式的，应当在5个工作日内书面一次性告知申请人需要补正的全部内容。对申请材料齐全、符合法定形式，或者申请人按照要求全部补正申请材料的应当受理。

受理申请或者不予受理申请，应当向申请人出具注明日期的书面凭证（见附件2）。

第十六条 财政部门受理申请后，应当对申请材料进行审查。申请材料符合下列要求的，财政部门应当组织专家对资产评估报告进行评审：

（一）资产评估项目所涉及的经济行为已获得批准；

（二）资产评估基准日的选择适当；

（三）资产评估依据适当；

（四）资产评估范围与经济行为批准文件确定的资产范围一致；

（五）资产评估程序符合相关评估准则的规定；

（六）资产评估报告的有效期已明示；

（七）委托方和提供资料的相关当事方已就所提供的资产权属证明文件及其他资料的真实性、合法性和完整性做出承诺。

财政部门应当在受理申请后的20个工作日内作出是否予以核准的书面决定。作出不予核准的书面决定的，应当说明理由。

组织专家评审所需时间不计算在前款规定的期限内。

第十七条 除本办法第十一条第一款规定的经济行为以外的其他经济行为，应当进行资产评估的，资产评估项目实行备案。

第十八条 中央直接管理的金融企业资产评估项目报财政部备案。中央直接管理的金融企业子公司、省级分公司或分行、金融资产管理公司办事处账面资产总额大于或者等于5000万元人民币的资产评估项目，由中央直接管理的金融企业审核后报财政部备案。中央直接管理的金融企业子公司、省级分公司或分行、金融资产管理公司办事处账面资产总额小于5000万元人民币的资产评估项目，以及下属公司、银行地（市、县）级支行的资产评估项目，报中央直接管理的金融企业备案。

地方金融企业资产评估项目备案，由省级财政部门根据本地区实际情况具体确定。

第十九条 对资产评估机构出具的评估报告，金融企业应当逐级上报审核，自评估基准日起9个月内向财政部门（或者金融企业）提出资产评估项目备案申请。

第二十条 金融企业申请资产评估项目备案时，应当报送下列材料：

（一）金融企业资产评估项目备案表（包括：资产评估项目基本情况和资产评估结果，见附件3，一式三份）；

（二）与资产评估目的相对应的经济行为批准文件；

（三）资产评估报告及电子文档；

（四）按照规定应当进行审计的审计报告。

第二十一条 财政部门（或者金融企业）收到备案材料后，应当在20个工作日内决定是否办理备案手续。

对材料齐全、符合下列要求的，财政部门（或者金融企业）应当办理备案手续，并将资产评估项目备案表退资产占有企业和报送企业留存：

（一）资产评估项目所涉及的经济行为已获得批准；

（二）资产评估范围与经济行为批准文件确定的资产范围一致；

（三）资产评估程序符合相关评估准则的规定；

（四）委托方和提供资料的相关当事方已就所提供的资产权属证明文件及其他资料的真实性、合法性和完整性做出承诺。

对材料不齐全或者不符合上述要求的，财政部门（或者金融企业）不予办理备案手续，并书面说明理由。

必要时财政部门（或者金融企业）可以组织有关专家进行评审。组织专家评审所需时间不计算在本条第一款规定的期限内。

第二十二条 涉及多个产权投资主体的，按照金融企业国有股最大股东的财务隶属关系申请核准或者备案。国有股东持股比例相等的，经协商可以委托其中一方按照其财务隶属关系申请核准或者备案。

申请核准或者备案的金融企业应当及时将核准或者备案情况告知产权投资主体。

第二十三条 财政部门准予资产评估项目核准文件和经财政部门（或者金融企业）备案的资产评估项目备案表是金融企业办理产权登记、股权设置和产权转让等相关手续的必备材料。

第二十四条 金融企业发生与资产评估相对应的经济行为时，应当以经核准或者备案的资产评估结果为作价参考依据。当交易价格与资产评估结果相差 10% 以上时，应当就差异原因向财政部门（或者金融企业）作出书面说明。

第四章 监督检查

第二十五条 金融企业应当建立健全金融企业资产评估管理工作制度，完善档案管理，加强统计分析工作。

第二十六条 省级以上财政部门应当对金融企业资产评估工作进行监督检查，必要时可以对资产评估机构进行延伸检查。

第二十七条 省级财政部门应当于每年的 3 月 31 日前，将对本地区金融企业上一年度资产评估工作的监督检查情况、存在的问题及处理情况报财政部。

第二十八条 省级以上财政部门应当将监督检查中发现的问题，及时向相关监管部门进行通报。

第五章 罚 则

第二十九条 金融企业在资产评估中有违法行为的，依照有关法律、行政法规的规定处理、处罚。

第三十条 金融企业违反本办法有关规定，由财政部门责令限期改正。有下列情形之一的，由财政部门给予警告：

（一）应当进行资产评估而未进行评估的；

（二）应当申请资产评估项目核准或者备案而未申请的；

（三）委托没有资产评估执业资格的机构或者人员从事资产评估的，或者委托同一中介机构对同一经济行为进行资产评估、审计、会计业务服务的。

第三十一条 资产评估机构或者人员在金融企业资产评估中违反有关规定的，由省级以上财政部门依法进行处理、处罚。

第三十二条 财政部门工作人员在资产评估监督管理工作中滥用职权、玩忽职守、徇私舞弊，或者泄漏金融企业商业秘密的，依法给予行政处分，涉嫌犯罪的，依法移送司法机关。

第六章 附 则

第三十三条 省级财政部门可以依照本办法，结合本地区实际情况，制订具体实施办法。

第三十四条 对中国人民银行总行所属企业资产评估的监督管理，参照本办法执行。

第三十五条 本办法自 2008 年 1 月 1 日起施行。

附件：（略）

企业国有资产所有权界定的暂行规定

（1991 年 3 月 26 日国家国有资产管理局、财政部、国家工商行政管理局发布）

第一条　为了促进以公有制为主体的社会主义有计划商品经济的健康发展，维护国家对国有资产的合法权益，根据《中华人民共和国宪法》，按照国务院《关于加强国有资产管理工作的通知》中界定国有资产所有权的要求，制定本规定。

第二条　本规定所称企业国有资产所有权界定系指对企业应属国有的资产依法确认所有权的法律行为。

第三条　本规定适用于企业和实行企业管理的事业单位（以下简称企业单位）中的国有资产所有权界定。

第四条　本规定所称企业国有资产是指国家以各种形式对企业的投资和投资收益形成的资产。

没有法律依据归集体、个人或外国政府、法人、公民所有的资产均属国有资产。

第五条　企业国有资产所有权界定工作由国有资产管理部门组织实施。

第六条　在国有资产所有权界定过程中，既要维护国有资产所有者的合法权益，又不得侵犯其他资产所有者的合法权益。

第七条　中华人民共和国是国有资产所有权的唯一主体；国家对国有资产实行统一领导、分级管理。

国有资产分级管理主体的区分和变动不是国有资产所有权主体的分割和转移。

第八条　全民所有制企业单位中由下列投资形式的资产均属国有：

1. 各级人民政府、国家行政部门或国家其他单位的各种形式的实物投资、货币投资和所有权应属国家的发明创造和技术成果等无表资产投资；

2. 全民所有制企业单位依据国家规定或经国家批准用于投资或归还投资贷款的减免税金；

3. 全民所有制企业单位依据国家规定或经国家批准用于归还投资贷款的利润；

4. 全民所有制企业单位依照国家规定，通过从经营收入中提取、从成本费用中列支和从留用利润中提取所建立的各种专项基金，不包括按国家规定提取用于职工工资、奖励、福利等分配给个人消费的基金；

5. 国家银行、国家投资公司及其他全民所有制金融经营单位用财政拨款和留用利润转入的信贷基金、投资基金、财政周转金及其他经营基金和资本金；

6. 以国家机关名义担保，或实际上由国家承担投资风险，完全用国内外借入资金和国家以各种方式投资创办的全民所有制企业，其内部积累的资金；

7. 全民所有制企业用国有资产兼并、购买其他企业单位所取得的资产产权；

8. 其他依法应属国有的资产。

第九条　集体所有制企业中由下列投资形成的资产属于国有：

1. 各级人民政府、国家行政部门或国家其他单位用各种形式的实物投资、货币投资和所有权应属国家的无形资产投资所创办的以集体所有制名义注册登记的企业单位，其资产所有权界定参照本规定第八条办理，按国家法律、法规规定属于无偿资助的除外；

2. 全民所有制企业单位用国有资产在集体企业中的投资以及按照投资份额应取得

的资产收益留给集体企业发展生产的资金；

3. 其他按法律、法规规定应属国有的资产。

第十条 在股份制企业、联营企业和中外合资、合作经营企业中由国家出资以及税后利润和专项基金中国家按照投资或协议应占有的份额，属于国有资产。

第十一条 全民所有制企业单位用留用利润转作风险抵押金、实行分帐制，或将国有资产租赁给集体或个人经营等，都不改变国有资产所有权的归属。

第十二条 各级政府部门和全民所有制企业单位交给集体企业使用的固定资产、流动资产及其他资产，依法按照合同或其他合法方式归集体企业所有的，其资产所有权从交付起转移；凡没有依法转移所有权的，仍属国有资产。

第十三条 对于确无能力按照规定偿还国家或全民所有制单位借款的集体企业，经债权、债务人双方协商同意，并经财政、国有资产管理等部门批准，可以将债权转换为所有权，按国家有关规定管理。

第十四条 一切使用和经营国有资产的单位，为保障所界定的国有资产的完整，必须严格执行会计制度规定，做到帐实相符，帐帐相符。

第十五条 对于因情况复杂，一时难以界定清楚所有权关系的资产，要专门记帐反映。在依法作出所有权界定之前，任何部门、企事业单位和个人不得自行处置。

第十六条 经依法界定所有权属于国有的资产，其经营使用单位要到国有资产管理部门办理产权登记手续。

第十七条 对违反本规定，导致国有资产受到破坏、侵害的单位和人员，国有资产管理部门有权提请或会同有关部门依法作出经济、行政处理；触犯刑律的，要移送司法机关依法追究刑事责任。

第十八条 国有资产管理部门的公务人员及其授权代表，在资产所有权界定工作中，由于工作失职，导致国有资产遭受损失的，要给予必要的行政处分；因玩忽职守，以权谋私，致使国有资产遭受重大损失的，要移送司法机关依法追究刑事责任。

第十九条 全民所有制单位与集体所有制单位或其他所有制单位、个人之间发生涉及国有资产所有权的争议与纠纷，全民所有制单位提出的处理意见要经本级或上级国有资产管理部门审核同意后，与有关当事人协商解决；协商解决不了的，按照国家有关司法程序处理。

第二十条 对境外国有资产，在所有权界定后，要根据我国法律并结合所在国家或地区的法律、法令，办理确定资产所有权归属的法律手续，并进行产权登记。具体办法另行制定。

第二十一条 本规定由国家国有资产管理局负责解释。

第二十二条 本规定自发布之日起施行。

企业国有资产产权登记管理办法

（1996 年 1 月 25 日发布，自发布之日起施行）

第一条 为了加强企业国有资产产权登记管理，健全国有资产基础管理制度，防止国有资产流失，制定本办法。

第二条 本办法所称企业国有资产产权登记（以下简称产权登记），是指国有资产管理部门代表政府对占有国有资产的各类企业的资产、负债、所有者权益等产权状况进行登记，依法确认产权归属关系的行为。

第三条　国有企业、国有独资公司、持有国家股权的单位以及以其他形式占有国有资产的企业（以下统称企业），应当依照本办法的规定办理产权登记。

第四条　企业产权归属关系不清楚或者发生产权纠纷的，可以申请暂缓办理产权登记。

企业应当在经批准的暂缓办理产权登记期限内，将产权界定清楚、产权纠纷处理完毕，并及时办理产权登记。

第五条　县级以上各级人民政府国有资产管理部门，按照产权归属关系办理产权登记。

国有资产管理部门根据工作需要，可以按照产权归属关系委托政府有关部门或者机构办理产权登记。

第六条　产权登记分为占有产权登记、变动产权登记和注销产权登记。

第七条　企业应当依照本办法向国有资产管理部门办理占有产权登记。

占有产权登记的主要内容：

（一）出资人名称、住所、出资金额及法定代表人；

（二）企业名称、住所及法定代表人；

（三）企业的资产、负债及所有者权益；

（四）企业实收资本、国有资本；

（五）企业投资情况；

（六）国务院国有资产管理部门规定的其他事项。

国有资产管理部门向企业核发的国有资产产权登记表，是企业的资信证明文件。

第八条　企业发生下列变动情形之一的，应当自变动之日起30日内办理变动产权登记：

（一）企业名称、住所或者法定代表人改变的；

（二）国有资本占企业实收资本比例发生变化的；

（三）企业分立、合并或者改变经营形式的；

（四）有国务院国有资产管理部门规定的其他变动情形的。

第九条　企业发生下列情形之一的，应当自各该情形发生之日起30日内办理注销产权登记：

（一）企业解散、被依法撤销或者被依法宣告破产的；

（二）企业转让全部产权或者企业被划转的；

（三）有国务院国有资产管理部门规定的其他情形的。

第十条　企业办理产权登记，应当按照规定填报国有资产产权登记表并提交有关文件、凭证、报表等。填报的内容或者提交的文件、凭证、报表等不符合规定的，国有资产管理部门有权要求企业补正。

第十一条　产权登记实行年度检查制度。

企业应当于每一年度终了后90日内，办理产权年度检查登记，向国有资产管理部门提交财务报告和国有资产经营年度报告书，报告下列主要内容：

（一）出资人的资金实际到位情况；

（二）企业国有资产的结构变化，包括企业对外投资情况；

（三）国有资产增减、变动情况；

（四）国务院国有资产管理部门规定的其他事项。

第十二条　国有资产产权登记表由国务院国有资产管理部门统一制定。

任何单位和个人不得伪造、涂改、出卖或者出借国有资产产权登记表。

国有资产产权登记表遗失或者毁坏的，应当按照规定申请补领。

第十三条　国有资产管理部门应当建立健全产权登记档案制度，并定期分析和报告国有资产产权状况。

第十四条 企业违反本办法规定，有下列行为之一的，由国有资产管理部门责令改正、通报批评，可以处以 10 万元以下的罚款，并提请政府有关部门对企业领导人员和直接责任人员按照规定给予纪律处分：

（一）在规定期限内不办理产权登记的；

（二）隐瞒真实情况、未如实办理产权登记的；

（三）不按照规定办理产权年度检查登记的；

（四）伪造、涂改、出卖或者出借国有资产产权登记表的。

第十五条 国有资产管理部门工作人员在办理产权登记中玩忽职守、徇私舞弊、滥用职权、谋取私利，构成犯罪的，依法追究刑事责任；尚不构成犯罪的，依法给予行政处分。

第十六条 军队企业的国有资产产权登记管理办法，由中国人民解放军总后勤部会同国务院国有资产管理部门参照本办法制定。

第十七条 本办法自发布之日起施行。国家国有资产管理局、财政部、国家工商行政管理局 1992 年 5 月 11 日发布的《国有资产产权登记管理试行办法》同时废止。

企业国有资产评估管理暂行办法

（2005 年 8 月 25 日国务院国有资产监督管理委员会第 31 次主任办公会议审议通过，2005 年 8 月 25 日公布，自 2005 年 9 月 1 日起施行）

第一章 总 则

第一条 为规范企业国有资产评估行为，维护国有资产出资人合法权益，促进企业国有产权有序流转，防止国有资产流失，根据《中华人民共和国公司法》、《企业国有资产监督管理暂行条例》（国务院令第 378 号）和《国有资产评估管理办法》（国务院令第 91 号）等有关法律法规，制定本办法。

第二条 各级国有资产监督管理机构履行出资人职责的企业（以下统称所出资企业）及其各级子企业（以下统称企业）涉及的资产评估，适用本办法。

第三条 各级国有资产监督管理机构负责其所出资企业的国有资产评估监管工作。

国务院国有资产监督管理机构负责对全国企业国有资产评估监管工作进行指导和监督。

第四条 企业国有资产评估项目实行核准制和备案制。

经各级人民政府批准经济行为的事项涉及的资产评估项目，分别由其国有资产监督管理机构负责核准。

经国务院国有资产监督管理机构批准经济行为的事项涉及的资产评估项目，由国务院国有资产监督管理机构负责备案；经国务院国有资产监督管理机构所出资企业（以下简称中央企业）及其各级子企业批准经济行为的事项涉及的资产评估项目，由中央企业负责备案。

地方国有资产监督管理机构及其所出资企业的资产评估项目备案管理工作的职责分工，由地方国有资产监督管理机构根据各地实际情况自行规定。

第五条 各级国有资产监督管理机构及其所出资企业，应当建立企业国有资产评估管理工作制度，完善资产评估项目的档案管理，做好项目统计分析报告工作。

省级国有资产监督管理机构和中央企业应当于每年度终了30个工作日内将其资产评估项目情况的统计分析资料上报国务院国有资产监督管理机构。

第二章 资产评估

第六条 企业有下列行为之一的，应当对相关资产进行评估：

（一）整体或者部分改建为有限责任公司或者股份有限公司；

（二）以非货币资产对外投资；

（三）合并、分立、破产、解散；

（四）非上市公司国有股东股权比例变动；

（五）产权转让；

（六）资产转让、置换；

（七）整体资产或者部分资产租赁给非国有单位；

（八）以非货币资产偿还债务；

（九）资产涉讼；

（十）收购非国有单位的资产；

（十一）接受非国有单位以非货币资产出资；

（十二）接受非国有单位以非货币资产抵债；

（十三）法律、行政法规规定的其他需要进行资产评估的事项。

第七条 企业有下列行为之一的，可以不对相关国有资产进行评估：

（一）经各级人民政府或其国有资产监督管理机构批准，对企业整体或者部分资产实施无偿划转；

（二）国有独资企业与其下属独资企业（事业单位）之间或其下属独资企业（事业单位）之间的合并、资产（产权）置换和无偿划转。

第八条 企业发生第六条所列行为的，应当由其产权持有单位委托具有相应资质的资产评估机构进行评估。

第九条 企业产权持有单位委托的资产评估机构应当具备下列基本条件：

（一）遵守国家有关法律、法规、规章以及企业国有资产评估的政策规定，严格履行法定职责，近3年内没有违法、违规记录；

（二）具有与评估对象相适应的资质条件；

（三）具有与评估对象相适应的专业人员和专业特长；

（四）与企业负责人无经济利益关系；

（五）未向同一经济行为提供审计业务服务。

第十条 企业应当向资产评估机构如实提供有关情况和资料，并对所提供情况和资料的真实性、合法性和完整性负责，不得隐匿或虚报资产。

第十一条 企业应当积极配合资产评估机构开展工作，不得以任何形式干预其正常执业行为。

第三章 核准与备案

第十二条 凡需经核准的资产评估项目，企业在资产评估前应当向国有资产监督管理机构报告下列有关事项：

（一）相关经济行为批准情况；

（二）评估基准日的选择情况；

（三）资产评估范围的确定情况；

（四）选择资产评估机构的条件、范围、程序及拟选定机构的资质、专业特长情况；

（五）资产评估的时间进度安排情况。

第十三条 企业应当及时向国有资产监督管理机构报告资产评估项目的工作进展情况。国有资产监督管理机构认为必要时，可以对该项目进行跟踪指导和现场检查。

第十四条 资产评估项目的核准按照下列程序进行：

（一）企业收到资产评估机构出具的评估报告后应当逐级上报初审，经初审同意后，自评估基准日起8个月内向国有资产监督管理机构提出核准申请；

（二）国有资产监督管理机构收到核准申请后，对符合核准要求的，及时组织有关专家审核，在20个工作日内完成对评估报告的核准；对不符合核准要求的，予以退回。

第十五条　企业提出资产评估项目核准申请时，应当向国有资产监督管理机构报送下列文件材料：

（一）资产评估项目核准申请文件；

（二）资产评估项目核准申请表（附件1）；

（三）与评估目的相对应的经济行为批准文件或有效材料；

（四）所涉及的资产重组方案或者改制方案、发起人协议等材料；

（五）资产评估机构提交的资产评估报告（包括评估报告书、评估说明、评估明细表及其电子文档）；

（六）与经济行为相对应的审计报告；

（七）资产评估各当事方的相关承诺函；

（八）其他有关材料。

第十六条　国有资产监督管理机构应当对下列事项进行审核：

（一）资产评估项目所涉及的经济行为是否获得批准；

（二）资产评估机构是否具备相应评估资质；

（三）评估人员是否具备相应执业资格；

（四）评估基准日的选择是否适当，评估结果的使用有效期是否明示；

（五）资产评估范围与经济行为批准文件确定的资产范围是否一致；

（六）评估依据是否适当；

（七）企业是否就所提供的资产权属证明文件、财务会计资料及生产经营管理资料的真实性、合法性和完整性做出承诺；

（八）评估过程是否符合相关评估准则的规定；

（九）参与审核的专家是否达成一致意见。

第十七条　资产评估项目的备案按照下列程序进行：

（一）企业收到资产评估机构出具的评估报告后，将备案材料逐级报送给国有资产监督管理机构或其所出资企业，自评估基准日起9个月内提出备案申请；

（二）国有资产监督管理机构或者所出资企业收到备案材料后，对材料齐全的，在20个工作日内办理备案手续，必要时可组织有关专家参与备案评审。

第十八条　资产评估项目备案需报送下列文件材料：

（一）国有资产评估项目备案表一式三份（附件2）；

（二）资产评估报告（评估报告书、评估说明和评估明细表及其电子文档）；

（三）与资产评估项目相对应的经济行为批准文件；

（四）其他有关材料。

第十九条　国有资产监督管理机构及所出资企业根据下列情况确定是否对资产评估项目予以备案：

（一）资产评估所涉及的经济行为是否获得批准；

（二）资产评估机构是否具备相应评估资质，评估人员是否具备相应执业资格；

（三）评估基准日的选择是否适当，评估结果的使用有效期是否明示；

（四）资产评估范围与经济行为批准文件确定的资产范围是否一致；

（五）企业是否就所提供的资产权属证明文件、财务会计资料及生产经营管理资料的真实性、合法性和完整性作出承诺；

（六）评估程序是否符合相关评估准则的规定。

第二十条　国有资产监督管理机构下达

的资产评估项目核准文件和经国有资产监督管理机构或所出资企业备案的资产评估项目备案表是企业办理产权登记、股权设置和产权转让等相关手续的必备文件。

第二十一条　经核准或备案的资产评估结果使用有效期为自评估基准日起1年。

第二十二条　企业进行与资产评估相应的经济行为时，应当以经核准或备案的资产评估结果为作价参考依据；当交易价格低于评估结果的90%时，应当暂停交易，在获得原经济行为批准机构同意后方可继续交易。

第四章　监督检查

第二十三条　各级国有资产监督管理机构应当加强对企业国有资产评估工作的监督检查，重点检查企业内部国有资产评估管理制度的建立、执行情况和评估管理人员配备情况，定期或者不定期地对资产评估项目进行抽查。

第二十四条　各级国有资产监督管理机构对企业资产评估项目进行抽查的内容包括：

（一）企业经济行为的合规性；

（二）评估的资产范围与有关经济行为所涉及的资产范围是否一致；

（三）企业提供的资产权属证明文件、财务会计资料及生产经营管理资料的真实性、合法性和完整性；

（四）资产评估机构的执业资质和评估人员的执业资格；

（五）资产账面价值与评估结果的差异；

（六）经济行为的实际成交价与评估结果的差异；

（七）评估工作底稿；

（八）评估依据的合理性；

（九）评估报告对重大事项及其对评估结果影响的披露程度，以及该披露与实际情况的差异；

（十）其他有关情况。

第二十五条　省级国有资产监督管理机构应当于每年度终了30个工作日内将检查、抽查及处理情况上报国务院国有资产监督管理机构。

第二十六条　国有资产监督管理机构应当将资产评估项目的抽查结果通报相关部门。

第五章　罚　　则

第二十七条　企业违反本办法，有下列情形之一的，由国有资产监督管理机构通报批评并责令改正，必要时可依法向人民法院提起诉讼，确认其相应的经济行为无效：

（一）应当进行资产评估而未进行评估；

（二）聘请不符合相应资质条件的资产评估机构从事国有资产评估活动；

（三）向资产评估机构提供虚假情况和资料，或者与资产评估机构串通作弊导致评估结果失实的；

（四）应当办理核准、备案而未办理。

第二十八条　企业在国有资产评估中发生违法违规行为或者不正当使用评估报告的，对负有直接责任的主管人员和其他直接责任人员，依法给予处分；涉嫌犯罪的，移送司法机关依法处理。

第二十九条　受托资产评估机构在资产评估过程中违规执业的，由国有资产监督管理机构将有关情况通报其行业主管部门，建议给予相应处罚；情节严重的，可要求企业不得再委托该中介机构及其当事人进行国有资产评估业务；涉嫌犯罪的，依法移送司法机关处理。

第三十条　有关资产评估机构对资产评估项目抽查工作不予配合的，国有资产监督管理机构可以要求企业不得再委托该资产评估机构及其当事人进行国有资产评估业务。

第三十一条　各级国有资产监督管理机构工作人员违反本规定，造成国有资产流失的，依法给予处分；涉嫌犯罪的，依法移送司法机关处理。

第六章 附 则

第三十二条 境外国有资产评估，遵照相关法规执行。

第三十三条 政企尚未分开单位所属企事业单位的国有资产评估工作，参照本办法执行。

第三十四条 省级国有资产监督管理机构可以根据本办法，制定本地区相关工作规范，并报国务院国有资产监督管理机构备案。

第三十五条 本办法自 2005 年 9 月 1 日起施行。

附件：（略）

企业国有资产监督管理暂行条例

（2003 年 5 月 27 日中华人民共和国国务院令第 378 号公布，根据 2011 年 1 月 8 日《国务院关于废止和修改部分行政法规的决定》第一次修订，根据 2019 年 3 月 2 日《国务院关于修改部分行政法规的决定》第二次修订）

第一章 总 则

第一条 为建立适应社会主义市场经济需要的国有资产监督管理体制，进一步搞好国有企业，推动国有经济布局和结构的战略性调整，发展和壮大国有经济，实现国有资产保值增值，制定本条例。

第二条 国有及国有控股企业、国有参股企业中的国有资产的监督管理，适用本条例。

金融机构中的国有资产的监督管理，不适用本条例。

第三条 本条例所称企业国有资产，是指国家对企业各种形式的投资和投资所形成的权益，以及依法认定为国家所有的其他权益。

第四条 企业国有资产属于国家所有。国家实行由国务院和地方人民政府分别代表国家履行出资人职责，享有所有者权益，权利、义务和责任相统一，管资产和管人、管事相结合的国有资产管理体制。

第五条 国务院代表国家对关系国民经济命脉和国家安全的大型国有及国有控股、国有参股企业，重要基础设施和重要自然资源等领域的国有及国有控股、国有参股企业，履行出资人职责。国务院履行出资人职责的企业，由国务院确定、公布。

省、自治区、直辖市人民政府和设区的市、自治州级人民政府分别代表国家对由国务院履行出资人职责以外的国有及国有控股、国有参股企业，履行出资人职责。其中，省、自治区、直辖市人民政府履行出资人职责的国有及国有控股、国有参股企业，由省、自治区、直辖市人民政府确定、公布，并报国务院国有资产监督管理机构备案；其他由设区的市、自治州级人民政府履行出资人职责的国有及国有控股、国有参股企业，由设区的市、自治州级人民政府确定、公布，并报省、自治区、直辖市人民政府国有资产监督管理机构备案。

国务院，省、自治区、直辖市人民政府，设区的市、自治州级人民政府履行出资人职责的企业，以下统称所出资企业。

第六条 国务院，省、自治区、直辖市人民政府，设区的市、自治州级人民政府，分别设立国有资产监督管理机构。国有资产监督管理机构根据授权，依法履行出资人职责，依法对企业国有资产进行监督管理。

企业国有资产较少的设区的市、自治州，经省、自治区、直辖市人民政府批准，可以不单独设立国有资产监督管理机构。

第七条　各级人民政府应当严格执行国有资产管理法律、法规，坚持政府的社会公共管理职能与国有资产出资人职能分开，坚持政企分开，实行所有权与经营权分离。

国有资产监督管理机构不行使政府的社会公共管理职能，政府其他机构、部门不履行企业国有资产出资人职责。

第八条　国有资产监督管理机构应当依照本条例和其他有关法律、行政法规的规定，建立健全内部监督制度，严格执行法律、行政法规。

第九条　发生战争、严重自然灾害或者其他重大、紧急情况时，国家可以依法统一调用、处置企业国有资产。

第十条　所出资企业及其投资设立的企业，享有有关法律、行政法规规定的企业经营自主权。

国有资产监督管理机构应当支持企业依法自主经营，除履行出资人职责以外，不得干预企业的生产经营活动。

第十一条　所出资企业应当努力提高经济效益，对其经营管理的企业国有资产承担保值增值责任。

所出资企业应当接受国有资产监督管理机构依法实施的监督管理，不得损害企业国有资产所有者和其他出资人的合法权益。

第二章　国有资产监督管理机构

第十二条　国务院国有资产监督管理机构是代表国务院履行出资人职责、负责监督管理企业国有资产的直属特设机构。

省、自治区、直辖市人民政府国有资产监督管理机构，设区的市、自治州级人民政府国有资产监督管理机构是代表本级政府履行出资人职责、负责监督管理企业国有资产的直属特设机构。

上级政府国有资产监督管理机构依法对下级政府的国有资产监督管理工作进行指导和监督。

第十三条　国有资产监督管理机构的主要职责是：

（一）依照《中华人民共和国公司法》等法律、法规，对所出资企业履行出资人职责，维护所有者权益；

（二）指导推进国有及国有控股企业的改革和重组；

（三）依照规定向所出资企业委派监事；

（四）依照法定程序对所出资企业的企业负责人进行任免、考核，并根据考核结果对其进行奖惩；

（五）通过统计、稽核等方式对企业国有资产的保值增值情况进行监管；

（六）履行出资人的其他职责和承办本级政府交办的其他事项。

国务院国有资产监督管理机构除前款规定职责外，可以制定企业国有资产监督管理的规章、制度。

第十四条　国有资产监督管理机构的主要义务是：

（一）推进国有资产合理流动和优化配置，推动国有经济布局和结构的调整；

（二）保持和提高关系国民经济命脉和国家安全领域国有经济的控制力和竞争力，提高国有经济的整体素质；

（三）探索有效的企业国有资产经营体制和方式，加强企业国有资产监督管理工作，促进企业国有资产保值增值，防止企业国有资产流失；

（四）指导和促进国有及国有控股企业建立现代企业制度，完善法人治理结构，推进管理现代化；

（五）尊重、维护国有及国有控股企业

经营自主权，依法维护企业合法权益，促进企业依法经营管理，增强企业竞争力；

（六）指导和协调解决国有及国有控股企业改革与发展中的困难和问题。

第十五条　国有资产监督管理机构应当向本级政府报告企业国有资产监督管理工作、国有资产保值增值状况和其他重大事项。

第三章　企业负责人管理

第十六条　国有资产监督管理机构应当建立健全适应现代企业制度要求的企业负责人的选用机制和激励约束机制。

第十七条　国有资产监督管理机构依照有关规定，任免或者建议任免所出资企业的企业负责人：

（一）任免国有独资企业的总经理、副总经理、总会计师及其他企业负责人；

（二）任免国有独资公司的董事长、副董事长、董事，并向其提出总经理、副总经理、总会计师等的任免建议；

（三）依照公司章程，提出向国有控股的公司派出的董事、监事人选，推荐国有控股的公司的董事长、副董事长和监事会主席人选，并向其提出总经理、副总经理、总会计师人选的建议；

（四）依照公司章程，提出向国有参股的公司派出的董事、监事人选。

国务院，省、自治区、直辖市人民政府，设区的市、自治州级人民政府，对所出资企业的企业负责人的任免另有规定的，按照有关规定执行。

第十八条　国有资产监督管理机构应当建立企业负责人经营业绩考核制度，与其任命的企业负责人签订业绩合同，根据业绩合同对企业负责人进行年度考核和任期考核。

第十九条　国有资产监督管理机构应当依照有关规定，确定所出资企业中的国有独资企业、国有独资公司的企业负责人的薪酬；依据考核结果，决定其向所出资企业派出的企业负责人的奖惩。

第四章　企业重大事项管理

第二十条　国有资产监督管理机构负责指导国有及国有控股企业建立现代企业制度，审核批准其所出资企业中的国有独资企业、国有独资公司的重组、股份制改造方案和所出资企业中的国有独资公司的章程。

第二十一条　国有资产监督管理机构依照法定程序决定其所出资企业中的国有独资企业、国有独资公司的分立、合并、破产、解散、增减资本、发行公司债券等重大事项。其中，重要的国有独资企业、国有独资公司分立、合并、破产、解散的，应当由国有资产监督管理机构审核后，报本级人民政府批准。

国有资产监督管理机构依照法定程序审核、决定国防科技工业领域其所出资企业中的国有独资企业、国有独资公司的有关重大事项时，按照国家有关法律、规定执行。

第二十二条　国有资产监督管理机构依照公司法的规定，派出股东代表、董事，参加国有控股的公司、国有参股的公司的股东会、董事会。

国有控股的公司、国有参股的公司的股东会、董事会决定公司的分立、合并、破产、解散、增减资本、发行公司债券、任免企业负责人等重大事项时，国有资产监督管理机构派出的股东代表、董事，应当按照国有资产监督管理机构的指示发表意见、行使表决权。

国有资产监督管理机构派出的股东代表、董事，应当将其履行职责的有关情况及时向国有资产监督管理机构报告。

第二十三条　国有资产监督管理机构决定其所出资企业的国有股权转让。其中，转让全部国有股权或者转让部分国有股权致使国家不再拥有控股地位的，报本级人民政府批准。

第二十四条　所出资企业投资设立的重要子企业的重大事项，需由所出资企业报国有资产监督管理机构批准的，管理办法由国务院国有资产监督管理机构另行制定，报国务院批准。

第二十五条　国有资产监督管理机构依照国家有关规定组织协调所出资企业中的国有独资企业、国有独资公司的兼并破产工作，并配合有关部门做好企业下岗职工安置等工作。

第二十六条　国有资产监督管理机构依照国家有关规定拟订所出资企业收入分配制度改革的指导意见，调控所出资企业工资分配的总体水平。

第二十七条　国有资产监督管理机构可以对所出资企业中具备条件的国有独资企业、国有独资公司进行国有资产授权经营。

被授权的国有独资企业、国有独资公司对其全资、控股、参股企业中国家投资形成的国有资产依法进行经营、管理和监督。

第二十八条　被授权的国有独资企业、国有独资公司应当建立和完善规范的现代企业制度，并承担企业国有资产的保值增值责任。

第五章　企业国有资产管理

第二十九条　国有资产监督管理机构依照国家有关规定，负责企业国有资产的产权界定、产权登记、资产评估监管、清产核资、资产统计、综合评价等基础管理工作。

国有资产监督管理机构协调其所出资企业之间的企业国有资产产权纠纷。

第三十条　国有资产监督管理机构应当建立企业国有资产产权交易监督管理制度，加强企业国有资产产权交易的监督管理，促进企业国有资产的合理流动，防止企业国有资产流失。

第三十一条　国有资产监督管理机构对其所出资企业的企业国有资产收益依法履行出资人职责；对其所出资企业的重大投融资规划、发展战略和规划，依照国家发展规划和产业政策履行出资人职责。

第三十二条　所出资企业中的国有独资企业、国有独资公司的重大资产处置，需由国有资产监督管理机构批准的，依照有关规定执行。

第六章　企业国有资产监督

第三十三条　国有资产监督管理机构依法对所出资企业财务进行监督，建立和完善国有资产保值增值指标体系，维护国有资产出资人的权益。

第三十四条　国有及国有控股企业应当加强内部监督和风险控制，依照国家有关规定建立健全财务、审计、企业法律顾问和职工民主监督等制度。

第三十五条　所出资企业中的国有独资企业、国有独资公司应当按照规定定期向国有资产监督管理机构报告财务状况、生产经营状况和国有资产保值增值状况。

第七章　法律责任

第三十六条　国有资产监督管理机构不按规定任免或者建议任免所出资企业的企业负责人，或者违法干预所出资企业的生产经营活动，侵犯其合法权益，造成企业国有资产损失或者其他严重后果的，对直接负责的主管人员和其他直接责任人员依法给予行政处分；构成犯罪的，依法追究刑事责任。

第三十七条　所出资企业中的国有独资企业、国有独资公司未按照规定向国有资产监督管理机构报告财务状况、生产经营状况和国有资产保值增值状况的，予以警告；情节严重的，对直接负责的主管人员和其他直接责任人员依法给予纪律处分。

第三十八条　国有及国有控股企业的企业负责人滥用职权、玩忽职守，造成企业国有资产损失的，应负赔偿责任，并对其依法给予纪律处分；构成犯罪的，依法追究刑事责任。

第三十九条　对企业国有资产损失负有责任受到撤职以上纪律处分的国有及国有控股企业的企业负责人，5年内不得担任任何国有及国有控股企业的企业负责人；造成企业国有资产重大损失或者被判处刑罚的，终身不得担任任何国有及国有控股企业的企业负责人。

第八章 附 则

第四十条 国有及国有控股企业、国有参股企业的组织形式、组织机构、权利和义务等，依照《中华人民共和国公司法》等法律、行政法规和本条例的规定执行。

第四十一条 国有及国有控股企业、国有参股企业中中国共产党基层组织建设、社会主义精神文明建设和党风廉政建设，依照《中国共产党章程》和有关规定执行。

国有及国有控股企业、国有参股企业中工会组织依照《中华人民共和国工会法》和《中国工会章程》的有关规定执行。

第四十二条 国务院国有资产监督管理机构，省、自治区、直辖市人民政府可以依据本条例制定实施办法。

第四十三条 本条例施行前制定的有关企业国有资产监督管理的行政法规与本条例不一致的，依照本条例的规定执行。

第四十四条 政企尚未分开的单位，应当按照国务院的规定，加快改革，实现政企分开。政企分开后的企业，由国有资产监督管理机构依法履行出资人职责，依法对企业国有资产进行监督管理。

第四十五条 本条例自公布之日起施行。

中央企业境外投资监督管理办法

（2017年1月7日国务院国有资产监督管理委员会主任办公会议审议通过，2017年1月7日公布，自公布之日起施行）

第一章 总 则

第一条 为加强中央企业境外投资监督管理，推动中央企业提升国际化经营水平，根据《中华人民共和国公司法》《中华人民共和国企业国有资产法》《关于深化国有企业改革的指导意见》（中发〔2015〕22号）和《关于改革和完善国有资产管理体制的若干意见》（国发〔2015〕63号）等法律法规和文件，制定本办法。

第二条 本办法所称中央企业是指国务院国有资产监督管理委员会（以下简称国资委）代表国务院履行出资人职责的国家出资企业。本办法所称境外投资是指中央企业在境外从事的固定资产投资与股权投资。本办法所称境外重大投资项目是指中央企业按照本企业章程及投资管理制度规定，由董事会研究决定的境外投资项目。本办法所称主业是指由中央企业发展战略和规划确定并经国资委确认公布的企业主要经营业务；非主业是指主业以外的其他经营业务。

第三条 国资委按照以管资本为主加强监管的原则，以把握投资方向、优化资本布局、严格决策程序、规范资本运作、提高资本回报、维护资本安全为重点，依法建立信息对称、权责对等、运行规范、风险控制有力的中央企业境外投资监督管理体系，推动中央企业强化境外投资行为的全程全面监管。

第四条 国资委指导中央企业建立健全境外投资管理制度，强化战略规划引领、明确投资决策程序、规范境外经营行为、加强境外风险管控、推动走出去模式创新，制定中央企业境外投资项目负面清单，对中央企业境外投资项目进行分类监管，监督检查中央企业境外投资管理制度的执行情况、境外重大投资项目的决策和实施情况，组织开展对境外重大投资项目后评价，对境外违规投资造成国有资产损失以及其他严重不良后果的进行责任追究。

第五条　中央企业是境外投资项目的决策主体、执行主体和责任主体。中央企业应当建立境外投资管理体系，健全境外投资管理制度，科学编制境外投资计划，研究制定境外投资项目负面清单，切实加强境外项目管理，提高境外投资风险防控能力，组织开展境外检查与审计，按职责进行责任追究。

第六条　中央企业境外投资应当遵循以下原则：

（一）战略引领。符合企业发展战略和国际化经营规划，坚持聚焦主业，注重境内外业务协同，提升创新能力和国际竞争力。

（二）依法合规。遵守我国和投资所在国（地区）法律法规、商业规则和文化习俗，合规经营，有序发展。

（三）能力匹配。投资规模与企业资本实力、融资能力、行业经验、管理水平和抗风险能力等相适应。

（四）合理回报。遵循价值创造理念，加强投资项目论证，严格投资过程管理，提高投资收益水平，实现国有资产保值增值。

第二章　境外投资监管体系建设

第七条　中央企业应当根据本办法规定，结合本企业实际，建立健全境外投资管理制度。企业境外投资管理制度应包括以下主要内容：

（一）境外投资应遵循的基本原则；

（二）境外投资管理流程、管理部门及相关职责；

（三）境外投资决策程序、决策机构及其职责；

（四）境外投资项目负面清单制度；

（五）境外投资信息化管理制度；

（六）境外投资风险管控制度；

（七）境外投资项目的完成、中止、终止或退出制度；

（八）境外投资项目后评价制度；

（九）违规投资责任追究制度；

（十）对所属企业境外投资活动的授权、监督与管理制度。

企业境外投资管理制度应经董事会审议通过后报送国资委。

第八条　国资委和中央企业应当建立并优化投资管理信息系统，提升境外投资管理信息化水平，采用信息化手段实现对境外投资项目的全覆盖动态监测、分析与管理，对项目面临的风险实时监控，及时预警，防患于未然。中央企业按本办法规定向国资委报送的有关纸质文件和材料，应同时通过中央企业投资管理信息系统报送电子版信息。

第九条　国资委根据国家有关规定和监管要求，建立发布中央企业境外投资项目负面清单，设定禁止类和特别监管类境外投资项目，实行分类监管。列入负面清单禁止类的境外投资项目，中央企业一律不得投资；列入负面清单特别监管类的境外投资项目，中央企业应当报送国资委履行出资人审核把关程序；负面清单之外的境外投资项目，由中央企业按照企业发展战略和规划自主决策。中央企业境外投资项目负面清单的内容保持相对稳定，并适时动态调整。

中央企业应当在国资委发布的中央企业境外投资项目负面清单基础上，结合企业实际，制定本企业更为严格、具体的境外投资项目负面清单。

第十条　国资委建立完善投资监管联动机制，发挥战略规划、法律合规、财务监督、产权管理、考核分配、资本运营、干部管理、外派监事会监督、纪检监察、审计巡视等相关监管职能合力，实现对中央企业境外投资活动过程监管全覆盖，及时发现投资风险，减少投资损失。

第三章　境外投资事前管理

第十一条　中央企业应当根据国资委制

定的中央企业五年发展规划纲要、企业发展战略和规划，制定清晰的国际化经营规划，明确中长期国际化经营的重点区域、重点领域和重点项目。中央企业应当根据企业国际化经营规划编制年度境外投资计划，并纳入企业年度投资计划，按照《中央企业投资监督管理办法》管理。

第十二条 列入中央企业境外投资项目负面清单特别监管类的境外投资项目，中央企业应当在履行企业内部决策程序后、在向国家有关部门首次报送文件前报国资委履行出资人审核把关程序。中央企业应当报送以下材料：

（一）开展项目投资的报告；

（二）企业有关决策文件；

（三）项目可研报告（尽职调查）等相关文件；

（四）项目融资方案；

（五）项目风险防控报告；

（六）其他必要的材料。

国资委依据相关法律、法规和国有资产监管规定等，从项目风险、股权结构、资本实力、收益水平、竞争秩序、退出条件等方面履行出资人审核把关程序，并对有异议的项目在收到相关材料后 20 个工作日内向企业反馈书面意见。国资委认为有必要时，可委托第三方咨询机构对项目进行论证。

第十三条 中央企业应当根据企业发展战略和规划，按照经国资委确认的主业，选择、确定境外投资项目，做好境外投资项目的融资、投资、管理、退出全过程的研究论证。对于境外新投资项目，应当充分借助国内外中介机构的专业服务，深入进行技术、市场、财务和法律等方面的可行性研究与论证，提高境外投资决策质量，其中股权类投资项目应开展必要的尽职调查，并按要求履行资产评估或估值程序。

第十四条 中央企业原则上不得在境外从事非主业投资。有特殊原因确需开展非主业投资的，应当报送国资委审核把关，并通过与具有相关主业优势的中央企业合作的方式开展。

第十五条 中央企业应当明确投资决策机制，对境外投资决策实行统一管理，向下授权境外投资决策的企业管理层级原则上不超过二级。各级境外投资决策机构对境外投资项目做出决策，应当形成决策文件，所有参与决策的人员均应当在决策文件上签字背书，所发表意见应记录存档。

第四章 境外投资事中管理

第十六条 国资委对中央企业实施中的境外重大投资项目进行随机监督检查，重点检查企业境外重大投资项目决策、执行和效果等情况，对发现的问题向企业进行提示。

第十七条 中央企业应当定期对实施、运营中的境外投资项目进行跟踪分析，针对外部环境和项目本身情况变化，及时进行再决策。如出现影响投资目的的实现的重大不利变化时，应研究启动中止、终止或退出机制。中央企业因境外重大投资项目再决策涉及到年度投资计划调整的，应当将调整后的年度投资计划报送国资委。

第十八条 中央企业应当建立境外投资项目阶段评价和过程问责制度，对境外重大投资项目的阶段性进展情况开展评价，发现问题，及时调整，对违规违纪行为实施全程追责，加强过程管控。

第十九条 中央企业应当按照国资委要求，分别于每年一、二、三季度终了次月 10 日前将季度境外投资完成情况通过中央企业投资管理信息系统报送国资委。季度境外投资完成情况主要包括固定资产投资、股权投资、重大投资项目完成情况，以及需要报告的其他事项等内容。部分重点行业的中央企业应当按要求报送季度境外投资分析情况。

第五章 境外投资事后管理

第二十条 中央企业在年度境外投资完

成后，应当编制年度境外投资完成情况报告，并于下一年1月31日前报送国资委。年度境外投资完成情况报告包括但不限于以下内容：

（一）年度境外投资完成总体情况；

（二）年度境外投资效果分析；

（三）境外重大投资项目进展情况；

（四）年度境外投资后评价工作开展情况；

（五）年度境外投资存在的主要问题及建议。

第二十一条　境外重大投资项目实施完成后，中央企业应当及时开展后评价，形成后评价专项报告。通过项目后评价，完善企业投资决策机制，提高项目成功率和投资收益，总结投资经验，为后续投资活动提供参考，提高投资管理水平。国资委对中央企业境外投资项目后评价工作进行监督和指导，选择部分境外重大投资项目开展后评价，并向企业通报后评价结果，对项目开展的有益经验进行推广。

第二十二条　中央企业应当对境外重大投资项目开展常态化审计，审计的重点包括境外重大投资项目决策、投资方向、资金使用、投资收益、投资风险管理等方面。

第二十三条　国资委建立中央企业国际化经营评价指标体系，组织开展中央企业国际化经营年度评价，将境外投资管理作为经营评价的重要内容，评价结果定期报告和公布。

第六章　境外投资风险管理

第二十四条　中央企业应当将境外投资风险管理作为投资风险管理体系的重要内容。强化境外投资前期风险评估和风控预案制订，做好项目实施过程中的风险监控、预警和处置，防范投资后项目运营、整合风险，做好项目退出的时点与方式安排。

第二十五条　中央企业境外投资项目应当积极引入国有资本投资、运营公司以及民间投资机构、当地投资者、国际投资机构入股，发挥各类投资者熟悉项目情况、具有较强投资风险管控能力和公关协调能力等优势，降低境外投资风险。对于境外特别重大投资项目，中央企业应建立投资决策前风险评估制度，委托独立第三方有资质咨询机构对投资所在国（地区）政治、经济、社会、文化、市场、法律、政策等风险做全面评估。纳入国资委债务风险管控的中央企业不得因境外投资推高企业的负债率水平。

第二十六条　中央企业应当重视境外项目安全风险防范，加强与国家有关部门和我驻外使（领）馆的联系，建立协调统一、科学规范的安全风险评估、监测预警和应急处置体系，有效防范和应对项目面临的系统性风险。

第二十七条　中央企业应当根据自身风险承受能力，充分利用政策性出口信用保险和商业保险，将保险嵌入企业风险管理机制，按照国际通行规则实施联合保险和再保险，减少风险发生时所带来的损失。

第二十八条　中央企业应当树立正确的义利观，坚持互利共赢原则，加强与投资所在国（地区）政府、媒体、企业、社区等社会各界公共关系建设，积极履行社会责任，注重跨文化融合，营造良好的外部环境。

第七章　责任追究

第二十九条　中央企业违反本办法规定，未履行或未正确履行投资管理职责造成国有资产损失以及其他严重不良后果的，依照《中华人民共和国企业国有资产法》《国务院办公厅关于建立国有企业违规经营投资责任追究制度的意见》（国办发〔2016〕63号）等有关规定，由有关部门追究中央企业经营管理人员的责任。对瞒报、谎报、不及时报送投资信息的中央企业，国资委予以通报批评。

第三十条　国资委相关工作人员违反本办法规定造成不良影响的，由国资委责令其改正；造成国有资产损失的，由有关部门按照干部管理权限给予处分；涉嫌犯罪的，依法移送司法机关处理。

第八章 附 则

第三十一条 本办法由国资委负责解释。

第三十二条 本办法自公布之日起施行。国资委于2012年公布的《中央企业境外投资监督管理暂行办法》（国资委令第28号）同时废止。

企业国有资产交易监督管理办法

（2016年6月24日国务院国有资产监督管理委员会主任办公会议审议通过，2016年6月24日公布，自公布之日起施行）

第一章 总 则

第一条 为规范企业国有资产交易行为，加强企业国有资产交易监督管理，防止国有资产流失，根据《中华人民共和国企业国有资产法》、《中华人民共和国公司法》、《企业国有资产监督管理暂行条例》等有关法律法规，制定本办法。

第二条 企业国有资产交易应当遵守国家法律法规和政策规定，有利于国有经济布局和结构调整优化，充分发挥市场配置资源作用，遵循等价有偿和公开公平公正的原则，在依法设立的产权交易机构中公开进行，国家法律法规另有规定的从其规定。

第三条 本办法所称企业国有资产交易行为包括：

（一）履行出资人职责的机构、国有及国有控股企业、国有实际控制企业转让其对企业各种形式出资所形成权益的行为（以下称企业产权转让）；

（二）国有及国有控股企业、国有实际控制企业增加资本的行为（以下称企业增资），政府以增加资本金方式对国家出资企业的投入除外；

（三）国有及国有控股企业、国有实际控制企业的重大资产转让行为（以下称企业资产转让）。

第四条 本办法所称国有及国有控股企业、国有实际控制企业包括：

（一）政府部门、机构、事业单位出资设立的国有独资企业（公司），以及上述单位、企业直接或间接合计持股为100%的国有全资企业；

（二）本条第（一）款所列单位、企业单独或共同出资，合计拥有产（股）权比例超过50%，且其中之一为最大股东的企业；

（三）本条第（一）、（二）款所列企业对外出资，拥有股权比例超过50%的各级子企业；

（四）政府部门、机构、事业单位、单一国有及国有控股企业直接或间接持股比例未超过50%，但为第一大股东，并且通过股东协议、公司章程、董事会决议或者其他协议安排能够对其实际支配的企业。

第五条 企业国有资产交易标的应当权属清晰，不存在法律法规禁止或限制交易的情形。已设定担保物权的国有资产交易，应当符合《中华人民共和国物权法》、《中华人民共和国担保法》等有关法律法规规定。涉及政府社会公共管理事项的，应当依法报政府有关部门审核。

第六条 国有资产监督管理机构（以下简称国资监管机构）负责所监管企业的国有资产交易监督管理；国家出资企业负责其各级子企业国有资产交易的管理，定期向同级国资监管机构报告本企业的国有资产交易情况。

第二章　企业产权转让

第七条　国资监管机构负责审核国家出资企业的产权转让事项。其中，因产权转让致使国家不再拥有所出资企业控股权的，须由国资监管机构报本级人民政府批准。

第八条　国家出资企业应当制定其子企业产权转让管理制度，确定审批管理权限。其中，对主业处于关系国家安全、国民经济命脉的重要行业和关键领域，主要承担重大专项任务子企业的产权转让，须由国家出资企业报同级国资监管机构批准。

转让方为多家国有股东共同持股的企业，由其中持股比例最大的国有股东负责履行相关批准程序；各国有股东持股比例相同的，由相关股东协商后确定其中一家股东负责履行相关批准程序。

第九条　产权转让应当由转让方按照企业章程和企业内部管理制度进行决策，形成书面决议。国有控股和国有实际控制企业中国有股东委派的股东代表，应当按照本办法规定和委派单位的指示发表意见、行使表决权，并将履职情况和结果及时报告委派单位。

第十条　转让方应当按照企业发展战略做好产权转让的可行性研究和方案论证。产权转让涉及职工安置事项的，安置方案应当经职工代表大会或职工大会审议通过；涉及债权债务处置事项的，应当符合国家相关法律法规的规定。

第十一条　产权转让事项经批准后，由转让方委托会计师事务所对转让标的企业进行审计。涉及参股权转让不宜单独进行专项审计的，转让方应当取得转让标的企业最近一期年度审计报告。

第十二条　对按照有关法律法规要求必须进行资产评估的产权转让事项，转让方应当委托具有相应资质的评估机构对转让标的进行资产评估，产权转让价格应以经核准或备案的评估结果为基础确定。

第十三条　产权转让原则上通过产权市场公开进行。转让方可以根据企业实际情况和工作进度安排，采取信息预披露和正式披露相结合的方式，通过产权交易机构网站分阶段对外披露产权转让信息，公开征集受让方。其中正式披露信息时间不得少于20个工作日。

因产权转让导致转让标的企业的实际控制权发生转移的，转让方应当在转让行为获批后10个工作日内，通过产权交易机构进行信息预披露，时间不得少于20个工作日。

第十四条　产权转让原则上不得针对受让方设置资格条件，确需设置的，不得有明确指向性或违反公平竞争原则，所设资格条件相关内容应当在信息披露前报同级国资监管机构备案，国资监管机构在5个工作日内未反馈意见的视为同意。

第十五条　转让方披露信息包括但不限于以下内容：

（一）转让标的基本情况；

（二）转让标的企业的股东结构；

（三）产权转让行为的决策及批准情况；

（四）转让标的企业最近一个年度审计报告和最近一期财务报表中的主要财务指标数据，包括但不限于资产总额、负债总额、所有者权益、营业收入、净利润等（转让参股权的，披露最近一个年度审计报告中的相应数据）；

（五）受让方资格条件（适用于对受让方有特殊要求的情形）；

（六）交易条件、转让底价；

（七）企业管理层是否参与受让，有限责任公司原股东是否放弃优先受让权；

（八）竞价方式，受让方选择的相关评判标准；

（九）其他需要披露的事项。

其中信息预披露应当包括但不限于以上

（一）、（二）、（三）、（四）、（五）款内容。

第十六条 转让方应当按照要求向产权交易机构提供披露信息内容的纸质文档材料，并对披露内容和所提供材料的真实性、完整性、准确性负责。产权交易机构应当对信息披露的规范性负责。

第十七条 产权转让项目首次正式信息披露的转让底价，不得低于经核准或备案的转让标的评估结果。

第十八条 信息披露期满未征集到意向受让方的，可以延期或在降低转让底价、变更受让条件后重新进行信息披露。

降低转让底价或变更受让条件后重新披露信息的，披露时间不得少于20个工作日。新的转让底价低于评估结果的90%时，应当经转让行为批准单位书面同意。

第十九条 转让项目自首次正式披露信息之日起超过12个月未征集到合格受让方的，应当重新履行审计、资产评估以及信息披露等产权转让工作程序。

第二十条 在正式披露信息期间，转让方不得变更产权转让公告中公布的内容，由于非转让方原因或其他不可抗力因素导致可能对转让标的价值判断造成影响的，转让方应当及时调整补充披露信息内容，并相应延长信息披露时间。

第二十一条 产权交易机构负责意向受让方的登记工作，对意向受让方是否符合受让条件提出意见并反馈转让方。产权交易机构与转让方意见不一致的，由转让行为批准单位决定意向受让方是否符合受让条件。

第二十二条 产权转让信息披露期满、产生符合条件的意向受让方的，按照披露的竞价方式组织竞价。竞价可以采取拍卖、招投标、网络竞价以及其他竞价方式，且不得违反国家法律法规的规定。

第二十三条 受让方确定后，转让方与受让方应当签订产权交易合同，交易双方不得以交易期间企业经营性损益等理由对已达成的交易条件和交易价格进行调整。

第二十四条 产权转让导致国有股东持有上市公司股份间接转让的，应当同时遵守上市公司国有股权管理以及证券监管相关规定。

第二十五条 企业产权转让涉及交易主体资格审查、反垄断审查、特许经营权、国有划拨土地使用权、探矿权和采矿权等政府审批事项的，按照相关规定执行。

第二十六条 受让方为境外投资者的，应当符合外商投资产业指导目录和负面清单管理要求，以及外商投资安全审查有关规定。

第二十七条 交易价款应当以人民币计价，通过产权交易机构以货币进行结算。因特殊情况不能通过产权交易机构结算的，转让方应当向产权交易机构提供转让行为批准单位的书面意见以及受让方付款凭证。

第二十八条 交易价款原则上应当自合同生效之日起5个工作日内一次付清。

金额较大、一次付清确有困难的，可以采取分期付款方式。采用分期付款方式的，首期付款不得低于总价款的30%，并在合同生效之日起5个工作日内支付；其余款项应当提供转让方认可的合法有效担保，并按同期银行贷款利率支付延期付款期间的利息，付款期限不得超过1年。

第二十九条 产权交易合同生效后，产权交易机构应当将交易结果通过交易机构网站对外公告，公告内容包括交易标的名称、转让标的评估结果、转让底价、交易价格，公告期不少于5个工作日。

第三十条 产权交易合同生效，并且受让方按照合同约定支付交易价款后，产权交易机构应当及时为交易双方出具交易凭证。

第三十一条 以下情形的产权转让可以采取非公开协议转让方式：

（一）涉及主业处于关系国家安全、国民经济命脉的重要行业和关键领域企业的重组整合，对受让方有特殊要求，企业产权需要在国有及国有控股企业之间转让的，经国资监管机构批准，可以采取非公开协议转让方式；

（二）同一国家出资企业及其各级控股企业或实际控制企业之间因实施内部重组整合进行产权转让的，经该国家出资企业审议决策，可以采取非公开协议转让方式。

第三十二条　采取非公开协议转让方式转让企业产权，转让价格不得低于经核准或备案的评估结果。

以下情形按照《中华人民共和国公司法》、企业章程履行决策程序后，转让价格可以资产评估报告或最近一期审计报告确认的净资产值为基础确定，且不得低于经评估或审计的净资产值：

（一）同一国家出资企业内部实施重组整合，转让方和受让方为该国家出资企业及其直接或间接全资拥有的子企业；

（二）同一国有控股企业或国有实际控制企业内部实施重组整合，转让方和受让方为该国有控股企业或国有实际控制企业及其直接、间接全资拥有的子企业。

第三十三条　国资监管机构批准、国家出资企业审议决策采取非公开协议方式的企业产权转让行为时，应当审核下列文件：

（一）产权转让的有关决议文件；

（二）产权转让方案；

（三）采取非公开协议方式转让产权的必要性以及受让方情况；

（四）转让标的企业审计报告、资产评估报告及其核准或备案文件。其中属于第三十二条（一）、（二）款情形的，可以仅提供企业审计报告；

（五）产权转让协议；

（六）转让方、受让方和转让标的企业的国家出资企业产权登记表（证）；

（七）产权转让行为的法律意见书；

（八）其他必要的文件。

第三章　企业增资

第三十四条　国资监管机构负责审核国家出资企业的增资行为。其中，因增资致使国家不再拥有所出资企业控股权的，须由国资监管机构报本级人民政府批准。

第三十五条　国家出资企业决定其子企业的增资行为。其中，对主业处于关系国家安全、国民经济命脉的重要行业和关键领域，主要承担重大专项任务的子企业的增资行为，须由国家出资企业报同级国资监管机构批准。

增资企业为多家国有股东共同持股的企业，由其中持股比例最大的国有股东负责履行相关批准程序；各国有股东持股比例相同的，由相关股东协商后确定其中一家股东负责履行相关批准程序。

第三十六条　企业增资应当符合国家出资企业的发展战略，做好可行性研究，制定增资方案，明确募集资金金额、用途、投资方应具备的条件、选择标准和遴选方式等。增资后企业的股东数量须符合国家相关法律法规的规定。

第三十七条　企业增资应当由增资企业按照企业章程和内部管理制度进行决策，形成书面决议。国有控股、国有实际控制企业中国有股东委派的股东代表，应当按照本办法规定和委派单位的指示发表意见、行使表决权，并将履职情况和结果及时报告委派单位。

第三十八条　企业增资在完成决策批准程序后，应当由增资企业委托具有相应资质的中介机构开展审计和资产评估。

以下情形按照《中华人民共和国公司法》、企业章程履行决策程序后，可以依据评估报告或最近一期审计报告确定企业资本及股权比例：

（一）增资企业原股东同比例增资的；

（二）履行出资人职责的机构对国家出资企业增资的；

（三）国有控股或国有实际控制企业对其独资子企业增资的；

（四）增资企业和投资方均为国有独资

或国有全资企业的。

第三十九条 企业增资通过产权交易机构网站对外披露信息公开征集投资方，时间不得少于 40 个工作日。信息披露内容包括但不限于：

（一）企业的基本情况；

（二）企业目前的股权结构；

（三）企业增资行为的决策及批准情况；

（四）近三年企业审计报告中的主要财务指标；

（五）企业拟募集资金金额和增资后的企业股权结构；

（六）募集资金用途；

（七）投资方的资格条件，以及投资金额和持股比例要求等；

（八）投资方的遴选方式；

（九）增资终止的条件；

（十）其他需要披露的事项。

第四十条 企业增资涉及上市公司实际控制人发生变更的，应当同时遵守上市公司国有股权管理以及证券监管相关规定。

第四十一条 产权交易机构接受增资企业的委托提供项目推介服务，负责意向投资方的登记工作，协助企业开展投资方资格审查。

第四十二条 通过资格审查的意向投资方数量较多时，可以采用竞价、竞争性谈判、综合评议等方式进行多轮次遴选。产权交易机构负责统一接收意向投资方的投标和报价文件，协助企业开展投资方遴选有关工作。企业董事会或股东会以资产评估结果为基础，结合意向投资方的条件和报价等因素审议选定投资方。

第四十三条 投资方以非货币资产出资的，应当经增资企业董事会或股东会审议同意，并委托具有相应资质的评估机构进行评估，确认投资方的出资金额。

第四十四条 增资协议签订并生效后，产权交易机构应当出具交易凭证，通过交易机构网站对外公告结果，公告内容包括投资方名称、投资金额、持股比例等，公告期不少于 5 个工作日。

第四十五条 以下情形经同级国资监管机构批准，可以采取非公开协议方式进行增资：

（一）因国有资本布局结构调整需要，由特定的国有及国有控股企业或国有实际控制企业参与增资；

（二）因国家出资企业与特定投资方建立战略合作伙伴或利益共同体需要，由该投资方参与国家出资企业或其子企业增资。

第四十六条 以下情形经国家出资企业审议决策，可以采取非公开协议方式进行增资：

（一）国家出资企业直接或指定其控股、实际控制的其他子企业参与增资；

（二）企业债权转为股权；

（三）企业原股东增资。

第四十七条 国资监管机构批准、国家出资企业审议决策采取非公开协议方式的企业增资行为时，应当审核下列文件：

（一）增资的有关决议文件；

（二）增资方案；

（三）采取非公开协议方式增资的必要性以及投资方情况；

（四）增资企业审计报告、资产评估报告及其核准或备案文件。其中属于第三十八条（一）、（二）、（三）、（四）款情形的，可以仅提供企业审计报告；

（五）增资协议；

（六）增资企业的国家出资企业产权登记表（证）；

（七）增资行为的法律意见书；

（八）其他必要的文件。

第四章 企业资产转让

第四十八条 企业一定金额以上的生产设备、房产、在建工程以及土地使用权、债权、知识产权等资产对外转让，应当按照企业内部管理制度履行相应决策程序后，在产权交易机构公开进行。涉及国家出资企业内部或特定行业的资产转让，确需在国有及国有控股、国有实际控制企业之间非公开转让的，由转让方逐级报国家出资企业审核批准。

第四十九条　国家出资企业负责制定本企业不同类型资产转让行为的内部管理制度，明确责任部门、管理权限、决策程序、工作流程，对其中应当在产权交易机构公开转让的资产种类、金额标准等作出具体规定，并报同级国资监管机构备案。

第五十条　转让方应当根据转让标的情况合理确定转让底价和转让信息公告期：

（一）转让底价高于100万元、低于1000万元的资产转让项目，信息公告期应不少于10个工作日；

（二）转让底价高于1000万元的资产转让项目，信息公告期应不少于20个工作日。

企业资产转让的具体工作流程参照本办法关于企业产权转让的规定执行。

第五十一条　除国家法律法规或相关规定另有要求的外，资产转让不得对受让方设置资格条件。

第五十二条　资产转让价款原则上一次性付清。

第五章　监督管理

第五十三条　国资监管机构及其他履行出资人职责的机构对企业国有资产交易履行以下监管职责：

（一）根据国家有关法律法规，制定企业国有资产交易监管制度和办法；

（二）按照本办法规定，审核批准企业产权转让、增资等事项；

（三）选择从事企业国有资产交易业务的产权交易机构，并建立对交易机构的检查评审机制；

（四）对企业国有资产交易制度的贯彻落实情况进行监督检查；

（五）负责企业国有资产交易信息的收集、汇总、分析和上报工作；

（六）履行本级人民政府赋予的其他监管职责。

第五十四条　省级以上国资监管机构应当在全国范围选择开展企业国有资产交易业务的产权交易机构，并对外公布名单。选择的产权交易机构应当满足以下条件：

（一）严格遵守国家法律法规，未从事政府明令禁止开展的业务，未发生重大违法违规行为；

（二）交易管理制度、业务规则、收费标准等向社会公开，交易规则符合国有资产交易制度规定；

（三）拥有组织交易活动的场所、设施、信息发布渠道和专业人员，具备实施网络竞价的条件；

（四）具有较强的市场影响力，服务能力和水平能够满足企业国有资产交易的需要；

（五）信息化建设和管理水平满足国资监管机构对交易业务动态监测的要求；

（六）相关交易业务接受国资监管机构的监督检查。

第五十五条　国资监管机构应当对产权交易机构开展企业国有资产交易业务的情况进行动态监督。交易机构出现以下情形的，视情节轻重对其进行提醒、警告、通报、暂停直至停止委托从事相关业务：

（一）服务能力和服务水平较差，市场功能未得到充分发挥；

（二）在日常监管和定期检查评审中发现问题较多，且整改不及时或整改效果不明显；

（三）因违规操作、重大过失等导致企业国有资产在交易过程中出现损失；

（四）违反相关规定，被政府有关部门予以行政处罚而影响业务开展；

（五）拒绝接受国资监管机构对其相关

业务开展监督检查；

（六）不能满足国资监管机构监管要求的其他情形。

第五十六条　国资监管机构发现转让方或增资企业未执行或违反相关规定、侵害国有权益的，应当责成其停止交易活动。

第五十七条　国资监管机构及其他履行出资人职责的机构应定期对国家出资企业及其控股和实际控制企业的国有资产交易情况进行检查和抽查，重点检查国家法律法规政策和企业内部管理制度的贯彻执行情况。

第六章　法律责任

第五十八条　企业国有资产交易过程中交易双方发生争议时，当事方可以向产权交易机构申请调解；调解无效时可以按照约定向仲裁机构申请仲裁或向人民法院提起诉讼。

第五十九条　企业国有资产交易应当严格执行“三重一大”决策机制。国资监管机构、国有及国有控股企业、国有实际控制企业的有关人员违反规定越权决策、批准相关交易事项，或者玩忽职守、以权谋私致使国有权益受到侵害的，由有关单位按照人事和干部管理权限给予相关责任人员相应处分；造成国有资产损失的，相关责任人员应当承担赔偿责任；构成犯罪的，依法追究其刑事责任。

第六十条　社会中介机构在为企业国有资产交易提供审计、资产评估和法律服务中存在违规执业行为的，有关国有企业应及时报告同级国资监管机构，国资监管机构可要求国有及国有控股企业、国有实际控制企业不得再委托其开展相关业务；情节严重的，由国资监管机构将有关情况通报其行业主管部门，建议给予其相应处罚。

第六十一条　产权交易机构在企业国有资产交易中弄虚作假或者玩忽职守、给企业造成损失的，应当承担赔偿责任，并依法追究直接责任人员的责任。

第七章　附　　则

第六十二条　政府部门、机构、事业单位持有的企业国有资产交易，按照现行监管体制，比照本办法管理。

第六十三条　金融、文化类国家出资企业的国有资产交易和上市公司的国有股权转让等行为，国家另有规定的，依照其规定。

第六十四条　国有资本投资、运营公司对各级子企业资产交易的监督管理，相应由各级人民政府或国资监管机构另行授权。

第六十五条　境外国有及国有控股企业、国有实际控制企业在境内投资企业的资产交易，比照本办法规定执行。

第六十六条　政府设立的各类股权投资基金投资形成企业产（股）权对外转让，按照有关法律法规规定执行。

第六十七条　本办法自发布之日起施行，现行企业国有资产交易监管相关规定与本办法不一致的，以本办法为准。

金融企业国有资产转让管理办法

（2009年3月17日政部部务会议审议通过，
2009年3月17日公布，自2009年5月1日起施行）

第一章　总　　则

第一条　为了规范金融企业国有资产转让行为，加强国有资产交易的监督管理，维护国有资产出资人的合法权益，防止国有资产流失，根据有关法律、行政法规，制定本办法。

第二条　本办法所称金融企业国有资产，是指各级人民政府及其授权投资主体对金融企业各种形式的出资所形成的权益。

本办法所称金融企业，包括所有获得金融业务许可证的企业和金融控股（集团）公司。

第三条　县级以上人民政府财政部门（以下简称财政部门）和县级以上人民政府或者财政部门授权投资主体转让所持金融企业国有资产，国有及国有控股金融企业（以下统称转让方）转让所持国有资产给境内外法人、自然人或者其他组织（以下统称受让方），适用本办法。

第四条　金融企业国有资产转让应当遵守法律、行政法规和产业政策规定。

第五条　金融企业国有资产转让包括非上市企业国有产权转让和上市公司国有股份转让。

金融企业国有资产转让以通过产权交易机构、证券交易系统交易为主要方式。符合本办法规定条件的，可以采取直接协议方式转让金融企业国有资产。

第六条　拟转让的金融企业国有资产权属关系应当明晰。权属关系不明确或者存在权属纠纷以及法律、行政法规和国家有关政策规定禁止转让的金融企业国有资产不得转让。

转让已经设立担保物权的金融企业国有资产，应当符合《中华人民共和国物权法》、《中华人民共和国担保法》等有关法律、行政法规的规定。

第七条　金融企业国有资产转让按照统一政策、分级管理的原则，由财政部门负责监督管理。财政部门转让金融企业国有资产，应当报本级人民政府批准。政府授权投资主体转让金融企业国有资产，应当报本级财政部门批准。

金融企业国有资产转让过程中，涉及政府社会公共管理和金融行业监督管理事项的，应当根据国家规定，报经政府有关部门批准。

以境外投资人为受让方的，应当符合国家有关外商投资的监督管理规定，由转让方按照有关规定报经政府有关部门批准。

第八条　财政部门是金融企业国有资产转让的监督管理部门。

财政部负责制定金融企业国有资产转让监督管理制度，并对中央管理的金融企业及其子公司的国有资产转让工作实施监督管理。

地方县级以上财政部门对本级管理的金融企业及其子公司国有资产转让实施监督管理。

上级财政部门指导和监督下级财政部门的金融企业国有资产转让监督管理工作。

第九条　财政部门对金融企业国有资产转让履行下列监督管理职责：

（一）决定或者批准金融企业国有资产转让事项，审核重大资产转让事项并报本级人民政府批准；

（二）确定承办金融企业国有资产交易业务的产权交易机构备选名单；

（三）负责金融企业国有资产转让情况的监督检查工作；

（四）负责金融企业国有资产转让信息的收集、汇总、分析和上报工作；

（五）本级人民政府授权的其他职责。

第十条　国有及国有控股金融企业在境内外依法设立子公司或者向企业投资的，由该国有及国有控股金融企业按本办法规定负责所设立子公司和投资企业的国有资产的转让工作，并履行下列职责：

（一）按照本办法及国家有关规定，制定企业所属分支机构、子公司的国有资产转让管理办法和工作程序，并报本级财政部门备案；

（二）研究资产转让行为是否有利于促进企业的持续发展；

（三）审议所属一级子公司的资产转让

事项，监督一级子公司以下的资产转让事项；

（四）向财政部门、相关金融监督管理部门和其他有关部门报告有关资产转让情况。

第二章 非上市企业国有产权转让

第十一条 非上市企业国有产权的转让应当在依法设立的省级以上（含省级，下同）产权交易机构公开进行，不受地区、行业、出资或者隶属关系的限制。

第十二条 国有及国有控股金融企业转让一级子公司的产权，应当报财政部门审批。除国家明确规定需要报国务院批准外，中央管理的国有及国有控股金融企业转让一级子公司的产权应当报财政部审批；地方管理的金融企业国有资产转让的审批权限，由省级财政部门确定。

国有及国有控股金融企业一级子公司（省级分公司或者分行、金融资产管理公司办事处）转让所持子公司产权，由控股（集团）公司审批。其中，涉及重要行业、重点子公司的重大国有产权转让，或者导致转让标的企业所持金融企业或者其他重点子公司控股权转移的，应当报财政部门审批。

第十三条 转让方应当制定转让方案，并按照内部决策程序交股东会或者股东大会、董事会或者其他决策部门审议，形成书面决议。

转让方案包括转让标的企业产权的基本情况、转让行为的论证情况、产权转让公告以及其他主要内容。

转让标的企业涉及职工安置问题的，应当按照国家有关规定办理职工安置工作。

第十四条 转让方应当依照国家有关规定，委托资产评估机构对转让标的企业的整体价值进行评估。

第十五条 非上市企业国有产权转让需要报财政部门审批的，转让方应当在进场交易前报送以下材料：

（一）产权转让的申请书，包括转让原因，是否进场交易等内容；

（二）产权转让方案及内部决策文件；

（三）转让方基本情况及上一年度经会计师事务所审计的财务会计报告；

（四）转让标的企业基本情况、当期财务会计报告和最近一期经会计师事务所审计的财务会计报告；

（五）转让方和转让标的企业国有资产产权证明文件；

（六）转让标的企业资产评估核准或者备案文件；

（七）拟选择的产权交易机构；

（八）意向受让方应当具备的基本条件、支付方式；

（九）律师事务所出具的法律意见书；

（十）财政部门认为必要的其他文件。

转让金融企业产权的，应当对是否符合相关金融监督管理部门的规定进行说明。

第十六条 从事金融企业国有产权交易活动的产权交易机构，应当符合下列基本条件：

（一）遵守有关法律、法规、规章；

（二）具备相应的交易场所、信息发布渠道和专业人员，能够满足金融企业国有产权交易活动的需要；

（三）具有健全的内部管理制度，产权交易操作规范；

（四）能够履行产权交易机构的职责，依法审查产权交易主体的资格和条件；

（五）连续3年没有违法、违规记录；

（六）按照国家有关规定公开披露产权交易信息，并能够按要求及时向省级以上财政部门报告场内金融企业国有产权交易情况。

第十七条 转让方在确定进场交易的产权交易机构后，应当委托该产权交易机构在省级以上公开发行的经济或者金融类报刊和产权交易机构的网站上刊登产权转让公告，公开披露有关非上市企业产权转让信息，征集意向受让方。

产权转让公告期不得少于20个工作日。

第十八条　转让方披露的非上市企业产权转让信息应当包括下列内容：

（一）转让标的企业的基本情况；

（二）转让标的企业的产权构成情况；

（三）产权转让行为的内部决策情况；

（四）转让标的企业最近一期经会计师事务所审计的主要财务指标数据；

（五）转让标的企业资产评估核准或者备案情况；

（六）受让方应当具备的基本条件；

（七）其他需要披露的事项。

需要按本办法办理审批手续的，还应当披露产权转让行为的批准情况。

第十九条　意向受让方一般应当具备下列条件：

（一）具有良好的财务状况和支付能力；

（二）具有良好的商业信用；

（三）受让方为自然人的，应当具有完全民事行为能力；

（四）国家规定的其他条件。

在不违反相关监督管理要求和公平竞争原则下，转让方可以对意向受让方的资质、商业信誉、行业准入、资产规模、经营情况、财务状况、管理能力等提出具体要求。

第二十条　在产权交易过程中，首次挂牌价格不得低于经核准或者备案的资产评估结果。

首次挂牌未能征集到意向受让方的，转让方可以根据转让标的企业情况确定新的挂牌价格并重新公告。如新的挂牌价格低于资产评估结果的90%，应当重新报批。

第二十一条　经公开征集，产生2个以上（含2个）意向受让方时，转让方应当会同产权交易机构共同对意向受让方进行资格审核，根据转让标的企业的具体情况采取拍卖、招投标或者国家规定的其他公开竞价方式实施产权交易。

采取拍卖方式转让非上市企业产权的，应当按照《中华人民共和国拍卖法》及其他有关规定组织实施。

采取招投标方式转让非上市企业产权的，应当按照《中华人民共和国招标投标法》及其他有关规定组织实施。

第二十二条　经产权交易机构公开征集只产生1个符合条件的意向受让方时，产权转让可以采取场内协议转让方式进行，但转让价格不得低于挂牌价格。

采取场内协议转让方式的，转让方应当与受让方进行充分协商，依法妥善处理转让中所涉及的相关事项后，签订产权转让协议（合同，下同）。

第二十三条　确定受让方后，转让方应当与受让方签订产权转让协议。

转让协议应当包括下列内容：

（一）转让与受让双方的名称与住所；

（二）转让标的企业产权的基本情况；

（三）转让方式、转让价格、价款支付时间和方式及付款条件；

（四）产权交割事项；

（五）转让涉及的有关税费负担；

（六）协议争议的解决方式；

（七）协议各方的违约责任；

（八）协议变更和解除的条件；

（九）转让和受让双方认为必要的其他条款。

第二十四条　转让方应当按照产权转让协议的约定及时收取产权转让的全部价款，转让价款原则上应当采取货币性资产一次性收取。如金额较大、一次付清确有困难的，可以约定分期付款方式，但分期付款期限不得超过1年。

采用分期付款方式的，受让方首期付款不得低于总价款的30%，并在协议生效之日起5个工作日内支付；其余款项应当办理合法的价款支付保全手续，并按同期金融机构基准贷款利率向转让方支付分期付款期间利息。在全部转让价款支付完毕前或者未办理价款支付保全手续前，转让方不得申请办理国有产权登记和工商变更登记手续。

受让方以非货币性资产支付产权转让价款的，转让方应当按照有关规定委托资产评估机构进行资产评估，确定非货币性资产的价值。

第二十五条 财政部门应当对转让方报送的材料进行认真审核，确定是否批准相关产权转让事项。

转让事项经批准后，如转让和受让双方调整产权转让比例或者产权转让方案有重大变化，造成与批准事项不符的，应当按照规定程序重新报批。

第二十六条 非上市企业产权转让过程中涉及国有土地（海域）使用权、探矿权、采矿权的，应当按照国家有关规定另行办理相关手续。

第二十七条 非上市企业产权转让完成后，转让和受让双方应当凭产权交易机构出具的产权交易凭证，按照国家有关规定及时办理相关国有产权登记手续。

第三章 上市公司国有股份转让

第二十八条 转让上市金融企业国有股份和金融企业转让上市公司国有股份应当通过依法设立的证券交易系统进行。

第二十九条 转让方应当根据有关规定，办理上市公司股份转让的信息披露事项。

第三十条 转让方为上市公司控股股东，应当将股份转让方案报财政部门审批后实施。

涉及国民经济关键行业的，应当得到相关部门的批准。

第三十一条 转让方为上市公司参股股东，在1个完整会计年度内累计净转让股份（累计减持股份扣除累计增持股份后的余额，下同）比例未达到上市公司总股本5%的，由转让方按照内部决策程序决定，并在每年1月10日前将上一年度转让上市公司股份的情况报财政部门；达到或者超过上市公司总股本5%的，应当事先将转让方案报财政部门批准后实施。

第三十二条 转让方转让上市公司国有股份需要报财政部门审批的，报送材料应当包括：

（一）转让上市公司股份的申请书，包括转让原因、转让股份数量、持股成本、转让价格确定等内容；

（二）上市公司股份转让方案和内部决策文件；

（三）转让方基本情况及上一年度经会计师事务所审计的财务会计报告；

（四）上市公司基本情况及最近一期年度财务会计报告和经会计师事务所审计的财务会计报告；

（五）转让上市公司股份对公司控制权、公司股价和资本市场的影响；

（六）财政部门规定的其他文件。

财政部门应当对转让方报送的材料进行认真审核，确定是否同意上市公司股份转让事项。

第三十三条 转让方采取大宗交易方式转让上市公司股份的，股份转让价格不得低于该上市公司股票当天交易的加权平均价格；当日无成交的，不得低于前1个交易日的加权平均价格。

第三十四条 上市公司股份转让完成后，转让方应当按照国家有关规定及时办理国有产权登记手续。

第四章 国有资产直接协议转让

第三十五条 有下列情况之一，经国务院批准或者财政部门批准，转让方可以采取直接协议转让方式转让非上市企业国有产权和上市公司国有股份。

（一）国家有关规定对受让方有特殊要求；

（二）控股（集团）公司进行内部资产重组；

（三）其他特殊原因。

拟采取直接协议转让方式对控股（集团）公司内部进行资产重组的，中央管理的金融企业一级子公司的产权转让工作由财政部负责；一级以下子公司的产权转让由控股（集团）公司负责，其中：拟直接协议转让控股上市公司股份的，应当将转让方案报财政部审批。

第三十六条　转让方采用直接协议方式转让非上市企业产权的，应当按照本办法第十三条、第十四条、第十五条、第二十三条和第二十四条的规定，组织转让方案制定、资产评估、审核材料报送、转让协议签署和转让价款收取等项工作。

第三十七条　非上市企业产权直接协议转让的价格不得低于经核准或者备案的资产评估结果。

国有金融企业在实施内部资产重组过程中，拟采取直接协议方式转让产权、且转让方和受让方为控股（集团）公司所属独资子公司的，可以不对转让标的企业进行整体评估，但转让价格不得低于最近一期经审计确认的净资产值。

第三十八条　财政部门对金融企业以直接协议转让形式转让非上市企业产权的审核按照本办法第二十五条规定执行。

第三十九条　转让方拟直接协议转让上市公司股份的，应当按照内部决策程序交股东大会、董事会或者其他决策部门进行审议，形成书面决议，并及时报告财政部门。

转让方应当将拟直接协议转让股份的信息书面告知上市公司，由上市公司依法向社会公众进行提示性公告，公告中应当注明，本次股份拟直接协议转让事项应当经财政部门审批。

第四十条　转让方直接协议转让上市公司股份，应当向财政部门提交下列材料：

（一）协议转让上市公司股份的申请书，包括转让原因、转让股份数量、持股成本等内容；

（二）协议转让上市公司股份的内部决策文件及可行性研究报告；

（三）拟公开发布的股份协议转让信息内容；

（四）财政部门规定的其他文件。

第四十一条　财政部门收到转让方提交的直接协议转让上市公司股份材料后，应当认真进行审核，确定是否批准协议转让事项，并在15个工作日内予以答复。

转让方收到财政部门出具的意见后2个工作日内，应当书面告知上市公司，由上市公司依法公开披露国有股东拟直接协议转让上市公司股份的信息。

第四十二条　转让方直接协议转让上市公司股份信息应当包括以下内容：

（一）转让股份数量及所涉及的上市公司名称及基本情况；

（二）受让方应当具备的资格条件；

（三）受让方递交受让申请的截止日期；

（四）财政部门和相关部门的批复意见。

第四十三条　具有下列情形之一的，经财政部门批准后，转让方可以不披露上市公司股份协议转让信息：

（一）国民经济关键行业、领域中对受让方有特殊要求的；

（二）转让方作为国有控股股东，为实施国有资源整合或者资产重组，在控股公司或者集团企业内部进行协议转让的；

（三）上市公司连续2年亏损并存在退市风险或者严重财务危机，受让方提出重大资产重组计划及具体时间表的；

（四）上市公司回购股份涉及转让方所持股份的。

第四十四条　转让方作为上市公司控股股东，拟采取直接协议转让方式转让股份并失去控股权的，应当聘请具有相应资质的专业中介机构担任财务顾问和法律顾问，并提出书面意见。财务顾问和法律顾问应当具有良好的信誉及近3年内无重大违法违规记录。转让方认为必要时，可委托具有证券评估资格的资产评估机构对转让标的资产进行评估。

第四十五条 转让方直接协议转让上市公司股份的，转让价格应当按照上市公司股份转让信息公告日（经批准不须公开股份转让信息的，以股份转让协议签署日为准）前30个交易日每日加权平均价格的加权平均价格或者前1个交易日加权平均价格孰高的原则确定。

转让方作为上市公司国有控股股东，为实施国有资源整合或者资产重组，在内部进行协议转让，且拥有的上市公司权益并不因此减少的，转让价格应当根据上市公司最近一期经审计的净资产、净资产收益率、市盈率等因素合理协商确定。

第四十六条 受让上市公司股份后，受让方拥有上市公司实际控制权的，应当具备以下条件：

（一）具有法人资格；

（二）设立3年以上，最近2年连续盈利且无重大违法违规行为；

（三）具有促进上市公司持续发展和改善上市公司法人治理结构的能力。

第四十七条 受让方确定后，转让方应当及时与受让方签署股份转让协议。

转让协议应当包括但不限于以下内容：

（一）转让方、上市公司、受让方企业名称、法定代表人姓名及住所；

（二）转让方持股数量、拟转让股份数量及价格；

（三）转让方、受让方的权利和义务；

（四）股份转让价款支付方式及期限；

（五）股份登记过户条件；

（六）协议变更和解除条件；

（七）协议争议解决方式；

（八）协议各方的违约责任；

（九）协议生效条件。

第四十八条 上市公司股份的转让方为国有及国有控股金融企业的，转让方在确定受让方后，应当及时向财政部门报送以下材料：

（一）转让方案的实施及选择受让方的有关情况；

（二）上一年度经会计师事务所审计的财务会计报告；

（三）受让方基本情况、公司章程及最近一期经会计师事务所审计的财务会计报告；

（四）上市公司基本情况、最近一期中期财务会计报告及经会计师事务所审计年度财务会计报告；

（五）股份转让协议及股份转让价格的定价说明；

（六）受让方与国有股东、上市公司之间在最近12个月内股权转让、资产置换、投资等重大情况及债权债务情况；

（七）律师事务所出具的法律意见书；

（八）转让上市公司股份对公司股价和资本市场的影响；

（九）财政部门规定的其他文件。

第四十九条 财政部门应当对转让方报送的材料进行认真审核，并出具股份转让批复文件。

第五十条 转让方应当按照本办法第二十四条的规定，收取转让价款，并按照国家有关规定及时办理相关国有产权登记手续。

第五章　法律责任

第五十一条 金融企业国有资产转让过程中出现下列情形之一的，财政部门可以要求转让方立即中止或者终止资产转让活动：

（一）未按本办法有关规定在产权交易机构中进行交易的；

（二）转让方不履行相应的内部决策程序、批准程序或者超越权限，或者未按规定报经财政部门和相关部门审批，擅自转让资产的；

（三）转让方、转让标的企业故意隐匿应当纳入评估范围的资产，或者向中介机构提供虚假会计资料，导致审计、评估结果失真，以及未经审计、评估，造成国有资产流失的；

（四）转让方与受让方串通，低价转让

国有资产，造成国有资产流失的；

（五）转让方未按规定落实转让标的企业的债权债务，非法转移债权或者逃避债务清偿责任的；以金融企业国有资产作为担保的，转让该部分资产时，未经担保债权人同意的；

（六）受让方采取欺诈、隐瞒等手段影响转让方的选择以及资产转让协议签订的；

（七）受让方在产权转让竞价过程中，恶意串通压低价格，造成国有资产流失的。

第五十二条　转让方、转让标的企业有本办法第五十一条规定的情形，由财政部门给予警告，并建议有关部门对负有直接责任的人员和其他直接责任人员给予行政处分；造成国有资产损失的，应当建议有关部门依法追究金融企业董事、监事、高级管理人员的责任；由于受让方的责任造成国有资产流失的，受让方应当依法赔偿转让方的经济损失。涉嫌犯罪的，应当移送司法机关。

第五十三条　会计师事务所、资产评估机构、律师事务所、财务顾问机构等社会中介机构在国有资产转让的审计、评估、法律和咨询服务中违规执业的，财政部门应当向其行业主管部门通报有关情况，建议依法给予相应处理。

第五十四条　产权交易机构在金融企业国有资产交易中弄虚作假或者玩忽职守，损害国家利益或者交易双方合法权益的，财政部门可以停止其从事金融企业国有资产交易的相关业务，建议有关部门依法追究产权交易机构及直接责任人员的责任。

第五十五条　金融企业国有资产转让批准机构及其有关人员违反法律、行政法规及本办法规定，造成国有资产流失的，由有关部门依法给予纪律处分；涉嫌犯罪的，移送司法机关。

第六章　附　　则

第五十六条　省、自治区、直辖市、计划单列市的财政厅（局）可以根据本办法，制定本地区金融企业国有资产转让管理实施办法，并报财政部备案。

第五十七条　国有及国有控股金融企业因依法行使债权或者担保物权，而受偿于债务人、担保人或者第三人的非上市企业产权转让，比照本办法第二章在产权交易机构进行。

国有及国有控股金融企业因依法行使债权或者担保物权，而受偿于债务人、担保人或者第三人的上市公司股份转让，比照本办法第三章的规定在证券交易系统中进行。

第五十八条　国有及国有控股金融企业持有的国有资产涉及诉讼的，根据人民法院具有法律效力的文件，办理相关转让手续。

第五十九条　国有及国有控股的证券公司、基金管理公司、资产管理公司、信托公司和保险资产管理公司等金融企业出售其所持有的以自营为目的的上市公司股份按照相关规定办理。

第六十条　金融资产管理公司转让不良资产和债转股股权资产的，国家相关政策另有规定的，从其规定。

本办法所称金融资产管理公司，是指中国华融资产管理公司、中国长城资产管理公司、中国东方资产管理公司和中国信达资产管理公司。

第六十一条　中国人民银行总行所属企业、中国投资有限责任公司（含中央汇金投资有限责任公司）、信用担保公司以及其他金融类企业的国有资产转让监督管理工作，比照本办法执行。

第六十二条　本办法自2009年5月1日起施行。

上市公司国有股权监督管理办法

（2018 年 5 月 16 日国务院国有资产监督管理委员会主任办公会议审议通过，2018 年 5 月 16 日公布，自 2018 年 7 月 1 日起施行）

第一章　总　　则

第一条　为规范上市公司国有股权变动行为，推动国有资源优化配置，平等保护各类投资者合法权益，防止国有资产流失，根据《中华人民共和国公司法》、《中华人民共和国证券法》、《中华人民共和国企业国有资产法》、《企业国有资产监督管理暂行条例》等法律法规，制定本办法。

第二条　本办法所称上市公司国有股权变动行为，是指上市公司国有股权持股主体、数量或比例等发生变化的行为，具体包括：国有股东所持上市公司股份通过证券交易系统转让、公开征集转让、非公开协议转让、无偿划转、间接转让、国有股东发行可交换公司债券；国有股东通过证券交易系统增持、协议受让、间接受让、要约收购上市公司股份和认购上市公司发行股票；国有股东所控股上市公司吸收合并、发行证券；国有股东与上市公司进行资产重组等行为。

第三条　本办法所称国有股东是指符合以下情形之一的企业和单位，其证券账户标注“SS”：

（一）政府部门、机构、事业单位、境内国有独资或全资企业；

（二）第一款中所述单位或企业独家持股比例超过 50%，或合计持股比例超过 50%，且其中之一为第一大股东的境内企业；

（三）第二款中所述企业直接或间接持股的各级境内独资或全资企业。

第四条　上市公司国有股权变动行为应坚持公开、公平、公正原则，遵守国家有关法律、行政法规和规章制度规定，符合国家产业政策和国有经济布局结构调整方向，有利于国有资本保值增值，提高企业核心竞争力。

第五条　上市公司国有股权变动涉及的股份应当权属清晰，不存在受法律法规规定限制的情形。

第六条　上市公司国有股权变动的监督管理由省级以上国有资产监督管理机构负责。省级国有资产监督管理机构报经省级人民政府同意，可以将地市级以下有关上市公司国有股权变动的监督管理交由地市级国有资产监督管理机构负责。省级国有资产监督管理机构需建立相应的监督检查工作机制。

上市公司国有股权变动涉及政府社会公共管理事项的，应当依法报政府有关部门审核。受让方为境外投资者的，应当符合外商投资产业指导目录或负面清单管理的要求，以及外商投资安全审查的规定，涉及该类情形的，各审核主体在接到相关申请后，应就转让行为是否符合吸收外商投资政策向同级商务部门征求意见，具体申报程序由省级以上国有资产监督管理机构商同级商务部门按《关于上市公司国有股向外国投资者及外商投资企业转让申报程序有关问题的通知》（商资字〔2004〕1 号）确定的原则制定。

按照法律、行政法规和本级人民政府有关规定，须经本级人民政府批准的上市公司国有股权变动事项，国有资产监督管理机构应当履行报批程序。

第七条　国家出资企业负责管理以下事项：

（一）国有股东通过证券交易系统转让所持上市公司股份，未达到本办法第十二条规定的比例或数量的事项；

（二）国有股东所持上市公司股份在本企业集团内部进行的无偿划转、非公开协议转让事项；

（三）国有控股股东所持上市公司股份公开征集转让、发行可交换公司债券及所控股上市公司发行证券，未导致其持股比例低于合理持股比例的事项；国有参股股东所持上市公司股份公开征集转让、发行可交换公司债券事项；

（四）国有股东通过证券交易系统增持、协议受让、认购上市公司发行股票等未导致上市公司控股权转移的事项；

（五）国有股东与所控股上市公司进行资产重组，不属于中国证监会规定的重大资产重组范围的事项。

第八条　国有控股股东的合理持股比例（与国有控股股东属于同一控制人的，其所持股份的比例应合并计算）由国家出资企业研究确定，并报国有资产监督管理机构备案。

确定合理持股比例的具体办法由省级以上国有资产监督管理机构另行制定。

第九条　国有股东所持上市公司股份变动应在作充分可行性研究的基础上制定方案，严格履行决策、审批程序，规范操作，按照证券监管的相关规定履行信息披露等义务。在上市公司国有股权变动信息披露前，各关联方要严格遵守保密规定。违反保密规定的，应依法依规追究相关人员责任。

第十条　上市公司国有股权变动应当根据证券市场公开交易价格、可比公司股票交易价格、每股净资产值等因素合理定价。

第十一条　国有资产监督管理机构通过上市公司国有股权管理信息系统（以下简称管理信息系统）对上市公司国有股权变动实施统一监管。

国家出资企业应通过管理信息系统，及时、完整、准确将所持上市公司股份变动情况报送国有资产监督管理机构。

其中，按照本办法规定由国家出资企业审核批准的变动事项须通过管理信息系统作备案管理，并取得统一编号的备案表。

第二章　国有股东所持上市公司股份通过证券交易系统转让

第十二条　国有股东通过证券交易系统转让上市公司股份，按照国家出资企业内部决策程序决定，有以下情形之一的，应报国有资产监督管理机构审核批准：

（一）国有控股股东转让上市公司股份可能导致持股比例低于合理持股比例的；

（二）总股本不超过10亿股的上市公司，国有控股股东拟于一个会计年度内累计净转让（累计转让股份扣除累计增持股份后的余额，下同）达到总股本5%及以上的；总股本超过10亿股的上市公司，国有控股股东拟于一个会计年度内累计净转让数量达到5000万股及以上的；

（三）国有参股股东拟于一个会计年度内累计净转让达到上市公司总股本5%及以上的。

第十三条　国家出资企业、国有资产监督管理机构决定或批准国有股东通过证券交易系统转让上市公司股份时，应当审核以下文件：

（一）国有股东转让上市公司股份的内部决策文件；

（二）国有股东转让上市公司股份方案，内容包括但不限于：转让的必要性，国有股东及上市公司基本情况、主要财务数据，拟转让股份权属情况，转让底价及确定依据，转让数量、转让时限等；

（三）上市公司股份转让的可行性研究报告；

（四）国家出资企业、国有资产监督管理机构认为必要的其他文件。

第三章 国有股东所持上市公司股份公开征集转让

第十四条 公开征集转让是指国有股东依法公开披露信息，征集受让方转让上市公司股份的行为。

第十五条 国有股东拟公开征集转让上市公司股份的，在履行内部决策程序后，应书面告知上市公司，由上市公司依法披露，进行提示性公告。国有控股股东公开征集转让上市公司股份可能导致上市公司控股权转移的，应当一并通知上市公司申请停牌。

第十六条 上市公司发布提示性公告后，国有股东应及时将转让方案、可行性研究报告、内部决策文件、拟发布的公开征集信息等内容通过管理信息系统报送国有资产监督管理机构。

第十七条 公开征集信息内容包括但不限于：拟转让股份权属情况、数量，受让方应当具备的资格条件，受让方的选择规则，公开征集期限等。

公开征集信息对受让方的资格条件不得设定指向性或违反公平竞争要求的条款，公开征集期限不得少于 10 个交易日。

第十八条 国有资产监督管理机构通过管理信息系统对公开征集转让事项出具意见。国有股东在获得国有资产监督管理机构同意意见后书面通知上市公司发布公开征集信息。

第十九条 国有股东收到拟受让方提交的受让申请及受让方案后，应当成立由内部职能部门人员以及法律、财务等独立外部专家组成的工作小组，严格按照已公告的规则选择确定受让方。

第二十条 公开征集转让可能导致上市公司控股权转移的，国有股东应当聘请具有上市公司并购重组财务顾问业务资格的证券公司、证券投资咨询机构或者其他符合条件的财务顾问机构担任财务顾问（以下简称财务顾问）。财务顾问应当具有良好的信誉，近三年内无重大违法违规记录，且与受让方不存在利益关联。

第二十一条 财务顾问应当勤勉尽责，遵守行业规范和职业道德，对上市公司股份的转让方式、转让价格、股份转让对国有股东和上市公司的影响等方面出具专业意见；并对拟受让方进行尽职调查，出具尽职调查报告。尽职调查应当包括但不限于以下内容：

（一）拟受让方受让股份的目的；

（二）拟受让方的经营情况、财务状况、资金实力及是否有重大违法违规记录和不良诚信记录；

（三）拟受让方是否具有及时足额支付转让价款的能力、受让资金的来源及合法性；

（四）拟受让方是否具有促进上市公司持续发展和改善上市公司法人治理结构的能力。

第二十二条 国有股东确定受让方后，应当及时与受让方签订股份转让协议。股份转让协议应当包括但不限于以下内容：

（一）转让方、上市公司、拟受让方的名称、法定代表人及住所；

（二）转让方持股数量、拟转让股份数量及价格；

（三）转让方、受让方的权利和义务；

（四）股份转让价款支付方式及期限；

（五）股份登记过户的条件；

（六）协议生效、变更和解除条件、争议解决方式、违约责任等。

第二十三条 国有股东公开征集转让上市公司股份的价格不得低于下列两者之中的较高者：

（一）提示性公告日前 30 个交易日的每日加权平均价格的算术平均值；

（二）最近一个会计年度上市公司经审计的每股净资产值。

第二十四条 国有股东与受让方签订协议后，属于本办法第七条规定情形的，由国家出资企业审核批准，其他情形由国有资产监督管理机构审核批准。

第二十五条　国家出资企业、国有资产监督管理机构批准国有股东所持上市公司股份公开征集转让时，应当审核以下文件：

（一）受让方的征集及选择情况；

（二）国有股东基本情况、受让方基本情况及上一年度经审计的财务会计报告；

（三）股份转让协议及股份转让价格的定价说明；

（四）受让方与国有股东、上市公司之间在最近12个月内股权转让、资产置换、投资等重大情况及债权债务情况；

（五）律师事务所出具的法律意见书；

（六）财务顾问出具的尽职调查报告（适用于上市公司控股权转移的）；

（七）国家出资企业、国有资产监督管理机构认为必要的其他文件。

第二十六条　国有股东应在股份转让协议签订后5个工作日内收取不低于转让价款30%的保证金，其余价款应在股份过户前全部结清。在全部转让价款支付完毕或交由转让双方共同认可的第三方妥善保管前，不得办理股份过户登记手续。

第二十七条　国有资产监督管理机构关于国有股东公开征集转让上市公司股份的批准文件或国有资产监督管理机构、管理信息系统出具的统一编号的备案表和全部转让价款支付凭证是证券交易所、中国证券登记结算有限责任公司办理上市公司股份过户登记手续的必备文件。

上市公司股份过户前，原则上受让方人员不能提前进入上市公司董事会和经理层，不得干预上市公司正常生产经营。

第四章　国有股东所持上市公司股份非公开协议转让

第二十八条　非公开协议转让是指不公开征集受让方，通过直接签订协议转让上市公司股份的行为。

第二十九条　符合以下情形之一的，国有股东可以非公开协议转让上市公司股份：

（一）上市公司连续两年亏损并存在退市风险或严重财务危机，受让方提出重大资产重组计划及具体时间表的；

（二）企业主业处于关系国家安全、国民经济命脉的重要行业和关键领域，主要承担重大专项任务，对受让方有特殊要求的；

（三）为实施国有资源整合或资产重组，在国有股东、潜在国有股东（经本次国有资源整合或资产重组后成为上市公司国有股东的，以下统称国有股东）之间转让的；

（四）上市公司回购股份涉及国有股东所持股份的；

（五）国有股东因接受要约收购方式转让其所持上市公司股份的；

（六）国有股东因解散、破产、减资、被依法责令关闭等原因转让其所持上市公司股份的；

（七）国有股东以所持上市公司股份出资的。

第三十条　国有股东在履行内部决策程序后，应当及时与受让方签订股份转让协议。涉及上市公司控股权转移的，在转让协议签订前，应按本办法第二十条、第二十一条规定聘请财务顾问，对拟受让方进行尽职调查，出具尽职调查报告。

第三十一条　国有股东与受让方签订协议后，属于本办法第七条规定情形的，由国家出资企业审核批准，其他情形由国有资产监督管理机构审核批准。

第三十二条　国有股东非公开协议转让上市公司股份的价格不得低于下列两者之中的较高者：

（一）提示性公告日前30个交易日的每日加权平均价格的算术平均值；

（二）最近一个会计年度上市公司经审计的每股净资产值。

第三十三条　国有股东非公开协议转让上市公司股份存在下列特殊情形的，可按以下原则确定股份转让价格：

（一）国有股东为实施资源整合或重组上市公司，并在其所持上市公司股份转让完成后全部回购上市公司主业资产的，股份转让价格由国有股东根据中介机构出具的该上市公司股票价格的合理估值结果确定；

（二）为实施国有资源整合或资产重组，在国有股东之间转让且上市公司中的国有权益并不因此减少的，股份转让价格应当根据上市公司股票的每股净资产值、净资产收益率、合理的市盈率等因素合理确定。

第三十四条 国家出资企业、国有资产监督管理机构批准国有股东非公开协议转让上市公司股份时，应当审核以下文件：

（一）国有股东转让上市公司股份的决策文件；

（二）国有股东转让上市公司股份的方案，内容包括但不限于：不公开征集受让方的原因，转让价格及确定依据，转让的数量，转让收入的使用计划等；

（三）国有股东基本情况、受让方基本情况及上一年度经审计的财务会计报告；

（四）可行性研究报告；

（五）股份转让协议；

（六）以非货币资产支付的说明；

（七）拟受让方与国有股东、上市公司之间在最近12个月内股权转让、资产置换、投资等重大情况及债权债务情况；

（八）律师事务所出具的法律意见书；

（九）财务顾问出具的尽职调查报告（适用于上市公司控股权转移的）；

（十）国家出资企业、国有资产监督管理机构认为必要的其他文件。

第三十五条 以现金支付股份转让价款的，转让价款收取按照本办法第二十六条规定办理；以非货币资产支付股份转让价款的，应当符合国家相关规定。

第三十六条 国有资产监督管理机构关于国有股东非公开协议转让上市公司股份的批准文件或国有资产监督管理机构、管理信息系统出具的统一编号的备案表和全部转让价款支付凭证（包括非货币资产的交割凭证）是证券交易所、中国证券登记结算有限责任公司办理上市公司股份过户登记手续的必备文件。

第五章 国有股东所持上市公司股份无偿划转

第三十七条 政府部门、机构、事业单位、国有独资或全资企业之间可以依法无偿划转所持上市公司股份。

第三十八条 国有股东所持上市公司股份无偿划转属于本办法第七条规定情形的，由国家出资企业审核批准，其他情形由国有资产监督管理机构审核批准。

第三十九条 国家出资企业、国有资产监督管理机构批准国有股东所持上市公司股份无偿划转时，应当审核以下文件：

（一）国有股东无偿划转上市公司股份的内部决策文件；

（二）国有股东无偿划转上市公司股份的方案和可行性研究报告；

（三）上市公司股份无偿划转协议；

（四）划转双方基本情况、上一年度经审计的财务会计报告；

（五）划出方债务处置方案及或有负债的解决方案，及主要债权人对无偿划转的无异议函；

（六）划入方未来12个月内对上市公司的重组计划或未来三年发展规划（适用于上市公司控股权转移的）；

（七）律师事务所出具的法律意见书；

（八）国家出资企业、国有资产监督管理机构认为必要的其他文件。

第四十条 国有资产监督管理机构关于国有股东无偿划转上市公司股份的批准文件或国有资产监督管理机构、管理信息系统出具的统一编号的备案表是证券交易所、中国证券登记结算有限责任公司办理股份过户登记手续的必备文件。

第六章　国有股东所持上市公司股份间接转让

第四十一条　本办法所称国有股东所持上市公司股份间接转让是指因国有产权转让或增资扩股等原因导致国有股东不再符合本办法第三条规定情形的行为。

第四十二条　国有股东拟间接转让上市公司股份的，履行内部决策程序后，应书面通知上市公司进行信息披露，涉及国有控股股东的，应当一并通知上市公司申请停牌。

第四十三条　国有股东所持上市公司股份间接转让应当按照本办法第二十三条规定确定其所持上市公司股份价值，上市公司股份价值确定的基准日应与国有股东资产评估的基准日一致，且与国有股东产权直接持有单位对该产权变动决策的日期相差不得超过一个月。

国有产权转让或增资扩股到产权交易机构挂牌时，因上市公司股价发生大幅变化等原因，导致资产评估报告的结论已不能反映交易标的真实价值的，原决策机构应对间接转让行为重新审议。

第四十四条　国有控股股东所持上市公司股份间接转让，应当按本办法第二十条、第二十一条规定聘请财务顾问，对国有产权拟受让方或投资人进行尽职调查，并出具尽职调查报告。

第四十五条　国有股东所持上市公司股份间接转让的，国有股东应在产权转让或增资扩股协议签订后，产权交易机构出具交易凭证前报国有资产监督管理机构审核批准。

第四十六条　国有资产监督管理机构批准国有股东所持上市公司股份间接转让时，应当审核以下文件：

（一）产权转让或增资扩股决策文件、资产评估结果核准、备案文件及可行性研究报告；

（二）经批准的产权转让或增资扩股方案；

（三）受让方或投资人征集、选择情况；

（四）国有产权转让协议或增资扩股协议；

（五）国有股东资产作价金额，包括国有股东所持上市公司股份的作价说明；

（六）受让方或投资人基本情况及上一年度经审计的财务会计报告；

（七）财务顾问出具的尽职调查报告（适用于国有控股股东国有产权变动的）；

（八）律师事务所出具的法律意见书；

（九）国有资产监督管理机构认为必要的其他文件。

第四十七条　国有股东产权转让或增资扩股未构成间接转让的，其资产评估涉及上市公司股份作价按照本办法第四十三条规定确定。

第七章　国有股东发行可交换公司债券

第四十八条　本办法所称国有股东发行可交换公司债券，是指上市公司国有股东依法发行、在一定期限内依据约定条件可以交换成该股东所持特定上市公司股份的公司债券的行为。

第四十九条　国有股东发行的可交换公司债券交换为上市公司每股股份的价格，应不低于债券募集说明书公告日前1个交易日、前20个交易日、前30个交易日该上市公司股票均价中的最高者。

第五十条　国有股东发行的可交换公司债券，其利率应当在参照同期银行贷款利率、银行票据利率、同行业其他企业发行的债券利率，以及标的公司股票每股交换价格、上市公司未来发展前景等因素的前提下，通过市场询价合理确定。

第五十一条　国有股东发行可交换公司债券属于本办法第七条规定情形的，由国家出资企业审核批准，其他情形由国有资产监督管理机构审核批准。

第五十二条 国家出资企业、国有资产监督管理机构批准国有股东发行可交换公司债券时，应当审核以下文件：

（一）国有股东发行可交换公司债券的内部决策文件；

（二）国有股东发行可交换公司债券的方案，内容包括但不限于：国有股东、上市公司基本情况及主要财务数据，预备用于交换的股份数量及保证方式，风险评估论证情况、偿本付息及应对债务风险的具体方案，对国有股东控股地位影响的分析等；

（三）可行性研究报告；

（四）律师事务所出具的法律意见书；

（五）国家出资企业、国有资产监督管理机构认为必要的其他文件。

第八章 国有股东受让上市公司股份

第五十三条 本办法所称国有股东受让上市公司股份行为主要包括国有股东通过证券交易系统增持、协议受让、间接受让、要约收购上市公司股份和认购上市公司发行股票等。

第五十四条 国有股东受让上市公司股份属于本办法第七条规定情形的，由国家出资企业审核批准，其他情形由国有资产监督管理机构审核批准。

第五十五条 国家出资企业、国有资产监督管理机构批准国有股东受让上市公司股份时，应当审核以下文件：

（一）国有股东受让上市公司股份的内部决策文件；

（二）国有股东受让上市公司股份方案，内容包括但不限于：国有股东及上市公司的基本情况、主要财务数据、价格上限及确定依据、数量及受让时限等；

（三）可行性研究报告；

（四）股份转让协议（适用于协议受让的）、产权转让或增资扩股协议（适用于间接受让的）；

（五）财务顾问出具的尽职调查报告和上市公司估值报告（适用于取得控股权的）；

（六）律师事务所出具的法律意见书；

（七）国家出资企业、国有资产监督管理机构认为必要的其他文件。

第五十六条 国有股东将其持有的可转换公司债券或可交换公司债券转换、交换成上市公司股票的，通过司法机关强制执行手续取得上市公司股份的，按照相关法律、行政法规及规章制度的规定办理，并在上述行为完成后10个工作日内将相关情况通过管理信息系统按程序报告国有资产监督管理机构。

第九章 国有股东所控股上市公司吸收合并

第五十七条 本办法所称国有股东所控股上市公司吸收合并，是指国有控股上市公司之间或国有控股上市公司与非国有控股上市公司之间的吸收合并。

第五十八条 国有股东所控股上市公司应当聘请财务顾问，对吸收合并的双方进行尽职调查和内部核查，并出具专业意见。

第五十九条 国有股东应指导上市公司根据股票交易价格，并参考可比交易案例，合理确定上市公司换股价格。

第六十条 国有股东应当在上市公司董事会审议吸收合并方案前，将该方案报国有资产监督管理机构审核批准。

第六十一条 国有资产监督管理机构批准国有股东所控股上市公司吸收合并时，应当审核以下文件：

（一）国家出资企业、国有股东的内部决策文件；

（二）国有股东所控股上市公司吸收合并的方案，内容包括但不限于：国有控股股东及上市公司基本情况、换股价格的确定依据、现金选择权安排、吸收合并后的股权结构、债务处置、职工安置、市场应对预案等；

（三）可行性研究报告；

（四）律师事务所出具的法律意见书；

（五）国有资产监督管理机构认为必要的其他文件。

第十章　国有股东所控股上市公司发行证券

第六十二条　本办法所称国有股东所控股上市公司发行证券包括上市公司采用公开方式向原股东配售股份、向不特定对象公开募集股份、采用非公开方式向特定对象发行股份以及发行可转换公司债券等行为。

第六十三条　国有股东所控股上市公司发行证券，应当在股东大会召开前取得批准。属于本办法第七条规定情形的，由国家出资企业审核批准，其他情形报国有资产监督管理机构审核批准。

第六十四条　国家出资企业、国有资产监管机构批准国有股东所控股上市公司发行证券时，应当审核以下文件：

（一）上市公司董事会决议；

（二）国有股东所控股上市公司发行证券的方案，内容包括但不限于：相关国有股东、上市公司基本情况，发行方式、数量、价格，募集资金用途，对国有股东控股地位影响的分析，发行可转换公司债券的风险评估论证情况、偿本付息及应对债务风险的具体方案等；

（三）可行性研究报告；

（四）律师事务所出具的法律意见书；

（五）国家出资企业、国有资产监督管理机构认为必要的其他文件。

第十一章　国有股东与上市公司进行资产重组

第六十五条　本办法所称国有股东与上市公司进行资产重组是指国有股东向上市公司注入、购买或置换资产并涉及国有股东所持上市公司股份发生变化的情形。

第六十六条　国有股东就资产重组事项进行内部决策后，应书面通知上市公司，由上市公司依法披露，并申请股票停牌。在上市公司董事会审议资产重组方案前，应当将可行性研究报告报国家出资企业、国有资产监督管理机构预审核，并由国有资产监督管理机构通过管理信息系统出具意见。

第六十七条　国有股东与上市公司进行资产重组方案经上市公司董事会审议通过后，应当在上市公司股东大会召开前获得相应批准。属于本办法第七条规定情形的，由国家出资企业审核批准，其他情形由国有资产监督管理机构审核批准。

第六十八条　国家出资企业、国有资产监督管理机构批准国有股东与上市公司进行资产重组时，应当审核以下文件：

（一）国有股东决策文件和上市公司董事会决议；

（二）资产重组的方案，内容包括但不限于：资产重组的原因及目的，涉及标的资产范围、业务情况及近三年损益情况、未来盈利预测及其依据，相关资产作价的说明，资产重组对国有股东及上市公司权益、盈利水平和未来发展的影响等；

（三）资产重组涉及相关资产的评估备案表或核准文件；

（四）律师事务所出具的法律意见书；

（五）国家出资企业、国有资产监督管理机构认为必要的其他文件。

第六十九条　国有股东参股的非上市企业参与非国有控股上市公司的资产重组事项由国家出资企业按照内部决策程序自主决定。

第十二章　法律责任

第七十条　在上市公司国有股权变动中，相关方有下列行为之一的，国有资产监督管理机构或国家出资企业应要求终止上市公司股权变动行为，必要时应向人民法院提起诉讼：

（一）不履行相应的内部决策程序、批准程序或者超越权限，擅自变动上市公司国有股权的；

（二）向中介机构提供虚假资料，导致审计、评估结果失真，造成国有资产损失的；

（三）相关方恶意串通，签订显失公平的协议，造成国有资产损失的；

（四）相关方采取欺诈、隐瞒等手段变动上市公司国有股权，造成国有资产损失的；

（五）相关方未在约定期限内履行承诺义务的；

（六）违反上市公司信息披露规定，涉嫌内幕交易的。

第七十一条　违反有关法律、法规或本办法的规定变动上市公司国有股权并造成国有资产损失的，国有资产监督管理机构可以责令国有股东采取措施限期纠正；国有股东、上市公司负有直接责任的主管人员和其他直接责任人员，由国有资产监督管理机构或者相关企业按照权限给予纪律处分，造成国有资产损失的，应负赔偿责任；涉嫌犯罪的，依法移送司法机关处理。

第七十二条　社会中介机构在上市公司国有股权变动的审计、评估、咨询和法律等服务中违规执业的，由国有资产监督管理机构将有关情况通报其行业主管部门，建议给予相应处罚；情节严重的，国有股东三年内不得再委托其开展相关业务。

第七十三条　上市公司国有股权变动批准机构及其有关人员违反有关法律、法规或本办法的规定，擅自批准或者在批准中以权谋私，造成国有资产损失的，由有关部门按照权限给予纪律处分；涉嫌犯罪的，依法移送司法机关处理。

国有资产监督管理机构违反有关法律、法规或本办法的规定审核批准上市公司国有股权变动并造成国有资产损失的，对直接负责的主管人员和其他责任人员给予纪律处分；涉嫌犯罪的，依法移送司法机关处理。

第十三章　附　　则

第七十四条　不符合本办法规定的国有股东标准，但政府部门、机构、事业单位和国有独资或全资企业通过投资关系、协议或者其他安排，能够实际支配其行为的境内外企业，证券账户标注为“CS”，所持上市公司股权变动行为参照本办法管理。

第七十五条　政府部门、机构、事业单位及其所属企业持有的上市公司国有股权变动行为，按照现行监管体制，比照本办法管理。

第七十六条　金融、文化类上市公司国有股权的监督管理，国家另有规定的，依照其规定。

第七十七条　国有或国有控股的专门从事证券业务的证券公司及基金管理公司转让、受让上市公司股份的监督管理按照相关规定办理。

第七十八条　国有出资的有限合伙企业不作国有股东认定，其所持上市公司股份的监督管理另行规定。

第七十九条　本办法自2018年7月1日起施行。

行政单位国有资产管理暂行办法

（2006年5月30日财政部令第35号公布，根据2017年12月4日财政部令第90号《财政部关于修改〈注册会计师注册办法〉等6部规章的决定》修正）

第一章　总　则

第一条　为了规范和加强行政单位国有资产管理，维护国有资产的安全和完整，合理配置国有资产，提高国有资产使用效益，保障行政单位履行职能，根据国务院有关规定，制定本办法。

第二条　本办法适用于各级党的机关、人大机关、行政机关、政协机关、审判机关、检察机关和各民主党派机关（以下统称行政单位）的国有资产管理行为。

第三条　本办法所称的行政单位国有资产，是指由各级行政单位占有、使用的，依法确认为国家所有，能以货币计量的各种经济资源的总称，即行政单位的国有（公共）财产。

行政单位国有资产包括行政单位用国家财政性资金形成的资产、国家调拨给行政单位的资产、行政单位按照国家规定组织收入形成的资产，以及接受捐赠和其他经法律确认为国家所有的资产，其表现形式为固定资产、流动资产和无形资产等。

第四条　行政单位国有资产管理的主要任务是：

（一）建立和健全各项规章制度；

（二）推动国有资产的合理配置和有效使用；

（三）保障国有资产的安全和完整；

（四）监管尚未脱钩的经济实体的国有资产，实现国有资产的保值增值。

第五条　行政单位国有资产管理的内容包括：资产配置、资产使用、资产处置、资产评估、产权界定、产权纠纷调处、产权登记、资产清查、资产统计报告和监督检查等。

第六条　行政单位国有资产管理活动，应当遵循以下原则：

（一）资产管理与预算管理相结合；

（二）资产管理与财务管理相结合；

（三）实物管理与价值管理相结合。

第七条　行政单位国有资产管理，实行国家统一所有，政府分级监管，单位占有、使用的管理体制。

第二章　管理机构及职责

第八条　各级财政部门是政府负责行政单位国有资产管理的职能部门，对行政单位国有资产实行综合管理。其主要职责是：

（一）贯彻执行国家有关国有资产管理的法律、法规和政策；

（二）根据国家国有资产管理的有关规定，制定行政单位国有资产管理的规章制度，并对执行情况进行监督检查；

（三）负责会同有关部门研究制定本级行政单位国有资产配置标准，负责资产配置事项的审批，按规定进行资产处置和产权变动事项的审批，负责组织产权界定、产权纠纷调处、资产统计报告、资产评估、资产清查等工作；

（四）负责本级行政单位出租、出借国有资产的审批，负责与行政单位尚未脱钩的经济实体的国有资产的监督管理；

（五）负责本级行政单位国有资产收益的监督、管理；

（六）对本级行政单位和下级财政部门的国有资产管理工作进行监督、检查；

（七）向本级政府和上级财政部门报告有关国有资产管理工作。

第九条 行政单位对本单位占有、使用的国有资产实施具体管理。其主要职责是：

（一）根据行政单位国有资产管理的规定，负责制定本单位国有资产管理具体办法并组织实施；

（二）负责本单位国有资产的账卡管理、清查登记、统计报告及日常监督检查等工作；

（三）负责本单位国有资产的采购、验收、维修和保养等日常管理工作，保障国有资产的安全完整；

（四）负责办理本单位国有资产的配置、处置、出租、出借等事项的报批手续；

（五）负责与行政单位尚未脱钩的经济实体的国有资产的具体监督管理工作并承担保值增值的责任；

（六）接受财政部门的指导和监督，报告本单位国有资产管理情况。

第十条 财政部门根据工作需要，可以将国有资产管理的部分工作交由有关单位完成。有关单位应当完成所交给的国有资产管理工作，向财政部门负责，并报告工作的完成情况。

第十一条 各级财政部门和行政单位应当明确国有资产管理的机构和人员，加强行政单位国有资产管理工作。

第三章 资产配置

第十二条 行政单位国有资产配置应当遵循以下原则：

（一）严格执行法律、法规和有关规章制度；

（二）与行政单位履行职能需要相适应；

（三）科学合理，优化资产结构；

（四）勤俭节约，从严控制。

第十三条 对有规定配备标准的资产，应当按照标准进行配备；对没有规定配备标准的资产，应当从实际需要出发，从严控制，合理配备。

财政部门对要求配置的资产，能通过调剂解决的，原则上不重新购置。

第十四条 购置有规定配备标准的资产，除国家另有规定外，应当按下列程序报批：

（一）行政单位的资产管理部门会同财务部门审核资产存量，提出拟购置资产的品目、数量，测算经费额度，经单位负责人审核同意后报同级财政部门审批，并按照同级财政部门要求提交相关材料；

（二）同级财政部门根据单位资产状况对行政单位提出的资产购置项目进行审批；

（三）经同级财政部门审批同意，各单位可以将资产购置项目列入单位年度部门预算，并在编制年度部门预算时将批复文件和相关材料一并报同级财政部门，作为审批部门预算的依据。未经批准，不得列入部门预算，也不得列入单位经费支出。

第十五条 经批准召开重大会议、举办大型活动等需要购置资产的，由会议或者活动主办单位按照本办法规定程序报批。

第十六条 行政单位购置纳入政府采购范围的资产，依法实施政府采购。

第十七条 行政单位资产管理部门应当对购置的资产进行验收、登记，并及时进行账务处理。

第四章 资产使用

第十八条 行政单位应当建立健全国有资产使用管理制度，规范国有资产使用行为。

第十九条 行政单位应当认真做好国有资产的使用管理工作，做到物尽其用，充分发挥国有资产的使用效益；保障国有资产的安全完整，防止国有资产使用中的不当损失和浪费。

第二十条　行政单位对所占有、使用的国有资产应当定期清查盘点，做到家底清楚，账、卡、实相符，防止国有资产流失。

第二十一条　行政单位应当建立严格的国有资产管理责任制，将国有资产管理责任落实到人。

第二十二条　行政单位不得用国有资产对外担保，法律另有规定的除外。

第二十三条　行政单位不得以任何形式用占有、使用的国有资产举办经济实体。在本办法颁布前已经用占有、使用的国有资产举办经济实体的，应当按照国家关于党政机关与所办经济实体脱钩的规定进行脱钩。脱钩之前，行政单位应当按照国家有关规定对其经济实体的经济效益、收益分配及使用情况等进行严格监管。

财政部门应当对其经济效益、收益分配及使用情况进行监督检查。

第二十四条　行政单位拟将占有、使用的国有资产对外出租、出借的，必须事先上报同级财政部门审核批准。未经批准，不得对外出租、出借。

同级财政部门应当根据实际情况对行政单位国有资产对外出租、出借事项严格控制，从严审批。

第二十五条　行政单位出租、出借的国有资产，其所有权性质不变，仍归国家所有；所形成的收入，按照政府非税收入管理的规定，实行“收支两条线”管理。

第二十六条　对行政单位中超标配置、低效运转或者长期闲置的国有资产，同级财政部门有权调剂使用或者处置。

第五章　资产处置

第二十七条　行政单位国有资产处置，是指行政单位国有资产产权的转移及核销，包括各类国有资产的无偿转让、出售、置换、报损、报废等。

第二十八条　行政单位需处置的国有资产范围包括：

（一）闲置资产；

（二）因技术原因并经过科学论证，确需报废、淘汰的资产；

（三）因单位分立、撤销、合并、改制、隶属关系改变等原因发生的产权或者使用权转移的资产；

（四）盘亏、呆账及非正常损失的资产；

（五）已超过使用年限无法使用的资产；

（六）依照国家有关规定需要进行资产处置的其他情形。

第二十九条　行政单位处置国有资产应当严格履行审批手续，未经批准不得处置。

第三十条　资产处置应当由行政单位资产管理部门会同财务部门、技术部门审核鉴定，提出意见，按审批权限报送审批。

第三十一条　行政单位国有资产处置的审批权限和处置办法，除国家另有规定外，由财政部门根据本办法规定。

第三十二条　行政单位国有资产处置应当按照公开、公正、公平的原则进行。资产的出售与置换应当采取拍卖、招投标、协议转让及国家法律、行政法规规定的其他方式进行。

第三十三条　行政单位国有资产处置的变价收入和残值收入，按照政府非税收入管理的规定，实行“收支两条线”管理。

第三十四条　行政单位分立、撤销、合并、改制及隶属关系发生改变时，应当对其占有、使用的国有资产进行清查登记，编制清册，报送财政部门审核、处置，并及时办理资产转移手续。

第三十五条　行政单位联合召开重大会议、举办大型活动等而临时购置的国有资产，由主办单位在会议、活动结束时按照本办法规定报批后处置。

第六章　资产评估

第三十六条　行政单位有下列情形之一的，应当对相关资产进行评估：

（一）行政单位取得的没有原始价格凭证的资产；

（二）拍卖、有偿转让、置换国有资产；

（三）依照国家有关规定需要进行资产评估的其他情形。

第三十七条 行政单位国有资产评估项目实行核准制和备案制。实行核准制和备案制的项目范围、权限由财政部门另行规定。

第三十八条 行政单位国有资产评估工作应当委托具有资产评估资质的资产评估机构进行。

第三十九条 进行资产评估的行政单位，应当如实提供有关情况和资料，并对所提供的情况和资料的客观性、真实性和合法性负责，不得以任何形式干预评估机构独立执业。

第七章　产权纠纷调处

第四十条 产权纠纷是指由于财产所有权、经营权、使用权等产权归属不清而发生的争议。

第四十一条 行政单位之间的产权纠纷，由当事人协商解决。协商不能解决的，由财政部门或者同级政府调解、裁定。

第四十二条 行政单位与非行政单位、组织或者个人之间发生产权纠纷，由行政单位提出处理意见，并报经财政部门同意后，与对方当事人协商解决。协商不能解决的，依照司法程序处理。

第八章　资产统计报告

第四十三条 行政单位应当建立资产登记档案，并严格按照财政部门的要求做出报告。

财政部门、行政单位应当建立和完善资产管理信息系统，对国有资产实行动态管理。

第四十四条 行政单位报送资产统计报告，应当做到真实、准确、及时、完整，并对国有资产占有、使用、变动、处置等情况做出文字分析说明。

财政部门与行政单位应当对国有资产实行绩效管理，监督资产使用的有效性。

第四十五条 财政部门应当对行政单位资产统计报告进行审核批复，必要时可以委托有关单位进行审计。

经财政部门审核批复的统计报告，应当作为预算管理和资产管理的依据和基础。

第四十六条 财政部门可以根据工作需要，组织开展资产清查工作。进行资产清查的实施办法，由县级以上人民政府财政部门另行制定。

第四十七条 财政部门可以根据国有资产统计工作的需要，开展行政单位国有资产产权登记工作。产权登记办法，由开展产权登记的财政部门制定并负责组织实施。

第九章　监督检查和法律责任

第四十八条 财政部门、行政单位及其工作人员，应当认真履行国有资产管理职责，依法维护国有资产的安全、完整。

第四十九条 财政部门、行政单位应当加强国有资产管理和监督，坚持单位内部监督与财政监督、审计监督、社会监督相结合，事前监督、事中监督、事后监督相结合，日常监督与专项检查相结合。

第五十条 各级财政部门、行政单位及其工作人员在行政单位国有资产配置、使用、处置等管理工作中，存在违反本办法规定的行为，以及其他滥用职权、玩忽职守、徇私舞弊等违法违纪行为的，依照《中华人民共和国公务员法》《中华人民共和国行政监察法》《财政违法行为处罚处分条例》等国家有关规定追究相应责任；涉嫌犯罪的，依法移送司法机关处理。

第十章　附　　则

第五十一条 参照公务员制度管理的事业单位和社会团体的国有资产管理依照本办法执行。

第五十二条　行政单位所属独立核算的非公务员管理的事业单位执行事业单位国有资产管理的有关规定，独立核算的企业执行企业国有资产管理的有关规定，不执行本办法。

第五十三条　地方财政部门可以根据本办法及上级财政部门有关国有资产管理的规定，制定本地区和本级行政单位国有资产管理的规章制度，并报上一级财政部门备案。

第五十四条　行政单位境外国有资产管理办法由财政部另行制定。

中央级行政单位的国有资产管理实施办法，由财政部会同有关部门根据本办法制定。

第五十五条　中国人民解放军等特定单位占有、使用的国有资产的管理办法，由解放军总后勤部等有关部门会同财政部另行制定。

第五十六条　本办法自2006年7月1日起施行。此前颁布的有关行政单位国有资产管理的规章制度，凡与本办法相抵触的，以本办法为准。

地方行政单位国有资产处置管理暂行办法

（2014年8月20日财政部印发）

第一章　总　　则

第一条　为规范地方行政单位国有资产处置行为，维护国有资产的安全和完整，保障国家所有者权益，根据《党政机关厉行节约反对浪费条例》和《行政单位国有资产管理暂行办法》，制定本办法。

第二条　本办法适用于地方各级党的机关、政府机关、人大机关、政协机关、审判机关、检察机关、各民主党派机关（以下统称地方行政单位）国有资产处置工作。

第三条　本办法所称的地方行政单位国有资产处置，是指行政单位对其占有、使用的资产，进行产权转移或核销的行为。处置方式包括：无偿转让、有偿转让、置换、报废、报损等。

第四条　地方财政部门是地方政府负责资产处置工作的职能部门，承担制度建设、处置审批及监督检查等管理工作。

地方财政部门可以根据工作需要，将资产处置工作交由有关单位完成。有关单位应当完成所交给的国有资产管理工作，向财政部门负责，并报告工作的完成情况。

第二章　管理规定

第五条　资产处置应当遵循以下原则：

（一）符合法律、法规和规章规定；

（二）厉行勤俭节约；

（三）公开、公平、公正；

（四）与资产配置、使用相结合。

第六条　地方行政单位需处置的国有资产范围包括：

（一）闲置资产；

（二）超标准配置的资产；

（三）因技术原因并经过科学论证，确需报废、淘汰的资产；

（四）因单位分立、撤销、合并、改制、隶属关系改变等原因发生的产权转移的资产；

（五）呆账及非正常损失的资产；

（六）已超过使用年限无需继续使用的资产；

（七）依照国家有关规定需要进行资产处置的其他情形。

第七条　需处置资产应当产权清晰，权属关系不明或存在权属纠纷的资产，需待权属界定明确后予以处置。

第八条　资产处置应当严格履行审批手续。未履行审批手续的，不得处置。

资产处置事项的批复，是编制资产配置预算的重要依据。资产处置事项的批复和处置交易凭证，是单位进行相关资产和会计账务处理、相关部门办理资产产权变更和登记手续的依据。

第九条　地方行政单位应当充分利用信息化等管理手段，及时准确反映资产增减变动情况和处置收入情况。

第十条　地方财政部门可根据实际情况，逐步建立集中处置管理制度，对地方行政单位国有资产进行统一处置。

对地方行政单位重要事项及召开重大会议、举办大型活动而临时购置的资产，实行统一处置。

第十一条　地方行政单位应当建立健全资产内部管理制度，明确岗位职责，完善处置流程，规范处置行为。

第十二条　地方行政单位通过无偿转让和置换取得的资产，应当符合资产配置标准，与其工作职责和人员编制情况相符。

通过无偿转让和置换取得办公用房的，应当执行新建办公用房各项标准，不得以未使用政府预算建设资金、资产整合等名义规避审批。

第十三条　涉密资产处置应当符合安全保密的有关规定。

第三章　无偿转让

第十四条　无偿转让是指在不改变国有资产性质的前提下，以无偿的方式转移资产产权的处置行为。

第十五条　地方行政单位申请无偿转让资产，应提交以下材料：

（一）申请文件、资产清单、权属证明和价值凭证；

（二）接收单位同类资产存量情况；

（三）因单位划转撤并而移交资产的，需提供划转撤并批文以及由具备相应资质的中介机构出具的资产清查等相关报告；

（四）其他相关材料。

第十六条　地方行政单位原则上不得向下级政府有关单位配发或调拨资产，确因工作需要配发或调拨的，应当同时符合以下条件：

（一）资产购置经费渠道合法合规，无下级财政配套资金的要求；

（二）下级单位接收资产符合配备标准和相关编制要求；

（三）经同级财政部门审批同意。

向下级政府有关单位配发或调拨资产，应同时告知接受单位同级财政部门。

第四章　有偿转让和置换

第十七条　有偿转让是指转移资产产权并取得相应收益的处置行为。

第十八条　置换是指行政单位与其他单位以非货币性资产为主进行的交换，该交换不涉及或只涉及少量的货币性资产（即补价）。

第十九条　资产有偿转让或置换，应当经具备相应资质的中介机构评估。

第二十条　有偿转让原则上应当以拍卖、公开招标等方式处置。不适合拍卖、公开招标或经公开征集只有一个意向受让方的，经批准，可以以协议转让等方式进行处置。

采取拍卖和公开招标方式有偿转让资产的，应当将资产处置公告刊登在公开媒介，披露有关信息。

第二十一条　涉及房屋征收的资产置换，应当确保单位工作正常开展，征收补偿应当达到国家或当地政府规定的补偿标准。

第二十二条　地方行政单位申请有偿转让或置换资产，应当提交以下材料：

（一）申请文件、资产清单、权属证明、价值凭证、中介机构出具的资产评估报告及单位同类资产情况；

（二）拟采用协议转让方式处置的，应提供转让意向书；

（三）拟采用置换方式处置的，应提供当地政府或部门的会议纪要、置换意向书；

（四）其他相关材料。

第五章　报废和报损

第二十三条　报废是指对达到使用年限，经技术鉴定或按有关规定，已不能继续使用的资产进行产权核销的处置行为。

国家或行业对资产报废有技术要求的，应当由具备相应资质的专业机构进行技术鉴定。

第二十四条　达到国家和地方更新标准，但仍可以继续使用的资产，不得报废。

第二十五条　车辆、电器电子产品、危险品报废处理应当符合国家有关规定。

第二十六条　报损是指对发生呆账或非正常损失的资产进行产权核销的处置行为。资产报损分为货币性资产报损和非货币性资产报损。

第二十七条　资产存在下列情况之一的，可以报损：

（一）债务人已依法破产或者死亡（含依法宣告死亡）的，根据法律规定其清算财产或者遗产不足清偿的；

（二）因不可抗力因素造成损失的；

（三）根据国家有关规定，可以报损的其他情形。

第二十八条　资产报损前，应当通过公告、诉讼等方式向债务人、担保人或责任人追索。

地方行政单位应当对报损的资产备查登记，实行“账销案存”的方式管理，对已批准核销的资产损失，单位仍有追偿的权利和义务，对“账销案存”资产清理和追索收回的资产，应当及时入账，货币性资产上缴国库。

第二十九条　地方行政单位申请报废、报损，应当提交以下材料：

（一）申请文件、资产清单、价值凭证和权属证明；

（二）因技术原因报废的，应当提供相关技术鉴定；

（三）债务人已依法破产的，应当提供人民法院裁定书及财产清算报告；

（四）债务人死亡（宣告死亡）的，应当提供其财产或者遗产不足清查的法律文书；

（五）涉及诉讼的，应当提供人民法院判决书或裁定书等；

（六）因不可抗力造成损失的，应当提供相关案件证明材料、责任认定报告和赔偿情况；

（七）其他相关材料。

第六章　收入管理

第三十条　资产处置收入包括有偿转让收入、置换差价收入、报废报损残值变价收入、征收补偿收入、保险理赔收入以及处置资产取得的其他收入。

有偿转让收入包含出售收入和出让收入。

第三十一条　资产处置收入应当纳入公共预算管理，按照政府非税收入管理有关规定上缴国库。

第三十二条　资产处置收入上缴列政府收支分类科目“行政单位国有资产处置收入”科目。

第七章　监督检查

第三十三条　资产处置监督工作应当坚持单位内部监督与财政监督、审计监督、社会监督相结合，事前监督与事中监督、事后监督相结合，日常监督与专项检查相结合。

第三十四条　除涉及国家安全和秘密外，地方行政单位应当实行资产处置内部公示制度。

第三十五条　资产处置过程中，存在下列行为的，按照《财政违法行为处罚处分条例》等有关规定处理：

（一）未经批准擅自处置的；

（二）在处置过程中弄虚作假，人为造

成资产损失的；

（三）对已获准处置资产不进行处置，继续留用的；

（四）隐瞒、截留、挤占、坐支和挪用资产处置收入的；

（五）其他违法、违规的资产处置行为。

第八章 附 则

第三十六条 列为行政编制并接受财政拨款的社会团体依照本办法执行。

参照公务员法管理、执行行政单位会计制度的事业单位依照本办法执行。

第三十七条 地方行政单位在建工程、罚没资产处置按照国家有关规定办理。

第三十八条 地方财政部门可根据本办法及上级财政部门有关资产处置管理的规定，制定本地区和本级行政单位资产处置管理制度，并报上一级财政部门备案。

第三十九条 本办法自2014年10月1日起施行。

事业单位国有资产管理暂行办法

（2006年5月30日财政部令第36号公布，根据2017年12月4日财政部令第90号《财政部关于修改〈注册会计师注册办法〉等6部规章的决定》第一次修改，根据2019年3月29日《财政部关于修改〈事业单位国有资产管理暂行办法〉的决定》第二次修改）

第一章 总 则

第一条 为了规范和加强事业单位国有资产管理，维护国有资产的安全完整，合理配置和有效利用国有资产，保障和促进各项事业发展，建立适应社会主义市场经济和公共财政要求的事业单位国有资产管理体制，根据国务院有关规定，制定本办法。

第二条 本办法适用于各级各类事业单位的国有资产管理活动。

第三条 本办法所称的事业单位国有资产，是指事业单位占有、使用的，依法确认为国家所有，能以货币计量的各种经济资源的总称，即事业单位的国有（公共）财产。

事业单位国有资产包括国家拨给事业单位的资产，事业单位按照国家规定运用国有资产组织收入形成的资产，以及接受捐赠和其他经法律确认为国家所有的资产，其表现形式为流动资产、固定资产、无形资产和对外投资等。

第四条 事业单位国有资产管理活动，应当坚持资产管理与预算管理相结合的原则，推行实物费用定额制度，促进事业资产整合与共享共用，实现资产管理和预算管理的紧密统一；应当坚持所有权和使用权相分离的原则；应当坚持资产管理与财务管理、实物管理与价值管理相结合的原则。

第五条 事业单位国有资产实行国家统一所有，政府分级监管，单位占有、使用的管理体制。

第二章 管理机构及其职责

第六条 各级财政部门是政府负责事业单位国有资产管理的职能部门，对事业单位的国有资产实施综合管理。其主要职责是：

（一）根据国家有关国有资产管理的规定，制定事业单位国有资产管理的规章制度，并组织实施和监督检查；

（二）研究制定本级事业单位实物资产配置标准和相关的费用标准，组织本级事业单位国有资产的产权登记、产权界定、产权纠纷调处、资产评估监管、资产清查和统计报告等基础管理工作；

（三）按规定权限审批本级事业单位有关资产购置、处置和利用国有资产对外投资、出租、出借和担保等事项，组织事业单位长期闲置、低效运转和超标准配置资产的调剂工作，建立事业单位国有资产整合、共享、共用机制；

（四）推进本级有条件的事业单位实现国有资产的市场化、社会化，加强事业单位转企改制工作中国有资产的监督管理；

（五）负责本级事业单位国有资产收益的监督管理；

（六）建立和完善事业单位国有资产管理信息系统，对事业单位国有资产实行动态管理；

（七）研究建立事业单位国有资产安全性、完整性和使用有效性的评价方法、评价标准和评价机制，对事业单位国有资产实行绩效管理；

（八）监督、指导本级事业单位及其主管部门、下级财政部门的国有资产管理工作。

第七条　事业单位的主管部门（以下简称主管部门）负责对本部门所属事业单位的国有资产实施监督管理。其主要职责是：

（一）根据本级和上级财政部门有关国有资产管理的规定，制定本部门事业单位国有资产管理的实施办法，并组织实施和监督检查；

（二）组织本部门事业单位国有资产的清查、登记、统计汇总及日常监督检查工作；

（三）审核本部门所属事业单位利用国有资产对外投资、出租、出借和担保等事项，按规定权限审核或者审批有关资产购置、处置事项；

（四）负责本部门所属事业单位长期闲置、低效运转和超标准配置资产的调剂工作，优化事业单位国有资产配置，推动事业单位国有资产共享、共用；

（五）督促本部门所属事业单位按规定缴纳国有资产收益；

（六）组织实施对本部门所属事业单位国有资产管理和使用情况的评价考核；

（七）接受同级财政部门的监督、指导并向其报告有关事业单位国有资产管理工作。

第八条　事业单位负责对本单位占有、使用的国有资产实施具体管理。其主要职责是：

（一）根据事业单位国有资产管理的有关规定，制定本单位国有资产管理的具体办法并组织实施；

（二）负责本单位资产购置、验收入库、维护保管等日常管理，负责本单位资产的账卡管理、清查登记、统计报告及日常监督检查工作；

（三）办理本单位国有资产配置、处置和对外投资、出租、出借和担保等事项的报批手续；

（四）负责本单位用于对外投资、出租、出借和担保的资产的保值增值，按照规定及时、足额缴纳国有资产收益；

（五）负责本单位存量资产的有效利用，参与大型仪器、设备等资产的共享、共用和公共研究平台建设工作；

（六）接受主管部门和同级财政部门的监督、指导并向其报告有关国有资产管理工作。

第九条　各级财政部门、主管部门和事业单位应当按照本办法的规定，明确管理机构和人员，做好事业单位国有资产管理工作。

第十条　财政部门根据工作需要，可以将国有资产管理的部分工作交由有关单位完成。

第三章　资产配置及使用

第十一条　事业单位国有资产配置是指

财政部门、主管部门、事业单位等根据事业单位履行职能的需要，按照国家有关法律、法规和规章制度规定的程序，通过购置或者调剂等方式为事业单位配备资产的行为。

第十二条 事业单位国有资产配置应当符合以下条件：

（一）现有资产无法满足事业单位履行职能的需要；

（二）难以与其他单位共享、共用相关资产；

（三）难以通过市场购买产品或者服务的方式代替资产配置，或者采取市场购买方式的成本过高。

第十三条 事业单位国有资产配置应当符合规定的配置标准；没有规定配置标准的，应当从严控制，合理配置。

第十四条 对于事业单位长期闲置、低效运转或者超标准配置的资产，原则上由主管部门进行调剂，并报同级财政部门备案；跨部门、跨地区的资产调剂应当报同级或者共同上一级的财政部门批准。法律、行政法规另有规定的，依照其规定。

第十五条 事业单位向财政部门申请用财政性资金购置规定限额以上资产的（包括事业单位申请用财政性资金举办大型会议、活动需要进行的购置），除国家另有规定外，按照下列程序报批：

（一）年度部门预算编制前，事业单位资产管理部门会同财务部门审核资产存量，提出下一年度拟购置资产的品目、数量，测算经费额度，报主管部门审核；

（二）主管部门根据事业单位资产存量状况和有关资产配置标准，审核、汇总事业单位资产购置计划，报同级财政部门审批；

（三）同级财政部门根据主管部门的审核意见，对资产购置计划进行审批；

（四）经同级财政部门批准的资产购置计划，事业单位应当列入年度部门预算，并在上报年度部门预算时附送批复文件等相关材料，作为财政部门批复部门预算的依据。

第十六条 事业单位向主管部门或者其他部门申请项目经费的，有关部门在下达经费前，应当将所涉及的规定限额以上的资产购置事项报同级财政部门批准。

第十七条 事业单位用其他资金购置规定限额以上资产的，报主管部门审批；主管部门应当将审批结果定期报同级财政部门备案。

第十八条 事业单位购置纳入政府采购范围的资产，应当按照国家有关政府采购的规定执行。

第十九条 事业单位国有资产的使用包括单位自用和对外投资、出租、出借、担保等方式。

第二十条 事业单位应当建立健全资产购置、验收、保管、使用等内部管理制度。

事业单位应当对实物资产进行定期清查，做到账账、账卡、账实相符，加强对本单位专利权、商标权、著作权、土地使用权、非专利技术、商誉等无形资产的管理，防止无形资产流失。

第二十一条 事业单位利用国有资产对外投资、出租、出借和担保等应当进行必要的可行性论证，并提出申请，经主管部门审核同意后，报同级财政部门审批。法律、行政法规和本办法第五十六条另有规定的，依照其规定。

事业单位应当对本单位用于对外投资、出租和出借的资产实行专项管理，并在单位财务会计报告中对相关信息进行充分披露。

第二十二条 财政部门和主管部门应当加强对事业单位利用国有资产对外投资、出租、出借和担保等行为的风险控制。

第二十三条 除本办法第五十六条及国家另有规定外，事业单位对外投资收益以及利用国有资产出租、出借和担保等取得的收入应当纳入单位预算，统一核算，统一管理。

第四章 资产处置

第二十四条 事业单位国有资产处置，

是指事业单位对其占有、使用的国有资产进行产权转让或者注销产权的行为。处置方式包括出售、出让、转让、对外捐赠、报废、报损以及货币性资产损失核销等。

第二十五条　除本办法第五十六条另有规定外，事业单位处置国有资产，应当严格履行审批手续，未经批准不得自行处置。

第二十六条　事业单位占有、使用的房屋建筑物、土地和车辆的处置，货币性资产损失的核销，以及单位价值或者批量价值在规定限额以上的资产的处置，经主管部门审核后报同级财政部门审批；规定限额以下的资产的处置报主管部门审批，主管部门将审批结果定期报同级财政部门备案。法律、行政法规和本办法第五十六条另有规定的，依照其规定。

第二十七条　财政部门或者主管部门对事业单位国有资产处置事项的批复是财政部门重新安排事业单位有关资产配置预算项目的参考依据，是事业单位调整相关会计账目的凭证。

第二十八条　事业单位国有资产处置应当遵循公开、公正、公平的原则。

事业单位出售、出让、转让、变卖资产数量较多或者价值较高的，应当通过拍卖等市场竞价方式公开处置。

第二十九条　除本办法第五十六条另有规定外，事业单位国有资产处置收入属于国家所有，应当按照政府非税收入管理的规定，实行“收支两条线”管理。

第五章　产权登记与产权纠纷处理

第三十条　事业单位国有资产产权登记（以下简称产权登记）是国家对事业单位占有、使用的国有资产进行登记，依法确认国家对国有资产的所有权和事业单位对国有资产的占有、使用权的行为。

第三十一条　事业单位应当向同级财政部门或者经同级财政部门授权的主管部门（以下简称授权部门）申报、办理产权登记，并由财政部门或者授权部门核发《事业单位国有资产产权登记证》（以下简称《产权登记证》）。

第三十二条　《产权登记证》是国家对事业单位国有资产享有所有权，单位享有占有、使用权的法律凭证，由财政部统一印制。

事业单位办理法人年检、改制、资产处置和利用国有资产对外投资、出租、出借、担保等事项时，应当出具《产权登记证》。

第三十三条　事业单位国有资产产权登记的内容主要包括：

（一）单位名称、住所、负责人及成立时间；

（二）单位性质、主管部门；

（三）单位资产总额、国有资产总额、主要实物资产额及其使用状况、对外投资情况；

（四）其他需要登记的事项。

第三十四条　事业单位应当按照以下规定进行国有资产产权登记：

（一）新设立的事业单位，办理占有产权登记；

（二）发生分立、合并、部分改制，以及隶属关系、单位名称、住所和单位负责人等产权登记内容发生变化的事业单位，办理变更产权登记；

（三）因依法撤销或者整体改制等原因被清算、注销的事业单位，办理注销产权登记。

第三十五条　各级财政部门应当在资产动态管理信息系统和变更产权登记的基础上，对事业单位国有资产产权登记实行定期检查。

第三十六条　事业单位与其他国有单位之间发生国有资产产权纠纷的，由当事人协商解决。协商不能解决的，可以向同级或者共同上一级财政部门申请调解或者裁定，必要时报有管辖权的人民政府处理。

第三十七条　事业单位与非国有单位或

者个人之间发生产权纠纷的，事业单位应当提出拟处理意见，经主管部门审核并报同级财政部门批准后，与对方当事人协商解决。协商不能解决的，依照司法程序处理。

第六章　资产评估与资产清查

第三十八条　事业单位有下列情形之一的，应当对相关国有资产进行评估：

（一）整体或者部分改制为企业；

（二）以非货币性资产对外投资；

（三）合并、分立、清算；

（四）资产拍卖、转让、置换；

（五）整体或者部分资产租赁给非国有单位；

（六）确定涉讼资产价值；

（七）法律、行政法规规定的其他需要进行评估的事项。

第三十九条　事业单位有下列情形之一的，可以不进行资产评估：

（一）经批准事业单位整体或者部分资产无偿划转；

（二）行政、事业单位下属的事业单位之间的合并、资产划转、置换和转让；

（三）国家设立的研究开发机构、高等院校将其持有的科技成果转让、许可或者作价投资给国有全资企业的；

（四）发生其他不影响国有资产权益的特殊产权变动行为，报经同级财政部门确认可以不进行资产评估的。

第四十条　国家设立的研究开发机构、高等院校将其持有的科技成果转让、许可或者作价投资给非国有全资企业的，由单位自主决定是否进行资产评估。

第四十一条　事业单位国有资产评估工作应当委托具有资产评估资质的评估机构进行。事业单位应当如实向资产评估机构提供有关情况和资料，并对所提供的情况和资料的客观性、真实性和合法性负责。

事业单位不得以任何形式干预资产评估机构独立执业。

第四十二条　事业单位国有资产评估项目实行核准制和备案制。核准和备案工作按照国家有关国有资产评估项目核准和备案管理的规定执行。

第四十三条　事业单位有下列情形之一的，应当进行资产清查：

（一）根据国家专项工作要求或者本级政府实际工作需要，被纳入统一组织的资产清查范围的；

（二）进行重大改革或者整体、部分改制为企业的；

（三）遭受重大自然灾害等不可抗力造成资产严重损失的；

（四）会计信息严重失真或者国有资产出现重大流失的；

（五）会计政策发生重大更改，涉及资产核算方法发生重要变化的；

（六）同级财政部门认为应当进行资产清查的其他情形。

第四十四条　事业单位进行资产清查，应当向主管部门提出申请，并按照规定程序报同级财政部门批准立项后组织实施，但根据国家专项工作要求或者本级政府工作需要进行的资产清查除外。

第四十五条　事业单位资产清查工作的内容主要包括基本情况清理、账务清理、财产清查、损溢认定、资产核实和完善制度等。资产清查的具体办法由财政部另行制定。

第七章　资产信息管理与报告

第四十六条　事业单位应当按照国有资产管理信息化的要求，及时将资产变动信息录入管理信息系统，对本单位资产实行动态管理，并在此基础上做好国有资产统计和信息报告工作。

第四十七条　事业单位国有资产信息报告是事业单位财务会计报告的重要组成部分。事业单位应当按照财政部门规定的事业单位财务会计报告的格式、内容及要求，对其占有、使用的国有资产状况定期做出报告。

第四十八条　事业单位国有资产占有、使用状况，是主管部门、财政部门编制和安排事业单位预算的重要参考依据。各级财政部门、主管部门应当充分利用资产管理信息系统和资产信息报告，全面、动态地掌握事业单位国有资产占有、使用状况，建立和完善资产与预算有效结合的激励和约束机制。

第八章　监督检查与法律责任

第四十九条　财政部门、主管部门、事业单位及其工作人员，应当依法维护事业单位国有资产的安全完整，提高国有资产使用效益。

第五十条　财政部门、主管部门和事业单位应当建立健全科学合理的事业单位国有资产监督管理责任制，将资产监督、管理的责任落实到具体部门、单位和个人。

第五十一条　事业单位国有资产监督应当坚持单位内部监督与财政监督、审计监督、社会监督相结合，事前监督与事中监督、事后监督相结合，日常监督与专项检查相结合。

第五十二条　事业单位及其工作人员违反本办法，有下列行为之一的，依据《财政违法行为处罚处分条例》的规定进行处罚、处理、处分：

（一）以虚报、冒领等手段骗取财政资金的；

（二）擅自占有、使用和处置国有资产的；

（三）擅自提供担保的；

（四）通过串通作弊、暗箱操作等低价处置国有资产的；

（五）未按规定缴纳国有资产收益的。

第五十三条　各级财政部门、主管部门及其工作人员在事业单位国有资产配置、使用、处置等管理工作中，存在违反本办法规定的行为，以及其他滥用职权、玩忽职守、徇私舞弊等违法违纪行为的，依照《中华人民共和国公务员法》《中华人民共和国监察法》《财政违法行为处罚处分条例》等国家有关规定追究相应责任；涉嫌犯罪的，依法移送司法机关处理。

第五十四条　主管部门在配置事业单位国有资产或者审核、批准国有资产使用、处置事项的工作中违反本办法规定的，财政部门可以责令其限期改正，逾期不改的予以警告。

第五十五条　违反本办法有关事业单位国有资产管理规定的其他行为，依据国家有关法律、法规及规章制度进行处理。

第九章　附　　则

第五十六条　国家设立的研究开发机构、高等院校对其持有的科技成果，可以自主决定转让、许可或者作价投资，不需报主管部门、财政部门审批或者备案，并通过协议定价、在技术交易市场挂牌交易、拍卖等方式确定价格。通过协议定价的，应当在本单位公示科技成果名称和拟交易价格。

国家设立的研究开发机构、高等院校转化科技成果所获得的收入全部留归本单位。

第五十七条　社会团体和民办非企业单位中占有、使用国有资产的，参照本办法执行。参照公务员制度管理的事业单位和社会团体，依照国家关于行政单位国有资产管理的有关规定执行。

第五十八条　实行企业化管理并执行企业财务会计制度的事业单位，以及事业单位创办的具有法人资格的企业，由财政部门按照企业国有资产监督管理的有关规定实施监督管理。

第五十九条　地方财政部门制定的本地区和本级事业单位的国有资产管理规章制度，应当报上一级财政部门备案。

中央级事业单位的国有资产管理实施办法，由财政部会同有关部门根据本办法制定。

第六十条 境外事业单位国有资产管理办法由财政部另行制定。中国人民解放军、武装警察部队以及经国家批准的特定事业单位的国有资产管理办法，由解放军总后勤部、武装警察部队和有关主管部门会同财政部另行制定。

行业特点突出，需要制定行业事业单位国有资产管理办法的，由财政部会同有关主管部门根据本办法制定。

第六十一条 本办法中有关资产配置、处置事项的“规定限额”由省级以上财政部门另行确定。

第六十二条 本办法自2006年7月1日起施行。此前颁布的有关事业单位国有资产管理的规定与本办法相抵触的，按照本办法执行。

行政事业性国有资产管理条例

（2020年12月30日国务院第120次常务会议通过，2021年2月1日公布，自2021年4月1日起施行）

第一章 总 则

第一条 为了加强行政事业性行政事业性国有资产管理条例（国有资产管理与监督，健全国有资产管理体制，推进国家治理体系和治理能力现代化，根据全国人民代表大会常务委员会关于加强国有资产管理情况监督的决定，制定本条例。

第二条 行政事业性国有资产，是指行政单位、事业单位通过以下方式取得或者形成的资产：

（一）使用财政资金形成的资产；

（二）接受调拨或者划转、置换形成的资产；

（三）接受捐赠并确认为国有的资产；

（四）其他国有资产。

第三条 行政事业性国有资产属于国家所有，实行政府分级监管、各部门及其所属单位直接支配的管理体制。

第四条 各级人民政府应当建立健全行政事业性国有资产管理机制，加强对本级行政事业性国有资产的管理，审查、批准重大行政事业性国有资产管理事项。

第五条 国务院财政部门负责制定行政事业单位国有资产管理规章制度并负责组织实施和监督检查，牵头编制行政事业性国有资产管理情况报告。

国务院机关事务管理部门和有关机关事务管理部门会同有关部门依法依规履行相关中央行政事业单位国有资产管理职责，制定中央行政事业单位国有资产管理具体制度和办法并组织实施，接受国务院财政部门的指导和监督检查。

相关部门根据职责规定，按照集中统一、分类分级原则，加强中央行政事业单位国有资产管理，优化管理手段，提高管理效率。

第六条 各部门根据职责负责本部门及其所属单位国有资产管理工作，应当明确管理责任，指导、监督所属单位国有资产管理工作。

各部门所属单位负责本单位行政事业性国有资产的具体管理，应当建立和完善内部控制管理制度。

第七条 各部门及其所属单位管理行政事业性国有资产应当遵循安全规范、节约高效、公开透明、权责一致的原则，实现实物管理与价值管理相统一，资产管理与预算管理、财务管理相结合。

第二章　资产配置、使用和处置

第八条　各部门及其所属单位应当根据依法履行职能和事业发展的需要，结合资产存量、资产配置标准、绩效目标和财政承受能力配置资产。

第九条　各部门及其所属单位应当合理选择资产配置方式，资产配置重大事项应当经可行性研究和集体决策，资产价值较高的按照国家有关规定进行资产评估，并履行审批程序。

资产配置包括调剂、购置、建设、租用、接受捐赠等方式。

第十条　县级以上人民政府应当组织建立、完善资产配置标准体系，明确配置的数量、价值、等级、最低使用年限等标准。

资产配置标准应当按照勤俭节约、讲求绩效和绿色环保的要求，根据国家有关政策、经济社会发展水平、市场价格变化、科学技术进步等因素适时调整。

第十一条　各部门及其所属单位应当优先通过调剂方式配置资产。不能调剂的，可以采用购置、建设、租用等方式。

第十二条　行政单位国有资产应当用于本单位履行职能的需要。

除法律另有规定外，行政单位不得以任何形式将国有资产用于对外投资或者设立营利性组织。

第十三条　事业单位国有资产应当用于保障事业发展、提供公共服务。

第十四条　各部门及其所属单位应当加强对本单位固定资产、在建工程、流动资产、无形资产等各类国有资产的管理，明确管理责任，规范使用流程，加强产权保护，推进相关资产安全有效使用。

第十五条　各部门及其所属单位应当明确资产使用人和管理人的岗位责任。

资产使用人、管理人应当履行岗位责任，按照规程合理使用、管理资产，充分发挥资产效能。资产需要维修、保养、调剂、更新、报废的，资产使用人、管理人应当及时提出。

资产使用人、管理人发生变化的，应当及时办理资产交接手续。

第十六条　各部门及其所属单位接受捐赠的资产，应当按照捐赠约定的用途使用。捐赠人意愿不明确或者没有约定用途的，应当统筹安排使用。

第十七条　事业单位利用国有资产对外投资应当有利于事业发展和实现国有资产保值增值，符合国家有关规定，经可行性研究和集体决策，按照规定权限和程序进行。

事业单位应当明确对外投资形成的股权及其相关权益管理责任，按照规定将对外投资形成的股权纳入经营性国有资产集中统一监管体系。

第十八条　县级以上人民政府及其有关部门应当建立健全国有资产共享共用机制，采取措施引导和鼓励国有资产共享共用，统筹规划有效推进国有资产共享共用工作。

各部门及其所属单位应当在确保安全使用的前提下，推进本单位大型设备等国有资产共享共用工作，可以对提供方给予合理补偿。

第十九条　各部门及其所属单位应当根据履行职能、事业发展需要和资产使用状况，经集体决策和履行审批程序，依据处置事项批复等相关文件及时处置行政事业性国有资产。

第二十条　各部门及其所属单位应当将依法罚没的资产按照国家规定公开拍卖或者按照国家有关规定处理，所得款项全部上缴国库。

第二十一条　各部门及其所属单位应当对下列资产及时予以报废、报损：

（一）因技术原因确需淘汰或者无法维修、无维修价值的资产；

（二）涉及盘亏、坏账以及非正常损失的资产；

（三）已超过使用年限且无法满足现有工作需要的资产；

（四）因自然灾害等不可抗力造成毁损、灭失的资产。

第二十二条 各部门及其所属单位发生分立、合并、改制、撤销、隶属关系改变或者部分职能、业务调整等情形，应当根据国家有关规定办理相关国有资产划转、交接手续。

第二十三条 国家设立的研究开发机构、高等院校对其持有的科技成果的使用和处置，依照《中华人民共和国促进科技成果转化法》、《中华人民共和国专利法》和国家有关规定执行。

第三章 预算管理

第二十四条 各部门及其所属单位购置、建设、租用资产应当提出资产配置需求，编制资产配置相关支出预算，并严格按照预算管理规定和财政部门批复的预算配置资产。

第二十五条 行政单位国有资产出租和处置等收入，应当按照政府非税收入和国库集中收缴制度的有关规定管理。

除国家另有规定外，事业单位国有资产的处置收入应当按照政府非税收入和国库集中收缴制度的有关规定管理。

事业单位国有资产使用形成的收入，由本级人民政府财政部门规定具体管理办法。

第二十六条 各部门及其所属单位应当及时收取各类资产收入，不得违反国家规定，多收、少收、不收、侵占、私分、截留、占用、挪用、隐匿、坐支。

第二十七条 各部门及其所属单位应当在决算中全面、真实、准确反映其国有资产收入、支出以及国有资产存量情况。

第二十八条 各部门及其所属单位应当按照国家规定建立国有资产绩效管理制度，建立健全绩效指标和标准，有序开展国有资产绩效管理工作。

第二十九条 县级以上人民政府投资建设公共基础设施，应当依法落实资金来源，加强预算约束，防范政府债务风险，并明确公共基础设施的管理维护责任单位。

第四章 基础管理

第三十条 各部门及其所属单位应当按照国家规定设置行政事业性国有资产台账，依照国家统一的会计制度进行会计核算，不得形成账外资产。

第三十一条 各部门及其所属单位采用建设方式配置资产的，应当在建设项目竣工验收合格后及时办理资产交付手续，并在规定期限内办理竣工财务决算，期限最长不得超过1年。

各部门及其所属单位对已交付但未办理竣工财务决算的建设项目，应当按照国家统一的会计制度确认资产价值。

第三十二条 各部门及其所属单位对无法进行会计确认入账的资产，可以根据需要组织专家参照资产评估方法进行估价，并作为反映资产状况的依据。

第三十三条 各部门及其所属单位应当明确资产的维护、保养、维修的岗位责任。因使用不当或者维护、保养、维修不及时造成资产损失的，应当依法承担责任。

第三十四条 各部门及其所属单位应当定期或者不定期对资产进行盘点、对账。出现资产盘盈盘亏的，应当按照财务、会计和资产管理制度有关规定处理，做到账实相符和账账相符。

第三十五条 各部门及其所属单位处置资产应当及时核销相关资产台账信息，同时进行会计处理。

第三十六条 除国家另有规定外，各部门及其所属单位将行政事业性国有资产进行转让、拍卖、置换、对外投资等，应当按照国家有关规定进行资产评估。

行政事业性国有资产以市场化方式出售、出租的，依照有关规定可以通过相应公共资源交易平台进行。

第三十七条　有下列情形之一的，各部门及其所属单位应当对行政事业性国有资产进行清查：

（一）根据本级政府部署要求；

（二）发生重大资产调拨、划转以及单位分立、合并、改制、撤销、隶属关系改变等情形；

（三）因自然灾害等不可抗力造成资产毁损、灭失；

（四）会计信息严重失真；

（五）国家统一的会计制度发生重大变更，涉及资产核算方法发生重要变化；

（六）其他应当进行资产清查的情形。

第三十八条　各部门及其所属单位资产清查结果和涉及资产核实的事项，应当按照国务院财政部门的规定履行审批程序。

第三十九条　各部门及其所属单位在资产清查中发现账实不符、账账不符的，应当查明原因予以说明，并随同清查结果一并履行审批程序。各部门及其所属单位应当根据审批结果及时调整资产台账信息，同时进行会计处理。

由于资产使用人、管理人的原因造成资产毁损、灭失的，应当依法追究相关责任。

第四十条　各部门及其所属单位对需要办理权属登记的资产应当依法及时办理。对有账簿记录但权证手续不全的行政事业性国有资产，可以向本级政府有关主管部门提出确认资产权属申请，及时办理权属登记。

第四十一条　各部门及其所属单位之间，各部门及其所属单位与其他单位和个人之间发生资产纠纷的，应当依照有关法律法规规定采取协商等方式处理。

第四十二条　国务院财政部门应当建立全国行政事业性国有资产管理信息系统，推行资产管理网上办理，实现信息共享。

第五章　资产报告

第四十三条　国家建立行政事业性国有资产管理情况报告制度。

国务院向全国人民代表大会常务委员会报告全国行政事业性国有资产管理情况。

县级以上地方人民政府按照规定向本级人民代表大会常务委员会报告行政事业性国有资产管理情况。

第四十四条　行政事业性国有资产管理情况报告，主要包括资产负债总量，相关管理制度建立和实施，资产配置、使用、处置和效益，推进管理体制机制改革等情况。

行政事业性国有资产管理情况按照国家有关规定向社会公开。

第四十五条　各部门所属单位应当每年编制本单位行政事业性国有资产管理情况报告，逐级报送相关部门。

各部门应当汇总编制本部门行政事业性国有资产管理情况报告，报送本级政府财政部门。

第四十六条　县级以上地方人民政府财政部门应当每年汇总本级和下级行政事业性国有资产管理情况，报送本级政府和上一级政府财政部门。

第六章　监　　督

第四十七条　县级以上人民政府应当接受本级人民代表大会及其常务委员会对行政事业性国有资产管理情况的监督，组织落实本级人民代表大会及其常务委员会审议提出的整改要求，并向本级人民代表大会及其常务委员会报告整改情况。

乡、民族乡、镇人民政府应当接受本级人民代表大会对行政事业性国有资产管理情况的监督。

第四十八条　县级以上人民政府对下级政府的行政事业性国有资产管理情况进行监督。下级政府应当组织落实上一级政府提出的监管要求，并向上一级政府报告落实情况。

第四十九条　县级以上人民政府财政部门应当对本级各部门及其所属单位行政事业

性国有资产管理情况进行监督检查，依法向社会公开检查结果。

第五十条 县级以上人民政府审计部门依法对行政事业性国有资产管理情况进行审计监督。

第五十一条 各部门应当建立健全行政事业性国有资产监督管理制度，根据职责对本行业行政事业性国有资产管理依法进行监督。

各部门所属单位应当制定行政事业性国有资产内部控制制度，防控行政事业性国有资产管理风险。

第五十二条 公民、法人或者其他组织发现违反本条例的行为，有权向有关部门进行检举、控告。接受检举、控告的有关部门应当依法进行处理，并为检举人、控告人保密。

任何单位或者个人不得压制和打击报复检举人、控告人。

第七章 法律责任

第五十三条 各部门及其所属单位有下列行为之一的，责令改正，情节较重的，对负有直接责任的主管人员和其他直接责任人员依法给予处分：

（一）配置、使用、处置国有资产未按照规定经集体决策或者履行审批程序；

（二）超标准配置国有资产；

（三）未按照规定办理国有资产调剂、调拨、划转、交接等手续；

（四）未按照规定履行国有资产拍卖、报告、披露等程序；

（五）未按照规定期限办理建设项目竣工财务决算；

（六）未按照规定进行国有资产清查；

（七）未按照规定设置国有资产台账；

（八）未按照规定编制、报送国有资产管理情况报告。

第五十四条 各部门及其所属单位有下列行为之一的，责令改正，有违法所得的没收违法所得，情节较重的，对负有直接责任的主管人员和其他直接责任人员依法给予处分；构成犯罪的，依法追究刑事责任：

（一）非法占有、使用国有资产或者采用弄虚作假等方式低价处置国有资产；

（二）违反规定将国有资产用于对外投资或者设立营利性组织；

（三）未按照规定评估国有资产导致国家利益损失；

（四）其他违反本条例规定造成国有资产损失的行为。

第五十五条 各部门及其所属单位在国有资产管理工作中有违反预算管理规定行为的，依照《中华人民共和国预算法》及其实施条例、《财政违法行为处罚处分条例》等法律、行政法规追究责任。

第五十六条 各部门及其所属单位的工作人员在国有资产管理工作中滥用职权、玩忽职守、徇私舞弊或者有浪费国有资产等违法违规行为的，由有关部门依法给予处分；构成犯罪的，依法追究刑事责任。

第八章 附　　则

第五十七条 除国家另有规定外，社会组织直接支配的行政事业性国有资产管理，依照本条例执行。

第五十八条 货币形式的行政事业性国有资产管理，按照预算管理有关规定执行。

执行企业财务、会计制度的事业单位以及事业单位对外投资的全资企业或者控股企业的资产管理，不适用本条例。

第五十九条 公共基础设施、政府储备物资、国有文物文化等行政事业性国有资产管理的具体办法，由国务院财政部门会同有关部门制定。

第六十条 中国人民解放军、中国人民武装警察部队直接支配的行政事业性国有资产管理，依照中央军事委员会有关规定执行。

第六十一条 本条例自2021年4月1日起施行。

罚款决定与罚款收缴分离实施办法

（1997年11月17日公布，自1998年1月1日起施行）

第一条　为了实施罚款决定与罚款收缴分离，加强对罚款收缴活动的监督，保证罚款及时上缴国库，根据《中华人民共和国行政处罚法》（以下简称行政处罚法）的规定，制定本办法。

第二条　罚款的收取、缴纳及相关活动，适用本办法。

第三条　作出罚款决定的行政机关应当与收缴罚款的机构分离；但是，依照行政处罚法的规定可以当场收缴罚款的除外。

第四条　罚款必须全部上缴国库，任何行政机关、组织或者个人不得以任何形式截留、私分或者变相私分。

行政机关执法所需经费的拨付，按照国家有关规定执行。

第五条　经中国人民银行批准有代理收付款项业务的商业银行、信用合作社（以下简称代收机构），可以开办代收罚款的业务。

具体代收机构由县级以上地方人民政府组织本级财政部门、中国人民银行当地分支机构和依法具有行政处罚权的行政机关共同研究，统一确定。海关、外汇管理等实行垂直领导的依法具有行政处罚权的行政机关作出罚款决定的，具体代收机构由财政部、中国人民银行会同国务院有关部门确定。依法具有行政处罚权的国务院有关部门作出罚款决定的，具体代收机构由财政部、中国人民银行确定。

代收机构应当具备足够的代收网点，以方便当事人缴纳罚款。

第六条　行政机关应当依照本办法和国家有关规定，同代收机构签订代收罚款协议。

代收罚款协议应当包括下列事项：

（一）行政机关、代收机构名称；

（二）具体代收网点；

（三）代收机构上缴罚款的预算科目、预算级次；

（四）代收机构告知行政机关代收罚款情况的方式、期限；

（五）需要明确的其他事项。

自代收罚款协议签订之日起15日内，行政机关应当将代收罚款协议报上一级行政机关和同级财政部门备案；代收机构应当将代收罚款协议报中国人民银行或者其当地分支机构备案。

第七条　行政机关作出罚款决定的行政处罚决定书应当载明代收机构的名称、地址和当事人应当缴纳罚款的数额、期限等，并明确对当事人逾期缴纳罚款是否加处罚款。

当事人应当按照行政处罚决定书确定的罚款数额、期限，到指定的代收机构缴纳罚款。

第八条　代收机构代收罚款，应当向当事人出具罚款收据。

罚款收据的格式和印制，由财政部规定。

第九条　当事人逾期缴纳罚款，行政处罚决定书明确需要加处罚款的，代收机构应当按照行政处罚决定书加收罚款。

当事人对加收罚款有异议的，应当先缴纳罚款和加收的罚款，再依法向作出行政处罚决定的行政机关申请复议。

第十条　代收机构应当按照代收罚款协议规定的方式、期限，将当事人的姓名或者名称、缴纳罚款的数额、时间等情况书面告知作出行政处罚决定的行政机关。

第十一条 代收机构应当按照行政处罚法和国家有关规定，将代收的罚款直接上缴国库。

第十二条 国库应当按照《中华人民共和国国家金库条例》的规定，定期同财政部门和行政机关对账，以保证收受的罚款和上缴国库的罚款数额一致。

第十三条 代收机构应当在代收网点、营业时间、服务设施、缴款手续等方面为当事人缴纳罚款提供方便。

第十四条 财政部门应当向代收机构支付手续费，具体标准由财政部制定。

第十五条 法律、法规授权的具有管理公共事务职能的组织和依法受委托的组织依法作出的罚款决定与罚款收缴，适用本办法。

第十六条 本办法由财政部会同中国人民银行组织实施。

第十七条 本办法自1998年1月1日起施行。

财政违法行为处罚处分条例

（2004年11月30日中华人民共和国国务院令第427号公布，根据2011年1月8日国务院令第588号《国务院关于废止和修改部分行政法规的决定》修订）

第一条 为了纠正财政违法行为，维护国家财政经济秩序，制定本条例。

第二条 县级以上人民政府财政部门及审计机关在各自职权范围内，依法对财政违法行为作出处理、处罚决定。

省级以上人民政府财政部门的派出机构，应当在规定职权范围内，依法对财政违法行为作出处理、处罚决定；审计机关的派出机构，应当根据审计机关的授权，依法对财政违法行为作出处理、处罚决定。

根据需要，国务院可以依法调整财政部门及其派出机构（以下统称财政部门）、审计机关及其派出机构（以下统称审计机关）的职权范围。

有财政违法行为的单位，其直接负责的主管人员和其他直接责任人员，以及有财政违法行为的个人，属于国家公务员的，由监察机关及其派出机构（以下统称监察机关）或者任免机关依照人事管理权限，依法给予行政处分。

第三条 财政收入执收单位及其工作人员有下列违反国家财政收入管理规定的行为之一的，责令改正，补收应当收取的财政收入，限期退还违法所得。对单位给予警告或者通报批评。对直接负责的主管人员和其他直接责任人员给予警告、记过或者记大过处分；情节严重的，给予降级或者撤职处分：

（一）违反规定设立财政收入项目；

（二）违反规定擅自改变财政收入项目的范围、标准、对象和期限；

（三）对已明令取消、暂停执行或者降低标准的财政收入项目，仍然依照原定项目、标准征收或者变换名称征收；

（四）缓收、不收财政收入；

（五）擅自将预算收入转为预算外收入；

（六）其他违反国家财政收入管理规定的行为。

《中华人民共和国税收征收管理法》等法律、行政法规另有规定的，依照其规定给予行政处分。

第四条　财政收入执收单位及其工作人员有下列违反国家财政收入上缴规定的行为之一的，责令改正，调整有关会计账目，收缴应当上缴的财政收入，限期退还违法所得。对单位给予警告或者通报批评。对直接负责的主管人员和其他直接责任人员给予记大过处分；情节较重的，给予降级或者撤职处分；情节严重的，给予开除处分：

（一）隐瞒应当上缴的财政收入；

（二）滞留、截留、挪用应当上缴的财政收入；

（三）坐支应当上缴的财政收入；

（四）不依照规定的财政收入预算级次、预算科目入库；

（五）违反规定退付国库库款或者财政专户资金；

（六）其他违反国家财政收入上缴规定的行为。

《中华人民共和国税收征收管理法》、《中华人民共和国预算法》等法律、行政法规另有规定的，依照其规定给予行政处分。

第五条　财政部门、国库机构及其工作人员有下列违反国家有关上解、下拨财政资金规定的行为之一的，责令改正，限期退还违法所得。对单位给予警告或者通报批评。对直接负责的主管人员和其他直接责任人员给予记过或者记大过处分；情节较重的，给予降级或者撤职处分；情节严重的，给予开除处分：

（一）延解、占压应当上解的财政收入；

（二）不依照预算或者用款计划核拨财政资金；

（三）违反规定收纳、划分、留解、退付国库库款或者财政专户资金；

（四）将应当纳入国库核算的财政收入放在财政专户核算；

（五）擅自动用国库库款或者财政专户资金；

（六）其他违反国家有关上解、下拨财政资金规定的行为。

第六条　国家机关及其工作人员有下列违反规定使用、骗取财政资金的行为之一的，责令改正，调整有关会计账目，追回有关财政资金，限期退还违法所得。对单位给予警告或者通报批评。对直接负责的主管人员和其他直接责任人员给予记大过处分；情节较重的，给予降级或者撤职处分；情节严重的，给予开除处分：

（一）以虚报、冒领等手段骗取财政资金；

（二）截留、挪用财政资金；

（三）滞留应当下拨的财政资金；

（四）违反规定扩大开支范围，提高开支标准；

（五）其他违反规定使用、骗取财政资金的行为。

第七条　财政预决算的编制部门和预算执行部门及其工作人员有下列违反国家有关预算管理规定的行为之一的，责令改正，追回有关款项，限期调整有关预算科目和预算级次。对单位给予警告或者通报批评。对直接负责的主管人员和其他直接责任人员给予警告、记过或者记大过处分；情节较重的，给予降级处分；情节严重的，给予撤职处分：

（一）虚增、虚减财政收入或者财政支出；

（二）违反规定编制、批复预算或者决算；

（三）违反规定调整预算；

（四）违反规定调整预算级次或者预算收支种类；

（五）违反规定动用预算预备费或者挪用预算周转金；

（六）违反国家关于转移支付管理规定的行为；

（七）其他违反国家有关预算管理规定的行为。

第八条　国家机关及其工作人员违反国有资产管理的规定，擅自占有、使用、处置国有资产的，责令改正，调整有关会计账目，限期退还违法所得和被侵占的国有资产。对单位给予警告或者通报批评。对直接负责的主管人员和其他直接责任人员给予记大过处分；情节较重的，给予降级或者撤职处分；情节严重的，给予开除处分。

第九条 单位和个人有下列违反国家有关投资建设项目规定的行为之一的，责令改正，调整有关会计账目，追回被截留、挪用、骗取的国家建设资金，没收违法所得，核减或者停止拨付工程投资。对单位给予警告或者通报批评，其直接负责的主管人员和其他直接责任人员属于国家公务员的，给予记大过处分；情节较重的，给予降级或者撤职处分；情节严重的，给予开除处分：

（一）截留、挪用国家建设资金；

（二）以虚报、冒领、关联交易等手段骗取国家建设资金；

（三）违反规定超概算投资；

（四）虚列投资完成额；

（五）其他违反国家投资建设项目有关规定的行为。

《中华人民共和国政府采购法》、《中华人民共和国招标投标法》、《国家重点建设项目管理办法》等法律、行政法规另有规定的，依照其规定处理、处罚。

第十条 国家机关及其工作人员违反《中华人民共和国担保法》及国家有关规定，擅自提供担保的，责令改正，没收违法所得。对单位给予警告或者通报批评。对直接负责的主管人员和其他直接责任人员给予警告、记过或者记大过处分；造成损失的，给予降级或者撤职处分；造成重大损失的，给予开除处分。

第十一条 国家机关及其工作人员违反国家有关账户管理规定，擅自在金融机构开立、使用账户的，责令改正，调整有关会计账目，追回有关财政资金，没收违法所得，依法撤销擅自开立的账户。对单位给予警告或者通报批评。对直接负责的主管人员和其他直接责任人员给予降级处分；情节严重的，给予撤职或者开除处分。

第十二条 国家机关及其工作人员有下列行为之一的，责令改正，调整有关会计账目，追回被挪用、骗取的有关资金，没收违法所得。对单位给予警告或者通报批评。对直接负责的主管人员和其他直接责任人员给予降级处分；情节较重的，给予撤职处分；情节严重的，给予开除处分：

（一）以虚报、冒领等手段骗取政府承贷或者担保的外国政府贷款、国际金融组织贷款；

（二）滞留政府承贷或者担保的外国政府贷款、国际金融组织贷款；

（三）截留、挪用政府承贷或者担保的外国政府贷款、国际金融组织贷款；

（四）其他违反规定使用、骗取政府承贷或者担保的外国政府贷款、国际金融组织贷款的行为。

第十三条 企业和个人有下列不缴或者少缴财政收入行为之一的，责令改正，调整有关会计账目，收缴应当上缴的财政收入，给予警告，没收违法所得，并处不缴或者少缴财政收入10%以上30%以下的罚款；对直接负责的主管人员和其他直接责任人员处3000元以上5万元以下的罚款：

（一）隐瞒应当上缴的财政收入；

（二）截留代收的财政收入；

（三）其他不缴或者少缴财政收入的行为。

属于税收方面的违法行为，依照有关税收法律、行政法规的规定处理、处罚。

第十四条 企业和个人有下列行为之一的，责令改正，调整有关会计账目，追回违反规定使用、骗取的有关资金，给予警告，没收违法所得，并处被骗取有关资金10%以上50%以下的罚款或者被违规使用有关资金10%以上30%以下的罚款；对直接负责的主管人员和其他直接责任人员处3000元以上5万元以下的罚款：

（一）以虚报、冒领等手段骗取财政资金以及政府承贷或者担保的外国政府贷款、国际金融组织贷款；

（二）挪用财政资金以及政府承贷或者担保的外国政府贷款、国际金融组织贷款；

（三）从无偿使用的财政资金以及政府承贷或者担保的外国政府贷款、国际金融组织贷款中非法获益；

（四）其他违反规定使用、骗取财政资金以及政府承贷或者担保的外国政府贷款、国际金融组织贷款的行为。

属于政府采购方面的违法行为，依照《中华人民共和国政府采购法》及有关法律、行政法规的规定处理、处罚。

第十五条　事业单位、社会团体、其他社会组织及其工作人员有财政违法行为的，依照本条例有关国家机关的规定执行；但其在经营活动中的财政违法行为，依照本条例第十三条、第十四条的规定执行。

第十六条　单位和个人有下列违反财政收入票据管理规定的行为之一的，销毁非法印制的票据，没收违法所得和作案工具。对单位处5000元以上10万元以下的罚款；对直接负责的主管人员和其他直接责任人员处3000元以上5万元以下的罚款。属于国家公务员的，还应当给予降级或者撤职处分；情节严重的，给予开除处分：

（一）违反规定印制财政收入票据；

（二）转借、串用、代开财政收入票据；

（三）伪造、变造、买卖、擅自销毁财政收入票据；

（四）伪造、使用伪造的财政收入票据监（印）制章；

（五）其他违反财政收入票据管理规定的行为。

属于税收收入票据管理方面的违法行为，依照有关税收法律、行政法规的规定处理、处罚。

第十七条　单位和个人违反财务管理的规定，私存私放财政资金或者其他公款的，责令改正，调整有关会计账目，追回私存私放的资金，没收违法所得。对单位处3000元以上5万元以下的罚款；对直接负责的主管人员和其他直接责任人员处2000元以上2万元以下的罚款。属于国家公务员的，还应当给予记大过处分；情节严重的，给予降级或者撤职处分。

第十八条　属于会计方面的违法行为，依照会计方面的法律、行政法规的规定处理、处罚。对其直接负责的主管人员和其他直接责任人员，属于国家公务员的，还应当给予警告、记过或者记大过处分；情节较重的，给予降级或者撤职处分；情节严重的，给予开除处分。

第十九条　属于行政性收费方面的违法行为，《中华人民共和国行政许可法》、《违反行政事业性收费和罚没收入收支两条线管理规定行政处分暂行规定》等法律、行政法规及国务院另有规定的，有关部门依照其规定处理、处罚、处分。

第二十条　单位和个人有本条例规定的财政违法行为，构成犯罪的，依法追究刑事责任。

第二十一条　财政部门、审计机关、监察机关依法进行调查或者检查时，被调查、检查的单位和个人应当予以配合，如实反映情况，不得拒绝、阻挠、拖延。

违反前款规定的，责令限期改正。逾期不改正的，对属于国家公务员的直接负责的主管人员和其他直接责任人员，给予警告、记过或者记大过处分；情节严重的，给予降级或者撤职处分。

第二十二条　财政部门、审计机关、监察机关依法进行调查或者检查时，经县级以上人民政府财政部门、审计机关、监察机关的负责人批准，可以向与被调查、检查单位有经济业务往来的单位查询有关情况，可以向金融机构查询被调查、检查单位的存款，有关单位和金融机构应当配合。

财政部门、审计机关、监察机关在依法进行调查或者检查时，执法人员不得少于2人，并应当向当事人或者有关人员出示证件；查询存款时，还应当持有县级以上人民政府财政部门、审计机关、监察机关签发的查询存款通知书，并负有保密义务。

第二十三条 财政部门、审计机关、监察机关依法进行调查或者检查时，在有关证据可能灭失或者以后难以取得的情况下，经县级以上人民政府财政部门、审计机关、监察机关的负责人批准，可以先行登记保存，并应当在7日内及时作出处理决定。在此期间，当事人或者有关人员不得销毁或者转移证据。

第二十四条 对被调查、检查单位或者个人正在进行的财政违法行为，财政部门、审计机关应当责令停止。拒不执行的，财政部门可以暂停财政拨款或者停止拨付与财政违法行为直接有关的款项，已经拨付的，责令其暂停使用；审计机关可以通知财政部门或者其他有关主管部门暂停财政拨款或者停止拨付与财政违法行为直接有关的款项，已经拨付的，责令其暂停使用，财政部门和其他有关主管部门应当将结果书面告知审计机关。

第二十五条 依照本条例规定限期退还的违法所得，到期无法退还的，应当收缴国库。

第二十六条 单位和个人有本条例所列财政违法行为，财政部门、审计机关、监察机关可以公告其财政违法行为及处理、处罚、处分决定。

第二十七条 单位和个人有本条例所列财政违法行为，弄虚作假骗取荣誉称号及其他有关奖励的，应当撤销其荣誉称号并收回有关奖励。

第二十八条 财政部门、审计机关、监察机关的工作人员滥用职权、玩忽职守、徇私舞弊的，给予警告、记过或者记大过处分；情节较重的，给予降级或者撤职处分；情节严重的，给予开除处分。构成犯罪的，依法追究刑事责任。

第二十九条 财政部门、审计机关、监察机关及其他有关监督检查机关对有关单位或者个人依法进行调查、检查后，应当出具调查、检查结论。有关监督检查机关已经作出的调查、检查结论能够满足其他监督检查机关履行本机关职责需要的，其他监督检查机关应当加以利用。

第三十条 财政部门、审计机关、监察机关及其他有关机关应当加强配合，对不属于其职权范围的事项，应当依法移送。受移送机关应当及时处理，并将结果书面告知移送机关。

第三十一条 对财政违法行为作出处理、处罚和处分决定的程序，依照本条例和《中华人民共和国行政处罚法》、《中华人民共和国行政监察法》等有关法律、行政法规的规定执行。

第三十二条 单位和个人对处理、处罚不服的，依照《中华人民共和国行政复议法》、《中华人民共和国行政诉讼法》的规定申请复议或者提起诉讼。

国家公务员对行政处分不服的，依照《中华人民共和国行政监察法》、《中华人民共和国公务员法》等法律、行政法规的规定提出申诉。

第三十三条 本条例所称"财政收入执收单位"，是指负责收取税收收入和各种非税收入的单位。

第三十四条 对法律、法规授权的具有管理公共事务职能的组织以及国家行政机关依法委托的组织及其工勤人员以外的工作人员，企业、事业单位、社会团体中由国家行政机关以委任、派遣等形式任命的人员以及其他人员有本条例规定的财政违法行为，需要给予处分的，参照本条例有关规定执行。

第三十五条 本条例自2005年2月1日起施行。1987年6月16日国务院发布的《国务院关于违反财政法规处罚的暂行规定》同时废止。

财政部门监督办法

（2012年2月23日财政部部务会议审议通过，2012年3月2日公布，自2012年5月1日起施行）

第一章　总　　则

第一条　为了规范财政部门监督行为，加强财政管理，保障财政资金安全规范有效使用，维护国家财经秩序，根据国家有关财政管理法律法规，制定本办法。

第二条　县级以上人民政府财政部门（以下简称财政部门）依法对单位和个人（以下统称监督对象）涉及财政、财务、会计等事项实施监督适用本办法。

省级以上人民政府财政部门派出机构在规定职权范围内依法实施监督。

第三条　财政部门应当按照财政管理体制、财务隶属关系对财政、财务等事项实施监督；按照行政区域对会计事项实施监督。

上级财政部门应当加强对下级财政部门监督工作的指导；下级财政部门应当及时将监督中发现的重大问题向本级人民政府和上级财政部门报告。

第四条　财政部门实施监督应当坚持事前、事中和事后监督相结合，建立覆盖所有政府性资金和财政运行全过程的监督机制。

第五条　财政部门实施监督应当与财政管理相结合，将监督结果作为预算安排的重要参考依据；根据监督结果完善相关政策、加强财政管理。

第六条　财政部门应当加强绩效监督，提高财政资金使用效益。

第七条　财政部门应当加强信息化建设，充分运用现代技术手段实施监督，提高监督效率。

第二章　监督机构和人员

第八条　财政部门的监督职责由本部门专职监督机构和业务管理机构共同履行；由专职监督机构实行统一归口管理、统一组织实施、统一规范程序、统一行政处罚。

第九条　专职监督机构应当履行下列监督职责：

（一）制定本部门监督工作规划；

（二）参与拟定涉及监督职责的财税政策及法律制度；

（三）牵头拟定本部门年度监督计划；

（四）组织实施涉及重大事项的专项监督；

（五）向业务管理机构反馈监督结果及意见；

（六）组织实施本部门内部监督检查。

第十条　业务管理机构应当履行下列监督职责：

（一）在履行财政、财务、会计等管理职责过程中加强日常监督；

（二）配合专职监督机构进行专项监督；

（三）根据监督结果完善相关财政政策；

（四）向专职监督机构反馈意见采纳情况。

第十一条　专职监督机构和业务管理机构实施监督，应当协调配合、信息共享。

第十二条　实施监督的财政部门工作人员（以下简称监督人员）应当具备与财政监督工作相适应的专业知识和业务能力。

监督人员应当廉洁自律，秉公执法，保

守秘密。

第十三条 监督人员与监督对象有利害关系的应当回避。

监督对象有权申请有利害关系的监督人员回避。

监督人员的回避，由财政部门负责人决定。

第十四条 监督人员依法履行监督职责受法律保护。

对财政部门依法实施的监督，监督对象应当予以配合、如实反映情况；不得拒绝、阻挠、拖延；不得对监督人员打击报复。

第十五条 财政部门可以根据需要，聘请有关专业机构或者专业人员协助监督工作。

财政部门应当加强对所聘机构和人员的统一管理。

第三章 监督范围和权限

第十六条 财政部门依法对下列事项实施监督：

（一）财税法规、政策的执行情况；

（二）预算编制、执行、调整和决算情况；

（三）税收收入、政府非税收入等政府性资金的征收、管理情况；

（四）国库集中收付、预算单位银行账户的管理使用情况；

（五）政府采购法规、政策的执行情况；

（六）行政、事业单位国有资产，金融类、文化企业等国有资产的管理情况；

（七）财务会计制度的执行情况；

（八）外国政府、国际金融组织贷款和赠款的管理情况；

（九）法律法规规定的其他事项。

对会计师事务所和资产评估机构设立及执业情况的监督，由省级以上人民政府财政部门依法实施。

第十七条 财政部门实施监督，可以依法采取下列措施：

（一）要求监督对象按照要求提供与监督事项有关的资料；

（二）调取、查阅、复制监督对象有关预算编制、执行、调整和决算资料，会计凭证和账簿、财务会计报告、审计报告、账户信息、电子信息管理系统情况，以及其他有关资料；

（三）经县级以上人民政府财政部门负责人批准，向与被监督单位有经济业务往来的单位查询有关情况，向金融机构查询被监督单位的存款；

（四）在证据可能灭失或者以后难以取得的情况下，经县级以上人民政府财政部门负责人批准，先行登记保存证据，并在7日内及时作出处理决定；

（五）对正在进行的财政违法行为，责令停止；拒不执行的，暂停财政拨款或者停止拨付与财政违法行为直接有关的款项；已经拨付的，责令暂停使用；

（六）法律法规规定的其他措施。

第十八条 财政部门实施监督过程中，发现监督对象制定或者执行的规定与国家相关规定相抵触的，可以根据职权予以纠正或者建议有权机关予以纠正。

第十九条 对监督对象财政违法行为作出的处理、处罚决定及其执行情况，除涉及国家秘密、商业秘密、个人隐私外，财政部门可以公开。

第二十条 对有关财政违法行为的举报，财政部门应当按照规定处理，并为举报人保密。

第四章 监督方式和程序

第二十一条 财政部门实施监督，可以采取监控、督促、调查、核查、审查、检查、评价等方法。

第二十二条 财政部门实施监督，可以采取专项监督和日常监督相结合的方式。

专项监督应当结合年度监督计划，按照规定程序组织实施。

日常监督应当结合履行财政、财务、会

计等管理职责，按照规定程序组织实施。

第二十三条　财政部门实施监督，应当依法对财政违法行为作出处理处罚；对不属于本部门职权范围的事项，应当按照规定程序移送有权机关处理。

第二十四条　财政部门实施监督，应当加强与监察、审计等有关机关的沟通和协作。有关机关已经作出的调查、检查、审计结论能够满足本部门履行职责需要的，应当加以利用。

财政部门履行监督职责，可以提请有关机关予以协助。

第五章　法律责任

第二十五条　监督对象有下列情形之一的，由县级以上人民政府财政部门责令限期改正，并给予警告；直接负责的主管人员和其他直接责任人员属于国家工作人员的，建议有关主管部门依法给予处分；涉嫌犯罪的，依法移送司法机关：

（一）拒绝、阻挠、拖延财政部门依法实施的监督的；

（二）不如实提供有关资料的；

（三）对监督人员进行打击报复的。

第二十六条　监督人员实施监督过程中玩忽职守、滥用职权、徇私舞弊或者泄露国家秘密、商业秘密的，依法给予行政处分；涉嫌犯罪的，依法移送司法机关。

第二十七条　监督对象对处理、处罚决定不服的，可以依法申请行政复议或者提起行政诉讼。

国家工作人员对处分不服的，可以依照有关规定申请复核或者提出申诉。

第六章　附　　则

第二十八条　乡镇财政机构在规定职权范围内，或者受上级政府财政部门委托，依法实施监督工作，参照本办法执行。

第二十九条　本办法自2012年5月1日起施行。

中央企业违规经营投资责任追究实施办法（试行）

（2018年7月13日国务院国有资产监督管理委员会主任办公会议审议通过，2018年7月13日公布，自2018年8月30日起施行）

第一章　总　　则

第一条　为加强和规范中央企业违规经营投资责任追究工作，进一步完善国有资产监督管理制度，落实国有资产保值增值责任，有效防止国有资产流失，根据《中华人民共和国公司法》、《中华人民共和国企业国有资产法》、《企业国有资产监督管理暂行条例》和《国务院办公厅关于建立国有企业违规经营投资责任追究制度的意见》等法律法规和文件，制定本办法。

第二条　本办法所称中央企业是指国务院国有资产监督管理委员会（以下简称国资委）代表国务院履行出资人职责的国家出资企业。

第三条　本办法所称违规经营投资责任追究（以下简称责任追究）是指中央企业经营管理有关人员违反规定，未履行或未正确履行职责，在经营投资中造成国有资产损失或其他严重不良后果，经调查核实和责任认定，对相关责任人进行处理的工作。

前款所称规定，包括国家法律法规、国

有资产监管规章制度和企业内部管理规定等。前款所称未履行职责，是指未在规定期限内或正当合理期限内行使职权、承担责任，一般包括不作为、拒绝履行职责、拖延履行职责等；未正确履行职责，是指未按规定以及岗位职责要求，不适当或不完全行使职权、承担责任，一般包括未按程序行使职权、超越职权、滥用职权等。

第四条 责任追究工作应当遵循以下原则：

（一）坚持依法依规问责。以国家法律法规为准绳，按照国有资产监管规章制度和企业内部管理规定等，对违反规定、未履行或未正确履行职责造成国有资产损失或其他严重不良后果的企业经营管理有关人员，严肃追究责任，实行重大决策终身问责。

（二）坚持客观公正定责。贯彻落实“三个区分开来”重要要求，结合企业实际情况，调查核实违规行为的事实、性质及其造成的损失和影响，既考虑量的标准也考虑质的不同，认定相关人员责任，保护企业经营管理有关人员干事创业的积极性，恰当公正地处理相关责任人。

（三）坚持分级分层追责。国资委和中央企业原则上按照国有资本出资关系和干部管理权限，界定责任追究工作职责，分级组织开展责任追究工作，分别对企业不同层级经营管理人员进行追究处理，形成分级分层、有效衔接、上下贯通的责任追究工作体系。

（四）坚持惩治教育和制度建设相结合。在对违规经营投资相关责任人严肃问责的同时，加大典型案例总结和通报力度，加强警示教育，发挥震慑作用，推动中央企业不断完善规章制度，堵塞经营管理漏洞，提高经营管理水平，实现国有资产保值增值。

第五条 在责任追究工作过程中，发现企业经营管理有关人员违纪或职务违法的问题和线索，应当移送相应的纪检监察机构查处；涉嫌犯罪的，应当移送国家监察机关或司法机关查处。

第二章 责任追究范围

第六条 中央企业经营管理有关人员违反规定，未履行或未正确履行职责致使发生本办法第七条至第十七条所列情形，造成国有资产损失或其他严重不良后果的，应当追究相应责任。

第七条 集团管控方面的责任追究情形：

（一）违反规定程序或超越权限决定、批准和组织实施重大经营投资事项，或决定、批准和组织实施的重大经营投资事项违反党和国家方针政策、决策部署以及国家有关规定。

（二）对国家有关集团管控的规定未执行或执行不力，致使发生重大资产损失对生产经营、财务状况产生重大影响。

（三）对集团重大风险隐患、内控缺陷等问题失察，或虽发现但没有及时报告、处理，造成重大资产损失或其他严重不良后果。

（四）所属子企业发生重大违规违纪违法问题，造成重大资产损失且对集团生产经营、财务状况产生重大影响，或造成其他严重不良后果。

（五）对国家有关监管机构就经营投资有关重大问题提出的整改工作要求，拒绝整改、拖延整改等。

第八条 风险管理方面的责任追究情形：

（一）未按规定履行内控及风险管理制度建设职责，导致内控及风险管理制度缺失，内控流程存在重大缺陷。

（二）内控及风险管理制度未执行或执行不力，对经营投资重大风险未能及时分析、识别、评估、预警、应对和报告。

（三）未按规定对企业规章制度、经济合同和重要决策等进行法律审核。

（四）未执行国有资产监管有关规定，

过度负债导致债务危机，危及企业持续经营。

（五）恶意逃废金融债务。

（六）瞒报、漏报、谎报或迟报重大风险及风险损失事件，指使编制虚假财务报告，企业账实严重不符。

第九条 购销管理方面的责任追究情形：

（一）未按规定订立、履行合同，未履行或未正确履行职责致使合同标的价格明显不公允。

（二）未正确履行合同，或无正当理由放弃应得合同权益。

（三）违反规定开展融资性贸易业务或“空转”“走单”等虚假贸易业务。

（四）违反规定利用关联交易输送利益。

（五）未按规定进行招标或未执行招标结果。

（六）违反规定提供赊销信用、资质、担保或预付款项，利用业务预付或物资交易等方式变相融资或投资。

（七）违反规定开展商品期货、期权等衍生业务。

（八）未按规定对应收款项及时追索或采取有效保全措施。

第十条 工程承包建设方面的责任追究情形：

（一）未按规定对合同标的进行调查论证或风险分析。

（二）未按规定履行决策和审批程序，或未经授权和超越授权投标。

（三）违反规定，无合理商业理由以低于成本的报价中标。

（四）未按规定履行决策和审批程序，擅自签订或变更合同。

（五）未按规定程序对合同约定进行严格审查，存在重大疏漏。

（六）工程以及与工程建设有关的货物、服务未按规定招标或规避招标。

（七）违反规定分包等。

（八）违反合同约定超计价、超进度付款。

第十一条 资金管理方面的责任追究情形：

（一）违反决策和审批程序或超越权限筹集和使用资金。

（二）违反规定以个人名义留存资金、收支结算、开立银行账户等。

（三）设立“小金库”。

（四）违反规定集资、发行股票或债券、捐赠、担保、委托理财、拆借资金或开立信用证、办理银行票据等。

（五）虚列支出套取资金。

（六）违反规定超发、滥发职工薪酬福利。

（七）因财务内控缺失或未按照财务内控制度执行，发生资金挪用、侵占、盗取、欺诈等。

第十二条 转让产权、上市公司股权、资产等方面的责任追究情形：

（一）未按规定履行决策和审批程序或超越授权范围转让。

（二）财务审计和资产评估违反相关规定。

（三）隐匿应当纳入审计、评估范围的资产，组织提供和披露虚假信息，授意、指使中介机构出具虚假财务审计、资产评估鉴证结果及法律意见书等。

（四）未按相关规定执行回避制度。

（五）违反相关规定和公开公平交易原则，低价转让企业产权、上市公司股权和资产等。

（六）未按规定进场交易。

第十三条 固定资产投资方面的责任追究情形：

（一）未按规定进行可行性研究或风险分析。

（二）项目概算未按规定进行审查，严重偏离实际。

（三）未按规定履行决策和审批程序擅自投资。

（四）购建项目未按规定招标，干预、规避或操纵招标。

（五）外部环境和项目本身情况发生重大变化，未按规定及时调整投资方案并采取止损措施。

（六）擅自变更工程设计、建设内容和追加投资等。

（七）项目管理混乱，致使建设严重拖期、成本明显高于同类项目。

（八）违反规定开展列入负面清单的投资项目。

第十四条 投资并购方面的责任追究情形：

（一）未按规定开展尽职调查，或尽职调查未进行风险分析等，存在重大疏漏。

（二）财务审计、资产评估或估值违反相关规定。

（三）投资并购过程中授意、指使中介机构或有关单位出具虚假报告。

（四）未按规定履行决策和审批程序，决策未充分考虑重大风险因素，未制定风险防范预案。

（五）违反规定以各种形式为其他合资合作方提供垫资，或通过高溢价并购等手段向关联方输送利益。

（六）投资合同、协议及标的企业公司章程等法律文件中存在有损国有权益的条款，致使对标的企业管理失控。

（七）违反合同约定提前支付并购价款。

（八）投资并购后未按有关工作方案开展整合，致使对标的企业管理失控。

（九）投资参股后未行使相应股东权利，发生重大变化未及时采取止损措施。

（十）违反规定开展列入负面清单的投资项目。

第十五条 改组改制方面的责任追究情形：

（一）未按规定履行决策和审批程序。

（二）未按规定组织开展清产核资、财务审计和资产评估。

（三）故意转移、隐匿国有资产或向中介机构提供虚假信息，授意、指使中介机构出具虚假清产核资、财务审计与资产评估等鉴证结果。

（四）将国有资产以明显不公允低价折股、出售或无偿分给其他单位或个人。

（五）在发展混合所有制经济、实施员工持股计划、破产重整或清算等改组改制过程中，违反规定，导致发生变相套取、私分国有资产。

（六）未按规定收取国有资产转让价款。

（七）改制后的公司章程等法律文件中存在有损国有权益的条款。

第十六条 境外经营投资方面的责任追究情形：

（一）未按规定建立企业境外投资管理相关制度，导致境外投资管控缺失。

（二）开展列入负面清单禁止类的境外投资项目。

（三）违反规定从事非主业投资或开展列入负面清单特别监管类的境外投资项目。

（四）未按规定进行风险评估并采取有效风险防控措施对外投资或承揽境外项目。

（五）违反规定采取不当经营行为，以及不顾成本和代价进行恶性竞争。

（六）违反本章其他有关规定或存在国家明令禁止的其他境外经营投资行为的。

第十七条 其他违反规定，未履行或未正确履行职责造成国有资产损失或其他严重不良后果的责任追究情形。

第三章 资产损失认定

第十八条 对中央企业违规经营投资造成的资产损失，在调查核实的基础上，依据有关规定认定资产损失金额，以及对企业、国家和社会等造成的影响。

第十九条 资产损失包括直接损失和间接损失。直接损失是与相关人员行为有直接因果关系的损失金额及影响；间接损失是由相关人员行为引发或导致的，除直接损失外、能够确认计量的其他损失金额及影响。

第二十条 中央企业违规经营投资资产损失500万元以下为一般资产损失，500万元以上5000万元以下为较大资产损失，5000万元以上为重大资产损失。涉及违纪违法和犯罪行为查处的损失标准，遵照相关党内法规和国家法律法规的规定执行。

前款所称的“以上”包括本数，所称的“以下”不包括本数。

第二十一条 资产损失金额及影响，可根据司法、行政机关等依法出具的书面文件，具有相应资质的会计师事务所、资产评估机构、律师事务所、专业技术鉴定机构等专业机构出具的专项审计、评估或鉴证报告，以及企业内部证明材料等，进行综合研判认定。

第二十二条 相关违规经营投资虽尚未形成事实资产损失，但确有证据证明资产损失在可预见未来将发生，且能可靠计量资产损失金额的，经中介机构评估可以认定为或有损失，计入资产损失。

第四章 责任认定

第二十三条 中央企业经营管理有关人员任职期间违反规定，未履行或未正确履行职责造成国有资产损失或其他严重不良后果的，应当追究其相应责任。违规经营投资责任根据工作职责划分为直接责任、主管责任和领导责任。

第二十四条 直接责任是指相关人员在其工作职责范围内，违反规定，未履行或未正确履行职责，对造成的资产损失或其他严重不良后果起决定性直接作用时应当承担的责任。

企业负责人存在以下情形的，应当承担直接责任：

（一）本人或与他人共同违反国家法律法规、国有资产监管规章制度和企业内部管理规定。

（二）授意、指使、强令、纵容、包庇下属人员违反国家法律法规、国有资产监管规章制度和企业内部管理规定。

（三）未经规定程序或超越权限，直接决定、批准、组织实施重大经济事项。

（四）主持相关会议讨论或以其他方式研究时，在多数人不同意的情况下，直接决定、批准、组织实施重大经济事项。

（五）将按有关法律法规制度应作为第一责任人（总负责）的事项、签订的有关目标责任事项或应当履行的其他重要职责，授权（委托）其他领导人员决策且决策不当或决策失误等。

（六）其他应当承担直接责任的行为。

第二十五条 主管责任是指相关人员在其直接主管（分管）工作职责范围内，违反规定，未履行或未正确履行职责，对造成的资产损失或其他严重不良后果应当承担的责任。

第二十六条 领导责任是指企业主要负责人在其工作职责范围内，违反规定，未履行或未正确履行职责，对造成的资产损失或其他严重不良后果应当承担的责任。

第二十七条 中央企业所属子企业违规经营投资致使发生本条第二款、第三款所列情形的，上级企业经营管理有关人员应当承担相应的责任。

上一级企业有关人员应当承担相应责任的情形包括：

（一）发生重大资产损失且对企业生产经营、财务状况产生重大影响的。

（二）多次发生较大、重大资产损失，或造成其他严重不良后果的。

除上一级企业有关人员外，更高层级企业有关人员也应当承担相应责任的情形包括：

（一）发生违规违纪违法问题，造成资产损失金额巨大且危及企业生存发展的。

（二）在一定时期内多家所属子企业连

续集中发生重大资产损失，或造成其他严重不良后果的。

第二十八条 中央企业违反规定瞒报、漏报或谎报重大资产损失的，对企业主要负责人和分管负责人比照领导责任和主管责任进行责任认定。

第二十九条 中央企业未按规定和有关工作职责要求组织开展责任追究工作的，对企业负责人及有关人员比照领导责任、主管责任和直接责任进行责任认定。

第三十条 中央企业有关经营决策机构以集体决策形式作出违规经营投资的决策或实施其他违规经营投资的行为，造成资产损失或其他严重不良后果的，应当承担集体责任，有关成员也应当承担相应责任。

第五章 责任追究处理

第三十一条 对相关责任人的处理方式包括组织处理、扣减薪酬、禁入限制、纪律处分、移送国家监察机关或司法机关等，可以单独使用，也可以合并使用。

（一）组织处理。包括批评教育、责令书面检查、通报批评、诫勉、停职、调离工作岗位、降职、改任非领导职务、责令辞职、免职等。

（二）扣减薪酬。扣减和追索绩效年薪或任期激励收入，终止或收回其他中长期激励收益，取消参加中长期激励资格等。

（三）禁入限制。五年直至终身不得担任国有企业董事、监事、高级管理人员。

（四）纪律处分。由相应的纪检监察机构查处。

（五）移送国家监察机关或司法机关处理。依据国家有关法律规定，移送国家监察机关或司法机关查处。

第三十二条 中央企业发生资产损失，经过查证核实和责任认定后，除依据有关规定移送纪检监察机构或司法机关处理外，应当按以下方式处理：

（一）发生一般资产损失的，对直接责任人和主管责任人给予批评教育、责令书面检查、通报批评、诫勉等处理，可以扣减和追索责任认定年度50%以下的绩效年薪。

（二）发生较大资产损失的，对直接责任人和主管责任人给予通报批评、诫勉、停职、调离工作岗位、降职等处理，同时按照以下标准扣减薪酬：扣减和追索责任认定年度50%—100%的绩效年薪、扣减和追索责任认定年度（含）前三年50%—100%的任期激励收入并延期支付绩效年薪，终止尚未行使的其他中长期激励权益、上缴责任认定年度及前一年度的全部中长期激励收益、五年内不得参加企业新的中长期激励。

对领导责任人给予通报批评、诫勉、停职、调离工作岗位等处理，同时按照以下标准扣减薪酬：扣减和追索责任认定年度30%—70%的绩效年薪、扣减和追索责任认定年度（含）前三年30%—70%的任期激励收入并延期支付绩效年薪，终止尚未行使的其他中长期激励权益、三年内不得参加企业新的中长期激励。

（三）发生重大资产损失的，对直接责任人和主管责任人给予降职、改任非领导职务、责令辞职、免职和禁入限制等处理，同时按照以下标准扣减薪酬：扣减和追索责任认定年度100%的绩效年薪、扣减和追索责任认定年度（含）前三年100%的任期激励收入并延期支付绩效年薪，终止尚未行使的其他中长期激励权益、上缴责任认定年度（含）前三年的全部中长期激励收益、不得参加企业新的中长期激励。

对领导责任人给予调离工作岗位、降职、改任非领导职务、责令辞职、免职和禁入限制等处理，同时按照以下标准扣减薪酬：扣减和追索责任认定年度70%—100%的绩效年薪、扣减和追索责任认定年度（含）前三年70%—100%的任期激励收入并延期支付绩效年薪，终止尚未行使的其他中长期激励权益、上缴责任认定年度（含）前三年的全部中长期激励收益、五年内不得参加企业新的中长期激励。

第三十三条　中央企业所属子企业发生资产损失，按照本办法应当追究中央企业有关人员责任时，对相关责任人给予通报批评、诫勉、停职、调离工作岗位、降职、改任非领导职务、责令辞职、免职和禁入限制等处理，同时按照以下标准扣减薪酬：扣减和追索责任认定年度30%—100%的绩效年薪、扣减和追索责任认定年度（含）前三年30%—100%的任期激励收入并延期支付绩效年薪，终止尚未行使的其他中长期激励权益、上缴责任认定年度（含）前三年的全部中长期激励收益、三至五年内不得参加企业新的中长期激励。

第三十四条　对承担集体责任的中央企业有关经营决策机构，给予批评教育、责令书面检查、通报批评等处理；对造成资产损失金额巨大且危及企业生存发展的，或造成其他特别严重不良后果的，按照规定程序予以改组。

第三十五条　责任认定年度是指责任追究处理年度。有关责任人在责任追究处理年度无任职或任职不满全年的，按照最近一个完整任职年度执行；若无完整任职年度的，参照处理前实际任职月度（不超过12个月）执行。

第三十六条　对同一事件、同一责任人的薪酬扣减和追索，按照党纪处分、政务处分、责任追究等扣减薪酬处理的最高标准执行，但不合并使用。

第三十七条　相关责任人受到诫勉处理的，六个月内不得提拔、重用；受到调离工作岗位、改任非领导职务处理的，一年内不得提拔；受到降职处理的，两年内不得提拔；受到责令辞职、免职处理的，一年内不安排职务，两年内不得担任高于原任职务层级的职务；同时受到纪律处分的，按照影响期长的规定执行。

第三十八条　中央企业经营管理有关人员违规经营投资未造成资产损失，但造成其他严重不良后果的，经过查证核实和责任认定后，对相关责任人参照本办法予以处理。

第三十九条　有下列情形之一的，应当对相关责任人从重或加重处理：

（一）资产损失频繁发生、金额巨大、后果严重的。

（二）屡禁不止、顶风违规、影响恶劣的。

（三）强迫、唆使他人违规造成资产损失或其他严重不良后果的。

（四）未及时采取措施或措施不力导致资产损失或其他严重不良后果扩大的。

（五）瞒报、漏报或谎报资产损失的。

（六）拒不配合或干扰、抵制责任追究工作的。

（七）其他应当从重或加重处理的。

第四十条　对中央企业经营管理有关人员在企业改革发展中所出现的失误，不属于有令不行、有禁不止、不当谋利、主观故意、独断专行等的，根据有关规定和程序予以容错。有下列情形之一的，可以对违规经营投资相关责任人从轻或减轻处理：

（一）情节轻微的。

（二）以促进企业改革发展稳定或履行企业经济责任、政治责任、社会责任为目标，且个人没有谋取私利的。

（三）党和国家方针政策、党章党规党纪、国家法律法规、地方性法规和规章等没有明确限制或禁止的。

（四）处置突发事件或紧急情况下，个人或少数人决策，事后及时履行报告程序并得到追认，且不存在故意或重大过失的。

（五）及时采取有效措施减少、挽回资产损失并消除不良影响的。

（六）主动反映资产损失情况，积极配合责任追究工作的，或主动检举其他造成资产损失相关人员，查证属实的。

（七）其他可以从轻或减轻处理的。

第四十一条　对于违规经营投资有关责任人应当给予批评教育、责令书面检查、通报批评或诫勉处理，但是具有本办法第四十条规定的情形之一的，可以免除处理。

第四十二条 对违规经营投资有关责任人减轻或免除处理，须由作出处理决定的上一级企业或国资委批准。

第四十三条 相关责任人已调任、离职或退休的，应当按照本办法给予相应处理。

第四十四条 相关责任人在责任认定年度已不在本企业领取绩效年薪的，按离职前一年度全部绩效年薪及前三年任期激励收入总和计算，参照本办法有关规定追索扣回其薪酬。

第四十五条 对违反规定，未履行或未正确履行职责造成国有资产损失或其他严重不良后果的中央企业董事、监事以及其他有关人员，依照国家法律法规、有关规章制度和本办法等对其进行相应处理。

第六章 责任追究工作职责

第四十六条 国资委和中央企业原则上按照国有资本出资关系和干部管理权限，组织开展责任追究工作。

第四十七条 国资委在责任追究工作中的主要职责：

（一）研究制定中央企业责任追究有关制度。

（二）组织开展中央企业发生的重大资产损失或产生严重不良后果的较大资产损失，以及涉及中央企业负责人的责任追究工作。

（三）认为有必要直接组织开展的中央企业及其所属子企业责任追究工作。

（四）对中央企业存在的共性问题进行专项核查。

（五）对需要中央企业整改的问题，督促企业落实有关整改工作要求。

（六）指导、监督和检查中央企业责任追究相关工作。

（七）其他有关责任追究工作。

第四十八条 国资委内设专门责任追究机构，受理有关方面按规定程序移交的中央企业及其所属子企业违规经营投资的有关问题和线索，初步核实后进行分类处置，并采取督办、联合核查、专项核查等方式组织开展有关核查工作，认定相关人员责任，研究提出处理的意见建议，督促企业整改落实。

第四十九条 中央企业在责任追究工作中的主要职责：

（一）研究制定本企业责任追究有关制度。

（二）组织开展本级企业发生的一般或较大资产损失，二级子企业发生的重大资产损失或产生严重不良后果的较大资产损失，以及涉及二级子企业负责人的责任追究工作。

（三）认为有必要直接组织开展的所属子企业责任追究工作。

（四）指导、监督和检查所属子企业责任追究相关工作。

（五）按照国资委要求组织开展有关责任追究工作。

（六）其他有关责任追究工作。

第五十条 中央企业应当明确相应的职能部门或机构，负责组织开展责任追究工作，并做好与企业纪检监察机构的协同配合。

第五十一条 中央企业应当建立责任追究工作报告制度，对较大和重大违规经营投资的问题和线索，及时向国资委书面报告，并按照有关工作要求定期报送责任追究工作开展情况。

第五十二条 中央企业未按规定和有关工作职责要求组织开展责任追究工作的，国资委依据相关规定，对有关中央企业负责人进行责任追究。

第五十三条 国资委和中央企业有关人员，对企业违规经营投资等重大违规违纪违法问题，存在应当发现而未发现或发现后敷衍不追、隐匿不报、查处不力等失职渎职行为的，严格依纪依规追究纪律责任；涉嫌犯罪的，移送国家监察机关或司法机关查处。

第七章　责任追究工作程序

第五十四条　开展中央企业责任追究工作一般应当遵循受理、初步核实、分类处置、核查、处理和整改等程序。

第五十五条　受理有关方面按规定程序移交的违规经营投资问题和线索，并进行有关证据、材料的收集、整理和分析工作。

第五十六条　国资委专门责任追究机构受理下列企业违规经营投资的问题和线索：

（一）国有资产监督管理工作中发现的。

（二）审计、巡视、纪检监察以及其他有关部门移交的。

（三）中央企业报告的。

（四）其他有关违规经营投资的问题和线索。

第五十七条　对受理的违规经营投资问题和线索，及相关证据、材料进行必要的初步核实工作。

第五十八条　初步核实的主要工作内容包括：

（一）资产损失及其他严重不良后果的情况。

（二）违规违纪违法的情况。

（三）是否属于责任追究范围。

（四）有关方面的处理建议和要求等。

第五十九条　初步核实的工作一般应于30个工作日内完成，根据工作需要可以适当延长。

第六十条　根据初步核实情况，对确有违规违纪违法事实的，按照规定的职责权限和程序进行分类处置。

第六十一条　分类处置的主要工作内容包括：

（一）属于国资委责任追究职责范围的，由国资委专门责任追究机构组织实施核查工作。

（二）属于中央企业责任追究职责范围的，移交和督促相关中央企业进行责任追究。

（三）涉及中管干部的违规经营投资问题线索，报经中央纪委国家监委同意后，按要求开展有关核查工作。

（四）属于其他有关部门责任追究职责范围的，移送有关部门。

（五）涉嫌违纪或职务违法的问题和线索，移送纪检监察机构。

（六）涉嫌犯罪的问题和线索，移送国家监察机关或司法机关。

第六十二条　国资委对违规经营投资事项及时组织开展核查工作，核实责任追究情形，确定资产损失程度，查清资产损失原因，认定相关人员责任等。

第六十三条　结合中央企业减少或挽回资产损失工作进展情况，可以适时启动责任追究工作。

第六十四条　核查工作可以采取以下工作措施核查取证：

（一）与被核查事项有关的人员谈话，形成核查谈话记录，并要求有关人员作出书面说明。

（二）查阅、复制被核查企业的有关文件、会议纪要（记录）、资料和账簿、原始凭证等相关材料。

（三）实地核查企业实物资产等。

（四）委托具有相应资质的专业机构对有关问题进行审计、评估或鉴证等。

（五）其他必要的工作措施。

第六十五条　在核查期间，对相关责任人未支付或兑现的绩效年薪、任期激励收入、中长期激励收益等均应暂停支付或兑现；对有可能影响核查工作顺利开展的相关责任人，可视情况采取停职、调离工作岗位、免职等措施。

第六十六条　在重大违规经营投资事项核查工作中，对确有工作需要的，负责核查的部门可请纪检监察机构提供必要支持。

第六十七条　核查工作一般应于6个月内完成，根据工作需要可以适当延长。

第六十八条　核查工作结束后，一般应当听取企业和相关责任人关于核查工作结果的意见，形成资产损失情况核查报告和责任认定报告。

第六十九条 国资委根据核查工作结果，按照干部管理权限和相关程序对相关责任人追究处理，形成处理决定，送达有关企业及被处理人，并对有关企业提出整改要求。

第七十条 被处理人对处理决定有异议的，可以在处理决定送达之日起15个工作日内，提出书面申诉，并提供相关证明材料。申诉期间不停止原处理决定的执行。

第七十一条 国资委或中央企业作出处理决定的，被处理人向作出该处理决定的单位申诉；中央企业所属子企业作出处理决定的，向上一级企业申诉。

第七十二条 国资委和企业应当自受理申诉之日起30个工作日内复核，作出维持、撤销或变更原处理决定的复核决定，并以适当形式告知申诉人及其所在企业。

第七十三条 中央企业应当按照整改要求，认真总结吸取教训，制定和落实整改措施，优化业务流程，完善内控体系，堵塞经营管理漏洞，建立健全防范经营投资风险的长效机制。

第七十四条 中央企业应在收到处理决定之日起60个工作日内，向国资委报送整改报告及相关材料。

第七十五条 国资委和中央企业应当按照国家有关信息公开规定，逐步向社会公开违规经营投资核查处理情况和有关整改情况等，接受社会监督。

第七十六条 积极运用信息化手段开展责任追究工作，推进相关数据信息的报送、归集、共享和综合利用，逐步建立违规经营投资损失和责任追究工作信息报送系统、中央企业禁入限制人员信息查询系统等，加大信息化手段在发现问题线索、专项核查、责任追究等方面的运用力度。

第八章 附 则

第七十七条 中央企业应根据本办法，结合本企业实际情况，细化责任追究的范围、资产损失程度划分标准等，研究制定责任追究相关制度规定，并报国资委备案。

第七十八条 各地区国有资产监督管理机构可以参照本办法，结合实际情况制定本地区责任追究相关制度规定。

第七十九条 国有参股企业责任追究工作，可参照本办法向国有参股企业股东会提请开展责任追究工作。

第八十条 对发生生产安全、环境污染责任事故和不稳定事件的，按照国家有关规定另行处理。

第八十一条 本办法由国资委负责解释。

第八十二条 本办法自2018年8月30日起施行。《中央企业资产损失责任追究暂行办法》（国资委令第20号）同时废止。

财政部门财政扶贫资金违规管理责任追究办法

（2019年6月30日财政部印发）

第一章 总 则

第一条 为进一步加强和规范财政部门财政扶贫资金管理，依法严肃责任追究，提高资金使用效益，确保高质量高标准完成脱贫攻坚任务，根据《中华人民共和国预算法》《财政违法行为处罚处分条例》以及相关法律法规规定，制定本办法。

第二条　本办法适用于违规管理财政扶贫资金应当受到责任追究的各级财政部门及其工作人员。

第三条　本办法所指财政扶贫资金包括以下范围：

中央本级的财政扶贫资金，是指《财政部关于全面加强脱贫攻坚期内各级各类扶贫资金管理的意见》（财办〔2018〕24 号）所界定的用于支持现行标准下脱贫攻坚目标的各类转移支付资金（含对个人和家庭的补助）。

地方各级财政结合本地实际，参照中央资金范围，确定地方各级财政扶贫资金的具体范围。

第四条　财政扶贫资金的违规管理责任追究，遵循依法依规、客观公正、权责一致、惩教结合的原则。

第二章　追责情形和追责形式

第五条　有以下情形之一的，应当对相关财政部门及其工作人员实施责任追究：

（一）以弄虚作假手段骗取、套取财政扶贫资金的；

（二）无故延迟拨付财政扶贫资金造成扶贫资金闲置的；

（三）贪污、挪用财政扶贫资金的；

（四）违反规定擅自改变财政扶贫资金使用计划、方式的；

（五）在招投标或者政府采购活动中弄虚作假谋取私利或不符合相关规定的；

（六）伪造、变造、销毁有关账簿表册凭证的；

（七）未按规定执行扶贫资金项目公告公示制度的；

（八）在财政扶贫资金管理中未按照规定执行财政扶贫资金相关政策和标准的；

（九）在履行财政扶贫资金管理监督职责过程中滥用职权谋取私利的；

（十）其他违反规定管理使用财政扶贫资金的行为。

第六条　对财政部门追责的形式包括：责令改正，调整有关会计账目，追回有关财政扶贫资金，限期退还违法所得，对单位给予警告或者通报批评等。

第七条　对财政部门工作人员追责的形式包括：

（一）政务处分或行政处分。对失职失责，应当给予政务处分或行政处分的，依照《中华人民共和国公务员法》《中华人民共和国监察法》《财政违法行为处罚处分条例》等有关规定追究相应责任。

（二）纪律处分。对失职失责，应当给予纪律处分的，依照《中国共产党纪律处分条例》《中国共产党问责条例》等有关规定追究相应责任。

上述追责方式可以单独使用，也可以合并使用。追责对象涉嫌犯罪的，应当及时移送司法机关依法处理。

第三章　移送程序

第八条　本级财政部门对依法依纪应当追究责任的人员无权处理的，应当移送有权部门处理。

第九条　本级财政部门承办机构认为需要移送案件、线索等，应提出移送建议，本级财政部门应当指定 2 名以上工作人员或者内部有关机构对是否移送进行复核，并提出移送处理意见，报本级财政部门负责人审批。

本级财政部门办理移送时，应当向受移送机关提交移送通知书，并附下列材料：

（一）基本情况；

（二）检查报告或者调查报告；

（三）已作出处理处罚的情况以及处理处罚建议；

（四）有关证据；

（五）问题款物清单；

（六）移送通知书送达回证；

（七）其他需要移送的材料。

第十条 本级财政部门应当及时掌握移送进展情况。移送后超过30日尚未收到送达回证的，或者受理后超过90日尚未收到书面处理结果的，应当向受移送机关函询移送进展情况。

第四章 附 则

第十一条 地方各级财政部门可结合本地区实际，参照制定具体办法。

第十二条 本办法自公布之日起30日后施行。

（三）税收类国有财产

中华人民共和国税收征收管理法

（1992年9月4日第七届全国人民代表大会常务委员会第二十七次会议通过，根据1995年2月28日第八届全国人民代表大会常务委员会第十二次会议《关于修改〈中华人民共和国税收征收管理法〉的决定》第一次修正，2001年4月28日第九届全国人民代表大会常务委员会第二十一次会议修订，根据2013年6月29日第十二届全国人民代表大会常务委员会第三次会议《关于修改〈中华人民共和国文物保护法〉等十二部法律的决定》第二次修正，根据2015年4月24日第十二届全国人民代表大会常务委员会第十四次会议《关于修改〈中华人民共和国港口法〉等七部法律的决定》第三次修正）

第一章 总 则

第一条 为了加强税收征收管理，规范税收征收和缴纳行为，保障国家税收收入，保护纳税人的合法权益，促进经济和社会发展，制定本法。

第二条 凡依法由税务机关征收的各种税收的征收管理，均适用本法。

第三条 税收的开征、停征以及减税、免税、退税、补税，依照法律的规定执行；法律授权国务院规定的，依照国务院制定的行政法规的规定执行。

任何机关、单位和个人不得违反法律、行政法规的规定，擅自作出税收开征、停征以及减税、免税、退税、补税和其他同税收法律、行政法规相抵触的决定。

第四条 法律、行政法规规定负有纳税义务的单位和个人为纳税人。

法律、行政法规规定负有代扣代缴、代收代缴税款义务的单位和个人为扣缴义务人。

纳税人、扣缴义务人必须依照法律、行政法规的规定缴纳税款、代扣代缴、代收代缴税款。

第五条 国务院税务主管部门主管全国税收征收管理工作。各地国家税务局和地方税务局应当按照国务院规定的税收征收管理范围分别进行征收管理。

地方各级人民政府应当依法加强对本行政区域内税收征收管理工作的领导或者协调，支持税务机关依法执行职务，依照法定税率计算税额，依法征收税款。

各有关部门和单位应当支持、协助税务机关依法执行职务。

税务机关依法执行职务，任何单位和个人不得阻挠。

第六条　国家有计划地用现代信息技术装备各级税务机关，加强税收征收管理信息系统的现代化建设，建立、健全税务机关与政府其他管理机关的信息共享制度。

纳税人、扣缴义务人和其他有关单位应当按照国家有关规定如实向税务机关提供与纳税和代扣代缴、代收代缴税款有关的信息。

第七条　税务机关应当广泛宣传税收法律、行政法规，普及纳税知识，无偿地为纳税人提供纳税咨询服务。

第八条　纳税人、扣缴义务人有权向税务机关了解国家税收法律、行政法规的规定以及与纳税程序有关的情况。

纳税人、扣缴义务人有权要求税务机关为纳税人、扣缴义务人的情况保密。税务机关应当依法为纳税人、扣缴义务人的情况保密。

纳税人依法享有申请减税、免税、退税的权利。

纳税人、扣缴义务人对税务机关所作出的决定，享有陈述权、申辩权；依法享有申请行政复议、提起行政诉讼、请求国家赔偿等权利。

纳税人、扣缴义务人有权控告和检举税务机关、税务人员的违法违纪行为。

第九条　税务机关应当加强队伍建设，提高税务人员的政治业务素质。

税务机关、税务人员必须秉公执法，忠于职守，清正廉洁，礼貌待人，文明服务，尊重和保护纳税人、扣缴义务人的权利，依法接受监督。

税务人员不得索贿受贿、徇私舞弊、玩忽职守、不征或者少征应征税款；不得滥用职权多征税款或者故意刁难纳税人和扣缴义务人。

第十条　各级税务机关应当建立、健全内部制约和监督管理制度。

上级税务机关应当对下级税务机关的执法活动依法进行监督。

各级税务机关应当对其工作人员执行法律、行政法规和廉洁自律准则的情况进行监督检查。

第十一条　税务机关负责征收、管理、稽查、行政复议的人员的职责应当明确，并相互分离、相互制约。

第十二条　税务人员征收税款和查处税收违法案件，与纳税人、扣缴义务人或者税收违法案件有利害关系的，应当回避。

第十三条　任何单位和个人都有权检举违反税收法律、行政法规的行为。收到检举的机关和负责查处的机关应当为检举人保密。税务机关应当按照规定对检举人给予奖励。

第十四条　本法所称税务机关是指各级税务局、税务分局、税务所和按照国务院规定设立的并向社会公告的税务机构。

第二章　税务管理

第一节　税务登记

第十五条　企业，企业在外地设立的分支机构和从事生产、经营的场所，个体工商户和从事生产、经营的事业单位（以下统称从事生产、经营的纳税人）自领取营业执照之日起三十日内，持有关证件，向税务机关申报办理税务登记。税务机关应当于收到申报的当日办理登记并发给税务登记证件。

工商行政管理机关应当将办理登记注册、核发营业执照的情况，定期向税务机关通报。

本条第一款规定以外的纳税人办理税务登记和扣缴义务人办理扣缴税款登记的范围和办法，由国务院规定。

第十六条 从事生产、经营的纳税人，税务登记内容发生变化的，自工商行政管理机关办理变更登记之日起三十日内或者在向工商行政管理机关申请办理注销登记之前，持有关证件向税务机关申报办理变更或者注销税务登记。

第十七条 从事生产、经营的纳税人应当按照国家有关规定，持税务登记证件，在银行或者其他金融机构开立基本存款帐户和其他存款帐户，并将其全部帐号向税务机关报告。

银行和其他金融机构应当在从事生产、经营的纳税人的帐户中登录税务登记证件号码，并在税务登记证件中登录从事生产、经营的纳税人的帐户帐号。

税务机关依法查询从事生产、经营的纳税人开立帐户的情况时，有关银行和其他金融机构应当予以协助。

第十八条 纳税人按照国务院税务主管部门的规定使用税务登记证件。税务登记证件不得转借、涂改、损毁、买卖或者伪造。

第二节 帐簿、凭证管理

第十九条 纳税人、扣缴义务人按照有关法律、行政法规和国务院财政、税务主管部门的规定设置帐簿，根据合法、有效凭证记帐，进行核算。

第二十条 从事生产、经营的纳税人的财务、会计制度或者财务、会计处理办法和会计核算软件，应当报送税务机关备案。

纳税人、扣缴义务人的财务、会计制度或者财务、会计处理办法与国务院或者国务院财政、税务主管部门有关税收的规定抵触的，依照国务院或者国务院财政、税务主管部门有关税收的规定计算应纳税款、代扣代缴和代收代缴税款。

第二十一条 税务机关是发票的主管机关，负责发票印制、领购、开具、取得、保管、缴销的管理和监督。

单位、个人在购销商品、提供或者接受经营服务以及从事其他经营活动中，应当按照规定开具、使用、取得发票。

发票的管理办法由国务院规定。

第二十二条 增值税专用发票由国务院税务主管部门指定的企业印制；其他发票，按照国务院税务主管部门的规定，分别由省、自治区、直辖市国家税务局、地方税务局指定企业印制。

未经前款规定的税务机关指定，不得印制发票。

第二十三条 国家根据税收征收管理的需要，积极推广使用税控装置。纳税人应当按照规定安装、使用税控装置，不得损毁或者擅自改动税控装置。

第二十四条 从事生产、经营的纳税人、扣缴义务人必须按照国务院财政、税务主管部门规定的保管期限保管帐簿、记帐凭证、完税凭证及其他有关资料。

帐簿、记帐凭证、完税凭证及其他有关资料不得伪造、变造或者擅自损毁。

第三节 纳税申报

第二十五条 纳税人必须依照法律、行政法规规定或者税务机关依照法律、行政法规的规定确定的申报期限、申报内容如实办理纳税申报，报送纳税申报表、财务会计报表以及税务机关根据实际需要要求纳税人报送的其他纳税资料。

扣缴义务人必须依照法律、行政法规规定或者税务机关依照法律、行政法规的规定确定的申报期限、申报内容如实报送代扣代缴、代收代缴税款报告表以及税务机关根据实际需要要求扣缴义务人报送的其他有关资料。

第二十六条 纳税人、扣缴义务人可以直接到税务机关办理纳税申报或者报送代扣代缴、代收代缴税款报告表，也可以按照规定采取邮寄、数据电文或者其他方式办理上述申报、报送事项。

第二十七条　纳税人、扣缴义务人不能按期办理纳税申报或者报送代扣代缴、代收代缴税款报告表的，经税务机关核准，可以延期申报。

经核准延期办理前款规定的申报、报送事项的，应当在纳税期内按照上期实际缴纳的税额或者税务机关核定的税额预缴税款，并在核准的延期内办理税款结算。

第三章　税款征收

第二十八条　税务机关依照法律、行政法规的规定征收税款，不得违反法律、行政法规的规定开征、停征、多征、少征、提前征收、延缓征收或者摊派税款。

农业税应纳税额按照法律、行政法规的规定核定。

第二十九条　除税务机关、税务人员以及经税务机关依照法律、行政法规委托的单位和人员外，任何单位和个人不得进行税款征收活动。

第三十条　扣缴义务人依照法律、行政法规的规定履行代扣、代收税款的义务。对法律、行政法规没有规定负有代扣、代收税款义务的单位和个人，税务机关不得要求其履行代扣、代收税款义务。

扣缴义务人依法履行代扣、代收税款义务时，纳税人不得拒绝。纳税人拒绝的，扣缴义务人应当及时报告税务机关处理。

税务机关按照规定付给扣缴义务人代扣、代收手续费。

第三十一条　纳税人、扣缴义务人按照法律、行政法规规定或者税务机关依照法律、行政法规的规定确定的期限，缴纳或者解缴税款。

纳税人因有特殊困难，不能按期缴纳税款的，经省、自治区、直辖市国家税务局、地方税务局批准，可以延期缴纳税款，但是最长不得超过三个月。

第三十二条　纳税人未按照规定期限缴纳税款的，扣缴义务人未按照规定期限解缴税款的，税务机关除责令限期缴纳外，从滞纳税款之日起，按日加收滞纳税款万分之五的滞纳金。

第三十三条　纳税人依照法律、行政法规的规定办理减税、免税。

地方各级人民政府、各级人民政府主管部门、单位和个人违反法律、行政法规规定，擅自作出的减税、免税决定无效，税务机关不得执行，并向上级税务机关报告。

第三十四条　税务机关征收税款时，必须给纳税人开具完税凭证。扣缴义务人代扣、代收税款时，纳税人要求扣缴义务人开具代扣、代收税款凭证的，扣缴义务人应当开具。

第三十五条　纳税人有下列情形之一的，税务机关有权核定其应纳税额：

（一）依照法律、行政法规的规定可以不设置帐簿的；

（二）依照法律、行政法规的规定应当设置帐簿但未设置的；

（三）擅自销毁帐簿或者拒不提供纳税资料的；

（四）虽设置帐簿，但帐目混乱或者成本资料、收入凭证、费用凭证残缺不全，难以查帐的；

（五）发生纳税义务，未按照规定的期限办理纳税申报，经税务机关责令限期申报，逾期仍不申报的；

（六）纳税人申报的计税依据明显偏低，又无正当理由的。

税务机关核定应纳税额的具体程序和方法由国务院税务主管部门规定。

第三十六条　企业或者外国企业在中国境内设立的从事生产、经营的机构、场所与其关联企业之间的业务往来，应当按照独立企业之间的业务往来收取或者支付价款、费用；不按照独立企业之间的业务往来收取或者支付价款、费用，而减少其应纳税的收入或者所得额的，税务机关有权进行合理调整。

第三十七条　对未按照规定办理税务登记的从事生产、经营的纳税人以及临时从事经营的纳税人，由税务机关核定其应纳税额，责令缴纳；不缴纳的，税务机关可以扣押其价值相当于应纳税款的商品、货物。扣押后缴纳应纳税款的，税务机关必须立即解除扣押，并归还所扣押的商品、货物；扣押后仍不缴纳应纳税款的，经县以上税务局（分局）局长批准，依法拍卖或者变卖所扣押的商品、货物，以拍卖或者变卖所得抵缴税款。

第三十八条　税务机关有根据认为从事生产、经营的纳税人有逃避纳税义务行为的，可以在规定的纳税期之前，责令限期缴纳应纳税款；在限期内发现纳税人有明显的转移、隐匿其应纳税的商品、货物以及其他财产或者应纳税的收入的迹象的，税务机关可以责成纳税人提供纳税担保。如果纳税人不能提供纳税担保，经县以上税务局（分局）局长批准，税务机关可以采取下列税收保全措施：

（一）书面通知纳税人开户银行或者其他金融机构冻结纳税人的金额相当于应纳税款的存款；

（二）扣押、查封纳税人的价值相当于应纳税款的商品、货物或者其他财产。

纳税人在前款规定的限期内缴纳税款的，税务机关必须立即解除税收保全措施；限期期满仍未缴纳税款的，经县以上税务局（分局）局长批准，税务机关可以书面通知纳税人开户银行或者其他金融机构从其冻结的存款中扣缴税款，或者依法拍卖或者变卖所扣押、查封的商品、货物或者其他财产，以拍卖或者变卖所得抵缴税款。

个人及其所扶养家属维持生活必需的住房和用品，不在税收保全措施的范围之内。

第三十九条　纳税人在限期内已缴纳税款，税务机关未立即解除税收保全措施，使纳税人的合法利益遭受损失的，税务机关应当承担赔偿责任。

第四十条　从事生产、经营的纳税人、扣缴义务人未按照规定的期限缴纳或者解缴税款，纳税担保人未按照规定的期限缴纳所担保的税款，由税务机关责令限期缴纳，逾期仍未缴纳的，经县以上税务局（分局）局长批准，税务机关可以采取下列强制执行措施：

（一）书面通知其开户银行或者其他金融机构从其存款中扣缴税款；

（二）扣押、查封、依法拍卖或者变卖其价值相当于应纳税款的商品、货物或者其他财产，以拍卖或者变卖所得抵缴税款。

税务机关采取强制执行措施时，对前款所列纳税人、扣缴义务人、纳税担保人未缴纳的滞纳金同时强制执行。

个人及其所扶养家属维持生活必需的住房和用品，不在强制执行措施的范围之内。

第四十一条　本法第三十七条、第三十八条、第四十条规定的采取税收保全措施、强制执行措施的权力，不得由法定的税务机关以外的单位和个人行使。

第四十二条　税务机关采取税收保全措施和强制执行措施必须依照法定权限和法定程序，不得查封、扣押纳税人个人及其所扶养家属维持生活必需的住房和用品。

第四十三条　税务机关滥用职权违法采取税收保全措施、强制执行措施，或者采取税收保全措施、强制执行措施不当，使纳税人、扣缴义务人或者纳税担保人的合法权益遭受损失的，应当依法承担赔偿责任。

第四十四条　欠缴税款的纳税人或者他的法定代表人需要出境的，应当在出境前向税务机关结清应纳税款、滞纳金或者提供担保。未结清税款、滞纳金，又不提供担保的，税务机关可以通知出境管理机关阻止其出境。

第四十五条　税务机关征收税款，税收优先于无担保债权，法律另有规定的除外；

纳税人欠缴的税款发生在纳税人以其财产设定抵押、质押或者纳税人的财产被留置之前的，税收应当先于抵押权、质权、留置权执行。

纳税人欠缴税款，同时又被行政机关决定处以罚款、没收违法所得的，税收优先于罚款、没收违法所得。

税务机关应当对纳税人欠缴税款的情况定期予以公告。

第四十六条　纳税人有欠税情形而以其财产设定抵押、质押的，应当向抵押权人、质权人说明其欠税情况。抵押权人、质权人可以请求税务机关提供有关的欠税情况。

第四十七条　税务机关扣押商品、货物或者其他财产时，必须开付收据；查封商品、货物或者其他财产时，必须开付清单。

第四十八条　纳税人有合并、分立情形的，应当向税务机关报告，并依法缴清税款。纳税人合并时未缴清税款的，应当由合并后的纳税人继续履行未履行的纳税义务；纳税人分立时未缴清税款的，分立后的纳税人对未履行的纳税义务应当承担连带责任。

第四十九条　欠缴税款数额较大的纳税人在处分其不动产或者大额资产之前，应当向税务机关报告。

第五十条　欠缴税款的纳税人因怠于行使到期债权，或者放弃到期债权，或者无偿转让财产，或者以明显不合理的低价转让财产而受让人知道该情形，对国家税收造成损害的，税务机关可以依照合同法第七十三条、第七十四条的规定行使代位权、撤销权。

税务机关依照前款规定行使代位权、撤销权的，不免除欠缴税款的纳税人尚未履行的纳税义务和应承担的法律责任。

第五十一条　纳税人超过应纳税额缴纳的税款，税务机关发现后应当立即退还；纳税人自结算缴纳税款之日起三年内发现的，可以向税务机关要求退还多缴的税款并加算银行同期存款利息，税务机关及时查实后应当立即退还；涉及从国库中退库的，依照法律、行政法规有关国库管理的规定退还。

第五十二条　因税务机关的责任，致使纳税人、扣缴义务人未缴或者少缴税款的，税务机关在三年内可以要求纳税人、扣缴义务人补缴税款，但是不得加收滞纳金。

因纳税人、扣缴义务人计算错误等失误，未缴或者少缴税款的，税务机关在三年内可以追征税款、滞纳金；有特殊情况的，追征期可以延长到五年。

对偷税、抗税、骗税的，税务机关追征其未缴或者少缴的税款、滞纳金或者所骗取的税款，不受前款规定期限的限制。

第五十三条　国家税务局和地方税务局应当按照国家规定的税收征收管理范围和税款入库预算级次，将征收的税款缴入国库。

对审计机关、财政机关依法查出的税收违法行为，税务机关应当根据有关机关的决定、意见书，依法将应收的税款、滞纳金按照税款入库预算级次缴入国库，并将结果及时回复有关机关。

第四章　税务检查

第五十四条　税务机关有权进行下列税务检查：

（一）检查纳税人的帐簿、记帐凭证、报表和有关资料，检查扣缴义务人代扣代缴、代收代缴税款帐簿、记帐凭证和有关资料；

（二）到纳税人的生产、经营场所和货物存放地检查纳税人应纳税的商品、货物或者其他财产，检查扣缴义务人与代扣代缴、代收代缴税款有关的经营情况；

（三）责成纳税人、扣缴义务人提供与纳税或者代扣代缴、代收代缴税款有关的文件、证明材料和有关资料；

（四）询问纳税人、扣缴义务人与纳税或者代扣代缴、代收代缴税款有关的问题和情况；

（五）到车站、码头、机场、邮政企业

及其分支机构检查纳税人托运、邮寄应纳税商品、货物或者其他财产的有关单据、凭证和有关资料；

（六）经县以上税务局（分局）局长批准，凭全国统一格式的检查存款帐户许可证明，查询从事生产、经营的纳税人、扣缴义务人在银行或者其他金融机构的存款帐户。税务机关在调查税收违法案件时，经设区的市、自治州以上税务局（分局）局长批准，可以查询案件涉嫌人员的储蓄存款。税务机关查询所获得的资料，不得用于税收以外的用途。

第五十五条 税务机关对从事生产、经营的纳税人以前纳税期的纳税情况依法进行税务检查时，发现纳税人有逃避纳税义务行为，并有明显的转移、隐匿其应纳税的商品、货物以及其他财产或者应纳税的收入的迹象的，可以按照本法规定的批准权限采取税收保全措施或者强制执行措施。

第五十六条 纳税人、扣缴义务人必须接受税务机关依法进行的税务检查，如实反映情况，提供有关资料，不得拒绝、隐瞒。

第五十七条 税务机关依法进行税务检查时，有权向有关单位和个人调查纳税人、扣缴义务人和其他当事人与纳税或者代扣代缴、代收代缴税款有关的情况，有关单位和个人有义务向税务机关如实提供有关资料及证明材料。

第五十八条 税务机关调查税务违法案件时，对与案件有关的情况和资料，可以记录、录音、录像、照相和复制。

第五十九条 税务机关派出的人员进行税务检查时，应当出示税务检查证和税务检查通知书，并有责任为被检查人保守秘密；未出示税务检查证和税务检查通知书的，被检查人有权拒绝检查。

第五章 法律责任

第六十条 纳税人有下列行为之一的，由税务机关责令限期改正，可以处二千元以下的罚款；情节严重的，处二千元以上一万元以下的罚款：

（一）未按照规定的期限申报办理税务登记、变更或者注销登记的；

（二）未按照规定设置、保管帐簿或者保管记帐凭证和有关资料的；

（三）未按照规定将财务、会计制度或者财务、会计处理办法和会计核算软件报送税务机关备查的；

（四）未按照规定将其全部银行帐号向税务机关报告的；

（五）未按照规定安装、使用税控装置，或者损毁或者擅自改动税控装置的。

纳税人不办理税务登记的，由税务机关责令限期改正；逾期不改正的，经税务机关提请，由工商行政管理机关吊销其营业执照。

纳税人未按照规定使用税务登记证件，或者转借、涂改、损毁、买卖、伪造税务登记证件的，处二千元以上一万元以下的罚款；情节严重的，处一万元以上五万元以下的罚款。

第六十一条 扣缴义务人未按照规定设置、保管代扣代缴、代收代缴税款帐簿或者保管代扣代缴、代收代缴税款记帐凭证及有关资料的，由税务机关责令限期改正，可以处二千元以下的罚款；情节严重的，处二千元以上五千元以下的罚款。

第六十二条 纳税人未按照规定的期限办理纳税申报和报送纳税资料的，或者扣缴义务人未按照规定的期限向税务机关报送代扣代缴、代收代缴税款报告表和有关资料的，由税务机关责令限期改正，可以处二千元以下的罚款；情节严重的，可以处二千元以上一万元以下的罚款。

第六十三条 纳税人伪造、变造、隐匿、擅自销毁帐簿、记帐凭证，或者在帐簿上多列支出或者不列、少列收入，或者经税务机关通知申报而拒不申报或者进行虚假的纳税申报，不缴或者少缴应纳税款的，是偷税。对纳税人偷税的，由税务机关追缴其不缴或者少缴的税款、滞纳金，并处不缴或者少缴的税款百分之五十以上五倍以下的罚款；构成犯罪的，依法追究刑事责任。

扣缴义务人采取前款所列手段，不缴或者少缴已扣、已收税款，由税务机关追缴其不缴或者少缴的税款、滞纳金，并处不缴或者少缴的税款百分之五十以上五倍以下的罚款；构成犯罪的，依法追究刑事责任。

第六十四条　纳税人、扣缴义务人编造虚假计税依据的，由税务机关责令限期改正，并处五万元以下的罚款。

纳税人不进行纳税申报，不缴或者少缴应纳税款的，由税务机关追缴其不缴或者少缴的税款、滞纳金，并处不缴或者少缴的税款百分之五十以上五倍以下的罚款。

第六十五条　纳税人欠缴应纳税款，采取转移或者隐匿财产的手段，妨碍税务机关追缴欠缴的税款的，由税务机关追缴欠缴的税款、滞纳金，并处欠缴税款百分之五十以上五倍以下的罚款；构成犯罪的，依法追究刑事责任。

第六十六条　以假报出口或者其他欺骗手段，骗取国家出口退税款的，由税务机关追缴其骗取的退税款，并处骗取税款一倍以上五倍以下的罚款；构成犯罪的，依法追究刑事责任。

对骗取国家出口退税款的，税务机关可以在规定期间内停止为其办理出口退税。

第六十七条　以暴力、威胁方法拒不缴纳税款的，是抗税，除由税务机关追缴其拒缴的税款、滞纳金外，依法追究刑事责任。情节轻微，未构成犯罪的，由税务机关追缴其拒缴的税款、滞纳金，并处拒缴税款一倍以上五倍以下的罚款。

第六十八条　纳税人、扣缴义务人在规定期限内不缴或者少缴应纳或者应解缴的税款，经税务机关责令限期缴纳，逾期仍未缴纳的，税务机关除依照本法第四十条的规定采取强制执行措施追缴其不缴或者少缴的税款外，可以处不缴或者少缴的税款百分之五十以上五倍以下的罚款。

第六十九条　扣缴义务人应扣未扣、应收而不收税款的，由税务机关向纳税人追缴税款，对扣缴义务人处应扣未扣、应收未收税款百分之五十以上三倍以下的罚款。

第七十条　纳税人、扣缴义务人逃避、拒绝或者以其他方式阻挠税务机关检查的，由税务机关责令改正，可以处一万元以下的罚款；情节严重的，处一万元以上五万元以下的罚款。

第七十一条　违反本法第二十二条规定，非法印制发票的，由税务机关销毁非法印制的发票，没收违法所得和作案工具，并处一万元以上五万元以下的罚款；构成犯罪的，依法追究刑事责任。

第七十二条　从事生产、经营的纳税人、扣缴义务人有本法规定的税收违法行为，拒不接受税务机关处理的，税务机关可以收缴其发票或者停止向其发售发票。

第七十三条　纳税人、扣缴义务人的开户银行或者其他金融机构拒绝接受税务机关依法检查纳税人、扣缴义务人存款帐户，或者拒绝执行税务机关作出的冻结存款或者扣缴税款的决定，或者在接到税务机关的书面通知后帮助纳税人、扣缴义务人转移存款，造成税款流失的，由税务机关处十万元以上五十万元以下的罚款，对直接负责的主管人员和其他直接责任人员处一千元以上一万元以下的罚款。

第七十四条　本法规定的行政处罚，罚款额在二千元以下的，可以由税务所决定。

第七十五条　税务机关和司法机关的涉税罚没收入，应当按照税款入库预算级次上缴国库。

第七十六条　税务机关违反规定擅自改变税收征收管理范围和税款入库预算级次的，责令限期改正，对直接负责的主管人员和其他直接责任人员依法给予降级或者撤职的行政处分。

第七十七条 纳税人、扣缴义务人有本法第六十三条、第六十五条、第六十六条、第六十七条、第七十一条规定的行为涉嫌犯罪的，税务机关应当依法移交司法机关追究刑事责任。

税务人员徇私舞弊，对依法应当移交司法机关追究刑事责任的不移交，情节严重的，依法追究刑事责任。

第七十八条 未经税务机关依法委托征收税款的，责令退还收取的财物，依法给予行政处分或者行政处罚；致使他人合法权益受到损失的，依法承担赔偿责任；构成犯罪的，依法追究刑事责任。

第七十九条 税务机关、税务人员查封、扣押纳税人个人及其所扶养家属维持生活必需的住房和用品的，责令退还，依法给予行政处分；构成犯罪的，依法追究刑事责任。

第八十条 税务人员与纳税人、扣缴义务人勾结，唆使或者协助纳税人、扣缴义务人有本法第六十三条、第六十五条、第六十六条规定的行为，构成犯罪的，依法追究刑事责任；尚不构成犯罪的，依法给予行政处分。

第八十一条 税务人员利用职务上的便利，收受或者索取纳税人、扣缴义务人财物或者谋取其他不正当利益，构成犯罪的，依法追究刑事责任；尚不构成犯罪的，依法给予行政处分。

第八十二条 税务人员徇私舞弊或者玩忽职守，不征或者少征应征税款，致使国家税收遭受重大损失，构成犯罪的，依法追究刑事责任；尚不构成犯罪的，依法给予行政处分。

税务人员滥用职权，故意刁难纳税人、扣缴义务人的，调离税收工作岗位，并依法给予行政处分。

税务人员对控告、检举税收违法违纪行为的纳税人、扣缴义务人以及其他检举人进行打击报复的，依法给予行政处分；构成犯罪的，依法追究刑事责任。

税务人员违反法律、行政法规的规定，故意高估或者低估农业税计税产量，致使多征或者少征税款，侵犯农民合法权益或者损害国家利益，构成犯罪的，依法追究刑事责任；尚不构成犯罪的，依法给予行政处分。

第八十三条 违反法律、行政法规的规定提前征收、延缓征收或者摊派税款的，由其上级机关或者行政监察机关责令改正，对直接负责的主管人员和其他直接责任人员依法给予行政处分。

第八十四条 违反法律、行政法规的规定，擅自作出税收的开征、停征或者减税、免税、退税、补税以及其他同税收法律、行政法规相抵触的决定的，除依照本法规定撤销其擅自作出的决定外，补征应征未征税款，退还不应征收而征收的税款，并由上级机关追究直接负责的主管人员和其他直接责任人员的行政责任；构成犯罪的，依法追究刑事责任。

第八十五条 税务人员在征收税款或者查处税收违法案件时，未按照本法规定进行回避的，对直接负责的主管人员和其他直接责任人员，依法给予行政处分。

第八十六条 违反税收法律、行政法规应当给予行政处罚的行为，在五年内未被发现的，不再给予行政处罚。

第八十七条 未按照本法规定为纳税人、扣缴义务人、检举人保密的，对直接负责的主管人员和其他直接责任人员，由所在单位或者有关单位依法给予行政处分。

第八十八条 纳税人、扣缴义务人、纳税担保人同税务机关在纳税上发生争议时，必须先依照税务机关的纳税决定缴纳或者解缴税款及滞纳金或者提供相应的担保，然后可以依法申请行政复议；对行政复议决定不服的，可以依法向人民法院起诉。

当事人对税务机关的处罚决定、强制执行措施或者税收保全措施不服的，可以依法申请行政复议，也可以依法向人民法院起诉。

当事人对税务机关的处罚决定逾期不申

请行政复议也不向人民法院起诉、又不履行的，作出处罚决定的税务机关可以采取本法第四十条规定的强制执行措施，或者申请人民法院强制执行。

第六章　附　　则

第八十九条　纳税人、扣缴义务人可以委托税务代理人代为办理税务事宜。

第九十条　耕地占用税、契税、农业税、牧业税征收管理的具体办法，由国务院另行制定。

关税及海关代征税收的征收管理，依照法律、行政法规的有关规定执行。

第九十一条　中华人民共和国同外国缔结的有关税收的条约、协定同本法有不同规定的，依照条约、协定的规定办理。

第九十二条　本法施行前颁布的税收法律与本法有不同规定的，适用本法规定。

第九十三条　国务院根据本法制定实施细则。

第九十四条　本法自2001年5月1日起施行。

中华人民共和国税收征收管理法实施细则

（2002年9月7日中华人民共和国国务院令第362号公布，根据2012年11月9日《国务院关于修改和废止部分行政法规的决定》第一次修订，根据2013年7月18日《国务院关于废止和修改部分行政法规的决定》第二次修订，根据2016年2月6日《国务院关于修改部分行政法规的决定》第三次修订）

第一章　总　　则

第一条　根据《中华人民共和国税收征收管理法》（以下简称税收征管法）的规定，制定本细则。

第二条　凡依法由税务机关征收的各种税收的征收管理，均适用税收征管法及本细则；税收征管法及本细则没有规定的，依照其他有关税收法律、行政法规的规定执行。

第三条　任何部门、单位和个人作出的与税收法律、行政法规相抵触的决定一律无效，税务机关不得执行，并应当向上级税务机关报告。

纳税人应当依照税收法律、行政法规的规定履行纳税义务；其签订的合同、协议等与税收法律、行政法规相抵触的，一律无效。

第四条　国家税务总局负责制定全国税务系统信息化建设的总体规划、技术标准、技术方案与实施办法；各级税务机关应当按照国家税务总局的总体规划、技术标准、技术方案与实施办法，做好本地区税务系统信息化建设的具体工作。

地方各级人民政府应当积极支持税务系统信息化建设，并组织有关部门实现相关信息的共享。

第五条　税收征管法第八条所称为纳税人、扣缴义务人保密的情况，是指纳税人、扣缴义务人的商业秘密及个人隐私。纳税人、扣缴义务人的税收违法行为不属于保密范围。

第六条　国家税务总局应当制定税务人员行为准则和服务规范。

上级税务机关发现下级税务机关的税收违法行为，应当及时予以纠正；下级税务机关应当按照上级税务机关的决定及时改正。

下级税务机关发现上级税务机关的税收违法行为，应当向上级税务机关或者有关部门报告。

第七条 税务机关根据检举人的贡献大小给予相应的奖励，奖励所需资金列入税务部门年度预算，单项核定。奖励资金具体使用办法以及奖励标准，由国家税务总局会同财政部制定。

第八条 税务人员在核定应纳税额、调整税收定额、进行税务检查、实施税务行政处罚、办理税务行政复议时，与纳税人、扣缴义务人或者其法定代表人、直接责任人有下列关系之一的，应当回避：

（一）夫妻关系；

（二）直系血亲关系；

（三）三代以内旁系血亲关系；

（四）近姻亲关系；

（五）可能影响公正执法的其他利害关系。

第九条 税收征管法第十四条所称按照国务院规定设立的并向社会公告的税务机构，是指省以下税务局的稽查局。稽查局专司偷税、逃避追缴欠税、骗税、抗税案件的查处。

国家税务总局应当明确划分税务局和稽查局的职责，避免职责交叉。

第二章 税务登记

第十条 国家税务局、地方税务局对同一纳税人的税务登记应当采用同一代码，信息共享。

税务登记的具体办法由国家税务总局制定。

第十一条 各级工商行政管理机关应当向同级国家税务局和地方税务局定期通报办理开业、变更、注销登记以及吊销营业执照的情况。

通报的具体办法由国家税务总局和国家工商行政管理总局联合制定。

第十二条 从事生产、经营的纳税人应当自领取营业执照之日起30日内，向生产、经营地或者纳税义务发生地的主管税务机关申报办理税务登记，如实填写税务登记表，并按照税务机关的要求提供有关证件、资料。

前款规定以外的纳税人，除国家机关和个人外，应当自纳税义务发生之日起30日内，持有关证件向所在地的主管税务机关申报办理税务登记。

个人所得税的纳税人办理税务登记的办法由国务院另行规定。

税务登记证件的式样，由国家税务总局制定。

第十三条 扣缴义务人应当自扣缴义务发生之日起30日内，向所在地的主管税务机关申报办理扣缴税款登记，领取扣缴税款登记证件；税务机关对已办理税务登记的扣缴义务人，可以只在其税务登记证件上登记扣缴税款事项，不再发给扣缴税款登记证件。

第十四条 纳税人税务登记内容发生变化的，应当自工商行政管理机关或者其他机关办理变更登记之日起30日内，持有关证件向原税务登记机关申报办理变更税务登记。

纳税人税务登记内容发生变化，不需要到工商行政管理机关或者其他机关办理变更登记的，应当自发生变化之日起30日内，持有关证件向原税务登记机关申报办理变更税务登记。

第十五条 纳税人发生解散、破产、撤销以及其他情形，依法终止纳税义务的，应当在向工商行政管理机关或者其他机关办理注销登记前，持有关证件向原税务登记机关申报办理注销税务登记；按照规定不需要在工商行政管理机关或者其他机关办理注册登记的，应当自有关机关批准或者宣告终止之日起15日内，持有关证件向原税务登记机关申报办理注销税务登记。

纳税人因住所、经营地点变动，涉及改

变税务登记机关的，应当在向工商行政管理机关或者其他机关申请办理变更或者注销登记前或者住所、经营地点变动前，向原税务登记机关申报办理注销税务登记，并在30日内向迁达地税务机关申报办理税务登记。

纳税人被工商行政管理机关吊销营业执照或者被其他机关予以撤销登记的，应当自营业执照被吊销或者被撤销登记之日起15日内，向原税务登记机关申报办理注销税务登记。

第十六条　纳税人在办理注销税务登记前，应当向税务机关结清应纳税款、滞纳金、罚款，缴销发票、税务登记证件和其他税务证件。

第十七条　从事生产、经营的纳税人应当自开立基本存款账户或者其他存款账户之日起15日内，向主管税务机关书面报告其全部账号；发生变化的，应当自变化之日起15日内，向主管税务机关书面报告。

第十八条　除按照规定不需要发给税务登记证件的外，纳税人办理下列事项时，必须持税务登记证件：

（一）开立银行账户；

（二）申请减税、免税、退税；

（三）申请办理延期申报、延期缴纳税款；

（四）领购发票；

（五）申请开具外出经营活动税收管理证明；

（六）办理停业、歇业；

（七）其他有关税务事项。

第十九条　税务机关对税务登记证件实行定期验证和换证制度。纳税人应当在规定的期限内持有关证件到主管税务机关办理验证或者换证手续。

第二十条　纳税人应当将税务登记证件正本在其生产、经营场所或者办公场所公开悬挂，接受税务机关检查。

纳税人遗失税务登记证件的，应当在15日内书面报告主管税务机关，并登报声明作废。

第二十一条　从事生产、经营的纳税人到外县（市）临时从事生产、经营活动的，应当持税务登记证副本和所在地税务机关填开的外出经营活动税收管理证明，向营业地税务机关报验登记，接受税务管理。

从事生产、经营的纳税人外出经营，在同一地累计超过180天的，应当在营业地办理税务登记手续。

第三章　账簿、凭证管理

第二十二条　从事生产、经营的纳税人应当自领取营业执照或者发生纳税义务之日起15日内，按照国家有关规定设置账簿。

前款所称账簿，是指总账、明细账、日记账以及其他辅助性账簿。总账、日记账应当采用订本式。

第二十三条　生产、经营规模小又确无建账能力的纳税人，可以聘请经批准从事会计代理记账业务的专业机构或者财会人员代为建账和办理账务。

第二十四条　从事生产、经营的纳税人应当自领取税务登记证件之日起15日内，将其财务、会计制度或者财务、会计处理办法报送主管税务机关备案。

纳税人使用计算机记账的，应当在使用前将会计电算化系统的会计核算软件、使用说明书及有关资料报送主管税务机关备案。

纳税人建立的会计电算化系统应当符合国家有关规定，并能正确、完整核算其收入或者所得。

第二十五条　扣缴义务人应当自税收法律、行政法规规定的扣缴义务发生之日起10日内，按照所代扣、代收的税种，分别设置代扣代缴、代收代缴税款账簿。

第二十六条　纳税人、扣缴义务人会计制度健全，能够通过计算机正确、完整计算其收入和所得或者代扣代缴、代收代缴税款情况的，其计算机输出的完整的书面会计记录，可视同会计账簿。

纳税人、扣缴义务人会计制度不健全，不能通过计算机正确、完整计算其收入和所得或者代扣代缴、代收代缴税款情况的，应当建立总账及与纳税或者代扣代缴、代收代缴税款有关的其他账簿。

第二十七条 账簿、会计凭证和报表，应当使用中文。民族自治地方可以同时使用当地通用的一种民族文字。外商投资企业和外国企业可以同时使用一种外国文字。

第二十八条 纳税人应当按照税务机关的要求安装、使用税控装置，并按照税务机关的规定报送有关数据和资料。

税控装置推广应用的管理办法由国家税务总局另行制定，报国务院批准后实施。

第二十九条 账簿、记账凭证、报表、完税凭证、发票、出口凭证以及其他有关涉税资料应当合法、真实、完整。

账簿、记账凭证、报表、完税凭证、发票、出口凭证以及其他有关涉税资料应当保存10年；但是，法律、行政法规另有规定的除外。

第四章 纳税申报

第三十条 税务机关应当建立、健全纳税人自行申报纳税制度。纳税人、扣缴义务人可以采取邮寄、数据电文方式办理纳税申报或者报送代扣代缴、代收代缴税款报告表。

数据电文方式，是指税务机关确定的电话语音、电子数据交换和网络传输等电子方式。

第三十一条 纳税人采取邮寄方式办理纳税申报的，应当使用统一的纳税申报专用信封，并以邮政部门收据作为申报凭据。邮寄申报以寄出的邮戳日期为实际申报日期。

纳税人采取电子方式办理纳税申报的，应当按照税务机关规定的期限和要求保存有关资料，并定期书面报送主管税务机关。

第三十二条 纳税人在纳税期内没有应纳税款的，也应当按照规定办理纳税申报。

纳税人享受减税、免税待遇的，在减税、免税期间应当按照规定办理纳税申报。

第三十三条 纳税人、扣缴义务人的纳税申报或者代扣代缴、代收代缴税款报告表的主要内容包括：税种、税目，应纳税项目或者应代扣代缴、代收代缴税款项目，计税依据，扣除项目及标准，适用税率或者单位税额，应退税项目及税额、应减免税项目及税额，应纳税额或者应代扣代缴、代收代缴税额，税款所属期限、延期缴纳税款、欠税、滞纳金等。

第三十四条 纳税人办理纳税申报时，应当如实填写纳税申报表，并根据不同的情况相应报送下列有关证件、资料：

（一）财务会计报表及其说明材料；

（二）与纳税有关的合同、协议书及凭证；

（三）税控装置的电子报税资料；

（四）外出经营活动税收管理证明和异地完税凭证；

（五）境内或者境外公证机构出具的有关证明文件；

（六）税务机关规定应当报送的其他有关证件、资料。

第三十五条 扣缴义务人办理代扣代缴、代收代缴税款报告时，应当如实填写代扣代缴、代收代缴税款报告表，并报送代扣代缴、代收代缴税款的合法凭证以及税务机关规定的其他有关证件、资料。

第三十六条 实行定期定额缴纳税款的纳税人，可以实行简易申报、简并征期等申报纳税方式。

第三十七条 纳税人、扣缴义务人按照规定的期限办理纳税申报或者报送代扣代缴、代收代缴税款报告表确有困难，需要延期的，应当在规定的期限内向税务机关提出书面延期申请，经税务机关核准，在核准的期限内办理。

纳税人、扣缴义务人因不可抗力，不能

按期办理纳税申报或者报送代扣代缴、代收代缴税款报告表的，可以延期办理；但是，应当在不可抗力情形消除后立即向税务机关报告。税务机关应当查明事实，予以核准。

第五章　税款征收

第三十八条　税务机关应当加强对税款征收的管理，建立、健全责任制度。

税务机关根据保证国家税款及时足额入库、方便纳税人、降低税收成本的原则，确定税款征收的方式。

税务机关应当加强对纳税人出口退税的管理，具体管理办法由国家税务总局会同国务院有关部门制定。

第三十九条　税务机关应当将各种税收的税款、滞纳金、罚款，按照国家规定的预算科目和预算级次及时缴入国库，税务机关不得占压、挪用、截留，不得缴入国库以外或者国家规定的税款账户以外的任何账户。

已缴入国库的税款、滞纳金、罚款，任何单位和个人不得擅自变更预算科目和预算级次。

第四十条　税务机关应当根据方便、快捷、安全的原则，积极推广使用支票、银行卡、电子结算方式缴纳税款。

第四十一条　纳税人有下列情形之一的，属于税收征管法第三十一条所称特殊困难：

（一）因不可抗力，导致纳税人发生较大损失，正常生产经营活动受到较大影响的；

（二）当期货币资金在扣除应付职工工资、社会保险费后，不足以缴纳税款的。

计划单列市国家税务局、地方税务局可以参照税收征管法第三十一条第二款的批准权限，审批纳税人延期缴纳税款。

第四十二条　纳税人需要延期缴纳税款的，应当在缴纳税款期限届满前提出申请，并报送下列材料：申请延期缴纳税款报告，当期货币资金余额情况及所有银行存款账户的对账单，资产负债表，应付职工工资和社会保险费等税务机关要求提供的支出预算。

税务机关应当自收到申请延期缴纳税款报告之日起 20 日内作出批准或者不予批准的决定；不予批准的，从缴纳税款期限届满之日起加收滞纳金。

第四十三条　享受减税、免税优惠的纳税人，减税、免税期满，应当自期满次日起恢复纳税；减税、免税条件发生变化的，应当在纳税申报时向税务机关报告；不再符合减税、免税条件的，应当依法履行纳税义务；未依法纳税的，税务机关应当予以追缴。

第四十四条　税务机关根据有利于税收控管和方便纳税的原则，可以按照国家有关规定委托有关单位和人员代征零星分散和异地缴纳的税收，并发给委托代征证书。受托单位和人员按照代征证书的要求，以税务机关的名义依法征收税款，纳税人不得拒绝；纳税人拒绝的，受托代征单位和人员应当及时报告税务机关。

第四十五条　税收征管法第三十四条所称完税凭证，是指各种完税证、缴款书、印花税票、扣（收）税凭证以及其他完税证明。

未经税务机关指定，任何单位、个人不得印制完税凭证。完税凭证不得转借、倒卖、变造或者伪造。

完税凭证的式样及管理办法由国家税务总局制定。

第四十六条　税务机关收到税款后，应当向纳税人开具完税凭证。纳税人通过银行缴纳税款的，税务机关可以委托银行开具完税凭证。

第四十七条　纳税人有税收征管法第三十五条或者第三十七条所列情形之一的，税务机关有权采用下列任何一种方法核定其应纳税额：

（一）参照当地同类行业或者类似行业中经营规模和收入水平相近的纳税人的税负

水平核定；

（二）按照营业收入或者成本加合理的费用和利润的方法核定；

（三）按照耗用的原材料、燃料、动力等推算或者测算核定；

（四）按照其他合理方法核定。

采用前款所列一种方法不足以正确核定应纳税额时，可以同时采用两种以上的方法核定。

纳税人对税务机关采取本条规定的方法核定的应纳税额有异议的，应当提供相关证据，经税务机关认定后，调整应纳税额。

第四十八条　税务机关负责纳税人纳税信誉等级评定工作。纳税人纳税信誉等级的评定办法由国家税务总局制定。

第四十九条　承包人或者承租人有独立的生产经营权，在财务上独立核算，并定期向发包人或者出租人上缴承包费或者租金的，承包人或者承租人应当就其生产、经营收入和所得纳税，并接受税务管理；但是，法律、行政法规另有规定的除外。

发包人或者出租人应当自发包或者出租之日起30日内将承包人或者承租人的有关情况向主管税务机关报告。发包人或者出租人不报告的，发包人或者出租人与承包人或者承租人承担纳税连带责任。

第五十条　纳税人有解散、撤销、破产情形的，在清算前应当向其主管税务机关报告；未结清税款的，由其主管税务机关参加清算。

第五十一条　税收征管法第三十六条所称关联企业，是指有下列关系之一的公司、企业和其他经济组织：

（一）在资金、经营、购销等方面，存在直接或者间接的拥有或者控制关系；

（二）直接或者间接地同为第三者所拥有或者控制；

（三）在利益上具有相关联的其他关系。

纳税人有义务就其与关联企业之间的业务往来，向当地税务机关提供有关的价格、费用标准等资料。具体办法由国家税务总局制定。

第五十二条　税收征管法第三十六条所称独立企业之间的业务往来，是指没有关联关系的企业之间按照公平成交价格和营业常规所进行的业务往来。

第五十三条　纳税人可以向主管税务机关提出与其关联企业之间业务往来的定价原则和计算方法，主管税务机关审核、批准后，与纳税人预先约定有关定价事项，监督纳税人执行。

第五十四条　纳税人与其关联企业之间的业务往来有下列情形之一的，税务机关可以调整其应纳税额：

（一）购销业务未按照独立企业之间的业务往来作价；

（二）融通资金所支付或者收取的利息超过或者低于没有关联关系的企业之间所能同意的数额，或者利率超过或者低于同类业务的正常利率；

（三）提供劳务，未按照独立企业之间业务往来收取或者支付劳务费用；

（四）转让财产、提供财产使用权等业务往来，未按照独立企业之间业务往来作价或者收取、支付费用；

（五）未按照独立企业之间业务往来作价的其他情形。

第五十五条　纳税人有本细则第五十四条所列情形之一的，税务机关可以按照下列方法调整计税收入额或者所得额：

（一）按照独立企业之间进行的相同或者类似业务活动的价格；

（二）按照再销售给无关联关系的第三者的价格所应取得的收入和利润水平；

（三）按照成本加合理的费用和利润；

（四）按照其他合理的方法。

第五十六条　纳税人与其关联企业未按照独立企业之间的业务往来支付价款、费用的，税务机关自该业务往来发生的纳税年度起3年内进行调整；有特殊情况的，可以自该业务往来发生的纳税年度起10年内进行调整。

第五十七条　税收征管法第三十七条所称未按照规定办理税务登记从事生产、经营的纳税人，包括到外县（市）从事生产、经营而未向营业地税务机关报验登记的纳税人。

第五十八条　税务机关依照税收征管法第三十七条的规定，扣押纳税人商品、货物的，纳税人应当自扣押之日起15日内缴纳税款。

对扣押的鲜活、易腐烂变质或者易失效的商品、货物，税务机关根据被扣押物品的保质期，可以缩短前款规定的扣押期限。

第五十九条　税收征管法第三十八条、第四十条所称其他财产，包括纳税人的房地产、现金、有价证券等不动产和动产。

机动车辆、金银饰品、古玩字画、豪华住宅或者一处以外的住房不属于税收征管法第三十八条、第四十条、第四十二条所称个人及其所扶养家属维持生活必需的住房和用品。

税务机关对单价5000元以下的其他生活用品，不采取税收保全措施和强制执行措施。

第六十条　税收征管法第三十八条、第四十条、第四十二条所称个人所扶养家属，是指与纳税人共同居住生活的配偶、直系亲属以及无生活来源并由纳税人扶养的其他亲属。

第六十一条　税收征管法第三十八条、第八十八条所称担保，包括经税务机关认可的纳税保证人为纳税人提供的纳税保证，以及纳税人或者第三人以其未设置或者未全部设置担保物权的财产提供的担保。

纳税保证人，是指在中国境内具有纳税担保能力的自然人、法人或者其他经济组织。

法律、行政法规规定的没有担保资格的单位和个人，不得作为纳税担保人。

第六十二条　纳税担保人同意为纳税人提供纳税担保的，应当填写纳税担保书，写明担保对象、担保范围、担保期限和担保责任以及其他有关事项。担保书须经纳税人、纳税担保人签字盖章并经税务机关同意，方为有效。

纳税人或者第三人以其财产提供纳税担保的，应当填写财产清单，并写明财产价值以及其他有关事项。纳税担保财产清单须经纳税人、第三人签字盖章并经税务机关确认，方为有效。

第六十三条　税务机关执行扣押、查封商品、货物或者其他财产时，应当由两名以上税务人员执行，并通知被执行人。被执行人是自然人的，应当通知被执行人本人或者其成年家属到场；被执行人是法人或者其他组织的，应当通知其法定代表人或者主要负责人到场；拒不到场的，不影响执行。

第六十四条　税务机关执行税收征管法第三十七条、第三十八条、第四十条的规定，扣押、查封价值相当于应纳税款的商品、货物或者其他财产时，参照同类商品的市场价、出厂价或者评估价估算。

税务机关按照前款方法确定应扣押、查封的商品、货物或者其他财产的价值时，还应当包括滞纳金和拍卖、变卖所发生的费用。

第六十五条　对价值超过应纳税额且不可分割的商品、货物或者其他财产，税务机关在纳税人、扣缴义务人或者纳税担保人无其他可供强制执行的财产的情况下，可以整体扣押、查封、拍卖。

第六十六条　税务机关执行税收征管法第三十七条、第三十八条、第四十条的规定，实施扣押、查封时，对有产权证件的动产或者不动产，税务机关可以责令当事人将产权证件交税务机关保管，同时可以向有关机关发出协助执行通知书，有关机关在扣押、查封期间不再办理该动产或者不动产的过户手续。

第六十七条　对查封的商品、货物或者其他财产，税务机关可以指令被执行人负责保管，保管责任由被执行人承担。

继续使用被查封的财产不会减少其价值的，税务机关可以允许被执行人继续使用；因被执行人保管或者使用的过错造成的损失，由被执行人承担。

第六十八条　纳税人在税务机关采取税收保全措施后，按照税务机关规定的期限缴纳税款的，税务机关应当自收到税款或者银行转回的完税凭证之日起 1 日内解除税收保全。

第六十九条　税务机关将扣押、查封的商品、货物或者其他财产变价抵缴税款时，应当交由依法成立的拍卖机构拍卖；无法委托拍卖或者不适于拍卖的，可以交由当地商业企业代为销售，也可以责令纳税人限期处理；无法委托商业企业销售，纳税人也无法处理的，可以由税务机关变价处理，具体办法由国家税务总局规定。国家禁止自由买卖的商品，应当交由有关单位按照国家规定的价格收购。

拍卖或者变卖所得抵缴税款、滞纳金、罚款以及拍卖、变卖等费用后，剩余部分应当在 3 日内退还被执行人。

第七十条　税收征管法第三十九条、第四十三条所称损失，是指因税务机关的责任，使纳税人、扣缴义务人或者纳税担保人的合法利益遭受的直接损失。

第七十一条　税收征管法所称其他金融机构，是指信托投资公司、信用合作社、邮政储蓄机构以及经中国人民银行、中国证券监督管理委员会等批准设立的其他金融机构。

第七十二条　税收征管法所称存款，包括独资企业投资人、合伙企业合伙人、个体工商户的储蓄存款以及股东资金账户中的资金等。

第七十三条　从事生产、经营的纳税人、扣缴义务人未按照规定的期限缴纳或者解缴税款的，纳税担保人未按照规定的期限缴纳所担保的税款的，由税务机关发出限期缴纳税款通知书，责令缴纳或者解缴税款的最长期限不得超过 15 日。

第七十四条　欠缴税款的纳税人或者其法定代表人在出境前未按照规定结清应纳税款、滞纳金或者提供纳税担保的，税务机关可以通知出入境管理机关阻止其出境。阻止出境的具体办法，由国家税务总局会同公安部制定。

第七十五条　税收征管法第三十二条规定的加收滞纳金的起止时间，为法律、行政法规规定或者税务机关依照法律、行政法规的规定确定的税款缴纳期限届满次日起至纳税人、扣缴义务人实际缴纳或者解缴税款之日止。

第七十六条　县级以上各级税务机关应当将纳税人的欠税情况，在办税场所或者广播、电视、报纸、期刊、网络等新闻媒体上定期公告。

对纳税人欠缴税款的情况实行定期公告的办法，由国家税务总局制定。

第七十七条　税收征管法第四十九条所称欠缴税款数额较大，是指欠缴税款 5 万元以上。

第七十八条　税务机关发现纳税人多缴税款的，应当自发现之日起 10 日内办理退还手续；纳税人发现多缴税款，要求退还的，税务机关应当自接到纳税人退还申请之日起 30 日内查实并办理退还手续。

税收征管法第五十一条规定的加算银行同期存款利息的多缴税款退税，不包括依法预缴税款形成的结算退税、出口退税和各种减免退税。

退税利息按照税务机关办理退税手续当天中国人民银行规定的活期存款利率计算。

第七十九条　当纳税人既有应退税款又有欠缴税款的，税务机关可以将应退税款和利息先抵扣欠缴税款；抵扣后有余额的，退还纳税人。

第八十条　税收征管法第五十二条所称税务机关的责任，是指税务机关适用税收法律、行政法规不当或者执法行为违法。

第八十一条　税收征管法第五十二条所称纳税人、扣缴义务人计算错误等失误，是指非主观故意的计算公式运用错误以及明显的笔误。

第八十二条　税收征管法第五十二条所称特殊情况，是指纳税人或者扣缴义务人因计算错误等失误，未缴或者少缴、未扣或者少扣、未收或者少收税款，累计数额在10万元以上的。

第八十三条　税收征管法第五十二条规定的补缴和追征税款、滞纳金的期限，自纳税人、扣缴义务人应缴未缴或者少缴税款之日起计算。

第八十四条　审计机关、财政机关依法进行审计、检查时，对税务机关的税收违法行为作出的决定，税务机关应当执行；发现被审计、检查单位有税收违法行为的，向被审计、检查单位下达决定、意见书，责成被审计、检查单位向税务机关缴纳应当缴纳的税款、滞纳金。税务机关应当根据有关机关的决定、意见书，依照税收法律、行政法规的规定，将应收的税款、滞纳金按照国家规定的税收征收管理范围和税款入库预算级次缴入国库。

税务机关应当自收到审计机关、财政机关的决定、意见书之日起30日内将执行情况书面回复审计机关、财政机关。

有关机关不得将其履行职责过程中发现的税款、滞纳金自行征收入库或者以其他款项的名义自行处理、占压。

第六章　税务检查

第八十五条　税务机关应当建立科学的检查制度，统筹安排检查工作，严格控制对纳税人、扣缴义务人的检查次数。

税务机关应当制定合理的税务稽查工作规程，负责选案、检查、审理、执行的人员的职责应当明确，并相互分离、相互制约，规范选案程序和检查行为。

税务检查工作的具体办法，由国家税务总局制定。

第八十六条　税务机关行使税收征管法第五十四条第（一）项职权时，可以在纳税人、扣缴义务人的业务场所进行；必要时，经县以上税务局（分局）局长批准，可以将纳税人、扣缴义务人以前会计年度的账簿、记账凭证、报表和其他有关资料调回税务机关检查，但是税务机关必须向纳税人、扣缴义务人开付清单，并在3个月内完整退还；有特殊情况的，经设区的市、自治州以上税务局局长批准，税务机关可以将纳税人、扣缴义务人当年的账簿、记账凭证、报表和其他有关资料调回检查，但是税务机关必须在30日内退还。

第八十七条　税务机关行使税收征管法第五十四条第（六）项职权时，应当指定专人负责，凭全国统一格式的检查存款账户许可证明进行，并有责任为被检查人保守秘密。

检查存款账户许可证明，由国家税务总局制定。

税务机关查询的内容，包括纳税人存款账户余额和资金往来情况。

第八十八条　依照税收征管法第五十五条规定，税务机关采取税收保全措施的期限一般不得超过6个月；重大案件需要延长的，应当报国家税务总局批准。

第八十九条　税务机关和税务人员应当依照税收征管法及本细则的规定行使税务检查职权。

税务人员进行税务检查时，应当出示税务检查证和税务检查通知书；无税务检查证和税务检查通知书的，纳税人、扣缴义务人及其他当事人有权拒绝检查。税务机关对集贸市场及集中经营业户进行检查时，可以使用统一的税务检查通知书。

税务检查证和税务检查通知书的式样、使用和管理的具体办法，由国家税务总局制定。

第七章　法律责任

第九十条　纳税人未按照规定办理税务登记证件验证或者换证手续的，由税务机关责令限期改正，可以处2000元以下的罚款；情节严重的，处2000元以上1万元以下的罚款。

第九十一条　非法印制、转借、倒卖、变造或者伪造完税凭证的，由税务机关责令改正，处2000元以上1万元以下的罚款；情节严重的，处1万元以上5万元以下的罚款；构成犯罪的，依法追究刑事责任。

第九十二条　银行和其他金融机构未依照税收征管法的规定在从事生产、经营的纳税人的账户中登录税务登记证件号码，或者未按规定在税务登记证件中登录从事生产、经营的纳税人的账户账号的，由税务机关责令其限期改正，处2000元以上2万元以下的罚款；情节严重的，处2万元以上5万元以下的罚款。

第九十三条　为纳税人、扣缴义务人非法提供银行账户、发票、证明或者其他方便，导致未缴、少缴税款或者骗取国家出口退税款的，税务机关除没收其违法所得外，可以处未缴、少缴或者骗取的税款1倍以下的罚款。

第九十四条　纳税人拒绝代扣、代收税款的，扣缴义务人应当向税务机关报告，由税务机关直接向纳税人追缴税款、滞纳金；纳税人拒不缴纳的，依照税收征管法第六十八条的规定执行。

第九十五条　税务机关依照税收征管法第五十四条第（五）项的规定，到车站、码头、机场、邮政企业及其分支机构检查纳税人有关情况时，有关单位拒绝的，由税务机关责令改正，可以处1万元以下的罚款；情节严重的，处1万元以上5万元以下的罚款。

第九十六条　纳税人、扣缴义务人有下列情形之一的，依照税收征管法第七十条的规定处罚：

（一）提供虚假资料，不如实反映情况，或者拒绝提供有关资料的；

（二）拒绝或者阻止税务机关记录、录音、录像、照相和复制与案件有关的情况和资料的；

（三）在检查期间，纳税人、扣缴义务人转移、隐匿、销毁有关资料的；

（四）有不依法接受税务检查的其他情形的。

第九十七条　税务人员私分扣押、查封的商品、货物或者其他财产，情节严重，构成犯罪的，依法追究刑事责任；尚不构成犯罪的，依法给予行政处分。

第九十八条　税务代理人违反税收法律、行政法规，造成纳税人未缴或者少缴税款的，除由纳税人缴纳或者补缴应纳税款、滞纳金外，对税务代理人处纳税人未缴或者少缴税款50%以上3倍以下的罚款。

第九十九条　税务机关对纳税人、扣缴义务人及其他当事人处以罚款或者没收违法所得时，应当开付罚没凭证；未开付罚没凭证的，纳税人、扣缴义务人以及其他当事人有权拒绝给付。

第一百条　税收征管法第八十八条规定的纳税争议，是指纳税人、扣缴义务人、纳税担保人对税务机关确定纳税主体、征税对象、征税范围、减税、免税及退税、适用税率、计税依据、纳税环节、纳税期限、纳税地点以及税款征收方式等具体行政行为有异议而发生的争议。

第八章　文书送达

第一百零一条　税务机关送达税务文书，应当直接送交受送达人。

受送达人是公民的，应当由本人直接签收；本人不在的，交其同住成年家属签收。

受送达人是法人或者其他组织的，应当

由法人的法定代表人、其他组织的主要负责人或者该法人、组织的财务负责人、负责收件的人签收。受送达人有代理人的，可以送交其代理人签收。

第一百零二条　送达税务文书应当有送达回证，并由受送达人或者本细则规定的其他签收人在送达回证上记明收到日期，签名或者盖章，即为送达。

第一百零三条　受送达人或者本细则规定的其他签收人拒绝签收税务文书的，送达人应当在送达回证上记明拒收理由和日期，并由送达人和见证人签名或者盖章，将税务文书留在受送达人处，即视为送达。

第一百零四条　直接送达税务文书有困难的，可以委托其他有关机关或者其他单位代为送达，或者邮寄送达。

第一百零五条　直接或者委托送达税务文书的，以签收人或者见证人在送达回证上的签收或者注明的收件日期为送达日期；邮寄送达的，以挂号函件回执上注明的收件日期为送达日期，并视为已送达。

第一百零六条　有下列情形之一的，税务机关可以公告送达税务文书，自公告之日起满30日，即视为送达：

（一）同一送达事项的受送达人众多；

（二）采用本章规定的其他送达方式无法送达。

第一百零七条　税务文书的格式由国家税务总局制定。本细则所称税务文书，包括：

（一）税务事项通知书；

（二）责令限期改正通知书；

（三）税收保全措施决定书；

（四）税收强制执行决定书；

（五）税务检查通知书；

（六）税务处理决定书；

（七）税务行政处罚决定书；

（八）行政复议决定书；

（九）其他税务文书。

第九章　附　　则

第一百零八条　税收征管法及本细则所称“以上”、“以下”、“日内”、“届满”均含本数。

第一百零九条　税收征管法及本细则所规定期限的最后一日是法定休假日的，以休假日期满的次日为期限的最后一日；在期限内有连续3日以上法定休假日的，按休假日天数顺延。

第一百一十条　税收征管法第三十条第三款规定的代扣、代收手续费，纳入预算管理，由税务机关依照法律、行政法规的规定付给扣缴义务人。

第一百一十一条　纳税人、扣缴义务人委托税务代理人代为办理税务事宜的办法，由国家税务总局规定。

第一百一十二条　耕地占用税、契税、农业税、牧业税的征收管理，按照国务院的有关规定执行。

第一百一十三条　本细则自2002年10月15日起施行。1993年8月4日国务院发布的《中华人民共和国税收征收管理法实施细则》同时废止。

中华人民共和国个人所得税法

（1980年9月10日第五届全国人民代表大会第三次会议通过，根据1993年10月31日第八届全国人民代表大会常务委员会第四次会议《关于修改〈中华人民共和国个人所得税法〉的决定》第一次修正，根据1999年8月30日第九届全国人民代表大会常务委员会第十一次会议《关于修改〈中华人民共和国个人所得税法〉的决定》第二次修正，根据2005年10月27日第十届全国人民代表大会常务委员会第十八次会议《关于修改〈中华人民共和国个人所得税法〉的决定》第三次修正，根据2007年6月29日第十届全国人民代表大会常务委员会第二十八次会议《关于修改〈中华人民共和国个人所得税法〉的决定》第四次修正，根据2007年12月29日第十届全国人民代表大会常务委员会第三十一次会议《关于修改〈中华人民共和国个人所得税法〉的决定》第五次修正，根据2011年6月30日第十一届全国人民代表大会常务委员会第二十一次会议《关于修改〈中华人民共和国个人所得税法〉的决定》第六次修正，根据2018年8月31日第十三届全国人民代表大会常务委员会第五次会议《关于修改〈中华人民共和国个人所得税法〉的决定》第七次修正）

第一条 在中国境内有住所，或者无住所而一个纳税年度内在中国境内居住累计满一百八十三天的个人，为居民个人。居民个人从中国境内和境外取得的所得，依照本法规定缴纳个人所得税。

在中国境内无住所又不居住，或者无住所而一个纳税年度内在中国境内居住累计不满一百八十三天的个人，为非居民个人。非居民个人从中国境内取得的所得，依照本法规定缴纳个人所得税。

纳税年度，自公历一月一日起至十二月三十一日止。

第二条 下列各项个人所得，应当缴纳个人所得税：

（一）工资、薪金所得；

（二）劳务报酬所得；

（三）稿酬所得；

（四）特许权使用费所得；

（五）经营所得；

（六）利息、股息、红利所得；

（七）财产租赁所得；

（八）财产转让所得；

（九）偶然所得。

居民个人取得前款第一项至第四项所得（以下称综合所得），按纳税年度合并计算个人所得税；非居民个人取得前款第一项至第四项所得，按月或者按次分项计算个人所得税。纳税人取得前款第五项至第九项所得，依照本法规定分别计算个人所得税。

第三条 个人所得税的税率：

（一）综合所得，适用百分之三至百分之四十五的超额累进税率（税率表附后）；

（二）经营所得，适用百分之五至百分之三十五的超额累进税率（税率表附后）；

（三）利息、股息、红利所得，财产租赁所得，财产转让所得和偶然所得，适用比例税率，税率为百分之二十。

第四条　下列各项个人所得，免征个人所得税：

（一）省级人民政府、国务院部委和中国人民解放军军以上单位，以及外国组织、国际组织颁发的科学、教育、技术、文化、卫生、体育、环境保护等方面的奖金；

（二）国债和国家发行的金融债券利息；

（三）按照国家统一规定发给的补贴、津贴；

（四）福利费、抚恤金、救济金；

（五）保险赔款；

（六）军人的转业费、复员费、退役金；

（七）按照国家统一规定发给干部、职工的安家费、退职费、基本养老金或者退休费、离休费、离休生活补助费；

（八）依照有关法律规定应予免税的各国驻华使馆、领事馆的外交代表、领事官员和其他人员的所得；

（九）中国政府参加的国际公约、签订的协议中规定免税的所得；

（十）国务院规定的其他免税所得。

前款第十项免税规定，由国务院报全国人民代表大会常务委员会备案。

第五条　有下列情形之一的，可以减征个人所得税，具体幅度和期限，由省、自治区、直辖市人民政府规定，并报同级人民代表大会常务委员会备案：

（一）残疾、孤老人员和烈属的所得；

（二）因自然灾害遭受重大损失的。

国务院可以规定其他减税情形，报全国人民代表大会常务委员会备案。

第六条　应纳税所得额的计算：

（一）居民个人的综合所得，以每一纳税年度的收入额减除费用六万元以及专项扣除、专项附加扣除和依法确定的其他扣除后的余额，为应纳税所得额。

（二）非居民个人的工资、薪金所得，以每月收入额减除费用五千元后的余额为应纳税所得额；劳务报酬所得、稿酬所得、特许权使用费所得，以每次收入额为应纳税所得额。

（三）经营所得，以每一纳税年度的收入总额减除成本、费用以及损失后的余额，为应纳税所得额。

（四）财产租赁所得，每次收入不超过四千元的，减除费用八百元；四千元以上的，减除百分之二十的费用，其余额为应纳税所得额。

（五）财产转让所得，以转让财产的收入额减除财产原值和合理费用后的余额，为应纳税所得额。

（六）利息、股息、红利所得和偶然所得，以每次收入额为应纳税所得额。

劳务报酬所得、稿酬所得、特许权使用费所得以收入减除百分之二十的费用后的余额为收入额。稿酬所得的收入额减按百分之七十计算。

个人将其所得对教育、扶贫、济困等公益慈善事业进行捐赠，捐赠额未超过纳税人申报的应纳税所得额百分之三十的部分，可以从其应纳税所得额中扣除；国务院规定对公益慈善事业捐赠实行全额税前扣除的，从其规定。

本条第一款第一项规定的专项扣除，包括居民个人按照国家规定的范围和标准缴纳的基本养老保险、基本医疗保险、失业保险等社会保险费和住房公积金等；专项附加扣除，包括子女教育、继续教育、大病医疗、住房贷款利息或者住房租金、赡养老人等支出，具体范围、标准和实施步骤由国务院确定，并报全国人民代表大会常务委员会备案。

第七条　居民个人从中国境外取得的所得，可以从其应纳税额中抵免已在境外缴纳的个人所得税税额，但抵免额不得超过该纳税人境外所得依照本法规定计算的应纳税额。

第八条 有下列情形之一的，税务机关有权按照合理方法进行纳税调整：

（一）个人与其关联方之间的业务往来不符合独立交易原则而减少本人或者其关联方应纳税额，且无正当理由；

（二）居民个人控制的，或者居民个人和居民企业共同控制的设立在实际税负明显偏低的国家（地区）的企业，无合理经营需要，对应当归属于居民个人的利润不作分配或者减少分配；

（三）个人实施其他不具有合理商业目的的安排而获取不当税收利益。

税务机关依照前款规定作出纳税调整，需要补征税款的，应当补征税款，并依法加收利息。

第九条 个人所得税以所得人为纳税人，以支付所得的单位或者个人为扣缴义务人。

纳税人有中国公民身份号码的，以中国公民身份号码为纳税人识别号；纳税人没有中国公民身份号码的，由税务机关赋予其纳税人识别号。扣缴义务人扣缴税款时，纳税人应当向扣缴义务人提供纳税人识别号。

第十条 有下列情形之一的，纳税人应当依法办理纳税申报：

（一）取得综合所得需要办理汇算清缴；

（二）取得应税所得没有扣缴义务人；

（三）取得应税所得，扣缴义务人未扣缴税款；

（四）取得境外所得；

（五）因移居境外注销中国户籍；

（六）非居民个人在中国境内从两处以上取得工资、薪金所得；

（七）国务院规定的其他情形。

扣缴义务人应当按照国家规定办理全员全额扣缴申报，并向纳税人提供其个人所得和已扣缴税款等信息。

第十一条 居民个人取得综合所得，按年计算个人所得税；有扣缴义务人的，由扣缴义务人按月或者按次预扣预缴税款；需要办理汇算清缴的，应当在取得所得的次年三月一日至六月三十日内办理汇算清缴。预扣预缴办法由国务院税务主管部门制定。

居民个人向扣缴义务人提供专项附加扣除信息的，扣缴义务人按月预扣预缴税款时应当按照规定予以扣除，不得拒绝。

非居民个人取得工资、薪金所得，劳务报酬所得，稿酬所得和特许权使用费所得，有扣缴义务人的，由扣缴义务人按月或者按次代扣代缴税款，不办理汇算清缴。

第十二条 纳税人取得经营所得，按年计算个人所得税，由纳税人在月度或者季度终了后十五日内向税务机关报送纳税申报表，并预缴税款；在取得所得的次年三月三十一日前办理汇算清缴。

纳税人取得利息、股息、红利所得，财产租赁所得，财产转让所得和偶然所得，按月或者按次计算个人所得税，有扣缴义务人的，由扣缴义务人按月或者按次代扣代缴税款。

第十三条 纳税人取得应税所得没有扣缴义务人的，应当在取得所得的次月十五日内向税务机关报送纳税申报表，并缴纳税款。

纳税人取得应税所得，扣缴义务人未扣缴税款的，纳税人应当在取得所得的次年六月三十日前，缴纳税款；税务机关通知限期缴纳的，纳税人应当按照期限缴纳税款。

居民个人从中国境外取得所得的，应当在取得所得的次年三月一日至六月三十日内申报纳税。

非居民个人在中国境内从两处以上取得工资、薪金所得的，应当在取得所得的次月十五日内申报纳税。

纳税人因移居境外注销中国户籍的，应当在注销中国户籍前办理税款清算。

第十四条 扣缴义务人每月或者每次预扣、代扣的税款，应当在次月十五日内缴入国库，并向税务机关报送扣缴个人所得税申报表。

纳税人办理汇算清缴退税或者扣缴义务人为纳税人办理汇算清缴退税的，税务机关审核后，按照国库管理的有关规定办理退税。

第十五条　公安、人民银行、金融监督管理等相关部门应当协助税务机关确认纳税人的身份、金融账户信息。教育、卫生、医疗保障、民政、人力资源社会保障、住房城乡建设、公安、人民银行、金融监督管理等相关部门应当向税务机关提供纳税人子女教育、继续教育、大病医疗、住房贷款利息、住房租金、赡养老人等专项附加扣除信息。

个人转让不动产的，税务机关应当根据不动产登记等相关信息核验应缴的个人所得税，登记机构办理转移登记时，应当查验与该不动产转让相关的个人所得税的完税凭证。个人转让股权办理变更登记的，市场主体登记机关应当查验与该股权交易相关的个人所得税的完税凭证。

有关部门依法将纳税人、扣缴义务人遵守本法的情况纳入信用信息系统，并实施联合激励或者惩戒。

第十六条　各项所得的计算，以人民币为单位。所得为人民币以外的货币的，按照人民币汇率中间价折合成人民币缴纳税款。

第十七条　对扣缴义务人按照所扣缴的税款，付给百分之二的手续费。

第十八条　对储蓄存款利息所得开征、减征、停征个人所得税及其具体办法，由国务院规定，并报全国人民代表大会常务委员会备案。

第十九条　纳税人、扣缴义务人和税务机关及其工作人员违反本法规定的，依照《中华人民共和国税收征收管理法》和有关法律法规的规定追究法律责任。

第二十条　个人所得税的征收管理，依照本法和《中华人民共和国税收征收管理法》的规定执行。

第二十一条　国务院根据本法制定实施条例。

第二十二条　本法自公布之日起施行。

个人所得税税率表一（综合所得适用）

级数	全年应纳税所得额	税率（%）
1	不超过36000元的	3
2	超过36000元至144000元的部分	10
3	超过144000元至300000元的部分	20
4	超过300000元至420000元的部分	25
5	超过420000元至660000元的部分	30
6	超过660000元至960000元的部分	35
7	超过960000元的部分	45

（注1：本表所称全年应纳税所得额是指依照本法第六条的规定，居民个人取得综合所得以每一纳税年度收入额减除费用六万元以及专项扣除、专项附加扣除和依法确定的其他扣除后的余额。

注2：非居民个人取得工资、薪金所得，劳务报酬所得，稿酬所得和特许权使用费所得，依照本表按月换算后计算应纳税额。）

个人所得税税率表二（经营所得适用）

级数	全年应纳税所得额	税率（%）
1	不超过30000元的	5
2	超过30000元至90000元的部分	10
3	超过90000元至300000元的部分	20
4	超过300000元至500000元的部分	30
5	超过500000元的部分	35

（注：本表所称全年应纳税所得额是指依照本法第六条的规定，以每一纳税年度的收入总额减除成本、费用以及损失后的余额。）

中华人民共和国个人所得税法实施条例

（1994年1月28日中华人民共和国国务院令第142号发布，根据2005年12月19日《国务院关于修改〈中华人民共和国个人所得税法实施条例〉的决定》第一次修订，根据2008年2月18日《国务院关于修改〈中华人民共和国个人所得税法实施条例〉的决定》第二次修订，根据2011年7月19日《国务院关于修改〈中华人民共和国个人所得税法实施条例〉的决定》第三次修订，2018年12月18日中华人民共和国国务院令第707号第四次修订）

第一条 根据《中华人民共和国个人所得税法》（以下简称个人所得税法），制定本条例。

第二条 个人所得税法所称在中国境内有住所，是指因户籍、家庭、经济利益关系而在中国境内习惯性居住；所称从中国境内和境外取得的所得，分别是指来源于中国境内的所得和来源于中国境外的所得。

第三条 除国务院财政、税务主管部门另有规定外，下列所得，不论支付地点是否在中国境内，均为来源于中国境内的所得：

（一）因任职、受雇、履约等在中国境内提供劳务取得的所得；

（二）将财产出租给承租人在中国境内使用而取得的所得；

（三）许可各种特许权在中国境内使用而取得的所得；

（四）转让中国境内的不动产等财产或者在中国境内转让其他财产取得的所得；

（五）从中国境内企业、事业单位、其他组织以及居民个人取得的利息、股息、红利所得。

第四条 在中国境内无住所的个人，在中国境内居住累计满183天的年度连续不满六年的，经向主管税务机关备案，其来源于中国境外且由境外单位或者个人支付的所得，免予缴纳个人所得税；在中国境内居住累计满183天的任一年度中有一次离境超过30天的，其在中国境内居住累计满183天的年度的连续年限重新起算。

第五条 在中国境内无住所的个人，在一个纳税年度内在中国境内居住累计不超过90天的，其来源于中国境内的所得，由境外雇主支付并且不由该雇主在中国境内的机构、场所负担的部分，免予缴纳个人所得税。

第六条 个人所得税法规定的各项个人所得的范围：

（一）工资、薪金所得，是指个人因任职或者受雇取得的工资、薪金、奖金、年终加薪、劳动分红、津贴、补贴以及与任职或者受雇有关的其他所得。

（二）劳务报酬所得，是指个人从事劳务取得的所得，包括从事设计、装潢、安装、制图、化验、测试、医疗、法律、会计、咨询、讲学、翻译、审稿、书画、雕刻、影视、录音、录像、演出、表演、广告、展览、技术服务、介绍服务、经纪服务、代办服务以及其他劳务取得的所得。

（三）稿酬所得，是指个人因其作品以

图书、报刊等形式出版、发表而取得的所得。

（四）特许权使用费所得，是指个人提供专利权、商标权、著作权、非专利技术以及其他特许权的使用权取得的所得；提供著作权的使用权取得的所得，不包括稿酬所得。

（五）经营所得，是指：

1. 个体工商户从事生产、经营活动取得的所得，个人独资企业投资人、合伙企业的个人合伙人来源于境内注册的个人独资企业、合伙企业生产、经营的所得；

2. 个人依法从事办学、医疗、咨询以及其他有偿服务活动取得的所得；

3. 个人对企业、事业单位承包经营、承租经营以及转包、转租取得的所得；

4. 个人从事其他生产、经营活动取得的所得。

（六）利息、股息、红利所得，是指个人拥有债权、股权等而取得的利息、股息、红利所得。

（七）财产租赁所得，是指个人出租不动产、机器设备、车船以及其他财产取得的所得。

（八）财产转让所得，是指个人转让有价证券、股权、合伙企业中的财产份额、不动产、机器设备、车船以及其他财产取得的所得。

（九）偶然所得，是指个人得奖、中奖、中彩以及其他偶然性质的所得。

个人取得的所得，难以界定应纳税所得项目的，由国务院税务主管部门确定。

第七条　对股票转让所得征收个人所得税的办法，由国务院另行规定，并报全国人民代表大会常务委员会备案。

第八条　个人所得的形式，包括现金、实物、有价证券和其他形式的经济利益；所得为实物的，应当按照取得的凭证上所注明的价格计算应纳税所得额，无凭证的实物或者凭证上所注明的价格明显偏低的，参照市场价格核定应纳税所得额；所得为有价证券的，根据票面价格和市场价格核定应纳税所得额；所得为其他形式的经济利益的，参照市场价格核定应纳税所得额。

第九条　个人所得税法第四条第一款第二项所称国债利息，是指个人持有中华人民共和国财政部发行的债券而取得的利息；所称国家发行的金融债券利息，是指个人持有经国务院批准发行的金融债券而取得的利息。

第十条　个人所得税法第四条第一款第三项所称按照国家统一规定发给的补贴、津贴，是指按照国务院规定发给的政府特殊津贴、院士津贴，以及国务院规定免予缴纳个人所得税的其他补贴、津贴。

第十一条　个人所得税法第四条第一款第四项所称福利费，是指根据国家有关规定，从企业、事业单位、国家机关、社会组织提留的福利费或者工会经费中支付给个人的生活补助费；所称救济金，是指各级人民政府民政部门支付给个人的生活困难补助费。

第十二条　个人所得税法第四条第一款第八项所称依照有关法律规定应予免税的各国驻华使馆、领事馆的外交代表、领事官员和其他人员的所得，是指依照《中华人民共和国外交特权与豁免条例》和《中华人民共和国领事特权与豁免条例》规定免税的所得。

第十三条　个人所得税法第六条第一款第一项所称依法确定的其他扣除，包括个人缴付符合国家规定的企业年金、职业年金，个人购买符合国家规定的商业健康保险、税收递延型商业养老保险的支出，以及国务院规定可以扣除的其他项目。

专项扣除、专项附加扣除和依法确定的其他扣除，以居民个人一个纳税年度的应纳税所得额为限额；一个纳税年度扣除不完的，不结转以后年度扣除。

第十四条　个人所得税法第六条第一款

第二项、第四项、第六项所称每次，分别按照下列方法确定：

（一）劳务报酬所得、稿酬所得、特许权使用费所得，属于一次性收入的，以取得该项收入为一次；属于同一项目连续性收入的，以一个月内取得的收入为一次。

（二）财产租赁所得，以一个月内取得的收入为一次。

（三）利息、股息、红利所得，以支付利息、股息、红利时取得的收入为一次。

（四）偶然所得，以每次取得该项收入为一次。

第十五条 个人所得税法第六条第一款第三项所称成本、费用，是指生产、经营活动中发生的各项直接支出和分配计入成本的间接费用以及销售费用、管理费用、财务费用；所称损失，是指生产、经营活动中发生的固定资产和存货的盘亏、毁损、报废损失，转让财产损失，坏账损失，自然灾害等不可抗力因素造成的损失以及其他损失。

取得经营所得的个人，没有综合所得的，计算其每一纳税年度的应纳税所得额时，应当减除费用6万元、专项扣除、专项附加扣除以及依法确定的其他扣除。专项附加扣除在办理汇算清缴时减除。

从事生产、经营活动，未提供完整、准确的纳税资料，不能正确计算应纳税所得额的，由主管税务机关核定应纳税所得额或者应纳税额。

第十六条 个人所得税法第六条第一款第五项规定的财产原值，按照下列方法确定：

（一）有价证券，为买入价以及买入时按照规定交纳的有关费用；

（二）建筑物，为建造费或者购进价格以及其他有关费用；

（三）土地使用权，为取得土地使用权所支付的金额、开发土地的费用以及其他有关费用；

（四）机器设备、车船，为购进价格、运输费、安装费以及其他有关费用。

其他财产，参照前款规定的方法确定财产原值。

纳税人未提供完整、准确的财产原值凭证，不能按照本条第一款规定的方法确定财产原值的，由主管税务机关核定财产原值。

个人所得税法第六条第一款第五项所称合理费用，是指卖出财产时按照规定支付的有关税费。

第十七条 财产转让所得，按照一次转让财产的收入额减除财产原值和合理费用后的余额计算纳税。

第十八条 两个以上的个人共同取得同一项目收入的，应当对每个人取得的收入分别按照个人所得税法的规定计算纳税。

第十九条 个人所得税法第六条第三款所称个人将其所得对教育、扶贫、济困等公益慈善事业进行捐赠，是指个人将其所得通过中国境内的公益性社会组织、国家机关向教育、扶贫、济困等公益慈善事业的捐赠；所称应纳税所得额，是指计算扣除捐赠额之前的应纳税所得额。

第二十条 居民个人从中国境内和境外取得的综合所得、经营所得，应当分别合并计算应纳税额；从中国境内和境外取得的其他所得，应当分别单独计算应纳税额。

第二十一条 个人所得税法第七条所称已在境外缴纳的个人所得税税额，是指居民个人来源于中国境外的所得，依照该所得来源国家（地区）的法律应当缴纳并且实际已经缴纳的所得税税额。

个人所得税法第七条所称纳税人境外所得依照本法规定计算的应纳税额，是居民个人抵免已在境外缴纳的综合所得、经营所得以及其他所得的所得税税额的限额（以下简称抵免限额）。除国务院财政、税务主管部门另有规定外，来源于中国境外一个国家（地区）的综合所得抵免限额、经营所得抵免限额以及其他所得抵免限额之和，为来源于该国家（地区）所得的抵免限额。

居民个人在中国境外一个国家（地区）

实际已经缴纳的个人所得税税额，低于依照前款规定计算出的来源于该国家（地区）所得的抵免限额的，应当在中国缴纳差额部分的税款；超过来源于该国家（地区）所得的抵免限额的，其超过部分不得在本纳税年度的应纳税额中抵免，但是可以在以后纳税年度来源于该国家（地区）所得的抵免限额的余额中补扣。补扣期限最长不得超过五年。

第二十二条　居民个人申请抵免已在境外缴纳的个人所得税税额，应当提供境外税务机关出具的税款所属年度的有关纳税凭证。

第二十三条　个人所得税法第八条第二款规定的利息，应当按照税款所属纳税申报期最后一日中国人民银行公布的与补税期间同期的人民币贷款基准利率计算，自税款纳税申报期满次日起至补缴税款期限届满之日止按日加收。纳税人在补缴税款期限届满前补缴税款的，利息加收至补缴税款之日。

第二十四条　扣缴义务人向个人支付应税款项时，应当依照个人所得税法规定预扣或者代扣税款，按时缴库，并专项记载备查。

前款所称支付，包括现金支付、汇拨支付、转账支付和以有价证券、实物以及其他形式的支付。

第二十五条　取得综合所得需要办理汇算清缴的情形包括：

（一）从两处以上取得综合所得，且综合所得年收入额减除专项扣除的余额超过6万元；

（二）取得劳务报酬所得、稿酬所得、特许权使用费所得中一项或者多项所得，且综合所得年收入额减除专项扣除的余额超过6万元；

（三）纳税年度内预缴税额低于应纳税额；

（四）纳税人申请退税。

纳税人申请退税，应当提供其在中国境内开设的银行账户，并在汇算清缴地就地办理税款退库。

汇算清缴的具体办法由国务院税务主管部门制定。

第二十六条　个人所得税法第十条第二款所称全员全额扣缴申报，是指扣缴义务人在代扣税款的次月十五日内，向主管税务机关报送其支付所得的所有个人的有关信息、支付所得数额、扣除事项和数额、扣缴税款的具体数额和总额以及其他相关涉税信息资料。

第二十七条　纳税人办理纳税申报的地点以及其他有关事项的具体办法，由国务院税务主管部门制定。

第二十八条　居民个人取得工资、薪金所得时，可以向扣缴义务人提供专项附加扣除有关信息，由扣缴义务人扣缴税款时减除专项附加扣除。纳税人同时从两处以上取得工资、薪金所得，并由扣缴义务人减除专项附加扣除的，对同一专项附加扣除项目，在一个纳税年度内只能选择从一处取得的所得中减除。

居民个人取得劳务报酬所得、稿酬所得、特许权使用费所得，应当在汇算清缴时向税务机关提供有关信息，减除专项附加扣除。

第二十九条　纳税人可以委托扣缴义务人或者其他单位和个人办理汇算清缴。

第三十条　扣缴义务人应当按照纳税人提供的信息计算办理扣缴申报，不得擅自更改纳税人提供的信息。

纳税人发现扣缴义务人提供或者扣缴申报的个人信息、所得、扣缴税款等与实际情况不符的，有权要求扣缴义务人修改。扣缴义务人拒绝修改的，纳税人应当报告税务机关，税务机关应当及时处理。

纳税人、扣缴义务人应当按照规定保存与专项附加扣除相关的资料。税务机关可以对纳税人提供的专项附加扣除信息进行抽查，具体办法由国务院税务主管部门另行规定。税务机关发现纳税人提供虚假信息的，应当责令改正并通知扣缴义务人；情节严重的，有关部门应当依法予以处理，纳入信用信息系统并实施联合惩戒。

第三十一条 纳税人申请退税时提供的汇算清缴信息有错误的，税务机关应当告知其更正；纳税人更正的，税务机关应当及时办理退税。

扣缴义务人未将扣缴的税款解缴入库的，不影响纳税人按照规定申请退税，税务机关应当凭纳税人提供的有关资料办理退税。

第三十二条 所得为人民币以外货币的，按照办理纳税申报或者扣缴申报的上一月最后一日人民币汇率中间价，折合成人民币计算应纳税所得额。年度终了后办理汇算清缴的，对已经按月、按季或者按次预缴税款的人民币以外货币所得，不再重新折算；对应当补缴税款的所得部分，按照上一纳税年度最后一日人民币汇率中间价，折合成人民币计算应纳税所得额。

第三十三条 税务机关按照个人所得税法第十七条的规定付给扣缴义务人手续费，应当填开退还书；扣缴义务人凭退还书，按照国库管理有关规定办理退库手续。

第三十四条 个人所得税纳税申报表、扣缴个人所得税报告表和个人所得税完税凭证式样，由国务院税务主管部门统一制定。

第三十五条 军队人员个人所得税征收事宜，按照有关规定执行。

第三十六条 本条例自2019年1月1日起施行。

中华人民共和国企业所得税法

（2007年3月16日第十届全国人民代表大会第五次会议通过，根据2017年2月24日第十二届全国人民代表大会常务委员会第二十六次会议《关于修改〈中华人民共和国企业所得税法〉的决定》第一次修正，根据2018年12月29日第十三届全国人民代表大会常务委员会第七次会议《关于修改〈中华人民共和国电力法〉等四部法律的决定》第二次修正）

第一章 总 则

第一条 在中华人民共和国境内，企业和其他取得收入的组织（以下统称企业）为企业所得税的纳税人，依照本法的规定缴纳企业所得税。

个人独资企业、合伙企业不适用本法。

第二条 企业分为居民企业和非居民企业。

本法所称居民企业，是指依法在中国境内成立，或者依照外国（地区）法律成立但实际管理机构在中国境内的企业。

本法所称非居民企业，是指依照外国（地区）法律成立且实际管理机构不在中国境内，但在中国境内设立机构、场所的，或者在中国境内未设立机构、场所，但有来源于中国境内所得的企业。

第三条 居民企业应当就其来源于中国境内、境外的所得缴纳企业所得税。

非居民企业在中国境内设立机构、场所的，应当就其所设机构、场所取得的来源于中国境内的所得，以及发生在中国境外但与其所设机构、场所有实际联系的所得，缴纳企业所得税。

非居民企业在中国境内未设立机构、场所的，或者虽设立机构、场所但取得的所得与其所设机构、场所没有实际联系的，应当就其来源于中国境内的所得缴纳企业所得税。

第四条 企业所得税的税率为25%。

非居民企业取得本法第三条第三款规定的所得，适用税率为20%。

第二章 应纳税所得额

第五条 企业每一纳税年度的收入总额，减除不征税收入、免税收入、各项扣除以及允许弥补的以前年度亏损后的余额，为应纳税所得额。

第六条 企业以货币形式和非货币形式从各种来源取得的收入，为收入总额。包括：

（一）销售货物收入；

（二）提供劳务收入；

（三）转让财产收入；

（四）股息、红利等权益性投资收益；

（五）利息收入；

（六）租金收入；

（七）特许权使用费收入；

（八）接受捐赠收入；

（九）其他收入。

第七条 收入总额中的下列收入为不征税收入：

（一）财政拨款；

（二）依法收取并纳入财政管理的行政事业性收费、政府性基金；

（三）国务院规定的其他不征税收入。

第八条 企业实际发生的与取得收入有关的、合理的支出，包括成本、费用、税金、损失和其他支出，准予在计算应纳税所得额时扣除。

第九条 企业发生的公益性捐赠支出，在年度利润总额12%以内的部分，准予在计算应纳税所得额时扣除；超过年度利润总额12%的部分，准予结转以后三年内在计算应纳税所得额时扣除。

第十条 在计算应纳税所得额时，下列支出不得扣除：

（一）向投资者支付的股息、红利等权益性投资收益款项；

（二）企业所得税税款；

（三）税收滞纳金；

（四）罚金、罚款和被没收财物的损失；

（五）本法第九条规定以外的捐赠支出；

（六）赞助支出；

（七）未经核定的准备金支出；

（八）与取得收入无关的其他支出。

第十一条 在计算应纳税所得额时，企业按照规定计算的固定资产折旧，准予扣除。

下列固定资产不得计算折旧扣除：

（一）房屋、建筑物以外未投入使用的固定资产；

（二）以经营租赁方式租入的固定资产；

（三）以融资租赁方式租出的固定资产；

（四）已足额提取折旧仍继续使用的固定资产；

（五）与经营活动无关的固定资产；

（六）单独估价作为固定资产入账的土地；

（七）其他不得计算折旧扣除的固定资产。

第十二条 在计算应纳税所得额时，企业按照规定计算的无形资产摊销费用，准予扣除。

下列无形资产不得计算摊销费用扣除：

（一）自行开发的支出已在计算应纳税所得额时扣除的无形资产；

（二）自创商誉；

（三）与经营活动无关的无形资产；

（四）其他不得计算摊销费用扣除的无

形资产。

第十三条 在计算应纳税所得额时，企业发生的下列支出作为长期待摊费用，按照规定摊销的，准予扣除：

（一）已足额提取折旧的固定资产的改建支出；

（二）租入固定资产的改建支出；

（三）固定资产的大修理支出；

（四）其他应当作为长期待摊费用的支出。

第十四条 企业对外投资期间，投资资产的成本在计算应纳税所得额时不得扣除。

第十五条 企业使用或者销售存货，按照规定计算的存货成本，准予在计算应纳税所得额时扣除。

第十六条 企业转让资产，该项资产的净值，准予在计算应纳税所得额时扣除。

第十七条 企业在汇总计算缴纳企业所得税时，其境外营业机构的亏损不得抵减境内营业机构的盈利。

第十八条 企业纳税年度发生的亏损，准予向以后年度结转，用以后年度的所得弥补，但结转年限最长不得超过五年。

第十九条 非居民企业取得本法第三条第三款规定的所得，按照下列方法计算其应纳税所得额：

（一）股息、红利等权益性投资收益和利息、租金、特许权使用费所得，以收入全额为应纳税所得额；

（二）转让财产所得，以收入全额减除财产净值后的余额为应纳税所得额；

（三）其他所得，参照前两项规定的方法计算应纳税所得额。

第二十条 本章规定的收入、扣除的具体范围、标准和资产的税务处理的具体办法，由国务院财政、税务主管部门规定。

第二十一条 在计算应纳税所得额时，企业财务、会计处理办法与税收法律、行政法规的规定不一致的，应当依照税收法律、行政法规的规定计算。

第三章 应纳税额

第二十二条 企业的应纳税所得额乘以适用税率，减除依照本法关于税收优惠的规定减免和抵免的税额后的余额，为应纳税额。

第二十三条 企业取得的下列所得已在境外缴纳的所得税税额，可以从其当期应纳税额中抵免，抵免限额为该项所得依照本法规定计算的应纳税额；超过抵免限额的部分，可以在以后五个年度内，用每年度抵免限额抵免当年应抵税额后的余额进行抵补：

（一）居民企业来源于中国境外的应税所得；

（二）非居民企业在中国境内设立机构、场所，取得发生在中国境外但与该机构、场所有实际联系的应税所得。

第二十四条 居民企业从其直接或者间接控制的外国企业分得的来源于中国境外的股息、红利等权益性投资收益，外国企业在境外实际缴纳的所得税税额中属于该项所得负担的部分，可以作为该居民企业的可抵免境外所得税税额，在本法第二十三条规定的抵免限额内抵免。

第四章 税收优惠

第二十五条 国家对重点扶持和鼓励发展的产业和项目，给予企业所得税优惠。

第二十六条 企业的下列收入为免税收入：

（一）国债利息收入；

（二）符合条件的居民企业之间的股息、红利等权益性投资收益；

（三）在中国境内设立机构、场所的非居民企业从居民企业取得与该机构、场所有实际联系的股息、红利等权益性投资收益；

（四）符合条件的非营利组织的收入。

第二十七条 企业的下列所得，可以免征、减征企业所得税：

（一）从事农、林、牧、渔业项目的

所得；

（二）从事国家重点扶持的公共基础设施项目投资经营的所得；

（三）从事符合条件的环境保护、节能节水项目的所得；

（四）符合条件的技术转让所得；

（五）本法第三条第三款规定的所得。

第二十八条　符合条件的小型微利企业，减按20%的税率征收企业所得税。

国家需要重点扶持的高新技术企业，减按15%的税率征收企业所得税。

第二十九条　民族自治地方的自治机关对本民族自治地方的企业应缴纳的企业所得税中属于地方分享的部分，可以决定减征或者免征。自治州、自治县决定减征或者免征的，须报省、自治区、直辖市人民政府批准。

第三十条　企业的下列支出，可以在计算应纳税所得额时加计扣除：

（一）开发新技术、新产品、新工艺发生的研究开发费用；

（二）安置残疾人员及国家鼓励安置的其他就业人员所支付的工资。

第三十一条　创业投资企业从事国家需要重点扶持和鼓励的创业投资，可以按投资额的一定比例抵扣应纳税所得额。

第三十二条　企业的固定资产由于技术进步等原因，确需加速折旧的，可以缩短折旧年限或者采取加速折旧的方法。

第三十三条　企业综合利用资源，生产符合国家产业政策规定的产品所取得的收入，可以在计算应纳税所得额时减计收入。

第三十四条　企业购置用于环境保护、节能节水、安全生产等专用设备的投资额，可以按一定比例实行税额抵免。

第三十五条　本法规定的税收优惠的具体办法，由国务院规定。

第三十六条　根据国民经济和社会发展的需要，或者由于突发事件等原因对企业经营活动产生重大影响的，国务院可以制定企业所得税专项优惠政策，报全国人民代表大会常务委员会备案。

第五章　源泉扣缴

第三十七条　对非居民企业取得本法第三条第三款规定的所得应缴纳的所得税，实行源泉扣缴，以支付人为扣缴义务人。税款由扣缴义务人在每次支付或者到期应支付时，从支付或者到期应支付的款项中扣缴。

第三十八条　对非居民企业在中国境内取得工程作业和劳务所得应缴纳的所得税，税务机关可以指定工程价款或者劳务费的支付人为扣缴义务人。

第三十九条　依照本法第三十七条、第三十八条规定应当扣缴的所得税，扣缴义务人未依法扣缴或者无法履行扣缴义务的，由纳税人在所得发生地缴纳。纳税人未依法缴纳的，税务机关可以从该纳税人在中国境内其他收入项目的支付人应付的款项中，追缴该纳税人的应纳税款。

第四十条　扣缴义务人每次代扣的税款，应当自代扣之日起七日内缴入国库，并向所在地的税务机关报送扣缴企业所得税报告表。

第六章　特别纳税调整

第四十一条　企业与其关联方之间的业务往来，不符合独立交易原则而减少企业或者其关联方应纳税收入或者所得额的，税务机关有权按照合理方法调整。

企业与其关联方共同开发、受让无形资产，或者共同提供、接受劳务发生的成本，在计算应纳税所得额时应当按照独立交易原则进行分摊。

第四十二条　企业可以向税务机关提出与其关联方之间业务往来的定价原则和计算方法，税务机关与企业协商、确认后，达成预约定价安排。

第四十三条　企业向税务机关报送年度企业所得税纳税申报表时，应当就其与关联方之间的业务往来，附送年度关联业务往来报告表。

税务机关在进行关联业务调查时，企业及其关联方，以及与关联业务调查有关的其他企业，应当按照规定提供相关资料。

第四十四条　企业不提供与其关联方之间业务往来资料，或者提供虚假、不完整资料，未能真实反映其关联业务往来情况的，税务机关有权依法核定其应纳税所得额。

第四十五条　由居民企业，或者由居民企业和中国居民控制的设立在实际税负明显低于本法第四条第一款规定税率水平的国家（地区）的企业，并非由于合理的经营需要而对利润不作分配或者减少分配的，上述利润中应归属于该居民企业的部分，应当计入该居民企业的当期收入。

第四十六条　企业从其关联方接受的债权性投资与权益性投资的比例超过规定标准而发生的利息支出，不得在计算应纳税所得额时扣除。

第四十七条　企业实施其他不具有合理商业目的的安排而减少其应纳税收入或者所得额的，税务机关有权按照合理方法调整。

第四十八条　税务机关依照本章规定作出纳税调整，需要补征税款的，应当补征税款，并按照国务院规定加收利息。

第七章　征收管理

第四十九条　企业所得税的征收管理除本法规定外，依照《中华人民共和国税收征收管理法》的规定执行。

第五十条　除税收法律、行政法规另有规定外，居民企业以企业登记注册地为纳税地点；但登记注册地在境外的，以实际管理机构所在地为纳税地点。

居民企业在中国境内设立不具有法人资格的营业机构的，应当汇总计算并缴纳企业所得税。

第五十一条　非居民企业取得本法第三条第二款规定的所得，以机构、场所所在地为纳税地点。非居民企业在中国境内设立两个或者两个以上机构、场所，符合国务院税务主管部门规定条件的，可以选择由其主要机构、场所汇总缴纳企业所得税。

非居民企业取得本法第三条第三款规定的所得，以扣缴义务人所在地为纳税地点。

第五十二条　除国务院另有规定外，企业之间不得合并缴纳企业所得税。

第五十三条　企业所得税按纳税年度计算。纳税年度自公历1月1日起至12月31日止。

企业在一个纳税年度中间开业，或者终止经营活动，使该纳税年度的实际经营期不足十二个月的，应当以其实际经营期为一个纳税年度。

企业依法清算时，应当以清算期间作为一个纳税年度。

第五十四条　企业所得税分月或者分季预缴。

企业应当自月份或者季度终了之日起十五日内，向税务机关报送预缴企业所得税纳税申报表，预缴税款。

企业应当自年度终了之日起五个月内，向税务机关报送年度企业所得税纳税申报表，并汇算清缴，结清应缴应退税款。

企业在报送企业所得税纳税申报表时，应当按照规定附送财务会计报告和其他有关资料。

第五十五条　企业在年度中间终止经营活动的，应当自实际经营终止之日起六十日内，向税务机关办理当期企业所得税汇算清缴。

企业应当在办理注销登记前，就其清算所得向税务机关申报并依法缴纳企业所得税。

第五十六条　依照本法缴纳的企业所得税，以人民币计算。所得以人民币以外的货币计算的，应当折合成人民币计算并缴纳税款。

第八章　附　　则

第五十七条　本法公布前已经批准设立的企业，依照当时的税收法律、行政法规规定，享受低税率优惠的，按照国务院规定，可以在本法施行后五年内，逐步过渡到本法规定的税率；享受定期减免税优惠的，按照国务院规定，可以在本法施行后继续享受到期满为止，但因未获利而尚未享受优惠的，优惠期限从本法施行年度起计算。

法律设置的发展对外经济合作和技术交流的特定地区内，以及国务院已规定执行上述地区特殊政策的地区内新设立的国家需要重点扶持的高新技术企业，可以享受过渡性税收优惠，具体办法由国务院规定。

国家已确定的其他鼓励类企业，可以按照国务院规定享受减免税优惠。

第五十八条　中华人民共和国政府同外国政府订立的有关税收的协定与本法有不同规定的，依照协定的规定办理。

第五十九条　国务院根据本法制定实施条例。

第六十条　本法自2008年1月1日起施行。1991年4月9日第七届全国人民代表大会第四次会议通过的《中华人民共和国外商投资企业和外国企业所得税法》和1993年12月13日国务院发布的《中华人民共和国企业所得税暂行条例》同时废止。

中华人民共和国企业所得税法实施条例

（2007年12月6日中华人民共和国国务院令第512号公布，根据2019年4月23日《国务院关于修改部分行政法规的决定》修订）

第一章　总　　则

第一条　根据《中华人民共和国企业所得税法》（以下简称企业所得税法）的规定，制定本条例。

第二条　企业所得税法第一条所称个人独资企业、合伙企业，是指依照中国法律、行政法规成立的个人独资企业、合伙企业。

第三条　企业所得税法第二条所称依法在中国境内成立的企业，包括依照中国法律、行政法规在中国境内成立的企业、事业单位、社会团体以及其他取得收入的组织。

企业所得税法第二条所称依照外国（地区）法律成立的企业，包括依照外国（地区）法律成立的企业和其他取得收入的组织。

第四条　企业所得税法第二条所称实际管理机构，是指对企业的生产经营、人员、账务、财产等实施实质性全面管理和控制的机构。

第五条　企业所得税法第二条第三款所称机构、场所，是指在中国境内从事生产经营活动的机构、场所，包括：

（一）管理机构、营业机构、办事机构；

（二）工厂、农场、开采自然资源的场所；

（三）提供劳务的场所；

（四）从事建筑、安装、装配、修理、勘探等工程作业的场所；

（五）其他从事生产经营活动的机构、场所。

非居民企业委托营业代理人在中国境内从事生产经营活动的，包括委托单位或者个人经常代其签订合同，或者储存、交付货物等，该营业代理人视为非居民企业在中国境内设立的机构、场所。

第六条 企业所得税法第三条所称所得，包括销售货物所得、提供劳务所得、转让财产所得、股息红利等权益性投资所得、利息所得、租金所得、特许权使用费所得、接受捐赠所得和其他所得。

第七条 企业所得税法第三条所称来源于中国境内、境外的所得，按照以下原则确定：

（一）销售货物所得，按照交易活动发生地确定；

（二）提供劳务所得，按照劳务发生地确定；

（三）转让财产所得，不动产转让所得按照不动产所在地确定，动产转让所得按照转让动产的企业或者机构、场所所在地确定，权益性投资资产转让所得按照被投资企业所在地确定；

（四）股息、红利等权益性投资所得，按照分配所得的企业所在地确定；

（五）利息所得、租金所得、特许权使用费所得，按照负担、支付所得的企业或者机构、场所所在地确定，或者按照负担、支付所得的个人的住所地确定；

（六）其他所得，由国务院财政、税务主管部门确定。

第八条 企业所得税法第三条所称实际联系，是指非居民企业在中国境内设立的机构、场所拥有据以取得所得的股权、债权，以及拥有、管理、控制据以取得所得的财产等。

第二章 应纳税所得额

第一节 一般规定

第九条 企业应纳税所得额的计算，以权责发生制为原则，属于当期的收入和费用，不论款项是否收付，均作为当期的收入和费用；不属于当期的收入和费用，即使款项已经在当期收付，均不作为当期的收入和费用。本条例和国务院财政、税务主管部门另有规定的除外。

第十条 企业所得税法第五条所称亏损，是指企业依照企业所得税法和本条例的规定将每一纳税年度的收入总额减除不征税收入、免税收入和各项扣除后小于零的数额。

第十一条 企业所得税法第五十五条所称清算所得，是指企业的全部资产可变现价值或者交易价格减除资产净值、清算费用以及相关税费等后的余额。

投资方企业从被清算企业分得的剩余资产，其中相当于从被清算企业累计未分配利润和累计盈余公积中应当分得的部分，应当确认为股息所得；剩余资产减除上述股息所得后的余额，超过或者低于投资成本的部分，应当确认为投资资产转让所得或者损失。

第二节 收　　入

第十二条 企业所得税法第六条所称企业取得收入的货币形式，包括现金、存款、应收账款、应收票据、准备持有至到期的债券投资以及债务的豁免等。

企业所得税法第六条所称企业取得收入的非货币形式，包括固定资产、生物资产、无形资产、股权投资、存货、不准备持有至到期的债券投资、劳务以及有关权益等。

第十三条 企业所得税法第六条所称企业以非货币形式取得的收入，应当按照公允价值确定收入额。

前款所称公允价值，是指按照市场价格确定的价值。

第十四条 企业所得税法第六条第（一）项所称销售货物收入，是指企业销售商品、产品、原材料、包装物、低值易耗品以及其他存货取得的收入。

第十五条 企业所得税法第六条第

（二）项所称提供劳务收入，是指企业从事建筑安装、修理修配、交通运输、仓储租赁、金融保险、邮电通信、咨询经纪、文化体育、科学研究、技术服务、教育培训、餐饮住宿、中介代理、卫生保健、社区服务、旅游、娱乐、加工以及其他劳务服务活动取得的收入。

第十六条　企业所得税法第六条第（三）项所称转让财产收入，是指企业转让固定资产、生物资产、无形资产、股权、债权等财产取得的收入。

第十七条　企业所得税法第六条第（四）项所称股息、红利等权益性投资收益，是指企业因权益性投资从被投资方取得的收入。

股息、红利等权益性投资收益，除国务院财政、税务主管部门另有规定外，按照被投资方作出利润分配决定的日期确认收入的实现。

第十八条　企业所得税法第六条第（五）项所称利息收入，是指企业将资金提供他人使用但不构成权益性投资，或者因他人占用本企业资金取得的收入，包括存款利息、贷款利息、债券利息、欠款利息等收入。

利息收入，按照合同约定的债务人应付利息的日期确认收入的实现。

第十九条　企业所得税法第六条第（六）项所称租金收入，是指企业提供固定资产、包装物或者其他有形资产的使用权取得的收入。

租金收入，按照合同约定的承租人应付租金的日期确认收入的实现。

第二十条　企业所得税法第六条第（七）项所称特许权使用费收入，是指企业提供专利权、非专利技术、商标权、著作权以及其他特许权的使用权取得的收入。

特许权使用费收入，按照合同约定的特许权使用人应付特许权使用费的日期确认收入的实现。

第二十一条　企业所得税法第六条第（八）项所称接受捐赠收入，是指企业接受的来自其他企业、组织或者个人无偿给予的货币性资产、非货币性资产。

接受捐赠收入，按照实际收到捐赠资产的日期确认收入的实现。

第二十二条　企业所得税法第六条第（九）项所称其他收入，是指企业取得的除企业所得税法第六条第（一）项至第（八）项规定的收入外的其他收入，包括企业资产溢余收入、逾期未退包装物押金收入、确实无法偿付的应付款项、已作坏账损失处理后又收回的应收款项、债务重组收入、补贴收入、违约金收入、汇兑收益等。

第二十三条　企业的下列生产经营业务可以分期确认收入的实现：

（一）以分期收款方式销售货物的，按照合同约定的收款日期确认收入的实现；

（二）企业受托加工制造大型机械设备、船舶、飞机，以及从事建筑、安装、装配工程业务或者提供其他劳务等，持续时间超过12个月的，按照纳税年度内完工进度或者完成的工作量确认收入的实现。

第二十四条　采取产品分成方式取得收入的，按照企业分得产品的日期确认收入的实现，其收入额按照产品的公允价值确定。

第二十五条　企业发生非货币性资产交换，以及将货物、财产、劳务用于捐赠、偿债、赞助、集资、广告、样品、职工福利或者利润分配等用途的，应当视同销售货物、转让财产或者提供劳务，但国务院财政、税务主管部门另有规定的除外。

第二十六条　企业所得税法第七条第（一）项所称财政拨款，是指各级人民政府对纳入预算管理的事业单位、社会团体等组织拨付的财政资金，但国务院和国务院财政、税务主管部门另有规定的除外。

企业所得税法第七条第（二）项所称行政事业性收费，是指依照法律法规等有关规定，按照国务院规定程序批准，在实施社会公共管理，以及在向公民、法人或者其他组织提供特定公共服务过程中，向特定对象收取并纳入财政管理的费用。

企业所得税法第七条第（二）项所称政府性基金，是指企业依照法律、行政法规等有关规定，代政府收取的具有专项用途的财政资金。

企业所得税法第七条第（三）项所称国务院规定的其他不征税收入，是指企业取得的，由国务院财政、税务主管部门规定专项用途并经国务院批准的财政性资金。

第三节 扣 除

第二十七条 企业所得税法第八条所称有关的支出，是指与取得收入直接相关的支出。

企业所得税法第八条所称合理的支出，是指符合生产经营活动常规，应当计入当期损益或者有关资产成本的必要和正常的支出。

第二十八条 企业发生的支出应当区分收益性支出和资本性支出。收益性支出在发生当期直接扣除；资本性支出应当分期扣除或者计入有关资产成本，不得在发生当期直接扣除。

企业的不征税收入用于支出所形成的费用或者财产，不得扣除或者计算对应的折旧、摊销扣除。

除企业所得税法和本条例另有规定外，企业实际发生的成本、费用、税金、损失和其他支出，不得重复扣除。

第二十九条 企业所得税法第八条所称成本，是指企业在生产经营活动中发生的销售成本、销货成本、业务支出以及其他耗费。

第三十条 企业所得税法第八条所称费用，是指企业在生产经营活动中发生的销售费用、管理费用和财务费用，已经计入成本的有关费用除外。

第三十一条 企业所得税法第八条所称税金，是指企业发生的除企业所得税和允许抵扣的增值税以外的各项税金及其附加。

第三十二条 企业所得税法第八条所称损失，是指企业在生产经营活动中发生的固定资产和存货的盘亏、毁损、报废损失，转让财产损失，呆账损失，坏账损失，自然灾害等不可抗力因素造成的损失以及其他损失。

企业发生的损失，减除责任人赔偿和保险赔款后的余额，依照国务院财政、税务主管部门的规定扣除。

企业已经作为损失处理的资产，在以后纳税年度又全部收回或者部分收回时，应当计入当期收入。

第三十三条 企业所得税法第八条所称其他支出，是指除成本、费用、税金、损失外，企业在生产经营活动中发生的与生产经营活动有关的、合理的支出。

第三十四条 企业发生的合理的工资薪金支出，准予扣除。

前款所称工资薪金，是指企业每一纳税年度支付给在本企业任职或者受雇的员工的所有现金形式或者非现金形式的劳动报酬，包括基本工资、奖金、津贴、补贴、年终加薪、加班工资，以及与员工任职或者受雇有关的其他支出。

第三十五条 企业依照国务院有关主管部门或者省级人民政府规定的范围和标准为职工缴纳的基本养老保险费、基本医疗保险费、失业保险费、工伤保险费、生育保险费等基本社会保险费和住房公积金，准予扣除。

企业为投资者或者职工支付的补充养老保险费、补充医疗保险费，在国务院财政、税务主管部门规定的范围和标准内，准予扣除。

第三十六条 除企业依照国家有关规定为特殊工种职工支付的人身安全保险费和国务院财政、税务主管部门规定可以扣除的其他商业保险费外，企业为投资者或者职工支付的商业保险费，不得扣除。

第三十七条　企业在生产经营活动中发生的合理的不需要资本化的借款费用，准予扣除。

企业为购置、建造固定资产、无形资产和经过12个月以上的建造才能达到预定可销售状态的存货发生借款的，在有关资产购置、建造期间发生的合理的借款费用，应当作为资本性支出计入有关资产的成本，并依照本条例的规定扣除。

第三十八条　企业在生产经营活动中发生的下列利息支出，准予扣除：

（一）非金融企业向金融企业借款的利息支出、金融企业的各项存款利息支出和同业拆借利息支出、企业经批准发行债券的利息支出；

（二）非金融企业向非金融企业借款的利息支出，不超过按照金融企业同期同类贷款利率计算的数额的部分。

第三十九条　企业在货币交易中，以及纳税年度终了时将人民币以外的货币性资产、负债按照期末即期人民币汇率中间价折算为人民币时产生的汇兑损失，除已经计入有关资产成本以及与向所有者进行利润分配相关的部分外，准予扣除。

第四十条　企业发生的职工福利费支出，不超过工资薪金总额14%的部分，准予扣除。

第四十一条　企业拨缴的工会经费，不超过工资薪金总额2%的部分，准予扣除。

第四十二条　除国务院财政、税务主管部门另有规定外，企业发生的职工教育经费支出，不超过工资薪金总额2.5%的部分，准予扣除；超过部分，准予在以后纳税年度结转扣除。

第四十三条　企业发生的与生产经营活动有关的业务招待费支出，按照发生额的60%扣除，但最高不得超过当年销售（营业）收入的5‰。

第四十四条　企业发生的符合条件的广告费和业务宣传费支出，除国务院财政、税务主管部门另有规定外，不超过当年销售（营业）收入15%的部分，准予扣除；超过部分，准予在以后纳税年度结转扣除。

第四十五条　企业依照法律、行政法规有关规定提取的用于环境保护、生态恢复等方面的专项资金，准予扣除。上述专项资金提取后改变用途的，不得扣除。

第四十六条　企业参加财产保险，按照规定缴纳的保险费，准予扣除。

第四十七条　企业根据生产经营活动的需要租入固定资产支付的租赁费，按照以下方法扣除：

（一）以经营租赁方式租入固定资产发生的租赁费支出，按照租赁期限均匀扣除；

（二）以融资租赁方式租入固定资产发生的租赁费支出，按照规定构成融资租入固定资产价值的部分应当提取折旧费用，分期扣除。

第四十八条　企业发生的合理的劳动保护支出，准予扣除。

第四十九条　企业之间支付的管理费、企业内营业机构之间支付的租金和特许权使用费，以及非银行企业内营业机构之间支付的利息，不得扣除。

第五十条　非居民企业在中国境内设立的机构、场所，就其中国境外总机构发生的与该机构、场所生产经营有关的费用，能够提供总机构出具的费用汇集范围、定额、分配依据和方法等证明文件，并合理分摊的，准予扣除。

第五十一条　企业所得税法第九条所称公益性捐赠，是指企业通过公益性社会组织或者县级以上人民政府及其部门，用于符合法律规定的慈善活动、公益事业的捐赠。

第五十二条　本条例第五十一条所称公益性社会组织，是指同时符合下列条件的慈善组织以及其他社会组织：

（一）依法登记，具有法人资格；

（二）以发展公益事业为宗旨，且不以

营利为目的；

（三）全部资产及其增值为该法人所有；

（四）收益和营运结余主要用于符合该法人设立目的的事业；

（五）终止后的剩余财产不归属任何个人或者营利组织；

（六）不经营与其设立目的无关的业务；

（七）有健全的财务会计制度；

（八）捐赠者不以任何形式参与该法人财产的分配；

（九）国务院财政、税务主管部门会同国务院民政部门等登记管理部门规定的其他条件。

第五十三条　企业当年发生以及以前年度结转的公益性捐赠支出，不超过年度利润总额12%的部分，准予扣除。

年度利润总额，是指企业依照国家统一会计制度的规定计算的年度会计利润。

第五十四条　企业所得税法第十条第（六）项所称赞助支出，是指企业发生的与生产经营活动无关的各种非广告性质支出。

第五十五条　企业所得税法第十条第（七）项所称未经核定的准备金支出，是指不符合国务院财政、税务主管部门规定的各项资产减值准备、风险准备等准备金支出。

第四节　资产的税务处理

第五十六条　企业的各项资产，包括固定资产、生物资产、无形资产、长期待摊费用、投资资产、存货等，以历史成本为计税基础。

前款所称历史成本，是指企业取得该项资产时实际发生的支出。

企业持有各项资产期间资产增值或者减值，除国务院财政、税务主管部门规定可以确认损益外，不得调整该资产的计税基础。

第五十七条　企业所得税法第十一条所称固定资产，是指企业为生产产品、提供劳务、出租或者经营管理而持有的、使用时间超过12个月的非货币性资产，包括房屋、建筑物、机器、机械、运输工具以及其他与生产经营活动有关的设备、器具、工具等。

第五十八条　固定资产按照以下方法确定计税基础：

（一）外购的固定资产，以购买价款和支付的相关税费以及直接归属于使该资产达到预定用途发生的其他支出为计税基础；

（二）自行建造的固定资产，以竣工结算前发生的支出为计税基础；

（三）融资租入的固定资产，以租赁合同约定的付款总额和承租人在签订租赁合同过程中发生的相关费用为计税基础，租赁合同未约定付款总额的，以该资产的公允价值和承租人在签订租赁合同过程中发生的相关费用为计税基础；

（四）盘盈的固定资产，以同类固定资产的重置完全价值为计税基础；

（五）通过捐赠、投资、非货币性资产交换、债务重组等方式取得的固定资产，以该资产的公允价值和支付的相关税费为计税基础；

（六）改建的固定资产，除企业所得税法第十三条第（一）项和第（二）项规定的支出外，以改建过程中发生的改建支出增加计税基础。

第五十九条　固定资产按照直线法计算的折旧，准予扣除。

企业应当自固定资产投入使用月份的次月起计算折旧；停止使用的固定资产，应当自停止使用月份的次月起停止计算折旧。

企业应当根据固定资产的性质和使用情况，合理确定固定资产的预计净残值。固定资产的预计净残值一经确定，不得变更。

第六十条　除国务院财政、税务主管部门另有规定外，固定资产计算折旧的最低年限如下：

（一）房屋、建筑物，为20年；

（二）飞机、火车、轮船、机器、机械

和其他生产设备，为10年；

（三）与生产经营活动有关的器具、工具、家具等，为5年；

（四）飞机、火车、轮船以外的运输工具，为4年；

（五）电子设备，为3年。

第六十一条　从事开采石油、天然气等矿产资源的企业，在开始商业性生产前发生的费用和有关固定资产的折耗、折旧方法，由国务院财政、税务主管部门另行规定。

第六十二条　生产性生物资产按照以下方法确定计税基础：

（一）外购的生产性生物资产，以购买价款和支付的相关税费为计税基础；

（二）通过捐赠、投资、非货币性资产交换、债务重组等方式取得的生产性生物资产，以该资产的公允价值和支付的相关税费为计税基础。

前款所称生产性生物资产，是指企业为生产农产品、提供劳务或者出租等而持有的生物资产，包括经济林、薪炭林、产畜和役畜等。

第六十三条　生产性生物资产按照直线法计算的折旧，准予扣除。

企业应当自生产性生物资产投入使用月份的次月起计算折旧；停止使用的生产性生物资产，应当自停止使用月份的次月起停止计算折旧。

企业应当根据生产性生物资产的性质和使用情况，合理确定生产性生物资产的预计净残值。生产性生物资产的预计净残值一经确定，不得变更。

第六十四条　生产性生物资产计算折旧的最低年限如下：

（一）林木类生产性生物资产，为10年；

（二）畜类生产性生物资产，为3年。

第六十五条　企业所得税法第十二条所称无形资产，是指企业为生产产品、提供劳务、出租或者经营管理而持有的、没有实物形态的非货币性长期资产，包括专利权、商标权、著作权、土地使用权、非专利技术、商誉等。

第六十六条　无形资产按照以下方法确定计税基础：

（一）外购的无形资产，以购买价款和支付的相关税费以及直接归属于使该资产达到预定用途发生的其他支出为计税基础；

（二）自行开发的无形资产，以开发过程中该资产符合资本化条件后至达到预定用途前发生的支出为计税基础；

（三）通过捐赠、投资、非货币性资产交换、债务重组等方式取得的无形资产，以该资产的公允价值和支付的相关税费为计税基础。

第六十七条　无形资产按照直线法计算的摊销费用，准予扣除。

无形资产的摊销年限不得低于10年。

作为投资或者受让的无形资产，有关法律规定或者合同约定了使用年限的，可以按照规定或者约定的使用年限分期摊销。

外购商誉的支出，在企业整体转让或者清算时，准予扣除。

第六十八条　企业所得税法第十三条第（一）项和第（二）项所称固定资产的改建支出，是指改变房屋或者建筑物结构、延长使用年限等发生的支出。

企业所得税法第十三条第（一）项规定的支出，按照固定资产预计尚可使用年限分期摊销；第（二）项规定的支出，按照合同约定的剩余租赁期限分期摊销。

改建的固定资产延长使用年限的，除企业所得税法第十三条第（一）项和第（二）项规定外，应当适当延长折旧年限。

第六十九条　企业所得税法第十三条第（三）项所称固定资产的大修理支出，是指同时符合下列条件的支出：

（一）修理支出达到取得固定资产时的计税基础50%以上；

（二）修理后固定资产的使用年限延长

2 年以上。

企业所得税法第十三条第（三）项规定的支出，按照固定资产尚可使用年限分期摊销。

第七十条 企业所得税法第十三条第（四）项所称其他应当作为长期待摊费用的支出，自支出发生月份的次月起，分期摊销，摊销年限不得低于 3 年。

第七十一条 企业所得税法第十四条所称投资资产，是指企业对外进行权益性投资和债权性投资形成的资产。

企业在转让或者处置投资资产时，投资资产的成本，准予扣除。

投资资产按照以下方法确定成本：

（一）通过支付现金方式取得的投资资产，以购买价款为成本；

（二）通过支付现金以外的方式取得的投资资产，以该资产的公允价值和支付的相关税费为成本。

第七十二条 企业所得税法第十五条所称存货，是指企业持有以备出售的产品或者商品、处在生产过程中的在产品、在生产或者提供劳务过程中耗用的材料和物料等。

存货按照以下方法确定成本：

（一）通过支付现金方式取得的存货，以购买价款和支付的相关税费为成本；

（二）通过支付现金以外的方式取得的存货，以该存货的公允价值和支付的相关税费为成本；

（三）生产性生物资产收获的农产品，以产出或者采收过程中发生的材料费、人工费和分摊的间接费用等必要支出为成本。

第七十三条 企业使用或者销售的存货的成本计算方法，可以在先进先出法、加权平均法、个别计价法中选用一种。计价方法一经选用，不得随意变更。

第七十四条 企业所得税法第十六条所称资产的净值和第十九条所称财产净值，是指有关资产、财产的计税基础减除已经按照规定扣除的折旧、折耗、摊销、准备金等后的余额。

第七十五条 除国务院财政、税务主管部门另有规定外，企业在重组过程中，应当在交易发生时确认有关资产的转让所得或者损失，相关资产应当按照交易价格重新确定计税基础。

第三章 应纳税额

第七十六条 企业所得税法第二十二条规定的应纳税额的计算公式为：

应纳税额 = 应纳税所得额 × 适用税率 − 减免税额 − 抵免税额

公式中的减免税额和抵免税额，是指依照企业所得税法和国务院的税收优惠规定减征、免征和抵免的应纳税额。

第七十七条 企业所得税法第二十三条所称已在境外缴纳的所得税税额，是指企业来源于中国境外的所得依照中国境外税收法律以及相关规定应当缴纳并已经实际缴纳的企业所得税性质的税款。

第七十八条 企业所得税法第二十三条所称抵免限额，是指企业来源于中国境外的所得，依照企业所得税法和本条例的规定计算的应纳税额。除国务院财政、税务主管部门另有规定外，该抵免限额应当分国（地区）不分项计算，计算公式如下：

抵免限额 = 中国境内、境外所得依照企业所得税法和本条例的规定计算的应纳税总额 × 来源于某国（地区）的应纳税所得额 ÷ 中国境内、境外应纳税所得总额

第七十九条 企业所得税法第二十三条所称 5 个年度，是指从企业取得的来源于中国境外的所得，已经在中国境外缴纳的企业所得税性质的税额超过抵免限额的当年的次年起连续 5 个纳税年度。

第八十条 企业所得税法第二十四条所称直接控制，是指居民企业直接持有外国企业 20% 以上股份。

企业所得税法第二十四条所称间接控制，是指居民企业以间接持股方式持有外国

企业20%以上股份，具体认定办法由国务院财政、税务主管部门另行制定。

第八十一条　企业依照企业所得税法第二十三条、第二十四条的规定抵免企业所得税税额时，应当提供中国境外税务机关出具的税款所属年度的有关纳税凭证。

第四章　税收优惠

第八十二条　企业所得税法第二十六条第（一）项所称国债利息收入，是指企业持有国务院财政部门发行的国债取得的利息收入。

第八十三条　企业所得税法第二十六条第（二）项所称符合条件的居民企业之间的股息、红利等权益性投资收益，是指居民企业直接投资于其他居民企业取得的投资收益。企业所得税法第二十六条第（二）项和第（三）项所称股息、红利等权益性投资收益，不包括连续持有居民企业公开发行并上市流通的股票不足12个月取得的投资收益。

第八十四条　企业所得税法第二十六条第（四）项所称符合条件的非营利组织，是指同时符合下列条件的组织：

（一）依法履行非营利组织登记手续；

（二）从事公益性或者非营利性活动；

（三）取得的收入除用于与该组织有关的、合理的支出外，全部用于登记核定或者章程规定的公益性或者非营利性事业；

（四）财产及其孳息不用于分配；

（五）按照登记核定或者章程规定，该组织注销后的剩余财产用于公益性或者非营利性目的，或者由登记管理机关转赠给与该组织性质、宗旨相同的组织，并向社会公告；

（六）投入人对投入该组织的财产不保留或者享有任何财产权利；

（七）工作人员工资福利开支控制在规定的比例内，不变相分配该组织的财产。

前款规定的非营利组织的认定管理办法由国务院财政、税务主管部门会同国务院有关部门制定。

第八十五条　企业所得税法第二十六条第（四）项所称符合条件的非营利组织的收入，不包括非营利组织从事营利性活动取得的收入，但国务院财政、税务主管部门另有规定的除外。

第八十六条　企业所得税法第二十七条第（一）项规定的企业从事农、林、牧、渔业项目的所得，可以免征、减征企业所得税，是指：

（一）企业从事下列项目的所得，免征企业所得税：

1．蔬菜、谷物、薯类、油料、豆类、棉花、麻类、糖料、水果、坚果的种植；

2．农作物新品种的选育；

3．中药材的种植；

4．林木的培育和种植；

5．牲畜、家禽的饲养；

6．林产品的采集；

7．灌溉、农产品初加工、兽医、农技推广、农机作业和维修等农、林、牧、渔服务业项目；

8．远洋捕捞。

（二）企业从事下列项目的所得，减半征收企业所得税：

1．花卉、茶以及其他饮料作物和香料作物的种植；

2．海水养殖、内陆养殖。

企业从事国家限制和禁止发展的项目，不得享受本条规定的企业所得税优惠。

第八十七条　企业所得税法第二十七条第（二）项所称国家重点扶持的公共基础设施项目，是指《公共基础设施项目企业所得税优惠目录》规定的港口码头、机场、铁路、公路、城市公共交通、电力、水利等项目。

企业从事前款规定的国家重点扶持的公共基础设施项目的投资经营的所得，自项目取得第一笔生产经营收入所属纳税年度起，第一年至第三年免征企业所得税，第四年至第六年减半征收企业所得税。

企业承包经营、承包建设和内部自建自用本条规定的项目，不得享受本条规定的企业所得税优惠。

第八十八条 企业所得税法第二十七条第（三）项所称符合条件的环境保护、节能节水项目，包括公共污水处理、公共垃圾处理、沼气综合开发利用、节能减排技术改造、海水淡化等。项目的具体条件和范围由国务院财政、税务主管部门商国务院有关部门制订，报国务院批准后公布施行。

企业从事前款规定的符合条件的环境保护、节能节水项目的所得，自项目取得第一笔生产经营收入所属纳税年度起，第一年至第三年免征企业所得税，第四年至第六年减半征收企业所得税。

第八十九条 依照本条例第八十七条和第八十八条规定享受减免税优惠的项目，在减免税期限内转让的，受让方自受让之日起，可以在剩余期限内享受规定的减免税优惠；减免税期限届满后转让的，受让方不得就该项目重复享受减免税优惠。

第九十条 企业所得税法第二十七条第（四）项所称符合条件的技术转让所得免征、减征企业所得税，是指一个纳税年度内，居民企业技术转让所得不超过500万元的部分，免征企业所得税；超过500万元的部分，减半征收企业所得税。

第九十一条 非居民企业取得企业所得税法第二十七条第（五）项规定的所得，减按10%的税率征收企业所得税。

下列所得可以免征企业所得税：

（一）外国政府向中国政府提供贷款取得的利息所得；

（二）国际金融组织向中国政府和居民企业提供优惠贷款取得的利息所得；

（三）经国务院批准的其他所得。

第九十二条 企业所得税法第二十八条第一款所称符合条件的小型微利企业，是指从事国家非限制和禁止行业，并符合下列条件的企业：

（一）工业企业，年度应纳税所得额不超过30万元，从业人数不超过100人，资产总额不超过3000万元；

（二）其他企业，年度应纳税所得额不超过30万元，从业人数不超过80人，资产总额不超过1000万元。

第九十三条 企业所得税法第二十八条第二款所称国家需要重点扶持的高新技术企业，是指拥有核心自主知识产权，并同时符合下列条件的企业：

（一）产品（服务）属于《国家重点支持的高新技术领域》规定的范围；

（二）研究开发费用占销售收入的比例不低于规定比例；

（三）高新技术产品（服务）收入占企业总收入的比例不低于规定比例；

（四）科技人员占企业职工总数的比例不低于规定比例；

（五）高新技术企业认定管理办法规定的其他条件。

《国家重点支持的高新技术领域》和高新技术企业认定管理办法由国务院科技、财政、税务主管部门商国务院有关部门制订，报国务院批准后公布施行。

第九十四条 企业所得税法第二十九条所称民族自治地方，是指依照《中华人民共和国民族区域自治法》的规定，实行民族区域自治的自治区、自治州、自治县。

对民族自治地方内国家限制和禁止行业的企业，不得减征或者免征企业所得税。

第九十五条 企业所得税法第三十条第（一）项所称研究开发费用的加计扣除，是指企业为开发新技术、新产品、新工艺发生的研究开发费用，未形成无形资产计入当期损益的，在按照规定据实扣除的基础上，按照研究开发费用的50%加计扣除；形成无形资产的，按照无形资产成本的150%摊销。

第九十六条　企业所得税法第三十条第（二）项所称企业安置残疾人员所支付的工资的加计扣除，是指企业安置残疾人员的，在按照支付给残疾职工工资据实扣除的基础上，按照支付给残疾职工工资的100%加计扣除。残疾人员的范围适用《中华人民共和国残疾人保障法》的有关规定。

企业所得税法第三十条第（二）项所称企业安置国家鼓励安置的其他就业人员所支付的工资的加计扣除办法，由国务院另行规定。

第九十七条　企业所得税法第三十一条所称抵扣应纳税所得额，是指创业投资企业采取股权投资方式投资于未上市的中小高新技术企业2年以上的，可以按照其投资额的70%在股权持有满2年的当年抵扣该创业投资企业的应纳税所得额；当年不足抵扣的，可以在以后纳税年度结转抵扣。

第九十八条　企业所得税法第三十二条所称可以采取缩短折旧年限或者采取加速折旧的方法的固定资产，包括：

（一）由于技术进步，产品更新换代较快的固定资产；

（二）常年处于强震动、高腐蚀状态的固定资产。

采取缩短折旧年限方法的，最低折旧年限不得低于本条例第六十条规定折旧年限的60%；采取加速折旧方法的，可以采取双倍余额递减法或者年数总和法。

第九十九条　企业所得税法第三十三条所称减计收入，是指企业以《资源综合利用企业所得税优惠目录》规定的资源作为主要原材料，生产国家非限制和禁止并符合国家和行业相关标准的产品取得的收入，减按90%计入收入总额。

前款所称原材料占生产产品材料的比例不得低于《资源综合利用企业所得税优惠目录》规定的标准。

第一百条　企业所得税法第三十四条所称税额抵免，是指企业购置并实际使用《环境保护专用设备企业所得税优惠目录》、《节能节水专用设备企业所得税优惠目录》和《安全生产专用设备企业所得税优惠目录》规定的环境保护、节能节水、安全生产等专用设备的，该专用设备的投资额的10%可以从企业当年的应纳税额中抵免；当年不足抵免的，可以在以后5个纳税年度结转抵免。

享受前款规定的企业所得税优惠的企业，应当实际购置并自身实际投入使用前款规定的专用设备；企业购置上述专用设备在5年内转让、出租的，应当停止享受企业所得税优惠，并补缴已经抵免的企业所得税税款。

第一百零一条　本章第八十七条、第九十九条、第一百条规定的企业所得税优惠目录，由国务院财政、税务主管部门商国务院有关部门制订，报国务院批准后公布施行。

第一百零二条　企业同时从事适用不同企业所得税待遇的项目的，其优惠项目应当单独计算所得，并合理分摊企业的期间费用；没有单独计算的，不得享受企业所得税优惠。

第五章　源泉扣缴

第一百零三条　依照企业所得税法对非居民企业应当缴纳的企业所得税实行源泉扣缴的，应当依照企业所得税法第十九条的规定计算应纳税所得额。

企业所得税法第十九条所称收入全额，是指非居民企业向支付人收取的全部价款和价外费用。

第一百零四条　企业所得税法第三十七条所称支付人，是指依照有关法律规定或者合同约定对非居民企业直接负有支付相关款项义务的单位或者个人。

第一百零五条　企业所得税法第三十七条所称支付，包括现金支付、汇拨支付、转账支付和权益兑价支付等货币支付和非货币支付。

企业所得税法第三十七条所称到期应支

付的款项，是指支付人按照权责发生制原则应当计入相关成本、费用的应付款项。

第一百零六条　企业所得税法第三十八条规定的可以指定扣缴义务人的情形，包括：

（一）预计工程作业或者提供劳务期限不足一个纳税年度，且有证据表明不履行纳税义务的；

（二）没有办理税务登记或者临时税务登记，且未委托中国境内的代理人履行纳税义务的；

（三）未按照规定期限办理企业所得税纳税申报或者预缴申报的。

前款规定的扣缴义务人，由县级以上税务机关指定，并同时告知扣缴义务人所扣税款的计算依据、计算方法、扣缴期限和扣缴方式。

第一百零七条　企业所得税法第三十九条所称所得发生地，是指依照本条例第七条规定的原则确定的所得发生地。在中国境内存在多处所得发生地的，由纳税人选择其中之一申报缴纳企业所得税。

第一百零八条　企业所得税法第三十九条所称该纳税人在中国境内其他收入，是指该纳税人在中国境内取得的其他各种来源的收入。

税务机关在追缴该纳税人应纳税款时，应当将追缴理由、追缴数额、缴纳期限和缴纳方式等告知该纳税人。

第六章　特别纳税调整

第一百零九条　企业所得税法第四十一条所称关联方，是指与企业有下列关联关系之一的企业、其他组织或者个人：

（一）在资金、经营、购销等方面存在直接或者间接的控制关系；

（二）直接或者间接地同为第三者控制；

（三）在利益上具有相关联的其他关系。

第一百一十条　企业所得税法第四十一条所称独立交易原则，是指没有关联关系的交易各方，按照公平成交价格和营业常规进行业务往来遵循的原则。

第一百一十一条　企业所得税法第四十一条所称合理方法，包括：

（一）可比非受控价格法，是指按照没有关联关系的交易各方进行相同或者类似业务往来的价格进行定价的方法；

（二）再销售价格法，是指按照从关联方购进商品再销售给没有关联关系的交易方的价格，减除相同或者类似业务的销售毛利进行定价的方法；

（三）成本加成法，是指按照成本加合理的费用和利润进行定价的方法；

（四）交易净利润法，是指按照没有关联关系的交易各方进行相同或者类似业务往来取得的净利润水平确定利润的方法；

（五）利润分割法，是指将企业与其关联方的合并利润或者亏损在各方之间采用合理标准进行分配的方法；

（六）其他符合独立交易原则的方法。

第一百一十二条　企业可以依照企业所得税法第四十一条第二款的规定，按照独立交易原则与其关联方分摊共同发生的成本，达成成本分摊协议。

企业与其关联方分摊成本时，应当按照成本与预期收益相配比的原则进行分摊，并在税务机关规定的期限内，按照税务机关的要求报送有关资料。

企业与其关联方分摊成本时违反本条第一款、第二款规定的，其自行分摊的成本不得在计算应纳税所得额时扣除。

第一百一十三条　企业所得税法第四十二条所称预约定价安排，是指企业就其未来年度关联交易的定价原则和计算方法，向税务机关提出申请，与税务机关按照独立交易原则协商、确认后达成的协议。

第一百一十四条　企业所得税法第四十三条所称相关资料，包括：

（一）与关联业务往来有关的价格、费用的制定标准、计算方法和说明等同期资料；

（二）关联业务往来所涉及的财产、财产使用权、劳务等的再销售（转让）价格或者最终销售（转让）价格的相关资料；

（三）与关联业务调查有关的其他企业应当提供的与被调查企业可比的产品价格、定价方式以及利润水平等资料；

（四）其他与关联业务往来有关的资料。

企业所得税法第四十三条所称与关联业务调查有关的其他企业，是指与被调查企业在生产经营内容和方式上相类似的企业。

企业应当在税务机关规定的期限内提供与关联业务往来有关的价格、费用的制定标准、计算方法和说明等资料。关联方以及与关联业务调查有关的其他企业应当在税务机关与其约定的期限内提供相关资料。

第一百一十五条　税务机关依照企业所得税法第四十四条的规定核定企业的应纳税所得额时，可以采用下列方法：

（一）参照同类或者类似企业的利润率水平核定；

（二）按照企业成本加合理的费用和利润的方法核定；

（三）按照关联企业集团整体利润的合理比例核定；

（四）按照其他合理方法核定。

企业对税务机关按照前款规定的方法核定的应纳税所得额有异议的，应当提供相关证据，经税务机关认定后，调整核定的应纳税所得额。

第一百一十六条　企业所得税法第四十五条所称中国居民，是指根据《中华人民共和国个人所得税法》的规定，就其从中国境内、境外取得的所得在中国缴纳个人所得税的个人。

第一百一十七条　企业所得税法第四十五条所称控制，包括：

（一）居民企业或者中国居民直接或者间接单一持有外国企业10%以上有表决权股份，且由其共同持有该外国企业50%以上股份；

（二）居民企业，或者居民企业和中国居民持股比例没有达到第（一）项规定的标准，但在股份、资金、经营、购销等方面对该外国企业构成实质控制。

第一百一十八条　企业所得税法第四十五条所称实际税负明显低于企业所得税法第四条第一款规定税率水平，是指低于企业所得税法第四条第一款规定税率的50%。

第一百一十九条　企业所得税法第四十六条所称债权性投资，是指企业直接或者间接从关联方获得的，需要偿还本金和支付利息或者需要以其他具有支付利息性质的方式予以补偿的融资。

企业间接从关联方获得的债权性投资，包括：

（一）关联方通过无关联第三方提供的债权性投资；

（二）无关联第三方提供的、由关联方担保且负有连带责任的债权性投资；

（三）其他间接从关联方获得的具有负债实质的债权性投资。

企业所得税法第四十六条所称权益性投资，是指企业接受的不需要偿还本金和支付利息，投资人对企业净资产拥有所有权的投资。

企业所得税法第四十六条所称标准，由国务院财政、税务主管部门另行规定。

第一百二十条　企业所得税法第四十七条所称不具有合理商业目的，是指以减少、免除或者推迟缴纳税款为主要目的。

第一百二十一条　税务机关根据税收法律、行政法规的规定，对企业作出特别纳税调整的，应当对补征的税款，自税款所属纳税年度的次年6月1日起至补缴税款之日止的期间，按日加收利息。

前款规定加收的利息，不得在计算应纳税所得额时扣除。

第一百二十二条 企业所得税法第四十八条所称利息，应当按照税款所属纳税年度中国人民银行公布的与补税期间同期的人民币贷款基准利率加5个百分点计算。

企业依照企业所得税法第四十三条和本条例的规定提供有关资料的，可以只按前款规定的人民币贷款基准利率计算利息。

第一百二十三条 企业与其关联方之间的业务往来，不符合独立交易原则，或者企业实施其他不具有合理商业目的的安排的，税务机关有权在该业务发生的纳税年度起10年内，进行纳税调整。

第七章 征收管理

第一百二十四条 企业所得税法第五十条所称企业登记注册地，是指企业依照国家有关规定登记注册的住所地。

第一百二十五条 企业汇总计算并缴纳企业所得税时，应当统一核算应纳税所得额，具体办法由国务院财政、税务主管部门另行制定。

第一百二十六条 企业所得税法第五十一条所称主要机构、场所，应当同时符合下列条件：

（一）对其他各机构、场所的生产经营活动负有监督管理责任；

（二）设有完整的账簿、凭证，能够准确反映各机构、场所的收入、成本、费用和盈亏情况。

第一百二十七条 企业所得税分月或者分季预缴，由税务机关具体核定。

企业根据企业所得税法第五十四条规定分月或者分季预缴企业所得税时，应当按照月度或者季度的实际利润额预缴；按照月度或者季度的实际利润额预缴有困难的，可以按照上一纳税年度应纳税所得额的月度或者季度平均额预缴，或者按照经税务机关认可的其他方法预缴。预缴方法一经确定，该纳税年度内不得随意变更。

第一百二十八条 企业在纳税年度内无论盈利或者亏损，都应当依照企业所得税法第五十四条规定的期限，向税务机关报送预缴企业所得税纳税申报表、年度企业所得税纳税申报表、财务会计报告和税务机关规定应当报送的其他有关资料。

第一百二十九条 企业所得以人民币以外的货币计算的，预缴企业所得税时，应当按照月度或者季度最后一日的人民币汇率中间价，折合成人民币计算应纳税所得额。年度终了汇算清缴时，对已经按照月度或者季度预缴税款的，不再重新折合计算，只就该纳税年度内未缴纳企业所得税的部分，按照纳税年度最后一日的人民币汇率中间价，折合成人民币计算应纳税所得额。

经税务机关检查确认，企业少计或者多计前款规定的所得的，应当按照检查确认补税或者退税时的上一个月最后一日的人民币汇率中间价，将少计或者多计的所得折合成人民币计算应纳税所得额，再计算应补缴或者应退的税款。

第八章 附　　则

第一百三十条 企业所得税法第五十七条第一款所称本法公布前已经批准设立的企业，是指企业所得税法公布前已经完成登记注册的企业。

第一百三十一条 在香港特别行政区、澳门特别行政区和台湾地区成立的企业，参照适用企业所得税法第二条第二款、第三款的有关规定。

第一百三十二条 本条例自2008年1月1日起施行。1991年6月30日国务院发布的《中华人民共和国外商投资企业和外国企业所得税法实施细则》和1994年2月4日财政部发布的《中华人民共和国企业所得税暂行条例实施细则》同时废止。

中华人民共和国车船税法

（2011年2月25日第十一届全国人民代表大会常务委员会第十九次会议通过，根据2019年4月23日第十三届全国人民代表大会常务委员会第十次会议《关于修改〈中华人民共和国建筑法〉等八部法律的决定》修正）

第一条　在中华人民共和国境内属于本法所附《车船税税目税额表》规定的车辆、船舶（以下简称车船）的所有人或者管理人，为车船税的纳税人，应当依照本法缴纳车船税。

第二条　车船的适用税额依照本法所附《车船税税目税额表》执行。

车辆的具体适用税额由省、自治区、直辖市人民政府依照本法所附《车船税税目税额表》规定的税额幅度和国务院的规定确定。

船舶的具体适用税额由国务院在本法所附《车船税税目税额表》规定的税额幅度内确定。

第三条　下列车船免征车船税：

（一）捕捞、养殖渔船；

（二）军队、武装警察部队专用的车船；

（三）警用车船；

（四）悬挂应急救援专用号牌的国家综合性消防救援车辆和国家综合性消防救援专用船舶；

（五）依照法律规定应当予以免税的外国驻华使领馆、国际组织驻华代表机构及其有关人员的车船。

第四条　对节约能源、使用新能源的车船可以减征或者免征车船税；对受严重自然灾害影响纳税困难以及有其他特殊原因确需减税、免税的，可以减征或者免征车船税。具体办法由国务院规定，并报全国人民代表大会常务委员会备案。

第五条　省、自治区、直辖市人民政府根据当地实际情况，可以对公共交通车船，农村居民拥有并主要在农村地区使用的摩托车、三轮汽车和低速载货汽车定期减征或者免征车船税。

第六条　从事机动车第三者责任强制保险业务的保险机构为机动车车船税的扣缴义务人，应当在收取保险费时依法代收车船税，并出具代收税款凭证。

第七条　车船税的纳税地点为车船的登记地或者车船税扣缴义务人所在地。依法不需要办理登记的车船，车船税的纳税地点为车船的所有人或者管理人所在地。

第八条　车船税纳税义务发生时间为取得车船所有权或者管理权的当月。

第九条　车船税按年申报缴纳。具体申报纳税期限由省、自治区、直辖市人民政府规定。

第十条　公安、交通运输、农业、渔业等车船登记管理部门、船舶检验机构和车船税扣缴义务人的行业主管部门应当在提供车船有关信息等方面，协助税务机关加强车船税的征收管理。

车辆所有人或者管理人在申请办理车辆相关登记、定期检验手续时，应当向公安机关交通管理部门提交依法纳税或者免税证明。公安机关交通管理部门核查后办理相关手续。

第十一条　车船税的征收管理，依照本法和《中华人民共和国税收征收管理法》的规定执行。

第十二条　国务院根据本法制定实施条例。

第十三条　本法自2012年1月1日起施行。2006年12月29日国务院公布的《中华人民共和国车船税暂行条例》同时废止。

中华人民共和国海关法

（1987年1月22日第六届全国人民代表大会常务委员会第十九次会议通过，根据2000年7月8日第九届全国人民代表大会常务委员会第十六次会议《关于修改〈中华人民共和国海关法〉的决定》第一次修正，根据2013年6月29日第十二届全国人民代表大会常务委员会第三次会议《关于修改〈中华人民共和国文物保护法〉等十二部法律的决定》第二次修正，根据2013年12月28日第十二届全国人民代表大会常务委员会第六次会议《关于修改〈中华人民共和国海洋环境保护法〉等七部法律的决定》第三次修正，根据2016年11月7日第十二届全国人民代表大会常务委员会第二十四次会议《关于修改〈中华人民共和国对外贸易法〉等十二部法律的决定》第四次修正，根据2017年11月4日第十二届全国人民代表大会常务委员会第三十次会议《关于修改〈中华人民共和国会计法〉等十一部法律的决定》第五次修正，根据2021年4月29日第十三届全国人民代表大会常务委员会第二十八次会议《关于修改〈中华人民共和国道路交通安全法〉等八部法律的决定》第六次修正）

第一章　总　　则

第一条　为了维护国家的主权和利益，加强海关监督管理，促进对外经济贸易和科技文化交往，保障社会主义现代化建设，特制定本法。

第二条　中华人民共和国海关是国家的进出关境（以下简称进出境）监督管理机关。海关依照本法和其他有关法律、行政法规，监管进出境的运输工具、货物、行李物品、邮递物品和其他物品（以下简称进出境运输工具、货物、物品），征收关税和其他税、费，查缉走私，并编制海关统计和办理其他海关业务。

第三条　国务院设立海关总署，统一管理全国海关。

国家在对外开放的口岸和海关监管业务集中的地点设立海关。海关的隶属关系，不受行政区划的限制。

海关依法独立行使职权，向海关总署负责。

第四条　国家在海关总署设立专门侦查

走私犯罪的公安机构，配备专职缉私警察，负责对其管辖的走私犯罪案件的侦查、拘留、执行逮捕、预审。

海关侦查走私犯罪公安机构履行侦查、拘留、执行逮捕、预审职责，应当按照《中华人民共和国刑事诉讼法》的规定办理。

海关侦查走私犯罪公安机构根据国家有关规定，可以设立分支机构。各分支机构办理其管辖的走私犯罪案件，应当依法向有管辖权的人民检察院移送起诉。

地方各级公安机关应当配合海关侦查走私犯罪公安机构依法履行职责。

第五条　国家实行联合缉私、统一处理、综合治理的缉私体制。海关负责组织、协调、管理查缉走私工作。有关规定由国务院另行制定。

各有关行政执法部门查获的走私案件，应当给予行政处罚的，移送海关依法处理；涉嫌犯罪的，应当移送海关侦查走私犯罪公安机构、地方公安机关依据案件管辖分工和法定程序办理。

第六条　海关可以行使下列权力：

（一）检查进出境运输工具，查验进出境货物、物品；对违反本法或者其他有关法律、行政法规的，可以扣留。

（二）查阅进出境人员的证件；查问违反本法或者其他有关法律、行政法规的嫌疑人，调查其违法行为。

（三）查阅、复制与进出境运输工具、货物、物品有关的合同、发票、帐册、单据、记录、文件、业务函电、录音录像制品和其他资料；对其中与违反本法或者其他有关法律、行政法规的进出境运输工具、货物、物品有牵连的，可以扣留。

（四）在海关监管区和海关附近沿海沿边规定地区，检查有走私嫌疑的运输工具和有藏匿走私货物、物品嫌疑的场所，检查走私嫌疑人的身体；对有走私嫌疑的运输工具、货物、物品和走私犯罪嫌疑人，经直属海关关长或者其授权的隶属海关关长批准，可以扣留；对走私犯罪嫌疑人，扣留时间不超过二十四小时，在特殊情况下可以延长至四十八小时。

在海关监管区和海关附近沿海沿边规定地区以外，海关在调查走私案件时，对有走私嫌疑的运输工具和除公民住处以外的有藏匿走私货物、物品嫌疑的场所，经直属海关关长或者其授权的隶属海关关长批准，可以进行检查，有关当事人应当到场；当事人未到场的，在有见证人在场的情况下，可以径行检查；对其中有证据证明有走私嫌疑的运输工具、货物、物品，可以扣留。

海关附近沿海沿边规定地区的范围，由海关总署和国务院公安部门会同有关省级人民政府确定。

（五）在调查走私案件时，经直属海关关长或者其授权的隶属海关关长批准，可以查询案件涉嫌单位和涉嫌人员在金融机构、邮政企业的存款、汇款。

（六）进出境运输工具或者个人违抗海关监管逃逸的，海关可以连续追至海关监管区和海关附近沿海沿边规定地区以外，将其带回处理。

（七）海关为履行职责，可以配备武器。海关工作人员佩带和使用武器的规则，由海关总署会同国务院公安部门制定，报国务院批准。

（八）法律、行政法规规定由海关行使的其他权力。

第七条　各地方、各部门应当支持海关依法行使职权，不得非法干预海关的执法活动。

第八条　进出境运输工具、货物、物品，必须通过设立海关的地点进境或者出境。在特殊情况下，需要经过未设立海关的地点临时进境或者出境的，必须经国务院或者国务院授权的机关批准，并依照本法规定办理海关手续。

第九条　进出口货物，除另有规定的外，可以由进出口货物收发货人自行办理报关纳税手续，也可以由进出口货物收发货人委托报关企业办理报关纳税手续。

进出境物品的所有人可以自行办理报关纳税手续，也可以委托他人办理报关纳税手续。

第十条 报关企业接受进出口货物收发货人的委托，以委托人的名义办理报关手续的，应当向海关提交由委托人签署的授权委托书，遵守本法对委托人的各项规定。

报关企业接受进出口货物收发货人的委托，以自己的名义办理报关手续的，应当承担与收发货人相同的法律责任。

委托人委托报关企业办理报关手续的，应当向报关企业提供所委托报关事项的真实情况；报关企业接受委托人的委托办理报关手续的，应当对委托人所提供情况的真实性进行合理审查。

第十一条 进出口货物收发货人、报关企业办理报关手续，应当依法向海关备案。

报关企业和报关人员不得非法代理他人报关。

第十二条 海关依法执行职务，有关单位和个人应当如实回答询问，并予以配合，任何单位和个人不得阻挠。

海关执行职务受到暴力抗拒时，执行有关任务的公安机关和人民武装警察部队应当予以协助。

第十三条 海关建立对违反本法规定逃避海关监管行为的举报制度。

任何单位和个人均有权对违反本法规定逃避海关监管的行为进行举报。

海关对举报或者协助查获违反本法案件的有功单位和个人，应当给予精神的或者物质的奖励。

海关应当为举报人保密。

第二章 进出境运输工具

第十四条 进出境运输工具到达或者驶离设立海关的地点时，运输工具负责人应当向海关如实申报，交验单证，并接受海关监管和检查。

停留在设立海关的地点的进出境运输工具，未经海关同意，不得擅自驶离。

进出境运输工具从一个设立海关的地点驶往另一个设立海关的地点的，应当符合海关监管要求，办理海关手续，未办结海关手续的，不得改驶境外。

第十五条 进境运输工具在进境以后向海关申报以前，出境运输工具在办结海关手续以后出境以前，应当按照交通主管机关规定的路线行进；交通主管机关没有规定的，由海关指定。

第十六条 进出境船舶、火车、航空器到达和驶离时间、停留地点、停留期间更换地点以及装卸货物、物品时间，运输工具负责人或者有关交通运输部门应当事先通知海关。

第十七条 运输工具装卸进出境货物、物品或者上下进出境旅客，应当接受海关监管。

货物、物品装卸完毕，运输工具负责人应当向海关递交反映实际装卸情况的交接单据和记录。

上下进出境运输工具的人员携带物品的，应当向海关如实申报，并接受海关检查。

第十八条 海关检查进出境运输工具时，运输工具负责人应当到场，并根据海关的要求开启舱室、房间、车门；有走私嫌疑的，并应当开拆可能藏匿走私货物、物品的部位，搬移货物、物料。

海关根据工作需要，可以派员随运输工具执行职务，运输工具负责人应当提供方便。

第十九条 进境的境外运输工具和出境的境内运输工具，未向海关办理手续并缴纳关税，不得转让或者移作他用。

第二十条 进出境船舶和航空器兼营境内客、货运输，应当符合海关监管要求。

进出境运输工具改营境内运输，需向海关办理手续。

第二十一条　沿海运输船舶、渔船和从事海上作业的特种船舶，未经海关同意，不得载运或者换取、买卖、转让进出境货物、物品。

第二十二条　进出境船舶和航空器，由于不可抗力的原因，被迫在未设立海关的地点停泊、降落或者抛掷、起卸货物、物品，运输工具负责人应当立即报告附近海关。

第三章　进出境货物

第二十三条　进口货物自进境起到办结海关手续止，出口货物自向海关申报起到出境止，过境、转运和通运货物自进境起到出境止，应当接受海关监管。

第二十四条　进口货物的收货人、出口货物的发货人应当向海关如实申报，交验进出口许可证件和有关单证。国家限制进出口的货物，没有进出口许可证件的，不予放行，具体处理办法由国务院规定。

进口货物的收货人应当自运输工具申报进境之日起十四日内，出口货物的发货人除海关特准的外应当在货物运抵海关监管区后、装货的二十四小时以前，向海关申报。

进口货物的收货人超过前款规定期限向海关申报的，由海关征收滞报金。

第二十五条　办理进出口货物的海关申报手续，应当采用纸质报关单和电子数据报关单的形式。

第二十六条　海关接受申报后，报关单证及其内容不得修改或者撤销，但符合海关规定情形的除外。

第二十七条　进口货物的收货人经海关同意，可以在申报前查看货物或者提取货样。需要依法检疫的货物，应当在检疫合格后提取货样。

第二十八条　进出口货物应当接受海关查验。海关查验货物时，进口货物的收货人、出口货物的发货人应当到场，并负责搬移货物，开拆和重封货物的包装。海关认为必要时，可以径行开验、复验或者提取货样。

海关在特殊情况下对进出口货物予以免验，具体办法由海关总署制定。

第二十九条　除海关特准的外，进出口货物在收发货人缴清税款或者提供担保后，由海关签印放行。

第三十条　进口货物的收货人自运输工具申报进境之日起超过三个月未向海关申报的，其进口货物由海关提取依法变卖处理，所得价款在扣除运输、装卸、储存等费用和税款后，尚有余款的，自货物依法变卖之日起一年内，经收货人申请，予以发还；其中属于国家对进口有限制性规定，应当提交许可证件而不能提供的，不予发还。逾期无人申请或者不予发还的，上缴国库。

确属误卸或者溢卸的进境货物，经海关审定，由原运输工具负责人或者货物的收发货人自该运输工具卸货之日起三个月内，办理退运或者进口手续；必要时，经海关批准，可以延期三个月。逾期未办手续的，由海关按前款规定处理。

前两款所列货物不宜长期保存的，海关可以根据实际情况提前处理。

收货人或者货物所有人声明放弃的进口货物，由海关提取依法变卖处理；所得价款在扣除运输、装卸、储存等费用后，上缴国库。

第三十一条　按照法律、行政法规、国务院或者海关总署规定暂时进口或者暂时出口的货物，应当在六个月内复运出境或者复运进境；需要延长复运出境或者复运进境期限的，应当根据海关总署的规定办理延期手续。

第三十二条　经营保税货物的储存、加工、装配、展示、运输、寄售业务和经营免税商店，应当符合海关监管要求，经海关批准，并办理注册手续。

保税货物的转让、转移以及进出保税场

所，应当向海关办理有关手续，接受海关监管和查验。

第三十三条 企业从事加工贸易，应当按照海关总署的规定向海关备案。加工贸易制成品单位耗料量由海关按照有关规定核定。

加工贸易制成品应当在规定的期限内复出口。其中使用的进口料件，属于国家规定准予保税的，应当向海关办理核销手续；属于先征收税款的，依法向海关办理退税手续。

加工贸易保税进口料件或者制成品内销的，海关对保税的进口料件依法征税；属于国家对进口有限制性规定的，还应当向海关提交进口许可证件。

第三十四条 经国务院批准在中华人民共和国境内设立的保税区等海关特殊监管区域，由海关按照国家有关规定实施监管。

第三十五条 进口货物应当由收货人在货物的进境地海关办理海关手续，出口货物应当由发货人在货物的出境地海关办理海关手续。

经收发货人申请，海关同意，进口货物的收货人可以在设有海关的指运地、出口货物的发货人可以在设有海关的启运地办理海关手续。上述货物的转关运输，应当符合海关监管要求；必要时，海关可以派员押运。

经电缆、管道或者其他特殊方式输送进出境的货物，经营单位应当定期向指定的海关申报和办理海关手续。

第三十六条 过境、转运和通运货物，运输工具负责人应当向进境地海关如实申报，并应当在规定期限内运输出境。

海关认为必要时，可以查验过境、转运和通运货物。

第三十七条 海关监管货物，未经海关许可，不得开拆、提取、交付、发运、调换、改装、抵押、质押、留置、转让、更换标记、移作他用或者进行其他处置。

海关加施的封志，任何人不得擅自开启或者损毁。

人民法院判决、裁定或者有关行政执法部门决定处理海关监管货物的，应当责令当事人办结海关手续。

第三十八条 经营海关监管货物仓储业务的企业，应当经海关注册，并按照海关规定，办理收存、交付手续。

在海关监管区外存放海关监管货物，应当经海关同意，并接受海关监管。

违反前两款规定或者在保管海关监管货物期间造成海关监管货物损毁或者灭失的，除不可抗力外，对海关监管货物负有保管义务的人应当承担相应的纳税义务和法律责任。

第三十九条 进出境集装箱的监管办法、打捞进出境货物和沉船的监管办法、边境小额贸易进出口货物的监管办法，以及本法未具体列明的其他进出境货物的监管办法，由海关总署或者由海关总署会同国务院有关部门另行制定。

第四十条 国家对进出境货物、物品有禁止性或者限制性规定的，海关依据法律、行政法规、国务院的规定或者国务院有关部门依据法律、行政法规的授权作出的规定实施监管。具体监管办法由海关总署制定。

第四十一条 进出口货物的原产地按照国家有关原产地规则的规定确定。

第四十二条 进出口货物的商品归类按照国家有关商品归类的规定确定。

海关可以要求进出口货物的收发货人提供确定商品归类所需的有关资料；必要时，海关可以组织化验、检验，并将海关认定的化验、检验结果作为商品归类的依据。

第四十三条 海关可以根据对外贸易经营者提出的书面申请，对拟作进口或者出口的货物预先作出商品归类等行政裁定。

进口或者出口相同货物，应当适用相同的商品归类行政裁定。

海关对所作出的商品归类等行政裁定，应当予以公布。

第四十四条 海关依照法律、行政法规的规定，对与进出境货物有关的知识产权实施保护。

需要向海关申报知识产权状况的，进出口货物收发货人及其代理人应当按照国家规定向海关如实申报有关知识产权状况，并提交合法使用有关知识产权的证明文件。

第四十五条 自进出口货物放行之日起三年内或者在保税货物、减免税进口货物的海关监管期限内及其后的三年内，海关可以对与进出口货物直接有关的企业、单位的会计帐簿、会计凭证、报关单证以及其他有关资料和有关进出口货物实施稽查。具体办法由国务院规定。

第四章 进出境物品

第四十六条 个人携带进出境的行李物品、邮寄进出境的物品，应当以自用、合理数量为限，并接受海关监管。

第四十七条 进出境物品的所有人应当向海关如实申报，并接受海关查验。

海关加施的封志，任何人不得擅自开启或者损毁。

第四十八条 进出境邮袋的装卸、转运和过境，应当接受海关监管。邮政企业应当向海关递交邮件路单。

邮政企业应当将开拆及封发国际邮袋的时间事先通知海关，海关应当按时派员到场监管查验。

第四十九条 邮运进出境的物品，经海关查验放行后，有关经营单位方可投递或者交付。

第五十条 经海关登记准予暂时免税进境或者暂时免税出境的物品，应当由本人复带出境或者复带进境。

过境人员未经海关批准，不得将其所带物品留在境内。

第五十一条 进出境物品所有人声明放弃的物品、在海关规定期限内未办理海关手续或者无人认领的物品，以及无法投递又无法退回的进境邮递物品，由海关依照本法第三十条的规定处理。

第五十二条 享有外交特权和豁免的外国机构或者人员的公务用品或者自用物品进出境，依照有关法律、行政法规的规定办理。

第五章 关　　税

第五十三条 准许进出口的货物、进出境物品，由海关依法征收关税。

第五十四条 进口货物的收货人、出口货物的发货人、进出境物品的所有人，是关税的纳税义务人。

第五十五条 进出口货物的完税价格，由海关以该货物的成交价格为基础审查确定。成交价格不能确定时，完税价格由海关依法估定。

进口货物的完税价格包括货物的货价、货物运抵中华人民共和国境内输入地点起卸前的运输及其相关费用、保险费；出口货物的完税价格包括货物的货价、货物运至中华人民共和国境内输出地点装载前的运输及其相关费用、保险费，但是其中包含的出口关税税额，应当予以扣除。

进出境物品的完税价格，由海关依法确定。

第五十六条 下列进出口货物、进出境物品，减征或者免征关税：

（一）无商业价值的广告品和货样；

（二）外国政府、国际组织无偿赠送的物资；

（三）在海关放行前遭受损坏或者损失的货物；

（四）规定数额以内的物品；

（五）法律规定减征、免征关税的其他货物、物品；

（六）中华人民共和国缔结或者参加的国际条约规定减征、免征关税的货物、物品。

第五十七条 特定地区、特定企业或者有特定用途的进出口货物，可以减征或者免征关税。特定减税或者免税的范围和办法由国务院规定。

依照前款规定减征或者免征关税进口的货物，只能用于特定地区、特定企业或者特定用途，未经海关核准并补缴关税，不得移作他用。

第五十八条　本法第五十六条、第五十七条第一款规定范围以外的临时减征或者免征关税，由国务院决定。

第五十九条　暂时进口或者暂时出口的货物，以及特准进口的保税货物，在货物收发货人向海关缴纳相当于税款的保证金或者提供担保后，准予暂时免纳关税。

第六十条　进出口货物的纳税义务人，应当自海关填发税款缴款书之日起十五日内缴纳税款；逾期缴纳的，由海关征收滞纳金。纳税义务人、担保人超过三个月仍未缴纳的，经直属海关关长或者其授权的隶属海关关长批准，海关可以采取下列强制措施：

（一）书面通知其开户银行或者其他金融机构从其存款中扣缴税款；

（二）将应税货物依法变卖，以变卖所得抵缴税款；

（三）扣留并依法变卖其价值相当于应纳税款的货物或者其他财产，以变卖所得抵缴税款。

海关采取强制措施时，对前款所列纳税义务人、担保人未缴纳的滞纳金同时强制执行。

进出境物品的纳税义务人，应当在物品放行前缴纳税款。

第六十一条　进出口货物的纳税义务人在规定的纳税期限内有明显的转移、藏匿其应税货物以及其他财产迹象的，海关可以责令纳税义务人提供担保；纳税义务人不能提供纳税担保的，经直属海关关长或者其授权的隶属海关关长批准，海关可以采取下列税收保全措施：

（一）书面通知纳税义务人开户银行或者其他金融机构暂停支付纳税义务人相当于应纳税款的存款；

（二）扣留纳税义务人价值相当于应纳税款的货物或者其他财产。

纳税义务人在规定的纳税期限内缴纳税款的，海关必须立即解除税收保全措施；期限届满仍未缴纳税款的，经直属海关关长或者其授权的隶属海关关长批准，海关可以书面通知纳税义务人开户银行或者其他金融机构从其暂停支付的存款中扣缴税款，或者依法变卖所扣留的货物或者其他财产，以变卖所得抵缴税款。

采取税收保全措施不当，或者纳税义务人在规定期限内已缴纳税款，海关未立即解除税收保全措施，致使纳税义务人的合法权益受到损失的，海关应当依法承担赔偿责任。

第六十二条　进出口货物、进出境物品放行后，海关发现少征或者漏征税款，应当自缴纳税款或者货物、物品放行之日起一年内，向纳税义务人补征。因纳税义务人违反规定而造成的少征或者漏征，海关在三年以内可以追征。

第六十三条　海关多征的税款，海关发现后应当立即退还；纳税义务人自缴纳税款之日起一年内，可以要求海关退还。

第六十四条　纳税义务人同海关发生纳税争议时，应当缴纳税款，并可以依法申请行政复议；对复议决定仍不服的，可以依法向人民法院提起诉讼。

第六十五条　进口环节海关代征税的征收管理，适用关税征收管理的规定。

第六章　海关事务担保

第六十六条　在确定货物的商品归类、估价和提供有效报关单证或者办结其他海关手续前，收发货人要求放行货物的，海关应当在其提供与其依法应当履行的法律义务相适应的担保后放行。法律、行政法规规定可以免除担保的除外。

法律、行政法规对履行海关义务的担保另有规定的，从其规定。

国家对进出境货物、物品有限制性规定，应当提供许可证件而不能提供的，以及法律、行政法规规定不得担保的其他情形，海关不得办理担保放行。

第六十七条　具有履行海关事务担保能力的法人、其他组织或者公民，可以成为担保人。法律规定不得为担保人的除外。

第六十八条　担保人可以以下列财产、权利提供担保：

（一）人民币、可自由兑换货币；

（二）汇票、本票、支票、债券、存单；

（三）银行或者非银行金融机构的保函；

（四）海关依法认可的其他财产、权利。

第六十九条　担保人应当在担保期限内承担担保责任。担保人履行担保责任的，不免除被担保人应当办理有关海关手续的义务。

第七十条　海关事务担保管理办法，由国务院规定。

第七章　执法监督

第七十一条　海关履行职责，必须遵守法律，维护国家利益，依照法定职权和法定程序严格执法，接受监督。

第七十二条　海关工作人员必须秉公执法，廉洁自律，忠于职守，文明服务，不得有下列行为：

（一）包庇、纵容走私或者与他人串通进行走私；

（二）非法限制他人人身自由，非法检查他人身体、住所或者场所，非法检查、扣留进出境运输工具、货物、物品；

（三）利用职权为自己或者他人谋取私利；

（四）索取、收受贿赂；

（五）泄露国家秘密、商业秘密和海关工作秘密；

（六）滥用职权，故意刁难，拖延监管、查验；

（七）购买、私分、占用没收的走私货物、物品；

（八）参与或者变相参与营利性经营活动；

（九）违反法定程序或者超越权限执行职务；

（十）其他违法行为。

第七十三条　海关应当根据依法履行职责的需要，加强队伍建设，使海关工作人员具有良好的政治、业务素质。

海关专业人员应当具有法律和相关专业知识，符合海关规定的专业岗位任职要求。

海关招收工作人员应当按照国家规定，公开考试，严格考核，择优录用。

海关应当有计划地对其工作人员进行政治思想、法制、海关业务培训和考核。海关工作人员必须定期接受培训和考核，经考核不合格的，不得继续上岗执行职务。

第七十四条　海关总署应当实行海关关长定期交流制度。

海关关长定期向上一级海关述职，如实陈述其执行职务情况。海关总署应当定期对直属海关关长进行考核，直属海关应当定期对隶属海关关长进行考核。

第七十五条　海关及其工作人员的行政执法活动，依法接受监察机关的监督；缉私警察进行侦查活动，依法接受人民检察院的监督。

第七十六条　审计机关依法对海关的财政收支进行审计监督，对海关办理的与国家财政收支有关的事项，有权进行专项审计调查。

第七十七条　上级海关应当对下级海关的执法活动依法进行监督。上级海关认为下级海关作出的处理或者决定不适当的，可以依法予以变更或者撤销。

第七十八条 海关应当依照本法和其他有关法律、行政法规的规定，建立健全内部监督制度，对其工作人员执行法律、行政法规和遵守纪律的情况，进行监督检查。

第七十九条 海关内部负责审单、查验、放行、稽查和调查等主要岗位的职责权限应当明确，并相互分离、相互制约。

第八十条 任何单位和个人均有权对海关及其工作人员的违法、违纪行为进行控告、检举。收到控告、检举的机关有权处理的，应当依法按照职责分工及时查处。收到控告、检举的机关和负责查处的机关应当为控告人、检举人保密。

第八十一条 海关工作人员在调查处理违法案件时，遇有下列情形之一的，应当回避：

（一）是本案的当事人或者是当事人的近亲属；

（二）本人或者其近亲属与本案有利害关系；

（三）与本案当事人有其他关系，可能影响案件公正处理的。

第八章 法律责任

第八十二条 违反本法及有关法律、行政法规，逃避海关监管，偷逃应纳税款、逃避国家有关进出境的禁止性或者限制性管理，有下列情形之一的，是走私行为：

（一）运输、携带、邮寄国家禁止或者限制进出境货物、物品或者依法应当缴纳税款的货物、物品进出境的；

（二）未经海关许可并且未缴纳应纳税款、交验有关许可证件，擅自将保税货物、特定减免税货物以及其他海关监管货物、物品、进境的境外运输工具，在境内销售的；

（三）有逃避海关监管，构成走私的其他行为的。

有前款所列行为之一，尚不构成犯罪的，由海关没收走私货物、物品及违法所得，可以并处罚款；专门或者多次用于掩护走私的货物、物品，专门或者多次用于走私的运输工具，予以没收，藏匿走私货物、物品的特制设备，责令拆毁或者没收。

有第一款所列行为之一，构成犯罪的，依法追究刑事责任。

第八十三条 有下列行为之一的，按走私行为论处，依照本法第八十二条的规定处罚：

（一）直接向走私人非法收购走私进口的货物、物品的；

（二）在内海、领海、界河、界湖，船舶及所载人员运输、收购、贩卖国家禁止或者限制进出境的货物、物品，或者运输、收购、贩卖依法应当缴纳税款的货物，没有合法证明的。

第八十四条 伪造、变造、买卖海关单证，与走私人通谋为走私人提供贷款、资金、帐号、发票、证明、海关单证，与走私人通谋为走私人提供运输、保管、邮寄或者其他方便，构成犯罪的，依法追究刑事责任；尚不构成犯罪的，由海关没收违法所得，并处罚款。

第八十五条 个人携带、邮寄超过合理数量的自用物品进出境，未依法向海关申报的，责令补缴关税，可以处以罚款。

第八十六条 违反本法规定有下列行为之一的，可以处以罚款，有违法所得的，没收违法所得：

（一）运输工具不经设立海关的地点进出境的；

（二）不将进出境运输工具到达的时间、停留的地点或者更换的地点通知海关的；

（三）进出口货物、物品或者过境、转运、通运货物向海关申报不实的；

（四）不按照规定接受海关对进出境运输工具、货物、物品进行检查、查验的；

（五）进出境运输工具未经海关同意，擅自装卸进出境货物、物品或者上下进出境旅客的；

（六）在设立海关的地点停留的进出境运输工具未经海关同意，擅自驶离的；

（七）进出境运输工具从一个设立海关的地点驶往另一个设立海关的地点，尚未办结海关手续又未经海关批准，中途擅自改驶境外或者境内未设立海关的地点的；

（八）进出境运输工具，不符合海关监管要求或者未向海关办理手续，擅自兼营或者改营境内运输的；

（九）由于不可抗力的原因，进出境船舶和航空器被迫在未设立海关的地点停泊、降落或者在境内抛掷、起卸货物、物品，无正当理由，不向附近海关报告的；

（十）未经海关许可，擅自将海关监管货物开拆、提取、交付、发运、调换、改装、抵押、质押、留置、转让、更换标记、移作他用或者进行其他处置的；

（十一）擅自开启或者损毁海关封志的；

（十二）经营海关监管货物的运输、储存、加工等业务，有关货物灭失或者有关记录不真实，不能提供正当理由的；

（十三）有违反海关监管规定的其他行为的。

第八十七条　海关准予从事有关业务的企业，违反本法有关规定的，由海关责令改正，可以给予警告，暂停其从事有关业务，直至撤销注册。

第八十八条　未向海关备案从事报关业务的，海关可以处以罚款。

第八十九条　报关企业非法代理他人报关的，由海关责令改正，处以罚款；情节严重的，禁止其从事报关活动。

报关人员非法代理他人报关的，由海关责令改正，处以罚款。

第九十条　进出口货物收发货人、报关企业向海关工作人员行贿的，由海关禁止其从事报关活动，并处以罚款；构成犯罪的，依法追究刑事责任。

报关人员向海关工作人员行贿的，处以罚款；构成犯罪的，依法追究刑事责任。

第九十一条　违反本法规定进出口侵犯中华人民共和国法律、行政法规保护的知识产权的货物的，由海关依法没收侵权货物，并处以罚款；构成犯罪的，依法追究刑事责任。

第九十二条　海关依法扣留的货物、物品、运输工具，在人民法院判决或者海关处罚决定作出之前，不得处理。但是，危险品或者鲜活、易腐、易失效等不宜长期保存的货物、物品以及所有人申请先行变卖的货物、物品、运输工具，经直属海关关长或者其授权的隶属海关关长批准，可以先行依法变卖，变卖所得价款由海关保存，并通知其所有人。

人民法院判决没收或者海关决定没收的走私货物、物品、违法所得、走私运输工具、特制设备，由海关依法统一处理，所得价款和海关决定处以的罚款，全部上缴中央国库。

第九十三条　当事人逾期不履行海关的处罚决定又不申请复议或者向人民法院提起诉讼的，作出处罚决定的海关可以将其保证金抵缴或者将其被扣留的货物、物品、运输工具依法变价抵缴，也可以申请人民法院强制执行。

第九十四条　海关在查验进出境货物、物品时，损坏被查验的货物、物品的，应当赔偿实际损失。

第九十五条　海关违法扣留货物、物品、运输工具，致使当事人的合法权益受到损失的，应当依法承担赔偿责任。

第九十六条　海关工作人员有本法第七十二条所列行为之一的，依法给予行政处分；有违法所得的，依法没收违法所得；构成犯罪的，依法追究刑事责任。

第九十七条　海关的财政收支违反法律、行政法规规定的，由审计机关以及有关部门依照法律、行政法规的规定作出处理；对直接负责的主管人员和其他直接责任人员，依法给予行政处分；构成犯罪的，依法追究刑事责任。

第九十八条 未按照本法规定为控告人、检举人、举报人保密的，对直接负责的主管人员和其他直接责任人员，由所在单位或者有关单位依法给予行政处分。

第九十九条 海关工作人员在调查处理违法案件时，未按照本法规定进行回避的，对直接负责的主管人员和其他直接责任人员，依法给予行政处分。

第九章 附 则

第一百条 本法下列用语的含义：

直属海关，是指直接由海关总署领导，负责管理一定区域范围内的海关业务的海关；隶属海关，是指由直属海关领导，负责办理具体海关业务的海关。

进出境运输工具，是指用以载运人员、货物、物品进出境的各种船舶、车辆、航空器和驮畜。

过境、转运和通运货物，是指由境外启运、通过中国境内继续运往境外的货物。其中，通过境内陆路运输的，称过境货物；在境内设立海关的地点换装运输工具，而不通过境内陆路运输的，称转运货物；由船舶、航空器载运进境并由原装运输工具载运出境的，称通运货物。

海关监管货物，是指本法第二十三条所列的进出口货物，过境、转运、通运货物，特定减免税货物，以及暂时进出口货物、保税货物和其他尚未办结海关手续的进出境货物。

保税货物，是指经海关批准未办理纳税手续进境，在境内储存、加工、装配后复运出境的货物。

海关监管区，是指设立海关的港口、车站、机场、国界孔道、国际邮件互换局（交换站）和其他有海关监管业务的场所，以及虽未设立海关，但是经国务院批准的进出境地点。

第一百零一条 经济特区等特定地区同境内其他地区之间往来的运输工具、货物、物品的监管办法，由国务院另行规定。

第一百零二条 本法自1987年7月1日起施行。1951年4月18日中央人民政府公布的《中华人民共和国暂行海关法》同时废止。

中华人民共和国海关行政处罚实施条例

（2004年9月19日中华人民共和国国务院令第420号公布，根据2022年3月29日《国务院关于修改和废止部分行政法规的决定》修订）

第一章 总 则

第一条 为了规范海关行政处罚，保障海关依法行使职权，保护公民、法人或者其他组织的合法权益，根据《中华人民共和国海关法》（以下简称海关法）及其他有关法律的规定，制定本实施条例。

第二条 依法不追究刑事责任的走私行为和违反海关监管规定的行为，以及法律、行政法规规定由海关实施行政处罚的行为的处理，适用本实施条例。

第三条 海关行政处罚由发现违法行为的海关管辖，也可以由违法行为发生地海关管辖。

2个以上海关都有管辖权的案件，由最先发现违法行为的海关管辖。

管辖不明确的案件，由有关海关协商确定管辖，协商不成的，报请共同的上级海关指定管辖。

重大、复杂的案件，可以由海关总署指定管辖。

第四条　海关发现的依法应当由其他行政机关处理的违法行为，应当移送有关行政机关处理；违法行为涉嫌犯罪的，应当移送海关侦查走私犯罪公安机构、地方公安机关依法办理。

第五条　依照本实施条例处以警告、罚款等行政处罚，但不没收进出境货物、物品、运输工具的，不免除有关当事人依法缴纳税款、提交进出口许可证件、办理有关海关手续的义务。

第六条　抗拒、阻碍海关侦查走私犯罪公安机构依法执行职务的，由设在直属海关、隶属海关的海关侦查走私犯罪公安机构依照治安管理处罚的有关规定给予处罚。

抗拒、阻碍其他海关工作人员依法执行职务的，应当报告地方公安机关依法处理。

第二章　走私行为及其处罚

第七条　违反海关法及其他有关法律、行政法规，逃避海关监管，偷逃应纳税款、逃避国家有关进出境的禁止性或者限制性管理，有下列情形之一的，是走私行为：

（一）未经国务院或者国务院授权的机关批准，从未设立海关的地点运输、携带国家禁止或者限制进出境的货物、物品或者依法应当缴纳税款的货物、物品进出境的；

（二）经过设立海关的地点，以藏匿、伪装、瞒报、伪报或者其他方式逃避海关监管，运输、携带、邮寄国家禁止或者限制进出境的货物、物品或者依法应当缴纳税款的货物、物品进出境的；

（三）使用伪造、变造的手册、单证、印章、账册、电子数据或者以其他方式逃避海关监管，擅自将海关监管货物、物品、进境的境外运输工具，在境内销售的；

（四）使用伪造、变造的手册、单证、印章、账册、电子数据或者以伪报加工贸易制成品单位耗料量等方式，致使海关监管货物、物品脱离监管的；

（五）以藏匿、伪装、瞒报、伪报或者其他方式逃避海关监管，擅自将保税区、出口加工区等海关特殊监管区域内的海关监管货物、物品，运出区外的；

（六）有逃避海关监管，构成走私的其他行为的。

第八条　有下列行为之一的，按走私行为论处：

（一）明知是走私进口的货物、物品，直接向走私人非法收购的；

（二）在内海、领海、界河、界湖，船舶及所载人员运输、收购、贩卖国家禁止或者限制进出境的货物、物品，或者运输、收购、贩卖依法应当缴纳税款的货物，没有合法证明的。

第九条　有本实施条例第七条、第八条所列行为之一的，依照下列规定处罚：

（一）走私国家禁止进出口的货物的，没收走私货物及违法所得，可以并处100万元以下罚款；走私国家禁止进出境的物品的，没收走私物品及违法所得，可以并处10万元以下罚款；

（二）应当提交许可证件而未提交但未偷逃税款，走私国家限制进出境的货物、物品的，没收走私货物、物品及违法所得，可以并处走私货物、物品等值以下罚款；

（三）偷逃应纳税款但未逃避许可证件管理，走私依法应当缴纳税款的货物、物品的，没收走私货物、物品及违法所得，可以并处偷逃应纳税款3倍以下罚款。

专门用于走私的运输工具或者用于掩护走私的货物、物品，2年内3次以上用于走私的运输工具或者用于掩护走私的货物、物品，应当予以没收。藏匿走私货物、物品的特制设备、夹层、暗格，应当予以没收或者责令拆毁。使用特制设备、夹层、暗格实施走私的，应当从重处罚。

第十条 与走私人通谋为走私人提供贷款、资金、账号、发票、证明、海关单证的，与走私人通谋为走私人提供走私货物、物品的提取、发运、运输、保管、邮寄或者其他方便的，以走私的共同当事人论处，没收违法所得，并依照本实施条例第九条的规定予以处罚。

第十一条 海关准予从事海关监管货物的运输、储存、加工、装配、寄售、展示等业务的企业，构成走私犯罪或者1年内有2次以上走私行为的，海关可以撤销其注册登记；报关企业、报关人员有上述情形的，禁止其从事报关活动。

第三章 违反海关监管规定的行为及其处罚

第十二条 违反海关法及其他有关法律、行政法规和规章但不构成走私行为的，是违反海关监管规定的行为。

第十三条 违反国家进出口管理规定，进出口国家禁止进出口的货物的，责令退运，处100万元以下罚款。

第十四条 违反国家进出口管理规定，进出口国家限制进出口的货物，进出口货物的收发货人向海关申报时不能提交许可证件的，进出口货物不予放行，处货物价值30%以下罚款。

违反国家进出口管理规定，进出口属于自动进出口许可管理的货物，进出口货物的收发货人向海关申报时不能提交自动许可证明的，进出口货物不予放行。

第十五条 进出口货物的品名、税则号列、数量、规格、价格、贸易方式、原产地、启运地、运抵地、最终目的地或者其他应当申报的项目未申报或者申报不实的，分别依照下列规定予以处罚，有违法所得的，没收违法所得：

（一）影响海关统计准确性的，予以警告或者处1000元以上1万元以下罚款；

（二）影响海关监管秩序的，予以警告或者处1000元以上3万元以下罚款；

（三）影响国家许可证件管理的，处货物价值5%以上30%以下罚款；

（四）影响国家税款征收的，处漏缴税款30%以上2倍以下罚款；

（五）影响国家外汇、出口退税管理的，处申报价格10%以上50%以下罚款。

第十六条 进出口货物收发货人未按照规定向报关企业提供所委托报关事项的真实情况，致使发生本实施条例第十五条规定情形的，对委托人依照本实施条例第十五条的规定予以处罚。

第十七条 报关企业、报关人员对委托人所提供情况的真实性未进行合理审查，或者因工作疏忽致使发生本实施条例第十五条规定情形的，可以对报关企业处货物价值10%以下罚款，暂停其6个月以内从事报关活动；情节严重的，禁止其从事报关活动。

第十八条 有下列行为之一的，处货物价值5%以上30%以下罚款，有违法所得的，没收违法所得：

（一）未经海关许可，擅自将海关监管货物开拆、提取、交付、发运、调换、改装、抵押、质押、留置、转让、更换标记、移作他用或者进行其他处置的；

（二）未经海关许可，在海关监管区以外存放海关监管货物的；

（三）经营海关监管货物的运输、储存、加工、装配、寄售、展示等业务，有关货物灭失、数量短少或者记录不真实，不能提供正当理由的；

（四）经营保税货物的运输、储存、加工、装配、寄售、展示等业务，不依照规定办理收存、交付、结转、核销等手续，或者中止、延长、变更、转让有关合同不依照规定向海关办理手续的；

（五）未如实向海关申报加工贸易制成品单位耗料量的；

（六）未按照规定期限将过境、转运、

通运货物运输出境，擅自留在境内的；

（七）未按照规定期限将暂时进出口货物复运出境或者复运进境，擅自留在境内或者境外的；

（八）有违反海关监管规定的其他行为，致使海关不能或者中断对进出口货物实施监管的。

前款规定所涉货物属于国家限制进出口需要提交许可证件，当事人在规定期限内不能提交许可证件的，另处货物价值30%以下罚款；漏缴税款的，可以另处漏缴税款1倍以下罚款。

第十九条　有下列行为之一的，予以警告，可以处物品价值20%以下罚款，有违法所得的，没收违法所得：

（一）未经海关许可，擅自将海关尚未放行的进出境物品开拆、交付、投递、转移或者进行其他处置的；

（二）个人运输、携带、邮寄超过合理数量的自用物品进出境未向海关申报的；

（三）个人运输、携带、邮寄超过规定数量但仍属自用的国家限制进出境物品进出境，未向海关申报但没有以藏匿、伪装等方式逃避海关监管的；

（四）个人运输、携带、邮寄物品进出境，申报不实的；

（五）经海关登记准予暂时免税进境或者暂时免税出境的物品，未按照规定复带出境或者复带进境的；

（六）未经海关批准，过境人员将其所带物品留在境内的。

第二十条　运输、携带、邮寄国家禁止进出境的物品进出境，未向海关申报但没有以藏匿、伪装等方式逃避海关监管的，予以没收，或者责令退回，或者在海关监管下予以销毁或者进行技术处理。

第二十一条　有下列行为之一的，予以警告，可以处10万元以下罚款，有违法所得的，没收违法所得：

（一）运输工具不经设立海关的地点进出境的；

（二）在海关监管区停留的进出境运输工具，未经海关同意擅自驶离的；

（三）进出境运输工具从一个设立海关的地点驶往另一个设立海关的地点，尚未办结海关手续又未经海关批准，中途改驶境外或者境内未设立海关的地点的；

（四）进出境运输工具到达或者驶离设立海关的地点，未按照规定向海关申报、交验有关单证或者交验的单证不真实的。

第二十二条　有下列行为之一的，予以警告，可以处5万元以下罚款，有违法所得的，没收违法所得：

（一）未经海关同意，进出境运输工具擅自装卸进出境货物、物品或者上下进出境旅客的；

（二）未经海关同意，进出境运输工具擅自兼营境内客货运输或者用于进出境运输以外的其他用途的；

（三）未按照规定办理海关手续，进出境运输工具擅自改营境内运输的；

（四）未按照规定期限向海关传输舱单等电子数据、传输的电子数据不准确或者未按照规定期限保存相关电子数据，影响海关监管的；

（五）进境运输工具在进境以后向海关申报以前，出境运输工具在办结海关手续以后出境以前，不按照交通主管部门或者海关指定的路线行进的；

（六）载运海关监管货物的船舶、汽车不按照海关指定的路线行进的；

（七）进出境船舶和航空器，由于不可抗力被迫在未设立海关的地点停泊、降落或者在境内抛掷、起卸货物、物品，无正当理由不向附近海关报告的；

（八）无特殊原因，未将进出境船舶、火车、航空器到达的时间、停留的地点或者更换的时间、地点事先通知海关的；

（九）不按照规定接受海关对进出境运输工具、货物、物品进行检查、查验的。

第二十三条 有下列行为之一的，予以警告，可以处3万元以下罚款：

（一）擅自开启或者损毁海关封志的；

（二）遗失海关制发的监管单证、手册等凭证，妨碍海关监管的；

（三）有违反海关监管规定的其他行为，致使海关不能或者中断对进出境运输工具、物品实施监管的。

第二十四条 伪造、变造、买卖海关单证的，处5万元以上50万元以下罚款，有违法所得的，没收违法所得；构成犯罪的，依法追究刑事责任。

第二十五条 进出口侵犯中华人民共和国法律、行政法规保护的知识产权的货物的，没收侵权货物，并处货物价值30%以下罚款；构成犯罪的，依法追究刑事责任。

需要向海关申报知识产权状况，进出口货物收发货人及其代理人未按照规定向海关如实申报有关知识产权状况，或者未提交合法使用有关知识产权的证明文件的，可以处5万元以下罚款。

第二十六条 海关准予从事海关监管货物的运输、储存、加工、装配、寄售、展示等业务的企业，有下列情形之一的，责令改正，给予警告，可以暂停其6个月以内从事有关业务：

（一）拖欠税款或者不履行纳税义务的；

（二）损坏或者丢失海关监管货物，不能提供正当理由的；

（三）有需要暂停其从事有关业务的其他违法行为的。

第二十七条 海关准予从事海关监管货物的运输、储存、加工、装配、寄售、展示等业务的企业，有下列情形之一的，海关可以撤销其注册登记：

（一）被海关暂停从事有关业务，恢复从事有关业务后1年内再次发生本实施条例第二十六条规定情形的；

（二）有需要撤销其注册登记的其他违法行为的。

第二十八条 报关企业、报关人员非法代理他人报关的，责令改正，处5万元以下罚款；情节严重的，禁止其从事报关活动。

第二十九条 进出口货物收发货人、报关企业、报关人员向海关工作人员行贿的，由海关禁止其从事报关活动，并处10万元以下罚款；构成犯罪的，依法追究刑事责任。

第三十条 未经海关备案从事报关活动的，责令改正，没收违法所得，可以并处10万元以下罚款。

第三十一条 提供虚假资料骗取海关注册登记，撤销其注册登记，并处30万元以下罚款。

第三十二条 法人或者其他组织有违反海关法的行为，除处罚该法人或者组织外，对其主管人员和直接责任人员予以警告，可以处5万元以下罚款，有违法所得的，没收违法所得。

第四章　对违反海关法行为的调查

第三十三条 海关发现公民、法人或者其他组织有依法应当由海关给予行政处罚的行为的，应当立案调查。

第三十四条 海关立案后，应当全面、客观、公正、及时地进行调查、收集证据。

海关调查、收集证据，应当按照法律、行政法规及其他有关规定的要求办理。

海关调查、收集证据时，海关工作人员不得少于2人，并应当向被调查人出示证件。

调查、收集的证据涉及国家秘密、商业秘密或者个人隐私的，海关应当保守秘密。

第三十五条 海关依法检查走私嫌疑人的身体，应当在隐蔽的场所或者非检查人员的视线之外，由2名以上与被检查人同性别的海关工作人员执行。

走私嫌疑人应当接受检查，不得阻挠。

第三十六条 海关依法检查运输工具和场所，查验货物、物品，应当制作检查、查验记录。

第三十七条 海关依法扣留走私犯罪嫌疑人，应当制发扣留走私犯罪嫌疑人决定书。对走私犯罪嫌疑人，扣留时间不超过24小时，在特殊情况下可以延长至48小时。

海关应当在法定扣留期限内对被扣留人进行审查。排除犯罪嫌疑或者法定扣留期限届满的，应当立即解除扣留，并制发解除扣留决定书。

第三十八条 下列货物、物品、运输工具及有关账册、单据等资料，海关可以依法扣留：

（一）有走私嫌疑的货物、物品、运输工具；

（二）违反海关法或者其他有关法律、行政法规的货物、物品、运输工具；

（三）与违反海关法或者其他有关法律、行政法规的货物、物品、运输工具有牵连的账册、单据等资料；

（四）法律、行政法规规定可以扣留的其他货物、物品、运输工具及有关账册、单据等资料。

第三十九条 有违法嫌疑的货物、物品、运输工具无法或者不便扣留的，当事人或者运输工具负责人应当向海关提供等值的担保，未提供等值担保的，海关可以扣留当事人等值的其他财产。

第四十条 海关扣留货物、物品、运输工具以及账册、单据等资料的期限不得超过1年。因案件调查需要，经直属海关关长或者其授权的隶属海关关长批准，可以延长，延长期限不得超过1年。但复议、诉讼期间不计算在内。

第四十一条 有下列情形之一的，海关应当及时解除扣留：

（一）排除违法嫌疑的；

（二）扣留期限、延长期限届满的；

（三）已经履行海关行政处罚决定的；

（四）法律、行政法规规定应当解除扣留的其他情形。

第四十二条 海关依法扣留货物、物品、运输工具、其他财产以及账册、单据等资料，应当制发海关扣留凭单，由海关工作人员、当事人或者其代理人、保管人、见证人签字或者盖章，并可以加施海关封志。加施海关封志的，当事人或者其代理人、保管人应当妥善保管。

海关解除对货物、物品、运输工具、其他财产以及账册、单据等资料的扣留，或者发还等值的担保，应当制发海关解除扣留通知书、海关解除担保通知书，并由海关工作人员、当事人或者其代理人、保管人、见证人签字或者盖章。

第四十三条 海关查问违法嫌疑人或者询问证人，应当个别进行，并告知其权利和作伪证应当承担的法律责任。违法嫌疑人、证人必须如实陈述、提供证据。

海关查问违法嫌疑人或者询问证人应当制作笔录，并当场交其辨认，没有异议的，立即签字确认；有异议的，予以更正后签字确认。

严禁刑讯逼供或者以威胁、引诱、欺骗等非法手段收集证据。

海关查问违法嫌疑人，可以到违法嫌疑人的所在单位或者住处进行，也可以要求其到海关或者海关指定的地点进行。

第四十四条 海关收集的物证、书证应当是原物、原件。收集原物、原件确有困难的，可以拍摄、复制，并可以指定或者委托有关单位或者个人对原物、原件予以妥善保管。

海关收集物证、书证，应当开列清单，注明收集的日期，由有关单位或者个人确认后签字或者盖章。

海关收集电子数据或者录音、录像等视听资料，应当收集原始载体。收集原始载体确有困难的，可以收集复制件，注明制作方法、制作时间、制作人等，并由有关单位或者个人确认后签字或者盖章。

第四十五条 根据案件调查需要，海关可以对有关货物、物品进行取样化验、鉴定。

海关提取样品时，当事人或者其代理人

应当到场；当事人或者其代理人未到场的，海关应当邀请见证人到场。提取的样品，海关应当予以加封，并由海关工作人员及当事人或者其代理人、见证人确认后签字或者盖章。

化验、鉴定应当交由海关化验鉴定机构或者委托国家认可的其他机构进行。

化验人、鉴定人进行化验、鉴定后，应当出具化验报告、鉴定结论，并签字或者盖章。

第四十六条　根据海关法有关规定，海关可以查询案件涉嫌单位和涉嫌人员在金融机构、邮政企业的存款、汇款。

海关查询案件涉嫌单位和涉嫌人员在金融机构、邮政企业的存款、汇款，应当出示海关协助查询通知书。

第四十七条　海关依法扣留的货物、物品、运输工具，在人民法院判决或者海关行政处罚决定作出之前，不得处理。但是，危险品或者鲜活、易腐、易烂、易失效、易变质等不宜长期保存的货物、物品以及所有人申请先行变卖的货物、物品、运输工具，经直属海关关长或者其授权的隶属海关关长批准，可以先行依法变卖，变卖所得价款由海关保存，并通知其所有人。

第四十八条　当事人有权根据海关法的规定要求海关工作人员回避。

第五章　海关行政处罚的决定和执行

第四十九条　海关作出暂停从事有关业务、撤销海关注册登记、禁止从事报关活动、对公民处 1 万元以上罚款、对法人或者其他组织处 10 万元以上罚款、没收有关货物、物品、走私运输工具等行政处罚决定之前，应当告知当事人有要求举行听证的权利；当事人要求听证的，海关应当组织听证。

海关行政处罚听证办法由海关总署制定。

第五十条　案件调查终结，海关关长应当对调查结果进行审查，根据不同情况，依法作出决定。

对情节复杂或者重大违法行为给予较重的行政处罚，应当由海关案件审理委员会集体讨论决定。

第五十一条　同一当事人实施了走私和违反海关监管规定的行为且二者之间有因果关系的，依照本实施条例对走私行为的规定从重处罚，对其违反海关监管规定的行为不再另行处罚。

同一当事人就同一批货物、物品分别实施了 2 个以上违反海关监管规定的行为且二者之间有因果关系的，依照本实施条例分别规定的处罚幅度，择其重者处罚。

第五十二条　对 2 个以上当事人共同实施的违法行为，应当区别情节及责任，分别给予处罚。

第五十三条　有下列情形之一的，应当从重处罚：

（一）因走私被判处刑罚或者被海关行政处罚后在 2 年内又实施走私行为的；

（二）因违反海关监管规定被海关行政处罚后在 1 年内又实施同一违反海关监管规定的行为的；

（三）有其他依法应当从重处罚的情形的。

第五十四条　海关对当事人违反海关法的行为依法给予行政处罚的，应当制作行政处罚决定书。

对同一当事人实施的 2 个以上违反海关法的行为，可以制发 1 份行政处罚决定书。

对 2 个以上当事人分别实施的违反海关法的行为，应当分别制发行政处罚决定书。

对 2 个以上当事人共同实施的违反海关法的行为，应当制发 1 份行政处罚决定书，区别情况对各当事人分别予以处罚，但需另案处理的除外。

第五十五条　行政处罚决定书应当依照有关法律规定送达当事人。

依法予以公告送达的，海关应当将行政处罚决定书的正本张贴在海关公告栏内，并在报纸上刊登公告。

第五十六条　海关作出没收货物、物品、走私运输工具的行政处罚决定，有关货物、物品、走私运输工具无法或者不便没收的，海关应当追缴上述货物、物品、走私运输工具的等值价款。

第五十七条　法人或者其他组织实施违反海关法的行为后，有合并、分立或者其他资产重组情形的，海关应当以原法人、组织作为当事人。

对原法人、组织处以罚款、没收违法所得或者依法追缴货物、物品、走私运输工具的等值价款的，应当以承受其权利义务的法人、组织作为被执行人。

第五十八条　罚款、违法所得和依法追缴的货物、物品、走私运输工具的等值价款，应当在海关行政处罚决定规定的期限内缴清。

当事人按期履行行政处罚决定、办结海关手续的，海关应当及时解除其担保。

第五十九条　受海关处罚的当事人或者其法定代表人、主要负责人应当在出境前缴清罚款、违法所得和依法追缴的货物、物品、走私运输工具的等值价款。在出境前未缴清上述款项的，应当向海关提供相当于上述款项的担保。未提供担保，当事人是自然人的，海关可以通知出境管理机关阻止其出境；当事人是法人或者其他组织的，海关可以通知出境管理机关阻止其法定代表人或者主要负责人出境。

第六十条　当事人逾期不履行行政处罚决定的，海关可以采取下列措施：

（一）到期不缴纳罚款的，每日按罚款数额的3%加处罚款；

（二）根据海关法规定，将扣留的货物、物品、运输工具变价抵缴，或者以当事人提供的担保抵缴；

（三）申请人民法院强制执行。

第六十一条　当事人确有经济困难，申请延期或者分期缴纳罚款的，经海关批准，可以暂缓或者分期缴纳罚款。

当事人申请延期或者分期缴纳罚款的，应当以书面形式提出，海关收到申请后，应当在10个工作日内作出决定，并通知申请人。海关同意当事人暂缓或者分期缴纳的，应当及时通知收缴罚款的机构。

第六十二条　有下列情形之一的，有关货物、物品、违法所得、运输工具、特制设备由海关予以收缴：

（一）依照《中华人民共和国行政处罚法》第三十条、第三十一条规定不予行政处罚的当事人携带、邮寄国家禁止进出境的货物、物品进出境的；

（二）散发性邮寄国家禁止、限制进出境的物品进出境或者携带数量零星的国家禁止进出境的物品进出境，依法可以不予行政处罚的；

（三）依法应当没收的货物、物品、违法所得、走私运输工具、特制设备，在海关作出行政处罚决定前，作为当事人的自然人死亡或者作为当事人的法人、其他组织终止，且无权利义务承受人的；

（四）走私违法事实基本清楚，但当事人无法查清，自海关公告之日起满3个月的；

（五）有违反法律、行政法规，应当予以收缴的其他情形的。

海关收缴前款规定的货物、物品、违法所得、运输工具、特制设备，应当制发清单，由被收缴人或者其代理人、见证人签字或者盖章。被收缴人无法查清且无见证人的，应当予以公告。

第六十三条　人民法院判决没收的走私货物、物品、违法所得、走私运输工具、特制设备，或者海关决定没收、收缴的货物、物品、违法所得、走私运输工具、特制设备，由海关依法统一处理，所得价款和海关收缴的罚款，全部上缴中央国库。

第六章　附　　则

第六十四条　本实施条例下列用语的含义是：

“设立海关的地点”，指海关在港口、车站、机场、国界孔道、国际邮件互换局（交换站）等海关监管区设立的卡口，海关在保税区、出口加工区等海关特殊监管区域设立的卡口，以及海关在海上设立的中途监管站。

“许可证件”，指依照国家有关规定，当事人应当事先申领，并由国家有关主管部门颁发的准予进口或者出口的证明、文件。

“合法证明”，指船舶及所载人员依照国家有关规定或者依照国际运输惯例所必须持有的证明其运输、携带、收购、贩卖所载货物、物品真实、合法、有效的商业单证、运输单证及其他有关证明、文件。

“物品”，指个人以运输、携带等方式进出境的行李物品、邮寄进出境的物品，包括货币、金银等。超出自用、合理数量的，视为货物。

“自用”，指旅客或者收件人本人自用、馈赠亲友而非为出售或者出租。

“合理数量”，指海关根据旅客或者收件人的情况、旅行目的和居留时间所确定的正常数量。

“货物价值”，指进出口货物的完税价格、关税、进口环节海关代征税之和。

“物品价值”，指进出境物品的完税价格、进口税之和。

“应纳税款”，指进出口货物、物品应当缴纳的进出口关税、进口环节海关代征税之和。

“专门用于走私的运输工具”，指专为走私而制造、改造、购买的运输工具。

“以上”、“以下”、“以内”、“届满”，均包括本数在内。

第六十五条 海关对外国人、无国籍人、外国企业或者其他组织给予行政处罚的，适用本实施条例。

第六十六条 国家禁止或者限制进出口的货物目录，由国务院对外贸易主管部门依照《中华人民共和国对外贸易法》的规定办理；国家禁止或者限制进出境的物品目录，由海关总署公布。

第六十七条 依照海关规章给予行政处罚的，应当遵守本实施条例规定的程序。

第六十八条 本实施条例自2004年11月1日起施行。1993年2月17日国务院批准修订、1993年4月1日海关总署发布的《中华人民共和国海关法行政处罚实施细则》同时废止。

中华人民共和国进出口关税条例

（2003年11月23日中华人民共和国国务院令第392号公布，根据2011年1月8日《国务院关于废止和修改部分行政法规的决定》第一次修订，根据2013年12月7日《国务院关于修改部分行政法规的决定》第二次修订，根据2016年2月6日《国务院关于修改部分行政法规的决定》第三次修订，根据2017年3月1日《国务院关于修改和废止部分行政法规的决定》第四次修订）

第一章 总 则

第一条 为了贯彻对外开放政策，促进对外经济贸易和国民经济的发展，根据《中华人民共和国海关法》（以下简称《海关法》）的有关规定，制定本条例。

第二条　中华人民共和国准许进出口的货物、进境物品，除法律、行政法规另有规定外，海关依照本条例规定征收进出口关税。

第三条　国务院制定《中华人民共和国进出口税则》（以下简称《税则》）、《中华人民共和国进境物品进口税税率表》（以下简称《进境物品进口税税率表》），规定关税的税目、税则号列和税率，作为本条例的组成部分。

第四条　国务院设立关税税则委员会，负责《税则》和《进境物品进口税税率表》的税目、税则号列和税率的调整和解释，报国务院批准后执行；决定实行暂定税率的货物、税率和期限；决定关税配额税率；决定征收反倾销税、反补贴税、保障措施关税、报复性关税以及决定实施其他关税措施；决定特殊情况下税率的适用，以及履行国务院规定的其他职责。

第五条　进口货物的收货人、出口货物的发货人、进境物品的所有人，是关税的纳税义务人。

第六条　海关及其工作人员应当依照法定职权和法定程序履行关税征管职责，维护国家利益，保护纳税人合法权益，依法接受监督。

第七条　纳税义务人有权要求海关对其商业秘密予以保密，海关应当依法为纳税义务人保密。

第八条　海关对检举或者协助查获违反本条例行为的单位和个人，应当按照规定给予奖励，并负责保密。

第二章　进出口货物关税税率的设置和适用

第九条　进口关税设置最惠国税率、协定税率、特惠税率、普通税率、关税配额税率等税率。对进口货物在一定期限内可以实行暂定税率。

出口关税设置出口税率。对出口货物在一定期限内可以实行暂定税率。

第十条　原产于共同适用最惠国待遇条款的世界贸易组织成员的进口货物，原产于与中华人民共和国签订含有相互给予最惠国待遇条款的双边贸易协定的国家或者地区的进口货物，以及原产于中华人民共和国境内的进口货物，适用最惠国税率。

原产于与中华人民共和国签订含有关税优惠条款的区域性贸易协定的国家或者地区的进口货物，适用协定税率。

原产于与中华人民共和国签订含有特殊关税优惠条款的贸易协定的国家或者地区的进口货物，适用特惠税率。

原产于本条第一款、第二款和第三款所列以外国家或者地区的进口货物，以及原产地不明的进口货物，适用普通税率。

第十一条　适用最惠国税率的进口货物有暂定税率的，应当适用暂定税率；适用协定税率、特惠税率的进口货物有暂定税率的，应当从低适用税率；适用普通税率的进口货物，不适用暂定税率。

适用出口税率的出口货物有暂定税率的，应当适用暂定税率。

第十二条　按照国家规定实行关税配额管理的进口货物，关税配额内的，适用关税配额税率；关税配额外的，其税率的适用按照本条例第十条、第十一条的规定执行。

第十三条　按照有关法律、行政法规的规定对进口货物采取反倾销、反补贴、保障措施的，其税率的适用按照《中华人民共和国反倾销条例》、《中华人民共和国反补贴条例》和《中华人民共和国保障措施条例》的有关规定执行。

第十四条　任何国家或者地区违反与中华人民共和国签订或者共同参加的贸易协定及相关协定，对中华人民共和国在贸易方面采取禁止、限制、加征关税或者其他影响正常贸易的措施的，对原产于该国家或者地区的进口货物可以征收报复性关税，适用报复性关税税率。

征收报复性关税的货物、适用国别、税率、期限和征收办法，由国务院关税税则委员会决定并公布。

第十五条 进出口货物，应当适用海关接受该货物申报进口或者出口之日实施的税率。

进口货物到达前，经海关核准先行申报的，应当适用装载该货物的运输工具申报进境之日实施的税率。

转关运输货物税率的适用日期，由海关总署另行规定。

第十六条 有下列情形之一，需缴纳税款的，应当适用海关接受申报办理纳税手续之日实施的税率：

（一）保税货物经批准不复运出境的；

（二）减免税货物经批准转让或者移作他用的；

（三）暂时进境货物经批准不复运出境，以及暂时出境货物经批准不复运进境的；

（四）租赁进口货物，分期缴纳税款的。

第十七条 补征和退还进出口货物关税，应当按照本条例第十五条或者第十六条的规定确定适用的税率。

因纳税义务人违反规定需要追征税款的，应当适用该行为发生之日实施的税率；行为发生之日不能确定的，适用海关发现该行为之日实施的税率。

第三章 进出口货物完税价格的确定

第十八条 进口货物的完税价格由海关以符合本条第三款所列条件的成交价格以及该货物运抵中华人民共和国境内输入地点起卸前的运输及其相关费用、保险费为基础审查确定。

进口货物的成交价格，是指卖方向中华人民共和国境内销售该货物时买方为进口该货物向卖方实付、应付的，并按照本条例第十九条、第二十条规定调整后的价款总额，包括直接支付的价款和间接支付的价款。

进口货物的成交价格应当符合下列条件：

（一）对买方处置或者使用该货物不予限制，但法律、行政法规规定实施的限制、对货物转售地域的限制和对货物价格无实质性影响的限制除外；

（二）该货物的成交价格没有因搭售或者其他因素的影响而无法确定；

（三）卖方不得从买方直接或者间接获得因该货物进口后转售、处置或者使用而产生的任何收益，或者虽有收益但能够按照本条例第十九条、第二十条的规定进行调整；

（四）买卖双方没有特殊关系，或者虽有特殊关系但未对成交价格产生影响。

第十九条 进口货物的下列费用应当计入完税价格：

（一）由买方负担的购货佣金以外的佣金和经纪费；

（二）由买方负担的在审查确定完税价格时与该货物视为一体的容器的费用；

（三）由买方负担的包装材料费用和包装劳务费用；

（四）与该货物的生产和向中华人民共和国境内销售有关的，由买方以免费或者以低于成本的方式提供并可以按适当比例分摊的料件、工具、模具、消耗材料及类似货物的价款，以及在境外开发、设计等相关服务的费用；

（五）作为该货物向中华人民共和国境内销售的条件，买方必须支付的、与该货物有关的特许权使用费；

（六）卖方直接或者间接从买方获得的该货物进口后转售、处置或者使用的收益。

第二十条 进口时在货物的价款中列明的下列税收、费用，不计入该货物的完税价格：

（一）厂房、机械、设备等货物进口后进行建设、安装、装配、维修和技术服务的费用；

（二）进口货物运抵境内输入地点起卸后的运输及其相关费用、保险费；

（三）进口关税及国内税收。

第二十一条　进口货物的成交价格不符合本条例第十八条第三款规定条件的，或者成交价格不能确定的，海关经了解有关情况，并与纳税义务人进行价格磋商后，依次以下列价格估定该货物的完税价格：

（一）与该货物同时或者大约同时向中华人民共和国境内销售的相同货物的成交价格。

（二）与该货物同时或者大约同时向中华人民共和国境内销售的类似货物的成交价格。

（三）与该货物进口的同时或者大约同时，将该进口货物、相同或者类似进口货物在第一级销售环节销售给无特殊关系买方最大销售总量的单位价格，但应当扣除本条例第二十二条规定的项目。

（四）按照下列各项总和计算的价格：生产该货物所使用的料件成本和加工费用，向中华人民共和国境内销售同等级或者同种类货物通常的利润和一般费用，该货物运抵境内输入地点起卸前的运输及其相关费用、保险费。

（五）以合理方法估定的价格。

纳税义务人向海关提供有关资料后，可以提出申请，颠倒前款第（三）项和第（四）项的适用次序。

第二十二条　按照本条例第二十一条第一款第（三）项规定估定完税价格，应当扣除的项目是指：

（一）同等级或者同种类货物在中华人民共和国境内第一级销售环节销售时通常的利润和一般费用以及通常支付的佣金；

（二）进口货物运抵境内输入地点起卸后的运输及其相关费用、保险费；

（三）进口关税及国内税收。

第二十三条　以租赁方式进口的货物，以海关审查确定的该货物的租金作为完税价格。

纳税义务人要求一次性缴纳税款的，纳税义务人可以选择按照本条例第二十一条的规定估定完税价格，或者按照海关审查确定的租金总额作为完税价格。

第二十四条　运往境外加工的货物，出境时已向海关报明并在海关规定的期限内复运进境的，应当以境外加工费和料件费以及复运进境的运输及其相关费用和保险费审查确定完税价格。

第二十五条　运往境外修理的机械器具、运输工具或者其他货物，出境时已向海关报明并在海关规定的期限内复运进境的，应当以境外修理费和料件费审查确定完税价格。

第二十六条　出口货物的完税价格由海关以该货物的成交价格以及该货物运至中华人民共和国境内输出地点装载前的运输及其相关费用、保险费为基础审查确定。

出口货物的成交价格，是指该货物出口时卖方为出口该货物应当向买方直接收取和间接收取的价款总额。

出口关税不计入完税价格。

第二十七条　出口货物的成交价格不能确定的，海关经了解有关情况，并与纳税义务人进行价格磋商后，依次以下列价格估定该货物的完税价格：

（一）与该货物同时或者大约同时向同一国家或者地区出口的相同货物的成交价格。

（二）与该货物同时或者大约同时向同一国家或者地区出口的类似货物的成交价格。

（三）按照下列各项总和计算的价格：境内生产相同或者类似货物的料件成本、加工费用，通常的利润和一般费用，境内发生的运输及其相关费用、保险费。

（四）以合理方法估定的价格。

第二十八条　按照本条例规定计入或者不计入完税价格的成本、费用、税收，应当以客观、可量化的数据为依据。

第四章　进出口货物关税的征收

第二十九条　进口货物的纳税义务人应当自运输工具申报进境之日起 14 日内，出口货物的纳税义务人除海关特准的外，应当在货物运抵海关监管区后、装货的 24 小时以前，向货物的进出境地海关申报。进出口货物转关运输的，按照海关总署的规定执行。

进口货物到达前，纳税义务人经海关核准可以先行申报。具体办法由海关总署另行规定。

第三十条　纳税义务人应当依法如实向海关申报，并按照海关的规定提供有关确定完税价格、进行商品归类、确定原产地以及采取反倾销、反补贴或者保障措施等所需的资料；必要时，海关可以要求纳税义务人补充申报。

第三十一条　纳税义务人应当按照《税则》规定的目录条文和归类总规则、类注、章注、子目注释以及其他归类注释，对其申报的进出口货物进行商品归类，并归入相应的税则号列；海关应当依法审核确定该货物的商品归类。

第三十二条　海关可以要求纳税义务人提供确定商品归类所需的有关资料；必要时，海关可以组织化验、检验，并将海关认定的化验、检验结果作为商品归类的依据。

第三十三条　海关为审查申报价格的真实性和准确性，可以查阅、复制与进出口货物有关的合同、发票、账册、结付汇凭证、单据、业务函电、录音录像制品和其他反映买卖双方关系及交易活动的资料。

海关对纳税义务人申报的价格有怀疑并且所涉关税数额较大的，经直属海关关长或者其授权的隶属海关关长批准，凭海关总署统一格式的协助查询账户通知书及有关工作人员的工作证件，可以查询纳税义务人在银行或者其他金融机构开立的单位账户的资金往来情况，并向银行业监督管理机构通报有关情况。

第三十四条　海关对纳税义务人申报的价格有怀疑的，应当将怀疑的理由书面告知纳税义务人，要求其在规定的期限内书面作出说明、提供有关资料。

纳税义务人在规定的期限内未作说明、未提供有关资料的，或者海关仍有理由怀疑申报价格的真实性和准确性的，海关可以不接受纳税义务人申报的价格，并按照本条例第三章的规定估定完税价格。

第三十五条　海关审查确定进出口货物的完税价格后，纳税义务人可以以书面形式要求海关就如何确定其进出口货物的完税价格作出书面说明，海关应当向纳税义务人作出书面说明。

第三十六条　进出口货物关税，以从价计征、从量计征或者国家规定的其他方式征收。

从价计征的计算公式为：应纳税额 = 完税价格 × 关税税率

从量计征的计算公式为：应纳税额 = 货物数量 × 单位税额

第三十七条　纳税义务人应当自海关填发税款缴款书之日起 15 日内向指定银行缴纳税款。纳税义务人未按期缴纳税款的，从滞纳税款之日起，按日加收滞纳税款万分之五的滞纳金。

海关可以对纳税义务人欠缴税款的情况予以公告。

海关征收关税、滞纳金等，应当制发缴款凭证，缴款凭证格式由海关总署规定。

第三十八条　海关征收关税、滞纳金等，应当按人民币计征。

进出口货物的成交价格以及有关费用以外币计价的，以中国人民银行公布的基准汇率折合为人民币计算完税价格；以基准汇率币种以外的外币计价的，按照国家有关规定套算为人民币计算完税价格。适用汇率的日期由海关总署规定。

第三十九条　纳税义务人因不可抗力或者在国家税收政策调整的情形下，不能按期缴纳税款的，经依法提供税款担保后，可以延期缴纳税款，但是最长不得超过6个月。

第四十条　进出口货物的纳税义务人在规定的纳税期限内有明显的转移、藏匿其应税货物以及其他财产迹象的，海关可以责令纳税义务人提供担保；纳税义务人不能提供担保的，海关可以按照《海关法》第六十一条的规定采取税收保全措施。

纳税义务人、担保人自缴纳税款期限届满之日起超过3个月仍未缴纳税款的，海关可以按照《海关法》第六十条的规定采取强制措施。

第四十一条　加工贸易的进口料件按照国家规定保税进口的，其制成品或者进口料件未在规定的期限内出口的，海关按照规定征收进口关税。

加工贸易的进口料件进境时按照国家规定征收进口关税的，其制成品或者进口料件在规定的期限内出口的，海关按照有关规定退还进境时已征收的关税税款。

第四十二条　暂时进境或者暂时出境的下列货物，在进境或者出境时纳税义务人向海关缴纳相当于应纳税款的保证金或者提供其他担保的，可以暂不缴纳关税，并应当自进境或者出境之日起6个月内复运出境或者复运进境；需要延长复运出境或者复运进境期限的，纳税义务人应当根据海关总署的规定向海关办理延期手续：

（一）在展览会、交易会、会议及类似活动中展示或者使用的货物；

（二）文化、体育交流活动中使用的表演、比赛用品；

（三）进行新闻报道或者摄制电影、电视节目使用的仪器、设备及用品；

（四）开展科研、教学、医疗活动使用的仪器、设备及用品；

（五）在本款第（一）项至第（四）项所列活动中使用的交通工具及特种车辆；

（六）货样；

（七）供安装、调试、检测设备时使用的仪器、工具；

（八）盛装货物的容器；

（九）其他用于非商业目的的货物。

第一款所列暂时进境货物在规定的期限内未复运出境的，或者暂时出境货物在规定的期限内未复运进境的，海关应当依法征收关税。

第一款所列可以暂时免征关税范围以外的其他暂时进境货物，应当按照该货物的完税价格和其在境内滞留时间与折旧时间的比例计算征收进口关税。具体办法由海关总署规定。

第四十三条　因品质或者规格原因，出口货物自出口之日起1年内原状复运进境的，不征收进口关税。

因品质或者规格原因，进口货物自进口之日起1年内原状复运出境的，不征收出口关税。

第四十四条　因残损、短少、品质不良或者规格不符原因，由进出口货物的发货人、承运人或者保险公司免费补偿或者更换的相同货物，进出口时不征收关税。被免费更换的原进口货物不退运出境或者原出口货物不退运进境的，海关应当对原进出口货物重新按照规定征收关税。

第四十五条　下列进出口货物，免征关税：

（一）关税税额在人民币50元以下的一票货物；

（二）无商业价值的广告品和货样；

（三）外国政府、国际组织无偿赠送的物资；

（四）在海关放行前损失的货物；

（五）进出境运输工具装载的途中必需的燃料、物料和饮食用品。

在海关放行前遭受损坏的货物，可以根据海关认定的受损程度减征关税。

法律规定的其他免征或者减征关税的货

物，海关根据规定予以免征或者减征。

第四十六条 特定地区、特定企业或者有特定用途的进出口货物减征或者免征关税，以及临时减征或者免征关税，按照国务院的有关规定执行。

第四十七条 进口货物减征或者免征进口环节海关代征税，按照有关法律、行政法规的规定执行。

第四十八条 纳税义务人进出口减免税货物的，除另有规定外，应当在进出口该货物之前，按照规定持有关文件向海关办理减免税审批手续。经海关审查符合规定的，予以减征或者免征关税。

第四十九条 需由海关监管使用的减免税进口货物，在监管年限内转让或者移作他用需要补税的，海关应当根据该货物进口时间折旧估价，补征进口关税。

特定减免税进口货物的监管年限由海关总署规定。

第五十条 有下列情形之一的，纳税义务人自缴纳税款之日起1年内，可以申请退还关税，并应当以书面形式向海关说明理由，提供原缴款凭证及相关资料：

（一）已征进口关税的货物，因品质或者规格原因，原状退货复运出境的；

（二）已征出口关税的货物，因品质或者规格原因，原状退货复运进境，并已重新缴纳因出口而退还的国内环节有关税收的；

（三）已征出口关税的货物，因故未装运出口，申报退关的。

海关应当自受理退税申请之日起30日内查实并通知纳税义务人办理退还手续。纳税义务人应当自收到通知之日起3个月内办理有关退税手续。

按照其他有关法律、行政法规规定应当退还关税的，海关应当按照有关法律、行政法规的规定退税。

第五十一条 进出口货物放行后，海关发现少征或者漏征税款的，应当自缴纳税款或者货物放行之日起1年内，向纳税义务人补征税款。但因纳税义务人违反规定造成少征或者漏征税款的，海关可以自缴纳税款或者货物放行之日起3年内追征税款，并从缴纳税款或者货物放行之日起按日加收少征或者漏征税款万分之五的滞纳金。

海关发现海关监管货物因纳税义务人违反规定造成少征或者漏征税款的，应当自纳税义务人应缴纳税款之日起3年内追征税款，并从应缴纳税款之日起按日加收少征或者漏征税款万分之五的滞纳金。

第五十二条 海关发现多征税款的，应当立即通知纳税义务人办理退还手续。

纳税义务人发现多缴税款的，自缴纳税款之日起1年内，可以以书面形式要求海关退还多缴的税款并加算银行同期活期存款利息；海关应当自受理退税申请之日起30日内查实并通知纳税义务人办理退还手续。

纳税义务人应当自收到通知之日起3个月内办理有关退税手续。

第五十三条 按照本条例第五十条、第五十二条的规定退还税款、利息涉及从国库中退库的，按照法律、行政法规有关国库管理的规定执行。

第五十四条 报关企业接受纳税义务人的委托，以纳税义务人的名义办理报关纳税手续，因报关企业违反规定而造成海关少征、漏征税款的，报关企业对少征或者漏征的税款、滞纳金与纳税义务人承担纳税的连带责任。

报关企业接受纳税义务人的委托，以报关企业的名义办理报关纳税手续的，报关企业与纳税义务人承担纳税的连带责任。

除不可抗力外，在保管海关监管货物期间，海关监管货物损毁或者灭失的，对海关监管货物负有保管义务的人应当承担相应的纳税责任。

第五十五条 欠税的纳税义务人，有合并、分立情形的，在合并、分立前，应当向海关报告，依法缴清税款。纳税义务人合并时未缴清税款的，由合并后的法人或者其他组织继续履行未履行的纳税义务；纳税义务人分立时未缴清税款的，分立后的法人或者其他组织对未履行的纳税义务承担连带责任。

纳税义务人在减免税货物、保税货物监管期间，有合并、分立或者其他资产重组情形的，应当向海关报告。按照规定需要缴税的，应当依法缴清税款；按照规定可以继续享受减免税、保税待遇的，应当到海关办理变更纳税义务人的手续。

纳税义务人欠税或者在减免税货物、保税货物监管期间，有撤销、解散、破产或者其他依法终止经营情形的，应当在清算前向海关报告。海关应当依法对纳税义务人的应缴税款予以清缴。

第五章　进境物品进口税的征收

第五十六条　进境物品的关税以及进口环节海关代征税合并为进口税，由海关依法征收。

第五十七条　海关总署规定数额以内的个人自用进境物品，免征进口税。

超过海关总署规定数额但仍在合理数量以内的个人自用进境物品，由进境物品的纳税义务人在进境物品放行前按照规定缴纳进口税。

超过合理、自用数量的进境物品应当按照进口货物依法办理相关手续。

国务院关税税则委员会规定按货物征税的进境物品，按照本条例第二章至第四章的规定征收关税。

第五十八条　进境物品的纳税义务人是指，携带物品进境的入境人员、进境邮递物品的收件人以及以其他方式进口物品的收件人。

第五十九条　进境物品的纳税义务人可以自行办理纳税手续，也可以委托他人办理纳税手续。接受委托的人应当遵守本章对纳税义务人的各项规定。

第六十条　进口税从价计征。

进口税的计算公式为：进口税税额 = 完税价格 × 进口税税率

第六十一条　海关应当按照《进境物品进口税税率表》及海关总署制定的《中华人民共和国进境物品归类表》、《中华人民共和国进境物品完税价格表》对进境物品进行归类、确定完税价格和确定适用税率。

第六十二条　进境物品，适用海关填发税款缴款书之日实施的税率和完税价格。

第六十三条　进口税的减征、免征、补征、追征、退还以及对暂准进境物品征收进口税参照本条例对货物征收进口关税的有关规定执行。

第六章　附　　则

第六十四条　纳税义务人、担保人对海关确定纳税义务人、确定完税价格、商品归类、确定原产地、适用税率或者汇率、减征或者免征税款、补税、退税、征收滞纳金、确定计征方式以及确定纳税地点有异议的，应当缴纳税款，并可以依法向上一级海关申请复议。对复议决定不服的，可以依法向人民法院提起诉讼。

第六十五条　进口环节海关代征税的征收管理，适用关税征收管理的规定。

第六十六条　有违反本条例规定行为的，按照《海关法》、《中华人民共和国海关行政处罚实施条例》和其他有关法律、行政法规的规定处罚。

第六十七条　本条例自 2004 年 1 月 1 日起施行。1992 年 3 月 18 日国务院修订发布的《中华人民共和国进出口关税条例》同时废止。

中华人民共和国海关进出口货物征税管理办法

（2005 年 1 月 4 日海关总署令第 124 号发布，根据 2010 年 11 月 26 日海关总署令第 198 号《海关总署关于修改部分规章的决定》第一次修正，根据 2014 年 3 月 13 日海关总署令第 218 号《海关总署关于修改部分规章的决定》第二次修正，根据 2017 年 12 月 20 日海关总署令第 235 号公布的《海关总署关于修改部分规章的决定》第三次修正，根据 2018 年 5 月 29 日海关总署令第 240 号《海关总署关于修改部分规章的决定》第四次修正）

第一章　总　　则

第一条　为了保证国家税收政策的贯彻实施，加强海关税收管理，确保依法征税，保障国家税收，维护纳税义务人的合法权益，根据《中华人民共和国海关法》（以下简称《海关法》）、《中华人民共和国进出口关税条例》（以下简称《关税条例》）以及其他有关法律、行政法规的规定，制定本办法。

第二条　海关征税工作，应当遵循准确归类、正确估价、依率计征、依法减免、严肃退补、及时入库的原则。

第三条　进出口关税、进口环节海关代征税的征收管理适用本办法。

进境物品进口税和船舶吨税的征收管理按照有关法律、行政法规和部门规章的规定执行，有关法律、行政法规、部门规章未作规定的，适用本办法。

第四条　海关应当按照国家有关规定承担保密义务，妥善保管纳税义务人提供的涉及商业秘密的资料，除法律、行政法规另有规定外，不得对外提供。

纳税义务人可以书面向海关提出为其保守商业秘密的要求，并且具体列明需要保密的内容，但不得以商业秘密为理由拒绝向海关提供有关资料。

第二章　进出口货物税款的征收

第一节　申报与审核

第五条　纳税义务人进出口货物时应当依法向海关办理申报手续，按照规定提交有关单证。海关认为必要时，纳税义务人还应当提供确定商品归类、完税价格、原产地等所需的相关资料。提供的资料为外文的，海关需要时，纳税义务人应当提供中文译文并且对译文内容负责。

进出口减免税货物的，纳税义务人还应当提交主管海关签发的《进出口货物征免税证明》（以下简称《征免税证明》），但本办法第七十条所列减免税货物除外。

第六条　纳税义务人应当按照法律、行政法规和海关规章关于商品归类、审定完税价格和原产地管理的有关规定，如实申报进出口货物的商品名称、税则号列（商品编号）、规格型号、价格、运保费及其他相关费用、原产地、数量等。

第七条　为审核确定进出口货物的商品归类、完税价格、原产地等，海关可以要求纳税义务人按照有关规定进行补充申报。纳税义务人认为必要时，也可以主动要求进行补充申报。

第八条　海关应当按照法律、行政法规和海关规章的规定，对纳税义务人申报的进出口货物商品名称、规格型号、税则号列、原产地、价格、成交条件、数量等进行审核。

海关可以根据口岸通关和货物进出口的具体情况，在货物通关环节仅对申报内容作程序性审核，在货物放行后再进行申报价格、商品归类、原产地等是否真实、正确的实质性核查。

第九条　海关为审核确定进出口货物的商品归类、完税价格及原产地等，可以对进出口货物进行查验，组织化验、检验或者对相关企业进行核查。

经审核，海关发现纳税义务人申报的进出口货物税则号列有误的，应当按照商品归类的有关规则和规定予以重新确定。

经审核，海关发现纳税义务人申报的进出口货物价格不符合成交价格条件，或者成交价格不能确定的，应当按照审定进出口货物完税价格的有关规定另行估价。

经审核，海关发现纳税义务人申报的进出口货物原产地有误的，应当通过审核纳税义务人提供的原产地证明、对货物进行实际查验或者审核其他相关单证等方法，按照海关原产地管理的有关规定予以确定。

经审核，海关发现纳税义务人提交的减免税申请或者所申报的内容不符合有关减免税规定的，应当按照规定计征税款。

纳税义务人违反海关规定，涉嫌伪报、瞒报的，应当按照规定移交海关调查或者缉私部门处理。

第十条　纳税义务人在货物实际进出口前，可以按照有关规定向海关申请对进出口货物进行商品预归类、价格预审核或者原产地预确定。海关审核确定后，应当书面通知纳税义务人，并且在货物实际进出口时予以认可。

第二节　税款的征收

第十一条　海关应当根据进出口货物的税则号列、完税价格、原产地、适用的税率和汇率计征税款。

第十二条　海关应当按照《关税条例》有关适用最惠国税率、协定税率、特惠税率、普通税率、出口税率、关税配额税率或者暂定税率，以及实施反倾销措施、反补贴措施、保障措施或者征收报复性关税等适用税率的规定，确定进出口货物适用的税率。

第十三条　进出口货物，应当适用海关接受该货物申报进口或者出口之日实施的税率。

进口货物到达前，经海关核准先行申报的，应当适用装载该货物的运输工具申报进境之日实施的税率。

进口转关运输货物，应当适用指运地海关接受该货物申报进口之日实施的税率；货物运抵指运地前，经海关核准先行申报的，应当适用装载该货物的运输工具抵达指运地之日实施的税率。

出口转关运输货物，应当适用启运地海关接受该货物申报出口之日实施的税率。

经海关批准，实行集中申报的进出口货物，应当适用每次货物进出口时海关接受该货物申报之日实施的税率。

因超过规定期限未申报而由海关依法变卖的进口货物，其税款计征应当适用装载该货物的运输工具申报进境之日实施的税率。

因纳税义务人违反规定需要追征税款的进出口货物，应当适用违反规定的行为发生之日实施的税率；行为发生之日不能确定的，适用海关发现该行为之日实施的税率。

第十四条　已申报进境并且放行的保税货物、减免税货物、租赁货物或者已申报进出境并且放行的暂时进出境货物，有下列情形之一需缴纳税款的，应当适用海关接受纳税义务人再次填写报关单申报办理纳税及有关手续之日实施的税率：

（一）保税货物经批准不复运出境的；

（二）保税仓储货物转入国内市场销售的；

（三）减免税货物经批准转让或者移作他用的；

（四）可以暂不缴纳税款的暂时进出境货物，不复运出境或者进境的；

（五）租赁进口货物，分期缴纳税款的。

第十五条 补征或者退还进出口货物税款，应当按照本办法第十三条和第十四条的规定确定适用的税率。

第十六条 进出口货物的价格及有关费用以外币计价的，海关按照该货物适用税率之日所适用的计征汇率折合为人民币计算完税价格。完税价格采用四舍五入法计算至分。

海关每月使用的计征汇率为上一个月第三个星期三（第三个星期三为法定节假日的，顺延采用第四个星期三）中国人民银行公布的外币对人民币的基准汇率；以基准汇率币种以外的外币计价的，采用同一时间中国银行公布的现汇买入价和现汇卖出价的中间值（人民币元后采用四舍五入法保留 4 位小数）。如果上述汇率发生重大波动，海关总署认为必要时，可以另行规定计征汇率，并且对外公布。

第十七条 海关应当按照《关税条例》的规定，以从价、从量或者国家规定的其他方式对进出口货物征收关税。

海关应当按照有关法律、行政法规规定的适用税种、税目、税率和计算公式对进口货物计征进口环节海关代征税。

除另有规定外，关税和进口环节海关代征税按照下述计算公式计征：

从价计征关税的计算公式为：应纳税额 = 完税价格 × 关税税率

从量计征关税的计算公式为：应纳税额 = 货物数量 × 单位关税税额

计征进口环节增值税的计算公式为：应纳税额 =（完税价格 + 实征关税税额 + 实征消费税税额）× 增值税税率

从价计征进口环节消费税的计算公式为：应纳税额 =〔（完税价格 + 实征关税税额）/（1 − 消费税税率）〕× 消费税税率

从量计征进口环节消费税的计算公式为：应纳税额 = 货物数量 × 单位消费税税额

第十八条 除另有规定外，海关应当在货物实际进境，并且完成海关现场接单审核工作之后及时填发税款缴款书。需要通过对货物进行查验确定商品归类、完税价格、原产地的，应当在查验核实之后填发或者更改税款缴款书。

纳税义务人收到税款缴款书后应当办理签收手续。

第十九条 海关税款缴款书一式六联，第一联（收据）由银行收款签章后交缴款单位或者纳税义务人；第二联（付款凭证）由缴款单位开户银行作为付出凭证；第三联（收款凭证）由收款国库作为收入凭证；第四联（回执）由国库盖章后退回海关财务部门；第五联（报查）国库收款后，关税专用缴款书退回海关，海关代征税专用缴款书送当地税务机关；第六联（存根）由填发单位存查。

第二十条 纳税义务人应当自海关填发税款缴款书之日起 15 日内向指定银行缴纳税款。逾期缴纳税款的，由海关自缴款期限届满之日起至缴清税款之日止，按日加收滞纳税款万分之五的滞纳金。纳税义务人应当自海关填发滞纳金缴款书之日起 15 日内向指定银行缴纳滞纳金。滞纳金缴款书的格式与税款缴款书相同。

缴款期限届满日遇星期六、星期日等休息日或者法定节假日的，应当顺延至休息日或者法定节假日之后的第一个工作日。国务院临时调整休息日与工作日的，海关应当按照调整后的情况计算缴款期限。

第二十一条 关税、进口环节海关代征税、滞纳金等，应当按人民币计征，采用四舍五入法计算至分。

滞纳金的起征点为50元。

第二十二条　银行收讫税款日为纳税义务人缴清税款之日。纳税义务人向银行缴纳税款后，应当及时将盖有证明银行已收讫税款的业务印章的税款缴款书送交填发海关验核，海关据此办理核注手续。

海关发现银行未按照规定及时将税款足额划转国库的，应当将有关情况通知国库。

第二十三条　纳税义务人缴纳税款前不慎遗失税款缴款书的，可以向填发海关提出补发税款缴款书的书面申请。海关应当自接到纳税义务人的申请之日起2个工作日内审核确认并且重新予以补发。海关补发的税款缴款书内容应当与原税款缴款书完全一致。

纳税义务人缴纳税款后遗失税款缴款书的，可以自缴纳税款之日起1年内向填发海关提出确认其已缴清税款的书面申请，海关经审查核实后，应当予以确认，但不再补发税款缴款书。

第二十四条　纳税义务人因不可抗力或者国家税收政策调整不能按期缴纳税款的，依法提供税款担保后，可以向海关办理延期缴纳税款手续。

第二十五条　散装进出口货物发生溢短装的，按照以下规定办理：

（一）溢装数量在合同、发票标明数量3%以内的，或者短装的，海关应当根据审定的货物单价，按照合同、发票标明数量计征税款。

（二）溢装数量超过合同、发票标明数量3%的，海关应当根据审定的货物单价，按照实际进出口数量计征税款。

第二十六条　纳税义务人、担保人自缴款期限届满之日起超过3个月仍未缴纳税款或者滞纳金的，海关可以按照《海关法》第六十条的规定采取强制措施。

纳税义务人在规定的缴纳税款期限内有明显的转移、藏匿其应税货物以及其他财产迹象的，海关可以责令纳税义务人向海关提供税款担保。纳税义务人不能提供税款担保的，海关可以按照《海关法》第六十一条的规定采取税收保全措施。

采取强制措施和税收保全措施的具体办法另行规定。

第三章　特殊进出口货物税款的征收

第一节　无代价抵偿货物

第二十七条　进口无代价抵偿货物，不征收进口关税和进口环节海关代征税；出口无代价抵偿货物，不征收出口关税。

前款所称无代价抵偿货物是指进出口货物在海关放行后，因残损、短少、品质不良或者规格不符原因，由进出口货物的发货人、承运人或者保险公司免费补偿或者更换的与原货物相同或者与合同规定相符的货物。

第二十八条　纳税义务人应当在原进出口合同规定的索赔期内且不超过原货物进出口之日起3年，向海关申报办理无代价抵偿货物的进出口手续。

第二十九条　纳税义务人申报进口无代价抵偿货物，应当提交买卖双方签订的索赔协议。

海关认为需要时，纳税义务人还应当提交具有资质的商品检验机构出具的原进口货物残损、短少、品质不良或者规格不符的检验证明书或者其他有关证明文件。

第三十条　纳税义务人申报出口无代价抵偿货物，应当提交买卖双方签订的索赔协议。

海关认为需要时，纳税义务人还应当提交具有资质的商品检验机构出具的原出口货物残损、短少、品质不良或者规格不符的检验证明书或者其他有关证明文件。

第三十一条　纳税义务人申报进出口的无代价抵偿货物，与退运出境或者退运进境的原货物不完全相同或者与合同规定不完全相符的，应当向海关说明原因。

海关经审核认为理由正当，且其税则号列未发生改变的，应当按照审定进出口货物完税价格的有关规定和原进出口货物适用的计征汇率、税率，审核确定其完税价格、计算应征税款。应征税款高于原进出口货物已征税款的，应当补征税款的差额部分。应征税款低于原进出口货物已征税款，且原进出口货物的发货人、承运人或者保险公司同时补偿货款的，海关应当退还补偿货款部分的相应税款；未补偿货款的，税款的差额部分不予退还。

纳税义务人申报进出口的免费补偿或者更换的货物，其税则号列与原货物的税则号列不一致的，不适用无代价抵偿货物的有关规定，海关应当按照一般进出口货物的有关规定征收税款。

第三十二条　纳税义务人申报进出口无代价抵偿货物，被更换的原进口货物不退运出境且不放弃交由海关处理的，或者被更换的原出口货物不退运进境的，海关应当按照接受无代价抵偿货物申报进出口之日适用的税率、计征汇率和有关规定对原进出口货物重新估价征税。

第三十三条　被更换的原进口货物退运出境时不征收出口关税。

被更换的原出口货物退运进境时不征收进口关税和进口环节海关代征税。

第二节　租赁进口货物

第三十四条　纳税义务人进口租赁货物，除另有规定外，应当向其所在地海关办理申报进口及申报纳税手续。

纳税义务人申报进口租赁货物，应当向海关提交租赁合同及其他有关文件。海关认为必要时，纳税义务人应当提供税款担保。

第三十五条　租赁进口货物自进境之日起至租赁结束办结海关手续之日止，应当接受海关监管。

一次性支付租金的，纳税义务人应当在申报租赁货物进口时办理纳税手续，缴纳税款。

分期支付租金的，纳税义务人应当在申报租赁货物进口时，按照第一期应当支付的租金办理纳税手续，缴纳相应税款；在其后分期支付租金时，纳税义务人向海关申报办理纳税手续应当不迟于每次支付租金后的第15日。纳税义务人未在规定期限内申报纳税的，海关按照纳税义务人每次支付租金后第15日该货物适用的税率、计征汇率征收相应税款，并且自本款规定的申报办理纳税手续期限届满之日起至纳税义务人申报纳税之日止按日加收应缴纳税款万分之五的滞纳金。

第三十六条　海关应当对租赁进口货物进行跟踪管理，督促纳税义务人按期向海关申报纳税，确保税款及时足额入库。

第三十七条　纳税义务人应当自租赁进口货物租期届满之日起30日内，向海关申请办结监管手续，将租赁进口货物复运出境。需留购、续租租赁进口货物的，纳税义务人向海关申报办理相关手续应当不迟于租赁进口货物租期届满后的第30日。

海关对留购的租赁进口货物，按照审定进口货物完税价格的有关规定和海关接受申报办理留购的相关手续之日该货物适用的计征汇率、税率，审核确定其完税价格、计征应缴纳的税款。

续租租赁进口货物的，纳税义务人应当向海关提交续租合同，并且按照本办法第三十四条和第三十五条的有关规定办理申报纳税手续。

第三十八条　纳税义务人未在本办法第三十七条第一款规定的期限内向海关申报办理留购租赁进口货物的相关手续的，海关除按照审定进口货物完税价格的有关规定和租期届满后第30日该货物适用的计征汇率、税率，审核确定其完税价格、计征应缴纳的税款外，还应当自租赁期限届满后30日起至纳税义务人申报纳税之日止按日加收应缴纳税款万分之五的滞纳金。

纳税义务人未在本办法第三十七条第一款规定的期限内向海关申报办理续租租赁进口货物的相关手续的，海关除按照本办法第三十五条的规定征收续租租赁进口货物应缴纳的税款外，还应当自租赁期限届满后30日起至纳税义务人申报纳税之日止按日加收应缴纳税款万分之五的滞纳金。

第三十九条　租赁进口货物租赁期未满终止租赁的，其租期届满之日为租赁终止日。

第三节　暂时进出境货物

第四十条　暂时进境或者暂时出境的货物，海关按照有关规定实施管理。

第四十一条　《关税条例》第四十二条第一款所列的暂时进出境货物，在海关规定期限内，可以暂不缴纳税款。

前款所述暂时进出境货物在规定期限届满后不再复运出境或者复运进境的，纳税义务人应当在规定期限届满前向海关申报办理进出口及纳税手续。海关按照有关规定征收税款。

第四十二条　《关税条例》第四十二条第一款所列范围以外的其他暂时进出境货物，海关按照审定进出口货物完税价格的有关规定和海关接受该货物申报进出境之日适用的计征汇率、税率，审核确定其完税价格、按月征收税款，或者在规定期限内货物复运出境或者复运进境时征收税款。

计征税款的期限为60个月。不足一个月但超过15天的，按一个月计征；不超过15天的，免予计征。计征税款的期限自货物放行之日起计算。

按月征收税款的计算公式为：

每月关税税额＝关税总额×（1/60）

每月进口环节代征税税额＝进口环节代征税总额×（1/60）

本条第一款所述暂时进出境货物在规定期限届满后不再复运出境或者复运进境的，纳税义务人应当在规定期限届满前向海关申报办理进出口及纳税手续，缴纳剩余税款。

第四十三条　暂时进出境货物未在规定期限内复运出境或者复运进境，且纳税义务人未在规定期限届满前向海关申报办理进出口及纳税手续的，海关除按照规定征收应缴纳的税款外，还应当自规定期限届满之日起至纳税义务人申报纳税之日止按日加收应缴纳税款万分之五的滞纳金。

第四十四条　本办法第四十一条至第四十三条中所称“规定期限”均包括暂时进出境货物延长复运出境或者复运进境的期限。

第四节　进出境修理货物和出境加工货物

第四十五条　纳税义务人在办理进境修理货物的进口申报手续时，应当向海关提交该货物的维修合同（或者含有保修条款的原出口合同），并且向海关提供进口税款担保或者由海关按照保税货物实施管理。进境修理货物应当在海关规定的期限内复运出境。

进境修理货物需要进口原材料、零部件的，纳税义务人在办理原材料、零部件进口申报手续时，应当向海关提供进口税款担保或者由海关按照保税货物实施管理。进口原材料、零部件只限用于进境修理货物的修理，修理剩余的原材料、零部件应当随进境修理货物一同复运出境。

第四十六条　进境修理货物及剩余进境原材料、零部件复运出境的，海关应当办理修理货物及原材料、零部件进境时纳税义务人提供的税款担保的退还手续；海关按照保税货物实施管理的，按照有关保税货物的管理规定办理。

因正当理由不能在海关规定期限内将进境修理货物复运出境的，纳税义务人应当在规定期限届满前向海关说明情况，申请延期复运出境。

第四十七条　进境修理货物未在海关允许期限（包括延长期，下同）内复运出境的，海关对其按照一般进出口货物的征税管理规定实施管理，将该货物进境时纳税义务人提供的税款担保转为税款。

第四十八条 纳税义务人在办理出境修理货物的出口申报手续时，应当向海关提交该货物的维修合同（或者含有保修条款的原进口合同）。出境修理货物应当在海关规定的期限内复运进境。

第四十九条 纳税义务人在办理出境修理货物复运进境的进口申报手续时，应当向海关提交该货物的维修发票等相关单证。

海关按照审定进口货物完税价格的有关规定和海关接受该货物申报复运进境之日适用的计征汇率、税率，审核确定其完税价格、计征进口税款。

因正当理由不能在海关规定期限内将出境修理货物复运进境的，纳税义务人应当在规定期限届满前向海关说明情况，申请延期复运进境。

第五十条 出境修理货物超过海关允许期限复运进境的，海关对其按照一般进口货物的征税管理规定征收进口税款。

第五十一条 纳税义务人在办理出境加工货物的出口申报手续时，应当向海关提交该货物的委托加工合同；出境加工货物属于征收出口关税的商品的，纳税义务人应当向海关提供出口税款担保。出境加工货物应当在海关规定的期限内复运进境。

第五十二条 纳税义务人在办理出境加工货物复运进境的进口申报手续时，应当向海关提交该货物的加工发票等相关单证。

海关按照审定进口货物完税价格的有关规定和海关接受该货物申报复运进境之日适用的计征汇率、税率，审核确定其完税价格、计征进口税款，同时办理解除该货物出境时纳税义务人提供税款担保的相关手续。

因正当理由不能在海关规定期限内将出境加工货物复运进境的，纳税义务人应当在规定期限届满前向海关说明情况，申请延期复运进境。

第五十三条 出境加工货物未在海关允许期限内复运进境的，海关对其按照一般进出口货物的征税管理规定实施管理，将该货物出境时纳税义务人提供的税款担保转为税款；出境加工货物复运进境时，海关按照一般进口货物的征税管理规定征收进口税款。

第五十四条 本办法第四十五条至第五十三条中所称“海关规定期限”和“海关允许期限”，由海关根据进出境修理货物、出境加工货物的有关合同规定以及具体实际情况予以确定。

第五节 退运货物

第五十五条 因品质或者规格原因，出口货物自出口放行之日起1年内原状退货复运进境的，纳税义务人在办理进口申报手续时，应当按照规定提交有关单证和证明文件。经海关确认后，对复运进境的原出口货物不予征收进口关税和进口环节海关代征税。

第五十六条 因品质或者规格原因，进口货物自进口放行之日起1年内原状退货复运出境的，纳税义务人在办理出口申报手续时，应当按照规定提交有关单证和证明文件。经海关确认后，对复运出境的原进口货物不予征收出口关税。

第四章 进出口货物税款的退还与补征

第五十七条 海关发现多征税款的，应当立即通知纳税义务人办理退税手续。纳税义务人应当自收到海关通知之日起3个月内办理有关退税手续。

第五十八条 纳税义务人发现多缴纳税款的，自缴纳税款之日起1年内，可以向海关申请退还多缴的税款并且加算银行同期活期存款利息。

纳税义务人向海关申请退还税款及利息时，应当提交下列材料：

（一）《退税申请书》；

（二）可以证明应予退税的材料。

第五十九条　已缴纳税款的进口货物，因品质或者规格原因原状退货复运出境的，纳税义务人自缴纳税款之日起1年内，可以向海关申请退税。

纳税义务人向海关申请退税时，应当提交下列材料：

（一）《退税申请书》；

（二）收发货人双方关于退货的协议。

第六十条　已缴纳出口关税的出口货物，因品质或者规格原因原状退货复运进境，并且已重新缴纳因出口而退还的国内环节有关税收的，纳税义务人自缴纳税款之日起1年内，可以向海关申请退税。

纳税义务人向海关申请退税时，应当提交下列材料：

（一）《退税申请书》；

（二）收发货人双方关于退货的协议和税务机关重新征收国内环节税的证明。

第六十一条　已缴纳出口关税的货物，因故未装运出口申报退关的，纳税义务人自缴纳税款之日起1年内，可以向海关申请退税，并提交《退税申请书》。

第六十二条　散装进出口货物发生短装并且已征税放行的，如果该货物的发货人、承运人或者保险公司已对短装部分退还或者赔偿相应货款，纳税义务人自缴纳税款之日起1年内，可以向海关申请退还进口或者出口短装部分的相应税款。

纳税义务人向海关申请退税时，应当提交下列材料：

（一）《退税申请书》；

（二）具有资质的商品检验机构出具的相关检验证明书；

（三）已经退款或者赔款的证明文件。

第六十三条　进出口货物因残损、品质不良、规格不符原因，或者发生本办法第六十二条规定以外的货物短少的情形，由进出口货物的发货人、承运人或者保险公司赔偿相应货款的，纳税义务人自缴纳税款之日起1年内，可以向海关申请退还赔偿货款部分的相应税款。

纳税义务人向海关申请退税时，应当提交下列材料：

（一）《退税申请书》；

（二）已经赔偿货款的证明文件。

第六十四条　海关收到纳税义务人的退税申请后应当进行审核。纳税义务人提交的申请材料齐全且符合规定形式的，海关应当予以受理，并且以海关收到申请材料之日作为受理之日；纳税义务人提交的申请材料不全或者不符合规定形式的，海关应当在收到申请材料之日起5个工作日内一次告知纳税义务人需要补正的全部内容，并且以海关收到全部补正申请材料之日为海关受理退税申请之日。

纳税义务人按照本办法第五十九条、第六十条或者第六十四条的规定申请退税的，海关认为需要时，可以要求纳税义务人提供具有资质的商品检验机构出具的原进口或者出口货物品质不良、规格不符或者残损、短少的检验证明书或者其他有关证明文件。

海关应当自受理退税申请之日起30日内查实并且通知纳税义务人办理退税手续或者不予退税的决定。纳税义务人应当自收到海关准予退税的通知之日起3个月内办理有关退税手续。

第六十五条　海关办理退税手续时，应当填发收入退还书，并且按照以下规定办理：

（一）按照本办法第五十八条规定应当同时退还多征税款部分所产生的利息的，应退利息按照海关填发收入退还书之日中国人民银行规定的活期储蓄存款利息率计算。计算应退利息的期限自纳税义务人缴纳税款之日起至海关填发收入退还书之日止。

（二）进口环节增值税已予抵扣的，该项增值税不予退还，但国家另有规定的除外。

（三）已征收的滞纳金不予退还。

退还税款、利息涉及从国库中退库的，

按照法律、行政法规有关国库管理的规定以及有关规章规定的具体实施办法执行。

第六十六条 进出口货物放行后，海关发现少征税款的，应当自缴纳税款之日起1年内，向纳税义务人补征税款；海关发现漏征税款的，应当自货物放行之日起1年内，向纳税义务人补征税款。

第六十七条 因纳税义务人违反规定造成少征税款的，海关应当自缴纳税款之日起3年内追征税款；因纳税义务人违反规定造成漏征税款的，海关应当自货物放行之日起3年内追征税款。海关除依法追征税款外，还应当自缴纳税款或者货物放行之日起至海关发现违规行为之日止按日加收少征或者漏征税款万分之五的滞纳金。

因纳税义务人违反规定造成海关监管货物少征或者漏征税款的，海关应当自纳税义务人应缴纳税款之日起3年内追征税款，并且自应缴纳税款之日起至海关发现违规行为之日止按日加收少征或者漏征税款万分之五的滞纳金。

前款所称“应缴纳税款之日”是指纳税义务人违反规定的行为发生之日；该行为发生之日不能确定的，应当以海关发现该行为之日作为应缴纳税款之日。

第六十八条 海关补征或者追征税款，应当制发《海关补征税款告知书》。纳税义务人应当自收到《海关补征税款告知书》之日起15日内到海关办理补缴税款的手续。

纳税义务人未在前款规定期限内办理补税手续的，海关应当在规定期限届满之日填发税款缴款书。

第六十九条 根据本办法第三十五条、第三十八条、第四十三条、第六十七条的有关规定，因纳税义务人违反规定需在征收税款的同时加收滞纳金的，如果纳税义务人未在规定的15天缴款期限内缴纳税款，海关依照本办法第二十条的规定另行加收自缴款期限届满之日起至缴清税款之日止滞纳税款的滞纳金。

第五章 进出口货物税款的减征与免征

第七十条 纳税义务人进出口减免税货物，应当在货物进出口前，按照规定凭有关文件向海关办理减免税审核确认手续。下列减免税进出口货物无需办理减免税审核确认手续：

（一）关税、进口环节增值税或者消费税税额在人民币50元以下的一票货物；

（二）无商业价值的广告品和货样；

（三）在海关放行前遭受损坏或者损失的货物；

（四）进出境运输工具装载的途中必需的燃料、物料和饮食用品；

（五）其他无需办理减免税审核确认手续的减征或者免征税款的货物。

第七十一条 对于本办法第七十条第（三）项所列货物，纳税义务人应当在申报时或者自海关放行货物之日起15日内书面向海关说明情况，提供相关证明材料。海关认为需要时，可以要求纳税义务人提供具有资质的商品检验机构出具的货物受损程度的检验证明书。海关根据实际受损程度予以减征或者免征税款。

第七十二条 除另有规定外，纳税义务人应当向其主管海关申请办理减免税审核确认手续。海关按照有关规定予以审核，并且签发《征免税证明》。

第七十三条 特定地区、特定企业或者有特定用途的特定减免税进口货物，应当接受海关监管。

特定减免税进口货物的监管年限为：

（一）船舶、飞机：8年；

（二）机动车辆：6年；

（三）其他货物：3年。

监管年限自货物进口放行之日起计算。

第七十四条 在特定减免税进口货物的监管年限内，纳税义务人应当自减免税货物放行之日起每年一次向主管海关报告减免税货物的状况；除经海关批准转让给其他享受同等税收优惠待遇的项目单位外，纳税义务人在补缴税款并且办理解除监管手续后，方可转让或者进行其他处置。

特定减免税进口货物监管年限届满时，自动解除海关监管。纳税义务人需要解除监管证明的，可以自监管年限届满之日起1年内，凭有关单证向海关申请领取解除监管证明。海关应当自接到纳税义务人的申请之日起20日内核实情况，并且填发解除监管证明。

第六章　进出口货物的税款担保

第七十五条　有下列情形之一，纳税义务人要求海关先放行货物的，应当按照海关初步确定的应缴税款向海关提供足额税款担保：

（一）海关尚未确定商品归类、完税价格、原产地等征税要件的；

（二）正在海关办理减免税审核确认手续的；

（三）正在海关办理延期缴纳税款手续的；

（四）暂时进出境的；

（五）进境修理和出境加工的，按保税货物实施管理的除外；

（六）因残损、品质不良或者规格不符，纳税义务人申报进口或者出口无代价抵偿货物时，原进口货物尚未退运出境或者尚未放弃交由海关处理的，或者原出口货物尚未退运进境的；

（七）其他按照有关规定需要提供税款担保的。

第七十六条　除另有规定外，税款担保期限一般不超过6个月，特殊情况需要延期的，应当经主管海关核准。

税款担保一般应当为保证金、银行或者非银行金融机构的保函，但另有规定的除外。

银行或者非银行金融机构的税款保函，其保证方式应当是连带责任保证。税款保函明确规定保证期间的，保证期间应当不短于海关批准的担保期限。

第七十七条　在海关批准的担保期限内，纳税义务人履行纳税义务的，海关应当自纳税义务人履行纳税义务之日起5个工作日内办结解除税款担保的相关手续。

在海关批准的担保期限内，纳税义务人未履行纳税义务，对收取税款保证金的，海关应当自担保期限届满之日起5个工作日内完成保证金转为税款的相关手续；对银行或者非银行金融机构提供税款保函的，海关应当自担保期限届满之日起6个月内或者在税款保函规定的保证期间内要求担保人履行相应的纳税义务。

第七章　附　　则

第七十八条　纳税义务人、担保人对海关确定纳税义务人、确定完税价格、商品归类、确定原产地、适用税率或者计征汇率、减征或者免征税款、补税、退税、征收滞纳金、确定计征方式以及确定纳税地点有异议的，应当按照海关作出的相关行政决定依法缴纳税款，并且可以依照《中华人民共和国行政复议法》和《中华人民共和国海关实施〈行政复议法〉办法》向上一级海关申请复议。对复议决定不服的，可以依法向人民法院提起诉讼。

第七十九条　违反本办法规定，构成违反海关监管规定行为、走私行为的，按照《海关法》、《中华人民共和国海关行政处罚实施条例》和其他有关法律、行政法规的规定处罚。构成犯罪的，依法追究刑事责任。

第八十条　保税货物和进出保税区、出口加工区、保税仓库及类似的保税监管场所的货物的税收管理，按照本办法规定执行。本办法未作规定的，按照有关法律、行政法规和海关规章的规定执行。

第八十一条　通过电子数据交换方式申报纳税和缴纳税款的管理办法，另行制定。

第八十二条 本办法所规定的文书由海关总署另行制定并且发布。

第八十三条 本办法由海关总署负责解释。

第八十四条 本办法自2005年3月1日起施行。1986年9月30日由中华人民共和国海关总署发布的《海关征税管理办法》同时废止。

中华人民共和国海关稽查条例

（1997年1月3日中华人民共和国国务院令第209号发布，根据2011年1月8日《国务院关于废止和修改部分行政法规的决定》第一次修订，根据2016年6月19日《国务院关于修改〈中华人民共和国海关稽查条例〉的决定》第二次修订，根据2022年3月29日《国务院关于修改和废止部分行政法规的决定》第三次修订）

第一章 总 则

第一条 为了建立、健全海关稽查制度，加强海关监督管理，维护正常的进出口秩序和当事人的合法权益，保障国家税收收入，促进对外贸易的发展，根据《中华人民共和国海关法》（以下简称海关法），制定本条例。

第二条 本条例所称海关稽查，是指海关自进出口货物放行之日起3年内或者在保税货物、减免税进口货物的海关监管期限内及其后的3年内，对与进出口货物直接有关的企业、单位的会计账簿、会计凭证、报关单证以及其他有关资料（以下统称账簿、单证等有关资料）和有关进出口货物进行核查，监督其进出口活动的真实性和合法性。

第三条 海关对下列与进出口货物直接有关的企业、单位实施海关稽查：

（一）从事对外贸易的企业、单位；

（二）从事对外加工贸易的企业；

（三）经营保税业务的企业；

（四）使用或者经营减免税进口货物的企业、单位；

（五）从事报关业务的企业；

（六）海关总署规定的与进出口货物直接有关的其他企业、单位。

第四条 海关根据稽查工作需要，可以向有关行业协会、政府部门和相关企业等收集特定商品、行业与进出口活动有关的信息。收集的信息涉及商业秘密的，海关应当予以保密。

第五条 海关和海关工作人员执行海关稽查职务，应当客观公正，实事求是，廉洁奉公，保守被稽查人的商业秘密，不得侵犯被稽查人的合法权益。

第二章 账簿、单证等有关资料的管理

第六条 与进出口货物直接有关的企业、单位所设置、编制的会计账簿、会计凭证、会计报表和其他会计资料，应当真实、准确、完整地记录和反映进出口业务的有关情况。

第七条 与进出口货物直接有关的企业、单位应当依照有关法律、行政法规规定的保管期限，保管会计账簿、会计凭证、会计报表和其他会计资料。

报关单证、进出口单证、合同以及与进

出口业务直接有关的其他资料，应当在本条例第二条规定的期限内保管。

第八条　与进出口货物直接有关的企业、单位会计制度健全，能够通过计算机正确、完整地记账、核算的，其计算机储存和输出的会计记录视同会计资料。

第三章　海关稽查的实施

第九条　海关应当按照海关监管的要求，根据与进出口货物直接有关的企业、单位的进出口信用状况和风险状况以及进出口货物的具体情况，确定海关稽查重点。

第十条　海关进行稽查时，应当在实施稽查的3日前，书面通知被稽查人。在被稽查人有重大违法嫌疑，其账簿、单证等有关资料以及进出口货物可能被转移、隐匿、毁弃等紧急情况下，经直属海关关长或者其授权的隶属海关关长批准，海关可以不经事先通知进行稽查。

第十一条　海关进行稽查时，应当组成稽查组。稽查组的组成人员不得少于2人。

第十二条　海关进行稽查时，海关工作人员应当出示海关稽查证。

海关稽查证，由海关总署统一制发。

第十三条　海关进行稽查时，海关工作人员与被稽查人有直接利害关系的，应当回避。

第十四条　海关进行稽查时，可以行使下列职权：

（一）查阅、复制被稽查人的账簿、单证等有关资料；

（二）进入被稽查人的生产经营场所、货物存放场所，检查与进出口活动有关的生产经营情况和货物；

（三）询问被稽查人的法定代表人、主要负责人员和其他有关人员与进出口活动有关的情况和问题；

（四）经直属海关关长或者其授权的隶属海关关长批准，查询被稽查人在商业银行或者其他金融机构的存款账户。

第十五条　海关进行稽查时，发现被稽查人有可能转移、隐匿、篡改、毁弃账簿、单证等有关资料的，经直属海关关长或者其授权的隶属海关关长批准，可以查封、扣押其账簿、单证等有关资料以及相关电子数据存储介质。采取该项措施时，不得妨碍被稽查人正常的生产经营活动。

海关对有关情况查明或者取证后，应当立即解除对账簿、单证等有关资料以及相关电子数据存储介质的查封、扣押。

第十六条　海关进行稽查时，发现被稽查人的进出口货物有违反海关法和其他有关法律、行政法规规定的嫌疑的，经直属海关关长或者其授权的隶属海关关长批准，可以查封、扣押有关进出口货物。

第十七条　被稽查人应当配合海关稽查工作，并提供必要的工作条件。

第十八条　被稽查人应当接受海关稽查，如实反映情况，提供账簿、单证等有关资料，不得拒绝、拖延、隐瞒。

被稽查人使用计算机记账的，应当向海关提供记账软件、使用说明书及有关资料。

第十九条　海关查阅、复制被稽查人的账簿、单证等有关资料或者进入被稽查人的生产经营场所、货物存放场所检查时，被稽查人的法定代表人或者主要负责人员或者其指定的代表应当到场，并按照海关的要求清点账簿、打开货物存放场所、搬移货物或者开启货物包装。

第二十条　海关进行稽查时，与被稽查人有财务往来或者其他商务往来的企业、单位应当向海关如实反映被稽查人的有关情况，提供有关资料和证明材料。

第二十一条　海关进行稽查时，可以委托会计、税务等方面的专业机构就相关问题作出专业结论。

被稽查人委托会计、税务等方面的专业机构作出的专业结论，可以作为海关稽查的参考依据。

第二十二条　海关稽查组实施稽查后，应当向海关报送稽查报告。稽查报告认定被稽查人涉嫌违法的，在报送海关前应当就稽查报告认定的事实征求被稽查人的意见，被稽查人应当自收到相关材料之日起 7 日内，将其书面意见送交海关。

第二十三条 海关应当自收到稽查报告之日起 30 日内，作出海关稽查结论并送达被稽查人。

海关应当在稽查结论中说明作出结论的理由，并告知被稽查人的权利。

第四章 海关稽查的处理

第二十四条 经海关稽查，发现关税或者其他进口环节的税收少征或者漏征的，由海关依照海关法和有关税收法律、行政法规的规定向被稽查人补征；因被稽查人违反规定而造成少征或者漏征的，由海关依照海关法和有关税收法律、行政法规的规定追征。

被稽查人在海关规定的期限内仍未缴纳税款的，海关可以依照海关法第六十条第一款、第二款的规定采取强制执行措施。

第二十五条 依照本条例第十六条的规定查封、扣押的有关进出口货物，经海关稽查排除违法嫌疑的，海关应当立即解除查封、扣押；经海关稽查认定违法的，由海关依照海关法和海关行政处罚实施条例的规定处理。

第二十六条 经海关稽查，认定被稽查人有违反海关监管规定的行为的，由海关依照海关法和海关行政处罚实施条例的规定处理。

与进出口货物直接有关的企业、单位主动向海关报告其违反海关监管规定的行为，并接受海关处理的，应当从轻或者减轻行政处罚。

第二十七条 经海关稽查，发现被稽查人有走私行为，构成犯罪的，依法追究刑事责任；尚不构成犯罪的，由海关依照海关法和海关行政处罚实施条例的规定处理。

第二十八条 海关通过稽查决定补征或者追征的税款、没收的走私货物和违法所得以及收缴的罚款，全部上缴国库。

第二十九条 被稽查人同海关发生纳税争议的，依照海关法第六十四条的规定办理。

第五章 法律责任

第三十条 被稽查人有下列行为之一的，由海关责令限期改正，逾期不改正的，处 2 万元以上 10 万元以下的罚款；情节严重的，禁止其从事报关活动；对负有直接责任的主管人员和其他直接责任人员处 5000 元以上 5 万元以下的罚款；构成犯罪的，依法追究刑事责任：

（一）向海关提供虚假情况或者隐瞒重要事实；

（二）拒绝、拖延向海关提供账簿、单证等有关资料以及相关电子数据存储介质；

（三）转移、隐匿、篡改、毁弃报关单证、进出口单证、合同、与进出口业务直接有关的其他资料以及相关电子数据存储介质。

第三十一条 被稽查人未按照规定编制或者保管报关单证、进出口单证、合同以及与进出口业务直接有关的其他资料的，由海关责令限期改正，逾期不改正的，处 1 万元以上 5 万元以下的罚款；情节严重的，禁止其从事报关活动；对负有直接责任的主管人员和其他直接责任人员处 1000 元以上 5000 元以下的罚款。

第三十二条 被稽查人未按照规定设置或者编制账簿，或者转移、隐匿、篡改、毁弃账簿的，依照会计法的有关规定追究法律责任。

第三十三条 海关工作人员在稽查中玩忽职守、徇私舞弊、滥用职权，或者利用职务上的便利，收受、索取被稽查人的财物，构成犯罪的，依法追究刑事责任；尚不构成犯罪的，依法给予处分。

第六章 附 则

第三十四条 本条例自发布之日起施行。

中华人民共和国发票管理办法

（1993年12月12日国务院批准，1993年12月23日财政部令第6号发布，根据2010年12月20日《国务院关于修改〈中华人民共和国发票管理办法〉的决定》第一次修订，根据2019年3月2日《国务院关于修改部分行政法规的决定》第二次修订，根据2023年7月20日《国务院关于修改和废止部分行政法规的决定》第三次修订）

第一章　总　　则

第一条　为了加强发票管理和财务监督，保障国家税收收入，维护经济秩序，根据《中华人民共和国税收征收管理法》，制定本办法。

第二条　在中华人民共和国境内印制、领用、开具、取得、保管、缴销发票的单位和个人（以下称印制、使用发票的单位和个人），必须遵守本办法。

第三条　本办法所称发票，是指在购销商品、提供或者接受服务以及从事其他经营活动中，开具、收取的收付款凭证。

发票包括纸质发票和电子发票。电子发票与纸质发票具有同等法律效力。国家积极推广使用电子发票。

第四条　发票管理工作应当坚持和加强党的领导，为经济社会发展服务。

国务院税务主管部门统一负责全国的发票管理工作。省、自治区、直辖市税务机关依据职责做好本行政区域内的发票管理工作。

财政、审计、市场监督管理、公安等有关部门在各自的职责范围内，配合税务机关做好发票管理工作。

第五条　发票的种类、联次、内容、编码规则、数据标准、使用范围等具体管理办法由国务院税务主管部门规定。

第六条　对违反发票管理法规的行为，任何单位和个人可以举报。税务机关应当为检举人保密，并酌情给予奖励。

第二章　发票的印制

第七条　增值税专用发票由国务院税务主管部门确定的企业印制；其他发票，按照国务院税务主管部门的规定，由省、自治区、直辖市税务机关确定的企业印制。禁止私自印制、伪造、变造发票。

第八条　印制发票的企业应当具备下列条件：

（一）取得印刷经营许可证和营业执照；

（二）设备、技术水平能够满足印制发票的需要；

（三）有健全的财务制度和严格的质量监督、安全管理、保密制度。

税务机关应当按照政府采购有关规定确定印制发票的企业。

第九条　印制发票应当使用国务院税务主管部门确定的全国统一的发票防伪专用品。禁止非法制造发票防伪专用品。

第十条　发票应当套印全国统一发票监制章。全国统一发票监制章的式样和发票版面印刷的要求，由国务院税务主管部门规定。发票监制章由省、自治区、直辖市税务机关制作。禁止伪造发票监制章。

发票实行不定期换版制度。

第十一条　印制发票的企业按照税务机关的统一规定，建立发票印制管理制度和保管措施。

发票监制章和发票防伪专用品的使用和管理实行专人负责制度。

第十二条　印制发票的企业必须按照税务机关确定的式样和数量印制发票。

第十三条　发票应当使用中文印制。民族自治地方的发票，可以加印当地一种通用的民族文字。有实际需要的，也可以同时使用中外两种文字印制。

第十四条　各省、自治区、直辖市内的单位和个人使用的发票，除增值税专用发票外，应当在本省、自治区、直辖市内印制；确有必要到外省、自治区、直辖市印制的，应当由省、自治区、直辖市税务机关商印制地省、自治区、直辖市税务机关同意后确定印制发票的企业。

禁止在境外印制发票。

第三章　发票的领用

第十五条　需要领用发票的单位和个人，应当持设立登记证件或者税务登记证件，以及经办人身份证明，向主管税务机关办理发票领用手续。领用纸质发票的，还应当提供按照国务院税务主管部门规定式样制作的发票专用章的印模。主管税务机关根据领用单位和个人的经营范围、规模和风险等级，在5个工作日内确认领用发票的种类、数量以及领用方式。

单位和个人领用发票时，应当按照税务机关的规定报告发票使用情况，税务机关应当按照规定进行查验。

第十六条　需要临时使用发票的单位和个人，可以凭购销商品、提供或者接受服务以及从事其他经营活动的书面证明、经办人身份证明，直接向经营地税务机关申请代开发票。依照税收法律、行政法规规定应当缴纳税款的，税务机关应当先征收税款，再开具发票。税务机关根据发票管理的需要，可以按照国务院税务主管部门的规定委托其他单位代开发票。

禁止非法代开发票。

第十七条　临时到本省、自治区、直辖市以外从事经营活动的单位或者个人，应当凭所在地税务机关的证明，向经营地税务机关领用经营地的发票。

临时在本省、自治区、直辖市以内跨市、县从事经营活动领用发票的办法，由省、自治区、直辖市税务机关规定。

第四章　发票的开具和保管

第十八条　销售商品、提供服务以及从事其他经营活动的单位和个人，对外发生经营业务收取款项，收款方应当向付款方开具发票；特殊情况下，由付款方向收款方开具发票。

第十九条　所有单位和从事生产、经营活动的个人在购买商品、接受服务以及从事其他经营活动支付款项，应当向收款方取得发票。取得发票时，不得要求变更品名和金额。

第二十条　不符合规定的发票，不得作为财务报销凭证，任何单位和个人有权拒收。

第二十一条　开具发票应当按照规定的时限、顺序、栏目，全部联次一次性如实开具，开具纸质发票应当加盖发票专用章。

任何单位和个人不得有下列虚开发票行为：

（一）为他人、为自己开具与实际经营业务情况不符的发票；

（二）让他人为自己开具与实际经营业务情况不符的发票；

（三）介绍他人开具与实际经营业务情况不符的发票。

第二十二条　安装税控装置的单位和个人，应当按照规定使用税控装置开具发票，并按期向主管税务机关报送开具发票的数据。

使用非税控电子器具开具发票的，应当将非税控电子器具使用的软件程序说明资料报主管税务机关备案，并按照规定保存、报送开具发票的数据。

单位和个人开发电子发票信息系统自用或者为他人提供电子发票服务的，应当遵守国务院税务主管部门的规定。

第二十三条　任何单位和个人应当按照发票管理规定使用发票，不得有下列行为：

（一）转借、转让、介绍他人转让发票、发票监制章和发票防伪专用品；

（二）知道或者应当知道是私自印制、伪造、变造、非法取得或者废止的发票而受让、开具、存放、携带、邮寄、运输；

（三）拆本使用发票；

（四）扩大发票使用范围；

（五）以其他凭证代替发票使用；

（六）窃取、截留、篡改、出售、泄露发票数据。

税务机关应当提供查询发票真伪的便捷渠道。

第二十四条　除国务院税务主管部门规定的特殊情形外，纸质发票限于领用单位和个人在本省、自治区、直辖市内开具。

省、自治区、直辖市税务机关可以规定跨市、县开具纸质发票的办法。

第二十五条　除国务院税务主管部门规定的特殊情形外，任何单位和个人不得跨规定的使用区域携带、邮寄、运输空白发票。

禁止携带、邮寄或者运输空白发票出入境。

第二十六条　开具发票的单位和个人应当建立发票使用登记制度，配合税务机关进行身份验证，并定期向主管税务机关报告发票使用情况。

第二十七条　开具发票的单位和个人应当在办理变更或者注销税务登记的同时，办理发票的变更、缴销手续。

第二十八条　开具发票的单位和个人应当按照国家有关规定存放和保管发票，不得擅自损毁。已经开具的发票存根联，应当保存5年。

第五章　发票的检查

第二十九条　税务机关在发票管理中有权进行下列检查：

（一）检查印制、领用、开具、取得、保管和缴销发票的情况；

（二）调出发票查验；

（三）查阅、复制与发票有关的凭证、资料；

（四）向当事各方询问与发票有关的问题和情况；

（五）在查处发票案件时，对与案件有关的情况和资料，可以记录、录音、录像、照像和复制。

第三十条　印制、使用发票的单位和个人，必须接受税务机关依法检查，如实反映情况，提供有关资料，不得拒绝、隐瞒。

税务人员进行检查时，应当出示税务检查证。

第三十一条　税务机关需要将已开具的发票调出查验时，应当向被查验的单位和个人开具发票换票证。发票换票证与所调出查验的发票有同等的效力。被调出查验发票的单位和个人不得拒绝接受。

税务机关需要将空白发票调出查验时，应当开具收据；经查无问题的，应当及时返还。

第三十二条　单位和个人从中国境外取得的与纳税有关的发票或者凭证，税务机关在纳税审查时有疑义的，可以要求其提供境外公证机构或者注册会计师的确认证明，经税务机关审核认可后，方可作为记账核算的凭证。

第六章　罚　　则

第三十三条　违反本办法的规定，有下列情形之一的，由税务机关责令改正，可以处 1 万元以下的罚款；有违法所得的予以没收：

（一）应当开具而未开具发票，或者未按照规定的时限、顺序、栏目，全部联次一次性开具发票，或者未加盖发票专用章的；

（二）使用税控装置开具发票，未按期向主管税务机关报送开具发票的数据的；

（三）使用非税控电子器具开具发票，未将非税控电子器具使用的软件程序说明资料报主管税务机关备案，或者未按照规定保存、报送开具发票的数据的；

（四）拆本使用发票的；

（五）扩大发票使用范围的；

（六）以其他凭证代替发票使用的；

（七）跨规定区域开具发票的；

（八）未按照规定缴销发票的；

（九）未按照规定存放和保管发票的。

第三十四条 跨规定的使用区域携带、邮寄、运输空白发票，以及携带、邮寄或者运输空白发票出入境的，由税务机关责令改正，可以处 1 万元以下的罚款；情节严重的，处 1 万元以上 3 万元以下的罚款；有违法所得的予以没收。

丢失发票或者擅自损毁发票的，依照前款规定处罚。

第三十五条 违反本办法的规定虚开发票的，由税务机关没收违法所得；虚开金额在 1 万元以下的，可以并处 5 万元以下的罚款；虚开金额超过 1 万元的，并处 5 万元以上 50 万元以下的罚款；构成犯罪的，依法追究刑事责任。

非法代开发票的，依照前款规定处罚。

第三十六条 私自印制、伪造、变造发票，非法制造发票防伪专用品，伪造发票监制章，窃取、截留、篡改、出售、泄露发票数据的，由税务机关没收违法所得，没收、销毁作案工具和非法物品，并处 1 万元以上 5 万元以下的罚款；情节严重的，并处 5 万元以上 50 万元以下的罚款；构成犯罪的，依法追究刑事责任。

前款规定的处罚，《中华人民共和国税收征收管理法》有规定的，依照其规定执行。

第三十七条 有下列情形之一的，由税务机关处 1 万元以上 5 万元以下的罚款；情节严重的，处 5 万元以上 50 万元以下的罚款；有违法所得的予以没收：

（一）转借、转让、介绍他人转让发票、发票监制章和发票防伪专用品的；

（二）知道或者应当知道是私自印制、伪造、变造、非法取得或者废止的发票而受让、开具、存放、携带、邮寄、运输的。

第三十八条 对违反发票管理规定 2 次以上或者情节严重的单位和个人，税务机关可以向社会公告。

第三十九条 违反发票管理法规，导致其他单位或者个人未缴、少缴或者骗取税款的，由税务机关没收违法所得，可以并处未缴、少缴或者骗取的税款 1 倍以下的罚款。

第四十条 当事人对税务机关的处罚决定不服的，可以依法申请行政复议或者向人民法院提起行政诉讼。

第四十一条 税务人员利用职权之便，故意刁难印制、使用发票的单位和个人，或者有违反发票管理法规行为的，依照国家有关规定给予处分；构成犯罪的，依法追究刑事责任。

第七章 附　　则

第四十二条 国务院税务主管部门可以根据有关行业特殊的经营方式和业务需求，会同国务院有关主管部门制定该行业的发票管理办法。

国务院税务主管部门可以根据增值税专用发票管理的特殊需要，制定增值税专用发票的具体管理办法。

第四十三条 本办法自发布之日起施行。财政部 1986 年发布的《全国发票管理暂行办法》和原国家税务局 1991 年发布的《关于对外商投资企业和外国企业发票管理的暂行规定》同时废止。

中华人民共和国城镇土地使用税暂行条例

（1988年9月27日中华人民共和国国务院令第17号发布，根据2006年12月31日《国务院关于修改〈中华人民共和国城镇土地使用税暂行条例〉的决定》第一次修订，根据2011年1月8日《国务院关于废止和修改部分行政法规的决定》第二次修订，根据2013年12月7日《国务院关于修改部分行政法规的决定》第三次修订，根据2019年3月2日《国务院关于修改部分行政法规的决定》第四次修订）

第一条　为了合理利用城镇土地，调节土地级差收入，提高土地使用效益，加强土地管理，制定本条例。

第二条　在城市、县城、建制镇、工矿区范围内使用土地的单位和个人，为城镇土地使用税（以下简称土地使用税）的纳税人，应当依照本条例的规定缴纳土地使用税。

前款所称单位，包括国有企业、集体企业、私营企业、股份制企业、外商投资企业、外国企业以及其他企业和事业单位、社会团体、国家机关、军队以及其他单位；所称个人，包括个体工商户以及其他个人。

第三条　土地使用税以纳税人实际占用的土地面积为计税依据，依照规定税额计算征收。

前款土地占用面积的组织测量工作，由省、自治区、直辖市人民政府根据实际情况确定。

第四条　土地使用税每平方米年税额如下：

（一）大城市1.5元至30元；

（二）中等城市1.2元至24元；

（三）小城市0.9元至18元；

（四）县城、建制镇、工矿区0.6元至12元。

第五条　省、自治区、直辖市人民政府，应当在本条例第四条规定的税额幅度内，根据市政建设状况、经济繁荣程度等条件，确定所辖地区的适用税额幅度。

市、县人民政府应当根据实际情况，将本地区土地划分为若干等级，在省、自治区、直辖市人民政府确定的税额幅度内，制定相应的适用税额标准，报省、自治区、直辖市人民政府批准执行。

经省、自治区、直辖市人民政府批准，经济落后地区土地使用税的适用税额标准可以适当降低，但降低额不得超过本条例第四条规定最低税额的30%。经济发达地区土地使用税的适用税额标准可以适当提高，但须报经财政部批准。

第六条　下列土地免缴土地使用税：

（一）国家机关、人民团体、军队自用的土地；

（二）由国家财政部门拨付事业经费的单位自用的土地；

（三）宗教寺庙、公园、名胜古迹自用的土地；

（四）市政街道、广场、绿化地带等公共用地；

（五）直接用于农、林、牧、渔业的生产用地；

（六）经批准开山填海整治的土地和改造的废弃土地，从使用的月份起免缴土地使用税5年至10年；

（七）由财政部另行规定免税的能源、交通、水利设施用地和其他用地。

第七条　除本条例第六条规定外，纳税人缴纳土地使用税确有困难需要定期减免的，由县以上税务机关批准。

第八条　土地使用税按年计算、分期缴纳。缴纳期限由省、自治区、直辖市人民政府确定。

第九条　新征收的土地，依照下列规定缴纳土地使用税：

（一）征收的耕地，自批准征收之日起满1年时开始缴纳土地使用税；

（二）征收的非耕地，自批准征收次月起缴纳土地使用税。

第十条　土地使用税由土地所在地的税务机关征收。土地管理机关应当向土地所在地的税务机关提供土地使用权属资料。

第十一条　土地使用税的征收管理，依照《中华人民共和国税收征收管理法》及本条例的规定执行。

第十二条　土地使用税收入纳入财政预算管理。

第十三条　本条例的实施办法由省、自治区、直辖市人民政府制定。

第十四条　本条例自1988年11月1日起施行，各地制定的土地使用费办法同时停止执行。

中华人民共和国土地增值税暂行条例

（1993年12月13日中华人民共和国国务院令第138号发布，根据2011年1月8日国务院令第588号《国务院关于废止和修改部分行政法规的决定》修订）

第一条　为了规范土地、房地产市场交易秩序，合理调节土地增值收益，维护国家权益，制定本条例。

第二条　转让国有土地使用权、地上的建筑物及其附着物（以下简称转让房地产）并取得收入的单位和个人，为土地增值税的纳税义务人（以下简称纳税人），应当依照本条例缴纳土地增值税。

第三条　土地增值税按照纳税人转让房地产所取得的增值额和本条例第七条规定的税率计算征收。

第四条　纳税人转让房地产所取得的收入减除本条例第六条规定扣除项目金额后的余额，为增值额。

第五条　纳税人转让房地产所取得的收入，包括货币收入、实物收入和其他收入。

第六条　计算增值额的扣除项目：

（一）取得土地使用权所支付的金额；

（二）开发土地的成本、费用；

（三）新建房及配套设施的成本、费用，或者旧房及建筑物的评估价格；

（四）与转让房地产有关的税金；

（五）财政部规定的其他扣除项目。

第七条　土地增值税实行四级超率累进税率：

增值额未超过扣除项目金额50%的部分，税率为30%。

增值额超过扣除项目金额50%、未超过扣除项目金额100%的部分，税率为40%。

增值额超过扣除项目金额100%、未超过扣除项目金额200%的部分，税率为50%。

增值额超过扣除项目金额200%的部

分，税率为60%。

第八条　有下列情形之一的，免征土地增值税：

（一）纳税人建造普通标准住宅出售，增值额未超过扣除项目金额20%的；

（二）因国家建设需要依法征收、收回的房地产。

第九条　纳税人有下列情形之一的，按照房地产评估价格计算征收：

（一）隐瞒、虚报房地产成交价格的；

（二）提供扣除项目金额不实的；

（三）转让房地产的成交价格低于房地产评估价格，又无正当理由的。

第十条　纳税人应当自转让房地产合同签订之日起7日内向房地产所在地主管税务机关办理纳税申报，并在税务机关核定的期限内缴纳土地增值税。

第十一条　土地增值税由税务机关征收。土地管理部门、房产管理部门应当向税务机关提供有关资料，并协助税务机关依法征收土地增值税。

第十二条　纳税人未按照本条例缴纳土地增值税的，土地管理部门、房产管理部门不得办理有关的权属变更手续。

第十三条　土地增值税的征收管理，依据《中华人民共和国税收征收管理法》及本条例有关规定执行。

第十四条　本条例由财政部负责解释，实施细则由财政部制定。

第十五条　本条例自1994年1月1日起施行。各地区的土地增值费征收办法，与本条例相抵触的，同时停止执行。

中华人民共和国车辆购置税法

（2018年12月29日第十三届全国人民代表大会常务委员会第七次会议通过，2018年12月29日公布，自2019年7月1日起施行）

第一条　在中华人民共和国境内购置汽车、有轨电车、汽车挂车、排气量超过一百五十毫升的摩托车（以下统称应税车辆）的单位和个人，为车辆购置税的纳税人，应当依照本法规定缴纳车辆购置税。

第二条　本法所称购置，是指以购买、进口、自产、受赠、获奖或者其他方式取得并自用应税车辆的行为。

第三条　车辆购置税实行一次性征收。购置已征车辆购置税的车辆，不再征收车辆购置税。

第四条　车辆购置税的税率为百分之十。

第五条　车辆购置税的应纳税额按照应税车辆的计税价格乘以税率计算。

第六条　应税车辆的计税价格，按照下列规定确定：

（一）纳税人购买自用应税车辆的计税价格，为纳税人实际支付给销售者的全部价款，不包括增值税税款；

（二）纳税人进口自用应税车辆的计税价格，为关税完税价格加上关税和消费税；

（三）纳税人自产自用应税车辆的计税价格，按照纳税人生产的同类应税车辆的销售价格确定，不包括增值税税款；

（四）纳税人以受赠、获奖或者其他方式取得自用应税车辆的计税价格，按照购置应税车辆时相关凭证载明的价格确定，不包括增值税税款。

第七条　纳税人申报的应税车辆计税价

格明显偏低，又无正当理由的，由税务机关依照《中华人民共和国税收征收管理法》的规定核定其应纳税额。

第八条 纳税人以外汇结算应税车辆价款的，按照申报纳税之日的人民币汇率中间价折合成人民币计算缴纳税款。

第九条 下列车辆免征车辆购置税：

（一）依照法律规定应当予以免税的外国驻华使馆、领事馆和国际组织驻华机构及其有关人员自用的车辆；

（二）中国人民解放军和中国人民武装警察部队列入装备订货计划的车辆；

（三）悬挂应急救援专用号牌的国家综合性消防救援车辆；

（四）设有固定装置的非运输专用作业车辆；

（五）城市公交企业购置的公共汽电车辆。

根据国民经济和社会发展的需要，国务院可以规定减征或者其他免征车辆购置税的情形，报全国人民代表大会常务委员会备案。

第十条 车辆购置税由税务机关负责征收。

第十一条 纳税人购置应税车辆，应当向车辆登记地的主管税务机关申报缴纳车辆购置税；购置不需要办理车辆登记的应税车辆的，应当向纳税人所在地的主管税务机关申报缴纳车辆购置税。

第十二条 车辆购置税的纳税义务发生时间为纳税人购置应税车辆的当日。纳税人应当自纳税义务发生之日起六十日内申报缴纳车辆购置税。

第十三条 纳税人应当在向公安机关交通管理部门办理车辆注册登记前，缴纳车辆购置税。

公安机关交通管理部门办理车辆注册登记，应当根据税务机关提供的应税车辆完税或者免税电子信息对纳税人申请登记的车辆信息进行核对，核对无误后依法办理车辆注册登记。

第十四条 免税、减税车辆因转让、改变用途等原因不再属于免税、减税范围的，纳税人应当在办理车辆转移登记或者变更登记前缴纳车辆购置税。计税价格以免税、减税车辆初次办理纳税申报时确定的计税价格为基准，每满一年扣减百分之十。

第十五条 纳税人将已征车辆购置税的车辆退回车辆生产企业或者销售企业的，可以向主管税务机关申请退还车辆购置税。退税额以已缴税款为基准，自缴纳税款之日至申请退税之日，每满一年扣减百分之十。

第十六条 税务机关和公安、商务、海关、工业和信息化等部门应当建立应税车辆信息共享和工作配合机制，及时交换应税车辆和纳税信息资料。

第十七条 车辆购置税的征收管理，依照本法和《中华人民共和国税收征收管理法》的规定执行。

第十八条 纳税人、税务机关及其工作人员违反本法规定的，依照《中华人民共和国税收征收管理法》和有关法律法规的规定追究法律责任。

第十九条 本法自2019年7月1日起施行。2000年10月22日国务院公布的《中华人民共和国车辆购置税暂行条例》同时废止。

中华人民共和国城市维护建设税法

（2020年8月11日第十三届全国人民代表大会常务委员会第二十一次会议通过，2020年8月11日公布，自2021年9月1日起施行）

第一条　在中华人民共和国境内缴纳增值税、消费税的单位和个人，为城市维护建设税的纳税人，应当依照本法规定缴纳城市维护建设税。

第二条　城市维护建设税以纳税人依法实际缴纳的增值税、消费税税额为计税依据。

城市维护建设税的计税依据应当按照规定扣除期末留抵退税退还的增值税税额。

城市维护建设税计税依据的具体确定办法，由国务院依据本法和有关税收法律、行政法规规定，报全国人民代表大会常务委员会备案。

第三条　对进口货物或者境外单位和个人向境内销售劳务、服务、无形资产缴纳的增值税、消费税税额，不征收城市维护建设税。

第四条　城市维护建设税税率如下：

（一）纳税人所在地在市区的，税率为百分之七；

（二）纳税人所在地在县城、镇的，税率为百分之五；

（三）纳税人所在地不在市区、县城或者镇的，税率为百分之一。

前款所称纳税人所在地，是指纳税人住所地或者与纳税人生产经营活动相关的其他地点，具体地点由省、自治区、直辖市确定。

第五条　城市维护建设税的应纳税额按照计税依据乘以具体适用税率计算。

第六条　根据国民经济和社会发展的需要，国务院对重大公共基础设施建设、特殊产业和群体以及重大突发事件应对等情形可以规定减征或者免征城市维护建设税，报全国人民代表大会常务委员会备案。

第七条　城市维护建设税的纳税义务发生时间与增值税、消费税的纳税义务发生时间一致，分别与增值税、消费税同时缴纳。

第八条　城市维护建设税的扣缴义务人为负有增值税、消费税扣缴义务的单位和个人，在扣缴增值税、消费税的同时扣缴城市维护建设税。

第九条　城市维护建设税由税务机关依照本法和《中华人民共和国税收征收管理法》的规定征收管理。

第十条　纳税人、税务机关及其工作人员违反本法规定的，依照《中华人民共和国税收征收管理法》和有关法律法规的规定追究法律责任。

第十一条　本法自2021年9月1日起施行。1985年2月8日国务院发布的《中华人民共和国城市维护建设税暂行条例》同时废止。

中华人民共和国船舶吨税法

（2017年12月27日第十二届全国人民代表大会常务委员会第三十一次会议通过，根据2018年10月26日第十三届全国人民代表大会常务委员会第六次会议《关于修改〈中华人民共和国野生动物保护法〉等十五部法律的决定》修正）

第一条　自中华人民共和国境外港口进入境内港口的船舶（以下称应税船舶），应当依照本法缴纳船舶吨税（以下简称吨税）。

第二条　吨税的税目、税率依照本法所附的《吨税税目税率表》执行。

第三条　吨税设置优惠税率和普通税率。

中华人民共和国籍的应税船舶，船籍国（地区）与中华人民共和国签订含有相互给予船舶税费最惠国待遇条款的条约或者协定的应税船舶，适用优惠税率。

其他应税船舶，适用普通税率。

第四条　吨税按照船舶净吨位和吨税执照期限征收。

应税船舶负责人在每次申报纳税时，可以按照《吨税税目税率表》选择申领一种期限的吨税执照。

第五条　吨税的应纳税额按照船舶净吨位乘以适用税率计算。

第六条　吨税由海关负责征收。海关征收吨税应当制发缴款凭证。

应税船舶负责人缴纳吨税或者提供担保后，海关按照其申领的执照期限填发吨税执照。

第七条　应税船舶在进入港口办理入境手续时，应当向海关申报纳税领取吨税执照，或者交验吨税执照（或者申请核验吨税执照电子信息）。应税船舶在离开港口办理出境手续时，应当交验吨税执照（或者申请核验吨税执照电子信息）。

应税船舶负责人申领吨税执照时，应当向海关提供下列文件：

（一）船舶国籍证书或者海事部门签发的船舶国籍证书收存证明；

（二）船舶吨位证明。

应税船舶因不可抗力在未设立海关地点停泊的，船舶负责人应当立即向附近海关报告，并在不可抗力原因消除后，依照本法规定向海关申报纳税。

第八条　吨税纳税义务发生时间为应税船舶进入港口的当日。

应税船舶在吨税执照期满后尚未离开港口的，应当申领新的吨税执照，自上一次执照期满的次日起续缴吨税。

第九条　下列船舶免征吨税：

（一）应纳税额在人民币五十元以下的船舶；

（二）自境外以购买、受赠、继承等方式取得船舶所有权的初次进口到港的空载船舶；

（三）吨税执照期满后二十四小时内不上下客货的船舶；

（四）非机动船舶（不包括非机动驳船）；

（五）捕捞、养殖渔船；

（六）避难、防疫隔离、修理、改造、终止运营或者拆解，并不上下客货的船舶；

（七）军队、武装警察部队专用或者征用的船舶；

（八）警用船舶；

（九）依照法律规定应当予以免税的外国驻华使领馆、国际组织驻华代表机构及其有关人员的船舶；

（十）国务院规定的其他船舶。

前款第十项免税规定，由国务院报全国人民代表大会常务委员会备案。

第十条 在吨税执照期限内，应税船舶发生下列情形之一的，海关按照实际发生的天数批注延长吨税执照期限：

（一）避难、防疫隔离、修理、改造，并不上下客货；

（二）军队、武装警察部队征用。

第十一条 符合本法第九条第一款第五项至第九项、第十条规定的船舶，应当提供海事部门、渔业船舶管理部门等部门、机构出具的具有法律效力的证明文件或者使用关系证明文件，申明免税或者延长吨税执照期限的依据和理由。

第十二条 应税船舶负责人应当自海关填发吨税缴款凭证之日起十五日内缴清税款。未按期缴清税款的，自滞纳税款之日起至缴清税款之日止，按日加收滞纳税款万分之五的税款滞纳金。

第十三条 应税船舶到达港口前，经海关核准先行申报并办结出入境手续的，应税船舶负责人应当向海关提供与其依法履行吨税缴纳义务相适应的担保；应税船舶到达港口后，依照本法规定向海关申报纳税。

下列财产、权利可以用于担保：

（一）人民币、可自由兑换货币；

（二）汇票、本票、支票、债券、存单；

（三）银行、非银行金融机构的保函；

（四）海关依法认可的其他财产、权利。

第十四条 应税船舶在吨税执照期限内，因修理、改造导致净吨位变化的，吨税执照继续有效。应税船舶办理出入境手续时，应当提供船舶经过修理、改造的证明文件。

第十五条 应税船舶在吨税执照期限内，因税目税率调整或者船籍改变而导致适用税率变化的，吨税执照继续有效。

因船籍改变而导致适用税率变化的，应税船舶在办理出入境手续时，应当提供船籍改变的证明文件。

第十六条 吨税执照在期满前毁损或者遗失的，应当向原发照海关书面申请核发吨税执照副本，不再补税。

第十七条 海关发现少征或者漏征税款的，应当自应税船舶应当缴纳税款之日起一年内，补征税款。但因应税船舶违反规定造成少征或者漏征税款的，海关可以自应当缴纳税款之日起三年内追征税款，并自应当缴纳税款之日起按日加征少征或者漏征税款万分之五的税款滞纳金。

海关发现多征税款的，应当在二十四小时内通知应税船舶办理退还手续，并加算银行同期活期存款利息。

应税船舶发现多缴税款的，可以自缴纳税款之日起三年内以书面形式要求海关退还多缴的税款并加算银行同期活期存款利息；海关应当自受理退税申请之日起三十日内查实并通知应税船舶办理退还手续。

应税船舶应当自收到本条第二款、第三款规定的通知之日起三个月内办理有关退还手续。

第十八条 应税船舶有下列行为之一的，由海关责令限期改正，处二千元以上三万元以下的罚款；不缴或者少缴应纳税款的，处不缴或者少缴税款百分之五十以上五倍以下的罚款，但罚款不得低于二千元：

（一）未按照规定申报纳税、领取吨税执照；

（二）未按照规定交验吨税执照（或者申请核验吨税执照电子信息）以及提供其他证明文件。

第十九条 吨税税款、税款滞纳金、罚款以人民币计算。

第二十条 吨税的征收，本法未作规定的，依照有关税收征收管理的法律、行政法规的规定执行。

第二十一条 本法及所附《吨税税目

税率表》下列用语的含义：

净吨位，是指由船籍国（地区）政府签发或者授权签发的船舶吨位证明书上标明的净吨位。

非机动船舶，是指自身没有动力装置，依靠外力驱动的船舶。

非机动驳船，是指在船舶登记机关登记为驳船的非机动船舶。

捕捞、养殖渔船，是指在中华人民共和国渔业船舶管理部门登记为捕捞船或者养殖船的船舶。

拖船，是指专门用于拖（推）动运输船舶的专业作业船舶。

吨税执照期限，是指按照公历年、日计算的期间。

第二十二条 本法自2018年7月1日起施行。2011年12月5日国务院公布的《中华人民共和国船舶吨税暂行条例》同时废止。

附：（略）

中华人民共和国房产税暂行条例

（1986年9月15日国务院发布，根据2011年1月8日国务院令第588号《国务院关于废止和修改部分行政法规的决定》修订）

第一条 房产税在城市、县城、建制镇和工矿区征收。

第二条 房产税由产权所有人缴纳。产权属于全民所有的，由经营管理的单位缴纳。产权出典的，由承典人缴纳。产权所有人、承典人不在房产所在地的，或者产权未确定及租典纠纷未解决的，由房产代管人或者使用人缴纳。

前款列举的产权所有人、经营管理单位、承典人、房产代管人或者使用人，统称为纳税义务人（以下简称纳税人）。

第三条 房产税依照房产原值一次减除10%至30%后的余值计算缴纳。具体减除幅度，由省、自治区、直辖市人民政府规定。

没有房产原值作为依据的，由房产所在地税务机关参考同类房产核定。

房产出租的，以房产租金收入为房产税的计税依据。

第四条 房产税的税率，依照房产余值计算缴纳的，税率为1.2%；依照房产租金收入计算缴纳的，税率为12%。

第五条 下列房产免纳房产税：

一、国家机关、人民团体、军队自用的房产；

二、由国家财政部门拨付事业经费的单位自用的房产；

三、宗教寺庙、公园、名胜古迹自用的房产；

四、个人所有非营业用的房产；

五、经财政部批准免税的其他房产。

第六条 除本条例第五条规定者外，纳税人纳税确有困难的，可由省、自治区、直辖市人民政府确定，定期减征或者免征房产税。

第七条 房产税按年征收、分期缴纳。纳税期限由省、自治区、直辖市人民政府规定。

第八条 房产税的征收管理，依照《中华人民共和国税收征收管理法》的规定办理。

第九条 房产税由房产所在地的税务机

关征收。

第十条　本条例由财政部负责解释；施行细则由省、自治区、直辖市人民政府制定，抄送财政部备案。

第十一条　本条例自1986年10月1日起施行。

中华人民共和国耕地占用税法

（2018年12月29日第十三届全国人民代表大会常务委员会第七次会议通过，2018年12月29日公布，自2019年9月1日起施行）

第一条　为了合理利用土地资源，加强土地管理，保护耕地，制定本法。

第二条　在中华人民共和国境内占用耕地建设建筑物、构筑物或者从事非农业建设的单位和个人，为耕地占用税的纳税人，应当依照本法规定缴纳耕地占用税。

占用耕地建设农田水利设施的，不缴纳耕地占用税。

本法所称耕地，是指用于种植农作物的土地。

第三条　耕地占用税以纳税人实际占用的耕地面积为计税依据，按照规定的适用税额一次性征收，应纳税额为纳税人实际占用的耕地面积（平方米）乘以适用税额。

第四条　耕地占用税的税额如下：

（一）人均耕地不超过一亩的地区（以县、自治县、不设区的市、市辖区为单位，下同），每平方米为十元至五十元；

（二）人均耕地超过一亩但不超过二亩的地区，每平方米为八元至四十元；

（三）人均耕地超过二亩但不超过三亩的地区，每平方米为六元至三十元；

（四）人均耕地超过三亩的地区，每平方米为五元至二十五元。

各地区耕地占用税的适用税额，由省、自治区、直辖市人民政府根据人均耕地面积和经济发展等情况，在前款规定的税额幅度内提出，报同级人民代表大会常务委员会决定，并报全国人民代表大会常务委员会和国务院备案。各省、自治区、直辖市耕地占用税适用税额的平均水平，不得低于本法所附《各省、自治区、直辖市耕地占用税平均税额表》规定的平均税额。

第五条　在人均耕地低于零点五亩的地区，省、自治区、直辖市可以根据当地经济发展情况，适当提高耕地占用税的适用税额，但提高的部分不得超过本法第四条第二款确定的适用税额的百分之五十。具体适用税额按照本法第四条第二款规定的程序确定。

第六条　占用基本农田的，应当按照本法第四条第二款或者第五条确定的当地适用税额，加按百分之一百五十征收。

第七条　军事设施、学校、幼儿园、社会福利机构、医疗机构占用耕地，免征耕地占用税。

铁路线路、公路线路、飞机场跑道、停机坪、港口、航道、水利工程占用耕地，减按每平方米二元的税额征收耕地占用税。

农村居民在规定用地标准以内占用耕地新建自用住宅，按照当地适用税额减半征收耕地占用税；其中农村居民经批准搬迁，新建自用住宅占用耕地不超过原宅基地面积的部分，免征耕地占用税。

农村烈士遗属、因公牺牲军人遗属、残疾军人以及符合农村最低生活保障条件的农村居民，在规定用地标准以内新建自用住宅，免征耕地占用税。

根据国民经济和社会发展的需要，国务院可以规定免征或者减征耕地占用税的其他情形，报全国人民代表大会常务委员会备案。

第八条 依照本法第七条第一款、第二款规定免征或者减征耕地占用税后，纳税人改变原占地用途，不再属于免征或者减征耕地占用税情形的，应当按照当地适用税额补缴耕地占用税。

第九条 耕地占用税由税务机关负责征收。

第十条 耕地占用税的纳税义务发生时间为纳税人收到自然资源主管部门办理占用耕地手续的书面通知的当日。纳税人应当自纳税义务发生之日起三十日内申报缴纳耕地占用税。

自然资源主管部门凭耕地占用税完税凭证或者免税凭证和其他有关文件发放建设用地批准书。

第十一条 纳税人因建设项目施工或者地质勘查临时占用耕地，应当依照本法的规定缴纳耕地占用税。纳税人在批准临时占用耕地期满之日起一年内依法复垦，恢复种植条件的，全额退还已经缴纳的耕地占用税。

第十二条 占用园地、林地、草地、农田水利用地、养殖水面、渔业水域滩涂以及其他农用地建设建筑物、构筑物或者从事非农业建设的，依照本法的规定缴纳耕地占用税。

占用前款规定的农用地的，适用税额可以适当低于本地区按照本法第四条第二款确定的适用税额，但降低的部分不得超过百分之五十。具体适用税额由省、自治区、直辖市人民政府提出，报同级人民代表大会常务委员会决定，并报全国人民代表大会常务委员会和国务院备案。

占用本条第一款规定的农用地建设直接为农业生产服务的生产设施的，不缴纳耕地占用税。

第十三条 税务机关应当与相关部门建立耕地占用税涉税信息共享机制和工作配合机制。县级以上地方人民政府自然资源、农业农村、水利等相关部门应当定期向税务机关提供农用地转用、临时占地等信息，协助税务机关加强耕地占用税征收管理。

税务机关发现纳税人的纳税申报数据资料异常或者纳税人未按照规定期限申报纳税的，可以提请相关部门进行复核，相关部门应当自收到税务机关复核申请之日起三十日内向税务机关出具复核意见。

第十四条 耕地占用税的征收管理，依照本法和《中华人民共和国税收征收管理法》的规定执行。

第十五条 纳税人、税务机关及其工作人员违反本法规定的，依照《中华人民共和国税收征收管理法》和有关法律法规的规定追究法律责任。

第十六条 本法自2019年9月1日起施行。2007年12月1日国务院公布的《中华人民共和国耕地占用税暂行条例》同时废止。

附：（略）

中华人民共和国环境保护税法

（2016年12月25日第十二届全国人民代表大会常务委员会第二十五次会议通过，根据2018年10月26日第十三届全国人民代表大会常务委员会第六次会议《关于修改〈中华人民共和国野生动物保护法〉等十五部法律的决定》修正）

第一章　总　　则

第一条　为了保护和改善环境，减少污染物排放，推进生态文明建设，制定本法。

第二条　在中华人民共和国领域和中华人民共和国管辖的其他海域，直接向环境排放应税污染物的企业事业单位和其他生产经营者为环境保护税的纳税人，应当依照本法规定缴纳环境保护税。

第三条　本法所称应税污染物，是指本法所附《环境保护税税目税额表》、《应税污染物和当量值表》规定的大气污染物、水污染物、固体废物和噪声。

第四条　有下列情形之一的，不属于直接向环境排放污染物，不缴纳相应污染物的环境保护税：

（一）企业事业单位和其他生产经营者向依法设立的污水集中处理、生活垃圾集中处理场所排放应税污染物的；

（二）企业事业单位和其他生产经营者在符合国家和地方环境保护标准的设施、场所贮存或者处置固体废物的。

第五条　依法设立的城乡污水集中处理、生活垃圾集中处理场所超过国家和地方规定的排放标准向环境排放应税污染物的，应当缴纳环境保护税。

企业事业单位和其他生产经营者贮存或者处置固体废物不符合国家和地方环境保护标准的，应当缴纳环境保护税。

第六条　环境保护税的税目、税额，依照本法所附《环境保护税税目税额表》执行。

应税大气污染物和水污染物的具体适用税额的确定和调整，由省、自治区、直辖市人民政府统筹考虑本地区环境承载能力、污染物排放现状和经济社会生态发展目标要求，在本法所附《环境保护税税目税额表》规定的税额幅度内提出，报同级人民代表大会常务委员会决定，并报全国人民代表大会常务委员会和国务院备案。

第二章　计税依据和应纳税额

第七条　应税污染物的计税依据，按照下列方法确定：

（一）应税大气污染物按照污染物排放量折合的污染当量数确定；

（二）应税水污染物按照污染物排放量折合的污染当量数确定；

（三）应税固体废物按照固体废物的排放量确定；

（四）应税噪声按照超过国家规定标准的分贝数确定。

第八条　应税大气污染物、水污染物的污染当量数，以该污染物的排放量除以该污染物的污染当量值计算。每种应税大气污染物、水污染物的具体污染当量值，依照本法所附《应税污染物和当量值表》执行。

第九条　每一排放口或者没有排放口的应税大气污染物，按照污染当量数从大到小排序，对前三项污染物征收环境保护税。

每一排放口的应税水污染物，按照本法所附《应税污染物和当量值表》，区分第一类水污染物和其他类水污染物，按照污染当量数从大到小排序，对第一类水污染物按照前五项征收环境保护税，对其他类水污染物按照前三项征收环境保护税。

省、自治区、直辖市人民政府根据本地区污染物减排的特殊需要，可以增加同一排放口征收环境保护税的应税污染物项目数，报同级人民代表大会常务委员会决定，并报全国人民代表大会常务委员会和国务院备案。

第十条 应税大气污染物、水污染物、固体废物的排放量和噪声的分贝数，按照下列方法和顺序计算：

（一）纳税人安装使用符合国家规定和监测规范的污染物自动监测设备的，按照污染物自动监测数据计算；

（二）纳税人未安装使用污染物自动监测设备的，按照监测机构出具的符合国家有关规定和监测规范的监测数据计算；

（三）因排放污染物种类多等原因不具备监测条件的，按照国务院生态环境主管部门规定的排污系数、物料衡算方法计算；

（四）不能按照本条第一项至第三项规定的方法计算的，按照省、自治区、直辖市人民政府生态环境主管部门规定的抽样测算的方法核定计算。

第十一条 环境保护税应纳税额按照下列方法计算：

（一）应税大气污染物的应纳税额为污染当量数乘以具体适用税额；

（二）应税水污染物的应纳税额为污染当量数乘以具体适用税额；

（三）应税固体废物的应纳税额为固体废物排放量乘以具体适用税额；

（四）应税噪声的应纳税额为超过国家规定标准的分贝数对应的具体适用税额。

第三章 税收减免

第十二条 下列情形，暂予免征环境保护税：

（一）农业生产（不包括规模化养殖）排放应税污染物的；

（二）机动车、铁路机车、非道路移动机械、船舶和航空器等流动污染源排放应税污染物的；

（三）依法设立的城乡污水集中处理、生活垃圾集中处理场所排放相应应税污染物，不超过国家和地方规定的排放标准的；

（四）纳税人综合利用的固体废物，符合国家和地方环境保护标准的；

（五）国务院批准免税的其他情形。

前款第五项免税规定，由国务院报全国人民代表大会常务委员会备案。

第十三条 纳税人排放应税大气污染物或者水污染物的浓度值低于国家和地方规定的污染物排放标准百分之三十的，减按百分之七十五征收环境保护税。纳税人排放应税大气污染物或者水污染物的浓度值低于国家和地方规定的污染物排放标准百分之五十的，减按百分之五十征收环境保护税。

第四章 征收管理

第十四条 环境保护税由税务机关依照《中华人民共和国税收征收管理法》和本法的有关规定征收管理。

生态环境主管部门依照本法和有关环境保护法律法规的规定负责对污染物的监测管理。

县级以上地方人民政府应当建立税务机关、生态环境主管部门和其他相关单位分工协作工作机制，加强环境保护税征收管理，保障税款及时足额入库。

第十五条 生态环境主管部门和税务机关应当建立涉税信息共享平台和工作配合机制。

生态环境主管部门应当将排污单位的排污许可、污染物排放数据、环境违法和受行政处罚情况等环境保护相关信息，定期交送税务机关。

税务机关应当将纳税人的纳税申报、税款入库、减免税额、欠缴税款以及风险疑点等环境保护税涉税信息，定期交送生态环境主管部门。

第十六条　纳税义务发生时间为纳税人排放应税污染物的当日。

第十七条　纳税人应当向应税污染物排放地的税务机关申报缴纳环境保护税。

第十八条　环境保护税按月计算，按季申报缴纳。不能按固定期限计算缴纳的，可以按次申报缴纳。

纳税人申报缴纳时，应当向税务机关报送所排放应税污染物的种类、数量，大气污染物、水污染物的浓度值，以及税务机关根据实际需要要求纳税人报送的其他纳税资料。

第十九条　纳税人按季申报缴纳的，应当自季度终了之日起十五日内，向税务机关办理纳税申报并缴纳税款。纳税人按次申报缴纳的，应当自纳税义务发生之日起十五日内，向税务机关办理纳税申报并缴纳税款。

纳税人应当依法如实办理纳税申报，对申报的真实性和完整性承担责任。

第二十条　税务机关应当将纳税人的纳税申报数据资料与生态环境主管部门交送的相关数据资料进行比对。

税务机关发现纳税人的纳税申报数据资料异常或者纳税人未按照规定期限办理纳税申报的，可以提请生态环境主管部门进行复核，生态环境主管部门应当自收到税务机关的数据资料之日起十五日内向税务机关出具复核意见。税务机关应当按照生态环境主管部门复核的数据资料调整纳税人的应纳税额。

第二十一条　依照本法第十条第四项的规定核定计算污染物排放量的，由税务机关会同生态环境主管部门核定污染物排放种类、数量和应纳税额。

第二十二条　纳税人从事海洋工程向中华人民共和国管辖海域排放应税大气污染物、水污染物或者固体废物，申报缴纳环境保护税的具体办法，由国务院税务主管部门会同国务院生态环境主管部门规定。

第二十三条　纳税人和税务机关、生态环境主管部门及其工作人员违反本法规定的，依照《中华人民共和国税收征收管理法》《中华人民共和国环境保护法》和有关法律法规的规定追究法律责任。

第二十四条　各级人民政府应当鼓励纳税人加大环境保护建设投入，对纳税人用于污染物自动监测设备的投资予以资金和政策支持。

第五章　附　　则

第二十五条　本法下列用语的含义：

（一）污染当量，是指根据污染物或者污染排放活动对环境的有害程度以及处理的技术经济性，衡量不同污染物对环境污染的综合性指标或者计量单位。同一介质相同污染当量的不同污染物，其污染程度基本相当。

（二）排污系数，是指在正常技术经济和管理条件下，生产单位产品所应排放的污染物量的统计平均值。

（三）物料衡算，是指根据物质质量守恒原理对生产过程中使用的原料、生产的产品和产生的废物等进行测算的一种方法。

第二十六条　直接向环境排放应税污染物的企业事业单位和其他生产经营者，除依照本法规定缴纳环境保护税外，应当对所造成的损害依法承担责任。

第二十七条　自本法施行之日起，依照本法规定征收环境保护税，不再征收排污费。

第二十八条　本法自 2018 年 1 月 1 日起施行。

附：（略）

中华人民共和国环境保护税法实施条例

（2017年12月25日中华人民共和国国务院令第693号公布，自2018年1月1日起施行）

第一章 总 则

第一条 根据《中华人民共和国环境保护税法》（以下简称环境保护税法），制定本条例。

第二条 环境保护税法所附《环境保护税税目税额表》所称其他固体废物的具体范围，依照环境保护税法第六条第二款规定的程序确定。

第三条 环境保护税法第五条第一款、第十二条第一款第三项规定的城乡污水集中处理场所，是指为社会公众提供生活污水处理服务的场所，不包括为工业园区、开发区等工业聚集区域内的企业事业单位和其他生产经营者提供污水处理服务的场所，以及企业事业单位和其他生产经营者自建自用的污水处理场所。

第四条 达到省级人民政府确定的规模标准并且有污染物排放口的畜禽养殖场，应当依法缴纳环境保护税；依法对畜禽养殖废弃物进行综合利用和无害化处理的，不属于直接向环境排放污染物，不缴纳环境保护税。

第二章 计税依据

第五条 应税固体废物的计税依据，按照固体废物的排放量确定。固体废物的排放量为当期应税固体废物的产生量减去当期应税固体废物的贮存量、处置量、综合利用量的余额。

前款规定的固体废物的贮存量、处置量，是指在符合国家和地方环境保护标准的设施、场所贮存或者处置的固体废物数量；固体废物的综合利用量，是指按照国务院发展改革、工业和信息化主管部门关于资源综合利用要求以及国家和地方环境保护标准进行综合利用的固体废物数量。

第六条 纳税人有下列情形之一的，以其当期应税固体废物的产生量作为固体废物的排放量：

（一）非法倾倒应税固体废物；

（二）进行虚假纳税申报。

第七条 应税大气污染物、水污染物的计税依据，按照污染物排放量折合的污染当量数确定。

纳税人有下列情形之一的，以其当期应税大气污染物、水污染物的产生量作为污染物的排放量：

（一）未依法安装使用污染物自动监测设备或者未将污染物自动监测设备与环境保护主管部门的监控设备联网；

（二）损毁或者擅自移动、改变污染物自动监测设备；

（三）篡改、伪造污染物监测数据；

（四）通过暗管、渗井、渗坑、灌注或者稀释排放以及不正常运行防治污染设施等方式违法排放应税污染物；

（五）进行虚假纳税申报。

第八条 从两个以上排放口排放应税污染物的，对每一排放口排放的应税污染物分别计算征收环境保护税；纳税人持有排污许可证的，其污染物排放口按照排污许可证载明的污染物排放口确定。

第九条 属于环境保护税法第十条第二

项规定情形的纳税人，自行对污染物进行监测所获取的监测数据，符合国家有关规定和监测规范的，视同环境保护税法第十条第二项规定的监测机构出具的监测数据。

第三章 税收减免

第十条 环境保护税法第十三条所称应税大气污染物或者水污染物的浓度值，是指纳税人安装使用的污染物自动监测设备当月自动监测的应税大气污染物浓度值的小时平均值再平均所得数值或者应税水污染物浓度值的日平均值再平均所得数值，或者监测机构当月监测的应税大气污染物、水污染物浓度值的平均值。

依照环境保护税法第十三条的规定减征环境保护税的，前款规定的应税大气污染物浓度值的小时平均值或者应税水污染物浓度值的日平均值，以及监测机构当月每次监测的应税大气污染物、水污染物的浓度值，均不得超过国家和地方规定的污染物排放标准。

第十一条 依照环境保护税法第十三条的规定减征环境保护税的，应当对每一排放口排放的不同应税污染物分别计算。

第四章 征收管理

第十二条 税务机关依法履行环境保护税纳税申报受理、涉税信息比对、组织税款入库等职责。

环境保护主管部门依法负责应税污染物监测管理，制定和完善污染物监测规范。

第十三条 县级以上地方人民政府应当加强对环境保护税征收管理工作的领导，及时协调、解决环境保护税征收管理工作中的重大问题。

第十四条 国务院税务、环境保护主管部门制定涉税信息共享平台技术标准以及数据采集、存储、传输、查询和使用规范。

第十五条 环境保护主管部门应当通过涉税信息共享平台向税务机关交送在环境保护监督管理中获取的下列信息：

（一）排污单位的名称、统一社会信用代码以及污染物排放口、排放污染物种类等基本信息；

（二）排污单位的污染物排放数据（包括污染物排放量以及大气污染物、水污染物的浓度值等数据）；

（三）排污单位环境违法和受行政处罚情况；

（四）对税务机关提请复核的纳税人的纳税申报数据资料异常或者纳税人未按照规定期限办理纳税申报的复核意见；

（五）与税务机关商定交送的其他信息。

第十六条 税务机关应当通过涉税信息共享平台向环境保护主管部门交送下列环境保护税涉税信息：

（一）纳税人基本信息；

（二）纳税申报信息；

（三）税款入库、减免税额、欠缴税款以及风险疑点等信息；

（四）纳税人涉税违法和受行政处罚情况；

（五）纳税人的纳税申报数据资料异常或者纳税人未按照规定期限办理纳税申报的信息；

（六）与环境保护主管部门商定交送的其他信息。

第十七条 环境保护税法第十七条所称应税污染物排放地是指：

（一）应税大气污染物、水污染物排放口所在地；

（二）应税固体废物产生地；

（三）应税噪声产生地。

第十八条 纳税人跨区域排放应税污染物，税务机关对税收征收管辖有争议的，由争议各方按照有利于征收管理的原则协商解决；不能协商一致的，报请共同的上级税务机关决定。

第十九条 税务机关应当依据环境保护

主管部门交送的排污单位信息进行纳税人识别。

在环境保护主管部门交送的排污单位信息中没有对应信息的纳税人，由税务机关在纳税人首次办理环境保护税纳税申报时进行纳税人识别，并将相关信息交送环境保护主管部门。

第二十条　环境保护主管部门发现纳税人申报的应税污染物排放信息或者适用的排污系数、物料衡算方法有误的，应当通知税务机关处理。

第二十一条　纳税人申报的污染物排放数据与环境保护主管部门交送的相关数据不一致的，按照环境保护主管部门交送的数据确定应税污染物的计税依据。

第二十二条　环境保护税法第二十条第二款所称纳税人的纳税申报数据资料异常，包括但不限于下列情形：

（一）纳税人当期申报的应税污染物排放量与上一年同期相比明显偏低，且无正当理由；

（二）纳税人单位产品污染物排放量与同类型纳税人相比明显偏低，且无正当理由。

第二十三条　税务机关、环境保护主管部门应当无偿为纳税人提供与缴纳环境保护税有关的辅导、培训和咨询服务。

第二十四条　税务机关依法实施环境保护税的税务检查，环境保护主管部门予以配合。

第二十五条　纳税人应当按照税收征收管理的有关规定，妥善保管应税污染物监测和管理的有关资料。

第五章　附　　则

第二十六条　本条例自2018年1月1日起施行。2003年1月2日国务院公布的《排污费征收使用管理条例》同时废止。

中华人民共和国契税法

（2020年8月11日第十三届全国人民代表大会常务委员会第二十一次会议通过，2020年8月11日公布，自2021年9月1日起施行）

第一条　在中华人民共和国境内转移土地、房屋权属，承受的单位和个人为契税的纳税人，应当依照本法规定缴纳契税。

第二条　本法所称转移土地、房屋权属，是指下列行为：

（一）土地使用权出让；

（二）土地使用权转让，包括出售、赠与、互换；

（三）房屋买卖、赠与、互换。

前款第二项土地使用权转让，不包括土地承包经营权和土地经营权的转移。

以作价投资（入股）、偿还债务、划转、奖励等方式转移土地、房屋权属的，应当依照本法规定征收契税。

第三条　契税税率为百分之三至百分之五。

契税的具体适用税率，由省、自治区、直辖市人民政府在前款规定的税率幅度内提出，报同级人民代表大会常务委员会决定，并报全国人民代表大会常务委员会和国务院备案。

省、自治区、直辖市可以依照前款规定的程序对不同主体、不同地区、不同类型的住房的权属转移确定差别税率。

第四条　契税的计税依据：

（一）土地使用权出让、出售，房屋买卖，为土地、房屋权属转移合同确定的成交价格，包括应交付的货币以及实物、其他经济利益对应的价款；

（二）土地使用权互换、房屋互换，为所互换的土地使用权、房屋价格的差额；

（三）土地使用权赠与、房屋赠与以及其他没有价格的转移土地、房屋权属行为，为税务机关参照土地使用权出售、房屋买卖的市场价格依法核定的价格。

纳税人申报的成交价格、互换价格差额明显偏低且无正当理由的，由税务机关依照《中华人民共和国税收征收管理法》的规定核定。

第五条　契税的应纳税额按照计税依据乘以具体适用税率计算。

第六条　有下列情形之一的，免征契税：

（一）国家机关、事业单位、社会团体、军事单位承受土地、房屋权属用于办公、教学、医疗、科研、军事设施；

（二）非营利性的学校、医疗机构、社会福利机构承受土地、房屋权属用于办公、教学、医疗、科研、养老、救助；

（三）承受荒山、荒地、荒滩土地使用权用于农、林、牧、渔业生产；

（四）婚姻关系存续期间夫妻之间变更土地、房屋权属；

（五）法定继承人通过继承承受土地、房屋权属；

（六）依照法律规定应当予以免税的外国驻华使馆、领事馆和国际组织驻华代表机构承受土地、房屋权属。

根据国民经济和社会发展的需要，国务院对居民住房需求保障、企业改制重组、灾后重建等情形可以规定免征或者减征契税，报全国人民代表大会常务委员会备案。

第七条　省、自治区、直辖市可以决定对下列情形免征或者减征契税：

（一）因土地、房屋被县级以上人民政府征收、征用，重新承受土地、房屋权属；

（二）因不可抗力灭失住房，重新承受住房权属。

前款规定的免征或者减征契税的具体办法，由省、自治区、直辖市人民政府提出，报同级人民代表大会常务委员会决定，并报全国人民代表大会常务委员会和国务院备案。

第八条　纳税人改变有关土地、房屋的用途，或者有其他不再属于本法第六条规定的免征、减征契税情形的，应当缴纳已经免征、减征的税款。

第九条　契税的纳税义务发生时间，为纳税人签订土地、房屋权属转移合同的当日，或者纳税人取得其他具有土地、房屋权属转移合同性质凭证的当日。

第十条　纳税人应当在依法办理土地、房屋权属登记手续前申报缴纳契税。

第十一条　纳税人办理纳税事宜后，税务机关应当开具契税完税凭证。纳税人办理土地、房屋权属登记，不动产登记机构应当查验契税完税、减免税凭证或者有关信息。未按照规定缴纳契税的，不动产登记机构不予办理土地、房屋权属登记。

第十二条　在依法办理土地、房屋权属登记前，权属转移合同、权属转移合同性质凭证不生效、无效、被撤销或者被解除的，纳税人可以向税务机关申请退还已缴纳的税款，税务机关应当依法办理。

第十三条　税务机关应当与相关部门建立契税涉税信息共享和工作配合机制。自然资源、住房城乡建设、民政、公安等相关部门应当及时向税务机关提供与转移土地、房屋权属有关的信息，协助税务机关加强契税征收管理。

税务机关及其工作人员对税收征收管理过程中知悉的纳税人的个人信息，应当依法予以保密，不得泄露或者非法向他人提供。

第十四条　契税由土地、房屋所在地的税务机关依照本法和《中华人民共和国税收征收管理法》的规定征收管理。

第十五条 纳税人、税务机关及其工作人员违反本法规定的，依照《中华人民共和国税收征收管理法》和有关法律法规的规定追究法律责任。

第十六条 本法自2021年9月1日起施行。1997年7月7日国务院发布的《中华人民共和国契税暂行条例》同时废止。

中华人民共和国消费税暂行条例

（1993年12月13日中华人民共和国国务院令第135号发布，2008年11月5日国务院第34次常务会议修订通过）

第一条 在中华人民共和国境内生产、委托加工和进口本条例规定的消费品的单位和个人，以及国务院确定的销售本条例规定的消费品的其他单位和个人，为消费税的纳税人，应当依照本条例缴纳消费税。

第二条 消费税的税目、税率，依照本条例所附的《消费税税目税率表》执行。

消费税税目、税率的调整，由国务院决定。

第三条 纳税人兼营不同税率的应当缴纳消费税的消费品（以下简称应税消费品），应当分别核算不同税率应税消费品的销售额、销售数量；未分别核算销售额、销售数量，或者将不同税率的应税消费品组成成套消费品销售的，从高适用税率。

第四条 纳税人生产的应税消费品，于纳税人销售时纳税。纳税人自产自用的应税消费品，用于连续生产应税消费品的，不纳税；用于其他方面的，于移送使用时纳税。

委托加工的应税消费品，除受托方为个人外，由受托方在向委托方交货时代收代缴税款。委托加工的应税消费品，委托方用于连续生产应税消费品的，所纳税款准予按规定抵扣。

进口的应税消费品，于报关进口时纳税。

第五条 消费税实行从价定率、从量定额，或者从价定率和从量定额复合计税（以下简称复合计税）的办法计算应纳税额。应纳税额计算公式：

实行从价定率办法计算的应纳税额＝销售额×比例税率

实行从量定额办法计算的应纳税额＝销售数量×定额税率

实行复合计税办法计算的应纳税额＝销售额×比例税率＋销售数量×定额税率

纳税人销售的应税消费品，以人民币计算销售额。纳税人以人民币以外的货币结算销售额的，应当折合成人民币计算。

第六条 销售额为纳税人销售应税消费品向购买方收取的全部价款和价外费用。

第七条 纳税人自产自用的应税消费品，按照纳税人生产的同类消费品的销售价格计算纳税；没有同类消费品销售价格的，按照组成计税价格计算纳税。

实行从价定率办法计算纳税的组成计税价格计算公式：

组成计税价格＝（成本＋利润）÷（1－比例税率）

实行复合计税办法计算纳税的组成计税价格计算公式：

组成计税价格＝（成本＋利润＋自产自用数量×定额税率）÷（1－比例税率）

第八条 委托加工的应税消费品，按照受托方的同类消费品的销售价格计算纳税；没有同类消费品销售价格的，按照组成计税价格计算纳税。

实行从价定率办法计算纳税的组成计税价格计算公式：

组成计税价格＝（材料成本＋加工费）÷（1－比例税率）

实行复合计税办法计算纳税的组成计税价格计算公式：

组成计税价格＝（材料成本＋加工费＋委托加工数量×定额税率）÷（1－比例税率）

第九条　进口的应税消费品，按照组成计税价格计算纳税。

实行从价定率办法计算纳税的组成计税价格计算公式：

组成计税价格＝（关税完税价格＋关税）÷（1－消费税比例税率）

实行复合计税办法计算纳税的组成计税价格计算公式：

组成计税价格＝（关税完税价格＋关税＋进口数量×消费税定额税率）÷（1－消费税比例税率）

第十条　纳税人应税消费品的计税价格明显偏低并无正当理由的，由主管税务机关核定其计税价格。

第十一条　对纳税人出口应税消费品，免征消费税；国务院另有规定的除外。出口应税消费品的免税办法，由国务院财政、税务主管部门规定。

第十二条　消费税由税务机关征收，进口的应税消费品的消费税由海关代征。

个人携带或者邮寄进境的应税消费品的消费税，连同关税一并计征。具体办法由国务院关税税则委员会会同有关部门制定。

第十三条　纳税人销售的应税消费品，以及自产自用的应税消费品，除国务院财政、税务主管部门另有规定外，应当向纳税人机构所在地或者居住地的主管税务机关申报纳税。

委托加工的应税消费品，除受托方为个人外，由受托方向机构所在地或者居住地的主管税务机关解缴消费税税款。

进口的应税消费品，应当向报关地海关申报纳税。

第十四条　消费税的纳税期限分别为1日、3日、5日、10日、15日、1个月或者1个季度。纳税人的具体纳税期限，由主管税务机关根据纳税人应纳税额的大小分别核定；不能按照固定期限纳税的，可以按次纳税。

纳税人以1个月或者1个季度为1个纳税期的，自期满之日起15日内申报纳税；以1日、3日、5日、10日或者15日为1个纳税期的，自期满之日起5日内预缴税款，于次月1日起15日内申报纳税并结清上月应纳税款。

第十五条　纳税人进口应税消费品，应当自海关填发海关进口消费税专用缴款书之日起15日内缴纳税款。

第十六条　消费税的征收管理，依照《中华人民共和国税收征收管理法》及本条例有关规定执行。

第十七条　本条例自2009年1月1日起施行。

附：（略）

中华人民共和国烟叶税法

（2017 年 12 月 27 日第十二届全国人民代表大会常务委员会第三十一次会议通过，2017 年 12 月 27 日公布，自 2018 年 7 月 1 日起施行）

第一条　在中华人民共和国境内，依照《中华人民共和国烟草专卖法》的规定收购烟叶的单位为烟叶税的纳税人。纳税人应当依照本法规定缴纳烟叶税。

第二条　本法所称烟叶，是指烤烟叶、晾晒烟叶。

第三条　烟叶税的计税依据为纳税人收购烟叶实际支付的价款总额。

第四条　烟叶税的税率为百分之二十。

第五条　烟叶税的应纳税额按照纳税人收购烟叶实际支付的价款总额乘以税率计算。

第六条　烟叶税由税务机关依照本法和《中华人民共和国税收征收管理法》的有关规定征收管理。

第七条　纳税人应当向烟叶收购地的主管税务机关申报缴纳烟叶税。

第八条　烟叶税的纳税义务发生时间为纳税人收购烟叶的当日。

第九条　烟叶税按月计征，纳税人应当于纳税义务发生月终了之日起十五日内申报并缴纳税款。

第十条　本法自 2018 年 7 月 1 日起施行。2006 年 4 月 28 日国务院公布的《中华人民共和国烟叶税暂行条例》同时废止。

中华人民共和国印花税法

（2021 年 6 月 10 日第十三届全国人民代表大会常务委员会第二十九次会议通过，2021 年 6 月 10 日公布，自 2022 年 7 月 1 日起施行）

第一条　在中华人民共和国境内书立应税凭证、进行证券交易的单位和个人，为印花税的纳税人，应当依照本法规定缴纳印花税。

在中华人民共和国境外书立在境内使用的应税凭证的单位和个人，应当依照本法规定缴纳印花税。

第二条　本法所称应税凭证，是指本法所附《印花税税目税率表》列明的合同、产权转移书据和营业账簿。

第三条　本法所称证券交易，是指转让在依法设立的证券交易所、国务院批准的其他全国性证券交易场所交易的股票和以股票为基础的存托凭证。

证券交易印花税对证券交易的出让方征收，不对受让方征收。

第四条　印花税的税目、税率，依照本法所附《印花税税目税率表》执行。

第五条　印花税的计税依据如下：

（一）应税合同的计税依据，为合同所

列的金额，不包括列明的增值税税款；

（二）应税产权转移书据的计税依据，为产权转移书据所列的金额，不包括列明的增值税税款；

（三）应税营业账簿的计税依据，为账簿记载的实收资本（股本）、资本公积合计金额；

（四）证券交易的计税依据，为成交金额。

第六条　应税合同、产权转移书据未列明金额的，印花税的计税依据按照实际结算的金额确定。

计税依据按照前款规定仍不能确定的，按照书立合同、产权转移书据时的市场价格确定；依法应当执行政府定价或者政府指导价的，按照国家有关规定确定。

第七条　证券交易无转让价格的，按照办理过户登记手续时该证券前一个交易日收盘价计算确定计税依据；无收盘价的，按照证券面值计算确定计税依据。

第八条　印花税的应纳税额按照计税依据乘以适用税率计算。

第九条　同一应税凭证载有两个以上税目事项并分别列明金额的，按照各自适用的税目税率分别计算应纳税额；未分别列明金额的，从高适用税率。

第十条　同一应税凭证由两方以上当事人书立的，按照各自涉及的金额分别计算应纳税额。

第十一条　已缴纳印花税的营业账簿，以后年度记载的实收资本（股本）、资本公积合计金额比已缴纳印花税的实收资本（股本）、资本公积合计金额增加的，按照增加部分计算应纳税额。

第十二条　下列凭证免征印花税：

（一）应税凭证的副本或者抄本；

（二）依照法律规定应当予以免税的外国驻华使馆、领事馆和国际组织驻华代表机构为获得馆舍书立的应税凭证；

（三）中国人民解放军、中国人民武装警察部队书立的应税凭证；

（四）农民、家庭农场、农民专业合作社、农村集体经济组织、村民委员会购买农业生产资料或者销售农产品书立的买卖合同和农业保险合同；

（五）无息或者贴息借款合同、国际金融组织向中国提供优惠贷款书立的借款合同；

（六）财产所有权人将财产赠与政府、学校、社会福利机构、慈善组织书立的产权转移书据；

（七）非营利性医疗卫生机构采购药品或者卫生材料书立的买卖合同；

（八）个人与电子商务经营者订立的电子订单。

根据国民经济和社会发展的需要，国务院对居民住房需求保障、企业改制重组、破产、支持小型微型企业发展等情形可以规定减征或者免征印花税，报全国人民代表大会常务委员会备案。

第十三条　纳税人为单位的，应当向其机构所在地的主管税务机关申报缴纳印花税；纳税人为个人的，应当向应税凭证书立地或者纳税人居住地的主管税务机关申报缴纳印花税。

不动产产权发生转移的，纳税人应当向不动产所在地的主管税务机关申报缴纳印花税。

第十四条　纳税人为境外单位或者个人，在境内有代理人的，以其境内代理人为扣缴义务人；在境内没有代理人的，由纳税人自行申报缴纳印花税，具体办法由国务院税务主管部门规定。

证券登记结算机构为证券交易印花税的扣缴义务人，应当向其机构所在地的主管税务机关申报解缴税款以及银行结算的利息。

第十五条　印花税的纳税义务发生时间为纳税人书立应税凭证或者完成证券交易的当日。

证券交易印花税扣缴义务发生时间为证

券交易完成的当日。

第十六条 印花税按季、按年或者按次计征。实行按季、按年计征的，纳税人应当自季度、年度终了之日起十五日内申报缴纳税款；实行按次计征的，纳税人应当自纳税义务发生之日起十五日内申报缴纳税款。

证券交易印花税按周解缴。证券交易印花税扣缴义务人应当自每周终了之日起五日内申报解缴税款以及银行结算的利息。

第十七条 印花税可以采用粘贴印花税票或者由税务机关依法开具其他完税凭证的方式缴纳。

印花税票粘贴在应税凭证上的，由纳税人在每枚税票的骑缝处盖戳注销或者画销。

印花税票由国务院税务主管部门监制。

第十八条 印花税由税务机关依照本法和《中华人民共和国税收征收管理法》的规定征收管理。

第十九条 纳税人、扣缴义务人和税务机关及其工作人员违反本法规定的，依照《中华人民共和国税收征收管理法》和有关法律、行政法规的规定追究法律责任。

第二十条 本法自2022年7月1日起施行。1988年8月6日国务院发布的《中华人民共和国印花税暂行条例》同时废止。

附：（略）

中华人民共和国增值税暂行条例

（1993年12月13日中华人民共和国国务院令第134号公布，2008年11月5日国务院第34次常务会议修订通过，根据2016年2月6日《国务院关于修改部分行政法规的决定》第一次修订，根据2017年11月19日《国务院关于废止〈中华人民共和国营业税暂行条例〉和修改〈中华人民共和国增值税暂行条例〉的决定》第二次修订）

第一条 在中华人民共和国境内销售货物或者加工、修理修配劳务（以下简称劳务），销售服务、无形资产、不动产以及进口货物的单位和个人，为增值税的纳税人，应当依照本条例缴纳增值税。

第二条 增值税税率：

（一）纳税人销售货物、劳务、有形动产租赁服务或者进口货物，除本条第二项、第四项、第五项另有规定外，税率为17%。

（二）纳税人销售交通运输、邮政、基础电信、建筑、不动产租赁服务，销售不动产，转让土地使用权，销售或者进口下列货物，税率为11%：

1. 粮食等农产品、食用植物油、食用盐；

2. 自来水、暖气、冷气、热水、煤气、石油液化气、天然气、二甲醚、沼气、居民用煤炭制品；

3. 图书、报纸、杂志、音像制品、电子出版物；

4. 饲料、化肥、农药、农机、农膜；

5. 国务院规定的其他货物。

（三）纳税人销售服务、无形资产，除本条第一项、第二项、第五项另有规定外，税率为6%。

（四）纳税人出口货物，税率为零；但是，国务院另有规定的除外。

（五）境内单位和个人跨境销售国务院规定范围内的服务、无形资产，税率为零。

税率的调整，由国务院决定。

第三条　纳税人兼营不同税率的项目，应当分别核算不同税率项目的销售额；未分别核算销售额的，从高适用税率。

第四条　除本条例第十一条规定外，纳税人销售货物、劳务、服务、无形资产、不动产（以下统称应税销售行为），应纳税额为当期销项税额抵扣当期进项税额后的余额。应纳税额计算公式：

应纳税额＝当期销项税额－当期进项税额

当期销项税额小于当期进项税额不足抵扣时，其不足部分可以结转下期继续抵扣。

第五条　纳税人发生应税销售行为，按照销售额和本条例第二条规定的税率计算收取的增值税额，为销项税额。销项税额计算公式：

销项税额＝销售额×税率

第六条　销售额为纳税人发生应税销售行为收取的全部价款和价外费用，但是不包括收取的销项税额。

销售额以人民币计算。纳税人以人民币以外的货币结算销售额的，应当折合成人民币计算。

第七条　纳税人发生应税销售行为的价格明显偏低并无正当理由的，由主管税务机关核定其销售额。

第八条　纳税人购进货物、劳务、服务、无形资产、不动产支付或者负担的增值税额，为进项税额。

下列进项税额准予从销项税额中抵扣：

（一）从销售方取得的增值税专用发票上注明的增值税额。

（二）从海关取得的海关进口增值税专用缴款书上注明的增值税额。

（三）购进农产品，除取得增值税专用发票或者海关进口增值税专用缴款书外，按照农产品收购发票或者销售发票上注明的农产品买价和11%的扣除率计算的进项税额，国务院另有规定的除外。进项税额计算公式：

进项税额＝买价×扣除率

（四）自境外单位或者个人购进劳务、服务、无形资产或者境内的不动产，从税务机关或者扣缴义务人取得的代扣代缴税款的完税凭证上注明的增值税额。

准予抵扣的项目和扣除率的调整，由国务院决定。

第九条　纳税人购进货物、劳务、服务、无形资产、不动产，取得的增值税扣税凭证不符合法律、行政法规或者国务院税务主管部门有关规定的，其进项税额不得从销项税额中抵扣。

第十条　下列项目的进项税额不得从销项税额中抵扣：

（一）用于简易计税方法计税项目、免征增值税项目、集体福利或者个人消费的购进货物、劳务、服务、无形资产和不动产；

（二）非正常损失的购进货物，以及相关的劳务和交通运输服务；

（三）非正常损失的在产品、产成品所耗用的购进货物（不包括固定资产）、劳务和交通运输服务；

（四）国务院规定的其他项目。

第十一条　小规模纳税人发生应税销售行为，实行按照销售额和征收率计算应纳税额的简易办法，并不得抵扣进项税额。应纳税额计算公式：

应纳税额＝销售额×征收率

小规模纳税人的标准由国务院财政、税务主管部门规定。

第十二条　小规模纳税人增值税征收率为3%，国务院另有规定的除外。

第十三条　小规模纳税人以外的纳税人应当向主管税务机关办理登记。具体登记办法由国务院税务主管部门制定。

小规模纳税人会计核算健全，能够提供准确税务资料的，可以向主管税务机关办理登记，不作为小规模纳税人，依照本条例有关规定计算应纳税额。

第十四条　纳税人进口货物，按照组成计税价格和本条例第二条规定的税率计算应纳税额。组成计税价格和应纳税额计算公式：

组成计税价格＝关税完税价格＋关税＋消费税

应纳税额＝组成计税价格×税率

第十五条 下列项目免征增值税：

（一）农业生产者销售的自产农产品；

（二）避孕药品和用具；

（三）古旧图书；

（四）直接用于科学研究、科学试验和教学的进口仪器、设备；

（五）外国政府、国际组织无偿援助的进口物资和设备；

（六）由残疾人的组织直接进口供残疾人专用的物品；

（七）销售的自己使用过的物品。

除前款规定外，增值税的免税、减税项目由国务院规定。任何地区、部门均不得规定免税、减税项目。

第十六条 纳税人兼营免税、减税项目的，应当分别核算免税、减税项目的销售额；未分别核算销售额的，不得免税、减税。

第十七条 纳税人销售额未达到国务院财政、税务主管部门规定的增值税起征点的，免征增值税；达到起征点的，依照本条例规定全额计算缴纳增值税。

第十八条 中华人民共和国境外的单位或者个人在境内销售劳务，在境内未设有经营机构的，以其境内代理人为扣缴义务人；在境内没有代理人的，以购买方为扣缴义务人。

第十九条 增值税纳税义务发生时间：

（一）发生应税销售行为，为收讫销售款项或者取得索取销售款项凭据的当天；先开具发票的，为开具发票的当天。

（二）进口货物，为报关进口的当天。

增值税扣缴义务发生时间为纳税人增值税纳税义务发生的当天。

第二十条 增值税由税务机关征收，进口货物的增值税由海关代征。

个人携带或者邮寄进境自用物品的增值税，连同关税一并计征。具体办法由国务院关税税则委员会会同有关部门制定。

第二十一条 纳税人发生应税销售行为，应当向索取增值税专用发票的购买方开具增值税专用发票，并在增值税专用发票上分别注明销售额和销项税额。

属于下列情形之一的，不得开具增值税专用发票：

（一）应税销售行为的购买方为消费者个人的；

（二）发生应税销售行为适用免税规定的。

第二十二条 增值税纳税地点：

（一）固定业户应当向其机构所在地的主管税务机关申报纳税。总机构和分支机构不在同一县（市）的，应当分别向各自所在地的主管税务机关申报纳税；经国务院财政、税务主管部门或者其授权的财政、税务机关批准，可以由总机构汇总向总机构所在地的主管税务机关申报纳税。

（二）固定业户到外县（市）销售货物或者劳务，应当向其机构所在地的主管税务机关报告外出经营事项，并向其机构所在地的主管税务机关申报纳税；未报告的，应当向销售地或者劳务发生地的主管税务机关申报纳税；未向销售地或者劳务发生地的主管税务机关申报纳税的，由其机构所在地的主管税务机关补征税款。

（三）非固定业户销售货物或者劳务，应当向销售地或者劳务发生地的主管税务机关申报纳税；未向销售地或者劳务发生地的主管税务机关申报纳税的，由其机构所在地或者居住地的主管税务机关补征税款。

（四）进口货物，应当向报关地海关申报纳税。

扣缴义务人应当向其机构所在地或者居住地的主管税务机关申报缴纳其扣缴的税款。

第二十三条　增值税的纳税期限分别为1日、3日、5日、10日、15日、1个月或者1个季度。纳税人的具体纳税期限，由主管税务机关根据纳税人应纳税额的大小分别核定；不能按照固定期限纳税的，可以按次纳税。

纳税人以1个月或者1个季度为1个纳税期的，自期满之日起15日内申报纳税；以1日、3日、5日、10日或者15日为1个纳税期的，自期满之日起5日内预缴税款，于次月1日起15日内申报纳税并结清上月应纳税款。

扣缴义务人解缴税款的期限，依照前两款规定执行。

第二十四条　纳税人进口货物，应当自海关填发海关进口增值税专用缴款书之日起15日内缴纳税款。

第二十五条　纳税人出口货物适用退（免）税规定的，应当向海关办理出口手续，凭出口报关单等有关凭证，在规定的出口退（免）税申报期内按月向主管税务机关申报办理该项出口货物的退（免）税；境内单位和个人跨境销售服务和无形资产适用退（免）税规定的，应当按期向主管税务机关申报办理退（免）税。具体办法由国务院财政、税务主管部门制定。

出口货物办理退税后发生退货或者退关的，纳税人应当依法补缴已退的税款。

第二十六条　增值税的征收管理，依照《中华人民共和国税收征收管理法》及本条例有关规定执行。

第二十七条　纳税人缴纳增值税的有关事项，国务院或者国务院财政、税务主管部门经国务院同意另有规定的，依照其规定。

第二十八条　本条例自2009年1月1日起施行。

中华人民共和国资源税法

（2019年8月26日第十三届全国人民代表大会常务委员会第十二次会议通过，2019年8月26日公布，自2020年9月1日起施行）

第一条　在中华人民共和国领域和中华人民共和国管辖的其他海域开发应税资源的单位和个人，为资源税的纳税人，应当依照本法规定缴纳资源税。

应税资源的具体范围，由本法所附《资源税税目税率表》（以下称《税目税率表》）确定。

第二条　资源税的税目、税率，依照《税目税率表》执行。

《税目税率表》中规定实行幅度税率的，其具体适用税率由省、自治区、直辖市人民政府统筹考虑该应税资源的品位、开采条件以及对生态环境的影响等情况，在《税目税率表》规定的税率幅度内提出，报同级人民代表大会常务委员会决定，并报全国人民代表大会常务委员会和国务院备案。《税目税率表》中规定征税对象为原矿或者选矿的，应当分别确定具体适用税率。

第三条　资源税按照《税目税率表》实行从价计征或者从量计征。

《税目税率表》中规定可以选择实行从价计征或者从量计征的，具体计征方式由省、自治区、直辖市人民政府提出，报同级人民代表大会常务委员会决定，并报全国人民代表大会常务委员会和国务院备案。

实行从价计征的，应纳税额按照应税资

源产品（以下称应税产品）的销售额乘以具体适用税率计算。实行从量计征的，应纳税额按照应税产品的销售数量乘以具体适用税率计算。

应税产品为矿产品的，包括原矿和选矿产品。

第四条 纳税人开采或者生产不同税目应税产品的，应当分别核算不同税目应税产品的销售额或者销售数量；未分别核算或者不能准确提供不同税目应税产品的销售额或者销售数量的，从高适用税率。

第五条 纳税人开采或者生产应税产品自用的，应当依照本法规定缴纳资源税；但是，自用于连续生产应税产品的，不缴纳资源税。

第六条 有下列情形之一的，免征资源税：

（一）开采原油以及在油田范围内运输原油过程中用于加热的原油、天然气；

（二）煤炭开采企业因安全生产需要抽采的煤成（层）气。

有下列情形之一的，减征资源税：

（一）从低丰度油气田开采的原油、天然气，减征百分之二十资源税；

（二）高含硫天然气、三次采油和从深水油气田开采的原油、天然气，减征百分之三十资源税；

（三）稠油、高凝油减征百分之四十资源税；

（四）从衰竭期矿山开采的矿产品，减征百分之三十资源税。

根据国民经济和社会发展需要，国务院对有利于促进资源节约集约利用、保护环境等情形可以规定免征或者减征资源税，报全国人民代表大会常务委员会备案。

第七条 有下列情形之一的，省、自治区、直辖市可以决定免征或者减征资源税：

（一）纳税人开采或者生产应税产品过程中，因意外事故或者自然灾害等原因遭受重大损失；

（二）纳税人开采共伴生矿、低品位矿、尾矿。

前款规定的免征或者减征资源税的具体办法，由省、自治区、直辖市人民政府提出，报同级人民代表大会常务委员会决定，并报全国人民代表大会常务委员会和国务院备案。

第八条 纳税人的免税、减税项目，应当单独核算销售额或者销售数量；未单独核算或者不能准确提供销售额或者销售数量的，不予免税或者减税。

第九条 资源税由税务机关依照本法和《中华人民共和国税收征收管理法》的规定征收管理。

税务机关与自然资源等相关部门应当建立工作配合机制，加强资源税征收管理。

第十条 纳税人销售应税产品，纳税义务发生时间为收讫销售款或者取得索取销售款凭据的当日；自用应税产品的，纳税义务发生时间为移送应税产品的当日。

第十一条 纳税人应当向应税产品开采地或者生产地的税务机关申报缴纳资源税。

第十二条 资源税按月或者按季申报缴纳；不能按固定期限计算缴纳的，可以按次申报缴纳。

纳税人按月或者按季申报缴纳的，应当自月度或者季度终了之日起十五日内，向税务机关办理纳税申报并缴纳税款；按次申报缴纳的，应当自纳税义务发生之日起十五日内，向税务机关办理纳税申报并缴纳税款。

第十三条 纳税人、税务机关及其工作人员违反本法规定的，依照《中华人民共和国税收征收管理法》和有关法律法规的规定追究法律责任。

第十四条 国务院根据国民经济和社会发展需要，依照本法的原则，对取用地表水或者地下水的单位和个人试点征收水资源税。征收水资源税的，停止征收水资源费。

水资源税根据当地水资源状况、取用水类型和经济发展等情况实行差别税率。

水资源税试点实施办法由国务院规定，报全国人民代表大会常务委员会备案。

国务院自本法施行之日起五年内，就征收水资源税试点情况向全国人民代表大会常务委员会报告，并及时提出修改法律的建议。

第十五条　中外合作开采陆上、海上石油资源的企业依法缴纳资源税。

2011年11月1日前已依法订立中外合作开采陆上、海上石油资源合同的，在该合同有效期内，继续依照国家有关规定缴纳矿区使用费，不缴纳资源税；合同期满后，依法缴纳资源税。

第十六条　本法下列用语的含义是：

（一）低丰度油气田，包括陆上低丰度油田、陆上低丰度气田、海上低丰度油田、海上低丰度气田。陆上低丰度油田是指每平方公里原油可开采储量丰度低于二十五万立方米的油田；陆上低丰度气田是指每平方公里天然气可开采储量丰度低于二亿五千万立方米的气田；海上低丰度油田是指每平方公里原油可开采储量丰度低于六十万立方米的油田；海上低丰度气田是指每平方公里天然气可开采储量丰度低于六亿立方米的气田。

（二）高含硫天然气，是指硫化氢含量在每立方米三十克以上的天然气。

（三）三次采油，是指二次采油后继续以聚合物驱、复合驱、泡沫驱、气水交替驱、二氧化碳驱、微生物驱等方式进行采油。

（四）深水油气田，是指水深超过三百米的油气田。

（五）稠油，是指地层原油粘度大于或等于每秒五十毫帕或原油密度大于或等于每立方厘米零点九二克的原油。

（六）高凝油，是指凝固点高于四十摄氏度的原油。

（七）衰竭期矿山，是指设计开采年限超过十五年，且剩余可开采储量下降到原设计可开采储量的百分之二十以下或者剩余开采年限不超过五年的矿山。衰竭期矿山以开采企业下属的单个矿山为单位确定。

第十七条　本法自2020年9月1日起施行。1993年12月25日国务院发布的《中华人民共和国资源税暂行条例》同时废止。

附：（略）

电力产品增值税征收管理办法

（2004年12月22日国家税务总局令第10号公布，根据2018年6月15日《国家税务总局关于修改部分税务部门规章的决定》修正）

第一条　为了加强电力产品增值税的征收管理，根据《中华人民共和国税收征收管理法》、《中华人民共和国增值税暂行条例》、《中华人民共和国增值税暂行条例实施细则》及其有关规定，结合电力体制改革以及电力产品生产、销售特点，制定本办法。

第二条　生产、销售电力产品的单位和个人为电力产品增值税纳税人，并按本办法规定缴纳增值税。

第三条　电力产品增值税的计税销售额为纳税人销售电力产品向购买方收取的全部价款和价外费用，但不包括收取的销项税额。价外费用是指纳税人销售电力产品在目录电价或上网电价之外向购买方收取的各种性质的费用。

供电企业收取的电费保证金，凡逾期

（超过合同约定时间）未退还的，一律并入价外费用缴纳增值税。

第四条 电力产品增值税的征收，区分不同情况，分别采取以下征税办法：

（一）发电企业（电厂、电站、机组，下同）生产销售的电力产品，按照以下规定计算缴纳增值税：

1. 独立核算的发电企业生产销售电力产品，按照现行增值税有关规定向其机构所在地主管税务机关申报纳税；具有一般纳税人资格或具备一般纳税人核算条件的非独立核算的发电企业生产销售电力产品，按照增值税一般纳税人的计算方法计算增值税，并向其机构所在地主管税务机关申报纳税。

2. 不具有一般纳税人资格且不具有一般纳税人核算条件的非独立核算的发电企业生产销售的电力产品，由发电企业按上网电量，依核定的定额税率计算发电环节的预缴增值税，且不得抵扣进项税额，向发电企业所在地主管税务机关申报纳税。计算公式为：

预征税额＝上网电量×核定的定额税率

（二）供电企业销售电力产品，实行在供电环节预征、由独立核算的供电企业统一结算的办法缴纳增值税，具体办法如下：

1. 独立核算的供电企业所属的区县级供电企业，凡能够核算销售额的，依核定的预征率计算供电环节的增值税，不得抵扣进项税额，向其所在地主管税务机关申报纳税；不能核算销售额的，由上一级供电企业预缴供电环节的增值税。计算公式为：

预征税额＝销售额×核定的预征率

2. 供电企业随同电力产品销售取得的各种价外费用一律在预征环节依照电力产品适用的增值税税率征收增值税，不得抵扣进项税额。

（三）实行预缴方式缴纳增值税的发、供电企业按照隶属关系由独立核算的发、供电企业结算缴纳增值税，具体办法为：

独立核算的发、供电企业月末依据其全部销售额和进项税额，计算当期增值税应纳税额，并根据发电环节或供电环节预缴的增值税税额，计算应补（退）税额，向其所在地主管税务机关申报纳税。计算公式为：

应纳税额＝销项税额－进项税额

应补（退）税额＝应纳税额－发（供）电环节预缴增值税额

独立核算的发、供电企业当期销项税额小于进项税额不足抵扣，或应纳税额小于发、供电环节预缴增值税税额形成多交增值税时，其不足抵扣部分和多交增值税额可结转下期抵扣或抵减下期应纳税额。

（四）发、供电企业的增值税预征率（含定额税率，下同），应根据发、供电企业上期财务核算和纳税情况、考虑当年变动因素测算核定，具体权限如下：

1. 跨省、自治区、直辖市的发、供电企业增值税预征率由预缴增值税的发、供电企业所在地和结算增值税的发、供电企业所在地省、自治区、直辖市、计划单列市税务局共同测算，报国家税务总局核定；

2. 省、自治区、直辖市范围内的发、供电企业增值税预征率由省、自治区、直辖市、计划单列市税务局核定。

发、供电企业预征率的执行期限由核定预征率的税务机关根据企业生产经营的变化情况确定。

（五）不同投资、核算体制的机组，由于隶属于各自不同的独立核算企业，应按上述规定分别缴纳增值税。

（六）对其他企事业单位销售的电力产品，按现行增值税有关规定缴纳增值税。

（七）实行预缴方式缴纳增值税的发、供电企业，销售电力产品取得的未并入上级独立核算发、供电企业统一核算的销售收入，应单独核算并按增值税的有关规定就地申报缴纳增值税。

第五条 实行预缴方式缴纳增值税的发、供电企业生产销售电力产品以外的其他货物和应税劳务，如果能准确核算销售额的，在发、供电企业所在地依适用税率计算缴纳增值税。不能准确核算销售额的，按其隶属关系由独立核算的发、供电企业统一计算缴纳增值税。

第六条　发、供电企业销售电力产品的纳税义务发生时间的具体规定如下：

（一）发电企业和其他企事业单位销售电力产品的纳税义务发生时间为电力上网并开具确认单据的当天。

（二）供电企业采取直接收取电费结算方式的，销售对象属于企事业单位，为开具发票的当天；属于居民个人，为开具电费缴纳凭证的当天。

（三）供电企业采取预收电费结算方式的，为发行电量的当天。

（四）发、供电企业将电力产品用于非应税项目、集体福利、个人消费，为发出电量的当天。

（五）发、供电企业之间互供电力，为双方核对计数量，开具抄表确认单据的当天。

（六）发、供电企业销售电力产品以外其他货物，其纳税义务发生时间按《中华人民共和国增值税暂行条例》及其实施细则的有关规定执行。

第七条　发、供电企业应按现行增值税的有关规定办理税务登记，进行增值税纳税申报。

实行预缴方式缴纳增值税的发、供电企业应按以下规定办理：

（一）实行预缴方式缴纳增值税的发、供电企业在办理税务开业、变更、注销登记时，应将税务登记证正本复印件按隶属关系逐级上报其独立核算的发、供电企业所在地主管税务机关留存。

独立核算的发、供电企业也应将税务登记证正本复印件报其所属的采用预缴方式缴纳增值税的发、供电企业所在地主管税务机关留存。

（二）采用预缴方式缴纳增值税的发、供电企业在申报纳税的同时，应将增值税进项税额和上网电量、电力产品销售额、其他产品销售额、价外费用、预征税额和查补税款分别归集汇总，填写《电力企业增值税销项税额和进项税额传递单》（样式附后，以下简称《传递单》）报送主管税务机关签章确认后，按隶属关系逐级汇总上报给独立核算发、供电企业；预征地主管税务机关也必须将确认后的《传递单》于收到当月传递给结算缴纳增值税的独立核算发、供电企业所在地主管税务机关。

（三）结算缴纳增值税的发、供电企业应按增值税纳税申报的统一规定，汇总计算本企业的全部销项税额、进项税额、应纳税额、应补（退）税额，于本月税款所属期后第二个月征期内向主管税务机关申报纳税。

（四）实行预缴方式缴纳增值税的发、供电企业所在地主管税务机关应定期对其所属企业纳税情况进行检查。发现申报不实，一律就地按适用税率全额补征税款，并将检查情况及结果发函通知结算缴纳增值税的独立核算发、供电企业所在地主管税务机关。独立核算发、供电企业所在地主管税务机关收到预征地税务机关的发函后，应督促发、供电企业调整申报表。对在预缴环节查补的增值税，独立核算的发、供电企业在结算缴纳增值税时可以予以抵减。

第八条　发、供电企业销售电力产品，应按《中华人民共和国发票管理办法》和增值税专用发票使用管理规定领购、使用和管理发票。

第九条　电力产品增值税的其他征税事项，按《中华人民共和国税收征收管理法》、《中华人民共和国税收征收管理法实施细则》、《中华人民共和国增值税暂行条例》和《中华人民共和国增值税暂行条例实施细则》及其他有关规定执行。

第十条　本办法由国家税务总局负责解释。

第十一条　本办法自2005年2月1日起施行。

附：（略）

个人所得税专项附加扣除暂行办法

（2018年12月13日国务院印发）

第一章 总 则

第一条 根据《中华人民共和国个人所得税法》（以下简称个人所得税法）规定，制定本办法。

第二条 本办法所称个人所得税专项附加扣除，是指个人所得税法规定的子女教育、继续教育、大病医疗、住房贷款利息或者住房租金、赡养老人等6项专项附加扣除。

第三条 个人所得税专项附加扣除遵循公平合理、利于民生、简便易行的原则。

第四条 根据教育、医疗、住房、养老等民生支出变化情况，适时调整专项附加扣除范围和标准。

第二章 子女教育

第五条 纳税人的子女接受全日制学历教育的相关支出，按照每个子女每月1000元的标准定额扣除。

学历教育包括义务教育（小学、初中教育）、高中阶段教育（普通高中、中等职业、技工教育）、高等教育（大学专科、大学本科、硕士研究生、博士研究生教育）。

年满3岁至小学入学前处于学前教育阶段的子女，按本条第一款规定执行。

第六条 父母可以选择由其中一方按扣除标准的100%扣除，也可以选择由双方分别按扣除标准的50%扣除，具体扣除方式在一个纳税年度内不能变更。

第七条 纳税人子女在中国境外接受教育的，纳税人应当留存境外学校录取通知书、留学签证等相关教育的证明资料备查。

第三章 继续教育

第八条 纳税人在中国境内接受学历（学位）继续教育的支出，在学历（学位）教育期间按照每月400元定额扣除。同一学历（学位）继续教育的扣除期限不能超过48个月。纳税人接受技能人员职业资格继续教育、专业技术人员职业资格继续教育的支出，在取得相关证书的当年，按照3600元定额扣除。

第九条 个人接受本科及以下学历（学位）继续教育，符合本办法规定扣除条件的，可以选择由其父母扣除，也可以选择由本人扣除。

第十条 纳税人接受技能人员职业资格继续教育、专业技术人员职业资格继续教育的，应当留存相关证书等资料备查。

第四章 大病医疗

第十一条 在一个纳税年度内，纳税人发生的与基本医保相关的医药费用支出，扣除医保报销后个人负担（指医保目录范围内的自付部分）累计超过15000元的部分，由纳税人在办理年度汇算清缴时，在80000元限额内据实扣除。

第十二条 纳税人发生的医药费用支出可以选择由本人或者其配偶扣除；未成年子女发生的医药费用支出可以选择由其父母一方扣除。

纳税人及其配偶、未成年子女发生的医药费用支出，按本办法第十一条规定分别计算扣除额。

第十三条 纳税人应当留存医药服务收

费及医保报销相关票据原件（或者复印件）等资料备查。医疗保障部门应当向患者提供在医疗保障信息系统记录的本人年度医药费用信息查询服务。

第五章　住房贷款利息

第十四条　纳税人本人或者配偶单独或者共同使用商业银行或者住房公积金个人住房贷款为本人或者其配偶购买中国境内住房，发生的首套住房贷款利息支出，在实际发生贷款利息的年度，按照每月 1000 元的标准定额扣除，扣除期限最长不超过 240 个月。纳税人只能享受一次首套住房贷款的利息扣除。

本办法所称首套住房贷款是指购买住房享受首套住房贷款利率的住房贷款。

第十五条　经夫妻双方约定，可以选择由其中一方扣除，具体扣除方式在一个纳税年度内不能变更。

夫妻双方婚前分别购买住房发生的首套住房贷款，其贷款利息支出，婚后可以选择其中一套购买的住房，由购买方按扣除标准的 100% 扣除，也可以由夫妻双方对各自购买的住房分别按扣除标准的 50% 扣除，具体扣除方式在一个纳税年度内不能变更。

第十六条　纳税人应当留存住房贷款合同、贷款还款支出凭证备查。

第六章　住房租金

第十七条　纳税人在主要工作城市没有自有住房而发生的住房租金支出，可以按照以下标准定额扣除：

（一）直辖市、省会（首府）城市、计划单列市以及国务院确定的其他城市，扣除标准为每月 1500 元；

（二）除第一项所列城市以外，市辖区户籍人口超过 100 万的城市，扣除标准为每月 1100 元；市辖区户籍人口不超过 100 万的城市，扣除标准为每月 800 元。

纳税人的配偶在纳税人的主要工作城市有自有住房的，视同纳税人在主要工作城市有自有住房。

市辖区户籍人口，以国家统计局公布的数据为准。

第十八条　本办法所称主要工作城市是指纳税人任职受雇的直辖市、计划单列市、副省级城市、地级市（地区、州、盟）全部行政区域范围；纳税人无任职受雇单位的，为受理其综合所得汇算清缴的税务机关所在城市。

夫妻双方主要工作城市相同的，只能由一方扣除住房租金支出。

第十九条　住房租金支出由签订租赁住房合同的承租人扣除。

第二十条　纳税人及其配偶在一个纳税年度内不能同时分别享受住房贷款利息和住房租金专项附加扣除。

第二十一条　纳税人应当留存住房租赁合同、协议等有关资料备查。

第七章　赡养老人

第二十二条　纳税人赡养一位及以上被赡养人的赡养支出，统一按照以下标准定额扣除：

（一）纳税人为独生子女的，按照每月 2000 元的标准定额扣除；

（二）纳税人为非独生子女的，由其与兄弟姐妹分摊每月 2000 元的扣除额度，每人分摊的额度不能超过每月 1000 元。可以由赡养人均摊或者约定分摊，也可以由被赡养人指定分摊。约定或者指定分摊的须签订书面分摊协议，指定分摊优先于约定分摊。具体分摊方式和额度在一个纳税年度内不能变更。

第二十三条　本办法所称被赡养人是指年满 60 岁的父母，以及子女均已去世的年满 60 岁的祖父母、外祖父母。

第八章　保障措施

第二十四条　纳税人向收款单位索取发

票、财政票据、支出凭证，收款单位不能拒绝提供。

第二十五条 纳税人首次享受专项附加扣除，应当将专项附加扣除相关信息提交扣缴义务人或者税务机关，扣缴义务人应当及时将相关信息报送税务机关，纳税人对所提交信息的真实性、准确性、完整性负责。专项附加扣除信息发生变化的，纳税人应当及时向扣缴义务人或者税务机关提供相关信息。

前款所称专项附加扣除相关信息，包括纳税人本人、配偶、子女、被赡养人等个人身份信息，以及国务院税务主管部门规定的其他与专项附加扣除相关的信息。

本办法规定纳税人需要留存备查的相关资料应当留存五年。

第二十六条 有关部门和单位有责任和义务向税务部门提供或者协助核实以下与专项附加扣除有关的信息：

（一）公安部门有关户籍人口基本信息、户成员关系信息、出入境证件信息、相关出国人员信息、户籍人口死亡标识等信息；

（二）卫生健康部门有关出生医学证明信息、独生子女信息；

（三）民政部门、外交部门、法院有关婚姻状况信息；

（四）教育部门有关学生学籍信息（包括学历继续教育学生学籍、考籍信息）、在相关部门备案的境外教育机构资质信息；

（五）人力资源社会保障等部门有关技工院校学生学籍信息、技能人员职业资格继续教育信息、专业技术人员职业资格继续教育信息；

（六）住房城乡建设部门有关房屋（含公租房）租赁信息、住房公积金管理机构有关住房公积金贷款还款支出信息；

（七）自然资源部门有关不动产登记信息；

（八）人民银行、金融监督管理部门有关住房商业贷款还款支出信息；

（九）医疗保障部门有关在医疗保障信息系统记录的个人负担的医药费用信息；

（十）国务院税务主管部门确定需要提供的其他涉税信息。

上述数据信息的格式、标准、共享方式，由国务院税务主管部门及各省、自治区、直辖市和计划单列市税务局商有关部门确定。

有关部门和单位拥有专项附加扣除涉税信息，但未按规定要求向税务部门提供的，拥有涉税信息的部门或者单位的主要负责人及相关人员承担相应责任。

第二十七条 扣缴义务人发现纳税人提供的信息与实际情况不符的，可以要求纳税人修改。纳税人拒绝修改的，扣缴义务人应当报告税务机关，税务机关应当及时处理。

第二十八条 税务机关核查专项附加扣除情况时，纳税人任职受雇单位所在地、经常居住地、户籍所在地的公安派出所、居民委员会或者村民委员会等有关单位和个人应当协助核查。

第九章 附 则

第二十九条 本办法所称父母，是指生父母、继父母、养父母。本办法所称子女，是指婚生子女、非婚生子女、继子女、养子女。父母之外的其他人担任未成年人的监护人的，比照本办法规定执行。

第三十条 个人所得税专项附加扣除额一个纳税年度扣除不完的，不能结转以后年度扣除。

第三十一条 个人所得税专项附加扣除具体操作办法，由国务院税务主管部门另行制定。

第三十二条 本办法自2019年1月1日起施行。

演出市场个人所得税征收管理暂行办法

（1995年11月18日国税发〔1995〕171号文件印发，根据2016年5月29日《国家税务总局关于公布全文废止和部分条款废止的税务部门规章目录的决定》和2018年6月15日《国家税务总局关于修改部分税务部门规章的决定》修正）

第一条　为加强演出市场个人所得税的征收管理，根据《中华人民共和国个人所得税法》及其实施条例和《国务院办公厅转发文化部关于加强演出市场管理报告的通知》（国办发〔1991〕112号）的有关规定，制定本办法。

第二条　凡参加演出（包括舞台演出、录音、录像、拍摄影视等，下同）而取得报酬的演职员，是个人所得税的纳税义务人；所取得的所得，为个人所得税的应纳税项目。

第三条　向演职员支付报酬的单位或个人，是个人所得税的扣缴义务人。扣缴义务人必须在支付演职员报酬的同时，按税收法律、行政法规及税务机关依照法律、行政法规作出的规定扣缴或预扣个人所得税。

预扣办法由各省、自治区、直辖市税务局根据有利控管的原则自行确定。

第四条　演出经纪机构领取《演出经营许可证》、《临时营业演出许可证》或变更以上证件内容的，必须在领证后或变更登记后的三十日内到机构所在地主管税务机关办理税务登记或变更税务登记。文化行政部门向演出经纪机构或个人发放《演出经营许可证》和《临时营业演出许可证》时，应将演出经纪机构的名称、住所、法人代表等情况抄送当地主管税务机关备案。

第五条　演出活动主办单位应在每次演出前两日内，将文化行政部门的演出活动批准件和演出合同、演出计划（时间、地点、场次）、报酬分配方案等有关材料报送演出所在地主管税务机关。演出合同和演出计划的内容如有变化，应按规定程序重新向文化行政部门申报审批并向主管税务机关报送新的有关材料。

第六条　演职员参加非任职单位组织的演出取得的报酬为劳务报酬所得，按次缴纳个人所得税。演职员参加任职单位组织的演出取得的报酬为工资、薪金所得，按月缴纳个人所得税。

上述报酬包括现金、实物和有价证券。

第七条　参加组台（团）演出的演职员取得的报酬，由主办单位或承办单位通过银行转账支付给演职员所在单位或发放演职员演出许可证的文化行政部门或其授权单位的，经演出所在地主管税务机关确认后，由演职员所在单位或者发放演职员许可证的文化行政部门或其授权单位，按实际支付给演职员个人的报酬代扣个人所得税，并在原单位所在地缴入金库。

第八条　组台（团）演出，不按第七条所述方式支付演职员报酬，或者虽按上述方式支付但未经演出所在地主管税务机关确认的，由向演职员支付报酬的演出经纪机构或者主办、承办单位扣缴个人所得税，税款在演出所在地缴纳。申报的演职员报酬明显偏低又无正当理由的，主管税务机关可以在查账核实的基础上，依据演出报酬总额、演职员分工、演员演出通常收费额等情况核定演职员的应纳税所得，扣缴义务人据此扣缴税款。

第九条 税务机关有根据认为从事演出的纳税义务人有逃避纳税义务行为的，可以在规定的纳税期之前，责令其限期缴纳应纳税款；在限期内发现纳税义务人有明显的转移、隐匿演出收入迹象的，税务机关可以责成纳税义务人提供纳税担保。如果纳税义务人不能提供纳税担保，经县以上（含县级）税务局（分局）局长批准，税务机关可以采取税收保全措施。

第十条 参与录音、录像、拍摄影视和在歌厅、舞厅、卡拉 OK 厅、夜总会、娱乐城等娱乐场所演出的演职员取得的报酬，由向演职员支付报酬的单位或业主扣缴个人所得税。

第十一条 演职员取得的报酬为不含税收入的，扣缴义务人支付的税款应按以下公式计算：

（一）应纳税所得额 =

$$\frac{\text{不含税收入} - \text{费用减除标准} - \text{速算}}{1 - \text{税率}}$$

（二）应纳税额 = 应纳税所得额 × 适用税率 - 速算扣除数

第十二条 扣缴义务人扣缴的税款，应在次月七日内缴入国库，同时向主管税务机关报送扣缴个人所得税报告表、支付报酬明细表以及税务机关要求报送的其他资料。

第十三条 有下列情形的，演职员应在取得报酬的次月七日内自行到演出所在地或者单位所在地主管税务机关申报纳税：

（一）在两处或者两处以上取得工资、薪金性质所得的，应将各处取得的工资、薪金性质的所得合并计算纳税；

（二）分笔取得属于一次报酬的；

（三）扣缴义务人没有依法扣缴税款的；

（四）主管税务机关要求其申报纳税的。

第十四条 为了强化征收管理，主管税务机关可以根据当地实际情况，自行确定对在歌厅、舞厅、卡拉 OK 厅、夜总会、娱乐城等娱乐场所演出的演职员的个人所得税征收管理方式。

第十五条 组台（团）演出，应当建立健全财务会计制度，正确反映演出收支和向演职员支付报酬情况，并接受主管税务机关的监督检查。没有建立财务会计制度，或者未提供完整、准确的纳税资料，主管税务机关可以核定其应纳税所得额，据以征税。

第十六条 扣缴义务人和纳税义务人违反本办法有关规定，主管税务机关可以依照《中华人民共和国税收征收管理法》及其他有关法律和行政法规的有关规定给以处罚。

第十七条 演职员偷税情节恶劣，或者被第三次查出偷税的，除税务机关对其依法惩处外，文化行政部门可据情节轻重停止其演出活动半年至一年。

第十八条 各省、自治区、直辖市税务局和文化行政部门可依据本办法规定的原则，制定具体实施细则。

第十九条 本办法由国家税务总局、文化和旅游部共同负责解释。

第二十条 本办法自文到之日起施行。以前规定凡与本办法不符的，按本办法执行。

广告市场个人所得税征收管理暂行办法

（1996年8月29日国税发〔1996〕148号文件印发，根据2016年5月29日《国家税务总局关于公布全文废止和部分条款废止的税务部门规章目录的决定》和2018年6月15日《国家税务总局关于修改部分税务部门规章的决定》修正）

第一条　为了进一步加强对广告市场个人所得税的征收管理，依据《中华人民共和国个人所得税法》及其实施条例和《中华人民共和国税收征收管理法》及其实施细则，制定本办法。

第二条　凡在广告中提供名义、形象或在广告设计、制作、发布过程中提供劳务并取得所得的个人以及广告主、广告经营者或受托从事广告制作的单位和广告发布者，均应当依照本办法的规定办理个人所得税有关事宜。

本办法所称广告主，是指为推销商品或者提供服务，自行或者委托他人设计、制作、发布广告的法人、其他经济组织或者个人。

本办法所称广告经营者，是指受委托提供广告设计、制作、代理服务的法人、其他经济组织或者个人。

本办法所称受托从事广告制作的单位，是指受广告主或广告经营者委托而从事广告设计、制作的法人、其他经济组织或者个人。

本办法所称广告发布者，是指为广告主、或者广告主委托的广告经营者发布广告的法人及其他经济组织。

第三条　在广告设计、制作、发布过程中提供名义、形象及劳务并取得所得的个人为个人所得税的纳税义务人（以下简称纳税人）；直接向上述个人支付所得的广告主、广告经营者、受托从事广告制作的单位和广告发布者为个人所得税的扣缴义务人（以下简称扣缴人）。

第四条　扣缴人应当在每项广告制作前向所在地主管税务机关报告广告中名义、形象及劳务提供者的姓名、身份证号码（护照号码及国籍）、工作单位（户籍所在地）、电话号码以及支付报酬的标准和支付形式等情况。双方订立书面合同（协议）的，应同时将合同（协议）副本报送上述税务机关。

广告发布者应当定期向所在地主管税务机关报送当期发布广告的数量及其广告主、广告经营者的名单。

第五条　纳税人在广告设计、制作、发布过程中提供名义、形象而取得的所得，应按劳务报酬所得项目计算纳税。

纳税人在广告设计、制作、发布过程中提供其他劳务取得的所得，视其情况分别按照税法规定的劳务报酬所得、稿酬所得、特许权使用费所得等应税项目计算纳税。

扣缴人的本单位人员在广告设计、制作、发布过程中取得的由本单位支付的所得，按工资、薪金所得项目计算纳税。

第六条　纳税人以现金、实物和有价证券以外的其他形式取得所得，税务机关可以根据其所得的形式和价值，核定其应纳税所得额，据以征税。

对于不能准确提供或划分个人在广告设计、制作、发布过程中提供名义、形象及劳务而取得的所得的纳税人，主管税务机关可以根据支付总额等实际情况，参照同类广告活动名义、形象及其他劳务提供者的所得标准，核定其应纳税所得额，据以征税。

第七条 劳务报酬所得以纳税人每参与一项广告的设计、制作、发布所取得的所得为一次；稿酬所得以在图书、报刊上发布一项广告时使用其作品而取得的所得为一次；特许权使用费所得以提供一项特许权在一项广告的设计、制作、发布过程中使用而取得的所得为一次。上述所得，采取分笔支付的，应合并为一次所得计算纳税。

第八条 分笔取得一次所得和扣缴人应扣未扣或少扣税款以及没有扣缴人的纳税人，应当于取得所得的月度终了后七日内，向扣缴人所在地主管税务机关自行申报纳税。

第九条 扣缴人和纳税人必须接受税务机关依法进行的税务检查，如实反映情况，提供有关资料，不得拒绝、隐瞒。

第十条 本办法未尽事宜，按照有关税收法律、行政法规的规定执行。

第十一条 各省、自治区、直辖市税务局可以根据本办法规定的原则，结合本地实际，制定具体实施办法，并报国家税务总局备案。

第十二条 本办法由国家税务总局负责解释。

第十三条 本办法自1996年9月1日起执行。

机动出租车驾驶员个人所得税征收管理暂行办法

（1995年3月14日国税发〔1995〕050号文件印发，根据2018年6月15日《国家税务总局关于修改部分税务部门规章的决定》修正）

第一条 为了加强对机动出租车驾驶员（包括大、中、小客货运机动出租车驾驶员，下同）个人所得税的征收管理，根据《中华人民共和国个人所得税法》及其实施条例、《中华人民共和国税收征收管理法》（以下简称征管法）及有关行政法规的规定制定本办法。

第二条 各种机动出租车驾驶员为个人所得税的纳税义务人，其从事出租车运营取得的收入，应依法缴纳个人所得税。

第三条 税务机关可以委托出租汽车经营单位、交通管理部门和运输服务站或者其他有关部门（单位）代收代缴出租车驾驶员应纳的个人所得税。被委托的单位为扣缴义务人，应按期代收代缴出租车驾驶员应纳的个人所得税。

第四条 没有扣缴义务人或扣缴义务人未按规定扣缴税款的，出租车驾驶员应自行向单位所在地或准运证发放地的主管税务机关申报纳税。

第五条 出租车驾驶员办理了个体出租车营业执照的，应在领取营业执照后30日内到当地主管税务机关办理税务登记。

第六条 出租车驾驶员从事出租车运营取得的收入，适用的个人所得税项目为：

（一）出租汽车经营单位对出租车驾驶员采取单车承包或承租方式运营，出租车驾驶员从事客货运营取得的收入，按工资、薪金所得项目征税。

（二）从事个体出租车运营的出租车驾驶员取得的收入，按个体工商户的生产、经营所得项目缴纳个人所得税。

（三）出租车属个人所有，但挂靠出租汽车经营单位或企事业单位，驾驶员向挂靠单位缴纳管理费的，或出租汽车经营单位将出租车所有权转移给驾驶员的，出租车驾驶员从事客货运营取得的收入，比照个体工商户的生产、经营所得项目征税。

第七条　县级以上（含县级）税务机关可以根据出租车的不同经营方式、不同车型、收费标准、缴纳的承包承租费等情况，核定出租车驾驶员的营业额并确定征收率或征收额，按月征收出租车驾驶员应纳的个人所得税。

第八条　出租车驾驶员能够提供有效停运证明的，税务机关应根据其停运期长短，相应核减其停运期间应缴纳的个人所得税。

第九条　纳税义务人和扣缴义务人未按规定缴纳、扣缴个人所得税的，主管税务机关应按《征管法》及有关法律、行政法规的规定予以处罚，触犯刑律的移送司法机关处理。

第十条　扣缴义务人每月所扣的税款、自行申报纳税人每月应纳的税款，应当在次月7日内缴入国库，并向主管税务机关报送扣缴个人所得税报告表或纳税申报表以及税务机关要求报送的其他资料。

第十一条　对扣缴义务人按照所扣缴或代收代缴的税款，付给2%的手续费。

第十二条　各省、自治区、直辖市税务局可根据本办法规定的原则，结合当地实际制定有关具体办法，并报国家税务总局备案。

第十三条　本办法由国家税务总局负责解释。

第十四条　本办法从1995年4月1日起执行。

建筑安装业个人所得税征收管理暂行办法

（1996年7月22日国税发〔1996〕127号文件印发，根据2016年5月29日《国家税务总局关于公布全文废止和部分条款废止的税务部门规章目录的决定》和2018年6月15日《国家税务总局关于修改部分税务部门规章的决定》修正）

第一条　为了加强对建筑安装业个人所得税的征收管理，根据《中华人民共和国个人所得税法》及其实施条例、《中华人民共和国税收征收管理法》及其实施细则和其他有关法律、行政法规的规定制定本办法。

第二条　本办法所称建筑安装业，包括建筑、安装、修缮、装饰及其他工程作业。从事建筑安装业的工程承包人、个体户及其他个人为个人所得税的纳税义务人。其从事建筑安装业取得的所得，应依法缴纳个人所得税。

第三条　承包建筑安装业各项工程作业的承包人取得的所得，应区别不同情况计征个人所得税：经营成果归承包人个人所有的所得，或按照承包合同（协议）规定，将一部分经营成果留归承包人个人的所得，按对企事业单位的承包经营、承租经营所得项目征税；以其他分配方式取得的所得，按工资、薪金所得项目征税。

从事建筑安装业的个体工商户和未领取营业执照承揽建筑安装业工程作业的建筑安装队和个人，以及建筑安装企业实行个人承包后工商登记改变为个体经济性质的，其从事建筑安装业取得的收入应依照个体工商户的生产、经营所得项目计征个人所得税。

从事建筑安装业工程作业的其他人员取得的所得，分别按照工资、薪金所得项目和劳务报酬所得项目计征个人所得税。

第四条 从事建筑安装业的单位和个人，应依法办理税务登记。在异地从事建筑安装业的单位和个人，必须自工程开工之日前三日内，持营业执照、外出经营活动税收管理证明、城建部门批准开工的文件和工程承包合同（协议）、开户银行账号以及主管税务机关要求提供的其他资料向主管税务机关办理有关登记手续。

第五条 对未领取营业执照承揽建筑安装业工程作业的单位和个人，主管税务机关可以根据其工程规模，责令其缴纳一定数额的纳税保证金。在规定的期限内结清税款后，退还纳税保证金；逾期未结清税款的，以纳税保证金抵缴应纳税款和滞纳金。

第六条 从事建筑安装业的单位和个人应设置会计账簿，健全财务制度，准确、完整地进行会计核算。对未设立会计账簿，或者不能准确、完整地进行会计核算的单位和个人，主管税务机关可根据其工程规模、工程承包合同（协议）价款和工程完工进度等情况，核定其应纳税所得额或应纳税额，据以征税。具体核定办法由县以上（含县级）税务机关制定。

第七条 从事建筑安装业工程作业的单位和个人应按照主管税务机关的规定，购领、填开和保管建筑安装业专用发票或许可使用的其他发票。

第八条 建筑安装业的个人所得税，由扣缴义务人代扣代缴和纳税人自行申报缴纳。

第九条 承揽建筑安装业工程作业的单位和个人是个人所得税的代扣代缴义务人，应在向个人支付收入时依法代扣代缴其应纳的个人所得税。

第十条 没有扣缴义务人的和扣缴义务人未按规定代扣代缴税款的，纳税人应自行向主管税务机关申报纳税。

第十一条 本办法第三条第一款、第二款涉及的纳税人和扣缴义务人应按每月工程完工量预缴、预扣个人所得税，按年结算。一项工程跨年度作业的，应按各年所得预缴、预扣和结算个人所得税。难以划分各年所得的，可以按月预缴、预扣税款，并在工程完工后按各年度工程完工量分摊所得并结算税款。

第十二条 扣缴义务人每月所扣的税款，自行申报纳税人每月应纳的税款，应当在次月七日内缴入国库，并向主管税务机关报送扣缴个人所得税报告表或纳税申报表以及税务机关要求报送的其他资料。

第十三条 对扣缴义务人按照所扣缴的税款，付给2%的手续费。

第十四条 建筑安装业单位所在地税务机关和工程作业所在地税务机关双方可以协商有关个人所得税代扣代缴和征收的具体操作办法，都有权对建筑安装业单位和个人依法进行税收检查，并有权依法处理其违反税收规定的行为。但一方已经处理的，另一方不得重复处理。

第十五条 本办法所称主管税务机关，是指建筑安装业工程作业所在地税务局（分局、所）。

第十六条 各省、自治区、直辖市税务局可根据本办法规定的原则，结合本地实际制定具体的征管办法，并报国家税务总局备案。

第十七条 本办法未尽事宜，按照《中华人民共和国个人所得税法》及其实施条例、《中华人民共和国税收征收管理法》及其实施细则以及其他有关的法律、行政法规的规定执行。

第十八条 本办法由国家税务总局负责解释。

第十九条 本办法从1996年1月1日起执行。

金银首饰消费税征收管理办法

（1994年12月26日国税发〔1994〕267号文件印发，根据2018年6月15日《国家税务总局关于修改部分税务部门规章的决定》修正）

根据财政部、国家税务总局《关于调整金银首饰消费税纳税环节有关问题的通知》（以下简称《通知》）（财税字［94］095号）的有关规定，特制定本办法。

一、金银首饰的范围

《通知》第一条所称“金银首饰的范围”不包括镀金（银）、包金（银）首饰，以及镀金（银）、包金（银）的镶嵌首饰。

二、应税与非应税的划分

经营单位兼营生产、加工、批发、零售业务的，应分别核算销售额，未分别核算销售额或者划分不清的，一律视同零售征收消费税。

三、纳税地点

固定业户到外县（市）临时销售金银首饰，应当向其机构所在地主管税务局申请开具外出经营活动税收管理证明，回其机构所在地向主管税务局申报纳税。未持有其机构所在地主管税务局核发的外出经营活动税收管理证明的，销售地主管税务局一律按规定征收消费税。其在销售地发生的销售额，回机构所在地后仍应按规定申报纳税，在销售地缴纳的消费税款不得从应纳税额中扣减。

四、申报资料

纳税人办理纳税申报时，除应按《中华人民共和国税收征收管理法》（以下简称《征管法》）的规定报送有关资料外，还应报送下列资料：

《金银饰品购销存月报表》（另行下发）。

五、其他征管事项，按《征管法》的有关规定办理。

（四）社会保险类国有财产

中华人民共和国社会保险法

（2010年10月28日第十一届全国人民代表大会常务委员会第十七次会议通过，根据2018年12月29日第十三届全国人民代表大会常务委员会第七次会议《关于修改〈中华人民共和国社会保险法〉的决定》修正）

第一章　总　　则

第一条　为了规范社会保险关系，维护公民参加社会保险和享受社会保险待遇的合法权益，使公民共享发展成果，促进社会和谐稳定，根据宪法，制定本法。

第二条 国家建立基本养老保险、基本医疗保险、工伤保险、失业保险、生育保险等社会保险制度，保障公民在年老、疾病、工伤、失业、生育等情况下依法从国家和社会获得物质帮助的权利。

第三条 社会保险制度坚持广覆盖、保基本、多层次、可持续的方针，社会保险水平应当与经济社会发展水平相适应。

第四条 中华人民共和国境内的用人单位和个人依法缴纳社会保险费，有权查询缴费记录、个人权益记录，要求社会保险经办机构提供社会保险咨询等相关服务。

个人依法享受社会保险待遇，有权监督本单位为其缴费情况。

第五条 县级以上人民政府将社会保险事业纳入国民经济和社会发展规划。

国家多渠道筹集社会保险资金。县级以上人民政府对社会保险事业给予必要的经费支持。

国家通过税收优惠政策支持社会保险事业。

第六条 国家对社会保险基金实行严格监管。

国务院和省、自治区、直辖市人民政府建立健全社会保险基金监督管理制度，保障社会保险基金安全、有效运行。

县级以上人民政府采取措施，鼓励和支持社会各方面参与社会保险基金的监督。

第七条 国务院社会保险行政部门负责全国的社会保险管理工作，国务院其他有关部门在各自的职责范围内负责有关的社会保险工作。

县级以上地方人民政府社会保险行政部门负责本行政区域的社会保险管理工作，县级以上地方人民政府其他有关部门在各自的职责范围内负责有关的社会保险工作。

第八条 社会保险经办机构提供社会保险服务，负责社会保险登记、个人权益记录、社会保险待遇支付等工作。

第九条 工会依法维护职工的合法权益，有权参与社会保险重大事项的研究，参加社会保险监督委员会，对与职工社会保险权益有关的事项进行监督。

第二章 基本养老保险

第十条 职工应当参加基本养老保险，由用人单位和职工共同缴纳基本养老保险费。

无雇工的个体工商户、未在用人单位参加基本养老保险的非全日制从业人员以及其他灵活就业人员可以参加基本养老保险，由个人缴纳基本养老保险费。

公务员和参照公务员法管理的工作人员养老保险的办法由国务院规定。

第十一条 基本养老保险实行社会统筹与个人账户相结合。

基本养老保险基金由用人单位和个人缴费以及政府补贴等组成。

第十二条 用人单位应当按照国家规定的本单位职工工资总额的比例缴纳基本养老保险费，记入基本养老保险统筹基金。

职工应当按照国家规定的本人工资的比例缴纳基本养老保险费，记入个人账户。

无雇工的个体工商户、未在用人单位参加基本养老保险的非全日制从业人员以及其他灵活就业人员参加基本养老保险的，应当按照国家规定缴纳基本养老保险费，分别记入基本养老保险统筹基金和个人账户。

第十三条 国有企业、事业单位职工参加基本养老保险前，视同缴费年限期间应当缴纳的基本养老保险费由政府承担。

基本养老保险基金出现支付不足时，政府给予补贴。

第十四条 个人账户不得提前支取，记账利率不得低于银行定期存款利率，免征利息税。个人死亡的，个人账户余额可以继承。

第十五条 基本养老金由统筹养老金和个人账户养老金组成。

基本养老金根据个人累计缴费年限、缴

费工资、当地职工平均工资、个人账户金额、城镇人口平均预期寿命等因素确定。

第十六条　参加基本养老保险的个人，达到法定退休年龄时累计缴费满十五年的，按月领取基本养老金。

参加基本养老保险的个人，达到法定退休年龄时累计缴费不足十五年的，可以缴费至满十五年，按月领取基本养老金；也可以转入新型农村社会养老保险或者城镇居民社会养老保险，按照国务院规定享受相应的养老保险待遇。

第十七条　参加基本养老保险的个人，因病或者非因工死亡的，其遗属可以领取丧葬补助金和抚恤金；在未达到法定退休年龄时因病或者非因工致残完全丧失劳动能力的，可以领取病残津贴。所需资金从基本养老保险基金中支付。

第十八条　国家建立基本养老金正常调整机制。根据职工平均工资增长、物价上涨情况，适时提高基本养老保险待遇水平。

第十九条　个人跨统筹地区就业的，其基本养老保险关系随本人转移，缴费年限累计计算。个人达到法定退休年龄时，基本养老金分段计算、统一支付。具体办法由国务院规定。

第二十条　国家建立和完善新型农村社会养老保险制度。

新型农村社会养老保险实行个人缴费、集体补助和政府补贴相结合。

第二十一条　新型农村社会养老保险待遇由基础养老金和个人账户养老金组成。

参加新型农村社会养老保险的农村居民，符合国家规定条件的，按月领取新型农村社会养老保险待遇。

第二十二条　国家建立和完善城镇居民社会养老保险制度。

省、自治区、直辖市人民政府根据实际情况，可以将城镇居民社会养老保险和新型农村社会养老保险合并实施。

第三章　基本医疗保险

第二十三条　职工应当参加职工基本医疗保险，由用人单位和职工按照国家规定共同缴纳基本医疗保险费。

无雇工的个体工商户、未在用人单位参加职工基本医疗保险的非全日制从业人员以及其他灵活就业人员可以参加职工基本医疗保险，由个人按照国家规定缴纳基本医疗保险费。

第二十四条　国家建立和完善新型农村合作医疗制度。

新型农村合作医疗的管理办法，由国务院规定。

第二十五条　国家建立和完善城镇居民基本医疗保险制度。

城镇居民基本医疗保险实行个人缴费和政府补贴相结合。

享受最低生活保障的人、丧失劳动能力的残疾人、低收入家庭六十周岁以上的老年人和未成年人等所需个人缴费部分，由政府给予补贴。

第二十六条　职工基本医疗保险、新型农村合作医疗和城镇居民基本医疗保险的待遇标准按照国家规定执行。

第二十七条　参加职工基本医疗保险的个人，达到法定退休年龄时累计缴费达到国家规定年限的，退休后不再缴纳基本医疗保险费，按照国家规定享受基本医疗保险待遇；未达到国家规定年限的，可以缴费至国家规定年限。

第二十八条　符合基本医疗保险药品目录、诊疗项目、医疗服务设施标准以及急诊、抢救的医疗费用，按照国家规定从基本医疗保险基金中支付。

第二十九条　参保人员医疗费用中应当由基本医疗保险基金支付的部分，由社会保险经办机构与医疗机构、药品经营单位直接结算。

社会保险行政部门和卫生行政部门应当建立异地就医医疗费用结算制度，方便参保人员享受基本医疗保险待遇。

第三十条 下列医疗费用不纳入基本医疗保险基金支付范围：

（一）应当从工伤保险基金中支付的；

（二）应当由第三人负担的；

（三）应当由公共卫生负担的；

（四）在境外就医的。

医疗费用依法应当由第三人负担，第三人不支付或者无法确定第三人的，由基本医疗保险基金先行支付。基本医疗保险基金先行支付后，有权向第三人追偿。

第三十一条 社会保险经办机构根据管理服务的需要，可以与医疗机构、药品经营单位签订服务协议，规范医疗服务行为。

医疗机构应当为参保人员提供合理、必要的医疗服务。

第三十二条 个人跨统筹地区就业的，其基本医疗保险关系随本人转移，缴费年限累计计算。

第四章 工伤保险

第三十三条 职工应当参加工伤保险，由用人单位缴纳工伤保险费，职工不缴纳工伤保险费。

第三十四条 国家根据不同行业的工伤风险程度确定行业的差别费率，并根据使用工伤保险基金、工伤发生率等情况在每个行业内确定费率档次。行业差别费率和行业内费率档次由国务院社会保险行政部门制定，报国务院批准后公布施行。

社会保险经办机构根据用人单位使用工伤保险基金、工伤发生率和所属行业费率档次等情况，确定用人单位缴费费率。

第三十五条 用人单位应当按照本单位职工工资总额，根据社会保险经办机构确定的费率缴纳工伤保险费。

第三十六条 职工因工作原因受到事故伤害或者患职业病，且经工伤认定的，享受工伤保险待遇；其中，经劳动能力鉴定丧失劳动能力的，享受伤残待遇。

工伤认定和劳动能力鉴定应当简捷、方便。

第三十七条 职工因下列情形之一导致本人在工作中伤亡的，不认定为工伤：

（一）故意犯罪；

（二）醉酒或者吸毒；

（三）自残或者自杀；

（四）法律、行政法规规定的其他情形。

第三十八条 因工伤发生的下列费用，按照国家规定从工伤保险基金中支付：

（一）治疗工伤的医疗费用和康复费用；

（二）住院伙食补助费；

（三）到统筹地区以外就医的交通食宿费；

（四）安装配置伤残辅助器具所需费用；

（五）生活不能自理的，经劳动能力鉴定委员会确认的生活护理费；

（六）一次性伤残补助金和一至四级伤残职工按月领取的伤残津贴；

（七）终止或者解除劳动合同时，应当享受的一次性医疗补助金；

（八）因工死亡的，其遗属领取的丧葬补助金、供养亲属抚恤金和因工死亡补助金；

（九）劳动能力鉴定费。

第三十九条 因工伤发生的下列费用，按照国家规定由用人单位支付：

（一）治疗工伤期间的工资福利；

（二）五级、六级伤残职工按月领取的伤残津贴；

（三）终止或者解除劳动合同时，应当享受的一次性伤残就业补助金。

第四十条 工伤职工符合领取基本养老金条件的，停发伤残津贴，享受基本养老保险待遇。基本养老保险待遇低于伤残津贴的，从工伤保险基金中补足差额。

第四十一条　职工所在用人单位未依法缴纳工伤保险费，发生工伤事故的，由用人单位支付工伤保险待遇。用人单位不支付的，从工伤保险基金中先行支付。

从工伤保险基金中先行支付的工伤保险待遇应当由用人单位偿还。用人单位不偿还的，社会保险经办机构可以依照本法第六十三条的规定追偿。

第四十二条　由于第三人的原因造成工伤，第三人不支付工伤医疗费用或者无法确定第三人的，由工伤保险基金先行支付。工伤保险基金先行支付后，有权向第三人追偿。

第四十三条　工伤职工有下列情形之一的，停止享受工伤保险待遇：

（一）丧失享受待遇条件的；

（二）拒不接受劳动能力鉴定的；

（三）拒绝治疗的。

第五章　失业保险

第四十四条　职工应当参加失业保险，由用人单位和职工按照国家规定共同缴纳失业保险费。

第四十五条　失业人员符合下列条件的，从失业保险基金中领取失业保险金：

（一）失业前用人单位和本人已经缴纳失业保险费满一年的；

（二）非因本人意愿中断就业的；

（三）已经进行失业登记，并有求职要求的。

第四十六条　失业人员失业前用人单位和本人累计缴费满一年不足五年的，领取失业保险金的期限最长为十二个月；累计缴费满五年不足十年的，领取失业保险金的期限最长为十八个月；累计缴费十年以上的，领取失业保险金的期限最长为二十四个月。重新就业后，再次失业的，缴费时间重新计算，领取失业保险金的期限与前次失业应当领取而尚未领取的失业保险金的期限合并计算，最长不超过二十四个月。

第四十七条　失业保险金的标准，由省、自治区、直辖市人民政府确定，不得低于城市居民最低生活保障标准。

第四十八条　失业人员在领取失业保险金期间，参加职工基本医疗保险，享受基本医疗保险待遇。

失业人员应当缴纳的基本医疗保险费从失业保险基金中支付，个人不缴纳基本医疗保险费。

第四十九条　失业人员在领取失业保险金期间死亡的，参照当地对在职职工死亡的规定，向其遗属发给一次性丧葬补助金和抚恤金。所需资金从失业保险基金中支付。

个人死亡同时符合领取基本养老保险丧葬补助金、工伤保险丧葬补助金和失业保险丧葬补助金条件的，其遗属只能选择领取其中的一项。

第五十条　用人单位应当及时为失业人员出具终止或者解除劳动关系的证明，并将失业人员的名单自终止或者解除劳动关系之日起十五日内告知社会保险经办机构。

失业人员应当持本单位为其出具的终止或者解除劳动关系的证明，及时到指定的公共就业服务机构办理失业登记。

失业人员凭失业登记证明和个人身份证明，到社会保险经办机构办理领取失业保险金的手续。失业保险金领取期限自办理失业登记之日起计算。

第五十一条　失业人员在领取失业保险金期间有下列情形之一的，停止领取失业保险金，并同时停止享受其他失业保险待遇：

（一）重新就业的；

（二）应征服兵役的；

（三）移居境外的；

（四）享受基本养老保险待遇的；

（五）无正当理由，拒不接受当地人民政府指定部门或者机构介绍的适当工作或者提供的培训的。

第五十二条　职工跨统筹地区就业的，其失业保险关系随本人转移，缴费年限累计计算。

第六章 生育保险

第五十三条 职工应当参加生育保险，由用人单位按照国家规定缴纳生育保险费，职工不缴纳生育保险费。

第五十四条 用人单位已经缴纳生育保险费的，其职工享受生育保险待遇；职工未就业配偶按照国家规定享受生育医疗费用待遇。所需资金从生育保险基金中支付。

生育保险待遇包括生育医疗费用和生育津贴。

第五十五条 生育医疗费用包括下列各项：

（一）生育的医疗费用；

（二）计划生育的医疗费用；

（三）法律、法规规定的其他项目费用。

第五十六条 职工有下列情形之一的，可以按照国家规定享受生育津贴：

（一）女职工生育享受产假；

（二）享受计划生育手术休假；

（三）法律、法规规定的其他情形。

生育津贴按照职工所在用人单位上年度职工月平均工资计发。

第七章 社会保险费征缴

第五十七条 用人单位应当自成立之日起三十日内凭营业执照、登记证书或者单位印章，向当地社会保险经办机构申请办理社会保险登记。社会保险经办机构应当自收到申请之日起十五日内予以审核，发给社会保险登记证件。

用人单位的社会保险登记事项发生变更或者用人单位依法终止的，应当自变更或者终止之日起三十日内，到社会保险经办机构办理变更或者注销社会保险登记。

市场监督管理部门、民政部门和机构编制管理机关应当及时向社会保险经办机构通报用人单位的成立、终止情况，公安机关应当及时向社会保险经办机构通报个人的出生、死亡以及户口登记、迁移、注销等情况。

第五十八条 用人单位应当自用工之日起三十日内为其职工向社会保险经办机构申请办理社会保险登记。未办理社会保险登记的，由社会保险经办机构核定其应当缴纳的社会保险费。

自愿参加社会保险的无雇工的个体工商户、未在用人单位参加社会保险的非全日制从业人员以及其他灵活就业人员，应当向社会保险经办机构申请办理社会保险登记。

国家建立全国统一的个人社会保障号码。个人社会保障号码为公民身份号码。

第五十九条 县级以上人民政府加强社会保险费的征收工作。

社会保险费实行统一征收，实施步骤和具体办法由国务院规定。

第六十条 用人单位应当自行申报、按时足额缴纳社会保险费，非因不可抗力等法定事由不得缓缴、减免。职工应当缴纳的社会保险费由用人单位代扣代缴，用人单位应当按月将缴纳社会保险费的明细情况告知本人。

无雇工的个体工商户、未在用人单位参加社会保险的非全日制从业人员以及其他灵活就业人员，可以直接向社会保险费征收机构缴纳社会保险费。

第六十一条 社会保险费征收机构应当依法按时足额征收社会保险费，并将缴费情况定期告知用人单位和个人。

第六十二条 用人单位未按规定申报应当缴纳的社会保险费数额的，按照该单位上月缴费额的百分之一百一十确定应当缴纳数额；缴费单位补办申报手续后，由社会保险费征收机构按照规定结算。

第六十三条 用人单位未按时足额缴纳社会保险费的，由社会保险费征收机构责令其限期缴纳或者补足。

用人单位逾期仍未缴纳或者补足社会保险费的，社会保险费征收机构可以向银行和其他金融机构查询其存款账户；并可以申请县级以上有关行政部门作出划拨社会保险费的决定，书面通知其开户银行或者其他金融机构划拨社会保险费。用人单位账户余额少于应当缴纳的社会保险费的，社会保险费征收机构可以要求该用人单位提供担保，签订延期缴费协议。

用人单位未足额缴纳社会保险费且未提供担保的，社会保险费征收机构可以申请人民法院扣押、查封、拍卖其价值相当于应当缴纳社会保险费的财产，以拍卖所得抵缴社会保险费。

第八章　社会保险基金

第六十四条　社会保险基金包括基本养老保险基金、基本医疗保险基金、工伤保险基金、失业保险基金和生育保险基金。除基本医疗保险基金与生育保险基金合并建账及核算外，其他各项社会保险基金按照社会保险险种分别建账，分账核算。社会保险基金执行国家统一的会计制度。

社会保险基金专款专用，任何组织和个人不得侵占或者挪用。

基本养老保险基金逐步实行全国统筹，其他社会保险基金逐步实行省级统筹，具体时间、步骤由国务院规定。

第六十五条　社会保险基金通过预算实现收支平衡。

县级以上人民政府在社会保险基金出现支付不足时，给予补贴。

第六十六条　社会保险基金按照统筹层次设立预算。除基本医疗保险基金与生育保险基金预算合并编制外，其他社会保险基金预算按照社会保险项目分别编制。

第六十七条　社会保险基金预算、决算草案的编制、审核和批准，依照法律和国务院规定执行。

第六十八条　社会保险基金存入财政专户，具体管理办法由国务院规定。

第六十九条　社会保险基金在保证安全的前提下，按照国务院规定投资运营实现保值增值。

社会保险基金不得违规投资运营，不得用于平衡其他政府预算，不得用于兴建、改建办公场所和支付人员经费、运行费用、管理费用，或者违反法律、行政法规规定挪作其他用途。

第七十条　社会保险经办机构应当定期向社会公布参加社会保险情况以及社会保险基金的收入、支出、结余和收益情况。

第七十一条　国家设立全国社会保障基金，由中央财政预算拨款以及国务院批准的其他方式筹集的资金构成，用于社会保障支出的补充、调剂。全国社会保障基金由全国社会保障基金管理运营机构负责管理运营，在保证安全的前提下实现保值增值。

全国社会保障基金应当定期向社会公布收支、管理和投资运营的情况。国务院财政部门、社会保险行政部门、审计机关对全国社会保障基金的收支、管理和投资运营情况实施监督。

第九章　社会保险经办

第七十二条　统筹地区设立社会保险经办机构。社会保险经办机构根据工作需要，经所在地的社会保险行政部门和机构编制管理机关批准，可以在本统筹地区设立分支机构和服务网点。

社会保险经办机构的人员经费和经办社会保险发生的基本运行费用、管理费用，由同级财政按照国家规定予以保障。

第七十三条　社会保险经办机构应当建立健全业务、财务、安全和风险管理制度。

社会保险经办机构应当按时足额支付社会保险待遇。

第七十四条　社会保险经办机构通过业务经办、统计、调查获取社会保险工作所需的数据，有关单位和个人应当及时、如实提供。

社会保险经办机构应当及时为用人单位

建立档案，完整、准确地记录参加社会保险的人员、缴费等社会保险数据，妥善保管登记、申报的原始凭证和支付结算的会计凭证。

社会保险经办机构应当及时、完整、准确地记录参加社会保险的个人缴费和用人单位为其缴费，以及享受社会保险待遇等个人权益记录，定期将个人权益记录单免费寄送本人。

用人单位和个人可以免费向社会保险经办机构查询、核对其缴费和享受社会保险待遇记录，要求社会保险经办机构提供社会保险咨询等相关服务。

第七十五条 全国社会保险信息系统按照国家统一规划，由县级以上人民政府按照分级负责的原则共同建设。

第十章 社会保险监督

第七十六条 各级人民代表大会常务委员会听取和审议本级人民政府对社会保险基金的收支、管理、投资运营以及监督检查情况的专项工作报告，组织对本法实施情况的执法检查等，依法行使监督职权。

第七十七条 县级以上人民政府社会保险行政部门应当加强对用人单位和个人遵守社会保险法律、法规情况的监督检查。

社会保险行政部门实施监督检查时，被检查的用人单位和个人应当如实提供与社会保险有关的资料，不得拒绝检查或者谎报、瞒报。

第七十八条 财政部门、审计机关按照各自职责，对社会保险基金的收支、管理和投资运营情况实施监督。

第七十九条 社会保险行政部门对社会保险基金的收支、管理和投资运营情况进行监督检查，发现存在问题的，应当提出整改建议，依法作出处理决定或者向有关行政部门提出处理建议。社会保险基金检查结果应当定期向社会公布。

社会保险行政部门对社会保险基金实施监督检查，有权采取下列措施：

（一）查阅、记录、复制与社会保险基金收支、管理和投资运营相关的资料，对可能被转移、隐匿或者灭失的资料予以封存；

（二）询问与调查事项有关的单位和个人，要求其对与调查事项有关的问题作出说明、提供有关证明材料；

（三）对隐匿、转移、侵占、挪用社会保险基金的行为予以制止并责令改正。

第八十条 统筹地区人民政府成立由用人单位代表、参保人员代表，以及工会代表、专家等组成的社会保险监督委员会，掌握、分析社会保险基金的收支、管理和投资运营情况，对社会保险工作提出咨询意见和建议，实施社会监督。

社会保险经办机构应当定期向社会保险监督委员会汇报社会保险基金的收支、管理和投资运营情况。社会保险监督委员会可以聘请会计师事务所对社会保险基金的收支、管理和投资运营情况进行年度审计和专项审计。审计结果应当向社会公开。

社会保险监督委员会发现社会保险基金收支、管理和投资运营中存在问题的，有权提出改正建议；对社会保险经办机构及其工作人员的违法行为，有权向有关部门提出依法处理建议。

第八十一条 社会保险行政部门和其他有关行政部门、社会保险经办机构、社会保险费征收机构及其工作人员，应当依法为用人单位和个人的信息保密，不得以任何形式泄露。

第八十二条 任何组织或者个人有权对违反社会保险法律、法规的行为进行举报、投诉。

社会保险行政部门、卫生行政部门、社会保险经办机构、社会保险费征收机构和财政部门、审计机关对属于本部门、本机构职责范围的举报、投诉，应当依法处理；对不属于本部门、本机构职责范围的，应当书面通知并移交有权处理的部门、机构处理。有权处理的部门、机构应当及时处理，不得推诿。

第八十三条　用人单位或者个人认为社会保险费征收机构的行为侵害自己合法权益的，可以依法申请行政复议或者提起行政诉讼。

用人单位或者个人对社会保险经办机构不依法办理社会保险登记、核定社会保险费、支付社会保险待遇、办理社会保险转移接续手续或者侵害其他社会保险权益的行为，可以依法申请行政复议或者提起行政诉讼。

个人与所在用人单位发生社会保险争议的，可以依法申请调解、仲裁，提起诉讼。用人单位侵害个人社会保险权益的，个人也可以要求社会保险行政部门或者社会保险费征收机构依法处理。

第十一章　法律责任

第八十四条　用人单位不办理社会保险登记的，由社会保险行政部门责令限期改正；逾期不改正的，对用人单位处应缴社会保险费数额一倍以上三倍以下的罚款，对其直接负责的主管人员和其他直接责任人员处五百元以上三千元以下的罚款。

第八十五条　用人单位拒不出具终止或者解除劳动关系证明的，依照《中华人民共和国劳动合同法》的规定处理。

第八十六条　用人单位未按时足额缴纳社会保险费的，由社会保险费征收机构责令限期缴纳或者补足，并自欠缴之日起，按日加收万分之五的滞纳金；逾期仍不缴纳的，由有关行政部门处欠缴数额一倍以上三倍以下的罚款。

第八十七条　社会保险经办机构以及医疗机构、药品经营单位等社会保险服务机构以欺诈、伪造证明材料或者其他手段骗取社会保险基金支出的，由社会保险行政部门责令退回骗取的社会保险金，处骗取金额二倍以上五倍以下的罚款；属于社会保险服务机构的，解除服务协议；直接负责的主管人员和其他直接责任人员有执业资格的，依法吊销其执业资格。

第八十八条　以欺诈、伪造证明材料或者其他手段骗取社会保险待遇的，由社会保险行政部门责令退回骗取的社会保险金，处骗取金额二倍以上五倍以下的罚款。

第八十九条　社会保险经办机构及其工作人员有下列行为之一的，由社会保险行政部门责令改正；给社会保险基金、用人单位或者个人造成损失的，依法承担赔偿责任；对直接负责的主管人员和其他直接责任人员依法给予处分：

（一）未履行社会保险法定职责的；

（二）未将社会保险基金存入财政专户的；

（三）克扣或者拒不按时支付社会保险待遇的；

（四）丢失或者篡改缴费记录、享受社会保险待遇记录等社会保险数据、个人权益记录的；

（五）有违反社会保险法律、法规的其他行为的。

第九十条　社会保险费征收机构擅自更改社会保险费缴费基数、费率，导致少收或者多收社会保险费的，由有关行政部门责令其追缴应当缴纳的社会保险费或者退还不应当缴纳的社会保险费；对直接负责的主管人员和其他直接责任人员依法给予处分。

第九十一条　违反本法规定，隐匿、转移、侵占、挪用社会保险基金或者违规投资运营的，由社会保险行政部门、财政部门、审计机关责令追回；有违法所得的，没收违法所得；对直接负责的主管人员和其他直接责任人员依法给予处分。

第九十二条　社会保险行政部门和其他有关行政部门、社会保险经办机构、社会保险费征收机构及其工作人员泄露用人单位和个人信息的，对直接负责的主管人员和其他直接责任人员依法给予处分；给用人单位或者个人造成损失的，应当承担赔偿责任。

第九十三条　国家工作人员在社会保险

管理、监督工作中滥用职权、玩忽职守、徇私舞弊的，依法给予处分。

第九十四条　违反本法规定，构成犯罪的，依法追究刑事责任。

第十二章　附　　则

第九十五条　进城务工的农村居民依照本法规定参加社会保险。

第九十六条　征收农村集体所有的土地，应当足额安排被征地农民的社会保险费，按照国务院规定将被征地农民纳入相应的社会保险制度。

第九十七条　外国人在中国境内就业的，参照本法规定参加社会保险。

第九十八条　本法自2011年7月1日起施行。

失业保险条例

（1998年12月26日国务院第11次常务会议通过，1999年1月22日公布，自发布之日起施行）

第一章　总　　则

第一条　为了保障失业人员失业期间的基本生活，促进其再就业，制定本条例。

第二条　城镇企业事业单位、城镇企业事业单位职工依照本条例的规定，缴纳失业保险费。

城镇企业事业单位失业人员依照本条例的规定，享受失业保险待遇。

本条所称城镇企业，是指国有企业、城镇集体企业、外商投资企业、城镇私营企业以及其他城镇企业。

第三条　国务院劳动保障行政部门主管全国的失业保险工作。县级以上地方各级人民政府劳动保障行政部门主管本行政区域内的失业保险工作。劳动保障行政部门按照国务院规定设立的经办失业保险业务的社会保险经办机构依照本条例的规定，具体承办失业保险工作。

第四条　失业保险费按照国家有关规定征缴。

第二章　失业保险基金

第五条　失业保险基金由下列各项构成：

（一）城镇企业事业单位、城镇企业事业单位职工缴纳的失业保险费；

（二）失业保险基金的利息；

（三）财政补贴；

（四）依法纳入失业保障基金的其他资金。

第六条　城镇企业事业单位按照本单位工资总额的百分之二缴纳失业保险费。城镇企业事业单位职工按照本人工资的百分之一缴纳失业保险费。城镇企业事业单位招用的农民合同制工人本人不缴纳失业保险费。

第七条　失业保险基金在直辖市和设区的市实行全市统筹；其他地区的统筹层次由省、自治区人民政府规定。

第八条　省、自治区可以建立失业保险调剂金。

失业保险调剂金以统筹地区依法应当征收的失业保险费为基数，按照省、自治区人民政府规定的比例筹集。

统筹地区的失业保险基金不敷使用时，由失业保险调剂金调剂、地方财政补贴。

失业保险调剂金的筹集、调剂使用以及地方财政补贴的具体办法，由省、自治区人民政府规定。

第九条　省、自治区、直辖市人民政府根据本行政区域失业人员数量和失业保险基金数额，报经国务院批准，可以适当调整本行政区域失业保险费的费率。

第十条　失业保险基金用于下列支出：

（一）失业保险金；

（二）领取失业保险金期间的医疗补助金；

（三）领取失业保险金期间死亡的失业人员的丧葬补助金和其供养的配偶、直系亲属的抚恤金；

（四）领取失业保险金期间接受职业培训、职业介绍的补贴，补贴的办法和标准由省、自治区、直辖市人民政府规定；

（五）国务院规定或者批准的与失业保险有关的其他费用。

第十一条　失业保险基金必须存入财政部门在国有商业银行开设的社会保障基金财政专户，实行收支两条线管理，由财政部门依法进行监督。

存入银行和按照国家规定购买国债的失业保险基金，分别按照城乡居民同期存款利率和国债利息计息。失业保险基金的利息并入失业保险基金。

失业保险基金专款专用，不得挪作他用，不得用于平衡财政收支。

第十二条　失业保险基金收支的预算、决算，由统筹地区社会保险经办机构编制，经同级劳动保障行政部门复核、同级财政部门审核，报同级人民政府审批。

第十三条　失业保险基金的财务制度和会计制度按照国家有关规定执行。

第三章　失业保险待遇

第十四条　具备下列条件的失业人员，可以领取失业保险金：

（一）按照规定参加失业保险，所在单位和本人已按照规定履行缴费义务满1年的；

（二）非因本人意愿中断就业的；

（三）已办理失业登记，并有求职要求的。

失业人员在领取失业保险金期间，按照规定同时享受其他失业保险待遇。

第十五条　失业人员在领取失业保险金期间有下列情形之一的，停止领取失业保险金，并同时停止享受其他失业保险待遇：

（一）重新就业的；

（二）应征服兵役的；

（三）移居境外的；

（四）享受基本养老保险待遇的；

（五）被判刑收监执行或者被劳动教养的；

（六）无正当理由，拒不接受当地人民政府指定的部门或者机构介绍的工作的；

（七）有法律、行政法规规定的其他情形的。

第十六条　城镇企业事业单位应当及时为失业人员出具终止或者解除劳动关系的证明，告知其按照规定享受失业保险待遇的权利，并将失业人员的名单自终止或者解除劳动关系之日起7日内报社会保险经办机构备案。

城镇企业事业单位职工失业后，应当持本单位为其出具的终止或者解除劳动关系的证明，及时到指定的社会保险经办机构办理失业登记。失业保险金自办理失业登记之日起计算。

失业保险金由社会保险经办机构按月发放。社会保险经办机构为失业人员开具领取失业保险金的单证，失业人员凭单证到指定银行领取失业保险金。

第十七条　失业人员失业前所在单位和本人按照规定累计缴费时间满1年不足5年的，领取失业保险金的期限最长为12个月；累计缴费时间满5年不足10年的，领取失业保险金的期限最长为18个月；累计缴费时间10年以上的，领取失业保险金的期限最长为24个月。重新就业后，再次失业的，缴费时间重新计算，领取失业保险金的期限可以与前次失业应领取而尚未领取的失业保险金的期限合并计算，但是最长不得超过24个月。

第十八条　失业保险金的标准，按照低于当地最低工资标准、高于城市居民最低生活保障标准的水平，由省、自治区、直辖市人民政府确定。

第十九条　失业人员在领取失业保险金期间患病就医的，可以按照规定向社会保险经办机构申请领取医疗补助金。医疗补助金的标准由省、自治区、直辖市人民政府规定。

第二十条　失业人员在领取失业保险金期间死亡的，参照当地对在职职工的规定，对其家属一次性发给丧葬补助金和抚恤金。

第二十一条　单位招用的农民合同制工人连续工作满1年，本单位并已缴纳失业保险费，劳动合同期满未续订或者提前解除劳动合同的，由社会保险经办机构根据其工作时间长短，对其支付一次性生活补助。补助的办法和标准由省、自治区、直辖市人民政府规定。

第二十二条　城镇企业事业单位成建制跨统筹地区转移，失业人员跨统筹地区流动的，失业保险关系随之转迁。

第二十三条　失业人员符合城市居民最低生活保障条件的，按照规定享受城市居民最低生活保障待遇。

第四章　管理和监督

第二十四条　劳动保障行政部门管理失业保险工作，履行下列职责：

（一）贯彻实施失业保险法律、法规；

（二）指导社会保险经办机构的工作；

（三）对失业保险费的征收和失业保险待遇的支付进行监督检查。

第二十五条　社会保险经办机构具体承办失业保险工作，履行下列职责：

（一）负责失业人员的登记、调查、统计；

（二）按照规定负责失业保险基金的管理；

（三）按照规定核定失业保险待遇，开具失业人员在指定银行领取失业保险金和其他补助金的单证；

（四）拨付失业人员职业培训、职业介绍补贴费用；

（五）为失业人员提供免费咨询服务；

（六）国家规定由其履行的其他职责。

第二十六条　财政部门和审计部门依法对失业保险基金的收支、管理情况进行监督。

第二十七条　社会保险经办机构所需经费列入预算，由财政拨付。

第五章　罚　　则

第二十八条　不符合享受失业保险待遇条件，骗取失业保险金和其他失业保险待遇的，由社会保险经办机构责令退还；情节严重的，由劳动保障行政部门处骗取金额1倍以上3倍以下的罚款。

第二十九条　社会保险经办机构工作人员违反规定向失业人员开具领取失业保险金或者享受其他失业保险待遇单证，致使失业保险基金损失的，由劳动保障行政部门责令追回；情节严重的，依法给予行政处分。

第三十条　劳动保障行政部门和社会保险经办机构的工作人员滥用职权、徇私舞弊、玩忽职守，造成失业保险基金损失的，由劳动保障行政部门追回损失的失业保险基金；构成犯罪的，依法追究刑事责任；尚不构成犯罪的，依法给予行政处分。

第三十一条　任何单位、个人挪用失业保险基金的，追回挪用的失业保险基金；有违法所得的，没收违法所得，并入失业保险基金；构成犯罪的，依法追究刑事责任；尚不构成犯罪的，对直接负责的主管人员和其他直接责任人员依法给予行政处分。

第六章　附　　则

第三十二条　省、自治区、直辖市人民政府根据当地实际情况，可以决定本条例适用于本行政区域内的社会团体及其专职人员、民办非企业单位及其职工、有雇工的城镇个体工商户及其雇工。

第三十三条　本条例自发布之日起施行。1993 年 4 月 12 日国务院发布的《国有企业职工待业保险规定》同时废止。

社会保险费征缴暂行条例

（1999 年 1 月 22 日中华人民共和国国务院令第 259 号发布，根据 2019 年 3 月 24 日《国务院关于修改部分行政法规的决定》修订）

第一章　总　　则

第一条　为了加强和规范社会保险费征缴工作，保障社会保险金的发放，制定本条例。

第二条　基本养老保险费、基本医疗保险费、失业保险费（以下统称社会保险费）的征收、缴纳，适用本条例。

本条例所称缴费单位、缴费个人，是指依照有关法律、行政法规和国务院的规定，应当缴纳社会保险费的单位和个人。

第三条　基本养老保险费的征缴范围：国有企业、城镇集体企业、外商投资企业、城镇私营企业和其他城镇企业及其职工，实行企业化管理的事业单位及其职工。

基本医疗保险费的征缴范围：国有企业、城镇集体企业、外商投资企业、城镇私营企业和其他城镇企业及其职工，国家机关及其工作人员，事业单位及其职工，民办非企业单位及其职工，社会团体及其专职人员。

失业保险费的征缴范围：国有企业、城镇集体企业、外商投资企业、城镇私营企业和其他城镇企业及其职工，事业单位及其职工。

省、自治区、直辖市人民政府根据当地实际情况，可以规定将城镇个体工商户纳入基本养老保险、基本医疗保险的范围，并可以规定将社会团体及其专职人员、民办非企业单位及其职工以及有雇工的城镇个体工商户及其雇工纳入失业保险的范围。

社会保险费的费基、费率依照有关法律、行政法规和国务院的规定执行。

第四条　缴费单位、缴费个人应当按时足额缴纳社会保险费。

征缴的社会保险费纳入社会保险基金，专款专用，任何单位和个人不得挪用。

第五条　国务院劳动保障行政部门负责全国的社会保险费征缴管理和监督检查工作。县级以上地方各级人民政府劳动保障行政部门负责本行政区域内的社会保险费征缴管理和监督检查工作。

第六条　社会保险费实行三项社会保险费集中、统一征收。社会保险费的征收机构由省、自治区、直辖市人民政府规定，可以由税务机关征收，也可以由劳动保障行政部门按照国务院规定设立的社会保险经办机构（以下简称社会保险经办机构）征收。

第二章　征缴管理

第七条　缴费单位必须向当地社会保险经办机构办理社会保险登记，参加社会保险。

登记事项包括：单位名称、住所、经营地点、单位类型、法定代表人或者负责人、开户银行帐号以及国务院劳动保障行政部门规定的其他事项。

第八条　企业在办理登记注册时，同步办理社会保险登记。

前款规定以外的缴费单位应当自成立之日起30日内，向当地社会保险经办机构申请办理社会保险登记。

第九条　缴费单位的社会保险登记事项发生变更或者缴费单位依法终止的，应当自变更或者终止之日起30日内，到社会保险经办机构办理变更或者注销社会保险登记手续。

第十条　缴费单位必须按月向社会保险经办机构申报应缴纳的社会保险费数额，经社会保险经办机构核定后，在规定的期限内缴纳社会保险费。

缴费单位不按规定申报应缴纳的社会保险费数额的，由社会保险经办机构暂按该单位上月缴费数额的110%确定应缴数额；没有上月缴费数额的，由社会保险经办机构暂按该单位的经营状况、职工人数等有关情况确定应缴数额。缴费单位补办申报手续并按核定数额缴纳社会保险费后，由社会保险经办机构按照规定结算。

第十一条　省、自治区、直辖市人民政府规定由税务机关征收社会保险费的，社会保险经办机构应当及时向税务机关提供缴费单位社会保险登记、变更登记、注销登记以及缴费申报的情况。

第十二条　缴费单位和缴费个人应当以货币形式全额缴纳社会保险费。

缴费个人应当缴纳的社会保险费，由所在单位从其本人工资中代扣代缴。

社会保险费不得减免。

第十三条　缴费单位未按规定缴纳和代扣代缴社会保险费的，由劳动保障行政部门或者税务机关责令限期缴纳；逾期仍不缴纳的，除补缴欠缴数额外，从欠缴之日起，按日加收2‰的滞纳金。滞纳金并入社会保险基金。

第十四条　征收的社会保险费存入财政部门在国有商业银行开设的社会保障基金财政专户。

社会保险基金按照不同险种的统筹范围，分别建立基本养老保险基金、基本医疗保险基金、失业保险基金。各项社会保险基金分别单独核算。

社会保险基金不计征税、费。

第十五条　省、自治区、直辖市人民政府规定由税务机关征收社会保险费的，税务机关应当及时向社会保险经办机构提供缴费单位和缴费个人的缴费情况；社会保险经办机构应当将有关情况汇总，报劳动保障行政部门。

第十六条　社会保险经办机构应当建立缴费记录，其中基本养老保险、基本医疗保险并应当按照规定记录个人帐户。社会保险经办机构负责保存缴费记录，并保证其完整、安全。社会保险经办机构应当至少每年向缴费个人发送一次基本养老保险、基本医疗保险个人帐户通知单。

缴费单位、缴费个人有权按照规定查询缴费记录。

第三章　监督检查

第十七条　缴费单位应当每年向本单位职工公布本单位全年社会保险费缴纳情况，接受职工监督。

社会保险经办机构应当定期向社会公告社会保险费征收情况，接受社会监督。

第十八条　按照省、自治区、直辖市人民政府关于社会保险费征缴机构的规定，劳动保障行政部门或者税务机关依法对单位缴费情况进行检查时，被检查的单位应当提供与缴纳社会保险费有关的用人情况、工资表、财务报表等资料，如实反映情况，不得拒绝检查，不得谎报、瞒报。劳动保障行政部门或者税务机关可以记录、录音、录像、照相和复制有关资料；但是，应当为缴费单位保密。

劳动保障行政部门、税务机关的工作人员在行使前款所列职权时，应当出示执行公务证件。

第十九条　劳动保障行政部门或者税务机关调查社会保险费征缴违法案件时，有关部门、单位应当给予支持、协助。

第二十条　社会保险经办机构受劳动保障行政部门的委托，可以进行与社会保险费征缴有关的检查、调查工作。

第二十一条　任何组织和个人对有关社会保险费征缴的违法行为，有权举报。劳动保障行政部门或者税务机关对举报应当及时调查，按照规定处理，并为举报人保密。

第二十二条　社会保险基金实行收支两条线管理，由财政部门依法进行监督。

审计部门依法对社会保险基金的收支情况进行监督。

第四章　罚　　则

第二十三条　缴费单位未按照规定办理社会保险登记、变更登记或者注销登记，或者未按照规定申报应缴纳的社会保险费数额的，由劳动保障行政部门责令限期改正；情节严重的，对直接负责的主管人员和其他直接责任人员可以处1000元以上5000元以下的罚款；情节特别严重的，对直接负责的主管人员和其他直接责任人员可以处5000元以上10000元以下的罚款。

第二十四条　缴费单位违反有关财务、会计、统计的法律、行政法规和国家有关规定，伪造、变造、故意毁灭有关帐册、材料，或者不设帐册，致使社会保险费缴费基数无法确定的，除依照有关法律、行政法规的规定给予行政处罚、纪律处分、刑事处罚外，依照本条例第十条的规定征缴；迟延缴纳的，由劳动保障行政部门或者税务机关依照第十三条的规定决定加收滞纳金，并对直接负责的主管人员和其他直接责任人员处5000元以上20000元以下的罚款。

第二十五条　缴费单位和缴费个人对劳动保障行政部门或者税务机关的处罚决定不服的，可以依法申请复议；对复议决定不服的，可以依法提起诉讼。

第二十六条　缴费单位逾期拒不缴纳社会保险费、滞纳金的，由劳动保障行政部门或者税务机关申请人民法院依法强制征缴。

第二十七条　劳动保障行政部门、社会保险经办机构或者税务机关的工作人员滥用职权、徇私舞弊、玩忽职守，致使社会保险费流失的，由劳动保障行政部门或者税务机关追回流失的社会保险费；构成犯罪的，依法追究刑事责任；尚不构成犯罪的，依法给予行政处分。

第二十八条　任何单位、个人挪用社会保险基金的，追回被挪用的社会保险基金；有违法所得的，没收违法所得，并入社会保险基金；构成犯罪的，依法追究刑事责任；尚不构成犯罪的，对直接负责的主管人员和其他直接责任人员依法给予行政处分。

第五章　附　　则

第二十九条　省、自治区、直辖市人民政府根据本地实际情况，可以决定本条例适用于本行政区域内工伤保险费和生育保险费的征收、缴纳。

第三十条　税务机关、社会保险经办机构征收社会保险费，不得从社会保险基金中提取任何费用，所需经费列入预算，由财政拨付。

第三十一条　本条例自发布之日起施行。

全国社会保障基金条例

（2016年2月3日国务院第122次常务会议通过，2016年3月10日公布，自2016年5月1日起施行）

第一章　总　　则

第一条　为了规范全国社会保障基金的管理运营，加强对全国社会保障基金的监督，在保证安全的前提下实现保值增值，根据《中华人民共和国社会保险法》，制定本条例。

第二条　国家设立全国社会保障基金。

全国社会保障基金由中央财政预算拨款、国有资本划转、基金投资收益和以国务院批准的其他方式筹集的资金构成。

第三条　全国社会保障基金是国家社会保障储备基金，用于人口老龄化高峰时期的养老保险等社会保障支出的补充、调剂。

第四条　国家根据人口老龄化趋势和经济社会发展状况，确定和调整全国社会保障基金规模。

全国社会保障基金的筹集和使用方案，由国务院确定。

第五条　国务院财政部门、国务院社会保险行政部门负责拟订全国社会保障基金的管理运营办法，报国务院批准后施行。

全国社会保障基金理事会负责全国社会保障基金的管理运营。

第二章　全国社会保障基金的管理运营

第六条　全国社会保障基金理事会应当审慎、稳健管理运营全国社会保障基金，按照国务院批准的比例在境内外市场投资运营全国社会保障基金。

全国社会保障基金理事会投资运营全国社会保障基金，应当坚持安全性、收益性和长期性原则，在国务院批准的固定收益类、股票类和未上市股权类等资产种类及其比例幅度内合理配置资产。

第七条　全国社会保障基金理事会制定全国社会保障基金的资产配置计划、确定重大投资项目，应当进行风险评估，并集体讨论决定。

全国社会保障基金理事会应当制定风险管理和内部控制办法，在管理运营的各个环节对风险进行识别、衡量、评估、监测和应对，有效防范和控制风险。风险管理和内部控制办法应当报国务院财政部门、国务院社会保险行政部门备案。

全国社会保障基金理事会应当依法制定会计核算办法，并报国务院财政部门审核批准。

第八条　全国社会保障基金理事会应当定期向国务院财政部门、国务院社会保险行政部门报告全国社会保障基金管理运营情况，提交财务会计报告。

第九条　全国社会保障基金理事会可以将全国社会保障基金委托投资或者以国务院批准的其他方式投资。

第十条　全国社会保障基金理事会将全国社会保障基金委托投资的，应当选择符合法定条件的专业投资管理机构、专业托管机构分别担任全国社会保障基金投资管理人、托管人。

全国社会保障基金理事会应当按照公开、公平、公正的原则选聘投资管理人、托管人，发布选聘信息、组织专家评审、集体讨论决定并公布选聘结果。

全国社会保障基金理事会应当制定投资

管理人、托管人选聘办法，并报国务院财政部门、国务院社会保险行政部门备案。

第十一条　全国社会保障基金理事会应当与聘任的投资管理人、托管人分别签订委托投资合同、托管合同，并报国务院财政部门、国务院社会保险行政部门、国务院外汇管理部门、国务院证券监督管理机构、国务院银行业监督管理机构备案。

第十二条　全国社会保障基金理事会应当制定投资管理人、托管人考评办法，根据考评办法对投资管理人投资、托管人保管全国社会保障基金的情况进行考评。考评结果作为是否继续聘任的依据。

第十三条　全国社会保障基金投资管理人履行下列职责：

（一）运用全国社会保障基金进行投资；

（二）按照规定提取全国社会保障基金投资管理风险准备金；

（三）向全国社会保障基金理事会报告投资情况；

（四）法律、行政法规和国务院有关部门规章规定的其他职责。

第十四条　全国社会保障基金托管人履行下列职责：

（一）安全保管全国社会保障基金财产；

（二）按照托管合同的约定，根据全国社会保障基金投资管理人的投资指令，及时办理清算、交割事宜；

（三）按照规定和托管合同的约定，监督全国社会保障基金投资管理人的投资；

（四）执行全国社会保障基金理事会的指令，并报告托管情况；

（五）法律、行政法规和国务院有关部门规章规定的其他职责。

第十五条　全国社会保障基金财产应当独立于全国社会保障基金理事会、投资管理人、托管人的固有财产，独立于投资管理人投资和托管人保管的其他财产。

第十六条　全国社会保障基金投资管理人、托管人不得有下列行为：

（一）将全国社会保障基金财产混同于其他财产投资、保管；

（二）泄露因职务便利获取的全国社会保障基金未公开的信息，利用该信息从事或者明示、暗示他人从事相关交易活动；

（三）法律、行政法规和国务院有关部门规章禁止的其他行为。

第十七条　全国社会保障基金按照国家规定享受税收优惠。

第三章　全国社会保障基金的监督

第十八条　国家建立健全全国社会保障基金监督制度。

任何单位和个人不得侵占、挪用或者违规投资运营全国社会保障基金。

第十九条　国务院财政部门、国务院社会保险行政部门按照各自职责对全国社会保障基金的收支、管理和投资运营情况实施监督；发现存在问题的，应当依法处理；不属于本部门职责范围的，应当依法移送国务院外汇管理部门、国务院证券监督管理机构、国务院银行业监督管理机构等有关部门处理。

第二十条　国务院外汇管理部门、国务院证券监督管理机构、国务院银行业监督管理机构按照各自职责对投资管理人投资、托管人保管全国社会保障基金情况实施监督；发现违法违规行为的，应当依法处理，并及时通知国务院财政部门、国务院社会保险行政部门。

第二十一条　对全国社会保障基金境外投资管理人、托管人的监督，由国务院证券监督管理机构、国务院银行业监督管理机构按照与投资管理人、托管人所在国家或者地区有关监督管理机构签署的合作文件的规定执行。

第二十二条　审计署应当对全国社会保障基金每年至少进行一次审计。审计结果应当向社会公布。

第二十三条　全国社会保障基金理事会应当通过公开招标的方式选聘会计师事务所，对全国社会保障基金进行审计。

第二十四条　全国社会保障基金理事会应当通过其官方网站、全国范围内发行的报纸每年向社会公布全国社会保障基金的收支、管理和投资运营情况，接受社会监督。

第四章　法律责任

第二十五条　全国社会保障基金境内投资管理人、托管人违反本条例第十六条、第十八条第二款规定的，由国务院证券监督管理机构、国务院银行业监督管理机构责令改正，没收违法所得，并处违法所得1倍以上5倍以下罚款；没有违法所得或者违法所得不足100万元的，并处10万元以上100万元以下罚款；对直接负责的主管人员和其他直接责任人员给予警告，暂停或者撤销有关从业资格，并处3万元以上30万元以下罚款；构成犯罪的，依法追究刑事责任。

第二十六条　全国社会保障基金理事会违反本条例规定的，由国务院财政部门、国务院社会保险行政部门责令改正；对直接负责的主管人员和其他直接责任人员依法给予处分；构成犯罪的，依法追究刑事责任。

第二十七条　国家工作人员在全国社会保障基金管理运营、监督工作中滥用职权、玩忽职守、徇私舞弊的，依法给予处分；构成犯罪的，依法追究刑事责任。

第二十八条　违反本条例规定，给全国社会保障基金造成损失的，依法承担赔偿责任。

第五章　附　　则

第二十九条　经国务院批准，全国社会保障基金理事会可以接受省级人民政府的委托管理运营社会保险基金；受托管理运营社会保险基金，按照国务院有关社会保险基金投资管理的规定执行。

第三十条　本条例自2016年5月1日起施行。

社会保险稽核办法

（2003年2月9日劳动和社会保障部第16次部务会议通过，
2003年2月27日颁布，自2003年4月1日起施行）

第一条　为了规范社会保险稽核工作，确保社会保险费应收尽收，维护参保人员的合法权益，根据《社会保险费征缴暂行条例》和国家有关规定，制定本办法。

第二条　本办法所称稽核是指社会保险经办机构依法对社会保险费缴纳情况和社会保险待遇领取情况进行的核查。

第三条　县级以上社会保险经办机构负责社会保险稽核工作。

县级以上社会保险经办机构的稽核部门具体承办社会保险稽核工作。

第四条　社会保险稽核人员应当具备以下条件：

（一）坚持原则，作风正派，公正廉洁；

（二）具备中专以上学历和财会、审计专业知识；

（三）熟悉社会保险业务及相关法律、法规，具备开展稽核工作的相应资格。

第五条　社会保险经办机构及社会保险稽核人员开展稽核工作，行使下列职权：

（一）要求被稽核单位提供用人情况、工资收入情况、财务报表、统计报表、缴费数据和相关帐册、会计凭证等与缴纳社会保险费有关的情况和资料；

（二）可以记录、录音、录像、照相和复制与缴纳社会保险费有关的资料，对被稽核对象的参保情况和缴纳社会保险费等方面的情况进行调查、询问；

（三）要求被稽核对象提供与稽核事项有关的资料。

第六条　社会保险稽核人员承担下列义务：

（一）办理稽核事务应当实事求是，客观公正，不得利用工作之便谋取私利；

（二）保守被稽核单位的商业秘密以及个人隐私；

（三）为举报人保密。

第七条　社会保险稽核人员有下列情形之一的，应当自行回避：

（一）与被稽核单位负责人或者被稽核个人之间有亲属关系的；

（二）与被稽核单位或者稽核事项有经济利益关系的；

（三）与被稽核单位或者稽核事项有其他利害关系，可能影响稽核公正实施的。

被稽核对象有权以口头形式或者书面形式申请有前款规定情形之一的人员回避。

稽核人员的回避，由其所在的社会保险经办机构的负责人决定。对稽核人员的回避做出决定前，稽核人员不得停止实施稽核。

第八条　社会保险稽核采取日常稽核、重点稽核和举报稽核等方式进行。

社会保险经办机构应当制定日常稽核工作计划，根据工作计划定期实施日常稽核。

社会保险经办机构对特定的对象和内容应当进行重点稽核。

对于不按规定缴纳社会保险费的行为，任何单位和个人有权举报，社会保险经办机构应当及时受理举报并进行稽核。

第九条　社会保险缴费情况稽核内容包括：

（一）缴费单位和缴费个人申报的社会保险缴费人数、缴费基数是否符合国家规定；

（二）缴费单位和缴费个人是否按时足额缴纳社会保险费；

（三）欠缴社会保险费的单位和个人的补缴情况；

（四）国家规定的或者劳动保障行政部门交办的其他稽核事项。

第十条　社会保险经办机构对社会保险费缴纳情况按照下列程序实施稽核：

（一）提前3日将进行稽核的有关内容、要求、方法和需要准备的资料等事项通知被稽核对象，特殊情况下的稽核也可以不事先通知；

（二）应有两名以上稽核人员共同进行，出示执行公务的证件，并向被稽核对象说明身份；

（三）对稽核情况应做笔录，笔录应当由稽核人员和被稽核单位法定代表人（或法定代表人委托的代理人）签名或盖章，被稽核单位法定代表人拒不签名或盖章的，应注明拒签原因；

（四）对于经稽核未发现违反法规行为的被稽核对象，社会保险经办机构应当在稽核结束后5个工作日内书面告知其稽核结果；

（五）发现被稽核对象在缴纳社会保险费或按规定参加社会保险等方面，存在违反法规行为，要据实写出稽核意见书，并在稽核结束后10个工作日内送达被稽核对象。被稽核对象应在限定时间内予以改正。

第十一条　被稽核对象少报、瞒报缴费基数和缴费人数，社会保险经办机构应当责令其改正；

拒不改正的，社会保险经办机构应当报请劳动保障行政部门依法处罚。

被稽核对象拒绝稽核或伪造、变造、故意毁灭有关帐册、材料迟延缴纳社会保险费的，社会保险经办机构应当报请劳动保障行政部门依法处罚。

社会保险经办机构应定期向劳动保障行政部门报告社会保险稽核工作情况。劳动保障行政部门应将社会保险经办机构提请处理事项的结果及时通报社会保险经办机构。

第十二条　社会保险经办机构应当对参

保个人领取社会保险待遇情况进行核查，发现社会保险待遇领取人丧失待遇领取资格后本人或他人继续领取待遇或以其他形式骗取社会保险待遇的，社会保险经办机构应当立即停止待遇的支付并责令退还；拒不退还的，由劳动保障行政部门依法处理，并可对其处以 500 元以上 1000 元以下罚款；构成犯罪的，由司法机关依法追究刑事责任。

第十三条　社会保险经办机构工作人员在稽核工作中滥用职权、徇私舞弊、玩忽职守的，依法给予行政处分；构成犯罪的，依法追究刑事责任。

第十四条　本办法自 2003 年 4 月 1 日起施行。

香港澳门台湾居民在内地（大陆）参加社会保险暂行办法

（人力资源社会保障部部务会、国家医疗保障局局务会审议通过，2019 年 11 月 29 日公布，自 2020 年 1 月 1 日起施行）

第一条　为了维护在内地（大陆）就业、居住和就读的香港特别行政区、澳门特别行政区居民中的中国公民和台湾地区居民（以下简称港澳台居民）依法参加社会保险和享受社会保险待遇的合法权益，加强社会保险管理，根据《中华人民共和国社会保险法》（以下简称社会保险法）等规定，制定本办法。

第二条　在内地（大陆）依法注册或者登记的企业、事业单位、社会组织、有雇工的个体经济组织等用人单位（以下统称用人单位）依法聘用、招用的港澳台居民，应当依法参加职工基本养老保险、职工基本医疗保险、工伤保险、失业保险和生育保险，由用人单位和本人按照规定缴纳社会保险费。

在内地（大陆）依法从事个体工商经营的港澳台居民，可以按照注册地有关规定参加职工基本养老保险和职工基本医疗保险；在内地（大陆）灵活就业且办理港澳台居民居住证的港澳台居民，可以按照居住地有关规定参加职工基本养老保险和职工基本医疗保险。

在内地（大陆）居住且办理港澳台居民居住证的未就业港澳台居民，可以在居住地按照规定参加城乡居民基本养老保险和城乡居民基本医疗保险。

在内地（大陆）就读的港澳台大学生，与内地（大陆）大学生执行同等医疗保障政策，按规定参加高等教育机构所在地城乡居民基本医疗保险。

第三条　用人单位依法聘用、招用港澳台居民的，应当持港澳台居民有效证件，以及劳动合同、聘用合同等证明材料，为其办理社会保险登记。在内地（大陆）依法从事个体工商经营和灵活就业的港澳台居民，按照注册地（居住地）有关规定办理社会保险登记。

已经办理港澳台居民居住证且符合在内地（大陆）参加城乡居民基本养老保险和城乡居民基本医疗保险条件的港澳台居民，持港澳台居民居住证在居住地办理社会保险登记。

第四条　港澳台居民办理社会保险的各项业务流程与内地（大陆）居民一致。社会保险经办机构或者社会保障卡管理机构应当为港澳台居民建立社会保障号码，并发放社会保障卡。

港澳台居民在办理居住证时取得的公民

身份号码作为其社会保障号码；没有公民身份号码的港澳居民的社会保障号码，由社会保险经办机构或者社会保障卡管理机构按照国家统一规定编制。

第五条　参加社会保险的港澳台居民，依法享受社会保险待遇。

第六条　参加职工基本养老保险的港澳台居民达到法定退休年龄时，累计缴费不足15年的，可以延长缴费至满15年。社会保险法实施前参保、延长缴费5年后仍不足15年的，可以一次性缴费至满15年。

参加城乡居民基本养老保险的港澳台居民，符合领取待遇条件的，在居住地按照有关规定领取城乡居民基本养老保险待遇。达到待遇领取年龄时，累计缴费不足15年的，可以按照有关规定延长缴费或者补缴。

参加职工基本医疗保险的港澳台居民，达到法定退休年龄时累计缴费达到国家规定年限的，退休后不再缴纳基本医疗保险费，按照国家规定享受基本医疗保险待遇；未达到国家规定年限的，可以缴费至国家规定年限。退休人员享受基本医疗保险待遇的缴费年限按照各地规定执行。

参加城乡居民基本医疗保险的港澳台居民按照与所在统筹地区城乡居民同等标准缴费，并享受同等的基本医疗保险待遇。

参加基本医疗保险的港澳台居民，在境外就医所发生的医疗费用不纳入基本医疗保险基金支付范围。

第七条　港澳台居民在达到规定的领取养老金条件前离开内地（大陆）的，其社会保险个人账户予以保留，再次来内地（大陆）就业、居住并继续缴费的，缴费年限累计计算；经本人书面申请终止社会保险关系的，可以将其社会保险个人账户储存额一次性支付给本人。

已获得香港、澳门、台湾居民身份的原内地（大陆）居民，离开内地（大陆）时选择保留社会保险关系的，返回内地（大陆）就业、居住并继续参保时，原缴费年限合并计算；离开内地（大陆）时已经选择终止社会保险关系的，原缴费年限不再合并计算，可以将其社会保险个人账户储存额一次性支付给本人。

第八条　参加社会保险的港澳台居民在内地（大陆）跨统筹地区流动办理社会保险关系转移时，按照国家有关规定执行。港澳台居民参加企业职工基本养老保险的，不适用建立临时基本养老保险缴费账户的相关规定。已经领取养老保险待遇的，不再办理基本养老保险关系转移接续手续。已经享受退休人员医疗保险待遇的，不再办理基本医疗保险关系转移接续手续。

参加职工基本养老保险的港澳台居民跨省流动就业的，应当转移基本养老保险关系。达到待遇领取条件时，在其基本养老保险关系所在地累计缴费年限满10年的，在该地办理待遇领取手续；在其基本养老保险关系所在地累计缴费年限不满10年的，将其基本养老保险关系转回上一个缴费年限满10年的参保地办理待遇领取手续；在各参保地累计缴费年限均不满10年的，由其缴费年限最长的参保地负责归集基本养老保险关系及相应资金，办理待遇领取手续，并支付基本养老保险待遇；如有多个缴费年限相同的最长参保地，则由其最后一个缴费年限最长的参保地负责归集基本养老保险关系及相应资金，办理待遇领取手续，并支付基本养老保险待遇。

参加职工基本养老保险的港澳台居民跨省流动就业，达到法定退休年龄时累计缴费不足15年的，按照本条第二款有关待遇领取地的规定确定继续缴费地后，按照本办法第六条第一款办理。

第九条　按月领取基本养老保险、工伤保险待遇的港澳台居民，应当按照社会保险经办机构的规定，办理领取待遇资格认证。

按月领取基本养老保险、工伤保险、失业保险待遇的港澳台居民丧失领取资格条件后，本人或者其亲属应当于1个月内向社会保险经办机构如实报告情况。因未主动报告而多领取的待遇应当及时退还社会保险经办机构。

第十条 各级财政对在内地（大陆）参加城乡居民基本养老保险和城乡居民基本医疗保险（港澳台大学生除外）的港澳台居民，按照与所在统筹地区城乡居民相同的标准给予补助。

各级财政对港澳台大学生参加城乡居民基本医疗保险补助政策按照有关规定执行。

第十一条 已在香港、澳门、台湾参加当地社会保险，并继续保留社会保险关系的港澳台居民，可以持相关授权机构出具的证明，不在内地（大陆）参加基本养老保险和失业保险。

第十二条 内地（大陆）与香港、澳门、台湾有关机构就社会保险事宜作出具体安排的，按照相关规定办理。

第十三条 社会保险行政部门或者社会保险费征收机构应当按照社会保险法的规定，对港澳台居民参加社会保险的情况进行监督检查。用人单位未依法为聘用、招用的港澳台居民办理社会保险登记或者未依法为其缴纳社会保险费的，按照社会保险法等法律、行政法规和有关规章的规定处理。

第十四条 办法所称“港澳台居民有效证件”，指港澳居民来往内地通行证、港澳台居民居住证。

第十五条 本办法自2020年1月1日起施行。

降低社会保险费率缴费服务工作方案

（2019年4月15日国家税务总局办公厅印发）

为深入贯彻落实党中央、国务院关于实施更大规模减税降费的决策部署，确保《降低社会保险费率综合方案》落到实处，增强缴费人获得感，现就做好缴费服务相关工作制定本方案。

一、目标任务

聚焦降低社会保险费率、调整社会平均工资口径等政策，按照“准实快优”的要求，精准宣传培训、落实服务措施、快速处理问题、优化服务质效，切实做到分工明确、措施有力、整体稳定、税费协同，确保税务机关负责征收的缴费单位特别是小微企业社会保险缴费负担有实质性下降，增强缴费人获得感。

二、工作措施

（一）宣传培训要“准”

1. 把准宣传定位。各地税务机关要围绕社会保险费降费工作，按照税务总局的部署，把握时间节点，有序推进宣传工作。既要建立内部专项工作机制，规范政策宣传口径，又要与同级人社、医保等部门加强沟通，统一政策解读口径；既要开展全覆盖宣传，又要对制造业、服务业、小微企业、民营企业的负责人和办费人员等通过网站专栏开展针对性宣传；既要加强税费集成宣传，提升宣传效率，又要根据税费差异，准确确定政策推送内容。

2. 拓展宣传方式。各地税务机关要针对企业、机关事业单位分类拓展宣传方式。要通过网站专栏、在线访谈、纳税人学堂、办税服务厅咨询服务岗、电子税务局、“两微一端”等方式，向企业和机关事业单位推送降低社会保险费率政策。要发动社会力量并通过公共信息发布平台，让适用政策的缴费人应享尽享、有知有感。各地税务机关要主动协调，加强与社保部门12333公共服务平台的业务衔接和协同联动，有条件的地区在保持12366独立性的前提下，通过与12333系统的对接互转，进一步实现12366与12333优势互补、协同服务，形成宣传合力。

3. 用准宣传媒介。税务总局将下发《社保降费问题解答》，省以下各级税务机关要根据新出台的政策内容，主动收集、完整梳理本地政策，结合实际情况印制宣传手册，发放给缴费人或在大厅醒目处摆放，提供给缴费人使用。同时针对不同类型缴费人的需求和特点，创新制作生动形象、亮眼鲜活的动漫、视频、政策图解等宣传辅导产品，确保缴费人听得懂、看得明、记得牢。

4. 精准缴费辅导。各地税务机关要在办税服务厅设置政策落实咨询服务岗，为缴费人咨询降低社会保险费率政策提供专门服务，辅导缴费人办费流程、表单填写等相关事项；要针对社保费统筹区之间征收期限、缴费基数、办理流程等政策差异，设置充足的12366远程坐席，为不同地区提供准确、实用的咨询服务。对工作过程中发现的重点、热点问题，要采取多种形式进行重点辅导。

5. 定准培训要求。税务总局已与人力资源社会保障部举办联合培训，并开展全国税务系统“一竿子插到底”的视频培训，指导各地及时培训一线人员。各地税务机关要合理安排培训时间，结合本地实际开展联合培训和系统内部培训。要及时组织开展12366和办税服务厅全员业务培训，确保12366坐席人员学得懂、答得准，确保办税服务厅一线人员懂政策、会操作；还要组织其他业务部门人员开展社会保险费基础知识培训，确保税务工作人员知政策、能宣传。

（二）服务措施要“实”

6. 充实缴费渠道。各地税务机关要在保持原有缴费渠道不变的基础上，积极拓展缴费人单位客户端、电子税务局、网上银行、手机APP、自助缴费终端、委托代收、办税服务厅等线上线下多种便捷缴费渠道，为缴费人提供多元化缴费方式，提升缴费服务水平，优化缴费人体验，增强缴费人的获得感。

7. 简化缴费流程。各地税务机关要结合本地政府对社会保险费征缴工作要求和实际征缴模式，确定本地缴费服务操作要求，进一步优化征缴流程，压缩办理时限。自主申报地区还要继续扩大“免填单”服务覆盖范围，简化办理缴费报送资料。

8. 落实申报提醒。各地税务机关要围绕降低社会保险费率政策在征管方面带来的变化，通过电子税务局及客户端在缴费人申报环节提供政策推送和事项提示功能；自主申报地区税务机关还要自行优化系统，为缴费人提供在线申报辅导、数据校验和自查自检功能，确保缴费人正确申报。缴费人在办税服务厅办理缴费申报业务时，窗口人员要将信息系统提示的校验或提示信息及时告知缴费人，并做好咨询服务工作。

9. 缩减缴费时间。各地税务机关要在时间错峰、场所错峰、渠道错峰基础上，进一步优化完善错峰申报措施，对享受降低社会保险费率政策的单位缴费人应按企业类型、办理业务等不同类别合理引导办费；要在办税服务厅安排人员负责引导缴费人正确办理缴费事宜，提升缴费人缴费体验。

10. 合理配置窗口。各地税务机关要在现有办税服务厅窗口的基础上，根据本地不同缴费群体的特点和缴费习惯，合理调整人员力量和窗口配置，采取增设窗口、专窗服务等办法，强化服务能力，提高服务效率。

（三）问题处置要“快”

11. 快捷响应诉求。各地税务机关要通过12366纳税服务热线、网站、公共服务平台等渠道，广泛收集缴费人对降低社会保险费率政策落实、执法规范、缴费服务等方面的问题，及时研究处理。要畅通投诉接收和处理渠道，妥善处理降低社会保险费率政策执行方面的征缴服务投诉，确保投诉受理及时、处置得当、移交顺畅、反馈迅速，有效保障缴费人待遇不受影响。

12. 快速应急处理。各地税务机关要全面评估缴费服务风险，建立缴费秩序、系统网络等突发事件应急处理机制，明确部门职责，细化衔接措施，快速响应处理，保障缴费人的合法权益，维护正常征缴秩序。

13. 畅通直联直报。税务总局通过直联点，税费同步按周汇总整理各地缴费人特别是小微企业降低社会保险费率政策落实情况。各地税务机关要参照建立情况直报机制，按周“点对点”收集缴费人在缴费政策、办理流程、系统操作等方面的问题和建议，跟踪降费政策落实情况。

（四）服务质效要“优”

14. 深化部门配合。各地税务机关要充分发挥政府工作协调机制作用，加强与人社、医保等部门的协同配合，按照部门间职责分工，做好降低社会保险费率政策解读、多缴退费、补助享受、权益记录、待遇支付、争议处理等工作，共同做好降费政策宣传引导工作，建立疑难问题解答机制，确保缴费人享受政策。

15. 转化调查成果。税务总局将借鉴纳税人满意度调查等模式，组织专门力量或委托第三方，研究制定评价缴费人感受的指标体系，从更多维度反映降费实施成效。以缴费人的满意度作为衡量政策落实成效的重要指标，检验服务标准高不高、推进措施实不实、工作作风硬不硬，查找突出问题和薄弱环节，提出针对性改进建议。调查结束后，各地税务机关要迅速根据调查结果认真查找短板、整改问题。

16. 优化服务制度。各地税务机关要根据缴费人通过12366热线、需求调查、满意度调查、缴费服务成效评价等渠道反映的实际需求和实际工作中出现的热点、难点问题，聚焦影响获得感的相关因素，真正摸清政策落实情况、弄清诉求，倒推政策完善和管理服务优化，不断提升缴费服务质效。

三、工作要求

各地税务机关要把落实降低社会保险费率政策作为一项重要任务，务必如期完成各项工作，周密部署、扎实推进、加强协作、总结提升、注重实效、改进完善，确保社会保险费降费政策落到实处。

（一）提高思想认识，积极主动作为。降低社会保险费率是减轻企业负担、优化营商环境、完善社会保险制度的重要举措。各地税务机关要切实把思想和行动统一到党中央、国务院的决策部署上来，进一步增强落实好降低社会保险费率缴费服务工作的政治责任感和工作主动性，确保企业和人民群众有实实在在的获得感。

（二）切实加强领导，狠抓责任落实。各地税务机关要将落实《降低社会保险费率综合方案》作为今年减税降费工作的重要一环，统筹谋划、周密部署、迅速行动，把责任坚决扛起来，让任务坚决落到地。同时，要积极争取各地党委、政府的支持，争取同级财政、人社、医保等部门的协作，共同做好落实降低社会保险费率政策的各项缴费服务工作。

（三）严肃工作纪律，确保工作质效。各地税务机关要牢固树立保障缴费人合法权益、为缴费人做好服务的理念，要把落实好降率综合方案当做硬任务，严明工作要求，扛牢压实责任，确保各项缴费服务工作不折不扣落实到位。

优抚对象补助经费管理办法

（2024 年 2 月 2 日修订　财社〔2024〕5 号）

第一章　总　　则

第一条　为规范优抚对象补助经费管理，提高资金使用效益，确保优抚对象补助经费及时足额发放，根据《中华人民共和国预算法》、《军人抚恤优待条例》、《烈士褒扬条例》等法律法规和预算管理相关规定，制定本办法。

第二条　本办法所称优抚对象补助经费，是指中央财政对地方发放优抚对象等人员抚恤和生活补助、义务兵家庭优待金、烈士褒扬金等给予补助的共同财政事权转移支付资金，实施期限暂至 2028 年 12 月 31 日。到期前，财政部会同退役军人事务部、中央军委国防动员部组织开展评估，根据评估结果确定是否延续补助政策及延续期限。

第三条　本办法所称优抚对象等人员（以下简称优抚对象）是指按规定享受抚恤金和生活补助的残疾军人（含伤残人民警察、伤残预备役人员和民兵民工、其他因公伤残人员）、“三属”（烈士遗属、因公牺牲军人遗属和病故军人遗属）、在乡退伍红军老战士（含红军失散人员）、在乡复员军人、带病回乡退役军人、参战参试退役军人（含直接参与铀矿开采退役军人）、烈士老年子女（含新中国成立前错杀后被平反人员的子女）、农村籍退役士兵、新中国成立前加入中国共产党的农村老党员和未享受离退休待遇的城镇老党员（以下简称老党员）等人员。

第二章　资金分配与使用

第四条　中央财政每年根据各省（自治区、直辖市，以下简称省）当年各类优抚对象群体人数和规定补助标准安排优抚对象抚恤和生活补助中央财政补助资金。各地可统筹使用中央财政补助资金和地方财政安排的补助资金用于发放优抚对象定期抚恤金和生活补助，以及国家按规定向优抚对象发放的一次性生活补助等。

中央财政每年根据各省当年和上年度义务兵批准入伍人数以及规定补助标准安排义务兵家庭优待金中央财政补助资金。各地可统筹使用中央财政补助资金和地方财政安排的补助资金用于义务兵服现役期间对其家庭发放的优待金。

中央财政每年根据上年度烈士评定备案人数和规定标准安排烈士褒扬金。

第五条　地方各级退役军人事务部门应当建立优抚对象数据动态管理机制，将本地区优抚对象的各项数据信息全面、准确、及时地录入全国优抚信息管理系统，新增人员、自然减员以及优抚对象本身情况发生变化的，应当及时在全国优抚信息管理系统中进行更新。

第六条　地方各级退役军人事务部门每年会同同级财政部门对享受定期抚恤补助待遇的优抚对象人员情况（不含老党员）进行审核，并逐级及时汇总上报，其中，省级退役军人事务部门应当会同同级财政部门于每年全国优抚对象数据集中审定前，将本地区当年应享受补助待遇的优抚对象人员情况，经省人民政府批准后上报退役军人事务部；老党员人数等情况由中央组织部向退役军人事务部提供。退役军人事务部提出资金分配方案及区域绩效目标，函报财政部。财政部接收资金分配方案后，及时审定并下达补助经费预算，同步下达区域绩效目标，抄送退役军人事务部和财政部各地监管局。

中央军委国防动员部每年向退役军人事务部提供各省当年和上年度义务兵批准入伍人数。退役军人事务部提出资金分配方案及区域绩效目标，函报财政部。财政部接收资金分配方案后，及时审定并下达补助经费预算，同步下达区域绩效目标，抄送退役军人事务部、中央军委国防动员部和财政部各地监管局。

退役军人事务部每年根据上年度烈士评定备案人数和规定标准，提出资金分配方案及区域绩效目标，函报财政部。财政部接收资金分配方案后，及时审定并下达补助经费预算，同步下达区域绩效目标，抄送退役军人事务部和财政部有关监管局。

第七条　各级财政、退役军人事务等部门和兵役机关按照“谁提供、谁负责”原则，对所提供数据的真实性、准确性、完整性负责。

第八条　省级财政部门收到中央财政下达的预算后，应当按职责分工，会同本级退役军人事务部门确定资金分配方案、分解区域绩效目标，在 30 日内正式下达到本级有关部门和本行政区域县级以上财政部门，并抄送财政部当地监管局。

第九条　优抚对象补助经费分配结果应当按照预算公开有关规定将适宜公开的内容向社会公布。地方各级财政部门应当按照预算公开有关规定将优抚对象补助经费安排详细情况中适宜的内容进行公开，接受社会监督。

预算执行中，退役军人事务部会同财政部、中央军委国防动员部指导省级退役军人事务部门、财政部门和兵役机关对绩效目标实现情况进行监控，确保绩效目标如期实现。

预算执行结束后，省级退役军人事务部门应会同同级财政部门和兵役机关组织市县做好优抚对象补助经费绩效自评工作，将区域绩效自评结果报送退役军人事务部、财政部、中央军委国防动员部，并抄送财政部当地监管局。财政部会同退役军人事务部根据工作需要适时开展优抚对象补助经费重点绩效评价，绩效评价结果作为预算安排、政策调整和改进管理的重要依据。

地方各级退役军人事务部门应当严格按照本办法规定的开支范围执行。年末剩余资金，可以按规定结转下一年度继续使用。

第十条　地方财政结合中央财政补助资金，根据有关政策规定、退役军人事务部门汇总的基础数据和经费需求，科学合理安排相关经费并列入本级政府预算。

第三章　监督检查

第十一条　优抚对象补助经费应当坚持科学管理、加强监督的原则，严格按照规定的支出范围、补助标准和程序使用，确保资金使用安全、规范、高效。各地不得将优抚对象补助经费用于工作经费支出，不得挤占、挪用、截留和滞留，不得向优抚对象收取任何管理费用。各地应当统筹使用好中央和地方财政安排的补助资金，按规定及时、准确、足额发放优抚对象等人员相关待遇。

第十二条　各级财政、退役军人事务部门和兵役机关应当强化优抚对象补助经费的使用管理，并积极配合有关部门做好审计等工作。财政部各地监管局按照工作职责和财政部要求，对优抚对象补助经费的使用管理情况进行监督。

第十三条　各级财政、退役军人事务部门和兵役机关及其工作人员在优抚对象补助经费的分配、审核、使用、管理等工作中，存在违反本办法规定的行为，以及其他滥用职权、玩忽职守、徇私舞弊等违法违规行为的，依法追究相应责任；涉嫌犯罪的，依法移送有关机关处理。

第四章　附　　则

第十四条　各省、自治区、直辖市财政厅（局）、退役军人事务厅（局），新疆生产建设兵团财政局、退役军人事务局，各省军区（卫戍区、警备区）、新疆军区、西藏军区、新疆生产建设兵团军事部可以依据本办法，结合当地实际，制定实施细则。

第十五条　本办法由财政部会同退役军人事务部、中央军委国防动员部负责解释。

第十六条　本办法自2024年1月1日起施行。《财政部民政部关于印发〈优抚对象抚恤补助资金使用管理办法〉的通知》（财社〔2012〕221号）、《财政部退役军人部医保局关于修改退役安置等补助资金管理办法的通知》（财社〔2019〕225号）、《财政部退役军人部关于退役安置等补助资金管理办法的补充通知》（财社〔2021〕108号）同时废止。此前有关规定与本办法不一致的，以本办法为准。

城市居民最低生活保障条例

（1999年9月28日国务院第21次常务会议通过并发布，自1999年10月1日起施行）

第一条　为了规范城市居民最低生活保障制度，保障城市居民基本生活，制定本条例。

第二条　持有非农业户口的城市居民，凡共同生活的家庭成员人均收入低于当地城市居民最低生活保障标准的，均有从当地人民政府获得基本生活物质帮助的权利。

前款所称收入，是指共同生活的家庭成员的全部货币收入和实物收入，包括法定赡养人、扶养人或者抚养人应当给付的赡养费、扶养费或者抚养费，不包括优抚对象按照国家规定享受的抚恤金、补助金。

第三条　城市居民最低生活保障制度遵循保障城市居民基本生活的原则，坚持国家保障与社会帮扶相结合、鼓励劳动自救的方针。

第四条　城市居民最低生活保障制度实行地方各级人民政府负责制。县级以上地方各级人民政府民政部门具体负责本行政区域内城市居民最低生活保障的管理工作；财政部门按照规定落实城市居民最低生活保障资金；统计、物价、审计、劳动保障和人事等部门分工负责，在各自的职责范围内负责城市居民最低生活保障的有关工作。

县级人民政府民政部门以及街道办事处和镇人民政府（以下统称管理审批机关）负责城市居民最低生活保障的具体管理审批工作。

居民委员会根据管理审批机关的委托，可以承担城市居民最低生活保障的日常管理、服务工作。

国务院民政部门负责全国城市居民最低生活保障的管理工作。

第五条　城市居民最低生活保障所需资金，由地方人民政府列入财政预算，纳入社会救济专项资金支出项目，专项管理，专款专用。

国家鼓励社会组织和个人为城市居民最低生活保障提供捐赠、资助；所提供的捐赠资助，全部纳入当地城市居民最低生活保障资金。

第六条　城市居民最低生活保障标准，按照当地维持城市居民基本生活所必需的衣、食、住费用，并适当考虑水电燃煤

（燃气）费用以及未成年人的义务教育费用确定。

直辖市、设区的市的城市居民最低生活保障标准，由市人民政府民政部门会同财政、统计、物价等部门制定，报本级人民政府批准并公布执行；县（县级市）的城市居民最低生活保障标准，由县（县级市）人民政府民政部门会同财政、统计、物价等部门制定，报本级人民政府批准并报上一级人民政府备案后公布执行。

城市居民最低生活保障标准需要提高时，依照前两款的规定重新核定。

第七条　申请享受城市居民最低生活保障待遇，由户主向户籍所在地的街道办事处或者镇人民政府提出书面申请，并出具有关证明材料，填写《城市居民最低生活保障待遇审批表》。城市居民最低生活保障待遇，由其所在地的街道办事处或者镇人民政府初审，并将有关材料和初审意见报送县级人民政府民政部门审批。

管理审批机关为审批城市居民最低生活保障待遇的需要，可以通过入户调查、邻里访问以及信函索证等方式对申请人的家庭经济状况和实际生活水平进行调查核实。申请人及有关单位、组织或者个人应当接受调查，如实提供有关情况。

第八条　县级人民政府民政部门经审查，对符合享受城市居民最低生活保障待遇条件的家庭，应当区分下列不同情况批准其享受城市居民最低生活保障待遇：

（一）对无生活来源、无劳动能力又无法定赡养人、扶养人或者抚养人的城市居民，批准其按照当地城市居民最低生活保障标准全额享受；

（二）对尚有一定收入的城市居民，批准其按照家庭人均收入低于当地城市居民最低生活保障标准的差额享受。

县级人民政府民政部门经审查，对不符合享受城市居民最低生活保障待遇条件的，应当书面通知申请人，并说明理由。

管理审批机关应当自接到申请人提出申请之日起的30日内办结审批手续。

城市居民最低生活保障待遇由管理审批机关以货币形式按月发放；必要时，也可以给付实物。

第九条　对经批准享受城市居民最低生活保障待遇的城市居民，由管理审批机关采取适当形式以户为单位予以公布，接受群众监督。任何人对不符合法定条件而享受城市居民最低生活保障待遇的，都有权向管理审批机关提出意见；管理审批机关经核查，对情况属实的，应当予以纠正。

第十条　享受城市居民最低生活保障待遇的城市居民家庭人均收入情况发生变化的，应当及时通过居民委员会告知管理审批机关，办理停发、减发或者增发城市居民最低生活保障待遇的手续。

管理审批机关应当对享受城市居民最低生活保障待遇的城市居民的家庭收入情况定期进行核查。

在就业年龄内有劳动能力但尚未就业的城市居民，在享受城市居民最低生活保障待遇期间，应当参加其所在的居民委员会组织的公益性社区服务劳动。

第十一条　地方各级人民政府及其有关部门，应当对享受城市居民最低生活保障待遇的城市居民在就业、从事个体经营等方面给予必要的扶持和照顾。

第十二条　财政部门、审计部门依法监督城市居民最低生活保障资金的使用情况。

第十三条　从事城市居民最低生活保障管理审批工作的人员有下列行为之一的，给予批评教育，依法给予行政处分；构成犯罪的，依法追究刑事责任：

（一）对符合享受城市居民最低生活保障待遇条件的家庭拒不签署同意享受城市居民最低生活保障待遇意见的，或者对不符合享受城市居民最低生活保障待遇条件的家庭故意签署同意享受城市居民最低生活保障待遇意见的；

（二）玩忽职守、徇私舞弊，或者贪污、挪用、扣压、拖欠城市居民最低生活保障款物的。

第十四条　享受城市居民最低生活保障待遇的城市居民有下列行为之一的，由县级人民政府民政部门给予批评教育或者警告，追回其冒领的城市居民最低生活保障款物；情节恶劣的，处冒领金额1倍以上3倍以下的罚款：

（一）采取虚报、隐瞒、伪造等手段，骗取享受城市居民最低生活保障待遇的；

（二）在享受城市居民最低生活保障待遇期间家庭收入情况好转，不按规定告知管理审批机关，继续享受城市居民最低生活保障待遇的。

第十五条　城市居民对县级人民政府民政部门作出的不批准享受城市居民最低生活保障待遇或者减发、停发城市居民最低生活保障款物的决定或者给予的行政处罚不服的，可以依法申请行政复议；对复议决定仍不服的，可以依法提起行政诉讼。

第十六条　省、自治区、直辖市人民政府可以根据本条例，结合本行政区域城市居民最低生活保障工作的实际情况，规定实施的办法和步骤。

第十七条　本条例自1999年10月1日起施行。

公共租赁住房管理办法

（2012年5月28日第84次部常务会议审议通过并发布，自2012年7月15日起施行）

第一章　总　　则

第一条　为了加强对公共租赁住房的管理，保障公平分配，规范运营与使用，健全退出机制，制定本办法。

第二条　公共租赁住房的分配、运营、使用、退出和管理，适用本办法。

第三条　本办法所称公共租赁住房，是指限定建设标准和租金水平，面向符合规定条件的城镇中等偏下收入住房困难家庭、新就业无房职工和在城镇稳定就业的外来务工人员出租的保障性住房。

公共租赁住房通过新建、改建、收购、长期租赁等多种方式筹集，可以由政府投资，也可以由政府提供政策支持、社会力量投资。

公共租赁住房可以是成套住房，也可以是宿舍型住房。

第四条　国务院住房和城乡建设主管部门负责全国公共租赁住房的指导和监督工作。

县级以上地方人民政府住房城乡建设（住房保障）主管部门负责本行政区域内的公共租赁住房管理工作。

第五条　直辖市和市、县级人民政府住房保障主管部门应当加强公共租赁住房管理信息系统建设，建立和完善公共租赁住房管理档案。

第六条　任何组织和个人对违反本办法的行为都有权进行举报、投诉。

住房城乡建设（住房保障）主管部门接到举报、投诉，应当依法及时核实、处理。

第二章　申请与审核

第七条　申请公共租赁住房，应当符合以下条件：

（一）在本地无住房或者住房面积低于

规定标准；

（二）收入、财产低于规定标准；

（三）申请人为外来务工人员的，在本地稳定就业达到规定年限。

具体条件由直辖市和市、县级人民政府住房保障主管部门根据本地区实际情况确定，报本级人民政府批准后实施并向社会公布。

第八条 申请人应当根据市、县级人民政府住房保障主管部门的规定，提交申请材料，并对申请材料的真实性负责。申请人应当书面同意市、县级人民政府住房保障主管部门核实其申报信息。

申请人提交的申请材料齐全的，市、县级人民政府住房保障主管部门应当受理，并向申请人出具书面凭证；申请材料不齐全的，应当一次性书面告知申请人需要补正的材料。

对在开发区和园区集中建设面向用工单位或者园区就业人员配租的公共租赁住房，用人单位可以代表本单位职工申请。

第九条 市、县级人民政府住房保障主管部门应当会同有关部门，对申请人提交的申请材料进行审核。

经审核，对符合申请条件的申请人，应当予以公示，经公示无异议或者异议不成立的，登记为公共租赁住房轮候对象，并向社会公开；对不符合申请条件的申请人，应当书面通知并说明理由。

申请人对审核结果有异议，可以向市、县级人民政府住房保障主管部门申请复核。市、县级人民政府住房保障主管部门应当会同有关部门进行复核，并在15个工作日内将复核结果书面告知申请人。

第三章 轮候与配租

第十条 对登记为轮候对象的申请人，应当在轮候期内安排公共租赁住房。

直辖市和市、县级人民政府住房保障主管部门应当根据本地区经济发展水平和公共租赁住房需求，合理确定公共租赁住房轮候期，报本级人民政府批准后实施并向社会公布。轮候期一般不超过5年。

第十一条 公共租赁住房房源确定后，市、县级人民政府住房保障主管部门应当制定配租方案并向社会公布。

配租方案应当包括房源的位置、数量、户型、面积，租金标准，供应对象范围，意向登记时限等内容。

企事业单位投资的公共租赁住房的供应对象范围，可以规定为本单位职工。

第十二条 配租方案公布后，轮候对象可以按照配租方案，到市、县级人民政府住房保障主管部门进行意向登记。

市、县级人民政府住房保障主管部门应当会同有关部门，在15个工作日内对意向登记的轮候对象进行复审。对不符合条件的，应当书面通知并说明理由。

第十三条 对复审通过的轮候对象，市、县级人民政府住房保障主管部门可以采取综合评分、随机摇号等方式，确定配租对象与配租排序。

综合评分办法、摇号方式及评分、摇号的过程和结果应当向社会公开。

第十四条 配租对象与配租排序确定后应当予以公示。公示无异议或者异议不成立的，配租对象按照配租排序选择公共租赁住房。

配租结果应当向社会公开。

第十五条 复审通过的轮候对象中享受国家定期抚恤补助的优抚对象、孤老病残人员等，可以优先安排公共租赁住房。优先对象的范围和优先安排的办法由直辖市和市、县级人民政府住房保障主管部门根据本地区实际情况确定，报本级人民政府批准后实施并向社会公布。

社会力量投资和用人单位代表本单位职工申请的公共租赁住房，只能向经审核登记为轮候对象的申请人配租。

第十六条 配租对象选择公共租赁住房

后，公共租赁住房所有权人或者其委托的运营单位与配租对象应当签订书面租赁合同。

租赁合同签订前，所有权人或者其委托的运营单位应当将租赁合同中涉及承租人责任的条款内容和应当退回公共租赁住房的情形向承租人明确说明。

第十七条 公共租赁住房租赁合同一般应当包括以下内容：

（一）合同当事人的名称或姓名；

（二）房屋的位置、用途、面积、结构、室内设施和设备，以及使用要求；

（三）租赁期限、租金数额和支付方式；

（四）房屋维修责任；

（五）物业服务、水、电、燃气、供热等相关费用的缴纳责任；

（六）退回公共租赁住房的情形；

（七）违约责任及争议解决办法；

（八）其他应当约定的事项。

省、自治区、直辖市人民政府住房城乡建设（住房保障）主管部门应当制定公共租赁住房租赁合同示范文本。

合同签订后，公共租赁住房所有权人或者其委托的运营单位应当在30日内将合同报市、县级人民政府住房保障主管部门备案。

第十八条 公共租赁住房租赁期限一般不超过5年。

第十九条 市、县级人民政府住房保障主管部门应当会同有关部门，按照略低于同地段住房市场租金水平的原则，确定本地区的公共租赁住房租金标准，报本级人民政府批准后实施。

公共租赁住房租金标准应当向社会公布，并定期调整。

第二十条 公共租赁住房租赁合同约定的租金数额，应当根据市、县级人民政府批准的公共租赁住房租金标准确定。

第二十一条 承租人应当根据合同约定，按时支付租金。

承租人收入低于当地规定标准的，可以依照有关规定申请租赁补贴或者减免。

第二十二条 政府投资的公共租赁住房的租金收入按照政府非税收入管理的有关规定缴入同级国库，实行收支两条线管理，专项用于偿还公共租赁住房贷款本息及公共租赁住房的维护、管理等。

第二十三条 因就业、子女就学等原因需要调换公共租赁住房的，经公共租赁住房所有权人或者其委托的运营单位同意，承租人之间可以互换所承租的公共租赁住房。

第四章 使用与退出

第二十四条 公共租赁住房的所有权人及其委托的运营单位应当负责公共租赁住房及其配套设施的维修养护，确保公共租赁住房的正常使用。

政府投资的公共租赁住房维修养护费用主要通过公共租赁住房租金收入以及配套商业服务设施租金收入解决，不足部分由财政预算安排解决；社会力量投资建设的公共租赁住房维修养护费用由所有权人及其委托的运营单位承担。

第二十五条 公共租赁住房的所有权人及其委托的运营单位不得改变公共租赁住房的保障性住房性质、用途及其配套设施的规划用途。

第二十六条 承租人不得擅自装修所承租公共租赁住房。确需装修的，应当取得公共租赁住房的所有权人或其委托的运营单位同意。

第二十七条 承租人有下列行为之一的，应当退回公共租赁住房：

（一）转借、转租或者擅自调换所承租公共租赁住房的；

（二）改变所承租公共租赁住房用途的；

（三）破坏或者擅自装修所承租公共租赁住房，拒不恢复原状的；

（四）在公共租赁住房内从事违法活

动的；

（五）无正当理由连续 6 个月以上闲置公共租赁住房的。

承租人拒不退回公共租赁住房的，市、县级人民政府住房保障主管部门应当责令其限期退回；逾期不退回的，市、县级人民政府住房保障主管部门可以依法申请人民法院强制执行。

第二十八条 市、县级人民政府住房保障主管部门应当加强对公共租赁住房使用的监督检查。

公共租赁住房的所有权人及其委托的运营单位应当对承租人使用公共租赁住房的情况进行巡查，发现有违反本办法规定行为的，应当及时依法处理或者向有关部门报告。

第二十九条 承租人累计 6 个月以上拖欠租金的，应当腾退所承租的公共租赁住房；拒不腾退的，公共租赁住房的所有权人或者其委托的运营单位可以向人民法院提起诉讼，要求承租人腾退公共租赁住房。

第三十条 租赁期届满需要续租的，承租人应当在租赁期满 3 个月前向市、县级人民政府住房保障主管部门提出申请。

市、县级人民政府住房保障主管部门应当会同有关部门对申请人是否符合条件进行审核。经审核符合条件的，准予续租，并签订续租合同。

未按规定提出续租申请的承租人，租赁期满应当腾退公共租赁住房；拒不腾退的，公共租赁住房的所有权人或者其委托的运营单位可以向人民法院提起诉讼，要求承租人腾退公共租赁住房。

第三十一条 承租人有下列情形之一的，应当腾退公共租赁住房：

（一）提出续租申请但经审核不符合续租条件的；

（二）租赁期内，通过购买、受赠、继承等方式获得其他住房并不再符合公共租赁住房配租条件的；

（三）租赁期内，承租或者承购其他保障性住房的。

承租人有前款规定情形之一的，公共租赁住房的所有权人或者其委托的运营单位应当为其安排合理的搬迁期，搬迁期内租金按照合同约定的租金数额缴纳。

搬迁期满不腾退公共租赁住房，承租人确无其他住房的，应当按照市场价格缴纳租金；承租人有其他住房的，公共租赁住房的所有权人或者其委托的运营单位可以向人民法院提起诉讼，要求承租人腾退公共租赁住房。

第三十二条 房地产经纪机构及其经纪人员不得提供公共租赁住房出租、转租、出售等经纪业务。

第五章 法律责任

第三十三条 住房城乡建设（住房保障）主管部门及其工作人员在公共租赁住房管理工作中不履行本办法规定的职责，或者滥用职权、玩忽职守、徇私舞弊的，对直接负责的主管人员和其他直接责任人员依法给予处分；构成犯罪的，依法追究刑事责任。

第三十四条 公共租赁住房的所有权人及其委托的运营单位违反本办法，有下列行为之一的，由市、县级人民政府住房保障主管部门责令限期改正，并处以 3 万元以下罚款：

（一）向不符合条件的对象出租公共租赁住房的；

（二）未履行公共租赁住房及其配套设施维修养护义务的；

（三）改变公共租赁住房的保障性住房性质、用途，以及配套设施的规划用途的。

公共租赁住房的所有权人为行政机关的，按照本办法第三十三条处理。

第三十五条 申请人隐瞒有关情况或者提供虚假材料申请公共租赁住房的，市、县级人民政府住房保障主管部门不予受理，给予警告，并记入公共租赁住房管理档案。

以欺骗等不正手段，登记为轮候对象或者承租公共租赁住房的，由市、县级人民政府住房保障主管部门处以1000元以下罚款，记入公共租赁住房管理档案；登记为轮候对象的，取消其登记；已承租公共租赁住房的，责令限期退回所承租公共租赁住房，并按市场价格补缴租金，逾期不退回的，可以依法申请人民法院强制执行，承租人自退回公共租赁住房之日起五年内不得再次申请公共租赁住房。

第三十六条　承租人有下列行为之一的，由市、县级人民政府住房保障主管部门责令按市场价格补缴从违法行为发生之日起的租金，记入公共租赁住房管理档案，处以1000元以下罚款；有违法所得的，处以违法所得3倍以下但不超过3万元的罚款：

（一）转借、转租或者擅自调换所承租公共租赁住房的；

（二）改变所承租公共租赁住房用途的；

（三）破坏或者擅自装修所承租公共租赁住房，拒不恢复原状的；

（四）在公共租赁住房内从事违法活动的；

（五）无正当理由连续6个月以上闲置公共租赁住房的。

有前款所列行为，承租人自退回公共租赁住房之日起五年内不得再次申请公共租赁住房；造成损失的，依法承担赔偿责任。

第三十七条　违反本办法第三十二条的，依照《房地产经纪管理办法》第三十七条，由县级以上地方人民政府住房城乡建设（房地产）主管部门责令限期改正，记入房地产经纪信用档案；对房地产经纪人员，处以1万元以下罚款；对房地产经纪机构，取消网上签约资格，处以3万元以下罚款。

第六章　附　　则

第三十八条　省、自治区、直辖市住房城乡建设（住房保障）主管部门可以根据本办法制定实施细则。

第三十九条　本办法自2012年7月15日起施行。

农村五保供养工作条例

（2006年1月11日国务院第121次常务会议通过，2006年1月21日公布，自2006年3月1日起施行）

第一章　总　　则

第一条　为了做好农村五保供养工作，保障农村五保供养对象的正常生活，促进农村社会保障制度的发展，制定本条例。

第二条　本条例所称农村五保供养，是指依照本条例规定，在吃、穿、住、医、葬方面给予村民的生活照顾和物质帮助。

第三条　国务院民政部门主管全国的农村五保供养工作；县级以上地方各级人民政府民政部门主管本行政区域内的农村五保供养工作。

乡、民族乡、镇人民政府管理本行政区域内的农村五保供养工作。

村民委员会协助乡、民族乡、镇人民政府开展农村五保供养工作。

第四条　国家鼓励社会组织和个人为农村五保供养对象和农村五保供养工作提供捐助和服务。

第五条　国家对在农村五保供养工作中做

出显著成绩的单位和个人，给予表彰和奖励。

第二章　供养对象

第六条　老年、残疾或者未满 16 周岁的村民，无劳动能力、无生活来源又无法定赡养、抚养、扶养义务人，或者其法定赡养、抚养、扶养义务人无赡养、抚养、扶养能力的，享受农村五保供养待遇。

第七条　享受农村五保供养待遇，应当由村民本人向村民委员会提出申请；因年幼或者智力残疾无法表达意愿的，由村民小组或者其他村民代为提出申请。经村民委员会民主评议，对符合本条例第六条规定条件的，在本村范围内公告；无重大异议的，由村民委员会将评议意见和有关材料报送乡、民族乡、镇人民政府审核。

乡、民族乡、镇人民政府应当自收到评议意见之日起 20 日内提出审核意见，并将审核意见和有关材料报送县级人民政府民政部门审批。县级人民政府民政部门应当自收到审核意见和有关材料之日起 20 日内作出审批决定。对批准给予农村五保供养待遇的，发给《农村五保供养证书》；对不符合条件不予批准的，应当书面说明理由。

乡、民族乡、镇人民政府应当对申请人的家庭状况和经济条件进行调查核实；必要时，县级人民政府民政部门可以进行复核。申请人、有关组织或者个人应当配合、接受调查，如实提供有关情况。

第八条　农村五保供养对象不再符合本条例第六条规定条件的，村民委员会或者敬老院等农村五保供养服务机构（以下简称农村五保供养服务机构）应当向乡、民族乡、镇人民政府报告，由乡、民族乡、镇人民政府审核并报县级人民政府民政部门核准后，核销其《农村五保供养证书》。

农村五保供养对象死亡，丧葬事宜办理完毕后，村民委员会或者农村五保供养服务机构应当向乡、民族乡、镇人民政府报告，由乡、民族乡、镇人民政府报县级人民政府民政部门核准后，核销其《农村五保供养证书》。

第三章　供养内容

第九条　农村五保供养包括下列供养内容：

（一）供给粮油、副食品和生活用燃料；

（二）供给服装、被褥等生活用品和零用钱；

（三）提供符合基本居住条件的住房；

（四）提供疾病治疗，对生活不能自理的给予照料；

（五）办理丧葬事宜。

农村五保供养对象未满 16 周岁或者已满 16 周岁仍在接受义务教育的，应当保障他们依法接受义务教育所需费用。

农村五保供养对象的疾病治疗，应当与当地农村合作医疗和农村医疗救助制度相衔接。

第十条　农村五保供养标准不得低于当地村民的平均生活水平，并根据当地村民平均生活水平的提高适时调整。

农村五保供养标准，可以由省、自治区、直辖市人民政府制定，在本行政区域内公布执行，也可以由设区的市级或者县级人民政府制定，报所在的省、自治区、直辖市人民政府备案后公布执行。

国务院民政部门、国务院财政部门应当加强对农村五保供养标准制定工作的指导。

第十一条　农村五保供养资金，在地方人民政府财政预算中安排。有农村集体经营等收入的地方，可以从农村集体经营等收入中安排资金，用于补助和改善农村五保供养对象的生活。农村五保供养对象将承包土地交由他人代耕的，其收益归该农村五保供养对象所有。具体办法由省、自治区、直辖市人民政府规定。

中央财政对财政困难地区的农村五保供养，在资金上给予适当补助。

农村五保供养资金，应当专门用于农村五保供养对象的生活，任何组织或者个人不得贪污、挪用、截留或者私分。

第四章　供养形式

第十二条　农村五保供养对象可以在当地的农村五保供养服务机构集中供养，也可以在家分散供养。农村五保供养对象可以自行选择供养形式。

第十三条　集中供养的农村五保供养对象，由农村五保供养服务机构提供供养服务；分散供养的农村五保供养对象，可以由村民委员会提供照料，也可以由农村五保供养服务机构提供有关供养服务。

第十四条　各级人民政府应当把农村五保供养服务机构建设纳入经济社会发展规划。

县级人民政府和乡、民族乡、镇人民政府应当为农村五保供养服务机构提供必要的设备、管理资金，并配备必要的工作人员。

第十五条　农村五保供养服务机构应当建立健全内部民主管理和服务管理制度。

农村五保供养服务机构工作人员应当经过必要的培训。

第十六条　农村五保供养服务机构可以开展以改善农村五保供养对象生活条件为目的的农副业生产。地方各级人民政府及其有关部门应当对农村五保供养服务机构开展农副业生产给予必要的扶持。

第十七条　乡、民族乡、镇人民政府应当与村民委员会或者农村五保供养服务机构签订供养服务协议，保证农村五保供养对象享受符合要求的供养。

村民委员会可以委托村民对分散供养的农村五保供养对象提供照料。

第五章　监督管理

第十八条　县级以上人民政府应当依法加强对农村五保供养工作的监督管理。县级以上地方各级人民政府民政部门和乡、民族乡、镇人民政府应当制定农村五保供养工作的管理制度，并负责督促实施。

第十九条　财政部门应当按时足额拨付农村五保供养资金，确保资金到位，并加强对资金使用情况的监督管理。

审计机关应当依法加强对农村五保供养资金使用情况的审计。

第二十条　农村五保供养待遇的申请条件、程序、民主评议情况以及农村五保供养的标准和资金使用情况等，应当向社会公告，接受社会监督。

第二十一条　农村五保供养服务机构应当遵守治安、消防、卫生、财务会计等方面的法律、法规和国家有关规定，向农村五保供养对象提供符合要求的供养服务，并接受地方人民政府及其有关部门的监督管理。

第六章　法律责任

第二十二条　违反本条例规定，有关行政机关及其工作人员有下列行为之一的，对直接负责的主管人员以及其他直接责任人员依法给予行政处分；构成犯罪的，依法追究刑事责任：

（一）对符合农村五保供养条件的村民不予批准享受农村五保供养待遇的，或者对不符合农村五保供养条件的村民批准其享受农村五保供养待遇的；

（二）贪污、挪用、截留、私分农村五保供养款物的；

（三）有其他滥用职权、玩忽职守、徇私舞弊行为的。

第二十三条　违反本条例规定，村民委员会组成人员贪污、挪用、截留农村五保供养款物的，依法予以罢免；构成犯罪的，依法追究刑事责任。

违反本条例规定，农村五保供养服务机构工作人员私分、挪用、截留农村五保供养款物的，予以辞退；构成犯罪的，依法追究刑事责任。

第二十四条　违反本条例规定，村民委员会或者农村五保供养服务机构对农村五保供养对象提供的供养服务不符合要求的，由乡、民族乡、镇人民政府责令限期改正；逾期不改正的，乡、民族乡、镇人民政府有权终止供养服务协议；造成损失的，依法承担赔偿责任。

第七章 附 则

第二十五条 《农村五保供养证书》由国务院民政部门规定式样，由省、自治区、直辖市人民政府民政部门监制。

第二十六条 本条例自2006年3月1日起施行。1994年1月23日国务院发布的《农村五保供养工作条例》同时废止。

社会保险基金行政监督办法

（2022年1月21日人力资源社会保障部第81次部务会审议通过，2022年2月9日公布，自2022年3月18日起施行）

第一章 总 则

第一条 为了保障社会保险基金安全，规范和加强社会保险基金行政监督，根据《中华人民共和国社会保险法》和有关法律法规，制定本办法。

第二条 本办法所称社会保险基金行政监督，是指人力资源社会保障行政部门对基本养老保险基金、工伤保险基金、失业保险基金等人力资源社会保障部门管理的社会保险基金收支、管理情况进行的监督。

第三条 社会保险基金行政监督应当遵循合法、客观、公正、效率的原则。

第四条 人力资源社会保障部主管全国社会保险基金行政监督工作。县级以上地方各级人力资源社会保障行政部门负责本行政区域内的社会保险基金行政监督工作。

人力资源社会保障行政部门对下级人力资源社会保障行政部门管辖范围内的重大监督事项，可以直接进行监督。

第五条 人力资源社会保障行政部门应当加强社会保险基金行政监督队伍建设，保证工作所需经费，保障监督工作独立性。

第六条 社会保险基金行政监督工作人员应当忠于职守、清正廉洁、秉公执法、保守秘密。

社会保险基金行政监督工作人员依法履行监督职责受法律保护，失职追责、尽职免责。

社会保险基金行政监督工作人员应当具备与履行职责相适应的专业能力，依规取得行政执法证件，并定期参加培训。

第七条 人力资源社会保障行政部门负责社会保险基金监督的机构具体实施社会保险基金行政监督工作。人力资源社会保障部门负责社会保险政策、经办、信息化综合管理等机构，依据职责协同做好社会保险基金行政监督工作。

第八条 人力资源社会保障行政部门应当加强与公安、民政、司法行政、财政、卫生健康、人民银行、审计、税务、医疗保障等部门的协同配合，加强信息共享、分析，加大协同查处力度，共同维护社会保险基金安全。

第九条 人力资源社会保障行政部门应当畅通社会监督渠道，鼓励和支持社会各方参与社会保险基金监督。

任何组织或者个人有权对涉及社会保险基金的违法违规行为进行举报。

第二章 监督职责

第十条 人力资源社会保障行政部门依法履行下列社会保险基金行政监督职责：

（一）检查社会保险基金收支、管理

情况；

（二）受理有关社会保险基金违法违规行为的举报；

（三）依法查处社会保险基金违法违规问题；

（四）宣传社会保险基金监督法律、法规、规章和政策；

（五）法律、法规规定的其他事项。

第十一条　人力资源社会保障行政部门对社会保险经办机构的下列事项实施监督：

（一）执行社会保险基金收支、管理的有关法律、法规、规章和政策的情况；

（二）社会保险基金预算执行及决算情况；

（三）社会保险基金收入户、支出户等银行账户开立、使用和管理情况；

（四）社会保险待遇审核和基金支付情况；

（五）社会保险服务协议订立、变更、履行、解除或者终止情况；

（六）社会保险基金收支、管理内部控制情况；

（七）法律、法规规定的其他事项。

第十二条　人力资源社会保障行政部门对社会保险服务机构的下列事项实施监督：

（一）遵守社会保险相关法律、法规、规章和政策的情况；

（二）社会保险基金管理使用情况；

（三）社会保险基金管理使用内部控制情况；

（四）社会保险服务协议履行情况；

（五）法律、法规规定的其他事项。

第十三条　人力资源社会保障行政部门对与社会保险基金收支、管理直接相关单位的下列事项实施监督：

（一）提前退休审批情况；

（二）工伤认定（职业伤害确认）情况；

（三）劳动能力鉴定情况；

（四）法律、法规规定的其他事项。

第三章　监督权限

第十四条　人力资源社会保障行政部门有权要求被监督单位提供与监督事项有关的资料，包括但不限于与社会保险基金收支、管理相关的文件、财务资料、业务资料、审计报告、会议纪要等。

被监督单位应当全面、完整提供实施监督所需资料，说明情况，并对所提供资料真实性、完整性作出书面承诺。

第十五条　人力资源社会保障行政部门有权查阅、记录、复制被监督单位与社会保险基金有关的会计凭证、会计账簿、财务会计报告、业务档案，以及其他与社会保险基金收支、管理有关的数据、资料，有权查询被监督单位社会保险信息系统的用户管理、权限控制、数据管理等情况。

第十六条　人力资源社会保障行政部门有权询问与监督事项有关的单位和个人，要求其对与监督事项有关的问题作出说明、提供有关佐证。

第十七条　人力资源社会保障行政部门应当充分利用信息化技术手段查找问题，加强社会保险基金监管信息系统应用。

第十八条　信息化综合管理机构应当根据监督工作需要，向社会保险基金行政监督工作人员开放社会保险经办系统等信息系统的查询权限，提供有关信息数据。

第十九条　人力资源社会保障行政部门有权对隐匿、伪造、变造或者故意销毁会计凭证、会计账簿、财务会计报告以及其他与社会保险基金收支、管理有关资料的行为予以制止并责令改正；有权对可能被转移、隐匿或者灭失的资料予以封存。

第二十条　人力资源社会保障行政部门有权对隐匿、转移、侵占、挪用社会保险基金的行为予以制止并责令改正。

第四章　监督实施

第二十一条　社会保险基金行政监督的

检查方式包括现场检查和非现场检查。人力资源社会保障行政部门应当制定年度检查计划，明确检查范围和重点。

被监督单位应当配合人力资源社会保障行政部门的工作，并提供必要的工作条件。

第二十二条 人力资源社会保障行政部门实施现场检查，依照下列程序进行：

（一）根据年度检查计划和工作需要确定检查项目及检查内容，制定检查方案，并在实施检查3个工作日前通知被监督单位；提前通知可能影响检查结果的，可以现场下达检查通知。

（二）检查被监督单位社会保险基金相关凭证账簿，查阅与监督事项有关的文件、资料、档案、数据，向被监督单位和有关个人调查取证，听取被监督单位有关社会保险基金收支、管理使用情况的汇报。

（三）根据检查结果，形成检查报告，并送被监督单位征求意见。被监督单位如有异议，应当在接到检查报告10个工作日内提出书面意见。逾期未提出书面意见的，视同无异议。

第二十三条 人力资源社会保障行政部门实施非现场检查，依照下列程序进行：

（一）根据检查计划及工作需要，确定非现场检查目的及检查内容，通知被监督单位按照规定的范围、格式及时限报送数据、资料；或者从信息系统提取社会保险基金管理使用相关数据；

（二）审核被监督单位报送和提取的数据、资料，数据、资料不符合要求的，被监督单位应当补报或者重新报送；

（三）比对分析数据、资料，对发现的疑点问题要求被监督单位核查说明；对存在的重大问题，实施现场核实；评估社会保险基金收支、管理状况及存在的问题，形成检查报告。

对报送和提取的数据、资料，人力资源社会保障行政部门应当做好存储和使用管理，保证数据安全。

第二十四条 人力资源社会保障行政部门对监督发现的问题，采取以下处理措施：

（一）对社会保险基金收支、管理存在问题的，依法提出整改意见，采取约谈、函询、通报等手段督促整改；

（二）对依法应当由有关主管机关处理的，向有关主管机关提出处理建议。

人力资源社会保障行政部门有权对被监督单位的整改情况进行检查。

第二十五条 人力资源社会保障行政部门对通过社会保险基金行政监督检查发现、上级部门交办、举报、媒体曝光、社会保险经办机构移送等渠道获取的违法违规线索，应当查处，进行调查并依法作出行政处理、处罚决定。

人力资源社会保障行政部门作出行政处理、处罚决定前，应当听取当事人陈述、申辩；作出行政处理、处罚决定，应当告知当事人依法享有申请行政复议或者提起行政诉讼的权利。

第二十六条 社会保险基金行政监督的检查和查处应当由两名及以上工作人员共同进行，出示行政执法证件。

社会保险基金行政监督工作人员不得利用职务便利牟取不正当利益，不得从事影响客观履行基金监督职责的工作。

社会保险基金行政监督工作人员与被监督单位、个人或者事项存在利害关系的，应当回避。

第二十七条 人力资源社会保障行政部门可以聘请会计师事务所等第三方机构对社会保险基金的收支、管理情况进行审计，聘请专业人员协助开展检查。

被聘请机构和人员不得复制涉及参保个人的明细数据，不得未经授权复制统计数据和财务数据，不得将工作中获取、知悉的被监督单位资料或者相关信息用于社会保险基金监督管理以外的其他用途，不得泄露相关个人信息和商业秘密。

第二十八条 人力资源社会保障行政部

门应当建立社会保险基金要情报告制度。

地方人力资源社会保障行政部门应当依规、按时、完整、准确向上级人力资源社会保障行政部门报告社会保险基金要情。

社会保险经办机构应当及时向本级人力资源社会保障行政部门报告社会保险基金要情。

本办法所称社会保险基金要情是指贪污挪用、欺诈骗取等侵害社会保险基金的情况。

第五章　法律责任

第二十九条　社会保险经办机构及其工作人员有下列行为之一的，由人力资源社会保障行政部门责令改正；对直接负责的主管人员和其他直接责任人员依法给予处分；法律法规另有规定的，从其规定：

（一）未履行社会保险法定职责的；

（二）未将社会保险基金存入财政专户的；

（三）克扣或者拒不按时支付社会保险待遇的；

（四）丢失或者篡改缴费记录、享受社会保险待遇记录等社会保险数据、个人权益记录的；

（五）违反社会保险经办内部控制制度的；

（六）其他违反社会保险法律、法规的行为。

第三十条　社会保险经办机构及其工作人员隐匿、转移、侵占、挪用社会保险基金的，按照《中华人民共和国社会保险法》第九十一条的规定处理。

第三十一条　社会保险服务机构有下列行为之一，以欺诈、伪造证明材料或者其他手段骗取社会保险基金支出的，按照《中华人民共和国社会保险法》第八十七条的规定处理：

（一）工伤保险协议医疗机构、工伤康复协议机构、工伤保险辅助器具配置协议机构、工伤预防项目实施单位等通过提供虚假证明材料及相关报销票据等手段，骗取工伤保险基金支出的；

（二）培训机构通过提供虚假培训材料等手段，骗取失业保险培训补贴的；

（三）其他以欺诈、伪造证明材料等手段骗取社会保险基金支出的行为。

第三十二条　用人单位、个人有下列行为之一，以欺诈、伪造证明材料或者其他手段骗取社会保险待遇的，按照《中华人民共和国社会保险法》第八十八条的规定处理：

（一）通过虚构个人信息、劳动关系，使用伪造、变造或者盗用他人可用于证明身份的证件，提供虚假证明材料等手段虚构社会保险参保条件、违规补缴，骗取社会保险待遇的；

（二）通过虚假待遇资格认证等方式，骗取社会保险待遇的；

（三）通过伪造或者变造个人档案、劳动能力鉴定结论等手段违规办理退休，违规增加视同缴费年限，骗取基本养老保险待遇的；

（四）通过谎报工伤事故、伪造或者变造证明材料等进行工伤认定或者劳动能力鉴定，或者提供虚假工伤认定结论、劳动能力鉴定结论，骗取工伤保险待遇的；

（五）通过伪造或者变造就医资料、票据等，或者冒用工伤人员身份就医、配置辅助器具，骗取工伤保险待遇的；

（六）其他以欺诈、伪造证明材料等手段骗取社会保险待遇的。

第三十三条　人力资源社会保障行政部门工作人员弄虚作假将不符合条件的人员认定为工伤职工或者批准提前退休，给社会保险基金造成损失的，依法给予处分。

从事劳动能力鉴定的组织或者个人提供虚假鉴定意见、诊断证明，给社会保险基金造成损失的，按照《工伤保险条例》第六十一条的规定处理。

第三十四条　被监督单位有下列行为之一的，由人力资源社会保障行政部门责令改正；拒不改正的，可以通报批评，给予警告；依法对直接负责的主管人员和其他责任人员给予处分：

（一）拒绝、阻挠社会保险基金行政监督工作人员进行监督的；

（二）拒绝、拖延提供与监督事项有关资料的；

（三）隐匿、伪造、变造或者故意销毁会计凭证、会计账簿、财务会计报告以及其他与社会保险基金收支、管理有关资料的。

第三十五条　报复陷害社会保险基金行政监督工作人员的，依法给予处分。

第三十六条　人力资源社会保障行政部门、社会保险经办机构违反本办法第二十八条的规定，对发现的社会保险基金要情隐瞒不报、谎报或者拖延不报的，按照有关规定追究相关人员责任。

第三十七条　人力资源社会保障行政部门负责人、社会保险基金行政监督工作人员违反本办法规定或者有其他滥用职权、徇私舞弊、玩忽职守行为的，依法给予处分。

第三十八条　人力资源社会保障行政部门、社会保险经办机构、会计师事务所等被聘请的第三方机构及其工作人员泄露、篡改、毁损、非法向他人提供个人信息、商业秘密的，对直接负责的主管人员和其他直接责任人员依法给予处分；违反其他法律、行政法规的，由有关主管部门依法处理。

第三十九条　违反本办法规定，构成违反治安管理行为的，依法给予治安管理处罚；构成犯罪的，依法追究刑事责任。

第六章　附　　则

第四十条　本办法所称的社会保险服务机构，包括工伤保险协议医疗机构、工伤康复协议机构、工伤保险辅助器具配置协议机构、工伤预防项目实施单位、享受失业保险培训补贴的培训机构、承办社会保险经办业务的商业保险机构等。

对乡镇（街道）事务所（中心、站）等承担社会保险经办服务工作的机构的监督，参照对社会保险经办机构监督相关规定执行。

第四十一条　基本养老保险基金委托投资运营监管另行规定。

第四十二条　本办法自2022年3月18日起施行。原劳动和社会保障部《社会保险基金行政监督办法》（劳动和社会保障部令第12号）同时废止。

社会保险经办条例

（2023年7月21日国务院第11次常务会议通过，2023年8月16日公布，自2023年12月1日起施行）

第一章　总　　则

第一条　为了规范社会保险经办，优化社会保险服务，保障社会保险基金安全，维护用人单位和个人的合法权益，促进社会公平，根据《中华人民共和国社会保险法》，制定本条例。

第二条　经办基本养老保险、基本医疗保险、工伤保险、失业保险、生育保险等国家规定的社会保险，适用本条例。

第三条　社会保险经办工作坚持中国共产党的领导，坚持以人民为中心，遵循合法、便民、及时、公开、安全的原则。

第四条　国务院人力资源社会保障行政部门主管全国基本养老保险、工伤保险、失业保险等社会保险经办工作。国务院医疗保障行政部门主管全国基本医疗保险、生育保险等社会保险经办工作。

县级以上地方人民政府人力资源社会保障行政部门按照统筹层次主管基本养老保险、工伤保险、失业保险等社会保险经办工作。县级以上地方人民政府医疗保障行政部门按照统筹层次主管基本医疗保险、生育保险等社会保险经办工作。

第五条　国务院人力资源社会保障行政部门、医疗保障行政部门以及其他有关部门按照各自职责，密切配合、相互协作，共同做好社会保险经办工作。

县级以上地方人民政府应当加强对本行政区域社会保险经办工作的领导，加强社会保险经办能力建设，为社会保险经办工作提供保障。

第二章　社会保险登记和关系转移

第六条　用人单位在登记管理机关办理登记时同步办理社会保险登记。

个人申请办理社会保险登记，以公民身份号码作为社会保障号码，取得社会保障卡和医保电子凭证。社会保险经办机构应当自收到申请之日起10个工作日内办理完毕。

第七条　社会保障卡是个人参加基本养老保险、基本医疗保险、工伤保险、失业保险、生育保险等社会保险和享受各项社会保险待遇的凭证，包括实体社会保障卡和电子社会保障卡。

医保电子凭证是个人参加基本医疗保险、生育保险等社会保险和享受基本医疗保险、生育保险等社会保险待遇的凭证。

第八条　登记管理机关应当将用人单位设立、变更、注销登记的信息与社会保险经办机构共享，公安、民政、卫生健康、司法行政等部门应当将个人的出生、死亡以及户口登记、迁移、注销等信息与社会保险经办机构共享。

第九条　用人单位的性质、银行账户、用工等参保信息发生变化，以及个人参保信息发生变化的，用人单位和个人应当及时告知社会保险经办机构。社会保险经办机构应当对用人单位和个人提供的参保信息与共享信息进行比对核实。

第十条　用人单位和个人申请变更、注销社会保险登记，社会保险经办机构应当自收到申请之日起10个工作日内办理完毕。用人单位注销社会保险登记的，应当先结清欠缴的社会保险费、滞纳金、罚款。

第十一条　社会保险经办机构应当及时、完整、准确记录下列信息：

（一）社会保险登记情况；

（二）社会保险费缴纳情况；

（三）社会保险待遇享受情况；

（四）个人账户情况；

（五）与社会保险经办相关的其他情况。

第十二条　参加职工基本养老保险的个人跨统筹地区就业，其职工基本养老保险关系随同转移。

参加职工基本养老保险的个人在机关事业单位与企业等不同性质用人单位之间流动就业，其职工基本养老保险关系随同转移。

参加城乡居民基本养老保险且未享受待遇的个人跨统筹地区迁移户籍，其城乡居民基本养老保险关系可以随同转移。

第十三条　参加职工基本医疗保险的个人跨统筹地区就业，其职工基本医疗保险关系随同转移。

参加城乡居民基本医疗保险的个人跨统筹地区迁移户籍或者变动经常居住地，其城乡居民基本医疗保险关系可以按照规定随同转移。

职工基本医疗保险与城乡居民基本医疗保险之间的关系转移，按照规定执行。

第十四条　参加失业保险的个人跨统筹地区就业，其失业保险关系随同转移。

第十五条　参加工伤保险、生育保险的个人跨统筹地区就业，在新就业地参加工伤保险、生育保险。

第十六条 用人单位和个人办理社会保险关系转移接续手续的，社会保险经办机构应当在规定时限内办理完毕，并将结果告知用人单位和个人，或者提供办理情况查询服务。

第十七条 军事机关和社会保险经办机构，按照各自职责办理军人保险与社会保险关系转移接续手续。

社会保险经办机构应当为军人保险与社会保险关系转移接续手续办理优先提供服务。

第三章 社会保险待遇核定和支付

第十八条 用人单位和个人应当按照国家规定，向社会保险经办机构提出领取基本养老金的申请。社会保险经办机构应当自收到申请之日起20个工作日内办理完毕。

第十九条 参加职工基本养老保险的个人死亡或者失业人员在领取失业保险金期间死亡，其遗属可以依法向社会保险经办机构申领丧葬补助金和抚恤金。社会保险经办机构应当及时核实有关情况，按照规定核定并发放丧葬补助金和抚恤金。

第二十条 个人医疗费用、生育医疗费用中应当由基本医疗保险（含生育保险）基金支付的部分，由社会保险经办机构审核后与医疗机构、药品经营单位直接结算。

因特殊情况个人申请手工报销，应当向社会保险经办机构提供医疗机构、药品经营单位的收费票据、费用清单、诊断证明、病历资料。社会保险经办机构应当对收费票据、费用清单、诊断证明、病历资料进行审核，并自收到申请之日起30个工作日内办理完毕。

参加生育保险的个人申领生育津贴，应当向社会保险经办机构提供病历资料。社会保险经办机构应当对病历资料进行审核，并自收到申请之日起10个工作日内办理完毕。

第二十一条 工伤职工及其用人单位依法申请劳动能力鉴定、辅助器具配置确认、停工留薪期延长确认、工伤旧伤复发确认，应当向社会保险经办机构提供诊断证明、病历资料。

第二十二条 个人治疗工伤的医疗费用、康复费用、安装配置辅助器具费用中应当由工伤保险基金支付的部分，由社会保险经办机构审核后与医疗机构、辅助器具配置机构直接结算。

因特殊情况用人单位或者个人申请手工报销，应当向社会保险经办机构提供医疗机构、辅助器具配置机构的收费票据、费用清单、诊断证明、病历资料。社会保险经办机构应当对收费票据、费用清单、诊断证明、病历资料进行审核，并自收到申请之日起20个工作日内办理完毕。

第二十三条 人力资源社会保障行政部门、医疗保障行政部门应当按照各自职责建立健全异地就医医疗费用结算制度。社会保险经办机构应当做好异地就医医疗费用结算工作。

第二十四条 个人申领失业保险金，社会保险经办机构应当自收到申请之日起10个工作日内办理完毕。

个人在领取失业保险金期间，社会保险经办机构应当从失业保险基金中支付其应当缴纳的基本医疗保险（含生育保险）费。

个人申领职业培训等补贴，应当提供职业资格证书或者职业技能等级证书。社会保险经办机构应当对职业资格证书或者职业技能等级证书进行审核，并自收到申请之日起10个工作日内办理完毕。

第二十五条 个人出现国家规定的停止享受社会保险待遇的情形，用人单位、待遇享受人员或者其亲属应当自相关情形发生之日起20个工作日内告知社会保险经办机构。社会保险经办机构核实后应当停止发放相应的社会保险待遇。

第二十六条 社会保险经办机构应当通过信息比对、自助认证等方式，核验社会保险待遇享受资格。通过信息比对、自助认证等方式无法确认社会保险待遇享受资格的，社会保险经办机构可以委托用人单位或者第三方机构进行核实。

对涉嫌丧失社会保险待遇享受资格后继续享受待遇的，社会保险经办机构应当调查核实。经调查确认不符合社会保险待遇享受资格的，停止发放待遇。

第四章　社会保险经办服务和管理

第二十七条　社会保险经办机构应当依托社会保险公共服务平台、医疗保障信息平台等实现跨部门、跨统筹地区社会保险经办。

第二十八条　社会保险经办机构应当推动社会保险经办事项与相关政务服务事项协同办理。社会保险经办窗口应当进驻政务服务中心，为用人单位和个人提供一站式服务。

人力资源社会保障行政部门、医疗保障行政部门应当强化社会保险经办服务能力，实现省、市、县、乡镇（街道）、村（社区）全覆盖。

第二十九条　用人单位和个人办理社会保险事务，可以通过政府网站、移动终端、自助终端等服务渠道办理，也可以到社会保险经办窗口现场办理。

第三十条　社会保险经办机构应当加强无障碍环境建设，提供无障碍信息交流，完善无障碍服务设施设备，采用授权代办、上门服务等方式，为老年人、残疾人等特殊群体提供便利。

第三十一条　用人单位和个人办理社会保险事务，社会保险经办机构要求其提供身份证件以外的其他证明材料的，应当有法律、法规和国务院决定依据。

第三十二条　社会保险经办机构免费向用人单位和个人提供查询核对社会保险缴费和享受社会保险待遇记录、社会保险咨询等相关服务。

第三十三条　社会保险经办机构应当根据经办工作需要，与符合条件的机构协商签订服务协议，规范社会保险服务行为。人力资源社会保障行政部门、医疗保障行政部门应当加强对服务协议订立、履行等情况的监督。

第三十四条　医疗保障行政部门所属的社会保险经办机构应当改进基金支付和结算服务，加强服务协议管理，建立健全集体协商谈判机制。

第三十五条　社会保险经办机构应当妥善保管社会保险经办信息，确保信息完整、准确和安全。

第三十六条　社会保险经办机构应当建立健全业务、财务、安全和风险管理等内部控制制度。

社会保险经办机构应当定期对内部控制制度的制定、执行情况进行检查、评估，对发现的问题进行整改。

第三十七条　社会保险经办机构应当明确岗位权责，对重点业务、高风险业务分级审核。

第三十八条　社会保险经办机构应当加强信息系统应用管理，健全信息核验机制，记录业务经办过程。

第三十九条　社会保险经办机构具体编制下一年度社会保险基金预算草案，报本级人力资源社会保障行政部门、医疗保障行政部门审核汇总。社会保险基金收入预算草案由社会保险经办机构会同社会保险费征收机构具体编制。

第四十条　社会保险经办机构设立社会保险基金支出户，用于接受财政专户拨入基金、支付基金支出款项、上解上级经办机构基金、下拨下级经办机构基金等。

第四十一条　社会保险经办机构应当按照国家统一的会计制度对社会保险基金进行会计核算、对账。

第四十二条　社会保险经办机构应当核查下列事项：

（一）社会保险登记和待遇享受等情况；

（二）社会保险服务机构履行服务协

议、执行费用结算项目和标准情况；

（三）法律、法规规定的其他事项。

第四十三条 社会保险经办机构发现社会保险服务机构违反服务协议的，可以督促其履行服务协议，按照服务协议约定暂停或者不予拨付费用、追回违规费用、中止相关责任人员或者所在部门涉及社会保险基金使用的社会保险服务，直至解除服务协议；社会保险服务机构及其相关责任人员有权进行陈述、申辩。

第四十四条 社会保险经办机构发现用人单位、个人、社会保险服务机构违反社会保险法律、法规、规章的，应当责令改正。对拒不改正或者依法应当由人力资源社会保障行政部门、医疗保障行政部门处理的，及时移交人力资源社会保障行政部门、医疗保障行政部门处理。

第四十五条 国务院人力资源社会保障行政部门、医疗保障行政部门会同有关部门建立社会保险信用管理制度，明确社会保险领域严重失信主体名单认定标准。

社会保险经办机构应当如实记录用人单位、个人和社会保险服务机构及其工作人员违反社会保险法律、法规行为等失信行为。

第四十六条 个人多享受社会保险待遇的，由社会保险经办机构责令退回；难以一次性退回的，可以签订还款协议分期退回，也可以从其后续享受的社会保险待遇或者个人账户余额中抵扣。

第五章 社会保险经办监督

第四十七条 人力资源社会保障行政部门、医疗保障行政部门按照各自职责对社会保险经办机构下列事项进行监督检查：

（一）社会保险法律、法规、规章执行情况；

（二）社会保险登记、待遇支付等经办情况；

（三）社会保险基金管理情况；

（四）与社会保险服务机构签订服务协议和服务协议履行情况；

（五）法律、法规规定的其他事项。

财政部门、审计机关按照各自职责，依法对社会保险经办机构的相关工作实施监督。

第四十八条 人力资源社会保障行政部门、医疗保障行政部门应当按照各自职责加强对社会保险服务机构、用人单位和个人遵守社会保险法律、法规、规章情况的监督检查。社会保险服务机构、用人单位和个人应当配合，如实提供与社会保险有关的资料，不得拒绝检查或者谎报、瞒报。

人力资源社会保障行政部门、医疗保障行政部门发现社会保险服务机构、用人单位违反社会保险法律、法规、规章的，应当按照各自职责提出处理意见，督促整改，并可以约谈相关负责人。

第四十九条 人力资源社会保障行政部门、医疗保障行政部门、社会保险经办机构及其工作人员依法保护用人单位和个人的信息，不得以任何形式泄露。

第五十条 人力资源社会保障行政部门、医疗保障行政部门应当畅通监督渠道，鼓励和支持社会各方面对社会保险经办进行监督。

社会保险经办机构应当定期向社会公布参加社会保险情况以及社会保险基金的收入、支出、结余和收益情况，听取用人单位和个人的意见建议，接受社会监督。

工会、企业代表组织应当及时反映用人单位和个人对社会保险经办的意见建议。

第五十一条 任何组织和个人有权对违反社会保险法律、法规、规章的行为进行举报、投诉。

人力资源社会保障行政部门、医疗保障行政部门对收到的有关社会保险的举报、投诉，应当依法进行处理。

第五十二条 用人单位和个人认为社会保险经办机构在社会保险经办工作中侵害其社会保险权益的，可以依法申请行政复议或者提起行政诉讼。

第六章　法律责任

第五十三条　社会保险经办机构及其工作人员有下列行为之一的，由人力资源社会保障行政部门、医疗保障行政部门按照各自职责责令改正；给社会保险基金、用人单位或者个人造成损失的，依法承担赔偿责任；对负有责任的领导人员和直接责任人员依法给予处分：

（一）未履行社会保险法定职责的；

（二）违反规定要求提供证明材料的；

（三）克扣或者拒不按时支付社会保险待遇的；

（四）丢失或者篡改缴费记录、享受社会保险待遇记录等社会保险数据、个人权益记录的；

（五）违反社会保险经办内部控制制度的。

第五十四条　人力资源社会保障行政部门、医疗保障行政部门、社会保险经办机构及其工作人员泄露用人单位和个人信息的，对负有责任的领导人员和直接责任人员依法给予处分；给用人单位或者个人造成损失的，依法承担赔偿责任。

第五十五条　以欺诈、伪造证明材料或者其他手段骗取社会保险基金支出的，由人力资源社会保障行政部门、医疗保障行政部门按照各自职责责令退回，处骗取金额2倍以上5倍以下的罚款；属于定点医药机构的，责令其暂停相关责任部门6个月以上1年以下涉及社会保险基金使用的社会保险服务，直至由社会保险经办机构解除服务协议；属于其他社会保险服务机构的，由社会保险经办机构解除服务协议。对负有责任的领导人员和直接责任人员，有执业资格的，由有关主管部门依法吊销其执业资格。

第五十六条　隐匿、转移、侵占、挪用社会保险基金或者违规投资运营的，由人力资源社会保障行政部门、医疗保障行政部门、财政部门、审计机关按照各自职责责令追回；有违法所得的，没收违法所得；对负有责任的领导人员和直接责任人员依法给予处分。

第五十七条　社会保险服务机构拒绝人力资源社会保障行政部门、医疗保障行政部门监督检查或者谎报、瞒报有关情况的，由人力资源社会保障行政部门、医疗保障行政部门按照各自职责责令改正，并可以约谈有关负责人；拒不改正的，处1万元以上5万元以下的罚款。

第五十八条　公职人员在社会保险经办工作中滥用职权、玩忽职守、徇私舞弊的，依法给予处分。

第五十九条　违反本条例规定，构成违反治安管理行为的，依法给予治安管理处罚；构成犯罪的，依法追究刑事责任。

第七章　附　　则

第六十条　本条例所称社会保险经办机构，是指人力资源社会保障行政部门所属的经办基本养老保险、工伤保险、失业保险等社会保险的机构和医疗保障行政部门所属的经办基本医疗保险、生育保险等社会保险的机构。

第六十一条　本条例所称社会保险服务机构，是指与社会保险经办机构签订服务协议，提供社会保险服务的医疗机构、药品经营单位、辅助器具配置机构、失业保险委托培训机构等机构。

第六十二条　社会保障卡加载金融功能，有条件的地方可以扩大社会保障卡的应用范围，提升民生服务效能。医保电子凭证可以根据需要，加载相关服务功能。

第六十三条　本条例自2023年12月1日起施行。

社会救助暂行办法

（2014年2月21日国务院令第649号公布，根据2019年3月2日国务院令第709号《国务院关于修改部分行政法规的决定》修订）

第一章　总　　则

第一条　为了加强社会救助，保障公民的基本生活，促进社会公平，维护社会和谐稳定，根据宪法，制定本办法。

第二条　社会救助制度坚持托底线、救急难、可持续，与其他社会保障制度相衔接，社会救助水平与经济社会发展水平相适应。

社会救助工作应当遵循公开、公平、公正、及时的原则。

第三条　国务院民政部门统筹全国社会救助体系建设。国务院民政、应急管理、卫生健康、教育、住房城乡建设、人力资源社会保障、医疗保障等部门，按照各自职责负责相应的社会救助管理工作。

县级以上地方人民政府民政、应急管理、卫生健康、教育、住房城乡建设、人力资源社会保障、医疗保障等部门，按照各自职责负责本行政区域内相应的社会救助管理工作。

前两款所列行政部门统称社会救助管理部门。

第四条　乡镇人民政府、街道办事处负责有关社会救助的申请受理、调查审核，具体工作由社会救助经办机构或者经办人员承担。

村民委员会、居民委员会协助做好有关社会救助工作。

第五条　县级以上人民政府应当将社会救助纳入国民经济和社会发展规划，建立健全政府领导、民政部门牵头、有关部门配合、社会力量参与的社会救助工作协调机制，完善社会救助资金、物资保障机制，将政府安排的社会救助资金和社会救助工作经费纳入财政预算。

社会救助资金实行专项管理，分账核算，专款专用，任何单位或者个人不得挤占挪用。社会救助资金的支付，按照财政国库管理的有关规定执行。

第六条　县级以上人民政府应当按照国家统一规划建立社会救助管理信息系统，实现社会救助信息互联互通、资源共享。

第七条　国家鼓励、支持社会力量参与社会救助。

第八条　对在社会救助工作中作出显著成绩的单位、个人，按照国家有关规定给予表彰、奖励。

第二章　最低生活保障

第九条　国家对共同生活的家庭成员人均收入低于当地最低生活保障标准，且符合当地最低生活保障家庭财产状况规定的家庭，给予最低生活保障。

第十条　最低生活保障标准，由省、自治区、直辖市或者设区的市级人民政府按照当地居民生活必需的费用确定、公布，并根据当地经济社会发展水平和物价变动情况适时调整。

最低生活保障家庭收入状况、财产状况的认定办法，由省、自治区、直辖市或者设区的市级人民政府按照国家有关规定制定。

第十一条　申请最低生活保障，按照下列程序办理：

（一）由共同生活的家庭成员向户籍所在地的乡镇人民政府、街道办事处提出书面申请；家庭成员申请有困难的，可以委托村民委员会、居民委员会代为提出申请。

（二）乡镇人民政府、街道办事处应当通过入户调查、邻里访问、信函索证、群众评议、信息核查等方式，对申请人的家庭收入状况、财产状况进行调查核实，提出初审意见，在申请人所在村、社区公示后报县级人民政府民政部门审批。

（三）县级人民政府民政部门经审查，对符合条件的申请予以批准，并在申请人所在村、社区公布；对不符合条件的申请不予批准，并书面向申请人说明理由。

第十二条　对批准获得最低生活保障的家庭，县级人民政府民政部门按照共同生活的家庭成员人均收入低于当地最低生活保障标准的差额，按月发给最低生活保障金。

对获得最低生活保障后生活仍有困难的老年人、未成年人、重度残疾人和重病患者，县级以上地方人民政府应当采取必要措施给予生活保障。

第十三条　最低生活保障家庭的人口状况、收入状况、财产状况发生变化的，应当及时告知乡镇人民政府、街道办事处。

县级人民政府民政部门以及乡镇人民政府、街道办事处应当对获得最低生活保障家庭的人口状况、收入状况、财产状况定期核查。

最低生活保障家庭的人口状况、收入状况、财产状况发生变化的，县级人民政府民政部门应当及时决定增发、减发或者停发最低生活保障金；决定停发最低生活保障金的，应当书面说明理由。

第三章　特困人员供养

第十四条　国家对无劳动能力、无生活来源且无法定赡养、抚养、扶养义务人，或者其法定赡养、抚养、扶养义务人无赡养、抚养、扶养能力的老年人、残疾人以及未满16周岁的未成年人，给予特困人员供养。

第十五条　特困人员供养的内容包括：

（一）提供基本生活条件；

（二）对生活不能自理的给予照料；

（三）提供疾病治疗；

（四）办理丧葬事宜。

特困人员供养标准，由省、自治区、直辖市或者设区的市级人民政府确定、公布。

特困人员供养应当与城乡居民基本养老保险、基本医疗保障、最低生活保障、孤儿基本生活保障等制度相衔接。

第十六条　申请特困人员供养，由本人向户籍所在地的乡镇人民政府、街道办事处提出书面申请；本人申请有困难的，可以委托村民委员会、居民委员会代为提出申请。

特困人员供养的审批程序适用本办法第十一条规定。

第十七条　乡镇人民政府、街道办事处应当及时了解掌握居民的生活情况，发现符合特困供养条件的人员，应当主动为其依法办理供养。

第十八条　特困供养人员不再符合供养条件的，村民委员会、居民委员会或者供养服务机构应当告知乡镇人民政府、街道办事处，由乡镇人民政府、街道办事处审核并报县级人民政府民政部门核准后，终止供养并予以公示。

第十九条　特困供养人员可以在当地的供养服务机构集中供养，也可以在家分散供养。特困供养人员可以自行选择供养形式。

第四章　受灾人员救助

第二十条　国家建立健全自然灾害救助制度，对基本生活受到自然灾害严重影响的人员，提供生活救助。

自然灾害救助实行属地管理，分级负责。

第二十一条　设区的市级以上人民政府

和自然灾害多发、易发地区的县级人民政府应当根据自然灾害特点、居民人口数量和分布等情况，设立自然灾害救助物资储备库，保障自然灾害发生后救助物资的紧急供应。

第二十二条 自然灾害发生后，县级以上人民政府或者人民政府的自然灾害救助应急综合协调机构应当根据情况紧急疏散、转移、安置受灾人员，及时为受灾人员提供必要的食品、饮用水、衣被、取暖、临时住所、医疗防疫等应急救助。

第二十三条 灾情稳定后，受灾地区县级以上人民政府应当评估、核定并发布自然灾害损失情况。

第二十四条 受灾地区人民政府应当在确保安全的前提下，对住房损毁严重的受灾人员进行过渡性安置。

第二十五条 自然灾害危险消除后，受灾地区人民政府应急管理等部门应当及时核实本行政区域内居民住房恢复重建补助对象，并给予资金、物资等救助。

第二十六条 自然灾害发生后，受灾地区人民政府应当为因当年冬寒或者次年春荒遇到生活困难的受灾人员提供基本生活救助。

第五章 医疗救助

第二十七条 国家建立健全医疗救助制度，保障医疗救助对象获得基本医疗卫生服务。

第二十八条 下列人员可以申请相关医疗救助：

（一）最低生活保障家庭成员；

（二）特困供养人员；

（三）县级以上人民政府规定的其他特殊困难人员。

第二十九条 医疗救助采取下列方式：

（一）对救助对象参加城镇居民基本医疗保险或者新型农村合作医疗的个人缴费部分，给予补贴；

（二）对救助对象经基本医疗保险、大病保险和其他补充医疗保险支付后，个人及其家庭难以承担的符合规定的基本医疗自负费用，给予补助。

医疗救助标准，由县级以上人民政府按照经济社会发展水平和医疗救助资金情况确定、公布。

第三十条 申请医疗救助的，应当向乡镇人民政府、街道办事处提出，经审核、公示后，由县级人民政府医疗保障部门审批。最低生活保障家庭成员和特困供养人员的医疗救助，由县级人民政府医疗保障部门直接办理。

第三十一条 县级以上人民政府应当建立健全医疗救助与基本医疗保险、大病保险相衔接的医疗费用结算机制，为医疗救助对象提供便捷服务。

第三十二条 国家建立疾病应急救助制度，对需要急救但身份不明或者无力支付急救费用的急重危伤病患者给予救助。符合规定的急救费用由疾病应急救助基金支付。

疾病应急救助制度应当与其他医疗保障制度相衔接。

第六章 教育救助

第三十三条 国家对在义务教育阶段就学的最低生活保障家庭成员、特困供养人员，给予教育救助。

对在高中教育（含中等职业教育）、普通高等教育阶段就学的最低生活保障家庭成员、特困供养人员，以及不能入学接受义务教育的残疾儿童，根据实际情况给予适当教育救助。

第三十四条 教育救助根据不同教育阶段需求，采取减免相关费用、发放助学金、给予生活补助、安排勤工助学等方式实施，保障教育救助对象基本学习、生活需求。

第三十五条 教育救助标准，由省、自治区、直辖市人民政府根据经济社会发展水平和教育救助对象的基本学习、生活需求确定、公布。

第三十六条　申请教育救助，应当按照国家有关规定向就读学校提出，按规定程序审核、确认后，由学校按照国家有关规定实施。

第七章　住房救助

第三十七条　国家对符合规定标准的住房困难的最低生活保障家庭、分散供养的特困人员，给予住房救助。

第三十八条　住房救助通过配租公共租赁住房、发放住房租赁补贴、农村危房改造等方式实施。

第三十九条　住房困难标准和救助标准，由县级以上地方人民政府根据本行政区域经济社会发展水平、住房价格水平等因素确定、公布。

第四十条　城镇家庭申请住房救助的，应当经由乡镇人民政府、街道办事处或者直接向县级人民政府住房保障部门提出，经县级人民政府民政部门审核家庭收入、财产状况和县级人民政府住房保障部门审核家庭住房状况并公示后，对符合申请条件的申请人，由县级人民政府住房保障部门优先给予保障。

农村家庭申请住房救助的，按照县级以上人民政府有关规定执行。

第四十一条　各级人民政府按照国家规定通过财政投入、用地供应等措施为实施住房救助提供保障。

第八章　就业救助

第四十二条　国家对最低生活保障家庭中有劳动能力并处于失业状态的成员，通过贷款贴息、社会保险补贴、岗位补贴、培训补贴、费用减免、公益性岗位安置等办法，给予就业救助。

第四十三条　最低生活保障家庭有劳动能力的成员均处于失业状态的，县级以上地方人民政府应当采取有针对性的措施，确保该家庭至少有一人就业。

第四十四条　申请就业救助的，应当向住所地街道、社区公共就业服务机构提出，公共就业服务机构核实后予以登记，并免费提供就业岗位信息、职业介绍、职业指导等就业服务。

第四十五条　最低生活保障家庭中有劳动能力但未就业的成员，应当接受人力资源社会保障等有关部门介绍的工作；无正当理由，连续3次拒绝接受介绍的与其健康状况、劳动能力等相适应的工作的，县级人民政府民政部门应当决定减发或者停发其本人的最低生活保障金。

第四十六条　吸纳就业救助对象的用人单位，按照国家有关规定享受社会保险补贴、税收优惠、小额担保贷款等就业扶持政策。

第九章　临时救助

第四十七条　国家对因火灾、交通事故等意外事件，家庭成员突发重大疾病等原因，导致基本生活暂时出现严重困难的家庭，或者因生活必需支出突然增加超出家庭承受能力，导致基本生活暂时出现严重困难的最低生活保障家庭，以及遭遇其他特殊困难的家庭，给予临时救助。

第四十八条　申请临时救助的，应当向乡镇人民政府、街道办事处提出，经审核、公示后，由县级人民政府民政部门审批；救助金额较小的，县级人民政府民政部门可以委托乡镇人民政府、街道办事处审批。情况紧急的，可以按照规定简化审批手续。

第四十九条　临时救助的具体事项、标准，由县级以上地方人民政府确定、公布。

第五十条　国家对生活无着的流浪、乞讨人员提供临时食宿、急病救治、协助返回等救助。

第五十一条　公安机关和其他有关行政机关的工作人员在执行公务时发现流浪、乞讨人员的，应当告知其向救助管理机构求助。对其中的残疾人、未成年人、老年人和行动不便的其他人员，应当引导、护送到救助管理机构；对突发急病人员，应当立即通知急救机构进行救治。

第十章 社会力量参与

第五十二条 国家鼓励单位和个人等社会力量通过捐赠、设立帮扶项目、创办服务机构、提供志愿服务等方式，参与社会救助。

第五十三条 社会力量参与社会救助，按照国家有关规定享受财政补贴、税收优惠、费用减免等政策。

第五十四条 县级以上地方人民政府可以将社会救助中的具体服务事项通过委托、承包、采购等方式，向社会力量购买服务。

第五十五条 县级以上地方人民政府应当发挥社会工作服务机构和社会工作者作用，为社会救助对象提供社会融入、能力提升、心理疏导等专业服务。

第五十六条 社会救助管理部门及相关机构应当建立社会力量参与社会救助的机制和渠道，提供社会救助项目、需求信息，为社会力量参与社会救助创造条件、提供便利。

第十一章 监督管理

第五十七条 县级以上人民政府及其社会救助管理部门应当加强对社会救助工作的监督检查，完善相关监督管理制度。

第五十八条 申请或者已获得社会救助的家庭，应当按照规定如实申报家庭收入状况、财产状况。

县级以上人民政府民政部门根据申请或者已获得社会救助家庭的请求、委托，可以通过户籍管理、税务、社会保险、不动产登记、工商登记、住房公积金管理、车船管理等单位和银行、保险、证券等金融机构，代为查询、核对其家庭收入状况、财产状况；有关单位和金融机构应当予以配合。

县级以上人民政府民政部门应当建立申请和已获得社会救助家庭经济状况信息核对平台，为审核认定社会救助对象提供依据。

第五十九条 县级以上人民政府社会救助管理部门和乡镇人民政府、街道办事处在履行社会救助职责过程中，可以查阅、记录、复制与社会救助事项有关的资料，询问与社会救助事项有关的单位、个人，要求其对相关情况作出说明，提供相关证明材料。有关单位、个人应当如实提供。

第六十条 申请社会救助，应当按照本办法的规定提出；申请人难以确定社会救助管理部门的，可以先向社会救助经办机构或者县级人民政府民政部门求助。社会救助经办机构或者县级人民政府民政部门接到求助后，应当及时办理或者转交其他社会救助管理部门办理。

乡镇人民政府、街道办事处应当建立统一受理社会救助申请的窗口，及时受理、转办申请事项。

第六十一条 履行社会救助职责的工作人员对在社会救助工作中知悉的公民个人信息，除按照规定应当公示的信息外，应当予以保密。

第六十二条 县级以上人民政府及其社会救助管理部门应当通过报刊、广播、电视、互联网等媒体，宣传社会救助法律、法规和政策。

县级人民政府及其社会救助管理部门应当通过公共查阅室、资料索取点、信息公告栏等便于公众知晓的途径，及时公开社会救助资金、物资的管理和使用等情况，接受社会监督。

第六十三条 履行社会救助职责的工作人员行使职权，应当接受社会监督。

任何单位、个人有权对履行社会救助职责的工作人员在社会救助工作中的违法行为进行举报、投诉。受理举报、投诉的机关应当及时核实、处理。

第六十四条 县级以上人民政府财政部

门、审计机关依法对社会救助资金、物资的筹集、分配、管理和使用实施监督。

第六十五条　申请或者已获得社会救助的家庭或者人员，对社会救助管理部门作出的具体行政行为不服的，可以依法申请行政复议或者提起行政诉讼。

第十二章　法律责任

第六十六条　违反本办法规定，有下列情形之一的，由上级行政机关或者监察机关责令改正；对直接负责的主管人员和其他直接责任人员依法给予处分：

（一）对符合申请条件的救助申请不予受理的；

（二）对符合救助条件的救助申请不予批准的；

（三）对不符合救助条件的救助申请予以批准的；

（四）泄露在工作中知悉的公民个人信息，造成后果的；

（五）丢失、篡改接受社会救助款物、服务记录等数据的；

（六）不按照规定发放社会救助资金、物资或者提供相关服务的；

（七）在履行社会救助职责过程中有其他滥用职权、玩忽职守、徇私舞弊行为的。

第六十七条　违反本办法规定，截留、挤占、挪用、私分社会救助资金、物资的，由有关部门责令追回；有违法所得的，没收违法所得；对直接负责的主管人员和其他直接责任人员依法给予处分。

第六十八条　采取虚报、隐瞒、伪造等手段，骗取社会救助资金、物资或者服务的，由有关部门决定停止社会救助，责令退回非法获取的救助资金、物资，可以处非法获取的救助款额或者物资价值1倍以上3倍以下的罚款；构成违反治安管理行为的，依法给予治安管理处罚。

第六十九条　违反本办法规定，构成犯罪的，依法追究刑事责任。

第十三章　附　　则

第七十条　本办法自2014年5月1日起施行。

失业保险金申领发放办法

（2000年10月26日劳动保障部令第8号公布，根据2018年12月14日《人力资源社会保障部关于修改部分规章的决定》第一次修订，根据2019年12月9日《人力资源社会保障部关于修改部分规章的决定》第二次修订，根据2024年6月14日《人力资源社会保障部关于修改和废止部分规章的决定》第三次修订）

第一章　总　　则

第一条　为保证失业人员及时获得失业保险金及其他失业保险待遇，根据《失业保险条例》（以下简称《条例》），制定本办法。

第二条　参加失业保险的城镇企业事业单位职工以及按照省级人民政府规定参加失业保险的其他单位人员失业后（以下统称失业人员），申请领取失业保险金、享受其他失业保险待遇适用本办法；按照规定应参加而尚未参加失业保险的不适用本办法。

第三条 劳动保障行政部门设立的经办失业保险业务的社会保险经办机构（以下简称经办机构）按照本办法规定受理失业人员领取失业保险金的申请，审核确认领取资格，核定领取失业保险金、享受其他失业保险待遇的期限及标准，负责发放失业保险金并提供其他失业保险待遇。

第二章 失业保险金申领

第四条 失业人员符合《条例》第十四条规定条件的，可以申请领取失业保险金，享受其他失业保险待遇。其中，非因本人意愿中断就业的是指下列人员：

（一）终止劳动合同的；

（二）被用人单位解除劳动合同的；

（三）被用人单位开除、除名和辞退的；

（四）根据《中华人民共和国劳动法》第三十二条第二、三项与用人单位解除劳动合同的；

（五）法律、行政法规另有规定的。

第五条 失业人员失业前所在单位，应将失业人员的名单自终止或者解除劳动合同之日起7日内报受理其失业保险业务的经办机构备案，并按要求提供终止或解除劳动合同证明等有关材料。

第六条 失业人员应在终止或者解除劳动合同之日起60日内到受理其单位失业保险业务的经办机构申领失业保险金。

第七条 失业人员申领失业保险金应填写《失业保险金申领表》，并出示下列证明材料：

（一）本人身份证明；

（二）所在单位出具的终止或者解除劳动合同的证明；

（三）失业登记；

（四）省级劳动保障行政部门规定的其他材料。

第八条 失业人员领取失业保险金，应由本人按月到经办机构领取，同时应向经办机构如实说明求职和接受职业指导、职业培训情况。

第九条 失业人员在领取失业保险金期间患病就医的，可以按照规定向经办机构申请领取医疗补助金。

第十条 失业人员在领取失业保险金期间死亡的，其家属可持失业人员死亡证明、领取人身份证明、与失业人员的关系证明，按规定向经办机构领取一次性丧葬补助金和其供养配偶、直系亲属的抚恤金。失业人员当月尚未领取的失业保险金可由其家属一并领取。

第十一条 失业人员在领取失业保险金期间，应积极求职，接受职业指导和职业培训。失业人员在领取失业保险金期间求职时，可以按规定享受就业服务减免费用等优惠政策。

第十二条 失业人员在领取失业保险金期间或期满后，符合享受当地城市居民最低生活保障条件的，可以按照规定申请享受城市居民最低生活保障待遇。

第十三条 失业人员在领取失业保险金期间，发生《条例》第十五条规定情形之一的，不得继续领取失业保险金和享受其他失业保险待遇。

第三章 失业保险金发放

第十四条 经办机构自受理失业人员领取失业保险金申请之日起10日内，对申领者的资格进行审核认定，并将结果及有关事项告知本人。经审核合格者，从其办理失业登记之日起计发失业保险金。

第十五条 经办机构根据失业人员累计缴费时间核定其领取失业保险金的期限。失业人员累计缴费时间按照下列原则确定：

（一）实行个人缴纳失业保险费前，按国家规定计算的工龄视同缴费时间，与《条例》发布后缴纳失业保险费的时间合并计算。

（二）失业人员在领取失业保险金期间重新就业后再次失业的，缴费时间重新计算，其领取失业保险金的期限可以与前次失业应领取而尚未领取的失业保险金的期限合并计算，但是最长不得超过24个月。失业人员在领取失业保险金期间重新就业后不满一年再次失业的，可以继续申领其前次失业应领取而尚未领取的失业保险金。

第十六条　失业保险金以及医疗补助金、丧葬补助金、抚恤金、职业培训和职业介绍补贴等失业保险待遇的标准按照各省、自治区、直辖市人民政府的有关规定执行。

第十七条　失业保险金应按月发放，由经办机构开具单证，失业人员凭单证到指定银行领取。

第十八条　对领取失业保险金期限即将届满的失业人员，经办机构应提前一个月告知本人。

失业人员在领取失业保险金期间，发生《条例》第十五条规定情形之一的，经办机构有权即行停止其失业保险金发放，并同时停止其享受其他失业保险待遇。

第十九条　经办机构应当通过准备书面资料、开设服务窗口、设立咨询电话等方式，为失业人员、用人单位和社会公众提供咨询服务。

第二十条　经办机构应按规定负责失业保险金申领、发放的统计工作。

第四章　失业保险关系转迁

第二十一条　对失业人员失业前所在单位与本人户籍不在同一统筹地区的，其失业保险金的发放和其他失业保险待遇的提供由两地劳动保障行政部门进行协商，明确具体办法。协商未能取得一致的，由上一级劳动保障行政部门确定。

第二十二条　失业人员失业保险关系跨省、自治区、直辖市转迁的，失业保险费用应随失业保险关系相应划转。需划转的失业保险费用包括失业保险金、医疗补助金和职业培训、职业介绍补贴。其中，医疗补助金和职业培训、职业介绍补贴按失业人员应享受的失业保险金总额的一半计算。

第二十三条　失业人员失业保险关系在省、自治区范围内跨统筹地区转迁，失业保险费用的处理由省级劳动保障行政部门规定。

第二十四条　失业人员跨统筹地区转移的，凭失业保险关系迁出地经办机构出具的证明材料到迁入地经办机构领取失业保险金。

第五章　附　　则

第二十五条　经办机构发现不符合条件，或以涂改、伪造有关材料等非法手段骗取失业保险金和其他失业保险待遇的，应责令其退还；对情节严重的，经办机构可以提请劳动保障行政部门对其进行处罚。

第二十六条　经办机构工作人员违反本办法规定的，由经办机构或主管该经办机构的劳动保障行政部门责令其改正；情节严重的，依法给予行政处分；给失业人员造成损失的，依法赔偿。

第二十七条　失业人员因享受失业保险待遇与经办机构发生争议的，可以依法申请行政复议或者提起行政诉讼。

第二十八条　符合《条例》规定的劳动合同期满未续订或者提前解除劳动合同的农民合同制工人申领一次性生活补助，按各省、自治区、直辖市办法执行。

第二十九条　《失业保险金申领表》的样式，由劳动和社会保障部统一制定。

第三十条　本办法自二〇〇一年一月一日起施行。

附件：（略）

中华人民共和国军人保险法

（2012年4月27日第十一届全国人民代表大会常务委员会第二十六次会议通过，2012年4月27日公布，自2012年7月1日起施行）

第一章 总 则

第一条 为了规范军人保险关系，维护军人合法权益，促进国防和军队建设，制定本法。

第二条 国家建立军人保险制度。

军人伤亡保险、退役养老保险、退役医疗保险和随军未就业的军人配偶保险的建立、缴费和转移接续等适用本法。

第三条 军人保险制度应当体现军人职业特点，与社会保险制度相衔接，与经济社会发展水平相适应。

国家根据社会保险制度的发展，适时补充完善军人保险制度。

第四条 国家促进军人保险事业的发展，为军人保险提供财政拨款和政策支持。

第五条 中国人民解放军军人保险主管部门负责全军的军人保险工作。国务院社会保险行政部门、财政部门和军队其他有关部门在各自职责范围内负责有关的军人保险工作。

军队后勤（联勤）机关财务部门负责承办军人保险登记、个人权益记录、军人保险待遇支付等工作。

军队后勤（联勤）机关财务部门和地方社会保险经办机构，按照各自职责办理军人保险与社会保险关系转移接续手续。

第六条 军人依法参加军人保险并享受相应的保险待遇。

军人有权查询、核对个人缴费记录和个人权益记录，要求军队后勤（联勤）机关财务部门和地方社会保险经办机构依法办理养老、医疗等保险关系转移接续手续，提供军人保险和社会保险咨询等相关服务。

第二章 军人伤亡保险

第七条 军人因战、因公死亡的，按照认定的死亡性质和相应的保险金标准，给付军人死亡保险金。

第八条 军人因战、因公、因病致残的，按照评定的残疾等级和相应的保险金标准，给付军人残疾保险金。

第九条 军人死亡和残疾的性质认定、残疾等级评定和相应的保险金标准，按照国家和军队有关规定执行。

第十条 军人因下列情形之一死亡或者致残的，不享受军人伤亡保险待遇：

（一）故意犯罪的；

（二）醉酒或者吸毒的；

（三）自残或者自杀的；

（四）法律、行政法规和军事法规规定的其他情形。

第十一条 已经评定残疾等级的因战、因公致残的军人退出现役参加工作后旧伤复发的，依法享受相应的工伤待遇。

第十二条 军人伤亡保险所需资金由国家承担，个人不缴纳保险费。

第三章 退役养老保险

第十三条 军人退出现役参加基本养老保险的，国家给予退役养老保险补助。

第十四条 军人退役养老保险补助标准，由中国人民解放军总后勤部会同国务院有关部门，按照国家规定的基本养老保险缴费标准、军人工资水平等因素拟订，报国务院、中央军事委员会批准。

第十五条　军人入伍前已经参加基本养老保险的，由地方社会保险经办机构和军队后勤（联勤）机关财务部门办理基本养老保险关系转移接续手续。

第十六条　军人退出现役后参加职工基本养老保险的，由军队后勤（联勤）机关财务部门将军人退役养老保险关系和相应资金转入地方社会保险经办机构，地方社会保险经办机构办理相应的转移接续手续。

军人服现役年限与入伍前和退出现役后参加职工基本养老保险的缴费年限合并计算。

第十七条　军人退出现役后参加新型农村社会养老保险或者城镇居民社会养老保险的，按照国家有关规定办理转移接续手续。

第十八条　军人退出现役到公务员岗位或者参照公务员法管理的工作人员岗位的，以及现役军官、文职干部退出现役自主择业的，其养老保险办法按照国家有关规定执行。

第十九条　军人退出现役采取退休方式安置的，其养老办法按照国务院和中央军事委员会的有关规定执行。

第四章　退役医疗保险

第二十条　参加军人退役医疗保险的军官、文职干部和士官应当缴纳军人退役医疗保险费，国家按照个人缴纳的军人退役医疗保险费的同等数额给予补助。

义务兵和供给制学员不缴纳军人退役医疗保险费，国家按照规定的标准给予军人退役医疗保险补助。

第二十一条　军人退役医疗保险个人缴费标准和国家补助标准，由中国人民解放军总后勤部会同国务院有关部门，按照国家规定的缴费比例、军人工资水平等因素确定。

第二十二条　军人入伍前已经参加基本医疗保险的，由地方社会保险经办机构和军队后勤（联勤）机关财务部门办理基本医疗保险关系转移接续手续。

第二十三条　军人退出现役后参加职工基本医疗保险的，由军队后勤（联勤）机关财务部门将军人退役医疗保险关系和相应资金转入地方社会保险经办机构，地方社会保险经办机构办理相应的转移接续手续。

军人服现役年限视同职工基本医疗保险缴费年限，与入伍前和退出现役后参加职工基本医疗保险的缴费年限合并计算。

第二十四条　军人退出现役后参加新型农村合作医疗或者城镇居民基本医疗保险的，按照国家有关规定办理。

第五章　随军未就业的军人配偶保险

第二十五条　国家为随军未就业的军人配偶建立养老保险、医疗保险等。随军未就业的军人配偶参加保险，应当缴纳养老保险费和医疗保险费，国家给予相应的补助。

随军未就业的军人配偶保险个人缴费标准和国家补助标准，按照国家有关规定执行。

第二十六条　随军未就业的军人配偶随军前已经参加社会保险的，由地方社会保险经办机构和军队后勤（联勤）机关财务部门办理保险关系转移接续手续。

第二十七条　随军未就业的军人配偶实现就业或者军人退出现役时，由军队后勤（联勤）机关财务部门将其养老保险、医疗保险关系和相应资金转入地方社会保险经办机构，地方社会保险经办机构办理相应的转移接续手续。

军人配偶在随军未就业期间的养老保险、医疗保险缴费年限与其在地方参加职工基本养老保险、职工基本医疗保险的缴费年限合并计算。

第二十八条　随军未就业的军人配偶达到国家规定的退休年龄时，按照国家有关规定确定退休地，由军队后勤（联勤）机关财务部门将其养老保险关系和相应资金转入退休地社会保险经办机构，享受相应的基本养老保险待遇。

第二十九条　地方人民政府和有关部门应当为随军未就业的军人配偶提供就业指导、培训等方面的服务。

随军未就业的军人配偶无正当理由拒不接受当地人民政府就业安置，或者无正当理由拒不接受当地人民政府指定部门、机构介绍的适当工作、提供的就业培训的，停止给予保险缴费补助。

第六章　军人保险基金

第三十条　军人保险基金包括军人伤亡保险基金、军人退役养老保险基金、军人退役医疗保险基金和随军未就业的军人配偶保险基金。各项军人保险基金按照军人保险险种分别建账，分账核算，执行军队的会计制度。

第三十一条　军人保险基金由个人缴费、中央财政负担的军人保险资金以及利息收入等资金构成。

第三十二条　军人应当缴纳的保险费，由其所在单位代扣代缴。

随军未就业的军人配偶应当缴纳的保险费，由军人所在单位代扣代缴。

第三十三条　中央财政负担的军人保险资金，由国务院财政部门纳入年度国防费预算。

第三十四条　军人保险基金按照国家和军队的预算管理制度，实行预算、决算管理。

第三十五条　军人保险基金实行专户存储，具体管理办法按照国家和军队有关规定执行。

第三十六条　军人保险基金由中国人民解放军总后勤部军人保险基金管理机构集中管理。

军人保险基金管理机构应当严格管理军人保险基金，保证基金安全。

第三十七条　军人保险基金应当专款专用，按照规定的项目、范围和标准支出，任何单位和个人不得贪污、侵占、挪用，不得变更支出项目、扩大支出范围或者改变支出标准。

第七章　保险经办与监督

第三十八条　军队后勤（联勤）机关财务部门和地方社会保险经办机构应当建立健全军人保险经办管理制度。

军队后勤（联勤）机关财务部门应当按时足额支付军人保险金。

军队后勤（联勤）机关财务部门和地方社会保险经办机构应当及时办理军人保险和社会保险关系转移接续手续。

第三十九条　军队后勤（联勤）机关财务部门应当为军人及随军未就业的军人配偶建立保险档案，及时、完整、准确地记录其个人缴费和国家补助，以及享受军人保险待遇等个人权益记录，并定期将个人权益记录单送达本人。

军队后勤（联勤）机关财务部门和地方社会保险经办机构应当为军人及随军未就业的军人配偶提供军人保险和社会保险咨询等相关服务。

第四十条　军人保险信息系统由中国人民解放军总后勤部负责统一建设。

第四十一条　中国人民解放军总后勤部财务部门和中国人民解放军审计机关按照各自职责，对军人保险基金的收支和管理情况实施监督。

第四十二条　军队后勤（联勤）机关、地方社会保险行政部门，应当对单位和个人遵守本法的情况进行监督检查。

军队后勤（联勤）机关、地方社会保险行政部门实施监督检查时，被检查单位和个人应当如实提供与军人保险有关的资料，不得拒绝检查或者谎报、瞒报。

第四十三条　军队后勤（联勤）机关财务部门和地方社会保险经办机构及其工作人员，应当依法为军队单位和军人的信息保密，不得以任何形式泄露。

第四十四条　任何单位或者个人有权对违反本法规定的行为进行举报、投诉。

军队和地方有关部门、机构对属于职责范围内的举报、投诉，应当依法处理；对不属于本部门、本机构职责范围的，应当书面通知并移交有权处理的部门、机构处理。有权处理的部门、机构应当及时处理，不得推诿。

第八章　法律责任

第四十五条　军队后勤（联勤）机关财务部门、社会保险经办机构，有下列情形之一的，由军队后勤（联勤）机关或者社会保险行政部门责令改正；对直接负责的主管人员和其他直接责任人员依法给予处分；造成损失的，依法承担赔偿责任：

（一）不按照规定建立、转移接续军人保险关系的；

（二）不按照规定收缴、上缴个人缴纳的保险费的；

（三）不按照规定给付军人保险金的；

（四）篡改或者丢失个人缴费记录等军人保险档案资料的；

（五）泄露军队单位和军人的信息的；

（六）违反规定划拨、存储军人保险基金的；

（七）有违反法律、法规损害军人保险权益的其他行为的。

第四十六条　贪污、侵占、挪用军人保险基金的，由军队后勤（联勤）机关责令限期退回，对直接负责的主管人员和其他直接责任人员依法给予处分。

第四十七条　以欺诈、伪造证明材料等手段骗取军人保险待遇的，由军队后勤（联勤）机关和社会保险行政部门责令限期退回，并依法给予处分。

第四十八条　违反本法规定，构成犯罪的，依法追究刑事责任。

第九章　附　　则

第四十九条　军人退出现役后参加失业保险的，其服现役年限视同失业保险缴费年限，与入伍前和退出现役后参加失业保险的缴费年限合并计算。

第五十条　本法关于军人保险权益和义务的规定，适用于人民武装警察；中国人民武装警察部队保险基金管理，按照中国人民武装警察部队资金管理体制执行。

第五十一条　本法自2012年7月1日起施行。

（五）其　　他

中华人民共和国预算法

（1994年3月22日第八届全国人民代表大会第二次会议通过，根据2014年8月31日第十二届全国人民代表大会常务委员会第十次会议《关于修改〈中华人民共和国预算法〉的决定》第一次修正，根据2018年12月29日第十三届全国人民代表大会常务委员会第七次会议《关于修改〈中华人民共和国产品质量法〉等五部法律的决定》第二次修正）

第一章　总　　则

第一条　为了规范政府收支行为，强化预算约束，加强对预算的管理和监督，建立健全全面规范、公开透明的预算制度，保障经济社会的健康发展，根据宪法，制定本法。

第二条 预算、决算的编制、审查、批准、监督，以及预算的执行和调整，依照本法规定执行。

第三条 国家实行一级政府一级预算，设立中央，省、自治区、直辖市，设区的市、自治州，县、自治县、不设区的市、市辖区，乡、民族乡、镇五级预算。

全国预算由中央预算和地方预算组成。地方预算由各省、自治区、直辖市总预算组成。

地方各级总预算由本级预算和汇总的下一级总预算组成；下一级只有本级预算的，下一级总预算即指下一级的本级预算。没有下一级预算的，总预算即指本级预算。

第四条 预算由预算收入和预算支出组成。

政府的全部收入和支出都应当纳入预算。

第五条 预算包括一般公共预算、政府性基金预算、国有资本经营预算、社会保险基金预算。

一般公共预算、政府性基金预算、国有资本经营预算、社会保险基金预算应当保持完整、独立。政府性基金预算、国有资本经营预算、社会保险基金预算应当与一般公共预算相衔接。

第六条 一般公共预算是对以税收为主体的财政收入，安排用于保障和改善民生、推动经济社会发展、维护国家安全、维持国家机构正常运转等方面的收支预算。

中央一般公共预算包括中央各部门（含直属单位，下同）的预算和中央对地方的税收返还、转移支付预算。

中央一般公共预算收入包括中央本级收入和地方向中央的上解收入。中央一般公共预算支出包括中央本级支出、中央对地方的税收返还和转移支付。

第七条 地方各级一般公共预算包括本级各部门（含直属单位，下同）的预算和税收返还、转移支付预算。

地方各级一般公共预算收入包括地方本级收入、上级政府对本级政府的税收返还和转移支付、下级政府的上解收入。地方各级一般公共预算支出包括地方本级支出、对上级政府的上解支出、对下级政府的税收返还和转移支付。

第八条 各部门预算由本部门及其所属各单位预算组成。

第九条 政府性基金预算是对依照法律、行政法规的规定在一定期限内向特定对象征收、收取或者以其他方式筹集的资金，专项用于特定公共事业发展的收支预算。

政府性基金预算应当根据基金项目收入情况和实际支出需要，按基金项目编制，做到以收定支。

第十条 国有资本经营预算是对国有资本收益作出支出安排的收支预算。

国有资本经营预算应当按照收支平衡的原则编制，不列赤字，并安排资金调入一般公共预算。

第十一条 社会保险基金预算是对社会保险缴款、一般公共预算安排和其他方式筹集的资金，专项用于社会保险的收支预算。

社会保险基金预算应当按照统筹层次和社会保险项目分别编制，做到收支平衡。

第十二条 各级预算应当遵循统筹兼顾、勤俭节约、量力而行、讲求绩效和收支平衡的原则。

各级政府应当建立跨年度预算平衡机制。

第十三条 经人民代表大会批准的预算，非经法定程序，不得调整。各级政府、各部门、各单位的支出必须以经批准的预算为依据，未列入预算的不得支出。

第十四条 经本级人民代表大会或者本级人民代表大会常务委员会批准的预算、预算调整、决算、预算执行情况的报告及报表，应当在批准后二十日内由本级政府财政部门向社会公开，并对本级政府财政转移支付安排、执行的情况以及举借债务的情况等重要事项作出说明。

经本级政府财政部门批复的部门预算、决算及报表，应当在批复后二十日内由各部门向社会公开，并对部门预算、决算中机关运行经费的安排、使用情况等重要事项作出说明。

各级政府、各部门、各单位应当将政府采购的情况及时向社会公开。

本条前三款规定的公开事项，涉及国家秘密的除外。

第十五条　国家实行中央和地方分税制。

第十六条　国家实行财政转移支付制度。财政转移支付应当规范、公平、公开，以推进地区间基本公共服务均等化为主要目标。

财政转移支付包括中央对地方的转移支付和地方上级政府对下级政府的转移支付，以为均衡地区间基本财力、由下级政府统筹安排使用的一般性转移支付为主体。

按照法律、行政法规和国务院的规定可以设立专项转移支付，用于办理特定事项。建立健全专项转移支付定期评估和退出机制。市场竞争机制能够有效调节的事项不得设立专项转移支付。

上级政府在安排专项转移支付时，不得要求下级政府承担配套资金。但是，按照国务院的规定应当由上下级政府共同承担的事项除外。

第十七条　各级预算的编制、执行应当建立健全相互制约、相互协调的机制。

第十八条　预算年度自公历一月一日起，至十二月三十一日止。

第十九条　预算收入和预算支出以人民币元为计算单位。

第二章　预算管理职权

第二十条　全国人民代表大会审查中央和地方预算草案及中央和地方预算执行情况的报告；批准中央预算和中央预算执行情况的报告；改变或者撤销全国人民代表大会常务委员会关于预算、决算的不适当的决议。

全国人民代表大会常务委员会监督中央和地方预算的执行；审查和批准中央预算的调整方案；审查和批准中央决算；撤销国务院制定的同宪法、法律相抵触的关于预算、决算的行政法规、决定和命令；撤销省、自治区、直辖市人民代表大会及其常务委员会制定的同宪法、法律和行政法规相抵触的关于预算、决算的地方性法规和决议。

第二十一条　县级以上地方各级人民代表大会审查本级总预算草案及本级总预算执行情况的报告；批准本级预算和本级预算执行情况的报告；改变或者撤销本级人民代表大会常务委员会关于预算、决算的不适当的决议；撤销本级政府关于预算、决算的不适当的决定和命令。

县级以上地方各级人民代表大会常务委员会监督本级总预算的执行；审查和批准本级预算的调整方案；审查和批准本级决算；撤销本级政府和下一级人民代表大会及其常务委员会关于预算、决算的不适当的决定、命令和决议。

乡、民族乡、镇的人民代表大会审查和批准本级预算和本级预算执行情况的报告；监督本级预算的执行；审查和批准本级预算的调整方案；审查和批准本级决算；撤销本级政府关于预算、决算的不适当的决定和命令。

第二十二条　全国人民代表大会财政经济委员会对中央预算草案初步方案及上一年预算执行情况、中央预算调整初步方案和中央决算草案进行初步审查，提出初步审查意见。

省、自治区、直辖市人民代表大会有关专门委员会对本级预算草案初步方案及上一年预算执行情况、本级预算调整初步方案和本级决算草案进行初步审查，提出初步审查意见。

设区的市、自治州人民代表大会有关专门委员会对本级预算草案初步方案及上一年预算执行情况、本级预算调整初步方案和本级决算草案进行初步审查，提出初步审查意见，未设立专门委员会的，由本级人民代表大会常务委员会有关工作机构研究提出意见。

县、自治县、不设区的市、市辖区人民代表大会常务委员会对本级预算草案初步方案及上一年预算执行情况进行初步审查，提出初步审查意见。县、自治县、不设区的市、市辖区人民代表大会常务委员会有关工作机构对本级预算调整初步方案和本级决算草案研究提出意见。

设区的市、自治州以上各级人民代表大会有关专门委员会进行初步审查、常务委员会有关工作机构研究提出意见时，应当邀请本级人民代表大会代表参加。

对依照本条第一款至第四款规定提出的意见，本级政府财政部门应当将处理情况及时反馈。

依照本条第一款至第四款规定提出的意见以及本级政府财政部门反馈的处理情况报告，应当印发本级人民代表大会代表。

全国人民代表大会常务委员会和省、自治区、直辖市、设区的市、自治州人民代表大会常务委员会有关工作机构，依照本级人民代表大会常务委员会的决定，协助本级人民代表大会财政经济委员会或者有关专门委员会承担审查预算草案、预算调整方案、决算草案和监督预算执行等方面的具体工作。

第二十三条 国务院编制中央预算、决算草案；向全国人民代表大会作关于中央和地方预算草案的报告；将省、自治区、直辖市政府报送备案的预算汇总后报全国人民代表大会常务委员会备案；组织中央和地方预算的执行；决定中央预算预备费的动用；编制中央预算调整方案；监督中央各部门和地方政府的预算执行；改变或者撤销中央各部门和地方政府关于预算、决算的不适当的决定、命令；向全国人民代表大会、全国人民代表大会常务委员会报告中央和地方预算的执行情况。

第二十四条 县级以上地方各级政府编制本级预算、决算草案；向本级人民代表大会作关于本级总预算草案的报告；将下一级政府报送备案的预算汇总后报本级人民代表大会常务委员会备案；组织本级总预算的执行；决定本级预算预备费的动用；编制本级预算的调整方案；监督本级各部门和下级政府的预算执行；改变或者撤销本级各部门和下级政府关于预算、决算的不适当的决定、命令；向本级人民代表大会、本级人民代表大会常务委员会报告本级总预算的执行情况。

乡、民族乡、镇政府编制本级预算、决算草案；向本级人民代表大会作关于本级预算草案的报告；组织本级预算的执行；决定本级预算预备费的动用；编制本级预算的调整方案；向本级人民代表大会报告本级预算的执行情况。

经省、自治区、直辖市政府批准，乡、民族乡、镇本级预算草案、预算调整方案、决算草案，可以由上一级政府代编，并依照本法第二十一条的规定报乡、民族乡、镇的人民代表大会审查和批准。

第二十五条 国务院财政部门具体编制中央预算、决算草案；具体组织中央和地方预算的执行；提出中央预算预备费动用方案；具体编制中央预算的调整方案；定期向国务院报告中央和地方预算的执行情况。

地方各级政府财政部门具体编制本级预算、决算草案；具体组织本级总预算的执行；提出本级预算预备费动用方案；具体编制本级预算的调整方案；定期向本级政府和上一级政府财政部门报告本级总预算的执行情况。

第二十六条 各部门编制本部门预算、决算草案；组织和监督本部门预算的执行；定期向本级政府财政部门报告预算的执行情况。

各单位编制本单位预算、决算草案；按照国家规定上缴预算收入，安排预算支出，并接受国家有关部门的监督。

第三章　预算收支范围

第二十七条　一般公共预算收入包括各项税收收入、行政事业性收费收入、国有资源（资产）有偿使用收入、转移性收入和其他收入。

一般公共预算支出按照其功能分类，包括一般公共服务支出，外交、公共安全、国防支出，农业、环境保护支出，教育、科技、文化、卫生、体育支出，社会保障及就业支出和其他支出。

一般公共预算支出按照其经济性质分类，包括工资福利支出、商品和服务支出、资本性支出和其他支出。

第二十八条　政府性基金预算、国有资本经营预算和社会保险基金预算的收支范围，按照法律、行政法规和国务院的规定执行。

第二十九条　中央预算与地方预算有关收入和支出项目的划分、地方向中央上解收入、中央对地方税收返还或者转移支付的具体办法，由国务院规定，报全国人民代表大会常务委员会备案。

第三十条　上级政府不得在预算之外调用下级政府预算的资金。下级政府不得挤占或者截留属于上级政府预算的资金。

第四章　预算编制

第三十一条　国务院应当及时下达关于编制下一年预算草案的通知。编制预算草案的具体事项由国务院财政部门部署。

各级政府、各部门、各单位应当按照国务院规定的时间编制预算草案。

第三十二条　各级预算应当根据年度经济社会发展目标、国家宏观调控总体要求和跨年度预算平衡的需要，参考上一年预算执行情况、有关支出绩效评价结果和本年度收支预测，按照规定程序征求各方面意见后，进行编制。

各级政府依据法定权限作出决定或者制定行政措施，凡涉及增加或者减少财政收入或者支出的，应当在预算批准前提出并在预算草案中作出相应安排。

各部门、各单位应当按照国务院财政部门制定的政府收支分类科目、预算支出标准和要求，以及绩效目标管理等预算编制规定，根据其依法履行职能和事业发展的需要以及存量资产情况，编制本部门、本单位预算草案。

前款所称政府收支分类科目，收入分为类、款、项、目；支出按其功能分类分为类、款、项，按其经济性质分类分为类、款。

第三十三条　省、自治区、直辖市政府应当按照国务院规定的时间，将本级总预算草案报国务院审核汇总。

第三十四条　中央一般公共预算中必需的部分资金，可以通过举借国内和国外债务等方式筹措，举借债务应当控制适当的规模，保持合理的结构。

对中央一般公共预算中举借的债务实行余额管理，余额的规模不得超过全国人民代表大会批准的限额。

国务院财政部门具体负责对中央政府债务的统一管理。

第三十五条　地方各级预算按照量入为出、收支平衡的原则编制，除本法另有规定外，不列赤字。

经国务院批准的省、自治区、直辖市的预算中必需的建设投资的部分资金，可以在国务院确定的限额内，通过发行地方政府债券举借债务的方式筹措。举借债务的规模，由国务院报全国人民代表大会或者全国人民代表大会常务委员会批准。省、自治区、直辖市依照国务院下达的限额举借的债务，列入本级预算调整方案，报本级人民代表大会常务委员会批准。举借的债务应当有偿还计划和稳定的偿还资金来源，只能用于公益性资本支出，不得用于经常性支出。

除前款规定外，地方政府及其所属部门不得以任何方式举借债务。

除法律另有规定外，地方政府及其所属部门不得为任何单位和个人的债务以任何方式提供担保。

国务院建立地方政府债务风险评估和预警机制、应急处置机制以及责任追究制度。国务院财政部门对地方政府债务实施监督。

第三十六条 各级预算收入的编制，应当与经济社会发展水平相适应，与财政政策相衔接。

各级政府、各部门、各单位应当依照本法规定，将所有政府收入全部列入预算，不得隐瞒、少列。

第三十七条 各级预算支出应当依照本法规定，按其功能和经济性质分类编制。

各级预算支出的编制，应当贯彻勤俭节约的原则，严格控制各部门、各单位的机关运行经费和楼堂馆所等基本建设支出。

各级一般公共预算支出的编制，应当统筹兼顾，在保证基本公共服务合理需要的前提下，优先安排国家确定的重点支出。

第三十八条 一般性转移支付应当按照国务院规定的基本标准和计算方法编制。专项转移支付应当分地区、分项目编制。

县级以上各级政府应当将对下级政府的转移支付预计数提前下达下级政府。

地方各级政府应当将上级政府提前下达的转移支付预计数编入本级预算。

第三十九条 中央预算和有关地方预算中应当安排必要的资金，用于扶助革命老区、民族地区、边疆地区、贫困地区发展经济社会建设事业。

第四十条 各级一般公共预算应当按照本级一般公共预算支出额的百分之一至百分之三设置预备费，用于当年预算执行中的自然灾害等突发事件处理增加的支出及其他难以预见的开支。

第四十一条 各级一般公共预算按照国务院的规定可以设置预算周转金，用于本级政府调剂预算年度内季节性收支差额。

各级一般公共预算按照国务院的规定可以设置预算稳定调节基金，用于弥补以后年度预算资金的不足。

第四十二条 各级政府上一年预算的结转资金，应当在下一年用于结转项目的支出；连续两年未用完的结转资金，应当作为结余资金管理。

各部门、各单位上一年预算的结转、结余资金按照国务院财政部门的规定办理。

第五章 预算审查和批准

第四十三条 中央预算由全国人民代表大会审查和批准。

地方各级预算由本级人民代表大会审查和批准。

第四十四条 国务院财政部门应当在每年全国人民代表大会会议举行的四十五日前，将中央预算草案的初步方案提交全国人民代表大会财政经济委员会进行初步审查。

省、自治区、直辖市政府财政部门应当在本级人民代表大会会议举行的三十日前，将本级预算草案的初步方案提交本级人民代表大会有关专门委员会进行初步审查。

设区的市、自治州政府财政部门应当在本级人民代表大会会议举行的三十日前，将本级预算草案的初步方案提交本级人民代表大会有关专门委员会进行初步审查，或者送交本级人民代表大会常务委员会有关工作机构征求意见。

县、自治县、不设区的市、市辖区政府应当在本级人民代表大会会议举行的三十日前，将本级预算草案的初步方案提交本级人民代表大会常务委员会进行初步审查。

第四十五条 县、自治县、不设区的市、市辖区、乡、民族乡、镇的人民代表大会举行会议审查预算草案前，应当采用多种形式，组织本级人民代表大会代表，听取选民和社会各界的意见。

第四十六条　报送各级人民代表大会审查和批准的预算草案应当细化。本级一般公共预算支出，按其功能分类应当编列到项；按其经济性质分类，基本支出应当编列到款。本级政府性基金预算、国有资本经营预算、社会保险基金预算支出，按其功能分类应当编列到项。

第四十七条　国务院在全国人民代表大会举行会议时，向大会作关于中央和地方预算草案以及中央和地方预算执行情况的报告。

地方各级政府在本级人民代表大会举行会议时，向大会作关于总预算草案和总预算执行情况的报告。

第四十八条　全国人民代表大会和地方各级人民代表大会对预算草案及其报告、预算执行情况的报告重点审查下列内容：

（一）上一年预算执行情况是否符合本级人民代表大会预算决议的要求；

（二）预算安排是否符合本法的规定；

（三）预算安排是否贯彻国民经济和社会发展的方针政策，收支政策是否切实可行；

（四）重点支出和重大投资项目的预算安排是否适当；

（五）预算的编制是否完整，是否符合本法第四十六条的规定；

（六）对下级政府的转移性支出预算是否规范、适当；

（七）预算安排举借的债务是否合法、合理，是否有偿还计划和稳定的偿还资金来源；

（八）与预算有关重要事项的说明是否清晰。

第四十九条　全国人民代表大会财政经济委员会向全国人民代表大会主席团提出关于中央和地方预算草案及中央和地方预算执行情况的审查结果报告。

省、自治区、直辖市、设区的市、自治州人民代表大会有关专门委员会，县、自治县、不设区的市、市辖区人民代表大会常务委员会，向本级人民代表大会主席团提出关于总预算草案及上一年总预算执行情况的审查结果报告。

审查结果报告应当包括下列内容：

（一）对上一年预算执行和落实本级人民代表大会预算决议的情况作出评价；

（二）对本年度预算草案是否符合本法的规定，是否可行作出评价；

（三）对本级人民代表大会批准预算草案和预算报告提出建议；

（四）对执行年度预算、改进预算管理、提高预算绩效、加强预算监督等提出意见和建议。

第五十条　乡、民族乡、镇政府应当及时将经本级人民代表大会批准的本级预算报上一级政府备案。县级以上地方各级政府应当及时将经本级人民代表大会批准的本级预算及下一级政府报送备案的预算汇总，报上一级政府备案。

县级以上地方各级政府将下一级政府依照前款规定报送备案的预算汇总后，报本级人民代表大会常务委员会备案。国务院将省、自治区、直辖市政府依照前款规定报送备案的预算汇总后，报全国人民代表大会常务委员会备案。

第五十一条　国务院和县级以上地方各级政府对下一级政府依照本法第五十条规定报送备案的预算，认为有同法律、行政法规相抵触或者有其他不适当之处，需要撤销批准预算的决议的，应当提请本级人民代表大会常务委员会审议决定。

第五十二条　各级预算经本级人民代表大会批准后，本级政府财政部门应当在二十日内向本级各部门批复预算。各部门应当在接到本级政府财政部门批复的本部门预算后十五日内向所属各单位批复预算。

中央对地方的一般性转移支付应当在全

国人民代表大会批准预算后三十日内正式下达。中央对地方的专项转移支付应当在全国人民代表大会批准预算后九十日内正式下达。

省、自治区、直辖市政府接到中央一般性转移支付和专项转移支付后，应当在三十日内正式下达到本行政区域县级以上各级政府。

县级以上地方各级预算安排对下级政府的一般性转移支付和专项转移支付，应当分别在本级人民代表大会批准预算后的三十日和六十日内正式下达。

对自然灾害等突发事件处理的转移支付，应当及时下达预算；对据实结算等特殊项目的转移支付，可以分期下达预算，或者先预付后结算。

县级以上各级政府财政部门应当将批复本级各部门的预算和批复下级政府的转移支付预算，抄送本级人民代表大会财政经济委员会、有关专门委员会和常务委员会有关工作机构。

第六章　预算执行

第五十三条　各级预算由本级政府组织执行，具体工作由本级政府财政部门负责。

各部门、各单位是本部门、本单位的预算执行主体，负责本部门、本单位的预算执行，并对执行结果负责。

第五十四条　预算年度开始后，各级预算草案在本级人民代表大会批准前，可以安排下列支出：

（一）上一年度结转的支出；

（二）参照上一年同期的预算支出数额安排必须支付的本年度部门基本支出、项目支出，以及对下级政府的转移性支出；

（三）法律规定必须履行支付义务的支出，以及用于自然灾害等突发事件处理的支出。

根据前款规定安排支出的情况，应当在预算草案的报告中作出说明。

预算经本级人民代表大会批准后，按照批准的预算执行。

第五十五条　预算收入征收部门和单位，必须依照法律、行政法规的规定，及时、足额征收应征的预算收入。不得违反法律、行政法规规定，多征、提前征收或者减征、免征、缓征应征的预算收入，不得截留、占用或者挪用预算收入。

各级政府不得向预算收入征收部门和单位下达收入指标。

第五十六条　政府的全部收入应当上缴国家金库（以下简称国库），任何部门、单位和个人不得截留、占用、挪用或者拖欠。

对于法律有明确规定或者经国务院批准的特定专用资金，可以依照国务院的规定设立财政专户。

第五十七条　各级政府财政部门必须依照法律、行政法规和国务院财政部门的规定，及时、足额地拨付预算支出资金，加强对预算支出的管理和监督。

各级政府、各部门、各单位的支出必须按照预算执行，不得虚假列支。

各级政府、各部门、各单位应当对预算支出情况开展绩效评价。

第五十八条　各级预算的收入和支出实行收付实现制。

特定事项按照国务院的规定实行权责发生制的有关情况，应当向本级人民代表大会常务委员会报告。

第五十九条　县级以上各级预算必须设立国库；具备条件的乡、民族乡、镇也应当设立国库。

中央国库业务由中国人民银行经理，地方国库业务依照国务院的有关规定办理。

各级国库应当按照国家有关规定，及时准确地办理预算收入的收纳、划分、留解、退付和预算支出的拨付。

各级国库库款的支配权属于本级政府财政部门。除法律、行政法规另有规定外，未经本级政府财政部门同意，任何部门、单位和个人都无权冻结、动用国库库款或者以其他方式支配已入国库的库款。

各级政府应当加强对本级国库的管理和监督，按照国务院的规定完善国库现金管理，合理调节国库资金余额。

第六十条　已经缴入国库的资金，依照法律、行政法规的规定或者国务院的决定需要退付的，各级政府财政部门或者其授权的机构应当及时办理退付。按照规定应当由财政支出安排的事项，不得用退库处理。

第六十一条　国家实行国库集中收缴和集中支付制度，对政府全部收入和支出实行国库集中收付管理。

第六十二条　各级政府应当加强对预算执行的领导，支持政府财政、税务、海关等预算收入的征收部门依法组织预算收入，支持政府财政部门严格管理预算支出。

财政、税务、海关等部门在预算执行中，应当加强对预算执行的分析；发现问题时应当及时建议本级政府采取措施予以解决。

第六十三条　各部门、各单位应当加强对预算收入和支出的管理，不得截留或者动用应当上缴的预算收入，不得擅自改变预算支出的用途。

第六十四条　各级预算预备费的动用方案，由本级政府财政部门提出，报本级政府决定。

第六十五条　各级预算周转金由本级政府财政部门管理，不得挪作他用。

第六十六条　各级一般公共预算年度执行中有超收收入的，只能用于冲减赤字或者补充预算稳定调节基金。

各级一般公共预算的结余资金，应当补充预算稳定调节基金。

省、自治区、直辖市一般公共预算年度执行中出现短收，通过调入预算稳定调节基金、减少支出等方式仍不能实现收支平衡的，省、自治区、直辖市政府报本级人民代表大会或者其常务委员会批准，可以增列赤字，报国务院财政部门备案，并应当在下一年度预算中予以弥补。

第七章　预算调整

第六十七条　经全国人民代表大会批准的中央预算和经地方各级人民代表大会批准的地方各级预算，在执行中出现下列情况之一的，应当进行预算调整：

（一）需要增加或者减少预算总支出的；

（二）需要调入预算稳定调节基金的；

（三）需要调减预算安排的重点支出数额的；

（四）需要增加举借债务数额的。

第六十八条　在预算执行中，各级政府一般不制定新的增加财政收入或者支出的政策和措施，也不制定减少财政收入的政策和措施；必须作出并需要进行预算调整的，应当在预算调整方案中作出安排。

第六十九条　在预算执行中，各级政府对于必须进行的预算调整，应当编制预算调整方案。预算调整方案应当说明预算调整的理由、项目和数额。

在预算执行中，由于发生自然灾害等突发事件，必须及时增加预算支出的，应当先动支预备费；预备费不足支出的，各级政府可以先安排支出，属于预算调整的，列入预算调整方案。

国务院财政部门应当在全国人民代表大会常务委员会举行会议审查和批准预算调整方案的三十日前，将预算调整初步方案送交全国人民代表大会财政经济委员会进行初步审查。

省、自治区、直辖市政府财政部门应当在本级人民代表大会常务委员会举行会议审查和批准预算调整方案的三十日前，将预算调整初步方案送交本级人民代表大会有关专门委员会进行初步审查。

设区的市、自治州政府财政部门应当在本级人民代表大会常务委员会举行会议审查和批准预算调整方案的三十日前，将预算调整初步方案送交本级人民代表大会有关专门委员会进行初步审查，或者送交本级人民代表大会常务委员会有关工作机构征求意见。

县、自治县、不设区的市、市辖区政府财政部门应当在本级人民代表大会常务委员会举行会议审查和批准预算调整方案的三十日前，将预算调整初步方案送交本级人民代表大会常务委员会有关工作机构征求意见。

中央预算的调整方案应当提请全国人民代表大会常务委员会审查和批准。县级以上地方各级预算的调整方案应当提请本级人民代表大会常务委员会审查和批准；乡、民族乡、镇预算的调整方案应当提请本级人民代表大会审查和批准。未经批准，不得调整预算。

第七十条 经批准的预算调整方案，各级政府应当严格执行。未经本法第六十九条规定的程序，各级政府不得作出预算调整的决定。

对违反前款规定作出的决定，本级人民代表大会、本级人民代表大会常务委员会或者上级政府应当责令其改变或者撤销。

第七十一条 在预算执行中，地方各级政府因上级政府增加不需要本级政府提供配套资金的专项转移支付而引起的预算支出变化，不属于预算调整。

接受增加专项转移支付的县级以上地方各级政府应当向本级人民代表大会常务委员会报告有关情况；接受增加专项转移支付的乡、民族乡、镇政府应当向本级人民代表大会报告有关情况。

第七十二条 各部门、各单位的预算支出应当按照预算科目执行。严格控制不同预算科目、预算级次或者项目间的预算资金的调剂，确需调剂使用的，按照国务院财政部门的规定办理。

第七十三条 地方各级预算的调整方案经批准后，由本级政府报上一级政府备案。

第八章 决　　算

第七十四条 决算草案由各级政府、各部门、各单位，在每一预算年度终了后按照国务院规定的时间编制。

编制决算草案的具体事项，由国务院财政部门部署。

第七十五条 编制决算草案，必须符合法律、行政法规，做到收支真实、数额准确、内容完整、报送及时。

决算草案应当与预算相对应，按预算数、调整预算数、决算数分别列出。一般公共预算支出应当按其功能分类编列到项，按其经济性质分类编列到款。

第七十六条 各部门对所属各单位的决算草案，应当审核并汇总编制本部门的决算草案，在规定的期限内报本级政府财政部门审核。

各级政府财政部门对本级各部门决算草案审核后发现有不符合法律、行政法规规定的，有权予以纠正。

第七十七条 国务院财政部门编制中央决算草案，经国务院审计部门审计后，报国务院审定，由国务院提请全国人民代表大会常务委员会审查和批准。

县级以上地方各级政府财政部门编制本级决算草案，经本级政府审计部门审计后，报本级政府审定，由本级政府提请本级人民代表大会常务委员会审查和批准。

乡、民族乡、镇政府编制本级决算草案，提请本级人民代表大会审查和批准。

第七十八条 国务院财政部门应当在全国人民代表大会常务委员会举行会议审查和批准中央决算草案的三十日前，将上一年度中央决算草案提交全国人民代表大会财政经济委员会进行初步审查。

省、自治区、直辖市政府财政部门应当在本级人民代表大会常务委员会举行会议审查和批准本级决算草案的三十日前，将上一年度本级决算草案提交本级人民代表大会有关专门委员会进行初步审查。

设区的市、自治州政府财政部门应当在本级人民代表大会常务委员会举行会议审查和批准本级决算草案的三十日前，将上一年度本级决算草案提交本级人民代表大会有关专门委员会进行初步审查，或者送交本级人民代表大会常务委员会有关工作机构征求意见。

县、自治县、不设区的市、市辖区政府财政部门应当在本级人民代表大会常务委员会举行会议审查和批准本级决算草案的三十日前，将上一年度本级决算草案送交本级人民代表大会常务委员会有关工作机构征求意见。

全国人民代表大会财政经济委员会和省、自治区、直辖市、设区的市、自治州人民代表大会有关专门委员会，向本级人民代表大会常务委员会提出关于本级决算草案的审查结果报告。

第七十九条　县级以上各级人民代表大会常务委员会和乡、民族乡、镇人民代表大会对本级决算草案，重点审查下列内容：

（一）预算收入情况；

（二）支出政策实施情况和重点支出、重大投资项目资金的使用及绩效情况；

（三）结转资金的使用情况；

（四）资金结余情况；

（五）本级预算调整及执行情况；

（六）财政转移支付安排执行情况；

（七）经批准举借债务的规模、结构、使用、偿还等情况；

（八）本级预算周转金规模和使用情况；

（九）本级预备费使用情况；

（十）超收收入安排情况，预算稳定调节基金的规模和使用情况；

（十一）本级人民代表大会批准的预算决议落实情况；

（十二）其他与决算有关的重要情况。

县级以上各级人民代表大会常务委员会应当结合本级政府提出的上一年度预算执行和其他财政收支的审计工作报告，对本级决算草案进行审查。

第八十条　各级决算经批准后，财政部门应当在二十日内向本级各部门批复决算。各部门应当在接到本级政府财政部门批复的本部门决算后十五日内向所属单位批复决算。

第八十一条　地方各级政府应当将经批准的决算及下一级政府上报备案的决算汇总，报上一级政府备案。

县级以上各级政府应当将下一级政府报送备案的决算汇总后，报本级人民代表大会常务委员会备案。

第八十二条　国务院和县级以上地方各级政府对下一级政府依照本法第八十一条规定报送备案的决算，认为有同法律、行政法规相抵触或者有其他不适当之处，需要撤销批准该项决算的决议的，应当提请本级人民代表大会常务委员会审议决定；经审议决定撤销的，该下级人民代表大会常务委员会应当责成本级政府依照本法规定重新编制决算草案，提请本级人民代表大会常务委员会审查和批准。

第九章　监　　督

第八十三条　全国人民代表大会及其常务委员会对中央和地方预算、决算进行监督。

县级以上地方各级人民代表大会及其常务委员会对本级和下级预算、决算进行监督。

乡、民族乡、镇人民代表大会对本级预算、决算进行监督。

第八十四条　各级人民代表大会和县级以上各级人民代表大会常务委员会有权就预算、决算中的重大事项或者特定问题组织调查，有关的政府、部门、单位和个人应当如实反映情况和提供必要的材料。

第八十五条　各级人民代表大会和县级以上各级人民代表大会常务委员会举行会议

时，人民代表大会代表或者常务委员会组成人员，依照法律规定程序就预算、决算中的有关问题提出询问或者质询，受询问或者受质询的有关的政府或者财政部门必须及时给予答复。

第八十六条 国务院和县级以上地方各级政府应当在每年六月至九月期间向本级人民代表大会常务委员会报告预算执行情况。

第八十七条 各级政府监督下级政府的预算执行；下级政府应当定期向上一级政府报告预算执行情况。

第八十八条 各级政府财政部门负责监督本级各部门及其所属各单位预算管理有关工作，并向本级政府和上一级政府财政部门报告预算执行情况。

第八十九条 县级以上政府审计部门依法对预算执行、决算实行审计监督。

对预算执行和其他财政收支的审计工作报告应当向社会公开。

第九十条 政府各部门负责监督检查所属各单位的预算执行，及时向本级政府财政部门反映本部门预算执行情况，依法纠正违反预算的行为。

第九十一条 公民、法人或者其他组织发现有违反本法的行为，可以依法向有关国家机关进行检举、控告。

接受检举、控告的国家机关应当依法进行处理，并为检举人、控告人保密。任何单位或者个人不得压制和打击报复检举人、控告人。

第十章 法律责任

第九十二条 各级政府及有关部门有下列行为之一的，责令改正，对负有直接责任的主管人员和其他直接责任人员追究行政责任：

（一）未依照本法规定，编制、报送预算草案、预算调整方案、决算草案和部门预算、决算以及批复预算、决算的；

（二）违反本法规定，进行预算调整的；

（三）未依照本法规定对有关预算事项进行公开和说明的；

（四）违反规定设立政府性基金项目和其他财政收入项目的；

（五）违反法律、法规规定使用预算预备费、预算周转金、预算稳定调节基金、超收收入的；

（六）违反本法规定开设财政专户的。

第九十三条 各级政府及有关部门、单位有下列行为之一的，责令改正，对负有直接责任的主管人员和其他直接责任人员依法给予降级、撤职、开除的处分：

（一）未将所有政府收入和支出列入预算或者虚列收入和支出的；

（二）违反法律、行政法规的规定，多征、提前征收或者减征、免征、缓征应征预算收入的；

（三）截留、占用、挪用或者拖欠应当上缴国库的预算收入的；

（四）违反本法规定，改变预算支出用途的；

（五）擅自改变上级政府专项转移支付资金用途的；

（六）违反本法规定拨付预算支出资金，办理预算收入收纳、划分、留解、退付，或者违反本法规定冻结、动用国库库款或者以其他方式支配已入国库库款的。

第九十四条 各级政府、各部门、各单位违反本法规定举借债务或者为他人债务提供担保，或者挪用重点支出资金，或者在预算之外及超预算标准建设楼堂馆所的，责令改正，对负有直接责任的主管人员和其他直接责任人员给予撤职、开除的处分。

第九十五条 各级政府有关部门、单位及其工作人员有下列行为之一的，责令改正，追回骗取、使用的资金，有违法所得的没收违法所得，对单位给予警告或者通报批评；对负有直接责任的主管人员和其他直接责任人员依法给予处分：

（一）违反法律、法规的规定，改变预算收入上缴方式的；

（二）以虚报、冒领等手段骗取预算资金的；

（三）违反规定扩大开支范围、提高开支标准的；

（四）其他违反财政管理规定的行为。

第九十六条　本法第九十二条、第九十三条、第九十四条、第九十五条所列违法行为，其他法律对其处理、处罚另有规定的，依照其规定。

违反本法规定，构成犯罪的，依法追究刑事责任。

第十一章　附　　则

第九十七条　各级政府财政部门应当按年度编制以权责发生制为基础的政府综合财务报告，报告政府整体财务状况、运行情况和财政中长期可持续性，报本级人民代表大会常务委员会备案。

第九十八条　国务院根据本法制定实施条例。

第九十九条　民族自治地方的预算管理，依照民族区域自治法的有关规定执行；民族区域自治法没有规定的，依照本法和国务院的有关规定执行。

第一百条　省、自治区、直辖市人民代表大会或者其常务委员会根据本法，可以制定有关预算审查监督的决定或者地方性法规。

第一百零一条　本法自1995年1月1日起施行。1991年10月21日国务院发布的《国家预算管理条例》同时废止。

中华人民共和国会计法

（1985年1月21日第六届全国人民代表大会常务委员会第九次会议通过，根据1993年12月29日第八届全国人民代表大会常务委员会第五次会议《关于修改〈中华人民共和国会计法〉的决定》第一次修正，1999年10月31日第九届全国人民代表大会常务委员会第十二次会议修订，根据2017年11月4日第十二届全国人民代表大会常务委员会第三十次会议《关于修改〈中华人民共和国会计法〉等十一部法律的决定》第二次修正，根据2024年6月28日第十四届全国人民代表大会常务委员会第十次会议《关于修改〈中华人民共和国会计法〉的决定》第三次修正）

第一章　总　　则

第一条　为了规范会计行为，保证会计资料真实、完整，加强经济管理和财务管理，提高经济效益，维护社会主义市场经济秩序，制定本法。

第二条　会计工作应当贯彻落实党和国家路线方针政策、决策部署，维护社会公共利益，为国民经济和社会发展服务。

国家机关、社会团体、公司、企业、事业单位和其他组织（以下统称单位）必须依照本法办理会计事务。

第三条　各单位必须依法设置会计账簿，并保证其真实、完整。

第四条　单位负责人对本单位的会计工作和会计资料的真实性、完整性负责。

第五条　会计机构、会计人员依照本法规定进行会计核算，实行会计监督。

任何单位或者个人不得以任何方式授意、指使、强令会计机构、会计人员伪造、变造会计凭证、会计账簿和其他会计资料，提供虚假财务会计报告。

任何单位或者个人不得对依法履行职责、抵制违反本法规定行为的会计人员实行打击报复。

第六条　对认真执行本法，忠于职守，坚持原则，做出显著成绩的会计人员，给予精神的或者物质的奖励。

第七条　国务院财政部门主管全国的会计工作。

县级以上地方各级人民政府财政部门管理本行政区域内的会计工作。

第八条　国家实行统一的会计制度。国家统一的会计制度由国务院财政部门根据本法制定并公布。

国务院有关部门可以依照本法和国家统一的会计制度制定对会计核算和会计监督有特殊要求的行业实施国家统一的会计制度的具体办法或者补充规定，报国务院财政部门审核批准。

国家加强会计信息化建设，鼓励依法采用现代信息技术开展会计工作，具体办法由国务院财政部门会同有关部门制定。

第二章　会计核算

第九条　各单位必须根据实际发生的经济业务事项进行会计核算，填制会计凭证，登记会计账簿，编制财务会计报告。

任何单位不得以虚假的经济业务事项或者资料进行会计核算。

第十条　各单位应当对下列经济业务事项办理会计手续，进行会计核算：

（一）资产的增减和使用；

（二）负债的增减；

（三）净资产（所有者权益）的增减；

（四）收入、支出、费用、成本的增减；

（五）财务成果的计算和处理；

（六）需要办理会计手续、进行会计核算的其他事项。

第十一条　会计年度自公历 1 月 1 日起至 12 月 31 日止。

第十二条　会计核算以人民币为记账本位币。

业务收支以人民币以外的货币为主的单位，可以选定其中一种货币作为记账本位币，但是编报的财务会计报告应当折算为人民币。

第十三条　会计凭证、会计账簿、财务会计报告和其他会计资料，必须符合国家统一的会计制度的规定。

使用电子计算机进行会计核算的，其软件及其生成的会计凭证、会计账簿、财务会计报告和其他会计资料，也必须符合国家统一的会计制度的规定。

任何单位和个人不得伪造、变造会计凭证、会计账簿及其他会计资料，不得提供虚假的财务会计报告。

第十四条　会计凭证包括原始凭证和记账凭证。

办理本法第十条所列的经济业务事项，必须填制或者取得原始凭证并及时送交会计机构。

会计机构、会计人员必须按照国家统一的会计制度的规定对原始凭证进行审核，对不真实、不合法的原始凭证有权不予接受，并向单位负责人报告；对记载不准确、不完整的原始凭证予以退回，并要求按照国家统一的会计制度的规定更正、补充。

原始凭证记载的各项内容均不得涂改；原始凭证有错误的，应当由出具单位重开或者更正，更正处应当加盖出具单位印章。原始凭证金额有错误的，应当由出具单位重开，不得在原始凭证上更正。

记账凭证应当根据经过审核的原始凭证及有关资料编制。

第十五条　会计账簿登记，必须以经过审核的会计凭证为依据，并符合有关法律、行政法规和国家统一的会计制度的规定。会计账簿包括总账、明细账、日记账和其他辅助性账簿。

会计账簿应当按照连续编号的页码顺序登记。会计账簿记录发生错误或者隔页、缺号、跳行的，应当按照国家统一的会计制度规定的方法更正，并由会计人员和会计机构负责人（会计主管人员）在更正处盖章。

使用电子计算机进行会计核算的，其会计账簿的登记、更正，应当符合国家统一的会计制度的规定。

第十六条　各单位发生的各项经济业务事项应当在依法设置的会计账簿上统一登记、核算，不得违反本法和国家统一的会计制度的规定私设会计账簿登记、核算。

第十七条　各单位应当定期将会计账簿记录与实物、款项及有关资料相互核对，保证会计账簿记录与实物及款项的实有数额相符、会计账簿记录与会计凭证的有关内容相符、会计账簿之间相对应的记录相符、会计账簿记录与会计报表的有关内容相符。

第十八条　各单位采用的会计处理方法，前后各期应当一致，不得随意变更；确有必要变更的，应当按照国家统一的会计制度的规定变更，并将变更的原因、情况及影响在财务会计报告中说明。

第十九条　单位提供的担保、未决诉讼等或有事项，应当按照国家统一的会计制度的规定，在财务会计报告中予以说明。

第二十条　财务会计报告应当根据经过审核的会计账簿记录和有关资料编制，并符合本法和国家统一的会计制度关于财务会计报告的编制要求、提供对象和提供期限的规定；其他法律、行政法规另有规定的，从其规定。

向不同的会计资料使用者提供的财务会计报告，其编制依据应当一致。有关法律、行政法规规定财务会计报告须经注册会计师审计的，注册会计师及其所在的会计师事务所出具的审计报告应当随同财务会计报告一并提供。

第二十一条　财务会计报告应当由单位负责人和主管会计工作的负责人、会计机构负责人（会计主管人员）签名并盖章；设置总会计师的单位，还须由总会计师签名并盖章。

单位负责人应当保证财务会计报告真实、完整。

第二十二条　会计记录的文字应当使用中文。在民族自治地方，会计记录可以同时使用当地通用的一种民族文字。在中华人民共和国境内的外商投资企业、外国企业和其他外国组织的会计记录可以同时使用一种外国文字。

第二十三条　各单位对会计凭证、会计账簿、财务会计报告和其他会计资料应当建立档案，妥善保管。会计档案的保管期限、销毁、安全保护等具体管理办法，由国务院财政部门会同有关部门制定。

第二十四条　各单位进行会计核算不得有下列行为：

（一）随意改变资产、负债、净资产（所有者权益）的确认标准或者计量方法，虚列、多列、不列或者少列资产、负债、净资产（所有者权益）；

（二）虚列或者隐瞒收入，推迟或者提前确认收入；

（三）随意改变费用、成本的确认标准或者计量方法，虚列、多列、不列或者少列费用、成本；

（四）随意调整利润的计算、分配方法，编造虚假利润或者隐瞒利润；

（五）违反国家统一的会计制度规定的其他行为。

第三章　会计监督

第二十五条　各单位应当建立、健全本单位内部会计监督制度，并将其纳入本单位内部控制制度。单位内部会计监督制度应当符合下列要求：

（一）记账人员与经济业务事项和会计事项的审批人员、经办人员、财物保管人员的职责权限应当明确，并相互分离、相互制约；

（二）重大对外投资、资产处置、资金调度和其他重要经济业务事项的决策和执行的相互监督、相互制约程序应当明确；

（三）财产清查的范围、期限和组织程序应当明确；

（四）对会计资料定期进行内部审计的办法和程序应当明确；

（五）国务院财政部门规定的其他要求。

第二十六条　单位负责人应当保证会计机构、会计人员依法履行职责，不得授意、指使、强令会计机构、会计人员违法办理会计事项。

会计机构、会计人员对违反本法和国家统一的会计制度规定的会计事项，有权拒绝办理或者按照职权予以纠正。

第二十七条　会计机构、会计人员发现会计账簿记录与实物、款项及有关资料不相符的，按照国家统一的会计制度的规定有权自行处理的，应当及时处理；无权处理的，应当立即向单位负责人报告，请求查明原因，作出处理。

第二十八条　任何单位和个人对违反本法和国家统一的会计制度规定的行为，有权检举。收到检举的部门有权处理的，应当依法按照职责分工及时处理；无权处理的，应当及时移送有权处理的部门处理。收到检举的部门、负责处理的部门应当为检举人保密，不得将检举人姓名和检举材料转给被检举单位和被检举人个人。

第二十九条　有关法律、行政法规规定，须经注册会计师进行审计的单位，应当向受委托的会计师事务所如实提供会计凭证、会计账簿、财务会计报告和其他会计资料以及有关情况。

任何单位或者个人不得以任何方式要求或者示意注册会计师及其所在的会计师事务所出具不实或者不当的审计报告。

财政部门有权对会计师事务所出具审计报告的程序和内容进行监督。

第三十条　财政部门对各单位的下列情况实施监督：

（一）是否依法设置会计账簿；

（二）会计凭证、会计账簿、财务会计报告和其他会计资料是否真实、完整；

（三）会计核算是否符合本法和国家统一的会计制度的规定；

（四）从事会计工作的人员是否具备专业能力、遵守职业道德。

在对前款第（二）项所列事项实施监督，发现重大违法嫌疑时，国务院财政部门及其派出机构可以向与被监督单位有经济业务往来的单位和被监督单位开立账户的金融机构查询有关情况，有关单位和金融机构应当给予支持。

第三十一条　财政、审计、税务、金融管理等部门应当依照有关法律、行政法规规定的职责，对有关单位的会计资料实施监督检查，并出具检查结论。

财政、审计、税务、金融管理等部门应当加强监督检查协作，有关监督检查部门已经作出的检查结论能够满足其他监督检查部门履行本部门职责需要的，其他监督检查部门应当加以利用，避免重复查账。

第三十二条　依法对有关单位的会计资料实施监督检查的部门及其工作人员对在监督检查中知悉的国家秘密、工作秘密、商业秘密、个人隐私、个人信息负有保密义务。

第三十三条　各单位必须依照有关法律、行政法规的规定，接受有关监督检查部门依法实施的监督检查，如实提供会计凭证、会计账簿、财务会计报告和其他会计资料以及有关情况，不得拒绝、隐匿、谎报。

第四章　会计机构和会计人员

第三十四条　各单位应当根据会计业务的需要，依法采取下列一种方式组织本单位的会计工作：

（一）设置会计机构；

（二）在有关机构中设置会计岗位并指定会计主管人员；

（三）委托经批准设立从事会计代理记账业务的中介机构代理记账；

（四）国务院财政部门规定的其他方式。

国有的和国有资本占控股地位或者主导地位的大、中型企业必须设置总会计师。总会计师的任职资格、任免程序、职责权限由国务院规定。

第三十五条　会计机构内部应当建立稽核制度。

出纳人员不得兼任稽核、会计档案保管和收入、支出、费用、债权债务账目的登记工作。

第三十六条　会计人员应当具备从事会计工作所需要的专业能力。

担任单位会计机构负责人（会计主管人员）的，应当具备会计师以上专业技术职务资格或者从事会计工作三年以上经历。

本法所称会计人员的范围由国务院财政部门规定。

第三十七条　会计人员应当遵守职业道德，提高业务素质，严格遵守国家有关保密规定。对会计人员的教育和培训工作应当加强。

第三十八条　因有提供虚假财务会计报告，做假账，隐匿或者故意销毁会计凭证、会计账簿、财务会计报告，贪污，挪用公款，职务侵占等与会计职务有关的违法行为被依法追究刑事责任的人员，不得再从事会计工作。

第三十九条　会计人员调动工作或者离职，必须与接管人员办清交接手续。

一般会计人员办理交接手续，由会计机构负责人（会计主管人员）监交；会计机构负责人（会计主管人员）办理交接手续，由单位负责人监交，必要时主管单位可以派人会同监交。

第五章　法律责任

第四十条　违反本法规定，有下列行为之一的，由县级以上人民政府财政部门责令限期改正，给予警告、通报批评，对单位可以并处二十万元以下的罚款，对其直接负责的主管人员和其他直接责任人员可以处五万元以下的罚款；情节严重的，对单位可以并处二十万元以上一百万元以下的罚款，对其直接负责的主管人员和其他直接责任人员可以处五万元以上五十万元以下的罚款；属于公职人员的，还应当依法给予处分：

（一）不依法设置会计账簿的；

（二）私设会计账簿的；

（三）未按照规定填制、取得原始凭证或者填制、取得的原始凭证不符合规定的；

（四）以未经审核的会计凭证为依据登记会计账簿或者登记会计账簿不符合规定的；

（五）随意变更会计处理方法的；

（六）向不同的会计资料使用者提供的财务会计报告编制依据不一致的；

（七）未按照规定使用会计记录文字或者记账本位币的；

（八）未按照规定保管会计资料，致使会计资料毁损、灭失的；

（九）未按照规定建立并实施单位内部会计监督制度或者拒绝依法实施的监督或者不如实提供有关会计资料及有关情况的；

（十）任用会计人员不符合本法规定的。

有前款所列行为之一，构成犯罪的，依

法追究刑事责任。

会计人员有第一款所列行为之一，情节严重的，五年内不得从事会计工作。

有关法律对第一款所列行为的处罚另有规定的，依照有关法律的规定办理。

第四十一条 伪造、变造会计凭证、会计账簿，编制虚假财务会计报告，隐匿或者故意销毁依法应当保存的会计凭证、会计账簿、财务会计报告的，由县级以上人民政府财政部门责令限期改正，给予警告、通报批评，没收违法所得，违法所得二十万元以上的，对单位可以并处违法所得一倍以上十倍以下的罚款，没有违法所得或者违法所得不足二十万元的，可以并处二十万元以上二百万元以下的罚款；对其直接负责的主管人员和其他直接责任人员可以处十万元以上五十万元以下的罚款，情节严重的，可以处五十万元以上二百万元以下的罚款；属于公职人员的，还应当依法给予处分；其中的会计人员，五年内不得从事会计工作；构成犯罪的，依法追究刑事责任。

第四十二条 授意、指使、强令会计机构、会计人员及其他人员伪造、变造会计凭证、会计账簿，编制虚假财务会计报告或者隐匿、故意销毁依法应当保存的会计凭证、会计账簿、财务会计报告的，由县级以上人民政府财政部门给予警告、通报批评，可以并处二十万元以上一百万元以下的罚款；情节严重的，可以并处一百万元以上五百万元以下的罚款；属于公职人员的，还应当依法给予处分；构成犯罪的，依法追究刑事责任。

第四十三条 单位负责人对依法履行职责、抵制违反本法规定行为的会计人员以降级、撤职、调离工作岗位、解聘或者开除等方式实行打击报复的，依法给予处分；构成犯罪的，依法追究刑事责任。对受打击报复的会计人员，应当恢复其名誉和原有职务、级别。

第四十四条 财政部门及有关行政部门的工作人员在实施监督管理中滥用职权、玩忽职守、徇私舞弊或者泄露国家秘密、工作秘密、商业秘密、个人隐私、个人信息的，依法给予处分；构成犯罪的，依法追究刑事责任。

第四十五条 违反本法规定，将检举人姓名和检举材料转给被检举单位和被检举人个人的，依法给予处分。

第四十六条 违反本法规定，但具有《中华人民共和国行政处罚法》规定的从轻、减轻或者不予处罚情形的，依照其规定从轻、减轻或者不予处罚。

第四十七条 因违反本法规定受到处罚的，按照国家有关规定记入信用记录。

违反本法规定，同时违反其他法律规定的，由有关部门在各自职权范围内依法进行处罚。

第六章 附　　则

第四十八条 本法下列用语的含义：

单位负责人，是指单位法定代表人或者法律、行政法规规定代表单位行使职权的主要负责人。

国家统一的会计制度，是指国务院财政部门根据本法制定的关于会计核算、会计监督、会计机构和会计人员以及会计工作管理的制度。

第四十九条 中央军事委员会有关部门可以依照本法和国家统一的会计制度制定军队实施国家统一的会计制度的具体办法，抄送国务院财政部门。

第五十条 个体工商户会计管理的具体办法，由国务院财政部门根据本法的原则另行规定。

第五十一条 本法自2000年7月1日起施行。

中华人民共和国审计法

（1994年8月31日第八届全国人民代表大会常务委员会第九次会议通过，根据2006年2月28日第十届全国人民代表大会常务委员会第二十次会议《关于修改〈中华人民共和国审计法〉的决定》第一次修正，根据2021年10月23日第十三届全国人民代表大会常务委员会第三十一次会议《关于修改〈中华人民共和国审计法〉的决定》第二次修正）

第一章　总　　则

第一条　为了加强国家的审计监督，维护国家财政经济秩序，提高财政资金使用效益，促进廉政建设，保障国民经济和社会健康发展，根据宪法，制定本法。

第二条　国家实行审计监督制度。坚持中国共产党对审计工作的领导，构建集中统一、全面覆盖、权威高效的审计监督体系。

国务院和县级以上地方人民政府设立审计机关。

国务院各部门和地方各级人民政府及其各部门的财政收支，国有的金融机构和企业事业组织的财务收支，以及其他依照本法规定应当接受审计的财政收支、财务收支，依照本法规定接受审计监督。

审计机关对前款所列财政收支或者财务收支的真实、合法和效益，依法进行审计监督。

第三条　审计机关依照法律规定的职权和程序，进行审计监督。

审计机关依据有关财政收支、财务收支的法律、法规和国家其他有关规定进行审计评价，在法定职权范围内作出审计决定。

第四条　国务院和县级以上地方人民政府应当每年向本级人民代表大会常务委员会提出审计工作报告。审计工作报告应当报告审计机关对预算执行、决算草案以及其他财政收支的审计情况，重点报告对预算执行及其绩效的审计情况，按照有关法律、行政法规的规定报告对国有资源、国有资产的审计情况。必要时，人民代表大会常务委员会可以对审计工作报告作出决议。

国务院和县级以上地方人民政府应当将审计工作报告中指出的问题的整改情况和处理结果向本级人民代表大会常务委员会报告。

第五条　审计机关依照法律规定独立行使审计监督权，不受其他行政机关、社会团体和个人的干涉。

第六条　审计机关和审计人员办理审计事项，应当客观公正，实事求是，廉洁奉公，保守秘密。

第二章　审计机关和审计人员

第七条　国务院设立审计署，在国务院总理领导下，主管全国的审计工作。审计长是审计署的行政首长。

第八条　省、自治区、直辖市、设区的市、自治州、县、自治县、不设区的市、市辖区的人民政府的审计机关，分别在省长、自治区主席、市长、州长、县长、区长和上一级审计机关的领导下，负责本行政区域内的审计工作。

第九条　地方各级审计机关对本级人民政府和上一级审计机关负责并报告工作，审计业务以上级审计机关领导为主。

第十条 审计机关根据工作需要，经本级人民政府批准，可以在其审计管辖范围内设立派出机构。

派出机构根据审计机关的授权，依法进行审计工作。

第十一条 审计机关履行职责所必需的经费，应当列入预算予以保证。

第十二条 审计机关应当建设信念坚定、为民服务、业务精通、作风务实、敢于担当、清正廉洁的高素质专业化审计队伍。

审计机关应当加强对审计人员遵守法律和执行职务情况的监督，督促审计人员依法履职尽责。

审计机关和审计人员应当依法接受监督。

第十三条 审计人员应当具备与其从事的审计工作相适应的专业知识和业务能力。

审计机关根据工作需要，可以聘请具有与审计事项相关专业知识的人员参加审计工作。

第十四条 审计机关和审计人员不得参加可能影响其依法独立履行审计监督职责的活动，不得干预、插手被审计单位及其相关单位的正常生产经营和管理活动。

第十五条 审计人员办理审计事项，与被审计单位或者审计事项有利害关系的，应当回避。

第十六条 审计机关和审计人员对在执行职务中知悉的国家秘密、工作秘密、商业秘密、个人隐私和个人信息，应当予以保密，不得泄露或者向他人非法提供。

第十七条 审计人员依法执行职务，受法律保护。

任何组织和个人不得拒绝、阻碍审计人员依法执行职务，不得打击报复审计人员。

审计机关负责人依照法定程序任免。审计机关负责人没有违法失职或者其他不符合任职条件的情况的，不得随意撤换。

地方各级审计机关负责人的任免，应当事先征求上一级审计机关的意见。

第三章 审计机关职责

第十八条 审计机关对本级各部门（含直属单位）和下级政府预算的执行情况和决算以及其他财政收支情况，进行审计监督。

第十九条 审计署在国务院总理领导下，对中央预算执行情况、决算草案以及其他财政收支情况进行审计监督，向国务院总理提出审计结果报告。

地方各级审计机关分别在省长、自治区主席、市长、州长、县长、区长和上一级审计机关的领导下，对本级预算执行情况、决算草案以及其他财政收支情况进行审计监督，向本级人民政府和上一级审计机关提出审计结果报告。

第二十条 审计署对中央银行的财务收支，进行审计监督。

第二十一条 审计机关对国家的事业组织和使用财政资金的其他事业组织的财务收支，进行审计监督。

第二十二条 审计机关对国有企业、国有金融机构和国有资本占控股地位或者主导地位的企业、金融机构的资产、负债、损益以及其他财务收支情况，进行审计监督。

遇有涉及国家财政金融重大利益情形，为维护国家经济安全，经国务院批准，审计署可以对前款规定以外的金融机构进行专项审计调查或者审计。

第二十三条 审计机关对政府投资和以政府投资为主的建设项目的预算执行情况和决算，对其他关系国家利益和公共利益的重大公共工程项目的资金管理使用和建设运营情况，进行审计监督。

第二十四条 审计机关对国有资源、国有资产，进行审计监督。

审计机关对政府部门管理的和其他单位受政府委托管理的社会保险基金、全国社会保障基金、社会捐赠资金以及其他公共资金的财务收支，进行审计监督。

第二十五条　审计机关对国际组织和外国政府援助、贷款项目的财务收支，进行审计监督。

第二十六条　根据经批准的审计项目计划安排，审计机关可以对被审计单位贯彻落实国家重大经济社会政策措施情况进行审计监督。

第二十七条　除本法规定的审计事项外，审计机关对其他法律、行政法规规定应当由审计机关进行审计的事项，依照本法和有关法律、行政法规的规定进行审计监督。

第二十八条　审计机关可以对被审计单位依法应当接受审计的事项进行全面审计，也可以对其中的特定事项进行专项审计。

第二十九条　审计机关有权对与国家财政收支有关的特定事项，向有关地方、部门、单位进行专项审计调查，并向本级人民政府和上一级审计机关报告审计调查结果。

第三十条　审计机关履行审计监督职责，发现经济社会运行中存在风险隐患的，应当及时向本级人民政府报告或者向有关主管机关、单位通报。

第三十一条　审计机关根据被审计单位的财政、财务隶属关系或者国有资源、国有资产监督管理关系，确定审计管辖范围。

审计机关之间对审计管辖范围有争议的，由其共同的上级审计机关确定。

上级审计机关对其审计管辖范围内的审计事项，可以授权下级审计机关进行审计，但本法第十八条至第二十条规定的审计事项不得进行授权；上级审计机关对下级审计机关审计管辖范围内的重大审计事项，可以直接进行审计，但是应当防止不必要的重复审计。

第三十二条　被审计单位应当加强对内部审计工作的领导，按照国家有关规定建立健全内部审计制度。

审计机关应当对被审计单位的内部审计工作进行业务指导和监督。

第三十三条　社会审计机构审计的单位依法属于被审计单位的，审计机关按照国务院的规定，有权对该社会审计机构出具的相关审计报告进行核查。

第四章　审计机关权限

第三十四条　审计机关有权要求被审计单位按照审计机关的规定提供财务、会计资料以及与财政收支、财务收支有关的业务、管理等资料，包括电子数据和有关文档。被审计单位不得拒绝、拖延、谎报。

被审计单位负责人应当对本单位提供资料的及时性、真实性和完整性负责。

审计机关对取得的电子数据等资料进行综合分析，需要向被审计单位核实有关情况的，被审计单位应当予以配合。

第三十五条　国家政务信息系统和数据共享平台应当按照规定向审计机关开放。

审计机关通过政务信息系统和数据共享平台取得的电子数据等资料能够满足需要的，不得要求被审计单位重复提供。

第三十六条　审计机关进行审计时，有权检查被审计单位的财务、会计资料以及与财政收支、财务收支有关的业务、管理等资料和资产，有权检查被审计单位信息系统的安全性、可靠性、经济性，被审计单位不得拒绝。

第三十七条　审计机关进行审计时，有权就审计事项的有关问题向有关单位和个人进行调查，并取得有关证明材料。有关单位和个人应当支持、协助审计机关工作，如实向审计机关反映情况，提供有关证明材料。

审计机关经县级以上人民政府审计机关负责人批准，有权查询被审计单位在金融机构的账户。

审计机关有证据证明被审计单位违反国家规定将公款转入其他单位、个人在金融机构账户的，经县级以上人民政府审计机关主要负责人批准，有权查询有关单位、个人在金融机构与审计事项相关的存款。

第三十八条 审计机关进行审计时，被审计单位不得转移、隐匿、篡改、毁弃财务、会计资料以及与财政收支、财务收支有关的业务、管理等资料，不得转移、隐匿、故意毁损所持有的违反国家规定取得的资产。

审计机关对被审计单位违反前款规定的行为，有权予以制止；必要时，经县级以上人民政府审计机关负责人批准，有权封存有关资料和违反国家规定取得的资产；对其中在金融机构的有关存款需要予以冻结的，应当向人民法院提出申请。

审计机关对被审计单位正在进行的违反国家规定的财政收支、财务收支行为，有权予以制止；制止无效的，经县级以上人民政府审计机关负责人批准，通知财政部门和有关主管机关、单位暂停拨付与违反国家规定的财政收支、财务收支行为直接有关的款项，已经拨付的，暂停使用。

审计机关采取前两款规定的措施不得影响被审计单位合法的业务活动和生产经营活动。

第三十九条 审计机关认为被审计单位所执行的上级主管机关、单位有关财政收支、财务收支的规定与法律、行政法规相抵触的，应当建议有关主管机关、单位纠正；有关主管机关、单位不予纠正的，审计机关应当提请有权处理的机关、单位依法处理。

第四十条 审计机关可以向政府有关部门通报或者向社会公布审计结果。

审计机关通报或者公布审计结果，应当保守国家秘密、工作秘密、商业秘密、个人隐私和个人信息，遵守法律、行政法规和国务院的有关规定。

第四十一条 审计机关履行审计监督职责，可以提请公安、财政、自然资源、生态环境、海关、税务、市场监督管理等机关予以协助。有关机关应当依法予以配合。

第五章 审计程序

第四十二条 审计机关根据经批准的审计项目计划确定的审计事项组成审计组，并应当在实施审计三日前，向被审计单位送达审计通知书；遇有特殊情况，经县级以上人民政府审计机关负责人批准，可以直接持审计通知书实施审计。

被审计单位应当配合审计机关的工作，并提供必要的工作条件。

审计机关应当提高审计工作效率。

第四十三条 审计人员通过审查财务、会计资料，查阅与审计事项有关的文件、资料，检查现金、实物、有价证券和信息系统，向有关单位和个人调查等方式进行审计，并取得证明材料。

向有关单位和个人进行调查时，审计人员应当不少于二人，并出示其工作证件和审计通知书副本。

第四十四条 审计组对审计事项实施审计后，应当向审计机关提出审计组的审计报告。审计组的审计报告报送审计机关前，应当征求被审计单位的意见。被审计单位应当自接到审计组的审计报告之日起十日内，将其书面意见送交审计组。审计组应当将被审计单位的书面意见一并报送审计机关。

第四十五条 审计机关按照审计署规定的程序对审计组的审计报告进行审议，并对被审计单位对审计组的审计报告提出的意见一并研究后，出具审计机关的审计报告。对违反国家规定的财政收支、财务收支行为，依法应当给予处理、处罚的，审计机关在法定职权范围内作出审计决定；需要移送有关主管机关、单位处理、处罚的，审计机关应当依法移送。

审计机关应当将审计机关的审计报告和审计决定送达被审计单位和有关主管机关、单位，并报上一级审计机关。审计决定自送达之日起生效。

第四十六条 上级审计机关认为下级审计机关作出的审计决定违反国家有关规定的，可以责成下级审计机关予以变更或者撤销，必要时也可以直接作出变更或者撤销的决定。

第六章　法律责任

第四十七条　被审计单位违反本法规定，拒绝、拖延提供与审计事项有关的资料的，或者提供的资料不真实、不完整的，或者拒绝、阻碍检查、调查、核实有关情况的，由审计机关责令改正，可以通报批评，给予警告；拒不改正的，依法追究法律责任。

第四十八条　被审计单位违反本法规定，转移、隐匿、篡改、毁弃财务、会计资料以及与财政收支、财务收支有关的业务、管理等资料，或者转移、隐匿、故意毁损所持有的违反国家规定取得的资产，审计机关认为对直接负责的主管人员和其他直接责任人员依法应当给予处分的，应当向被审计单位提出处理建议，或者移送监察机关和有关主管机关、单位处理，有关机关、单位应当将处理结果书面告知审计机关；构成犯罪的，依法追究刑事责任。

第四十九条　对本级各部门（含直属单位）和下级政府违反预算的行为或者其他违反国家规定的财政收支行为，审计机关、人民政府或者有关主管机关、单位在法定职权范围内，依照法律、行政法规的规定，区别情况采取下列处理措施：

（一）责令限期缴纳应当上缴的款项；

（二）责令限期退还被侵占的国有资产；

（三）责令限期退还违法所得；

（四）责令按照国家统一的财务、会计制度的有关规定进行处理；

（五）其他处理措施。

第五十条　对被审计单位违反国家规定的财务收支行为，审计机关、人民政府或者有关主管机关、单位在法定职权范围内，依照法律、行政法规的规定，区别情况采取前条规定的处理措施，并可以依法给予处罚。

第五十一条　审计机关在法定职权范围内作出的审计决定，被审计单位应当执行。

审计机关依法责令被审计单位缴纳应当上缴的款项，被审计单位拒不执行的，审计机关应当通报有关主管机关、单位，有关主管机关、单位应当依照有关法律、行政法规的规定予以扣缴或者采取其他处理措施，并将处理结果书面告知审计机关。

第五十二条　被审计单位应当按照规定时间整改审计查出的问题，将整改情况报告审计机关，同时向本级人民政府或者有关主管机关、单位报告，并按照规定向社会公布。

各级人民政府和有关主管机关、单位应当督促被审计单位整改审计查出的问题。审计机关应当对被审计单位整改情况进行跟踪检查。

审计结果以及整改情况应当作为考核、任免、奖惩领导干部和制定政策、完善制度的重要参考；拒不整改或者整改时弄虚作假的，依法追究法律责任。

第五十三条　被审计单位对审计机关作出的有关财务收支的审计决定不服的，可以依法申请行政复议或者提起行政诉讼。

被审计单位对审计机关作出的有关财政收支的审计决定不服的，可以提请审计机关的本级人民政府裁决，本级人民政府的裁决为最终决定。

第五十四条　被审计单位的财政收支、财务收支违反国家规定，审计机关认为对直接负责的主管人员和其他直接责任人员依法应当给予处分的，应当向被审计单位提出处理建议，或者移送监察机关和有关主管机关、单位处理，有关机关、单位应当将处理结果书面告知审计机关。

第五十五条　被审计单位的财政收支、财务收支违反法律、行政法规的规定，构成犯罪的，依法追究刑事责任。

第五十六条　报复陷害审计人员的，依法给予处分；构成犯罪的，依法追究刑事责任。

第五十七条　审计人员滥用职权、徇私舞弊、玩忽职守或者泄露、向他人非法提供所知悉的国家秘密、工作秘密、商业秘密、个人隐私和个人信息的，依法给予处分；构成犯罪的，依法追究刑事责任。

第七章 附 则

第五十八条 领导干部经济责任审计和自然资源资产离任审计，依照本法和国家有关规定执行。

第五十九条 中国人民解放军和中国人民武装警察部队审计工作的规定，由中央军事委员会根据本法制定。

审计机关和军队审计机构应当建立健全协作配合机制，按照国家有关规定对涉及军地经济事项实施联合审计。

第六十条 本法自1995年1月1日起施行。1988年11月30日国务院发布的《中华人民共和国审计条例》同时废止。

中华人民共和国政府采购法

（2002年6月29日第九届全国人民代表大会常务委员会第二十八次会议通过，根据2014年8月31日第十二届全国人民代表大会常务委员会第十次会议《关于修改〈中华人民共和国保险法〉等五部法律的决定》修正）

第一章 总 则

第一条 为了规范政府采购行为，提高政府采购资金的使用效益，维护国家利益和社会公共利益，保护政府采购当事人的合法权益，促进廉政建设，制定本法。

第二条 在中华人民共和国境内进行的政府采购适用本法。

本法所称政府采购，是指各级国家机关、事业单位和团体组织，使用财政性资金采购依法制定的集中采购目录以内的或者采购限额标准以上的货物、工程和服务的行为。

政府集中采购目录和采购限额标准依照本法规定的权限制定。

本法所称采购，是指以合同方式有偿取得货物、工程和服务的行为，包括购买、租赁、委托、雇用等。

本法所称货物，是指各种形态和种类的物品，包括原材料、燃料、设备、产品等。

本法所称工程，是指建设工程，包括建筑物和构筑物的新建、改建、扩建、装修、拆除、修缮等。

本法所称服务，是指除货物和工程以外的其他政府采购对象。

第三条 政府采购应当遵循公开透明原则、公平竞争原则、公正原则和诚实信用原则。

第四条 政府采购工程进行招标投标的，适用招标投标法。

第五条 任何单位和个人不得采用任何方式，阻挠和限制供应商自由进入本地区和本行业的政府采购市场。

第六条 政府采购应当严格按照批准的预算执行。

第七条 政府采购实行集中采购和分散采购相结合。集中采购的范围由省级以上人民政府公布的集中采购目录确定。

属于中央预算的政府采购项目，其集中采购目录由国务院确定并公布；属于地方预算的政府采购项目，其集中采购目录由省、自治区、直辖市人民政府或者其授权的机构确定并公布。

纳入集中采购目录的政府采购项目，应当实行集中采购。

第八条　政府采购限额标准，属于中央预算的政府采购项目，由国务院确定并公布；属于地方预算的政府采购项目，由省、自治区、直辖市人民政府或者其授权的机构确定并公布。

第九条　政府采购应当有助于实现国家的经济和社会发展政策目标，包括保护环境，扶持不发达地区和少数民族地区，促进中小企业发展等。

第十条　政府采购应当采购本国货物、工程和服务。但有下列情形之一的除外：

（一）需要采购的货物、工程或者服务在中国境内无法获取或者无法以合理的商业条件获取的；

（二）为在中国境外使用而进行采购的；

（三）其他法律、行政法规另有规定的。

前款所称本国货物、工程和服务的界定，依照国务院有关规定执行。

第十一条　政府采购的信息应当在政府采购监督管理部门指定的媒体上及时向社会公开发布，但涉及商业秘密的除外。

第十二条　在政府采购活动中，采购人员及相关人员与供应商有利害关系的，必须回避。供应商认为采购人员及相关人员与其他供应商有利害关系的，可以申请其回避。

前款所称相关人员，包括招标采购中评标委员会的组成人员，竞争性谈判采购中谈判小组的组成人员，询价采购中询价小组的组成人员等。

第十三条　各级人民政府财政部门是负责政府采购监督管理的部门，依法履行对政府采购活动的监督管理职责。

各级人民政府其他有关部门依法履行与政府采购活动有关的监督管理职责。

第二章　政府采购当事人

第十四条　政府采购当事人是指在政府采购活动中享有权利和承担义务的各类主体，包括采购人、供应商和采购代理机构等。

第十五条　采购人是指依法进行政府采购的国家机关、事业单位、团体组织。

第十六条　集中采购机构为采购代理机构。设区的市、自治州以上人民政府根据本级政府采购项目组织集中采购的需要设立集中采购机构。

集中采购机构是非营利事业法人，根据采购人的委托办理采购事宜。

第十七条　集中采购机构进行政府采购活动，应当符合采购价格低于市场平均价格、采购效率更高、采购质量优良和服务良好的要求。

第十八条　采购人采购纳入集中采购目录的政府采购项目，必须委托集中采购机构代理采购；采购未纳入集中采购目录的政府采购项目，可以自行采购，也可以委托集中采购机构在委托的范围内代理采购。

纳入集中采购目录属于通用的政府采购项目的，应当委托集中采购机构代理采购；属于本部门、本系统有特殊要求的项目，应当实行部门集中采购；属于本单位有特殊要求的项目，经省级以上人民政府批准，可以自行采购。

第十九条　采购人可以委托集中采购机构以外的采购代理机构，在委托的范围内办理政府采购事宜。

采购人有权自行选择采购代理机构，任何单位和个人不得以任何方式为采购人指定采购代理机构。

第二十条　采购人依法委托采购代理机构办理采购事宜的，应当由采购人与采购代理机构签订委托代理协议，依法确定委托代理的事项，约定双方的权利义务。

第二十一条　供应商是指向采购人提供

货物、工程或者服务的法人、其他组织或者自然人。

第二十二条 供应商参加政府采购活动应当具备下列条件：

（一）具有独立承担民事责任的能力；

（二）具有良好的商业信誉和健全的财务会计制度；

（三）具有履行合同所必需的设备和专业技术能力；

（四）有依法缴纳税收和社会保障资金的良好记录；

（五）参加政府采购活动前三年内，在经营活动中没有重大违法记录；

（六）法律、行政法规规定的其他条件。

采购人可以根据采购项目的特殊要求，规定供应商的特定条件，但不得以不合理的条件对供应商实行差别待遇或者歧视待遇。

第二十三条 采购人可以要求参加政府采购的供应商提供有关资质证明文件和业绩情况，并根据本法规定的供应商条件和采购项目对供应商的特定要求，对供应商的资格进行审查。

第二十四条 两个以上的自然人、法人或者其他组织可以组成一个联合体，以一个供应商的身份共同参加政府采购。

以联合体形式进行政府采购的，参加联合体的供应商均应当具备本法第二十二条规定的条件，并应当向采购人提交联合协议，载明联合体各方承担的工作和义务。联合体各方应当共同与采购人签订采购合同，就采购合同约定的事项对采购人承担连带责任。

第二十五条 政府采购当事人不得相互串通损害国家利益、社会公共利益和其他当事人的合法权益；不得以任何手段排斥其他供应商参与竞争。

供应商不得以向采购人、采购代理机构、评标委员会的组成人员、竞争性谈判小组的组成人员、询价小组的组成人员行贿或者采取其他不正当手段谋取中标或者成交。

采购代理机构不得以向采购人行贿或者采取其他不正当手段谋取非法利益。

第三章 政府采购方式

第二十六条 政府采购采用以下方式：

（一）公开招标；

（二）邀请招标；

（三）竞争性谈判；

（四）单一来源采购；

（五）询价；

（六）国务院政府采购监督管理部门认定的其他采购方式。

公开招标应作为政府采购的主要采购方式。

第二十七条 采购人采购货物或者服务应当采用公开招标方式的，其具体数额标准，属于中央预算的政府采购项目，由国务院规定；属于地方预算的政府采购项目，由省、自治区、直辖市人民政府规定；因特殊情况需要采用公开招标以外的采购方式的，应当在采购活动开始前获得设区的市、自治州以上人民政府采购监督管理部门的批准。

第二十八条 采购人不得将应当以公开招标方式采购的货物或者服务化整为零或者以其他任何方式规避公开招标采购。

第二十九条 符合下列情形之一的货物或者服务，可以依照本法采用邀请招标方式采购：

（一）具有特殊性，只能从有限范围的供应商处采购的；

（二）采用公开招标方式的费用占政府采购项目总价值的比例过大的。

第三十条 符合下列情形之一的货物或者服务，可以依照本法采用竞争性谈判方式采购：

（一）招标后没有供应商投标或者没有合格标的或者重新招标未能成立的；

（二）技术复杂或者性质特殊，不能确定详细规格或者具体要求的；

（三）采用招标所需时间不能满足用户

紧急需要的；

（四）不能事先计算出价格总额的。

第三十一条　符合下列情形之一的货物或者服务，可以依照本法采用单一来源方式采购：

（一）只能从唯一供应商处采购的；

（二）发生了不可预见的紧急情况不能从其他供应商处采购的；

（三）必须保证原有采购项目一致性或者服务配套的要求，需要继续从原供应商处添购，且添购资金总额不超过原合同采购金额百分之十的。

第三十二条　采购的货物规格、标准统一、现货货源充足且价格变化幅度小的政府采购项目，可以依照本法采用询价方式采购。

第四章　政府采购程序

第三十三条　负有编制部门预算职责的部门在编制下一财政年度部门预算时，应当将该财政年度政府采购的项目及资金预算列出，报本级财政部门汇总。部门预算的审批，按预算管理权限和程序进行。

第三十四条　货物或者服务项目采取邀请招标方式采购的，采购人应当从符合相应资格条件的供应商中，通过随机方式选择三家以上的供应商，并向其发出投标邀请书。

第三十五条　货物和服务项目实行招标方式采购的，自招标文件开始发出之日起至投标人提交投标文件截止之日止，不得少于二十日。

第三十六条　在招标采购中，出现下列情形之一的，应予废标：

（一）符合专业条件的供应商或者对招标文件作实质响应的供应商不足三家的；

（二）出现影响采购公正的违法、违规行为的；

（三）投标人的报价均超过了采购预算，采购人不能支付的；

（四）因重大变故，采购任务取消的。

废标后，采购人应当将废标理由通知所有投标人。

第三十七条　废标后，除采购任务取消情形外，应当重新组织招标；需要采取其他方式采购的，应当在采购活动开始前获得设区的市、自治州以上人民政府采购监督管理部门或者政府有关部门批准。

第三十八条　采用竞争性谈判方式采购的，应当遵循下列程序：

（一）成立谈判小组。谈判小组由采购人的代表和有关专家共三人以上的单数组成，其中专家的人数不得少于成员总数的三分之二。

（二）制定谈判文件。谈判文件应当明确谈判程序、谈判内容、合同草案的条款以及评定成交的标准等事项。

（三）确定邀请参加谈判的供应商名单。谈判小组从符合相应资格条件的供应商名单中确定不少于三家的供应商参加谈判，并向其提供谈判文件。

（四）谈判。谈判小组所有成员集中与单一供应商分别进行谈判。在谈判中，谈判的任何一方不得透露与谈判有关的其他供应商的技术资料、价格和其他信息。谈判文件有实质性变动的，谈判小组应当以书面形式通知所有参加谈判的供应商。

（五）确定成交供应商。谈判结束后，谈判小组应当要求所有参加谈判的供应商在规定时间内进行最后报价，采购人从谈判小组提出的成交候选人中根据符合采购需求、质量和服务相等且报价最低的原则确定成交供应商，并将结果通知所有参加谈判的未成交的供应商。

第三十九条　采取单一来源方式采购的，采购人与供应商应当遵循本法规定的原则，在保证采购项目质量和双方商定合理价格的基础上进行采购。

第四十条　采取询价方式采购的，应当遵循下列程序：

（一）成立询价小组。询价小组由采购人的代表和有关专家共三人以上的单数组成，其中专家的人数不得少于成员总数的三分之二。询价小组应当对采购项目的价格构成和评定成交的标准等事项作出规定。

（二）确定被询价的供应商名单。询价小组根据采购需求，从符合相应资格条件的供应商名单中确定不少于三家的供应商，并向其发出询价通知书让其报价。

（三）询价。询价小组要求被询价的供应商一次报出不得更改的价格。

（四）确定成交供应商。采购人根据符合采购需求、质量和服务相等且报价最低的原则确定成交供应商，并将结果通知所有被询价的未成交的供应商。

第四十一条 采购人或者其委托的采购代理机构应当组织对供应商履约的验收。大型或者复杂的政府采购项目，应当邀请国家认可的质量检测机构参加验收工作。验收方成员应当在验收书上签字，并承担相应的法律责任。

第四十二条 采购人、采购代理机构对政府采购项目每项采购活动的采购文件应当妥善保存，不得伪造、变造、隐匿或者销毁。采购文件的保存期限为从采购结束之日起至少保存十五年。

采购文件包括采购活动记录、采购预算、招标文件、投标文件、评标标准、评估报告、定标文件、合同文本、验收证明、质疑答复、投诉处理决定及其他有关文件、资料。

采购活动记录至少应当包括下列内容：

（一）采购项目类别、名称；

（二）采购项目预算、资金构成和合同价格；

（三）采购方式，采用公开招标以外的采购方式的，应当载明原因；

（四）邀请和选择供应商的条件及原因；

（五）评标标准及确定中标人的原因；

（六）废标的原因；

（七）采用招标以外采购方式的相应记载。

第五章 政府采购合同

第四十三条 政府采购合同适用合同法。采购人和供应商之间的权利和义务，应当按照平等、自愿的原则以合同方式约定。

采购人可以委托采购代理机构代表其与供应商签订政府采购合同。由采购代理机构以采购人名义签订合同的，应当提交采购人的授权委托书，作为合同附件。

第四十四条 政府采购合同应当采用书面形式。

第四十五条 国务院政府采购监督管理部门应当会同国务院有关部门，规定政府采购合同必须具备的条款。

第四十六条 采购人与中标、成交供应商应当在中标、成交通知书发出之日起三十日内，按照采购文件确定的事项签订政府采购合同。

中标、成交通知书对采购人和中标、成交供应商均具有法律效力。中标、成交通知书发出后，采购人改变中标、成交结果的，或者中标、成交供应商放弃中标、成交项目的，应当依法承担法律责任。

第四十七条 政府采购项目的采购合同自签订之日起七个工作日内，采购人应当将合同副本报同级政府采购监督管理部门和有关部门备案。

第四十八条 经采购人同意，中标、成交供应商可以依法采取分包方式履行合同。

政府采购合同分包履行的，中标、成交供应商就采购项目和分包项目向采购人负责，分包供应商就分包项目承担责任。

第四十九条 政府采购合同履行中，采购人需追加与合同标的相同的货物、工程或者服务的，在不改变合同其他条款的前提下，可以与供应商协商签订补充合同，但所有补充合同的采购金额不得超过原合同采购金额的百分之十。

第五十条 政府采购合同的双方当事人不得擅自变更、中止或者终止合同。

政府采购合同继续履行将损害国家利益和社会公共利益的，双方当事人应当变更、中止或者终止合同。有过错的一方应当承担赔偿责任，双方都有过错的，各自承担相应的责任。

第六章　质疑与投诉

第五十一条　供应商对政府采购活动事项有疑问的，可以向采购人提出询问，采购人应当及时作出答复，但答复的内容不得涉及商业秘密。

第五十二条　供应商认为采购文件、采购过程和中标、成交结果使自己的权益受到损害的，可以在知道或者应知其权益受到损害之日起七个工作日内，以书面形式向采购人提出质疑。

第五十三条　采购人应当在收到供应商的书面质疑后七个工作日内作出答复，并以书面形式通知质疑供应商和其他有关供应商，但答复的内容不得涉及商业秘密。

第五十四条　采购人委托采购代理机构采购的，供应商可以向采购代理机构提出询问或者质疑，采购代理机构应当依照本法第五十一条、第五十三条的规定就采购人委托授权范围内的事项作出答复。

第五十五条　质疑供应商对采购人、采购代理机构的答复不满意或者采购人、采购代理机构未在规定的时间内作出答复的，可以在答复期满后十五个工作日内向同级政府采购监督管理部门投诉。

第五十六条　政府采购监督管理部门应当在收到投诉后三十个工作日内，对投诉事项作出处理决定，并以书面形式通知投诉人和与投诉事项有关的当事人。

第五十七条　政府采购监督管理部门在处理投诉事项期间，可以视具体情况书面通知采购人暂停采购活动，但暂停时间最长不得超过三十日。

第五十八条　投诉人对政府采购监督管理部门的投诉处理决定不服或者政府采购监督管理部门逾期未作处理的，可以依法申请行政复议或者向人民法院提起行政诉讼。

第七章　监督检查

第五十九条　政府采购监督管理部门应当加强对政府采购活动及集中采购机构的监督检查。

监督检查的主要内容是：

（一）有关政府采购的法律、行政法规和规章的执行情况；

（二）采购范围、采购方式和采购程序的执行情况；

（三）政府采购人员的职业素质和专业技能。

第六十条　政府采购监督管理部门不得设置集中采购机构，不得参与政府采购项目的采购活动。

采购代理机构与行政机关不得存在隶属关系或者其他利益关系。

第六十一条　集中采购机构应当建立健全内部监督管理制度。采购活动的决策和执行程序应当明确，并相互监督、相互制约。经办采购的人员与负责采购合同审核、验收人员的职责权限应当明确，并相互分离。

第六十二条　集中采购机构的采购人员应当具有相关职业素质和专业技能，符合政府采购监督管理部门规定的专业岗位任职要求。

集中采购机构对其工作人员应当加强教育和培训；对采购人员的专业水平、工作实绩和职业道德状况定期进行考核。采购人员经考核不合格的，不得继续任职。

第六十三条　政府采购项目的采购标准应当公开。

采用本法规定的采购方式的，采购人在采购活动完成后，应当将采购结果予以公布。

第六十四条　采购人必须按照本法规定的采购方式和采购程序进行采购。

任何单位和个人不得违反本法规定，要

求采购人或者采购工作人员向其指定的供应商进行采购。

第六十五条　政府采购监督管理部门应当对政府采购项目的采购活动进行检查，政府采购当事人应当如实反映情况，提供有关材料。

第六十六条　政府采购监督管理部门应当对集中采购机构的采购价格、节约资金效果、服务质量、信誉状况、有无违法行为等事项进行考核，并定期如实公布考核结果。

第六十七条　依照法律、行政法规的规定对政府采购负有行政监督职责的政府有关部门，应当按照其职责分工，加强对政府采购活动的监督。

第六十八条　审计机关应当对政府采购进行审计监督。政府采购监督管理部门、政府采购各当事人有关政府采购活动，应当接受审计机关的审计监督。

第六十九条　监察机关应当加强对参与政府采购活动的国家机关、国家公务员和国家行政机关任命的其他人员实施监察。

第七十条　任何单位和个人对政府采购活动中的违法行为，有权控告和检举，有关部门、机关应当依照各自职责及时处理。

第八章　法律责任

第七十一条　采购人、采购代理机构有下列情形之一的，责令限期改正，给予警告，可以并处罚款，对直接负责的主管人员和其他直接责任人员，由其行政主管部门或者有关机关给予处分，并予通报：

（一）应当采用公开招标方式而擅自采用其他方式采购的；

（二）擅自提高采购标准的；

（三）以不合理的条件对供应商实行差别待遇或者歧视待遇的；

（四）在招标采购过程中与投标人进行协商谈判的；

（五）中标、成交通知书发出后不与中标、成交供应商签订采购合同的；

（六）拒绝有关部门依法实施监督检查的。

第七十二条　采购人、采购代理机构及其工作人员有下列情形之一，构成犯罪的，依法追究刑事责任；尚不构成犯罪的，处以罚款，有违法所得的，并处没收违法所得，属于国家机关工作人员的，依法给予行政处分：

（一）与供应商或者采购代理机构恶意串通的；

（二）在采购过程中接受贿赂或者获取其他不正当利益的；

（三）在有关部门依法实施的监督检查中提供虚假情况的；

（四）开标前泄露标底的。

第七十三条　有前两条违法行为之一影响中标、成交结果或者可能影响中标、成交结果的，按下列情况分别处理：

（一）未确定中标、成交供应商的，终止采购活动；

（二）中标、成交供应商已经确定但采购合同尚未履行的，撤销合同，从合格的中标、成交候选人中另行确定中标、成交供应商；

（三）采购合同已经履行的，给采购人、供应商造成损失的，由责任人承担赔偿责任。

第七十四条　采购人对应当实行集中采购的政府采购项目，不委托集中采购机构实行集中采购的，由政府采购监督管理部门责令改正；拒不改正的，停止按预算向其支付资金，由其上级行政主管部门或者有关机关依法给予其直接负责的主管人员和其他直接责任人员处分。

第七十五条　采购人未依法公布政府采购项目的采购标准和采购结果的，责令改正，对直接负责的主管人员依法给予处分。

第七十六条　采购人、采购代理机构违反本法规定隐匿、销毁应当保存的采购文件或者伪造、变造采购文件的，由政府采购监督管理部门处以二万元以上十万元以下的罚款，对其直接负责的主管人员和其他直接责任人员依法给予处分；构成犯罪的，依法追究刑事责任。

第七十七条　供应商有下列情形之一的，处以采购金额千分之五以上千分之十以下的罚款，列入不良行为记录名单，在一至三年内禁止参加政府采购活动，有违法所得的，并处没收违法所得，情节严重的，由工商行政管理机关吊销营业执照；构成犯罪的，依法追究刑事责任：

（一）提供虚假材料谋取中标、成交的；

（二）采取不正当手段诋毁、排挤其他供应商的；

（三）与采购人、其他供应商或者采购代理机构恶意串通的；

（四）向采购人、采购代理机构行贿或者提供其他不正当利益的；

（五）在招标采购过程中与采购人进行协商谈判的；

（六）拒绝有关部门监督检查或者提供虚假情况的。

供应商有前款第（一）至（五）项情形之一的，中标、成交无效。

第七十八条　采购代理机构在代理政府采购业务中有违法行为的，按照有关法律规定处以罚款，可以在一至三年内禁止其代理政府采购业务，构成犯罪的，依法追究刑事责任。

第七十九条　政府采购当事人有本法第七十一条、第七十二条、第七十七条违法行为之一，给他人造成损失的，并应依照有关民事法律规定承担民事责任。

第八十条　政府采购监督管理部门的工作人员在实施监督检查中违反本法规定滥用职权，玩忽职守，徇私舞弊的，依法给予行政处分；构成犯罪的，依法追究刑事责任。

第八十一条　政府采购监督管理部门对供应商的投诉逾期未作处理的，给予直接负责的主管人员和其他直接责任人员行政处分。

第八十二条　政府采购监督管理部门对集中采购机构业绩的考核，有虚假陈述，隐瞒真实情况的，或者不作定期考核和公布考核结果的，应当及时纠正，由其上级机关或者监察机关对其负责人进行通报，并对直接负责的人员依法给予行政处分。

集中采购机构在政府采购监督管理部门考核中，虚报业绩，隐瞒真实情况的，处以二万元以上二十万元以下的罚款，并予以通报；情节严重的，取消其代理采购的资格。

第八十三条　任何单位或者个人阻挠和限制供应商进入本地区或者本行业政府采购市场的，责令限期改正；拒不改正的，由该单位、个人的上级行政主管部门或者有关机关给予单位责任人或者个人处分。

第九章　附　　则

第八十四条　使用国际组织和外国政府贷款进行的政府采购，贷款方、资金提供方与中方达成的协议对采购的具体条件另有规定的，可以适用其规定，但不得损害国家利益和社会公共利益。

第八十五条　对因严重自然灾害和其他不可抗力事件所实施的紧急采购和涉及国家安全和秘密的采购，不适用本法。

第八十六条　军事采购法规由中央军事委员会另行制定。

第八十七条　本法实施的具体步骤和办法由国务院规定。

第八十八条　本法自2003年1月1日起施行。

中华人民共和国招标投标法

（1999年8月30日第九届全国人民代表大会常务委员会第十一次会议通过，根据2017年12月27日第十二届全国人民代表大会常务委员会第三十一次会议《关于修改〈中华人民共和国招标投标法〉、〈中华人民共和国计量法〉的决定》修正）

第一章　总　　则

第一条　为了规范招标投标活动，保护国家利益、社会公共利益和招标投标活动当事人的合法权益，提高经济效益，保证项目质量，制定本法。

第二条　在中华人民共和国境内进行招标投标活动，适用本法。

第三条　在中华人民共和国境内进行下列工程建设项目包括项目的勘察、设计、施工、监理以及与工程建设有关的重要设备、材料等的采购，必须进行招标：

（一）大型基础设施、公用事业等关系社会公共利益、公众安全的项目；

（二）全部或者部分使用国有资金投资或者国家融资的项目；

（三）使用国际组织或者外国政府贷款、援助资金的项目。

前款所列项目的具体范围和规模标准，由国务院发展计划部门会同国务院有关部门制订，报国务院批准。

法律或者国务院对必须进行招标的其他项目的范围有规定的，依照其规定。

第四条　任何单位和个人不得将依法必须进行招标的项目化整为零或者以其他任何方式规避招标。

第五条　招标投标活动应当遵循公开、公平、公正和诚实信用的原则。

第六条　依法必须进行招标的项目，其招标投标活动不受地区或者部门的限制。任何单位和个人不得违法限制或者排斥本地区、本系统以外的法人或者其他组织参加投标，不得以任何方式非法干涉招标投标活动。

第七条　招标投标活动及其当事人应当接受依法实施的监督。

有关行政监督部门依法对招标投标活动实施监督，依法查处招标投标活动中的违法行为。

对招标投标活动的行政监督及有关部门的具体职权划分，由国务院规定。

第二章　招　　标

第八条　招标人是依照本法规定提出招标项目、进行招标的法人或者其他组织。

第九条　招标项目按照国家有关规定需要履行项目审批手续的，应当先履行审批手续，取得批准。

招标人应当有进行招标项目的相应资金或者资金来源已经落实，并应当在招标文件中如实载明。

第十条　招标分为公开招标和邀请招标。

公开招标，是指招标人以招标公告的方式邀请不特定的法人或者其他组织投标。

邀请招标，是指招标人以投标邀请书的方式邀请特定的法人或者其他组织投标。

第十一条　国务院发展计划部门确定的国家重点项目和省、自治区、直辖市人民政府确定的地方重点项目不适宜公开招标的，经国务院发展计划部门或者省、自治区、直辖市人民政府批准，可以进行邀请招标。

第十二条 招标人有权自行选择招标代理机构，委托其办理招标事宜。任何单位和个人不得以任何方式为招标人指定招标代理机构。

招标人具有编制招标文件和组织评标能力的，可以自行办理招标事宜。任何单位和个人不得强制其委托招标代理机构办理招标事宜。

依法必须进行招标的项目，招标人自行办理招标事宜的，应当向有关行政监督部门备案。

第十三条 招标代理机构是依法设立、从事招标代理业务并提供相关服务的社会中介组织。

招标代理机构应当具备下列条件：

（一）有从事招标代理业务的营业场所和相应资金；

（二）有能够编制招标文件和组织评标的相应专业力量。

第十四条 招标代理机构与行政机关和其他国家机关不得存在隶属关系或者其他利益关系。

第十五条 招标代理机构应当在招标人委托的范围内办理招标事宜，并遵守本法关于招标人的规定。

第十六条 招标人采用公开招标方式的，应当发布招标公告。依法必须进行招标的项目的招标公告，应当通过国家指定的报刊、信息网络或者其他媒介发布。

招标公告应当载明招标人的名称和地址、招标项目的性质、数量、实施地点和时间以及获取招标文件的办法等事项。

第十七条 招标人采用邀请招标方式的，应当向三个以上具备承担招标项目的能力、资信良好的特定的法人或者其他组织发出投标邀请书。

投标邀请书应当载明本法第十六条第二款规定的事项。

第十八条 招标人可以根据招标项目本身的要求，在招标公告或者投标邀请书中，要求潜在投标人提供有关资质证明文件和业绩情况，并对潜在投标人进行资格审查；国家对投标人的资格条件有规定的，依照其规定。

招标人不得以不合理的条件限制或者排斥潜在投标人，不得对潜在投标人实行歧视待遇。

第十九条 招标人应当根据招标项目的特点和需要编制招标文件。招标文件应当包括招标项目的技术要求、对投标人资格审查的标准、投标报价要求和评标标准等所有实质性要求和条件以及拟签订合同的主要条款。

国家对招标项目的技术、标准有规定的，招标人应当按照其规定在招标文件中提出相应要求。

招标项目需要划分标段、确定工期的，招标人应当合理划分标段、确定工期，并在招标文件中载明。

第二十条 招标文件不得要求或者标明特定的生产供应者以及含有倾向或者排斥潜在投标人的其他内容。

第二十一条 招标人根据招标项目的具体情况，可以组织潜在投标人踏勘项目现场。

第二十二条 招标人不得向他人透露已获取招标文件的潜在投标人的名称、数量以及可能影响公平竞争的有关招标投标的其他情况。

招标人设有标底的，标底必须保密。

第二十三条 招标人对已发出的招标文件进行必要的澄清或者修改的，应当在招标文件要求提交投标文件截止时间至少十五日前，以书面形式通知所有招标文件收受人。该澄清或者修改的内容为招标文件的组成部分。

第二十四条 招标人应当确定投标人编制投标文件所需要的合理时间；但是，依法必须进行招标的项目，自招标文件开始发出之日起至投标人提交投标文件截止之日止，最短不得少于二十日。

第三章 投 标

第二十五条 投标人是响应招标、参加投标竞争的法人或者其他组织。

依法招标的科研项目允许个人参加投标的，投标的个人适用本法有关投标人的规定。

第二十六条 投标人应当具备承担招标项目的能力；国家有关规定对投标人资格条件或者招标文件对投标人资格条件有规定的，投标人应当具备规定的资格条件。

第二十七条 投标人应当按照招标文件的要求编制投标文件。投标文件应当对招标文件提出的实质性要求和条件作出响应。

招标项目属于建设施工的，投标文件的内容应当包括拟派出的项目负责人与主要技术人员的简历、业绩和拟用于完成招标项目的机械设备等。

第二十八条 投标人应当在招标文件要求提交投标文件的截止时间前，将投标文件送达投标地点。招标人收到投标文件后，应当签收保存，不得开启。投标人少于三个的，招标人应当依照本法重新招标。

在招标文件要求提交投标文件的截止时间后送达的投标文件，招标人应当拒收。

第二十九条 投标人在招标文件要求提交投标文件的截止时间前，可以补充、修改或者撤回已提交的投标文件，并书面通知招标人。补充、修改的内容为投标文件的组成部分。

第三十条 投标人根据招标文件载明的项目实际情况，拟在中标后将中标项目的部分非主体、非关键性工作进行分包的，应当在投标文件中载明。

第三十一条 两个以上法人或者其他组织可以组成一个联合体，以一个投标人的身份共同投标。

联合体各方均应当具备承担招标项目的相应能力；国家有关规定或者招标文件对投标人资格条件有规定的，联合体各方均应当具备规定的相应资格条件。由同一专业的单位组成的联合体，按照资质等级较低的单位确定资质等级。

联合体各方应当签订共同投标协议，明确约定各方拟承担的工作和责任，并将共同投标协议连同投标文件一并提交招标人。联合体中标的，联合体各方应当共同与招标人签订合同，就中标项目向招标人承担连带责任。

招标人不得强制投标人组成联合体共同投标，不得限制投标人之间的竞争。

第三十二条 投标人不得相互串通投标报价，不得排挤其他投标人的公平竞争，损害招标人或者其他投标人的合法权益。

投标人不得与招标人串通投标，损害国家利益、社会公共利益或者他人的合法权益。

禁止投标人以向招标人或者评标委员会成员行贿的手段谋取中标。

第三十三条 投标人不得以低于成本的报价竞标，也不得以他人名义投标或者以其他方式弄虚作假，骗取中标。

第四章 开标、评标和中标

第三十四条 开标应当在招标文件确定的提交投标文件截止时间的同一时间公开进行；开标地点应当为招标文件中预先确定的地点。

第三十五条 开标由招标人主持，邀请所有投标人参加。

第三十六条 开标时，由投标人或者其推选的代表检查投标文件的密封情况，也可以由招标人委托的公证机构检查并公证；经确认无误后，由工作人员当众拆封，宣读投标人名称、投标价格和投标文件的其他主要内容。

招标人在招标文件要求提交投标文件的截止时间前收到的所有投标文件，开标时都应当当众予以拆封、宣读。

开标过程应当记录，并存档备查。

第三十七条　评标由招标人依法组建的评标委员会负责。

依法必须进行招标的项目，其评标委员会由招标人的代表和有关技术、经济等方面的专家组成，成员人数为五人以上单数，其中技术、经济等方面的专家不得少于成员总数的三分之二。

前款专家应当从事相关领域工作满八年并具有高级职称或者具有同等专业水平，由招标人从国务院有关部门或者省、自治区、直辖市人民政府有关部门提供的专家名册或者招标代理机构的专家库内的相关专业的专家名单中确定；一般招标项目可以采取随机抽取方式，特殊招标项目可以由招标人直接确定。

与投标人有利害关系的人不得进入相关项目的评标委员会；已经进入的应当更换。

评标委员会成员的名单在中标结果确定前应当保密。

第三十八条　招标人应当采取必要的措施，保证评标在严格保密的情况下进行。

任何单位和个人不得非法干预、影响评标的过程和结果。

第三十九条　评标委员会可以要求投标人对投标文件中含义不明确的内容作必要的澄清或者说明，但是澄清或者说明不得超出投标文件的范围或者改变投标文件的实质性内容。

第四十条　评标委员会应当按照招标文件确定的评标标准和方法，对投标文件进行评审和比较；设有标底的，应当参考标底。评标委员会完成评标后，应当向招标人提出书面评标报告，并推荐合格的中标候选人。

招标人根据评标委员会提出的书面评标报告和推荐的中标候选人确定中标人。招标人也可以授权评标委员会直接确定中标人。

国务院对特定招标项目的评标有特别规定的，从其规定。

第四十一条　中标人的投标应当符合下列条件之一：

（一）能够最大限度地满足招标文件中规定的各项综合评价标准；

（二）能够满足招标文件的实质性要求，并且经评审的投标价格最低；但是投标价格低于成本的除外。

第四十二条　评标委员会经评审，认为所有投标都不符合招标文件要求的，可以否决所有投标。

依法必须进行招标的项目的所有投标被否决的，招标人应当依照本法重新招标。

第四十三条　在确定中标人前，招标人不得与投标人就投标价格、投标方案等实质性内容进行谈判。

第四十四条　评标委员会成员应当客观、公正地履行职务，遵守职业道德，对所提出的评审意见承担个人责任。

评标委员会成员不得私下接触投标人，不得收受投标人的财物或者其他好处。

评标委员会成员和参与评标的有关工作人员不得透露对投标文件的评审和比较、中标候选人的推荐情况以及与评标有关的其他情况。

第四十五条　中标人确定后，招标人应当向中标人发出中标通知书，并同时将中标结果通知所有未中标的投标人。

中标通知书对招标人和中标人具有法律效力。中标通知书发出后，招标人改变中标结果的，或者中标人放弃中标项目的，应当依法承担法律责任。

第四十六条　招标人和中标人应当自中标通知书发出之日起三十日内，按照招标文件和中标人的投标文件订立书面合同。招标人和中标人不得再行订立背离合同实质性内容的其他协议。

招标文件要求中标人提交履约保证金的，中标人应当提交。

第四十七条　依法必须进行招标的项目，招标人应当自确定中标人之日起十五日内，向有关行政监督部门提交招标投标情况的书面报告。

第四十八条 中标人应当按照合同约定履行义务，完成中标项目。中标人不得向他人转让中标项目，也不得将中标项目肢解后分别向他人转让。

中标人按照合同约定或者经招标人同意，可以将中标项目的部分非主体、非关键性工作分包给他人完成。接受分包的人应当具备相应的资格条件，并不得再次分包。

中标人应当就分包项目向招标人负责，接受分包的人就分包项目承担连带责任。

第五章 法律责任

第四十九条 违反本法规定，必须进行招标的项目而不招标的，将必须进行招标的项目化整为零或者以其他任何方式规避招标的，责令限期改正，可以处项目合同金额千分之五以上千分之十以下的罚款；对全部或者部分使用国有资金的项目，可以暂停项目执行或者暂停资金拨付；对单位直接负责的主管人员和其他直接责任人员依法给予处分。

第五十条 招标代理机构违反本法规定，泄露应当保密的与招标投标活动有关的情况和资料的，或者与招标人、投标人串通损害国家利益、社会公共利益或者他人合法权益的，处五万元以上二十五万元以下的罚款；对单位直接负责的主管人员和其他直接责任人员处单位罚款数额百分之五以上百分之十以下的罚款；有违法所得的，并处没收违法所得；情节严重的，禁止其一年至二年内代理依法必须进行招标的项目并予以公告，直至由工商行政管理机关吊销营业执照；构成犯罪的，依法追究刑事责任。给他人造成损失的，依法承担赔偿责任。

前款所列行为影响中标结果的，中标无效。

第五十一条 招标人以不合理的条件限制或者排斥潜在投标人的，对潜在投标人实行歧视待遇的，强制要求投标人组成联合体共同投标的，或者限制投标人之间竞争的，责令改正，可以处一万元以上五万元以下的罚款。

第五十二条 依法必须进行招标的项目的招标人向他人透露已获取招标文件的潜在投标人的名称、数量或者可能影响公平竞争的有关招标投标的其他情况的，或者泄露标底的，给予警告，可以并处一万元以上十万元以下的罚款；对单位直接负责的主管人员和其他直接责任人员依法给予处分；构成犯罪的，依法追究刑事责任。

前款所列行为影响中标结果的，中标无效。

第五十三条 投标人相互串通投标或者与招标人串通投标的，投标人以向招标人或者评标委员会成员行贿的手段谋取中标的，中标无效，处中标项目金额千分之五以上千分之十以下的罚款，对单位直接负责的主管人员和其他直接责任人员处单位罚款数额百分之五以上百分之十以下的罚款；有违法所得的，并处没收违法所得；情节严重的，取消其一年至二年内参加依法必须进行招标的项目的投标资格并予以公告，直至由工商行政管理机关吊销营业执照；构成犯罪的，依法追究刑事责任。给他人造成损失的，依法承担赔偿责任。

第五十四条 投标人以他人名义投标或者以其他方式弄虚作假，骗取中标的，中标无效，给招标人造成损失的，依法承担赔偿责任；构成犯罪的，依法追究刑事责任。

依法必须进行招标的项目的投标人有前款所列行为尚未构成犯罪的，处中标项目金额千分之五以上千分之十以下的罚款，对单位直接负责的主管人员和其他直接责任人员处单位罚款数额百分之五以上百分之十以下的罚款；有违法所得的，并处没收违法所得；情节严重的，取消其一年至三年内参加依法必须进行招标的项目的投标资格并予以公告，直至由工商行政管理机关吊销营业执照。

第五十五条　依法必须进行招标的项目，招标人违反本法规定，与投标人就投标价格、投标方案等实质性内容进行谈判的，给予警告，对单位直接负责的主管人员和其他直接责任人员依法给予处分。

前款所列行为影响中标结果的，中标无效。

第五十六条　评标委员会成员收受投标人的财物或者其他好处的，评标委员会成员或者参加评标的有关工作人员向他人透露对投标文件的评审和比较、中标候选人的推荐以及与评标有关的其他情况的，给予警告，没收收受的财物，可以并处三千元以上五万元以下的罚款，对有所列违法行为的评标委员会成员取消担任评标委员会成员的资格，不得再参加任何依法必须进行招标的项目的评标；构成犯罪的，依法追究刑事责任。

第五十七条　招标人在评标委员会依法推荐的中标候选人以外确定中标人的，依法必须进行招标的项目在所有投标被评标委员会否决后自行确定中标人的，中标无效，责令改正，可以处中标项目金额千分之五以上千分之十以下的罚款；对单位直接负责的主管人员和其他直接责任人员依法给予处分。

第五十八条　中标人将中标项目转让给他人的，将中标项目肢解后分别转让给他人的，违反本法规定将中标项目的部分主体、关键性工作分包给他人的，或者分包人再次分包的，转让、分包无效，处转让、分包项目金额千分之五以上千分之十以下的罚款；有违法所得的，并处没收违法所得；可以责令停业整顿；情节严重的，由工商行政管理机关吊销营业执照。

第五十九条　招标人与中标人不按照招标文件和中标人的投标文件订立合同的，或者招标人、中标人订立背离合同实质性内容的协议的，责令改正；可以处中标项目金额千分之五以上千分之十以下的罚款。

第六十条　中标人不履行与招标人订立的合同的，履约保证金不予退还，给招标人造成的损失超过履约保证金数额的，还应当对超过部分予以赔偿；没有提交履约保证金的，应当对招标人的损失承担赔偿责任。

中标人不按照与招标人订立的合同履行义务，情节严重的，取消其二年至五年内参加依法必须进行招标的项目的投标资格并予以公告，直至由工商行政管理机关吊销营业执照。

因不可抗力不能履行合同的，不适用前两款规定。

第六十一条　本章规定的行政处罚，由国务院规定的有关行政监督部门决定。本法已对实施行政处罚的机关作出规定的除外。

第六十二条　任何单位违反本法规定，限制或者排斥本地区、本系统以外的法人或者其他组织参加投标的，为招标人指定招标代理机构的，强制招标人委托招标代理机构办理招标事宜的，或者以其他方式干涉招标投标活动的，责令改正；对单位直接负责的主管人员和其他直接责任人员依法给予警告、记过、记大过的处分，情节较重的，依法给予降级、撤职、开除的处分。

个人利用职权进行前款违法行为的，依照前款规定追究责任。

第六十三条　对招标投标活动依法负有行政监督职责的国家机关工作人员徇私舞弊、滥用职权或者玩忽职守，构成犯罪的，依法追究刑事责任；不构成犯罪的，依法给予行政处分。

第六十四条　依法必须进行招标的项目违反本法规定，中标无效的，应当依照本法规定的中标条件从其余投标人中重新确定中标人或者依照本法重新进行招标。

第六章　附　　则

第六十五条　投标人和其他利害关系人认为招标投标活动不符合本法有关规定的，有权向招标人提出异议或者依法向有关行政监督部门投诉。

第六十六条　涉及国家安全、国家秘密、抢险救灾或者属于利用扶贫资金实行以工代赈、需要使用农民工等特殊情况，不适宜进行招标的项目，按照国家有关规定可以不进行招标。

第六十七条 使用国际组织或者外国政府贷款、援助资金的项目进行招标，贷款方、资金提供方对招标投标的具体条件和程序有不同规定的，可以适用其规定，但违背中华人民共和国的社会公共利益的除外。

第六十八条 本法自 2000 年 1 月 1 日起施行。

下

公益诉讼检察
办案实务手册

最高人民检察院公益诉讼检察厅　编

2024
年版

中国检察出版社

总目录

下册目录

五、国有土地使用权类规范

（一）国有土地使用权出让、转让类

（二）国有土地使用类

六、英烈保护类规范

七、安全生产类规范

（一）综　合

（二）危险品类

（三）矿山、冶金类

（四）特种设备类

（五）消防安全类

（六）交通安全类

八、个人信息保护类与反电信网络诈骗类规范

（一）个人信息保护类

（二）反电信网络诈骗类

九、反垄断类规范

十、文物和文化遗产保护类规范

十一、特定群体权益保护类规范

（一）未成年人权益保障类

（二）妇女权益保障类

（三）无障碍环境建设类

（四）军人地位和权益保障类

十二、新领域规范

（一）综　合

（二）国防和军事利益保护类

（三）金融证券类

（四）知识产权保护类

（五）反不正当竞争类

（六）生物安全与公共卫生类

五、国有土地使用权类规范

（一）国有土地使用权出让、转让类

中华人民共和国城乡规划法

（2007年10月28日第十届全国人民代表大会常务委员会第三十次会议通过，根据2015年4月24日第十二届全国人民代表大会常务委员会第十四次会议《关于修改〈中华人民共和国港口法〉等七部法律的决定》第一次修正，根据2019年4月23日第十三届全国人民代表大会常务委员会第十次会议《关于修改〈中华人民共和国建筑法〉等八部法律的决定》第二次修正）

第一章　总　　则

第一条　为了加强城乡规划管理，协调城乡空间布局，改善人居环境，促进城乡经济社会全面协调可持续发展，制定本法。

第二条　制定和实施城乡规划，在规划区内进行建设活动，必须遵守本法。

本法所称城乡规划，包括城镇体系规划、城市规划、镇规划、乡规划和村庄规划。城市规划、镇规划分为总体规划和详细规划。详细规划分为控制性详细规划和修建性详细规划。

本法所称规划区，是指城市、镇和村庄的建成区以及因城乡建设和发展需要，必须实行规划控制的区域。规划区的具体范围由有关人民政府在组织编制的城市总体规划、镇总体规划、乡规划和村庄规划中，根据城乡经济社会发展水平和统筹城乡发展的需要划定。

第三条　城市和镇应当依照本法制定城市规划和镇规划。城市、镇规划区内的建设活动应当符合规划要求。

县级以上地方人民政府根据本地农村经济社会发展水平，按照因地制宜、切实可行的原则，确定应当制定乡规划、村庄规划的区域。在确定区域内的乡、村庄，应当依照本法制定规划，规划区内的乡、村庄建设应当符合规划要求。

县级以上地方人民政府鼓励、指导前款规定以外的区域的乡、村庄制定和实施乡规划、村庄规划。

第四条　制定和实施城乡规划，应当遵循城乡统筹、合理布局、节约土地、集约发展和先规划后建设的原则，改善生态环境，促进资源、能源节约和综合利用，保护耕地等自然资源和历史文化遗产，保持地方特色、民族特色和传统风貌，防止污染和其他公害，并符合区域人口发展、国防建设、防灾减灾和公共卫生、公共安全的需要。

在规划区内进行建设活动，应当遵守土地管理、自然资源和环境保护等法律、法规的规定。

县级以上地方人民政府应当根据当地经济社会发展的实际，在城市总体规划、镇总体规划中合理确定城市、镇的发展规模、步骤和建设标准。

第五条　城市总体规划、镇总体规划以及乡规划和村庄规划的编制，应当依据国民经济和社会发展规划，并与土地利用总体规划相衔接。

第六条　各级人民政府应当将城乡规划的编制和管理经费纳入本级财政预算。

第七条　经依法批准的城乡规划，是城乡建设和规划管理的依据，未经法定程序不得修改。

第八条　城乡规划组织编制机关应当及时公布经依法批准的城乡规划。但是，法律、行政法规规定不得公开的内容除外。

第九条　任何单位和个人都应当遵守经依法批准并公布的城乡规划，服从规划管理，并有权就涉及其利害关系的建设活动是否符合规划的要求向城乡规划主管部门查询。

任何单位和个人都有权向城乡规划主管部门或者其他有关部门举报或者控告违反城乡规划的行为。城乡规划主管部门或者其他有关部门对举报或者控告，应当及时受理并组织核查、处理。

第十条　国家鼓励采用先进的科学技术，增强城乡规划的科学性，提高城乡规划实施及监督管理的效能。

第十一条　国务院城乡规划主管部门负责全国的城乡规划管理工作。

县级以上地方人民政府城乡规划主管部门负责本行政区域内的城乡规划管理工作。

第二章　城乡规划的制定

第十二条　国务院城乡规划主管部门会同国务院有关部门组织编制全国城镇体系规划，用于指导省域城镇体系规划、城市总体规划的编制。

全国城镇体系规划由国务院城乡规划主管部门报国务院审批。

第十三条　省、自治区人民政府组织编制省域城镇体系规划，报国务院审批。

省域城镇体系规划的内容应当包括：城镇空间布局和规模控制，重大基础设施的布局，为保护生态环境、资源等需要严格控制的区域。

第十四条　城市人民政府组织编制城市总体规划。

直辖市的城市总体规划由直辖市人民政府报国务院审批。省、自治区人民政府所在地的城市以及国务院确定的城市的总体规划，由省、自治区人民政府审查同意后，报国务院审批。其他城市的总体规划，由城市人民政府报省、自治区人民政府审批。

第十五条　县人民政府组织编制县人民政府所在地镇的总体规划，报上一级人民政府审批。其他镇的总体规划由镇人民政府组织编制，报上一级人民政府审批。

第十六条　省、自治区人民政府组织编制的省域城镇体系规划，城市、县人民政府组织编制的总体规划，在报上一级人民政府审批前，应当先经本级人民代表大会常务委员会审议，常务委员会组成人员的审议意见交由本级人民政府研究处理。

镇人民政府组织编制的镇总体规划，在报上一级人民政府审批前，应当先经镇人民代表大会审议，代表的审议意见交由本级人民政府研究处理。

规划的组织编制机关报送审批省域城镇体系规划、城市总体规划或者镇总体规划，应当将本级人民代表大会常务委员会组成人员或者镇人民代表大会代表的审议意见和根据审议意见修改规划的情况一并报送。

第十七条　城市总体规划、镇总体规划的内容应当包括：城市、镇的发展布局，功能分区，用地布局，综合交通体系，禁止、限制和适宜建设的地域范围，各类专项规划等。

规划区范围、规划区内建设用地规模、基础设施和公共服务设施用地、水源地和水系、基本农田和绿化用地、环境保护、自然与历史文化遗产保护以及防灾减灾等内容，应当作为城市总体规划、镇总体规划的强制性内容。

城市总体规划、镇总体规划的规划期限一般为二十年。城市总体规划还应当对城市更长远的发展作出预测性安排。

第十八条　乡规划、村庄规划应当从农村实际出发，尊重村民意愿，体现地方和农村特色。

乡规划、村庄规划的内容应当包括：规划区范围，住宅、道路、供水、排水、供电、垃圾收集、畜禽养殖场所等农村生产、生活服务设施、公益事业等各项建设的用地布局、建设要求，以及对耕地等自然资源和历史文化遗产保护、防灾减灾等的具体安排。乡规划还应当包括本行政区域内的村庄发展布局。

第十九条　城市人民政府城乡规划主管部门根据城市总体规划的要求，组织编制城市的控制性详细规划，经本级人民政府批准后，报本级人民代表大会常务委员会和上一级人民政府备案。

第二十条　镇人民政府根据镇总体规划的要求，组织编制镇的控制性详细规划，报上一级人民政府审批。县人民政府所在地镇的控制性详细规划，由县人民政府城乡规划主管部门根据镇总体规划的要求组织编制，经县人民政府批准后，报本级人民代表大会常务委员会和上一级人民政府备案。

第二十一条　城市、县人民政府城乡规划主管部门和镇人民政府可以组织编制重要地块的修建性详细规划。修建性详细规划应当符合控制性详细规划。

第二十二条　乡、镇人民政府组织编制乡规划、村庄规划，报上一级人民政府审批。村庄规划在报送审批前，应当经村民会议或者村民代表会议讨论同意。

第二十三条　首都的总体规划、详细规划应当统筹考虑中央国家机关用地布局和空间安排的需要。

第二十四条　城乡规划组织编制机关应当委托具有相应资质等级的单位承担城乡规划的具体编制工作。

从事城乡规划编制工作应当具备下列条件，并经国务院城乡规划主管部门或者省、自治区、直辖市人民政府城乡规划主管部门依法审查合格，取得相应等级的资质证书后，方可在资质等级许可的范围内从事城乡规划编制工作：

（一）有法人资格；

（二）有规定数量的经相关行业协会注册的规划师；

（三）有规定数量的相关专业技术人员；

（四）有相应的技术装备；

（五）有健全的技术、质量、财务管理制度。

编制城乡规划必须遵守国家有关标准。

第二十五条　编制城乡规划，应当具备国家规定的勘察、测绘、气象、地震、水文、环境等基础资料。

县级以上地方人民政府有关主管部门应当根据编制城乡规划的需要，及时提供有关基础资料。

第二十六条　城乡规划报送审批前，组织编制机关应当依法将城乡规划草案予以公告，并采取论证会、听证会或者其他方式征求专家和公众的意见。公告的时间不得少于三十日。

组织编制机关应当充分考虑专家和公众

的意见，并在报送审批的材料中附具意见采纳情况及理由。

第二十七条 省域城镇体系规划、城市总体规划、镇总体规划批准前，审批机关应当组织专家和有关部门进行审查。

第三章 城乡规划的实施

第二十八条 地方各级人民政府应当根据当地经济社会发展水平，量力而行，尊重群众意愿，有计划、分步骤地组织实施城乡规划。

第二十九条 城市的建设和发展，应当优先安排基础设施以及公共服务设施的建设，妥善处理新区开发与旧区改建的关系，统筹兼顾进城务工人员生活和周边农村经济社会发展、村民生产与生活的需要。

镇的建设和发展，应当结合农村经济社会发展和产业结构调整，优先安排供水、排水、供电、供气、道路、通信、广播电视等基础设施和学校、卫生院、文化站、幼儿园、福利院等公共服务设施的建设，为周边农村提供服务。

乡、村庄的建设和发展，应当因地制宜、节约用地，发挥村民自治组织的作用，引导村民合理进行建设，改善农村生产、生活条件。

第三十条 城市新区的开发和建设，应当合理确定建设规模和时序，充分利用现有市政基础设施和公共服务设施，严格保护自然资源和生态环境，体现地方特色。

在城市总体规划、镇总体规划确定的建设用地范围以外，不得设立各类开发区和城市新区。

第三十一条 旧城区的改建，应当保护历史文化遗产和传统风貌，合理确定拆迁和建设规模，有计划地对危房集中、基础设施落后等地段进行改建。

历史文化名城、名镇、名村的保护以及受保护建筑物的维护和使用，应当遵守有关法律、行政法规和国务院的规定。

第三十二条 城乡建设和发展，应当依法保护和合理利用风景名胜资源，统筹安排风景名胜区及周边乡、镇、村庄的建设。

风景名胜区的规划、建设和管理，应当遵守有关法律、行政法规和国务院的规定。

第三十三条 城市地下空间的开发和利用，应当与经济和技术发展水平相适应，遵循统筹安排、综合开发、合理利用的原则，充分考虑防灾减灾、人民防空和通信等需要，并符合城市规划，履行规划审批手续。

第三十四条 城市、县、镇人民政府应当根据城市总体规划、镇总体规划、土地利用总体规划和年度计划以及国民经济和社会发展规划，制定近期建设规划，报总体规划审批机关备案。

近期建设规划应当以重要基础设施、公共服务设施和中低收入居民住房建设以及生态环境保护为重点内容，明确近期建设的时序、发展方向和空间布局。近期建设规划的规划期限为五年。

第三十五条 城乡规划确定的铁路、公路、港口、机场、道路、绿地、输配电设施及输电线路走廊、通信设施、广播电视设施、管道设施、河道、水库、水源地、自然保护区、防汛通道、消防通道、核电站、垃圾填埋场及焚烧厂、污水处理厂和公共服务设施的用地以及其他需要依法保护的用地，禁止擅自改变用途。

第三十六条 按照国家规定需要有关部门批准或者核准的建设项目，以划拨方式提供国有土地使用权的，建设单位在报送有关部门批准或者核准前，应当向城乡规划主管部门申请核发选址意见书。

前款规定以外的建设项目不需要申请选址意见书。

第三十七条 在城市、镇规划区内以划拨方式提供国有土地使用权的建设项目，经有关部门批准、核准、备案后，建设单位应当向城市、县人民政府城乡规划主管部门提出建设用地规划许可申请，由城市、县人民政府城乡规划主管部门依据控制性详细规划核定建设用地的位置、面积、允许建设的范围，核发建设用地规划许可证。

建设单位在取得建设用地规划许可证后，方可向县级以上地方人民政府土地主管部门申请用地，经县级以上人民政府审批后，由土地主管部门划拨土地。

第三十八条　在城市、镇规划区内以出让方式提供国有土地使用权的，在国有土地使用权出让前，城市、县人民政府城乡规划主管部门应当依据控制性详细规划，提出出让地块的位置、使用性质、开发强度等规划条件，作为国有土地使用权出让合同的组成部分。未确定规划条件的地块，不得出让国有土地使用权。

以出让方式取得国有土地使用权的建设项目，建设单位在取得建设项目的批准、核准、备案文件和签订国有土地使用权出让合同后，向城市、县人民政府城乡规划主管部门领取建设用地规划许可证。

城市、县人民政府城乡规划主管部门不得在建设用地规划许可证中，擅自改变作为国有土地使用权出让合同组成部分的规划条件。

第三十九条　规划条件未纳入国有土地使用权出让合同的，该国有土地使用权出让合同无效；对未取得建设用地规划许可证的建设单位批准用地的，由县级以上人民政府撤销有关批准文件；占用土地的，应当及时退回；给当事人造成损失的，应当依法给予赔偿。

第四十条　在城市、镇规划区内进行建筑物、构筑物、道路、管线和其他工程建设的，建设单位或者个人应当向城市、县人民政府城乡规划主管部门或者省、自治区、直辖市人民政府确定的镇人民政府申请办理建设工程规划许可证。

申请办理建设工程规划许可证，应当提交使用土地的有关证明文件、建设工程设计方案等材料。需要建设单位编制修建性详细规划的建设项目，还应当提交修建性详细规划。对符合控制性详细规划和规划条件的，由城市、县人民政府城乡规划主管部门或者省、自治区、直辖市人民政府确定的镇人民政府核发建设工程规划许可证。

城市、县人民政府城乡规划主管部门或者省、自治区、直辖市人民政府确定的镇人民政府应当依法将经审定的修建性详细规划、建设工程设计方案的总平面图予以公布。

第四十一条　在乡、村庄规划区内进行乡镇企业、乡村公共设施和公益事业建设的，建设单位或者个人应当向乡、镇人民政府提出申请，由乡、镇人民政府报城市、县人民政府城乡规划主管部门核发乡村建设规划许可证。

在乡、村庄规划区内使用原有宅基地进行农村村民住宅建设的规划管理办法，由省、自治区、直辖市制定。

在乡、村庄规划区内进行乡镇企业、乡村公共设施和公益事业建设以及农村村民住宅建设，不得占用农用地；确需占用农用地的，应当依照《中华人民共和国土地管理法》有关规定办理农用地转用审批手续后，由城市、县人民政府城乡规划主管部门核发乡村建设规划许可证。

建设单位或者个人在取得乡村建设规划许可证后，方可办理用地审批手续。

第四十二条　城乡规划主管部门不得在城乡规划确定的建设用地范围以外作出规划许可。

第四十三条　建设单位应当按照规划条件进行建设；确需变更的，必须向城市、县人民政府城乡规划主管部门提出申请。变更内容不符合控制性详细规划的，城乡规划主管部门不得批准。城市、县人民政府城乡规划主管部门应当及时将依法变更后的规划条件通报同级土地主管部门并公示。

建设单位应当及时将依法变更后的规划条件报有关人民政府土地主管部门备案。

第四十四条　在城市、镇规划区内进行临时建设的，应当经城市、县人民政府城乡规划主管部门批准。临时建设影响近期建设规划或者控制性详细规划的实施以及交通、市容、安全等的，不得批准。

临时建设应当在批准的使用期限内自行拆除。

临时建设和临时用地规划管理的具体办法，由省、自治区、直辖市人民政府制定。

第四十五条　县级以上地方人民政府城乡规划主管部门按照国务院规定对建设工程是否符合规划条件予以核实。未经核实或者经核实不符合规划条件的，建设单位不得组织竣工验收。

建设单位应当在竣工验收后六个月内向城乡规划主管部门报送有关竣工验收资料。

第四章　城乡规划的修改

第四十六条　省域城镇体系规划、城市总体规划、镇总体规划的组织编制机关，应当组织有关部门和专家定期对规划实施情况进行评估，并采取论证会、听证会或者其他方式征求公众意见。组织编制机关应当向本级人民代表大会常务委员会、镇人民代表大会和原审批机关提出评估报告并附具征求意见的情况。

第四十七条　有下列情形之一的，组织编制机关方可按照规定的权限和程序修改省域城镇体系规划、城市总体规划、镇总体规划：

（一）上级人民政府制定的城乡规划发生变更，提出修改规划要求的；

（二）行政区划调整确需修改规划的；

（三）因国务院批准重大建设工程确需修改规划的；

（四）经评估确需修改规划的；

（五）城乡规划的审批机关认为应当修改规划的其他情形。

修改省域城镇体系规划、城市总体规划、镇总体规划前，组织编制机关应当对原规划的实施情况进行总结，并向原审批机关报告；修改涉及城市总体规划、镇总体规划强制性内容的，应当先向原审批机关提出专题报告，经同意后，方可编制修改方案。

修改后的省域城镇体系规划、城市总体规划、镇总体规划，应当依照本法第十三条、第十四条、第十五条和第十六条规定的审批程序报批。

第四十八条　修改控制性详细规划的，组织编制机关应当对修改的必要性进行论证，征求规划地段内利害关系人的意见，并向原审批机关提出专题报告，经原审批机关同意后，方可编制修改方案。修改后的控制性详细规划，应当依照本法第十九条、第二十条规定的审批程序报批。控制性详细规划修改涉及城市总体规划、镇总体规划的强制性内容的，应当先修改总体规划。

修改乡规划、村庄规划的，应当依照本法第二十二条规定的审批程序报批。

第四十九条　城市、县、镇人民政府修改近期建设规划的，应当将修改后的近期建设规划报总体规划审批机关备案。

第五十条　在选址意见书、建设用地规划许可证、建设工程规划许可证或者乡村建设规划许可证发放后，因依法修改城乡规划给被许可人合法权益造成损失的，应当依法给予补偿。

经依法审定的修建性详细规划、建设工程设计方案的总平面图不得随意修改；确需修改的，城乡规划主管部门应当采取听证会等形式，听取利害关系人的意见；因修改给利害关系人合法权益造成损失的，应当依法给予补偿。

第五章　监督检查

第五十一条　县级以上人民政府及其城乡规划主管部门应当加强对城乡规划编制、审批、实施、修改的监督检查。

第五十二条　地方各级人民政府应当向本级人民代表大会常务委员会或者乡、镇人民代表大会报告城乡规划的实施情况，并接受监督。

第五十三条　县级以上人民政府城乡规划主管部门对城乡规划的实施情况进行监督检查，有权采取以下措施：

（一）要求有关单位和人员提供与监督事项有关的文件、资料，并进行复制；

（二）要求有关单位和人员就监督事项涉及的问题作出解释和说明，并根据需要进入现场进行勘测；

（三）责令有关单位和人员停止违反有关城乡规划的法律、法规的行为。

城乡规划主管部门的工作人员履行前款规定的监督检查职责，应当出示执法证件。被监督检查的单位和人员应当予以配合，不得妨碍和阻挠依法进行的监督检查活动。

第五十四条　监督检查情况和处理结果应当依法公开，供公众查阅和监督。

第五十五条　城乡规划主管部门在查处违反本法规定的行为时，发现国家机关工作人员依法应当给予行政处分的，应当向其任免机关或者监察机关提出处分建议。

第五十六条　依照本法规定应当给予行政处罚，而有关城乡规划主管部门不给予行政处罚的，上级人民政府城乡规划主管部门有权责令其作出行政处罚决定或者建议有关人民政府责令其给予行政处罚。

第五十七条　城乡规划主管部门违反本法规定作出行政许可的，上级人民政府城乡规划主管部门有权责令其撤销或者直接撤销该行政许可。因撤销行政许可给当事人合法权益造成损失的，应当依法给予赔偿。

第六章　法律责任

第五十八条　对依法应当编制城乡规划而未组织编制，或者未按法定程序编制、审批、修改城乡规划的，由上级人民政府责令改正，通报批评；对有关人民政府负责人和其他直接责任人员依法给予处分。

第五十九条　城乡规划组织编制机关委托不具有相应资质等级的单位编制城乡规划的，由上级人民政府责令改正，通报批评；对有关人民政府负责人和其他直接责任人员依法给予处分。

第六十条　镇人民政府或者县级以上人民政府城乡规划主管部门有下列行为之一的，由本级人民政府、上级人民政府城乡规划主管部门或者监察机关依据职权责令改正，通报批评；对直接负责的主管人员和其他直接责任人员依法给予处分：

（一）未依法组织编制城市的控制性详细规划、县人民政府所在地镇的控制性详细规划的；

（二）超越职权或者对不符合法定条件的申请人核发选址意见书、建设用地规划许可证、建设工程规划许可证、乡村建设规划许可证的；

（三）对符合法定条件的申请人未在法定期限内核发选址意见书、建设用地规划许可证、建设工程规划许可证、乡村建设规划许可证的；

（四）未依法对经审定的修建性详细规划、建设工程设计方案的总平面图予以公布的；

（五）同意修改修建性详细规划、建设工程设计方案的总平面图前未采取听证会等形式听取利害关系人的意见的；

（六）发现未依法取得规划许可或者违反规划许可的规定在规划区内进行建设的行为，而不予查处或者接到举报后不依法处理的。

第六十一条　县级以上人民政府有关部门有下列行为之一的，由本级人民政府或者上级人民政府有关部门责令改正，通报批评；对直接负责的主管人员和其他直接责任人员依法给予处分：

（一）对未依法取得选址意见书的建设项目核发建设项目批准文件的；

（二）未依法在国有土地使用权出让合同中确定规划条件或者改变国有土地使用权

出让合同中依法确定的规划条件的；

（三）对未依法取得建设用地规划许可证的建设单位划拨国有土地使用权的。

第六十二条 城乡规划编制单位有下列行为之一的，由所在地城市、县人民政府城乡规划主管部门责令限期改正，处合同约定的规划编制费一倍以上二倍以下的罚款；情节严重的，责令停业整顿，由原发证机关降低资质等级或者吊销资质证书；造成损失的，依法承担赔偿责任：

（一）超越资质等级许可的范围承揽城乡规划编制工作的；

（二）违反国家有关标准编制城乡规划的。

未依法取得资质证书承揽城乡规划编制工作的，由县级以上地方人民政府城乡规划主管部门责令停止违法行为，依照前款规定处以罚款；造成损失的，依法承担赔偿责任。

以欺骗手段取得资质证书承揽城乡规划编制工作的，由原发证机关吊销资质证书，依照本条第一款规定处以罚款；造成损失的，依法承担赔偿责任。

第六十三条 城乡规划编制单位取得资质证书后，不再符合相应的资质条件的，由原发证机关责令限期改正；逾期不改正的，降低资质等级或者吊销资质证书。

第六十四条 未取得建设工程规划许可证或者未按照建设工程规划许可证的规定进行建设的，由县级以上地方人民政府城乡规划主管部门责令停止建设；尚可采取改正措施消除对规划实施的影响的，限期改正，处建设工程造价百分之五以上百分之十以下的罚款；无法采取改正措施消除影响的，限期拆除，不能拆除的，没收实物或者违法收入，可以并处建设工程造价百分之十以下的罚款。

第六十五条 在乡、村庄规划区内未依法取得乡村建设规划许可证或者未按照乡村建设规划许可证的规定进行建设的，由乡、镇人民政府责令停止建设、限期改正；逾期不改正的，可以拆除。

第六十六条 建设单位或者个人有下列行为之一的，由所在地城市、县人民政府城乡规划主管部门责令限期拆除，可以并处临时建设工程造价一倍以下的罚款：

（一）未经批准进行临时建设的；

（二）未按照批准内容进行临时建设的；

（三）临时建筑物、构筑物超过批准期限不拆除的。

第六十七条 建设单位未在建设工程竣工验收后六个月内向城乡规划主管部门报送有关竣工验收资料的，由所在地城市、县人民政府城乡规划主管部门责令限期补报；逾期不补报的，处一万元以上五万元以下的罚款。

第六十八条 城乡规划主管部门作出责令停止建设或者限期拆除的决定后，当事人不停止建设或者逾期不拆除的，建设工程所在地县级以上地方人民政府可以责成有关部门采取查封施工现场、强制拆除等措施。

第六十九条 违反本法规定，构成犯罪的，依法追究刑事责任。

第七章 附 则

第七十条 本法自 2008 年 1 月 1 日起施行。《中华人民共和国城市规划法》同时废止。

中华人民共和国城市房地产管理法

（1994年7月5日第八届全国人民代表大会常务委员会第八次会议通过，根据2007年8月30日第十届全国人民代表大会常务委员会第二十九次会议《关于修改〈中华人民共和国城市房地产管理法〉的决定》第一次修正，根据2009年8月27日第十一届全国人民代表大会常务委员会第十次会议《关于修改部分法律的决定》第二次修正，根据2019年8月26日第十三届全国人民代表大会常务委员会第十二次会议《关于修改〈中华人民共和国土地管理法〉、〈中华人民共和国城市房地产管理法〉的决定》第三次修正）

第一章 总 则

第一条 为了加强对城市房地产的管理，维护房地产市场秩序，保障房地产权利人的合法权益，促进房地产业的健康发展，制定本法。

第二条 在中华人民共和国城市规划区国有土地（以下简称国有土地）范围内取得房地产开发用地的土地使用权，从事房地产开发、房地产交易，实施房地产管理，应当遵守本法。

本法所称房屋，是指土地上的房屋等建筑物及构筑物。

本法所称房地产开发，是指在依据本法取得国有土地使用权的土地上进行基础设施、房屋建设的行为。

本法所称房地产交易，包括房地产转让、房地产抵押和房屋租赁。

第三条 国家依法实行国有土地有偿、有限期使用制度。但是，国家在本法规定的范围内划拨国有土地使用权的除外。

第四条 国家根据社会、经济发展水平，扶持发展居民住宅建设，逐步改善居民的居住条件。

第五条 房地产权利人应当遵守法律和行政法规，依法纳税。房地产权利人的合法权益受法律保护，任何单位和个人不得侵犯。

第六条 为了公共利益的需要，国家可以征收国有土地上单位和个人的房屋，并依法给予拆迁补偿，维护被征收人的合法权益；征收个人住宅的，还应当保障被征收人的居住条件。具体办法由国务院规定。

第七条 国务院建设行政主管部门、土地管理部门依照国务院规定的职权划分，各司其职，密切配合，管理全国房地产工作。

县级以上地方人民政府房产管理、土地管理部门的机构设置及其职权由省、自治区、直辖市人民政府确定。

第二章 房地产开发用地

第一节 土地使用权出让

第八条 土地使用权出让，是指国家将国有土地使用权（以下简称土地使用权）在一定年限内出让给土地使用者，由土地使用者向国家支付土地使用权出让金的行为。

第九条 城市规划区内的集体所有的土地，经依法征收转为国有土地后，该幅国有土地的使用权方可有偿出让，但法律另有规定的除外。

第十条 土地使用权出让，必须符合土地利用总体规划、城市规划和年度建设用地计划。

第十一条 县级以上地方人民政府出让土地使用权用于房地产开发的，须根据省级以上人民政府下达的控制指标拟订年度出让土地使用权总面积方案，按照国务院规定，报国务院或者省级人民政府批准。

第十二条 土地使用权出让，由市、县人民政府有计划、有步骤地进行。出让的每幅地块、用途、年限和其他条件，由市、县人民政府土地管理部门会同城市规划、建设、房产管理部门共同拟定方案，按照国务院规定，报经有批准权的人民政府批准后，由市、县人民政府土地管理部门实施。

直辖市的县人民政府及其有关部门行使前款规定的权限，由直辖市人民政府规定。

第十三条 土地使用权出让，可以采取拍卖、招标或者双方协议的方式。

商业、旅游、娱乐和豪华住宅用地，有条件的，必须采取拍卖、招标方式；没有条件，不能采取拍卖、招标方式的，可以采取双方协议的方式。

采取双方协议方式出让土地使用权的出让金不得低于按国家规定所确定的最低价。

第十四条 土地使用权出让最高年限由国务院规定。

第十五条 土地使用权出让，应当签订书面出让合同。

土地使用权出让合同由市、县人民政府土地管理部门与土地使用者签订。

第十六条 土地使用者必须按照出让合同约定，支付土地使用权出让金；未按照出让合同约定支付土地使用权出让金的，土地管理部门有权解除合同，并可以请求违约赔偿。

第十七条 土地使用者按照出让合同约定支付土地使用权出让金的，市、县人民政府土地管理部门必须按照出让合同约定，提供出让的土地；未按照出让合同约定提供出让的土地的，土地使用者有权解除合同，由土地管理部门返还土地使用权出让金，土地使用者并可以请求违约赔偿。

第十八条 土地使用者需要改变土地使用权出让合同约定的土地用途的，必须取得出让方和市、县人民政府城市规划行政主管部门的同意，签订土地使用权出让合同变更协议或者重新签订土地使用权出让合同，相应调整土地使用权出让金。

第十九条 土地使用权出让金应当全部上缴财政，列入预算，用于城市基础设施建设和土地开发。土地使用权出让金上缴和使用的具体办法由国务院规定。

第二十条 国家对土地使用者依法取得的土地使用权，在出让合同约定的使用年限届满前不收回；在特殊情况下，根据社会公共利益的需要，可以依照法律程序提前收回，并根据土地使用者使用土地的实际年限和开发土地的实际情况给予相应的补偿。

第二十一条 土地使用权因土地灭失而终止。

第二十二条 土地使用权出让合同约定的使用年限届满，土地使用者需要继续使用土地的，应当至迟于届满前一年申请续期，除根据社会公共利益需要收回该幅土地的，应当予以批准。经批准准予续期的，应当重新签订土地使用权出让合同，依照规定支付土地使用权出让金。

土地使用权出让合同约定的使用年限届满，土地使用者未申请续期或者虽申请续期但依照前款规定未获批准的，土地使用权由国家无偿收回。

第二节 土地使用权划拨

第二十三条 土地使用权划拨，是指县级以上人民政府依法批准，在土地使用者缴纳补偿、安置等费用后将该幅土地交付其使用，或者将土地使用权无偿交付给土地使用者使用的行为。

依照本法规定以划拨方式取得土地使用权的，除法律、行政法规另有规定外，没有使用期限的限制。

第二十四条　下列建设用地的土地使用权，确属必需的，可以由县级以上人民政府依法批准划拨：

（一）国家机关用地和军事用地；

（二）城市基础设施用地和公益事业用地；

（三）国家重点扶持的能源、交通、水利等项目用地；

（四）法律、行政法规规定的其他用地。

第三章　房地产开发

第二十五条　房地产开发必须严格执行城市规划，按照经济效益、社会效益、环境效益相统一的原则，实行全面规划、合理布局、综合开发、配套建设。

第二十六条　以出让方式取得土地使用权进行房地产开发的，必须按照土地使用权出让合同约定的土地用途、动工开发期限开发土地。超过出让合同约定的动工开发日期满一年未动工开发的，可以征收相当于土地使用权出让金百分之二十以下的土地闲置费；满二年未动工开发的，可以无偿收回土地使用权；但是，因不可抗力或者政府、政府有关部门的行为或者动工开发必需的前期工作造成动工开发迟延的除外。

第二十七条　房地产开发项目的设计、施工，必须符合国家的有关标准和规范。

房地产开发项目竣工，经验收合格后，方可交付使用。

第二十八条　依法取得的土地使用权，可以依照本法和有关法律、行政法规的规定，作价入股，合资、合作开发经营房地产。

第二十九条　国家采取税收等方面的优惠措施鼓励和扶持房地产开发企业开发建设居民住宅。

第三十条　房地产开发企业是以营利为目的，从事房地产开发和经营的企业。设立房地产开发企业，应当具备下列条件：

（一）有自己的名称和组织机构；

（二）有固定的经营场所；

（三）有符合国务院规定的注册资本；

（四）有足够的专业技术人员；

（五）法律、行政法规规定的其他条件。

设立房地产开发企业，应当向工商行政管理部门申请设立登记。工商行政管理部门对符合本法规定条件的，应当予以登记，发给营业执照；对不符合本法规定条件的，不予登记。

设立有限责任公司、股份有限公司，从事房地产开发经营的，还应当执行公司法的有关规定。

房地产开发企业在领取营业执照后的一个月内，应当到登记机关所在地的县级以上地方人民政府规定的部门备案。

第三十一条　房地产开发企业的注册资本与投资总额的比例应当符合国家有关规定。

房地产开发企业分期开发房地产的，分期投资额应当与项目规模相适应，并按照土地使用权出让合同的约定，按期投入资金，用于项目建设。

第四章　房地产交易

第一节　一般规定

第三十二条　房地产转让、抵押时，房屋的所有权和该房屋占用范围内的土地使用权同时转让、抵押。

第三十三条　基准地价、标定地价和各类房屋的重置价格应当定期确定并公布。具体办法由国务院规定。

第三十四条　国家实行房地产价格评估制度。

房地产价格评估，应当遵循公正、公平、公开的原则，按照国家规定的技术标准和评估程序，以基准地价、标定地价和各类房屋的重置价格为基础，参照当地的市场价格进行评估。

第三十五条　国家实行房地产成交价格申报制度。

房地产权利人转让房地产，应当向县级以上地方人民政府规定的部门如实申报成交价，不得瞒报或者作不实的申报。

第三十六条　房地产转让、抵押，当事人应当依照本法第五章的规定办理权属登记。

第二节　房地产转让

第三十七条　房地产转让，是指房地产权利人通过买卖、赠与或者其他合法方式将其房地产转移给他人的行为。

第三十八条　下列房地产，不得转让：

（一）以出让方式取得土地使用权的，不符合本法第三十九条规定的条件的；

（二）司法机关和行政机关依法裁定、决定查封或者以其他形式限制房地产权利的；

（三）依法收回土地使用权的；

（四）共有房地产，未经其他共有人书面同意的；

（五）权属有争议的；

（六）未依法登记领取权属证书的；

（七）法律、行政法规规定禁止转让的其他情形。

第三十九条　以出让方式取得土地使用权的，转让房地产时，应当符合下列条件：

（一）按照出让合同约定已经支付全部土地使用权出让金，并取得土地使用权证书；

（二）按照出让合同约定进行投资开发，属于房屋建设工程的，完成开发投资总额的百分之二十五以上，属于成片开发土地的，形成工业用地或者其他建设用地条件。

转让房地产时房屋已经建成的，还应当持有房屋所有权证书。

第四十条　以划拨方式取得土地使用权的，转让房地产时，应当按照国务院规定，报有批准权的人民政府审批。有批准权的人民政府准予转让的，应当由受让方办理土地使用权出让手续，并依照国家有关规定缴纳土地使用权出让金。

以划拨方式取得土地使用权的，转让房地产报批时，有批准权的人民政府按照国务院规定决定可以不办理土地使用权出让手续的，转让方应当按照国务院规定将转让房地产所获收益中的土地收益上缴国家或者作其他处理。

第四十一条　房地产转让，应当签订书面转让合同，合同中应当载明土地使用权取得的方式。

第四十二条　房地产转让时，土地使用权出让合同载明的权利、义务随之转移。

第四十三条　以出让方式取得土地使用权的，转让房地产后，其土地使用权的使用年限为原土地使用权出让合同约定的使用年限减去原土地使用者已经使用年限后的剩余年限。

第四十四条　以出让方式取得土地使用权的，转让房地产后，受让人改变原土地使用权出让合同约定的土地用途的，必须取得原出让方和市、县人民政府城市规划行政主管部门的同意，签订土地使用权出让合同变更协议或者重新签订土地使用权出让合同，相应调整土地使用权出让金。

第四十五条　商品房预售，应当符合下列条件：

（一）已交付全部土地使用权出让金，取得土地使用权证书；

（二）持有建设工程规划许可证；

（三）按提供预售的商品房计算，投入开发建设的资金达到工程建设总投资的百分之二十五以上，并已经确定施工进度和竣工交付日期；

（四）向县级以上人民政府房产管理部门办理预售登记，取得商品房预售许可证明。

商品房预售人应当按照国家有关规定将预售合同报县级以上人民政府房产管理部门和土地管理部门登记备案。

商品房预售所得款项，必须用于有关的工程建设。

第四十六条　商品房预售的，商品房预购人将购买的未竣工的预售商品房再行转让的问题，由国务院规定。

第三节　房地产抵押

第四十七条　房地产抵押，是指抵押人以其合法的房地产以不转移占有的方式向抵押权人提供债务履行担保的行为。债务人不履行债务时，抵押权人有权依法以抵押的房地产拍卖所得的价款优先受偿。

第四十八条　依法取得的房屋所有权连同该房屋占用范围内的土地使用权，可以设定抵押权。

以出让方式取得的土地使用权，可以设定抵押权。

第四十九条　房地产抵押，应当凭土地使用权证书、房屋所有权证书办理。

第五十条　房地产抵押，抵押人和抵押权人应当签订书面抵押合同。

第五十一条　设定房地产抵押权的土地使用权是以划拨方式取得的，依法拍卖该房地产后，应当从拍卖所得的价款中缴纳相当于应缴纳的土地使用权出让金的款额后，抵押权人方可优先受偿。

第五十二条　房地产抵押合同签订后，土地上新增的房屋不属于抵押财产。需要拍卖该抵押的房地产时，可以依法将土地上新增的房屋与抵押财产一同拍卖，但对拍卖新增房屋所得，抵押权人无权优先受偿。

第四节　房屋租赁

第五十三条　房屋租赁，是指房屋所有权人作为出租人将其房屋出租给承租人使用，由承租人向出租人支付租金的行为。

第五十四条　房屋租赁，出租人和承租人应当签订书面租赁合同，约定租赁期限、租赁用途、租赁价格、修缮责任等条款，以及双方的其他权利和义务，并向房产管理部门登记备案。

第五十五条　住宅用房的租赁，应当执行国家和房屋所在城市人民政府规定的租赁政策。租用房屋从事生产、经营活动的，由租赁双方协商议定租金和其他租赁条款。

第五十六条　以营利为目的，房屋所有权人将以划拨方式取得使用权的国有土地上建成的房屋出租的，应当将租金中所含土地收益上缴国家。具体办法由国务院规定。

第五节　中介服务机构

第五十七条　房地产中介服务机构包括房地产咨询机构、房地产价格评估机构、房地产经纪机构等。

第五十八条　房地产中介服务机构应当具备下列条件：

（一）有自己的名称和组织机构；

（二）有固定的服务场所；

（三）有必要的财产和经费；

（四）有足够数量的专业人员；

（五）法律、行政法规规定的其他条件。

设立房地产中介服务机构，应当向工商行政管理部门申请设立登记，领取营业执照后，方可开业。

第五十九条　国家实行房地产价格评估人员资格认证制度。

第五章　房地产权属登记管理

第六十条　国家实行土地使用权和房屋所有权登记发证制度。

第六十一条　以出让或者划拨方式取得土地使用权，应当向县级以上地方人民政府土地管理部门申请登记，经县级以上地方人民政府土地管理部门核实，由同级人民政府颁发土地使用权证书。

在依法取得的房地产开发用地上建成房屋的，应当凭土地使用权证书向县级以上地方人民政府房产管理部门申请登记，由县级以上地方人民政府房产管理部门核实并颁发房屋所有权证书。

房地产转让或者变更时，应当向县级以上地方人民政府房产管理部门申请房产变更登记，并凭变更后的房屋所有权证书向同级人民政府土地管理部门申请土地使用权变更登记，经同级人民政府土地管理部门核实，由同级人民政府更换或者更改土地使用权证书。

法律另有规定的，依照有关法律的规定办理。

第六十二条 房地产抵押时，应当向县级以上地方人民政府规定的部门办理抵押登记。

因处分抵押房地产而取得土地使用权和房屋所有权的，应当依照本章规定办理过户登记。

第六十三条 经省、自治区、直辖市人民政府确定，县级以上地方人民政府由一个部门统一负责房产管理和土地管理工作的，可以制作、颁发统一的房地产权证书，依照本法第六十一条的规定，将房屋的所有权和该房屋占用范围内的土地使用权的确认和变更，分别载入房地产权证书。

第六章 法律责任

第六十四条 违反本法第十一条、第十二条的规定，擅自批准出让或者擅自出让土地使用权用于房地产开发的，由上级机关或者所在单位给予有关责任人员行政处分。

第六十五条 违反本法第三十条的规定，未取得营业执照擅自从事房地产开发业务的，由县级以上人民政府工商行政管理部门责令停止房地产开发业务活动，没收违法所得，可以并处罚款。

第六十六条 违反本法第三十九条第一款的规定转让土地使用权的，由县级以上人民政府土地管理部门没收违法所得，可以并处罚款。

第六十七条 违反本法第四十条第一款的规定转让房地产的，由县级以上人民政府土地管理部门责令缴纳土地使用权出让金，没收违法所得，可以并处罚款。

第六十八条 违反本法第四十五条第一款的规定预售商品房的，由县级以上人民政府房产管理部门责令停止预售活动，没收违法所得，可以并处罚款。

第六十九条 违反本法第五十八条的规定，未取得营业执照擅自从事房地产中介服务业务的，由县级以上人民政府工商行政管理部门责令停止房地产中介服务业务活动，没收违法所得，可以并处罚款。

第七十条 没有法律、法规的依据，向房地产开发企业收费的，上级机关应当责令退回所收取的钱款；情节严重的，由上级机关或者所在单位给予直接责任人员行政处分。

第七十一条 房产管理部门、土地管理部门工作人员玩忽职守、滥用职权，构成犯罪的，依法追究刑事责任；不构成犯罪的，给予行政处分。

房产管理部门、土地管理部门工作人员利用职务上的便利，索取他人财物，或者非法收受他人财物为他人谋取利益，构成犯罪的，依法追究刑事责任；不构成犯罪的，给予行政处分。

第七章 附　　则

第七十二条 在城市规划区外的国有土地范围内取得房地产开发用地的土地使用权，从事房地产开发、交易活动以及实施房地产管理，参照本法执行。

第七十三条 本法自1995年1月1日起施行。

城市房地产开发经营管理条例

（1998年7月20日中华人民共和国国务院令第248号发布，根据2011年1月8日《国务院关于废止和修改部分行政法规的决定》第一次修订，根据2018年3月19日《国务院关于修改和废止部分行政法规的决定》第二次修订，根据2019年3月24日《国务院关于修改部分行政法规的决定》第三次修订，根据2020年3月27日《国务院关于修改和废止部分行政法规的决定》第四次修订，根据2020年11月29日《国务院关于修改和废止部分行政法规的决定》第五次修订）

第一章 总 则

第一条 为了规范房地产开发经营行为，加强对城市房地产开发经营活动的监督管理，促进和保障房地产业的健康发展，根据《中华人民共和国城市房地产管理法》的有关规定，制定本条例。

第二条 本条例所称房地产开发经营，是指房地产开发企业在城市规划区内国有土地上进行基础设施建设、房屋建设，并转让房地产开发项目或者销售、出租商品房的行为。

第三条 房地产开发经营应当按照经济效益、社会效益、环境效益相统一的原则，实行全面规划、合理布局、综合开发、配套建设。

第四条 国务院建设行政主管部门负责全国房地产开发经营活动的监督管理工作。

县级以上地方人民政府房地产开发主管部门负责本行政区域内房地产开发经营活动的监督管理工作。

县级以上人民政府负责土地管理工作的部门依照有关法律、行政法规的规定，负责与房地产开发经营有关的土地管理工作。

第二章 房地产开发企业

第五条 设立房地产开发企业，除应当符合有关法律、行政法规规定的企业设立条件外，还应当具备下列条件：

（一）有100万元以上的注册资本；

（二）有4名以上持有资格证书的房地产专业、建筑工程专业的专职技术人员，2名以上持有资格证书的专职会计人员。

省、自治区、直辖市人民政府可以根据本地方的实际情况，对设立房地产开发企业的注册资本和专业技术人员的条件作出高于前款的规定。

第六条 外商投资设立房地产开发企业的，除应当符合本条例第五条的规定外，还应当符合外商投资法律、行政法规的规定。

第七条 设立房地产开发企业，应当向县级以上人民政府工商行政管理部门申请登记。工商行政管理部门对符合本条例第五条规定条件的，应当自收到申请之日起30日内予以登记；对不符合条件不予登记的，应当说明理由。

工商行政管理部门在对设立房地产开发企业申请登记进行审查时，应当听取同级房地产开发主管部门的意见。

第八条 房地产开发企业应当自领取营业执照之日起30日内，提交下列纸质或者电子材料，向登记机关所在地的房地产开发主管部门备案：

（一）营业执照复印件；

（二）企业章程；

（三）专业技术人员的资格证书和聘用合同。

第九条 房地产开发主管部门应当根据房地产开发企业的资产、专业技术人员和开发经营业绩等，对备案的房地产开发企业核定资质等级。房地产开发企业应当按照核定的资质等级，承担相应的房地产开发项目。具体办法由国务院建设行政主管部门制定。

第三章 房地产开发建设

第十条 确定房地产开发项目，应当符合土地利用总体规划、年度建设用地计划和城市规划、房地产开发年度计划的要求；按照国家有关规定需要经计划主管部门批准的，还应当报计划主管部门批准，并纳入年度固定资产投资计划。

第十一条 确定房地产开发项目，应当坚持旧区改建和新区建设相结合的原则，注重开发基础设施薄弱、交通拥挤、环境污染严重以及危旧房屋集中的区域，保护和改善城市生态环境，保护历史文化遗产。

第十二条 房地产开发用地应当以出让方式取得；但是，法律和国务院规定可以采用划拨方式的除外。

土地使用权出让或者划拨前，县级以上地方人民政府城市规划行政主管部门和房地产开发主管部门应当对下列事项提出书面意见，作为土地使用权出让或者划拨的依据之一：

（一）房地产开发项目的性质、规模和开发期限；

（二）城市规划设计条件；

（三）基础设施和公共设施的建设要求；

（四）基础设施建成后的产权界定；

（五）项目拆迁补偿、安置要求。

第十三条 房地产开发项目应当建立资本金制度，资本金占项目总投资的比例不得低于20%。

第十四条 房地产开发项目的开发建设应当统筹安排配套基础设施，并根据先地下、后地上的原则实施。

第十五条 房地产开发企业应当按照土地使用权出让合同约定的土地用途、动工开发期限进行项目开发建设。出让合同约定的动工开发期限满1年未动工开发的，可以征收相当于土地使用权出让金20%以下的土地闲置费；满2年未动工开发的，可以无偿收回土地使用权。但是，因不可抗力或者政府、政府有关部门的行为或者动工开发必需的前期工作造成动工迟延的除外。

第十六条 房地产开发企业开发建设的房地产项目，应当符合有关法律、法规的规定和建筑工程质量、安全标准、建筑工程勘察、设计、施工的技术规范以及合同的约定。

房地产开发企业应当对其开发建设的房地产开发项目的质量承担责任。

勘察、设计、施工、监理等单位应当依照有关法律、法规的规定或者合同的约定，承担相应的责任。

第十七条 房地产开发项目竣工，依照《建设工程质量管理条例》的规定验收合格后，方可交付使用。

第十八条 房地产开发企业应当将房地产开发项目建设过程中的主要事项记录在房地产开发项目手册中，并定期送房地产开发主管部门备案。

第四章 房地产经营

第十九条 转让房地产开发项目，应当符合《中华人民共和国城市房地产管理法》第三十九条、第四十条规定的条件。

第二十条 转让房地产开发项目，转让人和受让人应当自土地使用权变更登记手续办理完毕之日起30日内，持房地产开发项目转让合同到房地产开发主管部门备案。

第二十一条　房地产开发企业转让房地产开发项目时，尚未完成拆迁补偿安置的，原拆迁补偿安置合同中有关的权利、义务随之转移给受让人。项目转让人应当书面通知被拆迁人。

第二十二条　房地产开发企业预售商品房，应当符合下列条件：

（一）已交付全部土地使用权出让金，取得土地使用权证书；

（二）持有建设工程规划许可证和施工许可证；

（三）按提供的预售商品房计算，投入开发建设的资金达到工程建设总投资的25%以上，并已确定施工进度和竣工交付日期；

（四）已办理预售登记，取得商品房预售许可证明。

第二十三条　房地产开发企业申请办理商品房预售登记，应当提交下列文件：

（一）本条例第二十二条第（一）项至第（三）项规定的证明材料；

（二）营业执照和资质等级证书；

（三）工程施工合同；

（四）预售商品房分层平面图；

（五）商品房预售方案。

第二十四条　房地产开发主管部门应当自收到商品房预售申请之日起10日内，作出同意预售或者不同意预售的答复。同意预售的，应当核发商品房预售许可证明；不同意预售的，应当说明理由。

第二十五条　房地产开发企业不得进行虚假广告宣传，商品房预售广告中应当载明商品房预售许可证明的文号。

第二十六条　房地产开发企业预售商品房时，应当向预购人出示商品房预售许可证明。

房地产开发企业应当自商品房预售合同签订之日起30日内，到商品房所在地的县级以上人民政府房地产开发主管部门和负责土地管理工作的部门备案。

第二十七条　商品房销售，当事人双方应当签订书面合同。合同应当载明商品房的建筑面积和使用面积、价格、交付日期、质量要求、物业管理方式以及双方的违约责任。

第二十八条　房地产开发企业委托中介机构代理销售商品房的，应当向中介机构出具委托书。中介机构销售商品房时，应当向商品房购买人出示商品房的有关证明文件和商品房销售委托书。

第二十九条　房地产开发项目转让和商品房销售价格，由当事人协商议定；但是，享受国家优惠政策的居民住宅价格，应当实行政府指导价或者政府定价。

第三十条　房地产开发企业应当在商品房交付使用时，向购买人提供住宅质量保证书和住宅使用说明书。

住宅质量保证书应当列明工程质量监督单位核验的质量等级、保修范围、保修期和保修单位等内容。房地产开发企业应当按照住宅质量保证书的约定，承担商品房保修责任。

保修期内，因房地产开发企业对商品房进行维修，致使房屋原使用功能受到影响，给购买人造成损失的，应当依法承担赔偿责任。

第三十一条　商品房交付使用后，购买人认为主体结构质量不合格的，可以向工程质量监督单位申请重新核验。经核验，确属主体结构质量不合格的，购买人有权退房；给购买人造成损失的，房地产开发企业应当依法承担赔偿责任。

第三十二条　预售商品房的购买人应当自商品房交付使用之日起90日内，办理土地使用权变更和房屋所有权登记手续；现售商品房的购买人应当自销售合同签订之日起90日内，办理土地使用权变更和房屋所有权登记手续。房地产开发企业应当协助商品房购买人办理土地使用权变更和房屋所有权登记手续，并提供必要的证明文件。

第五章 法律责任

第三十三条 违反本条例规定，未取得营业执照，擅自从事房地产开发经营的，由县级以上人民政府工商行政管理部门责令停止房地产开发经营活动，没收违法所得，可以并处违法所得5倍以下的罚款。

第三十四条 违反本条例规定，未取得资质等级证书或者超越资质等级从事房地产开发经营的，由县级以上人民政府房地产开发主管部门责令限期改正，处5万元以上10万元以下的罚款；逾期不改正的，由工商行政管理部门吊销营业执照。

第三十五条 违反本条例规定，擅自转让房地产开发项目的，由县级以上人民政府负责土地管理工作的部门责令停止违法行为，没收违法所得，可以并处违法所得5倍以下的罚款。

第三十六条 违反本条例规定，擅自预售商品房的，由县级以上人民政府房地产开发主管部门责令停止违法行为，没收违法所得，可以并处已收取的预付款1%以下的罚款。

第三十七条 国家机关工作人员在房地产开发经营监督管理工作中玩忽职守、徇私舞弊、滥用职权，构成犯罪的，依法追究刑事责任；尚不构成犯罪的，依法给予行政处分。

第六章 附 则

第三十八条 在城市规划区外国有土地上从事房地产开发经营，实施房地产开发经营监督管理，参照本条例执行。

第三十九条 城市规划区内集体所有的土地，经依法征收转为国有土地后，方可用于房地产开发经营。

第四十条 本条例自发布之日起施行。

中华人民共和国城镇国有土地使用权出让和转让暂行条例

（1990年5月19日中华人民共和国国务院令第55号发布，根据2020年11月29日《国务院关于修改和废止部分行政法规的决定》修订）

第一章 总 则

第一条 为了改革城镇国有土地使用制度，合理开发、利用、经营土地，加强土地管理，促进城市建设和经济发展，制定本条例。

第二条 国家按照所有权与使用权分离的原则，实行城镇国有土地使用权出让、转让制度，但地下资源、埋藏物和市政公用设施除外。

前款所称城镇国有土地是指市、县城、建制镇、工矿区范围内属于全民所有的土地（以下简称土地）。

第三条 中华人民共和国境内外的公司、企业、其他组织和个人，除法律另有规定者外，均可依照本条例的规定取得土地使用权，进行土地开发、利用、经营。

第四条 依照本条例的规定取得土地使用权的土地使用者，其使用权在使用年限内可以转让、出租、抵押或者用于其他经济活动，合法权益受国家法律保护。

第五条 土地使用者开发、利用、经营土地的活动，应当遵守国家法律、法规的规定，并不得损害社会公共利益。

第六条　县级以上人民政府土地管理部门依法对土地使用权的出让、转让、出租、抵押、终止进行监督检查。

第七条　土地使用权出让、转让、出租、抵押、终止及有关的地上建筑物、其他附着物的登记，由政府土地管理部门、房产管理部门依照法律和国务院的有关规定办理。

登记文件可以公开查阅。

第二章　土地使用权出让

第八条　土地使用权出让是指国家以土地所有者的身份将土地使用权在一定年限内让与土地使用者，并由土地使用者向国家支付土地使用权出让金的行为。

土地使用权出让应当签订出让合同。

第九条　土地使用权的出让，由市、县人民政府负责，有计划、有步骤地进行。

第十条　土地使用权出让的地块、用途、年限和其他条件，由市、县人民政府土地管理部门会同城市规划和建设管理部门、房产管理部门共同拟定方案，按照国务院规定的批准权限报经批准后，由土地管理部门实施。

第十一条　土地使用权出让合同应当按照平等、自愿、有偿的原则，由市、县人民政府土地管理部门（以下简称出让方）与土地使用者签订。

第十二条　土地使用权出让最高年限按下列用途确定：

（一）居住用地七十年；

（二）工业用地五十年；

（三）教育、科技、文化、卫生、体育用地五十年；

（四）商业、旅游、娱乐用地四十年；

（五）综合或者其他用地五十年。

第十三条　土地使用权出让可以采取下列方式：

（一）协议；

（二）招标；

（三）拍卖。

依照前款规定方式出让土地使用权的具体程序和步骤，由省、自治区、直辖市人民政府规定。

第十四条　土地使用者应当在签订土地使用权出让合同后六十日内，支付全部土地使用权出让金。逾期未全部支付的，出让方有权解除合同，并可请求违约赔偿。

第十五条　出让方应当按照合同规定，提供出让的土地使用权。未按合同规定提供土地使用权的，土地使用者有权解除合同，并可请求违约赔偿。

第十六条　土地使用者在支付全部土地使用权出让金后，应当依照规定办理登记，领取土地使用证，取得土地使用权。

第十七条　土地使用者应当按照土地使用权出让合同的规定和城市规划的要求，开发、利用、经营土地。

未按合同规定的期限和条件开发、利用土地的，市、县人民政府土地管理部门应当予以纠正，并根据情节可以给予警告、罚款直至无偿收回土地使用权的处罚。

第十八条　土地使用者需要改变土地使用权出让合同规定的土地用途的，应当征得出让方同意并经土地管理部门和城市规划部门批准，依照本章的有关规定重新签订土地使用权出让合同，调整土地使用权出让金，并办理登记。

第三章　土地使用权转让

第十九条　土地使用权转让是指土地使用者将土地使用权再转移的行为，包括出售、交换和赠与。

未按土地使用权出让合同规定的期限和条件投资开发、利用土地的，土地使用权不得转让。

第二十条　土地使用权转让应当签订转让合同。

第二十一条 土地使用权转让时，土地使用权出让合同和登记文件中所载明的权利、义务随之转移。

第二十二条 土地使用者通过转让方式取得的土地使用权，其使用年限为土地使用权出让合同规定的使用年限减去原土地使用者已使用年限后的剩余年限。

第二十三条 土地使用权转让时，其地上建筑物、其他附着物所有权随之转让。

第二十四条 地上建筑物、其他附着物的所有人或者共有人，享有该建筑物、附着物使用范围内的土地使用权。

土地使用者转让地上建筑物、其他附着物所有权时，其使用范围内的土地使用权随之转让，但地上建筑物、其他附着物作为动产转让的除外。

第二十五条 土地使用权和地上建筑物、其他附着物所有权转让，应当依照规定办理过户登记。

土地使用权和地上建筑物、其他附着物所有权分割转让的，应当经市、县人民政府土地管理部门和房产管理部门批准，并依照规定办理过户登记。

第二十六条 土地使用权转让价格明显低于市场价格的，市、县人民政府有优先购买权。

土地使用权转让的市场价格不合理上涨时，市、县人民政府可以采取必要的措施。

第二十七条 土地使用权转让后，需要改变土地使用权出让合同规定的土地用途的，依照本条例第十八条的规定办理。

第四章 土地使用权出租

第二十八条 土地使用权出租是指土地使用者作为出租人将土地使用权随同地上建筑物、其他附着物租赁给承租人使用，由承租人向出租人支付租金的行为。

未按土地使用权出让合同规定的期限和条件投资开发、利用土地的，土地使用权不得出租。

第二十九条 土地使用权出租，出租人与承租人应当签订租赁合同。

租赁合同不得违背国家法律、法规和土地使用权出让合同的规定。

第三十条 土地使用权出租后，出租人必须继续履行土地使用权出让合同。

第三十一条 土地使用权和地上建筑物、其他附着物出租，出租人应当依照规定办理登记。

第五章 土地使用权抵押

第三十二条 土地使用权可以抵押。

第三十三条 土地使用权抵押时，其地上建筑物、其他附着物随之抵押。

地上建筑物、其他附着物抵押时，其使用范围内的土地使用权随之抵押。

第三十四条 土地使用权抵押，抵押人与抵押权人应当签订抵押合同。

抵押合同不得违背国家法律、法规和土地使用权出让合同的规定。

第三十五条 土地使用权和地上建筑物、其他附着物抵押，应当依照规定办理抵押登记。

第三十六条 抵押人到期未能履行债务或者在抵押合同期间宣告解散、破产的，抵押权人有权依照国家法律、法规和抵押合同的规定处分抵押财产。

因处分抵押财产而取得土地使用权和地上建筑物、其他附着物所有权的，应当依照规定办理过户登记。

第三十七条 处分抵押财产所得，抵押权人有优先受偿权。

第三十八条 抵押权因债务清偿或者其他原因而消灭的，应当依照规定办理注销抵押登记。

第六章 土地使用权终止

第三十九条 土地使用权因土地使用权出让合同规定的使用年限届满、提前收回及土地灭失等原因而终止。

第四十条　土地使用权期满，土地使用权及其地上建筑物、其他附着物所有权由国家无偿取得。土地使用者应当交还土地使用证，并依照规定办理注销登记。

第四十一条　土地使用权期满，土地使用者可以申请续期。需要续期的，应当依照本条例第二章的规定重新签订合同，支付土地使用权出让金，并办理登记。

第四十二条　国家对土地使用者依法取得的土地使用权不提前收回。在特殊情况下，根据社会公共利益的需要，国家可以依照法律程序提前收回，并根据土地使用者已使用的年限和开发、利用土地的实际情况给予相应的补偿。

第七章　划拨土地使用权

第四十三条　划拨土地使用权是指土地使用者通过各种方式依法无偿取得的土地使用权。

前款土地使用者应当依照《中华人民共和国城镇土地使用税暂行条例》的规定缴纳土地使用税。

第四十四条　划拨土地使用权，除本条例第四十五条规定的情况外，不得转让、出租、抵押。

第四十五条　符合下列条件的，经市、县人民政府土地管理部门和房产管理部门批准，其划拨土地使用权和地上建筑物、其他附着物所有权可以转让、出租、抵押：

（一）土地使用者为公司、企业、其他经济组织和个人；

（二）领有国有土地使用证；

（三）具有地上建筑物、其他附着物合法的产权证明；

（四）依照本条例第二章的规定签订土地使用权出让合同，向当地市、县人民政府补交土地使用权出让金或者以转让、出租、抵押所获收益抵交土地使用权出让金。

转让、出租、抵押前款划拨土地使用权的，分别依照本条例第三章、第四章和第五章的规定办理。

第四十六条　对未经批准擅自转让、出租、抵押划拨土地使用权的单位和个人，市、县人民政府土地管理部门应当没收其非法收入，并根据情节处以罚款。

第四十七条　无偿取得划拨土地使用权的土地使用者，因迁移、解散、撤销、破产或者其他原因而停止使用土地的，市、县人民政府应当无偿收回其划拨土地使用权，并可依照本条例的规定予以出让。

对划拨土地使用权，市、县人民政府根据城市建设发展需要和城市规划的要求，可以无偿收回，并可依照本条例的规定予以出让。

无偿收回划拨土地使用权时，对其地上建筑物、其他附着物，市、县人民政府应当根据实际情况给予适当补偿。

第八章　附　　则

第四十八条　依照本条例的规定取得土地使用权的个人，其土地使用权可以继承。

第四十九条　土地使用者应当依照国家税收法规的规定纳税。

第五十条　依照本条例收取的土地使用权出让金列入财政预算，作为专项基金管理，主要用于城市建设和土地开发。具体使用管理办法，由财政部另行制定。

第五十一条　各省、自治区、直辖市人民政府应当根据本条例的规定和当地的实际情况选择部分条件比较成熟的城镇先行试点。

第五十二条　本条例由国家土地管理局负责解释；实施办法由省、自治区、直辖市人民政府制定。

第五十三条　本条例自发布之日起施行。

招标拍卖挂牌出让国有建设用地使用权规定

（2002年4月3日国土资源部第4次部务会议通过，
2007年9月21日国土资源部第3次部务会议修订）

第一条 为规范国有建设用地使用权出让行为，优化土地资源配置，建立公开、公平、公正的土地使用制度，根据《中华人民共和国物权法》、《中华人民共和国土地管理法》、《中华人民共和国城市房地产管理法》和《中华人民共和国土地管理法实施条例》，制定本规定。

第二条 在中华人民共和国境内以招标、拍卖或者挂牌出让方式在土地的地表、地上或者地下设立国有建设用地使用权的，适用本规定。

本规定所称招标出让国有建设用地使用权，是指市、县人民政府国土资源行政主管部门（以下简称出让人）发布招标公告，邀请特定或者不特定的自然人、法人和其他组织参加国有建设用地使用权投标，根据投标结果确定国有建设用地使用权人的行为。

本规定所称拍卖出让国有建设用地使用权，是指出让人发布拍卖公告，由竞买人在指定时间、地点进行公开竞价，根据出价结果确定国有建设用地使用权人的行为。

本规定所称挂牌出让国有建设用地使用权，是指出让人发布挂牌公告，按公告规定的期限将拟出让宗地的交易条件在指定的土地交易场所挂牌公布，接受竞买人的报价申请并更新挂牌价格，根据挂牌期限截止时的出价结果或者现场竞价结果确定国有建设用地使用权人的行为。

第三条 招标、拍卖或者挂牌出让国有建设用地使用权，应当遵循公开、公平、公正和诚信的原则。

第四条 工业、商业、旅游、娱乐和商品住宅等经营性用地以及同一宗地有两个以上意向用地者的，应当以招标、拍卖或者挂牌方式出让。

前款规定的工业用地包括仓储用地，但不包括采矿用地。

第五条 国有建设用地使用权招标、拍卖或者挂牌出让活动，应当有计划地进行。

市、县人民政府国土资源行政主管部门根据经济社会发展计划、产业政策、土地利用总体规划、土地利用年度计划、城市规划和土地市场状况，编制国有建设用地使用权出让年度计划，报经同级人民政府批准后，及时向社会公开发布。

第六条 市、县人民政府国土资源行政主管部门应当按照出让年度计划，会同城市规划等有关部门共同拟订拟招标拍卖挂牌出让地块的出让方案，报经市、县人民政府批准后，由市、县人民政府国土资源行政主管部门组织实施。

前款规定的出让方案应当包括出让地块的空间范围、用途、年限、出让方式、时间和其他条件等。

第七条 出让人应当根据招标拍卖挂牌出让地块的情况，编制招标拍卖挂牌出让文件。

招标拍卖挂牌出让文件应当包括出让公告、投标或者竞买须知、土地使用条件、标书或者竞买申请书、报价单、中标通知书或者成交确认书、国有建设用地使用权出让合同文本。

第八条 出让人应当至少在投标、拍卖或者挂牌开始日前20日，在土地有形市场或者指定的场所、媒介发布招标、拍卖或者挂牌公告，公布招标拍卖挂牌出让宗地的基本情况和招标拍卖挂牌的时间、地点。

第九条　招标拍卖挂牌公告应当包括下列内容：

（一）出让人的名称和地址；

（二）出让宗地的面积、界址、空间范围、现状、使用年期、用途、规划指标要求；

（三）投标人、竞买人的资格要求以及申请取得投标、竞买资格的办法；

（四）索取招标拍卖挂牌出让文件的时间、地点和方式；

（五）招标拍卖挂牌时间、地点、投标挂牌期限、投标和竞价方式等；

（六）确定中标人、竞得人的标准和方法；

（七）投标、竞买保证金；

（八）其他需要公告的事项。

第十条　市、县人民政府国土资源行政主管部门应当根据土地估价结果和政府产业政策综合确定标底或者底价。标底或者底价不得低于国家规定的最低价标准。

确定招标标底，拍卖和挂牌的起叫价、起始价、底价，投标、竞买保证金，应当实行集体决策。

招标标底和拍卖挂牌的底价，在招标开标前和拍卖挂牌出让活动结束之前应当保密。

第十一条　中华人民共和国境内外的自然人、法人和其他组织，除法律、法规另有规定外，均可申请参加国有建设用地使用权招标拍卖挂牌出让活动。

出让人在招标拍卖挂牌出让公告中不得设定影响公平、公正竞争的限制条件。挂牌出让的，出让公告中规定的申请截止时间，应当为挂牌出让结束日前2天。对符合招标拍卖挂牌公告规定条件的申请人，出让人应当通知其参加招标拍卖挂牌活动。

第十二条　市、县人民政府国土资源行政主管部门应当为投标人、竞买人查询拟出让土地的有关情况提供便利。

第十三条　投标、开标依照下列程序进行：

（一）投标人在投标截止时间前将标书投入标箱。招标公告允许邮寄标书的，投标人可以邮寄，但出让人在投标截止时间前收到的方为有效。

标书投入标箱后，不可撤回。投标人应当对标书和有关书面承诺承担责任。

（二）出让人按照招标公告规定的时间、地点开标，邀请所有投标人参加。由投标人或者其推选的代表检查标箱的密封情况，当众开启标箱，点算标书。投标人少于三人的，出让人应当终止招标活动。投标人不少于三人的，应当逐一宣布投标人名称、投标价格和投标文件的主要内容。

（三）评标小组进行评标。评标小组由出让人代表、有关专家组成，成员人数为五人以上的单数。

评标小组可以要求投标人对投标文件作出必要的澄清或者说明，但是澄清或者说明不得超出投标文件的范围或者改变投标文件的实质性内容。

评标小组应当按照招标文件确定的评标标准和方法，对投标文件进行评审。

（四）招标人根据评标结果，确定中标人。

按照价高者得的原则确定中标人的，可以不成立评标小组，由招标主持人根据开标结果，确定中标人。

第十四条　对能够最大限度地满足招标文件中规定的各项综合评价标准，或者能够满足招标文件的实质性要求且价格最高的投标人，应当确定为中标人。

第十五条　拍卖会依照下列程序进行：

（一）主持人点算竞买人；

（二）主持人介绍拍卖宗地的面积、界址、空间范围、现状、用途、使用年期、规划指标要求、开工和竣工时间以及其他有关事项；

（三）主持人宣布起叫价和增价规则及增价幅度。没有底价的，应当明确提示；

（四）主持人报出起叫价；

（五）竞买人举牌应价或者报价；

（六）主持人确认该应价或者报价后继续竞价；

（七）主持人连续三次宣布同一应价或者报价而没有再应价或者报价的，主持人落槌表示拍卖成交；

（八）主持人宣布最高应价或者报价者为竞得人。

第十六条 竞买人的最高应价或者报价未达到底价时，主持人应当终止拍卖。

拍卖主持人在拍卖中可以根据竞买人竞价情况调整拍卖增价幅度。

第十七条 挂牌依照以下程序进行：

（一）在挂牌公告规定的挂牌起始日，出让人将挂牌宗地的面积、界址、空间范围、现状、用途、使用年期、规划指标要求、开工时间和竣工时间、起始价、增价规则及增价幅度等，在挂牌公告规定的土地交易场所挂牌公布；

（二）符合条件的竞买人填写报价单报价；

（三）挂牌主持人确认该报价后，更新显示挂牌价格；

（四）挂牌主持人在挂牌公告规定的挂牌截止时间确定竞得人。

第十八条 挂牌时间不得少于10日。挂牌期间可根据竞买人竞价情况调整增价幅度。

第十九条 挂牌截止应当由挂牌主持人主持确定。挂牌期限届满，挂牌主持人现场宣布最高报价及其报价者，并询问竞买人是否愿意继续竞价。有竞买人表示愿意继续竞价的，挂牌出让转入现场竞价，通过现场竞价确定竞得人。挂牌主持人连续三次报出最高挂牌价格，没有竞买人表示愿意继续竞价的，按照下列规定确定是否成交：

（一）在挂牌期限内只有一个竞买人报价，且报价不低于底价，并符合其他条件的，挂牌成交；

（二）在挂牌期限内有两个或者两个以上的竞买人报价的，出价最高者为竞得人；报价相同的，先提交报价单者为竞得人，但报价低于底价者除外；

（三）在挂牌期限内无应价者或者竞买人的报价均低于底价或者均不符合其他条件的，挂牌不成交。

第二十条 以招标、拍卖或者挂牌方式确定中标人、竞得人后，中标人、竞得人支付的投标、竞买保证金，转作受让地块的定金。出让人应当向中标人发出中标通知书或者与竞得人签订成交确认书。

中标通知书或者成交确认书应当包括出让人和中标人或者竞得人的名称，出让标的，成交时间、地点、价款以及签订国有建设用地使用权出让合同的时间、地点等内容。

中标通知书或者成交确认书对出让人和中标人或者竞得人具有法律效力。出让人改变竞得结果，或者中标人、竞得人放弃中标宗地、竞得宗地的，应当依法承担责任。

第二十一条 中标人、竞得人应当按照中标通知书或者成交确认书约定的时间，与出让人签订国有建设用地使用权出让合同。中标人、竞得人支付的投标、竞买保证金抵作土地出让价款；其他投标人、竞买人支付的投标、竞买保证金，出让人必须在招标拍卖挂牌活动结束后5个工作日内予以退还，不计利息。

第二十二条 招标拍卖挂牌活动结束后，出让人应在10个工作日内将招标拍卖挂牌出让结果在土地有形市场或者指定的场所、媒介公布。

出让人公布出让结果，不得向受让人收取费用。

第二十三条 受让人依照国有建设用地使用权出让合同的约定付清全部土地出让价款后，方可申请办理土地登记，领取国有建设用地使用权证书。

未按出让合同约定缴清全部土地出让价款的，不得发放国有建设用地使用权证书，也不得按出让价款缴纳比例分割发放国有建设用地使用权证书。

第二十四条　应当以招标拍卖挂牌方式出让国有建设用地使用权而擅自采用协议方式出让的，对直接负责的主管人员和其他直接责任人员依法给予处分；构成犯罪的，依法追究刑事责任。

第二十五条　中标人、竞得人有下列行为之一的，中标、竞得结果无效；造成损失的，应当依法承担赔偿责任：

（一）提供虚假文件隐瞒事实的；

（二）采取行贿、恶意串通等非法手段中标或者竞得的。

第二十六条　国土资源行政主管部门的工作人员在招标拍卖挂牌出让活动中玩忽职守、滥用职权、徇私舞弊的，依法给予处分；构成犯罪的，依法追究刑事责任。

第二十七条　以招标拍卖挂牌方式租赁国有建设用地使用权的，参照本规定执行。

第二十八条　本规定自2007年11月1日起施行。

协议出让国有土地使用权规定

（2003年6月5日国土资源部第6次部务会议通过，
2003年6月11日发布，自2003年8月1日起施行）

第一条　为加强国有土地资产管理，优化土地资源配置，规范协议出让国有土地使用权行为，根据《中华人民共和国城市房地产管理法》、《中华人民共和国土地管理法》和《中华人民共和国土地管理法实施条例》，制定本规定。

第二条　在中华人民共和国境内以协议方式出让国有土地使用权的，适用本规定。

本规定所称协议出让国有土地使用权，是指国家以协议方式将国有土地使用权在一定年限内出让给土地使用者，由土地使用者向国家支付土地使用权出让金的行为。

第三条　出让国有土地使用权，除依照法律、法规和规章的规定应当采用招标、拍卖或者挂牌方式外，方可采取协议方式。

第四条　协议出让国有土地使用权，应当遵循公开、公平、公正和诚实信用的原则。

以协议方式出让国有土地使用权的出让金不得低于按国家规定所确定的最低价。

第五条　协议出让最低价不得低于新增建设用地的土地有偿使用费、征地（拆迁）补偿费用以及按照国家规定应当缴纳的有关税费之和；有基准地价的地区，协议出让最低价不得低于出让地块所在级别基准地价的70%。

低于最低价时国有土地使用权不得出让。

第六条　省、自治区、直辖市人民政府国土资源行政主管部门应当依据本规定第五条的规定拟定协议出让最低价，报同级人民政府批准后公布，由市、县人民政府国土资源行政主管部门实施。

第七条　市、县人民政府国土资源行政主管部门应当根据经济社会发展计划、国家产业政策、土地利用总体规划、土地利用年度计划、城市规划和土地市场状况，编制国有土地使用权出让计划，报同级人民政府批准后组织实施。

国有土地使用权出让计划经批准后，

市、县人民政府国土资源行政主管部门应当在土地有形市场等指定场所，或者通过报纸、互联网等媒介向社会公布。

因特殊原因，需要对国有土地使用权出让计划进行调整的，应当报原批准机关批准，并按照前款规定及时向社会公布。

国有土地使用权出让计划应当包括年度土地供应总量、不同用途土地供应面积、地段以及供地时间等内容。

第八条 国有土地使用权出让计划公布后，需要使用土地的单位和个人可以根据国有土地使用权出让计划，在市、县人民政府国土资源行政主管部门公布的时限内，向市、县人民政府国土资源行政主管部门提出意向用地申请。

市、县人民政府国土资源行政主管部门公布计划接受申请的时间不得少于30日。

第九条 在公布的地段上，同一地块只有一个意向用地者的，市、县人民政府国土资源行政主管部门方可按照本规定采取协议方式出让；但商业、旅游、娱乐和商品住宅等经营性用地除外。

同一地块有两个或者两个以上意向用地者的，市、县人民政府国土资源行政主管部门应当按照《招标拍卖挂牌出让国有土地使用权规定》，采取招标、拍卖或者挂牌方式出让。

第十条 对符合协议出让条件的，市、县人民政府国土资源行政主管部门会同城市规划等有关部门，依据国有土地使用权出让计划、城市规划和意向用地者申请的用地项目类型、规模等，制定协议出让土地方案。

协议出让土地方案应当包括拟出让地块的具体位置、界址、用途、面积、年限、土地使用条件、规划设计条件、供地时间等。

第十一条 市、县人民政府国土资源行政主管部门应当根据国家产业政策和拟出让地块的情况，按照《城镇土地估价规程》的规定，对拟出让地块的土地价格进行评估，经市、县人民政府国土资源行政主管部门集体决策，合理确定协议出让底价。

协议出让底价不得低于协议出让最低价。

协议出让底价确定后应当保密，任何单位和个人不得泄露。

第十二条 协议出让土地方案和底价经有批准权的人民政府批准后，市、县人民政府国土资源行政主管部门应当与意向用地者就土地出让价格等进行充分协商，协商一致且议定的出让价格不低于出让底价的，方可达成协议。

第十三条 市、县人民政府国土资源行政主管部门应当根据协议结果，与意向用地者签订《国有土地使用权出让合同》。

第十四条 《国有土地使用权出让合同》签订后7日内，市、县人民政府国土资源行政主管部门应当将协议出让结果在土地有形市场等指定场所，或者通过报纸、互联网等媒介向社会公布，接受社会监督。

公布协议出让结果的时间不得少于15日。

第十五条 土地使用者按照《国有土地使用权出让合同》的约定，付清土地使用权出让金、依法办理土地登记手续后，取得国有土地使用权。

第十六条 以协议出让方式取得国有土地使用权的土地使用者，需要将土地使用权出让合同约定的土地用途改变为商业、旅游、娱乐和商品住宅等经营性用途的，应当取得出让方和市、县人民政府城市规划部门的同意，签订土地使用权出让合同变更协议或者重新签订土地使用权出让合同，按变更后的土地用途，以变更时的土地市场价格补交相应的土地使用权出让金，并依法办理土地使用权变更登记手续。

第十七条 违反本规定，有下列行为之一的，对直接负责的主管人员和其他直接责任人员依法给予行政处分：

（一）不按照规定公布国有土地使用权出让计划或者协议出让结果的；

（二）确定出让底价时未经集体决策的；

（三）泄露出让底价的；

（四）低于协议出让最低价出让国有土地使用权的；

（五）减免国有土地使用权出让金的。

违反前款有关规定，情节严重构成犯罪的，依法追究刑事责任。

第十八条　国土资源行政主管部门工作人员在协议出让国有土地使用权活动中玩忽职守、滥用职权、徇私舞弊的，依法给予行政处分；构成犯罪的，依法追究刑事责任。

第十九条　采用协议方式租赁国有土地使用权的，参照本规定执行。

第二十条　本规定自2003年8月1日起施行。原国家土地管理局1995年6月28日发布的《协议出让国有土地使用权最低价确定办法》同时废止。

划拨用地目录

（2001年10月18日国土资源部第9次部务会议通过，2001年10月22日发布，自2001年10月22日起施行）

一、根据《中华人民共和国土地管理法》和《中华人民共和国城市房地产管理法》的制定，制定本目录。

二、符合本目录的建设用地项目，由建设单位提出申请，经有批准权的人民政府批准，方可以划拨方式提供土地使用权。

三、对国家重点扶持的能源、交通、水利等基础设施用地项目，可以以划拨方式提供土地使用权。对以营利为目的，非国家重点扶持的能源、交通、水利等基础设施用地项目，应当以有偿方式提供土地使用权。

四、以划拨方式取得的土地使用权，因企业改制、土地使用权转让或者改变土地用途等不再符合本目录的，应当实行有偿使用。

五、本目录施行后，法律、行政法规和国务院的有关政策另有规定的，按有关规定执行。

六、本目录自发布之日起施行。原国家土地管理局颁布的《划拨用地项目目录》同时废止。

国家机关用地和军事用地

（一）党政机关和人民团体用地

1. 办公用地。

2. 安全、保密、通讯等特殊专用设施。

（二）军事用地

1. 指挥机关、地面和地下的指挥工程、作战工程。

2. 营区、训练场、试验场。

3. 军用公路、铁路专用线、机场、港口、码头。

4. 军用洞库、仓库、输电、输油、输气管线。

5. 军用通信、通讯线路、侦察、观测台站和测量、导航标志。

6. 国防军品科研、试验设施。

7. 其他军事设施。

城市基础设施用地和公益事业用地

（三）城市基础设施用地

1. 供水设施：包括水源地、取水工程、净水厂、输配水工程、水质检测中心、调度中心、控制中心。

2. 燃气供应设施：包括人工煤气生产设施、液化石油气气化站、液化石油气储配站、天然气输配气设施。

3. 供热设施：包括热电厂、热力网设施。

4. 公共交通设施：包括城市轻轨、地下铁路线路、公共交通车辆停车场、首末站（总站）、调度中心、整流站、车辆保养场。

5. 环境卫生设施：包括雨水处理设施、污水处理厂、垃圾（粪便）处理设施、其它环卫设施。

6. 道路广场：包括市政道路、市政广场。

7. 绿地：包括公共绿地（住宅小区、工程建设项目的配套绿地除外）、防护绿地。

（四）非营利性邮政设施用地

1. 邮件处理中心、邮政支局（所）。

2. 邮政运输、物流配送中心。

3. 邮件转运站。

4. 国际邮件互换局、交换站。

5. 集装容器（邮袋、报皮）维护调配处理场。

（五）非营利性教育设施用地

1. 学校教学、办公、实验、科研及校内文化体育设施。

2. 高等、中等、职业学校的学生宿舍、食堂、教学实习及训练基地。

3. 托儿所、幼儿园的教学、办公、园内活动场地。

4. 特殊教育学校（盲校、聋哑学校、弱智学校）康复、技能训练设施。

（六）公益性科研机构用地

1. 科学研究、调查、观测、实验、试验（站、场、基地）设施。

2. 科研机构办公设施。

（七）非营利性体育设施用地

1. 各类体育运动项目专业比赛和专业训练场（馆）、配套设施（高尔夫球场除外）。

2. 体育信息、科研、兴奋剂检测设施。

3. 全民健身运动设施（住宅小区、企业单位内配套的除外）。

（八）非营利性公共文化设施用地

1. 图书馆。

2. 博物馆。

3. 文化馆。

4. 青少年宫、青少年科技馆、青少年（儿童）活动中心。

（九）非营利性医疗卫生设施用地

1. 医院、门诊部（所）、急救中心（站）、城乡卫生院。

2. 各级政府所属的卫生防疫站（疾病控制中心）、健康教育所、专科疾病防治所（站）。

3. 各级政府所属的妇幼保健所（院、站）、母婴保健机构、儿童保健机构、血站（血液中心、中心血站）。

（十）非营利性社会福利设施用地

1. 福利性住宅。

2. 综合性社会福利设施。

3. 老年人社会福利设施。

4. 儿童社会福利设施。

5. 残疾人社会福利设施。

6. 收容遣送设施。

7. 殡葬设施。

国家重点扶持的能源、交通、水利等基础设施用地

（十一）石油天然气设施用地

1. 油（气、水）井场及作业配套设施。

2. 油（气、汽、水）计量站、转接站、增压站、热采站、处理厂（站）、联合站、注水（气、汽、化学助剂）站、配气（水）站、原油（气）库、海上油气陆上终端。

3. 防腐、防砂、钻井泥浆、三次采油制剂厂（站）、材料配制站（厂、车间）、预制厂（车间）。

4. 油（气）田机械、设备、仪器、管材加工和维修设施。

5. 油、气（汽）、水集输和长输管道、专用交通运输设施。

6. 油（气）田物资仓库（站）、露天货场、废旧料场、成品油（气）库（站）、液化气站。

7. 供排水设施、供配电设施、通讯设施。

8. 环境保护检测、污染治理、废旧料（物）综合处理设施。

9. 消防、安全、保卫设施。

（十二）煤炭设施用地

1. 矿井、露天矿、煤炭加工设施，共伴生矿物开采与加工场地。

2. 矿井通风、抽放瓦斯、煤层气开采、防火灌浆、井下热害防治设施。

3. 采掘场与疏干设施（含控制站）。

4. 自备发电厂、热电站、输变电设施。

5. 矿区内煤炭机电设备、仪器仪表、配件、器材供应与维修设施。

6. 矿区生产供水、供电、燃气、供气、通讯设施。

7. 矿山救护、消防防护设施。

8. 中心试验站。

9. 专用交通、运输设施。

（十三）电力设施用地

1. 发（变）电主厂房设施及配套库房设施。

2. 发（变）电厂（站）的专用交通设施。

3. 配套环保、安全防护设施。

4. 火力发电工程配电装置、网控楼、通信楼、微波塔。

5. 火力发电工程循环水管（沟）、冷却塔（池）、阀门井水工设施。

6. 火力发电工程燃料供应、供热设施，化学楼、输煤综合楼，启动锅炉房、空压机房。

7. 火力发电工程乙炔站、制氢（氧）站，化学水处理设施。

8. 核能发电工程应急给水储存室、循环水泵房、安全用水泵房、循环水进排水口及管沟、加氯间、配电装置。

9. 核能发电工程燃油储运及油处理设施。

10. 核能发电工程制氢站及相应设施。

11. 核能发电工程淡水水源设施，净水设施，污水、废水处理装置。

12. 新能源发电工程电机，厢变、输电（含专用送出工程）、变电站设施，资源观测设施。

13. 输配电线路塔（杆），巡线站、线路工区，线路维护、检修道路。

14. 变（配）电装置，直流输电换流站及接地极。

15. 输变电、配电工程给排水、水处理等水工设施。

16. 输变电工区、高压工区。

（十四）水利设施用地

1. 水利工程用地：包括挡水、泄水建筑物、引水系统、尾水系统、分洪道及其附属建筑物，附属道路、交通设施，供电、供水、供风、供热及制冷设施。

2. 水库淹没区。

3. 堤防工程。

4. 河道治理工程。

5. 水闸、泵站、涵洞、桥梁、道路工程及其管护设施。

6. 蓄滞洪区、防护林带、滩区安全建设工程。

7. 取水系统：包括水闸、堰、进水口、泵站、机电井及其管护设施。

8. 输（排）水设施（含明渠、暗渠、隧道、管道、桥、渡槽、倒虹、调蓄水库、水池渠系建筑物）、加压（抽、排）泵站、水厂。

9. 防汛抗旱通信设施，水文、气象测报设施。

10. 水土保持管理站、科研技术推广所（站）、试验地设施。

（十五）铁路交通设施用地

1. 铁路线路、车站及站场设施。

2. 铁路运输生产及维修、养护设施。

3. 铁路防洪、防冻、防雪、防风沙设施（含苗圃及植被保护带）、生产防疫、环保、水保设施。

4. 铁路给排水、供电、供暖、制冷、节能、专用通信、信号、信息系统设施。

5. 铁路轮渡、码头及相应的防风、防浪堤、护岸、栈桥、渡船整备设施。

6. 铁路专用物资仓储库（场）。

7. 铁路安全守备、消防、战备设施。

（十六）公路交通设施用地

1. 公路线路、桥梁、交叉工程、隧道和渡口。

2. 公路通信、监控、安全设施。

3. 高速公路服务区（区内经营性用地除外）。

4. 公路养护道班（工区）。

5. 公路线路用地界外设置的公路防护、排水、防洪、防雪、防波、防风沙设施及公路环境保护、监测设施。

（十七）水路交通设施用地

1. 码头、栈桥、防波堤、防沙导流堤、引堤、护岸、围堰水工工程。

2. 人工开挖的航道、港池、锚地及停泊区工程。

3. 港口生产作业区。

4. 港口机械设备停放场地及维修设施。

5. 港口专用铁路、公路、管道设施。

6. 港口给排水、供电、供暖、节能、防洪设施。

7. 水上安全监督（包括沿海和内河）、救助打捞、港航消防设施。

8. 通讯导航设施、环境保护设施。

9. 内河航运管理设施、内河航运枢纽工程、通航建筑物及管理维修区。

（十八）民用机场设施用地

1. 机场飞行区。

2. 公共航空运输客、货业务设施：包括航站楼、机场场区内的货运库（站）、特殊货物（危险品）业务仓库。

3. 空中交通管理系统。

4. 航材供应、航空器维修、适航检查及校验设施。

5. 机场地面专用设备、特种车辆保障设施。

6. 油料运输、中转、储油及加油设施。

7. 消防、应急救援、安全检查、机场公用设施。

8. 环境保护设施：包括污水处理、航空垃圾处理、环保监测、防噪声设施。

9. 训练机场、通用航空机场、公共航运机场中的通用航空业务配套设施。

法律、行政法规规定的其他用地

（十九）特殊用地

1. 监狱。

2. 劳教所。

3. 戒毒所、看守所、治安拘留所、收容教育所。

国有土地使用权出让收支管理办法

（2006年12月31日　财综〔2006〕68号）

第一章　总　　则

第一条　为规范国有土地使用权出让收支管理，根据《土地管理法》、《国务院关于加强土地调控有关问题的通知》（国发〔2006〕31号）以及《国务院办公厅关于规范国有土地使用权出让收支管理的通知》（国办发〔2006〕100号）等有关规定，特制定本办法。

第二条　本办法所称国有土地使用权出让收入（以下简称土地出让收入）是指政府以出让等方式配置国有土地使用权取得的全部土地价款。具体包括：以招标、拍卖、挂牌和协议方式出让国有土地使用权所取得的总成交价款（不含代收代缴的税费）；转让划拨国有土地使用权或依法利用原划拨土地进行经营性建设应当补缴的土地价款；处置抵押划拨国有土地使用权应当补缴的土地价款；转让房改房、经济适用住房按照规定应当补缴的土地价款；改变出让国有土地使用权土地用途、容积率等土地使用条件应当补缴的土地价款，以及其他和国有土地使用权出让或变更有关的收入等。

国土资源管理部门依法出租国有土地向承租者收取的土地租金收入；出租划拨土地上的房屋应当上缴的土地收益；土地使用者以划拨方式取得国有土地使用权，依法向市、县人民政府缴纳的土地补偿费、安置补助费、地上附着物和青苗补偿费、拆迁补偿费等费用（不含征地管理费），一并纳入土地出让收入管理。

按照规定依法向国有土地使用权受让人收取的定金、保证金和预付款，在国有土地使用权出让合同（以下简称土地出让合同）生效后可以抵作土地价款。划拨土地的预付款也按照上述要求管理。

第三条　各级财政部门、国土资源管理部门、地方国库按照职责分工，分别做好土地出让收支管理工作。

财政部会同国土资源部负责制定全国土地出让收支管理政策。

省、自治区、直辖市及计划单列市财政部门会同同级国土资源管理部门负责制定本行政区域范围内的土地出让收支管理具体政策，指导市、县财政部门和国土资源管理部门做好土地出让收支管理工作。

市、县财政部门具体负责土地出让收支管理和征收管理工作，市、县国土资源管理部门具体负责土地出让收入征收工作。

地方国库负责办理土地出让收入的收纳、划分、留解等各项业务，及时向财政部门、国土资源管理部门提供相关报表和资料。

第四条　土地出让收支全额纳入地方政府基金预算管理。收入全部缴入地方国库，支出一律通过地方政府基金预算从土地出让收入中予以安排，实行彻底的“收支两条线”管理。在地方国库中设立专账（即登记簿），专门核算土地出让收入和支出情况。

第二章　征收管理

第五条　土地出让收入由财政部门负责征收管理，可由市、县国土资源管理部门负责具体征收。

第六条　市、县国土资源管理部门与国有土地使用权受让人在签订土地出让合同时，应当明确约定该国有土地使用权受让人应当缴纳的土地出让收入具体数额、缴交地方国库的具体时限以及违约责任等内容。

第七条　土地出让收入征收部门根据土地出让合同和划拨用地批准文件，开具缴款通知书，并按照财政部统一规定的政府收支分类科目填写“一般缴款书”，由国有土地使用权受让人依法缴纳土地出让收入。国有土地使用权受让人应按照缴款通知书的要求，在规定的时间内将应缴地方国库的土地出让收入，就地及时足额缴入地方国库。缴款通知书应当明确供应土地的面积、土地出让收入总额以及依法分期缴纳地方国库的具体数额和时限等。

第八条　已经实施政府非税收入收缴管理制度改革的地方，土地出让收入收缴按照地方非税收入收缴管理制度改革的有关规定执行。

第九条　市、县国土资源管理部门和财政部门应当督促国有土地使用权受让人严格履行国有土地出让合同，确保将应缴国库的土地出让收入及时足额缴入地方国库。对未按照缴款通知书规定及时足额缴纳土地出让收入，并提供有效缴款凭证的，国土资源管理部门不予核发国有土地使用证。国土资源管理部门要完善制度规定，对违规核发国有土地使用证的，应予收回和注销，并依照有关法律法规追究有关领导和人员的责任。

第十条 任何地区、部门和单位都不得以“招商引资”、“旧城改造”、“国有企业改制”等各种名义减免土地出让收入，实行“零地价”，甚至“负地价”，或者以土地换项目、先征后返、补贴等形式变相减免土地出让收入；也不得违反规定通过签订协议等方式，将应缴地方国库的土地出让收入，由国有土地使用权受让人直接将征地和拆迁补偿费支付给村集体经济组织或农民等。

第十一条 由财政部门从缴入地方国库的招标、拍卖、挂牌和协议方式出让国有土地使用权所取得的总成交价款中，划出一定比例的资金，用于建立国有土地收益基金，实行分账核算，具体比例由省、自治区、直辖市及计划单列市人民政府确定，并报财政部和国土资源部备案。国有土地收益基金主要用于土地收购储备。

第十二条 从招标、拍卖、挂牌和协议方式出让国有土地使用权所确定的总成交价款中计提用于农业土地开发资金。具体计提标准按照财政部、国土资源部联合发布的《用于农业土地开发的土地出让金收入管理办法》（财综〔2004〕49号）以及各省、自治区、直辖市及计划单列市人民政府规定执行。

第三章 使用管理

第十三条 土地出让收入使用范围包括征地和拆迁补偿支出、土地开发支出、支农支出、城市建设支出以及其他支出。

第十四条 征地和拆迁补偿支出。包括土地补偿费、安置补助费、地上附着物和青苗补偿费、拆迁补偿费，按照地方人民政府批准的征地补偿方案、拆迁补偿方案以及财政部门核定的预算执行。

第十五条 土地开发支出。包括前期土地开发性支出以及财政部门规定的与前期土地开发相关的费用等，含因出让土地涉及的需要进行的相关道路、供水、供电、供气、排水、通讯、照明、土地平整等基础设施建设支出，以及相关需要支付的银行贷款本息等支出，按照财政部门核定的预算安排。

第十六条 支农支出。包括用于保持被征地农民原有生活水平补贴支出、补助被征地农民社会保障支出、农业土地开发支出以及农村基础设施建设支出。

（一）保持被征地农民原有生活水平补贴支出。从土地出让收入中安排用于保持被征地农民原有生活水平的补贴支出，按照各省、自治区、直辖市及计划单列市人民政府规定，以及财政部门核定的预算执行。

（二）补助被征地农民社会保障支出。从土地出让收入中安排用于补助被征地农民社会保障的支出，按照各省、自治区、直辖市及计划单列市人民政府规定，以及财政部门核定的预算执行。

（三）用于农业土地开发支出。按照财政部、国土资源部联合发布的《用于农业土地开发的土地出让金使用管理办法》（财建〔2004〕174号）和各省、自治区、直辖市及计划单列市人民政府规定，以及财政部门核定的预算执行。

（四）农村基础设施建设支出。从土地出让收入中安排用于农村饮水、沼气、道路、环境、卫生、教育以及文化等基础设施建设项目支出，按照各省、自治区、直辖市及计划单列市人民政府规定，以及财政部门核定的预算执行。

第十七条 城市建设支出。含完善国有土地使用功能的配套设施建设以及城市基础设施建设支出。具体包括：城市道路、桥涵、公共绿地、公共厕所、消防设施等基础设施建设支出。

第十八条 其他支出。包括土地出让业务费、缴纳新增建设用地有偿使用费、国有土地收益基金支出、城镇廉租住房保障支出以及支付破产或改制国有企业职工安置费用等。

（一）土地出让业务费。包括出让土地需要支付的土地勘测费、评估费、公告费、场地租金、招拍挂代理费和评标费用等，按照财政部门核定的预算安排。

（二）缴纳新增建设用地土地有偿使用费。按照《财政部、国土资源部、中国人民银行关于调整新增建设用地土地有偿使用费政策等问题的通知》（财综〔2006〕48号）规定执行。

（三）国有土地收益基金支出。从国有土地收益基金收入中安排用于土地收购储备的支出，包括土地补偿费、安置补助费、地上附着物和青苗补偿费、拆迁补偿费以及前期土地开发支出，按照地方人民政府批准的收购土地补偿方案、拆迁补偿方案以及财政部门核定的预算执行。

（四）城镇廉租住房保障支出。按照《财政部建设部国土资源部关于切实落实城镇廉租住房保障资金的通知》（财综〔2006〕25号）规定以及财政部门核定的预算安排。

（五）支付破产或改制国有企业职工安置费用支出。根据国家有关规定，从破产或改制国有企业国有土地使用权出让收入中，安排用于支付破产或改制国有企业职工安置费用支出。

第十九条　土地出让收入的使用要确保足额支付征地和拆迁补偿费、补助被征地农民社会保障支出、保持被征地农民原有生活水平补贴支出，严格按照有关规定将被征地农民的社会保障费用纳入征地补偿安置费用，切实保障被征地农民的合法利益。在出让城市国有土地使用权过程中，涉及的拆迁补偿费要严格按照《城市房屋拆迁管理条例》（国务院令第305号）、有关法律法规和省、自治区、直辖市及计划单列市人民政府有关规定支付，有效保障被拆迁居民、搬迁企业及其职工的合法利益。

土地出让收入的使用要重点向新农村建设倾斜，逐步提高用于农业土地开发和农村基础设施建设的比重，逐步改善农民的生产、生活条件和居住环境，努力提高农民的生活质量和水平。

土地前期开发要积极引入市场机制、严格控制支出，通过政府采购招投标方式选择评估、拆迁、工程施工、监理等单位，努力降低开发成本。

城市建设支出和其他支出要严格按照批准的预算执行。编制政府采购预算的，应严格按照政府采购的有关规定执行。

第二十条　建立对被征地农民发放土地补偿费、安置补助费以及地上附着物和青苗补偿费的公示制度，改革对被征地农民征地补偿费的发放方式。有条件的地方，土地补偿费、安置补助费以及地上附着物和青苗补偿费等相关费用中应当支付给被征地农民个人的部分，可以根据征地补偿方案，由集体经济组织提供具体名单，经财政部门会同国土资源管理部门审核后，通过发放记名银行卡或者存折方式从地方国库中直接支付给被征地农民，减少中间环节，防止被截留、挤占和挪用，切实保障被征地农民利益。被征地农民参加有关社会保障所需的个人缴费，可以从其所得的土地补偿费、安置补助费中直接缴纳。

第四章　收支科目管理

第二十一条　删除《2007年政府收支分类科目》收入分类103类“非税收入”项下01款“政府性基金收入”32项“国有土地使用权出让金收入”及目级科目。

第二十二条　为准确反映土地出让收入状况，在《2007年政府收支分类科目》103类“非税收入”01款“政府性基金收入”科目中，分别设立下列科目：

（一）设立46项“国有土地使用权出让金收入”科目。

01目“土地出让总价款”，科目说明为：反映以招标、拍卖、挂牌和协议方式出让国有土地使用权所取得的总成交价款，扣除财政部门已经划转的国有土地收益基金和农业土地开发资金后的余额。

02目“补缴的土地价款”，科目说明为：反映划拨国有土地使用权转让或依法利用原划拨土地进行经营性建设应当补缴的土地价款、处置抵押划拨国有土地使用权应当补缴的土地价款、转让房改房和经济适用住房按照规定应当补缴的土地价款以及出让国有土地使用权改变土地用途和容积率等土地使用条件应当补缴的土地价款。

03目“划拨土地收入”，科目说明为：反映土地使用者以划拨方式取得国有土地使用权，依法向市、县人民政府缴纳的土地补偿费、安置补助费、地上附着物和青苗补偿费、拆迁补偿费等费用。

99目“其他土地出让金收入”，科目说明为：反映国土资源管理部门依法出租国有土地向承租者收取的土地租金收入、出租划拨土地上的房屋应当上缴的土地收益等其他土地出让收入。

（二）设立47项“国有土地收益基金收入”，科目说明为：反映从招标、拍卖、挂牌和协议方式出让国有土地使用权所取得的总成交价款中按照规定比例计提的国有土地收益基金。

（三）设立48项“农业土地开发资金收入”，科目说明为：反映从招标、拍卖、挂牌和协议方式出让国有土地使用权所取得的总成交价款中按照规定比例计提的农业土地开发资金。

第二十三条 为规范土地出让支出管理，对《2007年政府收支分类科目》支出功能分类212类“城乡社区事务”08款“国有土地使用权出让金支出”科目进行下列调整：

（一）将01项“前期土地开发支出”，修改为“征地和拆迁补偿支出”，科目说明调整为：反映地方人民政府在征地过程中支付的土地补偿费、安置补助费、地上附着物和青苗补偿费、拆迁补偿费支出。

（二）将02项“土地出让业务费用”，修改为“土地开发支出”，科目说明调整为：反映地方人民政府用于前期土地开发性支出以及与前期土地开发相关的费用等支出。

（三）将03项“城市建设支出”科目说明修改为：反映土地出让收入用于完善国有土地使用功能的配套设施建设和城市基础设施建设支出。

（四）将04项“土地开发支出”，修改为“农村基础设施建设支出”，科目说明调整为：反映土地出让收入用于农村饮水、沼气、道路、环境、卫生、教育以及文化等基础设施建设支出。

（五）将05项“农业土地开发支出”，修改为“补助被征地农民支出”，科目说明调整为：反映土地出让收入用于补助被征地农民社会保障支出以及保持被征收农民原有生活水平支出。

（六）设立06项“土地出让业务支出”，科目说明调整为：反映土地出让收入用于土地出让业务费用的开支。

（七）保留07项“廉租住房支出”，科目说明为：反映从土地出让收入中安排用于城镇廉租住房保障的支出。

（八）将99项“其他土地使用权出让金支出”科目说明修改为：反映从土地出让收入中支付缴纳新增建设用地土地有偿使用费、支付破产或改制国有企业职工安置费等支出。

第二十四条 在212类“城乡社区事务”中设立10款“国有土地收益基金支出”，科目说明为：反映从国有土地收益基金收入中安排用于土地收购储备等支出。

01项“征地和拆迁补偿支出”，科目说明为：反映从国有土地收益基金收入中安排用于收购储备土地需要支付的土地补偿费、安置补助费、地上附着物和青苗补偿费、拆迁补偿费支出。

02项“土地开发支出”，科目说明为：反映从国有土地收益基金收入中安排用于收购储备土地需要支付的前期土地开发性支出以及与前期土地开发相关的费用等支出。

99项“其他支出”，科目说明为：反映从国有土地收益基金收入中安排用于其他支出。

第二十五条　在212类“城乡社区事务”中设立11款“农业土地开发资金支出”，科目说明为：反映从农业土地开发资金收入中安排用于农业土地开发的支出。

第二十六条　在《2007年政府收支分类科目》支出经济分类科目310类“其他资本性支出”中增设下列科目：

（一）09款“土地补偿”，科目说明为：反映地方人民政府在征地和收购土地过程中支付的土地补偿费。

（二）10款“安置补助”，科目说明为：反映地方人民政府在征地和收购土地过程中支付的安置补助费。

（三）11款“地上附着物和青苗补偿”，科目说明为：反映地方人民政府在征地和收购土地过程中支付的地上附着物和青苗补偿费。

（四）12款“拆迁补偿”，科目说明为：反映地方人民政府在征地和收购土地过程中支付的拆迁补偿费。

第二十七条　国有土地使用权出让金支出、国有土地收益基金支出、农业土地开发资金支出应根据经济性质和具体用途分别填列支出经济类相关各款。

第二十八条　《2007年政府收支分类科目》附录二基金预算收支科目根据本办法规定进行调整。具体科目调整情况详见附件2。

第五章　预决算管理

第二十九条　建立健全年度土地出让收支预决算管理制度。每年第三季度，有关部门要严格按照财政部门规定编制下一年度土地出让收支预算，并分别纳入政府性基金收支预算，报经同级财政部门按规定程序批准后执行。土地出让收入资金拨付，按照财政国库管理制度有关规定执行。

编制年度土地出让收支预算要坚持“以收定支、收支平衡”的原则。土地出让收入预算按照上年土地出让收入情况、年度土地供应计划、地价水平等因素编制；土地出让支出预算根据预计年度土地出让收入情况，按照年度土地征收计划、拆迁计划以及规定的用途、支出范围和支出标准等因素编制。其中：属于政府采购范围的，应当按照规定编制政府采购预算，并严格按照政府采购的有关规定执行。

每年年度终了，有关部门应当严格按照财政部门规定编制土地出让收支决算，并分别纳入政府性基金收支决算，报财政部门审核汇总后，向同级人民政府报告。地方人民政府依法向同级人大报告。

第三十条　国土资源管理部门与财政部门要加强协作，建立国有土地出让、储备及收支信息共享制度。国土资源管理部门应当将年度土地供应计划、年度土地储备计划以及签订的国有土地出让合同中有关土地出让总价款、约定的缴款时间、缴款通知书等相关资料及时抄送财政部门，财政部门应当及时将土地出让收支情况反馈给国土资源管理部门。

第三十一条　财政部门、国土资源管理部门要与地方国库建立土地出让收入定期对账制度，对应缴国库、已缴国库和欠缴国库的土地出让收入数额进行定期核对，确保有关数据的准确无误。

第三十二条　财政部门要会同国土资源管理部门、人民银行机构建立健全年度土地出让收支统计报表以及分季收支统计明细报表体系，统一土地出让收支统计口径，确保土地出让收支统计数据及时、准确、真实，为加强土地出让收支管理提供准确的基础数据。土地出让收支统计报表体系由财政部会同国土资源部、中国人民银行研究制定。

第六章　监督检查

第三十三条　财政部门、国土资源管理部门、人民银行机构以及审计机关要建立健全对土地出让收支情况的定期和不定期监督检查制度，强化对土地出让收支的监督管理，确保土地出让收入及时足额上缴国库，支出严格按照财政预算管理规定执行。

第三十四条　对国有土地使用权人不按土地出让合同、划拨用地批准文件等规定及时足额缴纳土地出让收入的，应当按日加收违约金额1‰的违约金。违约金随同土地出让收入一并缴入地方国库。

第三十五条　对违反规定，擅自减免、截留、挤占、挪用应缴国库的土地出让收入，不执行国家统一规定的会计、政府采购等制度的，要严格按照《土地管理法》、《会计法》、《审计法》、《政府采购法》和《财政违法行为处罚处分条例》（国务院令第 427 号）和《金融违法行为处罚办法》（国务院令第 260 号）等有关法律法规规定进行处理，并依法追究有关责任人的责任。触犯《刑法》的，要依法追究有关人员的刑事责任。

第七章　附　　则

第三十六条　各省、自治区、直辖市及计划单列市财政部门应当会同国土资源管理部门、人民银行机构根据本办法，结合各地实际，制定实施细则，并报财政部、国土资源部、中国人民银行备案。

第三十七条　本办法由财政部会同国土资源部、中国人民银行负责解释。

第三十八条　本办法自 2007 年 1 月 1 日起实施，此前有关规定与本办法规定不一致的，一律以本办法规定为准。

附件：（略）

最高人民法院关于审理涉及国有土地使用权合同纠纷案件适用法律问题的解释

（2004 年 11 月 23 日最高人民法院审判委员会第 1334 次会议通过，根据 2020 年 12 月 23 日最高人民法院审判委员会第 1823 次会议通过的《最高人民法院关于修改〈最高人民法院关于在民事审判工作中适用《中华人民共和国工会法》若干问题的解释〉等二十七件民事类司法解释的决定》修正）

为正确审理国有土地使用权合同纠纷案件，依法保护当事人的合法权益，根据《中华人民共和国民法典》《中华人民共和国土地管理法》《中华人民共和国城市房地产管理法》等法律规定，结合民事审判实践，制定本解释。

一、土地使用权出让合同纠纷

第一条　本解释所称的土地使用权出让合同，是指市、县人民政府自然资源主管部门作为出让方将国有土地使用权在一定年限内让与受让方，受让方支付土地使用权出让金的合同。

第二条　开发区管理委员会作为出让方与受让方订立的土地使用权出让合同，应当认定无效。

本解释实施前，开发区管理委员会作为出让方与受让方订立的土地使用权出让合同，起诉前经市、县人民政府自然资源主管部门追认的，可以认定合同有效。

第三条　经市、县人民政府批准同意以协议方式出让的土地使用权，土地使用权出让金低于订立合同时当地政府按照国家规定确定的最低价的，应当认定土地使用权出让合同约定的价格条款无效。

当事人请求按照订立合同时的市场评估价格交纳土地使用权出让金的，应予支持；受让方不同意按照市场评估价格补足，请求解除合同的，应予支持。因此造成的损失，由当事人按照过错承担责任。

第四条　土地使用权出让合同的出让方因未办理土地使用权出让批准手续而不能交付土地，受让方请求解除合同的，应予支持。

第五条　受让方经出让方和市、县人民政府城市规划行政主管部门同意，改变土地使用权出让合同约定的土地用途，当事人请求按照起诉时同种用途的土地出让金标准调整土地出让金的，应予支持。

第六条　受让方擅自改变土地使用权出让合同约定的土地用途，出让方请求解除合同的，应予支持。

二、土地使用权转让合同纠纷

第七条　本解释所称的土地使用权转让合同，是指土地使用权人作为转让方将出让土地使用权转让于受让方，受让方支付价款的合同。

第八条　土地使用权人作为转让方与受让方订立土地使用权转让合同后，当事人一方以双方之间未办理土地使用权变更登记手续为由，请求确认合同无效的，不予支持。

第九条　土地使用权人作为转让方就同一出让土地使用权订立数个转让合同，在转让合同有效的情况下，受让方均要求履行合同的，按照以下情形分别处理：

（一）已经办理土地使用权变更登记手续的受让方，请求转让方履行交付土地等合同义务的，应予支持；

（二）均未办理土地使用权变更登记手续，已先行合法占有投资开发土地的受让方请求转让方履行土地使用权变更登记等合同义务的，应予支持；

（三）均未办理土地使用权变更登记手续，又未合法占有投资开发土地，先行支付土地转让款的受让方请求转让方履行交付土地和办理土地使用权变更登记等合同义务的，应予支持；

（四）合同均未履行，依法成立在先的合同受让方请求履行合同的，应予支持。

未能取得土地使用权的受让方请求解除合同、赔偿损失的，依照民法典的有关规定处理。

第十条　土地使用权人与受让方订立合同转让划拨土地使用权，起诉前经有批准权的人民政府同意转让，并由受让方办理土地使用权出让手续的，土地使用权人与受让方订立的合同可以按照补偿性质的合同处理。

第十一条　土地使用权人与受让方订立合同转让划拨土地使用权，起诉前经有批准权的人民政府决定不办理土地使用权出让手续，并将该划拨土地使用权直接划拨给受让方使用的，土地使用权人与受让方订立的合同可以按照补偿性质的合同处理。

三、合作开发房地产合同纠纷

第十二条　本解释所称的合作开发房地产合同，是指当事人订立的以提供出让土地使用权、资金等作为共同投资，共享利润、共担风险合作开发房地产为基本内容的合同。

第十三条　合作开发房地产合同的当事人一方具备房地产开发经营资质的，应当认定合同有效。

当事人双方均不具备房地产开发经营资质的，应当认定合同无效。但起诉前当事人一方已经取得房地产开发经营资质或者已依法合作成立具有房地产开发经营资质的房地产开发企业的，应当认定合同有效。

第十四条　投资数额超出合作开发房地产合同的约定，对增加的投资数额的承担比例，当事人协商不成的，按照当事人的违约情况确定；因不可归责于当事人的事由或者当事人的违约情况无法确定的，按照约定的投资比例确定；没有约定投资比例的，按照约定的利润分配比例确定。

第十五条　房屋实际建筑面积少于合作开发房地产合同的约定，对房屋实际建筑面积的分配比例，当事人协商不成的，按照当事人的违约情况确定；因不可归责于当事人的事由或者当事人违约情况无法确定的，按照约定的利润分配比例确定。

第十六条　在下列情形下，合作开发房地产合同的当事人请求分配房地产项目利益的，不予受理；已经受理的，驳回起诉：

（一）依法需经批准的房地产建设项目未经有批准权的人民政府主管部门批准；

（二）房地产建设项目未取得建设工程规划许可证；

（三）擅自变更建设工程规划。

因当事人隐瞒建设工程规划变更的事实所造成的损失，由当事人按照过错承担。

第十七条　房屋实际建筑面积超出规划建筑面积，经有批准权的人民政府主管部门批准后，当事人对超出部分的房屋分配比例协商不成的，按照约定的利润分配比例确定。对增加的投资数额的承担比例，当事人协商不成的，按照约定的投资比例确定；没有约定投资比例的，按照约定的利润分配比例确定。

第十八条　当事人违反规划开发建设的房屋，被有批准权的人民政府主管部门认定为违法建筑责令拆除，当事人对损失承担协商不成的，按照当事人过错确定责任；过错无法确定的，按照约定的投资比例确定责任；没有约定投资比例的，按照约定的利润分配比例确定责任。

第十九条　合作开发房地产合同约定仅以投资数额确定利润分配比例，当事人未足额交纳出资的，按照当事人的实际投资比例分配利润。

第二十条　合作开发房地产合同的当事人要求将房屋预售款充抵投资参与利润分配的，不予支持。

第二十一条　合作开发房地产合同约定提供土地使用权的当事人不承担经营风险，只收取固定利益的，应当认定为土地使用权转让合同。

第二十二条　合作开发房地产合同约定提供资金的当事人不承担经营风险，只分配固定数量房屋的，应当认定为房屋买卖合同。

第二十三条　合作开发房地产合同约定提供资金的当事人不承担经营风险，只收取固定数额货币的，应当认定为借款合同。

第二十四条　合作开发房地产合同约定提供资金的当事人不承担经营风险，只以租赁或者其他形式使用房屋的，应当认定为房屋租赁合同。

四、其　它

第二十五条　本解释自 2005 年 8 月 1 日起施行；施行后受理的第一审案件适用本解释。

本解释施行前最高人民法院发布的司法解释与本解释不一致的，以本解释为准。

（二）国有土地使用类

全国人民代表大会常务委员会法制工作委员会关于市辖区土地审批权限问题的答复

（1990 年 11 月 12 日）

湖南省人大常委会法规工作委员会：

9 月 26 日来函收悉，现答复如下：

省人大常委会考虑到实施城市统一规划的需要，没有授予省辖市所辖区审批土地权，我们认为是适宜的。

附：

湖南省人大常委会法规工作委员会关于市辖区土地审批权限问题的请示

（1990 年 9 月 26 日）

全国人大常委会法工委：

《土地管理法》规定“征用耕地 3 亩以下，其他土地 10 亩以下的，由县级人民政府批准”。我省制定《土地管理实施办法》时，考虑到实施城市统一规划的需要，没有授予市辖区（包括郊区）审批土地的权限。对此，有的市辖区提出异议，认为不符合《土地管理法》的精神。我省的上述规定是否妥当？请予批示。

闲置土地处置办法

（1999 年 4 月 26 日国土资源部第 6 次部长办公会议通过，2012 年 5 月 22 日国土资源部第 1 次部务会议修订）

第一章　总　　则

第一条　为有效处置和充分利用闲置土地，规范土地市场行为，促进节约集约用地，根据《中华人民共和国土地管理法》、《中华人民共和国城市房地产管理法》及有关法律、行政法规，制定本办法。

第二条 本办法所称闲置土地，是指国有建设用地使用权人超过国有建设用地使用权有偿使用合同或者划拨决定书约定、规定的动工开发日期满一年未动工开发的国有建设用地。

已动工开发但开发建设用地面积占应动工开发建设用地总面积不足三分之一或者已投资额占总投资额不足百分之二十五，中止开发建设满一年的国有建设用地，也可以认定为闲置土地。

第三条 闲置土地处置应当符合土地利用总体规划和城乡规划，遵循依法依规、促进利用、保障权益、信息公开的原则。

第四条 市、县国土资源主管部门负责本行政区域内闲置土地的调查认定和处置工作的组织实施。

上级国土资源主管部门对下级国土资源主管部门调查认定和处置闲置土地工作进行监督管理。

第二章 调查和认定

第五条 市、县国土资源主管部门发现有涉嫌构成本办法第二条规定的闲置土地的，应当在三十日内开展调查核实，向国有建设用地使用权人发出《闲置土地调查通知书》。

国有建设用地使用权人应当在接到《闲置土地调查通知书》之日起三十日内，按照要求提供土地开发利用情况、闲置原因以及相关说明等材料。

第六条 《闲置土地调查通知书》应当包括下列内容：

（一）国有建设用地使用权人的姓名或者名称、地址；

（二）涉嫌闲置土地的基本情况；

（三）涉嫌闲置土地的事实和依据；

（四）调查的主要内容及提交材料的期限；

（五）国有建设用地使用权人的权利和义务；

（六）其他需要调查的事项。

第七条 市、县国土资源主管部门履行闲置土地调查职责，可以采取下列措施：

（一）询问当事人及其他证人；

（二）现场勘测、拍照、摄像；

（三）查阅、复制与被调查人有关的土地资料；

（四）要求被调查人就有关土地权利及使用问题作出说明。

第八条 有下列情形之一，属于政府、政府有关部门的行为造成动工开发延迟的，国有建设用地使用权人应当向市、县国土资源主管部门提供土地闲置原因说明材料，经审核属实的，依照本办法第十二条和第十三条规定处置：

（一）因未按照国有建设用地使用权有偿使用合同或者划拨决定书约定、规定的期限、条件将土地交付给国有建设用地使用权人，致使项目不具备动工开发条件的；

（二）因土地利用总体规划、城乡规划依法修改，造成国有建设用地使用权人不能按照国有建设用地使用权有偿使用合同或者划拨决定书约定、规定的用途、规划和建设条件开发的；

（三）因国家出台相关政策，需要对约定、规定的规划和建设条件进行修改的；

（四）因处置土地上相关群众信访事项等无法动工开发的；

（五）因军事管制、文物保护等无法动工开发的；

（六）政府、政府有关部门的其他行为。

因自然灾害等不可抗力导致土地闲置的，依照前款规定办理。

第九条 经调查核实，符合本办法第二条规定条件，构成闲置土地的，市、县国土资源主管部门应当向国有建设用地使用权人下达《闲置土地认定书》。

第十条 《闲置土地认定书》应当载明下列事项：

（一）国有建设用地使用权人的姓名或

者名称、地址；

（二）闲置土地的基本情况；

（三）认定土地闲置的事实、依据；

（四）闲置原因及认定结论；

（五）其他需要说明的事项。

第十一条　《闲置土地认定书》下达后，市、县国土资源主管部门应当通过门户网站等形式向社会公开闲置土地的位置、国有建设用地使用权人名称、闲置时间等信息；属于政府或者政府有关部门的行为导致土地闲置的，应当同时公开闲置原因，并书面告知有关政府或者政府部门。

上级国土资源主管部门应当及时汇总下级国土资源主管部门上报的闲置土地信息，并在门户网站上公开。

闲置土地在没有处置完毕前，相关信息应当长期公开。闲置土地处置完毕后，应当及时撤销相关信息。

第三章　处置和利用

第十二条　因本办法第八条规定情形造成土地闲置的，市、县国土资源主管部门应当与国有建设用地使用权人协商，选择下列方式处置：

（一）延长动工开发期限。签订补充协议，重新约定动工开发、竣工期限和违约责任。从补充协议约定的动工开发日期起，延长动工开发期限最长不得超过一年；

（二）调整土地用途、规划条件。按照新用途或者新规划条件重新办理相关用地手续，并按照新用途或者新规划条件核算、收缴或者退还土地价款。改变用途后的土地利用必须符合土地利用总体规划和城乡规划；

（三）由政府安排临时使用。待原项目具备开发建设条件，国有建设用地使用权人重新开发建设。从安排临时使用之日起，临时使用期限最长不得超过两年；

（四）协议有偿收回国有建设用地使用权；

（五）置换土地。对已缴清土地价款、落实项目资金，且因规划依法修改造成闲置的，可以为国有建设用地使用权人置换其它价值相当、用途相同的国有建设用地进行开发建设。涉及出让土地的，应当重新签订土地出让合同，并在合同中注明为置换土地；

（六）市、县国土资源主管部门还可以根据实际情况规定其他处置方式。

除前款第四项规定外，动工开发时间按照新约定、规定的时间重新起算。

符合本办法第二条第二款规定情形的闲置土地，依照本条规定的方式处置。

第十三条　市、县国土资源主管部门与国有建设用地使用权人协商一致后，应当拟订闲置土地处置方案，报本级人民政府批准后实施。

闲置土地设有抵押权的，市、县国土资源主管部门在拟订闲置土地处置方案时，应当书面通知相关抵押权人。

第十四条　除本办法第八条规定情形外，闲置土地按照下列方式处理：

（一）未动工开发满一年的，由市、县国土资源主管部门报经本级人民政府批准后，向国有建设用地使用权人下达《征缴土地闲置费决定书》，按照土地出让或者划拨价款的百分之二十征缴土地闲置费。土地闲置费不得列入生产成本；

（二）未动工开发满两年的，由市、县国土资源主管部门按照《中华人民共和国土地管理法》第三十七条和《中华人民共和国城市房地产管理法》第二十六条的规定，报经有批准权的人民政府批准后，向国有建设用地使用权人下达《收回国有建设用地使用权决定书》，无偿收回国有建设用地使用权。闲置土地设有抵押权的，同时抄送相关土地抵押权人。

第十五条　市、县国土资源主管部门在依照本办法第十四条规定作出征缴土地闲置费、收回国有建设用地使用权决定前，应当书面告知国有建设用地使用权人有申请听证的权利。国有建设用地使用权人要求举行听证的，市、县国土资源主管部门应当依照《国土资源听证规定》依法组织听证。

第十六条　《征缴土地闲置费决定书》和《收回国有建设用地使用权决定书》应当包括下列内容：

（一）国有建设用地使用权人的姓名或者名称、地址；

（二）违反法律、法规或者规章的事实和证据；

（三）决定的种类和依据；

（四）决定的履行方式和期限；

（五）申请行政复议或者提起行政诉讼的途径和期限；

（六）作出决定的行政机关名称和作出决定的日期；

（七）其他需要说明的事项。

第十七条　国有建设用地使用权人应当自《征缴土地闲置费决定书》送达之日起三十日内，按照规定缴纳土地闲置费；自《收回国有建设用地使用权决定书》送达之日起三十日内，到市、县国土资源主管部门办理国有建设用地使用权注销登记，交回土地权利证书。

国有建设用地使用权人对《征缴土地闲置费决定书》和《收回国有建设用地使用权决定书》不服的，可以依法申请行政复议或者提起行政诉讼。

第十八条　国有建设用地使用权人逾期不申请行政复议、不提起行政诉讼，也不履行相关义务的，市、县国土资源主管部门可以采取下列措施：

（一）逾期不办理国有建设用地使用权注销登记，不交回土地权利证书的，直接公告注销国有建设用地使用权登记和土地权利证书；

（二）申请人民法院强制执行。

第十九条　对依法收回的闲置土地，市、县国土资源主管部门可以采取下列方式利用：

（一）依据国家土地供应政策，确定新的国有建设用地使用权人开发利用；

（二）纳入政府土地储备；

（三）对耕作条件未被破坏且近期无法安排建设项目的，由市、县国土资源主管部门委托有关农村集体经济组织、单位或者个人组织恢复耕种。

第二十条　闲置土地依法处置后土地权属和土地用途发生变化的，应当依据实地现状在当年土地变更调查中进行变更，并依照有关规定办理土地变更登记。

第四章　预防和监管

第二十一条　市、县国土资源主管部门供应土地应当符合下列要求，防止因政府、政府有关部门的行为造成土地闲置：

（一）土地权利清晰；

（二）安置补偿落实到位；

（三）没有法律经济纠纷；

（四）地块位置、使用性质、容积率等规划条件明确；

（五）具备动工开发所必需的其他基本条件。

第二十二条　国有建设用地使用权有偿使用合同或者划拨决定书应当就项目动工开发、竣工时间和违约责任等作出明确约定、规定。约定、规定动工开发时间应当综合考虑办理动工开发所需相关手续的时限规定和实际情况，为动工开发预留合理时间。

因特殊情况，未约定、规定动工开发日期，或者约定、规定不明确的，以实际交付土地之日起一年为动工开发日期。实际交付土地日期以交地确认书确定的时间为准。

第二十三条　国有建设用地使用权人应当在项目开发建设期间，及时向市、县国土资源主管部门报告项目动工开发、开发进度、竣工等情况。

国有建设用地使用权人应当在施工现场设立建设项目公示牌，公布建设用地使用权人、建设单位、项目动工开发、竣工时间和土地开发利用标准等。

第二十四条　国有建设用地使用权人违反法律法规规定和合同约定、划拨决定书规定恶意囤地、炒地的，依照本办法规定处理完毕前，市、县国土资源主管部门不得受理该国有建设用地使用权人新的用地申请，不得办理被认定为闲置土地的转让、出租、抵押和变更登记。

第二十五条 市、县国土资源主管部门应当将本行政区域内的闲置土地信息按宗录入土地市场动态监测与监管系统备案。闲置土地按照规定处置完毕后，市、县国土资源主管部门应当及时更新该宗土地相关信息。

闲置土地未按照规定备案的，不得采取本办法第十二条规定的方式处置。

第二十六条 市、县国土资源主管部门应当将国有建设用地使用权人闲置土地的信息抄送金融监管等部门。

第二十七条 省级以上国土资源主管部门可以根据情况，对闲置土地情况严重的地区，在土地利用总体规划、土地利用年度计划、建设用地审批、土地供应等方面采取限制新增加建设用地、促进闲置土地开发利用的措施。

第五章 法律责任

第二十八条 市、县国土资源主管部门未按照国有建设用地使用权有偿使用合同或者划拨决定书约定、规定的期限、条件将土地交付给国有建设用地使用权人，致使项目不具备动工开发条件的，应当依法承担违约责任。

第二十九条 县级以上国土资源主管部门及其工作人员违反本办法规定，有下列情形之一的，依法给予处分；构成犯罪的，依法追究刑事责任：

（一）违反本办法第二十一条的规定供应土地的；

（二）违反本办法第二十四条的规定受理用地申请和办理土地登记的；

（三）违反本办法第二十五条的规定处置闲置土地的；

（四）不依法履行闲置土地监督检查职责，在闲置土地调查、认定和处置工作中徇私舞弊、滥用职权、玩忽职守的。

第六章 附 则

第三十条 本办法中下列用语的含义：

动工开发：依法取得施工许可证后，需挖深基坑的项目，基坑开挖完毕；使用桩基的项目，打入所有基础桩；其他项目，地基施工完成三分之一。

已投资额、总投资额：均不含国有建设用地使用权出让价款、划拨价款和向国家缴纳的相关税费。

第三十一条 集体所有建设用地闲置的调查、认定和处置，参照本办法有关规定执行。

第三十二条 本办法自2012年7月1日起施行。

建设用地审查报批管理办法

（1999年3月2日中华人民共和国国土资源部令第3号发布，2010年11月30日第一次修正，根据2016年11月25日国土资源部令第69号《国土资源部关于修改〈建设用地审查报批管理办法〉的决定》第二次修正）

第一条 为加强土地管理，规范建设用地审查报批工作，根据《中华人民共和国土地管理法》（以下简称《土地管理法》）、《中华人民共和国土地管理法实施条例》

(以下简称《土地管理法实施条例》)，制定本办法。

第二条　依法应当报国务院和省、自治区、直辖市人民政府批准的建设用地的申请、审查、报批和实施，适用本办法。

第三条　县级以上国土资源主管部门负责建设用地的申请受理、审查、报批工作。

第四条　在建设项目审批、核准、备案阶段，建设单位应当向建设项目批准机关的同级国土资源主管部门提出建设项目用地预审申请。

受理预审申请的国土资源主管部门应当依据土地利用总体规划、土地使用标准和国家土地供应政策，对建设项目的有关事项进行预审，出具建设项目用地预审意见。

第五条　在土地利用总体规划确定的城市建设用地范围外单独选址的建设项目使用土地的，建设单位应当向土地所在地的市、县国土资源主管部门提出用地申请。

建设单位提出用地申请时，应当填写《建设用地申请表》，并附具下列材料：

（一）建设项目用地预审意见；

（二）建设项目批准、核准或者备案文件；

（三）建设项目初步设计批准或者审核文件。

建设项目拟占用耕地的，还应当提出补充耕地方案；建设项目位于地质灾害易发区的，还应当提供地质灾害危险性评估报告。

第六条　国家重点建设项目中的控制工期的单体工程和因工期紧或者受季节影响急需动工建设的其他工程，可以由省、自治区、直辖市国土资源主管部门向国土资源部申请先行用地。

申请先行用地，应当提交下列材料：

（一）省、自治区、直辖市国土资源主管部门先行用地申请；

（二）建设项目用地预审意见；

（三）建设项目批准、核准或者备案文件；

（四）建设项目初步设计批准文件、审核文件或者有关部门确认工程建设的文件；

（五）国土资源部规定的其他材料。

经批准先行用地的，应当在规定期限内完成用地报批手续。

第七条　市、县国土资源主管部门对材料齐全、符合条件的建设用地申请，应当受理，并在收到申请之日起 30 日内拟订农用地转用方案、补充耕地方案、征收土地方案和供地方案，编制建设项目用地呈报说明书，经同级人民政府审核同意后，报上一级国土资源主管部门审查。

第八条　在土地利用总体规划确定的城市建设用地范围内，为实施城市规划占用土地的，由市、县国土资源主管部门拟订农用地转用方案、补充耕地方案和征收土地方案，编制建设项目用地呈报说明书，经同级人民政府审核同意后，报上一级国土资源主管部门审查。

在土地利用总体规划确定的村庄和集镇建设用地范围内，为实施村庄和集镇规划占用土地的，由市、县国土资源主管部门拟订农用地转用方案、补充耕地方案，编制建设项目用地呈报说明书，经同级人民政府审核同意后，报上一级国土资源主管部门审查。

报国务院批准的城市建设用地，农用地转用方案、补充耕地方案和征收土地方案可以合并编制，一年申报一次；国务院批准城市建设用地后，由省、自治区、直辖市人民政府对设区的市人民政府分期分批申报的农用地转用和征收土地实施方案进行审核并回复。

第九条　建设只占用国有农用地的，市、县国土资源主管部门只需拟订农用地转用方案、补充耕地方案和供地方案。

建设只占用农民集体所有建设用地的，市、县国土资源主管部门只需拟订征收土地方案和供地方案。

建设只占用国有未利用地，按照《土地管理法实施条例》第二十四条规定应由国务院批准的，市、县国土资源主管部门只需拟订供地方案；其他建设项目使用国有未利用地的，按照省、自治区、直辖市的规定办理。

第十条 建设项目用地呈报说明书应当包括用地安排情况、拟使用土地情况等，并应附具下列材料：

（一）经批准的市、县土地利用总体规划图和分幅土地利用现状图，占用基本农田的，同时提供乡级土地利用总体规划图；

（二）有资格的单位出具的勘测定界图及勘测定界技术报告书；

（三）地籍资料或者其他土地权属证明材料；

（四）为实施城市规划和村庄、集镇规划占用土地的，提供城市规划图和村庄、集镇规划图。

第十一条 农用地转用方案，应当包括占用农用地的种类、面积、质量等，以及符合规划计划、基本农田占用补划等情况。

补充耕地方案，应当包括补充耕地的位置、面积、质量，补充的期限，资金落实情况等，以及补充耕地项目备案信息。

征收土地方案，应当包括征收土地的范围、种类、面积、权属，土地补偿费和安置补助费标准，需要安置人员的安置途径等。

供地方案，应当包括供地方式、面积、用途等。

第十二条 有关国土资源主管部门收到上报的建设项目用地呈报说明书和有关方案后，对材料齐全、符合条件的，应当在5日内报经同级人民政府审核。同级人民政府审核同意后，逐级上报有批准权的人民政府，并将审查所需的材料及时送该级国土资源主管部门审查。

对依法应由国务院批准的建设项目用地呈报说明书和有关方案，省、自治区、直辖市人民政府必须提出明确的审查意见，并对报送材料的真实性、合法性负责。

省、自治区、直辖市人民政府批准农用地转用、国务院批准征收土地的，省、自治区、直辖市人民政府批准农用地转用方案后，应当将批准文件和下级国土资源主管部门上报的材料一并上报。

第十三条 有批准权的国土资源主管部门应当自收到上报的农用地转用方案、补充耕地方案、征收土地方案和供地方案并按规定征求有关方面意见后30日内审查完毕。

建设用地审查应当实行国土资源主管部门内部会审制度。

第十四条 农用地转用方案和补充耕地方案符合下列条件的，国土资源主管部门方可报人民政府批准：

（一）符合土地利用总体规划；

（二）确属必需占用农用地且符合土地利用年度计划确定的控制指标；

（三）占用耕地的，补充耕地方案符合土地整理开发专项规划且面积、质量符合规定要求；

（四）单独办理农用地转用的，必须符合单独选址条件。

第十五条 征收土地方案符合下列条件的，国土资源主管部门方可报人民政府批准：

（一）被征收土地界址、地类、面积清楚，权属无争议的；

（二）被征收土地的补偿标准符合法律、法规规定的；

（三）被征收土地上需要安置人员的安置途径切实可行。

建设项目施工和地质勘查需要临时使用农民集体所有的土地的，依法签订临时使用土地合同并支付临时使用土地补偿费，不得办理土地征收。

第十六条 供地方案符合下列条件的，国土资源主管部门方可报人民政府批准：

（一）符合国家的土地供应政策；

（二）申请用地面积符合建设用地标准和集约用地的要求；

（三）只占用国有未利用地的，符合规划、界址清楚、面积准确。

第十七条 农用地转用方案、补充耕地方案、征收土地方案和供地方案经有批准权的人民政府批准后，同级国土资源主管部门应当在收到批件后5日内将批复发出。

未按规定缴纳新增建设用地土地有偿使用费的，不予批复建设用地。其中，报国务院批准的城市建设用地，省、自治区、直辖市人民政府在设区的市人民政府按照有关规定缴纳新增建设用地土地有偿使用费后办理回复文件。

第十八条 经批准的农用地转用方案、补充耕地方案、征收土地方案和供地方案，由土地所在地的市、县人民政府组织实施。

第十九条 建设项目补充耕地方案经批准下达后，在土地利用总体规划确定的城市建设用地范围外单独选址的建设项目，由市、县国土资源主管部门负责监督落实；在土地利用总体规划确定的城市和村庄、集镇建设用地范围内，为实施城市规划和村庄、集镇规划占用土地的，由省、自治区、直辖市国土资源主管部门负责监督落实。

第二十条 征收土地公告和征地补偿、安置方案公告，按照《征收土地公告办法》的有关规定执行。

征地补偿、安置方案确定后，市、县国土资源主管部门应当依照征地补偿、安置方案向被征收土地的农村集体经济组织和农民支付土地补偿费、地上附着物和青苗补偿费，并落实需要安置农业人口的安置途径。

第二十一条 在土地利用总体规划确定的城市建设用地范围内，为实施城市规划占用土地的，经依法批准后，市、县国土资源主管部门应当公布规划要求，设定使用条件，确定使用方式，并组织实施。

第二十二条 以有偿使用方式提供国有土地使用权的，由市、县国土资源主管部门与土地使用者签订土地有偿使用合同，并向建设单位颁发《建设用地批准书》。土地使用者缴纳土地有偿使用费后，依照规定办理土地登记。

以划拨方式提供国有土地使用权的，由市、县国土资源主管部门向建设单位颁发《国有土地划拨决定书》和《建设用地批准书》，依照规定办理土地登记。《国有土地划拨决定书》应当包括划拨土地面积、土地用途、土地使用条件等内容。

建设项目施工期间，建设单位应当将《建设用地批准书》公示于施工现场。

市、县国土资源主管部门应当将提供国有土地的情况定期予以公布。

第二十三条 各级国土资源主管部门应当对建设用地进行跟踪检查。

对违反本办法批准建设用地或者未经批准非法占用土地的，应当依法予以处罚。

第二十四条 本办法自发布之日起施行。

建设项目用地预审管理办法

（2001年7月25日中华人民共和国国土资源部令第7号发布，2004年10月29日修订，2008年11月12日第一次修正，根据2016年11月25日国土资源部令第68号《国土资源部关于修改〈建设项目用地预审管理办法〉的决定》第二次修正）

第一条 为保证土地利用总体规划的实施，充分发挥土地供应的宏观调控作用，控制建设用地总量，根据《中华人民共和国土地管理法》、《中华人民共和国土地管理法实施条例》和《国务院关于深化改革严格土地管理的决定》，制定本办法。

第二条　本办法所称建设项目用地预审，是指国土资源主管部门在建设项目审批、核准、备案阶段，依法对建设项目涉及的土地利用事项进行的审查。

第三条　预审应当遵循下列原则：

（一）符合土地利用总体规划；

（二）保护耕地，特别是基本农田；

（三）合理和集约节约利用土地；

（四）符合国家供地政策。

第四条　建设项目用地实行分级预审。

需人民政府或有批准权的人民政府发展和改革等部门审批的建设项目，由该人民政府的国土资源主管部门预审。

需核准和备案的建设项目，由与核准、备案机关同级的国土资源主管部门预审。

第五条　需审批的建设项目在可行性研究阶段，由建设用地单位提出预审申请。

需核准的建设项目在项目申请报告核准前，由建设单位提出用地预审申请。

需备案的建设项目在办理备案手续后，由建设单位提出用地预审申请。

第六条　依照本办法第四条规定应当由国土资源部预审的建设项目，国土资源部委托项目所在地的省级国土资源主管部门受理，但建设项目占用规划确定的城市建设用地范围内土地的，委托市级国土资源主管部门受理。受理后，提出初审意见，转报国土资源部。

涉密军事项目和国务院批准的特殊建设项目用地，建设用地单位可直接向国土资源部提出预审申请。

应当由国土资源部负责预审的输电线塔基、钻探井位、通讯基站等小面积零星分散建设项目用地，由省级国土资源主管部门预审，并报国土资源部备案。

第七条　申请用地预审的项目建设单位，应当提交下列材料：

（一）建设项目用地预审申请表；

（二）建设项目用地预审申请报告，内容包括拟建项目的基本情况、拟选址占地情况、拟用地是否符合土地利用总体规划、拟用地面积是否符合土地使用标准、拟用地是否符合供地政策等；

（三）审批项目建议书的建设项目提供项目建议书批复文件，直接审批可行性研究报告或者需核准的建设项目提供建设项目列入相关规划或者产业政策的文件。

前款规定的用地预审申请表样式由国土资源部制定。

第八条　建设单位应当对单独选址建设项目是否位于地质灾害易发区、是否压覆重要矿产资源进行查询核实；位于地质灾害易发区或者压覆重要矿产资源的，应当依据相关法律法规的规定，在办理用地预审手续后，完成地质灾害危险性评估、压覆矿产资源登记等。

第九条　负责初审的国土资源主管部门在转报用地预审申请时，应当提供下列材料：

（一）依据本办法第十一条有关规定，对申报材料作出的初步审查意见；

（二）标注项目用地范围的土地利用总体规划图、土地利用现状图及其他相关图件；

（三）属于《土地管理法》第二十六条规定情形，建设项目用地需修改土地利用总体规划的，应当出具规划修改方案。

第十条　符合本办法第七条规定的预审申请和第九条规定的初审转报件，国土资源主管部门应当受理和接收。不符合的，应当场或在五日内书面通知申请人和转报人，逾期不通知的，视为受理和接收。

受国土资源部委托负责初审的国土资源主管部门应当自受理之日起二十日内完成初审工作，并转报国土资源部。

第十一条　预审应当审查以下内容：

（一）建设项目用地是否符合国家供地政策和土地管理法律、法规规定的条件；

（二）建设项目选址是否符合土地利用总体规划，属《土地管理法》第二十六条规定情形，建设项目用地需修改土地利用总体规划的，规划修改方案是否符合法律、法规的规定；

（三）建设项目用地规模是否符合有关土地使用标准的规定；对国家和地方尚未颁布土地使用标准和建设标准的建设项目，以及确需突破土地使用标准确定的规模和功能分区的建设项目，是否已组织建设项目节地评价并出具评审论证意见。

占用基本农田或者其他耕地规模较大的建设项目，还应当审查是否已经组织踏勘论证。

第十二条 国土资源主管部门应当自受理预审申请或者收到转报材料之日起二十日内，完成审查工作，并出具预审意见。二十日内不能出具预审意见的，经负责预审的国土资源主管部门负责人批准，可以延长十日。

第十三条 预审意见应当包括对本办法第十一条规定内容的结论性意见和对建设用地单位的具体要求。

第十四条 预审意见是有关部门审批项目可行性研究报告、核准项目申请报告的必备文件。

第十五条 建设项目用地预审文件有效期为三年，自批准之日起计算。已经预审的项目，如需对土地用途、建设项目选址等进行重大调整的，应当重新申请预审。

未经预审或者预审未通过的，不得批复可行性研究报告、核准项目申请报告；不得批准农用地转用、土地征收，不得办理供地手续。预审审查的相关内容在建设用地报批时，未发生重大变化的，不再重复审查。

第十六条 本办法自2009年1月1日起施行。

自然资源行政处罚办法

（2014年5月7日国土资源部令第60号公布，根据2020年3月20日自然资源部第1次部务会议《自然资源部关于第二批废止和修改的部门规章的决定》修正，根据2024年1月24日自然资源部第1次部务会议修订）

第一章 总 则

第一条 为规范自然资源行政处罚的实施，保障和监督自然资源主管部门依法履行职责，保护公民、法人或者其他组织的合法权益，根据《中华人民共和国行政处罚法》以及《中华人民共和国土地管理法》、《中华人民共和国城市房地产管理法》、《中华人民共和国矿产资源法》、《中华人民共和国测绘法》、《中华人民共和国城乡规划法》等自然资源管理法律法规，制定本办法。

第二条 县级以上自然资源主管部门依照法定职权和程序，对公民、法人或者其他组织违反土地、矿产、测绘地理信息、城乡规划等自然资源管理法律法规的行为实施行政处罚，适用本办法。

综合行政执法部门、乡镇人民政府、街道办事处等依法对公民、法人或者其他组织违反土地、矿产、测绘地理信息、城乡规划等自然资源法律法规的行为实施行政处罚，可以适用本办法。

第三条 自然资源主管部门实施行政处

罚，遵循公正、公开的原则，做到事实清楚，证据确凿，定性准确，依据正确，程序合法，处罚适当。

第四条　自然资源行政处罚包括：

（一）警告、通报批评；

（二）罚款、没收违法所得、没收非法财物；

（三）暂扣许可证件、降低资质等级、吊销许可证件；

（四）责令停产停业；

（五）限期拆除在非法占用土地上的新建建筑物和其他设施；

（六）法律法规规定的其他行政处罚。

第五条　省级自然资源主管部门应当结合本地区社会经济发展的实际情况，依法制定行政处罚裁量基准，规范行使行政处罚裁量权，并向社会公布。

第二章　管辖和适用

第六条　土地、矿产、城乡规划违法案件由不动产所在地的县级自然资源主管部门管辖。

测绘地理信息违法案件由违法行为发生地的县级自然资源主管部门管辖。难以确定违法行为发生地的，可以由涉嫌违法的公民、法人或者其他组织的单位注册地、办公场所所在地、个人户籍所在地的县级自然资源主管部门管辖。

法律法规另有规定的除外。

第七条　自然资源部管辖全国范围内重大、复杂和法律法规规定应当由其管辖的自然资源违法案件。

前款规定的全国范围内重大、复杂的自然资源违法案件，是指：

（一）党中央、国务院要求自然资源部管辖的自然资源违法案件；

（二）跨省级行政区域的自然资源违法案件；

（三）自然资源部认为应当由其管辖的其他自然资源违法案件。

第八条　省级、市级自然资源主管部门管辖本行政区域内重大、复杂的，涉及下一级人民政府的和法律法规规定应当由其管辖的自然资源违法案件。

第九条　有下列情形之一的，上级自然资源主管部门有权管辖下级自然资源主管部门管辖的案件：

（一）下级自然资源主管部门应当立案而不予立案的；

（二）案情复杂，情节恶劣，有重大影响，需要由上级自然资源主管部门管辖的。

上级自然资源主管部门可以将本级管辖的案件交由下级自然资源主管部门管辖，但是法律法规规定应当由其管辖的除外。

第十条　两个以上自然资源主管部门都有管辖权的，由最先立案的自然资源主管部门管辖。

自然资源主管部门之间因管辖权发生争议的，应当协商解决。协商不成的，报请共同的上一级自然资源主管部门指定管辖；也可以直接由共同的上一级自然资源主管部门指定管辖。

上一级自然资源主管部门应当在收到指定管辖申请之日起七日内，作出管辖决定。

第十一条　自然资源主管部门发现违法案件不属于本部门管辖的，应当移送有管辖权的自然资源主管部门或者其他部门。

受移送的自然资源主管部门对管辖权有异议的，应当报请上一级自然资源主管部门指定管辖，不得再自行移送。

第十二条　自然资源主管部门实施行政处罚时，依照《中华人民共和国行政处罚法》第二十六条规定，可以向有关机关提出协助请求。

第十三条　违法行为涉嫌犯罪的，自然资源主管部门应当及时将案件移送司法机关。发现涉及国家公职人员违法犯罪问题线索的，应当及时移送监察机关。

自然资源主管部门应当与司法机关加强协调配合，建立健全案件移送制度，加强证据材料移交、接收衔接，完善案件处理信息通报机制。

第十四条 自然资源行政处罚当事人有违法所得，除依法应当退赔的外，应当予以没收。

违法所得是指实施自然资源违法行为所取得的款项，但可以扣除合法成本和投入，具体扣除办法由自然资源部另行规定。

第三章 立案、调查和审理

第十五条 自然资源主管部门发现公民、法人或者其他组织行为涉嫌违法的，应当及时核查。对正在实施的违法行为，应当依法及时下达责令停止违法行为通知书予以制止。

责令停止违法行为通知书应当记载下列内容：

（一）违法行为人的姓名或者名称；

（二）违法事实和依据；

（三）其他应当记载的事项。

第十六条 符合下列条件的，自然资源主管部门应当在发现违法行为后及时立案：

（一）有明确的行为人；

（二）有违反自然资源管理法律法规的事实；

（三）依照自然资源管理法律法规应当追究法律责任；

（四）属于本部门管辖；

（五）违法行为没有超过追诉时效。

违法行为轻微并及时纠正，没有造成危害后果的，可以不予立案。

第十七条 立案后，自然资源主管部门应当指定具有行政执法资格的承办人员，及时组织调查取证。

调查取证时，案件调查人员不得少于两人，并应当主动向当事人或者有关人员出示执法证件。当事人或者有关人员有权要求调查人员出示执法证件。调查人员不出示执法证件的，当事人或者有关人员有权拒绝接受调查或者检查。

当事人或者有关人员应当如实回答询问，并协助调查或者检查，不得拒绝或者阻挠。

第十八条 调查人员与案件有直接利害关系或者有其他关系可能影响公正执法的，应当回避。

当事人认为调查人员与案件有直接利害关系或者有其他关系可能影响公正执法的，有权申请回避。

当事人提出回避申请的，自然资源主管部门应当依法审查，由自然资源主管部门负责人决定。决定作出之前，不停止调查。

第十九条 自然资源主管部门进行调查取证，有权采取下列措施：

（一）要求被调查的单位或者个人提供有关文件和资料，并就与案件有关的问题作出说明；

（二）询问当事人以及相关人员，进入违法现场进行检查、勘测、拍照、录音、摄像，查阅和复印相关材料；

（三）依法可以采取的其他措施。

第二十条 当事人拒绝调查取证或者采取暴力、威胁的方式阻碍自然资源主管部门调查取证的，自然资源主管部门可以提请公安机关、检察机关、监察机关或者相关部门协助，并向本级人民政府或者上一级自然资源主管部门报告。

第二十一条 调查人员应当收集、调取与案件有关的书证、物证、视听资料、电子数据的原件、原物、原始载体；收集、调取原件、原物、原始载体确有困难的，可以收集、调取复印件、复制件、节录本、照片、录像等。声音资料应当附有该声音内容的文字记录。

第二十二条 证人证言应当符合下列要求：

（一）注明证人的姓名、年龄、性别、职业、住址、联系方式等基本情况；

（二）有与案件相关的事实；

（三）有证人的签名，不能签名的，应当按手印或者盖章；

（四）注明出具日期；

（五）附有居民身份证复印件等证明证人身份的文件。

第二十三条　当事人请求自行提供陈述材料的，应当准许。必要时，调查人员也可以要求当事人自行书写。当事人应当在其提供的陈述材料上签名、按手印或者盖章。

第二十四条　询问应当个别进行，并制作询问笔录。询问笔录应当记载询问的时间、地点和询问情况等。

第二十五条　现场勘验一般由案件调查人员实施，也可以委托有资质的单位实施。现场勘验应当通知当事人到场，制作现场勘验笔录，必要时可以采取拍照、录像或者其他方式记录现场情况。

无法找到当事人或者当事人拒不到场、当事人拒绝签名或盖章的，调查人员应当在笔录中注明事由，可以邀请有关基层组织的代表见证。

第二十六条　为查明事实，需要对案件中的有关问题进行认定或者鉴定的，自然资源主管部门可以根据实际情况出具认定意见，也可以委托具有相应资质的机构出具鉴定意见。

第二十七条　因不可抗力、意外事件等致使案件暂时无法调查的，经自然资源主管部门负责人批准，中止调查。中止调查情形消失，自然资源主管部门应当及时恢复调查。自然资源主管部门作出调查中止和恢复调查决定的，应当以书面形式在三个工作日内告知当事人。

第二十八条　有下列情形之一的，经自然资源主管部门负责人批准，终止调查：

（一）调查过程中，发现违法事实不成立的；

（二）违法行为已过行政处罚追诉时效的；

（三）不属于本部门管辖，需要向其他部门移送的；

（四）其他应当终止调查的情形。

第二十九条　案件调查终结，案件承办人员应当提交调查报告。调查报告应当包括当事人的基本情况、违法事实以及法律依据、相关证据、违法性质、违法情节、违法后果，并提出依法是否应当给予行政处罚以及给予何种行政处罚的处理意见。

涉及需要追究党纪、政务或者刑事责任的，应当提出移送有权机关的建议。

第三十条　自然资源主管部门在审理案件调查报告时，应当就下列事项进行审理：

（一）是否符合立案条件；

（二）违法主体是否认定准确；

（三）事实是否清楚、证据是否确凿；

（四）定性是否准确；

（五）适用法律是否正确；

（六）程序是否合法；

（七）拟定的处理意见是否适当；

（八）其他需要审理的内容和事项。

经审理发现调查报告存在问题的，可以要求调查人员重新调查或者补充调查。

第四章　决　　定

第三十一条　审理结束后，自然资源主管部门根据不同情况，分别作出下列决定：

（一）违法事实清楚、证据确凿、依据正确、调查审理符合法定程序的，作出行政处罚决定；

（二）违法行为轻微，依法可以不给予行政处罚的，不予行政处罚；

（三）初次违法且危害后果轻微并及时改正的，可以不予行政处罚；

（四）违法事实不能成立的，不予行政处罚；

（五）违法行为涉及需要追究党纪、政务或者刑事责任的，移送有权机关。

对情节复杂或者重大违法行为给予行政处罚，行政机关负责人应当集体讨论决定。

第三十二条　在自然资源主管部门作出重大行政处罚决定前，应当进行法制审核；未经法制审核或者审核未通过的，自然资源主管部门不得作出决定。

自然资源行政处罚法制审核适用《自然资源执法监督规定》。

第三十三条　违法行为依法需要给予行政处罚的，自然资源主管部门应当制作行政处罚告知书，告知当事人拟作出的行政处罚内容及事实、理由、依据，以及当事人依法享有的陈述、申辩权利，按照法律规定的方式，送达当事人。

当事人要求陈述和申辩的，应当在收到行政处罚告知书后五日内提出。口头形式提出的，案件承办人员应当制作笔录。

第三十四条 拟作出下列行政处罚决定的，自然资源主管部门应当制作行政处罚听证告知书，按照法律规定的方式，送达当事人：

（一）较大数额罚款；

（二）没收违法用地上的新建建筑物和其他设施；

（三）没收较大数额违法所得、没收较大价值非法财物；

（四）限期拆除在非法占用土地上的新建建筑物和其他设施；

（五）暂扣许可证件、降低资质等级、吊销许可证件；

（六）责令停产停业；

（七）其他较重的行政处罚；

（八）法律、法规、规章规定的其他情形。

当事人要求听证的，应当在收到行政处罚听证告知书后五日内提出。自然资源行政处罚听证的其他规定，适用《自然资源听证规定》。

第三十五条 当事人未在规定时间内陈述、申辩或者要求听证的，以及陈述、申辩或者听证中提出的事实、理由或者证据不成立的，自然资源主管部门应当依法制作行政处罚决定书，并按照法律规定的方式，送达当事人。

行政处罚决定书中应当记载行政处罚告知、当事人陈述、申辩或者听证的情况，并加盖作出处罚决定的自然资源主管部门的印章。

行政处罚决定书一经送达，即发生法律效力。当事人对行政处罚决定不服申请行政复议或者提起行政诉讼的，行政处罚不停止执行，法律另有规定的除外。

第三十六条 法律法规规定的责令改正或者责令限期改正，可以与行政处罚决定一并作出，也可以在作出行政处罚决定之前单独作出。

第三十七条 当事人有两个以上自然资源违法行为的，自然资源主管部门可以制作一份行政处罚决定书，合并执行。行政处罚决定书应当明确对每个违法行为的处罚内容和合并执行的内容。

违法行为有两个以上当事人的，可以并列当事人分别作出行政处罚决定，制作一式多份行政处罚决定书，分别送达当事人。行政处罚决定书应当明确给予每个当事人的处罚内容。

第三十八条 自然资源主管部门应当自立案之日起九十日内作出行政处罚决定；案情复杂不能在规定期限内作出行政处罚决定的，经本级自然资源主管部门负责人批准，可以适当延长，但延长期限不得超过三十日，案情特别复杂的除外。

案件办理过程中，鉴定、听证、公告、邮递在途等时间不计入前款规定的期限；涉嫌犯罪移送的，等待公安机关、检察机关作出决定的时间，不计入前款规定的期限。

第三十九条 自然资源主管部门应当依法公开具有一定社会影响的行政处罚决定。

公开的行政处罚决定被依法变更、撤销、确认违法或者确认无效的，自然资源主管部门应当在三日内撤回行政处罚决定信息并公开说明理由。

第五章　执　　行

第四十条 行政处罚决定生效后，当事人逾期不履行的，自然资源主管部门除采取法律法规规定的措施外，还可以采取以下措施：

（一）向本级人民政府和上一级自然资源主管部门报告；

（二）向当事人所在单位或者其上级主管部门抄送；

（三）依照法律法规停止办理或者告知

相关部门停止办理当事人与本案有关的许可、审批、登记等手续。

第四十一条　自然资源主管部门申请人民法院强制执行前，有充分理由认为被执行人可能逃避执行的，可以申请人民法院采取财产保全措施。

第四十二条　当事人确有经济困难，申请延期或者分期缴纳罚款的，经作出处罚决定的自然资源主管部门批准，可以延期或者分期缴纳罚款。

第四十三条　自然资源主管部门作出没收矿产品、建筑物或者其他设施的行政处罚决定后，应当在行政处罚决定生效后九十日内移交本级人民政府或者其指定的部门依法管理和处置。法律法规另有规定的，从其规定。

第四十四条　自然资源主管部门申请人民法院强制执行前，应当催告当事人履行义务。

当事人在法定期限内不申请行政复议或者提起行政诉讼，又不履行的，自然资源主管部门可以自期限届满之日起三个月内，向有管辖权的人民法院申请强制执行。

第四十五条　自然资源主管部门向人民法院申请强制执行，应当提供下列材料：

（一）强制执行申请书；

（二）行政处罚决定书及作出决定的事实、理由和依据；

（三）当事人的意见以及催告情况；

（四）申请强制执行标的情况；

（五）法律法规规定的其他材料。

强制执行申请书应当加盖自然资源主管部门的印章。

第四十六条　符合下列条件之一的，经自然资源主管部门负责人批准，案件结案：

（一）案件已经移送管辖的；

（二）终止调查的；

（三）决定不予行政处罚的；

（四）执行完毕的；

（五）终结执行的；

（六）已经依法申请人民法院或者人民政府强制执行；

（七）其他应当结案的情形。

涉及需要移送有关部门追究党纪、政务或者刑事责任的，应当在结案前移送。

第四十七条　自然资源主管部门应当依法以文字、音像等形式，对行政处罚的启动、调查取证、审核、决定、送达、执行等进行全过程记录，归档保存。

第六章　监督管理

第四十八条　自然资源主管部门应当通过定期或者不定期检查等方式，加强对下级自然资源主管部门实施行政处罚工作的监督，并将发现和制止违法行为、依法实施行政处罚等情况作为监督检查的重点内容。

第四十九条　自然资源主管部门应当建立重大违法案件挂牌督办制度。

省级以上自然资源主管部门可以对符合下列情形之一的违法案件挂牌督办，公开督促下级自然资源主管部门限期办理，向社会公开处理结果，接受社会监督：

（一）违反城乡规划和用途管制，违法突破耕地和永久基本农田、生态保护红线、城镇开发边界等控制线，造成严重后果的；

（二）违法占用耕地，特别是占用永久基本农田面积较大、造成种植条件严重毁坏的；

（三）违法批准征占土地、违法批准建设、违法批准勘查开采矿产资源，造成严重后果的；

（四）严重违反国家土地供应政策、土地市场政策，以及严重违法开发利用土地的；

（五）违法勘查开采矿产资源，情节严重或者造成生态环境严重损害的；

（六）严重违反测绘地理信息管理法律法规的；

（七）隐瞒不报、压案不查、久查不决、屡查屡犯，造成恶劣社会影响的；

（八）需要挂牌督办的其他情形。

第五十条　自然资源主管部门应当建立

重大违法案件公开通报制度，将案情和处理结果向社会公开通报并接受社会监督。

第五十一条　自然资源主管部门应当建立违法案件统计制度。下级自然资源主管部门应当定期将本行政区域内的违法形势分析、案件发生情况、查处情况等逐级上报。

第五十二条　自然资源主管部门应当建立自然资源违法案件错案追究制度。行政处罚决定错误并造成严重后果的，作出处罚决定的机关应当承担相应的责任。

第五十三条　自然资源主管部门应当配合有关部门加强对行政处罚实施过程中的社会稳定风险防控。

第七章　法律责任

第五十四条　县级以上自然资源主管部门直接负责的主管人员和其他直接责任人员，违反本办法规定，有下列情形之一，致使公民、法人或者其他组织的合法权益、公共利益和社会秩序遭受损害的，应当依法给予处分：

（一）对违法行为未依法制止的；

（二）应当依法立案查处，无正当理由未依法立案查处的；

（三）在制止以及查处违法案件中受阻，依照有关规定应当向本级人民政府或者上级自然资源主管部门报告而未报告的；

（四）应当依法给予行政处罚而未依法处罚的；

（五）应当依法申请强制执行、移送有关机关追究责任，而未依法申请强制执行、移送有关机关的；

（六）其他徇私枉法、滥用职权、玩忽职守的情形。

第八章　附　　则

第五十五条　依法经书面委托的自然资源主管部门执法队伍在受委托范围内，以委托机关的名义对公民、法人或者其他组织违反土地、矿产、测绘地理信息、城乡规划等自然资源法律法规的行为实施行政处罚，适用本办法。

第五十六条　自然资源行政处罚法律文书格式，由自然资源部统一制定。

第五十七条　本办法中“三日”、“五日”、“七日”、“十日”指工作日，不含法定节假日。

第五十八条　本办法自 2024 年 5 月 1 日起施行。

土地调查条例

（2008 年 2 月 7 日中华人民共和国国务院令第 518 号公布，根据 2016 年 2 月 6 日《国务院关于修改部分行政法规的决定》第一次修订，根据 2018 年 3 月 19 日《国务院关于修改和废止部分行政法规的决定》第二次修订）

第一章　总　　则

第一条　为了科学、有效地组织实施土地调查，保障土地调查数据的真实性、准确性和及时性，根据《中华人民共和国土地管理法》和《中华人民共和国统计法》，制定本条例。

第二条　土地调查的目的，是全面查清土地资源和利用状况，掌握真实准确的土地基础数据，为科学规划、合理利用、有效保护土地资源，实施最严格的耕地保护制度，加强和改善宏观调控提供依据，促进经济社会全面协调可持续发展。

第三条　土地调查工作按照全国统一领导、部门分工协作、地方分级负责、各方共同参与的原则组织实施。

第四条　土地调查所需经费，由中央和地方各级人民政府共同负担，列入相应年度的财政预算，按时拨付，确保足额到位。

土地调查经费应当统一管理、专款专用、从严控制支出。

第五条　报刊、广播、电视和互联网等新闻媒体，应当及时开展土地调查工作的宣传报道。

第二章　土地调查的内容和方法

第六条　国家根据国民经济和社会发展需要，每10年进行一次全国土地调查；根据土地管理工作的需要，每年进行土地变更调查。

第七条　土地调查包括下列内容：

（一）土地利用现状及变化情况，包括地类、位置、面积、分布等状况；

（二）土地权属及变化情况，包括土地的所有权和使用权状况；

（三）土地条件，包括土地的自然条件、社会经济条件等状况。

进行土地利用现状及变化情况调查时，应当重点调查基本农田现状及变化情况，包括基本农田的数量、分布和保护状况。

第八条　土地调查采用全面调查的方法，综合运用实地调查统计、遥感监测等手段。

第九条　土地调查采用《土地利用现状分类》国家标准、统一的技术规程和按照国家统一标准制作的调查基础图件。

土地调查技术规程，由国务院国土资源主管部门会同国务院有关部门制定。

第三章　土地调查的组织实施

第十条　县级以上人民政府国土资源主管部门会同同级有关部门进行土地调查。

乡（镇）人民政府、街道办事处和村（居）民委员会应当广泛动员和组织社会力量积极参与土地调查工作。

第十一条　县级以上人民政府有关部门应当积极参与和密切配合土地调查工作，依法提供土地调查需要的相关资料。

社会团体以及与土地调查有关的单位和个人应当依照本条例的规定，配合土地调查工作。

第十二条　全国土地调查总体方案由国务院国土资源主管部门会同国务院有关部门拟订，报国务院批准。县级以上地方人民政府国土资源主管部门会同同级有关部门按照国家统一要求，根据本行政区域的土地利用特点，编制地方土地调查实施方案，报上一级人民政府国土资源主管部门备案。

第十三条　在土地调查中，需要面向社会选择专业调查队伍承担的土地调查任务，应当通过招标投标方式组织实施。

承担土地调查任务的单位应当具备以下条件：

（一）具有法人资格；

（二）有与土地调查相关的工作业绩；

（三）有完备的技术和质量管理制度；

（四）有经过培训且考核合格的专业技术人员。

国务院国土资源主管部门应当会同国务院有关部门加强对承担土地调查任务单位的监管和服务。

第十四条　土地调查人员应当坚持实事求是，恪守职业道德，具有执行调查任务所需要的专业知识。

土地调查人员应当接受业务培训，经考核合格领取全国统一的土地调查员工作证。

第十五条　土地调查人员应当严格执行全国土地调查总体方案和地方土地调查实施方案、《土地利用现状分类》国家标准和统一的技术规程，不得伪造、篡改调查资料，不得强令、授意调查对象提供虚假的调查资料。

土地调查人员应当对其登记、审核、录入的调查资料与现场调查资料的一致性负责。

第十六条　土地调查人员依法独立行使调查、报告、监督和检查职权，有权根据工作需要进行现场调查，并按照技术规程进行现场作业。

土地调查人员有权就与调查有关的问题询问有关单位和个人，要求有关单位和个人如实提供相关资料。

土地调查人员进行现场调查、现场作业以及询问有关单位和个人时，应当出示土地调查员工作证。

第十七条 接受调查的有关单位和个人应当如实回答询问，履行现场指界义务，按照要求提供相关资料，不得转移、隐匿、篡改、毁弃原始记录和土地登记簿等相关资料。

第十八条 各地方、各部门、各单位的负责人不得擅自修改土地调查资料、数据，不得强令或者授意土地调查人员篡改调查资料、数据或者编造虚假数据，不得对拒绝、抵制篡改调查资料、数据或者编造虚假数据的土地调查人员打击报复。

第四章 调查成果处理和质量控制

第十九条 土地调查形成下列调查成果：

（一）数据成果；

（二）图件成果；

（三）文字成果；

（四）数据库成果。

第二十条 土地调查成果实行逐级汇交、汇总统计制度。

土地调查数据的处理和上报应当按照全国土地调查总体方案和有关标准进行。

第二十一条 县级以上地方人民政府对本行政区域的土地调查成果质量负总责，主要负责人是第一责任人。

县级以上人民政府国土资源主管部门会同同级有关部门对调查的各个环节实行质量控制，建立土地调查成果质量控制岗位责任制，切实保证调查的数据、图件和被调查土地实际状况三者一致，并对其加工、整理、汇总的调查成果的准确性负责。

第二十二条 国务院国土资源主管部门会同国务院有关部门统一组织土地调查成果质量的抽查工作。抽查结果作为评价土地调查成果质量的重要依据。

第二十三条 土地调查成果实行分阶段、分级检查验收制度。前一阶段土地调查成果经检查验收合格后，方可开展下一阶段的调查工作。

土地调查成果检查验收办法，由国务院国土资源主管部门会同国务院有关部门制定。

第五章 调查成果公布和应用

第二十四条 国家建立土地调查成果公布制度。

土地调查成果应当向社会公布，并接受公开查询，但依法应当保密的除外。

第二十五条 全国土地调查成果，报国务院批准后公布。

地方土地调查成果，经本级人民政府审核，报上一级人民政府批准后公布。

全国土地调查成果公布后，县级以上地方人民政府方可逐级依次公布本行政区域的土地调查成果。

第二十六条 县级以上人民政府国土资源主管部门会同同级有关部门做好土地调查成果的保存、管理、开发、应用和为社会公众提供服务等工作。

国家通过土地调查，建立互联共享的土地调查数据库，并做好维护、更新工作。

第二十七条 土地调查成果是编制国民经济和社会发展规划以及从事国土资源规划、管理、保护和利用的重要依据。

第二十八条 土地调查成果应当严格管理和规范使用，不作为依照其他法律、行政法规对调查对象实施行政处罚的依据，不作为划分部门职责分工和管理范围的依据。

第六章 表彰和处罚

第二十九条 对在土地调查工作中做出突出贡献的单位和个人，应当按照国家有关规定给予表彰或者奖励。

第三十条 地方、部门、单位的负责人有下列行为之一的，依法给予处分；构成犯罪的，依法追究刑事责任：

（一）擅自修改调查资料、数据的；

（二）强令、授意土地调查人员篡改调查资料、数据或者编造虚假数据的；

（三）对拒绝、抵制篡改调查资料、数据或者编造虚假数据的土地调查人员打击报复的。

第三十一条　土地调查人员不执行全国土地调查总体方案和地方土地调查实施方案、《土地利用现状分类》国家标准和统一的技术规程，或者伪造、篡改调查资料，或者强令、授意接受调查的有关单位和个人提供虚假调查资料的，依法给予处分，并由县级以上人民政府国土资源主管部门、统计机构予以通报批评。

第三十二条　接受调查的单位和个人有下列行为之一的，由县级以上人民政府国土资源主管部门责令限期改正，可以处5万元以下的罚款；构成违反治安管理行为的，由公安机关依法给予治安管理处罚；构成犯罪的，依法追究刑事责任：

（一）拒绝或者阻挠土地调查人员依法进行调查的；

（二）提供虚假调查资料的；

（三）拒绝提供调查资料的；

（四）转移、隐匿、篡改、毁弃原始记录、土地登记簿等相关资料的。

第三十三条　县级以上地方人民政府有下列行为之一的，由上级人民政府予以通报批评；情节严重的，对直接负责的主管人员和其他直接责任人员依法给予处分：

（一）未按期完成土地调查工作，被责令限期完成，逾期仍未完成的；

（二）提供的土地调查数据失真，被责令限期改正，逾期仍未改正的。

第七章　附　　则

第三十四条　军用土地调查，由国务院国土资源主管部门会同军队有关部门按照国家统一规定和要求制定具体办法。

中央单位使用土地的调查数据汇总内容的确定和成果的应用管理，由国务院国土资源主管部门会同国务院管理机关事务工作的机构负责。

第三十五条　县级以上人民政府可以按照全国土地调查总体方案和地方土地调查实施方案成立土地调查领导小组，组织和领导土地调查工作。必要时，可以设立土地调查领导小组办公室负责土地调查日常工作。

第三十六条　本条例自公布之日起施行。

土地调查条例实施办法

（2009年6月17日国土资源部第45号令公布，根据2016年1月5日国土资源部第1次部务会议《国土资源部关于修改和废止部分部门规章的决定》第一次修正，根据2019年7月16日自然资源部第2次部务会议《自然资源部关于第一批废止和修改的部门规章的决定》第二次修正）

第一章　总　　则

第一条　为保证土地调查的有效实施，根据《土地调查条例》（以下简称条例），制定本办法。

第二条　土地调查是指对土地的地类、位置、面积、分布等自然属性和土地权属等社会属性及其变化情况，以及永久基本农田状况进行的调查、监测、统计、分析的活动。

第三条 土地调查包括全国土地调查、土地变更调查和土地专项调查。

全国土地调查，是指国家根据国民经济和社会发展需要，对全国城乡各类土地进行的全面调查。

土地变更调查，是指在全国土地调查的基础上，根据城乡土地利用现状及权属变化情况，随时进行城镇和村庄地籍变更调查和土地利用变更调查，并定期进行汇总统计。

土地专项调查，是指根据自然资源管理需要，在特定范围、特定时间内对特定对象进行的专门调查，包括耕地后备资源调查、土地利用动态遥感监测和勘测定界等。

第四条 全国土地调查，由国务院全国土地调查领导小组统一组织，县级以上人民政府土地调查领导小组遵照要求实施。

土地变更调查，由自然资源部会同有关部门组织，县级以上自然资源主管部门会同有关部门实施。

土地专项调查，由县级以上自然资源主管部门组织实施。

第五条 县级以上地方自然资源主管部门应当配合同级财政部门，根据条例规定落实地方人民政府土地调查所需经费。必要时，可以与同级财政部门共同制定土地调查经费从新增建设用地土地有偿使用费、国有土地使用权有偿出让收入等土地收益中列支的管理办法。

第六条 在土地调查工作中作出突出贡献的单位和个人，由有关自然资源主管部门按照国家规定给予表彰或者奖励。

第二章 土地调查机构及人员

第七条 国务院全国土地调查领导小组办公室设在自然资源部，县级以上地方人民政府土地调查领导小组办公室设在同级自然资源主管部门。

县级以上自然资源主管部门应当明确专门机构和人员，具体负责土地变更调查和土地专项调查等工作。

第八条 土地调查人员包括县级以上自然资源政主管部门和相关部门的工作人员，有关事业单位的人员以及承担土地调查任务单位的人员。

第九条 土地调查人员应当经过省级以上自然资源主管部门组织的业务培训，通过全国统一的土地调查人员考核，领取土地调查员工作证。

已取得自然资源部、人力资源和社会保障部联合颁发的土地登记代理人资格证书的人员，可以直接申请取得土地调查员工作证。

土地调查员工作证由自然资源部统一制发，按照规定统一编号管理。

第十条 承担国家级土地调查任务的单位，应当具备以下条件：

（一）近三年内有累计合同额 1000 万元以上，经县级以上自然资源主管部门验收合格的土地调查项目；

（二）有专门的质量检验机构和专职质量检验人员，有完善有效的土地调查成果质量保证制度；

（三）近三年内无土地调查成果质量不良记录，并未被列入失信名单；

（四）取得土地调查员工作证的技术人员不少于 20 名；

（五）自然资源部规章、规范性文件规定的其他条件。

第三章 土地调查的组织实施

第十一条 开展全国土地调查，由自然资源部会同有关部门在开始前一年度拟订全国土地调查总体方案，报国务院批准后实施。

全国土地调查总体方案应当包括调查的主要任务、时间安排、经费落实、数据要求、成果公布等内容。

第十二条 县级以上地方自然资源主

管部门应当会同同级有关部门，根据全国土地调查总体方案和上级土地调查实施方案的要求，拟定本行政区域的土地调查实施方案，报上一级人民政府自然资源主管部门备案。

第十三条　土地变更调查由自然资源部统一部署，以县级行政区为单位组织实施。

县级以上自然资源主管部门应当按照国家统一要求，组织实施土地变更调查，保持调查成果的现势性和准确性。

第十四条　土地变更调查中的城镇和村庄地籍变更调查，应当根据土地权属等变化情况，以宗地为单位，随时调查，及时变更地籍图件和数据库。

第十五条　土地变更调查中的土地利用变更调查，应当以全国土地调查和上一年度土地变更调查结果为基础，全面查清本年度本行政区域内土地利用状况变化情况，更新土地利用现状图件和土地利用数据库，逐级汇总上报各类土地利用变化数据。

土地利用变更调查的统一时点为每年12月31日。

第十六条　土地变更调查，包括下列内容：

（一）行政和权属界线变化状况；

（二）土地所有权和使用权变化情况；

（三）地类变化情况；

（四）永久基本农田位置、数量变化情况；

（五）自然资源部规定的其他内容。

第十七条　土地专项调查由县级以上自然资源主管部门组织实施，专项调查成果报上一级自然资源主管部门备案。

全国性的土地专项调查，由自然资源部组织实施。

第十八条　土地调查应当执行国家统一的土地利用现状分类标准、技术规程和自然资源部的有关规定，保证土地调查数据的统一性和准确性。

第十九条　上级自然资源主管部门应当加强对下级自然资源主管部门土地调查工作的指导，并定期组织人员进行监督检查，及时掌握土地调查进度，研究解决土地调查中的问题。

第二十条　县级以上自然资源主管部门应当建立土地调查进度的动态通报制度。

上级自然资源主管部门应当根据全国土地调查、土地变更调查和土地专项调查确定的工作时限，定期通报各地工作的完成情况，对工作进度缓慢的地区，进行重点督导和检查。

第二十一条　从事土地调查的单位和个人，应当遵守国家有关保密的法律法规和规定。

第四章　调查成果的公布和应用

第二十二条　土地调查成果包括数据成果、图件成果、文字成果和数据库成果。

土地调查数据成果，包括各类土地分类面积数据、不同权属性质面积数据、基本农田面积数据和耕地坡度分级面积数据等。

土地调查图件成果，包括土地利用现状图、地籍图、宗地图、永久基本农田分布图、耕地坡度分级专题图等。

土地调查文字成果，包括土地调查工作报告、技术报告、成果分析报告和其他专题报告等。

土地调查数据库成果，包括土地利用数据库和地籍数据库等。

第二十三条　县级以上自然资源主管部门应当按照要求和有关标准完成数据处理、文字报告编写等成果汇总统计工作。

第二十四条　土地调查成果实行逐级汇交制度。

县级以上地方自然资源主管部门应当将土地调查形成的数据成果、图件成果、文字成果和数据库成果汇交上一级自然资源主管部门汇总。

土地调查成果汇总的内容主要包括数据

汇总、图件编制、文字报告编写和成果分析等。

第二十五条　全国土地调查成果的检查验收，由各级土地调查领导小组办公室按照下列程序进行：

（一）县级组织调查单位和相关部门，对调查成果进行全面自检，形成自检报告，报市（地）级复查；

（二）市（地）级复查合格后，向省级提出预检申请；

（三）省级对调查成果进行全面检查，验收合格后上报；

（四）全国土地调查领导小组办公室对成果进行核查，根据需要对重点区域、重点地类进行抽查，形成确认意见。

第二十六条　全国土地调查成果的公布，依照条例第二十五条规定进行。

土地变更调查成果，由各级自然资源主管部门报本级人民政府批准后，按照国家、省、市、县的顺序依次公布。

土地专项调查成果，由有关自然资源主管部门公布。

第二十七条　土地调查上报的成果质量实行分级负责制。县级以上自然资源主管部门应当对本级上报的调查成果认真核查，确保调查成果的真实、准确。

上级自然资源主管部门应当定期对下级自然资源主管部门的土地调查成果质量进行监督。

第二十八条　经依法公布的土地调查成果，是编制国民经济和社会发展规划、有关专项规划以及自然资源管理的基础和依据。

建设用地报批、土地整治项目立项以及其他需要使用土地基础数据与图件资料的活动，应当以国家确认的土地调查成果为基础依据。

各级土地利用总体规划修编，应当以经国家确定的土地调查成果为依据，校核规划修编基数。

第五章　法律责任

第二十九条　接受土地调查的单位和个人违反条例第十七条的规定，无正当理由不履行现场指界义务的，由县级以上人民政府自然资源主管部门责令限期改正，逾期不改正的，依照条例第三十二条的规定进行处罚。

第三十条　承担土地调查任务的单位有下列情形之一的，县级以上自然资源主管部门应当责令限期改正，逾期不改正的，终止土地调查任务，并将该单位报送国家信用平台：

（一）在土地调查工作中弄虚作假的；

（二）无正当理由，未按期完成土地调查任务的；

（三）土地调查成果有质量问题，造成严重后果的。

第三十一条　承担土地调查任务的单位不符合条例第十三条和本办法第十条规定的相关条件，弄虚作假，骗取土地调查任务的，县级以上自然资源主管部门应当终止该单位承担的土地调查任务，并不再将该单位列入土地调查单位名录。

第三十二条　土地调查人员违反条例第三十一条规定的，由自然资源部注销土地调查员工作证，不得再次参加土地调查人员考核。

第三十三条　自然资源主管部门工作人员在土地调查工作中玩忽职守、滥用职权、徇私舞弊，构成犯罪的，依法追究刑事责任；尚不构成犯罪的，依法给予处分。

第六章　附　　则

第三十四条　本办法自公布之日起施行。

自然保护区土地管理办法

（1995年9月15日　国土法字〔1995〕第117号）

第一章　总　　则

第一条　为加强自然保护区土地管理，根据《中华人民共和国土地管理法》、《中华人民共和国环境保护法》和《中华人民共和国自然保护区条例》的有关规定，制定本办法。

第二条　本办法适用于依法划定的自然保护区内及其外围保护地带的土地管理。

第三条　县级以上人民政府土地管理行政主管部门统一管理自然保护区的土地；环境保护行政主管部门对自然保护区实施综合管理。

第四条　禁止任何单位和个人危害、破坏自然保护区的土地。

一切单位和个人都有保护自然保护区土地的义务，并有权对违反自然保护区土地管理的行为进行检举和控告。

第五条　对保护和管理自然保护区土地成绩显著的单位和个人，由人民政府或主管部门给予奖励。

第二章　地　　籍

第六条　县级以上地方人民政府土地管理行政主管部门对本辖区自然保护区土地资源的数量、质量、类型、分布利用和土地权属状况等基本情况进行调查、统计、登记，建立地籍档案制度，并将有关资料抄送同级环境保护行政主管部门。

第七条　自然保护区内的土地，依法属于国家所有或者集体所有。

自然保护区内的国有土地使用者和集体土地所有者，应当依照国家土地管理法律、法规，向县级以上地方人民政府土地管理行政主管部门申请办理土地登记，领取土地证书。依法确定的土地所有权和使用权，不因自然保护区的划定而改变。

依法改变土地的所有权或者使用权的，必须向县级以上地方人民政府土地管理行政主管部门申请办理土地权属变更登记手续，更换土地证书。

第八条　自然保护区内土地的所有权和使用权争议，依照《土地管理法》的有关规定办理。

第三章　规　　划

第九条　自然保护区及其依法划定的外围保护地带的土地利用规划，应当在县级以上人民政府土地利用总体规划指导下，由县级以上人民政府土地管理行政主管部门和环境保护行政主管部门会同有关行政主管部门编制，经同级人民政府审查同意后，报上一级人民政府批准执行。

第十条　县级以上人民政府土地管理行政主管部门应当参与自然保护区建设规划的编制和同级人民政府对自然保护区规划的审查工作。

第十一条　自然保护区及其外围保护地带的土地利用规划应当纳入土地利用总体规划和环境保护规划。

第四章　保　　护

第十二条　新建、扩建自然保护区或者划定自然保护区的核心区和缓冲区，需要征用集体所有土地或者划拨国有土地的，依照《土地管理法》的有关规定办理。

第十三条 自然保护区的范围和界线由批准建立自然保护区的人民政府确定，并标明区界，予以公告。

第十四条 自然保护区管理机构可以按照批准建立自然保护区的人民政府划定的自然保护区范围和界线，设置界标。

因自然保护区范围和界线不清而发生的争议，由环境保护行政主管部门会同有关自然保护区主管部门和其他有关部门提出意见，报批准建立自然保护区的人民政府决定。

任何单位和个人，不得擅自移动自然保护区的界标。

第十五条 自然保护区内土地的使用，不得违反有关环境和资源保护法律的规定。

依法使用自然保护区内土地的单位和个人必须严格按照土地登记和土地证书规定的用途使用土地，并严格遵守有关法律的规定，改变用途时，需事先征求环境保护及有关自然保护区行政主管部门的意见，由县级以上人民政府土地管理行政主管部门审查，报县级以上人民政府批准。

第十六条 在自然保护区内依法使用土地的单位和个人，不得擅自扩大土地使用面积；因特殊情况确需扩大土地使用面积，而且不致危害自然保护区内自然环境和自然资源及其保护对象的，由自然保护区管理机构提出，经其上级行政主管部门同意，并通过环境保护行政主管部门审批的环境影响评价后，经县级以上人民政府土地管理行政主管部门审查，报县级以上人民政府批准。

第十七条 禁止在自然保护区及其外围保护地带建立污染、破坏或者危害自然保护区自然环境和自然资源的设施。对此类设施用地，土地管理行政主管部门不予办理用地手续。建立其他设施，其污染排放不得超过规定的排放标准，已经建立的设施，其污染物排放超过规定排放标准的，应当依法限期治理或者搬迁。

第十八条 禁止在自然保护区内进行开垦、开矿、采石、挖砂等活动；但是，法律、行政法规另有规定的除外。

在自然保护区所划定的区域开展旅游，应维持原地貌和景观不受破坏和污染。

在自然保护区外围保护地带，当地群众可以照常生产、生活，但是不得进行危害自然保护区功能的活动。

自然保护区内的土地受到破坏并能够复垦恢复的，有关单位和个人应当负责复垦，恢复利用。

第十九条 因自然保护区建设和其他特别需要在自然保护区内及外围保护地带修筑有关建设项目时，必须编制环境影响报告书（表），并按照有关法规规定的程序，报环境保护行政主管部门审批；建设项目用地，应当向县级以上地方人民政府土地管理行政主管部门提出申请，依法办理用地审批手续。

不得在自然保护区的核心区和缓冲区建设任何生产设施。

第二十条 禁止任何单位和个人破坏、侵占、买卖或者以其他形式非法转让自然保护区内的土地。

自然保护区的土地受到破坏、侵占、买卖或者非法转让时，土地管理行政主管部门和自然保护区管理机构有权制止，由土地管理行政主管部门依照《土地管理法》的有关规定处理。

第二十一条 县级以上人民政府土地管理和环境保护行政主管部门有权对本辖区内自然保护区的土地利用情况进行监督检查。被检查的单位应当如实反映情况，提供必要的资料。检查机关应当为被检查的单位保守技术秘密和业务秘密。

第五章 罚 则

第二十二条 违反本办法规定，破坏、侵占、买卖或者以其他形式非法转让自然保护区内土地的，由县级以上人民政府土地管理行政主管部门依照《土地管理法》有关规定处罚。

第二十三条 违反本办法规定，造成自然保护区环境污染和破坏的，由县级以上人民政府环境保护行政主管部门给予警告、罚款，并责令其改正。

第二十四条　违反本办法规定，环境影响报告书（表）未经环境保护行政主管部门审批擅自施工的，由环境保护行政主管部门依照建设项目环境管理的有关规定处罚；未经批准，建设项目非法占用土地的或者未按批准用途、要求使用土地的，由县级以上地方人民政府土地管理行政主管部门依照《土地管理法》有关规定处罚。

第二十五条　违反本办法规定，擅自移动或者破坏自然保护区界标的，由自然保护区管理机构给予警告，责令其改正，并可依法处以罚款。

第二十六条　违反本办法规定，构成触犯治安管理违法行为的，由公安机关依照《中华人民共和国治安管理处罚条例》的有关规定处罚。

第二十七条　违反本办法规定，构成犯罪的，由司法机关依法追究有关责任人员的刑事责任。

第二十八条　当事人对土地管理或者环境保护行政主管部门依据本办法规定作出的行政处罚不服的，可以依照《行政复议条例》和《中华人民共和国行政诉讼法》申请复议和提起诉讼。

第二十九条　自然保护区管理机构工作人员和其他有关国家机关工作人员玩忽职守、滥用职权、徇私舞弊的，由其所在单位或者其上级主管部门给予行政处分；构成犯罪的，依法追究刑事责任。

第六章　附　　则

第三十条　各省、自治区、直辖市人民政府土地管理行政主管部门会同环境保护行政主管部门，可以根据本办法制定具体的实施规定。

第三十一条　本办法自发布之日起施行。国家土地管理局和国家环境保护局1989年8月10日发布的《关于加强自然保护区土地管理工作的通知》同时废止。

划拨国有建设用地使用权地价评估指导意见（试行）

（2019年5月31日自然资源部办公厅印发）

前　　言

为规范国有划拨建设用地使用权地价（以下简称“划拨地价”）评估行为，根据《中华人民共和国物权法》《中华人民共和国土地管理法》《中华人民共和国城市房地产管理法》《中华人民共和国资产评估法》等相关法律法规和土地估价国家标准、行业标准，制定本指导意见。

本指导意见由自然资源部提出并归口。

本指导意见起草单位：自然资源部自然资源开发利用司、中国土地估价师与土地登记代理人协会。

本指导意见由自然资源部负责解释。

1. 地价定义

本指导意见所述划拨国有建设用地使用权地价，是指以划拨方式取得的、无年期限制的土地使用权价格。

2. 引用的标准

下列标准所包含的条文，通过在本指导

意见中引用而构成本指导意见的条文。本指导意见颁布时，所示版本均为有效。使用本指导意见的各方应使用下列各标准的最新版本。

GB/T 18508—2014《城镇土地估价规程》

GB/T 18507—2014《城镇土地分等定级规程》

GB/T 21010—2017《土地利用现状分类》

TD/T 1052—2017《标定地价规程》

TD/T 1009—2007《城市地价动态监测技术规范》

《国有建设用地使用权出让地价评估技术规范》（国土资厅发〔2018〕4 号）

3. 评估方法

（1）成本逼近法。

（2）市场比较法。

（3）公示地价系数修正法。

（4）收益还原法。

（5）剩余法。

划拨地价评估，应至少选用以上评估方法中的两种。

4. 评估要点

除遵循《城镇土地估价规程》一般规定外，各方法还可按以下要点评估：

4.1 成本逼近法

（1）采用成本逼近法评估划拨地价，应选用客观的土地取得及开发成本数据，包括土地取得费、土地开发费、税费、利息、利润等分项。

（2）合理确定土地取得费。结合估价对象所处区位及周边区域用地结构，分析在估价期日模拟获取估价对象类似用地可能采用的土地取得方式，测算相应土地取得费。

估价对象位于城市建成区外或远郊区域的，以估价对象周边区域平均征收补偿安置费用作为土地取得费。

估价对象位于城市建成区内的，可合理选择估价对象周边区域或类似地区的土地收储、国有土地上房屋征收或集体建设用地拆迁等案例，经期日、区位等修正后，算术平均确定估价对象土地取得费。有存量工业用地收储案例的，可优先选择使用。

4.2 市场比较法

（1）运用市场比较法时，应选择与估价对象同类型的比较实例。比较实例主要来源于政府实际划拨供地案例，选择实例时可不考虑供后实际用途。

（2）原则上应在同一供需圈内或类似地区收集不少于三个实例。同一供需圈内可比实例不足时，可适当扩大供需圈范围直至满足条件。原则上应采用三年以内的实例，三年内可选实例不足时，可将选择年限适当扩大直至满足条件，评估时根据市场情况进行期日修正。需要增加比较实例来源时按照先调整范围后调整时间的原则处理。

（3）选择比较实例时应注意因各地供地政策不同造成的价格内涵不同，应保障比较实例能够修正到估价对象同一价格内涵。

4.3 公示地价系数修正法

（1）待估宗地所在区域，政府已公布划拨土地使用权基准地价时，可选用基准地价系数修正法评估划拨地价。采用已完成更新但尚未向社会公布的划拨土地使用权基准地价，需经市、县自然资源主管部门书面同意。

（2）在已公布划拨土地使用权标定地价的城市，可运用标定地价系数修正法进行评估。

4.4 收益还原法

地方政府对划拨土地收益有处置政策或通过研究测算能够明确收益构成的，可依据《城镇土地估价规程》运用收益还原法。

4.5 剩余法

在《城镇土地估价规程》剩余法思路上衍生技术路线，通过出让土地使用权价格扣减土地增值收益的方法评估划拨地价，可定义为剩余（增值收益扣减）法。

地方已经公布经科学论证的土地增值收益的，可用出让土地使用权价格直接扣减相对应的土地增值收益。

对未公布土地增值收益的地区，估价机构可在满足数理统计要求的前提下，选择案例和技术路线测算土地增值收益。

对于仅在地方政府文件或基准地价中规定出让金缴纳比例的，不宜将其作为经科学论证的土地增值收益，不得直接扣减该比例测算划拨地价。

5. 其他规定

公共管理与公共服务用地、交通运输等用地，在运用上述方法评估划拨地价时，应统筹考虑当地出让案例实际，合理确定划拨地价水平。

六、英烈保护类规范

中华人民共和国英雄烈士保护法

（2018 年 4 月 27 日第十三届全国人民代表大会常务委员会第二次会议通过，2018 年 4 月 27 日公布，自 2018 年 5 月 1 日起施行）

第一条　为了加强对英雄烈士的保护，维护社会公共利益，传承和弘扬英雄烈士精神、爱国主义精神，培育和践行社会主义核心价值观，激发实现中华民族伟大复兴中国梦的强大精神力量，根据宪法，制定本法。

第二条　国家和人民永远尊崇、铭记英雄烈士为国家、人民和民族作出的牺牲和贡献。

近代以来，为了争取民族独立和人民解放，实现国家富强和人民幸福，促进世界和平和人类进步而毕生奋斗、英勇献身的英雄烈士，功勋彪炳史册，精神永垂不朽。

第三条　英雄烈士事迹和精神是中华民族的共同历史记忆和社会主义核心价值观的重要体现。

国家保护英雄烈士，对英雄烈士予以褒扬、纪念，加强对英雄烈士事迹和精神的宣传、教育，维护英雄烈士尊严和合法权益。

全社会都应当崇尚、学习、捍卫英雄烈士。

第四条　各级人民政府应当加强对英雄烈士的保护，将宣传、弘扬英雄烈士事迹和精神作为社会主义精神文明建设的重要内容。

县级以上人民政府负责英雄烈士保护工作的部门和其他有关部门应当依法履行职责，做好英雄烈士保护工作。

军队有关部门按照国务院、中央军事委员会的规定，做好英雄烈士保护工作。

县级以上人民政府应当将英雄烈士保护工作经费列入本级预算。

第五条　每年 9 月 30 日为烈士纪念日，国家在首都北京天安门广场人民英雄纪念碑前举行纪念仪式，缅怀英雄烈士。

县级以上地方人民政府、军队有关部门应当在烈士纪念日举行纪念活动。

举行英雄烈士纪念活动，邀请英雄烈士遗属代表参加。

第六条　在清明节和重要纪念日，机关、团体、乡村、社区、学校、企业事业单位和军队有关单位根据实际情况，组织开展英雄烈士纪念活动。

第七条　国家建立并保护英雄烈士纪念设施，纪念、缅怀英雄烈士。

矗立在首都北京天安门广场的人民英雄纪念碑，是近代以来中国人民和中华民族争取民族独立解放、人民自由幸福和国家繁荣富强精神的象征，是国家和人民纪念、缅怀英雄烈士的永久性纪念设施。

人民英雄纪念碑及其名称、碑题、碑文、浮雕、图形、标志等受法律保护。

第八条　县级以上人民政府应当将英雄

烈士纪念设施建设和保护纳入国民经济和社会发展规划、城乡规划，加强对英雄烈士纪念设施的保护和管理；对具有重要纪念意义、教育意义的英雄烈士纪念设施依照《中华人民共和国文物保护法》的规定，核定公布为文物保护单位。

中央财政对革命老区、民族地区、边疆地区、贫困地区英雄烈士纪念设施的修缮保护，应当按照国家规定予以补助。

第九条　英雄烈士纪念设施应当免费向社会开放，供公众瞻仰、悼念英雄烈士，开展纪念教育活动，告慰先烈英灵。

前款规定的纪念设施由军队有关单位管理的，按照军队有关规定实行开放。

第十条　英雄烈士纪念设施保护单位应当健全服务和管理工作规范，方便瞻仰、悼念英雄烈士，保持英雄烈士纪念设施庄严、肃穆、清净的环境和氛围。

任何组织和个人不得在英雄烈士纪念设施保护范围内从事有损纪念英雄烈士环境和氛围的活动，不得侵占英雄烈士纪念设施保护范围内的土地和设施，不得破坏、污损英雄烈士纪念设施。

第十一条　安葬英雄烈士时，县级以上人民政府、军队有关部门应当举行庄严、肃穆、文明、节俭的送迎、安葬仪式。

第十二条　国家建立健全英雄烈士祭扫制度和礼仪规范，引导公民庄严有序地开展祭扫活动。

县级以上人民政府有关部门应当为英雄烈士遗属祭扫提供便利。

第十三条　县级以上人民政府有关部门应当引导公民通过瞻仰英雄烈士纪念设施、集体宣誓、网上祭奠等形式，铭记英雄烈士的事迹，传承和弘扬英雄烈士的精神。

第十四条　英雄烈士在国外安葬的，中华人民共和国驻该国外交、领事代表机构应当结合驻在国实际情况组织开展祭扫活动。

国家通过与有关国家的合作，查找、收集英雄烈士遗骸、遗物和史料，加强对位于国外的英雄烈士纪念设施的修缮保护工作。

第十五条　国家鼓励和支持开展对英雄烈士事迹和精神的研究，以辩证唯物主义和历史唯物主义为指导认识和记述历史。

第十六条　各级人民政府、军队有关部门应当加强对英雄烈士遗物、史料的收集、保护和陈列展示工作，组织开展英雄烈士史料的研究、编纂和宣传工作。

国家鼓励和支持革命老区发挥当地资源优势，开展英雄烈士事迹和精神的研究、宣传和教育工作。

第十七条　教育行政部门应当以青少年学生为重点，将英雄烈士事迹和精神的宣传教育纳入国民教育体系。

教育行政部门、各级各类学校应当将英雄烈士事迹和精神纳入教育内容，组织开展纪念教育活动，加强对学生的爱国主义、集体主义、社会主义教育。

第十八条　文化、新闻出版、广播电视、电影、网信等部门应当鼓励和支持以英雄烈士事迹为题材、弘扬英雄烈士精神的优秀文学艺术作品、广播电视节目以及出版物的创作生产和宣传推广。

第十九条　广播电台、电视台、报刊出版单位、互联网信息服务提供者，应当通过播放或者刊登英雄烈士题材作品、发布公益广告、开设专栏等方式，广泛宣传英雄烈士事迹和精神。

第二十条　国家鼓励和支持自然人、法人和非法人组织以捐赠财产、义务宣讲英雄烈士事迹和精神、帮扶英雄烈士遗属等公益活动的方式，参与英雄烈士保护工作。

自然人、法人和非法人组织捐赠财产用于英雄烈士保护的，依法享受税收优惠。

第二十一条　国家实行英雄烈士抚恤优待制度。英雄烈士遗属按照国家规定享受教育、就业、养老、住房、医疗等方面的优待。抚恤优待水平应当与国民经济和社会发展相适应并逐步提高。

国务院有关部门、军队有关部门和地方

人民政府应当关心英雄烈士遗属的生活情况，每年定期走访慰问英雄烈士遗属。

第二十二条　禁止歪曲、丑化、亵渎、否定英雄烈士事迹和精神。

英雄烈士的姓名、肖像、名誉、荣誉受法律保护。任何组织和个人不得在公共场所、互联网或者利用广播电视、电影、出版物等，以侮辱、诽谤或者其他方式侵害英雄烈士的姓名、肖像、名誉、荣誉。任何组织和个人不得将英雄烈士的姓名、肖像用于或者变相用于商标、商业广告，损害英雄烈士的名誉、荣誉。

公安、文化、新闻出版、广播电视、电影、网信、市场监督管理、负责英雄烈士保护工作的部门发现前款规定行为的，应当依法及时处理。

第二十三条　网信和电信、公安等有关部门在对网络信息进行依法监督管理工作中，发现发布或者传输以侮辱、诽谤或者其他方式侵害英雄烈士的姓名、肖像、名誉、荣誉的信息的，应当要求网络运营者停止传输，采取消除等处置措施和其他必要措施；对来源于中华人民共和国境外的上述信息，应当通知有关机构采取技术措施和其他必要措施阻断传播。

网络运营者发现其用户发布前款规定的信息的，应当立即停止传输该信息，采取消除等处置措施，防止信息扩散，保存有关记录，并向有关主管部门报告。网络运营者未采取停止传输、消除等处置措施的，依照《中华人民共和国网络安全法》的规定处罚。

第二十四条　任何组织和个人有权对侵害英雄烈士合法权益和其他违反本法规定的行为，向负责英雄烈士保护工作的部门、网信、公安等有关部门举报，接到举报的部门应当依法及时处理。

第二十五条　对侵害英雄烈士的姓名、肖像、名誉、荣誉的行为，英雄烈士的近亲属可以依法向人民法院提起诉讼。

英雄烈士没有近亲属或者近亲属不提起诉讼的，检察机关依法对侵害英雄烈士的姓名、肖像、名誉、荣誉，损害社会公共利益的行为向人民法院提起诉讼。

负责英雄烈士保护工作的部门和其他有关部门在履行职责过程中发现第一款规定的行为，需要检察机关提起诉讼的，应当向检察机关报告。

英雄烈士近亲属依照第一款规定提起诉讼的，法律援助机构应当依法提供法律援助服务。

第二十六条　以侮辱、诽谤或者其他方式侵害英雄烈士的姓名、肖像、名誉、荣誉，损害社会公共利益的，依法承担民事责任；构成违反治安管理行为的，由公安机关依法给予治安管理处罚；构成犯罪的，依法追究刑事责任。

第二十七条　在英雄烈士纪念设施保护范围内从事有损纪念英雄烈士环境和氛围的活动的，纪念设施保护单位应当及时劝阻；不听劝阻的，由县级以上地方人民政府负责英雄烈士保护工作的部门、文物主管部门按照职责规定给予批评教育，责令改正；构成违反治安管理行为的，由公安机关依法给予治安管理处罚。

亵渎、否定英雄烈士事迹和精神，宣扬、美化侵略战争和侵略行为，寻衅滋事，扰乱公共秩序，构成违反治安管理行为的，由公安机关依法给予治安管理处罚；构成犯罪的，依法追究刑事责任。

第二十八条　侵占、破坏、污损英雄烈士纪念设施的，由县级以上人民政府负责英雄烈士保护工作的部门责令改正；造成损失的，依法承担民事责任；被侵占、破坏、污损的纪念设施属于文物保护单位的，依照《中华人民共和国文物保护法》的规定处罚；构成违反治安管理行为的，由公安机关依法给予治安管理处罚；构成犯罪的，依法追究刑事责任。

第二十九条　县级以上人民政府有关部门及其工作人员在英雄烈士保护工作中滥用职权、玩忽职守、徇私舞弊的，对直接负责的主管人员和其他直接责任人员，依法给予处分；构成犯罪的，依法追究刑事责任。

第三十条　本法自2018年5月1日起施行。

烈士褒扬条例

（2011年7月26日中华人民共和国国务院令第601号公布，根据2019年3月2日《国务院关于修改部分行政法规的决定》第一次修订，根据2019年8月1日《国务院关于修改〈烈士褒扬条例〉的决定》第二次修订，2024年9月27日中华人民共和国国务院令第791号第三次修订）

第一章　总　　则

第一条　为了弘扬烈士精神，抚恤优待烈士遗属，根据《中华人民共和国英雄烈士保护法》等有关法律，制定本条例。

第二条　公民在保卫祖国、社会主义建设以及促进世界和平和人类进步事业中英勇牺牲被评定为烈士的，依照本条例的规定予以褒扬。烈士的遗属，依照本条例的规定享受抚恤优待。

第三条　烈士褒扬工作坚持中国共产党的领导。

国家褒扬、纪念和保护烈士，维护烈士尊严荣誉，保障烈士遗属合法权益，宣传烈士事迹和精神，弘扬社会主义核心价值观，在全社会营造崇尚烈士、缅怀烈士、学习烈士、捍卫烈士、关爱烈士遗属的氛围。

第四条　国家对烈士遗属的抚恤优待应当与经济社会发展水平相适应，随经济社会的发展逐步提高。

烈士褒扬和烈士遗属抚恤优待经费列入预算，应当按照规定用途使用，接受财政部门、审计机关的监督。

第五条　全社会应当支持烈士褒扬工作，优待帮扶烈士遗属。

鼓励和支持社会力量为烈士褒扬和烈士遗属抚恤优待提供捐助。

第六条　国务院退役军人工作主管部门负责全国的烈士褒扬工作。县级以上地方人民政府退役军人工作主管部门负责本行政区域的烈士褒扬工作。

第七条　对在烈士褒扬工作中做出显著成绩的单位和个人，按照有关规定给予表彰、奖励。

第二章　烈士的评定

第八条　公民牺牲符合下列情形之一的，评定为烈士：

（一）在依法查处违法犯罪行为、执行国家安全工作任务、执行反恐怖任务、执行特勤警卫任务、执行突发事件应急处置与救援任务中牺牲的；

（二）抢险救灾或者其他为了抢救、保护国家财产、集体财产、公民生命财产牺牲的；

（三）在执行外交任务或者国家派遣的对外援助、维持国际和平、执法合作任务中牺牲的；

（四）在执行武器装备科研试验任务中牺牲的；

（五）其他牺牲情节特别突出，堪为楷模的。

军人牺牲，军队文职人员、预备役人员、民兵、民工以及其他人员因参战、执行作战支援保障任务、参加非战争军事行动、参加军事训练、执行军事勤务牺牲应当评定烈士的，依照《军人抚恤优待条例》的有关规定评定。

第九条 申报烈士，属于本条例第八条第一款第一项、第二项规定情形的，由死者生前所在工作单位、死者遗属或者事件发生地的组织、公民，向死者生前工作单位所在地、死者遗属户籍所在地或者事件发生地的县级人民政府退役军人工作主管部门提供有关死者牺牲情节等材料。收到材料的县级人民政府退役军人工作主管部门应当及时调查核实，提出评定烈士的报告，报本级人民政府。本级人民政府审核后逐级上报至省、自治区、直辖市人民政府审查评定。评定为烈士的，由省、自治区、直辖市人民政府送国务院退役军人工作主管部门复核。

属于本条例第八条第一款第三项、第四项规定情形的，由国务院有关部门提出评定烈士的报告，送国务院退役军人工作主管部门审查评定。

属于本条例第八条第一款第五项规定情形的，由死者生前所在工作单位、死者遗属或者事件发生地的组织、公民，向死者生前工作单位所在地、死者遗属户籍所在地或者事件发生地的县级人民政府退役军人工作主管部门提供有关死者牺牲情节等材料。收到材料的县级人民政府退役军人工作主管部门应当及时调查核实，提出评定烈士的报告，报本级人民政府。本级人民政府审核后逐级上报至省、自治区、直辖市人民政府，由省、自治区、直辖市人民政府审核后送国务院退役军人工作主管部门审查评定。

第十条 军队评定的烈士，由中央军事委员会政治工作部送国务院退役军人工作主管部门复核。

第十一条 国务院退役军人工作主管部门应当将复核结果告知烈士评定机关。通过复核的，由烈士评定机关向烈士遗属户籍所在地县级人民政府退役军人工作主管部门发送烈士评定通知书。

国务院退役军人工作主管部门评定的烈士，由其直接向烈士遗属户籍所在地县级人民政府退役军人工作主管部门发送烈士评定通知书。

第十二条 国务院退役军人工作主管部门负责将烈士名单呈报党和国家功勋荣誉表彰工作委员会。

烈士证书以党和国家功勋荣誉表彰工作委员会办公室名义制发。

第十三条 县级以上地方人民政府每年在烈士纪念日举行颁授仪式，向烈士遗属颁授烈士证书。

第十四条 有关组织、个人对烈士评定、复核结果有异议的，可以向烈士评定或者复核机关反映。接到反映的机关应当及时调查处理。

第三章 烈士褒扬金和烈士遗属的抚恤优待

第十五条 国家建立烈士褒扬金制度。烈士褒扬金标准为烈士牺牲时上一年度全国城镇居民人均可支配收入的 30 倍。战时，参战牺牲的烈士褒扬金标准可以适当提高。

烈士褒扬金由烈士证书持有人户籍所在地县级人民政府退役军人工作主管部门发给烈士的父母（抚养人）、配偶、子女；没有父母（抚养人）、配偶、子女的，发给烈士未满 18 周岁的兄弟姐妹和已满 18 周岁但无生活费来源且由烈士生前供养的兄弟姐妹。

第十六条 烈士遗属除享受本条例第十五条规定的烈士褒扬金外，属于《军人抚恤优待条例》以及相关规定适用范围的，还按照规定享受一次性抚恤金，标准为烈士牺牲时上一年度全国城镇居民人均可支配收入的20倍加烈士本人40个月的基本工资，由县级人民政府退役军人工作主管部门发放；属于《工伤保险条例》以及相关规定适用范围的，还按照规定享受一次性工亡补助金以及相当于烈士本人40个月基本工资的烈士遗属特别补助金，其中一次性工亡补助金按照《工伤保险条例》规定发放，烈士遗属特别补助金由县级人民政府退役军人工作主管部门发放。

不属于前款规定范围的烈士遗属，由县级人民政府退役军人工作主管部门发给一次性抚恤金，标准为烈士牺牲时上一年度全国城镇居民人均可支配收入的20倍加40个月的中国人民解放军少尉军官基本工资。

第十七条　符合下列条件之一的烈士遗属，还享受定期抚恤金：

（一）烈士的父母（抚养人）、配偶无劳动能力、无生活费来源，或者收入水平低于当地居民平均生活水平的；

（二）烈士的子女未满18周岁，或者已满18周岁但因残疾或者正在上学而无生活费来源的；

（三）由烈士生前供养的兄弟姐妹未满18周岁，或者已满18周岁但因正在上学而无生活费来源的。

符合前款规定条件享受定期抚恤金的烈士遗属，由其户籍所在地县级人民政府退役军人工作主管部门依据其申请，在审核确认其符合条件当月起发给定期抚恤金。

第十八条　定期抚恤金标准参照上一年度全国居民人均可支配收入水平确定。定期抚恤金的标准及其调整办法，由国务院退役军人工作主管部门会同国务院财政部门规定。

第十九条　烈士遗属享受定期抚恤金后生活仍有特殊困难的，由县级人民政府通过发放生活补助、按照规定给予临时救助或者其他方式帮助解决。

第二十条　烈士生前的配偶再婚后继续赡养烈士父母（抚养人），继续抚养烈士未满18周岁或者已满18周岁但无劳动能力、无生活费来源且由烈士生前供养的兄弟姐妹的，由其户籍所在地县级人民政府退役军人工作主管部门依据其申请，参照烈士遗属定期抚恤金的标准给予定期补助。

第二十一条　国家按照规定为居住在农村和城镇无工作单位且年满60周岁、在国家建立定期抚恤金制度时已满18周岁的烈士子女发放定期生活补助，由其户籍所在地县级人民政府退役军人工作主管部门依据其申请，在审核确认其符合条件当月起发放。

第二十二条　享受定期抚恤金、补助的烈士遗属户籍迁移的，应当同时办理定期抚恤金、补助转移手续。当年的定期抚恤金、补助由户籍迁出地县级人民政府退役军人工作主管部门发放，自次年1月起由户籍迁入地县级人民政府退役军人工作主管部门发放。

第二十三条　县级以上地方人民政府退役军人工作主管部门应当与有关部门加强协同配合、信息共享，比对人员信息、待遇领取等情况，每年对享受定期抚恤金、补助对象进行确认，及时协助符合本条例规定条件的烈士遗属办理领取定期抚恤金、补助等手续，对不再符合条件的，停发定期抚恤金、补助。

享受定期抚恤金、补助的烈士遗属死亡的，继续发放6个月其原享受的定期抚恤金、补助，作为丧葬补助费。

第二十四条　国家建立健全荣誉激励机制，褒扬彰显烈士家庭甘于牺牲奉献的精神。地方人民政府应当为烈士遗属家庭悬挂光荣牌，为烈士遗属发放优待证，邀请烈士遗属代表参加重大庆典、纪念活动。

第二十五条　国家建立健全烈士遗属关

爱帮扶制度。地方人民政府应当每年定期走访慰问、常态化联系烈士遗属，关心烈士遗属生活情况，为烈士遗属优先优惠提供定期体检、短期疗养、心理疏导、精神抚慰、法律援助、人文关怀等服务。对烈士未成年子女和无赡养人的烈士父母（抚养人）实行联系人制度，加强关爱照顾。

第二十六条　烈士遗属在军队医疗卫生机构和政府举办的医疗卫生机构按照规定享受相应的医疗优惠待遇，具体办法由国务院退役军人工作主管部门和中央军事委员会后勤保障部会同国务院财政、卫生健康、医疗保障等部门规定。

第二十七条　烈士的子女、兄弟姐妹本人自愿应征并且符合征兵条件的，优先批准其服现役；报考军队文职人员的，按照规定享受优待。烈士子女符合公务员考录条件的，在同等条件下优先录用为公务员。

烈士遗属符合就业条件的，由当地人民政府优先提供政策支持和就业服务，促进其实现稳定就业。烈士遗属已经就业，用人单位经济性裁员时，应当优先留用。烈士遗属从事经营活动的，享受国家和当地人民政府规定的优惠政策。

第二十八条　烈士子女接受学前教育和义务教育的，应当按照国家有关规定予以优待。烈士子女报考普通高中、中等职业学校的，按照当地政策享受录取等方面的优待；报考高等学校本、专科的，按照国家有关规定予以优待；报考研究生的，在同等条件下优先录取。在公办幼儿园和公办学校就读的，按照规定享受资助政策。

第二十九条　符合当地住房保障条件的烈士遗属承租、购买保障性住房的，县级以上地方人民政府有关部门应当给予优先照顾。居住在农村的烈士遗属住房有困难的，由当地人民政府帮助解决。

第三十条　烈士遗属凭优待证，乘坐境内运行的铁路旅客列车、轮船、长途客运班车和民航班机，享受购票、安检、候乘、通行等优先服务，随同出行的家属可以一同享受优先服务。鼓励地方人民政府为烈士遗属乘坐市内公共汽车、电车、轮渡和轨道交通工具提供优待服务，具体办法由当地人民政府规定。

烈士遗属参观游览图书馆、博物馆、美术馆、科技馆、纪念馆、体育场馆等公共文化设施和公园、展览馆、名胜古迹、景区等，按照规定享受优先优惠服务，具体办法由省、自治区、直辖市人民政府规定。

第三十一条　老年、残疾或者未满 16 周岁的烈士遗属，符合规定条件的可以根据本人意愿在光荣院、优抚医院集中供养。

各类社会福利机构应当优先接收烈士遗属，公办福利机构应当为烈士遗属提供优惠服务。

第四章　烈士纪念设施的保护和管理

第三十二条　按照国家有关规定修建的烈士陵园、纪念堂馆、纪念碑亭、纪念塔祠、纪念塑像、纪念广场和烈士骨灰堂、烈士墓、烈士英名墙等烈士纪念设施，受法律保护。

第三十三条　对烈士纪念设施实行分级保护，根据纪念意义、建设规模、保护状况等分为国家级烈士纪念设施、省级烈士纪念设施、设区的市级烈士纪念设施和县级烈士纪念设施。分级的具体标准由国务院退役军人工作主管部门规定。

国家级烈士纪念设施，由国务院退役军人工作主管部门报国务院批准后公布。

地方各级烈士纪念设施，由县级以上地方人民政府退役军人工作主管部门报本级人民政府批准后公布，并报上一级人民政府退役军人工作主管部门备案。

第三十四条　县级以上地方人民政府应当加强对烈士纪念设施的规划、建设、修缮、管理、维护，并将烈士纪念设施建设、修缮纳入国民经济和社会发展有关规划、国土空间规划等规划，确定烈士纪念设施保护单位，划定烈士纪念设施保护范围，设立保护标志，为安葬和纪念烈士提供良好的场所。

烈士纪念设施保护标志式样，由国务院退役军人工作主管部门规定。

第三十五条 烈士纪念设施的保护范围，应当根据烈士纪念设施的类别、规模、保护级别以及周围环境情况等划定，在烈士纪念设施边界外保持合理安全距离，确保烈士纪念设施周边环境庄严肃穆。

国家级烈士纪念设施的保护范围，由所在地省、自治区、直辖市人民政府划定，并由其退役军人工作主管部门报国务院退役军人工作主管部门备案。

地方各级烈士纪念设施的保护范围，由批准其保护级别的人民政府划定，并由其退役军人工作主管部门报上一级人民政府退役军人工作主管部门备案。

第三十六条 县级以上人民政府有关部门应当做好烈士纪念设施的保护和管理工作，严格履行新建、迁建、改扩建烈士纪念设施审批和改陈布展、讲解词审查程序，及时办理烈士纪念设施不动产登记，实行规范管理，提升烈士纪念设施管理效能。

未经批准，不得新建、迁建、改扩建烈士纪念设施。

第三十七条 烈士纪念设施应当免费向社会开放，供公众瞻仰、悼念烈士，开展纪念教育活动。

烈士纪念设施保护单位应当健全管理工作规范，维护纪念烈士活动的秩序，提高管理和服务水平。

第三十八条 烈士纪念设施保护单位应当搜集、整理、保管、陈列烈士遗物和事迹史料。属于文物的，依照有关法律、法规的规定予以保护。

第三十九条 烈士纪念设施保护单位应当根据事业发展和实际工作需要配备研究馆员和英烈讲解员，提高展陈和讲解人员专业素养，发挥红色资源优势，拓展宣传教育功能。

第四十条 烈士纪念设施名称应当严格按照批准保护级别时确定名称规范表述。

国家级烈士纪念设施确需更名的，由省、自治区、直辖市人民政府退役军人工作主管部门提出申请，经国务院退役军人工作主管部门批准后公布，并报国务院备案。

地方各级烈士纪念设施确需更名的，由省、自治区、直辖市人民政府退役军人工作主管部门批准后公布，并报本级人民政府和国务院退役军人工作主管部门备案。

第四十一条 任何组织和个人不得侵占烈士纪念设施保护范围内的土地和设施，不得以任何方式破坏、污损烈士纪念设施。

禁止在烈士纪念设施保护范围内进行其他工程建设。在烈士纪念设施保护范围周边进行工程建设，不得破坏烈士纪念设施的历史风貌，不得影响烈士纪念设施安全或者污染其环境。

第四十二条 任何组织和个人不得在烈士纪念设施保护范围内为烈士以外的其他人修建纪念设施或者安放骨灰、埋葬遗体。

第四十三条 任何组织和个人不得在烈士纪念设施保护范围内从事与纪念烈士无关或者有损烈士形象、有损纪念烈士环境和氛围的活动。

第四十四条 烈士在烈士陵园安葬。未在烈士陵园安葬的，县级以上地方人民政府退役军人工作主管部门征得烈士遗属同意，可以迁移到烈士陵园安葬，当地没有烈士陵园的，可以予以集中安葬。安葬烈士时，县级以上地方人民政府应当举行庄严、肃穆、文明、节俭的送迎、安葬仪式。

战时，参战牺牲烈士遗体收殓安葬工作由县级以上人民政府有关部门和军队有关部门负责，具体按照国家和军队有关规定办理。

第五章　烈士遗骸和遗物的保护

第四十五条　烈士遗骸、遗物受法律保护。

烈士遗物应当妥善保护、管理。

第四十六条　国务院退役军人工作主管部门会同有关部门制定烈士遗骸搜寻、发掘、鉴定整体工作规划和年度工作计划，有序组织实施烈士遗骸搜寻、发掘、鉴定工作，县级以上地方人民政府有关部门应当协同配合。

第四十七条　县级以上人民政府退役军人工作主管部门负责组织搜寻、发掘、鉴定烈士遗骸，有关组织和个人应当支持配合。

第四十八条　任何组织和个人发现疑似烈士遗骸时，应当及时报告当地县级人民政府退役军人工作主管部门。县级以上人民政府退役军人工作主管部门应当会同党史、公安、档案、文物、规划等有关部门，利用档案史料、现场遗物和技术鉴定比对等确定遗骸身份。对确定为烈士遗骸的，应当根据遗骸的现状、地点、环境等确定保护方式。

第四十九条　县级以上人民政府退役军人工作主管部门应当妥善保护烈士遗骸，按照规定安葬或者安放；对烈士遗物登记造册，妥善保管，有效运用；按照规定管理烈士遗骸的鉴定数据信息。

第五十条　鼓励支持有条件的教学科研机构、社会组织和其他社会力量有序参与烈士遗骸搜寻、发掘、鉴定和保护工作。

第五十一条　国家通过对外交流合作，搜寻查找在国外牺牲和失踪烈士的遗骸、遗物、史料信息，加强保护工作。

第五十二条　建立政府主导、社会协同、公民参与的工作机制，利用烈士遗骸搜寻鉴定成果和技术手段为烈士确认身份、寻找亲属。具体办法由国务院退役军人工作主管部门会同有关部门规定。

第六章　烈士事迹和精神的宣传弘扬

第五十三条　加强烈士事迹和精神的宣传、教育。各级人民政府应当把宣传、弘扬烈士事迹和精神作为社会主义精神文明建设的重要内容，加强爱国主义、集体主义、社会主义教育。

机关、团体、企业事业单位和其他组织应当采取多种形式纪念烈士，学习、宣传烈士事迹和精神。

第五十四条　县级以上人民政府应当在烈士纪念日举行烈士纪念活动，邀请烈士遗属代表参加。

在清明节和重要纪念日，机关、团体、企业事业单位和其他组织根据实际情况，组织开展烈士纪念活动。

第五十五条　教育行政部门应当以青少年学生为重点，将烈士事迹和精神宣传教育纳入国民教育体系。各级各类学校应当加强烈士事迹和精神教育，定期组织学生瞻仰烈士纪念设施。提倡青少年入队入团仪式、开学教育、主题团队日活动等在烈士纪念设施举行。

文化、新闻出版、广播电视、电影、网信等部门应当鼓励和支持以烈士事迹为题材、弘扬烈士精神的优秀文学艺术作品、广播电视和网络视听节目以及出版物的创作生产和宣传推广。

广播电台、电视台、报刊出版单位和网络视听平台以及其他互联网信息服务提供者应当通过播放或者刊登烈士题材作品、发布公益广告、开设专栏等方式，广泛宣传烈士事迹和精神。

第五十六条　建立健全烈士祭扫制度和礼仪规范，倡导网络祭扫、绿色祭扫，引导公民庄严有序开展祭扫纪念活动，鼓励社会力量积极参与烈士纪念设施保护、烈士事迹讲解、烈士纪念场所秩序维护等工作。

县级以上人民政府退役军人工作主管部

门应当为社会公众祭扫纪念活动提供便利，做好服务保障工作。烈士纪念设施所在地人民政府退役军人工作主管部门对前来祭扫的烈士遗属，应当做好接待服务工作。烈士遗属户籍所在地人民政府退役军人工作主管部门组织烈士遗属前往烈士纪念设施祭扫的，应当妥善安排，确保安全；对自行前往异地祭扫的烈士遗属按照规定给予补助。

第五十七条　地方人民政府应当组织收集、整理、展陈烈士遗物、史料，编纂烈士英名录，将烈士事迹载入地方志。县级以上地方人民政府退役军人工作主管部门应当会同有关部门做好烈士史料研究工作。

第七章　法律责任

第五十八条　县级以上地方人民政府和有关部门、单位及其工作人员有下列情形之一的，对负有责任的领导人员和直接责任人员依法给予处分：

（一）违反本条例规定评定、复核烈士或者审批抚恤优待的；

（二）不按照规定的标准、数额、对象审批或者发放烈士褒扬金或者抚恤金、补助的；

（三）不按照规定履行烈士纪念设施保护、管理职责的；

（四）利用职务便利谋取私利的；

（五）在烈士褒扬工作中滥用职权、玩忽职守、徇私舞弊的。

第五十九条　县级以上地方人民政府和有关部门、单位及其工作人员套取、挪用、贪污烈士褒扬和烈士遗属抚恤优待经费的，由上级主管部门责令退回、追回，对负有责任的领导人员和直接责任人员依法给予处分。

第六十条　负有烈士遗属优待义务的单位不履行优待义务的，由县级以上地方人民政府退役军人工作主管部门责令限期履行义务；逾期仍未履行的，处2万元以上5万元以下的罚款；对负有责任的领导人员和直接责任人员依法给予处分。

第六十一条　冒领烈士褒扬金、抚恤金、补助，出具虚假证明或者伪造证件、印章骗取烈士褒扬金或者抚恤金、补助的，由县级以上地方人民政府退役军人工作主管部门取消相关待遇、追缴违法所得，并由其所在单位或者有关部门依法给予处分。

第六十二条　烈士遗属因犯罪被判处有期徒刑、剥夺政治权利或者被通缉期间，中止其享受的抚恤和优待；被判处死刑、无期徒刑的，取消其抚恤优待资格。

烈士遗属有前款规定情形的，由省、自治区、直辖市人民政府退役军人工作主管部门按照国家有关规定中止或者取消其抚恤优待相关待遇，报国务院退役军人工作主管部门备案。

第六十三条　违反本条例规定，有下列行为之一的，由县级以上人民政府退役军人工作主管部门责令改正，恢复原状、原貌；造成损失的，依法承担民事责任：

（一）未经批准新建、迁建、改扩建烈士纪念设施的；

（二）非法侵占烈士纪念设施保护范围内的土地、设施的；

（三）破坏、污损烈士纪念设施的；

（四）在烈士纪念设施保护范围内进行其他工程建设的；

（五）在烈士纪念设施保护范围内为烈士以外的其他人修建纪念设施、安放骨灰、埋葬遗体的。

第六十四条　在烈士纪念设施保护范围内从事与纪念烈士无关或者有损烈士形象、有损纪念烈士环境和氛围的活动的，烈士纪念设施保护单位应当及时劝阻；不听劝阻的，由县级以上地方人民政府退役军人工作主管部门给予批评教育，责令改正。

第六十五条　擅自发掘、鉴定、处置烈士遗骸，或者利用烈士遗物损害烈士尊严和合法权益的，由县级以上地方人民政府退役军人工作主管部门责令停止相关行为。

第六十六条 违反本条例规定，构成违反治安管理行为的，依法给予治安管理处罚；构成犯罪的，依法追究刑事责任。

第八章 附 则

第六十七条 本条例所称战时，按照国家和军队有关规定执行。

国家综合性消防救援队伍人员在执行任务中牺牲应当评定烈士的，按照国家有关规定执行。

第六十八条 烈士证书、烈士评定通知书由国务院退役军人工作主管部门印制。

第六十九条 位于国外的烈士纪念设施的保护，由国务院退役军人工作主管部门会同外交部等有关部门办理。烈士在国外安葬的，由中华人民共和国驻该国外交、领事代表机构结合驻在国实际情况组织开展祭扫活动。

第七十条 本条例自2025年1月1日起施行。

烈士纪念设施保护管理办法

（2013年6月27日民政部令第47号公布，
2022年1月24日退役军人事务部令第6号修订）

第一章 总 则

第一条 为加强烈士纪念设施保护管理，传承弘扬英烈精神和爱国主义精神，更好发挥烈士纪念设施褒扬英烈、教育后人的红色资源作用，根据《中华人民共和国英雄烈士保护法》、《烈士褒扬条例》和国家有关规定，制定本办法。

第二条 本办法所称烈士纪念设施，是指在中华人民共和国境内按照国家有关规定为纪念缅怀英烈专门修建的烈士陵园、烈士墓、烈士骨灰堂、烈士英名墙、纪念堂馆、纪念碑亭、纪念塔祠、纪念塑像、纪念广场等设施。

第三条 烈士纪念设施应当按照基础设施完备、保护状况优良、机构制度健全、服务管理规范、功能发挥显著的要求，加强保护管理工作。

第四条 国务院退役军人工作主管部门负责指导全国烈士纪念设施的保护管理工作。县级以上地方人民政府退役军人工作主管部门负责本行政区域烈士纪念设施的保护管理工作。

第五条 烈士纪念设施应当由县级以上人民政府退役军人工作主管部门报请同级人民政府确定保护单位，具体负责烈士纪念设施保护管理工作，加强工作力量，明确管理责任。不能确定保护单位的，应当由县级以上人民政府退役军人工作主管部门报请同级人民政府明确管理单位进行保护管理。

第六条 县级以上人民政府退役军人工作主管部门会同财政、发展改革等部门安排烈士纪念设施保护管理和维修改造经费，用于烈士纪念设施维修改造、设备更新、环境整治、展陈宣传和祭扫纪念活动等工作，接受财政、审计部门和社会监督。

第二章 分级保护

第七条 国家对烈士纪念设施实行分级保护，根据其纪念意义、建设规模、保护状况等可分别确定为：

（一）国家级烈士纪念设施；

（二）省级烈士纪念设施；

（三）设区的市级烈士纪念设施；

（四）县级烈士纪念设施。

未确定保护级别的烈士纪念设施由所在地县级人民政府退役军人工作主管部门进行保护管理或者委托有关单位、组织或者个人进行保护管理。对于零散烈士墓应当集中迁移保护，确不具备集中保护条件的，应当明确保护力量和管理责任。

第八条　符合下列基本条件之一的烈士纪念设施，可以申报国家级烈士纪念设施：

（一）为纪念在中国革命、建设、改革等各个历史时期的重大事件、重要战役和主要革命根据地斗争中牺牲的烈士而修建的烈士纪念设施；

（二）为纪念在全国有重要影响的著名烈士而修建的烈士纪念设施；

（三）位于革命老区、民族地区的规模较大的烈士纪念设施；

（四）为纪念为中国革命斗争牺牲的知名国际友人而修建的纪念设施；

（五）规模较大、基础设施完备、规划建设特色明显，具有全国性知名度或较强区域影响力的其他烈士纪念设施。

地方各级烈士纪念设施的申报条件，由同级人民政府退役军人工作主管部门制定，报上一级人民政府退役军人工作主管部门备案。

第九条　申报国家级烈士纪念设施，由省级人民政府退役军人工作主管部门提出申请，经国务院退役军人工作主管部门审核，报国务院批准后公布。

申报地方各级烈士纪念设施，由拟核定其保护级别的县级以上人民政府退役军人工作主管部门向本级人民政府提出申请，经本级人民政府批准后公布，并在公布后二十个工作日内报上一级人民政府退役军人工作主管部门备案。

第十条　申报烈士纪念设施保护级别，应提供以下材料：

（一）烈士纪念设施基本情况；

（二）烈士纪念设施保护单位或者管理单位情况；

（三）烈士纪念设施建设批准相关材料；

（四）烈士纪念设施建设规划平面图；

（五）土地使用权属（不动产权属）和保护范围证明；

（六）主要纪念设施的现状照片；

（七）需要提供的其他资料。

第十一条　烈士纪念设施应当设立保护标志，由公布其保护级别的县级以上人民政府退役军人工作主管部门负责设立。

烈士纪念设施保护标志式样，由国务院退役军人工作主管部门统一制定。

第三章　规划建设

第十二条　烈士纪念设施应当纳入当地国民经济和社会发展规划等相关规划，发挥好爱国主义教育基地、国防教育基地作用。

第十三条　烈士纪念设施保护单位和管理单位应当向所在地不动产登记机构申请办理不动产登记，确认烈士纪念设施不动产权属。

第十四条　烈士纪念设施保护或管理单位的上级主管部门应当根据烈士纪念设施的类别、规模、保护级别以及周边环境等情况，提出划定烈士纪念设施保护范围的方案，报同级人民政府批准后公布，并报上一级人民政府退役军人工作主管部门备案。

第十五条　新建、迁建、改扩建烈士纪念设施应当从严控制，未经批准不得建设。对于反映同一历史人物、同一历史事件，已建烈士纪念设施的，原则上不得重复建设。

涉及重大革命历史题材、已故领导同志、已故著名党史人物、已故著名党外人士、已故近代名人的烈士纪念设施的新建、迁建、改扩建，应当按规定逐级上报，经党中央、国务院批准后实施。

不涉及以上内容的，应当由所在地县级以上人民政府退役军人工作主管部门提出申请，经核定其保护级别的县级以上人民政府退役军人工作主管部门审核并报同级人民政府批准后实施。

第十六条 新建、迁建、改扩建烈士纪念设施应当提出书面申请，申请材料包括项目名称、建设理由、建设内容、展陈内容、占地面积、建筑面积、用地性质、投资估算、资金来源等内容，并依法依规办理相关审批手续。新建烈士纪念设施的，应当同时提交申报保护级别文件。

第十七条 烈士纪念设施名称应当严格按照核定保护级别时确定名称规范表述。

地方各级烈士纪念设施确需更名的，应由省级人民政府退役军人工作主管部门批准后公布，并报同级人民政府和国务院退役军人工作主管部门备案。

国家级烈士纪念设施确需更名的，由省级人民政府退役军人工作主管部门提出申请，经国务院退役军人工作主管部门批准后公布，并报国务院备案。

第四章 维护利用

第十八条 烈士纪念设施保护单位和管理单位应当保证设施设备外观完整、题词碑文字迹清晰，保持庄严、肃穆、清净的环境和氛围，为社会公众提供良好的瞻仰和教育场所。

第十九条 烈士纪念设施应当免费向社会开放。

第二十条 烈士纪念设施保护单位和管理单位应当按照国家有关规定，加强对烈士纪念设施中文物和历史建筑物的保护管理。

对属于不可移动文物的烈士纪念设施，依据文物保护法律法规划定保护范围和建设控制地带，并按照文物保护标准做好相关防护措施；对可移动文物，应当设立专门库房，分级建档，妥善保管。

第二十一条 烈士纪念设施保护单位和管理单位应当开展英烈史料的收集整理、事迹编纂和陈列展示工作，挖掘研究英烈事迹和精神。

第二十二条 烈士纪念设施保护单位和管理单位应当及时更新优化展陈，在保持基本陈列相对稳定的前提下，及时补充完善体现时代精神和新史料新成果的展陈内容，经审批可每 5 年进行一次局部改陈布展，每 10 年进行一次全面改陈布展。

地方各级烈士纪念设施改陈布展，由县级以上人民政府退役军人工作主管部门提出申请，基本陈列改陈布展大纲和版式稿经核定其保护级别的县级以上人民政府退役军人工作主管部门商有关部门审定。

国家级烈士纪念设施改陈布展，由省级人民政府退役军人工作主管部门报国务院退役军人工作主管部门审定。

第二十三条 县级以上人民政府退役军人工作主管部门应当会同相关部门建立解说词研究审查制度，切实把好政治关、史实关，增强讲解的准确性、完整性和权威性。

第二十四条 烈士纪念设施保护单位和管理单位应当协助配合机关、团体、乡村、社区、学校、企事业单位和军队有关单位开展烈士纪念日公祭活动和其他纪念活动，维护活动秩序，提高服务水平。

第二十五条 烈士纪念设施保护单位和管理单位应当为烈士亲属和社会公众日常祭扫和瞻仰活动提供便利，创新服务方式，做好保障工作，推行文明绿色生态祭扫。

烈士纪念设施保护单位和管理单位应当配合接待异地祭扫的县级以上人民政府退役军人工作主管部门妥善安排祭扫活动，按照国家有关规定为自行前往异地祭扫的烈士亲属提供服务保障。

第二十六条 县级以上人民政府退役军

人工作主管部门应当指导烈士纪念设施保护单位和管理单位充分发挥红色资源优势，拓展宣传教育功能，扩大社会影响力。

烈士纪念设施保护单位和管理单位应当加强网络宣传教育，通过开设网站和利用新媒体平台，为社会公众提供网上祭扫和学习教育平台，宣传英烈事迹，弘扬英烈精神。

第五章　组织管理

第二十七条　烈士纪念设施保护单位和管理单位应当健全服务和管理工作规范，完善内部规章制度，提高管理和服务水平。

第二十八条　县级以上人民政府退役军人工作主管部门应当加强对烈士纪念设施保护管理工作的监督考核。

省级人民政府退役军人工作主管部门应当会同有关部门每4年对本地区烈士纪念设施进行一次排查，建立排查档案。对保护不力、管理不善、作用发挥不充分的烈士纪念设施保护单位或管理单位进行通报批评，限期整改；情节严重的，依法依规追究责任。

第二十九条　烈士纪念设施保护单位和管理单位应当根据事业发展和实际工作需要科学合理设置岗位，明确岗位职责，定期组织业务培训和学习交流。

烈士纪念设施保护单位应当配备研究馆员和英烈讲解员，并注重提高其专业素养，也可采取利用志愿者力量、购买服务等方式组织具有相关专业知识的人员和机构提供研究和讲解服务。

第三十条　鼓励支持自然人、法人和非法人组织以捐赠财产等方式，参与烈士纪念设施保护管理工作。自然人、法人和非法人组织捐赠财产用于烈士纪念设施保护管理活动的，依法享受税收优惠。

县级以上人民政府退役军人工作主管部门应当会同文物部门指导烈士纪念设施保护单位和管理单位妥善保管捐赠的革命文物、烈士遗物等物品，建立健全捐赠档案，对捐赠的单位和个人按照国家有关规定给予精神鼓励或者物质奖励。

第三十一条　县级以上人民政府退役军人工作主管部门可通过政府购买服务等方式加强烈士纪念设施保护管理工作力量。

烈士纪念设施保护单位和管理单位可以设立志愿服务站点，招募志愿者开展志愿服务，鼓励退役军人、烈士亲属、机关干部、专家学者和青年学生到烈士纪念设施担任义务讲解员、红色宣讲员、文明引导员，参与设施保护、讲解宣讲和秩序维护等工作。

第六章　责任追究

第三十二条　烈士纪念设施保护范围内的土地和设施受法律保护，任何组织和个人不得在烈士纪念设施保护范围内从事与纪念英烈无关或者有损纪念英烈环境和氛围的活动，不得侵占烈士纪念设施保护范围内的土地和设施，不得破坏、污损烈士纪念设施。

第三十三条　在烈士纪念设施保护范围内从事有损纪念英烈环境和氛围活动的，烈士纪念设施保护单位和管理单位应当及时劝阻；不听劝阻的，由县级以上人民政府退役军人工作主管部门会同有关部门按照职责规定给予批评教育，责令改正。

第三十四条　非法侵占烈士纪念设施保护范围内的土地、设施，破坏、污损烈士纪念设施，或者在烈士纪念设施保护范围内为不符合安葬条件的人员修建纪念设施、安葬或安放骨灰或者遗体的，由所在地县级以上人民政府退役军人工作主管部门责令改正，恢复原状、原貌；造成损失的，依法承担民事责任。

第三十五条　烈士纪念设施保护单位和管理单位及其主管部门工作人员有下列行为之一的，由上级人民政府退役军人工作主管部门对其直接负责的责任人和其他主管人员进行批评教育，责令改正；情节严重的，依法依规追究责任：

（一）滥用职权、玩忽职守、徇私舞弊，造成烈士纪念设施、史料遗物遭受损失的；

（二）贪污、挪用烈士纪念设施保护管理经费的；

（三）未经批准擅自新建、迁建、改扩建烈士纪念设施的；

（四）其他违反相关法律法规行为的。

第三十六条 违反本办法规定，构成违反治安管理行为的，依法给予治安管理处罚；构成犯罪的，依法追究刑事责任。

第七章 附 则

第三十七条 本办法自2022年3月1日起施行。

烈士公祭办法

（2014年3月31日民政部令第52号公布，2023年3月31日退役军人事务部令第9号修订）

第一条 为了缅怀纪念烈士，传承和弘扬烈士精神，做好烈士公祭工作，根据有关法律法规和国家有关规定，制定本办法。

第二条 烈士公祭是国家缅怀纪念为争取民族独立和人民解放、实现国家富强和人民幸福、促进世界和平和人类进步而毕生奋斗、英勇牺牲的烈士的活动。

第三条 在清明节、国庆节或者烈士纪念日等重大庆典日、重要纪念日，县级以上地方人民政府在本行政区域内举行的烈士公祭活动，适用本办法。

烈士公祭活动应当庄严、肃穆、隆重、节俭。

第四条 举行烈士公祭活动，由县级以上地方人民政府退役军人工作主管部门提出建议和方案，报请同级人民政府组织实施。

第五条 烈士公祭活动应当在烈士纪念场所举行。

上级地方人民政府与下级地方人民政府在同一烈士纪念场所举行烈士公祭活动，应当合并进行。

第六条 烈士公祭活动方案应当包括以下内容：

（一）烈士公祭活动时间、地点；

（二）参加烈士公祭活动人员及其现场站位和着装要求；

（三）烈士公祭仪式仪程；

（四）烈士公祭活动的组织协调、宣传报道、交通和安全警卫、医疗保障、经费保障、礼兵仪仗、天气预报、现场布置和物品器材准备等事项的分工负责单位及负责人。

第七条 烈士公祭活动应当安排党、政、军和人民团体负责人参加，组织烈士遗属代表、老战士和退役军人代表、学校师生代表、各界干部群众代表、军队人员代表等参加。

第八条 参加烈士公祭活动人员着装应当庄重得体，可以按照规定穿着制式服装，佩戴获得的荣誉勋章、奖章、纪念章等。

第九条 烈士公祭活动现场应当标明肃穆区域，设置肃穆提醒标志。

在肃穆区域内，应当言行庄重，不得喧哗。

第十条 烈士公祭仪式由组织活动的地方人民政府或者其退役军人工作主管部门的负责人主持。

烈士公祭仪式不设主席台，参加烈士公祭仪式人员应当面向烈士纪念碑（塔）等设施肃立。

第十一条 烈士公祭仪式一般应当按照下列程序进行：

（一）礼兵就位；

（二）主持人向烈士纪念碑（塔）等设

施行鞠躬礼，宣布烈士公祭仪式开始；

（三）奏唱《中华人民共和国国歌》；

（四）宣读祭文；

（五）少先队员献唱《我们是共产主义接班人》；

（六）向烈士敬献花篮或者花圈，奏《献花曲》；

（七）整理缎带或者挽联；

（八）向烈士行三鞠躬礼；

（九）瞻仰烈士纪念碑（塔）等设施。

向烈士行三鞠躬礼后可以邀请参加活动的代表发言。

第十二条　在国庆节或者烈士纪念日等重大庆典日、重要纪念日进行烈士公祭的，可以采取向烈士纪念碑（塔）等设施敬献花篮的仪式，按照下列程序进行：

（一）礼兵就位；

（二）主持人向烈士纪念碑（塔）等设施行鞠躬礼，宣布敬献花篮仪式开始；

（三）奏唱《中华人民共和国国歌》；

（四）全体人员向烈士默哀；

（五）少先队员献唱《我们是共产主义接班人》；

（六）向烈士敬献花篮，奏《献花曲》；

（七）整理缎带；

（八）瞻仰烈士纪念碑（塔）等设施。

第十三条　烈士公祭仪式中的礼兵仪仗、花篮花圈护送由组织活动的地方人民政府协调当地驻军有关部门负责安排解放军或者武警部队官兵担任。

烈士公祭仪式可以安排军乐队或者其他乐队演奏乐曲，也可以播放音乐。

第十四条　烈士公祭活动的花篮或者花圈由党、政、军、人民团体及各界群众等敬献。

花篮的缎带或者花圈的挽联为红底黄字，上联书写烈士永垂不朽，下联书写敬献单位或个人。

整理缎带或者挽联按照先整理上联、后整理下联的顺序，双手整理。

默哀时应当脱帽，时间一般不少于一分钟。

瞻仰烈士纪念设施时一般按照顺时针方向绕行一周，活动人数较多的，也可以分别按顺时针或者逆时针方向绕行半周。

第十五条　县级以上地方人民政府在组织烈士公祭活动时，可以根据实际情况，引导公民通过观看烈士公祭活动直播、瞻仰烈士纪念设施、集体宣誓等，铭记烈士事迹，传承和弘扬烈士精神。

各级各类学校应当组织学生以适当方式参加烈士公祭，加强爱国主义、集体主义、社会主义教育。

第十六条　烈士纪念设施保护单位应当结合烈士公祭活动，采取多种形式广泛宣讲烈士英雄事迹和相关重大历史事件，配合有关单位开展爱国主义、集体主义、社会主义教育和其他主题教育活动。

第十七条　烈士纪念设施保护单位应当创新工作方式方法，健全服务和管理工作规范，保持烈士纪念场所庄严、肃穆、清净的环境和气氛，做好服务接待工作；可以按照庄严、有序、便捷的原则组织开展网上祭奠活动，方便广大人民群众瞻仰、悼念烈士。

第十八条　单位、个人在烈士纪念设施保护范围内组织开展缅怀纪念活动，应当文明有序，遵守有关祭扫礼仪规范，并接受烈士纪念设施保护单位管理。

单位组织开展集体缅怀纪念活动，可以参照本办法第十一条规定程序进行，也可以根据实际情况简化程序。

第十九条　对影响烈士公祭活动的，或者在烈士纪念设施保护范围内从事有损纪念烈士环境和气氛的活动的，烈士纪念设施保护单位应当及时劝阻；不听劝阻的，由县级以上地方人民政府退役军人工作主管部门按照职责规定给予批评教育，责令改正。

第二十条　任何单位和个人不得利用烈士公祭从事商业活动。

第二十一条　违反本办法规定，构成违反治安管理行为的，依法给予治安管理处罚；构成犯罪的，依法追究刑事责任。

第二十二条　对安葬在国外的烈士，驻外使领馆应当结合驻在国实际情况，参照本办法规定组织开展烈士公祭等祭扫纪念活动。

第二十三条　本办法自2023年5月1日起施行。

烈士安葬办法

（2013年4月3日民政部令第46号公布，2022年11月30日退役军人事务部令第8号修订）

第一条　为了褒扬和尊崇烈士，做好烈士安葬工作，根据《中华人民共和国英雄烈士保护法》、《烈士褒扬条例》等法律法规，制定本办法。

第二条　烈士应当在烈士陵园或者烈士集中安葬墓区安葬。

烈士陵园、烈士集中安葬墓区是国家建立的专门安葬、纪念、宣传烈士的重要场所，受法律保护。

第三条　确定烈士安葬地和安排烈士安葬活动，应当征求烈士遗属意见。

烈士可以在牺牲地、生前户籍所在地、遗属户籍所在地或者生前工作单位所在地安葬。烈士安葬地确定后，就近在安葬地的烈士陵园或者烈士集中安葬墓区安葬烈士。

第四条　烈士骨灰盒或者灵柩应当覆盖中华人民共和国国旗。需要覆盖中国共产党党旗或者中国人民解放军军旗的，按照有关规定执行。

国旗、党旗、军旗不能同时覆盖，不得随遗体火化或者随骨灰盒、灵柩掩埋，安葬后由安葬地烈士纪念设施保护单位保存，也可以赠送给烈士遗属留作纪念。

第五条　运送烈士骨灰或者遗体（骸），由烈士牺牲地、烈士安葬地县级以上地方人民政府共同安排，并举行送迎仪式。

送迎工作方案由烈士牺牲地、烈士安葬地县级以上地方人民政府退役军人工作主管部门商相关部门制定并报同级人民政府批准后实施。

送迎仪式一般按下列程序进行：

（一）仪式开始；

（二）整理烈士灵柩（骨灰盒）并覆盖国旗（或者党旗、军旗）；

（三）奏国歌；

（四）向烈士默哀；

（五）起灵；

（六）仪式结束。

烈士生前为现役军人的，烈士骨灰或者遗体（骸）运送任务可由烈士牺牲地县级以上地方人民政府会同军队有关单位承担。

第六条　烈士安葬地县级以上地方人民政府应当举行庄严、肃穆、文明、节俭的烈士安葬仪式。

烈士安葬仪式应当邀请当地党委、政府和有关部门负责同志，烈士遗属代表、烈士生前所在单位代表，机关、团体、学校、企业事业单位、社会组织、军队等有关单位代表和退役军人代表参加。

烈士安葬仪式可以邀请解放军、武警部队官兵或者人民警察承担礼兵仪仗、花篮护送等任务；可以邀请军乐队或者其他乐队演奏乐曲，也可以播放音乐。

第七条　烈士安葬仪式一般按下列程序进行：

（一）仪式开始；

（二）礼迎烈士；

（三）奏国歌；

（四）宣读烈士评定文件、烈士生平事

迹并致悼词或者祭文；

（五）向烈士默哀；

（六）安葬烈士骨灰或者遗体（骸）；

（七）向烈士敬献花篮（花圈）；

（八）仪式结束。

第八条　安葬烈士的方式包括：

（一）将烈士骨灰安葬于烈士墓区或者烈士骨灰堂；

（二）将烈士遗体（骸）安葬于烈士墓区；

（三）其他安葬方式。

安葬烈士应当遵守国家殡葬管理有关规定，尊重少数民族的丧葬习俗，倡导绿色、节地、生态安葬方式。

第九条　烈士墓穴、骨灰安放格位，由烈士纪念设施保护单位按照规定确定。

第十条　安葬烈士骨灰的墓穴面积一般不超过1平方米。允许土葬的地区，安葬烈士遗体（骸）的墓穴面积一般不超过4平方米。

第十一条　烈士墓碑碑文或者骨灰盒标识牌文字应当经烈士安葬地县级以上地方人民政府退役军人工作主管部门审定，内容应当包括烈士姓名、性别、民族、籍贯、出生年月、牺牲时间、单位、职务、简要事迹等基本信息，落款一般为安葬地县级以上地方人民政府。

第十二条　烈士墓区应当规划科学、布局合理，环境整洁、肃穆。烈士墓和烈士骨灰存放设施应当形制统一、用料优良，确保施工建设质量。

第十三条　烈士陵园、烈士集中安葬墓区的保护单位应当向烈士遗属发放烈士安葬证明书，载明烈士姓名、安葬时间和安葬地点等。没有烈士遗属的，应当将烈士安葬情况向烈士生前户籍所在地县级人民政府退役军人工作主管部门备案。

烈士生前有工作单位的，应当将安葬情况向烈士生前所在单位通报。

第十四条　烈士在烈士陵园或者烈士集中安葬墓区安葬后，原则上不迁葬。

对未在烈士陵园或者烈士集中安葬墓区安葬的零散烈士墓，县级以上地方人民政府退役军人工作主管部门应当根据实际情况并征得烈士遗属同意，就近迁入烈士陵园或者烈士集中安葬墓区。

第十五条　在生产生活或者相关工作中发现、发掘的疑似烈士遗骸，按照有关规定，经鉴定确认为烈士遗骸的，应当就近在烈士陵园或者烈士集中安葬墓区及时妥善安葬；已确认身份的，应当及时通知其亲属并邀请出席安葬仪式。

第十六条　烈士牺牲后无法搜寻到遗体（骸）、无法查找到安葬地或者安葬地在境外的，可在烈士牺牲地、生前户籍所在地或者遗属户籍所在地烈士陵园、烈士集中安葬墓区英名墙，纪念相关战役（战争）烈士陵园英名墙等设施镌刻烈士姓名予以纪念，但不得在烈士陵园或者烈士集中安葬墓区建造衣冠冢或者空墓。

第十七条　烈士陵园、烈士集中安葬墓区的保护单位应当建立烈士安葬信息档案，及时收集、整理、陈列有纪念意义的烈士遗物、事迹资料，烈士遗属、有关单位和个人应当予以配合。

第十八条　在烈士纪念日等重要纪念日和节日时，机关、团体、学校、企业事业单位和军队有关单位应当组织开展烈士纪念活动，祭奠缅怀烈士，弘扬英烈精神。

烈士陵园、烈士集中安葬墓区的保护单位及所在地人民政府退役军人工作主管部门对前来祭扫的烈士遗属和社会群众，应当做好接待服务工作。

第十九条　鼓励和支持社会殡仪专业服务机构等社会力量为烈士安葬提供专业化、规范化服务。

第二十条　战时牺牲人员遗体收殓安葬、在境外搜寻发掘的烈士遗骸归国安葬按照有关规定执行。

第二十一条　本办法自2023年2月1日起施行。

最高人民法院关于确定民事侵权精神损害赔偿责任若干问题的解释

（2001 年 2 月 26 日最高人民法院审判委员会第 1161 次会议通过，根据 2020 年 12 月 23 日最高人民法院审判委员会第 1823 次会议通过的《最高人民法院关于修改〈最高人民法院关于在民事审判工作中适用《中华人民共和国工会法》若干问题的解释〉等二十七件民事类司法解释的决定》修正）

为在审理民事侵权案件中正确确定精神损害赔偿责任，根据《中华人民共和国民法典》等有关法律规定，结合审判实践，制定本解释。

第一条　因人身权益或者具有人身意义的特定物受到侵害，自然人或者其近亲属向人民法院提起诉讼请求精神损害赔偿的，人民法院应当依法予以受理。

第二条　非法使被监护人脱离监护，导致亲子关系或者近亲属间的亲属关系遭受严重损害，监护人向人民法院起诉请求赔偿精神损害的，人民法院应当依法予以受理。

第三条　死者的姓名、肖像、名誉、荣誉、隐私、遗体、遗骨等受到侵害，其近亲属向人民法院提起诉讼请求精神损害赔偿的，人民法院应当依法予以支持。

第四条　法人或者非法人组织以名誉权、荣誉权、名称权遭受侵害为由，向人民法院起诉请求精神损害赔偿的，人民法院不予支持。

第五条　精神损害的赔偿数额根据以下因素确定：

（一）侵权人的过错程度，但是法律另有规定的除外；

（二）侵权行为的目的、方式、场合等具体情节；

（三）侵权行为所造成的后果；

（四）侵权人的获利情况；

（五）侵权人承担责任的经济能力；

（六）受理诉讼法院所在地的平均生活水平。

第六条　在本解释公布施行之前已经生效施行的司法解释，其内容有与本解释不一致的，以本解释为准。

七、安全生产类规范

（一）综　　合

中华人民共和国安全生产法

（2002年6月29日第九届全国人民代表大会常务委员会第二十八次会议通过，根据2009年8月27日第十一届全国人民代表大会常务委员会第十次会议《关于修改部分法律的决定》第一次修正，根据2014年8月31日第十二届全国人民代表大会常务委员会第十次会议《关于修改〈中华人民共和国安全生产法〉的决定》第二次修正，根据2021年6月10日第十三届全国人民代表大会常务委员会第二十九次会议《关于修改〈中华人民共和国安全生产法〉的决定》第三次修正）

第一章　总　　则

第一条　为了加强安全生产工作，防止和减少生产安全事故，保障人民群众生命和财产安全，促进经济社会持续健康发展，制定本法。

第二条　在中华人民共和国领域内从事生产经营活动的单位（以下统称生产经营单位）的安全生产，适用本法；有关法律、行政法规对消防安全和道路交通安全、铁路交通安全、水上交通安全、民用航空安全以及核与辐射安全、特种设备安全另有规定的，适用其规定。

第三条　安全生产工作坚持中国共产党的领导。

安全生产工作应当以人为本，坚持人民至上、生命至上，把保护人民生命安全摆在首位，树牢安全发展理念，坚持安全第一、预防为主、综合治理的方针，从源头上防范化解重大安全风险。

安全生产工作实行管行业必须管安全、管业务必须管安全、管生产经营必须管安全，强化和落实生产经营单位主体责任与政府监管责任，建立生产经营单位负责、职工参与、政府监管、行业自律和社会监督的机制。

第四条　生产经营单位必须遵守本法和其他有关安全生产的法律、法规，加强安全生产管理，建立健全全员安全生产责任制和安全生产规章制度，加大对安全生产资金、物资、技术、人员的投入保障力度，改善安全生产条件，加强安全生产标准化、信息化建设，构建安全风险分级管控和隐患排查治理双重预防机制，健全风险防范化解机制，提高安全生产水平，确保安全生产。

平台经济等新兴行业、领域的生产经营单位应当根据本行业、领域的特点，建立健全并落实全员安全生产责任制，加强从业人员安全生产教育和培训，履行本法和其他法律、法规规定的有关安全生产义务。

第五条 生产经营单位的主要负责人是本单位安全生产第一责任人，对本单位的安全生产工作全面负责。其他负责人对职责范围内的安全生产工作负责。

第六条 生产经营单位的从业人员有依法获得安全生产保障的权利，并应当依法履行安全生产方面的义务。

第七条 工会依法对安全生产工作进行监督。

生产经营单位的工会依法组织职工参加本单位安全生产工作的民主管理和民主监督，维护职工在安全生产方面的合法权益。生产经营单位制定或者修改有关安全生产的规章制度，应当听取工会的意见。

第八条 国务院和县级以上地方各级人民政府应当根据国民经济和社会发展规划制定安全生产规划，并组织实施。安全生产规划应当与国土空间规划等相关规划相衔接。

各级人民政府应当加强安全生产基础设施建设和安全生产监管能力建设，所需经费列入本级预算。

县级以上地方各级人民政府应当组织有关部门建立完善安全风险评估与论证机制，按照安全风险管控要求，进行产业规划和空间布局，并对位置相邻、行业相近、业态相似的生产经营单位实施重大安全风险联防联控。

第九条 国务院和县级以上地方各级人民政府应当加强对安全生产工作的领导，建立健全安全生产工作协调机制，支持、督促各有关部门依法履行安全生产监督管理职责，及时协调、解决安全生产监督管理中存在的重大问题。

乡镇人民政府和街道办事处，以及开发区、工业园区、港区、风景区等应当明确负责安全生产监督管理的有关工作机构及其职责，加强安全生产监管力量建设，按照职责对本行政区域或者管理区域内生产经营单位安全生产状况进行监督检查，协助人民政府有关部门或者按照授权依法履行安全生产监督管理职责。

第十条 国务院应急管理部门依照本法，对全国安全生产工作实施综合监督管理；县级以上地方各级人民政府应急管理部门依照本法，对本行政区域内安全生产工作实施综合监督管理。

国务院交通运输、住房和城乡建设、水利、民航等有关部门依照本法和其他有关法律、行政法规的规定，在各自的职责范围内对有关行业、领域的安全生产工作实施监督管理；县级以上地方各级人民政府有关部门依照本法和其他有关法律、法规的规定，在各自的职责范围内对有关行业、领域的安全生产工作实施监督管理。对新兴行业、领域的安全生产监督管理职责不明确的，由县级以上地方各级人民政府按照业务相近的原则确定监督管理部门。

应急管理部门和对有关行业、领域的安全生产工作实施监督管理的部门，统称负有安全生产监督管理职责的部门。负有安全生产监督管理职责的部门应当相互配合、齐抓共管、信息共享、资源共用，依法加强安全生产监督管理工作。

第十一条 国务院有关部门应当按照保障安全生产的要求，依法及时制定有关的国家标准或者行业标准，并根据科技进步和经济发展适时修订。

生产经营单位必须执行依法制定的保障安全生产的国家标准或者行业标准。

第十二条 国务院有关部门按照职责分

工负责安全生产强制性国家标准的项目提出、组织起草、征求意见、技术审查。国务院应急管理部门统筹提出安全生产强制性国家标准的立项计划。国务院标准化行政主管部门负责安全生产强制性国家标准的立项、编号、对外通报和授权批准发布工作。国务院标准化行政主管部门、有关部门依据法定职责对安全生产强制性国家标准的实施进行监督检查。

第十三条　各级人民政府及其有关部门应当采取多种形式，加强对有关安全生产的法律、法规和安全生产知识的宣传，增强全社会的安全生产意识。

第十四条　有关协会组织依照法律、行政法规和章程，为生产经营单位提供安全生产方面的信息、培训等服务，发挥自律作用，促进生产经营单位加强安全生产管理。

第十五条　依法设立的为安全生产提供技术、管理服务的机构，依照法律、行政法规和执业准则，接受生产经营单位的委托为其安全生产工作提供技术、管理服务。

生产经营单位委托前款规定的机构提供安全生产技术、管理服务的，保证安全生产的责任仍由本单位负责。

第十六条　国家实行生产安全事故责任追究制度，依照本法和有关法律、法规的规定，追究生产安全事故责任单位和责任人员的法律责任。

第十七条　县级以上各级人民政府应当组织负有安全生产监督管理职责的部门依法编制安全生产权力和责任清单，公开并接受社会监督。

第十八条　国家鼓励和支持安全生产科学技术研究和安全生产先进技术的推广应用，提高安全生产水平。

第十九条　国家对在改善安全生产条件、防止生产安全事故、参加抢险救护等方面取得显著成绩的单位和个人，给予奖励。

第二章　生产经营单位的安全生产保障

第二十条　生产经营单位应当具备本法和有关法律、行政法规和国家标准或者行业标准规定的安全生产条件；不具备安全生产条件的，不得从事生产经营活动。

第二十一条　生产经营单位的主要负责人对本单位安全生产工作负有下列职责：

（一）建立健全并落实本单位全员安全生产责任制，加强安全生产标准化建设；

（二）组织制定并实施本单位安全生产规章制度和操作规程；

（三）组织制定并实施本单位安全生产教育和培训计划；

（四）保证本单位安全生产投入的有效实施；

（五）组织建立并落实安全风险分级管控和隐患排查治理双重预防工作机制，督促、检查本单位的安全生产工作，及时消除生产安全事故隐患；

（六）组织制定并实施本单位的生产安全事故应急救援预案；

（七）及时、如实报告生产安全事故。

第二十二条　生产经营单位的全员安全生产责任制应当明确各岗位的责任人员、责任范围和考核标准等内容。

生产经营单位应当建立相应的机制，加强对全员安全生产责任制落实情况的监督考核，保证全员安全生产责任制的落实。

第二十三条　生产经营单位应当具备的安全生产条件所必需的资金投入，由生产经营单位的决策机构、主要负责人或者个人经营的投资人予以保证，并对由于安全生产所必需的资金投入不足导致的后果承担责任。

有关生产经营单位应当按照规定提取和使用安全生产费用，专门用于改善安全生产条件。安全生产费用在成本中据实列支。安全生产费用提取、使用和监督管理的具体办法由国务院财政部门会同国务院应急管理部门征求国务院有关部门意见后制定。

第二十四条 矿山、金属冶炼、建筑施工、运输单位和危险物品的生产、经营、储存、装卸单位，应当设置安全生产管理机构或者配备专职安全生产管理人员。

前款规定以外的其他生产经营单位，从业人员超过一百人的，应当设置安全生产管理机构或者配备专职安全生产管理人员；从业人员在一百人以下的，应当配备专职或者兼职的安全生产管理人员。

第二十五条 生产经营单位的安全生产管理机构以及安全生产管理人员履行下列职责：

（一）组织或者参与拟订本单位安全生产规章制度、操作规程和生产安全事故应急救援预案；

（二）组织或者参与本单位安全生产教育和培训，如实记录安全生产教育和培训情况；

（三）组织开展危险源辨识和评估，督促落实本单位重大危险源的安全管理措施；

（四）组织或者参与本单位应急救援演练；

（五）检查本单位的安全生产状况，及时排查生产安全事故隐患，提出改进安全生产管理的建议；

（六）制止和纠正违章指挥、强令冒险作业、违反操作规程的行为；

（七）督促落实本单位安全生产整改措施。

生产经营单位可以设置专职安全生产分管负责人，协助本单位主要负责人履行安全生产管理职责。

第二十六条 生产经营单位的安全生产管理机构以及安全生产管理人员应当恪尽职守，依法履行职责。

生产经营单位作出涉及安全生产的经营决策，应当听取安全生产管理机构以及安全生产管理人员的意见。

生产经营单位不得因安全生产管理人员依法履行职责而降低其工资、福利等待遇或者解除与其订立的劳动合同。

危险物品的生产、储存单位以及矿山、金属冶炼单位的安全生产管理人员的任免，应当告知主管的负有安全生产监督管理职责的部门。

第二十七条 生产经营单位的主要负责人和安全生产管理人员必须具备与本单位所从事的生产经营活动相应的安全生产知识和管理能力。

危险物品的生产、经营、储存、装卸单位以及矿山、金属冶炼、建筑施工、运输单位的主要负责人和安全生产管理人员，应当由主管的负有安全生产监督管理职责的部门对其安全生产知识和管理能力考核合格。考核不得收费。

危险物品的生产、储存、装卸单位以及矿山、金属冶炼单位应当有注册安全工程师从事安全生产管理工作。鼓励其他生产经营单位聘用注册安全工程师从事安全生产管理工作。注册安全工程师按专业分类管理，具体办法由国务院人力资源和社会保障部门、国务院应急管理部门会同国务院有关部门制定。

第二十八条 生产经营单位应当对从业人员进行安全生产教育和培训，保证从业人员具备必要的安全生产知识，熟悉有关的安全生产规章制度和安全操作规程，掌握本岗位的安全操作技能，了解事故应急处理措施，知悉自身在安全生产方面的权利和义务。未经安全生产教育和培训合格的从业人员，不得上岗作业。

生产经营单位使用被派遣劳动者的，应当将被派遣劳动者纳入本单位从业人员统一管理，对被派遣劳动者进行岗位安全操作规程和安全操作技能的教育和培训。劳务派遣单位应当对被派遣劳动者进行必要的安全生产教育和培训。

生产经营单位接收中等职业学校、高等学校学生实习的，应当对实习学生进行相应的安全生产教育和培训，提供必要的劳动防护用品。学校应当协助生产经营单位对实习学生进行安全生产教育和培训。

生产经营单位应当建立安全生产教育和培训档案，如实记录安全生产教育和培训的时间、内容、参加人员以及考核结果等情况。

第二十九条 生产经营单位采用新工艺、新技术、新材料或者使用新设备，必须了解、掌握其安全技术特性，采取有效的安全防护措施，并对从业人员进行专门的安全生产教育和培训。

第三十条 生产经营单位的特种作业人员必须按照国家有关规定经专门的安全作业培训，取得相应资格，方可上岗作业。

特种作业人员的范围由国务院应急管理部门会同国务院有关部门确定。

第三十一条 生产经营单位新建、改建、扩建工程项目（以下统称建设项目）的安全设施，必须与主体工程同时设计、同时施工、同时投入生产和使用。安全设施投资应当纳入建设项目概算。

第三十二条 矿山、金属冶炼建设项目和用于生产、储存、装卸危险物品的建设项目，应当按照国家有关规定进行安全评价。

第三十三条 建设项目安全设施的设计人、设计单位应当对安全设施设计负责。

矿山、金属冶炼建设项目和用于生产、储存、装卸危险物品的建设项目的安全设施设计应当按照国家有关规定报经有关部门审查，审查部门及其负责审查的人员对审查结果负责。

第三十四条 矿山、金属冶炼建设项目和用于生产、储存、装卸危险物品的建设项目的施工单位必须按照批准的安全设施设计施工，并对安全设施的工程质量负责。

矿山、金属冶炼建设项目和用于生产、储存、装卸危险物品的建设项目竣工投入生产或者使用前，应当由建设单位负责组织对安全设施进行验收；验收合格后，方可投入生产和使用。负有安全生产监督管理职责的部门应当加强对建设单位验收活动和验收结果的监督核查。

第三十五条 生产经营单位应当在有较大危险因素的生产经营场所和有关设施、设备上，设置明显的安全警示标志。

第三十六条 安全设备的设计、制造、安装、使用、检测、维修、改造和报废，应当符合国家标准或者行业标准。

生产经营单位必须对安全设备进行经常性维护、保养，并定期检测，保证正常运转。维护、保养、检测应当作好记录，并由有关人员签字。

生产经营单位不得关闭、破坏直接关系生产安全的监控、报警、防护、救生设备、设施，或者篡改、隐瞒、销毁其相关数据、信息。

餐饮等行业的生产经营单位使用燃气的，应当安装可燃气体报警装置，并保障其正常使用。

第三十七条 生产经营单位使用的危险物品的容器、运输工具，以及涉及人身安全、危险性较大的海洋石油开采特种设备和矿山井下特种设备，必须按照国家有关规定，由专业生产单位生产，并经具有专业资质的检测、检验机构检测、检验合格，取得安全使用证或者安全标志，方可投入使用。检测、检验机构对检测、检验结果负责。

第三十八条 国家对严重危及生产安全的工艺、设备实行淘汰制度，具体目录由国务院应急管理部门会同国务院有关部门制定并公布。法律、行政法规对目录的制定另有规定的，适用其规定。

省、自治区、直辖市人民政府可以根据本地区实际情况制定并公布具体目录，对前款规定以外的危及生产安全的工艺、设备予以淘汰。

生产经营单位不得使用应当淘汰的危及生产安全的工艺、设备。

第三十九条　生产、经营、运输、储存、使用危险物品或者处置废弃危险物品的，由有关主管部门依照有关法律、法规的规定和国家标准或者行业标准审批并实施监督管理。

生产经营单位生产、经营、运输、储存、使用危险物品或者处置废弃危险物品，必须执行有关法律、法规和国家标准或者行业标准，建立专门的安全管理制度，采取可靠的安全措施，接受有关主管部门依法实施的监督管理。

第四十条　生产经营单位对重大危险源应当登记建档，进行定期检测、评估、监控，并制定应急预案，告知从业人员和相关人员在紧急情况下应当采取的应急措施。

生产经营单位应当按照国家有关规定将本单位重大危险源及有关安全措施、应急措施报有关地方人民政府应急管理部门和有关部门备案。有关地方人民政府应急管理部门和有关部门应当通过相关信息系统实现信息共享。

第四十一条　生产经营单位应当建立安全风险分级管控制度，按照安全风险分级采取相应的管控措施。

生产经营单位应当建立健全并落实生产安全事故隐患排查治理制度，采取技术、管理措施，及时发现并消除事故隐患。事故隐患排查治理情况应当如实记录，并通过职工大会或者职工代表大会、信息公示栏等方式向从业人员通报。其中，重大事故隐患排查治理情况应当及时向负有安全生产监督管理职责的部门和职工大会或者职工代表大会报告。

县级以上地方各级人民政府负有安全生产监督管理职责的部门应当将重大事故隐患纳入相关信息系统，建立健全重大事故隐患治理督办制度，督促生产经营单位消除重大事故隐患。

第四十二条　生产、经营、储存、使用危险物品的车间、商店、仓库不得与员工宿舍在同一座建筑物内，并应当与员工宿舍保持安全距离。

生产经营场所和员工宿舍应当设有符合紧急疏散要求、标志明显、保持畅通的出口、疏散通道。禁止占用、锁闭、封堵生产经营场所或者员工宿舍的出口、疏散通道。

第四十三条　生产经营单位进行爆破、吊装、动火、临时用电以及国务院应急管理部门会同国务院有关部门规定的其他危险作业，应当安排专门人员进行现场安全管理，确保操作规程的遵守和安全措施的落实。

第四十四条　生产经营单位应当教育和督促从业人员严格执行本单位的安全生产规章制度和安全操作规程；并向从业人员如实告知作业场所和工作岗位存在的危险因素、防范措施以及事故应急措施。

生产经营单位应当关注从业人员的身体、心理状况和行为习惯，加强对从业人员的心理疏导、精神慰藉，严格落实岗位安全生产责任，防范从业人员行为异常导致事故发生。

第四十五条　生产经营单位必须为从业人员提供符合国家标准或者行业标准的劳动防护用品，并监督、教育从业人员按照使用规则佩戴、使用。

第四十六条　生产经营单位的安全生产管理人员应当根据本单位的生产经营特点，对安全生产状况进行经常性检查；对检查中发现的安全问题，应当立即处理；不能处理的，应当及时报告本单位有关负责人，有关负责人应当及时处理。检查及处理情况应当如实记录在案。

生产经营单位的安全生产管理人员在检查中发现重大事故隐患，依照前款规定向本单位有关负责人报告，有关负责人不及时处理的，安全生产管理人员可以向主管的负有安全生产监督管理职责的部门报告，接到报告的部门应当依法及时处理。

第四十七条　生产经营单位应当安排用于配备劳动防护用品、进行安全生产培训的经费。

第四十八条　两个以上生产经营单位在同一作业区域内进行生产经营活动，可能危及对方生产安全的，应当签订安全生产管理协议，明确各自的安全生产管理职责和应当采取的安全措施，并指定专职安全生产管理人员进行安全检查与协调。

第四十九条　生产经营单位不得将生产经营项目、场所、设备发包或者出租给不具备安全生产条件或者相应资质的单位或者个人。

生产经营项目、场所发包或者出租给其他单位的，生产经营单位应当与承包单位、承租单位签订专门的安全生产管理协议，或者在承包合同、租赁合同中约定各自的安全生产管理职责；生产经营单位对承包单位、承租单位的安全生产工作统一协调、管理，定期进行安全检查，发现安全问题的，应当及时督促整改。

矿山、金属冶炼建设项目和用于生产、储存、装卸危险物品的建设项目的施工单位应当加强对施工项目的安全管理，不得倒卖、出租、出借、挂靠或者以其他形式非法转让施工资质，不得将其承包的全部建设工程转包给第三人或者将其承包的全部建设工程支解以后以分包的名义分别转包给第三人，不得将工程分包给不具备相应资质条件的单位。

第五十条　生产经营单位发生生产安全事故时，单位的主要负责人应当立即组织抢救，并不得在事故调查处理期间擅离职守。

第五十一条　生产经营单位必须依法参加工伤保险，为从业人员缴纳保险费。

国家鼓励生产经营单位投保安全生产责任保险；属于国家规定的高危行业、领域的生产经营单位，应当投保安全生产责任保险。具体范围和实施办法由国务院应急管理部门会同国务院财政部门、国务院保险监督管理机构和相关行业主管部门制定。

第三章　从业人员的安全生产权利义务

第五十二条　生产经营单位与从业人员订立的劳动合同，应当载明有关保障从业人员劳动安全、防止职业危害的事项，以及依法为从业人员办理工伤保险的事项。

生产经营单位不得以任何形式与从业人员订立协议，免除或者减轻其对从业人员因生产安全事故伤亡依法应承担的责任。

第五十三条　生产经营单位的从业人员有权了解其作业场所和工作岗位存在的危险因素、防范措施及事故应急措施，有权对本单位的安全生产工作提出建议。

第五十四条　从业人员有权对本单位安全生产工作中存在的问题提出批评、检举、控告；有权拒绝违章指挥和强令冒险作业。

生产经营单位不得因从业人员对本单位安全生产工作提出批评、检举、控告或者拒绝违章指挥、强令冒险作业而降低其工资、福利等待遇或者解除与其订立的劳动合同。

第五十五条　从业人员发现直接危及人身安全的紧急情况时，有权停止作业或者在采取可能的应急措施后撤离作业场所。

生产经营单位不得因从业人员在前款紧急情况下停止作业或者采取紧急撤离措施而降低其工资、福利等待遇或者解除与其订立的劳动合同。

第五十六条　生产经营单位发生生产安全事故后，应当及时采取措施救治有关人员。

因生产安全事故受到损害的从业人员，除依法享有工伤保险外，依照有关民事法律尚有获得赔偿的权利的，有权提出赔偿要求。

第五十七条 从业人员在作业过程中，应当严格落实岗位安全责任，遵守本单位的安全生产规章制度和操作规程，服从管理，正确佩戴和使用劳动防护用品。

第五十八条 从业人员应当接受安全生产教育和培训，掌握本职工作所需的安全生产知识，提高安全生产技能，增强事故预防和应急处理能力。

第五十九条 从业人员发现事故隐患或者其他不安全因素，应当立即向现场安全生产管理人员或者本单位负责人报告；接到报告的人员应当及时予以处理。

第六十条 工会有权对建设项目的安全设施与主体工程同时设计、同时施工、同时投入生产和使用进行监督，提出意见。

工会对生产经营单位违反安全生产法律、法规，侵犯从业人员合法权益的行为，有权要求纠正；发现生产经营单位违章指挥、强令冒险作业或者发现事故隐患时，有权提出解决的建议，生产经营单位应当及时研究答复；发现危及从业人员生命安全的情况时，有权向生产经营单位建议组织从业人员撤离危险场所，生产经营单位必须立即作出处理。

工会有权依法参加事故调查，向有关部门提出处理意见，并要求追究有关人员的责任。

第六十一条 生产经营单位使用被派遣劳动者的，被派遣劳动者享有本法规定的从业人员的权利，并应当履行本法规定的从业人员的义务。

第四章 安全生产的监督管理

第六十二条 县级以上地方各级人民政府应当根据本行政区域内的安全生产状况，组织有关部门按照职责分工，对本行政区域内容易发生重大生产安全事故的生产经营单位进行严格检查。

应急管理部门应当按照分类分级监督管理的要求，制定安全生产年度监督检查计划，并按照年度监督检查计划进行监督检查，发现事故隐患，应当及时处理。

第六十三条 负有安全生产监督管理职责的部门依照有关法律、法规的规定，对涉及安全生产的事项需要审查批准（包括批准、核准、许可、注册、认证、颁发证照等，下同）或者验收的，必须严格依照有关法律、法规和国家标准或者行业标准规定的安全生产条件和程序进行审查；不符合有关法律、法规和国家标准或者行业标准规定的安全生产条件的，不得批准或者验收通过。对未依法取得批准或者验收合格的单位擅自从事有关活动的，负责行政审批的部门发现或者接到举报后应当立即予以取缔，并依法予以处理。对已经依法取得批准的单位，负责行政审批的部门发现其不再具备安全生产条件的，应当撤销原批准。

第六十四条 负有安全生产监督管理职责的部门对涉及安全生产的事项进行审查、验收，不得收取费用；不得要求接受审查、验收的单位购买其指定品牌或者指定生产、销售单位的安全设备、器材或者其他产品。

第六十五条 应急管理部门和其他负有安全生产监督管理职责的部门依法开展安全生产行政执法工作，对生产经营单位执行有关安全生产的法律、法规和国家标准或者行业标准的情况进行监督检查，行使以下职权：

（一）进入生产经营单位进行检查，调阅有关资料，向有关单位和人员了解情况；

（二）对检查中发现的安全生产违法行为，当场予以纠正或者要求限期改正；对依法应当给予行政处罚的行为，依照本法和其他有关法律、行政法规的规定作出行政处罚决定；

（三）对检查中发现的事故隐患，应当责令立即排除；重大事故隐患排除前或者排除过程中无法保证安全的，应当责令从危险区域内撤出作业人员，责令暂时停产停业或者停止使用相关设施、设备；重大事故隐患排除后，经审查同意，方可恢复生产经营和使用；

（四）对有根据认为不符合保障安全生产的国家标准或者行业标准的设施、设备、器材以及违法生产、储存、使用、经营、运输的危险物品予以查封或者扣押，对违法生产、储存、使用、经营危险物品的作业场所予以查封，并依法作出处理决定。

监督检查不得影响被检查单位的正常生产经营活动。

第六十六条 生产经营单位对负有安全生产监督管理职责的部门的监督检查人员（以下统称安全生产监督检查人员）依法履行监督检查职责，应当予以配合，不得拒绝、阻挠。

第六十七条 安全生产监督检查人员应当忠于职守，坚持原则，秉公执法。

安全生产监督检查人员执行监督检查任务时，必须出示有效的行政执法证件；对涉及被检查单位的技术秘密和业务秘密，应当为其保密。

第六十八条 安全生产监督检查人员应当将检查的时间、地点、内容、发现的问题及其处理情况，作出书面记录，并由检查人员和被检查单位的负责人签字；被检查单位的负责人拒绝签字的，检查人员应当将情况记录在案，并向负有安全生产监督管理职责的部门报告。

第六十九条 负有安全生产监督管理职责的部门在监督检查中，应当互相配合，实行联合检查；确需分别进行检查的，应当互通情况，发现存在的安全问题应当由其他有关部门进行处理的，应当及时移送其他有关部门并形成记录备查，接受移送的部门应当及时进行处理。

第七十条 负有安全生产监督管理职责的部门依法对存在重大事故隐患的生产经营单位作出停产停业、停止施工、停止使用相关设施或者设备的决定，生产经营单位应当依法执行，及时消除事故隐患。生产经营单位拒不执行，有发生生产安全事故的现实危险的，在保证安全的前提下，经本部门主要负责人批准，负有安全生产监督管理职责的部门可以采取通知有关单位停止供电、停止供应民用爆炸物品等措施，强制生产经营单位履行决定。通知应当采用书面形式，有关单位应当予以配合。

负有安全生产监督管理职责的部门依照前款规定采取停止供电措施，除有危及生产安全的紧急情形外，应当提前二十四小时通知生产经营单位。生产经营单位依法履行行政决定、采取相应措施消除事故隐患的，负有安全生产监督管理职责的部门应当及时解除前款规定的措施。

第七十一条 监察机关依照监察法的规定，对负有安全生产监督管理职责的部门及其工作人员履行安全生产监督管理职责实施监察。

第七十二条 承担安全评价、认证、检测、检验职责的机构应当具备国家规定的资质条件，并对其作出的安全评价、认证、检测、检验结果的合法性、真实性负责。资质条件由国务院应急管理部门会同国务院有关部门制定。

承担安全评价、认证、检测、检验职责的机构应当建立并实施服务公开和报告公开制度，不得租借资质、挂靠、出具虚假报告。

第七十三条 负有安全生产监督管理职责的部门应当建立举报制度，公开举报电话、信箱或者电子邮件地址等网络举报平台，受理有关安全生产的举报；受理的举报事项经调查核实后，应当形成书面材料；需要落实整改措施的，报经有关负责人签字并督促落实。对不属于本部门职责，需要由其他有关部门进行调查处理的，转交其他有关部门处理。

涉及人员死亡的举报事项，应当由县级以上人民政府组织核查处理。

第七十四条 任何单位或者个人对事故隐患或者安全生产违法行为，均有权向负有安全生产监督管理职责的部门报告或者举报。

因安全生产违法行为造成重大事故隐患或者导致重大事故，致使国家利益或者社会公共利益受到侵害的，人民检察院可以根据民事诉讼法、行政诉讼法的相关规定提起公益诉讼。

第七十五条 居民委员会、村民委员会发现其所在区域内的生产经营单位存在事故隐患或者安全生产违法行为时，应当向当地人民政府或者有关部门报告。

第七十六条 县级以上各级人民政府及其有关部门对报告重大事故隐患或者举报安全生产违法行为的有功人员，给予奖励。具体奖励办法由国务院应急管理部门会同国务院财政部门制定。

第七十七条 新闻、出版、广播、电影、电视等单位有进行安全生产公益宣传教育的义务，有对违反安全生产法律、法规的行为进行舆论监督的权利。

第七十八条 负有安全生产监督管理职责的部门应当建立安全生产违法行为信息库，如实记录生产经营单位及其有关从业人员的安全生产违法行为信息；对违法行为情节严重的生产经营单位及其有关从业人员，应当及时向社会公告，并通报行业主管部门、投资主管部门、自然资源主管部门、生态环境主管部门、证券监督管理机构以及有关金融机构。有关部门和机构应当对存在失信行为的生产经营单位及其有关从业人员采取加大执法检查频次、暂停项目审批、上调有关保险费率、行业或者职业禁入等联合惩戒措施，并向社会公示。

负有安全生产监督管理职责的部门应当加强对生产经营单位行政处罚信息的及时归集、共享、应用和公开，对生产经营单位作出处罚决定后七个工作日内在监督管理部门公示系统予以公开曝光，强化对违法失信生产经营单位及其有关从业人员的社会监督，提高全社会安全生产诚信水平。

第五章 生产安全事故的应急救援与调查处理

第七十九条 国家加强生产安全事故应急能力建设，在重点行业、领域建立应急救援基地和应急救援队伍，并由国家安全生产应急救援机构统一协调指挥；鼓励生产经营单位和其他社会力量建立应急救援队伍，配备相应的应急救援装备和物资，提高应急救援的专业化水平。

国务院应急管理部门牵头建立全国统一的生产安全事故应急救援信息系统，国务院交通运输、住房和城乡建设、水利、民航等有关部门和县级以上地方人民政府建立健全相关行业、领域、地区的生产安全事故应急救援信息系统，实现互联互通、信息共享，通过推行网上安全信息采集、安全监管和监测预警，提升监管的精准化、智能化水平。

第八十条 县级以上地方各级人民政府应当组织有关部门制定本行政区域内生产安全事故应急救援预案，建立应急救援体系。

乡镇人民政府和街道办事处，以及开发区、工业园区、港区、风景区等应当制定相应的生产安全事故应急救援预案，协助人民政府有关部门或者按照授权依法履行生产安全事故应急救援工作职责。

第八十一条 生产经营单位应当制定本单位生产安全事故应急救援预案，与所在地县级以上地方人民政府组织制定的生产安全事故应急救援预案相衔接，并定期组织演练。

第八十二条 危险物品的生产、经营、储存单位以及矿山、金属冶炼、城市轨道交通运营、建筑施工单位应当建立应急救援组织；生产经营规模较小的，可以不建立应急救援组织，但应当指定兼职的应急救援人员。

危险物品的生产、经营、储存、运输单位以及矿山、金属冶炼、城市轨道交通运营、建筑施工单位应当配备必要的应急救援器材、设备和物资，并进行经常性维护、保养，保证正常运转。

第八十三条　生产经营单位发生生产安全事故后，事故现场有关人员应当立即报告本单位负责人。

单位负责人接到事故报告后，应当迅速采取有效措施，组织抢救，防止事故扩大，减少人员伤亡和财产损失，并按照国家有关规定立即如实报告当地负有安全生产监督管理职责的部门，不得隐瞒不报、谎报或者迟报，不得故意破坏事故现场、毁灭有关证据。

第八十四条　负有安全生产监督管理职责的部门接到事故报告后，应当立即按照国家有关规定上报事故情况。负有安全生产监督管理职责的部门和有关地方人民政府对事故情况不得隐瞒不报、谎报或者迟报。

第八十五条　有关地方人民政府和负有安全生产监督管理职责的部门的负责人接到生产安全事故报告后，应当按照生产安全事故应急救援预案的要求立即赶到事故现场，组织事故抢救。

参与事故抢救的部门和单位应当服从统一指挥，加强协同联动，采取有效的应急救援措施，并根据事故救援的需要采取警戒、疏散等措施，防止事故扩大和次生灾害的发生，减少人员伤亡和财产损失。

事故抢救过程中应当采取必要措施，避免或者减少对环境造成的危害。

任何单位和个人都应当支持、配合事故抢救，并提供一切便利条件。

第八十六条　事故调查处理应当按照科学严谨、依法依规、实事求是、注重实效的原则，及时、准确地查清事故原因，查明事故性质和责任，评估应急处置工作，总结事故教训，提出整改措施，并对事故责任单位和人员提出处理建议。事故调查报告应当依法及时向社会公布。事故调查和处理的具体办法由国务院制定。

事故发生单位应当及时全面落实整改措施，负有安全生产监督管理职责的部门应当加强监督检查。

负责事故调查处理的国务院有关部门和地方人民政府应当在批复事故调查报告后一年内，组织有关部门对事故整改和防范措施落实情况进行评估，并及时向社会公开评估结果；对不履行职责导致事故整改和防范措施没有落实的有关单位和人员，应当按照有关规定追究责任。

第八十七条　生产经营单位发生生产安全事故，经调查确定为责任事故的，除了应当查明事故单位的责任并依法予以追究外，还应当查明对安全生产的有关事项负有审查批准和监督职责的行政部门的责任，对有失职、渎职行为的，依照本法第九十条的规定追究法律责任。

第八十八条　任何单位和个人不得阻挠和干涉对事故的依法调查处理。

第八十九条　县级以上地方各级人民政府应急管理部门应当定期统计分析本行政区域内发生生产安全事故的情况，并定期向社会公布。

第六章　法律责任

第九十条　负有安全生产监督管理职责的部门的工作人员，有下列行为之一的，给予降级或者撤职的处分；构成犯罪的，依照刑法有关规定追究刑事责任：

（一）对不符合法定安全生产条件的涉及安全生产的事项予以批准或者验收通

过的；

（二）发现未依法取得批准、验收的单位擅自从事有关活动或者接到举报后不予取缔或者不依法予以处理的；

（三）对已经依法取得批准的单位不履行监督管理职责，发现其不再具备安全生产条件而不撤销原批准或者发现安全生产违法行为不予查处的；

（四）在监督检查中发现重大事故隐患，不依法及时处理的。

负有安全生产监督管理职责的部门的工作人员有前款规定以外的滥用职权、玩忽职守、徇私舞弊行为的，依法给予处分；构成犯罪的，依照刑法有关规定追究刑事责任。

第九十一条 负有安全生产监督管理职责的部门，要求被审查、验收的单位购买其指定的安全设备、器材或者其他产品的，在对安全生产事项的审查、验收中收取费用的，由其上级机关或者监察机关责令改正，责令退还收取的费用；情节严重的，对直接负责的主管人员和其他直接责任人员依法给予处分。

第九十二条 承担安全评价、认证、检测、检验职责的机构出具失实报告的，责令停业整顿，并处三万元以上十万元以下的罚款；给他人造成损害的，依法承担赔偿责任。

承担安全评价、认证、检测、检验职责的机构租借资质、挂靠、出具虚假报告的，没收违法所得；违法所得在十万元以上的，并处违法所得二倍以上五倍以下的罚款，没有违法所得或者违法所得不足十万元的，单处或者并处十万元以上二十万元以下的罚款；对其直接负责的主管人员和其他直接责任人员处五万元以上十万元以下的罚款；给他人造成损害的，与生产经营单位承担连带赔偿责任；构成犯罪的，依照刑法有关规定追究刑事责任。

对有前款违法行为的机构及其直接责任人员，吊销其相应资质和资格，五年内不得从事安全评价、认证、检测、检验等工作；情节严重的，实行终身行业和职业禁入。

第九十三条 生产经营单位的决策机构、主要负责人或者个人经营的投资人不依照本法规定保证安全生产所必需的资金投入，致使生产经营单位不具备安全生产条件的，责令限期改正，提供必需的资金；逾期未改正的，责令生产经营单位停产停业整顿。

有前款违法行为，导致发生生产安全事故的，对生产经营单位的主要负责人给予撤职处分，对个人经营的投资人处二万元以上二十万元以下的罚款；构成犯罪的，依照刑法有关规定追究刑事责任。

第九十四条 生产经营单位的主要负责人未履行本法规定的安全生产管理职责的，责令限期改正，处二万元以上五万元以下的罚款；逾期未改正的，处五万元以上十万元以下的罚款，责令生产经营单位停产停业整顿。

生产经营单位的主要负责人有前款违法行为，导致发生生产安全事故的，给予撤职处分；构成犯罪的，依照刑法有关规定追究刑事责任。

生产经营单位的主要负责人依照前款规定受刑事处罚或者撤职处分的，自刑罚执行完毕或者受处分之日起，五年内不得担任任何生产经营单位的主要负责人；对重大、特别重大生产安全事故负有责任的，终身不得担任本行业生产经营单位的主要负责人。

第九十五条 生产经营单位的主要负责人未履行本法规定的安全生产管理职责，导致发生生产安全事故的，由应急管理部门依照下列规定处以罚款：

（一）发生一般事故的，处上一年年收入百分之四十的罚款；

（二）发生较大事故的，处上一年年收入百分之六十的罚款；

（三）发生重大事故的，处上一年年收入百分之八十的罚款；

（四）发生特别重大事故的，处上一年年收入百分之一百的罚款。

第九十六条　生产经营单位的其他负责人和安全生产管理人员未履行本法规定的安全生产管理职责的，责令限期改正，处一万元以上三万元以下的罚款；导致发生生产安全事故的，暂停或者吊销其与安全生产有关的资格，并处上一年年收入百分之二十以上百分之五十以下的罚款；构成犯罪的，依照刑法有关规定追究刑事责任。

第九十七条　生产经营单位有下列行为之一的，责令限期改正，处十万元以下的罚款；逾期未改正的，责令停产停业整顿，并处十万元以上二十万元以下的罚款，对其直接负责的主管人员和其他直接责任人员处二万元以上五万元以下的罚款：

（一）未按照规定设置安全生产管理机构或者配备安全生产管理人员、注册安全工程师的；

（二）危险物品的生产、经营、储存、装卸单位以及矿山、金属冶炼、建筑施工、运输单位的主要负责人和安全生产管理人员未按照规定经考核合格的；

（三）未按照规定对从业人员、被派遣劳动者、实习学生进行安全生产教育和培训，或者未按照规定如实告知有关的安全生产事项的；

（四）未如实记录安全生产教育和培训情况的；

（五）未将事故隐患排查治理情况如实记录或者未向从业人员通报的；

（六）未按照规定制定生产安全事故应急救援预案或者未定期组织演练的；

（七）特种作业人员未按照规定经专门的安全作业培训并取得相应资格，上岗作业的。

第九十八条　生产经营单位有下列行为之一的，责令停止建设或者停产停业整顿，限期改正，并处十万元以上五十万元以下的罚款，对其直接负责的主管人员和其他直接责任人员处二万元以上五万元以下的罚款；逾期未改正的，处五十万元以上一百万元以下的罚款，对其直接负责的主管人员和其他直接责任人员处五万元以上十万元以下的罚款；构成犯罪的，依照刑法有关规定追究刑事责任：

（一）未按照规定对矿山、金属冶炼建设项目或者用于生产、储存、装卸危险物品的建设项目进行安全评价的；

（二）矿山、金属冶炼建设项目或者用于生产、储存、装卸危险物品的建设项目没有安全设施设计或者安全设施设计未按照规定报经有关部门审查同意的；

（三）矿山、金属冶炼建设项目或者用于生产、储存、装卸危险物品的建设项目的施工单位未按照批准的安全设施设计施工的；

（四）矿山、金属冶炼建设项目或者用于生产、储存、装卸危险物品的建设项目竣工投入生产或者使用前，安全设施未经验收合格的。

第九十九条　生产经营单位有下列行为之一的，责令限期改正，处五万元以下的罚款；逾期未改正的，处五万元以上二十万元以下的罚款，对其直接负责的主管人员和其他直接责任人员处一万元以上二万元以下的罚款；情节严重的，责令停产停业整顿；构成犯罪的，依照刑法有关规定追究刑事责任：

（一）未在有较大危险因素的生产经营场所和有关设施、设备上设置明显的安全警示标志的；

（二）安全设备的安装、使用、检测、改造和报废不符合国家标准或者行业标准的；

（三）未对安全设备进行经常性维护、

保养和定期检测的；

（四）关闭、破坏直接关系生产安全的监控、报警、防护、救生设备、设施，或者篡改、隐瞒、销毁其相关数据、信息的；

（五）未为从业人员提供符合国家标准或者行业标准的劳动防护用品的；

（六）危险物品的容器、运输工具，以及涉及人身安全、危险性较大的海洋石油开采特种设备和矿山井下特种设备未经具有专业资质的机构检测、检验合格，取得安全使用证或者安全标志，投入使用的；

（七）使用应当淘汰的危及生产安全的工艺、设备的；

（八）餐饮等行业的生产经营单位使用燃气未安装可燃气体报警装置的。

第一百条 未经依法批准，擅自生产、经营、运输、储存、使用危险物品或者处置废弃危险物品的，依照有关危险物品安全管理的法律、行政法规的规定予以处罚；构成犯罪的，依照刑法有关规定追究刑事责任。

第一百零一条 生产经营单位有下列行为之一的，责令限期改正，处十万元以下的罚款；逾期未改正的，责令停产停业整顿，并处十万元以上二十万元以下的罚款，对其直接负责的主管人员和其他直接责任人员处二万元以上五万元以下的罚款；构成犯罪的，依照刑法有关规定追究刑事责任：

（一）生产、经营、运输、储存、使用危险物品或者处置废弃危险物品，未建立专门安全管理制度、未采取可靠的安全措施的；

（二）对重大危险源未登记建档，未进行定期检测、评估、监控，未制定应急预案，或者未告知应急措施的；

（三）进行爆破、吊装、动火、临时用电以及国务院应急管理部门会同国务院有关部门规定的其他危险作业，未安排专门人员进行现场安全管理的；

（四）未建立安全风险分级管控制度或者未按照安全风险分级采取相应管控措施的；

（五）未建立事故隐患排查治理制度，或者重大事故隐患排查治理情况未按照规定报告的。

第一百零二条 生产经营单位未采取措施消除事故隐患的，责令立即消除或者限期消除，处五万元以下的罚款；生产经营单位拒不执行的，责令停产停业整顿，对其直接负责的主管人员和其他直接责任人员处五万元以上十万元以下的罚款；构成犯罪的，依照刑法有关规定追究刑事责任。

第一百零三条 生产经营单位将生产经营项目、场所、设备发包或者出租给不具备安全生产条件或者相应资质的单位或者个人的，责令限期改正，没收违法所得；违法所得十万元以上的，并处违法所得二倍以上五倍以下的罚款；没有违法所得或者违法所得不足十万元的，单处或者并处十万元以上二十万元以下的罚款；对其直接负责的主管人员和其他直接责任人员处一万元以上二万元以下的罚款；导致发生生产安全事故给他人造成损害的，与承包方、承租方承担连带赔偿责任。

生产经营单位未与承包单位、承租单位签订专门的安全生产管理协议或者未在承包合同、租赁合同中明确各自的安全生产管理职责，或者未对承包单位、承租单位的安全生产统一协调、管理的，责令限期改正，处五万元以下的罚款，对其直接负责的主管人员和其他直接责任人员处一万元以下的罚款；逾期未改正的，责令停产停业整顿。

矿山、金属冶炼建设项目和用于生产、储存、装卸危险物品的建设项目的施工单位未按照规定对施工项目进行安全管理的，责令限期改正，处十万元以下的罚款，对其直接负责的主管人员和其他直接责任人员处二万元以下的罚款；逾期未改正的，责令停产停业整顿。以上施工单位倒卖、出租、出借、挂靠或者以其他形式非法转让施工资质的，责令停产停业整顿，吊销资质证书，没收违法所得；违法所得十万元以上的，并处违法所得二倍以上五倍以下的罚款，没有违法所得或者违法所得不足十万元的，单处或者并处十万元以上二十万元以下的罚款；对其直接负责的主管人员和其他直接责任人员处五万元以上十万元以下的罚款；构成犯罪的，依照刑法有关规定追究刑事责任。

第一百零四条　两个以上生产经营单位在同一作业区域内进行可能危及对方安全生产的生产经营活动，未签订安全生产管理协议或者未指定专职安全生产管理人员进行安全检查与协调的，责令限期改正，处五万元以下的罚款，对其直接负责的主管人员和其他直接责任人员处一万元以下的罚款；逾期未改正的，责令停产停业。

第一百零五条　生产经营单位有下列行为之一的，责令限期改正，处五万元以下的罚款，对其直接负责的主管人员和其他直接责任人员处一万元以下的罚款；逾期未改正的，责令停产停业整顿；构成犯罪的，依照刑法有关规定追究刑事责任：

（一）生产、经营、储存、使用危险物品的车间、商店、仓库与员工宿舍在同一座建筑内，或者与员工宿舍的距离不符合安全要求的；

（二）生产经营场所和员工宿舍未设有符合紧急疏散需要、标志明显、保持畅通的出口、疏散通道，或者占用、锁闭、封堵生产经营场所或者员工宿舍出口、疏散通道的。

第一百零六条　生产经营单位与从业人员订立协议，免除或者减轻其对从业人员因生产安全事故伤亡依法应承担的责任的，该协议无效；对生产经营单位的主要负责人、个人经营的投资人处二万元以上十万元以下的罚款。

第一百零七条　生产经营单位的从业人员不落实岗位安全责任，不服从管理，违反安全生产规章制度或者操作规程的，由生产经营单位给予批评教育，依照有关规章制度给予处分；构成犯罪的，依照刑法有关规定追究刑事责任。

第一百零八条　违反本法规定，生产经营单位拒绝、阻碍负有安全生产监督管理职责的部门依法实施监督检查的，责令改正；拒不改正的，处二万元以上二十万元以下的罚款；对其直接负责的主管人员和其他直接责任人员处一万元以上二万元以下的罚款；构成犯罪的，依照刑法有关规定追究刑事责任。

第一百零九条　高危行业、领域的生产经营单位未按照国家规定投保安全生产责任保险的，责令限期改正，处五万元以上十万元以下的罚款；逾期未改正的，处十万元以上二十万元以下的罚款。

第一百一十条　生产经营单位的主要负责人在本单位发生生产安全事故时，不立即组织抢救或者在事故调查处理期间擅离职守或者逃匿的，给予降级、撤职的处分，并由应急管理部门处上一年年收入百分之六十至百分之一百的罚款；对逃匿的处十五日以下拘留；构成犯罪的，依照刑法有关规定追究刑事责任。

生产经营单位的主要负责人对生产安全事故隐瞒不报、谎报或者迟报的，依照前款规定处罚。

第一百一十一条　有关地方人民政府、负有安全生产监督管理职责的部门，对生产安全事故隐瞒不报、谎报或者迟报的，对直接负责的主管人员和其他直接责任人员依法给予处分；构成犯罪的，依照刑法有关规定追究刑事责任。

第一百一十二条　生产经营单位违反本法规定，被责令改正且受到罚款处罚，拒不改正的，负有安全生产监督管理职责的部门可以自作出责令改正之日的次日起，按照原处罚数额按日连续处罚。

第一百一十三条 生产经营单位存在下列情形之一的，负有安全生产监督管理职责的部门应当提请地方人民政府予以关闭，有关部门应当依法吊销其有关证照。生产经营单位主要负责人五年内不得担任任何生产经营单位的主要负责人；情节严重的，终身不得担任本行业生产经营单位的主要负责人：

（一）存在重大事故隐患，一百八十日内三次或者一年内四次受到本法规定的行政处罚的；

（二）经停产停业整顿，仍不具备法律、行政法规和国家标准或者行业标准规定的安全生产条件的；

（三）不具备法律、行政法规和国家标准或者行业标准规定的安全生产条件，导致发生重大、特别重大生产安全事故的；

（四）拒不执行负有安全生产监督管理职责的部门作出的停产停业整顿决定的。

第一百一十四条 发生生产安全事故，对负有责任的生产经营单位除要求其依法承担相应的赔偿等责任外，由应急管理部门依照下列规定处以罚款：

（一）发生一般事故的，处三十万元以上一百万元以下的罚款；

（二）发生较大事故的，处一百万元以上二百万元以下的罚款；

（三）发生重大事故的，处二百万元以上一千万元以下的罚款；

（四）发生特别重大事故的，处一千万元以上二千万元以下的罚款。

发生生产安全事故，情节特别严重、影响特别恶劣的，应急管理部门可以按照前款罚款数额的二倍以上五倍以下对负有责任的生产经营单位处以罚款。

第一百一十五条 本法规定的行政处罚，由应急管理部门和其他负有安全生产监督管理职责的部门按照职责分工决定；其中，根据本法第九十五条、第一百一十条、第一百一十四条的规定应当给予民航、铁路、电力行业的生产经营单位及其主要负责人行政处罚的，也可以由主管的负有安全生产监督管理职责的部门进行处罚。予以关闭的行政处罚，由负有安全生产监督管理职责的部门报请县级以上人民政府按照国务院规定的权限决定；给予拘留的行政处罚，由公安机关依照治安管理处罚的规定决定。

第一百一十六条 生产经营单位发生生产安全事故造成人员伤亡、他人财产损失的，应当依法承担赔偿责任；拒不承担或者其负责人逃匿的，由人民法院依法强制执行。

生产安全事故的责任人未依法承担赔偿责任，经人民法院依法采取执行措施后，仍不能对受害人给予足额赔偿的，应当继续履行赔偿义务；受害人发现责任人有其他财产的，可以随时请求人民法院执行。

第七章 附 则

第一百一十七条 本法下列用语的含义：

危险物品，是指易燃易爆物品、危险化学品、放射性物品等能够危及人身安全和财产安全的物品。

重大危险源，是指长期地或者临时地生产、搬运、使用或者储存危险物品，且危险物品的数量等于或者超过临界量的单元（包括场所和设施）。

第一百一十八条 本法规定的生产安全一般事故、较大事故、重大事故、特别重大事故的划分标准由国务院规定。

国务院应急管理部门和其他负有安全生产监督管理职责的部门应当根据各自的职责分工，制定相关行业、领域重大危险源的辨识标准和重大事故隐患的判定标准。

第一百一十九条 本法自 2002 年 11 月 1 日起施行。

中华人民共和国职业病防治法

（2001年10月27日第九届全国人民代表大会常务委员会第二十四次会议通过，根据2011年12月31日第十一届全国人民代表大会常务委员会第二十四次会议《关于修改〈中华人民共和国职业病防治法〉的决定》第一次修正，根据2016年7月2日第十二届全国人民代表大会常务委员会第二十一次会议《关于修改〈中华人民共和国节约能源法〉等六部法律的决定》第二次修正，根据2017年11月4日第十二届全国人民代表大会常务委员会第三十次会议《关于修改〈中华人民共和国会计法〉等十一部法律的决定》第三次修正，根据2018年12月29日第十三届全国人民代表大会常务委员会第七次会议《关于修改〈中华人民共和国劳动法〉等七部法律的决定》第四次修正）

第一章　总　　则

第一条　为了预防、控制和消除职业病危害，防治职业病，保护劳动者健康及其相关权益，促进经济社会发展，根据宪法，制定本法。

第二条　本法适用于中华人民共和国领域内的职业病防治活动。

本法所称职业病，是指企业、事业单位和个体经济组织等用人单位的劳动者在职业活动中，因接触粉尘、放射性物质和其他有毒、有害因素而引起的疾病。

职业病的分类和目录由国务院卫生行政部门会同国务院劳动保障行政部门制定、调整并公布。

第三条　职业病防治工作坚持预防为主、防治结合的方针，建立用人单位负责、行政机关监管、行业自律、职工参与和社会监督的机制，实行分类管理、综合治理。

第四条　劳动者依法享有职业卫生保护的权利。

用人单位应当为劳动者创造符合国家职业卫生标准和卫生要求的工作环境和条件，并采取措施保障劳动者获得职业卫生保护。

工会组织依法对职业病防治工作进行监督，维护劳动者的合法权益。用人单位制定或者修改有关职业病防治的规章制度，应当听取工会组织的意见。

第五条　用人单位应当建立、健全职业病防治责任制，加强对职业病防治的管理，提高职业病防治水平，对本单位产生的职业病危害承担责任。

第六条　用人单位的主要负责人对本单位的职业病防治工作全面负责。

第七条　用人单位必须依法参加工伤保险。

国务院和县级以上地方人民政府劳动保障行政部门应当加强对工伤保险的监督管理，确保劳动者依法享受工伤保险待遇。

第八条　国家鼓励和支持研制、开发、推广、应用有利于职业病防治和保护劳动者健康的新技术、新工艺、新设备、新材料，加强对职业病的机理和发生规律的基础研究，提高职业病防治科学技术水平；积极采用有效的职业病防治技术、工艺、设备、材料；限制使用或者淘汰职业病危害严重的技术、工艺、设备、材料。

国家鼓励和支持职业病医疗康复机构的建设。

第九条 国家实行职业卫生监督制度。

国务院卫生行政部门、劳动保障行政部门依照本法和国务院确定的职责，负责全国职业病防治的监督管理工作。国务院有关部门在各自的职责范围内负责职业病防治的有关监督管理工作。

县级以上地方人民政府卫生行政部门、劳动保障行政部门依据各自职责，负责本行政区域内职业病防治的监督管理工作。县级以上地方人民政府有关部门在各自的职责范围内负责职业病防治的有关监督管理工作。

县级以上人民政府卫生行政部门、劳动保障行政部门（以下统称职业卫生监督管理部门）应当加强沟通，密切配合，按照各自职责分工，依法行使职权，承担责任。

第十条 国务院和县级以上地方人民政府应当制定职业病防治规划，将其纳入国民经济和社会发展计划，并组织实施。

县级以上地方人民政府统一负责、领导、组织、协调本行政区域的职业病防治工作，建立健全职业病防治工作体制、机制，统一领导、指挥职业卫生突发事件应对工作；加强职业病防治能力建设和服务体系建设，完善、落实职业病防治工作责任制。

乡、民族乡、镇的人民政府应当认真执行本法，支持职业卫生监督管理部门依法履行职责。

第十一条 县级以上人民政府职业卫生监督管理部门应当加强对职业病防治的宣传教育，普及职业病防治的知识，增强用人单位的职业病防治观念，提高劳动者的职业健康意识、自我保护意识和行使职业卫生保护权利的能力。

第十二条 有关防治职业病的国家职业卫生标准，由国务院卫生行政部门组织制定并公布。

国务院卫生行政部门应当组织开展重点职业病监测和专项调查，对职业健康风险进行评估，为制定职业卫生标准和职业病防治政策提供科学依据。

县级以上地方人民政府卫生行政部门应当定期对本行政区域的职业病防治情况进行统计和调查分析。

第十三条 任何单位和个人有权对违反本法的行为进行检举和控告。有关部门收到相关的检举和控告后，应当及时处理。

对防治职业病成绩显著的单位和个人，给予奖励。

第二章 前期预防

第十四条 用人单位应当依照法律、法规要求，严格遵守国家职业卫生标准，落实职业病预防措施，从源头上控制和消除职业病危害。

第十五条 产生职业病危害的用人单位的设立除应当符合法律、行政法规规定的设立条件外，其工作场所还应当符合下列职业卫生要求：

（一）职业病危害因素的强度或者浓度符合国家职业卫生标准；

（二）有与职业病危害防护相适应的设施；

（三）生产布局合理，符合有害与无害作业分开的原则；

（四）有配套的更衣间、洗浴间、孕妇休息间等卫生设施；

（五）设备、工具、用具等设施符合保护劳动者生理、心理健康的要求；

（六）法律、行政法规和国务院卫生行政部门关于保护劳动者健康的其他要求。

第十六条 国家建立职业病危害项目申

报制度。

用人单位工作场所存在职业病目录所列职业病的危害因素的，应当及时、如实向所在地卫生行政部门申报危害项目，接受监督。

职业病危害因素分类目录由国务院卫生行政部门制定、调整并公布。职业病危害项目申报的具体办法由国务院卫生行政部门制定。

第十七条　新建、扩建、改建建设项目和技术改造、技术引进项目（以下统称建设项目）可能产生职业病危害的，建设单位在可行性论证阶段应当进行职业病危害预评价。

医疗机构建设项目可能产生放射性职业病危害的，建设单位应当向卫生行政部门提交放射性职业病危害预评价报告。卫生行政部门应当自收到预评价报告之日起三十日内，作出审核决定并书面通知建设单位。未提交预评价报告或者预评价报告未经卫生行政部门审核同意的，不得开工建设。

职业病危害预评价报告应当对建设项目可能产生的职业病危害因素及其对工作场所和劳动者健康的影响作出评价，确定危害类别和职业病防护措施。

建设项目职业病危害分类管理办法由国务院卫生行政部门制定。

第十八条　建设项目的职业病防护设施所需费用应当纳入建设项目工程预算，并与主体工程同时设计，同时施工，同时投入生产和使用。

建设项目的职业病防护设施设计应当符合国家职业卫生标准和卫生要求；其中，医疗机构放射性职业病危害严重的建设项目的防护设施设计，应当经卫生行政部门审查同意后，方可施工。

建设项目在竣工验收前，建设单位应当进行职业病危害控制效果评价。

医疗机构可能产生放射性职业病危害的建设项目竣工验收时，其放射性职业病防护设施经卫生行政部门验收合格后，方可投入使用；其他建设项目的职业病防护设施应当由建设单位负责依法组织验收，验收合格后，方可投入生产和使用。卫生行政部门应当加强对建设单位组织的验收活动和验收结果的监督核查。

第十九条　国家对从事放射性、高毒、高危粉尘等作业实行特殊管理。具体管理办法由国务院制定。

第三章　劳动过程中的防护与管理

第二十条　用人单位应当采取下列职业病防治管理措施：

（一）设置或者指定职业卫生管理机构或者组织，配备专职或者兼职的职业卫生管理人员，负责本单位的职业病防治工作；

（二）制定职业病防治计划和实施方案；

（三）建立、健全职业卫生管理制度和操作规程；

（四）建立、健全职业卫生档案和劳动者健康监护档案；

（五）建立、健全工作场所职业病危害因素监测及评价制度；

（六）建立、健全职业病危害事故应急救援预案。

第二十一条　用人单位应当保障职业病防治所需的资金投入，不得挤占、挪用，并对因资金投入不足导致的后果承担责任。

第二十二条　用人单位必须采用有效的职业病防护设施，并为劳动者提供个人使用的职业病防护用品。

用人单位为劳动者个人提供的职业病防护用品必须符合防治职业病的要求；不符合要求的，不得使用。

第二十三条　用人单位应当优先采用有利于防治职业病和保护劳动者健康的新技术、新工艺、新设备、新材料，逐步替代职业病危害严重的技术、工艺、设备、材料。

第二十四条 产生职业病危害的用人单位，应当在醒目位置设置公告栏，公布有关职业病防治的规章制度、操作规程、职业病危害事故应急救援措施和工作场所职业病危害因素检测结果。

对产生严重职业病危害的作业岗位，应当在其醒目位置，设置警示标识和中文警示说明。警示说明应当载明产生职业病危害的种类、后果、预防以及应急救治措施等内容。

第二十五条 对可能发生急性职业损伤的有毒、有害工作场所，用人单位应当设置报警装置，配置现场急救用品、冲洗设备、应急撤离通道和必要的泄险区。

对放射工作场所和放射性同位素的运输、贮存，用人单位必须配置防护设备和报警装置，保证接触放射线的工作人员佩戴个人剂量计。

对职业病防护设备、应急救援设施和个人使用的职业病防护用品，用人单位应当进行经常性的维护、检修，定期检测其性能和效果，确保其处于正常状态，不得擅自拆除或者停止使用。

第二十六条 用人单位应当实施由专人负责的职业病危害因素日常监测，并确保监测系统处于正常运行状态。

用人单位应当按照国务院卫生行政部门的规定，定期对工作场所进行职业病危害因素检测、评价。检测、评价结果存入用人单位职业卫生档案，定期向所在地卫生行政部门报告并向劳动者公布。

职业病危害因素检测、评价由依法设立的取得国务院卫生行政部门或者设区的市级以上地方人民政府卫生行政部门按照职责分工给予资质认可的职业卫生技术服务机构进行。职业卫生技术服务机构所作检测、评价应当客观、真实。

发现工作场所职业病危害因素不符合国家职业卫生标准和卫生要求时，用人单位应当立即采取相应治理措施，仍然达不到国家职业卫生标准和卫生要求的，必须停止存在职业病危害因素的作业；职业病危害因素经治理后，符合国家职业卫生标准和卫生要求的，方可重新作业。

第二十七条 职业卫生技术服务机构依法从事职业病危害因素检测、评价工作，接受卫生行政部门的监督检查。卫生行政部门应当依法履行监督职责。

第二十八条 向用人单位提供可能产生职业病危害的设备的，应当提供中文说明书，并在设备的醒目位置设置警示标识和中文警示说明。警示说明应当载明设备性能、可能产生的职业病危害、安全操作和维护注意事项、职业病防护以及应急救治措施等内容。

第二十九条 向用人单位提供可能产生职业病危害的化学品、放射性同位素和含有放射性物质的材料的，应当提供中文说明书。说明书应当载明产品特性、主要成份、存在的有害因素、可能产生的危害后果、安全使用注意事项、职业病防护以及应急救治措施等内容。产品包装应当有醒目的警示标识和中文警示说明。贮存上述材料的场所应当在规定的部位设置危险物品标识或者放射性警示标识。

国内首次使用或者首次进口与职业病危害有关的化学材料，使用单位或者进口单位按照国家规定经国务院有关部门批准后，应当向国务院卫生行政部门报送该化学材料的毒性鉴定以及经有关部门登记注册或者批准进口的文件等资料。

进口放射性同位素、射线装置和含有放射性物质的物品的，按照国家有关规定办理。

第三十条 任何单位和个人不得生产、经营、进口和使用国家明令禁止使用的可能产生职业病危害的设备或者材料。

第三十一条　任何单位和个人不得将产生职业病危害的作业转移给不具备职业病防护条件的单位和个人。不具备职业病防护条件的单位和个人不得接受产生职业病危害的作业。

第三十二条　用人单位对采用的技术、工艺、设备、材料，应当知悉其产生的职业病危害，对有职业病危害的技术、工艺、设备、材料隐瞒其危害而采用的，对所造成的职业病危害后果承担责任。

第三十三条　用人单位与劳动者订立劳动合同（含聘用合同，下同）时，应当将工作过程中可能产生的职业病危害及其后果、职业病防护措施和待遇等如实告知劳动者，并在劳动合同中写明，不得隐瞒或者欺骗。

劳动者在已订立劳动合同期间因工作岗位或者工作内容变更，从事与所订立劳动合同中未告知的存在职业病危害的作业时，用人单位应当依照前款规定，向劳动者履行如实告知的义务，并协商变更原劳动合同相关条款。

用人单位违反前两款规定的，劳动者有权拒绝从事存在职业病危害的作业，用人单位不得因此解除与劳动者所订立的劳动合同。

第三十四条　用人单位的主要负责人和职业卫生管理人员应当接受职业卫生培训，遵守职业病防治法律、法规，依法组织本单位的职业病防治工作。

用人单位应当对劳动者进行上岗前的职业卫生培训和在岗期间的定期职业卫生培训，普及职业卫生知识，督促劳动者遵守职业病防治法律、法规、规章和操作规程，指导劳动者正确使用职业病防护设备和个人使用的职业病防护用品。

劳动者应当学习和掌握相关的职业卫生知识，增强职业病防范意识，遵守职业病防治法律、法规、规章和操作规程，正确使用、维护职业病防护设备和个人使用的职业病防护用品，发现职业病危害事故隐患应当及时报告。

劳动者不履行前款规定义务的，用人单位应当对其进行教育。

第三十五条　对从事接触职业病危害的作业的劳动者，用人单位应当按照国务院卫生行政部门的规定组织上岗前、在岗期间和离岗时的职业健康检查，并将检查结果书面告知劳动者。职业健康检查费用由用人单位承担。

用人单位不得安排未经上岗前职业健康检查的劳动者从事接触职业病危害的作业；不得安排有职业禁忌的劳动者从事其所禁忌的作业；对在职业健康检查中发现有与所从事的职业相关的健康损害的劳动者，应当调离原工作岗位，并妥善安置；对未进行离岗前职业健康检查的劳动者不得解除或者终止与其订立的劳动合同。

职业健康检查应当由取得《医疗机构执业许可证》的医疗卫生机构承担。卫生行政部门应当加强对职业健康检查工作的规范管理，具体管理办法由国务院卫生行政部门制定。

第三十六条　用人单位应当为劳动者建立职业健康监护档案，并按照规定的期限妥善保存。

职业健康监护档案应当包括劳动者的职业史、职业病危害接触史、职业健康检查结果和职业病诊疗等有关个人健康资料。

劳动者离开用人单位时，有权索取本人职业健康监护档案复印件，用人单位应当如实、无偿提供，并在所提供的复印件上签章。

第三十七条　发生或者可能发生急性职业病危害事故时，用人单位应当立即采取应急救援和控制措施，并及时报告所在地卫生行政部门和有关部门。卫生行政部门接到报告后，应当及时会同有关部门组织调查处理；必要时，可以采取临时控制措施。卫生行政部门应当组织做好医疗救治工作。

对遭受或者可能遭受急性职业病危害的劳动者，用人单位应当及时组织救治、进行健康检查和医学观察，所需费用由用人单位承担。

第三十八条　用人单位不得安排未成年工从事接触职业病危害的作业；不得安排孕期、哺乳期的女职工从事对本人和胎儿、婴儿有危害的作业。

第三十九条　劳动者享有下列职业卫生保护权利：

（一）获得职业卫生教育、培训；

（二）获得职业健康检查、职业病诊疗、康复等职业病防治服务；

（三）了解工作场所产生或者可能产生的职业病危害因素、危害后果和应当采取的职业病防护措施；

（四）要求用人单位提供符合防治职业病要求的职业病防护设施和个人使用的职业病防护用品，改善工作条件；

（五）对违反职业病防治法律、法规以及危及生命健康的行为提出批评、检举和控告；

（六）拒绝违章指挥和强令进行没有职业病防护措施的作业；

（七）参与用人单位职业卫生工作的民主管理，对职业病防治工作提出意见和建议。

用人单位应当保障劳动者行使前款所列权利。因劳动者依法行使正当权利而降低其工资、福利等待遇或者解除、终止与其订立的劳动合同的，其行为无效。

第四十条　工会组织应当督促并协助用人单位开展职业卫生宣传教育和培训，有权对用人单位的职业病防治工作提出意见和建议，依法代表劳动者与用人单位签订劳动安全卫生专项集体合同，与用人单位就劳动者反映的有关职业病防治的问题进行协调并督促解决。

工会组织对用人单位违反职业病防治法律、法规，侵犯劳动者合法权益的行为，有权要求纠正；产生严重职业病危害时，有权要求采取防护措施，或者向政府有关部门建议采取强制性措施；发生职业病危害事故时，有权参与事故调查处理；发现危及劳动者生命健康的情形时，有权向用人单位建议组织劳动者撤离危险现场，用人单位应当立即作出处理。

第四十一条　用人单位按照职业病防治要求，用于预防和治理职业病危害、工作场所卫生检测、健康监护和职业卫生培训等费用，按照国家有关规定，在生产成本中据实列支。

第四十二条　职业卫生监督管理部门应当按照职责分工，加强对用人单位落实职业病防护管理措施情况的监督检查，依法行使职权，承担责任。

第四章　职业病诊断与职业病病人保障

第四十三条　职业病诊断应当由取得《医疗机构执业许可证》的医疗卫生机构承担。卫生行政部门应当加强对职业病诊断工作的规范管理，具体管理办法由国务院卫生行政部门制定。

承担职业病诊断的医疗卫生机构还应当具备下列条件：

（一）具有与开展职业病诊断相适应的医疗卫生技术人员；

（二）具有与开展职业病诊断相适应的仪器、设备；

（三）具有健全的职业病诊断质量管理制度。

承担职业病诊断的医疗卫生机构不得拒绝劳动者进行职业病诊断的要求。

第四十四条　劳动者可以在用人单位所在地、本人户籍所在地或者经常居住地依法承担职业病诊断的医疗卫生机构进行职业病诊断。

第四十五条　职业病诊断标准和职业病诊断、鉴定办法由国务院卫生行政部门制定。职业病伤残等级的鉴定办法由国务院劳动保障行政部门会同国务院卫生行政部门制定。

第四十六条　职业病诊断，应当综合分析下列因素：

（一）病人的职业史；

（二）职业病危害接触史和工作场所职业病危害因素情况；

（三）临床表现以及辅助检查结果等。

没有证据否定职业病危害因素与病人临床表现之间的必然联系的，应当诊断为职业病。

职业病诊断证明书应当由参与诊断的取得职业病诊断资格的执业医师签署，并经承担职业病诊断的医疗卫生机构审核盖章。

第四十七条　用人单位应当如实提供职业病诊断、鉴定所需的劳动者职业史和职业病危害接触史、工作场所职业病危害因素检测结果等资料；卫生行政部门应当监督检查和督促用人单位提供上述资料；劳动者和有关机构也应当提供与职业病诊断、鉴定有关的资料。

职业病诊断、鉴定机构需要了解工作场所职业病危害因素情况时，可以对工作场所进行现场调查，也可以向卫生行政部门提出，卫生行政部门应当在十日内组织现场调查。用人单位不得拒绝、阻挠。

第四十八条　职业病诊断、鉴定过程中，用人单位不提供工作场所职业病危害因素检测结果等资料的，诊断、鉴定机构应当结合劳动者的临床表现、辅助检查结果和劳动者的职业史、职业病危害接触史，并参考劳动者的自述、卫生行政部门提供的日常监督检查信息等，作出职业病诊断、鉴定结论。

劳动者对用人单位提供的工作场所职业病危害因素检测结果等资料有异议，或者因劳动者的用人单位解散、破产，无用人单位提供上述资料的，诊断、鉴定机构应当提请卫生行政部门进行调查，卫生行政部门应当自接到申请之日起三十日内对存在异议的资料或者工作场所职业病危害因素情况作出判定；有关部门应当配合。

第四十九条　职业病诊断、鉴定过程中，在确认劳动者职业史、职业病危害接触史时，当事人对劳动关系、工种、工作岗位或者在岗时间有争议的，可以向当地的劳动人事争议仲裁委员会申请仲裁；接到申请的劳动人事争议仲裁委员会应当受理，并在三十日内作出裁决。

当事人在仲裁过程中对自己提出的主张，有责任提供证据。劳动者无法提供由用人单位掌握管理的与仲裁主张有关的证据的，仲裁庭应当要求用人单位在指定期限内提供；用人单位在指定期限内不提供的，应当承担不利后果。

劳动者对仲裁裁决不服的，可以依法向人民法院提起诉讼。

用人单位对仲裁裁决不服的，可以在职业病诊断、鉴定程序结束之日起十五日内依法向人民法院提起诉讼；诉讼期间，劳动者的治疗费用按照职业病待遇规定的途径支付。

第五十条　用人单位和医疗卫生机构发现职业病病人或者疑似职业病病人时，应当及时向所在地卫生行政部门报告。确诊为职业病的，用人单位还应当向所在地劳动保障行政部门报告。接到报告的部门应当依法作出处理。

第五十一条　县级以上地方人民政府卫生行政部门负责本行政区域内的职业病统计报告的管理工作，并按照规定上报。

第五十二条　当事人对职业病诊断有异议的，可以向作出诊断的医疗卫生机构所在地地方人民政府卫生行政部门申请鉴定。

职业病诊断争议由设区的市级以上地方人民政府卫生行政部门根据当事人的申请，

组织职业病诊断鉴定委员会进行鉴定。

当事人对设区的市级职业病诊断鉴定委员会的鉴定结论不服的，可以向省、自治区、直辖市人民政府卫生行政部门申请再鉴定。

第五十三条 职业病诊断鉴定委员会由相关专业的专家组成。

省、自治区、直辖市人民政府卫生行政部门应当设立相关的专家库，需要对职业病争议作出诊断鉴定时，由当事人或者当事人委托有关卫生行政部门从专家库中以随机抽取的方式确定参加诊断鉴定委员会的专家。

职业病诊断鉴定委员会应当按照国务院卫生行政部门颁布的职业病诊断标准和职业病诊断、鉴定办法进行职业病诊断鉴定，向当事人出具职业病诊断鉴定书。职业病诊断、鉴定费用由用人单位承担。

第五十四条 职业病诊断鉴定委员会组成人员应当遵守职业道德，客观、公正地进行诊断鉴定，并承担相应的责任。职业病诊断鉴定委员会组成人员不得私下接触当事人，不得收受当事人的财物或者其他好处，与当事人有利害关系的，应当回避。

人民法院受理有关案件需要进行职业病鉴定时，应当从省、自治区、直辖市人民政府卫生行政部门依法设立的相关的专家库中选取参加鉴定的专家。

第五十五条 医疗卫生机构发现疑似职业病病人时，应当告知劳动者本人并及时通知用人单位。

用人单位应当及时安排对疑似职业病病人进行诊断；在疑似职业病病人诊断或者医学观察期间，不得解除或者终止与其订立的劳动合同。

疑似职业病病人在诊断、医学观察期间的费用，由用人单位承担。

第五十六条 用人单位应当保障职业病病人依法享受国家规定的职业病待遇。

用人单位应当按照国家有关规定，安排职业病病人进行治疗、康复和定期检查。

用人单位对不适宜继续从事原工作的职业病病人，应当调离原岗位，并妥善安置。

用人单位对从事接触职业病危害的作业的劳动者，应当给予适当岗位津贴。

第五十七条 职业病病人的诊疗、康复费用，伤残以及丧失劳动能力的职业病病人的社会保障，按照国家有关工伤保险的规定执行。

第五十八条 职业病病人除依法享有工伤保险外，依照有关民事法律，尚有获得赔偿的权利的，有权向用人单位提出赔偿要求。

第五十九条 劳动者被诊断患有职业病，但用人单位没有依法参加工伤保险的，其医疗和生活保障由该用人单位承担。

第六十条 职业病病人变动工作单位，其依法享有的待遇不变。

用人单位在发生分立、合并、解散、破产等情形时，应当对从事接触职业病危害的作业的劳动者进行健康检查，并按照国家有关规定妥善安置职业病病人。

第六十一条 用人单位已经不存在或者无法确认劳动关系的职业病病人，可以向地方人民政府医疗保障、民政部门申请医疗救助和生活等方面的救助。

地方各级人民政府应当根据本地区的实际情况，采取其他措施，使前款规定的职业病病人获得医疗救治。

第五章 监督检查

第六十二条 县级以上人民政府职业卫生监督管理部门依照职业病防治法律、法规、国家职业卫生标准和卫生要求，依据职责划分，对职业病防治工作进行监督检查。

第六十三条 卫生行政部门履行监督检查职责时，有权采取下列措施：

（一）进入被检查单位和职业病危害现场，了解情况，调查取证；

（二）查阅或者复制与违反职业病防治

法律、法规的行为有关的资料和采集样品；

（三）责令违反职业病防治法律、法规的单位和个人停止违法行为。

第六十四条　发生职业病危害事故或者有证据证明危害状态可能导致职业病危害事故发生时，卫生行政部门可以采取下列临时控制措施：

（一）责令暂停导致职业病危害事故的作业；

（二）封存造成职业病危害事故或者可能导致职业病危害事故发生的材料和设备；

（三）组织控制职业病危害事故现场。

在职业病危害事故或者危害状态得到有效控制后，卫生行政部门应当及时解除控制措施。

第六十五条　职业卫生监督执法人员依法执行职务时，应当出示监督执法证件。

职业卫生监督执法人员应当忠于职守，秉公执法，严格遵守执法规范；涉及用人单位的秘密的，应当为其保密。

第六十六条　职业卫生监督执法人员依法执行职务时，被检查单位应当接受检查并予以支持配合，不得拒绝和阻碍。

第六十七条　卫生行政部门及其职业卫生监督执法人员履行职责时，不得有下列行为：

（一）对不符合法定条件的，发给建设项目有关证明文件、资质证明文件或者予以批准；

（二）对已经取得有关证明文件的，不履行监督检查职责；

（三）发现用人单位存在职业病危害的，可能造成职业病危害事故，不及时依法采取控制措施；

（四）其他违反本法的行为。

第六十八条　职业卫生监督执法人员应当依法经过资格认定。

职业卫生监督管理部门应当加强队伍建设，提高职业卫生监督执法人员的政治、业务素质，依照本法和其他有关法律、法规的规定，建立、健全内部监督制度，对其工作人员执行法律、法规和遵守纪律的情况，进行监督检查。

第六章　法律责任

第六十九条　建设单位违反本法规定，有下列行为之一的，由卫生行政部门给予警告，责令限期改正；逾期不改正的，处十万元以上五十万元以下的罚款；情节严重的，责令停止产生职业病危害的作业，或者提请有关人民政府按照国务院规定的权限责令停建、关闭：

（一）未按照规定进行职业病危害预评价的；

（二）医疗机构可能产生放射性职业病危害的建设项目未按照规定提交放射性职业病危害预评价报告，或者放射性职业病危害预评价报告未经卫生行政部门审核同意，开工建设的；

（三）建设项目的职业病防护设施未按照规定与主体工程同时设计、同时施工、同时投入生产和使用的；

（四）建设项目的职业病防护设施设计不符合国家职业卫生标准和卫生要求，或者医疗机构放射性职业病危害严重的建设项目的防护设施设计未经卫生行政部门审查同意擅自施工的；

（五）未按照规定对职业病防护设施进行职业病危害控制效果评价的；

（六）建设项目竣工投入生产和使用前，职业病防护设施未按照规定验收合格的。

第七十条　违反本法规定，有下列行为之一的，由卫生行政部门给予警告，责令限期改正；逾期不改正的，处十万元以下的罚款：

（一）工作场所职业病危害因素检测、评价结果没有存档、上报、公布的；

（二）未采取本法第二十条规定的职业病防治管理措施的；

（三）未按照规定公布有关职业病防治的规章制度、操作规程、职业病危害事故应急救援措施的；

（四）未按照规定组织劳动者进行职业卫生培训，或者未对劳动者个人职业病防护采取指导、督促措施的；

（五）国内首次使用或者首次进口与职业病危害有关的化学材料，未按照规定报送毒性鉴定资料以及经有关部门登记注册或者批准进口的文件的。

第七十一条 用人单位违反本法规定，有下列行为之一的，由卫生行政部门责令限期改正，给予警告，可以并处五万元以上十万元以下的罚款：

（一）未按照规定及时、如实向卫生行政部门申报产生职业病危害的项目的；

（二）未实施由专人负责的职业病危害因素日常监测，或者监测系统不能正常监测的；

（三）订立或者变更劳动合同时，未告知劳动者职业病危害真实情况的；

（四）未按照规定组织职业健康检查、建立职业健康监护档案或者未将检查结果书面告知劳动者的；

（五）未依照本法规定在劳动者离开用人单位时提供职业健康监护档案复印件的。

第七十二条 用人单位违反本法规定，有下列行为之一的，由卫生行政部门给予警告，责令限期改正，逾期不改正的，处五万元以上二十万元以下的罚款；情节严重的，责令停止产生职业病危害的作业，或者提请有关人民政府按照国务院规定的权限责令关闭：

（一）工作场所职业病危害因素的强度或者浓度超过国家职业卫生标准的；

（二）未提供职业病防护设施和个人使用的职业病防护用品，或者提供的职业病防护设施和个人使用的职业病防护用品不符合国家职业卫生标准和卫生要求的；

（三）对职业病防护设备、应急救援设施和个人使用的职业病防护用品未按照规定进行维护、检修、检测，或者不能保持正常运行、使用状态的；

（四）未按照规定对工作场所职业病危害因素进行检测、评价的；

（五）工作场所职业病危害因素经治理仍然达不到国家职业卫生标准和卫生要求时，未停止存在职业病危害因素的作业的；

（六）未按照规定安排职业病病人、疑似职业病病人进行诊治的；

（七）发生或者可能发生急性职业病危害事故时，未立即采取应急救援和控制措施或者未按照规定及时报告的；

（八）未按照规定在产生严重职业病危害的作业岗位醒目位置设置警示标识和中文警示说明的；

（九）拒绝职业卫生监督管理部门监督检查的；

（十）隐瞒、伪造、篡改、毁损职业健康监护档案、工作场所职业病危害因素检测评价结果等相关资料，或者拒不提供职业病诊断、鉴定所需资料的；

（十一）未按照规定承担职业病诊断、鉴定费用和职业病病人的医疗、生活保障费用的。

第七十三条 向用人单位提供可能产生职业病危害的设备、材料，未按照规定提供中文说明书或者设置警示标识和中文警示说明的，由卫生行政部门责令限期改正，给予警告，并处五万元以上二十万元以下的罚款。

第七十四条 用人单位和医疗卫生机构未按照规定报告职业病、疑似职业病的，由有关主管部门依据职责分工责令限期改正，给予警告，可以并处一万元以下的罚款；弄虚作假的，并处二万元以上五万元以下的罚款；对直接负责的主管人员和其他直接责任人员，可以依法给予降级或者撤职的处分。

第七十五条　违反本法规定，有下列情形之一的，由卫生行政部门责令限期治理，并处五万元以上三十万元以下的罚款；情节严重的，责令停止产生职业病危害的作业，或者提请有关人民政府按照国务院规定的权限责令关闭：

（一）隐瞒技术、工艺、设备、材料所产生的职业病危害而采用的；

（二）隐瞒本单位职业卫生真实情况的；

（三）可能发生急性职业损伤的有毒、有害工作场所、放射工作场所或者放射性同位素的运输、贮存不符合本法第二十五条规定的；

（四）使用国家明令禁止使用的可能产生职业病危害的设备或者材料的；

（五）将产生职业病危害的作业转移给没有职业病防护条件的单位和个人，或者没有职业病防护条件的单位和个人接受产生职业病危害的作业的；

（六）擅自拆除、停止使用职业病防护设备或者应急救援设施的；

（七）安排未经职业健康检查的劳动者、有职业禁忌的劳动者、未成年工或者孕期、哺乳期女职工从事接触职业病危害的作业或者禁忌作业的；

（八）违章指挥和强令劳动者进行没有职业病防护措施的作业的。

第七十六条　生产、经营或者进口国家明令禁止使用的可能产生职业病危害的设备或者材料的，依照有关法律、行政法规的规定给予处罚。

第七十七条　用人单位违反本法规定，已经对劳动者生命健康造成严重损害的，由卫生行政部门责令停止产生职业病危害的作业，或者提请有关人民政府按照国务院规定的权限责令关闭，并处十万元以上五十万元以下的罚款。

第七十八条　用人单位违反本法规定，造成重大职业病危害事故或者其他严重后果，构成犯罪的，对直接负责的主管人员和其他直接责任人员，依法追究刑事责任。

第七十九条　未取得职业卫生技术服务资质认可擅自从事职业卫生技术服务的，由卫生行政部门责令立即停止违法行为，没收违法所得；违法所得五千元以上的，并处违法所得二倍以上十倍以下的罚款；没有违法所得或者违法所得不足五千元的，并处五千元以上五万元以下的罚款；情节严重的，对直接负责的主管人员和其他直接责任人员，依法给予降级、撤职或者开除的处分。

第八十条　从事职业卫生技术服务的机构和承担职业病诊断的医疗卫生机构违反本法规定，有下列行为之一的，由卫生行政部门责令立即停止违法行为，给予警告，没收违法所得；违法所得五千元以上的，并处违法所得二倍以上五倍以下的罚款；没有违法所得或者违法所得不足五千元的，并处五千元以上二万元以下的罚款；情节严重的，由原认可或者登记机关取消其相应的资格；对直接负责的主管人员和其他直接责任人员，依法给予降级、撤职或者开除的处分；构成犯罪的，依法追究刑事责任：

（一）超出资质认可或者诊疗项目登记范围从事职业卫生技术服务或者职业病诊断的；

（二）不按照本法规定履行法定职责的；

（三）出具虚假证明文件的。

第八十一条　职业病诊断鉴定委员会组成人员收受职业病诊断争议当事人的财物或者其他好处的，给予警告，没收收受的财物，可以并处三千元以上五万元以下的罚款，取消其担任职业病诊断鉴定委员会组成人员的资格，并从省、自治区、直辖市人民政府卫生行政部门设立的专家库中予以除名。

第八十二条　卫生行政部门不按照规定报告职业病和职业病危害事故的，由上一级行政部门责令改正，通报批评，给予警告；虚报、瞒报的，对单位负责人、直接负责的主管人员和其他直接责任人员依法给予降级、撤职或者开除的处分。

第八十三条　县级以上地方人民政府在职业病防治工作中未依照本法履行职责，本行政区域出现重大职业病危害事故、造成严重社会影响的，依法对直接负责的主管人员和其他直接责任人员给予记大过直至开除的处分。

县级以上人民政府职业卫生监督管理部门不履行本法规定的职责，滥用职权、玩忽职守、徇私舞弊，依法对直接负责的主管人员和其他直接责任人员给予记大过或者降级的处分；造成职业病危害事故或者其他严重后果的，依法给予撤职或者开除的处分。

第八十四条　违反本法规定，构成犯罪的，依法追究刑事责任。

第七章　附　　则

第八十五条　本法下列用语的含义：

职业病危害，是指对从事职业活动的劳动者可能导致职业病的各种危害。职业病危害因素包括：职业活动中存在的各种有害的化学、物理、生物因素以及在作业过程中产生的其他职业有害因素。

职业禁忌，是指劳动者从事特定职业或者接触特定职业病危害因素时，比一般职业人群更易于遭受职业病危害和罹患职业病或者可能导致原有自身疾病病情加重，或者在从事作业过程中诱发可能导致对他人生命健康构成危险的疾病的个人特殊生理或者病理状态。

第八十六条　本法第二条规定的用人单位以外的单位，产生职业病危害的，其职业病防治活动可以参照本法执行。

劳务派遣用工单位应当履行本法规定的用人单位的义务。

中国人民解放军参照执行本法的办法，由国务院、中央军事委员会制定。

第八十七条　对医疗机构放射性职业病危害控制的监督管理，由卫生行政部门依照本法的规定实施。

第八十八条　本法自 2002 年 5 月 1 日起施行。

中华人民共和国突发事件应对法

（2007 年 8 月 30 日第十届全国人民代表大会常务委员会第二十九次会议通过，2024 年 6 月 28 日第十四届全国人民代表大会常务委员会第十次会议修订）

第一章　总　　则

第一条　为了预防和减少突发事件的发生，控制、减轻和消除突发事件引起的严重社会危害，提高突发事件预防和应对能力，规范突发事件应对活动，保护人民生命财产安全，维护国家安全、公共安全、生态环境安全和社会秩序，根据宪法，制定本法。

第二条　本法所称突发事件，是指突然发生，造成或者可能造成严重社会危害，需要采取应急处置措施予以应对的自然灾害、事故灾难、公共卫生事件和社会安全事件。

突发事件的预防与应急准备、监测与预警、应急处置与救援、事后恢复与重建等应对活动，适用本法。

《中华人民共和国传染病防治法》等有

关法律对突发公共卫生事件应对作出规定的，适用其规定。有关法律没有规定的，适用本法。

第三条　按照社会危害程度、影响范围等因素，突发自然灾害、事故灾难、公共卫生事件分为特别重大、重大、较大和一般四级。法律、行政法规或者国务院另有规定的，从其规定。

突发事件的分级标准由国务院或者国务院确定的部门制定。

第四条　突发事件应对工作坚持中国共产党的领导，坚持以马克思列宁主义、毛泽东思想、邓小平理论、“三个代表”重要思想、科学发展观、习近平新时代中国特色社会主义思想为指导，建立健全集中统一、高效权威的中国特色突发事件应对工作领导体制，完善党委领导、政府负责、部门联动、军地联合、社会协同、公众参与、科技支撑、法治保障的治理体系。

第五条　突发事件应对工作应当坚持总体国家安全观，统筹发展与安全；坚持人民至上、生命至上；坚持依法科学应对，尊重和保障人权；坚持预防为主、预防与应急相结合。

第六条　国家建立有效的社会动员机制，组织动员企业事业单位、社会组织、志愿者等各方力量依法有序参与突发事件应对工作，增强全民的公共安全和防范风险的意识，提高全社会的避险救助能力。

第七条　国家建立健全突发事件信息发布制度。有关人民政府和部门应当及时向社会公布突发事件相关信息和有关突发事件应对的决定、命令、措施等信息。

任何单位和个人不得编造、故意传播有关突发事件的虚假信息。有关人民政府和部门发现影响或者可能影响社会稳定、扰乱社会和经济管理秩序的虚假或者不完整信息的，应当及时发布准确的信息予以澄清。

第八条　国家建立健全突发事件新闻采访报道制度。有关人民政府和部门应当做好新闻媒体服务引导工作，支持新闻媒体开展采访报道和舆论监督。

新闻媒体采访报道突发事件应当及时、准确、客观、公正。

新闻媒体应当开展突发事件应对法律法规、预防与应急、自救与互救知识等的公益宣传。

第九条　国家建立突发事件应对工作投诉、举报制度，公布统一的投诉、举报方式。

对于不履行或者不正确履行突发事件应对工作职责的行为，任何单位和个人有权向有关人民政府和部门投诉、举报。

接到投诉、举报的人民政府和部门应当依照规定立即组织调查处理，并将调查处理结果以适当方式告知投诉人、举报人；投诉、举报事项不属于其职责的，应当及时移送有关机关处理。

有关人民政府和部门对投诉人、举报人的相关信息应当予以保密，保护投诉人、举报人的合法权益。

第十条　突发事件应对措施应当与突发事件可能造成的社会危害的性质、程度和范围相适应；有多种措施可供选择的，应当选择有利于最大程度地保护公民、法人和其他组织权益，且对他人权益损害和生态环境影响较小的措施，并根据情况变化及时调整，做到科学、精准、有效。

第十一条　国家在突发事件应对工作中，应当对未成年人、老年人、残疾人、孕产期和哺乳期的妇女、需要及时就医的伤病人员等群体给予特殊、优先保护。

第十二条　县级以上人民政府及其部门为应对突发事件的紧急需要，可以征用单位和个人的设备、设施、场地、交通工具等财产。被征用的财产在使用完毕或者突发事件应急处置工作结束后，应当及时返还。财产被征用或者征用后毁损、灭失的，应当给予公平、合理的补偿。

第十三条　因依法采取突发事件应对措施，致使诉讼、监察调查、行政复议、仲裁、国家赔偿等活动不能正常进行的，适用有关时效中止和程序中止的规定，法律另有规定的除外。

第十四条　中华人民共和国政府在突发事件的预防与应急准备、监测与预警、应急处置与救援、事后恢复与重建等方面，同外国政府和有关国际组织开展合作与交流。

第十五条　对在突发事件应对工作中做出突出贡献的单位和个人，按照国家有关规定给予表彰、奖励。

第二章　管理与指挥体制

第十六条　国家建立统一指挥、专常兼备、反应灵敏、上下联动的应急管理体制和综合协调、分类管理、分级负责、属地管理为主的工作体系。

第十七条　县级人民政府对本行政区域内突发事件的应对管理工作负责。突发事件发生后，发生地县级人民政府应当立即采取措施控制事态发展，组织开展应急救援和处置工作，并立即向上一级人民政府报告，必要时可以越级上报，具备条件的，应当进行网络直报或者自动速报。

突发事件发生地县级人民政府不能消除或者不能有效控制突发事件引起的严重社会危害的，应当及时向上级人民政府报告。上级人民政府应当及时采取措施，统一领导应急处置工作。

法律、行政法规规定由国务院有关部门对突发事件应对管理工作负责的，从其规定；地方人民政府应当积极配合并提供必要的支持。

第十八条　突发事件涉及两个以上行政区域的，其应对管理工作由有关行政区域共同的上一级人民政府负责，或者由各有关行政区域的上一级人民政府共同负责。共同负责的人民政府应当按照国家有关规定，建立信息共享和协调配合机制。根据共同应对突发事件的需要，地方人民政府之间可以建立协同应对机制。

第十九条　县级以上人民政府是突发事件应对管理工作的行政领导机关。

国务院在总理领导下研究、决定和部署特别重大突发事件的应对工作；根据实际需要，设立国家突发事件应急指挥机构，负责突发事件应对工作；必要时，国务院可以派出工作组指导有关工作。

县级以上地方人民政府设立由本级人民政府主要负责人、相关部门负责人、国家综合性消防救援队伍和驻当地中国人民解放军、中国人民武装警察部队有关负责人等组成的突发事件应急指挥机构，统一领导、协调本级人民政府各有关部门和下级人民政府开展突发事件应对工作；根据实际需要，设立相关类别突发事件应急指挥机构，组织、协调、指挥突发事件应对工作。

第二十条　突发事件应急指挥机构在突发事件应对过程中可以依法发布有关突发事件应对的决定、命令、措施。突发事件应急指挥机构发布的决定、命令、措施与设立它的人民政府发布的决定、命令、措施具有同等效力，法律责任由设立它的人民政府承担。

第二十一条　县级以上人民政府应急管理部门和卫生健康、公安等有关部门应当在各自职责范围内做好有关突发事件应对管理工作，并指导、协助下级人民政府及其相应部门做好有关突发事件的应对管理工作。

第二十二条　乡级人民政府、街道办事处应当明确专门工作力量，负责突发事件应对有关工作。

居民委员会、村民委员会依法协助人民政府和有关部门做好突发事件应对工作。

第二十三条　公民、法人和其他组织有义务参与突发事件应对工作。

第二十四条　中国人民解放军、中国人民武装警察部队和民兵组织依照本法和其他有关法律、行政法规、军事法规的规定以及国务院、中央军事委员会的命令，参加突发事件的应急救援和处置工作。

第二十五条　县级以上人民政府及其设立的突发事件应急指挥机构发布的有关突发事件应对的决定、命令、措施，应当及时报本级人民代表大会常务委员会备案；突发事件应急处置工作结束后，应当向本级人民代表大会常务委员会作出专项工作报告。

第三章　预防与应急准备

第二十六条　国家建立健全突发事件应急预案体系。

国务院制定国家突发事件总体应急预案，组织制定国家突发事件专项应急预案；国务院有关部门根据各自的职责和国务院相关应急预案，制定国家突发事件部门应急预案并报国务院备案。

地方各级人民政府和县级以上地方人民政府有关部门根据有关法律、法规、规章、上级人民政府及其有关部门的应急预案以及本地区、本部门的实际情况，制定相应的突发事件应急预案并按国务院有关规定备案。

第二十七条　县级以上人民政府应急管理部门指导突发事件应急预案体系建设，综合协调应急预案衔接工作，增强有关应急预案的衔接性和实效性。

第二十八条　应急预案应当根据本法和其他有关法律、法规的规定，针对突发事件的性质、特点和可能造成的社会危害，具体规定突发事件应对管理工作的组织指挥体系与职责和突发事件的预防与预警机制、处置程序、应急保障措施以及事后恢复与重建措施等内容。

应急预案制定机关应当广泛听取有关部门、单位、专家和社会各方面意见，增强应急预案的针对性和可操作性，并根据实际需要、情势变化、应急演练中发现的问题等及时对应急预案作出修订。

应急预案的制定、修订、备案等工作程序和管理办法由国务院规定。

第二十九条　县级以上人民政府应当将突发事件应对工作纳入国民经济和社会发展规划。县级以上人民政府有关部门应当制定突发事件应急体系建设规划。

第三十条　国土空间规划等规划应当符合预防、处置突发事件的需要，统筹安排突发事件应对工作所必需的设备和基础设施建设，合理确定应急避难、封闭隔离、紧急医疗救治等场所，实现日常使用和应急使用的相互转换。

第三十一条　国务院应急管理部门会同卫生健康、自然资源、住房城乡建设等部门统筹、指导全国应急避难场所的建设和管理工作，建立健全应急避难场所标准体系。县级以上地方人民政府负责本行政区域内应急避难场所的规划、建设和管理工作。

第三十二条　国家建立健全突发事件风险评估体系，对可能发生的突发事件进行综合性评估，有针对性地采取有效防范措施，减少突发事件的发生，最大限度减轻突发事件的影响。

第三十三条　县级人民政府应当对本行政区域内容易引发自然灾害、事故灾难和公共卫生事件的危险源、危险区域进行调查、登记、风险评估，定期进行检查、监控，并责令有关单位采取安全防范措施。

省级和设区的市级人民政府应当对本行政区域内容易引发特别重大、重大突发事件的危险源、危险区域进行调查、登记、风险评估，组织进行检查、监控，并责令有关单位采取安全防范措施。

县级以上地方人民政府应当根据情况变化，及时调整危险源、危险区域的登记。登记的危险源、危险区域及其基础信息，应当按照国家有关规定接入突发事件信息系统，并及时向社会公布。

第三十四条　县级人民政府及其有关部门、乡级人民政府、街道办事处、居民委员会、村民委员会应当及时调解处理可能引发社会安全事件的矛盾纠纷。

第三十五条　所有单位应当建立健全安全管理制度，定期开展危险源辨识评估，制定安全防范措施；定期检查本单位各项安全防范措施的落实情况，及时消除事故隐患；掌握并及时处理本单位存在的可能引发社会安全事件的问题，防止矛盾激化和事态扩大；对本单位可能发生的突发事件和采取安全防范措施的情况，应当按照规定及时向所在地人民政府或者有关部门报告。

第三十六条　矿山、金属冶炼、建筑施工单位和易燃易爆物品、危险化学品、放射性物品等危险物品的生产、经营、运输、储存、使用单位，应当制定具体应急预案，配备必要的应急救援器材、设备和物资，并对生产经营场所、有危险物品的建筑物、构筑物及周边环境开展隐患排查，及时采取措施管控风险和消除隐患，防止发生突发事件。

第三十七条　公共交通工具、公共场所和其他人员密集场所的经营单位或者管理单位应当制定具体应急预案，为交通工具和有关场所配备报警装置和必要的应急救援设备、设施，注明其使用方法，并显著标明安全撤离的通道、路线，保证安全通道、出口的畅通。

有关单位应当定期检测、维护其报警装置和应急救援设备、设施，使其处于良好状态，确保正常使用。

第三十八条　县级以上人民政府应当建立健全突发事件应对管理培训制度，对人民政府及其有关部门负有突发事件应对管理职责的工作人员以及居民委员会、村民委员会有关人员定期进行培训。

第三十九条　国家综合性消防救援队伍是应急救援的综合性常备骨干力量，按照国家有关规定执行综合应急救援任务。县级以上人民政府有关部门可以根据实际需要设立专业应急救援队伍。

县级以上人民政府及其有关部门可以建立由成年志愿者组成的应急救援队伍。乡级人民政府、街道办事处和有条件的居民委员会、村民委员会可以建立基层应急救援队伍，及时、就近开展应急救援。单位应当建立由本单位职工组成的专职或者兼职应急救援队伍。

国家鼓励和支持社会力量建立提供社会化应急救援服务的应急救援队伍。社会力量建立的应急救援队伍参与突发事件应对工作应当服从履行统一领导职责或者组织处置突发事件的人民政府、突发事件应急指挥机构的统一指挥。

县级以上人民政府应当推动专业应急救援队伍与非专业应急救援队伍联合培训、联合演练，提高合成应急、协同应急的能力。

第四十条　地方各级人民政府、县级以上人民政府有关部门、有关单位应当为其组建的应急救援队伍购买人身意外伤害保险，配备必要的防护装备和器材，防范和减少应急救援人员的人身伤害风险。

专业应急救援人员应当具备相应的身体条件、专业技能和心理素质，取得国家规定的应急救援职业资格，具体办法由国务院应急管理部门会同国务院有关部门制定。

第四十一条　中国人民解放军、中国人民武装警察部队和民兵组织应当有计划地组织开展应急救援的专门训练。

第四十二条　县级人民政府及其有关部门、乡级人民政府、街道办事处应当组织开展面向社会公众的应急知识宣传普及活动和必要的应急演练。

居民委员会、村民委员会、企业事业单位、社会组织应当根据所在地人民政府的要求，结合各自的实际情况，开展面向居民、村民、职工等的应急知识宣传普及活动和必要的应急演练。

第四十三条　各级各类学校应当把应急教育纳入教育教学计划，对学生及教职工开展应急知识教育和应急演练，培养安全意识，提高自救与互救能力。

教育主管部门应当对学校开展应急教育进行指导和监督，应急管理等部门应当给予支持。

第四十四条　各级人民政府应当将突发事件应对工作所需经费纳入本级预算，并加强资金管理，提高资金使用绩效。

第四十五条　国家按照集中管理、统一调拨、平时服务、灾时应急、采储结合、节约高效的原则，建立健全应急物资储备保障制度，动态更新应急物资储备品种目录，完善重要应急物资的监管、生产、采购、储备、调拨和紧急配送体系，促进安全应急产业发展，优化产业布局。

国家储备物资品种目录、总体发展规划，由国务院发展改革部门会同国务院有关部门拟订。国务院应急管理等部门依据职责制定应急物资储备规划、品种目录，并组织实施。应急物资储备规划应当纳入国家储备总体发展规划。

第四十六条　设区的市级以上人民政府和突发事件易发、多发地区的县级人民政府应当建立应急救援物资、生活必需品和应急处置装备的储备保障制度。

县级以上地方人民政府应当根据本地区的实际情况和突发事件应对工作的需要，依法与有条件的企业签订协议，保障应急救援物资、生活必需品和应急处置装备的生产、供给。有关企业应当根据协议，按照县级以上地方人民政府要求，进行应急救援物资、生活必需品和应急处置装备的生产、供给，并确保符合国家有关产品质量的标准和要求。

国家鼓励公民、法人和其他组织储备基本的应急自救物资和生活必需品。有关部门可以向社会公布相关物资、物品的储备指南和建议清单。

第四十七条　国家建立健全应急运输保障体系，统筹铁路、公路、水运、民航、邮政、快递等运输和服务方式，制定应急运输保障方案，保障应急物资、装备和人员及时运输。

县级以上地方人民政府和有关主管部门应当根据国家应急运输保障方案，结合本地区实际做好应急调度和运力保障，确保运输通道和客货运枢纽畅通。

国家发挥社会力量在应急运输保障中的积极作用。社会力量参与突发事件应急运输保障，应当服从突发事件应急指挥机构的统一指挥。

第四十八条　国家建立健全能源应急保障体系，提高能源安全保障能力，确保受突发事件影响地区的能源供应。

第四十九条　国家建立健全应急通信、应急广播保障体系，加强应急通信系统、应急广播系统建设，确保突发事件应对工作的通信、广播安全畅通。

第五十条　国家建立健全突发事件卫生应急体系，组织开展突发事件中的医疗救治、卫生学调查处置和心理援助等卫生应急工作，有效控制和消除危害。

第五十一条　县级以上人民政府应当加强急救医疗服务网络的建设，配备相应的医疗救治物资、设施设备和人员，提高医疗卫生机构应对各类突发事件的救治能力。

第五十二条　国家鼓励公民、法人和其他组织为突发事件应对工作提供物资、资金、技术支持和捐赠。

接受捐赠的单位应当及时公开接受捐赠的情况和受赠财产的使用、管理情况，接受社会监督。

第五十三条　红十字会在突发事件中，应当对伤病人员和其他受害者提供紧急救援和人道救助，并协助人民政府开展与其职责相关的其他人道主义服务活动。有关人民政府应当给予红十字会支持和资助，保障其依法参与应对突发事件。

慈善组织在发生重大突发事件时开展募捐和救助活动，应当在有关人民政府的统筹协调、有序引导下依法进行。有关人民政府应当通过提供必要的需求信息、政府购买服务等方式，对慈善组织参与应对突发事件、开展应急慈善活动予以支持。

第五十四条　有关单位应当加强应急救援资金、物资的管理，提高使用效率。

任何单位和个人不得截留、挪用、私分或者变相私分应急救援资金、物资。

第五十五条　国家发展保险事业，建立政府支持、社会力量参与、市场化运作的巨灾风险保险体系，并鼓励单位和个人参加保险。

第五十六条　国家加强应急管理基础科学、重点行业领域关键核心技术的研究，加强互联网、云计算、大数据、人工智能等现代技术手段在突发事件应对工作中的应用，鼓励、扶持有条件的教学科研机构、企业培养应急管理人才和科技人才，研发、推广新技术、新材料、新设备和新工具，提高突发事件应对能力。

第五十七条　县级以上人民政府及其有关部门应当建立健全突发事件专家咨询论证制度，发挥专业人员在突发事件应对工作中的作用。

第四章　监测与预警

第五十八条　国家建立健全突发事件监测制度。

县级以上人民政府及其有关部门应当根据自然灾害、事故灾难和公共卫生事件的种类和特点，建立健全基础信息数据库，完善监测网络，划分监测区域，确定监测点，明确监测项目，提供必要的设备、设施，配备专职或者兼职人员，对可能发生的突发事件进行监测。

第五十九条　国务院建立全国统一的突发事件信息系统。

县级以上地方人民政府应当建立或者确定本地区统一的突发事件信息系统，汇集、储存、分析、传输有关突发事件的信息，并与上级人民政府及其有关部门、下级人民政府及其有关部门、专业机构、监测网点和重点企业的突发事件信息系统实现互联互通，加强跨部门、跨地区的信息共享与情报合作。

第六十条　县级以上人民政府及其有关部门、专业机构应当通过多种途径收集突发事件信息。

县级人民政府应当在居民委员会、村民委员会和有关单位建立专职或者兼职信息报告员制度。

公民、法人或者其他组织发现发生突发事件，或者发现可能发生突发事件的异常情况，应当立即向所在地人民政府、有关主管部门或者指定的专业机构报告。接到报告的单位应当按照规定立即核实处理，对于不属于其职责的，应当立即移送相关单位核实处理。

第六十一条　地方各级人民政府应当按照国家有关规定向上级人民政府报送突发事件信息。县级以上人民政府有关主管部门应当向本级人民政府相关部门通报突发事件信息，并报告上级人民政府主管部门。专业机构、监测网点和信息报告员应当及时向所在地人民政府及其有关主管部门报告突发事件信息。

有关单位和人员报送、报告突发事件信息，应当做到及时、客观、真实，不得迟报、谎报、瞒报、漏报，不得授意他人迟报、谎报、瞒报，不得阻碍他人报告。

第六十二条　县级以上地方人民政府应当及时汇总分析突发事件隐患和监测信息，必要时组织相关部门、专业技术人员、专家学者进行会商，对发生突发事件的可能性及其可能造成的影响进行评估；认为可能发生重大或者特别重大突发事件的，应当立即向上级人民政府报告，并向上级人民政府有关部门、当地驻军和可能受到危害的毗邻或者相关地区的人民政府通报，及时采取预防措施。

第六十三条　国家建立健全突发事件预警制度。

可以预警的自然灾害、事故灾难和公共卫生事件的预警级别，按照突发事件发生的紧急程度、发展势态和可能造成的危害程度分为一级、二级、三级和四级，分别用红色、橙色、黄色和蓝色标示，一级为最高级别。

预警级别的划分标准由国务院或者国务院确定的部门制定。

第六十四条　可以预警的自然灾害、事故灾难或者公共卫生事件即将发生或者发生的可能性增大时，县级以上地方人民政府应当根据有关法律、行政法规和国务院规定的权限和程序，发布相应级别的警报，决定并宣布有关地区进入预警期，同时向上一级人民政府报告，必要时可以越级上报；具备条件的，应当进行网络直报或者自动速报；同时向当地驻军和可能受到危害的毗邻或者相关地区的人民政府通报。

发布警报应当明确预警类别、级别、起始时间、可能影响的范围、警示事项、应当采取的措施、发布单位和发布时间等。

第六十五条　国家建立健全突发事件预警发布平台，按照有关规定及时、准确向社会发布突发事件预警信息。

广播、电视、报刊以及网络服务提供者、电信运营商应当按照国家有关规定，建立突发事件预警信息快速发布通道，及时、准确、无偿播发或者刊载突发事件预警信息。

公共场所和其他人员密集场所，应当指定专门人员负责突发事件预警信息接收和传播工作，做好相关设备、设施维护，确保突发事件预警信息及时、准确接收和传播。

第六十六条　发布三级、四级警报，宣布进入预警期后，县级以上地方人民政府应当根据即将发生的突发事件的特点和可能造成的危害，采取下列措施：

（一）启动应急预案；

（二）责令有关部门、专业机构、监测网点和负有特定职责的人员及时收集、报告有关信息，向社会公布反映突发事件信息的渠道，加强对突发事件发生、发展情况的监测、预报和预警工作；

（三）组织有关部门和机构、专业技术人员、有关专家学者，随时对突发事件信息进行分析评估，预测发生突发事件可能性的大小、影响范围和强度以及可能发生的突发事件的级别；

（四）定时向社会发布与公众有关的突发事件预测信息和分析评估结果，并对相关信息的报道工作进行管理；

（五）及时按照有关规定向社会发布可能受到突发事件危害的警告，宣传避免、减轻危害的常识，公布咨询或者求助电话等联络方式和渠道。

第六十七条　发布一级、二级警报，宣布进入预警期后，县级以上地方人民政府除采取本法第六十六条规定的措施外，还应当针对即将发生的突发事件的特点和可能造成的危害，采取下列一项或者多项措施：

（一）责令应急救援队伍、负有特定职责的人员进入待命状态，并动员后备人员做好参加应急救援和处置工作的准备；

（二）调集应急救援所需物资、设备、工具，准备应急设施和应急避难、封闭隔离、紧急医疗救治等场所，并确保其处于良好状态、随时可以投入正常使用；

（三）加强对重点单位、重要部位和重要基础设施的安全保卫，维护社会治安秩序；

（四）采取必要措施，确保交通、通信、供水、排水、供电、供气、供热、医疗卫生、广播电视、气象等公共设施的安全和正常运行；

（五）及时向社会发布有关采取特定措施避免或者减轻危害的建议、劝告；

（六）转移、疏散或者撤离易受突发事件危害的人员并予以妥善安置，转移重要财产；

（七）关闭或者限制使用易受突发事件危害的场所，控制或者限制容易导致危害扩大的公共场所的活动；

（八）法律、法规、规章规定的其他必要的防范性、保护性措施。

第六十八条　发布警报，宣布进入预警期后，县级以上人民政府应当对重要商品和服务市场情况加强监测，根据实际需要及时保障供应、稳定市场。必要时，国务院和省、自治区、直辖市人民政府可以按照《中华人民共和国价格法》等有关法律规定采取相应措施。

第六十九条　对即将发生或者已经发生的社会安全事件，县级以上地方人民政府及其有关主管部门应当按照规定向上一级人民政府及其有关主管部门报告，必要时可以越级上报，具备条件的，应当进行网络直报或者自动速报。

第七十条　发布突发事件警报的人民政府应当根据事态的发展，按照有关规定适时调整预警级别并重新发布。

有事实证明不可能发生突发事件或者危险已经解除的，发布警报的人民政府应当立即宣布解除警报，终止预警期，并解除已经采取的有关措施。

第五章　应急处置与救援

第七十一条　国家建立健全突发事件应急响应制度。

突发事件的应急响应级别，按照突发事件的性质、特点、可能造成的危害程度和影响范围等因素分为一级、二级、三级和四级，一级为最高级别。

突发事件应急响应级别划分标准由国务院或者国务院确定的部门制定。县级以上人民政府及其有关部门应当在突发事件应急预案中确定应急响应级别。

第七十二条　突发事件发生后，履行统一领导职责或者组织处置突发事件的人民政府应当针对其性质、特点、危害程度和影响范围等，立即启动应急响应，组织有关部门，调动应急救援队伍和社会力量，依照法律、法规、规章和应急预案的规定，采取应急处置措施，并向上级人民政府报告；必要时，可以设立现场指挥部，负责现场应急处置与救援，统一指挥进入突发事件现场的单位和个人。

启动应急响应，应当明确响应事项、级别、预计期限、应急处置措施等。

履行统一领导职责或者组织处置突发事件的人民政府，应当建立协调机制，提供需求信息，引导志愿服务组织和志愿者等社会力量及时有序参与应急处置与救援工作。

第七十三条　自然灾害、事故灾难或者公共卫生事件发生后，履行统一领导职责的人民政府应当采取下列一项或者多项应急处置措施：

（一）组织营救和救治受害人员，转移、疏散、撤离并妥善安置受到威胁的人员以及采取其他救助措施；

（二）迅速控制危险源，标明危险区域，封锁危险场所，划定警戒区，实行交通管制、限制人员流动、封闭管理以及其他控制措施；

（三）立即抢修被损坏的交通、通信、供水、排水、供电、供气、供热、医疗卫生、广播电视、气象等公共设施，向受到危害的人员提供避难场所和生活必需品，实施医疗救护和卫生防疫以及其他保障措施；

（四）禁止或者限制使用有关设备、设施，关闭或者限制使用有关场所，中止人员密集的活动或者可能导致危害扩大的生产经营活动以及采取其他保护措施；

（五）启用本级人民政府设置的财政预备费和储备的应急救援物资，必要时调用其他急需物资、设备、设施、工具；

（六）组织公民、法人和其他组织参加应急救援和处置工作，要求具有特定专长的人员提供服务；

（七）保障食品、饮用水、药品、燃料等基本生活必需品的供应；

（八）依法从严惩处囤积居奇、哄抬价格、牟取暴利、制假售假等扰乱市场秩序的行为，维护市场秩序；

（九）依法从严惩处哄抢财物、干扰破坏应急处置工作等扰乱社会秩序的行为，维护社会治安；

（十）开展生态环境应急监测，保护集中式饮用水水源地等环境敏感目标，控制和处置污染物；

（十一）采取防止发生次生、衍生事件的必要措施。

第七十四条　社会安全事件发生后，组织处置工作的人民政府应当立即启动应急响应，组织有关部门针对事件的性质和特点，依照有关法律、行政法规和国家其他有关规定，采取下列一项或者多项应急处置措施：

（一）强制隔离使用器械相互对抗或者以暴力行为参与冲突的当事人，妥善解决现场纠纷和争端，控制事态发展；

（二）对特定区域内的建筑物、交通工具、设备、设施以及燃料、燃气、电力、水的供应进行控制；

（三）封锁有关场所、道路，查验现场人员的身份证件，限制有关公共场所内的活动；

（四）加强对易受冲击的核心机关和单位的警卫，在国家机关、军事机关、国家通讯社、广播电台、电视台、外国驻华使领馆等单位附近设置临时警戒线；

（五）法律、行政法规和国务院规定的其他必要措施。

第七十五条　发生突发事件，严重影响国民经济正常运行时，国务院或者国务院授权的有关主管部门可以采取保障、控制等必要的应急措施，保障人民群众的基本生活需要，最大限度地减轻突发事件的影响。

第七十六条　履行统一领导职责或者组织处置突发事件的人民政府及其有关部门，必要时可以向单位和个人征用应急救援所需设备、设施、场地、交通工具和其他物资，请求其他地方人民政府及其有关部门提供人力、物力、财力或者技术支援，要求生产、供应生活必需品和应急救援物资的企业组织生产、保证供给，要求提供医疗、交通等公共服务的组织提供相应的服务。

履行统一领导职责或者组织处置突发事件的人民政府和有关主管部门，应当组织协调运输经营单位，优先运送处置突发事件所需物资、设备、工具、应急救援人员和受到突发事件危害的人员。

履行统一领导职责或者组织处置突发事件的人民政府及其有关部门，应当为受突发事件影响无人照料的无民事行为能力人、限制民事行为能力人提供及时有效帮助；建立健全联系帮扶应急救援人员家庭制度，帮助解决实际困难。

第七十七条　突发事件发生地的居民委员会、村民委员会和其他组织应当按照当地人民政府的决定、命令，进行宣传动员，组织群众开展自救与互救，协助维护社会秩序；情况紧急的，应当立即组织群众开展自救与互救等先期处置工作。

第七十八条　受到自然灾害危害或者发生事故灾难、公共卫生事件的单位，应当立即组织本单位应急救援队伍和工作人员营救受害人员，疏散、撤离、安置受到威胁的人员，控制危险源，标明危险区域，封锁危险场所，并采取其他防止危害扩大的必要措施，同时向所在地县级人民政府报告；对因本单位的问题引发的或者主体是本单位人员的社会安全事件，有关单位应当按照规定上报情况，并迅速派出负责人赶赴现场开展劝解、疏导工作。

突发事件发生地的其他单位应当服从人民政府发布的决定、命令，配合人民政府采取的应急处置措施，做好本单位的应急救援工作，并积极组织人员参加所在地的应急救援和处置工作。

第七十九条 突发事件发生地的个人应当依法服从人民政府、居民委员会、村民委员会或者所属单位的指挥和安排，配合人民政府采取的应急处置措施，积极参加应急救援工作，协助维护社会秩序。

第八十条 国家支持城乡社区组织健全应急工作机制，强化城乡社区综合服务设施和信息平台应急功能，加强与突发事件信息系统数据共享，增强突发事件应急处置中保障群众基本生活和服务群众能力。

第八十一条 国家采取措施，加强心理健康服务体系和人才队伍建设，支持引导心理健康服务人员和社会工作者对受突发事件影响的各类人群开展心理健康教育、心理评估、心理疏导、心理危机干预、心理行为问题诊治等心理援助工作。

第八十二条 对于突发事件遇难人员的遗体，应当按照法律和国家有关规定，科学规范处置，加强卫生防疫，维护逝者尊严。对于逝者的遗物应当妥善保管。

第八十三条 县级以上人民政府及其有关部门根据突发事件应对工作需要，在履行法定职责所必需的范围和限度内，可以要求公民、法人和其他组织提供应急处置与救援需要的信息。公民、法人和其他组织应当予以提供，法律另有规定的除外。县级以上人民政府及其有关部门对获取的相关信息，应当严格保密，并依法保护公民的通信自由和通信秘密。

第八十四条 在突发事件应急处置中，有关单位和个人因依照本法规定配合突发事件应对工作或者履行相关义务，需要获取他人个人信息的，应当依照法律规定的程序和方式取得并确保信息安全，不得非法收集、使用、加工、传输他人个人信息，不得非法买卖、提供或者公开他人个人信息。

第八十五条 因依法履行突发事件应对工作职责或者义务获取的个人信息，只能用于突发事件应对，并在突发事件应对工作结束后予以销毁。确因依法作为证据使用或者调查评估需要留存或者延期销毁的，应当按照规定进行合法性、必要性、安全性评估，并采取相应保护和处理措施，严格依法使用。

第六章 事后恢复与重建

第八十六条 突发事件的威胁和危害得到控制或者消除后，履行统一领导职责或者组织处置突发事件的人民政府应当宣布解除应急响应，停止执行依照本法规定采取的应急处置措施，同时采取或者继续实施必要措施，防止发生自然灾害、事故灾难、公共卫生事件的次生、衍生事件或者重新引发社会安全事件，组织受影响地区尽快恢复社会秩序。

第八十七条 突发事件应急处置工作结束后，履行统一领导职责的人民政府应当立即组织对突发事件造成的影响和损失进行调查评估，制定恢复重建计划，并向上一级人民政府报告。

受突发事件影响地区的人民政府应当及时组织和协调应急管理、卫生健康、公安、交通、铁路、民航、邮政、电信、建设、生态环境、水利、能源、广播电视等有关部门恢复社会秩序，尽快修复被损坏的交通、通信、供水、排水、供电、供气、供热、医疗卫生、水利、广播电视等公共设施。

第八十八条 受突发事件影响地区的人民政府开展恢复重建工作需要上一级人民政府支持的，可以向上一级人民政府提出请求。上一级人民政府应当根据受影响地区遭受的损失和实际情况，提供资金、物资支持和技术指导，组织协调其他地区和有关方面提供资金、物资和人力支援。

第八十九条 国务院根据受突发事件影响地区遭受损失的情况，制定扶持该地区有关行业发展的优惠政策。

受突发事件影响地区的人民政府应当根据本地区遭受的损失和采取应急处置措施的情况，制定救助、补偿、抚慰、抚恤、安置等善后工作计划并组织实施，妥善解决因处置突发事件引发的矛盾纠纷。

第九十条 公民参加应急救援工作或者协助维护社会秩序期间，其所在单位应当保证其工资待遇和福利不变，并可以按照规定给予相应补助。

第九十一条 县级以上人民政府对在应急救援工作中伤亡的人员依法落实工伤待遇、抚恤或者其他保障政策，并组织做好应急救援工作中致病人员的医疗救治工作。

第九十二条 履行统一领导职责的人民政府在突发事件应对工作结束后，应当及时查明突发事件的发生经过和原因，总结突发事件应急处置工作的经验教训，制定改进措施，并向上一级人民政府提出报告。

第九十三条 突发事件应对工作中有关资金、物资的筹集、管理、分配、拨付和使用等情况，应当依法接受审计机关的审计监督。

第九十四条 国家档案主管部门应当建立健全突发事件应对工作相关档案收集、整理、保护、利用工作机制。突发事件应对工作中形成的材料，应当按照国家规定归档，并向相关档案馆移交。

第七章 法律责任

第九十五条 地方各级人民政府和县级以上人民政府有关部门违反本法规定，不履行或者不正确履行法定职责的，由其上级行政机关责令改正；有下列情形之一，由有关机关综合考虑突发事件发生的原因、后果、应对处置情况、行为人过错等因素，对负有责任的领导人员和直接责任人员依法给予处分：

（一）未按照规定采取预防措施，导致发生突发事件，或者未采取必要的防范措施，导致发生次生、衍生事件的；

（二）迟报、谎报、瞒报、漏报或者授意他人迟报、谎报、瞒报以及阻碍他人报告有关突发事件的信息，或者通报、报送、公布虚假信息，造成后果的；

（三）未按照规定及时发布突发事件警报、采取预警期的措施，导致损害发生的；

（四）未按照规定及时采取措施处置突发事件或者处置不当，造成后果的；

（五）违反法律规定采取应对措施，侵犯公民生命健康权益的；

（六）不服从上级人民政府对突发事件应急处置工作的统一领导、指挥和协调的；

（七）未及时组织开展生产自救、恢复重建等善后工作的；

（八）截留、挪用、私分或者变相私分应急救援资金、物资的；

（九）不及时归还征用的单位和个人的财产，或者对被征用财产的单位和个人不按照规定给予补偿的。

第九十六条 有关单位有下列情形之一，由所在地履行统一领导职责的人民政府有关部门责令停产停业，暂扣或者吊销许可证件，并处五万元以上二十万元以下的罚款；情节特别严重的，并处二十万元以上一百万元以下的罚款：

（一）未按照规定采取预防措施，导致

发生较大以上突发事件的；

（二）未及时消除已发现的可能引发突发事件的隐患，导致发生较大以上突发事件的；

（三）未做好应急物资储备和应急设备、设施日常维护、检测工作，导致发生较大以上突发事件或者突发事件危害扩大的；

（四）突发事件发生后，不及时组织开展应急救援工作，造成严重后果的。

其他法律对前款行为规定了处罚的，依照较重的规定处罚。

第九十七条　违反本法规定，编造并传播有关突发事件的虚假信息，或者明知是有关突发事件的虚假信息而进行传播的，责令改正，给予警告；造成严重后果的，依法暂停其业务活动或者吊销其许可证件；负有直接责任的人员是公职人员的，还应当依法给予处分。

第九十八条　单位或者个人违反本法规定，不服从所在地人民政府及其有关部门依法发布的决定、命令或者不配合其依法采取的措施的，责令改正；造成严重后果的，依法给予行政处罚；负有直接责任的人员是公职人员的，还应当依法给予处分。

第九十九条　单位或者个人违反本法第八十四条、第八十五条关于个人信息保护规定的，由主管部门依照有关法律规定给予处罚。

第一百条　单位或者个人违反本法规定，导致突发事件发生或者危害扩大，造成人身、财产或者其他损害的，应当依法承担民事责任。

第一百零一条　为了使本人或者他人的人身、财产免受正在发生的危险而采取避险措施的，依照《中华人民共和国民法典》、《中华人民共和国刑法》等法律关于紧急避险的规定处理。

第一百零二条　违反本法规定，构成违反治安管理行为的，依法给予治安管理处罚；构成犯罪的，依法追究刑事责任。

第八章　附　　则

第一百零三条　发生特别重大突发事件，对人民生命财产安全、国家安全、公共安全、生态环境安全或者社会秩序构成重大威胁，采取本法和其他有关法律、法规、规章规定的应急处置措施不能消除或者有效控制、减轻其严重社会危害，需要进入紧急状态的，由全国人民代表大会常务委员会或者国务院依照宪法和其他有关法律规定的权限和程序决定。

紧急状态期间采取的非常措施，依照有关法律规定执行或者由全国人民代表大会常务委员会另行规定。

第一百零四条　中华人民共和国领域外发生突发事件，造成或者可能造成中华人民共和国公民、法人和其他组织人身伤亡、财产损失的，由国务院外交部门会同国务院其他有关部门、有关地方人民政府，按照国家有关规定做好应对工作。

第一百零五条　在中华人民共和国境内的外国人、无国籍人应当遵守本法，服从所在地人民政府及其有关部门依法发布的决定、命令，并配合其依法采取的措施。

第一百零六条　本法自2024年11月1日起施行。

中华人民共和国防洪法

（1997年8月29日第八届全国人民代表大会常务委员会第二十七次会议通过，根据2009年8月27日第十一届全国人民代表大会常务委员会第十次会议《关于修改部分法律的决定》第一次修正，根据2015年4月24日第十二届全国人民代表大会常务委员会第十四次会议《关于修改〈中华人民共和国港口法〉等七部法律的决定》第二次修正，根据2016年7月2日第十二届全国人民代表大会常务委员会第二十一次会议《关于修改〈中华人民共和国节约能源法〉等六部法律的决定》第三次修正）

第一章　总　　则

第一条　为了防治洪水，防御、减轻洪涝灾害，维护人民的生命和财产安全，保障社会主义现代化建设顺利进行，制定本法。

第二条　防洪工作实行全面规划、统筹兼顾、预防为主、综合治理、局部利益服从全局利益的原则。

第三条　防洪工程设施建设，应当纳入国民经济和社会发展计划。

防洪费用按照政府投入同受益者合理承担相结合的原则筹集。

第四条　开发利用和保护水资源，应当服从防洪总体安排，实行兴利与除害相结合的原则。

江河、湖泊治理以及防洪工程设施建设，应当符合流域综合规划，与流域水资源的综合开发相结合。

本法所称综合规划是指开发利用水资源和防治水害的综合规划。

第五条　防洪工作按照流域或者区域实行统一规划、分级实施和流域管理与行政区域管理相结合的制度。

第六条　任何单位和个人都有保护防洪工程设施和依法参加防汛抗洪的义务。

第七条　各级人民政府应当加强对防洪工作的统一领导，组织有关部门、单位，动员社会力量，依靠科技进步，有计划地进行江河、湖泊治理，采取措施加强防洪工程设施建设，巩固、提高防洪能力。

各级人民政府应当组织有关部门、单位，动员社会力量，做好防汛抗洪和洪涝灾害后的恢复与救济工作。

各级人民政府应当对蓄滞洪区予以扶持；蓄滞洪后，应当依照国家规定予以补偿或者救助。

第八条　国务院水行政主管部门在国务院的领导下，负责全国防洪的组织、协调、监督、指导等日常工作。国务院水行政主管部门在国家确定的重要江河、湖泊设立的流域管理机构，在所管辖的范围内行使法律、行政法规规定和国务院水行政主管部门授权的防洪协调和监督管理职责。

国务院建设行政主管部门和其他有关部门在国务院的领导下，按照各自的职责，负责有关的防洪工作。

县级以上地方人民政府水行政主管部门在本级人民政府的领导下，负责本行政区域内防洪的组织、协调、监督、指导等日常工作。县级以上地方人民政府建设行政主管部门和其他有关部门在本级人民政府的领导下，按照各自的职责，负责有关的防洪工作。

第二章　防洪规划

第九条　防洪规划是指为防治某一流域、河段或者区域的洪涝灾害而制定的总体部署，包括国家确定的重要江河、湖泊的流域防洪规划，其他江河、河段、湖泊的防洪规划以及区域防洪规划。

防洪规划应当服从所在流域、区域的综合规划；区域防洪规划应当服从所在流域的流域防洪规划。

防洪规划是江河、湖泊治理和防洪工程设施建设的基本依据。

第十条　国家确定的重要江河、湖泊的防洪规划，由国务院水行政主管部门依据该江河、湖泊的流域综合规划，会同有关部门和有关省、自治区、直辖市人民政府编制，报国务院批准。

其他江河、河段、湖泊的防洪规划或者区域防洪规划，由县级以上地方人民政府水行政主管部门分别依据流域综合规划、区域综合规划，会同有关部门和有关地区编制，报本级人民政府批准，并报上一级人民政府水行政主管部门备案；跨省、自治区、直辖市的江河、河段、湖泊的防洪规划由有关流域管理机构会同江河、河段、湖泊所在地的省、自治区、直辖市人民政府水行政主管部门、有关主管部门拟定，分别经有关省、自治区、直辖市人民政府审查提出意见后，报国务院水行政主管部门批准。

城市防洪规划，由城市人民政府组织水行政主管部门、建设行政主管部门和其他有关部门依据流域防洪规划、上一级人民政府区域防洪规划编制，按照国务院规定的审批程序批准后纳入城市总体规划。

修改防洪规划，应当报经原批准机关批准。

第十一条　编制防洪规划，应当遵循确保重点、兼顾一般，以及防汛和抗旱相结合、工程措施和非工程措施相结合的原则，充分考虑洪涝规律和上下游、左右岸的关系以及国民经济对防洪的要求，并与国土规划和土地利用总体规划相协调。

防洪规划应当确定防护对象、治理目标和任务、防洪措施和实施方案，划定洪泛区、蓄滞洪区和防洪保护区的范围，规定蓄滞洪区的使用原则。

第十二条　受风暴潮威胁的沿海地区的县级以上地方人民政府，应当把防御风暴潮纳入本地区的防洪规划，加强海堤（海塘）、挡潮闸和沿海防护林等防御风暴潮工程体系建设，监督建筑物、构筑物的设计和施工符合防御风暴潮的需要。

第十三条　山洪可能诱发山体滑坡、崩塌和泥石流的地区以及其他山洪多发地区的县级以上地方人民政府，应当组织负责地质矿产管理工作的部门、水行政主管部门和其他有关部门对山体滑坡、崩塌和泥石流隐患进行全面调查，划定重点防治区，采取防治措施。

城市、村镇和其他居民点以及工厂、矿山、铁路和公路干线的布局，应当避开山洪威胁；已经建在受山洪威胁的地方的，应当采取防御措施。

第十四条　平原、洼地、水网圩区、山谷、盆地等易涝地区的有关地方人民政府，应当制定除涝治涝规划，组织有关部门、单位采取相应的治理措施，完善排水系统，发展耐涝农作物种类和品种，开展洪涝、干旱、盐碱综合治理。

城市人民政府应当加强对城区排涝管网、泵站的建设和管理。

第十五条　国务院水行政主管部门应当会同有关部门和省、自治区、直辖市人民政府制定长江、黄河、珠江、辽河、淮河、海河入海河口的整治规划。

在前款入海河口围海造地，应当符合河口整治规划。

第十六条　防洪规划确定的河道整治计划用地和规划建设的堤防用地范围内的土地，经土地管理部门和水行政主管部门会同有关地区核定，报经县级以上人民政府按照国务院规定的权限批准后，可以划定为规划保留区；该规划保留区范围内的土地涉及其他项目用地的，有关土地管理部门和水行政主管部门核定时，应当征求有关部门的意见。

规划保留区依照前款规定划定后，应当公告。

前款规划保留区内不得建设与防洪无关的工矿工程设施；在特殊情况下，国家工矿建设项目确需占用前款规划保留区内的土地的，应当按照国家规定的基本建设程序报请批准，并征求有关水行政主管部门的意见。

防洪规划确定的扩大或者开辟的人工排洪道用地范围内的土地，经省级以上人民政府土地管理部门和水行政主管部门会同有关部门、有关地区核定，报省级以上人民政府按照国务院规定的权限批准后，可以划定为规划保留区，适用前款规定。

第十七条　在江河、湖泊上建设防洪工程和其他水工程、水电站等，应当符合防洪规划的要求；水库应当按照防洪规划的要求留足防洪库容。

前款规定的防洪工程和其他水工程、水电站未取得有关水行政主管部门签署的符合防洪规划要求的规划同意书的，建设单位不得开工建设。

第三章　治理与防护

第十八条　防治江河洪水，应当蓄泄兼施，充分发挥河道行洪能力和水库、洼淀、湖泊调蓄洪水的功能，加强河道防护，因地制宜地采取定期清淤疏浚等措施，保持行洪畅通。

防治江河洪水，应当保护、扩大流域林草植被，涵养水源，加强流域水土保持综合治理。

第十九条　整治河道和修建控制引导河水流向、保护堤岸等工程，应当兼顾上下游、左右岸的关系，按照规划治导线实施，不得任意改变河水流向。

国家确定的重要江河的规划治导线由流域管理机构拟定，报国务院水行政主管部门批准。

其他江河、河段的规划治导线由县级以上地方人民政府水行政主管部门拟定，报本级人民政府批准；跨省、自治区、直辖市的江河、河段和省、自治区、直辖市之间的省界河道的规划治导线由有关流域管理机构组织江河、河段所在地的省、自治区、直辖市人民政府水行政主管部门拟定，经有关省、自治区、直辖市人民政府审查提出意见后，报国务院水行政主管部门批准。

第二十条　整治河道、湖泊，涉及航道的，应当兼顾航运需要，并事先征求交通主管部门的意见。整治航道，应当符合江河、湖泊防洪安全要求，并事先征求水行政主管部门的意见。

在竹木流放的河流和渔业水域整治河道的，应当兼顾竹木水运和渔业发展的需要，并事先征求林业、渔业行政主管部门的意见。在河道中流放竹木，不得影响行洪和防洪工程设施的安全。

第二十一条　河道、湖泊管理实行按水系统一管理和分级管理相结合的原则，加强防护，确保畅通。

国家确定的重要江河、湖泊的主要河段，跨省、自治区、直辖市的重要河段、湖泊，省、自治区、直辖市之间的省界河道、湖泊以及国（边）界河道、湖泊，由流域管理机构和江河、湖泊所在地的省、自治区、直辖市人民政府水行政主管部门按照国务院水行政主管部门的划定依法实施管理。其他河道、湖泊，由县级以上地方人民政府水行政主管部门按照国务院水行政主管部门或者国务院水行政主管部门授权的机构的划定依法实施管理。

有堤防的河道、湖泊，其管理范围为两岸堤防之间的水域、沙洲、滩地、行洪区和堤防及护堤地；无堤防的河道、湖泊，其管理范围为历史最高洪水位或者设计洪水位之间的水域、沙洲、滩地和行洪区。

流域管理机构直接管理的河道、湖泊管理范围，由流域管理机构会同有关县级以上地方人民政府依照前款规定界定；其他河道、湖泊管理范围，由有关县级以上地方人民政府依照前款规定界定。

第二十二条 河道、湖泊管理范围内的土地和岸线的利用，应当符合行洪、输水的要求。

禁止在河道、湖泊管理范围内建设妨碍行洪的建筑物、构筑物，倾倒垃圾、渣土，从事影响河势稳定、危害河岸堤防安全和其他妨碍河道行洪的活动。

禁止在行洪河道内种植阻碍行洪的林木和高秆作物。

在船舶航行可能危及堤岸安全的河段，应当限定航速。限定航速的标志，由交通主管部门与水行政主管部门商定后设置。

第二十三条 禁止围湖造地。已经围垦的，应当按照国家规定的防洪标准进行治理，有计划地退地还湖。

禁止围垦河道。确需围垦的，应当进行科学论证，经水行政主管部门确认不妨碍行洪、输水后，报省级以上人民政府批准。

第二十四条 对居住在行洪河道内的居民，当地人民政府应当有计划地组织外迁。

第二十五条 护堤护岸的林木，由河道、湖泊管理机构组织营造和管理。护堤护岸林木，不得任意砍伐。采伐护堤护岸林木的，应当依法办理采伐许可手续，并完成规定的更新补种任务。

第二十六条 对壅水、阻水严重的桥梁、引道、码头和其他跨河工程设施，根据防洪标准，有关水行政主管部门可以报请县级以上人民政府按照国务院规定的权限责令建设单位限期改建或者拆除。

第二十七条 建设跨河、穿河、穿堤、临河的桥梁、码头、道路、渡口、管道、缆线、取水、排水等工程设施，应当符合防洪标准、岸线规划、航运要求和其他技术要求，不得危害堤防安全、影响河势稳定、妨碍行洪畅通；其工程建设方案未经有关水行政主管部门根据前述防洪要求审查同意的，建设单位不得开工建设。

前款工程设施需要占用河道、湖泊管理范围内土地，跨越河道、湖泊空间或者穿越河床的，建设单位应当经有关水行政主管部门对该工程设施建设的位置和界限审查批准后，方可依法办理开工手续；安排施工时，应当按照水行政主管部门审查批准的位置和界限进行。

第二十八条 对于河道、湖泊管理范围内依照本法规定建设的工程设施，水行政主管部门有权依法检查；水行政主管部门检查时，被检查者应当如实提供有关的情况和资料。

前款规定的工程设施竣工验收时，应当有水行政主管部门参加。

第四章 防洪区和防洪工程设施的管理

第二十九条 防洪区是指洪水泛滥可能淹及的地区，分为洪泛区、蓄滞洪区和防洪保护区。

洪泛区是指尚无工程设施保护的洪水泛滥所及的地区。

蓄滞洪区是指包括分洪口在内的河堤背

水面以外临时贮存洪水的低洼地区及湖泊等。

防洪保护区是指在防洪标准内受防洪工程设施保护的地区。

洪泛区、蓄滞洪区和防洪保护区的范围，在防洪规划或者防御洪水方案中划定，并报请省级以上人民政府按照国务院规定的权限批准后予以公告。

第三十条　各级人民政府应当按照防洪规划对防洪区内的土地利用实行分区管理。

第三十一条　地方各级人民政府应当加强对防洪区安全建设工作的领导，组织有关部门、单位对防洪区内的单位和居民进行防洪教育，普及防洪知识，提高水患意识；按照防洪规划和防御洪水方案建立并完善防洪体系和水文、气象、通信、预警以及洪涝灾害监测系统，提高防御洪水能力；组织防洪区内的单位和居民积极参加防洪工作，因地制宜地采取防洪避洪措施。

第三十二条　洪泛区、蓄滞洪区所在地的省、自治区、直辖市人民政府应当组织有关地区和部门，按照防洪规划的要求，制定洪泛区、蓄滞洪区安全建设计划，控制蓄滞洪区人口增长，对居住在经常使用的蓄滞洪区的居民，有计划地组织外迁，并采取其他必要的安全保护措施。

因蓄滞洪区而直接受益的地区和单位，应当对蓄滞洪区承担国家规定的补偿、救助义务。国务院和有关的省、自治区、直辖市人民政府应当建立对蓄滞洪区的扶持和补偿、救助制度。

国务院和有关的省、自治区、直辖市人民政府可以制定洪泛区、蓄滞洪区安全建设管理办法以及对蓄滞洪区的扶持和补偿、救助办法。

第三十三条　在洪泛区、蓄滞洪区内建设非防洪建设项目，应当就洪水对建设项目可能产生的影响和建设项目对防洪可能产生的影响作出评价，编制洪水影响评价报告，提出防御措施。洪水影响评价报告未经有关水行政主管部门审查批准的，建设单位不得开工建设。

在蓄滞洪区内建设的油田、铁路、公路、矿山、电厂、电信设施和管道，其洪水影响评价报告应当包括建设单位自行安排的防洪避洪方案。建设项目投入生产或者使用时，其防洪工程设施应当经水行政主管部门验收。

在蓄滞洪区内建造房屋应当采用平顶式结构。

第三十四条　大中城市，重要的铁路、公路干线，大型骨干企业，应当列为防洪重点，确保安全。

受洪水威胁的城市、经济开发区、工矿区和国家重要的农业生产基地等，应当重点保护，建设必要的防洪工程设施。

城市建设不得擅自填堵原有河道沟叉、贮水湖塘洼淀和废除原有防洪围堤。确需填堵或者废除的，应当经城市人民政府批准。

第三十五条　属于国家所有的防洪工程设施，应当按照经批准的设计，在竣工验收前由县级以上人民政府按照国家规定，划定管理和保护范围。

属于集体所有的防洪工程设施，应当按照省、自治区、直辖市人民政府的规定，划定保护范围。

在防洪工程设施保护范围内，禁止进行爆破、打井、采石、取土等危害防洪工程设施安全的活动。

第三十六条　各级人民政府应当组织有关部门加强对水库大坝的定期检查和监督管理。对未达到设计洪水标准、抗震设防要求或者有严重质量缺陷的险坝，大坝主管部门应当组织有关单位采取除险加固措施，限期消除危险或者重建，有关人民政府应当优先安排所需资金。对可能出现垮坝的水库，应当事先制定应急抢险和居民临时撤离方案。

各级人民政府和有关主管部门应当加强

对尾矿坝的监督管理，采取措施，避免因洪水导致垮坝。

第三十七条 任何单位和个人不得破坏、侵占、毁损水库大坝、堤防、水闸、护岸、抽水站、排水渠系等防洪工程和水文、通信设施以及防汛备用的器材、物料等。

第五章 防汛抗洪

第三十八条 防汛抗洪工作实行各级人民政府行政首长负责制，统一指挥、分级分部门负责。

第三十九条 国务院设立国家防汛指挥机构，负责领导、组织全国的防汛抗洪工作，其办事机构设在国务院水行政主管部门。

在国家确定的重要江河、湖泊可以设立由有关省、自治区、直辖市人民政府和该江河、湖泊的流域管理机构负责人等组成的防汛指挥机构，指挥所管辖范围内的防汛抗洪工作，其办事机构设在流域管理机构。

有防汛抗洪任务的县级以上地方人民政府设立由有关部门、当地驻军、人民武装部负责人等组成的防汛指挥机构，在上级防汛指挥机构和本级人民政府的领导下，指挥本地区的防汛抗洪工作，其办事机构设在同级水行政主管部门；必要时，经城市人民政府决定，防汛指挥机构也可以在建设行政主管部门设城市市区办事机构，在防汛指挥机构的统一领导下，负责城市市区的防汛抗洪日常工作。

第四十条 有防汛抗洪任务的县级以上地方人民政府根据流域综合规划、防洪工程实际状况和国家规定的防洪标准，制定防御洪水方案（包括对特大洪水的处置措施）。

长江、黄河、淮河、海河的防御洪水方案，由国家防汛指挥机构制定，报国务院批准；跨省、自治区、直辖市的其他江河的防御洪水方案，由有关流域管理机构会同有关省、自治区、直辖市人民政府制定，报国务院或者国务院授权的有关部门批准。防御洪水方案经批准后，有关地方人民政府必须执行。

各级防汛指挥机构和承担防汛抗洪任务的部门和单位，必须根据防御洪水方案做好防汛抗洪准备工作。

第四十一条 省、自治区、直辖市人民政府防汛指挥机构根据当地的洪水规律，规定汛期起止日期。

当江河、湖泊的水情接近保证水位或者安全流量，水库水位接近设计洪水位，或者防洪工程设施发生重大险情时，有关县级以上人民政府防汛指挥机构可以宣布进入紧急防汛期。

第四十二条 对河道、湖泊范围内阻碍行洪的障碍物，按照谁设障、谁清除的原则，由防汛指挥机构责令限期清除；逾期不清除的，由防汛指挥机构组织强行清除，所需费用由设障者承担。

在紧急防汛期，国家防汛指挥机构或者其授权的流域、省、自治区、直辖市防汛指挥机构有权对壅水、阻水严重的桥梁、引道、码头和其他跨河工程设施作出紧急处置。

第四十三条 在汛期，气象、水文、海洋等有关部门应当按照各自的职责，及时向有关防汛指挥机构提供天气、水文等实时信息和风暴潮预报；电信部门应当优先提供防汛抗洪通信的服务；运输、电力、物资材料供应等有关部门应当优先为防汛抗洪服务。

中国人民解放军、中国人民武装警察部队和民兵应当执行国家赋予的抗洪抢险任务。

第四十四条 在汛期，水库、闸坝和其他水工程设施的运用，必须服从有关的防汛指挥机构的调度指挥和监督。

在汛期，水库不得擅自在汛期限制水位以上蓄水，其汛期限制水位以上的防洪库容的运用，必须服从防汛指挥机构的调度指挥和监督。

在凌汛期，有防凌汛任务的江河的上游水库的下泄水量必须征得有关的防汛指挥机构的同意，并接受其监督。

第四十五条　在紧急防汛期，防汛指挥机构根据防汛抗洪的需要，有权在其管辖范围内调用物资、设备、交通运输工具和人力，决定采取取土占地、砍伐林木、清除阻水障碍物和其他必要的紧急措施；必要时，公安、交通等有关部门按照防汛指挥机构的决定，依法实施陆地和水面交通管制。

依照前款规定调用的物资、设备、交通运输工具等，在汛期结束后应当及时归还；造成损坏或者无法归还的，按照国务院有关规定给予适当补偿或者作其他处理。取土占地、砍伐林木的，在汛期结束后依法向有关部门补办手续；有关地方人民政府对取土后的土地组织复垦，对砍伐的林木组织补种。

第四十六条　江河、湖泊水位或者流量达到国家规定的分洪标准，需要启用蓄滞洪区时，国务院，国家防汛指挥机构，流域防汛指挥机构，省、自治区、直辖市人民政府，省、自治区、直辖市防汛指挥机构，按照依法经批准的防御洪水方案中规定的启用条件和批准程序，决定启用蓄滞洪区。依法启用蓄滞洪区，任何单位和个人不得阻拦、拖延；遇到阻拦、拖延时，由有关县级以上地方人民政府强制实施。

第四十七条　发生洪涝灾害后，有关人民政府应当组织有关部门、单位做好灾区的生活供给、卫生防疫、救灾物资供应、治安管理、学校复课、恢复生产和重建家园等救灾工作以及所管辖地区的各项水毁工程设施修复工作。水毁防洪工程设施的修复，应当优先列入有关部门的年度建设计划。

国家鼓励、扶持开展洪水保险。

第六章　保障措施

第四十八条　各级人民政府应当采取措施，提高防洪投入的总体水平。

第四十九条　江河、湖泊的治理和防洪工程设施的建设和维护所需投资，按照事权和财权相统一的原则，分级负责，由中央和地方财政承担。城市防洪工程设施的建设和维护所需投资，由城市人民政府承担。

受洪水威胁地区的油田、管道、铁路、公路、矿山、电力、电信等企业、事业单位应当自筹资金，兴建必要的防洪自保工程。

第五十条　中央财政应当安排资金，用于国家确定的重要江河、湖泊的堤坝遭受特大洪涝灾害时的抗洪抢险和水毁防洪工程修复。省、自治区、直辖市人民政府应当在本级财政预算中安排资金，用于本行政区域内遭受特大洪涝灾害地区的抗洪抢险和水毁防洪工程修复。

第五十一条　国家设立水利建设基金，用于防洪工程和水利工程的维护和建设。具体办法由国务院规定。

受洪水威胁的省、自治区、直辖市为加强本行政区域内防洪工程设施建设，提高防御洪水能力，按照国务院的有关规定，可以规定在防洪保护区范围内征收河道工程修建维护管理费。

第五十二条　任何单位和个人不得截留、挪用防洪、救灾资金和物资。

各级人民政府审计机关应当加强对防洪、救灾资金使用情况的审计监督。

第七章　法律责任

第五十三条　违反本法第十七条规定，未经水行政主管部门签署规划同意书，擅自在江河、湖泊上建设防洪工程和其他水工程、水电站的，责令停止违法行为，补办规划同意书手续；违反规划同意书的要求，严重影响防洪的，责令限期拆除；违反规划同意书的要求，影响防洪但尚可采取补救措施的，责令限期采取补救措施，可以处一万元以上十万元以下的罚款。

第五十四条 违反本法第十九条规定，未按照规划治导线整治河道和修建控制引导河水流向、保护堤岸等工程，影响防洪的，责令停止违法行为，恢复原状或者采取其他补救措施，可以处一万元以上十万元以下的罚款。

第五十五条 违反本法第二十二条第二款、第三款规定，有下列行为之一的，责令停止违法行为，排除阻碍或者采取其他补救措施，可以处五万元以下的罚款：

（一）在河道、湖泊管理范围内建设妨碍行洪的建筑物、构筑物的；

（二）在河道、湖泊管理范围内倾倒垃圾、渣土，从事影响河势稳定、危害河岸堤防安全和其他妨碍河道行洪的活动的；

（三）在行洪河道内种植阻碍行洪的林木和高秆作物的。

第五十六条 违反本法第十五条第二款、第二十三条规定，围海造地、围湖造地、围垦河道的，责令停止违法行为，恢复原状或者采取其他补救措施，可以处五万元以下的罚款；既不恢复原状也不采取其他补救措施的，代为恢复原状或者采取其他补救措施，所需费用由违法者承担。

第五十七条 违反本法第二十七条规定，未经水行政主管部门对其工程建设方案审查同意或者未按照有关水行政主管部门审查批准的位置、界限，在河道、湖泊管理范围内从事工程设施建设活动的，责令停止违法行为，补办审查同意或者审查批准手续；工程设施建设严重影响防洪的，责令限期拆除，逾期不拆除的，强行拆除，所需费用由建设单位承担；影响行洪但尚可采取补救措施的，责令限期采取补救措施，可以处一万元以上十万元以下的罚款。

第五十八条 违反本法第三十三条第一款规定，在洪泛区、蓄滞洪区内建设非防洪建设项目，未编制洪水影响评价报告或者洪水影响评价报告未经审查批准开工建设的，责令限期改正；逾期不改正的，处五万元以下的罚款。

违反本法第三十三条第二款规定，防洪工程设施未经验收，即将建设项目投入生产或者使用的，责令停止生产或者使用，限期验收防洪工程设施，可以处五万元以下的罚款。

第五十九条 违反本法第三十四条规定，因城市建设擅自填堵原有河道沟叉、贮水湖塘洼淀和废除原有防洪围堤的，城市人民政府应当责令停止违法行为，限期恢复原状或者采取其他补救措施。

第六十条 违反本法规定，破坏、侵占、毁损堤防、水闸、护岸、抽水站、排水渠系等防洪工程和水文、通信设施以及防汛备用的器材、物料的，责令停止违法行为，采取补救措施，可以处五万元以下的罚款；造成损坏的，依法承担民事责任；应当给予治安管理处罚的，依照治安管理处罚法的规定处罚；构成犯罪的，依法追究刑事责任。

第六十一条 阻碍、威胁防汛指挥机构、水行政主管部门或者流域管理机构的工作人员依法执行职务，构成犯罪的，依法追究刑事责任；尚不构成犯罪，应当给予治安管理处罚的，依照治安管理处罚法的规定处罚。

第六十二条 截留、挪用防洪、救灾资金和物资，构成犯罪的，依法追究刑事责任；尚不构成犯罪的，给予行政处分。

第六十三条 除本法第五十九条的规定外，本章规定的行政处罚和行政措施，由县级以上人民政府水行政主管部门决定，或者由流域管理机构按照国务院水行政主管部门规定的权限决定。但是，本法第六十条、第六十一条规定的治安管理处罚的决定机关，按照治安管理处罚法的规定执行。

第六十四条 国家工作人员，有下列行为之一，构成犯罪的，依法追究刑事责任；尚不构成犯罪的，给予行政处分：

（一）违反本法第十七条、第十九条、

第二十二条第二款、第二十二条第三款、第二十七条或者第三十四条规定，严重影响防洪的；

（二）滥用职权，玩忽职守，徇私舞弊，致使防汛抗洪工作遭受重大损失的；

（三）拒不执行防御洪水方案、防汛抢险指令或者蓄滞洪方案、措施、汛期调度运用计划等防汛调度方案的；

（四）违反本法规定，导致或者加重毗邻地区或者其他单位洪灾损失的。

第八章　附　　则

第六十五条　本法自1998年1月1日起施行。

中华人民共和国建筑法

（1997年11月1日第八届全国人民代表大会常务委员会第二十八次会议通过，根据2011年4月22日第十一届全国人民代表大会常务委员会第二十次会议《关于修改〈中华人民共和国建筑法〉的决定》第一次修正，根据2019年4月23日第十三届全国人民代表大会常务委员会第十次会议《关于修改〈中华人民共和国建筑法〉等八部法律的决定》第二次修正）

第一章　总　　则

第一条　为了加强对建筑活动的监督管理，维护建筑市场秩序，保证建筑工程的质量和安全，促进建筑业健康发展，制定本法。

第二条　在中华人民共和国境内从事建筑活动，实施对建筑活动的监督管理，应当遵守本法。

本法所称建筑活动，是指各类房屋建筑及其附属设施的建造和与其配套的线路、管道、设备的安装活动。

第三条　建筑活动应当确保建筑工程质量和安全，符合国家的建筑工程安全标准。

第四条　国家扶持建筑业的发展，支持建筑科学技术研究，提高房屋建筑设计水平，鼓励节约能源和保护环境，提倡采用先进技术、先进设备、先进工艺、新型建筑材料和现代管理方式。

第五条　从事建筑活动应当遵守法律、法规，不得损害社会公共利益和他人的合法权益。

任何单位和个人都不得妨碍和阻挠依法进行的建筑活动。

第六条　国务院建设行政主管部门对全国的建筑活动实施统一监督管理。

第二章　建筑许可

第一节　建筑工程施工许可

第七条　建筑工程开工前，建设单位应当按照国家有关规定向工程所在地县级以上人民政府建设行政主管部门申请领取施工许可证；但是，国务院建设行政主管部门确定的限额以下的小型工程除外。

按照国务院规定的权限和程序批准开工报告的建筑工程，不再领取施工许可证。

第八条　申请领取施工许可证，应当具备下列条件：

（一）已经办理该建筑工程用地批准手续；

（二）依法应当办理建设工程规划许可证的，已经取得建设工程规划许可证；

（三）需要拆迁的，其拆迁进度符合施工要求；

（四）已经确定建筑施工企业；

（五）有满足施工需要的资金安排、施工图纸及技术资料；

（六）有保证工程质量和安全的具体措施。

建设行政主管部门应当自收到申请之日起七日内，对符合条件的申请颁发施工许可证。

第九条　建设单位应当自领取施工许可证之日起三个月内开工。因故不能按期开工的，应当向发证机关申请延期；延期以两次为限，每次不超过三个月。既不开工又不申请延期或者超过延期时限的，施工许可证自行废止。

第十条　在建的建筑工程因故中止施工的，建设单位应当自中止施工之日起一个月内，向发证机关报告，并按照规定做好建筑工程的维护管理工作。

建筑工程恢复施工时，应当向发证机关报告；中止施工满一年的工程恢复施工前，建设单位应当报发证机关核验施工许可证。

第十一条　按照国务院有关规定批准开工报告的建筑工程，因故不能按期开工或者中止施工的，应当及时向批准机关报告情况。因故不能按期开工超过六个月的，应当重新办理开工报告的批准手续。

第二节　从业资格

第十二条　从事建筑活动的建筑施工企业、勘察单位、设计单位和工程监理单位，应当具备下列条件：

（一）有符合国家规定的注册资本；

（二）有与其从事的建筑活动相适应的具有法定执业资格的专业技术人员；

（三）有从事相关建筑活动所应有的技术装备；

（四）法律、行政法规规定的其他条件。

第十三条　从事建筑活动的建筑施工企业、勘察单位、设计单位和工程监理单位，按照其拥有的注册资本、专业技术人员、技术装备和已完成的建筑工程业绩等资质条件，划分为不同的资质等级，经资质审查合格，取得相应等级的资质证书后，方可在其资质等级许可的范围内从事建筑活动。

第十四条　从事建筑活动的专业技术人员，应当依法取得相应的执业资格证书，并在执业资格证书许可的范围内从事建筑活动。

第三章　建筑工程发包与承包

第一节　一般规定

第十五条　建筑工程的发包单位与承包单位应当依法订立书面合同，明确双方的权利和义务。

发包单位和承包单位应当全面履行合同约定的义务。不按照合同约定履行义务的，依法承担违约责任。

第十六条　建筑工程发包与承包的招标投标活动，应当遵循公开、公正、平等竞争的原则，择优选择承包单位。

建筑工程的招标投标，本法没有规定的，适用有关招标投标法律的规定。

第十七条　发包单位及其工作人员在建筑工程发包中不得收受贿赂、回扣或者索取其他好处。

承包单位及其工作人员不得利用向发包单位及其工作人员行贿、提供回扣或者给予其他好处等不正当手段承揽工程。

第十八条　建筑工程造价应当按照国家有关规定，由发包单位与承包单位在合同中约定。公开招标发包的，其造价的约定，须遵守招标投标法律的规定。

发包单位应当按照合同的约定，及时拨付工程款项。

第二节　发　　包

第十九条　建筑工程依法实行招标发包，对不适于招标发包的可以直接发包。

第二十条　建筑工程实行公开招标的，发包单位应当依照法定程序和方式，发布招标公告，提供载有招标工程的主要技术要求、主要的合同条款、评标的标准和方法以及开标、评标、定标的程序等内容的招标文件。

开标应当在招标文件规定的时间、地点公开进行。开标后应当按照招标文件规定的评标标准和程序对标书进行评价、比较，在具备相应资质条件的投标者中，择优选定中标者。

第二十一条　建筑工程招标的开标、评标、定标由建设单位依法组织实施，并接受有关行政主管部门的监督。

第二十二条　建筑工程实行招标发包的，发包单位应当将建筑工程发包给依法中标的承包单位。建筑工程实行直接发包的，发包单位应当将建筑工程发包给具有相应资质条件的承包单位。

第二十三条　政府及其所属部门不得滥用行政权力，限定发包单位将招标发包的建筑工程发包给指定的承包单位。

第二十四条　提倡对建筑工程实行总承包，禁止将建筑工程肢解发包。

建筑工程的发包单位可以将建筑工程的勘察、设计、施工、设备采购一并发包给一个工程总承包单位，也可以将建筑工程勘察、设计、施工、设备采购的一项或者多项发包给一个工程总承包单位；但是，不得将应当由一个承包单位完成的建筑工程肢解成若干部分发包给几个承包单位。

第二十五条　按照合同约定，建筑材料、建筑构配件和设备由工程承包单位采购的，发包单位不得指定承包单位购入用于工程的建筑材料、建筑构配件和设备或者指定生产厂、供应商。

第三节　承　　包

第二十六条　承包建筑工程的单位应当持有依法取得的资质证书，并在其资质等级许可的业务范围内承揽工程。

禁止建筑施工企业超越本企业资质等级许可的业务范围或者以任何形式用其他建筑施工企业的名义承揽工程。禁止建筑施工企业以任何形式允许其他单位或者个人使用本企业的资质证书、营业执照，以本企业的名义承揽工程。

第二十七条　大型建筑工程或者结构复杂的建筑工程，可以由两个以上的承包单位联合共同承包。共同承包的各方对承包合同的履行承担连带责任。

两个以上不同资质等级的单位实行联合共同承包的，应当按照资质等级低的单位的业务许可范围承揽工程。

第二十八条　禁止承包单位将其承包的全部建筑工程转包给他人，禁止承包单位将其承包的全部建筑工程肢解以后以分包的名义分别转包给他人。

第二十九条　建筑工程总承包单位可以将承包工程中的部分工程发包给具有相应资质条件的分包单位；但是，除总承包合同中约定的分包外，必须经建设单位认可。施工总承包的，建筑工程主体结构的施工必须由总承包单位自行完成。

建筑工程总承包单位按照总承包合同的约定对建设单位负责；分包单位按照分包合同的约定对总承包单位负责。总承包单位和分包单位就分包工程对建设单位承担连带责任。

禁止总承包单位将工程分包给不具备相

应资质条件的单位。禁止分包单位将其承包的工程再分包。

第四章 建筑工程监理

第三十条 国家推行建筑工程监理制度。

国务院可以规定实行强制监理的建筑工程的范围。

第三十一条 实行监理的建筑工程，由建设单位委托具有相应资质条件的工程监理单位监理。建设单位与其委托的工程监理单位应当订立书面委托监理合同。

第三十二条 建筑工程监理应当依照法律、行政法规及有关的技术标准、设计文件和建筑工程承包合同，对承包单位在施工质量、建设工期和建设资金使用等方面，代表建设单位实施监督。

工程监理人员认为工程施工不符合工程设计要求、施工技术标准和合同约定的，有权要求建筑施工企业改正。

工程监理人员发现工程设计不符合建筑工程质量标准或者合同约定的质量要求的，应当报告建设单位要求设计单位改正。

第三十三条 实施建筑工程监理前，建设单位应当将委托的工程监理单位、监理的内容及监理权限，书面通知被监理的建筑施工企业。

第三十四条 工程监理单位应当在其资质等级许可的监理范围内，承担工程监理业务。

工程监理单位应当根据建设单位的委托，客观、公正地执行监理任务。

工程监理单位与被监理工程的承包单位以及建筑材料、建筑构配件和设备供应单位不得有隶属关系或者其他利害关系。

工程监理单位不得转让工程监理业务。

第三十五条 工程监理单位不按照委托监理合同的约定履行监理义务，对应当监督检查的项目不检查或者不按照规定检查，给建设单位造成损失的，应当承担相应的赔偿责任。

工程监理单位与承包单位串通，为承包单位谋取非法利益，给建设单位造成损失的，应当与承包单位承担连带赔偿责任。

第五章 建筑安全生产管理

第三十六条 建筑工程安全生产管理必须坚持安全第一、预防为主的方针，建立健全安全生产的责任制度和群防群治制度。

第三十七条 建筑工程设计应当符合按照国家规定制定的建筑安全规程和技术规范，保证工程的安全性能。

第三十八条 建筑施工企业在编制施工组织设计时，应当根据建筑工程的特点制定相应的安全技术措施；对专业性较强的工程项目，应当编制专项安全施工组织设计，并采取安全技术措施。

第三十九条 建筑施工企业应当在施工现场采取维护安全、防范危险、预防火灾等措施；有条件的，应当对施工现场实行封闭管理。

施工现场对毗邻的建筑物、构筑物和特殊作业环境可能造成损害的，建筑施工企业应当采取安全防护措施。

第四十条 建设单位应当向建筑施工企业提供与施工现场相关的地下管线资料，建筑施工企业应当采取措施加以保护。

第四十一条 建筑施工企业应当遵守有关环境保护和安全生产的法律、法规的规定，采取控制和处理施工现场的各种粉尘、废气、废水、固体废物以及噪声、振动对环境的污染和危害的措施。

第四十二条 有下列情形之一的，建设单位应当按照国家有关规定办理申请批准手续：

（一）需要临时占用规划批准范围以外场地的；

（二）可能损坏道路、管线、电力、邮

电通讯等公共设施的；

（三）需要临时停水、停电、中断道路交通的；

（四）需要进行爆破作业的；

（五）法律、法规规定需要办理报批手续的其他情形。

第四十三条　建设行政主管部门负责建筑安全生产的管理，并依法接受劳动行政主管部门对建筑安全生产的指导和监督。

第四十四条　建筑施工企业必须依法加强对建筑安全生产的管理，执行安全生产责任制度，采取有效措施，防止伤亡和其他安全生产事故的发生。

建筑施工企业的法定代表人对本企业的安全生产负责。

第四十五条　施工现场安全由建筑施工企业负责。实行施工总承包的，由总承包单位负责。分包单位向总承包单位负责，服从总承包单位对施工现场的安全生产管理。

第四十六条　建筑施工企业应当建立健全劳动安全生产教育培训制度，加强对职工安全生产的教育培训；未经安全生产教育培训的人员，不得上岗作业。

第四十七条　建筑施工企业和作业人员在施工过程中，应当遵守有关安全生产的法律、法规和建筑行业安全规章、规程，不得违章指挥或者违章作业。作业人员有权对影响人身健康的作业程序和作业条件提出改进意见，有权获得安全生产所需的防护用品。作业人员对危及生命安全和人身健康的行为有权提出批评、检举和控告。

第四十八条　建筑施工企业应当依法为职工参加工伤保险缴纳工伤保险费。鼓励企业为从事危险作业的职工办理意外伤害保险，支付保险费。

第四十九条　涉及建筑主体和承重结构变动的装修工程，建设单位应当在施工前委托原设计单位或者具有相应资质条件的设计单位提出设计方案；没有设计方案的，不得施工。

第五十条　房屋拆除应当由具备保证安全条件的建筑施工单位承担，由建筑施工单位负责人对安全负责。

第五十一条　施工中发生事故时，建筑施工企业应当采取紧急措施减少人员伤亡和事故损失，并按照国家有关规定及时向有关部门报告。

第六章　建筑工程质量管理

第五十二条　建筑工程勘察、设计、施工的质量必须符合国家有关建筑工程安全标准的要求，具体管理办法由国务院规定。

有关建筑工程安全的国家标准不能适应确保建筑安全的要求时，应当及时修订。

第五十三条　国家对从事建筑活动的单位推行质量体系认证制度。从事建筑活动的单位根据自愿原则可以向国务院产品质量监督管理部门或者国务院产品质量监督管理部门授权的部门认可的认证机构申请质量体系认证。经认证合格的，由认证机构颁发质量体系认证证书。

第五十四条　建设单位不得以任何理由，要求建筑设计单位或者建筑施工企业在工程设计或者施工作业中，违反法律、行政法规和建筑工程质量、安全标准，降低工程质量。

建筑设计单位和建筑施工企业对建设单位违反前款规定提出的降低工程质量的要求，应当予以拒绝。

第五十五条　建筑工程实行总承包的，工程质量由工程总承包单位负责，总承包单位将建筑工程分包给其他单位的，应当对分包工程的质量与分包单位承担连带责任。分包单位应当接受总承包单位的质量管理。

第五十六条　建筑工程的勘察、设计单位必须对其勘察、设计的质量负责。勘察、设计文件应当符合有关法律、行政法规的规定和建筑工程质量、安全标准、建筑工程勘察、设计技术规范以及合同的约定。设计文件选用的建筑材料、建筑构配件和设备，应当注明其规格、型号、性能等技术指标，其质量要求必须符合国家规定的标准。

第五十七条 建筑设计单位对设计文件选用的建筑材料、建筑构配件和设备，不得指定生产厂、供应商。

第五十八条 建筑施工企业对工程的施工质量负责。

建筑施工企业必须按照工程设计图纸和施工技术标准施工，不得偷工减料。工程设计的修改由原设计单位负责，建筑施工企业不得擅自修改工程设计。

第五十九条 建筑施工企业必须按照工程设计要求、施工技术标准和合同的约定，对建筑材料、建筑构配件和设备进行检验，不合格的不得使用。

第六十条 建筑物在合理使用寿命内，必须确保地基基础工程和主体结构的质量。

建筑工程竣工时，屋顶、墙面不得留有渗漏、开裂等质量缺陷；对已发现的质量缺陷，建筑施工企业应当修复。

第六十一条 交付竣工验收的建筑工程，必须符合规定的建筑工程质量标准，有完整的工程技术经济资料和经签署的工程保修书，并具备国家规定的其他竣工条件。

建筑工程竣工经验收合格后，方可交付使用；未经验收或者验收不合格的，不得交付使用。

第六十二条 建筑工程实行质量保修制度。

建筑工程的保修范围应当包括地基基础工程、主体结构工程、屋面防水工程和其他土建工程，以及电气管线、上下水管线的安装工程，供热、供冷系统工程等项目；保修的期限应当按照保证建筑物合理寿命年限内正常使用，维护使用者合法权益的原则确定。具体的保修范围和最低保修期限由国务院规定。

第六十三条 任何单位和个人对建筑工程的质量事故、质量缺陷都有权向建设行政主管部门或者其他有关部门进行检举、控告、投诉。

第七章 法律责任

第六十四条 违反本法规定，未取得施工许可证或者开工报告未经批准擅自施工的，责令改正，对不符合开工条件的责令停止施工，可以处以罚款。

第六十五条 发包单位将工程发包给不具有相应资质条件的承包单位的，或者违反本法规定将建筑工程肢解发包的，责令改正，处以罚款。

超越本单位资质等级承揽工程的，责令停止违法行为，处以罚款，可以责令停业整顿，降低资质等级；情节严重的，吊销资质证书；有违法所得的，予以没收。

未取得资质证书承揽工程的，予以取缔，并处罚款；有违法所得的，予以没收。

以欺骗手段取得资质证书的，吊销资质证书，处以罚款；构成犯罪的，依法追究刑事责任。

第六十六条 建筑施工企业转让、出借资质证书或者以其他方式允许他人以本企业的名义承揽工程的，责令改正，没收违法所得，并处罚款，可以责令停业整顿，降低资质等级；情节严重的，吊销资质证书。对因该项承揽工程不符合规定的质量标准造成的损失，建筑施工企业与使用本企业名义的单位或者个人承担连带赔偿责任。

第六十七条 承包单位将承包的工程转包的，或者违反本法规定进行分包的，责令改正，没收违法所得，并处罚款，可以责令停业整顿，降低资质等级；情节严重的，吊销资质证书。

承包单位有前款规定的违法行为的，对因转包工程或者违法分包的工程不符合规定的质量标准造成的损失，与接受转包或者分包的单位承担连带赔偿责任。

第六十八条　在工程发包与承包中索贿、受贿、行贿，构成犯罪的，依法追究刑事责任；不构成犯罪的，分别处以罚款，没收贿赂的财物，对直接负责的主管人员和其他直接责任人员给予处分。

对在工程承包中行贿的承包单位，除依照前款规定处罚外，可以责令停业整顿，降低资质等级或者吊销资质证书。

第六十九条　工程监理单位与建设单位或者建筑施工企业串通，弄虚作假、降低工程质量的，责令改正，处以罚款，降低资质等级或者吊销资质证书；有违法所得的，予以没收；造成损失的，承担连带赔偿责任；构成犯罪的，依法追究刑事责任。

工程监理单位转让监理业务的，责令改正，没收违法所得，可以责令停业整顿，降低资质等级；情节严重的，吊销资质证书。

第七十条　违反本法规定，涉及建筑主体或者承重结构变动的装修工程擅自施工的，责令改正，处以罚款；造成损失的，承担赔偿责任；构成犯罪的，依法追究刑事责任。

第七十一条　建筑施工企业违反本法规定，对建筑安全事故隐患不采取措施予以消除的，责令改正，可以处以罚款；情节严重的，责令停业整顿，降低资质等级或者吊销资质证书；构成犯罪的，依法追究刑事责任。

建筑施工企业的管理人员违章指挥、强令职工冒险作业，因而发生重大伤亡事故或者造成其他严重后果的，依法追究刑事责任。

第七十二条　建设单位违反本法规定，要求建筑设计单位或者建筑施工企业违反建筑工程质量、安全标准，降低工程质量的，责令改正，可以处以罚款；构成犯罪的，依法追究刑事责任。

第七十三条　建筑设计单位不按照建筑工程质量、安全标准进行设计的，责令改正，处以罚款；造成工程质量事故的，责令停业整顿，降低资质等级或者吊销资质证书，没收违法所得，并处罚款；造成损失的，承担赔偿责任；构成犯罪的，依法追究刑事责任。

第七十四条　建筑施工企业在施工中偷工减料的，使用不合格的建筑材料、建筑构配件和设备的，或者有其他不按照工程设计图纸或者施工技术标准施工的行为的，责令改正，处以罚款；情节严重的，责令停业整顿，降低资质等级或者吊销资质证书；造成建筑工程质量不符合规定的质量标准的，负责返工、修理，并赔偿因此造成的损失；构成犯罪的，依法追究刑事责任。

第七十五条　建筑施工企业违反本法规定，不履行保修义务或者拖延履行保修义务的，责令改正，可以处以罚款，并对在保修期内因屋顶、墙面渗漏、开裂等质量缺陷造成的损失，承担赔偿责任。

第七十六条　本法规定的责令停业整顿、降低资质等级和吊销资质证书的行政处罚，由颁发资质证书的机关决定；其他行政处罚，由建设行政主管部门或者有关部门依照法律和国务院规定的职权范围决定。

依照本法规定被吊销资质证书的，由工商行政管理部门吊销其营业执照。

第七十七条　违反本法规定，对不具备相应资质等级条件的单位颁发该等级资质证书的，由其上级机关责令收回所发的资质证书，对直接负责的主管人员和其他直接责任人员给予行政处分；构成犯罪的，依法追究刑事责任。

第七十八条　政府及其所属部门的工作人员违反本法规定，限定发包单位将招标发包的工程发包给指定的承包单位的，由上级机关责令改正；构成犯罪的，依法追究刑事责任。

第七十九条　负责颁发建筑工程施工许可证的部门及其工作人员对不符合施工条件的建筑工程颁发施工许可证的，负责工程质量监督检查或者竣工验收的部门及其工作人员对不合格的建筑工程出具质量合格文件或者按合格工程验收的，由上级机关责令改正，对责任人员给予行政处分；构成犯罪的，依法追究刑事责任；造成损失的，由该部门承担相应的赔偿责任。

第八十条 在建筑物的合理使用寿命内，因建筑工程质量不合格受到损害的，有权向责任者要求赔偿。

第八章 附 则

第八十一条 本法关于施工许可、建筑施工企业资质审查和建筑工程发包、承包、禁止转包，以及建筑工程监理、建筑工程安全和质量管理的规定，适用于其他专业建筑工程的建筑活动，具体办法由国务院规定。

第八十二条 建设行政主管部门和其他有关部门在对建筑活动实施监督管理中，除按照国务院有关规定收取费用外，不得收取其他费用。

第八十三条 省、自治区、直辖市人民政府确定的小型房屋建筑工程的建筑活动，参照本法执行。

依法核定作为文物保护的纪念建筑物和古建筑等的修缮，依照文物保护的有关法律规定执行。

抢险救灾及其他临时性房屋建筑和农民自建低层住宅的建筑活动，不适用本法。

第八十四条 军用房屋建筑工程建筑活动的具体管理办法，由国务院、中央军事委员会依据本法制定。

第八十五条 本法自1998年3月1日起施行。

中华人民共和国电力法

（1995年12月28日第八届全国人民代表大会常务委员会第十七次会议通过，根据2009年8月27日第十一届全国人民代表大会常务委员会第十次会议《关于修改部分法律的决定》第一次修正，根据2015年4月24日第十二届全国人民代表大会常务委员会第十四次会议《关于修改〈中华人民共和国电力法〉等六部法律的决定》第二次修正，根据2018年12月29日第十三届全国人民代表大会常务委员会第七次会议《关于修改〈中华人民共和国电力法〉等四部法律的决定》第三次修正）

第一章 总 则

第一条 为了保障和促进电力事业的发展，维护电力投资者、经营者和使用者的合法权益，保障电力安全运行，制定本法。

第二条 本法适用于中华人民共和国境内的电力建设、生产、供应和使用活动。

第三条 电力事业应当适应国民经济和社会发展的需要，适当超前发展。国家鼓励、引导国内外的经济组织和个人依法投资开发电源，兴办电力生产企业。

电力事业投资，实行谁投资、谁收益的原则。

第四条 电力设施受国家保护。

禁止任何单位和个人危害电力设施安全或者非法侵占、使用电能。

第五条　电力建设、生产、供应和使用应当依法保护环境，采用新技术，减少有害物质排放，防治污染和其他公害。

国家鼓励和支持利用可再生能源和清洁能源发电。

第六条　国务院电力管理部门负责全国电力事业的监督管理。国务院有关部门在各自的职责范围内负责电力事业的监督管理。

县级以上地方人民政府经济综合主管部门是本行政区域内的电力管理部门，负责电力事业的监督管理。县级以上地方人民政府有关部门在各自的职责范围内负责电力事业的监督管理。

第七条　电力建设企业、电力生产企业、电网经营企业依法实行自主经营、自负盈亏，并接受电力管理部门的监督。

第八条　国家帮助和扶持少数民族地区、边远地区和贫困地区发展电力事业。

第九条　国家鼓励在电力建设、生产、供应和使用过程中，采用先进的科学技术和管理方法，对在研究、开发、采用先进的科学技术和管理方法等方面作出显著成绩的单位和个人给予奖励。

第二章　电力建设

第十条　电力发展规划应当根据国民经济和社会发展的需要制定，并纳入国民经济和社会发展计划。

电力发展规划，应当体现合理利用能源、电源与电网配套发展、提高经济效益和有利于环境保护的原则。

第十一条　城市电网的建设与改造规划，应当纳入城市总体规划。城市人民政府应当按照规划，安排变电设施用地、输电线路走廊和电缆通道。

任何单位和个人不得非法占用变电设施用地、输电线路走廊和电缆通道。

第十二条　国家通过制定有关政策，支持、促进电力建设。

地方人民政府应当根据电力发展规划，因地制宜，采取多种措施开发电源，发展电力建设。

第十三条　电力投资者对其投资形成的电力，享有法定权益。并网运行的，电力投资者有优先使用权；未并网的自备电厂，电力投资者自行支配使用。

第十四条　电力建设项目应当符合电力发展规划，符合国家电力产业政策。

电力建设项目不得使用国家明令淘汰的电力设备和技术。

第十五条　输变电工程、调度通信自动化工程等电网配套工程和环境保护工程，应当与发电工程项目同时设计、同时建设、同时验收、同时投入使用。

第十六条　电力建设项目使用土地，应当依照有关法律、行政法规的规定办理；依法征收土地的，应当依法支付土地补偿费和安置补偿费，做好迁移居民的安置工作。

电力建设应当贯彻切实保护耕地、节约利用土地的原则。

地方人民政府对电力事业依法使用土地和迁移居民，应当予以支持和协助。

第十七条　地方人民政府应当支持电力企业为发电工程建设勘探水源和依法取水、用水。电力企业应当节约用水。

第三章　电力生产与电网管理

第十八条　电力生产与电网运行应当遵循安全、优质、经济的原则。

电网运行应当连续、稳定，保证供电可靠性。

第十九条　电力企业应当加强安全生产管理，坚持安全第一、预防为主的方针，建立、健全安全生产责任制度。

电力企业应当对电力设施定期进行检修和维护，保证其正常运行。

第二十条　发电燃料供应企业、运输企业和电力生产企业应当依照国务院有关规定或者合同约定供应、运输和接卸燃料。

第二十一条 电网运行实行统一调度、分级管理。任何单位和个人不得非法干预电网调度。

第二十二条 国家提倡电力生产企业与电网、电网与电网并网运行。具有独立法人资格的电力生产企业要求将生产的电力并网运行的，电网经营企业应当接受。

并网运行必须符合国家标准或者电力行业标准。

并网双方应当按照统一调度、分级管理和平等互利、协商一致的原则，签订并网协议，确定双方的权利和义务；并网双方达不成协议的，由省级以上电力管理部门协调决定。

第二十三条 电网调度管理办法，由国务院依照本法的规定制定。

第四章 电力供应与使用

第二十四条 国家对电力供应和使用，实行安全用电、节约用电、计划用电的管理原则。

电力供应与使用办法由国务院依照本法的规定制定。

第二十五条 供电企业在批准的供电营业区内向用户供电。

供电营业区的划分，应当考虑电网的结构和供电合理性等因素。一个供电营业区内只设立一个供电营业机构。

供电营业区的设立、变更，由供电企业提出申请，电力管理部门依据职责和管理权限，会同同级有关部门审查批准后，发给《电力业务许可证》。供电营业区设立、变更的具体办法，由国务院电力管理部门制定。

第二十六条 供电营业区内的供电营业机构，对本营业区内的用户有按照国家规定供电的义务；不得违反国家规定对其营业区内申请用电的单位和个人拒绝供电。

申请新装用电、临时用电、增加用电容量、变更用电和终止用电，应当依照规定的程序办理手续。

供电企业应当在其营业场所公告用电的程序、制度和收费标准，并提供用户须知资料。

第二十七条 电力供应与使用双方应当根据平等自愿、协商一致的原则，按照国务院制定的电力供应与使用办法签订供用电合同，确定双方的权利和义务。

第二十八条 供电企业应当保证供给用户的供电质量符合国家标准。对公用供电设施引起的供电质量问题，应当及时处理。

用户对供电质量有特殊要求的，供电企业应当根据其必要性和电网的可能，提供相应的电力。

第二十九条 供电企业在发电、供电系统正常的情况下，应当连续向用户供电，不得中断。因供电设施检修、依法限电或者用户违法用电等原因，需要中断供电时，供电企业应当按照国家有关规定事先通知用户。

用户对供电企业中断供电有异议的，可以向电力管理部门投诉；受理投诉的电力管理部门应当依法处理。

第三十条 因抢险救灾需要紧急供电时，供电企业必须尽速安排供电，所需供电工程费用和应付电费依照国家有关规定执行。

第三十一条 用户应当安装用电计量装置。用户使用的电力电量，以计量检定机构依法认可的用电计量装置的记录为准。

用户受电装置的设计、施工安装和运行管理，应当符合国家标准或者电力行业标准。

第三十二条 用户用电不得危害供电、用电安全和扰乱供电、用电秩序。

对危害供电、用电安全和扰乱供电、用电秩序的，供电企业有权制止。

第三十三条 供电企业应当按照国家核

准的电价和用电计量装置的记录，向用户计收电费。

供电企业查电人员和抄表收费人员进入用户，进行用电安全检查或者抄表收费时，应当出示有关证件。

用户应当按照国家核准的电价和用电计量装置的记录，按时交纳电费；对供电企业查电人员和抄表收费人员依法履行职责，应当提供方便。

第三十四条　供电企业和用户应当遵守国家有关规定，采取有效措施，做好安全用电、节约用电和计划用电工作。

第五章　电价与电费

第三十五条　本法所称电价，是指电力生产企业的上网电价、电网间的互供电价、电网销售电价。

电价实行统一政策，统一定价原则，分级管理。

第三十六条　制定电价，应当合理补偿成本，合理确定收益，依法计入税金，坚持公平负担，促进电力建设。

第三十七条　上网电价实行同网同质同价。具体办法和实施步骤由国务院规定。

电力生产企业有特殊情况需另行制定上网电价的，具体办法由国务院规定。

第三十八条　跨省、自治区、直辖市电网和省级电网内的上网电价，由电力生产企业和电网经营企业协商提出方案，报国务院物价行政主管部门核准。

独立电网内的上网电价，由电力生产企业和电网经营企业协商提出方案，报有管理权的物价行政主管部门核准。

地方投资的电力生产企业所生产的电力，属于在省内各地区形成独立电网的或者自发自用的，其电价可以由省、自治区、直辖市人民政府管理。

第三十九条　跨省、自治区、直辖市电网和独立电网之间、省级电网和独立电网之间的互供电价，由双方协商提出方案，报国务院物价行政主管部门或者其授权的部门核准。

独立电网与独立电网之间的互供电价，由双方协商提出方案，报有管理权的物价行政主管部门核准。

第四十条　跨省、自治区、直辖市电网和省级电网的销售电价，由电网经营企业提出方案，报国务院物价行政主管部门或者其授权的部门核准。

独立电网的销售电价，由电网经营企业提出方案，报有管理权的物价行政主管部门核准。

第四十一条　国家实行分类电价和分时电价。分类标准和分时办法由国务院确定。

对同一电网内的同一电压等级、同一用电类别的用户，执行相同的电价标准。

第四十二条　用户用电增容收费标准，由国务院物价行政主管部门会同国务院电力管理部门制定。

第四十三条　任何单位不得超越电价管理权限制定电价。供电企业不得擅自变更电价。

第四十四条　禁止任何单位和个人在电费中加收其他费用；但是，法律、行政法规另有规定的，按照规定执行。

地方集资办电在电费中加收费用的，由省、自治区、直辖市人民政府依照国务院有关规定制定办法。

禁止供电企业在收取电费时，代收其他费用。

第四十五条　电价的管理办法，由国务院依照本法的规定制定。

第六章　农村电力建设和农业用电

第四十六条　省、自治区、直辖市人民政府应当制定农村电气化发展规划，并将其纳入当地电力发展规划及国民经济和社会发展计划。

第四十七条 国家对农村电气化实行优惠政策，对少数民族地区、边远地区和贫困地区的农村电力建设给予重点扶持。

第四十八条 国家提倡农村开发水能资源，建设中、小型水电站，促进农村电气化。

国家鼓励和支持农村利用太阳能、风能、地热能、生物质能和其他能源进行农村电源建设，增加农村电力供应。

第四十九条 县级以上地方人民政府及其经济综合主管部门在安排用电指标时，应当保证农业和农村用电的适当比例，优先保证农村排涝、抗旱和农业季节性生产用电。

电力企业应当执行前款的用电安排，不得减少农业和农村用电指标。

第五十条 农业用电价格按照保本、微利的原则确定。

农民生活用电与当地城镇居民生活用电应当逐步实行相同的电价。

第五十一条 农业和农村用电管理办法，由国务院依照本法的规定制定。

第七章 电力设施保护

第五十二条 任何单位和个人不得危害发电设施、变电设施和电力线路设施及其有关辅助设施。

在电力设施周围进行爆破及其他可能危及电力设施安全的作业的，应当按照国务院有关电力设施保护的规定，经批准并采取确保电力设施安全的措施后，方可进行作业。

第五十三条 电力管理部门应当按照国务院有关电力设施保护的规定，对电力设施保护区设立标志。

任何单位和个人不得在依法划定的电力设施保护区内修建可能危及电力设施安全的建筑物、构筑物，不得种植可能危及电力设施安全的植物，不得堆放可能危及电力设施安全的物品。

在依法划定电力设施保护区前已经种植的植物妨碍电力设施安全的，应当修剪或者砍伐。

第五十四条 任何单位和个人需要在依法划定的电力设施保护区内进行可能危及电力设施安全的作业时，应当经电力管理部门批准并采取安全措施后，方可进行作业。

第五十五条 电力设施与公用工程、绿化工程和其他工程在新建、改建或者扩建中相互妨碍时，有关单位应当按照国家有关规定协商，达成协议后方可施工。

第八章 监督检查

第五十六条 电力管理部门依法对电力企业和用户执行电力法律、行政法规的情况进行监督检查。

第五十七条 电力管理部门根据工作需要，可以配备电力监督检查人员。

电力监督检查人员应当公正廉洁，秉公执法，熟悉电力法律、法规，掌握有关电力专业技术。

第五十八条 电力监督检查人员进行监督检查时，有权向电力企业或者用户了解有关执行电力法律、行政法规的情况，查阅有关资料，并有权进入现场进行检查。

电力企业和用户对执行监督检查任务的电力监督检查人员应当提供方便。

电力监督检查人员进行监督检查时，应当出示证件。

第九章 法律责任

第五十九条 电力企业或者用户违反供用电合同，给对方造成损失的，应当依法承担赔偿责任。

电力企业违反本法第二十八条、第二十九条第一款的规定，未保证供电质量或者未事先通知用户中断供电，给用户造成损失的，应当依法承担赔偿责任。

第六十条 因电力运行事故给用户或者第三人造成损害的，电力企业应当依法承担赔偿责任。

电力运行事故由下列原因之一造成的，电力企业不承担赔偿责任：

（一）不可抗力；

（二）用户自身的过错。

因用户或者第三人的过错给电力企业或者其他用户造成损害的，该用户或者第三人应当依法承担赔偿责任。

第六十一条　违反本法第十一条第二款的规定，非法占用变电设施用地、输电线路走廊或者电缆通道的，由县级以上地方人民政府责令限期改正；逾期不改正的，强制清除障碍。

第六十二条　违反本法第十四条规定，电力建设项目不符合电力发展规划、产业政策的，由电力管理部门责令停止建设。

违反本法第十四条规定，电力建设项目使用国家明令淘汰的电力设备和技术的，由电力管理部门责令停止使用，没收国家明令淘汰的电力设备，并处五万元以下的罚款。

第六十三条　违反本法第二十五条规定，未经许可，从事供电或者变更供电营业区的，由电力管理部门责令改正，没收违法所得，可以并处违法所得五倍以下的罚款。

第六十四条　违反本法第二十六条、第二十九条规定，拒绝供电或者中断供电的，由电力管理部门责令改正，给予警告；情节严重的，对有关主管人员和直接责任人员给予行政处分。

第六十五条　违反本法第三十二条规定，危害供电、用电安全或者扰乱供电、用电秩序的，由电力管理部门责令改正，给予警告；情节严重或者拒绝改正的，可以中止供电，可以并处五万元以下的罚款。

第六十六条　违反本法第三十三条、第四十三条、第四十四条规定，未按照国家核准的电价和用电计量装置的记录向用户计收电费、超越权限制定电价或者在电费中加收其他费用的，由物价行政主管部门给予警告，责令返还违法收取的费用，可以并处违法收取费用五倍以下的罚款；情节严重的，对有关主管人员和直接责任人员给予行政处分。

第六十七条　违反本法第四十九条第二款规定，减少农业和农村用电指标的，由电力管理部门责令改正；情节严重的，对有关主管人员和直接责任人员给予行政处分；造成损失的，责令赔偿损失。

第六十八条　违反本法第五十二条第二款和第五十四条规定，未经批准或者未采取安全措施在电力设施周围或者在依法划定的电力设施保护区内进行作业，危及电力设施安全的，由电力管理部门责令停止作业、恢复原状并赔偿损失。

第六十九条　违反本法第五十三条规定，在依法划定的电力设施保护区内修建建筑物、构筑物或者种植植物、堆放物品，危及电力设施安全的，由当地人民政府责令强制拆除、砍伐或者清除。

第七十条　有下列行为之一，应当给予治安管理处罚的，由公安机关依照治安管理处罚法的有关规定予以处罚；构成犯罪的，依法追究刑事责任：

（一）阻碍电力建设或者电力设施抢修，致使电力建设或者电力设施抢修不能正常进行的；

（二）扰乱电力生产企业、变电所、电力调度机构和供电企业的秩序，致使生产、工作和营业不能正常进行的；

（三）殴打、公然侮辱履行职务的查电人员或者抄表收费人员的；

（四）拒绝、阻碍电力监督检查人员依法执行职务的。

第七十一条　盗窃电能的，由电力管理部门责令停止违法行为，追缴电费并处应交电费五倍以下的罚款；构成犯罪的，依照刑法有关规定追究刑事责任。

第七十二条　盗窃电力设施或者以其他

方法破坏电力设施，危害公共安全的，依照刑法有关规定追究刑事责任。

第七十三条　电力管理部门的工作人员滥用职权、玩忽职守、徇私舞弊，构成犯罪的，依法追究刑事责任；尚不构成犯罪的，依法给予行政处分。

第七十四条　电力企业职工违反规章制度、违章调度或者不服从调度指令，造成重大事故的，依照刑法有关规定追究刑事责任。

电力企业职工故意延误电力设施抢修或者抢险救灾供电，造成严重后果的，依照刑法有关规定追究刑事责任。

电力企业的管理人员和查电人员、抄表收费人员勒索用户、以电谋私，构成犯罪的，依法追究刑事责任；尚不构成犯罪的，依法给予行政处分。

第十章　附　　则

第七十五条　本法自1996年4月1日起施行。

安全生产许可证条例

（2004年1月13日中华人民共和国国务院令第397号公布，根据2013年7月18日《国务院关于废止和修改部分行政法规的决定》第一次修订，根据2014年7月29日《国务院关于修改部分行政法规的决定》第二次修订）

第一条　为了严格规范安全生产条件，进一步加强安全生产监督管理，防止和减少生产安全事故，根据《中华人民共和国安全生产法》的有关规定，制定本条例。

第二条　国家对矿山企业、建筑施工企业和危险化学品、烟花爆竹、民用爆炸物品生产企业（以下统称企业）实行安全生产许可制度。企业未取得安全生产许可证的，不得从事生产活动。

第三条　国务院安全生产监督管理部门负责中央管理的非煤矿矿山企业和危险化学品、烟花爆竹生产企业安全生产许可证的颁发和管理。

省、自治区、直辖市人民政府安全生产监督管理部门负责前款规定以外的非煤矿矿山企业和危险化学品、烟花爆竹生产企业安全生产许可证的颁发和管理，并接受国务院安全生产监督管理部门的指导和监督。

国家煤矿安全监察机构负责中央管理的煤矿企业安全生产许可证的颁发和管理。

在省、自治区、直辖市设立的煤矿安全监察机构负责前款规定以外的其他煤矿企业安全生产许可证的颁发和管理，并接受国家煤矿安全监察机构的指导和监督。

第四条　省、自治区、直辖市人民政府建设主管部门负责建筑施工企业安全生产许可证的颁发和管理，并接受国务院建设主管部门的指导和监督。

第五条　省、自治区、直辖市人民政府民用爆炸物品行业主管部门负责民用爆炸物品生产企业安全生产许可证的颁发和管理，并接受国务院民用爆炸物品行业主管部门的指导和监督。

第六条　企业取得安全生产许可证，应当具备下列安全生产条件：

（一）建立、健全安全生产责任制，制定完备的安全生产规章制度和操作规程；

（二）安全投入符合安全生产要求；

（三）设置安全生产管理机构，配备专职安全生产管理人员；

（四）主要负责人和安全生产管理人员经考核合格；

（五）特种作业人员经有关业务主管部门考核合格，取得特种作业操作资格证书；

（六）从业人员经安全生产教育和培训合格；

（七）依法参加工伤保险，为从业人员缴纳保险费；

（八）厂房、作业场所和安全设施、设备、工艺符合有关安全生产法律、法规、标准和规程的要求；

（九）有职业危害防治措施，并为从业人员配备符合国家标准或者行业标准的劳动防护用品；

（十）依法进行安全评价；

（十一）有重大危险源检测、评估、监控措施和应急预案；

（十二）有生产安全事故应急救援预案、应急救援组织或者应急救援人员，配备必要的应急救援器材、设备；

（十三）法律、法规规定的其他条件。

第七条　企业进行生产前，应当依照本条例的规定向安全生产许可证颁发管理机关申请领取安全生产许可证，并提供本条例第六条规定的相关文件、资料。安全生产许可证颁发管理机关应当自收到申请之日起45日内审查完毕，经审查符合本条例规定的安全生产条件的，颁发安全生产许可证；不符合本条例规定的安全生产条件的，不予颁发安全生产许可证，书面通知企业并说明理由。

煤矿企业应当以矿（井）为单位，依照本条例的规定取得安全生产许可证。

第八条　安全生产许可证由国务院安全生产监督管理部门规定统一的式样。

第九条　安全生产许可证的有效期为3年。安全生产许可证有效期满需要延期的，企业应当于期满前3个月向原安全生产许可证颁发管理机关办理延期手续。

企业在安全生产许可证有效期内，严格遵守有关安全生产的法律法规，未发生死亡事故的，安全生产许可证有效期届满时，经原安全生产许可证颁发管理机关同意，不再审查，安全生产许可证有效期延期3年。

第十条　安全生产许可证颁发管理机关应当建立、健全安全生产许可证档案管理制度，并定期向社会公布企业取得安全生产许可证的情况。

第十一条　煤矿企业安全生产许可证颁发管理机关、建筑施工企业安全生产许可证颁发管理机关、民用爆炸物品生产企业安全生产许可证颁发管理机关，应当每年向同级安全生产监督管理部门通报其安全生产许可证颁发和管理情况。

第十二条　国务院安全生产监督管理部门和省、自治区、直辖市人民政府安全生产监督管理部门对建筑施工企业、民用爆炸物品生产企业、煤矿企业取得安全生产许可证的情况进行监督。

第十三条　企业不得转让、冒用安全生产许可证或者使用伪造的安全生产许可证。

第十四条　企业取得安全生产许可证后，不得降低安全生产条件，并应当加强日常安全生产管理，接受安全生产许可证颁发管理机关的监督检查。

安全生产许可证颁发管理机关应当加强对取得安全生产许可证的企业的监督检查，发现其不再具备本条例规定的安全生产条件的，应当暂扣或者吊销安全生产许可证。

第十五条　安全生产许可证颁发管理机关工作人员在安全生产许可证颁发、管理和监督检查工作中，不得索取或者接受企业的财物，不得谋取其他利益。

第十六条　监察机关依照《中华人民共和国行政监察法》的规定，对安全生产许可证颁发管理机关及其工作人员履行本条例规定的职责实施监察。

第十七条 任何单位或者个人对违反本条例规定的行为，有权向安全生产许可证颁发管理机关或者监察机关等有关部门举报。

第十八条 安全生产许可证颁发管理机关工作人员有下列行为之一的，给予降级或者撤职的行政处分；构成犯罪的，依法追究刑事责任：

（一）向不符合本条例规定的安全生产条件的企业颁发安全生产许可证的；

（二）发现企业未依法取得安全生产许可证擅自从事生产活动，不依法处理的；

（三）发现取得安全生产许可证的企业不再具备本条例规定的安全生产条件，不依法处理的；

（四）接到对违反本条例规定行为的举报后，不及时处理的；

（五）在安全生产许可证颁发、管理和监督检查工作中，索取或者接受企业的财物，或者谋取其他利益的。

第十九条 违反本条例规定，未取得安全生产许可证擅自进行生产的，责令停止生产，没收违法所得，并处10万元以上50万元以下的罚款；造成重大事故或者其他严重后果，构成犯罪的，依法追究刑事责任。

第二十条 违反本条例规定，安全生产许可证有效期满未办理延期手续，继续进行生产的，责令停止生产，限期补办延期手续，没收违法所得，并处5万元以上10万元以下的罚款；逾期仍不办理延期手续，继续进行生产的，依照本条例第十九条的规定处罚。

第二十一条 违反本条例规定，转让安全生产许可证的，没收违法所得，处10万元以上50万元以下的罚款，并吊销其安全生产许可证；构成犯罪的，依法追究刑事责任；接受转让的，依照本条例第十九条的规定处罚。

冒用安全生产许可证或者使用伪造的安全生产许可证的，依照本条例第十九条的规定处罚。

第二十二条 本条例施行前已经进行生产的企业，应当自本条例施行之日起1年内，依照本条例的规定向安全生产许可证颁发管理机关申请办理安全生产许可证；逾期不办理安全生产许可证，或者经审查不符合本条例规定的安全生产条件，未取得安全生产许可证，继续进行生产的，依照本条例第十九条的规定处罚。

第二十三条 本条例规定的行政处罚，由安全生产许可证颁发管理机关决定。

第二十四条 本条例自公布之日起施行。

中华人民共和国工业产品生产许可证管理条例

（2005年7月9日中华人民共和国国务院令第440号公布，根据2023年7月20日《国务院关于修改和废止部分行政法规的决定》修订）

第一章 总 则

第一条 为了保证直接关系公共安全、人体健康、生命财产安全的重要工业产品的质量安全，贯彻国家产业政策，促进社会主义市场经济健康、协调发展，制定本条例。

第二条 国家对生产下列重要工业产品的企业实行生产许可证制度：

（一）乳制品、肉制品、饮料、米、面、食用油、酒类等直接关系人体健康的加工食品；

（二）电热毯、压力锅、燃气热水器等可能危及人身、财产安全的产品；

（三）税控收款机、防伪验钞仪、卫星电视广播地面接收设备、无线广播电视发射设备等关系金融安全和通信质量安全的产品；

（四）安全网、安全帽、建筑扣件等保障劳动安全的产品；

（五）电力铁塔、桥梁支座、铁路工业产品、水工金属结构、危险化学品及其包装物、容器等影响生产安全、公共安全的产品；

（六）法律、行政法规要求依照本条例的规定实行生产许可证管理的其他产品。

第三条　国家实行生产许可证制度的工业产品目录（以下简称目录）由国务院工业产品生产许可证主管部门会同国务院有关部门制定，并征求消费者协会和相关产品行业协会的意见，报国务院批准后向社会公布。

工业产品的质量安全通过消费者自我判断、企业自律和市场竞争能够有效保证的，不实行生产许可证制度。

工业产品的质量安全通过认证认可制度能够有效保证的，不实行生产许可证制度。

国务院工业产品生产许可证主管部门会同国务院有关部门适时对目录进行评价、调整和逐步缩减，报国务院批准后向社会公布。

第四条　在中华人民共和国境内生产、销售或者在经营活动中使用列入目录产品的，应当遵守本条例。

列入目录产品的进出口管理依照法律、行政法规和国家有关规定执行。

第五条　任何企业未取得生产许可证不得生产列入目录的产品。任何单位和个人不得销售或者在经营活动中使用未取得生产许可证的列入目录的产品。

第六条　国务院工业产品生产许可证主管部门依照本条例负责全国工业产品生产许可证统一管理工作，县级以上地方工业产品生产许可证主管部门负责本行政区域内的工业产品生产许可证管理工作。

国家对实行工业产品生产许可证制度的工业产品，统一目录，统一审查要求，统一证书标志，统一监督管理。

第七条　工业产品生产许可证管理，应当遵循科学公正、公开透明、程序合法、便民高效的原则。

第八条　县级以上工业产品生产许可证主管部门及其人员、检验机构和检验人员，对所知悉的国家秘密和商业秘密负有保密义务。

第二章　申请与受理

第九条　企业取得生产许可证，应当符合下列条件：

（一）有营业执照；

（二）有与所生产产品相适应的专业技术人员；

（三）有与所生产产品相适应的生产条件和检验检疫手段；

（四）有与所生产产品相适应的技术文件和工艺文件；

（五）有健全有效的质量管理制度和责任制度；

（六）产品符合有关国家标准、行业标准以及保障人体健康和人身、财产安全的要求；

（七）符合国家产业政策的规定，不存在国家明令淘汰和禁止投资建设的落后工艺、高耗能、污染环境、浪费资源的情况。

法律、行政法规有其他规定的，还应当符合其规定。

第十条　国务院工业产品生产许可证主

管部门依照本条例第九条规定的条件，根据工业产品的不同特性，制定并发布取得列入目录产品生产许可证的具体要求；需要对列入目录产品生产许可证的具体要求作特殊规定的，应当会同国务院有关部门制定并发布。

制定列入目录产品生产许可证的具体要求，应当征求消费者协会和相关产品行业协会的意见。

第十一条 企业生产列入目录的产品，应当向企业所在地的省、自治区、直辖市工业产品生产许可证主管部门申请取得生产许可证。

企业正在生产的产品被列入目录的，应当在国务院工业产品生产许可证主管部门规定的时间内申请取得生产许可证。

企业的申请可以通过信函、电报、电传、传真、电子数据交换和电子邮件等方式提出。

第十二条 省、自治区、直辖市工业产品生产许可证主管部门收到企业的申请后，应当依照《中华人民共和国行政许可法》的有关规定办理。

第十三条 省、自治区、直辖市工业产品生产许可证主管部门以及其他任何单位不得另行附加任何条件，限制企业申请取得生产许可证。

第三章 审查与决定

第十四条 省、自治区、直辖市工业产品生产许可证主管部门受理企业申请后，应当组织对企业进行审查。依照列入目录产品生产许可证的具体要求，应当由国务院工业产品生产许可证主管部门组织对企业进行审查的，省、自治区、直辖市工业产品生产许可证主管部门应当自受理企业申请之日起5日内将全部申请材料报送国务院工业产品生产许可证主管部门。

对企业的审查包括对企业的实地核查和对产品的检验。

第十五条 对企业进行实地核查，国务院工业产品生产许可证主管部门或者省、自治区、直辖市工业产品生产许可证主管部门应当指派2至4名核查人员，企业应当予以配合。

第十六条 核查人员经国务院工业产品生产许可证主管部门组织考核合格，取得核查人员证书，方可从事相应的核查工作。

第十七条 核查人员依照本条例第九条规定的条件和列入目录产品生产许可证的具体要求对企业进行实地核查。

核查人员对企业进行实地核查，不得刁难企业，不得索取、收受企业的财物，不得谋取其他不当利益。

第十八条 国务院工业产品生产许可证主管部门或者省、自治区、直辖市工业产品生产许可证主管部门应当自受理企业申请之日起30日内将对企业实地核查的结果书面告知企业。核查不合格的，应当说明理由。

第十九条 企业经实地核查合格的，应当及时进行产品检验。需要送样检验的，核查人员应当封存样品，并告知企业在7日内将该样品送达具有相应资质的检验机构。需要现场检验的，由核查人员通知检验机构进行现场检验。

第二十条 检验机构应当依照国家有关标准、要求进行产品检验，在规定时间内完成检验工作。

检验机构和检验人员应当客观、公正、及时地出具检验报告。检验报告经检验人员签字后，由检验机构负责人签署。检验机构和检验人员对检验报告负责。

第二十一条 检验机构和检验人员进行产品检验，应当遵循诚信原则和方便企业的原则，为企业提供可靠、便捷的检验服务，不得拖延，不得刁难企业。

第二十二条 检验机构和检验人员不得从事与其检验的列入目录产品相关的生产、

销售活动，不得以其名义推荐或者监制、监销其检验的列入目录产品。

第二十三条　由省、自治区、直辖市工业产品生产许可证主管部门组织对企业进行审查的，省、自治区、直辖市工业产品生产许可证主管部门应当在完成审查后将审查意见和全部申请材料报送国务院工业产品生产许可证主管部门。

第二十四条　自受理企业申请之日起60日内，国务院工业产品生产许可证主管部门应当作出是否准予许可的决定，作出准予许可决定的，国务院工业产品生产许可证主管部门应当自作出决定之日起10日内向企业颁发工业产品生产许可证证书（以下简称许可证证书）；作出不准予许可决定的，国务院工业产品生产许可证主管部门应当书面通知企业，并说明理由。

检验机构进行产品检验所需时间不计入前款规定的期限。

国务院工业产品生产许可证主管部门应当将作出的相关产品准予许可的决定及时通报国务院发展改革部门、国务院卫生主管部门等有关部门。

第二十五条　生产许可证有效期为5年，但是，食品加工企业生产许可证的有效期为3年。生产许可证有效期届满，企业继续生产的，应当在生产许可证有效期届满6个月前向所在地省、自治区、直辖市工业产品生产许可证主管部门提出换证申请。国务院工业产品生产许可证主管部门或者省、自治区、直辖市工业产品生产许可证主管部门应当依照本条例规定的程序对企业进行审查。

第二十六条　在生产许可证有效期内，产品的有关标准、要求发生改变的，国务院工业产品生产许可证主管部门或者省、自治区、直辖市工业产品生产许可证主管部门可以依照本条例的规定重新组织核查和检验。

在生产许可证有效期内，企业生产条件、检验手段、生产技术或者工艺发生变化的，企业应当及时向所在地省、自治区、直辖市工业产品生产许可证主管部门提出申请，国务院工业产品生产许可证主管部门或者省、自治区、直辖市工业产品生产许可证主管部门应当依照本条例的规定重新组织核查和检验。

第二十七条　国务院工业产品生产许可证主管部门认为需要听证的涉及公共利益的重大许可事项，应当向社会公告，并举行听证。

国务院工业产品生产许可证主管部门作出的准予许可的决定应当向社会公布。

国务院工业产品生产许可证主管部门和省、自治区、直辖市工业产品生产许可证主管部门应当将办理生产许可证的有关材料及时归档，公众有权查阅。

第四章　证书和标志

第二十八条　许可证证书分为正本和副本。许可证证书应当载明企业名称和住所、生产地址、产品名称、证书编号、发证日期、有效期等相关内容。

许可证证书格式由国务院工业产品生产许可证主管部门规定。

第二十九条　企业名称发生变化的，企业应当及时向企业所在地的省、自治区、直辖市工业产品生产许可证主管部门提出申请，办理变更手续。

第三十条　企业应当妥善保管许可证证书，许可证证书遗失或者损毁，应当申请补领，企业所在地的省、自治区、直辖市工业产品生产许可证主管部门应当及时受理申请，办理补领手续。

第三十一条　在生产许可证有效期内，企业不再从事列入目录产品的生产活动的，应当办理生产许可证注销手续。企业不办理生产许可证注销手续的，国务院工业产品生产许可证主管部门应当注销其生产许可证并向社会公告。

第三十二条 生产许可证的标志和式样由国务院工业产品生产许可证主管部门规定并公布。

第三十三条 企业必须在其产品或者包装、说明书上标注生产许可证标志和编号。

裸装食品和其他根据产品的特点难以标注标志的裸装产品，可以不标注生产许可证标志和编号。

第三十四条 销售和在经营活动中使用列入目录产品的企业，应当查验产品的生产许可证标志和编号。

第三十五条 任何单位和个人不得伪造、变造许可证证书、生产许可证标志和编号。取得生产许可证的企业不得出租、出借或者以其他形式转让许可证证书和生产许可证标志。

第五章 监督检查

第三十六条 国务院工业产品生产许可证主管部门和县级以上地方工业产品生产许可证主管部门依照本条例规定负责对生产列入目录产品的企业以及核查人员、检验机构及其检验人员的相关活动进行监督检查。

国务院工业产品生产许可证主管部门对县级以上地方工业产品生产许可证主管部门的生产许可证管理工作进行监督。

第三十七条 县级以上工业产品生产许可证主管部门根据已经取得的违法嫌疑证据或者举报，对涉嫌违反本条例的行为进行查处并可以行使下列职权：

（一）向有关生产、销售或者在经营活动中使用列入目录产品的单位和检验机构的法定代表人、主要负责人和其他有关人员调查、了解有关涉嫌从事违反本条例活动的情况；

（二）查阅、复制有关生产、销售或者在经营活动中使用列入目录产品的单位和检验机构的有关合同、发票、账簿以及其他有关资料；

（三）对有证据表明属于违反本条例生产、销售或者在经营活动中使用的列入目录产品予以查封或者扣押。

第三十八条 企业应当保证产品质量稳定合格，并定期向省、自治区、直辖市工业产品生产许可证主管部门提交报告。企业对报告的真实性负责。

第三十九条 国务院工业产品生产许可证主管部门和县级以上地方工业产品生产许可证主管部门应当对企业实施定期或者不定期的监督检查。需要对产品进行检验的，应当依照《中华人民共和国产品质量法》的有关规定进行。

实施监督检查或者对产品进行检验应当有2名以上工作人员参加并应当出示有效证件。

第四十条 国务院工业产品生产许可证主管部门和县级以上地方工业产品生产许可证主管部门对企业实施监督检查，不得妨碍企业的正常生产经营活动，不得索取或者收受企业的财物或者谋取其他利益。

第四十一条 国务院工业产品生产许可证主管部门和县级以上地方工业产品生产许可证主管部门依法对企业进行监督检查时，应当对监督检查的情况和处理结果予以记录，由监督检查人员签字后归档。公众有权查阅监督检查记录。

第四十二条 国务院工业产品生产许可证主管部门应当通过查阅检验报告、检验结论对比等方式，对检验机构的检验过程和检验报告是否客观、公正、及时进行监督检查。

第四十三条 核查人员、检验机构及其检验人员刁难企业的，企业有权向国务院工业产品生产许可证主管部门和县级以上地方工业产品生产许可证主管部门投诉。国务院工业产品生产许可证主管部门和县级以上地方工业产品生产许可证主管部门接到投诉，应当及时进行调查处理。

第四十四条　任何单位和个人对违反本条例的行为，有权向国务院工业产品生产许可证主管部门和县级以上地方工业产品生产许可证主管部门举报。国务院工业产品生产许可证主管部门和县级以上地方工业产品生产许可证主管部门接到举报，应当及时调查处理，并为举报人保密。

第六章　法律责任

第四十五条　企业未依照本条例规定申请取得生产许可证而擅自生产列入目录产品的，由工业产品生产许可证主管部门责令停止生产，没收违法生产的产品，处违法生产产品货值金额等值以上3倍以下的罚款；有违法所得的，没收违法所得；构成犯罪的，依法追究刑事责任。

第四十六条　取得生产许可证的企业生产条件、检验手段、生产技术或者工艺发生变化，未依照本条例规定办理重新审查手续的，责令停止生产、销售，没收违法生产、销售的产品，并限期办理相关手续；逾期仍未办理的，处违法生产、销售产品（包括已售出和未售出的产品，下同）货值金额3倍以下的罚款；有违法所得的，没收违法所得；构成犯罪的，依法追究刑事责任。

取得生产许可证的企业名称发生变化，未依照本条例规定办理变更手续的，责令限期办理相关手续；逾期仍未办理的，责令停止生产、销售，没收违法生产、销售的产品，并处违法生产、销售产品货值金额等值以下的罚款；有违法所得的，没收违法所得。

第四十七条　取得生产许可证的企业未依照本条例规定在产品、包装或者说明书上标注生产许可证标志和编号的，责令限期改正；逾期仍未改正的，处违法生产、销售产品货值金额30%以下的罚款；有违法所得的，没收违法所得；情节严重的，吊销生产许可证。

第四十八条　销售或者在经营活动中使用未取得生产许可证的列入目录产品的，责令改正，处5万元以上20万元以下的罚款；有违法所得的，没收违法所得；构成犯罪的，依法追究刑事责任。

第四十九条　取得生产许可证的企业出租、出借或者转让许可证证书、生产许可证标志和编号的，责令限期改正，处20万元以下的罚款；情节严重的，吊销生产许可证。违法接受并使用他人提供的许可证证书、生产许可证标志和编号的，责令停止生产、销售，没收违法生产、销售的产品，处违法生产、销售产品货值金额等值以上3倍以下的罚款；有违法所得的，没收违法所得；构成犯罪的，依法追究刑事责任。

第五十条　擅自动用、调换、转移、损毁被查封、扣押财物的，责令改正，处被动用、调换、转移、损毁财物价值5%以上20%以下的罚款；拒不改正的，处被动用、调换、转移、损毁财物价值1倍以上3倍以下的罚款。

第五十一条　伪造、变造许可证证书、生产许可证标志和编号的，责令改正，没收违法生产、销售的产品，并处违法生产、销售产品货值金额等值以上3倍以下的罚款；有违法所得的，没收违法所得；构成犯罪的，依法追究刑事责任。

第五十二条　企业用欺骗、贿赂等不正当手段取得生产许可证的，由工业产品生产许可证主管部门处20万元以下的罚款，并依照《中华人民共和国行政许可法》的有关规定作出处理。

第五十三条　取得生产许可证的企业未依照本条例规定定期向省、自治区、直辖市工业产品生产许可证主管部门提交报告的，由省、自治区、直辖市工业产品生产许可证主管部门责令限期改正。

第五十四条　取得生产许可证的产品经

产品质量国家监督抽查或者省级监督抽查不合格的，由工业产品生产许可证主管部门责令限期改正；到期复查仍不合格的，吊销生产许可证。

第五十五条 企业被吊销生产许可证的，在 3 年内不得再次申请同一列入目录产品的生产许可证。

第五十六条 承担发证产品检验工作的检验机构伪造检验结论或者出具虚假证明的，由工业产品生产许可证主管部门责令改正，对单位处 5 万元以上 20 万元以下的罚款，对直接负责的主管人员和其他直接责任人员处 1 万元以上 5 万元以下的罚款；有违法所得的，没收违法所得；情节严重的，撤销其检验资格；构成犯罪的，依法追究刑事责任。

第五十七条 检验机构和检验人员从事与其检验的列入目录产品相关的生产、销售活动，或者以其名义推荐或者监制、监销其检验的列入目录产品的，由工业产品生产许可证主管部门处 2 万元以上 10 万元以下的罚款；有违法所得的，没收违法所得；情节严重的，撤销其检验资格。

第五十八条 检验机构和检验人员利用检验工作刁难企业，由工业产品生产许可证主管部门责令改正；拒不改正的，撤销其检验资格。

第五十九条 县级以上地方工业产品生产许可证主管部门违反本条例规定，对列入目录产品以外的工业产品设定生产许可的，由国务院工业产品生产许可证主管部门责令改正，或者依法予以撤销。

第六十条 工业产品生产许可证主管部门及其工作人员违反本条例的规定，有下列情形之一的，由其上级行政机关或者监察机关责令改正；情节严重的，对直接负责的主管人员和其他直接责任人员依法给予行政处分：

（一）对符合本条例规定的条件的申请不予受理的；

（二）不在办公场所公示依法应当公示的材料的；

（三）在受理、审查、决定过程中，未向申请人、利害关系人履行法定告知义务的；

（四）申请人提交的申请材料不齐全、不符合法定形式，不一次告知申请人必须补正的全部内容的；

（五）未依法说明不受理申请或者不予许可的理由的；

（六）依照本条例和《中华人民共和国行政许可法》应当举行听证而不举行听证的。

第六十一条 工业产品生产许可证主管部门的工作人员办理工业产品生产许可证、实施监督检查，索取或者收受他人财物或者谋取其他利益，构成犯罪的，依法追究刑事责任；尚不构成犯罪的，依法给予行政处分。

第六十二条 工业产品生产许可证主管部门有下列情形之一的，由其上级行政机关、监察机关或者有关机关责令改正，依法处理；对直接负责的主管人员和其他直接责任人员依法给予降级或者撤职的行政处分；构成犯罪的，依法追究刑事责任：

（一）对不符合本条例规定条件的申请人准予许可或者超越法定职权作出准予许可决定的；

（二）对符合本条例规定条件的申请人不予许可或者不在法定期限内作出准予许可决定的；

（三）发现未依照本条例规定申请取得生产许可证擅自生产列入目录产品，不及时依法查处的；

（四）发现检验机构的检验报告、检验结论严重失实，不及时依法查处的；

（五）违反法律、行政法规或者本条例的规定，乱收费的。

第六十三条 工业产品生产许可证主管部门违法实施许可，给当事人的合法权益造成损害的，应当依照《中华人民共和国国家赔偿法》的规定给予赔偿。

第六十四条　工业产品生产许可证主管部门不依法履行监督职责或者监督不力，造成严重后果的，由其上级行政机关或者监察机关责令改正，对直接负责的主管人员和其他直接责任人员依法给予行政处分；构成犯罪的，依法追究刑事责任。

第六十五条　本条例规定的吊销生产许可证的行政处罚由工业产品生产许可证主管部门决定。工业产品生产许可证主管部门应当将作出的相关产品吊销生产许可证的行政处罚决定及时通报发展改革部门、卫生主管部门等有关部门。

法律、行政法规对行使行政处罚权的机关另有规定的，依照有关法律、行政法规的规定执行。

第七章　附　　则

第六十六条　法律、行政法规对工业产品管理另有规定的，从其规定。

第六十七条　国务院工业产品生产许可证主管部门和省、自治区、直辖市工业产品生产许可证主管部门办理工业产品生产许可证的收费项目依照国务院财政部门、价格主管部门的有关规定执行，工业产品生产许可证的收费标准依照国务院价格主管部门、财政部门的有关规定执行，并应当公开透明；所收取的费用必须全部上缴国库，不得截留、挪用、私分或者变相私分。财政部门不得以任何形式向其返还或者变相返还所收取的费用。

第六十八条　根据需要，省、自治区、直辖市工业产品生产许可证主管部门可以负责部分列入目录产品的生产许可证审查发证工作，具体办法由国务院工业产品生产许可证主管部门另行制定。

第六十九条　个体工商户生产或者销售列入目录产品的，依照本条例的规定执行。

第七十条　本条例自2005年9月1日起施行。国务院1984年4月7日发布的《工业产品生产许可证试行条例》同时废止。

生产安全事故报告和调查处理条例

（2007年3月28日国务院第172次常务会议通过，2007年4月9日公布，自2007年6月1日起施行）

第一章　总　　则

第一条　为了规范生产安全事故的报告和调查处理，落实生产安全事故责任追究制度，防止和减少生产安全事故，根据《中华人民共和国安全生产法》和有关法律，制定本条例。

第二条　生产经营活动中发生的造成人身伤亡或者直接经济损失的生产安全事故的报告和调查处理，适用本条例；环境污染事故、核设施事故、国防科研生产事故的报告和调查处理不适用本条例。

第三条　根据生产安全事故（以下简称事故）造成的人员伤亡或者直接经济损失，事故一般分为以下等级：

（一）特别重大事故，是指造成30人以上死亡，或者100人以上重伤（包括急性工业中毒，下同），或者1亿元以上直接经济损失的事故；

（二）重大事故，是指造成10人以上30人以下死亡，或者50人以上100人以下重伤，或者5000万元以上1亿元以下直接经济损失的事故；

（三）较大事故，是指造成3人以上10人以下死亡，或者10人以上50人以下重伤，或者1000万元以上5000万元以下直接经济损失的事故；

（四）一般事故，是指造成3人以下死亡，或者10人以下重伤，或者1000万元以下直接经济损失的事故。

国务院安全生产监督管理部门可以会同国务院有关部门，制定事故等级划分的补充性规定。

本条第一款所称的“以上”包括本数，所称的“以下”不包括本数。

第四条　事故报告应当及时、准确、完整，任何单位和个人对事故不得迟报、漏报、谎报或者瞒报。

事故调查处理应当坚持实事求是、尊重科学的原则，及时、准确地查清事故经过、事故原因和事故损失，查明事故性质，认定事故责任，总结事故教训，提出整改措施，并对事故责任者依法追究责任。

第五条　县级以上人民政府应当依照本条例的规定，严格履行职责，及时、准确地完成事故调查处理工作。

事故发生地有关地方人民政府应当支持、配合上级人民政府或者有关部门的事故调查处理工作，并提供必要的便利条件。

参加事故调查处理的部门和单位应当互相配合，提高事故调查处理工作的效率。

第六条　工会依法参加事故调查处理，有权向有关部门提出处理意见。

第七条　任何单位和个人不得阻挠和干涉对事故的报告和依法调查处理。

第八条　对事故报告和调查处理中的违法行为，任何单位和个人有权向安全生产监督管理部门、监察机关或者其他有关部门举报，接到举报的部门应当依法及时处理。

第二章　事故报告

第九条　事故发生后，事故现场有关人员应当立即向本单位负责人报告；单位负责人接到报告后，应当于1小时内向事故发生地县级以上人民政府安全生产监督管理部门和负有安全生产监督管理职责的有关部门报告。

情况紧急时，事故现场有关人员可以直接向事故发生地县级以上人民政府安全生产监督管理部门和负有安全生产监督管理职责的有关部门报告。

第十条　安全生产监督管理部门和负有安全生产监督管理职责的有关部门接到事故报告后，应当依照下列规定上报事故情况，并通知公安机关、劳动保障行政部门、工会和人民检察院：

（一）特别重大事故、重大事故逐级上报至国务院安全生产监督管理部门和负有安全生产监督管理职责的有关部门；

（二）较大事故逐级上报至省、自治区、直辖市人民政府安全生产监督管理部门和负有安全生产监督管理职责的有关部门；

（三）一般事故上报至设区的市级人民政府安全生产监督管理部门和负有安全生产监督管理职责的有关部门。

安全生产监督管理部门和负有安全生产监督管理职责的有关部门依照前款规定上报事故情况，应当同时报告本级人民政府。国务院安全生产监督管理部门和负有安全生产监督管理职责的有关部门以及省级人民政府接到发生特别重大事故、重大事故的报告后，应当立即报告国务院。

必要时，安全生产监督管理部门和负有安全生产监督管理职责的有关部门可以越级上报事故情况。

第十一条　安全生产监督管理部门和负有安全生产监督管理职责的有关部门逐级上报事故情况，每级上报的时间不得超过2小时。

第十二条　报告事故应当包括下列内容：

（一）事故发生单位概况；

（二）事故发生的时间、地点以及事故现场情况；

（三）事故的简要经过；

（四）事故已经造成或者可能造成的伤亡人数（包括下落不明的人数）和初步估计的直接经济损失；

（五）已经采取的措施；

（六）其他应当报告的情况。

第十三条　事故报告后出现新情况的，应当及时补报。

自事故发生之日起 30 日内，事故造成的伤亡人数发生变化的，应当及时补报。道路交通事故、火灾事故自发生之日起 7 日内，事故造成的伤亡人数发生变化的，应当及时补报。

第十四条　事故发生单位负责人接到事故报告后，应当立即启动事故相应应急预案，或者采取有效措施，组织抢救，防止事故扩大，减少人员伤亡和财产损失。

第十五条　事故发生地有关地方人民政府、安全生产监督管理部门和负有安全生产监督管理职责的有关部门接到事故报告后，其负责人应当立即赶赴事故现场，组织事故救援。

第十六条　事故发生后，有关单位和人员应当妥善保护事故现场以及相关证据，任何单位和个人不得破坏事故现场、毁灭相关证据。

因抢救人员、防止事故扩大以及疏通交通等原因，需要移动事故现场物件的，应当做出标志，绘制现场简图并做出书面记录，妥善保存现场重要痕迹、物证。

第十七条　事故发生地公安机关根据事故的情况，对涉嫌犯罪的，应当依法立案侦查，采取强制措施和侦查措施。犯罪嫌疑人逃匿的，公安机关应当迅速追捕归案。

第十八条　安全生产监督管理部门和负有安全生产监督管理职责的有关部门应当建立值班制度，并向社会公布值班电话，受理事故报告和举报。

第三章　事故调查

第十九条　特别重大事故由国务院或者国务院授权有关部门组织事故调查组进行调查。

重大事故、较大事故、一般事故分别由事故发生地省级人民政府、设区的市级人民政府、县级人民政府负责调查。省级人民政府、设区的市级人民政府、县级人民政府可以直接组织事故调查组进行调查，也可以授权或者委托有关部门组织事故调查组进行调查。

未造成人员伤亡的一般事故，县级人民政府也可以委托事故发生单位组织事故调查组进行调查。

第二十条　上级人民政府认为必要时，可以调查由下级人民政府负责调查的事故。

自事故发生之日起 30 日内（道路交通事故、火灾事故自发生之日起 7 日内），因事故伤亡人数变化导致事故等级发生变化，依照本条例规定应当由上级人民政府负责调查的，上级人民政府可以另行组织事故调查组进行调查。

第二十一条　特别重大事故以下等级事故，事故发生地与事故发生单位不在同一个县级以上行政区域的，由事故发生地人民政府负责调查，事故发生单位所在地人民政府应当派人参加。

第二十二条　事故调查组的组成应当遵循精简、效能的原则。

根据事故的具体情况，事故调查组由有关人民政府、安全生产监督管理部门、负有安全生产监督管理职责的有关部门、监察机关、公安机关以及工会派人组成，并应当邀请人民检察院派人参加。

事故调查组可以聘请有关专家参与调查。

第二十三条 事故调查组成员应当具有事故调查所需要的知识和专长，并与所调查的事故没有直接利害关系。

第二十四条 事故调查组组长由负责事故调查的人民政府指定。事故调查组组长主持事故调查组的工作。

第二十五条 事故调查组履行下列职责：

（一）查明事故发生的经过、原因、人员伤亡情况及直接经济损失；

（二）认定事故的性质和事故责任；

（三）提出对事故责任者的处理建议；

（四）总结事故教训，提出防范和整改措施；

（五）提交事故调查报告。

第二十六条 事故调查组有权向有关单位和个人了解与事故有关的情况，并要求其提供相关文件、资料，有关单位和个人不得拒绝。

事故发生单位的负责人和有关人员在事故调查期间不得擅离职守，并应当随时接受事故调查组的询问，如实提供有关情况。

事故调查中发现涉嫌犯罪的，事故调查组应当及时将有关材料或者其复印件移交司法机关处理。

第二十七条 事故调查中需要进行技术鉴定的，事故调查组应当委托具有国家规定资质的单位进行技术鉴定。必要时，事故调查组可以直接组织专家进行技术鉴定。技术鉴定所需时间不计入事故调查期限。

第二十八条 事故调查组成员在事故调查工作中应当诚信公正、恪尽职守，遵守事故调查组的纪律，保守事故调查的秘密。

未经事故调查组组长允许，事故调查组成员不得擅自发布有关事故的信息。

第二十九条 事故调查组应当自事故发生之日起60日内提交事故调查报告；特殊情况下，经负责事故调查的人民政府批准，提交事故调查报告的期限可以适当延长，但延长的期限最长不超过60日。

第三十条 事故调查报告应当包括下列内容：

（一）事故发生单位概况；

（二）事故发生经过和事故救援情况；

（三）事故造成的人员伤亡和直接经济损失；

（四）事故发生的原因和事故性质；

（五）事故责任的认定以及对事故责任者的处理建议；

（六）事故防范和整改措施。

事故调查报告应当附具有关证据材料。事故调查组成员应当在事故调查报告上签名。

第三十一条 事故调查报告报送负责事故调查的人民政府后，事故调查工作即告结束。事故调查的有关资料应当归档保存。

第四章　事故处理

第三十二条 重大事故、较大事故、一般事故，负责事故调查的人民政府应当自收到事故调查报告之日起15日内做出批复；特别重大事故，30日内做出批复，特殊情况下，批复时间可以适当延长，但延长的时间最长不超过30日。

有关机关应当按照人民政府的批复，依照法律、行政法规规定的权限和程序，对事故发生单位和有关人员进行行政处罚，对负有事故责任的国家工作人员进行处分。

事故发生单位应当按照负责事故调查的人民政府的批复，对本单位负有事故责任的人员进行处理。

负有事故责任的人员涉嫌犯罪的，依法追究刑事责任。

第三十三条 事故发生单位应当认真吸取事故教训，落实防范和整改措施，防止事故再次发生。防范和整改措施的落实情况应当接受工会和职工的监督。

安全生产监督管理部门和负有安全生产

监督管理职责的有关部门应当对事故发生单位落实防范和整改措施的情况进行监督检查。

第三十四条　事故处理的情况由负责事故调查的人民政府或者其授权的有关部门、机构向社会公布，依法应当保密的除外。

第五章　法律责任

第三十五条　事故发生单位主要负责人有下列行为之一的，处上一年年收入40%至80%的罚款；属于国家工作人员的，并依法给予处分；构成犯罪的，依法追究刑事责任：

（一）不立即组织事故抢救的；

（二）迟报或者漏报事故的；

（三）在事故调查处理期间擅离职守的。

第三十六条　事故发生单位及其有关人员有下列行为之一的，对事故发生单位处100万元以上500万元以下的罚款；对主要负责人、直接负责的主管人员和其他直接责任人员处上一年年收入60%至100%的罚款；属于国家工作人员的，并依法给予处分；构成违反治安管理行为的，由公安机关依法给予治安管理处罚；构成犯罪的，依法追究刑事责任：

（一）谎报或者瞒报事故的；

（二）伪造或者故意破坏事故现场的；

（三）转移、隐匿资金、财产，或者销毁有关证据、资料的；

（四）拒绝接受调查或者拒绝提供有关情况和资料的；

（五）在事故调查中作伪证或者指使他人作伪证的；

（六）事故发生后逃匿的。

第三十七条　事故发生单位对事故发生负有责任的，依照下列规定处以罚款：

（一）发生一般事故的，处10万元以上20万元以下的罚款；

（二）发生较大事故的，处20万元以上50万元以下的罚款；

（三）发生重大事故的，处50万元以上200万元以下的罚款；

（四）发生特别重大事故的，处200万元以上500万元以下的罚款。

第三十八条　事故发生单位主要负责人未依法履行安全生产管理职责，导致事故发生的，依照下列规定处以罚款；属于国家工作人员的，并依法给予处分；构成犯罪的，依法追究刑事责任：

（一）发生一般事故的，处上一年年收入30%的罚款；

（二）发生较大事故的，处上一年年收入40%的罚款；

（三）发生重大事故的，处上一年年收入60%的罚款；

（四）发生特别重大事故的，处上一年年收入80%的罚款。

第三十九条　有关地方人民政府、安全生产监督管理部门和负有安全生产监督管理职责的有关部门有下列行为之一的，对直接负责的主管人员和其他直接责任人员依法给予处分；构成犯罪的，依法追究刑事责任：

（一）不立即组织事故抢救的；

（二）迟报、漏报、谎报或者瞒报事故的；

（三）阻碍、干涉事故调查工作的；

（四）在事故调查中作伪证或者指使他人作伪证的。

第四十条　事故发生单位对事故发生负有责任的，由有关部门依法暂扣或者吊销其有关证照；对事故发生单位负有事故责任的有关人员，依法暂停或者撤销其与安全生产有关的执业资格、岗位证书；事故发生单位主要负责人受到刑事处罚或者撤职处分的，自刑罚执行完毕或者受处分之日起，5年内不得担任任何生产经营单位的主要负责人。

为发生事故的单位提供虚假证明的中介机构，由有关部门依法暂扣或者吊销其有关证照及其相关人员的执业资格；构成犯罪的，依法追究刑事责任。

第四十一条 参与事故调查的人员在事故调查中有下列行为之一的，依法给予处分；构成犯罪的，依法追究刑事责任：

（一）对事故调查工作不负责任，致使事故调查工作有重大疏漏的；

（二）包庇、袒护负有事故责任的人员或者借机打击报复的。

第四十二条 违反本条例规定，有关地方人民政府或者有关部门故意拖延或者拒绝落实经批复的对事故责任人的处理意见的，由监察机关对有关责任人员依法给予处分。

第四十三条 本条例规定的罚款的行政处罚，由安全生产监督管理部门决定。

法律、行政法规对行政处罚的种类、幅度和决定机关另有规定的，依照其规定。

第六章 附　　则

第四十四条 没有造成人员伤亡，但是社会影响恶劣的事故，国务院或者有关地方人民政府认为需要调查处理的，依照本条例的有关规定执行。

国家机关、事业单位、人民团体发生的事故的报告和调查处理，参照本条例的规定执行。

第四十五条 特别重大事故以下等级事故的报告和调查处理，有关法律、行政法规或者国务院另有规定的，依照其规定。

第四十六条 本条例自2007年6月1日起施行。国务院1989年3月29日公布的《特别重大事故调查程序暂行规定》和1991年2月22日公布的《企业职工伤亡事故报告和处理规定》同时废止。

生产安全事故应急条例

（2018年12月5日国务院第33次常务会议通过，
2019年2月17日公布，自2019年4月1日起施行）

第一章 总　　则

第一条 为了规范生产安全事故应急工作，保障人民群众生命和财产安全，根据《中华人民共和国安全生产法》和《中华人民共和国突发事件应对法》，制定本条例。

第二条 本条例适用于生产安全事故应急工作；法律、行政法规另有规定的，适用其规定。

第三条 国务院统一领导全国的生产安全事故应急工作，县级以上地方人民政府统一领导本行政区域内的生产安全事故应急工作。生产安全事故应急工作涉及两个以上行政区域的，由有关行政区域共同的上一级人民政府负责，或者由各有关行政区域的上一级人民政府共同负责。

县级以上人民政府应急管理部门和其他对有关行业、领域的安全生产工作实施监督管理的部门（以下统称负有安全生产监督管理职责的部门）在各自职责范围内，做好有关行业、领域的生产安全事故应急工作。

县级以上人民政府应急管理部门指导、协调本级人民政府其他负有安全生产监督管理职责的部门和下级人民政府的生产安全事故应急工作。

乡、镇人民政府以及街道办事处等地方人民政府派出机关应当协助上级人民政府有关部门依法履行生产安全事故应急工作职责。

第四条　生产经营单位应当加强生产安全事故应急工作，建立、健全生产安全事故应急工作责任制，其主要负责人对本单位的生产安全事故应急工作全面负责。

第二章　应急准备

第五条　县级以上人民政府及其负有安全生产监督管理职责的部门和乡、镇人民政府以及街道办事处等地方人民政府派出机关，应当针对可能发生的生产安全事故的特点和危害，进行风险辨识和评估，制定相应的生产安全事故应急救援预案，并依法向社会公布。

生产经营单位应当针对本单位可能发生的生产安全事故的特点和危害，进行风险辨识和评估，制定相应的生产安全事故应急救援预案，并向本单位从业人员公布。

第六条　生产安全事故应急救援预案应当符合有关法律、法规、规章和标准的规定，具有科学性、针对性和可操作性，明确规定应急组织体系、职责分工以及应急救援程序和措施。

有下列情形之一的，生产安全事故应急救援预案制定单位应当及时修订相关预案：

（一）制定预案所依据的法律、法规、规章、标准发生重大变化；

（二）应急指挥机构及其职责发生调整；

（三）安全生产面临的风险发生重大变化；

（四）重要应急资源发生重大变化；

（五）在预案演练或者应急救援中发现需要修订预案的重大问题；

（六）其他应当修订的情形。

第七条　县级以上人民政府负有安全生产监督管理职责的部门应当将其制定的生产安全事故应急救援预案报送本级人民政府备案；易燃易爆物品、危险化学品等危险物品的生产、经营、储存、运输单位，矿山、金属冶炼、城市轨道交通运营、建筑施工单位，以及宾馆、商场、娱乐场所、旅游景区等人员密集场所经营单位，应当将其制定的生产安全事故应急救援预案按照国家有关规定报送县级以上人民政府负有安全生产监督管理职责的部门备案，并依法向社会公布。

第八条　县级以上地方人民政府以及县级以上人民政府负有安全生产监督管理职责的部门，乡、镇人民政府以及街道办事处等地方人民政府派出机关，应当至少每2年组织1次生产安全事故应急救援预案演练。

易燃易爆物品、危险化学品等危险物品的生产、经营、储存、运输单位，矿山、金属冶炼、城市轨道交通运营、建筑施工单位，以及宾馆、商场、娱乐场所、旅游景区等人员密集场所经营单位，应当至少每半年组织1次生产安全事故应急救援预案演练，并将演练情况报送所在地县级以上地方人民政府负有安全生产监督管理职责的部门。

县级以上地方人民政府负有安全生产监督管理职责的部门应当对本行政区域内前款规定的重点生产经营单位的生产安全事故应急救援预案演练进行抽查；发现演练不符合要求的，应当责令限期改正。

第九条　县级以上人民政府应当加强对生产安全事故应急救援队伍建设的统一规划、组织和指导。

县级以上人民政府负有安全生产监督管理职责的部门根据生产安全事故应急工作的实际需要，在重点行业、领域单独建立或者依托有条件的生产经营单位、社会组织共同建立应急救援队伍。

国家鼓励和支持生产经营单位和其他社

会力量建立提供社会化应急救援服务的应急救援队伍。

第十条 易燃易爆物品、危险化学品等危险物品的生产、经营、储存、运输单位，矿山、金属冶炼、城市轨道交通运营、建筑施工单位，以及宾馆、商场、娱乐场所、旅游景区等人员密集场所经营单位，应当建立应急救援队伍；其中，小型企业或者微型企业等规模较小的生产经营单位，可以不建立应急救援队伍，但应当指定兼职的应急救援人员，并且可以与邻近的应急救援队伍签订应急救援协议。

工业园区、开发区等产业聚集区域内的生产经营单位，可以联合建立应急救援队伍。

第十一条 应急救援队伍的应急救援人员应当具备必要的专业知识、技能、身体素质和心理素质。

应急救援队伍建立单位或者兼职应急救援人员所在单位应当按照国家有关规定对应急救援人员进行培训；应急救援人员经培训合格后，方可参加应急救援工作。

应急救援队伍应当配备必要的应急救援装备和物资，并定期组织训练。

第十二条 生产经营单位应当及时将本单位应急救援队伍建立情况按照国家有关规定报送县级以上人民政府负有安全生产监督管理职责的部门，并依法向社会公布。

县级以上人民政府负有安全生产监督管理职责的部门应当定期将本行业、本领域的应急救援队伍建立情况报送本级人民政府，并依法向社会公布。

第十三条 县级以上地方人民政府应当根据本行政区域内可能发生的生产安全事故的特点和危害，储备必要的应急救援装备和物资，并及时更新和补充。

易燃易爆物品、危险化学品等危险物品的生产、经营、储存、运输单位，矿山、金属冶炼、城市轨道交通运营、建筑施工单位，以及宾馆、商场、娱乐场所、旅游景区等人员密集场所经营单位，应当根据本单位可能发生的生产安全事故的特点和危害，配备必要的灭火、排水、通风以及危险物品稀释、掩埋、收集等应急救援器材、设备和物资，并进行经常性维护、保养，保证正常运转。

第十四条 下列单位应当建立应急值班制度，配备应急值班人员：

（一）县级以上人民政府及其负有安全生产监督管理职责的部门；

（二）危险物品的生产、经营、储存、运输单位以及矿山、金属冶炼、城市轨道交通运营、建筑施工单位；

（三）应急救援队伍。

规模较大、危险性较高的易燃易爆物品、危险化学品等危险物品的生产、经营、储存、运输单位应当成立应急处置技术组，实行24小时应急值班。

第十五条 生产经营单位应当对从业人员进行应急教育和培训，保证从业人员具备必要的应急知识，掌握风险防范技能和事故应急措施。

第十六条 国务院负有安全生产监督管理职责的部门应当按照国家有关规定建立生产安全事故应急救援信息系统，并采取有效措施，实现数据互联互通、信息共享。

生产经营单位可以通过生产安全事故应急救援信息系统办理生产安全事故应急救援预案备案手续，报送应急救援预案演练情况和应急救援队伍建设情况；但依法需要保密的除外。

第三章　应急救援

第十七条 发生生产安全事故后，生产经营单位应当立即启动生产安全事故应急救援预案，采取下列一项或者多项应急救援措施，并按照国家有关规定报告事故情况：

（一）迅速控制危险源，组织抢救遇险人员；

（二）根据事故危害程度，组织现场人员撤离或者采取可能的应急措施后撤离；

（三）及时通知可能受到事故影响的单位和人员；

（四）采取必要措施，防止事故危害扩大和次生、衍生灾害发生；

（五）根据需要请求邻近的应急救援队伍参加救援，并向参加救援的应急救援队伍提供相关技术资料、信息和处置方法；

（六）维护事故现场秩序，保护事故现场和相关证据；

（七）法律、法规规定的其他应急救援措施。

第十八条　有关地方人民政府及其部门接到生产安全事故报告后，应当按照国家有关规定上报事故情况，启动相应的生产安全事故应急救援预案，并按照应急救援预案的规定采取下列一项或者多项应急救援措施：

（一）组织抢救遇险人员，救治受伤人员，研判事故发展趋势以及可能造成的危害；

（二）通知可能受到事故影响的单位和人员，隔离事故现场，划定警戒区域，疏散受到威胁的人员，实施交通管制；

（三）采取必要措施，防止事故危害扩大和次生、衍生灾害发生，避免或者减少事故对环境造成的危害；

（四）依法发布调用和征用应急资源的决定；

（五）依法向应急救援队伍下达救援命令；

（六）维护事故现场秩序，组织安抚遇险人员和遇险遇难人员亲属；

（七）依法发布有关事故情况和应急救援工作的信息；

（八）法律、法规规定的其他应急救援措施。

有关地方人民政府不能有效控制生产安全事故的，应当及时向上级人民政府报告。上级人民政府应当及时采取措施，统一指挥应急救援。

第十九条　应急救援队伍接到有关人民政府及其部门的救援命令或者签有应急救援协议的生产经营单位的救援请求后，应当立即参加生产安全事故应急救援。

应急救援队伍根据救援命令参加生产安全事故应急救援所耗费用，由事故责任单位承担；事故责任单位无力承担的，由有关人民政府协调解决。

第二十条　发生生产安全事故后，有关人民政府认为有必要的，可以设立由本级人民政府及其有关部门负责人、应急救援专家、应急救援队伍负责人、事故发生单位负责人等人员组成的应急救援现场指挥部，并指定现场指挥部总指挥。

第二十一条　现场指挥部实行总指挥负责制，按照本级人民政府的授权组织制定并实施生产安全事故现场应急救援方案，协调、指挥有关单位和个人参加现场应急救援。

参加生产安全事故现场应急救援的单位和个人应当服从现场指挥部的统一指挥。

第二十二条　在生产安全事故应急救援过程中，发现可能直接危及应急救援人员生命安全的紧急情况时，现场指挥部或者统一指挥应急救援的人民政府应当立即采取相应措施消除隐患，降低或者化解风险，必要时可以暂时撤离应急救援人员。

第二十三条　生产安全事故发生地人民政府应当为应急救援人员提供必需的后勤保障，并组织通信、交通运输、医疗卫生、气象、水文、地质、电力、供水等单位协助应急救援。

第二十四条 现场指挥部或者统一指挥生产安全事故应急救援的人民政府及其有关部门应当完整、准确地记录应急救援的重要事项，妥善保存相关原始资料和证据。

第二十五条 生产安全事故的威胁和危害得到控制或者消除后，有关人民政府应当决定停止执行依照本条例和有关法律、法规采取的全部或者部分应急救援措施。

第二十六条 有关人民政府及其部门根据生产安全事故应急救援需要依法调用和征用的财产，在使用完毕或者应急救援结束后，应当及时归还。财产被调用、征用或者调用、征用后毁损、灭失的，有关人民政府及其部门应当按照国家有关规定给予补偿。

第二十七条 按照国家有关规定成立的生产安全事故调查组应当对应急救援工作进行评估，并在事故调查报告中作出评估结论。

第二十八条 县级以上地方人民政府应当按照国家有关规定，对在生产安全事故应急救援中伤亡的人员及时给予救治和抚恤；符合烈士评定条件的，按照国家有关规定评定为烈士。

第四章　法律责任

第二十九条 地方各级人民政府和街道办事处等地方人民政府派出机关以及县级以上人民政府有关部门违反本条例规定的，由其上级行政机关责令改正；情节严重的，对直接负责的主管人员和其他直接责任人员依法给予处分。

第三十条 生产经营单位未制定生产安全事故应急救援预案、未定期组织应急救援预案演练、未对从业人员进行应急教育和培训，生产经营单位的主要负责人在本单位发生生产安全事故时不立即组织抢救的，由县级以上人民政府负有安全生产监督管理职责的部门依照《中华人民共和国安全生产法》有关规定追究法律责任。

第三十一条 生产经营单位未对应急救援器材、设备和物资进行经常性维护、保养，导致发生严重生产安全事故或者生产安全事故危害扩大，或者在本单位发生生产安全事故后未立即采取相应的应急救援措施，造成严重后果的，由县级以上人民政府负有安全生产监督管理职责的部门依照《中华人民共和国突发事件应对法》有关规定追究法律责任。

第三十二条 生产经营单位未将生产安全事故应急救援预案报送备案、未建立应急值班制度或者配备应急值班人员的，由县级以上人民政府负有安全生产监督管理职责的部门责令限期改正；逾期未改正的，处3万元以上5万元以下的罚款，对直接负责的主管人员和其他直接责任人员处1万元以上2万元以下的罚款。

第三十三条 违反本条例规定，构成违反治安管理行为的，由公安机关依法给予处罚；构成犯罪的，依法追究刑事责任。

第五章　附　　则

第三十四条 储存、使用易燃易爆物品、危险化学品等危险物品的科研机构、学校、医院等单位的安全事故应急工作，参照本条例有关规定执行。

第三十五条 本条例自2019年4月1日起施行。

国务院关于特大安全事故行政责任追究的规定

（2001年4月21日国务院令第302号公布，自公布之日起施行）

第一条 为了有效地防范特大安全事故的发生，严肃追究特大安全事故的行政责任，保障人民群众生命、财产安全，制定本规定。

第二条 地方人民政府主要领导人和政府有关部门正职负责人对下列特大安全事故的防范、发生，依照法律、行政法规和本规定的规定有失职、渎职情形或者负有领导责任的，依照本规定给予行政处分；构成玩忽职守罪或者其他罪的，依法追究刑事责任：

（一）特大火灾事故；

（二）特大交通安全事故；

（三）特大建筑质量安全事故；

（四）民用爆炸物品和化学危险品特大安全事故；

（五）煤矿和其他矿山特大安全事故；

（六）锅炉、压力容器、压力管道和特种设备特大安全事故；

（七）其他特大安全事故。

地方人民政府和政府有关部门对特大安全事故的防范、发生直接负责的主管人员和其他直接责任人员，比照本规定给予行政处分；构成玩忽职守罪或者其他罪的，依法追究刑事责任。

特大安全事故肇事单位和个人的刑事处罚、行政处罚和民事责任，依照有关法律、法规和规章的规定执行。

第三条 特大安全事故的具体标准，按照国家有关规定执行。

第四条 地方各级人民政府及政府有关部门应当依照有关法律、法规和规章的规定，采取行政措施，对本地区实施安全监督管理，保障本地区人民群众生命、财产安全，对本地区或者职责范围内防范特大安全事故的发生、特大安全事故发生后的迅速和妥善处理负责。

第五条 地方各级人民政府应当每个季度至少召开一次防范特大安全事故工作会议，由政府主要领导人或者政府主要领导人委托政府分管领导人召集有关部门正职负责人参加，分析、布置、督促、检查本地区防范特大安全事故的工作。会议应当作出决定并形成纪要，会议确定的各项防范措施必须严格实施。

第六条 市（地、州）、县（市、区）人民政府应当组织有关部门按照职责分工对本地区容易发生特大安全事故的单位、设施和场所安全事故的防范明确责任、采取措施，并组织有关部门对上述单位、设施和场所进行严格检查。

第七条 市（地、州）、县（市、区）人民政府必须制定本地区特大安全事故应急处理预案。本地区特大安全事故应急处理预案经政府主要领导人签署后，报上一级人民政府备案。

第八条 市（地、州）、县（市、区）人民政府应当组织有关部门对本规定第二条所列各类特大安全事故的隐患进行查处；发现特大安全事故隐患的，责令立即排除；特大安全事故隐患排除前或者排除过程中，无法保证安全的，责令暂时停产、停业或者停止使用。法律、行政法规对查处机关另有规定的，依照其规定。

第九条 市（地、州）、县（市、区）人民政府及其有关部门对本地区存在的特大安全事故隐患，超出其管辖或者职责范围的，应当立即向有管辖权或者负有职责的上级人民政府或者政府有关部门报告；情况紧急的，可以立即采取包括责令暂时停产、停业在内的紧急措施，同时报告；有关上级人民政府或者政府有关部门接到报告后，应当立即组织查处。

第十条 中小学校对学生进行劳动技能教育以及组织学生参加公益劳动等社会实践活动，必须确保学生安全。严禁以任何形式、名义组织学生从事接触易燃、易爆、有毒、有害等危险品的劳动或者其他危险性劳动。严禁将学校场地出租作为从事易燃、易爆、有毒、有害等危险品的生产、经营场所。

中小学校违反前款规定的，按照学校隶属关系，对县（市、区）、乡（镇）人民政府主要领导人和县（市、区）人民政府教育行政部门正职负责人，根据情节轻重，给予记过、降级直至撤职的行政处分；构成玩忽职守罪或者其他罪的，依法追究刑事责任。

中小学校违反本条第一款规定的，对校长给予撤职的行政处分，对直接组织者给予开除公职的行政处分；构成非法制造爆炸物罪或者其他罪的，依法追究刑事责任。

第十一条 依法对涉及安全生产事项负责行政审批（包括批准、核准、许可、注册、认证、颁发证照、竣工验收等，下同）的政府部门或者机构，必须严格依照法律、法规和规章规定的安全条件和程序进行审查；不符合法律、法规和规章规定的安全条件的，不得批准；不符合法律、法规和规章规定的安全条件，弄虚作假，骗取批准或者勾结串通行政审批工作人员取得批准的，负责行政审批的政府部门或者机构除必须立即撤销原批准外，应当对弄虚作假骗取批准或者勾结串通行政审批工作人员的当事人依法给予行政处罚；构成行贿罪或者其他罪的，依法追究刑事责任。

负责行政审批的政府部门或者机构违反前款规定，对不符合法律、法规和规章规定的安全条件予以批准的，对部门或者机构的正职负责人，根据情节轻重，给予降级、撤职直至开除公职的行政处分；与当事人勾结串通的，应当开除公职；构成受贿罪、玩忽职守罪或者其他罪的，依法追究刑事责任。

第十二条 对依照本规定第十一条第一款的规定取得批准的单位和个人，负责行政审批的政府部门或者机构必须对其实施严格监督检查；发现其不再具备安全条件的，必须立即撤销原批准。

负责行政审批的政府部门或者机构违反前款规定，不对取得批准的单位和个人实施严格监督检查，或者发现其不再具备安全条件而不立即撤销原批准的，对部门或者机构的正职负责人，根据情节轻重，给予降级或者撤职的行政处分；构成受贿罪、玩忽职守罪或者其他罪的，依法追究刑事责任。

第十三条 对未依法取得批准，擅自从事有关活动的，负责行政审批的政府部门或者机构发现或者接到举报后，应当立即予以查封、取缔，并依法给予行政处罚；属于经营单位的，由工商行政管理部门依法相应吊销营业执照。

负责行政审批的政府部门或者机构违反前款规定，对发现或者举报的未依法取得批准而擅自从事有关活动的，不予查封、取缔、不依法给予行政处罚，工商行政管理部门不予吊销营业执照的，对部门或者机构的正职负责人，根据情节轻重，给予降级或者撤职的行政处分；构成受贿罪、玩忽职守罪或者其他罪的，依法追究刑事责任。

第十四条 市（地、州）、县（市、区）人民政府依照本规定应当履行职责而未履行，或者未按照规定的职责和程序履行，本地区发生特大安全事故的，对政府主要领导人，根据情节轻重，给予降级或者撤职的行政处分；构成玩忽职守罪的，依法追究刑事责任。

负责行政审批的政府部门或者机构、负

责安全监督管理的政府有关部门，未依照本规定履行职责，发生特大安全事故的，对部门或者机构的正职负责人，根据情节轻重，给予撤职或者开除公职的行政处分；构成玩忽职守罪或者其他罪的，依法追究刑事责任。

第十五条　发生特大安全事故，社会影响特别恶劣或者性质特别严重的，由国务院对负有领导责任的省长、自治区主席、直辖市市长和国务院有关部门正职负责人给予行政处分。

第十六条　特大安全事故发生后，有关县（市、区）、市（地、州）和省、自治区、直辖市人民政府及政府有关部门应当按照国家规定的程序和时限立即上报，不得隐瞒不报、谎报或者拖延报告，并应当配合、协助事故调查，不得以任何方式阻碍、干涉事故调查。

特大安全事故发生后，有关地方人民政府及政府有关部门违反前款规定的，对政府主要领导人和政府部门正职负责人给予降级的行政处分。

第十七条　特大安全事故发生后，有关地方人民政府应当迅速组织救助，有关部门应当服从指挥、调度，参加或者配合救助，将事故损失降到最低限度。

第十八条　特大安全事故发生后，省、自治区、直辖市人民政府应当按照国家有关规定迅速、如实发布事故消息。

第十九条　特大安全事故发生后，按照国家有关规定组织调查组对事故进行调查。事故调查工作应当自事故发生之日起60日内完成，并由调查组提出调查报告；遇有特殊情况的，经调查组提出并报国家安全生产监督管理机构批准后，可以适当延长时间。调查报告应当包括依照本规定对有关责任人员追究行政责任或者其他法律责任的意见。

省、自治区、直辖市人民政府应当自调查报告提交之日起30日内，对有关责任人员作出处理决定；必要时，国务院可以对特大安全事故的有关责任人员作出处理决定。

第二十条　地方人民政府或者政府部门阻挠、干涉对特大安全事故有关责任人员追究行政责任的，对该地方人民政府主要领导人或者政府部门正职负责人，根据情节轻重，给予降级或者撤职的行政处分。

第二十一条　任何单位和个人均有权向有关地方人民政府或者政府部门报告特大安全事故隐患，有权向上级人民政府或者政府部门举报地方人民政府或者政府部门不履行安全监督管理职责或者不按照规定履行职责的情况。接到报告或者举报的有关人民政府或者政府部门，应当立即组织对事故隐患进行查处，或者对举报的不履行、不按照规定履行安全监督管理职责的情况进行调查处理。

第二十二条　监察机关依照行政监察法的规定，对地方各级人民政府和政府部门及其工作人员履行安全监督管理职责实施监察。

第二十三条　对特大安全事故以外的其他安全事故的防范、发生追究行政责任的办法，由省、自治区、直辖市人民政府参照本规定制定。

第二十四条　本规定自公布之日起施行。

大型群众性活动安全管理条例

（2007年8月29日国务院第190次常务会议通过，2007年9月14日公布，自2007年10月1日起施行）

第一章 总 则

第一条 为了加强对大型群众性活动的安全管理，保护公民生命和财产安全，维护社会治安秩序和公共安全，制定本条例。

第二条 本条例所称大型群众性活动，是指法人或者其他组织面向社会公众举办的每场次预计参加人数达到1000人以上的下列活动：

（一）体育比赛活动；

（二）演唱会、音乐会等文艺演出活动；

（三）展览、展销等活动；

（四）游园、灯会、庙会、花会、焰火晚会等活动；

（五）人才招聘会、现场开奖的彩票销售等活动。

影剧院、音乐厅、公园、娱乐场所等在其日常业务范围内举办的活动，不适用本条例的规定。

第三条 大型群众性活动的安全管理应当遵循安全第一、预防为主的方针，坚持承办者负责、政府监管的原则。

第四条 县级以上人民政府公安机关负责大型群众性活动的安全管理工作。

县级以上人民政府其他有关主管部门按照各自的职责，负责大型群众性活动的有关安全工作。

第二章 安全责任

第五条 大型群众性活动的承办者（以下简称承办者）对其承办活动的安全负责，承办者的主要负责人为大型群众性活动的安全责任人。

第六条 举办大型群众性活动，承办者应当制订大型群众性活动安全工作方案。

大型群众性活动安全工作方案包括下列内容：

（一）活动的时间、地点、内容及组织方式；

（二）安全工作人员的数量、任务分配和识别标志；

（三）活动场所消防安全措施；

（四）活动场所可容纳的人员数量以及活动预计参加人数；

（五）治安缓冲区域的设定及其标识；

（六）入场人员的票证查验和安全检查措施；

（七）车辆停放、疏导措施；

（八）现场秩序维护、人员疏导措施；

（九）应急救援预案。

第七条 承办者具体负责下列安全事项：

（一）落实大型群众性活动安全工作方案和安全责任制度，明确安全措施、安全工作人员岗位职责，开展大型群众性活动安全宣传教育；

（二）保障临时搭建的设施、建筑物的安全，消除安全隐患；

（三）按照负责许可的公安机关的要求，配备必要的安全检查设备，对参加大型群众性活动的人员进行安全检查，对拒不接受安全检查的，承办者有权拒绝其进入；

（四）按照核准的活动场所容纳人员数

量、划定的区域发放或者出售门票；

（五）落实医疗救护、灭火、应急疏散等应急救援措施并组织演练；

（六）对妨碍大型群众性活动安全的行为及时予以制止，发现违法犯罪行为及时向公安机关报告；

（七）配备与大型群众性活动安全工作需要相适应的专业保安人员以及其他安全工作人员；

（八）为大型群众性活动的安全工作提供必要的保障。

第八条　大型群众性活动的场所管理者具体负责下列安全事项：

（一）保障活动场所、设施符合国家安全标准和安全规定；

（二）保障疏散通道、安全出口、消防车通道、应急广播、应急照明、疏散指示标志符合法律、法规、技术标准的规定；

（三）保障监控设备和消防设施、器材配置齐全、完好有效；

（四）提供必要的停车场地，并维护安全秩序。

第九条　参加大型群众性活动的人员应当遵守下列规定：

（一）遵守法律、法规和社会公德，不得妨碍社会治安、影响社会秩序；

（二）遵守大型群众性活动场所治安、消防等管理制度，接受安全检查，不得携带爆炸性、易燃性、放射性、毒害性、腐蚀性等危险物质或者非法携带枪支、弹药、管制器具；

（三）服从安全管理，不得展示侮辱性标语、条幅等物品，不得围攻裁判员、运动员或者其他工作人员，不得投掷杂物。

第十条　公安机关应当履行下列职责：

（一）审核承办者提交的大型群众性活动申请材料，实施安全许可；

（二）制订大型群众性活动安全监督方案和突发事件处置预案；

（三）指导对安全工作人员的教育培训；

（四）在大型群众性活动举办前，对活动场所组织安全检查，发现安全隐患及时责令改正；

（五）在大型群众性活动举办过程中，对安全工作的落实情况实施监督检查，发现安全隐患及时责令改正；

（六）依法查处大型群众性活动中的违法犯罪行为，处置危害公共安全的突发事件。

第三章　安全管理

第十一条　公安机关对大型群众性活动实行安全许可制度。《营业性演出管理条例》对演出活动的安全管理另有规定的，从其规定。

举办大型群众性活动应当符合下列条件：

（一）承办者是依照法定程序成立的法人或者其他组织；

（二）大型群众性活动的内容不得违反宪法、法律、法规的规定，不得违反社会公德；

（三）具有符合本条例规定的安全工作方案，安全责任明确、措施有效；

（四）活动场所、设施符合安全要求。

第十二条　大型群众性活动的预计参加人数在1000人以上5000人以下的，由活动所在地县级人民政府公安机关实施安全许可；预计参加人数在5000人以上的，由活动所在地设区的市级人民政府公安机关或者直辖市人民政府公安机关实施安全许可；跨省、自治区、直辖市举办大型群众性活动的，由国务院公安部门实施安全许可。

第十三条　承办者应当在活动举办日的20日前提出安全许可申请，申请时，应当提交下列材料：

（一）承办者合法成立的证明以及安全责任人的身份证明；

（二）大型群众性活动方案及其说明，2个或者2个以上承办者共同承办大型群众性活动的，还应当提交联合承办的协议；

（三）大型群众性活动安全工作方案；

（四）活动场所管理者同意提供活动场所的证明。

依照法律、行政法规的规定，有关主管部门对大型群众性活动的承办者有资质、资格要求的，还应当提交有关资质、资格证明。

第十四条　公安机关收到申请材料应当依法做出受理或者不予受理的决定。对受理的申请，应当自受理之日起7日内进行审查，对活动场所进行查验，对符合安全条件的，做出许可的决定；对不符合安全条件的，做出不予许可的决定，并书面说明理由。

第十五条　对经安全许可的大型群众性活动，承办者不得擅自变更活动的时间、地点、内容或者扩大大型群众性活动的举办规模。

承办者变更大型群众性活动时间的，应当在原定举办活动时间之前向做出许可决定的公安机关申请变更，经公安机关同意方可变更。

承办者变更大型群众性活动地点、内容以及扩大大型群众性活动举办规模的，应当依照本条例的规定重新申请安全许可。

承办者取消举办大型群众性活动的，应当在原定举办活动时间之前书面告知做出安全许可决定的公安机关，并交回公安机关颁发的准予举办大型群众性活动的安全许可证件。

第十六条　对经安全许可的大型群众性活动，公安机关根据安全需要组织相应警力，维持活动现场周边的治安、交通秩序，预防和处置突发治安事件，查处违法犯罪活动。

第十七条　在大型群众性活动现场负责执行安全管理任务的公安机关工作人员，凭值勤证件进入大型群众性活动现场，依法履行安全管理职责。

公安机关和其他有关主管部门及其工作人员不得向承办者索取门票。

第十八条　承办者发现进入活动场所的人员达到核准数量时，应当立即停止验票；发现持有划定区域以外的门票或者持假票的人员，应当拒绝其入场并向活动现场的公安机关工作人员报告。

第十九条　在大型群众性活动举办过程中发生公共安全事故、治安案件的，安全责任人应当立即启动应急救援预案，并立即报告公安机关。

第四章　法律责任

第二十条　承办者擅自变更大型群众性活动的时间、地点、内容或者擅自扩大大型群众性活动的举办规模的，由公安机关处1万元以上5万元以下罚款；有违法所得的，没收违法所得。

未经公安机关安全许可的大型群众性活动由公安机关予以取缔，对承办者处10万元以上30万元以下罚款。

第二十一条　承办者或者大型群众性活动场所管理者违反本条例规定致使发生重大伤亡事故、治安案件或者造成其他严重后果构成犯罪的，依法追究刑事责任；尚不构成犯罪的，对安全责任人和其他直接责任人员依法给予处分、治安管理处罚，对单位处1万元以上5万元以下罚款。

第二十二条　在大型群众性活动举办过程中发生公共安全事故，安全责任人不立即启动应急救援预案或者不立即向公安机关报告的，由公安机关对安全责任人和其他直接责任人员处5000元以上5万元以下罚款。

第二十三条　参加大型群众性活动的人员有违反本条例第九条规定行为的，由公安机关给予批评教育；有危害社会治安秩序、威胁公共安全行为的，公安机关可以将其强行带离现场，依法给予治安管理处罚；构成犯罪的，依法追究刑事责任。

第二十四条　有关主管部门的工作人员和直接负责的主管人员在履行大型群众性活

动安全管理职责中，有滥用职权、玩忽职守、徇私舞弊行为的，依法给予处分；构成犯罪的，依法追究刑事责任。

第五章　附　　则

第二十五条　县级以上各级人民政府、国务院部门直接举办的大型群众性活动的安全保卫工作，由举办活动的人民政府、国务院部门负责，不实行安全许可制度，但应当按照本条例的有关规定，责成或者会同有关公安机关制订更加严格的安全保卫工作方案，并组织实施。

第二十六条　本条例自2007年10月1日起施行。

建设工程安全生产管理条例

（2003年11月12日国务院第28次常务会议通过，
2003年11月24日公布，自2004年2月1日起施行）

第一章　总　　则

第一条　为了加强建设工程安全生产监督管理，保障人民群众生命和财产安全，根据《中华人民共和国建筑法》、《中华人民共和国安全生产法》，制定本条例。

第二条　在中华人民共和国境内从事建设工程的新建、扩建、改建和拆除等有关活动及实施对建设工程安全生产的监督管理，必须遵守本条例。

本条例所称建设工程，是指土木工程、建筑工程、线路管道和设备安装工程及装修工程。

第三条　建设工程安全生产管理，坚持安全第一、预防为主的方针。

第四条　建设单位、勘察单位、设计单位、施工单位、工程监理单位及其他与建设工程安全生产有关的单位，必须遵守安全生产法律、法规的规定，保证建设工程安全生产，依法承担建设工程安全生产责任。

第五条　国家鼓励建设工程安全生产的科学技术研究和先进技术的推广应用，推进建设工程安全生产的科学管理。

第二章　建设单位的安全责任

第六条　建设单位应当向施工单位提供施工现场及毗邻区域内供水、排水、供电、供气、供热、通信、广播电视等地下管线资料，气象和水文观测资料，相邻建筑物和构筑物、地下工程的有关资料，并保证资料的真实、准确、完整。

建设单位因建设工程需要，向有关部门或者单位查询前款规定的资料时，有关部门或者单位应当及时提供。

第七条　建设单位不得对勘察、设计、施工、工程监理等单位提出不符合建设工程安全生产法律、法规和强制性标准规定的要求，不得压缩合同约定的工期。

第八条　建设单位在编制工程概算时，应当确定建设工程安全作业环境及安全施工措施所需费用。

第九条　建设单位不得明示或者暗示施工单位购买、租赁、使用不符合安全施工要求的安全防护用具、机械设备、施工机具及配件、消防设施和器材。

第十条　建设单位在申请领取施工许可证时，应当提供建设工程有关安全施工措施的资料。

依法批准开工报告的建设工程，建设单位应当自开工报告批准之日起 15 日内，将保证安全施工的措施报送建设工程所在地的县级以上地方人民政府建设行政主管部门或者其他有关部门备案。

第十一条 建设单位应当将拆除工程发包给具有相应资质等级的施工单位。

建设单位应当在拆除工程施工 15 日前，将下列资料报送建设工程所在地的县级以上地方人民政府建设行政主管部门或者其他有关部门备案：

（一）施工单位资质等级证明；

（二）拟拆除建筑物、构筑物及可能危及毗邻建筑的说明；

（三）拆除施工组织方案；

（四）堆放、清除废弃物的措施。

实施爆破作业的，应当遵守国家有关民用爆炸物品管理的规定。

第三章 勘察、设计、工程监理及其他有关单位的安全责任

第十二条 勘察单位应当按照法律、法规和工程建设强制性标准进行勘察，提供的勘察文件应当真实、准确，满足建设工程安全生产的需要。

勘察单位在勘察作业时，应当严格执行操作规程，采取措施保证各类管线、设施和周边建筑物、构筑物的安全。

第十三条 设计单位应当按照法律、法规和工程建设强制性标准进行设计，防止因设计不合理导致生产安全事故的发生。

设计单位应当考虑施工安全操作和防护的需要，对涉及施工安全的重点部位和环节在设计文件中注明，并对防范生产安全事故提出指导意见。

采用新结构、新材料、新工艺的建设工程和特殊结构的建设工程，设计单位应当在设计中提出保障施工作业人员安全和预防生产安全事故的措施建议。

设计单位和注册建筑师等注册执业人员应当对其设计负责。

第十四条 工程监理单位应当审查施工组织设计中的安全技术措施或者专项施工方案是否符合工程建设强制性标准。

工程监理单位在实施监理过程中，发现存在安全事故隐患的，应当要求施工单位整改；情况严重的，应当要求施工单位暂时停止施工，并及时报告建设单位。施工单位拒不整改或者不停止施工的，工程监理单位应当及时向有关主管部门报告。

工程监理单位和监理工程师应当按照法律、法规和工程建设强制性标准实施监理，并对建设工程安全生产承担监理责任。

第十五条 为建设工程提供机械设备和配件的单位，应当按照安全施工的要求配备齐全有效的保险、限位等安全设施和装置。

第十六条 出租的机械设备和施工机具及配件，应当具有生产（制造）许可证、产品合格证。

出租单位应当对出租的机械设备和施工机具及配件的安全性能进行检测，在签订租赁协议时，应当出具检测合格证明。

禁止出租检测不合格的机械设备和施工机具及配件。

第十七条 在施工现场安装、拆卸施工起重机械和整体提升脚手架、模板等自升式架设设施，必须由具有相应资质的单位承担。

安装、拆卸施工起重机械和整体提升脚手架、模板等自升式架设设施，应当编制拆装方案、制定安全施工措施，并由专业技术人员现场监督。

施工起重机械和整体提升脚手架、模板等自升式架设设施安装完毕后，安装单位应当自检，出具自检合格证明，并向施工单位进行安全使用说明，办理验收手续并签字。

第十八条 施工起重机械和整体提升脚手架、模板等自升式架设设施的使用达到国家规定的检验检测期限的，必须经具有专业

资质的检验检测机构检测。经检测不合格的，不得继续使用。

第十九条　检验检测机构对检测合格的施工起重机械和整体提升脚手架、模板等自升式架设设施，应当出具安全合格证明文件，并对检测结果负责。

第四章　施工单位的安全责任

第二十条　施工单位从事建设工程的新建、扩建、改建和拆除等活动，应当具备国家规定的注册资本、专业技术人员、技术装备和安全生产等条件，依法取得相应等级的资质证书，并在其资质等级许可的范围内承揽工程。

第二十一条　施工单位主要负责人依法对本单位的安全生产工作全面负责。施工单位应当建立健全安全生产责任制度和安全生产教育培训制度，制定安全生产规章制度和操作规程，保证本单位安全生产条件所需资金的投入，对所承担的建设工程进行定期和专项安全检查，并做好安全检查记录。

施工单位的项目负责人应当由取得相应执业资格的人员担任，对建设工程项目的安全施工负责，落实安全生产责任制度、安全生产规章制度和操作规程，确保安全生产费用的有效使用，并根据工程的特点组织制定安全施工措施，消除安全事故隐患，及时、如实报告生产安全事故。

第二十二条　施工单位对列入建设工程概算的安全作业环境及安全施工措施所需费用，应当用于施工安全防护用具及设施的采购和更新、安全施工措施的落实、安全生产条件的改善，不得挪作他用。

第二十三条　施工单位应当设立安全生产管理机构，配备专职安全生产管理人员。

专职安全生产管理人员负责对安全生产进行现场监督检查。发现安全事故隐患，应当及时向项目负责人和安全生产管理机构报告；对违章指挥、违章操作的，应当立即制止。

专职安全生产管理人员的配备办法由国务院建设行政主管部门会同国务院其他有关部门制定。

第二十四条　建设工程实行施工总承包的，由总承包单位对施工现场的安全生产负总责。

总承包单位应当自行完成建设工程主体结构的施工。

总承包单位依法将建设工程分包给其他单位的，分包合同中应当明确各自的安全生产方面的权利、义务。总承包单位和分包单位对分包工程的安全生产承担连带责任。

分包单位应当服从总承包单位的安全生产管理，分包单位不服从管理导致生产安全事故的，由分包单位承担主要责任。

第二十五条　垂直运输机械作业人员、安装拆卸工、爆破作业人员、起重信号工、登高架设作业人员等特种作业人员，必须按照国家有关规定经过专门的安全作业培训，并取得特种作业操作资格证书后，方可上岗作业。

第二十六条　施工单位应当在施工组织设计中编制安全技术措施和施工现场临时用电方案，对下列达到一定规模的危险性较大的分部分项工程编制专项施工方案，并附具安全验算结果，经施工单位技术负责人、总监理工程师签字后实施，由专职安全生产管理人员进行现场监督：

（一）基坑支护与降水工程；

（二）土方开挖工程；

（三）模板工程；

（四）起重吊装工程；

（五）脚手架工程；

（六）拆除、爆破工程；

（七）国务院建设行政主管部门或者其他有关部门规定的其他危险性较大的工程。

对前款所列工程中涉及深基坑、地下暗挖工程、高大模板工程的专项施工方案，施工单位还应当组织专家进行论证、审查。

本条第一款规定的达到一定规模的危险性较大工程的标准，由国务院建设行政主管部门会同国务院其他有关部门制定。

第二十七条 建设工程施工前，施工单位负责项目管理的技术人员应当对有关安全施工的技术要求向施工作业班组、作业人员作出详细说明，并由双方签字确认。

第二十八条 施工单位应当在施工现场入口处、施工起重机械、临时用电设施、脚手架、出入通道口、楼梯口、电梯井口、孔洞口、桥梁口、隧道口、基坑边沿、爆破物及有害危险气体和液体存放处等危险部位，设置明显的安全警示标志。安全警示标志必须符合国家标准。

施工单位应当根据不同施工阶段和周围环境及季节、气候的变化，在施工现场采取相应的安全施工措施。施工现场暂时停止施工的，施工单位应当做好现场防护，所需费用由责任方承担，或者按照合同约定执行。

第二十九条 施工单位应当将施工现场的办公、生活区与作业区分开设置，并保持安全距离；办公、生活区的选址应当符合安全性要求。职工的膳食、饮水、休息场所等应当符合卫生标准。施工单位不得在尚未竣工的建筑物内设置员工集体宿舍。

施工现场临时搭建的建筑物应当符合安全使用要求。施工现场使用的装配式活动房屋应当具有产品合格证。

第三十条 施工单位对因建设工程施工可能造成损害的毗邻建筑物、构筑物和地下管线等，应当采取专项防护措施。

施工单位应当遵守有关环境保护法律、法规的规定，在施工现场采取措施，防止或者减少粉尘、废气、废水、固体废物、噪声、振动和施工照明对人和环境的危害和污染。

在城市市区内的建设工程，施工单位应当对施工现场实行封闭围挡。

第三十一条 施工单位应当在施工现场建立消防安全责任制度，确定消防安全责任人，制定用火、用电、使用易燃易爆材料等各项消防安全管理制度和操作规程，设置消防通道、消防水源，配备消防设施和灭火器材，并在施工现场入口处设置明显标志。

第三十二条 施工单位应当向作业人员提供安全防护用具和安全防护服装，并书面告知危险岗位的操作规程和违章操作的危害。

作业人员有权对施工现场的作业条件、作业程序和作业方式中存在的安全问题提出批评、检举和控告，有权拒绝违章指挥和强令冒险作业。

在施工中发生危及人身安全的紧急情况时，作业人员有权立即停止作业或者在采取必要的应急措施后撤离危险区域。

第三十三条 作业人员应当遵守安全施工的强制性标准、规章制度和操作规程，正确使用安全防护用具、机械设备等。

第三十四条 施工单位采购、租赁的安全防护用具、机械设备、施工机具及配件，应当具有生产（制造）许可证、产品合格证，并在进入施工现场前进行查验。

施工现场的安全防护用具、机械设备、施工机具及配件必须由专人管理，定期进行检查、维修和保养，建立相应的资料档案，并按照国家有关规定及时报废。

第三十五条 施工单位在使用施工起重机械和整体提升脚手架、模板等自升式架设设施前，应当组织有关单位进行验收，也可以委托具有相应资质的检验检测机构进行验收；使用承租的机械设备和施工机具及配件的，由施工总承包单位、分包单位、出租单位和安装单位共同进行验收。验收合格的方可使用。

《特种设备安全监察条例》规定的施工起重机械，在验收前应当经有相应资质的检验检测机构监督检验合格。

施工单位应当自施工起重机械和整体提升脚手架、模板等自升式架设设施验收合格之日起30日内，向建设行政主管部门或者其他有关部门登记。登记标志应当置于或者附着于该设备的显著位置。

第三十六条 施工单位的主要负责人、项目负责人、专职安全生产管理人员应当经建设行政主管部门或者其他有关部门考核合格后方可任职。

施工单位应当对管理人员和作业人员每年至少进行一次安全生产教育培训，其教育培训情况记入个人工作档案。安全生产教育培训考核不合格的人员，不得上岗。

第三十七条　作业人员进入新的岗位或者新的施工现场前，应当接受安全生产教育培训。未经教育培训或者教育培训考核不合格的人员，不得上岗作业。

施工单位在采用新技术、新工艺、新设备、新材料时，应当对作业人员进行相应的安全生产教育培训。

第三十八条　施工单位应当为施工现场从事危险作业的人员办理意外伤害保险。

意外伤害保险费由施工单位支付。实行施工总承包的，由总承包单位支付意外伤害保险费。意外伤害保险期限自建设工程开工之日起至竣工验收合格止。

第五章　监督管理

第三十九条　国务院负责安全生产监督管理的部门依照《中华人民共和国安全生产法》的规定，对全国建设工程安全生产工作实施综合监督管理。

县级以上地方人民政府负责安全生产监督管理的部门依照《中华人民共和国安全生产法》的规定，对本行政区域内建设工程安全生产工作实施综合监督管理。

第四十条　国务院建设行政主管部门对全国的建设工程安全生产实施监督管理。国务院铁路、交通、水利等有关部门按照国务院规定的职责分工，负责有关专业建设工程安全生产的监督管理。

县级以上地方人民政府建设行政主管部门对本行政区域内的建设工程安全生产实施监督管理。县级以上地方人民政府交通、水利等有关部门在各自的职责范围内，负责本行政区域内的专业建设工程安全生产的监督管理。

第四十一条　建设行政主管部门和其他有关部门应当将本条例第十条、第十一条规定的有关资料的主要内容抄送同级负责安全生产监督管理的部门。

第四十二条　建设行政主管部门在审核发放施工许可证时，应当对建设工程是否有安全施工措施进行审查，对没有安全施工措施的，不得颁发施工许可证。

建设行政主管部门或者其他有关部门对建设工程是否有安全施工措施进行审查时，不得收取费用。

第四十三条　县级以上人民政府负有建设工程安全生产监督管理职责的部门在各自的职责范围内履行安全监督检查职责时，有权采取下列措施：

（一）要求被检查单位提供有关建设工程安全生产的文件和资料；

（二）进入被检查单位施工现场进行检查；

（三）纠正施工中违反安全生产要求的行为；

（四）对检查中发现的安全事故隐患，责令立即排除；重大安全事故隐患排除前或者排除过程中无法保证安全的，责令从危险区域内撤出作业人员或者暂时停止施工。

第四十四条　建设行政主管部门或者其他有关部门可以将施工现场的监督检查委托给建设工程安全监督机构具体实施。

第四十五条　国家对严重危及施工安全的工艺、设备、材料实行淘汰制度。具体目录由国务院建设行政主管部门会同国务院其他有关部门制定并公布。

第四十六条　县级以上人民政府建设行政主管部门和其他有关部门应当及时受理对建设工程生产安全事故及安全事故隐患的检举、控告和投诉。

第六章　生产安全事故的应急救援和调查处理

第四十七条　县级以上地方人民政府建设行政主管部门应当根据本级人民政府的要

求，制定本行政区域内建设工程特大生产安全事故应急救援预案。

第四十八条 施工单位应当制定本单位生产安全事故应急救援预案，建立应急救援组织或者配备应急救援人员，配备必要的应急救援器材、设备，并定期组织演练。

第四十九条 施工单位应当根据建设工程施工的特点、范围，对施工现场易发生重大事故的部位、环节进行监控，制定施工现场生产安全事故应急救援预案。实行施工总承包的，由总承包单位统一组织编制建设工程生产安全事故应急救援预案，工程总承包单位和分包单位按照应急救援预案，各自建立应急救援组织或者配备应急救援人员，配备救援器材、设备，并定期组织演练。

第五十条 施工单位发生生产安全事故，应当按照国家有关伤亡事故报告和调查处理的规定，及时、如实地向负责安全生产监督管理的部门、建设行政主管部门或者其他有关部门报告；特种设备发生事故的，还应当同时向特种设备安全监督管理部门报告。接到报告的部门应当按照国家有关规定，如实上报。

实行施工总承包的建设工程，由总承包单位负责上报事故。

第五十一条 发生生产安全事故后，施工单位应当采取措施防止事故扩大，保护事故现场。需要移动现场物品时，应当做出标记和书面记录，妥善保管有关证物。

第五十二条 建设工程生产安全事故的调查、对事故责任单位和责任人的处罚与处理，按照有关法律、法规的规定执行。

第七章 法律责任

第五十三条 违反本条例的规定，县级以上人民政府建设行政主管部门或者其他有关行政管理部门的工作人员，有下列行为之一的，给予降级或者撤职的行政处分；构成犯罪的，依照刑法有关规定追究刑事责任：

（一）对不具备安全生产条件的施工单位颁发资质证书的；

（二）对没有安全施工措施的建设工程颁发施工许可证的；

（三）发现违法行为不予查处的；

（四）不依法履行监督管理职责的其他行为。

第五十四条 违反本条例的规定，建设单位未提供建设工程安全生产作业环境及安全施工措施所需费用的，责令限期改正；逾期未改正的，责令该建设工程停止施工。

建设单位未将保证安全施工的措施或者拆除工程的有关资料报送有关部门备案的，责令限期改正，给予警告。

第五十五条 违反本条例的规定，建设单位有下列行为之一的，责令限期改正，处20万元以上50万元以下的罚款；造成重大安全事故，构成犯罪的，对直接责任人员，依照刑法有关规定追究刑事责任；造成损失的，依法承担赔偿责任：

（一）对勘察、设计、施工、工程监理等单位提出不符合安全生产法律、法规和强制性标准规定的要求的；

（二）要求施工单位压缩合同约定的工期的；

（三）将拆除工程发包给不具有相应资质等级的施工单位的。

第五十六条 违反本条例的规定，勘察单位、设计单位有下列行为之一的，责令限期改正，处10万元以上30万元以下的罚款；情节严重的，责令停业整顿，降低资质等级，直至吊销资质证书；造成重大安全事故，构成犯罪的，对直接责任人员，依照刑法有关规定追究刑事责任；造成损失的，依法承担赔偿责任：

（一）未按照法律、法规和工程建设强制性标准进行勘察、设计的；

（二）采用新结构、新材料、新工艺的建设工程和特殊结构的建设工程，设计单位未在设计中提出保障施工作业人员安全和预防生产安全事故的措施建议的。

第五十七条　违反本条例的规定，工程监理单位有下列行为之一的，责令限期改正；逾期未改正的，责令停业整顿，并处10万元以上30万元以下的罚款；情节严重的，降低资质等级，直至吊销资质证书；造成重大安全事故，构成犯罪的，对直接责任人员，依照刑法有关规定追究刑事责任；造成损失的，依法承担赔偿责任：

（一）未对施工组织设计中的安全技术措施或者专项施工方案进行审查的；

（二）发现安全事故隐患未及时要求施工单位整改或者暂时停止施工的；

（三）施工单位拒不整改或者不停止施工，未及时向有关主管部门报告的；

（四）未依照法律、法规和工程建设强制性标准实施监理的。

第五十八条　注册执业人员未执行法律、法规和工程建设强制性标准的，责令停止执业3个月以上1年以下；情节严重的，吊销执业资格证书，5年内不予注册；造成重大安全事故的，终身不予注册；构成犯罪的，依照刑法有关规定追究刑事责任。

第五十九条　违反本条例的规定，为建设工程提供机械设备和配件的单位，未按照安全施工的要求配备齐全有效的保险、限位等安全设施和装置的，责令限期改正，处合同价款1倍以上3倍以下的罚款；造成损失的，依法承担赔偿责任。

第六十条　违反本条例的规定，出租单位出租未经安全性能检测或者经检测不合格的机械设备和施工机具及配件的，责令停业整顿，并处5万元以上10万元以下的罚款；造成损失的，依法承担赔偿责任。

第六十一条　违反本条例的规定，施工起重机械和整体提升脚手架、模板等自升式架设设施安装、拆卸单位有下列行为之一的，责令限期改正，处5万元以上10万元以下的罚款；情节严重的，责令停业整顿，降低资质等级，直至吊销资质证书；造成损失的，依法承担赔偿责任：

（一）未编制拆装方案、制定安全施工措施的；

（二）未由专业技术人员现场监督的；

（三）未出具自检合格证明或者出具虚假证明的；

（四）未向施工单位进行安全使用说明，办理移交手续的。

施工起重机械和整体提升脚手架、模板等自升式架设设施安装、拆卸单位有前款规定的第（一）项、第（三）项行为，经有关部门或者单位职工提出后，对事故隐患仍不采取措施，因而发生重大伤亡事故或者造成其他严重后果，构成犯罪的，对直接责任人员，依照刑法有关规定追究刑事责任。

第六十二条　违反本条例的规定，施工单位有下列行为之一的，责令限期改正；逾期未改正的，责令停业整顿，依照《中华人民共和国安全生产法》的有关规定处以罚款；造成重大安全事故，构成犯罪的，对直接责任人员，依照刑法有关规定追究刑事责任：

（一）未设立安全生产管理机构、配备专职安全生产管理人员或者分部分项工程施工时无专职安全生产管理人员现场监督的；

（二）施工单位的主要负责人、项目负责人、专职安全生产管理人员、作业人员或者特种作业人员，未经安全教育培训或者经考核不合格即从事相关工作的；

（三）未在施工现场的危险部位设置明显的安全警示标志，或者未按照国家有关规定在施工现场设置消防通道、消防水源、配备消防设施和灭火器材的；

（四）未向作业人员提供安全防护用具和安全防护服装的；

（五）未按照规定在施工起重机械和整体提升脚手架、模板等自升式架设设施验收合格后登记的；

（六）使用国家明令淘汰、禁止使用的危及施工安全的工艺、设备、材料的。

第六十三条　违反本条例的规定，施工单位挪用列入建设工程概算的安全生产作业环境及安全施工措施所需费用的，责令限期改正，处挪用费用20%以上50%以下的罚款；造成损失的，依法承担赔偿责任。

第六十四条 违反本条例的规定，施工单位有下列行为之一的，责令限期改正；逾期未改正的，责令停业整顿，并处5万元以上10万元以下的罚款；造成重大安全事故，构成犯罪的，对直接责任人员，依照刑法有关规定追究刑事责任：

（一）施工前未对有关安全施工的技术要求作出详细说明的；

（二）未根据不同施工阶段和周围环境及季节、气候的变化，在施工现场采取相应的安全施工措施，或者在城市市区内的建设工程的施工现场未实行封闭围挡的；

（三）在尚未竣工的建筑物内设置员工集体宿舍的；

（四）施工现场临时搭建的建筑物不符合安全使用要求的；

（五）未对因建设工程施工可能造成损害的毗邻建筑物、构筑物和地下管线等采取专项防护措施的。

施工单位有前款规定第（四）项、第（五）项行为，造成损失的，依法承担赔偿责任。

第六十五条 违反本条例的规定，施工单位有下列行为之一的，责令限期改正；逾期未改正的，责令停业整顿，并处10万元以上30万元以下的罚款；情节严重的，降低资质等级，直至吊销资质证书；造成重大安全事故，构成犯罪的，对直接责任人员，依照刑法有关规定追究刑事责任；造成损失的，依法承担赔偿责任：

（一）安全防护用具、机械设备、施工机具及配件在进入施工现场前未经查验或者查验不合格即投入使用的；

（二）使用未经验收或者验收不合格的施工起重机械和整体提升脚手架、模板等自升式架设设施的；

（三）委托不具有相应资质的单位承担施工现场安装、拆卸施工起重机械和整体提升脚手架、模板等自升式架设设施的；

（四）在施工组织设计中未编制安全技术措施、施工现场临时用电方案或者专项施工方案的。

第六十六条 违反本条例的规定，施工单位的主要负责人、项目负责人未履行安全生产管理职责的，责令限期改正；逾期未改正的，责令施工单位停业整顿；造成重大安全事故、重大伤亡事故或者其他严重后果，构成犯罪的，依照刑法有关规定追究刑事责任。

作业人员不服管理、违反规章制度和操作规程冒险作业造成重大伤亡事故或者其他严重后果，构成犯罪的，依照刑法有关规定追究刑事责任。

施工单位的主要负责人、项目负责人有前款违法行为，尚不够刑事处罚的，处2万元以上20万元以下的罚款或者按照管理权限给予撤职处分；自刑罚执行完毕或者受处分之日起，5年内不得担任任何施工单位的主要负责人、项目负责人。

第六十七条 施工单位取得资质证书后，降低安全生产条件的，责令限期改正；经整改仍未达到与其资质等级相适应的安全生产条件的，责令停业整顿，降低其资质等级直至吊销资质证书。

第六十八条 本条例规定的行政处罚，由建设行政主管部门或者其他有关部门依照法定职权决定。

违反消防安全管理规定的行为，由公安消防机构依法处罚。

有关法律、行政法规对建设工程安全生产违法行为的行政处罚决定机关另有规定的，从其规定。

第八章 附 则

第六十九条 抢险救灾和农民自建低层住宅的安全生产管理，不适用本条例。

第七十条 军事建设工程的安全生产管理，按照中央军事委员会的有关规定执行。

第七十一条　本条例自2004年2月1　日起施行。

劳动保障监察条例

（2004年10月26日国务院第68次常务会议通过，
2004年11月1日公布，自2004年12月1日起施行）

第一章　总　　则

第一条　为了贯彻实施劳动和社会保障（以下称劳动保障）法律、法规和规章，规范劳动保障监察工作，维护劳动者的合法权益，根据劳动法和有关法律，制定本条例。

第二条　对企业和个体工商户（以下称用人单位）进行劳动保障监察，适用本条例。

对职业介绍机构、职业技能培训机构和职业技能考核鉴定机构进行劳动保障监察，依照本条例执行。

第三条　国务院劳动保障行政部门主管全国的劳动保障监察工作。县级以上地方各级人民政府劳动保障行政部门主管本行政区域内的劳动保障监察工作。

县级以上各级人民政府有关部门根据各自职责，支持、协助劳动保障行政部门的劳动保障监察工作。

第四条　县级、设区的市级人民政府劳动保障行政部门可以委托符合监察执法条件的组织实施劳动保障监察。

劳动保障行政部门和受委托实施劳动保障监察的组织中的劳动保障监察员应当经过相应的考核或者考试录用。

劳动保障监察证件由国务院劳动保障行政部门监制。

第五条　县级以上地方各级人民政府应当加强劳动保障监察工作。劳动保障监察所需经费列入本级财政预算。

第六条　用人单位应当遵守劳动保障法律、法规和规章，接受并配合劳动保障监察。

第七条　各级工会依法维护劳动者的合法权益，对用人单位遵守劳动保障法律、法规和规章的情况进行监督。

劳动保障行政部门在劳动保障监察工作中应当注意听取工会组织的意见和建议。

第八条　劳动保障监察遵循公正、公开、高效、便民的原则。

实施劳动保障监察，坚持教育与处罚相结合，接受社会监督。

第九条　任何组织或者个人对违反劳动保障法律、法规或者规章的行为，有权向劳动保障行政部门举报。

劳动者认为用人单位侵犯其劳动保障合法权益的，有权向劳动保障行政部门投诉。

劳动保障行政部门应当为举报人保密；对举报属实，为查处重大违反劳动保障法律、法规或者规章的行为提供主要线索和证据的举报人，给予奖励。

第二章　劳动保障监察职责

第十条　劳动保障行政部门实施劳动保障监察，履行下列职责：

（一）宣传劳动保障法律、法规和规章，督促用人单位贯彻执行；

（二）检查用人单位遵守劳动保障法律、法规和规章的情况；

（三）受理对违反劳动保障法律、法规或者规章的行为的举报、投诉；

（四）依法纠正和查处违反劳动保障法律、法规或者规章的行为。

第十一条 劳动保障行政部门对下列事项实施劳动保障监察：

（一）用人单位制定内部劳动保障规章制度的情况；

（二）用人单位与劳动者订立劳动合同的情况；

（三）用人单位遵守禁止使用童工规定的情况；

（四）用人单位遵守女职工和未成年工特殊劳动保护规定的情况；

（五）用人单位遵守工作时间和休息休假规定的情况；

（六）用人单位支付劳动者工资和执行最低工资标准的情况；

（七）用人单位参加各项社会保险和缴纳社会保险费的情况；

（八）职业介绍机构、职业技能培训机构和职业技能考核鉴定机构遵守国家有关职业介绍、职业技能培训和职业技能考核鉴定的规定的情况；

（九）法律、法规规定的其他劳动保障监察事项。

第十二条 劳动保障监察员依法履行劳动保障监察职责，受法律保护。

劳动保障监察员应当忠于职守，秉公执法，勤政廉洁，保守秘密。

任何组织或者个人对劳动保障监察员的违法违纪行为，有权向劳动保障行政部门或者有关机关检举、控告。

第三章 劳动保障监察的实施

第十三条 对用人单位的劳动保障监察，由用人单位用工所在地的县级或者设区的市级劳动保障行政部门管辖。

上级劳动保障行政部门根据工作需要，可以调查处理下级劳动保障行政部门管辖的案件。劳动保障行政部门对劳动保障监察管辖发生争议的，报请共同的上一级劳动保障行政部门指定管辖。

省、自治区、直辖市人民政府可以对劳动保障监察的管辖制定具体办法。

第十四条 劳动保障监察以日常巡视检查、审查用人单位按照要求报送的书面材料以及接受举报投诉等形式进行。

劳动保障行政部门认为用人单位有违反劳动保障法律、法规或者规章的行为，需要进行调查处理的，应当及时立案。

劳动保障行政部门或者受委托实施劳动保障监察的组织应当设立举报、投诉信箱和电话。

对因违反劳动保障法律、法规或者规章的行为引起的群体性事件，劳动保障行政部门应当根据应急预案，迅速会同有关部门处理。

第十五条 劳动保障行政部门实施劳动保障监察，有权采取下列调查、检查措施：

（一）进入用人单位的劳动场所进行检查；

（二）就调查、检查事项询问有关人员；

（三）要求用人单位提供与调查、检查事项相关的文件资料，并作出解释和说明，必要时可以发出调查询问书；

（四）采取记录、录音、录像、照像或者复制等方式收集有关情况和资料；

（五）委托会计师事务所对用人单位工资支付、缴纳社会保险费的情况进行审计；

（六）法律、法规规定可以由劳动保障行政部门采取的其他调查、检查措施。

劳动保障行政部门对事实清楚、证据确凿、可以当场处理的违反劳动保障法律、法规或者规章的行为有权当场予以纠正。

第十六条 劳动保障监察员进行调查、检查，不得少于2人，并应当佩戴劳动保障监察标志、出示劳动保障监察证件。

劳动保障监察员办理的劳动保障监察事项与本人或者其近亲属有直接利害关系的，应当回避。

第十七条 劳动保障行政部门对违反劳动保障法律、法规或者规章的行为的调查，应当自立案之日起60个工作日内完成；对情况复杂的，经劳动保障行政部门负责人批准，可以延长30个工作日。

第十八条　劳动保障行政部门对违反劳动保障法律、法规或者规章的行为，根据调查、检查的结果，作出以下处理：

（一）对依法应当受到行政处罚的，依法作出行政处罚决定；

（二）对应当改正未改正的，依法责令改正或者作出相应的行政处理决定；

（三）对情节轻微且已改正的，撤销立案。

发现违法案件不属于劳动保障监察事项的，应当及时移送有关部门处理；涉嫌犯罪的，应当依法移送司法机关。

第十九条　劳动保障行政部门对违反劳动保障法律、法规或者规章的行为作出行政处罚或者行政处理决定前，应当听取用人单位的陈述、申辩；作出行政处罚或者行政处理决定，应当告知用人单位依法享有申请行政复议或者提起行政诉讼的权利。

第二十条　违反劳动保障法律、法规或者规章的行为在2年内未被劳动保障行政部门发现，也未被举报、投诉的，劳动保障行政部门不再查处。

前款规定的期限，自违反劳动保障法律、法规或者规章的行为发生之日起计算；违反劳动保障法律、法规或者规章的行为有连续或者继续状态的，自行为终了之日起计算。

第二十一条　用人单位违反劳动保障法律、法规或者规章，对劳动者造成损害的，依法承担赔偿责任。劳动者与用人单位就赔偿发生争议的，依照国家有关劳动争议处理的规定处理。

对应当通过劳动争议处理程序解决的事项或者已经按照劳动争议处理程序申请调解、仲裁或者已经提起诉讼的事项，劳动保障行政部门应当告知投诉人依照劳动争议处理或者诉讼的程序办理。

第二十二条　劳动保障行政部门应当建立用人单位劳动保障守法诚信档案。用人单位有重大违反劳动保障法律、法规或者规章的行为的，由有关的劳动保障行政部门向社会公布。

第四章　法律责任

第二十三条　用人单位有下列行为之一的，由劳动保障行政部门责令改正，按照受侵害的劳动者每人1000元以上5000元以下的标准计算，处以罚款：

（一）安排女职工从事矿山井下劳动、国家规定的第四级体力劳动强度的劳动或者其他禁忌从事的劳动的；

（二）安排女职工在经期从事高处、低温、冷水作业或者国家规定的第三级体力劳动强度的劳动的；

（三）安排女职工在怀孕期间从事国家规定的第三级体力劳动强度的劳动或者孕期禁忌从事的劳动的；

（四）安排怀孕7个月以上的女职工夜班劳动或者延长其工作时间的；

（五）女职工生育享受产假少于90天的；

（六）安排女职工在哺乳未满1周岁的婴儿期间从事国家规定的第三级体力劳动强度的劳动或者哺乳期禁忌从事的其他劳动，以及延长其工作时间或者安排其夜班劳动的；

（七）安排未成年工从事矿山井下、有毒有害、国家规定的第四级体力劳动强度的劳动或者其他禁忌从事的劳动的；

（八）未对未成年工定期进行健康检查的。

第二十四条　用人单位与劳动者建立劳动关系不依法订立劳动合同的，由劳动保障行政部门责令改正。

第二十五条　用人单位违反劳动保障法律、法规或者规章延长劳动者工作时间的，由劳动保障行政部门给予警告，责令限期改正，并可以按照受侵害的劳动者每人100元以上500元以下的标准计算，处以罚款。

第二十六条　用人单位有下列行为之一的，由劳动保障行政部门分别责令限期支付劳动者的工资报酬、劳动者工资低于当地最低工资标准的差额或者解除劳动合同的经济补偿；逾期不支付的，责令用人单位按照应付金额50%以上1倍以下的标准计算，向劳动者加付赔偿金：

（一）克扣或者无故拖欠劳动者工资报酬的；

（二）支付劳动者的工资低于当地最低工资标准的；

（三）解除劳动合同未依法给予劳动者经济补偿的。

第二十七条 用人单位向社会保险经办机构申报应缴纳的社会保险费数额时，瞒报工资总额或者职工人数的，由劳动保障行政部门责令改正，并处瞒报工资数额1倍以上3倍以下的罚款。

骗取社会保险待遇或者骗取社会保险基金支出的，由劳动保障行政部门责令退还，并处骗取金额1倍以上3倍以下的罚款；构成犯罪的，依法追究刑事责任。

第二十八条 职业介绍机构、职业技能培训机构或者职业技能考核鉴定机构违反国家有关职业介绍、职业技能培训或者职业技能考核鉴定的规定的，由劳动保障行政部门责令改正，没收违法所得，并处1万元以上5万元以下的罚款；情节严重的，吊销许可证。

未经劳动保障行政部门许可，从事职业介绍、职业技能培训或者职业技能考核鉴定的组织或者个人，由劳动保障行政部门、工商行政管理部门依照国家有关无照经营查处取缔的规定查处取缔。

第二十九条 用人单位违反《中华人民共和国工会法》，有下列行为之一的，由劳动保障行政部门责令改正：

（一）阻挠劳动者依法参加和组织工会，或者阻挠上级工会帮助、指导劳动者筹建工会的；

（二）无正当理由调动依法履行职责的工会工作人员的工作岗位，进行打击报复的；

（三）劳动者因参加工会活动而被解除劳动合同的；

（四）工会工作人员因依法履行职责被解除劳动合同的。

第三十条 有下列行为之一的，由劳动保障行政部门责令改正；对有第（一）项、第（二）项或者第（三）项规定的行为的，处2000元以上2万元以下的罚款：

（一）无理抗拒、阻挠劳动保障行政部门依照本条例的规定实施劳动保障监察的；

（二）不按照劳动保障行政部门的要求报送书面材料，隐瞒事实真相，出具伪证或者隐匿、毁灭证据的；

（三）经劳动保障行政部门责令改正拒不改正，或者拒不履行劳动保障行政部门的行政处理决定的；

（四）打击报复举报人、投诉人的。

违反前款规定，构成违反治安管理行为的，由公安机关依法给予治安管理处罚；构成犯罪的，依法追究刑事责任。

第三十一条 劳动保障监察员滥用职权、玩忽职守、徇私舞弊或者泄露在履行职责过程中知悉的商业秘密的，依法给予行政处分；构成犯罪的，依法追究刑事责任。

劳动保障行政部门和劳动保障监察员违法行使职权，侵犯用人单位或者劳动者的合法权益的，依法承担赔偿责任。

第三十二条 属于本条例规定的劳动保障监察事项，法律、其他行政法规对处罚另有规定的，从其规定。

第五章 附 则

第三十三条 对无营业执照或者已被依法吊销营业执照，有劳动用工行为的，由劳动保障行政部门依照本条例实施劳动保障监察，并及时通报工商行政管理部门予以查处取缔。

第三十四条 国家机关、事业单位、社会团体执行劳动保障法律、法规和规章的情况，由劳动保障行政部门根据其职责，依照本条例实施劳动保障监察。

第三十五条 劳动安全卫生的监督检查，由卫生部门、安全生产监督管理部门、特种设备安全监督管理部门等有关部门依照有关法律、行政法规的规定执行。

第三十六条　本条例自2004年12月1日起施行。

中华人民共和国防汛条例

（1991年7月2日中华人民共和国国务院令第86号公布，根据2005年7月15日《国务院关于修改〈中华人民共和国防汛条例〉的决定》第一次修订，根据2011年1月8日国务院令第588号《国务院关于废止和修改部分行政法规的决定》第二次修订）

第一章　总　　则

第一条　为了做好防汛抗洪工作，保障人民生命财产安全和经济建设的顺利进行，根据《中华人民共和国水法》，制定本条例。

第二条　在中华人民共和国境内进行防汛抗洪活动，适用本条例。

第三条　防汛工作实行"安全第一，常备不懈，以防为主，全力抢险"的方针，遵循团结协作和局部利益服从全局利益的原则。

第四条　防汛工作实行各级人民政府行政首长负责制，实行统一指挥，分级分部门负责。各有关部门实行防汛岗位责任制。

第五条　任何单位和个人都有参加防汛抗洪的义务。

中国人民解放军和武装警察部队是防汛抗洪的重要力量。

第二章　防汛组织

第六条　国务院设立国家防汛总指挥部，负责组织领导全国的防汛抗洪工作，其办事机构设在国务院水行政主管部门。

长江和黄河，可以设立由有关省、自治区、直辖市人民政府和该江河的流域管理机构（以下简称流域机构）负责人等组成的防汛指挥机构，负责指挥所辖范围的防汛抗洪工作，其办事机构设在流域机构。长江和黄河的重大防汛抗洪事项须经国家防汛总指挥部批准后执行。

国务院水行政主管部门所属的淮河、海河、珠江、松花江、辽河、太湖等流域机构，设立防汛办事机构，负责协调本流域的防汛日常工作。

第七条　有防汛任务的县级以上地方人民政府设立防汛指挥部，由有关部门、当地驻军、人民武装部负责人组成，由各级人民政府首长担任指挥。各级人民政府防汛指挥部在上级人民政府防汛指挥部和同级人民政府的领导下，执行上级防汛指令，制定各项防汛抗洪措施，统一指挥本地区的防汛抗洪工作。

各级人民政府防汛指挥部办事机构设在同级水行政主管部门；城市市区的防汛指挥部办事机构也可以设在城建主管部门，负责管理所辖范围的防汛日常工作。

第八条　石油、电力、邮电、铁路、公路、航运、工矿以及商业、物资等有防汛任务的部门和单位，汛期应当设立防汛机构，在有管辖权的人民政府防汛指挥部统一领导下，负责做好本行业和本单位的防汛工作。

第九条　河道管理机构、水利水电工程管理单位和江河沿岸在建工程的建设单位，必须加强对所辖水工程设施的管理维护，保证其安全正常运行，组织和参加防汛抗洪工作。

第十条 有防汛任务的地方人民政府应当组织以民兵为骨干的群众性防汛队伍，并责成有关部门将防汛队伍组成人员登记造册，明确各自的任务和责任。

河道管理机构和其他防洪工程管理单位可以结合平时的管理任务，组织本单位的防汛抢险队伍，作为紧急抢险的骨干力量。

第三章 防汛准备

第十一条 有防汛任务的县级以上人民政府，应当根据流域综合规划、防洪工程实际状况和国家规定的防洪标准，制定防御洪水方案（包括对特大洪水的处置措施）。

长江、黄河、淮河、海河的防御洪水方案，由国家防汛总指挥部制定，报国务院批准后施行；跨省、自治区、直辖市的其他江河的防御洪水方案，有关省、自治区、直辖市人民政府制定后，经有管辖权的流域机构审查同意，由省、自治区、直辖市人民政府报国务院或其授权的机构批准后施行。

有防汛抗洪任务的城市人民政府，应当根据流域综合规划和江河的防御洪水方案，制定本城市的防御洪水方案，报上级人民政府或其授权的机构批准后施行。

防御洪水方案经批准后，有关地方人民政府必须执行。

第十二条 有防汛任务的地方，应当根据经批准的防御洪水方案制定洪水调度方案。长江、黄河、淮河、海河（海河流域的永定河、大清河、漳卫南运河和北三河）、松花江、辽河、珠江和太湖流域的洪水调度方案，由有关流域机构会同有关省、自治区、直辖市人民政府制定，报国家防汛总指挥部批准。跨省、自治区、直辖市的其他江河的洪水调度方案，由有关流域机构会同有关省、自治区、直辖市人民政府制定，报流域防汛指挥机构批准；没有设立流域防汛指挥机构的，报国家防汛总指挥部批准。其他江河的洪水调度方案，由有管辖权的水行政主管部门会同有关地方人民政府制定，报有管辖权的防汛指挥机构批准。

洪水调度方案经批准后，有关地方人民政府必须执行。修改洪水调度方案，应当报经原批准机关批准。

第十三条 有防汛抗洪任务的企业应当根据所在流域或者地区经批准的防御洪水方案和洪水调度方案，规定本企业的防汛抗洪措施，在征得其所在地县级人民政府水行政主管部门同意后，由有管辖权的防汛指挥机构监督实施。

第十四条 水库、水电站、拦河闸坝等工程的管理部门，应当根据工程规划设计、经批准的防御洪水方案和洪水调度方案以及工程实际状况，在兴利服从防洪，保证安全的前提下，制定汛期调度运用计划，经上级主管部门审查批准后，报有管辖权的人民政府防汛指挥部备案，并接受其监督。

经国家防汛总指挥部认定的对防汛抗洪关系重大的水电站，其防洪库容的汛期调度运用计划经上级主管部门审查同意后，须经有管辖权的人民政府防汛指挥部批准。

汛期调度运用计划经批准后，由水库、水电站、拦河闸坝等工程的管理部门负责执行。

有防凌任务的江河，其上游水库在凌汛期间的下泄水量，必须征得有管辖权的人民政府防汛指挥部的同意，并接受其监督。

第十五条 各级防汛指挥部应当在汛前对各类防洪设施组织检查，发现影响防洪安全的问题，责成责任单位在规定的期限内处理，不得贻误防汛抗洪工作。

各有关部门和单位按照防汛指挥部的统一部署，对所管辖的防洪工程设施进行汛前检查后，必须将影响防洪安全的问题和处理措施报有管辖权的防汛指挥部和上级主管部门，并按照该防汛指挥部的要求予以处理。

第十六条 关于河道清障和对壅水、阻水严重的桥梁、引道、码头和其他跨河工程设施的改建或者拆除，按照《中华人民共和国河道管理条例》的规定执行。

第十七条　蓄滞洪区所在地的省级人民政府应当按照国务院的有关规定，组织有关部门和市、县，制定所管辖的蓄滞洪区的安全与建设规划，并予实施。

各级地方人民政府必须对所管辖的蓄滞洪区的通信、预报警报、避洪、撤退道路等安全设施，以及紧急撤离和救生的准备工作进行汛前检查，发现影响安全的问题，及时处理。

第十八条　山洪、泥石流易发地区，当地有关部门应当指定预防监测员及时监测。雨季到来之前，当地人民政府防汛指挥部应当组织有关单位进行安全检查，对险情征兆明显的地区，应当及时把群众撤离险区。

风暴潮易发地区，当地有关部门应当加强对水库、海堤、闸坝、高压电线等设施和房屋的安全检查，发现影响安全的问题，及时处理。

第十九条　地区之间在防汛抗洪方面发生的水事纠纷，由发生纠纷地区共同的上一级人民政府或其授权的主管部门处理。

前款所指人民政府或者部门在处理防汛抗洪方面的水事纠纷时，有权采取临时紧急处置措施，有关当事各方必须服从并贯彻执行。

第二十条　有防汛任务的地方人民政府应当建设和完善江河堤防、水库、蓄滞洪区等防洪设施，以及该地区的防汛通信、预报警报系统。

第二十一条　各级防汛指挥部应当储备一定数量的防汛抢险物资，由商业、供销、物资部门代储的，可以支付适当的保管费。受洪水威胁的单位和群众应当储备一定的防汛抢险物料。

防汛抢险所需的主要物资，由计划主管部门在年度计划中予以安排。

第二十二条　各级人民政府防汛指挥部汛前应当向有关单位和当地驻军介绍防御洪水方案，组织交流防汛抢险经验。有关方面汛期应当及时通报水情。

第四章　防汛与抢险

第二十三条　省级人民政府防汛指挥部，可以根据当地的洪水规律，规定汛期起止日期。当江河、湖泊、水库的水情接近保证水位或者安全流量时，或者防洪工程设施发生重大险情，情况紧急时，县级以上地方人民政府可以宣布进入紧急防汛期，并报告上级人民政府防汛指挥部。

第二十四条　防汛期内，各级防汛指挥部必须有负责人主持工作。有关责任人员必须坚守岗位，及时掌握汛情，并按照防御洪水方案和汛期调度运用计划进行调度。

第二十五条　在汛期，水利、电力、气象、海洋、农林等部门的水文站、雨量站，必须及时准确地向各级防汛指挥部提供实时水文信息；气象部门必须及时向各级防汛指挥部提供有关天气预报和实时气象信息；水文部门必须及时向各级防汛指挥部提供有关水文预报；海洋部门必须及时向沿海地区防汛指挥部提供风暴潮预报。

第二十六条　在汛期，河道、水库、闸坝、水运设施等水工程管理单位及其主管部门在执行汛期调度运用计划时，必须服从有管辖权的人民政府防汛指挥部的统一调度指挥或者监督。

在汛期，以发电为主的水库，其汛限水位以上的防洪库容以及洪水调度运用必须服从有管辖权的人民政府防汛指挥部的统一调度指挥。

第二十七条　在汛期，河道、水库、水电站、闸坝等水工程管理单位必须按照规定对水工程进行巡查，发现险情，必须立即采取抢护措施，并及时向防汛指挥部和上级主管部门报告。其他任何单位和个人发现水工程设施出现险情，应当立即向防汛指挥部和水工程管理单位报告。

第二十八条 在汛期，公路、铁路、航运、民航等部门应当及时运送防汛抢险人员和物资；电力部门应当保证防汛用电。

第二十九条 在汛期，电力调度通信设施必须服从防汛工作需要；邮电部门必须保证汛情和防汛指令的及时、准确传递，电视、广播、公路、铁路、航运、民航、公安、林业、石油等部门应当运用本部门的通信工具优先为防汛抗洪服务。

电视、广播、新闻单位应当根据人民政府防汛指挥部提供的汛情，及时向公众发布防汛信息。

第三十条 在紧急防汛期，地方人民政府防汛指挥部必须由人民政府负责人主持工作，组织动员本地区各有关单位和个人投入抗洪抢险。所有单位和个人必须听从指挥，承担人民政府防汛指挥部分配的抗洪抢险任务。

第三十一条 在紧急防汛期，公安部门应当按照人民政府防汛指挥部的要求，加强治安管理和安全保卫工作。必要时须由有关部门依法实行陆地和水面交通管制。

第三十二条 在紧急防汛期，为了防汛抢险需要，防汛指挥部有权在其管辖范围内，调用物资、设备、交通运输工具和人力，事后应当及时归还或者给予适当补偿。因抢险需要取土占地、砍伐林木、清除阻水障碍物的，任何单位和个人不得阻拦。

前款所指取土占地、砍伐林木的，事后应当依法向有关部门补办手续。

第三十三条 当河道水位或者流量达到规定的分洪、滞洪标准时，有管辖权的人民政府防汛指挥部有权根据经批准的分洪、滞洪方案，采取分洪、滞洪措施。采取上述措施对毗邻地区有危害的，须经有管辖权的上级防汛指挥机构批准，并事先通知有关地区。

在非常情况下，为保护国家确定的重点地区和大局安全，必须做出局部牺牲时，在报经有管辖权的上级人民政府防汛指挥部批准后，当地人民政府防汛指挥部可以采取非常紧急措施。

实施上述措施时，任何单位和个人不得阻拦，如遇到阻拦和拖延时，有管辖权的人民政府有权组织强制实施。

第三十四条 当洪水威胁群众安全时，当地人民政府应当及时组织群众撤离至安全地带，并做好生活安排。

第三十五条 按照水的天然流势或者防洪、排涝工程的设计标准，或者经批准的运行方案下泄的洪水，下游地区不得设障阻水或者缩小河道的过水能力；上游地区不得擅自增大下泄流量。

未经有管辖权的人民政府或其授权的部门批准，任何单位和个人不得改变江河河势的自然控制点。

第五章 善后工作

第三十六条 在发生洪水灾害的地区，物资、商业、供销、农业、公路、铁路、航运、民航等部门应当做好抢险救灾物资的供应和运输；民政、卫生、教育等部门应当做好灾区群众的生活供给、医疗防疫、学校复课以及恢复生产等救灾工作；水利、电力、邮电、公路等部门应当做好所管辖的水毁工程的修复工作。

第三十七条 地方各级人民政府防汛指挥部，应当按照国家统计部门批准的洪涝灾害统计报表的要求，核实和统计所管辖范围的洪涝灾情，报上级主管部门和同级统计部门，有关单位和个人不得虚报、瞒报、伪造、篡改。

第三十八条 洪水灾害发生后，各级人民政府防汛指挥部应当积极组织和帮助灾区群众恢复和发展生产。修复水毁工程所需费用，应当优先列入有关主管部门年度建设计划。

第六章 防汛经费

第三十九条 由财政部门安排的防汛经费，按照分级管理的原则，分别列入中央财政和地方财政预算。

在汛期，有防汛任务的地区的单位和个人应当承担一定的防汛抢险的劳务和费用，具体办法由省、自治区、直辖市人民政府制定。

第四十条　防御特大洪水的经费管理，按照有关规定执行。

第四十一条　对蓄滞洪区，逐步推行洪水保险制度，具体办法另行制定。

第七章　奖励与处罚

第四十二条　有下列事迹之一的单位和个人，可以由县级以上人民政府给予表彰或者奖励：

（一）在执行抗洪抢险任务时，组织严密，指挥得当，防守得力，奋力抢险，出色完成任务者；

（二）坚持巡堤查险，遇到险情及时报告，奋力抗洪抢险，成绩显著者；

（三）在危险关头，组织群众保护国家和人民财产，抢救群众有功者；

（四）为防汛调度、抗洪抢险献计献策，效益显著者；

（五）气象、雨情、水情测报和预报准确及时，情报传递迅速，克服困难，抢测洪水，因而减轻重大洪水灾害者；

（六）及时供应防汛物料和工具，爱护防汛器材，节约经费开支，完成防汛抢险任务成绩显著者；

（七）有其他特殊贡献，成绩显著者。

第四十三条　有下列行为之一者，视情节和危害后果，由其所在单位或者上级主管机关给予行政处分；应当给予治安管理处罚的，依照《中华人民共和国治安管理处罚法》的规定处罚；构成犯罪的，依法追究刑事责任：

（一）拒不执行经批准的防御洪水方案、洪水调度方案，或者拒不执行有管辖权的防汛指挥机构的防汛调度方案或者防汛抢险指令的；

（二）玩忽职守，或者在防汛抢险的紧要关头临阵逃脱的；

（三）非法扒口决堤或者开闸的；

（四）挪用、盗窃、贪污防汛或者救灾的钱款或者物资的；

（五）阻碍防汛指挥机构工作人员依法执行职务的；

（六）盗窃、毁损或者破坏堤防、护岸、闸坝等水工程建筑物和防汛工程设施以及水文监测、测量设施、气象测报设施、河岸地质监测设施、通信照明设施的；

（七）其他危害防汛抢险工作的。

第四十四条　违反河道和水库大坝的安全管理，依照《中华人民共和国河道管理条例》和《水库大坝安全管理条例》的有关规定处理。

第四十五条　虚报、瞒报洪涝灾情，或者伪造、篡改洪涝灾害统计资料的，依照《中华人民共和国统计法》及其实施细则的有关规定处理。

第四十六条　当事人对行政处罚不服的，可以在接到处罚通知之日起15日内，向作出处罚决定机关的上一级机关申请复议；对复议决定不服的，可以在接到复议决定之日起15日内，向人民法院起诉。当事人也可以在接到处罚通知之日起15日内，直接向人民法院起诉。

当事人逾期不申请复议或者不向人民法院起诉，又不履行处罚决定的，由作出处罚决定的机关申请人民法院强制执行；在汛期，也可以由作出处罚决定的机关强制执行；对治安管理处罚不服的，依照《中华人民共和国治安管理处罚法》的规定办理。

当事人在申请复议或者诉讼期间，不停止行政处罚决定的执行。

第八章　附　　则

第四十七条　省、自治区、直辖市人民政府，可以根据本条例的规定，结合本地区的实际情况，制定实施细则。

第四十八条 本条例由国务院水行政主管部门负责解释。

第四十九条 本条例自发布之日起施行。

安全生产违法行为行政处罚办法

（2007年11月30日国家安全监管总局令第15号公布，根据2015年4月2日国家安全监管总局令第77号修正）

第一章 总 则

第一条 为了制裁安全生产违法行为，规范安全生产行政处罚工作，依照行政处罚法、安全生产法及其他有关法律、行政法规的规定，制定本办法。

第二条 县级以上人民政府安全生产监督管理部门对生产经营单位及其有关人员在生产经营活动中违反有关安全生产的法律、行政法规、部门规章、国家标准、行业标准和规程的违法行为（以下统称安全生产违法行为）实施行政处罚，适用本办法。

煤矿安全监察机构依照本办法和煤矿安全监察行政处罚办法，对煤矿、煤矿安全生产中介机构等生产经营单位及其有关人员的安全生产违法行为实施行政处罚。

有关法律、行政法规对安全生产违法行为行政处罚的种类、幅度或者决定机关另有规定的，依照其规定。

第三条 对安全生产违法行为实施行政处罚，应当遵循公平、公正、公开的原则。

安全生产监督管理部门或者煤矿安全监察机构（以下统称安全监管监察部门）及其行政执法人员实施行政处罚，必须以事实为依据。行政处罚应当与安全生产违法行为的事实、性质、情节以及社会危害程度相当。

第四条 生产经营单位及其有关人员对安全监管监察部门给予的行政处罚，依法享有陈述权、申辩权和听证权；对行政处罚不服的，有权依法申请行政复议或者提起行政诉讼；因违法给予行政处罚受到损害的，有权依法申请国家赔偿。

第二章 行政处罚的种类、管辖

第五条 安全生产违法行为行政处罚的种类：

（一）警告；

（二）罚款；

（三）没收违法所得、没收非法开采的煤炭产品、采掘设备；

（四）责令停产停业整顿、责令停产停业、责令停止建设、责令停止施工；

（五）暂扣或者吊销有关许可证，暂停或者撤销有关执业资格、岗位证书；

（六）关闭；

（七）拘留；

（八）安全生产法律、行政法规规定的其他行政处罚。

第六条 县级以上安全监管监察部门应当按照本章的规定，在各自的职责范围内对安全生产违法行为行政处罚行使管辖权。

安全生产违法行为的行政处罚，由安全生产违法行为发生地的县级以上安全监管监察部门管辖。中央企业及其所属企业、有关人员的安全生产违法行为的行政处罚，由安全生产违法行为发生地的设区的市级以上安全监管监察部门管辖。

暂扣、吊销有关许可证和暂停、撤销有关执业资格、岗位证书的行政处罚，由发证机关决定。其中，暂扣有关许可证和暂停有关执业资格、岗位证书的期限一般不得超过6个月；法律、行政法规另有规定的，依照其规定。

给予关闭的行政处罚，由县级以上安全监管监察部门报请县级以上人民政府按照国务院规定的权限决定。

给予拘留的行政处罚，由县级以上安全监管监察部门建议公安机关依照治安管理处罚法的规定决定。

第七条　两个以上安全监管监察部门因行政处罚管辖权发生争议的，由其共同的上一级安全监管监察部门指定管辖。

第八条　对报告或者举报的安全生产违法行为，安全监管监察部门应当受理；发现不属于自己管辖的，应当及时移送有管辖权的部门。

受移送的安全监管监察部门对管辖权有异议的，应当报请共同的上一级安全监管监察部门指定管辖。

第九条　安全生产违法行为涉嫌犯罪的，安全监管监察部门应当将案件移送司法机关，依法追究刑事责任；尚不够刑事处罚但依法应当给予行政处罚的，由安全监管监察部门管辖。

第十条　上级安全监管监察部门可以直接查处下级安全监管监察部门管辖的案件，也可以将自己管辖的案件交由下级安全监管监察部门管辖。

下级安全监管监察部门可以将重大、疑难案件报请上级安全监管监察部门管辖。

第十一条　上级安全监管监察部门有权对下级安全监管监察部门违法或者不适当的行政处罚予以纠正或者撤销。

第十二条　安全监管监察部门根据需要，可以在其法定职权范围内委托符合《行政处罚法》第十九条规定条件的组织或者乡、镇人民政府以及街道办事处、开发区管理机构等地方人民政府的派出机构实施行政处罚。受委托的单位在委托范围内，以委托的安全监管监察部门名义实施行政处罚。

委托的安全监管监察部门应当监督检查受委托的单位实施行政处罚，并对其实施行政处罚的后果承担法律责任。

第三章　行政处罚的程序

第十三条　安全生产行政执法人员在执行公务时，必须出示省级以上安全生产监督管理部门或者县级以上地方人民政府统一制作的有效行政执法证件。其中对煤矿进行安全监察，必须出示国家安全生产监督管理总局统一制作的煤矿安全监察员证。

第十四条　安全监管监察部门及其行政执法人员在监督检查时发现生产经营单位存在事故隐患的，应当按照下列规定采取现场处理措施：

（一）能够立即排除的，应当责令立即排除；

（二）重大事故隐患排除前或者排除过程中无法保证安全的，应当责令从危险区域撤出作业人员，并责令暂时停产停业、停止建设、停止施工或者停止使用相关设施、设备，限期排除隐患。

隐患排除后，经安全监管监察部门审查同意，方可恢复生产经营和使用。

本条第一款第（二）项规定的责令暂时停产停业、停止建设、停止施工或者停止使用相关设施、设备的期限一般不超过6个月；法律、行政法规另有规定的，依照其规定。

第十五条　对有根据认为不符合安全生产的国家标准或者行业标准的在用设施、设备、器材，违法生产、储存、使用、经营、运输的危险物品，以及违法生产、储存、使用、经营危险物品的作业场所，安全监管监察部门应当依照《行政强制法》的规定予以查封或者扣押。查封或者扣押的期限不得超过30日，情况复杂的，经安全监管监察部门负责人批准，最多可以延长30日，并在查封或者扣押期限内作出处理决定：

（一）对违法事实清楚、依法应当没收的非法财物予以没收；

（二）法律、行政法规规定应当销毁的，依法销毁；

（三）法律、行政法规规定应当解除查封、扣押的，作出解除查封、扣押的决定。

实施查封、扣押，应当制作并当场交付查封、扣押决定书和清单。

第十六条 安全监管监察部门依法对存在重大事故隐患的生产经营单位作出停产停业、停止施工、停止使用相关设施、设备的决定，生产经营单位应当依法执行，及时消除事故隐患。生产经营单位拒不执行，有发生生产安全事故的现实危险的，在保证安全的前提下，经本部门主要负责人批准，安全监管监察部门可以采取通知有关单位停止供电、停止供应民用爆炸物品等措施，强制生产经营单位履行决定。通知应当采用书面形式，有关单位应当予以配合。

安全监管监察部门依照前款规定采取停止供电措施，除有危及生产安全的紧急情形外，应当提前24小时通知生产经营单位。生产经营单位依法履行行政决定、采取相应措施消除事故隐患的，安全监管监察部门应当及时解除前款规定的措施。

第十七条 生产经营单位被责令限期改正或者限期进行隐患排除治理的，应当在规定限期内完成。因不可抗力无法在规定限期内完成的，应当在进行整改或者治理的同时，于限期届满前10日内提出书面延期申请，安全监管监察部门应当在收到申请之日起5日内书面答复是否准予延期。

生产经营单位提出复查申请或者整改、治理限期届满的，安全监管监察部门应当自申请或者限期届满之日起10日内进行复查，填写复查意见书，由被复查单位和安全监管监察部门复查人员签名后存档。逾期未整改、未治理或者整改、治理不合格的，安全监管监察部门应当依法给予行政处罚。

第十八条 安全监管监察部门在作出行政处罚决定前，应当填写行政处罚告知书，告知当事人作出行政处罚决定的事实、理由、依据，以及当事人依法享有的权利，并送达当事人。当事人应当在收到行政处罚告知书之日起3日内进行陈述、申辩，或者依法提出听证要求，逾期视为放弃上述权利。

第十九条 安全监管监察部门应当充分听取当事人的陈述和申辩，对当事人提出的事实、理由和证据，应当进行复核；当事人提出的事实、理由和证据成立的，安全监管监察部门应当采纳。

安全监管监察部门不得因当事人陈述或者申辩而加重处罚。

第二十条 安全监管监察部门对安全生产违法行为实施行政处罚，应当符合法定程序，制作行政执法文书。

第一节 简易程序

第二十一条 违法事实确凿并有法定依据，对个人处以50元以下罚款、对生产经营单位处以1000元以下罚款或者警告的行政处罚的，安全生产行政执法人员可以当场作出行政处罚决定。

第二十二条 安全生产行政执法人员当场作出行政处罚决定，应当填写预定格式、编有号码的行政处罚决定书并当场交付当事人。

安全生产行政执法人员当场作出行政处罚决定后应当及时报告，并在5日内报所属安全监管监察部门备案。

第二节 一般程序

第二十三条 除依照简易程序当场作出的行政处罚外，安全监管监察部门发现生产经营单位及其有关人员有应当给予行政处罚的行为的，应当予以立案，填写立案审批表，并全面、客观、公正地进行调查，收集有关证据。对确需立即查处的安全生产违法行为，可以先行调查取证，并在5日内补办立案手续。

第二十四条 对已经立案的案件，由立案审批人指定两名或者两名以上安全生产行政执法人员进行调查。

有下列情形之一的，承办案件的安全生产行政执法人员应当回避：

（一）本人是本案的当事人或者当事人的近亲属的；

（二）本人或者其近亲属与本案有利害关系的；

（三）与本人有其他利害关系，可能影响案件的公正处理的。

安全生产行政执法人员的回避，由派出其进行调查的安全监管监察部门的负责人决定。进行调查的安全监管监察部门负责人的回避，由该部门负责人集体讨论决定。回避决定作出之前，承办案件的安全生产行政执法人员不得擅自停止对案件的调查。

第二十五条　进行案件调查时，安全生产行政执法人员不得少于两名。当事人或者有关人员应当如实回答安全生产行政执法人员的询问，并协助调查或者检查，不得拒绝、阻挠或者提供虚假情况。

询问或者检查应当制作笔录。笔录应当记载时间、地点、询问和检查情况，并由被询问人、被检查单位和安全生产行政执法人员签名或者盖章；被询问人、被检查单位要求补正的，应当允许。被询问人或者被检查单位拒绝签名或者盖章的，安全生产行政执法人员应当在笔录上注明原因并签名。

第二十六条　安全生产行政执法人员应当收集、调取与案件有关的原始凭证作为证据。调取原始凭证确有困难的，可以复制，复制件应当注明“经核对与原件无异”的字样和原始凭证存放的单位及其处所，并由出具证据的人员签名或者单位盖章。

第二十七条　安全生产行政执法人员在收集证据时，可以采取抽样取证的方法；在证据可能灭失或者以后难以取得的情况下，经本单位负责人批准，可以先行登记保存，并应当在7日内作出处理决定：

（一）违法事实成立依法应当没收的，作出行政处罚决定，予以没收；依法应当扣留或者封存的，予以扣留或者封存；

（二）违法事实不成立，或者依法不应当予以没收、扣留、封存的，解除登记保存。

第二十八条　安全生产行政执法人员对与案件有关的物品、场所进行勘验检查时，应当通知当事人到场，制作勘验笔录，并由当事人核对无误后签名或者盖章。当事人拒绝到场的，可以邀请在场的其他人员作证，并在勘验笔录中注明原因并签名；也可以采用录音、录像等方式记录有关物品、场所的情况后，再进行勘验检查。

第二十九条　案件调查终结后，负责承办案件的安全生产行政执法人员应当填写案件处理呈批表，连同有关证据材料一并报本部门负责人审批。

安全监管监察部门负责人应当及时对案件调查结果进行审查，根据不同情况，分别作出以下决定：

（一）确有应受行政处罚的违法行为的，根据情节轻重及具体情况，作出行政处罚决定；

（二）违法行为轻微，依法可以不予行政处罚的，不予行政处罚；

（三）违法事实不能成立，不得给予行政处罚；

（四）违法行为涉嫌犯罪的，移送司法机关处理。

对严重安全生产违法行为给予责令停产停业整顿、责令停产停业、责令停止建设、责令停止施工、吊销有关许可证、撤销有关执业资格或者岗位证书、5万元以上罚款、没收违法所得、没收非法开采的煤炭产品或者采掘设备价值5万元以上的行政处罚的，应当由安全监管监察部门的负责人集体讨论决定。

第三十条　安全监管监察部门依照本办法第二十九条的规定给予行政处罚，应当制作行政处罚决定书。行政处罚决定书应当载明下列事项：

（一）当事人的姓名或者名称、地址或者住址；

（二）违法事实和证据；

（三）行政处罚的种类和依据；

（四）行政处罚的履行方式和期限；

（五）不服行政处罚决定，申请行政复议或者提起行政诉讼的途径和期限；

（六）作出行政处罚决定的安全监管监察部门的名称和作出决定的日期。

行政处罚决定书必须盖有作出行政处罚决定的安全监管监察部门的印章。

第三十一条 行政处罚决定书应当在宣告后当场交付当事人；当事人不在场的，安全监管监察部门应当在7日内依照民事诉讼法的有关规定，将行政处罚决定书送达当事人或者其他的法定受送达人：

（一）送达必须有送达回执，由受送达人在送达回执上注明收到日期，签名或者盖章；

（二）送达应当直接送交受送达人。受送达人是个人的，本人不在交他的同住成年家属签收，并在行政处罚决定书送达回执的备注栏内注明与受送达人的关系；

（三）受送达人是法人或者其他组织的，应当由法人的法定代表人、其他组织的主要负责人或者该法人、组织负责收件的人签收；

（四）受送达人指定代收人的，交代收人签收并注明受当事人委托的情况；

（五）直接送达确有困难的，可以挂号邮寄送达，也可以委托当地安全监管监察部门代为送达，代为送达的安全监管监察部门收到文书后，必须立即交受送达人签收；

（六）当事人或者他的同住成年家属拒绝接收的，送达人应当邀请有关基层组织或者所在单位的代表到场，说明情况，在行政处罚决定书送达回执上记明拒收的事由和日期，由送达人、见证人签名或者盖章，将行政处罚决定书留在当事人的住所；也可以把行政处罚决定书留在受送达人的住所，并采用拍照、录像等方式记录送达过程，即视为送达；

（七）受送达人下落不明，或者用以上方式无法送达的，可以公告送达，自公告发布之日起经过60日，即视为送达。公告送达，应当在案卷中注明原因和经过。

安全监管监察部门送达其他行政处罚执法文书，按照前款规定办理。

第三十二条 行政处罚案件应当自立案之日起30日内作出行政处罚决定；由于客观原因不能完成的，经安全监管监察部门负责人同意，可以延长，但不得超过90日；特殊情况需进一步延长的，应当经上一级安全监管监察部门批准，可延长至180日。

第三节 听证程序

第三十三条 安全监管监察部门作出责令停产停业整顿、责令停产停业、吊销有关许可证、撤销有关执业资格、岗位证书或者较大数额罚款的行政处罚决定之前，应当告知当事人有要求举行听证的权利；当事人要求听证的，安全监管监察部门应当组织听证，不得向当事人收取听证费用。

前款所称较大数额罚款，为省、自治区、直辖市人大常委会或者人民政府规定的数额；没有规定数额的，其数额对个人罚款为2万元以上，对生产经营单位罚款为5万元以上。

第三十四条 当事人要求听证的，应当在安全监管监察部门依照本办法第十八条规定告知后3日内以书面方式提出。

第三十五条 当事人提出听证要求后，安全监管监察部门应当在收到书面申请之日起15日内举行听证会，并在举行听证会的7日前，通知当事人举行听证的时间、地点。

当事人应当按期参加听证。当事人有正当理由要求延期的，经组织听证的安全监管监察部门负责人批准可以延期1次；当事人未按期参加听证，并且未事先说明理由的，视为放弃听证权利。

第三十六条　听证参加人由听证主持人、听证员、案件调查人员、当事人及其委托代理人、书记员组成。

听证主持人、听证员、书记员应当由组织听证的安全监管监察部门负责人指定的非本案调查人员担任。

当事人可以委托1至2名代理人参加听证，并提交委托书。

第三十七条　除涉及国家秘密、商业秘密或者个人隐私外，听证应当公开举行。

第三十八条　当事人在听证中的权利和义务：

（一）有权对案件涉及的事实、适用法律及有关情况进行陈述和申辩；

（二）有权对案件调查人员提出的证据质证并提出新的证据；

（三）如实回答主持人的提问；

（四）遵守听证会场纪律，服从听证主持人指挥。

第三十九条　听证按照下列程序进行：

（一）书记员宣布听证会场纪律、当事人的权利和义务。听证主持人宣布案由，核实听证参加人名单，宣布听证开始；

（二）案件调查人员提出当事人的违法事实、出示证据，说明拟作出的行政处罚的内容及法律依据；

（三）当事人或者其委托代理人对案件的事实、证据、适用的法律等进行陈述和申辩，提交新的证据材料；

（四）听证主持人就案件的有关问题向当事人、案件调查人员、证人询问；

（五）案件调查人员、当事人或者其委托代理人相互辩论；

（六）当事人或者其委托代理人作最后陈述；

（七）听证主持人宣布听证结束。

听证笔录应当当场交当事人核对无误后签名或者盖章。

第四十条　有下列情形之一的，应当中止听证：

（一）需要重新调查取证的；

（二）需要通知新证人到场作证的；

（三）因不可抗力无法继续进行听证的。

第四十一条　有下列情形之一的，应当终止听证：

（一）当事人撤回听证要求的；

（二）当事人无正当理由不按时参加听证的；

（三）拟作出的行政处罚决定已经变更，不适用听证程序的。

第四十二条　听证结束后，听证主持人应当依据听证情况，填写听证会报告书，提出处理意见并附听证笔录报安全监管监察部门负责人审查。安全监管监察部门依照本办法第二十九条的规定作出决定。

第四章　行政处罚的适用

第四十三条　生产经营单位的决策机构、主要负责人、个人经营的投资人（包括实际控制人，下同）未依法保证下列安全生产所必需的资金投入之一，致使生产经营单位不具备安全生产条件的，责令限期改正，提供必需的资金，可以对生产经营单位处1万元以上3万元以下罚款，对生产经营单位的主要负责人、个人经营的投资人处5000元以上1万元以下罚款；逾期未改正的，责令生产经营单位停产停业整顿：

（一）提取或者使用安全生产费用；

（二）用于配备劳动防护用品的经费；

（三）用于安全生产教育和培训的经费；

（四）国家规定的其他安全生产所必须的资金投入。

生产经营单位主要负责人、个人经营的投资人有前款违法行为，导致发生生产安全事故的，依照《生产安全事故罚款处罚规定（试行）》的规定给予处罚。

第四十四条　生产经营单位的主要负责人未依法履行安全生产管理职责，导致生产安全事故发生的，依照《生产安全事故罚款处罚规定（试行）》的规定给予处罚。

第四十五条　生产经营单位及其主要负责人或者其他人员有下列行为之一的，给予警告，并可以对生产经营单位处1万元以上3万元以下罚款，对其主要负责人、其他有关人员处1000元以上1万元以下的罚款：

（一）违反操作规程或者安全管理规定作业的；

（二）违章指挥从业人员或者强令从业人员违章、冒险作业的；

（三）发现从业人员违章作业不加制止的；

（四）超过核定的生产能力、强度或者定员进行生产的；

（五）对被查封或者扣押的设施、设备、器材、危险物品和作业场所，擅自启封或者使用的；

（六）故意提供虚假情况或者隐瞒存在的事故隐患以及其他安全问题的；

（七）拒不执行安全监管监察部门依法下达的安全监管监察指令的。

第四十六条　危险物品的生产、经营、储存单位以及矿山、金属冶炼单位有下列行为之一的，责令改正，并可以处1万元以上3万元以下的罚款：

（一）未建立应急救援组织或者生产经营规模较小、未指定兼职应急救援人员的；

（二）未配备必要的应急救援器材、设备和物资，并进行经常性维护、保养，保证正常运转的。

第四十七条　生产经营单位与从业人员订立协议，免除或者减轻其对从业人员因生产安全事故伤亡依法应承担的责任的，该协议无效；对生产经营单位的主要负责人、个人经营的投资人按照下列规定处以罚款：

（一）在协议中减轻因生产安全事故伤亡对从业人员依法应承担的责任的，处2万元以上5万元以下的罚款；

（二）在协议中免除因生产安全事故伤亡对从业人员依法应承担的责任的，处5万元以上10万元以下的罚款。

第四十八条　生产经营单位不具备法律、行政法规和国家标准、行业标准规定的安全生产条件，经责令停产停业整顿仍不具备安全生产条件的，安全监管监察部门应当提请有管辖权的人民政府予以关闭；人民政府决定关闭的，安全监管监察部门应当依法吊销其有关许可证。

第四十九条　生产经营单位转让安全生产许可证的，没收违法所得，吊销安全生产许可证，并按照下列规定处以罚款：

（一）接受转让的单位和个人未发生生产安全事故的，处10万元以上30万元以下的罚款；

（二）接受转让的单位和个人发生生产安全事故但没有造成人员死亡的，处30万元以上40万元以下的罚款；

（三）接受转让的单位和个人发生人员死亡生产安全事故的，处40万元以上50万元以下的罚款。

第五十条　知道或者应当知道生产经营单位未取得安全生产许可证或者其他批准文件擅自从事生产经营活动，仍为其提供生产经营场所、运输、保管、仓储等条件的，责令立即停止违法行为，有违法所得的，没收违法所得，并处违法所得1倍以上3倍以下的罚款，但是最高不得超过3万元；没有违法所得的，并处5000元以上1万元以下的罚款。

第五十一条　生产经营单位及其有关人员弄虚作假，骗取或者勾结、串通行政审批工作人员取得安全生产许可证书及其他批准文件的，撤销许可及批准文件，并按照下列规定处以罚款：

（一）生产经营单位有违法所得的，没收违法所得，并处违法所得1倍以上3倍以下的罚款，但是最高不得超过3万元；没有违法所得的，并处5000元以上1万元以下的罚款；

（二）对有关人员处1000元以上1万元以下的罚款。

有前款规定违法行为的生产经营单位及其有关人员在3年内不得再次申请该行政许可。

生产经营单位及其有关人员未依法办理安全生产许可证书变更手续的，责令限期改正，并对生产经营单位处1万元以上3万元以下的罚款，对有关人员处1000元以上5000元以下的罚款。

第五十二条　未取得相应资格、资质证书的机构及其有关人员从事安全评价、认证、检测、检验工作，责令停止违法行为，并按照下列规定处以罚款：

（一）机构有违法所得的，没收违法所得，并处违法所得1倍以上3倍以下的罚款，但是最高不得超过3万元；没有违法所得的，并处5000元以上1万元以下的罚款；

（二）有关人员处5000元以上1万元以下的罚款。

第五十三条　生产经营单位及其有关人员触犯不同的法律规定，有两个以上应当给予行政处罚的安全生产违法行为的，安全监管监察部门应当适用不同的法律规定，分别裁量，合并处罚。

第五十四条　对同一生产经营单位及其有关人员的同一安全生产违法行为，不得给予两次以上罚款的行政处罚。

第五十五条　生产经营单位及其有关人员有下列情形之一的，应当从重处罚：

（一）危及公共安全或者其他生产经营单位安全的，经责令限期改正，逾期未改正的；

（二）一年内因同一违法行为受到两次以上行政处罚的；

（三）拒不整改或者整改不力，其违法行为呈持续状态的；

（四）拒绝、阻碍或者以暴力威胁行政执法人员的。

第五十六条　生产经营单位及其有关人员有下列情形之一的，应当依法从轻或者减轻行政处罚：

（一）已满14周岁不满18周岁的公民实施安全生产违法行为的；

（二）主动消除或者减轻安全生产违法行为危害后果的；

（三）受他人胁迫实施安全生产违法行为的；

（四）配合安全监管监察部门查处安全生产违法行为，有立功表现的；

（五）主动投案，向安全监管监察部门如实交待自己的违法行为的；

（六）具有法律、行政法规规定的其他从轻或者减轻处罚情形的。

有从轻处罚情节的，应当在法定处罚幅度的中档以下确定行政处罚标准，但不得低于法定处罚幅度的下限。

本条第一款第（四）项所称的立功表现，是指当事人有揭发他人安全生产违法行为，并经查证属实；或者提供查处其他安全生产违法行为的重要线索，并经查证属实；或者阻止他人实施安全生产违法行为；或者协助司法机关抓捕其他违法犯罪嫌疑人的行为。

安全生产违法行为轻微并及时纠正，没有造成危害后果的，不予行政处罚。

第五章　行政处罚的执行和备案

第五十七条　安全监管监察部门实施行政处罚时，应当同时责令生产经营单位及其有关人员停止、改正或者限期改正违法行为。

第五十八条　本办法所称的违法所得，按照下列规定计算：

（一）生产、加工产品的，以生产、加工产品的销售收入作为违法所得；

（二）销售商品的，以销售收入作为违

法所得；

（三）提供安全生产中介、租赁等服务的，以服务收入或者报酬作为违法所得；

（四）销售收入无法计算的，按当地同类同等规模的生产经营单位的平均销售收入计算；

（五）服务收入、报酬无法计算的，按照当地同行业同种服务的平均收入或者报酬计算。

第五十九条 行政处罚决定依法作出后，当事人应当在行政处罚决定的期限内，予以履行；当事人逾期不履的，作出行政处罚决定的安全监管监察部门可以采取下列措施：

（一）到期不缴纳罚款的，每日按罚款数额的3%加处罚款，但不得超过罚款数额；

（二）根据法律规定，将查封、扣押的设施、设备、器材和危险物品拍卖所得价款抵缴罚款；

（三）申请人民法院强制执行。

当事人对行政处罚决定不服申请行政复议或者提起行政诉讼的，行政处罚不停止执行，法律另有规定的除外。

第六十条 安全生产行政执法人员当场收缴罚款的，应当出具省、自治区、直辖市财政部门统一制发的罚款收据；当场收缴的罚款，应当自收缴罚款之日起2日内，交至所属安全监管监察部门；安全监管监察部门应当在2日内将罚款缴付指定的银行。

第六十一条 除依法应当予以销毁的物品外，需要将查封、扣押的设施、设备、器材和危险物品拍卖抵缴罚款的，依照法律或者国家有关规定处理。销毁物品，依照国家有关规定处理；没有规定的，经县级以上安全监管监察部门负责人批准，由两名以上安全生产行政执法人员监督销毁，并制作销毁记录。处理物品，应当制作清单。

第六十二条 罚款、没收违法所得的款项和没收非法开采的煤炭产品、采掘设备，必须按照有关规定上缴，任何单位和个人不得截留、私分或者变相私分。

第六十三条 县级安全生产监督管理部门处以5万元以上罚款、没收违法所得、没收非法生产的煤炭产品或者采掘设备价值5万元以上、责令停产停业、停止建设、停止施工、停产停业整顿、吊销有关资格、岗位证书或者许可证的行政处罚的，应当自作出行政处罚决定之日起10日内报设区的市级安全生产监督管理部门备案。

第六十四条 设区的市级安全生产监管监察部门处以10万元以上罚款、没收违法所得、没收非法生产的煤炭产品或者采掘设备价值10万元以上、责令停产停业、停止建设、停止施工、停产停业整顿、吊销有关资格、岗位证书或者许可证的行政处罚的，应当自作出行政处罚决定之日起10日内报省级安全监管监察部门备案。

第六十五条 省级安全监管监察部门处以50万元以上罚款、没收违法所得、没收非法生产的煤炭产品或者采掘设备价值50万元以上、责令停产停业、停止建设、停止施工、停产停业整顿、吊销有关资格、岗位证书或者许可证的行政处罚的，应当自作出行政处罚决定之日起10日内报国家安全生产监督管理总局或者国家煤矿安全监察局备案。

对上级安全监管监察部门交办案件给予行政处罚的，由决定行政处罚的安全监管监察部门自作出行政处罚决定之日起10日内报上级安全监管监察部门备案。

第六十六条 行政处罚执行完毕后，案件材料应当按照有关规定立卷归档。

案卷立案归档后，任何单位和个人不得擅自增加、抽取、涂改和销毁案卷材料。未经安全监管监察部门负责人批准，任何单位和个人不得借阅案卷。

第六章 附 则

第六十七条 安全生产监督管理部门所用的行政处罚文书式样，由国家安全生产监督管理总局统一制定。

煤矿安全监察机构所用的行政处罚文书式样，由国家煤矿安全监察局统一制定。

第六十八条　本办法所称的生产经营单位，是指合法和非法从事生产或者经营活动的基本单元，包括企业法人、不具备企业法人资格的合伙组织、个体工商户和自然人等生产经营主体。

第六十九条　本办法自2008年1月1日起施行。原国家安全生产监督管理局（国家煤矿安全监察局）2003年5月19日公布的《安全生产违法行为行政处罚办法》、2001年4月27日公布的《煤矿安全监察程序暂行规定》同时废止。

安全生产监管监察部门信息公开办法

（2012年9月3日国家安全生产监督管理总局局长办公会议审议通过，2012年9月21日公布，自2012年11月1日起施行）

第一章　总　　则

第一条　为了深化政务公开，加强政务服务，保障公民、法人和其他组织依法获取安全生产监管监察部门信息，促进依法行政，依据《中华人民共和国政府信息公开条例》（以下简称《政府信息公开条例》）和有关法律、行政法规的规定，制定本办法。

第二条　安全生产监督管理部门、煤矿安全监察机构（以下统称安全生产监管监察部门）公开本部门信息，适用本办法。

第三条　本办法所称安全生产监管监察部门信息（以下简称信息），是指安全生产监管监察部门在依法履行安全生产监管监察职责过程中，制作或者获取的，以一定形式记录、保存的信息。

第四条　安全生产监管监察部门应当加强对信息公开工作的组织领导，建立健全安全生产政府信息公开制度。

第五条　安全生产监管监察部门应当指定专门机构负责本部门信息公开的日常工作，具体职责是：

（一）组织制定本部门信息公开的制度；

（二）组织编制本部门信息公开指南、公开目录和公开工作年度报告；

（三）组织、协调本部门内设机构的信息公开工作；

（四）组织维护和更新本部门已经公开的信息；

（五）统一受理和答复向本部门提出的信息公开申请；

（六）负责对拟公开信息的保密审查工作进行程序审核；

（七）本部门规定与信息公开有关的其他职责。

安全生产监管监察部门的其他内设机构应当依照本办法的规定，负责审核并主动公开本机构有关信息，并配合协助前款规定的专门机构做好本部门信息公开工作。

第六条　安全生产监管监察部门应当依据有关法律、行政法规的规定加强对信息公开工作的保密审查，确保国家秘密信息安全。

第七条　安全生产监管监察部门负责行政监察的机构应当加强对本部门信息公开工作的监督检查。

第八条　安全生产监管监察部门应当建立健全信息公开的协调机制。安全生产监管监察部门拟发布的信息涉及其他行政机关或者与其他行政机关联合制作的，应当由负责发布信息的内设机构与其他行政机关进行沟通、确认，确保信息发布及时、准确。

安全生产监管监察部门拟发布的信息依照国家有关规定需要批准的，未经批准不得发布。

第九条　安全生产监管监察部门应当遵循依法、公正、公开、便民的原则，及时、准确地公开信息，但危及国家安全、公共安全、经济安全和社会稳定的信息除外。

安全生产监管监察部门发现影响或者可能影响社会稳定、扰乱安全生产秩序的虚假或者不完整信息的，应当按照实事求是和审慎处理的原则，在职责范围内发布准确的信息予以澄清，及时回应社会关切，正确引导社会舆论。

第二章　公开范围

第十条　安全生产监管监察部门应当依照《政府信息公开条例》第九条的规定，在本部门职责范围内确定主动公开的信息的具体内容，并重点公开下列信息：

（一）本部门基本信息，包括职能、内设机构、负责人姓名、办公地点、办事程序、联系方式等；

（二）安全生产法律、法规、规章、标准和规范性文件；

（三）安全生产的专项规划及相关政策；

（四）安全生产行政许可的事项、负责承办的内设机构、依据、条件、数量、程序、期限以及申请行政许可需要提交的全部材料的目录及办理情况；

（五）行政事业性收费的项目、依据、标准；

（六）地方人民政府规定需要主动公开的财政信息；

（七）开展安全生产监督检查的情况；

（八）生产安全事故的发生情况，社会影响较大的生产安全事故的应急处置和救援情况，经过有关人民政府或者主管部门依法批复的事故调查和处理情况；

（九）法律、法规和规章规定应当公开的其他信息。

安全生产有关决策、规定或者规划、计划、方案等，涉及公民、法人和其他组织切身利益或者有重大社会影响的，在决策前应当广泛征求有关公民、法人和其他组织的意见，并以适当方式反馈或者公布意见采纳情况。

第十一条　除本办法第十条规定应当主动公开的信息外，公民、法人或者其他组织可以根据自身生产、生活、科研等特殊需要，申请获取相关信息。

公民、法人或者其他组织使用安全生产监管监察部门公开的信息，不得损害国家利益、公共利益和他人的合法权益。

第十二条　安全生产监管监察部门的下列信息不予公开：

（一）涉及国家秘密以及危及国家安全、公共安全、经济安全和社会稳定的；

（二）属于商业秘密或者公开后可能导致商业秘密被泄露的；

（三）属于个人隐私或者公开后可能导致对个人隐私权造成侵害的；

（四）在日常工作中制作或者获取的内部管理信息；

（五）尚未形成，需要进行汇总、加工、重新制作（作区分处理的除外），或者需要向其他行政机关、公民、法人或者其他组织搜集的信息；

（六）处于讨论、研究或者审查中的过程性信息；

（七）依照法律、法规和国务院规定不予公开的其他信息。

安全生产监管监察部门有证据证明与申请人生产、生活、科研等特殊需要无关的信息，可以不予提供。

与安全生产行政执法有关的信息，公开

后可能影响检查、调查、取证等安全生产行政执法活动，或者危及公民、法人和其他组织人身或者财产安全的，安全生产监管监察部门可以暂时不予公开。在行政执法活动结束后，再依照本办法的规定予以公开。

涉及商业秘密、个人隐私，经权利人同意公开，或者安全生产监管监察部门认为不公开可能对公共利益造成重大影响的信息，可以予以公开。

第三章　公开方式和程序

第十三条　安全生产监管监察部门应当通过政府网站、公报、新闻发布会或者报刊、广播、电视等便于公众知晓的方式主动公开本办法第十条规定的信息，并依照《政府信息公开条例》的规定及时向当地档案馆和公共图书馆提供主动公开的信息。具体办法由安全生产监管监察部门与当地档案馆、公共图书馆协商制定。

安全生产监管监察部门可以根据需要，在办公地点设立信息查阅室、信息公告栏、电子信息屏等场所、设施公开信息。

第十四条　安全生产监管监察部门制作的信息，由制作该信息的部门负责公开；安全生产监管监察部门从公民、法人或者其他组织获取的信息，由保存该信息的行政机关负责公开。法律、法规对政府信息公开的权限另有规定的，从其规定。

第十五条　安全生产监管监察部门在制作信息时，应当明确该信息的公开属性，包括主动公开、依申请公开或者不予公开。

对于需要主动公开的信息，安全生产监管监察部门应当自该信息形成或者变更之日起20个工作日内予以公开。法律、法规对公开期限另有规定的，从其规定。

第十六条　公民、法人或者其他组织依照本办法第十一条的规定申请获取信息的，应当按照“一事一申请”的原则填写《信息公开申请表》，向安全生产监管监察部门提出申请；填写《信息公开申请表》确有困难的，申请人可以口头提出，由受理该申请的安全生产监管监察部门代为填写，申请人签字确认。

第十七条　安全生产监管监察部门收到《信息公开申请表》后，负责信息公开的专门机构应当进行审查，符合要求的，予以受理，并在收到《信息公开申请表》之日起3个工作日内向申请人出具申请登记回执；不予受理的，应当书面告知申请人不予受理的理由。

第十八条　安全生产监管监察部门受理信息公开申请后，负责信息公开的专门机构能够当场答复的，应当当场答复；不能够当场答复的，应当及时转送本部门相关内设机构办理。

安全生产监管监察部门受理的信息公开申请，应当自收到《信息公开申请表》之日起15个工作日内按照本办法第十九条的规定予以答复；不能在15个工作日内作出答复的，经本部门负责信息公开的专门机构负责人同意，可以适当延长答复期限，并书面告知申请人，延长答复的期限最长不得超过15个工作日。

申请获取的信息涉及第三方权益的，受理申请的安全生产监管监察部门征求第三方意见所需时间不计算在前款规定的期限内。

第十九条　对于已经受理的信息公开申请，安全生产监管监察部门应当根据下列情况分别予以答复：

（一）属于本部门信息公开范围的，应当书面告知申请人获取该信息的方式、途径，或者直接向申请人提供该信息；

（二）属于不予公开范围的，应当书面告知申请人不予公开的理由、依据；

（三）依法不属于本部门职能范围或者信息不存在的，应当书面告知申请人，对能够确定该信息的公开机关的，应当告知申请人该行政机关的名称和联系方式；

（四）申请内容不明确的，应当书面告知申请人作出更改、补充。

申请获取的信息中含有不应当公开的内容，但是能够作区分处理的，安全生产监管监察部门应当向申请人提供可以公开的信息内容。

第二十条　申请获取的信息涉及商业秘密、个人隐私，或者公开后可能损害第三方合法权益的，受理申请的安全生产监管监察部门应当书面征求第三方的意见。第三方不同意公开的，不得公开；但是，受理申请的安全生产监管监察部门认为不公开可能对公共利益造成重大影响的，应当予以公开，并将决定公开的信息内容和理由书面通知第三方。

第二十一条　公民、法人和其他组织有证据证明与其自身相关的信息不准确的，有权要求更正。受理申请的安全生产监管监察部门经核实后，应当予以更正，并将更正后的信息书面告知申请人；无权更正的，应当转送有权更正的部门或者其他行政机关处理，并告知申请人。

第二十二条　对于依申请公开的信息，安全生产监管监察部门应当按照申请人要求的形式予以提供；无法按照申请人要求的形式提供的，可以通过安排申请人查阅相关资料、提供复制件或者其他适当的形式提供。

第二十三条　安全生产监管监察部门依申请提供信息，除可以按照国家规定的标准向申请人收取检索、复制、邮寄等成本费用外，不得收取其他费用。

申请获取信息的公民确有经济困难的，经本人申请、安全生产监管监察部门负责信息公开的专门机构负责人审核同意，可以减免相关费用。

第四章　监督与保障

第二十四条　安全生产监管监察部门应当建立健全信息发布保密审查制度，明确保密审查的人员、方法、程序和责任。

安全生产监管监察部门在公开信息前，应当依照《中华人民共和国保守国家秘密法》、《安全生产工作国家秘密范围的规定》等法律、行政法规和有关保密制度，对拟公开的信息进行保密审查。

安全生产监管监察部门在保密审查过程中不能确定是否涉及国家秘密的，应当说明信息来源和本部门的保密审查意见，报上级安全生产监管监察部门或者本级保密行政管理部门确定。

第二十五条　安全生产监管监察部门应当编制、公布本部门信息公开指南及信息公开目录，并及时更新。

信息公开指南应当包括信息的分类、编排体系、获取方式和信息公开专门机构的名称、办公地址、办公时间、联系电话、传真号码、电子邮箱等内容。

信息公开目录应当包括信息的索引、名称、信息内容概述、生成日期、公开时间等内容。

第二十六条　安全生产监管监察部门应当建立健全信息公开工作考核制度、社会评议制度和责任追究制度，定期对信息公开工作进行考核、评议。

第二十七条　安全生产监管监察部门应当于每年3月31日前公布本部门上一年度信息公开工作年度报告。年度报告应当包括下列内容：

（一）本部门主动公开信息的情况；

（二）本部门依申请公开信息和不予公开信息的情况；

（三）信息公开工作的收费及减免情况；

（四）因信息公开申请行政复议、提起行政诉讼的情况；

（五）信息公开工作存在的主要问题及改进情况；

（六）其他需要报告的事项。

第二十八条　公民、法人或者其他组织认为安全生产监管监察部门不依法履行信息公开义务的，可以向上级安全生产监管监察部门举报。收到举报的安全生产监管监察部门应当依照《信访条例》的规定予以处理，督促被举报的安全生产监管监察部门依法履行信息公开义务。

第二十九条　公民、法人或者其他组织认为信息公开工作中的具体行政行为侵犯其合法权益的，可以依法申请行政复议或者提起行政诉讼。

第三十条　安全生产监管监察部门及其工作人员违反本办法的规定，有下列情形之一的，由本部门负责行政监察的机构或者其上级安全生产监管监察部门责令改正；情节严重的，对部门主要负责人、直接负责的主管人员和其他直接责任人员依法给予处分；构成犯罪的，依法追究刑事责任：

（一）不依法履行信息公开义务的；

（二）不及时更新公开的信息内容、信息公开指南和信息公开目录的；

（三）违反规定收取费用的；

（四）通过其他组织、个人以有偿服务方式提供信息的；

（五）公开不应当公开的信息的；

（六）故意提供虚假信息的；

（七）违反有关法律法规和本办法规定的其他行为。

第五章　附　　则

第三十一条　国家安全生产监督管理总局管理的具有行政职能的事业单位的有关信息公开，参照本办法执行。

第三十二条　本办法自2012年11月1日起施行。

安全生产严重失信主体名单管理办法

（2023年7月17日应急管理部第16次部务会议审议通过，2023年8月8日公布，自2023年10月1日起施行）

第一章　总　　则

第一条　为了加强安全生产领域信用体系建设，规范安全生产严重失信主体名单管理，依据《中华人民共和国安全生产法》等有关法律、行政法规，制定本办法。

第二条　矿山（含尾矿库）、化工（含石油化工）、医药、危险化学品、烟花爆竹、石油开采、冶金、有色、建材、机械、轻工、纺织、烟草、商贸等行业领域生产经营单位和承担安全评价、认证、检测、检验职责的机构及其人员的安全生产严重失信名单管理适用本办法。

第三条　本办法所称安全生产严重失信（以下简称严重失信）是指有关生产经营单位和承担安全评价、认证、检测、检验职责的机构及其人员因生产安全事故或者违反安全生产法律法规，受到行政处罚，并且性质恶劣、情节严重的行为。

严重失信主体名单管理是指应急管理部门依法将严重失信的生产经营单位或者机构及其有关人员列入、移出严重失信主体名单，实施惩戒或者信用修复，并记录、共享、公示相关信息等管理活动。

第四条　国务院应急管理部门负责组织、指导全国严重失信主体名单管理工作；省级、设区的市级应急管理部门负责组织、实施并指导下一级应急管理部门严重失信主体名单管理工作。

县级以上地方应急管理部门负责本行政区域内严重失信主体名单管理工作。按照“谁处罚、谁决定、谁负责”的原则，由作出行政处罚决定的应急管理部门负责严重失信主体名单管理工作。

第五条　各级应急管理部门应当建立健全严重失信主体名单信息管理制度，加大信息保护力度。推进与其他部门间的信息共享共用，健全严重失信主体名单信息查询、应用和反馈机制，依法依规实施联合惩戒。

第二章　列入条件和管理措施

第六条　下列发生生产安全事故的生产经营单位及其有关人员应当列入严重失信主体名单：

（一）发生特别重大、重大生产安全事故的生产经营单位及其主要负责人，以及经调查认定对该事故发生负有责任，应当列入名单的其他单位和人员；

（二）12个月内累计发生2起以上较大生产安全事故的生产经营单位及其主要负责人；

（三）发生生产安全事故，情节特别严重、影响特别恶劣，依照《中华人民共和国安全生产法》第一百一十四条的规定被处以罚款数额2倍以上5倍以下罚款的生产经营单位及其主要负责人；

（四）瞒报、谎报生产安全事故的生产经营单位及其有关责任人员；

（五）发生生产安全事故后，不立即组织抢救或者在事故调查处理期间擅离职守或者逃匿的生产经营单位主要负责人。

第七条　下列未发生生产安全事故，但因安全生产违法行为，受到行政处罚的生产经营单位或者机构及其有关人员，应当列入严重失信主体名单：

（一）未依法取得安全生产相关许可或者许可被暂扣、吊销期间从事相关生产经营活动的生产经营单位及其主要负责人；

（二）承担安全评价、认证、检测、检验职责的机构及其直接责任人员租借资质、挂靠、出具虚假报告或者证书的；

（三）在应急管理部门作出行政处罚后，有执行能力拒不执行或者逃避执行的生产经营单位及其主要负责人；

（四）其他违反安全生产法律法规受到行政处罚，且性质恶劣、情节严重的。

第八条　应急管理部门对被列入严重失信主体名单的对象（以下简称被列入对象）可以采取下列管理措施：

（一）在国家有关信用信息共享平台、国家企业信用信息公示系统和部门政府网站等公示相关信息；

（二）加大执法检查频次、暂停项目审批、实施行业或者职业禁入；

（三）不适用告知承诺制等基于诚信的管理措施；

（四）取消参加应急管理部门组织的评先评优资格；

（五）在政府资金项目申请、财政支持等方面予以限制；

（六）法律、行政法规和党中央、国务院政策文件规定的其他管理措施。

第三章　列入和移出程序

第九条　应急管理部门作出列入严重失信主体名单书面决定前，应当告知当事人。告知内容应当包括列入时间、事由、依据、管理措施提示以及依法享有的权利等事项。

第十条　应急管理部门作出列入严重失信主体名单决定的，应当出具书面决定。书面决定内容应当包括市场主体名称、统一社会信用代码、有关人员姓名和有效身份证件号码、列入时间、事由、依据、管理措施提示、信用修复条件和程序、救济途径等事项。

告知、送达、异议处理等程序参照《中华人民共和国行政处罚法》有关规定执行。

第十一条　应急管理部门应当自作出列入严重失信主体名单决定后3个工作日内将相关信息录入安全生产信用信息管理系统；自作出列入严重失信主体名单决定后20个工作日内，通过国家有关信用信息共享平台、国家企业信用信息公示系统和部门政府网站等公示严重失信主体信息。

第十二条　被列入对象公示信息包括市

场主体名称、登记注册地址、统一社会信用代码、有关人员姓名和有效身份证件号码、管理期限、作出决定的部门等事项。用于对社会公示的信息，应当加强对信息安全、个人隐私和商业秘密的保护。

第十三条　严重失信主体名单管理期限为 3 年。管理期满后由作出列入严重失信主体名单决定的应急管理部门负责移出，并停止公示和解除管理措施。

被列入对象自列入严重失信主体名单之日起满 12 个月，可以申请提前移出。依照法律、行政法规或者国务院规定实施职业或者行业禁入期限尚未届满的不予提前移出。

第十四条　在作出移出严重失信主体名单决定后 3 个工作日内，负责移出的应急管理部门应当在安全生产信用信息管理系统修改有关信息，并在 10 个工作日内停止公示和解除管理措施。

第十五条　列入严重失信主体名单的依据发生变化的，应急管理部门应当重新进行审核认定。不符合列入严重失信主体名单情形的，作出列入决定的应急管理部门应当撤销列入决定，立即将当事人移出严重失信主体名单并停止公示和解除管理措施。

第十六条　被列入对象对列入决定不服的，可以依法申请行政复议或者提起行政诉讼。

第四章　信用修复

第十七条　鼓励被列入对象进行信用修复，纠正失信行为、消除不良影响。符合信用修复条件的，应急管理部门应当按照有关规定将其移出严重失信主体名单并解除管理措施。

第十八条　被列入对象列入严重失信主体名单满 12 个月并符合下列条件的，可以向作出列入决定的应急管理部门提出提前移出申请：

（一）已经履行行政处罚决定中规定的义务；

（二）已经主动消除危害后果或者不良影响；

（三）未再发生本办法第六条、第七条规定的严重失信行为。

第十九条　被列入对象申请提前移出严重失信主体名单的，应当向作出列入决定的应急管理部门提出申请。申请材料包括申请书和本办法第十八条规定的相关证明材料。

应急管理部门应当在收到提前移出严重失信主体名单申请后 5 个工作日内作出是否受理的决定。申请材料齐全、符合条件的，应当予以受理。

第二十条　应急管理部门自受理提前移出严重失信主体名单申请之日起 20 个工作日内进行核实，决定是否准予提前移出。制作决定书并按照有关规定送达被列入对象；不予提前移出的，应当说明理由。

设区的市级、县级应急管理部门作出准予提前移出严重失信主体名单决定的，应当通过安全生产信用信息管理系统报告上一级应急管理部门。

第二十一条　应急管理部门发现被列入对象申请提前移出严重失信主体名单存在隐瞒真实情况、弄虚作假情形的，应当撤销提前移出决定，恢复列入状态。名单管理期自恢复列入状态之日起重新计算。

第二十二条　被列入对象对不予提前移出决定不服的，可以依法申请行政复议或者提起行政诉讼。

第五章　附　　则

第二十三条　法律、行政法规和党中央、国务院政策文件对严重失信主体名单管理另有规定的，依照其规定执行。

第二十四条　矿山安全监察机构对严重失信主体名单的管理工作可以参照本办法执行。

第二十五条　本办法自 2023 年 10 月 1 日起施行。《国家安全监管总局关于印发〈对安全生产领域失信行为开展联合惩戒的实施办法〉的通知》（安监总办〔2017〕49

号）、《国家安全监管总局办公厅关于进一步加强安全生产领域失信行为信息管理工作的通知》（安监总厅〔2017〕59号）同时废止。

生产安全事故罚款处罚规定

（2023年12月25日应急管理部第32次部务会议审议通过，2024年1月10日公布，自2024年3月1日起施行）

第一条 为防止和减少生产安全事故，严格追究生产安全事故发生单位及其有关责任人员的法律责任，正确适用事故罚款的行政处罚，依照《中华人民共和国行政处罚法》、《中华人民共和国安全生产法》、《生产安全事故报告和调查处理条例》等规定，制定本规定。

第二条 应急管理部门和矿山安全监察机构对生产安全事故发生单位（以下简称事故发生单位）及其主要负责人、其他负责人、安全生产管理人员以及直接负责的主管人员、其他直接责任人员等有关责任人员依照《中华人民共和国安全生产法》和《生产安全事故报告和调查处理条例》实施罚款的行政处罚，适用本规定。

第三条 本规定所称事故发生单位是指对事故发生负有责任的生产经营单位。

本规定所称主要负责人是指有限责任公司、股份有限公司的董事长、总经理或者个人经营的投资人，其他生产经营单位的厂长、经理、矿长（含实际控制人）等人员。

第四条 本规定所称事故发生单位主要负责人、其他负责人、安全生产管理人员以及直接负责的主管人员、其他直接责任人员的上一年年收入，属于国有生产经营单位的，是指该单位上级主管部门所确定的上一年年收入总额；属于非国有生产经营单位的，是指经财务、税务部门核定的上一年年收入总额。

生产经营单位提供虚假资料或者由于财务、税务部门无法核定等原因致使有关人员的上一年年收入难以确定的，按照下列办法确定：

（一）主要负责人的上一年年收入，按照本省、自治区、直辖市上一年度城镇单位就业人员平均工资的5倍以上10倍以下计算；

（二）其他负责人、安全生产管理人员以及直接负责的主管人员、其他直接责任人员的上一年年收入，按照本省、自治区、直辖市上一年度城镇单位就业人员平均工资的1倍以上5倍以下计算。

第五条 《生产安全事故报告和调查处理条例》所称的迟报、漏报、谎报和瞒报，依照下列情形认定：

（一）报告事故的时间超过规定时限的，属于迟报；

（二）因过失对应当上报的事故或者事故发生的时间、地点、类别、伤亡人数、直接经济损失等内容遗漏未报的，属于漏报；

（三）故意不如实报告事故发生的时间、地点、初步原因、性质、伤亡人数和涉险人数、直接经济损失等有关内容的，属于谎报；

（四）隐瞒已经发生的事故，超过规定时限未向应急管理部门、矿山安全监察机构和有关部门报告，经查证属实的，属于瞒报。

第六条 对事故发生单位及其有关责任人员处以罚款的行政处罚，依照下列规定决定：

（一）对发生特别重大事故的单位及其有关责任人员罚款的行政处罚，由应急管理部决定；

（二）对发生重大事故的单位及其有关责任人员罚款的行政处罚，由省级人民政府应急管理部门决定；

（三）对发生较大事故的单位及其有关责任人员罚款的行政处罚，由设区的市级人民政府应急管理部门决定；

（四）对发生一般事故的单位及其有关责任人员罚款的行政处罚，由县级人民政府应急管理部门决定。

上级应急管理部门可以指定下一级应急管理部门对事故发生单位及其有关责任人员实施行政处罚。

第七条　对煤矿事故发生单位及其有关责任人员处以罚款的行政处罚，依照下列规定执行：

（一）对发生特别重大事故的煤矿及其有关责任人员罚款的行政处罚，由国家矿山安全监察局决定；

（二）对发生重大事故、较大事故和一般事故的煤矿及其有关责任人员罚款的行政处罚，由国家矿山安全监察局省级局决定。

上级矿山安全监察机构可以指定下一级矿山安全监察机构对事故发生单位及其有关责任人员实施行政处罚。

第八条　特别重大事故以下等级事故，事故发生地与事故发生单位所在地不在同一个县级以上行政区域的，由事故发生地的应急管理部门或者矿山安全监察机构依照本规定第六条或者第七条规定的权限实施行政处罚。

第九条　应急管理部门和矿山安全监察机构对事故发生单位及其有关责任人员实施罚款的行政处罚，依照《中华人民共和国行政处罚法》、《安全生产违法行为行政处罚办法》等规定的程序执行。

第十条　应急管理部门和矿山安全监察机构在作出行政处罚前，应当告知当事人依法享有的陈述、申辩、要求听证等权利；当事人对行政处罚不服的，有权依法申请行政复议或者提起行政诉讼。

第十一条　事故发生单位主要负责人有《中华人民共和国安全生产法》第一百一十条、《生产安全事故报告和调查处理条例》第三十五条、第三十六条规定的下列行为之一的，依照下列规定处以罚款：

（一）事故发生单位主要负责人在事故发生后不立即组织事故抢救，或者在事故调查处理期间擅离职守，或者瞒报、谎报、迟报事故，或者事故发生后逃匿的，处上一年年收入60%至80%的罚款；贻误事故抢救或者造成事故扩大或者影响事故调查或者造成重大社会影响的，处上一年年收入80%至100%的罚款；

（二）事故发生单位主要负责人漏报事故的，处上一年年收入40%至60%的罚款；贻误事故抢救或者造成事故扩大或者影响事故调查或者造成重大社会影响的，处上一年年收入60%至80%的罚款；

（三）事故发生单位主要负责人伪造、故意破坏事故现场，或者转移、隐匿资金、财产、销毁有关证据、资料，或者拒绝接受调查，或者拒绝提供有关情况和资料，或者在事故调查中作伪证，或者指使他人作伪证的，处上一年年收入60%至80%的罚款；贻误事故抢救或者造成事故扩大或者影响事故调查或者造成重大社会影响的，处上一年年收入80%至100%的罚款。

第十二条　事故发生单位直接负责的主管人员和其他直接责任人员有《生产安全事故报告和调查处理条例》第三十六条规定的行为之一的，处上一年年收入60%至80%的罚款；贻误事故抢救或者造成事故扩大或者影响事故调查或者造成重大社会影响的，处上一年年收入80%至100%的罚款。

第十三条　事故发生单位有《生产安全事故报告和调查处理条例》第三十六条

第一项至第五项规定的行为之一的，依照下列规定处以罚款：

（一）发生一般事故的，处100万元以上150万元以下的罚款；

（二）发生较大事故的，处150万元以上200万元以下的罚款；

（三）发生重大事故的，处200万元以上250万元以下的罚款；

（四）发生特别重大事故的，处250万元以上300万元以下的罚款。

事故发生单位有《生产安全事故报告和调查处理条例》第三十六条第一项至第五项规定的行为之一的，贻误事故抢救或者造成事故扩大或者影响事故调查或者造成重大社会影响的，依照下列规定处以罚款：

（一）发生一般事故的，处300万元以上350万元以下的罚款；

（二）发生较大事故的，处350万元以上400万元以下的罚款；

（三）发生重大事故的，处400万元以上450万元以下的罚款；

（四）发生特别重大事故的，处450万元以上500万元以下的罚款。

第十四条 事故发生单位对一般事故负有责任的，依照下列规定处以罚款：

（一）造成3人以下重伤（包括急性工业中毒，下同），或者300万元以下直接经济损失的，处30万元以上50万元以下的罚款；

（二）造成1人死亡，或者3人以上6人以下重伤，或者300万元以上500万元以下直接经济损失的，处50万元以上70万元以下的罚款；

（三）造成2人死亡，或者6人以上10人以下重伤，或者500万元以上1000万元以下直接经济损失的，处70万元以上100万元以下的罚款。

第十五条 事故发生单位对较大事故发生负有责任的，依照下列规定处以罚款：

（一）造成3人以上5人以下死亡，或者10人以上20人以下重伤，或者1000万元以上2000万元以下直接经济损失的，处100万元以上120万元以下的罚款；

（二）造成5人以上7人以下死亡，或者20人以上30人以下重伤，或者2000万元以上3000万元以下直接经济损失的，处120万元以上150万元以下的罚款；

（三）造成7人以上10人以下死亡，或者30人以上50人以下重伤，或者3000万元以上5000万元以下直接经济损失的，处150万元以上200万元以下的罚款。

第十六条 事故发生单位对重大事故发生负有责任的，依照下列规定处以罚款：

（一）造成10人以上13人以下死亡，或者50人以上60人以下重伤，或者5000万元以上6000万元以下直接经济损失的，处200万元以上400万元以下的罚款；

（二）造成13人以上15人以下死亡，或者60人以上70人以下重伤，或者6000万元以上7000万元以下直接经济损失的，处400万元以上600万元以下的罚款；

（三）造成15人以上30人以下死亡，或者70人以上100人以下重伤，或者7000万元以上1亿元以下直接经济损失的，处600万元以上1000万元以下的罚款。

第十七条 事故发生单位对特别重大事故发生负有责任的，依照下列规定处以罚款：

（一）造成30人以上40人以下死亡，或者100人以上120人以下重伤，或者1亿元以上1．5亿元以下直接经济损失的，处1000万元以上1200万元以下的罚款；

（二）造成40人以上50人以下死亡，或者120人以上150人以下重伤，或者1．5亿元以上2亿元以下直接经济损失的，处1200万元以上1500万元以下的罚款；

（三）造成50人以上死亡，或者150人以上重伤，或者2亿元以上直接经济损失的，处1500万元以上2000万元以下的罚款。

第十八条　发生生产安全事故，有下列情形之一的，属于《中华人民共和国安全生产法》第一百一十四条第二款规定的情节特别严重、影响特别恶劣的情形，可以按照法律规定罚款数额的2倍以上5倍以下对事故发生单位处以罚款：

（一）关闭、破坏直接关系生产安全的监控、报警、防护、救生设备、设施，或者篡改、隐瞒、销毁其相关数据、信息的；

（二）因存在重大事故隐患被依法责令停产停业、停止施工、停止使用有关设备、设施、场所或者立即采取排除危险的整改措施，而拒不执行的；

（三）涉及安全生产的事项未经依法批准或者许可，擅自从事矿山开采、金属冶炼、建筑施工，以及危险物品生产、经营、储存等高度危险的生产作业活动，或者未依法取得有关证照尚在从事生产经营活动的；

（四）拒绝、阻碍行政执法的；

（五）强令他人违章冒险作业，或者明知存在重大事故隐患而不排除，仍冒险组织作业的；

（六）其他情节特别严重、影响特别恶劣的情形。

第十九条　事故发生单位主要负责人未依法履行安全生产管理职责，导致事故发生的，依照下列规定处以罚款：

（一）发生一般事故的，处上一年年收入40%的罚款；

（二）发生较大事故的，处上一年年收入60%的罚款；

（三）发生重大事故的，处上一年年收入80%的罚款；

（四）发生特别重大事故的，处上一年年收入100%的罚款。

第二十条　事故发生单位其他负责人和安全生产管理人员未依法履行安全生产管理职责，导致事故发生的，依照下列规定处以罚款：

（一）发生一般事故的，处上一年年收入20%至30%的罚款；

（二）发生较大事故的，处上一年年收入30%至40%的罚款；

（三）发生重大事故的，处上一年年收入40%至50%的罚款；

（四）发生特别重大事故的，处上一年年收入50%的罚款。

第二十一条　个人经营的投资人未依照《中华人民共和国安全生产法》的规定保证安全生产所必需的资金投入，致使生产经营单位不具备安全生产条件，导致发生生产安全事故的，依照下列规定对个人经营的投资人处以罚款：

（一）发生一般事故的，处2万元以上5万元以下的罚款；

（二）发生较大事故的，处5万元以上10万元以下的罚款；

（三）发生重大事故的，处10万元以上15万元以下的罚款；

（四）发生特别重大事故的，处15万元以上20万元以下的罚款。

第二十二条　违反《中华人民共和国安全生产法》、《生产安全事故报告和调查处理条例》和本规定，存在对事故发生负有责任以及谎报、瞒报事故等两种以上应当处以罚款的行为的，应急管理部门或者矿山安全监察机构应当分别裁量，合并作出处罚决定。

第二十三条　在事故调查中发现需要对存在违法行为的其他单位及其有关人员处以罚款的，依照相关法律、法规和规章的规定实施。

第二十四条　本规定自2024年3月1日起施行。原国家安全生产监督管理总局2007年7月12日公布，2011年9月1日第一次修正、2015年4月2日第二次修正的《生产安全事故罚款处罚规定（试行）》同时废止。

生产安全事故应急预案管理办法

（2016年6月3日国家安全生产监督管理总局令第88号公布，根据2019年7月11日应急管理部令第2号《关于修改〈生产安全事故应急预案管理办法〉的决定》修正）

第一章 总 则

第一条 为规范生产安全事故应急预案管理工作，迅速有效处置生产安全事故，依据《中华人民共和国突发事件应对法》《中华人民共和国安全生产法》《生产安全事故应急条例》等法律、行政法规和《突发事件应急预案管理办法》（国办发〔2013〕101号），制定本办法。

第二条 生产安全事故应急预案（以下简称应急预案）的编制、评审、公布、备案、实施及监督管理工作，适用本办法。

第三条 应急预案的管理实行属地为主、分级负责、分类指导、综合协调、动态管理的原则。

第四条 应急管理部负责全国应急预案的综合协调管理工作。国务院其他负有安全生产监督管理职责的部门在各自职责范围内，负责相关行业、领域应急预案的管理工作。

县级以上地方各级人民政府应急管理部门负责本行政区域内应急预案的综合协调管理工作。县级以上地方各级人民政府其他负有安全生产监督管理职责的部门按照各自的职责负责有关行业、领域应急预案的管理工作。

第五条 生产经营单位主要负责人负责组织编制和实施本单位的应急预案，并对应急预案的真实性和实用性负责；各分管负责人应当按照职责分工落实应急预案规定的职责。

第六条 生产经营单位应急预案分为综合应急预案、专项应急预案和现场处置方案。

综合应急预案，是指生产经营单位为应对各种生产安全事故而制定的综合性工作方案，是本单位应对生产安全事故的总体工作程序、措施和应急预案体系的总纲。

专项应急预案，是指生产经营单位为应对某一种或者多种类型生产安全事故，或者针对重要生产设施、重大危险源、重大活动防止生产安全事故而制定的专项性工作方案。

现场处置方案，是指生产经营单位根据不同生产安全事故类型，针对具体场所、装置或者设施所制定的应急处置措施。

第二章 应急预案的编制

第七条 应急预案的编制应当遵循以人为本、依法依规、符合实际、注重实效的原则，以应急处置为核心，明确应急职责、规范应急程序、细化保障措施。

第八条 应急预案的编制应当符合下列基本要求：

（一）有关法律、法规、规章和标准的规定；

（二）本地区、本部门、本单位的安全生产实际情况；

（三）本地区、本部门、本单位的危险性分析情况；

（四）应急组织和人员的职责分工明确，并有具体的落实措施；

（五）有明确、具体的应急程序和处置措施，并与其应急能力相适应；

（六）有明确的应急保障措施，满足本地区、本部门、本单位的应急工作需要；

（七）应急预案基本要素齐全、完整，应急预案附件提供的信息准确；

（八）应急预案内容与相关应急预案相互衔接。

第九条　编制应急预案应当成立编制工作小组，由本单位有关负责人任组长，吸收与应急预案有关的职能部门和单位的人员，以及有现场处置经验的人员参加。

第十条　编制应急预案前，编制单位应当进行事故风险辨识、评估和应急资源调查。

事故风险辨识、评估，是指针对不同事故种类及特点，识别存在的危险危害因素，分析事故可能产生的直接后果以及次生、衍生后果，评估各种后果的危害程度和影响范围，提出防范和控制事故风险措施的过程。

应急资源调查，是指全面调查本地区、本单位第一时间可以调用的应急资源状况和合作区域内可以请求援助的应急资源状况，并结合事故风险辨识评估结论制定应急措施的过程。

第十一条　地方各级人民政府应急管理部门和其他负有安全生产监督管理职责的部门应当根据法律、法规、规章和同级人民政府以及上一级人民政府应急管理部门和其他负有安全生产监督管理职责的部门的应急预案，结合工作实际，组织编制相应的部门应急预案。

部门应急预案应当根据本地区、本部门的实际情况，明确信息报告、响应分级、指挥权移交、警戒疏散等内容。

第十二条　生产经营单位应当根据有关法律、法规、规章和相关标准，结合本单位组织管理体系、生产规模和可能发生的事故特点，与相关预案保持衔接，确立本单位的应急预案体系，编制相应的应急预案，并体现自救互救和先期处置等特点。

第十三条　生产经营单位风险种类多、可能发生多种类型事故的，应当组织编制综合应急预案。

综合应急预案应当规定应急组织机构及其职责、应急预案体系、事故风险描述、预警及信息报告、应急响应、保障措施、应急预案管理等内容。

第十四条　对于某一种或者多种类型的事故风险，生产经营单位可以编制相应的专项应急预案，或将专项应急预案并入综合应急预案。

专项应急预案应当规定应急指挥机构与职责、处置程序和措施等内容。

第十五条　对于危险性较大的场所、装置或者设施，生产经营单位应当编制现场处置方案。

现场处置方案应当规定应急工作职责、应急处置措施和注意事项等内容。

事故风险单一、危险性小的生产经营单位，可以只编制现场处置方案。

第十六条　生产经营单位应急预案应当包括向上级应急管理机构报告的内容、应急组织机构和人员的联系方式、应急物资储备清单等附件信息。附件信息发生变化时，应当及时更新，确保准确有效。

第十七条　生产经营单位组织应急预案编制过程中，应当根据法律、法规、规章的规定或者实际需要，征求相关应急救援队伍、公民、法人或者其他组织的意见。

第十八条　生产经营单位编制的各类应急预案之间应当相互衔接，并与相关人民政府及其部门、应急救援队伍和涉及的其他单位的应急预案相衔接。

第十九条　生产经营单位应当在编制应急预案的基础上，针对工作场所、岗位的特点，编制简明、实用、有效的应急处置卡。

应急处置卡应当规定重点岗位、人员的应急处置程序和措施，以及相关联络人员和联系方式，便于从业人员携带。

第三章 应急预案的评审、公布和备案

第二十条 地方各级人民政府应急管理部门应当组织有关专家对本部门编制的部门应急预案进行审定；必要时，可以召开听证会，听取社会有关方面的意见。

第二十一条 矿山、金属冶炼企业和易燃易爆物品、危险化学品的生产、经营（带储存设施的，下同）、储存、运输企业，以及使用危险化学品达到国家规定数量的化工企业、烟花爆竹生产、批发经营企业和中型规模以上的其他生产经营单位，应当对本单位编制的应急预案进行评审，并形成书面评审纪要。

前款规定以外的其他生产经营单位可以根据自身需要，对本单位编制的应急预案进行论证。

第二十二条 参加应急预案评审的人员应当包括有关安全生产及应急管理方面的专家。

评审人员与所评审应急预案的生产经营单位有利害关系的，应当回避。

第二十三条 应急预案的评审或者论证应当注重基本要素的完整性、组织体系的合理性、应急处置程序和措施的针对性、应急保障措施的可行性、应急预案的衔接性等内容。

第二十四条 生产经营单位的应急预案经评审或者论证后，由本单位主要负责人签署，向本单位从业人员公布，并及时发放到本单位有关部门、岗位和相关应急救援队伍。

事故风险可能影响周边其他单位、人员的，生产经营单位应当将有关事故风险的性质、影响范围和应急防范措施告知周边的其他单位和人员。

第二十五条 地方各级人民政府应急管理部门的应急预案，应当报同级人民政府备案，同时抄送上一级人民政府应急管理部门，并依法向社会公布。

地方各级人民政府其他负有安全生产监督管理职责的部门的应急预案，应当抄送同级人民政府应急管理部门。

第二十六条 易燃易爆物品、危险化学品等危险物品的生产、经营、储存、运输单位，矿山、金属冶炼、城市轨道交通运营、建筑施工单位，以及宾馆、商场、娱乐场所、旅游景区等人员密集场所经营单位，应当在应急预案公布之日起 20 个工作日内，按照分级属地原则，向县级以上人民政府应急管理部门和其他负有安全生产监督管理职责的部门进行备案，并依法向社会公布。

前款所列单位属于中央企业的，其总部（上市公司）的应急预案，报国务院主管的负有安全生产监督管理职责的部门备案，并抄送应急管理部；其所属单位的应急预案报所在地的省、自治区、直辖市或者设区的市级人民政府主管的负有安全生产监督管理职责的部门备案，并抄送同级人民政府应急管理部门。

本条第一款所列单位不属于中央企业的，其中非煤矿山、金属冶炼和危险化学品生产、经营、储存、运输企业，以及使用危险化学品达到国家规定数量的化工企业、烟花爆竹生产、批发经营企业的应急预案，按照隶属关系报所在地县级以上地方人民政府应急管理部门备案；本款前述单位以外的其他生产经营单位应急预案的备案，由省、自治区、直辖市人民政府负有安全生产监督管理职责的部门确定。

油气输送管道运营单位的应急预案，除按照本条第一款、第二款的规定备案外，还应当抄送所经行政区域的县级人民政府应急管理部门。

海洋石油开采企业的应急预案，除按照本条第一款、第二款的规定备案外，还应当抄送所经行政区域的县级人民政府应急管理部门和海洋石油安全监管机构。

煤矿企业的应急预案除按照本条第一款、第二款的规定备案外，还应当抄送所在

地的煤矿安全监察机构。

第二十七条　生产经营单位申报应急预案备案，应当提交下列材料：

（一）应急预案备案申报表；

（二）本办法第二十一条所列单位，应当提供应急预案评审意见；

（三）应急预案电子文档；

（四）风险评估结果和应急资源调查清单。

第二十八条　受理备案登记的负有安全生产监督管理职责的部门应当在5个工作日内对应急预案材料进行核对，材料齐全的，应当予以备案并出具应急预案备案登记表；材料不齐全的，不予备案并一次性告知需要补齐的材料。逾期不予备案又不说明理由的，视为已经备案。

对于实行安全生产许可的生产经营单位，已经进行应急预案备案的，在申请安全生产许可证时，可以不提供相应的应急预案，仅提供应急预案备案登记表。

第二十九条　各级人民政府负有安全生产监督管理职责的部门应当建立应急预案备案登记建档制度，指导、督促生产经营单位做好应急预案的备案登记工作。

第四章　应急预案的实施

第三十条　各级人民政府应急管理部门、各类生产经营单位应当采取多种形式开展应急预案的宣传教育，普及生产安全事故避险、自救和互救知识，提高从业人员和社会公众的安全意识与应急处置技能。

第三十一条　各级人民政府应急管理部门应当将本部门应急预案的培训纳入安全生产培训工作计划，并组织实施本行政区域内重点生产经营单位的应急预案培训工作。

生产经营单位应当组织开展本单位的应急预案、应急知识、自救互救和避险逃生技能的培训活动，使有关人员了解应急预案内容，熟悉应急职责、应急处置程序和措施。

应急培训的时间、地点、内容、师资、参加人员和考核结果等情况应当如实记入本单位的安全生产教育和培训档案。

第三十二条　各级人民政府应急管理部门应当至少每两年组织一次应急预案演练，提高本部门、本地区生产安全事故应急处置能力。

第三十三条　生产经营单位应当制定本单位的应急预案演练计划，根据本单位的事故风险特点，每年至少组织一次综合应急预案演练或者专项应急预案演练，每半年至少组织一次现场处置方案演练。

易燃易爆物品、危险化学品等危险物品的生产、经营、储存、运输单位，矿山、金属冶炼、城市轨道交通运营、建筑施工单位，以及宾馆、商场、娱乐场所、旅游景区等人员密集场所经营单位，应当至少每半年组织一次生产安全事故应急预案演练，并将演练情况报送所在地县级以上地方人民政府负有安全生产监督管理职责的部门。

县级以上地方人民政府负有安全生产监督管理职责的部门应当对本行政区域内前款规定的重点生产经营单位的生产安全事故应急救援预案演练进行抽查；发现演练不符合要求的，应当责令限期改正。

第三十四条　应急预案演练结束后，应急预案演练组织单位应当对应急预案演练效果进行评估，撰写应急预案演练评估报告，分析存在的问题，并对应急预案提出修订意见。

第三十五条　应急预案编制单位应当建立应急预案定期评估制度，对预案内容的针对性和实用性进行分析，并对应急预案是否需要修订作出结论。

矿山、金属冶炼、建筑施工企业和易燃易爆物品、危险化学品等危险物品的生产、经营、储存、运输企业、使用危险化学品达到国家规定数量的化工企业、烟花爆竹生产、批发经营企业和中型规模以上的其他生产经营单位，应当每三年进行一次应急预案评估。

应急预案评估可以邀请相关专业机构或

者有关专家、有实际应急救援工作经验的人员参加，必要时可以委托安全生产技术服务机构实施。

第三十六条 有下列情形之一的，应急预案应当及时修订并归档：

（一）依据的法律、法规、规章、标准及上位预案中的有关规定发生重大变化的；

（二）应急指挥机构及其职责发生调整的；

（三）安全生产面临的风险发生重大变化的；

（四）重要应急资源发生重大变化的；

（五）在应急演练和事故应急救援中发现需要修订预案的重大问题的；

（六）编制单位认为应当修订的其他情况。

第三十七条 应急预案修订涉及组织指挥体系与职责、应急处置程序、主要处置措施、应急响应分级等内容变更的，修订工作应当参照本办法规定的应急预案编制程序进行，并按照有关应急预案报备程序重新备案。

第三十八条 生产经营单位应当按照应急预案的规定，落实应急指挥体系、应急救援队伍、应急物资及装备，建立应急物资、装备配备及其使用档案，并对应急物资、装备进行定期检测和维护，使其处于适用状态。

第三十九条 生产经营单位发生事故时，应当第一时间启动应急响应，组织有关力量进行救援，并按照规定将事故信息及应急响应启动情况报告事故发生地县级以上人民政府应急管理部门和其他负有安全生产监督管理职责的部门。

第四十条 生产安全事故应急处置和应急救援结束后，事故发生单位应当对应急预案实施情况进行总结评估。

第五章 监督管理

第四十一条 各级人民政府应急管理部门和煤矿安全监察机构应当将生产经营单位应急预案工作纳入年度监督检查计划，明确检查的重点内容和标准，并严格按照计划开展执法检查。

第四十二条 地方各级人民政府应急管理部门应当每年对应急预案的监督管理工作情况进行总结，并报上一级人民政府应急管理部门。

第四十三条 对于在应急预案管理工作中做出显著成绩的单位和人员，各级人民政府应急管理部门、生产经营单位可以给予表彰和奖励。

第六章 法律责任

第四十四条 生产经营单位有下列情形之一的，由县级以上人民政府应急管理等部门依照《中华人民共和国安全生产法》第九十四条的规定，责令限期改正，可以处5万元以下罚款；逾期未改正的，责令停产停业整顿，并处5万元以上10万元以下的罚款，对直接负责的主管人员和其他直接责任人员处1万元以上2万元以下的罚款：

（一）未按照规定编制应急预案的；

（二）未按照规定定期组织应急预案演练的。

第四十五条 生产经营单位有下列情形之一的，由县级以上人民政府应急管理部门责令限期改正，可以处1万元以上3万元以下的罚款：

（一）在应急预案编制前未按照规定开展风险辨识、评估和应急资源调查的；

（二）未按照规定开展应急预案评审的；

（三）事故风险可能影响周边单位、人员的，未将事故风险的性质、影响范围和应急防范措施告知周边单位和人员的；

（四）未按照规定开展应急预案评估的；

（五）未按照规定进行应急预案修订的；

（六）未落实应急预案规定的应急物资

及装备的。

生产经营单位未按照规定进行应急预案备案的，由县级以上人民政府应急管理等部门依照职责责令限期改正；逾期未改正的，处3万元以上5万元以下的罚款，对直接负责的主管人员和其他直接责任人员处1万元以上2万元以下的罚款。

第七章　附　　则

第四十六条　《生产经营单位生产安全事故应急预案备案申报表》和《生产经营单位生产安全事故应急预案备案登记表》由应急管理部统一制定。

第四十七条　各省、自治区、直辖市应急管理部门可以依据本办法的规定，结合本地区实际制定实施细则。

第四十八条　对储存、使用易燃易爆物品、危险化学品等危险物品的科研机构、学校、医院等单位的安全事故应急预案的管理，参照本办法的有关规定执行。

第四十九条　本办法自2016年7月1日起施行。

生产安全事故信息报告和处置办法

（2009年5月27日国家安全生产监督管理总局局长办公会议审议通过，2009年6月16日公布，自2009年7月1日起施行）

第一章　总　　则

第一条　为了规范生产安全事故信息的报告和处置工作，根据《安全生产法》、《生产安全事故报告和调查处理条例》等有关法律、行政法规，制定本办法。

第二条　生产经营单位报告生产安全事故信息和安全生产监督管理部门、煤矿安全监察机构对生产安全事故信息的报告和处置工作，适用本办法。

第三条　本办法规定的应当报告和处置的生产安全事故信息（以下简称事故信息），是指已经发生的生产安全事故和较大涉险事故的信息。

第四条　事故信息的报告应当及时、准确和完整，信息的处置应当遵循快速高效、协同配合、分级负责的原则。

安全生产监督管理部门负责各类生产经营单位的事故信息报告和处置工作。煤矿安全监察机构负责煤矿的事故信息报告和处置工作。

第五条　安全生产监督管理部门、煤矿安全监察机构应当建立事故信息报告和处置制度，设立事故信息调度机构，实行24小时不间断调度值班，并向社会公布值班电话，受理事故信息报告和举报。

第二章　事故信息的报告

第六条　生产经营单位发生生产安全事故或者较大涉险事故，其单位负责人接到事故信息报告后应当于1小时内报告事故发生地县级安全生产监督管理部门、煤矿安全监察分局。

发生较大以上生产安全事故的，事故发生单位在依照第一款规定报告的同时，应当在1小时内报告省级安全生产监督管理部门、省级煤矿安全监察机构。

发生重大、特别重大生产安全事故的，事故发生单位在依照本条第一款、第二款规定报告的同时，可以立即报告国家安全生产监督管理总局、国家煤矿安全监察局。

第七条 安全生产监督管理部门、煤矿安全监察机构接到事故发生单位的事故信息报告后，应当按照下列规定上报事故情况，同时书面通知同级公安机关、劳动保障部门、工会、人民检察院和有关部门：

（一）一般事故和较大涉险事故逐级上报至设区的市级安全生产监督管理部门、省级煤矿安全监察机构；

（二）较大事故逐级上报至省级安全生产监督管理部门、省级煤矿安全监察机构；

（三）重大事故、特别重大事故逐级上报至国家安全生产监督管理总局、国家煤矿安全监察局。

前款规定的逐级上报，每一级上报时间不得超过 2 小时。安全生产监督管理部门依照前款规定上报事故情况时，应当同时报告本级人民政府。

第八条 发生较大生产安全事故或者社会影响重大的事故的，县级、市级安全生产监督管理部门或者煤矿安全监察分局接到事故报告后，在依照本办法第七条规定逐级上报的同时，应当在 1 小时内先用电话快报省级安全生产监督管理部门、省级煤矿安全监察机构，随后补报文字报告；乡镇安监站（办）可以根据事故情况越级直接报告省级安全生产监督管理部门、省级煤矿安全监察机构。

第九条 发生重大、特别重大生产安全事故或者社会影响恶劣的事故的，县级、市级安全生产监督管理部门或者煤矿安全监察分局接到事故报告后，在依照本办法第七条规定逐级上报的同时，应当在1 小时内先用电话快报省级安全生产监督管理部门、省级煤矿安全监察机构，随后补报文字报告；必要时，可以直接用电话报告国家安全生产监督管理总局、国家煤矿安全监察局。

省级安全生产监督管理部门、省级煤矿安全监察机构接到事故报告后，应当在 1 小时内先用电话快报国家安全生产监督管理总局、国家煤矿安全监察局，随后补报文字报告。

国家安全生产监督管理总局、国家煤矿安全监察局接到事故报告后，应当在 1 小时内先用电话快报国务院总值班室，随后补报文字报告。

第十条 报告事故信息，应当包括下列内容：

（一）事故发生单位的名称、地址、性质、产能等基本情况；

（二）事故发生的时间、地点以及事故现场情况；

（三）事故的简要经过（包括应急救援情况）；

（四）事故已经造成或者可能造成的伤亡人数（包括下落不明、涉险的人数）和初步估计的直接经济损失；

（五）已经采取的措施；

（六）其他应当报告的情况。

使用电话快报，应当包括下列内容：

（一）事故发生单位的名称、地址、性质；

（二）事故发生的时间、地点；

（三）事故已经造成或者可能造成的伤亡人数（包括下落不明、涉险的人数）。

第十一条 事故具体情况暂时不清楚的，负责事故报告的单位可以先报事故概况，随后补报事故全面情况。

事故信息报告后出现新情况的，负责事故报告的单位应当依照本办法第六条、第七条、第八条、第九条的规定及时续报。较大涉险事故、一般事故、较大事故每日至少续报 1 次；重大事故、特别重大事故每日至少续报 2 次。

自事故发生之日起 30 日内（道路交通、火灾事故自发生之日起 7 日内），事故造成的伤亡人数发生变化的，应于当日续报。

第十二条 安全生产监督管理部门、煤矿安全监察机构接到任何单位或者个人的事故信息举报后，应当立即与事故单位或者下一级安全生产监督管理部门、煤矿安全监察机构联系，并进行调查核实。

下一级安全生产监督管理部门、煤矿安全监察机构接到上级安全生产监督管理部门、煤矿安全监察机构的事故信息举报核查通知后，应当立即组织查证核实，并在2个月内向上一级安全生产监督管理部门、煤矿安全监察机构报告核实结果。

对发生较大涉险事故的，安全生产监督管理部门、煤矿安全监察机构依照本条第二款规定向上一级安全生产监督管理部门、煤矿安全监察机构报告核实结果；对发生生产安全事故的，安全生产监督管理部门、煤矿安全监察机构应当在5日内对事故情况进行初步查证，并将事故初步查证的简要情况报告上一级安全生产监督管理部门、煤矿安全监察机构，详细核实结果在2个月内报告。

第十三条　事故信息经初步查证后，负责查证的安全生产监督管理部门、煤矿安全监察机构应当立即报告本级人民政府和上一级安全生产监督管理部门、煤矿安全监察机构，并书面通知公安机关、劳动保障部门、工会、人民检察院和有关部门。

第十四条　安全生产监督管理部门与煤矿安全监察机构之间，安全生产监督管理部门、煤矿安全监察机构与其他负有安全生产监督管理职责的部门之间，应当建立有关事故信息的通报制度，及时沟通事故信息。

第十五条　对于事故信息的每周、每月、每年的统计报告，按照有关规定执行。

第三章　事故信息的处置

第十六条　安全生产监督管理部门、煤矿安全监察机构应当建立事故信息处置责任制，做好事故信息的核实、跟踪、分析、统计工作。

第十七条　发生生产安全事故或者较大涉险事故后，安全生产监督管理部门、煤矿安全监察机构应当立即研究、确定并组织实施相关处置措施。安全生产监督管理部门、煤矿安全监察机构负责人按照职责分工负责相关工作。

第十八条　安全生产监督管理部门、煤矿安全监察机构接到生产安全事故报告后，应当按照下列规定派员立即赶赴事故现场：

（一）发生一般事故的，县级安全生产监督管理部门、煤矿安全监察分局负责人立即赶赴事故现场；

（二）发生较大事故的，设区的市级安全生产监督管理部门、省级煤矿安全监察局负责人应当立即赶赴事故现场；

（三）发生重大事故的，省级安全监督管理部门、省级煤矿安全监察局负责人立即赶赴事故现场；

（四）发生特别重大事故的，国家安全生产监督管理总局、国家煤矿安全监察局负责人立即赶赴事故现场。

上级安全生产监督管理部门、煤矿安全监察机构认为必要的，可以派员赶赴事故现场。

第十九条　安全生产监督管理部门、煤矿安全监察机构负责人及其有关人员赶赴事故现场后，应当随时保持与本单位的联系。有关事故信息发生重大变化的，应当依照本办法有关规定及时向本单位或者上级安全生产监督管理部门、煤矿安全监察机构报告。

第二十条　安全生产监督管理部门、煤矿安全监察机构应当依照有关规定定期向社会公布事故信息。

任何单位和个人不得擅自发布事故信息。

第二十一条　安全生产监督管理部门、煤矿安全监察机构应当根据事故信息报告的情况，启动相应的应急救援预案，或者组织有关应急救援队伍协助地方人民政府开展应急救援工作。

第二十二条　安全生产监督管理部门、煤矿安全监察机构按照有关规定组织或者参加事故调查处理工作。

第四章　罚　　则

第二十三条　安全生产监督管理部门、煤矿安全监察机构及其工作人员未依法履行事故信息报告和处置职责的，依照有关规定予以处理。

第二十四条　生产经营单位及其有关人员对生产安全事故迟报、漏报、谎报或者瞒报的，依照有关规定予以处罚。

第二十五条　生产经营单位对较大涉险事故迟报、漏报、谎报或者瞒报的，给予警告，并处 3 万元以下的罚款。

第五章　附　　则

第二十六条　本办法所称的较大涉险事故是指：

（一）涉险 10 人以上的事故；

（二）造成 3 人以上被困或者下落不明的事故；

（三）紧急疏散人员 500 人以上的事故；

（四）因生产安全事故对环境造成严重污染（人员密集场所、生活水源、农田、河流、水库、湖泊等）的事故；

（五）危及重要场所和设施安全（电站、重要水利设施、危化品库、油气站和车站、码头、港口、机场及其他人员密集场所等）的事故；

（六）其他较大涉险事故。

第二十七条　省级安全生产监督管理部门、省级煤矿安全监察机构可以根据本办法的规定，制定具体的实施办法。

第二十八条　本办法自 2009 年 7 月 1 日起施行。

安全生产事故隐患排查治理暂行规定

（2007 年 12 月 22 日国家安全生产监督管理总局局长办公会议审议通过，2007 年 12 月 28 日公布，自 2008 年 2 月 1 日起施行）

第一章　总　　则

第一条　为了建立安全生产事故隐患排查治理长效机制，强化安全生产主体责任，加强事故隐患监督管理，防止和减少事故，保障人民群众生命财产安全，根据安全生产法等法律、行政法规，制定本规定。

第二条　生产经营单位安全生产事故隐患排查治理和安全生产监督管理部门、煤矿安全监察机构（以下统称安全监管监察部门）实施监管监察，适用本规定。

有关法律、行政法规对安全生产事故隐患排查治理另有规定的，依照其规定。

第三条　本规定所称安全生产事故隐患（以下简称事故隐患），是指生产经营单位违反安全生产法律、法规、规章、标准、规程和安全生产管理制度的规定，或者因其他因素在生产经营活动中存在可能导致事故发生的物的危险状态、人的不安全行为和管理上的缺陷。

事故隐患分为一般事故隐患和重大事故隐患。一般事故隐患，是指危害和整改难度较小，发现后能够立即整改排除的隐患。重大事故隐患，是指危害和整改难度较大，应当全部或者局部停产停业，并经过一定时间整改治理方能排除的隐患，或者因外部因素影响致使生产经营单位自身难以排除的隐患。

第四条　生产经营单位应当建立健全事故隐患排查治理制度。

生产经营单位主要负责人对本单位事故隐患排查治理工作全面负责。

第五条　各级安全监管监察部门按照职责对所辖区域内生产经营单位排查治理事故隐患工作依法实施综合监督管理；各级人民政府有关部门在各自职责范围内对生产经营单位排查治理事故隐患工作依法实施监督管理。

第六条　任何单位和个人发现事故隐患，均有权向安全监管监察部门和有关部门报告。

安全监管监察部门接到事故隐患报告后，应当按照职责分工立即组织核实并予以查处；发现所报告事故隐患应当由其他有关部门处理的，应当立即移送有关部门并记录备查。

第二章　生产经营单位的职责

第七条　生产经营单位应当依照法律、法规、规章、标准和规程的要求从事生产经营活动。严禁非法从事生产经营活动。

第八条　生产经营单位是事故隐患排查、治理和防控的责任主体。

生产经营单位应当建立健全事故隐患排查治理和建档监控等制度，逐级建立并落实从主要负责人到每个从业人员的隐患排查治理和监控责任制。

第九条　生产经营单位应当保证事故隐患排查治理所需的资金，建立资金使用专项制度。

第十条　生产经营单位应当定期组织安全生产管理人员、工程技术人员和其他相关人员排查本单位的事故隐患。对排查出的事故隐患，应当按照事故隐患的等级进行登记，建立事故隐患信息档案，并按照职责分工实施监控治理。

第十一条　生产经营单位应当建立事故隐患报告和举报奖励制度，鼓励、发动职工发现和排除事故隐患，鼓励社会公众举报。对发现、排除和举报事故隐患的有功人员，应当给予物质奖励和表彰。

第十二条　生产经营单位将生产经营项目、场所、设备发包、出租的，应当与承包、承租单位签订安全生产管理协议，并在协议中明确各方对事故隐患排查、治理和防控的管理职责。生产经营单位对承包、承租单位的事故隐患排查治理负有统一协调和监督管理的职责。

第十三条　安全监管监察部门和有关部门的监督检查人员依法履行事故隐患监督检查职责时，生产经营单位应当积极配合，不得拒绝和阻挠。

第十四条　生产经营单位应当每季、每年对本单位事故隐患排查治理情况进行统计分析，并分别于下一季度 15 日前和下一年 1 月 31 日前向安全监管监察部门和有关部门报送书面统计分析表。统计分析表应当由生产经营单位主要负责人签字。

对于重大事故隐患，生产经营单位除依照前款规定报送外，应当及时向安全监管监察部门和有关部门报告。重大事故隐患报告内容应当包括：

（一）隐患的现状及其产生原因；

（二）隐患的危害程度和整改难易程度分析；

（三）隐患的治理方案。

第十五条　对于一般事故隐患，由生产经营单位（车间、分厂、区队等）负责人或者有关人员立即组织整改。

对于重大事故隐患，由生产经营单位主要负责人组织制定并实施事故隐患治理方案。重大事故隐患治理方案应当包括以下内容：

（一）治理的目标和任务；

（二）采取的方法和措施；

（三）经费和物资的落实；

（四）负责治理的机构和人员；

（五）治理的时限和要求；

（六）安全措施和应急预案。

第十六条　生产经营单位在事故隐患治

理过程中，应当采取相应的安全防范措施，防止事故发生。事故隐患排除前或者排除过程中无法保证安全的，应当从危险区域内撤出作业人员，并疏散可能危及的其他人员，设置警戒标志，暂时停产停业或者停止使用；对暂时难以停产或者停止使用的相关生产储存装置、设施、设备，应当加强维护和保养，防止事故发生。

第十七条 生产经营单位应当加强对自然灾害的预防。对于因自然灾害可能导致事故灾难的隐患，应当按照有关法律、法规、标准和本规定的要求排查治理，采取可靠的预防措施，制定应急预案。在接到有关自然灾害预报时，应当及时向下属单位发出预警通知；发生自然灾害可能危及生产经营单位和人员安全的情况时，应当采取撤离人员、停止作业、加强监测等安全措施，并及时向当地人民政府及其有关部门报告。

第十八条 地方人民政府或者安全监管监察部门及有关部门挂牌督办并责令全部或者局部停产停业治理的重大事故隐患，治理工作结束后，有条件的生产经营单位应当组织本单位的技术人员和专家对重大事故隐患的治理情况进行评估；其他生产经营单位应当委托具备相应资质的安全评价机构对重大事故隐患的治理情况进行评估。

经治理后符合安全生产条件的，生产经营单位应当向安全监管监察部门和有关部门提出恢复生产的书面申请，经安全监管监察部门和有关部门审查同意后，方可恢复生产经营。申请报告应当包括治理方案的内容、项目和安全评价机构出具的评价报告等。

第三章 监督管理

第十九条 安全监管监察部门应当指导、监督生产经营单位按照有关法律、法规、规章、标准和规程的要求，建立健全事故隐患排查治理等各项制度。

第二十条 安全监管监察部门应当建立事故隐患排查治理监督检查制度，定期组织对生产经营单位事故隐患排查治理情况开展监督检查；应当加强对重点单位的事故隐患排查治理情况的监督检查。对检查过程中发现的重大事故隐患，应当下达整改指令书，并建立信息管理台账。必要时，报告同级人民政府并对重大事故隐患实行挂牌督办。

安全监管监察部门应当配合有关部门做好对生产经营单位事故隐患排查治理情况开展的监督检查，依法查处事故隐患排查治理的非法和违法行为及其责任者。

安全监管监察部门发现属于其他有关部门职责范围内的重大事故隐患的，应该及时将有关资料移送有管辖权的有关部门，并记录备查。

第二十一条 已经取得安全生产许可证的生产经营单位，在其被挂牌督办的重大事故隐患治理结束前，安全监管监察部门应当加强监督检查。必要时，可以提请原许可证颁发机关依法暂扣其安全生产许可证。

第二十二条 安全监管监察部门应当会同有关部门把重大事故隐患整改纳入重点行业领域的安全专项整治中加以治理，落实相应责任。

第二十三条 对挂牌督办并采取全部或者局部停产停业治理的重大事故隐患，安全监管监察部门收到生产经营单位恢复生产的申请报告后，应当在10日内进行现场审查。审查合格的，对事故隐患进行核销，同意恢复生产经营；审查不合格的，依法责令改正或者下达停产整改指令。对整改无望或者生产经营单位拒不执行整改指令的，依法实施行政处罚；不具备安全生产条件的，依法提请县级以上人民政府按照国务院规定的权限予以关闭。

第二十四条 安全监管监察部门应当每季将本行政区域重大事故隐患的排查治理情况和统计分析表逐级报至省级安全监管监察部门备案。

省级安全监管监察部门应当每半年将本行政区域重大事故隐患的排查治理情况和统计

分析表报国家安全生产监督管理总局备案。

第四章　罚　　则

第二十五条　生产经营单位及其主要负责人未履行事故隐患排查治理职责，导致发生生产安全事故的，依法给予行政处罚。

第二十六条　生产经营单位违反本规定，有下列行为之一的，由安全监管监察部门给予警告，并处三万元以下的罚款：

（一）未建立安全生产事故隐患排查治理等各项制度的；

（二）未按规定上报事故隐患排查治理统计分析表的；

（三）未制定事故隐患治理方案的；

（四）重大事故隐患不报或者未及时报告的；

（五）未对事故隐患进行排查治理擅自生产经营的；

（六）整改不合格或者未经安全监管监察部门审查同意擅自恢复生产经营的。

第二十七条　承担检测检验、安全评价的中介机构，出具虚假评价证明，尚不够刑事处罚的，没收违法所得，违法所得在五千元以上的，并处违法所得二倍以上五倍以下的罚款，没有违法所得或者违法所得不足五千元的，单处或者并处五千元以上二万元以下的罚款，同时可对其直接负责的主管人员和其他直接责任人员处五千元以上五万元以下的罚款；给他人造成损害的，与生产经营单位承担连带赔偿责任。

对有前款违法行为的机构，撤销其相应的资质。

第二十八条　生产经营单位事故隐患排查治理过程中违反有关安全生产法律、法规、规章、标准和规程规定的，依法给予行政处罚。

第二十九条　安全监管监察部门的工作人员未依法履行职责的，按照有关规定处理。

第五章　附　　则

第三十条　省级安全监管监察部门可以根据本规定，制定事故隐患排查治理和监督管理实施细则。

第三十一条　事业单位、人民团体以及其他经济组织的事故隐患排查治理，参照本规定执行。

第三十二条　本规定自2008年2月1日起施行。

安全生产培训管理办法

（2012年1月19日国家安全监管总局令第44号公布，根据2013年8月29日国家安全监管总局令第63号第一次修正，根据2015年5月29日国家安全监管总局令第80号第二次修正）

第一章　总　　则

第一条　为了加强安全生产培训管理，规范安全生产培训秩序，保证安全生产培训质量，促进安全生产培训工作健康发展，根据《中华人民共和国安全生产法》和有关法律、行政法规的规定，制定本办法。

第二条　安全培训机构、生产经营单位从事安全生产培训（以下简称安全培训）活动以及安全生产监督管理部门、煤矿安全监察机构、地方人民政府负责煤矿安全培训的部门对安全培训工作实施监督管理，适用本办法。

第三条　本办法所称安全培训是指以提

高安全监管监察人员、生产经营单位从业人员和从事安全生产工作的相关人员的安全素质为目的的教育培训活动。

前款所称安全监管监察人员是指县级以上各级人民政府安全生产监督管理部门、各级煤矿安全监察机构从事安全监管监察、行政执法的安全生产监管人员和煤矿安全监察人员；生产经营单位从业人员是指生产经营单位主要负责人、安全生产管理人员、特种作业人员及其他从业人员；从事安全生产工作的相关人员是指从事安全教育培训工作的教师、危险化学品登记机构的登记人员和承担安全评价、咨询、检测、检验的人员及注册安全工程师、安全生产应急救援人员等。

第四条 安全培训工作实行统一规划、归口管理、分级实施、分类指导、教考分离的原则。

国家安全生产监督管理总局（以下简称国家安全监管总局）指导全国安全培训工作，依法对全国的安全培训工作实施监督管理。

国家煤矿安全监察局（以下简称国家煤矿安监局）指导全国煤矿安全培训工作，依法对全国煤矿安全培训工作实施监督管理。

国家安全生产应急救援指挥中心指导全国安全生产应急救援培训工作。

县级以上地方各级人民政府安全生产监督管理部门依法对本行政区域内的安全培训工作实施监督管理。

省、自治区、直辖市人民政府负责煤矿安全培训的部门、省级煤矿安全监察机构（以下统称省级煤矿安全培训监管机构）按照各自工作职责，依法对所辖区域煤矿安全培训工作实施监督管理。

第五条 安全培训的机构应当具备从事安全培训工作所需要的条件。从事危险物品的生产、经营、储存单位以及矿山、金属冶炼单位的主要负责人和安全生产管理人员，特种作业人员以及注册安全工程师等相关人员培训的安全培训机构，应当将教师、教学和实习实训设施等情况书面报告所在地安全生产监督管理部门、煤矿安全培训监管机构。

安全生产相关社会组织依照法律、行政法规和章程，为生产经营单位提供安全培训有关服务，对安全培训机构实行自律管理，促进安全培训工作水平的提升。

第二章 安全培训

第六条 安全培训应当按照规定的安全培训大纲进行。

安全监管监察人员，危险物品的生产、经营、储存单位与非煤矿山、金属冶炼单位的主要负责人和安全生产管理人员、特种作业人员以及从事安全生产工作的相关人员的安全培训大纲，由国家安全监管总局组织制定。

煤矿企业的主要负责人和安全生产管理人员、特种作业人员的培训大纲由国家煤矿安监局组织制定。

除危险物品的生产、经营、储存单位和矿山、金属冶炼单位以外其他生产经营单位的主要负责人、安全生产管理人员及其他从业人员的安全培训大纲，由省级安全生产监督管理部门、省级煤矿安全培训监管机构组织制定。

第七条 国家安全监管总局、省级安全生产监督管理部门定期组织优秀安全培训教材的评选。

安全培训机构应当优先使用优秀安全培训教材。

第八条 国家安全监管总局负责省级以上安全生产监督管理部门的安全生产监管人员、各级煤矿安全监察机构的煤矿安全监察人员的培训工作。

省级安全生产监督管理部门负责市级、县级安全生产监督管理部门的安全生产监管人员的培训工作。

生产经营单位的从业人员的安全培训，

由生产经营单位负责。

危险化学品登记机构的登记人员和承担安全评价、咨询、检测、检验的人员及注册安全工程师、安全生产应急救援人员的安全培训，按照有关法律、法规、规章的规定进行。

第九条　对从业人员的安全培训，具备安全培训条件的生产经营单位应当以自主培训为主，也可以委托具备安全培训条件的机构进行安全培训。

不具备安全培训条件的生产经营单位，应当委托具有安全培训条件的机构对从业人员进行安全培训。

生产经营单位委托其他机构进行安全培训的，保证安全培训的责任仍由本单位负责。

第十条　生产经营单位应当建立安全培训管理制度，保障从业人员安全培训所需经费，对从业人员进行与其所从事岗位相应的安全教育培训；从业人员调整工作岗位或者采用新工艺、新技术、新设备、新材料的，应当对其进行专门的安全教育和培训。未经安全教育和培训合格的从业人员，不得上岗作业。

生产经营单位使用被派遣劳动者的，应当将被派遣劳动者纳入本单位从业人员统一管理，对被派遣劳动者进行岗位安全操作规程和安全操作技能的教育和培训。劳务派遣单位应当对被派遣劳动者进行必要的安全生产教育和培训。

生产经营单位接收中等职业学校、高等学校学生实习的，应当对实习学生进行相应的安全生产教育和培训，提供必要的劳动防护用品。学校应当协助生产经营单位对实习学生进行安全生产教育和培训。

从业人员安全培训的时间、内容、参加人员以及考核结果等情况，生产经营单位应当如实记录并建档备查。

第十一条　生产经营单位从业人员的培训内容和培训时间，应当符合《生产经营单位安全培训规定》和有关标准的规定。

第十二条　中央企业的分公司、子公司及其所属单位和其他生产经营单位，发生造成人员死亡的生产安全事故的，其主要负责人和安全生产管理人员应当重新参加安全培训。

特种作业人员对造成人员死亡的生产安全事故负有直接责任的，应当按照《特种作业人员安全技术培训考核管理规定》重新参加安全培训。

第十三条　国家鼓励生产经营单位实行师傅带徒弟制度。

矿山新招的井下作业人员和危险物品生产经营单位新招的危险工艺操作岗位人员，除按照规定进行安全培训外，还应当在有经验的职工带领下实习满2个月后，方可独立上岗作业。

第十四条　国家鼓励生产经营单位招录职业院校毕业生。

职业院校毕业生从事与所学专业相关的作业，可以免予参加初次培训，实际操作培训除外。

第十五条　安全培训机构应当建立安全培训工作制度和人员培训档案。安全培训相关情况，应当如实记录并建档备查。

第十六条　安全培训机构从事安全培训工作的收费，应当符合法律、法规的规定。法律、法规没有规定的，应当按照行业自律标准或者指导性标准收费。

第十七条　国家鼓励安全培训机构和生产经营单位利用现代信息技术开展安全培训，包括远程培训。

第三章　安全培训的考核

第十八条　安全监管监察人员、从事安全生产工作的相关人员、依照有关法律法规应当接受安全生产知识和管理能力考核的生产经营单位主要负责人和安全生产管理人员、特种作业人员的安全培训的考核，应当坚持教考分离、统一标准、统一题库、分级负责的原则，分步推行有远程视频监控的计算机考试。

第十九条 安全监管监察人员，危险物品的生产、经营、储存单位及非煤矿山、金属冶炼单位主要负责人、安全生产管理人员和特种作业人员，以及从事安全生产工作的相关人员的考核标准，由国家安全监管总局统一制定。

煤矿企业的主要负责人、安全生产管理人员和特种作业人员的考核标准，由国家煤矿安监局制定。

除危险物品的生产、经营、储存单位和矿山、金属冶炼单位以外其他生产经营单位主要负责人、安全生产管理人员及其他从业人员的考核标准，由省级安全生产监督管理部门制定。

第二十条 国家安全监管总局负责省级以上安全生产监督管理部门的安全生产监管人员、各级煤矿安全监察机构的煤矿安全监察人员的考核；负责中央企业的总公司、总厂或者集团公司的主要负责人和安全生产管理人员的考核。

省级安全生产监督管理部门负责市级、县级安全生产监督管理部门的安全生产监管人员的考核；负责省属生产经营单位和中央企业分公司、子公司及其所属单位的主要负责人和安全生产管理人员的考核；负责特种作业人员的考核。

市级安全生产监督管理部门负责本行政区域内除中央企业、省属生产经营单位以外的其他生产经营单位的主要负责人和安全生产管理人员的考核。

省级煤矿安全培训监管机构负责所辖区域内煤矿企业的主要负责人、安全生产管理人员和特种作业人员的考核。

除主要负责人、安全生产管理人员、特种作业人员以外的生产经营单位的其他从业人员的考核，由生产经营单位按照省级安全生产监督管理部门公布的考核标准，自行组织考核。

第二十一条 安全生产监督管理部门、煤矿安全培训监管机构和生产经营单位应当制定安全培训的考核制度，建立考核管理档案备查。

第四章 安全培训的发证

第二十二条 接受安全培训人员经考核合格的，由考核部门在考核结束后 10 个工作日内颁发相应的证书。

第二十三条 安全生产监管人员经考核合格后，颁发安全生产监管执法证；煤矿安全监察人员经考核合格后，颁发煤矿安全监察执法证；危险物品的生产、经营、储存单位和矿山、金属冶炼单位主要负责人、安全生产管理人员经考核合格后，颁发安全合格证；特种作业人员经考核合格后，颁发《中华人民共和国特种作业操作证》（以下简称特种作业操作证）；危险化学品登记机构的登记人员经考核合格后，颁发上岗证；其他人员经培训合格后，颁发培训合格证。

第二十四条 安全生产监管执法证、煤矿安全监察执法证、安全合格证、特种作业操作证和上岗证的式样，由国家安全监管总局统一规定。培训合格证的式样，由负责培训考核的部门规定。

第二十五条 安全生产监管执法证、煤矿安全监察执法证、安全合格证的有效期为 3 年。有效期届满需要延期的，应当于有效期届满 30 日前向原发证部门申请办理延期手续。

特种作业人员的考核发证按照《特种作业人员安全技术培训考核管理规定》执行。

第二十六条 特种作业操作证和省级安全生产监督管理部门、省级煤矿安全培训监管机构颁发的主要负责人、安全生产管理人员的安全合格证，在全国范围内有效。

第二十七条 承担安全评价、咨询、检测、检验的人员和安全生产应急救援人员的考核、发证，按照有关法律、法规、规章的规定执行。

第五章　监督管理

第二十八条　安全生产监督管理部门、煤矿安全培训监管机构应当依照法律、法规和本办法的规定，加强对安全培训工作的监督管理，对生产经营单位、安全培训机构违反有关法律、法规和本办法的行为，依法作出处理。

省级安全生产监督管理部门、省级煤矿安全培训监管机构应当定期统计分析本行政区域内安全培训、考核、发证情况，并报国家安全监管总局。

第二十九条　安全生产监督管理部门和煤矿安全培训监管机构应当对安全培训机构开展安全培训活动的情况进行监督检查，检查内容包括：

（一）具备从事安全培训工作所需要的条件的情况；

（二）建立培训管理制度和教师配备的情况；

（三）执行培训大纲、建立培训档案和培训保障的情况；

（四）培训收费的情况；

（五）法律法规规定的其他内容。

第三十条　安全生产监督管理部门、煤矿安全培训监管机构应当对生产经营单位的安全培训情况进行监督检查，检查内容包括：

（一）安全培训制度、年度培训计划、安全培训管理档案的制定和实施的情况；

（二）安全培训经费投入和使用的情况；

（三）主要负责人、安全生产管理人员接受安全生产知识和管理能力考核的情况；

（四）特种作业人员持证上岗的情况；

（五）应用新工艺、新技术、新材料、新设备以及转岗前对从业人员安全培训的情况；

（六）其他从业人员安全培训的情况；

（七）法律法规规定的其他内容。

第三十一条　任何单位或者个人对生产经营单位、安全培训机构违反有关法律、法规和本办法的行为，均有权向安全生产监督管理部门、煤矿安全监察机构、煤矿安全培训监管机构报告或者举报。

接到举报的部门或者机构应当为举报人保密，并按照有关规定对举报进行核查和处理。

第三十二条　监察机关依照《中华人民共和国行政监察法》等法律、行政法规的规定，对安全生产监督管理部门、煤矿安全监察机构、煤矿安全培训监管机构及其工作人员履行安全培训工作监督管理职责情况实施监察。

第六章　法律责任

第三十三条　安全生产监督管理部门、煤矿安全监察机构、煤矿安全培训监管机构的工作人员在安全培训监督管理工作中滥用职权、玩忽职守、徇私舞弊的，依照有关规定给予处分；构成犯罪的，依法追究刑事责任。

第三十四条　安全培训机构有下列情形之一的，责令限期改正，处1万元以下的罚款；逾期未改正的，给予警告，处1万元以上3万元以下的罚款：

（一）不具备安全培训条件的；

（二）未按照统一的培训大纲组织教学培训的；

（三）未建立培训档案或者培训档案管理不规范的；

安全培训机构采取不正当竞争手段，故意贬低、诋毁其他安全培训机构的，依照前款规定处罚。

第三十五条　生产经营单位主要负责人、安全生产管理人员、特种作业人员以欺骗、贿赂等不正当手段取得安全合格证或者特种作业操作证的，除撤销其相关证书外，处3000元以下的罚款，并自撤销其相关证书之日起3年内不得再次申请该证书。

第三十六条 生产经营单位有下列情形之一的，责令改正，处3万元以下的罚款：

（一）从业人员安全培训的时间少于《生产经营单位安全培训规定》或者有关标准规定的；

（二）矿山新招的井下作业人员和危险物品生产经营单位新招的危险工艺操作岗位人员，未经实习期满独立上岗作业的；

（三）相关人员未按照本办法第十二条规定重新参加安全培训的。

第三十七条 生产经营单位存在违反有关法律、法规中安全生产教育培训的其他行为的，依照相关法律、法规的规定予以处罚。

第七章 附 则

第三十八条 本办法自2012年3月1日起施行。2004年12月28日公布的《安全生产培训管理办法》（原国家安全生产监督管理局〈国家煤矿安全监察局〉令第20号）同时废止。

用人单位职业健康监护监督管理办法

（2012年3月6日国家安全生产监督管理总局局长办公会议审议通过，2012年4月27日公布，自2012年6月1日起施行）

第一章 总 则

第一条 为了规范用人单位职业健康监护工作，加强职业健康监护的监督管理，保护劳动者健康及其相关权益，根据《中华人民共和国职业病防治法》，制定本办法。

第二条 用人单位从事接触职业病危害作业的劳动者（以下简称劳动者）的职业健康监护和安全生产监督管理部门对其实施监督管理，适用本办法。

第三条 本办法所称职业健康监护，是指劳动者上岗前、在岗期间、离岗时、应急的职业健康检查和职业健康监护档案管理。

第四条 用人单位应当建立、健全劳动者职业健康监护制度，依法落实职业健康监护工作。

第五条 用人单位应当接受安全生产监督管理部门依法对其职业健康监护工作的监督检查，并提供有关文件和资料。

第六条 对用人单位违反本办法的行为，任何单位和个人均有权向安全生产监督管理部门举报或者报告。

第二章 用人单位的职责

第七条 用人单位是职业健康监护工作的责任主体，其主要负责人对本单位职业健康监护工作全面负责。

用人单位应当依照本办法以及《职业健康监护技术规范》（GBZ188）、《放射工作人员职业健康监护技术规范》（GBZ235）等国家职业卫生标准的要求，制定、落实本单位职业健康检查年度计划，并保证所需要的专项经费。

第八条 用人单位应当组织劳动者进行职业健康检查，并承担职业健康检查费用。

劳动者接受职业健康检查应当视同正常出勤。

第九条 用人单位应当选择由省级以上人民政府卫生行政部门批准的医疗卫生机构

承担职业健康检查工作，并确保参加职业健康检查的劳动者身份的真实性。

第十条　用人单位在委托职业健康检查机构对从事接触职业病危害作业的劳动者进行职业健康检查时，应当如实提供下列文件、资料：

（一）用人单位的基本情况；

（二）工作场所职业病危害因素种类及其接触人员名册；

（三）职业病危害因素定期检测、评价结果。

第十一条　用人单位应当对下列劳动者进行上岗前的职业健康检查：

（一）拟从事接触职业病危害作业的新录用劳动者，包括转岗到该作业岗位的劳动者；

（二）拟从事有特殊健康要求作业的劳动者。

第十二条　用人单位不得安排未经上岗前职业健康检查的劳动者从事接触职业病危害的作业，不得安排有职业禁忌的劳动者从事其所禁忌的作业。

用人单位不得安排未成年工从事接触职业病危害的作业，不得安排孕期、哺乳期的女职工从事对本人和胎儿、婴儿有危害的作业。

第十三条　用人单位应当根据劳动者所接触的职业病危害因素，定期安排劳动者进行在岗期间的职业健康检查。

对在岗期间的职业健康检查，用人单位应当按照《职业健康监护技术规范》（GBZ188）等国家职业卫生标准的规定和要求，确定接触职业病危害的劳动者的检查项目和检查周期。需要复查的，应当根据复查要求增加相应的检查项目。

第十四条　出现下列情况之一的，用人单位应当立即组织有关劳动者进行应急职业健康检查：

（一）接触职业病危害因素的劳动者在作业过程中出现与所接触职业病危害因素相关的不适症状的；

（二）劳动者受到急性职业中毒危害或者出现职业中毒症状的。

第十五条　对准备脱离所从事的职业病危害作业或者岗位的劳动者，用人单位应当在劳动者离岗前30日内组织劳动者进行离岗时的职业健康检查。劳动者离岗前90日内的在岗期间的职业健康检查可以视为离岗时的职业健康检查。

用人单位对未进行离岗时职业健康检查的劳动者，不得解除或者终止与其订立的劳动合同。

第十六条　用人单位应当及时将职业健康检查结果及职业健康检查机构的建议以书面形式如实告知劳动者。

第十七条　用人单位应当根据职业健康检查报告，采取下列措施：

（一）对有职业禁忌的劳动者，调离或者暂时脱离原工作岗位；

（二）对健康损害可能与所从事的职业相关的劳动者，进行妥善安置；

（三）对需要复查的劳动者，按照职业健康检查机构要求的时间安排复查和医学观察；

（四）对疑似职业病病人，按照职业健康检查机构的建议安排其进行医学观察或者职业病诊断；

（五）对存在职业病危害的岗位，立即改善劳动条件，完善职业病防护设施，为劳动者配备符合国家标准的职业病危害防护用品。

第十八条　职业健康监护中出现新发生职业病（职业中毒）或者两例以上疑似职业病（职业中毒）的，用人单位应当及时向所在地安全生产监督管理部门报告。

第十九条　用人单位应当为劳动者个人建立职业健康监护档案，并按照有关规定妥善保存。职业健康监护档案包括下列内容：

（一）劳动者姓名、性别、年龄、籍贯、婚姻、文化程度、嗜好等情况；

（二）劳动者职业史、既往病史和职业

病危害接触史；

（三）历次职业健康检查结果及处理情况；

（四）职业病诊疗资料；

（五）需要存入职业健康监护档案的其他有关资料。

第二十条　安全生产行政执法人员、劳动者或者其近亲属、劳动者委托的代理人有权查阅、复印劳动者的职业健康监护档案。

劳动者离开用人单位时，有权索取本人职业健康监护档案复印件，用人单位应当如实、无偿提供，并在所提供的复印件上签章。

第二十一条　用人单位发生分立、合并、解散、破产等情形时，应当对劳动者进行职业健康检查，并依照国家有关规定妥善安置职业病病人；其职业健康监护档案应当依照国家有关规定实施移交保管。

第三章　监督管理

第二十二条　安全生产监督管理部门应当依法对用人单位落实有关职业健康监护的法律、法规、规章和标准的情况进行监督检查，重点监督检查下列内容：

（一）职业健康监护制度建立情况；

（二）职业健康监护计划制定和专项经费落实情况；

（三）如实提供职业健康检查所需资料情况；

（四）劳动者上岗前、在岗期间、离岗时、应急职业健康检查情况；

（五）对职业健康检查结果及建议，向劳动者履行告知义务情况；

（六）针对职业健康检查报告采取措施情况；

（七）报告职业病、疑似职业病情况；

（八）劳动者职业健康监护档案建立及管理情况；

（九）为离开用人单位的劳动者如实、无偿提供本人职业健康监护档案复印件情况；

（十）依法应当监督检查的其他情况。

第二十三条　安全生产监督管理部门应当加强行政执法人员职业健康知识培训，提高行政执法人员的业务素质。

第二十四条　安全生产行政执法人员依法履行监督检查职责时，应当出示有效的执法证件。

安全生产行政执法人员应当忠于职守，秉公执法，严格遵守执法规范；涉及被检查单位技术秘密、业务秘密以及个人隐私的，应当为其保密。

第二十五条　安全生产监督管理部门履行监督检查职责时，有权进入被检查单位，查阅、复制被检查单位有关职业健康监护的文件、资料。

第四章　法律责任

第二十六条　用人单位有下列行为之一的，给予警告，责令限期改正，可以并处3万元以下的罚款：

（一）未建立或者落实职业健康监护制度的；

（二）未按照规定制定职业健康监护计划和落实专项经费的；

（三）弄虚作假，指使他人冒名顶替参加职业健康检查的；

（四）未如实提供职业健康检查所需要的文件、资料的；

（五）未根据职业健康检查情况采取相应措施的；

（六）不承担职业健康检查费用的。

第二十七条　用人单位有下列行为之一的，责令限期改正，给予警告，可以并处5万元以上10万元以下的罚款：

（一）未按照规定组织职业健康检查、建立职业健康监护档案或者未将检查结果如实告知劳动者的；

（二）未按照规定在劳动者离开用人单位时提供职业健康监护档案复印件的。

第二十八条　用人单位有下列情形之一的，给予警告，责令限期改正，逾期不改正的，处5万元以上20万元以下的罚款；情节严重的，责令停止产生职业病危害的作业，或者提请有关人民政府按照国务院规定的权限责令关闭：

（一）未按照规定安排职业病病人、疑似职业病病人进行诊治的；

（二）隐瞒、伪造、篡改、损毁职业健康监护档案等相关资料，或者拒不提供职业病诊断、鉴定所需资料的。

第二十九条　用人单位有下列情形之一的，责令限期治理，并处5万元以上30万元以下的罚款；情节严重的，责令停止产生职业病危害的作业，或者提请有关人民政府按照国务院规定的权限责令关闭：

（一）安排未经职业健康检查的劳动者从事接触职业病危害的作业的；

（二）安排未成年工从事接触职业病危害的作业的；

（三）安排孕期、哺乳期女职工从事对本人和胎儿、婴儿有危害的作业的；

（四）安排有职业禁忌的劳动者从事所禁忌的作业的。

第三十条　用人单位违反本办法规定，未报告职业病、疑似职业病的，由安全生产监督管理部门责令限期改正，给予警告，可以并处1万元以下的罚款；弄虚作假的，并处2万元以上5万元以下的罚款。

第五章　附　　则

第三十一条　煤矿安全监察机构依照本办法负责煤矿劳动者职业健康监护的监察工作。

第三十二条　本办法自2012年6月1日起施行。

职业健康检查管理办法

（2015年3月26日原国家卫生和计划生育委员会令第5号公布，根据2019年2月28日《国家卫生健康委关于修改〈职业健康检查管理办法〉等4件部门规章的决定》第一次修订）

第一章　总　　则

第一条　为加强职业健康检查工作，规范职业健康检查机构管理，保护劳动者健康权益，根据《中华人民共和国职业病防治法》（以下简称《职业病防治法》），制定本办法。

第二条　本办法所称职业健康检查是指医疗卫生机构按照国家有关规定，对从事接触职业病危害作业的劳动者进行的上岗前、在岗期间、离岗时的健康检查。

第三条　国家卫生健康委负责全国范围内职业健康检查工作的监督管理。

县级以上地方卫生健康主管部门负责本辖区职业健康检查工作的监督管理；结合职业病防治工作实际需要，充分利用现有资源，统一规划、合理布局；加强职业健康检查机构能力建设，并提供必要的保障条件。

第二章　职业健康检查机构

第四条　医疗卫生机构开展职业健康检查，应当在开展之日起15个工作日内向省级卫生健康主管部门备案。备案的具体办法由省级卫生健康主管部门依据本办法制定，并向社会公布。

省级卫生健康主管部门应当及时向社会

公布备案的医疗卫生机构名单、地址、检查类别和项目等相关信息，并告知核发其《医疗机构执业许可证》的卫生健康主管部门。核发其《医疗机构执业许可证》的卫生健康主管部门应当在该机构的《医疗机构执业许可证》副本备注栏注明检查类别和项目等信息。

第五条 承担职业健康检查的医疗卫生机构（以下简称职业健康检查机构）应当具备以下条件：

（一）持有《医疗机构执业许可证》，涉及放射检查项目的还应当持有《放射诊疗许可证》；

（二）具有相应的职业健康检查场所、候检场所和检验室，建筑总面积不少于400平方米，每个独立的检查室使用面积不少于6平方米；

（三）具有与备案开展的职业健康检查类别和项目相适应的执业医师、护士等医疗卫生技术人员；

（四）至少具有1名取得职业病诊断资格的执业医师；

（五）具有与备案开展的职业健康检查类别和项目相适应的仪器、设备，具有相应职业卫生生物监测能力；开展外出职业健康检查，应当具有相应的职业健康检查仪器、设备、专用车辆等条件；

（六）建立职业健康检查质量管理制度；

（七）具有与职业健康检查信息报告相应的条件。

医疗卫生机构进行职业健康检查备案时，应当提交证明其符合以上条件的有关资料。

第六条 开展职业健康检查工作的医疗卫生机构对备案的职业健康检查信息的真实性、准确性、合法性承担全部法律责任。

当备案信息发生变化时，职业健康检查机构应当自信息发生变化之日起10个工作日内提交变更信息。

第七条 职业健康检查机构具有以下职责：

（一）在备案开展的职业健康检查类别和项目范围内，依法开展职业健康检查工作，并出具职业健康检查报告；

（二）履行疑似职业病的告知和报告义务；

（三）报告职业健康检查信息；

（四）定期向卫生健康主管部门报告职业健康检查工作情况，包括外出职业健康检查工作情况；

（五）开展职业病防治知识宣传教育；

（六）承担卫生健康主管部门交办的其他工作。

第八条 职业健康检查机构应当指定主检医师。主检医师应当具备以下条件：

（一）具有执业医师证书；

（二）具有中级以上专业技术职务任职资格；

（三）具有职业病诊断资格；

（四）从事职业健康检查相关工作三年以上，熟悉职业卫生和职业病诊断相关标准。

主检医师负责确定职业健康检查项目和周期，对职业健康检查过程进行质量控制，审核职业健康检查报告。

第九条 职业健康检查机构及其工作人员应当关心、爱护劳动者，尊重和保护劳动者的知情权及个人隐私。

第十条 省级卫生健康主管部门应当指定机构负责本辖区内职业健康检查机构的质量控制管理工作，组织开展实验室间比对和职业健康检查质量考核。

职业健康检查质量控制规范由中国疾病预防控制中心制定。

第三章 职业健康检查规范

第十一条 按照劳动者接触的职业病危害因素，职业健康检查分为以下六类：

（一）接触粉尘类；

（二）接触化学因素类；

（三）接触物理因素类；

（四）接触生物因素类；

（五）接触放射因素类；

（六）其他类（特殊作业等）。

以上每类中包含不同检查项目。职业健康检查机构应当在备案的检查类别和项目范围内开展相应的职业健康检查。

第十二条　职业健康检查机构开展职业健康检查应当与用人单位签订委托协议书，由用人单位统一组织劳动者进行职业健康检查；也可以由劳动者持单位介绍信进行职业健康检查。

第十三条　职业健康检查机构应当依据相关技术规范，结合用人单位提交的资料，明确用人单位应当检查的项目和周期。

第十四条　在职业健康检查中，用人单位应当如实提供以下职业健康检查所需的相关资料，并承担检查费用：

（一）用人单位的基本情况；

（二）工作场所职业病危害因素种类及其接触人员名册、岗位（或工种）、接触时间；

（三）工作场所职业病危害因素定期检测等相关资料。

第十五条　职业健康检查的项目、周期按照《职业健康监护技术规范》（GBZ 188）执行，放射工作人员职业健康检查按照《放射工作人员职业健康监护技术规范》（GBZ 235）等规定执行。

第十六条　职业健康检查机构可以在执业登记机关管辖区域内或者省级卫生健康主管部门指定区域内开展外出职业健康检查。外出职业健康检查进行医学影像学检查和实验室检测，必须保证检查质量并满足放射防护和生物安全的管理要求。

第十七条　职业健康检查机构应当在职业健康检查结束之日起 30 个工作日内将职业健康检查结果，包括劳动者个人职业健康检查报告和用人单位职业健康检查总结报告，书面告知用人单位，用人单位应当将劳动者个人职业健康检查结果及职业健康检查机构的建议等情况书面告知劳动者。

第十八条　职业健康检查机构发现疑似职业病病人时，应当告知劳动者本人并及时通知用人单位，同时向所在地卫生健康主管部门报告。发现职业禁忌的，应当及时告知用人单位和劳动者。

第十九条　职业健康检查机构要依托现有的信息平台，加强职业健康检查的统计报告工作，逐步实现信息的互联互通和共享。

第二十条　职业健康检查机构应当建立职业健康检查档案。职业健康检查档案保存时间应当自劳动者最后一次职业健康检查结束之日起不少于 15 年。

职业健康检查档案应当包括下列材料：

（一）职业健康检查委托协议书；

（二）用人单位提供的相关资料；

（三）出具的职业健康检查结果总结报告和告知材料；

（四）其他有关材料。

第四章　监督管理

第二十一条　县级以上地方卫生健康主管部门应当加强对本辖区职业健康检查机构的监督管理。按照属地化管理原则，制定年度监督检查计划，做好职业健康检查机构的监督检查工作。监督检查主要内容包括：

（一）相关法律法规、标准的执行情况；

（二）按照备案的类别和项目开展职业健康检查工作的情况；

（三）外出职业健康检查工作情况；

（四）职业健康检查质量控制情况；

（五）职业健康检查结果、疑似职业病的报告与告知以及职业健康检查信息报告情况；

（六）职业健康检查档案管理情况等。

第二十二条　省级卫生健康主管部门应当对本辖区内的职业健康检查机构进行定期

或者不定期抽查；设区的市级卫生健康主管部门每年应当至少组织一次对本辖区内职业健康检查机构的监督检查；县级卫生健康主管部门负责日常监督检查。

第二十三条 县级以上地方卫生健康主管部门监督检查时，有权查阅或者复制有关资料，职业健康检查机构应当予以配合。

第五章 法律责任

第二十四条 无《医疗机构执业许可证》擅自开展职业健康检查的，由县级以上地方卫生健康主管部门依据《医疗机构管理条例》第四十四条的规定进行处理。

第二十五条 职业健康检查机构有下列行为之一的，由县级以上地方卫生健康主管部门责令改正，给予警告，可以并处3万元以下罚款：

（一）未按规定备案开展职业健康检查的；

（二）未按规定告知疑似职业病的；

（三）出具虚假证明文件的。

第二十六条 职业健康检查机构未按照规定报告疑似职业病的，由县级以上地方卫生健康主管部门依据《职业病防治法》第七十四条的规定进行处理。

第二十七条 职业健康检查机构有下列行为之一的，由县级以上地方卫生健康主管部门给予警告，责令限期改正；逾期不改的，处以三万元以下罚款：

（一）未指定主检医师或者指定的主检医师未取得职业病诊断资格的；

（二）未按要求建立职业健康检查档案的；

（三）未履行职业健康检查信息报告义务的；

（四）未按照相关职业健康监护技术规范规定开展工作的；

（五）违反本办法其他有关规定的。

第二十八条 职业健康检查机构未按规定参加实验室比对或者职业健康检查质量考核工作，或者参加质量考核不合格未按要求整改仍开展职业健康检查工作的，由县级以上地方卫生健康主管部门给予警告，责令限期改正；逾期不改的，处以三万元以下罚款。

第六章 附 则

第二十九条 本办法自2015年5月1日起施行。2002年3月28日原卫生部公布的《职业健康监护管理办法》同时废止。

安全生产非法违法行为查处办法

（2011年10月14日安监总政法〔2011〕158号发布，自2011年12月1日起施行）

第一条 为了严厉打击安全生产非法违法行为，维护安全生产法治秩序，根据《中华人民共和国安全生产法》、《国务院关于进一步加强企业安全生产工作的通知》（国发〔2010〕23号）等法律、行政法规和规定，制定本办法。

第二条 安全生产监督管理部门和煤矿安全监察机构（以下统称安全监管监察部门）依法查处安全生产非法违法行为，适用本办法。

本办法所称安全生产非法行为，是指公民、法人或者其他组织未依法取得安全监管监察部门负责的行政许可，擅自从事生产经营建设活动的行为，或者行政许可已经失效，继续从事生产经营建设活动的行为。

本办法所称安全生产违法行为，是指生产经营单位及其从业人员违反安全生产法律、法规、规章、强制性国家标准或者行业标准的规定，从事生产经营建设活动的行为。

第三条　安全监管监察部门依法查处安全生产非法违法行为，实行查处与引导相结合、处罚与教育相结合的原则，督促引导生产经营单位依法办理相应行政许可手续，合法从事生产经营建设活动。

第四条　任何单位和个人从事生产经营活动，不得违反安全生产法律、法规、规章和强制性标准的规定。

生产经营单位主要负责人对本单位安全生产工作全面负责，并对本单位安全生产非法违法行为承担法律责任；公民个人对自己的安全生产非法违法行为承担法律责任。

第五条　安全监管监察部门应当制订并实施年度安全监管监察执法工作计划，依照法律、法规和规章规定的职责、程序和要求，对发现和被举报的安全生产非法违法行为予以查处。

第六条　任何单位和个人均有权向安全监管监察部门举报安全生产非法违法行为。举报人故意捏造或者歪曲事实、诬告或者陷害他人的，应当承担相应的法律责任。

第七条　安全监管监察部门应当建立健全举报制度，对举报人的有关情况予以保密，不得泄露举报人身份或者将举报材料、举报人情况透露给被举报单位、被举报人；对举报有功人员，应当按照有关规定给予奖励。

第八条　安全监管监察部门接到举报后，能够当场答复是否受理的，应当当场答复；不能当场答复的，应当自收到举报之日起15个工作日内书面告知举报人是否受理。但举报人的姓名（名称）、住址或者其他联系方式不清的除外。

对于不属于本部门受理范围的举报，安全监管监察部门应当告知举报人向有处理权的单位反映，或者将举报材料移送有处理权的单位，并书面告知实名举报人。

第九条　对已经受理的举报，安全监管监察部门应当依照下列规定处理：

（一）对实名举报的，立即组织核查。安全监管监察部门认为举报内容不清的，可以请举报人补充情况；

（二）对匿名举报的，根据举报具体情况决定是否进行核查。有具体的单位、安全生产非法违法事实、联系方式等线索的，立即组织核实；

（三）举报事项经核查属查的，依法予以处理；

（四）举报事项经核查不属实的，以适当方式在一定范围内予以澄清，并依法保护被举报人的合法权益。

安全监管监察部门核查安全生产非法违法行为确有困难的，可以提请本级人民政府组织有关部门共同核查。

安全监管监察部门对举报的处理情况，应当在办结的同时书面答复实名举报人，但举报人的姓名（名称）、住址或者其他联系方式不清的除外。

第十条　对安全生产非法违法行为造成的一般、较大、重大生产安全事故，设区的市级以上人民政府安委会应当按照规定对事故查处情况实施挂牌督办，有关人民政府安委会办公室（安全生产监督管理部门）具体承担督办事项。

负责督办的人民政府安委会办公室应当在当地主要新闻媒体或者本单位网站上公开督办信息，接受社会监督。

负责督办的人民政府安委会办公室应当加强对督办事项的指导、协调和监督，及时掌握安全生产非法违法事故查处的进展情况；必要时，应当派出工作组进行现场督办，并对安全生产非法违法行为查处中存在的问题责令有关单位予以纠正。

第十一条　安全监管监察部门查处安全生产非法违法行为，有权依法采取下列行政强制措施：

（一）对有根据认为不符合安全生产的国家标准或者行业标准的在用设施、设备、器材，予以查封或者扣押，并应当在作出查封、扣押决定之日起15日内依法作出处理决定；

（二）查封违法生产、储存、使用、经营危险化学品的场所，扣押违法生产、储存、使用、经营、运输的危险化学品以及用于违法生产、使用、运输危险化学品的原材料、设备；

（三）法律、法规规定的其他行政强制措施。

安全监管监察部门查处安全生产非法违法行为时，可以会同有关部门实施联合执法，必要时可以提请本级人民政府组织有关部门共同查处。

第十二条 安全监管监察部门查处安全生产非法行为，对有关单位和责任人，应当依照相关法律、法规、规章规定的上限予以处罚。

安全监管监察部门查处其他安全生产违法行为，对有关单位和责任人，应当依照《安全生产行政处罚自由裁量适用规则》、《安全生产行政处罚自由裁量标准》或者《煤矿安全监察行政处罚自由裁量实施标准》确定的处罚种类和幅度进行处罚。

第十三条 当事人逾期不履行行政处罚决定的，安全监管监察部门可以采取下列措施：

（一）到期不缴纳罚款的，每日按罚款数额的3%加处罚款；

（二）根据法律规定，将查封、扣押的设施、设备、器材拍卖所得价款抵缴罚款；

（三）申请人民法院强制执行。

第十四条 对跨区域从事生产经营建设活动的生产经营单位及其相关人员的安全生产非法违法行为，应当依法给予重大行政处罚的，安全生产非法违法行为发生地负责查处的安全监管监察部门应当书面邀请生产经营单位注册地有关安全监管监察部门参与查处。

第十五条 对跨区域从事生产经营建设活动的生产经营单位不履行负责查处的安全监管监察部门作出的行政处罚决定的，生产经营单位注册地有关安全监管监察部门应当配合负责查处的安全监管监察部门采取本办法第十三条规定的措施。

对跨区域从事生产经营建设活动的生产经营单位及其相关人员的安全生产非法违法行为，应当给予暂扣或者吊销安全生产许可证、安全资格证处罚的，安全生产非法违法行为发生地负责查处的安全监管监察部门应当提出暂扣或者吊销安全生产许可证、安全资格证的建议，并移送负责安全生产许可证、安全资格证颁发管理的安全监管监察部门调查处理，接受移送的安全监管监察部门应当依法予以处理；接受移送的安全监管监察部门对前述行政处罚建议有异议的，应当报请共同的上级安全监管监察部门作出裁决。

第十六条 安全监管监察部门在安全生产监管监察中，发现不属于职责范围的下列非法违法行为的，应当移送工商行政管理部门、其他负责相关许可证或者批准文件的颁发管理部门处理：

（一）未依法取得营业执照、其他相关许可证或者批准文件，擅自从事生产经营建设活动的行为；

（二）已经办理注销登记或者被吊销营业执照，以及营业执照有效期届满后未按照规定重新办理登记手续，擅自继续从事生产经营建设活动的行为；

（三）其他相关许可证或者批准文件有效期届满后，擅自继续从事生产经营建设活动的行为；

（四）超出核准登记经营范围、其他相关许可证或者批准文件核准范围的违法生产经营建设行为。

第十七条 拒绝、阻碍安全监管监察部门依法查处安全生产非法违法行为，构成违反治安管理行为的，安全监管监察部门应当移送公安机关依照《中华人民共和国治安管理处罚法》的规定予以处罚；涉嫌犯罪的，依法追究刑事责任。

第十八条　安全监管监察部门应当将安全生产非法行为的查处情况，自查处结案之日起15个工作日内在当地有关媒体或者安全监管监察部门网站上予以公开，接受社会监督。

对安全生产非法违法事故查处情况实施挂牌督办的有关人民政府安委会办公室，应当在督办有关措施和处罚事项全部落实后解除督办，并在解除督办之日起10个工作日内在当地主要媒体和本单位网站上予以公告，接受社会监督。

第十九条　安全监管监察部门应当建立完善安全生产非法违法行为记录和查询系统，记载安全生产非法违法行为及其处理结果。

生产经营单位因非法违法行为造成重大、特别重大生产安全事故或者一年内发生2次以上较大生产安全责任事故并负主要责任，以及存在重大隐患整改不力的，省级安全监管监察部门应当会同有关行业主管部门向社会公告，并向投资、国土资源、建设、银行、证券等主管部门通报，作为一年内严格限制其新增的项目核准、用地审批、证券融资、银行贷款等的重要参考依据。

第二十条　安全监管监察部门查处安全生产非法行为，应当在作出行政处罚决定之日起10个工作日内，将行政处罚决定书及相关证据材料报上一级安全监管监察部门备案。

安全生产监管监察部门查处其他安全生产违法行为，应当依照《安全生产违法行为行政处罚办法》第六十二条、第六十三条、第六十四条的规定，将行政处罚决定书报上一级安全监管监察部门备案。

第二十一条　县（市、区）、乡（镇）人民政府对群众举报、上级督办、日常检查发现的所辖区域的非法生产企业（单位）没有采取有效措施予以查处，致使非法生产企业（单位）存在的，对县（市、区）、乡（镇）人民政府主要领导以及相关责任人，依照国家有关规定予以纪律处分；涉嫌犯罪的，依法追究刑事责任。

县（市、区）、乡（镇）人民政府所辖区域存在非法煤矿的，依据《国务院关于预防煤矿生产安全事故的特别规定》的有关规定予以处理。

第二十二条　国家机关工作人员参与安全生产非法违法行为的，依照有关法律、行政法规和纪律处分规定由监察机关或者任免机关按照干部管理权限予以处理；涉嫌犯罪的，依法追究刑事责任。

第二十三条　安全监管监察部门工作人员对发现或者接到举报的安全生产非法违法行为，未依照有关法律、法规、规章和本办法规定予以查处的，由任免机关按照干部管理权限予以处理；涉嫌犯罪的，依法追究刑事责任。

第二十四条　本办法自2011年12月1日起施行。

（二）危险品类

危险化学品安全管理条例

（2002 年 1 月 26 日中华人民共和国国务院令第 344 号公布，2011 年 2 月 16 日国务院第 144 次常务会议修订通过，根据 2013 年 12 月 7 日《国务院关于修改部分行政法规的决定》修订）

第一章　总　　则

第一条　为了加强危险化学品的安全管理，预防和减少危险化学品事故，保障人民群众生命财产安全，保护环境，制定本条例。

第二条　危险化学品生产、储存、使用、经营和运输的安全管理，适用本条例。

废弃危险化学品的处置，依照有关环境保护的法律、行政法规和国家有关规定执行。

第三条　本条例所称危险化学品，是指具有毒害、腐蚀、爆炸、燃烧、助燃等性质，对人体、设施、环境具有危害的剧毒化学品和其他化学品。

危险化学品目录，由国务院安全生产监督管理部门会同国务院工业和信息化、公安、环境保护、卫生、质量监督检验检疫、交通运输、铁路、民用航空、农业主管部门，根据化学品危险特性的鉴别和分类标准确定、公布，并适时调整。

第四条　危险化学品安全管理，应当坚持安全第一、预防为主、综合治理的方针，强化和落实企业的主体责任。

生产、储存、使用、经营、运输危险化学品的单位（以下统称危险化学品单位）的主要负责人对本单位的危险化学品安全管理工作全面负责。

危险化学品单位应当具备法律、行政法规规定和国家标准、行业标准要求的安全条件，建立、健全安全管理规章制度和岗位安全责任制度，对从业人员进行安全教育、法制教育和岗位技术培训。从业人员应当接受教育和培训，考核合格后上岗作业；对有资格要求的岗位，应当配备依法取得相应资格的人员。

第五条　任何单位和个人不得生产、经营、使用国家禁止生产、经营、使用的危险化学品。

国家对危险化学品的使用有限制性规定的，任何单位和个人不得违反限制性规定使用危险化学品。

第六条　对危险化学品的生产、储存、使用、经营、运输实施安全监督管理的有关部门（以下统称负有危险化学品安全监督管理职责的部门），依照下列规定履行职责：

（一）安全生产监督管理部门负责危险化学品安全监督管理综合工作，组织确定、公布、调整危险化学品目录，对新建、改建、扩建生产、储存危险化学品（包括使用长输管道输送危险化学品，下同）的建设项目进行安全条件审查，核发危险化学品安全生产许可证、危险化学品安全使用许可证和危险化学品经营许可证，并负责危险化学品登记工作。

（二）公安机关负责危险化学品的公共安全管理，核发剧毒化学品购买许可证、剧毒化学品道路运输通行证，并负责危险化学品运输车辆的道路交通安全管理。

（三）质量监督检验检疫部门负责核发危险化学品及其包装物、容器（不包括储存危险化学品的固定式大型储罐，下同）生产企业的工业产品生产许可证，并依法对其产品质量实施监督，负责对进出口危险化学品及其包装实施检验。

（四）环境保护主管部门负责废弃危险化学品处置的监督管理，组织危险化学品的环境危害性鉴定和环境风险程度评估，确定实施重点环境管理的危险化学品，负责危险化学品环境管理登记和新化学物质环境管理登记；依照职责分工调查相关危险化学品环境污染事故和生态破坏事件，负责危险化学品事故现场的应急环境监测。

（五）交通运输主管部门负责危险化学品道路运输、水路运输的许可以及运输工具的安全管理，对危险化学品水路运输安全实施监督，负责危险化学品道路运输企业、水路运输企业驾驶人员、船员、装卸管理人员、押运人员、申报人员、集装箱装箱现场检查员的资格认定。铁路监管部门负责危险化学品铁路运输及其运输工具的安全管理。民用航空主管部门负责危险化学品航空运输以及航空运输企业及其运输工具的安全管理。

（六）卫生主管部门负责危险化学品毒性鉴定的管理，负责组织、协调危险化学品事故受伤人员的医疗卫生救援工作。

（七）工商行政管理部门依据有关部门的许可证件，核发危险化学品生产、储存、经营、运输企业营业执照，查处危险化学品经营企业违法采购危险化学品的行为。

（八）邮政管理部门负责依法查处寄递危险化学品的行为。

第七条　负有危险化学品安全监督管理职责的部门依法进行监督检查，可以采取下列措施：

（一）进入危险化学品作业场所实施现场检查，向有关单位和人员了解情况，查阅、复制有关文件、资料；

（二）发现危险化学品事故隐患，责令立即消除或者限期消除；

（三）对不符合法律、行政法规、规章规定或者国家标准、行业标准要求的设施、设备、装置、器材、运输工具，责令立即停止使用；

（四）经本部门主要负责人批准，查封违法生产、储存、使用、经营危险化学品的场所，扣押违法生产、储存、使用、经营、运输的危险化学品以及用于违法生产、使用、运输危险化学品的原材料、设备、运输工具；

（五）发现影响危险化学品安全的违法行为，当场予以纠正或者责令限期改正。

负有危险化学品安全监督管理职责的部门依法进行监督检查，监督检查人员不得少于2人，并应当出示执法证件；有关单位和个人对依法进行的监督检查应当予以配合，不得拒绝、阻碍。

第八条　县级以上人民政府应当建立危险化学品安全监督管理工作协调机制，支持、督促负有危险化学品安全监督管理职责的部门依法履行职责，协调、解决危险化学品安全监督管理工作中的重大问题。

负有危险化学品安全监督管理职责的部门应当相互配合、密切协作，依法加强对危险化学品的安全监督管理。

第九条　任何单位和个人对违反本条例规定的行为，有权向负有危险化学品安全监督管理职责的部门举报。负有危险化学品安全监督管理职责的部门接到举报，应当及时依法处理；对不属于本部门职责的，应当及时移送有关部门处理。

第十条　国家鼓励危险化学品生产企业

和使用危险化学品从事生产的企业采用有利于提高安全保障水平的先进技术、工艺、设备以及自动控制系统，鼓励对危险化学品实行专门储存、统一配送、集中销售。

第二章　生产、储存安全

第十一条　国家对危险化学品的生产、储存实行统筹规划、合理布局。

国务院工业和信息化主管部门以及国务院其他有关部门依据各自职责，负责危险化学品生产、储存的行业规划和布局。

地方人民政府组织编制城乡规划，应当根据本地区的实际情况，按照确保安全的原则，规划适当区域专门用于危险化学品的生产、储存。

第十二条　新建、改建、扩建生产、储存危险化学品的建设项目（以下简称建设项目），应当由安全生产监督管理部门进行安全条件审查。

建设单位应当对建设项目进行安全条件论证，委托具备国家规定的资质条件的机构对建设项目进行安全评价，并将安全条件论证和安全评价的情况报告报建设项目所在地设区的市级以上人民政府安全生产监督管理部门；安全生产监督管理部门应当自收到报告之日起45日内作出审查决定，并书面通知建设单位。具体办法由国务院安全生产监督管理部门制定。

新建、改建、扩建储存、装卸危险化学品的港口建设项目，由港口行政管理部门按照国务院交通运输主管部门的规定进行安全条件审查。

第十三条　生产、储存危险化学品的单位，应当对其铺设的危险化学品管道设置明显标志，并对危险化学品管道定期检查、检测。

进行可能危及危险化学品管道安全的施工作业，施工单位应当在开工的7日前书面通知管道所属单位，并与管道所属单位共同制定应急预案，采取相应的安全防护措施。管道所属单位应当指派专门人员到现场进行管道安全保护指导。

第十四条　危险化学品生产企业进行生产前，应当依照《安全生产许可证条例》的规定，取得危险化学品安全生产许可证。

生产列入国家实行生产许可证制度的工业产品目录的危险化学品的企业，应当依照《中华人民共和国工业产品生产许可证管理条例》的规定，取得工业产品生产许可证。

负责颁发危险化学品安全生产许可证、工业产品生产许可证的部门，应当将其颁发许可证的情况及时向同级工业和信息化主管部门、环境保护主管部门和公安机关通报。

第十五条　危险化学品生产企业应当提供与其生产的危险化学品相符的化学品安全技术说明书，并在危险化学品包装（包括外包装件）上粘贴或者拴挂与包装内危险化学品相符的化学品安全标签。化学品安全技术说明书和化学品安全标签所载明的内容应当符合国家标准的要求。

危险化学品生产企业发现其生产的危险化学品有新的危险特性的，应当立即公告，并及时修订其化学品安全技术说明书和化学品安全标签。

第十六条　生产实施重点环境管理的危险化学品的企业，应当按照国务院环境保护主管部门的规定，将该危险化学品向环境中释放等相关信息向环境保护主管部门报告。环境保护主管部门可以根据情况采取相应的环境风险控制措施。

第十七条　危险化学品的包装应当符合法律、行政法规、规章的规定以及国家标准、行业标准的要求。

危险化学品包装物、容器的材质以及危险化学品包装的型式、规格、方法和单件质量（重量），应当与所包装的危险化学品的性质和用途相适应。

第十八条　生产列入国家实行生产许可证制度的工业产品目录的危险化学品包装物、容器的企业，应当依照《中华人民共和国工业产品生产许可证管理条例》的规定，取得工业产品生产许可证；其生产的危险化学品包装物、容器经国务院质量监督检验检疫部门认定的检验机构检验合格，方可出厂销售。

运输危险化学品的船舶及其配载的容器，应当按照国家船舶检验规范进行生产，并经海事管理机构认定的船舶检验机构检验合格，方可投入使用。

对重复使用的危险化学品包装物、容器，使用单位在重复使用前应当进行检查；发现存在安全隐患的，应当维修或者更换。使用单位应当对检查情况作出记录，记录的保存期限不得少于2年。

第十九条　危险化学品生产装置或者储存数量构成重大危险源的危险化学品储存设施（运输工具加油站、加气站除外），与下列场所、设施、区域的距离应当符合国家有关规定：

（一）居住区以及商业中心、公园等人员密集场所；

（二）学校、医院、影剧院、体育场（馆）等公共设施；

（三）饮用水源、水厂以及水源保护区；

（四）车站、码头（依法经许可从事危险化学品装卸作业的除外）、机场以及通信干线、通信枢纽、铁路线路、道路交通干线、水路交通干线、地铁风亭以及地铁站出入口；

（五）基本农田保护区、基本草原、畜禽遗传资源保护区、畜禽规模化养殖场（养殖小区）、渔业水域以及种子、种畜禽、水产苗种生产基地；

（六）河流、湖泊、风景名胜区、自然保护区；

（七）军事禁区、军事管理区；

（八）法律、行政法规规定的其他场所、设施、区域。

已建的危险化学品生产装置或者储存数量构成重大危险源的危险化学品储存设施不符合前款规定的，由所在地设区的市级人民政府安全生产监督管理部门会同有关部门监督其所属单位在规定期限内进行整改；需要转产、停产、搬迁、关闭的，由本级人民政府决定并组织实施。

储存数量构成重大危险源的危险化学品储存设施的选址，应当避开地震活动断层和容易发生洪灾、地质灾害的区域。

本条例所称重大危险源，是指生产、储存、使用或者搬运危险化学品，且危险化学品的数量等于或者超过临界量的单元（包括场所和设施）。

第二十条　生产、储存危险化学品的单位，应当根据其生产、储存的危险化学品的种类和危险特性，在作业场所设置相应的监测、监控、通风、防晒、调温、防火、灭火、防爆、泄压、防毒、中和、防潮、防雷、防静电、防腐、防泄漏以及防护围堤或者隔离操作等安全设施、设备，并按照国家标准、行业标准或者国家有关规定对安全设施、设备进行经常性维护、保养，保证安全设施、设备的正常使用。

生产、储存危险化学品的单位，应当在其作业场所和安全设施、设备上设置明显的安全警示标志。

第二十一条　生产、储存危险化学品的单位，应当在其作业场所设置通信、报警装置，并保证处于适用状态。

第二十二条　生产、储存危险化学品的企业，应当委托具备国家规定的资质条件的机构，对本企业的安全生产条件每3年进行一次安全评价，提出安全评价报告。安全评价报告的内容应当包括对安全生产条件存在的问题进行整改的方案。

生产、储存危险化学品的企业，应当将安全评价报告以及整改方案的落实情况报所在地县级人民政府安全生产监督管理部门备案。在港区内储存危险化学品的企业，应当将安全评价报告以及整改方案的落实情况报港口行政管理部门备案。

第二十三条 生产、储存剧毒化学品或者国务院公安部门规定的可用于制造爆炸物品的危险化学品（以下简称易制爆危险化学品）的单位，应当如实记录其生产、储存的剧毒化学品、易制爆危险化学品的数量、流向，并采取必要的安全防范措施，防止剧毒化学品、易制爆危险化学品丢失或者被盗；发现剧毒化学品、易制爆危险化学品丢失或者被盗的，应当立即向当地公安机关报告。

生产、储存剧毒化学品、易制爆危险化学品的单位，应当设置治安保卫机构，配备专职治安保卫人员。

第二十四条 危险化学品应当储存在专用仓库、专用场地或者专用储存室（以下统称专用仓库）内，并由专人负责管理；剧毒化学品以及储存数量构成重大危险源的其他危险化学品，应当在专用仓库内单独存放，并实行双人收发、双人保管制度。

危险化学品的储存方式、方法以及储存数量应当符合国家标准或者国家有关规定。

第二十五条 储存危险化学品的单位应当建立危险化学品出入库核查、登记制度。

对剧毒化学品以及储存数量构成重大危险源的其他危险化学品，储存单位应当将其储存数量、储存地点以及管理人员的情况，报所在地县级人民政府安全生产监督管理部门（在港区内储存的，报港口行政管理部门）和公安机关备案。

第二十六条 危险化学品专用仓库应当符合国家标准、行业标准的要求，并设置明显的标志。储存剧毒化学品、易制爆危险化学品的专用仓库，应当按照国家有关规定设置相应的技术防范设施。

储存危险化学品的单位应当对其危险化学品专用仓库的安全设施、设备定期进行检测、检验。

第二十七条 生产、储存危险化学品的单位转产、停产、停业或者解散的，应当采取有效措施，及时、妥善处置其危险化学品生产装置、储存设施以及库存的危险化学品，不得丢弃危险化学品；处置方案应当报所在地县级人民政府安全生产监督管理部门、工业和信息化主管部门、环境保护主管部门和公安机关备案。安全生产监督管理部门应当会同环境保护主管部门和公安机关对处置情况进行监督检查，发现未依照规定处置的，应当责令其立即处置。

第三章 使用安全

第二十八条 使用危险化学品的单位，其使用条件（包括工艺）应当符合法律、行政法规的规定和国家标准、行业标准的要求，并根据所使用的危险化学品的种类、危险特性以及使用量和使用方式，建立、健全使用危险化学品的安全管理规章制度和安全操作规程，保证危险化学品的安全使用。

第二十九条 使用危险化学品从事生产并且使用量达到规定数量的化工企业（属于危险化学品生产企业的除外，下同），应当依照本条例的规定取得危险化学品安全使用许可证。

前款规定的危险化学品使用量的数量标准，由国务院安全生产监督管理部门会同国务院公安部门、农业主管部门确定并公布。

第三十条 申请危险化学品安全使用许可证的化工企业，除应当符合本条例第二十八条的规定外，还应当具备下列条件：

（一）有与所使用的危险化学品相适应的专业技术人员；

（二）有安全管理机构和专职安全管理人员；

（三）有符合国家规定的危险化学品事故应急预案和必要的应急救援器材、设备；

（四）依法进行了安全评价。

第三十一条 申请危险化学品安全使用许可证的化工企业，应当向所在地设区的市级人民政府安全生产监督管理部门提出申请，并提交其符合本条例第三十条规定条件的证明材料。设区的市级人民政府安全生产监督管理部门应当依法进行审查，自收到证明材料之日起 45 日内作出批准或者不予批准的决定。予以批准的，颁发危险化学品安全使用许可证；不予批准的，书面通知申请人并说明理由。

安全生产监督管理部门应当将其颁发危险化学品安全使用许可证的情况及时向同级环境保护主管部门和公安机关通报。

第三十二条　本条例第十六条关于生产实施重点环境管理的危险化学品的企业的规定，适用于使用实施重点环境管理的危险化学品从事生产的企业；第二十条、第二十一条、第二十三条第一款、第二十七条关于生产、储存危险化学品的单位的规定，适用于使用危险化学品的单位；第二十二条关于生产、储存危险化学品的企业的规定，适用于使用危险化学品从事生产的企业。

第四章　经营安全

第三十三条　国家对危险化学品经营（包括仓储经营，下同）实行许可制度。未经许可，任何单位和个人不得经营危险化学品。

依法设立的危险化学品生产企业在其厂区范围内销售本企业生产的危险化学品，不需要取得危险化学品经营许可。

依照《中华人民共和国港口法》的规定取得港口经营许可证的港口经营人，在港区内从事危险化学品仓储经营，不需要取得危险化学品经营许可。

第三十四条　从事危险化学品经营的企业应当具备下列条件：

（一）有符合国家标准、行业标准的经营场所，储存危险化学品的，还应当有符合国家标准、行业标准的储存设施；

（二）从业人员经过专业技术培训并经考核合格；

（三）有健全的安全管理规章制度；

（四）有专职安全管理人员；

（五）有符合国家规定的危险化学品事故应急预案和必要的应急救援器材、设备；

（六）法律、法规规定的其他条件。

第三十五条　从事剧毒化学品、易制爆危险化学品经营的企业，应当向所在地设区的市级人民政府安全生产监督管理部门提出申请，从事其他危险化学品经营的企业，应当向所在地县级人民政府安全生产监督管理部门提出申请（有储存设施的，应当向所在地设区的市级人民政府安全生产监督管理部门提出申请）。申请人应当提交其符合本条例第三十四条规定条件的证明材料。设区的市级人民政府安全生产监督管理部门或者县级人民政府安全生产监督管理部门应当依法进行审查，并对申请人的经营场所、储存设施进行现场核查，自收到证明材料之日起 30 日内作出批准或者不予批准的决定。予以批准的，颁发危险化学品经营许可证；不予批准的，书面通知申请人并说明理由。

设区的市级人民政府安全生产监督管理部门和县级人民政府安全生产监督管理部门应当将其颁发危险化学品经营许可证的情况及时向同级环境保护主管部门和公安机关通报。

申请人持危险化学品经营许可证向工商行政管理部门办理登记手续后，方可从事危险化学品经营活动。法律、行政法规或者国务院规定经营危险化学品还需要经其他有关部门许可的，申请人向工商行政管理部门办理登记手续时还应当持相应的许可证件。

第三十六条　危险化学品经营企业储存危险化学品的，应当遵守本条例第二章关于储存危险化学品的规定。危险化学品商店内只能存放民用小包装的危险化学品。

第三十七条　危险化学品经营企业不得向未经许可从事危险化学品生产、经营活动的企业采购危险化学品，不得经营没有化学品安全技术说明书或者化学品安全标签的危险化学品。

第三十八条　依法取得危险化学品安全

生产许可证、危险化学品安全使用许可证、危险化学品经营许可证的企业，凭相应的许可证件购买剧毒化学品、易制爆危险化学品。民用爆炸物品生产企业凭民用爆炸物品生产许可证购买易制爆危险化学品。

前款规定以外的单位购买剧毒化学品的，应当向所在地县级人民政府公安机关申请取得剧毒化学品购买许可证；购买易制爆危险化学品的，应当持本单位出具的合法用途说明。

个人不得购买剧毒化学品（属于剧毒化学品的农药除外）和易制爆危险化学品。

第三十九条　申请取得剧毒化学品购买许可证，申请人应当向所在地县级人民政府公安机关提交下列材料：

（一）营业执照或者法人证书（登记证书）的复印件；

（二）拟购买的剧毒化学品品种、数量的说明；

（三）购买剧毒化学品用途的说明；

（四）经办人的身份证明。

县级人民政府公安机关应当自收到前款规定的材料之日起 3 日内，作出批准或者不予批准的决定。予以批准的，颁发剧毒化学品购买许可证；不予批准的，书面通知申请人并说明理由。

剧毒化学品购买许可证管理办法由国务院公安部门制定。

第四十条　危险化学品生产企业、经营企业销售剧毒化学品、易制爆危险化学品，应当查验本条例第三十八条第一款、第二款规定的相关许可证件或者证明文件，不得向不具有相关许可证件或者证明文件的单位销售剧毒化学品、易制爆危险化学品。对持剧毒化学品购买许可证购买剧毒化学品的，应当按照许可证载明的品种、数量销售。

禁止向个人销售剧毒化学品（属于剧毒化学品的农药除外）和易制爆危险化学品。

第四十一条　危险化学品生产企业、经营企业销售剧毒化学品、易制爆危险化学品，应当如实记录购买单位的名称、地址、经办人的姓名、身份证号码以及所购买的剧毒化学品、易制爆危险化学品的品种、数量、用途。销售记录以及经办人的身份证明复印件、相关许可证件复印件或者证明文件的保存期限不得少于 1 年。

剧毒化学品、易制爆危险化学品的销售企业、购买单位应当在销售、购买后 5 日内，将所销售、购买的剧毒化学品、易制爆危险化学品的品种、数量以及流向信息报所在地县级人民政府公安机关备案，并输入计算机系统。

第四十二条　使用剧毒化学品、易制爆危险化学品的单位不得出借、转让其购买的剧毒化学品、易制爆危险化学品；因转产、停产、搬迁、关闭等确需转让的，应当向具有本条例第三十八条第一款、第二款规定的相关许可证件或者证明文件的单位转让，并在转让后将有关情况及时向所在地县级人民政府公安机关报告。

第五章　运输安全

第四十三条　从事危险化学品道路运输、水路运输的，应当分别依照有关道路运输、水路运输的法律、行政法规的规定，取得危险货物道路运输许可、危险货物水路运输许可，并向工商行政管理部门办理登记手续。

危险化学品道路运输企业、水路运输企业应当配备专职安全管理人员。

第四十四条　危险化学品道路运输企业、水路运输企业的驾驶人员、船员、装卸管理人员、押运人员、申报人员、集装箱装箱现场检查员应当经交通运输主管部门考核合格，取得从业资格。具体办法由国务院交通运输主管部门制定。

危险化学品的装卸作业应当遵守安全作业标准、规程和制度，并在装卸管理人员的现场指挥或者监控下进行。水路运输危险化学品的集装箱装箱作业应当在集装箱装箱现场检查员的指挥或者监控下进行，并符合积载、隔离的规范和要求；装箱作业完毕后，集装箱装箱现场检查员应当签署装箱证明书。

第四十五条　运输危险化学品，应当根据危险化学品的危险特性采取相应的安全防护措施，并配备必要的防护用品和应急救援器材。

用于运输危险化学品的槽罐以及其他容器应当封口严密，能够防止危险化学品在运输过程中因温度、湿度或者压力的变化发生渗漏、洒漏；槽罐以及其他容器的溢流和泄压装置应当设置准确、起闭灵活。

运输危险化学品的驾驶人员、船员、装卸管理人员、押运人员、申报人员、集装箱装箱现场检查员，应当了解所运输的危险化学品的危险特性及其包装物、容器的使用要求和出现危险情况时的应急处置方法。

第四十六条　通过道路运输危险化学品的，托运人应当委托依法取得危险货物道路运输许可的企业承运。

第四十七条　通过道路运输危险化学品的，应当按照运输车辆的核定载质量装载危险化学品，不得超载。

危险化学品运输车辆应当符合国家标准要求的安全技术条件，并按照国家有关规定定期进行安全技术检验。

危险化学品运输车辆应当悬挂或者喷涂符合国家标准要求的警示标志。

第四十八条　通过道路运输危险化学品的，应当配备押运人员，并保证所运输的危险化学品处于押运人员的监控之下。

运输危险化学品途中因住宿或者发生影响正常运输的情况，需要较长时间停车的，驾驶人员、押运人员应当采取相应的安全防范措施；运输剧毒化学品或者易制爆危险化学品的，还应当向当地公安机关报告。

第四十九条　未经公安机关批准，运输危险化学品的车辆不得进入危险化学品运输车辆限制通行的区域。危险化学品运输车辆限制通行的区域由县级人民政府公安机关划定，并设置明显的标志。

第五十条　通过道路运输剧毒化学品的，托运人应当向运输始发地或者目的地县级人民政府公安机关申请剧毒化学品道路运输通行证。

申请剧毒化学品道路运输通行证，托运人应当向县级人民政府公安机关提交下列材料：

（一）拟运输的剧毒化学品品种、数量的说明；

（二）运输始发地、目的地、运输时间和运输路线的说明；

（三）承运人取得危险货物道路运输许可、运输车辆取得营运证以及驾驶人员、押运人员取得上岗资格的证明文件；

（四）本条例第三十八条第一款、第二款规定的购买剧毒化学品的相关许可证件，或者海关出具的进出口证明文件。

县级人民政府公安机关应当自收到前款规定的材料之日起7日内，作出批准或者不予批准的决定。予以批准的，颁发剧毒化学品道路运输通行证；不予批准的，书面通知申请人并说明理由。

剧毒化学品道路运输通行证管理办法由国务院公安部门制定。

第五十一条　剧毒化学品、易制爆危险化学品在道路运输途中丢失、被盗、被抢或者出现流散、泄漏等情况的，驾驶人员、押运人员应当立即采取相应的警示措施和安全措施，并向当地公安机关报告。公安机关接到报告后，应当根据实际情况立即向安全生产监督管理部门、环境保护主管部门、卫生主管部门通报。有关部门应当采取必要的应急处置措施。

第五十二条　通过水路运输危险化学品的，应当遵守法律、行政法规以及国务院交通运输主管部门关于危险货物水路运输安全的规定。

第五十三条　海事管理机构应当根据危险化学品的种类和危险特性，确定船舶运输危险化学品的相关安全运输条件。

拟交付船舶运输的化学品的相关安全运输条件不明确的，货物所有人或者代理人应当委托相关技术机构进行评估，明确相关安全运输条件并经海事管理机构确认后，方可交付船舶运输。

第五十四条　禁止通过内河封闭水域运输剧毒化学品以及国家规定禁止通过内河运输的其他危险化学品。

前款规定以外的内河水域，禁止运输国家规定禁止通过内河运输的剧毒化学品以及其他危险化学品。

禁止通过内河运输的剧毒化学品以及其他危险化学品的范围，由国务院交通运输主管部门会同国务院环境保护主管部门、工业和信息化主管部门、安全生产监督管理部门，根据危险化学品的危险特性、危险化学品对人体和水环境的危害程度以及消除危害后果的难易程度等因素规定并公布。

第五十五条　国务院交通运输主管部门应当根据危险化学品的危险特性，对通过内河运输本条例第五十四条规定以外的危险化学品（以下简称通过内河运输危险化学品）实行分类管理，对各类危险化学品的运输方式、包装规范和安全防护措施等分别作出规定并监督实施。

第五十六条　通过内河运输危险化学品，应当由依法取得危险货物水路运输许可的水路运输企业承运，其他单位和个人不得承运。托运人应当委托依法取得危险货物水路运输许可的水路运输企业承运，不得委托其他单位和个人承运。

第五十七条　通过内河运输危险化学品，应当使用依法取得危险货物适装证书的运输船舶。水路运输企业应当针对所运输的危险化学品的危险特性，制定运输船舶危险化学品事故应急救援预案，并为运输船舶配备充足、有效的应急救援器材和设备。

通过内河运输危险化学品的船舶，其所有人或者经营人应当取得船舶污染损害责任保险证书或者财务担保证明。船舶污染损害责任保险证书或者财务担保证明的副本应当随船携带。

第五十八条　通过内河运输危险化学品，危险化学品包装物的材质、型式、强度以及包装方法应当符合水路运输危险化学品包装规范的要求。国务院交通运输主管部门对单船运输的危险化学品数量有限制性规定的，承运人应当按照规定安排运输数量。

第五十九条　用于危险化学品运输作业的内河码头、泊位应当符合国家有关安全规范，与饮用水取水口保持国家规定的距离。有关管理单位应当制定码头、泊位危险化学品事故应急预案，并为码头、泊位配备充足、有效的应急救援器材和设备。

用于危险化学品运输作业的内河码头、泊位，经交通运输主管部门按照国家有关规定验收合格后方可投入使用。

第六十条　船舶载运危险化学品进出内河港口，应当将危险化学品的名称、危险特性、包装以及进出港时间等事项，事先报告海事管理机构。海事管理机构接到报告后，应当在国务院交通运输主管部门规定的时间内作出是否同意的决定，通知报告人，同时通报港口行政管理部门。定船舶、定航线、定货种的船舶可以定期报告。

在内河港口内进行危险化学品的装卸、过驳作业，应当将危险化学品的名称、危险特性、包装和作业的时间、地点等事项报告港口行政管理部门。港口行政管理部门接到报告后，应当在国务院交通运输主管部门规定的时间内作出是否同意的决定，通知报告人，同时通报海事管理机构。

载运危险化学品的船舶在内河航行，通过过船建筑物的，应当提前向交通运输主管部门申报，并接受交通运输主管部门的管理。

第六十一条　载运危险化学品的船舶在

内河航行、装卸或者停泊，应当悬挂专用的警示标志，按照规定显示专用信号。

载运危险化学品的船舶在内河航行，按照国务院交通运输主管部门的规定需要引航的，应当申请引航。

第六十二条　载运危险化学品的船舶在内河航行，应当遵守法律、行政法规和国家其他有关饮用水水源保护的规定。内河航道发展规划应当与依法经批准的饮用水水源保护区划定方案相协调。

第六十三条　托运危险化学品的，托运人应当向承运人说明所托运的危险化学品的种类、数量、危险特性以及发生危险情况的应急处置措施，并按照国家有关规定对所托运的危险化学品妥善包装，在外包装上设置相应的标志。

运输危险化学品需要添加抑制剂或者稳定剂的，托运人应当添加，并将有关情况告知承运人。

第六十四条　托运人不得在托运的普通货物中夹带危险化学品，不得将危险化学品匿报或者谎报为普通货物托运。

任何单位和个人不得交寄危险化学品或者在邮件、快件内夹带危险化学品，不得将危险化学品匿报或者谎报为普通物品交寄。邮政企业、快递企业不得收寄危险化学品。

对涉嫌违反本条第一款、第二款规定的，交通运输主管部门、邮政管理部门可以依法开拆查验。

第六十五条　通过铁路、航空运输危险化学品的安全管理，依照有关铁路、航空运输的法律、行政法规、规章的规定执行。

第六章　危险化学品登记与事故应急救援

第六十六条　国家实行危险化学品登记制度，为危险化学品安全管理以及危险化学品事故预防和应急救援提供技术、信息支持。

第六十七条　危险化学品生产企业、进口企业，应当向国务院安全生产监督管理部门负责危险化学品登记的机构（以下简称危险化学品登记机构）办理危险化学品登记。

危险化学品登记包括下列内容：

（一）分类和标签信息；

（二）物理、化学性质；

（三）主要用途；

（四）危险特性；

（五）储存、使用、运输的安全要求；

（六）出现危险情况的应急处置措施。

对同一企业生产、进口的同一品种的危险化学品，不进行重复登记。危险化学品生产企业、进口企业发现其生产、进口的危险化学品有新的危险特性的，应当及时向危险化学品登记机构办理登记内容变更手续。

危险化学品登记的具体办法由国务院安全生产监督管理部门制定。

第六十八条　危险化学品登记机构应当定期向工业和信息化、环境保护、公安、卫生、交通运输、铁路、质量监督检验检疫等部门提供危险化学品登记的有关信息和资料。

第六十九条　县级以上地方人民政府安全生产监督管理部门应当会同工业和信息化、环境保护、公安、卫生、交通运输、铁路、质量监督检验检疫等部门，根据本地区实际情况，制定危险化学品事故应急预案，报本级人民政府批准。

第七十条　危险化学品单位应当制定本单位危险化学品事故应急预案，配备应急救援人员和必要的应急救援器材、设备，并定期组织应急救援演练。

危险化学品单位应当将其危险化学品事故应急预案报所在地设区的市级人民政府安全生产监督管理部门备案。

第七十一条　发生危险化学品事故，事故单位主要负责人应当立即按照本单位危险化学品应急预案组织救援，并向当地安全生产监督管理部门和环境保护、公安、卫生主管部门报告；道路运输、水路运输过程中发生危险化学品事故的，驾驶人员、船员或者押运人员还应当向事故发生地交通运输主管部门报告。

第七十二条　发生危险化学品事故，有关地方人民政府应当立即组织安全生产监督管理、环境保护、公安、卫生、交通运输等有关部门，按照本地区危险化学品事故应急预案组织实施救援，不得拖延、推诿。

有关地方人民政府及其有关部门应当按照下列规定，采取必要的应急处置措施，减少事故损失，防止事故蔓延、扩大：

（一）立即组织营救和救治受害人员，疏散、撤离或者采取其他措施保护危害区域内的其他人员；

（二）迅速控制危害源，测定危险化学品的性质、事故的危害区域及危害程度；

（三）针对事故对人体、动植物、土壤、水源、大气造成的现实危害和可能产生的危害，迅速采取封闭、隔离、洗消等措施；

（四）对危险化学品事故造成的环境污染和生态破坏状况进行监测、评估，并采取相应的环境污染治理和生态修复措施。

第七十三条　有关危险化学品单位应当为危险化学品事故应急救援提供技术指导和必要的协助。

第七十四条　危险化学品事故造成环境污染的，由设区的市级以上人民政府环境保护主管部门统一发布有关信息。

第七章　法律责任

第七十五条　生产、经营、使用国家禁止生产、经营、使用的危险化学品的，由安全生产监督管理部门责令停止生产、经营、使用活动，处 20 万元以上 50 万元以下的罚款，有违法所得的，没收违法所得；构成犯罪的，依法追究刑事责任。

有前款规定行为的，安全生产监督管理部门还应当责令其对所生产、经营、使用的危险化学品进行无害化处理。

违反国家关于危险化学品使用的限制性规定使用危险化学品的，依照本条第一款的规定处理。

第七十六条　未经安全条件审查，新建、改建、扩建生产、储存危险化学品的建设项目的，由安全生产监督管理部门责令停止建设，限期改正；逾期不改正的，处 50 万元以上 100 万元以下的罚款；构成犯罪的，依法追究刑事责任。

未经安全条件审查，新建、改建、扩建储存、装卸危险化学品的港口建设项目的，由港口行政管理部门依照前款规定予以处罚。

第七十七条　未依法取得危险化学品安全生产许可证从事危险化学品生产，或者未依法取得工业产品生产许可证从事危险化学品及其包装物、容器生产的，分别依照《安全生产许可证条例》、《中华人民共和国工业产品生产许可证管理条例》的规定处罚。

违反本条例规定，化工企业未取得危险化学品安全使用许可证，使用危险化学品从事生产的，由安全生产监督管理部门责令限期改正，处 10 万元以上 20 万元以下的罚款；逾期不改正的，责令停产整顿。

违反本条例规定，未取得危险化学品经营许可证从事危险化学品经营的，由安全生产监督管理部门责令停止经营活动，没收违法经营的危险化学品以及违法所得，并处 10 万元以上 20 万元以下的罚款；构成犯罪的，依法追究刑事责任。

第七十八条　有下列情形之一的，由安全生产监督管理部门责令改正，可以处 5 万元以下的罚款；拒不改正的，处 5 万元以上 10 万元以下的罚款；情节严重的，责令停产停业整顿：

（一）生产、储存危险化学品的单位未对其铺设的危险化学品管道设置明显的标志，或者未对危险化学品管道定期检查、检测的；

（二）进行可能危及危险化学品管道安全的施工作业，施工单位未按照规定书面通知管道所属单位，或者未与管道所属单位共同制定应急预案、采取相应的安全防护措施，或者管道所属单位未指派专门人员到现场进行管道安全保护指导的；

（三）危险化学品生产企业未提供化学品安全技术说明书，或者未在包装（包括外包装件）上粘贴、拴挂化学品安全标签的；

（四）危险化学品生产企业提供的化学品安全技术说明书与其生产的危险化学品不相符，或者在包装（包括外包装件）粘贴、拴挂的化学品安全标签与包装内危险化学品不相符，或者化学品安全技术说明书、化学品安全标签所载明的内容不符合国家标准要求的；

（五）危险化学品生产企业发现其生产的危险化学品有新的危险特性不立即公告，或者不及时修订其化学品安全技术说明书和化学品安全标签的；

（六）危险化学品经营企业经营没有化学品安全技术说明书和化学品安全标签的危险化学品的；

（七）危险化学品包装物、容器的材质以及包装的型式、规格、方法和单件质量（重量）与所包装的危险化学品的性质和用途不相适应的；

（八）生产、储存危险化学品的单位未在作业场所和安全设施、设备上设置明显的安全警示标志，或者未在作业场所设置通信、报警装置的；

（九）危险化学品专用仓库未设专人负责管理，或者对储存的剧毒化学品以及储存数量构成重大危险源的其他危险化学品未实行双人收发、双人保管制度的；

（十）储存危险化学品的单位未建立危险化学品出入库核查、登记制度的；

（十一）危险化学品专用仓库未设置明显标志的；

（十二）危险化学品生产企业、进口企业不办理危险化学品登记，或者发现其生产、进口的危险化学品有新的危险特性不办理危险化学品登记内容变更手续的。

从事危险化学品仓储经营的港口经营人有前款规定情形的，由港口行政管理部门依照前款规定予以处罚。储存剧毒化学品、易制爆危险化学品的专用仓库未按照国家有关规定设置相应的技术防范设施的，由公安机关依照前款规定予以处罚。

生产、储存剧毒化学品、易制爆危险化学品的单位未设置治安保卫机构、配备专职治安保卫人员的，依照《企业事业单位内部治安保卫条例》的规定处罚。

第七十九条　危险化学品包装物、容器生产企业销售未经检验或者经检验不合格的危险化学品包装物、容器的，由质量监督检验检疫部门责令改正，处10万元以上20万元以下的罚款，有违法所得的，没收违法所得；拒不改正的，责令停产停业整顿；构成犯罪的，依法追究刑事责任。

将未经检验合格的运输危险化学品的船舶及其配载的容器投入使用的，由海事管理机构依照前款规定予以处罚。

第八十条　生产、储存、使用危险化学品的单位有下列情形之一的，由安全生产监督管理部门责令改正，处5万元以上10万元以下的罚款；拒不改正的，责令停产停业整顿直至由原发证机关吊销其相关许可证件，并由工商行政管理部门责令其办理经营范围变更登记或者吊销其营业执照；有关责任人员构成犯罪的，依法追究刑事责任：

（一）对重复使用的危险化学品包装物、容器，在重复使用前不进行检查的；

（二）未根据其生产、储存的危险化学品的种类和危险特性，在作业场所设置相关安全设施、设备，或者未按照国家标准、行业标准或者国家有关规定对安全设施、设备进行经常性维护、保养的；

（三）未依照本条例规定对其安全生产条件定期进行安全评价的；

（四）未将危险化学品储存在专用仓库内，或者未将剧毒化学品以及储存数量构成重大危险源的其他危险化学品在专用仓库内单独存放的；

（五）危险化学品的储存方式、方法或者储存数量不符合国家标准或者国家有关规定的；

（六）危险化学品专用仓库不符合国家标准、行业标准的要求的；

（七）未对危险化学品专用仓库的安全设施、设备定期进行检测、检验的。

从事危险化学品仓储经营的港口经营人有前款规定情形的，由港口行政管理部门依照前款规定予以处罚。

第八十一条 有下列情形之一的，由公安机关责令改正，可以处1万元以下的罚款；拒不改正的，处1万元以上5万元以下的罚款：

（一）生产、储存、使用剧毒化学品、易制爆危险化学品的单位不如实记录生产、储存、使用的剧毒化学品、易制爆危险化学品的数量、流向的；

（二）生产、储存、使用剧毒化学品、易制爆危险化学品的单位发现剧毒化学品、易制爆危险化学品丢失或者被盗，不立即向公安机关报告的；

（三）储存剧毒化学品的单位未将剧毒化学品的储存数量、储存地点以及管理人员的情况报所在地县级人民政府公安机关备案的；

（四）危险化学品生产企业、经营企业不如实记录剧毒化学品、易制爆危险化学品购买单位的名称、地址、经办人的姓名、身份证号码以及所购买的剧毒化学品、易制爆危险化学品的品种、数量、用途，或者保存销售记录和相关材料的时间少于1年的；

（五）剧毒化学品、易制爆危险化学品的销售企业、购买单位未在规定的时限内将所销售、购买的剧毒化学品、易制爆危险化学品的品种、数量以及流向信息报所在地县级人民政府公安机关备案的；

（六）使用剧毒化学品、易制爆危险化学品的单位依照本条例规定转让其购买的剧毒化学品、易制爆危险化学品，未将有关情况向所在地县级人民政府公安机关报告的。

生产、储存危险化学品的企业或者使用危险化学品从事生产的企业未按照本条例规定将安全评价报告以及整改方案的落实情况报安全生产监督管理部门或者港口行政管理部门备案，或者储存危险化学品的单位未将其剧毒化学品以及储存数量构成重大危险源的其他危险化学品的储存数量、储存地点以及管理人员的情况报安全生产监督管理部门或者港口行政管理部门备案的，分别由安全生产监督管理部门或者港口行政管理部门依照前款规定予以处罚。

生产实施重点环境管理的危险化学品的企业或者使用实施重点环境管理的危险化学品从事生产的企业未按照规定将相关信息向环境保护主管部门报告的，由环境保护主管部门依照本条第一款的规定予以处罚。

第八十二条 生产、储存、使用危险化学品的单位转产、停产、停业或者解散，未采取有效措施及时、妥善处置其危险化学品生产装置、储存设施以及库存的危险化学品，或者丢弃危险化学品的，由安全生产监督管理部门责令改正，处5万元以上10万元以下的罚款；构成犯罪的，依法追究刑事责任。

生产、储存、使用危险化学品的单位转产、停产、停业或者解散，未依照本条例规定将其危险化学品生产装置、储存设施以及库存危险化学品的处置方案报有关部门备案的，分别由有关部门责令改正，可以处1万元以下的罚款；拒不改正的，处1万元以上5万元以下的罚款。

第八十三条 危险化学品经营企业向未经许可违法从事危险化学品生产、经营活动的企业采购危险化学品的，由工商行政管理部门责令改正，处10万元以上20万元以下的罚款；拒不改正的，责令停业整顿直至由原发证机关吊销其危险化学品经营许可证，并由工商行政管理部门责令其办理经营范围变更登记或者吊销其营业执照。

第八十四条　危险化学品生产企业、经营企业有下列情形之一的，由安全生产监督管理部门责令改正，没收违法所得，并处10万元以上20万元以下的罚款；拒不改正的，责令停产停业整顿直至吊销其危险化学品安全生产许可证、危险化学品经营许可证，并由工商行政管理部门责令其办理经营范围变更登记或者吊销其营业执照：

（一）向不具有本条例第三十八条第一款、第二款规定的相关许可证件或者证明文件的单位销售剧毒化学品、易制爆危险化学品的；

（二）不按照剧毒化学品购买许可证载明的品种、数量销售剧毒化学品的；

（三）向个人销售剧毒化学品（属于剧毒化学品的农药除外）、易制爆危险化学品的。

不具有本条例第三十八条第一款、第二款规定的相关许可证件或者证明文件的单位购买剧毒化学品、易制爆危险化学品，或者个人购买剧毒化学品（属于剧毒化学品的农药除外）、易制爆危险化学品的，由公安机关没收所购买的剧毒化学品、易制爆危险化学品，可以并处5000元以下的罚款。

使用剧毒化学品、易制爆危险化学品的单位出借或者向不具有本条例第三十八条第一款、第二款规定的相关许可证件的单位转让其购买的剧毒化学品、易制爆危险化学品，或者向个人转让其购买的剧毒化学品（属于剧毒化学品的农药除外）、易制爆危险化学品的，由公安机关责令改正，处10万元以上20万元以下的罚款；拒不改正的，责令停产停业整顿。

第八十五条　未依法取得危险货物道路运输许可、危险货物水路运输许可，从事危险化学品道路运输、水路运输的，分别依照有关道路运输、水路运输的法律、行政法规的规定处罚。

第八十六条　有下列情形之一的，由交通运输主管部门责令改正，处5万元以上10万元以下的罚款；拒不改正的，责令停产停业整顿；构成犯罪的，依法追究刑事责任：

（一）危险化学品道路运输企业、水路运输企业的驾驶人员、船员、装卸管理人员、押运人员、申报人员、集装箱装箱现场检查员未取得从业资格上岗作业的；

（二）运输危险化学品，未根据危险化学品的危险特性采取相应的安全防护措施，或者未配备必要的防护用品和应急救援器材的；

（三）使用未依法取得危险货物适装证书的船舶，通过内河运输危险化学品的；

（四）通过内河运输危险化学品的承运人违反国务院交通运输主管部门对单船运输的危险化学品数量的限制性规定运输危险化学品的；

（五）用于危险化学品运输作业的内河码头、泊位不符合国家有关安全规范，或者未与饮用水取水口保持国家规定的安全距离，或者未经交通运输主管部门验收合格投入使用的；

（六）托运人不向承运人说明所托运的危险化学品的种类、数量、危险特性以及发生危险情况的应急处置措施，或者未按照国家有关规定对所托运的危险化学品妥善包装并在外包装上设置相应标志的；

（七）运输危险化学品需要添加抑制剂或者稳定剂，托运人未添加或者未将有关情况告知承运人的。

第八十七条　有下列情形之一的，由交通运输主管部门责令改正，处10万元以上20万元以下的罚款，有违法所得的，没收违法所得；拒不改正的，责令停产停业整顿；构成犯罪的，依法追究刑事责任：

（一）委托未依法取得危险货物道路运输许可、危险货物水路运输许可的企业承运危险化学品的；

（二）通过内河封闭水域运输剧毒化学品以及国家规定禁止通过内河运输的其他危险化学品的；

（三）通过内河运输国家规定禁止通过内河运输的剧毒化学品以及其他危险化学品的；

（四）在托运的普通货物中夹带危险化学品，或者将危险化学品谎报或者匿报为普通货物托运的。

在邮件、快件内夹带危险化学品，或者将危险化学品谎报为普通物品交寄的，依法给予治安管理处罚；构成犯罪的，依法追究刑事责任。

邮政企业、快递企业收寄危险化学品的，依照《中华人民共和国邮政法》的规定处罚。

第八十八条 有下列情形之一的，由公安机关责令改正，处5万元以上10万元以下的罚款；构成违反治安管理行为的，依法给予治安管理处罚；构成犯罪的，依法追究刑事责任：

（一）超过运输车辆的核定载质量装载危险化学品的；

（二）使用安全技术条件不符合国家标准要求的车辆运输危险化学品的；

（三）运输危险化学品的车辆未经公安机关批准进入危险化学品运输车辆限制通行的区域的；

（四）未取得剧毒化学品道路运输通行证，通过道路运输剧毒化学品的。

第八十九条 有下列情形之一的，由公安机关责令改正，处1万元以上5万元以下的罚款；构成违反治安管理行为的，依法给予治安管理处罚：

（一）危险化学品运输车辆未悬挂或者喷涂警示标志，或者悬挂或者喷涂的警示标志不符合国家标准要求的；

（二）通过道路运输危险化学品，不配备押运人员的；

（三）运输剧毒化学品或者易制爆危险化学品途中需要较长时间停车，驾驶人员、押运人员不向当地公安机关报告的；

（四）剧毒化学品、易制爆危险化学品在道路运输途中丢失、被盗、被抢或者发生流散、泄露等情况，驾驶人员、押运人员不采取必要的警示措施和安全措施，或者不向当地公安机关报告的。

第九十条 对发生交通事故负有全部责任或者主要责任的危险化学品道路运输企业，由公安机关责令消除安全隐患，未消除安全隐患的危险化学品运输车辆，禁止上道路行驶。

第九十一条 有下列情形之一的，由交通运输主管部门责令改正，可以处1万元以下的罚款；拒不改正的，处1万元以上5万元以下的罚款：

（一）危险化学品道路运输企业、水路运输企业未配备专职安全管理人员的；

（二）用于危险化学品运输作业的内河码头、泊位的管理单位未制定码头、泊位危险化学品事故应急救援预案，或者未为码头、泊位配备充足、有效的应急救援器材和设备的。

第九十二条 有下列情形之一的，依照《中华人民共和国内河交通安全管理条例》的规定处罚：

（一）通过内河运输危险化学品的水路运输企业未制定运输船舶危险化学品事故应急救援预案，或者未为运输船舶配备充足、有效的应急救援器材和设备的；

（二）通过内河运输危险化学品的船舶的所有人或者经营人未取得船舶污染损害责任保险证书或者财务担保证明的；

（三）船舶载运危险化学品进出内河港口，未将有关事项事先报告海事管理机构并经其同意的；

（四）载运危险化学品的船舶在内河航行、装卸或者停泊，未悬挂专用的警示标志，或者未按照规定显示专用信号，或者未按照规定申请引航的。

未向港口行政管理部门报告并经其同意，在港口内进行危险化学品的装卸、过驳作业的，依照《中华人民共和国港口法》的规定处罚。

第九十三条　伪造、变造或者出租、出借、转让危险化学品安全生产许可证、工业产品生产许可证，或者使用伪造、变造的危险化学品安全生产许可证、工业产品生产许可证的，分别依照《安全生产许可证条例》、《中华人民共和国工业产品生产许可证管理条例》的规定处罚。

伪造、变造或者出租、出借、转让本条例规定的其他许可证，或者使用伪造、变造的本条例规定的其他许可证的，分别由相关许可证的颁发管理机关处10万元以上20万元以下的罚款，有违法所得的，没收违法所得；构成违反治安管理行为的，依法给予治安管理处罚；构成犯罪的，依法追究刑事责任。

第九十四条　危险化学品单位发生危险化学品事故，其主要负责人不立即组织救援或者不立即向有关部门报告的，依照《生产安全事故报告和调查处理条例》的规定处罚。

危险化学品单位发生危险化学品事故，造成他人人身伤害或者财产损失的，依法承担赔偿责任。

第九十五条　发生危险化学品事故，有关地方人民政府及其有关部门不立即组织实施救援，或者不采取必要的应急处置措施减少事故损失，防止事故蔓延、扩大的，对直接负责的主管人员和其他直接责任人员依法给予处分；构成犯罪的，依法追究刑事责任。

第九十六条　负有危险化学品安全监督管理职责的部门的工作人员，在危险化学品安全监督管理工作中滥用职权、玩忽职守、徇私舞弊，构成犯罪的，依法追究刑事责任；尚不构成犯罪的，依法给予处分。

第八章　附　　则

第九十七条　监控化学品、属于危险化学品的药品和农药的安全管理，依照本条例的规定执行；法律、行政法规另有规定的，依照其规定。

民用爆炸物品、烟花爆竹、放射性物品、核能物质以及用于国防科研生产的危险化学品的安全管理，不适用本条例。

法律、行政法规对燃气的安全管理另有规定的，依照其规定。

危险化学品容器属于特种设备的，其安全管理依照有关特种设备安全的法律、行政法规的规定执行。

第九十八条　危险化学品的进出口管理，依照有关对外贸易的法律、行政法规、规章的规定执行；进口的危险化学品的储存、使用、经营、运输的安全管理，依照本条例的规定执行。

危险化学品环境管理登记和新化学物质环境管理登记，依照有关环境保护的法律、行政法规、规章的规定执行。危险化学品环境管理登记，按照国家有关规定收取费用。

第九十九条　公众发现、捡拾的无主危险化学品，由公安机关接收。公安机关接收或者有关部门依法没收的危险化学品，需要进行无害化处理的，交由环境保护主管部门组织其认定的专业单位进行处理，或者交由有关危险化学品生产企业进行处理。处理所需费用由国家财政负担。

第一百条　化学品的危险特性尚未确定的，由国务院安全生产监督管理部门、国务院环境保护主管部门、国务院卫生主管部门分别负责组织对该化学品的物理危险性、环境危害性、毒理特性进行鉴定。根据鉴定结果，需要调整危险化学品目录的，依照本条例第三条第二款的规定办理。

第一百零一条 本条例施行前已经使用危险化学品从事生产的化工企业，依照本条例规定需要取得危险化学品安全使用许可证的，应当在国务院安全生产监督管理部门规定的期限内，申请取得危险化学品安全使用许可证。

第一百零二条 本条例自2011年12月1日起施行。

中华人民共和国监控化学品管理条例

（1995年12月27日中华人民共和国国务院令第190号发布，根据2011年1月8日国务院令第588号《国务院关于废止和修改部分行政法规的决定》修订）

第一条 为了加强对监控化学品的管理，保障公民的人身安全和保护环境，制定本条例。

第二条 在中华人民共和国境内从事监控化学品的生产、经营和使用活动，必须遵守本条例。

第三条 本条例所称监控化学品，是指下列各类化学品：

第一类：可作为化学武器的化学品；

第二类：可作为生产化学武器前体的化学品；

第三类：可作为生产化学武器主要原料的化学品；

第四类：除炸药和纯碳氢化合物外的特定有机化学品。

前款各类监控化学品的名录由国务院化学工业主管部门提出，报国务院批准后公布。

第四条 国务院化学工业主管部门负责全国监控化学品的管理工作。省、自治区、直辖市人民政府化学工业主管部门负责本行政区域内监控化学品的管理工作。

第五条 生产、经营或者使用监控化学品的，应当依照本条例和国家有关规定向国务院化学工业主管部门或者省、自治区、直辖市人民政府化学工业主管部门申报生产、经营或者使用监控化学品的有关资料、数据和使用目的，接受化学工业主管部门的检查监督。

第六条 国家严格控制第一类监控化学品的生产。

为科研、医疗、制造药物或者防护目的需要生产第一类监控化学品的，应当报国务院化学工业主管部门批准，并在国务院化学工业主管部门指定的小型设施中生产。

严禁在未经国务院化学工业主管部门指定的设施中生产第一类监控化学品。

第七条 国家对第二类、第三类监控化学品和第四类监控化学品中含磷、硫、氟的特定有机化学品的生产，实行特别许可制度；未经特别许可的，任何单位和个人均不得生产。特别许可办法，由国务院化学工业主管部门制定。

第八条 新建、扩建或者改建用于生产第二类、第三类监控化学品和第四类监控化学品中含磷、硫、氟的特定有机化学品的设施，应当向所在地省、自治区、直辖市人民政府化学工业主管部门提出申请，经省、自治区、直辖市人民政府化学工业主管部门审查签署意见，报国务院化学工业主管部门批准后，方可开工建设；工程竣工后，经所在地省、自治区、直辖市人民政府化学工业主管部门验收合格，并报国务院化学工业主管部门批准后，方可投产使用。

新建、扩建或者改建用于生产第四类监

控化学品中不含磷、硫、氟的特定有机化学品的设施，应当在开工生产前向所在地省、自治区、直辖市人民政府化学工业主管部门备案。

第九条　监控化学品应当在专用的化工仓库中储存，并设专人管理。监控化学品的储存条件应当符合国家有关规定。

第十条　储存监控化学品的单位，应当建立严格的出库、入库检查制度和登记制度；发现丢失、被盗时，应当立即报告当地公安机关和所在地省、自治区、直辖市人民政府化学工业主管部门；省、自治区、直辖市人民政府化学工业主管部门应当积极配合公安机关进行查处。

第十一条　对变质或者过期失效的监控化学品，应当及时处理。处理方案报所在地省、自治区、直辖市人民政府化学工业主管部门批准后实施。

第十二条　为科研、医疗、制造药物或者防护目的需要使用第一类监控化学品的，应当向国务院化学工业主管部门提出申请，经国务院化学工业主管部门审查批准后，凭批准文件同国务院化学工业主管部门指定的生产单位签订合同，并将合同副本报送国务院化学工业主管部门备案。

第十三条　需要使用第二类监控化学品的，应当向所在地省、自治区、直辖市人民政府化学工业主管部门提出申请，经省、自治区、直辖市人民政府化学工业主管部门审查批准后，凭批准文件同国务院化学工业主管部门指定的经销单位签订合同，并将合同副本报送所在地省、自治区、直辖市人民政府化学工业主管部门备案。

第十四条　国务院化学工业主管部门会同国务院对外经济贸易主管部门指定的单位（以下简称被指定单位），可以从事第一类监控化学品和第二类、第三类监控化学品及其生产技术、专用设备的进出口业务。

需要进口或者出口第一类监控化学品和第二类、第三类监控化学品及其生产技术、专用设备的，应当委托被指定单位代理进口或者出口。除被指定单位外，任何单位和个人均不得从事这类进出口业务。

第十五条　国家严格控制第一类监控化学品的进口和出口。非为科研、医疗、制造药物或者防护目的，不得进口第一类监控化学品。

接受委托进口第一类监控化学品的被指定单位，应当向国务院化学工业主管部门提出申请，并提交产品最终用途的说明和证明；经国务院化学工业主管部门审查签署意见后，报国务院审查批准。被指定单位凭国务院的批准文件向国务院对外经济贸易主管部门申请领取进口许可证。

第十六条　接受委托进口第二类、第三类监控化学品及其生产技术、专用设备的被指定单位，应当向国务院化学工业主管部门提出申请，并提交所进口的化学品、生产技术或者专用设备最终用途的说明和证明；经国务院化学工业主管部门审查批准后，被指定单位凭国务院化学工业主管部门的批准文件向国务院对外经济贸易主管部门申请领取进口许可证。

第十七条　接受委托出口第一类监控化学品的被指定单位，应当向国务院化学工业主管部门提出申请，并提交进口国政府或者政府委托机构出具的所进口的化学品仅用于科研、医疗、制造药物或者防护目的和不转口第三国的保证书；经国务院化学工业主管部门审查签署意见后，报国务院审查批准。被指定单位凭国务院的批准文件向国务院对外经济贸易主管部门申请领取出口许可证。

第十八条　接受委托出口第二类、第三类监控化学品及其生产技术、专用设备的被指定单位，应当向国务院化学工业主管部门提出申请，并提交进口国政府或者政府委托机构出具的所进口的化学品、生产技术、专用设备不用于生产化学武器和不转口第三国的保证书；经国务院化学工业主管部门审查批准后，被指定单位凭国务院化学工业主管部门的批准文件向国务院对外经济贸易主管部门申请领取出口许可证。

第十九条　使用监控化学品的，应当与其申报的使用目的相一致；需要改变使用目的的，应当报原审批机关批准。

第二十条　使用第一类、第二类监控化学品的，应当按照国家有关规定，定期向所在地省、自治区、直辖市人民政府化学工业主管部门报告消耗此类监控化学品的数量和使用此类监控化学品生产最终产品的数量。

第二十一条　违反本条例规定，生产监控化学品的，由省、自治区、直辖市人民政府化学工业主管部门责令限期改正；逾期不改正的，可以处20万元以下的罚款；情节严重的，可以提请省、自治区、直辖市人民政府责令停产整顿。

第二十二条　违反本条例规定，使用监控化学品的，由省、自治区、直辖市人民政府化学工业主管部门责令限期改正；逾期不改正的，可以处5万元以下的罚款。

第二十三条　违反本条例规定，经营监控化学品的，由省、自治区、直辖市人民政府化学工业主管部门没收其违法经营的监控化学品和违法所得，可以并处违法经营额1倍以上2倍以下的罚款。

第二十四条　违反本条例规定，隐瞒、拒报有关监控化学品的资料、数据，或者妨碍、阻挠化学工业主管部门依照本条例的规定履行检查监督职责的，由省、自治区、直辖市人民政府化学工业主管部门处以5万元以下的罚款。

第二十五条　违反本条例规定，构成违反治安管理行为的，依照《中华人民共和国治安管理处罚法》的有关规定处罚；构成犯罪的，依法追究刑事责任。

第二十六条　在本条例施行前已经从事生产、经营或者使用监控化学品的，应当依照本条例的规定，办理有关手续。

第二十七条　本条例自发布之日起施行。

易制毒化学品管理条例

（2005年8月26日中华人民共和国国务院令第445号公布，根据2014年7月29日《国务院关于修改部分行政法规的决定》第一次修订，根据2016年2月6日《国务院关于修改部分行政法规的决定》第二次修订，根据2018年9月18日《国务院关于修改部分行政法规的决定》第三次修订）

第一章　总　　则

第一条　为了加强易制毒化学品管理，规范易制毒化学品的生产、经营、购买、运输和进口、出口行为，防止易制毒化学品被用于制造毒品，维护经济和社会秩序，制定本条例。

第二条　国家对易制毒化学品的生产、经营、购买、运输和进口、出口实行分类管理和许可制度。

易制毒化学品分为三类。第一类是可以用于制毒的主要原料，第二类、第三类是可以用于制毒的化学配剂。易制毒化学品的具体分类和品种，由本条例附表列示。

易制毒化学品的分类和品种需要调整的，由国务院公安部门会同国务院药品监督管理部门、安全生产监督管理部门、商务主管部门、卫生主管部门和海关总署提出方案，报国务院批准。

省、自治区、直辖市人民政府认为有

必要在本行政区域内调整分类或者增加本条例规定以外的品种的，应当向国务院公安部门提出，由国务院公安部门会同国务院有关行政主管部门提出方案，报国务院批准。

第三条 国务院公安部门、药品监督管理部门、安全生产监督管理部门、商务主管部门、卫生主管部门、海关总署、价格主管部门、铁路主管部门、交通主管部门、市场监督管理部门、生态环境主管部门在各自的职责范围内，负责全国的易制毒化学品有关管理工作；县级以上地方各级人民政府有关行政主管部门在各自的职责范围内，负责本行政区域内的易制毒化学品有关管理工作。

县级以上地方各级人民政府应当加强对易制毒化学品管理工作的领导，及时协调解决易制毒化学品管理工作中的问题。

第四条 易制毒化学品的产品包装和使用说明书，应当标明产品的名称（含学名和通用名）、化学分子式和成分。

第五条 易制毒化学品的生产、经营、购买、运输和进口、出口，除应当遵守本条例的规定外，属于药品和危险化学品的，还应当遵守法律、其他行政法规对药品和危险化学品的有关规定。

禁止走私或者非法生产、经营、购买、转让、运输易制毒化学品。

禁止使用现金或者实物进行易制毒化学品交易。但是，个人合法购买第一类中的药品类易制毒化学品药品制剂和第三类易制毒化学品的除外。

生产、经营、购买、运输和进口、出口易制毒化学品的单位，应当建立单位内部易制毒化学品管理制度。

第六条 国家鼓励向公安机关等有关行政主管部门举报涉及易制毒化学品的违法行为。接到举报的部门应当为举报者保密。对举报属实的，县级以上人民政府及有关行政主管部门应当给予奖励。

第二章 生产、经营管理

第七条 申请生产第一类易制毒化学品，应当具备下列条件，并经本条例第八条规定的行政主管部门审批，取得生产许可证后，方可进行生产：

（一）属依法登记的化工产品生产企业或者药品生产企业；

（二）有符合国家标准的生产设备、仓储设施和污染物处理设施；

（三）有严格的安全生产管理制度和环境突发事件应急预案；

（四）企业法定代表人和技术、管理人员具有安全生产和易制毒化学品的有关知识，无毒品犯罪记录；

（五）法律、法规、规章规定的其他条件。

申请生产第一类中的药品类易制毒化学品，还应当在仓储场所等重点区域设置电视监控设施以及与公安机关联网的报警装置。

第八条 申请生产第一类中的药品类易制毒化学品的，由省、自治区、直辖市人民政府药品监督管理部门审批；申请生产第一类中的非药品类易制毒化学品的，由省、自治区、直辖市人民政府安全生产监督管理部门审批。

前款规定的行政主管部门应当自收到申请之日起60日内，对申请人提交的申请材料进行审查。对符合规定的，发给生产许可证，或者在企业已经取得的有关生产许可证件上标注；不予许可的，应当书面说明理由。

审查第一类易制毒化学品生产许可申请材料时，根据需要，可以进行实地核查和专家评审。

第九条 申请经营第一类易制毒化学品，应当具备下列条件，并经本条例第十条规定的行政主管部门审批，取得经营许可证后，方可进行经营：

（一）属依法登记的化工产品经营企业

或者药品经营企业；

（二）有符合国家规定的经营场所，需要储存、保管易制毒化学品的，还应当有符合国家技术标准的仓储设施；

（三）有易制毒化学品的经营管理制度和健全的销售网络；

（四）企业法定代表人和销售、管理人员具有易制毒化学品的有关知识，无毒品犯罪记录；

（五）法律、法规、规章规定的其他条件。

第十条 申请经营第一类中的药品类易制毒化学品的，由省、自治区、直辖市人民政府药品监督管理部门审批；申请经营第一类中的非药品类易制毒化学品的，由省、自治区、直辖市人民政府安全生产监督管理部门审批。

前款规定的行政主管部门应当自收到申请之日起30日内，对申请人提交的申请材料进行审查。对符合规定的，发给经营许可证，或者在企业已经取得的有关经营许可证件上标注；不予许可的，应当书面说明理由。

审查第一类易制毒化学品经营许可申请材料时，根据需要，可以进行实地核查。

第十一条 取得第一类易制毒化学品生产许可或者依照本条例第十三条第一款规定已经履行第二类、第三类易制毒化学品备案手续的生产企业，可以经销自产的易制毒化学品。但是，在厂外设立销售网点经销第一类易制毒化学品的，应当依照本条例的规定取得经营许可。

第一类中的药品类易制毒化学品药品单方制剂，由麻醉药品定点经营企业经销，且不得零售。

第十二条 取得第一类易制毒化学品生产、经营许可的企业，应当凭生产、经营许可证到市场监督管理部门办理经营范围变更登记。未经变更登记，不得进行第一类易制毒化学品的生产、经营。

第一类易制毒化学品生产、经营许可证被依法吊销的，行政主管部门应当自作出吊销决定之日起5日内通知市场监督管理部门；被吊销许可证的企业，应当及时到市场监督管理部门办理经营范围变更或者企业注销登记。

第十三条 生产第二类、第三类易制毒化学品的，应当自生产之日起30日内，将生产的品种、数量等情况，向所在地的设区的市级人民政府安全生产监督管理部门备案。

经营第二类易制毒化学品的，应当自经营之日起30日内，将经营的品种、数量、主要流向等情况，向所在地的设区的市级人民政府安全生产监督管理部门备案；经营第三类易制毒化学品的，应当自经营之日起30日内，将经营的品种、数量、主要流向等情况，向所在地的县级人民政府安全生产监督管理部门备案。

前两款规定的行政主管部门应当于收到备案材料的当日发给备案证明。

第三章 购买管理

第十四条 申请购买第一类易制毒化学品，应当提交下列证件，经本条例第十五条规定的行政主管部门审批，取得购买许可证：

（一）经营企业提交企业营业执照和合法使用需要证明；

（二）其他组织提交登记证书（成立批准文件）和合法使用需要证明。

第十五条 申请购买第一类中的药品类易制毒化学品的，由所在地的省、自治区、直辖市人民政府药品监督管理部门审批；申请购买第一类中的非药品类易制毒化学品的，由所在地的省、自治区、直辖市人民政府公安机关审批。

前款规定的行政主管部门应当自收到申请之日起10日内，对申请人提交的申请材料和证件进行审查。对符合规定的，发给购买许可证；不予许可的，应当书面说明理由。

审查第一类易制毒化学品购买许可申请材料时，根据需要，可以进行实地核查。

第十六条 持有麻醉药品、第一类精神药品购买印鉴卡的医疗机构购买第一类中的药品类易制毒化学品的，无须申请第一类易制毒化学品购买许可证。

个人不得购买第一类、第二类易制毒化学品。

第十七条 购买第二类、第三类易制毒化学品的，应当在购买前将所需购买的品种、数量，向所在地的县级人民政府公安机关备案。个人自用购买少量高锰酸钾的，无须备案。

第十八条 经营单位销售第一类易制毒化学品时，应当查验购买许可证和经办人的身份证明。对委托代购的，还应当查验购买人持有的委托文书。

经营单位在查验无误、留存上述证明材料的复印件后，方可出售第一类易制毒化学品；发现可疑情况的，应当立即向当地公安机关报告。

第十九条 经营单位应当建立易制毒化学品销售台账，如实记录销售的品种、数量、日期、购买方等情况。销售台账和证明材料复印件应当保存2年备查。

第一类易制毒化学品的销售情况，应当自销售之日起5日内报当地公安机关备案；第一类易制毒化学品的使用单位，应当建立使用台账，并保存2年备查。

第二类、第三类易制毒化学品的销售情况，应当自销售之日起30日内报当地公安机关备案。

第四章 运输管理

第二十条 跨设区的市级行政区域（直辖市为跨市界）或者在国务院公安部门确定的禁毒形势严峻的重点地区跨县级行政区域运输第一类易制毒化学品的，由运出地的设区的市级人民政府公安机关审批；运输第二类易制毒化学品的，由运出地的县级人民政府公安机关审批。经审批取得易制毒化学品运输许可证后，方可运输。

运输第三类易制毒化学品的，应当在运输前向运出地的县级人民政府公安机关备案。公安机关应当于收到备案材料的当日发给备案证明。

第二十一条 申请易制毒化学品运输许可，应当提交易制毒化学品的购销合同，货主是企业的，应当提交营业执照；货主是其他组织的，应当提交登记证书（成立批准文件）；货主是个人的，应当提交其个人身份证明。经办人还应当提交本人的身份证明。

公安机关应当自收到第一类易制毒化学品运输许可申请之日起10日内，收到第二类易制毒化学品运输许可申请之日起3日内，对申请人提交的申请材料进行审查。对符合规定的，发给运输许可证；不予许可的，应当书面说明理由。

审查第一类易制毒化学品运输许可申请材料时，根据需要，可以进行实地核查。

第二十二条 对许可运输第一类易制毒化学品的，发给一次有效的运输许可证。

对许可运输第二类易制毒化学品的，发给3个月有效的运输许可证；6个月内运输安全状况良好的，发给12个月有效的运输许可证。

易制毒化学品运输许可证应当载明拟运输的易制毒化学品的品种、数量、运入地、货主及收货人、承运人情况以及运输许可证种类。

第二十三条 运输供教学、科研使用的100克以下的麻黄素样品和供医疗机构制剂配方使用的小包装麻黄素以及医疗机构或者麻醉药品经营企业购买麻黄素片剂6万片以下、注射剂1.5万支以下，货主或者承运人持有依法取得的购买许可证明或者麻醉药品调拨单的，无须申请易制毒化学品运输许可。

第二十四条　接受货主委托运输的，承运人应当查验货主提供的运输许可证或者备案证明，并查验所运货物与运输许可证或者备案证明载明的易制毒化学品品种等情况是否相符；不相符的，不得承运。

运输易制毒化学品，运输人员应当自启运起全程携带运输许可证或者备案证明。公安机关应当在易制毒化学品的运输过程中进行检查。

运输易制毒化学品，应当遵守国家有关货物运输的规定。

第二十五条　因治疗疾病需要，患者、患者近亲属或者患者委托的人凭医疗机构出具的医疗诊断书和本人的身份证明，可以随身携带第一类中的药品类易制毒化学品药品制剂，但是不得超过医用单张处方的最大剂量。

医用单张处方最大剂量，由国务院卫生主管部门规定、公布。

第五章　进口、出口管理

第二十六条　申请进口或者出口易制毒化学品，应当提交下列材料，经国务院商务主管部门或者其委托的省、自治区、直辖市人民政府商务主管部门审批，取得进口或者出口许可证后，方可从事进口、出口活动：

（一）对外贸易经营者备案登记证明复印件；

（二）营业执照副本；

（三）易制毒化学品生产、经营、购买许可证或者备案证明；

（四）进口或者出口合同（协议）副本；

（五）经办人的身份证明。

申请易制毒化学品出口许可的，还应当提交进口方政府主管部门出具的合法使用易制毒化学品的证明或者进口方合法使用的保证文件。

第二十七条　受理易制毒化学品进口、出口申请的商务主管部门应当自收到申请材料之日起20日内，对申请材料进行审查，必要时可以进行实地核查。对符合规定的，发给进口或者出口许可证；不予许可的，应当书面说明理由。

对进口第一类中的药品类易制毒化学品的，有关的商务主管部门在作出许可决定前，应当征得国务院药品监督管理部门的同意。

第二十八条　麻黄素等属于重点监控物品范围的易制毒化学品，由国务院商务主管部门会同国务院有关部门核定的企业进口、出口。

第二十九条　国家对易制毒化学品的进口、出口实行国际核查制度。易制毒化学品国际核查目录及核查的具体办法，由国务院商务主管部门会同国务院公安部门规定、公布。

国际核查所用时间不计算在许可期限之内。

对向毒品制造、贩运情形严重的国家或者地区出口易制毒化学品以及本条例规定品种以外的化学品的，可以在国际核查措施以外实施其他管制措施，具体办法由国务院商务主管部门会同国务院公安部门、海关总署等有关部门规定、公布。

第三十条　进口、出口或者过境、转运、通运易制毒化学品的，应当如实向海关申报，并提交进口或者出口许可证。海关凭许可证办理通关手续。

易制毒化学品在境外与保税区、出口加工区等海关特殊监管区域、保税场所之间进出的，适用前款规定。

易制毒化学品在境内与保税区、出口加工区等海关特殊监管区域、保税场所之间进出的，或者在上述海关特殊监管区域、保税场所之间进出的，无须申请易制毒化学品进口或者出口许可证。

进口第一类中的药品类易制毒化学品，还应当提交药品监督管理部门出具的进口药品通关单。

第三十一条　进出境人员随身携带第一类中的药品类易制毒化学品药品制剂和高锰酸钾，应当以自用且数量合理为限，并接受海关监管。

进出境人员不得随身携带前款规定以外的易制毒化学品。

第六章　监督检查

第三十二条　县级以上人民政府公安机关、负责药品监督管理的部门、安全生产监督管理部门、商务主管部门、卫生主管部门、价格主管部门、铁路主管部门、交通主管部门、市场监督管理部门、生态环境主管部门和海关，应当依照本条例和有关法律、行政法规的规定，在各自的职责范围内，加强对易制毒化学品生产、经营、购买、运输、价格以及进口、出口的监督检查；对非法生产、经营、购买、运输易制毒化学品，或者走私易制毒化学品的行为，依法予以查处。

前款规定的行政主管部门在进行易制毒化学品监督检查时，可以依法查看现场、查阅和复制有关资料、记录有关情况、扣押相关的证据材料和违法物品；必要时，可以临时查封有关场所。

被检查的单位或者个人应当如实提供有关情况和材料、物品，不得拒绝或者隐匿。

第三十三条　对依法收缴、查获的易制毒化学品，应当在省、自治区、直辖市或者设区的市级人民政府公安机关、海关或者生态环境主管部门的监督下，区别易制毒化学品的不同情况进行保管、回收，或者依照环境保护法律、行政法规的有关规定，由有资质的单位在生态环境主管部门的监督下销毁。其中，对收缴、查获的第一类中的药品类易制毒化学品，一律销毁。

易制毒化学品违法单位或者个人无力提供保管、回收或者销毁费用的，保管、回收或者销毁的费用在回收所得中开支，或者在有关行政主管部门的禁毒经费中列支。

第三十四条　易制毒化学品丢失、被盗、被抢的，发案单位应当立即向当地公安机关报告，并同时报告当地的县级人民政府负责药品监督管理的部门、安全生产监督管理部门、商务主管部门或者卫生主管部门。接到报案的公安机关应当及时立案查处，并向上级公安机关报告；有关行政主管部门应当逐级上报并配合公安机关的查处。

第三十五条　有关行政主管部门应当将易制毒化学品许可以及依法吊销许可的情况通报有关公安机关和市场监督管理部门；市场监督管理部门应当将生产、经营易制毒化学品企业依法变更或者注销登记的情况通报有关公安机关和行政主管部门。

第三十六条　生产、经营、购买、运输或者进口、出口易制毒化学品的单位，应当于每年 3 月 31 日前向许可或者备案的行政主管部门和公安机关报告本单位上年度易制毒化学品的生产、经营、购买、运输或者进口、出口情况；有条件的生产、经营、购买、运输或者进口、出口单位，可以与有关行政主管部门建立计算机联网，及时通报有关经营情况。

第三十七条　县级以上人民政府有关行政主管部门应当加强协调合作，建立易制毒化学品管理情况、监督检查情况以及案件处理情况的通报、交流机制。

第七章　法律责任

第三十八条　违反本条例规定，未经许可或者备案擅自生产、经营、购买、运输易制毒化学品，伪造申请材料骗取易制毒化学品生产、经营、购买或者运输许可证，使用他人的或者伪造、变造、失效的许可证生产、经营、购买、运输易制毒化学品的，由公安机关没收非法生产、经营、购买或者运输的易制毒化学品、用于非法生产易制毒化学品的原料以及非法生产、经营、购买或者运输易制毒化学品的设备、工具，处非法生产、经营、购买或者运输的易制毒化学品货值 10 倍以上 20 倍以下的罚款，货值的 20

倍不足 1 万元的，按 1 万元罚款；有违法所得的，没收违法所得；有营业执照的，由市场监督管理部门吊销营业执照；构成犯罪的，依法追究刑事责任。

对有前款规定违法行为的单位或者个人，有关行政主管部门可以自作出行政处罚决定之日起 3 年内，停止受理其易制毒化学品生产、经营、购买、运输或者进口、出口许可申请。

第三十九条 违反本条例规定，走私易制毒化学品的，由海关没收走私的易制毒化学品；有违法所得的，没收违法所得，并依照海关法律、行政法规给予行政处罚；构成犯罪的，依法追究刑事责任。

第四十条 违反本条例规定，有下列行为之一的，由负有监督管理职责的行政主管部门给予警告，责令限期改正，处 1 万元以上 5 万元以下的罚款；对违反规定生产、经营、购买的易制毒化学品可以予以没收；逾期不改正的，责令限期停产停业整顿；逾期整顿不合格的，吊销相应的许可证：

（一）易制毒化学品生产、经营、购买、运输或者进口、出口单位未按规定建立安全管理制度的；

（二）将许可证或者备案证明转借他人使用的；

（三）超出许可的品种、数量生产、经营、购买易制毒化学品的；

（四）生产、经营、购买单位不记录或者不如实记录交易情况、不按规定保存交易记录或者不如实、不及时向公安机关和有关行政主管部门备案销售情况的；

（五）易制毒化学品丢失、被盗、被抢后未及时报告，造成严重后果的；

（六）除个人合法购买第一类中的药品类易制毒化学品药品制剂以及第三类易制毒化学品外，使用现金或者实物进行易制毒化学品交易的；

（七）易制毒化学品的产品包装和使用说明书不符合本条例规定要求的；

（八）生产、经营易制毒化学品的单位不如实或者不按时向有关行政主管部门和公安机关报告年度生产、经销和库存等情况的。

企业的易制毒化学品生产经营许可被依法吊销后，未及时到市场监督管理部门办理经营范围变更或者企业注销登记的，依照前款规定，对易制毒化学品予以没收，并处罚款。

第四十一条 运输的易制毒化学品与易制毒化学品运输许可证或者备案证明载明的品种、数量、运入地、货主及收货人、承运人等情况不符，运输许可证种类不当，或者运输人员未全程携带运输许可证或者备案证明的，由公安机关责令停运整改，处 5000 元以上 5 万元以下的罚款；有危险物品运输资质的，运输主管部门可以依法吊销其运输资质。

个人携带易制毒化学品不符合品种、数量规定的，没收易制毒化学品，处 1000 元以上 5000 元以下的罚款。

第四十二条 生产、经营、购买、运输或者进口、出口易制毒化学品的单位或者个人拒不接受有关行政主管部门监督检查的，由负有监督管理职责的行政主管部门责令改正，对直接负责的主管人员以及其他直接责任人员给予警告；情节严重的，对单位处 1 万元以上 5 万元以下的罚款，对直接负责的主管人员以及其他直接责任人员处 1000 元以上 5000 元以下的罚款；有违反治安管理行为的，依法给予治安管理处罚；构成犯罪的，依法追究刑事责任。

第四十三条 易制毒化学品行政主管部门工作人员在管理工作中有应当许可而不许可、不应当许可而滥许可，不依法受理备案，以及其他滥用职权、玩忽职守、徇私舞弊行为的，依法给予行政处分；构成犯罪的，依法追究刑事责任。

第八章 附 则

第四十四条 易制毒化学品生产、经营、购买、运输和进口、出口许可证，由国务院有关行政主管部门根据各自的职责规定式样并监制。

第四十五条　本条例自2005年11月1日起施行。

本条例施行前已经从事易制毒化学品生产、经营、购买、运输或者进口、出口业务的，应当自本条例施行之日起6个月内，依照本条例的规定重新申请许可。

烟花爆竹安全管理条例

（2006年1月21日中华人民共和国国务院令第455号公布，根据2016年2月6日《国务院关于修改部分行政法规的决定》修订）

第一章　总　　则

第一条　为了加强烟花爆竹安全管理，预防爆炸事故发生，保障公共安全和人身、财产的安全，制定本条例。

第二条　烟花爆竹的生产、经营、运输和燃放，适用本条例。

本条例所称烟花爆竹，是指烟花爆竹制品和用于生产烟花爆竹的民用黑火药、烟火药、引火线等物品。

第三条　国家对烟花爆竹的生产、经营、运输和举办焰火晚会以及其他大型焰火燃放活动，实行许可证制度。

未经许可，任何单位或者个人不得生产、经营、运输烟花爆竹，不得举办焰火晚会以及其他大型焰火燃放活动。

第四条　安全生产监督管理部门负责烟花爆竹的安全生产监督管理；公安部门负责烟花爆竹的公共安全管理；质量监督检验部门负责烟花爆竹的质量监督和进出口检验。

第五条　公安部门、安全生产监督管理部门、质量监督检验部门、工商行政管理部门应当按照职责分工，组织查处非法生产、经营、储存、运输、邮寄烟花爆竹以及非法燃放烟花爆竹的行为。

第六条　烟花爆竹生产、经营、运输企业和焰火晚会以及其他大型焰火燃放活动主办单位的主要负责人，对本单位的烟花爆竹安全工作负责。

烟花爆竹生产、经营、运输企业和焰火晚会以及其他大型焰火燃放活动主办单位应当建立健全安全责任制，制定各项安全管理制度和操作规程，并对从业人员定期进行安全教育、法制教育和岗位技术培训。

中华全国供销合作总社应当加强对本系统企业烟花爆竹经营活动的管理。

第七条　国家鼓励烟花爆竹生产企业采用提高安全程度和提升行业整体水平的新工艺、新配方和新技术。

第二章　生产安全

第八条　生产烟花爆竹的企业，应当具备下列条件：

（一）符合当地产业结构规划；

（二）基本建设项目经过批准；

（三）选址符合城乡规划，并与周边建筑、设施保持必要的安全距离；

（四）厂房和仓库的设计、结构和材料以及防火、防爆、防雷、防静电等安全设备、设施符合国家有关标准和规范；

（五）生产设备、工艺符合安全标准；

（六）产品品种、规格、质量符合国家标准；

（七）有健全的安全生产责任制；

（八）有安全生产管理机构和专职安全生产管理人员；

（九）依法进行了安全评价；

（十）有事故应急救援预案、应急救援组织和人员，并配备必要的应急救援器材、设备；

（十一）法律、法规规定的其他条件。

第九条　生产烟花爆竹的企业，应当在投入生产前向所在地设区的市人民政府安全生产监督管理部门提出安全审查申请，并提交能够证明符合本条例第八条规定条件的有关材料。设区的市人民政府安全生产监督管理部门应当自收到材料之日起20日内提出安全审查初步意见，报省、自治区、直辖市人民政府安全生产监督管理部门审查。省、自治区、直辖市人民政府安全生产监督管理部门应当自受理申请之日起45日内进行安全审查，对符合条件的，核发《烟花爆竹安全生产许可证》；对不符合条件的，应当说明理由。

第十条　生产烟花爆竹的企业为扩大生产能力进行基本建设或者技术改造的，应当依照本条例的规定申请办理安全生产许可证。

生产烟花爆竹的企业，持《烟花爆竹安全生产许可证》到工商行政管理部门办理登记手续后，方可从事烟花爆竹生产活动。

第十一条　生产烟花爆竹的企业，应当按照安全生产许可证核定的产品种类进行生产，生产工序和生产作业应当执行有关国家标准和行业标准。

第十二条　生产烟花爆竹的企业，应当对生产作业人员进行安全生产知识教育，对从事药物混合、造粒、筛选、装药、筑药、压药、切引、搬运等危险工序的作业人员进行专业技术培训。从事危险工序的作业人员经设区的市人民政府安全生产监督管理部门考核合格，方可上岗作业。

第十三条　生产烟花爆竹使用的原料，应当符合国家标准的规定。生产烟花爆竹使用的原料，国家标准有用量限制的，不得超过规定的用量。不得使用国家标准规定禁止使用或者禁忌配伍的物质生产烟花爆竹。

第十四条　生产烟花爆竹的企业，应当按照国家标准的规定，在烟花爆竹产品上标注燃放说明，并在烟花爆竹包装物上印制易燃易爆危险物品警示标志。

第十五条　生产烟花爆竹的企业，应当对黑火药、烟火药、引火线的保管采取必要的安全技术措施，建立购买、领用、销售登记制度，防止黑火药、烟火药、引火线丢失。黑火药、烟火药、引火线丢失的，企业应当立即向当地安全生产监督管理部门和公安部门报告。

第三章　经营安全

第十六条　烟花爆竹的经营分为批发和零售。

从事烟花爆竹批发的企业和零售经营者的经营布点，应当经安全生产监督管理部门审批。

禁止在城市市区布设烟花爆竹批发场所；城市市区的烟花爆竹零售网点，应当按照严格控制的原则合理布设。

第十七条　从事烟花爆竹批发的企业，应当具备下列条件：

（一）具有企业法人条件；

（二）经营场所与周边建筑、设施保持必要的安全距离；

（三）有符合国家标准的经营场所和储存仓库；

（四）有保管员、仓库守护员；

（五）依法进行了安全评价；

（六）有事故应急救援预案、应急救援组织和人员，并配备必要的应急救援器材、设备；

（七）法律、法规规定的其他条件。

第十八条　烟花爆竹零售经营者，应当具备下列条件：

（一）主要负责人经过安全知识教育；

（二）实行专店或者专柜销售，设专人负责安全管理；

（三）经营场所配备必要的消防器材，张贴明显的安全警示标志；

（四）法律、法规规定的其他条件。

第十九条　申请从事烟花爆竹批发的企业，应当向所在地设区的市人民政府安全生产监督管理部门提出申请，并提供能够证明符合本条例第十七条规定条件的有关材料。受理申请的安全生产监督管理部门应当自受理申请之日起30日内对提交的有关材料和经营场所进行审查，对符合条件的，核发《烟花爆竹经营（批发）许可证》；对不符合条件的，应当说明理由。

申请从事烟花爆竹零售的经营者，应当向所在地县级人民政府安全生产监督管理部门提出申请，并提供能够证明符合本条例第十八条规定条件的有关材料。受理申请的安全生产监督管理部门应当自受理申请之日起20日内对提交的有关材料和经营场所进行审查，对符合条件的，核发《烟花爆竹经营（零售）许可证》；对不符合条件的，应当说明理由。

《烟花爆竹经营（零售）许可证》，应当载明经营负责人、经营场所地址、经营期限、烟花爆竹种类和限制存放量。

第二十条　从事烟花爆竹批发的企业，应当向生产烟花爆竹的企业采购烟花爆竹，向从事烟花爆竹零售的经营者供应烟花爆竹。从事烟花爆竹零售的经营者，应当向从事烟花爆竹批发的企业采购烟花爆竹。

从事烟花爆竹批发的企业、零售经营者不得采购和销售非法生产、经营的烟花爆竹。

从事烟花爆竹批发的企业，不得向从事烟花爆竹零售的经营者供应按照国家标准规定应由专业燃放人员燃放的烟花爆竹。从事烟花爆竹零售的经营者，不得销售按照国家标准规定应由专业燃放人员燃放的烟花爆竹。

第二十一条　生产、经营黑火药、烟火药、引火线的企业，不得向未取得烟花爆竹安全生产许可的任何单位或者个人销售黑火药、烟火药和引火线。

第四章　运输安全

第二十二条　经由道路运输烟花爆竹的，应当经公安部门许可。

经由铁路、水路、航空运输烟花爆竹的，依照铁路、水路、航空运输安全管理的有关法律、法规、规章的规定执行。

第二十三条　经由道路运输烟花爆竹的，托运人应当向运达地县级人民政府公安部门提出申请，并提交下列有关材料：

（一）承运人从事危险货物运输的资质证明；

（二）驾驶员、押运员从事危险货物运输的资格证明；

（三）危险货物运输车辆的道路运输证明；

（四）托运人从事烟花爆竹生产、经营的资质证明；

（五）烟花爆竹的购销合同及运输烟花爆竹的种类、规格、数量；

（六）烟花爆竹的产品质量和包装合格证明；

（七）运输车辆牌号、运输时间、起始地点、行驶路线、经停地点。

第二十四条　受理申请的公安部门应当自受理申请之日起3日内对提交的有关材料进行审查，对符合条件的，核发《烟花爆竹道路运输许可证》；对不符合条件的，应当说明理由。

《烟花爆竹道路运输许可证》应当载明托运人、承运人、一次性运输有效期限、起始地点、行驶路线、经停地点、烟花爆竹的种类、规格和数量。

第二十五条　经由道路运输烟花爆竹的，除应当遵守《中华人民共和国道路交通安全法》外，还应当遵守下列规定：

（一）随车携带《烟花爆竹道路运输许

可证》；

（二）不得违反运输许可事项；

（三）运输车辆悬挂或者安装符合国家标准的易燃易爆危险物品警示标志；

（四）烟花爆竹的装载符合国家有关标准和规范；

（五）装载烟花爆竹的车厢不得载人；

（六）运输车辆限速行驶，途中经停必须有专人看守；

（七）出现危险情况立即采取必要的措施，并报告当地公安部门。

第二十六条 烟花爆竹运达目的地后，收货人应当在3日内将《烟花爆竹道路运输许可证》交回发证机关核销。

第二十七条 禁止携带烟花爆竹搭乘公共交通工具。

禁止邮寄烟花爆竹，禁止在托运的行李、包裹、邮件中夹带烟花爆竹。

第五章 燃放安全

第二十八条 燃放烟花爆竹，应当遵守有关法律、法规和规章的规定。县级以上地方人民政府可以根据本行政区域的实际情况，确定限制或者禁止燃放烟花爆竹的时间、地点和种类。

第二十九条 各级人民政府和政府有关部门应当开展社会宣传活动，教育公民遵守有关法律、法规和规章，安全燃放烟花爆竹。

广播、电视、报刊等新闻媒体，应当做好安全燃放烟花爆竹的宣传、教育工作。

未成年人的监护人应当对未成年人进行安全燃放烟花爆竹的教育。

第三十条 禁止在下列地点燃放烟花爆竹：

（一）文物保护单位；

（二）车站、码头、飞机场等交通枢纽以及铁路线路安全保护区内；

（三）易燃易爆物品生产、储存单位；

（四）输变电设施安全保护区内；

（五）医疗机构、幼儿园、中小学校、敬老院；

（六）山林、草原等重点防火区；

（七）县级以上地方人民政府规定的禁止燃放烟花爆竹的其他地点。

第三十一条 燃放烟花爆竹，应当按照燃放说明燃放，不得以危害公共安全和人身、财产安全的方式燃放烟花爆竹。

第三十二条 举办焰火晚会以及其他大型焰火燃放活动，应当按照举办的时间、地点、环境、活动性质、规模以及燃放烟花爆竹的种类、规格和数量，确定危险等级，实行分级管理。分级管理的具体办法，由国务院公安部门规定。

第三十三条 申请举办焰火晚会以及其他大型焰火燃放活动，主办单位应当按照分级管理的规定，向有关人民政府公安部门提出申请，并提交下列有关材料：

（一）举办焰火晚会以及其他大型焰火燃放活动的时间、地点、环境、活动性质、规模；

（二）燃放烟花爆竹的种类、规格、数量；

（三）燃放作业方案；

（四）燃放作业单位、作业人员符合行业标准规定条件的证明。

受理申请的公安部门应当自受理申请之日起20日内对提交的有关材料进行审查，对符合条件的，核发《焰火燃放许可证》；对不符合条件的，应当说明理由。

第三十四条 焰火晚会以及其他大型焰火燃放活动燃放作业单位和作业人员，应当按照焰火燃放安全规程和经许可的燃放作业方案进行燃放作业。

第三十五条 公安部门应当加强对危险等级较高的焰火晚会以及其他大型焰火燃放活动的监督检查。

第六章 法律责任

第三十六条 对未经许可生产、经营烟花爆竹制品，或者向未取得烟花爆竹安全生产许可的单位或者个人销售黑火药、烟火药、引火线的，由安全生产监督管理部门责令停止非法生产、经营活动，处2万元以上10万元以下的罚款，并没收非法生产、经营的物品及违法所得。

对未经许可经由道路运输烟花爆竹的，由公安部门责令停止非法运输活动，处1万元以上5万元以下的罚款，并没收非法运输的物品及违法所得。

非法生产、经营、运输烟花爆竹，构成违反治安管理行为的，依法给予治安管理处罚；构成犯罪的，依法追究刑事责任。

第三十七条　生产烟花爆竹的企业有下列行为之一的，由安全生产监督管理部门责令限期改正，处1万元以上5万元以下的罚款；逾期不改正的，责令停产停业整顿，情节严重的，吊销安全生产许可证：

（一）未按照安全生产许可证核定的产品种类进行生产的；

（二）生产工序或者生产作业不符合有关国家标准、行业标准的；

（三）雇佣未经设区的市人民政府安全生产监督管理部门考核合格的人员从事危险工序作业的；

（四）生产烟花爆竹使用的原料不符合国家标准规定的，或者使用的原料超过国家标准规定的用量限制的；

（五）使用按照国家标准规定禁止使用或者禁忌配伍的物质生产烟花爆竹的；

（六）未按照国家标准的规定在烟花爆竹产品上标注燃放说明，或者未在烟花爆竹的包装物上印制易燃易爆危险物品警示标志的。

第三十八条　从事烟花爆竹批发的企业向从事烟花爆竹零售的经营者供应非法生产、经营的烟花爆竹，或者供应按照国家标准规定应由专业燃放人员燃放的烟花爆竹的，由安全生产监督管理部门责令停止违法行为，处2万元以上10万元以下的罚款，并没收非法经营的物品及违法所得；情节严重的，吊销烟花爆竹经营许可证。

从事烟花爆竹零售的经营者销售非法生产、经营的烟花爆竹，或者销售按照国家标准规定应由专业燃放人员燃放的烟花爆竹的，由安全生产监督管理部门责令停止违法行为，处1000元以上5000元以下的罚款，并没收非法经营的物品及违法所得；情节严重的，吊销烟花爆竹经营许可证。

第三十九条　生产、经营、使用黑火药、烟火药、引火线的企业，丢失黑火药、烟火药、引火线未及时向当地安全生产监督管理部门和公安部门报告的，由公安部门对企业主要负责人处5000元以上2万元以下的罚款，对丢失的物品予以追缴。

第四十条　经由道路运输烟花爆竹，有下列行为之一的，由公安部门责令改正，处200元以上2000元以下的罚款：

（一）违反运输许可事项的；

（二）未随车携带《烟花爆竹道路运输许可证》的；

（三）运输车辆没有悬挂或者安装符合国家标准的易燃易爆危险物品警示标志的；

（四）烟花爆竹的装载不符合国家有关标准和规范的；

（五）装载烟花爆竹的车厢载人的；

（六）超过危险物品运输车辆规定时速行驶的；

（七）运输车辆途中经停没有专人看守的；

（八）运达目的地后，未按规定时间将《烟花爆竹道路运输许可证》交回发证机关核销的。

第四十一条　对携带烟花爆竹搭乘公共交通工具，或者邮寄烟花爆竹以及在托运的行李、包裹、邮件中夹带烟花爆竹的，由公安部门没收非法携带、邮寄、夹带的烟花爆竹，可以并处200元以上1000元以下的罚款。

第四十二条　对未经许可举办焰火晚会以及其他大型焰火燃放活动，或者焰火晚会以及其他大型焰火燃放活动燃放作业单位和作业人员违反焰火燃放安全规程、燃放作业方案进行燃放作业的，由公安部门责令停止燃放，对责任单位处 1 万元以上 5 万元以下的罚款。

在禁止燃放烟花爆竹的时间、地点燃放烟花爆竹，或者以危害公共安全和人身、财产安全的方式燃放烟花爆竹的，由公安部门责令停止燃放，处 100 元以上 500 元以下的罚款；构成违反治安管理行为的，依法给予治安管理处罚。

第四十三条　对没收的非法烟花爆竹以及生产、经营企业弃置的废旧烟花爆竹，应当就地封存，并由公安部门组织销毁、处置。

第四十四条　安全生产监督管理部门、公安部门、质量监督检验部门、工商行政管理部门的工作人员，在烟花爆竹安全监管工作中滥用职权、玩忽职守、徇私舞弊，构成犯罪的，依法追究刑事责任；尚不构成犯罪的，依法给予行政处分。

第七章　附　　则

第四十五条　《烟花爆竹安全生产许可证》、《烟花爆竹经营（批发）许可证》、《烟花爆竹经营（零售）许可证》，由国务院安全生产监督管理部门规定式样；《烟花爆竹道路运输许可证》、《焰火燃放许可证》，由国务院公安部门规定式样。

第四十六条　本条例自公布之日起施行。

烟花爆竹生产经营安全规定

（2017 年 12 月 11 日国家安全生产监督管理总局第 16 次局长办公会议审议通过，2018 年 1 月 15 日公布，自 2018 年 3 月 1 日起施行）

第一章　总　　则

第一条　为了加强烟花爆竹生产经营安全工作，预防和减少生产安全事故，根据《中华人民共和国安全生产法》和《烟花爆竹安全管理条例》等有关法律、行政法规，制定本规定。

第二条　烟花爆竹生产企业（以下简称生产企业）、烟花爆竹批发企业（以下简称批发企业）和烟花爆竹零售经营者（以下简称零售经营者）的安全生产及其监督管理，适用本规定。

生产企业、批发企业、零售经营者统称生产经营单位。

第三条　生产经营单位应当落实安全生产主体责任，其主要负责人（包括法定代表人、实际控制人，下同）是本单位安全生产工作的第一责任人，对本单位的安全生产工作全面负责。其他负责人在各自职责范围内对本单位安全生产工作负责。

第四条　县级以上地方人民政府安全生产监督管理部门按照属地监管、分类分级负责的原则，对本行政区域内生产经营单位安全生产工作实施监督管理。

地方各级人民政府安全生产监督管理部门在本级人民政府的统一领导下，按照职责分工，会同其他有关部门依法查处非法生产经营烟花爆竹行为。

第二章　生产经营单位的安全生产保障

第五条　生产经营单位应当具备有关法律、行政法规和国家标准或者行业标准规定的安全生产条件，并依法取得相应行政许可。

第六条　生产企业、批发企业应当建立健全全员安全生产责任制，建立健全安全生产工作责任体系，制定并落实符合法律、行政法规和国家标准或者行业标准的安全生产规章制度和操作规程。

第七条　生产企业、批发企业应当不断完善安全生产基础设施，持续保障和提升安全生产条件。

生产企业、批发企业的防雷设施应当经具有相应资质的机构设计、施工，确保符合相关国家标准或者行业标准的规定；防范静电危害的措施应当符合相关国家标准或者行业标准的规定。

生产企业、批发企业在工艺技术条件发生变化和扩大生产储存规模投入生产前，应当对企业的总体布局、工艺流程、危险性工（库）房、安全防护屏障、防火防雷防静电等基础设施进行安全评价。

新的国家标准、行业标准公布后，生产企业、批发企业应当对企业的总体布局、工艺流程、危险性工（库）房、安全防护屏障、防火防雷防静电等基础设施以及安全管理制度进行符合性检查，并依据新的国家标准、行业标准采取相应的改进、完善措施。

鼓励生产企业、批发企业制定并实施严于国家标准、行业标准的企业标准。

第八条　生产企业应当积极推进烟花爆竹生产工艺技术进步，采用本质安全、性能可靠、自动化程度高的机械设备和生产工艺，使用安全、环保的生产原材料。禁止使用国家明令禁止或者淘汰的生产工艺、机械设备及原材料。禁止从业人员自行携带工具、设备进入企业从事生产作业。

第九条　生产企业的涉药生产环节采用新工艺、使用新设备前，应当组织具有相应能力的机构、专家进行安全性能、安全技术要求论证。

第十条　生产企业、批发企业应当保证下列事项所需安全生产资金投入：

（一）安全设备设施维修维护；

（二）工（库）房按国家标准、行业标准规定的条件改造；

（三）重点部位和库房监控；

（四）安全风险管控与隐患排查治理；

（五）风险评估与安全评价；

（六）安全生产教育培训；

（七）劳动防护用品配备；

（八）应急救援器材和物资配备；

（九）应急救援训练及演练；

（十）投保安全生产责任保险等其他需要投入资金的安全生产事项。

第十一条　生产企业、批发企业的生产区、总仓库区、工（库）房及其他有较大危险因素的生产经营场所和有关设施设备上，应当设置明显的安全警示标志；所有工（库）房应当按照国家标准或者行业标准的规定设置准确、清晰、醒目的定员、定量、定级标识。

零售经营场所应当设置清晰、醒目的易燃易爆以及周边严禁烟火、严禁燃放烟花爆竹的安全标志。

第十二条　生产经营单位应当对本单位从业人员进行烟花爆竹安全知识、岗位操作技能等培训，未经安全生产教育和培训的从业人员，不得上岗作业。危险工序作业等特种作业人员应当依法取得相应资格，方可上岗作业。

生产经营单位的主要负责人和安全生产管理人员应当由安全生产监督管理部门对其进行安全生产知识和管理能力考核合格。考核不得收费。

第十三条　生产企业可以依法申请设立批发企业和零售经营场所。批发企业可以依法申请设立零售经营场所。

生产经营单位应当严格按照安全生产许可或者经营许可批准的范围，组织开展生产经营活动。禁止在许可证载明的场所外从事烟花爆竹生产、经营、储存活动，禁止许可证过期继续从事生产经营活动。禁止销售超标、违禁烟花爆竹产品或者非法烟花爆竹产品。

生产企业不得向其他企业销售烟花爆竹含药半成品，不得从其他企业购买烟花爆竹含药半成品加工后销售，不得购买其他企业烟花爆竹成品加贴本企业标签后销售。

批发企业不得向零售经营者或者个人销售专业燃放类烟花爆竹产品。

零售经营者不得在居民居住场所同一建筑物内经营、储存烟花爆竹。

第十四条 生产企业、批发企业应当在权责明晰的组织架构下统一组织开展生产经营活动。禁止分包、转包工（库）房、生产线、生产设备设施或者出租、出借、转让许可证。

第十五条 生产企业、批发企业应当依法建立安全风险分级管控和事故隐患排查治理双重预防机制，采取技术、管理等措施，管控安全风险，及时消除事故隐患，建立安全风险分级管控和事故隐患排查治理档案，如实记录安全风险分级管控和事故隐患排查治理情况，并向本企业从业人员通报。

第十六条 生产企业、批发企业必须建立值班制度和现场巡查制度，全面掌握当日各岗位人员数量及药物分布等安全生产情况，确保不超员超量，并及时处置异常情况。

生产企业、批发企业的危险品生产区、总仓库区，应当确保二十四小时有人值班，并保持监控设施有效、通信畅通。

第十七条 生产企业、批发企业应当建立从业人员、外来人员、车辆进出厂（库）区登记制度，对进出厂（库）区的从业人员、外来人员、车辆如实登记记录，随时掌握厂（库）区人员和车辆的情况。禁止无关人员和车辆进入厂（库）区。禁止未安装阻火装置等不符合国家标准或者行业标准规定安全条件的机动车辆进入生产区和仓库区。

第十八条 生产企业和经营黑火药、引火线的批发企业应当要求供货单位提供并查验购进的黑火药、引火线及化工原材料的质检报告或者产品合格证，确保其安全性能符合国家标准或者行业标准的规定；对总仓库和中转库的黑火药、引火线、烟火药及裸药效果件，应当建立并实施由专人管理、登记、分发的安全管理制度。

第十九条 生产企业、批发企业应当加强日常安全检查，采取安全监控、巡查检查等措施，及时发现、纠正违反安全操作规程和规章制度的行为。禁止工（库）房超员、超量作业，禁止擅自改变工（库）房设计用途，禁止作业人员随意串岗、换岗、离岗。

第二十条 生产企业、批发企业应当按照设计用途、危险等级、核定药量使用药物总库和成品总库，并按规定堆码，分类分级存放，保持仓库内通道畅通，准确记录药物和产品数量。

禁止在仓库内进行拆箱、包装作业。禁止将性质不相容的物质混存。禁止将高危险等级物品储存在危险等级低的仓库。禁止在烟花爆竹仓库储存不属于烟花爆竹的其他危险物品。

第二十一条 生产企业的中转库数量、核定存药量、药物储存时间，应当符合国家标准或者行业标准规定，确保药物、半成品、成品合理中转，保障生产流程顺畅。禁止在中转库内超量或者超时储存药物、半成品、成品。

第二十二条 生产企业、批发企业应当定期检查工（库）房、安全设施、电气线路、机械设备等的运行状况和作业环境，及时维护保养；对有药物粉尘的工房，应当按照操作规程及时清理冲洗。

对工（库）房、安全设施、电气线路、机械设备等进行检测、检修、维修、改造作业前，生产企业、批发企业应当制定安全作业方案，停止相关生产经营活动，转移烟花爆竹成品、半成品和原材料，清除残存药物和粉尘，切断被检测、检修、维修、改造的电气线路和机械设备电源，严格控制检修、维修作业人员数量，撤离无关的人员。

第二十三条　生产企业、批发企业在烟花爆竹购销活动中，应当依法签订规范的烟花爆竹买卖合同，建立烟花爆竹买卖合同和流向管理制度，使用全国统一的烟花爆竹流向管理信息系统，如实登记烟花爆竹流向。

生产企业应当在专业燃放类产品包装（包括运输包装和销售包装）及个人燃放类产品运输包装上张贴流向登记标签，并在产品入库和销售出库时登记录入。

批发企业购进烟花爆竹时，应当查验流向登记标签，并在产品入库和销售出库时登记录入。

第二十四条　生产企业、批发企业所生产、销售烟花爆竹的质量、包装、标志应当符合国家标准或者行业标准的规定。

第二十五条　在生产企业、批发企业内部及生产区、库区之间运输烟花爆竹成品、半成品及原材料时，应当使用符合国家标准或者行业标准规定安全条件的车辆、工具。企业内部运输应当严格按照规定路线、速度行驶。

生产企业、批发企业装卸烟花爆竹成品、半成品及原材料时，应当严格遵守作业规程。禁止碰撞、拖拉、抛摔、翻滚、摩擦、挤压等不安全行为。

第二十六条　生产企业、批发企业应当及时妥善处置生产经营过程中产生的各类危险性废弃物。不得留存过期的烟花爆竹成品、半成品、原材料及各类危险性废弃物。

第二十七条　批发企业应当向零售经营者及零售经营场所提供烟花爆竹配送服务。配送烟花爆竹抵达零售经营场所装卸作业时，应当轻拿轻放、妥善码放，禁止碰撞、拖拉、抛摔、翻滚、摩擦、挤压等不安全行为。

第二十八条　零售经营者应当向批发企业采购烟花爆竹并接受批发企业配送服务，不得到企业仓库自行提取烟花爆竹。

第三章　监督管理

第二十九条　地方各级安全生产监督管理部门应当加强对本行政区域内生产经营单位的监督检查，明确每个生产经营单位的安全生产监督管理主体，制定并落实年度监督检查计划，对生产经营单位的安全生产违法行为，依法实施行政处罚。

第三十条　安全生产监督管理部门可以根据需要，委托专业技术服务机构对生产经营单位的安全设施等进行检验检测，并承担检验检测费用，不得向企业收取。专业技术服务机构对其作出的检验检测结果负责。委托检验检测结果可以作为行政执法的依据。

生产经营单位不得拒绝、阻挠安全生产监督管理部门委托的专业技术服务机构开展检验检测工作。

第三十一条　安全生产监督管理部门应当为进入企业现场的监督检查人员配备必要的执法装备、检测检验设备及个人防护用品，确保执法检查人员人身安全。

第三十二条　安全生产监督管理部门监督检查中发现生产经营单位存在不属于本部门职责范围的违法行为的，应当及时移送有关部门处理。

第四章　法律责任

第三十三条　生产企业、批发企业有下列行为之一的，责令限期改正；逾期未改正的，处一万元以上三万元以下的罚款：

（一）工（库）房没有设置准确、清晰、醒目的定员、定量、定级标识的；

（二）未向零售经营者或者零售经营场所提供烟花爆竹配送服务的。

第三十四条　生产企业、批发企业有下列行为之一的，责令限期改正，可以处五万元以下的罚款；逾期未改正的，处五万元以上二十万元以下的罚款，对其直接负责的主管人员和其他直接责任人员处一万元以上二万元以下的罚款；情节严重的，责令停产停业整顿：

（一）防范静电危害的措施不符合相关国家标准或者行业标准规定的；

（二）使用新安全设备，未进行安全性论证的；

（三）在生产区、工（库）房等有药区域对安全设备进行检测、改造作业时，未将工（库）房内的药物、有药半成品、成品搬走并清理作业现场的。

第三十五条 生产企业、批发企业有下列行为之一的，责令限期改正，可以处十万元以下的罚款；逾期未改正的，责令停产停业整顿，并处十万元以上二十万元以下的罚款，对其直接负责的主管人员和其他直接责任人员处二万元以上五万元以下的罚款：

（一）未建立从业人员、外来人员、车辆出入厂（库）区登记制度的；

（二）未制定专人管理、登记、分发黑火药、引火线、烟火药及库存和中转效果件的安全管理制度的；

（三）未建立烟花爆竹买卖合同管理制度的；

（四）未按规定建立烟花爆竹流向管理制度的。

第三十六条 零售经营者有下列行为之一的，责令其限期改正，可以处一千元以上五千元以下的罚款；逾期未改正的，处五千元以上一万元以下的罚款：

（一）超越许可证载明限量储存烟花爆竹的；

（二）到批发企业仓库自行提取烟花爆竹的。

第三十七条 生产经营单位有下列行为之一的，责令改正；拒不改正的，处一万元以上三万元以下的罚款，对其直接负责的主管人员和其他直接责任人员处五千元以上一万元以下的罚款：

（一）对工（库）房、安全设施、电气线路、机械设备等进行检测、检修、维修、改造作业前，未制定安全作业方案，或者未切断被检修、维修的电气线路和机械设备电源的；

（二）拒绝、阻挠受安全生产监督管理部门委托的专业技术服务机构开展检验、检测的。

第三十八条 生产经营单位未采取措施消除下列事故隐患的，责令立即消除或者限期消除；生产经营单位拒不执行的，责令停产停业整顿，并处十万元以上五十万元以下的罚款，对其直接负责的主管人员和其他直接责任人员处二万元以上五万元以下的罚款：

（一）工（库）房超过核定人员、药量或者擅自改变设计用途使用工（库）房的；

（二）仓库内堆码、分类分级储存等违反国家标准或者行业标准规定的；

（三）在仓库内进行拆箱、包装作业，将性质不相容的物质混存的；

（四）在中转库、中转间内，超量、超时储存药物、半成品、成品的；

（五）留存过期及废弃的烟花爆竹成品、半成品、原材料等危险废弃物的；

（六）企业内部及生产区、库区之间运输烟花爆竹成品、半成品及原材料的车辆、工具不符合国家标准或者行业标准规定安全条件的；

（七）允许未安装阻火装置等不具备国家标准或者行业标准规定安全条件的机动车辆进入生产区和仓库区的；

（八）其他事故隐患。

第三十九条 违反本规定，构成《中华人民共和国安全生产法》及其他法律、行政法规规定的其他违法行为的，依照《中华人民共和国安全生产法》等法律、行政法规的规定处理。涉嫌犯罪的，依法移送司法机关追究刑事责任。

第五章　附　　则

第四十条　本规定中的行政处罚，由县级以上安全生产监督管理部门决定。

第四十一条　本规定自2018年3月1日起施行。

烟花爆竹生产企业安全生产许可证实施办法

（2012年5月21日国家安全生产监督管理总局局长办公会议审议通过，2012年7月1日公布，自2012年8月1日起施行）

第一章　总　　则

第一条　为了严格烟花爆竹生产企业安全生产准入条件，规范烟花爆竹安全生产许可证的颁发和管理工作，根据《安全生产许可证条例》、《烟花爆竹安全管理条例》等法律、行政法规，制定本办法。

第二条　本办法所称烟花爆竹生产企业（以下简称企业），是指依法设立并取得工商营业执照或者企业名称工商预先核准文件，从事烟花爆竹生产的企业。

第三条　企业应当依照本办法的规定取得烟花爆竹安全生产许可证（以下简称安全生产许可证）。

未取得安全生产许可证的，不得从事烟花爆竹生产活动。

第四条　安全生产许可证的颁发和管理工作实行企业申请、一级发证、属地监管的原则。

第五条　国家安全生产监督管理总局负责指导、监督全国安全生产许可证的颁发和管理工作，并对安全生产许可证进行统一编号。

省、自治区、直辖市人民政府安全生产监督管理部门按照全国统一配号，负责本行政区域内安全生产许可证的颁发和管理工作。

第二章　申请安全生产许可证的条件

第六条　企业的设立应当符合国家产业政策和当地产业结构规划，企业的选址应当符合当地城乡规划。

企业与周边建筑、设施的安全距离必须符合国家标准、行业标准的规定。

第七条　企业的基本建设项目应当依照有关规定经县级以上人民政府或者有关部门批准，并符合下列条件：

（一）建设项目的设计由具有乙级以上军工行业的弹箭、火炸药、民爆器材工程设计类别工程设计资质或者化工石化医药行业的有机化工、石油冶炼、石油产品深加工工程设计类型工程设计资质的单位承担；

（二）建设项目的设计符合《烟花爆竹工程设计安全规范》（GB50161）的要求，并依法进行安全设施设计审查和竣工验收。

第八条　企业的厂房和仓库等基础设施、生产设备、生产工艺以及防火、防爆、防雷、防静电等安全设备设施必须符合《烟花爆竹工程设计安全规范》（GB50161）、《烟花爆竹作业安全技术规程》（GB11652）等国家标准、行业标准的规定。

从事礼花弹生产的企业除符合前款规定外，还应当符合礼花弹生产安全条件的规定。

第九条 企业的药物和成品总仓库、药物和半成品中转库、机械混药和装药工房、晾晒场、烘干房等重点部位应当根据《烟花爆竹企业安全监控系统通用技术条件》（AQ4101）的规定安装视频监控和异常情况报警装置，并设置明显的安全警示标志。

第十条 企业的生产厂房数量和储存仓库面积应当与其生产品种及规模相适应。

第十一条 企业生产的产品品种、类别、级别、规格、质量、包装、标志应当符合《烟花爆竹安全与质量》（GB10631）等国家标准、行业标准的规定。

第十二条 企业应当设置安全生产管理机构，配备专职安全生产管理人员，并符合下列要求：

（一）确定安全生产主管人员；

（二）配备占本企业从业人员总数 1%以上且至少有 2 名专职安全生产管理人员；

（三）配备占本企业从业人员总数 5%以上的兼职安全员。

第十三条 企业应当建立健全主要负责人、分管负责人、安全生产管理人员、职能部门、岗位的安全生产责任制，制定下列安全生产规章制度和操作规程：

（一）符合《烟花爆竹作业安全技术规程》（GB11652）等国家标准、行业标准规定的岗位安全操作规程；

（二）药物存储管理、领取管理和余（废）药处理制度；

（三）企业负责人及涉裸药生产线负责人值（带）班制度；

（四）特种作业人员管理制度；

（五）从业人员安全教育培训制度；

（六）安全检查和隐患排查治理制度；

（七）产品购销合同和销售流向登记管理制度；

（八）新产品、新药物研发管理制度；

（九）安全设施设备维护管理制度；

（十）原材料购买、检验、储存及使用管理制度；

（十一）职工出入厂（库）区登记制度；

（十二）厂（库）区门卫值班（守卫）制度；

（十三）重大危险源（重点危险部位）监控管理制度；

（十四）安全生产费用提取和使用制度；

（十五）劳动防护用品配备、使用和管理制度；

（十六）工作场所职业病危害防治制度。

第十四条 企业主要负责人、分管安全生产负责人和专职安全生产管理人员应当经专门的安全生产培训和安全生产监督管理部门考核合格，取得安全资格证。

从事药物混合、造粒、筛选、装药、筑药、压药、切引、搬运等危险工序和烟花爆竹仓库保管、守护的特种作业人员，应当接受专业知识培训，并经考核合格取得特种作业操作证。

其他岗位从业人员应当依照有关规定经本岗位安全生产知识教育和培训合格。

第十五条 企业应当依法参加工伤保险，为从业人员缴纳保险费。

第十六条 企业应当依照国家有关规定提取和使用安全生产费用，不得挪作他用。

第十七条 企业必须为从业人员配备符合国家标准或者行业标准的劳动防护用品，并依照有关规定对从业人员进行职业健康检查。

第十八条 企业应当建立生产安全事故应急救援组织，制定事故应急预案，并配备应急救援人员和必要的应急救援器材、设备。

第十九条 企业应当根据《烟花爆竹流向登记通用规范》（AQ4102）和国家有关烟花爆竹流向信息化管理的规定，建立并应用烟花爆竹流向管理信息系统。

第二十条 企业应当依法进行安全评

价。安全评价报告应当包括本办法第六条、第七条、第八条、第九条、第十条、第十七条、第十八条规定条件的符合性评价内容。

第三章　安全生产许可证的申请和颁发

第二十一条　企业申请安全生产许可证，应当向所在地设区的市级人民政府安全生产监督管理部门（以下统称初审机关）提出安全审查申请，提交下列文件、资料，并对其真实性负责：

（一）安全生产许可证申请书（一式三份）；

（二）工商营业执照或者企业名称工商预先核准文件（复制件）；

（三）建设项目安全设施设计审查和竣工验收的证明材料；

（四）安全生产管理机构及安全生产管理人员配备情况的书面文件；

（五）各种安全生产责任制文件（复制件）；

（六）安全生产规章制度和岗位安全操作规程目录清单；

（七）企业主要负责人、分管安全生产负责人、专职安全生产管理人员名单和安全资格证（复制件）；

（八）特种作业人员的特种作业操作证（复制件）和其他从业人员安全生产教育培训合格的证明材料；

（九）为从业人员缴纳工伤保险费的证明材料；

（十）安全生产费用提取和使用情况的证明材料；

（十一）具备资质的中介机构出具的安全评价报告。

第二十二条　新建企业申请安全生产许可证，应当在建设项目竣工验收通过之日起20个工作日内向所在地初审机关提出安全审查申请。

第二十三条　初审机关收到企业提交的安全审查申请后，应当对企业的设立是否符合国家产业政策和当地产业结构规划、企业的选址是否符合城乡规划以及有关申请文件、资料是否符合要求进行初步审查，并自收到申请之日起20个工作日内提出初步审查意见（以下简称初审意见），连同申请文件、资料一并报省、自治区、直辖市人民政府安全生产监督管理部门（以下简称发证机关）。

初审机关在审查过程中，可以就企业的有关情况征求企业所在地县级人民政府的意见。

第二十四条　发证机关收到初审机关报送的申请文件、资料和初审意见后，应当按照下列情况分别作出处理：

（一）申请文件、资料不齐全或者不符合要求的，当场告知或者在5个工作日内出具补正通知书，一次告知企业需要补正的全部内容；逾期不告知的，自收到申请材料之日起即为受理；

（二）申请文件、资料齐全，符合要求或者按照发证机关要求提交全部补正材料的，自收到申请文件、资料或者全部补正材料之日起即为受理。

发证机关应当将受理或者不予受理决定书面告知申请企业和初审机关。

第二十五条　发证机关受理申请后，应当结合初审意见，组织有关人员对申请文件、资料进行审查。需要到现场核查的，应当指派2名以上工作人员进行现场核查；对从事黑火药、引火线、礼花弹生产的企业，应当指派2名以上工作人员进行现场核查。

发证机关应当自受理之日起45个工作日内作出颁发或者不予颁发安全生产许可证的决定。

对决定颁发的，发证机关应当自决定之日起10个工作日内送达或者通知企业领取安全生产许可证；对不予颁发的，应当在10个工作日内书面通知企业并说明理由。

现场核查所需时间不计算在本条规定的期限内。

第二十六条　安全生产许可证分为正副

本，正本为悬挂式，副本为折页式。正本、副本具有同等法律效力。

第四章 安全生产许可证的变更和延期

第二十七条 企业在安全生产许可证有效期内有下列情形之一的，应当按照本办法第二十八条的规定申请变更安全生产许可证：

（一）改建、扩建烟花爆竹生产（含储存）设施的；

（二）变更产品类别、级别范围的；

（三）变更企业主要负责人的；

（四）变更企业名称的。

第二十八条 企业有本办法第二十七条第一项情形申请变更的，应当自建设项目通过竣工验收之日起20个工作日内向所在地初审机关提出安全审查申请，并提交安全生产许可证变更申请书（一式三份）和建设项目安全设施设计审查和竣工验收的证明材料。

企业有本办法第二十七条第二项情形申请变更的，应当向所在地初审机关提出安全审查申请，并提交安全生产许可证变更申请书（一式三份）和专项安全评价报告（减少生产产品品种的除外）。

企业有本办法第二十七条第三项情形申请变更的，应当向所在地发证机关提交安全生产许可证变更申请书（一式三份）和主要负责人安全资格证（复制件）。

企业有本办法第二十七条第四项情形申请变更的，应当自取得变更后的工商营业执照或者企业名称工商预先核准文件之日起10个工作日内，向所在地发证机关提交安全生产许可证变更申请书（一式三份）和工商营业执照或者企业名称工商预先核准文件（复制件）。

第二十九条 对本办法第二十七条第一项、第二项情形的安全生产许可证变更申请，初审机关、发证机关应当按照本办法第二十三条、第二十四条、第二十五条的规定进行审查，并办理变更手续。

对本办法第二十七条第三项、第四项情形的安全生产许可证变更申请，发证机关应当自收到变更申请材料之日起5个工作日内完成审查，并办理变更手续。

第三十条 安全生产许可证有效期为3年。安全生产许可证有效期满需要延期的，企业应当于有效期届满前3个月向原发证机关申请办理延期手续。

第三十一条 企业提出延期申请的，应当向发证机关提交下列文件、资料：

（一）安全生产许可证延期申请书（一式三份）；

（二）本办法第二十一条第四项至第十一项规定的文件、资料；

（三）达到安全生产标准化三级的证明材料。

发证机关收到延期申请后，应当按照本办法第二十四条、第二十五条的规定办理延期手续。

第三十二条 企业在安全生产许可证有效期内符合下列条件，在许可证有效期届满时，经原发证机关同意，不再审查，直接办理延期手续：

（一）严格遵守有关安全生产法律、法规和本办法；

（二）取得安全生产许可证后，加强日常安全生产管理，不断提升安全生产条件，达到安全生产标准化二级以上；

（三）接受发证机关及所在地人民政府安全生产监督管理部门的监督检查；

（四）未发生生产安全死亡事故。

第三十三条 对决定批准延期、变更安全生产许可证的，发证机关应当收回原证，换发新证。

第五章 监督管理

第三十四条 安全生产许可证发证机关和初审机关应当坚持公开、公平、公正的原则，严格依照有关行政许可的法律法规和本办法，审查、颁发安全生产许可证。

发证机关和初审机关工作人员在安全生

产许可证审查、颁发、管理工作中，不得索取或者接受企业的财物，不得谋取其他不正当利益。

第三十五条　发证机关及所在地人民政府安全生产监督管理部门应当加强对烟花爆竹生产企业的监督检查，督促其依照法律、法规、规章和国家标准、行业标准的规定进行生产。

第三十六条　发证机关发现企业以欺骗、贿赂等不正当手段取得安全生产许可证的，应当撤销已颁发的安全生产许可证。

第三十七条　取得安全生产许可证的企业有下列情形之一的，发证机关应当注销其安全生产许可证：

（一）安全生产许可证有效期满未被批准延期的；

（二）终止烟花爆竹生产活动的；

（三）安全生产许可证被依法撤销的；

（四）安全生产许可证被依法吊销的。

发证机关注销安全生产许可证后，应当在当地主要媒体或者本机关政府网站上及时公告被注销安全生产许可证的企业名单，并通报同级人民政府有关部门和企业所在地县级人民政府。

第三十八条　发证机关应当建立健全安全生产许可证档案管理制度，并应用信息化手段管理安全生产许可证档案。

第三十九条　发证机关应当每6个月向社会公布一次取得安全生产许可证的企业情况，并于每年1月15日前将本行政区域内上一年度安全生产许可证的颁发和管理情况报国家安全生产监督管理总局。

第四十条　企业取得安全生产许可证后，不得出租、转让安全生产许可证，不得将企业、生产线或者工（库）房转包、分包给不具备安全生产条件或者相应资质的其他任何单位或者个人，不得多股东各自独立进行烟花爆竹生产活动。

企业不得从其他企业购买烟花爆竹半成品加工后销售或者购买其他企业烟花爆竹成品加贴本企业标签后销售，不得向其他企业销售烟花爆竹半成品。从事礼花弹生产的企业不得将礼花弹销售给未经公安机关批准的燃放活动。

第四十一条　任何单位或者个人对违反《安全生产许可证条例》、《烟花爆竹安全管理条例》和本办法规定的行为，有权向安全生产监督管理部门或者监察机关等有关部门举报。

第六章　法律责任

第四十二条　发证机关、初审机关及其工作人员有下列行为之一的，给予降级或者撤职的行政处分；构成犯罪的，依法追究刑事责任：

（一）向不符合本办法规定的安全生产条件的企业颁发安全生产许可证的；

（二）发现企业未依法取得安全生产许可证擅自从事烟花爆竹生产活动，不依法处理的；

（三）发现取得安全生产许可证的企业不再具备本办法规定的安全生产条件，不依法处理的；

（四）接到违反本办法规定行为的举报后，不及时处理的；

（五）在安全生产许可证颁发、管理和监督检查工作中，索取或者接受企业财物、帮助企业弄虚作假或者谋取其他不正当利益的。

第四十三条　企业有下列行为之一的，责令停止违法活动或者限期改正，并处1万元以上3万元以下的罚款：

（一）变更企业主要负责人或者名称，未办理安全生产许可证变更手续的；

（二）从其他企业购买烟花爆竹半成品加工后销售，或者购买其他企业烟花爆竹成品加贴本企业标签后销售，或者向其他企业销售烟花爆竹半成品的。

第四十四条　企业有下列行为之一的，依法暂扣其安全生产许可证：

（一）多股东各自独立进行烟花爆竹生

产活动的；

（二）从事礼花弹生产的企业将礼花弹销售给未经公安机关批准的燃放活动的；

（三）改建、扩建烟花爆竹生产（含储存）设施未办理安全生产许可证变更手续的；

（四）发生较大以上生产安全责任事故的；

（五）不再具备本办法规定的安全生产条件的。

企业有前款第一项、第二项、第三项行为之一的，并处 1 万元以上 3 万元以下的罚款。

第四十五条 企业有下列行为之一的，依法吊销其安全生产许可证：

（一）出租、转让安全生产许可证的；

（二）被暂扣安全生产许可证，经停产整顿后仍不具备本办法规定的安全生产条件的。

企业有前款第一项行为的，没收违法所得，并处 10 万元以上 50 万元以下的罚款。

第四十六条 企业有下列行为之一的，责令停止生产，没收违法所得，并处 10 万元以上 50 万元以下的罚款：

（一）未取得安全生产许可证擅自进行烟花爆竹生产的；

（二）变更产品类别或者级别范围未办理安全生产许可证变更手续的。

第四十七条 企业取得安全生产许可证后，将企业、生产线或者工（库）房转包、分包给不具备安全生产条件或者相应资质的其他单位或者个人，依照《中华人民共和国安全生产法》的有关规定给予处罚。

第四十八条 本办法规定的行政处罚，由安全生产监督管理部门决定，暂扣、吊销安全生产许可证的行政处罚由发证机关决定。

第七章 附 则

第四十九条 安全生产许可证由国家安全生产监督管理总局统一印制。

第五十条 本办法自 2012 年 8 月 1 日起施行。原国家安全生产监督管理局、国家煤矿安全监察局 2004 年 5 月 17 日公布的《烟花爆竹生产企业安全生产许可证实施办法》同时废止。

危险化学品生产企业安全生产许可证实施办法

（2011 年 8 月 5 日国家安全监管总局令第 41 号《危险化学品生产企业安全生产许可证实施办法》公布，自 2011 年 12 月 1 日起施行，根据 2015 年 5 月 27 日国家安全生产监督管理总局令第 79 号《国家安全监管总局关于废止和修改危险化学品等领域七部规章的决定》修正，根据 2017 年 3 月 6 日国家安全生产监督管理总局令第 89 号《国家安全监管总局关于修改和废止部分规章及规范性文件的决定》修正）

第一章 总 则

第一条 为了严格规范危险化学品生产企业安全生产条件，做好危险化学品生产企业安全生产许可证的颁发和管理工作，根据《安全生产许可证条例》、《危险化学品安全管理条例》等法律、行政法规，制定本实施办法。

第二条　本办法所称危险化学品生产企业（以下简称企业），是指依法设立且取得工商营业执照或者工商核准文件从事生产最终产品或者中间产品列入《危险化学品目录》的企业。

第三条　企业应当依照本办法的规定取得危险化学品安全生产许可证（以下简称安全生产许可证）。未取得安全生产许可证的企业，不得从事危险化学品的生产活动。

第四条　安全生产许可证的颁发管理工作实行企业申请、两级发证、属地监管的原则。

第五条　国家安全生产监督管理总局指导、监督全国安全生产许可证的颁发管理工作。

省、自治区、直辖市安全生产监督管理部门（以下简称省级安全生产监督管理部门）负责本行政区域内中央企业及其直接控股涉及危险化学品生产的企业（总部）以外的企业安全生产许可证的颁发管理。

第六条　省级安全生产监督管理部门可以将其负责的安全生产许可证颁发工作，委托企业所在地设区的市级或者县级安全生产监督管理部门实施。涉及剧毒化学品生产的企业安全生产许可证颁发工作，不得委托实施。国家安全生产监督管理总局公布的涉及危险化工工艺和重点监管危险化学品的企业安全生产许可证颁发工作，不得委托县级安全生产监督管理部门实施。

受委托的设区的市级或者县级安全生产监督管理部门在受委托的范围内，以省级安全生产监督管理部门的名义实施许可，但不得再委托其他组织和个人实施。

国家安全生产监督管理总局、省级安全生产监督管理部门和受委托的设区的市级或者县级安全生产监督管理部门统称实施机关。

第七条　省级安全生产监督管理部门应当将受委托的设区的市级或者县级安全生产监督管理部门以及委托事项予以公告。

省级安全生产监督管理部门应当指导、监督受委托的设区的市级或者县级安全生产监督管理部门颁发安全生产许可证，并对其法律后果负责。

第二章　申请安全生产许可证的条件

第八条　企业选址布局、规划设计以及与重要场所、设施、区域的距离应当符合下列要求：

（一）国家产业政策；当地县级以上（含县级）人民政府的规划和布局；新设立企业建在地方人民政府规划的专门用于危险化学品生产、储存的区域内；

（二）危险化学品生产装置或者储存危险化学品数量构成重大危险源的储存设施，与《危险化学品安全管理条例》第十九条第一款规定的八类场所、设施、区域的距离符合有关法律、法规、规章和国家标准或者行业标准的规定；

（三）总体布局符合《化工企业总图运输设计规范》（GB50489）、《工业企业总平面设计规范》（GB50187）、《建筑设计防火规范》（GB50016）等标准的要求。

石油化工企业除符合本条第一款规定条件外，还应当符合《石油化工企业设计防火规范》（GB50160）的要求。

第九条　企业的厂房、作业场所、储存设施和安全设施、设备、工艺应当符合下列要求：

（一）新建、改建、扩建建设项目经具备国家规定资质的单位设计、制造和施工建设；涉及危险化工工艺、重点监管危险化学品的装置，由具有综合甲级资质或者化工石化专业甲级设计资质的化工石化设计单位设计；

（二）不得采用国家明令淘汰、禁止使用和危及安全生产的工艺、设备；新开发的危险化学品生产工艺必须在小试、中试、工业化试验的基础上逐步放大到工业化生产；国内首次使用的化工工艺，必须经过省级人民政府有关部门组织的安全可靠性论证；

（三）涉及危险化工工艺、重点监管危险化学品的装置装设自动化控制系统；涉及危险化工工艺的大型化工装置装设紧急停车系统；涉及易燃易爆、有毒有害气体化学品的场所装设易燃易爆、有毒有害介质泄漏报警等安全设施；

（四）生产区与非生产区分开设置，并符合国家标准或者行业标准规定的距离；

（五）危险化学品生产装置和储存设施之间及其与建（构）筑物之间的距离符合有关标准规范的规定。

同一厂区内的设备、设施及建（构）筑物的布置必须适用同一标准的规定。

第十条 企业应当有相应的职业危害防护设施，并为从业人员配备符合国家标准或者行业标准的劳动防护用品。

第十一条 企业应当依据《危险化学品重大危险源辨识》（GB18218），对本企业的生产、储存和使用装置、设施或者场所进行重大危险源辨识。

对已确定为重大危险源的生产和储存设施，应当执行《危险化学品重大危险源监督管理暂行规定》。

第十二条 企业应当依法设置安全生产管理机构，配备专职安全生产管理人员。配备的专职安全生产管理人员必须能够满足安全生产的需要。

第十三条 企业应当建立全员安全生产责任制，保证每位从业人员的安全生产责任与职务、岗位相匹配。

第十四条 企业应当根据化工工艺、装置、设施等实际情况，制定完善下列主要安全生产规章制度：

（一）安全生产例会等安全生产会议制度；

（二）安全投入保障制度；

（三）安全生产奖惩制度；

（四）安全培训教育制度；

（五）领导干部轮流现场带班制度；

（六）特种作业人员管理制度；

（七）安全检查和隐患排查治理制度；

（八）重大危险源评估和安全管理制度；

（九）变更管理制度；

（十）应急管理制度；

（十一）生产安全事故或者重大事件管理制度；

（十二）防火、防爆、防中毒、防泄漏管理制度；

（十三）工艺、设备、电气仪表、公用工程安全管理制度；

（十四）动火、进入受限空间、吊装、高处、盲板抽堵、动土、断路、设备检维修等作业安全管理制度；

（十五）危险化学品安全管理制度；

（十六）职业健康相关管理制度；

（十七）劳动防护用品使用维护管理制度；

（十八）承包商管理制度；

（十九）安全管理制度及操作规程定期修订制度。

第十五条 企业应当根据危险化学品的生产工艺、技术、设备特点和原辅料、产品的危险性编制岗位操作安全规程。

第十六条 企业主要负责人、分管安全负责人和安全生产管理人员必须具备与其从事的生产经营活动相适应的安全生产知识和管理能力，依法参加安全生产培训，并经考核合格，取得安全合格证书。

企业分管安全负责人、分管生产负责人、分管技术负责人应当具有一定的化工专业知识或者相应的专业学历，专职安全生产管理人员应当具备国民教育化工化学类（或安全工程）中等职业教育以上学历或者化工化学类中级以上专业技术职称。

企业应当有危险物品安全类注册安全工程师从事安全生产管理工作。

特种作业人员应当依照《特种作业人员安全技术培训考核管理规定》，经专门的安全技术培训并考核合格，取得特种作业操作证书。

本条第一、二、四款规定以外的其他从业人员应当按照国家有关规定，经安全教育培训合格。

第十七条　企业应当按照国家规定提取与安全生产有关的费用，并保证安全生产所必须的资金投入。

第十八条　企业应当依法参加工伤保险，为从业人员缴纳保险费。

第十九条　企业应当依法委托具备国家规定资质的安全评价机构进行安全评价，并按照安全评价报告的意见对存在的安全生产问题进行整改。

第二十条　企业应当依法进行危险化学品登记，为用户提供化学品安全技术说明书，并在危险化学品包装（包括外包装件）上粘贴或者拴挂与包装内危险化学品相符的化学品安全标签。

第二十一条　企业应当符合下列应急管理要求：

（一）按照国家有关规定编制危险化学品事故应急预案并报有关部门备案；

（二）建立应急救援组织，规模较小的企业可以不建立应急救援组织，但应指定兼职的应急救援人员；

（三）配备必要的应急救援器材、设备和物资，并进行经常性维护、保养，保证正常运转。

生产、储存和使用氯气、氨气、光气、硫化氢等吸入性有毒有害气体的企业，除符合本条第一款的规定外，还应当配备至少两套以上全封闭防化服；构成重大危险源的，还应当设立气体防护站（组）。

第二十二条　企业除符合本章规定的安全生产条件，还应当符合有关法律、行政法规和国家标准或者行业标准规定的其他安全生产条件。

第三章　安全生产许可证的申请

第二十三条　中央企业及其直接控股涉及危险化学品生产的企业（总部）以外的企业向所在地省级安全生产监督管理部门或其委托的安全生产监督管理部门申请安全生产许可证。

第二十四条　新建企业安全生产许可证的申请，应当在危险化学品生产建设项目安全设施竣工验收通过后10个工作日内提出。

第二十五条　企业申请安全生产许可证时，应当提交下列文件、资料，并对其内容的真实性负责：

（一）申请安全生产许可证的文件及申请书；

（二）安全生产责任制文件，安全生产规章制度、岗位操作安全规程清单；

（三）设置安全生产管理机构，配备专职安全生产管理人员的文件复制件；

（四）主要负责人、分管安全负责人、安全生产管理人员和特种作业人员的安全合格证或者特种作业操作证复制件；

（五）与安全生产有关的费用提取和使用情况报告，新建企业提交有关安全生产费用提取和使用规定的文件；

（六）为从业人员缴纳工伤保险费的证明材料；

（七）危险化学品事故应急救援预案的备案证明文件；

（八）危险化学品登记证复制件；

（九）工商营业执照副本或者工商核准文件复制件；

（十）具备资质的中介机构出具的安全评价报告；

（十一）新建企业的竣工验收报告；

（十二）应急救援组织或者应急救援人员，以及应急救援器材、设备设施清单。

有危险化学品重大危险源的企业，除提交本条第一款规定的文件、资料外，还应当提供重大危险源及其应急预案的备案证明文件、资料。

第四章　安全生产许可证的颁发

第二十六条　实施机关收到企业申请文件、资料后，应当按照下列情况分别作出处理：

（一）申请事项依法不需要取得安全生产许可证的，即时告知企业不予受理；

（二）申请事项依法不属于本实施机关职责范围的，即时作出不予受理的决定，并告知企业向相应的实施机关申请；

（三）申请材料存在可以当场更正的错误的，允许企业当场更正，并受理其申请；

（四）申请材料不齐全或者不符合法定形式的，当场告知或者在 5 个工作日内出具补正告知书，一次告知企业需要补正的全部内容；逾期不告知的，自收到申请材料之日起即为受理；

（五）企业申请材料齐全、符合法定形式，或者按照实施机关要求提交全部补正材料的，立即受理其申请。

实施机关受理或者不予受理行政许可申请，应当出具加盖本机关专用印章和注明日期的书面凭证。

第二十七条　安全生产许可证申请受理后，实施机关应当组织对企业提交的申请文件、资料进行审查。对企业提交的文件、资料实质内容存在疑问，需要到现场核查的，应当指派工作人员就有关内容进行现场核查。工作人员应当如实提出现场核查意见。

第二十八条　实施机关应当在受理之日起 45 个工作日内作出是否准予许可的决定。审查过程中的现场核查所需时间不计算在本条规定的期限内。

第二十九条　实施机关作出准予许可决定的，应当自决定之日起 10 个工作日内颁发安全生产许可证。

实施机关作出不予许可的决定的，应当在 10 个工作日内书面告知企业并说明理由。

第三十条　企业在安全生产许可证有效期内变更主要负责人、企业名称或者注册地址的，应当自工商营业执照或者隶属关系变更之日起 10 个工作日内向实施机关提出变更申请，并提交下列文件、资料：

（一）变更后的工商营业执照副本复制件；

（二）变更主要负责人的，还应当提供主要负责人经安全生产监督管理部门考核合格后颁发的安全合格证复制件；

（三）变更注册地址的，还应当提供相关证明材料。

对已经受理的变更申请，实施机关应当在对企业提交的文件、资料审查无误后，方可办理安全生产许可证变更手续。

企业在安全生产许可证有效期内变更隶属关系的，仅需提交隶属关系变更证明材料报实施机关备案。

第三十一条　企业在安全生产许可证有效期内，当原生产装置新增产品或者改变工艺技术对企业的安全生产产生重大影响时，应当对该生产装置或者工艺技术进行专项安全评价，并对安全评价报告中提出的问题进行整改；在整改完成后，向原实施机关提出变更申请，提交安全评价报告。实施机关按照本办法第三十条的规定办理变更手续。

第三十二条　企业在安全生产许可证有效期内，有危险化学品新建、改建、扩建建设项目（以下简称建设项目）的，应当在建设项目安全设施竣工验收合格之日起 10 个工作日内向原实施机关提出变更申请，并提交建设项目安全设施竣工验收报告等相关文件、资料。实施机关按照本办法第二十七条、第二十八条和第二十九条的规定办理变更手续。

第三十三条　安全生产许可证有效期为 3 年。企业安全生产许可证有效期届满后继续生产危险化学品的，应当在安全生产许可证有效期届满前 3 个月提出延期申请，并提交延期申请书和本办法第二十五条规定的申请文件、资料。

实施机关按照本办法第二十六条、第二十七条、第二十八条、第二十九条的规定进行审查，并作出是否准予延期的决定。

第三十四条　企业在安全生产许可证有效期内，符合下列条件的，其安全生产许可证届满时，经原实施机关同意，可不提交第二十五条第一款第二、七、八、十、十一项规定的文件、资料，直接办理延期手续：

（一）严格遵守有关安全生产的法律、法规和本办法的；

（二）取得安全生产许可证后，加强日常安全生产管理，未降低安全生产条件，并达到安全生产标准化等级二级以上的；

（三）未发生死亡事故的。

第三十五条　安全生产许可证分为正、副本，正本为悬挂式，副本为折页式，正、副本具有同等法律效力。

实施机关应当分别在安全生产许可证正、副本上载明编号、企业名称、主要负责人、注册地址、经济类型、许可范围、有效期、发证机关、发证日期等内容。其中，正本上的“许可范围”应当注明“危险化学品生产”，副本上的“许可范围”应当载明生产场所地址和对应的具体品种、生产能力。

安全生产许可证有效期的起始日为实施机关作出许可决定之日，截止日为起始日至三年后同一日期的前一日。有效期内有变更事项的，起始日和截止日不变，载明变更日期。

第三十六条　企业不得出租、出借、买卖或者以其他形式转让其取得的安全生产许可证，或者冒用他人取得的安全生产许可证、使用伪造的安全生产许可证。

第五章　监督管理

第三十七条　实施机关应当坚持公开、公平、公正的原则，依照本办法和有关安全生产行政许可的法律、法规规定，颁发安全生产许可证。

实施机关工作人员在安全生产许可证颁发及其监督管理工作中，不得索取或者接受企业的财物，不得谋取其他非法利益。

第三十八条　实施机关应当加强对安全生产许可证的监督管理，建立、健全安全生产许可证档案管理制度。

第三十九条　有下列情形之一的，实施机关应当撤销已经颁发的安全生产许可证：

（一）超越职权颁发安全生产许可证的；

（二）违反本办法规定的程序颁发安全生产许可证的；

（三）以欺骗、贿赂等不正当手段取得安全生产许可证的。

第四十条　企业取得安全生产许可证后有下列情形之一的，实施机关应当注销其安全生产许可证：

（一）安全生产许可证有效期届满未被批准延续的；

（二）终止危险化学品生产活动的；

（三）安全生产许可证被依法撤销的；

（四）安全生产许可证被依法吊销的。

安全生产许可证注销后，实施机关应当在当地主要新闻媒体或者本机关网站上发布公告，并通报企业所在地人民政府和县级以上安全生产监督管理部门。

第四十一条　省级安全生产监督管理部门应当在每年 1 月 15 日前，将本行政区域内上年度安全生产许可证的颁发和管理情况报国家安全生产监督管理总局。

国家安全生产监督管理总局、省级安全生产监督管理部门应当定期向社会公布企业取得安全生产许可的情况，接受社会监督。

第六章　法律责任

第四十二条　实施机关工作人员有下列行为之一的，给予降级或者撤职的处分；构成犯罪的，依法追究刑事责任：

（一）向不符合本办法第二章规定的安全生产条件的企业颁发安全生产许可证的；

（二）发现企业未依法取得安全生产许可证擅自从事危险化学品生产活动，不依法处理的；

（三）发现取得安全生产许可证的企业不再具备本办法第二章规定的安全生产条件，不依法处理的；

（四）接到对违反本办法规定行为的举报后，不及时依法处理的；

（五）在安全生产许可证颁发和监督管理工作中，索取或者接受企业的财物，或者谋取其他非法利益的。

第四十三条 企业取得安全生产许可证后发现其不具备本办法规定的安全生产条件的，依法暂扣其安全生产许可证1个月以上6个月以下；暂扣期满仍不具备本办法规定的安全生产条件的，依法吊销其安全生产许可证。

第四十四条 企业出租、出借或者以其他形式转让安全生产许可证的，没收违法所得，处10万元以上50万元以下的罚款，并吊销安全生产许可证；构成犯罪的，依法追究刑事责任。

第四十五条 企业有下列情形之一的，责令停止生产危险化学品，没收违法所得，并处10万元以上50万元以下的罚款；构成犯罪的，依法追究刑事责任：

（一）未取得安全生产许可证，擅自进行危险化学品生产的；

（二）接受转让的安全生产许可证的；

（三）冒用或者使用伪造的安全生产许可证的。

第四十六条 企业在安全生产许可证有效期届满未办理延期手续，继续进行生产的，责令停止生产，限期补办延期手续，没收违法所得，并处5万元以上10万元以下的罚款；逾期仍不办理延期手续，继续进行生产的，依照本办法第四十五条的规定进行处罚。

第四十七条 企业在安全生产许可证有效期内主要负责人、企业名称、注册地址、隶属关系发生变更或者新增产品、改变工艺技术对企业安全生产产生重大影响，未按照本办法第三十条规定的时限提出安全生产许可证变更申请的，责令限期申请，处1万元以上3万元以下的罚款。

第四十八条 企业在安全生产许可证有效期内，其危险化学品建设项目安全设施竣工验收合格后，未按照本办法第三十二条规定的时限提出安全生产许可证变更申请并且擅自投入运行的，责令停止生产，限期申请，没收违法所得，并处1万元以上3万元以下的罚款。

第四十九条 发现企业隐瞒有关情况或者提供虚假材料申请安全生产许可证的，实施机关不予受理或者不予颁发安全生产许可证，并给予警告，该企业在1年内不得再次申请安全生产许可证。

企业以欺骗、贿赂等不正当手段取得安全生产许可证的，自实施机关撤销其安全生产许可证之日起3年内，该企业不得再次申请安全生产许可证。

第五十条 安全评价机构有下列情形之一的，给予警告，并处1万元以下的罚款；情节严重的，暂停资质半年，并处1万元以上3万元以下的罚款；对相关责任人依法给予处理：

（一）从业人员不到现场开展安全评价活动的；

（二）安全评价报告与实际情况不符，或者安全评价报告存在重大疏漏，但尚未造成重大损失的；

（三）未按照有关法律、法规、规章和国家标准或者行业标准的规定从事安全评价活动的。

第五十一条 承担安全评价、检测、检验的机构出具虚假证明的，没收违法所得；违法所得在10万元以上的，并处违法所得2倍以上5倍以下的罚款；没有违法所得或者违法所得不足10万元的，单处或者并处10万元以上20万元以下的罚款；对其直接负责的主管人员和其他直接责任人员处2万元以上5万元以下的罚款；给他人造成损害的，与企业承担连带赔偿责任；构成犯罪的，依照刑法有关规定追究刑事责任。

对有前款违法行为的机构，依法吊销其相应资质。

第五十二条　本办法规定的行政处罚，由国家安全生产监督管理总局、省级安全生产监督管理部门决定。省级安全生产监督管理部门可以委托设区的市级或者县级安全生产监督管理部门实施。

第七章　附　　则

第五十三条　将纯度较低的化学品提纯至纯度较高的危险化学品的，适用本办法。购买某种危险化学品进行分装（包括充装）或者加入非危险化学品的溶剂进行稀释，然后销售或者使用的，不适用本办法。

第五十四条　本办法下列用语的含义：

（一）危险化学品目录，是指国家安全生产监督管理总局会同国务院工业和信息化、公安、环境保护、卫生、质量监督检验检疫、交通运输、铁路、民用航空、农业主管部门，依据《危险化学品安全管理条例》公布的危险化学品目录。

（二）中间产品，是指为满足生产的需要，生产一种或者多种产品为下一个生产过程参与化学反应的原料。

（三）作业场所，是指可能使从业人员接触危险化学品的任何作业活动场所，包括从事危险化学品的生产、操作、处置、储存、装卸等场所。

第五十五条　安全生产许可证由国家安全生产监督管理总局统一印制。

危险化学品安全生产许可的文书、安全生产许可证的格式、内容和编号办法，由国家安全生产监督管理总局另行规定。

第五十六条　省级安全生产监督管理部门可以根据当地实际情况制定安全生产许可证颁发管理的细则，并报国家安全生产监督管理总局备案。

第五十七条　本办法自2011年12月1日起施行。原国家安全生产监督管理局（国家煤矿安全监察局）2004年5月17日公布的《危险化学品生产企业安全生产许可证实施办法》同时废止。

危险化学品经营许可证管理办法

（2012年7月17日国家安全监管总局令第55号公布，
根据2015年5月27日国家安全监管总局令第79号修正）

第一章　总　　则

第一条　为了严格危险化学品经营安全条件，规范危险化学品经营活动，保障人民群众生命、财产安全，根据《中华人民共和国安全生产法》和《危险化学品安全管理条例》，制定本办法。

第二条　在中华人民共和国境内从事列入《危险化学品目录》的危险化学品的经营（包括仓储经营）活动，适用本办法。

民用爆炸物品、放射性物品、核能物质和城镇燃气的经营活动，不适用本办法。

第三条　国家对危险化学品经营实行许可制度。经营危险化学品的企业，应当依照本办法取得危险化学品经营许可证（以下简称经营许可证）。未取得经营许可证，任何单位和个人不得经营危险化学品。

从事下列危险化学品经营活动，不需要

取得经营许可证：

（一）依法取得危险化学品安全生产许可证的危险化学品生产企业在其厂区范围内销售本企业生产的危险化学品的；

（二）依法取得港口经营许可证的港口经营人在港区内从事危险化学品仓储经营的。

第四条 经营许可证的颁发管理工作实行企业申请、两级发证、属地监管的原则。

第五条 国家安全生产监督管理总局指导、监督全国经营许可证的颁发和管理工作。

省、自治区、直辖市人民政府安全生产监督管理部门指导、监督本行政区域内经营许可证的颁发和管理工作。

设区的市级人民政府安全生产监督管理部门（以下简称市级发证机关）负责下列企业的经营许可证审批、颁发：

（一）经营剧毒化学品的企业；

（二）经营易制爆危险化学品的企业；

（三）经营汽油加油站的企业；

（四）专门从事危险化学品仓储经营的企业；

（五）从事危险化学品经营活动的中央企业所属省级、设区的市级公司（分公司）。

（六）带有储存设施经营除剧毒化学品、易制爆危险化学品以外的其他危险化学品的企业；

县级人民政府安全生产监督管理部门（以下简称县级发证机关）负责本行政区域内本条第三款规定以外企业的经营许可证审批、颁发；没有设立县级发证机关的，其经营许可证由市级发证机关审批、颁发。

第二章 申请经营许可证的条件

第六条 从事危险化学品经营的单位（以下统称申请人）应当依法登记注册为企业，并具备下列基本条件：

（一）经营和储存场所、设施、建筑物符合《建筑设计防火规范》（GB50016）、《石油化工企业设计防火规范》（GB50160）、《汽车加油加气站设计与施工规范》（GB50156）、《石油库设计规范》（GB50074）等相关国家标准、行业标准的规定；

（二）企业主要负责人和安全生产管理人员具备与本企业危险化学品经营活动相适应的安全生产知识和管理能力，经专门的安全生产培训和安全生产监督管理部门考核合格，取得相应安全资格证书；特种作业人员经专门的安全作业培训，取得特种作业操作证书；其他从业人员依照有关规定经安全生产教育和专业技术培训合格；

（三）有健全的安全生产规章制度和岗位操作规程；

（四）有符合国家规定的危险化学品事故应急预案，并配备必要的应急救援器材、设备；

（五）法律、法规和国家标准或者行业标准规定的其他安全生产条件。

前款规定的安全生产规章制度，是指全员安全生产责任制度、危险化学品购销管理制度、危险化学品安全管理制度（包括防火、防爆、防中毒、防泄漏管理等内容）、安全投入保障制度、安全生产奖惩制度、安全生产教育培训制度、隐患排查治理制度、安全风险管理制度、应急管理制度、事故管理制度、职业卫生管理制度等。

第七条 申请人经营剧毒化学品的，除符合本办法第六条规定的条件外，还应当建立剧毒化学品双人验收、双人保管、双人发货、双把锁、双本账等管理制度。

第八条 申请人带有储存设施经营危险化学品的，除符合本办法第六条规定的条件外，还应当具备下列条件：

（一）新设立的专门从事危险化学品仓储经营的，其储存设施建立在地方人民政府规划的用于危险化学品储存的专门区域内；

（二）储存设施与相关场所、设施、区域的距离符合有关法律、法规、规章和标准的规定；

（三）依照有关规定进行安全评价，安全评价报告符合《危险化学品经营企业安全评价细则》的要求；

（四）专职安全生产管理人员具备国民教育化工化学类或者安全工程类中等职业教育以上学历，或者化工化学类中级以上专业技术职称，或者危险物品安全类注册安全工程师资格；

（五）符合《危险化学品安全管理条例》、《危险化学品重大危险源监督管理暂行规定》、《常用危险化学品贮存通则》（GB15603）的相关规定。

申请人储存易燃、易爆、有毒、易扩散危险化学品的，除符合本条第一款规定的条件外，还应当符合《石油化工可燃气体和有毒气体检测报警设计规范》（GB50493）的规定。

第三章　经营许可证的申请与颁发

第九条　申请人申请经营许可证，应当依照本办法第五条规定向所在地市级或者县级发证机关（以下统称发证机关）提出申请，提交下列文件、资料，并对其真实性负责：

（一）申请经营许可证的文件及申请书；

（二）安全生产规章制度和岗位操作规程的目录清单；

（三）企业主要负责人、安全生产管理人员、特种作业人员的相关资格证书（复制件）和其他从业人员培训合格的证明材料；

（四）经营场所产权证明文件或者租赁证明文件（复制件）；

（五）工商行政管理部门颁发的企业性质营业执照或者企业名称预先核准文件（复制件）；

（六）危险化学品事故应急预案备案登记表（复制件）。

带有储存设施经营危险化学品的，申请人还应当提交下列文件、资料：

（一）储存设施相关证明文件（复制件）；租赁储存设施的，需要提交租赁证明文件（复制件）；储存设施新建、改建、扩建的，需要提交危险化学品建设项目安全设施竣工验收报告；

（二）重大危险源备案证明材料、专职安全生产管理人员的学历证书、技术职称证书或者危险物品安全类注册安全工程师资格证书（复制件）；

（三）安全评价报告。

第十条　发证机关收到申请人提交的文件、资料后，应当按照下列情况分别作出处理：

（一）申请事项不需要取得经营许可证的，当场告知申请人不予受理；

（二）申请事项不属于本发证机关职责范围的，当场作出不予受理的决定，告知申请人向相应的发证机关申请，并退回申请文件、资料；

（三）申请文件、资料存在可以当场更正的错误的，允许申请人当场更正，并受理其申请；

（四）申请文件、资料不齐全或者不符合要求的，当场告知或者在5个工作日内出具补正告知书，一次告知申请人需要补正的全部内容；逾期不告知的，自收到申请文件、资料之日起即为受理；

（五）申请文件、资料齐全，符合要求，或者申请人按照发证机关要求提交全部补正材料的，立即受理其申请。

发证机关受理或者不予受理经营许可证申请，应当出具加盖本机关印章和注明日期的书面凭证。

第十一条　发证机关受理经营许可证申请后，应当组织对申请人提交的文件、资料进行审查，指派2名以上工作人员对申请人的经营场所、储存设施进行现场核查，并自受理之日起30日内作出是否准予许可的决定。

发证机关现场核查以及申请人整改现场核查发现的有关问题和修改有关申请文件、资料所需时间，不计算在前款规定的期限内。

第十二条 发证机关作出准予许可决定的，应当自决定之日起10个工作日内颁发经营许可证；发证机关作出不予许可决定的，应当在10个工作日内书面告知申请人并说明理由，告知书应当加盖本机关印章。

第十三条 经营许可证分为正本、副本，正本为悬挂式，副本为折页式。正本、副本具有同等法律效力。

经营许可证正本、副本应当分别载明下列事项：

（一）企业名称；

（二）企业住所（注册地址、经营场所、储存场所）；

（三）企业法定代表人姓名；

（四）经营方式；

（五）许可范围；

（六）发证日期和有效期限；

（七）证书编号；

（八）发证机关；

（九）有效期延续情况。

第十四条 已经取得经营许可证的企业变更企业名称、主要负责人、注册地址或者危险化学品储存设施及其监控措施的，应当自变更之日起20个工作日内，向本办法第五条规定的发证机关提出书面变更申请，并提交下列文件、资料：

（一）经营许可证变更申请书；

（二）变更后的工商营业执照副本（复制件）；

（三）变更后的主要负责人安全资格证书（复制件）；

（四）变更注册地址的相关证明材料；

（五）变更后的危险化学品储存设施及其监控措施的专项安全评价报告。

第十五条 发证机关受理变更申请后，应当组织对企业提交的文件、资料进行审查，并自收到申请文件、资料之日起10个工作日内作出是否准予变更的决定。

发证机关作出准予变更决定的，应当重新颁发经营许可证，并收回原经营许可证；不予变更的，应当说明理由并书面通知企业。

经营许可证变更的，经营许可证有效期的起始日和截止日不变，但应当载明变更日期。

第十六条 已经取得经营许可证的企业有新建、改建、扩建危险化学品储存设施建设项目的，应当自建设项目安全设施竣工验收合格之日起20个工作日内，向本办法第五条规定的发证机关提出变更申请，并提交危险化学品建设项目安全设施竣工验收报告等相关文件、资料。发证机关应当按照本办法第十条、第十五条的规定进行审查，办理变更手续。

第十七条 已经取得经营许可证的企业，有下列情形之一的，应当按照本办法的规定重新申请办理经营许可证，并提交相关文件、资料：

（一）不带有储存设施的经营企业变更其经营场所的；

（二）带有储存设施的经营企业变更其储存场所的；

（三）仓储经营的企业异地重建的；

（四）经营方式发生变化的；

（五）许可范围发生变化的。

第十八条 经营许可证的有效期为3年。有效期满后，企业需要继续从事危险化学品经营活动的，应当在经营许可证有效期满3个月前，向本办法第五条规定的发证机关提出经营许可证的延期申请，并提交延期申请书及本办法第九条规定的申请文件、资料。

企业提出经营许可证延期申请时，可以同时提出变更申请，并向发证机关提交相关文件、资料。

第十九条 符合下列条件的企业，申请经营许可证延期时，经发证机关同意，可以不提交本办法第九条规定的文件、资料：

（一）严格遵守有关法律、法规和本办法；

（二）取得经营许可证后，加强日常安全生产管理，未降低安全生产条件；

（三）未发生死亡事故或者对社会造成较大影响的生产安全事故。

带有储存设施经营危险化学品的企业，除符合前款规定条件的外，还需要取得并提交危险化学品企业安全生产标准化二级达标证书（复制件）。

第二十条　发证机关受理延期申请后，应当依照本办法第十条、第十一条、第十二条的规定，对延期申请进行审查，并在经营许可证有效期满前作出是否准予延期的决定；发证机关逾期未作出决定的，视为准予延期。

发证机关作出准予延期决定的，经营许可证有效期顺延3年。

第二十一条　任何单位和个人不得伪造、变造经营许可证，或者出租、出借、转让其取得的经营许可证，或者使用伪造、变造的经营许可证。

第四章　经营许可证的监督管理

第二十二条　发证机关应当坚持公开、公平、公正的原则，严格依照法律、法规、规章、国家标准、行业标准和本办法规定的条件及程序，审批、颁发经营许可证。

发证机关及其工作人员在经营许可证的审批、颁发和监督管理工作中，不得索取或者接受当事人的财物，不得谋取其他利益。

第二十三条　发证机关应当加强对经营许可证的监督管理，建立、健全经营许可证审批、颁发档案管理制度，并定期向社会公布企业取得经营许可证的情况，接受社会监督。

第二十四条　发证机关应当及时向同级公安机关、环境保护部门通报经营许可证的发放情况。

第二十五条　安全生产监督管理部门在监督检查中，发现已经取得经营许可证的企业不再具备法律、法规、规章、国家标准、行业标准和本办法规定的安全生产条件，或者存在违反法律、法规、规章和本办法规定的行为的，应当依法作出处理，并及时告知原发证机关。

第二十六条　发证机关发现企业以欺骗、贿赂等不正当手段取得经营许可证的，应当撤销已经颁发的经营许可证。

第二十七条　已经取得经营许可证的企业有下列情形之一的，发证机关应当注销其经营许可证：

（一）经营许可证有效期届满未被批准延期的；

（二）终止危险化学品经营活动的；

（三）经营许可证被依法撤销的；

（四）经营许可证被依法吊销的。

发证机关注销经营许可证后，应当在当地主要新闻媒体或者本机关网站上发布公告，并通报企业所在地人民政府和县级以上安全生产监督管理部门。

第二十八条　县级发证机关应当将本行政区域内上一年度经营许可证的审批、颁发和监督管理情况报告市级发证机关。

市级发证机关应当将本行政区域内上一年度经营许可证的审批、颁发和监督管理情况报告省、自治区、直辖市人民政府安全生产监督管理部门。

省、自治区、直辖市人民政府安全生产监督管理部门应当按照有关统计规定，将本行政区域内上一年度经营许可证的审批、颁发和监督管理情况报告国家安全生产监督管理总局。

第五章　法律责任

第二十九条　未取得经营许可证从事危险化学品经营的，依照《中华人民共和国安全生产法》有关未经依法批准擅自生产、经营、储存危险物品的法律责任条款并处罚款；构成犯罪的，依法追究刑事责任。

企业在经营许可证有效期届满后，仍然从事危险化学品经营的，依照前款规定给予处罚。

第三十条 带有储存设施的企业违反《危险化学品安全管理条例》规定，有下列情形之一的，责令改正，处 5 万元以上 10 万元以下的罚款；拒不改正的，责令停产停业整顿；经停产停业整顿仍不具备法律、法规、规章、国家标准和行业标准规定的安全生产条件的，吊销其经营许可证：

（一）对重复使用的危险化学品包装物、容器，在重复使用前不进行检查的；

（二）未根据其储存的危险化学品的种类和危险特性，在作业场所设置相关安全设施、设备，或者未按照国家标准、行业标准或者国家有关规定对安全设施、设备进行经常性维护、保养的；

（三）未将危险化学品储存在专用仓库内，或者未将剧毒化学品以及储存数量构成重大危险源的其他危险化学品在专用仓库内单独存放的；

（四）未对其安全生产条件定期进行安全评价的；

（五）危险化学品的储存方式、方法或者储存数量不符合国家标准或者国家有关规定的；

（六）危险化学品专用仓库不符合国家标准、行业标准的要求的；

（七）未对危险化学品专用仓库的安全设施、设备定期进行检测、检验的。

第三十一条 伪造、变造或者出租、出借、转让经营许可证，或者使用伪造、变造的经营许可证的，处 10 万元以上 20 万元以下的罚款，有违法所得的，没收违法所得；构成违反治安管理行为的，依法给予治安管理处罚；构成犯罪的，依法追究刑事责任。

第三十二条 已经取得经营许可证的企业不再具备法律、法规和本办法规定的安全生产条件的，责令改正；逾期不改正的，责令停产停业整顿；经停产停业整顿仍不具备法律、法规、规章、国家标准和行业标准规定的安全生产条件的，吊销其经营许可证。

第三十三条 已经取得经营许可证的企业出现本办法第十四条、第十六条规定的情形之一，未依照本办法的规定申请变更的，责令限期改正，处 1 万元以下的罚款；逾期仍不申请变更的，处 1 万元以上 3 万元以下的罚款。

第三十四条 安全生产监督管理部门的工作人员徇私舞弊、滥用职权、弄虚作假、玩忽职守，未依法履行危险化学品经营许可证审批、颁发和监督管理职责的，依照有关规定给予处分。

第三十五条 承担安全评价的机构和安全评价人员出具虚假评价报告的，依照有关法律、法规、规章的规定给予行政处罚；构成犯罪的，依法追究刑事责任。

第三十六条 本办法规定的行政处罚，由安全生产监督管理部门决定。其中，本办法第三十一条规定的行政处罚和第三十条、第三十二条规定的吊销经营许可证的行政处罚，由发证机关决定。

第六章 附 则

第三十七条 购买危险化学品进行分装、充装或者加入非危险化学品的溶剂进行稀释，然后销售的，依照本办法执行。

本办法所称储存设施，是指按照《危险化学品重大危险源辨识》（GB 18218）确定，储存的危险化学品数量构成重大危险源的设施。

第三十八条 本办法施行前已取得经营许可证的企业，在其经营许可证有效期内可以继续从事危险化学品经营；经营许可证有效期届满后需要继续从事危险化学品经营的，应当依照本办法的规定重新申请经营许可证。

本办法施行前取得经营许可证的非企业的单位或者个人，在其经营许可证有效期内可以继续从事危险化学品经营；经营许可证有效期届满后需要继续从事危险化学品经营的，应当先依法登记为企业，再依照本办法的规定申请经营许可证。

第三十九条　经营许可证的式样由国家安全生产监督管理总局制定。

第四十条　本办法自2012年9月1日起施行。原国家经济贸易委员会2002年10月8日公布的《危险化学品经营许可证管理办法》同时废止。

非药品类易制毒化学品生产、经营许可办法

（2006年3月21日国家安全生产监督管理总局局长办公会议审议通过，2006年4月5日公布，自2006年4月15日起施行）

第一章　总　　则

第一条　为加强非药品类易制毒化学品管理，规范非药品类易制毒化学品生产、经营行为，防止非药品类易制毒化学品被用于制造毒品，维护经济和社会秩序，根据《易制毒化学品管理条例》（以下简称《条例》）和有关法律、行政法规，制定本办法。

第二条　本办法所称非药品类易制毒化学品，是指《条例》附表确定的可以用于制毒的非药品类主要原料和化学配剂。

非药品类易制毒化学品的分类和品种，见本办法附表《非药品类易制毒化学品分类和品种目录》。

《条例》附表《易制毒化学品的分类和品种目录》调整或者《危险化学品目录》调整涉及本办法附表时，《非药品类易制毒化学品分类和品种目录》随之进行调整并公布。

第三条　国家对非药品类易制毒化学品的生产、经营实行许可制度。对第一类非药品类易制毒化学品的生产、经营实行许可证管理，对第二类、第三类易制毒化学品的生产、经营实行备案证明管理。

省、自治区、直辖市人民政府安全生产监督管理部门负责本行政区域内第一类非药品类易制毒化学品生产、经营的审批和许可证的颁发工作。

设区的市级人民政府安全生产监督管理部门负责本行政区域内第二类非药品类易制毒化学品生产、经营和第三类非药品类易制毒化学品生产的备案证明颁发工作。

县级人民政府安全生产监督管理部门负责本行政区域内第三类非药品类易制毒化学品经营的备案证明颁发工作。

第四条　国家安全生产监督管理总局监督、指导全国非药品类易制毒化学品生产、经营许可和备案管理工作。

县级以上人民政府安全生产监督管理部门负责本行政区域内执行非药品类易制毒化学品生产、经营许可制度的监督管理工作。

第二章　生产、经营许可

第五条　生产、经营第一类非药品类易制毒化学品的，必须取得非药品类易制毒化学品生产、经营许可证方可从事生产、经营活动。

第六条　生产、经营第一类非药品类易制毒化学品的，应当分别符合《条例》第七条、第九条规定的条件。

第七条 生产单位申请非药品类易制毒化学品生产许可证，应当向所在地的省级人民政府安全生产监督管理部门提交下列文件、资料，并对其真实性负责：

（一）非药品类易制毒化学品生产许可证申请书（一式两份）；

（二）生产设备、仓储设施和污染物处理设施情况说明材料；

（三）易制毒化学品管理制度和环境突发事件应急预案；

（四）安全生产管理制度；

（五）单位法定代表人或者主要负责人和技术、管理人员具有相应安全生产知识的证明材料；

（六）单位法定代表人或者主要负责人和技术、管理人员具有相应易制毒化学品知识的证明材料及无毒品犯罪记录证明材料；

（七）工商营业执照副本（复印件）；

（八）产品包装说明和使用说明书。

属于危险化学品生产单位的，还应当提交危险化学品生产企业安全生产许可证和危险化学品登记证（复印件），免于提交本条第（四）、（五）、（七）项所要求的文件、资料。

第八条 经营单位申请非药品类易制毒化学品经营许可证，应当向所在地的省级人民政府安全生产监督管理部门提交下列文件、资料，并对其真实性负责：

（一）非药品类易制毒化学品经营许可证申请书（一式两份）；

（二）经营场所、仓储设施情况说明材料；

（三）易制毒化学品经营管理制度和包括销售机构、销售代理商、用户等内容的销售网络文件；

（四）单位法定代表人或者主要负责人和销售、管理人员具有相应易制毒化学品知识的证明材料及无毒品犯罪记录证明材料；

（五）工商营业执照副本（复印件）；

（六）产品包装说明和使用说明书。

属于危险化学品经营单位的，还应当提交危险化学品经营许可证（复印件），免于提交本条第（五）项所要求的文件、资料。

第九条 省、自治区、直辖市人民政府安全生产监督管理部门对申请人提交的申请书及文件、资料，应当按照下列规定分别处理：

（一）申请事项不属于本部门职权范围的，应当即时出具不予受理的书面凭证；

（二）申请材料存在可以当场更正的错误的，应当允许或者要求申请人当场更正；

（三）申请材料不齐全或者不符合要求的，应当当场或者在5个工作日内书面一次告知申请人需要补正的全部内容，逾期不告知的，自收到申请材料之日起即为受理；

（四）申请材料齐全、符合要求或者按照要求全部补正的，自收到申请材料或者全部补正材料之日起为受理。

第十条 对已经受理的申请材料，省、自治区、直辖市人民政府安全生产监督管理部门应当进行审查，根据需要可以进行实地核查。

第十一条 自受理之日起，对非药品类易制毒化学品的生产许可证申请在60个工作日内、对经营许可证申请在30个工作日内，省、自治区、直辖市人民政府安全生产监督管理部门应当作出颁发或者不予颁发许可证的决定。

对决定颁发的，应当自决定之日起10个工作日内送达或者通知申请人领取许可证；对不予颁发的，应当在10个工作日内书面通知申请人并说明理由。

第十二条 非药品类易制毒化学品生产、经营许可证有效期为3年。许可证有效期满后需继续生产、经营第一类非药品类易制毒化学品的，应当于许可证有效期满前3个月内向原许可证颁发管理部门提出换证申请并提交相应资料，经审查合格后换领新证。

第十三条 第一类非药品类易制毒化学

品生产、经营单位在非药品类易制毒化学品生产、经营许可证有效期内出现下列情形之一的，应当向原许可证颁发管理部门申请变更许可证：

（一）单位法定代表人或者主要负责人改变；

（二）单位名称改变；

（三）许可品种主要流向改变；

（四）需要增加许可品种、数量。

属于本条第（一）、（三）项的变更，应当自发生改变之日起20个工作日内提出申请；属于本条第（二）项的变更，应当自工商营业执照变更后提出申请。

申请本条第（一）项的变更，应当提供变更后的法定代表人或者主要负责人符合本办法第七条第（五）、（六）项或第八条第（四）项要求的有关证明材料；申请本条第（二）项的变更，应当提供变更后的工商营业执照副本（复印件）；申请本条第（三）项的变更，生产、经营单位应当分别提供主要流向改变说明、第八条第（三）项要求的有关资料；申请本条第（四）项的变更，应当提供本办法第七条第（二）、（三）、（八）项或第八条第（二）、（三）、（六）项要求的有关资料。

第十四条　对已经受理的本办法第十三条第（一）、（二）、（三）项的变更申请，许可证颁发管理部门在对申请人提交的文件、资料审核后，即可办理非药品类易制毒化学品生产、经营许可证变更手续。

对已经受理的本办法第十三条第（四）项的变更申请，许可证颁发管理部门应当按照本办法第十条、第十一条的规定，办理非药品类易制毒化学品生产、经营许可证变更手续。

第十五条　非药品类易制毒化学品生产、经营单位原有技术或者销售人员、管理人员变动的，变动人员应当具有相应的安全生产和易制毒化学品知识。

第十六条　第一类非药品类易制毒化学品生产、经营单位不再生产、经营非药品类易制毒化学品时，应当在停止生产、经营后3个月内办理注销许可手续。

第三章　生产、经营备案

第十七条　生产、经营第二类、第三类非药品类易制毒化学品的，必须进行非药品类易制毒化学品生产、经营备案。

第十八条　生产第二类、第三类非药品类易制毒化学品的，应当自生产之日起30个工作日内，将生产的品种、数量等情况，向所在地的设区的市级人民政府安全生产监督管理部门备案。

经营第二类非药品类易制毒化学品的，应当自经营之日起30个工作日内，将经营的品种、数量、主要流向等情况，向所在地的设区的市级人民政府安全生产监督管理部门备案。

经营第三类非药品类易制毒化学品的，应当自经营之日起30个工作日内，将经营的品种、数量、主要流向等情况，向所在地的县级人民政府安全生产监督管理部门备案。

第十九条　第二类、第三类非药品类易制毒化学品生产单位进行备案时，应当提交下列资料：

（一）非药品类易制毒化学品品种、产量、销售量等情况的备案申请书；

（二）易制毒化学品管理制度；

（三）产品包装说明和使用说明书；

（四）工商营业执照副本（复印件）。

属于危险化学品生产单位的，还应当提交危险化学品生产企业安全生产许可证和危险化学品登记证（复印件），免于提交本条第（四）项所要求的文件、资料。

第二十条　第二类、第三类非药品类易制毒化学品经营单位进行备案时，应当提交下列资料：

（一）非药品类易制毒化学品销售品种、销售量、主要流向等情况的备案申请书；

（二）易制毒化学品管理制度；

（三）产品包装说明和使用说明书；

（四）工商营业执照副本（复印件）。

属于危险化学品经营单位的，还应当提交危险化学品经营许可证，免于提交本条第（四）项所要求的文件、资料。

第二十一条 第二类、第三类非药品类易制毒化学品生产、经营备案主管部门收到本办法第十九条、第二十条规定的备案材料后，应当于当日发给备案证明。

第二十二条 第二类、第三类非药品类易制毒化学品生产、经营备案证明有效期为3年。有效期满后需继续生产、经营的，应当在备案证明有效期满前3个月内重新办理备案手续。

第二十三条 第二类、第三类非药品类易制毒化学品生产、经营单位的法定代表人或者主要负责人、单位名称、单位地址发生变化的，应当自工商营业执照变更之日起30个工作日内重新办理备案手续；生产或者经营的备案品种增加、主要流向改变的，在发生变化后30个工作日内重新办理备案手续。

第二十四条 第二类、第三类非药品类易制毒化学品生产、经营单位不再生产、经营非药品类易制毒化学品时，应当在终止生产、经营后3个月内办理备案注销手续。

第四章 监督管理

第二十五条 县级以上人民政府安全生产监督管理部门应当加强非药品类易制毒化学品生产、经营的监督检查工作。

县级以上人民政府安全生产监督管理部门对非药品类易制毒化学品的生产、经营活动进行监督检查时，可以查看现场、查阅和复制有关资料、记录有关情况、扣押相关的证据材料和违法物品；必要时，可以临时查封有关场所。

被检查的单位或者个人应当如实提供有关情况和资料、物品，不得拒绝或者隐匿。

第二十六条 生产、经营单位应当于每年3月31日前，向许可或者备案的安全生产监督管理部门报告本单位上年度非药品类易制毒化学品生产经营的品种、数量和主要流向等情况。

安全生产监督管理部门应当自收到报告后10个工作日内将本行政区域内上年度非药品类易制毒化学品生产、经营汇总情况报上级安全生产监督管理部门。

第二十七条 各级安全生产监督管理部门应当建立非药品类易制毒化学品许可和备案档案并加强信息管理。

第二十八条 安全生产监督管理部门应当及时将非药品类易制毒化学品生产、经营许可及吊销许可情况，向同级公安机关和工商行政管理部门通报；向商务主管部门通报许可证和备案证明颁发等有关情况。

第五章 罚 则

第二十九条 对于有下列行为之一的，县级以上人民政府安全生产监督管理部门可以自《条例》第三十八条规定的部门作出行政处罚决定之日起的3年内，停止受理其非药品类易制毒化学品生产、经营许可或备案申请：

（一）未经许可或者备案擅自生产、经营非药品类易制毒化学品的；

（二）伪造申请材料骗取非药品类易制毒化学品生产、经营许可证或者备案证明的；

（三）使用他人的非药品类易制毒化学品生产、经营许可证或者备案证明的；

（四）使用伪造、变造、失效的非药品类易制毒化学品生产、经营许可证或者备案证明的。

第三十条 对于有下列行为之一的，由县级以上人民政府安全生产监督管理部门给予警告，责令限期改正，处1万元以上5万元以下的罚款；对违反规定生产、经营的非药品类易制毒化学品，可以予以没收；逾期不改正的，责令限期停产停业整顿；逾期整顿不合格的，吊销相应的许可证：

（一）易制毒化学品生产、经营单位未按规定建立易制毒化学品的管理制度和安全管理制度的；

（二）将许可证或者备案证明转借他人使用的；

（三）超出许可的品种、数量，生产、经营非药品类易制毒化学品的；

（四）易制毒化学品的产品包装和使用说明书不符合《条例》规定要求的；

（五）生产、经营非药品类易制毒化学品的单位不如实或者不按时向安全生产监督管理部门报告年度生产、经营等情况的。

第三十一条　生产、经营非药品类易制毒化学品的单位或者个人拒不接受安全生产监督管理部门监督检查的，由县级以上人民政府安全生产监督管理部门责令改正，对直接负责的主管人员以及其他直接责任人员给予警告；情节严重的，对单位处1万元以上5万元以下的罚款，对直接负责的主管人员以及其他直接责任人员处1000元以上5000元以下的罚款。

第三十二条　安全生产监督管理部门工作人员在管理工作中，有滥用职权、玩忽职守、徇私舞弊行为或泄露企业商业秘密的，依法给予行政处分；构成犯罪的，依法追究刑事责任。

第六章　附　　则

第三十三条　非药品类易制毒化学品生产许可证、经营许可证和备案证明由国家安全生产监督管理总局监制。

非药品类易制毒化学品年度报告表及许可、备案、变更申请书由国家安全生产监督管理总局规定式样。

第三十四条　本办法自2006年4月15日起施行。

危险化学品企业安全风险隐患排查治理导则

（2019年8月12日应急管理部应急〔2019〕78号公布，自公布之日起施行）

1　总　　则

1.1　为督促危险化学品企业落实安全生产主体责任，着力构建安全风险分级管控和隐患排查治理双重预防机制，有效防范重特大安全事故，根据国家相关法律、法规、规章及标准，制定本导则。

1.2　本导则适用于危险化学品生产、经营、使用发证企业（以下简称企业）的安全风险隐患排查治理工作，其他化工企业参照执行。

1.3　安全风险是某一特定危害事件发生的可能性与其后果严重性的组合；安全风险点是指存在安全风险的设施、部位、场所和区域，以及在设施、部位、场所和区域实施的伴随风险的作业活动，或以上两者的组合；对安全风险所采取的管控措施存在缺陷或缺失时就形成事故隐患，包括物的不安全状态、人的不安全行为和管理上的缺陷等方面。

2　基本要求

2.1　企业是安全风险隐患排查治理的主体，要逐级落实安全风险隐患排查治理责任，对安全风险全面管控，对事故隐患治理实行闭环管理，保证安全生产。

2.2 企业应建立健全安全风险隐患排查治理工作机制，建立安全风险隐患排查治理制度并严格执行，全体员工应按照安全生产责任制要求参与安全风险隐患排查治理工作。

2.3 企业应充分利用安全检查表（SCL）、工作危害分析（JHA）、故障类型和影响分析（FMEA）、危险和可操作性分析（HAZOP）等安全风险分析方法，或多种方法的组合，分析生产过程中存在的安全风险；选用风险评估矩阵（RAM）、作业条件危险性分析（LEC）等方法进行风险评估，有效实施安全风险分级管控。

2.4 企业应对涉及“两重点一重大”的生产、储存装置定期开展HAZOP分析。

2.5 精细化工企业应按要求开展反应安全风险评估。

3 安全风险隐患排查方式及频次

3.1 安全风险隐患排查方式

3.1.1 企业应根据安全生产法律法规和安全风险管控情况，按照化工过程安全管理的要求，结合生产工艺特点，针对可能发生安全事故的风险点，全面开展安全风险隐患排查工作，做到安全风险隐患排查全覆盖，责任到人。

3.1.2 安全风险隐患排查形式包括日常排查、综合性排查、专业性排查、季节性排查、重点时段及节假日前排查、事故类比排查、复产复工前排查和外聘专家诊断式排查等。

（1）日常排查是指基层单位班组、岗位员工的交接班检查和班中巡回检查，以及基层单位（厂）管理人员和各专业技术人员的日常性检查；日常排查要加强对关键装置、重点部位、关键环节、重大危险源的检查和巡查；

（2）综合性排查是指以安全生产责任制、各项专业管理制度、安全生产管理制度和化工过程安全管理各要素落实情况为重点开展的全面检查；

（3）专业性排查是指工艺、设备、电气、仪表、储运、消防和公用工程等专业对生产各系统进行的检查；

（4）季节性排查是指根据各季节特点开展的专项检查，主要包括：春季以防雷、防静电、防解冻泄漏、防解冻坍塌为重点；夏季以防雷暴、防设备容器超温超压、防台风、防洪、防暑降温为重点；秋季以防雷暴、防火、防静电、防凝保温为重点；冬季以防火、防爆、防雪、防冻防凝、防滑、防静电为重点；

（5）重点时段及节假日前排查是指在重大活动、重点时段和节假日前，对装置生产是否存在异常状况和事故隐患、备用设备状态、备品备件、生产及应急物资储备、保运力量安排、安全保卫、应急、消防等方面进行的检查，特别是要对节假日期间领导干部带班值班、机电仪保运及紧急抢修力量安排、备件及各类物资储备和应急工作进行重点检查；

（6）事故类比排查是指对企业内或同类企业发生安全事故后举一反三的安全检查；

（7）复产复工前排查是指节假日、设备大检修、生产原因等停产较长时间，在重新恢复生产前，需要进行人员培训，对生产工艺、设备设施等进行综合性隐患排查；

（8）外聘专家排查是指聘请外部专家对企业进行的安全检查。

3.2 安全风险隐患排查频次

3.2.1 开展安全风险隐患排查的频次应满足：

（1）装置操作人员现场巡检间隔不得大于2小时，涉及“两重点一重大”的生产、储存装置和部位的操作人员现场巡检间隔不得大于1小时；

（2）基层车间（装置）直接管理人员（工艺、设备技术人员）、电气、仪表人员每天至少两次对装置现场进行相关专业检查；

（3）基层车间应结合班组安全活动，至少每周组织一次安全风险隐患排查；基层单位（厂）应结合岗位责任制检查，至少每月组织一次安全风险隐患排查；

（4）企业应根据季节性特征及本单位的生产实际，每季度开展一次有针对性的季节性安全风险隐患排查；重大活动、重点时段及节假日前必须进行安全风险隐患排查；

（5）企业至少每半年组织一次，基层单位至少每季度组织一次综合性排查和专业排查，两者可结合进行；

（6）当同类企业发生安全事故时，应举一反三，及时进行事故类比安全风险隐患专项排查。

3.2.2　当发生以下情形之一时，应根据情况及时组织进行相关专业性排查：

（1）公布实施有关新法律法规、标准规范或原有适用法律法规、标准规范重新修订的；

（2）组织机构和人员发生重大调整的；

（3）装置工艺、设备、电气、仪表、公用工程或操作参数发生重大改变的；

（4）外部安全生产环境发生重大变化的；

（5）发生安全事故或对安全事故、事件有新认识的；

（6）气候条件发生大的变化或预报可能发生重大自然灾害前。

3.2.3　企业对涉及“两重点一重大”的生产、储存装置运用 HAZOP 方法进行安全风险辨识分析，一般每 3 年开展一次；对涉及“两重点一重大”和首次工业化设计的建设项目，应在基础设计阶段开展 HAZOP 分析工作；对其他生产、储存装置的安全风险辨识分析，针对装置不同的复杂程度，可采用本导则第 2.3 所述的方法，每 5 年进行一次。

4　安全风险隐患排查内容

企业应结合自身安全风险及管控水平，按照化工过程安全管理的要求，参照各专业安全风险隐患排查表（见附件），编制符合自身实际的安全风险隐患排查表，开展安全风险隐患排查工作。

排查内容包括但不限于以下方面：

（1）安全领导能力；

（2）安全生产责任制；

（3）岗位安全教育和操作技能培训；

（4）安全生产信息管理；

（5）安全风险管理；

（6）设计管理；

（7）试生产管理；

（8）装置运行安全管理；

（9）设备设施完好性；

（10）作业许可管理；

（11）承包商管理；

（12）变更管理；

（13）应急管理；

（14）安全事故事件管理。

4.1　安全领导能力

4.1.1　企业安全生产目标、计划制定及落实情况。

4.1.2　企业主要负责人安全生产责任制的履职情况，包括：

（1）建立、健全本单位安全生产责任制；

（2）组织制定本单位安全生产规章制度和操作规程；

（3）组织制定并实施本单位安全生产教育和培训计划；

（4）保证本单位安全生产投入的有效实施；

（5）督促、检查本单位的安全生产工作，及时消除事故隐患；

（6）组织制定并实施本单位的安全事故应急预案；

（7）及时、如实报告安全事故。

4.1.3　企业主要负责人安全培训考核情况，分管生产、安全负责人专业、学历满足情况。

4.1.4 企业主要负责人组织学习、贯彻落实国家安全生产法律法规，定期主持召开安全生产专题会议，研究重大问题，并督促落实情况。

4.1.5 企业主要负责人和各级管理人员在岗在位、带（值）班、参加安全活动、组织开展安全风险研判与承诺公告情况。

4.1.6 安全生产管理体系建立、运行及考核情况；“三违”（违章指挥、违章作业、违反劳动纪律）的检查处置情况。

4.1.7 安全管理机构的设置及安全管理人员的配备、能力保障情况。

4.1.8 安全投入保障情况，安全生产费用提取和使用情况；员工工伤保险费用缴纳及安全生产责任险投保情况。

4.1.9 异常工况处理授权决策机制建立情况。

4.1.10 企业聘用员工学历、能力满足安全生产要求情况。

4.2 安全生产责任制

4.2.1 企业依法依规制定完善全员安全生产责任制情况；根据企业岗位的性质、特点和具体工作内容，明确各层级所有岗位从业人员的安全生产责任，体现安全生产“人人有责”的情况。

4.2.2 全员安全生产责任制的培训、落实、考核等情况。

4.2.3 安全生产责任制与现行法律法规的符合性情况。

4.3 岗位安全教育和操作技能培训

4.3.1 企业建立安全教育培训制度的情况。

4.3.2 企业安全管理人员参加安全培训及考核情况。

4.3.3 企业安全教育培训制度的执行情况，主要包括：

（1）安全教育培训体系的建立，安全教育培训需求的调查，安全教育培训计划及培训档案的建立；

（2）安全教育培训计划的落实，教育培训方式及效果评估；

（3）从业人员安全教育培训考核上岗，特种作业人员持证上岗；

（4）人员、工艺技术、设备设施等发生改变时，及时对操作人员进行再培训；

（5）采用新工艺、新技术、新材料或使用新设备前，对从业人员进行专门的安全生产教育和培训；

（6）对承包商等相关方人员的入厂安全教育培训。

4.4 安全生产信息管理

4.4.1 安全生产信息管理制度的建立情况。

4.4.2 按照《化工企业工艺安全管理实施导则》（AQ/T 3034）的要求收集安全生产信息情况，包括化学品危险性信息、工艺技术信息、设备设施信息、行业经验和事故教训、有关法律法规标准以及政府规范性文件要求等其他相关信息。

4.4.3 在生产运行、安全风险分析、事故调查和编制生产管理制度、操作规程、员工安全教育培训手册、应急预案等工作中运用安全生产信息的情况。

4.4.4 危险化学品安全技术说明书和安全标签的编制及获取情况。

4.4.5 岗位人员对本岗位涉及的安全生产信息的了解掌握情况。

4.4.6 法律法规标准及最新安全生产信息的获取、识别及应用情况。

4.5 安全风险管理

4.5.1 安全风险管理制度的建立情况。

4.5.2 全方位、全过程辨识生产工艺、设备设施、作业活动、作业环境、人员行为、管理体系等方面存在的安全风险情况，主要包括：

（1）对涉及“两重点一重大”生产、储存装置定期运用HAZOP方法开展安全风险辨识；

（2）对设备设施、作业活动、作业环境进行安全风险辨识；

（3）管理机构、人员构成、生产装置等发生重大变化或发生安全事故时，及时进行安全风险辨识；

（4）对控制安全风险的工程、技术、管理措施及其失效可能引起的后果进行风险辨识；

（5）对厂区内人员密集场所进行安全风险排查；

（6）对存在安全风险外溢的可能性进行分析及预警。

4.5.3　安全风险分级管控情况，主要包括：

（1）企业可接受安全风险标准的制定；

（2）对辨识出的安全风险进行分级和制定管控措施的落实；

（3）对辨识分析发现的不可接受安全风险，制定管控方案，制定并落实消除、减小或控制安全风险的措施，明确风险防控责任岗位和人员，将风险控制在可接受范围。

4.5.4　对安全风险管控措施的有效性实施监控及失效后及时处置情况。

4.5.5　全员参与安全风险辨识与培训情况。

4.6　设计管理

4.6.1　建设项目选址合理性情况；与周围敏感场所的外部安全防护距离满足性情况，包括在工厂选址、设备布局时，开展定量安全风险评估情况。

4.6.2　开展正规设计或安全设计诊断情况；涉及“两重点一重大”的建设项目设计单位资质符合性情况。

4.6.3　落实国家明令淘汰、禁止使用的危及生产安全的工艺、设备要求情况。

4.6.4　总图布局、竖向设计、重要设施的平面布置、朝向、安全距离等合规性情况。

4.6.5　涉及“两重点一重大”装置自动化控制系统的配置情况。

4.6.6　项目安全设施“三同时”符合性情况。

4.6.7　涉及精细化工的建设项目，在编制可行性研究报告或项目建议书前，按规定开展反应安全风险评估情况；国内首次采用的化工工艺，省级有关部门组织专家组进行安全论证情况。

4.6.8　重大设计变更的管理情况。

4.7　试生产管理

4.7.1　试生产组织机构的建立情况；建设项目各相关方的安全管理范围与职责界定情况。

4.7.2　试生产前期工作的准备情况，主要包括：

（1）总体试生产方案、操作规程、应急预案等相关资料的编制、审查、批准、发布实施；

（2）试车物资及应急装备的准备；

（3）人员准备及培训；

（4）“三查四定”工作的开展。

4.7.3　试生产工作的实施情况，主要包括：

（1）系统冲洗、吹扫、气密等工作的开展及验收；

（2）单机试车及联动试车工作的开展及验收；

（3）投料前安全条件检查确认。

4.8　装置运行安全管理

4.8.1　操作规程与工艺卡片管理制度制定及执行情况，主要包括：

（1）操作规程与工艺卡片的编制及管理；

（2）操作规程内容与《化工企业工艺安全管理实施导则》（AQ/T 3034）要求的符合性；

（3）操作规程的适应性和有效性的定期确认与审核修订；

（4）操作规程的发布及操作人员的方便查阅；

（5）操作规程的定期培训和考核；

（6）工艺技术、设备设施发生重大变更后对操作规程及时修订。

4.8.2 装置运行监测预警及处置情况，主要包括：

（1）自动化控制系统设置及对重要工艺参数进行实时监控预警；

（2）可燃及有毒气体检测报警设施设置并投用；

（3）采用在线安全监控、自动检测或人工分析等手段，有效判断发生异常工况的根源，及时安全处置。

4.8.3 开停车安全管理情况，主要包括：

（1）开停车前安全条件的检查确认；

（2）开停车前开展安全风险辨识分析、开停车方案的制定、安全措施的编制及落实；

（3）开车过程中重要步骤的签字确认，包括装置冲洗、吹扫、气密试验时安全措施的制定，引进蒸汽、氮气、易燃易爆、腐蚀性等危险介质前的流程确认，引进物料时对流量、温度、压力、液位等参数变化情况的监测与流程再确认，进退料顺序和速率的管理，可能出现泄漏等异常现象部位的监控；

（4）停车过程中，设备和管线低点处的安全排放操作及吹扫处理后与其他系统切断、确认工作的执行。

4.8.4 工艺纪律、交接班制度的执行与管理情况。

4.8.5 工艺技术变更管理情况。

4.8.6 重大危险源安全控制设施设置及投用情况，主要包括：

（1）重大危险源应配备温度、压力、液位、流量等信息的不间断采集和监测系统以及可燃气体和有毒有害气体泄漏检测报警装置，并具备信息远传、记录、安全预警、信息存储等功能；

（2）重大危险源的化工生产装置应装备满足安全生产要求的自动化控制系统；

（3）一级或者二级重大危险源，设置紧急停车系统；

（4）对重大危险源中的毒性气体、剧毒液体和易燃气体等重点设施，设置紧急切断装置；

（5）对涉及毒性气体、液化气体、剧毒液体的一级或者二级重大危险源，应具有独立安全仪表系统；

（6）对毒性气体的设施，设置泄漏物紧急处置装置；

（7）重大危险源中储存剧毒物质的场所或者设施，设置视频监控系统；

（8）处置监测监控报警数据时，监控系统能够自动将超限报警和处置过程信息进行记录并实现留痕。

4.8.7 重点监管的危险化工工艺安全控制措施的设置及投用情况。

4.8.8 剧毒、高毒危险化学品的密闭取样系统设置及投用情况。

4.8.9 储运设施的管理情况，主要包括：

（1）危险化学品装卸管理制度的制订及执行；

（2）储运系统设施的安全设计、安全控制、应急措施的落实；

（3）储罐尤其是浮顶储罐安全运行；

（4）危险化学品仓库及储存管理。

4.8.10 光气、液氯、液氨、液化烃、氯乙烯、硝酸铵等有毒、易燃易爆危险化学品与硝化工艺的特殊管控措施落实情况。

4.8.11 空分系统的运行管理情况。

4.9 设备设施完好性

4.9.1 设备设施管理制度的建立情况。

4.9.2 设备设施管理制度的执行情况，主要包括：

（1）设备设施管理台账的建立，备品备件管理，设备操作和维护规程编制，设备维保人员的技能培训；

（2）电气设备设施安全操作、维护、检修工作的开展，电源系统安全可靠性分析和安全风险评估工作的开展，防爆电气设备、线路检查和维护管理；

（3）仪表自动化控制系统安全管理制

度的执行，新（改、扩）建装置和大修装置的仪表自动化控制系统投用前及长期停用后的再次启用前的检查确认、日常维护保养，安全联锁保护系统停运、变更的专业会签和审批。

4.9.3　设备日常管理情况，主要包括：

（1）设备操作规程的编制及执行；

（2）大机组和重点动设备运行参数的自动监测及运行状况的评估；

（3）关键储罐、大型容器的防腐蚀、防泄漏相关工作；

（4）安全附件的维护保养；

（5）日常巡回检查；

（6）异常设备设施的及时处置；

（7）备用机泵的管理。

4.9.4　设备预防性维修工作开展情况，主要包括：

（1）关键设备的在线监测；

（2）关键设备、连续监（检）测检查仪表的定期监（检）测检查；

（3）静设备密封件、动设备易损件的定期监（检）测；

（4）压力容器、压力管道附件的定期检查（测）；

（5）对可能出现泄漏的部位、物料种类和泄漏量的统计分析情况，生产装置动静密封点的定期监（检）测及处置；

（6）对易腐蚀的管道、设备开展防腐蚀检测，监控壁厚减薄情况，及时发现并更新更换存在事故隐患的设备。

4.9.5　安全仪表系统安全完整性等级评估工作开展情况，主要包括：

（1）安全仪表功能（SIF）及其相应的功能安全要求或安全完整性等级（SIL）评估；

（2）安全仪表系统的设计、安装、使用、管理和维护；

（3）检测报警仪器的定期标定。

4.10　作业许可管理

4.10.1　危险作业许可制度的建立情况。

4.10.2　实施危险作业前，安全风险分析的开展、安全条件的确认、作业人员对作业安全风险的了解和安全风险控制措施的掌握、预防和控制安全风险措施的落实情况。

4.10.3　危险作业许可票证的审查确认及签发，特殊作业管理与《化学品生产单位特殊作业安全规范》（GB 30871）要求的符合性；检维修、施工、吊装等作业现场安全措施落实情况。

4.10.4　现场监护人员对作业范围内的安全风险辨识、应急处置能力的掌握情况。

4.10.5　作业过程中，管理人员现场监督检查情况。

4.11　承包商管理

4.11.1　承包商管理制度的建立情况。

4.11.2　承包商管理制度的执行情况，主要包括：

（1）对承包商的准入、绩效评价和退出的管理；

（2）承包商入厂前的教育培训、作业开始前的安全交底；

（3）对承包商的施工方案和应急预案的审查；

（4）与承包商签订安全管理协议，明确双方安全管理范围与责任；

（5）对承包商作业进行全程安全监督。

4.12　变更管理

4.12.1　变更管理制度的建立情况。

4.12.2　变更管理制度的执行情况，主要包括：

（1）变更申请、审批、实施、验收各环节的执行，变更前安全风险分析；

（2）变更带来的对生产要求的变化、安全生产信息的更新及对相关人员的培训；

（3）变更管理档案的建立。

4.13　应急管理

4.13.1　企业应急管理情况，主要包括：

（1）应急管理体系的建立；

（2）应急预案编制符合《生产经营单位生产安全事故应急预案编制导则》（GB/T

29639）的要求，与周边企业和地方政府的应急预案衔接。

4.13.2 企业应急管理机构及人员配置，应急救援队伍建设，预案及相关制度的执行情况。

4.13.3 应急救援装备、物资、器材、设施配备和维护情况；消防系统运行维护情况。

4.13.4 应急预案的培训和演练，事故状态下的应急响应情况。

4.13.5 应急人员的能力建设情况。

4.14 安全事故事件管理

4.14.1 安全事故事件管理制度的建立情况。

4.14.2 安全事故事件管理制度执行情况，主要包括：

（1）开展安全事件调查、原因分析；

（2）整改和预防措施落实；

（3）员工与相关方上报安全事件的激励机制建立；

（4）安全事故事件分享、档案建立及管理。

4.14.3 吸取本企业和其他同类企业安全事故及事件教训情况。

4.14.4 将承包商在本企业发生的安全事故纳入本企业安全事故管理情况。

5 安全风险隐患闭环管理

5.1 安全风险隐患管控与治理

5.1.1 对排查发现的安全风险隐患，应当立即组织整改，并如实记录安全风险隐患排查治理情况，建立安全风险隐患排查治理台账，及时向员工通报。

5.1.2 对排查发现的重大事故隐患，应及时向本企业主要负责人报告；主要负责人不及时处理的，可以向主管的负有安全生产监督管理职责的部门报告。

5.1.3 对于不能立即完成整改的隐患，应进行安全风险分析，并应从工程控制、安全管理、个体防护、应急处置及培训教育等方面采取有效的管控措施，防止安全事故的发生。

5.1.4 利用信息化手段实现风险隐患排查闭环管理的全程留痕，形成排查治理全过程记录信息数据库。

5.2 安全风险隐患上报

5.2.1 企业应依法向属地应急管理部门或相关部门上报安全风险隐患管控与整改情况、存在的重大事故隐患及事故隐患排查治理长效机制的建立情况。

5.2.2 重大事故隐患的报告内容至少包括：

（1）现状及其产生原因；

（2）危害程度分析；

（3）治理方案及治理前保证安全的管控措施。

6 特殊条款

6.1 依据《化工和危险化学品生产经营单位重大生产安全事故隐患判定标准（试行）》，企业存在重大隐患的，必须立即排除，排除前或排除过程中无法保证安全的，属地应急管理部门应依法责令暂时停产停业或者停止使用相关设施、设备。

6.2 企业存在以下情况的，属地应急管理部门应依法暂扣或吊销安全生产许可证：

（1）主要负责人、分管安全负责人和安全生产管理人员未依法取得安全合格证书。

（2）涉及危险化工工艺的特种作业人员未取得特种作业操作证、未取得高中或者相当于高中及以上学历。

（3）在役化工装置未经具有资质的单位设计且未通过安全设计诊断。

（4）外部安全防护距离不符合国家标准要求、存在重大外溢风险。

（5）涉及“两重点一重大”装置或储存设施的自动化控制设施不符合《危险化学品重大危险源监督管理暂行规定》（国家

安全监管总局令第40号）等国家要求。

（6）化工装置、危险化学品设施“带病”运行。

附录定义和术语

下列定义和术语适用于本导则。

1　两重点一重大

重点监管的危险化学品，重点监管的危险化工工艺，危险化学品重大危险源。

2　三查四定

在项目建设中，交工前要经历的一个过程，“三查”主要指“查设计漏项、查工程质量及事故隐患、查未完工程量”，“四定”指对检查出来的问题“定任务、定人员、定时间、定措施，限期完成”。

3　危险作业

操作过程安全风险较大，容易发生人身伤亡或设备损坏，安全事故后果严重，需要采取特别控制措施的作业。一般包括：

（1）《化学品生产单位特殊作业安全规范》（GB 30871）规定的动火、进入受限空间、盲板抽堵、高处作业、吊装、临时用电、动土、断路等特殊作业；

（2）储罐切水、液化烃充装等危险性较大的作业；

（3）安全风险较大的设备检维修作业。

（三）矿山、冶金类

中华人民共和国矿山安全法

（1992年11月7日第七届全国人民代表大会常务委员会第二十八次会议通过，根据2009年8月27日第十一届全国人民代表大会常务委员会第十次会议《关于修改部分法律的决定》修正）

第一章　总　　则

第一条　为了保障矿山生产安全，防止矿山事故，保护矿山职工人身安全，促进采矿业的发展，制定本法。

第二条　在中华人民共和国领域和中华人民共和国管辖的其他海域从事矿产资源开采活动，必须遵守本法。

第三条　矿山企业必须具有保障安全生产的设施，建立、健全安全管理制度，采取有效措施改善职工劳动条件，加强矿山安全管理工作，保证安全生产。

第四条　国务院劳动行政主管部门对全国矿山安全工作实施统一监督。

县级以上地方各级人民政府劳动行政主管部门对本行政区域内的矿山安全工作实施统一监督。

县级以上人民政府管理矿山企业的主管部门对矿山安全工作进行管理。

第五条　国家鼓励矿山安全科学技术研究，推广先进技术，改进安全设施，提高矿山安全生产水平。

第六条　对坚持矿山安全生产，防止矿山事故，参加矿山抢险救护，进行矿山安全科学技术研究等方面取得显著成绩的单位和个人，给予奖励。

第二章 矿山建设的安全保障

第七条 矿山建设工程的安全设施必须和主体工程同时设计、同时施工、同时投入生产和使用。

第八条 矿山建设工程的设计文件，必须符合矿山安全规程和行业技术规范，并按照家规定经管理矿山企业的主管部门批准；不符合矿山安全规程和行业技术规范的，不得批准。

矿山建设工程安全设施的设计必须有劳动行政主管部门参加审查。

矿山安全规程和行业技术规范，由国务院管理矿山企业的主管部门制定。

第九条 矿山设计下列项目必须符合矿山安全规程和行业技术规范：

（一）矿井的通风系统和供风量、风质、风速；

（二）露天矿的边坡角和台阶的宽度、高度；

（三）供电系统；

（四）提升、运输系统；

（五）防水、排水系统和防火、灭火系统；

（六）防瓦斯系统和防尘系统；

（七）有关矿山安全的其他项目。

第十条 每个矿井必须有两个以上能行人的安全出口，出口之间的直线水平距离必须符合矿山安全规程和行业技术规范。

第十一条 矿山必须有与外界相通的、符合安全要求的运输和通讯设施。

第十二条 矿山建设工程必须按照管理矿山企业的主管部门批准的设计文件施工。

矿山建设工程安全设施竣工后，由管理矿山企业的主管部门验收，并须有劳动行政主管部门参加；不符合矿山安全规程和行业技术规范的，不得验收，不得投入生产。

第三章 矿山开采的安全保障

第十三条 矿山开采必须具备保障安全生产的条件，执行开采不同矿种的矿山安全规程和行业技术规范。

第十四条 矿山设计规定保留的矿柱、岩柱，在规定的期限内，应当予以保护，不得开采或者毁坏。

第十五条 矿山使用的有特殊安全要求的设备、器材、防护用品和安全检测仪器，必须符合国家安全标准或者行业安全标准；不符合国家安全标准或者行业安全标准的，不得使用。

第十六条 矿山企业必须对机电设备及其防护装置、安全检测仪器，定期检查、维修，保证使用安全。

第十七条 矿山企业必须对作业场所中的有毒有害物质和井下空气含氧量进行检测，保证符合安全要求。

第十八条 矿山企业必须对下列危害安全的事故隐患采取预防措施：

（一）冒顶、片帮、边坡滑落和地表塌陷；

（二）瓦斯爆炸、煤尘爆炸；

（三）冲击地压、瓦斯突出、井喷；

（四）地面和井下的火灾、水害；

（五）爆破器材和爆破作业发生的危害；

（六）粉尘、有毒有害气体、放射性物质和其他有害物质引起的危害；

（七）其他危害。

第十九条 矿山企业对使用机械、电气设备，排土场矸石山、尾矿库和矿山闭坑后可能引起的危害，应当采取预防措施。

第四章 矿山企业的安全管理

第二十条 矿山企业必须建立、健全安全生产责任制。

矿长对本企业的安全生产工作负责。

第二十一条 矿长应当定期向职工代表大会或者职工大会报告安全生产工作，发挥职工代表大会的监督作用。

第二十二条 矿山企业职工必须遵守有关矿山安全的法律、法规和企业规章制度。

矿山企业职工有权对危害安全的行为，

提出批评、检举和控告。

第二十三条　矿山企业工会依法维护职工生产安全的合法权益，组织职工对矿山安全工作进行监督。

第二十四条　矿山企业违反有关安全的法律、法规，工会有权要求企业行政方面或者有关部门认真处理。

矿山企业召开讨论有关安全生产的会议，应当有工会代表参加，工会有权提出意见和建议。

第二十五条　矿山企业工会发现企业行政方面违章指挥、强令工人冒险作业或者生产过程中发现明显重大事故隐患和职业危害，有权提出解决的建议；发现危及职工生命安全的情况时，有权向矿山企业行政方面建议组织职工撤离危险现场，矿山企业行政方面必须及时作出处理决定。

第二十六条　矿山企业必须对职工进行安全教育、培训；未经安全教育、培训的，不得上岗作业。

矿山企业安全生产的特种作业人员必须接受专门培训，经考核合格取得操作资格证书的，方可上岗作业。

第二十七条　矿长必须经过考核，具备安全专业知识，具有领导安全生产和处理矿山事故的能力。

矿山企业安全工作人员必须具备必要的安全专业知识和矿山安全工作经验。

第二十八条　矿山企业必须向职工发放保障安全生产所需的劳动防护用品。

第二十九条　矿山企业不得录用未成年人从事矿山井下劳动。

矿山企业对女职工按照国家规定实行特殊劳动保护，不得分配女职工从事矿山井下劳动。

第三十条　矿山企业必须制定矿山事故防范措施，并组织落实。

第三十一条　矿山企业应当建立由专职或者兼职人员组成的救护和医疗急救组织，配备必要的装备、器材和药物。

第三十二条　矿山企业必须从矿产品销售额中按照国家规定提取安全技术措施专项费用。安全技术措施专项费用必须全部用于改善矿山安全生产条件，不得挪作他用。

第五章　矿山安全的监督和管理

第三十三条　县级以上各级人民政府劳动行政主管部门对矿山安全工作行使下列监督职责：

（一）检查矿山企业和管理矿山企业的主管部门贯彻执行矿山安全法律、法规的情况；

（二）参加矿山建设工程安全设施的设计审查和竣工验收；

（三）检查矿山劳动条件和安全状况；

（四）检查矿山企业职工安全教育、培训工作；

（五）监督矿山企业提取和使用安全技术措施专项费用的情况；

（六）参加并监督矿山事故的调查和处理；

（七）法律、行政法规规定的其他监督职责。

第三十四条　县级以上人民政府管理矿山企业的主管部门对矿山安全工作行使下列管理职责：

（一）检查矿山企业贯彻执行矿山安全法律、法规的情况；

（二）审查批准矿山建设工程安全设施的设计；

（三）负责矿山建设工程安全设施的竣工验收；

（四）组织矿长和矿山企业安全工作人员的培训工作；

（五）调查和处理重大矿山事故；

（六）法律、行政法规规定的其他管理职责。

第三十五条　劳动行政主管部门的矿山安全监督人员有权进入矿山企业，在现场检查安全状况；发现有危及职工安全的紧急险情时，应当要求矿山企业立即处理。

第六章 矿山事故处理

第三十六条 发生矿山事故，矿山企业必须立即组织抢救，防止事故扩大，减少人员伤亡和财产损失，对伤亡事故必须立即如实报告劳动行政主管部门和管理矿山企业的主管部门。

第三十七条 发生一般矿山事故，由矿山企业负责调查和处理。

发生重大矿山事故，由政府及其有关部门、工会和矿山企业按照行政法规的规定进行调查和处理。

第三十八条 矿山企业对矿山事故中伤亡的职工按照国家规定给予抚恤或者补偿。

第三十九条 矿山事故发生后，应当尽快消除现场危险，查明事故原因，提出防范措施。现场危险消除后，方可恢复生产。

第七章 法律责任

第四十条 违反本法规定，有下列行为之一的，由劳动行政主管部门责令改正，可以并处罚款；情节严重的，提请县级以上人民政府决定责令停产整顿；对主管人员和直接责任人员由其所在单位或者上级主管机关给予行政处分：

（一）未对职工进行安全教育、培训，分配职工上岗作业的；

（二）使用不符合国家安全标准或者行业安全标准的设备、器材、防护用品、安全检测仪器的；

（三）未按照规定提取或者使用安全技术措施专项费用的；

（四）拒绝矿山安全监督人员现场检查或者在被检查时隐瞒事故隐患、不如实反映情况的；

（五）未按照规定及时、如实报告矿山事故的。

第四十一条 矿长不具备安全专业知识的，安全生产的特种作业人员未取得操作资格证书上岗作业的，由劳动行政主管部门责令限期改正；逾期不改正的，提请县级以上人民政府决定责令停产，调整配备合格人员后，方可恢复生产。

第四十二条 矿山建设工程安全设施的设计未经批准擅自施工的，由管理矿山企业的主管部门责令停止施工；拒不执行的，由管理矿山企业的主管部门提请县级以上人民政府决定由有关主管部门吊销其采矿许可证和营业执照。

第四十三条 矿山建设工程的安全设施未经验收或者验收不合格擅自投入生产的，由劳动行政主管部门会同管理矿山企业的主管部门责令停止生产，并由劳动行政主管部门处以罚款；拒不停止生产的，由劳动行政主管部门提请县级以上人民政府决定由有关主管部门吊销其采矿许可证和营业执照。

第四十四条 已经投入生产的矿山企业，不具备安全生产条件而强行开采的，由劳动行政主管部门会同管理矿山企业的主管部门责令限期改进；逾期仍不具备安全生产条件的，由劳动行政主管部门提请县级以上人民政府决定责令停产整顿或者由有关主管部门吊销其采矿许可证和营业执照。

第四十五条 当事人对行政处罚决定不服的，可以在接到处罚决定通知之日起 15 日内向作出处罚决定的机关的上一级机关申请复议；当事人也可以在接到处罚决定通知之日起 15 日内直接向人民法院起诉。

复议机关应当在接到复议申请之日起 60 日内作出复议决定。当事人对复议决定不服的，可以在接到复议决定之日起 15 日内向人民法院起诉。复议机关逾期不作出复议决定的，当事人可以在复议期满之日起 15 日内向人民法院起诉。

当事人逾期不申请复议也不向人民法院起诉、又不履行处罚决定的，作出处罚决定的机关可以申请人民法院强制执行。

第四十六条 矿山企业主管人员违章指挥、强令工人冒险作业，因而发生重大伤亡事故的，依照刑法有关规定追究刑事责任。

第四十七条　矿山企业主管人员对矿山事故隐患不采取措施，因而发生重大伤亡事故的，依照刑法有关规定追究刑事责任。

第四十八条　矿山安全监督人员和安全管理人员滥用职权、玩忽职守、徇私舞弊，构成犯罪的，依法追究刑事责任；不构成犯罪的，给予行政处分。

第八章　附　　则

第四十九条　国务院劳动行政主管部门根据本法制定实施条例，报国务院批准施行。

省、自治区、直辖市人民代表大会常务委员会可以根据本法和本地区的实际情况，制定实施办法。

第五十条　本法自1993年5月1日起施行。

中华人民共和国矿山安全法实施条例

（1996年10月11日经国务院批准，1996年10月30日发布，自发布之日起施行）

第一章　总　　则

第一条　根据《中华人民共和国矿山安全法》（以下简称《矿山安全法》），制定本条例。

第二条　《矿山安全法》及本条例中下列用语的含义：

矿山，是指在依法批准的矿区范围内从事矿产资源开采活动的场所及其附属设施。

矿产资源开采活动，是指在依法批准的矿区范围内从事矿产资源勘探和矿山建设、生产、闭坑及有关活动。

第三条　国家采取政策和措施，支持发展矿山安全教育，鼓励矿山安全开采技术、安全管理方法、安全设备与仪器的研究和推广，促进矿山安全科学技术进步。

第四条　各级人民政府、政府有关部门或者企业事业单位对有下列情形之一的单位和个人，按照国家有关规定给予奖励：

（一）在矿山安全管理和监督工作中，忠于职守，作出显著成绩的；

（二）防止矿山事故或者抢险救护有功的；

（三）在推广矿山安全技术、改进矿山安全设施方面，作出显著成绩的；

（四）在矿山安全生产方面提出合理化建议，效果显著的；

（五）在改善矿山劳动条件或者预防矿山事故方面有发明创造和科研成果，效果显著的。

第二章　矿山建设的安全保障

第五条　矿山设计使用的地质勘探报告书，应当包括下列技术资料：

（一）较大的断层、破碎带、滑坡、泥石流的性质和规模；

（二）含水层（包括溶洞）和隔水层的岩性、层厚、产状，含水层之间、地面水和地下水之间的水力联系，地下水的潜水位、水质、水量和流向，土面水流系统和有关水利工程的疏水能力以及当地历年降水量和最高洪水位。

（三）矿山设计范围内原有小窑、老窑的分布范围、开采深度和积水情况；

（四）沼气、二氧化碳赋存情况，矿物自然发火和矿尘爆炸的可能性；

（五）对人体有害的矿物组份、含量和变化规律，勘探区至少一年的天然放射性本底数据；

（六）地温异常和热水矿区的岩石热导率、地温梯度、热水来源、水温、水压和水量，以及圈定的热害区范围；

（七）工业、生活用水的水源和水质；

（八）钻孔封孔资料；

（九）矿山设计需要的其他资料。

第六条 编制矿山建设项目的可行性研究报告和总体设计，应当对矿山开采的安全条件进行论证。

矿山建设项目的初步设计，应当编制安全专篇。安全专篇的编写要求，由国务院劳动行政主管部门规定。

第七条 根据《矿山安全法》第八条的规定，矿山建设单位在向管理矿山企业的主管部门报送审批矿山建设工程安全设施设计文件时，应当同时报送劳动行政主管部门审查；没有劳动行政主管部门的审查意见，管理矿山企业的主管部门不得批准。

经批准的矿山建设工程安全设施设计需要修改时，应当征求原参加审查的劳动行政主管部门的意见。

第八条 矿山建设工程应当按照经批准的设计文件施工，保证施工质量；工程竣工后，应当按照国家有关规定申请验收。

建设单位应当在验收前60日向管理矿山企业的主管部门、劳动行政主管部门报送矿山建设工程安全设施施工、竣工情况的综合报告。

第九条 管理矿山企业的主管部门、劳动行政主管部门应当自收到建设单位报送的矿山建设工程安全设施施工、竣工情况的综合报告之日起30日内，对矿山建设工程的安全设施进行检查；不符合矿山安全规程、行业技术规范的，不得验收，不得投入生产或者使用。

第十条 矿山应当有保障安全生产、预防事故和职业危害的安全设施，并符合下列基本要求：

（一）每个矿井至少有两个独立的能行人的直达地面的安全出口。矿井的每个生产水平（中段）和各个采区（盘区）至少有两个能行人的安全出口，并与直达地面的出口相通。

（二）每个矿井有独立的采用机械通风的通风系统，保证井下作业场所有足够的风量；但是，小型非沼气矿井在保证井下作业场所所需风量的前提下，可以采用自然通风。

（三）井巷断面能满足行人、运输、通风和安全设施、设备的安装、维修及施工需要。

（四）井巷支护和采场顶板管理能保证作业场所的安全。

（五）相邻矿井之间、矿井与露天矿之间、矿井与老窑之间留有足够的安全隔离矿柱。矿山井巷布置留有足够的保障井上和井下安全的矿柱或者岩柱。

（六）露天矿山阶段高度、平台宽度和边坡角能满足安全作业和边坡稳定的需要。船采沙矿的采池界与地面建设物、设备之间有足够的安全距离。

（七）有地面和井下的防水、排水系统，有防止地表水泄入井下和露天采场的措施。

（八）溜矿井有防止和处理堵塞的安全措施。

（九）有自然发火可能性的矿井，主要运输巷道布置在岩层或者不易自然发火的矿层内，并采用预防性灌浆或者其他有效的预防自然发火的措施。

（十）矿山地面消防设施符合国家有关消防的规定。矿井有防灭火设施和器材。

（十一）地面及井下供配电系统符合国家有关规定。

（十二）矿山提升运输设备、装置及设施符合下列要求：

1. 钢丝绳、连接装置、提升容器以及

保险链有足够的安全系数；

2. 提升容器与井壁、罐道梁之间及两个提升容器之间有足够的间隙；

3. 提升绞车和提升容器有可靠的安全保护装置；

4. 电机车、架线、轨道的选型能满足安全要求；

5. 运送人员的机械设备有可靠的安全保护装置；

6. 提升运输设备有灵敏可靠的信号装置。

（十三）每个矿井有防尘供水系统。地面和井下所有产生粉尘的作业地点有综合防尘措施。

（十四）有瓦斯、矿尘爆炸可能性的矿井，采用防爆电器设备，并采取防尘和隔爆措施。

（十五）开采放射性矿物的矿井，符合下列要求：

1. 矿井进风量和风质能满足降氡的需要，避免串联通风和污风循环；

2. 主要进风道开在矿脉之外，穿矿脉或者岩体裂隙发育的进风巷道有防止氡析出的措施；

3. 采用后退式回采；

4. 能防止井下污水散流，并采取封闭的排放污水系统。

（十六）矿山储存爆破材料的场所符合国家有关规定。

（十七）排土场、矸石山有防止发生泥石流和其他危害的安全措施，尾矿库有防止溃坝等事故的安全设施。

（十八）有防止山体滑坡和因采矿活动引起地表塌陷造成危害的预防措施。

（十九）每个矿井配置足够数量的通风检测仪表和有毒有害气体与井下环境检测仪器。开采有瓦斯突出的矿井，装备监测系统或者检测仪器。

（二十）有与外界相通的、符合安全要求的运输设施和通讯设施。

（二十一）有更衣室、浴室等设施。

第三章　矿山开采的安全保障

第十一条　采掘作业应当编制作业规程，规定保证作业人员安全的技术措施和组织措施，并在情况变化时及时予以修改和补充。

第十二条　矿山开采应当有下列图纸资料：

（一）地质图（包括水文地质图和工程地质图；

（二）矿山总布置图和矿井井上、井下对照图；

（三）矿井、巷道、采场布置图；

（四）矿山生产和安全保障的主要系统图。

第十三条　矿山企业应当在采矿许可证批准的范围开采，禁止越层、越界开采。

第十四条　矿山使用的下列设备、器材、防护用品和安全检测仪器，应当符合国家安全标准或者行业安全标准；不符合国家安全标准或者行业安全标准的，不得使用：

（一）采掘、支护、装载、运输、提升、通风、排水、瓦斯抽放、压缩空气和起重设备；

（二）电动机、变压器、配电柜、电器开并、电控装置；

（三）爆破器材、通讯器材、矿灯、电缆、钢丝绳、支护材料、防火材料；

（四）各种安全卫生检测仪器仪表；

（五）自救器、安全帽、防尘防毒口罩或者面罩、防护服、防护鞋等防护用品和救护设备；

（六）经有关主管部门认定的其他有特殊安全要求的设备和器材。

第十五条　矿山企业应当对机电设备及其防护装置、安全检测仪器定期检查、维修，并建立技术档案，保证使用安全。

非负责设备运行的人员，不得操作设备。非值班电气人员，不得进行电气作业。

操作电气设备的人员，应当有可靠的绝缘保护。检修电气设备时，不得带电作业。

第十六条 矿山企业场所空气中的有毒有害物质的浓度，不得超过国家标准或者行业标准；矿山企业应当按照国家规定的方法，按照下列要求定期检测：

（一）粉尘作业点，每月至少检测两次；

（二）三硝基甲苯作业点，每月至少检测一次；

（三）放射性物质作业点，每月至少检测三次；

（四）其他有毒有害物质作业点，井下每月至少检测一次，地面每季度至少检测一次；

（五）采用个体采样方法检测呼吸性粉尘的，每季度至少检测一次。

第十七条 井下采掘作业，必须按照作业规程的规定管理顶帮。采掘作业通过地质破碎带或者其他顶帮破碎地点时，应当加强支护。

露天采剥作业，应当按照设计规定，控制采剥工作面的阶段高度、宽度、边坡角和最终边坡角。采剥作业和排土作业，不得对深部或者邻近井巷造成危害。

第十八条 煤矿和其他有瓦斯爆炸可能性的矿井，应当严格执行瓦斯检查制度，任何人不得携带烟草和点火用具下井。

第十九条 在下列条件下从事矿山开采，应当编制专门设计文件，并报管理矿山企业的主管部门批准：

（一）有瓦斯突出的；

（二）有冲击地压的；

（三）在需要保护的建筑物、构筑物和铁路下面开采的；

（四）在水体下面开采的；

（五）在地温异常或者有热水涌出的地区开采的。

第二十条 有自然发火可能性的矿井，应当采取下列措施：

（一）及时清出采场浮矿和其他可燃物质，回采结束后及时封闭采空区；

（二）采取防火灌浆或者其他有效的预防自然发火的措施；

（三）定期检查井巷和采区封闭情况，测定可能自然发火地点的温度和风量；定期检测火区内的温度、气压和空气成份。

第二十一条 井下采掘作业遇下列情形之一时，应当探水前进：

（一）接近承压含水层或者含水的断层、流砂层、砾石层、溶洞、陷落柱时；

（二）接近与地表水体相通的地质破碎带或者接近连通承压层的未封钻孔时；

（三）接近积水的老窑、旧巷或者灌过泥浆的采空区时；

（四）发现有出水征兆时；

（五）掘开隔离矿柱或者岩柱放水时。

第二十二条 井下风量、风质、风速和作业环境的气候，必须符合矿山安全规程的规定。

采掘工作面进风风流中，按照体积计算，氧气不得低于20%，二氧化碳不得超过0.5%。

井下作业地点的空气温度不得超过28℃；超过时，应采取降温或者其他防护措施。

第二十三条 开采放射性矿物的矿井，必须采取下列措施，减少氡气析出量：

（一）及时封闭采空区和已经报废或者暂时不用的井巷；

（二）用留矿法作业的采场采用下行通风；

（三）严格管理井下污水。

第二十四条 矿山的爆破作业和爆破材料的制造、储存、运输、试验及销毁，必须严格执行国家有关规定。

第二十五条 矿山企业对地面、井下产生粉尘的作业，应当采取综合防尘措施，控制粉尘危害。

井下风动凿岩，禁止干打眼。

第二十六条　矿山企业应当建立、健全对地面陷落区、排土场、矸石山、尾矿库的检查和维护制度；对可能发生的危害，应当采取预防措施。

第二十七条　矿山企业应当按照国家有关规定关闭矿山，对关闭矿山后可能引起的危害采取预防措施。关闭矿山报告应当包括下列内容：

（一）采掘范围及采空区处理情况；

（二）对矿井采取的封闭措施；

（三）对其他不安全因素的处理办法。

第四章　矿山企业的安全管理

第二十八条　矿山企业应当建立、健全下列安全生产责任制：

（一）行政领导岗位安全生产责任制；

（二）职能机构安全生产责任制；

（三）岗位人员的安全生产责任制。

第二十九条　矿长（含矿务局局长、矿山公司经理，下同）对本企业的安全生产工作负有下列责任：

（一）认真贯彻执行《矿山安全法》和本条例以及其他法律、法规中有关矿山安全生产的规定；

（二）制定本企业安全生产管理制度；

（三）根据需要配备合格的安全工作人员，对每个行业场所进行跟班检查；

（四）采取有效措施，改善职工劳动条件，保证安全生产所需要的材料、设备、仪器和劳动防护用品的及时供应；

（五）依照本条例的规定，对职工进行安全教育、培训；

（六）制定矿山灾害的预防和应急计划；

（七）及时采取措施，处理矿山存在的事故隐患；

（八）及时、如实向劳动行政主管部门和管理矿山企业的主管部门报告矿山事故。

第三十条　矿山企业应当根据需要，设置安全机构或者配备专职安全工作人员。专职安全工作人员应当经过培训，具备必要的安全专业知识和矿山安全工作经验，能胜任现场安全检查工作。

第三十一条　矿长应当定期向职工代表大会或者职工大会报告下列事项，接受民主监督：

（一）企业安全生产重大决策；

（二）企业安全技术措施计划及其执行情况；

（三）职工安全教育、培训计划及其执行情况；

（四）职工提出的改善劳动条件的建议和要求的处理情况；

（五）重大事故处理情况；

（六）有关安全生产的其他重要事项。

第三十二条　矿山企业职工享有下列权利：

（一）有权获得作业场所安全与职业危害方面的信息；

（二）有权向有关部门和工会组织反映矿山安全状况和存在的问题；

（三）对任何危害职工安全健康的决定和行为，有权提出批评、检举和控告。

第三十三条　矿山企业职工应当履行下列义务：

（一）遵守有关矿山安全的法律、法规和企业规章制度；

（二）维护矿山企业的生产设备、设施；

（三）接受安全教育和培训；

（四）及时报告危险情况，参加抢险救护。

第三十四条　矿山企业工会有权督促企业行政方面加强职工的安全教育、培训工作，开展安全宣传活动，提高职工的安全生产意识和技术素质。

第三十五条　矿山企业应当按照下列规定对职工进行安全教育、培训：

（一）新进矿山的井下作业职工，接受安全教育、培训的时间不得少于72小时，考试合格后，必须在有安全工作经验的职工带领下工作满4个月，然后经再次考核合格，方可独立工作；

（二）新进露天矿的职工，接受安全教育、培训的时间不得少于40小时，经考试合格后，方可上岗作业；

（三）对调换工种和采用新工艺作业的人员，必须重新培训，经考试合格后，方可上岗作业；

（四）所有生产作业人员，每年接受在职安全教育、培训的时间不少于20小时。

职工安全教育、培训期间，矿山企业应当支付工资。

职工安全教育、培训情况和考核结果，应当记录存档。

第三十六条 矿山企业对职工的安全教育、培训，应当包括下列内容：

（一）《矿山安全法》及本条例赋予矿山职工的权利与义务；

（二）矿山安全规程及矿山企业有关安全管理的规章制度；

（三）与职工本职工作有关的安全知识；

（四）各种事故征兆的识别、发生紧急危险情况时的应急措施和撤退路线；

（五）自救装备的使用和有关急救方面的知识；

（六）有关主管部门规定的其他内容。

第三十七条 瓦斯检查工、爆破工、通风工、信号工、拥罐工、电工、金属焊接（切割）工、矿井泵工、瓦斯抽放工、主扇风机操作工、主提升机操作工、绞车操作工、输送机操作工、尾矿工、安全检查工和矿内机动车司机等特种作业人员应当接受专门技术培训，经考核合格取得操作资格证书后，方可上岗作业。特种作业人员的考核、发证工作按照国家有关规定执行。

第三十八条 对矿长安全资格的考核，应当包括下列内容：

（一）《矿山安全法》和有关法律、法规及矿山安全规程；

（二）矿山安全知识；

（三）安全生产管理能力；

（四）矿山事故处理能力；

（五）安全生产业绩。

第三十九条 矿山企业向职工发放的劳动防护用品应当是经过鉴定和检验合格的产品。劳动防护用品的发放标准由国务院劳动行政主管部门制定。

第四十条 矿山企业应当每年编制矿山灾害预防和应急计划；在每季度末，应当根据实际情况对计划及时进行修改，制定相应的措施。

矿山企业应当使每个职工熟悉矿山灾害预防和应急计划，并且每年至少组织一次矿山救灾演习。

矿山企业应当根据国家有关规定，按照不同作业场所的要求，设置矿山安全标志。

第四十一条 矿山企业应当建立由专职的或进兼职的人员组成的矿山救护和医疗急救组织。不具备单独建立专业救护和医疗急救组织的小型矿山企业，除应当建立兼职的救护和医疗急救组织外，还应当与邻近的有专业的救护和医疗急救组织的矿山企业签订救护和急救协议，或者与邻近的矿山企业联合建立专业救护和医疗急救组织。

矿山救护和医疗急救组织应当有固定场所、训练器械和训练场地。

矿山救护和医疗急救组织的规模和装备标准，由国务院管理矿山企业的有关主管部门规定。

第四十二条 矿山企业必须按照国家规定的安全条件进行生产，并安排一部分资金，用于下列改善矿山安全生产条件的项目：

（一）预防矿山事故的安全技术措施；

（二）预防职业危害的劳动卫生技术措施；

（三）职工的安排培训；

（四）改善矿山安全生产条件的其他技

术措施。

前款所需资金，由矿山企业按矿山维简费的20%的比例具实列支；没有矿山维简费的矿山企业，按固定资产折旧费的20%的比例具实列支。

第五章　矿山安全的监督和管理

第四十三条　县级以上各级人民政府劳动行政主管部门，应当根据矿山安全监督工作的实际需要，配备矿山安全监督人员。

矿山安全监督人员必须熟悉矿山安全技术知识，具有矿山安全工作经验，能胜任矿山安全检查工作。

矿山安全监督证件和专用标志由国务院劳动行政主管部门统一制作。

第四十四条　矿山安全监督人员在执行职务时，有权进入现场检查，参加有关会议，无偿调阅有关资料，向有关单位和人员了解情况。

矿山安全监督人员进入现场检查，发现有危及职工安全健康的情况时，有权要求矿山企业立即改正或者限期解决；情节紧急时，有权要求矿山企业立即停止作业，从危险区内撤出作业人员。

劳动行政主管部门可以委托检测机构对矿山作业场所和危险性较大的在用设备、仪器、器材进行抽检。

劳动行政主管部门对检查中发现的违反《矿山安全法》和本条例以及其他法律、法规有关矿山安全的规定的情况，应当依法提出处理意见。

第四十五条　矿山安全监督人员执行公务时，应当出示矿山安全监督证件，秉公执法，并遵守有关规定。

第六章　矿山事故处理

第四十六条　矿山发生事故后，事故现场有关人员应当立即报告矿长或者有关主管人员；矿长或者有关主管人员接到事故报告后，必须立即采取有效措施，组织抢救，防止事故扩大，尽力减少人员伤亡和财产损失。

第四十七条　矿山发生重伤、死亡事故后，矿山企业应当在24小时内如实向劳动行政主管部门和管理矿山企业的主管部门报告。

第四十八条　劳动行政主管部门和管理矿山企业的主管部门接到死亡事故或者一次重伤3人以上的事故报告后，应当立即报告本级人民政府，并报各自的上一级主管部门。

第四十九条　发生伤亡事故，矿山企业和有关单位应当保护事故现场；因抢救事故，需要移动现场部分物品时，必须作出标志，绘制事故现场图，并详细记录；在消除现场危险，采取防范措施后，方可恢复生产。

第五十条　矿山事故发生后，有关部门应当按照国家有关规定，进行事故调查处理。

第五十一条　矿山事故调查处理工作应当自事故发生之日起90日内结束；遇有特殊情况，可以适当延长，但是不得超过180日。矿山事故处理结案后，应当公布处理结果。

第七章　法律责任

第五十二条　依照《矿山安全法》第四十条规定处以罚款的，分别按照下列规定执行：

（一）未对职工进行安全教育、培训，分配职工上岗作业的，处4万元以下的罚款；

（二）使用不符合国家安全标准或者行业安全标准的设备、器材、防护用品和安全检测仪器的，处5万元以下的罚款；

（三）未按照规定提取或者使用安全技术措施专项费用的，处5万元以下的罚款；

（四）拒绝矿山安全监督人员现场检查或者在被检查时隐瞒事故隐患，不如实反映情况的，处2万元以下的罚款；

（五）未按照规定及时、如实报告矿山事故的，处3万元以下的罚款。

第五十三条　依照《矿山安全法》第四十三条规定处以罚款的，罚款幅度为5万元以上10万元以下。

第五十四条　违反本条例第十五条、第十六条、第十七条、第十八条、第十九条、第二十条、第二十一条、第二十二条、第二十三条、第二十五条规定的，由劳动行政主管部门责令改正，可以处2万元以下的罚款。

第五十五条　当事人收到罚款通知书后，应当在15日内到指定的金融机构缴纳罚款；逾期不缴纳的，自逾期之日起每日加收3‰的滞纳金。

第五十六条　矿山企业主管人员有下列行为之一，造成矿山事故的，按照规定给予纪律处分；构成犯罪的，由司法机关依法追究刑事责任：

（一）违章指挥、强令工人违章、冒险作业的；

（二）对工人屡次违章作业熟视无睹，不加制止的；

（三）对重大事故预兆或者已发现的隐患不及时采取措施的；

（四）不执行劳动行政主管部门的监督指令或者不采纳有关部门提出的整顿意见，造成严重后果的。

第八章　附　　则

第五十七条　国务院管理矿山企业的主管部门根据《矿山安全法》和本条例修订或者制定的矿山安全规程和行业技术规范，报国务院劳动行政主管部门备案。

第五十八条　石油天然气开采的安全规定，由国务院劳动行政主管部门会同石油工业主管部门制定，报国务院批准后施行。

第五十九条　本条例自发布之日起施行。

煤矿安全生产条例

（2023年12月18日国务院第21次常务会议通过，2024年1月24日公布，自2024年5月1日起施行）

第一章　总　　则

第一条　为了加强煤矿安全生产工作，防止和减少煤矿生产安全事故，保障人民群众生命财产安全，制定本条例。

第二条　在中华人民共和国领域和中华人民共和国管辖的其他海域内的煤矿安全生产，适用本条例。

第三条　煤矿安全生产工作坚持中国共产党的领导。

煤矿安全生产工作应当以人为本，坚持人民至上、生命至上，把保护人民生命安全摆在首位，贯彻安全发展理念，坚持安全第一、预防为主、综合治理的方针，从源头上防范化解重大安全风险。

煤矿安全生产工作实行管行业必须管安全、管业务必须管安全、管生产经营必须管安全，按照国家监察、地方监管、企业负责，强化和落实安全生产责任。

第四条　煤矿企业应当履行安全生产主体责任，加强安全生产管理，建立健全并落实全员安全生产责任制和安全生产规章制度，加大对安全生产资金、物资、技术、人员的投入保障力度，改善安全生产条件，加强安全生产标准化、信息化建设，构建安全风险分级管控和隐患排查治理双重预防机制，健全风险防范化解机制，提高安全生产水平，确保安全生产。

煤矿企业主要负责人（含实际控制人，下同）是本企业安全生产第一责任人，对本企业安全生产工作全面负责。其他负责人对职责范围内的安全生产工作负责。

第五条　县级以上人民政府应当加强对煤矿安全生产工作的领导，建立健全工作协调机制，支持、督促各有关部门依法履行煤矿安全生产工作职责，及时协调、解决煤矿安全生产工作中的重大问题。

第六条　县级以上人民政府负有煤矿安全生产监督管理职责的部门对煤矿安全生产实施监督管理，其他有关部门按照职责分工依法履行煤矿安全生产相关职责。

第七条　国家实行煤矿安全监察制度。国家矿山安全监察机构及其设在地方的矿山安全监察机构负责煤矿安全监察工作，依法对地方人民政府煤矿安全生产监督管理工作进行监督检查。

国家矿山安全监察机构及其设在地方的矿山安全监察机构依法履行煤矿安全监察职责，不受任何单位和个人的干涉。

第八条　国家实行煤矿生产安全事故责任追究制度。对煤矿生产安全事故责任单位和责任人员，依照本条例和有关法律法规的规定追究法律责任。

国家矿山安全监察机构及其设在地方的矿山安全监察机构依法组织或者参与煤矿生产安全事故调查处理。

第九条　县级以上人民政府负有煤矿安全生产监督管理职责的部门、国家矿山安全监察机构及其设在地方的矿山安全监察机构应当建立举报制度，公开举报电话、信箱或者电子邮件地址等网络举报平台，受理有关煤矿安全生产的举报并依法及时处理；对需要由其他有关部门进行调查处理的，转交其他有关部门处理。

任何单位和个人对事故隐患或者安全生产违法行为，有权向前款规定的部门和机构举报。举报事项经核查属实的，依法依规给予奖励。

第十条　煤矿企业从业人员有依法获得安全生产保障的权利，并应当依法履行安全生产方面的义务。

第十一条　国家矿山安全监察机构应当按照保障煤矿安全生产的要求，在国务院应急管理部门的指导下，依法及时拟订煤矿安全生产国家标准或者行业标准，并负责煤矿安全生产强制性国家标准的项目提出、组织起草、征求意见、技术审查。

第十二条　国家鼓励和支持煤矿安全生产科学技术研究和煤矿安全生产先进技术、工艺的推广应用，提升煤矿智能化开采水平，推进煤矿安全生产的科学管理，提高安全生产水平。

第二章　煤矿企业的安全生产责任

第十三条　煤矿企业应当遵守有关安全生产的法律法规以及煤矿安全规程，执行保障安全生产的国家标准或者行业标准。

第十四条　新建、改建、扩建煤矿工程项目（以下统称煤矿建设项目）的建设单位应当委托具有建设工程设计企业资质的设计单位进行安全设施设计。

安全设施设计应当包括煤矿水、火、瓦斯、冲击地压、煤尘、顶板等主要灾害的防治措施，符合国家标准或者行业标准的要求，并报省、自治区、直辖市人民政府负有煤矿安全生产监督管理职责的部门审查。安全设施设计需要作重大变更的，应当报原审查部门重新审查，不得先施工后报批、边施工边修改。

第十五条　煤矿建设项目的建设单位应当对参与煤矿建设项目的设计、施工、监理等单位进行统一协调管理，对煤矿建设项目安全管理负总责。

施工单位应当按照批准的安全设施设计施工，不得擅自变更设计内容。

第十六条　煤矿建设项目竣工投入生产或者使用前，应当由建设单位负责组织对安全设施进行验收，并对验收结果负责；经验收合格后，方可投入生产和使用。

第十七条 煤矿企业进行生产，应当依照《安全生产许可证条例》的规定取得安全生产许可证。未取得安全生产许可证的，不得生产。

第十八条 煤矿企业主要负责人对本企业安全生产工作负有下列职责：

（一）建立健全并落实全员安全生产责任制，加强安全生产标准化建设；

（二）组织制定并实施安全生产规章制度和作业规程、操作规程；

（三）组织制定并实施安全生产教育和培训计划；

（四）保证安全生产投入的有效实施；

（五）组织建立并落实安全风险分级管控和隐患排查治理双重预防工作机制，督促、检查安全生产工作，及时消除事故隐患；

（六）组织制定并实施生产安全事故应急救援预案；

（七）及时、如实报告煤矿生产安全事故。

第十九条 煤矿企业应当设置安全生产管理机构并配备专职安全生产管理人员。安全生产管理机构和安全生产管理人员负有下列安全生产职责：

（一）组织或者参与拟订安全生产规章制度、作业规程、操作规程和生产安全事故应急救援预案；

（二）组织或者参与安全生产教育和培训，如实记录安全生产教育和培训情况；

（三）组织开展安全生产法律法规宣传教育；

（四）组织开展安全风险辨识评估，督促落实重大安全风险管控措施；

（五）制止和纠正违章指挥、强令冒险作业、违反规程的行为，发现威胁安全的紧急情况时，有权要求立即停止危险区域内的作业，撤出作业人员；

（六）检查安全生产状况，及时排查事故隐患，对事故隐患排查治理情况进行统计分析，提出改进安全生产管理的建议；

（七）组织或者参与应急救援演练；

（八）督促落实安全生产整改措施。

煤矿企业应当配备主要技术负责人，建立健全并落实技术管理体系。

第二十条 煤矿企业从业人员负有下列安全生产职责：

（一）遵守煤矿企业安全生产规章制度和作业规程、操作规程，严格落实岗位安全责任；

（二）参加安全生产教育和培训，掌握本职工作所需的安全生产知识，提高安全生产技能，增强事故预防和应急处理能力；

（三）及时报告发现的事故隐患或者其他不安全因素。

对违章指挥和强令冒险作业的行为，煤矿企业从业人员有权拒绝并向县级以上地方人民政府负有煤矿安全生产监督管理职责的部门、所在地矿山安全监察机构报告。

煤矿企业不得因从业人员拒绝违章指挥或者强令冒险作业而降低其工资、福利等待遇，无正当理由调整工作岗位，或者解除与其订立的劳动合同。

第二十一条 煤矿企业主要负责人和安全生产管理人员应当通过安全生产知识和管理能力考核，并持续保持相应水平和能力。

煤矿企业从业人员经安全生产教育和培训合格，方可上岗作业。煤矿企业特种作业人员应当按照国家有关规定经专门的安全技术培训和考核合格，并取得相应资格。

第二十二条 煤矿企业应当为煤矿分别配备专职矿长、总工程师，分管安全、生产、机电的副矿长以及专业技术人员。

对煤（岩）与瓦斯（二氧化碳）突出、高瓦斯、冲击地压、煤层容易自燃、水文地质类型复杂和极复杂的煤矿，还应当设立相应的专门防治机构，配备专职副总工程师。

第二十三条 煤矿企业应当按照国家有关规定建立健全领导带班制度并严格考核。

井工煤矿企业的负责人和生产经营管理人员应当轮流带班下井，并建立下井登记档案。

第二十四条　煤矿企业应当为从业人员提供符合国家标准或者行业标准的劳动防护用品，并监督、教育从业人员按照使用规则佩戴、使用。

煤矿井下作业人员实行安全限员制度。煤矿企业应当依法制定井下工作时间管理制度。煤矿井下工作岗位不得使用劳务派遣用工。

第二十五条　煤矿企业使用的安全设备的设计、制造、安装、使用、检测、维修、改造和报废，应当符合国家标准或者行业标准。

煤矿企业应当建立安全设备台账和追溯、管理制度，对安全设备进行经常性维护、保养并定期检测，保证正常运转，对安全设备购置、入库、使用、维护、保养、检测、维修、改造、报废等进行全流程记录并存档。

煤矿企业不得使用应当淘汰的危及生产安全的设备、工艺，具体目录由国家矿山安全监察机构制定并公布。

第二十六条　煤矿的采煤、掘进、机电、运输、通风、排水、排土等主要生产系统和防瓦斯、防煤（岩）与瓦斯（二氧化碳）突出、防冲击地压、防火、防治水、防尘、防热害、防滑坡、监控与通讯等安全设施，应当符合煤矿安全规程和国家标准或者行业标准规定的管理和技术要求。

煤矿企业及其有关人员不得关闭、破坏直接关系生产安全的监控、报警、防护、救生设备、设施，或者篡改、隐瞒、销毁其相关数据、信息，不得以任何方式影响其正常使用。

第二十七条　井工煤矿应当有符合煤矿安全规程和国家标准或者行业标准规定的安全出口、独立通风系统、安全监控系统、防尘供水系统、防灭火系统、供配电系统、运送人员装置和反映煤矿实际情况的图纸，并按照规定进行瓦斯等级、冲击地压、煤层自燃倾向性和煤尘爆炸性鉴定。

井工煤矿应当按矿井瓦斯等级选用相应的煤矿许用炸药和电雷管，爆破工作由专职爆破工承担。

第二十八条　露天煤矿的采场及排土场边坡与重要建筑物、构筑物之间应当留有足够的安全距离。

煤矿企业应当定期对露天煤矿进行边坡稳定性评价，评价范围应当涵盖露天煤矿所有边坡。达不到边坡稳定要求时，应当修改采矿设计或者采取安全措施，同时加强边坡监测工作。

第二十九条　煤矿企业应当依法制定生产安全事故应急救援预案，与所在地县级以上地方人民政府组织制定的生产安全事故应急救援预案相衔接，并定期组织演练。

煤矿企业应当设立专职救护队；不具备设立专职救护队条件的，应当设立兼职救护队，并与邻近的专职救护队签订救护协议。发生事故时，专职救护队应当在规定时间内到达煤矿开展救援。

第三十条　煤矿企业应当在依法确定的开采范围内进行生产，不得超层、越界开采。

采矿作业不得擅自开采保安煤柱，不得采用可能危及相邻煤矿生产安全的决水、爆破、贯通巷道等危险方法。

第三十一条　煤矿企业不得超能力、超强度或者超定员组织生产。正常生产煤矿因地质、生产技术条件、采煤方法或者工艺等发生变化导致生产能力发生较大变化的，应当依法重新核定其生产能力。

县级以上地方人民政府及其有关部门不得要求不具备安全生产条件的煤矿企业进行生产。

第三十二条　煤矿企业应当按照煤矿灾害程度和类型实施灾害治理，编制年度灾害预防和处理计划，并根据具体情况及时修改。

第三十三条　煤矿开采有下列情形之一的，应当编制专项设计：

（一）有煤（岩）与瓦斯（二氧化碳）突出的；

（二）有冲击地压危险的；

（三）开采需要保护的建筑物、水体、铁路下压煤或者主要井巷留设煤柱的；

（四）水文地质类型复杂、极复杂或者周边有老窑采空区的；

（五）开采容易自燃和自燃煤层的；

（六）其他需要编制专项设计的。

第三十四条　在煤矿进行石门揭煤、探放水、巷道贯通、清理煤仓、强制放顶、火区密闭和启封、动火以及国家矿山安全监察机构规定的其他危险作业，应当采取专门安全技术措施，并安排专门人员进行现场安全管理。

第三十五条　煤矿企业应当建立安全风险分级管控制度，开展安全风险辨识评估，按照安全风险分级采取相应的管控措施。

煤矿企业应当建立健全事故隐患排查治理制度，采取技术、管理措施，及时发现并消除事故隐患。事故隐患排查治理情况应当如实记录，并定期向从业人员通报。重大事故隐患排查治理情况的书面报告经煤矿企业负责人签字后，每季度报县级以上地方人民政府负有煤矿安全生产监督管理职责的部门和所在地矿山安全监察机构。

煤矿企业应当加强对所属煤矿的安全管理，定期对所属煤矿进行安全检查。

第三十六条　煤矿企业有下列情形之一的，属于重大事故隐患，应当立即停止受影响区域生产、建设，并及时消除事故隐患：

（一）超能力、超强度或者超定员组织生产的；

（二）瓦斯超限作业的；

（三）煤（岩）与瓦斯（二氧化碳）突出矿井未按照规定实施防突措施的；

（四）煤（岩）与瓦斯（二氧化碳）突出矿井、高瓦斯矿井未按照规定建立瓦斯抽采系统，或者系统不能正常运行的；

（五）通风系统不完善、不可靠的；

（六）超层、越界开采的；

（七）有严重水患，未采取有效措施的；

（八）有冲击地压危险，未采取有效措施的；

（九）自然发火严重，未采取有效措施的；

（十）使用应当淘汰的危及生产安全的设备、工艺的；

（十一）未按照规定建立监控与通讯系统，或者系统不能正常运行的；

（十二）露天煤矿边坡角大于设计最大值或者边坡发生严重变形，未采取有效措施的；

（十三）未按照规定采用双回路供电系统的；

（十四）新建煤矿边建设边生产，煤矿改扩建期间，在改扩建的区域生产，或者在其他区域的生产超出设计规定的范围和规模的；

（十五）实行整体承包生产经营后，未重新取得或者及时变更安全生产许可证而从事生产，或者承包方再次转包，以及将井下采掘工作面和井巷维修作业外包的；

（十六）改制、合并、分立期间，未明确安全生产责任人和安全生产管理机构，或者在完成改制、合并、分立后，未重新取得或者及时变更安全生产许可证等的；

（十七）有其他重大事故隐患的。

第三十七条　煤矿企业及其有关人员对县级以上人民政府负有煤矿安全生产监督管理职责的部门、国家矿山安全监察机构及其设在地方的矿山安全监察机构依法履行职责，应当予以配合，按照要求如实提供有关情况，不得隐瞒或者拒绝、阻挠。

对县级以上人民政府负有煤矿安全生产监督管理职责的部门、国家矿山安全监察机构及其设在地方的矿山安全监察机构查处的事故隐患，煤矿企业应当立即进行整改，并按照要求报告整改结果。

第三十八条　煤矿企业应当及时足额安排安全生产费用等资金，确保符合安全生产要求。煤矿企业的决策机构、主要负责人对由于安全生产所必需的资金投入不足导致的后果承担责任。

第三章　煤矿安全生产监督管理

第三十九条　煤矿安全生产实行地方党政领导干部安全生产责任制，强化煤矿安全生产属地管理。

第四十条　省、自治区、直辖市人民政府应当按照分级分类监管的原则，明确煤矿企业的安全生产监管主体。

县级以上人民政府相关主管部门对未依法取得安全生产许可证等擅自进行煤矿生产的，应当依法查处。

乡镇人民政府在所辖区域内发现未依法取得安全生产许可证等擅自进行煤矿生产的，应当采取有效措施制止，并向县级人民政府相关主管部门报告。

第四十一条　省、自治区、直辖市人民政府负有煤矿安全生产监督管理职责的部门审查煤矿建设项目安全设施设计，应当自受理之日起30日内审查完毕，签署同意或者不同意的意见，并书面答复。

省、自治区、直辖市人民政府负有煤矿安全生产监督管理职责的部门应当加强对建设单位安全设施验收活动和验收结果的监督核查。

第四十二条　省、自治区、直辖市人民政府负有煤矿安全生产监督管理职责的部门负责煤矿企业安全生产许可证的颁发和管理，并接受国家矿山安全监察机构及其设在地方的矿山安全监察机构的监督。

第四十三条　县级以上地方人民政府负有煤矿安全生产监督管理职责的部门应当编制煤矿安全生产年度监督检查计划，并按照计划进行监督检查。

煤矿安全生产年度监督检查计划应当抄送所在地矿山安全监察机构。

第四十四条　县级以上地方人民政府负有煤矿安全生产监督管理职责的部门依法对煤矿企业进行监督检查，并将煤矿现场安全生产状况作为监督检查重点内容。监督检查可以采取以下措施：

（一）进入煤矿企业进行检查，重点检查一线生产作业场所，调阅有关资料，向有关单位和人员了解情况；

（二）对检查中发现的安全生产违法行为，当场予以纠正或者要求限期改正；

（三）对检查中发现的事故隐患，应当责令立即排除；重大事故隐患排除前或者排除过程中无法保证安全的，应当责令从危险区域内撤出作业人员，责令暂时停产或者停止使用相关设施、设备；

（四）对有根据认为不符合保障安全生产的国家标准或者行业标准的设施、设备、器材予以查封或者扣押。

监督检查不得影响煤矿企业的正常生产经营活动。

第四十五条　县级以上地方人民政府负有煤矿安全生产监督管理职责的部门应当将重大事故隐患纳入相关信息系统，建立健全重大事故隐患治理督办制度，督促煤矿企业消除重大事故隐患。

第四十六条　县级以上地方人民政府负有煤矿安全生产监督管理职责的部门应当加强对煤矿安全生产技术服务机构的监管。

承担安全评价、认证、检测、检验等职责的煤矿安全生产技术服务机构应当依照有关法律法规和国家标准或者行业标准的规定开展安全生产技术服务活动，并对出具的报告负责，不得租借资质、挂靠、出具虚假报告。

第四十七条　县级以上人民政府及其有关部门对存在安全生产失信行为的煤矿企业、煤矿安全生产技术服务机构及有关从业人员，依法依规实施失信惩戒。

第四十八条 对被责令停产整顿的煤矿企业，在停产整顿期间，有关地方人民政府应当采取有效措施进行监督检查。

煤矿企业有安全生产违法行为或者重大事故隐患依法被责令停产整顿的，应当制定整改方案并进行整改。整改结束后要求恢复生产的，县级以上地方人民政府负有煤矿安全生产监督管理职责的部门应当组织验收，并在收到恢复生产申请之日起 20 日内组织验收完毕。验收合格的，经本部门主要负责人签字，并经所在地矿山安全监察机构审核同意，报本级人民政府主要负责人批准后，方可恢复生产。

第四十九条 县级以上地方人民政府负有煤矿安全生产监督管理职责的部门对被责令停产整顿或者关闭的煤矿企业，应当在 5 个工作日内向社会公告；对被责令停产整顿的煤矿企业经验收合格恢复生产的，应当自恢复生产之日起 5 个工作日内向社会公告。

第四章 煤矿安全监察

第五十条 国家矿山安全监察机构及其设在地方的矿山安全监察机构应当依法履行煤矿安全监察职责，对县级以上地方人民政府煤矿安全生产监督管理工作加强监督检查，并及时向有关地方人民政府通报监督检查的情况，提出改善和加强煤矿安全生产工作的监察意见和建议，督促开展重大事故隐患整改和复查。

县级以上地方人民政府应当配合和接受国家矿山安全监察机构及其设在地方的矿山安全监察机构的监督检查，及时落实监察意见和建议。

第五十一条 设在地方的矿山安全监察机构应当对所辖区域内煤矿安全生产实施监察；对事故多发地区，应当实施重点监察。国家矿山安全监察机构根据实际情况，组织对全国煤矿安全生产的全面监察或者重点监察。

第五十二条 国家矿山安全监察机构及其设在地方的矿山安全监察机构对县级以上地方人民政府煤矿安全生产监督管理工作进行监督检查，可以采取以下方式：

（一）听取有关地方人民政府及其负有煤矿安全生产监督管理职责的部门工作汇报；

（二）调阅、复制与煤矿安全生产有关的文件、档案、工作记录等资料；

（三）要求有关地方人民政府及其负有煤矿安全生产监督管理职责的部门和有关人员就煤矿安全生产工作有关问题作出说明；

（四）有必要采取的其他方式。

第五十三条 国家矿山安全监察机构及其设在地方的矿山安全监察机构履行煤矿安全监察职责，有权进入煤矿作业场所进行检查，参加煤矿企业安全生产会议，向有关煤矿企业及人员了解情况。

国家矿山安全监察机构及其设在地方的矿山安全监察机构发现煤矿现场存在事故隐患的，有权要求立即排除或者限期排除；发现有违章指挥、强令冒险作业、违章作业以及其他安全生产违法行为的，有权立即纠正或者要求立即停止作业；发现威胁安全的紧急情况时，有权要求立即停止危险区域内的作业并撤出作业人员。

矿山安全监察人员履行煤矿安全监察职责，应当出示执法证件。

第五十四条 国家矿山安全监察机构及其设在地方的矿山安全监察机构发现煤矿企业存在重大事故隐患责令停产整顿的，应当及时移送县级以上地方人民政府负有煤矿安全生产监督管理职责的部门处理并进行督办。

第五十五条 国家矿山安全监察机构及其设在地方的矿山安全监察机构发现煤矿企业存在应当由其他部门处理的违法行为的，应当及时移送有关部门处理。

第五十六条 国家矿山安全监察机构及其设在地方的矿山安全监察机构和县级以上人民政府有关部门应当建立信息共享、案件移送机制，加强协作配合。

第五十七条　国家矿山安全监察机构及其设在地方的矿山安全监察机构应当加强煤矿安全生产信息化建设，运用信息化手段提升执法水平。

煤矿企业应当按照国家矿山安全监察机构制定的安全生产电子数据规范联网并实时上传电子数据，对上传电子数据的真实性、准确性和完整性负责。

第五十八条　国家矿山安全监察机构及其设在地方的矿山安全监察机构依法对煤矿企业贯彻执行安全生产法律法规、煤矿安全规程以及保障安全生产的国家标准或者行业标准的情况进行监督检查，行使本条例第四十四条规定的职权。

第五十九条　发生煤矿生产安全事故后，煤矿企业及其负责人应当迅速采取有效措施组织抢救，并依照《生产安全事故报告和调查处理条例》的规定立即如实向当地应急管理部门、负有煤矿安全生产监督管理职责的部门和所在地矿山安全监察机构报告。

国家矿山安全监察机构及其设在地方的矿山安全监察机构应当根据事故等级和工作需要，派出工作组赶赴事故现场，指导配合事故发生地地方人民政府开展应急救援工作。

第六十条　煤矿生产安全事故按照事故等级实行分级调查处理。

特别重大事故由国务院或者国务院授权有关部门依照《生产安全事故报告和调查处理条例》的规定组织调查处理。重大事故、较大事故、一般事故由国家矿山安全监察机构及其设在地方的矿山安全监察机构依照《生产安全事故报告和调查处理条例》的规定组织调查处理。

第五章　法律责任

第六十一条　未依法取得安全生产许可证等擅自进行煤矿生产的，应当责令立即停止生产，没收违法所得和开采出的煤炭以及采掘设备；违法所得在10万元以上的，并处违法所得2倍以上5倍以下的罚款；没有违法所得或者违法所得不足10万元的，并处10万元以上20万元以下的罚款。

关闭的煤矿企业擅自恢复生产的，依照前款规定予以处罚。

第六十二条　煤矿企业有下列行为之一的，依照《中华人民共和国安全生产法》有关规定予以处罚：

（一）未按照规定设置安全生产管理机构并配备安全生产管理人员的；

（二）主要负责人和安全生产管理人员未按照规定经考核合格并持续保持相应水平和能力的；

（三）未按照规定进行安全生产教育和培训，未按照规定如实告知有关的安全生产事项，或者未如实记录安全生产教育和培训情况的；

（四）特种作业人员未按照规定经专门的安全作业培训并取得相应资格，上岗作业的；

（五）进行危险作业，未采取专门安全技术措施并安排专门人员进行现场安全管理的；

（六）未按照规定建立并落实安全风险分级管控制度和事故隐患排查治理制度的，或者重大事故隐患排查治理情况未按照规定报告的；

（七）未按照规定制定生产安全事故应急救援预案或者未定期组织演练的。

第六十三条　煤矿企业有下列行为之一的，责令限期改正，处10万元以上20万元以下的罚款；逾期未改正的，责令停产整顿，并处20万元以上50万元以下的罚款，对其直接负责的主管人员和其他直接责任人员处3万元以上5万元以下的罚款：

（一）未按照规定制定并落实全员安全生产责任制和领导带班等安全生产规章制度的；

（二）未按照规定为煤矿配备矿长等人员和机构，或者未按照规定设立救护队的；

（三）煤矿的主要生产系统、安全设施不符合煤矿安全规程和国家标准或者行业标准规定的；

（四）未按照规定编制专项设计的；

（五）井工煤矿未按照规定进行瓦斯等级、冲击地压、煤层自燃倾向性和煤尘爆炸性鉴定的；

（六）露天煤矿的采场及排土场边坡与重要建筑物、构筑物之间安全距离不符合规定的，或者未按照规定保持露天煤矿边坡稳定的；

（七）违章指挥或者强令冒险作业、违反规程的。

第六十四条 对存在重大事故隐患仍然进行生产的煤矿企业，责令停产整顿，明确整顿的内容、时间等具体要求，并处50万元以上200万元以下的罚款；对煤矿企业主要负责人处3万元以上15万元以下的罚款。

第六十五条 煤矿企业超越依法确定的开采范围采矿的，依照有关法律法规的规定予以处理。

擅自开采保安煤柱或者采用可能危及相邻煤矿生产安全的决水、爆破、贯通巷道等危险方法进行采矿作业的，责令立即停止作业，没收违法所得；违法所得在10万元以上的，并处违法所得2倍以上5倍以下的罚款；没有违法所得或者违法所得不足10万元的，并处10万元以上20万元以下的罚款；造成损失的，依法承担赔偿责任。

第六十六条 煤矿企业有下列行为之一的，责令改正；拒不改正的，处10万元以上20万元以下的罚款；对其直接负责的主管人员和其他直接责任人员处1万元以上2万元以下的罚款：

（一）违反本条例第三十七条第一款规定，隐瞒存在的事故隐患以及其他安全问题的；

（二）违反本条例第四十四条第一款规定，擅自启封或者使用被查封、扣押的设施、设备、器材的；

（三）有其他拒绝、阻碍监督检查行为的。

第六十七条 发生煤矿生产安全事故，对负有责任的煤矿企业除要求其依法承担相应的赔偿等责任外，依照下列规定处以罚款：

（一）发生一般事故的，处50万元以上100万元以下的罚款；

（二）发生较大事故的，处150万元以上200万元以下的罚款；

（三）发生重大事故的，处500万元以上1000万元以下的罚款；

（四）发生特别重大事故的，处1000万元以上2000万元以下的罚款。

发生煤矿生产安全事故，情节特别严重、影响特别恶劣的，可以按照前款罚款数额的2倍以上5倍以下对负有责任的煤矿企业处以罚款。

第六十八条 煤矿企业的决策机构、主要负责人、其他负责人和安全生产管理人员未依法履行安全生产管理职责的，依照《中华人民共和国安全生产法》有关规定处罚并承担相应责任。

煤矿企业主要负责人未依法履行安全生产管理职责，导致发生煤矿生产安全事故的，依照下列规定处以罚款：

（一）发生一般事故的，处上一年年收入40%的罚款；

（二）发生较大事故的，处上一年年收入60%的罚款；

（三）发生重大事故的，处上一年年收入80%的罚款；

（四）发生特别重大事故的，处上一年年收入100%的罚款。

第六十九条 煤矿企业及其有关人员有瞒报、谎报事故等行为的，依照《中华人民共和国安全生产法》、《生产安全事故报告和调查处理条例》有关规定予以处罚。

有关地方人民政府及其应急管理部门、负有煤矿安全生产监督管理职责的部门和设在地方的矿山安全监察机构有瞒报、谎报事故等行为的，对负有责任的领导人员和直接责任人员依法给予处分。

第七十条　煤矿企业存在下列情形之一的，应当提请县级以上地方人民政府予以关闭：

（一）未依法取得安全生产许可证等擅自进行生产的；

（二）3个月内2次或者2次以上发现有重大事故隐患仍然进行生产的；

（三）经地方人民政府组织的专家论证在现有技术条件下难以有效防治重大灾害的；

（四）有《中华人民共和国安全生产法》规定的应当提请关闭的其他情形。

有关地方人民政府作出予以关闭的决定，应当立即组织实施。关闭煤矿应当达到下列要求：

（一）依照法律法规有关规定吊销、注销相关证照；

（二）停止供应并妥善处理民用爆炸物品；

（三）停止供电，拆除矿井生产设备、供电、通信线路；

（四）封闭、填实矿井井筒，平整井口场地，恢复地貌；

（五）妥善处理劳动关系，依法依规支付经济补偿、工伤保险待遇，组织离岗时职业健康检查，偿还拖欠工资，补缴欠缴的社会保险费；

（六）设立标识牌；

（七）报送、移交相关报告、图纸和资料等；

（八）有关法律法规规定的其他要求。

第七十一条　有下列情形之一的，依照《中华人民共和国安全生产法》有关规定予以处罚：

（一）煤矿建设项目没有安全设施设计或者安全设施设计未按照规定报经有关部门审查同意的；

（二）煤矿建设项目的施工单位未按照批准的安全设施设计施工的；

（三）煤矿建设项目竣工投入生产或者使用前，安全设施未经验收合格的；

（四）煤矿企业违反本条例第二十四条第一款、第二十五条第一款和第二款、第二十六条第二款规定的。

第七十二条　承担安全评价、认证、检测、检验等职责的煤矿安全生产技术服务机构有出具失实报告、租借资质、挂靠、出具虚假报告等情形的，对该机构及直接负责的主管人员和其他直接责任人员，应当依照《中华人民共和国安全生产法》有关规定予以处罚并追究相应责任。其主要负责人对重大、特别重大煤矿生产安全事故负有责任的，终身不得从事煤矿安全生产相关技术服务工作。

第七十三条　本条例规定的行政处罚，由县级以上人民政府负有煤矿安全生产监督管理职责的部门和其他有关部门、国家矿山安全监察机构及其设在地方的矿山安全监察机构按照职责分工决定，对同一违法行为不得给予两次以上罚款的行政处罚。对被责令停产整顿的煤矿企业，应当暂扣安全生产许可证等。对违反本条例规定的严重违法行为，应当依法从重处罚。

第七十四条　地方各级人民政府、县级以上人民政府负有煤矿安全生产监督管理职责的部门和其他有关部门、国家矿山安全监察机构及其设在地方的矿山安全监察机构有下列情形之一的，对负有责任的领导人员和直接责任人员依法给予处分：

（一）县级以上人民政府负有煤矿安全生产监督管理职责的部门、国家矿山安全监察机构及其设在地方的矿山安全监察机构不依法履行职责，不及时查处所辖区域内重大事故隐患和安全生产违法行为的；县级以上人民政府其他有关部门未依法履行煤矿安全生产相关职责的；

（二）乡镇人民政府在所辖区域内发现未依法取得安全生产许可证等擅自进行煤矿生产，没有采取有效措施制止或者没有向县级人民政府相关主管部门报告的；

（三）对被责令停产整顿的煤矿企业，在停产整顿期间，因有关地方人民政府监督检查不力，煤矿企业在停产整顿期间继续生产的；

（四）关闭煤矿未达到本条例第七十条第二款规定要求的；

（五）县级以上人民政府负有煤矿安全生产监督管理职责的部门、国家矿山安全监察机构及其设在地方的矿山安全监察机构接到举报后，不及时处理的；

（六）县级以上地方人民政府及其有关部门要求不具备安全生产条件的煤矿企业进行生产的；

（七）有其他滥用职权、玩忽职守、徇私舞弊情形的。

第七十五条 违反本条例规定，构成犯罪的，依法追究刑事责任。

第六章 附 则

第七十六条 本条例自2024年5月1日起施行。《煤矿安全监察条例》和《国务院关于预防煤矿生产安全事故的特别规定》同时废止。

金属与非金属矿产资源地质勘探安全生产监督管理暂行规定

（2010年12月3日国家安全监管总局令第35号公布，根据2015年5月26日国家安全监管总局令第78号修正）

第一章 总 则

第一条 为加强金属与非金属矿产资源地质勘探作业安全的监督管理，预防和减少生产安全事故，根据安全生产法等有关法律、行政法规，制定本规定。

第二条 从事金属与非金属矿产资源地质勘探作业的安全生产及其监督管理，适用本规定。

生产矿山企业的探矿活动不适用本规定。

第三条 本规定所称地质勘探作业，是指在依法批准的勘查作业区范围内从事金属与非金属矿产资源地质勘探的活动。

本规定所称地质勘探单位，是指依法取得地质勘查资质并从事金属与非金属矿产资源地质勘探活动的企事业单位。

第四条 地质勘探单位对本单位地质勘探作业安全生产负主体责任，其主要负责人对本单位的安全生产工作全面负责。

国务院有关部门和省、自治区、直辖市人民政府所属从事矿产地质勘探及管理的企事业法人组织（以下统称地质勘探主管单位），负责对其所属地质勘探单位的安全生产工作进行监督和管理。

第五条 国家安全生产监督管理总局对全国地质勘探作业的安全生产工作实施监督管理。

县级以上地方各级人民政府安全生产监督管理部门对本行政区域内地质勘探作业的安全生产工作实施监督管理。

第二章 安全生产职责

第六条 地质勘探单位应当遵守有关安

全生产法律、法规、规章、国家标准以及行业标准的规定，加强安全生产管理，排查治理事故隐患，确保安全生产。

第七条　从事钻探工程、坑探工程施工的地质勘探单位应当取得安全生产许可证。

第八条　地质勘探单位从事地质勘探活动，应当持本单位地质勘查资质证书和地质勘探项目任务批准文件或者合同书，向工作区域所在地县级安全生产监督管理部门书面报告，并接受其监督检查。

第九条　地质勘探单位应当建立健全下列安全生产制度和规程：

（一）主要负责人、分管负责人、安全生产管理人员和职能部门、岗位的安全生产责任制度；

（二）岗位作业安全规程和工种操作规程；

（三）现场安全生产检查制度；

（四）安全生产教育培训制度；

（五）重大危险源检测监控制度；

（六）安全投入保障制度；

（七）事故隐患排查治理制度；

（八）事故信息报告、应急预案管理和演练制度；

（九）劳动防护用品、野外救生用品和野外特殊生活用品配备使用制度；

（十）安全生产考核和奖惩制度；

（十一）其他必须建立的安全生产制度。

第十条　地质勘探单位及其主管单位应当按照下列规定设置安全生产管理机构或者配备专职安全生产管理人员：

（一）地质勘探单位从业人员超过100人的，应当设置安全生产管理机构，并按不低于从业人员1%的比例配备专职安全生产管理人员；从业人员在100人以下的，应当配备不少于2名的专职安全生产管理人员；

（二）所属地质勘探单位从业人员总数在3000人以上的地质勘探主管单位，应当设置安全生产管理机构，并按不低于从业人员总数1‰的比例配备专职安全生产管理人员；从业人员总数在3000人以下的，应当设置安全生产管理机构或者配备不少于1名的专职安全生产管理人员。

专职安全生产管理人员中应当有注册安全工程师。

第十一条　地质勘探单位的主要负责人和安全生产管理人员应当具备与本单位所从事地质勘探活动相适应的安全生产知识和管理能力，并经安全生产监督管理部门考核合格。

地质勘探单位的特种作业人员必须经专门的安全技术培训并考核合格，取得特种作业操作证后，方可上岗作业。

第十二条　地质勘探单位从事坑探工程作业的人员，首次上岗作业前应当接受不少于72小时的安全生产教育和培训，以后每年应当接受不少于20小时的安全生产再培训。

第十三条　地质勘探单位应当按照国家有关规定提取和使用安全生产费用。安全生产费用列入生产成本，并实行专户存储、规范使用。

第十四条　地质勘探工程的设计、施工和安全管理应当符合《地质勘探安全规程》（AQ2004－2005）的规定。

第十五条　坑探工程的设计方案中应当设有安全专篇。安全专篇应当经所在地安全生产监督管理部门审查同意；未经审查同意的，有关单位不得施工。

坑探工程安全专篇的具体审查办法由省、自治区、直辖市人民政府安全生产监督管理部门制定。

第十六条　地质勘探单位不得将其承担的地质勘探工程项目转包给不具备安全生产条件或者相应地质勘查资质的地质勘探单位，不得允许其他单位以本单位的名义从事地质勘探活动。

第十七条　地质勘探单位不得以探矿名义从事非法采矿活动。

第十八条 地质勘探单位应当为从业人员配备必要的劳动防护用品、野外救生用品和野外特殊生活用品。

第十九条 地质勘探单位应当根据本单位实际情况制定野外作业突发事件等安全生产应急预案，建立健全应急救援组织或者与邻近的应急救援组织签订救护协议，配备必要的应急救援器材和设备，按照有关规定组织开展应急演练。

应急预案应当按照有关规定报安全生产监督管理部门和地质勘探主管单位备案。

第二十条 地质勘探主管单位应当按照国家有关规定，定期检查所属地质勘探单位落实安全生产责任制和安全生产费用提取使用、安全生产教育培训、事故隐患排查治理等情况，并组织实施安全生产绩效考核。

第二十一条 地质勘探单位发生生产安全事故后，应当按照有关规定向事故发生地县级以上安全生产监督管理部门和地质勘探主管单位报告。

第三章 监督管理

第二十二条 安全生产监督管理部门应当加强对地质勘探单位安全生产的监督检查，对检查中发现的事故隐患和安全生产违法违规行为，依法作出现场处理或者实施行政处罚。

第二十三条 安全生产监督管理部门应当建立完善地质勘探单位管理制度，及时掌握本行政区域内地质勘探单位的作业情况。

第二十四条 安全生产监督管理部门应当按照本规定的要求开展对坑探工程安全专篇的审查，建立安全专篇审查档案。

第四章 法律责任

第二十五条 地质勘探单位有下列情形之一的，责令限期改正，可以处5万元以下的罚款；逾期未改正的，责令停产停业整顿，并处5万元以上10万元以下的罚款，对其直接负责的主管人员和其他直接责任人员处1万元以上2万元以下的罚款：

（一）未按照本规定设立安全生产管理机构或者配备专职安全生产管理人员的；

（二）特种作业人员未持证上岗作业的；

（三）从事坑探工程作业的人员未按照规定进行安全生产教育和培训的。

第二十六条 地质勘探单位有下列情形之一的，给予警告，并处3万元以下的罚款：

（一）未按照本规定建立有关安全生产制度和规程的；

（二）未按照规定提取和使用安全生产费用的；

（三）坑探工程安全专篇未经安全生产监督管理部门审查同意擅自施工的。

第二十七条 地质勘探单位未按照规定向工作区域所在地县级安全生产监督管理部门书面报告的，给予警告，并处2万元以下的罚款。

第二十八条 地质勘探单位将其承担的地质勘探工程项目转包给不具备安全生产条件或者相应资质的地质勘探单位的，责令限期改正，没收违法所得；违法所得10万元以上的，并处违法所得2倍以上5倍以下的罚款；没有违法所得或者违法所得不足10万元的，单处或者并处10万元以上20万元以下的罚款；对其直接负责的主管人员和其他直接责任人员处1万元以上2万元以下的罚款；导致发生生产安全事故给他人造成损害的，与承包方承担连带赔偿责任。

第二十九条 本规定规定的行政处罚由县级以上安全生产监督管理部门实施。

第五章 附 则

第三十条 本规定自2011年1月1日起施行。

小型露天采石场安全管理与监督检查规定

（2011年5月4日国家安全监管总局令第39号公布，根据2015年5月26日国家安全监管总局令78号修正）

第一章　总　　则

第一条　为预防和减少小型露天采石场生产安全事故，保障从业人员的安全与健康，根据《安全生产法》、《矿山安全法》、《安全生产许可证条例》等有关法律、行政法规，制定本规定。

第二条　年生产规模不超过50万吨的山坡型露天采石作业单位（以下统称小型露天采石场）的安全生产及对其监督管理，适用本规定。

开采型材和金属矿产资源的小型露天矿山的安全生产及对其监督管理，不适用本规定。

第三条　县级以上地方人民政府安全生产监督管理部门对小型露天采石场的安全生产实施监督管理。所辖区域内有小型露天采石场的乡（镇）应当明确负责安全生产工作的管理人员及其职责。

第二章　安全生产保障

第四条　小型露天采石场主要负责人对本单位的安全生产工作负总责，应当组织制定和落实安全生产责任制，改善劳动条件和作业环境，保证安全生产投入的有效实施。

小型露天采石场主要负责人应当经安全生产监督管理部门考核合格并取得安全资格证书。

第五条　小型露天采石场应当建立健全安全生产管理制度和岗位安全操作规程，至少配备一名专职安全生产管理人员。

安全生产管理人员应当按照国家有关规定经安全生产监督管理部门考核合格并取得安全资格证书。

第六条　小型露天采石场应当至少配备一名专业技术人员，或者聘用专业技术人员、注册安全工程师、委托相关技术服务机构为其提供安全生产管理服务。

第七条　小型露天采石场新进矿山的作业人员应当接受不少于40小时的安全培训，已在岗的作业人员应当每年接受不少于20小时的安全再培训。

特种作业人员必须按照国家有关规定经专门的安全技术培训并考核合格，取得特种作业操作证书后，方可上岗作业。

第八条　小型露天采石场必须参加工伤保险，按照国家有关规定提取和使用安全生产费用。

第九条　新建、改建、扩建小型露天采石场应当由具有建设主管部门认定资质的设计单位编制开采设计或者开采方案。采石场布置和开采方式发生重大变化时，应当重新编制开采设计或者开采方案，并由原审查部门审查批准。

第十条　小型露天采石场新建、改建、扩建工程项目安全设施应当按照规定履行设计审查程序。

第十一条　小型露天采石场应当依法取得非煤矿矿山企业安全生产许可证。未取得安全生产许可证的，不得从事生产活动。

在安全生产许可证有效期内采矿许可证到期失效的，小型露天采石场应当在采矿许可证到期前15日内向原安全生产许可证颁发管理机关报告，并交回安全生产许可证正本和副本。

第十二条 相邻的采石场开采范围之间最小距离应当大于300米。对可能危及对方生产安全的，双方应当签订安全生产管理协议，明确各自的安全生产管理职责和应当采取的安全措施，指定专门人员进行安全检查与协调。

第十三条 小型露天采石场应当采用中深孔爆破，严禁采用扩壶爆破、掏底崩落、掏挖开采和不分层的“一面墙”等开采方式。

不具备实施中深孔爆破条件的，由所在地安全生产监督管理部门聘请有关专家进行论证，经论证符合要求的，方可采用浅孔爆破开采。

小型露天采石场实施中深孔爆破条件的审核办法，由省级安全生产监督管理部门制定。

第十四条 不采用爆破方式直接使用挖掘机进行采矿作业的，台阶高度不得超过挖掘机最大挖掘高度。

第十五条 小型露天采石场应当采用台阶式开采。不能采用台阶式开采的，应当自上而下分层顺序开采。

分层开采的分层高度、最大开采高度（第一分层的坡顶线到最后一分层的坡底线的垂直距离）和最终边坡角由设计确定，实施浅孔爆破作业时，分层数不得超过6个，最大开采高度不得超过30米；实施中深孔爆破作业时，分层高度不得超过20米，分层数不得超过3个，最大开采高度不得超过60米。

分层开采的凿岩平台宽度由设计确定，最小凿岩平台宽度不得小于4米。

分层开采的底部装运平台宽度由设计确定，且应当满足调车作业所需的最小平台宽度要求。

第十六条 小型露天采石场应当遵守国家有关民用爆炸物品和爆破作业的安全规定，由具有相应资格的爆破作业人员进行爆破，设置爆破警戒范围，实行定时爆破制度。不得在爆破警戒范围内避炮。

禁止在雷雨、大雾、大风等恶劣天气条件下进行爆破作业。雷电高发地区应当选用非电起爆系统。

第十七条 对爆破后产生的大块矿岩应当采用机械方式进行破碎，不得使用爆破方式进行二次破碎。

第十八条 承包爆破作业的专业服务单位应当取得爆破作业单位许可证，承包采矿和剥离作业的采掘施工单位应当持有非煤矿矿山企业安全生产许可证。

第十九条 采石场上部需要剥离的，剥离工作面应当超前于开采工作面4米以上。

第二十条 小型露天采石场在作业前和作业中以及每次爆破后，应当对坡面进行安全检查。发现工作面有裂痕，或者在坡面上有浮石、危石和伞檐体可能塌落时，应当立即停止作业并撤离人员至安全地点，采取安全措施和消除隐患。

采石场的入口道路及相关危险源点应当设置安全警示标志，严禁任何人员在边坡底部休息和停留。

第二十一条 在坡面上进行排险作业时，作业人员应当系安全带，不得站在危石、浮石上及悬空作业。严禁在同一坡面上下双层或者多层同时作业。

距工作台阶坡底线50米范围内不得从事碎石加工作业。

第二十二条 小型露天采石场应当采用机械铲装作业，严禁使用人工装运矿岩。

同一工作面有两台铲装机械作业时，最小间距应当大于铲装机械最大回转半径的2倍。

严禁自卸汽车运载易燃、易爆物品；严禁超载运输；装载与运输作业时，严禁在驾驶室外侧、车斗内站人。

第二十三条 废石、废碴应当排放到废石场。废石场的设置应当符合设计要求和有关安全规定。顺山或顺沟排放废石、废碴的，应当有防止泥石流的具体措施。

第二十四条　电气设备应当有接地、过流、漏电保护装置。变电所应当有独立的避雷系统和防火、防潮与防止小动物窜入带电部位的措施。

第二十五条　小型露天采石场应当制定完善的防洪措施。对开采境界上方汇水影响安全的，应当设置截水沟。

第二十六条　小型露天采石场应当制定应急救援预案，建立兼职救援队伍，明确救援人员的职责，并与邻近的矿山救护队或者其他具备救护条件的单位签订救护协议。发生生产安全事故时，应当立即组织抢救，并在1小时内向当地安全生产监督管理部门报告。

第二十七条　小型露天采石场应当加强粉尘检测和防治工作，采取有效措施防治职业危害，建立职工健康档案，为从业人员提供符合国家标准或者行业标准的劳动防护用品和劳动保护设施，并指导监督其正确使用。

第二十八条　小型露天采石场应当在每年年末测绘采石场开采现状平面图和剖面图，并归档管理。

第三章　监督检查

第二十九条　安全生产监督管理部门应当加强对小型露天采石场的监督检查，对检查中发现的事故隐患和安全生产违法违规行为，依法作出现场处理或者实施行政处罚。

第三十条　安全生产监督管理部门应当建立健全本行政区域内小型露天采石场的安全生产档案，记录监督检查结果、生产安全事故和违法行为查处等情况。

第三十一条　对于未委托具备相应资质的设计单位编制开采设计或者开采方案，以及周边300米范围内存在生产生活设施的小型露天采石场，不得对其进行审查和验收。

第三十二条　安全生产监督管理部门应当加强对小型露天采石场实施中深孔爆破条件的监督检查。严格限制小型露天采石场采用浅孔爆破开采方式。

第三十三条　安全生产监督管理部门应当督促小型露天采石场加强对承包作业的采掘施工单位的管理，明确双方安全生产责任。

第三十四条　安全生产监督管理部门应当加强本行政区域内小型露天采石场应急预案的管理，督促乡（镇）人民政府做好事故应急救援的协调工作。

第四章　法律责任

第三十五条　安全生产监督管理部门及其工作人员违反法律法规和本规定，未依法履行对小型露天采石场安全生产监督检查职责的，依法给予行政处分。

第三十六条　违反本规定第六条规定的，责令限期改正，并处1万元以下的罚款。

第三十七条　违反本规定第十条第一款规定的，责令停止建设或者停产停业整顿，限期改正；逾期未改正的，处50万元以上100万元以下的罚款，对其直接负责的主管人员和其他直接责任人员处2万元以上5万元以下的罚款；构成犯罪的，依照刑法有关规定追究刑事责任。

第三十八条　违反本规定第十一条第一款规定的，责令停止生产，没收违法所得，并处10万元以上50万元以下的罚款。

第三十九条　违反本规定第十二条、第十三条第一、二款、第十四条、第十五条、第十六条、第十七条、第十九条、第二十条第一款、第二十一条、第二十二条规定的，给予警告，并处1万元以上3万元以下的罚款。

第四十条　违反本规定第二十三条、第二十四条、第二十五条、第二十八条规定的，给予警告，并处2万元以下的罚款。

第四十一条　本规定规定的行政处罚由安全生产监督管理部门决定。法律、行政法规对行政处罚另有规定的，依照其规定。

第五章 附 则

第四十二条 省、自治区、直辖市人民政府安全生产监督管理部门可以根据本规定制定实施细则，报国家安全生产监督管理总局备案。

第四十三条 本规定自2011年7月1日起施行。2004年12月28日原国家安全生产监督管理局（国家煤矿安全监察局）公布的《小型露天采石场安全生产暂行规定》（原国家安全生产监督管理局〈国家煤矿安全监察局〉令第19号）同时废止。

尾矿库安全监督管理规定

（2011年5月4日国家安全监管总局令第38号公布，根据2015年5月26日国家安全监管总局令第78号修正）

第一章 总 则

第一条 为了预防和减少尾矿库生产安全事故，保障人民群众生命和财产安全，根据《安全生产法》、《矿山安全法》等有关法律、行政法规，制定本规定。

第二条 尾矿库的建设、运行、回采、闭库及其安全管理与监督工作，适用本规定。

核工业矿山尾矿库、电厂灰渣库的安全监督管理工作，不适用本规定。

第三条 尾矿库建设、运行、回采、闭库的安全技术要求以及尾矿库等别划分标准，按照《尾矿库安全技术规程》（AQ2006－2005）执行。

第四条 尾矿库生产经营单位（以下简称生产经营单位）应当建立健全尾矿库安全生产责任制，建立健全安全生产规章制度和安全技术操作规程，对尾矿库实施有效的安全管理。

第五条 生产经营单位应当保证尾矿库具备安全生产条件所必需的资金投入，建立相应的安全管理机构或者配备相应的安全管理人员、专业技术人员。

第六条 生产经营单位主要负责人和安全管理人员应当依照有关规定经培训考核合格并取得安全资格证书。

直接从事尾矿库放矿、筑坝、巡坝、排洪和排渗设施操作的作业人员必须取得特种作业操作证书，方可上岗作业。

第七条 国家安全生产监督管理总局负责在国务院规定的职责范围内对有关尾矿库建设项目进行安全设施设计审查。

前款规定以外的其他尾矿库建设项目安全设施设计审查，由省级安全生产监督管理部门按照分级管理的原则作出规定。

第八条 鼓励生产经营单位应用尾矿库在线监测、尾矿充填、干式排尾、尾矿综合利用等先进适用技术。

一等、二等、三等尾矿库应当安装在线监测系统。

鼓励生产经营单位将尾矿回采再利用后进行回填。

第二章 尾矿库建设

第九条 尾矿库建设项目包括新建、改建、扩建以及回采、闭库的尾矿库建设工程。

尾矿库建设项目安全设施设计审查与竣工验收应当符合有关法律、行政法规的规定。

第十条 尾矿库的勘察单位应当具有矿

山工程或者岩土工程类勘察资质。设计单位应当具有金属非金属矿山工程设计资质。安全评价单位应当具有尾矿库评价资质。施工单位应当具有矿山工程施工资质。施工监理单位应当具有矿山工程监理资质。

尾矿库的勘察、设计、安全评价、施工、监理等单位除符合前款规定外，还应当按照尾矿库的等别符合下列规定：

（一）一等、二等、三等尾矿库建设项目，其勘察、设计、安全评价、监理单位具有甲级资质，施工单位具有总承包一级或者特级资质；

（二）四等、五等尾矿库建设项目，其勘察、设计、安全评价、监理单位具有乙级或者乙级以上资质，施工单位具有总承包三级或者三级以上资质，或者专业承包一级、二级资质。

第十一条　尾矿库建设项目应当进行安全设施设计，对尾矿库库址及尾矿坝稳定性、尾矿库防洪能力、排洪设施和安全观测设施的可靠性进行充分论证。

第十二条　尾矿库库址应当由设计单位根据库容、坝高、库区地形条件、水文地质、气象、下游居民区和重要工业构筑物等情况，经科学论证后，合理确定。

第十三条　尾矿库建设项目应当进行安全设施设计并经安全生产监督管理部门审查批准后方可施工。无安全设施设计或者安全设施设计未经审查批准的，不得施工。

严禁未经设计并审查批准擅自加高尾矿库坝体。

第十四条　尾矿库施工应当执行有关法律、行政法规和国家标准、行业标准的规定，严格按照设计施工，确保工程质量，并做好施工记录。

生产经营单位应当建立尾矿库工程档案和日常管理档案，特别是隐蔽工程档案、安全检查档案和隐患排查治理档案，并长期保存。

第十五条　施工中需要对设计进行局部修改的，应当经原设计单位同意；对涉及尾矿库库址、等别、排洪方式、尾矿坝坝型等重大设计变更的，应当报原审批部门批准。

第十六条　尾矿库建设项目安全设施试运行应当向安全生产监督管理部门书面报告，试运行时间不得超过6个月，且尾砂排放不得超过初期坝坝顶标高。试运行结束后，建设单位应当组织安全设施竣工验收，并形成书面报告备查。

安全生产监督管理部门应当加强对建设单位验收活动和验收结果的监督核查。

第十七条　尾矿库建设项目安全设施经验收合格后，生产经营单位应当及时按照《非煤矿矿山企业安全生产许可证实施办法》的有关规定，申请尾矿库安全生产许可证。未依法取得安全生产许可证的尾矿库，不得投入生产运行。

生产经营单位在申请尾矿库安全生产许可证时，对于验收申请时已提交的符合颁证条件的文件、资料可以不再提交；安全生产监督管理部门在审核颁发安全生产许可证时，可以不再审查。

第三章　尾矿库运行

第十八条　对生产运行的尾矿库，未经技术论证和安全生产监督管理部门的批准，任何单位和个人不得对下列事项进行变更：

（一）筑坝方式；

（二）排放方式；

（三）尾矿物化特性；

（四）坝型、坝外坡坡比、最终堆积标高和最终坝轴线的位置；

（五）坝体防渗、排渗及反滤层的设置；

（六）排洪系统的型式、布置及尺寸；

（七）设计以外的尾矿、废料或者废水进库等。

第十九条　尾矿库应当每三年至少进行一次安全现状评价。安全现状评价应当符合国家标准或者行业标准的要求。

尾矿库安全现状评价工作应当有能够进行尾矿坝稳定性验算、尾矿库水文计算、构筑物计算的专业技术人员参加。

上游式尾矿坝堆积至二分之一至三分之二最终设计坝高时，应当对坝体进行一次全面勘察，并进行稳定性专项评价。

第二十条 尾矿库经安全现状评价或者专家论证被确定为危库、险库和病库的，生产经营单位应当分别采取下列措施：

（一）确定为危库的，应当立即停产，进行抢险，并向尾矿库所在地县级人民政府、安全生产监督管理部门和上级主管单位报告；

（二）确定为险库的，应当立即停产，在限定的时间内消除险情，并向尾矿库所在地县级人民政府、安全生产监督管理部门和上级主管单位报告；

（三）确定为病库的，应当在限定的时间内按照正常库标准进行整治，消除事故隐患。

第二十一条 生产经营单位应当建立健全防汛责任制，实施 24 小时监测监控和值班值守，并针对可能发生的垮坝、漫顶、排洪设施损毁等生产安全事故和影响尾矿库运行的洪水、泥石流、山体滑坡、地震等重大险情制定并及时修订应急救援预案，配备必要的应急救援器材、设备，放置在便于应急时使用的地方。

应急预案应当按照规定报相应的安全生产监督管理部门备案，并每年至少进行一次演练。

第二十二条 生产经营单位应当编制尾矿库年度、季度作业计划，严格按照作业计划生产运行，做好记录并长期保存。

第二十三条 生产经营单位应当建立尾矿库事故隐患排查治理制度，按照本规定和《尾矿库安全技术规程》的规定，及时发现并消除事故隐患。事故隐患排查治理情况应当如实记录，建立隐患排查治理档案，并向从业人员通报。

第二十四条 尾矿库出现下列重大险情之一的，生产经营单位应当按照安全监管权限和职责立即报告当地县级安全生产监督管理部门和人民政府，并启动应急预案，进行抢险：

（一）坝体出现严重的管涌、流土等现象的；

（二）坝体出现严重裂缝、坍塌和滑动迹象的；

（三）库内水位超过限制的最高洪水位的；

（四）在用排水井倒塌或者排水管（洞）坍塌堵塞的；

（五）其他危及尾矿库安全的重大险情。

第二十五条 尾矿库发生坝体坍塌、洪水漫顶等事故时，生产经营单位应当立即启动应急预案，进行抢险，防止事故扩大，避免和减少人员伤亡及财产损失，并立即报告当地县级安全生产监督管理部门和人民政府。

第二十六条 未经生产经营单位进行技术论证并同意，以及尾矿库建设项目安全设施设计原审批部门批准，任何单位和个人不得在库区从事爆破、采砂、地下采矿等危害尾矿库安全的作业。

第四章 尾矿库回采和闭库

第二十七条 尾矿回采再利用工程应当进行回采勘察、安全预评价和回采设计，回采设计应当包括安全设施设计，并编制安全专篇。

回采安全设施设计应当报安全生产监督管理部门审查批准。

生产经营单位应当按照回采设计实施尾矿回采，并在尾矿回采期间进行日常安全管理和检查，防止尾矿回采作业对尾矿坝安全造成影响。

尾矿全部回采后不再进行排尾作业的，生产经营单位应当及时报安全生产监督管理部门履行尾矿库注销手续。具体办法由省级安全生产监督管理部门制定。

第二十八条　尾矿库运行到设计最终标高或者不再进行排尾作业的，应当在一年内完成闭库。特殊情况不能按期完成闭库的，应当报经相应的安全生产监督管理部门同意后方可延期，但延长期限不得超过6个月。

库容小于10万立方米且总坝高低于10米的小型尾矿库闭库程序，由省级安全生产监督管理部门根据本地实际制定。

第二十九条　尾矿库运行到设计最终标高的前12个月内，生产经营单位应当进行闭库前的安全现状评价和闭库设计，闭库设计应当包括安全设施设计。

闭库安全设施设计应当经有关安全生产监督管理部门审查批准。

第三十条　尾矿库闭库工程安全设施验收，应当具备下列条件：

（一）尾矿库已停止使用；

（二）尾矿库闭库工程安全设施设计已经有关安全生产监督管理部门审查批准；

（三）有完备的闭库工程安全设施施工记录、竣工报告、竣工图和施工监理报告等；

（四）法律、行政法规和国家标准、行业标准规定的其他条件。

第三十一条　尾矿库闭库工程安全设施验收应当审查下列内容及资料：

（一）尾矿库库址所在行政区域位置、占地面积及尾矿库下游村庄、居民等情况；

（二）尾矿库建设和运行时间以及在建设和运行中曾经出现过的重大问题及其处理措施；

（三）尾矿库主要技术参数，包括初期坝结构、筑坝材料、堆坝方式、坝高、总库容、尾矿坝外坡坡比、尾矿粒度、尾矿堆积量、防洪排水型式等；

（四）闭库工程安全设施设计及审批文件；

（五）闭库工程安全设施设计的主要工程措施和闭库工程施工概况；

（六）闭库工程安全验收评价报告；

（七）闭库工程安全设施竣工报告及竣工图；

（八）施工监理报告；

（九）其他相关资料。

第三十二条　尾矿库闭库工作及闭库后的安全管理由原生产经营单位负责。对解散或者关闭破产的生产经营单位，其已关闭或者废弃的尾矿库的管理工作，由生产经营单位出资人或其上级主管单位负责；无上级主管单位或者出资人不明确的，由安全生产监督管理部门提请县级以上人民政府指定管理单位。

第五章　监督管理

第三十三条　安全生产监督管理部门应当严格按照有关法律、行政法规、国家标准、行业标准以及本规定要求和“分级属地”的原则，进行尾矿库建设项目安全设施设计审查；不符合规定条件的，不得批准。审查不得收取费用。

第三十四条　安全生产监督管理部门应当建立本行政区域内尾矿库安全生产监督检查档案，记录监督检查结果、生产安全事故及违法行为查处等情况。

第三十五条　安全生产监督管理部门应当加强对尾矿库生产经营单位安全生产的监督检查，对检查中发现的事故隐患和违法违规生产行为，依法作出处理。

第三十六条　安全生产监督管理部门应当建立尾矿库安全生产举报制度，公开举报电话、信箱或者电子邮件地址，受理有关举报；对受理的举报，应当认真调查核实；经查证属实的，应当依法作出处理。

第三十七条　安全生产监督管理部门应当加强本行政区域内生产经营单位应急预案的备案管理，并将尾矿库事故应急救援纳入地方各级人民政府应急救援体系。

第六章　法律责任

第三十八条　安全生产监督管理部门的工作人员，未依法履行尾矿库安全监督管理职责的，依照有关规定给予行政处分。

第三十九条　生产经营单位或者尾矿库管理单位违反本规定第八条第二款、第十九条、第二十条、第二十一条、第二十二条、第二十四条、第二十六条、第二十九条第一款规定的，给予警告，并处 1 万元以上 3 万元以下的罚款；对主管人员和直接责任人员由其所在单位或者上级主管单位给予行政处分；构成犯罪的，依法追究刑事责任。

生产经营单位或者尾矿库管理单位违反本规定第二十三条规定的，依照《安全生产法》实施处罚。

第四十条　生产经营单位或者尾矿库管理单位违反本规定第十八条规定的，给予警告，并处 3 万元的罚款；情节严重的，依法责令停产整顿或者提请县级以上地方人民政府按照规定权限予以关闭。

第四十一条　生产经营单位违反本规定第二十八条第一款规定不主动实施闭库的，给予警告，并处 3 万元的罚款。

第四十二条　本规定规定的行政处罚由安全生产监督管理部门决定。

法律、行政法规对行政处罚决定机关和处罚种类、幅度另有规定的，依照其规定。

第七章　附　　则

第四十三条　本规定自 2011 年 7 月 1 日起施行。国家安全生产监督管理总局 2006 年公布的《尾矿库安全监督管理规定》（国家安全生产监督管理总局令第 6 号）同时废止。

冶金企业和有色金属企业安全生产规定

（2017 年 12 月 11 日国家安全生产监督管理总局第 16 次局长办公会议审议通过，2018 年 1 月 4 日公布，自 2018 年 3 月 1 日起施行）

第一章　总　　则

第一条　为了加强冶金企业和有色金属企业安全生产工作，预防和减少生产安全事故与职业病，保障从业人员安全健康，根据《中华人民共和国安全生产法》《中华人民共和国职业病防治法》，制定本规定。

第二条　冶金企业和有色金属企业（以下统称企业）的安全生产（含职业健康，下同）和监督管理，适用本规定。

机械铸造企业中金属冶炼活动的安全生产和监督管理参照本规定执行。

第三条　本规定所称冶金企业，是指从事黑色金属冶炼及压延加工业等生产活动的企业。

本规定所称有色金属企业，是指从事有色金属冶炼及压延加工业等生产活动的企业。

本规定所称金属冶炼，是指冶金企业和有色金属企业从事达到国家规定规模（体量）的高温熔融金属及熔渣（以下统称高温熔融金属）的生产活动。

黑色金属冶炼及压延加工业、有色金属冶炼及压延加工业的具体目录，由国家安全生产监督管理总局参照《国民经济行业分类》（GB/T 4754）制定并公布。

第四条　企业是安全生产的责任主体。企业所属不具备法人资格的分支机构的安全生产工作，由企业承担管理责任。

第五条　国家安全生产监督管理总局指导、监督全国冶金企业和有色金属企业安全生产工作。

县级以上地方人民政府安全生产监督管理部门和有关部门（以下统称负有冶金有色安全生产监管职责的部门）根据本级人民政府规定的职责，按照属地监管、分级负责的原则，对本行政区域内的冶金企业和有色金属企业的安全生产工作实施监督管理。

第二章　企业的安全生产保障

第六条　企业应当遵守有关安全生产法律、行政法规、规章和国家标准或者行业标准的规定。

企业应当建立安全风险管控和事故隐患排查治理双重预防机制，落实从主要负责人到每一名从业人员的安全风险管控和事故隐患排查治理责任制。

第七条　企业应当按照规定开展安全生产标准化建设工作，推进安全健康管理系统化、岗位操作行为规范化、设备设施本质安全化和作业环境器具定置化，并持续改进。

第八条　企业应当建立健全全员安全生产责任制，主要负责人（包括法定代表人和实际控制人，下同）是本企业安全生产的第一责任人，对本企业的安全生产工作全面负责；其他负责人对分管范围内的安全生产工作负责；各职能部门负责人对职责范围内的安全生产工作负责。

第九条　企业主要负责人应当每年向股东会或者职工代表大会报告本企业安全生产状况，接受股东和从业人员对安全生产工作的监督。

第十条　企业存在金属冶炼工艺，从业人员在一百人以上的，应当设置安全生产管理机构或者配备不低于从业人员千分之三的专职安全生产管理人员，但最低不少于三人；从业人员在一百人以下的，应当设置安全生产管理机构或者配备专职安全生产管理人员。

第十一条　企业主要负责人、安全生产管理人员应当接受安全生产教育和培训，具备与本企业生产经营活动相适应的安全生产知识和管理能力。其中，存在金属冶炼工艺的企业的主要负责人、安全生产管理人员自任职之日起六个月内，必须接受负有冶金有色安全生产监管职责的部门对其进行安全生产知识和管理能力考核，并考核合格。

企业应当按照国家有关规定对从业人员进行安全生产教育和培训，保证从业人员具备必要的安全生产知识，了解有关安全生产法律法规，熟悉本企业规章制度和安全技术操作规程，掌握本岗位安全操作技能，并建立培训档案，记录培训、考核等情况。未经安全生产教育培训合格的从业人员，不得上岗作业。

企业应当对新上岗从业人员进行厂（公司）、车间（职能部门）、班组三级安全生产教育和培训；对调整工作岗位、离岗半年以上重新上岗的从业人员，应当经车间（职能部门）、班组安全生产教育和培训合格后，方可上岗作业。

新工艺、新技术、新材料、新设备投入使用前，企业应当对有关操作岗位人员进行专门的安全生产教育和培训。

第十二条　企业从事煤气生产、储存、输送、使用、维护检修作业的特种作业人员必须依法经专门的安全技术培训，并经考核合格，取得《中华人民共和国特种作业操作证》后，方可上岗作业。

第十三条　企业新建、改建、扩建工程项目（以下统称建设项目）的安全设施和职业病防护设施应当严格执行国家有关安全生产、职业病防治法律、行政法规和国家标准或者行业标准的规定，并与主体工程同时设计、同时施工、同时投入生产和使用。安全设施和职业病防护设施的投资应当纳入建设项目概算。

第十四条　金属冶炼建设项目在可行性研究阶段，建设单位应当依法进行安全评价。

建设项目在初步设计阶段，建设单位应当委托具备国家规定资质的设计单位对其安全设施进行设计，并编制安全设施设计。

建设项目竣工投入生产或者使用前，建设单位应当按照有关规定进行安全设施竣工验收。

第十五条 国家安全生产监督管理总局负责实施国务院审批（核准、备案）的金属冶炼建设项目的安全设施设计审查。

省、自治区、直辖市人民政府负有冶金有色安全生产监管职责的部门对本行政区域内金属冶炼建设项目实施指导和监督管理，确定并公布本行政区域内有关部门对金属冶炼建设项目安全设施设计审查的管辖权限。

第十六条 企业应当对本企业存在的各类危险因素进行辨识，在有较大危险因素的场所和设施、设备上，按照有关国家标准、行业标准的要求设置安全警示标志，并定期进行检查维护。

对于辨识出的重大危险源，企业应当登记建档、监测监控，定期检测、评估，制定应急预案并定期开展应急演练。

企业应当将重大危险源及有关安全措施、应急预案报有关地方人民政府负有冶金有色安全生产监管职责的部门备案。

第十七条 企业应当建立应急救援组织。生产规模较小的，可以不建立应急救援组织，但应当指定兼职的应急救援人员，并且可以与邻近的应急救援队伍签订应急救援协议。

企业应当配备必要的应急救援器材、设备和物资，并进行经常性维护、保养，保证正常运转。

第十八条 企业应当采取有效措施预防、控制和消除职业病危害，保证工作场所的职业卫生条件符合法律、行政法规和国家标准或者行业标准的规定。

企业应当定期对工作场所存在的职业病危害因素进行检测、评价，检测结果应当在本企业醒目位置进行公布。

第十九条 企业应当按照有关规定加强职业健康监护工作，对接触职业病危害的从业人员，应当在上岗前、在岗期间和离岗时组织职业健康检查，将检查结果书面告知从业人员，并为其建立职业健康监护档案。

第二十条 企业应当加强对施工、检修等重点工程和生产经营项目、场所的承包单位的安全管理，不得将有关工程、项目、场所发包给不具备安全生产条件或者相应资质的单位。企业和承包单位的承包协议应当明确约定双方的安全生产责任和义务。

企业应当对承包单位的安全生产进行统一协调、管理，对从事检修工程的承包单位检修方案中的安全措施和应急处置措施进行审核，监督承包单位落实。

企业应当对承包检修作业现场进行安全交底，并安排专人负责安全检查和协调。

第二十一条 企业应当从合法的劳务公司录用劳务人员，并与劳务公司签订合同，对劳务人员进行统一的安全生产教育和培训。

第二十二条 企业的正常生产活动与其他单位的建设施工或者检修活动同时在本企业同一作业区域内进行的，企业应当指定专职安全生产管理人员负责作业现场的安全检查工作，对有关作业活动进行统一协调、管理。

第二十三条 企业应当建立健全设备设施安全管理制度，加强设备设施的检查、维护、保养和检修，确保设备设施安全运行。

对重要岗位的电气、机械等设备，企业应当实行操作牌制度。

第二十四条 企业不得使用不符合国家标准或者行业标准的技术、工艺和设备；对现有工艺、设备进行更新或者改造的，不得降低其安全技术性能。

第二十五条 企业的建（构）筑物应当按照国家标准或者行业标准规定，采取防火、防爆、防雷、防震、防腐蚀、隔热等防护措施，对承受重荷载、荷载发生变化或者受高温熔融金属喷溅、酸碱腐蚀等危害的建（构）筑物，应当定期对建（构）筑物结构进行安全检查。

第二十六条　企业对起重设备进行改造并增加荷重的，应当同时对承重厂房结构进行荷载核定，并对承重结构采取必要的加固措施，确保承重结构具有足够的承重能力。

第二十七条　企业的操作室、会议室、活动室、休息室、更衣室等场所不得设置在高温熔融金属吊运的影响范围内。进行高温熔融金属吊运时，吊罐（包）与大型槽体、高压设备、高压管路、压力容器的安全距离应当符合有关国家标准或者行业标准的规定，并采取有效的防护措施。

第二十八条　企业在进行高温熔融金属冶炼、保温、运输、吊运过程中，应当采取防止泄漏、喷溅、爆炸伤人的安全措施，其影响区域不得有非生产性积水。

高温熔融金属运输专用路线应当避开煤气、氧气、氢气、天然气、水管等管道及电缆；确需通过的，运输车辆与管道、电缆之间应当保持足够的安全距离，并采取有效的隔热措施。

严禁运输高温熔融金属的车辆在管道或者电缆下方，以及有易燃易爆物质的区域停留。

第二十九条　企业对电炉、电解车间应当采取防雨措施和有效的排水设施，防止雨水进入槽下地坪，确保电炉、电解槽下没有积水。

企业对电炉、铸造熔炼炉、保温炉、倾翻炉、铸机、流液槽、熔盐电解槽等设备，应当设置熔融金属紧急排放和储存的设施，并在设备周围设置拦挡围堰，防止熔融金属外流。

第三十条　吊运高温熔融金属的起重机，应当满足《起重机械安全技术监察规程——桥式起重机》（TSG Q002）和《起重机械定期检验规则》（TSG Q7015）的要求。

企业应当定期对吊运、盛装熔融金属的吊具、罐体（本体、耳轴）进行安全检查和探伤检测。

第三十一条　生产、储存、使用煤气的企业应当建立煤气防护站（组），配备必要的煤气防护人员、煤气检测报警装置及防护设施，并且每年至少组织一次煤气事故应急演练。

第三十二条　生产、储存、使用煤气的企业应当严格执行《工业企业煤气安全规程》（GB6222），在可能发生煤气泄漏、聚集的场所，设置固定式煤气检测报警仪和安全警示标志。

进入煤气区域作业的人员，应当携带便携式一氧化碳检测报警仪，配备空气呼吸器，并由企业安排专门人员进行安全管理。

煤气柜区域应当设有隔离围栏，安装在线监控设备，并由企业安排专门人员值守。煤气柜区域严禁烟火。

第三十三条　企业对涉及煤气、氧气、氢气等易燃易爆危险化学品生产、输送、使用、储存的设施以及油库、电缆隧道（沟）等重点防火部位，应当按照有关规定采取有效、可靠的防火、防爆和防泄漏措施。

企业对具有爆炸危险环境的场所，应当按照《爆炸性气体环境用电气设备》（GB3836）及《爆炸危险环境电力装置设计规范》（GB50058）设置自动检测报警和防灭火装置。

第三十四条　企业对反应槽、罐、池、釜和储液罐、酸洗槽应当采取防腐蚀措施，设置事故池，进行经常性安全检查、维护、保养，并定期检测，保证正常运转。

企业实施浸出、萃取作业时，应当采取防火防爆、防冒槽喷溅和防中毒等安全措施。

第三十五条　企业从事产生酸雾危害的电解作业时，应当采取防止酸雾扩散及槽体、厂房防腐措施。电解车间应当保持厂房通风良好，防止电解产生的氢气聚集。

第三十六条 企业在使用酸、碱的作业场所，应当采取防止人员灼伤的措施，并设置安全喷淋或者洗涤设施。

采用剧毒物品的电镀、钝化等作业，企业应当在电镀槽的下方设置事故池，并加强对剧毒物品的安全管理。

第三十七条 企业对生产过程中存在二氧化硫、氯气、砷化氢、氟化氢等有毒有害气体的工作场所，应当采取防止人员中毒的措施。

企业对存在铅、镉、铬、砷、汞等重金属蒸气、粉尘的作业场所，应当采取预防重金属中毒的措施。

第三十八条 企业应当建立有限空间、动火、高处作业、能源介质停送等较大危险作业和检修、维修作业审批制度，实施工作票（作业票）和操作票管理，严格履行内部审批手续，并安排专门人员进行现场安全管理，确保作业安全。

第三十九条 企业在生产装置复产前，应当组织安全检查，进行安全条件确认。

第三章 监督管理

第四十条 负有冶金有色安全生产监管职责的部门应当依法加强对企业安全生产工作的监督检查，明确每个企业的安全生产监督管理主体，发现存在事故隐患的，应当及时处理；发现重大事故隐患的，实施挂牌督办。

第四十一条 负有冶金有色安全生产监管职责的部门应当将企业安全生产标准化建设、安全生产风险管控和隐患排查治理双重预防机制的建立情况纳入安全生产年度监督检查计划，并按照计划检查督促企业开展工作。

第四十二条 负有冶金有色安全生产监管职责的部门应当加强对监督检查人员的冶金和有色金属安全生产专业知识的培训，提高其行政执法能力。

第四十三条 负有冶金有色安全生产监管职责的部门应当为进入有限空间等特定作业场所进行监督检查的人员，配备必需的个体防护用品和监测检查仪器。

第四十四条 负有冶金有色安全生产监管职责的部门应当加强对本行政区域内企业应急预案的备案管理，并将重大事故应急救援纳入地方人民政府应急救援体系。

第四章 法律责任

第四十五条 监督检查人员在对企业进行监督检查时，滥用职权、玩忽职守、徇私舞弊的，依照有关规定给予处分；构成犯罪的，依法追究刑事责任。

第四十六条 企业违反本规定第二十四条至第三十七条的规定，构成生产安全事故隐患的，责令立即消除或者限期消除事故隐患；企业拒不执行的，责令停产停业整顿，并处十万元以上五十万元以下的罚款，对其直接负责的主管人员和其他直接责任人员处二万元以上五万元以下的罚款。

第四十七条 企业违反本规定的其他违法行为，分别依照《中华人民共和国安全生产法》《中华人民共和国职业病防治法》等的规定追究法律责任。

第五章 附 则

第四十八条 本规定自 2018 年 3 月 1 日起施行。国家安全生产监督管理总局 2009 年 9 月 8 日公布的《冶金企业安全生产监督管理规定》（国家安全生产监督管理总局令第 26 号）同时废止。

矿山重大隐患调查处理办法（试行）

（2021年5月25日国家矿山安全监察局矿安〔2021〕49号公布，自公布之日起施行）

第一条　为加强矿山安全生产工作，把重大隐患当成事故来对待，把隐患排查治理挺在事故之前，防范矿山生产安全事故发生，根据《中华人民共和国安全生产法》《国务院关于预防煤矿生产安全事故的特别规定》《安全生产违法行为行政处罚办法》《安全生产事故隐患排查治理暂行规定》等法律法规和部门规章，制定本办法。

第二条　矿山重大隐患的判定，依据《煤矿重大事故隐患判定标准》（应急管理部令第4号）、《金属非金属矿山重大生产安全事故隐患判定标准（试行）》（安监总管一〔2017〕98号）执行。

第三条　矿山安全监管监察部门对矿山重大隐患立案调查处理适用本办法。

第四条　矿山安全监管监察部门在对矿山检查时发现的重大隐患，按照“谁发现、谁调查”的原则，负责组织调查。

第五条　矿山安全监管监察部门执法人员发现矿山重大隐患后，除按法律法规要求处置外，应立即向本部门报告，视情节责成企业调查或者矿山安全监管监察部门组织立案调查。

不属于矿山安全监管监察部门权责范围内的重大问题或者隐患，应当按规定移交有关部门处理并做好记录。

矿山企业自查发现的重大隐患，企业主动向矿山安全监管监察部门报告的，原则上由企业组织调查，调查情况应及时向矿山安全监管监察部门报告。

上级部门认为必要时，可以调查由下级部门负责组织调查的重大隐患。

第六条　矿山重大隐患调查应成立调查组，实行组长负责制。组长由牵头现场执法的部门派员担任，成员原则上由本级矿山安全监管监察部门或者其他负有矿山安全监督管理职责的部门组成。

第七条　矿山重大隐患调查组履行下列职责：

（一）查明重大隐患情况及其产生的经过、原因；

（二）认定矿山及其上级公司造成重大隐患的责任；

（三）提出对责任者的行政处罚和其他问责建议；

（四）提出整改措施；

（五）提交重大隐患调查报告。

现场执法发现的多个重大隐患，可以由一个调查组开展调查，形成一个调查报告。

第八条　矿山重大隐患调查报告应当在重大隐患调查组成立之日起20个工作日内提交，特殊情况下可延长10个工作日。

第九条　矿山重大隐患调查报告应当包括下列内容：

（一）矿山基本情况；

（二）重大隐患情况；

（三）调查经过；

（四）重大隐患产生的经过及原因；

（五）认定造成重大隐患的责任和对责任单位、责任人的处罚处理建议；

（六）整改措施。

第十条　矿山重大隐患调查报告经牵头组织调查的部门批准同意后，相关单位要依照法律、行政法规规定的权限和程序，对相关责任单位和责任人实施行政处罚和问责。

对未按要求完成重大隐患整改的矿山企业，依照有关规定进行约谈。

对发现重大隐患不及时整改、仍组织从业人员冒险作业的矿山，要依法实施联合惩戒。

对存在重大隐患仍然进行生产建设的，要依法责令停产整顿，并移送相关部门依法暂扣证照；对3个月内2次或者2次以上发现有重大隐患，仍然进行生产，依法应当关闭的，要提请有关地方人民政府予以关闭。

对经停产停业整顿仍不具备安全生产条件的矿山，要提请有关地方人民政府予以关闭。

第十一条　调查组认为应当追究矿山企业相关人员责任的，要按照人员管理权限，向企业（部门）提出书面建议或者移送上级管理部门。涉嫌犯罪的，依法移送司法机关处理。

第十二条　矿山重大隐患调查报告的落实情况，由负责重大隐患调查的部门或者单位进行实地查验，落实到位方可通过验收。

第十三条　矿山重大隐患调查的有关资料应当由组织调查的部门归档保存。

第十四条　本办法自公布之日起施行。

煤矿重大事故隐患判定标准

（2020年11月2日应急管理部第31次部务会议审议通过，2020年11月20日公布，自2021年1月1日起施行）

第一条　为了准确认定、及时消除煤矿重大事故隐患，根据《中华人民共和国安全生产法》和《国务院关于预防煤矿生产安全事故的特别规定》（国务院令第446号）等法律、行政法规，制定本标准。

第二条　本标准适用于判定各类煤矿重大事故隐患。

第三条　煤矿重大事故隐患包括下列15个方面：

（一）超能力、超强度或者超定员组织生产；

（二）瓦斯超限作业；

（三）煤与瓦斯突出矿井，未依照规定实施防突出措施；

（四）高瓦斯矿井未建立瓦斯抽采系统和监控系统，或者系统不能正常运行；

（五）通风系统不完善、不可靠；

（六）有严重水患，未采取有效措施；

（七）超层越界开采；

（八）有冲击地压危险，未采取有效措施；

（九）自然发火严重，未采取有效措施；

（十）使用明令禁止使用或者淘汰的设备、工艺；

（十一）煤矿没有双回路供电系统；

（十二）新建煤矿边建设边生产，煤矿改扩建期间，在改扩建的区域生产，或者在其他区域的生产超出安全设施设计规定的范围和规模；

（十三）煤矿实行整体承包生产经营后，未重新取得或者及时变更安全生产许可证而从事生产，或者承包方再次转包，以及将井下采掘工作面和井巷维修作业进行劳务承包；

（十四）煤矿改制期间，未明确安全生产责任人和安全管理机构，或者在完成改制后，未重新取得或者变更采矿许可证、安全生产许可证和营业执照；

（十五）其他重大事故隐患。

第四条　“超能力、超强度或者超定员组织生产”重大事故隐患，是指有下列情形之一的：

（一）煤矿全年原煤产量超过核定（设计）生产能力幅度在10%以上，或者月原煤产量大于核定（设计）生产能力的10%的；

（二）煤矿或其上级公司超过煤矿核定（设计）生产能力下达生产计划或者经营指标的；

（三）煤矿开拓、准备、回采煤量可采期小于国家规定的最短时间，未主动采取限产或者停产措施，仍然组织生产的（衰老煤矿和地方人民政府计划停产关闭煤矿除外）；

（四）煤矿井下同时生产的水平超过2个，或者一个采（盘）区内同时作业的采煤、煤（半煤岩）巷掘进工作面个数超过《煤矿安全规程》规定的；

（五）瓦斯抽采不达标组织生产的；

（六）煤矿未制定或者未严格执行井下劳动定员制度，或者采掘作业地点单班作业人数超过国家有关限员规定20%以上的。

第五条　“瓦斯超限作业”重大事故隐患，是指有下列情形之一的：

（一）瓦斯检查存在漏检、假检情况且进行作业的；

（二）井下瓦斯超限后继续作业或者未按照国家规定处置继续进行作业的；

（三）井下排放积聚瓦斯未按照国家规定制定并实施安全技术措施进行作业的。

第六条　“煤与瓦斯突出矿井，未依照规定实施防突出措施”重大事故隐患，是指有下列情形之一的：

（一）未设立防突机构并配备相应专业人员的；

（二）未建立地面永久瓦斯抽采系统或者系统不能正常运行的；

（三）未按照国家规定进行区域或者工作面突出危险性预测的（直接认定为突出危险区域或者突出危险工作面的除外）；

（四）未按照国家规定采取防治突出措施的；

（五）未按照国家规定进行防突措施效果检验和验证，或者防突措施效果检验和验证不达标仍然组织生产建设，或者防突措施效果检验和验证数据造假的；

（六）未按照国家规定采取安全防护措施的；

（七）使用架线式电机车的。

第七条　“高瓦斯矿井未建立瓦斯抽采系统和监控系统，或者系统不能正常运行”重大事故隐患，是指有下列情形之一的：

（一）按照《煤矿安全规程》规定应当建立而未建立瓦斯抽采系统或者系统不正常使用的；

（二）未按照国家规定安设、调校甲烷传感器，人为造成甲烷传感器失效，或者瓦斯超限后不能报警、断电或者断电范围不符合国家规定的。

第八条　“通风系统不完善、不可靠”重大事故隐患，是指有下列情形之一的：

（一）矿井总风量不足或者采掘工作面等主要用风地点风量不足的；

（二）没有备用主要通风机，或者两台主要通风机不具有同等能力的；

（三）违反《煤矿安全规程》规定采用串联通风的；

（四）未按照设计形成通风系统，或者生产水平和采（盘）区未实现分区通风的；

（五）高瓦斯、煤与瓦斯突出矿井的任一采（盘）区，开采容易自燃煤层、低瓦斯矿井开采煤层群和分层开采采用联合布置的采（盘）区，未设置专用回风巷，或者突出煤层工作面没有独立的回风系统的；

（六）进、回风井之间和主要进、回风巷之间联络巷中的风墙、风门不符合《煤矿安全规程》规定，造成风流短路的；

（七）采区进、回风巷未贯穿整个采

区，或者虽贯穿整个采区但一段进风、一段回风，或者采用倾斜长壁布置，大巷未超前至少 2 个区段构成通风系统即开掘其他巷道的；

（八）煤巷、半煤岩巷和有瓦斯涌出的岩巷掘进未按照国家规定装备甲烷电、风电闭锁装置或者有关装置不能正常使用的；

（九）高瓦斯、煤（岩）与瓦斯（二氧化碳）突出矿井的煤巷、半煤岩巷和有瓦斯涌出的岩巷掘进工作面采用局部通风时，不能实现双风机、双电源且自动切换的；

（十）高瓦斯、煤（岩）与瓦斯（二氧化碳）突出建设矿井进入二期工程前，其他建设矿井进入三期工程前，没有形成地面主要通风机供风的全风压通风系统的。

第九条 “有严重水患，未采取有效措施”重大事故隐患，是指有下列情形之一的：

（一）未查明矿井水文地质条件和井田范围内采空区、废弃老窑积水等情况而组织生产建设的；

（二）水文地质类型复杂、极复杂的矿井未设置专门的防治水机构、未配备专门的探放水作业队伍，或者未配齐专用探放水设备的；

（三）在需要探放水的区域进行采掘作业未按照国家规定进行探放水的；

（四）未按照国家规定留设或者擅自开采（破坏）各种防隔水煤（岩）柱的；

（五）有突（透、溃）水征兆未撤出井下所有受水患威胁地点人员的；

（六）受地表水倒灌威胁的矿井在强降雨天气或其来水上游发生洪水期间未实施停产撤人的；

（七）建设矿井进入三期工程前，未按照设计建成永久排水系统，或者生产矿井延深到设计水平时，未建成防、排水系统而违规开拓掘进的；

（八）矿井主要排水系统水泵排水能力、管路和水仓容量不符合《煤矿安全规程》规定的；

（九）开采地表水体、老空水淹区域或者强含水层下急倾斜煤层，未按照国家规定消除水患威胁的。

第十条 “超层越界开采”重大事故隐患，是指有下列情形之一的：

（一）超出采矿许可证载明的开采煤层层位或者标高进行开采的；

（二）超出采矿许可证载明的坐标控制范围进行开采的；

（三）擅自开采（破坏）安全煤柱的。

第十一条 “有冲击地压危险，未采取有效措施”重大事故隐患，是指有下列情形之一的：

（一）未按照国家规定进行煤层（岩层）冲击倾向性鉴定，或者开采有冲击倾向性煤层未进行冲击危险性评价，或者开采冲击地压煤层，未进行采区、采掘工作面冲击危险性评价的；

（二）有冲击地压危险的矿井未设置专门的防冲机构、未配备专业人员或者未编制专门设计的；

（三）未进行冲击地压危险性预测，或者未进行防冲措施效果检验以及防冲措施效果检验不达标仍组织生产建设的；

（四）开采冲击地压煤层时，违规开采孤岛煤柱，采掘工作面位置、间距不符合国家规定，或者开采顺序不合理、采掘速度不符合国家规定、违反国家规定布置巷道或者留设煤（岩）柱造成应力集中的；

（五）未制定或者未严格执行冲击地压危险区域人员准入制度的。

第十二条 “自然发火严重，未采取有效措施”重大事故隐患，是指有下列情形之一的：

（一）开采容易自燃和自燃煤层的矿井，未编制防灭火专项设计或者未采取综合防灭火措施的；

（二）高瓦斯矿井采用放顶煤采煤法不能有效防治煤层自然发火的；

（三）有自然发火征兆没有采取相应的安全防范措施继续生产建设的；

（四）违反《煤矿安全规程》规定启封火区的。

第十三条　“使用明令禁止使用或者淘汰的设备、工艺”重大事故隐患，是指有下列情形之一的：

（一）使用被列入国家禁止井工煤矿使用的设备及工艺目录的产品或者工艺的；

（二）井下电气设备、电缆未取得煤矿矿用产品安全标志的；

（三）井下电气设备选型与矿井瓦斯等级不符，或者采（盘）区内防爆型电气设备存在失爆，或者井下使用非防爆无轨胶轮车的；

（四）未按照矿井瓦斯等级选用相应的煤矿许用炸药和雷管、未使用专用发爆器，或者裸露爆破的；

（五）采煤工作面不能保证 2 个畅通的安全出口的；

（六）高瓦斯矿井、煤与瓦斯突出矿井、开采容易自燃和自燃煤层（薄煤层除外）矿井，采煤工作面采用前进式采煤方法的。

第十四条　“煤矿没有双回路供电系统”重大事故隐患，是指有下列情形之一的：

（一）单回路供电的；

（二）有两回路电源线路但取自一个区域变电所同一母线段的；

（三）进入二期工程的高瓦斯、煤与瓦斯突出、水文地质类型为复杂和极复杂的建设矿井，以及进入三期工程的其他建设矿井，未形成两回路供电的。

第十五条　“新建煤矿边建设边生产，煤矿改扩建期间，在改扩建的区域生产，或者在其他区域的生产超出安全设施设计规定的范围和规模”重大事故隐患，是指有下列情形之一的：

（一）建设项目安全设施设计未经审查批准，或者在审查批准后作出重大变更未经再次审查批准擅自组织施工的；

（二）新建煤矿在建设期间组织采煤的（经批准的联合试运转除外）；

（三）改扩建矿井在改扩建区域生产的；

（四）改扩建矿井在非改扩建区域超出设计规定范围和规模生产的。

第十六条　“煤矿实行整体承包生产经营后，未重新取得或者及时变更安全生产许可证而从事生产，或者承包方再次转包，以及将井下采掘工作面和井巷维修作业进行劳务承包”重大事故隐患，是指有下列情形之一的：

（一）煤矿未采取整体承包形式进行发包，或者将煤矿整体发包给不具有法人资格或者未取得合法有效营业执照的单位或者个人的；

（二）实行整体承包的煤矿，未签订安全生产管理协议，或者未按照国家规定约定双方安全生产管理职责而进行生产的；

（三）实行整体承包的煤矿，未重新取得或者变更安全生产许可证进行生产的；

（四）实行整体承包的煤矿，承包方再次将煤矿转包给其他单位或者个人的；

（五）井工煤矿将井下采掘作业或者井巷维修作业（井筒及井下新水平延深的井底车场、主运输、主通风、主排水、主要机电硐室开拓工程除外）作为独立工程发包给其他企业或者个人的，以及转包井下新水平延深开拓工程的。

第十七条　“煤矿改制期间，未明确安全生产责任人和安全管理机构，或者在完成改制后，未重新取得或者变更采矿许可证、安全生产许可证和营业执照”重大事故隐患，是指有下列情形之一的：

（一）改制期间，未明确安全生产责任人进行生产建设的；

（二）改制期间，未健全安全生产管理机构和配备安全管理人员进行生产建设的；

（三）完成改制后，未重新取得或者变更采矿许可证、安全生产许可证、营业执照而进行生产建设的。

第十八条 “其他重大事故隐患”，是指有下列情形之一的：

（一）未分别配备专职的矿长、总工程师和分管安全、生产、机电的副矿长，以及负责采煤、掘进、机电运输、通风、地测、防治水工作的专业技术人员的；

（二）未按照国家规定足额提取或者未按照国家规定范围使用安全生产费用的；

（三）未按照国家规定进行瓦斯等级鉴定，或者瓦斯等级鉴定弄虚作假的；

（四）出现瓦斯动力现象，或者相邻矿井开采的同一煤层发生了突出事故，或者被鉴定、认定为突出煤层，以及煤层瓦斯压力达到或者超过0.74MPa的非突出矿井，未立即按照突出煤层管理并在国家规定期限内进行突出危险性鉴定的（直接认定为突出矿井的除外）；

（五）图纸作假、隐瞒采掘工作面，提供虚假信息、隐瞒下井人数，或者矿长、总工程师（技术负责人）履行安全生产岗位责任制及管理制度时伪造记录，弄虚作假的；

（六）矿井未安装安全监控系统、人员位置监测系统或者系统不能正常运行，以及对系统数据进行修改、删除及屏蔽，或者煤与瓦斯突出矿井存在第七条第二项情形的；

（七）提升（运送）人员的提升机未按照《煤矿安全规程》规定安装保护装置，或者保护装置失效，或者超员运行的；

（八）带式输送机的输送带入井前未经过第三方阻燃和抗静电性能试验，或者试验不合格入井，或者输送带防打滑、跑偏、堆煤等保护装置或者温度、烟雾监测装置失效的；

（九）掘进工作面后部巷道或者独头巷道维修（着火点、高温点处理）时，维修（处理）点以里继续掘进或者有人员进入，或者采掘工作面未按照国家规定安设压风、供水、通信线路及装置的；

（十）露天煤矿边坡角大于设计最大值，或者边坡发生严重变形未及时采取措施进行治理的；

（十一）国家矿山安全监察机构认定的其他重大事故隐患。

第十九条 本标准所称的国家规定，是指有关法律、行政法规、部门规章、国家标准、行业标准，以及国务院及其应急管理部门、国家矿山安全监察机构依法制定的行政规范性文件。

第二十条 本标准自2021年1月1日起施行。原国家安全生产监督管理总局2015年12月3日公布的《煤矿重大生产安全事故隐患判定标准》（国家安全生产监督管理总局令第85号）同时废止。

煤矿企业安全生产许可证实施办法

（2016年2月16日国家安全生产监督管理总局令第86号公布，根据2017年3月6日国家安全生产监督管理总局令第89号修正）

第一章　总　　则

第一条 为了规范煤矿企业安全生产条件，加强煤矿企业安全生产许可证的颁发管理工作，根据《安全生产许可证条例》和有关法律、行政法规，制定本实施办法。

第二条　煤矿企业必须依照本实施办法的规定取得安全生产许可证。未取得安全生产许可证的，不得从事生产活动。

煤层气地面开采企业安全生产许可证的管理办法，另行制定。

第三条　煤矿企业除本企业申请办理安全生产许可证外，其所属矿（井、露天坑）也应当申请办理安全生产许可证，一矿（井、露天坑）一证。

煤矿企业实行多级管理的，其上级煤矿企业也应当申请办理安全生产许可证。

第四条　安全生产许可证的颁发管理工作实行企业申请、两级发证、属地监管的原则。

第五条　国家煤矿安全监察局指导、监督全国煤矿企业安全生产许可证的颁发管理工作，负责符合本办法第三条规定的中央管理的煤矿企业总部（总公司、集团公司）安全生产许可证的颁发和管理。

省级煤矿安全监察局负责前款规定以外的其他煤矿企业安全生产许可证的颁发和管理；未设立煤矿安全监察机构的省、自治区，由省、自治区人民政府指定的部门（以下与省级煤矿安全监察局统称省级安全生产许可证颁发管理机关）负责本行政区域内煤矿企业安全生产许可证的颁发和管理。

国家煤矿安全监察局和省级安全生产许可证颁发管理机关统称安全生产许可证颁发管理机关。

第二章　安全生产条件

第六条　煤矿企业取得安全生产许可证，应当具备下列安全生产条件：

（一）建立、健全主要负责人、分管负责人、安全生产管理人员、职能部门、岗位安全生产责任制；制定安全目标管理、安全奖惩、安全技术审批、事故隐患排查治理、安全检查、安全办公会议、地质灾害普查、井下劳动组织定员、矿领导带班下井、井工煤矿入井检身与出入井人员清点等安全生产规章制度和各工种操作规程；

（二）安全投入满足安全生产要求，并按照有关规定足额提取和使用安全生产费用；

（三）设置安全生产管理机构，配备专职安全生产管理人员；煤与瓦斯突出矿井、水文地质类型复杂矿井还应设置专门的防治煤与瓦斯突出管理机构和防治水管理机构；

（四）主要负责人和安全生产管理人员的安全生产知识和管理能力经考核合格；

（五）参加工伤保险，为从业人员缴纳工伤保险费；

（六）制定重大危险源检测、评估和监控措施；

（七）制定应急救援预案，并按照规定设立矿山救护队，配备救护装备；不具备单独设立矿山救护队条件的煤矿企业，所属煤矿应当设立兼职救护队，并与邻近的救护队签订救护协议；

（八）制定特种作业人员培训计划、从业人员培训计划、职业危害防治计划；

（九）法律、行政法规规定的其他条件。

第七条　煤矿除符合本实施办法第六条规定的条件外，还必须符合下列条件：

（一）特种作业人员经有关业务主管部门考核合格，取得特种作业操作资格证书；

（二）从业人员进行安全生产教育培训，并经考试合格；

（三）制定职业危害防治措施、综合防尘措施，建立粉尘检测制度，为从业人员配备符合国家标准或者行业标准的劳动防护用品；

（四）依法进行安全评价；

（五）制定矿井灾害预防和处理计划；

（六）依法取得采矿许可证，并在有效期内。

第八条　井工煤矿除符合本实施办法第六条、第七条规定的条件外，其安全设施、设备、工艺还必须符合下列条件：

（一）矿井至少有2个能行人的通达地面的安全出口，各个出口之间的距离不得小于30米；井下每一个水平到上一个水平和各个采（盘）区至少有两个便于行人的安全出口，并与通达地面的安全出口相连接；采煤工作面有两个畅通的安全出口，一个通到进风巷道，另一个通到回风巷道。在用巷道净断面满足行人、运输、通风和安全设施及设备安装、检修、施工的需要；

（二）按规定进行瓦斯等级、煤层自燃倾向性和煤尘爆炸危险性鉴定；

（三）矿井有完善的独立通风系统。矿井、采区和采掘工作面的供风能力满足安全生产要求，矿井使用安装在地面的矿用主要通风机进行通风，并有同等能力的备用主要通风机，主要通风机按规定进行性能检测；生产水平和采区实行分区通风；高瓦斯和煤与瓦斯突出矿井、开采容易自燃煤层的矿井、煤层群联合布置矿井的每个采区设置专用回风巷，掘进工作面使用专用局部通风机进行通风，矿井有反风设施；

（四）矿井有安全监控系统，传感器的设置、报警和断电符合规定，有瓦斯检查制度和矿长、技术负责人瓦斯日报审查签字制度，配备足够的专职瓦斯检查员和瓦斯检测仪器；按规定建立瓦斯抽采系统，开采煤与瓦斯突出危险煤层的有预测预报、防治措施、效果检验和安全防护的综合防突措施；

（五）有防尘供水系统，有地面和井下排水系统；有水害威胁的矿井还应有专用探放水设备；

（六）制定井上、井下防火措施；有地面消防水池和井下消防管路系统，井上、井下有消防材料库；开采容易自燃和自燃煤层的矿井还应有防灭火专项设计和综合预防煤层自然发火的措施；

（七）矿井有两回路电源线路；严禁井下配电变压器中性点直接接地；井下电气设备的选型符合防爆要求，有短路、过负荷、接地、漏电等保护，掘进工作面的局部通风机按规定采用专用变压器、专用电缆、专用开关，实现风电、瓦斯电闭锁；

（八）运送人员的装置应当符合有关规定。使用检测合格的钢丝绳；带式输送机采用非金属聚合物制造的输送带的阻燃性能和抗静电性能符合规定，设置安全保护装置；

（九）有通信联络系统，按规定建立人员位置监测系统；

（十）按矿井瓦斯等级选用相应的煤矿许用炸药和电雷管，爆破工作由专职爆破工担任；

（十一）不得使用国家有关危及生产安全淘汰目录规定的设备及生产工艺；使用的矿用产品应有安全标志；

（十二）配备足够数量的自救器，自救器的选用型号应与矿井灾害类型相适应，按规定建立安全避险系统；

（十三）有反映实际情况的图纸：矿井地质图和水文地质图，井上下对照图，巷道布置图，采掘工程平面图，通风系统图，井下运输系统图，安全监控系统布置图和断电控制图，人员位置监测系统图，压风、排水、防尘、防火注浆、抽采瓦斯等管路系统图，井下通信系统图，井上、下配电系统图和井下电气设备布置图，井下避灾路线图。采掘工作面有符合实际情况的作业规程。

第九条 露天煤矿除符合本实施办法第六条、第七条规定的条件外，其安全设施、设备、工艺还必须符合下列条件：

（一）按规定设置栅栏、安全挡墙、警示标志；

（二）露天采场最终边坡的台阶坡面角和边坡角符合最终边坡设计要求；

（三）配电线路、电动机、变压器的保护符合安全要求；

（四）爆炸物品的领用、保管和使用符合规定；

（五）有边坡工程、地质勘探工程、岩

土物理力学试验和稳定性分析，有边坡监测措施；

（六）有防排水设施和措施；

（七）地面和采场内的防灭火措施符合规定；开采有自然发火倾向的煤层或者开采范围内存在火区时，制定专门防灭火措施；

（八）有反映实际情况的图纸：地形地质图，工程地质平面图、断面图、综合水文地质图，采剥、排土工程平面图和运输系统图，供配电系统图，通信系统图，防排水系统图，边坡监测系统平面图，井工采空区与露天矿平面对照图。

第三章　安全生产许可证的申请和颁发

第十条　煤矿企业依据本实施办法第五条的规定向安全生产许可证颁发管理机关申请领取安全生产许可证。

第十一条　申请领取安全生产许可证应当提供下列文件、资料：

（一）煤矿企业提供的文件、资料：

1. 安全生产许可证申请书；

2. 主要负责人安全生产责任制（复制件），各分管负责人、安全生产管理人员以及职能部门负责人安全生产责任制目录清单；

3. 安全生产规章制度目录清单；

4. 设置安全生产管理机构、配备专职安全生产管理人员的文件（复制件）；

5. 主要负责人、安全生产管理人员安全生产知识和管理能力考核合格的证明材料；

6. 特种作业人员培训计划，从业人员安全生产教育培训计划；

7. 为从业人员缴纳工伤保险费的有关证明材料；

8. 重大危险源检测、评估和监控措施；

9. 事故应急救援预案，设立矿山救护队的文件或者与专业救护队签订的救护协议。

（二）煤矿提供的文件、资料和图纸：

1. 安全生产许可证申请书；

2. 采矿许可证（复制件）；

3. 主要负责人安全生产责任制（复制件），各分管负责人、安全生产管理人员以及职能部门负责人安全生产责任制目录清单；

4. 安全生产规章制度和操作规程目录清单；

5. 设置安全生产管理机构和配备专职安全生产管理人员的文件（复制件）；

6. 矿长、安全生产管理人员安全生产知识和管理能力考核合格的证明材料；

7. 特种作业人员操作资格证书的证明材料；

8. 从业人员安全生产教育培训计划和考试合格的证明材料；

9. 为从业人员缴纳工伤保险费的有关证明材料；

10. 具备资质的中介机构出具的安全评价报告；

11. 矿井瓦斯等级鉴定文件；高瓦斯、煤与瓦斯突出矿井瓦斯参数测定报告，煤层自燃倾向性和煤尘爆炸危险性鉴定报告；

12. 矿井灾害预防和处理计划；

13. 井工煤矿采掘工程平面图，通风系统图；

14. 露天煤矿采剥工程平面图，边坡监测系统平面图；

15. 事故应急救援预案，设立矿山救护队的文件或者与专业矿山救护队签订的救护协议；

16. 井工煤矿主要通风机、主提升机、空压机、主排水泵的检测检验合格报告。

第十二条　安全生产许可证颁发管理机关对申请人提交的申请书及文件、资料，应当按照下列规定处理：

（一）申请事项不属于本机关职权范围的，即时作出不予受理的决定，并告知申请人向有关行政机关申请；

（二）申请材料存在可以当场更正的错

误的，允许或者要求申请人当场更正，并即时出具受理的书面凭证，通过互联网申请的，符合要求后即时提供电子受理回执；

（三）申请材料不齐全或者不符合要求的，应当当场或者在5个工作日内一次告知申请人需要补正的全部内容，逾期不告知的，自收到申请材料之日起即为受理；

（四）申请材料齐全、符合要求或者按照要求全部补正的，自收到申请材料或者全部补正材料之日起为受理。

第十三条 煤矿企业应当对其向安全生产许可证颁发管理机关提交的文件、资料和图纸的真实性负责。

从事安全评价、检测检验的机构应当对其出具的安全评价报告、检测检验结果负责。

第十四条 对已经受理的申请，安全生产许可证颁发管理机关应当指派有关人员对申请材料进行审查；对申请材料实质内容存在疑问，认为需要到现场核查的，应当到现场进行核查。

第十五条 负责审查的有关人员提出审查意见。

安全生产许可证颁发管理机关应当对有关人员提出的审查意见进行讨论，并在受理申请之日起45个工作日内作出颁发或者不予颁发安全生产许可证的决定。

对决定颁发的，安全生产许可证颁发管理机关应当自决定之日起10个工作日内送达或者通知申请人领取安全生产许可证；对不予颁发的，应当在10个工作日内书面通知申请人并说明理由。

第十六条 经审查符合本实施办法规定的，安全生产许可证颁发管理机关应当分别向煤矿企业及其所属煤矿颁发安全生产许可证。

第十七条 安全生产许可证的有效期为3年。安全生产许可证有效期满需要延期的，煤矿企业应当于期满前3个月按照本实施办法第十条的规定，向原安全生产许可证颁发管理机关提出延期申请，并提交本实施办法第十一条规定的文件、资料和安全生产许可证正本、副本。

第十八条 对已经受理的延期申请，安全生产许可证颁发管理机关应当按照本实施办法的规定办理安全生产许可证延期手续。

第十九条 煤矿企业在安全生产许可证有效期内符合下列条件，在安全生产许可证有效期届满时，经原安全生产许可证颁发管理机关同意，不再审查，直接办理延期手续：

（一）严格遵守有关安全生产的法律法规和本实施办法；

（二）接受安全生产许可证颁发管理机关及煤矿安全监察机构的监督检查；

（三）未因存在严重违法行为纳入安全生产不良记录“黑名单”管理；

（四）未发生生产安全死亡事故；

（五）煤矿安全质量标准化等级达到二级及以上。

第二十条 煤矿企业在安全生产许可证有效期内有下列情形之一的，应当向原安全生产许可证颁发管理机关申请变更安全生产许可证：

（一）变更主要负责人的；

（二）变更隶属关系的；

（三）变更经济类型的；

（四）变更煤矿企业名称的；

（五）煤矿改建、扩建工程经验收合格的。

变更本条第一款第一、二、三、四项的，自工商营业执照变更之日起10个工作日内提出申请；变更本条第一款第五项的，应当在改建、扩建工程验收合格后10个工作日内提出申请。

申请变更本条第一款第一项的，应提供变更后的工商营业执照副本和主要负责人任命文件（或者聘书）；申请变更本条第一款第二、三、四项的，应提供变更后的工商营业执照副本；申请变更本条第一款第五项的，应提供改建、扩建工程安全设施及条件竣工验收合格的证明材料。

第二十一条 对于本实施办法第二十条第一款第一、二、三、四项的变更申请，安全生产许可证颁发管理机关在对申请人提交的相关文件、资料审核后，即可办理安全生产许可证变更。

对于本实施办法第二十条第一款第五项的变更申请，安全生产许可证颁发管理机关应当按照本实施办法第十四条、第十五条的规定办理安全生产许可证变更。

第二十二条　经安全生产许可证颁发管理机关审查同意延期、变更安全生产许可证的，安全生产许可证颁发管理机关应当收回原安全生产许可证正本，换发新的安全生产许可证正本；在安全生产许可证副本上注明延期、变更内容，并加盖公章。

第二十三条　煤矿企业停办、关闭的，应当自停办、关闭决定之日起10个工作日内向原安全生产许可证颁发管理机关申请注销安全生产许可证，并提供煤矿开采现状报告、实测图纸和遗留事故隐患的报告及防治措施。

第二十四条　安全生产许可证分为正本和副本，具有同等法律效力，正本为悬挂式，副本为折页式。

安全生产许可证颁发管理机关应当在安全生产许可证正本、副本上载明煤矿企业名称、主要负责人、注册地址、隶属关系、经济类型、有效期、发证机关、发证日期等内容。

安全生产许可证正本、副本的式样由国家煤矿安全监察局制定。

安全生产许可证相关的行政许可文书由国家煤矿安全监察局规定统一的格式。

第四章　安全生产许可证的监督管理

第二十五条　煤矿企业取得安全生产许可证后，应当加强日常安全生产管理，不得降低安全生产条件。

第二十六条　煤矿企业不得转让、冒用、买卖、出租、出借或者使用伪造的安全生产许可证。

第二十七条　安全生产许可证颁发管理机关应当坚持公开、公平、公正的原则，严格依照本实施办法的规定审查、颁发安全生产许可证。

安全生产许可证颁发管理机关工作人员在安全生产许可证颁发、管理和监督检查工作中，不得索取或者接受煤矿企业的财物，不得谋取其他利益。

第二十八条　安全生产许可证颁发管理机关发现有下列情形之一的，应当撤销已经颁发的安全生产许可证：

（一）超越职权颁发安全生产许可证的；

（二）违反本实施办法规定的程序颁发安全生产许可证的；

（三）不具备本实施办法规定的安全生产条件颁发安全生产许可证的；

（四）以欺骗、贿赂等不正当手段取得安全生产许可证的。

第二十九条　取得安全生产许可证的煤矿企业有下列情形之一的，安全生产许可证颁发管理机关应当注销其安全生产许可证：

（一）终止煤炭生产活动的；

（二）安全生产许可证被依法撤销的；

（三）安全生产许可证被依法吊销的；

（四）安全生产许可证有效期满未申请办理延期手续的。

第三十条　煤矿企业隐瞒有关情况或者提供虚假材料申请安全生产许可证的，安全生产许可证颁发管理机关不予受理，且在一年内不得再次申请安全生产许可证。

第三十一条　安全生产许可证颁发管理机关应当每年向社会公布一次煤矿企业取得安全生产许可证的情况。

第三十二条　安全生产许可证颁发管理机关应当将煤矿企业安全生产许可证颁发管理情况通报煤矿企业所在地市级以上人民政府及其指定的负责煤矿安全监管工作的部门。

第三十三条　安全生产许可证颁发管理机关应当建立、健全安全生产许可证档案管理制度。

第三十四条　省级安全生产许可证颁发管理机关应当于每年1月15日前将所负责

行政区域内上年度煤矿企业安全生产许可证颁发和管理情况报国家煤矿安全监察局，同时通报本级安全生产监督管理部门。

第三十五条 任何单位或者个人对违反《安全生产许可证条例》和本实施办法规定的行为，有权向安全生产许可证颁发管理机关或者监察机关等有关部门举报。

第五章 罚 则

第三十六条 安全生产许可证颁发管理机关工作人员有下列行为之一的，给予降级或者撤职的处分；构成犯罪的，依法追究刑事责任：

（一）向不符合本实施办法规定的安全生产条件的煤矿企业颁发安全生产许可证的；

（二）发现煤矿企业未依法取得安全生产许可证擅自从事生产活动不依法处理的；

（三）发现取得安全生产许可证的煤矿企业不再具备本实施办法规定的安全生产条件不依法处理的；

（四）接到对违反本实施办法规定行为的举报后，不依法处理的；

（五）在安全生产许可证颁发、管理和监督检查工作中，索取或者接受煤矿企业的财物，或者谋取其他利益的。

第三十七条 承担安全评价、检测、检验工作的机构，出具虚假安全评价、检测、检验报告或者证明的，没收违法所得；违法所得在10万元以上的，并处违法所得2倍以上5倍以下的罚款，没有违法所得或者违法所得不足10万元的，单处或者并处10万元以上20万元以下的罚款，对其直接负责的主管人员和其他直接责任人员处2万元以上5万元以下的罚款；给他人造成损害的，与煤矿企业承担连带赔偿责任；构成犯罪的，依照刑法有关规定追究刑事责任。

对有前款违法行为的机构，依法吊销其相应资质。

第三十八条 安全生产许可证颁发管理机关应当加强对取得安全生产许可证的煤矿企业的监督检查，发现其不再具备本实施办法规定的安全生产条件的，应当责令限期整改，依法暂扣安全生产许可证；经整改仍不具备本实施办法规定的安全生产条件的，依法吊销安全生产许可证。

第三十九条 取得安全生产许可证的煤矿企业，倒卖、出租、出借或者以其他形式非法转让安全生产许可证的，没收违法所得，处10万元以上50万元以下的罚款，吊销其安全生产许可证；构成犯罪的，依法追究刑事责任。

第四十条 发现煤矿企业有下列行为之一的，责令停止生产，没收违法所得，并处10万元以上50万元以下的罚款；构成犯罪的，依法追究刑事责任：

（一）未取得安全生产许可证，擅自进行生产的；

（二）接受转让的安全生产许可证的；

（三）冒用安全生产许可证的；

（四）使用伪造安全生产许可证的。

第四十一条 在安全生产许可证有效期满未申请办理延期手续，继续进行生产的，责令停止生产，限期补办延期手续，没收违法所得，并处5万元以上10万元以下的罚款；逾期仍不申请办理延期手续，依照本实施办法第二十九条、第四十条的规定处理。

第四十二条 在安全生产许可证有效期内，主要负责人、隶属关系、经济类型、煤矿企业名称发生变化，未按本实施办法申请办理变更手续的，责令限期补办变更手续，并处1万元以上3万元以下罚款。

改建、扩建工程已经验收合格，未按本实施办法规定申请办理变更手续擅自投入生产的，责令停止生产，限期补办变更手续，并处1万元以上3万元以下罚款；逾期仍不办理变更手续，继续进行生产的，依照本实施办法第四十条的规定处罚。

第六章 附 则

第四十三条 本实施办法规定的行政处

罚，由安全生产许可证颁发管理机关决定。除吊销安全生产许可证外，安全生产许可证颁发管理机关可以委托有关省级煤矿安全监察局、煤矿安全监察分局实施行政处罚。

第四十四条　本实施办法自2016年4月1日起施行。原国家安全生产监督管理局（国家煤矿安全监察局）2004年5月17日公布、国家安全生产监督管理总局2015年6月8日修改的《煤矿企业安全生产许可证实施办法》同时废止。

（四）特种设备类

中华人民共和国特种设备安全法

（2013年6月29日第十二届全国人民代表大会常务委员会第三次会议通过并公布，自2014年1月1日起施行）

第一章　总　　则

第一条　为了加强特种设备安全工作，预防特种设备事故，保障人身和财产安全，促进经济社会发展，制定本法。

第二条　特种设备的生产（包括设计、制造、安装、改造、修理）、经营、使用、检验、检测和特种设备安全的监督管理，适用本法。

本法所称特种设备，是指对人身和财产安全有较大危险性的锅炉、压力容器（含气瓶）、压力管道、电梯、起重机械、客运索道、大型游乐设施、场（厂）内专用机动车辆，以及法律、行政法规规定适用本法的其他特种设备。

国家对特种设备实行目录管理。特种设备目录由国务院负责特种设备安全监督管理的部门制定，报国务院批准后执行。

第三条　特种设备安全工作应当坚持安全第一、预防为主、节能环保、综合治理的原则。

第四条　国家对特种设备的生产、经营、使用，实施分类的、全过程的安全监督管理。

第五条　国务院负责特种设备安全监督管理的部门对全国特种设备安全实施监督管理。县级以上地方各级人民政府负责特种设备安全监督管理的部门对本行政区域内特种设备安全实施监督管理。

第六条　国务院和地方各级人民政府应当加强对特种设备安全工作的领导，督促各有关部门依法履行监督管理职责。

县级以上地方各级人民政府应当建立协调机制，及时协调、解决特种设备安全监督管理中存在的问题。

第七条　特种设备生产、经营、使用单位应当遵守本法和其他有关法律、法规，建立、健全特种设备安全和节能责任制度，加强特种设备安全和节能管理，确保特种设备生产、经营、使用安全，符合节能要求。

第八条　特种设备生产、经营、使用、检验、检测应当遵守有关特种设备安全技术规范及相关标准。

特种设备安全技术规范由国务院负责特种设备安全监督管理的部门制定。

第九条　特种设备行业协会应当加强行

业自律，推进行业诚信体系建设，提高特种设备安全管理水平。

第十条 国家支持有关特种设备安全的科学技术研究，鼓励先进技术和先进管理方法的推广应用，对做出突出贡献的单位和个人给予奖励。

第十一条 负责特种设备安全监督管理的部门应当加强特种设备安全宣传教育，普及特种设备安全知识，增强社会公众的特种设备安全意识。

第十二条 任何单位和个人有权向负责特种设备安全监督管理的部门和有关部门举报涉及特种设备安全的违法行为，接到举报的部门应当及时处理。

第二章 生产、经营、使用

第一节 一般规定

第十三条 特种设备生产、经营、使用单位及其主要负责人对其生产、经营、使用的特种设备安全负责。

特种设备生产、经营、使用单位应当按照国家有关规定配备特种设备安全管理人员、检测人员和作业人员，并对其进行必要的安全教育和技能培训。

第十四条 特种设备安全管理人员、检测人员和作业人员应当按照国家有关规定取得相应资格，方可从事相关工作。特种设备安全管理人员、检测人员和作业人员应当严格执行安全技术规范和管理制度，保证特种设备安全。

第十五条 特种设备生产、经营、使用单位对其生产、经营、使用的特种设备应当进行自行检测和维护保养，对国家规定实行检验的特种设备应当及时申报并接受检验。

第十六条 特种设备采用新材料、新技术、新工艺，与安全技术规范的要求不一致，或者安全技术规范未作要求、可能对安全性能有重大影响的，应当向国务院负责特种设备安全监督管理的部门申报，由国务院负责特种设备安全监督管理的部门及时委托安全技术咨询机构或者相关专业机构进行技术评审，评审结果经国务院负责特种设备安全监督管理的部门批准，方可投入生产、使用。

国务院负责特种设备安全监督管理的部门应当将允许使用的新材料、新技术、新工艺的有关技术要求，及时纳入安全技术规范。

第十七条 国家鼓励投保特种设备安全责任保险。

第二节 生　　产

第十八条 国家按照分类监督管理的原则对特种设备生产实行许可制度。特种设备生产单位应当具备下列条件，并经负责特种设备安全监督管理的部门许可，方可从事生产活动：

（一）有与生产相适应的专业技术人员；

（二）有与生产相适应的设备、设施和工作场所；

（三）有健全的质量保证、安全管理和岗位责任等制度。

第十九条 特种设备生产单位应当保证特种设备生产符合安全技术规范及相关标准的要求，对其生产的特种设备的安全性能负责。不得生产不符合安全性能要求和能效指标以及国家明令淘汰的特种设备。

第二十条 锅炉、气瓶、氧舱、客运索道、大型游乐设施的设计文件，应当经负责特种设备安全监督管理的部门核准的检验机构鉴定，方可用于制造。

特种设备产品、部件或者试制的特种设备新产品、新部件以及特种设备采用的新材料，按照安全技术规范的要求需要通过型式试验进行安全性验证的，应当经负责特种设备安全监督管理的部门核准的检验机构进行型式试验。

第二十一条 特种设备出厂时，应当随附安全技术规范要求的设计文件、产品质量合格证明、安装及使用维护保养说明、监督检验证明等相关技术资料和文件，并在特种设备显著位置设置产品铭牌、安全警示标志及其说明。

第二十二条　电梯的安装、改造、修理，必须由电梯制造单位或者其委托的依照本法取得相应许可的单位进行。电梯制造单位委托其他单位进行电梯安装、改造、修理的，应当对其安装、改造、修理进行安全指导和监控，并按照安全技术规范的要求进行校验和调试。电梯制造单位对电梯安全性能负责。

第二十三条　特种设备安装、改造、修理的施工单位应当在施工前将拟进行的特种设备安装、改造、修理情况书面告知直辖市或者设区的市级人民政府负责特种设备安全监督管理的部门。

第二十四条　特种设备安装、改造、修理竣工后，安装、改造、修理的施工单位应当在验收后三十日内将相关技术资料和文件移交特种设备使用单位。特种设备使用单位应当将其存入该特种设备的安全技术档案。

第二十五条　锅炉、压力容器、压力管道元件等特种设备的制造过程和锅炉、压力容器、压力管道、电梯、起重机械、客运索道、大型游乐设施的安装、改造、重大修理过程，应当经特种设备检验机构按照安全技术规范的要求进行监督检验；未经监督检验或者监督检验不合格的，不得出厂或者交付使用。

第二十六条　国家建立缺陷特种设备召回制度。因生产原因造成特种设备存在危及安全的同一性缺陷的，特种设备生产单位应当立即停止生产，主动召回。

国务院负责特种设备安全监督管理的部门发现特种设备存在应当召回而未召回的情形时，应当责令特种设备生产单位召回。

第三节　经　　营

第二十七条　特种设备销售单位销售的特种设备，应当符合安全技术规范及相关标准的要求，其设计文件、产品质量合格证明、安装及使用维护保养说明、监督检验证明等相关技术资料和文件应当齐全。

特种设备销售单位应当建立特种设备检查验收和销售记录制度。

禁止销售未取得许可生产的特种设备，未经检验和检验不合格的特种设备，或者国家明令淘汰和已经报废的特种设备。

第二十八条　特种设备出租单位不得出租未取得许可生产的特种设备或者国家明令淘汰和已经报废的特种设备，以及未按照安全技术规范的要求进行维护保养和未经检验或者检验不合格的特种设备。

第二十九条　特种设备在出租期间的使用管理和维护保养义务由特种设备出租单位承担，法律另有规定或者当事人另有约定的除外。

第三十条　进口的特种设备应当符合我国安全技术规范的要求，并经检验合格；需要取得我国特种设备生产许可的，应当取得许可。

进口特种设备随附的技术资料和文件应当符合本法第二十一条的规定，其安装及使用维护保养说明、产品铭牌、安全警示标志及其说明应当采用中文。

特种设备的进出口检验，应当遵守有关进出口商品检验的法律、行政法规。

第三十一条　进口特种设备，应当向进口地负责特种设备安全监督管理的部门履行提前告知义务。

第四节　使　　用

第三十二条　特种设备使用单位应当使用取得许可生产并经检验合格的特种设备。

禁止使用国家明令淘汰和已经报废的特种设备。

第三十三条　特种设备使用单位应当在特种设备投入使用前或者投入使用后三十日内，向负责特种设备安全监督管理的部门办理使用登记，取得使用登记证书。登记标志应当置于该特种设备的显著位置。

第三十四条 特种设备使用单位应当建立岗位责任、隐患治理、应急救援等安全管理制度，制定操作规程，保证特种设备安全运行。

第三十五条 特种设备使用单位应当建立特种设备安全技术档案。安全技术档案应当包括以下内容：

（一）特种设备的设计文件、产品质量合格证明、安装及使用维护保养说明、监督检验证明等相关技术资料和文件；

（二）特种设备的定期检验和定期自行检查记录；

（三）特种设备的日常使用状况记录；

（四）特种设备及其附属仪器仪表的维护保养记录；

（五）特种设备的运行故障和事故记录。

第三十六条 电梯、客运索道、大型游乐设施等为公众提供服务的特种设备的运营使用单位，应当对特种设备的使用安全负责，设置特种设备安全管理机构或者配备专职的特种设备安全管理人员；其他特种设备使用单位，应当根据情况设置特种设备安全管理机构或者配备专职、兼职的特种设备安全管理人员。

第三十七条 特种设备的使用应当具有规定的安全距离、安全防护措施。

与特种设备安全相关的建筑物、附属设施，应当符合有关法律、行政法规的规定。

第三十八条 特种设备属于共有的，共有人可以委托物业服务单位或者其他管理人管理特种设备，受托人履行本法规定的特种设备使用单位的义务，承担相应责任。共有人未委托的，由共有人或者实际管理人履行管理义务，承担相应责任。

第三十九条 特种设备使用单位应当对其使用的特种设备进行经常性维护保养和定期自行检查，并作出记录。

特种设备使用单位应当对其使用的特种设备的安全附件、安全保护装置进行定期校验、检修，并作出记录。

第四十条 特种设备使用单位应当按照安全技术规范的要求，在检验合格有效期届满前一个月向特种设备检验机构提出定期检验要求。

特种设备检验机构接到定期检验要求后，应当按照安全技术规范的要求及时进行安全性能检验。特种设备使用单位应当将定期检验标志置于该特种设备的显著位置。

未经定期检验或者检验不合格的特种设备，不得继续使用。

第四十一条 特种设备安全管理人员应当对特种设备使用状况进行经常性检查，发现问题应当立即处理；情况紧急时，可以决定停止使用特种设备并及时报告本单位有关负责人。

特种设备作业人员在作业过程中发现事故隐患或者其他不安全因素，应当立即向特种设备安全管理人员和单位有关负责人报告；特种设备运行不正常时，特种设备作业人员应当按照操作规程采取有效措施保证安全。

第四十二条 特种设备出现故障或者发生异常情况，特种设备使用单位应当对其进行全面检查，消除事故隐患，方可继续使用。

第四十三条 客运索道、大型游乐设施在每日投入使用前，其运营使用单位应当进行试运行和例行安全检查，并对安全附件和安全保护装置进行检查确认。

电梯、客运索道、大型游乐设施的运营使用单位应当将电梯、客运索道、大型游乐设施的安全使用说明、安全注意事项和警示标志置于易于为乘客注意的显著位置。

公众乘坐或者操作电梯、客运索道、大型游乐设施，应当遵守安全使用说明和安全注意事项的要求，服从有关工作人员的管理和指挥；遇有运行不正常时，应当按照安全指引，有序撤离。

第四十四条　锅炉使用单位应当按照安全技术规范的要求进行锅炉水（介）质处理，并接受特种设备检验机构的定期检验。

从事锅炉清洗，应当按照安全技术规范的要求进行，并接受特种设备检验机构的监督检验。

第四十五条　电梯的维护保养应当由电梯制造单位或者依照本法取得许可的安装、改造、修理单位进行。

电梯的维护保养单位应当在维护保养中严格执行安全技术规范的要求，保证其维护保养的电梯的安全性能，并负责落实现场安全防护措施，保证施工安全。

电梯的维护保养单位应当对其维护保养的电梯的安全性能负责；接到故障通知后，应当立即赶赴现场，并采取必要的应急救援措施。

第四十六条　电梯投入使用后，电梯制造单位应当对其制造的电梯的安全运行情况进行跟踪调查和了解，对电梯的维护保养单位或者使用单位在维护保养和安全运行方面存在的问题，提出改进建议，并提供必要的技术帮助；发现电梯存在严重事故隐患时，应当及时告知电梯使用单位，并向负责特种设备安全监督管理的部门报告。电梯制造单位对调查和了解的情况，应当作出记录。

第四十七条　特种设备进行改造、修理，按照规定需要变更使用登记的，应当办理变更登记，方可继续使用。

第四十八条　特种设备存在严重事故隐患，无改造、修理价值，或者达到安全技术规范规定的其他报废条件的，特种设备使用单位应当依法履行报废义务，采取必要措施消除该特种设备的使用功能，并向原登记的负责特种设备安全监督管理的部门办理使用登记证书注销手续。

前款规定报废条件以外的特种设备，达到设计使用年限可以继续使用的，应当按照安全技术规范的要求通过检验或者安全评估，并办理使用登记证书变更，方可继续使用。允许继续使用的，应当采取加强检验、检测和维护保养等措施，确保使用安全。

第四十九条　移动式压力容器、气瓶充装单位，应当具备下列条件，并经负责特种设备安全监督管理的部门许可，方可从事充装活动：

（一）有与充装和管理相适应的管理人员和技术人员；

（二）有与充装和管理相适应的充装设备、检测手段、场地厂房、器具、安全设施；

（三）有健全的充装管理制度、责任制度、处理措施。

充装单位应当建立充装前后的检查、记录制度，禁止对不符合安全技术规范要求的移动式压力容器和气瓶进行充装。

气瓶充装单位应当向气体使用者提供符合安全技术规范要求的气瓶，对气体使用者进行气瓶安全使用指导，并按照安全技术规范的要求办理气瓶使用登记，及时申报定期检验。

第三章　检验、检测

第五十条　从事本法规定的监督检验、定期检验的特种设备检验机构，以及为特种设备生产、经营、使用提供检测服务的特种设备检测机构，应当具备下列条件，并经负责特种设备安全监督管理的部门核准，方可从事检验、检测工作：

（一）有与检验、检测工作相适应的检验、检测人员；

（二）有与检验、检测工作相适应的检验、检测仪器和设备；

（三）有健全的检验、检测管理制度和责任制度。

第五十一条　特种设备检验、检测机构的检验、检测人员应当经考核，取得检验、检测人员资格，方可从事检验、检测工作。

特种设备检验、检测机构的检验、检测

人员不得同时在两个以上检验、检测机构中执业；变更执业机构的，应当依法办理变更手续。

第五十二条 特种设备检验、检测工作应当遵守法律、行政法规的规定，并按照安全技术规范的要求进行。

特种设备检验、检测机构及其检验、检测人员应当依法为特种设备生产、经营、使用单位提供安全、可靠、便捷、诚信的检验、检测服务。

第五十三条 特种设备检验、检测机构及其检验、检测人员应当客观、公正、及时地出具检验、检测报告，并对检验、检测结果和鉴定结论负责。

特种设备检验、检测机构及其检验、检测人员在检验、检测中发现特种设备存在严重事故隐患时，应当及时告知相关单位，并立即向负责特种设备安全监督管理的部门报告。

负责特种设备安全监督管理的部门应当组织对特种设备检验、检测机构的检验、检测结果和鉴定结论进行监督抽查，但应当防止重复抽查。监督抽查结果应当向社会公布。

第五十四条 特种设备生产、经营、使用单位应当按照安全技术规范的要求向特种设备检验、检测机构及其检验、检测人员提供特种设备相关资料和必要的检验、检测条件，并对资料的真实性负责。

第五十五条 特种设备检验、检测机构及其检验、检测人员对检验、检测过程中知悉的商业秘密，负有保密义务。

特种设备检验、检测机构及其检验、检测人员不得从事有关特种设备的生产、经营活动，不得推荐或者监制、监销特种设备。

第五十六条 特种设备检验机构及其检验人员利用检验工作故意刁难特种设备生产、经营、使用单位的，特种设备生产、经营、使用单位有权向负责特种设备安全监督管理的部门投诉，接到投诉的部门应当及时进行调查处理。

第四章　监督管理

第五十七条 负责特种设备安全监督管理的部门依照本法规定，对特种设备生产、经营、使用单位和检验、检测机构实施监督检查。

负责特种设备安全监督管理的部门应当对学校、幼儿园以及医院、车站、客运码头、商场、体育场馆、展览馆、公园等公众聚集场所的特种设备，实施重点安全监督检查。

第五十八条 负责特种设备安全监督管理的部门实施本法规定的许可工作，应当依照本法和其他有关法律、行政法规规定的条件和程序以及安全技术规范的要求进行审查；不符合规定的，不得许可。

第五十九条 负责特种设备安全监督管理的部门在办理本法规定的许可时，其受理、审查、许可的程序必须公开，并应当自受理申请之日起三十日内，作出许可或者不予许可的决定；不予许可的，应当书面向申请人说明理由。

第六十条 负责特种设备安全监督管理的部门对依法办理使用登记的特种设备应当建立完整的监督管理档案和信息查询系统；对达到报废条件的特种设备，应当及时督促特种设备使用单位依法履行报废义务。

第六十一条 负责特种设备安全监督管理的部门在依法履行监督检查职责时，可以行使下列职权：

（一）进入现场进行检查，向特种设备生产、经营、使用单位和检验、检测机构的主要负责人和其他有关人员调查、了解有关情况；

（二）根据举报或者取得的涉嫌违法证据，查阅、复制特种设备生产、经营、使用单位和检验、检测机构的有关合同、发票、账簿以及其他有关资料；

（三）对有证据表明不符合安全技术规

范要求或者存在严重事故隐患的特种设备实施查封、扣押；

（四）对流入市场的达到报废条件或者已经报废的特种设备实施查封、扣押；

（五）对违反本法规定的行为作出行政处罚决定。

第六十二条　负责特种设备安全监督管理的部门在依法履行职责过程中，发现违反本法规定和安全技术规范要求的行为或者特种设备存在事故隐患时，应当以书面形式发出特种设备安全监察指令，责令有关单位及时采取措施予以改正或者消除事故隐患。紧急情况下要求有关单位采取紧急处置措施的，应当随后补发特种设备安全监察指令。

第六十三条　负责特种设备安全监督管理的部门在依法履行职责过程中，发现重大违法行为或者特种设备存在严重事故隐患时，应当责令有关单位立即停止违法行为、采取措施消除事故隐患，并及时向上级负责特种设备安全监督管理的部门报告。接到报告的负责特种设备安全监督管理的部门应当采取必要措施，及时予以处理。

对违法行为、严重事故隐患的处理需要当地人民政府和有关部门的支持、配合时，负责特种设备安全监督管理的部门应当报告当地人民政府，并通知其他有关部门。当地人民政府和其他有关部门应当采取必要措施，及时予以处理。

第六十四条　地方各级人民政府负责特种设备安全监督管理的部门不得要求已经依照本法规定在其他地方取得许可的特种设备生产单位重复取得许可，不得要求对已经依照本法规定在其他地方检验合格的特种设备重复进行检验。

第六十五条　负责特种设备安全监督管理的部门的安全监察人员应当熟悉相关法律、法规，具有相应的专业知识和工作经验，取得特种设备安全行政执法证件。

特种设备安全监察人员应当忠于职守、坚持原则、秉公执法。

负责特种设备安全监督管理的部门实施安全监督检查时，应当有二名以上特种设备安全监察人员参加，并出示有效的特种设备安全行政执法证件。

第六十六条　负责特种设备安全监督管理的部门对特种设备生产、经营、使用单位和检验、检测机构实施监督检查，应当对每次监督检查的内容、发现的问题及处理情况作出记录，并由参加监督检查的特种设备安全监察人员和被检查单位的有关负责人签字后归档。被检查单位的有关负责人拒绝签字的，特种设备安全监察人员应当将情况记录在案。

第六十七条　负责特种设备安全监督管理的部门及其工作人员不得推荐或者监制、监销特种设备；对履行职责过程中知悉的商业秘密负有保密义务。

第六十八条　国务院负责特种设备安全监督管理的部门和省、自治区、直辖市人民政府负责特种设备安全监督管理的部门应当定期向社会公布特种设备安全总体状况。

第五章　事故应急救援与调查处理

第六十九条　国务院负责特种设备安全监督管理的部门应当依法组织制定特种设备重特大事故应急预案，报国务院批准后纳入国家突发事件应急预案体系。

县级以上地方各级人民政府及其负责特种设备安全监督管理的部门应当依法组织制定本行政区域内特种设备事故应急预案，建立或者纳入相应的应急处置与救援体系。

特种设备使用单位应当制定特种设备事故应急专项预案，并定期进行应急演练。

第七十条　特种设备发生事故后，事故发生单位应当按照应急预案采取措施，组织抢救，防止事故扩大，减少人员伤亡和财产损失，保护事故现场和有关证据，并及时向事故发生地县级以上人民政府负责特种设备安全监督管理的部门和有关部门报告。

县级以上人民政府负责特种设备安全监

督管理的部门接到事故报告，应当尽快核实情况，立即向本级人民政府报告，并按照规定逐级上报。必要时，负责特种设备安全监督管理的部门可以越级上报事故情况。对特别重大事故、重大事故，国务院负责特种设备安全监督管理的部门应当立即报告国务院并通报国务院安全生产监督管理部门等有关部门。

与事故相关的单位和人员不得迟报、谎报或者瞒报事故情况，不得隐匿、毁灭有关证据或者故意破坏事故现场。

第七十一条 事故发生地人民政府接到事故报告，应当依法启动应急预案，采取应急处置措施，组织应急救援。

第七十二条 特种设备发生特别重大事故，由国务院或者国务院授权有关部门组织事故调查组进行调查。

发生重大事故，由国务院负责特种设备安全监督管理的部门会同有关部门组织事故调查组进行调查。

发生较大事故，由省、自治区、直辖市人民政府负责特种设备安全监督管理的部门会同有关部门组织事故调查组进行调查。

发生一般事故，由设区的市级人民政府负责特种设备安全监督管理的部门会同有关部门组织事故调查组进行调查。

事故调查组应当依法、独立、公正开展调查，提出事故调查报告。

第七十三条 组织事故调查的部门应当将事故调查报告报本级人民政府，并报上一级人民政府负责特种设备安全监督管理的部门备案。有关部门和单位应当依照法律、行政法规的规定，追究事故责任单位和人员的责任。

事故责任单位应当依法落实整改措施，预防同类事故发生。事故造成损害的，事故责任单位应当依法承担赔偿责任。

第六章 法律责任

第七十四条 违反本法规定，未经许可从事特种设备生产活动的，责令停止生产，没收违法制造的特种设备，处十万元以上五十万元以下罚款；有违法所得的，没收违法所得；已经实施安装、改造、修理的，责令恢复原状或者责令限期由取得许可的单位重新安装、改造、修理。

第七十五条 违反本法规定，特种设备的设计文件未经鉴定，擅自用于制造的，责令改正，没收违法制造的特种设备，处五万元以上五十万元以下罚款。

第七十六条 违反本法规定，未进行型式试验的，责令限期改正；逾期未改正的，处三万元以上三十万元以下罚款。

第七十七条 违反本法规定，特种设备出厂时，未按照安全技术规范的要求随附相关技术资料和文件的，责令限期改正；逾期未改正的，责令停止制造、销售，处二万元以上二十万元以下罚款；有违法所得的，没收违法所得。

第七十八条 违反本法规定，特种设备安装、改造、修理的施工单位在施工前未书面告知负责特种设备安全监督管理的部门即行施工的，或者在验收后三十日内未将相关技术资料和文件移交特种设备使用单位的，责令限期改正；逾期未改正的，处一万元以上十万元以下罚款。

第七十九条 违反本法规定，特种设备的制造、安装、改造、重大修理以及锅炉清洗过程，未经监督检验的，责令限期改正；逾期未改正的，处五万元以上二十万元以下罚款；有违法所得的，没收违法所得；情节严重的，吊销生产许可证。

第八十条 违反本法规定，电梯制造单位有下列情形之一的，责令限期改正；逾期未改正的，处一万元以上十万元以下罚款：

（一）未按照安全技术规范的要求对电梯进行校验、调试的；

（二）对电梯的安全运行情况进行跟踪调查和了解时，发现存在严重事故隐患，未及时告知电梯使用单位并向负责特种设备安全监督管理的部门报告的。

第八十一条　违反本法规定，特种设备生产单位有下列行为之一的，责令限期改正；逾期未改正的，责令停止生产，处五万元以上五十万元以下罚款；情节严重的，吊销生产许可证：

（一）不再具备生产条件、生产许可证已经过期或者超出许可范围生产的；

（二）明知特种设备存在同一性缺陷，未立即停止生产并召回的。

违反本法规定，特种设备生产单位生产、销售、交付国家明令淘汰的特种设备的，责令停止生产、销售，没收违法生产、销售、交付的特种设备，处三万元以上三十万元以下罚款；有违法所得的，没收违法所得。

特种设备生产单位涂改、倒卖、出租、出借生产许可证的，责令停止生产，处五万元以上五十万元以下罚款；情节严重的，吊销生产许可证。

第八十二条　违反本法规定，特种设备经营单位有下列行为之一的，责令停止经营，没收违法经营的特种设备，处三万元以上三十万元以下罚款；有违法所得的，没收违法所得：

（一）销售、出租未取得许可生产，未经检验或者检验不合格的特种设备的；

（二）销售、出租国家明令淘汰、已经报废的特种设备，或者未按照安全技术规范的要求进行维护保养的特种设备的。

违反本法规定，特种设备销售单位未建立检查验收和销售记录制度，或者进口特种设备未履行提前告知义务的，责令改正，处一万元以上十万元以下罚款。

特种设备生产单位销售、交付未经检验或者检验不合格的特种设备的，依照本条第一款规定处罚；情节严重的，吊销生产许可证。

第八十三条　违反本法规定，特种设备使用单位有下列行为之一的，责令限期改正；逾期未改正的，责令停止使用有关特种设备，处一万元以上十万元以下罚款：

（一）使用特种设备未按照规定办理使用登记的；

（二）未建立特种设备安全技术档案或者安全技术档案不符合规定要求，或者未依法设置使用登记标志、定期检验标志的；

（三）未对其使用的特种设备进行经常性维护保养和定期自行检查，或者未对其使用的特种设备的安全附件、安全保护装置进行定期校验、检修，并作出记录的；

（四）未按照安全技术规范的要求及时申报并接受检验的；

（五）未按照安全技术规范的要求进行锅炉水（介）质处理的；

（六）未制定特种设备事故应急专项预案的。

第八十四条　违反本法规定，特种设备使用单位有下列行为之一的，责令停止使用有关特种设备，处三万元以上三十万元以下罚款：

（一）使用未取得许可生产，未经检验或者检验不合格的特种设备，或者国家明令淘汰、已经报废的特种设备的；

（二）特种设备出现故障或者发生异常情况，未对其进行全面检查、消除事故隐患，继续使用的；

（三）特种设备存在严重事故隐患，无改造、修理价值，或者达到安全技术规范规定的其他报废条件，未依法履行报废义务，并办理使用登记证书注销手续的。

第八十五条　违反本法规定，移动式压力容器、气瓶充装单位有下列行为之一的，责令改正，处二万元以上二十万元以下罚款；情节严重的，吊销充装许可证：

（一）未按照规定实施充装前后的检查、记录制度的；

（二）对不符合安全技术规范要求的移动式压力容器和气瓶进行充装的。

违反本法规定，未经许可，擅自从事移动

式压力容器或者气瓶充装活动的，予以取缔，没收违法充装的气瓶，处十万元以上五十万元以下罚款；有违法所得的，没收违法所得。

第八十六条 违反本法规定，特种设备生产、经营、使用单位有下列情形之一的，责令限期改正；逾期未改正的，责令停止使用有关特种设备或者停产停业整顿，处一万元以上五万元以下罚款：

（一）未配备具有相应资格的特种设备安全管理人员、检测人员和作业人员的；

（二）使用未取得相应资格的人员从事特种设备安全管理、检测和作业的；

（三）未对特种设备安全管理人员、检测人员和作业人员进行安全教育和技能培训的。

第八十七条 违反本法规定，电梯、客运索道、大型游乐设施的运营使用单位有下列情形之一的，责令限期改正；逾期未改正的，责令停止使用有关特种设备或者停产停业整顿，处二万元以上十万元以下罚款：

（一）未设置特种设备安全管理机构或者配备专职的特种设备安全管理人员的；

（二）客运索道、大型游乐设施每日投入使用前，未进行试运行和例行安全检查，未对安全附件和安全保护装置进行检查确认的；

（三）未将电梯、客运索道、大型游乐设施的安全使用说明、安全注意事项和警示标志置于易于为乘客注意的显著位置的。

第八十八条 违反本法规定，未经许可，擅自从事电梯维护保养的，责令停止违法行为，处一万元以上十万元以下罚款；有违法所得的，没收违法所得。

电梯的维护保养单位未按照本法规定以及安全技术规范的要求，进行电梯维护保养的，依照前款规定处罚。

第八十九条 发生特种设备事故，有下列情形之一的，对单位处五万元以上二十万元以下罚款；对主要负责人处一万元以上五万元以下罚款；主要负责人属于国家工作人员的，并依法给予处分：

（一）发生特种设备事故时，不立即组织抢救或者在事故调查处理期间擅离职守或者逃匿的；

（二）对特种设备事故迟报、谎报或者瞒报的。

第九十条 发生事故，对负有责任的单位除要求其依法承担相应的赔偿等责任外，依照下列规定处以罚款：

（一）发生一般事故，处十万元以上二十万元以下罚款；

（二）发生较大事故，处二十万元以上五十万元以下罚款；

（三）发生重大事故，处五十万元以上二百万元以下罚款。

第九十一条 对事故发生负有责任的单位的主要负责人未依法履行职责或者负有领导责任的，依照下列规定处以罚款；属于国家工作人员的，并依法给予处分：

（一）发生一般事故，处上一年年收入百分之三十的罚款；

（二）发生较大事故，处上一年年收入百分之四十的罚款；

（三）发生重大事故，处上一年年收入百分之六十的罚款。

第九十二条 违反本法规定，特种设备安全管理人员、检测人员和作业人员不履行岗位职责，违反操作规程和有关安全规章制度，造成事故的，吊销相关人员的资格。

第九十三条 违反本法规定，特种设备检验、检测机构及其检验、检测人员有下列行为之一的，责令改正，对机构处五万元以上二十万元以下罚款，对直接负责的主管人员和其他直接责任人员处五千元以上五万元以下罚款；情节严重的，吊销机构资质和有关人员的资格：

（一）未经核准或者超出核准范围、使用未取得相应资格的人员从事检验、检测的；

（二）未按照安全技术规范的要求进行检验、检测的；

（三）出具虚假的检验、检测结果和鉴

定结论或者检验、检测结果和鉴定结论严重失实的；

（四）发现特种设备存在严重事故隐患，未及时告知相关单位，并立即向负责特种设备安全监督管理的部门报告的；

（五）泄露检验、检测过程中知悉的商业秘密的；

（六）从事有关特种设备的生产、经营活动的；

（七）推荐或者监制、监销特种设备的；

（八）利用检验工作故意刁难相关单位的。

违反本法规定，特种设备检验、检测机构的检验、检测人员同时在两个以上检验、检测机构中执业的，处五千元以上五万元以下罚款；情节严重的，吊销其资格。

第九十四条　违反本法规定，负责特种设备安全监督管理的部门及其工作人员有下列行为之一的，由上级机关责令改正；对直接负责的主管人员和其他直接责任人员，依法给予处分：

（一）未依照法律、行政法规规定的条件、程序实施许可的；

（二）发现未经许可擅自从事特种设备的生产、使用或者检验、检测活动不予取缔或者不依法予以处理的；

（三）发现特种设备生产单位不再具备本法规定的条件而不吊销其许可证，或者发现特种设备生产、经营、使用违法行为不予查处的；

（四）发现特种设备检验、检测机构不再具备本法规定的条件而不撤销其核准，或者对其出具虚假的检验、检测结果和鉴定结论或者检验、检测结果和鉴定结论严重失实的行为不予查处的；

（五）发现违反本法规定和安全技术规范要求的行为或者特种设备存在事故隐患，不立即处理的；

（六）发现重大违法行为或者特种设备存在严重事故隐患，未及时向上级负责特种设备安全监督管理的部门报告，或者接到报告的负责特种设备安全监督管理的部门不立即处理的；

（七）要求已经依照本法规定在其他地方取得许可的特种设备生产单位重复取得许可，或者要求对已经依照本法规定在其他地方检验合格的特种设备重复进行检验的；

（八）推荐或者监制、监销特种设备的；

（九）泄露履行职责过程中知悉的商业秘密的；

（十）接到特种设备事故报告未立即向本级人民政府报告，并按照规定上报的；

（十一）迟报、漏报、谎报或者瞒报事故的；

（十二）妨碍事故救援或者事故调查处理的；

（十三）其他滥用职权、玩忽职守、徇私舞弊的行为。

第九十五条　违反本法规定，特种设备生产、经营、使用单位或者检验、检测机构拒不接受负责特种设备安全监督管理的部门依法实施的监督检查的，责令限期改正；逾期未改正的，责令停产停业整顿，处二万元以上二十万元以下罚款。

特种设备生产、经营、使用单位擅自动用、调换、转移、损毁被查封、扣押的特种设备或者其主要部件的，责令改正，处五万元以上二十万元以下罚款；情节严重的，吊销生产许可证，注销特种设备使用登记证书。

第九十六条　违反本法规定，被依法吊销许可证的，自吊销许可证之日起三年内，负责特种设备安全监督管理的部门不予受理其新的许可申请。

第九十七条　违反本法规定，造成人身、财产损害的，依法承担民事责任。

违反本法规定，应当承担民事赔偿责任和缴纳罚款、罚金，其财产不足以同时支付时，先承担民事赔偿责任。

第九十八条　违反本法规定，构成违反治安管理行为的，依法给予治安管理处罚；

构成犯罪的，依法追究刑事责任。

第七章　附　　则

第九十九条　特种设备行政许可、检验的收费，依照法律、行政法规的规定执行。

第一百条　军事装备、核设施、航空航天器使用的特种设备安全的监督管理不适用本法。

铁路机车、海上设施和船舶、矿山井下使用的特种设备以及民用机场专用设备安全的监督管理，房屋建筑工地、市政工程工地用起重机械和场（厂）内专用机动车辆的安装、使用的监督管理，由有关部门依照本法和其他有关法律的规定实施。

第一百零一条　本法自2014年1月1日起施行。

特种设备安全监察条例

（2003年3月11日中华人民共和国国务院令第373号公布，根据2009年1月24日《国务院关于修改〈特种设备安全监察条例〉的决定》修订）

第一章　总　　则

第一条　为了加强特种设备的安全监察，防止和减少事故，保障人民群众生命和财产安全，促进经济发展，制定本条例。

第二条　本条例所称特种设备是指涉及生命安全、危险性较大的锅炉、压力容器(含气瓶，下同)、压力管道、电梯、起重机械、客运索道、大型游乐设施和场（厂）内专用机动车辆。

前款特种设备的目录由国务院负责特种设备安全监督管理的部门（以下简称国务院特种设备安全监督管理部门）制订，报国务院批准后执行。

第三条　特种设备的生产（含设计、制造、安装、改造、维修，下同）、使用、检验检测及其监督检查，应当遵守本条例，但本条例另有规定的除外。

军事装备、核设施、航空航天器、铁路机车、海上设施和船舶以及矿山井下使用的特种设备、民用机场专用设备的安全监察不适用本条例。

房屋建筑工地和市政工程工地用起重机械、场（厂）内专用机动车辆的安装、使用的监督管理，由建设行政主管部门依照有关法律、法规的规定执行。

第四条　国务院特种设备安全监督管理部门负责全国特种设备的安全监察工作，县以上地方负责特种设备安全监督管理的部门对本行政区域内特种设备实施安全监察(以下统称特种设备安全监督管理部门)。

第五条　特种设备生产、使用单位应当建立健全特种设备安全、节能管理制度和岗位安全、节能责任制度。

特种设备生产、使用单位的主要负责人应当对本单位特种设备的安全和节能全面负责。

特种设备生产、使用单位和特种设备检验检测机构，应当接受特种设备安全监督管理部门依法进行的特种设备安全监察。

第六条　特种设备检验检测机构，应当依照本条例规定，进行检验检测工作，对其检验检测结果、鉴定结论承担法律责任。

第七条　县级以上地方人民政府应当督促、支持特种设备安全监督管理部门依法履行安全监察职责，对特种设备安全监察中存在的重大问题及时予以协调、解决。

第八条 国家鼓励推行科学的管理方法，采用先进技术，提高特种设备安全性能和管理水平，增强特种设备生产、使用单位防范事故的能力，对取得显著成绩的单位和个人，给予奖励。

国家鼓励特种设备节能技术的研究、开发、示范和推广，促进特种设备节能技术创新和应用。

特种设备生产、使用单位和特种设备检验检测机构，应当保证必要的安全和节能投入。

国家鼓励实行特种设备责任保险制度，提高事故赔付能力。

第九条 任何单位和个人对违反本条例规定的行为，有权向特种设备安全监督管理部门和行政监察等有关部门举报。

特种设备安全监督管理部门应当建立特种设备安全监察举报制度，公布举报电话、信箱或者电子邮件地址，受理对特种设备生产、使用和检验检测违法行为的举报，并及时予以处理。

特种设备安全监督管理部门和行政监察等有关部门应当为举报人保密，并按照国家有关规定给予奖励。

第二章 特种设备的生产

第十条 特种设备生产单位，应当依照本条例规定以及国务院特种设备安全监督管理部门制订并公布的安全技术规范（以下简称安全技术规范）的要求，进行生产活动。

特种设备生产单位对其生产的特种设备的安全性能和能效指标负责，不得生产不符合安全性能要求和能效指标的特种设备，不得生产国家产业政策明令淘汰的特种设备。

第十一条 压力容器的设计单位应当经国务院特种设备安全监督管理部门许可，方可从事压力容器的设计活动。

压力容器的设计单位应当具备下列条件：

（一）有与压力容器设计相适应的设计人员、设计审核人员；

（二）有与压力容器设计相适应的场所和设备；

（三）有与压力容器设计相适应的健全的管理制度和责任制度。

第十二条 锅炉、压力容器中的气瓶（以下简称气瓶）、氧舱和客运索道、大型游乐设施以及高耗能特种设备的设计文件，应当经国务院特种设备安全监督管理部门核准的检验检测机构鉴定，方可用于制造。

第十三条 按照安全技术规范的要求，应当进行型式试验的特种设备产品、部件或者试制特种设备新产品、新部件、新材料，必须进行型式试验和能效测试。

第十四条 锅炉、压力容器、电梯、起重机械、客运索道、大型游乐设施及其安全附件、安全保护装置的制造、安装、改造单位，以及压力管道用管子、管件、阀门、法兰、补偿器、安全保护装置等（以下简称压力管道元件）的制造单位和场（厂）内专用机动车辆的制造、改造单位，应当经国务院特种设备安全监督管理部门许可，方可从事相应的活动。

前款特种设备的制造、安装、改造单位应当具备下列条件：

（一）有与特种设备制造、安装、改造相适应的专业技术人员和技术工人；

（二）有与特种设备制造、安装、改造相适应的生产条件和检测手段；

（三）有健全的质量管理制度和责任制度。

第十五条 特种设备出厂时，应当附有安全技术规范要求的设计文件、产品质量合格证明、安装及使用维修说明、监督检验证明等文件。

第十六条 锅炉、压力容器、电梯、起重机械、客运索道、大型游乐设施、场（厂）内专用机动车辆的维修单位，应当有与特种设备维修相适应的专业技术人员和技术工人以及必要的检测手段，并经省、自治区、直辖市特种设备安全监督管理部门许可，方可从事相应的维修活动。

第十七条 锅炉、压力容器、起重机械、客运索道、大型游乐设施的安装、改造、维修以及场（厂）内专用机动车辆的改造、维修，必须由依照本条例取得许可的单位进行。

电梯的安装、改造、维修，必须由电梯制造单位或者其通过合同委托、同意的依照本条例取得许可的单位进行。电梯制造单位对电梯质量以及安全运行涉及的质量问题负责。

特种设备安装、改造、维修的施工单位应当在施工前将拟进行的特种设备安装、改造、维修情况书面告知直辖市或者设区的市的特种设备安全监督管理部门，告知后即可施工。

第十八条 电梯井道的土建工程必须符合建筑工程质量要求。电梯安装施工过程中，电梯安装单位应当遵守施工现场的安全生产要求，落实现场安全防护措施。电梯安装施工过程中，施工现场的安全生产监督，由有关部门依照有关法律、行政法规的规定执行。

电梯安装施工过程中，电梯安装单位应当服从建筑施工总承包单位对施工现场的安全生产管理，并订立合同，明确各自的安全责任。

第十九条 电梯的制造、安装、改造和维修活动，必须严格遵守安全技术规范的要求。电梯制造单位委托或者同意其他单位进行电梯安装、改造、维修活动的，应当对其安装、改造、维修活动进行安全指导和监控。电梯的安装、改造、维修活动结束后，电梯制造单位应当按照安全技术规范的要求对电梯进行校验和调试，并对校验和调试的结果负责。

第二十条 锅炉、压力容器、电梯、起重机械、客运索道、大型游乐设施的安装、改造、维修以及场（厂）内专用机动车辆的改造、维修竣工后，安装、改造、维修的施工单位应当在验收后30日内将有关技术资料移交使用单位，高耗能特种设备还应当按照安全技术规范的要求提交能效测试报告。使用单位应当将其存入该特种设备的安全技术档案。

第二十一条 锅炉、压力容器、压力管道元件、起重机械、大型游乐设施的制造过程和锅炉、压力容器、电梯、起重机械、客运索道、大型游乐设施的安装、改造、重大维修过程，必须经国务院特种设备安全监督管理部门核准的检验检测机构按照安全技术规范的要求进行监督检验；未经监督检验合格的不得出厂或者交付使用。

第二十二条 移动式压力容器、气瓶充装单位应当经省、自治区、直辖市的特种设备安全监督管理部门许可，方可从事充装活动。

充装单位应当具备下列条件：

（一）有与充装和管理相适应的管理人员和技术人员；

（二）有与充装和管理相适应的充装设备、检测手段、场地厂房、器具、安全设施；

（三）有健全的充装管理制度、责任制度、紧急处理措施。

气瓶充装单位应当向气体使用者提供符合安全技术规范要求的气瓶，对使用者进行气瓶安全使用指导，并按照安全技术规范的要求办理气瓶使用登记，提出气瓶的定期检验要求。

第三章　特种设备的使用

第二十三条 特种设备使用单位，应当严格执行本条例和有关安全生产的法律、行政法规的规定，保证特种设备的安全使用。

第二十四条 特种设备使用单位应当使用符合安全技术规范要求的特种设备。特种设备投入使用前，使用单位应当核对其是否附有本条例第十五条规定的相关文件。

第二十五条　特种设备在投入使用前或者投入使用后30日内，特种设备使用单位应当向直辖市或者设区的市的特种设备安全监督管理部门登记。登记标志应当置于或者附着于该特种设备的显著位置。

第二十六条　特种设备使用单位应当建立特种设备安全技术档案。安全技术档案应当包括以下内容：

（一）特种设备的设计文件、制造单位、产品质量合格证明、使用维护说明等文件以及安装技术文件和资料；

（二）特种设备的定期检验和定期自行检查的记录；

（三）特种设备的日常使用状况记录；

（四）特种设备及其安全附件、安全保护装置、测量调控装置及有关附属仪器仪表的日常维护保养记录；

（五）特种设备运行故障和事故记录；

（六）高耗能特种设备的能效测试报告、能耗状况记录以及节能改造技术资料。

第二十七条　特种设备使用单位应当对在用特种设备进行经常性日常维护保养，并定期自行检查。

特种设备使用单位对在用特种设备应当至少每月进行一次自行检查，并作出记录。特种设备使用单位在对在用特种设备进行自行检查和日常维护保养时发现异常情况的，应当及时处理。

特种设备使用单位应当对在用特种设备的安全附件、安全保护装置、测量调控装置及有关附属仪器仪表进行定期校验、检修，并作出记录。

锅炉使用单位应当按照安全技术规范的要求进行锅炉水（介）质处理，并接受特种设备检验检测机构实施的水（介）质处理定期检验。

从事锅炉清洗的单位，应当按照安全技术规范的要求进行锅炉清洗，并接受特种设备检验检测机构实施的锅炉清洗过程监督检验。

第二十八条　特种设备使用单位应当按照安全技术规范的定期检验要求，在安全检验合格有效期届满前1个月向特种设备检验检测机构提出定期检验要求。

检验检测机构接到定期检验要求后，应当按照安全技术规范的要求及时进行安全性能检验和能效测试。

未经定期检验或者检验不合格的特种设备，不得继续使用。

第二十九条　特种设备出现故障或者发生异常情况，使用单位应当对其进行全面检查，消除事故隐患后，方可重新投入使用。

特种设备不符合能效指标的，特种设备使用单位应当采取相应措施进行整改。

第三十条　特种设备存在严重事故隐患，无改造、维修价值，或者超过安全技术规范规定使用年限，特种设备使用单位应当及时予以报废，并应当向原登记的特种设备安全监督管理部门办理注销。

第三十一条　电梯的日常维护保养必须由依照本条例取得许可的安装、改造、维修单位或者电梯制造单位进行。

电梯应当至少每15日进行一次清洁、润滑、调整和检查。

第三十二条　电梯的日常维护保养单位应当在维护保养中严格执行国家安全技术规范的要求，保证其维护保养的电梯的安全技术性能，并负责落实现场安全防护措施，保证施工安全。

电梯的日常维护保养单位，应当对其维护保养的电梯的安全性能负责。接到故障通知后，应当立即赶赴现场，并采取必要的应急救援措施。

第三十三条　电梯、客运索道、大型游乐设施等为公众提供服务的特种设备运营使用单位，应当设置特种设备安全管理机构或者配备专职的安全管理人员；其他特种设备使用单位，应当根据情况设置特种设备安全管理机构或者配备专职、兼职的安全管理人员。

特种设备的安全管理人员应当对特种设备使用状况进行经常性检查，发现问题的应当立即处理；情况紧急时，可以决定停止使用特种设备并及时报告本单位有关负责人。

第三十四条 客运索道、大型游乐设施的运营使用单位在客运索道、大型游乐设施每日投入使用前，应当进行试运行和例行安全检查，并对安全装置进行检查确认。

电梯、客运索道、大型游乐设施的运营使用单位应当将电梯、客运索道、大型游乐设施的安全注意事项和警示标志置于易于为乘客注意的显著位置。

第三十五条 客运索道、大型游乐设施的运营使用单位的主要负责人应当熟悉客运索道、大型游乐设施的相关安全知识，并全面负责客运索道、大型游乐设施的安全使用。

客运索道、大型游乐设施的运营使用单位的主要负责人至少应当每月召开一次会议，督促、检查客运索道、大型游乐设施的安全使用工作。

客运索道、大型游乐设施的运营使用单位，应当结合本单位的实际情况，配备相应数量的营救装备和急救物品。

第三十六条 电梯、客运索道、大型游乐设施的乘客应当遵守使用安全注意事项的要求，服从有关工作人员的指挥。

第三十七条 电梯投入使用后，电梯制造单位应当对其制造的电梯的安全运行情况进行跟踪调查和了解，对电梯的日常维护保养单位或者电梯的使用单位在安全运行方面存在的问题，提出改进建议，并提供必要的技术帮助。发现电梯存在严重事故隐患的，应当及时向特种设备安全监督管理部门报告。电梯制造单位对调查和了解的情况，应当作出记录。

第三十八条 锅炉、压力容器、电梯、起重机械、客运索道、大型游乐设施、场（厂）内专用机动车辆的作业人员及其相关管理人员（以下统称特种设备作业人员），应当按照国家有关规定经特种设备安全监督管理部门考核合格，取得国家统一格式的特种作业人员证书，方可从事相应的作业或者管理工作。

第三十九条 特种设备使用单位应当对特种设备作业人员进行特种设备安全、节能教育和培训，保证特种设备作业人员具备必要的特种设备安全、节能知识。

特种设备作业人员在作业中应当严格执行特种设备的操作规程和有关的安全规章制度。

第四十条 特种设备作业人员在作业过程中发现事故隐患或者其他不安全因素，应当立即向现场安全管理人员和单位有关负责人报告。

第四章 检验检测

第四十一条 从事本条例规定的监督检验、定期检验、型式试验以及专门为特种设备生产、使用、检验检测提供无损检测服务的特种设备检验检测机构，应当经国务院特种设备安全监督管理部门核准。

特种设备使用单位设立的特种设备检验检测机构，经国务院特种设备安全监督管理部门核准，负责本单位核准范围内的特种设备定期检验工作。

第四十二条 特种设备检验检测机构，应当具备下列条件：

（一）有与所从事的检验检测工作相适应的检验检测人员；

（二）有与所从事的检验检测工作相适应的检验检测仪器和设备；

（三）有健全的检验检测管理制度、检验检测责任制度。

第四十三条 特种设备的监督检验、定期检验、型式试验和无损检测应当由依照本条例经核准的特种设备检验检测机构进行。

特种设备检验检测工作应当符合安全技

术规范的要求。

第四十四条　从事本条例规定的监督检验、定期检验、型式试验和无损检测的特种设备检验检测人员应当经国务院特种设备安全监督管理部门组织考核合格，取得检验检测人员证书，方可从事检验检测工作。

检验检测人员从事检验检测工作，必须在特种设备检验检测机构执业，但不得同时在两个以上检验检测机构中执业。

第四十五条　特种设备检验检测机构和检验检测人员进行特种设备检验检测，应当遵循诚信原则和方便企业的原则，为特种设备生产、使用单位提供可靠、便捷的检验检测服务。

特种设备检验检测机构和检验检测人员对涉及的被检验检测单位的商业秘密，负有保密义务。

第四十六条　特种设备检验检测机构和检验检测人员应当客观、公正、及时地出具检验检测结果、鉴定结论。检验检测结果、鉴定结论经检验检测人员签字后，由检验检测机构负责人签署。

特种设备检验检测机构和检验检测人员对检验检测结果、鉴定结论负责。

国务院特种设备安全监督管理部门应当组织对特种设备检验检测机构的检验检测结果、鉴定结论进行监督抽查。县以上地方负责特种设备安全监督管理的部门在本行政区域内也可以组织监督抽查，但是要防止重复抽查。监督抽查结果应当向社会公布。

第四十七条　特种设备检验检测机构和检验检测人员不得从事特种设备的生产、销售，不得以其名义推荐或者监制、监销特种设备。

第四十八条　特种设备检验检测机构进行特种设备检验检测，发现严重事故隐患或者能耗严重超标的，应当及时告知特种设备使用单位，并立即向特种设备安全监督管理部门报告。

第四十九条　特种设备检验检测机构和检验检测人员利用检验检测工作故意刁难特种设备生产、使用单位，特种设备生产、使用单位有权向特种设备安全监督管理部门投诉，接到投诉的特种设备安全监督管理部门应当及时进行调查处理。

第五章　监督检查

第五十条　特种设备安全监督管理部门依照本条例规定，对特种设备生产、使用单位和检验检测机构实施安全监察。

对学校、幼儿园以及车站、客运码头、商场、体育场馆、展览馆、公园等公众聚集场所的特种设备，特种设备安全监督管理部门应当实施重点安全监察。

第五十一条　特种设备安全监督管理部门根据举报或者取得的涉嫌违法证据，对涉嫌违反本条例规定的行为进行查处时，可以行使下列职权：

（一）向特种设备生产、使用单位和检验检测机构的法定代表人、主要负责人和其他有关人员调查、了解与涉嫌从事违反本条例的生产、使用、检验检测有关的情况；

（二）查阅、复制特种设备生产、使用单位和检验检测机构的有关合同、发票、账簿以及其他有关资料；

（三）对有证据表明不符合安全技术规范要求的或者有其他严重事故隐患、能耗严重超标的特种设备，予以查封或者扣押。

第五十二条　依照本条例规定实施许可、核准、登记的特种设备安全监督管理部门，应当严格依照本条例规定条件和安全技术规范要求对有关事项进行审查；不符合本条例规定条件和安全技术规范要求的，不得许可、核准、登记；在申请办理许可、核准期间，特种设备安全监督管理部门发现申请人未经许可从事特种设备相应活动或者伪造许可、核准证书的，不予受理或者不予许可、核准，并在 1 年内不再受理其新的许可、核准申请。

未依法取得许可、核准、登记的单位擅

自从事特种设备的生产、使用或者检验检测活动的，特种设备安全监督管理部门应当依法予以处理。

违反本条例规定，被依法撤销许可的，自撤销许可之日起 3 年内，特种设备安全监督管理部门不予受理其新的许可申请。

第五十三条 特种设备安全监督管理部门在办理本条例规定的有关行政审批事项时，其受理、审查、许可、核准的程序必须公开，并应当自受理申请之日起 30 日内，作出许可、核准或者不予许可、核准的决定；不予许可、核准的，应当书面向申请人说明理由。

第五十四条 地方各级特种设备安全监督管理部门不得以任何形式进行地方保护和地区封锁，不得对已经依照本条例规定在其他地方取得许可的特种设备生产单位重复进行许可，也不得要求对依照本条例规定在其他地方检验检测合格的特种设备，重复进行检验检测。

第五十五条 特种设备安全监督管理部门的安全监察人员（以下简称特种设备安全监察人员）应当熟悉相关法律、法规、规章和安全技术规范，具有相应的专业知识和工作经验，并经国务院特种设备安全监督管理部门考核，取得特种设备安全监察人员证书。

特种设备安全监察人员应当忠于职守、坚持原则、秉公执法。

第五十六条 特种设备安全监督管理部门对特种设备生产、使用单位和检验检测机构实施安全监察时，应当有两名以上特种设备安全监察人员参加，并出示有效的特种设备安全监察人员证件。

第五十七条 特种设备安全监督管理部门对特种设备生产、使用单位和检验检测机构实施安全监察，应当对每次安全监察的内容、发现的问题及处理情况，作出记录，并由参加安全监察的特种设备安全监察人员和被检查单位的有关负责人签字后归档。被检查单位的有关负责人拒绝签字的，特种设备安全监察人员应当将情况记录在案。

第五十八条 特种设备安全监督管理部门对特种设备生产、使用单位和检验检测机构进行安全监察时，发现有违反本条例规定和安全技术规范要求的行为或者在用的特种设备存在事故隐患、不符合能效指标的，应当以书面形式发出特种设备安全监察指令，责令有关单位及时采取措施，予以改正或者消除事故隐患。紧急情况下需要采取紧急处置措施的，应当随后补发书面通知。

第五十九条 特种设备安全监督管理部门对特种设备生产、使用单位和检验检测机构进行安全监察，发现重大违法行为或者严重事故隐患时，应当在采取必要措施的同时，及时向上级特种设备安全监督管理部门报告。接到报告的特种设备安全监督管理部门应当采取必要措施，及时予以处理。

对违法行为、严重事故隐患或者不符合能效指标的处理需要当地人民政府和有关部门的支持、配合时，特种设备安全监督管理部门应当报告当地人民政府，并通知其他有关部门。当地人民政府和其他有关部门应当采取必要措施，及时予以处理。

第六十条 国务院特种设备安全监督管理部门和省、自治区、直辖市特种设备安全监督管理部门应当定期向社会公布特种设备安全以及能效状况。

公布特种设备安全以及能效状况，应当包括下列内容：

（一）特种设备质量安全状况；

（二）特种设备事故的情况、特点、原因分析、防范对策；

（三）特种设备能效状况；

（四）其他需要公布的情况。

第六章 事故预防和调查处理

第六十一条 有下列情形之一的，为特别重大事故：

（一）特种设备事故造成 30 人以上死

亡，或者100人以上重伤（包括急性工业中毒，下同），或者1亿元以上直接经济损失的；

（二）600兆瓦以上锅炉爆炸的；

（三）压力容器、压力管道有毒介质泄漏，造成15万人以上转移的；

（四）客运索道、大型游乐设施高空滞留100人以上并且时间在48小时以上的。

第六十二条　有下列情形之一的，为重大事故：

（一）特种设备事故造成10人以上30人以下死亡，或者50人以上100人以下重伤，或者5000万元以上1亿元以下直接经济损失的；

（二）600兆瓦以上锅炉因安全故障中断运行240小时以上的；

（三）压力容器、压力管道有毒介质泄漏，造成5万人以上15万人以下转移的；

（四）客运索道、大型游乐设施高空滞留100人以上并且时间在24小时以上48小时以下的。

第六十三条　有下列情形之一的，为较大事故：

（一）特种设备事故造成3人以上10人以下死亡，或者10人以上50人以下重伤，或者1000万元以上5000万元以下直接经济损失的；

（二）锅炉、压力容器、压力管道爆炸的；

（三）压力容器、压力管道有毒介质泄漏，造成1万人以上5万人以下转移的；

（四）起重机械整体倾覆的；

（五）客运索道、大型游乐设施高空滞留人员12小时以上的。

第六十四条　有下列情形之一的，为一般事故：

（一）特种设备事故造成3人以下死亡，或者10人以下重伤，或者1万元以上1000万元以下直接经济损失的；

（二）压力容器、压力管道有毒介质泄漏，造成500人以上1万人以下转移的；

（三）电梯轿厢滞留人员2小时以上的；

（四）起重机械主要受力结构件折断或者起升机构坠落的；

（五）客运索道高空滞留人员3.5小时以上12小时以下的；

（六）大型游乐设施高空滞留人员1小时以上12小时以下的。

除前款规定外，国务院特种设备安全监督管理部门可以对一般事故的其他情形做出补充规定。

第六十五条　特种设备安全监督管理部门应当制定特种设备应急预案。特种设备使用单位应当制定事故应急专项预案，并定期进行事故应急演练。

压力容器、压力管道发生爆炸或者泄漏，在抢险救援时应当区分介质特性，严格按照相关预案规定程序处理，防止二次爆炸。

第六十六条　特种设备事故发生后，事故发生单位应当立即启动事故应急预案，组织抢救，防止事故扩大，减少人员伤亡和财产损失，并及时向事故发生地县以上特种设备安全监督管理部门和有关部门报告。

县以上特种设备安全监督管理部门接到事故报告，应当尽快核实有关情况，立即向所在地人民政府报告，并逐级上报事故情况。必要时，特种设备安全监督管理部门可以越级上报事故情况。对特别重大事故、重大事故，国务院特种设备安全监督管理部门应当立即报告国务院并通报国务院安全生产监督管理部门等有关部门。

第六十七条　特别重大事故由国务院或者国务院授权有关部门组织事故调查组进行调查。

重大事故由国务院特种设备安全监督管理部门会同有关部门组织事故调查组进行调查。

较大事故由省、自治区、直辖市特种设

备安全监督管理部门会同有关部门组织事故调查组进行调查。

一般事故由设区的市的特种设备安全监督管理部门会同有关部门组织事故调查组进行调查。

第六十八条 事故调查报告应当由负责组织事故调查的特种设备安全监督管理部门的所在地人民政府批复，并报上一级特种设备安全监督管理部门备案。

有关机关应当按照批复，依照法律、行政法规规定的权限和程序，对事故责任单位和有关人员进行行政处罚，对负有事故责任的国家工作人员进行处分。

第六十九条 特种设备安全监督管理部门应当在有关地方人民政府的领导下，组织开展特种设备事故调查处理工作。

有关地方人民政府应当支持、配合上级人民政府或者特种设备安全监督管理部门的事故调查处理工作，并提供必要的便利条件。

第七十条 特种设备安全监督管理部门应当对发生事故的原因进行分析，并根据特种设备的管理和技术特点、事故情况对相关安全技术规范进行评估；需要制定或者修订相关安全技术规范的，应当及时制定或者修订。

第七十一条 本章所称的"以上"包括本数，所称的"以下"不包括本数。

第七章　法律责任

第七十二条 未经许可，擅自从事压力容器设计活动的，由特种设备安全监督管理部门予以取缔，处5万元以上20万元以下罚款；有违法所得的，没收违法所得；触犯刑律的，对负有责任的主管人员和其他直接责任人员依照刑法关于非法经营罪或者其他罪的规定，依法追究刑事责任。

第七十三条 锅炉、气瓶、氧舱和客运索道、大型游乐设施以及高耗能特种设备的设计文件，未经国务院特种设备安全监督管理部门核准的检验检测机构鉴定，擅自用于制造的，由特种设备安全监督管理部门责令改正，没收非法制造的产品，处5万元以上20万元以下罚款；触犯刑律的，对负有责任的主管人员和其他直接责任人员依照刑法关于生产、销售伪劣产品罪、非法经营罪或者其他罪的规定，依法追究刑事责任。

第七十四条 按照安全技术规范的要求应当进行型式试验的特种设备产品、部件或者试制特种设备新产品、新部件，未进行整机或者部件型式试验的，由特种设备安全监督管理部门责令限期改正；逾期未改正的，处2万元以上10万元以下罚款。

第七十五条 未经许可，擅自从事锅炉、压力容器、电梯、起重机械、客运索道、大型游乐设施、场（厂）内专用机动车辆及其安全附件、安全保护装置的制造、安装、改造以及压力管道元件的制造活动的，由特种设备安全监督管理部门予以取缔，没收非法制造的产品，已经实施安装、改造的，责令恢复原状或者责令限期由取得许可的单位重新安装、改造，处10万元以上50万元以下罚款；触犯刑律的，对负有责任的主管人员和其他直接责任人员依照刑法关于生产、销售伪劣产品罪、非法经营罪、重大责任事故罪或者其他罪的规定，依法追究刑事责任。

第七十六条 特种设备出厂时，未按照安全技术规范的要求附有设计文件、产品质量合格证明、安装及使用维修说明、监督检验证明等文件的，由特种设备安全监督管理部门责令改正；情节严重的，责令停止生产、销售，处违法生产、销售货值金额30%以下罚款；有违法所得的，没收违法所得。

第七十七条 未经许可，擅自从事锅炉、压力容器、电梯、起重机械、客运索道、大型游乐设施、场（厂）内专用机动车辆的维修或者日常维护保养的，由特种设备安全监督管理部门予以取缔，处1万元以上5万元以下罚款；有违法所得的，没收违法所得；触犯刑律的，对负有责任的主管人员和其他直接责任人员依照刑法关于非法经营罪、重大责任事故罪或者其他罪的规定，依法追究刑事责任。

第七十八条　锅炉、压力容器、电梯、起重机械、客运索道、大型游乐设施的安装、改造、维修的施工单位以及场（厂）内专用机动车辆的改造、维修单位，在施工前未将拟进行的特种设备安装、改造、维修情况书面告知直辖市或者设区的市的特种设备安全监督管理部门即行施工的，或者在验收后30日内未将有关技术资料移交锅炉、压力容器、电梯、起重机械、客运索道、大型游乐设施的使用单位的，由特种设备安全监督管理部门责令限期改正；逾期未改正的，处2000元以上1万元以下罚款。

第七十九条　锅炉、压力容器、压力管道元件、起重机械、大型游乐设施的制造过程和锅炉、压力容器、电梯、起重机械、客运索道、大型游乐设施的安装、改造、重大维修过程，以及锅炉清洗过程，未经国务院特种设备安全监督管理部门核准的检验检测机构按照安全技术规范的要求进行监督检验的，由特种设备安全监督管理部门责令改正，已经出厂的，没收违法生产、销售的产品，已经实施安装、改造、重大维修或者清洗的，责令限期进行监督检验，处5万元以上20万元以下罚款；有违法所得的，没收违法所得；情节严重的，撤销制造、安装、改造或者维修单位已经取得的许可，并由工商行政管理部门吊销其营业执照；触犯刑律的，对负有责任的主管人员和其他直接责任人员依照刑法关于生产、销售伪劣产品罪或者其他罪的规定，依法追究刑事责任。

第八十条　未经许可，擅自从事移动式压力容器或者气瓶充装活动的，由特种设备安全监督管理部门予以取缔，没收违法充装的气瓶，处10万元以上50万元以下罚款；有违法所得的，没收违法所得；触犯刑律的，对负有责任的主管人员和其他直接责任人员依照刑法关于非法经营罪或者其他罪的规定，依法追究刑事责任。

移动式压力容器、气瓶充装单位未按照安全技术规范的要求进行充装活动的，由特种设备安全监督管理部门责令改正，处2万元以上10万元以下罚款；情节严重的，撤销其充装资格。

第八十一条　电梯制造单位有下列情形之一的，由特种设备安全监督管理部门责令限期改正；逾期未改正的，予以通报批评：

（一）未依照本条例第十九条的规定对电梯进行校验、调试的；

（二）对电梯的安全运行情况进行跟踪调查和了解时，发现存在严重事故隐患，未及时向特种设备安全监督管理部门报告的。

第八十二条　已经取得许可、核准的特种设备生产单位、检验检测机构有下列行为之一的，由特种设备安全监督管理部门责令改正，处2万元以上10万元以下罚款；情节严重的，撤销其相应资格：

（一）未按照安全技术规范的要求办理许可证变更手续的；

（二）不再符合本条例规定或者安全技术规范要求的条件，继续从事特种设备生产、检验检测的；

（三）未依照本条例规定或者安全技术规范要求进行特种设备生产、检验检测的；

（四）伪造、变造、出租、出借、转让许可证书或者监督检验报告的。

第八十三条　特种设备使用单位有下列情形之一的，由特种设备安全监督管理部门责令限期改正；逾期未改正的，处2000元以上2万元以下罚款；情节严重的，责令停止使用或者停产停业整顿：

（一）特种设备投入使用前或者投入使用后30日内，未向特种设备安全监督管理部门登记，擅自将其投入使用的；

（二）未依照本条例第二十六条的规定，建立特种设备安全技术档案的；

（三）未依照本条例第二十七条的规定，对在用特种设备进行经常性日常维护保养和定期自行检查的，或者对在用特种设备的安全附件、安全保护装置、测量调控装置及有关附属仪器仪表进行定期校验、检修，并作出记录的；

（四）未按照安全技术规范的定期检验要求，在安全检验合格有效期届满前1个月向特种设备检验检测机构提出定期检验要求的；

（五）使用未经定期检验或者检验不合格的特种设备的；

（六）特种设备出现故障或者发生异常情况，未对其进行全面检查、消除事故隐患，继续投入使用的；

（七）未制定特种设备事故应急专项预案的；

（八）未依照本条例第三十一条第二款的规定，对电梯进行清洁、润滑、调整和检查的；

（九）未按照安全技术规范要求进行锅炉水（介）质处理的；

（十）特种设备不符合能效指标，未及时采取相应措施进行整改的。

特种设备使用单位使用未取得生产许可的单位生产的特种设备或者将非承压锅炉、非压力容器作为承压锅炉、压力容器使用的，由特种设备安全监督管理部门责令停止使用，予以没收，处2万元以上10万元以下罚款。

第八十四条 特种设备存在严重事故隐患，无改造、维修价值，或者超过安全技术规范规定的使用年限，特种设备使用单位未予以报废，并向原登记的特种设备安全监督管理部门办理注销的，由特种设备安全监督管理部门责令限期改正；逾期未改正的，处5万元以上20万元以下罚款。

第八十五条 电梯、客运索道、大型游乐设施的运营使用单位有下列情形之一的，由特种设备安全监督管理部门责令限期改正；逾期未改正的，责令停止使用或者停产停业整顿，处1万元以上5万元以下罚款：

（一）客运索道、大型游乐设施每日投入使用前，未进行试运行和例行安全检查，并对安全装置进行检查确认的；

（二）未将电梯、客运索道、大型游乐设施的安全注意事项和警示标志置于易于为乘客注意的显著位置的。

第八十六条 特种设备使用单位有下列情形之一的，由特种设备安全监督管理部门责令限期改正；逾期未改正的，责令停止使用或者停产停业整顿，处2000元以上2万元以下罚款：

（一）未依照本条例规定设置特种设备安全管理机构或者配备专职、兼职的安全管理人员的；

（二）从事特种设备作业的人员，未取得相应特种作业人员证书，上岗作业的；

（三）未对特种设备作业人员进行特种设备安全教育和培训的。

第八十七条 发生特种设备事故，有下列情形之一的，对单位，由特种设备安全监督管理部门处5万元以上20万元以下罚款；对主要负责人，由特种设备安全监督管理部门处4000元以上2万元以下罚款；属于国家工作人员的，依法给予处分；触犯刑律的，依照刑法关于重大责任事故罪或者其他罪的规定，依法追究刑事责任：

（一）特种设备使用单位的主要负责人在本单位发生特种设备事故时，不立即组织抢救或者在事故调查处理期间擅离职守或者逃匿的；

（二）特种设备使用单位的主要负责人对特种设备事故隐瞒不报、谎报或者拖延不报的。

第八十八条 对事故发生负有责任的单位，由特种设备安全监督管理部门依照下列规定处以罚款：

（一）发生一般事故的，处10万元以上20万元以下罚款；

（二）发生较大事故的，处 20 万元以上 50 万元以下罚款；

（三）发生重大事故的，处 50 万元以上 200 万元以下罚款。

第八十九条 对事故发生负有责任的单位的主要负责人未依法履行职责，导致事故发生的，由特种设备安全监督管理部门依照下列规定处以罚款；属于国家工作人员的，并依法给予处分；触犯刑律的，依照刑法关于重大责任事故罪或者其他罪的规定，依法追究刑事责任：

（一）发生一般事故的，处上一年年收入 30% 的罚款；

（二）发生较大事故的，处上一年年收入 40% 的罚款；

（三）发生重大事故的，处上一年年收入 60% 的罚款。

第九十条 特种设备作业人员违反特种设备的操作规程和有关的安全规章制度操作，或者在作业过程中发现事故隐患或者其他不安全因素，未立即向现场安全管理人员和单位有关负责人报告的，由特种设备使用单位给予批评教育、处分；情节严重的，撤销特种设备作业人员资格；触犯刑律的，依照刑法关于重大责任事故罪或者其他罪的规定，依法追究刑事责任。

第九十一条 未经核准，擅自从事本条例所规定的监督检验、定期检验、型式试验以及无损检测等检验检测活动的，由特种设备安全监督管理部门予以取缔，处 5 万元以上 20 万元以下罚款；有违法所得的，没收违法所得；触犯刑律的，对负有责任的主管人员和其他直接责任人员依照刑法关于非法经营罪或者其他罪的规定，依法追究刑事责任。

第九十二条 特种设备检验检测机构，有下列情形之一的，由特种设备安全监督管理部门处 2 万元以上 10 万元以下罚款；情节严重的，撤销其检验检测资格：

（一）聘用未经特种设备安全监督管理部门组织考核合格并取得检验检测人员证书的人员，从事相关检验检测工作的；

（二）在进行特种设备检验检测中，发现严重事故隐患或者能耗严重超标，未及时告知特种设备使用单位，并立即向特种设备安全监督管理部门报告的。

第九十三条 特种设备检验检测机构和检验检测人员，出具虚假的检验检测结果、鉴定结论或者检验检测结果、鉴定结论严重失实的，由特种设备安全监督管理部门对检验检测机构没收违法所得，处 5 万元以上 20 万元以下罚款，情节严重的，撤销其检验检测资格；对检验检测人员处 5000 元以上 5 万元以下罚款，情节严重的，撤销其检验检测资格，触犯刑律的，依照刑法关于中介组织人员提供虚假证明文件罪、中介组织人员出具证明文件重大失实罪或者其他罪的规定，依法追究刑事责任。

特种设备检验检测机构和检验检测人员，出具虚假的检验检测结果、鉴定结论或者检验检测结果、鉴定结论严重失实，造成损害的，应当承担赔偿责任。

第九十四条 特种设备检验检测机构或者检验检测人员从事特种设备的生产、销售，或者以其名义推荐或者监制、监销特种设备的，由特种设备安全监督管理部门撤销特种设备检验检测机构和检验检测人员的资格，处 5 万元以上 20 万元以下罚款；有违法所得的，没收违法所得。

第九十五条 特种设备检验检测机构和检验检测人员利用检验检测工作故意刁难特种设备生产、使用单位，由特种设备安全监督管理部门责令改正；拒不改正的，撤销其检验检测资格。

第九十六条 检验检测人员，从事检验检测工作，不在特种设备检验检测机构执业或者同时在两个以上检验检测机构中执业的，由特种设备安全监督管理部门责令改正，情节严重的，给予停止执业 6 个月以上 2 年以下的处罚；有违法所得的，没收违法所得。

第九十七条 特种设备安全监督管理部

门及其特种设备安全监察人员，有下列违法行为之一的，对直接负责的主管人员和其他直接责任人员，依法给予降级或者撤职的处分；触犯刑律的，依照刑法关于受贿罪、滥用职权罪、玩忽职守罪或者其他罪的规定，依法追究刑事责任：

（一）不按照本条例规定的条件和安全技术规范要求，实施许可、核准、登记的；

（二）发现未经许可、核准、登记擅自从事特种设备的生产、使用或者检验检测活动不予取缔或者不依法予以处理的；

（三）发现特种设备生产、使用单位不再具备本条例规定的条件而不撤销其原许可，或者发现特种设备生产、使用违法行为不予查处的；

（四）发现特种设备检验检测机构不再具备本条例规定的条件而不撤销其原核准，或者对其出具虚假的检验检测结果、鉴定结论或者检验检测结果、鉴定结论严重失实的行为不予查处的；

（五）对依照本条例规定在其他地方取得许可的特种设备生产单位重复进行许可，或者对依照本条例规定在其他地方检验检测合格的特种设备，重复进行检验检测的；

（六）发现有违反本条例和安全技术规范的行为或者在用的特种设备存在严重事故隐患，不立即处理的；

（七）发现重大的违法行为或者严重事故隐患，未及时向上级特种设备安全监督管理部门报告，或者接到报告的特种设备安全监督管理部门不立即处理的；

（八）迟报、漏报、瞒报或者谎报事故的；

（九）妨碍事故救援或者事故调查处理的。

第九十八条　特种设备的生产、使用单位或者检验检测机构，拒不接受特种设备安全监督管理部门依法实施的安全监察的，由特种设备安全监督管理部门责令限期改正；逾期未改正的，责令停产停业整顿，处 2 万元以上 10 万元以下罚款；触犯刑律的，依照刑法关于妨害公务罪或者其他罪的规定，依法追究刑事责任。

特种设备生产、使用单位擅自动用、调换、转移、损毁被查封、扣押的特种设备或者其主要部件的，由特种设备安全监督管理部门责令改正，处 5 万元以上 20 万元以下罚款；情节严重的，撤销其相应资格。

第八章　附　　则

第九十九条　本条例下列用语的含义是：

（一）锅炉，是指利用各种燃料、电或者其他能源，将所盛装的液体加热到一定的参数，并对外输出热能的设备，其范围规定为容积大于或者等于 30L 的承压蒸汽锅炉；出口水压大于或者等于 0.1MPa（表压），且额定功率大于或者等于 0.1MW 的承压热水锅炉；有机热载体锅炉。

（二）压力容器，是指盛装气体或者液体，承载一定压力的密闭设备，其范围规定为最高工作压力大于或者等于 0.1MPa（表压），且压力与容积的乘积大于或者等于 2.5MPa·L 的气体、液化气体和最高工作温度高于或者等于标准沸点的液体的固定式容器和移动式容器；盛装公称工作压力大于或者等于 0.2MPa（表压），且压力与容积的乘积大于或者等于 1.0MPa·L 的气体、液化气体和标准沸点等于或者低于 60℃液体的气瓶；氧舱等。

（三）压力管道，是指利用一定的压力，用于输送气体或者液体的管状设备，其范围规定为最高工作压力大于或者等于 0.1MPa（表压）的气体、液化气体、蒸汽介质或者可燃、易爆、有毒、有腐蚀性、最高工作温度高于或者等于标准沸点的液体介质，且公称直径大于 25mm 的管道。

（四）电梯，是指动力驱动，利用沿刚性导轨运行的箱体或者沿固定线路运行的梯级（踏步），进行升降或者平行运送人、货物的机电设备，包括载人（货）电梯、自动扶梯、自动人行道等。

（五）起重机械，是指用于垂直升降或者垂直升降并水平移动重物的机电设备，其范围规定为额定起重量大于或者等于0.5t的升降机；额定起重量大于或者等于1t，且提升高度大于或者等于2m的起重机和承重形式固定的电动葫芦等。

（六）客运索道，是指动力驱动，利用柔性绳索牵引箱体等运载工具运送人员的机电设备，包括客运架空索道、客运缆车、客运拖牵索道等。

（七）大型游乐设施，是指用于经营目的，承载乘客游乐的设施，其范围规定为设计最大运行线速度大于或者等于2m/s，或者运行高度距地面高于或者等于2m的载人大型游乐设施。

（八）场（厂）内专用机动车辆，是指除道路交通、农用车辆以外仅在工厂厂区、旅游景区、游乐场所等特定区域使用的专用机动车辆。

特种设备包括其所用的材料、附属的安全附件、安全保护装置和与安全保护装置相关的设施。

第一百条　压力管道设计、安装、使用的安全监督管理办法由国务院另行制定。

第一百零一条　国务院特种设备安全监督管理部门可以授权省、自治区、直辖市特种设备安全监督管理部门负责本条例规定的特种设备行政许可工作，具体办法由国务院特种设备安全监督管理部门制定。

第一百零二条　特种设备行政许可、检验检测，应当按照国家有关规定收取费用。

第一百零三条　本条例自2003年6月1日起施行。1982年2月6日国务院发布的《锅炉压力容器安全监察暂行条例》同时废止。

特种作业人员安全技术培训考核管理规定

（2010年5月24日国家安全监管总局令第30号公布，根据2013年8月29日国家安全监管总局令第63号第一次修正，根据2015年5月29日国家安全监管总局令第80号第二次修正）

第一章　总　　则

第一条　为了规范特种作业人员的安全技术培训考核工作，提高特种作业人员的安全技术水平，防止和减少伤亡事故，根据《安全生产法》、《行政许可法》等有关法律、行政法规，制定本规定。

第二条　生产经营单位特种作业人员的安全技术培训、考核、发证、复审及其监督管理工作，适用本规定。

有关法律、行政法规和国务院对有关特种作业人员管理另有规定的，从其规定。

第三条　本规定所称特种作业，是指容易发生事故，对操作者本人、他人的安全健康及设备、设施的安全可能造成重大危害的作业。特种作业的范围由特种作业目录规定。

本规定所称特种作业人员，是指直接从事特种作业的从业人员。

第四条　特种作业人员应当符合下列条件：

（一）年满18周岁，且不超过国家法定退休年龄；

（二）经社区或者县级以上医疗机构体检健康合格，并无妨碍从事相应特种作业的器质性心脏病、癫痫病、美尼尔氏症、眩晕症、癔病、震颤麻痹症、精神病、痴呆症以及其他疾病和生理缺陷；

（三）具有初中及以上文化程度；

（四）具备必要的安全技术知识与技能；

（五）相应特种作业规定的其他条件。

危险化学品特种作业人员除符合前款第一项、第二项、第四项和第五项规定的条件外，应当具备高中或者相当于高中及以上文化程度。

第五条　特种作业人员必须经专门的安全技术培训并考核合格，取得《中华人民共和国特种作业操作证》（以下简称特种作业操作证）后，方可上岗作业。

第六条　特种作业人员的安全技术培训、考核、发证、复审工作实行统一监管、分级实施、教考分离的原则。

第七条　国家安全生产监督管理总局（以下简称安全监管总局）指导、监督全国特种作业人员的安全技术培训、考核、发证、复审工作；省、自治区、直辖市人民政府安全生产监督管理部门指导、监督本行政区域特种作业人员的安全技术培训工作，负责本行政区域特种作业人员的考核、发证、复审工作；县级以上地方人民政府安全生产监督管理部门负责监督检查本行政区域特种作业人员的安全技术培训和持证上岗工作。

国家煤矿安全监察局（以下简称煤矿安监局）指导、监督全国煤矿特种作业人员（含煤矿矿井使用的特种设备作业人员）的安全技术培训、考核、发证、复审工作；省、自治区、直辖市人民政府负责煤矿特种作业人员考核发证工作的部门或者指定的机构指导、监督本行政区域煤矿特种作业人员的安全技术培训工作，负责本行政区域煤矿特种作业人员的考核、发证、复审工作。

省、自治区、直辖市人民政府安全生产监督管理部门和负责煤矿特种作业人员考核发证工作的部门或者指定的机构（以下统称考核发证机关）可以委托设区的市人民政府安全生产监督管理部门和负责煤矿特种作业人员考核发证工作的部门或者指定的机构实施特种作业人员的考核、发证、复审工作。

第八条　对特种作业人员安全技术培训、考核、发证、复审工作中的违法行为，任何单位和个人均有权向安全监管总局、煤矿安监局和省、自治区、直辖市及设区的市人民政府安全生产监督管理部门、负责煤矿特种作业人员考核发证工作的部门或者指定的机构举报。

第二章　培　　训

第九条　特种作业人员应当接受与其所从事的特种作业相应的安全技术理论培训和实际操作培训。

已经取得职业高中、技工学校及中专以上学历的毕业生从事与其所学专业相应的特种作业，持学历证明经考核发证机关同意，可以免予相关专业的培训。

跨省、自治区、直辖市从业的特种作业人员，可以在户籍所在地或者从业所在地参加培训。

第十条　对特种作业人员的安全技术培训，具备安全培训条件的生产经营单位应当以自主培训为主，也可以委托具备安全培训条件的机构进行培训。

不具备安全培训条件的生产经营单位，应当委托具备安全培训条件的机构进行培训。

生产经营单位委托其他机构进行特种作业人员安全技术培训的，保证安全技术培训的责任仍由本单位负责。

第十一条　从事特种作业人员安全技术培训的机构（以下统称培训机构），应当制定相应的培训计划、教学安排，并按照安全监管总局、煤矿安监局制定的特种作业人员培训大纲和煤矿特种作业人员培训大纲进行特种作业人员的安全技术培训。

第三章　考核发证

第十二条　特种作业人员的考核包括考

试和审核两部分。考试由考核发证机关或其委托的单位负责；审核由考核发证机关负责。

安全监管总局、煤矿安监局分别制定特种作业人员、煤矿特种作业人员的考核标准，并建立相应的考试题库。

考核发证机关或其委托的单位应当按照安全监管总局、煤矿安监局统一制定的考核标准进行考核。

第十三条　参加特种作业操作资格考试的人员，应当填写考试申请表，由申请人或者申请人的用人单位持学历证明或者培训机构出具的培训证明向申请人户籍所在地或者从业所在地的考核发证机关或其委托的单位提出申请。

考核发证机关或其委托的单位收到申请后，应当在60日内组织考试。

特种作业操作资格考试包括安全技术理论考试和实际操作考试两部分。考试不及格的，允许补考1次。经补考仍不及格的，重新参加相应的安全技术培训。

第十四条　考核发证机关委托承担特种作业操作资格考试的单位应当具备相应的场所、设施、设备等条件，建立相应的管理制度，并公布收费标准等信息。

第十五条　考核发证机关或其委托承担特种作业操作资格考试的单位，应当在考试结束后10个工作日内公布考试成绩。

第十六条　符合本规定第四条规定并经考试合格的特种作业人员，应当向其户籍所在地或者从业所在地的考核发证机关申请办理特种作业操作证，并提交身份证复印件、学历证书复印件、体检证明、考试合格证明等材料。

第十七条　收到申请的考核发证机关应当在5个工作日内完成对特种作业人员所提交申请材料的审查，作出受理或者不予受理的决定。能够当场作出受理决定的，应当当场作出受理决定；申请材料不齐全或者不符合要求的，应当当场或者在5个工作日内一次告知申请人需要补正的全部内容，逾期不告知的，视为自收到申请材料之日起即已被受理。

第十八条　对已经受理的申请，考核发证机关应当在20个工作日内完成审核工作。符合条件的，颁发特种作业操作证；不符合条件的，应当说明理由。

第十九条　特种作业操作证有效期为6年，在全国范围内有效。

特种作业操作证由安全监管总局统一式样、标准及编号。

第二十条　特种作业操作证遗失的，应当向原考核发证机关提出书面申请，经原考核发证机关审查同意后，予以补发。

特种作业操作证所记载的信息发生变化或者损毁的，应当向原考核发证机关提出书面申请，经原考核发证机关审查确认后，予以更换或者更新。

第四章　复　　审

第二十一条　特种作业操作证每3年复审1次。

特种作业人员在特种作业操作证有效期内，连续从事本工种10年以上，严格遵守有关安全生产法律法规的，经原考核发证机关或者从业所在地考核发证机关同意，特种作业操作证的复审时间可以延长至每6年1次。

第二十二条　特种作业操作证需要复审的，应当在期满前60日内，由申请人或者申请人的用人单位向原考核发证机关或者从业所在地考核发证机关提出申请，并提交下列材料：

（一）社区或者县级以上医疗机构出具的健康证明；

（二）从事特种作业的情况；

（三）安全培训考试合格记录。

特种作业操作证有效期届满需要延期换证的，应当按照前款的规定申请延期复审。

第二十三条　特种作业操作证申请复审

或者延期复审前，特种作业人员应当参加必要的安全培训并考试合格。

安全培训时间不少于 8 个学时，主要培训法律、法规、标准、事故案例和有关新工艺、新技术、新装备等知识。

第二十四条　申请复审的，考核发证机关应当在收到申请之日起 20 个工作日内完成复审工作。复审合格的，由考核发证机关签章、登记，予以确认；不合格的，说明理由。

申请延期复审的，经复审合格后，由考核发证机关重新颁发特种作业操作证。

第二十五条　特种作业人员有下列情形之一的，复审或者延期复审不予通过：

（一）健康体检不合格的；

（二）违章操作造成严重后果或者有 2 次以上违章行为，并经查证确实的；

（三）有安全生产违法行为，并给予行政处罚的；

（四）拒绝、阻碍安全生产监管监察部门监督检查的；

（五）未按规定参加安全培训，或者考试不合格的；

（六）具有本规定第三十条、第三十一条规定情形的。

第二十六条　特种作业操作证复审或者延期复审符合本规定第二十五条第二项、第三项、第四项、第五项情形的，按照本规定经重新安全培训考试合格后，再办理复审或者延期复审手续。

再复审、延期复审仍不合格，或者未按期复审的，特种作业操作证失效。

第二十七条　申请人对复审或者延期复审有异议的，可以依法申请行政复议或者提起行政诉讼。

第五章　监督管理

第二十八条　考核发证机关或其委托的单位及其工作人员应当忠于职守、坚持原则、廉洁自律，按照法律、法规、规章的规定进行特种作业人员的考核、发证、复审工作，接受社会的监督。

第二十九条　考核发证机关应当加强对特种作业人员的监督检查，发现其具有本规定第三十条规定情形的，及时撤销特种作业操作证；对依法应当给予行政处罚的安全生产违法行为，按照有关规定依法对生产经营单位及其特种作业人员实施行政处罚。

考核发证机关应当建立特种作业人员管理信息系统，方便用人单位和社会公众查询；对于注销特种作业操作证的特种作业人员，应当及时向社会公告。

第三十条　有下列情形之一的，考核发证机关应当撤销特种作业操作证：

（一）超过特种作业操作证有效期未延期复审的；

（二）特种作业人员的身体条件已不适合继续从事特种作业的；

（三）对发生生产安全事故负有责任的；

（四）特种作业操作证记载虚假信息的；

（五）以欺骗、贿赂等不正当手段取得特种作业操作证的。

特种作业人员违反前款第四项、第五项规定的，3 年内不得再次申请特种作业操作证。

第三十一条　有下列情形之一的，考核发证机关应当注销特种作业操作证：

（一）特种作业人员死亡的；

（二）特种作业人员提出注销申请的；

（三）特种作业操作证被依法撤销的。

第三十二条　离开特种作业岗位 6 个月以上的特种作业人员，应当重新进行实际操作考试，经确认合格后方可上岗作业。

第三十三条　省、自治区、直辖市人民政府安全生产监督管理部门和负责煤矿特种作业人员考核发证工作的部门或者指定的机构应当每年分别向安全监管总局、煤矿安监局报告特种作业人员的考核发证情况。

第三十四条　生产经营单位应当加强对

本单位特种作业人员的管理，建立健全特种作业人员培训、复审档案，做好申报、培训、考核、复审的组织工作和日常的检查工作。

第三十五条　特种作业人员在劳动合同期满后变动工作单位的，原工作单位不得以任何理由扣押其特种作业操作证。

跨省、自治区、直辖市从业的特种作业人员应当接受从业所在地考核发证机关的监督管理。

第三十六条　生产经营单位不得印制、伪造、倒卖特种作业操作证，或者使用非法印制、伪造、倒卖的特种作业操作证。

特种作业人员不得伪造、涂改、转借、转让、冒用特种作业操作证或者使用伪造的特种作业操作证。

第六章　罚　　则

第三十七条　考核发证机关或其委托的单位及其工作人员在特种作业人员考核、发证和复审工作中滥用职权、玩忽职守、徇私舞弊的，依法给予行政处分；构成犯罪的，依法追究刑事责任。

第三十八条　生产经营单位未建立健全特种作业人员档案的，给予警告，并处1万元以下的罚款。

第三十九条　生产经营单位使用未取得特种作业操作证的特种作业人员上岗作业的，责令限期改正，可以处5万元以下的罚款；逾期未改正的，责令停产停业整顿，并处5万元以上10万元以下的罚款，对直接负责的主管人员和其他直接责任人员处1万元以上2万元以下的罚款。

煤矿企业使用未取得特种作业操作证的特种作业人员上岗作业的，依照《国务院关于预防煤矿生产安全事故的特别规定》的规定处罚。

第四十条　生产经营单位非法印制、伪造、倒卖特种作业操作证，或者使用非法印制、伪造、倒卖的特种作业操作证的，给予警告，并处1万元以上3万元以下的罚款；构成犯罪的，依法追究刑事责任。

第四十一条　特种作业人员伪造、涂改特种作业操作证或者使用伪造的特种作业操作证的，给予警告，并处1000元以上5000元以下的罚款。

特种作业人员转借、转让、冒用特种作业操作证的，给予警告，并处2000元以上1万元以下的罚款。

第七章　附　　则

第四十二条　特种作业人员培训、考试的收费标准，由省、自治区、直辖市人民政府安全生产监督管理部门会同负责煤矿特种作业人员考核发证工作的部门或者指定的机构统一制定，报同级人民政府物价、财政部门批准后执行，证书工本费由考核发证机关列入同级财政预算。

第四十三条　省、自治区、直辖市人民政府安全生产监督管理部门和负责煤矿特种作业人员考核发证工作的部门或者指定的机构可以结合本地区实际，制定实施细则，报安全监管总局、煤矿安监局备案。

第四十四条　本规定自2010年7月1日起施行。1999年7月12日原国家经贸委发布的《特种作业人员安全技术培训考核管理办法》（原国家经贸委令第13号）同时废止。

特种设备作业人员监督管理办法

（2005 年 1 月 10 日国家质量监督检验检疫总局令第 70 号公布，根据 2011 年 5 月 3 日《国家质量监督检验检疫总局关于修改〈特种设备作业人员监督管理办法〉的决定》修订）

第一章 总 则

第一条 为了加强特种设备作业人员监督管理工作，规范作业人员考核发证程序，保障特种设备安全运行，根据《中华人民共和国行政许可法》、《特种设备安全监察条例》和《国务院对确需保留的行政审批项目设定行政许可的决定》，制定本办法。

第二条 锅炉、压力容器（含气瓶）、压力管道、电梯、起重机械、客运索道、大型游乐设施、场（厂）内专用机动车辆等特种设备的作业人员及其相关管理人员统称特种设备作业人员。特种设备作业人员作业种类与项目目录由国家质量监督检验检疫总局统一发布。

从事特种设备作业的人员应当按照本办法的规定，经考核合格取得《特种设备作业人员证》，方可从事相应的作业或者管理工作。

第三条 国家质量监督检验检疫总局（以下简称国家质检总局）负责全国特种设备作业人员的监督管理，县以上质量技术监督部门负责本辖区内的特种设备作业人员的监督管理。

第四条 申请《特种设备作业人员证》的人员，应当首先向省级质量技术监督部门指定的特种设备作业人员考试机构（以下简称考试机构）报名参加考试。

对特种设备作业人员数量较少不需要在各省、自治区、直辖市设立考试机构的，由国家质检总局指定考试机构。

第五条 特种设备生产、使用单位（以下统称用人单位）应当聘（雇）用取得《特种设备作业人员证》的人员从事相关管理和作业工作，并对作业人员进行严格管理。

特种设备作业人员应当持证上岗，按章操作，发现隐患及时处置或者报告。

第二章 考试和审核发证程序

第六条 特种设备作业人员考核发证工作由县以上质量技术监督部门分级负责。省级质量技术监督部门决定具体的发证分级范围，负责对考核发证工作的日常监督管理。

申请人经指定的考试机构考试合格的，持考试合格凭证向考试场所所在地的发证部门申请办理《特种设备作业人员证》。

第七条 特种设备作业人员考试机构应当具备相应的场所、设备、师资、监考人员以及健全的考试管理制度等必备条件和能力，经发证部门批准，方可承担考试工作。

发证部门应当对考试机构进行监督，发现问题及时处理。

第八条 特种设备作业人员考试和审核发证程序包括：考试报名、考试、领证申请、受理、审核、发证。

第九条 发证部门和考试机构应当在办公处所公布本办法、考试和审核发证程序、考试作业人员种类、报考具体条件、收费依据和标准、考试机构名称及地点、考试计划等事项。其中，考试报名时间、考试科目、考试地点、考试时间等具体考试计划事项，应当在举行考试之日2个月前公布。

有条件的应当在有关网站、新闻媒体上公布。

第十条　申请《特种设备作业人员证》的人员应当符合下列条件：

（一）年龄在18周岁以上；

（二）身体健康并满足申请从事的作业种类对身体的特殊要求；

（三）有与申请作业种类相适应的文化程度；

（四）具有相应的安全技术知识与技能；

（五）符合安全技术规范规定的其他要求。

作业人员的具体条件应当按照相关安全技术规范的规定执行。

第十一条　用人单位应当对作业人员进行安全教育和培训，保证特种设备作业人员具备必要的特种设备安全作业知识、作业技能和及时进行知识更新。作业人员未能参加用人单位培训的，可以选择专业培训机构进行培训。

作业人员培训的内容按照国家质检总局制定的相关作业人员培训考核大纲等安全技术规范执行。

第十二条　符合条件的申请人员应当向考试机构提交有关证明材料，报名参加考试。

第十三条　考试机构应当制订和认真落实特种设备作业人员的考试组织工作的各项规章制度，严格按照公开、公正、公平的原则，组织实施特种设备作业人员的考试，确保考试工作质量。

第十四条　考试结束后，考试机构应当在20个工作日内将考试结果告知申请人，并公布考试成绩。

第十五条　考试合格的人员，凭考试结果通知单和其他相关证明材料，向发证部门申请办理《特种设备作业人员证》。

第十六条　发证部门应当在5个工作日内对报送材料进行审查，或者告知申请人补正申请材料，并作出是否受理的决定。能够当场审查的，应当当场办理。

第十七条　对同意受理的申请，发证部门应当在20个工作日内完成审核批准手续。准予发证的，在10个工作日内向申请人颁发《特种设备作业人员证》；不予发证的，应当书面说明理由。

第十八条　特种设备作业人员考核发证工作遵循便民、公开、高效的原则。为方便申请人办理考核发证事项，发证部门可以将受理和发放证书的地点设在考试报名地点，并在报名考试时委托考试机构对申请人是否符合报考条件进行审查，考试合格后发证部门可以直接办理受理手续和审核、发证事项。

第三章　证书使用及监督管理

第十九条　持有《特种设备作业人员证》的人员，必须经用人单位的法定代表人（负责人）或者其授权人雇（聘）用后，方可在许可的项目范围内作业。

第二十条　用人单位应当加强对特种设备作业现场和作业人员的管理，履行下列义务：

（一）制订特种设备操作规程和有关安全管理制度；

（二）聘用持证作业人员，并建立特种设备作业人员管理档案；

（三）对作业人员进行安全教育和培训；

（四）确保持证上岗和按章操作；

（五）提供必要的安全作业条件；

（六）其他规定的义务。

用人单位可以指定一名本单位管理人员作为特种设备安全管理负责人，具体负责前款规定的相关工作。

第二十一条　特种设备作业人员应当遵守以下规定：

（一）作业时随身携带证件，并自觉接

受用人单位的安全管理和质量技术监督部门的监督检查；

（二）积极参加特种设备安全教育和安全技术培训；

（三）严格执行特种设备操作规程和有关安全规章制度；

（四）拒绝违章指挥；

（五）发现事故隐患或者不安全因素应当立即向现场管理人员和单位有关负责人报告；

（六）其他有关规定。

第二十二条 《特种设备作业人员证》每 4 年复审一次。持证人员应当在复审期届满 3 个月前，向发证部门提出复审申请。对持证人员在 4 年内符合有关安全技术规范规定的不间断作业要求和安全、节能教育培训要求，且无违章操作或者管理等不良记录、未造成事故的，发证部门应当按照有关安全技术规范的规定准予复审合格，并在证书正本上加盖发证部门复审合格章。

复审不合格、逾期未复审的，其《特种设备作业人员证》予以注销。

第二十三条 有下列情形之一的，应当撤销《特种设备作业人员证》：

（一）持证作业人员以考试作弊或者以其他欺骗方式取得《特种设备作业人员证》的；

（二）持证作业人员违反特种设备的操作规程和有关的安全规章制度操作，情节严重的；

（三）持证作业人员在作业过程中发现事故隐患或者其他不安全因素未立即报告，情节严重的；

（四）考试机构或者发证部门工作人员滥用职权、玩忽职守、违反法定程序或者超越发证范围考核发证的；

（五）依法可以撤销的其他情形。

违反前款第（一）项规定的，持证人 3 年内不得再次申请《特种设备作业人员证》。

第二十四条 《特种设备作业人员证》遗失或者损毁的，持证人应当及时报告发证部门，并在当地媒体予以公告。查证属实的，由发证部门补办证书。

第二十五条 任何单位和个人不得非法印制、伪造、涂改、倒卖、出租或者出借《特种设备作业人员证》。

第二十六条 各级质量技术监督部门应当对特种设备作业活动进行监督检查，查处违法作业行为。

第二十七条 发证部门应当加强对考试机构的监督管理，及时纠正违规行为，必要时应当派人现场监督考试的有关活动。

第二十八条 发证部门要建立特种设备作业人员监督管理档案，记录考核发证、复审和监督检查的情况。发证、复审及监督检查情况要定期向社会公布。

发证部门应当在发证或者复审合格后 20 个工作日内，将特种设备作业人员相关信息录入国家质检总局特种设备作业人员公示查询系统。

第二十九条 特种设备作业人员考试报名、考试、领证申请、受理、审核、发证等环节的具体规定，以及考试机构的设立、《特种设备作业人员证》的注销和复审等事项，按照国家质检总局制定的特种设备作业人员考核规则等安全技术规范执行。

第四章 罚　　则

第三十条 申请人隐瞒有关情况或者提供虚假材料申请《特种设备作业人员证》的，不予受理或者不予批准发证，并在 1 年内不得再次申请《特种设备作业人员证》。

第三十一条 有下列情形之一的，责令用人单位改正，并处 1000 元以上 3 万元以下罚款：

（一）违章指挥特种设备作业的；

（二）作业人员违反特种设备的操作规程和有关的安全规章制度操作，或者在作业过程中发现事故隐患或者其他不安全因素未立即向现场管理人员和单位有关负责人报告，用人单位未给予批评教育或者处分的。

第三十二条　非法印制、伪造、涂改、倒卖、出租、出借《特种设备作业人员证》，或者使用非法印制、伪造、涂改、倒卖、出租、出借《特种设备作业人员证》的，处1000元以下罚款；构成犯罪的，依法追究刑事责任。

第三十三条　发证部门未按规定程序组织考试和审核发证，或者发证部门未对考试机构严格监督管理影响特种设备作业人员考试质量的，由上一级发证部门责令整改；情节严重的，其负责的特种设备作业人员的考核工作由上一级发证部门组织实施。

第三十四条　考试机构未按规定程序组织考试工作，责令整改；情节严重的，暂停或者撤销其批准。

第三十五条　发证部门或者考试机构工作人员滥用职权、玩忽职守、以权谋私的，应当依法给予行政处分；构成犯罪的，依法追究刑事责任。

第三十六条　特种设备作业人员未取得《特种设备作业人员证》上岗作业，或者用人单位未对特种设备作业人员进行安全教育和培训的，按照《特种设备安全监察条例》第八十六条的规定对用人单位予以处罚。

第五章　附　　则

第三十七条　《特种设备作业人员证》的格式、印制等事项由国家质检总局统一规定。

第三十八条　考试收费按照财政和价格主管部门的规定执行。省级质量技术监督部门负责对本辖区内《特种设备作业人员证》考试收费工作进行监督检查，并按有关规定通报相关部门。

第三十九条　本办法不适用于从事房屋建筑工地和市政工程工地起重机械、场（厂）内专用机动车辆作业及其相关管理的人员。

第四十条　本办法由国家质检总局负责解释。

第四十一条　本办法自2005年7月1日起施行。原有规定与本办法要求不一致的，以本办法为准。

特种设备作业人员考核规则

（2019年5月27日国家市场监管总局公告2019年24号公布，自公布之日起施行）

第一章　总　　则

第一条　为了规范特种设备作业人员考核工作，根据《中华人民共和国特种设备安全法》《特种设备安全监察条例》《特种设备作业人员监督管理办法》，制定本规则。

第二条　本规则适用于国家市场监督管理总局制定发布的《特种设备作业人员资格认定分类与项目》范围内特种设备作业人员（含安全管理人员）资格的考核工作。

特种设备焊接作业人员的资格考核工作应当同时满足相关安全技术规范的要求。

第三条　特种设备作业人员应当按照本规则的要求，取得《特种设备安全管理和作业人员证》（样式见附件A）后，方可从事相应的作业活动。

第四条　特种设备作业人员考核发证工作由县级以上地方市场监督管理部门分级负责。具体发证机关及发证项目由省级市场监督管理部门确定并公布。

第五条 发证机关委托考试机构组织考试，或者自行组织考试。

第六条 省级市场监督管理部门负责制定考试机构的具体条件和委托要求。

设区的市级市场监督管理部门或发证机关按照考试机构的具体条件在全国范围内选择并推荐考试机构，省级市场监督管理部门统筹形成本省考试机构备选库并公布，考试机构备选库应当覆盖本省所有的发证项目。

发证机关通过购买服务或其他方式，从考试机构备选库内选择考试机构并委托考试，向社会公布其委托的考试机构名称、地址、联系方式和考试项目。

第七条 对于氧舱、大型游乐设施、客运索道、安全阀等作业人员较少的项目，由省级市场监督管理部门发证；省级市场监督管理部门确定由设区的市级市场监督管理部门或者县级市场监督管理部门发证的，由省级市场监督管理部门统一确定考试机构。

第八条 国家市场监督管理总局负责全国特种设备作业人员考核工作的监督管理，县级以上地方市场监督管理部门负责本行政区域内特种设备作业人员考核工作的监督管理和对考试机构进行监督检查。

第二章 考试机构

第九条 考试机构应当满足下列基本条件：

（一）具有法人资质；

（二）有常设的组织管理部门和固定办公场所，专职人员不少于3名；

（三）建立考试管理制度，包括保密、命题、试卷运输、现场考试、阅卷、结果上报、档案、应急预案、题库管理等制度，并且能有效实施；

（四）根据相应考试大纲，明确考试范围、考试方式和合格指标；

（五）设立现场考试基地及考点，具备满足相应考试大纲要求的场所、设备设施和能力；

（六）具有满足考试需要的考试管理人员和考评人员。考评人员应当具备大专以上学历和本专业5年以上工作经历，具有丰富的实践操作经验，熟悉考试程序、考试管理、考试内容及评分要求，并且具有相应的作业人员资格；

（七）考试现场应当配备信息化人证比对系统，并且留存考试影像资料；必要时应在考试机位设置自动视频抓拍系统。

第十条 考试机构主要职责：

（一）公布考试机构的报名方式和考试地点、考试计划、考试种类和作业项目、报名要求、考试程序等；

（二）公布理论知识考试和实际操作技能考试的范围、项目；

（三）按照考试大纲的要求进行理论知识考试和实际操作技能考试；

（四）公布和上报考试结果；

（五）建立特种设备作业人员考试档案；

（六）向发证机关提交年度工作总结等。

第十一条 考试机构应当在本机构的考点和考试基地，对符合条件的报名人员进行理论知识考试和实际操作技能考试。因特殊原因，需要利用非本机构的考试基地进行考试的，应当事先报发证机关书面同意。

考试机构不得从事委托考试项目的培训工作。

第十二条 各种类特种设备作业人员考试大纲见本规则附件。

第三章 考试与发证

第十三条 特种设备作业人员考核程序包括申请、受理、考试和发证。

第十四条 申请人应当符合下列条件：

（一）年龄18周岁以上且不超过60周岁，并且具有完全民事行为能力；

（二）无妨碍从事作业的疾病和生理缺陷，并且满足申请从事的作业项目对身体条件的要求；

（三）具有初中以上学历，并且满足相应申请作业项目要求的文化程度；

（四）符合相应的考试大纲的专项要求。

第十五条　申请人应当向工作所在地或者户籍（户口或者居住证）所在地的发证机关提交下列申请资料：

（一）《特种设备作业人员资格申请表》（见附件B，1份）；

（二）近期2寸正面免冠白底彩色照片（2张）；

（三）身份证明（复印件1份）；

（四）学历证明（复印件1份）；

（五）体检报告（1份，相应考试大纲有要求的）。

申请人也可通过发证机关指定的网上报名系统填报申请，并且附前款要求提交的资料的扫描文件（PDF或者JPG格式）。

第十六条　发证机关在收到申请后的5个工作日内，应当作出是否受理的决定。需要申请人补充材料的，应当一次性告知申请人需要补正的内容。

予以受理的，发证机关应当告知申请人受理结果。申请人持受理结果到发证机关委托的考试机构报名，并按时参加考试。

不予以受理的，发证机关应当告知申请人不予受理结果，并说明原因。

第十七条　考试机构应当于考试前2个月公布考试时间、地点、作业项目等事项，需要更改考试时间、地点、作业项目的，应当及时通知已报名的申请人员。

第十八条　省级市场监督管理部门负责建立考试题库，或者采用全国统一考试题库；题库中的试题应当覆盖考试大纲全部知识点，每份试卷中考试试题的数量不超过题库试题总量的5%。

第十九条　考试机构应当按照相应考试大纲的要求组织考试，遵循公开、公平、公正原则，严格执行考试管理制度，确保考试工作质量。

第二十条　特种设备作业人员的考试包括理论知识考试和实际操作技能考试，特种设备安全管理人员只进行理论知识考试。

考试实行百分制，单科成绩达到70分为合格；每科均合格，评定为考试合格。

第二十一条　考试成绩有效期1年。单项考试科目不合格者，1年内可以向原考试机构申请补考1次。两项均不合格或者补考不合格者，应当向发证机关重新提出考核申请。

第二十二条　考试机构应当在考试结束后的20个工作日内公布考试合格人员名单，并将考试结果报送发证机关。申请人向考试机构查询成绩的，考试机构应当告知。

第二十三条　发证机关自行组织考试的，应当符合以上要求。

第二十四条　发证机关应当在收到考试结果后的20个工作日内完成审批发证工作。

第四章　复　　审

第二十五条　持证人员应当在持证项目有效期届满的1个月以前，向工作所在地或者户籍（户口或者居住证）所在地的发证机关提出复审申请，并提交下列资料：

（一）《特种设备作业人员资格复审申请表》（见附件C，1份）；

（二）《特种设备安全管理和作业人员证》（原件）。

第二十六条　满足下列要求的，复审合格：

（一）年龄不超过65周岁；

（二）持证期间，无违章作业、未发生责任事故；

（三）持证期间，《特种设备安全管理和作业人员证》的聘用记录中所从事持证项目的作业时间连续中断未超过1年。

第二十七条　发证机关办理复审时，应当登录“全国待种设备公示信息查询平台”，核实《特种设备安全管理和作业人员证》的真实性和有效性；无法核实的，申请人应当重新申请取证或者回原发证机关提交复审申请。

第二十八条 发证机关办理复审时，能够当场办理的，应当当场办理完成；需要补正申请材料的，应当一次性告知。复审不合格的，应当说明理由。发证机关应当在10个工作日内完成复审工作。

第二十九条 复审不合格、证书有效期逾期未申请复审的持证人员，需要继续从事该项目作业活动的，应当重新申请取证。

第三十条 特种设备焊接作业人员按照相应的安全技术规范的规定复审。

第五章 附 则

第三十一条 考试机构应当建立申请人员考试档案，包括考试人员名单及成绩、考试试卷、实际操作技能考试记录、考试现场记录（含考试现场影像）等。考试现场影像资料保存期不少于3年，其他档案保存期不少于10年。

第三十二条 发证机关应当建立特种设备作业人员发证档案，包括《特种设备作业人员资格申请表》《特种设备作业人员资格复审申请表》、受理结果、考试机构上报的考试结果、审批记录、结果发布的文件、发放记录等。档案保存期不少于10年。

对于提供虚假材料及承诺的、考试作弊的，以及违反操作规程和有关安全规章制度造成事故的，由发证机关记入特种设备作业人员发证档案。

第三十三条 发证机关应当在发证（复审）后的20个工作日内，将取证（复审）人员信息上传“全国特种设备公示信息查询平台”。

第三十四条 《特种设备安全管理和作业人员证》遗失或者损毁的，持证人员应当向原发证机关申请补发，并提交身份证明、遗失或者损毁的书面声明及近期2寸正面免冠白底彩色照片。原持证项目有效期不变。

第三十五条 申请人对考试结果有异议，可以在考试结果发布后的1个月以内向考试机构提出复核要求，考试机构应当在收到复核申请的20个工作日以内予以答复；对考试机构答复结果有异议的，可以书面向发证机关提出申诉。

发证机关自行组织考试的，申请人向发证机关提出复核要求。

第三十六条 《特种设备安全管理和作业人员证》可加印二维码。

第三十七条 本规则所称的“以上”，包括本数；所称的“不超过”，不包括本数。

第三十八条 本规则由国家市场监督管理总局负责解释。

第三十九条 本规则自2019年6月1日起施行，下列安全技术规范和文件同时废止：

（1）《特种设备作业人员考核规则》（TSG Z6001—2013，2013年1月16日质检总局颁布，国家市场监督管理总局2019年第8号公告附件2进行修订）；

（2）《特种设备质量管理负责人考核大纲（试行）》（2013年2月7日，国质检特函〔2013〕84号附件1）；

（3）《特种设备安全管理负责人考核大纲（试行）》（2013年2月7日，国质检特函〔2013〕84号附件2，2017年第1号修改单）；

（4）《场（厂）内专用机动车辆作业人员考核大纲（试行）》（2013年2月7日，国质检特函〔2013〕84号附件3）；

（5）《锅炉安全管理人员和操作人员考核大纲》（TSG G6001—2009，2009年12月29日质检总局颁布）；

（6）《锅炉水处理作业人员考核大纲》（TSG G6003—2008，2008年2月21日质检总局颁布）；

（7）《压力容器安全管理人员和操作人员考核大纲》（TSG R6001—2011，2011年5月10日质检总局颁布）；

（8）《医用氧舱维护管理人员考核大

纲》（TSG R6002—2006，2006 年 4 月 19 日质检总局颁布）；

（9）《气瓶充装人员考核大纲》（TSG R6004—2006，2006 年 4 月 19 日质检总局颁布）；

（10）《电梯安全管理人员和作业人员考核大纲》（TSG T6001—2007，2007 年 8 月 8 日质检总局颁布）；

（11）《起重机械安全管理人员和作业人员考核大纲》（国质检特〔2013〕680 号，2014 年 3 月 1 日起施行）；

（12）《客运索道安全管理人员和作业人员考核大纲》（TSG S6001—2008，2008 年 2 月 21 日质检总局颁布）；

（13）《大型游乐设施安全管理人员和作业人员考核大纲》（TSG Y6001—2008，2008 年 2 月 21 日质检总局颁布）；

（14）《安全阀维修人员考核大纲》（TSG ZF002—2005，2005 年 11 月 8 日质检总局颁布）；

（15）《压力容器压力管道带压密封作业人员考核大纲》（TSG R6003—2006，2006 年 4 月 19 日质检总局颁布）；

（16）《压力管道安全管理人员和操作人员考核大纲》（TSG D6001—2006，2006 年 4 月 19 日质检总局颁布）。

本规则施行之前发布的其他与特种设备作业人员考核相关的通知文件等，其要求与本规则不一致的，以本规则为准。

特种设备事故报告和调查处理规定

（2022 年 1 月 7 日市场监管总局第 1 次局务会议通过，2022 年 1 月 20 日公布，自 2022 年 3 月 1 日起施行）

第一章　总　　则

第一条　为了规范特种设备事故报告和调查处理工作，及时准确查清事故原因，明确事故责任，预防和减少事故发生，根据《中华人民共和国特种设备安全法》、《特种设备安全监察条例》等有关法律、行政法规的规定，制定本规定。

第二条　本规定所称特种设备事故，是指列入特种设备目录的特种设备因其本体原因及其安全装置或者附件损坏、失效，或者特种设备相关人员违反特种设备法律法规规章、安全技术规范造成的事故。

第三条　以下情形不属于本规定所称特种设备事故：

（一）《中华人民共和国特种设备安全法》第一百条规定的特种设备造成的事故；

（二）自然灾害等不可抗力或者交通事故、火灾事故等外部因素引发的事故；

（三）人为破坏或者利用特种设备实施违法犯罪导致的事故；

（四）特种设备具备使用功能前或者在拆卸、报废、转移等非作业状态下发生的事故；

（五）特种设备作业、检验、检测人员因劳动保护措施不当或者缺失而发生的事故；

（六）场（厂）内专用机动车辆驶出规定的工厂厂区、旅游景区、游乐场所等特定区域发生的事故。

第四条　国家市场监督管理总局负责监督指导全国特种设备事故报告、调查和处理工作。

各级市场监督管理部门在本级人民政府的领导和上级市场监督管理部门指导下，依法开展特种设备事故报告、调查和处理工作。

第五条　特种设备事故报告应当及时、准确、完整，任何单位和个人不得迟报、漏报、谎报或者瞒报。

特种设备事故调查处理应当实事求是、客观公正、尊重科学，及时、准确地查清事故经过、事故原因和事故损失，查明事故性质，认定事故责任，提出处理建议和整改措施。

第六条 任何单位和个人不得阻挠和干涉特种设备事故报告、调查和处理工作。

对特种设备事故报告、调查和处理中的违法行为，任何单位和个人有权向市场监督管理部门和其他有关部门举报，接到举报的部门应当依法及时处理。

第二章 事故报告

第七条 特种设备发生事故后，事故现场有关人员应当立即向事故发生单位负责人报告；事故发生单位的负责人接到报告后，应当于1小时内向事故发生地的县级以上市场监督管理部门和有关部门报告。

情况紧急时，事故现场有关人员可以直接向事故发生地的县级以上市场监督管理部门报告。

第八条 市场监督管理部门接到有关特种设备事故报告后，应当立即组织查证核实。属于特种设备事故的，应当向本级人民政府报告，并逐级报告上级市场监督管理部门直至国家市场监督管理总局。每级上报的时间不得超过2小时。必要时，可以越级上报事故情况。

对于一般事故、较大事故，接到事故报告的市场监督管理部门应当及时通报同级有关部门。对于重大事故、特别重大事故，国家市场监督管理总局应当立即报告国务院并及时通报国务院有关部门。

事故发生地与事故发生单位所在地不在同一行政区域的，事故发生地市场监督管理部门应当及时通知事故发生单位所在地市场监督管理部门。事故发生单位所在地市场监督管理部门应当配合做好事故调查处理相关工作。

第九条 市场监督管理部门逐级上报事故信息，应当采用快捷便利的通讯方式进行上报，同时通过特种设备事故管理系统进行上报。现场无法通过特种设备事故管理系统上报的，应当在接到事故报告后24小时内通过系统进行补报。

第十条 事故报告应当包括以下内容：

（一）事故发生的时间、地点、单位概况以及特种设备种类；

（二）事故发生简要经过、现场破坏情况、已经造成或者可能造成的伤亡和涉险人数、初步估计的直接经济损失；

（三）已经采取的措施；

（四）报告人姓名、联系电话；

（五）其他有必要报告的情况。

第十一条 事故报告后出现新情况的，以及对情况尚未报告清楚的，应当及时逐级续报。

自事故发生之日起30日内，事故伤亡人数发生变化的，应当在发生变化的24小时内及时续报。

第十二条 事故发生地县级市场监督管理部门接到事故报告后，应当及时派员赶赴事故现场，并按照特种设备应急预案的分工，在当地人民政府的领导下积极组织开展事故应急救援工作。

上级市场监督管理部门认为有必要时，可以派员赶赴事故现场进行指导，事故发生地县级以上市场监督管理部门应当积极配合。

第十三条 各级市场监督管理部门应当依法组织制定特种设备事故应急预案，建立应急值班制度，并向社会公布值班电话，接收特种设备事故报告信息。

第三章 事故调查

第十四条 发生特种设备事故后，事故发生单位及其人员应当妥善保护事故现场以及相关证据，及时收集、整理有关资料，为事故调查做好准备；必要时，应当对设备、场地、资料进行封存，由专人看管。

第十五条　特种设备事故调查依据特种设备安全法律、行政法规的相关规定，实行分级负责。

市场监督管理部门接到事故报告后，经过现场初步判断，因客观原因暂时无法确定是否为特种设备事故的，应当及时报告本级人民政府，并按照本级人民政府的意见开展相关工作。

第十六条　对于跨区域发生、事故调查处理情形复杂、舆论关注和群众反响强烈的特种设备事故等情况，上级市场监督管理部门可以对事故调查进行督办，必要时可以直接进行调查。

自事故发生之日起30日内事故等级发生变化，依法应当由上级市场监督管理部门组织事故调查的，上级市场监督管理部门可以会同本级有关部门进行事故调查，也可以经本级人民政府批准，委托下级市场监督管理部门继续组织进行事故调查。

自事故发生之日起超过30日，事故造成的伤亡人数或者直接经济损失发生变化的，按照原事故等级组织事故调查。

第十七条　对无重大社会影响、无人员死亡且事故原因明晰的特种设备一般事故和较大事故，负责组织事故调查的市场监督管理部门，报本级人民政府批准后，可以由市场监督管理部门独立开展事故调查工作。必要时，经本级人民政府批准，可以委托下级市场监督管理部门组织事故调查。

第十八条　负责组织事故调查的市场监督管理部门应当报请本级人民政府批准成立事故调查组。

根据事故的具体情况，事故调查组一般应当由市场监督管理部门会同有关部门组成。

事故调查组组长由负责事故调查的市场监督管理部门负责人或者指定的人员担任。

第十九条　事故调查组应当履行下列职责：

（一）查清事故发生前的特种设备状况；

（二）查明事故经过、人员伤亡、特种设备损坏、直接经济损失情况及其他后果；

（三）分析事故原因；

（四）认定事故性质和事故责任；

（五）提出对事故责任单位和责任人员的处理建议；

（六）总结事故教训，提出防范类似事故发生和整改措施的建议；

（七）提交事故调查报告；

（八）整理并移交有关事故调查资料。

第二十条　事故调查组成员应当具有特种设备事故调查工作所需要的知识和专长，与事故发生单位及相关人员不存在直接利害关系。

事故调查组成员应当服从调查组组长领导，在事故调查工作中正确履行职责，诚信公正，遵守事故调查组的纪律，不得泄露有关事故调查信息。

第二十一条　根据事故调查工作需要，事故调查组可以聘请有关专家参与事故调查；所聘请的专家应当具备特种设备安全监督管理、生产、检验检测或者科研教学等相关工作经验。设区的市级以上市场监督管理部门可以根据事故调查工作需要，组建特种设备事故调查专家库。

第二十二条　事故调查组有权向有关单位和个人了解与事故有关的情况，并要求其提供相关文件、资料。有关单位和个人不得拒绝，并对所提供情况和文件、资料的真实性负责。

事故发生单位的负责人和有关人员在事故调查期间不得擅离职守，并应当随时接受事故调查组的询问。

第二十三条　事故调查组应当依法严格开展事故现场保护、勘察、询问及调查取证等相关工作。

事故调查期间未经事故调查组同意，任何单位和个人不得擅自移动事故相关设备，不得隐匿、毁灭有关资料、物品，不得伪造或者故意破坏事故现场。

第二十四条　事故调查中需要进行技术鉴定的，事故调查组应当委托相关单位进行技术鉴定，接受委托的单位应当出具技术鉴定报告，并对其结论负责。

第二十五条 事故调查组认为需要对特种设备事故进行直接经济损失评估的，可以委托依法成立的评估机构进行。接受委托的评估机构应当出具评估报告，并对其结论负责。

第二十六条 事故调查组应当在全面审查证据的基础上查明引发事故的原因，认定事故性质。

第二十七条 事故调查组应当根据事故的主要原因和次要原因，认定事故责任。

事故调查组应当根据责任单位和责任人员行为与特种设备事故发生及其后果之间的因果关系，以及在特种设备事故中的影响程度，认定责任单位和责任人员所负的责任。责任单位和责任人员所负的责任分为全部责任、主要责任和次要责任。

责任单位或者责任人员伪造或者故意破坏事故现场，毁灭、伪造或者隐匿证据，瞒报或者谎报事故等，致使事故责任无法认定的，应当承担全部责任。

第二十八条 事故调查组应当向组织事故调查的市场监督管理部门提交事故调查报告。事故调查报告应当包括下列内容：

（一）事故发生单位情况和发生事故设备情况；

（二）事故发生经过和事故救援情况；

（三）事故造成的人员伤亡、设备损坏程度和直接经济损失；

（四）事故发生的原因和事故性质；

（五）事故责任的认定以及对事故责任单位和责任人员的处理建议；

（六）事故防范和整改措施；

（七）技术鉴定报告等有关证据材料。

事故调查报告应当由事故调查组集体会审，并经事故调查组全体成员签名。事故调查组成员有不同意见的，可以提交个人签名的书面材料，附在事故调查报告内。

第二十九条 组织事故调查的市场监督管理部门应当按照规定程序对事故调查报告以及资料进行完整性审核。必要时，可以向事故调查组提出追加调查的要求。

第三十条 特种设备事故调查应当自事故调查组成立之日起60日内结束。特殊情况下，经组织调查的市场监督管理部门批准，事故调查期限可以适当延长，但延长的期限最长不超过60日。

经济损失评估时间与技术鉴定时间不计入事故调查期限。

因无法进行事故现场勘察的，事故调查期限从具备现场勘察条件之日起计算。

第四章 事故处理

第三十一条 事故调查结束后，组织事故调查的市场监督管理部门应当将事故调查报告报本级人民政府批复，并报上一级市场监督管理部门备案。

第三十二条 组织事故调查的市场监督管理部门应当在接到批复之日起15日内，将事故调查报告及批复意见送达有关地方人民政府及有关部门，并抄送事故发生单位、责任单位和责任人员。

第三十三条 市场监督管理部门及有关部门应当根据批复后的事故调查报告，依照法定权限和程序，对负有事故责任的相关单位和人员实施行政处罚，对负有事故责任的公职人员进行处分。

市场监督管理部门及其工作人员在特种设备事故调查和处理中存在违纪违法行为的，由纪检监察机关依法给予党纪政务处分。

涉嫌犯罪的，依法移送监察机关、司法机关处理。

第三十四条 事故发生单位及事故责任相关单位应当落实事故防范和整改措施。防范和整改措施的落实情况应当接受工会和职工的监督。

事故责任单位应当及时将防范和整改措施的落实情况报事故发生地的市级市场监督管理部门。

第三十五条 事故调查处理情况由组织

调查的市场监督管理部门按照《中华人民共和国政府信息公开条例》的有关规定，依法向社会公开。

第三十六条　事故调查的有关资料应当由组织事故调查的市场监督管理部门归档保存。

归档保存的材料包括现场勘察笔录、技术鉴定报告、事故调查报告、事故批复文件等。

第三十七条　组织事故调查的市场监督管理部门应当在接到事故调查报告批复之日起30日内将事故调查报告和批复意见逐级上报至国家市场监督管理总局。

第三十八条　组织事故调查的市场监督管理部门对事故调查中发现的需要制定或者修订的有关法律法规、安全技术规范和标准，应当及时报告上级市场监督管理部门，提出制定或者修订建议。

第三十九条　各级市场监督管理部门应当定期对本行政区域特种设备事故的情况、特点、原因进行统计分析，根据特种设备的管理和技术特点、事故情况，研究制定有针对性的工作措施，防止和减少类似事故的发生。

第五章　附　　则

第四十条　本规定所涉及的事故报告、调查协调、统计分析、报送等具体工作，由负责组织事故调查的市场监督管理部门负责，也可以委托相关特种设备事故调查处理机构承担。

第四十一条　与特种设备相关的其他安全事故，相关人民政府指定由市场监督管理部门组织事故调查的，可以参照本规定进行。

第四十二条　本规定自2022年3月1日起施行。2009年7月3日原国家质量监督检验检疫总局令第115号公布的《特种设备事故报告和调查处理规定》同时废止。

（五）消防安全类

中华人民共和国消防法

（1998年4月29日第九届全国人民代表大会常务委员会第二次会议通过，2008年10月28日第十一届全国人民代表大会常务委员会第五次会议修订，根据2019年4月23日第十三届全国人民代表大会常务委员会第十次会议《关于修改〈中华人民共和国建筑法〉等八部法律的决定》第一次修正，根据2021年4月29日第十三届全国人民代表大会常务委员会第二十八次会议《关于修改〈中华人民共和国道路交通安全法〉等八部法律的决定》第二次修正）

第一章　总　　则

第一条　为了预防火灾和减少火灾危害，加强应急救援工作，保护人身、财产安全，维护公共安全，制定本法。

第二条　消防工作贯彻预防为主、防消结合的方针，按照政府统一领导、部门依法监管、单位全面负责、公民积极参与的原则，实行消防安全责任制，建立健全社会化的消防工作网络。

第三条 国务院领导全国的消防工作。地方各级人民政府负责本行政区域内的消防工作。

各级人民政府应当将消防工作纳入国民经济和社会发展计划，保障消防工作与经济社会发展相适应。

第四条 国务院应急管理部门对全国的消防工作实施监督管理。县级以上地方人民政府应急管理部门对本行政区域内的消防工作实施监督管理，并由本级人民政府消防救援机构负责实施。军事设施的消防工作，由其主管单位监督管理，消防救援机构协助；矿井地下部分、核电厂、海上石油天然气设施的消防工作，由其主管单位监督管理。

县级以上人民政府其他有关部门在各自的职责范围内，依照本法和其他相关法律、法规的规定做好消防工作。

法律、行政法规对森林、草原的消防工作另有规定的，从其规定。

第五条 任何单位和个人都有维护消防安全、保护消防设施、预防火灾、报告火警的义务。任何单位和成年人都有参加有组织的灭火工作的义务。

第六条 各级人民政府应当组织开展经常性的消防宣传教育，提高公民的消防安全意识。

机关、团体、企业、事业等单位，应当加强对本单位人员的消防宣传教育。

应急管理部门及消防救援机构应当加强消防法律、法规的宣传，并督促、指导、协助有关单位做好消防宣传教育工作。

教育、人力资源行政主管部门和学校、有关职业培训机构应当将消防知识纳入教育、教学、培训的内容。

新闻、广播、电视等有关单位，应当有针对性地面向社会进行消防宣传教育。

工会、共产主义青年团、妇女联合会等团体应当结合各自工作对象的特点，组织开展消防宣传教育。

村民委员会、居民委员会应当协助人民政府以及公安机关、应急管理等部门，加强消防宣传教育。

第七条 国家鼓励、支持消防科学研究和技术创新，推广使用先进的消防和应急救援技术、设备；鼓励、支持社会力量开展消防公益活动。

对在消防工作中有突出贡献的单位和个人，应当按照国家有关规定给予表彰和奖励。

第二章 火灾预防

第八条 地方各级人民政府应当将包括消防安全布局、消防站、消防供水、消防通信、消防车通道、消防装备等内容的消防规划纳入城乡规划，并负责组织实施。

城乡消防安全布局不符合消防安全要求的，应当调整、完善；公共消防设施、消防装备不足或者不适应实际需要的，应当增建、改建、配置或者进行技术改造。

第九条 建设工程的消防设计、施工必须符合国家工程建设消防技术标准。建设、设计、施工、工程监理等单位依法对建设工程的消防设计、施工质量负责。

第十条 对按照国家工程建设消防技术标准需要进行消防设计的建设工程，实行建设工程消防设计审查验收制度。

第十一条 国务院住房和城乡建设主管部门规定的特殊建设工程，建设单位应当将消防设计文件报送住房和城乡建设主管部门审查，住房和城乡建设主管部门依法对审查的结果负责。

前款规定以外的其他建设工程，建设单位申请领取施工许可证或者申请批准开工报告时应当提供满足施工需要的消防设计图纸及技术资料。

第十二条 特殊建设工程未经消防设计

审查或者审查不合格的，建设单位、施工单位不得施工；其他建设工程，建设单位未提供满足施工需要的消防设计图纸及技术资料的，有关部门不得发放施工许可证或者批准开工报告。

第十三条　国务院住房和城乡建设主管部门规定应当申请消防验收的建设工程竣工，建设单位应当向住房和城乡建设主管部门申请消防验收。

前款规定以外的其他建设工程，建设单位在验收后应当报住房和城乡建设主管部门备案，住房和城乡建设主管部门应当进行抽查。

依法应当进行消防验收的建设工程，未经消防验收或者消防验收不合格的，禁止投入使用；其他建设工程经依法抽查不合格的，应当停止使用。

第十四条　建设工程消防设计审查、消防验收、备案和抽查的具体办法，由国务院住房和城乡建设主管部门规定。

第十五条　公众聚集场所投入使用、营业前消防安全检查实行告知承诺管理。公众聚集场所在投入使用、营业前，建设单位或者使用单位应当向场所所在地的县级以上地方人民政府消防救援机构申请消防安全检查，作出场所符合消防技术标准和管理规定的承诺，提交规定的材料，并对其承诺和材料的真实性负责。

消防救援机构对申请人提交的材料进行审查；申请材料齐全、符合法定形式的，应当予以许可。消防救援机构应当根据消防技术标准和管理规定，及时对作出承诺的公众聚集场所进行核查。

申请人选择不采用告知承诺方式办理的，消防救援机构应当自受理申请之日起十个工作日内，根据消防技术标准和管理规定，对该场所进行检查。经检查符合消防安全要求的，应当予以许可。

公众聚集场所未经消防救援机构许可的，不得投入使用、营业。消防安全检查的具体办法，由国务院应急管理部门制定。

第十六条　机关、团体、企业、事业等单位应当履行下列消防安全职责：

（一）落实消防安全责任制，制定本单位的消防安全制度、消防安全操作规程，制定灭火和应急疏散预案；

（二）按照国家标准、行业标准配置消防设施、器材，设置消防安全标志，并定期组织检验、维修，确保完好有效；

（三）对建筑消防设施每年至少进行一次全面检测，确保完好有效，检测记录应当完整准确，存档备查；

（四）保障疏散通道、安全出口、消防车通道畅通，保证防火防烟分区、防火间距符合消防技术标准；

（五）组织防火检查，及时消除火灾隐患；

（六）组织进行有针对性的消防演练；

（七）法律、法规规定的其他消防安全职责。

单位的主要负责人是本单位的消防安全责任人。

第十七条　县级以上地方人民政府消防救援机构应当将发生火灾可能性较大以及发生火灾可能造成重大的人身伤亡或者财产损失的单位，确定为本行政区域内的消防安全重点单位，并由应急管理部门报本级人民政府备案。

消防安全重点单位除应当履行本法第十六条规定的职责外，还应当履行下列消防安全职责：

（一）确定消防安全管理人，组织实施本单位的消防安全管理工作；

（二）建立消防档案，确定消防安全重点部位，设置防火标志，实行严格管理；

（三）实行每日防火巡查，并建立巡查记录；

（四）对职工进行岗前消防安全培训，定期组织消防安全培训和消防演练。

第十八条　同一建筑物由两个以上单位

管理或者使用的，应当明确各方的消防安全责任，并确定责任人对共用的疏散通道、安全出口、建筑消防设施和消防车通道进行统一管理。

住宅区的物业服务企业应当对管理区域内的共用消防设施进行维护管理，提供消防安全防范服务。

第十九条 生产、储存、经营易燃易爆危险品的场所不得与居住场所设置在同一建筑物内，并应当与居住场所保持安全距离。

生产、储存、经营其他物品的场所与居住场所设置在同一建筑物内的，应当符合国家工程建设消防技术标准。

第二十条 举办大型群众性活动，承办人应当依法向公安机关申请安全许可，制定灭火和应急疏散预案并组织演练，明确消防安全责任分工，确定消防安全管理人员，保持消防设施和消防器材配置齐全、完好有效，保证疏散通道、安全出口、疏散指示标志、应急照明和消防车通道符合消防技术标准和管理规定。

第二十一条 禁止在具有火灾、爆炸危险的场所吸烟、使用明火。因施工等特殊情况需要使用明火作业的，应当按照规定事先办理审批手续，采取相应的消防安全措施；作业人员应当遵守消防安全规定。

进行电焊、气焊等具有火灾危险作业的人员和自动消防系统的操作人员，必须持证上岗，并遵守消防安全操作规程。

第二十二条 生产、储存、装卸易燃易爆危险品的工厂、仓库和专用车站、码头的设置，应当符合消防技术标准。易燃易爆气体和液体的充装站、供应站、调压站，应当设置在符合消防安全要求的位置，并符合防火防爆要求。

已经设置的生产、储存、装卸易燃易爆危险品的工厂、仓库和专用车站、码头，易燃易爆气体和液体的充装站、供应站、调压站，不再符合前款规定的，地方人民政府应当组织、协调有关部门、单位限期解决，消除安全隐患。

第二十三条 生产、储存、运输、销售、使用、销毁易燃易爆危险品，必须执行消防技术标准和管理规定。

进入生产、储存易燃易爆危险品的场所，必须执行消防安全规定。禁止非法携带易燃易爆危险品进入公共场所或者乘坐公共交通工具。

储存可燃物资仓库的管理，必须执行消防技术标准和管理规定。

第二十四条 消防产品必须符合国家标准；没有国家标准的，必须符合行业标准。禁止生产、销售或者使用不合格的消防产品以及国家明令淘汰的消防产品。

依法实行强制性产品认证的消防产品，由具有法定资质的认证机构按照国家标准、行业标准的强制性要求认证合格后，方可生产、销售、使用。实行强制性产品认证的消防产品目录，由国务院产品质量监督部门会同国务院应急管理部门制定并公布。

新研制的尚未制定国家标准、行业标准的消防产品，应当按照国务院产品质量监督部门会同国务院应急管理部门规定的办法，经技术鉴定符合消防安全要求的，方可生产、销售、使用。

依照本条规定经强制性产品认证合格或者技术鉴定合格的消防产品，国务院应急管理部门应当予以公布。

第二十五条 产品质量监督部门、工商行政管理部门、消防救援机构应当按照各自职责加强对消防产品质量的监督检查。

第二十六条 建筑构件、建筑材料和室内装修、装饰材料的防火性能必须符合国家标准；没有国家标准的，必须符合行业标准。

人员密集场所室内装修、装饰，应当按照消防技术标准的要求，使用不燃、难燃材料。

第二十七条 电器产品、燃气用具的产品标准，应当符合消防安全的要求。

电器产品、燃气用具的安装、使用及其线路、管路的设计、敷设、维护保养、检测，必须符合消防技术标准和管理规定。

第二十八条　任何单位、个人不得损坏、挪用或者擅自拆除、停用消防设施、器材，不得埋压、圈占、遮挡消火栓或者占用防火间距，不得占用、堵塞、封闭疏散通道、安全出口、消防车通道。人员密集场所的门窗不得设置影响逃生和灭火救援的障碍物。

第二十九条　负责公共消防设施维护管理的单位，应当保持消防供水、消防通信、消防车通道等公共消防设施的完好有效。在修建道路以及停电、停水、截断通信线路时有可能影响消防队灭火救援的，有关单位必须事先通知当地消防救援机构。

第三十条　地方各级人民政府应当加强对农村消防工作的领导，采取措施加强公共消防设施建设，组织建立和督促落实消防安全责任制。

第三十一条　在农业收获季节、森林和草原防火期间、重大节假日期间以及火灾多发季节，地方各级人民政府应当组织开展有针对性的消防宣传教育，采取防火措施，进行消防安全检查。

第三十二条　乡镇人民政府、城市街道办事处应当指导、支持和帮助村民委员会、居民委员会开展群众性的消防工作。村民委员会、居民委员会应当确定消防安全管理人，组织制定防火安全公约，进行防火安全检查。

第三十三条　国家鼓励、引导公众聚集场所和生产、储存、运输、销售易燃易爆危险品的企业投保火灾公众责任保险；鼓励保险公司承保火灾公众责任保险。

第三十四条　消防设施维护保养检测、消防安全评估等消防技术服务机构应当符合从业条件，执业人员应当依法获得相应的资格；依照法律、行政法规、国家标准、行业标准和执业准则，接受委托提供消防技术服务，并对服务质量负责。

第三章　消防组织

第三十五条　各级人民政府应当加强消防组织建设，根据经济社会发展的需要，建立多种形式的消防组织，加强消防技术人才培养，增强火灾预防、扑救和应急救援的能力。

第三十六条　县级以上地方人民政府应当按照国家规定建立国家综合性消防救援队、专职消防队，并按照国家标准配备消防装备，承担火灾扑救工作。

乡镇人民政府应当根据当地经济发展和消防工作的需要，建立专职消防队、志愿消防队，承担火灾扑救工作。

第三十七条　国家综合性消防救援队、专职消防队按照国家规定承担重大灾害事故和其他以抢救人员生命为主的应急救援工作。

第三十八条　国家综合性消防救援队、专职消防队应当充分发挥火灾扑救和应急救援专业力量的骨干作用；按照国家规定，组织实施专业技能训练，配备并维护保养装备器材，提高火灾扑救和应急救援的能力。

第三十九条　下列单位应当建立单位专职消防队，承担本单位的火灾扑救工作：

（一）大型核设施单位、大型发电厂、民用机场、主要港口；

（二）生产、储存易燃易爆危险品的大型企业；

（三）储备可燃的重要物资的大型仓库、基地；

（四）第一项、第二项、第三项规定以外的火灾危险性较大、距离国家综合性消防救援队较远的其他大型企业；

（五）距离国家综合性消防救援队较远、被列为全国重点文物保护单位的古建筑群的管理单位。

第四十条　专职消防队的建立，应当符合国家有关规定，并报当地消防救援机构验收。

专职消防队的队员依法享受社会保险和福利待遇。

第四十一条 机关、团体、企业、事业等单位以及村民委员会、居民委员会根据需要，建立志愿消防队等多种形式的消防组织，开展群众性自防自救工作。

第四十二条 消防救援机构应当对专职消防队、志愿消防队等消防组织进行业务指导；根据扑救火灾的需要，可以调动指挥专职消防队参加火灾扑救工作。

第四章 灭火救援

第四十三条 县级以上地方人民政府应当组织有关部门针对本行政区域内的火灾特点制定应急预案，建立应急反应和处置机制，为火灾扑救和应急救援工作提供人员、装备等保障。

第四十四条 任何人发现火灾都应当立即报警。任何单位、个人都应当无偿为报警提供便利，不得阻拦报警。严禁谎报火警。

人员密集场所发生火灾，该场所的现场工作人员应当立即组织、引导在场人员疏散。

任何单位发生火灾，必须立即组织力量扑救。邻近单位应当给予支援。

消防队接到火警，必须立即赶赴火灾现场，救助遇险人员，排除险情，扑灭火灾。

第四十五条 消防救援机构统一组织和指挥火灾现场扑救，应当优先保障遇险人员的生命安全。

火灾现场总指挥根据扑救火灾的需要，有权决定下列事项：

（一）使用各种水源；

（二）截断电力、可燃气体和可燃液体的输送，限制用火用电；

（三）划定警戒区，实行局部交通管制；

（四）利用临近建筑物和有关设施；

（五）为了抢救人员和重要物资，防止火势蔓延，拆除或者破损毗邻火灾现场的建筑物、构筑物或者设施等；

（六）调动供水、供电、供气、通信、医疗救护、交通运输、环境保护等有关单位协助灭火救援。

根据扑救火灾的紧急需要，有关地方人民政府应当组织人员、调集所需物资支援灭火。

第四十六条 国家综合性消防救援队、专职消防队参加火灾以外的其他重大灾害事故的应急救援工作，由县级以上人民政府统一领导。

第四十七条 消防车、消防艇前往执行火灾扑救或者应急救援任务，在确保安全的前提下，不受行驶速度、行驶路线、行驶方向和指挥信号的限制，其他车辆、船舶以及行人应当让行，不得穿插超越；收费公路、桥梁免收车辆通行费。交通管理指挥人员应当保证消防车、消防艇迅速通行。

赶赴火灾现场或者应急救援现场的消防人员和调集的消防装备、物资，需要铁路、水路或者航空运输的，有关单位应当优先运输。

第四十八条 消防车、消防艇以及消防器材、装备和设施，不得用于与消防和应急救援工作无关的事项。

第四十九条 国家综合性消防救援队、专职消防队扑救火灾、应急救援，不得收取任何费用。

单位专职消防队、志愿消防队参加扑救外单位火灾所损耗的燃料、灭火剂和器材、装备等，由火灾发生地的人民政府给予补偿。

第五十条 对因参加扑救火灾或者应急救援受伤、致残或者死亡的人员，按照国家有关规定给予医疗、抚恤。

第五十一条 消防救援机构有权根据需要封闭火灾现场，负责调查火灾原因，统计火灾损失。

火灾扑灭后，发生火灾的单位和相关人

员应当按照消防救援机构的要求保护现场，接受事故调查，如实提供与火灾有关的情况。

消防救援机构根据火灾现场勘验、调查情况和有关的检验、鉴定意见，及时制作火灾事故认定书，作为处理火灾事故的证据。

第五章　监督检查

第五十二条　地方各级人民政府应当落实消防工作责任制，对本级人民政府有关部门履行消防安全职责的情况进行监督检查。

县级以上地方人民政府有关部门应当根据本系统的特点，有针对性地开展消防安全检查，及时督促整改火灾隐患。

第五十三条　消防救援机构应当对机关、团体、企业、事业等单位遵守消防法律、法规的情况依法进行监督检查。公安派出所可以负责日常消防监督检查、开展消防宣传教育，具体办法由国务院公安部门规定。

消防救援机构、公安派出所的工作人员进行消防监督检查，应当出示证件。

第五十四条　消防救援机构在消防监督检查中发现火灾隐患的，应当通知有关单位或者个人立即采取措施消除隐患；不及时消除隐患可能严重威胁公共安全的，消防救援机构应当依照规定对危险部位或者场所采取临时查封措施。

第五十五条　消防救援机构在消防监督检查中发现城乡消防安全布局、公共消防设施不符合消防安全要求，或者发现本地区存在影响公共安全的重大火灾隐患的，应当由应急管理部门书面报告本级人民政府。

接到报告的人民政府应当及时核实情况，组织或者责成有关部门、单位采取措施，予以整改。

第五十六条　住房和城乡建设主管部门、消防救援机构及其工作人员应当按照法定的职权和程序进行消防设计审查、消防验收、备案抽查和消防安全检查，做到公正、严格、文明、高效。

住房和城乡建设主管部门、消防救援机构及其工作人员进行消防设计审查、消防验收、备案抽查和消防安全检查等，不得收取费用，不得利用职务谋取利益；不得利用职务为用户、建设单位指定或者变相指定消防产品的品牌、销售单位或者消防技术服务机构、消防设施施工单位。

第五十七条　住房和城乡建设主管部门、消防救援机构及其工作人员执行职务，应当自觉接受社会和公民的监督。

任何单位和个人都有权对住房和城乡建设主管部门、消防救援机构及其工作人员在执法中的违法行为进行检举、控告。收到检举、控告的机关，应当按照职责及时查处。

第六章　法律责任

第五十八条　违反本法规定，有下列行为之一的，由住房和城乡建设主管部门、消防救援机构按照各自职权责令停止施工、停止使用或者停产停业，并处三万元以上三十万元以下罚款：

（一）依法应当进行消防设计审查的建设工程，未经依法审查或者审查不合格，擅自施工的；

（二）依法应当进行消防验收的建设工程，未经消防验收或者消防验收不合格，擅自投入使用的；

（三）本法第十三条规定的其他建设工程验收后经依法抽查不合格，不停止使用的；

（四）公众聚集场所未经消防救援机构许可，擅自投入使用、营业的，或者经核查发现场所使用、营业情况与承诺内容不符的。

核查发现公众聚集场所使用、营业情况与承诺内容不符，经责令限期改正，逾期不整改或者整改后仍达不到要求的，依法撤销相应许可。

建设单位未依照本法规定在验收后报住

房和城乡建设主管部门备案的，由住房和城乡建设主管部门责令改正，处五千元以下罚款。

第五十九条 违反本法规定，有下列行为之一的，由住房和城乡建设主管部门责令改正或者停止施工，并处一万元以上十万元以下罚款：

（一）建设单位要求建筑设计单位或者建筑施工企业降低消防技术标准设计、施工的；

（二）建筑设计单位不按照消防技术标准强制性要求进行消防设计的；

（三）建筑施工企业不按照消防设计文件和消防技术标准施工，降低消防施工质量的；

（四）工程监理单位与建设单位或者建筑施工企业串通，弄虚作假，降低消防施工质量的。

第六十条 单位违反本法规定，有下列行为之一的，责令改正，处五千元以上五万元以下罚款：

（一）消防设施、器材或者消防安全标志的配置、设置不符合国家标准、行业标准，或者未保持完好有效的；

（二）损坏、挪用或者擅自拆除、停用消防设施、器材的；

（三）占用、堵塞、封闭疏散通道、安全出口或者有其他妨碍安全疏散行为的；

（四）埋压、圈占、遮挡消火栓或者占用防火间距的；

（五）占用、堵塞、封闭消防车通道，妨碍消防车通行的；

（六）人员密集场所在门窗上设置影响逃生和灭火救援的障碍物的；

（七）对火灾隐患经消防救援机构通知后不及时采取措施消除的。

个人有前款第二项、第三项、第四项、第五项行为之一的，处警告或者五百元以下罚款。

有本条第一款第三项、第四项、第五项、第六项行为，经责令改正拒不改正的，强制执行，所需费用由违法行为人承担。

第六十一条 生产、储存、经营易燃易爆危险品的场所与居住场所设置在同一建筑物内，或者未与居住场所保持安全距离的，责令停产停业，并处五千元以上五万元以下罚款。

生产、储存、经营其他物品的场所与居住场所设置在同一建筑物内，不符合消防技术标准的，依照前款规定处罚。

第六十二条 有下列行为之一的，依照《中华人民共和国治安管理处罚法》的规定处罚：

（一）违反有关消防技术标准和管理规定生产、储存、运输、销售、使用、销毁易燃易爆危险品的；

（二）非法携带易燃易爆危险品进入公共场所或者乘坐公共交通工具的；

（三）谎报火警的；

（四）阻碍消防车、消防艇执行任务的；

（五）阻碍消防救援机构的工作人员依法执行职务的。

第六十三条 违反本法规定，有下列行为之一的，处警告或者五百元以下罚款；情节严重的，处五日以下拘留：

（一）违反消防安全规定进入生产、储存易燃易爆危险品场所的；

（二）违反规定使用明火作业或者在具有火灾、爆炸危险的场所吸烟、使用明火的。

第六十四条 违反本法规定，有下列行为之一，尚不构成犯罪的，处十日以上十五日以下拘留，可以并处五百元以下罚款；情节较轻的，处警告或者五百元以下罚款：

（一）指使或者强令他人违反消防安全规定，冒险作业的；

（二）过失引起火灾的；

（三）在火灾发生后阻拦报警，或者负有报告职责的人员不及时报警的；

（四）扰乱火灾现场秩序，或者拒不执行火灾现场指挥员指挥，影响灭火救援的；

（五）故意破坏或者伪造火灾现场的；

（六）擅自拆封或者使用被消防救援机构查封的场所、部位的。

第六十五条　违反本法规定，生产、销售不合格的消防产品或者国家明令淘汰的消防产品的，由产品质量监督部门或者工商行政管理部门依照《中华人民共和国产品质量法》的规定从重处罚。

人员密集场所使用不合格的消防产品或者国家明令淘汰的消防产品的，责令限期改正；逾期不改正的，处五千元以上五万元以下罚款，并对其直接负责的主管人员和其他直接责任人员处五百元以上二千元以下罚款；情节严重的，责令停产停业。

消防救援机构对于本条第二款规定的情形，除依法对使用者予以处罚外，应当将发现不合格的消防产品和国家明令淘汰的消防产品的情况通报产品质量监督部门、工商行政管理部门。产品质量监督部门、工商行政管理部门应当对生产者、销售者依法及时查处。

第六十六条　电器产品、燃气用具的安装、使用及其线路、管路的设计、敷设、维护保养、检测不符合消防技术标准和管理规定的，责令限期改正；逾期不改正的，责令停止使用，可以并处一千元以上五千元以下罚款。

第六十七条　机关、团体、企业、事业等单位违反本法第十六条、第十七条、第十八条、第二十一条第二款规定的，责令限期改正；逾期不改正的，对其直接负责的主管人员和其他直接责任人员依法给予处分或者给予警告处罚。

第六十八条　人员密集场所发生火灾，该场所的现场工作人员不履行组织、引导在场人员疏散的义务，情节严重，尚不构成犯罪的，处五日以上十日以下拘留。

第六十九条　消防设施维护保养检测、消防安全评估等消防技术服务机构，不具备从业条件从事消防技术服务活动或者出具虚假文件的，由消防救援机构责令改正，处五万元以上十万元以下罚款，并对直接负责的主管人员和其他直接责任人员处一万元以上五万元以下罚款；不按照国家标准、行业标准开展消防技术服务活动的，责令改正，处五万元以下罚款，并对直接负责的主管人员和其它直接责任人员处一万元以下罚款；有违法所得的，并处没收违法所得；给他人造成损失的，依法承担赔偿责任；情节严重的，依法责令停止执业或者吊销相应资格；造成重大损失的，由相关部门吊销营业执照，并对有关责任人员采取终身市场禁入措施。

前款规定的机构出具失实文件，给他人造成损失的，依法承担赔偿责任；造成重大损失的，由消防救援机构依法责令停止执业或者吊销相应资格，由相关部门吊销营业执照，并对有关责任人员采取终身市场禁入措施。

第七十条　本法规定的行政处罚，除应当由公安机关依照《中华人民共和国治安管理处罚法》的有关规定决定的外，由住房和城乡建设主管部门、消防救援机构按照各自职权决定。

被责令停止施工、停止使用、停产停业的，应当在整改后向作出决定的部门或者机构报告，经检查合格，方可恢复施工、使用、生产、经营。

当事人逾期不执行停产停业、停止使用、停止施工决定的，由作出决定的部门或者机构强制执行。

责令停产停业，对经济和社会生活影响较大的，由住房和城乡建设主管部门或者应急管理部门报请本级人民政府依法决定。

第七十一条　住房和城乡建设主管部门、消防救援机构的工作人员滥用职权、玩忽职守、徇私舞弊，有下列行为之一，尚不构成犯罪的，依法给予处分：

（一）对不符合消防安全要求的消防设计文件、建设工程、场所准予审查合格、消防验收合格、消防安全检查合格的；

（二）无故拖延消防设计审查、消防验收、消防安全检查，不在法定期限内履行职责的；

（三）发现火灾隐患不及时通知有关单位或者个人整改的；

（四）利用职务为用户、建设单位指定或者变相指定消防产品的品牌、销售单位或者消防技术服务机构、消防设施施工单位的；

（五）将消防车、消防艇以及消防器材、装备和设施用于与消防和应急救援无关的事项的；

（六）其他滥用职权、玩忽职守、徇私舞弊的行为。

产品质量监督、工商行政管理等其他有关行政主管部门的工作人员在消防工作中滥用职权、玩忽职守、徇私舞弊，尚不构成犯罪的，依法给予处分。

第七十二条 违反本法规定，构成犯罪的，依法追究刑事责任。

第七章 附 则

第七十三条 本法下列用语的含义：

（一）消防设施，是指火灾自动报警系统、自动灭火系统、消火栓系统、防烟排烟系统以及应急广播和应急照明、安全疏散设施等。

（二）消防产品，是指专门用于火灾预防、灭火救援和火灾防护、避难、逃生的产品。

（三）公众聚集场所，是指宾馆、饭店、商场、集贸市场、客运车站候车室、客运码头候船厅、民用机场航站楼、体育场馆、会堂以及公共娱乐场所等。

（四）人员密集场所，是指公众聚集场所，医院的门诊楼、病房楼，学校的教学楼、图书馆、食堂和集体宿舍，养老院，福利院，托儿所，幼儿园，公共图书馆的阅览室，公共展览馆、博物馆的展示厅，劳动密集型企业的生产加工车间和员工集体宿舍，旅游、宗教活动场所等。

第七十四条 本法自2009年5月1日起施行。

消防监督检查规定

（2009年4月30日中华人民共和国公安部令第107号发布，根据2012年7月17日《公安部关于修改〈消防监督检查规定〉的决定》修订）

第一章 总 则

第一条 为了加强和规范消防监督检查工作，督促机关、团体、企业、事业等单位（以下简称单位）履行消防安全职责，依据《中华人民共和国消防法》，制定本规定。

第二条 本规定适用于公安机关消防机构和公安派出所依法对单位遵守消防法律、法规情况进行消防监督检查。

第三条 直辖市、市（地区、州、盟）、县（市辖区、县级市、旗）公安机关消防机构具体实施消防监督检查，确定本辖区内的消防安全重点单位并由所属公安机关报本级人民政府备案。

公安派出所可以对居民住宅区的物业服务企业、居民委员会、村民委员会履行消防安全职责的情况和上级公安机关确定的单位实施日常消防监督检查。

公安派出所日常消防监督检查的单位范围由省级公安机关消防机构、公安派出所工作主管部门共同研究拟定，报省级公安机关确定。

第四条　上级公安机关消防机构应当对下级公安机关消防机构实施消防监督检查的情况进行指导和监督。

公安机关消防机构应当与公安派出所共同做好辖区消防监督工作，并对公安派出所开展日常消防监督检查工作进行指导，定期对公安派出所民警进行消防监督业务培训。

第五条　对消防监督检查的结果，公安机关消防机构可以通过适当方式向社会公告；对检查发现的影响公共安全的火灾隐患应当定期公布，提示公众注意消防安全。

第二章　消防监督检查的形式和内容

第六条　消防监督检查的形式有：

（一）对公众聚集场所在投入使用、营业前的消防安全检查；

（二）对单位履行法定消防安全职责情况的监督抽查；

（三）对举报投诉的消防安全违法行为的核查；

（四）对大型群众性活动举办前的消防安全检查；

（五）根据需要进行的其他消防监督检查。

第七条　公安机关消防机构根据本地区火灾规律、特点等消防安全需要组织监督抽查；在火灾多发季节，重大节日、重大活动前或者期间，应当组织监督抽查。

消防安全重点单位应当作为监督抽查的重点，非消防安全重点单位必须在监督抽查的单位数量中占有一定比例。对属于人员密集场所的消防安全重点单位每年至少监督检查一次。

第八条　公众聚集场所在投入使用、营业前，建设单位或者使用单位应当向场所所在地的县级以上人民政府公安机关消防机构申请消防安全检查，并提交下列材料：

（一）消防安全检查申报表；

（二）营业执照复印件或者工商行政管理机关出具的企业名称预先核准通知书；

（三）依法取得的建设工程消防验收或者进行竣工验收消防备案的法律文件复印件；

（四）消防安全制度、灭火和应急疏散预案、场所平面布置图；

（五）员工岗前消防安全教育培训记录和自动消防系统操作人员取得的消防行业特有工种职业资格证书复印件；

（六）法律、行政法规规定的其他材料。

依照《建设工程消防监督管理规定》不需要进行竣工验收消防备案的公众聚集场所申请消防安全检查的，还应当提交场所室内装修消防设计施工图、消防产品质量合格证明文件，以及装修材料防火性能符合消防技术标准的证明文件、出厂合格证。

公安机关消防机构对消防安全检查的申请，应当按照行政许可有关规定受理。

第九条　对公众聚集场所投入使用、营业前进行消防安全检查，应当检查下列内容：

（一）建筑物或者场所是否依法通过消防验收合格或者进行竣工验收消防备案抽查合格；依法进行竣工验收消防备案但没有进行备案抽查的建筑物或者场所是否符合消防技术标准；

（二）消防安全制度、灭火和应急疏散预案是否制定；

（三）自动消防系统操作人员是否持证上岗，员工是否经过岗前消防安全培训；

（四）消防设施、器材是否符合消防技术标准并完好有效；

（五）疏散通道、安全出口和消防车通

道是否畅通；

（六）室内装修材料是否符合消防技术标准；

（七）外墙门窗上是否设置影响逃生和灭火救援的障碍物。

第十条　对单位履行法定消防安全职责情况的监督抽查，应当根据单位的实际情况检查下列内容：

（一）建筑物或者场所是否依法通过消防验收或者进行竣工验收消防备案，公众聚集场所是否通过投入使用、营业前的消防安全检查；

（二）建筑物或者场所的使用情况是否与消防验收或者进行竣工验收消防备案时确定的使用性质相符；

（三）消防安全制度、灭火和应急疏散预案是否制定；

（四）消防设施、器材和消防安全标志是否定期组织维修保养，是否完好有效；

（五）电器线路、燃气管路是否定期维护保养、检测；

（六）疏散通道、安全出口、消防车通道是否畅通，防火分区是否改变，防火间距是否被占用；

（七）是否组织防火检查、消防演练和员工消防安全教育培训，自动消防系统操作人员是否持证上岗；

（八）生产、储存、经营易燃易爆危险品的场所是否与居住场所设置在同一建筑物内；

（九）生产、储存、经营其他物品的场所与居住场所设置在同一建筑物内的，是否符合消防技术标准；

（十）其他依法需要检查的内容。

对人员密集场所还应当抽查室内装修材料是否符合消防技术标准、外墙门窗上是否设置影响逃生和灭火救援的障碍物。

第十一条　对消防安全重点单位履行法定消防安全职责情况的监督抽查，除检查本规定第十条规定的内容外，还应当检查下列内容：

（一）是否确定消防安全管理人；

（二）是否开展每日防火巡查并建立巡查记录；

（三）是否定期组织消防安全培训和消防演练；

（四）是否建立消防档案、确定消防安全重点部位。

对属于人员密集场所的消防安全重点单位，还应当检查单位灭火和应急疏散预案中承担灭火和组织疏散任务的人员是否确定。

第十二条　在大型群众性活动举办前对活动现场进行消防安全检查，应当重点检查下列内容：

（一）室内活动使用的建筑物（场所）是否依法通过消防验收或者进行竣工验收消防备案，公众聚集场所是否通过使用、营业前的消防安全检查；

（二）临时搭建的建筑物是否符合消防安全要求；

（三）是否制定灭火和应急疏散预案并组织演练；

（四）是否明确消防安全责任分工并确定消防安全管理人员；

（五）活动现场消防设施、器材是否配备齐全并完好有效；

（六）活动现场的疏散通道、安全出口和消防车通道是否畅通；

（七）活动现场的疏散指示标志和应急照明是否符合消防技术标准并完好有效。

第十三条　对大型的人员密集场所和其他特殊建设工程的施工现场进行消防监督检查，应当重点检查施工单位履行下列消防安全职责的情况：

（一）是否明确施工现场消防安全管理人员，是否制定施工现场消防安全制度、灭火和应急疏散预案；

（二）在建工程内是否设置人员住宿、可燃材料及易燃易爆危险品储存等场所；

（三）是否设置临时消防给水系统、临

时消防应急照明，是否配备消防器材，并确保完好有效；

（四）是否设有消防车通道并畅通；

（五）是否组织员工消防安全教育培训和消防演练；

（六）施工现场人员宿舍、办公用房的建筑构件燃烧性能、安全疏散是否符合消防技术标准。

第三章　消防监督检查的程序

第十四条　公安机关消防机构实施消防监督检查时，检查人员不得少于两人，并出示执法身份证件。

消防监督检查应当填写检查记录，如实记录检查情况。

第十五条　对公众聚集场所投入使用、营业前的消防安全检查，公安机关消防机构应当自受理申请之日起十个工作日内进行检查，自检查之日起三个工作日内作出同意或者不同意投入使用或者营业的决定，并送达申请人。

第十六条　对大型群众性活动现场在举办前进行的消防安全检查，公安机关消防机构应当在接到本级公安机关治安部门书面通知之日起三个工作日内进行检查，并将检查记录移交本级公安机关治安部门。

第十七条　公安机关消防机构接到对消防安全违法行为的举报投诉，应当及时受理、登记，并按照《公安机关办理行政案件程序规定》的相关规定处理。

第十八条　公安机关消防机构应当按照下列时限，对举报投诉的消防安全违法行为进行实地核查：

（一）对举报投诉占用、堵塞、封闭疏散通道、安全出口或者其他妨碍安全疏散行为，以及擅自停用消防设施的，应当在接到举报投诉后二十四小时内进行核查；

（二）对举报投诉本款第一项以外的消防安全违法行为，应当在接到举报投诉之日起三个工作日内进行核查。

核查后，对消防安全违法行为应当依法处理。处理情况应当及时告知举报投诉人；无法告知的，应当在受理登记中注明。

第十九条　在消防监督检查中，公安机关消防机构对发现的依法应当责令立即改正的消防安全违法行为，应当当场制作、送达责令立即改正通知书，并依法予以处罚；对依法应当责令限期改正的，应当自检查之日起三个工作日内制作、送达责令限期改正通知书，并依法予以处罚。

对违法行为轻微并当场改正完毕，依法可以不予行政处罚的，可以口头责令改正，并在检查记录上注明。

第二十条　对依法责令限期改正的，应当根据改正违法行为的难易程度合理确定改正期限。

公安机关消防机构应当在责令限期改正期限届满或者收到当事人的复查申请之日起三个工作日内进行复查。对逾期不改正的，依法予以处罚。

第二十一条　在消防监督检查中，发现城乡消防安全布局、公共消防设施不符合消防安全要求，或者发现本地区存在影响公共安全的重大火灾隐患的，公安机关消防机构应当组织集体研究确定，自检查之日起七个工作日内提出处理意见，由所属公安机关书面报告本级人民政府解决；对影响公共安全的重大火灾隐患，还应当在确定之日起三个工作日内制作、送达重大火灾隐患整改通知书。

重大火灾隐患判定涉及复杂或者疑难技术问题的，公安机关消防机构应当在确定前组织专家论证。组织专家论证的，前款规定的期限可以延长十个工作日。

第二十二条　公安机关消防机构在消防监督检查中发现火灾隐患，应当通知有关单位或者个人立即采取措施消除；对具有下列情形之一，不及时消除可能严重威胁公共安全的，应当对危险部位或者场所予以临时查封：

（一）疏散通道、安全出口数量不足或者严重堵塞，已不具备安全疏散条件的；

（二）建筑消防设施严重损坏，不再具备防火灭火功能的；

（三）人员密集场所违反消防安全规定，使用、储存易燃易爆危险品的；

（四）公众聚集场所违反消防技术标准，采用易燃、可燃材料装修，可能导致重大人员伤亡的；

（五）其他可能严重威胁公共安全的火灾隐患。

临时查封期限不得超过三十日。临时查封期限届满后，当事人仍未消除火灾隐患的，公安机关消防机构可以再次依法予以临时查封。

第二十三条 临时查封应当由公安机关消防机构负责人组织集体研究决定。决定临时查封的，应当研究确定查封危险部位或者场所的范围、期限和实施方法，并自检查之日起三个工作日内制作、送达临时查封决定书。

情况紧急、不当场查封可能严重威胁公共安全的，消防监督检查人员可以在口头报请公安机关消防机构负责人同意后当场对危险部位或者场所实施临时查封，并在临时查封后二十四小时内由公安机关消防机构负责人组织集体研究，制作、送达临时查封决定书。经集体研究认为不应当采取临时查封措施的，应当立即解除。

第二十四条 临时查封由公安机关消防机构负责人组织实施。需要公安机关其他部门或者公安派出所配合的，公安机关消防机构应当报请所属公安机关组织实施。

实施临时查封应当遵守下列规定：

（一）实施临时查封时，通知当事人到场，当场告知当事人采取临时查封的理由、依据以及当事人依法享有的权利、救济途径，听取当事人的陈述和申辩；

（二）当事人不到场的，邀请见证人到场，由见证人和消防监督检查人员在现场笔录上签名或者盖章；

（三）在危险部位或者场所及其有关设施、设备上加贴封条或者采取其他措施，使危险部位或者场所停止生产、经营或者使用；

（四）对实施临时查封情况制作现场笔录，必要时，可以进行现场照相或者录音录像。

实施临时查封后，当事人请求进入被查封的危险部位或者场所整改火灾隐患的，应当允许。但不得在被查封的危险部位或者场所生产、经营或者使用。

第二十五条 火灾隐患消除后，当事人应当向作出临时查封决定的公安机关消防机构申请解除临时查封。公安机关消防机构应当自收到申请之日起三个工作日内进行检查，自检查之日起三个工作日内作出是否同意解除临时查封的决定，并送达当事人。

对检查确认火灾隐患已消除的，应当作出解除临时查封的决定。

第二十六条 对当事人有《中华人民共和国消防法》第六十条第一款第三项、第四项、第五项、第六项规定的消防安全违法行为，经责令改正拒不改正的，公安机关消防机构应当按照《中华人民共和国行政强制法》第五十一条、第五十二条的规定组织强制清除或者拆除相关障碍物、妨碍物，所需费用由违法行为人承担。

第二十七条 当事人不执行公安机关消防机构作出的停产停业、停止使用、停止施工决定的，作出决定的公安机关消防机构应当自履行期限届满之日起三个工作日内催告当事人履行义务。当事人收到催告书后有权进行陈述和申辩。公安机关消防机构应当充分听取当事人的意见，记录、复核当事人提出的事实、理由和证据。当事人提出的事实、理由或者证据成立的，应当采纳。

经催告，当事人逾期仍不履行义务且无正当理由的，公安机关消防机构负责人应当组织集体研究强制执行方案，确定执行的方式和时间。强制执行决定书应当自决定之日起三个工作日内制作、送达当事人。

第二十八条　强制执行由作出决定的公安机关消防机构负责人组织实施。需要公安机关其他部门或者公安派出所配合的，公安机关消防机构应当报请所属公安机关组织实施；需要其他行政部门配合的，公安机关消防机构应当提出意见，并由所属公安机关报请本级人民政府组织实施。

实施强制执行应当遵守下列规定：

（一）实施强制执行时，通知当事人到场，当场向当事人宣读强制执行决定，听取当事人的陈述和申辩；

（二）当事人不到场的，邀请见证人到场，由见证人和消防监督检查人员在现场笔录上签名或者盖章；

（三）对实施强制执行过程制作现场笔录，必要时，可以进行现场照相或者录音录像；

（四）除情况紧急外，不得在夜间或者法定节假日实施强制执行；

（五）不得对居民生活采取停止供水、供电、供热、供燃气等方式迫使当事人履行义务。

有《中华人民共和国行政强制法》第三十九条、第四十条规定的情形之一的，中止执行或者终结执行。

第二十九条　对被责令停止施工、停止使用、停产停业处罚的当事人申请恢复施工、使用、生产、经营的，公安机关消防机构应当自收到书面申请之日起三个工作日内进行检查，自检查之日起三个工作日内作出决定，送达当事人。

对当事人已改正消防安全违法行为、具备消防安全条件的，公安机关消防机构应当同意恢复施工、使用、生产、经营；对违法行为尚未改正、不具备消防安全条件的，应当不同意恢复施工、使用、生产、经营，并说明理由。

第四章　公安派出所日常消防监督检查

第三十条　公安派出所对其日常监督检查范围的单位，应当每年至少进行一次日常消防监督检查。

公安派出所对群众举报投诉的消防安全违法行为，应当及时受理，依法处理；对属于公安机关消防机构管辖的，应当依照《公安机关办理行政案件程序规定》在受理后及时移送公安机关消防机构处理。

第三十一条　公安派出所对单位进行日常消防监督检查，应当检查下列内容：

（一）建筑物或者场所是否依法通过消防验收或者进行竣工验收消防备案，公众聚集场所是否依法通过投入使用、营业前的消防安全检查；

（二）是否制定消防安全制度；

（三）是否组织防火检查、消防安全宣传教育培训、灭火和应急疏散演练；

（四）消防车通道、疏散通道、安全出口是否畅通，室内消火栓、疏散指示标志、应急照明、灭火器是否完好有效；

（五）生产、储存、经营易燃易爆危险品的场所是否与居住场所设置在同一建筑物内。

对设有建筑消防设施的单位，公安派出所还应当检查单位是否对建筑消防设施定期组织维修保养。

对居民住宅区的物业服务企业进行日常消防监督检查，公安派出所除检查本条第一款第（二）至（四）项内容外，还应当检查物业服务企业对管理区域内共用消防设施是否进行维护管理。

第三十二条　公安派出所对居民委员会、村民委员会进行日常消防监督检查，应当检查下列内容：

（一）消防安全管理人是否确定；

（二）消防安全工作制度、村（居）民防火安全公约是否制定；

（三）是否开展消防宣传教育、防火安

全检查；

（四）是否对社区、村庄消防水源（消火栓）、消防车通道、消防器材进行维护管理；

（五）是否建立志愿消防队等多种形式消防组织。

第三十三条 公安派出所民警在日常消防监督检查时，发现被检查单位有下列行为之一的，应当责令依法改正：

（一）未制定消防安全制度、未组织防火检查和消防安全教育培训、消防演练的；

（二）占用、堵塞、封闭疏散通道、安全出口的；

（三）占用、堵塞、封闭消防车通道，妨碍消防车通行的；

（四）埋压、圈占、遮挡消火栓或者占用防火间距的；

（五）室内消火栓、灭火器、疏散指示标志和应急照明未保持完好有效的；

（六）人员密集场所在外墙门窗上设置影响逃生和灭火救援的障碍物的；

（七）违反消防安全规定进入生产、储存易燃易爆危险品场所的；

（八）违反规定使用明火作业或者在具有火灾、爆炸危险的场所吸烟、使用明火的；

（九）生产、储存和经营易燃易爆危险品的场所与居住场所设置在同一建筑物内的；

（十）未对建筑消防设施定期组织维修保养的。

公安派出所发现被检查单位的建筑物未依法通过消防验收，或者进行竣工验收消防备案，擅自投入使用的；公众聚集场所未依法通过使用、营业前的消防安全检查，擅自使用、营业的，应当在检查之日起五个工作日内书面移交公安机关消防机构处理。

公安派出所民警进行日常消防监督检查，应当填写检查记录，记录发现的消防安全违法行为、责令改正的情况。

第三十四条 公安派出所在日常消防监督检查中，发现存在严重威胁公共安全的火灾隐患，应当在责令改正的同时书面报告乡镇人民政府或者街道办事处和公安机关消防机构。

第五章 执法监督

第三十五条 公安机关消防机构应当健全消防监督检查工作制度，建立执法档案，定期进行执法质量考评，落实执法过错责任追究。

公安机关消防机构及其工作人员进行消防监督检查，应当自觉接受单位和公民的监督。

第三十六条 公安机关消防机构及其工作人员在消防监督检查中有下列情形的，对直接负责的主管人员和其他直接责任人员应当依法给予处分；构成犯罪的，依法追究刑事责任：

（一）不按规定制作、送达法律文书，不按照本规定履行消防监督检查职责，拒不改正的；

（二）对不符合消防安全条件的公众聚集场所准予消防安全检查合格的；

（三）无故拖延消防安全检查，不在法定期限内履行职责的；

（四）未按照本规定组织开展消防监督抽查的；

（五）发现火灾隐患不及时通知有关单位或者个人整改的；

（六）利用消防监督检查职权为用户指定消防产品的品牌、销售单位或者指定消防技术服务机构、消防设施施工、维修保养单位的；

（七）接受被检查单位、个人财物或者其他不正当利益的；

（八）其他滥用职权、玩忽职守、徇私舞弊的行为。

第三十七条 公安机关消防机构工作人员的近亲属严禁在其管辖的区域或者业务范围内经营消防公司、承揽消防工程、推销消防产品。

违反前款规定的，按照有关规定对公安机关消防机构工作人员予以处分。

第六章　附　　则

第三十八条　具有下列情形之一的，应当确定为火灾隐患：

（一）影响人员安全疏散或者灭火救援行动，不能立即改正的；

（二）消防设施未保持完好有效，影响防火灭火功能的；

（三）擅自改变防火分区，容易导致火势蔓延、扩大的；

（四）在人员密集场所违反消防安全规定，使用、储存易燃易爆危险品，不能立即改正的；

（五）不符合城市消防安全布局要求，影响公共安全的；

（六）其他可能增加火灾实质危险性或者危害性的情形。

重大火灾隐患按照国家有关标准认定。

第三十九条　有固定生产经营场所且具有一定规模的个体工商户，应当纳入消防监督检查范围。具体标准由省、自治区、直辖市公安机关消防机构确定并公告。

第四十条　铁路、港航、民航公安机关和国有林区的森林公安机关在管辖范围内实施消防监督检查参照本规定执行。

第四十一条　执行本规定所需要的法律文书式样，由公安部制定。

第四十二条　本规定自2009年5月1日起施行。2004年6月9日发布的《消防监督检查规定》（公安部令第73号）同时废止。

消防产品监督管理规定

（2012年4月10日公安部部长办公会议通过，并经国家工商行政管理总局、国家质量监督检验检疫总局同意，2012年8月13日公布，自2013年1月1日起施行）

第一章　总　　则

第一条　为了加强消防产品监督管理，提高消防产品质量，依据《中华人民共和国消防法》、《中华人民共和国产品质量法》、《中华人民共和国认证认可条例》等有关法律、行政法规，制定本规定。

第二条　在中华人民共和国境内生产、销售、使用消防产品，以及对消防产品质量实施监督管理，适用本规定。

本规定所称消防产品是指专门用于火灾预防、灭火救援和火灾防护、避难、逃生的产品。

第三条　消防产品必须符合国家标准；没有国家标准的，必须符合行业标准。未制定国家标准、行业标准的，应当符合消防安全要求，并符合保障人体健康、人身财产安全的要求和企业标准。

第四条　国家质量监督检验检疫总局、国家工商行政管理总局和公安部按照各自职责对生产、流通和使用领域的消防产品质量实施监督管理。

县级以上地方质量监督部门、工商行政管理部门和公安机关消防机构按照各自职责对本行政区域内生产、流通和使用领域的消防产品质量实施监督管理。

第二章　市场准入

第五条　依法实行强制性产品认证的消

防产品，由具有法定资质的认证机构按照国家标准、行业标准的强制性要求认证合格后，方可生产、销售、使用。

消防产品认证机构应当将消防产品强制性认证有关信息报国家认证认可监督管理委员会和公安部消防局。

实行强制性产品认证的消防产品目录由国家质量监督检验检疫总局、国家认证认可监督管理委员会会同公安部制定并公布，消防产品认证基本规范、认证规则由国家认证认可监督管理委员会制定并公布。

第六条 国家认证认可监督管理委员会应当按照《中华人民共和国认证认可条例》的有关规定，经评审并征求公安部消防局意见后，指定从事消防产品强制性产品认证活动的机构以及与认证有关的检查机构、实验室，并向社会公布。

第七条 消防产品认证机构及其工作人员应当按照有关规定从事认证活动，客观公正地出具认证结论，对认证结果负责。不得增加、减少、遗漏或者变更认证基本规范、认证规则规定的程序。

第八条 从事消防产品强制性产品认证活动的检查机构、实验室及其工作人员，应当确保检查、检测结果真实、准确，并对检查、检测结论负责。

第九条 新研制的尚未制定国家标准、行业标准的消防产品，经消防产品技术鉴定机构技术鉴定符合消防安全要求的，方可生产、销售、使用。消防安全要求由公安部制定。

消防产品技术鉴定机构应当具备国家认证认可监督管理委员会依法认定的向社会出具具有证明作用的数据和结果的消防产品实验室资格或者从事消防产品合格评定活动的认证机构资格。消防产品技术鉴定机构名录由公安部公布。

公安机关消防机构和认证认可监督管理部门按照各自职责对消防产品技术鉴定机构进行监督。

公安部会同国家认证认可监督管理委员会参照消防产品认证机构和实验室管理工作规则，制定消防产品技术鉴定工作程序和规范。

第十条 消防产品技术鉴定应当遵守以下程序：

（一）委托人向消防产品技术鉴定机构提出书面委托，并提供有关文件资料；

（二）消防产品技术鉴定机构依照有关规定对文件资料进行审核；

（三）文件资料经审核符合要求的，消防产品技术鉴定机构按照消防安全要求和有关规定，组织实施消防产品型式检验和工厂检查；

（四）经鉴定认为消防产品符合消防安全要求的，技术鉴定机构应当在接受委托之日起九十日内颁发消防产品技术鉴定证书，并将消防产品有关信息报公安部消防局；认为不符合消防安全要求的，应当书面通知委托人，并说明理由。

消防产品检验时间不计入技术鉴定时限。

第十一条 消防产品技术鉴定机构及其工作人员应当按照有关规定开展技术鉴定工作，对技术鉴定结果负责。

第十二条 消防产品技术鉴定证书有效期为三年。

有效期届满，生产者需要继续生产消防产品的，应当在有效期届满前的六个月内，依照本规定第十条的规定，重新申请消防产品技术鉴定证书。

第十三条 在消防产品技术鉴定证书有效期内，消防产品的生产条件、检验手段、生产技术或者工艺发生变化，对性能产生重大影响的，生产者应当重新委托消防产品技术鉴定。

第十四条 在消防产品技术鉴定证书有效期内，相关消防产品的国家标准、行业标准颁布施行的，生产者应当保证生产的消防产品符合国家标准、行业标准。

前款规定的消防产品被列入强制性产品认证目录的，应当按照本规定实施强制性产品认证。未列入强制性产品认证目录的，在技术鉴定证书有效期届满后，不再实行技术鉴定。

第十五条　消防产品技术鉴定机构应当对其鉴定合格的产品实施有效的跟踪调查，鉴定合格的产品不能持续符合技术鉴定要求的，技术鉴定机构应当暂停其使用直至撤销鉴定证书，并予公布。

第十六条　经强制性产品认证合格或者技术鉴定合格的消防产品，公安部消防局应当予以公布。

第三章　产品质量责任和义务

第十七条　消防产品生产者应当对其生产的消防产品质量负责，建立有效的质量管理体系，保持消防产品的生产条件，保证产品质量、标志、标识符合相关法律法规和标准要求。不得生产应当获得而未获得市场准入资格的消防产品、不合格的消防产品或者国家明令淘汰的消防产品。

消防产品生产者应当建立消防产品销售流向登记制度，如实记录产品名称、批次、规格、数量、销售去向等内容。

第十八条　消防产品销售者应当建立并执行进货检查验收制度，验明产品合格证明和其他标识，不得销售应当获得而未获得市场准入资格的消防产品、不合格的消防产品或者国家明令淘汰的消防产品。

销售者应当采取措施，保持销售产品的质量。

第十九条　消防产品使用者应当查验产品合格证明、产品标识和有关证书，选用符合市场准入的、合格的消防产品。

建设工程设计单位在设计中选用的消防产品，应当注明产品规格、性能等技术指标，其质量要求应当符合国家标准、行业标准。当需要选用尚未制定国家标准、行业标准的消防产品时，应当选用经技术鉴定合格的消防产品。

建设工程施工企业应当按照工程设计要求、施工技术标准、合同的约定和消防产品有关技术标准，对进场的消防产品进行现场检查或者检验，如实记录进货来源、名称、批次、规格、数量等内容；现场检查或者检验不合格的，不得安装。现场检查记录或者检验报告应当存档备查。建设工程施工企业应当建立安装质量管理制度，严格执行有关标准、施工规范和相关要求，保证消防产品的安装质量。

工程监理单位应当依照法律、行政法规及有关技术标准、设计文件和建设工程承包合同对建设工程使用的消防产品的质量及其安装质量实施监督。

机关、团体、企业、事业等单位应当按照国家标准、行业标准定期组织对消防设施、器材进行维修保养，确保完好有效。

第四章　监督检查

第二十条　质量监督部门、工商行政管理部门依据《中华人民共和国产品质量法》以及相关规定对生产领域、流通领域的消防产品质量进行监督检查。

第二十一条　公安机关消防机构对使用领域的消防产品质量进行监督检查，实行日常监督检查和监督抽查相结合的方式。

第二十二条　公安机关消防机构在消防监督检查和建设工程消防监督管理工作中，对使用领域的消防产品质量进行日常监督检查，按照公安部《消防监督检查规定》、《建设工程消防监督管理规定》执行。

第二十三条　公安机关消防机构对使用领域的消防产品质量进行专项监督抽查，由省级以上公安机关消防机构制定监督抽查计划，由县级以上地方公安机关消防机构具体实施。

第二十四条　公安机关消防机构对使用领域的消防产品质量进行监督抽查，应当检查下列内容：

（一）列入强制性产品认证目录的消防产品是否具备强制性产品认证证书，新研制的尚未制定国家标准、行业标准的消防产品是否具备技术鉴定证书；

（二）按照强制性国家标准或者行业标准的规定，应当进行型式检验和出厂检验的消防产品，是否具备型式检验合格和出厂检验合格的证明文件；

（三）消防产品的外观标志、规格型号、结构部件、材料、性能参数、生产厂名、厂址与产地等是否符合有关规定；

（四）消防产品的关键性能是否符合消防产品现场检查判定规则的要求；

（五）法律、行政法规规定的其他内容。

第二十五条　公安机关消防机构实施消防产品质量监督抽查时，检查人员不得少于两人，并应当出示执法身份证件。

实施消防产品质量监督抽查应当填写检查记录，由检查人员、被检查单位管理人员签名；被检查单位管理人员对检查记录有异议或者拒绝签名的，检查人员应当在检查记录中注明。

第二十六条　公安机关消防机构应当根据本规定和消防产品现场检查判定规则，实施现场检查判定。对现场检查判定为不合格的，应当在三日内将判定结论送达被检查人。被检查人对消防产品现场检查判定结论有异议的，公安机关消防机构应当在五日内依照有关规定将样品送符合法定条件的产品质量检验机构进行监督检验，并自收到检验结果之日起三日内，将检验结果告知被检查人。

检验抽取的样品由被检查人无偿供给，其数量不得超过检验的合理需要。检验费用在规定经费中列支，不得向被检查人收取。

第二十七条　被检查人对公安机关消防机构抽样送检的产品检验结果有异议的，可以自收到检验结果之日起五日内向实施监督检查的公安机关消防机构提出书面复检申请。

公安机关消防机构受理复检申请，应当当场出具受理凭证。

公安机关消防机构受理复检申请后，应当在五日内将备用样品送检，自收到复检结果之日起三日内，将复检结果告知申请人。

复检申请以一次为限。复检合格的，费用列入监督抽查经费；不合格的，费用由申请人承担。

第二十八条　质量监督部门、工商行政管理部门接到对消防产品质量问题的举报投诉，应当按职责及时依法处理。对不属于本部门职责范围的，应当及时移交或者书面通报有关部门。

公安机关消防机构接到对消防产品质量问题的举报投诉，应当及时受理、登记，并按照公安部《公安机关办理行政案件程序规定》的相关规定和本规定中消防产品质量监督检查程序处理。

公安机关消防机构对举报投诉的消防产品质量问题进行核查后，对消防安全违法行为应当依法处理。核查、处理情况应当在三日内告知举报投诉人；无法告知的，应当在受理登记中注明。

第二十九条　公安机关消防机构发现使用依法应当获得市场准入资格而未获得准入资格的消防产品或者不合格的消防产品、国家明令淘汰的消防产品等使用领域消防产品质量违法行为，应当依法责令限期改正。

公安机关消防机构应当在收到当事人复查申请或者责令限期改正期限届满之日起三日内进行复查。复查应当填写记录。

第三十条　公安机关消防机构对发现的使用领域消防产品质量违法行为，应当依法查处，并及时将有关情况书面通报同级质量监督部门、工商行政管理部门；质量监督部门、工商行政管理部门应当对生产者、销售者依法及时查处。

第三十一条　质量监督部门、工商行政管理部门和公安机关消防机构应当按照有关规定，向社会公布消防产品质量监督检查情况、重大消防产品质量违法行为的行政处罚情况等信息。

第三十二条　任何单位和个人在接受质量监督部门、工商行政管理部门和公安机关消防机构依法开展的消防产品质量监督检查时，应当如实提供有关情况和资料。

任何单位和个人不得擅自转移、变卖、隐匿或者损毁被采取强制措施的物品，不得拒绝依法进行的监督检查。

第五章　法律责任

第三十三条　生产、销售不合格的消防产品或者国家明令淘汰的消防产品的，由质量监督部门或者工商行政管理部门依照《中华人民共和国产品质量法》的规定从重处罚。

第三十四条　有下列情形之一的，由公安机关消防机构责令改正，依照《中华人民共和国消防法》第五十九条处罚：

（一）建设单位要求建设工程施工企业使用不符合市场准入的消防产品、不合格的消防产品或者国家明令淘汰的消防产品的；

（二）建设工程设计单位选用不符合市场准入的消防产品，或者国家明令淘汰的消防产品进行消防设计的；

（三）建设工程施工企业安装不符合市场准入的消防产品、不合格的消防产品或者国家明令淘汰的消防产品的；

（四）工程监理单位与建设单位或者建设工程施工企业串通，弄虚作假，安装、使用不符合市场准入的消防产品、不合格的消防产品或者国家明令淘汰的消防产品的。

第三十五条　消防产品技术鉴定机构出具虚假文件的，由公安机关消防机构责令改正，依照《中华人民共和国消防法》第六十九条处罚。

第三十六条　人员密集场所使用不符合市场准入的消防产品的，由公安机关消防机构责令限期改正；逾期不改正的，依照《中华人民共和国消防法》第六十五条第二款处罚。

非人员密集场所使用不符合市场准入的消防产品、不合格的消防产品或者国家明令淘汰的消防产品的，由公安机关消防机构责令限期改正；逾期不改正的，对非经营性场所处五百元以上一千元以下罚款，对经营性场所处五千元以上一万元以下罚款，并对直接负责的主管人员和其他直接责任人员处五百元以下罚款。

第三十七条　公安机关消防机构及其工作人员进行消防产品监督执法，应当严格遵守廉政规定，坚持公正、文明执法，自觉接受单位和公民的监督。

公安机关及其工作人员不得指定消防产品的品牌、销售单位，不得参与或者干预建设工程消防产品的招投标活动，不得接受被检查单位、个人的财物或者其他不正当利益。

第三十八条　质量监督部门、工商行政管理部门、公安机关消防机构工作人员在消防产品监督管理中滥用职权、玩忽职守、徇私舞弊的，依法给予处分。

第三十九条　违反本规定，构成犯罪的，依法追究刑事责任。

第六章　附　　则

第四十条　消防产品目录由公安部消防局制定并公布。

第四十一条　消防产品进出口检验监管，由出入境检验检疫部门按照有关规定执行。

消防产品属于《中华人民共和国特种设备安全监察条例》规定的特种设备的，还应当遵守特种设备安全监察有关规定。

第四十二条　本规定中的“二日”、“五日”是指工作日，不含法定节假日。

第四十三条　公安机关消防机构执行本规定所需要的法律文书式样，由公安部制定。

第四十四条　本规定自 2013 年 1 月 1 日起施行。

烟草行业消防安全管理规定

（1992年9月9日国家烟草专卖局、公安部令第1号发布，自发布之日起施行）

第一章 总 则

第一条 为了加强烟草行业的消防安全管理，预防火灾事故的发生，根据《中华人民共和国消防条例》及其《实施细则》的有关规定，制定本规定。

第二条 烟草行业消防工作必须贯彻“预防为主，防消结合”的方针，实行“谁主管谁负责”的原则。

第三条 公安消防监督机构应当将烟草生产、仓储企业作为消防保卫重点，督促其落实消防安全措施。

第四条 本规定适用于烟草行业各卷烟（雪茄烟）厂、复烤厂以及各类仓库。

第二章 组织管理

第五条 企业法定代表人是本单位（行业内企业、事业单位，以下同）防火安全工作的负责人，全面负责本单位的消防安全管理工作。

第六条 防火管理人员的配备：各卷烟（雪茄烟）厂、复烤厂、烟草分公司应配备专（兼）职二人，县烟草公司应配备专（兼）职一人，车间、班组、库房应配备专职或兼职一人。专（兼）职防火管理人员，应协助本单位领导抓好防火安全工作。

第七条 各企业必须建立义务消防队，义务消防队员应占职工总数的20%以上，百人以下的企业不少于职工总数的50%；卷烟年生产量在二十万箱以上，复烤烟叶在二万吨以上，贮存物资价值在一亿元以上的距离当地公安消防队（站）较远的企业应按照《企业事业单位专职消防组织条例》的规定，建立专职消防队，队员不少于18人。

第八条 各单位应当制定下列消防安全管理制度：

（一）消防工作会议制度；

（二）防火宣传教育制度；

（三）火源管理制度；

（四）电源管理制度；

（五）消防设施、器材装备维修管理制度；

（六）车间、库房、班组防火管理制度；

（七）易燃、易爆和化学危险物品管理制度；

（八）重点部位防火管理制度；

（九）火灾隐患整改和立、销案制度；

（十）协助公安消防监督机构进行火灾事故调查分析和处理制度；

（十一）检查评比和奖惩制度；

（十二）外来施工单位防火管理制度。

第九条 各单位应当制定下列人员消防职责：

（一）单位主管领导防火管理职责；

（二）单位分管领导防火管理职责；

（三）保卫处、科、股长管理职责；

（四）专（兼）职防火管理人员职责；

（五）专职消防队长、指导员职责；

（六）专职消防队员职责；

（七）义务消防队员职责；

（八）车间、库房、科（室）负责人防火管理职责；

（九）班、组长防火安全职责；

（十）特殊岗位工作人员防火安全职责。

第十条　各单位应当把防火安全教育纳入到职工教育计划，做到内容、人员、时间三落实。对新上岗的各类人员，有针对性地进行专项防火教育和岗位培训。经考核合格后，方准上岗作业。

第三章　防火检查

第十一条　各省级公司每年至少对本系统进行一次全面防火安全检查；各企业每月进行一次全面防火安全检查；车间、部门、仓库对防火责任区每周应不少于一次防火安全检查；班、组每天班前和班后应当对所属机台、库房和防火责任区进行防火安全检查。

第十二条　各企业应当配备足够的警卫力量，严格值班、检查、巡逻制度，落实防范措施。

第十三条　检查发现的火险隐患，应逐条登记存档，并填写火险隐患整改通知书，被检单位（集体）应当认真整改。

第十四条　一般火险隐患和重大火险隐患整改率应分别达到90%和100%。火险隐患整改要落实计划、落实资金、落实负责人，并规定整改时限。

第四章　建筑防火

第十五条　新建、扩建、改建厂房和仓库等工程时，其防火设计应当符合国家《建筑设计防火规范》等技术法规的规定，报公安消防监督机构审核。工程竣工后，主管部门应会同公安消防监督机构对消防工程进行验收。

第十六条　工厂、仓库区内不得搭建临时建筑，如因生产、储存确需搭建时，应当经当地公安消防监督机构审批。

第十七条　耐火等级为一、二级的厂房和库房，内部装修应采用不燃或阻燃材料，厂房、库房内的吊顶、隔寺不准采用可燃材料。

第十八条　消防通道、疏散楼梯、电梯间内禁止堆放物品，安全出口必须保持畅通。

第十九条　厂区主要通道宽度不小于8米，一般通道不小于4米，道路上空的架栈桥等障碍物，其争高不应低于4米，不得在道路上堆放物品、停放车辆、搭建建筑物，必须保证消防通道畅通。

第二十条　库房内成品、半成品、原辅材料堆放要整齐，并分类、分垛储存。每垛占地面积不宜大于100立方米，垛与垛间距不小于1米，垛与梁、柱的间距不小于0.3米，垛与墙间距不小于0.5米。垛与用于商品养护的电器设备间距不小于1米，主要通道宽度不小于2米。每个卷烟堆垛垛高不得超过八件，烤烟原烟堆垛不得超过六包，复烤把烟不得超过七包。

第二十一条　露天、半露天烟叶堆场的最大储量不得超过20000吨，超过的应分场堆放。分场堆物，堆场与堆场之间不应小于40米，每垛占地面积一般不应超过100米立方，堆高不宜超过5米，堆垛与堆垛之间不应小于1.5米，五垛为一组，组成组之间不应小于15米。半露天库房支架不得使用易燃材料。

第二十二条　厂区、库房、车间、仓库的重点防火部位，防火标志要醒目。占地面积超过500米　或总建筑面积超过1000米立方的库房应设火灾自动报警装置。各厂及大型卷烟和烟叶仓库附近有公安消防队的，应当设置与其直通的报警电话或其他通讯工具，并保障通讯畅通。

第五章　电源管理

第二十三条　车间、仓库内严禁乱拉、乱接电源线路，不得随意增设电器设备，高、低压线不得架设在同一根电线杆上。

第二十四条　车间、库房的电源线路、电器设备应保持清洁，配电箱（板）不得有积尘，立式配电柜周围一米内不准堆放物品，应保持干燥并挂牌专人管理。各电气设备的导线、接点、开关不得有断线、老化、裸露、破损。禁止使用不合格的保险装置，电气设施严禁超负荷运行。

第二十五条 车间、库房的照明设备悬挂应当牢固。发酵房照明灯具应安装在墙壁四周。香精、油料库必须安装防爆灯。贮丝、烘支房和各库房内不得使用60瓦以上的白炽灯，线路应采用暗管敷设，开关应安装在室外，做到人走灯灭，并有断电指示灯。库内不准使用电热器具和家用电器，不准用可燃材料做灯罩。

第二十六条 厂区、仓库的电气装置、电源线路必须符合国家现行的有关电气规范的规定。车间电源线路应当安装在架线支架内，与各设备连接的动力线必须采用穿管连接方式。库房的电源线路应架设在库外，引进库房内的线路，必须装置在金属或非燃塑料管内。线路和灯头应安装在库房通道上方，距堆垛水平距离不应小于0.1米，严禁在堆垛上方架设电源线路，严禁在库房闷顶内敷设配电线路。

第二十七条 库房内不准架设临时线路。库区的电源应设总闸、每个库房应当在库房外单独安装开关箱，并有防潮、防雨等保护措施。

第二十八条 电器设备必须有良好的接零或接地保护装置。仓库电器设备的周围和架空线路下方禁止堆放物品。提升、码垛等机械设备易产生火花的部位，应当设置防护罩。

第二十九条 厂区、仓库必须按照国家有关防雷设计安装规范的规定、设置防雷装置，并定期检测，保证有效。

第三十条 配、发、变电房内，严禁存放各种油料、酒精等易燃物和堆放其他物品。

第三十一条 电器设备必须由持合格证的电工进行安装、检查和维修保养。操作时必须严格遵守各项操作规程。

第三十二条 配、发、变电房内严禁明火作业和使用电炉。室内通风要保持良好。

第六章 火源管理

第三十三条 厂区、库区禁止流动吸烟。吸烟室耐火等级不得低于二级，室内要通风良好。吸烟室周围30米内不得存放易燃和可燃物品。胃烟室应有专人管理。

第三十四条 库房内严禁使用明火。生产区、库房外、车间内动用明火作业时，必须遵守下列规定：

（一）临时动火必须向保卫处、科（股）申请输临时动火证，方可动火。并有防范措施和专人管理，时间一般不超过二十四小时。

（二）固定动火须经保卫处、科（股）防火安全审核同意，报经企业分管领导批准后，办理固定动火证。应明确动火人防火职责，采取安全措施和配备相应灭火器具，主管安全部门应当经常检查和加强管理。

第三十五条 厂区和车间内的蒸汽管道应当定期清扫，保持清洁，并用难燃材料保温，其保温厚度以表面不超过50摄氏度为宜。车间内的暖气包、管、片等0.5米内不得堆放易燃可燃物品。车间、库房内的送气、通风、送料、除尘、空调管道应当分开安装并安装阻火阀，管道应采用非燃烧材料。

第三十六条 车间、过道内严禁存放各种油料、香精、酒类等易燃物。香精、酒类等易燃液体不得与卷烟原辅材料、成品混同储存。

第三十七条 发酵房、真空回潮、复烤机要严格控制温度。复烤机房排气管周围剩余烟叶，每周清扫不少于一次。各种纸箱、合应使用蒸汽或电烘烤，严禁使用火墙等明火烘烤。烟叶堆垛应定期检查，防止炭化自燃。

第三十八条 进入库区的机动车辆，必须安装防火罩。排气管的一侧不准靠近物品堆垛。在库区作业的电瓶车、铲车、吊车等必须安装防止喷火或打出火花的安全装置，各种机动车辆装卸物品后、不准在库区、库房、货场内停放、修理和加油。

第三十九条　厂区、仓库、露天堆场周围100米内禁止燃放烟花、爆竹。露天堆场周围的杂草等可燃物应经常进行清除。

第七章　消防设施和器材管理

第四十条　长房、库房应按国家《建筑灭火器配置设计规范》及有关规定设置消防设施和配备消防器材。消防供水不足的厂区、库区必须修建消防池、水井或水塔，确保消防用水。

第四十一条　消火栓应有明显的标志，室外消火栓周围20米内不准堆放物资和停放车辆。

第四十二条　各种消防器材要分布合理，摆放在便于取用，通风良好的地方。室外消防器材应摆放在防雨、防晒的箱、架、柜内，严禁与油类、酸、碱等有腐蚀性的化学物品接触。

第四十三条　消防装备、器材应指定专人管理、维护保养和更换并挂牌管理，任何人不准挪作他用，确保完好能用。地处寒区的企业，寒冷季节应对消防设施、设备器材采取防冻措施。

第四十四条　消防器材维修、更换、添置经费，应优先给予保证。各单位每年应根据消防设施、装置、器材使用情况和火灾隐患整改需要，进行一次消防经费预结算。消防经费不得擅自挪用。

第八章　奖　　惩

第四十五条　对认真执行本规定，在消防工作中作出显著成绩的单位（集体）和个人，由本单位或上级主管部门给予表彰、奖励。

第四十六条　单位（集体）表彰、奖励条件：

（一）单位领导和全体职工重视消防工作，全年未发生火灾事故的；

（二）防火组织机构健全，防火措施落实，做出显著成绩的；

（三）重视消防宣传教育，严格执行消防条例和各种消防法规，职工群众的防火安全意识明显提高的；

（四）消防设施、装备和器材完善，保证扑救火灾的需要。

凡发生火灾事故的县级以下企业（含县级）不得评为烟草总公司和省级公司的先进单位。发生重大火灾事故的省级公司不得评为总公司先进单位。

个人表彰、奖励条件：

（一）热爱消防工作，积极参加防火、灭火训练，成绩优异，工作表现突出的；

（二）模范执行防火制度和岗位防火责任制，在预防火灾工作中作出贡献的；

（三）发现和消除隐患，表现突出的；

（四）及明发现和扑救火灾，避免了重大损失的。

第四十七条　凡违反本规定的单位主管负责仍和直接责任人员，根据情节轻重，由本单位或上级主管部门级予行政处分；构成违反治安管理行为和违反其他有关规定的，由公安机关依照《治安管理处罚条例》和其他有关规定予以处理，构成犯罪的，依法追究刑事责任。

第九章　附　　则

第四十八条　各单位消防安全管理除执行本规定外，应当符合国家现行的有关法律、法规等有关规定。

第四十九条　各省、自治区、直辖市烟草专卖局、公安厅（局）可根据本规定制定具体实施管理办法，并报国家烟草专卖局和公安部备案。

第五十条　本规定由国家烟草专卖局、公安部负责解释。

第五十一条　本规定自发布之日起施行。

高等学校消防安全管理规定

（2009年7月3日教育部第20次部长办公会议审议通过，并经公安部同意，2009年10月19日公布，自2010年1月1日起施行）

第一章 总 则

第一条 为了加强和规范高等学校的消防安全管理，预防和减少火灾危害，保障师生员工生命财产和学校财产安全，根据消防法、高等教育法等法律、法规，制定本规定。

第二条 普通高等学校和成人高等学校（以下简称学校）的消防安全管理，适用本规定。

驻校内其他单位的消防安全管理，按照本规定的有关规定执行。

第三条 学校在消防安全工作中，应当遵守消防法律、法规和规章，贯彻预防为主、防消结合的方针，履行消防安全职责，保障消防安全。

第四条 学校应当落实逐级消防安全责任制和岗位消防安全责任制，明确逐级和岗位消防安全职责，确定各级、各岗位消防安全责任人。

第五条 学校应当开展消防安全教育和培训，加强消防演练，提高师生员工的消防安全意识和自救逃生技能。

第六条 学校各单位和师生员工应当依法履行保护消防设施、预防火灾、报告火警和扑救初起火灾等维护消防安全的义务。

第七条 教育行政部门依法履行对高等学校消防安全工作的管理职责，检查、指导和监督高等学校开展消防安全工作，督促高等学校建立健全并落实消防安全责任制和消防安全管理制度。

公安机关依法履行对高等学校消防安全工作的监督管理职责，加强消防监督检查，指导和监督高等学校做好消防安全工作。

第二章 消防安全责任

第八条 学校法定代表人是学校消防安全责任人，全面负责学校消防安全工作，履行下列消防安全职责：

（一）贯彻落实消防法律、法规和规章，批准实施学校消防安全责任制、学校消防安全管理制度；

（二）批准消防安全年度工作计划、年度经费预算，定期召开学校消防安全工作会议；

（三）提供消防安全经费保障和组织保障；

（四）督促开展消防安全检查和重大火灾隐患整改，及时处理涉及消防安全的重大问题；

（五）依法建立志愿消防队等多种形式的消防组织，开展群众性自防自救工作；

（六）与学校二级单位负责人签订消防安全责任书；

（七）组织制定灭火和应急疏散预案；

（八）促进消防科学研究和技术创新；

（九）法律、法规规定的其他消防安全职责。

第九条 分管学校消防安全的校领导是学校消防安全管理人，协助学校法定代表人负责消防安全工作，履行下列消防安全职责：

（一）组织制定学校消防安全管理制度，组织、实施和协调校内各单位的消防安全工作；

（二）组织制定消防安全年度工作计划；

（三）审核消防安全工作年度经费预算；

（四）组织实施消防安全检查和火灾隐患整改；

（五）督促落实消防设施、器材的维护、维修及检测，确保其完好有效，确保疏散通道、安全出口、消防车通道畅通；

（六）组织管理志愿消防队等消防组织；

（七）组织开展师生员工消防知识、技能的宣传教育和培训，组织灭火和应急疏散预案的实施和演练；

（八）协助学校消防安全责任人做好其他消防安全工作。

其他校领导在分管工作范围内对消防工作负有领导、监督、检查、教育和管理职责。

第十条　学校必须设立或者明确负责日常消防安全工作的机构（以下简称学校消防机构），配备专职消防管理人员，履行下列消防安全职责：

（一）拟订学校消防安全年度工作计划、年度经费预算，拟订学校消防安全责任制、灭火和应急疏散预案等消防安全管理制度，并报学校消防安全责任人批准后实施；

（二）监督检查校内各单位消防安全责任制的落实情况；

（三）监督检查消防设施、设备、器材的使用与管理、以及消防基础设施的运转，定期组织检验、检测和维修；

（四）确定学校消防安全重点单位（部位）并监督指导其做好消防安全工作；

（五）监督检查有关单位做好易燃易爆等危险品的储存、使用和管理工作，审批校内各单位动用明火作业；

（六）开展消防安全教育培训，组织消防演练，普及消防知识，提高师生员工的消防安全意识、扑救初起火灾和自救逃生技能；

（七）定期对志愿消防队等消防组织进行消防知识和灭火技能培训；

（八）推进消防安全技术防范工作，做好技术防范人员上岗培训工作；

（九）受理驻校内其他单位在校内和学校、校内各单位新建、扩建、改建及装饰装修工程和公众聚集场所投入使用、营业前消防行政许可或者备案手续的校内备案审查工作，督促其向公安机关消防机构进行申报，协助公安机关消防机构进行建设工程消防设计审核、消防验收或者备案以及公众聚集场所投入使用、营业前消防安全检查工作；

（十）建立健全学校消防工作档案及消防安全隐患台账；

（十一）按照工作要求上报有关信息数据；

（十二）协助公安机关消防机构调查处理火灾事故，协助有关部门做好火灾事故处理及善后工作。

第十一条　学校二级单位和其他驻校单位应当履行下列消防安全职责：

（一）落实学校的消防安全管理规定，结合本单位实际制定并落实本单位的消防安全制度和消防安全操作规程；

（二）建立本单位的消防安全责任考核、奖惩制度；

（三）开展经常性的消防安全教育、培训及演练；

（四）定期进行防火检查，做好检查记录，及时消除火灾隐患；

（五）按规定配置消防设施、器材并确保其完好有效；

（六）按规定设置安全疏散指示标志和应急照明设施，并保证疏散通道、安全出口畅通；

（七）消防控制室配备消防值班人员，

制定值班岗位职责，做好监督检查工作；

（八）新建、扩建、改建及装饰装修工程报学校消防机构备案；

（九）按照规定的程序与措施处置火灾事故；

（十）学校规定的其他消防安全职责。

第十二条 校内各单位主要负责人是本单位消防安全责任人，驻校内其他单位主要负责人是该单位消防安全责任人，负责本单位的消防安全工作。

第十三条 除本规定第十一条外，学生宿舍管理部门还应当履行下列安全管理职责：

（一）建立由学生参加的志愿消防组织，定期进行消防演练；

（二）加强学生宿舍用火、用电安全教育与检查；

（三）加强夜间防火巡查，发现火灾立即组织扑救和疏散学生。

第三章 消防安全管理

第十四条 学校应当将下列单位（部位）列为学校消防安全重点单位（部位）：

（一）学生宿舍、食堂（餐厅）、教学楼、校医院、体育场（馆）、会堂（会议中心）、超市（市场）、宾馆（招待所）、托儿所、幼儿园以及其他文体活动、公共娱乐等人员密集场所；

（二）学校网络、广播电台、电视台等传媒部门和驻校内邮政、通信、金融等单位；

（三）车库、油库、加油站等部位；

（四）图书馆、展览馆、档案馆、博物馆、文物古建筑；

（五）供水、供电、供气、供热等系统；

（六）易燃易爆等危险化学物品的生产、充装、储存、供应、使用部门；

（七）实验室、计算机房、电化教学中心和承担国家重点科研项目或配备有先进精密仪器设备的部位，监控中心、消防控制中心；

（八）学校保密要害部门及部位；

（九）高层建筑及地下室、半地下室；

（十）建设工程的施工现场以及有人员居住的临时性建筑；

（十一）其他发生火灾可能性较大以及一旦发生火灾可能造成重大人身伤亡或者财产损失的单位（部位）。

重点单位和重点部位的主管部门，应当按照有关法律法规和本规定履行消防安全管理职责，设置防火标志，实行严格消防安全管理。

第十五条 在学校内举办文艺、体育、集会、招生和就业咨询等大型活动和展览，主办单位应当确定专人负责消防安全工作，明确并落实消防安全职责和措施，保证消防设施和消防器材配置齐全、完好有效，保证疏散通道、安全出口、疏散指示标志、应急照明和消防车通道符合消防技术标准和管理规定，制定灭火和应急疏散预案并组织演练，并经学校消防机构对活动现场检查合格后方可举办。

依法应当报请当地人民政府有关部门审批的，经有关部门审核同意后方可举办。

第十六条 学校应当按照国家有关规定，配置消防设施和器材，设置消防安全疏散指示标志和应急照明设施，每年组织检测维修，确保消防设施和器材完好有效。

学校应当保障疏散通道、安全出口、消防车通道畅通。

第十七条 学校进行新建、改建、扩建、装修、装饰等活动，必须严格执行消防法规和国家工程建设消防技术标准，并依法办理建设工程消防设计审核、消防验收或者备案手续。学校各项工程及驻校内各单位在校内的各项工程消防设施的招标和验收，应当有学校消防机构参加。

施工单位负责施工现场的消防安全，并接受学校消防机构的监督、检查。竣工后，建筑工程的有关图纸、资料、文件等应当报学校档案机构和消防机构备案。

第十八条　地下室、半地下室和用于生产、经营、储存易燃易爆、有毒有害等危险物品场所的建筑不得用作学生宿舍。

生产、经营、储存其他物品的场所与学生宿舍等居住场所设置在同一建筑物内的，应当符合国家工程建设消防技术标准。

学生宿舍、教室和礼堂等人员密集场所，禁止违规使用大功率电器，在门窗、阳台等部位不得设置影响逃生和灭火救援的障碍物。

第十九条　利用地下空间开设公共活动场所，应当符合国家有关规定，并报学校消防机构备案。

第二十条　学校消防控制室应当配备专职值班人员，持证上岗。

消防控制室不得挪作他用。

第二十一条　学校购买、储存、使用和销毁易燃易爆等危险品，应当按照国家有关规定严格管理、规范操作，并制定应急处置预案和防范措施。

学校对管理和操作易燃易爆等危险品的人员，上岗前必须进行培训，持证上岗。

第二十二条　学校应当对动用明火实行严格的消防安全管理。禁止在具有火灾、爆炸危险的场所吸烟、使用明火；因特殊原因确需进行电、气焊等明火作业的，动火单位和人员应当向学校消防机构申办审批手续，落实现场监管人，采取相应的消防安全措施。作业人员应当遵守消防安全规定。

第二十三条　学校内出租房屋的，当事人应当签订房屋租赁合同，明确消防安全责任。出租方负责对出租房屋的消防安全管理。学校授权的管理单位应当加强监督检查。

外来务工人员的消防安全管理由校内用人单位负责。

第二十四条　发生火灾时，学校应当及时报警并立即启动应急预案，迅速扑救初起火灾，及时疏散人员。

学校应当在火灾事故发生后两个小时内向所在地教育行政主管部门报告。较大以上火灾同时报教育部。

火灾扑灭后，事故单位应当保护现场并接受事故调查，协助公安机关消防机构调查火灾原因、统计火灾损失。未经公安机关消防机构同意，任何人不得擅自清理火灾现场。

第二十五条　学校及其重点单位应当建立健全消防档案。

消防档案应当全面反映消防安全和消防安全管理情况，并根据情况变化及时更新。

第四章　消防安全检查和整改

第二十六条　学校每季度至少进行一次消防安全检查。检查的主要内容包括：

（一）消防安全宣传教育及培训情况；

（二）消防安全制度及责任制落实情况；

（三）消防安全工作档案建立健全情况；

（四）单位防火检查及每日防火巡查落实及记录情况；

（五）火灾隐患和隐患整改及防范措施落实情况；

（六）消防设施、器材配置及完好有效情况；

（七）灭火和应急疏散预案的制定和组织消防演练情况；

（八）其他需要检查的内容。

第二十七条　学校消防安全检查应当填写检查记录，检查人员、被检查单位负责人或者相关人员应当在检查记录上签名，发现火灾隐患应当及时填发《火灾隐患整改通知书》。

第二十八条　校内各单位每月至少进行一次防火检查。检查的主要内容包括：

（一）火灾隐患和隐患整改情况以及防范措施的落实情况；

（二）疏散通道、疏散指示标志、应急照明和安全出口情况；

（三）消防车通道、消防水源情况；

（四）消防设施、器材配置及有效情况；

（五）消防安全标志设置及其完好、有效情况；

（六）用火、用电有无违章情况；

（七）重点工种人员以及其他员工消防知识掌握情况；

（八）消防安全重点单位（部位）管理情况；

（九）易燃易爆危险物品和场所防火防爆措施落实情况以及其他重要物资防火安全情况；

（十）消防（控制室）值班情况和设施、设备运行、记录情况；

（十一）防火巡查落实及记录情况；

（十二）其他需要检查的内容。

防火检查应当填写检查记录。检查人员和被检查部门负责人应当在检查记录上签名。

第二十九条 校内消防安全重点单位（部位）应当进行每日防火巡查，并确定巡查的人员、内容、部位和频次。其他单位可以根据需要组织防火巡查。巡查的内容主要包括：

（一）用火、用电有无违章情况；

（二）安全出口、疏散通道是否畅通，安全疏散指示标志、应急照明是否完好；

（三）消防设施、器材和消防安全标志是否在位、完整；

（四）常闭式防火门是否处于关闭状态，防火卷帘下是否堆放物品影响使用；

（五）消防安全重点部位的人员在岗情况；

（六）其他消防安全情况。

校医院、学生宿舍、公共教室、实验室、文物古建筑等应当加强夜间防火巡查。

防火巡查人员应当及时纠正消防违章行为，妥善处置火灾隐患，无法当场处置的，应当立即报告。发现初起火灾应当立即报警、通知人员疏散、及时扑救。

防火巡查应当填写巡查记录，巡查人员及其主管人员应当在巡查记录上签名。

第三十条 对下列违反消防安全规定的行为，检查、巡查人员应当责成有关人员改正并督促落实：

（一）消防设施、器材或者消防安全标志的配置、设置不符合国家标准、行业标准，或者未保持完好有效的；

（二）损坏、挪用或者擅自拆除、停用消防设施、器材的；

（三）占用、堵塞、封闭消防通道、安全出口的；

（四）埋压、圈占、遮挡消火栓或者占用防火间距的；

（五）占用、堵塞、封闭消防车通道，妨碍消防车通行的；

（六）人员密集场所在门窗上设置影响逃生和灭火救援的障碍物的；

（七）常闭式防火门处于开启状态，防火卷帘下堆放物品影响使用的；

（八）违章进入易燃易爆危险物品生产、储存等场所的；

（九）违章使用明火作业或者在具有火灾、爆炸危险的场所吸烟、使用明火等违反禁令的；

（十）消防设施管理、值班人员和防火巡查人员脱岗的；

（十一）对火灾隐患经公安机关消防机构通知后不及时采取措施消除的；

（十二）其他违反消防安全管理规定的行为。

第三十一条 学校对教育行政主管部门和公安机关消防机构、公安派出所指出的各类火灾隐患，应当及时予以核查、消除。

对公安机关消防机构、公安派出所责令限期改正的火灾隐患，学校应当在规定的期限内整改。

第三十二条　对不能及时消除的火灾隐患，隐患单位应当及时向学校及相关单位的消防安全责任人或者消防安全工作主管领导报告，提出整改方案，确定整改措施、期限以及负责整改的部门、人员，并落实整改资金。

火灾隐患尚未消除的，隐患单位应当落实防范措施，保障消防安全。对于随时可能引发火灾或者一旦发生火灾将严重危及人身安全的，应当将危险部位停止使用或停业整改。

第三十三条　对于涉及城市规划布局等学校无力解决的重大火灾隐患，学校应当及时向其上级主管部门或者当地人民政府报告。

第三十四条　火灾隐患整改完毕，整改单位应当将整改情况记录报送相应的消防安全工作责任人或者消防安全工作主管领导签字确认后存档备查。

第五章　消防安全教育和培训

第三十五条　学校应当将师生员工的消防安全教育和培训纳入学校消防安全年度工作计划。

消防安全教育和培训的主要内容包括：

（一）国家消防工作方针、政策，消防法律、法规；

（二）本单位、本岗位的火灾危险性，火灾预防知识和措施；

（三）有关消防设施的性能、灭火器材的使用方法；

（四）报火警、扑救初起火灾和自救互救技能；

（五）组织、引导在场人员疏散的方法。

第三十六条　学校应当采取下列措施对学生进行消防安全教育，使其了解防火、灭火知识，掌握报警、扑救初起火灾和自救、逃生方法。

（一）开展学生自救、逃生等防火安全常识的模拟演练，每学年至少组织一次学生消防演练；

（二）根据消防安全教育的需要，将消防安全知识纳入教学和培训内容；

（三）对每届新生进行不低于4学时的消防安全教育和培训；

（四）对进入实验室的学生进行必要的安全技能和操作规程培训；

（五）每学年至少举办一次消防安全专题讲座，并在校园网络、广播、校内报刊开设消防安全教育栏目。

第三十七条　学校二级单位应当组织新上岗和进入新岗位的员工进行上岗前的消防安全培训。

消防安全重点单位（部位）对员工每年至少进行一次消防安全培训。

第三十八条　下列人员应当依法接受消防安全培训：

（一）学校及各二级单位的消防安全责任人、消防安全管理人；

（二）专职消防管理人员、学生宿舍管理人员；

（三）消防控制室的值班、操作人员；

（四）其他依照规定应当接受消防安全培训的人员。

前款规定中的第（三）项人员必须持证上岗。

第六章　灭火、应急疏散预案和演练

第三十九条　学校、二级单位、消防安全重点单位（部位）应当制定相应的灭火和应急疏散预案，建立应急反应和处置机制，为火灾扑救和应急救援工作提供人员、装备等保障。

灭火和应急疏散预案应当包括以下内容：

（一）组织机构：指挥协调组、灭火行动组、通讯联络组、疏散引导组、安全防护救护组；

（二）报警和接警处置程序；

（三）应急疏散的组织程序和措施；

（四）扑救初起火灾的程序和措施；

（五）通讯联络、安全防护救护的程序

和措施。

（六）其他需要明确的内容。

第四十条 学校实验室应当有针对性地制定突发事件应急处置预案，并将应急处置预案涉及到的生物、化学及易燃易爆物品的种类、性质、数量、危险性和应对措施及处置药品的名称、产地和储备等内容报学校消防机构备案。

第四十一条 校内消防安全重点单位应当按照灭火和应急疏散预案每半年至少组织一次消防演练，并结合实际，不断完善预案。

消防演练应当设置明显标识并事先告知演练范围内的人员，避免意外事故发生。

第七章 消防经费

第四十二条 学校应当将消防经费纳入学校年度经费预算，保证消防经费投入，保障消防工作的需要。

第四十三条 学校日常消防经费用于校内灭火器材的配置、维修、更新，灭火和应急疏散预案的备用设施、材料，以及消防宣传教育、培训等，保证学校消防工作正常开展。

第四十四条 学校安排专项经费，用于解决火灾隐患，维修、检测、改造消防专用给水管网、消防专用供水系统、灭火系统、自动报警系统、防排烟系统、消防通讯系统、消防监控系统等消防设施。

第四十五条 消防经费使用坚持专款专用、统筹兼顾、保证重点、勤俭节约的原则。

任何单位和个人不得挤占、挪用消防经费。

第八章 奖 惩

第四十六条 学校应当将消防安全工作纳入校内评估考核内容，对在消防安全工作中成绩突出的单位和个人给予表彰奖励。

第四十七条 对未依法履行消防安全职责、违反消防安全管理制度、或者擅自挪用、损坏、破坏消防器材、设施等违反消防安全管理规定的，学校应当责令其限期整改，给予通报批评；对直接负责的主管人员和其他直接责任人员根据情节轻重给予警告等相应的处分。

前款涉及民事损失、损害的，有关责任单位和责任人应当依法承担民事责任。

第四十八条 学校违反消防安全管理规定或者发生重特大火灾的，除依据消防法的规定进行处罚外，教育行政部门应当取消其当年评优资格，并按照国家有关规定对有关主管人员和责任人员依法予以处分。

第九章 附 则

第四十九条 学校应当依据本规定，结合本校实际，制定本校消防安全管理办法。

高等学校以外的其他高等教育机构的消防安全管理，参照本规定执行。

第五十条 本规定所称学校二级单位，包括学院、系、处、所、中心等。

第五十一条 本规定自 2010 年 1 月 1 日起施行。

公共娱乐场所消防安全管理规定

（1999 年 5 月 11 日公安部部长办公会议通过，
1999 年 5 月 25 日发布，自发布之日起施行）

第一条 为了预防火灾，保障公共安全，依据《中华人民共和国消防法》制定本规定。

第二条 本规定所称公共娱乐场所，是指向公众开放的下列室内场所：

（一）影剧院、录像厅、礼堂等演出、放映场所；

（二）舞厅、卡拉OK厅等歌舞娱乐场所；

（三）具有娱乐功能的夜总会、音乐茶座和餐饮场所；

（四）游艺、游乐场所；

（五）保龄球馆、旱冰场、桑拿浴室等营业性健身、休闲场所。

第三条　公共娱乐场所应当在法定代表人或者主要负责人中确定一名本单位的消防安全责任人。在消防安全责任人确定或者变更时，应当向当地公安消防机构备案。

消防安全责任人应当依照《消防法》第十四条和第十六条规定履行消防安全职责，负责检查和落实本单位防火措施、灭火预案的制定和演练以及建筑消防设施、消防通道、电源和火源管理等。

公共娱乐场所的房产所有者在与其他单位、个人发生租赁、承包等关系后，公共娱乐场所的消防安全由经营者负责。

第四条　新建、改建、扩建公共娱乐场所或者变更公共娱乐场所内部装修的，其消防设计应当符合国家有关建筑消防技术标准的规定。

第五条　新建、改建、扩建公共娱乐场所或者变更公共娱乐场所内部装修的，建设或者经营单位应当依法将消防设计图纸报送当地公安消防机构审核，经审核同意方可施工；工程竣工时，必须经公安消防机构进行消防验收；未经验收或者经验收不合格的，不得投入使用。

第六条　公众聚集的娱乐场所在使用或者开业前，必须具备消防安全条件，依法向当地公安消防机构申报检查，经消防安全检查合格后，发给《消防安全检查意见书》，方可使用或者开业。

第七条　公共娱乐场所宜设置在耐火等级不低于二级的建筑物内；已经核准设置在三级耐火等级建筑内的公共娱乐场所，应当符合特定的防火安全要求。

公共娱乐场所不得设置在文物古建筑和博物馆、图书馆建筑内，不得毗连重要仓库或者危险物品仓库；不得在居民住宅楼内改建公共娱乐场所。

公共娱乐场所与其他建筑相毗连或者附设在其他建筑物内时，应当按照独立的防火分区设置；商住楼内的公共娱乐场所与居民住宅的安全出口应当分开设置。

第八条　公共娱乐场所的内部装修设计和施工，应当符合《建筑内部装修设计防火规范》和有关建筑内部装饰装修防火管理的规定。

第九条　公共娱乐场所的安全出口数目、疏散宽度和距离，应当符合国家有关建筑设计防火规范的规定。

安全出口处不得设置门槛、台阶，疏散门应向外开启，不得采用卷帘门、转门、吊门和侧拉门，门口不得设置门帘、屏风等影响疏散的遮挡物。

公共娱乐场所在营业时必须确保安全出口和疏散通道畅通无阻，严禁将安全出口上锁、阻塞。

第十条　安全出口、疏散通道和楼梯口应当设置符合标准的灯光疏散指示标志。指示标志应当设在门的顶部、疏散通道和转角处距地面一米以下的墙面上。设在走道上的指示标志的间距不得大于二十米。

第十一条　公共娱乐场所内应当设置火灾事故应急照明灯，照明供电时间不得少于二十分钟。

第十二条　公共娱乐场所必须加强电气防火安全管理，及时消除火灾隐患。不得超负荷用电，不得擅自拉接临时电线。

第十三条　在地下建筑内设置公共娱乐场所，除符合本规定其他条款的要求外，还应当符合下列规定：

（一）只允许设在地下一层；

（二）通往地面的安全出口不应少于二

个，安全出口、楼梯和走道的宽度应当符合有关建筑设计防火规范的规定；

（三）应当设置机械防烟排烟设施；

（四）应当设置火灾自动报警系统和自动喷水灭火系统；

（五）严禁使用液化石油气。

第十四条 公共娱乐场所内严禁带入和存放易燃易爆物品。

第十五条 严禁在公共娱乐场所营业时进行设备检修、电气焊、油漆粉刷等施工、维修作业。

第十六条 演出、放映场所的观众厅内禁止吸烟和明火照明。

第十七条 公共娱乐场所在营业时，不得超过额定人数。

第十八条 卡拉OK厅及其包房内，应当设置声音或者视像警报，保证在火灾发生初期，将各卡拉OK房间的画面、音响消除，播送火灾警报，引导人们安全疏散。

第十九条 公共娱乐场所应当制定防火安全管理制度，制定紧急安全疏散方案。在营业时间和营业结束后，应当指定专人进行安全巡视检查。

第二十条 公共娱乐场所应当建立全员防火安全责任制度，全体员工都应当熟知必要的消防安全知识，会报火警，会使用灭火器材，会组织人员疏散。新职工上岗前必须进行消防安全培训。

第二十一条 公共娱乐场所应当按照《建筑灭火器配置设计规范》配置灭火器材，设置报警电话，保证消防设施、设备完好有效。

第二十二条 对违反本规定的行为，依照《中华人民共和国消防法》和地方性消防法规、规章予以处罚；构成犯罪的，依法追究刑事责任。

第二十三条 本规定自发布之日起施行。一九九五年一月二十六日公安部发布的《公共娱乐场所消防安全管理规定》同时废止。

机关、团体、企业、事业单位消防安全管理规定

（2001年10月19日公安部部长办公会议通过，2001年11月14日发布，自2002年5月1日起施行）

第一章 总 则

第一条 为了加强和规范机关、团体、企业、事业单位的消防安全管理，预防火灾和减少火灾危害，根据《中华人民共和国消防法》，制定本规定。

第二条 本规定适用于中华人民共和国境内的机关、团体、企业、事业单位（以下统称单位）自身的消防安全管理。

法律、法规另有规定的除外。

第三条 单位应当遵守消防法律、法规、规章（以下统称消防法规），贯彻预防为主、防消结合的消防工作方针，履行消防安全职责，保障消防安全。

第四条 法人单位的法定代表人或者非法人单位的主要负责人是单位的消防安全责任人，对本单位的消防安全工作全面负责。

第五条 单位应当落实逐级消防安全责任制和岗位消防安全责任制，明确逐级和岗

位消防安全职责，确定各级、各岗位的消防安全责任人。

第二章　消防安全责任

第六条　单位的消防安全责任人应当履行下列消防安全职责：

（一）贯彻执行消防法规，保障单位消防安全符合规定，掌握本单位的消防安全情况；

（二）将消防工作与本单位的生产、科研、经营、管理等活动统筹安排，批准实施年度消防工作计划；

（三）为本单位的消防安全提供必要的经费和组织保障；

（四）确定逐级消防安全责任，批准实施消防安全制度和保障消防安全的操作规程；

（五）组织防火检查，督促落实火灾隐患整改，及时处理涉及消防安全的重大问题；

（六）根据消防法规的规定建立专职消防队、义务消防队；

（七）组织制定符合本单位实际的灭火和应急疏散预案，并实施演练。

第七条　单位可以根据需要确定本单位的消防安全管理人。消防安全管理人对单位的消防安全责任人负责，实施和组织落实下列消防安全管理工作：

（一）拟订年度消防工作计划，组织实施日常消防安全管理工作；

（二）组织制订消防安全制度和保障消防安全的操作规程并检查督促其落实；

（三）拟订消防安全工作的资金投入和组织保障方案；

（四）组织实施防火检查和火灾隐患整改工作；

（五）组织实施对本单位消防设施、灭火器材和消防安全标志的维护保养，确保其完好有效，确保疏散通道和安全出口畅通；

（六）组织管理专职消防队和义务消防队；

（七）在员工中组织开展消防知识、技能的宣传教育和培训，组织灭火和应急疏散预案的实施和演练；

（八）单位消防安全责任人委托的其他消防安全管理工作。

消防安全管理人应当定期向消防安全责任人报告消防安全情况，及时报告涉及消防安全的重大问题。未确定消防安全管理人的单位，前款规定的消防安全管理工作由单位消防安全责任人负责实施。

第八条　实行承包、租赁或者委托经营、管理时，产权单位应当提供符合消防安全要求的建筑物，当事人在订立的合同中依照有关规定明确各方的消防安全责任；消防车通道、涉及公共消防安全的疏散设施和其他建筑消防设施应当由产权单位或者委托管理的单位统一管理。

承包、承租或者受委托经营、管理的单位应当遵守本规定，在其使用、管理范围内履行消防安全职责。

第九条　对于有两个以上产权单位和使用单位的建筑物，各产权单位、使用单位对消防车通道、涉及公共消防安全的疏散设施和其他建筑消防设施应当明确管理责任，可以委托统一管理。

第十条　居民住宅区的物业管理单位应当在管理范围内履行下列消防安全职责：

（一）制定消防安全制度，落实消防安全责任，开展消防安全宣传教育；

（二）开展防火检查，消除火灾隐患；

（三）保障疏散通道、安全出口、消防车通道畅通；

（四）保障公共消防设施、器材以及消防安全标志完好有效。

其他物业管理单位应当对受委托管理范围内的公共消防安全管理工作负责。

第十一条　举办集会、焰火晚会、灯会等具有火灾危险的大型活动的主办单位、承办单位以及提供场地的单位，应当在订立的合同中明确各方的消防安全责任。

第十二条　建筑工程施工现场的消防安全由施工单位负责。实行施工总承包的，由总承包单位负责。分包单位向总承包单位负责，服从总承包单位对施工现场的消防安全管理。

对建筑物进行局部改建、扩建和装修的工程，建设单位应当与施工单位在订立的合同中明确各方对施工现场的消防安全责任。

第三章　消防安全管理

第十三条　下列范围的单位是消防安全重点单位，应当按照本规定的要求，实行严格管理：

（一）商场（市场）、宾馆（饭店）、体育场（馆）、会堂、公共娱乐场所等公众聚集场所（以下统称公众聚集场所）；

（二）医院、养老院和寄宿制的学校、托儿所、幼儿园；

（三）国家机关；

（四）广播电台、电视台和邮政、通信枢纽；

（五）客运车站、码头、民用机场；

（六）公共图书馆、展览馆、博物馆、档案馆以及具有火灾危险性的文物保护单位；

（七）发电厂（站）和电网经营企业；

（八）易燃易爆化学物品的生产、充装、储存、供应、销售单位；

（九）服装、制鞋等劳动密集型生产、加工企业；

（十）重要的科研单位；

（十一）其他发生火灾可能性较大以及一旦发生火灾可能造成重大人身伤亡或者财产损失的单位。

高层办公楼（写字楼）、高层公寓楼等高层公共建筑，城市地下铁道、地下观光隧道等地下公共建筑和城市重要的交通隧道，粮、棉、木材、百货等物资集中的大型仓库和堆场，国家和省级等重点工程的施工现场，应当按照本规定对消防安全重点单位的要求，实行严格管理。

第十四条　消防安全重点单位及其消防安全责任人、消防安全管理人应当报当地公安消防机构备案。

第十五条　消防安全重点单位应当设置或者确定消防工作的归口管理职能部门，并确定专职或者兼职的消防管理人员；其他单位应当确定专职或者兼职消防管理人员，可以确定消防工作的归口管理职能部门。归口管理职能部门和专兼职消防管理人员在消防安全责任人或者消防安全管理人的领导下开展消防安全管理工作。

第十六条　公众聚集场所应当在具备下列消防安全条件后，向当地公安消防机构申报进行消防安全检查，经检查合格后方可开业使用：

（一）依法办理建筑工程消防设计审核手续，并经消防验收合格；

（二）建立健全消防安全组织，消防安全责任明确；

（三）建立消防安全管理制度和保障消防安全的操作规程；

（四）员工经过消防安全培训；

（五）建筑消防设施齐全、完好有效；

（六）制定灭火和应急疏散预案。

第十七条　举办集会、焰火晚会、灯会等具有火灾危险的大型活动，主办或者承办单位应当在具备消防安全条件后，向公安消防机构申报对活动现场进行消防安全检查，经检查合格后方可举办。

第十八条　单位应当按照国家有关规定，结合本单位的特点，建立健全各项消防安全制度和保障消防安全的操作规程，并公布执行。

单位消防安全制度主要包括以下内容：消防安全教育、培训；防火巡查、检查；安全疏散设施管理；消防（控制室）值班；消防设施、器材维护管理；火灾隐患整改；用火、用电安全管理；易燃易爆危险物品和场所防火防爆；专职和义务消防队的组织管理；灭火和应急疏散预案演练；燃气和电气设备的检查和管理（包括防雷、防静电）；消防安全工作考评和奖惩；其他必要的消防安全内容。

第十九条　单位应当将容易发生火灾、一旦发生火灾可能严重危及人身和财产安全以及对消防安全有重大影响的部位确定为消防安全重点部位，设置明显的防火标志，实行严格管理。

第二十条　单位应当对动用明火实行严格的消防安全管理。禁止在具有火灾、爆炸危险的场所使用明火；因特殊情况需要进行电、气焊等明火作业的，动火部门和人员应当按照单位的用火管理制度办理审批手续，落实现场监护人，在确认无火灾、爆炸危险后方可动火施工。动火施工人员应当遵守消防安全规定，并落实相应的消防安全措施。

公众聚集场所或者两个以上单位共同使用的建筑物局部施工需要使用明火时，施工单位和使用单位应当共同采取措施，将施工区和使用区进行防火分隔，清除动火区域的易燃、可燃物，配置消防器材，专人监护，保证施工及使用范围的消防安全。

公共娱乐场所在营业期间禁止动火施工。

第二十一条　单位应当保障疏散通道、安全出口畅通，并设置符合国家规定的消防安全疏散指示标志和应急照明设施，保持防火门、防火卷帘、消防安全疏散指示标志、应急照明、机械排烟送风、火灾事故广播等设施处于正常状态。

严禁下列行为：

（一）占用疏散通道；

（二）在安全出口或者疏散通道上安装栅栏等影响疏散的障碍物；

（三）在营业、生产、教学、工作等期间将安全出口上锁、遮挡或者将消防安全疏散指示标志遮挡、覆盖；

（四）其他影响安全疏散的行为。

第二十二条　单位应当遵守国家有关规定，对易燃易爆危险物品的生产、使用、储存、销售、运输或者销毁实行严格的消防安全管理。

第二十三条　单位应当根据消防法规的有关规定，建立专职消防队、义务消防队，配备相应的消防装备、器材，并组织开展消防业务学习和灭火技能训练，提高预防和扑救火灾的能力。

第二十四条　单位发生火灾时，应当立即实施灭火和应急疏散预案，务必做到及时报警，迅速扑救火灾，及时疏散人员。邻近单位应当给予支援。任何单位、人员都应当无偿为报火警提供便利，不得阻拦报警。

单位应当为公安消防机构抢救人员、扑救火灾提供便利和条件。

火灾扑灭后，起火单位应当保护现场，接受事故调查，如实提供火灾事故的情况，协助公安消防机构调查火灾原因，核定火灾损失，查明火灾事故责任。未经公安消防机构同意，不得擅自清理火灾现场。

第四章　防火检查

第二十五条　消防安全重点单位应当进行每日防火巡查，并确定巡查的人员、内容、部位和频次。其他单位可以根据需要组织防火巡查。巡查的内容应当包括：

（一）用火、用电有无违章情况；

（二）安全出口、疏散通道是否畅通，安全疏散指示标志、应急照明是否完好；

（三）消防设施、器材和消防安全标志是否在位、完整；

（四）常闭式防火门是否处于关闭状态，防火卷帘下是否堆放物品影响使用；

（五）消防安全重点部位的人员在岗情况；

（六）其他消防安全情况。

公众聚集场所在营业期间的防火巡查应当至少每二小时一次；营业结束时应当对营业现场进行检查，消除遗留火种。医院、养老院、寄宿制的学校、托儿所、幼儿园应当加强夜间防火巡查，其他消防安全重点单位可以结合实际组织夜间防火巡查。

防火巡查人员应当及时纠正违章行为，妥善处置火灾危险，无法当场处置的，应当立即报告。发现初起火灾应当立即报警并及时扑救。

防火巡查应当填写巡查记录，巡查人员及其主管人员应当在巡查记录上签名。

第二十六条 机关、团体、事业单位应当至少每季度进行一次防火检查，其他单位应当至少每月进行一次防火检查。检查的内容应当包括：

（一）火灾隐患的整改情况以及防范措施的落实情况；

（二）安全疏散通道、疏散指示标志、应急照明和安全出口情况；

（三）消防车通道、消防水源情况；

（四）灭火器材配置及有效情况；

（五）用火、用电有无违章情况；

（六）重点工种人员以及其他员工消防知识的掌握情况；

（七）消防安全重点部位的管理情况；

（八）易燃易爆危险物品和场所防火防爆措施的落实情况以及其他重要物资的防火安全情况；

（九）消防（控制室）值班情况和设施运行、记录情况；

（十）防火巡查情况；

（十一）消防安全标志的设置情况和完好、有效情况；

（十二）其他需要检查的内容。

防火检查应当填写检查记录。检查人员和被检查部门负责人应当在检查记录上签名。

第二十七条 单位应当按照建筑消防设施检查维修保养有关规定的要求，对建筑消防设施的完好有效情况进行检查和维修保养。

第二十八条 设有自动消防设施的单位，应当按照有关规定定期对其自动消防设施进行全面检查测试，并出具检测报告，存档备查。

第二十九条 单位应当按照有关规定定期对灭火器进行维护保养和维修检查。对灭火器应当建立档案资料，记明配置类型、数量、设置位置、检查维修单位（人员）、更换药剂的时间等有关情况。

第五章 火灾隐患整改

第三十条 单位对存在的火灾隐患，应当及时予以消除。

第三十一条 对下列违反消防安全规定的行为，单位应当责成有关人员当场改正并督促落实：

（一）违章进入生产、储存易燃易爆危险物品场所的；

（二）违章使用明火作业或者在具有火灾、爆炸危险的场所吸烟、使用明火等违反禁令的；

（三）将安全出口上锁、遮挡，或者占用、堆放物品影响疏散通道畅通的；

（四）消火栓、灭火器材被遮挡影响使用或者被挪作他用的；

（五）常闭式防火门处于开启状态，防火卷帘下堆放物品影响使用的；

（六）消防设施管理、值班人员和防火巡查人员脱岗的；

（七）违章关闭消防设施、切断消防电源的；

（八）其他可以当场改正的行为。

违反前款规定的情况以及改正情况应当有记录并存档备查。

第三十二条 对不能当场改正的火灾隐患，消防工作归口管理职能部门或者专兼职消防管理人员应当根据本单位的管理分工，及时将存在的火灾隐患向单位的消防安全管理人或者消防安全责任人报告，提出整改方案。消防安全管理人或者消防安全责任人应当确定整改的措施、期限以及负责整改的部门、人员，并落实整改资金。

在火灾隐患未消除之前，单位应当落实防范措施，保障消防安全。不能确保消防安全，随时可能引发火灾或者一旦发生火灾将严重危及人身安全的，应当将危险部位停产停业整改。

第三十三条　火灾隐患整改完毕，负责整改的部门或者人员应当将整改情况记录报送消防安全责任人或者消防安全管理人签字确认后存档备查。

第三十四条　对于涉及城市规划布局而不能自身解决的重大火灾隐患，以及机关、团体、事业单位确无能力解决的重大火灾隐患，单位应当提出解决方案并及时向其上级主管部门或者当地人民政府报告。

第三十五条　对公安消防机构责令限期改正的火灾隐患，单位应当在规定的期限内改正并写出火灾隐患整改复函，报送公安消防机构。

第六章　消防安全宣传教育和培训

第三十六条　单位应当通过多种形式开展经常性的消防安全宣传教育。消防安全重点单位对每名员工应当至少每年进行一次消防安全培训。宣传教育和培训内容应当包括：

（一）有关消防法规、消防安全制度和保障消防安全的操作规程；

（二）本单位、本岗位的火灾危险性和防火措施；

（三）有关消防设施的性能、灭火器材的使用方法；

（四）报火警、扑救初起火灾以及自救逃生的知识和技能。

公众聚集场所对员工的消防安全培训应当至少每半年进行一次，培训的内容还应当包括组织、引导在场群众疏散的知识和技能。

单位应当组织新上岗和进入新岗位的员工进行上岗前的消防安全培训。

第三十七条　公众聚集场所在营业、活动期间，应当通过张贴图画、广播、闭路电视等向公众宣传防火、灭火、疏散逃生等常识。

学校、幼儿园应当通过寓教于乐等多种形式对学生和幼儿进行消防安全常识教育。

第三十八条　下列人员应当接受消防安全专门培训：

（一）单位的消防安全责任人、消防安全管理人；

（二）专、兼职消防管理人员；

（三）消防控制室的值班、操作人员；

（四）其他依照规定应当接受消防安全专门培训的人员。

前款规定中的第（三）项人员应当持证上岗。

第七章　灭火、应急疏散预案和演练

第三十九条　消防安全重点单位制定的灭火和应急疏散预案应当包括下列内容：

（一）组织机构，包括：灭火行动组、通讯联络组、疏散引导组、安全防护救护组；

（二）报警和接警处置程序；

（三）应急疏散的组织程序和措施；

（四）扑救初起火灾的程序和措施；

（五）通讯联络、安全防护救护的程序和措施。

第四十条　消防安全重点单位应当按照灭火和应急疏散预案，至少每半年进行一次演练，并结合实际，不断完善预案。其他单位应当结合本单位实际，参照制定相应的应急方案，至少每年组织一次演练。

消防演练时，应当设置明显标识并事先告知演练范围内的人员。

第八章　消防档案

第四十一条　消防安全重点单位应当建立健全消防档案。消防档案应当包括消防安全基本情况和消防安全管理情况。消防档案应当详实，全面反映单位消防工作的基本情况，并附有必要的图表，根据情况变化及时更新。

单位应当对消防档案统一保管、备查。

第四十二条 消防安全基本情况应当包括以下内容：

（一）单位基本概况和消防安全重点部位情况；

（二）建筑物或者场所施工、使用或者开业前的消防设计审核、消防验收以及消防安全检查的文件、资料；

（三）消防管理组织机构和各级消防安全责任人；

（四）消防安全制度；

（五）消防设施、灭火器材情况；

（六）专职消防队、义务消防队人员及其消防装备配备情况；

（七）与消防安全有关的重点工种人员情况；

（八）新增消防产品、防火材料的合格证明材料；

（九）灭火和应急疏散预案。

第四十三条 消防安全管理情况应当包括以下内容：

（一）公安消防机构填发的各种法律文书；

（二）消防设施定期检查记录、自动消防设施全面检查测试的报告以及维修保养的记录；

（三）火灾隐患及其整改情况记录；

（四）防火检查、巡查记录；

（五）有关燃气、电气设备检测（包括防雷、防静电）等记录资料；

（六）消防安全培训记录；

（七）灭火和应急疏散预案的演练记录；

（八）火灾情况记录；

（九）消防奖惩情况记录。

前款规定中的第（二）、（三）、（四）、（五）项记录，应当记明检查的人员、时间、部位、内容、发现的火灾隐患以及处理措施等；第（六）项记录，应当记明培训的时间、参加人员、内容等；第（七）项记录，应当记明演练的时间、地点、内容、参加部门以及人员等。

第四十四条 其他单位应当将本单位的基本概况、公安消防机构填发的各种法律文书、与消防工作有关的材料和记录等统一保管备查。

第九章 奖 惩

第四十五条 单位应当将消防安全工作纳入内部检查、考核、评比内容。对在消防安全工作中成绩突出的部门（班组）和个人，单位应当给予表彰奖励。对未依法履行消防安全职责或者违反单位消防安全制度的行为，应当依照有关规定对责任人员给予行政纪律处分或者其他处理。

第四十六条 违反本规定，依法应当给予行政处罚的，依照有关法律、法规予以处罚；构成犯罪的，依法追究刑事责任。

第十章 附 则

第四十七条 公安消防机构对本规定的执行情况依法实施监督，并对自身滥用职权、玩忽职守、徇私舞弊的行为承担法律责任。

第四十八条 本规定自2002年5月1日起施行。本规定施行以前公安部发布的规章中的有关规定与本规定不一致的，以本规定为准。

建设工程消防设计审查验收管理暂行规定

（2020 年 4 月 1 日住房和城乡建设部令第 51 号公布，根据 2023 年 8 月 21 日住房和城乡建设部令第 58 号修正）

第一章　总　　则

第一条　为了加强建设工程消防设计审查验收管理，保证建设工程消防设计、施工质量，根据《中华人民共和国建筑法》、《中华人民共和国消防法》、《建设工程质量管理条例》等法律、行政法规，制定本规定。

第二条　特殊建设工程的消防设计审查、消防验收，以及其他建设工程的消防验收备案（以下简称备案）、抽查，适用本规定。

本规定所称特殊建设工程，是指本规定第十四条所列的建设工程。

本规定所称其他建设工程，是指特殊建设工程以外的其他按照国家工程建设消防技术标准需要进行消防设计的建设工程。

第三条　国务院住房和城乡建设主管部门负责指导监督全国建设工程消防设计审查验收工作。

县级以上地方人民政府住房和城乡建设主管部门（以下简称消防设计审查验收主管部门）依职责承担本行政区域内建设工程的消防设计审查、消防验收、备案和抽查工作。

跨行政区域建设工程的消防设计审查、消防验收、备案和抽查工作，由该建设工程所在行政区域消防设计审查验收主管部门共同的上一级主管部门指定负责。

第四条　消防设计审查验收主管部门应当运用互联网技术等信息化手段开展消防设计审查、消防验收、备案和抽查工作，建立健全有关单位和从业人员的信用管理制度，不断提升政务服务水平。

第五条　消防设计审查验收主管部门实施消防设计审查、消防验收、备案和抽查工作所需经费，按照《中华人民共和国行政许可法》等有关法律法规的规定执行。

第六条　消防设计审查验收主管部门应当及时将消防验收、备案和抽查情况告知消防救援机构，并与消防救援机构共享建筑平面图、消防设施平面布置图、消防设施系统图等资料。

第七条　从事建设工程消防设计审查验收的工作人员，以及建设、设计、施工、工程监理、技术服务等单位的从业人员，应当具备相应的专业技术能力，定期参加职业培训。

第二章　有关单位的消防设计、施工质量责任与义务

第八条　建设单位依法对建设工程消防设计、施工质量负首要责任。设计、施工、工程监理、技术服务等单位依法对建设工程消防设计、施工质量负主体责任。建设、设计、施工、工程监理、技术服务等单位的从业人员依法对建设工程消防设计、施工质量承担相应的个人责任。

第九条　建设单位应当履行下列消防设计、施工质量责任和义务：

（一）不得明示或者暗示设计、施工、工程监理、技术服务等单位及其从业人员违反建设工程法律法规和国家工程建设消防技术标准，降低建设工程消防设计、施工质量；

（二）依法申请建设工程消防设计审查、消防验收，办理备案并接受抽查；

（三）实行工程监理的建设工程，依法将消防施工质量委托监理；

（四）委托具有相应资质的设计、施工、工程监理单位；

（五）按照工程消防设计要求和合同约定，选用合格的消防产品和满足防火性能要求的建筑材料、建筑构配件和设备；

（六）组织有关单位进行建设工程竣工验收时，对建设工程是否符合消防要求进行查验；

（七）依法及时向档案管理机构移交建设工程消防有关档案。

第十条 设计单位应当履行下列消防设计、施工质量责任和义务：

（一）按照建设工程法律法规和国家工程建设消防技术标准进行设计，编制符合要求的消防设计文件，不得违反国家工程建设消防技术标准强制性条文；

（二）在设计文件中选用的消防产品和具有防火性能要求的建筑材料、建筑构配件和设备，应当注明规格、性能等技术指标，符合国家规定的标准；

（三）参加建设单位组织的建设工程竣工验收，对建设工程消防设计实施情况签章确认，并对建设工程消防设计质量负责。

第十一条 施工单位应当履行下列消防设计、施工质量责任和义务：

（一）按照建设工程法律法规、国家工程建设消防技术标准，以及经消防设计审查合格或者满足工程需要的消防设计文件组织施工，不得擅自改变消防设计进行施工，降低消防施工质量；

（二）按照消防设计要求、施工技术标准和合同约定检验消防产品和具有防火性能要求的建筑材料、建筑构配件和设备的质量，使用合格产品，保证消防施工质量；

（三）参加建设单位组织的建设工程竣工验收，对建设工程消防施工质量签章确认，并对建设工程消防施工质量负责。

第十二条 工程监理单位应当履行下列消防设计、施工质量责任和义务：

（一）按照建设工程法律法规、国家工程建设消防技术标准，以及经消防设计审查合格或者满足工程需要的消防设计文件实施工程监理；

（二）在消防产品和具有防火性能要求的建筑材料、建筑构配件和设备使用、安装前，核查产品质量证明文件，不得同意使用或者安装不合格的消防产品和防火性能不符合要求的建筑材料、建筑构配件和设备；

（三）参加建设单位组织的建设工程竣工验收，对建设工程消防施工质量签章确认，并对建设工程消防施工质量承担监理责任。

第十三条 提供建设工程消防设计图纸技术审查、消防设施检测或者建设工程消防验收现场评定等服务的技术服务机构，应当按照建设工程法律法规、国家工程建设消防技术标准和国家有关规定提供服务，并对出具的意见或者报告负责。

第三章 特殊建设工程的消防设计审查

第十四条 具有下列情形之一的建设工程是特殊建设工程：

（一）总建筑面积大于二万平方米的体育场馆、会堂，公共展览馆、博物馆的展示厅；

（二）总建筑面积大于一万五千平方米的民用机场航站楼、客运车站候车室、客运码头候船厅；

（三）总建筑面积大于一万平方米的宾馆、饭店、商场、市场；

（四）总建筑面积大于二千五百平方米的影剧院，公共图书馆的阅览室，营业性室内健身、休闲场馆，医院的门诊楼，大学的教学楼、图书馆、食堂，劳动密集型企业的生产加工车间，寺庙、教堂；

（五）总建筑面积大于一千平方米的托儿所、幼儿园的儿童用房，儿童游乐厅等室内儿童活动场所，养老院、福利院，医院、疗养院的病房楼，中小学校的教学楼、图书馆、食堂，学校的集体宿舍，劳动密集型企业的员工集体宿舍；

（六）总建筑面积大于五百平方米的歌舞厅、录像厅、放映厅、卡拉 OK 厅、夜总会、游艺厅、桑拿浴室、网吧、酒吧，具有娱乐功能的餐馆、茶馆、咖啡厅；

（七）国家工程建设消防技术标准规定的一类高层住宅建筑；

（八）城市轨道交通、隧道工程，大型发电、变配电工程；

（九）生产、储存、装卸易燃易爆危险物品的工厂、仓库和专用车站、码头，易燃易爆气体和液体的充装站、供应站、调压站；

（十）国家机关办公楼、电力调度楼、电信楼、邮政楼、防灾指挥调度楼、广播电视楼、档案楼；

（十一）设有本条第一项至第六项所列情形的建设工程；

（十二）本条第十项、第十一项规定以外的单体建筑面积大于四万平方米或者建筑高度超过五十米的公共建筑。

第十五条　对特殊建设工程实行消防设计审查制度。

特殊建设工程的建设单位应当向消防设计审查验收主管部门申请消防设计审查，消防设计审查验收主管部门依法对审查的结果负责。

特殊建设工程未经消防设计审查或者审查不合格的，建设单位、施工单位不得施工。

第十六条　建设单位申请消防设计审查，应当提交下列材料：

（一）消防设计审查申请表；

（二）消防设计文件；

（三）依法需要办理建设工程规划许可的，应当提交建设工程规划许可文件；

（四）依法需要批准的临时性建筑，应当提交批准文件。

第十七条　特殊建设工程具有下列情形之一的，建设单位除提交本规定第十六条所列材料外，还应当同时提交特殊消防设计技术资料：

（一）国家工程建设消防技术标准没有规定的；

（二）消防设计文件拟采用的新技术、新工艺、新材料不符合国家工程建设消防技术标准规定的；

（三）因保护利用历史建筑、历史文化街区需要，确实无法满足国家工程建设消防技术标准要求的。

前款所称特殊消防设计技术资料，应当包括特殊消防设计文件，以及两个以上有关的应用实例、产品说明等资料。

特殊消防设计涉及采用国际标准或者境外工程建设消防技术标准的，还应当提供相应的中文文本。

第十八条　特殊消防设计文件应当包括特殊消防设计必要性论证、特殊消防设计方案、火灾数值模拟分析等内容，重大工程、火灾危险等级高的应当包括实体试验验证内容。

特殊消防设计方案应当对两种以上方案进行比选，从安全性、经济性、可实施性等方面进行综合分析后形成。

火灾数值模拟分析应当科学设定火灾场景和模拟参数，实体试验应当与实际场景相符。火灾数值模拟分析结论和实体试验结论应当一致。

第十九条　消防设计审查验收主管部门收到建设单位提交的消防设计审查申请后，对申请材料齐全的，应当出具受理凭证；申请材料不齐全的，应当一次性告知需要补正的全部内容。

第二十条　对具有本规定第十七条情形之一的建设工程，消防设计审查验收主管部门应当自受理消防设计审查申请之日起五个工作日内，将申请材料报送省、自治区、直辖市人民政府住房和城乡建设主管部门组织专家评审。

第二十一条　省、自治区、直辖市人民政府住房和城乡建设主管部门应当建立由具有工程消防、建筑等专业高级技术职称人员组成的专家库，制定专家库管理制度。

第二十二条 省、自治区、直辖市人民政府住房和城乡建设主管部门应当在收到申请材料之日起十个工作日内组织召开专家评审会，对建设单位提交的特殊消防设计技术资料进行评审。

评审专家从专家库随机抽取，对于技术复杂、专业性强或者国家有特殊要求的项目，可以直接邀请相应专业的中国科学院院士、中国工程院院士、全国工程勘察设计大师以及境外具有相应资历的专家参加评审；与特殊建设工程设计单位有利害关系的专家不得参加评审。

评审专家应当符合相关专业要求，总数不得少于七人，且独立出具同意或者不同意的评审意见。特殊消防设计技术资料经四分之三以上评审专家同意即为评审通过，评审专家有不同意见的，应当注明。省、自治区、直辖市人民政府住房和城乡建设主管部门应当将专家评审意见，书面通知报请评审的消防设计审查验收主管部门。

第二十三条 消防设计审查验收主管部门应当自受理消防设计审查申请之日起十五个工作日内出具书面审查意见。依照本规定需要组织专家评审的，专家评审时间不超过二十个工作日。

第二十四条 对符合下列条件的，消防设计审查验收主管部门应当出具消防设计审查合格意见：

（一）申请材料齐全、符合法定形式；

（二）设计单位具有相应资质；

（三）消防设计文件符合国家工程建设消防技术标准（具有本规定第十七条情形之一的特殊建设工程，特殊消防设计技术资料通过专家评审）。

对不符合前款规定条件的，消防设计审查验收主管部门应当出具消防设计审查不合格意见，并说明理由。

第二十五条 实行施工图设计文件联合审查的，应当将建设工程消防设计的技术审查并入联合审查。

第二十六条 建设、设计、施工单位不得擅自修改经审查合格的消防设计文件。确需修改的，建设单位应当依照本规定重新申请消防设计审查。

第四章 特殊建设工程的消防验收

第二十七条 对特殊建设工程实行消防验收制度。

特殊建设工程竣工验收后，建设单位应当向消防设计审查验收主管部门申请消防验收；未经消防验收或者消防验收不合格的，禁止投入使用。

第二十八条 建设单位组织竣工验收时，应当对建设工程是否符合下列要求进行查验：

（一）完成工程消防设计和合同约定的消防各项内容；

（二）有完整的工程消防技术档案和施工管理资料（含涉及消防的建筑材料、建筑构配件和设备的进场试验报告）；

（三）建设单位对工程涉及消防的各分部分项工程验收合格；施工、设计、工程监理、技术服务等单位确认工程消防质量符合有关标准；

（四）消防设施性能、系统功能联调联试等内容检测合格。

经查验不符合前款规定的建设工程，建设单位不得编制工程竣工验收报告。

第二十九条 建设单位申请消防验收，应当提交下列材料：

（一）消防验收申请表；

（二）工程竣工验收报告；

（三）涉及消防的建设工程竣工图纸。

消防设计审查验收主管部门收到建设单位提交的消防验收申请后，对申请材料齐全的，应当出具受理凭证；申请材料不齐全的，应当一次性告知需要补正的全部内容。

第三十条 消防设计审查验收主管部门受理消防验收申请后，应当按照国家有关规定，对特殊建设工程进行现场评定。现场评定包括对建筑物防（灭）火设施的外观进行现场抽样查看；通过专业仪器设备对涉及距离、高度、宽度、长度、面积、厚度等可测量的指标进行现场抽样测量；对消防设施的功能进行抽样测试、联调联试消防设施的系统功能等内容。

第三十一条　消防设计审查验收主管部门应当自受理消防验收申请之日起十五日内出具消防验收意见。对符合下列条件的，应当出具消防验收合格意见：

（一）申请材料齐全、符合法定形式；

（二）工程竣工验收报告内容完备；

（三）涉及消防的建设工程竣工图纸与经审查合格的消防设计文件相符；

（四）现场评定结论合格。

对不符合前款规定条件的，消防设计审查验收主管部门应当出具消防验收不合格意见，并说明理由。

第三十二条　实行规划、土地、消防、人防、档案等事项联合验收的建设工程，消防验收意见由地方人民政府指定的部门统一出具。

第五章　其他建设工程的消防设计、备案与抽查

第三十三条　其他建设工程，建设单位申请施工许可或者申请批准开工报告时，应当提供满足施工需要的消防设计图纸及技术资料。

未提供满足施工需要的消防设计图纸及技术资料的，有关部门不得发放施工许可证或者批准开工报告。

第三十四条　对其他建设工程实行备案抽查制度，分类管理。

其他建设工程经依法抽查不合格的，应当停止使用。

第三十五条　省、自治区、直辖市人民政府住房和城乡建设主管部门应当制定其他建设工程分类管理目录清单。

其他建设工程应当依据建筑所在区域环境、建筑使用功能、建筑规模和高度、建筑耐火等级、疏散能力、消防设施设备配置水平等因素分为一般项目、重点项目等两类。

第三十六条　其他建设工程竣工验收合格之日起五个工作日内，建设单位应当报消防设计审查验收主管部门备案。

建设单位办理备案，应当提交下列材料：

（一）消防验收备案表；

（二）工程竣工验收报告；

（三）涉及消防的建设工程竣工图纸。

本规定第二十八条有关建设单位竣工验收消防查验的规定，适用于其他建设工程。

第三十七条　消防设计审查验收主管部门收到建设单位备案材料后，对备案材料齐全的，应当出具备案凭证；备案材料不齐全的，应当一次性告知需要补正的全部内容。

一般项目可以采用告知承诺制的方式申请备案，消防设计审查验收主管部门依据承诺书出具备案凭证。

第三十八条　消防设计审查验收主管部门应当对备案的其他建设工程进行抽查，加强对重点项目的抽查。

抽查工作推行“双随机、一公开”制度，随机抽取检查对象，随机选派检查人员。抽取比例由省、自治区、直辖市人民政府住房和城乡建设主管部门，结合辖区内消防设计、施工质量情况确定，并向社会公示。

第三十九条　消防设计审查验收主管部门应当自其他建设工程被确定为检查对象之日起十五个工作日内，按照建设工程消防验收有关规定完成检查，制作检查记录。检查结果应当通知建设单位，并向社会公示。

第四十条　建设单位收到检查不合格整改通知后，应当停止使用建设工程，并组织整改，整改完成后，向消防设计审查验收主管部门申请复查。

消防设计审查验收主管部门应当自收到

书面申请之日起七个工作日内进行复查，并出具复查意见。复查合格后方可使用建设工程。

第六章　附　　则

第四十一条　违反本规定的行为，依照《中华人民共和国建筑法》、《中华人民共和国消防法》、《建设工程质量管理条例》等法律法规给予处罚；构成犯罪的，依法追究刑事责任。

建设、设计、施工、工程监理、技术服务等单位及其从业人员违反有关建设工程法律法规和国家工程建设消防技术标准，除依法给予处罚或者追究刑事责任外，还应当依法承担相应的民事责任。

第四十二条　建设工程消防设计审查验收规则和执行本规定所需要的文书式样，由国务院住房和城乡建设主管部门制定。

第四十三条　新颁布的国家工程建设消防技术标准实施之前，建设工程的消防设计已经依法审查合格的，按原审查意见的标准执行。

第四十四条　住宅室内装饰装修、村民自建住宅、救灾和非人员密集场所的临时性建筑的建设活动，不适用本规定。

第四十五条　省、自治区、直辖市人民政府住房和城乡建设主管部门可以根据有关法律法规和本规定，结合本地实际情况，制定实施细则。

第四十六条　本规定自2020年6月1日起施行。

消防安全责任制实施办法

（2017年10月29日国办发〔2017〕87号公布，自公布之日起施行）

第一章　总　　则

第一条　为深入贯彻《中华人民共和国消防法》、《中华人民共和国安全生产法》和党中央、国务院关于安全生产及消防安全的重要决策部署，按照政府统一领导、部门依法监管、单位全面负责、公民积极参与的原则，坚持党政同责、一岗双责、齐抓共管、失职追责，进一步健全消防安全责任制，提高公共消防安全水平，预防火灾和减少火灾危害，保障人民群众生命财产安全，制定本办法。

第二条　地方各级人民政府负责本行政区域内的消防工作，政府主要负责人为第一责任人，分管负责人为主要责任人，班子其他成员对分管范围内的消防工作负领导责任。

第三条　国务院公安部门对全国的消防工作实施监督管理。县级以上地方人民政府公安机关对本行政区域内的消防工作实施监督管理。县级以上人民政府其他有关部门按照管行业必须管安全、管业务必须管安全、管生产经营必须管安全的要求，在各自职责范围内依法依规做好本行业、本系统的消防安全工作。

第四条　坚持安全自查、隐患自除、责任自负。机关、团体、企业、事业等单位是消防安全的责任主体，法定代表人、主要负责人或实际控制人是本单位、本场所消防安全责任人，对本单位、本场所消防安全全面负责。

消防安全重点单位应当确定消防安全管理人，组织实施本单位的消防安全管理工作。

第五条　坚持权责一致、依法履职、失职追责。对不履行或不按规定履行消防安全职责的单位和个人，依法依规追究责任。

第二章　地方各级人民政府消防工作职责

第六条　县级以上地方各级人民政府应当落实消防工作责任制，履行下列职责：

（一）贯彻执行国家法律法规和方针政策，以及上级党委、政府关于消防工作的部署要求，全面负责本地区消防工作，每年召开消防工作会议，研究部署本地区消防工作重大事项。每年向上级人民政府专题报告本地区消防工作情况。健全由政府主要负责人或分管负责人牵头的消防工作协调机制，推动落实消防工作责任。

（二）将消防工作纳入经济社会发展总体规划，将包括消防安全布局、消防站、消防供水、消防通信、消防车通道、消防装备等内容的消防规划纳入城乡规划，并负责组织实施，确保消防工作与经济社会发展相适应。

（三）督促所属部门和下级人民政府落实消防安全责任制，在农业收获季节、森林和草原防火期间、重大节假日和重要活动期间以及火灾多发季节，组织开展消防安全检查。推动消防科学研究和技术创新，推广使用先进消防和应急救援技术、设备。组织开展经常性的消防宣传工作。大力发展消防公益事业。采取政府购买公共服务等方式，推进消防教育培训、技术服务和物防、技防等工作。

（四）建立常态化火灾隐患排查整治机制，组织实施重大火灾隐患和区域性火灾隐患整治工作。实行重大火灾隐患挂牌督办制度。对报请挂牌督办的重大火灾隐患和停产停业整改报告，在7个工作日内作出同意或不同意的决定，并组织有关部门督促隐患单位采取措施予以整改。

（五）依法建立公安消防队和政府专职消防队。明确政府专职消防队公益属性，采取招聘、购买服务等方式招录政府专职消防队员，建设营房，配齐装备；按规定落实其工资、保险和相关福利待遇。

（六）组织领导火灾扑救和应急救援工作。组织制定灭火救援应急预案，定期组织开展演练；建立灭火救援社会联动和应急反应处置机制，落实人员、装备、经费和灭火药剂等保障，根据需要调集灭火救援所需工程机械和特殊装备。

（七）法律、法规、规章规定的其他消防工作职责。

第七条　省、自治区、直辖市人民政府除履行第六条规定的职责外，还应当履行下列职责：

（一）定期召开政府常务会议、办公会议，研究部署消防工作。

（二）针对本地区消防安全特点和实际情况，及时提请同级人大及其常委会制定、修订地方性法规，组织制定、修订政府规章、规范性文件。

（三）将消防安全的总体要求纳入城市总体规划，并严格审核。

（四）加大消防投入，保障消防事业发展所需经费。

第八条　市、县级人民政府除履行第六条规定的职责外，还应当履行下列职责：

（一）定期召开政府常务会议、办公会议，研究部署消防工作。

（二）科学编制和严格落实城乡消防规划，预留消防队站、训练设施等建设用地。加强消防水源建设，按照规定建设市政消防供水设施，制定市政消防水源管理办法，明确建设、管理维护部门和单位。

（三）在本级政府预算中安排必要的资金，保障消防站、消防供水、消防通信等公共消防设施和消防装备建设，促进消防事业发展。

（四）将消防公共服务事项纳入政府民生工程或为民办实事工程；在社会福利机构、幼儿园、托儿所、居民家庭、小旅馆、群租房以及住宿与生产、储存、经营合用的场所推广安装简易喷淋装置、独立式感烟火灾探测报警器。

（五）定期分析评估本地区消防安全形势，组织开展火灾隐患排查整治工作；对重大火灾隐患，应当组织有关部门制定整改措施，督促限期消除。

（六）加强消防宣传教育培训，有计划地建设公益性消防科普教育基地，开展消防科普教育活动。

（七）按照立法权限，针对本地区消防安全特点和实际情况，及时提请同级人大及其常委会制定、修订地方性法规，组织制定、修订地方政府规章、规范性文件。

第九条 乡镇人民政府消防工作职责：

（一）建立消防安全组织，明确专人负责消防工作，制定消防安全制度，落实消防安全措施。

（二）安排必要的资金，用于公共消防设施建设和业务经费支出。

（三）将消防安全内容纳入镇总体规划、乡规划，并严格组织实施。

（四）根据当地经济发展和消防工作的需要建立专职消防队、志愿消防队，承担火灾扑救、应急救援等职能，并开展消防宣传、防火巡查、隐患查改。

（五）因地制宜落实消防安全“网格化”管理的措施和要求，加强消防宣传和应急疏散演练。

（六）部署消防安全整治，组织开展消防安全检查，督促整改火灾隐患。

（七）指导村（居）民委员会开展群众性的消防工作，确定消防安全管理人，制定防火安全公约，根据需要建立志愿消防队或微型消防站，开展防火安全检查、消防宣传教育和应急疏散演练，提高城乡消防安全水平。

街道办事处应当履行前款第（一）、（四）、（五）、（六）、（七）项职责，并保障消防工作经费。

第十条 开发区管理机构、工业园区管理机构等地方人民政府的派出机关，负责管理区域内的消防工作，按照本办法履行同级别人民政府的消防工作职责。

第十一条 地方各级人民政府主要负责人应当组织实施消防法律法规、方针政策和上级部署要求，定期研究部署消防工作，协调解决本行政区域内的重大消防安全问题。

地方各级人民政府分管消防安全的负责人应当协助主要负责人，综合协调本行政区域内的消防工作，督促检查各有关部门、下级政府落实消防工作的情况。班子其他成员要定期研究部署分管领域的消防工作，组织工作督查，推动分管领域火灾隐患排查整治。

第三章 县级以上人民政府工作部门消防安全职责

第十二条 县级以上人民政府工作部门应当按照谁主管、谁负责的原则，在各自职责范围内履行下列职责：

（一）根据本行业、本系统业务工作特点，在行业安全生产法规政策、规划计划和应急预案中纳入消防安全内容，提高消防安全管理水平。

（二）依法督促本行业、本系统相关单位落实消防安全责任制，建立消防安全管理制度，确定专（兼）职消防安全管理人员，落实消防工作经费；开展针对性消防安全检查治理，消除火灾隐患；加强消防宣传教育培训，每年组织应急演练，提高行业从业人员消防安全意识。

（三）法律、法规和规章规定的其他消防安全职责。

第十三条 具有行政审批职能的部门，对审批事项中涉及消防安全的法定条件要依法严格审批，凡不符合法定条件的，不得核发相关许可证照或批准开办。对已经依法取得批准的单位，不再具备消防安全条件的应当依法予以处理。

（一）公安机关负责对消防工作实施监督管理，指导、督促机关、团体、企业、事业等单位履行消防工作职责。依法实施建设工程消防设计审核、消防验收，开展消防监督检查，组织针对性消防安全专项治理，实施消防行政处罚。组织和指挥火灾现场扑救，承担或参加重大灾害事故和其他以抢救人员生命为主的应急救援工作。依法组织或参与火灾事故调查处理工作，办理失火罪和消防责任事故罪案件。组织开展消防宣传教育培训和应急疏散演练。

（二）教育部门负责学校、幼儿园管理中的行业消防安全。指导学校消防安全教育宣传工作，将消防安全教育纳入学校安全教育活动统筹安排。

（三）民政部门负责社会福利、特困人员供养、救助管理、未成年人保护、婚姻、殡葬、救灾物资储备、烈士纪念、军休军供、优抚医院、光荣院、养老机构等民政服务机构审批或管理中的行业消防安全。

（四）人力资源社会保障部门负责职业培训机构、技工院校审批或管理中的行业消防安全。做好政府专职消防队员、企业专职消防队员依法参加工伤保险工作。将消防法律法规和消防知识纳入公务员培训、职业培训内容。

（五）城乡规划管理部门依据城乡规划配合制定消防设施布局专项规划，依据规划预留消防站规划用地，并负责监督实施。

（六）住房城乡建设部门负责依法督促建设工程责任单位加强对房屋建筑和市政基础设施工程建设的安全管理，在组织制定工程建设规范以及推广新技术、新材料、新工艺时，应充分考虑消防安全因素，满足有关消防安全性能及要求。

（七）交通运输部门负责在客运车站、港口、码头及交通工具管理中依法督促有关单位落实消防安全主体责任和有关消防工作制度。

（八）文化部门负责文化娱乐场所审批或管理中的行业消防安全工作，指导、监督公共图书馆、文化馆（站）、剧院等文化单位履行消防安全职责。

（九）卫生计生部门负责医疗卫生机构、计划生育技术服务机构审批或管理中的行业消防安全。

（十）工商行政管理部门负责依法对流通领域消防产品质量实施监督管理，查处流通领域消防产品质量违法行为。

（十一）质量技术监督部门负责依法督促特种设备生产单位加强特种设备生产过程中的消防安全管理，在组织制定特种设备产品及使用标准时，应充分考虑消防安全因素，满足有关消防安全性能及要求，积极推广消防新技术在特种设备产品中的应用。按照职责分工对消防产品质量实施监督管理，依法查处消防产品质量违法行为。做好消防安全相关标准制修订工作，负责消防相关产品质量认证监督管理工作。

（十二）新闻出版广电部门负责指导新闻出版广播影视机构消防安全管理，协助监督管理印刷业、网络视听节目服务机构消防安全。督促新闻媒体发布针对性消防安全提示，面向社会开展消防宣传教育。

（十三）安全生产监督管理部门要严格依法实施有关行政审批，凡不符合法定条件的，不得核发有关安全生产许可。

第十四条　具有行政管理或公共服务职能的部门，应当结合本部门职责为消防工作提供支持和保障。

（一）发展改革部门应当将消防工作纳入国民经济和社会发展中长期规划。地方发展改革部门应当将公共消防设施建设列入地方固定资产投资计划。

（二）科技部门负责将消防科技进步纳入科技发展规划和中央财政科技计划（专项、基金等）并组织实施。组织指导消防安全重大科技攻关、基础研究和应用研究，会同有关部门推动消防科研成果转化应用。将消防知识纳入科普教育内容。

（三）工业和信息化部门负责指导督促通信业、通信设施建设以及民用爆炸物品生产、销售的消防安全管理。依据职责负责危险化学品生产、储存的行业规划和布局。将消防产业纳入应急产业同规划、同部署、同发展。

（四）司法行政部门负责指导监督监狱系统、司法行政系统强制隔离戒毒场所的消防安全管理。将消防法律法规纳入普法教育内容。

（五）财政部门负责按规定对消防资金进行预算管理。

（六）商务部门负责指导、督促商贸行业的消防安全管理工作。

（七）房地产管理部门负责指导、督促物业服务企业按照合同约定做好住宅小区共用消防设施的维护管理工作，并指导业主依照有关规定使用住宅专项维修资金对住宅小区共用消防设施进行维修、更新、改造。

（八）电力管理部门依法对电力企业和用户执行电力法律、行政法规的情况进行监督检查，督促企业严格遵守国家消防技术标准，落实企业主体责任。推广采用先进的火灾防范技术设施，引导用户规范用电。

（九）燃气管理部门负责加强城镇燃气安全监督管理工作，督促燃气经营者指导用户安全用气并对燃气设施定期进行安全检查、排除隐患，会同有关部门制定燃气安全事故应急预案，依法查处燃气经营者和燃气用户等各方主体的燃气违法行为。

（十）人防部门负责对人民防空工程的维护管理进行监督检查。

（十一）文物部门负责文物保护单位、世界文化遗产和博物馆的行业消防安全管理。

（十二）体育、宗教事务、粮食等部门负责加强体育类场馆、宗教活动场所、储备粮储存环节等消防安全管理，指导开展消防安全标准化管理。

（十三）银行、证券、保险等金融监管机构负责督促银行业金融机构、证券业机构、保险机构及服务网点、派出机构落实消防安全管理。保险监管机构负责指导保险公司开展火灾公众责任保险业务，鼓励保险机构发挥火灾风险评估管控和火灾事故预防功能。

（十四）农业、水利、交通运输等部门应当将消防水源、消防车通道等公共消防设施纳入相关基础设施建设工程。

（十五）互联网信息、通信管理等部门应当指导网站、移动互联网媒体等开展公益性消防安全宣传。

（十六）气象、水利、地震部门应当及时将重大灾害事故预警信息通报公安消防部门。

（十七）负责公共消防设施维护管理的单位应当保持消防供水、消防通信、消防车通道等公共消防设施的完好有效。

第四章　单位消防安全职责

第十五条　机关、团体、企业、事业等单位应当落实消防安全主体责任，履行下列职责：

（一）明确各级、各岗位消防安全责任人及其职责，制定本单位的消防安全制度、消防安全操作规程、灭火和应急疏散预案。定期组织开展灭火和应急疏散演练，进行消防工作检查考核，保证各项规章制度落实。

（二）保证防火检查巡查、消防设施器材维护保养、建筑消防设施检测、火灾隐患整改、专职或志愿消防队和微型消防站建设等消防工作所需资金的投入。生产经营单位安全费用应当保证适当比例用于消防工作。

（三）按照相关标准配备消防设施、器材，设置消防安全标志，定期检验维修，对建筑消防设施每年至少进行一次全面检测，确保完好有效。设有消防控制室的，实行24小时值班制度，每班不少于2人，并持证上岗。

（四）保障疏散通道、安全出口、消防车通道畅通，保证防火防烟分区、防火间距符合消防技术标准。人员密集场所的门窗不得设置影响逃生和灭火救援的障碍物。保证建筑构件、建筑材料和室内装修装饰材料等符合消防技术标准。

（五）定期开展防火检查、巡查，及时消除火灾隐患。

（六）根据需要建立专职或志愿消防队、微型消防站，加强队伍建设，定期组织训练演练，加强消防装备配备和灭火药剂储备，建立与公安消防队联勤联动机制，提高扑救初起火灾能力。

（七）消防法律、法规、规章以及政策文件规定的其他职责。

第十六条　消防安全重点单位除履行第十五条规定的职责外，还应当履行下列职责：

（一）明确承担消防安全管理工作的机构和消防安全管理人并报知当地公安消防部门，组织实施本单位消防安全管理。消防安全管理人应当经过消防培训。

（二）建立消防档案，确定消防安全重点部位，设置防火标志，实行严格管理。

（三）安装、使用电器产品、燃气用具和敷设电气线路、管线必须符合相关标准和用电、用气安全管理规定，并定期维护保养、检测。

（四）组织员工进行岗前消防安全培训，定期组织消防安全培训和疏散演练。

（五）根据需要建立微型消防站，积极参与消防安全区域联防联控，提高自防自救能力。

（六）积极应用消防远程监控、电气火灾监测、物联网技术等技防物防措施。

第十七条　对容易造成群死群伤火灾的人员密集场所、易燃易爆单位和高层、地下公共建筑等火灾高危单位，除履行第十五条、第十六条规定的职责外，还应当履行下列职责：

（一）定期召开消防安全工作例会，研究本单位消防工作，处理涉及消防经费投入、消防设施设备购置、火灾隐患整改等重大问题。

（二）鼓励消防安全管理人取得注册消防工程师执业资格，消防安全责任人和特有工种人员须经消防安全培训；自动消防设施操作人员应取得建（构）筑物消防员资格证书。

（三）专职消防队或微型消防站应当根据本单位火灾危险特性配备相应的消防装备器材，储备足够的灭火救援药剂和物资，定期组织消防业务学习和灭火技能训练。

（四）按照国家标准配备应急逃生设施设备和疏散引导器材。

（五）建立消防安全评估制度，由具有资质的机构定期开展评估，评估结果向社会公开。

（六）参加火灾公众责任保险。

第十八条　同一建筑物由两个以上单位管理或使用的，应当明确各方的消防安全责任，并确定责任人对共用的疏散通道、安全出口、建筑消防设施和消防车通道进行统一管理。

物业服务企业应当按照合同约定提供消防安全防范服务，对管理区域内的共用消防设施和疏散通道、安全出口、消防车通道进行维护管理，及时劝阻和制止占用、堵塞、封闭疏散通道、安全出口、消防车通道等行为，劝阻和制止无效的，立即向公安机关等主管部门报告。定期开展防火检查巡查和消防宣传教育。

第十九条　石化、轻工等行业组织应当加强行业消防安全自律管理，推动本行业消防工作，引导行业单位落实消防安全主体责任。

第二十条　消防设施检测、维护保养和消防安全评估、咨询、监测等消防技术服务机构和执业人员应当依法获得相应的资质、资格，依法依规提供消防安全技术服务，并对服务质量负责。

第二十一条　建设工程的建设、设计、施工和监理等单位应当遵守消防法律、法规、规章和工程建设消防技术标准，在工程设计使用年限内对工程的消防设计、施工质量承担终身责任。

第五章 责任落实

第二十二条 国务院每年组织对省级人民政府消防工作完成情况进行考核，考核结果交由中央干部主管部门，作为对各省级人民政府主要负责人和领导班子综合考核评价的重要依据。

第二十三条 地方各级人民政府应当建立健全消防工作考核评价体系，明确消防工作目标责任，纳入日常检查、政务督查的重要内容，组织年度消防工作考核，确保消防安全责任落实。加强消防工作考核结果运用，建立与主要负责人、分管负责人和直接责任人履职评定、奖励惩处相挂钩的制度。

第二十四条 地方各级消防安全委员会、消防安全联席会议等消防工作协调机制应当定期召开成员单位会议，分析研判消防安全形势，协调指导消防工作开展，督促解决消防工作重大问题。

第二十五条 各有关部门应当建立单位消防安全信用记录，纳入全国信用信息共享平台，作为信用评价、项目核准、用地审批、金融扶持、财政奖补等方面的参考依据。

第二十六条 公安机关及其工作人员履行法定消防工作职责时，应当做到公正、严格、文明、高效。

公安机关及其工作人员进行消防设计审核、消防验收和消防安全检查等，不得收取费用，不得谋取利益，不得利用职务指定或者变相指定消防产品的品牌、销售单位或者消防技术服务机构、消防设施施工单位。

国务院公安部门要加强对各地公安机关及其工作人员进行消防设计审核、消防验收和消防安全检查等行为的监督管理。

第二十七条 地方各级人民政府和有关部门不依法履行职责，在涉及消防安全行政审批、公共消防设施建设、重大火灾隐患整改、消防力量发展等方面工作不力、失职渎职的，依法依规追究有关人员的责任，涉嫌犯罪的，移送司法机关处理。

第二十八条 因消防安全责任不落实发生一般及以上火灾事故的，依法依规追究单位直接责任人、法定代表人、主要负责人或实际控制人的责任，对履行职责不力、失职渎职的政府及有关部门负责人和工作人员实行问责，涉嫌犯罪的，移送司法机关处理。

发生造成人员死亡或产生社会影响的一般火灾事故的，由事故发生地县级人民政府负责组织调查处理；发生较大火灾事故的，由事故发生地设区的市级人民政府负责组织调查处理；发生重大火灾事故的，由事故发生地省级人民政府负责组织调查处理；发生特别重大火灾事故的，由国务院或国务院授权有关部门负责组织调查处理。

第六章 附 则

第二十九条 具有固定生产经营场所的个体工商户，参照本办法履行单位消防安全职责。

第三十条 微型消防站是单位、社区组建的有人员、有装备，具备扑救初起火灾能力的志愿消防队。具体标准由公安消防部门确定。

第三十一条 本办法自印发之日起施行。地方各级人民政府、国务院有关部门等可结合实际制定具体实施办法。

国家森林草原火灾应急预案

（2020 年 10 月 26 日国办函〔2020〕99 号公布，
自公布之日起施行）

1　总　　则

1.1　指导思想

以习近平新时代中国特色社会主义思想为指导，深入贯彻落实习近平总书记关于防灾减灾救灾的重要论述和关于全面做好森林草原防灭火工作的重要指示精神，按照党中央、国务院决策部署，坚持人民至上、生命至上，进一步完善体制机制，依法有力有序有效处置森林草原火灾，最大程度减少人员伤亡和财产损失，保护森林草原资源，维护生态安全。

1.2　编制依据

《中华人民共和国森林法》、《中华人民共和国草原法》、《中华人民共和国突发事件应对法》、《森林防火条例》、《草原防火条例》和《国家突发公共事件总体应急预案》等。

1.3　适用范围

本预案适用于我国境内发生的森林草原火灾应对工作。

1.4　工作原则

森林草原火灾应对工作坚持统一领导、协调联动，分级负责、属地为主，以人为本、科学扑救，快速反应、安全高效的原则。实行地方各级人民政府行政首长负责制，森林草原火灾发生后，地方各级人民政府及其有关部门立即按照任务分工和相关预案开展处置工作。省级人民政府是应对本行政区域重大、特别重大森林草原火灾的主体，国家根据森林草原火灾应对工作需要，及时启动应急响应、组织应急救援。

1.5　灾害分级

按照受害森林草原面积、伤亡人数和直接经济损失，森林草原火灾分为一般森林草原火灾、较大森林草原火灾、重大森林草原火灾和特别重大森林草原火灾四个等级，具体分级标准按照有关法律法规执行。

2　主要任务

2.1　组织灭火行动

科学运用各种手段扑打明火、开挖（设置）防火隔离带、清理火线、看守火场，严防次生灾害发生。

2.2　解救疏散人员

组织解救、转移、疏散受威胁群众并及时妥善安置和开展必要的医疗救治。

2.3　保护重要目标

保护民生和重要军事目标并确保重大危险源安全。

2.4　转移重要物资

组织抢救、运送、转移重要物资。

2.5　维护社会稳定

加强火灾发生地区及周边社会治安和公共安全工作，严密防范各类违法犯罪行为，加强重点目标守卫和治安巡逻，维护火灾发生地区及周边社会秩序稳定。

3　组织指挥体系

3.1　森林草原防灭火指挥机构

国家森林草原防灭火指挥部负责组织、协调和指导全国森林草原防灭火工作。国家森林草原防灭火指挥部总指挥由国务院领导同志担任，副总指挥由国务院副秘书长和公安部、应急部、国家林草局、中央军委联合参谋部负责同志担任。指挥部办公室设在应急部，由应急部、公安部、国家林草局共同派员组成，承担指挥部的日常工作。必要时，国家林草局可以按程序提请以国家森林草原防灭火指挥部名义部署相关防火工作。

县级以上地方人民政府按照“上下基本对应”的要求，设立森林（草原）防（灭）火指挥机构，负责组织、协调和指导本行政区域（辖区）森林草原防灭火工作。

3.2 指挥单位任务分工

公安部负责依法指导公安机关开展火案侦破工作，协同有关部门开展违规用火处罚工作，组织对森林草原火灾可能造成的重大社会治安和稳定问题进行预判，并指导公安机关协同有关部门做好防范处置工作；森林公安任务分工“一条不增、一条不减”，原职能保持不变，业务上接受林草部门指导。应急部协助党中央、国务院组织特别重大森林草原火灾应急处置工作；按照分级负责原则，负责综合指导各地区和相关部门的森林草原火灾防控工作，开展森林草原火灾综合监测预警工作、组织指导协调森林草原火灾的扑救及应急救援工作。国家林草局履行森林草原防火工作行业管理责任，具体负责森林草原火灾预防相关工作，指导开展防火巡护、火源管理、日常检查、宣传教育、防火设施建设等，同时负责森林草原火情早期处理相关工作。中央军委联合参谋部负责保障军委联合作战指挥中心对解放军和武警部队参加森林草原火灾抢险行动实施统一指挥，牵头组织指导相关部队抓好遂行森林草原火灾抢险任务准备，协调办理兵力调动及使用军用航空器相关事宜，协调做好应急救援航空器飞行管制和使用军用机场时的地面勤务保障工作。国家森林草原防灭火指挥部办公室发挥牵头抓总作用，强化部门联动，做到高效协同，增强工作合力。国家森林草原防灭火指挥部其他成员单位承担的具体防灭火任务按《深化党和国家机构改革方案》、“三定”规定和《国家森林草原防灭火指挥部工作规则》执行。

3.3 扑救指挥

森林草原火灾扑救工作由当地森林（草原）防（灭）火指挥机构负责指挥。同时发生3起以上或者同一火场跨两个行政区域的森林草原火灾，由上一级森林（草原）防（灭）火指挥机构指挥。跨省（自治区、直辖市）界且预判为一般森林草原火灾，由当地县级森林（草原）防（灭）火指挥机构分别指挥；跨省（自治区、直辖市）界且预判为较大森林草原火灾，由当地设区的市级森林（草原）防（灭）火指挥机构分别指挥；跨省（自治区、直辖市）界且预判为重大、特别重大森林草原火灾，由省级森林（草原）防（灭）火指挥机构分别指挥，国家森林草原防灭火指挥部负责协调、指导。特殊情况，由国家森林草原防灭火指挥部统一指挥。

地方森林（草原）防（灭）火指挥机构根据需要，在森林草原火灾现场成立火场前线指挥部，规范现场指挥机制，由地方行政首长担任总指挥，合理配置工作组，重视发挥专家作用；有国家综合性消防救援队伍参与灭火的，最高指挥员进入火场前线指挥部，参与决策和现场组织指挥，发挥专业作用；根据任务变化和救援力量规模，相应提高指挥等级。参加前方扑火的单位和个人要服从火场前线指挥部的统一指挥。

地方专业防扑火队伍、国家综合性消防救援队伍执行森林草原火灾扑救任务，接受火灾发生地县级以上地方人民政府森林（草原）防（灭）火指挥机构的指挥；执行跨省（自治区、直辖市）界森林草原火灾扑救任务的，由火场前线指挥部统一指挥；或者根据国家森林草原防灭火指挥部明确的指挥关系执行。国家综合性消防救援队伍内部实施垂直指挥。

解放军和武警部队遂行森林草原火灾扑救任务，对应接受国家和地方各级森林（草原）防（灭）火指挥机构统一领导，部队行动按照军队指挥关系和指挥权限组织实施。

3.4　专家组

各级森林（草原）防（灭）火指挥机构根据工作需要会同有关部门和单位建立本级专家组，对森林草原火灾预防、科学灭火组织指挥、力量调动使用、灭火措施、火灾调查评估规划等提出咨询意见。

4　处置力量

4.1　力量编成

扑救森林草原火灾以地方专业防扑火队伍、应急航空救援队伍、国家综合性消防救援队伍等受过专业培训的扑火力量为主，解放军和武警部队支援力量为辅，社会救援力量为补充。必要时可动员当地林区职工、机关干部及当地群众等力量协助做好扑救工作。

4.2　力量调动

根据森林草原火灾应对需要，应首先调动属地扑火力量，邻近力量作为增援力量。

跨省（自治区、直辖市）调动地方专业防扑火队伍增援扑火时，由国家森林草原防灭火指挥部统筹协调，由调出省（自治区、直辖市）森林（草原）防（灭）火指挥机构组织实施，调入省（自治区、直辖市）负责对接及相关保障。

跨省（自治区、直辖市）调动国家综合性消防救援队伍增援扑火时，由火灾发生地省级人民政府或者应急管理部门向应急部提出申请，按有关规定和权限逐级报批。

需要解放军和武警部队参与扑火时，由国家森林草原防灭火指挥部向中央军委联合参谋部提出用兵需求，或者由省级森林（草原）防（灭）火指挥机构向所在战区提出用兵需求。

5　预警和信息报告

5.1　预警

5.1.1　预警分级

根据森林草原火险指标、火行为特征和可能造成的危害程度，将森林草原火险预警级别划分为四个等级，由高到低依次用红色、橙色、黄色和蓝色表示，具体分级标准按照有关规定执行。

5.1.2　预警发布

由应急管理部门组织，各级林草、公安和气象主管部门加强会商，联合制作森林草原火险预警信息，并通过预警信息发布平台和广播、电视、报刊、网络、微信公众号以及应急广播等方式向涉险区域相关部门和社会公众发布。国家森林草原防灭火指挥部办公室适时向省级森林（草原）防（灭）火指挥机构发送预警信息，提出工作要求。

5.1.3　预警响应

当发布蓝色、黄色预警信息后，预警地区县级以上地方人民政府及其有关部门密切关注天气情况和森林草原火险预警变化，加强森林草原防火巡护、卫星林火监测和瞭望监测，做好预警信息发布和森林草原防火宣传工作，加强火源管理，落实防火装备、物资等各项扑火准备，当地各级各类森林消防队伍进入待命状态。

当发布橙色、红色预警信息后，预警地区县级以上地方人民政府及其有关部门在蓝色、黄色预警响应措施的基础上，进一步加强野外火源管理，开展森林草原防火检查，加大预警信息播报频次，做好物资调拨准备，地方专业防扑火队伍、国家综合性消防救援队伍视情对力量部署进行调整，靠前驻防。

各级森林（草原）防（灭）火指挥机构视情对预警地区森林草原防灭火工作进行督促和指导。

5.2　信息报告

地方各级森林（草原）防（灭）火指挥机构按照“有火必报”原则，及时、准确、逐级、规范报告森林草原火灾信息。以下森林草原火灾信息由国家森林草原防灭火指挥部办公室向国务院报告：

（1）重大、特别重大森林草原火灾；

（2）造成3人以上死亡或者10人以上重伤的森林草原火灾；

（3）威胁居民区或者重要设施的森林草原火灾；

（4）火场距国界或者实际控制线5公里以内，并对我国或者邻国森林草原资源构成威胁的森林草原火灾；

（5）经研判需要报告的其他重要森林草原火灾。

6 应急响应

6.1 分级响应

根据森林草原火灾初判级别、应急处置能力和预期影响后果，综合研判确定本级响应级别。按照分级响应的原则，及时调整本级扑火组织指挥机构和力量。火情发生后，按任务分工组织进行早期处置；预判可能发生一般、较大森林草原火灾，由县级森林（草原）防（灭）火指挥机构为主组织处置；预判可能发生重大、特别重大森林草原火灾，分别由设区的市级、省级森林（草原）防（灭）火指挥机构为主组织处置；必要时，应及时提高响应级别。

6.2 响应措施

火灾发生后，要先研判气象、地形、环境等情况及是否威胁人员密集居住地和重要危险设施，科学组织施救。

6.2.1 扑救火灾

立即就地就近组织地方专业防扑火队伍、应急航空救援队伍、国家综合性消防救援队伍等力量参与扑救，力争将火灾扑灭在初起阶段。必要时，组织协调当地解放军和武警部队等救援力量参与扑救。

各扑火力量在火场前线指挥部的统一调度指挥下，明确任务分工，落实扑救责任，科学组织扑救，在确保扑火人员安全情况下，迅速有序开展扑救工作，严防各类次生灾害发生。现场指挥员要认真分析地理环境、气象条件和火场态势，在扑火队伍行进、宿营地选择和扑火作业时，加强火场管理，时刻注意观察天气和火势变化，提前预设紧急避险措施，确保各类扑火人员安全。不得动员残疾人、孕妇和未成年人以及其他不适宜参加森林草原火灾扑救的人员参加扑救工作。

6.2.2 转移安置人员

当居民点、农牧点等人员密集区受到森林草原火灾威胁时，及时采取有效阻火措施，按照紧急疏散方案，有组织、有秩序地及时疏散居民和受威胁人员，确保人民群众生命安全。妥善做好转移群众安置工作，确保群众有住处、有饭吃、有水喝、有衣穿、有必要的医疗救治条件。

6.2.3 救治伤员

组织医护人员和救护车辆在扑救现场待命，如有伤病员迅速送医院治疗，必要时对重伤员实施异地救治。视情派出卫生应急队伍赶赴火灾发生地，成立临时医院或者医疗点，实施现场救治。

6.2.4 保护重要目标

当军事设施、核设施、危险化学品生产储存设施设备、油气管道、铁路线路等重要目标物和公共卫生、社会安全等重大危险源受到火灾威胁时，迅速调集专业队伍，在专业人员指导并确保救援人员安全的前提下全力消除威胁，组织抢救、运送、转移重要物资，确保目标安全。

6.2.5 维护社会治安

加强火灾受影响区域社会治安、道路交通等管理，严厉打击盗窃、抢劫、哄抢救灾物资、传播谣言、堵塞交通等违法犯罪行为。在金融单位、储备仓库等重要场所加强治安巡逻，维护社会稳定。

6.2.6 发布信息

通过授权发布、发新闻稿、接受记者采访、举行新闻发布会和通过专业网站、官方微博、微信公众号等多种方式、途径，及时、准确、客观、全面向社会发布森林草原火灾和应对工作信息，回应社会关切。加强舆论引导和自媒体管理，防止传播谣言和不实信息，及时辟谣澄清，以正视听。发布内容包括起火原因、起火时间、火灾地点、过火面积、损失情况、扑救过程和火案查处、责任追究情况等。

6.2.7　火场清理看守

森林草原火灾明火扑灭后，继续组织扑火人员做好防止复燃和余火清理工作，划分责任区域，并留足人员看守火场。经检查验收，达到无火、无烟、无汽后，扑火人员方可撤离。原则上，参与扑救的国家综合性消防救援力量、跨省（自治区、直辖市）增援的地方专业防扑火力量不担负后续清理和看守火场任务。

6.2.8　应急结束

在森林草原火灾全部扑灭、火场清理验收合格、次生灾害后果基本消除后，由启动应急响应的机构决定终止应急响应。

6.2.9　善后处置

做好遇难人员的善后工作，抚慰遇难者家属。对因扑救森林草原火灾负伤、致残或者死亡的人员，当地政府或者有关部门按照国家有关规定给予医疗、抚恤、褒扬。

6.3　国家层面应对工作

森林草原火灾发生后，根据火灾严重程度、火场发展态势和当地扑救情况，国家层面应对工作设定Ⅳ级、Ⅲ级、Ⅱ级、Ⅰ级四个响应等级，并通知相关省（自治区、直辖市）根据响应等级落实相应措施。

6.3.1　Ⅳ级响应

6.3.1.1　启动条件

（1）过火面积超过500公顷的森林火灾或者过火面积超过5000公顷的草原火灾；

（2）造成1人以上3人以下死亡或者1人以上10人以下重伤的森林草原火灾；

（3）舆情高度关注，中共中央办公厅、国务院办公厅要求核查的森林草原火灾；

（4）发生在敏感时段、敏感地区，24小时尚未得到有效控制、发展态势持续蔓延扩大的森林草原火灾；

（5）发生距国界或者实际控制线5公里以内且对我国森林草原资源构成一定威胁的境外森林火灾；

（6）发生距国界或者实际控制线5公里以外10公里以内且对我国森林草原资源构成一定威胁的境外草原火灾；

（7）同时发生3起以上危险性较大的森林草原火灾。

符合上述条件之一时，经国家森林草原防灭火指挥部办公室分析评估，认定灾情达到启动标准，由国家森林草原防灭火指挥部办公室常务副主任决定启动Ⅳ级响应。

6.3.1.2　响应措施

（1）国家森林草原防灭火指挥部办公室进入应急状态，加强卫星监测，及时连线调度火灾信息；

（2）加强对火灾扑救工作的指导，根据需要预告相邻省（自治区、直辖市）地方专业防扑火队伍、国家综合性消防救援队伍做好增援准备；

（3）根据需要提出就近调派应急航空救援飞机的建议；

（4）视情发布高森林草原火险预警信息；

（5）根据火场周边环境，提出保护重要目标物及重大危险源安全的建议；

（6）协调指导中央媒体做好报道。

6.3.2　Ⅲ级响应

6.3.2.1　启动条件

（1）过火面积超过1000公顷的森林火灾或者过火面积超过8000公顷的草原火灾；

（2）造成3人以上10人以下死亡或者10人以上50人以下重伤的森林草原火灾；

（3）发生在敏感时段、敏感地区，48小时尚未扑灭明火的森林草原火灾；

（4）境外森林火灾蔓延至我国境内；

（5）发生距国界或实际控制线5公里以内或者蔓延至我国境内的境外草原火灾。

符合上述条件之一时，经国家森林草原防灭火指挥部办公室分析评估，认定灾情达到启动标准，由国家森林草原防灭火指挥部办公室主任决定启动Ⅲ级响应。

6.3.2.2　响应措施

（1）国家森林草原防灭火指挥部办公室及时调度了解森林草原火灾最新情况，组织火场连线、视频会商调度和分析研判；根据需要派出工作组赶赴火场，协调、指导火灾扑救工作；

（2）根据需要调动相关地方专业防扑火队伍、国家综合性消防救援队伍实施跨省（自治区、直辖市）增援；

（3）根据需要调派应急航空救援飞机跨省（自治区、直辖市）增援；

（4）气象部门提供天气预报和天气实况服务，做好人工影响天气作业准备；

（5）指导做好重要目标物和重大危险源的保护；

（6）视情及时组织新闻发布会，协调指导中央媒体做好报道。

6.3.3　Ⅱ级响应

6.3.3.1　启动条件

（1）过火面积超过10000公顷的森林火灾或者过火面积超过15000公顷的草原火灾；

（2）造成10人以上30人以下死亡或者50人以上100人以下重伤的森林草原火灾；

（3）发生在敏感时段、敏感地区，72小时未得到有效控制的森林草原火灾；

（4）境外森林草原火灾蔓延至我国境内，72小时未得到有效控制。

符合上述条件之一时，经国家森林草原防灭火指挥部办公室分析评估，认定灾情达到启动标准并提出建议，由担任应急部主要负责同志的国家森林草原防灭火指挥部副总指挥决定启动Ⅱ级响应。

6.3.3.2　响应措施

在Ⅲ级响应的基础上，加强以下应急措施：

（1）国家森林草原防灭火指挥部组织有关成员单位召开会议联合会商，分析火险形势，研究扑救措施及保障工作；会同有关部门和专家组成工作组赶赴火场，协调、指导火灾扑救工作；

（2）根据需要增派地方专业防扑火队伍、国家综合性消防救援队伍跨省（自治区、直辖市）支援，增派应急航空救援飞机跨省（自治区、直辖市）参加扑火；

（3）协调调派解放军和武警部队跨区域参加火灾扑救工作；

（4）根据火场气象条件，指导、督促当地开展人工影响天气作业；

（5）加强重要目标物和重大危险源的保护；

（6）根据需要协调做好扑火物资调拨运输、卫生应急队伍增援等工作；

（7）视情及时组织新闻发布会，协调指导中央媒体做好报道。

6.3.4　Ⅰ级响应

6.3.4.1　启动条件

（1）过火面积超过100000公顷的森林火灾或者过火面积超过150000公顷的草原火灾（含入境火），火势持续蔓延；

（2）造成30人以上死亡或者100人以上重伤的森林草原火灾；

（3）国土安全和社会稳定受到严重威胁，有关行业遭受重创，经济损失特别巨大；

（4）火灾发生地省级人民政府已经没有能力和条件有效控制火场蔓延。

符合上述条件之一时，经国家森林草原防灭火指挥部办公室分析评估，认定灾情达到启动标准并提出建议，由国家森林草原防灭火指挥部总指挥决定启动Ⅰ级响应。必要时，国务院直接决定启动Ⅰ级响应。

6.3.4.2　响应措施

国家森林草原防灭火指挥部组织各成员单位依托应急部指挥中心全要素运行，由总指挥或者党中央、国务院指定的负责同志统一指挥调度；火场设国家森林草原防灭火指挥部火场前线指挥部，下设综合协调、抢险救援、医疗救治、火灾监测、通信保障、交通保障、社会治安、宣传报道等工作组；总指挥根据需要率工作组赴一线组织指挥火灾扑救工作，主要随行部门为副总指挥单位，其他随行部门根据火灾扑救需求确定。采取以下措施：

（1）组织火灾发生地省（自治区、直辖市）党委和政府开展抢险救援救灾工作；

（2）增调地方专业防扑火队伍、国家综合性消防救援队伍，解放军和武警部队等跨区域参加火灾扑救工作；增调应急航空救援飞机等扑火装备及物资支援火灾扑救工作；

（3）根据省级人民政府或者省级森林（草原）防（灭）火指挥机构的请求，安排生活救助物资，增派卫生应急队伍加强伤员救治，协调实施跨省（自治区、直辖市）转移受威胁群众；

（4）指导协助抢修通信、电力、交通等基础设施，保障应急通信、电力及救援人员和物资交通运输畅通；

（5）进一步加强重要目标物和重大危险源的保护，防范次生灾害；

（6）进一步加强气象服务，紧抓天气条件组织实施人工影响天气作业；

（7）建立新闻发布和媒体采访服务管理机制，及时、定时组织新闻发布会，协调指导中央媒体做好报道，加强舆论引导工作；

（8）决定森林草原火灾扑救其他重大事项。

6.3.5　启动条件调整

根据森林草原火灾发生的地区、时间敏感程度，受害森林草原资源损失程度，经济、社会影响程度，启动国家森林草原火灾应急响应的标准可酌情调整。

6.3.6　响应终止

森林草原火灾扑救工作结束后，由国家森林草原防灭火指挥部办公室提出建议，按启动响应的相应权限终止响应，并通知相关省（自治区、直辖市）。

7　综合保障

7.1　输送保障

增援扑火力量及携行装备的机动输送，近距离以摩托化方式为主，远程以高铁、航空方式投送，由铁路、民航部门下达输送任务，由所在地森林（草原）防（灭）火指挥机构、国家综合性消防救援队伍联系所在地铁路、民航部门实施。

7.2　物资保障

应急部、国家林草局会同国家发展改革委、财政部研究建立集中管理、统一调拨，平时服务、战时应急，采储结合、节约高效的应急物资保障体系。加强重点地区森林草原防灭火物资储备库建设，优化重要物资产能保障和区域布局，针对极端情况下可能出现的阶段性物资供应短缺，建立集中生产调度机制。科学调整中央储备规模结构，合理确定灭火、防护、侦通、野外生存和大型机械等常规储备规模，适当增加高技术灭火装备、特种装备器材储备。地方森林（草原）防（灭）火指挥机构根据本地森林草原防灭火工作需要，建立本级森林草原防灭火物资储备库，储备所需的扑火机具、装备和物资。

7.3　资金保障

县级以上地方人民政府应当将森林草原防灭火基础设施建设纳入本级国民经济和社会发展规划，将防灭火经费纳入本级财政预算，保障森林草原防灭火所需支出。

8　后期处置

8.1　火灾评估

县级以上地方人民政府组织有关部门对森林草原火灾发生原因、肇事者及受害森林草原面积和蓄积、人员伤亡、其他经济损失等情况进行调查和评估。必要时，上一级森林（草原）防（灭）火指挥机构可发督办函督导落实或者提级开展调查和评估。

8.2　火因火案查处

地方各级人民政府组织有关部门对森林草原火灾发生原因及时取证、深入调查，依法查处涉火案件，打击涉火违法犯罪行为，严惩火灾肇事者。

8.3 约谈整改

对森林草原防灭火工作不力导致人为火灾多发频发的地区，省级人民政府及其有关部门应及时约谈县级以上地方人民政府及其有关部门主要负责人，要求其采取措施及时整改。必要时，国家森林草原防灭火指挥部及其成员单位按任务分工直接组织约谈。

8.4 责任追究

为严明工作纪律，切实压实压紧各级各方面责任，对森林草原火灾预防和扑救工作中责任不落实、发现隐患不作为、发生事故隐瞒不报、处置不得力等失职渎职行为，依据有关法律法规追究属地责任、部门监管责任、经营主体责任、火源管理责任和组织扑救责任。有关责任追究按照《中华人民共和国监察法》等法律法规规定的权限、程序实施。

8.5 工作总结

各级森林（草原）防（灭）火指挥机构及时总结、分析火灾发生的原因和应吸取的经验教训，提出改进措施。党中央、国务院领导同志有重要指示批示的森林草原火灾和特别重大森林草原火灾，以及引起社会广泛关注和产生严重影响的重大森林草原火灾，扑救工作结束后，国家森林草原防灭火指挥部向国务院报送火灾扑救工作总结。

8.6 表彰奖励

根据有关规定，对在扑火工作中贡献突出的单位、个人给予表彰奖励；对扑火工作中牺牲人员符合评定烈士条件的，按有关规定办理。

9 附 则

9.1 涉外森林草原火灾

当发生境外火烧入或者境内火烧出情况时，已签订双边协定的按照协定执行；未签订双边协定的由国家森林草原防灭火指挥部、外交部共同研究，与相关国家联系采取相应处置措施进行扑救。

9.2 预案演练

国家森林草原防灭火指挥部办公室会同成员单位制定应急演练计划并定期组织演练。

9.3 预案管理与更新

预案实施后，国家森林草原防灭火指挥部会同有关部门组织预案学习、宣传和培训，并根据实际情况适时组织进行评估和修订。县级以上地方人民政府应急管理部门结合当地实际编制森林草原火灾应急预案，报本级人民政府批准，并报上一级人民政府应急管理部门备案，形成上下衔接、横向协同的预案体系。

9.4 以上、以下、以内、以外的含义

本预案所称以上、以内包括本数，以下、以外不包括本数。

9.5 预案解释

本预案由国家森林草原防灭火指挥部办公室负责解释。

9.6 预案实施时间

本预案自印发之日起实施。

文物消防安全检查规程（试行）

（2011 年 8 月 30 日国家文物局第 11 次局务会议审议通过，
2011 年 9 月 20 日公布，自公布之日起施行）

第一章 总 则

第一条 为预防和减少文物、博物馆单位火灾危害，规范文物消防安全检查工作，提高消防安全管理水平，依据《中华人民共和国文物保护法》、《中华人民共和国消防法》等相关法律、法规，制定本规程。

第二条　文物消防安全检查工作贯彻“预防为主、防消结合”的方针，坚持“从严管理、防患未然”的原则。

第三条　上级文物行政部门对下级文物行政部门实施消防安全督察、文物行政部门实施消防安全检查和文物、博物馆单位实施消防安全自查，适用本规程。

第四条　文物消防安全检查的范围包括：

（一）具有火灾危险性的文物保护单位和经县级人民政府文物行政部门登记并公布的其他不可移动文物；

（二）博物馆、纪念馆、陈列馆等文物收藏单位；

（三）文物库房、文物修复室、文物科技保护室等文物保管和科技保护场所；

（四）文物保护工程施工工地；

（五）其他文物、博物馆单位。

第五条　实施文物消防安全检查，要落实文物保护和消防安全管理的法律、法规、规章和行业标准，切实增强检查与消除火灾隐患能力、组织扑救初起火灾能力、组织人员疏散逃生能力、消防宣传教育培训能力、文物抢救能力。

第六条　各文物、博物馆单位的消防安全责任人和消防安全管理人负责组织和实施消防安全检查，督促和落实火灾隐患整改工作。

第七条　各级文物行政部门和文物、博物馆单位要配合当地公安机关消防机构确定本地区文物消防安全重点单位或者文物、博物馆单位的消防安全重点部位，按当地公安机关消防机构的要求做好文物消防安全工作。

第二章　检查内容

第八条　文物消防安全检查的基本内容包括：

（一）消防安全责任制和组织机构建设

1. 消防安全责任人和消防安全管理人履行消防安全职责情况；

2. 距离当地公安消防队较远的列为全国重点文物保护单位的大型古建筑群消防队伍建设情况，其他文博单位的兼职消防队伍建设情况；

3. 文物、博物馆单位消防安全责任制建立情况，消防安全责任书签订及安全责任落实情况。

（二）消防安全管理制度

1. 消防安全制度和保障消防安全的操作规程制订情况；

2. 确保消防安全管理制度和操作规程落实的保障措施情况；

3. 消防安全管理制度在具体工作中的实际执行情况。

（三）人员管理

1. 消防安全责任人、消防安全管理人、专兼职消防工作人员、消防控制室操作人员接受消防安全专门培训情况；

2. 工作人员对消防安全法规、消防安全知识、消防安全管理制度的掌握情况；

3. 工作人员对消防设施、设备、器材的操作技能情况；

4. 消防控制室操作人员持证上岗情况；

5. 消防安全工作人员值班情况。

（四）消防设施设备和消防车通道

1. 消防水源和消防给水设施建设情况；

2. 火灾报警、灭火等设施设备建设情况；

3. 灭火器材配置及有效情况；

4. 消防安全标志的设置情况；

5. 消防设施设备检测和日常维护保养情况；

6. 消防车通道设置情况。

（五）用火、用电、用油、用气管理

1. 是否存在违反规定用火、用电、用油、用气情况；

2. 用于文物保护必要的电器设备和电气线路是否规范安装敷设，是否采取有效阻燃措施；

3. 对电器设备和电气线路是否进行定期安全检查；

4. 是否存有易燃易爆物品及其管理情况。

（六）火灾隐患整改

1. 消防安全检查发现火灾隐患的记录；

2. 火灾隐患整改结果；

3.《文物火灾隐患整改情况记录表》内容和归档情况。

（七）周边防火环境

1. 文物、博物馆单位周边的企事业单位和人民群众生产生活可能引发文物火灾危害情况；

2. 对周边可能引发火灾危害的预防和应对措施情况；

3. 对周边企事业单位和人民群众文物防火宣传工作情况。

（八）防雷措施

1. 避雷设施安装和验收情况；

2. 避雷设施日常维护和检测情况。

（九）与公安机关消防机构联动

1. 文物、博物馆单位与当地公安机关消防机构就文物防火工作的联系、沟通情况；

2. 文物、博物馆单位与当地公安机关消防机构建立火灾扑救联动机制情况。

（十）灭火和应急疏散预案

1. 灭火和应急疏散预案制订情况；

2. 内容和程序是否科学、有效，具有可操作性；

3. 日常演练情况；

4. 现场演练是否符合程序并具有防火、灭火效能。

（十一）消防安全档案

1. 档案内容是否规范、完整；

2. 档案的更新情况；

3. 档案的保管情况。

（十二）文物、博物馆单位消防安全工作的其他情况

第九条 对古建筑（包括具有火灾危险性的近现代文物建筑）除按本规程第八条规定内容检查外，重点检查以下内容：

（一）古建筑殿屋内是否存在用于生产生活的用火、用电问题，在古建筑厢房、走廊、庭院等处确需用火、用电的，是否采取有效的防火安全措施；

（二）是否存在古建筑之间及毗连古建筑私搭乱建棚、房问题；

（三）是否存在古建筑本体上直接安装电源开关、电线，或者在古建筑内使用电气设备等问题；

（四）在古建筑附属设施上或者保护范围内架设电线、安装电气设备，是否对古建筑消防安全构成危害；

（五）非宗教活动场所的古建筑内是否存在燃灯、烧纸、焚香问题，指定为宗教活动场所的古建筑是否在指定地点内燃灯、烧纸、焚香，是否采取有效防火措施；

（六）保护范围内是否堆放柴草、木料等可燃易燃物品；

（七）古建筑与毗连的其他建筑之间防火分隔墙建设或者消防通道设置情况，坐落在森林区域或者位于郊野的古建筑周边是否有防火隔离带；

（八）古寺庙、道观、庙堂内悬挂的帐幔、伞盖等易燃物品防火处理情况；

（九）可能引发古建筑火灾的其他情况。

第十条 对博物馆（包括纪念馆、陈列馆）除按本规程第八条规定内容检查外，重点检查以下内容：

（一）新建博物馆在投入使用前其消防设施、设备经公安机关消防机构验收情况；

（二）内装与布展工程现场防火措施情况；

（三）展柜、展台、展墙等展具和装饰材料防火性能情况；

（四）展厅照明灯具、音响、闭路电视、电动模型、放映机等电器设备的使用与

管理情况；

（五）用于陈列展览的电动图表、模型、沙盘、布景箱和装在壁板上的灯光箱、显示图表箱等设计、安装是否符合防火要求；

（六）可能引发博物馆火灾的其他情况。

第十一条　对文物保护工程施工工地除按本规程第八条规定内容检查外，重点检查以下内容：

（一）承建工程项目合同是否约定防火安全内容；

（二）施工方法和施工技术是否符合消防要求；

（三）施工现场用火作业、易燃可燃材料堆场、仓库、易燃废品集中站和生活区等区域划分是否符合防火要求；

（四）施工作业期间搭设的临时性建筑的防火措施；

（五）施工所需焊、割作业点、氧气瓶、乙炔瓶、易燃易爆物品的安全隔离措施；

（六）施工使用的焊灯、喷灯等明火作业安全管理情况；

（七）施工现场废料、垃圾等可燃物品清理情况；

（八）可能引发文物保护工程施工工地火灾的其他情况。

第十二条　对文物库房除按本规程第八条规定内容检查外，重点检查以下内容：

（一）存放文物的柜、箱、架、囊、匣等是否用非易燃材料制作或者作阻燃处理；

（二）是否存在易燃材料包装物同文物一起进入库房问题；

（三）除湿、照明、通讯等电器设备安全管理情况；

（四）可能引发文物库房火灾的其他情况。

第十三条　对文物修复室、文物科技保护室除按本规程第八条规定内容检查外，重点检查以下内容：

（一）文物修复和科技保护设施、设备的防火性能情况；

（二）用于文物修复或者科技保护的易燃易爆物品储存、保管是否符合安全要求；

（三）可能引发文物修复室、文物科技保护室火灾的其他情况。

第十四条　对已向社会开放的文物、博物馆单位，除分别检查本规程第九条、第十条规定内容外，还需重点检查以下内容：

（一）安全出口、疏散通道是否畅通；

（二）安全疏散指示标志是否醒目，应急照明灯是否完好；

（三）参观游览人员携带火种的检查和监管措施情况；

（四）保证参观人员和文物安全的其他消防安全措施情况。

第十五条　文物、博物馆单位自行组织扑灭的初起火灾，要认真检查火场，彻底扑灭和清除不易完全熄灭的物品，设专人在火灾现场值守，防止死灰复燃。

第三章　检查形式和方式

第十六条　文物、博物馆单位按本规程规定组织实施以下形式的消防安全自查：

（一）防火巡查：由消防安全工作人员对本单位消防安全重点部位防火工作进行每日巡查；

（二）定期检查：由消防安全管理人组织对本单位消防安全工作情况实施定期检查，至少每月检查一次；

（三）随机抽查：由消防安全管理人组织对本单位所属各部门和安全重点岗位实施随机抽查，检验各项防火制度和措施的落实情况；

（四）重要节日或重大活动前检查：国家法定节假日前，文物、博物馆单位举办重大活动前，气候干旱的火灾易发期、多发期，由消防安全管理人提前组织开展消防安全重点检查。

第十七条　文物行政部门按本规程规定组织实施以下形式的消防安全检查：

（一）定期检查：对本辖区的文物、博物馆单位组织定期检查，市、县级文物行政部门至少每季度检查一次，省级文物行政部门至少每半年检查一次；

（二）重点抽查：对本辖区内文物、博物馆单位实施不定期抽查；

（三）专项督察：对辖区内文物消防安全管理存在严重问题或者文物火灾隐患突出的地区，集中实施消防安全专项督察。

第十八条 文物消防安全检查采取以下方式：

（一）现场排查：对文物、博物馆单位及其周边环境进行全面排查，查找可能引发文物火灾的安全隐患；

（二）查阅档案记录：查看文物、博物馆单位消防安全档案和各项消防安全工作记录，了解消防安全制度建设和安全管理情况；

（三）座谈、问询、问卷：举办座谈会，随机问询工作人员，发放调查问卷，了解消防安全组织机构和人员队伍建设情况；

（四）现场设置火情：检验文物、博物馆单位对初起火灾事故应急处置能力；

（五）观摩消防演练：检验消防安全预案的科学性和防范与扑救火灾效能；

（六）启动设施设备：检验消防设施、设备的性能；

（七）查看检测标识：检查消防设备、器材检测情况；

（八）其他方式。

第四章 检查程序

第十九条 文物、博物馆单位开展消防安全巡查，要将巡查情况记入《防火巡查记录表》，发现火灾隐患要及时处理，并向本单位消防安全责任人和消防安全管理人报告。

第二十条 文物、博物馆单位开展消防安全自查按以下程序进行：

（一）组织检查组：由具有消防安全管理经验和消防安全专业知识、技能的人员组成检查组；

（二）确定检查范围：消防安全检查范围既要全面，又要根据本单位防火工作实际突出检查的重点部位；

（三）现场检查：对文物、博物馆单位及周边环境进行全面检查，将检查情况填入《文物消防安全检查记录》，并由检查组人员签字；

（四）总结报告：检查结束后，对检查情况进行全面认真总结，分析查找存在的问题和隐患，提出改进工作的意见和建议，报本单位消防安全责任人和消防安全管理人；

（五）记入档案：将《文物消防安全检查记录》、消防安全检查总结以及火灾隐患整改情况记入消防安全检查档案。

第二十一条 各级文物行政部门对文物、博物馆单位开展消防安全检查按以下程序进行：

（一）人员组织：由具有消防安全管理经验和消防安全专业知识、技能的人员组成消防安全检查组；

（二）制订检查实施方案：确定本辖区内被检查的文物、博物馆单位范围、重点单位、检查工作步骤和具体要求等；

（三）实地检查：对下级文物行政部门文物消防安全工作和辖区内文物、博物馆单位开展检查；

（四）当场反馈意见：检查组要现场向被检查的文物、博物馆单位反馈检查情况，提出具体的整改意见和要求；

（五）汇总检查结果：检查结束后，检查组要对检查结果进行归纳总结，形成书面检查报告，报组织消防安全检查的文物行政部门；

（六）反馈书面意见：组织消防安全检查的文物行政部门根据检查组的书面检查报告，向被检查地区文物行政部门下发书面意见。

第二十二条 各级文物行政部门和各文

物、博物馆单位要建立消防安全检查档案，将消防安全检查情况登记入档。

第五章　火灾隐患整改

第二十三条　文物、博物馆单位要对消防安全自查中发现的安全隐患进行逐项登记，逐项整改。能当场整改的要立即整改；不能当场立即整改的，在火灾隐患未消除前，应当落实防范措施，确保隐患整改期间的消防安全。对本单位自身不能解决的重大火灾隐患，要提出解决方案并向其上级文物行政主管部门或者当地人民政府报告。

火灾隐患整改完毕，文物、博物馆单位应当填写《文物火灾隐患整改情况记录表》，由消防安全责任人和消防安全管理人签名后存档备查。

第二十四条　各级文物行政部门在检查中发现文物、博物馆单位存在火灾隐患的，要向被检查单位发《火灾隐患整改通知书》，提出具体的整改意见和要求；发现严重危害文物安全的重大火灾隐患的，要向当地人民政府通报；发现文物、博物馆单位对发生的火灾事故未按要求上报或者未依法处理的，要及时提出处理意见，并将处理情况向当地人民政府通报。

第二十五条　各级文物行政部门要对文物、博物馆单位存在的重大火灾隐患整改实施挂牌督办，发《重大文物火灾隐患整改挂牌督办单》。督办单包括火灾隐患内容、督办要求与期限、整改责任单位等内容。

文物行政部门挂牌督办的重大火灾隐患，要由专人负责跟踪督促整改。重大火灾隐患整改完毕经督办单位检验合格后，挂牌督办程序结束。火灾隐患挂牌督办整改情况存档备查。

第六章　责任追究

第二十六条　各级文物行政部门和文物、博物馆单位要建立文物消防安全责任制，明确消防安全管理职责和工作职责，实施责任追究。

第二十七条　文物、博物馆单位不按本规程规定认真实施消防安全自查的，或者对存在的火灾隐患不按要求整改的，由文物行政部门责令改正，并予以通报。

文物行政部门不按本规程要求开展文物消防安全检查的，或者对文物、博物馆单位火灾隐患整改督办不力的，由上级文物行政部门责令改正，并予以通报。

由于不认真实施文物消防安全检查，不按要求整改火灾隐患，对文物消防安全工作放任自流、玩忽职守，以致发生火灾事故造成文物损失的，依法追究法律责任。

第七章　附　　则

第二十八条　本规程附表由各地文物行政部门和文物、博物馆单位在消防安全检查及管理工作中应用。

第二十九条　本规程自印发之日起试行。

（六）交通安全类

中华人民共和国道路交通安全法

（2003年10月28日第十届全国人民代表大会常务委员会第五次会议通过，根据2007年12月29日第十届全国人民代表大会常务委员会第三十一次会议《关于修改〈中华人民共和国道路交通安全法〉的决定》第一次修正，根据2011年4月22日第十一届全国人民代表大会常务委员会第二十次会议《关于修改〈中华人民共和国道路交通安全法〉的决定》第二次修正，根据2021年4月29日第十三届全国人民代表大会常务委员会第二十八次会议《关于修改〈中华人民共和国道路交通安全法〉等八部法律的决定》第三次修正）

第一章 总 则

第一条 为了维护道路交通秩序，预防和减少交通事故，保护人身安全，保护公民、法人和其他组织的财产安全及其他合法权益，提高通行效率，制定本法。

第二条 中华人民共和国境内的车辆驾驶人、行人、乘车人以及与道路交通活动有关的单位和个人，都应当遵守本法。

第三条 道路交通安全工作，应当遵循依法管理、方便群众的原则，保障道路交通有序、安全、畅通。

第四条 各级人民政府应当保障道路交通安全管理工作与经济建设和社会发展相适应。

县级以上地方各级人民政府应当适应道路交通发展的需要，依据道路交通安全法律、法规和国家有关政策，制定道路交通安全管理规划，并组织实施。

第五条 国务院公安部门负责全国道路交通安全管理工作。县级以上地方各级人民政府公安机关交通管理部门负责本行政区域内的道路交通安全管理工作。

县级以上各级人民政府交通、建设管理部门依据各自职责，负责有关的道路交通工作。

第六条 各级人民政府应当经常进行道路交通安全教育，提高公民的道路交通安全意识。

公安机关交通管理部门及其交通警察执行职务时，应当加强道路交通安全法律、法规的宣传，并模范遵守道路交通安全法律、法规。

机关、部队、企业事业单位、社会团体以及其他组织，应当对本单位的人员进行道路交通安全教育。

教育行政部门、学校应当将道路交通安全教育纳入法制教育的内容。

新闻、出版、广播、电视等有关单位，有进行道路交通安全教育的义务。

第七条 对道路交通安全管理工作，应当加强科学研究，推广、使用先进的管理方法、技术、设备。

第二章　车辆和驾驶人

第一节　机动车、非机动车

第八条　国家对机动车实行登记制度。机动车经公安机关交通管理部门登记后，方可上道路行驶。尚未登记的机动车，需要临时上道路行驶的，应当取得临时通行牌证。

第九条　申请机动车登记，应当提交以下证明、凭证：

（一）机动车所有人的身份证明；

（二）机动车来历证明；

（三）机动车整车出厂合格证明或者进口机动车进口凭证；

（四）车辆购置税的完税证明或者免税凭证；

（五）法律、行政法规规定应当在机动车登记时提交的其他证明、凭证。

公安机关交通管理部门应当自受理申请之日起五个工作日内完成机动车登记审查工作，对符合前款规定条件的，应当发放机动车登记证书、号牌和行驶证；对不符合前款规定条件的，应当向申请人说明不予登记的理由。

公安机关交通管理部门以外的任何单位或者个人不得发放机动车号牌或者要求机动车悬挂其他号牌，本法另有规定的除外。

机动车登记证书、号牌、行驶证的式样由国务院公安部门规定并监制。

第十条　准予登记的机动车应当符合机动车国家安全技术标准。申请机动车登记时，应当接受对该机动车的安全技术检验。但是，经国家机动车产品主管部门依据机动车国家安全技术标准认定的企业生产的机动车型，该车型的新车在出厂时经检验符合机动车国家安全技术标准，获得检验合格证的，免予安全技术检验。

第十一条　驾驶机动车上道路行驶，应当悬挂机动车号牌，放置检验合格标志、保险标志，并随车携带机动车行驶证。

机动车号牌应当按照规定悬挂并保持清晰、完整，不得故意遮挡、污损。

任何单位和个人不得收缴、扣留机动车号牌。

第十二条　有下列情形之一的，应当办理相应的登记：

（一）机动车所有权发生转移的；

（二）机动车登记内容变更的；

（三）机动车用作抵押的；

（四）机动车报废的。

第十三条　对登记后上道路行驶的机动车，应当依照法律、行政法规的规定，根据车辆用途、载客载货数量、使用年限等不同情况，定期进行安全技术检验。对提供机动车行驶证和机动车第三者责任强制保险单的，机动车安全技术检验机构应当予以检验，任何单位不得附加其他条件。对符合机动车国家安全技术标准的，公安机关交通管理部门应当发给检验合格标志。

对机动车的安全技术检验实行社会化。具体办法由国务院规定。

机动车安全技术检验实行社会化的地方，任何单位不得要求机动车到指定的场所进行检验。

公安机关交通管理部门、机动车安全技术检验机构不得要求机动车到指定的场所进行维修、保养。

机动车安全技术检验机构对机动车检验收取费用，应当严格执行国务院价格主管部门核定的收费标准。

第十四条　国家实行机动车强制报废制度，根据机动车的安全技术状况和不同用途，规定不同的报废标准。

应当报废的机动车必须及时办理注销登记。

达到报废标准的机动车不得上道路行驶。报废的大型客、货车及其他营运车辆应当在公安机关交通管理部门的监督下解体。

第十五条　警车、消防车、救护车、工程救险车应当按照规定喷涂标志图案，安装警报器、标志灯具。其他机动车不得喷涂、安装、使用上述车辆专用的或者与其相类似的标志图案、警报器或者标志灯具。

警车、消防车、救护车、工程救险车应当严格按照规定的用途和条件使用。

公路监督检查的专用车辆，应当依照公路法的规定，设置统一的标志和示警灯。

第十六条　任何单位或者个人不得有下列行为：

（一）拼装机动车或者擅自改变机动车已登记的结构、构造或者特征；

（二）改变机动车型号、发动机号、车架号或者车辆识别代号；

（三）伪造、变造或者使用伪造、变造的机动车登记证书、号牌、行驶证、检验合格标志、保险标志；

（四）使用其他机动车的登记证书、号牌、行驶证、检验合格标志、保险标志。

第十七条　国家实行机动车第三者责任强制保险制度，设立道路交通事故社会救助基金。具体办法由国务院规定。

第十八条　依法应当登记的非机动车，经公安机关交通管理部门登记后，方可上道路行驶。

依法应当登记的非机动车的种类，由省、自治区、直辖市人民政府根据当地实际情况规定。

非机动车的外形尺寸、质量、制动器、车铃和夜间反光装置，应当符合非机动车安全技术标准。

第二节　机动车驾驶人

第十九条　驾驶机动车，应当依法取得机动车驾驶证。

申请机动车驾驶证，应当符合国务院公安部门规定的驾驶许可条件；经考试合格后，由公安机关交通管理部门发给相应类别的机动车驾驶证。

持有境外机动车驾驶证的人，符合国务院公安部门规定的驾驶许可条件，经公安机关交通管理部门考核合格的，可以发给中国的机动车驾驶证。

驾驶人应当按照驾驶证载明的准驾车型驾驶机动车；驾驶机动车时，应当随身携带机动车驾驶证。

公安机关交通管理部门以外的任何单位或者个人，不得收缴、扣留机动车驾驶证。

第二十条　机动车的驾驶培训实行社会化，由交通运输主管部门对驾驶培训学校、驾驶培训班实行备案管理，并对驾驶培训活动加强监督，其中专门的拖拉机驾驶培训学校、驾驶培训班由农业（农业机械）主管部门实行监督管理。

驾驶培训学校、驾驶培训班应当严格按照国家有关规定，对学员进行道路交通安全法律、法规、驾驶技能的培训，确保培训质量。

任何国家机关以及驾驶培训和考试主管部门不得举办或者参与举办驾驶培训学校、驾驶培训班。

第二十一条　驾驶人驾驶机动车上道路行驶前，应当对机动车的安全技术性能进行认真检查；不得驾驶安全设施不全或者机件不符合技术标准等具有安全隐患的机动车。

第二十二条　机动车驾驶人应当遵守道路交通安全法律、法规的规定，按照操作规范安全驾驶、文明驾驶。

饮酒、服用国家管制的精神药品或者麻醉药品，或者患有妨碍安全驾驶机动车的疾病，或者过度疲劳影响安全驾驶的，不得驾驶机动车。

任何人不得强迫、指使、纵容驾驶人违反道路交通安全法律、法规和机动车安全驾驶要求驾驶机动车。

第二十三条　公安机关交通管理部门依照法律、行政法规的规定，定期对机动车驾驶证实施审验。

第二十四条　公安机关交通管理部门对机动车驾驶人违反道路交通安全法律、法规的行为，除依法给予行政处罚外，实行累积记分制度。公安机关交通管理部门对累积记分达到规定分值的机动车驾驶人，扣留机动车驾驶证，对其进行道路交通安全法律、法规教育，重新考试；考试合格的，发还其机动车驾驶证。

对遵守道路交通安全法律、法规，在一年内无累积记分的机动车驾驶人，可以延长机动车驾驶证的审验期。具体办法由国务院公安部门规定。

第三章 道路通行条件

第二十五条 全国实行统一的道路交通信号。

交通信号包括交通信号灯、交通标志、交通标线和交通警察的指挥。

交通信号灯、交通标志、交通标线的设置应当符合道路交通安全、畅通的要求和国家标准，并保持清晰、醒目、准确、完好。

根据通行需要，应当及时增设、调换、更新道路交通信号。增设、调换、更新限制性的道路交通信号，应当提前向社会公告，广泛进行宣传。

第二十六条 交通信号灯由红灯、绿灯、黄灯组成。红灯表示禁止通行，绿灯表示准许通行，黄灯表示警示。

第二十七条 铁路与道路平面交叉的道口，应当设置警示灯、警示标志或者安全防护设施。无人看守的铁路道口，应当在距道口一定距离处设置警示标志。

第二十八条 任何单位和个人不得擅自设置、移动、占用、损毁交通信号灯、交通标志、交通标线。

道路两侧及隔离带上种植的树木或者其他植物，设置的广告牌、管线等，应当与交通设施保持必要的距离，不得遮挡路灯、交通信号灯、交通标志，不得妨碍安全视距，不得影响通行。

第二十九条 道路、停车场和道路配套设施的规划、设计、建设，应当符合道路交通安全、畅通的要求，并根据交通需求及时调整。

公安机关交通管理部门发现已经投入使用的道路存在交通事故频发路段，或者停车场、道路配套设施存在交通安全严重隐患的，应当及时向当地人民政府报告，并提出防范交通事故、消除隐患的建议，当地人民政府应当及时作出处理决定。

第三十条 道路出现坍塌、坑漕、水毁、隆起等损毁或者交通信号灯、交通标志、交通标线等交通设施损毁、灭失的，道路、交通设施的养护部门或者管理部门应当设置警示标志并及时修复。

公安机关交通管理部门发现前款情形，危及交通安全，尚未设置警示标志的，应当及时采取安全措施，疏导交通，并通知道路、交通设施的养护部门或者管理部门。

第三十一条 未经许可，任何单位和个人不得占用道路从事非交通活动。

第三十二条 因工程建设需要占用、挖掘道路，或者跨越、穿越道路架设、增设管线设施，应当事先征得道路主管部门的同意；影响交通安全的，还应当征得公安机关交通管理部门的同意。

施工作业单位应当在经批准的路段和时间内施工作业，并在距离施工作业地点来车方向安全距离处设置明显的安全警示标志，采取防护措施；施工作业完毕，应当迅速清除道路上的障碍物，消除安全隐患，经道路主管部门和公安机关交通管理部门验收合格，符合通行要求后，方可恢复通行。

对未中断交通的施工作业道路，公安机关交通管理部门应当加强交通安全监督检查，维护道路交通秩序。

第三十三条 新建、改建、扩建的公共建筑、商业街区、居住区、大（中）型建筑等，应当配建、增建停车场；停车泊位不足的，应当及时改建或者扩建；投入使用的停车场不得擅自停止使用或者改作他用。

在城市道路范围内，在不影响行人、车辆通行的情况下，政府有关部门可以施划停车泊位。

第三十四条 学校、幼儿园、医院、养老院门前的道路没有行人过街设施的，应当施划人行横道线，设置提示标志。

城市主要道路的人行道，应当按照规划设置盲道。盲道的设置应当符合国家标准。

第四章 道路通行规定

第一节 一般规定

第三十五条 机动车、非机动车实行右侧通行。

第三十六条 根据道路条件和通行需要，道路划分为机动车道、非机动车道和人行道的，机动车、非机动车、行人实行分道通行。没有划分机动车道、非机动车道和人行道的，机动车在道路中间通行，非机动车和行人在道路两侧通行。

第三十七条 道路划设专用车道的，在专用车道内，只准许规定的车辆通行，其他车辆不得进入专用车道内行驶。

第三十八条 车辆、行人应当按照交通信号通行；遇有交通警察现场指挥时，应当按照交通警察的指挥通行；在没有交通信号的道路上，应当在确保安全、畅通的原则下通行。

第三十九条 公安机关交通管理部门根据道路和交通流量的具体情况，可以对机动车、非机动车、行人采取疏导、限制通行、禁止通行等措施。遇有大型群众性活动、大范围施工等情况，需要采取限制交通的措施，或者作出与公众的道路交通活动直接有关的决定，应当提前向社会公告。

第四十条 遇有自然灾害、恶劣气象条件或者重大交通事故等严重影响交通安全的情形，采取其他措施难以保证交通安全时，公安机关交通管理部门可以实行交通管制。

第四十一条 有关道路通行的其他具体规定，由国务院规定。

第二节 机动车通行规定

第四十二条 机动车上道路行驶，不得超过限速标志标明的最高时速。在没有限速标志的路段，应当保持安全车速。

夜间行驶或者在容易发生危险的路段行驶，以及遇有沙尘、冰雹、雨、雪、雾、结冰等气象条件时，应当降低行驶速度。

第四十三条 同车道行驶的机动车，后车应当与前车保持足以采取紧急制动措施的安全距离。有下列情形之一的，不得超车：

（一）前车正在左转弯、掉头、超车的；

（二）与对面来车有会车可能的；

（三）前车为执行紧急任务的警车、消防车、救护车、工程救险车的；

（四）行经铁路道口、交叉路口、窄桥、弯道、陡坡、隧道、人行横道、市区交通流量大的路段等没有超车条件的。

第四十四条 机动车通过交叉路口，应当按照交通信号灯、交通标志、交通标线或者交通警察的指挥通过；通过没有交通信号灯、交通标志、交通标线或者交通警察指挥的交叉路口时，应当减速慢行，并让行人和优先通行的车辆先行。

第四十五条 机动车遇有前方车辆停车排队等候或者缓慢行驶时，不得借道超车或者占用对面车道，不得穿插等候的车辆。

在车道减少的路段、路口，或者在没有交通信号灯、交通标志、交通标线或者交通警察指挥的交叉路口遇到停车排队等候或者缓慢行驶时，机动车应当依次交替通行。

第四十六条 机动车通过铁路道口时，应当按照交通信号或者管理人员的指挥通行；没有交通信号或者管理人员的，应当减速或者停车，在确认安全后通过。

第四十七条 机动车行经人行横道时，应当减速行驶；遇行人正在通过人行横道，应当停车让行。

机动车行经没有交通信号的道路时，遇行人横过道路，应当避让。

第四十八条 机动车载物应当符合核定的载质量，严禁超载；载物的长、宽、高不得违反装载要求，不得遗洒、飘散载运物。

机动车运载超限的不可解体的物品，影响交通安全的，应当按照公安机关交通管理部门指定的时间、路线、速度行驶，悬挂明显标志。在公路上运载超限的不可解体的物品，并应当依照公路法的规定执行。

机动车载运爆炸物品、易燃易爆化学物品以及剧毒、放射性等危险物品，应当经公安机关批准后，按指定的时间、路线、速度行驶，悬挂警示标志并采取必要的安全措施。

第四十九条　机动车载人不得超过核定的人数，客运机动车不得违反规定载货。

第五十条　禁止货运机动车载客。

货运机动车需要附载作业人员的，应当设置保护作业人员的安全措施。

第五十一条　机动车行驶时，驾驶人、乘坐人员应当按规定使用安全带，摩托车驾驶人及乘坐人员应当按规定戴安全头盔。

第五十二条　机动车在道路上发生故障，需要停车排除故障时，驾驶人应当立即开启危险报警闪光灯，将机动车移至不妨碍交通的地方停放；难以移动的，应当持续开启危险报警闪光灯，并在来车方向设置警告标志等措施扩大示警距离，必要时迅速报警。

第五十三条　警车、消防车、救护车、工程救险车执行紧急任务时，可以使用警报器、标志灯具；在确保安全的前提下，不受行驶路线、行驶方向、行驶速度和信号灯的限制，其他车辆和行人应当让行。

警车、消防车、救护车、工程救险车非执行紧急任务时，不得使用警报器、标志灯具，不享有前款规定的道路优先通行权。

第五十四条　道路养护车辆、工程作业车进行作业时，在不影响过往车辆通行的前提下，其行驶路线和方向不受交通标志、标线限制，过往车辆和人员应当注意避让。

洒水车、清扫车等机动车应当按照安全作业标准作业；在不影响其他车辆通行的情况下，可以不受车辆分道行驶的限制，但是不得逆向行驶。

第五十五条　高速公路、大中城市中心城区内的道路，禁止拖拉机通行。其他禁止拖拉机通行的道路，由省、自治区、直辖市人民政府根据当地实际情况规定。

在允许拖拉机通行的道路上，拖拉机可以从事货运，但是不得用于载人。

第五十六条　机动车应当在规定地点停放。禁止在人行道上停放机动车；但是，依照本法第三十三条规定施划的停车泊位除外。

在道路上临时停车的，不得妨碍其他车辆和行人通行。

第三节　非机动车通行规定

第五十七条　驾驶非机动车在道路上行驶应当遵守有关交通安全的规定。非机动车应当在非机动车道内行驶；在没有非机动车道的道路上，应当靠车行道的右侧行驶。

第五十八条　残疾人机动轮椅车、电动自行车在非机动车道内行驶时，最高时速不得超过十五公里。

第五十九条　非机动车应当在规定地点停放。未设停放地点的，非机动车停放不得妨碍其他车辆和行人通行。

第六十条　驾驭畜力车，应当使用驯服的牲畜；驾驭畜力车横过道路时，驾驭人应当下车牵引牲畜；驾驭人离开车辆时，应当拴系牲畜。

第四节　行人和乘车人通行规定

第六十一条　行人应当在人行道内行走，没有人行道的靠路边行走。

第六十二条　行人通过路口或者横过道路，应当走人行横道或者过街设施；通过有交通信号灯的人行横道，应当按照交通信号灯指示通行；通过没有交通信号灯、人行横道的路口，或者在没有过街设施的路段横过道路，应当在确认安全后通过。

第六十三条　行人不得跨越、倚坐道路隔离设施，不得扒车、强行拦车或者实施妨碍道路交通安全的其他行为。

第六十四条 学龄前儿童以及不能辨认或者不能控制自己行为的精神疾病患者、智力障碍者在道路上通行，应当由其监护人、监护人委托的人或者对其负有管理、保护职责的人带领。

盲人在道路上通行，应当使用盲杖或者采取其他导盲手段，车辆应当避让盲人。

第六十五条 行人通过铁路道口时，应当按照交通信号或者管理人员的指挥通行；没有交通信号和管理人员的，应当在确认无火车驶临后，迅速通过。

第六十六条 乘车人不得携带易燃易爆等危险物品，不得向车外抛洒物品，不得有影响驾驶人安全驾驶的行为。

第五节 高速公路的特别规定

第六十七条 行人、非机动车、拖拉机、轮式专用机械车、铰接式客车、全挂拖斗车以及其他设计最高时速低于七十公里的机动车，不得进入高速公路。高速公路限速标志标明的最高时速不得超过一百二十公里。

第六十八条 机动车在高速公路上发生故障时，应当依照本法第五十二条的有关规定办理；但是，警告标志应当设置在故障车来车方向一百五十米以外，车上人员应当迅速转移到右侧路肩上或者应急车道内，并且迅速报警。

机动车在高速公路上发生故障或者交通事故，无法正常行驶的，应当由救援车、清障车拖曳、牵引。

第六十九条 任何单位、个人不得在高速公路上拦截检查行驶的车辆，公安机关的人民警察依法执行紧急公务除外。

第五章 交通事故处理

第七十条 在道路上发生交通事故，车辆驾驶人应当立即停车，保护现场；造成人身伤亡的，车辆驾驶人应当立即抢救受伤人员，并迅速报告执勤的交通警察或者公安机关交通管理部门。因抢救受伤人员变动现场的，应当标明位置。乘车人、过往车辆驾驶人、过往行人应当予以协助。

在道路上发生交通事故，未造成人身伤亡，当事人对事实及成因无争议的，可以即行撤离现场，恢复交通，自行协商处理损害赔偿事宜；不即行撤离现场的，应当迅速报告执勤的交通警察或者公安机关交通管理部门。

在道路上发生交通事故，仅造成轻微财产损失，并且基本事实清楚的，当事人应当先撤离现场再进行协商处理。

第七十一条 车辆发生交通事故后逃逸的，事故现场目击人员和其他知情人员应当向公安机关交通管理部门或者交通警察举报。举报属实的，公安机关交通管理部门应当给予奖励。

第七十二条 公安机关交通管理部门接到交通事故报警后，应当立即派交通警察赶赴现场，先组织抢救受伤人员，并采取措施，尽快恢复交通。

交通警察应当对交通事故现场进行勘验、检查，收集证据；因收集证据的需要，可以扣留事故车辆，但是应当妥善保管，以备核查。

对当事人的生理、精神状况等专业性较强的检验，公安机关交通管理部门应当委托专门机构进行鉴定。鉴定结论应当由鉴定人签名。

第七十三条 公安机关交通管理部门应当根据交通事故现场勘验、检查、调查情况和有关的检验、鉴定结论，及时制作交通事故认定书，作为处理交通事故的证据。交通事故认定书应当载明交通事故的基本事实、成因和当事人的责任，并送达当事人。

第七十四条 对交通事故损害赔偿的争议，当事人可以请求公安机关交通管理部门调解，也可以直接向人民法院提起民事诉讼。

经公安机关交通管理部门调解，当事人未达成协议或者调解书生效后不履行的，当事人可以向人民法院提起民事诉讼。

第七十五条　医疗机构对交通事故中的受伤人员应当及时抢救，不得因抢救费用未及时支付而拖延救治。肇事车辆参加机动车第三者责任强制保险的，由保险公司在责任限额范围内支付抢救费用；抢救费用超过责任限额的，未参加机动车第三者责任强制保险或者肇事后逃逸的，由道路交通事故社会救助基金先行垫付部分或者全部抢救费用，道路交通事故社会救助基金管理机构有权向交通事故责任人追偿。

第七十六条　机动车发生交通事故造成人身伤亡、财产损失的，由保险公司在机动车第三者责任强制保险责任限额范围内予以赔偿；不足的部分，按照下列规定承担赔偿责任：

（一）机动车之间发生交通事故的，由有过错的一方承担赔偿责任；双方都有过错的，按照各自过错的比例分担责任。

（二）机动车与非机动车驾驶人、行人之间发生交通事故，非机动车驾驶人、行人没有过错的，由机动车一方承担赔偿责任；有证据证明非机动车驾驶人、行人有过错的，根据过错程度适当减轻机动车一方的赔偿责任；机动车一方没有过错的，承担不超过百分之十的赔偿责任。

交通事故的损失是由非机动车驾驶人、行人故意碰撞机动车造成的，机动车一方不承担赔偿责任。

第七十七条　车辆在道路以外通行时发生的事故，公安机关交通管理部门接到报案的，参照本法有关规定办理。

第六章　执法监督

第七十八条　公安机关交通管理部门应当加强对交通警察的管理，提高交通警察的素质和管理道路交通的水平。

公安机关交通管理部门应当对交通警察进行法制和交通安全管理业务培训、考核。交通警察经考核不合格的，不得上岗执行职务。

第七十九条　公安机关交通管理部门及其交通警察实施道路交通安全管理，应当依据法定的职权和程序，简化办事手续，做到公正、严格、文明、高效。

第八十条　交通警察执行职务时，应当按照规定着装，佩带人民警察标志，持有人民警察证件，保持警容严整，举止端庄，指挥规范。

第八十一条　依照本法发放牌证等收取工本费，应当严格执行国务院价格主管部门核定的收费标准，并全部上缴国库。

第八十二条　公安机关交通管理部门依法实施罚款的行政处罚，应当依照有关法律、行政法规的规定，实施罚款决定与罚款收缴分离；收缴的罚款以及依法没收的违法所得，应当全部上缴国库。

第八十三条　交通警察调查处理道路交通安全违法行为和交通事故，有下列情形之一的，应当回避：

（一）是本案的当事人或者当事人的近亲属；

（二）本人或者其近亲属与本案有利害关系；

（三）与本案当事人有其他关系，可能影响案件的公正处理。

第八十四条　公安机关交通管理部门及其交通警察的行政执法活动，应当接受行政监察机关依法实施的监督。

公安机关督察部门应当对公安机关交通管理部门及其交通警察执行法律、法规和遵守纪律的情况依法进行监督。

上级公安机关交通管理部门应当对下级公安机关交通管理部门的执法活动进行监督。

第八十五条　公安机关交通管理部门及其交通警察执行职务，应当自觉接受社会和公民的监督。

任何单位和个人都有权对公安机关交通管理部门及其交通警察不严格执法以及违法违纪行为进行检举、控告。收到检举、控告的机关，应当依据职责及时查处。

第八十六条　任何单位不得给公安机关交通管理部门下达或者变相下达罚款指标；公安机关交通管理部门不得以罚款数额作为考核交通警察的标准。

公安机关交通管理部门及其交通警察对超越法律、法规规定的指令，有权拒绝执行，并同时向上级机关报告。

第七章　法律责任

第八十七条　公安机关交通管理部门及其交通警察对道路交通安全违法行为，应当及时纠正。

公安机关交通管理部门及其交通警察应当依据事实和本法的有关规定对道路交通安全违法行为予以处罚。对于情节轻微，未影响道路通行的，指出违法行为，给予口头警告后放行。

第八十八条　对道路交通安全违法行为的处罚种类包括：警告、罚款、暂扣或者吊销机动车驾驶证、拘留。

第八十九条　行人、乘车人、非机动车驾驶人违反道路交通安全法律、法规关于道路通行规定的，处警告或者五元以上五十元以下罚款；非机动车驾驶人拒绝接受罚款处罚的，可以扣留其非机动车。

第九十条　机动车驾驶人违反道路交通安全法律、法规关于道路通行规定的，处警告或者二十元以上二百元以下罚款。本法另有规定的，依照规定处罚。

第九十一条　饮酒后驾驶机动车的，处暂扣六个月机动车驾驶证，并处一千元以上二千元以下罚款。因饮酒后驾驶机动车被处罚，再次饮酒后驾驶机动车的，处十日以下拘留，并处一千元以上二千元以下罚款，吊销机动车驾驶证。

醉酒驾驶机动车的，由公安机关交通管理部门约束至酒醒，吊销机动车驾驶证，依法追究刑事责任；五年内不得重新取得机动车驾驶证。

饮酒后驾驶营运机动车的，处十五日拘留，并处五千元罚款，吊销机动车驾驶证，五年内不得重新取得机动车驾驶证。

醉酒驾驶营运机动车的，由公安机关交通管理部门约束至酒醒，吊销机动车驾驶证，依法追究刑事责任；十年内不得重新取得机动车驾驶证，重新取得机动车驾驶证后，不得驾驶营运机动车。

饮酒后或者醉酒驾驶机动车发生重大交通事故，构成犯罪的，依法追究刑事责任，并由公安机关交通管理部门吊销机动车驾驶证，终生不得重新取得机动车驾驶证。

第九十二条　公路客运车辆载客超过额定乘员的，处二百元以上五百元以下罚款；超过额定乘员百分之二十或者违反规定载货的，处五百元以上二千元以下罚款。

货运机动车超过核定载质量的，处二百元以上五百元以下罚款；超过核定载质量百分之三十或者违反规定载客的，处五百元以上二千元以下罚款。

有前两款行为的，由公安机关交通管理部门扣留机动车至违法状态消除。

运输单位的车辆有本条第一款、第二款规定的情形，经处罚不改的，对直接负责的主管人员处二千元以上五千元以下罚款。

第九十三条　对违反道路交通安全法律、法规关于机动车停放、临时停车规定的，可以指出违法行为，并予以口头警告，令其立即驶离。

机动车驾驶人不在现场或者虽在现场但拒绝立即驶离，妨碍其他车辆、行人通行的，处二十元以上二百元以下罚款，并可以将该机动车拖移至不妨碍交通的地点或者公安机关交通管理部门指定的地点停放。公安机关交通管理部门拖车不得向当事人收取费用，并应当及时告知当事人停放地点。

因采取不正确的方法拖车造成机动车损坏的，应当依法承担补偿责任。

第九十四条　机动车安全技术检验机构实施机动车安全技术检验超过国务院价格主管

部门核定的收费标准收取费用的，退还多收取的费用，并由价格主管部门依照《中华人民共和国价格法》的有关规定给予处罚。

机动车安全技术检验机构不按照机动车国家安全技术标准进行检验，出具虚假检验结果的，由公安机关交通管理部门处所收检验费用五倍以上十倍以下罚款，并依法撤销其检验资格；构成犯罪的，依法追究刑事责任。

第九十五条　上道路行驶的机动车未悬挂机动车号牌，未放置检验合格标志、保险标志，或者未随车携带行驶证、驾驶证的，公安机关交通管理部门应当扣留机动车，通知当事人提供相应的牌证、标志或者补办相应手续，并可以依照本法第九十条的规定予以处罚。当事人提供相应的牌证、标志或者补办相应手续的，应当及时退还机动车。

故意遮挡、污损或者不按规定安装机动车号牌的，依照本法第九十条的规定予以处罚。

第九十六条　伪造、变造或者使用伪造、变造的机动车登记证书、号牌、行驶证、驾驶证的，由公安机关交通管理部门予以收缴，扣留该机动车，处十五日以下拘留，并处二千元以上五千元以下罚款；构成犯罪的，依法追究刑事责任。

伪造、变造或者使用伪造、变造的检验合格标志、保险标志的，由公安机关交通管理部门予以收缴，扣留该机动车，处十日以下拘留，并处一千元以上三千元以下罚款；构成犯罪的，依法追究刑事责任。

使用其他车辆的机动车登记证书、号牌、行驶证、检验合格标志、保险标志的，由公安机关交通管理部门予以收缴，扣留该机动车，处二千元以上五千元以下罚款。

当事人提供相应的合法证明或者补办相应手续的，应当及时退还机动车。

第九十七条　非法安装警报器、标志灯具的，由公安机关交通管理部门强制拆除，予以收缴，并处二百元以上二千元以下罚款。

第九十八条　机动车所有人、管理人未按照国家规定投保机动车第三者责任强制保险的，由公安机关交通管理部门扣留车辆至依照规定投保后，并处依照规定投保最低责任限额应缴纳的保险费的二倍罚款。

依照前款缴纳的罚款全部纳入道路交通事故社会救助基金。具体办法由国务院规定。

第九十九条　有下列行为之一的，由公安机关交通管理部门处二百元以上二千元以下罚款：

（一）未取得机动车驾驶证、机动车驾驶证被吊销或者机动车驾驶证被暂扣期间驾驶机动车的；

（二）将机动车交由未取得机动车驾驶证或者机动车驾驶证被吊销、暂扣的人驾驶的；

（三）造成交通事故后逃逸，尚不构成犯罪的；

（四）机动车行驶超过规定时速百分之五十的；

（五）强迫机动车驾驶人违反道路交通安全法律、法规和机动车安全驾驶要求驾驶机动车，造成交通事故，尚不构成犯罪的；

（六）违反交通管制的规定强行通行，不听劝阻的；

（七）故意损毁、移动、涂改交通设施，造成危害后果，尚不构成犯罪的；

（八）非法拦截、扣留机动车辆，不听劝阻，造成交通严重阻塞或者较大财产损失的。

行为人有前款第二项、第四项情形之一的，可以并处吊销机动车驾驶证；有第一项、第三项、第五项至第八项情形之一的，可以并处十五日以下拘留。

第一百条　驾驶拼装的机动车或者已达到报废标准的机动车上道路行驶的，公安机关交通管理部门应当予以收缴，强制报废。

对驾驶前款所列机动车上道路行驶的驾驶人，处二百元以上二千元以下罚款，并吊销机动车驾驶证。

出售已达到报废标准的机动车的，没收

违法所得，处销售金额等额的罚款，对该机动车依照本条第一款的规定处理。

第一百零一条 违反道路交通安全法律、法规的规定，发生重大交通事故，构成犯罪的，依法追究刑事责任，并由公安机关交通管理部门吊销机动车驾驶证。

造成交通事故后逃逸的，由公安机关交通管理部门吊销机动车驾驶证，且终生不得重新取得机动车驾驶证。

第一百零二条 对六个月内发生二次以上特大交通事故负有主要责任或者全部责任的专业运输单位，由公安机关交通管理部门责令消除安全隐患，未消除安全隐患的机动车，禁止上道路行驶。

第一百零三条 国家机动车产品主管部门未按照机动车国家安全技术标准严格审查，许可不合格机动车型投入生产的，对负有责任的主管人员和其他直接责任人员给予降级或者撤职的行政处分。

机动车生产企业经国家机动车产品主管部门许可生产的机动车型，不执行机动车国家安全技术标准或者不严格进行机动车成品质量检验，致使质量不合格的机动车出厂销售的，由质量技术监督部门依照《中华人民共和国产品质量法》的有关规定给予处罚。

擅自生产、销售未经国家机动车产品主管部门许可生产的机动车型的，没收非法生产、销售的机动车成品及配件，可以并处非法产品价值三倍以上五倍以下罚款；有营业执照的，由工商行政管理部门吊销营业执照，没有营业执照的，予以查封。

生产、销售拼装的机动车或者生产、销售擅自改装的机动车的，依照本条第三款的规定处罚。

有本条第二款、第三款、第四款所列违法行为，生产或者销售不符合机动车国家安全技术标准的机动车，构成犯罪的，依法追究刑事责任。

第一百零四条 未经批准，擅自挖掘道路、占用道路施工或者从事其他影响道路交通安全活动的，由道路主管部门责令停止违法行为，并恢复原状，可以依法给予罚款；致使通行的人员、车辆及其他财产遭受损失的，依法承担赔偿责任。

有前款行为，影响道路交通安全活动的，公安机关交通管理部门可以责令停止违法行为，迅速恢复交通。

第一百零五条 道路施工作业或者道路出现损毁，未及时设置警示标志、未采取防护措施，或者应当设置交通信号灯、交通标志、交通标线而没有设置或者应当及时变更交通信号灯、交通标志、交通标线而没有及时变更，致使通行的人员、车辆及其他财产遭受损失的，负有相关职责的单位应当依法承担赔偿责任。

第一百零六条 在道路两侧及隔离带上种植树木、其他植物或者设置广告牌、管线等，遮挡路灯、交通信号灯、交通标志，妨碍安全视距的，由公安机关交通管理部门责令行为人排除妨碍；拒不执行的，处二百元以上二千元以下罚款，并强制排除妨碍，所需费用由行为人负担。

第一百零七条 对道路交通违法行为人予以警告、二百元以下罚款，交通警察可以当场作出行政处罚决定，并出具行政处罚决定书。

行政处罚决定书应当载明当事人的违法事实、行政处罚的依据、处罚内容、时间、地点以及处罚机关名称，并由执法人员签名或者盖章。

第一百零八条 当事人应当自收到罚款的行政处罚决定书之日起十五日内，到指定的银行缴纳罚款。

对行人、乘车人和非机动车驾驶人的罚款，当事人无异议的，可以当场予以收缴罚款。

罚款应当开具省、自治区、直辖市财政部门统一制发的罚款收据；不出具财政部门统一制发的罚款收据的，当事人有权拒绝缴纳罚款。

第一百零九条 当事人逾期不履行行政

处罚决定的，作出行政处罚决定的行政机关可以采取下列措施：

（一）到期不缴纳罚款的，每日按罚款数额的百分之三加处罚款；

（二）申请人民法院强制执行。

第一百一十条　执行职务的交通警察认为应当对道路交通违法行为人给予暂扣或者吊销机动车驾驶证处罚的，可以先予扣留机动车驾驶证，并在二十四小时内将案件移交公安机关交通管理部门处理。

道路交通违法行为人应当在十五日内到公安机关交通管理部门接受处理。无正当理由逾期未接受处理的，吊销机动车驾驶证。

公安机关交通管理部门暂扣或者吊销机动车驾驶证的，应当出具行政处罚决定书。

第一百一十一条　对违反本法规定予以拘留的行政处罚，由县、市公安局、公安分局或者相当于县一级的公安机关裁决。

第一百一十二条　公安机关交通管理部门扣留机动车、非机动车，应当当场出具凭证，并告知当事人在规定期限内到公安机关交通管理部门接受处理。

公安机关交通管理部门对被扣留的车辆应当妥善保管，不得使用。

逾期不来接受处理，并且经公告三个月仍不来接受处理的，对扣留的车辆依法处理。

第一百一十三条　暂扣机动车驾驶证的期限从处罚决定生效之日起计算；处罚决定生效前先予扣留机动车驾驶证的，扣留一日折抵暂扣期限一日。

吊销机动车驾驶证后重新申请领取机动车驾驶证的期限，按照机动车驾驶证管理规定办理。

第一百一十四条　公安机关交通管理部门根据交通技术监控记录资料，可以对违法的机动车所有人或者管理人依法予以处罚。对能够确定驾驶人的，可以依照本法的规定依法予以处罚。

第一百一十五条　交通警察有下列行为之一的，依法给予行政处分：

（一）为不符合法定条件的机动车发放机动车登记证书、号牌、行驶证、检验合格标志的；

（二）批准不符合法定条件的机动车安装、使用警车、消防车、救护车、工程救险车的警报器、标志灯具，喷涂标志图案的；

（三）为不符合驾驶许可条件、未经考试或者考试不合格人员发放机动车驾驶证的；

（四）不执行罚款决定与罚款收缴分离制度或者不按规定将依法收取的费用、收缴的罚款及没收的违法所得全部上缴国库的；

（五）举办或者参与举办驾驶学校或者驾驶培训班、机动车修理厂或者收费停车场等经营活动的；

（六）利用职务上的便利收受他人财物或者谋取其他利益的；

（七）违法扣留车辆、机动车行驶证、驾驶证、车辆号牌的；

（八）使用依法扣留的车辆的；

（九）当场收取罚款不开具罚款收据或者不如实填写罚款额的；

（十）徇私舞弊，不公正处理交通事故的；

（十一）故意刁难，拖延办理机动车牌证的；

（十二）非执行紧急任务时使用警报器、标志灯具的；

（十三）违反规定拦截、检查正常行驶的车辆的；

（十四）非执行紧急公务时拦截搭乘机动车的；

（十五）不履行法定职责的。

公安机关交通管理部门有前款所列行为之一的，对直接负责的主管人员和其他直接责任人员给予相应的行政处分。

第一百一十六条　依照本法第一百一十五条的规定，给予交通警察行政处分的，在作出行政处分决定前，可以停止其执行职务；必要时，可以予以禁闭。

依照本法第一百一十五条的规定，交通警察受到降级或者撤职行政处分的，可以予以辞退。

交通警察受到开除处分或者被辞退的，应当取消警衔；受到撤职以下行政处分的交通警察，应当降低警衔。

第一百一十七条 交通警察利用职权非法占有公共财物，索取、收受贿赂，或者滥用职权、玩忽职守，构成犯罪的，依法追究刑事责任。

第一百一十八条 公安机关交通管理部门及其交通警察有本法第一百一十五条所列行为之一，给当事人造成损失的，应当依法承担赔偿责任。

第八章 附 则

第一百一十九条 本法中下列用语的含义：

（一）“道路”，是指公路、城市道路和虽在单位管辖范围但允许社会机动车通行的地方，包括广场、公共停车场等用于公众通行的场所。

（二）“车辆”，是指机动车和非机动车。

（三）“机动车”，是指以动力装置驱动或者牵引，上道路行驶的供人员乘用或者用于运送物品以及进行工程专项作业的轮式车辆。

（四）“非机动车”，是指以人力或者畜力驱动，上道路行驶的交通工具，以及虽有动力装置驱动但设计最高时速、空车质量、外形尺寸符合有关国家标准的残疾人机动轮椅车、电动自行车等交通工具。

（五）“交通事故”，是指车辆在道路上因过错或者意外造成的人身伤亡或者财产损失的事件。

第一百二十条 中国人民解放军和中国人民武装警察部队在编机动车牌证、在编机动车检验以及机动车驾驶人考核工作，由中国人民解放军、中国人民武装警察部队有关部门负责。

第一百二十一条 对上道路行驶的拖拉机，由农业（农业机械）主管部门行使本法第八条、第九条、第十三条、第十九条、第二十三条规定的公安机关交通管理部门的管理职权。

农业（农业机械）主管部门依照前款规定行使职权，应当遵守本法有关规定，并接受公安机关交通管理部门的监督；对违反规定的，依照本法有关规定追究法律责任。

本法施行前由农业（农业机械）主管部门发放的机动车牌证，在本法施行后继续有效。

第一百二十二条 国家对入境的境外机动车的道路交通安全实施统一管理。

第一百二十三条 省、自治区、直辖市人民代表大会常务委员会可以根据本地区的实际情况，在本法规定的罚款幅度内，规定具体的执行标准。

第一百二十四条 本法自2004年5月1日起施行。

中华人民共和国公路法

（1997年7月3日第八届全国人民代表大会常务委员会第二十六次会议通过，根据1999年10月31日第九届全国人民代表大会常务委员会第十二次会议《关于修改〈中华人民共和国公路法〉的决定》第一次修正，根据2004年8月28日第十届全国人民代表大会常务委员会第十一次会议《关于修改〈中华人民共和国公路法〉的决定》第二次修正，根据2009年8月27日第十一届全国人民代表大会常务委员会第十次会议《关于修改部分法律的决定》第三次修正，根据2016年11月7日第十二届全国人民代表大会常务委员会第二十四次会议《关于修改〈中华人民共和国对外贸易法〉等十二部法律的决定》第四次修正，根据2017年11月4日第十二届全国人民代表大会常务委员会第三十次会议《关于修改〈中华人民共和国会计法〉等十一部法律的决定》第五次修正）

第一章　总　　则

第一条　为了加强公路的建设和管理，促进公路事业的发展，适应社会主义现代化建设和人民生活的需要，制定本法。

第二条　在中华人民共和国境内从事公路的规划、建设、养护、经营、使用和管理，适用本法。

本法所称公路，包括公路桥梁、公路隧道和公路渡口。

第三条　公路的发展应当遵循全面规划、合理布局、确保质量、保障畅通、保护环境、建设改造与养护并重的原则。

第四条　各级人民政府应当采取有力措施，扶持、促进公路建设。公路建设应当纳入国民经济和社会发展计划。

国家鼓励、引导国内外经济组织依法投资建设、经营公路。

第五条　国家帮助和扶持少数民族地区、边远地区和贫困地区发展公路建设。

第六条　公路按其在公路路网中的地位分为国道、省道、县道和乡道，并按技术等级分为高速公路、一级公路、二级公路、三级公路和四级公路。具体划分标准由国务院交通主管部门规定。

新建公路应当符合技术等级的要求。原有不符合最低技术等级要求的等外公路，应当采取措施，逐步改造为符合技术等级要求的公路。

第七条　公路受国家保护，任何单位和个人不得破坏、损坏或者非法占用公路、公路用地及公路附属设施。

任何单位和个人都有爱护公路、公路用地及公路附属设施的义务，有权检举和控告破坏、损坏公路、公路用地、公路附属设施和影响公路安全的行为。

第八条　国务院交通主管部门主管全国公路工作。

县级以上地方人民政府交通主管部门主管本行政区域内的公路工作；但是，县级以上地方人民政府交通主管部门对国道、省道的管理、监督职责，由省、自治区、直辖市人民政府确定。

乡、民族乡、镇人民政府负责本行政区域内的乡道的建设和养护工作。

县级以上地方人民政府交通主管部门可以决定由公路管理机构依照本法规定行使公路行政管理职责。

第九条 禁止任何单位和个人在公路上非法设卡、收费、罚款和拦截车辆。

第十条 国家鼓励公路工作方面的科学技术研究，对在公路科学技术研究和应用方面作出显著成绩的单位和个人给予奖励。

第十一条 本法对专用公路有规定的，适用于专用公路。

专用公路是指由企业或者其他单位建设、养护、管理，专为或者主要为本企业或者本单位提供运输服务的道路。

第二章 公路规划

第十二条 公路规划应当根据国民经济和社会发展以及国防建设的需要编制，与城市建设发展规划和其他方式的交通运输发展规划相协调。

第十三条 公路建设用地规划应当符合土地利用总体规划，当年建设用地应当纳入年度建设用地计划。

第十四条 国道规划由国务院交通主管部门会同国务院有关部门并商国道沿线省、自治区、直辖市人民政府编制，报国务院批准。

省道规划由省、自治区、直辖市人民政府交通主管部门会同同级有关部门并商省道沿线下一级人民政府编制，报省、自治区、直辖市人民政府批准，并报国务院交通主管部门备案。

县道规划由县级人民政府交通主管部门会同同级有关部门编制，经本级人民政府审定后，报上一级人民政府批准。

乡道规划由县级人民政府交通主管部门协助乡、民族乡、镇人民政府编制，报县级人民政府批准。

依照第三款、第四款规定批准的县道、乡道规划，应当报批准机关的上一级人民政府交通主管部门备案。

省道规划应当与国道规划相协调。县道规划应当与省道规划相协调。乡道规划应当与县道规划相协调。

第十五条 专用公路规划由专用公路的主管单位编制，经其上级主管部门审定后，报县级以上人民政府交通主管部门审核。

专用公路规划应当与公路规划相协调。县级以上人民政府交通主管部门发现专用公路规划与国道、省道、县道、乡道规划有不协调的地方，应当提出修改意见，专用公路主管部门和单位应当作出相应的修改。

第十六条 国道规划的局部调整由原编制机关决定。国道规划需要作重大修改的，由原编制机关提出修改方案，报国务院批准。

经批准的省道、县道、乡道公路规划需要修改的，由原编制机关提出修改方案，报原批准机关批准。

第十七条 国道的命名和编号，由国务院交通主管部门确定；省道、县道、乡道的命名和编号，由省、自治区、直辖市人民政府交通主管部门按照国务院交通主管部门的有关规定确定。

第十八条 规划和新建村镇、开发区，应当与公路保持规定的距离并避免在公路两侧对应进行，防止造成公路街道化，影响公路的运行安全与畅通。

第十九条 国家鼓励专用公路用于社会公共运输。专用公路主要用于社会公共运输时，由专用公路的主管单位申请，或者由有关方面申请，专用公路的主管单位同意，并经省、自治区、直辖市人民政府交通主管部门批准，可以改划为省道、县道或者乡道。

第三章　公路建设

第二十条　县级以上人民政府交通主管部门应当依据职责维护公路建设秩序，加强对公路建设的监督管理。

第二十一条　筹集公路建设资金，除各级人民政府的财政拨款，包括依法征税筹集的公路建设专项资金转为的财政拨款外，可以依法向国内外金融机构或者外国政府贷款。

国家鼓励国内外经济组织对公路建设进行投资。开发、经营公路的公司可以依照法律、行政法规的规定发行股票、公司债券筹集资金。

依照本法规定出让公路收费权的收入必须用于公路建设。

向企业和个人集资建设公路，必须根据需要与可能，坚持自愿原则，不得强行摊派，并符合国务院的有关规定。

公路建设资金还可以采取符合法律或者国务院规定的其他方式筹集。

第二十二条　公路建设应当按照国家规定的基本建设程序和有关规定进行。

第二十三条　公路建设项目应当按照国家有关规定实行法人负责制度、招标投标制度和工程监理制度。

第二十四条　公路建设单位应当根据公路建设工程的特点和技术要求，选择具有相应资格的勘查设计单位、施工单位和工程监理单位，并依照有关法律、法规、规章的规定和公路工程技术标准的要求，分别签订合同，明确双方的权利义务。

承担公路建设项目的可行性研究单位、勘查设计单位、施工单位和工程监理单位，必须持有国家规定的资质证书。

第二十五条　公路建设项目的施工，须按国务院交通主管部门的规定报请县级以上地方人民政府交通主管部门批准。

第二十六条　公路建设必须符合公路工程技术标准。

承担公路建设项目的设计单位、施工单位和工程监理单位，应当按照国家有关规定建立健全质量保证体系，落实岗位责任制，并依照有关法律、法规、规章以及公路工程技术标准的要求和合同约定进行设计、施工和监理，保证公路工程质量。

第二十七条　公路建设使用土地依照有关法律、行政法规的规定办理。

公路建设应当贯彻切实保护耕地、节约用地的原则。

第二十八条　公路建设需要使用国有荒山、荒地或者需要在国有荒山、荒地、河滩、滩涂上挖砂、采石、取土的，依照有关法律、行政法规的规定办理后，任何单位和个人不得阻挠或者非法收取费用。

第二十九条　地方各级人民政府对公路建设依法使用土地和搬迁居民，应当给予支持和协助。

第三十条　公路建设项目的设计和施工，应当符合依法保护环境、保护文物古迹和防止水土流失的要求。

公路规划中贯彻国防要求的公路建设项目，应当严格按照规划进行建设，以保证国防交通的需要。

第三十一条　因建设公路影响铁路、水利、电力、邮电设施和其他设施正常使用时，公路建设单位应当事先征得有关部门的同意；因公路建设对有关设施造成损坏的，公路建设单位应当按照不低于该设施原有的技术标准予以修复，或者给予相应的经济补偿。

第三十二条　改建公路时，施工单位应当在施工路段两端设置明显的施工标志、安全标志。需要车辆绕行的，应当在绕行路口设置标志；不能绕行的，必须修建临时道路，保证车辆和行人通行。

第三十三条　公路建设项目和公路修复项目竣工后，应当按照国家有关规定进行验收；未经验收或者验收不合格的，不得交付使用。

建成的公路，应当按照国务院交通主管

部门的规定设置明显的标志、标线。

第三十四条 县级以上地方人民政府应当确定公路两侧边沟（截水沟、坡脚护坡道，下同）外缘起不少于一米的公路用地。

第四章 公路养护

第三十五条 公路管理机构应当按照国务院交通主管部门规定的技术规范和操作规程对公路进行养护，保证公路经常处于良好的技术状态。

第三十六条 国家采用依法征税的办法筹集公路养护资金，具体实施办法和步骤由国务院规定。

依法征税筹集的公路养护资金，必须专项用于公路的养护和改建。

第三十七条 县、乡级人民政府对公路养护需要的挖砂、采石、取土以及取水，应当给予支持和协助。

第三十八条 县、乡级人民政府应当在农村义务工的范围内，按照国家有关规定组织公路两侧的农村居民履行为公路建设和养护提供劳务的义务。

第三十九条 为保障公路养护人员的人身安全，公路养护人员进行养护作业时，应当穿着统一的安全标志服；利用车辆进行养护作业时，应当在公路作业车辆上设置明显的作业标志。

公路养护车辆进行作业时，在不影响过往车辆通行的前提下，其行驶路线和方向不受公路标志、标线限制；过往车辆对公路养护车辆和人员应当注意避让。

公路养护工程施工影响车辆、行人通行时，施工单位应当依照本法第三十二条的规定办理。

第四十条 因严重自然灾害致使国道、省道交通中断，公路管理机构应当及时修复；公路管理机构难以及时修复时，县级以上地方人民政府应当及时组织当地机关、团体、企业事业单位、城乡居民进行抢修，并可以请求当地驻军支援，尽快恢复交通。

第四十一条 公路用地范围内的山坡、荒地，由公路管理机构负责水土保持。

第四十二条 公路绿化工作，由公路管理机构按照公路工程技术标准组织实施。

公路用地上的树木，不得任意砍伐；需要更新砍伐的，应当经县级以上地方人民政府交通主管部门同意后，依照《中华人民共和国森林法》的规定办理审批手续，并完成更新补种任务。

第五章 路政管理

第四十三条 各级地方人民政府应当采取措施，加强对公路的保护。

县级以上地方人民政府交通主管部门应当认真履行职责，依法做好公路保护工作，并努力采用科学的管理方法和先进的技术手段，提高公路管理水平，逐步完善公路服务设施，保障公路的完好、安全和畅通。

第四十四条 任何单位和个人不得擅自占用、挖掘公路。

因修建铁路、机场、电站、通信设施、水利工程和进行其他建设工程需要占用、挖掘公路或者使公路改线的，建设单位应当事先征得有关交通主管部门的同意；影响交通安全的，还须征得有关公安机关的同意。占用、挖掘公路或者使公路改线的，建设单位应当按照不低于该段公路原有的技术标准予以修复、改建或者给予相应的经济补偿。

第四十五条 跨越、穿越公路修建桥梁、渡槽或者架设、埋设管线等设施的，以及在公路用地范围内架设、埋设管线、电缆等设施的，应当事先经有关交通主管部门同意，影响交通安全的，还须征得有关公安机关的同意；所修建、架设或者埋设的设施应当符合公路工程技术标准的要求。对公路造成损坏的，应当按照损坏程度给予补偿。

第四十六条 任何单位和个人不得在公路上及公路用地范围内摆摊设点、堆放物品、倾倒垃圾、设置障碍、挖沟引水、利用公路边沟排放污物或者进行其他损坏、污染公路和影响公路畅通的活动。

第四十七条 在大中型公路桥梁和渡口周围二百米、公路隧道上方和洞口外一百米范围内，以及在公路两侧一定距离内，不得挖砂、采石、取土、倾倒废弃物，不得进行爆破作业及其他危及公路、公路桥梁、公路隧道、公路渡口安全的活动。

在前款范围内因抢险、防汛需要修筑堤坝、压缩或者拓宽河床的，应当事先报经省、自治区、直辖市人民政府交通主管部门会同水行政主管部门批准，并采取有效的保护有关的公路、公路桥梁、公路隧道、公路渡口安全的措施。

第四十八条 铁轮车、履带车和其他可能损害公路路面的机具，不得在公路上行驶。

农业机械因当地田间作业需要在公路上短距离行驶或者军用车辆执行任务需要在公路上行驶的，可以不受前款限制，但是应当采取安全保护措施。对公路造成损坏的，应当按照损坏程度给予补偿。

第四十九条 在公路上行驶的车辆的轴载质量应当符合公路工程技术标准要求。

第五十条 超过公路、公路桥梁、公路隧道或者汽车渡船的限载、限高、限宽、限长标准的车辆，不得在有限定标准的公路、公路桥梁上或者公路隧道内行驶，不得使用汽车渡船。超过公路或者公路桥梁限载标准确需行驶的，必须经县级以上地方人民政府交通主管部门批准，并按要求采取有效的防护措施；运载不可解体的超限物品的，应当按照指定的时间、路线、时速行驶，并悬挂明显标志。

运输单位不能按照前款规定采取防护措施的，由交通主管部门帮助其采取防护措施，所需费用由运输单位承担。

第五十一条 机动车制造厂和其他单位不得将公路作为检验机动车制动性能的试车场地。

第五十二条 任何单位和个人不得损坏、擅自移动、涂改公路附属设施。

前款公路附属设施，是指为保护、养护公路和保障公路安全畅通所设置的公路防护、排水、养护、管理、服务、交通安全、渡运、监控、通信、收费等设施、设备以及专用建筑物、构筑物等。

第五十三条 造成公路损坏的，责任者应当及时报告公路管理机构，并接受公路管理机构的现场调查。

第五十四条 任何单位和个人未经县级以上地方人民政府交通主管部门批准，不得在公路用地范围内设置公路标志以外的其他标志。

第五十五条 在公路上增设平面交叉道口，必须按照国家有关规定经过批准，并按照国家规定的技术标准建设。

第五十六条 除公路防护、养护需要的以外，禁止在公路两侧的建筑控制区内修建建筑物和地面构筑物；需要在建筑控制区内埋设管线、电缆等设施的，应当事先经县级以上地方人民政府交通主管部门批准。

前款规定的建筑控制区的范围，由县级以上地方人民政府按照保障公路运行安全和节约用地的原则，依照国务院的规定划定。

建筑控制区范围经县级以上地方人民政府依照前款规定划定后，由县级以上地方人民政府交通主管部门设置标桩、界桩。任何单位和个人不得损坏、擅自挪动该标桩、界桩。

第五十七条 除本法第四十七条第二款的规定外，本章规定由交通主管部门行使的路政管理职责，可以依照本法第八条第四款的规定，由公路管理机构行使。

第六章 收费公路

第五十八条 国家允许依法设立收费公路，同时对收费公路的数量进行控制。

除本法第五十九条规定可以收取车辆通行费的公路外，禁止任何公路收取车辆通行费。

第五十九条 符合国务院交通主管部门规定的技术等级和规模的下列公路，可以依法收取车辆通行费：

（一）由县级以上地方人民政府交通主管部门利用贷款或者向企业、个人集资建成的公路；

（二）由国内外经济组织依法受让前项收费公路收费权的公路；

（三）由国内外经济组织依法投资建成的公路。

第六十条 县级以上地方人民政府交通主管部门利用贷款或者集资建成的收费公路的收费期限，按照收费偿还贷款、集资款的原则，由省、自治区、直辖市人民政府依照国务院交通主管部门的规定确定。

有偿转让公路收费权的公路，收费权转让后，由受让方收费经营。收费权的转让期限由出让、受让双方约定，最长不得超过国务院规定的年限。

国内外经济组织投资建设公路，必须按照国家有关规定办理审批手续；公路建成后，由投资者收费经营。收费经营期限按照收回投资并有合理回报的原则，由有关交通主管部门与投资者约定并按照国家有关规定办理审批手续，但最长不得超过国务院规定的年限。

第六十一条 本法第五十九条第一款第一项规定的公路中的国道收费权的转让，应当在转让协议签订之日起三十个工作日内报国务院交通主管部门备案；国道以外的其他公路收费权的转让，应当在转让协议签订之日起三十个工作日内报省、自治区、直辖市人民政府备案。

前款规定的公路收费权出让的最低成交价，以国有资产评估机构评估的价值为依据确定。

第六十二条 受让公路收费权和投资建设公路的国内外经济组织应当依法成立开发、经营公路的企业（以下简称公路经营企业）。

第六十三条 收费公路车辆通行费的收费标准，由公路收费单位提出方案，报省、自治区、直辖市人民政府交通主管部门会同同级物价行政主管部门审查批准。

第六十四条 收费公路设置车辆通行费的收费站，应当报经省、自治区、直辖市人民政府审查批准。跨省、自治区、直辖市的收费公路设置车辆通行费的收费站，由有关省、自治区、直辖市人民政府协商确定；协商不成的，由国务院交通主管部门决定。同一收费公路由不同的交通主管部门组织建设或者由不同的公路经营企业经营的，应当按照“统一收费、按比例分成”的原则，统筹规划，合理设置收费站。

两个收费站之间的距离，不得小于国务院交通主管部门规定的标准。

第六十五条 有偿转让公路收费权的公路，转让收费权合同约定的期限届满，收费权由出让方收回。

由国内外经济组织依照本法规定投资建成并经营的收费公路，约定的经营期限届满，该公路由国家无偿收回，由有关交通主管部门管理。

第六十六条 依照本法第五十九条规定受让收费权或者由国内外经济组织投资建成经营的公路的养护工作，由各该公路经营企业负责。各该公路经营企业在经营期间应当按照国务院交通主管部门规定的技术规范和操作规程做好对公路的养护工作。在受让收费权的期限届满，或者经营期限届满时，公路应当处于良好的技术状态。

前款规定的公路的绿化和公路用地范围内的水土保持工作，由各该公路经营企业负责。

第一款规定的公路的路政管理，适用本法第五章的规定。该公路路政管理的职责由县级以上地方人民政府交通主管部门或者公路管理机构的派出机构、人员行使。

第六十七条 在收费公路上从事本法第四十四条第二款、第四十五条、第四十八条、第五十条所列活动的，除依照各该条的规定办理外，给公路经营企业造成损失的，应当给予相应的补偿。

第六十八条　收费公路的具体管理办法，由国务院依照本法制定。

第七章　监督检查

第六十九条　交通主管部门、公路管理机构依法对有关公路的法律、法规执行情况进行监督检查。

第七十条　交通主管部门、公路管理机构负有管理和保护公路的责任，有权检查、制止各种侵占、损坏公路、公路用地、公路附属设施及其他违反本法规定的行为。

第七十一条　公路监督检查人员依法在公路、建筑控制区、车辆停放场所、车辆所属单位等进行监督检查时，任何单位和个人不得阻挠。

公路经营者、使用者和其他有关单位、个人，应当接受公路监督检查人员依法实施的监督检查，并为其提供方便。

公路监督检查人员执行公务，应当佩戴标志，持证上岗。

第七十二条　交通主管部门、公路管理机构应当加强对所属公路监督检查人员的管理和教育，要求公路监督检查人员熟悉国家有关法律和规定，公正廉洁，热情服务，秉公执法，对公路监督检查人员的执法行为应当加强监督检查，对其违法行为应当及时纠正，依法处理。

第七十三条　用于公路监督检查的专用车辆，应当设置统一的标志和示警灯。

第八章　法律责任

第七十四条　违反法律或者国务院有关规定，擅自在公路上设卡、收费的，由交通主管部门责令停止违法行为，没收违法所得，可以处违法所得三倍以下的罚款，没有违法所得的，可以处二万元以下的罚款；对负有直接责任的主管人员和其他直接责任人员，依法给予行政处分。

第七十五条　违反本法第二十五条规定，未经有关交通主管部门批准擅自施工的，交通主管部门可以责令停止施工，并可以处五万元以下的罚款。

第七十六条　有下列违法行为之一的，由交通主管部门责令停止违法行为，可以处三万元以下的罚款：

（一）违反本法第四十四条第一款规定，擅自占用、挖掘公路的；

（二）违反本法第四十五条规定，未经同意或者未按照公路工程技术标准的要求修建桥梁、渡槽或者架设、埋设管线、电缆等设施的；

（三）违反本法第四十七条规定，从事危及公路安全的作业的；

（四）违反本法第四十八条规定，铁轮车、履带车和其他可能损害路面的机具擅自在公路上行驶的；

（五）违反本法第五十条规定，车辆超限使用汽车渡船或者在公路上擅自超限行驶的；

（六）违反本法第五十二条、第五十六条规定，损坏、移动、涂改公路附属设施或者损坏、挪动建筑控制区的标桩、界桩，可能危及公路安全的。

第七十七条　违反本法第四十六条的规定，造成公路路面损坏、污染或者影响公路畅通的，或者违反本法第五十一条规定，将公路作为试车场地的，由交通主管部门责令停止违法行为，可以处五千元以下的罚款。

第七十八条　违反本法第五十三条规定，造成公路损坏，未报告的，由交通主管部门处一千元以下的罚款。

第七十九条　违反本法第五十四条规定，在公路用地范围内设置公路标志以外的其他标志的，由交通主管部门责令限期拆除，可以处二万元以下的罚款；逾期不拆除的，由交通主管部门拆除，有关费用由设置者负担。

第八十条 违反本法第五十五条规定，未经批准在公路上增设平面交叉道口的，由交通主管部门责令恢复原状，处五万元以下的罚款。

第八十一条 违反本法第五十六条规定，在公路建筑控制区内修建建筑物、地面构筑物或者擅自埋设管线、电缆等设施的，由交通主管部门责令限期拆除，并可以处五万元以下的罚款。逾期不拆除的，由交通主管部门拆除，有关费用由建筑者、构筑者承担。

第八十二条 除本法第七十四条、第七十五条的规定外，本章规定由交通主管部门行使的行政处罚权和行政措施，可以依照本法第八条第四款的规定由公路管理机构行使。

第八十三条 阻碍公路建设或者公路抢修，致使公路建设或者抢修不能正常进行，尚未造成严重损失的，依照《中华人民共和国治安管理处罚法》的规定处罚。

损毁公路或者擅自移动公路标志，可能影响交通安全，尚不够刑事处罚的，适用《中华人民共和国道路交通安全法》第九十九条的处罚规定。

拒绝、阻碍公路监督检查人员依法执行职务未使用暴力、威胁方法的，依照《中华人民共和国治安管理处罚法》的规定处罚。

第八十四条 违反本法有关规定，构成犯罪的，依法追究刑事责任。

第八十五条 违反本法有关规定，对公路造成损害的，应当依法承担民事责任。

对公路造成较大损害的车辆，必须立即停车，保护现场，报告公路管理机构，接受公路管理机构的调查、处理后方得驶离。

第八十六条 交通主管部门、公路管理机构的工作人员玩忽职守、徇私舞弊、滥用职权，构成犯罪的，依法追究刑事责任；尚不构成犯罪的，依法给予行政处分。

第九章 附 则

第八十七条 本法自 1998 年 1 月 1 日起施行。

中华人民共和国道路交通安全法实施条例

（2004 年 4 月 30 日中华人民共和国国务院令第 405 号公布，根据 2017 年 10 月 7 日《国务院关于修改部分行政法规的决定》修订）

第一章 总 则

第一条 根据《中华人民共和国道路交通安全法》（以下简称道路交通安全法）的规定，制定本条例。

第二条 中华人民共和国境内的车辆驾驶人、行人、乘车人以及与道路交通活动有关的单位和个人，应当遵守道路交通安全法和本条例。

第三条 县级以上地方各级人民政府应当建立、健全道路交通安全工作协调机制，组织有关部门对城市建设项目进行交通影响评价，制定道路交通安全管理规划，确定管理目标，制定实施方案。

第二章 车辆和驾驶人

第一节 机动车

第四条 机动车的登记，分为注册登记、变更登记、转移登记、抵押登记和注销登记。

第五条　初次申领机动车号牌、行驶证的，应当向机动车所有人住所地的公安机关交通管理部门申请注册登记。申请机动车注册登记，应当交验机动车，并提交以下证明、凭证：

（一）机动车所有人的身份证明；

（二）购车发票等机动车来历证明；

（三）机动车整车出厂合格证明或者进口机动车进口凭证；

（四）车辆购置税完税证明或者免税凭证；

（五）机动车第三者责任强制保险凭证；

（六）法律、行政法规规定应当在机动车注册登记时提交的其他证明、凭证。

不属于国务院机动车产品主管部门规定免予安全技术检验的车型的，还应当提供机动车安全技术检验合格证明。

第六条　已注册登记的机动车有下列情形之一的，机动车所有人应当向登记该机动车的公安机关交通管理部门申请变更登记：

（一）改变机动车车身颜色的；

（二）更换发动机的；

（三）更换车身或者车架的；

（四）因质量有问题，制造厂更换整车的；

（五）营运机动车改为非营运机动车或者非营运机动车改为营运机动车的；

（六）机动车所有人的住所迁出或者迁入公安机关交通管理部门管辖区域的。

申请机动车变更登记，应当提交下列证明、凭证，属于前款第（一）项、第（二）项、第（三）项、第（四）项、第（五）项情形之一的，还应当交验机动车；属于前款第（二）项、第（三）项情形之一的，还应当同时提交机动车安全技术检验合格证明：

（一）机动车所有人的身份证明；

（二）机动车登记证书；

（三）机动车行驶证。

机动车所有人的住所在公安机关交通管理部门管辖区域内迁移、机动车所有人的姓名（单位名称）或者联系方式变更的，应当向登记该机动车的公安机关交通管理部门备案。

第七条　已注册登记的机动车所有权发生转移的，应当及时办理转移登记。

申请机动车转移登记，当事人应当向登记该机动车的公安机关交通管理部门交验机动车，并提交以下证明、凭证：

（一）当事人的身份证明；

（二）机动车所有权转移的证明、凭证；

（三）机动车登记证书；

（四）机动车行驶证。

第八条　机动车所有人将机动车作为抵押物抵押的，机动车所有人应当向登记该机动车的公安机关交通管理部门申请抵押登记。

第九条　已注册登记的机动车达到国家规定的强制报废标准的，公安机关交通管理部门应当在报废期满的2个月前通知机动车所有人办理注销登记。机动车所有人应当在报废期满前将机动车交售给机动车回收企业，由机动车回收企业将报废的机动车登记证书、号牌、行驶证交公安机关交通管理部门注销。机动车所有人逾期不办理注销登记的，公安机关交通管理部门应当公告该机动车登记证书、号牌、行驶证作废。

因机动车灭失申请注销登记的，机动车所有人应当向公安机关交通管理部门提交本人身份证明，交回机动车登记证书。

第十条　办理机动车登记的申请人提交的证明、凭证齐全、有效的，公安机关交通管理部门应当当场办理登记手续。

人民法院、人民检察院以及行政执法部门依法查封、扣押的机动车，公安机关交通管理部门不予办理机动车登记。

第十一条　机动车登记证书、号牌、行驶证丢失或者损毁，机动车所有人申请补发的，应当向公安机关交通管理部门提交本人身份证明和申请材料。公安机关交通管理部门经与机动车登记档案核实后，在收到申请之日起15日内补发。

第十二条　税务部门、保险机构可以在公安机关交通管理部门的办公场所集中办理与机动车有关的税费缴纳、保险合同订立等事项。

第十三条　机动车号牌应当悬挂在车前、车后指定位置，保持清晰、完整。重型、中型载货汽车及其挂车、拖拉机及其挂车的车身或者车厢后部应当喷涂放大的牌号，字样应当端正并保持清晰。

机动车检验合格标志、保险标志应当粘贴在机动车前窗右上角。

机动车喷涂、粘贴标识或者车身广告的，不得影响安全驾驶。

第十四条　用于公路营运的载客汽车、重型载货汽车、半挂牵引车应当安装、使用符合国家标准的行驶记录仪。交通警察可以对机动车行驶速度、连续驾驶时间以及其他行驶状态信息进行检查。安装行驶记录仪可以分步实施，实施步骤由国务院机动车产品主管部门会同有关部门规定。

第十五条　机动车安全技术检验由机动车安全技术检验机构实施。机动车安全技术检验机构应当按照国家机动车安全技术检验标准对机动车进行检验，对检验结果承担法律责任。

质量技术监督部门负责对机动车安全技术检验机构实行计量认证管理，对机动车安全技术检验设备进行检定，对执行国家机动车安全技术检验标准的情况进行监督。

机动车安全技术检验项目由国务院公安部门会同国务院质量技术监督部门规定。

第十六条　机动车应当从注册登记之日起，按照下列期限进行安全技术检验：

（一）营运载客汽车5年以内每年检验1次；超过5年的，每6个月检验1次；

（二）载货汽车和大型、中型非营运载客汽车10年以内每年检验1次；超过10年的，每6个月检验1次；

（三）小型、微型非营运载客汽车6年以内每2年检验1次；超过6年的，每年检验1次；超过15年的，每6个月检验1次；

（四）摩托车4年以内每2年检验1次；超过4年的，每年检验1次；

（五）拖拉机和其他机动车每年检验1次。

营运机动车在规定检验期限内经安全技术检验合格的，不再重复进行安全技术检验。

第十七条　已注册登记的机动车进行安全技术检验时，机动车行驶证记载的登记内容与该机动车的有关情况不符，或者未按照规定提供机动车第三者责任强制保险凭证的，不予通过检验。

第十八条　警车、消防车、救护车、工程救险车标志图案的喷涂以及警报器、标志灯具的安装、使用规定，由国务院公安部门制定。

第二节　机动车驾驶人

第十九条　符合国务院公安部门规定的驾驶许可条件的人，可以向公安机关交通管理部门申请机动车驾驶证。

机动车驾驶证由国务院公安部门规定式样并监制。

第二十条　学习机动车驾驶，应当先学习道路交通安全法律、法规和相关知识，考试合格后，再学习机动车驾驶技能。

在道路上学习驾驶，应当按照公安机关交通管理部门指定的路线、时间进行。在道路上学习机动车驾驶技能应当使用教练车，在教练员随车指导下进行，与教学无关的人员不得乘坐教练车。学员在学习驾驶中有道路交通安全违法行为或者造成交通事故的，由教练员承担责任。

第二十一条　公安机关交通管理部门应当对申请机动车驾驶证的人进行考试，对考试合格的，在5日内核发机动车驾驶证；对考试不合格的，书面说明理由。

第二十二条　机动车驾驶证的有效期为6年，本条例另有规定的除外。

机动车驾驶人初次申领机动车驾驶证后的12个月为实习期。在实习期内驾驶机动车的，应当在车身后部粘贴或者悬挂统一式样的实习标志。

机动车驾驶人在实习期内不得驾驶公共汽车、营运客车或者执行任务的警车、消防车、救护车、工程救险车以及载有爆炸物品、易燃易爆化学物品、剧毒或者放射性等危险物品的机动车；驾驶的机动车不得牵引挂车。

第二十三条　公安机关交通管理部门对机动车驾驶人的道路交通安全违法行为除给予行政处罚外，实行道路交通安全违法行为累积记分（以下简称记分）制度，记分周期为12个月。对在一个记分周期内记分达到12分的，由公安机关交通管理部门扣留其机动车驾驶证，该机动车驾驶人应当按照规定参加道路交通安全法律、法规的学习并接受考试。考试合格的，记分予以清除，发还机动车驾驶证；考试不合格的，继续参加学习和考试。

应当给予记分的道路交通安全违法行为及其分值，由国务院公安部门根据道路交通安全违法行为的危害程度规定。

公安机关交通管理部门应当提供记分查询方式供机动车驾驶人查询。

第二十四条　机动车驾驶人在一个记分周期内记分未达到12分，所处罚款已经缴纳的，记分予以清除；记分虽未达到12分，但尚有罚款未缴纳的，记分转入下一记分周期。

机动车驾驶人在一个记分周期内记分2次以上达到12分的，除按照第二十三条的规定扣留机动车驾驶证、参加学习、接受考试外，还应当接受驾驶技能考试。考试合格的，记分予以清除，发还机动车驾驶证；考试不合格的，继续参加学习和考试。

接受驾驶技能考试的，按照本人机动车驾驶证载明的最高准驾车型考试。

第二十五条　机动车驾驶人记分达到12分，拒不参加公安机关交通管理部门通知的学习，也不接受考试的，由公安机关交通管理部门公告其机动车驾驶证停止使用。

第二十六条　机动车驾驶人在机动车驾驶证的6年有效期内，每个记分周期均未达到12分的，换发10年有效期的机动车驾驶证；在机动车驾驶证的10年有效期内，每个记分周期均未达到12分的，换发长期有效的机动车驾驶证。

换发机动车驾驶证时，公安机关交通管理部门应当对机动车驾驶证进行审验。

第二十七条　机动车驾驶证丢失、损毁，机动车驾驶人申请补发的，应当向公安机关交通管理部门提交本人身份证明和申请材料。公安机关交通管理部门经与机动车驾驶证档案核实后，在收到申请之日起3日内补发。

第二十八条　机动车驾驶人在机动车驾驶证丢失、损毁、超过有效期或者被依法扣留、暂扣期间以及记分达到12分的，不得驾驶机动车。

第三章　道路通行条件

第二十九条　交通信号灯分为：机动车信号灯、非机动车信号灯、人行横道信号灯、车道信号灯、方向指示信号灯、闪光警告信号灯、道路与铁路平面交叉道口信号灯。

第三十条　交通标志分为：指示标志、警告标志、禁令标志、指路标志、旅游区标志、道路施工安全标志和辅助标志。

道路交通标线分为：指示标线、警告标线、禁止标线。

第三十一条　交通警察的指挥分为：手势信号和使用器具的交通指挥信号。

第三十二条　道路交叉路口和行人横过道路较为集中的路段应当设置人行横道、过街天桥或者过街地下通道。

在盲人通行较为集中的路段，人行横道信号灯应当设置声响提示装置。

第三十三条 城市人民政府有关部门可以在不影响行人、车辆通行的情况下，在城市道路上施划停车泊位，并规定停车泊位的使用时间。

第三十四条 开辟或者调整公共汽车、长途汽车的行驶路线或者车站，应当符合交通规划和安全、畅通的要求。

第三十五条 道路养护施工单位在道路上进行养护、维修时，应当按照规定设置规范的安全警示标志和安全防护设施。道路养护施工作业车辆、机械应当安装示警灯，喷涂明显的标志图案，作业时应当开启示警灯和危险报警闪光灯。对未中断交通的施工作业道路，公安机关交通管理部门应当加强交通安全监督检查。发生交通阻塞时，及时做好分流、疏导，维护交通秩序。

道路施工需要车辆绕行的，施工单位应当在绕行处设置标志；不能绕行的，应当修建临时通道，保证车辆和行人通行。需要封闭道路中断交通的，除紧急情况外，应当提前 5 日向社会公告。

第三十六条 道路或者交通设施养护部门、管理部门应当在急弯、陡坡、临崖、临水等危险路段，按照国家标准设置警告标志和安全防护设施。

第三十七条 道路交通标志、标线不规范，机动车驾驶人容易发生辨认错误的，交通标志、标线的主管部门应当及时予以改善。

道路照明设施应当符合道路建设技术规范，保持照明功能完好。

第四章 道路通行规定

第一节 一般规定

第三十八条 机动车信号灯和非机动车信号灯表示：

（一）绿灯亮时，准许车辆通行，但转弯的车辆不得妨碍被放行的直行车辆、行人通行；

（二）黄灯亮时，已越过停止线的车辆可以继续通行；

（三）红灯亮时，禁止车辆通行。

在未设置非机动车信号灯和人行横道信号灯的路口，非机动车和行人应当按照机动车信号灯的表示通行。

红灯亮时，右转弯的车辆在不妨碍被放行的车辆、行人通行的情况下，可以通行。

第三十九条 人行横道信号灯表示：

（一）绿灯亮时，准许行人通过人行横道；

（二）红灯亮时，禁止行人进入人行横道，但是已经进入人行横道的，可以继续通过或者在道路中心线处停留等候。

第四十条 车道信号灯表示：

（一）绿色箭头灯亮时，准许本车道车辆按指示方向通行；

（二）红色叉形灯或者箭头灯亮时，禁止本车道车辆通行。

第四十一条 方向指示信号灯的箭头方向向左、向上、向右分别表示左转、直行、右转。

第四十二条 闪光警告信号灯为持续闪烁的黄灯，提示车辆、行人通行时注意瞭望，确认安全后通过。

第四十三条 道路与铁路平面交叉道口有两个红灯交替闪烁或者一个红灯亮时，表示禁止车辆、行人通行；红灯熄灭时，表示允许车辆、行人通行。

第二节 机动车通行规定

第四十四条 在道路同方向划有 2 条以上机动车道的，左侧为快速车道，右侧为慢速车道。在快速车道行驶的机动车应当按照快速车道规定的速度行驶，未达到快速车道规定的行驶速度的，应当在慢速车道行驶。摩托车应当在最右侧车道行驶。有交通标志标明行驶速度的，按照标明的行驶速度行驶。慢速车道内的机动车超越前车时，可以借用快速车道行驶。

在道路同方向划有2条以上机动车道的，变更车道的机动车不得影响相关车道内行驶的机动车的正常行驶。

第四十五条　机动车在道路上行驶不得超过限速标志、标线标明的速度。在没有限速标志、标线的道路上，机动车不得超过下列最高行驶速度：

（一）没有道路中心线的道路，城市道路为每小时30公里，公路为每小时40公里；

（二）同方向只有1条机动车道的道路，城市道路为每小时50公里，公路为每小时70公里。

第四十六条　机动车行驶中遇有下列情形之一的，最高行驶速度不得超过每小时30公里，其中拖拉机、电瓶车、轮式专用机械车不得超过每小时15公里：

（一）进出非机动车道，通过铁路道口、急弯路、窄路、窄桥时；

（二）掉头、转弯、下陡坡时；

（三）遇雾、雨、雪、沙尘、冰雹，能见度在50米以内时；

（四）在冰雪、泥泞的道路上行驶时；

（五）牵引发生故障的机动车时。

第四十七条　机动车超车时，应当提前开启左转向灯、变换使用远、近光灯或者鸣喇叭。在没有道路中心线或者同方向只有1条机动车道的道路上，前车遇后车发出超车信号时，在条件许可的情况下，应当降低速度、靠右让路。后车应当在确认有充足的安全距离后，从前车的左侧超越，在与被超车辆拉开必要的安全距离后，开启右转向灯，驶回原车道。

第四十八条　在没有中心隔离设施或者没有中心线的道路上，机动车遇相对方向来车时应当遵守下列规定：

（一）减速靠右行驶，并与其他车辆、行人保持必要的安全距离；

（二）在有障碍的路段，无障碍的一方先行；但有障碍的一方已驶入障碍路段而无障碍的一方未驶入时，有障碍的一方先行；

（三）在狭窄的坡路，上坡的一方先行；但下坡的一方已行至中途而上坡的一方未上坡时，下坡的一方先行；

（四）在狭窄的山路，不靠山体的一方先行；

（五）夜间会车应当在距相对方向来车150米以外改用近光灯，在窄路、窄桥与非机动车会车时应当使用近光灯。

第四十九条　机动车在有禁止掉头或者禁止左转弯标志、标线的地点以及在铁路道口、人行横道、桥梁、急弯、陡坡、隧道或者容易发生危险的路段，不得掉头。

机动车在没有禁止掉头或者没有禁止左转弯标志、标线的地点可以掉头，但不得妨碍正常行驶的其他车辆和行人的通行。

第五十条　机动车倒车时，应当察明车后情况，确认安全后倒车。不得在铁路道口、交叉路口、单行路、桥梁、急弯、陡坡或者隧道中倒车。

第五十一条　机动车通过有交通信号灯控制的交叉路口，应当按照下列规定通行：

（一）在划有导向车道的路口，按所需行进方向驶入导向车道；

（二）准备进入环形路口的让已在路口内的机动车先行；

（三）向左转弯时，靠路口中心点左侧转弯。转弯时开启转向灯，夜间行驶开启近光灯；

（四）遇放行信号时，依次通过；

（五）遇停止信号时，依次停在停止线以外。没有停止线的，停在路口以外；

（六）向右转弯遇有同车道前车正在等候放行信号时，依次停车等候；

（七）在没有方向指示信号灯的交叉路口，转弯的机动车让直行的车辆、行人先行。相对方向行驶的右转弯机动车让左转弯车辆先行。

第五十二条 机动车通过没有交通信号灯控制也没有交通警察指挥的交叉路口，除应当遵守第五十一条第（二）项、第（三）项的规定外，还应当遵守下列规定：

（一）有交通标志、标线控制的，让优先通行的一方先行；

（二）没有交通标志、标线控制的，在进入路口前停车瞭望，让右方道路的来车先行；

（三）转弯的机动车让直行的车辆先行；

（四）相对方向行驶的右转弯的机动车让左转弯的车辆先行。

第五十三条 机动车遇有前方交叉路口交通阻塞时，应当依次停在路口以外等候，不得进入路口。

机动车在遇有前方机动车停车排队等候或者缓慢行驶时，应当依次排队，不得从前方车辆两侧穿插或者超越行驶，不得在人行横道、网状线区域内停车等候。

机动车在车道减少的路口、路段，遇有前方机动车停车排队等候或者缓慢行驶的，应当每车道一辆依次交替驶入车道减少后的路口、路段。

第五十四条 机动车载物不得超过机动车行驶证上核定的载质量，装载长度、宽度不得超出车厢，并应当遵守下列规定：

（一）重型、中型载货汽车，半挂车载物，高度从地面起不得超过 4 米，载运集装箱的车辆不得超过 4.2 米；

（二）其他载货的机动车载物，高度从地面起不得超过 2.5 米；

（三）摩托车载物，高度从地面起不得超过 1.5 米，长度不得超出车身 0.2 米。两轮摩托车载物宽度左右各不得超出车把 0.15 米；三轮摩托车载物宽度不得超过车身。

载客汽车除车身外部的行李架和内置的行李箱外，不得载货。载客汽车行李架载货，从车顶起高度不得超过 0.5 米，从地面起高度不得超过 4 米。

第五十五条 机动车载人应当遵守下列规定：

（一）公路载客汽车不得超过核定的载客人数，但按照规定免票的儿童除外，在载客人数已满的情况下，按照规定免票的儿童不得超过核定载客人数的 10%；

（二）载货汽车车厢不得载客。在城市道路上，货运机动车在留有安全位置的情况下，车厢内可以附载临时作业人员 1 人至 5 人；载物高度超过车厢栏板时，货物上不得载人；

（三）摩托车后座不得乘坐未满 12 周岁的未成年人，轻便摩托车不得载人。

第五十六条 机动车牵引挂车应当符合下列规定：

（一）载货汽车、半挂牵引车、拖拉机只允许牵引 1 辆挂车。挂车的灯光信号、制动、连接、安全防护等装置应当符合国家标准；

（二）小型载客汽车只允许牵引旅居挂车或者总质量 700 千克以下的挂车。挂车不得载人；

（三）载货汽车所牵引挂车的载质量不得超过载货汽车本身的载质量。

大型、中型载客汽车，低速载货汽车，三轮汽车以及其他机动车不得牵引挂车。

第五十七条 机动车应当按照下列规定使用转向灯：

（一）向左转弯、向左变更车道、准备超车、驶离停车地点或者掉头时，应当提前开启左转向灯；

（二）向右转弯、向右变更车道、超车完毕驶回原车道、靠路边停车时，应当提前开启右转向灯。

第五十八条 机动车在夜间没有路灯、照明不良或者遇有雾、雨、雪、沙尘、冰雹等低能见度情况下行驶时，应当开启前照灯、示廓灯和后位灯，但同方向行驶的后车与前车近距离行驶时，不得使用远光灯。机动车雾天行驶应当开启雾灯和危险报警闪光灯。

第五十九条　机动车在夜间通过急弯、坡路、拱桥、人行横道或者没有交通信号灯控制的路口时，应当交替使用远近光灯示意。

机动车驶近急弯、坡道顶端等影响安全视距的路段以及超车或者遇有紧急情况时，应当减速慢行，并鸣喇叭示意。

第六十条　机动车在道路上发生故障或者发生交通事故，妨碍交通又难以移动的，应当按照规定开启危险报警闪光灯并在车后50米至100米处设置警告标志，夜间还应当同时开启示廓灯和后位灯。

第六十一条　牵引故障机动车应当遵守下列规定：

（一）被牵引的机动车除驾驶人外不得载人，不得拖带挂车；

（二）被牵引的机动车宽度不得大于牵引机动车的宽度；

（三）使用软连接牵引装置时，牵引车与被牵引车之间的距离应当大于4米小于10米；

（四）对制动失效的被牵引车，应当使用硬连接牵引装置牵引；

（五）牵引车和被牵引车均应当开启危险报警闪光灯。

汽车吊车和轮式专用机械车不得牵引车辆。摩托车不得牵引车辆或者被其他车辆牵引。

转向或者照明、信号装置失效的故障机动车，应当使用专用清障车拖曳。

第六十二条　驾驶机动车不得有下列行为：

（一）在车门、车厢没有关好时行车；

（二）在机动车驾驶室的前后窗范围内悬挂、放置妨碍驾驶人视线的物品；

（三）拨打接听手持电话、观看电视等妨碍安全驾驶的行为；

（四）下陡坡时熄火或者空挡滑行；

（五）向道路上抛撒物品；

（六）驾驶摩托车手离车把或者在车把上悬挂物品；

（七）连续驾驶机动车超过4小时未停车休息或者停车休息时间少于20分钟；

（八）在禁止鸣喇叭的区域或者路段鸣喇叭。

第六十三条　机动车在道路上临时停车，应当遵守下列规定：

（一）在设有禁停标志、标线的路段，在机动车道与非机动车道、人行道之间设有隔离设施的路段以及人行横道、施工地段，不得停车；

（二）交叉路口、铁路道口、急弯路、宽度不足4米的窄路、桥梁、陡坡、隧道以及距离上述地点50米以内的路段，不得停车；

（三）公共汽车站、急救站、加油站、消防栓或者消防队（站）门前以及距离上述地点30米以内的路段，除使用上述设施的以外，不得停车；

（四）车辆停稳前不得开车门和上下人员，开关车门不得妨碍其他车辆和行人通行；

（五）路边停车应当紧靠道路右侧，机动车驾驶人不得离车，上下人员或者装卸物品后，立即驶离；

（六）城市公共汽车不得在站点以外的路段停车上下乘客。

第六十四条　机动车行经漫水路或者漫水桥时，应当停车察明水情，确认安全后，低速通过。

第六十五条　机动车载运超限物品行经铁路道口的，应当按照当地铁路部门指定的铁路道口、时间通过。

机动车行经渡口，应当服从渡口管理人员指挥，按照指定地点依次待渡。机动车上下渡船时，应当低速慢行。

第六十六条　警车、消防车、救护车、工程救险车在执行紧急任务遇交通受阻时，可以断续使用警报器，并遵守下列规定：

（一）不得在禁止使用警报器的区域或者路段使用警报器；

（二）夜间在市区不得使用警报器；

（三）列队行驶时，前车已经使用警报器的，后车不再使用警报器。

第六十七条 在单位院内、居民居住区内，机动车应当低速行驶，避让行人；有限速标志的，按照限速标志行驶。

第三节 非机动车通行规定

第六十八条 非机动车通过有交通信号灯控制的交叉路口，应当按照下列规定通行：

（一）转弯的非机动车让直行的车辆、行人优先通行；

（二）遇有前方路口交通阻塞时，不得进入路口；

（三）向左转弯时，靠路口中心点的右侧转弯；

（四）遇有停止信号时，应当依次停在路口停止线以外。没有停止线的，停在路口以外；

（五）向右转弯遇有同方向前车正在等候放行信号时，在本车道内能够转弯的，可以通行；不能转弯的，依次等候。

第六十九条 非机动车通过没有交通信号灯控制也没有交通警察指挥的交叉路口，除应当遵守第六十八条第（一）项、第（二）项和第（三）项的规定外，还应当遵守下列规定：

（一）有交通标志、标线控制的，让优先通行的一方先行；

（二）没有交通标志、标线控制的，在路口外慢行或者停车瞭望，让右方道路的来车先行；

（三）相对方向行驶的右转弯的非机动车让左转弯的车辆先行。

第七十条 驾驶自行车、电动自行车、三轮车在路段上横过机动车道，应当下车推行，有人行横道或者行人过街设施的，应当从人行横道或者行人过街设施通过；没有人行横道、没有行人过街设施或者不便使用行人过街设施的，在确认安全后直行通过。

因非机动车道被占用无法在本车道内行驶的非机动车，可以在受阻的路段借用相邻的机动车道行驶，并在驶过被占用路段后迅速驶回非机动车道。机动车遇此情况应当减速让行。

第七十一条 非机动车载物，应当遵守下列规定：

（一）自行车、电动自行车、残疾人机动轮椅车载物，高度从地面起不得超过1.5米，宽度左右各不得超出车把0.15米，长度前端不得超出车轮，后端不得超出车身0.3米；

（二）三轮车、人力车载物，高度从地面起不得超过2米，宽度左右各不得超出车身0.2米，长度不得超出车身1米；

（三）畜力车载物，高度从地面起不得超过2.5米，宽度左右各不得超出车身0.2米，长度前端不得超出车辕，后端不得超出车身1米。

自行车载人的规定，由省、自治区、直辖市人民政府根据当地实际情况制定。

第七十二条 在道路上驾驶自行车、三轮车、电动自行车、残疾人机动轮椅车应当遵守下列规定：

（一）驾驶自行车、三轮车必须年满12周岁；

（二）驾驶电动自行车和残疾人机动轮椅车必须年满16周岁；

（三）不得醉酒驾驶；

（四）转弯前应当减速慢行，伸手示意，不得突然猛拐，超越前车时不得妨碍被超越的车辆行驶；

（五）不得牵引、攀扶车辆或者被其他车辆牵引，不得双手离把或者手中持物；

（六）不得扶身并行、互相追逐或者曲折竞驶；

（七）不得在道路上骑独轮自行车或者2人以上骑行的自行车；

（八）非下肢残疾的人不得驾驶残疾人机动轮椅车；

（九）自行车、三轮车不得加装动力装置；

（十）不得在道路上学习驾驶非机动车。

第七十三条　在道路上驾驭畜力车应当年满16周岁，并遵守下列规定：

（一）不得醉酒驾驭；

（二）不得并行，驾驭人不得离开车辆；

（三）行经繁华路段、交叉路口、铁路道口、人行横道、急弯路、宽度不足4米的窄路或者窄桥、陡坡、隧道或者容易发生危险的路段，不得超车。驾驭两轮畜力车应当下车牵引牲畜；

（四）不得使用未经驯服的牲畜驾车，随车幼畜须拴系；

（五）停放车辆应当拉紧车闸，拴系牲畜。

第四节　行人和乘车人通行规定

第七十四条　行人不得有下列行为：

（一）在道路上使用滑板、旱冰鞋等滑行工具；

（二）在车行道内坐卧、停留、嬉闹；

（三）追车、抛物击车等妨碍道路交通安全的行为。

第七十五条　行人横过机动车道，应当从行人过街设施通过；没有行人过街设施的，应当从人行横道通过；没有人行横道的，应当观察来往车辆的情况，确认安全后直行通过，不得在车辆临近时突然加速横穿或者中途倒退、折返。

第七十六条　行人列队在道路上通行，每横列不得超过2人，但在已经实行交通管制的路段不受限制。

第七十七条　乘坐机动车应当遵守下列规定：

（一）不得在机动车道上拦乘机动车；

（二）在机动车道上不得从机动车左侧上下车；

（三）开关车门不得妨碍其他车辆和行人通行；

（四）机动车行驶中，不得干扰驾驶，不得将身体任何部分伸出车外，不得跳车；

（五）乘坐两轮摩托车应当正向骑坐。

第五节　高速公路的特别规定

第七十八条　高速公路应当标明车道的行驶速度，最高车速不得超过每小时120公里，最低车速不得低于每小时60公里。

在高速公路上行驶的小型载客汽车最高车速不得超过每小时120公里，其他机动车不得超过每小时100公里，摩托车不得超过每小时80公里。

同方向有2条车道的，左侧车道的最低车速为每小时100公里；同方向有3条以上车道的，最左侧车道的最低车速为每小时110公里，中间车道的最低车速为每小时90公里。道路限速标志标明的车速与上述车道行驶车速的规定不一致的，按照道路限速标志标明的车速行驶。

第七十九条　机动车从匝道驶入高速公路，应当开启左转向灯，在不妨碍已在高速公路内的机动车正常行驶的情况下驶入车道。

机动车驶离高速公路时，应当开启右转向灯，驶入减速车道，降低车速后驶离。

第八十条　机动车在高速公路上行驶，车速超过每小时100公里时，应当与同车道前车保持100米以上的距离，车速低于每小时100公里时，与同车道前车距离可以适当缩短，但最小距离不得少于50米。

第八十一条　机动车在高速公路上行驶，遇有雾、雨、雪、沙尘、冰雹等低能见度气象条件时，应当遵守下列规定：

（一）能见度小于200米时，开启雾灯、近光灯、示廓灯和前后位灯，车速不得超过每小时60公里，与同车道前车保持100米以上的距离；

（二）能见度小于100米时，开启雾灯、近光灯、示廓灯、前后位灯和危险报警闪光灯，车速不得超过每小时40公里，与同车道前车保持50米以上的距离；

（三）能见度小于50米时，开启雾灯、近光灯、示廓灯、前后位灯和危险报警闪光灯，车速不得超过每小时20公里，并从最近的出口尽快驶离高速公路。

遇有前款规定情形时，高速公路管理部门应当通过显示屏等方式发布速度限制、保持车距等提示信息。

第八十二条 机动车在高速公路上行驶，不得有下列行为：

（一）倒车、逆行、穿越中央分隔带掉头或者在车道内停车；

（二）在匝道、加速车道或者减速车道上超车；

（三）骑、轧车行道分界线或者在路肩上行驶；

（四）非紧急情况时在应急车道行驶或者停车；

（五）试车或者学习驾驶机动车。

第八十三条 在高速公路上行驶的载货汽车车厢不得载人。两轮摩托车在高速公路行驶时不得载人。

第八十四条 机动车通过施工作业路段时，应当注意警示标志，减速行驶。

第八十五条 城市快速路的道路交通安全管理，参照本节的规定执行。

高速公路、城市快速路的道路交通安全管理工作，省、自治区、直辖市人民政府公安机关交通管理部门可以指定设区的市人民政府公安机关交通管理部门或者相当于同级的公安机关交通管理部门承担。

第五章　交通事故处理

第八十六条 机动车与机动车、机动车与非机动车在道路上发生未造成人身伤亡的交通事故，当事人对事实及成因无争议的，在记录交通事故的时间、地点、对方当事人的姓名和联系方式、机动车牌号、驾驶证号、保险凭证号、碰撞部位，并共同签名后，撤离现场，自行协商损害赔偿事宜。当事人对交通事故事实及成因有争议的，应当迅速报警。

第八十七条 非机动车与非机动车或者行人在道路上发生交通事故，未造成人身伤亡，且基本事实及成因清楚的，当事人应当先撤离现场，再自行协商处理损害赔偿事宜。当事人对交通事故事实及成因有争议的，应当迅速报警。

第八十八条 机动车发生交通事故，造成道路、供电、通讯等设施损毁的，驾驶人应当报警等候处理，不得驶离。机动车可以移动的，应当将机动车移至不妨碍交通的地点。公安机关交通管理部门应当将事故有关情况通知有关部门。

第八十九条 公安机关交通管理部门或者交通警察接到交通事故报警，应当及时赶赴现场，对未造成人身伤亡，事实清楚，并且机动车可以移动的，应当在记录事故情况后责令当事人撤离现场，恢复交通。对拒不撤离现场的，予以强制撤离。

对属于前款规定情况的道路交通事故，交通警察可以适用简易程序处理，并当场出具事故认定书。当事人共同请求调解的，交通警察可以当场对损害赔偿争议进行调解。

对道路交通事故造成人员伤亡和财产损失需要勘验、检查现场的，公安机关交通管理部门应当按照勘查现场工作规范进行。现场勘查完毕，应当组织清理现场，恢复交通。

第九十条 投保机动车第三者责任强制保险的机动车发生交通事故，因抢救受伤人员需要保险公司支付抢救费用的，由公安机关交通管理部门通知保险公司。

抢救受伤人员需要道路交通事故救助基金垫付费用的，由公安机关交通管理部门通知道路交通事故社会救助基金管理机构。

第九十一条　公安机关交通管理部门应当根据交通事故当事人的行为对发生交通事故所起的作用以及过错的严重程度，确定当事人的责任。

第九十二条　发生交通事故后当事人逃逸的，逃逸的当事人承担全部责任。但是，有证据证明对方当事人也有过错的，可以减轻责任。

当事人故意破坏、伪造现场、毁灭证据的，承担全部责任。

第九十三条　公安机关交通管理部门对经过勘验、检查现场的交通事故应当在勘查现场之日起10日内制作交通事故认定书。对需要进行检验、鉴定的，应当在检验、鉴定结果确定之日起5日内制作交通事故认定书。

第九十四条　当事人对交通事故损害赔偿有争议，各方当事人一致请求公安机关交通管理部门调解的，应当在收到交通事故认定书之日起10日内提出书面调解申请。

对交通事故致死的，调解从办理丧葬事宜结束之日起开始；对交通事故致伤的，调解从治疗终结或者定残之日起开始；对交通事故造成财产损失的，调解从确定损失之日起开始。

第九十五条　公安机关交通管理部门调解交通事故损害赔偿争议的期限为10日。调解达成协议的，公安机关交通管理部门应当制作调解书送交各方当事人，调解书经各方当事人共同签字后生效；调解未达成协议的，公安机关交通管理部门应当制作调解终结书送交各方当事人。

交通事故损害赔偿项目和标准依照有关法律的规定执行。

第九十六条　对交通事故损害赔偿的争议，当事人向人民法院提起民事诉讼的，公安机关交通管理部门不再受理调解申请。

公安机关交通管理部门调解期间，当事人向人民法院提起民事诉讼的，调解终止。

第九十七条　车辆在道路以外发生交通事故，公安机关交通管理部门接到报案的，参照道路交通安全法和本条例的规定处理。

车辆、行人与火车发生的交通事故以及在渡口发生的交通事故，依照国家有关规定处理。

第六章　执法监督

第九十八条　公安机关交通管理部门应当公开办事制度、办事程序，建立警风警纪监督员制度，自觉接受社会和群众的监督。

第九十九条　公安机关交通管理部门及其交通警察办理机动车登记，发放号牌，对驾驶人考试、发证，处理道路交通安全违法行为，处理道路交通事故，应当严格遵守有关规定，不得越权执法，不得延迟履行职责，不得擅自改变处罚的种类和幅度。

第一百条　公安机关交通管理部门应当公布举报电话，受理群众举报投诉，并及时调查核实，反馈查处结果。

第一百零一条　公安机关交通管理部门应当建立执法质量考核评议、执法责任制和执法过错追究制度，防止和纠正道路交通安全执法中的错误或者不当行为。

第七章　法律责任

第一百零二条　违反本条例规定的行为，依照道路交通安全法和本条例的规定处罚。

第一百零三条　以欺骗、贿赂等不正当手段取得机动车登记或者驾驶许可的，收缴机动车登记证书、号牌、行驶证或者机动车驾驶证，撤销机动车登记或者机动车驾驶许可；申请人在3年内不得申请机动车登记或者机动车驾驶许可。

第一百零四条　机动车驾驶人有下列行为之一，又无其他机动车驾驶人即时替代驾驶的，公安机关交通管理部门除依法给予处罚外，可以将其驾驶的机动车移至不妨碍交通的地点或者有关部门指定的地点停放：

（一）不能出示本人有效驾驶证的；

（二）驾驶的机动车与驾驶证载明的准驾车型不符的；

（三）饮酒、服用国家管制的精神药品或者麻醉药品、患有妨碍安全驾驶的疾病，或者过度疲劳仍继续驾驶的；

（四）学习驾驶人员没有教练人员随车指导单独驾驶的。

第一百零五条 机动车驾驶人有饮酒、醉酒、服用国家管制的精神药品或者麻醉药品嫌疑的，应当接受测试、检验。

第一百零六条 公路客运载客汽车超过核定乘员、载货汽车超过核定载质量的，公安机关交通管理部门依法扣留机动车后，驾驶人应当将超载的乘车人转运、将超载的货物卸载，费用由超载机动车的驾驶人或者所有人承担。

第一百零七条 依照道路交通安全法第九十二条、第九十五条、第九十六条、第九十八条的规定被扣留的机动车，驾驶人或者所有人、管理人30日内没有提供被扣留机动车的合法证明，没有补办相应手续，或者不前来接受处理，经公安机关交通管理部门通知并且经公告3个月仍不前来接受处理的，由公安机关交通管理部门将该机动车送交有资格的拍卖机构拍卖，所得价款上缴国库；非法拼装的机动车予以拆除；达到报废标准的机动车予以报废；机动车涉及其他违法犯罪行为的，移交有关部门处理。

第一百零八条 交通警察按照简易程序当场作出行政处罚的，应当告知当事人道路交通安全违法行为的事实、处罚的理由和依据，并将行政处罚决定书当场交付被处罚人。

第一百零九条 对道路交通安全违法行为人处以罚款或者暂扣驾驶证处罚的，由违法行为发生地的县级以上人民政府公安机关交通管理部门或者相当于同级的公安机关交通管理部门作出决定；对处以吊销机动车驾驶证处罚的，由设区的市人民政府公安机关交通管理部门或者相当于同级的公安机关交通管理部门作出决定。

公安机关交通管理部门对非本辖区机动车的道路交通安全违法行为没有当场处罚的，可以由机动车登记地的公安机关交通管理部门处罚。

第一百一十条 当事人对公安机关交通管理部门及其交通警察的处罚有权进行陈述和申辩，交通警察应当充分听取当事人的陈述和申辩，不得因当事人陈述、申辩而加重其处罚。

第八章 附 则

第一百一十一条 本条例所称上道路行驶的拖拉机，是指手扶拖拉机等最高设计行驶速度不超过每小时20公里的轮式拖拉机和最高设计行驶速度不超过每小时40公里、牵引挂车方可从事道路运输的轮式拖拉机。

第一百一十二条 农业（农业机械）主管部门应当定期向公安机关交通管理部门提供拖拉机登记、安全技术检验以及拖拉机驾驶证发放的资料、数据。公安机关交通管理部门对拖拉机驾驶人作出暂扣、吊销驾驶证处罚或者记分处理的，应当定期将处罚决定书和记分情况通报有关的农业（农业机械）主管部门。吊销驾驶证的，还应当将驾驶证送交有关的农业（农业机械）主管部门。

第一百一十三条 境外机动车入境行驶，应当向入境地的公安机关交通管理部门申请临时通行号牌、行驶证。临时通行号牌、行驶证应当根据行驶需要，载明有效日期和允许行驶的区域。

入境的境外机动车申请临时通行号牌、行驶证以及境外人员申请机动车驾驶许可的条件、考试办法由国务院公安部门规定。

第一百一十四条 机动车驾驶许可考试的收费标准，由国务院价格主管部门规定。

第一百一十五条 本条例自2004年5月1日起施行。1960年2月11日国务院批准、交通部发布的《机动车管理办法》，1988年3月9日国务院发布的《中华人民共和国道路交通管理条例》，1991年9月22日国务院发布的《道路交通事故处理办法》，同时废止。

公路安全保护条例

（2011年2月16日国务院第144次常务会议通过，2011年3月7日公布，自2011年7月1日起施行）

第一章　总　　则

第一条　为了加强公路保护，保障公路完好、安全和畅通，根据《中华人民共和国公路法》，制定本条例。

第二条　各级人民政府应当加强对公路保护工作的领导，依法履行公路保护职责。

第三条　国务院交通运输主管部门主管全国公路保护工作。

县级以上地方人民政府交通运输主管部门主管本行政区域的公路保护工作；但是，县级以上地方人民政府交通运输主管部门对国道、省道的保护职责，由省、自治区、直辖市人民政府确定。

公路管理机构依照本条例的规定具体负责公路保护的监督管理工作。

第四条　县级以上各级人民政府发展改革、工业和信息化、公安、工商、质检等部门按照职责分工，依法开展公路保护的相关工作。

第五条　县级以上各级人民政府应当将政府及其有关部门从事公路管理、养护所需经费以及公路管理机构行使公路行政管理职能所需经费纳入本级人民政府财政预算。但是，专用公路的公路保护经费除外。

第六条　县级以上各级人民政府交通运输主管部门应当综合考虑国家有关车辆技术标准、公路使用状况等因素，逐步提高公路建设、管理和养护水平，努力满足国民经济和社会发展以及人民群众生产、生活需要。

第七条　县级以上各级人民政府交通运输主管部门应当依照《中华人民共和国突发事件应对法》的规定，制定地震、泥石流、雨雪冰冻灾害等损毁公路的突发事件（以下简称公路突发事件）应急预案，报本级人民政府批准后实施。

公路管理机构、公路经营企业应当根据交通运输主管部门制定的公路突发事件应急预案，组建应急队伍，并定期组织应急演练。

第八条　国家建立健全公路突发事件应急物资储备保障制度，完善应急物资储备、调配体系，确保发生公路突发事件时能够满足应急处置工作的需要。

第九条　任何单位和个人不得破坏、损坏、非法占用或者非法利用公路、公路用地和公路附属设施。

第二章　公路线路

第十条　公路管理机构应当建立健全公路管理档案，对公路、公路用地和公路附属设施调查核实、登记造册。

第十一条　县级以上地方人民政府应当根据保障公路运行安全和节约用地的原则以及公路发展的需要，组织交通运输、国土资源等部门划定公路建筑控制区的范围。

公路建筑控制区的范围，从公路用地外缘起向外的距离标准为：

（一）国道不少于20米；

（二）省道不少于15米；

（三）县道不少于10米；

（四）乡道不少于5米。

属于高速公路的，公路建筑控制区的范围从公路用地外缘起向外的距离标准不少于30米。

公路弯道内侧、互通立交以及平面交叉

道口的建筑控制区范围根据安全视距等要求确定。

第十二条 新建、改建公路的建筑控制区的范围，应当自公路初步设计批准之日起30日内，由公路沿线县级以上地方人民政府依照本条例划定并公告。

公路建筑控制区与铁路线路安全保护区、航道保护范围、河道管理范围或者水工程管理和保护范围重叠的，经公路管理机构和铁路管理机构、航道管理机构、水行政主管部门或者流域管理机构协商后划定。

第十三条 在公路建筑控制区内，除公路保护需要外，禁止修建建筑物和地面构筑物；公路建筑控制区划定前已经合法修建的不得扩建，因公路建设或者保障公路运行安全等原因需要拆除的应当依法给予补偿。

在公路建筑控制区外修建的建筑物、地面构筑物以及其他设施不得遮挡公路标志，不得妨碍安全视距。

第十四条 新建村镇、开发区、学校和货物集散地、大型商业网点、农贸市场等公共场所，与公路建筑控制区边界外缘的距离应当符合下列标准，并尽可能在公路一侧建设：

（一）国道、省道不少于50米；

（二）县道、乡道不少于20米。

第十五条 新建、改建公路与既有城市道路、铁路、通信等线路交叉或者新建、改建城市道路、铁路、通信等线路与既有公路交叉的，建设费用由新建、改建单位承担；城市道路、铁路、通信等线路的管理部门、单位或者公路管理机构要求提高既有建设标准而增加的费用，由提出要求的部门或者单位承担。

需要改变既有公路与城市道路、铁路、通信等线路交叉方式的，按照公平合理的原则分担建设费用。

第十六条 禁止将公路作为检验车辆制动性能的试车场地。

禁止在公路、公路用地范围内摆摊设点、堆放物品、倾倒垃圾、设置障碍、挖沟引水、打场晒粮、种植作物、放养牲畜、采石、取土、采空作业、焚烧物品、利用公路边沟排放污物或者进行其他损坏、污染公路和影响公路畅通的行为。

第十七条 禁止在下列范围内从事采矿、采石、取土、爆破作业等危及公路、公路桥梁、公路隧道、公路渡口安全的活动：

（一）国道、省道、县道的公路用地外缘起向外100米，乡道的公路用地外缘起向外50米；

（二）公路渡口和中型以上公路桥梁周围200米；

（三）公路隧道上方和洞口外100米。

在前款规定的范围内，因抢险、防汛需要修筑堤坝、压缩或者拓宽河床的，应当经省、自治区、直辖市人民政府交通运输主管部门会同水行政主管部门或者流域管理机构批准，并采取安全防护措施方可进行。

第十八条 除按照国家有关规定设立的为车辆补充燃料的场所、设施外，禁止在下列范围内设立生产、储存、销售易燃、易爆、剧毒、放射性等危险物品的场所、设施：

（一）公路用地外缘起向外100米；

（二）公路渡口和中型以上公路桥梁周围200米；

（三）公路隧道上方和洞口外100米。

第十九条 禁止擅自在中型以上公路桥梁跨越的河道上下游各1000米范围内抽取地下水、架设浮桥以及修建其他危及公路桥梁安全的设施。

在前款规定的范围内，确需进行抽取地下水、架设浮桥等活动的，应当经水行政主管部门、流域管理机构等有关单位会同公路管理机构批准，并采取安全防护措施方可进行。

第二十条 禁止在公路桥梁跨越的河道上下游的下列范围内采砂：

（一）特大型公路桥梁跨越的河道上游500米，下游3000米；

（二）大型公路桥梁跨越的河道上游500米，下游2000米；

（三）中小型公路桥梁跨越的河道上游500米，下游1000米。

第二十一条　在公路桥梁跨越的河道上下游各500米范围内依法进行疏浚作业的，应当符合公路桥梁安全要求，经公路管理机构确认安全方可作业。

第二十二条　禁止利用公路桥梁进行牵拉、吊装等危及公路桥梁安全的施工作业。

禁止利用公路桥梁（含桥下空间）、公路隧道、涵洞堆放物品，搭建设施以及铺设高压电线和输送易燃、易爆或者其他有毒有害气体、液体的管道。

第二十三条　公路桥梁跨越航道的，建设单位应当按照国家有关规定设置桥梁航标、桥柱标、桥梁水尺标，并按照国家标准、行业标准设置桥区水上航标和桥墩防撞装置。桥区水上航标由航标管理机构负责维护。

通过公路桥梁的船舶应当符合公路桥梁通航净空要求，严格遵守航行规则，不得在公路桥梁下停泊或者系缆。

第二十四条　重要的公路桥梁和公路隧道按照《中华人民共和国人民武装警察法》和国务院、中央军委的有关规定由中国人民武装警察部队守护。

第二十五条　禁止损坏、擅自移动、涂改、遮挡公路附属设施或者利用公路附属设施架设管道、悬挂物品。

第二十六条　禁止破坏公路、公路用地范围内的绿化物。需要更新采伐护路林的，应当向公路管理机构提出申请，经批准方可更新采伐，并及时补种；不能及时补种的，应当交纳补种所需费用，由公路管理机构代为补种。

第二十七条　进行下列涉路施工活动，建设单位应当向公路管理机构提出申请：

（一）因修建铁路、机场、供电、水利、通信等建设工程需要占用、挖掘公路、公路用地或者使公路改线；

（二）跨越、穿越公路修建桥梁、渡槽或者架设、埋设管道、电缆等设施；

（三）在公路用地范围内架设、埋设管道、电缆等设施；

（四）利用公路桥梁、公路隧道、涵洞铺设电缆等设施；

（五）利用跨越公路的设施悬挂非公路标志；

（六）在公路上增设或者改造平面交叉道口；

（七）在公路建筑控制区内埋设管道、电缆等设施。

第二十八条　申请进行涉路施工活动的建设单位应当向公路管理机构提交下列材料：

（一）符合有关技术标准、规范要求的设计和施工方案；

（二）保障公路、公路附属设施质量和安全的技术评价报告；

（三）处置施工险情和意外事故的应急方案。

公路管理机构应当自受理申请之日起20日内作出许可或者不予许可的决定；影响交通安全的，应当征得公安机关交通管理部门的同意；涉及经营性公路的，应当征求公路经营企业的意见；不予许可的，公路管理机构应当书面通知申请人并说明理由。

第二十九条　建设单位应当按照许可的设计和施工方案进行施工作业，并落实保障公路、公路附属设施质量和安全的防护措施。

涉路施工完毕，公路管理机构应当对公路、公路附属设施是否达到规定的技术标准以及施工是否符合保障公路、公路附属设施质量和安全的要求进行验收；影响交通安全的，还应当经公安机关交通管理部门验收。

涉路工程设施的所有人、管理人应当加强维护和管理，确保工程设施不影响公路的完好、安全和畅通。

第三章 公路通行

第三十条 车辆的外廓尺寸、轴荷和总质量应当符合国家有关车辆外廓尺寸、轴荷、质量限值等机动车安全技术标准，不符合标准的不得生产、销售。

第三十一条 公安机关交通管理部门办理车辆登记，应当当场查验，对不符合机动车国家安全技术标准的车辆不予登记。

第三十二条 运输不可解体物品需要改装车辆的，应当由具有相应资质的车辆生产企业按照规定的车型和技术参数进行改装。

第三十三条 超过公路、公路桥梁、公路隧道限载、限高、限宽、限长标准的车辆，不得在公路、公路桥梁或者公路隧道行驶；超过汽车渡船限载、限高、限宽、限长标准的车辆，不得使用汽车渡船。

公路、公路桥梁、公路隧道限载、限高、限宽、限长标准调整的，公路管理机构、公路经营企业应当及时变更限载、限高、限宽、限长标志；需要绕行的，还应当标明绕行路线。

第三十四条 县级人民政府交通运输主管部门或者乡级人民政府可以根据保护乡道、村道的需要，在乡道、村道的出入口设置必要的限高、限宽设施，但是不得影响消防和卫生急救等应急通行需要，不得向通行车辆收费。

第三十五条 车辆载运不可解体物品，车货总体的外廓尺寸或者总质量超过公路、公路桥梁、公路隧道的限载、限高、限宽、限长标准，确需在公路、公路桥梁、公路隧道行驶的，从事运输的单位和个人应当向公路管理机构申请公路超限运输许可。

第三十六条 申请公路超限运输许可按照下列规定办理：

（一）跨省、自治区、直辖市进行超限运输的，向公路沿线各省、自治区、直辖市公路管理机构提出申请，由起运地省、自治区、直辖市公路管理机构统一受理，并协调公路沿线各省、自治区、直辖市公路管理机构对超限运输申请进行审批，必要时可以由国务院交通运输主管部门统一协调处理；

（二）在省、自治区范围内跨设区的市进行超限运输，或者在直辖市范围内跨区、县进行超限运输的，向省、自治区、直辖市公路管理机构提出申请，由省、自治区、直辖市公路管理机构受理并审批；

（三）在设区的市范围内跨区、县进行超限运输的，向设区的市公路管理机构提出申请，由设区的市公路管理机构受理并审批；

（四）在区、县范围内进行超限运输的，向区、县公路管理机构提出申请，由区、县公路管理机构受理并审批。

公路超限运输影响交通安全的，公路管理机构在审批超限运输申请时，应当征求公安机关交通管理部门意见。

第三十七条 公路管理机构审批超限运输申请，应当根据实际情况勘测通行路线，需要采取加固、改造措施的，可以与申请人签订有关协议，制定相应的加固、改造方案。

公路管理机构应当根据其制定的加固、改造方案，对通行的公路桥梁、涵洞等设施进行加固、改造；必要时应当对超限运输车辆进行监管。

第三十八条 公路管理机构批准超限运输申请的，应当为超限运输车辆配发国务院交通运输主管部门规定式样的超限运输车辆通行证。

经批准进行超限运输的车辆，应当随车携带超限运输车辆通行证，按照指定的时间、路线和速度行驶，并悬挂明显标志。

禁止租借、转让超限运输车辆通行证。禁止使用伪造、变造的超限运输车辆通行证。

第三十九条 经省、自治区、直辖市人民政府批准，有关交通运输主管部门可以设立固定超限检测站点，配备必要的设备和人员。

固定超限检测站点应当规范执法，并公布监督电话。公路管理机构应当加强对固定超限检测站点的管理。

第四十条　公路管理机构在监督检查中发现车辆超过公路、公路桥梁、公路隧道或者汽车渡船的限载、限高、限宽、限长标准的，应当就近引导至固定超限检测站点进行处理。

车辆应当按照超限检测指示标志或者公路管理机构监督检查人员的指挥接受超限检测，不得故意堵塞固定超限检测站点通行车道、强行通过固定超限检测站点或者以其他方式扰乱超限检测秩序，不得采取短途驳载等方式逃避超限检测。

禁止通过引路绕行等方式为不符合国家有关载运标准的车辆逃避超限检测提供便利。

第四十一条　煤炭、水泥等货物集散地以及货运站等场所的经营人、管理人应当采取有效措施，防止不符合国家有关载运标准的车辆出场（站）。

道路运输管理机构应当加强对煤炭、水泥等货物集散地以及货运站等场所的监督检查，制止不符合国家有关载运标准的车辆出场（站）。

任何单位和个人不得指使、强令车辆驾驶人超限运输货物，不得阻碍道路运输管理机构依法进行监督检查。

第四十二条　载运易燃、易爆、剧毒、放射性等危险物品的车辆，应当符合国家有关安全管理规定，并避免通过特大型公路桥梁或者特长公路隧道；确需通过特大型公路桥梁或者特长公路隧道的，负责审批易燃、易爆、剧毒、放射性等危险物品运输许可的机关应当提前将行驶时间、路线通知特大型公路桥梁或者特长公路隧道的管理单位，并对在特大型公路桥梁或者特长公路隧道行驶的车辆进行现场监管。

第四十三条　车辆应当规范装载，装载物不得触地拖行。车辆装载物易掉落、遗洒或者飘散的，应当采取厢式密闭等有效防护措施方可在公路上行驶。

公路上行驶车辆的装载物掉落、遗洒或者飘散的，车辆驾驶人、押运人员应当及时采取措施处理；无法处理的，应当在掉落、遗洒或者飘散物来车方向适当距离外设置警示标志，并迅速报告公路管理机构或者公安机关交通管理部门。其他人员发现公路上有影响交通安全的障碍物的，也应当及时报告公路管理机构或者公安机关交通管理部门。公安机关交通管理部门应当责令改正车辆装载物掉落、遗洒、飘散等违法行为；公路管理机构、公路经营企业应当及时清除掉落、遗洒、飘散在公路上的障碍物。

车辆装载物掉落、遗洒、飘散后，车辆驾驶人、押运人员未及时采取措施处理，造成他人人身、财产损害的，道路运输企业、车辆驾驶人应当依法承担赔偿责任。

第四章　公路养护

第四十四条　公路管理机构、公路经营企业应当加强公路养护，保证公路经常处于良好技术状态。

前款所称良好技术状态，是指公路自身的物理状态符合有关技术标准的要求，包括路面平整，路肩、边坡平顺，有关设施完好。

第四十五条　公路养护应当按照国务院交通运输主管部门规定的技术规范和操作规程实施作业。

第四十六条　从事公路养护作业的单位应当具备下列资质条件：

（一）有一定数量的符合要求的技术人员；

（二）有与公路养护作业相适应的技术设备；

（三）有与公路养护作业相适应的作业经历；

（四）国务院交通运输主管部门规定的其他条件。

公路养护作业单位资质管理办法由国务院交通运输主管部门另行制定。

第四十七条　公路管理机构、公路经营企业应当按照国务院交通运输主管部门的规定对公路进行巡查，并制作巡查记录；发现公路坍塌、坑槽、隆起等损毁的，应当及时设置警示标志，并采取措施修复。

公安机关交通管理部门发现公路坍塌、坑槽、隆起等损毁，危及交通安全的，应当及时采取措施，疏导交通，并通知公路管理机构或者公路经营企业。

其他人员发现公路坍塌、坑槽、隆起等损毁的，应当及时向公路管理机构、公安机关交通管理部门报告。

第四十八条　公路管理机构、公路经营企业应当定期对公路、公路桥梁、公路隧道进行检测和评定，保证其技术状态符合有关技术标准；对经检测发现不符合车辆通行安全要求的，应当进行维修，及时向社会公告，并通知公安机关交通管理部门。

第四十九条　公路管理机构、公路经营企业应当定期检查公路隧道的排水、通风、照明、监控、报警、消防、救助等设施，保持设施处于完好状态。

第五十条　公路管理机构应当统筹安排公路养护作业计划，避免集中进行公路养护作业造成交通堵塞。

在省、自治区、直辖市交界区域进行公路养护作业，可能造成交通堵塞的，有关公路管理机构、公安机关交通管理部门应当事先书面通报相邻的省、自治区、直辖市公路管理机构、公安机关交通管理部门，共同制定疏导预案，确定分流路线。

第五十一条　公路养护作业需要封闭公路的，或者占用半幅公路进行作业，作业路段长度在2公里以上，并且作业期限超过30日的，除紧急情况外，公路养护作业单位应当在作业开始之日前5日向社会公告，明确绕行路线，并在绕行处设置标志；不能绕行的，应当修建临时道路。

第五十二条　公路养护作业人员作业时，应当穿着统一的安全标志服。公路养护车辆、机械设备作业时，应当设置明显的作业标志，开启危险报警闪光灯。

第五十三条　发生公路突发事件影响通行的，公路管理机构、公路经营企业应当及时修复公路、恢复通行。设区的市级以上人民政府交通运输主管部门应当根据修复公路、恢复通行的需要，及时调集抢修力量，统筹安排有关作业计划，下达路网调度指令，配合有关部门组织绕行、分流。

设区的市级以上公路管理机构应当按照国务院交通运输主管部门的规定收集、汇总公路损毁、公路交通流量等信息，开展公路突发事件的监测、预报和预警工作，并利用多种方式及时向社会发布有关公路运行信息。

第五十四条　中国人民武装警察交通部队按照国家有关规定承担公路、公路桥梁、公路隧道等设施的抢修任务。

第五十五条　公路永久性停止使用的，应当按照国务院交通运输主管部门规定的程序核准后作报废处理，并向社会公告。

公路报废后的土地使用管理依照有关土地管理的法律、行政法规执行。

第五章　法律责任

第五十六条　违反本条例的规定，有下列情形之一的，由公路管理机构责令限期拆除，可以处5万元以下的罚款。逾期不拆除的，由公路管理机构拆除，有关费用由违法行为人承担：

（一）在公路建筑控制区内修建、扩建建筑物、地面构筑物或者未经许可埋设管道、电缆等设施的；

（二）在公路建筑控制区外修建的建筑物、地面构筑物以及其他设施遮挡公路标志或者妨碍安全视距的。

第五十七条　违反本条例第十八条、第十九条、第二十三条规定的，由安全生产监督管理部门、水行政主管部门、流域管理机构、海事管理机构等有关单位依法处理。

第五十八条　违反本条例第二十条规定的，由水行政主管部门或者流域管理机构责令改正，可以处3万元以下的罚款。

第五十九条　违反本条例第二十二条规定的，由公路管理机构责令改正，处2万元以上10万元以下的罚款。

第六十条　违反本条例的规定，有下列行为之一的，由公路管理机构责令改正，可以处3万元以下的罚款：

（一）损坏、擅自移动、涂改、遮挡公路附属设施或者利用公路附属设施架设管道、悬挂物品，可能危及公路安全的；

（二）涉路工程设施影响公路完好、安全和畅通的。

第六十一条　违反本条例的规定，未经批准更新采伐护路林的，由公路管理机构责令补种，没收违法所得，并处采伐林木价值3倍以上5倍以下的罚款。

第六十二条　违反本条例的规定，未经许可进行本条例第二十七条第一项至第五项规定的涉路施工活动的，由公路管理机构责令改正，可以处3万元以下的罚款；未经许可进行本条例第二十七条第六项规定的涉路施工活动的，由公路管理机构责令改正，处5万元以下的罚款。

第六十三条　违反本条例的规定，非法生产、销售外廓尺寸、轴荷、总质量不符合国家有关车辆外廓尺寸、轴荷、质量限值等机动车安全技术标准的车辆的，依照《中华人民共和国道路交通安全法》的有关规定处罚。

具有国家规定资质的车辆生产企业未按照规定车型和技术参数改装车辆的，由原发证机关责令改正，处4万元以上20万元以下的罚款；拒不改正的，吊销其资质证书。

第六十四条　违反本条例的规定，在公路上行驶的车辆，车货总体的外廓尺寸、轴荷或者总质量超过公路、公路桥梁、公路隧道、汽车渡船限定标准的，由公路管理机构责令改正，可以处3万元以下的罚款。

第六十五条　违反本条例的规定，经批准进行超限运输的车辆，未按照指定时间、路线和速度行驶的，由公路管理机构或者公安机关交通管理部门责令改正；拒不改正的，公路管理机构或者公安机关交通管理部门可以扣留车辆。

未随车携带超限运输车辆通行证的，由公路管理机构扣留车辆，责令车辆驾驶人提供超限运输车辆通行证或者相应的证明。

租借、转让超限运输车辆通行证的，由公路管理机构没收超限运输车辆通行证，处1000元以上5000元以下的罚款。使用伪造、变造的超限运输车辆通行证的，由公路管理机构没收伪造、变造的超限运输车辆通行证，处3万元以下的罚款。

第六十六条　对1年内违法超限运输超过3次的货运车辆，由道路运输管理机构吊销其车辆营运证；对1年内违法超限运输超过3次的货运车辆驾驶人，由道路运输管理机构责令其停止从事营业性运输；道路运输企业1年内违法超限运输的货运车辆超过本单位货运车辆总数10%的，由道路运输管理机构责令道路运输企业停业整顿；情节严重的，吊销其道路运输经营许可证，并向社会公告。

第六十七条　违反本条例的规定，有下列行为之一的，由公路管理机构强制拖离或者扣留车辆，处3万元以下的罚款：

（一）采取故意堵塞固定超限检测站点通行车道、强行通过固定超限检测站点等方式扰乱超限检测秩序的；

（二）采取短途驳载等方式逃避超限检测的。

第六十八条　违反本条例的规定，指使、强令车辆驾驶人超限运输货物的，由道路运输管理机构责令改正，处3万元以下的罚款。

第六十九条　车辆装载物触地拖行、掉落、遗洒或者飘散，造成公路路面损坏、污染的，由公路管理机构责令改正，处5000元以下的罚款。

第七十条　违反本条例的规定，公路养护作业单位未按照国务院交通运输主管部门规定的技术规范和操作规程进行公路养护作业的，由公路管理机构责令改正，处1万元以上5万元以下的罚款；拒不改正的，吊销其资质证书。

第七十一条　造成公路、公路附属设施损坏的单位和个人应当立即报告公路管理机构，接受公路管理机构的现场调查处理；危及交通安全的，还应当设置警示标志或者采取其他安全防护措施，并迅速报告公安机关交通管理部门。

发生交通事故造成公路、公路附属设施损坏的，公安机关交通管理部门在处理交通事故时应当及时通知有关公路管理机构到场调查处理。

第七十二条　造成公路、公路附属设施损坏，拒不接受公路管理机构现场调查处理的，公路管理机构可以扣留车辆、工具。

公路管理机构扣留车辆、工具的，应当当场出具凭证，并告知当事人在规定期限内到公路管理机构接受处理。逾期不接受处理，并且经公告3个月仍不来接受处理的，对扣留的车辆、工具，由公路管理机构依法处理。

公路管理机构对被扣留的车辆、工具应当妥善保管，不得使用。

第七十三条　违反本条例的规定，公路管理机构工作人员有下列行为之一的，依法给予处分：

（一）违法实施行政许可的；

（二）违反规定拦截、检查正常行驶的车辆的；

（三）未及时采取措施处理公路坍塌、坑槽、隆起等损毁的；

（四）违法扣留车辆、工具或者使用依法扣留的车辆、工具的；

（五）有其他玩忽职守、徇私舞弊、滥用职权行为的。

公路管理机构有前款所列行为之一的，对负有直接责任的主管人员和其他直接责任人员依法给予处分。

第七十四条　违反本条例的规定，构成违反治安管理行为的，由公安机关依法给予治安管理处罚；构成犯罪的，依法追究刑事责任。

第六章　附　　则

第七十五条　村道的管理和养护工作，由乡级人民政府参照本条例的规定执行。

专用公路的保护不适用本条例。

第七十六条　军事运输使用公路按照国务院、中央军事委员会的有关规定执行。

第七十七条　本条例自2011年7月1日起施行。1987年10月13日国务院发布的《中华人民共和国公路管理条例》同时废止。

校车安全管理条例

（2012年3月28日国务院第197次常务会议通过，2012年4月5日公布，自公布之日起施行）

第一章　总　　则

第一条　为了加强校车安全管理，保障乘坐校车学生的人身安全，制定本条例。

第二条　本条例所称校车，是指依照本条例取得使用许可，用于接送接受义务教育的学生上下学的7座以上的载客汽车。

接送小学生的校车应当是按照专用校车国家标准设计和制造的小学生专用校车。

第三条　县级以上地方人民政府应当根据本行政区域的学生数量和分布状况等因素，依法制定、调整学校设置规划，保障学生就近入学或者在寄宿制学校入学，减少学生上下学的交通风险。实施义务教育的学校及其教学点的设置、调整，应当充分听取学生家长等有关方面的意见。

县级以上地方人民政府应当采取措施，发展城市和农村的公共交通，合理规划、设置公共交通线路和站点，为需要乘车上下学的学生提供方便。

对确实难以保障就近入学，并且公共交通不能满足学生上下学需要的农村地区，县级以上地方人民政府应当采取措施，保障接受义务教育的学生获得校车服务。

国家建立多渠道筹措校车经费的机制，并通过财政资助、税收优惠、鼓励社会捐赠等多种方式，按照规定支持使用校车接送学生的服务。支持校车服务所需的财政资金由中央财政和地方财政分担，具体办法由国务院财政部门制定。支持校车服务的税收优惠办法，依照法律、行政法规规定的税收管理权限制定。

第四条　国务院教育、公安、交通运输以及工业和信息化、质量监督检验检疫、安全生产监督管理等部门依照法律、行政法规和国务院的规定，负责校车安全管理的有关工作。国务院教育、公安部门会同国务院有关部门建立校车安全管理工作协调机制，统筹协调校车安全管理工作中的重大事项，共同做好校车安全管理工作。

第五条　县级以上地方人民政府对本行政区域的校车安全管理工作负总责，组织有关部门制定并实施与当地经济发展水平和校车服务需求相适应的校车服务方案，统一领导、组织、协调有关部门履行校车安全管理职责。

县级以上地方人民政府教育、公安、交通运输、安全生产监督管理等有关部门依照本条例以及本级人民政府的规定，履行校车安全管理的相关职责。有关部门应当建立健全校车安全管理信息共享机制。

第六条　国务院标准化主管部门会同国务院工业和信息化、公安、交通运输等部门，按照保障安全、经济适用的要求，制定并及时修订校车安全国家标准。

生产校车的企业应当建立健全产品质量保证体系，保证所生产（包括改装，下同）的校车符合校车安全国家标准；不符合标准的，不得出厂、销售。

第七条　保障学生上下学交通安全是政府、学校、社会和家庭的共同责任。社会各方面应当为校车通行提供便利，协助保障校车通行安全。

第八条　县级和设区的市级人民政府教育、公安、交通运输、安全生产监督管理部门应当设立并公布举报电话、举报网络平台，方便群众举报违反校车安全管理规定的行为。

接到举报的部门应当及时依法处理；对不属于本部门管理职责的举报，应当及时移送有关部门处理。

第二章　学校和校车服务提供者

第九条　学校可以配备校车。依法设立的道路旅客运输经营企业、城市公共交通企业，以及根据县级以上地方人民政府规定设立的校车运营单位，可以提供校车服务。

县级以上地方人民政府根据本地区实际情况，可以制定管理办法，组织依法取得道路旅客运输经营许可的个体经营者提供校车服务。

第十条　配备校车的学校和校车服务提供者应当建立健全校车安全管理制度，配备安全管理人员，加强校车的安全维护，定期对校车驾驶人进行安全教育，组织校车驾驶人学习道路交通安全法律法规以及安全防范、应急处置和应急救援知识，保障学生乘坐校车安全。

第十一条 由校车服务提供者提供校车服务的，学校应当与校车服务提供者签订校车安全管理责任书，明确各自的安全管理责任，落实校车运行安全管理措施。

学校应当将校车安全管理责任书报县级或者设区的市级人民政府教育行政部门备案。

第十二条 学校应当对教师、学生及其监护人进行交通安全教育，向学生讲解校车安全乘坐知识和校车安全事故应急处理技能，并定期组织校车安全事故应急处理演练。

学生的监护人应当履行监护义务，配合学校或者校车服务提供者的校车安全管理工作。学生的监护人应当拒绝使用不符合安全要求的车辆接送学生上下学。

第十三条 县级以上地方人民政府教育行政部门应当指导、监督学校建立健全校车安全管理制度，落实校车安全管理责任，组织学校开展交通安全教育。公安机关交通管理部门应当配合教育行政部门组织学校开展交通安全教育。

第三章 校车使用许可

第十四条 使用校车应当依照本条例的规定取得许可。

取得校车使用许可应当符合下列条件：

（一）车辆符合校车安全国家标准，取得机动车检验合格证明，并已经在公安机关交通管理部门办理注册登记；

（二）有取得校车驾驶资格的驾驶人；

（三）有包括行驶线路、开行时间和停靠站点的合理可行的校车运行方案；

（四）有健全的安全管理制度；

（五）已经投保机动车承运人责任保险。

第十五条 学校或者校车服务提供者申请取得校车使用许可，应当向县级或者设区的市级人民政府教育行政部门提交书面申请和证明其符合本条例第十四条规定条件的材料。教育行政部门应当自收到申请材料之日起3个工作日内，分别送同级公安机关交通管理部门、交通运输部门征求意见，公安机关交通管理部门和交通运输部门应当在3个工作日内回复意见。教育行政部门应当自收到回复意见之日起5个工作日内提出审查意见，报本级人民政府。本级人民政府决定批准的，由公安机关交通管理部门发给校车标牌，并在机动车行驶证上签注校车类型和核载人数；不予批准的，书面说明理由。

第十六条 校车标牌应当载明本车的号牌号码、车辆的所有人、驾驶人、行驶线路、开行时间、停靠站点以及校车标牌发牌单位、有效期等事项。

第十七条 取得校车标牌的车辆应当配备统一的校车标志灯和停车指示标志。

校车未运载学生上道路行驶的，不得使用校车标牌、校车标志灯和停车指示标志。

第十八条 禁止使用未取得校车标牌的车辆提供校车服务。

第十九条 取得校车标牌的车辆达到报废标准或者不再作为校车使用的，学校或者校车服务提供者应当将校车标牌交回公安机关交通管理部门。

第二十条 校车应当每半年进行一次机动车安全技术检验。

第二十一条 校车应当配备逃生锤、干粉灭火器、急救箱等安全设备。安全设备应当放置在便于取用的位置，并确保性能良好、有效适用。

校车应当按照规定配备具有行驶记录功能的卫星定位装置。

第二十二条 配备校车的学校和校车服务提供者应当按照国家规定做好校车的安全维护，建立安全维护档案，保证校车处于良好技术状态。不符合安全技术条件的校车，应当停运维修，消除安全隐患。

校车应当由依法取得相应资质的维修企

业维修。承接校车维修业务的企业应当按照规定的维修技术规范维修校车，并按照国务院交通运输主管部门的规定对所维修的校车实行质量保证期制度，在质量保证期内对校车的维修质量负责。

第四章　校车驾驶人

第二十三条　校车驾驶人应当依照本条例的规定取得校车驾驶资格。

取得校车驾驶资格应当符合下列条件：

（一）取得相应准驾车型驾驶证并具有3年以上驾驶经历，年龄在25周岁以上、不超过60周岁；

（二）最近连续3个记分周期内没有被记满分记录；

（三）无致人死亡或者重伤的交通事故责任记录；

（四）无饮酒后驾驶或者醉酒驾驶机动车记录，最近1年内无驾驶客运车辆超员、超速等严重交通违法行为记录；

（五）无犯罪记录；

（六）身心健康，无传染性疾病，无癫痫、精神病等可能危及行车安全的疾病病史，无酗酒、吸毒行为记录。

第二十四条　机动车驾驶人申请取得校车驾驶资格，应当向县级或者设区的市级人民政府公安机关交通管理部门提交书面申请和证明其符合本条例第二十三条规定条件的材料。公安机关交通管理部门应当自收到申请材料之日起5个工作日内审查完毕，对符合条件的，在机动车驾驶证上签注准许驾驶校车；不符合条件的，书面说明理由。

第二十五条　机动车驾驶人未取得校车驾驶资格，不得驾驶校车。禁止聘用未取得校车驾驶资格的机动车驾驶人驾驶校车。

第二十六条　校车驾驶人应当每年接受公安机关交通管理部门的审验。

第二十七条　校车驾驶人应当遵守道路交通安全法律法规，严格按照机动车道路通行规则和驾驶操作规范安全驾驶、文明驾驶。

第五章　校车通行安全

第二十八条　校车行驶线路应当尽量避开急弯、陡坡、临崖、临水的危险路段；确实无法避开的，道路或者交通设施的管理、养护单位应当按照标准对上述危险路段设置安全防护设施、限速标志、警告标牌。

第二十九条　校车经过的道路出现不符合安全通行条件的状况或者存在交通安全隐患的，当地人民政府应当组织有关部门及时改善道路安全通行条件、消除安全隐患。

第三十条　校车运载学生，应当按照国务院公安部门规定的位置放置校车标牌，开启校车标志灯。

校车运载学生，应当按照经审核确定的线路行驶，遇有交通管制、道路施工以及自然灾害、恶劣气象条件或者重大交通事故等影响道路通行情形的除外。

第三十一条　公安机关交通管理部门应当加强对校车行驶线路的道路交通秩序管理。遇交通拥堵的，交通警察应当指挥疏导运载学生的校车优先通行。

校车运载学生，可以在公共交通专用车道以及其他禁止社会车辆通行但允许公共交通车辆通行的路段行驶。

第三十二条　校车上下学生，应当在校车停靠站点停靠；未设校车停靠站点的路段可以在公共交通站台停靠。

道路或者交通设施的管理、养护单位应当按照标准设置校车停靠站点预告标识和校车停靠站点标牌，施划校车停靠站点标线。

第三十三条　校车在道路上停车上下学生，应当靠道路右侧停靠，开启危险报警闪光灯，打开停车指示标志。校车在同方向只有一条机动车道的道路上停靠时，后方车辆应当停车等待，不得超越。校车在同方向有两条以上机动车道的道路上停靠时，校车停靠车道后方和相邻机动车道上的机动车应当停车等待，其他机动车道上的机动车应当减速通过。校车后方停车等待的机动车不得鸣喇叭或者使用灯光催促校车。

第三十四条 校车载人不得超过核定的人数，不得以任何理由超员。

学校和校车服务提供者不得要求校车驾驶人超员、超速驾驶校车。

第三十五条 载有学生的校车在高速公路上行驶的最高时速不得超过80公里，在其他道路上行驶的最高时速不得超过60公里。

道路交通安全法律法规规定或者道路上限速标志、标线标明的最高时速低于前款规定的，从其规定。

载有学生的校车在急弯、陡坡、窄路、窄桥以及冰雪、泥泞的道路上行驶，或者遇有雾、雨、雪、沙尘、冰雹等低能见度气象条件时，最高时速不得超过20公里。

第三十六条 交通警察对违反道路交通安全法律法规的校车，可以在消除违法行为的前提下先予放行，待校车完成接送学生任务后再对校车驾驶人进行处罚。

第三十七条 公安机关交通管理部门应当加强对校车运行情况的监督检查，依法查处校车道路交通安全违法行为，定期将校车驾驶人的道路交通安全违法行为和交通事故信息抄送其所属单位和教育行政部门。

第六章 校车乘车安全

第三十八条 配备校车的学校、校车服务提供者应当指派照管人员随校车全程照管乘车学生。校车服务提供者为学校提供校车服务的，双方可以约定由学校指派随车照管人员。

学校和校车服务提供者应当定期对随车照管人员进行安全教育，组织随车照管人员学习道路交通安全法律法规、应急处置和应急救援知识。

第三十九条 随车照管人员应当履行下列职责：

（一）学生上下车时，在车下引导、指挥，维护上下车秩序；

（二）发现驾驶人无校车驾驶资格，饮酒、醉酒后驾驶，或者身体严重不适以及校车超员等明显妨碍行车安全情形的，制止校车开行；

（三）清点乘车学生人数，帮助、指导学生安全落座、系好安全带，确认车门关闭后示意驾驶人启动校车；

（四）制止学生在校车行驶过程中离开座位等危险行为；

（五）核实学生下车人数，确认乘车学生已经全部离车后本人方可离车。

第四十条 校车的副驾驶座位不得安排学生乘坐。

校车运载学生过程中，禁止除驾驶人、随车照管人员以外的人员乘坐。

第四十一条 校车驾驶人驾驶校车上道路行驶前，应当对校车的制动、转向、外部照明、轮胎、安全门、座椅、安全带等车况是否符合安全技术要求进行检查，不得驾驶存在安全隐患的校车上道路行驶。

校车驾驶人不得在校车载有学生时给车辆加油，不得在校车发动机引擎熄灭前离开驾驶座位。

第四十二条 校车发生交通事故，驾驶人、随车照管人员应当立即报警，设置警示标志。乘车学生继续留在校车内有危险的，随车照管人员应当将学生撤离到安全区域，并及时与学校、校车服务提供者、学生的监护人联系处理后续事宜。

第七章 法律责任

第四十三条 生产、销售不符合校车安全国家标准的校车的，依照道路交通安全、产品质量管理的法律、行政法规的规定处罚。

第四十四条 使用拼装或者达到报废标准的机动车接送学生的，由公安机关交通管理部门收缴并强制报废机动车；对驾驶人处2000元以上5000元以下的罚款，吊销其机动车驾驶证；对车辆所有人处8万元以上10万元以下的罚款，有违法所得的予以没收。

第四十五条　使用未取得校车标牌的车辆提供校车服务，或者使用未取得校车驾驶资格的人员驾驶校车的，由公安机关交通管理部门扣留该机动车，处1万元以上2万元以下的罚款，有违法所得的予以没收。

取得道路运输经营许可的企业或者个体经营者有前款规定的违法行为，除依照前款规定处罚外，情节严重的，由交通运输主管部门吊销其经营许可证件。

伪造、变造或者使用伪造、变造的校车标牌的，由公安机关交通管理部门收缴伪造、变造的校车标牌，扣留该机动车，处2000元以上5000元以下的罚款。

第四十六条　不按照规定为校车配备安全设备，或者不按照规定对校车进行安全维护的，由公安机关交通管理部门责令改正，处1000元以上3000元以下的罚款。

第四十七条　机动车驾驶人未取得校车驾驶资格驾驶校车的，由公安机关交通管理部门处1000元以上3000元以下的罚款，情节严重的，可以并处吊销机动车驾驶证。

第四十八条　校车驾驶人有下列情形之一的，由公安机关交通管理部门责令改正，可以处200元罚款：

（一）驾驶校车运载学生，不按照规定放置校车标牌、开启校车标志灯，或者不按照经审核确定的线路行驶；

（二）校车上下学生，不按照规定在校车停靠站点停靠；

（三）校车未运载学生上道路行驶，使用校车标牌、校车标志灯和停车指示标志；

（四）驾驶校车上道路行驶前，未对校车车况是否符合安全技术要求进行检查，或者驾驶存在安全隐患的校车上道路行驶；

（五）在校车载有学生时给车辆加油，或者在校车发动机引擎熄灭前离开驾驶座位。

校车驾驶人违反道路交通安全法律法规关于道路通行规定的，由公安机关交通管理部门依法从重处罚。

第四十九条　校车驾驶人违反道路交通安全法律法规被依法处罚或者发生道路交通事故，不再符合本条例规定的校车驾驶人条件的，由公安机关交通管理部门取消校车驾驶资格，并在机动车驾驶证上签注。

第五十条　校车载人超过核定人数的，由公安机关交通管理部门扣留车辆至违法状态消除，并依照道路交通安全法律法规的规定从重处罚。

第五十一条　公安机关交通管理部门查处校车道路交通安全违法行为，依法扣留车辆的，应当通知相关学校或者校车服务提供者转运学生，并在违法状态消除后立即发还被扣留车辆。

第五十二条　机动车驾驶人违反本条例规定，不避让校车的，由公安机关交通管理部门处200元罚款。

第五十三条　未依照本条例规定指派照管人员随校车全程照管乘车学生的，由公安机关责令改正，可以处500元罚款。

随车照管人员未履行本条例规定的职责的，由学校或者校车服务提供者责令改正；拒不改正的，给予处分或者予以解聘。

第五十四条　取得校车使用许可的学校、校车服务提供者违反本条例规定，情节严重的，原作出许可决定的地方人民政府可以吊销其校车使用许可，由公安机关交通管理部门收回校车标牌。

第五十五条　学校违反本条例规定的，除依照本条例有关规定予以处罚外，由教育行政部门给予通报批评；导致发生学生伤亡事故的，对政府举办的学校的负有责任的领导人员和直接责任人员依法给予处分；对民办学校由审批机关责令暂停招生，情节严重的，吊销其办学许可证，并由教育行政部门责令负有责任的领导人员和直接责任人员5年内不得从事学校管理事务。

第五十六条 县级以上地方人民政府不依法履行校车安全管理职责，致使本行政区域发生校车安全重大事故的，对负有责任的领导人员和直接责任人员依法给予处分。

第五十七条 教育、公安、交通运输、工业和信息化、质量监督检验检疫、安全生产监督管理等有关部门及其工作人员不依法履行校车安全管理职责的，对负有责任的领导人员和直接责任人员依法给予处分。

第五十八条 违反本条例的规定，构成违反治安管理行为的，由公安机关依法给予治安管理处罚；构成犯罪的，依法追究刑事责任。

第五十九条 发生校车安全事故，造成人身伤亡或者财产损失的，依法承担赔偿责任。

第八章 附 则

第六十条 县级以上地方人民政府应当合理规划幼儿园布局，方便幼儿就近入园。

入园幼儿应当由监护人或者其委托的成年人接送。对确因特殊情况不能由监护人或者其委托的成年人接送，需要使用车辆集中接送的，应当使用按照专用校车国家标准设计和制造的幼儿专用校车，遵守本条例校车安全管理的规定。

第六十一条 省、自治区、直辖市人民政府应当结合本地区实际情况，制定本条例的实施办法。

第六十二条 本条例自公布之日起施行。

本条例施行前已经配备校车的学校和校车服务提供者及其聘用的校车驾驶人应当自本条例施行之日起90日内，依照本条例的规定申请取得校车使用许可、校车驾驶资格。

本条例施行后，用于接送小学生、幼儿的专用校车不能满足需求的，在省、自治区、直辖市人民政府规定的过渡期限内可以使用取得校车标牌的其他载客汽车。

城市道路管理条例

（1996年6月4日中华人民共和国国务院令第198号发布，根据2011年1月8日《国务院关于废止和修改部分行政法规的决定》第一次修订，根据2017年3月1日《国务院关于修改和废止部分行政法规的决定》第二次修订，根据2019年3月24日《国务院关于修改部分行政法规的决定》第三次修订）

第一章 总 则

第一条 为了加强城市道路管理，保障城市道路完好，充分发挥城市道路功能，促进城市经济和社会发展，制定本条例。

第二条 本条例所称城市道路，是指城市供车辆、行人通行的，具备一定技术条件的道路、桥梁及其附属设施。

第三条 本条例适用于城市道路规划、建设、养护、维修和路政管理。

第四条 城市道路管理实行统一规划、配套建设、协调发展和建设、养护、管理并重的原则。

第五条 国家鼓励和支持城市道路科学技术研究，推广先进技术，提高城市道路管理的科学技术水平。

第六条 国务院建设行政主管部门主管全国城市道路管理工作。

省、自治区人民政府城市建设行政主管部门主管本行政区域内的城市道路管理工作。

县级以上城市人民政府市政工程行政主管部门主管本行政区域内的城市道路管理工作。

第二章　规划和建设

第七条　县级以上城市人民政府应当组织市政工程、城市规划、公安交通等部门，根据城市总体规划编制城市道路发展规划。

市政工程行政主管部门应当根据城市道路发展规划，制定城市道路年度建设计划，经城市人民政府批准后实施。

第八条　城市道路建设资金可以按照国家有关规定，采取政府投资、集资、国内外贷款、国有土地有偿使用收入、发行债券等多种渠道筹集。

第九条　城市道路的建设应当符合城市道路技术规范。

第十条　政府投资建设城市道路的，应当根据城市道路发展规划和年度建设计划，由市政工程行政主管部门组织建设。

单位投资建设城市道路的，应当符合城市道路发展规划。

城市住宅小区、开发区内的道路建设，应当分别纳入住宅小区、开发区的开发建设计划配套建设。

第十一条　国家鼓励国内外企业和其他组织以及个人按照城市道路发展规划，投资建设城市道路。

第十二条　城市供水、排水、燃气、热力、供电、通信、消防等依附于城市道路的各种管线、杆线等设施的建设计划，应当与城市道路发展规划和年度建设计划相协调，坚持先地下、后地上的施工原则，与城市道路同步建设。

第十三条　新建的城市道路与铁路干线相交的，应当根据需要在城市规划中预留立体交通设施的建设位置。

城市道路与铁路相交的道口建设应当符合国家有关技术规范，并根据需要逐步建设立体交通设施。建设立体交通设施所需投资，按照国家规定由有关部门协商确定。

第十四条　建设跨越江河的桥梁和隧道，应当符合国家规定的防洪、通航标准和其他有关技术规范。

第十五条　县级以上城市人民政府应当有计划地按照城市道路技术规范改建、拓宽城市道路和公路的结合部，公路行政主管部门可以按照国家有关规定在资金上给予补助。

第十六条　承担城市道路设计、施工的单位，应当具有相应的资质等级，并按照资质等级承担相应的城市道路的设计、施工任务。

第十七条　城市道路的设计、施工，应当严格执行国家和地方规定的城市道路设计、施工的技术规范。

城市道路施工，实行工程质量监督制度。

城市道路工程竣工，经验收合格后，方可交付使用；未经验收或者验收不合格的，不得交付使用。

第十八条　城市道路实行工程质量保修制度。城市道路的保修期为1年，自交付使用之日起计算。保修期内出现工程质量问题，由有关责任单位负责保修。

第十九条　市政工程行政主管部门对利用贷款或者集资建设的大型桥梁、隧道等，可以在一定期限内向过往车辆（军用车辆除外）收取通行费，用于偿还贷款或者集资款，不得挪作他用。

收取通行费的范围和期限，由省、自治区、直辖市人民政府规定。

第三章　养护和维修

第二十条　市政工程行政主管部门对其组织建设和管理的城市道路，按照城市道路的等级、数量及养护和维修的定额，逐年核定养护、维修经费，统一安排养护、维修资金。

第二十一条　承担城市道路养护、维修的单位，应当严格执行城市道路养护、维修的技术规范，定期对城市道路进行养护、维修，确保养护、维修工程的质量。

市政工程行政主管部门负责对养护、维修工程的质量进行监督检查，保障城市道路完好。

第二十二条 市政工程行政主管部门组织建设和管理的道路，由其委托的城市道路养护、维修单位负责养护、维修。单位投资建设和管理的道路，由投资建设的单位或者其委托的单位负责养护、维修。城市住宅小区、开发区内的道路，由建设单位或者其委托的单位负责养护、维修。

第二十三条 设在城市道路上的各类管线的检查井、箱盖或者城市道路附属设施，应当符合城市道路养护规范。因缺损影响交通和安全时，有关产权单位应当及时补缺或者修复。

第二十四条 城市道路的养护、维修工程应当按照规定的期限修复竣工，并在养护、维修工程施工现场设置明显标志和安全防围设施，保障行人和交通车辆安全。

第二十五条 城市道路养护、维修的专用车辆应当使用统一标志；执行任务时，在保证交通安全畅通的情况下，不受行驶路线和行驶方向的限制。

第四章 路政管理

第二十六条 市政工程行政主管部门执行路政管理的人员执行公务，应当按照有关规定佩戴标志，持证上岗。

第二十七条 城市道路范围内禁止下列行为：

（一）擅自占用或者挖掘城市道路；

（二）履带车、铁轮车或者超重、超高、超长车辆擅自在城市道路上行驶；

（三）机动车在桥梁或者非指定的城市道路上试刹车；

（四）擅自在城市道路上建设建筑物、构筑物；

（五）在桥梁上架设压力在4公斤/平方厘米（0.4兆帕）以上的煤气管道、10千伏以上的高压电力线和其他易燃易爆管线；

（六）擅自在桥梁或者路灯设施上设置广告牌或者其他挂浮物；

（七）其他损害、侵占城市道路的行为。

第二十八条 履带车、铁轮车或者超重、超高、超长车辆需要在城市道路上行驶的，事先须征得市政工程行政主管部门同意，并按照公安交通管理部门指定的时间、路线行驶。

军用车辆执行任务需要在城市道路上行驶的，可以不受前款限制，但是应当按照规定采取安全保护措施。

第二十九条 依附于城市道路建设各种管线、杆线等设施的，应当经市政工程行政主管部门批准，方可建设。

第三十条 未经市政工程行政主管部门和公安交通管理部门批准，任何单位或者个人不得占用或者挖掘城市道路。

第三十一条 因特殊情况需要临时占用城市道路的，须经市政工程行政主管部门和公安交通管理部门批准，方可按照规定占用。

经批准临时占用城市道路的，不得损坏城市道路；占用期满后，应当及时清理占用现场，恢复城市道路原状；损坏城市道路的，应当修复或者给予赔偿。

第三十二条 城市人民政府应当严格控制占用城市道路作为集贸市场。

第三十三条 因工程建设需要挖掘城市道路的，应当提交城市规划部门批准签发的文件和有关设计文件，经市政工程行政主管部门和公安交通管理部门批准，方可按照规定挖掘。

新建、扩建、改建的城市道路交付使用后5年内、大修的城市道路竣工后3年内不得挖掘；因特殊情况需要挖掘的，须经县级以上城市人民政府批准。

第三十四条 埋设在城市道路下的管线发生故障需要紧急抢修的，可以先行破路抢修，并同时通知市政工程行政主管部门和公安交通管理部门，在24小时内按照规定补办批准手续。

第三十五条　经批准挖掘城市道路的，应当在施工现场设置明显标志和安全防围设施；竣工后，应当及时清理现场，通知市政工程行政主管部门检查验收。

第三十六条　经批准占用或者挖掘城市道路的，应当按照批准的位置、面积、期限占用或者挖掘。需要移动位置、扩大面积、延长时间的，应当提前办理变更审批手续。

第三十七条　占用或者挖掘由市政工程行政主管部门管理的城市道路的，应当向市政工程行政主管部门交纳城市道路占用费或者城市道路挖掘修复费。

城市道路占用费的收费标准，由省、自治区人民政府的建设行政主管部门、直辖市人民政府的市政工程行政主管部门拟订，报同级财政、物价主管部门核定；城市道路挖掘修复费的收费标准，由省、自治区人民政府的建设行政主管部门、直辖市人民政府的市政工程行政主管部门制定，报同级财政、物价主管部门备案。

第三十八条　根据城市建设或者其他特殊需要，市政工程行政主管部门可以对临时占用城市道路的单位或者个人决定缩小占用面积、缩短占用时间或者停止占用，并根据具体情况退还部分城市道路占用费。

第五章　罚　　则

第三十九条　违反本条例的规定，有下列行为之一的，由市政工程行政主管部门责令停止设计、施工，限期改正，可以并处3万元以下的罚款；已经取得设计、施工资格证书，情节严重的，提请原发证机关吊销设计、施工资格证书：

（一）未取得设计、施工资格或者未按照资质等级承担城市道路的设计、施工任务的；

（二）未按照城市道路设计、施工技术规范设计、施工的；

（三）未按照设计图纸施工或者擅自修改图纸的。

第四十条　违反本条例第十七条规定，擅自使用未经验收或者验收不合格的城市道路的，由市政工程行政主管部门责令限期改正，给予警告，可以并处工程造价2%以下的罚款。

第四十一条　承担城市道路养护、维修的单位违反本条例的规定，未定期对城市道路进行养护、维修或者未按照规定的期限修复竣工，并拒绝接受市政工程行政主管部门监督、检查的，由市政工程行政主管部门责令限期改正，给予警告；对负有直接责任的主管人员和其他直接责任人员，依法给予行政处分。

第四十二条　违反本条例第二十七条规定，或者有下列行为之一的，由市政工程行政主管部门或者其他有关部门责令限期改正，可以处以2万元以下的罚款；造成损失的，应当依法承担赔偿责任：

（一）未对设在城市道路上的各种管线的检查井、箱盖或者城市道路附属设施的缺损及时补缺或者修复的；

（二）未在城市道路施工现场设置明显标志和安全防围设施的；

（三）占用城市道路期满或者挖掘城市道路后，不及时清理现场的；

（四）依附于城市道路建设各种管线、杆线等设施，不按照规定办理批准手续的；

（五）紧急抢修埋设在城市道路下的管线，不按照规定补办批准手续的；

（六）未按照批准的位置、面积、期限占用或者挖掘城市道路，或者需要移动位置、扩大面积、延长时间，未提前办理变更审批手续的。

第四十三条　违反本条例，构成犯罪的，由司法机关依法追究刑事责任；尚不构成犯罪，应当给予治安管理处罚的，依照治安管理处罚法的规定给予处罚。

第四十四条 市政工程行政主管部门人员玩忽职守、滥用职权、徇私舞弊，构成犯罪的，依法追究刑事责任；尚不构成犯罪的，依法给予行政处分。

第六章 附 则

第四十五条 本条例自1996年10月1日起施行。

中华人民共和国道路运输条例

（2004年4月30日中华人民共和国国务院令第406号公布，根据2012年11月9日《国务院关于修改和废止部分行政法规的决定》第一次修订，根据2016年2月6日《国务院关于修改部分行政法规的决定》第二次修订，根据2019年3月2日《国务院关于修改部分行政法规的决定》第三次修订，根据2022年3月29日《国务院关于修改和废止部分行政法规的决定》第四次修订，根据2023年7月20日《国务院关于修改和废止部分行政法规的决定》第五次修订）

第一章 总 则

第一条 为了维护道路运输市场秩序，保障道路运输安全，保护道路运输有关各方当事人的合法权益，促进道路运输业的健康发展，制定本条例。

第二条 从事道路运输经营以及道路运输相关业务的，应当遵守本条例。

前款所称道路运输经营包括道路旅客运输经营（以下简称客运经营）和道路货物运输经营（以下简称货运经营）；道路运输相关业务包括站（场）经营、机动车维修经营、机动车驾驶员培训。

第三条 从事道路运输经营以及道路运输相关业务，应当依法经营，诚实信用，公平竞争。

第四条 道路运输管理，应当公平、公正、公开和便民。

第五条 国家鼓励发展乡村道路运输，并采取必要的措施提高乡镇和行政村的通班车率，满足广大农民的生活和生产需要。

第六条 国家鼓励道路运输企业实行规模化、集约化经营。任何单位和个人不得封锁或者垄断道路运输市场。

第七条 国务院交通运输主管部门主管全国道路运输管理工作。

县级以上地方人民政府交通运输主管部门负责本行政区域的道路运输管理工作。

第二章 道路运输经营

第一节 客 运

第八条 申请从事客运经营的，应当具备下列条件：

（一）有与其经营业务相适应并经检测合格的车辆；

（二）有符合本条例第九条规定条件的驾驶人员；

（三）有健全的安全生产管理制度。

申请从事班线客运经营的，还应当有明确的线路和站点方案。

第九条 从事客运经营的驾驶人员，应当符合下列条件：

（一）取得相应的机动车驾驶证；

（二）年龄不超过60周岁；

（三）3年内无重大以上交通责任事故记录；

（四）经设区的市级人民政府交通运输主管部门对有关客运法律法规、机动车维修和旅客急救基本知识考试合格。

第十条　申请从事客运经营的，应当依法向市场监督管理部门办理有关登记手续后，按照下列规定提出申请并提交符合本条例第八条规定条件的相关材料：

（一）从事县级行政区域内和毗邻县行政区域间客运经营的，向所在地县级人民政府交通运输主管部门提出申请；

（二）从事省际、市际、县际（除毗邻县行政区域间外）客运经营的，向所在地设区的市级人民政府交通运输主管部门提出申请；

（三）在直辖市申请从事客运经营的，向所在地直辖市人民政府确定的交通运输主管部门提出申请。

依照前款规定收到申请的交通运输主管部门，应当自受理申请之日起20日内审查完毕，作出许可或者不予许可的决定。予以许可的，向申请人颁发道路运输经营许可证，并向申请人投入运输的车辆配发车辆营运证；不予许可的，应当书面通知申请人并说明理由。

对从事省际和市际客运经营的申请，收到申请的交通运输主管部门依照本条第二款规定颁发道路运输经营许可证前，应当与运输线路目的地的相应交通运输主管部门协商，协商不成的，应当按程序报省、自治区、直辖市人民政府交通运输主管部门协商决定。对从事设区的市内毗邻县客运经营的申请，有关交通运输主管部门应当进行协商，协商不成的，报所在地市级人民政府交通运输主管部门决定。

第十一条　取得道路运输经营许可证的客运经营者，需要增加客运班线的，应当依照本条例第十条的规定办理有关手续。

第十二条　县级以上地方人民政府交通运输主管部门在审查客运申请时，应当考虑客运市场的供求状况、普遍服务和方便群众等因素。

同一线路有3个以上申请人时，可以通过招标的形式作出许可决定。

第十三条　县级以上地方人民政府交通运输主管部门应当定期公布客运市场供求状况。

第十四条　客运班线的经营期限为4年到8年。经营期限届满需要延续客运班线经营许可的，应当重新提出申请。

第十五条　客运经营者需要终止客运经营的，应当在终止前30日内告知原许可机关。

第十六条　客运经营者应当为旅客提供良好的乘车环境，保持车辆清洁、卫生，并采取必要的措施防止在运输过程中发生侵害旅客人身、财产安全的违法行为。

第十七条　旅客应当持有效客票乘车，遵守乘车秩序，讲究文明卫生，不得携带国家规定的危险物品及其他禁止携带的物品乘车。

第十八条　班线客运经营者取得道路运输经营许可证后，应当向公众连续提供运输服务，不得擅自暂停、终止或者转让班线运输。

第十九条　从事包车客运的，应当按照约定的起始地、目的地和线路运输。

从事旅游客运的，应当在旅游区域按照旅游线路运输。

第二十条　客运经营者不得强迫旅客乘车，不得甩客、敲诈旅客；不得擅自更换运输车辆。

第二节　货　　运

第二十一条　申请从事货运经营的，应当具备下列条件：

（一）有与其经营业务相适应并经检测

合格的车辆；

（二）有符合本条例第二十二条规定条件的驾驶人员；

（三）有健全的安全生产管理制度。

第二十二条 从事货运经营的驾驶人员，应当符合下列条件：

（一）取得相应的机动车驾驶证；

（二）年龄不超过60周岁；

（三）经设区的市级人民政府交通运输主管部门对有关货运法律法规、机动车维修和货物装载保管基本知识考试合格（使用总质量4500千克及以下普通货运车辆的驾驶人员除外）。

第二十三条 申请从事危险货物运输经营的，还应当具备下列条件：

（一）有5辆以上经检测合格的危险货物运输专用车辆、设备；

（二）有经所在地设区的市级人民政府交通运输主管部门考试合格，取得上岗资格证的驾驶人员、装卸管理人员、押运人员；

（三）危险货物运输专用车辆配有必要的通讯工具；

（四）有健全的安全生产管理制度。

第二十四条 申请从事货运经营的，应当依法向市场监督管理部门办理有关登记手续后，按照下列规定提出申请并分别提交符合本条例第二十一条、第二十三条规定条件的相关材料：

（一）从事危险货物运输经营以外的货运经营的，向县级人民政府交通运输主管部门提出申请；

（二）从事危险货物运输经营的，向设区的市级人民政府交通运输主管部门提出申请。

依照前款规定收到申请的交通运输主管部门，应当自受理申请之日起20日内审查完毕，作出许可或者不予许可的决定。予以许可的，向申请人颁发道路运输经营许可证，并向申请人投入运输的车辆配发车辆营运证；不予许可的，应当书面通知申请人并说明理由。

使用总质量4500千克及以下普通货运车辆从事普通货运经营的，无需按照本条规定申请取得道路运输经营许可证及车辆营运证。

第二十五条 货运经营者不得运输法律、行政法规禁止运输的货物。

法律、行政法规规定必须办理有关手续后方可运输的货物，货运经营者应当查验有关手续。

第二十六条 国家鼓励货运经营者实行封闭式运输，保证环境卫生和货物运输安全。

货运经营者应当采取必要措施，防止货物脱落、扬撒等。

运输危险货物应当采取必要措施，防止危险货物燃烧、爆炸、辐射、泄漏等。

第二十七条 运输危险货物应当配备必要的押运人员，保证危险货物处于押运人员的监管之下，并悬挂明显的危险货物运输标志。

托运危险货物的，应当向货运经营者说明危险货物的品名、性质、应急处置方法等情况，并严格按照国家有关规定包装，设置明显标志。

第三节 客运和货运的共同规定

第二十八条 客运经营者、货运经营者应当加强对从业人员的安全教育、职业道德教育，确保道路运输安全。

道路运输从业人员应当遵守道路运输操作规程，不得违章作业。驾驶人员连续驾驶时间不得超过4个小时。

第二十九条 生产（改装）客运车辆、货运车辆的企业应当按照国家规定标定车辆的核定人数或者载重量，严禁多标或者少标车辆的核定人数或者载重量。

客运经营者、货运经营者应当使用符合国家规定标准的车辆从事道路运输经营。

第三十条 客运经营者、货运经营者应当加强对车辆的维护和检测，确保车辆符合国家规定的技术标准；不得使用报废的、擅自改装的和其他不符合国家规定的车辆从事道路运输经营。

第三十一条　客运经营者、货运经营者应当制定有关交通事故、自然灾害以及其他突发事件的道路运输应急预案。应急预案应当包括报告程序、应急指挥、应急车辆和设备的储备以及处置措施等内容。

第三十二条　发生交通事故、自然灾害以及其他突发事件，客运经营者和货运经营者应当服从县级以上人民政府或者有关部门的统一调度、指挥。

第三十三条　道路运输车辆应当随车携带车辆营运证，不得转让、出租。

第三十四条　道路运输车辆运输旅客的，不得超过核定的人数，不得违反规定载货；运输货物的，不得运输旅客，运输的货物应当符合核定的载重量，严禁超载；载物的长、宽、高不得违反装载要求。

违反前款规定的，由公安机关交通管理部门依照《中华人民共和国道路交通安全法》的有关规定进行处罚。

第三十五条　客运经营者、危险货物运输经营者应当分别为旅客或者危险货物投保承运人责任险。

第三章　道路运输相关业务

第三十六条　从事道路运输站（场）经营的，应当具备下列条件：

（一）有经验收合格的运输站（场）；

（二）有相应的专业人员和管理人员；

（三）有相应的设备、设施；

（四）有健全的业务操作规程和安全管理制度。

第三十七条　从事机动车维修经营的，应当具备下列条件：

（一）有相应的机动车维修场地；

（二）有必要的设备、设施和技术人员；

（三）有健全的机动车维修管理制度；

（四）有必要的环境保护措施。

国务院交通运输主管部门根据前款规定的条件，制定机动车维修经营业务标准。

第三十八条　从事机动车驾驶员培训的，应当具备下列条件：

（一）取得企业法人资格；

（二）有健全的培训机构和管理制度；

（三）有与培训业务相适应的教学人员、管理人员；

（四）有必要的教学车辆和其他教学设施、设备、场地。

第三十九条　申请从事道路旅客运输站（场）经营业务的，应当在依法向市场监督管理部门办理有关登记手续后，向所在地县级人民政府交通运输主管部门提出申请，并附送符合本条例第三十六条规定条件的相关材料。县级人民政府交通运输主管部门应当自受理申请之日起15日内审查完毕，作出许可或者不予许可的决定，并书面通知申请人。

从事道路货物运输站（场）经营、机动车维修经营和机动车驾驶员培训业务的，应当在依法向市场监督管理部门办理有关登记手续后，向所在地县级人民政府交通运输主管部门进行备案，并分别附送符合本条例第三十六条、第三十七条、第三十八条规定条件的相关材料。

第四十条　道路运输站（场）经营者应当对出站的车辆进行安全检查，禁止无证经营的车辆进站从事经营活动，防止超载车辆或者未经安全检查的车辆出站。

道路运输站（场）经营者应当公平对待使用站（场）的客运经营者和货运经营者，无正当理由不得拒绝道路运输车辆进站从事经营活动。

道路运输站（场）经营者应当向旅客和货主提供安全、便捷、优质的服务；保持站（场）卫生、清洁；不得随意改变站（场）用途和服务功能。

第四十一条　道路旅客运输站（场）

经营者应当为客运经营者合理安排班次，公布其运输线路、起止经停站点、运输班次、始发时间、票价，调度车辆进站、发车，疏导旅客，维持上下车秩序。

道路旅客运输站（场）经营者应当设置旅客购票、候车、行李寄存和托运等服务设施，按照车辆核定载客限额售票，并采取措施防止携带危险品的人员进站乘车。

第四十二条 道路货物运输站（场）经营者应当按照国务院交通运输主管部门规定的业务操作规程装卸、储存、保管货物。

第四十三条 机动车维修经营者应当按照国家有关技术规范对机动车进行维修，保证维修质量，不得使用假冒伪劣配件维修机动车。

机动车维修经营者应当公布机动车维修工时定额和收费标准，合理收取费用，维修服务完成后应当提供维修费用明细单。

第四十四条 机动车维修经营者对机动车进行二级维护、总成修理或者整车修理的，应当进行维修质量检验。检验合格的，维修质量检验人员应当签发机动车维修合格证。

机动车维修实行质量保证期制度。质量保证期内因维修质量原因造成机动车无法正常使用的，机动车维修经营者应当无偿返修。

机动车维修质量保证期制度的具体办法，由国务院交通运输主管部门制定。

第四十五条 机动车维修经营者不得承修已报废的机动车，不得擅自改装机动车。

第四十六条 机动车驾驶员培训机构应当按照国务院交通运输主管部门规定的教学大纲进行培训，确保培训质量。培训结业的，应当向参加培训的人员颁发培训结业证书。

第四章 国际道路运输

第四十七条 国务院交通运输主管部门应当及时向社会公布中国政府与有关国家政府签署的双边或者多边道路运输协定确定的国际道路运输线路。

第四十八条 从事国际道路运输经营的，应当具备下列条件：

（一）依照本条例第十条、第二十四条规定取得道路运输经营许可证的企业法人；

（二）在国内从事道路运输经营满3年，且未发生重大以上道路交通责任事故。

第四十九条 申请从事国际道路旅客运输经营的，应当向省、自治区、直辖市人民政府交通运输主管部门提出申请并提交符合本条例第四十八条规定条件的相关材料。省、自治区、直辖市人民政府交通运输主管部门应当自受理申请之日起20日内审查完毕，作出批准或者不予批准的决定。予以批准的，应当向国务院交通运输主管部门备案；不予批准的，应当向当事人说明理由。

从事国际道路货物运输经营的，应当向省、自治区、直辖市人民政府交通运输主管部门进行备案，并附送符合本条例第四十八条规定条件的相关材料。

国际道路运输经营者应当持有关文件依法向有关部门办理相关手续。

第五十条 中国国际道路运输经营者应当在其投入运输车辆的显著位置，标明中国国籍识别标志。

外国国际道路运输经营者的车辆在中国境内运输，应当标明本国国籍识别标志，并按照规定的运输线路行驶；不得擅自改变运输线路，不得从事起止地都在中国境内的道路运输经营。

第五十一条 在口岸设立的国际道路运输管理机构应当加强对出入口岸的国际道路运输的监督管理。

第五十二条 外国国际道路运输经营者依法在中国境内设立的常驻代表机构不得从事经营活动。

第五章 执法监督

第五十三条 县级以上地方人民政府交

通运输、公安、市场监督管理等部门应当建立信息共享和协同监管机制，按照职责分工加强对道路运输及相关业务的监督管理。

第五十四条　县级以上人民政府交通运输主管部门应当加强执法队伍建设，提高其工作人员的法制、业务素质。

县级以上人民政府交通运输主管部门的工作人员应当接受法制和道路运输管理业务培训、考核，考核不合格的，不得上岗执行职务。

第五十五条　上级交通运输主管部门应当对下级交通运输主管部门的执法活动进行监督。

县级以上人民政府交通运输主管部门应当建立健全内部监督制度，对其工作人员执法情况进行监督检查。

第五十六条　县级以上人民政府交通运输主管部门及其工作人员执行职务时，应当自觉接受社会和公民的监督。

第五十七条　县级以上人民政府交通运输主管部门应当建立道路运输举报制度，公开举报电话号码、通信地址或者电子邮件信箱。

任何单位和个人都有权对县级以上人民政府交通运输主管部门的工作人员滥用职权、徇私舞弊的行为进行举报。县级以上人民政府交通运输主管部门及其他有关部门收到举报后，应当依法及时查处。

第五十八条　县级以上人民政府交通运输主管部门的工作人员应当严格按照职责权限和程序进行监督检查，不得乱设卡、乱收费、乱罚款。

县级以上人民政府交通运输主管部门的工作人员应当重点在道路运输及相关业务经营场所、客货集散地进行监督检查。

县级以上人民政府交通运输主管部门的工作人员在公路路口进行监督检查时，不得随意拦截正常行驶的道路运输车辆。

第五十九条　县级以上人民政府交通运输主管部门的工作人员实施监督检查时，应当有2名以上人员参加，并向当事人出示执法证件。

第六十条　县级以上人民政府交通运输主管部门的工作人员实施监督检查时，可以向有关单位和个人了解情况，查阅、复制有关资料。但是，应当保守被调查单位和个人的商业秘密。

被监督检查的单位和个人应当接受依法实施的监督检查，如实提供有关资料或者情况。

第六十一条　县级以上人民政府交通运输主管部门的工作人员在实施道路运输监督检查过程中，发现车辆超载行为的，应当立即予以制止，并采取相应措施安排旅客改乘或者强制卸货。

第六十二条　县级以上人民政府交通运输主管部门的工作人员在实施道路运输监督检查过程中，对没有车辆营运证又无法当场提供其他有效证明的车辆予以暂扣的，应当妥善保管，不得使用，不得收取或者变相收取保管费用。

第六章　法律责任

第六十三条　违反本条例的规定，有下列情形之一的，由县级以上地方人民政府交通运输主管部门责令停止经营，并处罚款；构成犯罪的，依法追究刑事责任：

（一）未取得道路运输经营许可，擅自从事道路普通货物运输经营，违法所得超过1万元的，没收违法所得，处违法所得1倍以上5倍以下的罚款；没有违法所得或者违法所得不足1万元的，处3000元以上1万元以下的罚款，情节严重的，处1万元以上5万元以下的罚款；

（二）未取得道路运输经营许可，擅自从事道路客运经营，违法所得超过2万元的，没收违法所得，处违法所得2倍以上10倍以下的罚款；没有违法所得或者违法所得不足2万元的，处1万元以上10万元以下的罚款；

（三）未取得道路运输经营许可，擅自从事道路危险货物运输经营，违法所得超过 2 万元的，没收违法所得，处违法所得 2 倍以上 10 倍以下的罚款；没有违法所得或者违法所得不足 2 万元的，处 3 万元以上 10 万元以下的罚款。

第六十四条 不符合本条例第九条、第二十二条规定条件的人员驾驶道路运输经营车辆的，由县级以上地方人民政府交通运输主管部门责令改正，处 200 元以上 2000 元以下的罚款；构成犯罪的，依法追究刑事责任。

第六十五条 违反本条例的规定，未经许可擅自从事道路旅客运输站（场）经营的，由县级以上地方人民政府交通运输主管部门责令停止经营；有违法所得的，没收违法所得，处违法所得 2 倍以上 10 倍以下的罚款；没有违法所得或者违法所得不足 1 万元的，处 2 万元以上 5 万元以下的罚款；构成犯罪的，依法追究刑事责任。

从事机动车维修经营业务不符合国务院交通运输主管部门制定的机动车维修经营业务标准的，由县级以上地方人民政府交通运输主管部门责令改正；情节严重的，由县级以上地方人民政府交通运输主管部门责令停业整顿。

从事道路货物运输站（场）经营、机动车驾驶员培训业务，未按规定进行备案的，由县级以上地方人民政府交通运输主管部门责令改正；拒不改正的，处 5000 元以上 2 万元以下的罚款。

从事机动车维修经营业务，未按规定进行备案的，由县级以上地方人民政府交通运输主管部门责令改正；拒不改正的，处 3000 元以上 1 万元以下的罚款。

备案时提供虚假材料情节严重的，其直接负责的主管人员和其他直接责任人员 5 年内不得从事原备案的业务。

第六十六条 违反本条例的规定，客运经营者、货运经营者、道路运输相关业务经营者非法转让、出租道路运输许可证件的，由县级以上地方人民政府交通运输主管部门责令停止违法行为，收缴有关证件，处 2000 元以上 1 万元以下的罚款；有违法所得的，没收违法所得。

第六十七条 违反本条例的规定，客运经营者、危险货物运输经营者未按规定投保承运人责任险的，由县级以上地方人民政府交通运输主管部门责令限期投保；拒不投保的，由原许可机关吊销道路运输经营许可证。

第六十八条 违反本条例的规定，客运经营者有下列情形之一的，由县级以上地方人民政府交通运输主管部门责令改正，处 1000 元以上 2000 元以下的罚款；情节严重的，由原许可机关吊销道路运输经营许可证：

（一）不按批准的客运站点停靠或者不按规定的线路、公布的班次行驶的；

（二）在旅客运输途中擅自变更运输车辆或者将旅客移交他人运输的；

（三）未报告原许可机关，擅自终止客运经营的。

客运经营者强行招揽旅客，货运经营者强行招揽货物或者没有采取必要措施防止货物脱落、扬撒等的，由县级以上地方人民政府交通运输主管部门责令改正，处 1000 元以上 3000 元以下的罚款；情节严重的，由原许可机关吊销道路运输经营许可证。

第六十九条 违反本条例的规定，客运经营者、货运经营者不按规定维护和检测运输车辆的，由县级以上地方人民政府交通运输主管部门责令改正，处 1000 元以上 5000 元以下的罚款。

违反本条例的规定，客运经营者、货运经营者擅自改装已取得车辆营运证的车辆的，由县级以上地方人民政府交通运输主管部门责令改正，处 5000 元以上 2 万元以下的罚款。

第七十条 违反本条例的规定，道路旅客运输站（场）经营者允许无证经营的车辆进站从事经营活动以及超载车辆、未经安全检查的车辆出站或者无正当理由拒绝道路运输车辆进站从事经营活动的，由县级以上地方人民政府交通运输主管部门责令改正，处1万元以上3万元以下的罚款。

道路货物运输站（场）经营者有前款违法情形的，由县级以上地方人民政府交通运输主管部门责令改正，处3000元以上3万元以下的罚款。

违反本条例的规定，道路运输站（场）经营者擅自改变道路运输站（场）的用途和服务功能，或者不公布运输线路、起止经停站点、运输班次、始发时间、票价的，由县级以上地方人民政府交通运输主管部门责令改正；拒不改正的，处3000元的罚款；有违法所得的，没收违法所得。

第七十一条　违反本条例的规定，机动车维修经营者使用假冒伪劣配件维修机动车，承修已报废的机动车或者擅自改装机动车的，由县级以上地方人民政府交通运输主管部门责令改正；有违法所得的，没收违法所得，处违法所得2倍以上10倍以下的罚款；没有违法所得或者违法所得不足1万元的，处2万元以上5万元以下的罚款，没收假冒伪劣配件及报废车辆；情节严重的，由县级以上地方人民政府交通运输主管部门责令停业整顿；构成犯罪的，依法追究刑事责任。

第七十二条　违反本条例的规定，机动车维修经营者签发虚假的机动车维修合格证，由县级以上地方人民政府交通运输主管部门责令改正；有违法所得的，没收违法所得，处违法所得2倍以上10倍以下的罚款；没有违法所得或者违法所得不足3000元的，处5000元以上2万元以下的罚款；情节严重的，由县级以上地方人民政府交通运输主管部门责令停业整顿；构成犯罪的，依法追究刑事责任。

第七十三条　违反本条例的规定，机动车驾驶员培训机构不严格按照规定进行培训或者在培训结业证书发放时弄虚作假的，由县级以上地方人民政府交通运输主管部门责令改正；拒不改正的，责令停业整顿。

第七十四条　违反本条例的规定，外国国际道路运输经营者未按照规定的线路运输，擅自从事中国境内道路运输的，由省、自治区、直辖市人民政府交通运输主管部门责令停止运输；有违法所得的，没收违法所得，处违法所得2倍以上10倍以下的罚款；没有违法所得或者违法所得不足1万元的，处3万元以上6万元以下的罚款。

外国国际道路运输经营者未按照规定标明国籍识别标志的，由省、自治区、直辖市人民政府交通运输主管部门责令停止运输，处200元以上2000元以下的罚款。

从事国际道路货物运输经营，未按规定进行备案的，由省、自治区、直辖市人民政府交通运输主管部门责令改正；拒不改正的，处5000元以上2万元以下的罚款。

第七十五条　县级以上人民政府交通运输主管部门应当将道路运输及其相关业务经营者和从业人员的违法行为记入信用记录，并依照有关法律、行政法规的规定予以公示。

第七十六条　违反本条例的规定，县级以上人民政府交通运输主管部门的工作人员有下列情形之一的，依法给予行政处分；构成犯罪的，依法追究刑事责任：

（一）不依照本条例规定的条件、程序和期限实施行政许可的；

（二）参与或者变相参与道路运输经营以及道路运输相关业务的；

（三）发现违法行为不及时查处的；

（四）违反规定拦截、检查正常行驶的道路运输车辆的；

（五）违法扣留运输车辆、车辆营运证的；

（六）索取、收受他人财物，或者谋取其他利益的；

（七）其他违法行为。

第七章 附 则

第七十七条 内地与香港特别行政区、澳门特别行政区之间的道路运输，参照本条例的有关规定执行。

第七十八条 外商可以依照有关法律、行政法规和国家有关规定，在中华人民共和国境内采用中外合资、中外合作、独资形式投资有关的道路运输经营以及道路运输相关业务。

第七十九条 从事非经营性危险货物运输的，应当遵守本条例有关规定。

第八十条 县级以上地方人民政府交通运输主管部门依照本条例发放经营许可证件和车辆营运证，可以收取工本费。工本费的具体收费标准由省、自治区、直辖市人民政府财政部门、价格主管部门会同同级交通运输主管部门核定。

第八十一条 出租车客运和城市公共汽车客运的管理办法由国务院另行规定。

第八十二条 本条例自 2004 年 7 月 1 日起施行。

城市公共交通条例

（2024 年 8 月 19 日国务院第 39 次常务会议通过，2024 年 10 月 17 日公布，自 2024 年 12 月 1 日起施行）

第一章 总 则

第一条 为了推动城市公共交通高质量发展，提升城市公共交通服务水平，保障城市公共交通安全，更好满足公众基本出行需求，促进城市现代化建设，制定本条例。

第二条 本条例所称城市公共交通，是指在城市人民政府确定的区域内，利用公共汽电车、城市轨道交通车辆等公共交通工具和有关系统、设施，按照核定的线路、站点、时间、票价等运营，为公众提供基本出行服务。

第三条 国家实施城市公共交通优先发展战略，综合采取规划、土地、财政、金融等方面措施，保障城市公共交通发展，增强城市公共交通竞争力和吸引力。

国家鼓励、引导公众优先选择公共交通作为机动化出行方式。

第四条 城市公共交通工作应当坚持中国共产党的领导，坚持以人民为中心，坚持城市公共交通公益属性，落实城市公共交通优先发展战略，构建安全、便捷、高效、绿色、经济的城市公共交通体系。

第五条 城市人民政府是发展城市公共交通的责任主体。

城市人民政府应当加强对城市公共交通工作的组织领导，落实城市公共交通发展保障措施，强化对城市公共交通安全的监督管理，统筹研究和协调解决城市公共交通工作中的重大问题。

国务院城市公共交通主管部门及其他有关部门和省、自治区人民政府应当加强对城市公共交通工作的指导。

第六条 城市人民政府应当根据城市功能定位、规模、空间布局、发展目标、公众出行需求等实际情况和特点，与城市土地和空间使用相协调，统筹各种交通方式，科学确定城市公共交通发展目标和发展模式，推动提升城市公共交通在机动化出行中的分担比例。

第七条 承担城市公共交通运营服务的企业（以下简称城市公共交通企业）由城

市人民政府或者其城市公共交通主管部门依法确定。

第八条　国家鼓励和支持新技术、新能源、新装备在城市公共交通系统中的推广应用，提高城市公共交通信息化、智能化水平，推动城市公共交通绿色低碳转型，提升运营效率和管理水平。

第二章　发展保障

第九条　城市综合交通体系规划应当明确公共交通优先发展原则，统筹城市交通基础设施建设，合理配置和利用各种交通资源，强化各种交通方式的衔接协调。城市人民政府根据实际情况和需要组织编制城市公共交通规划。

建设城市轨道交通系统的城市应当按照国家有关规定编制城市轨道交通线网规划和建设规划。

城市综合交通体系规划、城市公共交通规划、城市轨道交通线网规划和建设规划应当与国土空间规划相衔接，将涉及土地和空间使用的合理需求纳入国土空间规划实施监督系统统筹保障。

第十条　城市人民政府有关部门应当根据相关规划以及城市发展和公众出行需求情况，合理确定城市公共交通线路，布局公共交通场站等设施，提高公共交通覆盖率。

城市人民政府应当组织有关部门开展公众出行调查，作为优化城市公共交通线路和场站布局的依据。

第十一条　新建、改建、扩建居住区、交通枢纽、学校、医院、体育场馆、商业中心等大型建设项目，应当统筹考虑公共交通出行需求；建设项目批准、核准文件要求配套建设城市公共交通基础设施的，建设单位应当按照要求建设相关设施并同步投入使用。

城市公共交通基础设施建设应当符合无障碍环境建设要求，并与适老化改造相结合。

第十二条　城市人民政府应当依法保障城市公共交通基础设施用地。城市公共交通基础设施用地符合规定条件的，可以以划拨、协议出让等方式供给。

在符合国土空间规划和用途管制要求且不影响城市公共交通功能和规模的前提下，对城市公共交通基础设施用地可以按照国家有关规定实施综合开发，支持城市公共交通发展。

第十三条　城市人民政府应当根据城市公共交通实际和财政承受能力安排城市公共交通发展所需经费，并纳入本级预算。

国家鼓励、引导金融机构提供与城市公共交通发展相适应的金融服务，加大对城市公共交通发展的融资支持力度。

国家鼓励和支持社会资本依法参与城市公共交通基础设施建设运营，保障其合法权益。

第十四条　城市公共交通票价依法实行政府定价或者政府指导价，并建立动态调整机制。鼓励根据城市公共交通服务质量、运输距离以及换乘方式等因素，建立多层次、差别化的城市公共交通票价体系。

制定、调整城市公共交通票价，应当统筹考虑企业运营成本、社会承受能力、交通供求状况等因素，并依法履行定价成本监审等程序。

第十五条　城市公共交通企业在保障公众基本出行的前提下，可以开展定制化出行服务业务。定制化出行服务业务可以实行市场调节价。

第十六条　城市人民政府应当组织有关部门，在对城市公共交通企业开展运营服务质量评价和成本费用年度核算报告审核的基础上，综合考虑财政承受能力、企业增收节支空间等因素，按照规定及时给予补贴补偿。

第十七条　城市人民政府可以根据实际情况和需要，按照统筹公共交通效率和整体交通效率、集约利用城市道路资源的原则，设置公共交通专用车道，并实行科学管理和动态调整。

第三章 运营服务

第十八条 城市人民政府城市公共交通主管部门应当通过与城市公共交通企业签订运营服务协议等方式，明确城市公共交通运营有关服务标准、规范、要求以及运营服务质量评价等事项。

城市公共交通企业应当遵守城市公共交通运营有关服务标准、规范、要求等，加强企业内部管理，不断提高运营服务质量和效率。

城市公共交通企业不得将其运营的城市公共交通线路转让、出租或者变相转让、出租给他人运营。

第十九条 城市公共交通企业应当按照运营服务协议或者城市人民政府城市公共交通主管部门的要求配备城市公共交通车辆，并按照规定设置车辆运营服务标识。

第二十条 城市公共交通企业应当通过便于公众知晓的方式，及时公开运营线路、停靠站点、运营时间、发车间隔、票价等信息。鼓励城市公共交通企业通过电子站牌、出行信息服务系统等信息化手段为公众提供信息查询服务。

第二十一条 城市公共交通企业应当加强运营调度管理，在保障安全的前提下提高运行准点率和运行效率。

第二十二条 城市公共交通企业不得擅自变更运营线路、停靠站点、运营时间或者中断运营服务；因特殊原因需要临时变更运营线路、停靠站点、运营时间或者暂时中断运营服务的，除发生突发事件或者为保障运营安全等采取紧急措施外，应当提前向社会公告，并向城市人民政府城市公共交通主管部门报告。

第二十三条 因大型群众性活动等情形出现公共交通客流集中、正常运营服务安排难以满足需求的，城市公共交通企业应当按照城市人民政府城市公共交通主管部门的要求，及时采取增开临时班次、缩短发车间隔、延长运营时间等措施，保障运营服务。

第二十四条 乘客应当按照票价支付票款；对拒不支付票款的，城市公共交通企业可以拒绝其进站乘车。

城市公共交通企业应当依照法律、法规和国家有关规定，对相关群体乘坐公共交通工具提供便利和优待。

第二十五条 城市公共交通企业应当建立运营服务质量投诉处理机制并向社会公布，及时妥善处理乘客提出的投诉，并向乘客反馈处理结果；乘客对处理结果不满意的，可以向城市人民政府城市公共交通主管部门申诉，城市人民政府城市公共交通主管部门应当及时作出答复。乘客也可以直接就运营服务质量问题向城市人民政府城市公共交通主管部门投诉。

第二十六条 城市人民政府城市公共交通主管部门应当定期组织开展城市公共交通企业运营服务质量评价，并将评价结果向社会公布。

第二十七条 未经城市人民政府同意，城市公共交通企业不得终止运营服务；因破产、解散终止运营服务的，应当提前 30 日向城市人民政府城市公共交通主管部门报告，城市人民政府城市公共交通主管部门应当及时采取指定临时运营服务企业、调配运营车辆等措施，确保运营服务不中断；需要重新确定承担城市公共交通运营服务企业的，城市人民政府或者其城市公共交通主管部门应当按照规定及时确定。

第四章 安全管理

第二十八条 城市公共交通企业应当遵守有关安全生产的法律、法规和标准，落实全员安全生产责任，建立健全安全生产管理制度和安全生产责任制，保障安全经费投入，构建安全风险分级管控和隐患排查治理双重预防机制，增强突发事件防范和应急能力。

第二十九条　城市公共交通建设工程的勘察、设计、施工、监理应当遵守有关建设工程管理的法律、法规和标准。

城市公共交通建设工程涉及公共安全的设施应当与主体工程同步规划、同步建设、同步投入使用。

第三十条　城市公共交通企业投入运营的车辆应当依法经检验合格，并按照国家有关标准配备灭火器、安全锤以及安全隔离、紧急报警、车门紧急开启等安全设备，设置明显的安全警示标志。

城市公共交通企业应当按照国家有关标准对车辆和有关系统、设施设备进行维护、保养，确保性能良好和安全运行。

利用城市公共交通车辆或者设施设备设置广告的，应当遵守有关广告管理的法律、法规，不得影响城市公共交通运营安全。

第三十一条　城市公共交通企业直接涉及运营安全的驾驶员、乘务员、调度员、值班员、信号工、通信工等重点岗位人员（以下统称重点岗位人员），应当符合下列条件：

（一）具有履行岗位职责的能力；

（二）无可能危及运营安全的疾病；

（三）无暴力犯罪和吸毒行为记录；

（四）国务院城市公共交通主管部门规定的其他条件。

除符合前款规定条件外，城市公共汽电车驾驶员还应当取得相应准驾车型机动车驾驶证，城市轨道交通列车驾驶员还应当按照国家有关规定取得相应职业准入资格。

第三十二条　城市公共交通企业应当定期对重点岗位人员进行岗位职责、操作规程、服务规范、安全防范和应急处置基本知识等方面的培训和考核，经考核合格的方可上岗作业。培训和考核情况应当建档备查。

城市公共交通企业应当关注重点岗位人员的身体、心理状况和行为习惯，对重点岗位人员定期组织体检，加强心理疏导，及时采取有效措施防范重点岗位人员身体、心理状况或者行为异常导致运营安全事故发生。

城市公共交通企业应当合理安排驾驶员工作时间，防止疲劳驾驶。

第三十三条　城市公共交通企业应当依照有关法律、法规的规定，落实对相关人员进行安全背景审查、配备安保人员和相应设施设备等安全防范责任。

第三十四条　城市公共交通企业应当加强对客流状况的日常监测；出现或者可能出现客流大量积压时，应当及时采取疏导措施，必要时可以采取临时限制客流或者临时封站等措施，确保运营安全。

因突发事件或者设施设备故障等原因危及运营安全的，城市公共交通企业可以暂停部分区段或者全线网运营服务，并做好乘客疏导和现场秩序维护等工作。乘客应当按照城市公共交通企业工作人员的指挥和引导有序疏散。

第三十五条　乘客应当遵守乘车规范，维护乘车秩序。

乘客不得携带易燃、易爆、毒害性、放射性、腐蚀性以及其他可能危及人身和财产安全的危险物品进站乘车；乘客坚持携带的，城市公共交通企业应当拒绝其进站乘车。

城市轨道交通运营单位应当按照国家有关规定，对进入城市轨道交通车站的人员及其携带物品进行安全检查；对拒不接受安全检查的，应当拒绝其进站乘车。安全检查应当遵守有关操作规范，提高质量和效率。

第三十六条　任何单位和个人不得实施下列危害城市公共交通运营安全的行为：

（一）非法拦截或者强行上下城市公共交通车辆；

（二）非法占用城市公共交通场站或者出入口；

（三）擅自进入城市轨道交通线路、车辆基地、控制中心、列车驾驶室或者其他禁止非工作人员进入的区域；

（四）向城市公共交通车辆投掷物品或者在城市轨道交通线路上放置障碍物；

（五）故意损坏或者擅自移动、遮挡城市公共交通站牌、安全警示标志、监控设备、安全防护设备；

（六）在非紧急状态下擅自操作有安全警示标志的安全设备；

（七）干扰、阻碍城市公共交通车辆驾驶员安全驾驶；

（八）其他危害城市公共交通运营安全的行为。

城市公共交通企业发现前款规定行为的，应当及时予以制止，并采取措施消除安全隐患，必要时报请有关部门依法处理。

第三十七条 城市人民政府有关部门应当按照职责分工，加强对城市公共交通运营安全的监督管理，建立城市公共交通运营安全工作协作机制。

第三十八条 城市人民政府城市公共交通主管部门应当会同有关部门制定城市公共交通应急预案，报城市人民政府批准。

城市公共交通企业应当根据城市公共交通应急预案，制定本单位应急预案，报城市人民政府城市公共交通主管部门、应急管理部门备案，并定期组织演练。

城市人民政府应当加强城市公共交通应急能力建设，组织有关部门、城市公共交通企业和其他有关单位联合开展城市公共交通应急处置演练，提高突发事件应急处置能力。

第三十九条 城市人民政府应当健全有关部门与城市公共交通企业之间的信息共享机制。城市人民政府城市公共交通主管部门、城市公共交通企业应当加强与有关部门的沟通，及时掌握气象、自然灾害、公共安全等方面可能影响城市公共交通运营安全的信息，并采取有针对性的安全防范措施。有关部门应当予以支持、配合。

第四十条 城市人民政府应当将城市轨道交通纳入城市防灾减灾规划，完善城市轨道交通防范水淹、火灾、冰雪、雷击、风暴等设计和论证，提高城市轨道交通灾害防范应对能力。

第四十一条 城市轨道交通建设单位组织编制城市轨道交通建设工程可行性研究报告和初步设计文件，应当落实国家有关公共安全和运营服务的要求。

第四十二条 城市轨道交通建设工程项目依法经验收合格后，城市人民政府城市公共交通主管部门应当组织开展运营前安全评估，通过安全评估的方可投入运营。城市轨道交通建设单位和运营单位应当按照国家有关规定办理建设和运营交接手续。

城市轨道交通建设工程项目验收以及建设和运营交接的管理办法由国务院住房城乡建设主管部门会同国务院城市公共交通主管部门制定。

第四十三条 城市人民政府应当组织有关部门划定城市轨道交通线路安全保护区，制定安全保护区管理制度。

在城市轨道交通线路安全保护区内进行作业的，应当征得城市轨道交通运营单位同意。作业单位应当制定和落实安全防护方案，并在作业过程中对作业影响区域进行动态监测，及时发现并消除安全隐患。城市轨道交通运营单位可以进入作业现场进行巡查，发现作业危及或者可能危及城市轨道交通运营安全的，应当要求作业单位采取措施消除安全隐患或者停止作业。

第四十四条 城市人民政府城市公共交通主管部门应当定期组织开展城市轨道交通运营安全第三方评估，督促运营单位及时发现并消除安全隐患。

第五章 法律责任

第四十五条 城市公共交通企业以外的单位或者个人擅自从事城市公共交通线路运营的，由城市人民政府城市公共交通主管部门责令停止运营，没收违法所得，并处违法所得 1 倍以上 5 倍以下的罚款；没有违法所得或者违法所得不足1万元的，处1万元以上5万元以下的罚款。

城市公共交通企业将其运营的城市公共交通线路转让、出租或者变相转让、出租给他人运营的，由城市人民政府城市公共交通主管部门责令改正，并依照前款规定处罚。

第四十六条　城市公共交通企业有下列行为之一的，由城市人民政府城市公共交通主管部门责令改正；拒不改正的，处1万元以上5万元以下的罚款：

（一）未遵守城市公共交通运营有关服务标准、规范、要求；

（二）未按照规定配备城市公共交通车辆或者设置车辆运营服务标识；

（三）未公开运营线路、停靠站点、运营时间、发车间隔、票价等信息。

第四十七条　城市公共交通企业擅自变更运营线路、停靠站点、运营时间的，由城市人民政府城市公共交通主管部门责令改正；拒不改正的，处1万元以上5万元以下的罚款。

城市公共交通企业擅自中断运营服务的，由城市人民政府城市公共交通主管部门责令改正；拒不改正的，处5万元以上20万元以下的罚款。

城市公共交通企业因特殊原因变更运营线路、停靠站点、运营时间或者暂时中断运营服务，未按照规定向社会公告并向城市人民政府城市公共交通主管部门报告的，由城市人民政府城市公共交通主管部门责令改正，可以处1万元以下的罚款。

第四十八条　城市公共交通企业违反本条例规定，未经城市人民政府同意终止运营服务的，由城市人民政府城市公共交通主管部门责令改正；拒不改正的，处10万元以上50万元以下的罚款。

第四十九条　城市公共交通企业有下列行为之一的，由城市人民政府城市公共交通主管部门责令改正，可以处5万元以下的罚款，有违法所得的，没收违法所得；拒不改正的，处5万元以上20万元以下的罚款：

（一）利用城市公共交通车辆或者设施设备设置广告，影响城市公共交通运营安全；

（二）重点岗位人员不符合规定条件或者未按照规定对重点岗位人员进行培训和考核，或者安排考核不合格的重点岗位人员上岗作业。

第五十条　在城市轨道交通线路安全保护区内进行作业的单位有下列行为之一的，由城市人民政府城市公共交通主管部门责令改正，暂时停止作业，可以处5万元以下的罚款；拒不改正的，责令停止作业，并处5万元以上20万元以下的罚款；造成城市轨道交通设施损坏或者影响运营安全的，并处20万元以上100万元以下的罚款：

（一）未征得城市轨道交通运营单位同意进行作业；

（二）未制定和落实安全防护方案；

（三）未在作业过程中对作业影响区域进行动态监测或者未及时消除发现的安全隐患。

第五十一条　城市人民政府及其城市公共交通主管部门、其他有关部门的工作人员在城市公共交通工作中滥用职权、玩忽职守、徇私舞弊的，依法给予处分。

第五十二条　违反本条例规定，构成违反治安管理行为的，由公安机关依法给予治安管理处罚；构成犯罪的，依法追究刑事责任。

第六章　附　则

第五十三条　用于公共交通服务的城市轮渡，参照本条例的有关规定执行。

第五十四条　城市人民政府根据城乡融合和区域协调发展需要，统筹推进城乡之间、区域之间公共交通一体化发展。

第五十五条　本条例自2024年12月1日起施行。

放射性物品运输安全管理条例

（2009年9月7日国务院第80次常务会议通过，2009年9月14日公布，自2010年1月1日起施行）

第一章 总 则

第一条 为了加强对放射性物品运输的安全管理，保障人体健康，保护环境，促进核能、核技术的开发与和平利用，根据《中华人民共和国放射性污染防治法》，制定本条例。

第二条 放射性物品的运输和放射性物品运输容器的设计、制造等活动，适用本条例。

本条例所称放射性物品，是指含有放射性核素，并且其活度和比活度均高于国家规定的豁免值的物品。

第三条 根据放射性物品的特性及其对人体健康和环境的潜在危害程度，将放射性物品分为一类、二类和三类。

一类放射性物品，是指Ⅰ类放射源、高水平放射性废物、乏燃料等释放到环境后对人体健康和环境产生重大辐射影响的放射性物品。

二类放射性物品，是指Ⅱ类和Ⅲ类放射源、中等水平放射性废物等释放到环境后对人体健康和环境产生一般辐射影响的放射性物品。

三类放射性物品，是指Ⅳ类和Ⅴ类放射源、低水平放射性废物、放射性药品等释放到环境后对人体健康和环境产生较小辐射影响的放射性物品。

放射性物品的具体分类和名录，由国务院核安全监管部门会同国务院公安、卫生、海关、交通运输、铁路、民航、核工业行业主管部门制定。

第四条 国务院核安全监管部门对放射性物品运输的核与辐射安全实施监督管理。

国务院公安、交通运输、铁路、民航等有关主管部门依照本条例规定和各自的职责，负责放射性物品运输安全的有关监督管理工作。

县级以上地方人民政府环境保护主管部门和公安、交通运输等有关主管部门，依照本条例规定和各自的职责，负责本行政区域放射性物品运输安全的有关监督管理工作。

第五条 运输放射性物品，应当使用专用的放射性物品运输包装容器（以下简称运输容器）。

放射性物品的运输和放射性物品运输容器的设计、制造，应当符合国家放射性物品运输安全标准。

国家放射性物品运输安全标准，由国务院核安全监管部门制定，由国务院核安全监管部门和国务院标准化主管部门联合发布。国务院核安全监管部门制定国家放射性物品运输安全标准，应当征求国务院公安、卫生、交通运输、铁路、民航、核工业行业主管部门的意见。

第六条 放射性物品运输容器的设计、制造单位应当建立健全责任制度，加强质量管理，并对所从事的放射性物品运输容器的设计、制造活动负责。

放射性物品的托运人（以下简称托运人）应当制定核与辐射事故应急方案，在放射性物品运输中采取有效的辐射防护和安全保卫措施，并对放射性物品运输中的核与辐射安全负责。

第七条　任何单位和个人对违反本条例规定的行为，有权向国务院核安全监管部门或者其他依法履行放射性物品运输安全监督管理职责的部门举报。

接到举报的部门应当依法调查处理，并为举报人保密。

第二章　放射性物品运输容器的设计

第八条　放射性物品运输容器设计单位应当建立健全和有效实施质量保证体系，按照国家放射性物品运输安全标准进行设计，并通过试验验证或者分析论证等方式，对设计的放射性物品运输容器的安全性能进行评价。

第九条　放射性物品运输容器设计单位应当建立健全档案制度，按照质量保证体系的要求，如实记录放射性物品运输容器的设计和安全性能评价过程。

进行一类放射性物品运输容器设计，应当编制设计安全评价报告书；进行二类放射性物品运输容器设计，应当编制设计安全评价报告表。

第十条　一类放射性物品运输容器的设计，应当在首次用于制造前报国务院核安全监管部门审查批准。

申请批准一类放射性物品运输容器的设计，设计单位应当向国务院核安全监管部门提出书面申请，并提交下列材料：

（一）设计总图及其设计说明书；

（二）设计安全评价报告书；

（三）质量保证大纲。

第十一条　国务院核安全监管部门应当自受理申请之日起45个工作日内完成审查，对符合国家放射性物品运输安全标准的，颁发一类放射性物品运输容器设计批准书，并公告批准文号；对不符合国家放射性物品运输安全标准的，书面通知申请单位并说明理由。

第十二条　设计单位修改已批准的一类放射性物品运输容器设计中有关安全内容的，应当按照原申请程序向国务院核安全监管部门重新申请领取一类放射性物品运输容器设计批准书。

第十三条　二类放射性物品运输容器的设计，设计单位应当在首次用于制造前，将设计总图及其设计说明书、设计安全评价报告表报国务院核安全监管部门备案。

第十四条　三类放射性物品运输容器的设计，设计单位应当编制设计符合国家放射性物品运输安全标准的证明文件并存档备查。

第三章　放射性物品运输容器的制造与使用

第十五条　放射性物品运输容器制造单位，应当按照设计要求和国家放射性物品运输安全标准，对制造的放射性物品运输容器进行质量检验，编制质量检验报告。

未经质量检验或者经检验不合格的放射性物品运输容器，不得交付使用。

第十六条　从事一类放射性物品运输容器制造活动的单位，应当具备下列条件：

（一）有与所从事的制造活动相适应的专业技术人员；

（二）有与所从事的制造活动相适应的生产条件和检测手段；

（三）有健全的管理制度和完善的质量保证体系。

第十七条　从事一类放射性物品运输容器制造活动的单位，应当申请领取一类放射性物品运输容器制造许可证（以下简称制造许可证）。

申请领取制造许可证的单位，应当向国务院核安全监管部门提出书面申请，并提交其符合本条例第十六条规定条件的证明材料和申请制造的运输容器型号。

禁止无制造许可证或者超出制造许可证规定的范围从事一类放射性物品运输容器的制造活动。

第十八条　国务院核安全监管部门应当

自受理申请之日起45个工作日内完成审查，对符合条件的，颁发制造许可证，并予以公告；对不符合条件的，书面通知申请单位并说明理由。

第十九条 制造许可证应当载明下列内容：

（一）制造单位名称、住所和法定代表人；

（二）许可制造的运输容器的型号；

（三）有效期限；

（四）发证机关、发证日期和证书编号。

第二十条 一类放射性物品运输容器制造单位变更单位名称、住所或者法定代表人的，应当自工商变更登记之日起20日内，向国务院核安全监管部门办理制造许可证变更手续。

一类放射性物品运输容器制造单位变更制造的运输容器型号的，应当按照原申请程序向国务院核安全监管部门重新申请领取制造许可证。

第二十一条 制造许可证有效期为5年。

制造许可证有效期届满，需要延续的，一类放射性物品运输容器制造单位应当于制造许可证有效期届满6个月前，向国务院核安全监管部门提出延续申请。

国务院核安全监管部门应当在制造许可证有效期届满前作出是否准予延续的决定。

第二十二条 从事二类放射性物品运输容器制造活动的单位，应当在首次制造活动开始30日前，将其具备与所从事的制造活动相适应的专业技术人员、生产条件、检测手段，以及具有健全的管理制度和完善的质量保证体系的证明材料，报国务院核安全监管部门备案。

第二十三条 一类、二类放射性物品运输容器制造单位，应当按照国务院核安全监管部门制定的编码规则，对其制造的一类、二类放射性物品运输容器统一编码，并于每年1月31日前将上一年度的运输容器编码清单报国务院核安全监管部门备案。

第二十四条 从事三类放射性物品运输容器制造活动的单位，应当于每年1月31日前将上一年度制造的运输容器的型号和数量报国务院核安全监管部门备案。

第二十五条 放射性物品运输容器使用单位应当对其使用的放射性物品运输容器定期进行保养和维护，并建立保养和维护档案；放射性物品运输容器达到设计使用年限，或者发现放射性物品运输容器存在安全隐患的，应当停止使用，进行处理。

一类放射性物品运输容器使用单位还应当对其使用的一类放射性物品运输容器每两年进行一次安全性能评价，并将评价结果报国务院核安全监管部门备案。

第二十六条 使用境外单位制造的一类放射性物品运输容器的，应当在首次使用前报国务院核安全监管部门审查批准。

申请使用境外单位制造的一类放射性物品运输容器的单位，应当向国务院核安全监管部门提出书面申请，并提交下列材料：

（一）设计单位所在国核安全监管部门颁发的设计批准文件的复印件；

（二）设计安全评价报告书；

（三）制造单位相关业绩的证明材料；

（四）质量合格证明；

（五）符合中华人民共和国法律、行政法规规定，以及国家放射性物品运输安全标准或者经国务院核安全监管部门认可的标准的说明材料。

国务院核安全监管部门应当自受理申请之日起45个工作日内完成审查，对符合国家放射性物品运输安全标准的，颁发使用批准书；对不符合国家放射性物品运输安全标准的，书面通知申请单位并说明理由。

第二十七条 使用境外单位制造的二类放射性物品运输容器的，应当在首次使用前将运输容器质量合格证明和符合中华人民共和国法律、行政法规规定，以及国家放射性物品运输安全标准或者经国务院核安全监管部门认可的标准的说明材料，报国务院核安全监管部门备案。

第二十八条　国务院核安全监管部门办理使用境外单位制造的一类、二类放射性物品运输容器审查批准和备案手续，应当同时为运输容器确定编码。

第四章　放射性物品的运输

第二十九条　托运放射性物品的，托运人应当持有生产、销售、使用或者处置放射性物品的有效证明，使用与所托运的放射性物品类别相适应的运输容器进行包装，配备必要的辐射监测设备、防护用品和防盗、防破坏设备，并编制运输说明书、核与辐射事故应急响应指南、装卸作业方法、安全防护指南。

运输说明书应当包括放射性物品的品名、数量、物理化学形态、危害风险等内容。

第三十条　托运一类放射性物品的，托运人应当委托有资质的辐射监测机构对其表面污染和辐射水平实施监测，辐射监测机构应当出具辐射监测报告。

托运二类、三类放射性物品的，托运人应当对其表面污染和辐射水平实施监测，并编制辐射监测报告。

监测结果不符合国家放射性物品运输安全标准的，不得托运。

第三十一条　承运放射性物品应当取得国家规定的运输资质。承运人的资质管理，依照有关法律、行政法规和国务院交通运输、铁路、民航、邮政主管部门的规定执行。

第三十二条　托运人和承运人应当对直接从事放射性物品运输的工作人员进行运输安全和应急响应知识的培训，并进行考核；考核不合格的，不得从事相关工作。

托运人和承运人应当按照国家放射性物品运输安全标准和国家有关规定，在放射性物品运输容器和运输工具上设置警示标志。

国家利用卫星定位系统对一类、二类放射性物品运输工具的运输过程实行在线监控。具体办法由国务院核安全监管部门会同国务院有关部门制定。

第三十三条　托运人和承运人应当按照国家职业病防治的有关规定，对直接从事放射性物品运输的工作人员进行个人剂量监测，建立个人剂量档案和职业健康监护档案。

第三十四条　托运人应当向承运人提交运输说明书、辐射监测报告、核与辐射事故应急响应指南、装卸作业方法、安全防护指南，承运人应当查验、收存。托运人提交文件不齐全的，承运人不得承运。

第三十五条　托运一类放射性物品的，托运人应当编制放射性物品运输的核与辐射安全分析报告书，报国务院核安全监管部门审查批准。

放射性物品运输的核与辐射安全分析报告书应当包括放射性物品的品名、数量、运输容器型号、运输方式、辐射防护措施、应急措施等内容。

国务院核安全监管部门应当自受理申请之日起45个工作日内完成审查，对符合国家放射性物品运输安全标准的，颁发核与辐射安全分析报告批准书；对不符合国家放射性物品运输安全标准的，书面通知申请单位并说明理由。

第三十六条　放射性物品运输的核与辐射安全分析报告批准书应当载明下列主要内容：

（一）托运人的名称、地址、法定代表人；

（二）运输放射性物品的品名、数量；

（三）运输放射性物品的运输容器型号和运输方式；

（四）批准日期和有效期限。

第三十七条　一类放射性物品启运前，托运人应当将放射性物品运输的核与辐射安全分析报告批准书、辐射监测报告，报启运地的省、自治区、直辖市人民政府环境保护主管部门备案。

收到备案材料的环境保护主管部门应当及时将有关情况通报放射性物品运输的途经地和抵达地的省、自治区、直辖市人民政府环境保护主管部门。

第三十八条 通过道路运输放射性物品的，应当经公安机关批准，按照指定的时间、路线、速度行驶，并悬挂警示标志，配备押运人员，使放射性物品处于押运人员的监管之下。

通过道路运输核反应堆乏燃料的，托运人应当报国务院公安部门批准。通过道路运输其他放射性物品的，托运人应当报启运地县级以上人民政府公安机关批准。具体办法由国务院公安部门商国务院核安全监管部门制定。

第三十九条 通过水路运输放射性物品的，按照水路危险货物运输的法律、行政法规和规章的有关规定执行。

通过铁路、航空运输放射性物品的，按照国务院铁路、民航主管部门的有关规定执行。

禁止邮寄一类、二类放射性物品。邮寄三类放射性物品的，按照国务院邮政管理部门的有关规定执行。

第四十条 生产、销售、使用或者处置放射性物品的单位，可以依照《中华人民共和国道路运输条例》的规定，向设区的市级人民政府道路运输管理机构申请非营业性道路危险货物运输资质，运输本单位的放射性物品，并承担本条例规定的托运人和承运人的义务。

申请放射性物品非营业性道路危险货物运输资质的单位，应当具备下列条件：

（一）持有生产、销售、使用或者处置放射性物品的有效证明；

（二）有符合本条例规定要求的放射性物品运输容器；

（三）有具备辐射防护与安全防护知识的专业技术人员和经考试合格的驾驶人员；

（四）有符合放射性物品运输安全防护要求，并经检测合格的运输工具、设施和设备；

（五）配备必要的防护用品和依法经定期检定合格的监测仪器；

（六）有运输安全和辐射防护管理规章制度以及核与辐射事故应急措施。

放射性物品非营业性道路危险货物运输资质的具体条件，由国务院交通运输主管部门会同国务院核安全监管部门制定。

第四十一条 一类放射性物品从境外运抵中华人民共和国境内，或者途经中华人民共和国境内运输的，托运人应当编制放射性物品运输的核与辐射安全分析报告书，报国务院核安全监管部门审查批准。审查批准程序依照本条例第三十五条第三款的规定执行。

二类、三类放射性物品从境外运抵中华人民共和国境内，或者途经中华人民共和国境内运输的，托运人应当编制放射性物品运输的辐射监测报告，报国务院核安全监管部门备案。

托运人、承运人或者其代理人向海关办理有关手续，应当提交国务院核安全监管部门颁发的放射性物品运输的核与辐射安全分析报告批准书或者放射性物品运输的辐射监测报告备案证明。

第四十二条 县级以上人民政府组织编制的突发环境事件应急预案，应当包括放射性物品运输中可能发生的核与辐射事故应急响应的内容。

第四十三条 放射性物品运输中发生核与辐射事故的，承运人、托运人应当按照核与辐射事故应急响应指南的要求，做好事故应急工作，并立即报告事故发生地的县级以上人民政府环境保护主管部门。接到报告的环境保护主管部门应当立即派人赶赴现场，进行现场调查，采取有效措施控制事故影响，并及时向本级人民政府报告，通报同级公安、卫生、交通运输等有关主管部门。

接到报告的县级以上人民政府及其有关

主管部门应当按照应急预案做好应急工作，并按照国家突发事件分级报告的规定及时上报核与辐射事故信息。

核反应堆乏燃料运输的核事故应急准备与响应，还应当遵守国家核应急的有关规定。

第五章　监督检查

第四十四条　国务院核安全监管部门和其他依法履行放射性物品运输安全监督管理职责的部门，应当依据各自职责对放射性物品运输安全实施监督检查。

国务院核安全监管部门应当将其已批准或者备案的一类、二类、三类放射性物品运输容器的设计、制造情况和放射性物品运输情况通报设计、制造单位所在地和运输途经地的省、自治区、直辖市人民政府环境保护主管部门。省、自治区、直辖市人民政府环境保护主管部门应当加强对本行政区域放射性物品运输安全的监督检查和监督性监测。

被检查单位应当予以配合，如实反映情况，提供必要的资料，不得拒绝和阻碍。

第四十五条　国务院核安全监管部门和省、自治区、直辖市人民政府环境保护主管部门以及其他依法履行放射性物品运输安全监督管理职责的部门进行监督检查，监督检查人员不得少于2人，并应当出示有效的行政执法证件。

国务院核安全监管部门和省、自治区、直辖市人民政府环境保护主管部门以及其他依法履行放射性物品运输安全监督管理职责的部门的工作人员，对监督检查中知悉的商业秘密负有保密义务。

第四十六条　监督检查中发现经批准的一类放射性物品运输容器设计确有重大设计安全缺陷的，由国务院核安全监管部门责令停止该型号运输容器的制造或者使用，撤销一类放射性物品运输容器设计批准书。

第四十七条　监督检查中发现放射性物品运输活动有不符合国家放射性物品运输安全标准情形的，或者一类放射性物品运输容器制造单位有不符合制造许可证规定条件情形的，应当责令限期整改；发现放射性物品运输活动可能对人体健康和环境造成核与辐射危害的，应当责令停止运输。

第四十八条　国务院核安全监管部门和省、自治区、直辖市人民政府环境保护主管部门以及其他依法履行放射性物品运输安全监督管理职责的部门，对放射性物品运输活动实施监测，不得收取监测费用。

国务院核安全监管部门和省、自治区、直辖市人民政府环境保护主管部门以及其他依法履行放射性物品运输安全监督管理职责的部门，应当加强对监督管理人员辐射防护与安全防护知识的培训。

第六章　法律责任

第四十九条　国务院核安全监管部门和省、自治区、直辖市人民政府环境保护主管部门或者其他依法履行放射性物品运输安全监督管理职责的部门有下列行为之一的，对直接负责的主管人员和其他直接责任人员依法给予处分；直接负责的主管人员和其他直接责任人员构成犯罪的，依法追究刑事责任：

（一）未依照本条例规定作出行政许可或者办理批准文件的；

（二）发现违反本条例规定的行为不予查处，或者接到举报不依法处理的；

（三）未依法履行放射性物品运输核与辐射事故应急职责的；

（四）对放射性物品运输活动实施监测收取监测费用的；

（五）其他不依法履行监督管理职责的行为。

第五十条　放射性物品运输容器设计、制造单位有下列行为之一的，由国务院核安全监管部门责令停止违法行为，处50万元以上100万元以下的罚款；有违法所得的，没收违法所得：

（一）将未取得设计批准书的一类放射

性物品运输容器设计用于制造的；

（二）修改已批准的一类放射性物品运输容器设计中有关安全内容，未重新取得设计批准书即用于制造的。

第五十一条 放射性物品运输容器设计、制造单位有下列行为之一的，由国务院核安全监管部门责令停止违法行为，处5万元以上10万元以下的罚款；有违法所得的，没收违法所得：

（一）将不符合国家放射性物品运输安全标准的二类、三类放射性物品运输容器设计用于制造的；

（二）将未备案的二类放射性物品运输容器设计用于制造的。

第五十二条 放射性物品运输容器设计单位有下列行为之一的，由国务院核安全监管部门责令限期改正；逾期不改正的，处1万元以上5万元以下的罚款：

（一）未对二类、三类放射性物品运输容器的设计进行安全性能评价的；

（二）未如实记录二类、三类放射性物品运输容器设计和安全性能评价过程的；

（三）未编制三类放射性物品运输容器设计符合国家放射性物品运输安全标准的证明文件并存档备查的。

第五十三条 放射性物品运输容器制造单位有下列行为之一的，由国务院核安全监管部门责令停止违法行为，处50万元以上100万元以下的罚款；有违法所得的，没收违法所得：

（一）未取得制造许可证从事一类放射性物品运输容器制造活动的；

（二）制造许可证有效期届满，未按照规定办理延续手续，继续从事一类放射性物品运输容器制造活动的；

（三）超出制造许可证规定的范围从事一类放射性物品运输容器制造活动的；

（四）变更制造的一类放射性物品运输容器型号，未按照规定重新领取制造许可证的；

（五）将未经质量检验或者经检验不合格的一类放射性物品运输容器交付使用的。

有前款第（三）项、第（四）项和第（五）项行为之一，情节严重的，吊销制造许可证。

第五十四条 一类放射性物品运输容器制造单位变更单位名称、住所或者法定代表人，未依法办理制造许可证变更手续的，由国务院核安全监管部门责令限期改正；逾期不改正的，处2万元的罚款。

第五十五条 放射性物品运输容器制造单位有下列行为之一的，由国务院核安全监管部门责令停止违法行为，处5万元以上10万元以下的罚款；有违法所得的，没收违法所得：

（一）在二类放射性物品运输容器首次制造活动开始前，未按照规定将有关证明材料报国务院核安全监管部门备案的；

（二）将未经质量检验或者经检验不合格的二类、三类放射性物品运输容器交付使用的。

第五十六条 放射性物品运输容器制造单位有下列行为之一的，由国务院核安全监管部门责令限期改正；逾期不改正的，处1万元以上5万元以下的罚款：

（一）未按照规定对制造的一类、二类放射性物品运输容器统一编码的；

（二）未按照规定将制造的一类、二类放射性物品运输容器编码清单报国务院核安全监管部门备案的；

（三）未按照规定将制造的三类放射性物品运输容器的型号和数量报国务院核安全监管部门备案的。

第五十七条 放射性物品运输容器使用单位未按照规定对使用的一类放射性物品运输容器进行安全性能评价，或者未将评价结果报国务院核安全监管部门备案的，由国务院核安全监管部门责令限期改正；逾期不改正的，处1万元以上5万元以下的罚款。

第五十八条 未按照规定取得使用批准书使用境外单位制造的一类放射性物品运输

容器的，由国务院核安全监管部门责令停止违法行为，处50万元以上100万元以下的罚款。

未按照规定办理备案手续使用境外单位制造的二类放射性物品运输容器的，由国务院核安全监管部门责令停止违法行为，处5万元以上10万元以下的罚款。

第五十九条　托运人未按照规定编制放射性物品运输说明书、核与辐射事故应急响应指南、装卸作业方法、安全防护指南的，由国务院核安全监管部门责令限期改正；逾期不改正的，处1万元以上5万元以下的罚款。

托运人未按照规定将放射性物品运输的核与辐射安全分析报告批准书、辐射监测报告备案的，由启运地的省、自治区、直辖市人民政府环境保护主管部门责令限期改正；逾期不改正的，处1万元以上5万元以下的罚款。

第六十条　托运人或者承运人在放射性物品运输活动中，有违反有关法律、行政法规关于危险货物运输管理规定行为的，由交通运输、铁路、民航等有关主管部门依法予以处罚。

违反有关法律、行政法规规定邮寄放射性物品的，由公安机关和邮政管理部门依法予以处罚。在邮寄进境物品中发现放射性物品的，由海关依照有关法律、行政法规的规定处理。

第六十一条　托运人未取得放射性物品运输的核与辐射安全分析报告批准书托运一类放射性物品的，由国务院核安全监管部门责令停止违法行为，处50万元以上100万元以下的罚款。

第六十二条　通过道路运输放射性物品，有下列行为之一的，由公安机关责令限期改正，处2万元以上10万元以下的罚款；构成犯罪的，依法追究刑事责任：

（一）未经公安机关批准通过道路运输放射性物品的；

（二）运输车辆未按照指定的时间、路线、速度行驶或者未悬挂警示标志的；

（三）未配备押运人员或者放射性物品脱离押运人员监管的。

第六十三条　托运人有下列行为之一的，由启运地的省、自治区、直辖市人民政府环境保护主管部门责令停止违法行为，处5万元以上20万元以下的罚款：

（一）未按照规定对托运的放射性物品表面污染和辐射水平实施监测的；

（二）将经监测不符合国家放射性物品运输安全标准的放射性物品交付托运的；

（三）出具虚假辐射监测报告的。

第六十四条　未取得放射性物品运输的核与辐射安全分析报告批准书或者放射性物品运输的辐射监测报告备案证明，将境外的放射性物品运抵中华人民共和国境内，或者途经中华人民共和国境内运输的，由海关责令托运人退运该放射性物品，并依照海关法律、行政法规给予处罚；构成犯罪的，依法追究刑事责任。托运人不明的，由承运人承担退运该放射性物品的责任，或者承担该放射性物品的处置费用。

第六十五条　违反本条例规定，在放射性物品运输中造成核与辐射事故的，由县级以上地方人民政府环境保护主管部门处以罚款，罚款数额按照核与辐射事故造成的直接损失的20%计算；构成犯罪的，依法追究刑事责任。

托运人、承运人未按照核与辐射事故应急响应指南的要求，做好事故应急工作并报告事故的，由县级以上地方人民政府环境保护主管部门处5万元以上20万元以下的罚款。

因核与辐射事故造成他人损害的，依法承担民事责任。

第六十六条　拒绝、阻碍国务院核安全监管部门或者其他依法履行放射性物品运输安全监督管理职责的部门进行监督检查，或者在接受监督检查时弄虚作假的，由监督检查部门责令改正，处1万元以上2万元以下的罚款；构成违反治安管理行为的，由公安机关依法给予治安管理处罚；构成犯罪的，依法追究刑事责任。

第七章 附 则

第六十七条 军用放射性物品运输安全的监督管理，依照《中华人民共和国放射性污染防治法》第六十条的规定执行。

第六十八条 本条例自2010年1月1日起施行。

放射性物品运输安全监督管理办法

（2016年1月29日环境保护部部务会议审议通过，2016年3月14日公布，自2016年5月1日起施行）

第一章 总 则

第一条 为加强对放射性物品运输安全的监督管理，依据《放射性物品运输安全管理条例》，制定本办法。

第二条 本办法适用于对放射性物品运输和放射性物品运输容器的设计、制造和使用过程的监督管理。

第三条 国务院核安全监管部门负责对全国放射性物品运输的核与辐射安全实施监督管理，具体职责为：

（一）负责对放射性物品运输容器的设计、制造和使用等进行监督检查；

（二）负责对放射性物品运输过程中的核与辐射事故应急给予支持和指导；

（三）负责对放射性物品运输安全监督管理人员进行辐射防护与安全防护知识培训。

第四条 省、自治区、直辖市环境保护主管部门负责对本行政区域内放射性物品运输的核与辐射安全实施监督管理，具体职责为：

（一）负责对本行政区域内放射性物品运输活动的监督检查；

（二）负责在本行政区域内放射性物品运输过程中的核与辐射事故的应急准备和应急响应工作；

（三）负责对本行政区域内放射性物品运输安全监督管理人员进行辐射防护与安全防护知识培训。

第五条 放射性物品运输单位和放射性物品运输容器的设计、制造和使用单位，应当对其活动负责，并配合国务院核安全监管部门和省、自治区、直辖市环境保护主管部门进行监督检查，如实反映情况，提供必要的资料。

第六条 监督检查人员应当依法实施监督检查，并为被检查者保守商业秘密。

第二章 放射性物品运输容器设计活动的监督管理

第七条 放射性物品运输容器设计单位应当具备与设计工作相适应的设计人员、工作场所和设计手段，按照放射性物品运输容器设计的相关规范和标准从事设计活动，并为其设计的放射性物品运输容器的制造和使用单位提供必要的技术支持。从事一类放射性物品运输容器设计的单位应当依法取得设计批准书。

放射性物品运输容器设计单位应当在设计阶段明确首次使用前对运输容器的结构、包容、屏蔽、传热和核临界安全功能进行检查的方法和要求。

第八条 放射性物品运输容器设计单位应当加强质量管理，建立健全质量保证体系，编制质量保证大纲并有效实施。

放射性物品运输容器设计单位对其所从事的放射性物品运输容器设计活动负责。

第九条　放射性物品运输容器设计单位应当通过试验验证或者分析论证等方式，对其设计的放射性物品运输容器的安全性能进行评价。

安全性能评价应当贯穿整个设计过程，保证放射性物品运输容器的设计满足所有的安全要求。

第十条　放射性物品运输容器设计单位应当按照国务院核安全监管部门规定的格式和内容编制设计安全评价文件。

设计安全评价文件应当包括结构评价、热评价、包容评价、屏蔽评价、临界评价、货包（放射性物品运输容器与其放射性内容物）操作规程、验收试验和维修大纲，以及运输容器的工程图纸等内容。

第十一条　放射性物品运输容器设计单位对其设计的放射性物品运输容器进行试验验证的，应当在验证开始前至少二十个工作日提请国务院核安全监管部门进行试验见证，并提交下列文件：

（一）初步设计说明书和计算报告；

（二）试验验证方式和试验大纲；

（三）试验验证计划。

国务院核安全监管部门应当及时组织对设计单位的试验验证过程进行见证，并做好相应的记录。

开展特殊形式和低弥散放射性物品设计试验验证的单位，应当依照本条第一款的规定提请试验见证。

第十二条　国务院核安全监管部门应当对放射性物品运输容器设计活动进行监督检查。

申请批准一类放射性物品运输容器的设计，国务院核安全监管部门原则上应当对该设计活动进行一次现场检查；对于二类、三类放射性物品运输容器的设计，国务院核安全监管部门应当结合试验见证情况进行现场抽查。

国务院核安全监管部门可以结合放射性物品运输容器的制造和使用情况，对放射性物品运输容器设计单位进行监督检查。

第十三条　国务院核安全监管部门对放射性物品运输容器设计单位进行监督检查时，应当检查质量保证大纲和试验验证的实施情况、人员配备、设计装备、设计文件、安全性能评价过程记录、以往监督检查发现问题的整改落实情况等。

第十四条　一类放射性物品运输容器设计批准书颁发前的监督检查中，发现放射性物品运输容器设计单位的设计活动不符合法律法规要求的，国务院核安全监管部门应当暂缓或者不予颁发设计批准书。

监督检查中发现经批准的一类放射性物品运输容器设计确有重大设计安全缺陷的，国务院核安全监管部门应当责令停止该型号运输容器的制造或者使用，撤销一类放射性物品运输容器设计批准书。

第三章　放射性物品运输容器制造活动的监督管理

第十五条　放射性物品运输容器制造单位应当具备与制造活动相适应的专业技术人员、生产条件和检测手段，采用经设计单位确认的设计图纸和文件。一类放射性物品运输容器制造单位应当依法取得一类放射性物品运输容器制造许可证后，方可开展制造活动。

放射性物品运输容器制造单位应当在制造活动开始前，依据设计提出的技术要求编制制造过程工艺文件，并严格执行；采用特种工艺的，应当进行必要的工艺试验或者工艺评定。

第十六条　放射性物品运输容器制造单位应当加强质量管理，建立健全质量保证体系，编制质量保证大纲并有效实施。

放射性物品运输容器制造单位对其所从事的放射性物品运输容器制造质量负责。

第十七条　放射性物品运输容器制造单

位应当按照设计要求和有关标准，对放射性物品运输容器的零部件和整体容器进行质量检验，编制质量检验报告。未经质量检验或者经检验不合格的放射性物品运输容器，不得交付使用。

第十八条　一类、二类放射性物品运输容器制造单位，应当按照本办法规定的编码规则，对其制造的一类、二类放射性物品运输容器进行统一编码。

一类、二类放射性物品运输容器制造单位，应当于每年1月31日前将上一年度制造的运输容器的编码清单报国务院核安全监管部门备案。

三类放射性物品运输容器制造单位，应当于每年1月31日前将上一年度制造的运输容器的型号及其数量、设计总图报国务院核安全监管部门备案。

第十九条　一类放射性物品运输容器制造单位应当在每次制造活动开始前至少三十日，向国务院核安全监管部门提交制造质量计划。国务院核安全监管部门应当根据制造活动的特点选取检查点并通知制造单位。

一类放射性物品运输容器制造单位应当根据制造活动的实际进度，在国务院核安全监管部门选取的检查点制造活动开始前，至少提前十个工作日书面报告国务院核安全监管部门。

第二十条　国务院核安全监管部门应当对放射性物品运输容器的制造过程进行监督检查。

对一类放射性物品运输容器的制造活动应当至少组织一次现场检查；对二类放射性物品运输容器的制造，应当对制造过程进行不定期抽查；对三类放射性物品运输容器的制造，应当根据每年的备案情况进行不定期抽查。

第二十一条　国务院核安全监管部门对放射性物品运输容器制造单位进行现场监督检查时，应当检查以下内容：

（一）一类放射性物品运输容器制造单位遵守制造许可证的情况；

（二）质量保证体系的运行情况；

（三）人员资格情况；

（四）生产条件和检测手段与所从事制造活动的适应情况；

（五）编制的工艺文件与采用的技术标准以及有关技术文件的符合情况；

（六）工艺过程的实施情况以及零部件采购过程中的质量保证情况；

（七）制造过程记录；

（八）重大质量问题的调查和处理，以及整改要求的落实情况等。

第二十二条　国务院核安全监管部门在监督检查中，发现一类放射性物品运输容器制造单位有不符合制造许可证规定情形的，由国务院核安全监管部门责令限期整改。

监督检查中发现放射性物品运输容器制造确有重大质量问题或者违背设计要求的，由国务院核安全监管部门责令停止该型号运输容器的制造或者使用。

第二十三条　一类放射性物品运输容器的使用单位在采购境外单位制造的运输容器时，应当在对外贸易合同中明确运输容器的设计、制造符合我国放射性物品运输安全法律法规要求，以及境外单位配合国务院核安全监管部门监督检查的义务。

采购境外单位制造的一类放射性物品运输容器的使用单位，应当在相应制造活动开始前至少三个月通知国务院核安全监管部门，并配合国务院核安全监管部门对境外单位一类放射性物品运输容器制造活动实施监督检查。

采购境外单位制造的一类放射性物品运输容器成品的使用单位，应当在使用批准书申请时提交相应的文件，证明该容器质量满足设计要求。

第四章　放射性物品运输活动的监督管理

第二十四条　托运人对放射性物品运输

的核与辐射安全和应急工作负责，对拟托运物品的合法性负责，并依法履行各项行政审批手续。托运一类放射性物品的托运人应当依法取得核与辐射安全分析报告批复后方可从事运输活动。托运人应当对直接从事放射性物品运输的工作人员进行运输安全和应急响应知识的培训和考核，并建立职业健康档案。

承运人应当对直接从事放射性物品运输的工作人员进行运输安全和应急响应知识的培训和考核，并建立职业健康档案。对托运人提交的有关资料，承运人应当进行查验、收存，并配合托运人做好运输过程中的安全保卫和核与辐射事故应急工作。

放射性物品运输应当有明确并且具备核与辐射安全法律法规规定条件的接收人。接收人应当对所接收的放射性物品进行核对验收，发现异常应当及时通报托运人和承运人。

第二十五条　托运人应当根据拟托运放射性物品的潜在危害建立健全应急响应体系，针对具体运输活动编制应急响应指南，并在托运前提交承运人。

托运人应当会同承运人定期开展相应的应急演习。

第二十六条　托运人应当对每个放射性物品运输容器在制造完成后、首次使用前进行详细检查，确保放射性物品运输容器的包容、屏蔽、传热、核临界安全功能符合设计要求。

第二十七条　托运人应当按照运输容器的特点，制定每次启运前检查或者试验程序，并按照程序进行检查。检查时应当核实内容物符合性，并对运输容器的吊装设备、密封性能、温度、压力等进行检测和检查，确保货包的热和压力已达到平衡、稳定状态，密闭性能完好。

对装有易裂变材料的放射性物品运输容器，还应当检查中子毒物和其他临界控制措施是否符合要求。

每次检查或者试验应当由获得托运人授权的操作人员进行，并制作书面记录。

检查不符合要求的，不得启运。

第二十八条　托运一类放射性物品的，托运人应当委托有资质的辐射监测机构在启运前对其表面污染和辐射水平实施监测，辐射监测机构应当出具辐射监测报告。

托运二类、三类放射性物品的，托运人应当对其表面污染和辐射水平实施监测，并编制辐射监测报告，存档备查。

监测结果不符合国家放射性物品运输安全标准的，不得托运。

第二十九条　托运人应当根据放射性物品运输安全标准，限制单个运输工具上放射性物品货包的数量。

承运人应当按照托运人的要求运输货包。放射性物品运输和中途贮存期间，承运人应当妥善堆放，采取必要的隔离措施，并严格执行辐射防护和监测要求。

第三十条　托运人和承运人应当采取措施，确保货包和运输工具外表面的非固定污染不超过放射性物品运输安全标准的要求。

在运输途中货包受损、发生泄漏或者有泄漏可能的，托运人和承运人应当立即采取措施保护现场，限制非专业人员接近，并由具备辐射防护与安全防护知识的专业技术人员按放射性物品运输安全标准要求评定货包的污染程度和辐射水平，消除或者减轻货包泄漏、损坏造成的后果。

经评定，货包泄漏量超过放射性物品运输安全标准要求的，托运人和承运人应当立即报告事故发生地的县级以上环境保护主管部门，并在环境保护主管部门监督下将货包移至临时场所。货包完成修理和去污之后，方可向外发送。

第三十一条　放射性物品运输中发生核与辐射安全事故时，托运人和承运人应当根据核与辐射事故应急响应指南的要求，做好事故应急工作，并立即报告事故发生地的县级以上环境保护主管部门。相关部门应当按照应急预案做好事故应急响应工作。

第三十二条 一类放射性物品启运前，托运人应当将放射性物品运输的核与辐射安全分析报告批准书、辐射监测报告，报启运地的省、自治区、直辖市环境保护主管部门备案。

启运地的省、自治区、直辖市环境保护主管部门收到托运人的备案材料后，应当将一类放射性物品运输辐射监测备案表及时通报途经地和抵达地的省、自治区、直辖市环境保护主管部门。

第三十三条 对一类放射性物品的运输，启运地的省、自治区、直辖市环境保护主管部门应当在启运前对放射性物品运输托运人的运输准备情况进行监督检查。

对运输频次比较高、运输活动比较集中的地区，可以根据实际情况制定监督检查计划，原则上检查频次每月不少于一次；对二类放射性物品的运输，可以根据实际情况开展抽查，原则上检查频次每季度不少于一次；对三类放射性物品的运输，可以根据实际情况实施抽查，原则上检查频次每年不少于一次。

途经地和抵达地的省、自治区、直辖市环境保护主管部门不得中途拦截检查；发生特殊情况的除外。

第三十四条 省、自治区、直辖市环境保护主管部门应当根据运输货包的类别和数量，按照放射性物品运输安全标准对本行政区域内放射性物品运输货包的表面污染和辐射水平开展启运前的监督性监测。监督性监测不得收取费用。

辐射监测机构和托运人应当妥善保存原始记录和监测报告，并配合省、自治区、直辖市环境保护主管部门进行监督性监测。

第三十五条 放射性物品从境外运抵中华人民共和国境内，或者途经中华人民共和国境内运输的，应当根据放射性物品的分类，分别按照法律法规规定的一类、二类、三类放射性物品运输的核与辐射安全监督管理要求进行运输。

第三十六条 放射性物品运输容器使用单位应当按照放射性物品运输安全标准和设计要求制定容器的维修和维护程序，严格按照程序进行维修和维护，并建立维修、维护和保养档案。放射性物品运输容器达到设计使用年限，或者发现放射性物品运输容器存在安全隐患的，应当停止使用，进行处理。

第三十七条 一类放射性物品运输容器使用单位应当对其使用的一类放射性物品运输容器每两年进行一次安全性能评价。安全性能评价应当在两年使用期届满前至少三个月进行，并在使用期届满前至少两个月编制定期安全性能评价报告。

定期安全性能评价报告，应当包括运输容器的运行历史和现状、检查和检修及发现问题的处理情况、定期检查和试验等内容。使用单位应当做好接受监督检查的准备。必要时，国务院核安全监管部门可以根据运输容器使用特点和使用情况，选取检查点并组织现场检查。

一类放射性物品运输容器使用单位应当于两年使用期届满前至少三十日，将安全性能评价结果报国务院核安全监管部门备案。

第三十八条 放射性物品启运前的监督检查包括以下内容：

（一）运输容器及放射性内容物：检查运输容器的日常维修和维护记录、定期安全性能评价记录（限一类放射性物品运输容器）、编码（限一类、二类放射性物品运输容器）等，确保运输容器及内容物均符合设计的要求；

（二）托运人启运前辐射监测情况，以及随车辐射监测设备的配备；

（三）表面污染和辐射水平；

（四）标记、标志和标牌是否符合要求；

（五）运输说明书，包括特殊的装卸作业要求、安全防护指南、放射性物品的品名、数量、物理化学形态、危害风险以及必要的运输路线的指示等；

（六）核与辐射事故应急响应指南；

（七）核与辐射安全分析报告批准书、运输容器设计批准书等相关证书的持有情况；

（八）直接从事放射性物品运输的工作人员的运输安全、辐射防护和应急响应知识的培训和考核情况；

（九）直接从事放射性物品运输的工作人员的辐射防护管理情况。

对一类、二类放射性物品运输的监督检查，还应当包括卫星定位系统的配备情况。

对重要敏感的放射性物品运输活动，国务院核安全监管部门应当根据核与辐射安全分析报告及其批复的要求加强监督检查。

第三十九条　国务院核安全监管部门和省、自治区、直辖市环境保护主管部门在监督检查中发现放射性物品运输活动有不符合国家放射性物品运输安全标准情形的，应当责令限期整改；发现放射性物品运输活动可能对人体健康和环境造成核与辐射危害的，应当责令停止运输。

第五章　附　　则

第四十条　本办法自 2016 年 5 月 1 日起施行。

交通运输突发事件应急管理规定

（2011 年 9 月 22 日经交通运输部第 10 次部务会议通过，2011 年 11 月 14 日公布，自 2012 年 1 月 1 日起施行）

第一章　总　　则

第一条　为规范交通运输突发事件应对活动，控制、减轻和消除突发事件引起的危害，根据《中华人民共和国突发事件应对法》和有关法律、行政法规，制定本规定。

第二条　交通运输突发事件的应急准备、监测与预警、应急处置、终止与善后等活动，适用本规定。

本规定所称交通运输突发事件，是指突然发生，造成或者可能造成交通运输设施毁损，交通运转中断、阻塞，重大船舶污染及海上溢油应急处置等，需要采取应急处置措施，疏散或者救援人员，提供应急运输保障的自然灾害、事故灾难、公共卫生事件和社会安全事件。

第三条　国务院交通运输主管部门主管全国交通运输突发事件应急管理工作。

县级以上各级交通运输主管部门按照职责分工负责本辖区内交通运输突发事件应急管理工作。

第四条　交通运输突发事件应对活动应当遵循属地管理原则，在各级地方人民政府的统一领导下，建立分级负责、分类管理、协调联动的交通运输应急管理体制。

第五条　县级以上各级交通运输主管部门应当会同有关部门建立应急联动协作机制，共同加强交通运输突发事件应急管理工作。

第二章　应急准备

第六条　国务院交通运输主管部门负责编制并发布国家交通运输应急保障体系建设规划，统筹规划、建设国家级交通运输突发事件应急队伍、应急装备和应急物资保障基地，储备应急运力，相关内容纳入国家应急保障体系规划。

各省、自治区、直辖市交通运输主管部门负责编制并发布地方交通运输应急保障体系建设规划，统筹规划、建设本辖区应急队伍、应急装备和应急物资保障基地，储备应急运力，相关内容纳入地方应急保障体系规划。

第七条 国务院交通运输主管部门应当根据国家突发事件总体应急预案和相关专项应急预案，制定文通运输突发事件部门应急预案。

县级以上各级交通运输主管部门应当根据本级地方人民政府和上级交通运输主管部门制定的相关突发事件应急预案，制定本部门交通运输突发事件应急预案。

交通运输企业应当按照所在地交通运输主管部门制定的交通运输突发事件应急预案，制定本单位交通运输突发事件应急预案。

第八条 应急预案应当根据有关法律、法规的规定，针对交通运输突发事件的性质、特点、社会危害程度以及可能需要提供的交通运输应急保障措施，明确应急管理的组织指挥体系与职责、监测与预警、处置程序、应急保障措施、恢复与重建、培训与演练等具体内容。

第九条 应急预案的制定、修订程序应当符合国家相关规定。应急预案涉及其他相关部门职能的，在制定过程中应当征求各相关部门的意见。

第十条 交通运输主管部门制定的应急预案应当与本级人民政府及上级交通运输主管部门制定的相关应急预案衔接一致。

第十一条 交通运输主管部门制定的应急预案应当报上级交通运输主管部门和本级人民政府备案。

公共交道工具、重点港口和场站的经营单位以及储运易燃易爆物品、危险化学品、放射性物品等危险物品的交通运输企业所制定的应急预案，应当向所属地交通运输主管部门备案。

第十二条 应急预案应当根据实际需要、情势变化和演练验证，适时修订。

第十三条 交通运输主管部门、交通运输企业应当按照有关规划和应急预案的要求，根据应急工作的实际需要，建立健全应急装备和应急物资储备、维护、管理和调拨制度，储备必需的应急物资和运力，配备必要的专用应急指挥交通工具和应急通信装备，并确保应急物资装备处于正常使用状态。

第十四条 交通运输主管部门可以根据交通运输突发事件应急处置的实际需要，统筹规划、建设交通运输专业应急队伍。

交通运输企业应当根据实际需要，建立由本单位职工组成的专职或者兼职应急队伍。

第十五条 交通运输主管部门应当加强应急队伍应急能力和人员素质建设，加强专业应急队伍与非专业应急队伍的合作、联合培训及演练，提高协同应急能力。

交通运输主管部门可以根据应急处置的需要，与其他应急力量提供单位建立必要的应急合作关系。

第十六条 交通运输主管部门应当将本辖区内应急装备、应急物资、运力储备和应急队伍的实时情况及时报上级交通运输主管部门和本级人民政府备案。

交通运输企业应当将本单位应急装备、应急物资、运力储备和应急队伍的实时情况及时报所在地交通运输主管部门备案。

第十七条 所有列人应急队伍的交通运输应急人员，其所属单位应当为其购买人身意外伤害保险，配备必要的防护装备和器材，减少应急人员的人身风险。

第十八条 交通运输主管部门可以根据应急处置实际需要鼓励志愿者参与交通运输突发事件应对活动。

第十九条 交通运输主管部门可以建立专家咨询制度，聘请专家或者专业机构，为交通运输突发事件应对活动提供相关意见和支持。

第二十条 交通运输主管部门应当建立健全交通运输突发事件应急培训制度，并结合运输运输的实际情况和需要，组织开展交通运输应急知识的宣传普及活动。

交通运输企业应当按照交通运输主管部门制定的应急预案的有关要求，制订年度应急培训计划，组织开展应急培训工作。

第二十一条　交通运输主管部门、交通运输企业应当根据本地区、本单位交通运输突发事件的类型和特点，制订应急演练计划，定期组织开展交通运输突发事件应急演练。

第二十二条　交通运输主管部门应当鼓励、扶持研究开发用于交通运输突发事件预防、监测、预警、应急处置和救援的新技术、新设备和新工具。

第二十三条　交通运输主管部门应当根据本级人民政府财政预算情况，编列应急资金年度预算，设立突发事件应急工作专项资金。

交通运输企业应当安排应急专项经费，保障交通运输突发事件应急工作的需要。

应急专项资金和经费主要用于应急预案编制及修订、应急培训演练、应急装备和队伍建设。日常应急管理，应急宣传以及应急处置措施等。

第三章　监测与预警

第二十四条　交通运输主管部门应当建立并完善交通运输突发事件信息管理制度，及时收集、统计、分析、报告交通运输突发事件信息。

交通运输主管部门应当与各有关部门建立信息共享机制，及时获取与交通运输有关的突发事件信息。

第二十五条　交通运输主管部门应当建立交通运输突发事件风险评估机制，对影响或者可能影响交通运输的相关信息及时进行汇总分析，必要时同相关部门进行会商，评估突发事件发生的可能性及可能造成的损害，研究确定应对措施，制定应对方案。对可能发生重大或者特别重大突发事件的，应当立即向本级人民政府及上一级交通运输主管部门报告相关信息。

第二十六条　交通运输主管部门负责本辖区内交通运输突发事件危险源管理工作。对危险源、危险区域进行调查、登记、风险评估，组织检查、监控，并责令有关单位采取安全防范措施。

交通运输企业应当组织开展企业内交通运输突发事件危险源辨识、评估工作，采取相应安全防范措施，加强危险源监控与管理，并按规定及时向交通运输主管部门报告。

第二十七条　交通运输主管部门应当根据自然灾害、事故灾难、公共卫生事件和社会安全事件的种类和特点，建立健全交通运输突发事件基础信息数据库，配备必要的监测设备、设施和人员，对突发事件易发区域加强监测。

第二十八条　交通运输主管部门应当建立交通运输突发事件应急指挥通信系统。

第二十九条　交通运输主管部门、交通运输企业应当建立应急值班制度，根据交通运输突发事件的种类、特点和实际需要，配备必要值班设施和人员。

第三十条　县级以上地方人民政府宣布进入预警期后，交通运输主管部门应当根据预警级别和可能发生的交通运输突发事件的特点，采取下列措施：

（一）启动相应的交通运输突发事件应急预案；

（二）根据需要启动应急协作机制，加强与相关部门的协调沟通；

（三）按照所属地方人民政府和上级交通运输主管部门的要求，指导交通运输企业采取相关预防措施；

（四）加强对突发事件发生、发展情况的跟踪监测，加强值班和信息报告；

（五）按照地方人民政府的授权，发布相关信息，宣传避免、减轻危害的常识，提出来取特定措施避免或者减轻危害的建议、劝告；

（六）组织应急救援队伍和相关人员进入待命状态，调集应急处置所需的运力和装备，检测用于疏运转移的交通运输工具和应急通信设备，确保共处于良好状态；

（七）加强对交通运输枢纽、重点通航建筑物、重点场站、重点港口、码头、重点运输线路及航道的巡查维护；

（八）法律、法规或者所属地方人民政府提出的其他应急措施。

第三十一条 交通运输主管部门应当根据事态发展以及所属地方人民政府的决定，相应调整或者停止所采取的措施。

第四章 应急处置

第三十二条 交通运输突发事件的应急处置应当在各级人民政府的统一领导下进行。

第三十三条 交通运输突发事件发生后，发生地交通运输主管部门应当立即启动相应的应急预案，在本级人民政府的领导下，组织、部署交通运输突发事件的应急处置工作。

第三十四条 交通运输突发事件发生后，负责或者参与应急处置的交通运输主管部门应当根据有关规定和实际需要，采取以下措施：

（一）组织运力疏散、撤离受困人员，组织搜救突发事件中的遇险人员，组织应急物资运输；

（二）调集人员、物资、设备、工具，对受损的交通基础设施进行抢修、抢通或搭建临时性设施；

（三）对危险源和危险区域进行控制，设立警示标志；

（四）采取必要措施，防止次生、衍生灾害发生；

（五）必要时请求本级人民政府和上级交通运输主管部门协调有关部门，启动联合机制，开展联合应急行动；

（六）按照应急预案规定的程序报告突发事件信息以及应急处置的进展情况；

（七）建立新闻发言人制度，按照本级人民政府的委托或者授权及相关规定，统一、及时、准确的向社会和媒体发布应急处置信息；

（八）其他有利于控制、减轻和消除危害的必要措施。

第三十五条 交通运输突发事件超出本级交通运输主管部门处置能力或管辖范围的，交通运输主管部门可以采取以下措施：

（一）根据应急处置需要请求上级交通运输主管部门在资金、物资、设备设施、应急队伍等方面给予支持；

（二）请求上级交通运输主管部门协调突发事件发生地周边交通运输主管部门给予支持；

（三）请求上级交通运输主管部门派出现场工作组及有关专业技术人员给予指导；

（四）按照建立的应急协作机制，协调有关部门参与应急处置。

第三十六条 在需要组织开展大规模人员疏散、物资疏运的情况下，交通运输主管部门应当根据本级人民政府或者上级交通运输主管部门的指令，及时组织运力参与应急运输。

第三十七条 交通运输企业应当加强对本单位应急设备、设施、队伍的日常管理，保证应急处置工作及时、有效开展。

交通运输突发事件应急处置过程中，交通运输企业应当接受交通运输主管部门的组织、调度和指挥。

第三十八条 交通运输主管部门根据应急处置工作的需要，可以征用有关单位和个人的交通运输工具、相关设备和其他物资。有关单位和个人应当予以配合。

第五章 终止与善后

第三十九条 交通运输突发事件的威胁和危害得到控制或者消除后，负责应急处置的交通运输主管部门应当按照相关人民政府的决定停止执行应急处置措施，并按照有关要求采取必要措施，防止发生次生，衍生事件。

第四十条 交通运输突发事件应急处置结束后，负责应急处置工作的交通运输主管部门应当对应急处置工作进行评估，并向上级交通运输主管部门和本级人民政府报告。

第四十一条　交通运输突发事件应急处置结束后，交通运输主管部门应当根据国家有关扶持遭受突发事件影响行业和地区发展的政策规定以及本级人民政府的恢复重建规划，制定相应的交通运输恢复重建计划并组织实施，重建受损的交通基础设施，消除突发事件造成的破坏及影响。

第四十二条　因应急处置工作需要被征用的交通运输工具、装备和物资在使用完毕应当及时返还。交通运输工具、装备、物资被征用或者征用后毁损、灭失的，应当按照相关法律法规予以补偿。

第六章　监督检查

第四十三条　交通运输主管部门应当建立健全交通运输突发事件应急管理监督检查和考核机制。

监督检查应当包含以下内容：

（一）应急组织机构建立情况；

（二）应急预案制订及实施情况；

（三）应急物资储备情况；

（四）应急队伍建设情况；

（五）危险源监测情况；

（六）信息管理、报送、发布及宣传情况；

（七）应急培训及演练情况；

（八）应急专项资金和经费落实情况；

（九）突发事件应急处置评估情况。

第四十四条　交通运输主管部门应当加强对辖区内交通运输企业等单位应急工作的指导和监督。

第四十五条　违反本规定影响交通运输突发事件应对活动有效进行的，由其上级交通运输主管部门责令改正、通报批评；情节严重的，对直接负责的主管人员和其他直接责任人员按照有关规定给予相应处分；造成严重后果的，由有关部门依法给予处罚或追究相应责任。

第七章　附　　则

第四十六条　海事管理机构及各级地方人民政府交通运输主管部门对水上交通安全和防治船舶污染等突发事件的应对活动，依照有关法律法规执行。

一般生产安全事故的应急处置，依照国家有关法律法规执行。

第四十七条　本规定自2012年1月1日起实施。

道路危险货物运输管理规定

（2013年1月23日交通运输部发布，根据2016年4月11日《交通运输部关于修改〈道路危险货物运输管理规定〉的决定》第一次修正，根据2019年11月28日《交通运输部关于修改〈道路危险货物运输管理规定〉的决定》第二次修正，根据2023年11月10日《交通运输部关于修改〈道路危险货物运输管理规定〉的决定》第三次修正）

第一章　总　　则

第一条　为规范道路危险货物运输市场秩序，保障人民生命财产安全，保护环境，维护道路危险货物运输各方当事人的合法权益，根据《中华人民共和国道路运输条例》

和《危险化学品安全管理条例》等有关法律、行政法规，制定本规定。

第二条 从事道路危险货物运输活动，应当遵守本规定。军事危险货物运输除外。

法律、行政法规对民用爆炸物品、烟花爆竹、放射性物品等特定种类危险货物的道路运输另有规定的，从其规定。

第三条 本规定所称危险货物，是指具有爆炸、易燃、毒害、感染、腐蚀等危险特性，在生产、经营、运输、储存、使用和处置中，容易造成人身伤亡、财产损毁或者环境污染而需要特别防护的物质和物品。危险货物以列入《危险货物道路运输规则》（JT/T 617）的为准，未列入《危险货物道路运输规则》（JT/T 617）的，以有关法律、行政法规的规定或者国务院有关部门公布的结果为准。

本规定所称道路危险货物运输，是指使用载货汽车通过道路运输危险货物的作业全过程。

本规定所称道路危险货物运输车辆，是指满足特定技术条件和要求，从事道路危险货物运输的载货汽车（以下简称专用车辆）。

第四条 危险货物的分类、分项、品名和品名编号应当按照《危险货物道路运输规则》（JT/T 617）执行。危险货物的危险程度依据《危险货物道路运输规则》（JT/T 617），分为Ⅰ、Ⅱ、Ⅲ等级。

第五条 从事道路危险货物运输应当保障安全，依法运输，诚实信用。

第六条 国家鼓励技术力量雄厚、设备和运输条件好的大型专业危险化学品生产企业从事道路危险货物运输，鼓励道路危险货物运输企业实行集约化、专业化经营，鼓励使用厢式、罐式和集装箱等专用车辆运输危险货物。

第七条 交通运输部主管全国道路危险货物运输管理工作。

县级以上地方人民政府交通运输主管部门（以下简称交通运输主管部门）负责本行政区域的道路危险货物运输管理工作。

第二章 道路危险货物运输许可

第八条 申请从事道路危险货物运输经营，应当具备下列条件：

（一）有符合下列要求的专用车辆及设备：

1. 自有专用车辆（挂车除外）5辆以上；运输剧毒化学品、爆炸品的，自有专用车辆（挂车除外）10辆以上。

2. 专用车辆的技术要求应当符合《道路运输车辆技术管理规定》有关规定。

3. 配备有效的通讯工具。

4. 专用车辆应当安装具有行驶记录功能的卫星定位装置。

5. 运输剧毒化学品、爆炸品、易制爆危险化学品的，应当配备罐式、厢式专用车辆或者压力容器等专用容器。

6. 罐式专用车辆的罐体应当经检验合格，且罐体载货后总质量与专用车辆核定载质量相匹配。运输爆炸品、强腐蚀性危险货物的罐式专用车辆的罐体容积不得超过20立方米，运输剧毒化学品的罐式专用车辆的罐体容积不得超过10立方米，但符合国家有关标准的罐式集装箱除外。

7. 运输剧毒化学品、爆炸品、强腐蚀性危险货物的非罐式专用车辆，核定载质量不得超过10吨，但符合国家有关标准的集装箱运输专用车辆除外。

8. 配备与运输的危险货物性质相适应的安全防护、环境保护和消防设施设备。

（二）有符合下列要求的停车场地：

1. 自有或者租借期限为3年以上，且与经营范围、规模相适应的停车场地，停车场地应当位于企业注册地市级行政区域内。

2. 运输剧毒化学品、爆炸品专用车辆以及罐式专用车辆，数量为20辆（含）以下的，停车场地面积不低于车辆正投影面积的1.5倍，数量为20辆以上的，超过部分，每辆车的停车场地面积不低于车辆正投影面积；运输其他危险货物的，专用车辆数量为10辆（含）以下的，停车场地面积不低于车辆正投影面积的1.5倍；数量为10辆以上的，超过部分，每辆车的停车场地面积不低于车辆正投影面积。

3. 停车场地应当封闭并设立明显标志，不得妨碍居民生活和威胁公共安全。

（三）有符合下列要求的从业人员和安全管理人员：

1. 专用车辆的驾驶人员取得相应机动车驾驶证，年龄不超过60周岁。

2. 从事道路危险货物运输的驾驶人员、装卸管理人员、押运人员应当经所在地设区的市级人民政府交通运输主管部门考试合格，并取得相应的从业资格证；从事剧毒化学品、爆炸品道路运输的驾驶人员、装卸管理人员、押运人员，应当经考试合格，取得注明为“剧毒化学品运输”或者“爆炸品运输”类别的从业资格证。

3. 企业应当配备专职安全管理人员。

（四）有健全的安全生产管理制度：

1. 企业主要负责人、安全管理部门负责人、专职安全管理人员安全生产责任制度。

2. 从业人员安全生产责任制度。

3. 安全生产监督检查制度。

4. 安全生产教育培训制度。

5. 从业人员、专用车辆、设备及停车场地安全管理制度。

6. 应急救援预案制度。

7. 安全生产作业规程。

8. 安全生产考核与奖惩制度。

9. 安全事故报告、统计与处理制度。

第九条　符合下列条件的企事业单位，可以使用自备专用车辆从事为本单位服务的非经营性道路危险货物运输：

（一）属于下列企事业单位之一：

1. 省级以上应急管理部门批准设立的生产、使用、储存危险化学品的企业。

2. 有特殊需求的科研、军工等企事业单位。

（二）具备第八条规定的条件，但自有专用车辆（挂车除外）的数量可以少于5辆。

第十条　申请从事道路危险货物运输经营的企业，应当依法向市场监督管理部门办理有关登记手续后，向所在地设区的市级交通运输主管部门提出申请，并提交以下材料：

（一）《道路危险货物运输经营申请表》，包括申请人基本信息、申请运输的危险货物范围（类别、项别或品名，如果为剧毒化学品应当标注“剧毒”）等内容。

（二）拟担任企业法定代表人的投资人或者负责人的身份证明及其复印件，经办人身份证明及其复印件和书面委托书。

（三）企业章程文本。

（四）证明专用车辆、设备情况的材料，包括：

1. 未购置专用车辆、设备的，应当提交拟投入专用车辆、设备承诺书。承诺书内容应当包括车辆数量、类型、技术等级、总质量、核定载质量、车轴数以及车辆外廓尺寸；通讯工具和卫星定位装置配备情况；罐式专用车辆的罐体容积；罐式专用车辆罐体载货后的总质量与车辆核定载质量相匹配情况；运输剧毒化学品、爆炸品、易制爆危险化学品的专用车辆核定载质量等有关情况。承诺期限不得超过1年。

2. 已购置专用车辆、设备的，应当提供车辆行驶证、车辆技术等级评定结论；通讯工具和卫星定位装置配备；罐式专用车辆的罐体检测合格证或者检测报告及复印件等有关材料。

（五）拟聘用专职安全管理人员、驾驶人员、装卸管理人员、押运人员的，应当提交拟聘用承诺书，承诺期限不得超过1年；已聘用的应当提交从业资格证及其复印件以及驾驶证及其复印件。

（六）停车场地的土地使用证、租借合同、场地平面图等材料。

（七）相关安全防护、环境保护、消防设施设备的配备情况清单。

（八）有关安全生产管理制度文本。

第十一条 申请从事非经营性道路危险货物运输的单位，向所在地设区的市级交通运输主管部门提出申请时，除提交第十条第（四）项至第（八）项规定的材料外，还应当提交以下材料：

（一）《道路危险货物运输申请表》，包括申请人基本信息、申请运输的物品范围（类别、项别或品名，如果为剧毒化学品应当标注“剧毒”）等内容。

（二）下列形式之一的单位基本情况证明：

1. 省级以上应急管理部门颁发的危险化学品生产、使用等证明。

2. 能证明科研、军工等企事业单位性质或者业务范围的有关材料。

（三）特殊运输需求的说明材料。

（四）经办人的身份证明及其复印件以及书面委托书。

第十二条 设区的市级交通运输主管部门应当按照《中华人民共和国道路运输条例》和《交通行政许可实施程序规定》，以及本规定所明确的程序和时限实施道路危险货物运输行政许可，并进行实地核查。

决定准予许可的，应当向被许可人出具《道路危险货物运输行政许可决定书》，注明许可事项，具体内容应当包括运输危险货物的范围（类别、项别或品名，如果为剧毒化学品应当标注“剧毒”），专用车辆数量、要求以及运输性质，并在 10 日内向道路危险货物运输经营申请人发放《道路运输经营许可证》，向非经营性道路危险货物运输申请人发放《道路危险货物运输许可证》。

市级交通运输主管部门应当将准予许可的企业或单位的许可事项等，及时以书面形式告知县级交通运输主管部门。

决定不予许可的，应当向申请人出具《不予交通行政许可决定书》。

第十三条 被许可人已获得其他道路运输经营许可的，设区的市级交通运输主管部门应当为其换发《道路运输经营许可证》，并在经营范围中加注新许可的事项。如果原《道路运输经营许可证》是由省级交通运输主管部门发放的，由原许可机关按照上述要求予以换发。

第十四条 被许可人应当按照承诺期限落实拟投入的专用车辆、设备。

原许可机关应当对被许可人落实的专用车辆、设备予以核实，对符合许可条件的专用车辆配发《道路运输证》，并在《道路运输证》经营范围栏内注明允许运输的危险货物类别、项别或者品名，如果为剧毒化学品应标注“剧毒”；对从事非经营性道路危险货物运输的车辆，还应当加盖“非经营性危险货物运输专用章”。

被许可人未在承诺期限内落实专用车辆、设备的，原许可机关应当撤销许可决定，并收回已核发的许可证明文件。

第十五条 被许可人应当按照承诺期限落实拟聘用的专职安全管理人员、驾驶人员、装卸管理人员和押运人员。

被许可人未在承诺期限内按照承诺聘用专职安全管理人员、驾驶人员、装卸管理人员和押运人员的，原许可机关应当撤销许可决定，并收回已核发的许可证明文件。

第十六条 交通运输主管部门不得许可一次性、临时性的道路危险货物运输。

第十七条 道路危险货物运输企业设立子公司从事道路危险货物运输的，应当向子公司注册地设区的市级交通运输主管部门申请运输许可。设立分公司的，应当向分公司注册地设区的市级交通运输主管部门备案。

第十八条 道路危险货物运输企业或者单位需要变更许可事项的，应当向原许可机关提出申请，按照本章有关许可的规定办理。

道路危险货物运输企业或者单位变更法定代表人、名称、地址等工商登记事项的，应当在30日内向原许可机关备案。

第十九条　道路危险货物运输企业或者单位终止危险货物运输业务的，应当在终止之日的30日前告知原许可机关，并在停业后10日内将《道路运输经营许可证》或者《道路危险货物运输许可证》以及《道路运输证》交回原许可机关。

第三章　专用车辆、设备管理

第二十条　道路危险货物运输企业或者单位应当按照《道路运输车辆技术管理规定》中有关车辆管理的规定，维护、检测、使用和管理专用车辆，确保专用车辆技术状况良好。

第二十一条　设区的市级交通运输主管部门应当定期对专用车辆进行审验，每年审验一次。审验按照《道路运输车辆技术管理规定》进行，并增加以下审验项目：

（一）专用车辆投保危险货物承运人责任险情况；

（二）必需的应急处理器材、安全防护设施设备和专用车辆标志的配备情况；

（三）具有行驶记录功能的卫星定位装置的配备情况。

第二十二条　禁止使用报废的、擅自改装的、检测不合格的、车辆技术等级达不到一级的和其他不符合国家规定的车辆从事道路危险货物运输。

除铰接列车、具有特殊装置的大型物件运输专用车辆外，严禁使用货车列车从事危险货物运输；倾卸式车辆只能运输散装硫磺、萘饼、粗蒽、煤焦沥青等危险货物。

禁止使用移动罐体（罐式集装箱除外）从事危险货物运输。

第二十三条　罐式专用车辆的常压罐体应当符合国家标准《道路运输液体危险货物罐式车辆第1部分：金属常压罐体技术要求》（GB 18564.1）、《道路运输液体危险货物罐式车辆第2部分：非金属常压罐体技术要求》（GB 18564.2）等有关技术要求。

使用压力容器运输危险货物的，应当符合国家特种设备安全监督管理部门制订并公布的《移动式压力容器安全技术监察规程》（TSG R0005）等有关技术要求。

压力容器和罐式专用车辆应当在压力容器或者罐体检验合格的有效期内承运危险货物。

第二十四条　道路危险货物运输企业或者单位对重复使用的危险货物包装物、容器，在重复使用前应当进行检查；发现存在安全隐患的，应当维修或者更换。

道路危险货物运输企业或者单位应当对检查情况作出记录，记录的保存期限不得少于2年。

第二十五条　道路危险货物运输企业或者单位应当到具有污染物处理能力的机构对常压罐体进行清洗（置换）作业，将废气、污水等污染物集中收集，消除污染，不得随意排放，污染环境。

第四章　道路危险货物运输

第二十六条　道路危险货物运输企业或者单位应当严格按照交通运输主管部门决定的许可事项从事道路危险货物运输活动，不得转让、出租道路危险货物运输许可证件。

严禁非经营性道路危险货物运输单位从事道路危险货物运输经营活动。

第二十七条　危险货物托运人应当委托具有道路危险货物运输资质的企业承运。

危险货物托运人应当对托运的危险货物种类、数量和承运人等相关信息予以记录，记录的保存期限不得少于1年。

第二十八条　危险货物托运人应当严格按照国家有关规定妥善包装并在外包装设置标志，并向承运人说明危险货物的品名、数量、危害、应急措施等情况。需要添加抑制剂或者稳定剂的，托运人应当按照规定添加，并告知承运人相关注意事项。

危险货物托运人托运危险化学品的，还应当提交与托运的危险化学品完全一致的安全技术说明书和安全标签。

第二十九条　不得使用罐式专用车辆或者运输有毒、感染性、腐蚀性危险货物的专用车辆运输普通货物。

其他专用车辆可以从事食品、生活用品、药品、医疗器具以外的普通货物运输，但应当由运输企业对专用车辆进行消除危害处理，确保不对普通货物造成污染、损害。

不得将危险货物与普通货物混装运输。

第三十条　专用车辆应当按照国家标准《道路运输危险货物车辆标志》（GB 13392）的要求悬挂标志。

第三十一条　运输剧毒化学品、爆炸品的企业或者单位，应当配备专用停车区域，并设立明显的警示标牌。

第三十二条　专用车辆应当配备符合有关国家标准以及与所载运的危险货物相适应的应急处理器材和安全防护设备。

第三十三条　道路危险货物运输企业或者单位不得运输法律、行政法规禁止运输的货物。

法律、行政法规规定的限运、凭证运输货物，道路危险货物运输企业或者单位应当按照有关规定办理相关运输手续。

法律、行政法规规定托运人必须办理有关手续后方可运输的危险货物，道路危险货物运输企业应当查验有关手续齐全有效后方可承运。

第三十四条　道路危险货物运输企业或者单位应当采取必要措施，防止危险货物脱落、扬散、丢失以及燃烧、爆炸、泄漏等。

第三十五条　驾驶人员应当随车携带《道路运输证》。驾驶人员或者押运人员应当按照《危险货物道路运输规则》（JT/T 617）的要求，随车携带《道路运输危险货物安全卡》。

第三十六条　在道路危险货物运输过程中，除驾驶人员外，还应当在专用车辆上配备押运人员，确保危险货物处于押运人员监管之下。

第三十七条　道路危险货物运输途中，驾驶人员不得随意停车。

因住宿或者发生影响正常运输的情况需要较长时间停车的，驾驶人员、押运人员应当设置警戒带，并采取相应的安全防范措施。

运输剧毒化学品或者易制爆危险化学品需要较长时间停车的，驾驶人员或者押运人员应当向当地公安机关报告。

第三十八条　危险货物的装卸作业应当遵守安全作业标准、规程和制度，并在装卸管理人员的现场指挥或者监控下进行。

危险货物运输托运人和承运人应当按照合同约定指派装卸管理人员；若合同未予约定，则由负责装卸作业的一方指派装卸管理人员。

第三十九条　驾驶人员、装卸管理人员和押运人员上岗时应当随身携带从业资格证。

第四十条　严禁专用车辆违反国家有关规定超载、超限运输。

道路危险货物运输企业或者单位使用罐式专用车辆运输货物时，罐体载货后的总质量应当和专用车辆核定载质量相匹配；使用牵引车运输货物时，挂车载货后的总质量应当与牵引车的准牵引总质量相匹配。

第四十一条　道路危险货物运输企业或者单位应当要求驾驶人员和押运人员在运输危险货物时，严格遵守有关部门关于危险货物运输线路、时间、速度方面的有关规定，并遵守有关部门关于剧毒、爆炸危险品道路运输车辆在重大节假日通行高速公路的相关规定。

第四十二条　道路危险货物运输企业或者单位应当通过卫星定位监控平台或者监控终端及时纠正和处理超速行驶、疲劳驾驶、不按规定线路行驶等违法违规驾驶行为。

监控数据应当至少保存6个月，违法驾驶信息及处理情况应当至少保存3年。

第四十三条　道路危险货物运输从业人员必须熟悉有关安全生产的法规、技术标准和安全生产规章制度、安全操作规程，了解所装运危险货物的性质、危害特性、包装物或者容器的使用要求和发生意外事故时的处置措施，并严格执行《危险货物道路运输规则》（JT/T 617）等标准，不得违章作业。

第四十四条　道路危险货物运输企业或者单位应当通过岗前培训、例会、定期学习等方式，对从业人员进行经常性安全生产、职业道德、业务知识和操作规程的教育培训。

第四十五条　道路危险货物运输企业或者单位应当加强安全生产管理，制定突发事件应急预案，配备应急救援人员和必要的应急救援器材、设备，并定期组织应急救援演练，严格落实各项安全制度。

第四十六条　道路危险货物运输企业或者单位应当委托具备资质条件的机构，对本企业或单位的安全管理情况每3年至少进行一次安全评估，出具安全评估报告。

第四十七条　在危险货物运输过程中发生燃烧、爆炸、污染、中毒或者被盗、丢失、流散、泄漏等事故，驾驶人员、押运人员应当立即根据应急预案和《道路运输危险货物安全卡》的要求采取应急处置措施，并向事故发生地公安部门、交通运输主管部门和本运输企业或者单位报告。运输企业或者单位接到事故报告后，应当按照本单位危险货物应急预案组织救援，并向事故发生地应急管理部门和生态环境、卫生健康主管部门报告。

交通运输主管部门应当公布事故报告电话。

第四十八条　在危险货物装卸过程中，应当根据危险货物的性质，轻装轻卸，堆码整齐，防止混杂、撒漏、破损，不得与普通货物混合堆放。

第四十九条　道路危险货物运输企业或者单位应当为其承运的危险货物投保承运人责任险。

第五十条　道路危险货物运输企业异地经营（运输线路起讫点均不在企业注册地市域内）累计3个月以上的，应当向经营地设区的市级交通运输主管部门备案并接受其监管。

第五章　监督检查

第五十一条　道路危险货物运输监督检查按照《道路货物运输及站场管理规定》执行。

交通运输主管部门工作人员应当定期或者不定期对道路危险货物运输企业或者单位进行现场检查。

第五十二条　交通运输主管部门工作人员对在异地取得从业资格的人员监督检查时，可以向原发证机关申请提供相应的从业资格档案资料，原发证机关应当予以配合。

第五十三条　交通运输主管部门在实施监督检查过程中，经本部门主要负责人批准，可以对没有随车携带《道路运输证》又无法当场提供其他有效证明文件的危险货物运输专用车辆予以扣押。

第五十四条　任何单位和个人对违反本规定的行为，有权向交通运输主管部门举报。

交通运输主管部门应当公布举报电话，并在接到举报后及时依法处理；对不属于本部门职责的，应当及时移送有关部门处理。

第六章　法律责任

第五十五条　违反本规定，有下列情形之一的，由交通运输主管部门责令停止运输经营，违法所得超过2万元的，没收违法所得，处违法所得2倍以上10倍以下的罚款；没有违法所得或者违法所得不足2万元的，处3万元以上10万元以下的罚款；构成犯罪的，依法追究刑事责任：

（一）未取得道路危险货物运输许可，擅自从事道路危险货物运输的；

（二）使用失效、伪造、变造、被注销等无效道路危险货物运输许可证件从事道路危险货物运输的；

（三）超越许可事项，从事道路危险货物运输的；

（四）非经营性道路危险货物运输单位从事道路危险货物运输经营的。

第五十六条 违反本规定，道路危险货物运输企业或者单位非法转让、出租道路危险货物运输许可证件的，由交通运输主管部门责令停止违法行为，收缴有关证件，处2000元以上1万元以下的罚款；有违法所得的，没收违法所得。

第五十七条 违反本规定，道路危险货物运输企业或者单位有下列行为之一，由交通运输主管部门责令限期投保；拒不投保的，由原许可机关吊销《道路运输经营许可证》或者《道路危险货物运输许可证》，或者吊销相应的经营范围：

（一）未投保危险货物承运人责任险的；

（二）投保的危险货物承运人责任险已过期，未继续投保的。

第五十八条 违反本规定，道路危险货物运输企业或者单位以及托运人有下列情形之一的，由交通运输主管部门责令改正，并处5万元以上10万元以下的罚款，拒不改正的，责令停产停业整顿；构成犯罪的，依法追究刑事责任：

（一）驾驶人员、装卸管理人员、押运人员未取得从业资格上岗作业的；

（二）托运人不向承运人说明所托运的危险化学品的种类、数量、危险特性以及发生危险情况的应急处置措施，或者未按照国家有关规定对所托运的危险化学品妥善包装并在外包装上设置相应标志的；

（三）未根据危险化学品的危险特性采取相应的安全防护措施，或者未配备必要的防护用品和应急救援器材的；

（四）运输危险化学品需要添加抑制剂或者稳定剂，托运人未添加或者未将有关情况告知承运人的。

第五十九条 违反本规定，道路危险货物运输企业或者单位未配备专职安全管理人员的，由交通运输主管部门依照《中华人民共和国安全生产法》的规定进行处罚。

第六十条 违反本规定，道路危险化学品运输托运人有下列行为之一的，由交通运输主管部门责令改正，处10万元以上20万元以下的罚款，有违法所得的，没收违法所得；拒不改正的，责令停产停业整顿；构成犯罪的，依法追究刑事责任：

（一）委托未依法取得危险货物道路运输许可的企业承运危险化学品的；

（二）在托运的普通货物中夹带危险化学品，或者将危险化学品谎报或者匿报为普通货物托运的。

第六十一条 违反本规定，道路危险货物运输企业擅自改装已取得《道路运输证》的专用车辆及罐式专用车辆罐体的，由交通运输主管部门责令改正，并处5000元以上2万元以下的罚款。

第七章 附　　则

第六十二条 本规定对道路危险货物运输经营未作规定的，按照《道路货物运输及站场管理规定》执行；对非经营性道路危险货物运输未作规定的，参照《道路货物运输及站场管理规定》执行。

第六十三条 道路危险货物运输许可证件和《道路运输证》工本费的具体收费标准由省、自治区、直辖市人民政府财政、价格主管部门会同同级交通运输主管部门核定。

第六十四条 交通运输部可以根据相关行业协会的申请，经组织专家论证后，统一公布可以按照普通货物实施道路运输管理的危险货物。

第六十五条 本规定自2013年7月1日起施行。交通部2005年发布的《道路危险货物运输管理规定》（交通部令2005年第9号）及交通运输部2010年发布的《关于修改〈道路危险货物运输管理规定〉的决定》（交通运输部令2010年第5号）同时废止。

道路交通安全违法行为处理程序规定

（2008年12月20日中华人民共和国公安部令第105号发布，根据2020年4月7日公安部关于修改《道路交通安全违法行为处理程序规定》的决定修正）

第一章　总　　则

第一条　为了规范道路交通安全违法行为处理程序，保障公安机关交通管理部门正确履行职责，保护公民、法人和其他组织的合法权益，根据《中华人民共和国道路交通安全法》及其实施条例等法律、行政法规制定本规定。

第二条　公安机关交通管理部门及其交通警察对道路交通安全违法行为（以下简称违法行为）的处理程序，在法定职权范围内依照本规定实施。

第三条　对违法行为的处理应当遵循合法、公正、文明、公开、及时的原则，尊重和保障人权，保护公民的人格尊严。

对违法行为的处理应当坚持教育与处罚相结合的原则，教育公民、法人和其他组织自觉遵守道路交通安全法律法规。

对违法行为的处理，应当以事实为依据，与违法行为的事实、性质、情节以及社会危害程度相当。

第二章　管　　辖

第四条　交通警察执勤执法中发现的违法行为由违法行为发生地的公安机关交通管理部门管辖。

对管辖权发生争议的，报请共同的上一级公安机关交通管理部门指定管辖。上一级公安机关交通管理部门应当及时确定管辖主体，并通知争议各方。

第五条　违法行为人可以在违法行为发生地、机动车登记地或者其他任意地公安机关交通管理部门处理交通技术监控设备记录的违法行为。

违法行为人在违法行为发生地以外的地方（以下简称处理地）处理交通技术监控设备记录的违法行为的，处理地公安机关交通管理部门可以协助违法行为发生地公安机关交通管理部门调查违法事实、代为送达法律文书、代为履行处罚告知程序，由违法行为发生地公安机关交通管理部门按照发生地标准作出处罚决定。

违法行为人或者机动车所有人、管理人对交通技术监控设备记录的违法行为事实有异议的，可以通过公安机关交通管理部门互联网站、移动互联网应用程序或者违法行为处理窗口向公安机关交通管理部门提出。处理地公安机关交通管理部门应当在收到当事人申请后当日，通过道路交通违法信息管理系统通知违法行为发生地公安机关交通管理部门。违法行为发生地公安机关交通管理部门应当在五日内予以审查，异议成立的，予以消除；异议不成立的，告知当事人。

第六条　对违法行为人处以警告、罚款或者暂扣机动车驾驶证处罚的，由县级以上公安机关交通管理部门作出处罚决定。

对违法行为人处以吊销机动车驾驶证处罚的，由设区的市公安机关交通管理部门作出处罚决定。

对违法行为人处以行政拘留处罚的，由县、市公安局、公安分局或者相当于县一级的公安机关作出处罚决定。

第三章 调查取证

第一节 一般规定

第七条 交通警察调查违法行为时，应当表明执法身份。

交通警察执勤执法应当严格执行安全防护规定，注意自身安全，在公路上执勤执法不得少于两人。

第八条 交通警察应当全面、及时、合法收集能够证实违法行为是否存在、违法情节轻重的证据。

第九条 交通警察调查违法行为时，应当查验机动车驾驶证、行驶证、机动车号牌、检验合格标志、保险标志等牌证以及机动车和驾驶人违法信息。对运载爆炸物品、易燃易爆化学物品以及剧毒、放射性等危险物品车辆驾驶人违法行为调查的，还应当查验其他相关证件及信息。

第十条 交通警察查验机动车驾驶证时，应当询问驾驶人姓名、住址、出生年月并与驾驶证上记录的内容进行核对；对持证人的相貌与驾驶证上的照片进行核对。必要时，可以要求驾驶人出示居民身份证进行核对。

第十一条 调查中需要采取行政强制措施的，依照法律、法规、本规定及国家其他有关规定实施。

第十二条 交通警察对机动车驾驶人不在现场的违法停放机动车行为，应当在机动车侧门玻璃或者摩托车座位上粘贴违法停车告知单，并采取拍照或者录像方式固定相关证据。

第十三条 调查中发现违法行为人有其他违法行为的，在依法对其道路交通安全违法行为作出处理决定的同时，按照有关规定移送有管辖权的单位处理。涉嫌构成犯罪的，转为刑事案件办理或者移送有权处理的主管机关、部门办理。

第十四条 公安机关交通管理部门对于控告、举报的违法行为以及其他行政主管部门移送的案件应当接受，并按规定处理。

第二节 交通技术监控

第十五条 公安机关交通管理部门可以利用交通技术监控设备、执法记录设备收集、固定违法行为证据。

交通技术监控设备、执法记录设备应当符合国家标准或者行业标准，需要认定、检定的交通技术监控设备应当经认定、检定合格后，方可用于收集、固定违法行为证据。

交通技术监控设备应当定期维护、保养、检测，保持功能完好。

第十六条 交通技术监控设备的设置应当遵循科学、规范、合理的原则，设置的地点应当有明确规范相应交通行为的交通信号。

固定式交通技术监控设备设置地点应当向社会公布。

第十七条 使用固定式交通技术监控设备测速的路段，应当设置测速警告标志。

使用移动测速设备测速的，应当由交通警察操作。使用车载移动测速设备的，还应当使用制式警车。

第十八条 作为处理依据的交通技术监控设备收集的违法行为记录资料，应当清晰、准确地反映机动车类型、号牌、外观等特征以及违法时间、地点、事实。

第十九条 交通技术监控设备收集违法行为记录资料后五日内，违法行为发生地公安机关交通管理部门应当对记录内容进行审核，经审核无误后录入道路交通违法信息管理系统，作为处罚违法行为的证据。

第二十条 交通技术监控设备记录的违法行为信息录入道路交通违法信息管理系统后当日，违法行为发生地和机动车登记地公安机关交通管理部门应当向社会提供查询。违法行为发生地公安机关交通管理部门应当在违法行为信息录入道路交通违法信息管理系统后五日内，按照机动车备案信息中的联系方式，通过移动互联网应用程序、手机短信或者邮寄等方式将违法时间、地点、事实通知违法行为人或者机动车所有人、管理人，并告知其在三十日内接受处理。

公安机关交通管理部门应当在违法行为人或者机动车所有人、管理人处理违法行为和交通事故、办理机动车或者驾驶证业务时，书面确认违法行为人或者机动车所有人、管理人的联系方式和法律文书送达方式，并告知其可以通过公安机关交通管理部门互联网站、移动互联网应用程序等方式备案或者变更联系方式、法律文书送达方式。

第二十一条　对交通技术监控设备记录的违法行为信息，经核查能够确定实际驾驶人的，公安机关交通管理部门可以在道路交通违法信息管理系统中将其记录为实际驾驶人的违法行为信息。

第二十二条　交通技术监控设备记录或者录入道路交通违法信息管理系统的违法行为信息，有下列情形之一并经核实的，违法行为发生地或者机动车登记地公安机关交通管理部门应当自核实之日起三日内予以消除：

（一）警车、消防救援车辆、救护车、工程救险车执行紧急任务期间交通技术监控设备记录的违法行为；

（二）机动车所有人或者管理人提供报案记录证明机动车被盗抢期间、机动车号牌被他人冒用期间交通技术监控设备记录的违法行为；

（三）违法行为人或者机动车所有人、管理人提供证据证明机动车因救助危难或者紧急避险造成的违法行为；

（四）已经在现场被交通警察处理的交通技术监控设备记录的违法行为；

（五）因交通信号指示不一致造成的违法行为；

（六）作为处理依据的交通技术监控设备收集的违法行为记录资料，不能清晰、准确地反映机动车类型、号牌、外观等特征以及违法时间、地点、事实的；

（七）经比对交通技术监控设备记录的违法行为照片、道路交通违法信息管理系统登记的机动车信息，确认记录的机动车号牌信息错误的；

（八）其他应当消除的情形。

第二十三条　经查证属实，单位或者个人提供的违法行为照片或者视频等资料可以作为处罚的证据。

对群众举报的违法行为照片或者视频资料的审核录入要求，参照本规定执行。

第四章　行政强制措施适用

第二十四条　公安机关交通管理部门及其交通警察在执法过程中，依法可以采取下列行政强制措施：

（一）扣留车辆；

（二）扣留机动车驾驶证；

（三）拖移机动车；

（四）检验体内酒精、国家管制的精神药品、麻醉药品含量；

（五）收缴物品；

（六）法律、法规规定的其他行政强制措施。

第二十五条　采取本规定第二十四条第（一）、（二）、（四）、（五）项行政强制措施，应当按照下列程序实施：

（一）口头告知违法行为人或者机动车所有人、管理人违法行为的基本事实、拟作出行政强制措施的种类、依据及其依法享有的权利；

（二）听取当事人的陈述和申辩，当事人提出的事实、理由或者证据成立的，应当采纳；

（三）制作行政强制措施凭证，并告知当事人在十五日内到指定地点接受处理；

（四）行政强制措施凭证应当由当事人签名、交通警察签名或者盖章，并加盖公安机关交通管理部门印章；当事人拒绝签名的，交通警察应当在行政强制措施凭证上注明；

（五）行政强制措施凭证应当当场交付当事人；当事人拒收的，由交通警察在行政强制措施凭证上注明，即为送达。

现场采取行政强制措施的，交通警察应当在二十四小时内向所属公安机关交通管理部门负责人报告，并补办批准手续。公安机关交通管理部门负责人认为不应当采取行政强制措施的，应当立即解除。

第二十六条　行政强制措施凭证应当载明当事人的基本情况、车辆牌号、车辆类型、违法事实、采取行政强制措施种类和依据、接受处理的具体地点和期限、决定机关名称及当事人依法享有的行政复议、行政诉讼权利等内容。

第二十七条　有下列情形之一的，依法扣留车辆：

（一）上道路行驶的机动车未悬挂机动车号牌，未放置检验合格标志、保险标志，或者未随车携带机动车行驶证、驾驶证的；

（二）有伪造、变造或者使用伪造、变造的机动车登记证书、号牌、行驶证、检验合格标志、保险标志、驾驶证或者使用其他车辆的机动车登记证书、号牌、行驶证、检验合格标志、保险标志嫌疑的；

（三）未按照国家规定投保机动车交通事故责任强制保险的；

（四）公路客运车辆或者货运机动车超载的；

（五）机动车有被盗抢嫌疑的；

（六）机动车有拼装或者达到报废标准嫌疑的；

（七）未申领《剧毒化学品公路运输通行证》通过公路运输剧毒化学品的；

（八）非机动车驾驶人拒绝接受罚款处罚的。

对发生道路交通事故，因收集证据需要的，可以依法扣留事故车辆。

第二十八条　交通警察应当在扣留车辆后二十四小时内，将被扣留车辆交所属公安机关交通管理部门。

公安机关交通管理部门扣留车辆的，不得扣留车辆所载货物。对车辆所载货物应当通知当事人自行处理，当事人无法自行处理或者不自行处理的，应当登记并妥善保管，对容易腐烂、损毁、灭失或者其他不具备保管条件的物品，经县级以上公安机关交通管理部门负责人批准，可以在拍照或者录像后变卖或者拍卖，变卖、拍卖所得按照有关规定处理。

第二十九条　对公路客运车辆载客超过核定乘员、货运机动车超过核定载质量的，公安机关交通管理部门应当按照下列规定消除违法状态：

（一）违法行为人可以自行消除违法状态的，应当在公安机关交通管理部门的监督下，自行将超载的乘车人转运、将超载的货物卸载；

（二）违法行为人无法自行消除违法状态的，对超载的乘车人，公安机关交通管理部门应当及时通知有关部门联系转运；对超载的货物，应当在指定的场地卸载，并由违法行为人与指定场地的保管方签订卸载货物的保管合同。

消除违法状态的费用由违法行为人承担。违法状态消除后，应当立即退还被扣留的机动车。

第三十条　对扣留的车辆，当事人接受处理或者提供、补办的相关证明或者手续经核实后，公安机关交通管理部门应当依法及时退还。

公安机关交通管理部门核实的时间不得超过十日；需要延长的，经县级以上公安机关交通管理部门负责人批准，可以延长至十五日。核实时间自车辆驾驶人或者所有人、管理人提供被扣留车辆合法来历证明，补办相应手续，或者接受处理之日起计算。

发生道路交通事故因收集证据需要扣留车辆的，扣留车辆时间依照《道路交通事故处理程序规定》有关规定执行。

第三十一条　有下列情形之一的，依法扣留机动车驾驶证：

（一）饮酒后驾驶机动车的；

（二）将机动车交由未取得机动车驾驶证或者机动车驾驶证被吊销、暂扣的人驾驶的；

（三）机动车行驶超过规定时速百分之五十的；

（四）驾驶有拼装或者达到报废标准嫌疑的机动车上道路行驶的；

（五）在一个记分周期内累积记分达到十二分的。

第三十二条　交通警察应当在扣留机动车驾驶证后二十四小时内，将被扣留机动车驾驶证交所属公安机关交通管理部门。

具有本规定第三十一条第（一）、（二）、（三）、（四）项所列情形之一的，扣留机动车驾驶证至作出处罚决定之日；处罚决定生效前先予扣留机动车驾驶证的，扣留一日折抵暂扣期限一日。只对违法行为人作出罚款处罚的，缴纳罚款完毕后，应当立即发还机动车驾驶证。具有本规定第三十一条第（五）项情形的，扣留机动车驾驶证至考试合格之日。

第三十三条　违反机动车停放、临时停车规定，驾驶人不在现场或者虽在现场但拒绝立即驶离，妨碍其他车辆、行人通行的，公安机关交通管理部门及其交通警察可以将机动车拖移至不妨碍交通的地点或者公安机关交通管理部门指定的地点。

拖移机动车的，现场交通警察应当通过拍照、录像等方式固定违法事实和证据。

第三十四条　公安机关交通管理部门应当公开拖移机动车查询电话，并通过设置拖移机动车专用标志牌明示或者以其他方式告知当事人。当事人可以通过电话查询接受处理的地点、期限和被拖移机动车的停放地点。

第三十五条　车辆驾驶人有下列情形之一的，应当对其检验体内酒精含量：

（一）对酒精呼气测试等方法测试的酒精含量结果有异议并当场提出的；

（二）涉嫌饮酒驾驶车辆发生交通事故的；

（三）涉嫌醉酒驾驶的；

（四）拒绝配合酒精呼气测试等方法测试的。

车辆驾驶人对酒精呼气测试结果无异议的，应当签字确认。事后提出异议的，不予采纳。

车辆驾驶人涉嫌吸食、注射毒品或者服用国家管制的精神药品、麻醉药品后驾驶车辆的，应当按照《吸毒检测程序规定》对车辆驾驶人进行吸毒检测，并通知其家属，但无法通知的除外。

对酒后、吸毒后行为失控或者拒绝配合检验、检测的，可以使用约束带或者警绳等约束性警械。

第三十六条　对车辆驾驶人进行体内酒精含量检验的，应当按照下列程序实施：

（一）由两名交通警察或者由一名交通警察带领警务辅助人员将车辆驾驶人带到医疗机构提取血样，或者现场由法医等具有相应资质的人员提取血样；

（二）公安机关交通管理部门应当在提取血样后五日内将血样送交有检验资格的单位或者机构进行检验，并在收到检验结果后五日内书面告知车辆驾驶人。

检验车辆驾驶人体内酒精含量的，应当通知其家属，但无法通知的除外。

车辆驾驶人对检验结果有异议的，可以在收到检验结果之日起三日内申请重新检验。

具有下列情形之一的，应当进行重新检验：

（一）检验程序违法或者违反相关专业技术要求，可能影响检验结果正确性的；

（二）检验单位或者机构、检验人不具备相应资质和条件的；

（三）检验结果明显依据不足的；

（四）检验人故意作虚假检验的；

（五）检验人应当回避而没有回避的；

（六）检材虚假或者被污染的；

（七）其他应当重新检验的情形。

不符合前款规定情形的，经县级以上公安机关交通管理部门负责人批准，作出不准予重新检验的决定，并在作出决定之日起的三日内书面通知申请人。

重新检验，公安机关应当另行指派或者聘请检验人。

第三十七条　对非法安装警报器、标志灯具或者自行车、三轮车加装动力装置的，公安机关交通管理部门应当强制拆除，予以收缴，并依法予以处罚。

交通警察现场收缴非法装置的，应当在二十四小时内，将收缴的物品交所属公安机关交通管理部门。

对收缴的物品，除作为证据保存外，经县级以上公安机关交通管理部门批准后，依法予以销毁。

第三十八条　公安机关交通管理部门对扣留的拼装或者已达到报废标准的机动车，经县级以上公安机关交通管理部门批准后，予以收缴，强制报废。

第三十九条　对伪造、变造或者使用伪造、变造的机动车登记证书、号牌、行驶证、检验合格标志、保险标志、驾驶证的，应当予以收缴，依法处罚后予以销毁。

对使用其他车辆的机动车登记证书、号牌、行驶证、检验合格标志、保险标志的，应当予以收缴，依法处罚后转至机动车登记地车辆管理所。

第四十条　对在道路两侧及隔离带上种植树木、其他植物或者设置广告牌、管线等，遮挡路灯、交通信号灯、交通标志，妨碍安全视距的，公安机关交通管理部门应当向违法行为人送达排除妨碍通知书，告知履行期限和不履行的后果。违法行为人在规定期限内拒不履行的，依法予以处罚并强制排除妨碍。

第四十一条　强制排除妨碍，公安机关交通管理部门及其交通警察可以当场实施。无法当场实施的，应当按照下列程序实施：

（一）经县级以上公安机关交通管理部门负责人批准，可以委托或者组织没有利害关系的单位予以强制排除妨碍；

（二）执行强制排除妨碍时，公安机关交通管理部门应当派员到场监督。

第五章　行政处罚

第一节　行政处罚的决定

第四十二条　交通警察对于当场发现的违法行为，认为情节轻微、未影响道路通行和安全的，口头告知其违法行为的基本事实、依据，向违法行为人提出口头警告，纠正违法行为后放行。

各省、自治区、直辖市公安机关交通管理部门可以根据实际确定适用口头警告的具体范围和实施办法。

第四十三条　对违法行为人处以警告或者二百元以下罚款的，可以适用简易程序。

对违法行为人处以二百元（不含）以上罚款、暂扣或者吊销机动车驾驶证的，应当适用一般程序。不需要采取行政强制措施的，现场交通警察应当收集、固定相关证据，并制作违法行为处理通知书。其中，对违法行为人单处二百元（不含）以上罚款的，可以通过简化取证方式和审核审批手续等措施快速办理。

对违法行为人处以行政拘留处罚的，按照《公安机关办理行政案件程序规定》实施。

第四十四条　适用简易程序处罚的，可以由一名交通警察作出，并应当按照下列程序实施：

（一）口头告知违法行为人违法行为的基本事实、拟作出的行政处罚、依据及其依法享有的权利；

（二）听取违法行为人的陈述和申辩，

违法行为人提出的事实、理由或者证据成立的，应当采纳；

（三）制作简易程序处罚决定书；

（四）处罚决定书应当由被处罚人签名、交通警察签名或者盖章，并加盖公安机关交通管理部门印章；被处罚人拒绝签名的，交通警察应当在处罚决定书上注明；

（五）处罚决定书应当当场交付被处罚人；被处罚人拒收的，由交通警察在处罚决定书上注明，即为送达。

交通警察应当在二日内将简易程序处罚决定书报所属公安机关交通管理部门备案。

第四十五条 简易程序处罚决定书应当载明被处罚人的基本情况、车辆牌号、车辆类型、违法事实、处罚的依据、处罚的内容、履行方式、期限、处罚机关名称及被处罚人依法享有的行政复议、行政诉讼权利等内容。

第四十六条 制发违法行为处理通知书应当按照下列程序实施：

（一）口头告知违法行为人违法行为的基本事实；

（二）听取违法行为人的陈述和申辩，违法行为人提出的事实、理由或者证据成立的，应当采纳；

（三）制作违法行为处理通知书，并通知当事人在十五日内接受处理；

（四）违法行为处理通知书应当由违法行为人签名、交通警察签名或者盖章，并加盖公安机关交通管理部门印章；当事人拒绝签名的，交通警察应当在违法行为处理通知书上注明；

（五）违法行为处理通知书应当当场交付当事人；当事人拒收的，由交通警察在违法行为处理通知书上注明，即为送达。

交通警察应当在二十四小时内将违法行为处理通知书报所属公安机关交通管理部门备案。

第四十七条 违法行为处理通知书应当载明当事人的基本情况、车辆牌号、车辆类型、违法事实、接受处理的具体地点和时限、通知机关名称等内容。

第四十八条 适用一般程序作出处罚决定，应当由两名以上交通警察按照下列程序实施：

（一）对违法事实进行调查，询问当事人违法行为的基本情况，并制作笔录；当事人拒绝接受询问、签名或者盖章的，交通警察应当在询问笔录上注明；

（二）采用书面形式或者笔录形式告知当事人拟作出的行政处罚的事实、理由及依据，并告知其依法享有的权利；

（三）对当事人陈述、申辩进行复核，复核结果应当在笔录中注明；

（四）制作行政处罚决定书；

（五）行政处罚决定书应当由被处罚人签名，并加盖公安机关交通管理部门印章；被处罚人拒绝签名的，交通警察应当在处罚决定书上注明；

（六）行政处罚决定书应当当场交付被处罚人；被处罚人拒收的，由交通警察在处罚决定书上注明，即为送达；被处罚人不在场的，应当依照《公安机关办理行政案件程序规定》的有关规定送达。

第四十九条 行政处罚决定书应当载明被处罚人的基本情况、车辆牌号、车辆类型、违法事实和证据、处罚的依据、处罚的内容、履行方式、期限、处罚机关名称及被处罚人依法享有的行政复议、行政诉讼权利等内容。

第五十条 一人有两种以上违法行为，分别裁决，合并执行，可以制作一份行政处罚决定书。

一人只有一种违法行为，依法应当并处两个以上处罚种类且涉及两个处罚主体的，应当分别制作行政处罚决定书。

第五十一条 对违法行为事实清楚，需要按照一般程序处以罚款的，应当自违法行为人接受处理之时起二十四小时内作出处罚决定；处以暂扣机动车驾驶证的，应当自违法行为人接受处理之日起三日内作出处罚决定；处以吊销机动车驾驶证的，应当自违法行为人接受处理或者听证程序结束之日起七日内作出处罚决定，交通肇事构成犯罪的，应当在人民法院判决后及时作出处罚决定。

第五十二条 对交通技术监控设备记录的违法行为，当事人应当及时到公安机关交通管理部门接受处理，处以警告或者二百元以下罚款的，可以适用简易程序；处以二百元（不含）以上罚款、吊销机动车驾驶证的，应当适用一般程序。

第五十三条 违法行为人或者机动车所有人、管理人收到道路交通安全违法行为通知后，应当及时到公安机关交通管理部门接受处理。机动车所有人、管理人将机动车交由他人驾驶的，应当通知机动车驾驶人按照本规定第二十条规定期限接受处理。

违法行为人或者机动车所有人、管理人无法在三十日内接受处理的，可以申请延期处理。延长的期限最长不得超过三个月。

第五十四条 机动车有五起以上未处理的违法行为记录，违法行为人或者机动车所有人、管理人未在三十日内接受处理且未申请延期处理的，违法行为发生地公安机关交通管理部门应当按照备案信息中的联系方式，通过移动互联网应用程序、手机短信或者邮寄等方式将拟作出的行政处罚决定的事实、理由、依据以及依法享有的权利，告知违法行为人或者机动车所有人、管理人。违法行为人或者机动车所有人、管理人未在告知后三十日内接受处理的，可以采取公告方式告知拟作出的行政处罚决定的事实、理由、依据、依法享有的权利以及公告期届满后将依法作出行政处罚决定。公告期为七日。

违法行为人或者机动车所有人、管理人提出申辩或者接受处理的，应当按照本规定第四十四条或者第四十八条办理；违法行为人或者机动车所有人、管理人未提出申辩的，公安机关交通管理部门可以依法作出行政处罚决定，并制作行政处罚决定书。

第五十五条 行政处罚决定书可以邮寄或者电子送达。邮寄或者电子送达不成功的，公安机关交通管理部门可以公告送达，公告期为六十日。

第五十六条 电子送达可以采用移动互联网应用程序、电子邮件、移动通信等能够确认受送达人收悉的特定系统作为送达媒介。送达日期为公安机关交通管理部门对应系统显示发送成功的日期。受送达人证明到达其特定系统的日期与公安机关交通管理部门对应系统显示发送成功的日期不一致的，以受送达人证明到达其特定系统的日期为准。

公告应当通过互联网交通安全综合服务管理平台、移动互联网应用程序等方式进行。公告期满，即为送达。

公告内容应当避免泄露个人隐私。

第五十七条 交通警察在道路执勤执法时，发现违法行为人或者机动车所有人、管理人有交通技术监控设备记录的违法行为逾期未处理的，应当以口头或者书面方式告知违法行为人或者机动车所有人、管理人。

第五十八条 违法行为人可以通过公安机关交通管理部门自助处理平台自助处理违法行为。

第二节 行政处罚的执行

第五十九条 对行人、乘车人、非机动车驾驶人处以罚款，交通警察当场收缴的，交通警察应当在简易程序处罚决定书上注明，由被处罚人签名确认。被处罚人拒绝签名的，交通警察应当在处罚决定书上注明。

交通警察依法当场收缴罚款的，应当开具省、自治区、直辖市财政部门统一制发的罚款收据；不开具省、自治区、直辖市财政部门统一制发的罚款收据的，当事人有权拒绝缴纳罚款。

第六十条 当事人逾期不履行行政处罚

决定的，作出行政处罚决定的公安机关交通管理部门可以采取下列措施：

（一）到期不缴纳罚款的，每日按罚款数额的百分之三加处罚款，加处罚款总额不得超出罚款数额；

（二）申请人民法院强制执行。

第六十一条　公安机关交通管理部门对非本辖区机动车驾驶人给予暂扣、吊销机动车驾驶证处罚的，应当在作出处罚决定之日起十五日内，将机动车驾驶证转至核发地公安机关交通管理部门。

违法行为人申请不将暂扣的机动车驾驶证转至核发地公安机关交通管理部门的，应当准许，并在行政处罚决定书上注明。

第六十二条　对违法行为人决定行政拘留并处罚款的，公安机关交通管理部门应当告知违法行为人可以委托他人代缴罚款。

第六章　执法监督

第六十三条　交通警察执勤执法时，应当按照规定着装，佩戴人民警察标志，随身携带人民警察证件，保持警容严整，举止端庄，指挥规范。

交通警察查处违法行为时应当使用规范、文明的执法用语。

第六十四条　公安机关交通管理部门所属的交警队、车管所及重点业务岗位应当建立值日警官和法制员制度，防止和纠正执法中的错误和不当行为。

第六十五条　各级公安机关交通管理部门应当加强执法监督，建立本单位及其所属民警的执法档案，实施执法质量考评、执法责任制和执法过错追究。

执法档案可以是电子档案或者纸质档案。

第六十六条　公安机关交通管理部门应当依法建立交通民警执勤执法考核评价标准，不得下达或者变相下达罚款指标，不得以处罚数量作为考核民警执法效果的依据。

第七章　其他规定

第六十七条　当事人对公安机关交通管理部门采取的行政强制措施或者作出的行政处罚决定不服的，可以依法申请行政复议或者提起行政诉讼。

第六十八条　公安机关交通管理部门应当使用道路交通违法信息管理系统对违法行为信息进行管理。对记录和处理的交通违法行为信息应当及时录入道路交通违法信息管理系统。

第六十九条　公安机关交通管理部门对非本辖区机动车有违法行为记录的，应当在违法行为信息录入道路交通违法信息管理系统后，在规定时限内将违法行为信息转至机动车登记地公安机关交通管理部门。

第七十条　公安机关交通管理部门对非本辖区机动车驾驶人的违法行为给予记分或者暂扣、吊销机动车驾驶证以及扣留机动车驾驶证的，应当在违法行为信息录入道路交通违法信息管理系统后，在规定时限内将违法行为信息转至驾驶证核发地公安机关交通管理部门。

第七十一条　公安机关交通管理部门可以与保险监管机构建立违法行为与机动车交通事故责任强制保险费率联系浮动制度。

第七十二条　机动车所有人为单位的，公安机关交通管理部门可以将严重影响道路交通安全的违法行为通报机动车所有人。

第七十三条　对非本辖区机动车驾驶人申请在违法行为发生地、处理地参加满分学习、考试的，公安机关交通管理部门应当准许，考试合格后发还扣留的机动车驾驶证，并将考试合格的信息转至驾驶证核发地公安机关交通管理部门。

驾驶证核发地公安机关交通管理部门应当根据转递信息清除机动车驾驶人的累积记分。

第七十四条　以欺骗、贿赂等不正当手段取得机动车登记的，应当收缴机动车登记证书、号牌、行驶证，由机动车登记地公安机关交通管理部门撤销机动车登记。

以欺骗、贿赂等不正当手段取得驾驶许可的，应当收缴机动车驾驶证，由驾驶证核发地公安机关交通管理部门撤销机动车驾驶许可。

非本辖区机动车登记或者机动车驾驶许可需要撤销的，公安机关交通管理部门应当将收缴的机动车登记证书、号牌、行驶证或者机动车驾驶证以及相关证据材料，及时转至机动车登记地或者驾驶证核发地公安机关交通管理部门。

第七十五条　撤销机动车登记或者机动车驾驶许可的，应当按照下列程序实施：

（一）经设区的市公安机关交通管理部门负责人批准，制作撤销决定书送达当事人；

（二）将收缴的机动车登记证书、号牌、行驶证或者机动车驾驶证以及撤销决定书转至机动车登记地或者驾驶证核发地车辆管理所予以注销；

（三）无法收缴的，公告作废。

第七十六条　简易程序案卷应当包括简易程序处罚决定书。一般程序案卷应当包括行政强制措施凭证或者违法行为处理通知书、证据材料、公安交通管理行政处罚决定书。

在处理违法行为过程中形成的其他文书应当一并存入案卷。

第八章　附　　则

第七十七条　本规定中下列用语的含义：

（一）“违法行为人”，是指违反道路交通安全法律、行政法规规定的公民、法人及其他组织。

（二）“县级以上公安机关交通管理部门”，是指县级以上人民政府公安机关交通管理部门或者相当于同级的公安机关交通管理部门。“设区的市公安机关交通管理部门”，是指设区的市人民政府公安机关交通管理部门或者相当于同级的公安机关交通管理部门。

第七十八条　交通技术监控设备记录的非机动车、行人违法行为参照本规定关于机动车违法行为处理程序处理。

第七十九条　公安机关交通管理部门可以以电子案卷形式保存违法处理案卷。

第八十条　本规定未规定的违法行为处理程序，依照《公安机关办理行政案件程序规定》执行。

第八十一条　本规定所称“以上”“以下”，除特别注明的外，包括本数在内。

本规定所称的“二日”“三日”“五日”“七日”“十日”“十五日”，是指工作日，不包括节假日。

第八十二条　执行本规定所需要的法律文书式样，由公安部制定。公安部没有制定式样，执法工作中需要的其他法律文书，各省、自治区、直辖市公安机关交通管理部门可以制定式样。

第八十三条　本规定自2009年4月1日起施行。2004年4月30日发布的《道路交通安全违法行为处理程序规定》（公安部第69号令）同时废止。本规定生效后，以前有关规定与本规定不一致的，以本规定为准。

中华人民共和国铁路法

（1990年9月7日第七届全国人民代表大会常务委员会第十五次会议通过，根据2009年8月27日第十一届全国人民代表大会常务委员会第十次会议《关于修改部分法律的决定》第一次修正，根据2015年4月24日第十二届全国人民代表大会常务委员会第十四次会议《关于修改〈中华人民共和国义务教育法〉等五部法律的决定》第二次修正）

第一章　总　　则

第一条　为了保障铁路运输和铁路建设的顺利进行，适应社会主义现代化建设和人民生活的需要，制定本法。

第二条　本法所称铁路，包括国家铁路、地方铁路、专用铁路和铁路专用线。

国家铁路是指由国务院铁路主管部门管理的铁路。

地方铁路是指由地方人民政府管理的铁路。

专用铁路是指由企业或者其他单位管理，专为本企业或者本单位内部提供运输服务的铁路。

铁路专用线是指由企业或者其他单位管理的与国家铁路或者其他铁路线路接轨的岔线。

第三条　国务院铁路主管部门主管全国铁路工作，对国家铁路实行高度集中、统一指挥的运输管理体制，对地方铁路、专用铁路和铁路专用线进行指导、协调、监督和帮助。

国家铁路运输企业行使法律、行政法规授予的行政管理职能。

第四条　国家重点发展国家铁路，大力扶持地方铁路的发展。

第五条　铁路运输企业必须坚持社会主义经营方向和为人民服务的宗旨，改善经营管理，切实改进路风，提高运输服务质量。

第六条　公民有爱护铁路设施的义务。禁止任何人破坏铁路设施，扰乱铁路运输的正常秩序。

第七条　铁路沿线各级地方人民政府应当协助铁路运输企业保证铁路运输安全畅通，车站、列车秩序良好，铁路设施完好和铁路建设顺利进行。

第八条　国家铁路的技术管理规程，由国务院铁路主管部门制定，地方铁路、专用铁路的技术管理办法，参照国家铁路的技术管理规程制定。

第九条　国家鼓励铁路科学技术研究，提高铁路科学技术水平。对在铁路科学技术研究中有显著成绩的单位和个人给予奖励。

第二章　铁路运输营业

第十条　铁路运输企业应当保证旅客和货物运输的安全，做到列车正点到达。

第十一条　铁路运输合同是明确铁路运输企业与旅客、托运人之间权利义务关系的协议。

旅客车票、行李票、包裹票和货物运单是合同或者合同的组成部分。

第十二条　铁路运输企业应当保证旅客按车票载明的日期、车次乘车，并到达目的站。因铁路运输企业的责任造成旅客不能按车票载明的日期、车次乘车的，铁路运输企业应当按照旅客的要求，退还全部票款或者安排改乘到达相同目的站的其他列车。

第十三条 铁路运输企业应当采取有效措施做好旅客运输服务工作，做到文明礼貌、热情周到，保持车站和车厢内的清洁卫生，提供饮用开水，做好列车上的饮食供应工作。

铁路运输企业应当采取措施，防止对铁路沿线环境的污染。

第十四条 旅客乘车应当持有效车票。对无票乘车或者持失效车票乘车的，应当补收票款，并按照规定加收票款；拒不交付的，铁路运输企业可以责令下车。

第十五条 国家铁路和地方铁路根据发展生产、搞活流通的原则，安排货物运输计划。

对抢险救灾物资和国家规定需要优先运输的其他物资，应予优先运输。

地方铁路运输的物资需要经由国家铁路运输的，其运输计划应当纳入国家铁路的运输计划。

第十六条 铁路运输企业应当按照合同约定的期限或者国务院铁路主管部门规定的期限，将货物、包裹、行李运到目的站；逾期运到的，铁路运输企业应当支付违约金。

铁路运输企业逾期三十日仍未将货物、包裹、行李交付收货人或者旅客的，托运人、收货人或者旅客有权按货物、包裹、行李灭失向铁路运输企业要求赔偿。

第十七条 铁路运输企业应当对承运的货物、包裹、行李自接受承运时起到交付时止发生的灭失、短少、变质、污染或者损坏，承担赔偿责任：

（一）托运人或者旅客根据自愿申请办理保价运输的，按照实际损失赔偿，但最高不超过保价额。

（二）未按保价运输承运的，按照实际损失赔偿，但最高不超过国务院铁路主管部门规定的赔偿限额；如果损失是由于铁路运输企业的故意或者重大过失造成的，不适用赔偿限额的规定，按照实际损失赔偿。

托运人或者旅客根据自愿可以向保险公司办理货物运输保险，保险公司按照保险合同的约定承担赔偿责任。

托运人或者旅客根据自愿，可以办理保价运输，也可以办理货物运输保险；还可以既不办理保价运输，也不办理货物运输保险。不得以任何方式强迫办理保价运输或者货物运输保险。

第十八条 由于下列原因造成的货物、包裹、行李损失的，铁路运输企业不承担赔偿责任：

（一）不可抗力。

（二）货物或者包裹、行李中的物品本身的自然属性，或者合理损耗。

（三）托运人、收货人或者旅客的过错。

第十九条 托运人应当如实填报托运单，铁路运输企业有权对填报的货物和包裹的品名、重量、数量进行检查。经检查，申报与实际不符的，检查费用由托运人承担；申报与实际相符的，检查费用由铁路运输企业承担，因检查对货物和包裹中的物品造成的损坏由铁路运输企业赔偿。

托运人因申报不实而少交的运费和其他费用应当补交，铁路运输企业按照国务院铁路主管部门的规定加收运费和其他费用。

第二十条 托运货物需要包装的，托运人应当按照国家包装标准或者行业包装标准包装；没有国家包装标准或者行业包装标准的，应当妥善包装，使货物在运输途中不因包装原因而受损坏。

铁路运输企业对承运的容易腐烂变质的货物和活动物，应当按照国务院铁路主管部门的规定和合同的约定，采取有效的保护措施。

第二十一条 货物、包裹、行李到站后，收货人或者旅客应当按照国务院铁路主管部门规定的期限及时领取，并支付托运人未付或者少付的运费和其他费用；逾期领取的，收货人或者旅客应当按照规定交付保管费。

第二十二条　自铁路运输企业发出领取货物通知之日起满三十日仍无人领取的货物，或者收货人书面通知铁路运输企业拒绝领取的货物，铁路运输企业应当通知托运人，托运人自接到通知之日起满三十日未作答复的，由铁路运输企业变卖；所得价款在扣除保管等费用后尚有余款的，应当退还托运人，无法退还、自变卖之日起一百八十日内托运人又未领回的，上缴国库。

自铁路运输企业发出领取通知之日起满九十日仍无人领取的包裹或者到站后满九十日仍无人领取的行李，铁路运输企业应当公告，公告满九十日仍无人领取的，可以变卖；所得价款在扣除保管等费用后尚有余款的，托运人、收货人或者旅客可以自变卖之日起一百八十日内领回，逾期不领回的，上缴国库。

对危险物品和规定限制运输的物品，应当移交公安机关或者有关部门处理，不得自行变卖。

对不宜长期保存的物品，可以按照国务院铁路主管部门的规定缩短处理期限。

第二十三条　因旅客、托运人或者收货人的责任给铁路运输企业造成财产损失的，由旅客、托运人或者收货人承担赔偿责任。

第二十四条　国家鼓励专用铁路兼办公共旅客、货物运输营业；提倡铁路专用线与有关单位按照协议共用。

专用铁路兼办公共旅客、货物运输营业的，应当报经省、自治区、直辖市人民政府批准。

专用铁路兼办公共旅客、货物运输营业的，适用本法关于铁路运输企业的规定。

第二十五条　铁路的旅客票价率和货物、行李的运价率实行政府指导价或者政府定价，竞争性领域实行市场调节价。政府指导价、政府定价的定价权限和具体适用范围以中央政府和地方政府的定价目录为依据。铁路旅客、货物运输杂费的收费项目和收费标准，以及铁路包裹运价率由铁路运输企业自主制定。

第二十六条　铁路的旅客票价，货物、包裹、行李的运价，旅客和货物运输杂费的收费项目和收费标准，必须公告；未公告的不得实施。

第二十七条　国家铁路、地方铁路和专用铁路印制使用的旅客、货物运输票证，禁止伪造和变造。

禁止倒卖旅客车票和其他铁路运输票证。

第二十八条　托运、承运货物、包裹、行李，必须遵守国家关于禁止或者限制运输物品的规定。

第二十九条　铁路运输企业与公路、航空或者水上运输企业相互间实行国内旅客、货物联运，依照国家有关规定办理；国家没有规定的，依照有关各方的协议办理。

第三十条　国家铁路、地方铁路参加国际联运，必须经国务院批准。

第三十一条　铁路军事运输依照国家有关规定办理。

第三十二条　发生铁路运输合同争议的，铁路运输企业和托运人、收货人或者旅客可以通过调解解决；不愿意调解解决或者调解不成的，可以依据合同中的仲裁条款或者事后达成的书面仲裁协议，向国家规定的仲裁机构申请仲裁。

当事人一方在规定的期限内不履行仲裁机构的仲裁决定的，另一方可以申请人民法院强制执行。

当事人没有在合同中订立仲裁条款，事后又没有达成书面仲裁协议的，可以向人民法院起诉。

第三章　铁路建设

第三十三条　铁路发展规划应当依据国民经济和社会发展以及国防建设的需要制定，并与其他方式的交通运输发展规划相协调。

第三十四条 地方铁路、专用铁路、铁路专用线的建设计划必须符合全国铁路发展规划，并征得国务院铁路主管部门或者国务院铁路主管部门授权的机构的同意。

第三十五条 在城市规划区范围内，铁路的线路、车站、枢纽以及其他有关设施的规划，应当纳入所在城市的总体规划。

铁路建设用地规划，应当纳入土地利用总体规划。为远期扩建、新建铁路需要的土地，由县级以上人民政府在土地利用总体规划中安排。

第三十六条 铁路建设用地，依照有关法律、行政法规的规定办理。

有关地方人民政府应当支持铁路建设，协助铁路运输企业做好铁路建设征收土地工作和拆迁安置工作。

第三十七条 已经取得使用权的铁路建设用地，应当依照批准的用途使用，不得擅自改作他用；其他单位或者个人不得侵占。

侵占铁路建设用地的，由县级以上地方人民政府土地管理部门责令停止侵占、赔偿损失。

第三十八条 铁路的标准轨距为1435毫米。新建国家铁路必须采用标准轨距。

窄轨铁路的轨距为762毫米或者1000毫米。

新建和改建铁路的其他技术要求应当符合国家标准或者行业标准。

第三十九条 铁路建成后，必须依照国家基本建设程序的规定，经验收合格，方能交付正式运行。

第四十条 铁路与道路交叉处，应当优先考虑设置立体交叉；未设立体交叉的，可以根据国家有关规定设置平交道口或者人行过道。在城市规划区内设置平交道口或者人行过道，由铁路运输企业或者建有专用铁路、铁路专用线的企业或者其他单位和城市规划主管部门共同决定。

拆除已经设置的平交道口或者人行过道，由铁路运输企业或者建有专用铁路、铁路专用线的企业或者其他单位和当地人民政府商定。

第四十一条 修建跨越河流的铁路桥梁，应当符合国家规定的防洪、通航和水流的要求。

第四章 铁路安全与保护

第四十二条 铁路运输企业必须加强对铁路的管理和保护，定期检查、维修铁路运输设施，保证铁路运输设施完好，保障旅客和货物运输安全。

第四十三条 铁路公安机关和地方公安机关分工负责共同维护铁路治安秩序。车站和列车内的治安秩序，由铁路公安机关负责维护；铁路沿线的治安秩序，由地方公安机关和铁路公安机关共同负责维护，以地方公安机关为主。

第四十四条 电力主管部门应当保证铁路牵引用电以及铁路运营用电中重要负荷的电力供应。铁路运营用电中重要负荷的供应范围由国务院铁路主管部门和国务院电力主管部门商定。

第四十五条 铁路线路两侧地界以外的山坡地由当地人民政府作为水土保持的重点进行整治。铁路隧道顶上的山坡地由铁路运输企业协助当地人民政府进行整治。铁路地界以内的山坡地由铁路运输企业进行整治。

第四十六条 在铁路线路和铁路桥梁、涵洞两侧一定距离内，修建山塘、水库、堤坝，开挖河道、干渠，采石挖砂，打井取水，影响铁路路基稳定或者危害铁路桥梁、涵洞安全的，由县级以上地方人民政府责令停止建设或者采挖、打井等活动，限期恢复原状或者责令采取必要的安全防护措施。

在铁路线路上架设电力、通讯线路，埋置电缆、管道设施，穿凿通过铁路路基的地下坑道，必须经铁路运输企业同意，并采取安全防护措施。

在铁路弯道内侧、平交道口和人行过道

附近，不得修建妨碍行车瞭望的建筑物和种植妨碍行车瞭望的树木。修建妨碍行车瞭望的建筑物的，由县级以上地方人民政府责令限期拆除。种植妨碍行车瞭望的树木的，由县级以上地方人民政府责令有关单位或者个人限期迁移或者修剪、砍伐。

违反前三款的规定，给铁路运输企业造成损失的单位或者个人，应当赔偿损失。

第四十七条　禁止擅自在铁路线路上铺设平交道口和人行过道。

平交道口和人行过道必须按照规定设置必要的标志和防护设施。

行人和车辆通过铁路平交道口和人行过道时，必须遵守有关通行的规定。

第四十八条　运输危险品必须按照国务院铁路主管部门的规定办理，禁止以非危险品品名托运危险品。

禁止旅客携带危险品进站上车。铁路公安人员和国务院铁路主管部门规定的铁路职工，有权对旅客携带的物品进行运输安全检查。实施运输安全检查的铁路职工应当佩戴执勤标志。

危险品的品名由国务院铁路主管部门规定并公布。

第四十九条　对损毁、移动铁路信号装置及其他行车设施或者在铁路线路上放置障碍物的，铁路职工有权制止，可以扭送公安机关处理。

第五十条　禁止偷乘货车、攀附行进中的列车或者击打列车。对偷乘货车、攀附行进中的列车或者击打列车的，铁路职工有权制止。

第五十一条　禁止在铁路线路上行走、坐卧。对在铁路线路上行走、坐卧的，铁路职工有权制止。

第五十二条　禁止在铁路线路两侧二十米以内或者铁路防护林地内放牧。对在铁路线路两侧二十米以内或者铁路防护林地内放牧的，铁路职工有权制止。

第五十三条　对聚众拦截列车或者聚众冲击铁路行车调度机构的，铁路职工有权制止；不听制止的，公安人员现场负责人有权命令解散；拒不解散的，公安人员现场负责人有权依照国家有关规定决定采取必要手段强行驱散，并对拒不服从的人员强行带离现场或者予以拘留。

第五十四条　对哄抢铁路运输物资的，铁路职工有权制止，可以扭送公安机关处理；现场公安人员可以予以拘留。

第五十五条　在列车内，寻衅滋事，扰乱公共秩序，危害旅客人身、财产安全的，铁路职工有权制止，铁路公安人员可以予以拘留。

第五十六条　在车站和旅客列车内，发生法律规定需要检疫的传染病时，由铁路卫生检疫机构进行检疫；根据铁路卫生检疫机构的请求，地方卫生检疫机构应予协助。

货物运输的检疫，依照国家规定办理。

第五十七条　发生铁路交通事故，铁路运输企业应当依照国务院和国务院有关主管部门关于事故调查处理的规定办理，并及时恢复正常行车，任何单位和个人不得阻碍铁路线路开通和列车运行。

第五十八条　因铁路行车事故及其他铁路运营事故造成人身伤亡的，铁路运输企业应当承担赔偿责任；如果人身伤亡是因不可抗力或者由于受害人自身的原因造成的，铁路运输企业不承担赔偿责任。

违章通过平交道口或者人行过道，或者在铁路线路上行走、坐卧造成的人身伤亡，属于受害人自身的原因造成的人员伤亡。

第五十九条　国家铁路的重要桥梁和隧道，由中国人民武装警察部队负责守卫。

第五章　法律责任

第六十条　违反本法规定，携带危险品进站上车或者以非危险品品名托运危险品，导致发生重大事故的，依照刑法有关规定追究刑事责任。企业事业单位、国家机关、社会团体犯本款罪的，处以罚金，对其主管人员和直接责任人员依法追究刑事责任。

携带炸药、雷管或者非法携带枪支子弹、管制刀具进站上车的，依照刑法有关规定追究刑事责任。

第六十一条 故意损毁、移动铁路行车信号装置或者在铁路线路上放置足以使列车倾覆的障碍物的，依照刑法有关规定追究刑事责任。

第六十二条 盗窃铁路线路上行车设施的零件、部件或者铁路线路上的器材，危及行车安全的，依照刑法有关规定追究刑事责任。

第六十三条 聚众拦截列车、冲击铁路行车调度机构不听制止的，对首要分子和骨干分子依照刑法有关规定追究刑事责任。

第六十四条 聚众哄抢铁路运输物资的，对首要分子和骨干分子依照刑法有关规定追究刑事责任。

铁路职工与其他人员勾结犯前款罪的，从重处罚。

第六十五条 在列车内，抢劫旅客财物，伤害旅客的，依照刑法有关规定从重处罚。

在列车内，寻衅滋事，侮辱妇女，情节恶劣的，依照刑法有关规定追究刑事责任；敲诈勒索旅客财物的，依照刑法有关规定追究刑事责任。

第六十六条 倒卖旅客车票，构成犯罪的，依照刑法有关规定追究刑事责任。铁路职工倒卖旅客车票或者与其他人员勾结倒卖旅客车票的，依照刑法有关规定追究刑事责任。

第六十七条 违反本法规定，尚不够刑事处罚，应当给予治安管理处罚的，依照治安管理处罚法的规定处罚。

第六十八条 擅自在铁路线路上铺设平交道口、人行过道的，由铁路公安机关或者地方公安机关责令限期拆除，可以并处罚款。

第六十九条 铁路运输企业违反本法规定，多收运费、票款或者旅客、货物运输杂费的，必须将多收的费用退还付款人，无法退还的上缴国库。将多收的费用据为己有或者侵吞私分的，依照刑法有关规定追究刑事责任。

第七十条 铁路职工利用职务之便走私的，或者与其他人员勾结走私的，依照刑法有关规定追究刑事责任。

第七十一条 铁路职工玩忽职守、违反规章制度造成铁路运营事故的，滥用职权、利用办理运输业务之便谋取私利的，给予行政处分；情节严重、构成犯罪的，依照刑法有关规定追究刑事责任。

第六章 附 则

第七十二条 本法所称国家铁路运输企业是指铁路局和铁路分局。

第七十三条 国务院根据本法制定实施条例。

第七十四条 本法自1991年5月1日起施行。

铁路安全管理条例

（2013年7月24日国务院第18次常务会议通过，2013年8月17日公布，自2014年1月1日起施行）

第一章 总 则

第一条 为了加强铁路安全管理，保障铁路运输安全和畅通，保护人身安全和财产安全，制定本条例。

第二条 铁路安全管理坚持安全第一、

预防为主、综合治理的方针。

第三条　国务院铁路行业监督管理部门负责全国铁路安全监督管理工作，国务院铁路行业监督管理部门设立的铁路监督管理机构负责辖区内的铁路安全监督管理工作。国务院铁路行业监督管理部门和铁路监督管理机构统称铁路监管部门。

国务院有关部门依照法律和国务院规定的职责，负责铁路安全管理的有关工作。

第四条　铁路沿线地方各级人民政府和县级以上地方人民政府有关部门应当按照各自职责，加强保障铁路安全的教育，落实护路联防责任制，防范和制止危害铁路安全的行为，协调和处理保障铁路安全的有关事项，做好保障铁路安全的有关工作。

第五条　从事铁路建设、运输、设备制造维修的单位应当加强安全管理，建立健全安全生产管理制度，落实企业安全生产主体责任，设置安全管理机构或者配备安全管理人员，执行保障生产安全和产品质量安全的国家标准、行业标准，加强对从业人员的安全教育培训，保证安全生产所必需的资金投入。

铁路建设、运输、设备制造维修单位的工作人员应当严格执行规章制度，实行标准化作业，保证铁路安全。

第六条　铁路监管部门、铁路运输企业等单位应当按照国家有关规定制定突发事件应急预案，并组织应急演练。

第七条　禁止扰乱铁路建设、运输秩序。禁止损坏或者非法占用铁路设施设备、铁路标志和铁路用地。

任何单位或者个人发现损坏或者非法占用铁路设施设备、铁路标志、铁路用地以及其他影响铁路安全的行为，有权报告铁路运输企业，或者向铁路监管部门、公安机关或者其他有关部门举报。接到报告的铁路运输企业、接到举报的部门应当根据各自职责及时处理。

对维护铁路安全作出突出贡献的单位或者个人，按照国家有关规定给予表彰奖励。

第二章　铁路建设质量安全

第八条　铁路建设工程的勘察、设计、施工、监理以及建设物资、设备的采购，应当依法进行招标。

第九条　从事铁路建设工程勘察、设计、施工、监理活动的单位应当依法取得相应资质，并在其资质等级许可的范围内从事铁路工程建设活动。

第十条　铁路建设单位应当选择具备相应资质等级的勘察、设计、施工、监理单位进行工程建设，并对建设工程的质量安全进行监督检查，制作检查记录留存备查。

第十一条　铁路建设工程的勘察、设计、施工、监理应当遵守法律、行政法规关于建设工程质量和安全管理的规定，执行国家标准、行业标准和技术规范。

铁路建设工程的勘察、设计、施工单位依法对勘察、设计、施工的质量负责，监理单位依法对施工质量承担监理责任。

高速铁路和地质构造复杂的铁路建设工程实行工程地质勘察监理制度。

第十二条　铁路建设工程的安全设施应当与主体工程同时设计、同时施工、同时投入使用。安全设施投资应当纳入建设项目概算。

第十三条　铁路建设工程使用的材料、构件、设备等产品，应当符合有关产品质量的强制性国家标准、行业标准。

第十四条　铁路建设工程的建设工期，应当根据工程地质条件、技术复杂程度等因素，按照国家标准、行业标准和技术规范合理确定、调整。

任何单位和个人不得违反前款规定要求铁路建设、设计、施工单位压缩建设工期。

第十五条　铁路建设工程竣工，应当按照国家有关规定组织验收，并由铁路运输企业进行运营安全评估。经验收、评估合格，符合运营安全要求的，方可投入运营。

第十六条 在铁路线路及其邻近区域进行铁路建设工程施工，应当执行铁路营业线施工安全管理规定。铁路建设单位应当会同相关铁路运输企业和工程设计、施工单位制定安全施工方案，按照方案进行施工。施工完毕应当及时清理现场，不得影响铁路运营安全。

第十七条 新建、改建设计开行时速120公里以上列车的铁路或者设计运输量达到国务院铁路行业监督管理部门规定的较大运输量标准的铁路，需要与道路交叉的，应当设置立体交叉设施。

新建、改建高速公路、一级公路或者城市道路中的快速路，需要与铁路交叉的，应当设置立体交叉设施，并优先选择下穿铁路的方案。

已建成的属于前两款规定情形的铁路、道路为平面交叉的，应当逐步改造为立体交叉。

新建、改建高速铁路需要与普通铁路、道路、渡槽、管线等设施交叉的，应当优先选择高速铁路上跨方案。

第十八条 设置铁路与道路立体交叉设施及其附属安全设施所需费用的承担，按照下列原则确定：

（一）新建、改建铁路与既有道路交叉的，由铁路方承担建设费用；道路方要求超过既有道路建设标准建设所增加的费用，由道路方承担；

（二）新建、改建道路与既有铁路交叉的，由道路方承担建设费用；铁路方要求超过既有铁路线路建设标准建设所增加的费用，由铁路方承担；

（三）同步建设的铁路和道路需要设置立体交叉设施以及既有铁路道口改造为立体交叉的，由铁路方和道路方按照公平合理的原则分担建设费用。

第十九条 铁路与道路立体交叉设施及其附属安全设施竣工验收合格后，应当按照国家有关规定移交有关单位管理、维护。

第二十条 专用铁路、铁路专用线需要与公用铁路网接轨的，应当符合国家有关铁路建设、运输的安全管理规定。

第三章 铁路专用设备质量安全

第二十一条 设计、制造、维修或者进口新型铁路机车车辆，应当符合国家标准、行业标准，并分别向国务院铁路行业监督管理部门申请领取型号合格证、制造许可证、维修许可证或者进口许可证，具体办法由国务院铁路行业监督管理部门制定。

铁路机车车辆的制造、维修、使用单位应当遵守有关产品质量的法律、行政法规以及国家其他有关规定，确保投入使用的机车车辆符合安全运营要求。

第二十二条 生产铁路道岔及其转辙设备、铁路信号控制软件和控制设备、铁路通信设备、铁路牵引供电设备的企业，应当符合下列条件并经国务院铁路行业监督管理部门依法审查批准：

（一）有按照国家标准、行业标准检测、检验合格的专业生产设备；

（二）有相应的专业技术人员；

（三）有完善的产品质量保证体系和安全管理制度；

（四）法律、行政法规规定的其他条件。

第二十三条 铁路机车车辆以外的直接影响铁路运输安全的铁路专用设备，依法应当进行产品认证的，经认证合格方可出厂、销售、进口、使用。

第二十四条 用于危险化学品和放射性物品运输的铁路罐车、专用车辆以及其他容器的生产和检测、检验，依照有关法律、行政法规的规定执行。

第二十五条 用于铁路运输的安全检测、监控、防护设施设备，集装箱和集装化用具等运输器具，专用装卸机械、索具、篷布、装载加固材料或者装置，以及运输包装、货物装载加固等，应当符合国家标准、行业标准和技术规范。

第二十六条　铁路机车车辆以及其他铁路专用设备存在缺陷，即由于设计、制造、标识等原因导致同一批次、型号或者类别的铁路专用设备普遍存在不符合保障人身、财产安全的国家标准、行业标准的情形或者其他危及人身、财产安全的不合理危险的，应当立即停止生产、销售、进口、使用；设备制造者应当召回缺陷产品，采取措施消除缺陷。具体办法由国务院铁路行业监督管理部门制定。

第四章　铁路线路安全

第二十七条　铁路线路两侧应当设立铁路线路安全保护区。铁路线路安全保护区的范围，从铁路线路路堤坡脚、路堑坡顶或者铁路桥梁（含铁路、道路两用桥，下同）外侧起向外的距离分别为：

（一）城市市区高速铁路为10米，其他铁路为8米；

（二）城市郊区居民居住区高速铁路为12米，其他铁路为10米；

（三）村镇居民居住区高速铁路为15米，其他铁路为12米；

（四）其他地区高速铁路为20米，其他铁路为15米。

前款规定距离不能满足铁路运输安全保护需要的，由铁路建设单位或者铁路运输企业提出方案，铁路监督管理机构或者县级以上地方人民政府依照本条第三款规定程序划定。

在铁路用地范围内划定铁路线路安全保护区的，由铁路监督管理机构组织铁路建设单位或者铁路运输企业划定并公告。在铁路用地范围外划定铁路线路安全保护区的，由县级以上地方人民政府根据保障铁路运输安全和节约用地的原则，组织有关铁路监督管理机构、县级以上地方人民政府国土资源等部门划定并公告。

铁路线路安全保护区与公路建筑控制区、河道管理范围、水利工程管理和保护范围、航道保护范围或者石油、电力以及其他重要设施保护区重叠的，由县级以上地方人民政府组织有关部门依照法律、行政法规的规定协商划定并公告。

新建、改建铁路的铁路线路安全保护区范围，应当自铁路建设工程初步设计批准之日起30日内，由县级以上地方人民政府依照本条例的规定划定并公告。铁路建设单位或者铁路运输企业应当根据工程竣工资料进行勘界，绘制铁路线路安全保护区平面图，并根据平面图设立标桩。

第二十八条　设计开行时速120公里以上列车的铁路应当实行全封闭管理。铁路建设单位或者铁路运输企业应当按照国务院铁路行业监督管理部门的规定在铁路用地范围内设置封闭设施和警示标志。

第二十九条　禁止在铁路线路安全保护区内烧荒、放养牲畜、种植影响铁路线路安全和行车瞭望的树木等植物。

禁止向铁路线路安全保护区排污、倾倒垃圾以及其他危害铁路安全的物质。

第三十条　在铁路线路安全保护区内建造建筑物、构筑物等设施，取土、挖砂、挖沟、采空作业或者堆放、悬挂物品，应当征得铁路运输企业同意并签订安全协议，遵守保证铁路安全的国家标准、行业标准和施工安全规范，采取措施防止影响铁路运输安全。铁路运输企业应当派员对施工现场实行安全监督。

第三十一条　铁路线路安全保护区内既有的建筑物、构筑物危及铁路运输安全的，应当采取必要的安全防护措施；采取安全防护措施后仍不能保证安全的，依照有关法律的规定拆除。

拆除铁路线路安全保护区内的建筑物、构筑物，清理铁路线路安全保护区内的植物，或者对他人在铁路线路安全保护区内已依法取得的采矿权等合法权利予以限制，给他人造成损失的，应当依法给予补偿或者采取必要的补救措施。但是，拆除非法建设的建筑物、构筑物的除外。

第三十二条 在铁路线路安全保护区及其邻近区域建造或者设置的建筑物、构筑物、设备等，不得进入国家规定的铁路建筑限界。

第三十三条 在铁路线路两侧建造、设立生产、加工、储存或者销售易燃、易爆或者放射性物品等危险物品的场所、仓库，应当符合国家标准、行业标准规定的安全防护距离。

第三十四条 在铁路线路两侧从事采矿、采石或者爆破作业，应当遵守有关采矿和民用爆破的法律法规，符合国家标准、行业标准和铁路安全保护要求。

在铁路线路路堤坡脚、路堑坡顶、铁路桥梁外侧起向外各1000米范围内，以及在铁路隧道上方中心线两侧各1000米范围内，确需从事露天采矿、采石或者爆破作业的，应当与铁路运输企业协商一致，依照有关法律法规的规定报县级以上地方人民政府有关部门批准，采取安全防护措施后方可进行。

第三十五条 高速铁路线路路堤坡脚、路堑坡顶或者铁路桥梁外侧起向外各200米范围内禁止抽取地下水。

在前款规定范围外，高速铁路线路经过的区域属于地面沉降区域，抽取地下水危及高速铁路安全的，应当设置地下水禁止开采区或者限制开采区，具体范围由铁路监督管理机构会同县级以上地方人民政府水行政主管部门提出方案，报省、自治区、直辖市人民政府批准并公告。

第三十六条 在电气化铁路附近从事排放粉尘、烟尘及腐蚀性气体的生产活动，超过国家规定的排放标准，危及铁路运输安全的，由县级以上地方人民政府有关部门依法责令整改，消除安全隐患。

第三十七条 任何单位和个人不得擅自在铁路桥梁跨越处河道上下游各1000米范围内围垦造田、拦河筑坝、架设浮桥或者修建其他影响铁路桥梁安全的设施。

因特殊原因确需在前款规定的范围内进行围垦造田、拦河筑坝、架设浮桥等活动的，应当进行安全论证，负责审批的机关在批准前应当征求有关铁路运输企业的意见。

第三十八条 禁止在铁路桥梁跨越处河道上下游的下列范围内采砂、淘金：

（一）跨河桥长500米以上的铁路桥梁，河道上游500米，下游3000米；

（二）跨河桥长100米以上不足500米的铁路桥梁，河道上游500米，下游2000米；

（三）跨河桥长不足100米的铁路桥梁，河道上游500米，下游1000米。

有关部门依法在铁路桥梁跨越处河道上下游划定的禁采范围大于前款规定的禁采范围的，按照划定的禁采范围执行。

县级以上地方人民政府水行政主管部门、国土资源主管部门应当按照各自职责划定禁采区域、设置禁采标志，制止非法采砂、淘金行为。

第三十九条 在铁路桥梁跨越处河道上下游各500米范围内进行疏浚作业，应当进行安全技术评价，有关河道、航道管理部门应当征求铁路运输企业的意见，确认安全或者采取安全技术措施后，方可批准进行疏浚作业。但是，依法进行河道、航道日常养护、疏浚作业的除外。

第四十条 铁路、道路两用桥由所在地铁路运输企业和道路管理部门或者道路经营企业定期检查、共同维护，保证桥梁处于安全的技术状态。

铁路、道路两用桥的墩、梁等共用部分的检测、维修由铁路运输企业和道路管理部门或者道路经营企业共同负责，所需费用按照公平合理的原则分担。

第四十一条 铁路的重要桥梁和隧道按照国家有关规定由中国人民武装警察部队负责守卫。

第四十二条 船舶通过铁路桥梁应当符合桥梁的通航净空高度并遵守航行规则。

桥区航标中的桥梁航标、桥柱标、桥梁水尺标由铁路运输企业负责设置、维护，水面航标由铁路运输企业负责设置，航道管理部门负责维护。

第四十三条　下穿铁路桥梁、涵洞的道路应当按照国家标准设置车辆通过限高、限宽标志和限高防护架。城市道路的限高、限宽标志由当地人民政府指定的部门设置并维护，公路的限高、限宽标志由公路管理部门设置并维护。限高防护架在铁路桥梁、涵洞、道路建设时设置，由铁路运输企业负责维护。

机动车通过下穿铁路桥梁、涵洞的道路，应当遵守限高、限宽规定。

下穿铁路涵洞的管理单位负责涵洞的日常管理、维护，防止淤塞、积水。

第四十四条　铁路线路安全保护区内的道路和铁路线路路堑上的道路、跨越铁路线路的道路桥梁，应当按照国家有关规定设置防止车辆以及其他物体进入、坠入铁路线路的安全防护设施和警示标志，并由道路管理部门或者道路经营企业维护、管理。

第四十五条　架设、铺设铁路信号和通信线路、杆塔应当符合国家标准、行业标准和铁路安全防护要求。铁路运输企业、为铁路运输提供服务的电信企业应当加强对铁路信号和通信线路、杆塔的维护和管理。

第四十六条　设置或者拓宽铁路道口、铁路人行过道，应当征得铁路运输企业的同意。

第四十七条　铁路与道路交叉的无人看守道口应当按照国家标准设置警示标志；有人看守道口应当设置移动栏杆、列车接近报警装置、警示灯、警示标志、铁路道口路段标线等安全防护设施。

道口移动栏杆、列车接近报警装置、警示灯等安全防护设施由铁路运输企业设置、维护；警示标志、铁路道口路段标线由铁路道口所在地的道路管理部门设置、维护。

第四十八条　机动车或者非机动车在铁路道口内发生故障或者装载物掉落的，应当立即将故障车辆或者掉落的装载物移至铁路道口停止线以外或者铁路线路最外侧钢轨5米以外的安全地点。无法立即移至安全地点的，应当立即报告铁路道口看守人员；在无人看守道口，应当立即在道口两端采取措施拦停列车，并就近通知铁路车站或者公安机关。

第四十九条　履带车辆等可能损坏铁路设施设备的车辆、物体通过铁路道口，应当提前通知铁路道口管理单位，在其协助、指导下通过，并采取相应的安全防护措施。

第五十条　在下列地点，铁路运输企业应当按照国家标准、行业标准设置易于识别的警示、保护标志：

（一）铁路桥梁、隧道的两端；

（二）铁路信号、通信光（电）缆的埋设、铺设地点；

（三）电气化铁路接触网、自动闭塞供电线路和电力贯通线路等电力设施附近易发生危险的地点。

第五十一条　禁止毁坏铁路线路、站台等设施设备和铁路路基、护坡、排水沟、防护林木、护坡草坪、铁路线路封闭网及其他铁路防护设施。

第五十二条　禁止实施下列危及铁路通信、信号设施安全的行为：

（一）在埋有地下光（电）缆设施的地面上方进行钻探，堆放重物、垃圾，焚烧物品，倾倒腐蚀性物质；

（二）在地下光（电）缆两侧各1米的范围内建造、搭建建筑物、构筑物等设施；

（三）在地下光（电）缆两侧各1米的范围内挖砂、取土；

（四）在过河光（电）缆两侧各100米的范围内挖砂、抛锚或者进行其他危及光（电）缆安全的作业。

第五十三条　禁止实施下列危害电气化铁路设施的行为：

（一）向电气化铁路接触网抛掷物品；

（二）在铁路电力线路导线两侧各 500 米的范围内升放风筝、气球等低空飘浮物体；

（三）攀登铁路电力线路杆塔或者在杆塔上架设、安装其他设施设备；

（四）在铁路电力线路杆塔、拉线周围 20 米范围内取土、打桩、钻探或者倾倒有害化学物品；

（五）触碰电气化铁路接触网。

第五十四条　县级以上各级人民政府及其有关部门、铁路运输企业应当依照地质灾害防治法律法规的规定，加强铁路沿线地质灾害的预防、治理和应急处理等工作。

第五十五条　铁路运输企业应当对铁路线路、铁路防护设施和警示标志进行经常性巡查和维护；对巡查中发现的安全问题应当立即处理，不能立即处理的应当及时报告铁路监督管理机构。巡查和处理情况应当记录留存。

第五章　铁路运营安全

第五十六条　铁路运输企业应当依照法律、行政法规和国务院铁路行业监督管理部门的规定，制定铁路运输安全管理制度，完善相关作业程序，保障铁路旅客和货物运输安全。

第五十七条　铁路机车车辆的驾驶人员应当参加国务院铁路行业监督管理部门组织的考试，考试合格方可上岗。具体办法由国务院铁路行业监督管理部门制定。

第五十八条　铁路运输企业应当加强铁路专业技术岗位和主要行车工种岗位从业人员的业务培训和安全培训，提高从业人员的业务技能和安全意识。

第五十九条　铁路运输企业应当加强运输过程中的安全防护，使用的运输工具、装载加固设备以及其他专用设施设备应当符合国家标准、行业标准和安全要求。

第六十条　铁路运输企业应当建立健全铁路设施设备的检查防护制度，加强对铁路设施设备的日常维护检修，确保铁路设施设备性能完好和安全运行。

铁路运输企业的从业人员应当按照操作规程使用、管理铁路设施设备。

第六十一条　在法定假日和传统节日等铁路运输高峰期或者恶劣气象条件下，铁路运输企业应当采取必要的安全应急管理措施，加强铁路运输安全检查，确保运输安全。

第六十二条　铁路运输企业应当在列车、车站等场所公告旅客、列车工作人员以及其他进站人员遵守的安全管理规定。

第六十三条　公安机关应当按照职责分工，维护车站、列车等铁路场所和铁路沿线的治安秩序。

第六十四条　铁路运输企业应当按照国务院铁路行业监督管理部门的规定实施火车票实名购买、查验制度。

实施火车票实名购买、查验制度的，旅客应当凭有效身份证件购票乘车；对车票所记载身份信息与所持身份证件或者真实身份不符的持票人，铁路运输企业有权拒绝其进站乘车。

铁路运输企业应当采取有效措施为旅客实名购票、乘车提供便利，并加强对旅客身份信息的保护。铁路运输企业工作人员不得窃取、泄露旅客身份信息。

第六十五条　铁路运输企业应当依照法律、行政法规和国务院铁路行业监督管理部门的规定，对旅客及其随身携带、托运的行李物品进行安全检查。

从事安全检查的工作人员应当佩戴安全检查标志，依法履行安全检查职责，并有权拒绝不接受安全检查的旅客进站乘车和托运行李物品。

第六十六条　旅客应当接受并配合铁路运输企业在车站、列车实施的安全检查，不得违法携带、夹带管制器具，不得违法携带、托运烟花爆竹、枪支弹药等危险物品或者其他违禁物品。

禁止或者限制携带的物品种类及其数量由国务院铁路行业监督管理部门会同公安机关规定，并在车站、列车等场所公布。

第六十七条　铁路运输托运人托运货物、行李、包裹，不得有下列行为：

（一）匿报、谎报货物品名、性质、重量；

（二）在普通货物中夹带危险货物，或者在危险货物中夹带禁止配装的货物；

（三）装车、装箱超过规定重量。

第六十八条　铁路运输企业应当对承运的货物进行安全检查，并不得有下列行为：

（一）在非危险货物办理站办理危险货物承运手续；

（二）承运未接受安全检查的货物；

（三）承运不符合安全规定、可能危害铁路运输安全的货物。

第六十九条　运输危险货物应当依照法律法规和国家其他有关规定使用专用的设施设备，托运人应当配备必要的押运人员和应急处理器材、设备以及防护用品，并使危险货物始终处于押运人员的监管之下；危险货物发生被盗、丢失、泄漏等情况，应当按照国家有关规定及时报告。

第七十条　办理危险货物运输业务的工作人员和装卸人员、押运人员，应当掌握危险货物的性质、危害特性、包装容器的使用特性和发生意外的应急措施。

第七十一条　铁路运输企业和托运人应当按照操作规程包装、装卸、运输危险货物，防止危险货物泄漏、爆炸。

第七十二条　铁路运输企业和托运人应当依照法律法规和国家其他有关规定包装、装载、押运特殊药品，防止特殊药品在运输过程中被盗、被劫或者发生丢失。

第七十三条　铁路管理信息系统及其设施的建设和使用，应当符合法律法规和国家其他有关规定的安全技术要求。

铁路运输企业应当建立网络与信息安全应急保障体系，并配备相应的专业技术人员负责网络和信息系统的安全管理工作。

第七十四条　禁止使用无线电台（站）以及其他仪器、装置干扰铁路运营指挥调度无线电频率的正常使用。

铁路运营指挥调度无线电频率受到干扰的，铁路运输企业应当立即采取排查措施并报告无线电管理机构、铁路监管部门；无线电管理机构、铁路监管部门应当依法排除干扰。

第七十五条　电力企业应当依法保障铁路运输所需电力的持续供应，并保证供电质量。

铁路运输企业应当加强用电安全管理，合理配置供电电源和应急自备电源。

遇有特殊情况影响铁路电力供应的，电力企业和铁路运输企业应当按照各自职责及时组织抢修，尽快恢复正常供电。

第七十六条　铁路运输企业应当加强铁路运营食品安全管理，遵守有关食品安全管理的法律法规和国家其他有关规定，保证食品安全。

第七十七条　禁止实施下列危害铁路安全的行为：

（一）非法拦截列车、阻断铁路运输；

（二）扰乱铁路运输指挥调度机构以及车站、列车的正常秩序；

（三）在铁路线路上放置、遗弃障碍物；

（四）击打列车；

（五）擅自移动铁路线路上的机车车辆，或者擅自开启列车车门、违规操纵列车紧急制动设备；

（六）拆盗、损毁或者擅自移动铁路设施设备、机车车辆配件、标桩、防护设施和安全标志；

（七）在铁路线路上行走、坐卧或者在未设道口、人行过道的铁路线路上通过；

（八）擅自进入铁路线路封闭区域或者在未设置行人通道的铁路桥梁、隧道通行；

（九）擅自开启、关闭列车的货车阀、

盖或者破坏施封状态；

（十）擅自开启列车中的集装箱箱门，破坏箱体、阀、盖或者施封状态；

（十一）擅自松动、拆解、移动列车中的货物装载加固材料、装置和设备；

（十二）钻车、扒车、跳车；

（十三）从列车上抛扔杂物；

（十四）在动车组列车上吸烟或者在其他列车的禁烟区域吸烟；

（十五）强行登乘或者以拒绝下车等方式强占列车；

（十六）冲击、堵塞、占用进出站通道或者候车区、站台。

第六章　监督检查

第七十八条　铁路监管部门应当对从事铁路建设、运输、设备制造维修的企业执行本条例的情况实施监督检查，依法查处违反本条例规定的行为，依法组织或者参与铁路安全事故的调查处理。

铁路监管部门应当建立企业违法行为记录和公告制度，对违反本条例被依法追究法律责任的从事铁路建设、运输、设备制造维修的企业予以公布。

第七十九条　铁路监管部门应当加强对铁路运输高峰期和恶劣气象条件下运输安全的监督管理，加强对铁路运输的关键环节、重要设施设备的安全状况以及铁路运输突发事件应急预案的建立和落实情况的监督检查。

第八十条　铁路监管部门和县级以上人民政府安全生产监督管理部门应当建立信息通报制度和运输安全生产协调机制。发现重大安全隐患，铁路运输企业难以自行排除的，应当及时向铁路监管部门和有关地方人民政府报告。地方人民政府获悉铁路沿线有危及铁路运输安全的重要情况，应当及时通报有关的铁路运输企业和铁路监管部门。

第八十一条　铁路监管部门发现安全隐患，应当责令有关单位立即排除。重大安全隐患排除前或者排除过程中无法保证安全的，应当责令从危险区域内撤出人员、设备，停止作业；重大安全隐患排除后方可恢复作业。

第八十二条　实施铁路安全监督检查的人员执行监督检查任务时，应当佩戴标志或者出示证件。任何单位和个人不得阻碍、干扰安全监督检查人员依法履行安全检查职责。

第七章　法律责任

第八十三条　铁路建设单位和铁路建设的勘察、设计、施工、监理单位违反本条例关于铁路建设质量安全管理的规定的，由铁路监管部门依照有关工程建设、招标投标管理的法律、行政法规的规定处罚。

第八十四条　铁路建设单位未对高速铁路和地质构造复杂的铁路建设工程实行工程地质勘察监理，或者在铁路线路及其邻近区域进行铁路建设工程施工不执行铁路营业线施工安全管理规定，影响铁路运营安全的，由铁路监管部门责令改正，处10万元以上50万元以下的罚款。

第八十五条　依法应当进行产品认证的铁路专用设备未经认证合格，擅自出厂、销售、进口、使用的，依照《中华人民共和国认证认可条例》的规定处罚。

第八十六条　铁路机车车辆以及其他专用设备制造者未按规定召回缺陷产品，采取措施消除缺陷的，由国务院铁路行业监督管理部门责令改正；拒不改正的，处缺陷产品货值金额1%以上10%以下的罚款；情节严重的，由国务院铁路行业监督管理部门吊销相应的许可证件。

第八十七条　有下列情形之一的，由铁路监督管理机构责令改正，处2万元以上10万元以下的罚款：

（一）用于铁路运输的安全检测、监控、防护设施设备，集装箱和集装化用具等运输器具、专用装卸机械、索具、篷布、装载加固材料或者装置、运输包装、货物装载加固等，不符合国家标准、行业标准和技术规范；

（二）不按照国家有关规定和标准设置、维护铁路封闭设施、安全防护设施；

（三）架设、铺设铁路信号和通信线路、杆塔不符合国家标准、行业标准和铁路安全防护要求，或者未对铁路信号和通信线路、杆塔进行维护和管理；

（四）运输危险货物不依照法律法规和国家其他有关规定使用专用的设施设备。

第八十八条　在铁路线路安全保护区内烧荒、放养牲畜、种植影响铁路线路安全和行车瞭望的树木等植物，或者向铁路线路安全保护区排污、倾倒垃圾以及其他危害铁路安全的物质的，由铁路监督管理机构责令改正，对单位可以处5万元以下的罚款，对个人可以处2000元以下的罚款。

第八十九条　未经铁路运输企业同意或者未签订安全协议，在铁路线路安全保护区内建造建筑物、构筑物等设施，取土、挖砂、挖沟、采空作业或者堆放、悬挂物品，或者违反保证铁路安全的国家标准、行业标准和施工安全规范，影响铁路运输安全的，由铁路监督管理机构责令改正，可以处10万元以下的罚款。

铁路运输企业未派员对铁路线路安全保护区内施工现场进行安全监督的，由铁路监督管理机构责令改正，可以处3万元以下的罚款。

第九十条　在铁路线路安全保护区及其邻近区域建造或者设置的建筑物、构筑物、设备等进入国家规定的铁路建筑限界，或者在铁路线路两侧建造、设立生产、加工、储存或者销售易燃、易爆或者放射性物品等危险物品的场所、仓库不符合国家标准、行业标准规定的安全防护距离的，由铁路监督管理机构责令改正，对单位处5万元以上20万元以下的罚款，对个人处1万元以上5万元以下的罚款。

第九十一条　有下列行为之一的，分别由铁路沿线所在地县级以上地方人民政府水行政主管部门、国土资源主管部门或者无线电管理机构等依照有关水资源管理、矿产资源管理、无线电管理等法律、行政法规的规定处罚：

（一）未经批准在铁路线路两侧各1000米范围内从事露天采矿、采石或者爆破作业；

（二）在地下水禁止开采区或者限制开采区抽取地下水；

（三）在铁路桥梁跨越处河道上下游各1000米范围内围垦造田、拦河筑坝、架设浮桥或者修建其他影响铁路桥梁安全的设施；

（四）在铁路桥梁跨越处河道上下游禁止采砂、淘金的范围内采砂、淘金；

（五）干扰铁路运营指挥调度无线电频率正常使用。

第九十二条　铁路运输企业、道路管理部门或者道路经营企业未履行铁路、道路两用桥检查、维护职责的，由铁路监督管理机构或者上级道路管理部门责令改正；拒不改正的，由铁路监督管理机构或者上级道路管理部门指定其他单位进行养护和维修，养护和维修费用由拒不履行义务的铁路运输企业、道路管理部门或者道路经营企业承担。

第九十三条　机动车通过下穿铁路桥梁、涵洞的道路未遵守限高、限宽规定的，由公安机关依照道路交通安全管理法律、行政法规的规定处罚。

第九十四条　违反本条例第四十八条、第四十九条关于铁路道口安全管理的规定的，由铁路监督管理机构责令改正，处1000元以上5000元以下的罚款。

第九十五条　违反本条例第五十一条、第五十二条、第五十三条、第七十七条规定的，由公安机关责令改正，对单位处1万元以上5万元以下的罚款，对个人处500元以上2000元以下的罚款。

第九十六条　铁路运输托运人托运货物、行李、包裹时匿报、谎报货物品名、性质、重量，或者装车、装箱超过规定重量的，由铁路监督管理机构责令改正，可以处2000 元以下的罚款；情节较重的，处 2000元以上 2 万元以下的罚款；将危险化学品谎报或者匿报为普通货物托运的，处 10 万元以上 20 万元以下的罚款。

铁路运输托运人在普通货物中夹带危险货物，或者在危险货物中夹带禁止配装的货物的，由铁路监督管理机构责令改正，处 3 万元以上 20 万元以下的罚款。

第九十七条 铁路运输托运人运输危险货物未配备必要的应急处理器材、设备、防护用品，或者未按照操作规程包装、装卸、运输危险货物的，由铁路监督管理机构责令改正，处 1 万元以上 5 万元以下的罚款。

第九十八条 铁路运输托运人运输危险货物不按照规定配备必要的押运人员，或者发生危险货物被盗、丢失、泄漏等情况不按照规定及时报告的，由公安机关责令改正，处 1 万元以上 5 万元以下的罚款。

第九十九条 旅客违法携带、夹带管制器具或者违法携带、托运烟花爆竹、枪支弹药等危险物品或者其他违禁物品的，由公安机关依法给予治安管理处罚。

第一百条 铁路运输企业有下列情形之一的，由铁路监管部门责令改正，处 2 万元以上 10 万元以下的罚款：

（一）在非危险货物办理站办理危险货物承运手续；

（二）承运未接受安全检查的货物；

（三）承运不符合安全规定、可能危害铁路运输安全的货物；

（四）未按照操作规程包装、装卸、运输危险货物。

第一百零一条 铁路监管部门及其工作人员应当严格按照本条例规定的处罚种类和幅度，根据违法行为的性质和具体情节行使行政处罚权，具体办法由国务院铁路行业监督管理部门制定。

第一百零二条 铁路运输企业工作人员窃取、泄露旅客身份信息的，由公安机关依法处罚。

第一百零三条 从事铁路建设、运输、设备制造维修的单位违反本条例规定，对直接负责的主管人员和其他直接责任人员依法给予处分。

第一百零四条 铁路监管部门及其工作人员不依照本条例规定履行职责的，对负有责任的领导人员和直接责任人员依法给予处分。

第一百零五条 违反本条例规定，给铁路运输企业或者其他单位、个人财产造成损失的，依法承担民事责任。

违反本条例规定，构成违反治安管理行为的，由公安机关依法给予治安管理处罚；构成犯罪的，依法追究刑事责任。

第八章 附 则

第一百零六条 专用铁路、铁路专用线的安全管理参照本条例的规定执行。

第一百零七条 本条例所称高速铁路，是指设计开行时速 250 公里以上（含预留），并且初期运营时速 200 公里以上的客运列车专线铁路。

第一百零八条 本条例自 2014 年 1 月 1 日起施行。2004 年 12 月 27 日国务院公布的《铁路运输安全保护条例》同时废止。

铁路交通事故应急救援和调查处理条例

（2007年7月11日中华人民共和国国务院令第501号公布，根据2012年11月9日《国务院关于修改和废止部分行政法规的决定》修订）

第一章　总　　则

第一条　为了加强铁路交通事故的应急救援工作，规范铁路交通事故调查处理，减少人员伤亡和财产损失，保障铁路运输安全和畅通，根据《中华人民共和国铁路法》和其他有关法律的规定，制定本条例。

第二条　铁路机车车辆在运行过程中与行人、机动车、非机动车、牲畜及其他障碍物相撞，或者铁路机车车辆发生冲突、脱轨、火灾、爆炸等影响铁路正常行车的铁路交通事故（以下简称事故）的应急救援和调查处理，适用本条例。

第三条　国务院铁路主管部门应当加强铁路运输安全监督管理，建立健全事故应急救援和调查处理的各项制度，按照国家规定的权限和程序，负责组织、指挥、协调事故的应急救援和调查处理工作。

第四条　铁路管理机构应当加强日常的铁路运输安全监督检查，指导、督促铁路运输企业落实事故应急救援的各项规定，按照规定的权限和程序，组织、参与、协调本辖区内事故的应急救援和调查处理工作。

第五条　国务院其他有关部门和有关地方人民政府应当按照各自的职责和分工，组织、参与事故的应急救援和调查处理工作。

第六条　铁路运输企业和其他有关单位、个人应当遵守铁路运输安全管理的各项规定，防止和避免事故的发生。

事故发生后，铁路运输企业和其他有关单位应当及时、准确地报告事故情况，积极开展应急救援工作，减少人员伤亡和财产损失，尽快恢复铁路正常行车。

第七条　任何单位和个人不得干扰、阻碍事故应急救援、铁路线路开通、列车运行和事故调查处理。

第二章　事故等级

第八条　根据事故造成的人员伤亡、直接经济损失、列车脱轨辆数、中断铁路行车时间等情形，事故等级分为特别重大事故、重大事故、较大事故和一般事故。

第九条　有下列情形之一的，为特别重大事故：

（一）造成30人以上死亡，或者100人以上重伤（包括急性工业中毒，下同），或者1亿元以上直接经济损失的；

（二）繁忙干线客运列车脱轨18辆以上并中断铁路行车48小时以上的；

（三）繁忙干线货运列车脱轨60辆以上并中断铁路行车48小时以上的。

第十条　有下列情形之一的，为重大事故：

（一）造成10人以上30人以下死亡，或者50人以上100人以下重伤，或者5000万元以上1亿元以下直接经济损失的；

（二）客运列车脱轨18辆以上的；

（三）货运列车脱轨60辆以上的；

（四）客运列车脱轨2辆以上18辆以下，并中断繁忙干线铁路行车24小时以上或者中断其他线路铁路行车48小时以上的；

（五）货运列车脱轨6辆以上60辆以

下，并中断繁忙干线铁路行车 24 小时以上或者中断其他线路铁路行车 48 小时以上的。

第十一条 有下列情形之一的，为较大事故：

（一）造成 3 人以上 10 人以下死亡，或者 10 人以上 50 人以下重伤，或者 1000 万元以上 5000 万元以下直接经济损失的；

（二）客运列车脱轨 2 辆以上 18 辆以下的；

（三）货运列车脱轨 6 辆以上 60 辆以下的；

（四）中断繁忙干线铁路行车 6 小时以上的；

（五）中断其他线路铁路行车 10 小时以上的。

第十二条 造成 3 人以下死亡，或者 10 人以下重伤，或者 1000 万元以下直接经济损失的，为一般事故。

除前款规定外，国务院铁路主管部门可以对一般事故的其他情形作出补充规定。

第十三条 本章所称的“以上”包括本数，所称的“以下”不包括本数。

第三章 事故报告

第十四条 事故发生后，事故现场的铁路运输企业工作人员或者其他人员应当立即报告邻近铁路车站、列车调度员或者公安机关。有关单位和人员接到报告后，应当立即将事故情况报告事故发生地铁路管理机构。

第十五条 铁路管理机构接到事故报告，应当尽快核实有关情况，并立即报告国务院铁路主管部门；对特别重大事故、重大事故，国务院铁路主管部门应当立即报告国务院并通报国家安全生产监督管理等有关部门。

发生特别重大事故、重大事故、较大事故或者有人员伤亡的一般事故，铁路管理机构还应当通报事故发生地县级以上地方人民政府及其安全生产监督管理部门。

第十六条 事故报告应当包括下列内容：

（一）事故发生的时间、地点、区间（线名、公里、米）、事故相关单位和人员；

（二）发生事故的列车种类、车次、部位、计长、机车型号、牵引辆数、吨数；

（三）承运旅客人数或者货物品名、装载情况；

（四）人员伤亡情况，机车车辆、线路设施、道路车辆的损坏情况，对铁路行车的影响情况；

（五）事故原因的初步判断；

（六）事故发生后采取的措施及事故控制情况；

（七）具体救援请求。

事故报告后出现新情况的，应当及时补报。

第十七条 国务院铁路主管部门、铁路管理机构和铁路运输企业应当向社会公布事故报告值班电话，受理事故报告和举报。

第四章 事故应急救援

第十八条 事故发生后，列车司机或者运转车长应当立即停车，采取紧急处置措施；对无法处置的，应当立即报告邻近铁路车站、列车调度员进行处置。

为保障铁路旅客安全或者因特殊运输需要不宜停车的，可以不停车；但是，列车司机或者运转车长应当立即将事故情况报告邻近铁路车站、列车调度员，接到报告的邻近铁路车站、列车调度员应当立即进行处置。

第十九条 事故造成中断铁路行车的，铁路运输企业应当立即组织抢修，尽快恢复铁路正常行车；必要时，铁路运输调度指挥部门应当调整运输径路，减少事故影响。

第二十条 事故发生后，国务院铁路主管部门、铁路管理机构、事故发生地县级以上地方人民政府或者铁路运输企业应当根据事故等级启动相应的应急预案；必要时，成立现场应急救援机构。

第二十一条 现场应急救援机构根据事

故应急救援工作的实际需要，可以借用有关单位和个人的设施、设备和其他物资。借用单位使用完毕应当及时归还，并支付适当费用；造成损失的，应当赔偿。

有关单位和个人应当积极支持、配合救援工作。

第二十二条　事故造成重大人员伤亡或者需要紧急转移、安置铁路旅客和沿线居民的，事故发生地县级以上地方人民政府应当及时组织开展救治和转移、安置工作。

第二十三条　国务院铁路主管部门、铁路管理机构或者事故发生地县级以上地方人民政府根据事故救援的实际需要，可以请求当地驻军、武装警察部队参与事故救援。

第二十四条　有关单位和个人应当妥善保护事故现场以及相关证据，并在事故调查组成立后将相关证据移交事故调查组。因事故救援、尽快恢复铁路正常行车需要改变事故现场的，应当做出标记、绘制现场示意图、制作现场视听资料，并做出书面记录。

任何单位和个人不得破坏事故现场，不得伪造、隐匿或者毁灭相关证据。

第二十五条　事故中死亡人员的尸体经法定机构鉴定后，应当及时通知死者家属认领；无法查找死者家属的，按照国家有关规定处理。

第五章　事故调查处理

第二十六条　特别重大事故由国务院或者国务院授权的部门组织事故调查组进行调查。

重大事故由国务院铁路主管部门组织事故调查组进行调查。

较大事故和一般事故由事故发生地铁路管理机构组织事故调查组进行调查；国务院铁路主管部门认为必要时，可以组织事故调查组对较大事故和一般事故进行调查。

根据事故的具体情况，事故调查组由有关人民政府、公安机关、安全生产监督管理部门、监察机关等单位派人组成，并应当邀请人民检察院派人参加。事故调查组认为必要时，可以聘请有关专家参与事故调查。

第二十七条　事故调查组应当按照国家有关规定开展事故调查，并在下列调查期限内向组织事故调查组的机关或者铁路管理机构提交事故调查报告：

（一）特别重大事故的调查期限为60日；

（二）重大事故的调查期限为30日；

（三）较大事故的调查期限为20日；

（四）一般事故的调查期限为10日。

事故调查期限自事故发生之日起计算。

第二十八条　事故调查处理，需要委托有关机构进行技术鉴定或者对铁路设备、设施及其他财产损失状况以及中断铁路行车造成的直接经济损失进行评估的，事故调查组应当委托具有国家规定资质的机构进行技术鉴定或者评估。技术鉴定或者评估所需时间不计入事故调查期限。

第二十九条　事故调查报告形成后，报经组织事故调查组的机关或者铁路管理机构同意，事故调查组工作即告结束。组织事故调查组的机关或者铁路管理机构应当自事故调查组工作结束之日起15日内，根据事故调查报告，制作事故认定书。

事故认定书是事故赔偿、事故处理以及事故责任追究的依据。

第三十条　事故责任单位和有关人员应当认真吸取事故教训，落实防范和整改措施，防止事故再次发生。

国务院铁路主管部门、铁路管理机构以及其他有关行政机关应当对事故责任单位和有关人员落实防范和整改措施的情况进行监督检查。

第三十一条　事故的处理情况，除依法应当保密的外，应当由组织事故调查组的机关或者铁路管理机构向社会公布。

第六章　事故赔偿

第三十二条　事故造成人身伤亡的，铁路运输企业应当承担赔偿责任；但是人身伤亡是不可抗力或者受害人自身原因造成的，铁路运输企业不承担赔偿责任。

违章通过平交道口或者人行过道，或者在铁路线路上行走、坐卧造成的人身伤亡，属于受害人自身的原因造成的人身伤亡。

第三十三条 事故造成铁路旅客人身伤亡和自带行李损失的，铁路运输企业对每名铁路旅客人身伤亡的赔偿责任限额为人民币15万元，对每名铁路旅客自带行李损失的赔偿责任限额为人民币2000元。

铁路运输企业与铁路旅客可以书面约定高于前款规定的赔偿责任限额。（2012年11月9日删除）

第三十四条 事故造成铁路运输企业承运的货物、包裹、行李损失的，铁路运输企业应当依照《中华人民共和国铁路法》的规定承担赔偿责任。

第三十五条 除本条例第三十三条、第三十四条的规定外，事故造成其他人身伤亡或者财产损失的，依照国家有关法律、行政法规的规定赔偿。

第三十六条 事故当事人对事故损害赔偿有争议的，可以通过协商解决，或者请求组织事故调查组的机关或者铁路管理机构组织调解，也可以直接向人民法院提起民事诉讼。

第七章 法律责任

第三十七条 铁路运输企业及其职工违反法律、行政法规的规定，造成事故的，由国务院铁路主管部门或者铁路管理机构依法追究行政责任。

第三十八条 违反本条例的规定，铁路运输企业及其职工不立即组织救援，或者迟报、漏报、瞒报、谎报事故的，对单位，由国务院铁路主管部门或者铁路管理机构处10万元以上50万元以下的罚款；对个人，由国务院铁路主管部门或者铁路管理机构处4000元以上2万元以下的罚款；属于国家工作人员的，依法给予处分；构成犯罪的，依法追究刑事责任。

第三十九条 违反本条例的规定，国务院铁路主管部门、铁路管理机构以及其他行政机关未立即启动应急预案，或者迟报、漏报、瞒报、谎报事故的，对直接负责的主管人员和其他直接责任人员依法给予处分；构成犯罪的，依法追究刑事责任。

第四十条 违反本条例的规定，干扰、阻碍事故救援、铁路线路开通、列车运行和事故调查处理的，对单位，由国务院铁路主管部门或者铁路管理机构处4万元以上20万元以下的罚款；对个人，由国务院铁路主管部门或者铁路管理机构处2000元以上1万元以下的罚款；情节严重的，对单位，由国务院铁路主管部门或者铁路管理机构处20万元以上100万元以下的罚款；对个人，由国务院铁路主管部门或者铁路管理机构处1万元以上5万元以下的罚款；属于国家工作人员的，依法给予处分；构成违反治安管理行为的，由公安机关依法给予治安管理处罚；构成犯罪的，依法追究刑事责任。

第八章 附 则

第四十一条 本条例于2007年9月1日起施行。1979年7月16日国务院批准发布的《火车与其他车辆碰撞和铁路路外人员伤亡事故处理暂行规定》和1994年8月13日国务院批准发布的《铁路旅客运输损害赔偿规定》同时废止。

违反《铁路安全管理条例》行政处罚实施办法

（2013年12月24日交通运输部公布，根据2021年11月19日交通运输部《关于修改〈违反《铁路安全管理条例》行政处罚实施办法〉的决定》修正）

第一章　总　　则

第一条　为规范铁路安全行政处罚行为，维护当事人的合法权益，根据《中华人民共和国行政处罚法》、《铁路安全管理条例》（以下简称《条例》）、《建设工程质量管理条例》等法律、行政法规，制定本办法。

第二条　国家铁路局和地区铁路监督管理局（以下统称铁路监管部门）对违反《条例》的行为实施行政处罚适用本办法。

第三条　铁路监管部门实施行政处罚，遵循合法、公正、公开的原则，坚持处罚与教育相结合。

实施行政处罚应当按照法定职责和法定程序，以事实为依据，与违法行为的性质、情节以及对铁路安全的危害程度相当。

第四条　铁路行政执法人员实施行政处罚时，应当出示执法证件。

第五条　公民、法人或者其他组织对铁路监管部门给予的行政处罚，享有陈述权、申辩权。

第六条　公民、法人或者其他组织因违法行为受到行政处罚，其违法行为对他人造成损害的，应当依法承担民事责任。

违法行为构成犯罪，应当依法追究刑事责任的，不得以行政处罚代替刑事处罚。

第二章　行政处罚的管辖与适用

第七条　《条例》规定由铁路监管部门处罚的事项，一般由地区铁路监督管理局实施。对案情复杂、性质严重、社会影响较大、跨区域的案件以及国家铁路局认为有必要的，由国家铁路局实施处罚。直接向国家铁路局举报、控告的案件由国家铁路局依法决定管辖机关。

铁路行政处罚由地区铁路监督管理局实施的，一般由违法行为发生地的地区铁路监督管理局管辖。地区铁路监督管理局之间对管辖权有争议的，应当协商解决，协商不成的，报请国家铁路局指定管辖；也可以直接由国家铁路局指定管辖。

第八条　对当事人的同一个违法行为，不得给予两次以上罚款的行政处罚。

同一个违法行为违反多个法律规范应当给予罚款处罚的，按照罚款数额高的规定处罚。

第九条　当事人有下列情形之一的，应当依法从轻或者减轻行政处罚：

（一）主动消除或者减轻违法行为危害后果的；

（二）受他人胁迫或者诱骗实施铁路安全违法行为的；

（三）主动供述铁路监管部门尚未掌握的违法行为的；

（四）配合铁路监管部门查处危害铁路安全行为有立功表现的；

（五）法律、法规、规章规定其他应当从轻或者减轻行政处罚的。

违法行为轻微并及时改正，没有造成危

害后果的，不予行政处罚。初次违法且危害后果轻微并及时改正的，可以不予行政处罚。

当事人有证据足以证明没有主观过错的，不予行政处罚。法律、行政法规另有规定的，从其规定。

对当事人的违法行为依法不予行政处罚的，铁路监管部门应当对当事人进行教育。

第十条 违法行为在2年内未被发现的，不再给予行政处罚；涉及公民生命健康安全且有危害后果的，上述期限延长至5年。法律另有规定的除外。

前款规定的期限，从违法行为发生之日起计算。违法行为有连续或者继续状态的，从行为终了之日起计算。

第三章 对违法行为的行政处罚

第十一条 违反《条例》第八条规定，铁路建设工程勘察、设计、施工、监理以及建设物资、设备的采购未依法进行招标的，由地区铁路监督管理局依照《中华人民共和国招标投标法》、《中华人民共和国招标投标法实施条例》等法律、行政法规的规定实施处罚。

第十二条 违反《条例》第九条规定，从事铁路建设工程勘察、设计、施工、监理活动的单位超越本单位资质等级承揽工程的，由地区铁路监督管理局依照《建设工程质量管理条例》第六十条规定，责令停止违法行为并处以相应罚款，有违法所得的，予以没收：

（一）尚未实质性开展工程建设活动的，对勘察、设计单位或者监理单位处合同约定的勘察费、设计费或者监理酬金1倍的罚款，对施工单位处工程合同价款2%的罚款；

（二）已实质性开展工程建设活动，未造成铁路建设工程质量事故的，对勘察、设计单位或监理单位处合同约定的勘察费、设计费或者监理酬金1倍以上1.5倍以下的罚款，对施工单位处工程合同价款2%以上3%以下的罚款；

（三）造成铁路建设工程质量事故的，对勘察、设计单位或者监理单位处合同约定的勘察费、设计费或者监理酬金1.5倍以上2倍以下的罚款，对施工单位处工程合同价款3%以上4%以下的罚款。

未取得资质证书承揽工程的，予以取缔，依照前款规定处以罚款；有违法所得的，予以没收。

以欺骗手段取得资质证书承揽工程的，依照本条第一款规定处以罚款；有违法所得的，予以没收。

第十三条 违反《条例》第十条规定，建设单位选择不具备相应资质等级的勘察、设计、施工、监理单位进行工程建设的，由地区铁路监督管理局依照《建设工程质量管理条例》第五十四条规定，责令改正，处以相应罚款：

（一）单项工程合同价款超出施工资质等级允许规模1倍以内的，或者选择超越1个资质等级的勘察、设计、施工、监理单位进行工程建设的，每一起处50万元以上70万元以下的罚款；

（二）单项工程合同价款超出施工资质等级允许规模1倍以上2倍以内的，或者选择超越2个及以上资质等级的勘察、设计、施工、监理单位进行工程建设的，每一起处70万元以上90万元以下的罚款；

（三）单项工程合同价款超出施工资质等级允许规模2倍以上的，或者选择没有资质的勘察、设计、施工、监理单位进行工程建设的，每一起处90万元以上100万元以下的罚款。

第十四条 违反《条例》第十一条规定，高速铁路和地质构造复杂的铁路建设工程未实行工程地质勘察监理制度的，由地区铁路监督管理局依照《条例》第八十四条规定，责令改正，对建设单位处以相应罚款：

（一）未造成铁路建设工程质量事故的，处10万元以上20万元以下的罚款；

（二）造成铁路建设工程质量一般事故的，处20万元以上30万元以下的罚款；

（三）造成铁路建设工程质量较大及以上等级事故的，处30万元以上50万元以下的罚款。

第十五条　违反《条例》第十三条规定，施工单位使用不合格的建筑材料、建筑构配件和设备的，由地区铁路监督管理局依照《建设工程质量管理条例》第六十四条规定，责令改正，处以相应罚款：

（一）未造成铁路建设工程质量事故的，处工程合同价款2%的罚款；

（二）造成铁路建设工程质量一般事故的，处工程合同价款2%以上3%以下的罚款；

（三）造成铁路建设工程质量较大及以上等级事故的，处工程合同价款3%以上4%以下的罚款。

第十六条　违反《条例》第十三条规定，建设单位明示或者暗示施工单位使用不合格的建筑材料、建筑构配件和设备的，由地区铁路监督管理局依照《建设工程质量管理条例》第五十六条规定责令改正，对建设单位处以相应罚款：

（一）未造成铁路建设工程质量事故的，处20万元以上30万元以下的罚款；

（二）造成铁路建设工程质量一般事故的，处30万元以上40万元以下的罚款；

（三）造成铁路建设工程质量较大及以上等级事故的，处40万元以上50万元以下的罚款。

第十七条　违反《条例》第十四条规定，建设单位违规要求设计、施工单位压缩建设工期的，由地区铁路监督管理局依照《建设工程质量管理条例》第五十六条规定，责令改正，视情节处以相应罚款：

（一）未造成铁路建设工程质量事故的，处20万元以上30万元以下的罚款；

（二）造成铁路建设工程质量一般事故的，处30万元以上40万元以下的罚款；

（三）造成铁路建设工程质量较大及以上等级事故的，处40万元以上50万元以下的罚款。

第十八条　违反《条例》第十五条规定，建设单位未组织铁路建设工程竣工验收，擅自交付使用；或者验收不合格，擅自交付使用；或者对不合格的建设工程按照合格工程验收的，由地区铁路监督管理局依照《建设工程质量管理条例》第五十八条规定，责令改正，视情节处以相应罚款：

（一）未对铁路运营安全造成影响的，处工程合同价款2%的罚款；

（二）影响铁路运营安全的，处工程合同价款2%以上3%以下的罚款；

（三）造成铁路交通事故的，处工程合同价款3%以上4%以下的罚款。

第十九条　违反《条例》第十六条规定，铁路建设单位在铁路线路及其邻近区域进行铁路建设工程施工不执行铁路营业线施工安全管理规定，影响铁路运营安全的，由地区铁路监督管理局依照《条例》第八十四条规定，责令改正，视情节处以相应罚款：

（一）违法情节较轻的，处10万元以上20万元以下的罚款；

（二）违法情节较重的，处20万元以上30万元以下的罚款；

（三）造成铁路交通事故的，处30万元以上50万元以下的罚款。

第二十条　违反《条例》第二十五条规定，用于铁路运输的安全检测、监控、防护设施设备，集装箱和集装化用具等运输器具、专用装卸机械、索具、篷布、装载加固材料或者装置、运输包装、货物装载加固等，不符合国家标准、行业标准和技术规范的，由地区铁路监督管理局依照《条例》第八十七条规定责令改正，视情节处以相应罚款：

（一）违法情节较轻的，处2万元以上

5万元以下的罚款；

（二）违法情节较重的，处5万元以上7万元以下的罚款；

（三）违法情节严重的，处7万元以上10万元以下的罚款。

第二十一条 违反《条例》第二十六条规定，铁路机车车辆以及其他专用设备制造者未按规定召回缺陷产品，采取措施消除缺陷的，由国家铁路局依照《条例》第八十六条规定，责令改正；拒不改正的，处缺陷产品货值金额1%以上5%以下的罚款；拒不改正且造成铁路交通事故的，处缺陷产品货值金额5%以上10%以下的罚款；情节严重的，吊销相应的许可证件。

第二十二条 违反《条例》第二十七条规定，新建、改建铁路的铁路建设单位或者铁路运输企业未依法根据铁路线路安全保护区平面图设立标桩的，由地区铁路监督管理局依照《条例》第八十七条规定责令改正，视情节处以相应罚款：

（一）违法情节较轻的，处2万元以上5万元以下的罚款；

（二）违法情节较重的，处5万元以上7万元以下的罚款；

（三）违法情节严重的，处7万元以上10万元以下的罚款。

第二十三条 违反《条例》第二十八条规定，设计开行时速120公里以上列车的铁路未按照国家有关规定和标准设置、维护铁路封闭设施、安全防护设施的，由地区铁路监督管理局依照《条例》第八十七条规定责令改正，视情节处以相应罚款：

（一）违法情节较轻的，处2万元以上5万元以下的罚款；

（二）违法情节较重的，处5万元以上7万元以下的罚款；

（三）违法情节严重的，处7万元以上10万元以下的罚款。

第二十四条 违反《条例》第二十九条规定，在铁路线路安全保护区内烧荒、放养牲畜、种植影响铁路线路安全和行车瞭望的树木等植物，或者向铁路线路安全保护区排污、倾倒垃圾以及其他危害铁路安全的物质的，由地区铁路监督管理局依照《条例》第八十八条规定责令改正，视情节可以处以相应罚款：

（一）违法情节较轻的，对单位可以处1万元以下的罚款，对个人可以处500元以下的罚款；

（二）违法情节较重的，对单位可以处1万元以上3万元以下的罚款，对个人可以处500元以上1000元以下的罚款；

（三）违法情节严重的，对单位可以处3万元以上5万元以下的罚款，对个人可以处1000元以上2000元以下的罚款。

第二十五条 违反《条例》第三十条规定，未经铁路运输企业同意并签订安全协议，在铁路线路安全保护区内建造建筑物、构筑物，铺设、架设各类管线、缆线、渡槽等设施，取土、挖砂、挖沟、采空作业或者堆放、悬挂物品，或者违反保证铁路安全的国家标准、行业标准和施工安全规范，影响铁路运输安全的，由地区铁路监督管理局依照《条例》第八十九条规定责令改正，视情节可以处以相应罚款：

（一）违法情节较轻的，可以处5万元以下的罚款；

（二）违法情节较重的，可以处5万元以上10万元以下的罚款。

铁路运输企业未派员对铁路线路安全保护区内施工现场进行安全监督的，可以处3万元以下的罚款。

第二十六条 违反《条例》第三十二条规定，在铁路线路安全保护区及其邻近区域建造或者设置的建筑物、构筑物、设备等进入国家规定的铁路建筑限界的，由地区铁路监督管理局依照《条例》第九十条规定责令改正，视情节处以相应罚款：

（一）违法情节较轻的，对单位处5万元以上10万元以下的罚款，对个人处1万元以上2万元以下的罚款；

（二）违法情节较重的，对单位处10万元以上15万元以下的罚款，对个人处2万元以上3万元以下的罚款；

（三）违法情节严重的，对单位处15万元以上20万元以下的罚款，对个人处3万元以上5万元以下的罚款。

第二十七条　违反《条例》第三十三条规定，在铁路线路两侧建造、设立生产、加工、储存或者销售易燃、易爆或者放射性物品等危险物品的场所、仓库不符合国家标准、行业标准规定的安全防护距离的，由地区铁路监督管理局依照《条例》第九十条规定责令改正，视情节处以相应罚款：

（一）违法情节较轻的，对单位处5万元以上10万元以下的罚款，对个人处1万元以上2万元以下的罚款；

（二）违法情节较重的，对单位处10万元以上15万元以下的罚款，对个人处2万元以上3万元以下的罚款；

（三）违法情节严重的，对单位处15万元以上20万元以下的罚款，对个人处3万元以上5万元以下的罚款。

第二十八条　违反《条例》第四十三条规定，未按规定设置、维护下穿铁路桥梁、涵洞的道路限高防护架的，由地区铁路监督管理局依照《条例》第八十七条规定责令改正，视情形处以相应罚款：

（一）未按规定维护的，处2万元以上3万元以下的罚款；

（二）未按规定设置的，处3万元以上5万元以下的罚款；

（三）因未按规定设置或维护，造成后果的，处5万元以上10万元以下的罚款。

第二十九条　违反《条例》第四十四条规定，铁路线路安全保护区内的道路和铁路线路路堑上的道路、跨越铁路线路的道路桥梁，未按照国家有关规定和标准设置、维护、管理防止车辆以及其他物体进入、坠入铁路线路的安全防护设施和警示标志的，由地区铁路监督管理局依照《条例》第八十七条规定责令改正，视情节处以相应罚款：

（一）违法情节较轻的，处2万元以上5万元以下的罚款；

（二）违法情节较重的，处5万元以上7万元以下的罚款；

（三）违法情节严重的，处7万元以上10万元以下的罚款。

第三十条　违反《条例》第四十五条规定，架设、铺设铁路信号和通信线路、杆塔不符合国家标准、行业标准和铁路安全防护要求，或者未对铁路信号和通信线路、杆塔进行维护和管理的，由地区铁路监督管理局依照《条例》第八十七条规定责令改正，视情节处以相应罚款：

（一）违法情节较轻的，处2万元以上5万元以下的罚款；

（二）违法情节较重的，处5万元以上7万元以下的罚款；

（三）违法情节严重的，处7万元以上10万元以下的罚款。

第三十一条　违反《条例》第四十七条规定，铁路与道路交叉的无人看守道口未按照国家标准设置、维护警示标志；有人看守道口未设置、维护移动栏杆、列车接近报警装置、警示灯、警示标志、铁路道口路段标线等安全防护设施的，由地区铁路监督管理局依照《条例》第八十七条规定责令改正，视情节处以相应罚款：

（一）违法情节较轻的，处2万元以上5万元以下的罚款；

（二）违法情节较重的，处5万元以上7万元以下的罚款；

（三）违法情节严重的，处7万元以上10万元以下的罚款。

第三十二条　违反《条例》第四十八条规定，机动车或者非机动车在铁路道口内发生故障或者装载物掉落，未立即将故障车辆或者掉落的装载物移至安全地点，或者未立即报告铁路道口看守人员的；在无人看守道口，未立即在道口两端采取措施拦停列车，并就近通知铁路车站或者公安机关的，由地区铁路监督管理局依照《条例》第九十四条规定责令改正，处 1000 元以上 5000 元以下的罚款。

第三十三条　违反《条例》第四十九条规定，履带车辆等可能损坏铁路设施设备的车辆、物体通过铁路道口，未提前通知铁路道口管理单位，并采取相应的安全防护措施的，由地区铁路监督管理局依照《条例》第九十四条规定责令改正，处 1000 元以上 5000 元以下的罚款。

第三十四条　违反《条例》第五十条规定，铁路运输企业未在铁路桥梁、隧道的两端，铁路信号、通信光（电）缆的埋设、铺设地点，电气化铁路接触网、自动闭塞供电线路和电力贯通线路等电力设施附近易发生危险的地点按照国家标准、行业标准设置易于识别的警示、保护标志的，由地区铁路监督管理局依照《条例》第八十七条规定责令改正，视情节处以相应罚款：

（一）违法情节较轻的，处 2 万元以上 5 万元以下的罚款；

（二）违法情节较重的，处 5 万元以上 7 万元以下的罚款；

（三）违法情节严重的，处 7 万元以上 10 万元以下的罚款。

第三十五条　违反《条例》第五十五条规定，铁路运输企业未对铁路线路、铁路防护设施和警示标志进行经常性巡查和维护的，由地区铁路监督管理局依照《条例》第八十七条规定责令改正，视情节处以相应罚款：

（一）违法情节较轻的，处 2 万元以上 5 万元以下的罚款；

（二）违法情节较重的，处 5 万元以上 7 万元以下的罚款；

（三）违法情节严重的，处 7 万元以上 10 万元以下的罚款。

第三十六条　违反《条例》第五十七条规定，铁路机车车辆的驾驶人员持过期或者失效驾驶证件执业的，由地区铁路监督管理局责令改正，可以处 1000 元以下的罚款。

第三十七条　违反《条例》第五十九条规定，铁路运输企业使用的运输工具、装载加固设备以及其他专用设施设备不符合国家标准、行业标准和安全要求的，由地区铁路监督管理局依照《条例》第八十七条规定责令改正，视情节处以相应罚款：

（一）违法情节较轻的，处 2 万元以上 5 万元以下的罚款；

（二）违法情节较重的，处 5 万元以上 7 万元以下的罚款；

（三）违法情节严重的，处 7 万元以上 10 万元以下的罚款。

第三十八条　违反《条例》第六十七条规定，铁路运输托运人托运货物、行李、包裹时匿报、谎报货物品名、性质、重量，或者装车、装箱超过规定重量以及在普通货物中夹带危险货物，或者在危险货物中夹带禁止配装货物的，由地区铁路监督管理局依照《条例》第九十六条规定责令改正，视情形处以相应罚款：

（一）托运货物、行李、包裹时匿报、谎报货物品名、性质、重量，或者装车、装箱超过规定重量，情节较轻的，可处 2000 元以下的罚款；情节较重的，处 2000 元以上 1 万元以下的罚款；情节严重的，处 1 万元以上 2 万元以下的罚款。

（二）将危险化学品谎报或者匿报为普通货物托运，处 10 万元以上 15 万元以下的罚款；违法情节严重的，处 15 万元以上 20 万元以下的罚款。

（三）在普通货物中夹带危险货物，在危险货物中夹带禁止配装的货物，处 3 万元以上 10 万元以下的罚款；违法情节严重的，处 10 万元以上 20 万元以下的罚款。

第三十九条　违反《条例》第六十八条规定，铁路运输企业在非危险货物办理站办理危险货物承运手续，承运未接受安全检查的货物，承运不符合安全规定、可能危害铁路运输安全的货物的，由地区铁路监督管理局依照《条例》第一百条规定责令改正，视情节处以相应罚款：

（一）违法情节较轻的，处2万元以上5万元以下的罚款；

（二）违法情节较重的，处5万元以上7万元以下的罚款；

（三）违法情节严重的，处7万元以上10万元以下的罚款。

第四十条　违反《条例》第六十九条规定，铁路运输企业和托运人未依照法律法规和国家其他有关规定使用专用的设施设备运输危险货物的，由地区铁路监督管理局依照《条例》第八十七条规定责令改正，视情节处以相应罚款：

（一）违法情节较轻的，处2万元以上5万元以下的罚款；

（二）违法情节较重的，处5万元以上7万元以下的罚款；

（三）违法情节严重的，处7万元以上10万元以下的罚款。

第四十一条　违反《条例》第六十九条规定，铁路运输托运人运输危险货物未配备必要的应急处理器材、设备以及防护用品的，由地区铁路监督管理局依照《条例》第九十七条规定责令改正，视情节处以相应罚款：

（一）违法情节较轻的，处1万元以上2万元以下的罚款；

（二）违法情节较重的，处2万元以上3万元以下的罚款；

（三）违法情节严重的，处3万元以上5万元以下的罚款。

第四十二条　违反《条例》第七十一条规定，铁路运输企业未按照操作规程包装、装卸、运输危险货物，防止危险货物泄漏、爆炸的，由地区铁路监督管理局依照《条例》第一百条规定责令改正，视情节处以相应罚款：

（一）违法情节较轻的，处2万元以上5万元以下的罚款；

（二）违法情节较重的，处5万元以上7万元以下的罚款；

（三）违法情节严重的，处7万元以上10万元以下的罚款。

第四十三条　违反《条例》第七十一条规定，铁路运输托运人未按照操作规程包装、装卸、运输危险货物，防止危险货物泄漏、爆炸的，由地区铁路监督管理局依照《条例》第九十七条规定责令改正，视情节处以相应罚款：

（一）违法情节较轻的，处1万元以上2万元以下的罚款；

（二）违法情节较重的，处2万元以上3万元以下的罚款；

（三）违法情节严重的，处3万元以上5万元以下的罚款。

第四十四条　违反《条例》第七十二条规定，铁路运输企业和托运人未依照法律法规和国家其他有关规定包装、装载、押运麻醉药品和精神药品等特殊药品，造成特殊药品在运输过程中被盗、被劫或者发生丢失的，由地区铁路监督管理局依照《麻醉药品和精神药品管理条例》等相关法律、行政法规规定处罚。

第四十五条　违反《条例》规定，本办法未规定行政处罚、其他法律法规另有规定的，依照其规定执行。

第四十六条　铁路监管部门发现违反《条例》规定的行为，但本部门无权处理的，应当及时移送或者通报有权处理的部门。

第四章　行政处罚程序

第四十七条　铁路监管部门发现公民、法人或者其他组织有依法应当给予行政处罚的行为的，必须全面、客观、公正地调查，收集有关证据。

第四十八条　对依法应当给予行政处罚的行为，符合立案标准的，铁路监管部门应当按照本办法规定的管辖范围及时立案。

第四十九条 铁路行政执法人员在调查、收集证据时，应当遵守下列规定：

（一）不得少于2人。

（二）询问证人和当事人，应当分别进行，并告知其作伪证的法律责任；《询问笔录》须经被询问人阅核后，由询问人和被询问人签名，被询问人拒绝签名的，由询问人在询问笔录上注明情况。

（三）对与案件有关的物品或者现场进行勘验检查时，应当通知当事人到场，制作《检查（勘验）笔录》，当事人拒不到场的，可请在场的其他人员见证。

（四）对需要采取抽样取证的，应当制作《抽样取证物品清单》，并妥善保管，需要退回的应当退回。

（五）对涉及专业性较强问题的，应当聘请有专业知识和技术能力的部门、人员进行鉴定。

（六）在证据可能灭失或者以后难以取得的情况下，经铁路监管部门负责人批准，可以先行登记保存，制作《先行登记保存证据清单》，并应当在7日内对先行登记保存的证据作出处理决定。

第五十条 执法人员与案件有直接利害关系或者有其他关系可能影响公正执法的，应当回避。

当事人认为执法人员与案件有直接利害关系或者有其他关系可能影响公正执法的，有权申请回避。

当事人提出回避申请的，铁路监管部门应当依法审查，由铁路监管部门负责人决定。决定作出之前，不停止调查。

第五十一条 案件调查终结后，执法人员认为案件事实清楚，主要证据齐全，应当制作《案件调查报告》，对案件提出处理意见，报执法部门负责人审查。涉及多部门管理事项的，应当分送有关部门联审。涉及行政许可事项的，应当送行政许可审查部门审查。对重大、疑难案件调查情况，应当向国家铁路局有关部门报告。

因案情性质发生变化或者客观原因导致调查工作不需要或者无法继续开展的，可以作出《终止调查决定书》，并送达相关当事人和举报人、控告人。

第五十二条 《案件调查报告》经执法部门负责人审查后，认为应当给予行政处罚的，执法人员应当制作《行政处罚告知书》，送达被告知人，告知拟作出的行政处罚内容及事实、理由、依据。并告知其依法享有陈述、申辩及要求听证等权利。逾期未提出听证的，视为放弃。

第五十三条 执法部门拟作出较大数额罚款、没收较大数额违法所得、吊销许可证件等行政处罚决定，应当告知当事人有要求听证的权利；当事人要求听证的，案件办理人员应当向铁路监管部门负责人报告，由法制工作部门组织听证。听证程序按有关法律、行政法规的规定执行。

第五十四条 铁路监管部门负责人根据案件的不同情况，分别作出如下处理决定：

（一）确有违法行为，应当给予行政处罚的，根据情节和危害后果的轻重，作出行政处罚决定；

（二）违法行为轻微，依法可以不予行政处罚的，不予行政处罚；

（三）违法事实不成立的，不予行政处罚；

（四）违法行为涉嫌犯罪的，移送司法机关。

在铁路监管部门负责人作出行政处罚的决定之前，应当依法由从事行政处罚决定法制审核的人员进行法制审核。

对情节复杂或者重大违法行为给予行政处罚，铁路监管部门负责人应当集体讨论决定。

第五十五条 铁路监管部门依据本办法制作《行政处罚决定书》。《行政处罚决定书》应当载明下列事项：

（一）当事人的姓名或者名称、地址；

（二）违反法律、法规、规章的事实和

证据；

（三）行政处罚的种类和依据；

（四）行政处罚的履行方式和期限；

（五）申请行政复议、提起行政诉讼的途径和期限；

（六）作出行政处罚决定的铁路监管部门名称和作出决定的日期。

行政处罚决定书应当加盖作出行政处罚决定的铁路监管部门的印章。

第五十六条　执法部门负责送达行政处罚决定书。行政处罚决定书应当在宣告后当场交付当事人，当事人拒绝签收的，送达人员应当在送达回证上注明；当事人不在场的，应当在7日内依照《中华人民共和国民事诉讼法》的规定，采取留置送达、邮寄送达、公告送达等方式送达。

当事人在收到行政处罚决定书后，应当在行政处罚决定书送达回证上注明收到日期、签名或者盖章。

当事人同意并签订确认书的，执法部门可以采用传真、电子邮件等方式，将行政处罚决定书等送达当事人。

第五十七条　收缴罚款后，应当依法向当事人出具由国务院财政部门统一制发的专用票据。处罚和罚款收缴应当分离，罚款所得的款项，必须按照有关规定上缴，任何单位和个人不得截留、私分或者变相私分。

第五十八条　行政处罚案件自立案之日起，一般应当在30日内办理完毕；由于客观原因不能完成的，经执法部门负责人同意，可以延长，但不得超过60日；特殊情况需进一步延长的，应当经铁路监管部门负责人批准，可延长至90日。

第五十九条　行政处罚决定依法作出后，当事人应当在行政处罚决定书载明的期限内，予以履行。

当事人对行政处罚决定不服，申请行政复议或者提起行政诉讼的，行政处罚不停止执行，法律另有规定的除外。

第六十条　当事人逾期不履行行政处罚决定的，铁路监管部门可以采取下列措施：

（一）到期不缴纳罚款的，每日按罚款数额的3%加处罚款，加处罚款的数额不得超出罚款的数额；

（二）在法定期限内不申请行政复议或者提起行政诉讼，又不履行行政处罚决定的，执法部门可以自期限届满之日起3个月内申请人民法院强制执行。

第六十一条　铁路监管部门申请人民法院强制执行前，应当催告当事人履行义务。催告书送达10日后当事人仍未履行义务的，可以向所在地有管辖权的人民法院申请强制执行；执行对象是不动产的，向不动产所在地有管辖权的人民法院申请强制执行。

第六十二条　向人民法院申请强制执行，应当提供下列材料：

（一）强制执行申请书；

（二）行政处罚决定书及作出决定的事实、理由和依据；

（三）当事人的意见及铁路监管部门催告情况；

（四）申请强制执行标的情况；

（五）法律、行政法规规定的其他材料。

强制执行申请书应当由铁路监管部门负责人签名，加盖铁路监管部门的印章，并注明日期。

第六十三条　因情况紧急，为保障公共安全，铁路监管部门可以申请人民法院立即执行。

第六十四条　铁路监管部门对人民法院不予受理的裁定有异议的，可以自收到裁定之日起15日内向上一级人民法院申请复议。

第六十五条　当事人确有经济困难，需要延期或者分期缴纳罚款的，由当事人提出申请并经铁路监管部门批准，可以暂缓或者分期缴纳。

第六十六条　地区铁路监督管理局对当事人作出较大数额罚款行政处罚决定的，应当自作出行政处罚决定书之日起7日内报国家铁路局备案。

第六十七条 行政处罚决定执行完毕后，应当将下列案件材料立卷归档：

（一）立案审批表；

（二）案件调查报告；

（三）证据材料；

（四）行政处罚告知书、行政处罚决定书、送达回证；

（五）罚款收据复印件；

（六）在办理案件中形成的其他材料。

第六十八条 依照本办法对公民处以200元以下、对法人或者其他组织处以3000元以下罚款或者警告的行政处罚的，可以当场作出行政处罚决定。行政处罚决定书应当当场交付当事人。

第五章 执法监督

第六十九条 铁路监管部门应当建立行政处罚责任追究制度，对违法实施行政处罚的责任人实行责任追究。

第七十条 法制工作部门负责对执法部门和执法人员执行法律法规情况进行监督检查。安全监察部门、人事部门负责执法人员日常管理和培训，对不符合执法资格的人员应当停止其执法工作，收缴其执法证件。

第七十一条 公民、法人或者其他组织认为铁路监管部门的行政处罚侵害其合法权益，有权依照《中华人民共和国行政复议法》申请行政复议。国家铁路局法制工作部门、安全监察部门对地区铁路监督管理局违法或者不适当的行政处罚有权予以纠正。

第七十二条 公民、法人或者其他组织认为铁路监管部门的行政处罚侵害其合法权益，有权依照《中华人民共和国行政诉讼法》，向人民法院提起行政诉讼。

第七十三条 铁路监管部门违法实施行政处罚，给公民人身或者财产造成损害、给单位造成财产损失的，应当依照《中华人民共和国国家赔偿法》予以赔偿。

第六章 附 则

第七十四条 铁路监管部门依照法律、法规、规章，可以在法定权限内书面委托符合法定条件的组织实施行政处罚。

第七十五条 依据《条例》第一百零六条规定，对专用铁路、铁路专用线的行政处罚参照本办法的规定执行。

第七十六条 本办法所称“较大数额”，按照对个人1万元以上、单位10万元以上的标准执行。

本办法“以上”含本数、“以下”不含本数。

第七十七条 本办法所规定的法律文书格式，由国家铁路局统一制定。

第七十八条 本办法自2014年1月1日起施行。2006年1月4日原铁道部发布的《违反〈铁路运输安全保护条例〉行政处罚实施办法》（铁道部令第27号）同时废止。

铁路建设管理办法

（2003年7月11日第七次铁道部部长办公会议通过，2003年7月31日公布，自2003年10月1日起施行）

第一章 总 则

第一条 为加强铁路建设管理，规范铁路建设行为，提高铁路建设水平，根据《中华人民共和国铁路法》、《中华人民共和国招标投标法》、《建设工程质量管理条例》、《建设工程勘察设计管理条例》等有关法律、法规，制定本办法。

第二条　本办法所称铁路建设是指新建、改建铁路建设项目的立项决策、勘察设计、工程实施、竣工验收等全部建设活动。

第三条　本办法适用于中华人民共和国境内的铁路建设活动。

第四条　铁路建设必须贯彻执行国家有关方针政策，严格执行国家法律、法规和国务院铁路主管部门的规章及工程建设强制性标准，严格执行国家规定的建设程序。

第五条　铁路建设应坚持科技创新，积极采用现代管理方法，推广使用先进技术、先进设备、先进工艺、新型建筑材料，不断提高建设水平。

第六条　铁路建设应高度重视环境保护、水土保持和防灾减灾工作，节约能源和土地，做好文物保护。

第七条　铁路建设实行招标投标制、工程监理制、合同管理制、质量监督制。

第八条　铁路建设必须加强质量、安全管理，保证工程质量，保护人民生命和财产安全。

第九条　从事铁路建设的项目管理、勘察设计、工程施工和监理、咨询等活动的企业和主要从业人员，必须按规定取得相应专业资质和个人执业资格，在批准的资质和资格范围内从业，接受国务院铁路主管部门依法进行的监督、检查。

第十条　国务院铁路主管部门负责全国铁路建设工作的监督管理。

第二章　建设程序

第十一条　铁路建设程序包括立项决策、设计、工程实施和竣工验收。

第十二条　立项决策阶段。依据铁路建设规划，对拟建项目进行预可行性研究，编制项目建议书；根据批准的铁路中长期规划或项目建议书，在初测基础上进行可行性研究，编制可行性研究报告。项目建议书和可行性研究报告按国家规定报批。

工程简易的建设项目，可直接进行可行性研究，编制可行性研究报告。

第十三条　设计阶段。根据批准的可行性研究报告，在定测基础上开展初步设计。初步设计经审查批准后，开展施工图设计。

工程简易的建设项目，可根据批准的可行性研究报告，直接进行施工图设计。

第十四条　工程实施阶段。在初步设计文件审查批准后，组织工程招标投标、编制开工报告。开工报告批准后，依据批准的建设规模、技术标准、建设工期和投资，按照施工图和施工组织设计文件组织建设。

第十五条　竣工验收阶段。铁路建设项目按批准的设计文件全部竣工或分期、分段完成后，按规定组织竣工验收，办理资产移交。

第三章　项目管理机构及职责

第十六条　铁路建设项目的建设管理单位是建设项目的组织实施机构，是实现建设目标的直接责任者。建设管理单位由建设项目投资人选择或组建。建设项目投资人按权力和责任统一的原则，明确建设管理单位的职责和权限，并监督其完成建设工作。

第十七条　中央政府直接投资的铁路建设项目，由国务院铁路主管部门根据建设项目的特点，选择建设管理单位。

实行项目法人责任制的铁路建设项目，由项目法人选择或组建建设管理单位。

其他铁路建设项目，按国家规定并参照本办法选择或组建建设管理单位。

第十八条　铁路建设管理单位必须是依法设立、从事铁路建设业务的企业或具有独立法人资格的事业单位，并满足下列条件：

（一）具有管理同类建设项目的工作业绩，其负责建设的项目工程质量合格、投资控制良好，经运输检验，没有质量隐患。

（二）具有与建设项目相适应、专业齐全的技术、经济管理人员。其中：单位负责人、技术负责人、财务负责人，必须具有大专以上学历，熟悉国家和国务院铁路主管部门有关铁路建设的方针、政策、法规和规定，有较高的政策水平。

单位负责人必须有较强的组织能力，具有建设项目管理工作的经验，或担任过同类建设项目施工现场高级管理职务，并经实践证明是称职的项目高级管理人员。

主要技术负责人必须熟悉铁路建设的规程规范，具有建设项目技术管理的实践经验，或担任过同类建设项目的技术负责人，并经实践证明是称职的。

主要财务负责人必须熟悉铁路建设的财务规定，具有建设项目投资控制和财务管理的实践经验，或担任过同类建设项目财务负责人，并经实践证明是称职的。

（三）具有与建设项目建设管理相适应的技术、质量和经济管理机构，能够确保建设项目的质量、安全等符合国家规定，良好地控制工程投资，依法进行财务管理和会计核算。

第十九条 建设管理单位的主要职责：

（一）贯彻国家和国务院铁路主管部门的有关工程建设的方针、政策、法规和规定，按照批准的建设规模、技术标准、建设工期和投资，组织铁路工程项目建设，就工程质量、安全、工期、投资等全过程对委托方负责；

（二）组织勘察设计招标，组织实施勘察设计、工程地质勘察监理和设计咨询工作；

（三）组织施工、监理、物资设备采购招标，与中标企业签订合同；

（四）办理工程质量监督手续；

（五）负责项目的征地、拆迁工作，负责审批建设项目中单项工程开工（复工）报告；

（六）组织编制工程项目施工组织设计；

（七）负责审核施工图，供应设计文件，组织工程设计现场技术交底；

（八）编报工程项目年度建设计划及建设资金预算建议；

（九）组织、协调工程建设中出现的问题，负责统计、报告工程进度；

（十）按规定办理变更设计；

（十一）按规定组织或参与对工程质量、人身伤亡和行车安全等事故的调查和处理；

（十二）负责工程项目的财务管理工作，按规定使用建设资金，办理与工程项目有关的各种结算业务；

（十三）负责验工计价，及时办理工程价款等资金的拨付与结算；

（十四）负责工程竣工验收前期工作，组织编制工程竣工文件和竣工决算，组织编写工程总结。

第四章 招标投标与合同管理

第二十条 铁路建设必须按照社会主义市场经济体制的要求，构建统一、开放、有序的铁路建设市场。

第二十一条 铁路建设项目工程勘察设计、施工、监理以及工程建设有关的重要物资、设备等采购，应当依法进行招标投标。

第二十二条 铁路建设工程招标投标活动应当遵循公开、公平、公正和诚实信用的原则。

第二十三条 铁路建设工程招标投标活动不受地区或部门限制，任何单位和个人不得违法限制或排斥本地区、本系统以外的具备相应资格的企业或其他组织参加投标，不得以任何方式非法干涉招标投标活动。

任何单位和个人不得将依法必须招标的铁路建设项目化整为零或以其他任何理由规避招标。

第二十四条 铁路建设工程招标投标活动受国家法律保护，招标投标活动及其当事人应当接受国务院铁路主管部门及其委托部门的监督。

第二十五条　建设管理单位不得要求中标企业分割标段；勘察设计、施工企业不得转包或违法分包承接的铁路建设工程业务；监理企业不得转让承接的铁路建设工程监理业务。

第二十六条　招标确定中标人后，建设管理单位和中标人必须在规定的时限内，按照招标投标文件约定的合同条款，签订书面合同，明确当事人双方的权利和义务。当事人应严格履行合同约定，违约方必须承担相应的经济、法律责任。

第二十七条　铁路建设勘察设计、施工、监理承包实行履约担保制度，积极推行保险制度。

第二十八条　铁路建设实行合同备案制度，合同签定 15 日内，建设管理单位应向国务院铁路主管部门或其指定单位备案。

第五章　勘察设计管理

第二十九条　铁路建设工程勘察设计应当与社会、经济发展水平及铁路发展目标相适应，遵循经济效益、社会效益和环境效益统一的原则。

第三十条　铁路建设工程勘察设计应认真贯彻执行国家和国务院铁路主管部门颁布的技术政策、工程建设强制性标准和国家有关部门关于项目建议书、可行性研究报告和初步设计审查批复意见。

第三十一条　铁路建设工程勘察设计按有关规定实行招标投标制度、工程地质勘察监理制度、设计咨询制度和设计文件审查制度。

第三十二条　承担铁路建设工程勘察设计的企业必须加强技术管理和质量管理。工程地质勘察资料必须真实、准确；设计工作应认真做好经济社会调查，运用系统工程理论，综合考虑运输能力、运输质量、建设规模和投资，推荐先进适宜的技术标准。在充分进行方案论证和经济技术比较的基础上，推荐最佳设计方案。

第三十三条　铁路建设工程设计文件必须达到规定的深度，初步设计概算静态投资与批复可行性研究报告静态投资的差额一般不得大于批复可行性研究报告静态投资的 10%。

第三十四条　铁路建设工程设计选用的材料、设备，应当注明其规格、型号、性能等技术指标，其质量要求必须符合国家规定的标准。

除有特殊要求的建筑材料、专用设备和工艺生产线等外，设计单位不得指定生产厂、供应商。

第三十五条　铁路建设项目开工前，勘察设计企业必须按勘察设计合同约定，向施工、监理企业说明设计意图，解释设计文件，并选派设计代表机构与人员常驻现场，及时解决施工中出现的勘察设计问题，完善和优化勘察设计，并按规定进行变更设计。

第三十六条　铁路建设工程勘察、设计取费，按国家和国务院铁路主管部门有关规定实行优质优价。

第六章　施工管理

第三十七条　承担铁路建设项目的工程施工承包企业必须执行国家有关质量、安全、环境保护等法律、法规，接受相关部门依法进行的监督、检查。

第三十八条　工程施工承包企业必须履行合同，按照合同约定，组建现场管理机构，配备相应的工程技术人员、施工力量和机械设备。

第三十九条　工程施工承包企业必须详细核对设计文件，依据施工图和施工组织设计施工。对设计文件存在的问题以及施工中发现的勘察设计问题，必须及时以书面形式通知设计、监理和建设管理单位。

第四十条　工程施工承包企业必须建立质量责任制，强化质量、安全管理，建立健全质量、安全保证体系，开展文明施工，推行标准化工地建设。

第四十一条　工程施工承包企业对工程

施工的关键岗位、关键工种，必须严格执行先培训后上岗的制度。

第四十二条 工程施工承包企业必须对建筑材料、混凝土、构配件、设备等按规定进行检查和检验，严禁使用不合格的材料、产品和设备。

第四十三条 工程施工承包企业不得转包和违法分包工程。确需分包的工程，应在投标文件中载明，并在签定合同中约定。工程施工承包企业对分包工程的质量、安全负责。

第四十四条 工程施工承包企业在工程施工中应准确填写各种检验表格，按规定编制竣工文件。

第七章 监理管理

第四十五条 铁路建设工程监理实行总监理工程师负责制和监理执业人员持证上岗制。

第四十六条 工程监理必须执行铁路建设有关规程规范，依据设计文件、工程质量检验评定标准进行监理。

第四十七条 监理企业必须按照监理合同和投标承诺，设置现场监理机构，配备总监理工程师、专业监理工程师以及必需的检测设备。

第四十八条 施工现场应建立总监理工程师、监理工程师、监理员各负其责的工程监理体系，现场监理人员的配置必须满足监理工作需要，涉及工程结构安全的关键工序和隐蔽工程，必须实行旁站监理。

第四十九条 监理人员必须认真审阅、检查设计文件，依据设计文件和施工组织设计实施监理，对发现的勘察设计问题，必须及时以书面形式通知设计和建设管理单位。

第五十条 建筑材料、构配件和设备必须经监理工程师检查签字后方可使用或安装，涉及工程结构安全的关键工序和隐蔽工程，必须经监理工程师签字后方可进行下一道工序作业。

第五十一条 建设管理单位拨付工程款之前，验工计价文件应经总监理工程师签认。

第八章 质量管理

第五十二条 铁路建设应严格遵守《建设工程质量管理条例》，建设管理单位和勘察设计、施工、监理企业依法承担相应的质量责任。

第五十三条 铁路建设实行工程质量监督制度，铁路工程质量监督机构及派出单位依法对铁路建设工程质量实施监督。建设管理单位必须在工程项目开工前，按规定办理质量监督手续。

第五十四条 铁路建设工程质量事故的报告、调查和处理，执行国家和国务院铁路主管部门的有关规定。发生工程质量事故，建设管理单位和施工、监理企业必须按规定及时报告，并组织或协助调查处理。严禁延误报告或隐瞒不报。

工程质量事故处理资料应作为竣工资料移交接管单位。

第五十五条 铁路建设实行工程质量保修制度。工程施工承包企业应对保修范围和保修期限内发生的质量问题，按规定履行保修义务，并对造成的损失承担赔偿责任。

第九章 安全管理

第五十六条 铁路建设必须严格执行《中华人民共和国安全生产法》和其他有关安全生产的法律、法规，严格执行保障安全生产的国家标准和国务院铁路主管部门制定的有关安全规定。

第五十七条 铁路建设的建设管理、勘察设计、施工、监理企业，应当建立健全劳动安全教育培训制度，加强对职工安全生产的教育培训，未经安全生产培训的人员，不得上岗作业。

第五十八条 铁路建设实行安全责任制和事故责任追究制度，依法追究事故责任人员的法律责任。

第五十九条 铁路建设项目安全设施必

须与主体工程同时设计、同时施工、同时竣工，经验收合格后方可投入正式运营。

第六十条　严格安全事故报告、调查和处理制度，发生安全事故的工程施工承包企业、建设管理单位及监理企业等均必须按规定及时报告，并协助调查和处理。严禁延误报告和隐瞒不报。

第六十一条　承担既有线改建的建设管理单位和勘察设计、施工、监理企业，必须严格执行国务院铁路主管部门关于既有线施工的规章制度，接受运营单位的指导和监督，确保运输和施工安全。

既有线改造过渡工程必须经验收合格后方可开通运营。

第十章　建设资金管理

第六十二条　铁路建设应合理确定建设项目投资，建设项目初步设计批准概算静态投资超出批复可行性研究报告静态投资的部分不应大于批复可行性研究报告静态投资的10%，因特殊情况而超出者，须报原可行性研究报告批准单位批准。

第六十三条　铁路建设必须严格控制工程投资，避免损失和浪费，提高投资效益。除政策和特殊原因外，不得调增建设项目初步设计批准概算。

第六十四条　铁路建设必须严格执行国家有关财务管理制度，加强资金管理。

第六十五条　铁路建设项目的财政投资，必须按规定编制建设资金预算，严格执行批准预算。

第六十六条　铁路建设必须严格执行有关建设资金支付规定，严格按照合同约定拨付工程价款，不得超拨，也不得拖欠。严禁挤占、截留或挪用建设资金。

第六十七条　铁路建设资金的使用和管理，依法接受审计和监督检查。

第十一章　竣工验收

第六十八条　铁路建设项目按批准的设计文件建成后，必须按国家规定验收。未经验收或验收不合格的，不得交付使用。

第六十九条　铁路建设项目由验收机构组织验收，验收机构按国家规定设立。验收包括初验、正式验收和固定资产移交。限额以下项目和小型项目可一次验收。

第七十条　建设管理单位确认建设项目达到初验条件后提出申请初验报告，验收机构认为达到初验标准后，组织对项目进行初验；初验合格后，方可交付临管运营。

第七十一条　正式验收原则上在初验一年后进行。验收机构认为建设项目达到正式验收标准后，组织验收。验收合格后交付正式运营。

第七十二条　建设项目正式验收合格后，按规定办理固定资产移交工作。

第十二章　罚　　则

第七十三条　参与铁路建设活动的单位和个人，在铁路建设中发生违规违法行为的，依法承担相应的行政、经济和法律责任。

国务院铁路主管部门及其委托部门对违反本办法的行为进行行政处罚。

第七十四条　铁路建设管理单位违反本办法规定，有下列行为之一者，责令改正；情节严重的，降低资质等级；对直接责任人员依法给予行政处罚；构成犯罪的，依法追究刑事责任。

（一）必须招标的建设工程项目不进行招标，或违法、违规进行招标，或将工程项目发包给不具有相应资质条件的承包单位；

（二）不履行建设管理单位职责，造成延误工期、工程质量低劣或发生重大质量、安全事故；

（三）未按规定办理工程质量监督手续擅自开工；

（四）建设项目未经验收或验收不合格，擅自交付使用；

（五）擅自扩大建设项目规模、提高或

降低建设标准；

（六）挤占、截留或挪用建设资金；

（七）未按批准的工期组织建设，盲目压缩工期，造成工程质量低劣，发生重大质量、安全事故；

（八）其他违法违规行为。

第七十五条 勘察设计企业承担铁路工程勘察设计业务违反本办法规定，有下列行为之一者，责令改正；情节严重的，暂停投标资格，由资质审批部门降低铁路专业资质等级直至撤销资质；对直接责任人员依法给予行政处罚；构成犯罪的，依法追究刑事责任。

（一）超越资质等级许可的范围承揽铁路工程勘察设计业务，允许其他单位或者个人以本单位名义承揽铁路勘察设计业务，将所承揽的铁路勘察设计业务进行转包或违法分包；

（二）未按照工程建设强制性标准进行设计，或未根据勘察成果资料进行工程设计；

（三）设计失误，造成严重经济损失；

（四）未按规定进行变更设计；

（五）其他违法违规行为。

第七十六条 工程施工承包企业承担铁路建设项目工程施工业务违反本办法规定，有下列行为之一者，责令改正；情节严重的，暂停投标资格，由资质审批部门降低铁路专业资质等级直至撤销资质；构成犯罪的，依法追究刑事责任。

（一）违法、违规参加工程投标，以非法手段中标；允许其他单位或者个人以本单位名义承揽铁路工程施工业务，转包或违法分包工程；

（二）未按照设计文件、施工技术标准施工；施工中偷工减料，使用不合格的建筑材料、建筑构配件和设备；施工现场管理混乱，造成工程质量低劣和安全隐患；

（三）不履行合同和投标承诺，不履行保修义务；

（四）不接受工程质量监督机构监督，不接受监理单位检查；

（五）发生重大工程质量事故或重大安全事故隐瞒不报、谎报或拖延报告；

（六）发现设计文件错误不报，造成工程质量低劣和安全隐患；

（七）其他违法违规行为。

第七十七条 工程监理企业承担铁路工程监理业务违反本办法规定，有下列行为之一者，责令改正；情节严重的，暂停投标资格，由资质审批部门降低铁路专业资质等级直至撤销资质；构成犯罪的，依法追究刑事责任。

（一）违法、违规参加工程监理投标，采用非法手段中标，转让监理业务；

（二）与建设管理、设计、施工企业串通，弄虚作假；

（三）不认真履行委托监理合同和投标承诺，监理人员因过错或失职造成质量事故；

（四）监理人员收受贿赂，接收礼品，索要钱物；

（五）发现设计文件错误不报，或接到施工单位关于设计文件错误的报告而未及时向建设管理单位报告，造成工程质量低劣和事故隐患；

（六）其他违法违规行为。

第七十八条 铁路建设管理部门的工作人员有徇私舞弊、滥用职权、玩忽职守行为的，依法给予纪律或行政处分；构成犯罪的，依法追究刑事责任。

第十三章 附　　则

第七十九条 利用外资（含国外贷款）的铁路建设项目，国家另有规定的，执行国家规定。

第八十条 已发布的铁路建设管理方面的规定、办法与本办法相悖的，以本办法为准。

第八十一条 本办法由国务院铁路主管部门负责解释。

第八十二条　本办法自2003年10月1日起施行。铁道部发布的《铁路基本建设管理暂行办法》（铁建［1990］191号）同时废止。

铁路建设工程质量监督管理规定

（2015年3月12日交通运输部令第2号公布，根据2021年12月23日交通运输部《关于修改〈铁路建设工程质量监督管理规定〉的决定》修正）

第一章　总　　则

第一条　为加强铁路建设工程质量监督管理，保证铁路建设工程质量，保护人民生命和财产安全，依据《铁路安全管理条例》、《建设工程质量管理条例》、《建设工程勘察设计管理条例》等行政法规，制定本规定。

第二条　从事铁路建设的新建和改建活动及实施铁路建设工程质量监督管理，适用本规定。

第三条　从事铁路工程的建设、勘察设计、施工、监理等活动的单位及人员，应当严格执行有关法律法规、规章制度和工程建设强制性标准，依法对铁路建设工程质量负责。

第四条　铁路建设必须严格执行基本建设程序，坚持先勘察、后设计、再施工，不得擅自简化基本建设程序。

第五条　国家铁路局及地区铁路监督管理局（统称铁路监管部门）负责铁路建设工程质量监督管理工作。

铁路监管部门可以委托符合国家规定条件的工程质量监督机构具体实施铁路建设工程质量监督工作。

第六条　国家鼓励采用先进的科学技术和管理方法，加强铁路建设工程质量管理，推进铁路建设工程质量诚信体系建设，保证和提高铁路建设工程质量。

第二章　建设单位质量责任和义务

第七条　建设单位应依法选择具有相应资质等级的勘察设计、施工、监理等单位，工程合同应依法明确质量要求和质量责任。

第八条　建设单位应设立质量管理机构，制定质量管理制度，配备专职质量管理人员，落实质量责任，建立健全项目质量管理体系。

建设单位应在建设项目指导性施工组织设计中载明项目质量目标和工程质量管理措施，对工程质量进行监督检查并制作、留存检查记录。

第九条　建设单位应依据国家和行业标准，结合项目实际情况，按照工程质量和安全生产要求，科学确定合理工期。任何单位和个人不得随意压缩工期。

第十条　建设单位应按国家规定的铁路建设工程勘察、设计程序及规定，组织开展高速铁路和地质构造复杂铁路的工程地质勘察监理，组织检查勘察、设计工作质量，组织审查变更设计文件等。

第十一条　建设单位应为监理单位开展监理工作提供施工图设计文件及必要的资料，并督促检查监理单位按照监理合同约定履行监理责任。

第十二条　建设单位在办理开工手续前，应按规定到铁路监管部门或工程质量监督机构办理铁路建设项目工程质量监督手续。建设项目相关事项发生变化的，应当及时将变化情况书面报送铁路监管部门或工程质量监督机构。

第十三条 建设单位应组织对施工单位采购的建筑材料、建筑构配件和设备质量进行检查；建设单位采购供应的建筑材料、建筑构配件和设备，其质量应符合国家规定、设计文件要求和合同约定；属于依法实行许可或者认证的，应取得许可或者认证后方可采购、供应和使用。

建设单位不得明示或者暗示施工单位使用不合格的建筑材料、建筑构配件和设备。

第十四条 建设单位应当对铁路建设所应用的新技术、新工艺、新材料、新设备进行检查。

新技术、新材料无国家或者行业标准的，或者不能提供依法取得资质认定的检测机构出具的检测报告及经国务院有关部门或者省、自治区、直辖市人民政府有关部门组织的工程技术专家委员会出具的审定意见的，不得采用。

第十五条 建设单位应按规定对检验批、分项、分部工程施工质量验收情况进行检查，组织单位工程施工质量验收。

建设单位及其工作人员不得明示或者暗示设计单位或者施工单位违反工程建设强制性标准、降低工程质量。

第十六条 建设单位接到竣工验收申请后，应按规定组织竣工验收，并在竣工验收5日前通知铁路监管部门；竣工验收合格之日起15日内，应将铁路建设工程竣工验收报告、公安消防、环保等部门出具的认可文件或者准许使用文件送相关部门备案。

铁路建设工程竣工，应当按照国家有关规定组织验收，并由铁路运输企业进行运营安全评估。经验收、评估合格，符合运营安全要求的，方可投入运营。

第十七条 国家验收的铁路建设项目，具备下列条件后建设单位方可申请验收：

（一）可行性研究报告批准的工程全部建成且质量合格；

（二）初步验收合格且初期运营一年以上，状态良好，发现问题整改完毕；

（三）环境保护、水土保持、消防等专项验收经相应行政主管部门验收合格；

（四）建设用地手续齐全并领取《国有土地使用证》，安全保护区标桩设立完毕；

（五）铁路与道路立体交叉设施及其附属安全设施已移交完毕；

（六）竣工决算已经主管部门审查通过，无遗留问题；

（七）档案验收及移交工作已经完成。

第十八条 建设单位应当严格按照国家有关档案管理规定，组织、协调勘察设计、施工、监理等单位收集、整理和归档工程质量技术资料，组织编制项目竣工文件，并按规定做好项目档案移交。

第三章 勘察设计单位质量责任和义务

第十九条 从事铁路建设工程勘察、设计的单位应当在其资质等级许可的范围内承揽工程。

勘察、设计单位不得超越其资质许可的范围或者以其他勘察、设计单位的名义承揽铁路建设工程，不得允许其他单位或者个人以本单位的名义承揽铁路建设工程，不得转包或者违法分包所承揽的铁路建设工程。

第二十条 勘察、设计单位应按照国家和行业有关规程、规范和标准进行勘察、设计，建立健全质量管理体系，制定质量管理制度，明确和落实勘察、设计质量责任，加强质量管理。

勘察成果必须真实、准确，工程设计应根据勘察成果进行，勘察设计应当达到规定的内容及深度要求，设计文件应注明工程的合理使用年限。

第二十一条 设计单位在设计文件中选用的建筑材料、建筑构配件和设备质量要求必须符合国家和行业标准，属于依法实行许可或认证的，应在设计文件中予以注明。

除有特殊要求的建筑材料、专用设备等外，设计单位不得指定生产厂、供应商。

第二十二条　设计采用新技术、新材料、新工艺、新设备的，应在设计文件中进行详细说明。

采用的新技术、新材料，涉及工程质量和安全，又没有国家或者行业标准的，应当由依法取得资质认定的检测机构进行试验、论证，出具检测报告，并经国务院有关部门或者省、自治区、直辖市人民政府有关部门组织的工程技术专家委员会审定后，方可使用。

第二十三条　设计单位应按照批准的可行性研究和初步设计进行施工图设计，并就审查合格的施工图设计文件进行交底，向施工、监理等单位解释设计意图，说明工程实施方案、方法、技术措施及注意事项；涉及营业线施工的技术交底，应邀请铁路运营维护单位参加。

对重点工程、特殊工程、高风险工程等应进行现场技术交底；对采用新技术、新材料、新工艺、新设备的进行专项交底。

第二十四条　勘察、设计单位应及时掌握并解决施工过程中的勘察、设计问题，对现场地质情况进行确认，及时完成变更设计。

第二十五条　勘察、设计单位应参与铁路建设工程质量事故分析，提出相应的技术处理方案，并对因勘察设计造成的质量事故承担相应的质量责任。

第四章　施工单位质量责任和义务

第二十六条　施工单位应当在其资质等级许可的范围内承揽铁路建设工程。

施工单位不得超越本单位资质许可的业务范围或者以其他施工单位的名义承揽铁路建设工程，不得允许其他单位或者个人以本单位的名义承揽铁路建设工程，不得转包或者违法分包铁路建设工程。

第二十七条　实行总承包的，总承包单位应当对全部建设工程质量负责。总承包单位依法将工程分包给其他单位的，分包单位应当按照分包合同的约定对其分包工程质量向总承包单位负责，总承包单位与分包单位对分包工程质量承担连带责任。

以联合体形式承包的，联合体各方应按合同约定及共同投标协议，就承包工程质量承担连带责任。

第二十八条　施工单位应当建立质量责任制，建立健全质量管理体系和管理制度，明确项目经理、技术负责人的质量责任，配备与项目相适应的专职工程质量管理人员，落实质量责任。

第二十九条　施工单位必须严格按照审查合格的施工图设计文件和有关规程、规范、标准施工，不得擅自修改工程设计，不得偷工减料。

施工单位在施工过程中发现设计差错或者与现场实际情况不符的，应及时向监理、设计和建设单位书面提出。

第三十条　施工单位应按规定对进场的建筑材料、建筑构配件、设备和混凝土进行试验、检测；试验、检测应当有书面记录和专人签字。对涉及结构安全的试件、试块和建筑材料，必须按规定在建设单位或者工程监理单位监督下现场取样，并送具有相应资质的质量检测机构进行检测。

施工单位设立的工地试验室应符合有关规定标准，在许可的范围内开展试验、检测，出具的试验、检测结果必须真实、准确，并按规定做好试验、检测资料的签认和保存工作。

第三十一条　施工单位必须建立健全技术交底制度，采用新技术、新材料、新工艺、新设备的工程应进行专项技术交底；严格工序管理，强化质量自控，实行自检、互检和交接检制度，按规定通知监理单位对隐蔽工程进行检查、记录并签认，未经质量验收合格不得进入下道工序。

第三十二条 施工单位应当建立健全员工教育培训制度，未经教育培训或者教育培训考核不合格的人员，不得上岗作业，特种作业人员必须持证上岗。

培训范围、培训内容等应符合法律法规、相关行业规章规定。

第三十三条 施工单位在向建设单位提交工程竣工验收申请时，应向建设单位出具工程质量保修书。在保修范围和保修期限内，施工单位应按规定履行保修义务。

在正常使用条件下，铁路建设工程的最低保修期限应满足国家及行业标准和设计文件的要求，保修期自竣工验收合格之日起计算。

第五章 监理单位质量责任和义务

第三十四条 从事铁路建设工程监理、工程地质勘察监理的单位，应当在其资质许可的范围内承担监理业务。工程监理单位、工程地质勘察监理单位不得超越本单位资质许可的范围或者以其他单位的名义承揽监理业务，不得允许其他单位或者个人以本单位的名义承揽监理业务，不得转让监理业务。

联合体承担监理业务的，联合体各方应按合同约定及共同投标协议承担责任。

第三十五条 工程监理单位不得与被监理工程的施工单位以及建筑材料、建筑构配件和设备供应单位有隶属关系或者其他利害关系，工程地质勘察监理单位不得与被监理工程的勘察单位有隶属关系或者其他利害关系。

第三十六条 工程监理单位应按照监理合同约定，选派具备相应资格的总监理工程师、专业监理工程师进驻施工现场，配备相应的试验、检测、办公设备及交通、通讯工具等。

第三十七条 工程监理单位必须加强现场监理管理，制定项目监理工作管理制度，建立健全质量管理体系，明确和落实监理质量责任。

第三十八条 工程监理单位发现施工图设计文件差错或与现场实际情况不符，应及时书面通知建设、设计、施工单位。

第三十九条 监理人员应按照监理规范要求，采用旁站、巡视和平行检验等方式对工程实施监理，并按规定对有关工程资料进行签认。

未经监理工程师签认，建筑材料、建筑构配件和设备不得在工程上使用或者安装，不得进行下一道工序的施工。未经总监理工程师签认，建设单位不拨付工程款，不进行竣工验收。

第四十条 工程监理单位应按规定组织或者参加工程施工质量验收，监督责任单位对存在的质量问题进行整改，并对整改结果进行检查。

工程地质勘察监理单位对监理工作中发现的问题，应及时以书面形式通知勘察单位并提出改进要求，对整改落实情况进行检查。

第四十一条 工程地质勘察监理单位应按合同约定向建设单位书面报告勘察监理工作情况；工程地质勘察监理工作结束后，应向建设单位提交勘察监理报告，对勘察单位的勘察成果提出评价意见。

第六章 工程质量事故调查处理

第四十二条 发生铁路建设工程质量事故，应当依据国家相关规定调查处理。因工程质量造成经济损失和人员伤亡的事故，执行《生产安全事故报告和调查处理条例》；因工程质量造成铁路交通事故的，执行《铁路交通事故应急救援和调查处理条例》；其他导致铁路建设工程产生结构安全、重要使用功能缺陷等严重不良后果的工程质量事故，铁路监管部门应当按规定组织或者参与事故调查处理。

第四十三条 铁路建设工程质量事故实行逐级报告制度。特别重大事故逐级上报国务院，重大事故、较大事故逐级上报国家铁路局，一般事故上报地区铁路监督管理局。必要时可以越级上报事故情况。

第四十四条　发生铁路建设工程质量事故，建设、施工、监理单位应在事故发生后24小时内，向地区铁路监督管理局报告，并采取有效措施，防止事故扩大，保护事故现场。逾期不报的，按隐瞒事故处理。

第四十五条　铁路建设工程质量事故实行分级调查。特别重大事故调查按照国务院有关规定办理，重大事故由国家铁路局组织调查，较大事故由地区铁路监督管理局组织调查，一般事故由地区铁路监督管理局组织调查或者委托建设单位（或者建设单位的上级单位）调查。国家铁路局认为有必要的，可组织调查一般及较大事故。

必要时，铁路监管部门应当邀请地方人民政府的有关部门参加事故调查。

第七章　工程质量监督

第四十六条　铁路建设工程质量监督实行分级管理。国家铁路局负责全国铁路建设工程质量监督管理，地区铁路监督管理局负责辖区内的铁路建设工程质量监督管理。

第四十七条　受委托的工程质量监督机构，应当拥有一定数量经考核合格、且与铁路专业配套的工程质量监督人员，有固定的工作场所和适应工程质量监督检查工作需要的仪器、设备和工具等，有健全的工作制度和管理制度。

第四十八条　铁路监管部门应当建立健全铁路建设工程质量监督工作机制，完善监督手段，依法履行监督职责。监督人员应恪尽职守、严守法纪、秉公办事、清正廉洁，与被监督对象有利害关系的应主动回避。

第四十九条　铁路建设工程质量监督工作应对以下内容进行重点抽查：

（一）有关工程质量法律法规及规章制度的执行情况；

（二）工程建设强制性标准的执行情况；

（三）工程质量责任主体的质量责任落实情况；

（四）主要工程原材料、构配件和设备的质量；

（五）涉及工程主体结构安全和主要使用功能的工程实体质量。

第五十条　监督人员履行铁路建设工程质量监督职责时，应当出示有效执法证件，有权采取下列措施：

（一）要求被检查的单位提供有关工程质量的文件和资料；

（二）进入被检查单位的施工现场进行检查；

（三）发现有影响工程质量的问题时，责令改正。

第五十一条　铁路监管部门进行监督检查或者调查时，有关单位和个人应当支持和配合，不得拒绝或者阻碍监督人员依法执行职务。

第五十二条　铁路监管部门发现建设单位在竣工验收过程中有违反国家有关建设工程质量管理规定行为的，责令整改，或者责令停止使用并重新组织验收。

第五十三条　铁路监管部门应及时收集、整理、归档有关监督资料，形成监督工作档案，并确保其真实、完整。

第五十四条　任何单位和个人对铁路建设工程质量事故、质量问题和影响工程质量的行为有权向铁路监管部门进行投诉举报。

第五十五条　铁路监管部门应建立违法行为记录和公告制度，对查实并依法追究法律责任的工程质量违法违规行为予以记录和公告。

第八章　法律责任

第五十六条　建设单位将工程发包给不具备相应资质等级的勘察、设计、施工、监理单位的，由地区铁路监督管理局依照《建设工程质量管理条例》第五十四条规定，责令改正，按以下标准予以罚款：

（一）选择超越1个资质等级的勘察、设计、施工、监理单位进行工程建设的，每一起处50万元以上70万元以下的罚款；

（二）选择超越2个及以上资质等级的勘察、设计、施工、监理单位进行工程建设的，每一起处70万元以上90万元以下的罚款；

（三）选择没有资质的勘察、设计、施工、监理单位进行工程建设的，每一起处90万元以上100万元以下的罚款。

第五十七条 建设单位将铁路建设工程肢解发包的，由地区铁路监督管理局依照《建设工程质量管理条例》第五十五条规定，责令改正，处工程合同价款0.5%以上1%以下的罚款。

第五十八条 建设单位存在迫使承包方以低于成本的价格竞标的；或者违规要求设计、施工单位压缩建设工期的；或者施工图设计文件未经审查、审查不合格擅自施工的；或者建设项目必须实行工程监理而未实行工程监理的；或者未按照国家规定办理工程质量监督手续的；或者明示、暗示设计、施工单位违反工程建设强制性标准，降低工程质量等行为的；或者明示、暗示施工单位使用不合格的建筑材料、建筑构配件和设备的，由地区铁路监督管理局依照《建设工程质量管理条例》第五十六条规定，责令改正，按以下标准予以罚款：

（一）未造成铁路建设工程质量事故的，处20万元以上30万元以下的罚款；

（二）造成铁路建设工程质量一般事故的，处30万元以上40万元以下的罚款；

（三）造成铁路建设工程质量较大及以上等级事故的，处40万元以上50万元以下的罚款。

第五十九条 建设单位未取得施工许可证或者开工报告未经批准，擅自施工的，由地区铁路监督管理局依照《建设工程质量管理条例》第五十七条规定，责令停止施工，限期改正，按以下标准予以罚款：

（一）擅自施工时间在3个月以下的，处工程合同价款1%以上1.5%以下的罚款；

（二）擅自施工时间超过3个月及以上的，处工程合同价款1.5%以上2%以下的罚款。

第六十条 建设单位未组织铁路建设工程竣工验收交付使用的；或者验收不合格交付使用的；或者对不合格的铁路建设工程按照合格工程验收的，由地区铁路监督管理局依照《建设工程质量管理条例》第五十八条规定，责令改正，按以下标准予以罚款：

（一）未对铁路运营安全造成影响的，处工程合同价款2%的罚款；

（二）影响铁路运营安全的，处工程合同价款2%以上3%以下的罚款；

（三）造成铁路交通事故的，处工程合同价款3%以上4%以下的罚款。

第六十一条 建设单位未按规定将竣工验收报告、有关认可文件或者准许使用文件报送备案的，由地区铁路监督管理局依照《建设工程质量管理条例》第五十六条规定，责令改正，按以下标准予以罚款：

（一）报送备案逾期30天（含）以内的，处20万元以上30万元以下罚款；

（二）报送备案逾期超过30天的，处30万元以上50万元以下罚款。

第六十二条 从事铁路建设工程勘察、设计、施工、监理活动的单位超越本单位资质等级承揽工程的，由地区铁路监督管理局依照《建设工程质量管理条例》第六十条规定，责令停止违法行为并按以下标准予以罚款；有违法所得的，予以没收：

（一）尚未实质性开展工程建设活动的，对勘察、设计单位或者监理单位处合同约定的勘察费、设计费或者监理酬金1倍的罚款，对施工单位处工程合同价款2%的罚款；

（二）已实质性开展工程建设活动，未造成铁路建设工程质量事故的，对勘察、设计单位或者监理单位处合同约定的勘察费、设计费或者监理酬金1倍以上1.5倍以下的罚款，对施工单位处工程合同价款2%以上3%以下的罚款；

（三）造成铁路建设工程质量事故的，对勘察、设计单位或者监理单位处合同约定的勘察费、设计费或者监理酬金1.5倍以上2倍以下的罚款，对施工单位处工程合同价款3%以上4%以下的罚款。

未取得资质证书承揽工程的，予以取缔，依照前款规定处以罚款；有违法所得的，予以没收。

以欺骗手段取得资质证书承揽工程的，依照本条第一款规定处以罚款；有违法所得的，予以没收。

第六十三条　承包单位将承包的工程转包或者违法分包的，工程监理单位转让工程监理业务的，由地区铁路监督管理局依照《建设工程质量管理条例》第六十二条规定，责令改正，没收违法所得，按以下标准予以罚款；可以建议责令停业整顿、降低资质等级；情节严重的，建议吊销资质证书：

（一）未造成铁路建设工程质量事故的，对勘察、设计、监理单位处合同约定勘察费、设计费、监理酬金25%的罚款，对施工单位处工程合同价款0.5%的罚款。

（二）造成铁路建设工程质量一般事故的，对勘察、设计、监理单位处合同约定勘察费、设计费、监理酬金25%以上35%以下的罚款；对施工单位处工程合同价款0.5%以上0.7%以下的罚款。

（三）造成铁路建设工程质量较大及以上等级事故的，对勘察、设计、监理单位处合同约定勘察费、设计费、监理酬金35%以上50%以下的罚款；对施工单位处工程合同价款0.7%以上1%以下的罚款。

第六十四条　勘察、设计单位未按照工程建设强制性标准进行勘察、设计的；或者设计单位未根据勘察成果文件进行工程设计的；或者设计单位指定建筑材料、建筑构配件的生产厂、供应商的；由地区铁路监督管理局依照《建设工程质量管理条例》第六十三条规定，责令改正，按以下标准予以罚款；造成工程质量事故的，建议责令停业整顿、降低资质等级；情节严重的，建议吊销资质证书：

（一）仅涉及1个单项工程的，处10万元以上15万元以下的罚款；

（二）涉及2个单项工程的，处15万元以上20万元以下的罚款；

（三）涉及3个及以上单项工程的，处20万元以上30万元以下的罚款。

第六十五条　施工单位在施工中偷工减料的，或者使用不合格的建筑材料、建筑构配件和设备的，或者不按照施工图设计文件或者施工技术标准施工的，由地区铁路监督管理局依照《建设工程质量管理条例》第六十四条规定，责令改正，按以下标准予以罚款；情节严重的，建议责令停业整顿、降低资质等级或者吊销资质证书：

（一）未造成铁路建设工程质量事故的，处工程合同价款2%的罚款；

（二）造成铁路建设工程质量一般事故的，处工程合同价款2%以上3%以下的罚款；

（三）造成铁路建设工程质量较大及以上等级事故的，处工程合同价款3%以上4%以下的罚款。

第六十六条　施工单位未对建筑材料、建筑构配件、设备和混凝土进行检验，或者未对涉及结构安全的试块、试件以及有关材料取样检测的，由地区铁路监督管理局依照《建设工程质量管理条例》第六十五条规定，责令改正，按以下标准予以罚款；情节严重的，建议责令停业整顿、降低资质等级或者吊销资质证书：

（一）未造成铁路建设工程质量事故的，处10万元以上15万元以下的罚款；

（二）造成铁路建设工程质量事故的，处15万元以上20万元以下的罚款。

第六十七条　监理单位与建设单位或者施工单位串通，弄虚作假、降低工程质量的；或者将不合格的铁路建设工程、建筑材料、建筑构配件和设备按照合格签字的，由地区铁路监督管理局依照《建设工程质量管理条例》第六十七条规定，责令改正，按以下标准予以罚款，建议降低资质等级或者吊销资质证书；有违法所得的，予以没收：

（一）未造成铁路建设工程质量事故的，处50万元以上60万元以下的罚款；

（二）造成铁路建设工程质量一般事故的，处60万元以上70万元以下的罚款；

（三）造成铁路建设工程质量较大事故的，处70万元以上80万元以下的罚款；

（四）造成铁路建设工程质量重大及以上事故的，处80万元以上100万元以下的罚款。

第六十八条　承担监理业务的工程监理单位与被监理工程的施工承包单位以及建筑材料、建筑构配件和设备供应单位有隶属关系或者其他利害关系的，由地区铁路监督管理局依照《建设工程质量管理条例》第六十八条规定，责令改正，按以下标准予以罚款，建议降低资质等级或者吊销资质证书；有违法所得的，予以没收：

（一）未造成铁路建设工程质量事故的，处5万元以上8万元以下的罚款；

（二）造成铁路建设工程质量事故的，处8万元以上10万元以下的罚款。

第六十九条　在铁路建设活动中弄虚作假，编制或者出具虚假技术资料和试验、检测结果的责任人员，由铁路监管部门责令改正，给予警告或者通报批评，并处1万元以下的罚款；对注册执业人员，向颁发资质证书的机关通报。

第七十条　在铁路建设活动中因过错造成铁路建设工程质量事故的注册建筑师、注册结构工程师、注册建造师、监理工程师等注册执业人员，1年内不得在铁路建设市场执业；造成重大质量事故的，建议国家有关部门吊销执业资格证书，5年内不得在铁路建设市场执业；造成特别重大质量事故的，建议国家有关部门终身不予注册。

第七十一条　依照《建设工程质量管理条例》第七十三条规定，给予单位罚款处罚的，对单位直接负责的主管人员和其他直接责任人员处单位罚款数额5%以上10%以下的罚款。

第七十二条　必要时，国家铁路局可对案情复杂、性质严重、社会影响较大、跨区域的工程质量案件直接实施处罚。

第七十三条　依法应当予以降低资质等级、吊销资质资格证书、责令停业整顿等行政处罚的，由铁路监管部门向国家相关部门提出处罚建议。

第七十四条　监督人员在监督工作中玩忽职守、滥用职权、徇私舞弊的，依法给予行政处分；构成犯罪的，依法追究刑事责任。

第九章　附　　则

第七十五条　本规定自2015年5月1日起施行。《铁路建设工程质量管理规定》（铁道部令第25号）同时废止。

铁路交通事故应急救援规则

（2007年8月19日铁道部第十七次部长办公会议通过，2007年8月29日公布，自2007年9月1日起施行）

第一章　总　　则

第一条　为了规范和加强铁路交通事故（以下简称事故）的应急救援工作，最大限度地减少人员伤亡和财产损失，尽快恢复铁路运输秩序，依据《铁路交通事故应急救援和调查处理条例》（国务院令第 501 号）及国家有关规定，制定本规则。

第二条　国家铁路、合资铁路、地方铁路、专用铁路和铁路专用线发生事故，造成人员伤亡、财产损失、中断行车及其他影响铁路正常行车，需要实施应急救援的，适用本规则。

第三条　事故应急救援工作应当遵循“以人为本、逐级负责、应急有备、处置高效”的原则。

第四条　铁道部成立事故应急救援领导小组并设工作机构，建立健全工作制度，制定和完善事故应急救援预案，按照国家规定的权限和程序，组织、指挥、协调事故应急救援工作。

各铁路安全监督管理办公室（以下简称安全监管办）应当指导、督促铁路运输企业落实事故应急救援的各项规定，依法组织、指挥、协调本辖区内的事故应急救援工作。

第五条　铁路运输企业应当相应成立事故应急救援领导小组并设工作机构，建立健全工作制度，制定和完善事故应急救援预案，加强救援队、救援列车的建设，负责事故应急救援的人员培训、装备配置、物资储备、预案演练等基础工作，积极开展事故应急救援。

第六条　公安机关应当参与事故应急救援，负责保护事故现场，维护现场治安秩序，进行现场勘察和调查取证，依法查处违法犯罪嫌疑人，协助抢救遇险人员。

第七条　事故应急救援工作必要时，由铁道部、安全监管办协调请求国务院其他有关部门、有关地方人民政府、当地驻军、武装警察部队给予支持帮助。

第二章　救援报告

第八条　事故应急救援实行逐级报告制度。铁道部、安全监管办和铁路运输企业应当明确报告程序、方式和时限，公布接受报告的各级事故应急救援部门及电话。事故发生后，有关单位、部门应当按规定程序向上级单位和部门报告。

第九条　事故发生后，现场铁路工作人员或者其他有关人员应当立即向邻近铁路车站、列车调度员、公安机关或者相关单位负责人报告。接到报告的单位、部门应当根据需要立即通知救援队和救援列车。

遇有人员伤亡或者发生火灾、爆炸、危险货物泄漏等事故时，接到报告的单位、部门应当根据需要采取防护措施，并立即通知当地急救、医疗卫生部门或者公安消防、环境保护等部门。

第十条　铁路运输企业列车调度员接到事故报告后，应当立即按规定程序报告本企业负责人，并向本区域的安全监管办和铁道部列车调度员报告。

第十一条　铁道部列车调度员接到事故报告后，应当立即按规定程序上报。

发生特别重大事故时，铁道部应当立即向国务院报告。

第十二条　救援报告的主要内容：

（一）事故发生的时间、地点（站名）、区间（线名、公里、米）、线路条件、事故相关单位和人员。

（二）发生事故的列车种类、车次、机车型号、部位、牵引辆数、吨数、计长及运行速度。

（三）旅客人数，伤亡人数、性别、年龄以及救助情况，是否涉及境外人员伤亡。

（四）货物品名、装载情况，易燃、易爆等危险货物情况。

（五）机车车辆脱轨数量及型号、线路设备损坏程度等情况。

（六）对铁路行车的影响情况。

（七）事故原因的初步判断，事故发生后采取的措施及事故控制情况。

（八）需要应急救援的其他事项。

第十三条　事故应急救援过程中，人员伤亡、脱轨辆数、设备损坏等情况发生变化时，应及时补报。

第十四条 事故应急救援情况需要向社会通报时，由铁道部、安全监管办的宣传部门统一负责。

第三章 紧急处置

第十五条 事故发生后，列车司机或者运转车长等现场铁路工作人员应当立即采取停车措施，并按规定对列车进行安全防护。遇有人员伤亡时，应当向邻近车站或者列车调度员请求施救，并将伤亡人员移出线路、做好标记，有能力的应当对伤员进行紧急施救。

为保障铁路旅客安全或者因特殊运输需要不宜停车的，可以不停车。但是，列车司机或者运转车长等现场铁路工作人员应当立即将事故情况报告邻近车站、列车调度员，接到报告的邻近车站、列车调度员应当立即组织处置。

第十六条 客运列车发生事故造成车内人员伤亡或者危及人员安全时，列车长应当立即组织车上人员进行紧急施救，稳定人员情绪，维护现场秩序，并向邻近车站或者列车调度员请求施救。

第十七条 救援队接到事故救援通知后，救援队长应当召集救援队员以最快速度赶赴事故现场。到达事故现场后，应当立即组织紧急抢救伤员，利用既有设备起复脱轨的机车车辆，清除各种障碍，搭设必要的设备设施，为进一步实施救援创造条件。

第十八条 发生列车火灾、爆炸、危险货物泄漏等事故时，现场铁路工作人员应当尽快组织疏散现场人员并采取必要的防护措施。

第十九条 事故发生后影响本线或者邻线行车安全时，现场铁路工作人员应当立即按规定采取紧急防护措施。

第四章 救援响应

第二十条 接到事故救援报告后，应当根据事故严重程度和影响范围，按特别重大、重大、较大、一般四个等级由相应单位、部门作出应急救援响应，启动应急预案。

第二十一条 特别重大事故的应急救援，由铁道部报请国务院启动，或者由国务院授权的部门启动。铁道部在国务院事故应急救援领导小组的领导下开展工作，开通与国务院有关部门、事发地省级事故应急救援指挥机构以及现场事故救援指挥部的应急通信系统，征求有关专家建议以及国务院有关部门意见提出事故应急救援方案，经国务院事故应急救援领导小组确定后组织实施，并派出专家和有关人员赶赴现场参加救援。

第二十二条 重大事故的应急救援，由铁道部启动。铁道部事故应急救援工作机构应当组建现场事故应急救援指挥部（以下简称现场指挥部），并根据事故具体情况设立医疗救护、事故起复、后勤保障、应急调度、治安保卫、善后处理等工作组，开通与事发地铁路运输企业和现场指挥部的应急通信系统，咨询有关专家，确定事故应急救援具体实施方案，立即派出有关人员赶赴现场，调集各种应急救援资源，组织指挥应急救援工作。必要时，协调请求事发地人民政府、当地驻军、武装警察部队提供支援。遇有超出本级应急救援处置能力时，及时向国务院报告。

第二十三条 较大事故、一般事故的应急救援，由安全监管办启动或者督促铁路运输企业事故应急救援工作机构启动，组织成立现场指挥部，并根据事故具体情况设立医疗救护、事故起复、后勤保障、应急调度、治安保卫、善后处理等工作组，开通与现场指挥部的应急通信系统，咨询有关专家，确定事故应急救援具体实施方案。有关负责人和专业人员应当立即赶赴现场，调集各种应急救援资源，组织指挥应急救援工作。必要时，由安全监管办协调事发地人民政府、当地驻军、武装警察部队提供支援。遇有超出本级应急救援处置能力时，及时向铁道部报告。

第五章　现场救援

第二十四条　现场救援工作实行总指挥负责制，按照事故应急救援响应等级，由相应负责人担任总指挥，或者视情况由上级事故应急救援工作机构指定人员担任临时总指挥，统一指挥现场救援工作。各工作组及参加事故应急救援的单位、部门应当确定负责人。救援列车进行起复作业时，由救援列车负责人或者指定人员单一指挥。

现场总指挥以及参加事故应急救援的各工作组负责人、各单位和部门负责人、作业人员应当区别佩戴明显标志。

第二十五条　现场指挥部应当在全面了解人员伤亡以及机车车辆、线路、接触网、通信信号等行车设备损坏、地形环境等情况后，确定人员施救、现场保护、调查配合、货物处置、救援保障、起复救援、设备抢修等应急救援方案，并迅速组织实施。

在实施救援过程中，各单位、部门应当严格执行作业规范和标准，防止衍生事故。

第二十六条　事故发生后，运输调度部门应当根据需要及时发布各类救援调度命令。重点安排救援列车出动和救援物资运输。需要其他铁路运输企业出动救援列车时，由铁道部发布调度命令。

造成列车大量晚点时，应当尽快采取措施恢复行车秩序。预计不能在短时间内恢复行车时，应当尽量将客运列车安排停靠在较大车站，并组织向站车滞留旅客提供必要的食品、饮用水等服务。

第二十七条　事故造成人员伤亡时，现场指挥部应当立即组织协调对现场伤员进行救治，紧急调集有关药品器械，迅速将伤员转移至安全地带或者转移救治，采取必要的卫生防疫措施。

遇有重大人员伤亡或者需要大规模紧急转移、安置铁路旅客和沿线居民的，应当及时通知事发地人民政府组织开展救治和转移、安置工作，必要时可以由铁道部或者安全监管办进行协调。

第二十八条　现场指挥部应当根据需要迅速调集装备设施、物资材料、交通工具、食宿用品、药品器械等救援物资。铁路运输企业各单位、部门必须无条件支持配合，不得以各种理由推诿拒绝，延误救援工作。

物资调用超出铁路运输企业自身能力时，可以向有关单位、部门或者个人借用。

第二十九条　事故涉及货运列车时，货运部门应当迅速了解事故货车及相关货车的货物装载情况，组织调集装卸人员和机具清理事故货车及相关货车装载的货物，处置事故列车挂运的危险、鲜活易腐等货物，编制货运记录。

第三十条　事故应急救援需要出动救援列车时，救援列车应当在接到出动命令后30分钟内出动，到达事故现场后，救援列车负责人应当迅速确定具体的起复作业方案，经现场总指挥批准后立即开展起复作业。救援列车在桥梁或坡道等特殊地段作业时，应当连挂机车。两列及以上救援列车分头作业时的指挥，由现场总指挥协调分工后各自负责。两列及以上救援列车在同一个作业面集中作业或者联动作业时，由负责本区段救援任务的救援列车或者由现场总指挥指定人员负责指挥。救援列车在电气化区段实施救援作业时，应当在确认接触网工区接到停电命令并做好接地防护后方准进行。起复动车组、新型机车车辆等，应当使用专用吊索具。

第三十一条　事故应急救援需要通信保障时，通信部门应当在接到通知后根据需要立即启用“117”应急通信人工话务台，组织开通应急通信系统。事故发生在站内，应当在30分钟内开通电话、1小时内开通图像传输设备。事故发生在区间，应当在1小时内开通电话、2小时内开通图像传输设备。并指定专人值守，保证事故现场音频、视频和数据信息的实时传输，任何人不得干扰、阻碍事故信息采集和传输。

第三十二条　事故造成铁路设备设施损坏时，有关专业部门应当立即组织抢修，根据实际情况及时切断事故现场电源，拆除、拨移和恢复接触网，及时架设所需照明，调集足够的救援队伍、材料和机具，积极组织抢修损坏的线路、通信信号等行车设备设施，协助事故机车车辆的起复。对可以运行的受损机车车辆进行检查确认，符合挂运条件的方准移动，必要时派人护送。起复作业完毕后，应当迅速做好开通线路的各项准备。

第三十三条　事故遇有装载危险货物车辆时，现场指挥部应当在采取确保人身安全和作业安全措施后，方可开展救援。危险货物车辆需卸车、移动或者起复时，应当在专业人员指导下作业，及时清除有害残留物或者将其控制在安全范围内。必要时，由安全监管办协调环保监测部门及时检测有害物质的危害程度，采取防控措施。

第三十四条　公安机关应当组织解救和疏散遇险人员，设置现场警戒区域，阻止未经批准人员进入现场，指定专人进行现场勘查取证，必要时实施现场交通管制，负责事故现场旅客、货物及沿线滞留列车的安全保卫工作。

第三十五条　事故应急救援过程中，有关单位和个人应当妥善保护事故现场以及相关证据，并及时移交事故调查组。因应急救援需要改变事故现场时，应当做出标记、绘制现场示意图、制作现场视听资料，并做出书面记录。任何单位和个人不得破坏事故现场，不得伪造、隐匿或者毁灭相关证据。

第三十六条　事故救援完毕后，现场指挥部应当组织救援人员对现场进行全面检查清理，进一步确认无伤亡人员遗留，拆除、回收、移送救援设备设施，清除障碍物，确认具备开通条件后，立即通知有关人员按规定办理手续，由列车调度员发布调度命令开通线路，尽快恢复正常行车。

第六章　善后处理

第三十七条　事故善后处理工作组应当依法进行事故的善后处理，组织妥善做好现场遇险滞留人员食宿、转移和旅客改签、退票等服务工作，以及伤亡人员亲属的通知、接待以及抚恤丧葬、经济补偿等处置工作。负责收取伤亡人员医疗档案资料，核定救治费用。

第三十八条　对事故造成的伤亡人员，现场指挥部应当在积极组织施救的同时，负责协调落实伤亡人员的救治、丧葬等临时费用，待事故责任认定后，由事故责任方承担。

第三十九条　事故造成人员死亡的，应当由急救、医疗卫生部门或者法医出具死亡证明，尸体由其家属或者铁路运输企业存放于殡葬服务单位，或者存放于有条件的急救、医疗卫生部门。尸体检验完成后，由事故善后处理工作组通知死者家属在10日内办理丧葬事宜。对未知名尸体，由法医检验后填写《未知名尸体信息登记表》。经核查无法确认死者身份的，经事故善后处理工作组负责人批准，刊登认尸启事，刊登后10日无人认领的，由县级或者相当于县级以上的公安机关批准处理尸体。

第四十条　事故造成境外来华人员死亡的，事故善后处理工作组应当通知死者亲属或者所属国家驻华使（领）馆，尸体处置事宜按照我国有关规定办理。

第四十一条　对事故现场遗留的财物，事故善后处理工作组或者公安部门应当进行清点、登记并妥善保管。

第四十二条　对事故造成的人员伤亡、财产损失以及事故应急救援费用等应当进行统计。借用有关单位和个人的设备设施和其他物资，使用完毕后应当及时归还并适当支付费用，丢失或者损坏的应当合理赔偿。

第四十三条　对事故造成的人员伤亡和

财产损失，按照国家有关法律、法规和《铁路交通事故应急救援和调查处理条例》有关规定给予赔偿。

事故当事人对损害赔偿有争议时，可以协商解决，或者请求组织事故调查组的机构进行调解，也可以直接提起民事诉讼。

第四十四条　属于肇事方责任给铁路运输企业造成损失的，应当按照事故认定书由肇事方赔偿。

第四十五条　因设备质量或者施工质量造成事故损失的，铁路运输企业有权依据事故认定书向有关责任方追偿损失。

第四十六条　事故应急救援工作结束后，现场指挥部应当对事故应急救援工作进行总结，于5日内形成书面报告，并附事故应急救援有关证据材料，按事故等级报铁道部事故应急救援领导小组或者安全监管办备案。由铁道部事故应急救援领导小组或者安全监管办组织进行全面总结分析，对事故应急救援的组织工作进行评价认定，总结经验教训，制定整改措施，修改完善应急预案及有关制度办法。

第七章　罚　　则

第四十七条　铁路运输企业及其职工违反本规则规定，不立即组织事故应急救援或者迟报、漏报、瞒报、谎报事故等延误救援的，由铁道部或者安全监管办对责任单位处10万元以上50万元以下的罚款，对责任人处4000元以上2万元以下的罚款。

第四十八条　铁道部、安全监管办等国家工作人员以及其他人员违反本规则规定，未立即启动应急预案或者迟报、漏报、瞒报、谎报事故等延误救援的，对主管负责人和其他直接责任人依法给予行政处分。涉嫌犯罪的，依照有关规定移送司法机关处理。

第四十九条　违反本规则规定，干扰、阻碍事故应急救援的，由铁道部或者安全监管办对责任单位处4万元以上20万元以下的罚款，对责任人处2000元以上1万元以下的罚款。情节严重的，对责任单位处20万元以上100万元以下的罚款，对责任人处1万元以上5万元以下的罚款。属于国家工作人员的，依法给予行政处分。违反治安管理规定的，由公安机关依法给予治安管理处罚。涉嫌犯罪的，依照有关规定移送司法机关处理。

第八章　附　　则

第五十条　本规则由铁道部负责解释。

第五十一条　本规则自2007年9月1日起施行，铁道部原发《铁路行车事故救援规则》（铁运［1999］118号）同时废止。

铁路旅客运输安全检查管理办法

（2023年12月1日交通运输部第27次部务会议通过，2023年12月17日公布，自2024年2月1日起施行）

第一章　总　　则

第一条　为了保障铁路旅客运输安全和人身财产安全，加强和规范铁路旅客运输安全检查工作，根据《中华人民共和国反恐怖主义法》、《中华人民共和国铁路法》、《铁路安全管理条例》等法律、行政法规，制定本办法。

第二条　本办法适用于中华人民共和国境内的铁路旅客运输安全检查工作。

第三条 本办法所称铁路旅客运输安全检查，是指铁路运输企业在车站、乘降所、旅客列车对旅客及其随身携带、托运的物品进行禁限物品检查的活动。

本办法所称禁限物品，是指国家铁路局会同公安部规定并公布的《铁路旅客禁止、限制携带和托运物品目录》中的物品。

第四条 铁路运输企业应当在企业网站、车站和旅客列车内通过多种方式公告《铁路旅客禁止、限制携带和托运物品目录》，宣传铁路禁止、限制携带和托运物品等规定。

第五条 国家铁路局负责全国铁路旅客运输安全检查的监督管理工作。地区铁路监督管理局负责辖区内铁路旅客运输安全检查的监督管理工作。

国家铁路局和地区铁路监督管理局统称铁路监管部门。

第二章 基本要求

第六条 铁路运输企业是铁路旅客运输安全检查的责任主体，应当按照法律、行政法规、规章规定，组织实施铁路旅客运输安全检查工作，保障资金投入，制定管理制度，完善作业程序，落实作业标准，确保旅客运输安全。

不同铁路运输企业之间应当实现安全检查互认。铁路运输企业与其他交通运输企业实现安全检查互认或者单向认可的，按照双方约定办理。

第七条 铁路运输企业应当采取有效措施，加强车站安全管理，为安全检查提供必要的场地和作业条件，提供临时存放、专门处置禁限物品的场所。

禁限物品临时存放场所应当远离候车室等人员密集区域，设置灭火器材等相关设施。

第八条 铁路运输企业应当在高速铁路车站和普速铁路三等及以上车站配备安全检查仪、通过式金属探测门、手持式金属探测器、液体检测仪、防爆罐、防爆毯等设备；其他车站根据实际配备安全检查仪或者手持式金属探测器等设备。

在不具备站场封闭条件的乘降所办理乘降作业的旅客列车应当配备手持式金属探测器。

第九条 铁路运输企业使用的安全检查设备应当符合国家标准、行业标准和安全、环保等要求，不得使用应当淘汰的危及生产安全和人身安全的安全检查设备。

铁路运输企业应当加强安全检查设备经常性维护、保养，按照规定进行定期检测，保障其性能稳定，运行安全。未经检测合格的安全检查设备不得用于铁路旅客运输安全检查工作。

第十条 铁路运输企业安装的视频监控设备应当覆盖车站安全检查区域，并保障设备正常运行。采集的视频图像信息保存期限应当符合法律、行政法规的规定。

第十一条 铁路运输企业应当在车站和旅客列车根据安全检查需要，配备必要的安全检查人员。

在配有安全检查仪的车站应当配备值机、手检、处置等安全检查人员。

在不具备站场封闭条件的乘降所办理乘降作业的旅客列车，应当配备安全检查人员；仅在车站办理乘降作业的旅客列车，可以不配备安全检查人员。

第十二条 铁路运输企业应当对安全检查人员进行教育和培训，如实记录教育和培训情况。未经教育和培训合格的人员，不得上岗作业。对不适合继续从事安全检查工作的人员，铁路运输企业应当及时将其调离安全检查工作岗位。

安全检查人员应当具备禁限物品识别和处置、安全检查设备操作、放射性防护等必要的专业知识，熟悉有关规章制度和操作规程，掌握本岗位的操作技能和应急处理措施。

第十三条 从事安全检查的人员应当统

一着装，佩戴安全检查标志，依法履行安全检查职责，爱惜被检查的物品。

严禁非安全检查人员操作安全检查设备。

第十四条　铁路运输企业应当为安全检查人员提供必要的健康保护，值机人员连续值机工作时间和再次值机间隔时间应当有利于保护身体健康，有利于提高安全检查工作质量和效率。

第十五条　铁路运输企业应当结合铁路旅客运输安全检查实际，针对客流高峰、恶劣气象及设备故障等突发情况，制定有效的应急预案或者应急措施，并定期实施应急演练。

第十六条　铁路运输企业应当积极推进安全检查工作信息化、数字化、智能化建设，逐步提升安全检查工作质量和效率，为旅客出行提供便利。

第十七条　旅客应当接受并配合铁路运输企业依法开展的安全检查工作。旅客随身携带和托运物品应当遵守国家禁止或者限制运输的相关规定，不得夹带国家规定的危险物品或者其他违禁物品。

旅客不接受或者拒绝配合安全检查，或者不听从铁路运输企业工作人员劝阻，坚持携带、夹带禁止或者超过规格、数量限制随身携带的物品的，铁路运输企业应当拒绝运输。

依照法律、行政法规和国家铁路局的规定可以免检的物品和人员，从其规定。

第三章　安全检查实施

第十八条　铁路运输企业应当对旅客及其随身携带或者托运的物品进行安全检查。旅客及其随身携带或者托运的物品应当经安全检查设备检查。

旅客随身携带或者托运的物品因尺寸、形状、重量等原因无法经安全检查设备检查的，应当实施人工检查。人工检查应当在视频监控设备覆盖的场所实施。

第十九条　对旅客进行人身检查时，应当依法保障旅客合法权益不受侵害。对女性旅客进行人身检查，应当由女性安全检查人员实施。

第二十条　安全检查人员发现可疑物品时应当实施人工检查。人工检查时，一般由旅客自行出示携带或者托运物品，必要时可以由安全检查人员检查，但旅客应当在场。

安全检查人员认为不适合公开检查或者旅客申明不宜公开检查的，可以根据实际，移至适当场合检查。

第二十一条　铁路运输企业应当根据实际及时调整车站安全检查通道的开放数量，确保旅客进站畅通，日常旅客安全检查等候一般不超过 5 分钟。

第二十二条　对在不具备站场封闭条件的乘降所上车的人员，旅客列车上的安全检查人员应当对其及其携带物品进行安全检查。

对已经在车站通过安全检查的人员，旅客列车上的安全检查人员可以对其及其携带物品进行必要的安全检查。

对实施安全检查的旅客列车，铁路运输企业应当加强日常安全管理，指定专人组织实施安全检查，对发现的可疑物品及时检查处置。

第二十三条　铁路运输企业应当为老幼病残孕旅客提供安全检查优先服务，对不能通过安全检查仪的婴儿车、轮椅等物品实施人工检查。

第二十四条　随视力残疾旅客进站乘车的导盲犬应当接受安全检查。导盲犬接受安全检查前，铁路运输企业应当提醒旅客协助控制好导盲犬，为其佩戴防咬人装置。

第二十五条　铁路运输企业应当采取有效措施，确保已安全检查区域与未安全检查区域分区隔离。旅客临时离开已安全检查区域，返回时应当重新接受安全检查。

对未离开已安全检查区域的中转换乘旅客，铁路运输企业可以不再对其及其随身携带物品实施安全检查。

第二十六条 鼓励铁路与城市轨道交通、民航、道路、水路等有序衔接，在综合客运枢纽设置封闭、连续的联运旅客换乘通道，签订合作协议，明确合作事项，完善设施设备，优化换乘流程，界定各方责任，实现安全检查互认。

第二十七条 对及时发现旅客携带禁止或者超过规格、数量限制随身携带的物品，或者托运禁止托运的物品，有效避免、减少旅客运输安全事故的单位和个人，依法给予表彰奖励。

第四章 禁限物品处理

第二十八条 安全检查中发现旅客携带禁止或者超过规格、数量限制随身携带的物品，或者托运禁止托运的物品时，安全检查人员应当向旅客告知铁路旅客运输安全检查有关规定。

第二十九条 安全检查中发现旅客托运和随身携带枪支子弹、爆炸物品、管制器具、易燃易爆物品、毒害品、腐蚀性物品、放射性物品、感染性物质，或者旅客声称本人托运和随身携带上述禁限物品的，铁路运输企业应当按照法律、行政法规、规章的规定采取必要的先期处置措施；涉嫌违反治安管理或者犯罪的，及时报告公安机关。

鞭炮、发令纸、摔炮、拉炮等爆炸物品应当按照规定处理。

旅客自弃物品中发现上述禁限物品的，铁路运输企业应当按照本条第一款规定处理。

第三十条 车站安全检查中发现旅客随身携带属于禁止随身携带但可以托运的物品，或者超过规格、数量限制随身携带的物品，可以由旅客选择交送行人员带回、办理托运、交车站保管或者自弃等方式处理。

第三十一条 旅客列车上发现禁止托运和随身携带的物品，或者超过规格、数量限制随身携带的物品时，应当妥善处置，并移交前方停车站。

第三十二条 铁路运输企业应当为旅客办理托运提供便利。对旅客办理托运的物品，铁路运输企业应当安排随旅客所乘列车或者就近列车运送。

对暂不具备办理托运条件的车站，鼓励铁路运输企业与快递企业合作，方便旅客寄递物品。

第三十三条 对旅客提出需要交车站保管的物品，车站应当为其提供保管服务，免费保管期限一般不超过 3 天。铁路运输企业与旅客另有约定的，按照其约定。

对旅客自弃、超过保管期限的物品，铁路运输企业应当按照国家规定及时处理；国家没有规定的，可以按照铁路运输企业规定或者铁路运输企业与旅客的约定及时处理。

第三十四条 对查获的枪支子弹、爆炸物品、管制器具、易燃易爆物品、毒害品、腐蚀性物品、放射性物品、感染性物质，铁路运输企业应当按照国家有关规定及时处理。

第三十五条 任何单位和个人严禁擅自调换、变卖、私拿私藏、私自处置安全检查发现或者旅客自弃的禁止托运和随身携带的物品以及超过规格、数量限制随身携带的物品。

第五章 监督管理

第三十六条 铁路监管部门应当对铁路旅客运输安全检查工作进行指导、检查和监督，并依法处理安全检查过程中发现的违法违规行为。

第三十七条 铁路监管部门应当积极处理有关安全检查的投诉举报，加强对铁路运输企业落实旅客运输安全检查管理制度、规范操作安全检查设备、安全检查知识培训，以及识别、发现和处置禁限物品等情况的监督检查。

第三十八条 铁路运输企业应当积极配合铁路监管部门依法履行监督检查职责，不得拒绝、阻挠。

第六章　法律责任

第三十九条　在安全检查过程中，发生殴打、辱骂安全检查人员，冲闯、堵塞安全检查通道，破坏、损毁、占用安全检查设备、场地等扰乱安全检查工作秩序、妨碍安全检查人员正常工作行为的，铁路运输企业应当予以制止；发生涉嫌违反治安管理行为或者犯罪行为的，及时报告公安机关。

第四十条　铁路运输企业未提供安全检查场地和作业条件，或者未提供临时存放、专门处置禁限物品场所的，由铁路监管部门责令限期改正，处1万元以下的罚款；逾期未改正的，处1万元以上3万元以下的罚款。

第四十一条　铁路运输企业有下列行为之一的，由铁路监管部门依照《中华人民共和国安全生产法》第九十九条规定处理：

（一）安全检查设备的使用、检测不符合国家标准或者行业标准的；

（二）未对安全检查设备进行经常性维护、保养和定期检测的；

（三）使用应当淘汰的危及生产安全和人身安全的安全检查设备的。

第四十二条　铁路运输企业有下列行为之一的，由铁路监管部门依照《中华人民共和国安全生产法》第九十七条规定处理：

（一）未对安全检查人员进行教育和培训的；

（二）未如实记录教育和培训情况的。

第四十三条　旅客托运行李时匿报、谎报物品品名、性质、重量的，由地区铁路监督管理局依照《铁路安全管理条例》第九十六条规定处理。

第四十四条　铁路运输企业拒不配合铁路监管部门对旅客运输安全检查依法开展监督管理等安全防范工作的，由铁路监管部门依照《中华人民共和国反恐怖主义法》第九十一条规定处理。

第四十五条　铁路运输企业及其工作人员违反本办法其他有关安全检查管理规定的，铁路监管部门应当责令改正。

第四十六条　铁路运输企业因安全检查工作损毁旅客物品的，依法承担民事责任。

旅客违法携带、夹带或者托运时夹带禁限物品，将禁止托运的物品匿报、谎报为其他物品托运，造成人身伤害或者财产损失的，依法承担民事责任。

第四十七条　铁路监管部门的工作人员对旅客运输安全检查情况实施监督检查、处理投诉举报时，应当恪尽职守，廉洁自律，秉公执法。对失职、渎职的，依法给予处分；构成犯罪的，依法追究刑事责任。

第七章　附　　则

第四十八条　在特定区域、特定时间，需要提升铁路旅客运输安全检查查控标准的，按照国家有关部门或者国家铁路局有关规定执行。

第四十九条　铁路运输企业应当对其他进站人员及其随身携带的物品实施安全检查。

铁路运输企业应当对进入车站已安全检查区域内商铺的商品进行安全检查，车站已安全检查区域内和旅客列车上不得销售禁止和超过规格、数量限制随身携带的物品。

第五十条　具备站场封闭条件的乘降所、实施安全检查的铁路无轨站的安全检查工作，按照本办法执行。

第五十一条　随旅客列车运输包裹的安全检查工作，参照本办法执行。

第五十二条　本办法自2024年2月1日起施行。交通运输部于2014年12月8日以交通运输部令2014年第21号公布的《铁路旅客运输安全检查管理办法》同时废止。

铁路危险货物运输安全监督管理规定

（2022年9月21日交通运输部第22次部务会议通过，2022年9月26日公布，自2022年12月1日起施行）

第一章 总 则

第一条 为了加强铁路危险货物运输安全管理，保障公众生命财产安全，保护环境，根据《中华人民共和国安全生产法》、《中华人民共和国铁路法》、《中华人民共和国反恐怖主义法》、《铁路安全管理条例》、《危险化学品安全管理条例》、《放射性物品运输安全管理条例》等法律、行政法规，制定本规定。

第二条 本规定所称危险货物，是指列入铁路危险货物品名表，具有爆炸、易燃、毒害、感染、腐蚀、放射性等危险特性，在铁路运输过程中，容易造成人身伤亡、财产损毁或者环境污染而需要特别防护的物质和物品。

未列入铁路危险货物品名表，依据有关法律、行政法规、规章或者《危险货物分类和品名编号》（GB 6944）等标准确定为危险货物的，按照本规定办理运输。

第三条 禁止运输下列物品：

（一）法律、行政法规禁止生产和运输的危险物品；

（二）危险性质不明、可能存在安全隐患的物品；

（三）未采取安全措施的过度敏感物品；

（四）未采取安全措施的能自发反应而产生危险的物品。

高速铁路、城际铁路等客运专线及旅客列车禁止运输危险货物，法律、行政法规等另有规定的除外。

第四条 铁路危险货物运输安全管理坚持安全第一、预防为主、综合治理的方针。铁路危险货物运输相关单位（以下统称运输单位）为运输安全责任主体，应当依据有关法律、行政法规和标准等规定，落实运输条件，加强运输管理，确保运输安全。

本规定所称运输单位，包括铁路运输企业、托运人，专用铁路、铁路专用线产权单位、管理单位和使用单位等。

第五条 国家铁路局负责全国铁路危险货物运输安全监督管理工作。地区铁路监督管理局负责辖区内的铁路危险货物运输安全监督管理工作。

国家铁路局和地区铁路监督管理局统称铁路监管部门。

第六条 鼓励采用有利于提高安全保障水平的先进技术和管理方法，鼓励规模化、集约化、专业化和发展专用车辆、专用集装箱运输危险货物。支持开展铁路危险货物运输安全技术以及对安全、环保有重大影响的项目研究。

第二章 运输条件

第七条 运输危险货物应当在符合法律、行政法规和有关标准规定，具备相应品名办理条件的车站、专用铁路、铁路专用线间发到。

铁路运输企业应当将办理危险货物的车站名称、作业地点（包括货场、专用铁路、铁路专用线名称，下同）、办理品名及铁危编号、装运方式等信息及时向社会公布，并同时报送所在地的地区铁路监督管理局。前述信息发生变化的，应当重新公布并报送。

第八条　运输危险货物应当依照法律法规和国家其他有关规定使用专用的设施设备。

运输危险货物所使用的设施设备依法应当进行产品认证、检验检测的，经认证、检验检测合格方可使用。

第九条　危险货物装卸、储存场所和设施应当符合下列要求：

（一）装卸、储存专用场地和安全设施设备封闭管理并设立明显的安全警示标志。设施设备布局、作业区域划分、安全防护距离等符合有关技术要求。

（二）设置有与办理货物危险特性相适应，经相关部门验收合格的仓库、雨棚、场地等设施，配置相应的计量、检测、监控、通信、报警、通风、防火、灭火、防爆、防雷、防静电、防腐蚀、防泄漏、防中毒等安全设施设备，并进行经常性维护、保养和定期检测，保证设施设备的正常使用。维护、保养、检测应当作好记录，并由有关人员签字。

（三）装卸设备符合安全要求，易燃、易爆的危险货物装卸设备应当采取防爆措施，罐车装运危险货物应当使用栈桥、鹤管等专用装卸设施，危险货物集装箱装卸作业应当使用集装箱专用装卸机械。

（四）法律、行政法规、有关标准和安全技术规范规定的其他要求。

第十条　运输单位应当按照《中华人民共和国安全生产法》、《危险化学品安全管理条例》等国家有关法律、行政法规的规定，对本单位危险货物装卸、储存作业场所和设施等安全生产条件进行安全评价。新建、改建危险货物装卸、储存作业场所和设施；在既有作业场所增加办理危险货物品类，以及危险货物新品名、新包装和首次使用铁路罐车、集装箱、专用车辆装载危险货物，改变作业场所和设施安全生产条件的，应当及时进行安全评价。

法律、行政法规规定需要委托相关机构进行安全评价的，运输单位应当委托符合国家规定的机构进行。

第十一条　装载和运输危险货物的铁路车辆、集装箱和其他容器应当符合下列要求：

（一）制造、维修、检测、检验和使用、管理符合有关标准和规定；

（二）牢固、清晰地标明危险货物包装标志和警示标志；

（三）铁路罐车、罐式集装箱以及其他容器应当封口严密，安全附件设置准确、起闭灵活、状态完好，能够防止运输过程中因温度、湿度或者压力的变化发生渗漏、洒漏；

（四）压力容器应当符合国务院负责特种设备安全监督管理的部门关于移动式压力容器、气瓶等安全监管要求；

（五）法律、行政法规、有关标准和安全技术规范规定的其他要求。

第十二条　运输危险货物包装应当符合下列要求：

（一）包装物、容器、衬垫物的材质以及包装型式、规格、方法和单件质量（重量），应当与所包装的危险货物的性质和用途相适应；

（二）包装能够抗御运输、储存和装卸过程中正常的冲击、振动、堆码和挤压，并便于装卸和搬运；

（三）所使用的包装物、容器，须按《中华人民共和国安全生产法》、《中华人民共和国工业产品生产许可证管理条例》等国家有关规定，由专业生产单位生产，并经具有专业资质的检测、检验机构检测、检验合格；

（四）包装外表面应当牢固、清晰地标明危险货物包装标志和包装储运图示标志；

（五）法律、行政法规、有关标准和安全技术规范规定的其他要求。

第十三条　运输新品名、新包装或者改变包装、尚未明确安全运输条件的危险货物时，发送货物的铁路运输企业应当组织托运人、收货人和货物运输全程涉及的其他铁路运输企业共同商定安全运输条件，签订安全协议并组织试运，试运方案应当报所在地的地区铁路监督管理局。危险货物试运应当符合法律、行政法规、规章和有关标准的规定。

第三章 运输安全管理

第十四条 托运人应当按照铁路危险货物品名表确定危险货物的类别、项别、品名、铁危编号、包装等，遵守相关特殊规定要求。

需采取添加抑制剂或者稳定剂等特殊措施的危险货物，托运人应当采取相应措施，保证货物在运输过程中稳定，并将有关情况告知铁路运输企业。

第十五条 托运人应当在铁路运输企业公布办理相应品名的危险货物办理站办理危险货物托运手续。托运时，应当向铁路运输企业如实说明所托运危险货物的品名、数量（重量）、危险特性以及发生危险情况时的应急处置措施等。对国家规定实行许可管理、需凭证运输或者采取特殊措施的危险货物，托运人应当向铁路运输企业如实提交相关证明。不得将危险货物匿报或者谎报品名进行托运；不得在托运的普通货物中夹带危险货物，或者在危险货物中夹带禁止配装的货物。

托运人托运危险化学品的，还应当提交与托运的危险化学品相符的安全技术说明书，并在货物运输包装上粘贴或者涂打安全标签。

托运人托运危险废物的，应当主动向铁路运输企业告知托运的货物属于危险废物。运输时，还应当提交生态环境主管部门发放的电子或者纸质形式的危险废物转移联单。

第十六条 危险货物的运单应当载明危险货物的托运人、收货人，发送运输企业及发送站、装车场所，到达运输企业及到达站、卸车场所，货物名称、铁危编号、包装、装载数量（重量）、车种车号、箱型箱号，应急联系人及联系电话等信息。

运输单位应当妥善保存危险货物运单，保存期限不得少于24个月。

第十七条 托运人应当在危险货物运输期间保持应急联系电话畅通。

第十八条 铁路运输企业应当实行安全查验制度，对托运人身份进行查验，对承运的货物进行安全检查。不得在非危险货物办理站办理危险货物承运手续，不得承运未接受安全检查的货物，不得承运不符合安全规定、可能危害铁路运输安全的货物。

有下列情形之一的，铁路运输企业应当查验托运人提供的相关证明材料，并留存不少于24个月：

（一）国家对生产、经营、储存、使用等实行许可管理的危险货物；

（二）国家规定需要凭证运输的危险货物；

（三）需要添加抑制剂、稳定剂和采取其他特殊措施方可运输的危险货物；

（四）运输包装、容器列入国家生产许可证制度的工业产品目录的危险货物；

（五）法律、行政法规及国家规定的其他情形。

铁路运输企业应当告知托运人有关注意事项，并在网上受理页面、营业场所或者运输有关单据上明示违规托运的法律责任。

第十九条 运输单位应当建立托运人身份和运输货物登记制度，如实记录托运经办人身份信息和运输的危险货物品名及铁危编号、装载数量（重量）、发到站、作业地点、装运方式、车（箱）号、托运人、收货人、押运人等信息，并采取必要的安全防范措施，防止危险货物丢失或者被盗；发现爆炸品、易制爆危险化学品、剧毒化学品丢失或者被盗、被抢的，应当立即采取相应的警示措施和安全措施，按照《民用爆炸物品安全管理条例》、《危险化学品安全管理条例》等国家有关规定及时报告。

第二十条　运输放射性物品时，托运人应当持有生产、销售、使用或者处置放射性物品的有效证明，配置必要的辐射监测设备、防护用品和防盗、防破坏设备。运输的放射性物品及其运输容器、运输车辆、辐射监测、安全保卫、应急响应、装卸作业、押运、职业卫生、人员培训、审查批准等应当符合《放射性物品运输安全管理条例》、《放射性物品安全运输规程》等法律、行政法规和有关标准的要求。

托运时，托运人应当向铁路运输企业提交运输说明书、辐射监测报告、核与辐射事故应急响应指南、装卸作业方法、安全防护指南，铁路运输企业应当查验、收存。托运人提交文件不齐全的，铁路运输企业不得承运。托运人应当在运输中采取有效的辐射防护和安全保卫措施，对运输中的核与辐射安全负责。

第二十一条　铁路运输危险货物的储存方式、方法以及储存数量、隔离等应当符合规定。专用仓库、专用场地等应当由专人负责管理。运输单位应当按照《中华人民共和国安全生产法》、《危险化学品安全管理条例》及国家其他有关规定建立重大危险源管理制度。剧毒化学品以及储存数量构成重大危险源的其他危险货物，应当单独存放，并实行双人收发、双人保管制度。

第二十二条　危险货物运输装载加固以及使用的铁路车辆、集装箱、其他容器、集装化用具、装载加固材料或者装置等应当符合有关标准和安全技术规范的要求。不得使用技术状态不良、未按规定检修（验）或者达到报废年限的设施设备，禁止超设计范围装运危险货物。

货物装车（箱）不得超载、偏载、偏重、集重。货物性质相抵触、消防方法不同、易造成污染的货物不得装载在同一铁路车辆、集装箱内。禁止将危险货物与普通货物在同一铁路车辆、集装箱内混装运输。

第二十三条　危险货物装卸作业应当遵守安全作业标准、规程和制度，并在装卸管理人员的现场指挥或者监控下进行。

第二十四条　运输危险货物时，托运人应当配备必要的押运人员和应急处理器材、设备和防护用品，并使危险货物始终处于押运人员监管之下。托运人应当负责对押运人员的培训教育。押运人员应当了解所押运货物的特性，熟悉应急处置措施，携带所需安全防护、消防、通讯、检测、维护等工具。

铁路运输企业应当告知托运人有关铁路运输安全规定，检查押运人员、备品、设施及押运工作情况，并为押运人员提供必要的工作、生活条件。

押运人员应当遵守铁路运输安全规定，检查押运的货物及其装载加固状态，按操作规程使用押运备品和设施。在途中发现异常情况时，及时采取可靠的应急处置措施，并向铁路运输企业报告。

第二十五条　铁路运输企业应当与办理危险货物运输的专用铁路、铁路专用线产权单位、管理单位和使用单位共同签订危险货物运输安全协议，明确各方的安全生产管理职责、作业内容及其安全保证措施等。

运输单位间应当按照约定的交接地点、方式、内容、条件和安全责任等办理危险货物交接。

第二十六条　危险货物车辆编组、调车等技术作业应当执行有关标准和管理办法。

运输危险货物的车辆途中停留时，应当远离客运列车及停留期间有乘降作业的客运站台等人员密集场所和设施，并采取安全防范措施。装运剧毒化学品、爆炸品、放射性物品和气体等危险货物的车辆途中停留时，铁路运输企业应当派人看守，押运人员应当加强看守。

第二十七条　装运过危险货物的车辆、集装箱，卸后应当清扫洗刷干净，确保不会对其他货物和作业人员造成污染、损害。洗刷废水、废物处理应当符合环保要求。

第二十八条 铁路运输企业应当按照《中华人民共和国反恐怖主义法》等的规定，通过定位系统对运营中的危险货物运输工具实行监控，对危险货物运输全程跟踪和实时查询，按照铁路监管部门的规定预留安全监管数据接口，并按时向铁路监管部门报送。

第二十九条 运输单位应当按照《中华人民共和国安全生产法》、《中华人民共和国职业病防治法》、《放射性物品运输安全管理条例》等关于劳动安全、职业卫生的规定，为从业人员配备符合国家标准或者行业标准的劳动防护用品等设施设备，建立从业人员职业健康监护档案，预防人身伤害。

第三十条 运输单位应当建立健全岗位安全责任、教育培训、安全检查、安全风险分级管控、隐患排查治理、安全投入保障、劳动保护、责任追究、应急管理等危险货物运输安全管理制度，完善危险货物包装、装卸、押运、运输等操作规程和标准化作业管理办法。

第三十一条 运输单位应当对本单位危险货物运输从业人员进行经常性安全、法制教育和岗位技术培训，经考核合格后方可上岗。开展危险货物运输岗位技术培训应当制定培训大纲，设置培训课程，明确培训具体内容、学时和考试要求并及时修订和更新。危险货物运输培训课程及教材、资料应当符合国家法律、行政法规、规章和有关标准的规定。

运输单位应当建立安全生产教育和培训档案，如实记录安全生产教育和培训的时间、内容、参加人员以及考核结果等情况，安全生产教育和培训记录应当保存 36 个月以上。

第三十二条 危险货物运输从业人员应当具备必要的安全知识，熟悉有关的安全规章制度和安全操作规程，掌握本岗位的安全操作技能，知悉自身在安全方面的权利和义务，掌握所运输危险货物的危险特性及其运输工具、包装物、容器的使用要求和出现危险情况时的应急处置方法。

第三十三条 运输单位应当经常性开展危险货物运输安全隐患排查治理，隐患排查治理情况应当如实记录，重大事故隐患排查治理情况要向所在地的地区铁路监督管理局报告。

第三十四条 运输单位在法定假日和传统节日等运输高峰期或者恶劣气象条件下，以及国家重大活动期间，应当采取安全应急管理措施，加强铁路危险货物运输安全检查，确保运输安全。

在特定区域、特定时间，国务院有关主管部门或者省级人民政府决定对危险化学品、民用爆炸物品等危险货物铁路运输实施管制的，铁路运输企业应当予以配合。

第三十五条 运输单位应当针对本单位危险货物运输可能发生的事故特点和危害，制定铁路危险货物运输事故应急预案，并与相应层级、相关部门预案衔接。应急预案应当按照国家有关规定进行评审或者论证、公布，并至少每半年组织 1 次应急演练。铁路危险货物运输事故应急预案及应急演练情况应当报送所在地的地区铁路监督管理局。

运输单位应当按照《中华人民共和国安全生产法》、《生产安全事故应急条例》等规定建立应急救援队伍或者配备应急救援人员；配备必要的应急救援器材、设备和物资，并进行经常性维护、保养，保证正常运转；建立应急值班制度，配备应急值班人员。

第三十六条 危险货物运输过程中发生燃烧、爆炸、环境污染、中毒或者被盗、丢失、泄漏等情况，押运人员和现场有关人员应当按照国家有关规定及时报告，并按照应急预案开展先期处置。运输单位负责人接到报告后，应当迅速采取有效措施，组织抢救，防止事故扩大，减少人员伤亡和财产损失，并报告所在地的地区铁路监督管理局及其他有关部门，不得隐瞒不报、谎报或者迟报，不得故意破坏事故现场、毁灭有关证据。

第三十七条　铁路运输企业应当实时掌握本单位危险货物运输状况，并按要求向所在地的地区铁路监督管理局报告危险货物运量、办理站点、设施设备、安全等信息。

第四章　监督检查

第三十八条　铁路监管部门依法对运输单位执行有关危险货物运输安全的法律、行政法规、规章和标准的情况进行监督检查，重点监督检查下列内容：

（一）危险货物运输安全责任制、规章制度和操作规程的建立、完善情况；

（二）危险货物运输从业人员教育、培训及考核情况；

（三）保证本单位危险货物运输安全生产投入情况；

（四）危险货物运输安全风险分级管控和安全隐患排查治理情况；

（五）危险货物运输设施设备配置、使用、管理及检测、检验和安全评价情况；

（六）危险货物办理站信息公布情况；

（七）承运危险货物安全检查情况；

（八）危险货物运输作业环节安全管理情况；

（九）重大危险源安全管理措施落实情况；

（十）危险货物运输事故应急预案制定、应急救援设备和器材配置、应急救援演练等情况；

（十一）危险货物运输事故报告情况；

（十二）依法应当监督检查的其他情况。

第三十九条　铁路监管部门进行监督检查时，可以依法采取下列措施：

（一）进入铁路危险货物运输作业场所检查，调阅有关资料，向有关单位和人员了解情况；

（二）纠正或者要求限期改正危险货物运输安全违法违规行为；对依法应当给予行政处罚的行为，依照法律、行政法规、规章的规定作出行政处罚决定；

（三）责令立即排除危险货物运输事故隐患；重大事故隐患排除前或者排除过程中无法保证安全的，应当责令撤出危险区域内的作业人员，责令暂时停运或者停止使用相关设施、设备；

（四）责令立即停止使用不符合规定的设施、设备、装置、器材、运输工具等；

（五）依法查封或者扣押有根据认为不符合有关标准的设施、设备、器材，并作出处理决定；

（六）法律、行政法规规定的其他措施。

第四十条　铁路监管部门行政执法人员应当忠于职守、秉公执法，遵守执法规范；对监督检查过程中知悉的商业秘密负有保密义务。行政执法人员依法履行监督检查职责时，应当出示有效执法证件。

被监督检查单位和个人对铁路监管部门依法进行的监督检查应当予以配合，如实提供有关情况或者资料，不得拒绝、阻挠。

第四十一条　铁路监管部门应当建立健全危险货物运输安全监督检查制度，加强行政执法人员危险货物运输安全知识培训，配备必要的安全检查装备，应用信息化手段和先进技术，不断提高监管水平。

铁路监管部门监督检查时，可以聘请熟悉铁路危险货物运输、化学化工、安全技术管理、应急救援等的专家和专业人员提供技术支撑。

第四十二条　任何单位和个人均有权向铁路监管部门举报危险货物运输违法违规行为。

铁路监管部门接到举报，应当及时依法处理；对不属于本部门职责的，应当及时移送有关部门处理。

第四十三条　铁路监管部门应当建立危

险货物运输违法行为信息库，如实记录运输单位的违法行为信息，并将行政处罚信息依法纳入全国信用信息共享平台、国家企业信用信息公示系统。对无正当理由拒绝接受监督检查、故意隐瞒事实或者提供虚假材料以及受到行政处罚等违法情节严重的单位及其有关从业人员依法予以公开。

第五章　法律责任

第四十四条　违反本规定，《中华人民共和国安全生产法》、《中华人民共和国反恐怖主义法》、《铁路安全管理条例》、《放射性物品运输安全管理条例》等法律、行政法规对其处罚有明确规定的，从其规定。

违反法律、行政法规规定运输危险货物，造成铁路交通事故或者其他事故的，依法追究相关单位及其主要负责人、工作人员的行政责任；涉嫌犯罪的，依法移送司法机关处理。

第四十五条　铁路运输企业违反本规定运输危险货物，有下列行为之一的，由所在地的地区铁路监督管理局责令限期改正，可以处 1 万元以下的罚款；逾期未改正的，处 1 万元以上 3 万元以下的罚款：

（一）违反规定在高速铁路、城际铁路等客运专线及旅客列车运输危险货物的；

（二）办理危险货物的车站名称、作业地点、办理品名及铁危编号、装运方式等信息未按规定公布，或者未向所在地的地区铁路监督管理局报送的；

（三）运输新品名、新包装或者改变包装、尚未明确安全运输条件的危险货物，未按照规定组织开展试运，或者试运方案未报所在地的地区铁路监督管理局的；

（四）未按照规定对危险货物车辆途中停留采取安全防范措施的；

（五）未告知托运人有关托运注意事项，或者未在网上受理页面、营业场所或者运输有关单据上明示违规托运的法律责任的；

（六）未按照规定向所在地的地区铁路监督管理局报告危险货物运量、办理站点、设施设备、安全等信息的。

第四十六条　托运人违反本规定运输危险货物，有下列行为之一的，由所在地的地区铁路监督管理局责令限期改正，可以处 1 万元以下的罚款；逾期未改正或者情节严重的，处 1 万元以上 3 万元以下的罚款：

（一）在不具备相应品名危险货物办理条件的车站、专用铁路、铁路专用线间发到危险货物的；

（二）托运危险货物未如实说明所托运的货物的危险特性、采取添加抑制剂或者稳定剂等特殊措施情况、发生危险情况时的应急处置措施，或者未按规定提交相关证明材料，或者提交虚假证明材料的；

（三）未准确确定危险货物的类别、项别、品名、铁危编号等的；

（四）押运人员未检查押运的货物及其装载加固状态，或者未按操作规程使用押运备品和设施，或者在途中发现异常情况时，未及时采取可靠的应急处置措施并向铁路运输企业报告的。

第四十七条　运输单位有下列行为之一的，由所在地的地区铁路监督管理局责令限期改正，可以处 1 万元以下的罚款；逾期未改正或者情节严重的，处 1 万元以上 3 万元以下的罚款：

（一）因未按规定进行安全评价导致未及时发现安全生产条件存在的问题，或者未及时对有关问题进行整改，仍进行危险货物运输的；

（二）危险货物的运单未按规定载明相关信息，或者未按规定期限保存的；

（三）未按规定签订危险货物运输安全协议，或者未按照约定的交接地点、方式、内容、条件和安全责任等办理危险货物交接的；

（四）使用技术状态不良、未按规定检修（验）或者达到报废年限的设施设备，或者超设计范围装运危险货物的；

（五）货物装车（箱）违反本规定要

求的；

（六）装运过危险货物的车辆、集装箱，卸后未按规定清扫洗刷干净的。

第四十八条　铁路监管部门工作人员在铁路危险货物运输监管工作中滥用职权、玩忽职守、徇私舞弊的，依法进行处理；构成犯罪的，依法追究刑事责任。

第六章　附　　则

第四十九条　具有下列情形之一的物质或者物品，不属于本规定第二条规定的危险货物：

（一）根据铁路运输设备设施有关规定，作为铁路车辆或者集装箱的组成部分；

（二）根据铁路运输有关规定，对所运输货物进行监测或者应急处置的装置和器材。

第五十条　运输的危险货物有下列情形之一的，不受本规定的限制：

（一）运输时采取保证安全的措施，数量、包装、装载等符合相应技术条件，铁路危险货物品名表特殊规定不作为危险货物运输的；

（二）在紧急情况下，为保障国家安全和公共利益的需要，国家铁路局公布应急运输的危险货物。

第五十一条　军事运输危险货物依照国家有关规定办理。

第五十二条　本规定自2022年12月1日起施行。

高速铁路安全防护管理办法

（2020年3月26日交通运输部第10次部务会议通过，并经公安部、自然资源部、生态环境部、住房和城乡建设部、水利部、应急管理部同意，2020年5月6日公布，自2020年7月1日起施行）

第一章　总　　则

第一条　为了加强高速铁路安全防护，防范铁路外部风险，保障高速铁路安全和畅通，维护人民生命财产安全，根据《中华人民共和国铁路法》《中华人民共和国安全生产法》《中华人民共和国反恐怖主义法》《铁路安全管理条例》等法律、行政法规，制定本办法。

第二条　本办法适用于设计开行时速250公里以上（含预留），并且初期运营时速200公里以上的客运列车专线铁路（以下称高速铁路）。

第三条　高速铁路安全防护坚持安全第一、预防为主、依法管理、综合治理的方针，坚持技防、物防、人防相结合，构建政府部门依法管理、企业实施主动防范、社会力量共同参与的综合治理格局。

第四条　国家铁路局负责全国高速铁路安全监督管理工作。地区铁路监督管理局负责辖区内的高速铁路安全监督管理工作。

国家铁路局和地区铁路监督管理局（以下统称铁路监管部门）应当按照法定职责，健全完善高速铁路安全防护标准，加强行政执法，协调相关单位及时消除危及高速铁路安全的隐患。

第五条　各级公安、自然资源、生态环境、住房和城乡建设、交通运输、水利、应急管理等部门和消防救援机构（以下统称相关部门）应当依照法定职责，协调和处理保障高速铁路安全的有关事项，做好保障高速铁路安全的相关工作，防范和制止危害高速铁路安全的行为。

第六条 从事高速铁路运输、建设、设备制造维修的相关企业应当落实安全生产主体责任，建立、健全安全生产责任制和高速铁路安全防护相关管理制度，执行国家关于高速铁路安全防护的相关标准，保障安全生产管理机构或者人员配备，加强对从业人员的教育培训，改善安全生产条件，保证高速铁路安全防护所必需的资金投入。

第七条 铁路监管部门、铁路运输企业等单位应当按照国家有关规定制定突发事件应急预案，并组织应急演练。

铁路运输企业应当按照《中华人民共和国突发事件应对法》等国家有关规定，在车站、列车等场所配备报警装置以及必要的应急救援设备设施和人员。

第八条 铁路监管部门、高速铁路沿线地方各级人民政府相关部门应当落实“谁执法谁普法”的普法责任制，加强保障高速铁路安全有关法律法规、安全生产知识的宣传教育，增强安全防护意识，防范危害高速铁路安全的行为。

第九条 支持和鼓励社会力量积极参与高速铁路安全防护工作，铁路监管部门和相关部门以及铁路运输企业应当建立并公开监督举报渠道，根据各自职责及时处理影响高速铁路安全的问题。

对维护高速铁路安全作出突出贡献的单位或者个人，按照有关规定给予表彰奖励。

第二章 线路安全防护

第十条 铁路监管部门应当推动协调相关部门、高速铁路沿线地方人民政府构建高速铁路综合治理体系，健全治安防控运行机制，落实高速铁路护路联防责任制。

第十一条 国家铁路局应当联合国务院相关部门和有关企业、地区铁路监督管理局应当联合地方人民政府及相关部门和有关企业，推动建立安全信息通报和问题督办机制，做到协调配合、齐抓共管、联防联控。

第十二条 高速铁路线路安全保护区的划定，按照《铁路安全管理条例》等法律、行政法规和国家有关规定执行。高速铁路线路安全保护区用地依法纳入国土空间规划统筹安排。

铁路建设单位或者铁路运输企业应当配合地区铁路监督管理局或者地方人民政府开展高速铁路线路安全保护区划定工作。地方人民政府组织划定高速铁路线路安全保护区的，高速铁路线路安全保护区划定并公告完成后，铁路建设单位或者铁路运输企业应当将相关资料提供给地区铁路监督管理局。

建设跨河、临河的高速铁路桥梁等工程设施并划定高速铁路线路安全保护区的，应当符合防洪标准、岸线规划等要求，其工程建设方案应当按照《中华人民共和国水法》《中华人民共和国防洪法》有关规定报经有关水行政主管部门或者经授权的流域管理机构审查同意。

建设跨越或者穿越航道、临航道的高速铁路桥梁、隧道等工程设施并划定高速铁路线路安全保护区的，应当按照《中华人民共和国航道法》有关规定开展航道通航条件影响评价，并报送有关交通运输主管部门或者航道管理机构审核。

第十三条 禁止在高速铁路线路安全保护区内烧荒、放养牲畜。

禁止向高速铁路线路安全保护区排污、倾倒垃圾以及其他危害铁路安全的物质。

禁止擅自进入、毁坏、移动高速铁路安全防护设施。

在高速铁路线路安全保护区内建造建筑物、构筑物等设施，取土、挖砂、挖沟、采空作业或者堆放、悬挂物品，必须符合保证高速铁路安全的国家标准、行业标准，征得铁路运输企业同意并签订安全协议，遵守施工安全规范，采取措施防止影响铁路运输安全。铁路运输企业应当公布办理相关手续的部门以及相应的渠道，及时办理相关手续，并派员对施工现场实行安全监督。

第十四条　高速铁路与道路立体交叉设施及其附属安全设施竣工验收合格后，应当按照国家规定移交有关单位管理、维护。

上跨高速铁路的道路桥梁及其他建筑物、构筑物的管理部门或者经营企业应当建立定期检查及维护机制，定期检查道路桥梁及其他建筑物、构筑物，以及相关的安全防护设施、警示标志，加强风险研判，采取有效措施，防止道路桥梁构筑物、附着物等坠入高速铁路线路。

对可能影响高速铁路安全的检查、维护行为，应当提前与铁路运输企业沟通，共同制定安全保障措施。铁路运输企业应当提供便利条件。

第十五条　下穿高速铁路桥梁、涵洞的道路，其限高、限宽标志和限高防护架应当符合国家标准，由公路管理部门或者当地人民政府指定的部门、铁路运输企业等按照有关规定设置、维护。

下穿高速铁路桥梁、涵洞的道路进行改造时，施工单位要与铁路运输企业协商一致后实施，严格控制桥梁、涵洞下净高，并根据路面标高的变化及时调整限高防护架的设置。

第十六条　跨越、下穿或者并行高速铁路线路的油气、供气供热、供排水、电力等管线规划、设计、施工应当满足相关国家标准、行业标准及管理规定。施工前应当向铁路运输企业通报，与铁路运输企业协商一致后方可施工，必要时铁路运输企业可以派员进行安全防护。对跨越高速铁路的电力线路，应当采取可靠的防坠落措施。

跨越、下穿高速铁路的油气、供气供热、供排水等管线应当设置满足国家相关技术规范和标准要求的安全保护设施。下穿时，优先选择在铁路桥梁、预留管线涵洞、综合管廊等既有设施处穿越；特殊条件下，需穿越路基时，应当进行专项设计，满足路基沉降的限制指标。

并行高速铁路的油气、供气供热、供排水等管线敷设时，最小水平净距应当满足相关国家标准、行业标准和安全保护要求。

油气、供气供热、供排水、电力等管线的产权单位或者经营企业应当加强检查维护管理，确保状态良好。铁路运输企业应当积极配合。

第十七条　在高速铁路线路两侧建造、设立生产、加工、储存或者销售易燃、易爆或者放射性物品等危险物品的场所、仓库的，应当符合国家标准、行业标准规定的安全防护距离。

第十八条　在高速铁路线路两侧从事采矿、采石或者爆破作业的，应当遵守有关采矿和民用爆炸物品的法律法规，符合保障安全生产的国家标准、行业标准和铁路安全保护的相关要求。

在高速铁路线路路堤坡脚、路堑坡顶、铁路桥梁外侧起向外各1000米范围内，以及在铁路隧道上方中心线两侧各1000米范围内，确需从事露天采矿、采石或者爆破作业的，应当充分考虑高速铁路安全需求，依法进行安全评估、安全监理，与铁路运输企业协商一致，依照法律法规规定报经有关主管部门批准，并采取相应的安全防护措施。

矿产资源开采过程中，在矿井、水平、采区设计时，对高速铁路及其主要配套建筑物、构筑物应当划定保护矿柱。

新建高速铁路用地与探矿权人的矿产资源勘查范围、采矿权人的采矿采石影响范围发生重叠或者在尾矿库溃坝冲击范围的，或者新建高速铁路线路跨越上述范围的，铁路建设单位应当与有关权利主体协商一致，签订安全协议，共同制定安全保障措施，按照国家有关规定处理，确保矿山生产经营单位安全生产条件符合相关规定。

第十九条　禁止违反有关规定在高速铁路桥梁跨越处河道上下游的一定范围内采砂、淘金。县级以上地方人民政府水行政主管部门、自然资源主管部门应当按照各自职责划定并公告禁采区域、设置禁采标志，制止非法采砂、淘金行为。

禁止在高速铁路线路路堤坡脚、路堑坡顶或者铁路桥梁外侧起向外各200米范围内抽取地下水；200米范围外，高速铁路线路经过的区域属于地面沉降区域，抽取地下水危及高速铁路安全的，应当设置地下水禁止开采区或者限制开采区，具体范围由地区铁路监督管理局会同县级以上地方人民政府水行政主管部门提出方案，报省、自治区、直辖市人民政府批准并公告。

第二十条 在高速铁路附近从事排放粉尘、烟尘及腐蚀性气体的生产活动，应当严格执行国家规定的排放标准。

生态环境主管部门应当加大检查和管理力度，对相关违法行为依法进行处罚。

第二十一条 有关单位和个人在高速铁路邻近区域内施工、建造构筑物或者从事其他生产经营活动，应当遵守保证高速铁路安全的法律法规和相关标准，采取措施防止影响高速铁路运输安全。

第二十二条 在高速铁路线路及其邻近区域进行施工作业，应当符合工程建设安全管理规定，并执行铁路营业线施工安全管理规定。建设单位应当会同设计、施工单位与铁路运输企业共同制定安全施工方案，按照方案进行施工。施工完毕应当及时清理现场，不得影响高速铁路运营安全。

铁路运输企业应当向社会公布办理铁路营业线施工手续的部门以及相应的渠道，及时办理相关手续。

在高速铁路线路安全保护区内和纳入邻近营业线施工计划的施工，铁路运输企业应当按照国家规定派员对施工现场实行安全监督。

第二十三条 邻近高速铁路的杆塔应当按照国家标准、行业标准和铁路安全防护要求进行设计安装，杆塔产权单位应当建立定期检查维护制度，确保杆塔牢固稳定。

在高速铁路线路安全保护区内，禁止种植妨碍行车瞭望或者有倒伏危险可能影响线路、电力、牵引供电安全的树木等植物；对已种植的，应当依法限期迁移或者修剪、砍伐。

铁路运输企业发现高速铁路线路安全保护区内既有的林木存在可能危及高速铁路安全隐患的，应当告知其产权人或者管理人及时采取措施消除安全隐患。产权人或者管理人拒绝或者怠于处置的，铁路运输企业应当及时向铁路沿线林业主管部门报告，由林业主管部门协调产权人或者管理人采取措施消除安全隐患。

第二十四条 在高速铁路电力线路导线两侧各500米范围内，不得升放风筝、气球、孔明灯等飘浮物体，不得使用弓弩、弹弓、汽枪等攻击性器械从事可能危害高速铁路安全的行为。在高速铁路电力线路导线两侧升放无人机的，应当遵守国家有关规定。

对高速铁路线路两侧的塑料大棚、彩钢棚、广告牌、防尘网等轻质建筑物、构筑物，其所有权人或者实际控制人应当采取加固防护措施，并对塑料薄膜、锡箔纸、彩钢瓦、铁皮等建造、构造材料及时清理，防止大风天气条件下危害高速铁路安全。

第二十五条 铁路运输企业应当对高速铁路线路、防护设施、警示标志、安全环境等进行经常性巡查和维护；对巡查中发现的安全问题应当立即处理，不能立即处理的应当及时报告地区铁路监督管理局或者其他相关部门。巡查和处理情况应当记录留存。

第三章 安全防护设施及管理

第二十六条 高速铁路应当实行全封闭管理，范围包括线路、车站、动车存放场所、隧道斜井和竖井的出入口，以及其他与运行相关的附属设备设施处所。铁路建设单位或者铁路运输企业应当按照国家铁路局的规定在铁路用地范围内设置封闭设施和警示标志。

高速铁路与普速铁路共用车站的并行地段，在高速铁路线路与普速铁路线路间设置物理隔离；区间的并行地段，在普速铁路外侧依照高速铁路线路标准进行封闭。

高速铁路高架桥下的铁路用地，应当根据周边生产、生活环境情况，按照确保高速铁路设备设施安全的要求，实行封闭管理或者保护性利用管理。

铁路运输企业应当建立进出高速铁路线路作业门的管理制度。

第二十七条　铁路运输企业应当在客运车站广场、售票厅、进出站口、安检区、直梯及电扶梯、候车区、站台、通道、车厢、动车存放场所等重要场所和其他人员密集的场所，以及高速铁路桥梁、隧道、重要设备设施处所和路基重要区段等重点部位配备、安装监控系统。监控系统应当符合相关国家标准、行业标准，与当地公共安全视频监控系统实现图像资源共享。

客运车站以及动车存放场所周界应当设置实体围墙。车站广场应当设置防冲撞设施，有条件的设置硬隔离设施。

第二十八条　铁路运输企业应当在高速铁路沿线桥头、隧道口、路基地段等易进入重点区段安装、设置周界入侵报警系统。站台两端应当安装、设置警示标志和封闭设施，防止无关人员进入高速铁路线路。高速铁路周界入侵报警系统应当符合相关国家标准、行业标准。

高速铁路沿线视频监控建设应当纳入当地公共安全视频监控建设联网应用工作体系，并充分利用公共通信杆塔等资源，减少重复建设。

第二十九条　铁路运输企业应当根据沿线的自然灾害、地质条件、线路环境等情况，建立必要的灾害监测系统。

第三十条　高速铁路长大隧道、高架桥、旅客聚集区等重点区域，应当按照国家有关规定设置紧急情况下的应急疏散逃生通道并保证畅通，同时安装、设置指示标识。高速铁路长大隧道的照明设施设备、消防设施应当保持状态良好。

第三十一条　在下列地点，应当按照国家有关规定安装、设置防止车辆以及其他物体进入、坠入高速铁路线路的安全防护设施和警示标志：

（一）高速铁路路堑上的道路；

（二）位于高速铁路线路安全保护区内的道路；

（三）跨越高速铁路线路的道路桥梁及其他建筑物、构筑物。

第三十二条　船舶通过高速铁路桥梁应当符合桥梁的通航净空高度并遵守航行规则。桥区航标中的桥梁航标、桥柱标、桥梁水尺标由铁路运输企业负责设置、维护，水面航标由铁路运输企业负责设置，航道管理部门负责维护。

建设跨越通航水域的高速铁路桥梁，应当根据有关规定同步设计、同步建设桥梁防撞设施。铁路运输企业或者铁路桥梁产权单位负责防撞设施的维护管理。

第三十三条　铁路建设单位应当按照相关法律法规和国家标准、行业标准，在建设高速铁路客运站和直接为其运营服务的段、厂、调度指挥中心、到发中转货场、仓库时，确保相关安全防护设备设施同时设计、同时施工、同时投入生产和使用。

第四章　运营安全防护

第三十四条　除生产作业或者监督检查工作需要外，任何人一律不得进入动车组司机室。

进入动车组司机室，应当严格遵守国家安全管理规定和铁路运输企业安全生产制度。

第三十五条　旅客购买高速铁路列车车票、乘坐高速铁路列车，应当出示有效身份证件。对车票所记载身份信息与所持身份证件或者真实身份不符的持票人，铁路运输企业有权拒绝其进站乘车，并报告公安机关。

依照有关规定办理的高铁快运，铁路运输企业应当对客户身份进行查验，登记身份信息，并按规定对运送的物品进行安全检查。

铁路运输企业应当为公安机关依法履行职责提供数据支持和协助。

第三十六条 铁路禁止或者限制携带的物品种类及其数量由国家铁路局会同公安部规定。铁路运输企业应当在高速铁路车站、列车等场所对禁止或者限制携带的物品种类及其数量进行公布，并通过广播、视频等形式进行宣传。

第三十七条 铁路运输企业应当依照法律、行政法规和有关规定，承担安全检查的主体责任，设立相应的安检机构和安检场地，配备与运量相适应的安全检查人员和设备设施，对进入高速铁路车站的人员、物品进行安全检查。

从事安全检查的工作人员应当经过识别和处置危险物品等相关专业知识培训并考试合格。安全检查工作人员应当佩戴安全检查标志，依法履行安全检查职责，并有权拒绝不接受安全检查的旅客进站乘车或者经高速铁路运输物品。

第三十八条 禁止任何单位和个人扰乱高速铁路建设和运输秩序，损坏或者非法占用高速铁路设施设备、相关标志和高速铁路用地。

铁路运输企业应当按规定配备安保人员和相应设备、设施，加强安全检查和保卫工作。有关重点目标管理单位应当依照《中华人民共和国反恐怖主义法》等相关法律法规的规定，履行防范和应对处置恐怖活动职责，制定建立公共安全视频图像信息系统值班监看、信息保存使用、运行维护等管理制度，落实对重要岗位人员进行安全背景审查，以及对进入重点目标的人员、物品和交通工具进行安全检查等相关工作。

公安机关应当按照法定职责，维护高速铁路车站、列车等场所和高速铁路沿线的治安秩序，依法监督检查指导铁路运输企业治安保卫工作；依法查处摆放障碍、破坏设施、损坏设备、盗割电缆、擅自进入高速铁路线路等危及高速铁路运输安全和秩序的违法行为。

第三十九条 高速铁路的重要桥梁和隧道按照国家有关规定进行守护。

第四十条 县级以上各级人民政府相关部门、铁路运输企业应当依照自然灾害防治法律法规的规定，加强高速铁路沿线灾害隐患的排查、治理、通报、预防和应急处理等工作。

高速铁路勘察、设计阶段应当加强地质灾害危险性评估工作，尽量避开地质灾害隐患威胁，无法避让的，应当在设计、建设阶段及时采取治理措施排除地质灾害隐患风险，为铁路建设及运营提供安全环境。

高速铁路规划、勘察、设计、建设，应当优化地质选线，加强沿线区域地震活动性研究。位于活动断裂带的高速铁路，沿线应当装设地震预警监测系统。大型桥梁、隧道、站房等重点工程，应当强化场址地震安全性评价，满足抗震设防相关标准。

县级以上各级人民政府相关部门、铁路运输企业应当依照法律、行政法规的规定，建立地质灾害、气象灾害等预警信息互联互通机制，研判灾害对高速铁路安全的影响，及时进行预报预警。铁路运输企业应当针对不同灾害等级或者情况采取相应的防范措施。

第四十一条 铁路运输企业应当依照有关法律法规和技术标准要求，建立高速铁路网络安全保障体系，落实网络安全管理制度和技术防护措施，制定网络安全事件应急预案，采取有效措施确保网络安全稳定运行，保护旅客、托运人电子信息安全。

第四十二条 铁路运输企业应当遵守消防法律法规规章和消防技术标准，落实消防安全主体责任，制定消防安全制度、消防安全操作规程，配置符合要求的消防设施、器材，设置消防安全标志、组织防火检查，及时消除火灾隐患，制定灭火和应急疏散预案，并定期演练。

消防救援机构等相关部门依法履行消防监督管理职责。

第五章　监督管理

第四十三条　铁路监管部门应当制定年度安全监督检查计划，重点对以下事项进行监督检查：

（一）铁路运输高峰期和恶劣气象条件下关键时期的运输安全；

（二）高速铁路开通运营、重要设施设备运用状态、沿线外部环境等铁路运输安全关键环节；

（三）铁路运输突发事件应急预案的建立和落实情况。

铁路监管部门根据需要，可以牵头协调组织相关部门开展高速铁路安全防护联合监督检查。

第四十四条　铁路监管部门应当对监督检查过程中发现的问题，以及铁路运输企业等单位报送的问题进行梳理分析。对影响高速铁路运营安全的，应当及时采取函告、约谈等方式督促相关企业或者地方政府相关部门落实责任、消除隐患；对安全防护推进不力的部门和单位，可以在铁路监管部门政府网站上向社会公告。

对高速铁路事故隐患，铁路监管部门应当责令有关单位立即排除，并加强督办落实；重大事故隐患排除前或者排除过程中无法保证安全的，铁路监管部门应当责令从危险区域内撤出人员、设备，停止作业，重大事故隐患排除后方可恢复。

相关部门发现铁路安全隐患，属于职责范围内的，应当依法责令有关单位或者个人立即排除。

第四十五条　铁路监管部门和相关部门应当依照法律法规和相关职责规定对影响高速铁路安全的行为进行处罚。

第四十六条　发生涉及高速铁路运输安全的突发事件后，铁路运输企业及其所属的生产经营单位应当立即采取措施组织抢救，防止事故扩大，减少人员伤亡和财产损失，并向事件发生地地方人民政府及相关部门和地区铁路监督管理局报告。

第四十七条　事件发生地相关部门和地区铁路监督管理局接到报告后，应当依照有关法律、行政法规的规定和应急预案要求，立即采取措施控制事态发展，组织开展应急救援和处置工作，并按规定报告。

第六章　附　　则

第四十八条　本办法自2020年7月1日起施行。

铁路安全风险分级管控和隐患排查治理管理办法

（2023年3月10日国铁安监规〔2023〕9号公布，自2023年4月10日起施行）

第一章　总　　则

第一条　为规范和加强铁路安全风险分级管控和隐患排查治理工作，推进事故预防工作科学化、信息化、标准化，实现把风险控制在隐患形成之前、把隐患消灭在事故前面，根据《中共中央国务院关于推进安全生产领域改革发展的意见》《中华人民共和国安全生产法》《中华人民共和国铁路法》《铁路安全管理条例》《铁路交通事故应急救援和调查处理条例》《国务院安委会办公室关于实施遏制重特大事故工作指南构建双重预防机制的意见》等有关规定，制定本办法。

第二条 从事铁路建设、运输、设备制造维修的生产经营单位的铁路安全风险分级管控和隐患排查治理双重预防机制（以下统称双重预防机制）建设及其监督管理工作适用本办法。

从事铁路建设的单位主要包括铁路建设工程的建设、勘察、设计、施工、监理等生产经营单位。

从事铁路运输的单位主要指国家铁路运输企业生产经营单位、地方铁路运输企业以及铁路专用线和专用铁路运营管理企业的生产经营单位。

从事铁路设备制造维修的单位主要指铁路设备设计、制造、维修的生产经营单位。

上述从事铁路建设、运输、设备制造维修的生产经营单位在本办法中统称铁路单位。

第三条 铁路双重预防机制建设工作应当遵照法律法规要求，坚持中国共产党的领导，坚持人民至上、生命至上，树牢安全发展理念，坚持安全第一、预防为主、综合治理的方针，坚持“三个必须”原则，进一步强化和落实生产经营单位主体责任和政府监管责任，立足从源头上管控安全风险，消除事故隐患，按照全面覆盖、分级管理、科学施策、动态实施的建设要求，推动形成生产经营单位负责、职工参与、政府监管、行业自律和社会监督的工作格局。

第四条 铁路单位是双重预防机制建设的责任主体，应当健全风险防范化解机制，保证经费投入，推进智能化、信息化管理平台建设，对安全风险全面管控，对事故隐患治理实行闭环管理，保证安全生产。

铁路单位主要负责人对本单位双重预防机制建设全面负责，组织建立并落实双重预防机制，督促、检查本单位的安全生产工作，及时消除生产安全事故隐患。

铁路单位委托第三方机构提供双重预防机制建设相关技术服务的，保证安全生产的责任仍由本单位负责。

第五条 国务院铁路行业监督管理部门指导并监督管理全国铁路单位双重预防机制建设管理工作。铁路监督管理机构对本辖区内铁路单位双重预防机制建设实施监督管理。国务院铁路行业监督管理部门、铁路监督管理机构统称铁路监管部门。

第二章 安全风险分级管控

第六条 铁路安全风险（以下简称风险）是铁路生产安全事故（含铁路交通事故）、故障或特定危害事件发生的可能性与后果严重性的组合。

风险点是指存在安全风险的设备设施、部位、场所和区域，以及在设备设施、部位、场所和区域实施的伴随风险的作业活动，或以上两者的组合。

第七条 风险按业务领域分为铁路运输风险、铁路工程建设风险、铁路设备设施风险、沿线环境风险和其他风险五个类型。

铁路单位结合所属业务领域，按照《企业职工伤亡事故分类》《生产过程危险和有害因素分类与代码》《铁路交通事故应急救援和调查处理条例》及有关行业法律法规、规章标准等要求，综合考虑各类致险因素，细化风险类别。

第八条 风险等级一般从高到低划分为重大风险、较大风险、一般风险、低风险四个等级，分别用红、橙、黄、蓝四种颜色标示。

第九条 铁路单位应当建立安全风险分级管控制度，依据国家及行业相关安全生产法律法规、规章、标准及规范性文件等规定，全面开展安全风险辨识，科学评估风险等级，分级采取措施有效管控安全风险，实施安全风险公告及监测警示，加强动态管理，从源头上防范化解重大风险，实现风险等级逐步降低、安全风险有效管控。

第十条 铁路单位应当针对本单位生产经营活动范围及其生产经营环节，按照相关法规标准要求，明确风险辨识范围、方式和程序，突出高铁和旅客列车风险，以及系统性、区域性、多发性和偶发性风险，组织相关部门、专业、有关专家和全体员工辨识安全风险。

第十一条 铁路单位风险辨识分为全面辨识和专项辨识。

全面辨识每年开展一次，由铁路单位主要负责人组织开展，采取安全绩效奖惩等有效措施，全方位、全过程辨识生产工艺、设备设施、作业环境、人员行为和管理体系等方面存在的风险。新建、改建铁路建设工程投入运营前，应当组织开展全面辨识。

专项辨识根据需要开展，重点分析阶段性、临时性或者特定专业的风险动态辨识。专项辨识由铁路单位主要负责人或指定安全管理部门、有关业务部门组织开展。

第十二条 遇有下列情况时，铁路单位应当开展专项风险辨识。

（一）法律法规规章、标准、管理制度等发生较大变化；

（二）新设备、新技术、新工艺、新材料等投入使用；

（三）技防措施、物防手段升级或变更；

（四）Ⅲ级以上营业线施工，以及在建铁路工程中特殊结构、复杂地质等危险性较大工程施工或关键作业施工前；

（五）季节变化或恶劣气象条件前；

（六）重要节假日等铁路运输高峰期或者重大活动前；

（七）发生典型事故、严重故障或安全事件等；

（八）人员、设备、工作程序、环境发生较大变化或运输生产组织发生较大调整；

（九）新建、改建危险货物装卸、储存作业场所和设施，在既有作业场所增加办理危险货物品类，以及危险货物新品名、新包装和首次使用铁路罐车、集装箱、专用车辆装载危险货物的；

（十）其他需要开展风险动态研判的情况。

第十三条 铁路单位结合生产特点和安全生产历史数据资料，选择定性或定量的风险评估方法，按照从严从高的原则，对辨识出的风险逐项评估确定风险等级。

安全风险评估过程应当突出遏制重特大事故，重点关注暴露人群，聚焦重大危险源、劳动密集型场所、高危作业工序和受影响的人群规模。

第十四条 铁路单位应当依据风险的等级、类型等，按照规章制度、技术标准等要求，从组织、制度、技术、应急等方面逐项制定科学合理的管控措施，对呈现规律变化特征或长期存在的风险，应当将管控措施固化到安全管理体系中。重大风险管控措施中应当包含专项应急措施。

第十五条 铁路单位应当根据本单位风险类别和等级合理确定管控层级和专业，完善风险管控责任体系，上一级负责管控的风险，下一级必须同时负责管控，将风险管控责任纳入全员安全生产责任制并严格落实，保障必要的投入，确保风险受防、受控。

重大风险应当由铁路单位主要负责人组织制定管控措施，健全人防、物防、技防手段；涉及多家铁路单位的重大风险应当由其共同的上一级单位、企业统筹制定，铁路建设工程的由工程建设单位统筹制定。较大以下等级风险由铁路单位负责人或其派出机构负责人、安全生产管理人员组织制定管控措施。

第十六条 铁路单位应当建立健全风险预警机制，明确预警条件，推动安全风险监测预警设备应用，对风险点实施监测和预警，及时掌握风险的状态和变化规律，防范事故发生。

重大风险应当制定专项动态监测计划，明确预警条件，采取有效措施实施超前预测、动态监测、主动预警，动态更新监测情况，每年对风险管控措施进行评估改进，监测评估情况单独建档。重大风险进入预警状态的，应当立即发出预警，通知相关管理和作业人员，采取针对性应急措施。

第十七条 铁路单位应当如实记录风险辨识、评估、监测、管控等情况，规范风险管理档案。

铁路单位结合实际建立本单位统一的风险库，主要包括风险名称、风险类别、风险点、风险等级、风险描述及危害程度、管控措施、管控层级及部门、管控岗位及责任人等内容。

第十八条 铁路单位应当实施风险降低工作制度。对于重大风险，应当针对不同致险因素，立即采取人防、物防、技防等措施降低风险等级。对于较大风险、一般风险和低风险，宜在综合考虑风险管理成本和效益的基础上，采取经济有效的风险降低措施。

出现新的致险因素，或风险管控措施失效、弱化，管控责任人应当及时报告，经风险评估后动态调整风险等级和防控措施。采取措施后风险得到有效管控，经评估可以降低或解除风险等级。重大风险等级降低或解除须经单位主要负责人组织评估。

第十九条 铁路单位要建立完善风险公告制度，绘制企业“红橙黄蓝”四色安全风险空间分布图，通过安全手册、公告栏、作业风险提示卡、岗位风险告知卡、网络宣传等方式将风险基本信息、应急信息及报告方式等内容告知进入风险工作区域的人员，指导督促做好安全防范。

对存在重大风险的工作场所、岗位和设备设施，应当设置明显的警示标志，标明重大风险危险特征、可能发生的事件后果、安全防范和应急措施。

第二十条 铁路单位应当将本单位重大风险的登记、预警和等级调整等信息按照管辖原则及时报告所在地铁路监管部门、其他负有安全监督管理职责的部门或地方人民政府相关部门。

第二十一条 铁路单位应当将风险基本情况、管控措施和应急处置等纳入本单位安全生产教育培训和应急演练，严格关键岗位人员的风险意识和专业技能水平培训考核。

铁路单位应当对重大风险影响区域的本单位从业人员组织开展安全防范、应急逃生避险和应急处置等相关宣传、培训工作，定期组织应急演练，并将相关情况告知影响范围内的其他单位和人员。

第三章 隐患排查治理

第二十二条 铁路生产安全事故隐患（以下简称隐患）是指铁路单位违反国家和铁路相关安全生产法律、法规、规章、标准、规程和安全生产管理制度的规定，或因其他因素在生产经营活动中存在可能导致事故的物的危险状态、人的不安全行为、环境的不安全因素和管理上的缺陷。

第二十三条 隐患分为重大隐患和一般隐患。重大隐患是指危害和治理难度大，应当全部或者局部停产停业，并经过一定时间整改治理方能消除的隐患，或者因外部因素影响致使铁路单位自身难以消除的隐患。一般隐患是指除重大隐患外，可能导致事故发生的隐患。

第二十四条 隐患按业务领域分为铁路运输隐患、铁路工程建设隐患、铁路设备设施隐患、沿线环境隐患和其他隐患五个类型。

铁路单位结合所属业务领域，按照《生产安全事故报告和调查处理条例》《铁路交通事故应急救援和调查处理条例》《铁路交通事故调查处理规则》等，细化隐患类别。

第二十五条 铁路单位应当建立健全并落实隐患排查治理和建档监控等制度，逐级建立并落实隐患排查治理和考核制度，推动全员自主开展隐患排查，做到责任、措施、资金、时限、预案“五到位”，实现隐患排查、登记、评估、报告、监控、治理、销号的全过程记录和闭环管理。

铁路单位应当积极应用信息化、智能化技术手段和安全性能水平高的新工艺、新材料、新技术和新装备，减少和消除隐患。

第二十六条　铁路单位应当建立隐患日常排查、定期排查和专项排查工作机制，结合本单位风险及防控情况，明确隐患排查的责任部门和人员、排查范围、程序、频次、统计分析、效果评价和评估改进等要求，组织安全生产管理人员、工程技术人员和其他人员排查本单位的隐患。

隐患排查可与风险辨识统筹结合开展，针对排查出的隐患应当同步开展风险辨识与管控。

第二十七条　日常排查是指铁路单位结合日常工作组织开展的经常性隐患排查，排查范围应当覆盖日常生产作业环节、生产岗位、设备设施、生产活动区域和外部环境。

第二十八条　定期排查是指铁路单位根据生产经营活动，结合设备特点，按相关规定组织开展涵盖全部铁路生产经营领域、环节的隐患排查。

第二十九条　专项排查是指铁路单位在一定范围、领域组织开展的针对特定隐患的排查。遇到以下情况之一的，应当开展专项排查：

（一）国家或行业监管部门工作部署，如阶段性安全大检查、重要节假日等铁路运输高峰期或者重大活动前等；

（二）季节性、规律性安全生产条件变化，如防汛、防火、铁路设备检查鉴定、冬施、春融、开复工、重点或集中施工作业期间等；

（三）新设备、新技术、新工艺、新材料投入使用，或新建、改建铁路建设工程投入运营前，如关键设施设备更新改造等；

（四）发生典型事故、严重故障或安全事件；

（五）需开展专项排查的其他情况。

第三十条　铁路单位对发现或排查出的隐患，应当如实记录隐患排查情况，主要包括排查对象或范围、时间、人员、安全技术状况、处理意见等内容，经排查有关责任人签认后形成隐患信息档案，通过隐患信息系统登记。

第三十一条　铁路单位按照相关隐患判定标准评估隐患等级。重大隐患应当依据铁路监管部门或相关部门制定的重大隐患判定标准，按照有关规定通过现场论证、综合判定等方式开展评估。

第三十二条　铁路单位应当指定专门机构负责本单位安全生产隐患治理的管理工作，根据生产经营特点，定期检查本单位的安全生产状况，及时组织排查隐患，提出改进安全生产管理的建议。

第三十三条　从业人员发现隐患或者其他不安全因素，应当立即向现场安全生产管理人员、本单位负责人或者列车调度员、车站值班员报告，接到报告的人员应当及时予以处理。

安全生产管理人员应当对本单位安全生产状况进行经常性检查，对检查发现的一般隐患立即处理；对不能立即处理的一般隐患和检查发现的重大隐患，应当及时报告本单位有关负责人，有关负责人应当及时组织制定整改措施并督促落实整改销号。

第三十四条　一般隐患由铁路单位负责人或安全生产管理人员按照职责分工，采取技术、管理措施，及时组织治理消除，未治理消除前应当制定可靠的安全控制和防范措施。

第三十五条　铁路单位应当及时消除重大隐患。其中，因铁路单位自身原因造成的重大隐患，由铁路单位或其上级单位组织制定并实施隐患治理方案；因其他生产经营单位原因造成的重大隐患，由铁路单位协调相关单位及时消除。

重大隐患治理方案应当包括以下内容：

（一）治理的目标和任务；

（二）采取的方法和措施；

（三）经费和物资的落实；

（四）负责治理的机构和人员；

（五）治理的时限和要求；

（六）隐患未消除前的安全措施和应急预案。

第三十六条 隐患治理过程中，铁路单位应当采取相应的安全防范措施，防范发生生产安全事故。

隐患消除前或者消除过程中无法保证安全的，应当从危险区域内撤出作业人员，并疏散可能危及的其他人员，设置警戒标志、停止作业或停用有关设施设备、封锁线路或关闭车站等；对暂时难以有效实施停止作业或停用有关设施设备、封锁线路或关闭车站等措施的，应当加强监测预警，防止事故发生。

第三十七条 一般隐患整改完成后，应当由铁路单位负责人或其派出机构负责人、安全生产管理人员组织验收，出具整改验收结论，并由验收主要负责人签字确认。

第三十八条 重大隐患治理完成后，铁路单位应当成立隐患治理验收组进行专项验收。隐患治理验收组组长为铁路单位主要负责人，成员由企业结合实际细化。治理验收应当根据隐患暴露出的问题全面评估，出具治理验收结论，并由组长签字确认。

委托第三方服务机构进行专项验收的，隐患治理验收组要对专项验收结论进行确认。

第三十九条 重大隐患治理验收通过后，铁路单位应当将验收结论向铁路监管部门报告，并申请销号。报备申请材料包括：

（一）隐患基本情况及治理方案；

（二）隐患治理过程；

（三）验收机构或验收组基本情况；

（四）验收报告及结论；

（五）下一步改进措施。

重大隐患销号申请未经铁路监管部门审查同意，铁路单位不得擅自改变隐患治理方案确定的安全措施和应急预案等。

第四十条 经排查判定为重大隐患后，铁路单位应当及时向铁路监管部门、有关地方人民政府报告，涉及其他相关行业部门的，应当同时按照有关规定报告。

重大隐患报告内容应当包括：

（一）隐患的现状及其产生原因；

（二）隐患的危害程度和整改难易程度分析；

（三）隐患的治理方案；

（四）隐患治理过程。

第四十一条 重大隐患治理验收后，铁路单位应当对重大隐患形成原因及治理工作进行分析评估，及时完善相关制度和措施，并开展有针对性的培训教育。

第四十二条 铁路单位应当结合信息化平台，对隐患排查治理情况如实记录，根据实际判定隐患等级，明确治理措施、责任部门和人员等，建立隐患信息档案，借助云计算、大数据技术，健全隐患数据库。

隐患数据库应当包括隐患内容、排查时间、隐患等级、治理措施、治理部门和责任人、治理期限、销号情况等内容，其中，重大隐患数据库还应当包括排查部门、隐患类型、排查对象或范围、隐患状况、原因分析、主要治理措施、治理目标、治理进展、临时措施等内容。

隐患排查治理情况应当通过职工大会或者职工代表大会、信息公示栏等方式向从业人员通报。重大隐患排查治理情况应当及时向铁路监管部门或有管辖权的县级地方人民政府及相关部门报告。

第四十三条 铁路单位应当制定隐患自查自治的正向激励措施、职工群众举报隐患奖励制度、隐患治理全员参与机制，鼓励、发动从业人员主动参与排查和消除隐患或不安全因素。

鼓励从业人员、社会公众对生产经营活动中隐患治理责任不落实，危及生产经营安全的行为和状态进行投诉或举报。对发现、消除和举报隐患的有功人员，应当给予物质奖励和表彰，加大对重大隐患举报奖励力度。

铁路单位工会组织发现铁路单位存在隐患时，有权提出解决的建议，铁路单位应当及时研究答复；对危及从业人员生命安全的隐患，有权向铁路单位建议组织从业人员撤离危险场所，铁路单位必须立即作出处理。

第四十四条　铁路单位应当依照本单位相关考核管理制度，对安全风险分级管控和隐患排查治理责任不落实的单位和人员给予严肃处理，推动消除隐患，防范事故发生。

第四十五条　铁路单位将生产经营项目、场所、设备发包、出租的，应当与承包、承租单位签订安全生产管理协议，并在协议中明确各方对发包出租的场所、设备隐患排查、治理和防控的管理职责，对承包、承租单位使用场所、设备的隐患排查治理负有统一协调和监督管理的职责。

铁路单位不得向不具备安全生产条件或者相应资质的单位和个人发包项目或出租场地。

第四十六条　铁路单位应当加强对自然灾害的预防。对于因自然灾害可能导致事故灾难的隐患，应当按照有关法律、法规、标准和本规定的要求排查治理，采取可靠的预防措施，制定应急预案。在接到有关自然灾害预报时，应当分析研判对铁路的影响，适时向相关单位发出预警；发生自然灾害可能危及本单位和人员安全的情况时，应当采取撤离人员、停止作业、加强监测等安全措施，并及时向当地人民政府及其有关部门报告。

第四章　监督管理

第四十七条　铁路监管部门应当将铁路单位双重预防机制建设、运行情况纳入监管重点，结合铁路安全生产标准化建设，组织对铁路单位双重预防机制运行效果和安全生产状况进行整体评估，科学划分安全生产风险等级。坚持分级分类监管执法，通过预警、通报、督办、约谈、行政处罚等多种方式，加强对重点领域、重点单位、重大风险和重大隐患的监管，推进联合执法、区域执法和交叉执法，实行安全生产信用风险分类管理制度。

对安全生产标准化自评不合格、整体评估为高风险的铁路单位，应当纳入重点监管主体，实施有针对性的监管，必要的应当“一企一策”强化安全监管，督促指导企业落实主体责任，构建自我约束、持续改进的安全生产内生机制。

对本辖区存在的铁路重大风险、重大隐患应建立档案，加大监管力度，涉及地方人民政府相关部门和其他负有安全生产监督管理职责的部门管理职责的，应当通过铁路沿线安全环境治理机制、各级政府安委会制度等加强沟通协调。

第四十八条　铁路监管部门根据安全生产预警制度，通过形势分析、风险研判和综合评估等方式，针对阶段性、季节性安全风险，系统性、苗头性、倾向性问题等及时发出安全生产预警通知书，提出加强风险管控建议，督促相关铁路单位采取措施，防范风险。

第四十九条　铁路监管部门应当汇总建立辖区重大安全风险清单，加强对重大风险管控情况的监督检查。检查重点内容包括：

（一）重大风险管理制度、岗位责任制建设情况；

（二）重大风险登记、监测管控等落实情况；

（三）重大风险应急措施和应急演练情况。

第五十条　铁路监管部门应当对监督检查发现的安全风险辨识、管控、登记等工作落实不到位的铁路单位采取以下措施予以监督整改。

（一）对未建立完善重大风险管理制度、机制、岗位责任体系的予以预警，督促整改；

（二）对未按规定开展重大风险辨识、评估、登记、公告、改进和应急演练等工作的予以通报，督促限期整改；

（三）对铁路重大安全风险未制定防控措施或应急措施的予以挂牌督办，责令限期整改；

（四）对重大风险控制不力，出现重大险情的对相关铁路单位负责人进行约谈督促采取措施及时整改，并向社会公开；造成严重后果的，依法依规追究相关人员责任；

（五）未建立安全风险分级管控制度或者未按照安全风险分级采取相应管控措施的，责令限期改正，依据《安全生产法》相关规定给予行政处罚等处理。

第五十一条　铁路监管部门监督检查中发现一般隐患，应当责令相关铁路单位立即消除。发现重大隐患，应当责令相关铁路单位立即采取措施开展隐患治理，消除前或者消除过程中无法保证安全的，应当从危险区域内撤出人员、设备，停止作业；重大隐患消除后方可恢复作业。对整改不力的实行约谈告诫、公开曝光，情节严重的依法依规追究相关人员责任。

发现属于其他有关部门职责范围内的重大隐患的，应当将有关情况及时移送有管辖权的部门，并记录备查。

第五十二条　铁路单位未采取措施消除隐患的，铁路监管部门依据《安全生产法》相关规定，责令立即消除或者限期消除，给予罚款、停产停业整顿等处理。

第五十三条　铁路监管部门依据有关法律法规要求，对存在重大隐患的铁路单位作出停产停业、停止施工、停止使用相关设施或者设备的决定，铁路单位应当依法执行，及时消除隐患。铁路单位拒不执行，有发生生产安全事故的现实危险的，在保证安全的前提下，经本部门主要负责人批准，铁路监管部门可以采取通知有关单位停止供电等措施，强制铁路单位履行决定。通知应当采用书面形式，有关单位应当予以配合。

铁路监管部门依照前款规定采取停止供电措施，除有危及生产安全的紧急情形外，应当提前二十四小时通知铁路单位。铁路单位依法履行行政决定、采取相应措施消除隐患的，铁路监管部门应当及时解除前款规定的措施。

第五十四条　铁路监管部门对铁路单位重大隐患治理工作开展监督检查，检查主要包括以下内容：

（一）贯彻落实铁路监管部门关于隐患治理工作部署和要求的情况；

（二）重大隐患治理责任体系、岗位制度、工作程序、档案台账等建立、执行情况；

（三）重大隐患报备及统计分析情况；

（四）重大隐患整改措施落实情况；

（五）重大隐患告知和警示教育、责任追究情况。

铁路监管部门接到铁路单位重大隐患销号申请后，应当在 10 个工作日内对验收结论及验收程序予以形式确认，并对形式确认通过的予以销号，不通过的应当责令继续整改。必要时进行现场检查确认。

第五十五条　铁路监管部门本辖区存在的重大隐患采取以下措施予以监督整改：

（一）对未建立完善重大隐患管理制度、机制、岗位责任体系，或未按规定对重大隐患登记、监控、治理、评估等工作的予以通报限期整改；

（二）对重大隐患未按期整治销号的予以挂牌督办责令整改；

（三）对存在铁路重大隐患或重大隐患未消除但申请销号的铁路单位负责人进行约谈督促采取措施及时整改，并向社会公开；

（四）未建立隐患排查治理制度，未将隐患排查治理情况如实记录或未向从业人员通报，或者重大隐患排查治理情况未按照规定报告的，责令限期改正，依据《安全生产法》相关规定给予行政处罚等处理。

第五十六条　国务院铁路行业监督管理部门应当加强双重预防机制信息化、数字化、智能化建设，建立与铁路单位互联互通的隐患排查治理信息系统，完善线上线下配套监管。铁路监管部门应当健全完善统计分析制度，定期开展安全形势分析研判，针对性加强安全监管。

第五十七条　铁路监管部门按规定对安全生产费用提取、使用、管理实施监督检查，并督促将安全生产费用优先用于达到法定安全生产标准所需支出和铁路监管部门要求开展的安全生产整改支出。

第五十八条　铁路监管部门可通过购买服务方式，委托第三方服务机构承担安全风险分级管控和隐患排查治理的监督抽查、检测、评估和技术咨询服务。

第五十九条　铁路监管部门应当畅通隐患举报渠道，发挥社会公众监督作用，依法保护举报人的合法权益，接到举报的部门应当根据各自职责及时处理。对举报事项真实有效，对维护铁路安全有突出贡献的，给予表彰奖励。

第六十条　铁路监管部门将铁路安全生产领域严重违法行为纳入失信联合惩戒。

第五章　附　　则

第六十一条　本办法所称以上均包含本数。

第六十二条　本办法自 2023 年 4 月 10 日起实施。

铁路安全生产约谈实施办法（试行）

（2018 年 10 月 18 日国铁安监〔2018〕84 号公布，自公布之日起施行）

第一章　总　　则

第一条　为贯彻落实《中共中央国务院关于推进安全生产领域改革发展的意见》精神，按照《铁路安全管理条例》、《铁路交通事故应急救援和调查处理条例》等法规规定和《国务院安全生产委员会关于印发安全生产约谈实施办法（试行）的通知》（安委〔2018〕2 号）等文件要求，结合铁路实际，制定本办法。

第二条　本办法所称铁路安全生产约谈（以下简称约谈），是指国家铁路局、地区铁路监督管理局、铁路安全监督管理办公室负责人约见下级铁路监督管理部门、责任单位、相关地方人民政府及部门负责人，就安全生产主体责任不落实、监督管理工作不力，发生铁路交通、工程质量安全事故及险情和隐患，进行提醒、告诫，督促整改的谈话。

第三条　国家铁路局进行的约谈，由国家铁路局负责人或指定部门负责人组织实施。地区铁路监督管理局进行的约谈，由地区铁路监督管理局负责人或指定部门负责人组织实施。铁路安全监督管理办公室进行的约谈，由铁路安全监督管理办公室负责人组织实施。

第二章　对铁路监督管理责任的约谈

第四条　国家铁路局对所辖区域铁路安全生产出现严重问题的地区铁路监督管理局、铁路安全监督管理办公室进行约谈，以督促依法履职。

第五条　有下列情形之一的，由国家铁路局负责人约谈涉及的地区铁路监督管理局、铁路安全监督管理办公室负责人：

（一）发生重大事故或6个月内发生2起较大事故的；

（二）发生造成旅客伤亡的较大事故的；

（三）发生性质严重、社会影响恶劣的较大事故的；

（四）未执行国家及行业安全生产政策措施，对存在的重大事故隐患或出现的重大险情，未按要求督促完成整改的；

（五）较大及以上事故未落实责任追究、防范和整改措施的；

（六）事故应急处置不力，致使事故危害扩大，死亡人数达到较大事故的；

（七）其他需要约谈的情形。

第三章　对铁路企业主体责任的约谈

第六条　涉及铁路业务工作的中央管理企业以及铁路局集团公司、合资和地方铁路公司、铁路工程局集团公司（含承建铁路工程的建筑工程企业，下同）、铁路建设工程设计单位、铁路建设工程监理单位、铁路设备造修企业等铁路企业是铁路安全生产的责任主体。对安全生产出现严重问题的有关铁路企业，要通过约谈加强安全监管，督促履行安全主体责任。

第七条　中央管理企业及下属单位有下列情形之一的，由国家铁路局主要负责人约谈中央管理企业负责人：

（一）发生重大事故的；

（二）发生造成旅客伤亡的较大事故的；

（三）未执行国家及行业安全生产政策措施，存在重大事故隐患或多次出现重大险情的；

（四）重大事故未落实责任追究、防范和整改措施的；

（五）其他需要约谈的情形。

第八条　有下列情形之一的，由国家铁路局负责人或指定部门主要负责人约谈铁路局集团公司、合资和地方铁路公司、铁路工程局集团公司、铁路建设工程设计单位、铁路建设工程监理单位、铁路设备造修企业等铁路企业负责人：

（一）6个月内发生2起较大事故的；

（二）事故应急处置不力，致使事故危害扩大，死亡人数达到较大事故的；

（三）较大事故未落实责任追究、防范和整改措施的；

（四）重大事故隐患未按要求完成整改，或出现重大险情的；

（五）其他需要约谈的情形。

第九条　有下列情形之一的，由地区铁路监督管理局主要负责人约谈铁路局集团公司、合资和地方铁路公司、铁路工程局集团公司、铁路建设工程设计单位、铁路建设工程监理单位、铁路设备造修企业等铁路企业负责人：

（一）发生较大事故或1个月内发生2起性质严重、社会影响较大的一般事故的；

（二）事故应急处置不力，致使事故危害扩大的；

（三）较大事故或性质严重、社会影响大的一般事故未落实责任追究、防范和整改措施的；

（四）事故隐患整改不力，发生严重险情的；

（五）其他需要约谈的情形。

第十条　有下列情形之一的，由地区铁路监督管理局负责人或指定处室主要负责人约谈相关铁路企业分支机构（铁路运输生产站段、铁路工程相关单位、铁路设备造修工厂等，下同）主要负责人：

（一）发生社会影响较大、性质严重的一般事故的；

（二）事故应急处置不力，致使事故危害扩大的；

（三）社会影响较大、性质较为严重的一般事故未落实责任追究、防范和整改措施的；

（四）事故隐患整改不力，发生较大险

情的；

（五）其他需要约谈的情形。

第十一条　有下列情形之一的，由铁路安全监督管理办公室主要负责人约谈相关铁路企业分支机构主要负责人：

（一）发生性质严重、造成社会影响的一般事故的；

（二）事故应急处置不力，致使事故危害扩大的；

（三）一般事故未落实责任追究、防范和整改措施的；

（四）事故隐患整改不力，发生险情的；

（五）其他需要约谈的情形。

第四章　铁路外部原因涉及地方人民政府和相关责任单位的约谈

第十二条　铁路安全与铁路沿线外部环境紧密相关，在铁路安全保护区内或铁路沿线违法生产、违法建设、滥采乱挖、冲闯道口、侵入铁路限界、破坏铁路设备设施等情况严重威胁铁路运输安全。对铁路外部原因造成严重问题依法负有责任的地方人民政府和相关责任单位要通过约谈，加强督促和整改工作。

第十三条　管理责任落实不到位，铁路外部原因引起重大事故，有下列情形之一的，由国家铁路局主要负责人约谈涉及的省级人民政府分管负责人：

（一）30日内发生2起的；

（二）6个月内发生3起的；

（三）性质严重、社会影响恶劣的；

（四）事故应急处置不力，致使事故危害扩大，死亡人数达到重大事故的；

（五）重大事故未落实责任追究、防范和整改措施的；

（六）其他需要约谈的情形。

第十四条　管理责任落实不到位，铁路外部原因导致下列情形之一的，由国家铁路局负责人或指定部门、地区铁路监督管理局主要负责人约谈涉及的省级人民政府相关部门、市级人民政府及相关责任单位负责人：

（一）发生重大事故或6个月内发生3起较大事故的；

（二）发生性质严重、社会影响恶劣的较大事故的；

（三）事故应急处置不力，致使事故危害扩大，死亡人数达到较大事故的；

（四）较大事故未落实责任追究、防范和整改措施的；

（五）国家铁路局督办的铁路外部原因重大事故隐患，未按要求完成整改的；

（六）铁路环境重大事故隐患久拖不决的；

（七）其他需要约谈的情形。

第十五条　管理责任落实不到位，铁路外部原因导致下列情形之一的，由地区铁路监督管理局负责人或指定处室、铁路安全监督管理办公室主要负责人约谈涉及的市级人民政府相关部门、县级人民政府及相关责任单位负责人：

（一）发生较大事故或1个月内发生2起一般事故的；

（二）发生性质严重、社会影响较大的一般事故的；

（三）事故应急处置不力，致使事故危害扩大的；

（四）一般事故未落实责任追究、防范和整改措施的；

（五）地区铁路监督管理局督办的铁路外部原因事故隐患，未按要求完成整改的；

（六）其他需要约谈的情形。

第五章　组织实施

第十六条　国家铁路局组织的约谈，由相关部门提出建议，经国家铁路局负责人批准后，抄送国务院安委会办公室，启动约谈程序。其中，对省级地方人民政府和中央管理企业负责人的约谈，报请国务院安委会办公室同意后，启动约谈程序。

地区铁路监督管理局组织的约谈，由相关处室或铁路安全监督管理办公室提出建议，经地区铁路监督管理局负责人批准，抄送国家铁路局安委会办公室，启动约谈程序。

铁路安全监督管理办公室组织的约谈，抄送地区铁路监督管理局安委会办公室，启动约谈程序。

约谈可邀请有关部门共同组织实施。因铁路外部原因组织的约谈，可邀请问题责任单位的上级人民政府主管部门或相关地方人民政府安委会办公室共同组织实施。共同组织实施约谈的，发起约谈的单位应与参加约谈的单位主动沟通，并就约谈事项达成一致。

第十七条 约谈经批准后，由组织约谈单位书面通知被约谈方，告知约谈事项、约谈时间、约谈地点、参加人员、需要提交的材料等。

第十八条 被约谈方应在收到约谈通知书 2 个工作日内以书面或电话形式确认通知事项。被约谈方应根据约谈事项准备书面材料，主要包括基本情况、原因分析、主要教训以及整改方案等。

第十九条 被约谈方应按通知要求组织相关人员参加约谈，涉及铁路装备供应商、服务承包商的，应一并参加约谈。约谈方除主约谈人外，还应组织与约谈事项相关的人员参加约谈。对涉及铁路外部原因的，可邀请相关铁路运输企业列席约谈。

第二十条 根据约谈工作需要，可邀请有关专家、新闻媒体、公众代表等列席约谈。

第二十一条 约谈程序：

（一）约谈方说明约谈事项和目的，通报被约谈方存在的问题；

（二）被约谈方就约谈事项进行陈述说明，提出下一步拟实施的整改方案；

（三）讨论分析，确定整改方案；

（四）形成约谈纪要。

国家铁路局组织的约谈，约谈纪要抄送国务院安委会办公室。

地区铁路监督管理局组织的约谈，约谈纪要抄送国家铁路局安委会办公室。

铁路安全监督管理办公室组织的约谈，约谈纪要抄送地区铁路监督管理局安委会办公室。

第二十二条 整改措施落实与督促：

（一）被约谈方应当在约定的时限内将整改方案书面报约谈方，并应及时报告整改方案执行情况；

（二）约谈方跟踪督办整改方案执行情况，必要时进行现场检查；

（三）落实整改方案不力，连续发生事故的，由约谈方给予通报，并抄送被约谈方的上一级监察机关或主管单位，依法依规处理。

第二十三条 约谈方应将约谈纪要和被约谈方报送的材料等资料立卷存档。

第二十四条 组织约谈的单位根据政务公开的要求及时向社会公开约谈情况，接受社会监督。

第六章 附 则

第二十五条 各地区铁路监督管理局、铁路安全监督管理办公室可按照本办法制定具体实施细则。

第二十六条 本办法自印发之日起实施。

铁路安全生产违法行为公告办法

（2015年5月19日国铁安监〔2015〕20号公布，自公布之日起施行）

第一条　为规范铁路安全监管行为，促进生产经营单位依法守信，强化社会监督，依据《安全生产法》、《铁路安全管理条例》等法律法规和相关规定，制定本办法。

第二条　国家铁路局及地区铁路监督管理局（以下统称铁路监管部门）依法履职过程中，如实记录生产经营单位涉及铁路安全的违法行为信息，并建立信息库；对违法行为情节严重的，向社会公告，并将公告信息通报该生产经营单位的上级单位和相关主管部门。

第三条　铁路监管部门应当坚持职权法授、程序法定、行为法限、责任法究，认真履行监督检查、行政处罚、事故调查、处理投诉举报等职责，对相关生产经营单位违法行为公告应当做到公平公正、客观真实，并主动接受社会监督。

第四条　违法行为公告工作中涉及国家秘密、商业秘密、个人隐私的内容不得公开。但经权利人同意公开或者铁路监管部门认为不公开可能对公共利益造成重大影响的涉及商业秘密、个人隐私的内容，可以公开。

第五条　国家铁路局政府网站设铁路安全生产违法行为公告平台。对生产经营单位的下列违法行为信息，由国家铁路局、各地区铁路监督管理局按照“谁执法、谁公告”的原则进行公告。

（一）因违法行为造成铁路交通较大及以上事故的，应当于事故结案20个工作日内，向社会公告违法单位名称、违法行为、处理情况、处理依据和实施机关等。

（二）受到行政处罚的，应当于处罚结案20个工作日内，向社会公告违法单位名称、违法行为、处罚决定、处罚依据和处罚实施机关等。

（三）在监督检查中或者处理投诉举报中发现的情节严重的违法行为，经核实无误的，应当定期向社会公告违法单位名称、违法行为、处理情况、处理依据和实施机关等。

（四）对于法律法规或国家规定公告的其他事项，依照其规定进行公告。

第六条　被公告的生产经营单位认为公告信息与实际处理决定内容不符的，可向实施公告的铁路监管部门提出书面更正意见，并提供相关证据。铁路监管部门接到书面材料后，应在20个工作日内核查完毕，将核查结果告知当事人，经核查应当更正的及时给予更正。铁路监管部门在作出答复前不停止对违法行为的公告。

第七条　违法行为公告期一般不少于半年。被公告的生产经营单位应当向实施公告的铁路监管部门报告整改情况。达到整改要求的，实施公告的铁路监管部门应当在公告期限届满后撤除违法行为公告信息。未达到整改要求的，继续保留公告信息，直至整改合格。

第八条　行政处罚决定被依法变更、撤销或者停止执行的，铁路监管部门应当及时对相关公告信息予以变更或者撤除，并在公告平台上予以声明。

第九条　按照国家安全生产诚信体系建设的有关规定，生产经营单位的违法行为符合国家管理的安全生产诚信“黑名单”不良行为的，由国家铁路局提报国务院安全生产委员会办公室，由其依法向社会公告；符合省级管理的安全生产诚信“黑名单”不良行为的，由地区铁路监督管理局提报违法生产经营单位所在地的省级地方人民政府安全生产委员会办公室，由其依法向社会公告。

第十条 铁路监管部门工作人员在生产经营单位违法行为公告信息制作、发布中有玩忽职守、弄虚作假或者徇私舞弊等行为的，由其所在单位或者上级主管机关予以通报批评，并依纪依法追究直接责任人和有关领导的责任；构成犯罪的，移送司法机关依法追究刑事责任。

第十一条 本办法自发布之日起施行。

中华人民共和国海上交通安全法

（1983年9月2日第六届全国人民代表大会常务委员会第二次会议通过，根据2016年11月7日第十二届全国人民代表大会常务委员会第二十四次会议《关于修改〈中华人民共和国对外贸易法〉等十二部法律的决定》修正，2021年4月29日第十三届全国人民代表大会常务委员会第二十八次会议修订）

第一章 总 则

第一条 为了加强海上交通管理，维护海上交通秩序，保障生命财产安全，维护国家权益，制定本法。

第二条 在中华人民共和国管辖海域内从事航行、停泊、作业以及其他与海上交通安全相关的活动，适用本法。

第三条 国家依法保障交通用海。

海上交通安全工作坚持安全第一、预防为主、便利通行、依法管理的原则，保障海上交通安全、有序、畅通。

第四条 国务院交通运输主管部门主管全国海上交通安全工作。

国家海事管理机构统一负责海上交通安全监督管理工作，其他各级海事管理机构按照职责具体负责辖区内的海上交通安全监督管理工作。

第五条 各级人民政府及有关部门应当支持海上交通安全工作，加强海上交通安全的宣传教育，提高全社会的海上交通安全意识。

第六条 国家依法保障船员的劳动安全和职业健康，维护船员的合法权益。

第七条 从事船舶、海上设施航行、停泊、作业以及其他与海上交通相关活动的单位、个人，应当遵守有关海上交通安全的法律、行政法规、规章以及强制性标准和技术规范；依法享有获得航海保障和海上救助的权利，承担维护海上交通安全和保护海洋生态环境的义务。

第八条 国家鼓励和支持先进科学技术在海上交通安全工作中的应用，促进海上交通安全现代化建设，提高海上交通安全科学技术水平。

第二章 船舶、海上设施和船员

第九条 中国籍船舶、在中华人民共和国管辖海域设置的海上设施、船运集装箱，以及国家海事管理机构确定的关系海上交通安全的重要船用设备、部件和材料，应当符合有关法律、行政法规、规章以及强制性标准和技术规范的要求，经船舶检验机构检验合格，取得相应证书、文书。证书、文书的清单由国家海事管理机构制定并公布。

设立船舶检验机构应当经国家海事管理

机构许可。船舶检验机构设立条件、程序及其管理等依照有关船舶检验的法律、行政法规的规定执行。

持有相关证书、文书的单位应当按照规定的用途使用船舶、海上设施、船运集装箱以及重要船用设备、部件和材料，并应当依法定期进行安全技术检验。

第十条　船舶依照有关船舶登记的法律、行政法规的规定向海事管理机构申请船舶国籍登记、取得国籍证书后，方可悬挂中华人民共和国国旗航行、停泊、作业。

中国籍船舶灭失或者报废的，船舶所有人应当在国务院交通运输主管部门规定的期限内申请办理注销国籍登记；船舶所有人逾期不申请注销国籍登记的，海事管理机构可以发布关于拟强制注销船舶国籍登记的公告。船舶所有人自公告发布之日起六十日内未提出异议的，海事管理机构可以注销该船舶的国籍登记。

第十一条　中国籍船舶所有人、经营人或者管理人应当建立并运行安全营运和防治船舶污染管理体系。

海事管理机构经对前款规定的管理体系审核合格的，发给符合证明和相应的船舶安全管理证书。

第十二条　中国籍国际航行船舶的所有人、经营人或者管理人应当依照国务院交通运输主管部门的规定建立船舶保安制度，制定船舶保安计划，并按照船舶保安计划配备船舶保安设备，定期开展演练。

第十三条　中国籍船员和海上设施上的工作人员应当接受海上交通安全以及相应岗位的专业教育、培训。

中国籍船员应当依照有关船员管理的法律、行政法规的规定向海事管理机构申请取得船员适任证书，并取得健康证明。

外国籍船员在中国籍船舶上工作的，按照有关船员管理的法律、行政法规的规定执行。

船员在船舶上工作，应当符合船员适任证书载明的船舶、航区、职务的范围。

第十四条　中国籍船舶的所有人、经营人或者管理人应当为其国际航行船舶向海事管理机构申请取得海事劳工证书。船舶取得海事劳工证书应当符合下列条件：

（一）所有人、经营人或者管理人依法招用船员，与其签订劳动合同或者就业协议，并为船舶配备符合要求的船员；

（二）所有人、经营人或者管理人已保障船员在船舶上的工作环境、职业健康保障和安全防护、工作和休息时间、工资报酬、生活条件、医疗条件、社会保险等符合国家有关规定；

（三）所有人、经营人或者管理人已建立符合要求的船员投诉和处理机制；

（四）所有人、经营人或者管理人已就船员遣返费用以及在船就业期间发生伤害、疾病或者死亡依法应当支付的费用提供相应的财务担保或者投保相应的保险。

海事管理机构商人力资源社会保障行政部门，按照各自职责对申请人及其船舶是否符合前款规定条件进行审核。经审核符合规定条件的，海事管理机构应当自受理申请之日起十个工作日内颁发海事劳工证书；不符合规定条件的，海事管理机构应当告知申请人并说明理由。

海事劳工证书颁发及监督检查的具体办法由国务院交通运输主管部门会同国务院人力资源社会保障行政部门制定并公布。

第十五条　海事管理机构依照有关船员管理的法律、行政法规的规定，对单位从事海船船员培训业务进行管理。

第十六条　国务院交通运输主管部门和其他有关部门、有关县级以上地方人民政府应当建立健全船员境外突发事件预警和应急处置机制，制定船员境外突发事件应急预案。

船员境外突发事件应急处置由船员派出单位所在地的省、自治区、直辖市人民政府负责，船员户籍所在地的省、自治区、直辖市人民政府予以配合。

中华人民共和国驻外国使馆、领馆和相关海事管理机构应当协助处置船员境外突发事件。

第十七条 本章第九条至第十二条、第十四条规定适用的船舶范围由有关法律、行政法规具体规定，或者由国务院交通运输主管部门拟定并报国务院批准后公布。

第三章 海上交通条件和航行保障

第十八条 国务院交通运输主管部门统筹规划和管理海上交通资源，促进海上交通资源的合理开发和有效利用。

海上交通资源规划应当符合国土空间规划。

第十九条 海事管理机构根据海域的自然状况、海上交通状况以及海上交通安全管理的需要，划定、调整并及时公布船舶定线区、船舶报告区、交通管制区、禁航区、安全作业区和港外锚地等海上交通功能区域。

海事管理机构划定或者调整船舶定线区、港外锚地以及对其他海洋功能区域或者用海活动造成影响的安全作业区，应当征求渔业渔政、生态环境、自然资源等有关部门的意见。为了军事需要划定、调整禁航区的，由负责划定、调整禁航区的军事机关作出决定，海事管理机构予以公布。

第二十条 建设海洋工程、海岸工程影响海上交通安全的，应当根据情况配备防止船舶碰撞的设施、设备并设置专用航标。

第二十一条 国家建立完善船舶定位、导航、授时、通信和远程监测等海上交通支持服务系统，为船舶、海上设施提供信息服务。

第二十二条 任何单位、个人不得损坏海上交通支持服务系统或者妨碍其工作效能。建设建筑物、构筑物，使用设施设备可能影响海上交通支持服务系统正常使用的，建设单位、所有人或者使用人应当与相关海上交通支持服务系统的管理单位协商，作出妥善安排。

第二十三条 国务院交通运输主管部门应当采取必要的措施，保障海上交通安全无线电通信设施的合理布局和有效覆盖，规划本系统（行业）海上无线电台（站）的建设布局和台址，核发船舶制式无线电台执照及电台识别码。

国务院交通运输主管部门组织本系统（行业）的海上无线电监测系统建设并对其无线电信号实施监测，会同国家无线电管理机构维护海上无线电波秩序。

第二十四条 船舶在中华人民共和国管辖海域内通信需要使用岸基无线电台（站）转接的，应当通过依法设置的境内海岸无线电台（站）或者卫星关口站进行转接。

承担无线电通信任务的船员和岸基无线电台（站）的工作人员应当遵守海上无线电通信规则，保持海上交通安全通信频道的值守和畅通，不得使用海上交通安全通信频率交流与海上交通安全无关的内容。

任何单位、个人不得违反国家有关规定使用无线电台识别码，影响海上搜救的身份识别。

第二十五条 天文、气象、海洋等有关单位应当及时预报、播发和提供航海天文、世界时、海洋气象、海浪、海流、潮汐、冰情等信息。

第二十六条 国务院交通运输主管部门统一布局、建设和管理公用航标。海洋工程、海岸工程的建设单位、所有人或者经营人需要设置、撤除专用航标，移动专用航标位置或者改变航标灯光、功率等的，应当报经海事管理机构同意。需要设置临时航标的，应当符合海事管理机构确定的航标设置点。

自然资源主管部门依法保障航标设施和装置的用地、用海、用岛，并依法为其办理有关手续。

航标的建设、维护、保养应当符合有关强制性标准和技术规范的要求。航标维护单位和专用航标的所有人应当对航标进行巡查和维护保养，保证航标处于良好适用状态。航标发生位移、损坏、灭失的，航标维护单位或者专用航标的所有人应当及时予以恢复。

第二十七条　任何单位、个人发现下列情形之一的，应当立即向海事管理机构报告；涉及航道管理机构职责或者专用航标的，海事管理机构应当及时通报航道管理机构或者专用航标的所有人：

（一）助航标志或者导航设施位移、损坏、灭失；

（二）有妨碍海上交通安全的沉没物、漂浮物、搁浅物或者其他碍航物；

（三）其他妨碍海上交通安全的异常情况。

第二十八条　海事管理机构应当依据海上交通安全管理的需要，就具有紧迫性、危险性的情况发布航行警告，就其他影响海上交通安全的情况发布航行通告。

海事管理机构应当将航行警告、航行通告，以及船舶定线区的划定、调整情况通报海军航海保证部门，并及时提供有关资料。

第二十九条　海事管理机构应当及时向船舶、海上设施播发海上交通安全信息。

船舶、海上设施在定线区、交通管制区或者通航船舶密集的区域航行、停泊、作业时，海事管理机构应当根据其请求提供相应的安全信息服务。

第三十条　下列船舶在国务院交通运输主管部门划定的引航区内航行、停泊或者移泊的，应当向引航机构申请引航：

（一）外国籍船舶，但国务院交通运输主管部门经报国务院批准后规定可以免除的除外；

（二）核动力船舶、载运放射性物质的船舶、超大型油轮；

（三）可能危及港口安全的散装液化气船、散装危险化学品船；

（四）长、宽、高接近相应航道通航条件限值的船舶。

前款第三项、第四项船舶的具体标准，由有关海事管理机构根据港口实际情况制定并公布。

船舶自愿申请引航的，引航机构应当提供引航服务。

第三十一条　引航机构应当及时派遣具有相应能力、经验的引航员为船舶提供引航服务。

引航员应当根据引航机构的指派，在规定的水域登离被引领船舶，安全谨慎地执行船舶引航任务。被引领船舶应当配备符合规定的登离装置，并保障引航员在登离船舶及在船上引航期间的安全。

引航员引领船舶时，不解除船长指挥和管理船舶的责任。

第三十二条　国务院交通运输主管部门根据船舶、海上设施和港口面临的保安威胁情形，确定并及时发布保安等级。船舶、海上设施和港口应当根据保安等级采取相应的保安措施。

第四章　航行、停泊、作业

第三十三条　船舶航行、停泊、作业，应当持有有效的船舶国籍证书及其他法定证书、文书，配备依照有关规定出版的航海图书资料，悬挂相关国家、地区或者组织的旗帜，标明船名、船舶识别号、船籍港、载重线标志。

船舶应当满足最低安全配员要求，配备持有合格有效证书的船员。

海上设施停泊、作业，应当持有法定证书、文书，并按规定配备掌握避碰、信号、通信、消防、救生等专业技能的人员。

第三十四条　船长应当在船舶开航前检查并在开航时确认船员适任、船舶适航、货物适载，并了解气象和海况信息以及海事管理机构发布的航行通告、航行警告及其他警示信息，落实相应的应急措施，不得冒险开航。

船舶所有人、经营人或者管理人不得指使、强令船员违章冒险操作、作业。

第三十五条 船舶应当在其船舶检验证书载明的航区内航行、停泊、作业。

船舶航行、停泊、作业时，应当遵守相关航行规则，按照有关规定显示信号、悬挂标志，保持足够的富余水深。

第三十六条 船舶在航行中应当按照有关规定开启船舶的自动识别、航行数据记录、远程识别和跟踪、通信等与航行安全、保安、防治污染相关的装置，并持续进行显示和记录。

任何单位、个人不得拆封、拆解、初始化、再设置航行数据记录装置或者读取其记录的信息，但法律、行政法规另有规定的除外。

第三十七条 船舶应当配备航海日志、轮机日志、无线电记录簿等航行记录，按照有关规定全面、真实、及时记录涉及海上交通安全的船舶操作以及船舶航行、停泊、作业中的重要事件，并妥善保管相关记录簿。

第三十八条 船长负责管理和指挥船舶。在保障海上生命安全、船舶保安和防治船舶污染方面，船长有权独立作出决定。

船长应当采取必要的措施，保护船舶、在船人员、船舶航行文件、货物以及其他财产的安全。船长在其职权范围内发布的命令，船员、乘客及其他在船人员应当执行。

第三十九条 为了保障船舶和在船人员的安全，船长有权在职责范围内对涉嫌在船上进行违法犯罪活动的人员采取禁闭或者其他必要的限制措施，并防止其隐匿、毁灭、伪造证据。

船长采取前款措施，应当制作案情报告书，由其和两名以上在船人员签字。中国籍船舶抵达我国港口后，应当及时将相关人员移送有关主管部门。

第四十条 发现在船人员患有或者疑似患有严重威胁他人健康的传染病的，船长应当立即启动相应的应急预案，在职责范围内对相关人员采取必要的隔离措施，并及时报告有关主管部门。

第四十一条 船长在航行中死亡或者因故不能履行职责的，应当由驾驶员中职务最高的人代理船长职务；船舶在下一个港口开航前，其所有人、经营人或者管理人应当指派新船长接任。

第四十二条 船员应当按照有关航行、值班的规章制度和操作规程以及船长的指令操纵、管理船舶，保持安全值班，不得擅离职守。船员履行在船值班职责前和值班期间，不得摄入可能影响安全值班的食品、药品或者其他物品。

第四十三条 船舶进出港口、锚地或者通过桥区水域、海峡、狭水道、重要渔业水域、通航船舶密集的区域、船舶定线区、交通管制区，应当加强瞭望、保持安全航速，并遵守前述区域的特殊航行规则。

前款所称重要渔业水域由国务院渔业渔政主管部门征求国务院交通运输主管部门意见后划定并公布。

船舶穿越航道不得妨碍航道内船舶的正常航行，不得抢越他船船艏。超过桥梁通航尺度的船舶禁止进入桥区水域。

第四十四条 船舶不得违反规定进入或者穿越禁航区。

船舶进出船舶报告区，应当向海事管理机构报告船位和动态信息。

在安全作业区、港外锚地范围内，禁止从事养殖、种植、捕捞以及其他影响海上交通安全的作业或者活动。

第四十五条 船舶载运或者拖带超长、超高、超宽、半潜的船舶、海上设施或者其他物体航行，应当采取拖拽部位加强、护航等特殊的安全保障措施，在开航前向海事管理机构报告航行计划，并按有关规定显示信号、悬挂标志；拖带移动式平台、浮船坞等大型海上设施的，还应当依法交验船舶检验机构出具的拖航检验证书。

第四十六条 国际航行船舶进出口岸，

应当依法向海事管理机构申请许可并接受海事管理机构及其他口岸查验机构的监督检查。海事管理机构应当自受理申请之日起五个工作日内作出许可或者不予许可的决定。

外国籍船舶临时进入非对外开放水域，应当依照国务院关于船舶进出口岸的规定取得许可。

国内航行船舶进出港口、港外装卸站，应当向海事管理机构报告船舶的航次计划、适航状态、船员配备和客货载运等情况。

第四十七条　船舶应当在符合安全条件的码头、泊位、装卸站、锚地、安全作业区停泊。船舶停泊不得危及其他船舶、海上设施的安全。

船舶进出港口、港外装卸站，应当符合靠泊条件和关于潮汐、气象、海况等航行条件的要求。

超长、超高、超宽的船舶或者操纵能力受到限制的船舶进出港口、港外装卸站可能影响海上交通安全的，海事管理机构应当对船舶进出港安全条件进行核查，并可以要求船舶采取加配拖轮、乘潮进港等相应的安全措施。

第四十八条　在中华人民共和国管辖海域内进行施工作业，应当经海事管理机构许可，并核定相应安全作业区。取得海上施工作业许可，应当符合下列条件：

（一）施工作业的单位、人员、船舶、设施符合安全航行、停泊、作业的要求；

（二）有施工作业方案；

（三）有符合海上交通安全和防治船舶污染海洋环境要求的保障措施、应急预案和责任制度。

从事施工作业的船舶应当在核定的安全作业区内作业，并落实海上交通安全管理措施。其他无关船舶、海上设施不得进入安全作业区。

在港口水域内进行采掘、爆破等可能危及港口安全的作业，适用港口管理的法律规定。

第四十九条　从事体育、娱乐、演练、试航、科学观测等水上水下活动，应当遵守海上交通安全管理规定；可能影响海上交通安全的，应当提前十个工作日将活动涉及的海域范围报告海事管理机构。

第五十条　海上施工作业或者水上水下活动结束后，有关单位、个人应当及时消除可能妨碍海上交通安全的隐患。

第五十一条　碍航物的所有人、经营人或者管理人应当按照有关强制性标准和技术规范的要求及时设置警示标志，向海事管理机构报告碍航物的名称、形状、尺寸、位置和深度，并在海事管理机构限定的期限内打捞清除。碍航物的所有人放弃所有权的，不免除其打捞清除义务。

不能确定碍航物的所有人、经营人或者管理人的，海事管理机构应当组织设置标志、打捞或者采取相应措施，发生的费用纳入部门预算。

第五十二条　有下列情形之一，对海上交通安全有较大影响的，海事管理机构应当根据具体情况采取停航、限速或者划定交通管制区等相应交通管制措施并向社会公告：

（一）天气、海况恶劣；

（二）发生影响航行的海上险情或者海上交通事故；

（三）进行军事训练、演习或者其他相关活动；

（四）开展大型水上水下活动；

（五）特定海域通航密度接近饱和；

（六）其他对海上交通安全有较大影响的情形。

第五十三条　国务院交通运输主管部门为维护海上交通安全、保护海洋环境，可以会同有关主管部门采取必要措施，防止和制止外国籍船舶在领海的非无害通过。

第五十四条　下列外国籍船舶进出中华人民共和国领海，应当向海事管理机构报告：

（一）潜水器；

（二）核动力船舶；

（三）载运放射性物质或者其他有毒有害物质的船舶；

（四）法律、行政法规或者国务院规定的可能危及中华人民共和国海上交通安全的其他船舶。

前款规定的船舶通过中华人民共和国领海，应当持有有关证书，采取符合中华人民共和国法律、行政法规和规章规定的特别预防措施，并接受海事管理机构的指令和监督。

第五十五条 除依照本法规定获得进入口岸许可外，外国籍船舶不得进入中华人民共和国内水；但是，因人员病急、机件故障、遇难、避风等紧急情况未及获得许可的可以进入。

外国籍船舶因前款规定的紧急情况进入中华人民共和国内水的，应当在进入的同时向海事管理机构紧急报告，接受海事管理机构的指令和监督。海事管理机构应当及时通报管辖海域的海警机构、就近的出入境边防检查机关和当地公安机关、海关等其他主管部门。

第五十六条 中华人民共和国军用船舶执行军事任务、公务船舶执行公务，遇有紧急情况，在保证海上交通安全的前提下，可以不受航行、停泊、作业有关规则的限制。

第五章 海上客货运输安全

第五十七条 除进行抢险或者生命救助外，客船应当按照船舶检验证书核定的载客定额载运乘客，货船载运货物应当符合船舶检验证书核定的载重线和载货种类，不得载运乘客。

第五十八条 客船载运乘客不得同时载运危险货物。

乘客不得随身携带或者在行李中夹带法律、行政法规或者国务院交通运输主管部门规定的危险物品。

第五十九条 客船应当在显著位置向乘客明示安全须知，设置安全标志和警示，并向乘客介绍救生用具的使用方法以及在紧急情况下应当采取的应急措施。乘客应当遵守安全乘船要求。

第六十条 海上渡口所在地的县级以上地方人民政府应当建立健全渡口安全管理责任制，制定海上渡口的安全管理办法，监督、指导海上渡口经营者落实安全主体责任，维护渡运秩序，保障渡运安全。

海上渡口的渡运线路由渡口所在地的县级以上地方人民政府交通运输主管部门会同海事管理机构划定。渡船应当按照划定的线路安全渡运。

遇有恶劣天气、海况，县级以上地方人民政府或者其指定的部门应当发布停止渡运的公告。

第六十一条 船舶载运货物，应当按照有关法律、行政法规、规章以及强制性标准和技术规范的要求安全装卸、积载、隔离、系固和管理。

第六十二条 船舶载运危险货物，应当持有有效的危险货物适装证书，并根据危险货物的特性和应急措施的要求，编制危险货物应急处置预案，配备相应的消防、应急设备和器材。

第六十三条 托运人托运危险货物，应当将其正式名称、危险性质以及应当采取的防护措施通知承运人，并按照有关法律、行政法规、规章以及强制性标准和技术规范的要求妥善包装，设置明显的危险品标志和标签。

托运人不得在托运的普通货物中夹带危险货物或者将危险货物谎报为普通货物托运。

托运人托运的货物为国际海上危险货物运输规则和国家危险货物品名表上未列明但具有危险特性的货物的，托运人还应当提交有关专业机构出具的表明该货物危险特性以及应当采取的防护措施等情况的文件。

货物危险特性的判断标准由国家海事管

理机构制定并公布。

第六十四条　船舶载运危险货物进出港口，应当符合下列条件，经海事管理机构许可，并向海事管理机构报告进出港口和停留的时间等事项：

（一）所载运的危险货物符合海上安全运输要求；

（二）船舶的装载符合所持有的证书、文书的要求；

（三）拟靠泊或者进行危险货物装卸作业的港口、码头、泊位具备有关法律、行政法规规定的危险货物作业经营资质。

海事管理机构应当自收到申请之时起二十四小时内作出许可或者不予许可的决定。

定船舶、定航线并且定货种的船舶可以申请办理一定期限内多次进出港口许可，期限不超过三十日。海事管理机构应当自收到申请之日起五个工作日内作出许可或者不予许可的决定。

海事管理机构予以许可的，应当通报港口行政管理部门。

第六十五条　船舶、海上设施从事危险货物运输或者装卸、过驳作业，应当编制作业方案，遵守有关强制性标准和安全作业操作规程，采取必要的预防措施，防止发生安全事故。

在港口水域外从事散装液体危险货物过驳作业的，还应当符合下列条件，经海事管理机构许可并核定安全作业区：

（一）拟进行过驳作业的船舶或者海上设施符合海上交通安全与防治船舶污染海洋环境的要求；

（二）拟过驳的货物符合安全过驳要求；

（三）参加过驳作业的人员具备法律、行政法规规定的过驳作业能力；

（四）拟作业水域及其底质、周边环境适宜开展过驳作业；

（五）过驳作业对海洋资源以及附近的军事目标、重要民用目标不构成威胁；

（六）有符合安全要求的过驳作业方案、安全保障措施和应急预案。

对单航次作业的船舶，海事管理机构应当自收到申请之时起二十四小时内作出许可或者不予许可的决定；对在特定水域多航次作业的船舶，海事管理机构应当自收到申请之日起五个工作日内作出许可或者不予许可的决定。

第六章　海上搜寻救助

第六十六条　海上遇险人员依法享有获得生命救助的权利。生命救助优先于环境和财产救助。

第六十七条　海上搜救工作应当坚持政府领导、统一指挥、属地为主、专群结合、就近快速的原则。

第六十八条　国家建立海上搜救协调机制，统筹全国海上搜救应急反应工作，研究解决海上搜救工作中的重大问题，组织协调重大海上搜救应急行动。协调机制由国务院有关部门、单位和有关军事机关组成。

中国海上搜救中心和有关地方人民政府设立的海上搜救中心或者指定的机构（以下统称海上搜救中心）负责海上搜救的组织、协调、指挥工作。

第六十九条　沿海县级以上地方人民政府应当安排必要的海上搜救资金，保障搜救工作的正常开展。

第七十条　海上搜救中心各成员单位应当在海上搜救中心统一组织、协调、指挥下，根据各自职责，承担海上搜救应急、抢险救灾、支持保障、善后处理等工作。

第七十一条　国家设立专业海上搜救队伍，加强海上搜救力量建设。专业海上搜救队伍应当配备专业搜救装备，建立定期演练和日常培训制度，提升搜救水平。

国家鼓励社会力量建立海上搜救队伍，参与海上搜救行动。

第七十二条　船舶、海上设施、航空器及人员在海上遇险的，应当立即报告海上搜救中心，不得瞒报、谎报海上险情。

船舶、海上设施、航空器及人员误发遇险报警信号的，除立即向海上搜救中心报告外，还应当采取必要措施消除影响。

其他任何单位、个人发现或者获悉海上险情的，应当立即报告海上搜救中心。

第七十三条 发生碰撞事故的船舶、海上设施，应当互通名称、国籍和登记港，在不严重危及自身安全的情况下尽力救助对方人员，不得擅自离开事故现场水域或者逃逸。

第七十四条 遇险的船舶、海上设施及其所有人、经营人或者管理人应当采取有效措施防止、减少生命财产损失和海洋环境污染。

船舶遇险时，乘客应当服从船长指挥，配合采取相关应急措施。乘客有权获知必要的险情信息。

船长决定弃船时，应当组织乘客、船员依次离船，并尽力抢救法定航行资料。船长应当最后离船。

第七十五条 船舶、海上设施、航空器收到求救信号或者发现有人遭遇生命危险的，在不严重危及自身安全的情况下，应当尽力救助遇险人员。

第七十六条 海上搜救中心接到险情报告后，应当立即进行核实，及时组织、协调、指挥政府有关部门、专业搜救队伍、社会有关单位等各方力量参加搜救，并指定现场指挥。参加搜救的船舶、海上设施、航空器及人员应当服从现场指挥，及时报告搜救动态和搜救结果。

搜救行动的中止、恢复、终止决定由海上搜救中心作出。未经海上搜救中心同意，参加搜救的船舶、海上设施、航空器及人员不得擅自退出搜救行动。

军队参加海上搜救，依照有关法律、行政法规的规定执行。

第七十七条 遇险船舶、海上设施、航空器或者遇险人员应当服从海上搜救中心和现场指挥的指令，及时接受救助。

遇险船舶、海上设施、航空器不配合救助的，现场指挥根据险情危急情况，可以采取相应救助措施。

第七十八条 海上事故或者险情发生后，有关地方人民政府应当及时组织医疗机构为遇险人员提供紧急医疗救助，为获救人员提供必要的生活保障，并组织有关方面采取善后措施。

第七十九条 在中华人民共和国缔结或者参加的国际条约规定由我国承担搜救义务的海域内开展搜救，依照本章规定执行。

中国籍船舶在中华人民共和国管辖海域以及海上搜救责任区域以外的其他海域发生险情的，中国海上搜救中心接到信息后，应当依据中华人民共和国缔结或者参加的国际条约的规定开展国际协作。

第七章 海上交通事故调查处理

第八十条 船舶、海上设施发生海上交通事故，应当及时向海事管理机构报告，并接受调查。

第八十一条 海上交通事故根据造成的损害后果分为特别重大事故、重大事故、较大事故和一般事故。事故等级划分的人身伤亡标准依照有关安全生产的法律、行政法规的规定确定；事故等级划分的直接经济损失标准，由国务院交通运输主管部门会同国务院有关部门根据海上交通事故中的特殊情况确定，报国务院批准后公布施行。

第八十二条 特别重大海上交通事故由国务院或者国务院授权的部门组织事故调查组进行调查，海事管理机构应当参与或者配合开展调查工作。

其他海上交通事故由海事管理机构组织事故调查组进行调查，有关部门予以配合。国务院认为有必要的，可以直接组织或者授权有关部门组织事故调查组进行调查。

海事管理机构进行事故调查，事故涉及执行军事运输任务的，应当会同有关军事机关进行调查；涉及渔业船舶的，渔业渔政主管部门、海警机构应当参与调查。

第八十三条　调查海上交通事故，应当全面、客观、公正、及时，依法查明事故事实和原因，认定事故责任。

第八十四条　海事管理机构可以根据事故调查处理需要拆封、拆解当事船舶的航行数据记录装置或者读取其记录的信息，要求船舶驶向指定地点或者禁止其离港，扣留船舶或者海上设施的证书、文书、物品、资料等并妥善保管。有关人员应当配合事故调查。

第八十五条　海上交通事故调查组应当自事故发生之日起九十日内提交海上交通事故调查报告；特殊情况下，经负责组织事故调查组的部门负责人批准，提交事故调查报告的期限可以适当延长，但延长期限最长不得超过九十日。事故技术鉴定所需时间不计入事故调查期限。

海事管理机构应当自收到海上交通事故调查报告之日起十五个工作日内作出事故责任认定书，作为处理海上交通事故的证据。

事故损失较小、事实清楚、责任明确的，可以依照国务院交通运输主管部门的规定适用简易调查程序。

海上交通事故调查报告、事故责任认定书应当依照有关法律、行政法规的规定向社会公开。

第八十六条　中国籍船舶在中华人民共和国管辖海域外发生海上交通事故的，应当及时向海事管理机构报告事故情况并接受调查。

外国籍船舶在中华人民共和国管辖海域外发生事故，造成中国公民重伤或者死亡的，海事管理机构根据中华人民共和国缔结或者参加的国际条约的规定参与调查。

第八十七条　船舶、海上设施在海上遭遇恶劣天气、海况以及意外事故，造成或者可能造成损害，需要说明并记录时间、海域以及所采取的应对措施等具体情况的，可以向海事管理机构申请办理海事声明签注。海事管理机构应当依照规定提供签注服务。

第八章　监督管理

第八十八条　海事管理机构对在中华人民共和国管辖海域内从事航行、停泊、作业以及其他与海上交通安全相关的活动，依法实施监督检查。

海事管理机构依照中华人民共和国法律、行政法规以及中华人民共和国缔结或者参加的国际条约对外国籍船舶实施港口国、沿岸国监督检查。

海事管理机构工作人员执行公务时，应当按照规定着装，佩戴职衔标志，出示执法证件，并自觉接受监督。

海事管理机构依法履行监督检查职责，有关单位、个人应当予以配合，不得拒绝、阻碍依法实施的监督检查。

第八十九条　海事管理机构实施监督检查可以采取登船检查、查验证书、现场检查、询问有关人员、电子监控等方式。

载运危险货物的船舶涉嫌存在瞒报、谎报危险货物等情况的，海事管理机构可以采取开箱查验等方式进行检查。海事管理机构应当将开箱查验情况通报有关部门。港口经营人和有关单位、个人应当予以协助。

第九十条　海事管理机构对船舶、海上设施实施监督检查时，应当避免、减少对其正常作业的影响。

除法律、行政法规另有规定或者不立即实施监督检查可能造成严重后果外，不得拦截正在航行中的船舶进行检查。

第九十一条　船舶、海上设施对港口安全具有威胁的，海事管理机构应当责令立即或者限期改正、限制操作，责令驶往指定地点、禁止进港或者将其驱逐出港。

船舶、海上设施处于不适航或者不适拖状态，船员、海上设施上的相关人员未持有有效的法定证书、文书，或者存在其他严重危害海上交通安全、污染海洋环境的隐患的，海事管理机构应当根据情况禁止有关船舶、海上设施进出港，暂扣有关证书、文书或者责令其停航、改航、驶往指定地点或者停止作业。船舶超载的，海事管理机构可以依法对船舶进行强制减载。因强制减载发生的费用由违法船舶所有人、经营人或者管理人承担。

船舶、海上设施发生海上交通事故、污染事故，未结清国家规定的税费、滞纳金且未提供担保或者未履行其他法定义务的，海事管理机构应当责令改正，并可以禁止其离港。

第九十二条　外国籍船舶可能威胁中华人民共和国内水、领海安全的，海事管理机构有权责令其离开。

外国籍船舶违反中华人民共和国海上交通安全或者防治船舶污染的法律、行政法规的，海事管理机构可以依法行使紧追权。

第九十三条　任何单位、个人有权向海事管理机构举报妨碍海上交通安全的行为。海事管理机构接到举报后，应当及时进行核实、处理。

第九十四条　海事管理机构在监督检查中，发现船舶、海上设施有违反其他法律、行政法规行为的，应当依法及时通报或者移送有关主管部门处理。

第九章　法律责任

第九十五条　船舶、海上设施未持有有效的证书、文书的，由海事管理机构责令改正，对违法船舶或者海上设施的所有人、经营人或者管理人处三万元以上三十万元以下的罚款，对船长和有关责任人员处三千元以上三万元以下的罚款；情节严重的，暂扣船长、责任船员的船员适任证书十八个月至三十个月，直至吊销船员适任证书；对船舶持有的伪造、变造证书、文书，予以没收；对存在严重安全隐患的船舶，可以依法予以没收。

第九十六条　船舶或者海上设施有下列情形之一的，由海事管理机构责令改正，对违法船舶或者海上设施的所有人、经营人或者管理人处二万元以上二十万元以下的罚款，对船长和有关责任人员处二千元以上二万元以下的罚款；情节严重的，吊销违法船舶所有人、经营人或者管理人的有关证书、文书，暂扣船长、责任船员的船员适任证书十二个月至二十四个月，直至吊销船员适任证书：

（一）船舶、海上设施的实际状况与持有的证书、文书不符；

（二）船舶未依法悬挂国旗，或者违法悬挂其他国家、地区或者组织的旗帜；

（三）船舶未按规定标明船名、船舶识别号、船籍港、载重线标志；

（四）船舶、海上设施的配员不符合最低安全配员要求。

第九十七条　在船舶上工作未持有船员适任证书、船员健康证明或者所持船员适任证书、健康证明不符合要求的，由海事管理机构对船舶的所有人、经营人或者管理人处一万元以上十万元以下的罚款，对责任船员处三千元以上三万元以下的罚款；情节严重的，对船舶的所有人、经营人或者管理人处三万元以上三十万元以下的罚款，暂扣责任船员的船员适任证书六个月至十二个月，直至吊销船员适任证书。

第九十八条　以欺骗、贿赂等不正当手段为中国籍船舶取得相关证书、文书的，由海事管理机构撤销有关许可，没收相关证书、文书，对船舶所有人、经营人或者管理人处四万元以上四十万元以下的罚款。

以欺骗、贿赂等不正当手段取得船员适任证书的，由海事管理机构撤销有关许可，没收船员适任证书，对责任人员处五千元以上五万元以下的罚款。

第九十九条　船员未保持安全值班，违反规定摄入可能影响安全值班的食品、药品或者其他物品，或者有其他违反海上船员值班规则的行为的，由海事管理机构对船长、责任船员处一千元以上一万元以下的罚款，或者暂扣船员适任证书三个月至十二个月；情节严重的，吊销船长、责任船员的船员适任证书。

第一百条　有下列情形之一的，由海事管理机构责令改正；情节严重的，处三万元以上十万元以下的罚款：

（一）建设海洋工程、海岸工程未按规定配备相应的防止船舶碰撞的设施、设备并设置专用航标；

（二）损坏海上交通支持服务系统或者妨碍其工作效能；

（三）未经海事管理机构同意设置、撤除专用航标，移动专用航标位置或者改变航标灯光、功率等其他状况，或者设置临时航标不符合海事管理机构确定的航标设置点；

（四）在安全作业区、港外锚地范围内从事养殖、种植、捕捞以及其他影响海上交通安全的作业或者活动。

第一百零一条　有下列情形之一的，由海事管理机构责令改正，对有关责任人员处三万元以下的罚款；情节严重的，处三万元以上十万元以下的罚款，并暂扣责任船员的船员适任证书一个月至三个月：

（一）承担无线电通信任务的船员和岸基无线电台（站）的工作人员未保持海上交通安全通信频道的值守和畅通，或者使用海上交通安全通信频率交流与海上交通安全无关的内容；

（二）违反国家有关规定使用无线电台识别码，影响海上搜救的身份识别；

（三）其他违反海上无线电通信规则的行为。

第一百零二条　船舶未依照本法规定申请引航的，由海事管理机构对违法船舶的所有人、经营人或者管理人处五万元以上五十万元以下的罚款，对船长处一千元以上一万元以下的罚款；情节严重的，暂扣有关船舶证书三个月至十二个月，暂扣船长的船员适任证书一个月至三个月。

引航机构派遣引航员存在过失，造成船舶损失的，由海事管理机构对引航机构处三万元以上三十万元以下的罚款。

未经引航机构指派擅自提供引航服务的，由海事管理机构对引领船舶的人员处三千元以上三万元以下的罚款。

第一百零三条　船舶在海上航行、停泊、作业，有下列情形之一的，由海事管理机构责令改正，对违法船舶的所有人、经营人或者管理人处二万元以上二十万元以下的罚款，对船长、责任船员处二千元以上二万元以下的罚款，暂扣船员适任证书三个月至十二个月；情节严重的，吊销船长、责任船员的船员适任证书：

（一）船舶进出港口、锚地或者通过桥区水域、海峡、狭水道、重要渔业水域、通航船舶密集的区域、船舶定线区、交通管制区时，未加强瞭望、保持安全航速并遵守前述区域的特殊航行规则；

（二）未按照有关规定显示信号、悬挂标志或者保持足够的富余水深；

（三）不符合安全开航条件冒险开航，违章冒险操作、作业，或者未按照船舶检验证书载明的航区航行、停泊、作业；

（四）未按照有关规定开启船舶的自动识别、航行数据记录、远程识别和跟踪、通信等与航行安全、保安、防治污染相关的装置，并持续进行显示和记录；

（五）擅自拆封、拆解、初始化、再设置航行数据记录装置或者读取其记录的信息；

（六）船舶穿越航道妨碍航道内船舶的正常航行，抢越他船船艏或者超过桥梁通航尺度进入桥区水域；

（七）船舶违反规定进入或者穿越禁航区；

（八）船舶载运或者拖带超长、超高、超宽、半潜的船舶、海上设施或者其他物体航行，未采取特殊的安全保障措施，未在开航前向海事管理机构报告航行计划，未按规定显示信号、悬挂标志，或者拖带移动式平台、浮船坞等大型海上设施未依法交验船舶检验机构出具的拖航检验证书；

（九）船舶在不符合安全条件的码头、泊位、装卸站、锚地、安全作业区停泊，或者停泊危及其他船舶、海上设施的安全；

（十）船舶违反规定超过检验证书核定的载客定额、载重线、载货种类载运乘客、货物，或者客船载运乘客同时载运危险货物；

（十一）客船未向乘客明示安全须知、设置安全标志和警示；

（十二）未按照有关法律、行政法规、规章以及强制性标准和技术规范的要求安全装卸、积载、隔离、系固和管理货物；

（十三）其他违反海上航行、停泊、作业规则的行为。

第一百零四条 国际航行船舶未经许可进出口岸的，由海事管理机构对违法船舶的所有人、经营人或者管理人处三千元以上三万元以下的罚款，对船长、责任船员或者其他责任人员，处二千元以上二万元以下的罚款；情节严重的，吊销船长、责任船员的船员适任证书。

国内航行船舶进出港口、港外装卸站未依法向海事管理机构报告的，由海事管理机构对违法船舶的所有人、经营人或者管理人处三千元以上三万元以下的罚款，对船长、责任船员或者其他责任人员处五百元以上五千元以下的罚款。

第一百零五条 船舶、海上设施未经许可从事海上施工作业，或者未按照许可要求、超出核定的安全作业区进行作业的，由海事管理机构责令改正，对违法船舶、海上设施的所有人、经营人或者管理人处三万元以上三十万元以下的罚款，对船长、责任船员处三千元以上三万元以下的罚款，或者暂扣船员适任证书六个月至十二个月；情节严重的，吊销船长、责任船员的船员适任证书。

从事可能影响海上交通安全的水上水下活动，未按规定提前报告海事管理机构的，由海事管理机构对违法船舶、海上设施的所有人、经营人或者管理人处一万元以上三万元以下的罚款，对船长、责任船员处二千元以上二万元以下的罚款。

第一百零六条 碍航物的所有人、经营人或者管理人有下列情形之一的，由海事管理机构责令改正，处二万元以上二十万元以下的罚款；逾期未改正的，海事管理机构有权依法实施代履行，代履行的费用由碍航物的所有人、经营人或者管理人承担：

（一）未按照有关强制性标准和技术规范的要求及时设置警示标志；

（二）未向海事管理机构报告碍航物的名称、形状、尺寸、位置和深度；

（三）未在海事管理机构限定的期限内打捞清除碍航物。

第一百零七条 外国籍船舶进出中华人民共和国内水、领海违反本法规定的，由海事管理机构对违法船舶的所有人、经营人或者管理人处五万元以上五十万元以下的罚款，对船长处一万元以上三万元以下的罚款。

第一百零八条 载运危险货物的船舶有下列情形之一的，海事管理机构应当责令改正，对违法船舶的所有人、经营人或者管理人处五万元以上五十万元以下的罚款，对船长、责任船员或者其他责任人员，处五千元以上五万元以下的罚款；情节严重的，责令停止作业或者航行，暂扣船长、责任船员的船员适任证书六个月至十二个月，直至吊销船员适任证书：

（一）未经许可进出港口或者从事散装液体危险货物过驳作业；

（二）未按规定编制相应的应急处置预案，配备相应的消防、应急设备和器材；

（三）违反有关强制性标准和安全作业操作规程的要求从事危险货物装卸、过驳作业。

第一百零九条 托运人托运危险货物，

有下列情形之一的，由海事管理机构责令改正，处五万元以上三十万元以下的罚款：

（一）未将托运的危险货物的正式名称、危险性质以及应当采取的防护措施通知承运人；

（二）未按照有关法律、行政法规、规章以及强制性标准和技术规范的要求对危险货物妥善包装，设置明显的危险品标志和标签；

（三）在托运的普通货物中夹带危险货物或者将危险货物谎报为普通货物托运；

（四）未依法提交有关专业机构出具的表明该货物危险特性以及应当采取的防护措施等情况的文件。

第一百一十条　船舶、海上设施遇险或者发生海上交通事故后未履行报告义务，或者存在瞒报、谎报情形的，由海事管理机构对违法船舶、海上设施的所有人、经营人或者管理人处三千元以上三万元以下的罚款，对船长、责任船员处二千元以上二万元以下的罚款，暂扣船员适任证书六个月至二十四个月；情节严重的，对违法船舶、海上设施的所有人、经营人或者管理人处一万元以上十万元以下的罚款，吊销船长、责任船员的船员适任证书。

第一百一十一条　船舶发生海上交通事故后逃逸的，由海事管理机构对违法船舶的所有人、经营人或者管理人处十万元以上五十万元以下的罚款，对船长、责任船员处五千元以上五万元以下的罚款并吊销船员适任证书，受处罚者终身不得重新申请。

第一百一十二条　船舶、海上设施不依法履行海上救助义务，不服从海上搜救中心指挥的，由海事管理机构对船舶、海上设施的所有人、经营人或者管理人处三万元以上三十万元以下的罚款，暂扣船长、责任船员的船员适任证书六个月至十二个月，直至吊销船员适任证书。

第一百一十三条　有关单位、个人拒绝、阻碍海事管理机构监督检查，或者在接受监督检查时弄虚作假的，由海事管理机构处二千元以上二万元以下的罚款，暂扣船长、责任船员的船员适任证书六个月至二十四个月，直至吊销船员适任证书。

第一百一十四条　交通运输主管部门、海事管理机构及其他有关部门的工作人员违反本法规定，滥用职权、玩忽职守、徇私舞弊的，依法给予处分。

第一百一十五条　因海上交通事故引发民事纠纷的，当事人可以依法申请仲裁或者向人民法院提起诉讼。

第一百一十六条　违反本法规定，构成违反治安管理行为的，依法给予治安管理处罚；造成人身、财产损害的，依法承担民事责任；构成犯罪的，依法追究刑事责任。

第十章　附　　则

第一百一十七条　本法下列用语的含义是：

船舶，是指各类排水或者非排水的船、艇、筏、水上飞行器、潜水器、移动式平台以及其他移动式装置。

海上设施，是指水上水下各种固定或者浮动建筑、装置和固定平台，但是不包括码头、防波堤等港口设施。

内水，是指中华人民共和国领海基线向陆地一侧至海岸线的海域。

施工作业，是指勘探、采掘、爆破，构筑、维修、拆除水上水下构筑物或者设施，航道建设、疏浚（航道养护疏浚除外）作业，打捞沉船沉物。

海上交通事故，是指船舶、海上设施在航行、停泊、作业过程中发生的，由于碰撞、搁浅、触礁、触碰、火灾、风灾、浪损、沉没等原因造成人员伤亡或者财产损失的事故。

海上险情，是指对海上生命安全、水域环境构成威胁，需立即采取措施规避、控制、减轻和消除的各种情形。

危险货物，是指国际海上危险货物运输

规则和国家危险货物品名表上列明的，易燃、易爆、有毒、有腐蚀性、有放射性、有污染危害性等，在船舶载运过程中可能造成人身伤害、财产损失或者环境污染而需要采取特别防护措施的货物。

海上渡口，是指海上岛屿之间、海上岛屿与大陆之间，以及隔海相望的大陆与大陆之间，专用于渡船渡运人员、行李、车辆的交通基础设施。

第一百一十八条 公务船舶检验、船员配备的具体办法由国务院交通运输主管部门会同有关主管部门另行制定。

体育运动船舶的登记、检验办法由国务院体育主管部门另行制定。训练、比赛期间的体育运动船舶的海上交通安全监督管理由体育主管部门负责。

渔业船员、渔业无线电、渔业航标的监督管理，渔业船舶的登记管理，渔港水域内的海上交通安全管理，渔业船舶（含外国籍渔业船舶）之间交通事故的调查处理，由县级以上人民政府渔业渔政主管部门负责。法律、行政法规或者国务院对渔业船舶之间交通事故的调查处理另有规定的，从其规定。

除前款规定外，渔业船舶的海上交通安全管理由海事管理机构负责。渔业船舶的检验及其监督管理，由海事管理机构依照有关法律、行政法规的规定执行。

浮式储油装置等海上石油、天然气生产设施的检验适用有关法律、行政法规的规定。

第一百一十九条 海上军事管辖区和军用船舶、海上设施的内部海上交通安全管理，军用航标的设立和管理，以及为军事目的进行作业或者水上水下活动的管理，由中央军事委员会另行制定管理办法。

划定、调整海上交通功能区或者领海内特定水域，划定海上渡口的渡运线路，许可海上施工作业，可能对军用船舶的战备、训练、执勤等行动造成影响的，海事管理机构应当事先征求有关军事机关的意见。

执行军事运输任务有特殊需要的，有关军事机关应当及时向海事管理机构通报相关信息。海事管理机构应当给予必要的便利。

海上交通安全管理涉及国防交通、军事设施保护的，依照有关法律的规定执行。

第一百二十条 外国籍公务船舶在中华人民共和国领海航行、停泊、作业，违反中华人民共和国法律、行政法规的，依照有关法律、行政法规的规定处理。

在中华人民共和国管辖海域内的外国籍军用船舶的管理，适用有关法律的规定。

第一百二十一条 中华人民共和国缔结或者参加的国际条约同本法有不同规定的，适用国际条约的规定，但中华人民共和国声明保留的条款除外。

第一百二十二条 本法自2021年9月1日起施行。

中华人民共和国航道法

（2014年12月28日第十二届全国人民代表大会常务委员会第十二次会议通过，根据2016年7月2日第十二届全国人民代表大会常务委员会第二十一次会议《关于修改〈中华人民共和国节约能源法〉等六部法律的决定》修正）

第一章　总　　则

第一条　为了规范和加强航道的规划、建设、养护、保护，保障航道畅通和通航安全，促进水路运输发展，制定本法。

第二条　本法所称航道，是指中华人民共和国领域内的江河、湖泊等内陆水域中可以供船舶通航的通道，以及内海、领海中经建设、养护可以供船舶通航的通道。航道包括通航建筑物、航道整治建筑物和航标等航道设施。

第三条　规划、建设、养护、保护航道，应当根据经济社会发展和国防建设的需要，遵循综合利用和保护水资源、保护生态环境的原则，服从综合交通运输体系建设和防洪总体安排，统筹兼顾供水、灌溉、发电、渔业等需求，发挥水资源的综合效益。

第四条　国务院和有关县级以上地方人民政府应当加强对航道工作的领导，组织、协调、督促有关部门采取措施，保持和改善航道通航条件，保护航道安全，维护航道网络完整和畅通。

国务院和有关县级以上地方人民政府应当根据经济社会发展水平和航道建设、养护的需要，在财政预算中合理安排航道建设和养护资金。

第五条　国务院交通运输主管部门主管全国航道管理工作，并按照国务院的规定直接管理跨省、自治区、直辖市的重要干线航道和国际、国境河流航道等重要航道。

县级以上地方人民政府交通运输主管部门按照省、自治区、直辖市人民政府的规定主管所辖航道的管理工作。

国务院交通运输主管部门按照国务院规定设置的负责航道管理的机构和县级以上地方人民政府负责航道管理的部门或者机构（以下统称负责航道管理的部门），承担本法规定的航道管理工作。

第二章　航道规划

第六条　航道规划分为全国航道规划、流域航道规划、区域航道规划和省、自治区、直辖市航道规划。

航道规划应当包括航道的功能定位、规划目标、发展规划技术等级、规划实施步骤以及保障措施等内容。

航道规划应当符合依法制定的流域、区域综合规划，符合水资源规划、防洪规划和海洋功能区划，并与涉及水资源综合利用的相关专业规划以及依法制定的城乡规划、环境保护规划等其他相关规划和军事设施保护区划相协调。

第七条　航道应当划分技术等级。航道技术等级包括现状技术等级和发展规划技术等级。航道发展规划技术等级根据相关自然条件以及防洪、供水、水资源保护、生态环境保护要求和航运发展需求等因素评定。

第八条　全国航道规划由国务院交通运输主管部门会同国务院发展改革部门、国务院水行政主管部门等部门编制，报国务院批准公布。流域航道规划、区域航道规划由国务院交通运输主管部门编制并公布。

省、自治区、直辖市航道规划由省、自治区、直辖市人民政府交通运输主管部门会同同级发展改革部门、水行政主管部门等部门编制，报省、自治区、直辖市人民政府会同国务院交通运输主管部门批准公布。

编制航道规划应当征求有关部门和有关军事机关的意见，并依法进行环境影响评价。涉及海域、重要渔业水域的，应当有同级海洋主管部门、渔业行政主管部门参加。编制全国航道规划和流域航道规划、区域航道规划应当征求相关省、自治区、直辖市人民政府的意见。

流域航道规划、区域航道规划和省、自治区、直辖市航道规划应当符合全国航道规划。

第九条 依法制定并公布的航道规划应当依照执行；航道规划确需修改的，依照规划编制程序办理。

第三章 航道建设

第十条 新建航道以及为改善航道通航条件而进行的航道工程建设，应当遵守法律、行政法规关于建设工程质量管理、安全管理和生态环境保护的规定，符合航道规划，执行有关的国家标准、行业标准和技术规范，依法办理相关手续。

第十一条 航道建设单位应当根据航道建设工程的技术要求，依法通过招标等方式选择具有相应资质的勘察、设计、施工和监理单位进行工程建设，对工程质量和安全进行监督检查，并对工程质量和安全负责。

从事航道工程建设的勘察、设计、施工和监理单位，应当依照法律、行政法规的规定取得相应的资质，并在其资质等级许可的范围内从事航道工程建设活动，依法对勘察、设计、施工、监理的质量和安全负责。

第十二条 有关县级以上人民政府交通运输主管部门应当加强对航道建设工程质量和安全的监督检查，保障航道建设工程的质量和安全。

第十三条 航道建设工程竣工后，应当按照国家有关规定组织竣工验收，经验收合格方可正式投入使用。

航道建设单位应当自航道建设工程竣工验收合格之日起六十日内，将竣工测量图报送负责航道管理的部门。沿海航道的竣工测量图还应当报送海军航海保证部门。

第十四条 进行航道工程建设应当维护河势稳定，符合防洪要求，不得危及依法建设的其他工程或者设施的安全。因航道工程建设损坏依法建设的其他工程或者设施的，航道建设单位应当予以修复或者依法赔偿。

第四章 航道养护

第十五条 国务院交通运输主管部门应当制定航道养护技术规范。

负责航道管理的部门应当按照航道养护技术规范进行航道养护，保证航道处于良好通航技术状态。

第十六条 负责航道管理的部门应当根据航道现状技术等级或者航道自然条件确定并公布航道维护尺度和内河航道图。

航道维护尺度是指航道在不同水位期应当保持的水深、宽度、弯曲半径等技术要求。

第十七条 负责航道管理的部门应当按照国务院交通运输主管部门的规定对航道进行巡查，发现航道实际尺度达不到航道维护尺度或者有其他不符合保证船舶通航安全要求的情形，应当进行维护，及时发布航道通告并通报海事管理机构。

第十八条 海事管理机构发现航道损毁等危及通航安全的情形，应当及时通报负责航道管理的部门，并采取必要的安全保障措施。

其他单位和人员发现航道损毁等危及通航安全的情形，应当及时报告负责航道管理的部门或者海事管理机构。

第十九条　负责航道管理的部门应当合理安排航道养护作业，避免限制通航的集中作业和在通航高峰期作业。

负责航道管理的部门进行航道疏浚、清障等影响通航的航道养护活动，或者确需限制通航的养护作业的，应当设置明显的作业标志，采取必要的安全措施，并提前通报海事管理机构，保证过往船舶通行以及依法建设的工程设施的安全。养护作业结束后，应当及时清除影响航道通航条件的作业标志及其他残留物，恢复正常通航。

第二十条　进行航道养护作业可能造成航道堵塞的，有关负责航道管理的部门应当会同海事管理机构事先通报相关区域负责航道管理的部门和海事管理机构，共同制定船舶疏导方案，并向社会公告。

第二十一条　因自然灾害、事故灾难等突发事件造成航道损坏、阻塞的，负责航道管理的部门应当按照突发事件应急预案尽快修复抢通；必要时由县级以上人民政府组织尽快修复抢通。

船舶、设施或者其他物体在航道水域中沉没，影响航道畅通和通航安全的，其所有人或者经营人应当立即报告负责航道管理的部门和海事管理机构，按照规定自行或者委托负责航道管理的部门或者海事管理机构代为设置标志，并应当在海事管理机构限定的时间内打捞清除。

第二十二条　航标的设置、养护、保护和管理，依照有关法律、行政法规和国家标准或者行业标准的规定执行。

第二十三条　部队执行任务、战备训练需要使用航道的，负责航道管理的部门应当给予必要的支持和协助。

第五章　航道保护

第二十四条　新建、改建、扩建（以下统称建设）跨越、穿越航道的桥梁、隧道、管道、缆线等建筑物、构筑物，应当符合该航道发展规划技术等级对通航净高、净宽、埋设深度等航道通航条件的要求。

第二十五条　在通航河流上建设永久性拦河闸坝，建设单位应当按照航道发展规划技术等级建设通航建筑物。通航建筑物应当与主体工程同步规划、同步设计、同步建设、同步验收、同步投入使用。

闸坝建设期间难以维持航道原有通航能力的，建设单位应当采取修建临时航道、安排翻坝转运等补救措施，所需费用由建设单位承担。

在不通航河流上建设闸坝后可以通航的，闸坝建设单位应当同步建设通航建筑物或者预留通航建筑物位置，通航建筑物建设费用除国家另有规定外，由交通运输主管部门承担。

通航建筑物的运行应当适应船舶通行需要，运行方案应当经负责航道管理的部门同意并公布。通航建筑物的建设单位或者管理单位应当按照规定维护保养通航建筑物，保持其正常运行。

第二十六条　在航道保护范围内建设临河、临湖、临海建筑物或者构筑物，应当符合该航道通航条件的要求。

航道保护范围由县级以上地方人民政府交通运输主管部门会同水行政主管部门或者流域管理机构、国土资源主管部门根据航道发展规划技术等级和航道保护实际需要划定，报本级人民政府批准公布。国务院交通运输主管部门直接管理的航道的航道保护范围，由国务院交通运输主管部门会同国务院水行政主管部门、国务院国土资源主管部门和有关省、自治区、直辖市人民政府划定公布。航道保护范围涉及海域、重要渔业水域的，还应当分别会同同级海洋主管部门、渔业行政主管部门划定。

第二十七条　建设本法第二十四条、第二十五条第一款、第二十六条第一款规定的工程（以下统称与航道有关的工程），除依照法律、行政法规或者国务院规定进行的防洪、供水等特殊工程外，不得因工程建设降低航道通航条件。

第二十八条 建设与航道有关的工程，建设单位应当在工程可行性研究阶段就建设项目对航道通航条件的影响作出评价，并报送有审核权的交通运输主管部门或者航道管理机构审核，但下列工程除外：

（一）临河、临湖的中小河流治理工程；

（二）不通航河流上建设的水工程；

（三）现有水工程的水毁修复、除险加固、不涉及通航建筑物和不改变航道原通航条件的更新改造等不影响航道通航条件的工程。

建设单位报送的航道通航条件影响评价材料不符合本法规定的，可以进行补充或者修改，重新报送审核部门审核。

未进行航道通航条件影响评价或者经审核部门审核认为建设项目不符合本法规定的，建设单位不得建设。政府投资项目未进行航道通航条件影响评价或者经审核部门审核认为建设项目不符合本法规定的，负责建设项目审批的部门不予批准。

第二十九条 国务院或者国务院有关部门批准、核准的建设项目，以及与国务院交通运输主管部门直接管理的航道有关的建设项目的航道通航条件影响评价，由国务院交通运输主管部门审核；其他建设项目的航道通航条件影响评价，按照省、自治区、直辖市人民政府的规定由县级以上地方人民政府交通运输主管部门或者航道管理机构审核。

第三十条 航道上相邻拦河闸坝之间的航道通航水位衔接，应当符合国家规定的通航标准和技术要求。位于航道及其上游支流上的水工程，应当在设计、施工和调度运行中统筹考虑下游航道设计最低通航水位所需的下泄流量，但水文条件超出实际标准的除外。

保障下游航道通航所需的最小下泄流量以及满足航道通航条件允许的水位变化的确定，应当征求负责航道管理的部门的意见。

水工程需大幅度减流或者大流量泄水的，应当提前通报负责航道管理的部门和海事管理机构，给船舶避让留出合理的时间。

第三十一条 与航道有关的工程施工影响航道正常功能的，负责航道管理的部门、海事管理机构应当根据需要对航标或者航道的位置、走向进行临时调整；影响消除后应当及时恢复。所需费用由建设单位承担，但因防洪抢险工程引起调整的除外。

第三十二条 与航道有关的工程竣工验收前，建设单位应当及时清除影响航道通航条件的临时设施及其残留物。

第三十三条 与航道有关的工程建设活动不得危及航道安全。

与航道有关的工程建设活动损坏航道的，建设单位应当予以修复或者依法赔偿。

第三十四条 在通航水域上建设桥梁等建筑物，建设单位应当按照国家有关规定和技术要求设置航标等设施，并承担相应费用。

桥区水上航标由负责航道管理的部门、海事管理机构负责管理维护。

第三十五条 禁止下列危害航道通航安全的行为：

（一）在航道内设置渔具或者水产养殖设施的；

（二）在航道和航道保护范围内倾倒砂石、泥土、垃圾以及其他废弃物的；

（三）在通航建筑物及其引航道和船舶调度区内从事货物装卸、水上加油、船舶维修、捕鱼等，影响通航建筑物正常运行的；

（四）危害航道设施安全的；

（五）其他危害航道通航安全的行为。

第三十六条 在河道内采砂，应当依照有关法律、行政法规的规定进行。禁止在河道内依法划定的砂石禁采区采砂、无证采砂、未按批准的范围和作业方式采砂等非法采砂行为。

在航道和航道保护范围内采砂，不得损害航道通航条件。

第三十七条 本法施行前建设的拦河闸

坝造成通航河流断航，需要恢复通航且具备建设通航建筑物条件的，由发展改革部门会同水行政主管部门、交通运输主管部门提出恢复通航方案，报本级人民政府决定。

第六章　法律责任

第三十八条　航道建设、勘察、设计、施工、监理单位在航道建设活动中违反本法规定的，由县级以上人民政府交通运输主管部门依照有关招标投标和工程建设管理的法律、行政法规的规定处罚。

第三十九条　建设单位未依法报送航道通航条件影响评价材料而开工建设的，由有审核权的交通运输主管部门或者航道管理机构责令停止建设，限期补办手续，处三万元以下的罚款；逾期不补办手续继续建设的，由有审核权的交通运输主管部门或者航道管理机构责令恢复原状，处二十万元以上五十万元以下的罚款。

报送的航道通航条件影响评价材料未通过审核，建设单位开工建设的，由有审核权的交通运输主管部门或者航道管理机构责令停止建设、恢复原状，处二十万元以上五十万元以下的罚款。

违反航道通航条件影响评价的规定建成的项目导致航道通航条件严重下降的，由前两款规定的交通运输主管部门或者航道管理机构责令限期采取补救措施或者拆除；逾期未采取补救措施或者拆除的，由交通运输主管部门或者航道管理机构代为采取补救措施或者依法组织拆除，所需费用由建设单位承担。

第四十条　与航道有关的工程的建设单位违反本法规定，未及时清除影响航道通航条件的临时设施及其残留物的，由负责航道管理的部门责令限期清除，处二万元以下的罚款；逾期仍未清除的，处三万元以上二十万元以下的罚款，并由负责航道管理的部门依法组织清除，所需费用由建设单位承担。

第四十一条　在通航水域上建设桥梁等建筑物，建设单位未按照规定设置航标等设施的，由负责航道管理的部门或者海事管理机构责令改正，处五万元以下罚款。

第四十二条　违反本法规定，有下列行为之一的，由负责航道管理的部门责令改正，对单位处五万元以下罚款，对个人处二千元以下罚款；造成损失的，依法承担赔偿责任：

（一）在航道内设置渔具或者水产养殖设施的；

（二）在航道和航道保护范围内倾倒砂石、泥土、垃圾以及其他废弃物的；

（三）在通航建筑物及其引航道和船舶调度区内从事货物装卸、水上加油、船舶维修、捕鱼等，影响通航建筑物正常运行的；

（四）危害航道设施安全的；

（五）其他危害航道通航安全的行为。

第四十三条　在河道内依法划定的砂石禁采区采砂、无证采砂、未按批准的范围和作业方式采砂等非法采砂的，依照有关法律、行政法规的规定处罚。

违反本法规定，在航道和航道保护范围内采砂，损害航道通航条件的，由负责航道管理的部门责令停止违法行为，没收违法所得，可以扣押或者没收非法采砂船舶，并处五万元以上三十万元以下罚款；造成损失的，依法承担赔偿责任。

第四十四条　违反法律规定，污染环境、破坏生态或者有其他环境违法行为的，依照《中华人民共和国环境保护法》等法律的规定处罚。

第四十五条　交通运输主管部门以及其他有关部门不依法履行本法规定的职责的，对直接负责的主管人员和其他直接责任人员依法给予处分。

负责航道管理的机构不依法履行本法规定的职责的，由其上级主管部门责令改正，对直接负责的主管人员和其他直接责任人员依法给予处分。

第四十六条　违反本法规定，构成违反治安管理行为的，依法给予治安管理处罚；

构成犯罪的，依法追究刑事责任。

第七章　附　　则

第四十七条　进出军事港口、渔业港口的专用航道不适用本法。专用航道由专用部门管理。

第四十八条　本法自 2015 年 3 月 1 日起施行。

中华人民共和国海上交通事故调查处理条例

（1990 年 1 月 11 日国务院批准，1990 年 3 月 3 日发布，自发布之日起施行）

第一章　总　　则

第一条　为了加强海上交通安全管理，及时调查处理海上交通事故，根据《中华人民共和国海上交通安全法》的有关规定，制定本条例。

第二条　中华人民共和国港务监督机构是本条例的实施机关。

第三条　本条例适用于船舶、设施在中华人民共和国沿海水域内发生的海上交通事故。

以渔业为主的渔港水域内发生的海上交通事故和沿海水域内渔业船舶之间、军用船舶之间发生的海上交通事故的调查处理，国家法律、行政法规另有专门规定的，从其规定。

第四条　本条例所称海上交通事故是指船舶、设施发生的下列事故：

（一）碰撞、触碰或浪损；

（二）触礁或搁浅；

（三）火灾或爆炸；

（四）沉没；

（五）在航行中发生影响适航性能的机件或重要属具的损坏或灭失；

（六）其他引起财产损失和人身伤亡的海上交通事故。

第二章　报　　告

第五条　船舶、设施发生海上交通事故，必须立即用甚高频电话、无线电报或其他有效手段向就近港口的港务监督报告。报告的内容应当包括：船舶或设施的名称、呼号、国籍、起讫港，船舶或设施的所有人或经营人名称，事故发生的时间、地点、海况以及船舶、设施的损害程度、救助要求等。

第六条　船舶、设施发生海上交通事故，除应按第五条规定立即提出扼要报告外，还必须按下列规定向港务监督提交《海上交通事故报告书》和必要的文书资料：

（一）船舶、设施在港区水域内发生海上交通事故，必须在事故发生后二十四小时内向当地港务监督提交。

（二）船舶、设施在港区水域以外的沿海水域发生海上交通事故，船舶必须在到达中华人民共和国的第一个港口后四十八小时内向港务监督提交；设施必须在事故发生后四十八小时内用电报向就近港口的港务监督报告《海上交通事故报告书》要求的内容。

（三）引航员在引领船舶的过程中发生海上交通事故，应当在返港后二十四小时内向当地港务监督提交《海上交通事故报告书》。

前款（一）、（二）项因特殊情况不能按规定时间提交《海上交通事故报告书》的，在征得港务监督同意后可予以适当延迟。

第七条　《海上交通事故报告书》应当如实写明下列情况：

（一）船舶、设施概况和主要性能

数据；

（二）船舶、设施所有人或经营人的名称、地址；

（三）事故发生的时间和地点；

（四）事故发生时的气象和海况；

（五）事故发生的详细经过（碰撞事故应附相对运动示意图）；

（六）损害情况（附船舶、设施受损部位简图。难以在规定时间内查清的，应于检验后补报）；

（七）船舶、设施沉没的，其沉没概位；

（八）与事故有关的其他情况。

第八条　海上交通事故报告必须真实，不得隐瞒或捏造。

第九条　因海上交通事故致使船舶、设施发生损害，船长、设施负责人应申请中国当地或船舶第一到达港地的检验部门进行检验或鉴定，并应将检验报告副本送交港务监督备案。

前款检验、鉴定事项，港务监督可委托有关单位或部门进行，其费用由船舶、设施所有人或经营人承担。

船舶、设施发行火灾、爆炸等事故，船长、设施负责人必须申请公安消防监督机关鉴定，并将鉴定书副本送交港务监督备案。

第三章　调　　查

第十条　在港区水域内发生的海上交通事故，由港区地的港务监督进行调查。

在港区水域外发生的海上交通事故，由就近港口的港务监督或船舶到达的中华人民共和国的第一个港口的港务监督进行调查。必要时，由中华人民共和国港务监督局指定的港务监督进行调查。

港务监督认为必要时，可以通知有关机关和社会组织参加事故调查。

第十一条　港务监督在接到事故报告后，应及时进行调查。调查应客观、全面，不受事故当事人提供材料的限制。根据调查工作的需要，港务监督有权：

（一）询问有关人员；

（二）要求被调查人员提供书面材料和证明；

（三）要求有关当事人提供航海日志、轮机日志、车钟记录、报务日志、航向记录、海图、船舶资料、航行设备仪器的性能以及其他必要的原始文书资料；

（四）检查船舶、设施及有关设备的证书、人员证书和核实事故发生前船舶的适航状态、设施的技术状态；

（五）检查船舶、设施及其货物的损害情况和人员伤亡情况；

（六）勘查事故现场，搜集有关物证。

港务监督在调查中，可以使用录音、照相、录相等设备，并可采取法律允许的其他调查手段。

第十二条　被调查人必须接受调查，如实陈述事故的有关情节，并提供真实的文书资料。

港务监督人员的执行调查任务时，应当向被调查人员出示证件。

第十三条　港务监督因调查海上交通事故的需要，可以令当事船舶驶抵指定地点接受调查。当事船舶在不危及自身安全的情况下，未经港务监督同意，不得离开指定地点。

第十四条　港务监督的海上交通事故调查材料，公安机关、国家安全机关、监察机关、检察机关、审判机关和海事仲裁委员会及法律规定的其他机关和人员因办案需要可以查阅、摘录或复制，审判机关确因开庭需要可以借用。

第四章　处　　理

第十五条　港务监督应当根据对海上交通事故的调查，作出《海上交通事故调查报告书》，查明事故发生的原因，判明当事人的责任；构成重大事故的，通报当地检察机关。

第十六条　《海上交通事故调查报告书》应包括以下内容：

（一）船舶、设施的概况和主要数据；

（二）船舶、设施所有人或经营人的名称和地址；

（三）事故发生的时间、地点、过程、气象海况、损害情况等；

（四）事故发生的原因及依据；

（五）当事人各方的责任及依据；

（六）其他有关情况。

第十七条 对海上交通事故的发生负有责任的人员，港务监督可以根据其责任的性质和程度依法给予下列处罚：

（一）对中国籍船员、引航员或设施上的工作人员，可以给予警告、罚款或扣留、吊销职务证书；

（二）对外国籍船员或设施上的工作人员，可以给予警告、罚款或将其过失通报其所属国家的主管机关。

第十八条 对海上交通事故的发生负有责任的人员及船舶、设施的所有人或经营人，需要追究其行政责任的，由港务监督提交其主管机关或行政监察机关处理；构成犯罪的，由司法机关依法追究刑事责任。

第十九条 根据海上交通事故发生的原因，港务监督可责令有关船舶、设施的所有人、经营人限期加强对所属船舶、设施的安全管理。对拒不加强安全管理或在限期内达不到安全要求的，港务监督有权责令其停航、改航、停止作业，并可采取其他必要的强制性处置措施。

第五章 调　　解

第二十条 对船舶、设施发生海上交通事故引起的民事侵权赔偿纠纷，当事人可以申请港务监督调解。

调解必须遵循自愿、公平的原则，不得强迫。

第二十一条 前条民事纠纷，凡已向海事法院起诉或申请海事仲裁机构仲裁的，当事人不得再申请港务监督调解。

第二十二条 调解由当事人各方在事故发生之日起三十日内向负责该事故调查的港务监督提交书面申请。港务监督要求提供担保的，当事人应附经济赔偿担保证明文件。

第二十三条 经调解达成协议的，港务监督应制作调解书。调解书应当写明当事人的姓名、住所、法定代表人或代理人的姓名及职务、纠纷的主要事实、当事人的责任、协议的内容、调解费的承担、调解协议履行的期限。调解书由当事人各方共同签字，并经港务监督盖印确认。调解书应交当事方各持一份，港务监督留存一份。

第二十四条 调解达成协议的，当事人各方应当自动履行。达成协议后当事人翻悔的或逾期不履行协议的，视为调解不成。

第二十五条 凡向港务监督申请调解的民事纠纷，当事人中途不愿意调解的，应当向港务监督递交撤销调解的书面申请，并通知对方当事人。

第二十六条 港和监督自收到调解申请书之日起三个月内未能使当事人各方达成调解协议的，可以宣布调解不成。

第二十七条 不愿意调解或调解不成的，当事人可以向海事法院起诉或申请海事仲裁机构仲裁。

第二十八条 凡申请港务监督调解的，应向港务监督缴纳调解费。调解的收费标准，由交通部会同国家物价局、财政部制定。

经调解达成协议的，调解费用按当事人过失比例或约定的数额分摊；调解不成的，由当事人各方平均分摊。

第六章 罚　　则

第二十九条 违反本条例规定，有下列行为之一的，港务监督可视情节对有关当事人（自然人）处以警告或者二百元以下罚款；对船舶所有人、经营人处以或者五千元以下罚款：

（一）未按规定的时间向港务监督报告事故或提交《海上交通事故报告书》或本

条例第三十二条要求的判决书、裁决书、调解书的副本的；

（二）未按港务监督要求驶往指定地点，或在未出现危及船舶安全的情况下未经港务监督同意擅自驶离指定地点的；

（三）事故报告或《海上交通事故报告书》的内容不符合规定要求或不真实，影响调查工作进行或给有关部门造成损失的；

（四）违反第九条规定，影响事故调查的；

（五）拒绝接受调查或无理阻挠、干扰港务监督进行调查的；

（六）在受调查时故意隐瞒事实或提供虚假的证明的。

前款第（五）、（六）项行为构成犯罪的，由司法机关依法追究刑事责任。

第三十条　对违反本条例规定，玩忽职守、滥用职权、营私舞弊、索贿受贿的港务监督人员，由行政监察机关或其所在单位给予行政处分；构成犯罪的，由司法机关追究刑事责任。

第三十一条　当事人对港务监督依据本条例给予的处罚不服的，可以依法向人民法院提起行政诉讼。

第七章　特别规定

第三十二条　中国籍船舶在中华人民共和国沿海水域以外发生的海上交通事故，其所有人或经营人应当向船籍港的港务监督报告，并于事故发生之日起六十日内提交《海上交通事故报告书》。如果事故在国外诉讼、仲裁或调解，船舶所有人或经营人应在诉讼、仲裁或调解结束后六十日内将判决书、裁决书或调解书的副本或影印件报船籍港的港务监督备案。

第三十三条　派往外国籍船舶任职的持有中华人民共和国船员职务证书的中国籍船员对海上交通事故的发生负有责任的，其派出单位应当在事故发生之日起六十日内向签发该职务证书的港务监督提交《海上交通事故报告书》。

本条第一款和第三十二条的海上交通事故的调查处理，按本条例的有关规定办理。

第八章　附　　则

第三十四条　对违反海上交通安全管理法规进行违章操作，虽未造成直接的交通事故，但构成重大潜在事故隐患的，港务监督可以依据本条例进行调查和处罚。

第三十五条　因海上交通事故产生的海洋环境污染，按照我国海洋环境保护的有关法律、法规处理。

第三十六条　本条例由交通部负责解释。

第三十七条　本条例自发布之日起施行。

中华人民共和国船员条例

（2007年4月14日中华人民共和国国务院令第494号公布，根据2013年7月18日《国务院关于废止和修改部分行政法规的决定》第一次修订，根据2013年12月7日《国务院关于修改部分行政法规的决定》第二次修订，根据2014年7月29日《国务院关于修改部分行政法规的决定》第三次修订，根据2017年3月1日《国务院关于修改和废止部分行政法规的决定》第四次修订，根据2019年3月2日《国务院关于修改部分行政法规的决定》第五次修订，根据2020年3月27日《国务院关于修改和废止部分行政法规的决定》第六次修订，根据2023年7月20日《国务院关于修改和废止部分行政法规的决定》第七次修订）

第一章 总 则

第一条 为了加强船员管理，提高船员素质，维护船员的合法权益，保障水上交通安全，保护水域环境，制定本条例。

第二条 中华人民共和国境内的船员注册、任职、培训、职业保障以及提供船员服务等活动，适用本条例。

第三条 国务院交通主管部门主管全国船员管理工作。

国家海事管理机构依照本条例负责统一实施船员管理工作。

负责管理中央管辖水域的海事管理机构和负责管理其他水域的地方海事管理机构（以下统称海事管理机构），依照各自职责具体负责船员管理工作。

第二章 船员注册和任职资格

第四条 本条例所称船员，是指依照本条例的规定取得船员适任证书的人员，包括船长、高级船员、普通船员。

本条例所称船长，是指依照本条例的规定取得船长任职资格，负责管理和指挥船舶的人员。

本条例所称高级船员，是指依照本条例的规定取得相应任职资格的大副、二副、三副、轮机长、大管轮、二管轮、三管轮、通信人员以及其他在船舶上任职的高级技术或者管理人员。

本条例所称普通船员，是指除船长、高级船员外的其他船员。

第五条 船员应当依照本条例的规定取得相应的船员适任证书。

申请船员适任证书，应当具备下列条件：

（一）年满18周岁（在船实习、见习人员年满16周岁）且初次申请不超过60周岁；

（二）符合船员任职岗位健康要求；

（三）经过船员基本安全培训。

参加航行和轮机值班的船员还应当经过相应的船员适任培训、特殊培训，具备相应的船员任职资历，并且任职表现和安全记录良好。

国际航行船舶的船员申请适任证书的，还应当通过船员专业外语考试。

第六条　申请船员适任证书，可以向任何有相应船员适任证书签发权限的海事管理机构提出书面申请，并附送申请人符合本条例第五条规定条件的证明材料。对符合规定条件并通过国家海事管理机构组织的船员任职考试的，海事管理机构应当发给相应的船员适任证书及船员服务簿。

第七条　船员适任证书应当注明船员适任的航区（线）、船舶类别和等级、职务以及有效期限等事项。

参加航行和轮机值班的船员适任证书的有效期不超过5年。

船员服务簿应当载明船员的姓名、住所、联系人、联系方式、履职情况以及其他有关事项。

船员服务簿记载的事项发生变更的，船员应当向海事管理机构办理变更手续。

第八条　中国籍船舶的船长应当由中国籍船员担任。

第九条　中国籍船舶在境外遇有不可抗力或者其他特殊情况，无法满足船舶最低安全配员要求，需要由本船下一级船员临时担任上一级职务时，应当向海事管理机构提出申请。海事管理机构根据拟担任上一级船员职务船员的任职资历、任职表现和安全记录，出具相应的证明文件。

第十条　曾经在军用船舶、渔业船舶上工作的人员，或者持有其他国家、地区船员适任证书的船员，依照本条例的规定申请船员适任证书的，海事管理机构可以免除船员培训和考试的相应内容。具体办法由国务院交通主管部门另行规定。

第十一条　以海员身份出入国境和在国外船舶上从事工作的中国籍船员，应当向国家海事管理机构指定的海事管理机构申请中华人民共和国海员证。

申请中华人民共和国海员证，应当符合下列条件：

（一）是中华人民共和国公民；

（二）持有国际航行船舶船员适任证书或者有确定的船员出境任务；

（三）无法律、行政法规规定禁止出境的情形。

第十二条　海事管理机构应当自受理申请之日起7日内做出批准或者不予批准的决定。予以批准的，发给中华人民共和国海员证；不予批准的，应当书面通知申请人并说明理由。

第十三条　中华人民共和国海员证是中国籍船员在境外执行任务时表明其中华人民共和国公民身份的证件。中华人民共和国海员证遗失、被盗或者损毁的，应当向海事管理机构申请补发。船员在境外的，应当向中华人民共和国驻外使馆、领馆申请补发。

中华人民共和国海员证的有效期不超过5年。

第十四条　持有中华人民共和国海员证的船员，在其他国家、地区享有按照当地法律、有关国际条约以及中华人民共和国与有关国家签订的海运或者航运协定规定的权利和通行便利。

第十五条　在中国籍船舶上工作的外国籍船员，应当依照法律、行政法规和国家其他有关规定取得就业许可，并持有国务院交通主管部门规定的相应证书和其所属国政府签发的相关身份证件。

在中华人民共和国管辖水域航行、停泊、作业的外国籍船舶上任职的外国籍船员，应当持有中华人民共和国缔结或者加入的国际条约规定的相应证书和其所属国政府签发的相关身份证件。

第三章　船员职责

第十六条　船员在船工作期间，应当符合下列要求：

（一）携带本条例规定的有效证件；

（二）掌握船舶的适航状况和航线的通航保障情况，以及有关航区气象、海况等必要的信息；

（三）遵守船舶的管理制度和值班规定，按照水上交通安全和防治船舶污染的操作规则操纵、控制和管理船舶，如实填写有关船舶法定文书，不得隐匿、篡改或者销毁有关船舶法定证书、文书；

（四）参加船舶应急训练、演习，按照船舶应急部署的要求，落实各项应急预防措施；

（五）遵守船舶报告制度，发现或者发生险情、事故、保安事件或者影响航行安全的情况，应当及时报告；

（六）在不严重危及自身安全的情况下，尽力救助遇险人员；

（七）不得利用船舶私载旅客、货物，不得携带违禁物品。

第十七条　船长在其职权范围内发布的命令，船舶上所有人员必须执行。

高级船员应当组织下属船员执行船长命令，督促下属船员履行职责。

第十八条　船长管理和指挥船舶时，应当符合下列要求：

（一）保证船舶和船员携带符合法定要求的证书、文书以及有关航行资料；

（二）制订船舶应急计划并保证其有效实施；

（三）保证船舶和船员在开航时处于适航、适任状态，按照规定保障船舶的最低安全配员，保证船舶的正常值班；

（四）执行海事管理机构有关水上交通安全和防治船舶污染的指令，船舶发生水上交通事故或者污染事故的，向海事管理机构提交事故报告；

（五）对本船船员进行日常训练和考核，在本船船员的船员服务簿内如实记载船员的履职情况；

（六）船舶进港、出港、靠泊、离泊，通过交通密集区、危险航区等区域，或者遇有恶劣天气和海况，或者发生水上交通事故、船舶污染事故、船舶保安事件以及其他紧急情况时，应当在驾驶台值班，必要时应当直接指挥船舶；

（七）保障船舶上人员和临时上船人员的安全；

（八）船舶发生事故，危及船舶上人员和财产安全时，应当组织船员和船舶上其他人员尽力施救；

（九）弃船时，应当采取一切措施，首先组织旅客安全离船，然后安排船员离船，船长应当最后离船，在离船前，船长应当指挥船员尽力抢救航海日志、机舱日志、油类记录簿、无线电台日志、本航次使用过的航行图和文件，以及贵重物品、邮件和现金。

第十九条　船长、高级船员在航次中，不得擅自辞职、离职或者中止职务。

第二十条　船长在保障水上人身与财产安全、船舶保安、防治船舶污染水域方面，具有独立决定权，并负有最终责任。

船长为履行职责，可以行使下列权力：

（一）决定船舶的航次计划，对不具备船舶安全航行条件的，可以拒绝开航或者续航；

（二）对船员用人单位或者船舶所有人下达的违法指令，或者可能危及有关人员、财产和船舶安全或者可能造成水域环境污染的指令，可以拒绝执行；

（三）发现引航员的操纵指令可能对船舶航行安全构成威胁或者可能造成水域环境污染时，应当及时纠正、制止，必要时可以要求更换引航员；

（四）当船舶遇险并严重危及船舶上人员的生命安全时，船长可以决定撤离船舶；

（五）在船舶的沉没、毁灭不可避免的情况下，船长可以决定弃船，但是，除紧急情况外，应当报经船舶所有人同意；

（六）对不称职的船员，可以责令其离岗。

船舶在海上航行时，船长为保障船舶上人员和船舶的安全，可以依照法律的规定对在船舶上进行违法、犯罪活动的人采取禁闭或者其他必要措施。

第四章　船员职业保障

第二十一条　船员用人单位和船员应当按照国家有关规定参加工伤保险、医疗保险、养老保险、失业保险以及其他社会保险，并依法按时足额缴纳各项保险费用。

船员用人单位应当为在驶往或者驶经战区、疫区或者运输有毒、有害物质的船舶上工作的船员，办理专门的人身、健康保险，并提供相应的防护措施。

第二十二条　船舶上船员生活和工作的场所，应当符合国家船舶检验规范中有关船员生活环境、作业安全和防护的要求。

船员用人单位应当为船员提供必要的生活用品、防护用品、医疗用品，建立船员健康档案，并为船员定期进行健康检查，防治职业疾病。

船员在船工作期间患病或者受伤的，船员用人单位应当及时给予救治；船员失踪或者死亡的，船员用人单位应当及时做好相应的善后工作。

第二十三条　船员用人单位应当依照有关劳动合同的法律、法规和中华人民共和国缔结或者加入的有关船员劳动与社会保障国际条约的规定，与船员订立劳动合同。

船员用人单位不得招用未取得本条例规定证件的人员上船工作。

第二十四条　船员工会组织应当加强对船员合法权益的保护，指导、帮助船员与船员用人单位订立劳动合同。

第二十五条　船员用人单位应当根据船员职业的风险性、艰苦性、流动性等因素，向船员支付合理的工资，并按时足额发放给船员。任何单位和个人不得克扣船员的工资。

船员用人单位应当向在劳动合同有效期内的待派船员，支付不低于船员用人单位所在地人民政府公布的最低工资。

第二十六条　船员在船工作时间应当符合国务院交通主管部门规定的标准，不得疲劳值班。

船员除享有国家法定节假日的假期外，还享有在船舶上每工作2个月不少于5日的年休假。

船员用人单位应当在船员年休假期间，向其支付不低于该船员在船工作期间平均工资的报酬。

第二十七条　船员在船工作期间，有下列情形之一的，可以要求遣返：

（一）船员的劳动合同终止或者依法解除的；

（二）船员不具备履行船上岗位职责能力的；

（三）船舶灭失的；

（四）未经船员同意，船舶驶往战区、疫区的；

（五）由于破产、变卖船舶、改变船舶登记或者其他原因，船员用人单位、船舶所有人不能继续履行对船员的法定或者约定义务的。

第二十八条　船员可以从下列地点中选择遣返地点：

（一）船员接受招用的地点或者上船任职的地点；

（二）船员的居住地、户籍所在地或者船籍登记国；

（三）船员与船员用人单位或者船舶所有人约定的地点。

第二十九条　船员的遣返费用由船员用人单位支付。遣返费用包括船员乘坐交通工具的费用、旅途中合理的食宿及医疗费用和30公斤行李的运输费用。

第三十条　船员的遣返权利受到侵害的，船员当时所在地民政部门或者中华人民共和国驻境外领事机构，应当向船员提供援助；必要时，可以直接安排船员遣返。民政部门或者中华人民共和国驻境外领事机构为船员遣返所垫付的费用，船员用人单位应当及时返还。

第五章 船员培训和船员服务

第三十一条 申请在船舶上工作的船员，应当按照国务院交通主管部门的规定，完成相应的船员基本安全培训、船员适任培训。

在危险品船、客船等特殊船舶上工作的船员，还应当完成相应的特殊培训。

第三十二条 依法设立的培训机构从事船员培训，应当符合下列条件：

（一）有符合船员培训要求的场地、设施和设备；

（二）有与船员培训相适应的教学人员、管理人员；

（三）有健全的船员培训管理制度、安全防护制度；

（四）有符合国务院交通主管部门规定的船员培训质量控制体系。

第三十三条 依法设立的培训机构从事船员培训业务，应当向国家海事管理机构提出申请，并附送符合本条例第三十二条规定条件的证明材料。

国家海事管理机构应当自受理申请之日起 30 日内，做出批准或者不予批准的决定。予以批准的，发给船员培训许可证；不予批准的，书面通知申请人并说明理由。

第三十四条 从事船员培训业务的机构，应当按照国务院交通主管部门规定的船员培训大纲和水上交通安全、防治船舶污染、船舶保安等要求，在核定的范围内开展船员培训，确保船员培训质量。

第三十五条 从事向中国籍船舶派遣船员业务的机构，应当按照《中华人民共和国劳动合同法》的规定取得劳务派遣许可。

第三十六条 从事代理船员办理申请培训、考试、申领证书（包括外国海洋船舶船员证书）等有关手续，代理船员用人单位管理船员事务，提供船舶配员等船员服务业务的机构（以下简称船员服务机构）应当建立船员档案，加强船舶配员管理，掌握船员的培训、任职资历、安全记录、健康状况等情况并将上述情况定期报监管机构备案。关于船员劳务派遣业务的信息报劳动保障行政部门备案，关于其他业务的信息报海事管理机构备案。

船员用人单位直接招用船员的，应当遵守前款的规定。

第三十七条 船员服务机构应当向社会公布服务项目和收费标准。

第三十八条 船员服务机构为船员提供服务，应当诚实守信，不得提供虚假信息，不得损害船员的合法权益。

第三十九条 船员服务机构为船员用人单位提供船舶配员服务，应当按照相关法律、行政法规的规定订立合同。

船员服务机构为船员用人单位提供的船员受伤、失踪或者死亡的，船员服务机构应当配合船员用人单位做好善后工作。

第六章 监督检查

第四十条 海事管理机构应当建立健全船员管理的监督检查制度，重点加强对船员注册、任职资格、履行职责、安全记录，船员培训机构培训质量，船员服务机构诚实守信以及船员用人单位保护船员合法权益等情况的监督检查，督促船员用人单位、船舶所有人以及相关的机构建立健全船员在船舶上的人身安全、卫生、健康和劳动安全保障制度，落实相应的保障措施。

第四十一条 海事管理机构对船员实施监督检查时，应当查验船员必须携带的证件的有效性，检查船员履行职责的情况，必要时可以进行现场考核。

第四十二条 依照本条例的规定，取得船员适任证书、中华人民共和国海员证的船员以及取得从事船员培训业务许可的机构，不再具备规定条件的，由海事管理机构责令限期改正；拒不改正或者无法改正的，海事管理机构应当撤销相应的行政许可决定，并依法办理有关行政许可的注销手续。

第四十三条　海事管理机构对有违反水上交通安全和防治船舶污染水域法律、行政法规行为的船员，除依法给予行政处罚外，实行累计记分制度。海事管理机构对累计记分达到规定分值的船员，应当扣留船员适任证书，责令其参加水上交通安全、防治船舶污染等有关法律、行政法规的培训并进行相应的考试；考试合格的，发还其船员适任证书。

第四十四条　船舶违反本条例和有关法律、行政法规规定的，海事管理机构应当责令限期改正；在规定期限内未能改正的，海事管理机构可以禁止船舶离港或者限制船舶航行、停泊、作业。

第四十五条　海事管理机构实施监督检查时，应当有2名以上执法人员参加，并出示有效的执法证件。

海事管理机构实施监督检查，可以询问当事人，向有关单位或者个人了解情况，查阅、复制有关资料，并保守被调查单位或者个人的商业秘密。

接受海事管理机构监督检查的有关单位或者个人，应当如实提供有关资料或者情况。

第四十六条　海事管理机构应当公开管理事项、办事程序、举报电话号码、通信地址、电子邮件信箱等信息，自觉接受社会的监督。

第四十七条　劳动保障行政部门应当加强对船员用人单位遵守劳动和社会保障的法律、法规和国家其他有关规定情况的监督检查。

海事管理机构在日常监管中发现船员用人单位或者船员服务机构存在违反劳动和社会保障法律、行政法规规定的行为的，应当及时通报劳动保障行政部门。

第七章　法律责任

第四十八条　违反本条例的规定，以欺骗、贿赂等不正当手段取得船员适任证书、船员培训合格证书、中华人民共和国海员证的，由海事管理机构吊销有关证件，并处2000元以上2万元以下罚款。

第四十九条　违反本条例的规定，伪造、变造或者买卖船员服务簿、船员培训合格证书、中华人民共和国海员证的，由海事管理机构收缴有关证件，处2万元以上10万元以下罚款，有违法所得的，还应当没收违法所得。

第五十条　违反本条例的规定，船员服务簿记载的事项发生变更，船员未办理变更手续的，由海事管理机构责令改正，可以处1000元以下罚款。

第五十一条　违反本条例的规定，船员有下列情形之一的，由海事管理机构处1000元以上1万元以下罚款；情节严重的，并给予暂扣船员适任证书6个月以上2年以下直至吊销船员适任证书的处罚：

（一）未遵守值班规定擅自离开工作岗位的；

（二）未按照水上交通安全和防治船舶污染操作规则操纵、控制和管理船舶的；

（三）发现或者发生险情、事故、保安事件或者影响航行安全的情况未及时报告的；

（四）未如实填写或者记载有关船舶、船员法定文书的；

（五）隐匿、篡改或者销毁有关船舶、船员法定证书、文书的；

（六）不依法履行救助义务或者肇事逃逸的；

（七）利用船舶私载旅客、货物或者携带违禁物品的。

第五十二条　违反本条例的规定，船长有下列情形之一的，由海事管理机构处2000元以上2万元以下罚款；情节严重的，并给予暂扣船员适任证书6个月以上2年以下直至吊销船员适任证书的处罚：

（一）未保证船舶和船员携带符合法定要求的文书以及有关航行资料的；

（二）未保证船舶和船员在开航时处于适航、适任状态，或者未按照规定保障船舶的最低安全配员，或者未保证船舶的正常值班的；

（三）未在船员服务簿内如实记载船员的履职情况的；

（四）船舶进港、出港、靠泊、离泊，通过交通密集区、危险航区等区域，或者遇有恶劣天气和海况，或者发生水上交通事故、船舶污染事故、船舶保安事件以及其他紧急情况时，未在驾驶台值班的；

（五）在弃船或者撤离船舶时未最后离船的。

第五十三条 船员适任证书被吊销的，自被吊销之日起 2 年内，不得申请船员适任证书。

第五十四条 违反本条例的规定，船员用人单位、船舶所有人有下列行为之一的，由海事管理机构责令改正，处 3 万元以上 15 万元以下罚款：

（一）中国籍船舶擅自招用外国籍船员担任船长的；

（二）船员在船舶上生活和工作的场所不符合国家船舶检验规范中有关船员生活环境、作业安全和防护要求的；

（三）不履行遣返义务的；

（四）船员在船工作期间患病或者受伤，未及时给予救治的。

第五十五条 违反本条例的规定，未取得船员培训许可证擅自从事船员培训的，由海事管理机构责令改正，处 5 万元以上 25 万元以下罚款，有违法所得的，还应当没收违法所得。

第五十六条 违反本条例的规定，船员培训机构不按照国务院交通主管部门规定的培训大纲和水上交通安全、防治船舶污染等要求，进行培训的，由海事管理机构责令改正，可以处 2 万元以上 10 万元以下罚款；情节严重的，给予暂扣船员培训许可证 6 个月以上 2 年以下直至吊销船员培训许可证的处罚。

第五十七条 违反本条例的规定，船员服务机构和船员用人单位未将其招用或者管理的船员的有关情况定期报海事管理机构或者劳动保障行政部门备案的，由海事管理机构或者劳动保障行政部门责令改正，处 5000 元以上 2 万元以下罚款。

第五十八条 违反本条例的规定，船员服务机构在提供船员服务时，提供虚假信息，欺诈船员的，由海事管理机构或者劳动保障行政部门依据职责责令改正，处 3 万元以上 15 万元以下罚款；情节严重的，并给予暂停船员服务 6 个月以上 2 年以下直至吊销相关业务经营许可的处罚。

第五十九条 违反本条例规定，船员服务机构从事船员劳务派遣业务时未依法与相关劳动者或者船员用人单位订立合同的，由劳动保障行政部门按照相关劳动法律、行政法规的规定处罚。

第六十条 海事管理机构工作人员有下列情形之一的，依法给予处分：

（一）违反规定签发船员适任证书、中华人民共和国海员证，或者违反规定批准船员培训机构从事相关活动的；

（二）不依法履行监督检查职责的；

（三）不依法实施行政强制或者行政处罚的；

（四）滥用职权、玩忽职守的其他行为。

第六十一条 违反本条例的规定，情节严重，构成犯罪的，依法追究刑事责任。

第八章 附 则

第六十二条 申请参加取得船员适任证书考试，应当按照国家有关规定交纳考试费用。

第六十三条 引航员的培训依照本条例有关船员培训的规定执行。引航员管理的具体办法由国务院交通主管部门制订。

第六十四条 军用船舶船员的管理，按照国家和军队有关规定执行。

渔业船员的管理由国务院渔业行政主管部门负责，具体管理办法由国务院渔业行政主管部门参照本条例另行规定。

第六十五条　除本条例对船员用人单位及船员的劳动和社会保障有特别规定外，船员用人单位及船员应当执行有关劳动和社会保障的法律、行政法规以及国家有关规定。

船员专业技术职称的取得和专业技术职务的聘任工作，按照国家有关规定实施。

第六十六条　本条例自 2007 年 9 月 1 日起施行。

中华人民共和国船舶登记条例

（1994 年 6 月 2 日中华人民共和国国务院令第 155 号发布，根据 2014 年 7 月 29 日《国务院关于修改部分行政法规的决定》修订）

第一章　总　　则

第一条　为了加强国家对船舶的监督管理，保障船舶登记有关各方的合法权益，制定本条例。

第二条　下列船舶应当依照本条例规定进行登记：

（一）在中华人民共和国境内有住所或者主要营业所的中国公民的船舶。

（二）依据中华人民共和国法律设立的主要营业所在中华人民共和国境内的企业法人的船舶。但是，在该法人的注册资本中有外商出资的，中方投资人的出资额不得低于 50%。

（三）中华人民共和国政府公务船舶和事业法人的船舶。

（四）中华人民共和国港务监督机构认为应当登记的其他船舶。

军事船舶、渔业船舶和体育运动船艇的登记依照有关法规的规定办理。

第三条　船舶经依法登记，取得中华人民共和国国籍，方可悬挂中华人民共和国国旗航行；未经登记的，不得悬挂中华人民共和国国旗航行。

第四条　船舶不得具有双重国籍。凡在外国登记的船舶，未中止或者注销原登记国国籍的，不得取得中华人民共和国国籍。

第五条　船舶所有权的取得、转让和消灭，应当向船舶登记机关登记；未经登记的，不得对抗第三人。

船舶由二个以上的法人或者个人共有的，应当向船舶登记机关登记；未经登记的，不得对抗第三人。

第六条　船舶抵押权、光船租赁权的设定、转移和消灭，应当向船舶登记机关登记；未经登记的，不得对抗第三人。

第七条　中国籍船舶上应持适任证书的船员，必须持有相应的中华人民共和国船员适任证书。

第八条　中华人民共和国港务监督机构是船舶登记主管机关。

各港的港务监督机构是具体实施船舶登记的机关（以下简称船舶登记机关），其管辖范围由中华人民共和国港务监督机构确定。

第九条　船舶登记港为船籍港。

船舶登记港由船舶所有人依据其住所或者主要营业所所在地就近选择，但是不得选择 2 个或者 2 个以上的船舶登记港。

第十条　一艘船舶只准使用一个名称。

船名由船籍港船舶登记机关核定。船名

不得与登记在先的船舶重名或者同音。

第十一条　船舶登记机关应当建立船舶登记簿。

船舶登记机关应当允许利害关系人查阅船舶登记簿。

第十二条　国家所有的船舶由国家授予具有法人资格的全民所有制企业经营管理的，本条例有关船舶所有人的规定适用于该法人。

第二章　船舶所有权登记

第十三条　船舶所有人申请船舶所有权登记，应当向船籍港船舶登记机关交验足以证明其合法身份的文件，并提供有关船舶技术资料和船舶所有权取得的证明文件的正本、副本。

就购买取得的船舶申请船舶所有权登记的，应当提供下列文件：

（一）购船发票或者船舶的买卖合同和交接文件；

（二）原船籍港船舶登记机关出具的船舶所有权登记注销证明书；

（三）未进行抵押的证明文件或者抵押权人同意被抵押船舶转让他人的文件。

就新造船舶申请船舶所有权登记的，应当提供船舶建造合同和交接文件。但是，就建造中的船舶申请船舶所有权登记的，仅需提供船舶建造合同；就自造自用船舶申请船舶所有权登记的，应当提供足以证明其所有权取得的文件。

就因继承、赠与、依法拍卖以及法院判决取得的船舶申请船舶所有权登记的，应当提供具有相应法律效力的船舶所有权取得的证明文件。

第十四条　船籍港船舶登记机关应当对船舶所有权登记申请进行审查核实；对符合本条例规定的，应当自收到申请之日起 7 日内向船舶所有人颁发船舶所有权登记证书，授予船舶登记号码，并在船舶登记簿中载明下列事项：

（一）船舶名称、船舶呼号；

（二）船籍港和登记号码、登记标志；

（三）船舶所有人的名称、地址及其法定代表人的姓名；

（四）船舶所有权的取得方式和取得日期；

（五）船舶所有权登记日期；

（六）船舶建造商名称、建造日期和建造地点；

（七）船舶价值、船体材料和船舶主要技术数据；

（八）船舶的曾用名、原船籍港以及原船舶登记的注销或者中止的日期；

（九）船舶为数人共有的，还应当载明船舶共有人的共有情况；

（十）船舶所有人不实际使用和控制船舶的，还应当载明光船承租人或者船舶经营人的名称、地址及其法定代表人的姓名；

（十一）船舶已设定抵押权的，还应当载明船舶抵押权的设定情况。

船舶登记机关对不符合本条例规定的，应当自收到申请之日起 7 日内书面通知船舶所有人。

第三章　船舶国籍

第十五条　船舶所有人申请船舶国籍，除应当交验依照本条例取得的船舶所有权登记证书外，还应当按照船舶航区相应交验下列文件：

（一）航行国际航线的船舶，船舶所有人应当根据船舶的种类交验法定的船舶检验机构签发的下列有效船舶技术证书：

1. 国际吨位丈量证书；
2. 国际船舶载重线证书；
3. 货船构造安全证书；
4. 货船设备安全证书；
5. 乘客定额证书；
6. 客船安全证书；
7. 货船无线电报安全证书；
8. 国际防止油污证书；
9. 船舶航行安全证书；

10. 其他有关技术证书。

（二）国内航行的船舶，船舶所有人应当根据船舶的种类交验法定的船舶检验机构签发的船舶检验证书簿和其他有效船舶技术证书。

从境外购买具有外国国籍的船舶，船舶所有人在申请船舶国籍时，还应当提供原船籍港船舶登记机关出具的注销原国籍的证明书或者将于重新登记时立即注销原国籍的证明书。

对经审查符合本条例规定的船舶，船籍港船舶登记机关予以核准并发给船舶国籍证书。

第十六条　依照本条例第十三条规定申请登记的船舶，经核准后，船舶登记机关发给船舶国籍证书。船舶国籍证书的有效期为5年。

第十七条　向境外出售新造的船舶，船舶所有人应当持船舶所有权取得的证明文件和有效船舶技术证书，到建造地船舶登记机关申请办理临时船舶国籍证书。

从境外购买新造的船舶，船舶所有人应当持船舶所有权取得的证明文件和有效船舶技术证书，到中华人民共和国驻外大使馆、领事馆申请办理临时船舶国籍证书。

境内异地建造船舶，需要办理临时船舶国籍证书的，船舶所有人应当持船舶建造合同和交接文件以及有效船舶技术证书，到建造地船舶登记机关申请办理临时船舶国籍证书。

在境外建造船舶，船舶所有人应当持船舶建造合同和交接文件以及有效船舶技术证书，到中华人民共和国驻外大使馆、领事馆申请办理临时船舶国籍证书。

以光船条件从境外租进船舶，光船承租人应当持光船租赁合同和原船籍港船舶登记机关出具的中止或者注销原国籍的证明书，或者将于重新登记时立即中止或者注销原国籍的证明书到船舶登记机关申请办理临时船舶国籍证书。

对经审查符合本条例规定的船舶，船舶登记机关或者中华人民共和国驻外大使馆、领事馆予以核准并发给临时船舶国籍证书。

第十八条　临时船舶国籍证书的有效期一般不超过1年。

以光船租赁条件从境外租进的船舶，临时船舶国籍证书的期限可以根据租期确定，但是最长不得超过2年。光船租赁合同期限超过2年的，承租人应当在证书有效期内，到船籍港船舶登记机关申请换发临时船舶国籍证书。

第十九条　临时船舶国籍证书和船舶国籍证书具有同等法律效力。

第四章　船舶抵押权登记

第二十条　对20总吨以上的船舶设定抵押权时，抵押权人和抵押人应当持下列文件到船籍港船舶登记机关申请办理船舶抵押权登记：

（一）双方签字的书面申请书；

（二）船舶所有权登记证书或者船舶建造合同；

（三）船舶抵押合同。

该船舶设定有其他抵押权的，还应当提供有关证明文件。

船舶共有人就共有船舶设定抵押权时，还应当提供2/3以上份额或者约定份额的共有人的同意证明文件。

第二十一条　对经审查符合本条例规定的，船籍港船舶登记机关应当自收到申请之日起7日内将有关抵押人、抵押权人和船舶抵押情况以及抵押登记日期载入船舶登记簿和船舶所有权登记证书，并向抵押权人核发船舶抵押权登记证书。

第二十二条　船舶抵押权登记，包括下列主要事项：

（一）抵押权人和抵押人的姓名或者名称、地址；

（二）被抵押船舶的名称、国籍，船舶所有权登记证书的颁发机关和号码；

（三）所担保的债权数额、利息率、受

偿期限。

船舶登记机关应当允许公众查询船舶抵押权的登记状况。

第二十三条　船舶抵押权转移时，抵押权人和承转人应当持船舶抵押权转移合同到船籍港船舶登记机关申请办理抵押权转移登记。

对经审查符合本条例规定的，船籍港船舶登记机关应当将承转人作为抵押权人载入船舶登记簿和船舶所有权登记证书，并向承转人核发船舶抵押权登记证书，封存原船舶抵押权登记证书。

办理船舶抵押权转移前，抵押权人应当通知抵押人。

第二十四条　同一船舶设定 2 个以上抵押权的，船舶登记机关应当按照抵押权登记申请日期的先后顺序进行登记，并在船舶登记簿上载明登记日期。

登记申请日期为登记日期；同日申请的，登记日期应当相同。

第五章　光船租赁登记

第二十五条　有下列情形之一的，出租人、承租人应当办理光船租赁登记：

（一）中国籍船舶以光船条件出租给本国企业的；

（二）中国企业以光船条件租进外国籍船舶的；

（三）中国籍船舶以光船条件出租境外的。

第二十六条　船舶在境内出租时，出租人和承租人应当在船舶起租前，持船舶所有权登记证书、船舶国籍证书和光船租赁合同正本、副本，到船籍港船舶登记机关申请办理光船租赁登记。

对经审查符合本条例规定的，船籍港船舶登记机关应当将船舶租赁情况分别载入船舶所有权登记证书和船舶登记簿，并向出租人、承租人核发光船租赁登记证明书各 1 份。

第二十七条　船舶以光船条件出租境外时，出租人应当持本条例第二十六条规定的文件到船籍港船舶登记机关申请办理光船租赁登记。

对经审查符合本条例规定的，船籍港船舶登记机关应当依照本条例第四十二条规定中止或者注销其船舶国籍，并发给光船租赁登记证明书一式 2 份。

第二十八条　以光船条件从境外租进船舶，承租人应当比照本条例第九条规定确定船籍港，并在船舶起租前持下列文件，到船舶登记机关申请办理光船租赁登记：

（一）光船租赁合同正本、副本；

（二）法定的船舶检验机构签发的有效船舶技术证书；

（三）原船籍港船舶登记机关出具的中止或者注销船舶国籍证明书，或者将于重新登记时立即中止或者注销船舶国籍的证明书。

对经审查符合本条例规定的，船舶登记机关应当发给光船租赁登记证明书，并应当依照本条例第十七条的规定发给临时船舶国籍证书，在船舶登记簿上载明原登记国。

第二十九条　需要延长光船租赁期限的，出租人、承租人应当在光船租赁合同期满前 15 日，持光船租赁登记证明书和续租合同正本、副本，到船舶登记机关申请办理续租登记。

第三十条　在光船租赁期间，未经出租人书面同意，承租人不得申请光船转租登记。

第六章　船舶标志和公司旗

第三十一条　船舶应当具有下列标志：

（一）船首两舷和船尾标明船名；

（二）船尾船名下方标明船籍港；

（三）船名、船籍港下方标明汉语拼音；

（四）船首和船尾两舷标明吃水标尺；

（五）船舶中部两舷标明载重线。

受船型或者尺寸限制不能在前款规定的位置标明标志的船舶，应当在船上显著位置标明船名和船籍港。

第三十二条　船舶所有人设置船舶烟囱标志、公司旗，可以向船籍港船舶登记机关申请登记，并按照规定提供标准设计图纸。

第三十三条　同一公司的船舶只准使用一个船舶烟囱标志、公司旗。

船舶烟囱标志、公司旗由船籍港船舶登记机关审核。

船舶烟囱标志、公司旗不得与登记在先的船舶烟囱标志、公司旗相同或者相似。

第三十四条　船籍港船舶登记机关对经核准予以登记的船舶烟囱标志、公司旗应当予以公告。

业经登记的船舶烟囱标志、公司旗属登记申请人专用，其他船舶或者公司不得使用。

第七章　变更登记和注销登记

第三十五条　船舶登记项目发生变更时，船舶所有人应当持船舶登记的有关证明文件和变更证明文件，到船籍港船舶登记机关办理变更登记。

第三十六条　船舶变更船籍港时，船舶所有人应当持船舶国籍证书和变更证明文件，到原船籍港船舶登记机关申请办理船籍港变更登记。对经审查符合本条例规定的，原船籍港船舶登记机关应当在船舶国籍证书签证栏内注明，并将船舶有关登记档案转交新船籍港船舶登记机关，船舶所有人再到新船籍港船舶登记机关办理登记。

第三十七条　船舶共有情况发生变更时，船舶所有人应当持船舶所有权登记证书和有关船舶共有情况变更的证明文件，到船籍港船舶登记机关办理有关变更登记。

第三十八条　船舶抵押合同变更时，抵押权人和抵押人应当持船舶所有权登记证书、船舶抵押权登记证书和船舶抵押合同变更的证明文件，到船籍港船舶登记机关办理变更登记。

对经审查符合本条例规定的，船籍港船舶登记机关应当在船舶所有权登记证书和船舶抵押权登记证书以及船舶登记簿上注明船舶抵押合同的变更事项。

第三十九条　船舶所有权发生转移时，原船舶所有人应当持船舶所有权登记证书、船舶国籍证书和其他有关证明文件到船籍港船舶登记机关办理注销登记。

对经审查符合本条例规定的，船籍港船舶登记机关应当注销该船舶在船舶登记簿上的所有权登记以及与之相关的登记，收回有关登记证书，并向船舶所有人出具相应的船舶登记注销证明书。向境外出售的船舶，船舶登记机关可以根据具体情况出具注销国籍的证明书或者将于重新登记时立即注销国籍的证明书。

第四十条　船舶灭失（含船舶拆解、船舶沉没）和船舶失踪，船舶所有人应当自船舶灭失（含船舶拆解、船舶沉没）或者船舶失踪之日起3个月内持船舶所有权登记证书、船舶国籍证书和有关船舶灭失（含船舶拆解、船舶沉没）、船舶失踪的证明文件，到船籍港船舶登记机关办理注销登记。经审查核实，船籍港船舶登记机关应当注销该船舶在船舶登记簿上的登记，收回有关登记证书，并向船舶所有人出具船舶登记注销证明书。

第四十一条　船舶抵押合同解除，抵押权人和抵押人应当持船舶所有权登记证书、船舶抵押权登记证书和经抵押权人签字的解除抵押合同的文件，到船籍港船舶登记机关办理注销登记。对经审查符合本条例规定的，船籍港船舶登记机关应当注销其在船舶所有权登记证书和船舶登记簿上的抵押登记的记录。

第四十二条　以光船条件出租到境外的船舶，出租人除依照本条例第二十七条规定办理光船租赁登记外，还应当办理船舶国籍的中止或者注销登记。船籍港船舶登记机关应当封存原船舶国籍证书，发给中止或者注销船舶国籍证明书。特殊情况下，船籍港船舶登记机关可以发给将于重新登记时立即中止或者注销船舶国籍的证明书。

第四十三条 光船租赁合同期满或者光船租赁关系终止，出租人应当自光船租赁合同期满或者光船租赁关系终止之日起15日内，持船舶所有权登记证书、光船租赁合同或者终止光船租赁关系的证明文件，到船籍港船舶登记机关办理光船租赁注销登记。

以光船条件出租到境外的船舶，出租人还应当提供承租人所在地船舶登记机关出具的注销船舶国籍证明书或者将于重新登记时立即注销船舶国籍的证明书。

经核准后，船籍港船舶登记机关应当注销其在船舶所有权登记证书和船舶登记簿上的光船租赁登记的记录，并发还原船舶国籍证书。

第四十四条 以光船条件租进的船舶，承租人应当自光船租赁合同期满或者光船租赁关系终止之日起15日内，持光船租赁合同、终止光船租赁关系的证明文件，到船籍港船舶登记机关办理注销登记。

以光船条件从境外租进的船舶，还应当提供临时船舶国籍证书。

经核准后，船籍港船舶登记机关应当注销其在船舶登记簿上的光船租赁登记，收回临时船舶国籍证书，并出具光船租赁登记注销证明书和临时船舶国籍注销证明书。

第八章 船舶所有权登记证书、船舶国籍证书的换发和补发

第四十五条 船舶国籍证书有效期届满前1年内，船舶所有人应当持船舶国籍证书和有效船舶技术证书，到船籍港船舶登记机关办理证书换发手续。

第四十六条 船舶所有权登记证书、船舶国籍证书污损不能使用的，持证人应当向船籍港船舶登记机关申请换发。

第四十七条 船舶所有权登记证书、船舶国籍证书遗失的，持证人应当书面叙明理由，附具有关证明文件，向船籍港船舶登记机关申请补发。

船籍港船舶登记机关应当在当地报纸上公告声明原证书作废。

第四十八条 船舶所有人在境外发现船舶国籍证书遗失或者污损时，应当向中华人民共和国驻外大使馆、领事馆申请办理临时船舶国籍证书，但是必须在抵达本国第一个港口后及时向船籍港船舶登记机关申请换发船舶国籍证书。

第九章 法律责任

第四十九条 假冒中华人民共和国国籍，悬挂中华人民共和国国旗航行的，由船舶登记机关依法没收该船舶。

中国籍船舶假冒外国国籍，悬挂外国国旗航行的，适用前款规定。

第五十条 隐瞒在境内或者境外的登记事实，造成双重国籍的，由船籍港船舶登记机关吊销其船舶国籍证书，并视情节处以下列罚款：

（一）500总吨以下的船舶，处2000元以上、1万元以下的罚款；

（二）501总吨以上、10000总吨以下的船舶，处以1万元以上、5万元以下的罚款；

（三）10001总吨以上的船舶，处以5万元以上、20万元以下的罚款。

第五十一条 违反本条例规定，有下列情形之一的，船籍港船舶登记机关可以视情节给予警告、根据船舶吨位处以本条例第五十条规定的罚款数额的50%直至没收船舶登记证书：

（一）在办理登记手续时隐瞒真实情况、弄虚作假的；

（二）隐瞒登记事实，造成重复登记的；

（三）伪造、涂改船舶登记证书的。

第五十二条 不按照规定办理变更或者注销登记的，或者使用过期的船舶国籍证书或者临时船舶国籍证书的，由船籍港船舶登

记机关责令其补办有关登记手续；情节严重的，可以根据船舶吨位处以本条例第五十条规定的罚款数额的10%。

第五十三条　违反本条例规定，使用他人业经登记的船舶烟囱标志、公司旗的，由船籍港船舶登记机关责令其改正；拒不改正的，可以根据船舶吨位处以本条例第五十条规定的罚款数额的10%；情节严重的，并可以吊销其船舶国籍证书或者临时船舶国籍证书。

第五十四条　船舶登记机关的工作人员滥用职权、徇私舞弊、玩忽职守、严重失职的，由所在单位或者上级机关给予行政处分；构成犯罪的，依法追究刑事责任。

第五十五条　当事人对船舶登记机关的具体行政行为不服的，可以依照国家有关法律、行政法规的规定申请复议或者提起行政诉讼。

第十章　附　　则

第五十六条　本条例下列用语的含义是：

（一）“船舶”系指各类机动、非机动船舶以及其他水上移动装置，但是船舶上装备的救生艇筏和长度小于5米的艇筏除外。

（二）“渔业船舶”系指从事渔业生产的船舶以及属于水产系统为渔业生产服务的船舶。

（三）“公务船舶”系指用于政府行政管理目的的船舶。

第五十七条　除公务船舶外，船舶登记机关按照规定收取船舶登记费。船舶登记费的收费标准和管理办法，由国务院财政部门、物价行政主管部门会同国务院交通行政主管部门制定。

第五十八条　船舶登记簿、船舶国籍证书、临时船舶国籍证书、船舶所有权登记证书、船舶抵押权登记证书、光船租赁登记证明书、申请书以及其他证明书的格式，由中华人民共和国港务监督机构统一制定。

第五十九条　本条例自1995年1月1日起施行。

中华人民共和国船舶和海上设施检验条例

（1993年2月14日中华人民共和国国务院令第109号发布，根据2019年3月2日《国务院关于修改部分行政法规的决定》修订）

第一章　总　　则

第一条　为了保证船舶、海上设施和船运货物集装箱具备安全航行、安全作业的技术条件，保障人民生命财产的安全和防止水域环境污染，制定本条例。

第二条　本条例适用于：

（一）在中华人民共和国登记或者将在中华人民共和国登记的船舶（以下简称中国籍船舶）；

（二）根据本条例或者国家有关规定申请检验的外国籍船舶；

（三）在中华人民共和国沿海水域内设置或者将在中华人民共和国沿海水域内设置的海上设施（以下简称海上设施）；

（四）在中华人民共和国登记的企业法

人所拥有的船运货物集装箱（以下简称集装箱）。

第三条 中华人民共和国船舶检验局（以下简称船检局）是依照本条例规定实施各项检验工作的主管机构。

经国务院交通主管部门批准，船检局可以在主要港口和工业区设置船舶检验机构。

经国务院交通主管部门和省、自治区、直辖市人民政府批准，省、自治区、直辖市人民政府交通主管部门可以在所辖港口设置地方船舶检验机构。

第四条 中国船级社是社会团体性质的船舶检验机构，承办国内外船舶、海上设施和集装箱的入级检验、鉴证检验和公证检验业务；经船检局授权，可以代行法定检验。

第五条 实施本条例规定的各项检验，应当贯彻安全第一、质量第一的原则，鼓励新技术的开发和应用。

第二章 船舶检验

第六条 船舶检验分别由下列机构实施：

（一）船检局设置的船舶检验机构；

（二）省、自治区、直辖市人民政府交通主管部门设置的地方船舶检验机构；

（三）船检局委托、指定或者认可的检验机构。

前款所列机构，以下统称船舶检验机构。

第七条 中国籍船舶的所有人或者经营人，必须向船舶检验机构申请下列检验：

（一）建造或者改建船舶时，申请建造检验；

（二）营运中的船舶，申请定期检验；

（三）由外国籍船舶改为中国籍船舶的，申请初次检验。

第八条 中国籍船舶所使用的有关海上交通安全的和防止水域环境污染的重要设备、部件和材料，须经船舶检验机构按照有关规定检验。

第九条 中国籍船舶须由船舶检验机构测定总吨位和净吨位，核定载重线和乘客定额。

第十条 在中国沿海水域从事钻探、开发作业的外国籍钻井船、移动式平台的所有人或者经营人，必须向船检局设置或者指定的船舶检验机构申请下列检验：

（一）作业前检验；

（二）作业期间的定期检验。

第十一条 中国沿海水域内的移动式平台、浮船坞和其他大型设施进行拖带航行，起拖前必须向船检局设置的或者指定的船舶检验机构申请拖航检验。

第十二条 中国籍船舶有下列情形之一的，船舶所有人或者经营人必须向船舶检验机构申请临时检验：

（一）因发生事故，影响船舶适航性能的；

（二）改变船舶证书所限定的用途或者航区的；

（三）船舶检验机构签发的证书失效的；

（四）海上交通安全或者环境保护主管机关责成检验的。

在中国港口内的外国籍船舶，有前款（一）、（四）项所列情形之一的，必须向船检局设置或者指定的船舶检验机构申请临时检验。

第十三条 下列中国籍船舶，必须向中国船级社申请入级检验：

（一）从事国际航行的船舶；

（二）在海上航行的乘客定额一百人以上的客船；

（三）载重量一千吨以上的油船；

（四）滚装船、液化气体运输船和散装化学品运输船；

（五）船舶所有人或者经营人要求入级的其他船舶。

第十四条 船舶经检验合格后，船舶检验机构应当按照规定签发相应的检验证书。

第三章　海上设施检验

第十五条　海上设施的所有人或者经营人，必须向船检局设置或者指定的船舶检验机构申请下列检验，但是本条例第三十一条规定的除外：

（一）建造或者改建海上设施时，申请建造检验；

（二）使用中的海上设施，申请定期检验；

（三）因发生事故影响海上设施安全性能的，申请临时检验；

（四）海上交通安全或者环境保护主管机关责成检验的，申请临时检验。

第十六条　海上设施经检验合格后，船舶检验机构应当按照规定签发相应的检验证书。

第四章　集装箱检验

第十七条　集装箱的所有人或者经营人，必须向船检局设置或者指定的船舶检验机构申请下列检验：

（一）制造集装箱时，申请制造检验；

（二）使用中的集装箱，申请定期检验。

第十八条　集装箱经检验合格后，船舶检验机构应当按照规定签发相应的检验证书。

第五章　检验管理

第十九条　船舶、海上设施、集装箱的检验制度和技术规范，除本条例第三十一条规定的外，由船检局制订，经国务院交通主管部门批准后公布施行。

第二十条　船舶检验机构的检验人员，必须具备相应的专业知识和检验技能，并经考核合格。

第二十一条　检验人员执行检验任务或者对事故进行技术分析调查时，有关单位应当提供必要的条件。

第二十二条　船舶检验机构实施检验，按照规定收取费用。收费办法由国务院交通主管部门会同国务院物价主管部门、国务院财政主管部门制定。

第二十三条　当事人对船舶检验机构的检验结论有异议的，可以向上一级检验机构申请复验；对复验结论仍有异议的，可以向船检局提出再复验，由船检局组织技术专家组进行检验、评议，作出最终结论。

第二十四条　任何单位和个人不得涂改、伪造检验证书，不得擅自更改船舶检验机构勘划的船舶载重线。

第二十五条　关于外国船舶检验机构在中国境内设置常驻代表机构或者派驻检验人员的管理办法，由国务院交通主管部门制定。

第六章　罚　　则

第二十六条　涂改检验证书、擅自更改船舶载重线或者以欺骗行为获取检验证书的，船检局或者其委托的检验机构有权撤销已签发的相应证书，并可以责令改正或者补办有关手续。

第二十七条　伪造船舶检验证书或者擅自更改船舶载重线的，由有关行政主管机关给予通报批评，并可以处以相当于相应的检验费一倍至五倍的罚款；构成犯罪的，由司法机关依法追究刑事责任。

第二十八条　船舶检验机构的检验人员滥用职权、徇私舞弊、玩忽职守、严重失职的，由所在单位或者上级机关给予行政处分或者撤销其检验资格；情节严重，构成犯罪的，由司法机关依法追究刑事责任。

第七章　附　　则

第二十九条　本条例下列用语的定义：

（一）船舶，是指各类排水或者非排水船、艇、水上飞机、潜水器和移动式平台。

（二）海上设施，是指水上水下各种固

定或者浮动建筑、装置和固定平台。

（三）沿海水域，是指中华人民共和国沿海的港口、内水和领海以及国家管辖的一切其他海域。

第三十条 除从事国际航行的渔业辅助船舶依照本条例进行检验外，其他渔业船舶的检验，由国务院交通运输主管部门按照相关渔业船舶检验的行政法规执行。

第三十一条 海上设施中的海上石油天然气生产设施的检验，由国务院石油主管部门会同国务院交通主管部门另行规定。

第三十二条 下列船舶不适用本条例：

（一）军用舰艇、公安船艇和体育运动船艇；

（二）按照船舶登记规定，不需要登记的船舶。

第三十三条 本条例自发布之日起施行。

中华人民共和国航标条例

（1995 年 12 月 3 日中华人民共和国国务院令第 187 号发布，根据2011 年 1 月 8 日国务院令第 588 号《国务院关于废止和修改部分行政法规的决定》修订）

第一条 为了加强对航标的管理和保护，保证航标处于良好的使用状态，保障船舶航行安全，制定本条例。

第二条 本条例适用于在中华人民共和国的领域及管辖的其他海域设置的航标。

本条例所称航标，是指供船舶定位、导航或者用于其他专用目的的助航设施，包括视觉航标、无线电导航设施和音响航标。

第三条 国务院交通行政主管部门负责管理和保护除军用航标和渔业航标以外的航标。国务院交通行政主管部门设立的流域航道管理机构、海区港务监督机构和县级以上地方人民政府交通行政主管部门，负责管理和保护本辖区内军用航标和渔业航标以外的航标。交通行政主管部门和国务院交通行政主管部门设立的流域航道管理机构、海区港务监督机构统称航标管理机关。

军队的航标管理机构、渔政渔港监督管理机构，在军用航标、渔业航标的管理和保护方面分别行使航标管理机关的职权。

第四条 航标的管理和保护，实行统一管理、分级负责和专业保护与群众保护相结合的原则。

第五条 任何单位和个人都有保护航标的义务。

禁止一切危害航标安全和损害航标工作效能的行为。

对于危害航标安全或者损害航标工作效能的行为，任何单位和个人都有权制止、检举和控告。

第六条 航标由航标管理机关统一设置；但是，本条第二款规定的航标除外。

专业单位可以自行设置自用的专用航标。专用航标的设置、撤除、位置移动和其他状况改变，应当经航标管理机关同意。

第七条 航标管理机关和专业单位设置航标，应当符合国家有关规定和技术标准。

第八条 航标管理机关设置、撤除航标或者移动航标位置以及改变航标的其他状况时，应当及时通报有关部门。

第九条 航标管理机关和专业单位分别负责各自设置的航标的维护保养，保证航标处于良好的使用状态。

第十条 任何单位或者个人发现航标损

坏、失常、移位或者漂失时，应当立即向航标管理机关报告。

第十一条　任何单位和个人不得在航标附近设置可能被误认为航标或者影响航标工作效能的灯光或者音响装置。

第十二条　因施工作业需要搬迁、拆除航标的，应当征得航标管理机关同意，在采取替补措施后方可搬迁、拆除。搬迁、拆除航标所需的费用，由施工作业单位或者个人承担。

第十三条　在视觉航标的通视方向或者无线电导航设施的发射方向，不得构筑影响航标正常工作效能的建筑物、构筑物，不得种植影响航标正常工作效能的植物。

第十四条　船舶航行时，应当与航标保持适当距离，不得触碰航标。

船舶触碰航标，应当立即向航标管理机关报告。

第十五条　禁止下列危害航标的行为：

（一）盗窃、哄抢或者以其他方式非法侵占航标、航标器材；

（二）非法移动、攀登或者涂抹航标；

（三）向航标射击或者投掷物品；

（四）在航标上攀架物品，拴系牲畜、船只、渔业捕捞器具、爆炸物品等；

（五）损坏航标的其他行为。

第十六条　禁止破坏航标辅助设施的行为。

前款所称航标辅助设施，是指为航标及其管理人员提供能源、水和其他所需物资而设置的各类设施，包括航标场地、直升机平台、登陆点、码头、趸船、水塔、储水池、水井、油（水）泵房、电力设施、业务用房以及专用道路、仓库等。

第十七条　禁止下列影响航标工作效能的行为：

（一）在航标周围20米内或者在埋有航标地下管道、线路的地面钻孔、挖坑、采掘土石、堆放物品或者进行明火作业；

（二）在航标周围150米内进行爆破作业；

（三）在航标周围500米内烧荒；

（四）在无线电导航设施附近设置、使用影响导航设施工作效能的高频电磁辐射装置、设备；

（五）在航标架空线路上附挂其他电力、通信线路；

（六）在航标周围抛锚、拖锚、捕鱼或者养殖水生物；

（七）影响航标工作效能的其他行为。

第十八条　对有下列行为之一的单位和个人，由航标管理机关给予奖励：

（一）检举、控告危害航标的行为，对破案有功的；

（二）及时制止危害航标的行为，防止事故发生或者减少损失的；

（三）捞获水上漂流航标，主动送交航标管理机关的。

第十九条　违反本条例第六条第二款的规定，擅自设置、撤除、移动专用航标或者改变专用航标的其他状况的，由航标管理机关责令限期拆除、重新设置、调整专用航标。

第二十条　有下列行为之一的，由航标管理机关责令限期改正或者采取相应的补救措施：

（一）违反本条例第十一条的规定，在航标附近设置灯光或者音响装置的；

（二）违反本条例第十三条的规定，构筑建筑物、构筑物或者种植植物的。

第二十一条　船舶违反本条例第十四条第二款的规定，触碰航标不报告的，航标管理机关可以根据情节处以2万元以下的罚款；造成损失的，应当依法赔偿。

第二十二条　违反本条例第十五条、第十六条、第十七条的规定，危害航标及其辅助设施或者影响航标工作效能的，由航标管理机关责令其限期改正，给予警告，可以并处2000元以下的罚款；造成损失的，应当依法赔偿。

第二十三条　违反本条例，危害军用航标及其辅助设施或者影响军用航标工作效能，应当处以罚款的，由军队的航标管理机构移交航标管理机关处罚。

第二十四条　违反本条例规定，构成违反治安管理行为的，由公安机关依照《中华人民共和国治安管理处罚法》予以处罚；构成犯罪的，依法追究刑事责任。

第二十五条　本条例自发布之日起施行。

中华人民共和国航道管理条例

（1987 年 8 月 22 日国务院发布，根据 2008 年 12 月 27 日《国务院关于修改〈中华人民共和国航道管理条例〉的决定》修订）

第一章　总　　则

第一条　为加强航道管理，改善通航条件，保证航道畅通和航行安全，充分发挥水上交通在国民经济和国防建设中的作用，特制定本条例。

第二条　本条例适用于中华人民共和国沿海和内河的航道、航道设施以及与通航有关的设施。

第三条　国家鼓励和保护在统筹兼顾、综合利用水资源的原则下，开发利用航道，发展水运事业。

第四条　中华人民共和国交通部主管全国航道事业。

第五条　航道分为国家航道、地方航道和专用航道。

第六条　国家航道及其航道设施按海区和内河水系，由交通部或者交通部授权的省、自治区、直辖市交通主管部门管理。

地方航道及其航道设施由省、自治区、直辖市交通主管部门管理。

专用航道及其航道设施由专用部门管理。

国家航道和地方航道上的过船建筑物，按照国务院规定管理。

第二章　航道的规划和建设

第七条　航道发展规划应当依据统筹兼顾、综合利用的原则，结合水利水电、城市建设以及铁路、公路、水运发展规划和国家批准的水资源综合规划制定。

第八条　国家航道发展规划由交通部编制，报国务院审查批准后实施。

地方航道发展规划由省、自治区、直辖市交通主管部门编制，报省、自治区、直辖市人民政府审查批准后实施，并抄报交通部备案。

跨省、自治区、直辖市的地方航道的发展规划，由有关省、自治区、直辖市交通主管部门共同编制，报有关省、自治区、直辖市人民政府联合审查批准后实施，并抄报交通部备案；必要时报交通部审查批准后实施。

专用航道发展规划由专用航道管理部门会同同级交通主管部门编制，报同级人民政府批准后实施。

第九条　各级水利电力主管部门编制河流流域规划和与航运有关的水利、水电工程规划以及进行上述工程设计时，必须有同级交通主管部门参加。

各级交通主管部门编制渠化河流和人工运河航道发展规划和进行与水利水电有关的工程设计时，必须有同级水利电力主管部门参加。

各级水利电力主管部门、交通主管部门编制上述规划，涉及运送木材的河流和重要的渔业水域时，必须有同级林业、渔业主管部门参加。

第十条　航道应当划分技术等级。航道技术等级的划分，由省、自治区、直辖市交通主管部门或交通部派驻水系的管理机构根据通航标准提出方案。一至四级航道由交通部会同水利电力部及其他有关部门研究批准，报国务院备案；四级以下的航道，由省、自治区、直辖市人民政府批准，报交通部备案。

第十一条　建设航道及其设施，必须遵守国家基本建设程序的规定。工程竣工经验收合格后，方能交付使用。

第十二条　建设航道及其设施，不得危及水利水电工程、跨河建筑物和其他设施的安全。

因建设航道及其设施损坏水利水电工程、跨河建筑物和其他设施的，建设单位应当给予赔偿或者修复。

在行洪河道上建设航道，必须符合行洪安全的要求。

第三章　航道的保护

第十三条　航道和航道设施受国家保护，任何单位和个人均不得侵占或者破坏。交通部门应当加强对航道的养护，保证航道畅通。

第十四条　修建与通航有关的设施或者治理河道、引水灌溉，必须符合国家规定的通航标准和技术要求，并应当事先征求交通主管部门的意见。

违反前款规定，中断或者恶化通航条件的，由建设单位或者个人赔偿损失，并在规定期限内负责恢复通航。

第十五条　在通航河流上建设永久性拦河闸坝，建设单位必须按照设计和施工方案，同时建设适当规模的过船、过木、过鱼建筑物，并解决施工期间的船舶、排筏通航问题。过船、过木、过鱼建筑物的建设费用，由建设单位承担。

在不通航河流或者人工渠道上建设闸坝后可以通航的，建设单位应当同时建设适当规模的过船建筑物；不能同时建设的，应当预留建设过船建筑物的位置。过船建筑物的建设费用，除国家另有规定外，应当由交通部门承担。

过船、过木、过鱼建筑物的设计任务书、设计文件和施工方案，必须取得交通、林业、渔业主管部门的同意。

第十六条　因紧急抗旱需要，在通航河流上建临时闸坝，必须经县级以上人民政府批准。旱情解除后，建闸坝单位必须及时拆除闸坝，恢复通航条件。

第十七条　对通航河流上碍航的闸坝、桥梁和其他建筑物以及由建筑物所造成的航道淤积，由地方人民政府按照“谁造成碍航谁恢复通航”的原则，责成有关部门改建碍航建筑物或者限期补建过船、过木、过鱼建筑物，清除淤积，恢复通航。

第十八条　在通航河段或其上游兴建水利工程控制或引走水源，建设单位应当保证航道和船闸所需要的通航流量。在特殊情况下，由于控制水源或大量引水影响通航时，建设单位应当采取相应的工程措施，地方人民政府应当组织有关部门协商，合理分配水量。

第十九条　水利水电工程设施管理部门制定调度运行方案，涉及通航流量、水位和航行安全时，应当事先与交通主管部门协商。协商不一致时，由县级以上人民政府决定。

第二十条　在防洪、排涝、抗旱时，综合利用水利枢纽过船建筑物应当服从防汛抗旱指挥机构统一安排。

第二十一条　沿海和通航河流上设置的助航标志必须符合国家规定的标准。

在沿海和通航河流上设置专用标志必须经交通主管部门同意；设置渔标和军用标，必须报交通主管部门备案。

第二十二条　禁止向河道倾倒沙石泥土和废弃物。

在通航河道内挖取沙石泥土、堆存材料，不得恶化通航条件。

第二十三条　在航道内施工工程完成后，施工单位应当及时清除遗留物。

第四章　航道养护经费

第二十四条　经国家批准计征港务费的

沿海和内河港口，进出港航道的维护费用由港务费开支。

第二十五条 专用航道的维护费用，由专用部门自行解决。

第二十六条 对中央、地方财政拨给的航道维护费用，必须坚持专款专用的原则。

第五章 罚 则

第二十七条 对违反本条例规定的单位和个人，县以上交通主管部门可以视情节轻重给予警告、罚款的处罚。

第二十八条 当事人对交通主管部门的处罚不服的，可以向上级交通主管部门提出申诉；对上级交通主管部门的处理不服的，可以在接到处理决定书之日起15日内向人民法院起诉。逾期不起诉又不履行的，交通主管部门可以申请人民法院强制执行。

第二十九条 违反本条例的规定，应当受治安管理处罚的，由公安机关处理；构成犯罪的，由司法机关依法追究刑事责任。

第六章 附 则

第三十条 本条例下列用语的含义是：

“航道”是指中华人民共和国沿海、江河、湖泊、运河内船舶、排筏可以通航的水域。

“国家航道”是指：（一）构成国家航道网、可以通航五百吨级以上船舶的内河干线航道；（二）跨省、自治区、直辖市，可以常年通航三百吨级以上船舶的内河干线航道；（三）沿海干线航道和主要海港航道；（四）国家指定的重要航道。

“专用航道”是指由军事、水利电力、林业、水产等部门以及其他企业事业单位自行建设、使用的航道。

“地方航道”是指国家航道和专用航道以外的航道。

“航道设施”是指航道的助航导航设施、整治建筑物、航运梯级、过船建筑物（包括过船闸坝）和其他航道工程设施。

“与通航有关的设施”是指对航道的通航条件有影响的闸坝、桥梁、码头、架空电线、水下电缆、管道等拦河、跨河、临河建筑物和其他工程设施。

第三十一条 本条例由交通部负责解释。交通部可以根据本条例制定实施细则。

第三十二条 本条例自1987年10月1日起施行。

中华人民共和国内河交通安全管理条例

（2002年6月28日中华人民共和国国务院令第355号公布，根据2011年1月8日《国务院关于废止和修改部分行政法规的决定》第一次修订，根据2017年3月1日《国务院关于修改和废止部分行政法规的决定》第二次修订，根据2019年3月2日《国务院关于修改部分行政法规的决定》第三次修订）

第一章 总 则

第一条 为了加强内河交通安全管理，维护内河交通秩序，保障人民群众生命、财产安全，制定本条例。

第二条 在中华人民共和国内河通航水域从事航行、停泊和作业以及与内河交通安全有关的活动，必须遵守本条例。

第三条 内河交通安全管理遵循安全第一、预防为主、方便群众、依法管理的原则，保障内河交通安全、有序、畅通。

第四条　国务院交通主管部门主管全国内河交通安全管理工作。国家海事管理机构在国务院交通主管部门的领导下，负责全国内河交通安全监督管理工作。

国务院交通主管部门在中央管理水域设立的海事管理机构和省、自治区、直辖市人民政府在中央管理水域以外的其他水域设立的海事管理机构（以下统称海事管理机构）依据各自的职责权限，对所辖内河通航水域实施水上交通安全监督管理。

第五条　县级以上地方各级人民政府应当加强本行政区域内的内河交通安全管理工作，建立、健全内河交通安全管理责任制。

乡（镇）人民政府对本行政区域内的内河交通安全管理履行下列职责：

（一）建立、健全行政村和船主的船舶安全责任制；

（二）落实渡口船舶、船员、旅客定额的安全管理责任制；

（三）落实船舶水上交通安全管理的专门人员；

（四）督促船舶所有人、经营人和船员遵守有关内河交通安全的法律、法规和规章。

第二章　船舶、浮动设施和船员

第六条　船舶具备下列条件，方可航行：

（一）经海事管理机构认可的船舶检验机构依法检验并持有合格的船舶检验证书；

（二）经海事管理机构依法登记并持有船舶登记证书；

（三）配备符合国务院交通主管部门规定的船员；

（四）配备必要的航行资料。

第七条　浮动设施具备下列条件，方可从事有关活动：

（一）经海事管理机构认可的船舶检验机构依法检验并持有合格的检验证书；

（二）经海事管理机构依法登记并持有登记证书；

（三）配备符合国务院交通主管部门规定的掌握水上交通安全技能的船员。

第八条　船舶、浮动设施应当保持适于安全航行、停泊或者从事有关活动的状态。

船舶、浮动设施的配载和系固应当符合国家安全技术规范。

第九条　船员经水上交通安全专业培训，其中客船和载运危险货物船舶的船员还应当经相应的特殊培训，并经海事管理机构考试合格，取得相应的适任证书或者其他适任证件，方可担任船员职务。严禁未取得适任证书或者其他适任证件的船员上岗。

船员应当遵守职业道德，提高业务素质，严格依法履行职责。

第十条　船舶、浮动设施的所有人或者经营人，应当加强对船舶、浮动设施的安全管理，建立、健全相应的交通安全管理制度，并对船舶、浮动设施的交通安全负责；不得聘用无适任证书或者其他适任证件的人员担任船员；不得指使、强令船员违章操作。

第十一条　船舶、浮动设施的所有人或者经营人，应当根据船舶、浮动设施的技术性能、船员状况、水域和水文气象条件，合理调度船舶或者使用浮动设施。

第十二条　按照国家规定必须取得船舶污染损害责任、沉船打捞责任的保险文书或者财务保证书的船舶，其所有人或者经营人必须取得相应的保险文书或者财务担保证明，并随船携带其副本。

第十三条　禁止伪造、变造、买卖、租借、冒用船舶检验证书、船舶登记证书、船员适任证书或者其他适任证件。

第三章　航行、停泊和作业

第十四条　船舶在内河航行，应当悬挂国旗，标明船名、船籍港、载重线。

按照国家规定应当报废的船舶、浮动设施，不得航行或者作业。

第十五条 船舶在内河航行，应当保持瞭望，注意观察，并采用安全航速航行。船舶安全航速应当根据能见度、通航密度、船舶操纵性能和风、浪、水流、航路状况以及周围环境等主要因素决定。使用雷达的船舶，还应当考虑雷达设备的特性、效率和局限性。

船舶在限制航速的区域和汛期高水位期间，应当按照海事管理机构规定的航速航行。

第十六条 船舶在内河航行时，上行船舶应当沿缓流或者航路一侧航行，下行船舶应当沿主流或者航路中间航行；在潮流河段、湖泊、水库、平流区域，应当尽可能沿本船右舷一侧航路航行。

第十七条 船舶在内河航行时，应当谨慎驾驶，保障安全；对来船动态不明、声号不统一或者遇有紧迫情况时，应当减速、停车或者倒车，防止碰撞。

船舶相遇，各方应当注意避让。按照船舶航行规则应当让路的船舶，必须主动避让被让路船舶；被让路船舶应当注意让路船舶的行动，并适时采取措施，协助避让。

船舶避让时，各方避让意图经统一后，任何一方不得擅自改变避让行动。

船舶航行、避让和信号显示的具体规则，由国务院交通主管部门制定。

第十八条 船舶进出内河港口，应当向海事管理机构报告船舶的航次计划、适航状态、船员配备和载货载客等情况。

第十九条 下列船舶在内河航行，应当向引航机构申请引航：

（一）外国籍船舶；

（二）1000 总吨以上的海上机动船舶，但船长驾驶同一类型的海上机动船舶在同一内河通航水域航行与上一航次间隔 2 个月以内的除外；

（三）通航条件受限制的船舶；

（四）国务院交通主管部门规定应当申请引航的客船、载运危险货物的船舶。

第二十条 船舶进出港口和通过交通管制区、通航密集区或者航行条件受限制的区域，应当遵守海事管理机构发布的有关通航规定。

任何船舶不得擅自进入或者穿越海事管理机构公布的禁航区。

第二十一条 从事货物或者旅客运输的船舶，必须符合船舶强度、稳性、吃水、消防和救生等安全技术要求和国务院交通主管部门规定的载货或者载客条件。

任何船舶不得超载运输货物或者旅客。

第二十二条 船舶在内河通航水域载运或者拖带超重、超长、超高、超宽、半潜的物体，必须在装船或者拖带前 24 小时报海事管理机构核定拟航行的航路、时间，并采取必要的安全措施，保障船舶载运或者拖带安全。船舶需要护航的，应当向海事管理机构申请护航。

第二十三条 遇有下列情形之一时，海事管理机构可以根据情况采取限时航行、单航、封航等临时性限制、疏导交通的措施，并予公告：

（一）恶劣天气；

（二）大范围水上施工作业；

（三）影响航行的水上交通事故；

（四）水上大型群众性活动或者体育比赛；

（五）对航行安全影响较大的其他情形。

第二十四条 船舶应当在码头、泊位或者依法公布的锚地、停泊区、作业区停泊；遇有紧急情况，需要在其他水域停泊的，应当向海事管理机构报告。

船舶停泊，应当按照规定显示信号，不得妨碍或者危及其他船舶航行、停泊或者作业的安全。

船舶停泊，应当留有足以保证船舶安全的船员值班。

第二十五条 在内河通航水域或者岸线上进行下列可能影响通航安全的作业或者活动的，应当在进行作业或者活动前报海事管理机构批准：

（一）勘探、采掘、爆破；

（二）构筑、设置、维修、拆除水上水下构筑物或者设施；

（三）架设桥梁、索道；

（四）铺设、检修、拆除水上水下电缆或者管道；

（五）设置系船浮筒、浮趸、缆桩等设施；

（六）航道建设，航道、码头前沿水域疏浚；

（七）举行大型群众性活动、体育比赛。

进行前款所列作业或者活动，需要进行可行性研究的，在进行可行性研究时应当征求海事管理机构的意见；依照法律、行政法规的规定，需经其他有关部门审批的，还应当依法办理有关审批手续。

第二十六条　海事管理机构审批本条例第二十五条规定的作业或者活动，应当自收到申请之日起30日内作出批准或者不批准的决定，并书面通知申请人。

遇有紧急情况，需要对航道进行修复或者对航道、码头前沿水域进行疏浚的，作业人可以边申请边施工。

第二十七条　航道内不得养殖、种植植物、水生物和设置永久性固定设施。

划定航道，涉及水产养殖区的，航道主管部门应当征求渔业行政主管部门的意见；设置水产养殖区，涉及航道的，渔业行政主管部门应当征求航道主管部门和海事管理机构的意见。

第二十八条　在内河通航水域进行下列可能影响通航安全的作业，应当在进行作业前向海事管理机构备案：

（一）气象观测、测量、地质调查；

（二）航道日常养护；

（三）大面积清除水面垃圾；

（四）可能影响内河通航水域交通安全的其他行为。

第二十九条　进行本条例第二十五条、第二十八条规定的作业或者活动时，应当在作业或者活动区域设置标志和显示信号，并按照海事管理机构的规定，采取相应的安全措施，保障通航安全。

前款作业或者活动完成后，不得遗留任何妨碍航行的物体。

第四章　危险货物监管

第三十条　从事危险货物装卸的码头、泊位，必须符合国家有关安全规范要求，并征求海事管理机构的意见，经验收合格后，方可投入使用。

禁止在内河运输法律、行政法规以及国务院交通主管部门规定禁止运输的危险货物。

第三十一条　载运危险货物的船舶，必须持有经海事管理机构认可的船舶检验机构依法检验并颁发的危险货物适装证书，并按照国家有关危险货物运输的规定和安全技术规范进行配载和运输。

第三十二条　船舶装卸、过驳危险货物或者载运危险货物进出港口，应当将危险货物的名称、特性、包装、装卸或者过驳的时间、地点以及进出港时间等事项，事先报告海事管理机构和港口管理机构，经其同意后，方可进行装卸、过驳作业或者进出港口；但是，定船、定线、定货的船舶可以定期报告。

第三十三条　载运危险货物的船舶，在航行、装卸或者停泊时，应当按照规定显示信号；其他船舶应当避让。

第三十四条　从事危险货物装卸的码头、泊位和载运危险货物的船舶，必须编制危险货物事故应急预案，并配备相应的应急救援设备和器材。

第五章　渡口管理

第三十五条　设置或者撤销渡口，应当经渡口所在地的县级人民政府审批；县级人民政府审批前，应当征求当地海事管理机构的意见。

第三十六条　渡口的设置应当具备下列条件：

（一）选址应当在水流平缓、水深足够、坡岸稳定、视野开阔、适宜船舶停靠的地点，并远离危险物品生产、堆放场所；

（二）具备货物装卸、旅客上下的安全设施；

（三）配备必要的救生设备和专门管理人员。

第三十七条　渡口经营者应当在渡口设置明显的标志，维护渡运秩序，保障渡运安全。

渡口所在地县级人民政府应当建立、健全渡口安全管理责任制，指定有关部门负责对渡口和渡运安全实施监督检查。

第三十八条　渡口工作人员应当经培训、考试合格，并取得渡口所在地县级人民政府指定的部门颁发的合格证书。

渡口船舶应当持有合格的船舶检验证书和船舶登记证书。

第三十九条　渡口载客船舶应当有符合国家规定的识别标志，并在明显位置标明载客定额、安全注意事项。

渡口船舶应当按照渡口所在地的县级人民政府核定的路线渡运，并不得超载；渡运时，应当注意避让过往船舶，不得抢航或者强行横越。

遇有洪水或者大风、大雾、大雪等恶劣天气，渡口应当停止渡运。

第六章　通航保障

第四十条　内河通航水域的航道、航标和其他标志的规划、建设、设置、维护，应当符合国家规定的通航安全要求。

第四十一条　内河航道发生变迁，水深、宽度发生变化，或者航标发生位移、损坏、灭失，影响通航安全的，航道、航标主管部门必须及时采取措施，使航道、航标保持正常状态。

第四十二条　内河通航水域内可能影响航行安全的沉没物、漂流物、搁浅物，其所有人和经营人，必须按照国家有关规定设置标志，向海事管理机构报告，并在海事管理机构限定的时间内打捞清除；没有所有人或者经营人的，由海事管理机构打捞清除或者采取其他相应措施，保障通航安全。

第四十三条　在内河通航水域中拖放竹、木等物体，应当在拖放前 24 小时报经海事管理机构同意，按照核定的时间、路线拖放，并采取必要的安全措施，保障拖放安全。

第四十四条　任何单位和个人发现下列情况，应当迅速向海事管理机构报告：

（一）航道变迁，航道水深、宽度发生变化；

（二）妨碍通航安全的物体；

（三）航标发生位移、损坏、灭失；

（四）妨碍通航安全的其他情况。

海事管理机构接到报告后，应当根据情况发布航行通告或者航行警告，并通知航道、航标主管部门。

第四十五条　海事管理机构划定或者调整禁航区、交通管制区、港区外锚地、停泊区和安全作业区，以及对进行本条例第二十五条、第二十八条规定的作业或者活动，需要发布航行通告、航行警告的，应当及时发布。

第七章　救　　助

第四十六条　船舶、浮动设施遇险，应当采取一切有效措施进行自救。

船舶、浮动设施发生碰撞等事故，任何一方应当在不危及自身安全的情况下，积极救助遇险的他方，不得逃逸。

船舶、浮动设施遇险，必须迅速将遇险的时间、地点、遇险状况、遇险原因、救助要求，向遇险地海事管理机构以及船舶、浮动设施所有人、经营人报告。

第四十七条　船员、浮动设施上的工作人员或者其他人员发现其他船舶、浮动设施遇险，或者收到求救信号后，必须尽力救助遇险人员，并将有关情况及时向遇险地海事管理机构报告。

第四十八条　海事管理机构收到船舶、浮动设施遇险求救信号或者报告后，必须立即组织力量救助遇险人员，同时向遇险地县级以上地方人民政府和上级海事管理机构报告。

遇险地县级以上地方人民政府收到海事管理机构的报告后，应当对救助工作进行领导和协调，动员各方力量积极参与救助。

第四十九条　船舶、浮动设施遇险时，有关部门和人员必须积极协助海事管理机构做好救助工作。

遇险现场和附近的船舶、人员，必须服从海事管理机构的统一调度和指挥。

第八章　事故调查处理

第五十条　船舶、浮动设施发生交通事故，其所有人或者经营人必须立即向交通事故发生地海事管理机构报告，并做好现场保护工作。

第五十一条　海事管理机构接到内河交通事故报告后，必须立即派员前往现场，进行调查和取证。

海事管理机构进行内河交通事故调查和取证，应当全面、客观、公正。

第五十二条　接受海事管理机构调查、取证的有关人员，应当如实提供有关情况和证据，不得谎报或者隐匿、毁灭证据。

第五十三条　海事管理机构应当在内河交通事故调查、取证结束后30日内，依据调查事实和证据作出调查结论，并书面告知内河交通事故当事人。

第五十四条　海事管理机构在调查处理内河交通事故过程中，应当采取有效措施，保证航路畅通，防止发生其他事故。

第五十五条　地方人民政府应当依照国家有关规定积极做好内河交通事故的善后工作。

第五十六条　特大内河交通事故的报告、调查和处理，按照国务院有关规定执行。

第九章　监督检查

第五十七条　在旅游、交通运输繁忙的湖泊、水库，在气候恶劣的季节，在法定或者传统节日、重大集会、集市、农忙、学生放学放假等交通高峰期间，县级以上地方各级人民政府应当加强对维护内河交通安全的组织、协调工作。

第五十八条　海事管理机构必须建立、健全内河交通安全监督检查制度，并组织落实。

第五十九条　海事管理机构必须依法履行职责，加强对船舶、浮动设施、船员和通航安全环境的监督检查。发现内河交通安全隐患时，应当责令有关单位和个人立即消除或者限期消除；有关单位和个人不立即消除或者逾期不消除的，海事管理机构必须采取责令其临时停航、停止作业，禁止进港、离港等强制性措施。

第六十条　对内河交通密集区域、多发事故水域以及货物装卸、乘客上下比较集中的港口，对客渡船、滚装客船、高速客轮、旅游船和载运危险货物的船舶，海事管理机构必须加强安全巡查。

第六十一条　海事管理机构依照本条例实施监督检查时，可以根据情况对违反本条例有关规定的船舶，采取责令临时停航、驶向指定地点，禁止进港、离港，强制卸载、拆除动力装置、暂扣船舶等保障通航安全的措施。

第六十二条　海事管理机构的工作人员依法在内河通航水域对船舶、浮动设施进行内河交通安全监督检查，任何单位和个人不得拒绝或者阻挠。

有关单位或者个人应当接受海事管理机构依法实施的安全监督检查，并为其提供方便。

海事管理机构的工作人员依照本条例实施监督检查时，应当出示执法证件，表明身份。

第十章 法律责任

第六十三条 违反本条例的规定，应当报废的船舶、浮动设施在内河航行或者作业的，由海事管理机构责令停航或者停止作业，并对船舶、浮动设施予以没收。

第六十四条 违反本条例的规定，船舶、浮动设施未持有合格的检验证书、登记证书或者船舶未持有必要的航行资料，擅自航行或者作业的，由海事管理机构责令停止航行或者作业；拒不停止的，暂扣船舶、浮动设施；情节严重的，予以没收。

第六十五条 违反本条例的规定，船舶未按照国务院交通主管部门的规定配备船员擅自航行，或者浮动设施未按照国务院交通主管部门的规定配备掌握水上交通安全技能的船员擅自作业的，由海事管理机构责令限期改正，对船舶、浮动设施所有人或者经营人处 1 万元以上 10 万元以下的罚款；逾期不改正的，责令停航或者停止作业。

第六十六条 违反本条例的规定，未经考试合格并取得适任证书或者其他适任证件的人员擅自从事船舶航行的，由海事管理机构责令其立即离岗，对直接责任人员处 2000 元以上 2 万元以下的罚款，并对聘用单位处 1 万元以上 10 万元以下的罚款。

第六十七条 违反本条例的规定，按照国家规定必须取得船舶污染损害责任、沉船打捞责任的保险文书或者财务保证书的船舶的所有人或者经营人，未取得船舶污染损害责任、沉船打捞责任保险文书或者财务担保证明的，由海事管理机构责令限期改正；逾期不改正的，责令停航，并处 1 万元以上 10 万元以下的罚款。

第六十八条 违反本条例的规定，船舶在内河航行时，有下列情形之一的，由海事管理机构责令改正，处 5000 元以上 5 万元以下的罚款；情节严重的，禁止船舶进出港口或者责令停航，并可以对责任船员给予暂扣适任证书或者其他适任证件 3 个月至 6 个月的处罚：

（一）未按照规定悬挂国旗，标明船名、船籍港、载重线的；

（二）未按照规定向海事管理机构报告船舶的航次计划、适航状态、船员配备和载货载客等情况的；

（三）未按照规定申请引航的；

（四）擅自进出内河港口，强行通过交通管制区、通航密集区、航行条件受限制区域或者禁航区的；

（五）载运或者拖带超重、超长、超高、超宽、半潜的物体，未申请或者未按照核定的航路、时间航行的。

第六十九条 违反本条例的规定，船舶未在码头、泊位或者依法公布的锚地、停泊区、作业区停泊的，由海事管理机构责令改正；拒不改正的，予以强行拖离，因拖离发生的费用由船舶所有人或者经营人承担。

第七十条 违反本条例的规定，在内河通航水域或者岸线上进行有关作业或者活动未经批准或者备案，或者未设置标志、显示信号的，由海事管理机构责令改正，处 5000 元以上 5 万元以下的罚款。

第七十一条 违反本条例的规定，从事危险货物作业，有下列情形之一的，由海事管理机构责令停止作业或者航行，对负有责任的主管人员或者其他直接责任人员处 2 万元以上 10 万元以下的罚款；属于船员的，并给予暂扣适任证书或者其他适任证件 6 个月以上直至吊销适任证书或者其他适任证件的处罚：

（一）从事危险货物运输的船舶，未编制危险货物事故应急预案或者未配备相应的应急救援设备和器材的；

（二）船舶装卸、过驳危险货物或者载运危险货物进出港口未经海事管理机构、港口管理机构同意的。

未持有危险货物适装证书擅自载运危险货物或者未按照安全技术规范进行配载和运输的，依照《危险化学品安全管理条例》的规定处罚。

第七十二条　违反本条例的规定，未经批准擅自设置或者撤销渡口的，由渡口所在地县级人民政府指定的部门责令限期改正；逾期不改正的，予以强制拆除或者恢复，因强制拆除或者恢复发生的费用分别由设置人、撤销人承担。

第七十三条　违反本条例的规定，渡口船舶未标明识别标志、载客定额、安全注意事项的，由渡口所在地县级人民政府指定的部门责令改正，处2000元以上1万元以下的罚款；逾期不改正的，责令停航。

第七十四条　违反本条例的规定，在内河通航水域的航道内养殖、种植植物、水生物或者设置永久性固定设施的，由海事管理机构责令限期改正；逾期不改正的，予以强制清除，因清除发生的费用由其所有人或者经营人承担。

第七十五条　违反本条例的规定，内河通航水域中的沉没物、漂流物、搁浅物的所有人或者经营人，未按照国家有关规定设置标志或者未在规定的时间内打捞清除的，由海事管理机构责令限期改正；逾期不改正的，海事管理机构强制设置标志或者组织打捞清除；需要立即组织打捞清除的，海事管理机构应当及时组织打捞清除。海事管理机构因设置标志或者打捞清除发生的费用，由沉没物、漂流物、搁浅物的所有人或者经营人承担。

第七十六条　违反本条例的规定，船舶、浮动设施遇险后未履行报告义务或者不积极施救的，由海事管理机构给予警告，并可以对责任船员给予暂扣适任证书或者其他适任证件3个月至6个月直至吊销适任证书或者其他适任证件的处罚。

第七十七条　违反本条例的规定，船舶、浮动设施发生内河交通事故的，除依法承担相应的法律责任外，由海事管理机构根据调查结论，对责任船员给予暂扣适任证书或者其他适任证件6个月以上直至吊销适任证书或者其他适任证件的处罚。

第七十八条　违反本条例的规定，遇险现场和附近的船舶、船员不服从海事管理机构的统一调度和指挥的，由海事管理机构给予警告，并可以对责任船员给予暂扣适任证书或者其他适任证件3个月至6个月直至吊销适任证书或者其他适任证件的处罚。

第七十九条　违反本条例的规定，伪造、变造、买卖、转借、冒用船舶检验证书、船舶登记证书、船员适任证书或者其他适任证件的，由海事管理机构没收有关的证书或者证件；有违法所得的，没收违法所得，并处违法所得2倍以上5倍以下的罚款；没有违法所得或者违法所得不足2万元的，处1万元以上5万元以下的罚款；触犯刑律的，依照刑法关于伪造、变造、买卖国家机关公文、证件罪或者其他罪的规定，依法追究刑事责任。

第八十条　违反本条例的规定，船舶、浮动设施的所有人或者经营人指使、强令船员违章操作的，由海事管理机构给予警告，处1万元以上5万元以下的罚款，并可以责令停航或者停止作业；造成重大伤亡事故或者严重后果的，依照刑法关于重大责任事故罪或者其他罪的规定，依法追究刑事责任。

第八十一条　违反本条例的规定，船舶在内河航行、停泊或者作业，不遵守航行、避让和信号显示规则的，由海事管理机构责令改正，处1000元以上1万元以下的罚款；情节严重的，对责任船员给予暂扣适任证书或者其他适任证件3个月至6个月直至吊销适任证书或者其他适任证件的处罚；造成重大内河交通事故的，依照刑法关于交通肇事罪或者其他罪的规定，依法追究刑事责任。

第八十二条　违反本条例的规定，船舶不具备安全技术条件从事货物、旅客运输，或者超载运输货物、旅客的，由海事管理机构责令改正，处2万元以上10万元以下的罚款，可以对责任船员给予暂扣适任证书或者其他适任证件6个月以上直至吊销适任证书或者其他适任证件的处罚，并对超载运输的船舶强制卸载，因卸载而发生的卸货费、存货费、旅客安置费和船舶监管费由船舶所有人或者经营人承担；发生重大伤亡事故或者造成其他严重后果的，依照刑法关于重大劳动安全事故罪或者其他罪的规定，依法追究刑事责任。

第八十三条 违反本条例的规定，船舶、浮动设施发生内河交通事故后逃逸的，由海事管理机构对责任船员给予吊销适任证书或者其他适任证件的处罚；证书或者证件吊销后，5年内不得重新从业；触犯刑律的，依照刑法关于交通肇事罪或者其他罪的规定，依法追究刑事责任。

第八十四条 违反本条例的规定，阻碍、妨碍内河交通事故调查取证，或者谎报、隐匿、毁灭证据的，由海事管理机构给予警告，并对直接责任人员处1000元以上1万元以下的罚款；属于船员的，并给予暂扣适任证书或者其他适任证件12个月以上直至吊销适任证书或者其他适任证件的处罚；以暴力、威胁方法阻碍内河交通事故调查取证的，依照刑法关于妨害公务罪的规定，依法追究刑事责任。

第八十五条 违反本条例的规定，海事管理机构不依据法定的安全条件进行审批、许可的，对负有责任的主管人员和其他直接责任人员根据不同情节，给予降级或者撤职的行政处分；造成重大内河交通事故或者致使公共财产、国家和人民利益遭受重大损失的，依照刑法关于滥用职权罪、玩忽职守罪或者其他罪的规定，依法追究刑事责任。

第八十六条 违反本条例的规定，海事管理机构对审批、许可的安全事项不实施监督检查的，对负有责任的主管人员和其他直接责任人员根据不同情节，给予记大过、降级或者撤职的行政处分；造成重大内河交通事故或者致使公共财产、国家和人民利益遭受重大损失的，依照刑法关于滥用职权罪、玩忽职守罪或者其他罪的规定，依法追究刑事责任。

第八十七条 违反本条例的规定，海事管理机构发现船舶、浮动设施不再具备安全航行、停泊、作业条件而不及时撤销批准或者许可并予以处理的，对负有责任的主管人员和其他直接责任人员根据不同情节，给予记大过、降级或者撤职的行政处分；造成重大内河交通事故或者致使公共财产、国家和人民利益遭受重大损失的，依照刑法关于滥用职权罪、玩忽职守罪或者其他罪的规定，依法追究刑事责任。

第八十八条 违反本条例的规定，海事管理机构对未经审批、许可擅自从事旅客、危险货物运输的船舶不实施监督检查，或者发现内河交通安全隐患不及时依法处理，或者对违法行为不依法予以处罚的，对负有责任的主管人员和其他直接责任人员根据不同情节，给予降级或者撤职的行政处分；造成重大内河交通事故或者致使公共财产、国家和人民利益遭受重大损失的，依照刑法关于滥用职权罪、玩忽职守罪或者其他罪的规定，依法追究刑事责任。

第八十九条 违反本条例的规定，渡口所在地县级人民政府指定的部门，有下列情形之一的，根据不同情节，对负有责任的主管人员和其他直接责任人员，给予降级或者撤职的行政处分；造成重大内河交通事故或者致使公共财产、国家和人民利益遭受重大损失的，依照刑法关于滥用职权罪、玩忽职守罪或者其他罪的规定，依法追究刑事责任：

（一）对县级人民政府批准的渡口不依法实施监督检查的；

（二）对未经县级人民政府批准擅自设立的渡口不予以查处的；

（三）对渡船超载、人与大牲畜混载、人与爆炸品、压缩气体和液化气体、易燃液体、易燃固体、自燃物品和遇湿易燃物品、氧化剂和有机过氧化物、有毒品和腐蚀品等危险品混载以及其他危及安全的行为不及时纠正并依法处理的。

第九十条　违反本条例的规定，触犯《中华人民共和国治安管理处罚法》，构成违反治安管理行为的，由公安机关给予治安管理处罚。

第十一章　附　　则

第九十一条　本条例下列用语的含义：

（一）内河通航水域，是指由海事管理机构认定的可供船舶航行的江、河、湖泊、水库、运河等水域。

（二）船舶，是指各类排水或者非排水的船、艇、筏、水上飞行器、潜水器、移动式平台以及其他水上移动装置。

（三）浮动设施，是指采用缆绳或者锚链等非刚性固定方式系固并漂浮或者潜于水中的建筑、装置。

（四）交通事故，是指船舶、浮动设施在内河通航水域发生的碰撞、触碰、触礁、浪损、搁浅、火灾、爆炸、沉没等引起人身伤亡和财产损失的事件。

第九十二条　军事船舶在内河通航水域航行，应当遵守内河航行、避让和信号显示规则。军事船舶的检验、登记和船员的考试、发证等管理办法，按照国家有关规定执行。

第九十三条　渔船的登记以及进出渔港报告，渔船船员的考试、发证，渔船之间交通事故的调查处理，以及渔港水域内渔船的交通安全管理办法，由国务院渔业行政主管部门依据本条例另行规定。

渔业船舶的检验及相关监督管理，由国务院交通运输主管部门按照相关渔业船舶检验的行政法规执行。

第九十四条　城市园林水域水上交通安全管理的具体办法，由省、自治区、直辖市人民政府制定；但是，有关船舶检验、登记和船员管理，依照国家有关规定执行。

第九十五条　本条例自2002年8月1日起施行。1986年12月16日国务院发布的《中华人民共和国内河交通安全管理条例》同时废止。

船舶载运危险货物安全监督管理规定

（2018年7月20日交通运输部第12次部务会议通过，2018年7月31日公布，自2018年9月15日起施行）

第一章　总　　则

第一条　为加强船舶载运危险货物监督管理，保障水上人命、财产安全，防治船舶污染环境，依据《中华人民共和国海上交通安全法》《中华人民共和国港口法》《中华人民共和国内河交通安全管理条例》《中华人民共和国危险化学品安全管理条例》等法律、行政法规，制定本规定。

第二条　船舶在中华人民共和国管辖水域载运危险货物的活动，适用本规定。

第三条　交通运输部主管全国船舶载运危险货物的安全管理工作。

国家海事管理机构负责全国船舶载运危险货物的安全监督管理工作。

各级海事管理机构按照职责权限具体负责船舶载运危险货物的安全监督管理工作。

第二章　船舶和人员管理

第四条　从事危险货物运输的船舶所有人、经营人或者管理人，应当按照交通运输部有关船舶安全营运和防污染管理体系的要求建立和实施相应的体系或者制度。

从事危险货物运输的船舶经营人或者管理人，应当配备专职安全管理人员。

第五条 载运危险货物的船舶应当编制安全和防污染应急预案，配备相应的应急救护、消防和人员防护等设备及器材。

第六条 载运危险货物的船舶应当经国家海事管理机构认可的船舶检验机构检验合格，取得相应的检验证书和文书，并保持良好状态。

载运危险货物的船舶，其船体、构造、设备、性能和布置等方面应当符合国家船舶检验的法规、技术规范的规定；载运危险货物的国际航行船舶还应当符合有关国际公约的规定，具备相应的适航、适装条件。

第七条 载运危险货物的船舶应当按照规定安装和使用船舶自动识别系统等船载设备。船舶经营人、管理人应当加强对船舶的动态管理。

第八条 禁止通过内河封闭水域运输剧毒化学品以及国家规定禁止通过内河运输的其他危险化学品。其他内河水域禁止运输国家规定禁止通过内河运输的剧毒化学品以及其他危险化学品。

禁止托运人在普通货物中夹带危险货物，或者将危险货物谎报、匿报为普通货物托运。

取得相应资质的客货船或者滚装客船载运危险货物时，不得载运旅客，但按照相关规定随车押运人员和滚装车辆的司机除外。其他客船禁止载运危险货物。

第九条 船舶载运危险货物应当符合有关危险货物积载、隔离和运输的安全技术规范，并符合相应的适装证书或者证明文件的要求。船舶不得受载、承运不符合包装、积载和隔离安全技术规范的危险货物。

船舶载运包装危险货物，还应当符合《国际海运危险货物规则》的要求；船舶载运B组固体散装货物，还应当符合《国际海运固体散装货物规则》的要求。

第十条 从事危险货物运输船舶的船员，应当按照规定持有特殊培训合格证，熟悉所在船舶载运危险货物安全知识和操作规程，了解所运危险货物的性质和安全预防及应急处置措施。

第十一条 按照本规定办理危险货物申报或者报告手续的人员和集装箱装箱现场检查的人员，应当熟悉相关法规、技术规范和申报程序。

海事管理机构对危险货物申报或者报告人员以及集装箱装箱现场检查员日常从业情况实施监督抽查，并实行诚信管理制度。

第三章 包装和集装箱管理

第十二条 拟交付船舶载运的危险货物包装，其性能应当符合相关法规、技术规范以及国际公约规定，并依法取得相应的检验合格证明。

第十三条 拟交付船舶载运的危险货物使用新型或者改进的包装类型，应当符合《国际海运危险货物规则》有关等效包装的规定，并向海事管理机构提交该包装的性能检验报告、检验证书或者文书等资料。

第十四条 载运危险货物的船用集装箱、船用可移动罐柜等货物运输组件和船用刚性中型散装容器，应当经国家海事管理机构认可的船舶检验机构检验合格，方可用于船舶运输。

第十五条 拟交付船舶载运的危险货物包件、中型散装容器、大宗包装、货物运输组件，应当按照规定显示所装危险货物特性的标志、标记和标牌。

第十六条 拟载运危险货物的船用集装箱应当无损坏，箱内应当清洁、干燥、无污损，满足所装载货物要求。处于熏蒸状态下的船用集装箱等货物运输组件，应当符合相关积载要求，并显示熏蒸警告标牌。

第十七条 装入船用集装箱的危险货物及其包装应当保持完好，无破损、撒漏或者渗漏，并按照规定进行衬垫和加固，其积载、隔离应当符合相关安全要求。性质不相容的危险货物不得同箱装运。

第十八条　集装箱装箱现场检查员应当对船舶载运危险货物集装箱的装箱活动进行现场检查，在装箱完毕后，对符合《海运危险货物集装箱装箱安全技术要求》（JT 672－2006）的签署《集装箱装箱证明书》。

第十九条　曾载运过危险货物的空包装或者空容器，未经清洁或者采取其他措施消除危险性的，应当视作盛装危险货物的包装或者容器。

第四章　申报和报告管理

第二十条　船舶载运危险货物进出港口，应当在进出港口24小时前（航程不足24小时的，在驶离上一港口前），向海事管理机构办理船舶载运危险货物申报手续，提交申请书和交通运输部有关规章要求的证明材料，经海事管理机构批准后，方可进出港口。

船舶在运输途中发生危险货物泄漏、燃烧或者爆炸等情况的，应当在办理船舶载运危险货物申报手续时说明原因、已采取的控制措施和目前状况等有关情况，并于抵港后送交详细报告。

定船舶、定航线、定货种的船舶可以办理定期申报手续。定期申报期限不超过30天。

第二十一条　海事管理机构应当在受理船舶载运危险货物进出港口申报后24小时内做出批准或者不批准的决定；属于定期申报的，应当在7日内做出批准或者不批准的决定。不予批准的，应当告知申请人不予批准的原因。海事管理机构应当将有关申报信息通报所在地港口行政管理部门。

第二十二条　拟交付船舶载运的危险货物托运人应当在交付载运前向承运人说明所托运的危险货物种类、数量、危险特性以及发生危险情况的应急处置措施，提交以下货物信息，并报告海事管理机构：

（一）危险货物安全适运声明书；

（二）危险货物安全技术说明书；

（三）按照规定需要进出口国家有关部门同意后方可载运的，应当提交有效的批准文件；

（四）危险货物中添加抑制剂或者稳定剂的，应当提交抑制剂或者稳定剂添加证明书；

（五）载运危险性质不明的货物，应当提交具有相应资质的评估机构出具的危险货物运输条件鉴定材料；

（六）交付载运包装危险货物的，还应当提交下列材料：

1. 包装、货物运输组件、船用刚性中型散装容器的检验合格证明；

2. 使用船用集装箱载运危险货物的，应当提交《集装箱装箱证明书》；

3. 载运放射性危险货物的，应当提交放射性剂量证明；

4. 载运限量或者可免除量危险货物的，应当提交限量或者可免除量危险货物证明。

（七）交付载运具有易流态化特性的B组固体散装货物通过海上运输的，还应当提交具有相应资质的检验机构出具的货物适运水分极限和货物水分含量证明。

承运人应当对上述货物信息进行审核，对不符合船舶适装要求的，不得受载、承运。

第二十三条　船舶载运包装危险货物或者B组固体散装货物离港前，应当将列有所载危险货物的装载位置清单、舱单或者详细配载图向海事管理机构报告。

第二十四条　船用集装箱拟拼装运输有隔离要求的两种或者两种以上危险货物，应当符合《国际海运危险货物规则》的规定。危险货物托运人应当事先向海事管理机构报告。

第五章　作业安全管理

第二十五条　载运危险货物的船舶在装货前，应当检查货物的运输资料和适运状况。发现有违反本规定情形的不得装运。

第二十六条　从事散装危险货物装卸作

业的船舶和码头，应当遵守安全和防污染操作规程，建立并落实船岸安全检查表制度，并严格按照船岸安全检查表的内容要求进行检查和填写。

载运散装液体危险货物的船舶装卸作业期间，禁止其他无关船舶并靠。使用的货物软管应当符合相关法规、技术规范的要求，并定期进行检验。

第二十七条 从事散装液化气体装卸作业的船舶和码头、装卸站应当建立作业前会商制度，并就货物操作、压载操作、应急等事项达成书面协议。

从事散装液化天然气装卸作业的船舶和码头、装卸站还应当采取装货作业期间在船上设置岸方应急切断装置控制点和卸货作业期间在岸上设置船方应急切断装置控制点等措施，确保在发生紧急情况时及时停止货物输送作业。

协助散装液化气船舶靠泊的船舶应当设置烟火熄灭装置及实施烟火管制。

禁止其他无关船舶在作业期间靠泊液化气码头、装卸站。

第二十八条 船舶进行危险货物水上过驳作业或者载运危险货物的船舶进行洗（清）舱、驱气、置换，应当符合国家水上交通安全和防治船舶污染环境的管理规定及技术规范，尽量远离船舶定线制区、饮用水地表水源取水口、渡口、客轮码头、通航建筑物、大型桥梁、水下通道以及内河等级航道和沿海设标航道，制定安全和防污染的措施和应急计划并保证有效实施。

第二十九条 载运危险货物的船舶进行洗（清）舱、驱气或者置换活动期间，不得检修和使用雷达、无线电发报机、卫星船站；不得进行明火、拷铲及其他易产生火花的作业；不得使用供应船、车进行加油、加水作业。

第三十条 载运危险货物的船舶在港口水域内从事危险货物过驳作业，应当由负责过驳作业的港口经营人依法向港口行政管理部门提出申请。港口行政管理部门在审批时，应当就船舶过驳作业的水域征得海事管理机构的同意，并将审批情况通报海事管理机构。

船舶在港口水域外从事内河危险货物过驳作业或者海上散装液体污染危害性货物过驳作业，应当依法向海事管理机构申请批准。

船舶进行水上危险货物和散装液体污染危害性货物过驳作业的水域，由海事管理机构发布航行警告或者航行通告。

第三十一条 船舶在港口水域外申请从事内河危险货物过驳作业或者海上散装液体污染危害性货物过驳作业的，申请人应当在作业前向海事管理机构提出申请，告知作业地点，并提交作业方案、作业程序、防治污染措施等材料。

海事管理机构自受理申请之日起，对单航次作业的船舶，应当在 24 小时内做出批准或者不批准的决定；对在特定水域多航次作业的船舶，应当在 7 日内做出批准或者不批准的决定。

第三十二条 船舶从事加注液化天然气及其他具有低闪点特性的气态燃料作业活动，应当遵守有关法规、标准和相关操作规程，落实安全措施，并在作业前将作业的种类、时间、地点、单位和船舶名称等信息向海事管理机构报告；作业信息变更的，应当及时补报。

通过船舶为液化天然气及其他具有低闪点特性的气态燃料水上加注船、趸船补给货物燃料的，应当执行本规定水上过驳的要求。

第三十三条 载运危险货物的船舶应当遵守海事管理机构关于航路、航道等区域性的特殊规定。

载运爆炸品、放射性物品、有机过氧化物、闪点 28℃ 以下易燃液体和散装液化气的船舶，不得与其他驳船混合编队拖带。

第三十四条 散装液化天然气船舶应当

在抵港72小时前（航程不足72小时的，在驶离上一港口时）向抵达港海事管理机构报告预计抵港时间。预计抵港时间有变化的，还应当在抵港24小时前（航程不足24小时的，在驶离上一港口时）报告抵港时间。

第三十五条　散装液化气船舶进出港口和在港停泊、作业，应当按照相关标准和规范的要求落实安全保障措施。在通航水域进行试气试验的，试气作业单位应当制定试验方案并组织开展安全风险论证，落实安全管理措施。

载运散装液化天然气船舶及载运其他具有低闪点特性的气态燃料的船舶，进出沿海港口和在港停泊、作业，应当通过开展专题论证，确定护航、安全距离、应急锚地、安全警示标志等安全保障措施。

载运散装液化天然气船舶及载运其他具有低闪点特性的气态燃料的船舶，在内河航行、停泊、作业时，应当落实海事管理机构公布的安全保障措施。海事管理机构根据当地实际情况评估论证，确定护航、合理安全距离、声光警示标志等安全保障措施，征求相关港航管理部门意见后向社会公布。在船舶吨位、载运货物种类、航行区域、航线相同，且周边通航安全条件没有发生重大变化的情况下，不再重新进行评估论证。

第三十六条　载运危险货物的船舶发生水上险情、交通事故、非法排放、危险货物落水等事件，应当按照规定向海事管理机构报告，并及时启动应急预案，防止损害、危害的扩大。

海事管理机构接到报告后，应当立即核实有关情况，按照相关应急预案要求向上级海事管理机构和县级以上地方人民政府报告，并采取相应的应急措施。

第三十七条　载运散装液体危险货物的内河船舶卸货完毕后，应当在具备洗舱条件的码头、专用锚地、洗舱站点等对货物处所进行清洗，洗舱水应当交付港口接收设施、船舶污染物接收单位或者专业接收单位接收处理。

载运散装液体危险货物的内河船舶，有以下情形之一的，可以免于前款规定的清洗：

（一）船舶拟装载的货物与卸载的货物一致；

（二）船舶拟装载的货物与卸载的货物相容，经拟装载货物的所有人同意；

（三）已经实施海事管理机构确认的可替代清洗的通风程序。

卸货港口没有接收能力，船舶取得下一港口的接收洗舱水书面同意，可以在下一港口清洗，并及时报告海事管理机构。

第三十八条　载运危险货物的船舶航行、装卸或者停泊，应当悬挂专用的警示标志，按照规定显示专用信号。

载运散装液化天然气的船舶在内河航行，应当事先确定航行计划和航线。

载运散装液化天然气的船舶由沿海进入内河水域的，应当向途经的第一个内河港口的海事管理机构报告航行计划和航线；始发地为内河港口的，船舶应当将航行计划和航线向始发地海事管理机构报告。

第六章　监督管理

第三十九条　海事管理机构依法对船舶载运危险货物实施监督检查。

海事管理机构发现船舶载运危险货物存在安全隐患的，应当责令立即消除或者限期消除隐患；有关单位和个人不立即消除或者逾期不消除的，海事管理机构可以依据法律、行政法规的规定，采取禁止其进港、离港，或者责令其停航、改航、停止作业等措施。

第四十条　船舶载运危险货物有下列情形之一的，海事管理机构应当责令当事船舶立即纠正或者限期改正：

（一）经核实申报或者报告内容与实际情况不符的；

（二）擅自在不具备作业条件的码头、泊位或者非指定水域装卸危险货物的；

（三）船舶或者其设备不符合安全、防污染要求的；

（四）危险货物的积载和隔离不符合规定的；

（五）船舶的安全、防污染措施和应急计划不符合规定的。

第七章　法律责任

第四十一条　载运危险货物的船舶和相关单位违反本规定以及国家水上交通安全的规定，应当予以行政处罚的，由海事管理机构按照有关法规执行。

涉嫌构成犯罪的，由海事管理机构依法移送国家司法机关。

第四十二条　违反本规定，危险货物水路运输企业的船员未取得特殊培训合格证的，由海事管理机构责令改正，属于危险化学品的处5万元以上10万元以下的罚款，属于危险化学品以外的危险货物的处2000元以上2万元以下的罚款；拒不改正的，责令整顿。

第四十三条　违反本规定，载运危险货物的船舶及船用集装箱、船用刚性中型散装容器和船用可移动罐柜等配载的容器未经检验合格而投入使用的，由海事管理机构责令改正，属于危险化学品的处10万元以上20万元以下的罚款，有违法所得的，没收违法所得，属于危险化学品以外的危险货物的处1000元以上3万元以下的罚款；拒不改正的，责令整顿。

第四十四条　违反本规定，有下列情形之一的，由海事管理机构责令改正，属于危险化学品的处5万元以上10万元以下的罚款，属于危险化学品以外的危险货物的处500元以上3万元以下的罚款；拒不改正的，责令整顿：

（一）船舶载运的危险货物，未按照规定进行积载和隔离的；

（二）托运人不向承运人说明所托运的危险货物种类、数量、危险特性以及发生危险情况的应急处置措施的；

（三）未按照国家有关规定对所托运的危险货物妥善包装并在外包装上设置相应标志的。

第四十五条　违反本规定，载运危险货物的船舶进出港口，未依法向海事管理机构办理申报手续的，在内河通航水域运输危险货物的，对负有责任的主管人员或者其他直接责任人员处2万元以上10万元以下的罚款；在我国管辖海域运输危险货物的，对船舶所有人或者经营人处1万元以上3万元以下的罚款。

第四十六条　违反本规定，在托运的普通货物中夹带危险货物，或者将危险货物谎报或者匿报为普通货物托运的，由海事管理机构责令改正，属于危险化学品的处10万元以上20万元以下的罚款，有违法所得的，没收违法所得，属于危险化学品以外的危险货物的处1000元以上3万元以下的罚款；拒不改正的，责令整顿。

第四十七条　违反本规定，对不符合《海运危险货物集装箱装箱安全技术要求》的危险货物集装箱签署《集装箱装箱证明书》的，由海事管理机构责令改正，对聘用该集装箱装箱现场检查员的单位处1000元以上3万元以下的罚款。

第四十八条　违反本规定，有下列情形之一的，由海事管理机构责令改正，处500元以上3万元以下的罚款：

（一）交付船舶载运的危险货物托运人未向海事管理机构报告的；

（二）船舶载运包装危险货物或者B组固体散装货物离港前，未按照规定将清单、舱单或者详细配载图报海事管理机构的；

（三）散装液化天然气船舶未按照规定向海事管理机构报告预计抵港时间的；

（四）散装液化天然气船舶在内河航行，未按照规定向海事管理机构报告航行计划和航线的。

第四十九条　海事管理机构的工作人员有滥用职权、徇私舞弊、玩忽职守等严重失职行为的，由其所在单位或者上级机关依法处理；情节严重构成犯罪的，由司法机关依法追究刑事责任。

第八章　附　　则

第五十条　本规定所称船舶载运的危险货物，包括：

（一）《国际海运危险货物规则》（IMDG code）第3部分危险货物一览表中列明的包装危险货物，以及未列明但经评估具有安全危险的其他包装货物；

（二）《国际海运固体散装货物规则》（IMSBC code）附录1中B组固体散装货物，以及经评估具有化学危险的其他固体散装货物；

（三）《国际防止船舶造成污染公约》（MARPOL公约）附则I附录1中列明的散装油类；

（四）《国际散装危险化学品船舶构造和设备规则》（IBC code）第17章中列明的散装液体化学品，以及未列明但经评估具有安全危险的其他散装液体化学品；

（五）《国际散装液化气体船舶构造和设备规则》（IGC code）第19章列明的散装液化气体，以及未列明但经评估具有安全危险的其他散装液化气体；

（六）我国加入或者缔结的国际条约、国家标准规定的其他危险货物。

《危险化学品目录》中所列物质，不属于前款规定的危险货物的，应当按照《危险化学品安全管理条例》的有关规定执行。

第五十一条　本规定所称B组固体散装货物，是指在《国际海运固体散装货物规则》附录1“组别”栏中列为B组货物或者同时列入A和B组货物。

第五十二条　本规定自2018年9月15日起施行。2003年11月30日以交通部令2003年第10号发布的《船舶载运危险货物安全监督管理规定》、2012年3月14日以交通运输部令2012年第4号发布的《关于修改〈船舶载运危险货物安全监督管理规定〉的决定》、1996年11月4日以交通部令1996年第10号发布的《水路危险货物运输规则（第一部分水路包装危险货物运输规则）》同时废止。

内河渡口渡船安全管理规定

（2014年6月12日交通运输部第5次部务会议通过，2014年6月18日公布，自2014年8月1日起施行）

第一章　总　　则

第一条　为加强内河渡口渡船安全管理，维护渡运秩序，保障人民群众生命、财产安全，根据《中华人民共和国内河交通安全管理条例》，制定本规定。

第二条　中华人民共和国内河水域的渡口渡船相关活动及安全监督管理适用本规定。

第三条　交通运输部主管全国内河交通安全管理工作。

县级地方人民政府依据《中华人民共和国内河交通安全管理条例》，负责设置和撤销渡口的审批，建立、健全渡口安全管理责任制，指定负责渡口和渡运安全管理的部门。乡镇人民政府依据《中华人民共和国内河交通安全管理条例》和国务院相关规定履行乡镇渡口渡船的安全管理职责。

县级人民政府指定的部门在职责范围内负责对渡口和渡运实施安全管理。

各级海事管理机构依据各自职责对所辖内河水域内渡船的水上交通安全实施监督管理。

第四条　县级以上地方人民政府应当加

强对内河渡口渡船安全管理工作的组织领导。

渡口渡船安全管理坚持安全第一、预防为主、各负其责、服务民生的原则。

第二章 渡　　口

第五条 县级人民政府在审批渡口的设置和撤销时应当充分考虑安全因素，明确渡运水域范围、渡运路线、渡运时段、渡口位置等主要内容。审批前应当征求渡口所在地海事管理机构的意见，涉及公路管理职责的，还应当征求公路管理机构的意见。

渡运水域涉及两个或者两个以上县级行政区域的，由渡口相关的人民政府协调处理，并征求相应的海事管理机构意见。

严禁非法设置渡口。

第六条 渡口的设置应当具备下列安全条件：

（一）选址应当在水流平缓、水深足够、坡岸稳定、视野开阔、适宜船舶停靠的地点，并且与危险物品生产、堆放场所之间的距离符合危险品管理相关规定；

（二）具备货物装卸、旅客上下的安全设施；

（三）配备必要的救生设备和专门管理人员。

新建、改建国道、省道，原则上不设置渡口。县道、乡道设置和撤销渡口应当征求公路管理机构的意见。

在通航密集区内有可供人、车通行桥梁、隧道的，应当避免在桥梁、隧道临近范围内设置渡口，但市区河道两岸供市民出行、上下班的渡口除外。

第七条 渡口应当根据其渡运对象的种类、数量、水域情况和过渡要求，合理设置码头、引道，配置必要的指示标志、船岸通讯和船舶助航、消防、安全救生等设施。渡口引道的宽度、纵坡和码头的设置应当满足相应的技术标准。

以渡运乘客为主的渡口应当有可供乘客安全上下的坡道，客运量较大的且具有相应陆域条件的渡口应当建有乘客候船亭等设施。

以渡运货车为主的渡口，应当安装、使用地磅等称重设备，如实记录称重情况。有条件的渡口，应当设置电子监控设施。

经批准运输超长、超宽、超高物品的车辆或者重型车辆过渡，应当采取有效保护措施后方可过渡，但超过渡船限载、限高、限宽、限长标准的车辆，不得渡运。渡运危险货物车辆的，渡口应当设置危险货物车辆专用通道。

第八条 设置和使用缆渡，不得影响他船航行。

第九条 渡口运营人应当在渡口明显位置设置公告牌，标明渡口名称、渡口区域、渡运路线、渡口守则、渡运安全注意事项以及安全责任单位和责任人、监督电话等内容。

梯级河段、库区下游以及水位变化较大的渡口水域，渡口应当标识警戒水位线和停航封渡水位线。

第十条 渡口运营人应当加强对渡口安全设施和渡船渡运的安全管理，根据国家有关规定建立渡口、渡船安全管理制度，落实安全管理责任制。

第十一条 在法定或者传统节日、重大集会、集市、农忙、学生放学放假等渡运高峰期间，县级人民政府应当加强组织协调。渡口运营人应当根据乘客、车辆的流量和渡运安全管理的需要，安排相应专门人员现场维持渡口渡运秩序与安全。

第十二条 渡口运营人应当结合船舶条件、气象条件和通航状况合理调度和使用渡船，不得指挥渡船违章作业、冒险航行。

第十三条 县级人民政府指定的部门应当加强对渡口运营人的安全教育和培训，并负责渡口工作人员的培训、考试、合格证书颁发。

渡口运营人应当对渡口工作人员、渡船船员、渡工定期开展安全教育培训。

第十四条 渡口运营人应当督促渡船清点并如实记录每航次渡船载客数量及车辆驾驶员等随船过渡人员，并开展定期或者不定期核查。

第十五条 日渡运量超过300人次渡口的运营人及载客定额超过12人的渡船应当编制渡口渡船安全应急预案，每月至少组织一次船岸应急演习。

日渡运量较少的渡口及载客定额12人以下的渡船，应当制定应急措施，每季度至少组织一次演练。

第三章 渡船和渡船船员、渡工

第十六条 海事管理机构负责渡船的登记、检验、发证工作。

渡船应当按照相关规定取得船舶检验证书和船舶登记证书。渡船检验证书应当标明船舶抗风等级。20米以上的渡船，应当持有船舶检验机构签发的载客定额证书；20米以下的渡船应当在相关证书中签注载客定额。船长小于15米的渡船按照省级交通运输主管部门制定的检验规则进行检验。省级交通运输主管部门未规定检验规则的，参照海事管理机构制定的《内河小型船舶法定检验技术规则》检验发证。

第十七条 渡船应当悬挂符合国家规定的渡船识别标志，并在明显位置标明载客（车）定额、抗风等级以及旅客乘船安全须知等有关安全注意事项。

第十八条 渡船夜航应当按照《内河船舶法定检验技术规则》、《内河小型船舶法定检验技术规则》配备夜间航行设备和信号设备。高速客船从事渡运服务以及不具备夜航技术条件的渡船，不得夜航。

第十九条 新建、改建渡船应当满足交通运输部或者省级交通运输主管部门公布的标准船型要求。

第二十条 渡船应当定期维护保养，确保处于适航状态，并按期申请检验。逾期未检验或者检验不合格的，不得从事渡运。

对船体或者车辆甲板出现局部严重变形的渡船，应当申请船舶检验机构按照实际装载情况进行强度复核。船龄十年以上未达到特别定期检验船龄要求的渡船应当在定期检验时着重加强对船体强度、稳性等方面的检验。

第二十一条 渡船载运危险货物或者载运装载危险货物的车辆的，应当持有船舶载运危险货物适装证书。

第二十二条 渡船应当按照规定配备消防救生设备，放置在易取处，保持其随时可用，并在规定的场所明显标识存放位置，张贴消防救生演示图和标示应急通道。

第二十三条 禁止水泥船、排筏、农用船舶、渔业船舶或者报废船舶从事渡运。

第二十四条 渡船船员应当按照相关规定具备船员资格，持有相应船员证书。

载客12人以下的渡船可仅配备渡工。渡工应当经过驾驶技术和安全培训，考核合格后取得海事管理机构颁发的渡工证书，方可驾驶渡船。

渡船船员、渡工每年应当参加由渡口运营人、乡镇人民政府或者相关主管部门组织的至少4小时的安全培训。

第二十五条 渡运时，船员、渡工应当遵守下列规定：

（一）遵守渡口、渡船管理制度和值班规定，按照水上交通安全操作规则操纵、控制和管理渡船；

（二）掌握渡船的适航状况，了解渡运水域的通航环境，以及有关水文、气象等必要的信息；

（三）不得酒后驾驶，不得疲劳值班；

（四）发现或者发生影响渡运安全的突发事件，应当及时报告并尽力救助遇险人员。

第四章 渡运安全

第二十六条 渡船应当在渡运水域内按照核定的渡运路线航行。

在渡运水域内不得从事水上过驳、采砂、捕捞、养殖、设置永久性固定设施等可能危及渡船航行安全的作业或者活动。

第二十七条 渡船航行，应当以安全航速行驶，加强了望，谨慎操作，使用有效方式发布船舶动态和表明避让意图，主动避让过往船舶，不得抢航或者强行横越。

顺航道行驶的船舶驶近渡运水域时，应当加强了望，谨慎驾驶，采取有效措施协助避让。

第二十八条 渡船载客、载货应当符合乘客定额、装载技术要求及载重线规定，不得超载。渡运水域的水位超过警戒水位线但未达到停航封渡水位线的，渡船载客、载货数量不得超过核定的乘客定额和载重量的80%。

渡船应当按照规定控制荷载分布，保证装载平衡和稳性，采取安全措施防止车辆及货物移位。

第二十九条 渡船载客应当设置载客处所，实行车客分离。按照上船时先车后人、下船时先人后车的顺序上下船舶。

车辆渡运时除驾驶员外车内禁止留有人员。

乘客与大型牲畜不得混载。

第三十条 乘客、车辆过渡，应当遵守渡口渡船安全管理规定，听从渡口渡船工作人员指挥。

车辆在渡口区域内应当低速行驶，在指定的地点候渡，不得争道抢渡。制动、转向系统不良和有其他故障影响安全行车的车辆，不得驶上渡船。

第三十一条 装载危险货物的车辆过渡时，车辆驾驶员或者押运人员应当向渡口运营人主动告知所装载危险货物的种类和危害特征，以及需要采取的安全措施。

渡船载运装载危险货物车辆，应当检查车辆是否持有与运输的危险货物类别、项别或者品名相符的《道路运输证》。车辆所载货物应当与船舶适装证书相符。渡船应当按照有关规定对危险货物积载隔离。

渡船不得同时渡运旅客和危险货物。渡船载运装载危险货物的车辆时，除船员以外，随车人员总数不得超过12人。

严禁任何人隐瞒、伪装、偷运各种危险品、污染危害性货物过渡。

渡船不得运输法律、法规以及交通运输部规定禁止运输的货物，不得载运装载有危险货物而未持有相应《道路运输证》的车辆。

第三十二条 有下列情形之一的，渡船不得开航：

（一）风力超过渡船抗风等级、能见度不良、水位超过停航封渡水位线等可能危及渡运安全的恶劣天气、水文条件的；

（二）渡船超载或者积载不当可能危及渡运安全的；

（三）渡船存在可能影响航行安全的缺陷，且未按规定纠正的；

（四）发现易燃、易爆等危险品和乘客同船混载，或者装运危险品的车辆和客运车辆同船混载的；

（五）发生乘客打架斗殴、寻衅滋事等可能危及渡运安全的；

（六）渡船船员、渡工配备不符合规定要求的。

第三十三条 渡船发生水上险情的，应当立即进行自救，并报告当地人民政府或者海事管理机构。当地人民政府和海事管理机构接到报告后，应当依照职责，组织搜寻救助。

渡口渡船应当服从指挥，在不危及自身安全的情况下，积极参与水上搜寻救助。

第三十四条 水电站、水库等管理单位因蓄放水作业可能导致渡口水位急剧变化影响渡运安全的，应当事先向当地海事管理机构通报水情信息。当地海事管理机构接到水情信息后应当及时通报相关渡口运营人。

第五章 监督检查

第三十五条 县级以上地方人民政府及其指定的有关部门、乡镇渡口所在地乡镇人民政府应当建立渡口渡运安全检查制度，并组织落实。在监督检查中发现渡口存在安全隐患的，应当责令立即消除安全隐患或者限期整改。

第三十六条　县级人民政府指定的有关部门应当督促指导渡运量较大且具备一定条件的乡镇渡口所在地乡镇人民政府建立乡镇渡口渡船签单发航制度，真实、准确地记录乘员数量及核查人、车、畜积载和开航条件等内容。

签单人员应当如实记录渡运情况，不得弄虚作假；发现渡运安全隐患或者违法行为，可能危及渡运安全时，应当报告乡镇人民政府。

乡镇人民政府应当定期对签单发航制度的实施情况进行检查。

第三十七条　渡口运营人应当建立渡口渡船安全渡运的安全管理制度，并组织开展内部安全检查。

第三十八条　海事管理机构应当建立渡船安全监督管理制度。

在监督管理中发现渡船存在重大安全隐患的，应当责令立即消除安全隐患或者限期整改，并及时通报当地县级以上人民政府及其相关部门。

第三十九条　鼓励运用视频监控等先进技术手段对渡运安全进行安全管理和监督检查。

第四十条　渡口运营人和渡船船员、渡工应当主动协助配合监督检查，不得拒绝、妨碍和阻挠。

第六章　法律责任

第四十一条　违反第五条规定未经批准擅自设置或者撤销渡口的，由渡口所在地县级人民政府指定的部门责令限期改正；逾期不改正的，予以强制拆除或者恢复，因强制拆除或者恢复发生的费用分别由设置人、撤销人承担。

第四十二条　违反第二十五条规定，渡船船员、渡工酒后驾船的，由海事管理机构对船员予以警告，情节严重的处500元以下罚款，并对渡船所有人或者经营人处2000元以下罚款。

第四十三条　违反第二十一条、第三十一条规定，有以下违法行为的，由海事管理机构责令改正，并对渡船所有人或者经营人处2000元以下的罚款：

（一）渡船未持有相应的危险货物适装证书载运危险货物的；

（二）渡船未持有相应的危险货物适装证书载运装载危险货物车辆的；

（三）渡船载运应当持有而未持有《道路运输证》的车辆的；

（四）渡船同时载运旅客和危险货物过渡的。

第四十四条　违反第十八条规定，渡船不具备夜航条件擅自夜航的，由海事管理机构责令改正，并可对渡船所有人或者经营人处以2000元以下罚款。

第四十五条　违反第二十九条规定，渡船混载乘客与大型牲畜的，由海事管理机构对渡船所有人或者经营人予以警告，情节严重的，处1000元以下罚款。

第四十六条　违反第三十二条第（一）项规定擅自开航的，由海事管理机构责令改正，并根据情节轻重对渡船所有人或者经营人处10000元以下罚款。

第四十七条　违反第三十二条第（五）项规定，发生乘客打架斗殴、寻衅滋事等可能危及渡运安全的情形，渡船擅自开航的，由海事管理机构对渡船所有人或者经营人处以500元以下罚款。

第四十八条　对违反本规定的其他违法行为，本规定未作规定的，按照相关法规、规章予以处罚。

第四十九条　主管机关工作人员滥用职权、玩忽职守导致严重失职的，由所在单位或者上级机关给予行政处分；构成犯罪的，依法追究刑事责任。

第七章　附　　则

第五十条　本规定下列用语的含义：

（一）渡口，是指在中华人民共和国江

河、湖泊、水库、运河等内河水域设在两岸专供渡船渡运人员、车辆、货物的场所和设施，包括渡运所需的码头、水域及为渡运服务的其他设施。

（二）乡镇渡口，是指设于农村或者集镇，由乡镇、村集体或者个人运营，为当地群众生产生活服务的渡口。

（三）渡船，是指往返于内河渡口之间，按照核定的航线渡运乘客、车辆和货物的船舶。

（四）缆渡，是指利用横跨两岸的缆索将渡船固定在渡运水域，依靠人力或者其他动力牵引、推动渡船过渡的方式。

（五）渡口运营人是指负责渡口营运和安全管理的经营人或者管理人。

第五十一条 本规定自2014年8月1日起施行。《公路渡口管理规定》（交通部令〔1990〕11号）自本规定施行之日起同时废止。

中华人民共和国民用航空法

（1995年10月30日第八届全国人民代表大会常务委员会第十六次会议通过，根据2009年8月27日第十一届全国人民代表大会常务委员会第十次会议《关于修改部分法律的决定》第一次修正，根据2015年4月24日第十二届全国人民代表大会常务委员会第十四次会议《关于修改〈中华人民共和国计量法〉等五部法律的决定》第二次修正，根据2016年11月7日第十二届全国人民代表大会常务委员会第二十四次会议《关于修改〈中华人民共和国对外贸易法〉等十二部法律的决定》第三次修正，根据2017年11月4日第十二届全国人民代表大会常务委员会第三十次会议《关于修改〈中华人民共和国会计法〉等十一部法律的决定》第四次修正，根据2018年12月29日第十三届全国人民代表大会常务委员会第七次会议《关于修改〈中华人民共和国劳动法〉等七部法律的决定》第五次修正，根据2021年4月29日第十三届全国人民代表大会常务委员会第二十八次会议《关于修改〈中华人民共和国道路交通安全法〉等八部法律的决定》第六次修正）

第一章 总 则

第一条 为了维护国家的领空主权和民用航空权利，保障民用航空活动安全和有秩序地进行，保护民用航空活动当事人各方的合法权益，促进民用航空事业的发展，制定本法。

第二条 中华人民共和国的领陆和领水之上的空域为中华人民共和国领空。中华人民共和国对领空享有完全的、排他的主权。

第三条 国务院民用航空主管部门对全国民用航空活动实施统一监督管理；根据法律和国务院的决定，在本部门的权限内，发布有关民用航空活动的规定、决定。

国务院民用航空主管部门设立的地区民用航空管理机构依照国务院民用航空主管部门

的授权，监督管理各该地区的民用航空活动。

第四条　国家扶持民用航空事业的发展，鼓励和支持发展民用航空的科学研究和教育事业，提高民用航空科学技术水平。

国家扶持民用航空器制造业的发展，为民用航空活动提供安全、先进、经济、适用的民用航空器。

第二章　民用航空器国籍

第五条　本法所称民用航空器，是指除用于执行军事、海关、警察飞行任务外的航空器。

第六条　经中华人民共和国国务院民用航空主管部门依法进行国籍登记的民用航空器，具有中华人民共和国国籍，由国务院民用航空主管部门发给国籍登记证书。

国务院民用航空主管部门设立中华人民共和国民用航空器国籍登记簿，统一记载民用航空器的国籍登记事项。

第七条　下列民用航空器应当进行中华人民共和国国籍登记：

（一）中华人民共和国国家机构的民用航空器；

（二）依照中华人民共和国法律设立的企业法人的民用航空器；企业法人的注册资本中有外商出资的，其机构设置、人员组成和中方投资人的出资比例，应当符合行政法规的规定；

（三）国务院民用航空主管部门准予登记的其他民用航空器。

自境外租赁的民用航空器，承租人符合前款规定，该民用航空器的机组人员由承租人配备的，可以申请登记中华人民共和国国籍，但是必须先予注销该民用航空器原国籍登记。

第八条　依法取得中华人民共和国国籍的民用航空器，应当标明规定的国籍标志和登记标志。

第九条　民用航空器不得具有双重国籍。未注销外国国籍的民用航空器不得在中华人民共和国申请国籍登记。

第三章　民用航空器权利

第一节　一般规定

第十条　本章规定的对民用航空器的权利，包括对民用航空器构架、发动机、螺旋桨、无线电设备和其他一切为了在民用航空器上使用的，无论安装于其上或者暂时拆离的物品的权利。

第十一条　民用航空器权利人应当就下列权利分别向国务院民用航空主管部门办理权利登记：

（一）民用航空器所有权；

（二）通过购买行为取得并占有民用航空器的权利；

（三）根据租赁期限为六个月以上的租赁合同占有民用航空器的权利；

（四）民用航空器抵押权。

第十二条　国务院民用航空主管部门设立民用航空器权利登记簿。同一民用航空器的权利登记事项应当记载于同一权利登记簿中。

民用航空器权利登记事项，可以供公众查询、复制或者摘录。

第十三条　除民用航空器经依法强制拍卖外，在已经登记的民用航空器权利得到补偿或者民用航空器权利人同意之前，民用航空器的国籍登记或者权利登记不得转移至国外。

第二节　民用航空器所有权和抵押权

第十四条　民用航空器所有权的取得、转让和消灭，应当向国务院民用航空主管部门登记；未经登记的，不得对抗第三人。

民用航空器所有权的转让，应当签订书面合同。

第十五条　国家所有的民用航空器，由国家授予法人经营管理或者使用的，本法有关民用航空器所有人的规定适用于该法人。

第十六条　设定民用航空器抵押权，由抵押权人和抵押人共同向国务院民用航空主管部门办理抵押权登记；未经登记的，不得对抗第三人。

第十七条 民用航空器抵押权设定后，未经抵押权人同意，抵押人不得将被抵押民用航空器转让他人。

第三节 民用航空器优先权

第十八条 民用航空器优先权，是指债权人依照本法第十九条规定，向民用航空器所有人、承租人提出赔偿请求，对产生该赔偿请求的民用航空器具有优先受偿的权利。

第十九条 下列各项债权具有民用航空器优先权：

（一）援救该民用航空器的报酬；

（二）保管维护该民用航空器的必需费用。

前款规定的各项债权，后发生的先受偿。

第二十条 本法第十九条规定的民用航空器优先权，其债权人应当自援救或者保管维护工作终了之日起三个月内，就其债权向国务院民用航空主管部门登记。

第二十一条 为了债权人的共同利益，在执行人民法院判决以及拍卖过程中产生的费用，应当从民用航空器拍卖所得价款中先行拨付。

第二十二条 民用航空器优先权先于民用航空器抵押权受偿。

第二十三条 本法第十九条规定的债权转移的，其民用航空器优先权随之转移。

第二十四条 民用航空器优先权应当通过人民法院扣押产生优先权的民用航空器行使。

第二十五条 民用航空器优先权自援救或者保管维护工作终了之日起满三个月时终止；但是，债权人就其债权已经依照本法第二十条规定登记，并具有下列情形之一的除外：

（一）债权人、债务人已经就此项债权的金额达成协议；

（二）有关此项债权的诉讼已经开始。

民用航空器优先权不因民用航空器所有权的转让而消灭；但是，民用航空器经依法强制拍卖的除外。

第四节 民用航空器租赁

第二十六条 民用航空器租赁合同，包括融资租赁合同和其他租赁合同，应当以书面形式订立。

第二十七条 民用航空器的融资租赁，是指出租人按照承租人对供货方和民用航空器的选择，购得民用航空器，出租给承租人使用，由承租人定期交纳租金。

第二十八条 融资租赁期间，出租人依法享有民用航空器所有权，承租人依法享有民用航空器的占有、使用、收益权。

第二十九条 融资租赁期间，出租人不得干扰承租人依法占有、使用民用航空器；承租人应当适当地保管民用航空器，使之处于原交付时的状态，但是合理损耗和经出租人同意的对民用航空器的改变除外。

第三十条 融资租赁期满，承租人应当将符合本法第二十九条规定状态的民用航空器退还出租人；但是，承租人依照合同行使购买民用航空器的权利或者为继续租赁而占有民用航空器的除外。

第三十一条 民用航空器融资租赁中的供货方，不就同一损害同时对出租人和承租人承担责任。

第三十二条 融资租赁期间，经出租人同意，在不损害第三人利益的情况下，承租人可以转让其对民用航空器的占有权或者租赁合同约定的其他权利。

第三十三条 民用航空器的融资租赁和租赁期限为六个月以上的其他租赁，承租人应当就其对民用航空器的占有权向国务院民用航空主管部门办理登记；未经登记的，不得对抗第三人。

第四章 民用航空器适航管理

第三十四条 设计民用航空器及其发动机、螺旋桨和民用航空器上设备，应当向国务院民用航空主管部门申请领取型号合格证书。经审查合格的，发给型号合格证书。

第三十五条　生产、维修民用航空器及其发动机、螺旋桨和民用航空器上设备，应当向国务院民用航空主管部门申请领取生产许可证书、维修许可证书。经审查合格的，发给相应的证书。

第三十六条　外国制造人生产的任何型号的民用航空器及其发动机、螺旋桨和民用航空器上设备，首次进口中国的，该外国制造人应当向国务院民用航空主管部门申请领取型号认可证书。经审查合格的，发给型号认可证书。

已取得外国颁发的型号合格证书的民用航空器及其发动机、螺旋桨和民用航空器上设备，首次在中国境内生产的，该型号合格证书的持有人应当向国务院民用航空主管部门申请领取型号认可证书。经审查合格的，发给型号认可证书。

第三十七条　具有中华人民共和国国籍的民用航空器，应当持有国务院民用航空主管部门颁发的适航证书，方可飞行。

出口民用航空器及其发动机、螺旋桨和民用航空器上设备，制造人应当向国务院民用航空主管部门申请领取出口适航证书。经审查合格的，发给出口适航证书。

租用的外国民用航空器，应当经国务院民用航空主管部门对其原国籍登记国发给的适航证书审查认可或者另发适航证书，方可飞行。

民用航空器适航管理规定，由国务院制定。

第三十八条　民用航空器的所有人或者承租人应当按照适航证书规定的使用范围使用民用航空器，做好民用航空器的维修保养工作，保证民用航空器处于适航状态。

第五章　航空人员

第一节　一般规定

第三十九条　本法所称航空人员，是指下列从事民用航空活动的空勤人员和地面人员：

（一）空勤人员，包括驾驶员、飞行机械人员、乘务员；

（二）地面人员，包括民用航空器维修人员、空中交通管制员、飞行签派员、航空电台通信员。

第四十条　航空人员应当接受专门训练，经考核合格，取得国务院民用航空主管部门颁发的执照，方可担任其执照载明的工作。

空勤人员和空中交通管制员在取得执照前，还应当接受国务院民用航空主管部门认可的体格检查单位的检查，并取得国务院民用航空主管部门颁发的体格检查合格证书。

第四十一条　空勤人员在执行飞行任务时，应当随身携带执照和体格检查合格证书，并接受国务院民用航空主管部门的查验。

第四十二条　航空人员应当接受国务院民用航空主管部门定期或者不定期的检查和考核；经检查、考核合格的，方可继续担任其执照载明的工作。

空勤人员还应当参加定期的紧急程序训练。

空勤人员间断飞行的时间超过国务院民用航空主管部门规定时限的，应当经过检查和考核；乘务员以外的空勤人员还应当经过带飞。经检查、考核、带飞合格的，方可继续担任其执照载明的工作。

第二节　机　　组

第四十三条　民用航空器机组由机长和其他空勤人员组成。机长应当由具有独立驾驶该型号民用航空器的技术和经验的驾驶员担任。

机组的组成和人员数额，应当符合国务院民用航空主管部门的规定。

第四十四条　民用航空器的操作由机长负责，机长应当严格履行职责，保护民用航空器及其所载人员和财产的安全。

机长在其职权范围内发布的命令，民用航空器所载人员都应当执行。

第四十五条　飞行前，机长应当对民用航空器实施必要的检查；未经检查，不得起飞。

机长发现民用航空器、机场、气象条件等不符合规定，不能保证飞行安全的，有权拒绝起飞。

第四十六条　飞行中，对于任何破坏民用航空器、扰乱民用航空器内秩序、危害民用航空器所载人员或者财产安全以及其他危及飞行安全的行为，在保证安全的前提下，机长有权采取必要的适当措施。

飞行中，遇到特殊情况时，为保证民用航空器及其所载人员的安全，机长有权对民用航空器作出处置。

第四十七条　机长发现机组人员不适宜执行飞行任务的，为保证飞行安全，有权提出调整。

第四十八条　民用航空器遇险时，机长有权采取一切必要措施，并指挥机组人员和航空器上其他人员采取抢救措施。在必须撤离遇险民用航空器的紧急情况下，机长必须采取措施，首先组织旅客安全离开民用航空器；未经机长允许，机组人员不得擅自离开民用航空器；机长应当最后离开民用航空器。

第四十九条　民用航空器发生事故，机长应当直接或者通过空中交通管制单位，如实将事故情况及时报告国务院民用航空主管部门。

第五十条　机长收到船舶或者其他航空器的遇险信号，或者发现遇险的船舶、航空器及其人员，应当将遇险情况及时报告就近的空中交通管制单位并给予可能的合理的援助。

第五十一条　飞行中，机长因故不能履行职务的，由仅次于机长职务的驾驶员代理机长；在下一个经停地起飞前，民用航空器所有人或者承租人应当指派新机长接任。

第五十二条　只有一名驾驶员，不需配备其他空勤人员的民用航空器，本节对机长的规定，适用于该驾驶员。

第六章　民用机场

第五十三条　本法所称民用机场，是指专供民用航空器起飞、降落、滑行、停放以及进行其他活动使用的划定区域，包括附属的建筑物、装置和设施。

本法所称民用机场不包括临时机场。

军民合用机场由国务院、中央军事委员会另行制定管理办法。

第五十四条　民用机场的建设和使用应当统筹安排、合理布局，提高机场的使用效率。

全国民用机场的布局和建设规划，由国务院民用航空主管部门会同国务院其他有关部门制定，并按照国家规定的程序，经批准后组织实施。

省、自治区、直辖市人民政府应当根据全国民用机场的布局和建设规划，制定本行政区域内的民用机场建设规划，并按照国家规定的程序报经批准后，将其纳入本级国民经济和社会发展规划。

第五十五条　民用机场建设规划应当与城市建设规划相协调。

第五十六条　新建、改建和扩建民用机场，应当符合依法制定的民用机场布局和建设规划，符合民用机场标准，并按照国家规定报经有关主管机关批准并实施。

不符合依法制定的民用机场布局和建设规划的民用机场建设项目，不得批准。

第五十七条　新建、扩建民用机场，应当由民用机场所在地县级以上地方人民政府发布公告。

前款规定的公告应当在当地主要报纸上刊登，并在拟新建、扩建机场周围地区张贴。

第五十八条　禁止在依法划定的民用机场范围内和按照国家规定划定的机场净空保护区域内从事下列活动：

（一）修建可能在空中排放大量烟雾、

粉尘、火焰、废气而影响飞行安全的建筑物或者设施；

（二）修建靶场、强烈爆炸物仓库等影响飞行安全的建筑物或者设施；

（三）修建不符合机场净空要求的建筑物或者设施；

（四）设置影响机场目视助航设施使用的灯光、标志或者物体；

（五）种植影响飞行安全或者影响机场助航设施使用的植物；

（六）饲养、放飞影响飞行安全的鸟类动物和其他物体；

（七）修建影响机场电磁环境的建筑物或者设施。

禁止在依法划定的民用机场范围内放养牲畜。

第五十九条　民用机场新建、扩建的公告发布前，在依法划定的民用机场范围内和按照国家规定划定的机场净空保护区域内存在的可能影响飞行安全的建筑物、构筑物、树木、灯光和其他障碍物体，应当在规定的期限内清除；对由此造成的损失，应当给予补偿或者依法采取其他补救措施。

第六十条　民用机场新建、扩建的公告发布后，任何单位和个人违反本法和有关行政法规的规定，在依法划定的民用机场范围内和按照国家规定划定的机场净空保护区域内修建、种植或者设置影响飞行安全的建筑物、构筑物、树木、灯光和其他障碍物体的，由机场所在地县级以上地方人民政府责令清除；由此造成的损失，由修建、种植或者设置该障碍物体的人承担。

第六十一条　在民用机场及其按照国家规定划定的净空保护区域以外，对可能影响飞行安全的高大建筑物或者设施，应当按照国家有关规定设置飞行障碍灯和标志，并使其保持正常状态。

第六十二条　国务院民用航空主管部门规定的对公众开放的民用机场应当取得机场使用许可证，方可开放使用。其他民用机场应当按照国务院民用航空主管部门的规定进行备案。

申请取得机场使用许可证，应当具备下列条件，并按照国家规定经验收合格：

（一）具备与其运营业务相适应的飞行区、航站区、工作区以及服务设施和人员；

（二）具备能够保障飞行安全的空中交通管制、通信导航、气象等设施和人员；

（三）具备符合国家规定的安全保卫条件；

（四）具备处理特殊情况的应急计划以及相应的设施和人员；

（五）具备国务院民用航空主管部门规定的其他条件。

国际机场还应当具备国际通航条件，设立海关和其他口岸检查机关。

第六十三条　民用机场使用许可证由机场管理机构向国务院民用航空主管部门申请，经国务院民用航空主管部门审查批准后颁发。

第六十四条　设立国际机场，由机场所在地省级人民政府报请国务院审查批准。

国际机场的开放使用，由国务院民用航空主管部门对外公告；国际机场资料由国务院民用航空主管部门统一对外提供。

第六十五条　民用机场应当按照国务院民用航空主管部门的规定，采取措施，保证机场内人员和财产的安全。

第六十六条　供运输旅客或者货物的民用航空器使用的民用机场，应当按照国务院民用航空主管部门规定的标准，设置必要设施，为旅客和货物托运人、收货人提供良好服务。

第六十七条　民用机场管理机构应当依照环境保护法律、行政法规的规定，做好机场环境保护工作。

第六十八条　民用航空器使用民用机场及其助航设施的，应当缴纳使用费、服务费；使用费、服务费的收费标准，由国务院民用航空主管部门制定。

第六十九条　民用机场废弃或者改作他用，民用机场管理机构应当依照国家规定办理报批手续。

第七章 空中航行

第一节 空域管理

第七十条 国家对空域实行统一管理。

第七十一条 划分空域，应当兼顾民用航空和国防安全的需要以及公众的利益，使空域得到合理、充分、有效的利用。

第七十二条 空域管理的具体办法，由国务院、中央军事委员会制定。

第二节 飞行管理

第七十三条 在一个划定的管制空域内，由一个空中交通管制单位负责该空域内的航空器的空中交通管制。

第七十四条 民用航空器在管制空域内进行飞行活动，应当取得空中交通管制单位的许可。

第七十五条 民用航空器应当按照空中交通管制单位指定的航路和飞行高度飞行；因故确需偏离指定的航路或者改变飞行高度飞行的，应当取得空中交通管制单位的许可。

第七十六条 在中华人民共和国境内飞行的航空器，必须遵守统一的飞行规则。

进行目视飞行的民用航空器，应当遵守目视飞行规则，并与其他航空器、地面障碍物体保持安全距离。

进行仪表飞行的民用航空器，应当遵守仪表飞行规则。

飞行规则由国务院、中央军事委员会制定。

第七十七条 民用航空器机组人员的飞行时间、执勤时间不得超过国务院民用航空主管部门规定的时限。

民用航空器机组人员受到酒类饮料、麻醉剂或者其他药物的影响，损及工作能力的，不得执行飞行任务。

第七十八条 民用航空器除按照国家规定经特别批准外，不得飞入禁区；除遵守规定的限制条件外，不得飞入限制区。

前款规定的禁区和限制区，依照国家规定划定。

第七十九条 民用航空器不得飞越城市上空；但是，有下列情形之一的除外：

（一）起飞、降落或者指定的航路所必需的；

（二）飞行高度足以使该航空器在发生紧急情况时离开城市上空，而不致危及地面上的人员、财产安全的；

（三）按照国家规定的程序获得批准的。

第八十条 飞行中，民用航空器不得投掷物品；但是，有下列情形之一的除外：

（一）飞行安全所必需的；

（二）执行救助任务或者符合社会公共利益的其他飞行任务所必需的。

第八十一条 民用航空器未经批准不得飞出中华人民共和国领空。

对未经批准正在飞离中华人民共和国领空的民用航空器，有关部门有权根据具体情况采取必要措施，予以制止。

第三节 飞行保障

第八十二条 空中交通管制单位应当为飞行中的民用航空器提供空中交通服务，包括空中交通管制服务、飞行情报服务和告警服务。

提供空中交通管制服务，旨在防止民用航空器同航空器、民用航空器同障碍物体相撞，维持并加速空中交通的有秩序的活动。

提供飞行情报服务，旨在提供有助于安全和有效地实施飞行的情报和建议。

提供告警服务，旨在当民用航空器需要搜寻援救时，通知有关部门，并根据要求协助该有关部门进行搜寻援救。

第八十三条 空中交通管制单位发现民用航空器偏离指定航路、迷失航向时，应当迅速采取一切必要措施，使其回归航路。

第八十四条 航路上应当设置必要的导航、通信、气象和地面监视设备。

第八十五条　航路上影响飞行安全的自然障碍物体，应当在航图上标明；航路上影响飞行安全的人工障碍物体，应当设置飞行障碍灯和标志，并使其保持正常状态。

第八十六条　在距离航路边界三十公里以内的地带，禁止修建靶场和其他可能影响飞行安全的设施；但是，平射轻武器靶场除外。

在前款规定地带以外修建固定的或者临时性对空发射场，应当按照国家规定获得批准；对空发射场的发射方向，不得与航路交叉。

第八十七条　任何可能影响飞行安全的活动，应当依法获得批准，并采取确保飞行安全的必要措施，方可进行。

第八十八条　国务院民用航空主管部门应当依法对民用航空无线电台和分配给民用航空系统使用的专用频率实施管理。

任何单位或者个人使用的无线电台和其他仪器、装置，不得妨碍民用航空无线电专用频率的正常使用。对民用航空无线电专用频率造成有害干扰的，有关单位或者个人应当迅速排除干扰；未排除干扰前，应当停止使用该无线电台或者其他仪器、装置。

第八十九条　邮电通信企业应当对民用航空电信传递优先提供服务。

国家气象机构应当对民用航空气象机构提供必要的气象资料。

第四节　飞行必备文件

第九十条　从事飞行的民用航空器，应当携带下列文件：

（一）民用航空器国籍登记证书；

（二）民用航空器适航证书；

（三）机组人员相应的执照；

（四）民用航空器航行记录簿；

（五）装有无线电设备的民用航空器，其无线电台执照；

（六）载有旅客的民用航空器，其所载旅客姓名及其出发地点和目的地点的清单；

（七）载有货物的民用航空器，其所载货物的舱单和明细的申报单；

（八）根据飞行任务应当携带的其他文件。

民用航空器未按规定携带前款所列文件的，国务院民用航空主管部门或者其授权的地区民用航空管理机构可以禁止该民用航空器起飞。

第八章　公共航空运输企业

第九十一条　公共航空运输企业，是指以营利为目的，使用民用航空器运送旅客、行李、邮件或者货物的企业法人。

第九十二条　企业从事公共航空运输，应当向国务院民用航空主管部门申请领取经营许可证。

第九十三条　取得公共航空运输经营许可，应当具备下列条件：

（一）有符合国家规定的适应保证飞行安全要求的民用航空器；

（二）有必需的依法取得执照的航空人员；

（三）有不少于国务院规定的最低限额的注册资本；

（四）法律、行政法规规定的其他条件。

第九十四条　公共航空运输企业的组织形式、组织机构适用公司法的规定。

本法施行前设立的公共航空运输企业，其组织形式、组织机构不完全符合公司法规定的，可以继续沿用原有的规定，适用前款规定的日期由国务院规定。

第九十五条　公共航空运输企业应当以保证飞行安全和航班正常，提供良好服务为准则，采取有效措施，提高运输服务质量。

公共航空运输企业应当教育和要求本企业职工严格履行职责，以文明礼貌、热情周到的服务态度，认真做好旅客和货物运输的各项服务工作。

旅客运输航班延误的，应当在机场内及时通告有关情况。

第九十六条　公共航空运输企业申请经

营定期航班运输（以下简称航班运输）的航线，暂停、终止经营航线，应当报经国务院民用航空主管部门批准。

公共航空运输企业经营航班运输，应当公布班期时刻。

第九十七条 公共航空运输企业的营业收费项目，由国务院民用航空主管部门确定。

国内航空运输的运价管理办法，由国务院民用航空主管部门会同国务院物价主管部门制定，报国务院批准后执行。

国际航空运输运价的制定按照中华人民共和国政府与外国政府签订的协定、协议的规定执行；没有协定、协议的，参照国际航空运输市场价格确定。

第九十八条 公共航空运输企业从事不定期运输，应当经国务院民用航空主管部门批准，并不得影响航班运输的正常经营。

第九十九条 公共航空运输企业应当依照国务院制定的公共航空运输安全保卫规定，制定安全保卫方案，并报国务院民用航空主管部门备案。

第一百条 公共航空运输企业不得运输法律、行政法规规定的禁运物品。

公共航空运输企业未经国务院民用航空主管部门批准，不得运输作战军火、作战物资。

禁止旅客随身携带法律、行政法规规定的禁运物品乘坐民用航空器。

第一百零一条 公共航空运输企业运输危险品，应当遵守国家有关规定。

禁止以非危险品品名托运危险品。

禁止旅客随身携带危险品乘坐民用航空器。除因执行公务并按照国家规定经过批准外，禁止旅客携带枪支、管制刀具乘坐民用航空器。禁止违反国务院民用航空主管部门的规定将危险品作为行李托运。

危险品品名由国务院民用航空主管部门规定并公布。

第一百零二条 公共航空运输企业不得运输拒绝接受安全检查的旅客，不得违反国家规定运输未经安全检查的行李。

公共航空运输企业必须按照国务院民用航空主管部门的规定，对承运的货物进行安全检查或者采取其他保证安全的措施。

第一百零三条 公共航空运输企业从事国际航空运输的民用航空器及其所载人员、行李、货物应当接受边防、海关等主管部门的检查；但是，检查时应当避免不必要的延误。

第一百零四条 公共航空运输企业应当依照有关法律、行政法规的规定优先运输邮件。

第一百零五条 公共航空运输企业应当投保地面第三人责任险。

第九章 公共航空运输

第一节 一般规定

第一百零六条 本章适用于公共航空运输企业使用民用航空器经营的旅客、行李或者货物的运输，包括公共航空运输企业使用民用航空器办理的免费运输。

本章不适用于使用民用航空器办理的邮件运输。

对多式联运方式的运输，本章规定适用于其中的航空运输部分。

第一百零七条 本法所称国内航空运输，是指根据当事人订立的航空运输合同，运输的出发地点、约定的经停地点和目的地点均在中华人民共和国境内的运输。

本法所称国际航空运输，是指根据当事人订立的航空运输合同，无论运输有无间断或者有无转运，运输的出发地点、目的地点或者约定的经停地点之一不在中华人民共和国境内的运输。

第一百零八条 航空运输合同各方认为几个连续的航空运输承运人办理的运输是一项单一业务活动的，无论其形式是以一个合同订立或者数个合同订立，应当视为一项不可分割的运输。

第二节　运输凭证

第一百零九条　承运人运送旅客，应当出具客票。旅客乘坐民用航空器，应当交验有效客票。

第一百一十条　客票应当包括的内容由国务院民用航空主管部门规定，至少应当包括以下内容：

（一）出发地点和目的地点；

（二）出发地点和目的地点均在中华人民共和国境内，而在境外有一个或者数个约定的经停地点的，至少注明一个经停地点；

（三）旅客航程的最终目的地点、出发地点或者约定的经停地点之一不在中华人民共和国境内，依照所适用的国际航空运输公约的规定，应当在客票上声明此项运输适用该公约的，客票上应当载有该项声明。

第一百一十一条　客票是航空旅客运输合同订立和运输合同条件的初步证据。

旅客未能出示客票、客票不符合规定或者客票遗失，不影响运输合同的存在或者有效。

在国内航空运输中，承运人同意旅客不经其出票而乘坐民用航空器的，承运人无权援用本法第一百二十八条有关赔偿责任限制的规定。

在国际航空运输中，承运人同意旅客不经其出票而乘坐民用航空器的，或者客票上未依照本法第一百一十条第（三）项的规定声明的，承运人无权援用本法第一百二十九条有关赔偿责任限制的规定。

第一百一十二条　承运人载运托运行李时，行李票可以包含在客票之内或者与客票相结合。除本法第一百一十条的规定外，行李票还应当包括下列内容：

（一）托运行李的件数和重量；

（二）需要声明托运行李在目的地点交付时的利益的，注明声明金额。

行李票是行李托运和运输合同条件的初步证据。

旅客未能出示行李票、行李票不符合规定或者行李票遗失，不影响运输合同的存在或者有效。

在国内航空运输中，承运人载运托运行李而不出具行李票的，承运人无权援用本法第一百二十八条有关赔偿责任限制的规定。

在国际航空运输中，承运人载运托运行李而不出具行李票的，或者行李票上未依照本法第一百一十条第（三）项的规定声明的，承运人无权援用本法第一百二十九条有关赔偿责任限制的规定。

第一百一十三条　承运人有权要求托运人填写航空货运单，托运人有权要求承运人接受该航空货运单。托运人未能出示航空货运单、航空货运单不符合规定或者航空货运单遗失，不影响运输合同的存在或者有效。

第一百一十四条　托运人应当填写航空货运单正本一式三份，连同货物交给承运人。

航空货运单第一份注明“交承运人”，由托运人签字、盖章；第二份注明“交收货人”，由托运人和承运人签字、盖章；第三份由承运人在接受货物后签字、盖章，交给托运人。

承运人根据托运人的请求填写航空货运单的，在没有相反证据的情况下，应当视为代托运人填写。

第一百一十五条　航空货运单应当包括的内容由国务院民用航空主管部门规定，至少应当包括以下内容：

（一）出发地点和目的地点；

（二）出发地点和目的地点均在中华人民共和国境内，而在境外有一个或者数个约定的经停地点的，至少注明一个经停地点；

（三）货物运输的最终目的地点、出发地点或者约定的经停地点之一不在中华人民共和国境内，依照所适用的国际航空运输公约的规定，应当在货运单上声明此项运输适用该公约的，货运单上应当载有该项声明。

第一百一十六条　在国内航空运输中，承运人同意未经填具航空货运单而载运货物的，承运人无权援用本法第一百二十八条有关赔偿责任限制的规定。

在国际航空运输中，承运人同意未经填具航空货运单而载运货物的，或者航空货运单上未依照本法第一百一十五条第（三）项的规定声明的，承运人无权援用本法第一百二十九条有关赔偿责任限制的规定。

第一百一十七条　托运人应当对航空货运单上所填关于货物的说明和声明的正确性负责。

因航空货运单上所填的说明和声明不符合规定、不正确或者不完全，给承运人或者承运人对之负责的其他人造成损失的，托运人应当承担赔偿责任。

第一百一十八条　航空货运单是航空货物运输合同订立和运输条件以及承运人接受货物的初步证据。

航空货运单上关于货物的重量、尺寸、包装和包装件数的说明具有初步证据的效力。除经过承运人和托运人当面查对并在航空货运单上注明经过查对或者书写关于货物的外表情况的说明外，航空货运单上关于货物的数量、体积和情况的说明不能构成不利于承运人的证据。

第一百一十九条　托运人在履行航空货物运输合同规定的义务的条件下，有权在出发地机场或者目的地机场将货物提回，或者在途中经停时中止运输，或者在目的地点或者途中要求将货物交给非航空货运单上指定的收货人，或者要求将货物运回出发地机场；但是，托运人不得因行使此种权利而使承运人或者其他托运人遭受损失，并应当偿付由此产生的费用。

托运人的指示不能执行的，承运人应当立即通知托运人。

承运人按照托运人的指示处理货物，没有要求托运人出示其所收执的航空货运单，给该航空货运单的合法持有人造成损失的，承运人应当承担责任，但是不妨碍承运人向托运人追偿。

收货人的权利依照本法第一百二十条规定开始时，托运人的权利即告终止；但是，收货人拒绝接受航空货运单或者货物，或者承运人无法同收货人联系的，托运人恢复其对货物的处置权。

第一百二十条　除本法第一百一十九条所列情形外，收货人于货物到达目的地点，并在缴付应付款项和履行航空货运单上所列运输条件后，有权要求承运人移交航空货运单并交付货物。

除另有约定外，承运人应当在货物到达后立即通知收货人。

承运人承认货物已经遗失，或者货物在应当到达之日起七日后仍未到达的，收货人有权向承运人行使航空货物运输合同所赋予的权利。

第一百二十一条　托运人和收货人在履行航空货物运输合同规定的义务的条件下，无论为本人或者他人的利益，可以以本人的名义分别行使本法第一百一十九条和第一百二十条所赋予的权利。

第一百二十二条　本法第一百一十九条、第一百二十条和第一百二十一条的规定，不影响托运人同收货人之间的相互关系，也不影响从托运人或者收货人获得权利的第三人之间的关系。

任何与本法第一百一十九条、第一百二十条和第一百二十一条规定不同的合同条款，应当在航空货运单上载明。

第一百二十三条　托运人应当提供必需的资料和文件，以便在货物交付收货人前完成法律、行政法规规定的有关手续；因没有此种资料、文件，或者此种资料、文件不充足或者不符合规定造成的损失，除由于承运人或者其受雇人、代理人的过错造成的外，托运人应当对承运人承担责任。

除法律、行政法规另有规定外，承运人没有对前款规定的资料或者文件进行检查的义务。

第三节　承运人的责任

第一百二十四条　因发生在民用航空器上或者在旅客上、下民用航空器过程中的事件，造成旅客人身伤亡的，承运人应当承担责任；但是，旅客的人身伤亡完全是由于旅客本人的健康状况造成的，承运人不承担责任。

第一百二十五条　因发生在民用航空器上或者在旅客上、下民用航空器过程中的事件，造成旅客随身携带物品毁灭、遗失或者损坏的，承运人应当承担责任。因发生在航空运输期间的事件，造成旅客的托运行李毁灭、遗失或者损坏的，承运人应当承担责任。

旅客随身携带物品或者托运行李的毁灭、遗失或者损坏完全是由于行李本身的自然属性、质量或者缺陷造成的，承运人不承担责任。

本章所称行李，包括托运行李和旅客随身携带的物品。

因发生在航空运输期间的事件，造成货物毁灭、遗失或者损坏的，承运人应当承担责任；但是，承运人证明货物的毁灭、遗失或者损坏完全是由于下列原因之一造成的，不承担责任：

（一）货物本身的自然属性、质量或者缺陷；

（二）承运人或者其受雇人、代理人以外的人包装货物的，货物包装不良；

（三）战争或者武装冲突；

（四）政府有关部门实施的与货物入境、出境或者过境有关的行为。

本条所称航空运输期间，是指在机场内、民用航空器上或者机场外降落的任何地点，托运行李、货物处于承运人掌管之下的全部期间。

航空运输期间，不包括机场外的任何陆路运输、海上运输、内河运输过程；但是，此种陆路运输、海上运输、内河运输是为了履行航空运输合同而装载、交付或者转运，在没有相反证据的情况下，所发生的损失视为在航空运输期间发生的损失。

第一百二十六条　旅客、行李或者货物在航空运输中因延误造成的损失，承运人应当承担责任；但是，承运人证明本人或者其受雇人、代理人为了避免损失的发生，已经采取一切必要措施或者不可能采取此种措施的，不承担责任。

第一百二十七条　在旅客、行李运输中，经承运人证明，损失是由索赔人的过错造成或者促成的，应当根据造成或者促成此种损失的过错的程度，相应免除或者减轻承运人的责任。旅客以外的其他人就旅客死亡或者受伤提出赔偿请求时，经承运人证明，死亡或者受伤是旅客本人的过错造成或者促成的，同样应当根据造成或者促成此种损失的过错的程度，相应免除或者减轻承运人的责任。

在货物运输中，经承运人证明，损失是由索赔人或者代行权利人的过错造成或者促成的，应当根据造成或者促成此种损失的过错的程度，相应免除或者减轻承运人的责任。

第一百二十八条　国内航空运输承运人的赔偿责任限额由国务院民用航空主管部门制定，报国务院批准后公布执行。

旅客或者托运人在交运托运行李或者货物时，特别声明在目的地点交付时的利益，并在必要时支付附加费的，除承运人证明旅客或者托运人声明的金额高于托运行李或者货物在目的地点交付时的实际利益外，承运人应当在声明金额范围内承担责任；本法第一百二十九条的其他规定，除赔偿责任限额外，适用于国内航空运输。

第一百二十九条　国际航空运输承运人的赔偿责任限额按照下列规定执行：

（一）对每名旅客的赔偿责任限额为16600计算单位；但是，旅客可以同承运人书面约定高于本项规定的赔偿责任限额。

（二）对托运行李或者货物的赔偿责任限额，每公斤为17计算单位。旅客或者托运人在交运托运行李或者货物时，特别声明在目的地点交付时的利益，并在必要时支付附加费的，除承运人证明旅客或者托运人声明的金额高于托运行李或者货物在目的地点交付时的实际利益外，承运人应当在声明金额范围内承担责任。

托运行李或者货物的一部分或者托运行李、货物中的任何物件毁灭、遗失、损坏或者延误的，用以确定承运人赔偿责任限额的重量，仅为该一包件或者数包件的总重量；但是，因托运行李或者货物的一部分或者托运行李、货物中的任何物件的毁灭、遗失、损坏或者延误，影响同一份行李票或者同一份航空货运单所列其他包件的价值的，确定承运人的赔偿责任限额时，此种包件的总重量也应当考虑在内。

（三）对每名旅客随身携带的物品的赔偿责任限额为 332 计算单位。

第一百三十条 任何旨在免除本法规定的承运人责任或者降低本法规定的赔偿责任限额的条款，均属无效；但是，此种条款的无效，不影响整个航空运输合同的效力。

第一百三十一条 有关航空运输中发生的损失的诉讼，不论其根据如何，只能依照本法规定的条件和赔偿责任限额提出，但是不妨碍谁有权提起诉讼以及他们各自的权利。

第一百三十二条 经证明，航空运输中的损失是由于承运人或者其受雇人、代理人的故意或者明知可能造成损失而轻率地作为或者不作为造成的，承运人无权援用本法第一百二十八条、第一百二十九条有关赔偿责任限制的规定；证明承运人的受雇人、代理人有此种作为或者不作为的，还应当证明该受雇人、代理人是在受雇、代理范围内行事。

第一百三十三条 就航空运输中的损失向承运人的受雇人、代理人提起诉讼时，该受雇人、代理人证明他是在受雇、代理范围内行事的，有权援用本法第一百二十八条、第一百二十九条有关赔偿责任限制的规定。

在前款规定情形下，承运人及其受雇人、代理人的赔偿总额不得超过法定的赔偿责任限额。

经证明，航空运输中的损失是由于承运人的受雇人、代理人的故意或者明知可能造成损失而轻率地作为或者不作为造成的，不适用本条第一款和第二款的规定。

第一百三十四条 旅客或者收货人收受托运行李或者货物而未提出异议，为托运行李或者货物已经完好交付并与运输凭证相符的初步证据。

托运行李或者货物发生损失的，旅客或者收货人应当在发现损失后向承运人提出异议。托运行李发生损失的，至迟应当自收到托运行李之日起七日内提出；货物发生损失的，至迟应当自收到货物之日起十四日内提出。托运行李或者货物发生延误的，至迟应当自托运行李或者货物交付旅客或者收货人处置之日起二十一日内提出。

任何异议均应当在前款规定的期间内写在运输凭证上或者另以书面提出。

除承运人有欺诈行为外，旅客或者收货人未在本条第二款规定的期间内提出异议的，不能向承运人提出索赔诉讼。

第一百三十五条 航空运输的诉讼时效期间为二年，自民用航空器到达目的地点、应当到达目的地点或者运输终止之日起计算。

第一百三十六条 由几个航空承运人办理的连续运输，接受旅客、行李或者货物的每一个承运人应当受本法规定的约束，并就其根据合同办理的运输区段作为运输合同的订约一方。

对前款规定的连续运输，除合同明文约定第一承运人应当对全程运输承担责任外，旅客或者其继承人只能对发生事故或者延误的运输区段的承运人提起诉讼。

托运行李或者货物的毁灭、遗失、损坏或者延误，旅客或者托运人有权对第一承运人提起诉讼，旅客或者收货人有权对最后承运人提起诉讼，旅客、托运人和收货人均可以对发生毁灭、遗失、损坏或者延误的运输区段的承运人提起诉讼。上述承运人应当对旅客、托运人或者收货人承担连带责任。

第四节 实际承运人履行航空运输的特别规定

第一百三十七条 本节所称缔约承运

人，是指以本人名义与旅客或者托运人，或者与旅客或者托运人的代理人，订立本章调整的航空运输合同的人。

本节所称实际承运人，是指根据缔约承运人的授权，履行前款全部或者部分运输的人，不是指本章规定的连续承运人；在没有相反证明时，此种授权被认为是存在的。

第一百三十八条　除本节另有规定外，缔约承运人和实际承运人都应当受本章规定的约束。缔约承运人应当对合同约定的全部运输负责。实际承运人应当对其履行的运输负责。

第一百三十九条　实际承运人的作为和不作为，实际承运人的受雇人、代理人在受雇、代理范围内的作为和不作为，关系到实际承运人履行的运输的，应当视为缔约承运人的作为和不作为。

缔约承运人的作为和不作为，缔约承运人的受雇人、代理人在受雇、代理范围内的作为和不作为，关系到实际承运人履行的运输的，应当视为实际承运人的作为和不作为；但是，实际承运人承担的责任不因此种作为或者不作为而超过法定的赔偿责任限额。

任何有关缔约承运人承担本章未规定的义务或者放弃本章赋予的权利的特别协议，或者任何有关依照本法第一百二十八条、第一百二十九条规定所作的在目的地点交付时利益的特别声明，除经实际承运人同意外，均不得影响实际承运人。

第一百四十条　依照本章规定提出的索赔或者发出的指示，无论是向缔约承运人还是向实际承运人提出或者发出的，具有同等效力；但是，本法第一百一十九条规定的指示，只在向缔约承运人发出时，方有效。

第一百四十一条　实际承运人的受雇人、代理人或者缔约承运人的受雇人、代理人，证明他是在受雇、代理范围内行事的，就实际承运人履行的运输而言，有权援用本法第一百二十八条、第一百二十九条有关赔偿责任限制的规定，但是依照本法规定不得援用赔偿责任限制规定的除外。

第一百四十二条　对于实际承运人履行的运输，实际承运人、缔约承运人以及他们的在受雇、代理范围内行事的受雇人、代理人的赔偿总额不得超过依照本法得以从缔约承运人或者实际承运人获得赔偿的最高数额；但是，其中任何人都不承担超过对他适用的赔偿责任限额。

第一百四十三条　对实际承运人履行的运输提起的诉讼，可以分别对实际承运人或者缔约承运人提起，也可以同时对实际承运人和缔约承运人提起；被提起诉讼的承运人有权要求另一承运人参加应诉。

第一百四十四条　除本法第一百四十三条规定外，本节规定不影响实际承运人和缔约承运人之间的权利、义务。

第十章　通用航空

第一百四十五条　通用航空，是指使用民用航空器从事公共航空运输以外的民用航空活动，包括从事工业、农业、林业、渔业和建筑业的作业飞行以及医疗卫生、抢险救灾、气象探测、海洋监测、科学实验、教育训练、文化体育等方面的飞行活动。

第一百四十六条　从事通用航空活动，应当具备下列条件：

（一）有与所从事的通用航空活动相适应，符合保证飞行安全要求的民用航空器；

（二）有必需的依法取得执照的航空人员；

（三）符合法律、行政法规规定的其他条件。

从事经营性通用航空，限于企业法人。

第一百四十七条　从事非经营性通用航空的，应当向国务院民用航空主管部门备案。

从事经营性通用航空的，应当向国务院民用航空主管部门申请领取通用航空经营许可证。

第一百四十八条　通用航空企业从事经营性通用航空活动，应当与用户订立书面合同，但是紧急情况下的救护或者救灾飞行除外。

第一百四十九条 组织实施作业飞行时，应当采取有效措施，保证飞行安全，保护环境和生态平衡，防止对环境、居民、作物或者牲畜等造成损害。

第一百五十条 从事通用航空活动的，应当投保地面第三人责任险。

第十一章 搜寻援救和事故调查

第一百五十一条 民用航空器遇到紧急情况时，应当发送信号，并向空中交通管制单位报告，提出援救请求；空中交通管制单位应当立即通知搜寻援救协调中心。民用航空器在海上遇到紧急情况时，还应当向船舶和国家海上搜寻援救组织发送信号。

第一百五十二条 发现民用航空器遇到紧急情况或者收听到民用航空器遇到紧急情况的信号的单位或者个人，应当立即通知有关的搜寻援救协调中心、海上搜寻援救组织或者当地人民政府。

第一百五十三条 收到通知的搜寻援救协调中心、地方人民政府和海上搜寻援救组织，应当立即组织搜寻援救。

收到通知的搜寻援救协调中心，应当设法将已经采取的搜寻援救措施通知遇到紧急情况的民用航空器。

搜寻援救民用航空器的具体办法，由国务院规定。

第一百五十四条 执行搜寻援救任务的单位或者个人，应当尽力抢救民用航空器所载人员，按照规定对民用航空器采取抢救措施并保护现场，保存证据。

第一百五十五条 民用航空器事故的当事人以及有关人员在接受调查时，应当如实提供现场情况和与事故有关的情节。

第一百五十六条 民用航空器事故调查的组织和程序，由国务院规定。

第十二章 对地面第三人损害的赔偿责任

第一百五十七条 因飞行中的民用航空器或者从飞行中的民用航空器上落下的人或者物，造成地面（包括水面，下同）上的人身伤亡或者财产损害的，受害人有权获得赔偿；但是，所受损害并非造成损害的事故的直接后果，或者所受损害仅是民用航空器依照国家有关的空中交通规则在空中通过造成的，受害人无权要求赔偿。

前款所称飞行中，是指自民用航空器为实际起飞而使用动力时起至着陆冲程终了时止；就轻于空气的民用航空器而言，飞行中是指自其离开地面时起至其重新着地时止。

第一百五十八条 本法第一百五十七条规定的赔偿责任，由民用航空器的经营人承担。

前款所称经营人，是指损害发生时使用民用航空器的人。民用航空器的使用权已经直接或者间接地授予他人，本人保留对该民用航空器的航行控制权的，本人仍被视为经营人。

经营人的受雇人、代理人在受雇、代理过程中使用民用航空器，无论是否在其受雇、代理范围内行事，均视为经营人使用民用航空器。

民用航空器登记的所有人应当被视为经营人，并承担经营人的责任；除非在判定其责任的诉讼中，所有人证明经营人是他人，并在法律程序许可的范围内采取适当措施使该人成为诉讼当事人之一。

第一百五十九条 未经对民用航空器有航行控制权的人同意而使用民用航空器，对地面第三人造成损害的，有航行控制权的人除证明本人已经适当注意防止此种使用外，应当与该非法使用人承担连带责任。

第一百六十条 损害是武装冲突或者骚乱的直接后果，依照本章规定应当承担责任的人不承担责任。

依照本章规定应当承担责任的人对民用航空器的使用权业经国家机关依法剥夺的，不承担责任。

第一百六十一条 依照本章规定应当承担责任的人证明损害是完全由于受害人或者

其受雇人、代理人的过错造成的，免除其赔偿责任；应当承担责任的人证明损害是部分由于受害人或者其受雇人、代理人的过错造成的，相应减轻其赔偿责任。但是，损害是由于受害人的受雇人、代理人的过错造成时，受害人证明其受雇人、代理人的行为超出其所授权的范围的，不免除或者不减轻应当承担责任的人的赔偿责任。

一人对另一人的死亡或者伤害提起诉讼，请求赔偿时，损害是该另一人或者其受雇人、代理人的过错造成的，适用前款规定。

第一百六十二条 两个以上的民用航空器在飞行中相撞或者相扰，造成本法第一百五十七条规定的应当赔偿的损害，或者两个以上的民用航空器共同造成此种损害的，各有关民用航空器均应当被认为已经造成此种损害，各有关民用航空器的经营人均应当承担责任。

第一百六十三条 本法第一百五十八条第四款和第一百五十九条规定的人，享有依照本章规定经营人所能援用的抗辩权。

第一百六十四条 除本章有明确规定外，经营人、所有人和本法第一百五十九条规定的应当承担责任的人，以及他们的受雇人、代理人，对于飞行中的民用航空器或者从飞行中的民用航空器上落下的人或者物造成的地面上的损害不承担责任，但是故意造成此种损害的人除外。

第一百六十五条 本章不妨碍依照本章规定应当对损害承担责任的人向他人追偿的权利。

第一百六十六条 民用航空器的经营人应当投保地面第三人责任险或者取得相应的责任担保。

第一百六十七条 保险人和担保人除享有与经营人相同的抗辩权，以及对伪造证件进行抗辩的权利外，对依照本章规定提出的赔偿请求只能进行下列抗辩：

（一）损害发生在保险或者担保终止有效后；然而保险或者担保在飞行中期满的，该项保险或者担保在飞行计划中所载下一次降落前继续有效，但是不得超过二十四小时；

（二）损害发生在保险或者担保所指定的地区范围外，除非飞行超出该范围是由于不可抗力、援助他人所必需，或者驾驶、航行或者领航上的差错造成的。

前款关于保险或者担保继续有效的规定，只在对受害人有利时适用。

第一百六十八条 仅在下列情形下，受害人可以直接对保险人或者担保人提起诉讼，但是不妨碍受害人根据有关保险合同或者担保合同的法律规定提起直接诉讼的权利：

（一）根据本法第一百六十七条第（一）项、第（二）项规定，保险或者担保继续有效的；

（二）经营人破产的。

除本法第一百六十七条第一款规定的抗辩权，保险人或者担保人对受害人依照本章规定提起的直接诉讼不得以保险或者担保的无效或者追溯力终止为由进行抗辩。

第一百六十九条 依照本法第一百六十六条规定提供的保险或者担保，应当被专门指定优先支付本章规定的赔偿。

第一百七十条 保险人应当支付给经营人的款项，在本章规定的第三人的赔偿请求未满足前，不受经营人的债权人的扣留和处理。

第一百七十一条 地面第三人损害赔偿的诉讼时效期间为二年，自损害发生之日起计算；但是，在任何情况下，时效期间不得超过自损害发生之日起三年。

第一百七十二条 本章规定不适用于下列损害：

（一）对飞行中的民用航空器或者对该航空器上的人或者物造成的损害；

（二）为受害人同经营人或者同发生损害时对民用航空器有使用权的人订立的合同所约束，或者为适用两方之间的劳动合同的法律有关职工赔偿的规定所约束的损害；

（三）核损害。

第十三章　对外国民用航空器的特别规定

第一百七十三条　外国人经营的外国民用航空器，在中华人民共和国境内从事民用航空活动，适用本章规定；本章没有规定的，适用本法其他有关规定。

第一百七十四条　外国民用航空器根据其国籍登记国政府与中华人民共和国政府签订的协定、协议的规定，或者经中华人民共和国国务院民用航空主管部门批准或者接受，方可飞入、飞出中华人民共和国领空和在中华人民共和国境内飞行、降落。

对不符合前款规定，擅自飞入、飞出中华人民共和国领空的外国民用航空器，中华人民共和国有关机关有权采取必要措施，令其在指定的机场降落；对虽然符合前款规定，但是有合理的根据认为需要对其进行检查的，有关机关有权令其在指定的机场降落。

第一百七十五条　外国民用航空器飞入中华人民共和国领空，其经营人应当提供有关证明书，证明其已经投保地面第三人责任险或者已经取得相应的责任担保；其经营人未提供有关证明书的，中华人民共和国国务院民用航空主管部门有权拒绝其飞入中华人民共和国领空。

第一百七十六条　外国民用航空器的经营人经其本国政府指定，并取得中华人民共和国国务院民用航空主管部门颁发的经营许可证，方可经营中华人民共和国政府与该外国政府签订的协定、协议规定的国际航班运输；外国民用航空器的经营人经其本国政府批准，并获得中华人民共和国国务院民用航空主管部门批准，方可经营中华人民共和国境内一地和境外一地之间的不定期航空运输。

前款规定的外国民用航空器经营人，应当依照中华人民共和国法律、行政法规的规定，制定相应的安全保卫方案，报中华人民共和国国务院民用航空主管部门备案。

第一百七十七条　外国民用航空器的经营人，不得经营中华人民共和国境内两点之间的航空运输。

第一百七十八条　外国民用航空器，应当按照中华人民共和国国务院民用航空主管部门批准的班期时刻或者飞行计划飞行；变更班期时刻或者飞行计划的，其经营人应当获得中华人民共和国国务院民用航空主管部门的批准；因故变更或者取消飞行的，其经营人应当及时报告中华人民共和国国务院民用航空主管部门。

第一百七十九条　外国民用航空器应当在中华人民共和国国务院民用航空主管部门指定的设关机场起飞或者降落。

第一百八十条　中华人民共和国国务院民用航空主管部门和其他主管机关，有权在外国民用航空器降落或者飞出时查验本法第九十条规定的文件。

外国民用航空器及其所载人员、行李、货物，应当接受中华人民共和国有关主管机关依法实施的入境出境、海关、检疫等检查。

实施前两款规定的查验、检查，应当避免不必要的延误。

第一百八十一条　外国民用航空器国籍登记国发给或者核准的民用航空器适航证书、机组人员合格证书和执照，中华人民共和国政府承认其有效；但是，发给或者核准此项证书或者执照的要求，应当等于或者高于国际民用航空组织制定的最低标准。

第一百八十二条　外国民用航空器在中华人民共和国搜寻援救区内遇险，其所有人或者国籍登记国参加搜寻援救工作，应当经中华人民共和国国务院民用航空主管部门批准或者按照两国政府协议进行。

第一百八十三条　外国民用航空器在中华人民共和国境内发生事故，其国籍登记国和其他有关国家可以指派观察员参加事故调查。事故调查报告和调查结果，由中华人民共和国国务院民用航空主管部门告知该外国民用航空器的国籍登记国和其他有关国家。

第十四章　涉外关系的法律适用

第一百八十四条　中华人民共和国缔结或者参加的国际条约同本法有不同规定的，适用国际条约的规定；但是，中华人民共和国声明保留的条款除外。

中华人民共和国法律和中华人民共和国缔结或者参加的国际条约没有规定的，可以适用国际惯例。

第一百八十五条　民用航空器所有权的取得、转让和消灭，适用民用航空器国籍登记国法律。

第一百八十六条　民用航空器抵押权适用民用航空器国籍登记国法律。

第一百八十七条　民用航空器优先权适用受理案件的法院所在地法律。

第一百八十八条　民用航空运输合同当事人可以选择合同适用的法律，但是法律另有规定的除外；合同当事人没有选择的，适用与合同有最密切联系的国家的法律。

第一百八十九条　民用航空器对地面第三人的损害赔偿，适用侵权行为地法律。

民用航空器在公海上空对水面第三人的损害赔偿，适用受理案件的法院所在地法律。

第一百九十条　依照本章规定适用外国法律或者国际惯例，不得违背中华人民共和国的社会公共利益。

第十五章　法律责任

第一百九十一条　以暴力、胁迫或者其他方法劫持航空器的，依照刑法有关规定追究刑事责任。

第一百九十二条　对飞行中的民用航空器上的人员使用暴力，危及飞行安全的，依照刑法有关规定追究刑事责任。

第一百九十三条　违反本法规定，隐匿携带炸药、雷管或者其他危险品乘坐民用航空器，或者以非危险品品名托运危险品的，依照刑法有关规定追究刑事责任。

企业事业单位犯前款罪的，判处罚金，并对直接负责的主管人员和其他直接责任人员依照前款规定追究刑事责任。

隐匿携带枪支子弹、管制刀具乘坐民用航空器的，依照刑法有关规定追究刑事责任。

第一百九十四条　公共航空运输企业违反本法第一百零一条的规定运输危险品的，由国务院民用航空主管部门没收违法所得，可以并处违法所得一倍以下的罚款。

公共航空运输企业有前款行为，导致发生重大事故的，没收违法所得，判处罚金；并对直接负责的主管人员和其他直接责任人员依照刑法有关规定追究刑事责任。

第一百九十五条　故意在使用中的民用航空器上放置危险品或者唆使他人放置危险品，足以毁坏该民用航空器，危及飞行安全的，依照刑法有关规定追究刑事责任。

第一百九十六条　故意传递虚假情报，扰乱正常飞行秩序，使公私财产遭受重大损失的，依照刑法有关规定追究刑事责任。

第一百九十七条　盗窃或者故意损毁、移动使用中的航行设施，危及飞行安全，足以使民用航空器发生坠落、毁坏危险的，依照刑法有关规定追究刑事责任。

第一百九十八条　聚众扰乱民用机场秩序的，依照刑法有关规定追究刑事责任。

第一百九十九条　航空人员玩忽职守，或者违反规章制度，导致发生重大飞行事故，造成严重后果的，依照刑法有关规定追究刑事责任。

第二百条　违反本法规定，尚不够刑事处罚，应当给予治安管理处罚的，依照治安管理处罚法的规定处罚。

第二百零一条　违反本法第三十七条的规定，民用航空器无适航证书而飞行，或者租用的外国民用航空器未经国务院民用航空主管部门对其原国籍登记国发给的适航证书审查认可或者另发适航证书而飞行的，由国务院民用航空主管部门责令停止飞行，没收违法所得，可以并处违法所得一倍以上五倍以下的罚款；没有违法所得的，处以十万元以上一百万元以下的罚款。

适航证书失效或者超过适航证书规定范围飞行的，依照前款规定处罚。

第二百零二条 违反本法第三十四条、第三十六条第二款的规定，将未取得型号合格证书、型号认可证书的民用航空器及其发动机、螺旋桨或者民用航空器上的设备投入生产的，由国务院民用航空主管部门责令停止生产，没收违法所得，可以并处违法所得一倍以下的罚款；没有违法所得的，处以五万元以上五十万元以下的罚款。

第二百零三条 违反本法第三十五条的规定，未取得生产许可证书、维修许可证书而从事生产、维修活动的，违反本法第九十二条、第一百四十七条第二款的规定，未取得公共航空运输经营许可证或者通用航空经营许可证而从事公共航空运输或者从事经营性通用航空的，国务院民用航空主管部门可以责令停止生产、维修或者经营活动。

第二百零四条 已取得本法第三十五条规定的生产许可证书、维修许可证书的企业，因生产、维修的质量问题造成严重事故的，国务院民用航空主管部门可以吊销其生产许可证书或者维修许可证书。

第二百零五条 违反本法第四十条的规定，未取得航空人员执照、体格检查合格证书而从事相应的民用航空活动的，由国务院民用航空主管部门责令停止民用航空活动，在国务院民用航空主管部门规定的限期内不得申领有关执照和证书，对其所在单位处以二十万元以下的罚款。

第二百零六条 有下列违法情形之一的，由国务院民用航空主管部门对民用航空器的机长给予警告或者吊扣执照一个月至六个月的处罚，情节较重的，可以给予吊销执照的处罚：

（一）机长违反本法第四十五条第一款的规定，未对民用航空器实施检查而起飞的；

（二）民用航空器违反本法第七十五条的规定，未按照空中交通管制单位指定的航路和飞行高度飞行，或者违反本法第七十九条的规定飞越城市上空的。

第二百零七条 违反本法第七十四条的规定，民用航空器未经空中交通管制单位许可进行飞行活动的，由国务院民用航空主管部门责令停止飞行，对该民用航空器所有人或者承租人处以一万元以上十万元以下的罚款；对该民用航空器的机长给予警告或者吊扣执照一个月至六个月的处罚，情节较重的，可以给予吊销执照的处罚。

第二百零八条 民用航空器的机长或者机组其他人员有下列行为之一的，由国务院民用航空主管部门给予警告或者吊扣执照一个月至六个月的处罚；有第（二）项或者第（三）项所列行为的，可以给予吊销执照的处罚：

（一）在执行飞行任务时，不按照本法第四十一条的规定携带执照和体格检查合格证书的；

（二）民用航空器遇险时，违反本法第四十八条的规定离开民用航空器的；

（三）违反本法第七十七条第二款的规定执行飞行任务的。

第二百零九条 违反本法第八十条的规定，民用航空器在飞行中投掷物品的，由国务院民用航空主管部门给予警告，可以对直接责任人员处以二千元以上二万元以下的罚款。

第二百一十条 违反本法第六十二条的规定，未取得机场使用许可证开放使用民用机场的，由国务院民用航空主管部门责令停止开放使用；没收违法所得，可以并处违法所得一倍以下的罚款。

第二百一十一条 公共航空运输企业、通用航空企业违反本法规定，情节较重的，除依照本法规定处罚外，国务院民用航空主管部门可以吊销其经营许可证。

从事非经营性通用航空未向国务院民用航空主管部门备案的，由国务院民用航空主管部门责令改正；逾期未改正的，处三万元以下罚款。

第二百一十二条 国务院民用航空主管部门和地区民用航空管理机构的工作人员，玩忽职守、滥用职权、徇私舞弊，构成犯罪的，依法追究刑事责任；尚不构成犯罪的，依法给予行政处分。

第十六章　附　　则

第二百一十三条　本法所称计算单位，是指国际货币基金组织规定的特别提款权；其人民币数额为法院判决之日、仲裁机构裁决之日或者当事人协议之日，按照国家外汇主管机关规定的国际货币基金组织的特别提款权对人民币的换算办法计算得出的人民币数额。

第二百一十四条　国务院、中央军事委员会对无人驾驶航空器的管理另有规定的，从其规定。

第二百一十五条　本法自1996年3月1日起施行。

中华人民共和国民用航空器国籍登记条例

（1997年10月21日中华人民共和国国务院令第232号发布，根据2020年11月29日《国务院关于修改和废止部分行政法规的决定》修订）

第一章　总　　则

第一条　为了加强对民用航空器国籍的管理，保障民用航空活动安全，维护民用航空活动秩序，根据《中华人民共和国民用航空法》的规定，制定本条例。

第二条　下列民用航空器应当依照本条例进行国籍登记：

（一）中华人民共和国国家机构的民用航空器；

（二）依照中华人民共和国法律设立的企业法人的民用航空器；

（三）国务院民用航空主管部门准予登记的其他民用航空器。

自境外租赁的民用航空器，承租人符合前款规定，该民用航空器的机组人员由承租人配备的，可以申请登记中华人民共和国国籍；但是，必须先予注销该民用航空器原国籍登记。

第三条　民用航空器经依法登记，取得中华人民共和国国籍。

第四条　民用航空器不得具有双重国籍。未注销外国国籍的民用航空器，不得在中华人民共和国办理国籍登记；未注销中华人民共和国国籍的民用航空器，不得在外国办理国籍登记。

第五条　国务院民用航空主管部门主管中华人民共和国民用航空器国籍登记工作，设立中华人民共和国民用航空器国籍登记簿，统一记载民用航空器的国籍登记事项。

第六条　民用航空器国籍登记，不得作为民用航空器所有权的证据。

第二章　国籍登记

第七条　申请中华人民共和国民用航空器国籍登记的，申请人应当按照国务院民用航空主管部门规定的格式如实填写民用航空器国籍登记申请书，并向国务院民用航空主管部门提交下列文件：

（一）证明申请人合法身份的文件；

（二）作为取得民用航空器所有权证明的购买合同和交接文书，或者作为占有民用航空器证明的租赁合同和交接文书；

（三）未在外国登记国籍或者已注销外国国籍的证明；

（四）国务院民用航空主管部门要求提交的其他有关文件。

第八条 国务院民用航空主管部门应当自收到民用航空器国籍登记申请之日起 7 个工作日内，对申请书及有关证明文件进行审查；经审查，符合本条例规定的，应当向申请人颁发中华人民共和国民用航空器国籍登记证书。

第九条 国务院民用航空主管部门应当在民用航空器国籍登记簿中载明下列事项：

（一）民用航空器国籍标志和登记标志；

（二）民用航空器制造人名称；

（三）民用航空器型号；

（四）民用航空器出厂序号；

（五）民用航空器所有人名称及其地址；

（六）民用航空器占有人名称及其地址；

（七）民用航空器登记日期；

（八）民用航空器国籍登记证书签发人姓名。

第十条 民用航空器国籍登记证书应当放置于民用航空器内显著位置，以备查验。

第十一条 取得中华人民共和国国籍的民用航空器，遇有下列情形之一时，应当申请办理变更登记：

（一）民用航空器所有人或其地址变更；

（二）民用航空器占有人或其地址变更；

（三）国务院民用航空主管部门规定需要办理变更登记的其他情形。

第十二条 取得中华人民共和国国籍的民用航空器，遇有下列情形之一时，应当申请办理注销登记：

（一）民用航空器所有权依法转移境外并已办理出口适航证的；

（二）民用航空器退出使用或者报废的；

（三）民用航空器失事或者失踪并停止搜寻的；

（四）符合本条例第二条第二款规定的民用航空器租赁合同终止的；

（五）国务院民用航空主管部门规定需要办理注销登记的其他情形。

第十三条 申请人办理民用航空器国籍登记，应当缴纳登记费。登记费的收费标准由国务院民用航空主管部门会同国务院价格主管部门制定。

第十四条 民用航空器没有或者未携带民用航空器国籍登记证书的，国务院民用航空主管部门或者其授权的地区民用航空管理机构可以禁止该民用航空器起飞。

第三章 国籍标志和登记标志

第十五条 中华人民共和国民用航空器的国籍标志为罗马体大写字母 B。

中华人民共和国民用航空器的登记标志为阿拉伯数字、罗马体大写字母或者二者的组合。

第十六条 中华人民共和国民用航空器的国籍标志置于登记标志之前，国籍标志和登记标志之间加一短横线。

第十七条 取得中华人民共和国国籍的民用航空器，应当将国籍标志和登记标志喷涂在民用航空器上或者用其他能够保持同等耐久性的方法附着在民用航空器上，并保持清晰可见。

国籍标志和登记标志在民用航空器上的位置、尺寸和字体，由国务院民用航空主管部门规定。

第十八条 任何单位或者个人不得在民用航空器上喷涂、粘贴易与国籍标志和登记标志相混淆的图案、标记或者符号。

第十九条 取得中华人民共和国国籍的民用航空器，应当载有一块刻有国籍标志和登记标志并用耐火金属或者其他耐火材料制成的识别牌。

第四章 临时登记

第二十条 对未取得民用航空器国籍登记证书的民用航空器，申请人应当在进行下列飞行前 30 日内，按照国务院民用航空主管部门规定的格式如实填写申请书，并向国务院民用航空主管部门提交有关证明文件，办理临时登记：

（一）验证试验飞行、生产试验飞行；

（二）表演飞行；

（三）为交付或者出口的调机飞行；

（四）其他必要的飞行。

前款申请人是指民用航空器制造人、销售人或者国务院民用航空主管部门认可的其他申请人。

国务院民用航空主管部门准予临时登记的，应当确定临时登记标志，颁发临时登记证书。

第二十一条　取得临时登记标志的民用航空器出口时，可以使用易于去除的材料将临时登记标志附着在民用航空器上，并应当完全覆盖外方要求预先喷涂的外国国籍标志和登记标志。

第五章　附　　则

第二十二条　本条例自发布之日起施行。

中华人民共和国飞行基本规则

（2000年7月24日中华人民共和国国务院、中华人民共和国中央军事委员会令第288号公布，根据2001年7月27日《国务院、中央军委关于修改〈中华人民共和国飞行基本规则〉的决定》第一次修订，根据2007年10月18日《国务院、中央军委关于修改〈中华人民共和国飞行基本规则〉的决定》第二次修订）

第一章　总　　则

第一条　为了维护国家领空主权，规范中华人民共和国境内的飞行活动，保障飞行活动安全有秩序地进行，制定本规则。

第二条　凡辖有航空器的单位、个人和与飞行有关的人员及其飞行活动，必须遵守本规则。

第三条　国家对境内所有飞行实行统一的飞行管制。

第四条　国务院、中央军事委员会空中交通管制委员会领导全国的飞行管制工作。

第五条　航空单位的负责人对本单位遵守本规则负责。机长对本空勤组成员遵守本规则负责。

第六条　各航空单位在组织与实施飞行中，应当协调配合，通报有关情况。

第七条　组织与实施飞行，应当按照飞行预先准备、飞行直接准备、飞行实施和飞行讲评等阶段进行。飞行阶段的具体内容和要求，由各航空管理部门自行规定。

第八条　与飞行有关的所有单位、人员负有保证飞行安全的责任，必须遵守有关规章制度，积极采取预防事故的措施，保证飞行安全。

经过批准的飞行，有关的机场和部门应当认真做好组织指挥和勤务保障工作。

第九条　飞行人员在飞行中，必须服从指挥，严格遵守纪律和操作规程，正确处置空中情况。遇到特殊情况，民用航空器的机长，为保证民用航空器及其所载人员的安全，有权对民用航空器作出处置；非民用航空器的机长（或者单座航空器飞行员，下同）在不能请示时，对于航空器的处置有最后决定权。

第十条　各航空管理部门制定与飞行有关的规范，应当符合本规则的规定。

第二章　空域管理

第十一条　空域管理应当维护国家安

全，兼顾民用、军用航空的需要和公众利益，统一规划，合理、充分、有效地利用空域。

第十二条 空域的划设应当考虑国家安全、飞行需要、飞行管制能力和通信、导航、雷达设施建设以及机场分布、环境保护等因素。

空域通常划分为机场飞行空域、航路、航线、空中禁区、空中限制区和空中危险区等。空域管理和飞行任务需要的，可以划设空中走廊、空中放油区和临时飞行空域。

第十三条 空域的划设、调整，应当按照国家有关规定履行审批、备案手续。

第十四条 机场飞行空域应当划设在航路和空中走廊以外。仪表（云中）飞行空域的边界距离航路、空中走廊以及其他空域的边界，均不得小于 10 公里。

机场飞行空域通常包括驾驶术（特技、编队、仪表）飞行空域、科研试飞飞行空域、射击飞行空域、低空飞行空域、超低空飞行空域、海上飞行空域、夜间飞行空域和等待空域等。

等待空域通常划设在导航台上空；飞行活动频繁的机场，可以在机场附近上空划设。等待空域的最低高度层，距离地面最高障碍物的真实高度不得小于 600 米。8400 米以下，每隔 300 米为一个等待高度层；8400 米至 8900 米隔 500 米为一个等待高度层；8900 米至 12500 米，每隔 300 米为一个等待高度层；12500 米以上，每隔 600 米为一个等待高度层。

机场飞行空域的划设，由驻机场航空单位提出方案，报所在地区的中国人民解放军军级航空单位或者军区空军批准。

相邻机场之间飞行空域可以相互调整使用。

第十五条 航路分为国际航路和国内航路。

航路的宽度为 20 公里，其中心线两侧各 10 公里；航路的某一段受到条件限制的，可以减少宽度，但不得小于 8 公里。航路还应当确定上限和下限。

第十六条 航线分为固定航线和临时航线。

临时航线通常不得与航路、固定航线交叉或者通过飞行频繁的机场上空。

第十七条 国家重要的政治、经济、军事目标上空，可以划设空中禁区、临时空中禁区。

未按照国家有关规定经特别批准，任何航空器不得飞入空中禁区和临时空中禁区。

第十八条 位于航路、航线附近的军事要地、兵器试验场上空和航空兵部队、飞行院校等航空单位的机场飞行空域，可以划设空中限制区。根据需要还可以在其他地区上空划设临时空中限制区。

在规定时限内，未经飞行管制部门许可的航空器，不得飞入空中限制区或者临时空中限制区。

第十九条 位于机场、航路、航线附近的对空射击场或者发射场等，根据其射向、射高、范围，可以在上空划设空中危险区或者临时空中危险区。

在规定时限内，禁止无关航空器飞入空中危险区或者临时空中危险区。

第二十条 空中禁区、空中限制区、空中危险区的划设、变更或者撤消，应当根据需要公布。

第二十一条 空中走廊通常划设在机场密集的大、中城市附近地区上空。

空中走廊的划设应当明确走向、宽度和飞行高度，并兼顾航空器进离场的便利。

空中走廊的宽度通常为 10 公里，其中心线两侧各 5 公里。受条件限制的，其宽度不得小于 8 公里。

第二十二条 空中放油区的划设，按照国家有关规定执行。

第二十三条 临时飞行空域的划设，由申请使用空域的航空单位提出方案，经有关飞行管制部门划定，并通报有关单位。

国（边）境线至我方一侧 10 公里之间地带上空禁止划设临时飞行空域。通用航空飞行特殊需要时，经所在地大军区批准后由有关飞行管制部门划设。

第二十四条　在机场区域内必须严格执行国家有关保护机场净空的规定，禁止在机场附近修建影响飞行安全的射击靶场、建筑物、构筑物、架空线路等障碍物体。

在机场及其按照国家规定划定的净空保护区域以外，对可能影响飞行安全的高大建筑物或者设施，应当按照国家有关规定设置飞行障碍灯和标志，并使其保持正常状态。

第二十五条　在距离航路边界30公里以内的地带，禁止修建影响飞行安全的射击靶场和其他设施。

在前款规定地带以外修建固定或者临时靶场，应当按照国家有关规定获得批准。靶场射击或者发射的方向、航空器进入目标的方向不得与航路交叉。

第二十六条　修建各种固定对空射击场或者炮兵射击靶场，必须报国务院、中央军事委员会批准。设立临时性靶场和射击点，经有关飞行管制部门同意后，由设立单位报所在省、自治区、直辖市人民政府和大军区审查批准。

固定或者临时性的对空射击场、发射场、炮兵射击靶场、射击点的管理单位，应当负责与所在地区飞行管制部门建立有效的通信联络，并制定协同通报制度；在射击或者发射时，应当进行对空观察，确保飞行安全。

第二十七条　升放无人驾驶航空自由气球或者可能影响飞行安全的系留气球，须经有关飞行管制部门批准。具体管理办法由国务院、中央军事委员会空中交通管制委员会会同国务院民用航空主管部门、中国人民解放军空军拟定，报国务院、中央军事委员会批准实施。

第三章　飞行管制

第二十八条　中华人民共和国境内的飞行管制，由中国人民解放军空军统一组织实施，各有关飞行管制部门按照各自的职责分工提供空中交通管制服务。

第二十九条　飞行管制的基本任务是：

（一）监督航空器严格按照批准的计划飞行，维护飞行秩序，禁止未经批准的航空器擅自飞行；

（二）禁止未经批准的航空器飞入空中禁区、临时空中禁区或者飞出、飞入国（边）境；

（三）防止航空器与航空器、航空器与地面障碍物相撞；

（四）防止地面对空兵器或者对空装置误射航空器。

第三十条　在中华人民共和国境内，按照飞行管制责任划分为：飞行管制区、飞行管制分区、机场飞行管制区。

航路、航线地带和民用机场区域设置高空管制区、中低空管制区、终端（进近）管制区、机场塔台管制区。

在中华人民共和国境内、毗连区、专属经济区及其毗连的公海的上空划分若干飞行情报区。

第三十一条　各类管制区的划设，应当按照国家有关规定审批。

第三十二条　各类管制区的飞行管制，由有关飞行管制部门按照职责分工实施。

第三十三条　中华人民共和国境内特定地区以及执行特殊任务的飞行，应当执行特种飞行管制规定。

第三十四条　担负飞行管制任务的航空管理部门及航空单位，应当按照各自的职责权限，根据本规则制定飞行管制的具体实施办法。

相关飞行管制部门之间，应当制定协同制度。

第三十五条　所有飞行必须预先提出申请，经批准后方可实施。

获准飞出或者飞入中华人民共和国领空的航空器，实施飞出或者飞入中华人民共和国领空的飞行和各飞行管制区间的飞行，必须经中国人民解放军空军批准；飞行管制区内飞行管制分区间的飞行，经负责该管制区飞行管制的部门批准；飞行管制分区内的飞行，经负责该分区飞行管制的部门批准。

民用航空的班期飞行，按照规定的航路、航线和班期时刻表进行；民用航空的不定期运输飞行，由国务院民用航空主管部门批准，报中国人民解放军空军备案；涉及其他航空管理部门的，还应当报其他航空管理部门备案。

第三十六条 战斗飞行按照战斗命令执行，飞机起飞前或者起飞后必须及时通报飞行管制部门。

第三十七条 对未经批准而起飞或者升空的航空器，有关单位必须迅速查明情况，采取必要措施，直至强迫其降落。

第三十八条 转场航空器的起飞，机场区域内、外飞行的开始和结束，均应当遵守预定的时间；需要提前或者推迟起飞时间的，应当经上一级飞行管制部门的许可。

转场航空器超过预定起飞时间一小时仍未起飞，又未申请延期的，其原飞行申请失效。

第三十九条 组织与实施通用航空飞行活动，必须按照有关规定履行报批手续，并向当地飞行管制部门提出飞行申请。飞行申请的内容包括：任务性质、航空器型别、飞行范围、起止时间、飞行高度和飞行条件等。各航空单位应当按照批准的飞行计划组织实施。

第四十条 航空器飞入相邻管制区前，飞行管制部门之间应当进行管制移交。管制移交应当按照程序管制或者雷达管制的有关规定实施。

第四十一条 在中华人民共和国领空飞行的航空器，必须标明明显的识别标志，禁止无识别标志的航空器飞行。

无识别标志的航空器因特殊情况需要飞行的，必须经中国人民解放军空军批准。

航空器的识别标志，必须按照国家有关规定获得批准。

第四十二条 空中交通管制员、飞行指挥员（含飞行管制员，下同）应当按照国家有关规定，经过专门培训、考核，取得执照、证书后，方可上岗工作。

第四章 机场区域内飞行

第四十三条 机场区域是指机场和为该机场划定的一定范围的设置各种飞行空域的空间。

机场区域应当根据机场周围的地形，使用该机场的航空器的型别和任务性质，邻近机场的位置和跑道方向，机场附近的国（边）境、空中禁区、对空射击场或者发射场、航路和空中走廊的位置，以及公众利益和安全保障等因素划定。

相邻机场距离过近的，可以合划一个机场区域。

机场区域的界线通常与机场飞行（塔台）管制区的界线相同。

第四十四条 机场区域内飞行，应当遵守机场使用细则。

机场使用细则的制定、审批和备案，按照国家有关规定执行。

第四十五条 飞行人员飞行时，必须按照规定携带必备的资料、文书和证件。

第四十六条 飞行准备以及保障飞行的准备工作，必须在飞行开始前完成。在各项准备和天气情况符合飞行要求时，飞行方可开始。

接受转场飞行航空器降落的机场，必须在航空器到达机场 30 分钟以前，做好保障降落的各项准备工作。

第四十七条 昼间飞行，在航空器起飞、降落前，水平能见度小于 2 公里的，应当打开机场全部障碍标志灯；水平能见度小于 1 公里的，起飞时还应当打开跑道灯，着陆时还应当打开航空器着陆方向（着陆的反航向）上保障飞行的全部灯光。

第四十八条 飞行人员自起飞前开车起到着陆后关车止，必须同空中交通管制员或者飞行指挥员保持无线电通信联络，并且严格遵守通信纪律。

未配备无线电通信设备或者通信设备发

生故障的航空器，按照本规则附件一的规定进行联络。

第四十九条　飞行员开车滑行，必须经空中交通管制员或者飞行指挥员许可。滑行或者牵引时，应当遵守下列规定：

（一）按照规定的或者空中交通管制员、飞行指挥员指定的路线滑行或者牵引。

（二）滑行速度应当按照相应航空器的飞行手册或者飞行员驾驶守则执行；在障碍物附近滑行，速度不得超过每小时 15 公里。

（三）航空器对头相遇，应当各自靠右侧滑行，并且保持必要的安全间隔；航空器交叉相遇，飞行员从座舱左侧看到另一架航空器时应当停止滑行，主动避让。

（四）两架以上航空器跟进滑行，后航空器不得超越前航空器，后航空器与前航空器的距离，不得小于 50 米。

（五）夜间滑行或者牵引，应当打开航空器上的航行灯。

（六）直升机可以用 1 米至 10 米高度的飞行代替滑行。

水上航空器在滑行或者牵引中，与船只对头或者交叉相遇，应当按照航空器滑行或者牵引时相遇的避让方法避让。

第五十条　通常情况下，准备起飞的航空器，在起落航线第四转弯后无其他航空器进入着陆时，经空中交通管制员或者飞行指挥员许可，方可滑进跑道；跑道上无障碍物，方准起飞。

航空器起飞、着陆时，后航空器应当与前航空器保持规定的安全间隔。

第五十一条　机场的起落航线通常为左航线；若因地形、城市等条件的限制，或者为避免同邻近机场的起落航线交叉，也可以为右航线；起落航线的飞行高度，通常为 300 米至 500 米。

进行起落航线飞行时，禁止超越同型航空器；各航空器之间的距离，一般应当保持在 1500 米以上；经空中交通管制员或者飞行指挥员许可，速度大的航空器可以在第三转弯前超越速度小的航空器，超越时应当从前航空器的外侧超越，其间隔不得小于 200 米。除必须立即降落的航空器外，任何航空器不得从内侧超越前航空器。

加入起落航线飞行必须经空中交通管制员或者飞行指挥员许可，并且应当顺沿航线加入，不得横向截入。

第五十二条　航空器起飞后在机场区域内上升或者降落前在机场区域内下降，必须按照空中交通管制员或者飞行指挥员的指示进行。

航空器飞离机场加入航路、航线和脱离航路、航线飞向机场，应当按照该机场使用细则或者进离场程序规定的航线和高度上升或者下降。

第五十三条　相邻机场的穿云上升航线、穿云下降航线互有交叉，飞行发生矛盾时，由负责该地区飞行管制的部门调整。

第五十四条　航空器进行空域飞行时，应当按照规定的航线（航向）、高度、次序进入空域或者脱离空域，并且保持在规定的空域和高度范围内飞行。

除等待空域外，一个飞行空域，在同一个时间内，只允许安排一至三批航空器飞行。各批航空器飞行活动的高度范围之间，通常应当保持 2000 米以上的高度差。

第五十五条　目视飞行时，飞行人员必须加强空中观察。航空器应当与云保持一定的水平距离和垂直距离。

机长对目视飞行的安全负直接责任。

第五十六条　航空器进入着陆，应当经空中交通管制员或者飞行指挥员许可；不具备着陆条件的，不得勉强着陆。

航空器着陆后，应当迅速脱离跑道。

第五十七条　飞行人员在复杂气象条件下按仪表飞行，必须同时具备下列条件：

（一）飞行人员掌握复杂气象飞行技术；

（二）航空器配备有完好的航行设备和无线电通信设备。

第五十八条　复杂气象条件下进入机场区域的飞行，必须经空中交通管制员或者飞行指挥员许可。空中交通管制员或者飞行指挥员允许航空器飞入机场区域时，应当及时向飞行员通报下列情况：

（一）进入的飞行高度；

（二）机场区域内有关的飞行情况；

（三）水平能见度或者跑道视程、天气现象和机场上空的云底高度，地面和穿云高度上的风向、风速，场面气压或者修正海平面气压，或者零点高度，以及地面大气温度；

（四）仪表进场或者穿云方法和着陆航向。

第五十九条 航空器在等待空域内，必须保持在规定的等待高度层并且按照空中交通管制员或者飞行指挥员指示的方法飞行，未经许可，不得自行改变。

在等待空域内等待降落的航空器，应当按照规定的顺序降落。特殊情况下，经空中交通管制员或者飞行指挥员许可，方可优先降落。

第六十条 航空器穿云下降必须按照该机场的仪表进近图或者穿云图进行。当下降到规定的最低高度或者决断高度仍不能以目视进行着陆时，应当立即停止下降，并且按照规定的航向上升至安全高度。

航空器因故不能在该机场降落的，空中交通管制员、飞行指挥员或者航空公司签派员及其代理人，应当立即通知备降机场准备接受航空器降落，同时指示航空器飞往备降机场的航向、飞行高度和通知备降机场的天气情况。在飞行人员同备降机场沟通无线电联络并且报告在备降机场着陆已有保障以前，空中交通管制员、飞行指挥员或者航空公司签派员及其代理人应当继续与该航空器保持联络。

第六十一条 航空器飞临降落机场时，机场的天气情况低于机长飞行的最低气象条件，且航空器无法飞往备降机场的，空中交通管制员或者飞行指挥员应当采取一切措施，指挥航空器安全降落。

第六十二条 飞机在空中拖曳滑翔机时，拖曳飞机同滑翔机应当视为一个航空器。滑翔机飞行员应当服从拖曳飞机飞行员的指挥。

滑翔机在空中脱离拖曳，必须在规定的高度上进行，并且经拖曳飞机飞行员同意，但紧急情况除外。

第六十三条 机场区域内飞行的开始和结束的时间，其他任务飞行的航空器在该机场起飞和降落的时间，均应当及时报告上级飞行管制部门。

相邻机场应当互相主动通报有关的飞行情况。

第五章 航路和航线飞行

第六十四条 航空器使用航路和航线，应当经负责该航路和航线的飞行管制部门同意。

第六十五条 航路和固定航线地带应当设置必要的监视和导航设备。

沿航路和固定航线应当有备降机场。备降机场应当有必备的设备和良好的通信、导航、气象保障。

军用机场作为民用航空器的固定备降机场或者民用机场作为军用航空器的固定备降机场，应当按照国家有关规定经过批准。

第六十六条 穿越航路和航线的飞行，应当明确穿越的地段、高度和时间，穿越时还应当保证与航路和航线飞行的航空器有规定的飞行间隔。

第六十七条 飞行任务书是许可飞行人员进行转场飞行和民用航空飞行的基本文件。飞行任务书由驻机场航空单位或者航空公司的负责人签发。

在飞行任务书中，应当明确飞行任务、起飞时间、航线、高度、允许机长飞行的最低气象条件以及其他有关事项。

第六十八条 航路、航线飞行或者转场飞行前，驻机场航空单位或者航空公司的负责人应当亲自或者指定专人对飞行人员的飞行准备情况进行检查。飞行准备质量符合要求时，方可执行飞行任务。

第六十九条　航路、航线飞行或者转场飞行的航空器的起飞，应当根据飞行人员和航空器的准备情况，起飞机场、降落机场和备降机场的准备情况以及天气情况等确定；有下列情况之一的，不得起飞：

（一）空勤组成员不齐，或者由于技术、健康等原因不适于飞行的；

（二）飞行人员尚未完成飞行准备、飞行准备质量不符合要求、驻机场航空单位或者航空公司的负责人未批准飞行的；

（三）飞行人员未携带飞行任务书、飞行气象文件及其他必备飞行文件的；

（四）飞行人员未校对本次飞行所需的航行、通信、导航资料和仪表进近图或者穿云图的；

（五）航空器或者航空器上的设备有故障可能影响飞行安全，或者民用航空器设备低于最低设备清单规定，或者军用航空器经机长确认可能影响本次飞行安全的；

（六）航空器表面的冰、霜、雪未除净的；

（七）航空器上的装载和乘载不符合规定的；

（八）航空器未按规定携带备用燃料的；

（九）天气情况低于机长飞行的最低气象条件，以及天气情况危及本次飞行安全的。

第七十条　飞行人员在飞行中必须遵守有关的飞行规则和飞行任务书中的各项规定，服从飞行指挥，准确实施领航，保持规定的航行诸元，注意观察空中情况，按照规定及时报告航空器位置、飞行情况和天气情况，特别是危险天气现象及其发展情况。

第七十一条　目视飞行时，航空器应当按照下列规定避让：

（一）在同一高度上对头相遇，应当各自向右避让，并保持500米以上的间隔；

（二）在同一高度上交叉相遇，飞行员从座舱左侧看到另一架航空器时应当下降高度，从座舱右侧看到另一架航空器时应当上升高度；

（三）在同一高度上超越前航空器，应当从前航空器右侧超越，并保持500米以上的间隔；

（四）单机应当主动避让编队或者拖曳飞机，有动力装置的航空器应当主动避让无动力装置的航空器，战斗机应当主动避让运输机。

第七十二条　在与航路、固定航线交叉或者靠近的临时航线飞行时，飞行人员应当加强对空中的观察，防止与航路飞行的航空器相撞。当临时航线与航路、固定航线交叉时，水平能见度大于8公里的，应当按照规定的飞行高度通过；在云中飞行或者水平能见度小于8公里的，应当按照空中交通管制员或者飞行指挥员的指示通过。在靠近航路的航线上飞行时，应当与航路的边界保持规定的安全间隔。

第七十三条　未配备复杂气象飞行设备的航空器，机长应当按照规定的飞行最低气象条件，在安全高度以上进行目视飞行，防止飞入云中。

第七十四条　当天气情况不低于机长飞行的最低气象条件时，机长方可在300米以下进行目视飞行，飞行时航空器距离云层底部不得小于50米。

第七十五条　航空器沿航路和固定航线飞行通过中途机场100至50公里前，除有协议的外，飞行人员应当向该机场的空中交通管制员或者飞行指挥员报告预计通过的时间和高度。中途机场的空中交通管制员或者飞行指挥员必须指挥在本机场区域内飞行的航空器避让过往航空器，保证其安全通过；无特殊原因，不得改变过往航空器的航线和高度。

航空器在临时航线飞行通过中途机场时，应当按照规定的航线和高度通过，或者按照该机场空中交通管制员或者飞行指挥员的指示通过。

第七十六条　飞行中，飞行人员与地面联络中断，可以停止执行飞行任务，返回原机场或者飞往就近的备降机场降落。当保持原高度飞向备降机场符合飞行高度层配备规定时，仍保持原高度飞行；当保持原高度飞向备降机场不符合飞行高度层配备规定时，应当下降到下一层高度飞向备降机场；因飞行安全高度所限不能下降到下一层高度的，应当上升至上一层高度飞向备降机场。

第七十七条　航路、航线飞行或者转场飞行的航空器，在起飞前或者在中途机场降落后需要继续飞行的，机长或者其代理人必须到机场飞行管制部门办理飞行手续，校对有关资料，经批准后方可起飞；航空器降落后需要连续起飞的，必须事先经中途机场飞行管制部门的许可。

航路、航线飞行或者转场飞行的航空器降落后，机长或者其代理人必须到机场飞行管制部门或者航空公司报告飞行情况和航路、航线天气情况，送交飞行任务书和飞行天气报告表。

未经批准而降落在非预定机场的航空器，必须由驻该机场航空单位的负责人向上级报告，经批准后方可起飞。

第七十八条　航路、航线飞行或者转场飞行的航空器到达预定机场后，其各项保障工作由驻该机场的有关部门按照规定或者协议负责。

第六章　飞行间隔

第七十九条　飞行间隔是为了防止飞行冲突，保证飞行安全，提高飞行空间和时间利用率所规定的航空器之间应当保持的最小安全距离。飞行间隔包括垂直间隔和水平间隔。水平间隔分为纵向间隔和横向间隔。

机长必须按照规定的飞行间隔飞行，需要改变时，应当经飞行管制部门许可。

第八十条　航路、航线飞行或者转场飞行的垂直间隔，按照飞行高度层配备。飞行高度层按照以下标准划分：

（一）真航线角在0度至179度范围内，高度由900米至8100米，每隔600米为一个高度层；高度由8900米至12500米，每隔600米为一个高度层；高度在12500米以上，每隔1200米为一个高度层。

（二）真航线角在180度至359度范围内，高度由600米至8400米，每隔600米为一个高度层；高度由9200米至12200米，每隔600米为一个高度层；高度在13100米以上，每隔1200米为一个高度层。

（三）飞行高度层应当根据标准大气压条件下假定海平面计算。真航线角应当从航线起点和转弯点量取。

飞行高度层的具体配备标准见本规则附件二。

第八十一条　航路、航线飞行或者转场飞行的水平间隔，由中国人民解放军空军会同国务院民用航空主管部门拟定，报国务院、中央军事委员会空中交通管制委员会批准。

第八十二条　飞行的安全高度是避免航空器与地面障碍物相撞的最低飞行高度。

航路、航线飞行或者转场飞行的安全高度，在高原和山区应当高出航路中心线、航线两侧各25公里以内最高标高600米；在其他地区应当高出航路中心线、航线两侧各25公里以内最高标高400米。

受性能限制的航空器，其航路、航线飞行或者转场飞行的安全高度，由有关航空管理部门另行规定。

第八十三条　航路、航线飞行或者转场飞行的航空器，在航路中心线、航线两侧各25公里以内的最高标高不超过100米，大气压力不低于1000百帕（750毫米水银柱）的，允许在600米的高度层内飞行；当最高标高超过100米，大气压力低于1000百帕（750毫米水银柱）的，飞行最低的高度层必须相应提高，保证飞行的真实高度不低于安全高度。

第八十四条　航路、航线飞行或者转场飞行的高度层，由批准本次飞行的负责人，通过飞行管制部门具体配备。

飞行高度层应当根据飞行任务的性质、航空器性能、飞行区域以及航线的地形、天气和飞行情况等配备。

第八十五条　在同一条航路、航线有数架（数批）航空器同时飞行并且互有影响的，应当分别将每架（每批）航空器配备在不同的高度层内；不能配备在不同高度层的，可以允许数架（数批）航空器在同一条航路、航线、同一个高度层内飞行，但是各架（各批）航空器之间应当保持规定的纵向间隔。

第八十六条　航路、航线飞行或者转场飞行的航空器起飞前，应当将场面气压的数值调整到航空器上气压高度表的固定指标，使气压高度表的指针指到零的位置。

航路、航线飞行或者转场飞行的航空器起飞后，在未规定过渡高度或者过渡高的机场上升到距该机场道面600米高度时，应当将航空器上气压高度表的标准海平面气压值调整到固定指标，然后再继续上升到规定的飞行高度层；规定有过渡高度或者过渡高的机场，在上升至过渡高度或者过渡高时，应当将气压高度表调整到标准海平面气压值。

航路、航线飞行或者转场飞行的航空器，进入降落机场区域并下降至该机场过渡高度层时，或者根据空中交通管制员、飞行指挥员的指示，将机场场面气压的数值调整到航空器上气压高度表的固定指标。

仅供民用航空器起降的机场，可以修正海平面气压值为航空器气压高度表拨正值。

提供外国航空器起降的机场，可以向外国航空器提供机场修正海平面气压值。

军用、民用航空器在同一机场同时飞行的，必须统一航空器上气压高度表拨正时机。

第八十七条　在高原机场起飞前，航空器上气压高度表的气压刻度不能调整到机场场面气压数值的，应当将气压高度表的标准海平面气压值调整到固定指标（此时所指示的高度为假定零点高度），然后起飞和上升到规定的飞行高度。

在高原机场降落时，航空器上气压高度表的气压刻度不能调整到机场场面气压数值的，应当按照空中交通管制员或者飞行指挥员通知的假定零点高度进行着陆。航空器上有两个气压高度表的，应当将其中一个气压高度表的标准海平面气压值调整到固定指标，而将另一个气压高度表以修正的海平面气压值调整到固定指标。

在高原、山区飞行，必须注意航空器上气压高度表与无线电高度表配合使用。

第八十八条　航路、航线飞行或者转场飞行时，因航空器故障、积冰、绕飞雷雨区等原因需要改变飞行高度层的，机长应当向飞行管制部门报告原因和当时航空器的准确位置，请求另行配备飞行高度层。飞行管制部门允许航空器改变飞行高度层时，必须明确改变的高度层以及改变高度层的地段和时间。

遇有紧急情况，飞行安全受到威胁时，机长可以决定改变原配备的飞行高度层，但必须立即报告飞行管制部门，并对该决定负责。改变高度层的方法是：从航空器飞行的方向向右转30度，并以此航向飞行20公里，再左转平行原航线上升或者下降到新的高度层，然后转回原航线。

第七章　飞行指挥

第八十九条　组织实施飞行指挥应当根据本规则和有关规定进行，做到正确、及时和不间断。

第九十条　飞行指挥员必须切实履行职责，维护机场、空中秩序和飞行纪律，并做到：

（一）了解飞行任务、飞行计划、飞行人员的技术水平及健康状况、航空器性能和机载设备，以及各项保障工作情况；

（二）掌握飞行动态，了解天气变化，及时向飞行人员通知有关的空中情况和指挥其准确地按照计划飞行；

（三）当空中情况发生变化时，及时采取措施，正确处置。

第九十一条　飞行指挥必须按照下列调配原则安排飞行次序：

（一）一切飞行让战斗飞行；

（二）其他飞行让专机飞行和重要任务飞行；

（三）国内一般任务飞行让班期飞行；

（四）训练飞行让任务飞行；

（五）场内飞行让场外飞行；

（六）场内、场外飞行让转场飞行。

第九十二条 在飞行期间，所有参加飞行和保障飞行的人员，必须服从飞行指挥员的指挥。

第九十三条 驻在同一机场的军用航空器和民用航空器同时飞行时，必须实施统一指挥。军用航空单位派出飞行指挥员，民用航空单位派出飞行副指挥员。

飞行副指挥员负责向飞行指挥员报告民用航空器的航行诸元和有关飞行情况，并且按照飞行指挥员的指示，对民用航空器实施指挥。

第九十四条 执行不同任务的航空器或者不同型别的航空器，在同一机场同时飞行的，应当根据具体情况安排优先起飞和降落的顺序。

对执行紧急或者重要任务的航空器，班期飞行或者转场飞行的航空器，速度大的航空器，应当允许优先起飞；对有故障的航空器，剩余油量少的航空器，执行紧急或者重要任务的航空器，班期飞行和航路、航线飞行或者转场飞行的航空器，应当允许优先降落。

第九十五条 飞行指挥用无线电实施。指挥用语应当简短、明确、易懂、规范。

未配备无线电通信设备的航空器，无线电受干扰或者无线电通信设备发生故障的航空器，按照本规则附件一的规定实施指挥。

第九十六条 现用机场应当设飞行管制室、起飞线塔台（指挥塔台）或者机场管制塔台，其位置应当有良好的视界，可观察到机场、净空地带以及航空器飞行和航空器在机场上的活动。

机场飞行管制室、起飞线塔台（指挥塔台）或者机场管制塔台，应当配备指挥和保障飞行的通信设备、雷达显示设备或者雷达标图以及其他有关设备和必要的文件图表等。

第九十七条 作战飞行的指挥，按照中国人民解放军有关规定执行。

第八章　飞行中特殊情况的处置

第九十八条 飞行中的特殊情况，是指突然发生的危及飞行安全的情况。

对飞行中特殊情况的处置，应当根据情况的性质、飞行条件和可供进行处置的时间来确定。飞行中各种特殊情况的处置办法，由各航空管理部门规定。

第九十九条 飞行人员、空中交通管制员、飞行指挥员和各类保障飞行的人员，对飞行中特殊情况的处置必须预有准备。飞行人员应当及时察觉飞行中出现特殊情况的各种征兆，熟练掌握在各种特殊情况下的操作程序和紧急处置方法；空中交通管制员或者飞行指挥员，应当熟知在不同的飞行条件下特殊情况的指挥措施和组织援救遇险航空器的方法；各类保障飞行的人员在任何情况下都应当恪尽职守，使各种保障设施经常处于良好状态，随时能为飞行人员、空中交通管制员、飞行指挥员正确处置特殊情况提供有利条件。

第一百条 飞行中发生特殊情况，机长必须在保证航空器上人员生命安全的前提下，积极采取措施保全航空器。时间允许的，机长应当及时向空中交通管制员或者飞行指挥员报告所发生的情况和准备采取的措施，并且按照其指示行动。

空中交通管制员或者飞行指挥员应当根据空中具体情况，及时采取正确措施指挥航空器。

第一百零一条 在飞行中遇到严重危及航空器和人员安全的情况时，飞行人员应当利用一切手段，重复发出规定的遇险信号。其他航空器飞行人员在飞行中收到遇险信号，应当暂时停止使用无线电发信，必要时协助遇险航空器重复发出遇险信号。

空中交通管制员或者飞行指挥员在收到

航空器发出的遇险信号后，应当迅速查明遇险航空器的位置和险情性质，立即采取措施，并报告上级。

第一百零二条　军用航空器遇险时，有关部门应当及时报告当地政府和驻军。当地政府和驻军应当立即组织搜寻援救。在海上搜寻援救遇险航空器时，还应当报告国家海上搜寻援救组织和附近的海上搜寻援救组织，国家海上搜寻援救组织和附近的海上搜寻援救组织应当迅速进行搜寻和援救。

民用航空器遇险时，搜寻援救活动的组织与实施按照国家有关规定执行。

第一百零三条　航空器在中华人民共和国境外遇险时，应当使用国际通用的遇险信号和频率。在海上飞行遇险时，设备允许的，还应当使用500千赫频率发出遇险信号。

第九章　通信、导航、雷达、气象和航行情报保障

第一百零四条　通信、导航、雷达、气象和航行情报保障部门应当明确任务，认真履行职责，密切协同，周密组织与实施飞行保障工作。

第一百零五条　各种通信、导航设备必须经常处于良好状态，主要设备应当配有备份，保证通信、导航的可靠性和稳定性。

有关部门应当加强对航空通信、导航无线电频率的管理和保护。任何单位或者个人使用的无线电台和其他仪器、装置，不得妨碍航空无线电专用频率的正常使用。

航路、航线地空通信、导航设备的增设、撤除或者变更，应当经中国人民解放军空军或者国务院民用航空主管部门同意。其中中波导航台和军用、民用航空共用的地空通信、导航设备的撤除还须经使用各方协商同意。

第一百零六条　飞行实施过程中，飞行人员、空中交通管制员、飞行指挥员应当按照通信、导航保障规定，正确使用通信、导航设备。

第一百零七条　雷达保障部门应当对中华人民共和国境内的所有飞行提供保障。

雷达设备应当经常处于良好状态，保证雷达工作的可靠性和稳定性。

雷达保障工作，应当按照管制区域或者雷达责任区组织实施。

第一百零八条　雷达保障应当做到：

（一）及时、准确、连续地测定和通报空中航空器的位置；

（二）严密监视航空器按照预定的航路、航线、飞行空域和高度飞行，及时发现和报知航空器偏离航路、航线、改变飞行高度和超出飞行空域的情况；

（三）当获知空中有迷航、遇险的航空器时，应当组织有关雷达重点观察，迅速判明迷航、遇险的航空器及有关情况；

（四）当飞行区域天气不稳定时，应当根据空中交通管制员或者飞行指挥员的要求，及时组织雷达探测天气。

第一百零九条　飞行的气象保障工作由航空气象保障部门负责。

航空气象保障部门必须严密组织气象保障，及时、准确地提供天气预报、天气实况，及时发布重要气象情报、危险天气警报和通报；必要时可以提出派遣航空器侦察天气和利用探测设备探测天气的建议。

有关单位应当优先传递重要气象情报、危险天气警报和通报。

机场的气象台，应当根据空中交通管制员或者飞行指挥员下达的任务，对在本机场起飞、降落的航空器，实施气象保障；兼负飞行管制分区（区域）飞行管制任务部门的机场气象台，还应当负责本区内转场飞行的气象保障。

国家和各省、自治区、直辖市气象部门应当根据航空单位的申请，提供必要的气象情报。

第一百一十条　飞行气象保障的组织与实施，应当按照各航空单位的有关规定执行。

飞行保障任务涉及两个以上无隶属关系的气象部门时，应当按照有关协同规定组织实施。

第一百一十一条　航行情报部门，应当

提供保证飞行安全、正常和效率所需要的各种航行情报资料。

有关单位应当主动配合，密切协作，及时提供航行情报，保证航行资料及时、准确和完整。

第十章 对外国航空器的特别规定

第一百一十二条 外国航空器飞入或者飞出中华人民共和国领空，或者在中华人民共和国境内飞行、停留，必须按照中华人民共和国的有关规定获得批准。

第一百一十三条 外国航空器在中华人民共和国境内的航路、航线飞行时，由中华人民共和国国务院民用航空主管部门负责提供空中交通管制服务。

第一百一十四条 外国航空器飞入或者飞出中华人民共和国领空，必须按照规定的航路飞入或者飞出。飞入或者飞出领空前20至15分钟，其机组必须向中华人民共和国有关空中交通管制部门报告，并取得飞入或者飞出领空的许可；未经许可，不得飞入或者飞出。

第一百一十五条 未经批准擅自飞入或者飞出中华人民共和国领空的外国民用航空器，中华人民共和国有关机关有权采取必要措施，令其在指定的机场降落。

在中华人民共和国境内飞行、停留的外国民用航空器违反本规则规定的，由中华人民共和国有关空中交通管制部门采取措施，令其纠正。情节严重的，有关部门可以采取必要措施，直至迫使其在指定机场降落。

第十一章 法律责任

第一百一十六条 违反本规则规定，《中华人民共和国民用航空法》及有关法规对其处罚有明确规定的，从其规定；无明确规定的，适用本章规定。

第一百一十七条 未按本规则规定履行审批、备案或者其他手续的，由有关部门按照职责分工责令改正；情节严重的，对直接负责的主管人员和其他直接责任人员依法给予行政处分或者纪律处分；构成犯罪的，依法追究刑事责任。

第一百一十八条 飞行人员未按本规则规定履行职责的，由有关部门依法给予行政处分或者纪律处分；情节严重的，依法给予吊扣执照一个月至六个月的处罚，或者责令停飞一个月至三个月；构成犯罪的，依法追究刑事责任。

第一百一十九条 空中交通管制员、飞行指挥员未按本规则规定履行职责的，由有关部门视情节给予批评教育、警告、记过、降职或者取消资格，免除职务的处分；构成犯罪的，依法追究刑事责任。

第一百二十条 飞行保障部门及其人员未按本规则规定履行职责的，由有关航空管理部门视情节给予通报批评；对直接负责的主管人员或者其他责任人员依法给予行政处分或者纪律处分；构成犯罪的，依法追究刑事责任。

第十二章 附　　则

第一百二十一条 中华人民共和国航空器在本国领海以外毗连区、专属经济区和公海上空飞行，中华人民共和国缔结或者参加的国际条约同本规则有不同规定的，适用国际条约的规定；但是，中华人民共和国声明保留的条款除外。

第一百二十二条 拦截违反本规则的航空器所使用的信号和被拦截的航空器回答的信号，按照本规则附件三的规定执行。

第一百二十三条 本规则下列用语的含义：

航空单位，是指拥有航空器并从事航空飞行活动的机关或者单位，包括航空运输公司、飞行俱乐部、飞行部队、飞行院校等。

航空管理部门，是指对从事飞行活动的航空单位具有管理职能的机关或者单位，包括中国民用航空总局、国家体育总局、航空工业集团公司，中国人民解放军海军、空军、总参谋部陆航局等。

过渡高度，是指一个特定的修正海平面

气压高度。在此高度及其以下，航空器的垂直位置按修正海平面气压高度表示。

过渡高，是指一个特定的场面气压高。在此高及其以下，航空器的垂直位置按场面气压高表示。

过渡高度层，是指在过渡高度之上的最低可用飞行高度层。

终端管制区，是指设在一个或者几个主要机场附近的空中交通服务航路汇合处的管制区。

第一百二十四条　本规则自2001年8月1日零时起施行。国务院、中央军事委员会1977年4月21日颁发的《中华人民共和国飞行基本规则》同时废止。

通用航空飞行管制条例

（2003年1月10日中华人民共和国国务院、中华人民共和国中央军事委员会令第371号公布，自2003年5月1日起施行）

第一章　总　　则

第一条　为了促进通用航空事业的发展，规范通用航空飞行活动，保证飞行安全，根据《中华人民共和国民用航空法》和《中华人民共和国飞行基本规则》，制定本条例。

第二条　在中华人民共和国境内从事通用航空飞行活动，必须遵守本条例。

在中华人民共和国境内从事升放无人驾驶自由气球和系留气球活动，适用本条例的有关规定。

第三条　本条例所称通用航空，是指除军事、警务、海关缉私飞行和公共航空运输飞行以外的航空活动，包括从事工业、农业、林业、渔业、矿业、建筑业的作业飞行和医疗卫生、抢险救灾、气象探测、海洋监测、科学实验、遥感测绘、教育训练、文化体育、旅游观光等方面的飞行活动。

第四条　从事通用航空飞行活动的单位、个人，必须按照《中华人民共和国民用航空法》的规定取得从事通用航空活动的资格，并遵守国家有关法律、行政法规的规定。

第五条　飞行管制部门按照职责分工，负责对通用航空飞行活动实施管理，提供空中交通管制服务。相关飞行保障单位应当积极协调配合，做好有关服务保障工作，为通用航空飞行活动创造便利条件。

第二章　飞行空域的划设与使用

第六条　从事通用航空飞行活动的单位、个人使用机场飞行空域、航路、航线，应当按照国家有关规定向飞行管制部门提出申请，经批准后方可实施。

第七条　从事通用航空飞行活动的单位、个人，根据飞行活动要求，需要划设临时飞行空域的，应当向有关飞行管制部门提出划设临时飞行空域的申请。

划设临时飞行空域的申请应当包括下列内容：

（一）临时飞行空域的水平范围、高度；

（二）飞入和飞出临时飞行空域的方法；

（三）使用临时飞行空域的时间；

（四）飞行活动性质；

（五）其他有关事项。

第八条　划设临时飞行空域，按照下列规定的权限批准：

（一）在机场区域内划设的，由负责该机场飞行管制的部门批准；

（二）超出机场区域在飞行管制分区内划设的，由负责该分区飞行管制的部门批准；

（三）超出飞行管制分区在飞行管制区内划设的，由负责该管制区飞行管制的部门批准；

（四）在飞行管制区间划设的，由中国人民解放军空军批准。

批准划设临时飞行空域的部门应当将划设的临时飞行空域报上一级飞行管制部门备案，并通报有关单位。

第九条 划设临时飞行空域的申请，应当在拟使用临时飞行空域7个工作日前向有关飞行管制部门提出；负责批准该临时飞行空域的飞行管制部门应当在拟使用临时飞行空域3个工作日前作出批准或者不予批准的决定，并通知申请人。

第十条 临时飞行空域的使用期限应当根据通用航空飞行的性质和需要确定，通常不得超过12个月。

因飞行任务的要求，需要延长临时飞行空域使用期限的，应当报经批准该临时飞行空域的飞行管制部门同意。

通用航空飞行任务完成后，从事通用航空飞行活动的单位、个人应当及时报告有关飞行管制部门，其申请划设的临时飞行空域即行撤销。

第十一条 已划设的临时飞行空域，从事通用航空飞行活动的其他单位、个人因飞行需要，经批准划设该临时飞行空域的飞行管制部门同意，也可以使用。

第三章 飞行活动的管理

第十二条 从事通用航空飞行活动的单位、个人实施飞行前，应当向当地飞行管制部门提出飞行计划申请，按照批准权限，经批准后方可实施。

第十三条 飞行计划申请应当包括下列内容：

（一）飞行单位；

（二）飞行任务性质；

（三）机长（飞行员）姓名、代号（呼号）和空勤组人数；

（四）航空器型别和架数；

（五）通信联络方法和二次雷达应答机代码；

（六）起飞、降落机场和备降场；

（七）预计飞行开始、结束时间；

（八）飞行气象条件；

（九）航线、飞行高度和飞行范围；

（十）其他特殊保障需求。

第十四条 从事通用航空飞行活动的单位、个人有下列情形之一的，必须在提出飞行计划申请时，提交有效的任务批准文件：

（一）飞出或者飞入我国领空的（公务飞行除外）；

（二）进入空中禁区或者国（边）界线至我方一侧10公里之间地带上空飞行的；

（三）在我国境内进行航空物探或者航空摄影活动的；

（四）超出领海（海岸）线飞行的；

（五）外国航空器或者外国人使用我国航空器在我国境内进行通用航空飞行活动的。

第十五条 使用机场飞行空域、航路、航线进行通用航空飞行活动，其飞行计划申请由当地飞行管制部门批准或者由当地飞行管制部门报经上级飞行管制部门批准。

使用临时飞行空域、临时航线进行通用航空飞行活动，其飞行计划申请按照下列规定的权限批准：

（一）在机场区域内的，由负责该机场飞行管制的部门批准；

（二）超出机场区域在飞行管制分区内的，由负责该分区飞行管制的部门批准；

（三）超出飞行管制分区在飞行管制区内的，由负责该区域飞行管制的部门批准；

（四）超出飞行管制区的，由中国人民解放军空军批准。

第十六条 飞行计划申请应当在拟飞行前1天15时前提出；飞行管制部门应当在

拟飞行前1天21时前作出批准或者不予批准的决定，并通知申请人。

执行紧急救护、抢险救灾、人工影响天气或者其他紧急任务的，可以提出临时飞行计划申请。临时飞行计划申请最迟应当在拟飞行1小时前提出；飞行管制部门应当在拟起飞时刻15分钟前作出批准或者不予批准的决定，并通知申请人。

第十七条 在划设的临时飞行空域内实施通用航空飞行活动的，可以在申请划设临时飞行空域时一并提出15天以内的短期飞行计划申请，不再逐日申请；但是每日飞行开始前和结束后，应当及时报告飞行管制部门。

第十八条 使用临时航线转场飞行的，其飞行计划申请应当在拟飞行2天前向当地飞行管制部门提出；飞行管制部门应当在拟飞行前1天18时前作出批准或者不予批准的决定，并通知申请人，同时按照规定通报有关单位。

第十九条 飞行管制部门对违反飞行管制规定的航空器，可以根据情况责令改正或者停止其飞行。

第四章 飞行保障

第二十条 通信、导航、雷达、气象、航行情报和其他飞行保障部门应当认真履行职责，密切协同，统筹兼顾，合理安排，提高飞行空域和时间的利用率，保障通用航空飞行顺利实施。

第二十一条 通信、导航、雷达、气象、航行情报和其他飞行保障部门对于紧急救护、抢险救灾、人工影响天气等突发性任务的飞行，应当优先安排。

第二十二条 从事通用航空飞行活动的单位、个人组织各类飞行活动，应当制定安全保障措施，严格按照批准的飞行计划组织实施，并按照要求报告飞行动态。

第二十三条 从事通用航空飞行活动的单位、个人，应当与有关飞行管制部门建立可靠的通信联络。

在划设的临时飞行空域内从事通用航空飞行活动时，应当保持空地联络畅通。

第二十四条 在临时飞行空域内进行通用航空飞行活动，通常由从事通用航空飞行活动的单位、个人负责组织实施，并对其安全负责。

第二十五条 飞行管制部门应当按照职责分工或者协议，为通用航空飞行活动提供空中交通管制服务。

第二十六条 从事通用航空飞行活动需要使用军用机场的，应当将使用军用机场的申请和飞行计划申请一并向有关部队司令机关提出，由有关部队司令机关作出批准或者不予批准的决定，并通知申请人。

第二十七条 从事通用航空飞行活动的航空器转场飞行，需要使用军用或者民用机场的，由该机场管理机构按照规定或者协议提供保障；使用军民合用机场的，由从事通用航空飞行活动的单位、个人与机场有关部门协商确定保障事宜。

第二十八条 在临时机场或者起降点飞行的组织指挥，通常由从事通用航空飞行活动的单位、个人负责。

第二十九条 从事通用航空飞行活动的民用航空器能否起飞、着陆和飞行，由机长（飞行员）根据适航标准和气象条件等最终确定，并对此决定负责。

第三十条 通用航空飞行保障收费标准，按照国家有关国内机场收费标准执行。

第五章 升放和系留气球的规定

第三十一条 升放无人驾驶自由气球或者系留气球，不得影响飞行安全。

本条例所称无人驾驶自由气球，是指无动力驱动、无人操纵、轻于空气、总质量大于4千克自由飘移的充气物体。

本条例所称系留气球，是指系留于地面物体上、直径大于1.8米或者体积容量大于3.2立方米、轻于空气的充气物体。

第三十二条 无人驾驶自由气球和系留气球的分类、识别标志和升放条件等，应当符合国家有关规定。

第三十三条　进行升放无人驾驶自由气球或者系留气球活动，必须经设区的市级以上气象主管机构会同有关部门批准。具体办法由国务院气象主管机构制定。

第三十四条　升放无人驾驶自由气球，应当在拟升放2天前持本条例第三十三条规定的批准文件向当地飞行管制部门提出升放申请；飞行管制部门应当在拟升放1天前作出批准或者不予批准的决定，并通知申请人。

第三十五条　升放无人驾驶自由气球的申请，通常应当包括下列内容：

（一）升放的单位、个人和联系方法；

（二）气球的类型、数量、用途和识别标志；

（三）升放地点和计划回收区；

（四）预计升放和回收（结束）的时间；

（五）预计飘移方向、上升的速度和最大高度。

第三十六条　升放无人驾驶自由气球，应当按照批准的申请升放，并及时向有关飞行管制部门报告升放动态；取消升放时，应当及时报告有关飞行管制部门。

第三十七条　升放系留气球，应当确保系留牢固，不得擅自释放。

系留气球升放的高度不得高于地面150米，但是低于距其水平距离50米范围内建筑物顶部的除外。

系留气球升放的高度超过地面50米的，必须加装快速放气装置，并设置识别标志。

第三十八条　升放的无人驾驶自由气球或者系留气球中发生下列可能危及飞行安全的情况时，升放单位、个人应当及时报告有关飞行管制部门和当地气象主管机构：

（一）无人驾驶自由气球非正常运行的；

（二）系留气球意外脱离系留的；

（三）其他可能影响飞行安全的异常情况。

加装快速放气装置的系留气球意外脱离系留时，升放系留气球的单位、个人应当在保证地面人员、财产安全的条件下，快速启动放气装置。

第三十九条　禁止在依法划设的机场范围内和机场净空保护区域内升放无人驾驶自由气球或者系留气球，但是国家另有规定的除外。

第六章　法律责任

第四十条　违反本条例规定，《中华人民共和国民用航空法》、《中华人民共和国飞行基本规则》及有关行政法规对其处罚有规定的，从其规定；没有规定的，适用本章规定。

第四十一条　从事通用航空飞行活动的单位、个人违反本条例规定，有下列情形之一的，由有关部门按照职责分工责令改正，给予警告；情节严重的，处2万元以上10万元以下罚款，并可给予责令停飞1个月至3个月、暂扣直至吊销经营许可证、飞行执照的处罚；造成重大事故或者严重后果的，依照刑法关于重大飞行事故罪或者其他罪的规定，依法追究刑事责任：

（一）未经批准擅自飞行的；

（二）未按批准的飞行计划飞行的；

（三）不及时报告或者漏报飞行动态的；

（四）未经批准飞入空中限制区、空中危险区的。

第四十二条　违反本条例规定，未经批准飞入空中禁区的，由有关部门按照国家有关规定处置。

第四十三条　违反本条例规定，升放无人驾驶自由气球或者系留气球，有下列情形之一的，由气象主管机构或者有关部门按照职责分工责令改正，给予警告；情节严重的，处1万元以上5万元以下罚款；造成重大事故或者严重后果的，依照刑法关于重大责任事故罪或者其他罪的规定，依法追究刑事责任：

（一）未经批准擅自升放的；

（二）未按照批准的申请升放的；

（三）未按照规定设置识别标志的；

（四）未及时报告升放动态或者系留气球意外脱离时未按照规定及时报告的；

（五）在规定的禁止区域内升放的。

第四十四条　按照本条例实施的罚款，应当全额上缴财政。

第七章　附　　则

第四十五条　本条例自2003年5月1日起施行。

公共航空运输旅客服务管理规定

（2021年2月24日交通运输部第4次部务会议通过，2021年3月3日公布，自2021年9月1日起施行）

第一章　总　　则

第一条　为了加强公共航空运输旅客服务管理，保护旅客合法权益，维护航空运输秩序，根据《中华人民共和国民用航空法》、《中华人民共和国消费者权益保护法》、《中华人民共和国电子商务法》等法律、行政法规，制定本规定。

第二条　依照中华人民共和国法律成立的承运人、机场管理机构、地面服务代理人、航空销售代理人、航空销售网络平台经营者、航空信息企业从事公共航空运输旅客服务活动的，适用本规定。

外国承运人、港澳台地区承运人从事前款规定的活动，其航班始发地点或者经停地点在中华人民共和国境内（不含港澳台，下同）的，适用本规定。

第三条　中国民用航空局（以下简称民航局）负责对公共航空运输旅客服务实施统一监督管理。

中国民用航空地区管理局（以下简称民航地区管理局）负责对本辖区内的公共航空运输旅客服务实施监督管理。

第四条　依照中华人民共和国法律成立的承运人、机场管理机构应当建立公共航空运输旅客服务质量管理体系，并确保管理体系持续有效运行。

第五条　鼓励、支持承运人、机场管理机构制定高于本规定标准的服务承诺。

承运人、机场管理机构应当公布关于购票、乘机、安检等涉及旅客权益的重要信息，并接受社会监督。

第二章　一般规定

第六条　承运人应当根据本规定制定并公布运输总条件，细化相关旅客服务内容。

承运人的运输总条件不得与国家法律法规以及涉及民航管理的规章相关要求相抵触。

第七条　承运人修改运输总条件的，应当标明生效日期。

修改后的运输总条件不得将限制旅客权利或者增加旅客义务的修改内容适用于修改前已购票的旅客，但是国家另有规定的除外。

第八条　运输总条件至少应当包括下列内容：

（一）客票销售和退票、变更实施细则；

（二）旅客乘机相关规定，包括婴儿、孕妇、无成人陪伴儿童、重病患者等特殊旅客的承运标准；

（三）行李运输具体要求；

（四）超售处置规定；

（五）受理投诉的电子邮件地址和电话。

前款所列事项变化较频繁的，可以单独制定相关规定，但应当视为运输总条件的一部分，并与运输总条件在同一位置以显著方式予以公布。

第九条 承运人应当与航空销售代理人签订销售代理协议，明确公共航空运输旅客服务标准，并采取有效措施督促其航空销售代理人符合本规定相关要求。

承运人应当将客票销售、客票变更与退票、行李运输等相关服务规定准确提供给航空销售代理人；航空销售代理人不得擅自更改承运人的相关服务规定。

第十条 航空销售网络平台经营者应当对平台内航空销售代理人进行核验，不得允许未签订协议的航空销售代理人在平台上从事客票销售活动。

航空销售网络平台经营者应当处理旅客与平台内航空销售代理人的投诉纠纷，并采取有效措施督促平台内的航空销售代理人符合本规定相关要求。

第十一条 承运人应当与地面服务代理人签订地面服务代理协议，明确公共航空运输旅客服务标准，并采取有效措施督促其地面服务代理人符合本规定相关要求。

第十二条 机场管理机构应当建立地面服务代理人和航站楼商户管理制度，并采取有效措施督促其符合本规定相关要求。

第十三条 航空信息企业应当完善旅客定座、乘机登记等相关信息系统功能，确保承运人、机场管理机构、地面服务代理人、航空销售代理人、航空销售网络平台经营者等能够有效实施本规定要求的服务内容。

第十四条 承运人、机场管理机构、地面服务代理人、航空销售代理人、航空销售网络平台经营者、航空信息企业应当遵守国家关于个人信息保护的规定，不得泄露、出售、非法使用或者向他人提供旅客个人信息。

第三章 客票销售

第十五条 承运人或者其航空销售代理人通过网络途径销售客票的，应当以显著方式告知购票人所选航班的主要服务信息，至少应当包括：

（一）承运人名称，包括缔约承运人和实际承运人；

（二）航班始发地、经停地、目的地的机场及其航站楼；

（三）航班号、航班日期、舱位等级、计划出港和到港时间；

（四）同时预订两个及以上航班时，应当明确是否为联程航班；

（五）该航班适用的票价以及客票使用条件，包括客票变更规则和退票规则等；

（六）该航班是否提供餐食；

（七）按照国家规定收取的税、费；

（八）该航班适用的行李运输规定，包括行李尺寸、重量、免费行李额等。

承运人或者其航空销售代理人通过售票处或者电话等其他方式销售客票的，应当告知购票人前款信息或者获取前款信息的途径。

第十六条 承运人或者其航空销售代理人通过网络途径销售客票的，应当将运输总条件的全部内容纳入到旅客购票时的必读内容，以必选项的形式确保购票人在购票环节阅知。

承运人或者其航空销售代理人通过售票处或者电话等其他方式销售客票的，应当提示购票人阅读运输总条件并告知阅读运输总条件的途径。

第十七条 承运人或者其航空销售代理人在销售国际客票时，应当提示旅客自行查阅航班始发地、经停地或者目的地国的出入境相关规定。

第十八条 购票人应当向承运人或者其航空销售代理人提供国家规定的必要个人信息以及旅客真实有效的联系方式。

第十九条 承运人或者其航空销售代理人在销售客票时，应当将购票人提供的旅客联系方式等必要个人信息准确录入旅客定座系统。

第二十条 承运人或者其航空销售代理人出票后，应当以电子或者纸质等书面方式告知旅客涉及行程的重要内容，至少应当包括：

（一）本规定第十五条第一款所列信息；

（二）旅客姓名；

（三）票号或者合同号以及客票有效期；

（四）出行提示信息，包括航班始发地停止办理乘机登记手续的时间要求、禁止或者限制携带的物品等；

（五）免费获取所适用运输总条件的方式。

第二十一条 承运人、航空销售代理人、航空销售网络平台经营者、航空信息企业应当保存客票销售相关信息，并确保信息的完整性、保密性、可用性。

前款规定的信息保存时间自交易完成之日起不少于3年。法律、行政法规另有规定的，依照其规定。

第四章 客票变更与退票

第二十二条 客票变更，包括旅客自愿变更客票和旅客非自愿变更客票。

退票，包括旅客自愿退票和旅客非自愿退票。

第二十三条 旅客自愿变更客票或者自愿退票的，承运人或者其航空销售代理人应当按照所适用的运输总条件、客票使用条件办理。

第二十四条 由于承运人原因导致旅客非自愿变更客票的，承运人或者其航空销售代理人应当在有可利用座位或者被签转承运人同意的情况下，为旅客办理改期或者签转，不得向旅客收取客票变更费。

由于非承运人原因导致旅客非自愿变更客票的，承运人或者其航空销售代理人应当按照所适用的运输总条件、客票使用条件办理。

第二十五条 旅客非自愿退票的，承运人或者其航空销售代理人不得收取退票费。

第二十六条 承运人或者其航空销售代理人应当在收到旅客有效退款申请之日起7个工作日内办理完成退款手续，上述时间不含金融机构处理时间。

第二十七条 在联程航班中，因其中一个或者几个航段变更，导致旅客无法按照约定时间完成整个行程的，缔约承运人或者其航空销售代理人应当协助旅客到达最终目的地或者中途分程地。

在联程航班中，旅客非自愿变更客票的，按照本规定第二十四条办理；旅客非自愿退票的，按照本规定第二十五条办理。

第五章 乘 机

第二十八条 机场管理机构应当在办理乘机登记手续、行李托运、安检、海关、边检、登机口、中转通道等旅客乘机流程的关键区域设置标志标识指引，确保标志标识清晰、准确。

第二十九条 旅客在承运人或者其地面服务代理人停止办理乘机登记手续前，凭与购票时一致的有效身份证件办理客票查验、托运行李、获取纸质或者电子登机凭证。

第三十条 旅客在办理乘机登记手续时，承运人或者其地面服务代理人应当将旅客姓名、航班号、乘机日期、登机时间、登机口、航程等已确定信息准确、清晰地显示在纸质或者电子登机凭证上。

登机口、登机时间等发生变更的，承运人、地面服务代理人、机场管理机构应当及时告知旅客。

第三十一条 有下列情况之一的，承运人应当拒绝运输：

（一）依据国家有关规定禁止运输的旅客或者物品；

（二）拒绝接受安全检查的旅客；

（三）未经安全检查的行李；

（四）办理乘机登记手续时出具的身份证件与购票时身份证件不一致的旅客；

（五）国家规定的其他情况。

除前款规定外，旅客的行为有可能危及飞行安全或者公共秩序的，承运人有权拒绝运输。

第三十二条 旅客因本规定第三十一条被拒绝运输而要求出具书面说明的，除国家另有规定外，承运人应当及时出具；旅客要求变更客票或者退票的，承运人可以按照所适用的运输总条件、客票使用条件办理。

第三十三条 承运人、机场管理机构应当针对旅客突发疾病、意外伤害等对旅客健康情况产生重大影响的情形，制定应急处置预案。

第三十四条 因承运人原因导致旅客误机、错乘、漏乘的，承运人或者其航空销售代理人应当按照本规定第二十四条第一款、第二十五条办理客票变更或者退票。

因非承运人原因导致前款规定情形的，承运人或者其航空销售代理人可以按照本规定第二十三条办理客票变更或者退票。

第六章 行李运输

第三十五条 承运人、地面服务代理人、机场管理机构应当建立托运行李监控制度，防止行李在运送过程中延误、破损、丢失等情况发生。

承运人、机场管理机构应当积极探索行李跟踪等新技术应用，建立旅客托运行李全流程跟踪机制。

第三十六条 旅客的托运行李、非托运行李不得违反国家禁止运输或者限制运输的相关规定。

在收运行李时或者运输过程中，发现行李中装有不得作为行李运输的任何物品，承运人应当拒绝收运或者终止运输，并通知旅客。

第三十七条 承运人应当在运输总条件中明确行李运输相关规定，至少包括下列内容：

（一）托运行李和非托运行李的尺寸、重量以及数量要求；

（二）免费行李额；

（三）超限行李费计算方式；

（四）是否提供行李声明价值服务，或者为旅客办理行李声明价值的相关要求；

（五）是否承运小动物，或者运输小动物的种类及相关要求；

（六）特殊行李的相关规定；

（七）行李损坏、丢失、延误的赔偿标准或者所适用的国家有关规定、国际公约。

第三十八条 承运人或者其地面服务代理人应当在收运行李后向旅客出具纸质或者电子行李凭证。

第三十九条 承运人应当将旅客的托运行李与旅客同机运送。

除国家另有规定外，不能同机运送的，承运人应当优先安排该行李在后续的航班上运送，并及时通知旅客。

第四十条 旅客的托运行李延误到达的，承运人应当及时通知旅客领取。

除国家另有规定外，由于非旅客原因导致托运行李延误到达，旅客要求直接送达的，承运人应当免费将托运行李直接送达旅客或者与旅客协商解决方案。

第四十一条 在行李运输过程中，托运行李发生延误、丢失或者损坏，旅客要求出具行李运输事故凭证的，承运人或者其地面服务代理人应当及时提供。

第七章 航班超售

第四十二条 承运人超售客票的，应当在超售前充分考虑航线、航班班次、时间、机型以及衔接航班等情况，最大程度避免旅客因超售被拒绝登机。

第四十三条 承运人应当在运输总条件中明确超售处置相关规定，至少包括下列内容：

（一）超售信息告知规定；

（二）征集自愿者程序；

（三）优先登机规则；

（四）被拒绝登机旅客赔偿标准、方式和相关服务标准。

第四十四条 因承运人超售导致实际乘机旅客人数超过座位数时，承运人或者其地面服务代理人应当根据征集自愿者程序，寻找自愿放弃行程的旅客。

未经征集自愿者程序，不得使用优先登

机规则确定被拒绝登机的旅客。

第四十五条　在征集自愿者时，承运人或者其地面服务代理人应当与旅客协商自愿放弃行程的条件。

第四十六条　承运人的优先登机规则应当符合公序良俗原则，考虑的因素至少应当包括老幼病残孕等特殊旅客的需求、后续航班衔接等。

承运人或者其地面服务代理人应当在经征集自愿者程序未能寻找到足够的自愿者后，方可根据优先登机规则确定被拒绝登机的旅客。

第四十七条　承运人或者其地面服务代理人应当按照超售处置规定向被拒绝登机旅客给予赔偿，并提供相关服务。

第四十八条　旅客因超售自愿放弃行程或者被拒绝登机时，承运人或者其地面服务代理人应当根据旅客的要求，出具因超售而放弃行程或者被拒绝登机的证明。

第四十九条　因超售导致旅客自愿放弃行程或者被拒绝登机的，承运人应当按照本规定第二十四条第一款、第二十五条办理客票变更或者退票。

第八章　旅客投诉

第五十条　因公共航空运输旅客服务发生争议的，旅客可以向承运人、机场管理机构、地面服务代理人、航空销售代理人、航空销售网络平台经营者投诉，也可以向民航行政机关投诉。

第五十一条　承运人、机场管理机构、地面服务代理人、航空销售代理人、航空销售网络平台经营者应当设置电子邮件地址、中华人民共和国境内的投诉受理电话等投诉渠道，并向社会公布。

承运人、机场管理机构、地面服务代理人、航空销售代理人、航空销售网络平台经营者应当设立专门机构或者指定专人负责受理投诉工作。

港澳台地区承运人和外国承运人应当具备以中文受理和处理投诉的能力。

第五十二条　承运人、机场管理机构、地面服务代理人、航空销售代理人、航空销售网络平台经营者收到旅客投诉后，应当及时受理；不予受理的，应当说明理由。

承运人、机场管理机构、地面服务代理人、航空销售代理人、航空销售网络平台经营者应当在收到旅客投诉之日起10个工作日内做出包含解决方案的处理结果。

承运人、机场管理机构、地面服务代理人、航空销售代理人、航空销售网络平台经营者应当书面记录旅客的投诉情况及处理结果，投诉记录至少保存3年。

第五十三条　民航局消费者事务中心受民航局委托统一受理旅客向民航行政机关的投诉。

民航局消费者事务中心应当建立、畅通民航服务质量监督平台和民航服务质量监督电话等投诉渠道，实现全国投诉信息一体化。

旅客向民航行政机关投诉的，民航局消费者事务中心、承运人、机场管理机构、地面服务代理人、航空销售代理人、航空销售网络平台经营者应当在民航服务质量监督平台上进行投诉处理工作。

第九章　信息报告

第五十四条　承运人应当将运输总条件通过民航服务质量监督平台进行备案。

运输总条件发生变更的，应当自变更之日起5个工作日内在民航服务质量监督平台上更新备案。

备案的运输总条件应当与对外公布的运输总条件保持一致。

第五十五条　承运人应当将其地面服务代理人、航空销售代理人的相关信息通过民航服务质量监督平台进行备案。

前款所述信息发生变更的，应当自变更之日起5个工作日内在民航服务质量监督平台上更新备案。

第五十六条　承运人、机场管理机构、地面服务代理人、航空销售代理人、航空销售网络平台经营者应当将投诉受理电话、电子邮件地址、投诉受理机构等信息通过民航服务质量监督平台进行备案。

前款所述信息发生变更的，应当自变更之日起5个工作日内在民航服务质量监督平台上更新备案。

第五十七条 承运人、机场管理机构、地面服务代理人、航空销售代理人、航空销售网络平台经营者、航空信息企业等相关单位，应当按照民航行政机关要求报送旅客运输服务有关数据和信息，并对真实性负责。

第十章 监督管理及法律责任

第五十八条 有下列行为之一的，由民航行政机关责令限期改正；逾期未改正的，依法记入民航行业严重失信行为信用记录：

（一）承运人违反本规定第六条、第七条、第八条，未按照要求制定、修改、适用或者公布运输总条件的；

（二）承运人或者其地面服务代理人违反本规定第四十四条、第四十五条、第四十六条第二款、第四十七条，未按照要求为旅客提供超售后的服务的；

（三）承运人、机场管理机构、地面服务代理人、航空销售代理人、航空销售网络平台经营者违反本规定第五十一条第一款、第二款，第五十二条第一款、第二款，未按照要求开展投诉受理或者处理工作的。

第五十九条 有下列行为之一的，由民航行政机关责令限期改正；逾期未改正的，处1万元以下的罚款；情节严重的，处2万元以上3万元以下的罚款：

（一）承运人、航空销售网络平台经营者、机场管理机构违反本规定第九条第一款、第十条第二款、第十一条、第十二条，未采取有效督促措施的；

（二）承运人、航空销售代理人违反本规定第九条第二款，未按照要求准确提供相关服务规定或者擅自更改承运人相关服务规定的；

（三）航空信息企业违反本规定第十三条，未按照要求完善信息系统功能的；

（四）承运人或者其航空销售代理人违反本规定第十九条，未按照要求录入旅客信息的；

（五）承运人、航空销售代理人、航空信息企业违反本规定第二十一条，未按照要求保存相关信息的；

（六）承运人违反本规定第三十二条，未按照要求出具被拒绝运输书面说明的；

（七）承运人、机场管理机构违反本规定第三十三条，未按照要求制定应急处置预案的；

（八）承运人、地面服务代理人、机场管理机构违反本规定第三十五条第一款，未按照要求建立托运行李监控制度的；

（九）承运人或者其地面服务代理人违反本规定第四十一条，未按照要求提供行李运输事故凭证的；

（十）承运人或者其地面服务代理人违反本规定第四十八条，未按照要求出具相关证明的；

（十一）港澳台地区承运人和外国承运人违反本规定第五十一条第三款，未按照要求具备以中文受理和处理投诉能力的；

（十二）承运人、机场管理机构、地面服务代理人、航空销售代理人、航空销售网络平台经营者违反本规定第五十二条第三款，未按照要求保存投诉记录的；

（十三）承运人、机场管理机构、地面服务代理人、航空销售代理人、航空销售网络平台经营者违反本规定第五十三条第三款，未按照要求在民航服务质量监督平台上处理投诉的；

（十四）承运人违反本规定第五十四条、第五十五条，未按照要求将运输总条件、地面服务代理人、航空销售代理人的相关信息备案的；

（十五）承运人、机场管理机构、地面服务代理人、航空销售代理人、航空销售网络平台经营者违反本规定第五十六条，未按照要求将投诉相关信息备案的；

（十六）承运人、机场管理机构、地面服务代理人、航空销售代理人、航空销售网络平台经营者违反本规定第五十七条，未按照要求报送相关数据和信息的。

第六十条　航空销售网络平台经营者有本规定第十条第一款规定的行为，构成《中华人民共和国电子商务法》规定的不履行核验义务的，依照《中华人民共和国电子商务法》的规定执行。

第六十一条　承运人、机场管理机构、地面服务代理人、航空销售代理人、航空销售网络平台经营者、航空信息企业违反本规定第十四条，侵害旅客个人信息，构成《中华人民共和国消费者权益保护法》规定的侵害消费者个人信息依法得到保护的权利的，依照《中华人民共和国消费者权益保护法》的规定执行。

承运人或者其航空销售代理人违反本规定第二十三条、第二十四条、第二十五条、第二十六条、第二十七条，未按照要求办理客票变更、退票或者未履行协助义务，构成《中华人民共和国消费者权益保护法》规定的故意拖延或者无理拒绝消费者提出的更换、退还服务费用要求的，依照《中华人民共和国消费者权益保护法》的规定执行。

第六十二条　机场管理机构违反本规定第二十八条，未按照要求设置标志标识，构成《民用机场管理条例》规定的未按照国家规定的标准配备相应设施设备的，依照《民用机场管理条例》的规定执行。

第十一章　附　　则

第六十三条　本规定中下列用语的含义是：

（一）承运人，是指以营利为目的，使用民用航空器运送旅客、行李的公共航空运输企业。

（二）缔约承运人，是指使用本企业票证和票号，与旅客签订航空运输合同的承运人。

（三）实际承运人，是指根据缔约承运人的授权，履行相关运输的承运人。

（四）机场管理机构，是指依法组建的或者受委托的负责机场安全和运营管理的具有法人资格的机构。

（五）地面服务代理人，是指依照中华人民共和国法律成立的，与承运人签订地面代理协议，在中华人民共和国境内机场从事公共航空运输地面服务代理业务的企业。

（六）航空销售代理人，是指依照中华人民共和国法律成立的，与承运人签订销售代理协议，从事公共航空运输旅客服务销售业务的企业。

（七）航空销售网络平台经营者，是指依照中华人民共和国法律成立的，在电子商务中为承运人或者航空销售代理人提供网络经营场所、交易撮合、信息发布等服务，供其独立开展公共航空运输旅客服务销售活动的企业。

（八）航空信息企业，是指为公共航空运输提供旅客定座、乘机登记等相关系统的企业。

（九）民航行政机关，是指民航局和民航地区管理局。

（十）公共航空运输旅客服务，是指承运人使用民用航空器将旅客由出发地机场运送至目的地机场的服务。

（十一）客票，是运输凭证的一种，包括纸质客票和电子客票。

（十二）已购票，是指根据法律规定或者双方当事人约定，航空运输合同成立的状态。

（十三）客票变更，是指对客票改期、变更舱位等级、签转等情形。

（十四）自愿退票，是指旅客因其自身原因要求退票。

（十五）非自愿退票，是指因航班取消、延误、提前、航程改变、舱位等级变更或者承运人无法运行原航班等情形，导致旅客退票的情形。

（十六）自愿变更客票，是指旅客因其自身原因要求变更客票。

（十七）非自愿变更客票，指因航班取

消、延误、提前、航程改变、舱位等级变更或者承运人无法运行原航班等情形，导致旅客变更客票的情形。

（十八）承运人原因，是指承运人内部管理原因，包括机务维护、航班调配、机组调配等。

（十九）非承运人原因，是指与承运人内部管理无关的其他原因，包括天气、突发事件、空中交通管制、安检、旅客等因素。

（二十）行李，是指承运人同意运输的、旅客在旅行中携带的物品，包括托运行李和非托运行李。

（二十一）托运行李，是指旅客交由承运人负责照管和运输并出具行李运输凭证的行李。

（二十二）非托运行李，是指旅客自行负责照管的行李。

（二十三）票价，是指承运人使用民用航空器将旅客由出发地机场运送至目的地机场的航空运输服务的价格，不包含按照国家规定收取的税费。

（二十四）计划出港时间，是指航班时刻管理部门批准的离港时间。

（二十五）计划到港时间，是指航班时刻管理部门批准的到港时间。

（二十六）客票使用条件，是指定座舱位代码或者票价种类所适用的票价规则。

（二十七）客票改期，是指客票列明同一承运人的航班时刻、航班日期的变更。

（二十八）签转，是指客票列明承运人的变更。

（二十九）联程航班，是指被列明在单一运输合同中的两个（含）以上的航班。

（三十）误机，是指旅客未按规定时间办妥乘机手续或者因身份证件不符合规定而未能乘机。

（三十一）错乘，是指旅客搭乘了不是其客票列明的航班。

（三十二）漏乘，是指旅客办妥乘机手续后或者在经停站过站时未能搭乘其客票列明的航班。

（三十三）小动物，是指旅客托运的小型动物，包括家庭饲养的猫、狗或者其他类别的小动物。

（三十四）超售，是指承运人为避免座位虚耗，在某一航班上销售座位数超过实际可利用座位数的行为。

（三十五）经停地点，是指除出发地点和目的地点以外，作为旅客旅行路线上预定经停的地点。

（三十六）中途分程地，是指经承运人事先同意，旅客在出发地和目的地间旅行时有意安排在某个地点的旅程间断。

第六十四条 本规定以工作日计算的时限均不包括当日，从次日起计算。

第六十五条 本规定自2021年9月1日起施行。原民航总局于1996年2月28日公布的《中国民用航空旅客、行李国内运输规则》（民航总局令第49号）、2004年7月12日公布的《中国民用航空总局关于修订〈中国民用航空旅客、行李国内运输规则〉的决定》（民航总局令第124号）和1997年12月8日公布的《中国民用航空旅客、行李国际运输规则》（民航总局令第70号）同时废止。

本规定施行前公布的涉及民航管理的规章中关于客票变更、退票以及旅客投诉管理的内容与本规定不一致的，按照本规定执行。

民用航空运输不定期飞行管理暂行规定

（1989年1月3日国务院第三十一次常务会议通过，1989年3月2日公布，自公布之日起施行）

第一条　为了维护国家航空权益，保证航空运输安全，促进民用航空运输的发展，制定本规定。

第二条　本规定适用于在中华人民共和国领域内以及中华人民共和国和外国之间，从事运送旅客、行李、货物和邮件的中国和外国民用航空器的不定期飞行。

第三条　本规定所称不定期飞行，是指不属于定期航班的民用航空运输飞行。

第四条　从事不定期飞行，必须向中国民用航空局申请，经批准后方可飞行。申请和批准程序由中国民用航空局制定。

第五条　从事不定期飞行，必须遵守中国民用航空局制定的运输规则，并不得影响定期航班的正常经营。

第六条　从事不定期飞行的空勤人员和航空器，必须符合中国民用航空局规定的条件或技术标准，具备机组人员执照、航空器登记证、航空器适航证和按照有关规定应当携带的其他证件和文件。

第七条　外国民用航空运输企业经营飞入或飞出中华人民共和国领域运输业务的不定期飞行，按照中华人民共和国政府和该外国政府签订的航空运输协定中有关规定办理。

第八条　外国民用航空运输企业不得经营中华人民共和国领域内任何两点之间不定期飞行的运输业务。

第九条　对外国民用航空运输企业经营取酬运输业务的不定期飞行，中国方面有权收取航空业务权补偿费。

第十条　从中华人民共和国始发的前往外国的运送旅客、行李、货物和邮件的不定期飞行，应当由中国民用航空运输企业优先经营。

第十一条　不定期民用航空运输的运价、运价条件及其管理办法由中国民用航空局会同国家物价局制定。

第十二条　除经中国民用航空局特准者外，从事非取酬的不定期飞行的外国航空器，只能飞抵中华人民共和国领域内的一个指定地点，并不得载运非该航空器的原载人员或者原载货物飞出中华人民共和国领域，也不得将原载人员或者原载货物留在中华人民共和国领域内。

第十三条　从事国际运输的不定期飞行的航空器，必须按照中华人民共和国有关规定办理边防、海关、卫生检疫和安全检查等项手续，并按规定缴付费用。

第十四条　从事不定期飞行的外国航空器及其机组成员和所载旅客、行李、货物和邮件进出中华人民共和国领域和在中华人民共和国领域内，必须遵守中华人民共和国有关法律、法规和规章，并按规定缴付各项费用。

第十五条　从事不定期飞行的外国航空器的经营人，必须投保该航空器在中华人民共和国领域内飞行时对地面第三者造成损害的责任险；如果从事运送旅客、行李、货物和邮件的不定期飞行，还必须投保法定责任险。

第十六条　对违反本规定的单位或者个人，中国民用航空局有权给予警告、罚款、勒令中止飞行或者吊销有关证件的处罚；构成犯罪的，由司法机关依法追究刑事责任。

第十七条　本规定由中国民用航空局负责解释。

第十八条　本规定自发布之日起施行。

外国民用航空器飞行管理规则

（1979年2月23日中国民用航空总局发布，根据2019年3月2日《国务院关于修改部分行政法规的决定》修订）

第一条 外国民用航空器飞入或者飞出中华人民共和国国界和在中华人民共和国境内飞行或者停留时，必须遵守本规则。

第二条 外国民用航空器只有根据中华人民共和国政府同该国政府签订的航空运输协定或者其他有关文件，或者通过外交途径向中华人民共和国政府申请，在得到答复接受后，才准飞入或者飞出中华人民共和国国界和在中华人民共和国境内飞行。

第三条 外国民用航空器及其空勤组成员和乘客，在中华人民共和国境内飞行或者停留时，必须遵守中华人民共和国的法律和有关入境、出境、过境的法令规章。

第四条 外国民用航空器飞入或者飞出中华人民共和国国界和在中华人民共和国境内飞行，必须服从中国民用航空总局各有关的空中交通管制部门的管制，并且遵守有关飞行的各项规章。

第五条 外国民用航空器根据中华人民共和国政府同该国政府签订的航空运输协定，可以在中华人民共和国境内按照协定中规定的航线进行定期航班飞行和加班飞行。

定期航班飞行，应当按照班期时刻表进行。班期时刻表必须由同中华人民共和国政府签订协定的对方政府指定的航空运输企业，预先提交中国民用航空总局，并且征得同意。

加班飞行，由同中华人民共和国政府签订协定的对方政府指定的航空运输企业，最迟要在预计飞行开始前五天或者按照协定所规定的时间，向中国民用航空总局提出，获得许可后，才能进行。

第六条 外国民用航空器在中华人民共和国境内进行定期航班飞行和加班飞行以外的一切不定期飞行，必须预先提出申请，在得到答复接受后，才能进行。

不定期飞行的申请，最迟要在预计飞行开始前十天通过外交途径提出。如果双边航空运输协定中另有规定的，依照规定。

第七条 不定期飞行的申请，应当包括下列内容：

（一）航空器登记的国籍，航空器的所有人和经营人；

（二）飞行的目的；

（三）航空器的型别、最大起飞重量和最大着陆重量；

（四）航空器的识别标志（包括国籍标志和登记标志）；

（五）航空器的无线电通话和通报的呼号；

（六）航空器上无线电台使用的频率范围；

（七）空勤组成员的姓名、职务和国籍，航空器上乘客的人数和货物的重量；

（八）允许空勤组飞行的气象最低条件；

（九）预计由起点机场至目的地机场的飞行航线、飞行日期和时刻，以及在中华人民共和国境内飞行的航路；

（十）其他事项。

第八条 外国民用航空器在中华人民共和国境内进行不定期飞行时，由中国民用航空总局指派飞行人员（包括领航员和无线电通信员）随机引导，如果许可中有特别规定的，依照规定。

第九条 在中华人民共和国境内飞行的外国民用航空器，必须具有国籍标志和登记标志。没有国籍标志和登记标志的外国民用航空器，禁止在中华人民共和国境内飞行。

第十条　在中华人民共和国境内飞行的外国民用航空器，应当具有下列文件：

（一）航空器登记证；

（二）航空器适航证；

（三）空勤组每一成员的专业执照或者证件；

（四）航空器的航行记录簿；

（五）航空器上无线电台使用许可证；

（六）总申报单；

（七）航空器如载运乘客，应当携带注明乘客姓名及其登机地与目的地的清单；

（八）航空器如载运货物，应当携带货物仓单。

第十一条　外国民用航空器飞入或者飞出中华人民共和国国界，必须从规定的空中走廊或者进出口通过。禁止偏离空中走廊或者进出口。

第十二条　外国民用航空器飞入或者飞出中华人民共和国国界前二十至十五分钟，其空勤组必须向中国民用航空总局有关的空中交通管制部门报告：航空器的呼号，预计飞入或者飞出国界的时间和飞行的高度，并且取得飞入或者飞出国界的许可。没有得到许可，不得飞入或者飞出国界。

第十三条　外国民用航空器飞越中华人民共和国国界和中华人民共和国境内规定的位置报告点，应当立即向中国民用航空总局有关的空中交通管制部门作位置报告。位置报告的内容：

（一）航空器呼号；

（二）位置；

（三）时间；

（四）飞行高度或者飞行高度层；

（五）预计飞越下一位置的时间或者预计到达降落机场的时间；

（六）空中交通管制部门要求的或者空勤组认为需要报告的其他事项。

第十四条　外国民用航空器飞入或者飞出中华人民共和国国界后，如果因为天气变坏、航空器发生故障或者其他特殊原因不能继续飞行，允许其从原航路及空中走廊或者进出口返航。此时，空勤组应当向中国民用航空总局有关的空中交通管制部门报告：航空器呼号，被迫返航的原因，开始返航的时间，飞行的高度，以及返航后预定降落的机场。在中华人民共和国境内，如果没有接到中国民用航空总局有关的空中交通管制部门的指示，通常应当在原高度层的下一反航向的高度层上返航；如果该高度层低于飞行的安全高度，则应当在原高度层的上一反航向的高度层上返航。

第十五条　外国民用航空器在没有同中国民用航空总局有关的空中交通管制部门沟通无线电联络以前，禁止飞入或者飞出中华人民共和国国界和在中华人民共和国境内飞行。

第十六条　外国民用航空器在中华人民共和国境内飞行，如果与中国民用航空总局有关的空中交通管制部门的航空电台通信联络中断时，其空勤组应当设法与其他航空电台或者空中其他航空器沟通联络，传递飞行情报。如果仍然无法恢复联络，则该航空器应当按照下列规定飞行：

在目视气象条件下，应当继续保持在目视气象条件下飞行，飞往就近的机场（指起飞机场、预定的降落机场和中国民用航空总局事先指定的备降机场）降落。降落时，应当按照本规则附件一《辅助指挥、联络的符号和信号》的规定进行。

在仪表气象条件下或者在天气条件不允许在目视气象条件下飞往就近的机场降落时，应当严格按照现行飞行计划飞往预定的降落机场的导航台上空；根据现行飞行计划中预计到达时间开始下降，并且按照该导航设备的正常仪表进近程序，在预计到达时间之后三十分钟以内着陆。

失去通信联络的航空器，如果无线电发信机工作正常，应当盲目发送机长对于继续飞行的意图和飞行情况，随后，在预定时刻或者位置报告点盲目发送报告；如果无线电收信机工作正常，应当不间断地守听地面航空电台有关飞行的指示。

第十七条 中华人民共和国境内航空器飞行的目视气象条件：能见度不少于八公里，航空器距离云的垂直距离不少于三百米，航空器距离云的水平距离不少于一千五百米。

第十八条 飞行的安全高度是保证航空器不致与地面障碍物相撞的最低的飞行高度。

中华人民共和国境内航线飞行的安全高度，在高原、山岳地带应当高出航线两侧各二十五公里以内最高标高六百米；在高原、山岳以外的其他地带应当高出航线两侧各二十五公里以内最高标高四百米。

第十九条 外国民用航空器在中华人民共和国境内飞行，必须在规定的飞行高度或者高度层上进行。

中华人民共和国境内飞行的高度层，按照下列办法划分：真航线角在0度至179度范围内，高度由600米至6000米，每隔600米为一个高度层；高度在6000米以上，每隔2000米为一个高度层。真航线角在180度至359度范围内，高度由900米至5700米，每隔600米为一个高度层；高度在7000米以上，每隔2000米为一个高度层。

飞行高度层应当根据特定气压七百六十毫米水银柱为基准的等压面计算。真航线角应当从航线起点和转弯点量取。

第二十条 外国民用航空器在中华人民共和国境内每次飞行的高度或者高度层，由中国民用航空总局有关的空中交通管制部门指定。

外国民用航空器在飞行中，无论气象条件如何，如果需要改变飞行高度或者高度层，必须经过中国民用航空总局有关的空中交通管制部门的许可。

第二十一条 外国民用航空器在中华人民共和国境内必须沿规定的航路飞行。禁止偏离航路。

中华人民共和国境内航路的宽度最大为二十公里，最小为八公里。

第二十二条 在中华人民共和国境内飞行的外国民用航空器，其空勤组如果不能判定航空器的位置时，应当立即报告中国民用航空总局有关的空中交通管制部门。

外国民用航空器在飞行中如果偏离规定的航路，中国民用航空总局有关的空中交通管制部门，在可能范围内帮助其回到原航路，但对该航空器由于偏离航路飞行所产生的一切后果，不负任何责任。

第二十三条 目视飞行时航空器相遇，应当按照下列规定避让：

（一）两航空器在同一个高度上对头相遇，应当各自向右避让，相互间保持五百米以上的间隔；

（二）两航空器在同一个高度上交叉相遇，飞行员从坐舱左侧看到另一架航空器时应当下降高度，从坐舱右侧看到另一架航空器时应当上升高度；

（三）在同一个高度上超越前面航空器，应当从前面航空器右侧保持五百米以上的间隔进行；

（四）单独航空器应当主动避让编队或者拖曳物体的航空器，有动力装置的航空器应当主动避让无动力装置的航空器。

第二十四条 外国民用航空器在中华人民共和国境内飞行时，应当按照中国民用航空总局规定的无线电通信的方式和无线电频率，同中国民用航空总局有关的空中交通管制部门保持不间断地守听，以便及时地进行通信联络。

进行地空无线电联络，应当遵守下列规定：

（一）通报时使用国际Q简语；通话时使用汉语，或者使用中华人民共和国政府同意的其他语言。

（二）地理名称使用汉语现用名称或者用地名代码、地名代号、无线电导航设备识别讯号和经纬度表示。

（三）计量单位：距离以米或者公里计；飞行高度、标高、离地高度以米计；水平速度、空中风速以公里/小时计；垂直速度、地面风速以米/秒计；风向以度计（真向）；能见度以公里或者米计；高度表拨正以毫米水银柱或者毫巴计；温度以度计（摄氏）；重量以吨或者公斤计；时间以小时和分钟计（格林威治平时二十四小时制，自子夜开始）。

第二十五条 在中华人民共和国境内飞行的外国民用航空器，应当在中国民用航空总局指定的机场降落。降落前应当取得降落机场的空中交通管制部门的许可；降落后，没有经过许可，不得起飞。

不定期飞行的外国民用航空器降落后，其机长还应当到机场空中交通管制部门报告在中华人民共和国境内的飞行情况，并且提交有关下一次飞行的申请。

第二十六条 外国民用航空器的空勤组必须在起飞前做好飞行准备工作，机长或其代理人至少要在预计起飞前一小时向中国民用航空总局有关的空中交通管制部门提交飞行计划。

如果航空器延误超过规定起飞时间三十分钟以上时，应当修订该飞行计划，或者另行提交新的飞行计划，并且撤销原来的飞行计划。

第二十七条 中华人民共和国境内机场的起落航线飞行通常为左航线。起落航线的飞行高度，通常为三百米至五百米。进行起落航线飞行时，禁止超越同型或者速度相接近的航空器。航空器之间的纵向间隔，一般应当保持在二千米以上，并且还要考虑航空器尾流的影响。经过机场空中交通管制员许可，大速度航空器可以在第三转弯前从外侧超越小速度航空器，其横向间隔不得小于五百米。除被迫必须立即降落的航空器外，任何航空器不得从内侧超越前面的航空器。

加入起落航线飞行必须经过机场空中交通管制员许可，并且应当顺沿航线加入，不得横向截入。

第二十八条 外国民用航空器在航空站区域内目视气象条件下飞行时，其空勤组应当进行严密的空中观察，防止与其他航空器碰撞；如果发生碰撞，航空器的机长应负直接责任。

第二十九条 外国民用航空器在中华人民共和国境内的机场起飞或者降落，高度表拨正程序按照下列规定进行：

（一）规定过渡高度和过渡高度层的机场

航空器起飞前，应当将机场场面气压的数值对正航空器上气压高度表的固定指标；航空器起飞后，上升到过渡高度时，应当将航空器上气压高度表的气压刻度七百六十毫米对正固定指标。航空器降落前，下降到过渡高度层时，应当将机场场面气压的数值对正航空器上气压高度表的固定指标。

（二）没有规定过渡高度和过渡高度层的机场

航空器起飞前，应当将机场场面气压的数值对正航空器上气压高度表的固定指标；航空器起飞后，上升到六百米高度时，应当将航空器上气压高度表的气压刻度七百六十毫米对正固定指标。航空器降落前，进入航空站区域边界或者根据机场空中交通管制员的指示，将机场场面气压的数值对正航空器上气压高度表的固定指标。

（三）高原机场

航空器起飞前，当航空器上气压高度表的气压刻度不能调整到机场场面气压的数值时，应当将气压高度表的气压刻度七百六十毫米对正固定指标（此时所指示的高度为假定零点高度）。航空器降落前，如果航空器上气压高度表的气压刻度不能调整到机场场面气压的数值时，应当按照降落机场空中交通管制员通知的假定零点高度（航空器着陆时所指示的高度）进行着陆。

第三十条 外国民用航空器在中华人民共和国境内起飞或者降落时，应当遵守中国民用航空总局规定的机场气象最低条件。当机场的天气实况低于机场气象最低条件时，航空器不得起飞或者着陆。在紧急情况下，如果航空器的机长决定低于机场气象最低条件着陆，须对其决定和由此产生的后果负完全的责任。

当机场天气实况十分恶劣，机场空中交通管制部门将关闭机场，禁止航空器起飞或者着陆。

第三十一条　在中华人民共和国境内的航路上或者起飞、降落机场附近有威胁航空器飞行的危险天气时，中国民用航空总局有关的空中交通管制部门可以向外国民用航空器的机长提出推迟起飞、返航或者飞往备降机场的建议；航空器的机长对此类建议有最后的决定权并对其决定负责。

第三十二条　在中华人民共和国境内飞行的外国民用航空器，如果发现可能危及飞行安全的严重故障时，中国民用航空总局的有关部门有权制止该航空器继续飞行，并且通知其登记国；该航空器可否继续飞行，由航空器登记国确定。

第三十三条　外国民用航空器在中华人民共和国境内飞行时，无论在任何情况下，均不准飞入中华人民共和国划定的空中禁区。中国民用航空总局对飞入空中禁区的外国民用航空器的机长，将给予严肃处理，并且对该航空器飞入空中禁区所产生的一切后果，不负任何责任。

第三十四条　在特殊情况下，中国民用航空总局公布临时关闭有关的航路或者机场时，与该航路或者机场飞行有关的外国民用航空器，必须根据中国民用航空总局的航行通告或者有关的空中交通管制部门的通知，修订飞行计划。

第三十五条　在中华人民共和国境内飞行的外国民用航空器，除遇险情况下的跳伞外，只有得到中国民用航空总局有关的空中交通管制部门的许可，并且在指定的条件下，才可以向地面投掷物品、喷洒液体和使用降落伞。

第三十六条　在中华人民共和国境内飞行的外国民用航空器，如果发生严重危及航空器和机上人员安全，并且需要立即援助的情况时，其空勤组应当立即向中国民用航空总局有关的空中交通管制部门发出遇险信号，以便及时进行搜寻和援救。遇险信号以无线电话发出时用“MAYDAY”，以无线电报发出时用“SOS”。遇险航空器在发出遇险信号后，应当尽可能将航空器呼号，遇险性质，现在的位置、高度、航向和机长的意图在遇险通信中发出。遇险通信应当在当时使用的地空无线电通信频率上发出；必要时，按照中国民用航空总局有关的空中交通管制部门的通知，将通信频率转到紧急频率上继续进行联络。这种紧急频率在航行资料汇编中提供。

第三十七条　在中华人民共和国境内飞行的外国民用航空器，如果发生可能危及航空器或者机上人员安全，但不需要立即援助的情况时，其空勤组应当立即向中国民用航空总局有关的空中交通管制部门发出紧急信号。紧急信号以无线电话发出时用“PAN”，以无线电报发出时用“XXX”。遇有紧急情况的航空器，在发出紧急信号后，还应当将航空器呼号，紧急情况的性质，现在的位置、高度、航向和机长的意图在紧急通信中发出。紧急通信应当在当地使用的地空无线电通信频率上发出；必要时，按照中国民用航空总局有关的空中交通管制部门的通知，将通信频率转到紧急频率上继续进行联络。这种紧急频率在航行资料汇编中提供。

第三十八条　飞入或者飞出中华人民共和国国界的外国民用航空器，必须在指定的设有海关和边防检查站的机场降落或者起飞。

第三十九条　在中华人民共和国境内的外国民用航空器（包括其必须具备的文件以及空勤组成员、乘客和所载物品），应受中华人民共和国有关机关的检查。

第四十条　在中华人民共和国境内飞行的外国民用航空器，禁止载运爆炸物、易燃物、武器、弹药以及中华人民共和国政府规定的其他违禁品。

第四十一条　外国民用航空器在飞行中，如果空勤组成员或者乘客患急病，空勤组应当报告有关的空中交通管制部门，以便在降落后取得协助为病员进行必要的医疗。

第四十二条　在中华人民共和国境内飞行的外国民用航空器，如果违犯本规则，中国人民解放军防空值班飞机可以强迫其在指定机场降落。违反中国民用航空总局有关的空中交通管制部门的指示，以违反本规则论。

防空值班飞机拦截违反本规则的外国民用航空器和被拦截的外国民用航空器使用的信号，按照附件二的规定执行。

被强迫降落的外国民用航空器，只有得到中国民用航空总局的许可，才能继续飞行。

第四十三条　飞入或者飞出中华人民共和国国界和在中华人民共和国境内飞行或者停留的外国民用航空器，其空勤组成员和乘客，如果违反本规则，由中国民用航空总局或者其他主管机关根据具体情况给予罚款及其他处分；情节重大的由中华人民共和国人民法院处理。

第四十四条　本规则经中华人民共和国国务院批准后，由中国民用航空总局发布施行。

无人驾驶航空器飞行管理暂行条例

（2023年5月31日中华人民共和国国务院、中华人民共和国中央军事委员会令第761号公布，自2024年1月1日起施行）

第一章　总　　则

第一条　为了规范无人驾驶航空器飞行以及有关活动，促进无人驾驶航空器产业健康有序发展，维护航空安全、公共安全、国家安全，制定本条例。

第二条　在中华人民共和国境内从事无人驾驶航空器飞行以及有关活动，应当遵守本条例。

本条例所称无人驾驶航空器，是指没有机载驾驶员、自备动力系统的航空器。

无人驾驶航空器按照性能指标分为微型、轻型、小型、中型和大型。

第三条　无人驾驶航空器飞行管理工作应当坚持和加强党的领导，坚持总体国家安全观，坚持安全第一、服务发展、分类管理、协同监管的原则。

第四条　国家空中交通管理领导机构统一领导全国无人驾驶航空器飞行管理工作，组织协调解决无人驾驶航空器管理工作中的重大问题。

国务院民用航空、公安、工业和信息化、市场监督管理等部门按照职责分工负责全国无人驾驶航空器有关管理工作。

县级以上地方人民政府及其有关部门按照职责分工负责本行政区域内无人驾驶航空器有关管理工作。

各级空中交通管理机构按照职责分工负责本责任区内无人驾驶航空器飞行管理工作。

第五条　国家鼓励无人驾驶航空器科研创新及其成果的推广应用，促进无人驾驶航空器与大数据、人工智能等新技术融合创新。县级以上人民政府及其有关部门应当为无人驾驶航空器科研创新及其成果的推广应用提供支持。

国家在确保安全的前提下积极创新空域供给和使用机制，完善无人驾驶航空器飞行配套基础设施和服务体系。

第六条　无人驾驶航空器有关行业协会应当通过制定、实施团体标准等方式加强行业自律，宣传无人驾驶航空器管理法律法规及有关知识，增强有关单位和人员依法开展无人驾驶航空器飞行以及有关活动的意识。

第二章 民用无人驾驶航空器及操控员管理

第七条 国务院标准化行政主管部门和国务院其他有关部门按照职责分工组织制定民用无人驾驶航空器系统的设计、生产和使用的国家标准、行业标准。

第八条 从事中型、大型民用无人驾驶航空器系统的设计、生产、进口、飞行和维修活动，应当依法向国务院民用航空主管部门申请取得适航许可。

从事微型、轻型、小型民用无人驾驶航空器系统的设计、生产、进口、飞行、维修以及组装、拼装活动，无需取得适航许可，但相关产品应当符合产品质量法律法规的有关规定以及有关强制性国家标准。

从事民用无人驾驶航空器系统的设计、生产、使用活动，应当符合国家有关实名登记激活、飞行区域限制、应急处置、网络信息安全等规定，并采取有效措施减少大气污染物和噪声排放。

第九条 民用无人驾驶航空器系统生产者应当按照国务院工业和信息化主管部门的规定为其生产的无人驾驶航空器设置唯一产品识别码。

微型、轻型、小型民用无人驾驶航空器系统的生产者应当在无人驾驶航空器机体标注产品类型以及唯一产品识别码等信息，在产品外包装显著位置标明守法运行要求和风险警示。

第十条 民用无人驾驶航空器所有者应当依法进行实名登记，具体办法由国务院民用航空主管部门会同有关部门制定。

涉及境外飞行的民用无人驾驶航空器，应当依法进行国籍登记。

第十一条 使用除微型以外的民用无人驾驶航空器从事飞行活动的单位应当具备下列条件，并向国务院民用航空主管部门或者地区民用航空管理机构（以下统称民用航空管理部门）申请取得民用无人驾驶航空器运营合格证（以下简称运营合格证）：

（一）有实施安全运营所需的管理机构、管理人员和符合本条例规定的操控人员；

（二）有符合安全运营要求的无人驾驶航空器及有关设施、设备；

（三）有实施安全运营所需的管理制度和操作规程，保证持续具备按照制度和规程实施安全运营的能力；

（四）从事经营性活动的单位，还应当为营利法人。

民用航空管理部门收到申请后，应当进行运营安全评估，根据评估结果依法作出许可或者不予许可的决定。予以许可的，颁发运营合格证；不予许可的，书面通知申请人并说明理由。

使用最大起飞重量不超过150千克的农用无人驾驶航空器在农林牧渔区域上方的适飞空域内从事农林牧渔作业飞行活动（以下称常规农用无人驾驶航空器作业飞行活动），无需取得运营合格证。

取得运营合格证后从事经营性通用航空飞行活动，以及从事常规农用无人驾驶航空器作业飞行活动，无需取得通用航空经营许可证和运行合格证。

第十二条 使用民用无人驾驶航空器从事经营性飞行活动，以及使用小型、中型、大型民用无人驾驶航空器从事非经营性飞行活动，应当依法投保责任保险。

第十三条 微型、轻型、小型民用无人驾驶航空器系统投放市场后，发现存在缺陷的，其生产者、进口商应当停止生产、销售，召回缺陷产品，并通知有关经营者、使用者停止销售、使用。生产者、进口商未依法实施召回的，由国务院市场监督管理部门依法责令召回。

中型、大型民用无人驾驶航空器系统不能持续处于适航状态的，由国务院民用航空主管部门依照有关适航管理的规定处理。

第十四条　对已经取得适航许可的民用无人驾驶航空器系统进行重大设计更改并拟将其用于飞行活动的，应当重新申请取得适航许可。

对微型、轻型、小型民用无人驾驶航空器系统进行改装的，应当符合有关强制性国家标准。民用无人驾驶航空器系统的空域保持能力、可靠被监视能力、速度或者高度等出厂性能以及参数发生改变的，其所有者应当及时在无人驾驶航空器一体化综合监管服务平台更新性能、参数信息。

改装民用无人驾驶航空器的，应当遵守改装后所属类别的管理规定。

第十五条　生产、维修、使用民用无人驾驶航空器系统，应当遵守无线电管理法律法规以及国家有关规定。但是，民用无人驾驶航空器系统使用国家无线电管理机构确定的特定无线电频率，且有关无线电发射设备取得无线电发射设备型号核准的，无需取得无线电频率使用许可和无线电台执照。

第十六条　操控小型、中型、大型民用无人驾驶航空器飞行的人员应当具备下列条件，并向国务院民用航空主管部门申请取得相应民用无人驾驶航空器操控员（以下简称操控员）执照：

（一）具备完全民事行为能力；

（二）接受安全操控培训，并经民用航空管理部门考核合格；

（三）无可能影响民用无人驾驶航空器操控行为的疾病病史，无吸毒行为记录；

（四）近5年内无因危害国家安全、公共安全或者侵犯公民人身权利、扰乱公共秩序的故意犯罪受到刑事处罚的记录。

从事常规农用无人驾驶航空器作业飞行活动的人员无需取得操控员执照，但应当由农用无人驾驶航空器系统生产者按照国务院民用航空、农业农村主管部门规定的内容进行培训和考核，合格后取得操作证书。

第十七条　操控微型、轻型民用无人驾驶航空器飞行的人员，无需取得操控员执照，但应当熟练掌握有关机型操作方法，了解风险警示信息和有关管理制度。

无民事行为能力人只能操控微型民用无人驾驶航空器飞行，限制民事行为能力人只能操控微型、轻型民用无人驾驶航空器飞行。无民事行为能力人操控微型民用无人驾驶航空器飞行或者限制民事行为能力人操控轻型民用无人驾驶航空器飞行，应当由符合前款规定条件的完全民事行为能力人现场指导。

操控轻型民用无人驾驶航空器在无人驾驶航空器管制空域内飞行的人员，应当具有完全民事行为能力，并按照国务院民用航空主管部门的规定经培训合格。

第三章　空域和飞行活动管理

第十八条　划设无人驾驶航空器飞行空域应当遵循统筹配置、安全高效原则，以隔离飞行为主，兼顾融合飞行需求，充分考虑飞行安全和公众利益。

划设无人驾驶航空器飞行空域应当明确水平、垂直范围和使用时间。

空中交通管理机构应当为无人驾驶航空器执行军事、警察、海关、应急管理飞行任务优先划设空域。

第十九条　国家根据需要划设无人驾驶航空器管制空域（以下简称管制空域）。

真高120米以上空域，空中禁区、空中限制区以及周边空域，军用航空超低空飞行空域，以及下列区域上方的空域应当划设为管制空域：

（一）机场以及周边一定范围的区域；

（二）国界线、实际控制线、边境线向我方一侧一定范围的区域；

（三）军事禁区、军事管理区、监管场所等涉密单位以及周边一定范围的区域；

（四）重要军工设施保护区域、核设施控制区域、易燃易爆等危险品的生产和仓储区域，以及可燃重要物资的大型仓储区域；

（五）发电厂、变电站、加油（气）站、供水厂、公共交通枢纽、航电枢纽、重大水利设施、港口、高速公路、铁路电气化线路等公共基础设施以及周边一定范围的区域和饮用水水源保护区；

（六）射电天文台、卫星测控（导航）站、航空无线电导航台、雷达站等需要电磁环境特殊保护的设施以及周边一定范围的区域；

（七）重要革命纪念地、重要不可移动文物以及周边一定范围的区域；

（八）国家空中交通管理领导机构规定的其他区域。

管制空域的具体范围由各级空中交通管理机构按照国家空中交通管理领导机构的规定确定，由设区的市级以上人民政府公布，民用航空管理部门和承担相应职责的单位发布航行情报。

未经空中交通管理机构批准，不得在管制空域内实施无人驾驶航空器飞行活动。

管制空域范围以外的空域为微型、轻型、小型无人驾驶航空器的适飞空域（以下简称适飞空域）。

第二十条 遇有特殊情况，可以临时增加管制空域，由空中交通管理机构按照国家有关规定确定有关空域的水平、垂直范围和使用时间。

保障国家重大活动以及其他大型活动的，在临时增加的管制空域生效24小时前，由设区的市级以上地方人民政府发布公告，民用航空管理部门和承担相应职责的单位发布航行情报。

保障执行军事任务或者反恐维稳、抢险救灾、医疗救护等其他紧急任务的，在临时增加的管制空域生效30分钟前，由设区的市级以上地方人民政府发布紧急公告，民用航空管理部门和承担相应职责的单位发布航行情报。

第二十一条 按照国家空中交通管理领导机构的规定需要设置管制空域的地面警示标志的，设区的市级人民政府应当组织设置并加强日常巡查。

第二十二条 无人驾驶航空器通常应当与有人驾驶航空器隔离飞行。

属于下列情形之一的，经空中交通管理机构批准，可以进行融合飞行：

（一）根据任务或者飞行课目需要，警察、海关、应急管理部门辖有的无人驾驶航空器与本部门、本单位使用的有人驾驶航空器在同一空域或者同一机场区域的飞行；

（二）取得适航许可的大型无人驾驶航空器的飞行；

（三）取得适航许可的中型无人驾驶航空器不超过真高300米的飞行；

（四）小型无人驾驶航空器不超过真高300米的飞行；

（五）轻型无人驾驶航空器在适飞空域上方不超过真高300米的飞行。

属于下列情形之一的，进行融合飞行无需经空中交通管理机构批准：

（一）微型、轻型无人驾驶航空器在适飞空域内的飞行；

（二）常规农用无人驾驶航空器作业飞行活动。

第二十三条 国家空中交通管理领导机构统筹建设无人驾驶航空器一体化综合监管服务平台，对全国无人驾驶航空器实施动态监管与服务。

空中交通管理机构和民用航空、公安、工业和信息化等部门、单位按照职责分工采集无人驾驶航空器生产、登记、使用的有关信息，依托无人驾驶航空器一体化综合监管服务平台共享，并采取相应措施保障信息安全。

第二十四条 除微型以外的无人驾驶航空器实施飞行活动，操控人员应当确保无人驾驶航空器能够按照国家有关规定向无人驾驶航空器一体化综合监管服务平台报送识别信息。

微型、轻型、小型无人驾驶航空器在飞行过程中应当广播式自动发送识别信息。

第二十五条 组织无人驾驶航空器飞行活动的单位或者个人应当遵守有关法律法规和规章制度，主动采取事故预防措施，对飞行安全承担主体责任。

第二十六条　除本条例第三十一条另有规定外，组织无人驾驶航空器飞行活动的单位或者个人应当在拟飞行前1日12时前向空中交通管理机构提出飞行活动申请。空中交通管理机构应当在飞行前1日21时前作出批准或者不予批准的决定。

按照国家空中交通管理领导机构的规定在固定空域内实施常态飞行活动的，可以提出长期飞行活动申请，经批准后实施，并应当在拟飞行前1日12时前将飞行计划报空中交通管理机构备案。

第二十七条　无人驾驶航空器飞行活动申请应当包括下列内容：

（一）组织飞行活动的单位或者个人、操控人员信息以及有关资质证书；

（二）无人驾驶航空器的类型、数量、主要性能指标和登记管理信息；

（三）飞行任务性质和飞行方式，执行国家规定的特殊通用航空飞行任务的还应当提供有效的任务批准文件；

（四）起飞、降落和备降机场（场地）；

（五）通信联络方法；

（六）预计飞行开始、结束时刻；

（七）飞行航线、高度、速度和空域范围，进出空域方法；

（八）指挥控制链路无线电频率以及占用带宽；

（九）通信、导航和被监视能力；

（十）安装二次雷达应答机或者有关自动监视设备的，应当注明代码申请；

（十一）应急处置程序；

（十二）特殊飞行保障需求；

（十三）国家空中交通管理领导机构规定的与空域使用和飞行安全有关的其他必要信息。

第二十八条　无人驾驶航空器飞行活动申请按照下列权限批准：

（一）在飞行管制分区内飞行的，由负责该飞行管制分区的空中交通管理机构批准；

（二）超出飞行管制分区在飞行管制区内飞行的，由负责该飞行管制区的空中交通管理机构批准；

（三）超出飞行管制区飞行的，由国家空中交通管理领导机构授权的空中交通管理机构批准。

第二十九条　使用无人驾驶航空器执行反恐维稳、抢险救灾、医疗救护等紧急任务的，应当在计划起飞30分钟前向空中交通管理机构提出飞行活动申请。空中交通管理机构应当在起飞10分钟前作出批准或者不予批准的决定。执行特别紧急任务的，使用单位可以随时提出飞行活动申请。

第三十条　飞行活动已获得批准的单位或者个人组织无人驾驶航空器飞行活动的，应当在计划起飞1小时前向空中交通管理机构报告预计起飞时刻和准备情况，经空中交通管理机构确认后方可起飞。

第三十一条　组织无人驾驶航空器实施下列飞行活动，无需向空中交通管理机构提出飞行活动申请：

（一）微型、轻型、小型无人驾驶航空器在适飞空域内的飞行活动；

（二）常规农用无人驾驶航空器作业飞行活动；

（三）警察、海关、应急管理部门辖有的无人驾驶航空器，在其驻地、地面（水面）训练场、靶场等上方不超过真高120米的空域内的飞行活动；但是，需在计划起飞1小时前经空中交通管理机构确认后方可起飞；

（四）民用无人驾驶航空器在民用运输机场管制地带内执行巡检、勘察、校验等飞行任务；但是，需定期报空中交通管理机构备案，并在计划起飞1小时前经空中交通管理机构确认后方可起飞。

前款规定的飞行活动存在下列情形之一的，应当依照本条例第二十六条的规定提出飞行活动申请：

（一）通过通信基站或者互联网进行无人驾驶航空器中继飞行；

（二）运载危险品或者投放物品（常规农用无人驾驶航空器作业飞行活动除外）；

（三）飞越集会人群上空；

（四）在移动的交通工具上操控无人驾驶航空器；

（五）实施分布式操作或者集群飞行。

微型、轻型无人驾驶航空器在适飞空域内飞行的，无需取得特殊通用航空飞行任务批准文件。

第三十二条 操控无人驾驶航空器实施飞行活动，应当遵守下列行为规范：

（一）依法取得有关许可证书、证件，并在实施飞行活动时随身携带备查；

（二）实施飞行活动前做好安全飞行准备，检查无人驾驶航空器状态，并及时更新电子围栏等信息；

（三）实时掌握无人驾驶航空器飞行动态，实施需经批准的飞行活动应当与空中交通管理机构保持通信联络畅通，服从空中交通管理，飞行结束后及时报告；

（四）按照国家空中交通管理领导机构的规定保持必要的安全间隔；

（五）操控微型无人驾驶航空器的，应当保持视距内飞行；

（六）操控小型无人驾驶航空器在适飞空域内飞行的，应当遵守国家空中交通管理领导机构关于限速、通信、导航等方面的规定；

（七）在夜间或者低能见度气象条件下飞行的，应当开启灯光系统并确保其处于良好工作状态；

（八）实施超视距飞行的，应当掌握飞行空域内其他航空器的飞行动态，采取避免相撞的措施；

（九）受到酒精类饮料、麻醉剂或者其他药物影响时，不得操控无人驾驶航空器；

（十）国家空中交通管理领导机构规定的其他飞行活动行为规范。

第三十三条 操控无人驾驶航空器实施飞行活动，应当遵守下列避让规则：

（一）避让有人驾驶航空器、无动力装置的航空器以及地面、水上交通工具；

（二）单架飞行避让集群飞行；

（三）微型无人驾驶航空器避让其他无人驾驶航空器；

（四）国家空中交通管理领导机构规定的其他避让规则。

第三十四条 禁止利用无人驾驶航空器实施下列行为：

（一）违法拍摄军事设施、军工设施或者其他涉密场所；

（二）扰乱机关、团体、企业、事业单位工作秩序或者公共场所秩序；

（三）妨碍国家机关工作人员依法执行职务；

（四）投放含有违反法律法规规定内容的宣传品或者其他物品；

（五）危及公共设施、单位或者个人财产安全；

（六）危及他人生命健康，非法采集信息，或者侵犯他人其他人身权益；

（七）非法获取、泄露国家秘密，或者违法向境外提供数据信息；

（八）法律法规禁止的其他行为。

第三十五条 使用民用无人驾驶航空器从事测绘活动的单位依法取得测绘资质证书后，方可从事测绘活动。

外国无人驾驶航空器或者由外国人员操控的无人驾驶航空器不得在我国境内实施测绘、电波参数测试等飞行活动。

第三十六条 模型航空器应当在空中交通管理机构为航空飞行营地划定的空域内飞行，但国家空中交通管理领导机构另有规定的除外。

第四章 监督管理和应急处置

第三十七条 国家空中交通管理领导机构应当组织有关部门、单位在无人驾驶航空器一体化综合监管服务平台上向社会公布审批事项、申请办理流程、受理单位、联系方式、举报受理方式等信息并及时更新。

第三十八条 任何单位或者个人发现违反本条例规定行为的，可以向空中交通管理机构、民用航空管理部门或者当地公安机关举报。收到举报的部门、单位应当及时依法作出处理；不属于本部门、本单位职责的，应当及时移送有权处理的部门、单位。

第三十九条　空中交通管理机构、民用航空管理部门以及县级以上公安机关应当制定有关无人驾驶航空器飞行安全管理的应急预案，定期演练，提高应急处置能力。

县级以上地方人民政府应当将无人驾驶航空器安全应急管理纳入突发事件应急管理体系，健全信息互通、协同配合的应急处置工作机制。

无人驾驶航空器系统的设计者、生产者，应当确保无人驾驶航空器具备紧急避让、降落等应急处置功能，避免或者减轻无人驾驶航空器发生事故时对生命财产的损害。

使用无人驾驶航空器的单位或者个人应当按照有关规定，制定飞行紧急情况处置预案，落实风险防范措施，及时消除安全隐患。

第四十条　无人驾驶航空器飞行发生异常情况时，组织飞行活动的单位或者个人应当及时处置，服从空中交通管理机构的指令；导致发生飞行安全问题的，组织飞行活动的单位或者个人还应当在无人驾驶航空器降落后24小时内向空中交通管理机构报告有关情况。

第四十一条　对空中不明情况和无人驾驶航空器违规飞行，公安机关在条件有利时可以对低空目标实施先期处置，并负责违规飞行无人驾驶航空器落地后的现场处置。有关军事机关、公安机关、国家安全机关等单位按职责分工组织查证处置，民用航空管理等其他有关部门应当予以配合。

第四十二条　无人驾驶航空器违反飞行管理规定、扰乱公共秩序或者危及公共安全的，空中交通管理机构、民用航空管理部门和公安机关可以依法采取必要技术防控、扣押有关物品、责令停止飞行、查封违法活动场所等紧急处置措施。

第四十三条　军队、警察以及按照国家反恐怖主义工作领导机构有关规定由公安机关授权的高风险反恐怖重点目标管理单位，可以依法配备无人驾驶航空器反制设备，在公安机关或者有关军事机关的指导监督下从严控制设置和使用。

无人驾驶航空器反制设备配备、设置、使用以及授权管理办法，由国务院工业和信息化、公安、国家安全、市场监督管理部门会同国务院有关部门、有关军事机关制定。

任何单位或者个人不得非法拥有、使用无人驾驶航空器反制设备。

第五章　法律责任

第四十四条　违反本条例规定，从事中型、大型民用无人驾驶航空器系统的设计、生产、进口、飞行和维修活动，未依法取得适航许可的，由民用航空管理部门责令停止有关活动，没收违法所得，并处无人驾驶航空器系统货值金额1倍以上5倍以下的罚款；情节严重的，责令停业整顿。

第四十五条　违反本条例规定，民用无人驾驶航空器系统生产者未按照国务院工业和信息化主管部门的规定为其生产的无人驾驶航空器设置唯一产品识别码的，由县级以上人民政府工业和信息化主管部门责令改正，没收违法所得，并处3万元以上30万元以下的罚款；拒不改正的，责令停业整顿。

第四十六条　违反本条例规定，对已经取得适航许可的民用无人驾驶航空器系统进行重大设计更改，未重新申请取得适航许可并将其用于飞行活动的，由民用航空管理部门责令改正，处无人驾驶航空器系统货值金额1倍以上5倍以下的罚款。

违反本条例规定，改变微型、轻型、小型民用无人驾驶航空器系统的空域保持能力、可靠被监视能力、速度或者高度等出厂性能以及参数，未及时在无人驾驶航空器一体化综合监管服务平台更新性能、参数信息的，由民用航空管理部门责令改正；拒不改正的，处2000元以上2万元以下的罚款。

第四十七条　违反本条例规定，民用无人驾驶航空器未经实名登记实施飞行活动的，由公安机关责令改正，可以处 200 元以下的罚款；情节严重的，处 2000 元以上 2 万元以下的罚款。

违反本条例规定，涉及境外飞行的民用无人驾驶航空器未依法进行国籍登记的，由民用航空管理部门责令改正，处 1 万元以上 10 万元以下的罚款。

第四十八条 违反本条例规定，民用无人驾驶航空器未依法投保责任保险的，由民用航空管理部门责令改正，处 2000 元以上 2 万元以下的罚款；情节严重的，责令从事飞行活动的单位停业整顿直至吊销其运营合格证。

第四十九条 违反本条例规定，未取得运营合格证或者违反运营合格证的要求实施飞行活动的，由民用航空管理部门责令改正，处 5 万元以上 50 万元以下的罚款；情节严重的，责令停业整顿直至吊销其运营合格证。

第五十条 无民事行为能力人、限制民事行为能力人违反本条例规定操控民用无人驾驶航空器飞行的，由公安机关对其监护人处 500 元以上 5000 元以下的罚款；情节严重的，没收实施违规飞行的无人驾驶航空器。

违反本条例规定，未取得操控员执照操控民用无人驾驶航空器飞行的，由民用航空管理部门处 5000 元以上 5 万元以下的罚款；情节严重的，处 1 万元以上 10 万元以下的罚款。

违反本条例规定，超出操控员执照载明范围操控民用无人驾驶航空器飞行的，由民用航空管理部门处 2000 元以上 2 万元以下的罚款，并处暂扣操控员执照 6 个月至 12 个月；情节严重的，吊销其操控员执照，2 年内不受理其操控员执照申请。

违反本条例规定，未取得操作证书从事常规农用无人驾驶航空器作业飞行活动的，由县级以上地方人民政府农业农村主管部门责令停止作业，并处 1000 元以上 1 万元以下的罚款。

第五十一条 组织飞行活动的单位或者个人违反本条例第三十二条、第三十三条规定的，由民用航空管理部门责令改正，可以处 1 万元以下的罚款；拒不改正的，处 1 万元以上 5 万元以下的罚款，并处暂扣运营合格证、操控员执照 1 个月至 3 个月；情节严重的，由空中交通管理机构责令停止飞行 6 个月至 12 个月，由民用航空管理部门处 5 万元以上 10 万元以下的罚款，并可以吊销相应许可证件，2 年内不受理其相应许可申请。

违反本条例规定，未经批准操控微型、轻型、小型民用无人驾驶航空器在管制空域内飞行，或者操控模型航空器在空中交通管理机构划定的空域外飞行的，由公安机关责令停止飞行，可以处 500 元以下的罚款；情节严重的，没收实施违规飞行的无人驾驶航空器，并处 1000 元以上 1 万元以下的罚款。

第五十二条 违反本条例规定，非法拥有、使用无人驾驶航空器反制设备的，由无线电管理机构、公安机关按照职责分工予以没收，可以处 5 万元以下的罚款；情节严重的，处 5 万元以上 20 万元以下的罚款。

第五十三条 违反本条例规定，外国无人驾驶航空器或者由外国人员操控的无人驾驶航空器在我国境内实施测绘飞行活动的，由县级以上人民政府测绘地理信息主管部门责令停止违法行为，没收违法所得、测绘成果和实施违规飞行的无人驾驶航空器，并处 10 万元以上 50 万元以下的罚款；情节严重的，并处 50 万元以上 100 万元以下的罚款，由公安机关、国家安全机关按照职责分工决定限期出境或者驱逐出境。

第五十四条 生产、改装、组装、拼装、销售和召回微型、轻型、小型民用无人驾驶航空器系统，违反产品质量或者标准化管理等有关法律法规的，由县级以上人民政府市场监督管理部门依法处罚。

除根据本条例第十五条的规定无需取得无线电频率使用许可和无线电台执照的情形

以外，生产、维修、使用民用无人驾驶航空器系统，违反无线电管理法律法规以及国家有关规定的，由无线电管理机构依法处罚。

无人驾驶航空器飞行活动违反军事设施保护法律法规的，依照有关法律法规的规定执行。

第五十五条 违反本条例规定，有关部门、单位及其工作人员在无人驾驶航空器飞行以及有关活动的管理工作中滥用职权、玩忽职守、徇私舞弊或者有其他违法行为的，依法给予处分。

第五十六条 违反本条例规定，构成违反治安管理行为的，由公安机关依法给予治安管理处罚；构成犯罪的，依法追究刑事责任；造成人身、财产或者其他损害的，依法承担民事责任。

第六章 附 则

第五十七条 在我国管辖的其他空域内实施无人驾驶航空器飞行活动，应当遵守本条例的有关规定。

无人驾驶航空器在室内飞行不适用本条例。

自备动力系统的飞行玩具适用本条例的有关规定，具体办法由国务院工业和信息化主管部门、有关空中交通管理机构会同国务院公安、民用航空主管部门制定。

第五十八条 无人驾驶航空器飞行以及有关活动，本条例没有规定的，适用《中华人民共和国民用航空法》、《中华人民共和国飞行基本规则》、《通用航空飞行管制条例》以及有关法律、行政法规。

第五十九条 军用无人驾驶航空器的管理，国务院、中央军事委员会另有规定的，适用其规定。

警察、海关、应急管理部门辖有的无人驾驶航空器的适航、登记、操控员等事项的管理办法，由国务院有关部门另行制定。

第六十条 模型航空器的分类、生产、登记、操控人员、航空飞行营地等事项的管理办法，由国务院体育主管部门会同有关空中交通管理机构，国务院工业和信息化、公安、民用航空主管部门另行制定。

第六十一条 本条例施行前生产的民用无人驾驶航空器不能按照国家有关规定自动向无人驾驶航空器一体化综合监管服务平台报送识别信息的，实施飞行活动应当依照本条例的规定向空中交通管理机构提出飞行活动申请，经批准后方可飞行。

第六十二条 本条例下列用语的含义：

（一）空中交通管理机构，是指军队和民用航空管理部门内负责有关责任区空中交通管理的机构。

（二）微型无人驾驶航空器，是指空机重量小于 0.25 千克，最大飞行真高不超过 50 米，最大平飞速度不超过 40 千米/小时，无线电发射设备符合微功率短距离技术要求，全程可以随时人工介入操控的无人驾驶航空器。

（三）轻型无人驾驶航空器，是指空机重量不超过 4 千克且最大起飞重量不超过 7 千克，最大平飞速度不超过 100 千米/小时，具备符合空域管理要求的空域保持能力和可靠被监视能力，全程可以随时人工介入操控的无人驾驶航空器，但不包括微型无人驾驶航空器。

（四）小型无人驾驶航空器，是指空机重量不超过 15 千克且最大起飞重量不超过 25 千克，具备符合空域管理要求的空域保持能力和可靠被监视能力，全程可以随时人工介入操控的无人驾驶航空器，但不包括微型、轻型无人驾驶航空器。

（五）中型无人驾驶航空器，是指最大起飞重量不超过 150 千克的无人驾驶航空器，但不包括微型、轻型、小型无人驾驶航空器。

（六）大型无人驾驶航空器，是指最大起飞重量超过 150 千克的无人驾驶航空器。

（七）无人驾驶航空器系统，是指无人驾驶航空器以及与其有关的遥控台（站）、任务载荷和控制链路等组成的系统。其中，遥控台（站）是指遥控无人驾驶航空器的各种操控设备（手段）以及有关系统组成的整体。

（八）农用无人驾驶航空器，是指最大飞行真高不超过 30 米，最大平飞速度不超过 50 千米/小时，最大飞行半径不超过 2000 米，具备空域保持能力和可靠被监视能力，专门用于植保、播种、投饵等农林牧渔作业，全程可以随时人工介入操控的无人驾驶航空器。

（九）隔离飞行，是指无人驾驶航空器与有人驾驶航空器不同时在同一空域内的飞行。

（十）融合飞行，是指无人驾驶航空器与有人驾驶航空器同时在同一空域内的飞行。

（十一）分布式操作，是指把无人驾驶航空器系统操作分解为多个子业务，部署在多个站点或者终端进行协同操作的模式。

（十二）集群，是指采用具备多台无人驾驶航空器操控能力的同一系统或者平台，为了处理同一任务，以各无人驾驶航空器操控数据互联协同处理为特征，在同一时间内并行操控多台无人驾驶航空器以相对物理集中的方式进行飞行的无人驾驶航空器运行模式。

（十三）模型航空器，也称航空模型，是指有尺寸和重量限制，不能载人，不具有高度保持和位置保持飞行功能的无人驾驶航空器，包括自由飞、线控、直接目视视距内人工不间断遥控、借助第一视角人工不间断遥控的模型航空器等。

（十四）无人驾驶航空器反制设备，是指专门用于防控无人驾驶航空器违规飞行，具有干扰、截控、捕获、摧毁等功能的设备。

（十五）空域保持能力，是指通过电子围栏等技术措施控制无人驾驶航空器的高度与水平范围的能力。

第六十三条 本条例自 2024 年 1 月 1 日起施行。

中华人民共和国民用航空器权利登记条例

（1997 年 10 月 21 日中华人民共和国国务院令第 233 号发布，自发布之日起施行）

第一条 根据《中华人民共和国民用航空法》，制定本条例。

第二条 在中华人民共和国办理民用航空器权利登记，应当遵守本条例。

第三条 国务院民用航空主管部门主管民用航空器权利登记工作，设立民用航空器权利登记簿，统一记载民用航空器权利登记事项。

同一民用航空器的权利登记事项应当记载于同一权利登记簿中。

第四条 办理民用航空器所有权、占有权或者抵押权登记的，民用航空器权利人应当按照国务院民用航空主管部门的规定，分别填写民用航空器所有权、占有权或者抵押权登记申请书，并向国务院民用航空主管部门提交本条例第五条至第七条规定的相应文件。

办理民用航空器优先权登记的，民用航空器优先权的债权人应当自援救或者保管维护工作终了之日起 3 个月内，按照国务院民用航空主管部门的规定，填写民用航空器优先权登记申请书，并向国务院民用航空主管部门提交足以证明其合法身份的文件和有关债权证明。

第五条 办理民用航空器所有权登记的，民用航空器的所有人应当提交下列文件或者经核对无误的复印件：

（一）民用航空器国籍登记证书；

（二）民用航空器所有权取得的证明

文件；

（三）国务院民用航空主管部门要求提交的其他必要的有关文件。

第六条　办理民用航空器占有权登记的，民用航空器的占有人应当提交下列文件或者经核对无误的复印件：

（一）民用航空器国籍登记证书；

（二）民用航空器所有权登记证书或者相应的所有权证明文件；民用航空器设定抵押的，还应当提供有关证明文件；

（三）符合《中华人民共和国民用航空法》第十一条第（二）项或者第（三）项规定的民用航空器买卖合同或者租赁合同；

（四）国务院民用航空主管部门要求提交的其他必要的有关文件。

第七条　办理民用航空器抵押权登记的，民用航空器的抵押权人和抵押人应当提交下列文件或者经核对无误的复印件：

（一）民用航空器国籍登记证书；

（二）民用航空器所有权登记证书或者相应的所有权证明文件；

（三）民用航空器抵押合同；

（四）国务院民用航空主管部门要求提交的其他必要的有关文件。

第八条　就两架以上民用航空器设定一项抵押权或者就同一民用航空器设定两项以上抵押权时，民用航空器的抵押权人和抵押人应当就每一架民用航空器或者每一项抵押权分别办理抵押权登记。

第九条　国务院民用航空主管部门应当自收到民用航空器权利登记申请之日起7个工作日内，对申请的权利登记事项进行审查。经审查符合本条例规定的，应当向民用航空器权利人颁发相应的民用航空器权利登记证书，并区别情况在民用航空器权利登记簿上载明本条例第十条至第十三条规定的相应事项；经审查不符合本条例规定的，应当书面通知民用航空器权利人。

第十条　国务院民用航空主管部门向民用航空器所有人颁发民用航空器所有权登记证书时，应当在民用航空器权利登记簿上载明下列事项：

（一）民用航空器国籍、国籍标志和登记标志；

（二）民用航空器所有人的姓名或者名称、地址及其法定代表人的姓名；

（三）民用航空器为数人共有的，载明民用航空器共有人的共有情况；

（四）民用航空器所有权的取得方式和取得日期；

（五）民用航空器制造人名称、制造日期和制造地点；

（六）民用航空器价值、机体材料和主要技术数据；

（七）民用航空器已设定抵押的，载明其抵押权的设定情况；

（八）民用航空器所有权登记日期；

（九）国务院民用航空主管部门规定的其他事项。

第十一条　国务院民用航空主管部门向民用航空器占有人颁发民用航空器占有权登记证书时，应当在民用航空器权利登记簿上载明下列事项：

（一）民用航空器的国籍、国籍标志和登记标志；

（二）民用航空器占有人、所有人或者出租人的姓名或者名称、地址及其法定代表人的姓名；

（三）民用航空器占有权的取得方式、取得日期和约定的占有条件；

（四）民用航空器占有权登记日期；

（五）国务院民用航空主管部门规定的其他事项。

第十二条　国务院民用航空主管部门向民用航空器抵押权人颁发民用航空器抵押权登记证书时，应当在民用航空器权利登记簿上载明下列事项：

（一）被抵押的民用航空器的国籍、国籍标志和登记标志；

（二）抵押权人和抵押人的姓名或者名称、地址及其法定代表人的姓名；

（三）民用航空器抵押所担保的债权数

额、利息率、受偿期限；

（四）民用航空器抵押权登记日期；

（五）国务院民用航空主管部门规定的其他事项。

第十三条 国务院民用航空主管部门向民用航空器优先权的债权人颁发民用航空器优先权登记证书时，应当在民用航空器权利登记簿上载明下列事项：

（一）发生债权的民用航空器的国籍、国籍标志和登记标志；

（二）民用航空器优先权的债权人的姓名或者名称、地址及其法定代表人的姓名；

（三）发生债权的民用航空器的所有人、经营人或者承租人的姓名或者名称、地址及其法定代表人的姓名；

（四）民用航空器优先权的债权人主张的债权数额和债权发生的时间、原因；

（五）民用航空器优先权登记日期；

（六）国务院民用航空主管部门规定的其他事项。

第十四条 同一民用航空器设定两项以上抵押权的，国务院民用航空主管部门应当按照抵押权登记申请日期的先后顺序进行登记。

第十五条 民用航空器权利登记事项发生变更时，民用航空器权利人应当持有关的民用航空器权利登记证书和变更证明文件，向国务院民用航空主管部门办理变更登记。

民用航空器抵押合同变更时，由抵押权人和抵押人共同向国务院民用航空主管部门办理变更登记。

第十六条 国务院民用航空主管部门应当自收到民用航空器权利变更登记申请之日起7个工作日内，对申请的权利变更登记事项进行审查。经审查符合本条例规定的，在有关权利登记证书和民用航空器权利登记簿上注明变更事项；经审查不符合本条例规定的，应当书面通知民用航空器权利人。

第十七条 遇有下列情形之一时，民用航空器权利人应当持有关的民用航空器权利登记证书和证明文件，向国务院民用航空主管部门办理注销登记：

（一）民用航空器所有权转移；

（二）民用航空器灭失或者失踪；

（三）民用航空器租赁关系终止或者民用航空器占有人停止占有；

（四）民用航空器抵押权所担保的债权消灭；

（五）民用航空器优先权消灭；

（六）国务院民用航空主管部门规定的其他情形。

第十八条 国务院民用航空主管部门应当自收到民用航空器注销登记申请之日起7个工作日内，对申请的注销登记事项进行审查。经审查符合本条例规定的，收回有关的民用航空器权利登记证书，相应地注销民用航空器权利登记簿上的权利登记，并根据具体情况向民用航空器权利人出具民用航空器权利登记注销证明书；经审查不符合本条例规定的，应当书面通知民用航空器权利人。

第十九条 申请人办理民用航空器权利登记，应当缴纳登记费。登记费的收费标准由国务院民用航空主管部门会同国务院价格主管部门制定。

第二十条 本条例自发布之日起施行。

中华人民共和国民用航空器适航管理条例

（1987年5月4日国务院发布，自1987年6月1日起施行）

第一条 为保障民用航空安全，维护公众利益，促进民用航空事业的发展，特制定本条例。

第二条 在中华人民共和国境内从事民

用航空器（含航空发动机和螺旋桨，下同）的设计、生产、使用和维修的单位或者个人，向中华人民共和国出口民用航空器的单位或者个人，以及在中华人民共和国境外维修在中华人民共和国注册登记的民用航空器的单位或者个人，均须遵守本条例。

第三条　民用航空器的适航管理，是根据国家的有关规定，对民用航空器的设计、生产、使用和维修，实施以确保飞行安全为目的的技术鉴定和监督。

第四条　民用航空器的适航管理由中国民用航空局（以下简称民航局）负责。

第五条　民用航空器的适航管理，必须执行规定的适航标准和程序。

第六条　任何单位或者个人设计民用航空器，应当持航空工业部对该设计项目的审核批准文件，向民航局申请型号合格证。民航局接受型号合格证申请后，应当按照规定进行型号合格审定；审定合格的，颁发型号合格证。

第七条　任何单位或者个人生产民用航空器，应当具有必要的生产能力，并应当持本条例第六条规定的型号合格证，经航空工业部同意后，向民航局申请生产许可证。民航局接受生产许可证申请后，应当按照规定进行生产许可审定；审定合格的，颁发生产许可证，并按照规定颁发适航证。

任何单位或者个人未按照前款规定取得生产许可证的，均不得生产民用航空器。但本条例第八条规定的除外。

第八条　任何单位或者个人未取得生产许可证，但因特殊需要，申请生产民用航空器的，须经民航局批准。

按照前款规定生产的民用航空器，须经民航局逐一审查合格后，颁发适航证。

第九条　民用航空器必须具有民航局颁发的适航证，方可飞行。

民航局颁发的适航证应当规定该民用航空器所适用的活动类别、证书的有效期限及安全所需的其他条件和限制。

第十条　持有民用航空器生产许可证的单位生产的民用航空器，经国务院有关主管部门批准需要出口时，由民航局签发出口适航证。

第十一条　在中华人民共和国境内飞行的民用航空器必须具有国籍登记证。在中华人民共和国注册登记的民用航空器，具有中华人民共和国国籍，国籍登记证由民航局颁发。民用航空器取得国籍登记证后　，必须按照规定在该民用航空器的外表标明国籍登记识别标志。

第十二条　中华人民共和国的任何单位或者个人进口外国生产的任何型号的民用航空器，如系首次进口并用于民用航空活动时，出口民用航空器的单位或者个人必须向民航局申请型号审查。民航局接受申请后，应当按照规定对该型号民用航空器进行型号审查；审查合格的，颁发准予进口的型号认可证书。

第十三条　中华人民共和国的任何单位或者个人租用的外国民用航空器，必须经民航局对其原登记国颁发的适航证审查认可或者另行颁发适航证后，方可飞行。

第十四条　任何单位或者个人的民用航空器取得适航证以后，必须按照民航局的有关规定和适航指令，使用和维修民用航空器，保证其始终处于持续适航状态。

第十五条　加装或者改装已取得适航证的民用航空器，必须经民航局批准，涉及的重要部件、附件必须经民航局审定。

第十六条　中华人民共和国境内和境外任何维修单位或者个人，承担在中华人民共和国注册登记的民用航空的维修业务的，必须向民航局申请维修许可证，经民航局对其维修设施、技术人员、质量管理系统审查合格，并颁发维修许可证后，方可从事批准范围内的维修业务活动。

第十七条　负责维修并放行在中华人民共和国注册登记的民用航空器的维修技术人员，必须向民航局提出申请，经民航局或者其授权单位考核合格并取得维修人员执照或者相应的证明文件后，方可从事民用航空器的维修并放行工作。

第十八条　民用航空器的适航审查应当收取费用。收费办法由民航局会同财政部制定。

第十九条　民航局有权对生产、使用、维修民用航空器的单位或者个人以及取得适航证的民用航空器进行定期检查或者抽查；经检查与抽查不合格的，民航局除按照本条例的有关规定对其处罚外，还可吊销其有关证件。

第二十条　使用民用航空器进行飞行活动的任何单位或者个人有下列情形之一的，民航局有权责令其停止飞行，并视情节轻重，处以罚款：

一、民用航空器未取得适航证的；

二、民用航空器适航证已经失效的；

三、使用民用航空器超越适航证规定范围的。

第二十一条　维修民用航空器的单位或者个人，有下列情形之一的，民航局有权责令其停止维修业务或者吊销其维修许可证，并视情节轻重，处以罚款：

一、未取得维修许可证，擅自承接维修业务的；

二、超过维修许可证规定的业务范围，承接维修业务的；

三、由未取得维修人员执照的人员负责民用航空器的维修并放行的。

第二十二条　任何单位或者个人违反本条例第七条规定，擅自生产民用航空器的，民航局有权责令其停止生产，并视情节轻重，处以罚款。

第二十三条　按照本条例受到处罚的单位的上级主管机关，应当根据民航局的建议对受罚单位的主要负责人或者直接责任人员给予行政处分；情节严重，构成犯罪的，由司法机关依法追究刑事责任。

第二十四条　民航局因适航管理工作的过失造成人身伤亡或者重大财产损失的，应当承担赔偿责任，并对直接责任人员给予行政处分；直接责任人员的行为构成犯罪的，由司法机关依法追究刑事责任。

第二十五条　民航局从事适航管理的工作人员，利用职务之便营私舞弊的，应当给予行政处分；情节严重，构成犯罪的，由司法机关依法追究刑事责任。

第二十六条　任何单位或者个人对民航局作出的罚款决定不服的，可以在接到罚款通知书之日起十五日内向民航局提请复议，也可以直接向人民法院起诉；期满不提请复议也不起诉又不执行的，民航局可以申请人民法院强制执行。

第二十七条　民航局应当在广泛征求航空工业部及各关部门意见的基础上，制定本条例的实施细则及有关技术标准。

第二十八条　本条例由民航局负责解释。

第二十九条　本条例自一九八七年六月一日起施行。

中华人民共和国搜寻援救民用航空器规定

（1992 年 12 月 8 日经国务院批准，1992 年 12 月 28 日中国民用航空局令第 29 号发布，自发布之日起施行）

第一章　总　　则

第一条　为了及时有效地搜寻援救遇到紧急情况的民用航空器，避免或者减少人员伤亡和财产损失，制定本规定。

第二条　本规定适用于中华人民共和国领域内以及中华人民共和国缔结或者参加的国际条约规定由中国承担搜寻援救工作的公

海区域内搜寻援救民用航空器的活动。

第三条　海上搜寻援救民用航空品，除适用本规定外，并应当遵守国务院有关海上搜寻援救的规定。

第四条　搜寻援救民用航空器按照下列规定分工负责：

（一）中国民用航空局（以下简称民航局）负责统一指导全国范围的搜寻援救民用航空器的工作；

（二）省、自治区、直辖市人民政府负责本行政区域内陆地搜寻援救民用航空器的工作，民用航空地区管理局（以下简称地区管理局）予以协助；

（三）国家海上搜寻援救组织负责海上搜寻援救民用航空器工作，有关部门予以配合。

第五条　民航局搜寻援救协调中心和地区管理局搜寻援救协调中心承担陆上搜寻援救民用航空器的协调工作。

第六条　中华人民共和国领域内以及中华人民共和国缔结或者参加的国际条约规定由中国承担搜寻援救工作的公海区域内为中华人民共和国民用航空搜寻援救区，该区域内划分若干地区民用航空搜寻援救区，具体地区划分范围由民航局公布。

第七条　使用航空器执行搜寻援救任务，以民用航空力量为主，民用航空搜寻援救力量不足的，由军队派出航空器给予支援。

第八条　为执行搜寻援救民用航空器的紧急任务，有关地方、部门、单位和人员必须积极行动，互相配合，努力完成任务；对执行搜寻援救任务成绩突出的单位和个人，由其上级机关给予奖励。

第二章　搜寻援救的准备

第九条　各地区管理局应当拟定在陆上使用航空器搜寻援救民用航空器的方案，经民航局批准后，报有关省、自治区、直辖市人民政府备案。

第十条　沿海省、自治区、直辖市海上搜寻援救组织，应当拟定在海上使用船舶、航空器搜寻援救民用航空器的方案，经国家海上搜寻援救组织批准后，报省、自治区、直辖市人民政府和民航局备案，同时抄送有关地区管理局。

第十一条　搜寻援救民用航空器方案应当包括下列内容：

（一）使用航空器、船舶执行搜寻援救任务的单位，航空器、船舶的类型，以及日常准备工作的规定；

（二）航空器使用的机场和船舶使用的港口，担任搜寻援救的区域和有关保障工作方面的规定；

（三）执行海上搜寻援救任务的船舶、航空器协同配合方面的规定；

（四）民用航空搜寻援救力量不足的，商请当地驻军派出航空器、舰艇支援的规定。

第十二条　地区管理局和沿海省、自治区、直辖市海上搜寻援救组织应当按照批准的方案定期组织演习。

第十三条　搜寻援救民用航空器的通信联络，应当符合下列规定：

（一）民用航空空中交通管制单位和担任搜寻援救任务的航空器，应当配备121.5兆赫航空紧急频率的通信设备，并逐步配备243兆赫航空紧急频率的通信设备；

（二）担任海上搜寻援救任务的航空器，应当配备2182千赫海上遇险频率的通信设备；

（三）担任搜寻援救任务的部分航空器，应当配备能够向遇险民用航空器所发出的航空器紧急示位信标归航设备，以及在156.8兆赫（调频）频率上同搜寻援救船舶联络的通信设备。

第十四条　地区管理局搜寻援救协调中心应当同有关省、自治区、直辖市海上搜寻援救组织建立直接的通信联络。

第十五条　向遇险待救人员空投救生物品，由执行搜寻援救任务的单位按照下列规定负责准备：

（一）药物和急救物品为红色；

（二）食品和水为蓝色；

（三）防护服装和毯子为黄色；

（四）其他物品为黑色；

（五）一个容器或者包装内，装有上述多种物品时为混合色。

每一容器或者包装内，应当装有用汉语、英语和另选一种语言的救生物品使用说明。

第三章 搜寻援救的实施

第十六条 发现或者收听到民用航空器遇到紧急情况的单位或者个人，应当立即通知有关地区管理局搜寻援救协调中心；发现失事的民用航空器，其位置在陆地的，并应当同时通知当地政府；其位置在海上的，并应当同时通知当地海上搜寻援救组织。

第十七条 地区管理局搜寻援救协调中心收到民用航空器紧急情况的信息后，必须立即做出判断，分别按照本规定第十九条、第二十条、第二十一条的规定，采取搜寻援救措施，并及时向民航局搜寻援救协调中心以及有关单位报告或者通报。

第十八条 本规定所指民用航空器的紧急情况分为以下三个阶段：

（一）情况不明阶段是指民用航空器的安全出现下列令人疑虑的情况：

1. 空中交通管制部门在规定的时间内同民用航空器没有取得联络；

2. 民用航空器在规定的时间内没有降落，并且没有其他信息。

（二）告警阶段是指民用航空器的安全出现下列令人担忧的情况：

1. 对情况不明阶段的民用航空器，仍然不能同其沟通联络；

2. 民用航空器的飞行能力受到损害，但是尚未达到迫降的程度；

3. 与已经允许降落的民用航空器失去通信联络，并且该民用航空器在预计降落时间后五分钟内没有降落。

（三）遇险阶段是指确信民用航空器遇到下列紧急和严重危险，需要立即进行援救的情况：

1. 根据油量计算，告警阶段的民用航空器难以继续飞行；

2. 民用航空器的飞行能力受到严重损害，达到迫降程度；

3. 民用航空器已经迫降或者坠毁。

第十九条 对情况不明阶段的民用航空器，地区管理局搜寻援救协调中心应当：

（一）根据具体情况，确定搜寻的区域；

（二）通知开放有关的航空电台、导航台、定向台和雷达等设施，搜寻掌握该民用航空器的空中位置；

（三）尽速同该民用航空器沟通联络，进行有针对性的处置。

第二十条 对告警阶段的民用航空器，地区管理局搜寻援救协调中心应当：

（一）立即向有关单位发出告警通知；

（二）要求担任搜寻援救任务的航空器、船舶立即进入待命执行任务状态；

（三）督促检查各种电子设施，对情况不明的民用航空器继续进行联络和搜寻；

（四）根据该民用航空器飞行能力受损情况和机长的意见，组织引导其在就近机场降落；

（五）会同接受降落的机场，迅速查明预计降落时间后五分钟内还没有降落的民用航空器的情况并进行处理。

第二十一条 对遇险阶段的民用航空器，地区管理局搜寻援救协调中心应当：

（一）立即向有关单位发出民用航空器遇险的通知；

（二）对燃油已尽，位置仍然不明的民用航空器，分析其可能遇险的区域，并通知搜寻援救单位派人或者派航空器、船舶，立即进行搜寻援救；

（三）对飞行能力受到严重损害、达到迫降程度的民用航空器，通知搜寻援救单位派航空器进行护航，或者根据预定迫降地点，派人或者派航空器、船舶前往援救；

（四）对已经迫降或者失事的民用航空器，其位置在陆地的，立即报告省、自治区、直辖市人民政府；其位置在海上的，立即通报沿海有关省、自治区、直辖市的海上搜寻援救组织。

第二十二条　省、自治区、直辖市人民政府或者沿海省、自治区、直辖市海上搜寻援救组织收到关于民用航空器迫降或者失事的报告或者通报后，应当立即组织有关方面和当地驻军进行搜寻援救，并指派现场负责人。

第二十三条　现场负责人的主要职责是：

（一）组织抢救幸存人员；

（二）对民用航空器采取措施防火、灭火；

（三）保护好民用航空器失事现场；为抢救人员或者灭火必须变动现场时，应当进行拍照或者录相；

（四）保护好失事的民用航空器及机上人员的财物。

第二十四条　指派的现场负责人未到达现场的，由第一个到达现场的援救单位的有关人员担任现场临时负责人，行使本规定第二十三条规定的职责，并负责向到达后的现场负责人移交工作。

第二十五条　对处于紧急情况下的民用航空器，地区管理局搜寻援救协调中心应当设法将已经采取的援救措施通报该民用航空器机组。

第二十六条　执行搜寻援救任务的航空器与船舶、遇险待救人员，搜寻援救工作组之间，应当使用无线电进行联络。条件不具备或者无线电联络失效的，应当依照本规定附录规定的国际通用的《搜寻援救的信号》进行联络。

第二十七条　民用航空器的紧急情况已经不存在或者可以结束搜寻援救工作的，地区管理局搜寻援救协调中心应当按照规定程序及时向有关单位发出解除紧急情况的通知。

第四章　罚　　则

第二十八条　对违反本规定，有下列行为之一的人员，由其所在单位或者上级机关给予行政处分；构成犯罪的，依法追究刑事责任：

（一）不积极行动配合完成搜寻援救任务，造成重大损失的；

（二）不积极履行职责或者不服从指挥，致使损失加重的；

（三）玩忽职守，对民用航空器紧急情况判断、处置不当，贻误时机，造成损失的。

第五章　附　　则

第二十九条　航空器执行搜寻援救任务所需经费，国家可以给予一定补贴。具体补贴办法由有关部门会同财政部门协商解决。

第三十条　本规定由民航局负责解释。

第三十一条　本规定自发布之日起施行。

中华人民共和国民用航空安全保卫条例

（1996年7月6日中华人民共和国国务院令第201号发布，根据2011年1月8日国务院令第588号《国务院关于废止和修改部分行政法规的决定》修订）

第一章　总　　则

第一条　为了防止对民用航空活动的非法干扰，维护民用航空秩序，保障民用航空安全，制定本条例。

第二条　本条例适用于在中华人民共和

国领域内的一切民用航空活动以及与民用航空活动有关的单位和个人。

在中华人民共和国领域外从事民用航空活动的具有中华人民共和国国籍的民用航空器适用本条例；但是，中华人民共和国缔结或者参加的国际条约另有规定的除外。

第三条 民用航空安全保卫工作实行统一管理、分工负责的原则。

民用航空公安机关（以下简称民航公安机关）负责对民用航空安全保卫工作实施统一管理、检查和监督。

第四条 有关地方人民政府与民用航空单位应当密切配合，共同维护民用航空安全。

第五条 旅客、货物托运人和收货人以及其他进入机场的人员，应当遵守民用航空安全管理的法律、法规和规章。

第六条 民用机场经营人和民用航空器经营人应当履行下列职责：

（一）制定本单位民用航空安全保卫方案，并报国务院民用航空主管部门备案；

（二）严格实行有关民用航空安全保卫的措施；

（三）定期进行民用航空安全保卫训练，及时消除危及民用航空安全的隐患。

与中华人民共和国通航的外国民用航空企业，应当向国务院民用航空主管部门报送民用航空安全保卫方案。

第七条 公民有权向民航公安机关举报预谋劫持、破坏民用航空器或者其他危害民用航空安全的行为。

第八条 对维护民用航空安全做出突出贡献的单位或者个人，由有关人民政府或者国务院民用航空主管部门给予奖励。

第二章 民用机场的安全保卫

第九条 民用机场（包括军民合用机场中的民用部分，下同）的新建、改建或者扩建，应当符合国务院民用航空主管部门关于民用机场安全保卫设施建设的规定。

第十条 民用机场开放使用，应当具备下列安全保卫条件：

（一）设有机场控制区并配备专职警卫人员；

（二）设有符合标准的防护围栏和巡逻通道；

（三）设有安全保卫机构并配备相应的人员和装备；

（四）设有安全检查机构并配备与机场运输量相适应的人员和检查设备；

（五）设有专职消防组织并按照机场消防等级配备人员和设备；

（六）订有应急处置方案并配备必要的应急援救设备。

第十一条 机场控制区应当根据安全保卫的需要，划定为候机隔离区、行李分检装卸区、航空器活动区和维修区、货物存放区等，并分别设置安全防护设施和明显标志。

第十二条 机场控制区应当有严密的安全保卫措施，实行封闭式分区管理。具体管理办法由国务院民用航空主管部门制定。

第十三条 人员与车辆进入机场控制区，必须佩带机场控制区通行证并接受警卫人员的检查。

机场控制区通行证，由民航公安机关按照国务院民用航空主管部门的有关规定制发和管理。

第十四条 在航空器活动区和维修区内的人员、车辆必须按照规定路线行进，车辆、设备必须在指定位置停放，一切人员、车辆必须避让航空器。

第十五条 停放在机场的民用航空器必须有专人警卫；各有关部门及其工作人员必须严格执行航空器警卫交接制度。

第十六条 机场内禁止下列行为：

（一）攀（钻）越、损毁机场防护围栏及其他安全防护设施；

（二）在机场控制区内狩猎、放牧、晾晒谷物、教练驾驶车辆；

（三）无机场控制区通行证进入机场控制区；

（四）随意穿越航空器跑道、滑行道；

（五）强行登、占航空器；

（六）谎报险情，制造混乱；

（七）扰乱机场秩序的其他行为。

第三章　民用航空营运的安全保卫

第十七条　承运人及其代理人出售客票，必须符合国务院民用航空主管部门的有关规定；对不符合规定的，不得售予客票。

第十八条　承运人办理承运手续时，必须核对乘机人和行李。

第十九条　旅客登机时，承运人必须核对旅客人数。

对已经办理登机手续而未登机的旅客的行李，不得装入或者留在航空器内。

旅客在航空器飞行中途中止旅行时，必须将其行李卸下。

第二十条　承运人对承运的行李、货物，在地面存储和运输期间，必须有专人监管。

第二十一条　配制、装载供应品的单位对装入航空器的供应品，必须保证其安全性。

第二十二条　航空器在飞行中的安全保卫工作由机长统一负责。

航空安全员在机长领导下，承担安全保卫的具体工作。

机长、航空安全员和机组其他成员，应当严格履行职责，保护民用航空器及其所载人员和财产的安全。

第二十三条　机长在执行职务时，可以行使下列权力：

（一）在航空器起飞前，发现有关方面对航空器未采取本条例规定的安全措施的，拒绝起飞；

（二）在航空器飞行中，对扰乱航空器内秩序，干扰机组人员正常工作而不听劝阻的人，采取必要的管束措施；

（三）在航空器飞行中，对劫持、破坏航空器或者其他危及安全的行为，采取必要的措施；

（四）在航空器飞行中遇到特殊情况时，对航空器的处置作最后决定。

第二十四条　禁止下列扰乱民用航空营运秩序的行为：

（一）倒卖购票证件、客票和航空运输企业的有效订座凭证；

（二）冒用他人身份证件购票、登机；

（三）利用客票交运或者捎带非旅客本人的行李物品；

（四）将未经安全检查或者采取其他安全措施的物品装入航空器。

第二十五条　航空器内禁止下列行为：

（一）在禁烟区吸烟；

（二）抢占座位、行李舱（架）；

（三）打架、酗酒、寻衅滋事；

（四）盗窃、故意损坏或者擅自移动救生物品和设备；

（五）危及飞行安全和扰乱航空器内秩序的其他行为。

第四章　安全检查

第二十六条　乘坐民用航空器的旅客和其他人员及其携带的行李物品，必须接受安全检查；但是，国务院规定免检的除外。

拒绝接受安全检查的，不准登机，损失自行承担。

第二十七条　安全检查人员应当查验旅客客票、身份证件和登机牌，使用仪器或者手工对旅客及其行李物品进行安全检查，必要时可以从严检查。

已经安全检查的旅客应当在候机隔离区等待登机。

第二十八条　进入候机隔离区的工作人员（包括机组人员）及其携带的物品，应当接受安全检查。

接送旅客的人员和其他人员不得进入候机隔离区。

第二十九条　外交邮袋免予安全检查。外交信使及其随身携带的其他物品应当接受安全检查；但是，中华人民共和国缔结或者参加的国际条约另有规定的除外。

第三十条　空运的货物必须经过安全检

查或者对其采取的其他安全措施。

货物托运人不得伪报品名托运或者在货物中夹带危险物品。

第三十一条 航空邮件必须经过安全检查。发现可疑邮件时，安全检查部门应当会同邮政部门开包查验处理。

第三十二条 除国务院另有规定的外，乘坐民用航空器的，禁止随身携带或者交运下列物品：

（一）枪支、弹药、军械、警械；

（二）管制刀具；

（三）易燃、易爆、有毒、腐蚀性、放射性物品；

（四）国家规定的其他禁运物品。

第三十三条 除本条例第三十二条规定的物品外，其他可以用于危害航空安全的物品，旅客不得随身携带，但是可以作为行李交运或者按照国务院民用航空主管部门的有关规定由机组人员带到目的地后交还。

对含有易燃物质的生活用品实行限量携带。限量携带的物品及其数量，由国务院民用航空主管部门规定。

第五章 罚 则

第三十四条 违反本条例第十四条的规定或者有本条例第十六条、第二十四条第一项、第二十五条所列行为，构成违反治安管理行为的，由民航公安机关依照《中华人民共和国治安管理处罚法》有关规定予以处罚；有本条例第二十四条第二项所列行为的，由民航公安机关依照《中华人民共和国居民身份证法》有关规定予以处罚。

第三十五条 违反本条例的有关规定，由民航公安机关按照下列规定予以处罚：

（一）有本条例第二十四条第四项所列行为的，可以处以警告或者 3000 元以下的罚款；

（二）有本条例第二十四条第三项所列行为的，可以处以警告、没收非法所得或者 5000 元以下罚款；

（三）违反本条例第三十条第二款、第三十二条的规定，尚未构成犯罪的，可以处以 5000 元以下罚款、没收或者扣留非法携带的物品。

第三十六条 违反本条例的规定，有下列情形之一的，民用航空主管部门可以对有关单位处以警告、停业整顿或者 5 万元以下的罚款；民航公安机关可以对直接责任人员处以警告或者 500 元以下的罚款：

（一）违反本条例第十五条的规定，造成航空器失控的；

（二）违反本条例第十七条的规定，出售客票的；

（三）违反本条例第十八条的规定，承运人办理承运手续时，不核对乘机人和行李的；

（四）违反本条例第十九条的规定的；

（五）违反本条例第二十条、第二十一条、第三十条第一款、第三十一条的规定，对收运、装入航空器的物品不采取安全措施的。

第三十七条 违反本条例的有关规定，构成犯罪的，依法追究刑事责任。

第三十八条 违反本条例规定的，除依照本章的规定予以处罚外，给单位或者个人造成财产损失的，应当依法承担赔偿责任。

第六章 附 则

第三十九条 本条例下列用语的含义：

“机场控制区”，是指根据安全需要在机场内划定的进出受到限制的区域。

“候机隔离区”，是指根据安全需要在候机楼（室）内划定的供已经安全检查的出港旅客等待登机的区域及登机通道、摆渡车。

“航空器活动区”，是指机场内用于航空器起飞、着陆以及与此有关的地面活动区域，包括跑道、滑行道、联络道、客机坪。

第四十条 本条例自发布之日起施行。

民用机场管理条例

（2009年4月13日中华人民共和国国务院令第553号公布，根据2019年3月2日《国务院关于修改部分行政法规的决定》修订）

第一章　总　　则

第一条　为了规范民用机场的建设与管理，积极、稳步推进民用机场发展，保障民用机场安全和有序运营，维护有关当事人的合法权益，依据《中华人民共和国民用航空法》，制定本条例。

第二条　本条例适用于中华人民共和国境内民用机场的规划、建设、使用、管理及其相关活动。

民用机场分为运输机场和通用机场。

第三条　民用机场是公共基础设施。各级人民政府应当采取必要的措施，鼓励、支持民用机场发展，提高民用机场的管理水平。

第四条　国务院民用航空主管部门依法对全国民用机场实施行业监督管理。地区民用航空管理机构依法对辖区内民用机场实施行业监督管理。

有关地方人民政府依法对民用机场实施监督管理。

第五条　全国民用机场布局规划应当根据国民经济和社会发展需求以及国防要求编制，并与综合交通发展规划、土地利用总体规划、城乡规划相衔接，严格控制建设用地规模，节约集约用地，保护生态环境。

第二章　民用机场的建设和使用

第六条　新建运输机场的场址应当符合国务院民用航空主管部门规定的条件。

运输机场所在地有关地方人民政府应当将运输机场场址纳入土地利用总体规划和城乡规划统筹安排，并对场址实施保护。

第七条　运输机场的新建、改建和扩建应当依照国家有关规定办理建设项目审批、核准手续。

第八条　运输机场总体规划由运输机场建设项目法人编制，并经国务院民用航空主管部门或者地区民用航空管理机构（以下统称民用航空管理部门）批准后方可实施。

飞行区指标为4E以上（含4E）的运输机场的总体规划，由国务院民用航空主管部门批准；飞行区指标为4D以下（含4D）的运输机场的总体规划，由所在地地区民用航空管理机构批准。民用航空管理部门审批运输机场总体规划，应当征求运输机场所在地有关地方人民政府意见。

运输机场建设项目法人编制运输机场总体规划，应当征求有关军事机关意见。

第九条　运输机场所在地有关地方人民政府应当将运输机场总体规划纳入城乡规划，并根据运输机场的运营和发展需要，对运输机场周边地区的土地利用和建设实行规划控制。

第十条　运输机场内的建设项目应当符合运输机场总体规划。任何单位和个人不得在运输机场内擅自新建、改建、扩建建筑物或者构筑物。

第十一条　运输机场新建、改建和扩建项目的安全设施应当与主体工程同时设计、同时施工、同时验收、同时投入使用。安全设施投资应当纳入建设项目概算。

第十二条　运输机场内的供水、供电、供气、通信、道路等基础设施由机场建设项目法人负责建设；运输机场外的供水、供电、供气、通信、道路等基础设施由运输机场所在地地方人民政府统一规划，统筹建设。

第十三条 运输机场专业工程的设计应当符合国家有关标准，并经民用航空管理部门批准。

飞行区指标为4E以上（含4E）的运输机场专业工程的设计，由国务院民用航空主管部门批准；飞行区指标为4D以下（含4D）的运输机场专业工程的设计，由运输机场所在地地区民用航空管理机构批准。

运输机场专业工程经民用航空管理部门验收合格后，方可投入使用。

运输机场专业工程目录由国务院民用航空主管部门会同国务院建设主管部门制定并公布。

第十四条 通用机场的规划、建设按照国家有关规定执行。

第十五条 运输机场的安全和运营管理由依法组建的或者受委托的具有法人资格的机构（以下简称机场管理机构）负责。

第十六条 运输机场投入使用应当具备下列条件：

（一）有健全的安全运营管理体系、组织机构和管理制度；

（二）有与其运营业务相适应的飞行区、航站区、工作区以及空中交通服务、航行情报、通信导航监视、气象等相关设施、设备和人员；

（三）使用空域已经批准；

（四）飞行程序和运行标准符合国务院民用航空主管部门的规定；

（五）符合国家规定的民用航空安全保卫条件；

（六）有处理突发事件的应急预案及相应的设施、设备。

第十七条 运输机场投入使用的，机场管理机构应当向国务院民用航空主管部门提出申请，并附送符合本条例第十六条规定条件的相关材料。

国务院民用航空主管部门应当自受理申请之日起45个工作日内审查完毕，作出准予许可或者不予许可的决定。准予许可的，颁发运输机场使用许可证；不予许可的，应当书面通知申请人并说明理由。

第十八条 通用机场投入使用应当具备下列条件：

（一）有与运营业务相适应的飞行场地；

（二）有保证飞行安全的空中交通服务、通信导航监视等设施和设备；

（三）有健全的安全管理制度、符合国家规定的民用航空安全保卫条件以及处理突发事件的应急预案；

（四）配备必要的管理人员和专业技术人员。

第十九条 通用机场投入使用的，通用机场的管理者应当向通用机场所在地地区民用航空管理机构提出申请，并附送符合本条例第十八条规定条件的相关材料。

地区民用航空管理机构应当自受理申请之日起30个工作日内审查完毕，作出准予许可或者不予许可的决定。准予许可的，颁发通用机场使用许可证；不予许可的，应当书面通知申请人并说明理由。

第二十条 运输机场作为国际机场使用的，应当按照国家有关规定设立口岸查验机构，配备相应的人员、场地和设施，并经国务院有关部门验收合格。

国际机场的开放使用，由国务院民用航空主管部门对外公告；国际机场资料由国务院民用航空主管部门统一对外提供。

第二十一条 机场管理机构应当按照运输机场使用许可证规定的范围开放使用运输机场，不得擅自关闭。

运输机场因故不能保障民用航空器运行安全，需要临时关闭的，机场管理机构应当及时通知有关空中交通管理部门并及时向社会公告。空中交通管理部门应当按照相关规定发布航行通告。

机场管理机构拟关闭运输机场的，应当

提前45日报颁发运输机场使用许可证的机关，经批准后方可关闭，并向社会公告。

第二十二条　运输机场的命名或者更名应当符合国家有关法律、行政法规的规定。

第二十三条　运输机场废弃或者改作他用的，机场管理机构应当按照国家有关规定办理报批手续，并及时向社会公告。

第三章　民用机场安全和运营管理

第二十四条　民用航空管理部门、有关地方人民政府应当加强对运输机场安全运营工作的领导，督促机场管理机构依法履行安全管理职责，协调、解决运输机场安全运营中的问题。

第二十五条　民用航空管理部门、有关地方人民政府应当按照国家规定制定运输机场突发事件的应急预案。

第二十六条　机场管理机构应当根据运输机场突发事件应急预案组织运输机场应急救援的演练和人员培训。

机场管理机构、航空运输企业以及其他驻场单位应当配备必要的应急救援设备和器材，并加强日常管理。

第二十七条　机场管理机构应当依照国家有关法律、法规和技术标准的规定，保证运输机场持续符合安全运营要求。运输机场不符合安全运营要求的，机场管理机构应当按照国家有关规定及时改正。

第二十八条　机场管理机构对运输机场的安全运营实施统一协调管理，负责建立健全机场安全运营责任制，组织制定机场安全运营规章制度，保障机场安全投入的有效实施，督促检查安全运营工作，及时消除安全事故隐患，依法报告生产安全事故。

航空运输企业及其他驻场单位应当按照各自的职责，共同保障运输机场的安全运营并承担相应的责任；发生影响运输机场安全运营情况的，应当立即报告机场管理机构。

第二十九条　机场管理机构、航空运输企业以及其他驻场单位应当定期对从业人员进行必要的安全运营培训，保证从业人员具备相关的知识和技能。

第三十条　民用机场专用设备应当符合国家规定的标准和相关技术规范，并经国务院民用航空主管部门认定的机构检验合格后，方可用于民用机场。

民用航空管理部门应当加强对民用机场专用设备的监督检查。

民用机场专用设备目录由国务院民用航空主管部门制定并公布。

第三十一条　在运输机场开放使用的情况下，不得在飞行区及与飞行区临近的航站区内进行施工。确需施工的，应当取得运输机场所在地地区民用航空管理机构的批准。

第三十二条　发生突发事件，运输机场所在地有关地方人民政府、民用航空管理部门、空中交通管理部门、机场管理机构等单位应当按照应急预案的要求及时、有效地开展应急救援。

第三十三条　机场管理机构统一协调、管理运输机场的生产运营，维护运输机场的正常秩序，为航空运输企业及其他驻场单位、旅客和货主提供公平、公正、便捷的服务。

机场管理机构与航空运输企业及其他驻场单位应当签订书面协议，明确各方在生产运营、机场管理过程中以及发生航班延误等情况时的权利和义务。

第三十四条　机场管理机构应当组织航空运输企业及其他驻场单位制定服务规范并向社会公布。

第三十五条　机场管理机构应当按照国家规定的标准配备候机、餐饮、停车、医疗急救等设施、设备，并提供相应的服务。

第三十六条　机场管理机构应当与航空运输企业、空中交通管理部门等单位建立信息共享机制，相互提供必要的生产运营信息，及时为旅客和货主提供准确的信息。

第三十七条　机场管理机构、航空运输企业以及其他驻场单位应当采取有效措施加强协调和配合，共同保证航班正常运行。

航班发生延误，机场管理机构应当及时

协调航空运输企业及其他有关驻场单位共同做好旅客和货主服务，及时通告相关信息。航空运输企业及其代理人应当按照有关规定和服务承诺为旅客和货主提供相应的服务。

第三十八条 机场范围内的零售、餐饮、航空地面服务等经营性业务采取有偿转让经营权的方式经营的，机场管理机构应当按照国务院民用航空主管部门的规定与取得经营权的企业签订协议，明确服务标准、收费水平、安全规范和责任等事项。

对于采取有偿转让经营权的方式经营的业务，机场管理机构及其关联企业不得参与经营。

第三十九条 机场管理机构应当向民用航空管理部门报送运输机场规划、建设和生产运营的有关资料，接受民用航空管理部门的监督检查。

第四十条 民用航空管理部门和机场管理机构应当建立投诉受理制度，公布投诉受理单位和投诉方式。对于旅客和货主的投诉，民用航空管理部门或者机场管理机构应当自受理之日起 10 个工作日内作出书面答复。

第四十一条 在民用机场内从事航空燃油供应业务的企业，应当具备下列条件：

（一）取得成品油经营许可和危险化学品经营许可；

（二）有符合国家有关标准、与经营业务规模相适应的航空燃油供应设施、设备；

（三）有健全的航空燃油供应安全管理制度、油品检测和监控体系；

（四）有满足业务经营需要的专业技术和管理人员。

第四十二条 申请在民用机场内从事航空燃油供应业务的企业，应当向民用机场所在地地区民用航空管理机构提出申请，并附送符合本条例第四十一条规定条件的相关材料。

地区民用航空管理机构应当自受理申请之日起 30 个工作日内，作出准予许可或者不予许可的决定。准予许可的，颁发民用机场航空燃油供应安全运营许可证；不予许可的，应当书面通知申请人并说明理由。

第四十三条 航空燃油供应企业供应的航空燃油应当符合航空燃油适航标准。

第四十四条 民用机场航空燃油供应设施应当公平地提供给航空燃油供应企业使用。

第四十五条 运输机场航空燃油供应企业停止运输机场航空燃油供应业务的，应当提前 90 日告知运输机场所在地地区民用航空管理机构、机场管理机构和相关航空运输企业。

第四章 民用机场安全环境保护

第四十六条 民用机场所在地地区民用航空管理机构和有关地方人民政府，应当按照国家有关规定划定民用机场净空保护区域，并向社会公布。

第四十七条 县级以上地方人民政府审批民用机场净空保护区域内的建设项目，应当书面征求民用机场所在地地区民用航空管理机构的意见。

第四十八条 在民用机场净空保护区域内设置 22 万伏以上（含 22 万伏）的高压输电塔的，应当按照国务院民用航空主管部门的有关规定设置障碍灯或者标志，保持其正常状态，并向民用机场所在地地区民用航空管理机构、空中交通管理部门和机场管理机构提供有关资料。

第四十九条 禁止在民用机场净空保护区域内从事下列活动：

（一）排放大量烟雾、粉尘、火焰、废气等影响飞行安全的物质；

（二）修建靶场、强烈爆炸物仓库等影响飞行安全的建筑物或者其他设施；

（三）设置影响民用机场目视助航设施使用或者飞行员视线的灯光、标志或者物体；

（四）种植影响飞行安全或者影响民用机场助航设施使用的植物；

（五）放飞影响飞行安全的鸟类，升放

无人驾驶的自由气球、系留气球和其他升空物体；

（六）焚烧产生大量烟雾的农作物秸秆、垃圾等物质，或者燃放烟花、焰火；

（七）在民用机场围界外 5 米范围内，搭建建筑物、种植树木，或者从事挖掘、堆积物体等影响民用机场运营安全的活动；

（八）国务院民用航空主管部门规定的其他影响民用机场净空保护的行为。

第五十条　在民用机场净空保护区域外从事本条例第四十九条所列活动的，不得影响民用机场净空保护。

第五十一条　禁止在距离航路两侧边界各 30 公里以内的地带修建对空射击的靶场和其他可能影响飞行安全的设施。

第五十二条　民用航空管理部门和机场管理机构应当加强对民用机场净空状况的核查。发现影响民用机场净空保护的情况，应当立即制止，并书面报告民用机场所在地县级以上地方人民政府。接到报告的县级以上地方人民政府应当及时采取有效措施，消除对飞行安全的影响。

第五十三条　民用机场所在地地方无线电管理机构应当会同地区民用航空管理机构按照国家无线电管理的有关规定和标准确定民用机场电磁环境保护区域，并向社会公布。

民用机场电磁环境保护区域包括设置在民用机场总体规划区域内的民用航空无线电台（站）电磁环境保护区域和民用机场飞行区电磁环境保护区域。

第五十四条　设置、使用地面民用航空无线电台（站），应当经民用航空管理部门审核后，按照国家无线电管理有关规定办理审批手续，领取无线电台执照。

第五十五条　在民用机场电磁环境保护区域内设置、使用非民用航空无线电台（站）的，无线电管理机构应当在征求民用机场所在地地区民用航空管理机构意见后，按照国家无线电管理的有关规定审批。

第五十六条　禁止在民用航空无线电台（站）电磁环境保护区域内，从事下列影响民用机场电磁环境的活动：

（一）修建架空高压输电线、架空金属线、铁路、公路、电力排灌站；

（二）存放金属堆积物；

（三）种植高大植物；

（四）从事掘土、采砂、采石等改变地形地貌的活动；

（五）国务院民用航空主管部门规定的其他影响民用机场电磁环境的行为。

第五十七条　任何单位或者个人使用的无线电台（站）和其他仪器、装置，不得对民用航空无线电专用频率的正常使用产生干扰。

第五十八条　民用航空无线电专用频率受到干扰时，机场管理机构和民用航空管理部门应当立即采取排查措施，及时消除；无法消除的，应当通报民用机场所在地地方无线电管理机构。接到通报的无线电管理机构应当采取措施，依法查处。

第五十九条　在民用机场起降的民用航空器应当符合国家有关航空器噪声和涡轮发动机排出物的适航标准。

第六十条　机场管理机构应当会同航空运输企业、空中交通管理部门等有关单位，采取技术手段和管理措施控制民用航空器噪声对运输机场周边地区的影响。

第六十一条　民用机场所在地有关地方人民政府制定民用机场周边地区的土地利用总体规划和城乡规划，应当充分考虑民用航空器噪声对民用机场周边地区的影响，符合国家有关声环境质量标准。

机场管理机构应当将民用航空器噪声对运输机场周边地区产生影响的情况，报告有关地方人民政府国土资源、规划建设、环境保护等主管部门。

第六十二条　民用机场所在地有关地方人民政府应当在民用机场周边地区划定限制建设噪声敏感建筑物的区域并实施控制。确需在该区域内建设噪声敏感建筑物的，建设单位应当采取措施减轻或者避免民用航空器运行时对其产生的噪声影响。

民用机场所在地有关地方人民政府应当会同地区民用航空管理机构协调解决在民用机场起降的民用航空器噪声影响引发的相关问题。

第五章 法律责任

第六十三条 违反本条例的规定，有下列情形之一的，由民用航空管理部门责令改正，处 10 万元以上 50 万元以下的罚款：

（一）在运输机场内进行不符合运输机场总体规划的建设活动；

（二）擅自实施未经批准的运输机场专业工程的设计，或者将未经验收合格的运输机场专业工程投入使用；

（三）在运输机场开放使用的情况下，未经批准在飞行区及与飞行区临近的航站区内进行施工。

第六十四条 违反本条例的规定，机场管理机构未按照运输机场使用许可证规定的范围使用运输机场的，由运输机场所在地地区民用航空管理机构责令改正，处 20 万元以上 100 万元以下的罚款。

第六十五条 违反本条例的规定，机场管理机构未经批准擅自关闭运输机场的，由运输机场所在地地区民用航空管理机构责令改正，处 10 万元以上 50 万元以下的罚款。

第六十六条 违反本条例的规定，机场管理机构因故不能保障民用航空器飞行安全，临时关闭运输机场，未及时通知有关空中交通管理部门并及时向社会公告，或者经批准关闭运输机场后未及时向社会公告的，由运输机场所在地地区民用航空管理机构责令改正，处 2 万元以上 10 万元以下的罚款。

第六十七条 违反本条例的规定，机场管理机构未按照应急预案的要求进行应急救援演练或者未配备必要的应急救援设备和器材的，由地区民用航空管理机构责令改正，处 1 万元以上 5 万元以下的罚款。

第六十八条 违反本条例的规定，运输机场投入使用后不符合安全运营要求，机场管理机构拒不改正，或者经改正仍不符合安全运营要求的，由民用航空管理部门作出限制使用的决定；情节严重的，吊销运输机场使用许可证。

第六十九条 机场管理机构未依照本条例的规定履行管理职责，造成运输机场地面事故、民用航空器飞行事故或者严重事故征候的，民用航空管理部门应当责令改正，处 20 万元以上 100 万元以下的罚款。

第七十条 违反本条例的规定，机场管理机构在运输机场内使用不符合国家规定标准和相关技术规范的民用机场专用设备的，由运输机场所在地地区民用航空管理机构责令停止使用，处 10 万元以上 50 万元以下的罚款。

第七十一条 违反本条例的规定，发生突发事件，机场管理机构、空中交通管理部门等单位未按照应急预案的要求及时、有效开展应急救援的，由地区民用航空管理机构责令改正，处 10 万元以上 50 万元以下的罚款。

第七十二条 违反本条例的规定，未取得民用机场航空燃油供应安全运营许可证，在民用机场内从事航空燃油供应业务的，由民用机场所在地地区民用航空管理机构责令改正，处 20 万元以上 100 万元以下的罚款；有违法所得的，没收违法所得。

第七十三条 违反本条例的规定，航空燃油供应企业供应的航空燃油不符合航空燃油适航标准的，由民用机场所在地地区民用航空管理机构责令改正，处 20 万元以上 100 万元以下的罚款；情节严重的，吊销民用机场航空燃油供应安全运营许可证。

第七十四条 违反本条例的规定，运输机场航空燃油供应企业停止运输机场航空燃油供应业务，未提前 90 日告知地区民用航空管理机构、机场管理机构和相关航空运输企业的，由运输机场所在地地区民用航空管理机构处 5 万元以上 25 万元以下的罚款。

第七十五条 违反本条例的规定，有下列情形之一的，由地区民用航空管理机构责令改正，处 2 万元以上 10 万元以下的罚款：

（一）机场管理机构不按照国家规定的标准配备候机、餐饮、停车、医疗急救等设施、设备，并提供相应的服务；

（二）航班发生延误时，机场管理机构、航空运输企业以及其他驻场单位不按照有关规定和服务承诺为旅客和货主提供相应的服务。

第七十六条　违反本条例的规定，机场管理机构及其关联企业参与经营采取有偿转让经营权的方式经营的业务的，由地区民用航空管理机构责令改正，处10万元以上50万元以下的罚款；有违法所得的，没收违法所得。

第七十七条　违反本条例的规定，机场管理机构未向民用航空管理部门报送运输机场规划、建设和生产运营的有关资料的，由民用航空管理部门责令改正；拒不改正的，处1万元以上5万元以下的罚款。

第七十八条　违反本条例的规定，在民用机场净空保护区域内设置22万伏以上（含22万伏）的高压输电塔，未依照国务院民用航空主管部门的有关规定设置障碍灯或者标志的，由民用机场所在地地区民用航空管理机构责令改正，处10万元以上50万元以下的罚款。

第七十九条　违反本条例的规定，有下列情形之一的，由民用机场所在地县级以上地方人民政府责令改正；情节严重的，处2万元以上10万元以下的罚款：

（一）排放大量烟雾、粉尘、火焰、废气等影响飞行安全的物质；

（二）修建靶场、强烈爆炸物仓库等影响飞行安全的建筑物或者其他设施；

（三）设置影响民用机场目视助航设施使用或者飞行员视线的灯光、标志或者物体；

（四）种植影响飞行安全或者影响民用机场助航设施使用的植物；

（五）放飞影响飞行安全的鸟类、升放无人驾驶的自由气球、系留气球和其他升空物体；

（六）焚烧产生大量烟雾的农作物秸秆、垃圾等物质，或者燃放烟花、焰火；

（七）在民用机场围界外5米范围内，搭建建筑物、种植树木，或者从事挖掘、堆积物体等影响民用机场运营安全的活动；

（八）国务院民用航空主管部门规定的其他影响民用机场净空保护的行为。

第八十条　违反本条例的规定，使用的无线电台（站）或者其他仪器、装置，对民用航空无线电专用频率的正常使用产生干扰的，由民用机场所在地无线电管理机构责令改正；情节严重的，处2万元以上10万元以下的罚款。

第八十一条　违反本条例的规定，在民用航空无线电台（站）电磁环境保护区域内从事下列活动的，由民用机场所在地县级以上地方人民政府责令改正；情节严重的，处2万元以上10万元以下的罚款：

（一）修建架空高压输电线、架空金属线、铁路、公路、电力排灌站；

（二）存放金属堆积物；

（三）从事掘土、采砂、采石等改变地形地貌的活动；

（四）国务院民用航空主管部门规定的其他影响民用机场电磁环境保护的行为。

第八十二条　违反本条例的规定，在民用机场起降的民用航空器不符合国家有关航空器噪声和涡轮发动机排出物的适航标准的，由民用航空管理部门责令相关航空运输企业改正，可以处10万元以下的罚款；拒不改正的，处10万元以上50万元以下的罚款。

第八十三条　国家工作人员违反本条例的规定，有下列情形之一的，由有关部门依法给予处分：

（一）不依照规定实施行政许可；

（二）不依法履行监督检查职责；

（三）不依法实施行政强制措施或者行政处罚；

（四）滥用职权、玩忽职守的其他行为。

第六章 附 则

第八十四条 本条例所称运输机场是指为从事旅客、货物运输等公共航空运输活动的民用航空器提供起飞、降落等服务的机场。

本条例所称通用机场是指为从事工业、农业、林业、渔业和建筑业的作业飞行，以及医疗卫生、抢险救灾、气象探测、海洋监测、科学实验、教育训练、文化体育等飞行活动的民用航空器提供起飞、降落等服务的机场。

第八十五条 本条例所称飞行区指标为4D的运输机场是指可供基准飞行场地长度大于1800米、翼展在36米至52米之间、主起落架外轮外侧边间距在9米至14米之间的民用航空器起飞、降落的机场。

本条例所称飞行区指标为4E的运输机场是指可供基准飞行场地长度大于1800米、翼展在52米至65米之间、主起落架外轮外侧边间距在9米至14米之间的民用航空器起飞、降落的机场。

第八十六条 军民合用机场民用部分的管理除遵守本条例的有关规定外，还应当遵守国务院、中央军事委员会的有关规定。

第八十七条 本条例自2009年7月1日起施行。

民用运输机场突发事件应急救援管理规则

（2016年4月7日交通运输部第7次部务会议通过，2016年4月20日公布，自2016年5月21日起施行）

第一章 总 则

第一条 为了规范民用运输机场应急救援工作，有效应对民用运输机场突发事件，避免或者减少人员伤亡和财产损失，尽快恢复机场正常运行秩序，根据《中华人民共和国民用航空法》《中华人民共和国突发事件应对法》和《民用机场管理条例》，制定本规则。

第二条 本规则适用于民用运输机场（包括军民合用机场民用部分，以下简称机场）及其邻近区域内突发事件的应急救援处置和相关的应急救援管理工作。

第三条 本规则所指民用运输机场突发事件（以下简称突发事件）是指在机场及其邻近区域内，航空器或者机场设施发生或者可能发生的严重损坏以及其它导致或者可能导致人员伤亡和财产严重损失的情况。

本规则所称机场及其邻近区域是指机场围界以内以及距机场每条跑道中心点8公里范围内的区域。

第四条 中国民用航空局（以下简称民航局）负责机场应急救援管理工作的总体监督检查。

中国民用航空地区管理局（以下简称民航地区管理局）负责本辖区内机场应急救援管理工作的日常监督检查。

机场管理机构应当按照国家、地方人民政府的有关规定和本规则的要求，制定机场突发事件应急救援预案，并负责机场应急救援工作的统筹协调和管理。使用该机场的航空器营运人和其他驻场单位应当根据在应急救援中承担的职责制定相应的突发事件应急救援预案，并与机场突发事件应急救援预案相协调，送机场管理机构备案。

机场应急救援工作应当接受机场所在地人民政府（以下统称地方人民政府）的领导。

本规则所称地方人民政府是指机场所在地县级（含）以上人民政府。

第五条　机场应急救援工作应当遵循最大限度地抢救人员生命和减少财产损失，预案完善、准备充分、救援及时、处置有效的原则。

第六条　在地方人民政府领导下、民用航空管理部门指导下，机场管理机构负责机场应急救援预案的制定、汇总和报备工作，同时负责发生突发事件时机场应急救援工作的统一指挥。

参与应急救援的单位和个人应当服从机场管理机构的统一指挥。

第二章　突发事件分类和应急救援响应等级

第七条　机场突发事件包括航空器突发事件和非航空器突发事件。

航空器突发事件包括：

（一）航空器失事；

（二）航空器空中遇险，包括故障、遭遇危险天气、危险品泄露等；

（三）航空器受到非法干扰，包括劫持、爆炸物威胁等；

（四）航空器与航空器地面相撞或与障碍物相撞，导致人员伤亡或燃油泄露等；

（五）航空器跑道事件，包括跑道外接地、冲出、偏出跑道；

（六）航空器火警；

（七）涉及航空器的其它突发事件。

非航空器突发事件包括：

（一）对机场设施的爆炸物威胁；

（二）机场设施失火；

（三）机场危险化学品泄露；

（四）自然灾害；

（五）医学突发事件；

（六）不涉及航空器的其它突发事件。

第八条　航空器突发事件的应急救援响应等级分为：

（一）原地待命：航空器空中发生故障等突发事件，但该故障仅对航空器安全着陆造成困难，各救援单位应当做好紧急出动的准备。

（二）集结待命：航空器在空中出现故障等紧急情况，随时有可能发生航空器坠毁、爆炸、起火、严重损坏，或者航空器受到非法干扰等紧急情况，各救援单位应当按照指令在指定地点集结；

（三）紧急出动：已发生航空器失事、爆炸、起火、严重损坏等情况，各救援单位应当按照指令立即出动，以最快速度赶赴事故现场。

第九条　非航空器突发事件的应急救援响应不分等级。发生非航空器突发事件时，按照相应预案实施救援。

第三章　应急救援组织机构及其职责

第十条　机场管理机构应当在地方人民政府统一领导下成立机场应急救援工作领导小组。

机场应急救援工作领导小组是机场应急救援工作的决策机构，通常应当由地方人民政府、机场管理机构、民航地区管理局或其派出机构、空中交通管理部门、有关航空器营运人和其他驻场单位负责人共同组成。

机场应急救援工作领导小组负责确定机场应急救援工作的总体方针和工作重点、审核机场突发事件应急救援预案及各应急救援成员单位之间的职责、审核确定机场应急救援演练等重要事项，并在机场应急救援过程中，对遇到的重大问题进行决策。

第十一条　机场应急救援总指挥由机场管理机构主要负责人或者其授权人担任，全面负责机场应急救援的指挥工作。

第十二条　机场管理机构应当设立机场应急救援指挥管理机构，即机场应急救援指挥中心（以下简称指挥中心），作为机场应急救援领导小组的常设办事机构，同时也是机场应急救援工作的管理机构和发生突发事件时的应急指挥机构。其具体职责包括：

（一）组织制定、汇总、修订和管理机场突发事件应急救援预案；

（二）定期检查各有关部门、单位的突发事件应急救援预案、人员培训、演练、物资储备、设备保养等工作的保障落实情况；定期修订突发事件应急救援预案中各有关部门和单位的负责人、联系人名单及电话号码；

（三）按照本规则的要求制定年度应急救援演练计划并组织或者参与实施；

（四）机场发生突发事件时，根据总指挥的指令，以及预案要求，发布应急救援指令并组织实施救援工作；

（五）根据残损航空器搬移协议，组织或者参与残损航空器的搬移工作；

（六）定期或不定期总结、汇总机场应急救援管理工作，向机场应急救援工作领导小组汇报。

第十三条 机场空中交通管理部门在机场应急救援工作中的主要职责：

（一）将获知的突发事件类型、时间、地点等情况按照突发事件应急救援预案规定的程序通知有关部门；

（二）及时了解发生突发事件航空器机长意图和事件发展情况，并通报指挥中心；

（三）负责发布因发生突发事件影响机场正常运行的航行通告；

（四）负责向指挥中心及其他参与救援的单位提供所需的气象等信息。

第十四条 机场消防部门在机场应急救援工作中的主要职责：

（一）救助被困遇险人员，防止起火，组织实施灭火工作；

（二）根据救援需要实施航空器的破拆工作；

（三）协调地方消防部门的应急支援工作；

（四）负责将罹难者遗体和受伤人员移至安全区域，并在医疗救护人员尚未到达现场的情况下，本着“自救互救”人道主义原则，实施对伤员的紧急救护工作。

第十五条 机场医疗救护部门在机场应急救援工作中的主要职责：

（一）进行伤亡人员的检伤分类、现场应急医疗救治和伤员后送工作。记录伤亡人员的伤情和后送信息；

（二）协调地方医疗救护部门的应急支援工作；

（三）进行现场医学处置及传染病防控；

（四）负责医学突发事件处置的组织实施。

第十六条 航空器营运人或其代理人在应急救援工作中的主要职责：

（一）提供有关资料。资料包括发生突发事件航空器的航班号、机型、国籍登记号、机组人员情况、旅客人员名单及身份证号码、联系电话、机上座位号、国籍、性别、行李数量、所载燃油量、所载货物及危险品等情况；

（二）在航空器起飞机场、发生突发事件的机场和原计划降落的机场设立临时接待机构和场所，并负责接待和查询工作；

（三）负责开通应急电话服务中心并负责伤亡人员亲属的通知联络工作；

（四）负责货物、邮件和行李的清点和处理工作；

（五）航空器出入境过程中发生突发事件时，负责将事件的基本情况通报海关、边防和检疫部门；

（六）负责残损航空器搬移工作。

第十七条 机场地面保障部门在机场应急救援工作中的主要职责：

（一）负责在发生突发事件现场及相关地区提供必要的电力和照明、航空燃油处置、救援物资等保障工作；

（二）负责受到破坏的机场飞行区场道、目视助航设施设备等的紧急恢复工作。

第十八条 除本规则第十二条、第十三条、第十四条、第十五条、第十六条、第十七条所涉及的单位，其他参与应急救援工作的地方救援单位的职责，由根据本规则第二十三条订立的支援协议予以明确。

第四章 突发事件应急救援预案

第十九条 机场管理机构应当依据本规

则制定机场突发事件应急救援预案，该预案应当纳入地方人民政府突发事件应急救援预案体系，并协调统一。该预案应当包括下列内容：

（一）针对各种具体突发事件的应急救援预案，包括应急救援程序及检查单等；

（二）根据地方人民政府的相关规定、本规则和机场的实际情况，确定参与应急救援的各单位在机场不同突发事件中的主要职责、权力、义务和指挥权以及突发事件类型及相应的应急救援响应等级；

（三）针对不同突发事件的报告、通知程序和通知事项，其中，通知程序是指通知参加救援单位的先后次序。不同的突发事件类型，应当设置相应的通知先后次序；

（四）各类突发事件所涉及单位的名称、联系方式；

（五）机场管理机构与签订应急救援支援协议单位的应急救援资源明细表、联系方式；

（六）机场管理机构根据本规则第二十三条的要求与各相关单位签订的应急救援支援协议；

（七）应急救援设施、设备和器材的名称、数量、存放地点；

（八）机场及其邻近区域的应急救援方格网图；

（九）残损航空器的搬移及恢复机场正常运行的程序；

（十）机场管理机构与有关航空器营运人或其代理人之间有关残损航空器搬移的协议；

（十一）在各类紧急突发事件中可能产生的人员紧急疏散方案，该方案应当包括警报、广播、各相关岗位工作人员在引导人员疏散时的职责、疏散路线、对被疏散人员的临时管理措施等内容。

第二十条　机场突发事件应急救援预案应当明确机场公安机关在机场应急救援工作中的以下职责：

（一）指挥参与救援的公安民警、机场保安人员的救援行动，协调驻场武警部队及地方支援军警的救援行动；

（二）设置事件现场及相关场所安全警戒区，保护现场，维护现场治安秩序；

（三）参与核对死亡人数、死亡人员身份工作；

（四）制服、缉拿犯罪嫌疑人；

（五）组织处置爆炸物、危险品；

（六）实施地面交通管制，保障救援通道畅通；

（七）参与现场取证、记录、录像等工作。

第二十一条　制定机场突发事件应急救援预案应当考虑极端的冷、热、雪、雨、风及低能见度等天气，以及机场周围的水系、道路、凹地，避免因极端的天气和特殊的地形而影响救援工作的正常进行。

第二十二条　机场突发事件应急救援预案应当向民航地区管理局备案。

机场管理机构应当建立机场突发事件应急救援预案的动态管理制度。预案修改后，机场管理机构应当将修改后的预案及时印发给参与应急救援的相关单位，并重新报备民航地区管理局。

机场管理机构在制定机场突发事件应急救援预案的过程中，应当充分征求机场空中交通管理部门、使用机场的航空器营运人或者其代理人、航空油料供应单位及其它主要驻场单位的意见。

机场突发事件应急救援预案在向民航管理部门报备前，应当征得地方人民政府的同意。

第二十三条　机场管理机构应当与地方人民政府突发事件应对机构、消防部门、医疗救护机构、公安机关、运输企业、当地驻军等单位签订机场应急救援支援协议，就机场应急救援事项明确双方的职责。

支援协议至少应当包括下列内容：

（一）协议单位的职责、权利与义务；

（二）协议单位名称、联系人、联系电话；

（三）协议单位的救援人员、设施设备情况；

（四）根据不同突发事件等级派出救援力量的基本原则；

（五）协议单位参加救援工作的联络方式、集结地点和引导方式；

（六）协议的生效日期及修改方式；

（七）协议内容发生变化时及时通知对方的程序。

机场管理机构应当每年至少对该协议进行一次复查或者修订，对该协议中列明的联系人及联系电话，应当每月复核一次，对变化情况及时进行更新。

协议应当附有协议单位根据机场突发事件应急救援预案制定的本单位突发事件应急实施预案。

在地方人民政府突发事件应急救援预案中已明确机场突发事件地方政府各部门、企事业单位及驻军的职责和义务时，可不签署支援协议，但本规则规定的协议内容应在相关预案中明确。机场管理机构应当获知支援单位的救援力量、设施设备、联系人、联系电话等信息。

第二十四条 机场管理机构应当绘制机场应急救援综合方格网图，图示范围应当为本规则第三条所明确的机场及其邻近地区。该图除应当准确标明机场跑道、滑行道、机坪、航站楼、围场路、油库等设施外，应当重点标明消防管网及消防栓位置、消防水池及其它能够用来取得消防用水的池塘河流位置、能够供救援消防车辆行驶的道路、机场围界出入口位置、城市消防站点位置和医疗救护单位位置。

机场管理机构还应当绘制机场区域应急救援方格网图，图示范围应当为机场围界以内的地区，该图除应当标明本条前款要求标明的所有内容外，还应当标明应急救援人员设备集结等待区。

方格网图应当根据机场及其邻近区域范围和设施的变化及时更新。

机场指挥中心、各参与机场应急救援单位和部门应当张挂方格网图。机场内所有参加应急救援的救援车辆中应当配备方格网图。方格网图可以是卫星影像图或者示意图，方格网图应当清晰显示所标注的内容。

第五章 应急救援的设施设备及人员

第二十五条 机场管理机构应当建设或指定一个特定的隔离机位，供受到劫持或爆炸物威胁的航空器停放，其位置应能使其距其它航空器集中停放区、建筑物或者公共场所至少100米，并尽可能避开地下管网等重要设施。

第二十六条 机场管理机构应当按照《民用航空运输机场飞行区消防设施》的要求配备机场飞行区消防设施，并应保证其在机场运行期间始终处于适用状态。

机场管理机构应当按照《民用航空运输机场消防站消防装备配备》的要求配备机场各类消防车、指挥车、破拆车等消防装备的配备，并应保证其在机场运行期间始终处于适用状态。

第二十七条 机场管理机构应当按照《民用运输机场应急救护设施配备》的要求配备机场医疗急救设备、医疗器材及药品、医疗救护人员，并确保机场医疗急救设备、医疗器材及药品在机场运行期间始终处于适用状态和使用有效期内。

第二十八条 机场指挥中心及机场内各参加应急救援的单位应当安装带有时钟和录音功能的值班电话，视情设置报警装置，并在机场运行期间随时保持有人值守。值班电话线路应当至少保持一主一备的双线冗余。所有应急通话内容应当录音，应急通话记录至少应当保存2年。

第二十九条 机场管理机构应当设立用于应急救援的无线电专用频道，突发事件发生时，机场塔台和参与救援的单位应当使用专用频道与指挥中心保持不间断联系。公安、消防、医疗救护等重要部门应当尽可能为其救援人员配备耳麦。

为能在第一时间了解航空器在空中发生

的紧急情况，指挥中心宜设置陆空对话的单向监听设备，并在机场运行期间保持守听，但不得向该系统输入任何信号。在航空器突发事件发生时，指挥中心确需进一步向机组了解情况时，应当通过空中交通管理部门与机组联系。

第三十条　机场管理机构应当制作参加应急救援人员的识别标志，识别标志应当明显醒目且易于佩戴，并能体现救援的单位和指挥人员。参加应急救援的人员均应佩戴这些标志。识别标志在夜间应具有反光功能，具体样式应当为：

救援总指挥为橙色头盔，橙色外衣，外衣前后印有“总指挥”字样；

消防指挥官为红色头盔，红色外衣，外衣前后印有“消防指挥官”字样；

医疗指挥官为白色头盔，白色外衣，外衣前后印有“医疗指挥官”字样；

公安指挥官为蓝色头盔，蓝色警服，警服外穿前后印有“公安指挥官”字样的背心。

参加救援的各单位救援人员的标识颜色应与本单位指挥人员相协调。

本条所指外衣可以是背心或者制服。

第三十一条　在邻近地区有海面和其它大面积水域的机场，机场管理机构应当按照机场所使用的最大机型满载时的旅客及机组人员数量，配置救援船只或者气筏和其他水上救生设备，也可以采取与有上述救援设备的单位以协议支援的方式来保障，但机场应当配备满足在救援初期供机场救援人员使用需要的船只或者气筏和其他水上救生的基本设备。

当突发事件发生在机场及其邻近地区的海面或大面积水域时，还应向当地国家海上搜救机构报告。

第三十二条　机场管理机构应当根据机场航空器年起降架次，配置与机场所使用航空器最大机型相匹配的残损航空器搬移设备，并在机场运行期间保证其完好适用。

年起降架次在15万（含）以上的机场，应当配置搬移残损航空器的专用拖车、顶升气囊、活动道面、牵引挂具以及必要的枕木、钢板、绳索等器材。年起降架次在15万以下，10万（含）以上的机场，应当配置顶升气囊、活动道面、牵引挂具以及必要的枕木、钢板、绳索等器材。年起降架次在10万以下的机场，应当配置活动道面以及必要的枕木、挂件、绳索等器材。

活动道面配置应当满足航空器每一轮迹下的铺设长度不小于30米；航空器牵引挂具的配置应当满足能牵引在机场使用的各类型航空器；对于在发生突发事件起2小时之内机场管理机构可能取得专用拖车和顶升气囊的，机场管理机构可不配备专用拖车和顶升气囊，但应当有明确的救援支援协议。

第三十三条　机场管理机构应当配备用于机场应急救援现场指挥的车辆，该车应当配有无线通讯、传真、摄像、视频传输、电脑、照明等设备，并配有应急救援的相关资料库及主要材料的纸质文件。

第三十四条　在机场运行期间，各参加应急救援的单位在保障正常运行的同时，应按照相关标准要求保持有足够的应对突发事件的救援人员。

参加应急救援各单位的值班领导、部门领导及员工应当熟知本单位、本部门及本岗位在应急救援工作中的职责和预案。

第三十五条　参加应急救援的各单位应当每年至少对按照机场应急救援预案承担救援工作职责的相关岗位的工作人员进行一次培训，对于专职应急救援管理人员、指挥人员、消防战斗员、医疗救护人员应当进行经常性的培训，培训内容包括应急救援基础理论、法规规章、技术标准、岗位职责、突发事件应急救援预案、医疗急救常识、消防知识、旅客疏散引导及其它相关技能。

在机场航站楼工作的所有人员应当每年至少接受一次消防器材使用、人员疏散引导、熟悉建筑物布局等的培训。

第六章　应急救援的处置和基本要求

第三十六条　发生突发事件时，第一时间得知事件情况的单位，应当根据机场突发事件应急救援预案的报告程序，立即将突发事件情况报告指挥中心。

发生突发事件后，机场管理机构应当在尽可能短的时间内将突发事件的基本情况报告地方人民政府和民用航空管理部门。

民用航空管理部门在收到机场发生突发事件报告后应当立即按照事件的类型、严重程度、影响范围和本部门应急救援预案逐级向上级机关报告，直至民航局突发事件应对部门。同时，应当迅速采取积极措施，协调和帮助机场管理机构处置突发事件。

第三十七条　机场突发事件应急救援总指挥或者其授权的人应当及时准确地发布相关信息。突发事件的信息发布应当有利于救援工作的开展。其他参与应急救援的单位可以发布有关本单位工作情况的信息，但不得发布对应急救援工作可能产生妨碍的信息。

第三十八条　发生突发事件时，指挥中心应当按照突发事件应急救援预案的通知程序，迅速将突发事件的基本情况通知有关单位，通知内容应当简单、明了。

第三十九条　发生突发事件后，机场应急救援处置工作应当在总指挥的统一指挥下，由消防、公安、医疗和其他驻场单位分别在本单位职责范围内行使分指挥权，特殊情况下，总指挥可以授权支援单位行使分指挥权。

实施突发事件救援时，机场应急救援总指挥或者其授权人应当服从地方人民政府领导及其突发事件应对部门的指挥，并根据地方人民政府领导及其突发事件应对部门的要求和命令，分时段、分区域向其移交指挥权。

发生本规则第八条所指明的应急救援等级为紧急出动的突发事件时，机场管理机构应当在最短的时间内组成应急救援现场指挥部，由机场应急救援总指挥或者其授权的人担任现场指挥员，在总指挥的总体救援行动意图下，统一指挥突发事件现场的各救援单位的救援行动。

有火情的突发事件发生后，总指挥可以授权消防指挥员担任应急救援现场指挥员。

第四十条　突发事件发生后及在实施应急救援时，如需机场外的支援单位参加救援工作，应当由机场内相应的救援单位提出需求和方案，经总指挥批准后通知支援单位前来支援，紧急情况下，也可先通知支援单位到达集结地点，再向总指挥报告，经总指挥同意后参加救援工作。

第四十一条　涉及在空中的航空器突发事件需要紧急着陆时，空中交通管理部门按照相应突发事件应急救援预案协助该航空器着陆。

第四十二条　当发生本规则第八条所指明的应急救援响应等级为集结待命的突发事件时，各救援单位的人员及车辆设备应迅速按照应急救援预案的要求到达指定的集结地点集中待命，并立即向指挥中心报告，未经批准，不得离开集结位置，随时准备投入救援行动。

第四十三条　突发事件发生时，机场内行驶的车辆和行人应当避让参加救援的车辆，应急救援车辆在保证安全的条件下，可不受机场内车辆时速的限制。在服从现场交通民警的指挥下，救援车辆可以驶离规定的车道。

参加应急救援的车辆和人员需要进入运行中的跑道、滑行道及仪表着陆系统敏感区时，应当通过指挥中心征得空中交通管理部门的同意后方可进入。

机场管理机构应当制定特殊程序，以保证外援救援车辆和人员顺利、及时到达事故地点。

第四十四条　应急救援时，当需要在跑道上喷洒泡沫灭火剂时，不得因此降低机场应保持的消防救援等级的最低水平。

第四十五条　应急救援时，应当在交通方便的事发地点上风安全位置及时划定伤亡人员救治区和停放区，并用明显的标志予以标识。上述区域在夜间应当有充足的照明。

第四十六条　当航空器受到劫持或爆炸物威胁时，机场塔台管制人员应当积极配合指挥中心采取有效措施，将该航空器引导到隔离机位。

第四十七条　在实施应急救援工作时，参与救援的人员应当尽可能保护突发事件现场。

在航空器事故应急救援中，应当在事故调查组进入现场前，尽可能避免移动任何航空器残骸、散落物和罹难者遗体。如确需移动航空器残骸、散落物、罹难者遗体时，在移动前，应当进行照相、录像，有条件时应当绘制草图，以标明其移动前的状态和位置。同时，如有可能，在被移动的物体和遗体上粘贴标签，并在原位置上固定一根带有相应标签的标桩。所有发出的标签的记录应当妥善保存。

发生事故航空器驾驶舱内的任何仪表和操作部件，在被移动前，必须照相或者录像，有条件时应当绘图并做详细记录。

第四十八条　实施应急救援工作时，为保证救援工作的正常进行，机场公安机关应当在事故现场及时设立警戒线，任何非救援人员进入事故现场需经总指挥或者其授权人批准。

第四十九条　应急救援现场的灭火和人员救护工作结束后，残损航空器影响机场的正常安全运行的，机场管理机构应当配合当事航空器营运人或者其代理人，迅速将残损航空器搬离。

残损航空器的搬移责任应当由当事航空器营运人或者其代理人承担，具体搬移工作应当按照该航空器营运人或者其代理人与机场管理机构协商实施。

残损航空器搬移应当取得事故调查组负责人同意。

第五十条　应急救援工作结束后，机场应急救援工作领导小组或者其授权单位或者部门应当及时召集所有参与应急救援的单位对该次应急救援工作进行全面总结讲评，对暴露出的突发事件应急救援预案中不合理的部分及缺陷进行研究分析和修改完善，在该次应急救援工作结束60天内，将修改后的突发事件应急救援预案按照《民用机场使用许可规定》的要求报批后，印发实施。

机场管理机构应当在每次应对本规则第八条（三）中规定的紧急出动等级的应急救援工作结束后的30天内，将该次应急救援工作总结报送所在地民航地区管理局。

第五十一条　在事故调查机构进行事故调查时，机场管理机构及参与应急救援的各单位应当配合事故调查机构的调查，如实向事故调查组介绍事故现场的情况。

第七章　应急救援的日常管理和演练

第五十二条　机场管理机构及其他驻场单位应当根据应急救援预案的要求定期组织应急救援演练，以检验其突发事件发生时的驰救时间、信息传递、通信系统、应急救援处置、协调配合和决策指挥、突发事件应急救援预案等，机场管理机构及参加应急救援的驻场单位均应当将应急救援演练列入年度工作计划。

驻机场的航空器营运人、空中交通管理部门及其他参加应急救援的单位，应当配合机场管理机构，做好应急救援演练工作。

第五十三条　应急救援演练分为综合演练、单项演练和桌面演练三种类型。

综合演练是由机场应急救援工作领导小组或者其授权单位组织，机场管理机构及其各驻机场参加应急救援的单位及协议支援单位参加，针对模拟的某一类型突发事件或几种类型突发事件的组合而进行的综合实战演练。

单项演练是由机场管理机构或参加应急救援的相关单位组织，参加应急救援的一个或几个单位参加，按照本单位所承担的应急救援责任，针对某一模拟的紧急情况进行的单项实战演练。

桌面演练也称指挥所推演，是由机场管

理机构或参加应急救援的相关单位组织，各救援单位参加，针对模拟的某一类型突发事件或几种类型突发事件的组合以语言表达方式进行的综合非实战演练。

第五十四条　机场应急救援综合演练应当至少每三年举行一次，未举行综合演练的年度应当至少举行一次桌面演练，机场各参加应急救援的单位每年至少应当举行一次单项演练。

第五十五条　举行综合演练时，可以邀请当地人民政府及有关部门、民航地区管理局、航空器营运人及其他有关驻场单位人员以观察员身份参加，并参加演练后的总结讲评会。

第五十六条　在举行机场应急救援演练前，机场管理机构或者组织单项演练的相关单位应当组织编制应急救援演练计划，应急救援演练计划应当按照突发事件发生、发展的进程进行编制，应急救援演练计划可以是一种或几种突发事件的综合。演练计划主要包括：

（一）演练所模拟的突发事件类型、演练地点及日期；

（二）参加演练的单位；

（三）演练的程序；

（四）演练场地的布置及模拟的紧急情况；

（五）规定的救援人员及车辆的集结地点及行走路线；

（六）演练结束和演练中止的通知方式。

应急救援演练计划制定完毕并经应急救援领导小组同意后，应当在演练实施两周前报送民航地区管理局。

第五十七条　机场管理机构在举行应急救援演练时，原则上应当采取措施保持机场应急救援的正常保障能力，尽可能地避免影响机场的正常运行。如果由于应急救援演练致使本机场的正常保障能力在演练期间不能满足相应标准要求的，应当就这一情况通知空中交通管理部门发布航行通告，并在演练后，尽快恢复应急救援的正常保障能力。

举行综合演练时，机场管理机构应当视情事先通报相关部门。

第五十八条　演练工作应当坚持指挥与督导分开的原则。演练时，应当在演练指挥机构之外另设演练督导组。

第五十九条　演练督导组应当由民航地区管理局在收到演练计划后召集。综合演练督导组应当由民用航空管理部门、地方人民政府及其有关部门、机场管理机构、相关航空器营运人、空中交通管理单位人员及特邀专家组成。

演练督导组应当在演练实施前研究并熟悉参演机场的应急救援预案和本次应急救援演练计划，全程跟踪演练进程，并在演练中提出各种实际救援中可能出现的复杂或者意外情况交指挥中心应对。

对于演练督导组提出的情况，指挥中心及相关救援单位应当做出响应。

演练督导组的具体工作程序和行为规范由民航局另行制定。

第六十条　演练督导组应当对机场应急救援演练工作进行监督检查，演练督导组应当根据演练形式和规模派出足够的督导人员，进入演练现场，对演练涉及的各个方面实施全程监督检查。

第六十一条　应急救援演练结束后，演练组织者应召集各参演单位负责人进行总结讲评。总结讲评活动中，演练督导组应当就演练的总体评价、演练的组织、演练计划、演练人员和设备等方面提出综合评价意见。

第八章　法律责任

第六十二条　机场管理机构未按照本规则的要求，有下列行为之一的，由民航管理部门责令限期改正，并处以警告；情节严重的，处以 1 万元以上 3 万元以下的罚款。

（一）未按照本规则第十二条要求设立指挥中心的；

（二）未按照本规则二十五条的要求设立隔离机位的；

（三）未按照本规则第五十条或者第六十一条的要求，在应急救援或者应急救援综合演练工作后及时进行总结讲评的。

第六十三条　机场管理机构或其他参加应急救援的单位，有下列行为之一的，由民航管理部门责令其限期改正，并处以5千元以上1万元以下罚款：

（一）未按照本规则第二十四条的要求张挂和及时更新应急救援方格网图的；

（二）未按照本规则第三十条要求制作足够的救援人员识别标志的；

（三）违反本规则第三十七条规定发布妨碍应急救援工作信息的。

第六十四条　机场管理机构有以下行为之一的，由民航地区管理局责令限期改正，处以1万元以上5万元以下的罚款：

（一）未按照本规则第二十六条、第二十七条、第二十八条、第二十九条、第三十一条、第三十二条、第三十三条的要求，配备相应的设备和器材，并保持其适用状态的；

（二）未按照本规则第七章的要求组织应急救援演练的。

第六十五条　机场管理机构或其他参加应急救援的单位，有下列行为之一的，由民航管理部门责令其限期改正，并处以5千元以上2万元以下罚款：

（一）未按照本规则第三十四条的要求，在机场运行期间保持相关标准要求的应对突发事件的救援人员，导致机场应急救援未能及时实施的；

（二）违反本规则第三十四条的要求，参加应急救援各单位的值班领导、部门领导及员工不了解本单位、本部门及本岗位在应急救援工作中的职责和预案的；

（三）未按照本规则第三十五条的要求对参加应急救援的人员进行培训的。

第六十六条　机场管理机构或者其他参加应急救援的单位有下列行为之一的，由民航管理部门处以1万元以上3万元以下罚款：

（一）违反本规则第三十六条，发现紧急情况不按规定程序报告的；

（二）违反本规则第三十八条，接到紧急情况报告，不按规定程序通知到有关单位的；

（三）违反本规则第四十四条规定在跑道上喷洒泡沫灭火剂从而降低机场应保持的消防救援等级的最低水平的；

（四）未按照本规则第四十五条规定，及时划定伤亡人员救治区和停放区的；

（五）违反本规则第四十九条的规定，残损航空器搬移工作中有关各方互相推诿，严重影响机场开放正常运行的；

（六）违反本规则第五十七条，在举行应急救援演练时未保持机场正常运行时应有的应急救援保障能力的。

第九章　附　　则

第六十七条　中华人民共和国缔结或者参加的国际条约与本规则有不同规定的，适用国际条约的规定，但中华人民共和国声明保留的条款除外。

第六十八条　在民航局制定通用机场突发事件应急救援管理规则之前，通用机场可以结合本机场的具体情况参照本规则制定突发事件应急救援预案，报所在地民航地区管理局备案。

第六十九条　在本规则规定区域外发生的突发事件，按照《中华人民共和国搜寻援救民用航空器规定》执行。

第七十条　航空器受到非法干扰和机场设施受爆炸物威胁所涉及的突发事件应急救援预案按照国家其他相关规定办理。

第七十一条　应急救援工作实行有偿服务，应当采用先救援后结算的办法。具体收费标准和收费计算方法由有关各方本着公平合理、等价有偿的原则协商确定。

第七十二条　本规则自2016年5月21日起施行。2000年4月3日发布的《民用运输机场应急救援规则》（民航总局令第90号）同时废止。

民用航空运输机场航空安全保卫规则

（2016年4月14日交通运输部第8次部务会议通过，2016年4月21日公布，自2016年5月22日起施行）

第一章 总 则

第一条 为了规范民用航空运输机场航空安全保卫（以下简称航空安保）工作，保证旅客、工作人员、公众和机场设施设备的安全，根据《中华人民共和国民用航空安全保卫条例》，制定本规则。

第二条 本规则适用于中华人民共和国境内民用航空运输机场（含军民合用机场民用部分，以下简称机场）的安全保卫工作，与机场安全保卫活动有关的单位和个人应当遵守本规则。

第三条 中国民用航空局（以下简称民航局）对机场航空安保工作实行监督管理。主要职责包括：

（一）督促和指导机场实施《国家民用航空安全保卫规划》，建立和运行航空安保管理体系；

（二）督促和指导机场及其他民用航空有关单位的航空安保方案符合航空安保法规标准；

（三）确定并划分机场及航空安保部门的职责，确定和建立不同单位之间协调的方法和渠道；

（四）督促机场管理机构为其航空安保部门提供必需的资源保障，包括人员、经费、办公场地及设施设备等；

（五）指导、检查机场基础设施与建筑的设计及建设符合航空安保法规标准；

（六）指导机场制定航空安保培训计划，并监督执行；

（七）对机场以及其他相关单位的航空安保工作运行的有效性进行指导、检查、监督；

（八）收集、核实、分析潜在威胁和已发生事件的信息，负责对航空安全进行威胁评估，并指导、部署分级防范工作；

（九）开发和推广使用先进的管理和技术措施，促进机场及其航空安保部门采用这些措施；

（十）按规定组织或参与调查处理涉及机场的航空安保事件及其他重大事故。

第四条 民航地区管理局负责航空安保法规标准在本地区机场的贯彻执行，对违法、违规行为进行查处。主要职责包括：

（一）对辖区内的机场执行航空安保法规标准的情况实施监督检查；

（二）按规定审查机场及其他民用航空有关单位的航空安保方案，并监督实施和督促及时修订；

（三）审查辖区内机场预防和处置劫机、爆炸或其他严重非法干扰事件的预案，对落实情况进行监督检查；

（四）按规定组织或参与调查处理辖区内涉及机场的航空安保事件及其他重大事故；

（五）指导、检查和监督辖区内民用航空安全检查工作；

（六）检查、监督机场安保设施、设备的符合性和有效性；

（七）指导机场按照《国家民用航空安全保卫质量控制计划》制定安保质量控制方案。

（八）指导机场按照《国家民用航空安全保卫培训方案》制定安保培训方案。

第五条 机场管理机构对机场航空安保

工作承担直接责任，负责实施有关航空安保法规标准。其主要职责包括：

（一）制定和适时修订机场航空安保方案，并确保方案的适当和有效；

（二）配备与机场旅客吞吐量相适应的航空安保人员和设施设备，并按照标准提供工作和办公场地，使之能够具体承担并完成相应的航空安保工作；

（三）执行安检设备管理有关规定，确保安检设备的效能和质量；

（四）将航空安保需求纳入机场新建、改建和扩建的设计和建设中；

（五）按照《国家民用航空安全保卫培训方案》对员工进行培训；

（六）制定、维护和执行本机场航空安保质量控制方案；

（七）按规定及时上报非法干扰信息和事件；

（八）机场管理机构应当承担的其他职责。

第六条 旅客以及其他进入机场的人员，应当遵守有关航空安保规定。

第二章 一般规定

第一节 组织和管理

第七条 机场管理机构应当接受民航局、民航地区管理局的行业管理。

第八条 机场管理机构应当指定一名负责航空安保工作的副总经理，负责协调有关部门执行航空安保方案，并直接向总经理负责。

机场应当设置专门的航空安保机构，具体负责协调本机场航空安保工作。

机场应当按照本机场旅客吞吐量，设置满足航空安保需要的岗位并配备足够的人员。

机场承担安保职责的人员应当按照《国家民用航空安全保卫培训方案》规定，经过相应的培训，并取得相应的资格认定。

第九条 公共航空运输企业及油料、空管、配餐等驻场民航单位应当设置航空安保机构或配备航空安保人员，并将航空安保机构的设置和人员的配备情况报所在地机场公安机关和民航地区管理局备案。

第十条 有驻场单位的机场应当成立机场航空安保委员会，该委员会应当为各方讨论影响机场及其用户的航空安保问题提供平台，为民航地区管理局和与机场航空安保工作直接相关人员提供沟通途径。其主要职责是：

（一）协调航空安保法规标准在本机场的实施；

（二）监督机场管理机构、公共航空运输企业和其他驻场民航单位实施机场航空安保方案；

（三）确定机场航空安保工作和设施设备的薄弱环节和要害部位清单及相应的航空安保措施，并适时审查更新；

（四）协调机场安保检查、审计、考察等工作；

（五）督促有关单位落实改进航空安保措施和程序的建议。

第十一条 机场航空安保委员会成员应当包括机场管理机构、公共航空运输企业、民航地区管理局或监管局、机场公安机关、空管部门、油料企业、联检单位、驻场武警等机构的代表。其负责人应当由机场总经理担任。

第十二条 机场航空安保委员会章程应列入机场航空安保方案。章程内容应当包括委员会的组成、职权范围和运作程序。

第二节 航空安保管理体系

第十三条 机场应当建立、运行并维护符合民航局要求的航空安保管理体系，其内容应当包括目标管理体系、组织保障体系、风险管理体系和质量控制体系。

第十四条 航空安保管理体系应当在本机场航空安保方案中作出规定。

第十五条 机场应根据其运行的实际情况，适时组织评估航空安保管理体系的符合性和有效性，及时调整完善。

第三节　质量控制

第十六条　机场管理机构应当按照《国家民用航空安全保卫质量控制计划》要求，制定、维护和执行本机场航空安保质量控制方案，并在航空安保方案中列明。

第十七条　机场管理机构应当按照《国家民用航空安全保卫培训方案》要求，制定、维护和执行本机场航空安保培训方案，并在航空安保方案中列明。

对航空安保人员进行初训和复训的措施和程序应当在航空安保方案中列明。

第十八条　机场管理机构应当组织航空安保管理人员和新招录航空安保人员进行岗前培训，并定期进行岗位培训。

第十九条　机场从事航空安保培训的部门或委托的机构、教员和课程应当符合《国家民用航空安全保卫培训方案》的要求。

第二十条　机场管理机构及驻场民航单位应当按照民航局有关规定，制定背景调查程序和措施，对相关人员进行背景调查。

背景调查程序和措施应当在其航空安保方案中列明。

第四节　经费保障

第二十一条　机场管理机构应当建立航空安保经费投入和保障制度，并在航空安保方案中列明。

机场的经费保障应当满足航空安保运行需要，主要包括：

（一）业务用房和工作场地；

（二）必要的网络、通讯设备和交通工具；

（三）处置非法干扰行为和扰乱行为设备和装备；

（四）检查、审计、测试、考察、演练工作；

（五）安保设施设备的购置、维护与更新；

（六）安保培训；

（七）奖励。

第三章　航空安保方案

第一节　航空安保方案的制定

第二十二条　机场运行应当具备符合规定的航空安保方案。

第二十三条　航空安保方案应当根据本规则及其他航空安保法规标准制定并适时修订。

第二节　航空安保方案的形式和内容

第二十四条　航空安保方案应当由机场法定代表人或者其授权人员签署，并以书面形式独立成册、采用易于修订的活页形式，在修订过的每一页上注有最后一次修订的日期。

第二十五条　航空安保方案的内容应当包括：

（一）机场及机场管理机构的基本情况；

（二）机场管理机构及有关航空安保部门的职责及分工；

（三）负责航空安保工作的副总经理及其替代人员，航空安保机构的设置及其负责人的姓名和 24 小时联系方式；

（四）机场航空安保委员会的组成、章程及成员名单和联系方式；

（五）为满足本规则第二章、第三章、第四章和第五章规定内容所制定的制度及程序；

（六）为满足《中国民用航空安全检查规则》规定内容所制定的制度及程序；

（七）为满足民用航空货物运输安保工作要求所制定的制度及程序；

（八）为满足其他航空安保法规标准要求所制定的制度及程序。

第三节　航空安保方案的报送

第二十六条　机场的航空安保方案应当

符合民航局和民航地区管理局的规定。

第二十七条　新建或改扩建的机场的航空安保方案应当在机场开放使用前，与机场使用许可的申请材料共同报送民航地区管理局。

第二十八条　民航地区管理局审查机场使用许可申请时，一并审查机场安保方案。

第二十九条　航空安保方案具有约束力，机场管理机构及有关单位应当执行。

第四节　航空安保方案的修订

第三十条　机场管理机构应当在下列情形下对航空安保方案进行修订，以确保其持续有效：

（一）负责机场安保工作的组织机构或者其职责发生重大变更的；

（二）发生重大威胁或事件的；

（三）航空安保法规标准发生重大变化的。

第三十一条　为了保护国家安全和公共利益的需要，民航局可要求机场对其航空安保方案作出紧急修订，机场管理机构应当在收到通知后10个工作日内完成修订。

第三十二条　机场管理机构根据本规则第三十条、第三十一条对航空安保方案作出修订的，应当在修订内容实施前至少5个工作日报民航地区管理局备案。

机场管理机构对航空安保方案作出其他修订的，应当在修订内容实施前至少20个工作日报民航地区管理局备案。

第五节　航空安保方案的保存和分发

第三十三条　机场管理机构应当根据工作需要，将航空安保方案的相关部分分发给机场相关部门以及有关驻场单位。

第三十四条　机场管理机构将安保业务外包给航空安保服务机构的，应当将航空安保方案中与外包安保业务相关的部分提供给航空安保服务机构。

第三十五条　机场管理机构应当将航空安保方案文本保存在便于安保工作人员查阅的地方。

第三十六条　航空安保方案为敏感信息文件，应当进行编号并做好登记，妥善保存。

第三十七条　航空安保方案的分发、查阅范围必须受到限制，只限于履行职责需要此种信息的应知人员。

第六节　航空安保协议

第三十八条　机场管理机构应当与公共航空运输企业、通用航空企业、航空配餐企业以及地面服务代理等机构签订航空安保协议，以便本机场航空安保方案中列明的措施和程序得到有效执行。

第三十九条　机场管理机构将安保业务外包的，应当签订航空安保协议，内容至少包括：

（一）航空安保责任的划分；

（二）对有关工作人员的安保要求；

（三）监督检查和质量控制程序；

（四）其他需要明确的事项。

第四十条　航空安保协议应当妥善保存，以便民航地区管理局检查。

第四章　运行航空安保措施

第一节　机场开放使用的安保要求

第四十一条　机场根据年旅客吞吐量以及受威胁程度划分安保等级，实行分级管理。

第四十二条　机场的新建、改建和扩建，应当符合《民用航空运输机场安全保卫设施》（MH/T7003）规定。

第四十三条　机场的开放使用，应当满足下列安保条件：

（一）设有机场控制区以及符合标准的防护围栏、巡逻通道，并配备专门的值守人员；

（二）派驻有机场公安机构并配备与机场运输量相适应的人员和装备；

（三）设有安全检查机构并配备与机场运输量相适应的人员和设备；

（四）设有专职消防组织并按照机场消防等级配备人员和设备；

（五）制定有航空安保应急处置预案并配备必要的设施设备；

（六）具有符合规定的航空安保方案；

（七）其他应当具备的条件。

第四十四条 申请换发民用机场使用许可证，应当同时报送下列文件资料：

（一）符合规定的航空安保方案；

（二）航空安保审计结论为符合的证明文件；

（三）其他需要报送的文件资料。

第二节 机场控制区的划分

第四十五条 机场管理机构应当按照规定，会同相关驻场单位划定机场控制区。

第四十六条 机场控制区根据安保需要，划分为候机隔离区、行李分拣装卸区、航空器活动区和维修区、货物存放区等。机场控制区的具体划分情况应当在航空安保方案中列明。

第四十七条 机场控制区应当有严密的航空安保措施，实行封闭式分区管理。

从航空器维修区、货物存放区通向其他控制区的道口，应当采取相应的安保控制措施。

第四十八条 机场管理机构应当设置受到非法干扰威胁的航空器隔离停放区，并在航空安保方案中列明。

第三节 机场控制区的安保设施

第四十九条 机场管理机构应当保持机场控制区防护围栏处于持续良好状态，并配备相应人员进行巡逻检查，及时发现并消除安全隐患。

第五十条 进出机场控制区的道口应当具有与防护围栏同等隔离效果的设施保护。

第五十一条 进出机场控制区道口的安全检查应当符合民航局及民航地区管理局的相关规定。

第五十二条 机场控制区的安保设施设备应当符合《民用航空运输机场安全保卫设施》（MH/T7003）及相关规定的要求。

第四节 机场控制区通行证

第五十三条 机场控制区应当实行通行管制，进入机场控制区的工作人员、车辆应当持有机场控制区通行证。

第五十四条 机场控制区人员通行证应当包含以下信息：

（一）持证人近期照片；

（二）有效起止日期；

（三）可进入的控制区区域；

（四）持证人姓名；

（五）持证人单位；

（六）证件编号；

（七）发证机构；

（八）防伪标识等其他技术要求。

第五十五条 申办机场控制区人员通行证，应当同时具备下列条件：

（一）确需进入机场控制区工作；

（二）通过背景调查；

（三）由所在单位提出书面申请。

申办控制区通行证人员应当通过证件使用和管理的培训。

第五十六条 对因工作需要一次性进入机场控制区的人员，凭驻场接待单位出具的证明信，经发证机构审查合格后为其办理一次性通行证。

申办一次性通行证的人员范围、管理程序及证件信息应当在航空安保方案中列明。

第五十七条 因工作需要进入机场航空器活动区的车辆，应当办理机场控制区车辆通行证，车辆通行证应当包含以下信息：

（一）车辆类型及牌号；

（二）有效起止日期；

（三）可进入的控制区区域；

（四）准许通行的道口；

（五）车辆使用单位；

（六）证件编号；

（七）发证机构；

（八）其他技术要求。

第五十八条　机场控制区人员、车辆通行证的制作应符合有关制作技术标准。

机场控制区人员、车辆通行证使用期限一般不超过3年。

第五十九条　发证机构应当按照民航局及民航地区管理局的有关规定对办证申请进行审核，严格控制证件发放范围和数量，防止无关人员、车辆进入机场控制区。

第六十条　发证机构应当定期核查持证人背景调查资料，确保持证人员持续符合要求。

发证机构应当保存持证人员的申办资料备查，保存期限一般不低于4年。

第六十一条　机场控制区人员、车辆通行证的发证机构和管理规定，应当在航空安保方案中列明。

第五节　机场控制区通行管制

第六十二条　机场管理机构应当制定措施和程序，并配备符合标准的人员和设施设备，对进入机场控制区的人员、车辆进行安全检查，防止未经许可的人员、车辆进入。

第六十三条　乘机旅客应当通过安全检查通道进入指定的区域候机和登机。

工作人员进入机场控制区应当佩戴机场控制区通行证件，经过核对及安全检查，方可进入指定的控制区域。

第六十四条　民用航空监察员凭民航局或地区管理局颁发的通行证进入机场控制区。

第六十五条　空勤人员执行飞行任务时凭空勤登机证进入机场控制区。

第六十六条　持机场控制区一次性通行证的人员，应当在发证机构指定人员引领下进入机场控制区。

第六十七条　车辆进入机场控制区应当停车接受道口值守人员对车辆、驾驶员、搭乘人员和车辆证件及所载物品的检查。

机场控制区车辆通行证应当置于明显位置。

第六十八条　进入机场控制区的车辆应当由合格的驾驶员驾驶，在机场控制区内行驶的车辆应当按照划定的路线行驶，在划定的位置停放。

第六十九条　对进入机场控制区的工具、物料和器材应当实施安保控制措施。道口和安检通道值守人员应当对工作人员进出机场控制区所携带的工具、物料和器材进行检查、核对和登记，带出时予以核销。使用单位应当明确专人负责工具、物料和器材在机场控制区内的管理。

控制区内使用的刀具等对航空安全有潜在威胁的物品，应当编号并登记造册。

第七十条　运输航空配餐和机上供应品的车辆进入机场控制区应当全程签封，道口安检人员应当查验签封是否完好并核对签封编号。

第六节　候机隔离区的航空安保措施

第七十一条　候机隔离区应当封闭管理，凡与非隔离区相毗邻的门、窗、通道等部位，应采取有效的隔离措施。

第七十二条　机场应当配备与旅客吞吐量相适应的安检通道及安检人员和设备，确保所有进入候机隔离区的人员及物品经过安全检查。

第七十三条　机场应当建立符合标准的安检信息管理系统，及时收集、存储旅客安检信息。

第七十四条　已经通过安全检查的人员离开候机隔离区再次进入的，应当重新接受安全检查。

第七十五条　已经通过安全检查和未经安全检查的人员不得相混或接触。如发生相混或接触，机场管理机构应当采取以下措施：

（一）对相应隔离区进行清场和检查；

（二）对相应出港旅客及其手提行李再次进行安全检查；

（三）如旅客已进入航空器，对该航空器客舱进行安保搜查。

第七十六条　机场管理机构应当采取措

施，确保过站和转机旅客受到有效的安保控制。

机场管理机构应当制定程序，确保乘坐入境航班在境内机场过站或转机的旅客及其行李，在未重新进行安全检查前，不得与其他出港旅客接触。但是，与中国签订互认航空安保标准条款的除外。

第七十七条 机场受公共航空运输企业委托，开展值机、托运行李、过站等地面代理服务的，其航空安保措施应当符合《公共航空运输企业航空安全保卫规则》相关规定。

第七十八条 安全检查业务外包的，机场管理机构应当与服务提供商签订安保协议，并对候机隔离区实施有效控制。

第七节 携带武器乘机或托运枪支弹药的航空安保措施

第七十九条 除非同时满足以下条件，任何人员不得携带武器乘机：

（一）经国家警卫部门确定的警卫对象的警卫人员；

（二）持有工作证、持枪证、持枪证明信。

第八十条 对警卫人员随身携带的武器进行安全检查时，应当：

（一）查验工作证、持枪证、持枪证明信；

（二）书面通知公共航空运输企业。

第八十一条 对公共航空运输企业收运的枪支弹药进行安全检查时，应当确认枪支和弹药分离。

第八节 航空器在地面的航空安保措施

第八十二条 航空器在地面的安保应当明确划分责任，并分别在机场、公共航空运输企业航空安保方案中列明。

第八十三条 执行航班飞行任务的民用航空器在机坪短暂停留期间，由机场管理机构负责监护。

航空器在机场过夜或未执行航班飞行任务停放期间，应当由专人守护。

第八十四条 航空器监护人员接收和移交监护任务时，应当与机务人员办理交接手续，填写记录，双方签字。

第八十五条 航空器停放区域应当有充足的照明，确保守护人员及巡逻人员能够及时发现未经授权的非法接触。

航空器隔离停放位置的照明应当充足且不间断。

第八十六条 当发生下列情况时，机场管理机构应组织机场公安、安检等相关部门对航空器进行安保搜查：

（一）航空器停场期间被非法接触；

（二）有合理理由怀疑该航空器在机场被放置违禁物品或者爆炸装置；

（三）其他需要进行安保搜查的情形。

机场管理机构应当对实施安保搜查的人员开展相关业务培训。

第九节 要害部位的航空安保措施

第八十七条 下列设施和部位应划定为要害部位，并实施相应的航空安保措施：

（一）塔台、区域管制中心；

（二）导航设施；

（三）机场供油设施；

（四）机场主备用电源；

（五）其他如遭受破坏将对机场功能产生重大损害的设施和部位。

第八十八条 要害部位的安全保卫应当明确主责单位，并由其制定安保制度和应急处置预案，采取相应的航空安保措施。

要害部位的航空安保措施应当在机场航空安保方案中列明。

第八十九条 要害部位应当至少采取下列航空安保措施：

（一）对塔台、区域管制中心等对空指挥要害部位应当实行严密的航空安保措施，非工作需要或未经授权者严禁入内；

（二）对进入或接近要害部位的人员应当采取通行管制等航空安保措施；

（三）导航设施和其他要害部位应当有足够的安全防护设施或人员保护；

（四）在威胁增加情况下，应当及时通知有关单位强化航空安保措施，并按应急处置预案做好备用设备的启动准备。

第十节　机场非控制区的航空安保措施

第九十条　机场非控制区的航空安保措施应当符合航空安保法规标准的要求，其内容应当纳入机场、公共航空运输企业航空安保方案。

第九十一条　机场公安机关应当保持足够警力在机场候机楼、停车场等公共区域巡逻。

第九十二条　候机楼前人行道应当设置相应的安全防护设施，防止车辆冲击候机楼。

第九十三条　候机楼内售票柜台及其他办理登机手续设施的结构应当能够防止旅客和公众进入工作区。所有客票和登机牌、行李标牌等应当采取航空安保措施，防止被盗或者滥用。

第九十四条　候机楼广播、电视系统应定时通告，告知旅客和公众应当遵守的基本安保事项和程序。在候机楼内、售票处、办理乘机手续柜台、安检通道等位置应当设置适当的安保告示牌。

第九十五条　设在候机楼内的小件物品寄存场所，其寄存的物品应当经过安全检查。

第九十六条　无人看管行李、无人认领行李和错运行李应存放在机场的指定区域，并采取相应的航空安保措施。

第九十七条　机场管理机构应当对保洁员等候机楼内工作人员进行培训，制定对候机楼内卫生间、垃圾箱等隐蔽部位的检查措施以及发现可疑物品的报告程序。

第九十八条　机场管理机构应当组织制定对候机楼、停车场等公共区域发现的无主可疑物或可疑车辆的处置程序并配备相应的防爆设备。

第九十九条　候机楼地下不得设置公共停车场；候机楼地下已设有公共停车场的，应在入口处配置爆炸物探测设备，对进入车辆进行安全检查。

第一百条　机场非控制区可以俯视航空器、安检现场的区域以及穿越机场控制区下方的通道，应当采取以下措施：

（一）配备相应的视频监控系统，并适时有人员巡查；

（二）设置物理隔离措施，防止未经许可进入或者向停放的航空器或安保控制区域投掷物体；

（三）对可以观看到安全检查现场的区域应当采取非透明隔离措施。

第一百零一条　机场要客服务区域应当采取适当的航空安保措施，防止未经授权人员进入。

第十一节　机场租户的航空安保措施

第一百零二条　机场租户应当与机场管理机构签订航空安保协议，协议中应当包含以下内容：

（一）安保责任的划分；

（二）航空安保措施和程序；

（三）对租户工作人员的安保培训；

（四）质量控制措施；

（五）其他需要明确的事项。

第一百零三条　机场租户应当根据机场航空安保方案，制定相应的航空安保措施，并报机场管理机构备案。

第一百零四条　机场租户人员、物品进入机场控制区，应当经过安全检查。

机场租户应明确专人负责保管控制区内使用的刀具及其它对航空安全有潜在威胁的物品。

第一百零五条　机场租户应当履行所在机场航空安保方案所规定的责任，对员工进行航空安保法规标准培训。

第一百零六条　机场租户所租地构成控制区与非控制区界线的一部分，或者经其可以从非控制区进入控制区者，应当配合机场管理机构对通过其区域的进出实施控制，防止未经授权和未经安全检查的人员、物品进入控制区。

第十二节　驻场单位的航空安保措施

第一百零七条　机场联检部门应当对工作人员进行航空安保法规标准的培训，维护民用航空安全。其工作场地构成控制区与非控制区界线的一部分，或经其可从非控制区进入控制区者，应当负责对通过其区域的进出实施控制，防止未经授权和未经安全检查的人员、物品进入控制区。

第一百零八条　空管部门、航空油料和地面服务代理等其他驻场民航单位应当制定并实施相应的航空安保方案，并报机场所在地民航地区管理局备案。

第十三节　信息报告

第一百零九条　机场管理机构应当建立航空安保信息报告制度，发生以下情况应当立即报告民航地区管理局：

（一）非法干扰事件；

（二）因安保原因造成的安全事故；

（三）重要威胁信息；

（四）重大空防安全隐患；

（五）其他紧急事件。

上述情况处理完毕后，机场管理机构应当在15个工作日内按相关规定书面报告民航地区管理局。

第一百一十条　机场管理机构应当每月向民航地区管理局报告以下情况：

（一）安保运行情况；

（二）非法干扰行为、扰乱行为及其它违规行为情况；

（三）航空安保方案的执行和修订情况；

（四）其他应当报告的内容。

第一百一十一条　机场管理机构在运行中发现公共航空运输企业、空管部门等单位的航空安保措施或安保设施不符合法规标准要求的，应当及时通报公共航空运输企业、空管部门并报告民航地区管理局。

第十四节　其他规定

第一百一十二条　机场管理机构接受国际组织或机构、外国政府部门航空安保审计、评估、考察的，应当在活动开始前至少20个工作日内报告民航局，并按照局方有关规定执行。

机场管理机构接受外国航空运输企业、机场航空安保考察的，应当在活动开始前至少20个工作日内报告民航地区管理局，并按照局方有关规定执行。

机场管理机构应当在活动结束后15个工作日内将相关情况上报。

第一百一十三条　机场安全检查工作，按照有关安全检查规定执行。

第一百一十四条　威胁增加时的航空安保措施，按照威胁等级管理办法的有关规定执行。

第五章　安保应急处置

第一百一十五条　机场管理机构应当制定安保应急处置预案，并保证实施预案所需的设备、人员、资金等条件。

机场管理机构应当确保预案中包含的所有信息及时更新，并将更新内容告知相关单位、人员。

机场管理机构应当按照航空安保方案的规定，定期演练应急处置预案。

第一百一十六条　安保应急处置预案应当包含按民航局、民航地区管理局要求，启动相应等级应急处置预案的程序。

第一百一十七条　机场管理机构应当制定程序，按照本机场所在地区的威胁等级，启动相应级别的航空安保措施。

根据民航局、民航地区管理局发布的威胁评估结果，机场管理机构对从高风险机场出发的进港航班旅客及其行李，可以采取必要的航空安保措施。

第一百一十八条　机场管理机构接到航空器受到炸弹威胁或劫机威胁的消息时，应当采取以下措施：

（一）立即通知民航地区管理局、公共航空运输企业等单位关于威胁的情况、对威胁的初步评估以及将采取的措施；

（二）引导航空器在隔离停放区停放；

（三）按照安保应急处置预案，采取相应航空安保措施。

第一百一十九条　机场公安机关、驻场民航单位等部门应当按照职责制定各自的安保应急处置预案。

第一百二十条　民航局根据威胁评估结果或针对民用航空的具体威胁，有权发布安保指令和信息通告，规定应对措施。

机场管理机构应当执行民航局向机场管理机构发布的安保指令和信息通告。

机场管理机构在收到安保指令和信息通告后，应当制定执行安保指令和信息通告各项措施的具体办法。

第一百二十一条　机场管理机构没有能力执行安保指令中的措施的，应当在安保指令规定的时间内向民航地区管理局提交替代措施。

第一百二十二条　机场管理机构可以通过向民航局提交数据、观点或论证，对安保指令提出意见。民航局可以根据收到的意见修改安保指令，但是提交的意见并不改变安保指令的生效。

第一百二十三条　机场管理机构以及收到安保指令或信息通告的人员应当对安保指令或信息通告中所含限制性信息采取保密措施，未经民航局书面同意，不得把安保指令、信息通告中所含信息透露给无关人员。

第一百二十四条　民航局发现有危及航空运输安全，需要立即采取行动的紧急情况，可以发布特别工作措施。

第一百二十五条　机场管理机构应当制定传递非法干扰行为机密信息的程序，不得擅自泄露信息。

第一百二十六条　机场管理机构应当采取适当措施，保证受到非法干扰的航空器上的旅客和机组能够继续行程。

第六章　监督管理

第一百二十七条　民航局、民航地区管理局依据职责对机场管理机构实施监督检查，以确保其符合：

（一）本规则的规定；

（二）本单位航空安保方案的规定；

（三）其他法规标准中有关航空安保的规定。

第一百二十八条　民航局、民航地区管理局实施监督检查，应当遵循公平、公正、公开的原则，不得妨碍机场管理机构正常的经营活动，不得索取或者收受机场管理机构的财物或者谋取其他利益，不得泄漏机场管理机构的商业秘密。

第一百二十九条　机场管理机构应当对民航局、民航地区管理局执法人员的监督检查给予积极配合，不得向执法人员隐瞒情况或者提供虚假情况。

第一百三十条　民航局、民航地区管理局应加强机场安保工作的检查，发现机场管理机构和驻场民航单位违反本规则有关内容的，可以先行召集其负责人进行警示谈话，或者由民航局、民航地区管理局行政约见其主要负责人或上级主管部门负责人。

第一百三十一条　民航局、民航地区管理局在检查中发现存在事故隐患的，依照《中华人民共和国安全生产法》规定执行。

第一百三十二条　任何单位或者个人发现机场管理机构未按规定执行航空安保措施的，均有权向民航局、民航地区管理局报告或者举报。

第七章　法律责任

第一百三十三条　违反本规则第八条、第九条，机场管理机构、驻场民航单位未按规定设置航空安保机构、配备和培训航空安保人员的，由民航地区管理局责令限期改正；逾期未改正的，对机场管理机构、驻场民航单位处以 3 万元罚款。

第一百三十四条　违反本规则第十条、

第十一条，机场管理机构未按规定成立机场航空安保委员会的，由民航地区管理局责令限期改正；逾期未改正的，处以1万元以上3万元以下罚款。

第一百三十五条　违反本规则规定，机场管理机构未按规定制定并实施航空安保方案的，由民航地区管理局责令限期改正；逾期未改正的，处以1万元以上3万元以下罚款。

第一百三十六条　违反本规则第十六条规定，机场管理机构未制定并实施质量控制方案的，由民航地区管理局责令限期改正；逾期未改正的，处以1万元罚款。

第一百三十七条　违反本规则第十七条、第十八条规定，机场未对从事航空安保人员进行初训、复训的，未对航空安保管理人员或新招录的航空安保人员进行岗前培训的，由民航地区管理局责令限期改正；逾期未改正的，予以警告或处以1万元以上3万元以下罚款。

第一百三十八条　违反本规则第二十一条规定，机场未建立完善的航空安保经费投入和保障制度或机场的经费保障不能达到航空安保运行需要的，由民航地区管理局责令限期改正；逾期不改正的，处以1万元以上3万元以下罚款。

第一百三十九条　违反本规则第三十八条、第三十九条、第七十八条、第一百零二条规定，机场管理机构不与有关单位签署航空安保协议、有关单位不与机场管理机构签署航空安保协议的，或者航空安保协议内容不符合本规则要求的，由民航地区管理局责令责任方限期改正；逾期不改正的，处以1万元以上3万元以下罚款。

第一百四十条　机场开放使用后，机场管理机构违反本规则第四十二条或第四十三条第一项和第三项至第六项要求，未按规定配备相应设施设备的，由民航地区管理局责令限期改正；逾期未改正的，处以1万元以上3万元以下罚款。

第一百四十一条　违反本规则第四十九条、第五十条规定，机场管理机构对发生入侵机场控制区事件未及时制止的，由民航地区管理局对机场管理机构处以1万元以上3万元以下罚款；造成运输机场地面事故、民用航空器飞行事故或者严重事故征候的，依据《民用机场管理条例》进行处罚。

第一百四十二条　违反本规则第五十九条规定，发证机构、申办单位不按规定要求办理机场控制区通行证件的，由民航地区管理局责令限期改正，并对直接负责的主管人员和其他责任人员依法予以行政处分。

第一百四十三条　违反本规则第六十二条规定，机场管理机构未制定机场控制区通行管制措施并配备符合要求的人员和设施设备的，由民航地区管理局责令限期改正；逾期未改正的，处以1万元罚款；造成未经授权人员和车辆进入机场控制区的，处以3万元罚款并对直接负责的主管人员和其他责任人员依法予以行政处分。

第一百四十四条　违反本规则第六十九条、第七十条规定，机场管理机构未对进出机场控制区工作人员携带的工具、器材、物料或配餐、机上供应品车辆采取安保控制措施的，由民航地区管理局处以1万元罚款并对直接负责的主管人员和其他责任人员依法予以行政处分。

第一百四十五条　机场管理机构违反本规则第四章第六节候机隔离区航空安保措施有关规定的，由民航地区管理局责令限期改正；逾期未改正的，予以警告或处以1万元以上3万元以下罚款。

第一百四十六条　违反本规则第八十三条、第八十四条规定，机场管理机构未对航空器实施有效监护的，由民航地区管理局依照《中华人民共和国民用航空安保条例》对有关单位处以警告、5万元以下罚款并对直接责任人员依法予以行政处分；情节严重造成恶劣后果的，责令停业整顿。

第一百四十七条　违反本规则第八十五条规定，航空器停放区域照明不符合要求的，由民航地区管理局责令机场管理机构限期改正；逾期未改正的，处以1万元以上3万元以下罚款。

第一百四十八条　违反本规则第八十八条、第八十九条规定，机场管理机构未制定要害部位安保制度和应急处置预案的，或未采取相应航空安保措施的，由民航地区管理局责令限期改正；逾期未改正的，处以1万元以上3万元以下罚款。

第一百四十九条　违反本规则第四章第十节、第十一节规定，相关机构未采取相应措施的，由民航地区管理局责令限期改正；逾期未改正的，予以警告。

第一百五十条　机场联检部门违反本规则第一百零七条规定，造成航空安保事件的，由民航地区管理局通报其上级主管部门。

第一百五十一条　违反本规则第一百零八条规定，相关机构未按规定制定或未有效实施航空安保方案的，由民航地区管理局责令限期改正；逾期未改正的，处以1万元以上3万元以下罚款。

第一百五十二条　违反本规则第一百零九条规定，机场管理机构迟报、漏报或者隐瞒不报信息的，由民航地区管理局予以警告并处以1万元以上3万元以下罚款；造成恶劣后果的，并对有关单位负责人和相关责任人员依法给予行政处分。

第一百五十三条　违反本规则第一百一十二条规定，机场管理机构未按规定接受审计、评估、考察，或未按规定报告情况的，由民航地区管理局对机场管理机构予以警告；情节严重的，处以1万元以上3万元以下罚款。

第一百五十四条　违反本规则第一百一十五条规定，机场管理机构未按规定制定应急处置预案、配备相应设施设备并按期开展演练的，由民航地区管理局责令限期改正；逾期未改正的，处以1万元以上3万元以下罚款。

第一百五十五条　违反本规则第一百二十条规定，机场管理机构不执行安保指令和信息通告的，由民航地区管理局责令限期改正。

第一百五十六条　违反本规则第一百二十九条规定，机场管理机构、驻场民航单位不接受、不配合民航局、民航地区管理局监督检查的，或不提供有关记录档案的，予以警告；情节严重的，处以1万元以上3万元以下罚款。

第一百五十七条　民航局、民航地区管理局工作人员不依法履行监督检查职责，或有滥用职权、玩忽职守行为的，由有关部门依法予以行政处分。

第一百五十八条　违反本规则构成犯罪的，依法追究刑事责任。

第八章　附　　则

第一百五十九条　本规则下列用语的含义：

非法干扰行为，是指危害民用航空安全的行为或未遂行为，包括但不限于：

（一）非法劫持航空器；

（二）毁坏使用中的航空器；

（三）在航空器上或机场扣留人质；

（四）强行闯入航空器、机场或航空设施场所；

（五）为犯罪目的而将武器或危险装置、材料带入航空器或机场；

（六）利用使用中的航空器造成死亡、严重人身伤害，或对财产或环境的严重破坏；

（七）散播危害飞行中或地面上的航空器、机场或民航设施场所内的旅客、机组、地面人员或大众安全的虚假信息。

扰乱行为，是指在民用机场或在航空器上不遵守规定，或不听从机场工作人员或机组人员指示，从而扰乱机场或航空器上良好秩序的行为。

机场控制区，是指根据安全需要在机场内划定的进出受到限制的区域。

货物存放区，是指存放已经安全检查等候装入航空器的货物的区域。

航空器安保搜查，是指对航空器内部、

外部的搜查，目的在于发现可疑物品、武器和其他危险的装置和物品。

第一百六十条　本规则自 2016 年 5 月 22 日起施行。

民用航空安全管理规定

（2018 年 2 月 11 日交通运输部第 2 次部务会议通过，2018 年 2 月 13 日公布，自 2018 年 3 月 16 日起施行）

第一章　总　则

第一条　为了实施系统、有效的民用航空安全管理，保证民用航空安全、正常运行，依据《中华人民共和国民用航空法》《中华人民共和国安全生产法》等国家有关法律、行政法规，制定本规定。

第二条　本规定适用于中华人民共和国领域内民用航空生产经营活动的安全管理。

第三条　民用航空安全管理应当坚持安全第一、预防为主、综合治理的工作方针。

第四条　中国民用航空局（以下简称民航局）对全国民用航空安全实施统一监督管理。中国民用航空地区管理局（以下简称民航地区管理局）对辖区内的民用航空安全实施监督管理。

民航局和民航地区管理局，以下统称民航行政机关。

第二章　安全管理要求

第一节　安全管理体系

第五条　民航生产经营单位应当依法建立并运行有效的安全管理体系。相关规定中未明确要求建立安全管理体系的，应当建立等效的安全管理机制。

第六条　安全管理体系应当至少包括以下四个组成部分共计十二项要素：

（一）安全政策和目标，包括：

1. 安全管理承诺与责任；

2. 安全问责制；

3. 任命关键的安全人员；

4. 应急预案的协调；

5. 安全管理体系文件。

（二）安全风险管理，包括：

1. 危险源识别；

2. 安全风险评估与缓解措施。

（三）安全保证，包括：

1. 安全绩效监测与评估；

2. 变更管理；

3. 持续改进。

（四）安全促进，包括：

1. 培训与教育；

2. 安全交流。

第七条　安全管理体系、等效的安全管理机制至少应当具备以下功能：

（一）查明危险源及评估相关风险；

（二）制定并实施必要的预防和纠正措施以保持可接受的安全绩效水平；

（三）持续监测与定期评估安全管理活动的适宜性和有效性。

第八条　民航生产经营单位的安全管理体系应当依法经民航行政机关审定。等效的安全管理机制应当报民航地区管理局或者其授权的机构备案。

第九条　民航生产经营单位应当建立安全管理体系、等效的安全管理机制的持续完善制度，以确保其持续满足相关要求，且工作绩效满足安全管理相关要求。

第十条　民航生产经营单位安全管理体系或者等效的安全管理机制的运行应当接受民航行政机关的持续监督，以确保其有效性。

第二节　安全绩效管理

第十一条　民航生产经营单位应当实施安全绩效管理，并接受民航行政机关的监督。

第十二条　民航生产经营单位应当建立与本单位运行类型、规模和复杂程度相适应的安全绩效指标，以监测生产运行风险。

第十三条　民航生产经营单位应当依据民航局制定的年度行业安全目标制定本单位安全绩效目标。安全绩效目标应当等于或者优于行业安全目标。

第十四条　民航生产经营单位应当根据安全绩效目标制定行动计划，并报所在辖区民航地区管理局备案。

第十五条　民航生产经营单位应当对实际安全绩效实施持续监测，按需要调整行动计划以确保实现安全绩效目标。

第十六条　民航生产经营单位应当在每年7月15日前及次年1月15日前分别将半年和全年安全绩效统计分析报告报所在辖区民航地区管理局备案。

第三节　安全管理制度

第十七条　民航生产经营单位应当依法建立安全生产管理机构或者配备安全生产管理人员，满足安全管理的所有岗位要求。

第十八条　民航生产经营单位应当保证本单位安全生产投入的有效实施，以具备国家有关法律、行政法规和规章规定的安全生产条件。安全生产投入至少应当包括以下方面：

（一）制定完备的安全生产规章制度和操作规程；

（二）从业人员安全教育和培训；

（三）安全设施、设备、工艺符合有关安全生产法律、行政法规、标准和规章的要求；

（四）安全生产检查与评价；

（五）重大危险源、重大安全隐患的评估、整改、监控；

（六）安全生产突发事件应急预案、应急组织、应急演练，配备必要的应急器材、设备；

（七）满足法律、行政法规和规章规定的与安全生产直接相关的其他要求。

第十九条　民航生产经营单位应当建立安全检查制度和程序，定期开展安全检查。

第二十条　民航生产经营单位应当建立安全隐患排查治理制度和程序，及时发现、消除安全隐患。

第二十一条　民航生产经营单位应当建立内部审核、内部评估制度和程序，定期对安全管理体系或者等效的安全管理机制的实施情况进行评审。

第二十二条　民航生产经营单位应当建立安全培训和考核制度，培训和考核的内容应当与岗位安全职责相适应。

第二十三条　民航生产经营单位应当建立应急处置机制，制定统一管理、综合协调的安全生产突发事件应急预案。

第四节　人员培训

第二十四条　民航生产经营单位的主要负责人、分管安全生产的负责人和安全管理人员应当按规定完成必需的安全管理培训，并定期参加复训。

第二十五条　民航生产经营单位应当针对生产运行相关岗位人员制定安全培训大纲和年度安全培训计划，其内容和质量应当满足相应的要求。

第二十六条　民航生产经营单位应当组织开展安全培训，建立培训档案，定期组织复训和考核。未经安全教育和培训，或者经教育和培训后考核不合格的人员，不得上岗作业。

第二十七条　民航生产经营单位应当对安全培训质量实行监督，确保培训目的、内容和质量满足相关要求。

第五节　事故和事故征候处理

第二十八条　发生事故或者事故征候的民航生产经营单位应当依法及时报告。

第二十九条　与事故或者事故征候有关的民航生产经营单位，应当依法封存、妥善保管并提供有关资料，保护事发现场，积极配合事故和事故征候调查。

第三十条　发生事故或者事故征候的民航生产经营单位，应当依据调查结果，查找系统缺陷，制定纠正措施，预防事故或者事故征候再次发生。

第三章　安全数据和安全信息的利用

第一节　行业安全数据和安全信息管理

第三十一条　民航局建立安全数据收集和处理系统，并实现安全数据整合或者互访功能。

第三十二条　民航局建立基于安全信息分析的安全项目工作机制，包括但不限于以下内容：

（一）开展行业安全信息分析，确定重点风险领域，提出民用航空安全项目建议；

（二）组建民用航空安全咨询专家组，系统研究并提出风险控制方案；

（三）对风险控制措施的实施及效果进行持续监控。

第三十三条　安全数据和安全信息应当用于调查事故或者事故征候原因，提出安全建议，预防事故或者事故征候发生。

第三十四条　安全数据和安全信息保护的条件和范围另行规定。

第三十五条　民航局建立安全信息交流、发布的机制和程序。

第三十六条　安全信息的发布应当遵循以下原则：

（一）对调整安全管理政策、规章和措施是必要的；

（二）不影响信息报告的积极性；

（三）隐去识别信息，一般采用概述或者综述的形式。

第二节　民航生产经营单位安全数据利用

第三十七条　民航生产经营单位应当根据本单位运行类型、规模和复杂程度，以及相应的安全管理需求，建立适宜的安全数据收集和处理系统。

第三十八条　民航生产经营单位应当充分利用收集的安全数据，开展安全现状分析和趋势预测，不得将安全数据用于除改进航空安全以外的其他任何目的。

第三十九条　安全数据的来源包括但不限于以下渠道：

（一）安全报告，包括强制报告、自愿报告和举报等；

（二）事件调查；

（三）安全检查、审核和评估；

（四）航空器持续适航有关的报告；

（五）飞行品质监控。

第四章　安全监督管理

第一节　中国民航航空安全方案

第四十条　民航局编制和实施中国民航航空安全方案，以使民用航空安全绩效达到可接受的水平。

第四十一条　中国民航航空安全方案包括四个组成部分共计十一项要素：

（一）安全政策与目标，包括：

1. 安全立法框架；

2. 安全责任和问责制；

3. 事故和事故征候调查；

4. 执法政策。

（二）安全风险管理，包括：

1. 对民航生产经营单位安全管理体系的要求；

2. 对民航生产经营单位安全绩效的认可。

（三）安全保证，包括：

1. 安全监督；

2. 安全数据的收集、分析和交换；

3. 基于安全数据确定重点监管领域。

（四）安全促进，包括：

1. 内部培训、交流和发布信息；

2. 外部培训、交流和发布信息。

第四十二条　民航局制定行业可接受的安全绩效水平，包括安全绩效指标及其目标值、预警值，用于衡量并监测行业安全水平。

第四十三条　中国民航航空安全方案应当与民用航空活动规模和复杂性相一致。民航局负责对其适用性、有效性进行定期评估。

第二节　安全监管实施

第四十四条　民航局建立安全监管制度，保证安全监管全面、有效开展。安全监管制度包括：

（一）基本民用航空法律和法规。参与航空立法，以使安全监管活动得到充分的法律保障，实现依法治理。

（二）具体运行规章。依法制定行业运行规章，实现民用航空生产运行标准化、规范化管理，防范安全风险。

（三）安全监管机构、人员及职能。建立与民用航空运行规模和复杂程度相适应的安全监管机构，协调有关部门配备数量足够的合格人员以及必要的财政经费，以保证安全监管职能得到有效履行、安全监管目标得以实现。

（四）监察员资质和培训。规定监察员最低资格要求，建立初始培训、复训以及培训记录制度。

（五）提供技术指导、工具及重要的安全信息。向监察员提供必要的监管工具、技术指导材料、关键安全信息，使其按规定程序有效履行安全监管职能；向行业提供执行相关规章的技术指导。

（六）颁发执照、合格审定、授权或者批准。通过制定并实施特定的程序，以确保从事民用航空活动的人员和单位只有在符合相关规章之后，方可从事执照、许可证、授权或者批准所包含的相关民用航空活动。

（七）监察。通过制定并实施持续的检查、审计和监测计划，对民用航空活动进行监察，确保航空执照、许可证、授权或者批准的持有人持续符合规章要求，其中包括对民航行政机关指定的代其履行安全监督职能的人员进行监察。

（八）解决安全问题。制定并使用规范的程序，用于采取包括强制措施在内的整改行动，以解决查明的安全问题；通过对整改情况的监测和记录，确保查明的安全问题得到及时解决。

第四十五条　民航局制定年度可接受的安全绩效水平，确定重点安全工作任务。民航局各职能部门制定下发行政检查大纲或者行政检查要求。民航地区管理局开展辖区民用航空运行安全监管工作。

第四十六条　民航局对民航生产经营单位安全管理体系或者等效的安全管理机制进行持续监督，以确保其运行的有效性。

第四十七条　民航行政机关依法综合运用多种监管手段强化民航生产经营单位的安全生产主体责任，加强安全隐患监督管理，预防事故发生。

第五章　法律责任

第四十八条　民航生产经营单位有下列行为之一的，由民航行政机关责令其限期改正；逾期未改正的，给予警告，并处一万元以上三万元以下的罚款：

（一）违反本规定第五条，未建立并运行安全管理体系或者等效的安全管理机制的；

（二）违反本规定第八条，建立的安全管理体系未经民航行政机关审定或者建立的等效的安全管理机制未备案的；

（三）违反本规定第九条，未建立安全管理体系或者等效的安全管理机制的持续完善制度的；

（四）违反本规定第十一条至第十三条，未开展安全绩效管理工作、未制定适宜的安全绩效指标或者安全绩效目标劣于行业安全目标的；

（五）违反本规定第十四条、第十五条，未制定行动计划、未按规定向所在辖区民航地区管理局备案行动计划、未实施安全绩效监测或者未按需要调整行动计划的；

（六）违反本规定第十六条，未按规定向所在辖区民航地区管理局备案安全绩效统计分析报告的；

（七）违反本规定第二十一条至第二十三条，未建立相关安全管理制度的；

（八）违反本规定第二十四条，民航生产经营单位主要负责人、分管安全生产的负责人和安全管理人员未按要求完成培训的；

（九）违反本规定第二十五条、第二十七条，未按要求制定安全培训大纲、年度安全培训计划或者未进行培训质量监督的；

（十）违反本规定第三十条，未按要求查找系统缺陷、制定预防与纠正措施的。

第四十九条 民航生产经营单位有下列行为之一的，依照《中华人民共和国安全生产法》第九十四条，由民航行政机关责令其限期改正，可以处五万元以下的罚款；逾期未改正的，责令停产停业整顿，并处五万元以上十万元以下的罚款，对其直接负责的主管人员和其他直接责任人员处一万元以上二万元以下的罚款：

（一）违反本规定第十七条，未依法建立安全生产管理机构或者配备安全生产管理人员的；

（二）违反本规定第二十六条，未按要求组织对相关人员进行安全生产培训的。

第五十条 民航生产经营单位安全生产所必需的资金投入不足，致使其不具备安全生产条件的，依照《中华人民共和国安全生产法》第九十条进行处罚。

第五十一条 民航生产经营单位违反本规定第二十条，未建立安全隐患排查治理制度或者未采取措施消除安全隐患的，由民航行政机关给予警告或者处一万元以上三万元以下的罚款。

第五十二条 民航生产经营单位违反本规定第二十九条，未依法妥善保护资料的，由民航行政机关给予警告或者处一万元以上三万元以下的罚款。

第五十三条 民航行政机关工作人员有滥用职权、玩忽职守行为的，由有关部门依法予以处分。

第五十四条 违反本规定，构成犯罪的，依法追究刑事责任。

第六章 附 则

第五十五条 对民航生产经营单位的行政处罚等处理措施及其执行情况记入守法信用信息记录，并按照有关规定进行公示。

第五十六条 本规定涉及相关定义如下：

（一）民航生产经营单位，是指在中华人民共和国境内依法设立的民用航空器经营人、飞行训练单位、维修单位、航空产品型号设计或者制造单位、空中交通管理运行单位、民用机场（包括军民合用机场民用部分）以及地面服务保障等单位。

（二）民航航空安全方案，是指旨在提高安全的一套完整的法律、行政法规、规章和活动。

（三）安全管理体系，是指管理安全的系统做法，包括必要的组织机构、问责制、政策和程序。

（四）安全绩效，是指安全管理体系的运行效果，用一套安全绩效指标衡量。

（五）安全绩效指标，是指用于监测和评估安全绩效的以数据为基础的参数。

（六）安全绩效目标，是指安全绩效指标在一个特定时期的计划或者预期目标。

（七）行动计划，是指为了保证安全目标的实现而确定的一系列活动及其实施计划。

（八）安全数据，是指为实现安全管理目的，用于识别危险源和安全缺陷，而从不同来源收集的事实或者数值。通常采取主动或者被动方式进行收集。包括但不限于：事故调查数据、不安全事件强制报告数据、自愿报告数据、持续适航报告数据、运行绩效监测数据、安全风险评估数据、审计结果或者报告数据、安全研究或者检查数据或者安全管理的任何其他监管数据。

（九）安全信息，是指用于安全管理共享、交换或者保存为目的的、经过处理和整理过的安全数据。

（十）可接受的安全绩效水平，是指以安全绩效目标和安全绩效指标表示的，按照中国民航航空安全方案中规定的，或者民航生产经营单位按照其安全管理体系中规定的安全绩效的最低水平。

第五十七条 本规定自2018年3月16日起施行。

民用航空危险品运输管理规定

（2024年1月12日交通运输部第1次部务会议通过，2024年1月18日公布，自2024年7月1日起施行）

第一章 总 则

第一条 为了加强民用航空危险品运输管理，规范危险品航空运输活动，保障民用航空运输安全，根据《中华人民共和国民用航空法》、《中华人民共和国安全生产法》、《中华人民共和国反恐怖主义法》、《危险化学品安全管理条例》等法律、行政法规，制定本规定。

第二条 中华人民共和国境内的承运人、机场管理机构、地面服务代理人、危险品培训机构、从事民航安全检查工作的机构以及其他单位和个人从事民用航空危险品运输有关活动的，适用本规定。

外国承运人、港澳台地区承运人从事前款规定的活动，其航班始发地点、经停地点或者目的地点之一在中华人民共和国境内（不含港澳台，下同）的，适用本规定。

第三条 中国民用航空局（以下简称民航局）负责对民用航空危险品运输活动实施统一监督管理。

中国民用航空地区管理局（以下简称民航地区管理局）负责对本辖区内的民用航空危险品运输活动实施监督管理。

民航局和民航地区管理局统称为民航行政机关。

第四条 从事民用航空危险品运输有关活动的单位和个人应当遵守《国际民用航空公约》附件18《危险物品的安全航空运输》及《技术细则》的要求；法律、法规、规章另有规定的，还应当遵守其规定。

第五条 有关行业协会应当加强行业自律，推进诚信建设，促进会员依法开展公共航空危险品运输活动，提升服务质量。

第二章 运输限制

第六条 任何单位和个人不得在行李中携带或者通过货物、邮件托运、收运、载运《技术细则》中规定的在任何情况下禁止航空运输的危险品。

第七条 除运输安全水平符合要求并获得民航行政机关按《技术细则》给予批准或者豁免外，任何单位和个人不得在行李中携带或者通过货物、邮件托运、收运、载运下列危险品：

（一）《技术细则》中规定禁止在正常情况下航空运输的危险品；

（二）受到感染的活体动物。

第八条 托运、收运、载运含有危险品的邮件，应当符合相关邮政法律法规、本规定及《技术细则》的要求。

第九条 符合下列情况的物品或者物质，按照《技术细则》的规定不受危险品航空运输的限制：

（一）已分类为危险品的物品或者物质，根据有关适航要求和运行规定，或者因

《技术细则》列明的其他特殊原因需要装在民用航空器上时；

（二）旅客或者机组成员携带的《技术细则》规定范围内的特定物品或者物质。

运输前款第一项所述物品或者物质的替换物，或者被替换下来的所述物品或者物质，除《技术细则》准许外，应当遵守本规定。

第三章 运输许可

第一节 一般规定

第十条 承运人从事危险品货物、含有危险品的邮件（以下简称危险品货物、邮件）航空运输，应当取得危险品航空运输许可。

第十一条 境内承运人申请取得危险品航空运输许可的，应当具备下列条件：

（一）持有公共航空运输企业经营许可证；

（二）危险品航空运输手册符合本规定的要求；

（三）危险品培训大纲符合本规定的要求；

（四）按照危险品航空运输手册建立了危险品航空运输管理和操作程序、应急方案；

（五）危险品航空运输从业人员按照危险品培训大纲完成培训并考核合格；

（六）货物、邮件航空运输安全记录良好。

第十二条 港澳台地区承运人、外国承运人申请取得危险品航空运输许可的，应当具备下列条件：

（一）持有所在地区或者所在国民航主管部门颁发的危险品航空运输许可或者等效文件；

（二）持有所在地区或者所在国民航主管部门审查或者批准的危险品航空运输手册或者等效文件；

（三）持有所在地区或者所在国民航主管部门审查或者批准的危险品培训大纲或者等效文件；

（四）货物、邮件航空运输安全记录良好。

第十三条 民航地区管理局作出的危险品航空运输许可，应当包含下列内容：

（一）承运人按照本规定和《技术细则》开展危险品货物、邮件航空运输活动的经营范围；

（二）批准运输的危险品类（项）别；

（三）许可的有效期；

（四）必要的限制条件。

第二节 许可程序

第十四条 境内承运人申请危险品航空运输许可的，应当向其公共航空运输企业经营许可证载明的主运营基地机场所在地民航地区管理局提交下列材料，并确保其真实、完整、有效：

（一）申请书；

（二）危险品航空运输手册；

（三）危险品培训大纲。

第十五条 港澳台地区承运人、外国承运人申请危险品航空运输许可的，应当向民航局指定管辖的民航地区管理局提交下列材料，并确保其真实、完整、有效：

（一）申请书；

（二）承运人所在地区或者所在国民航主管部门颁发的危险品航空运输许可或者等效文件；

（三）承运人所在地区或者所在国民航主管部门对承运人危险品航空运输手册或者等效文件的审查或者批准的证明材料；

（四）承运人所在地区或者所在国民航主管部门对承运人危险品培训大纲或者等效文件的审查或者批准的证明材料。

前款规定的申请材料应当使用中文或者英文。使用译本的，申请人应当承诺保证译本和原件的一致性和等同有效性。

第十六条 经审查，境内承运人符合本规定第十一条、港澳台地区及外国承运人符合本规定第十二条要求的，由民航地区管理局为其颁发危险品航空运输许可。

经审查不符合要求的，由民航地区管理局书面作出不予许可决定，说明理由，并告知申请人享有依法申请行政复议或者提起行政诉讼的权利。

第十七条　民航地区管理局应当自受理申请之日起 20 个工作日内作出是否准予许可的决定。20 个工作日内不能作出决定的，经民航地区管理局负责人批准，可以延长 10 个工作日，并应当将延长期限的理由告知申请人。

民航地区管理局作出行政许可决定，需要进行检验、检测、鉴定和组织专家评审的，所需时间不计入前款所述期限。

第三节　许可管理

第十八条　危险品航空运输许可的有效期最长不超过 24 个月。

有下列情形之一的，作出行政许可决定的民航地区管理局应当依法办理危险品航空运输许可注销手续：

（一）被许可承运人书面申请办理注销手续的；

（二）许可依法被撤销、撤回、吊销的；

（三）许可有效期届满未延续的；

（四）法律、法规规定的其他情形。

第十九条　承运人要求变更许可事项的，应当向民航地区管理局提出申请，按照本章有关许可的规定办理。

第二十条　承运人申请许可有效期延续的，应当在许可有效期届满 30 日前向民航地区管理局提出申请。经审查，承运人满足本规定许可条件的，民航地区管理局应当在许可有效期届满前作出是否准予延续的决定；民航地区管理局逾期未作出决定的，视为准予延续。

第四章　运输手册管理

第二十一条　境内承运人、地面服务代理人应当制定符合本规定要求的危险品航空运输手册，并采取措施保持手册的实用性和有效性。

境内承运人应当在完成运行合格审定前向主运营基地机场所在地民航地区管理局备案危险品航空运输手册。手册内容发生变化的，境内承运人应当及时进行更新备案。

第二十二条　境内承运人、地面服务代理人的危险品航空运输手册应当至少包括下列适用的内容：

（一）危险品航空运输的总政策；

（二）危险品航空运输管理和监督机构及其职责；

（三）开展自查及对其代理人进行检查的要求；

（四）人员的培训要求及对危险品培训机构的要求；

（五）旅客、机组成员携带危险品的限制，以及将限制要求告知旅客、机组成员的措施；

（六）托运人及托运人代理人的诚信管理要求；

（七）行李、货物、邮件中隐含危险品的识别及防止隐含危险品的措施；

（八）向机长通知危险品装载信息的措施；

（九）危险品航空运输应急响应方案及应急处置演练的要求；

（十）危险品航空运输事件的报告程序；

（十一）重大、紧急或者其他特殊情况下危险品航空运输预案。

从事危险品货物、邮件航空运输的境内承运人、地面服务代理人的危险品航空运输手册，还应当包括危险品货物、邮件航空运输的技术要求及操作程序。

除单独成册外，危险品航空运输手册的内容可以按照专业类别编入企业运行、地面服务和客货运输业务等其他业务手册中。

第二十三条　承运人委托地面服务代理人代表其从事危险品航空运输地面服务的，

应当要求地面服务代理人按照承运人提供的危险品航空运输手册或者经承运人认可的地面服务代理人危险品航空运输手册，开展危险品航空运输地面服务。

港澳台地区及外国承运人提供的危险品航空运输手册应当使用中文或者英文，使用译本的，应当承诺保证译本和原件的一致性和等同有效性。

按照经承运人认可的地面服务代理人危险品航空运输手册开展活动的，承运人应当告知地面服务代理人其差异化要求，地面服务代理人应当采取措施确保相关操作满足承运人的差异化要求。

第二十四条 承运人、地面服务代理人应当采取必要措施，确保危险品航空运输有关人员在履行相关职责时，充分了解危险品航空运输手册中与其职责相关的内容。

承运人、地面服务代理人应当为危险品航空运输有关人员提供以其所熟悉的文字编写的危险品航空运输手册，以便相关人员履行危险品航空运输职责。

第二十五条 承运人、地面服务代理人应当按照危险品航空运输手册中规定的程序和要求，开展危险品航空运输相关活动。

第二十六条 运输机场管理机构应当制定机场危险品航空运输应急救援预案，将其纳入运输机场突发事件应急救援预案管理，并按照有关规定执行。

运输机场管理机构应当将机场危险品航空运输的管理和应急救援预案内容，纳入机场使用手册。

第五章 托运人责任

第二十七条 托运人应当确保办理危险品货物托运手续和签署危险品运输文件的人员，已按照本规定和《技术细则》的要求经过危险品培训并考核合格。

第二十八条 托运人将危险品货物提交航空运输前，应当按照本规定和《技术细则》的规定，确保该危险品不属于禁止航空运输的危险品，并正确地进行分类、识别、包装、加标记、贴标签。

托运法律、法规限制运输的危险品货物，应当符合相关法律、法规的要求。

第二十九条 托运人将货物提交航空运输时，应当向承运人说明危险品货物情况，并提供真实、准确、完整的危险品运输文件。托运人应当正确填写危险品运输文件并签字。

除《技术细则》另有规定外，危险品运输文件应当包括《技术细则》所要求的内容，以及经托运人签字的声明，表明已使用运输专用名称对危险品进行完整、准确地描述和该危险品已按照《技术细则》的规定进行分类、包装、加标记和贴标签，且符合航空运输的条件。

第三十条 托运人应当向承运人提供所托运危险品货物发生危险情况的应急处置措施，并在必要时提供所托运危险品货物符合航空运输条件的相关证明材料。

第三十一条 托运人应当确保航空货运单、危险品运输文件及相关证明材料中所列货物信息与其实际托运的危险品货物保持一致。

第三十二条 托运人应当保存一份危险品航空运输相关文件，保存期限自运输文件签订之日起不少于24个月。

前款所述危险品航空运输相关文件包括危险品运输文件、航空货运单以及承运人、本规定和《技术细则》要求的补充资料和文件等。

第三十三条 托运人代理人从事危险品货物航空运输活动的，应当持有托运人的授权书，并适用本规定有关托运人责任的规定。

第六章 承运人及其地面服务代理人责任

第一节 一般规定

第三十四条 境内承运人、地面服务代理人应当将危险品航空运输纳入其安全管理体系或者单独建立危险品航空运输安全管理体系，并确保体系持续有效运行。

第三十五条　境内承运人、地面服务代理人应当明确适当的机构，配置专职人员对危险品航空运输活动进行管理。

持有危险品航空运输许可的港澳台地区承运人、外国承运人应当指定专人负责对危险品航空运输活动进行管理。

第三十六条　承运人和地面服务代理人应当对从事公共航空危险品运输的协议方或者合作方加强诚信管理，建立并持续完善公共航空危险品运输托运人及托运人代理人诚信评价机制。

第二节　承运人责任

第三十七条　承运人应当按照危险品航空运输许可的要求和条件开展危险品货物、邮件航空运输活动。

运输法律、法规限制运输的危险品，应当符合相关法律、法规的要求。

第三十八条　承运人接收危险品货物、邮件进行航空运输应当符合下列要求：

（一）确认办理托运手续和签署危险品运输文件的人员经危险品培训并考核合格，同时满足承运人危险品航空运输手册的要求；

（二）确认危险品货物、邮件附有完整的危险品航空运输相关文件，《技术细则》另有规定的除外；

（三）按照《技术细则》的要求对危险品货物、邮件进行检查。

第三十九条　承运人应当按照《技术细则》及民航行政机关的要求，收运、存放、装载、固定及隔离危险品货物、邮件。

第四十条　承运人应当按照《技术细则》及民航行政机关的要求，对危险品货物、邮件的损坏泄漏及污染进行检查和清除。

第四十一条　承运人应当按照《技术细则》及民航行政机关的要求，存放危险品货物、邮件，并及时处置超期存放的危险品货物、邮件。

承运人应当采取适当措施防止危险品货物、邮件被盗或者被不正当使用。

第四十二条　承运人应当在载运危险品货物、邮件的飞行终止后，将危险品航空运输相关文件保存不少于24个月。

前款所述文件包括危险品运输文件、航空货运单、收运检查单、机长通知单以及承运人、本规定和《技术细则》要求的补充资料和文件等。

第四十三条　委托地面服务代理人代表其从事危险品货物、邮件航空运输地面服务的承运人，应当同符合本规定要求的地面服务代理人签订包括危险品货物、邮件航空运输内容的地面服务代理协议，明确各自的危险品运输管理职责和应当采取的安全措施。

第四十四条　承运人应当采取措施防止货物、邮件、行李隐含危险品。

第四十五条　境内承运人应当对其地面服务代理人的危险品航空运输活动进行定期检查。

第三节　地面服务代理人责任

第四十六条　地面服务代理人应当按照与承运人签订的地面服务代理协议的相关要求，开展危险品货物、邮件航空运输活动。

第四十七条　在首次开展航空运输地面服务代理活动前，地面服务代理人应当向所在地民航地区管理局备案，并提交下列真实、完整、有效的备案材料：

（一）地面服务代理人备案信息表；

（二）法人资格证明；

（三）危险品航空运输手册；

（四）危险品培训大纲；

（五）按照本规定及备案内容开展危险品航空运输活动及确保危险品航空运输手册和危险品培训大纲持续更新的声明。

备案信息表中与危险品运输相关的地面服务代理业务范围发生变动的，地面服务代理人应当在开展相关新业务活动前备案。其他备案材料内容发生变化的，地面服务代理人应当及时对变化内容进行备案。

第四十八条 地面服务代理人开展危险品航空运输活动应当满足本规定及备案的危险品航空运输手册和危险品培训大纲的要求，并接受相关承运人的检查。

第四十九条 地面服务代理人代表承运人从事危险品航空运输活动的，适用本规定有关承运人责任的规定。

第七章 运输信息

第五十条 承运人在向旅客出售机票时，应当向旅客提供关于禁止航空运输的危险品种类的信息。

当通过互联网出售机票时，承运人应当以文字或者图像形式向旅客提供关于禁止旅客带上航空器的危险品种类的信息，且确保只有在旅客表示已经知悉行李中的危险品限制之后，方可完成购票手续。

第五十一条 在旅客办理乘机手续时，承运人或者地面服务代理人应当向旅客提供《技术细则》关于旅客携带危险品的限制要求信息。旅客自助办理乘机手续的，信息应当包括图像，并应当确保只有在旅客表示已经知悉行李中的危险品限制之后，方可完成办理乘机手续。

第五十二条 承运人、地面服务代理人或者机场管理机构应当在机场售票处、办理乘机手续处、安检处、登机处以及旅客可以办理乘机手续的其他地方醒目地张贴布告，告知旅客禁止航空运输危险品的种类。

前款要求的布告，应当包括禁止运输危险品的直观示例。

第五十三条 承运人或者地面服务代理人应当在货物、邮件收运处的醒目地点张贴布告，告知托运人及托运人代理人货物、邮件中可能含有的危险品以及危险品航空运输的相关规定和法律责任。

前款要求的布告，应当包括危险品的直观示例。

第五十四条 承运人、地面服务代理人、从事民航安全检查工作的机构以及机场管理机构应当向其从业人员提供相关信息，使其能够履行与危险品航空运输相关的职责，同时应当提供在出现涉及危险品的紧急情况时可供遵循的行动指南。

承运人应当在运行手册或者其他相关手册中向飞行机组成员提供与其履行职责相关的危险品信息及行动指南。

第五十五条 民用航空器上载运危险品货物、邮件时，承运人或者地面服务代理人应当在民用航空器起飞前向机长、民用航空器运行控制人员等提供《技术细则》规定的信息。

第五十六条 飞行中发生紧急情况时，如果情况允许，机长应当按照《技术细则》的规定立即将机上载有危险品货物、邮件的信息通报有关空中交通管制部门，以便通知机场。

第五十七条 承运人、地面服务代理人、机场管理机构应当按照《技术细则》及民航行政机关的要求，报告危险品航空运输事件信息。

第五十八条 承运人、地面服务代理人、从事民航安全检查工作的机构、危险品培训机构等相关单位，应当按照民航行政机关的要求报送危险品航空运输有关的信息和数据。

第八章 培训管理

第一节 一般规定

第五十九条 危险品货物托运人及托运人代理人、境内承运人、地面服务代理人、从事民航安全检查工作的机构、以及其他从事危险品航空运输活动的单位，应当确保其危险品航空运输从业人员按照本规定及《技术细则》的要求经过符合本规定要求的危险品培训机构培训并考核合格。

境内承运人、机场管理机构、地面服务代理人、从事民航安全检查工作的机构等单位分管危险品运输管理业务的负责人和安全管理人员，应当定期接受危险品航空运输管理知识培训。

本章所称危险品培训机构，包括境内承运人、机场管理机构、地面服务代理人、从事民航安全检查工作的机构、其他从事民用航空危险品运输有关活动的单位为其从业人员提供危险品培训所设立的培训机构，以及对外提供危险品培训的第三方机构。

第六十条　港澳台地区承运人、外国承运人，应当确保其相关人员的危险品培训符合本规定及《技术细则》的相关要求。

第六十一条　危险品货物托运人及托运人代理人、境内承运人、地面服务代理人、从事民航安全检查工作的机构、危险品培训机构，应当如实记录其危险品航空运输从业人员教育和培训情况，并保存不少于36个月，随时接受民航行政机关的检查。

第二节　培训大纲

第六十二条　下列单位应当制定并持有符合本规定及《技术细则》相关要求的危险品培训大纲，并按照大纲开展培训活动：

（一）境内承运人；

（二）地面服务代理人；

（三）从事民航安全检查工作的机构；

（四）危险品培训机构。

从事民航安全检查工作的机构，应当将其危险品培训大纲报所在地民航地区管理局备案。

第六十三条　危险品培训大纲应当根据受训人员的职责制定，并包括下列内容：

（一）符合本规定和《技术细则》规定的声明；

（二）符合要求的培训课程设置及评估要求；

（三）适用的受训人员范围及培训后应当达到的要求；

（四）实施培训的危险品培训机构及教员要求；

（五）培训使用教材的说明。

第六十四条　危险品培训大纲应当及时修订和更新，确保持续符合本规定及《技术细则》的要求。

第三节　培训机构

第六十五条　危险品培训机构应当在首次开展培训活动30日前向机构所在地民航地区管理局备案。

危险品培训机构终止培训的，应当自终止培训之日起30日内书面告知原备案民航地区管理局。

第六十六条　危险品培训机构应当在备案时提交下列材料，并确保其真实、完整、有效：

（一）危险品培训机构备案信息表；

（二）法人资格证明；

（三）危险品培训大纲；

（四）培训管理制度；

（五）3名及以上符合要求的危险品培训教员的证明材料；

（六）按照本规定要求及备案内容开展危险品培训活动并保持危险品培训大纲持续更新的声明。

备案材料内容发生变化的，危险品培训机构应当及时对变化内容进行备案。

第六十七条　危险品培训机构应当按照备案的危险品培训大纲和培训管理制度开展培训，并遵守下列要求：

（一）定期开展自查，确保持续符合本规定及危险品培训管理制度的要求；

（二）实施培训时使用的危险品培训大纲及教员符合本规定的要求；

（三）实施的培训符合本规定的要求；

（四）建立并实施培训效果评估制度，定期组织教学研讨和教学质量评价活动。

危险品培训机构应当接受民航行政机关组织的教学质量评价。

第六十八条　危险品培训机构应当确保本机构的危险品教员持续满足本规定的要求。

第四节　培训教员

第六十九条　危险品培训机构应当使用符合以下要求的教员从事危险品培训工作：

（一）熟悉危险品航空运输法律法规、规章、规定和政策；

（二）从事民航相关业务 3 年以上；

（三）参加符合本规定及《技术细则》要求的危险品培训，并考核优秀；

（四）通过危险品教员培训，具备相应的授课技能。

第七十条 危险品培训机构的教员应当按照本规定开展培训活动，并持续符合下列要求：

（一）同时仅在一家培训机构备案且仅代表一家危险品培训机构开展培训活动；

（二）每 12 个月至少实施一次完整的危险品培训；

（三）每 24 个月至少参加一次危险品教员培训，且至少参加一次相应的危险品培训并考核合格；

（四）教学质量评价满足要求；

（五）每 12 个月至少参加一次危险品培训机构组织的教学研讨活动。

危险品培训机构的教员不满足前款规定的要求的，危险品培训机构应当及时更换教员，并重新组织培训。

第九章　监督管理

第七十一条 从事民用航空危险品运输活动的有关单位和个人对民航行政机关的监督检查人员依法履行监督检查职责，应当予以配合，不得拒绝、阻碍。

第七十二条 持有危险品航空运输许可的承运人，应当保证其运营条件持续符合颁发危险品航空运输许可的条件。

因运营条件发生变化等，承运人不再具备安全生产条件的，由民航地区管理局依照《中华人民共和国安全生产法》的规定撤销其危险品航空运输许可。

第七十三条 民航地区管理局应当自地面服务代理人、危险品培训机构备案之日起 30 日内，对备案的地面服务代理人、危险品培训机构进行现场核查，对相关材料进行核实，并定期开展日常检查，监督其持续符合规定要求。

第七十四条 托运人、托运人代理人有下列行为之一的，依法作为严重失信行为记入民航行业信用记录：

（一）伪造危险品航空运输相关文件的；

（二）违规托运危险品货物，造成危险品事故或者严重征候；

（三）违规托运危险品货物，12 个月内造成危险品一般征候两次以上的。

第十章　法律责任

第七十五条 承运人隐瞒有关情况或者提供虚假材料申请危险品航空运输许可的，民航地区管理局不予受理或者不予许可，并给予警告；自该行为发现之日起 1 年内承运人不得再次申请危险品航空运输许可。

承运人以欺骗、贿赂等不正当手段取得危险品航空运输许可的，由民航地区管理局撤销该危险品航空运输许可，处 3 万元以下的罚款，承运人在 3 年内不得再次申请危险品航空运输许可。

第七十六条 托运人或者托运人代理人有下列行为之一的，由民航地区管理局处 2 万元以上 10 万元以下的罚款；构成犯罪的，依法追究刑事责任：

（一）违反本规定第二章，托运禁止航空运输的危险品的；

（二）违反本规定第二章，托运限制航空运输的危险品未满足相关法律、法规、规章或者《技术细则》要求的。

第七十七条 托运人或者托运人代理人有下列行为之一的，由民航地区管理局处警告或者 5 万元以下的罚款；情节严重的，处 5 万元以上 10 万元以下的罚款：

（一）违反本规定第二十八条，未按要求对所托运的危险品货物正确地进行分类、识别、包装、加标记、贴标签的；

（二）违反本规定第二十九条，未向承运人说明危险品货物情况或者未提供符合要求的危险品运输文件的；

（三）违反本规定第三十条，未提供所托运危险品货物正确的应急处置举措的；

（四）违反本规定第三十一条，航空货运单、危险品运输文件及相关证明材料中所列货物信息与其实际托运的危险品货物不一致的。

托运人代理人违反本规定第三十三条，从事危险品货物航空运输活动未持有托运人授权书的，依照前款规定处罚。

第七十八条　承运人有下列行为之一的，由民航地区管理局处2万元以上10万元以下的罚款：

（一）违反本规定第十条，未取得危险品航空运输许可运输危险品的；

（二）违反本规定第三十七条，未按照危险品航空运输许可的要求运输危险品的。

第七十九条　承运人、地面服务代理人有下列行为之一的，由民航地区管理局依照《中华人民共和国反恐怖主义法》第八十五条的规定，处10万元以上50万元以下的罚款，并对其直接负责的主管人员和其他直接责任人员处10万元以下的罚款：

（一）违反本规定第六条，对《技术细则》中规定的在任何情况下禁止航空运输的物品或者物质予以运输的；

（二）违反本规定第三十八条第三项，未对运输的危险品货物、邮件进行检查的。

第八十条　承运人、地面服务代理人有下列行为之一的，由民航地区管理局处警告或者5万元以下的罚款；情节严重的，处5万元以上10万元以下的罚款：

（一）违反本规定第八条，未按照本规定及《技术细则》相关规定的要求收运、运输含有危险品邮件的；

（二）违反本规定第二十一条，未按要求制定或者更新危险品航空运输手册的；

（三）违反本规定第二十四条，未采取必要措施确保其危险品航空运输有关人员充分了解履职相关危险品航空运输手册内容的或者未按要求提供危险品航空运输手册的；

（四）违反本规定第二十五条，未按照危险品航空运输手册中规定的程序和要求开展危险品航空运输活动的；

（五）违反本规定第三十八条第一项、第二项，在接收危险品货物、邮件进行航空运输时未按照要求对危险品托运人员和运输相关文件进行确认的；

（六）违反本规定第三十九条，未确保危险品货物、邮件的收运、存放、装载、固定及隔离符合本规定及《技术细则》相关要求的；

（七）违反本规定第四十条，未确保危险品货物、邮件的损坏泄漏检查及污染清除符合本规定及《技术细则》相关要求的；

（八）违反本规定第四十一条，未妥善存放危险品货物、邮件或者未及时处置超期存放的危险品货物、邮件或者未采取适当措施防止危险品货物、邮件被盗、不正当使用的；

（九）违反本规定第四十四条，未对运输的货物、邮件、行李采取措施防止隐含危险品的。

第八十一条　承运人有下列行为之一的，由民航地区管理局责令限期改正，处警告或者5万元以下的罚款；情节严重或者逾期未改正的，处5万元以上10万元以下的罚款：

（一）违反本规定第二十三条，未按要求告知地面服务代理人有关危险品航空运输手册差异化要求的；

（二）违反本规定第四十三条，委托地面服务代理人未签订地面服务代理协议或者代理协议不符合要求的。

第八十二条　承运人、地面服务代理人违反本规定第三十四条、第三十五条，未按照规定建立有效运行的危险品航空运输安全管理体系或者设置机构、配备人员管理危险品航空运输活动的，由民航地区管理局依照《中华人民共和国安全生产法》第九十七条、第一百零一条的规定，责令限期改正，处10万元以下的罚款；逾期未改正的，责令停产停业整顿，并处10万元以上20万元以下的罚款，对其直接负责的主管人员和其他直接责任人员处2万元以上5万元以下的罚款。

第八十三条 地面服务代理人有下列行为之一的，由民航地区管理局责令限期改正，处警告或者5万元以下的罚款；情节严重或者逾期未改正的，处5万元以上10万元以下的罚款：

（一）违反本规定第二十三条第三款，未确保危险品航空运输相关操作满足承运人差异化要求的；

（二）违反本规定第四十六条，未按照地面服务代理协议的相关安全要求开展危险品货物、邮件航空运输活动的；

（三）违反本规定第四十七条，未按照要求向所在地民航地区管理局备案，或者提交虚假备案材料的；

（四）违反本规定第四十八条，未按照备案内容开展危险品航空运输活动的。

第八十四条 托运人、托运人代理人、承运人、地面服务代理人违反本规定第三十二条、第四十二条，未按照规定保存危险品航空运输相关文件的，由民航地区管理局处警告或者5万元以下的罚款；情节严重的，处5万元以上10万元以下的罚款。

第八十五条 托运人、托运人代理人、境内承运人、地面服务代理人、从事民航安全检查工作的机构以及危险品培训机构有下列行为之一的，由民航地区管理局依照《中华人民共和国安全生产法》第九十七条的规定，责令限期改正，处10万元以下的罚款；逾期未改正的，责令停产停业整顿，并处10万元以上20万元以下的罚款，对其直接负责的主管人员和其他直接责任人员处2万元以上5万元以下的罚款：

（一）违反本规定第五十九条，其危险品航空运输从业人员未按照规定经过培训并考核合格的；

（二）违反本规定第六十一条，未按照规定如实记录安全生产教育和培训情况的。

港澳台地区承运人、外国承运人违反本规定第六十条，未按照要求对其危险品航空运输活动相关人员进行培训的，依照前款规定予以处罚。

第八十六条 有下列行为之一的，由民航地区管理局责令限期改正，处警告或者5万元以下的罚款；情节严重或者逾期未改正的，处5万元以上10万元以下的罚款：

（一）承运人、地面服务代理人、机场管理机构违反本规定第五十二条，未按照要求在机场张贴危险品布告的；

（二）承运人、地面服务代理人、机场管理机构、从事民航安全检查工作的机构违反本规定第五十四条，未按照要求向其从业人员提供信息或者行动指南的；

（三）境内承运人、地面服务代理人、从事民航安全检查工作的机构、危险品培训机构违反本规定第六十二条、第六十三条、第六十四条，未持有符合要求的危险品培训大纲并及时修订更新或者未按照大纲开展培训活动的。

第八十七条 承运人、地面服务代理人、从事民航安全检查工作的机构、危险品培训机构等相关单位违反本规定第五十八条，未按照要求报送危险品航空运输有关信息或者数据的，由民航地区管理局责令限期改正，处警告或者5万元以下的罚款；情节严重或者逾期未改正的，处5万元以上10万元以下的罚款。

第八十八条 危险品培训机构有下列行为之一的，由民航地区管理局责令限期改正，处警告或者5万元以下的罚款；情节严重或者逾期未改正的，处5万元以上10万元以下的罚款：

（一）违反本规定第六十五条、第六十六条，未按时备案或者提交虚假备案材料的；

（二）违反本规定第六十七条，未按照要求开展危险品培训的；

（三）违反本规定第六十九条、第七十条，危险品培训教员未满足相关要求的。

第八十九条 违反本规定，有关危险物品的法律、行政法规对其处罚有明确规定的，从其规定。

第十一章　附　　则

第九十条　本规定中下列用语，除具体条款中另有规定外，含义如下：

（一）危险品，是指列在《技术细则》危险品清单中或者根据《技术细则》的归类，能对健康、安全、财产或者环境构成危险的物品或者物质。

（二）《技术细则》，是指根据国际民航组织理事会制定的程序而定期批准和公布的《危险物品安全航空运输技术细则》（Doc 9284 号文件）及其补篇、增编和更正。

（三）托运人，是指为货物运输与承运人订立合同，并在航空货运单或者货物记录上签字的人。

（四）托运人代理人，是指经托运人授权，代表托运人托运货物或者签署货物航空运输相关文件的人。

（五）承运人，是指以营利为目的，使用民用航空器运送旅客、行李、货物、邮件的公共航空运输企业。

（六）地面服务代理人，是指依照中华人民共和国法律成立的，与承运人签订地面代理协议，在中华人民共和国境内机场从事公共航空运输地面服务代理业务的企业。

（七）危险品航空运输事件，是指与危险品航空运输有关的不安全事件，包括危险品事故、危险品严重征候、危险品一般征候及危险品一般事件。

（八）危险品运输文件，是指托运人或者托运人代理人签署的，向承运人申报所运输危险品详细信息的文件。

第九十一条　本规定自 2024 年 7 月 1 日起施行。交通运输部于 2016 年 4 月 13 日以交通运输部令 2016 年第 42 号公布的《民用航空危险品运输管理规定》同时废止。

民用航空安全检查规则

（2016 年 8 月 31 日交通运输部第 19 次部务会议通过，2016 年 9 月 2 日公布，自 2017 年 1 月 1 日起施行）

第一章　总　　则

第一条　为了规范民用航空安全检查工作，防止对民用航空活动的非法干扰，维护民用航空运输安全，依据《中华人民共和国民用航空法》《中华人民共和国民用航空安全保卫条例》等有关法律、行政法规，制定本规则。

第二条　本规则适用于在中华人民共和国境内的民用运输机场进行的民用航空安全检查工作。

第三条　民用航空安全检查机构（以下简称“民航安检机构”）按照有关法律、行政法规和本规则，通过实施民用航空安全检查工作（以下简称“民航安检工作”），防止未经允许的危及民用航空安全的危险品、违禁品进入民用运输机场控制区。

第四条　进入民用运输机场控制区的旅客及其行李物品，航空货物、航空邮件应当接受安全检查。拒绝接受安全检查的，不得进入民用运输机场控制区。国务院规定免检的除外。

旅客、航空货物托运人、航空货运销售代理人、航空邮件托运人应当配合民航安检机构开展工作。

第五条　中国民用航空局、中国民用航空地区管理局（以下统称“民航行政机关”）对民航安检工作进行指导、检查和监督。

第六条　民航安检工作坚持安全第一、严格检查、规范执勤的原则。

第七条 承运人按照相关规定交纳安检费用，费用标准按照有关规定执行。

第二章 民航安检机构

第八条 民用运输机场管理机构应当设立专门的民航安检机构从事民航安检工作。

公共航空运输企业从事航空货物、邮件和进入相关航空货运区人员、车辆、物品的安全检查工作的，应当设立专门的民航安检机构。

第九条 设立民航安检机构的民用运输机场管理机构、公共航空运输企业（以下简称“民航安检机构设立单位”）对民航安检工作承担安全主体责任，提供符合中国民用航空局（以下简称“民航局”）规定的人员、经费、场地及设施设备等保障，提供符合国家标准或者行业标准要求的劳动防护用品，保护民航安检从业人员劳动安全，确保民航安检机构的正常运行。

第十条 民航安检机构的运行条件应当包括：

（一）符合民用航空安全保卫设施行业标准要求的工作场地、设施设备和民航安检信息管理系统；

（二）符合民用航空安全检查设备管理要求的民航安检设备；

（三）符合民用航空安全检查员定员定额等标准要求的民航安全检查员；

（四）符合本规则和《民用航空安全检查工作手册》要求的民航安检工作运行管理文件；

（五）符合民航局规定的其他条件。

第十一条 民航行政机关审核民用机场使用许可、公共航空运输企业运行合格审定申请时，应当对其设立的民航安检机构的运行条件进行审查。

第十二条 民航安检机构应当根据民航局规定，制定并实施民航安检工作质量控制和培训管理制度，并建立相应的记录。

第十三条 民航安检机构应当根据工作实际，适时调整本机构的民航安检工作运行管理文件，以确保持续有效。

第三章 民航安全检查员

第十四条 民航安检机构应当使用符合以下条件的民航安全检查员从事民航安检工作：

（一）具备相应岗位民航安全检查员国家职业资格要求的理论和技能水平；

（二）通过民用航空背景调查；

（三）完成民航局民航安检培训管理规定要求的培训。

对不适合继续从事民航安检工作的人员，民航安检机构应当及时将其调离民航安检工作岗位。

第十五条 民航安检现场值班领导岗位管理人员应当具备民航安全检查员国家职业资格三级以上要求的理论和技能水平。

第十六条 民航安全检查员执勤时应当着民航安检制式服装，佩戴民航安检专门标志。民航安检制式服装和专门标志式样和使用由民航局统一规定。

第十七条 民航安全检查员应当依据本规则和本机构民航安检工作运行管理文件的要求开展工作，执勤时不得从事与民航安检工作无关的活动。

第十八条 X 射线安检仪操作检查员连续操机工作时间不得超过 30 分钟，再次操作 X 射线安检仪间隔时间不得少于 30 分钟。

第十九条 民航安检机构设立单位应当根据国家和民航局、地方人民政府有关规定，为民航安全检查员提供相应的岗位补助、津贴和工种补助。

第二十条 民航安检机构设立单位或民航安检机构应当为安全检查员提供以下健康保护：

（一）每年不少于一次的体检并建立健康状况档案；

（二）除法定假期外，每年不少于两周的带薪休假；

（三）为怀孕期和哺乳期的女工合理安

排工作。

第四章　民航安检设备

第二十一条　民航安检设备实行使用许可制度。用于民航安检工作的民航安检设备应当取得“民用航空安全检查设备使用许可证书”并在“民用航空安全检查设备使用许可证书”规定的范围内使用。

第二十二条　民航安检机构设立单位应当按照民航局规定，建立并运行民航安检设备的使用验收、维护、定期检测、改造及报废等管理制度，确保未经使用验收检测合格、未经定期检测合格的民航安检设备不得用于民航安检工作。

第二十三条　民航安检机构设立单位应当按照民航局规定，上报民航安检设备使用验收检测、定期检测、报废等相关信息。

第二十四条　从事民航安检设备使用验收检测、定期检测的人员应当通过民航局规定的培训。

第五章　民航安检工作实施

第一节　一般性规定

第二十五条　民航安检机构应当按照本机构民航安检工作运行管理文件组织实施民航安检工作。

第二十六条　公共航空运输企业、民用运输机场管理机构应当在售票、值机环节和民航安检工作现场待检区域，采用多媒体、实物展示等多种方式，告知公众民航安检工作的有关要求、通告。

第二十七条　民航安检机构应当按照民航局要求，实施民航安全检查安全信用制度。对有民航安检违规记录的人员和单位进行安全检查时，采取从严检查措施。

第二十八条　民航安检机构设立单位应当在民航安检工作现场设置禁止拍照、摄像警示标识。

第二节　旅客及其行李物品的安全检查

第二十九条　旅客及其行李物品的安全检查包括证件检查、人身检查、随身行李物品检查、托运行李检查等。安全检查方式包括设备检查、手工检查及民航局规定的其他安全检查方式。

第三十条　旅客不得携带或者在行李中夹带民航禁止运输物品，不得违规携带或者在行李中夹带民航限制运输物品。民航禁止运输物品、限制运输物品的具体内容由民航局制定并发布。

第三十一条　乘坐国内航班的旅客应当出示有效乘机身份证件和有效乘机凭证。对旅客、有效乘机身份证件、有效乘机凭证信息一致的，民航安检机构应当加注验讫标识。

有效乘机身份证件的种类包括：中国大陆地区居民的居民身份证、临时居民身份证、护照、军官证、文职干部证、义务兵证、士官证、文职人员证、职工证、武警警官证、武警士兵证、海员证，香港、澳门地区居民的港澳居民来往内地通行证，台湾地区居民的台湾居民来往大陆通行证；外籍旅客的护照、外交部签发的驻华外交人员证、外国人永久居留证；民航局规定的其他有效乘机身份证件。

十六周岁以下的中国大陆地区居民的有效乘机身份证件，还包括出生医学证明、户口簿、学生证或户口所在地公安机关出具的身份证明。

第三十二条　旅客应当依次通过人身安检设备接受人身检查。对通过人身安检设备检查报警的旅客，民航安全检查员应当对其采取重复通过人身安检设备或手工人身检查的方法进行复查，排除疑点后方可放行。对通过人身安检设备检查不报警的旅客可以随机抽查。

旅客在接受人身检查前，应当将随身携带的可能影响检查效果的物品，包括金属物品、电子设备、外套等取下。

第三十三条　手工人身检查一般由与旅客同性别的民航安全检查员实施；对女性旅客的手工人身检查，应当由女性民航安全检查员实施。

第三十四条　残疾旅客应当接受与其他旅客同样标准的安全检查。接受安全检查前，残疾旅客应当向公共航空运输企业确认具备乘机条件。

残疾旅客的助残设备、服务犬等应当接受安全检查。服务犬接受安全检查前，残疾旅客应当为其佩戴防咬人、防吠叫装置。

第三十五条　对要求在非公开场所进行安全检查的旅客，如携带贵重物品、植入心脏起搏器的旅客和残疾旅客等，民航安检机构可以对其实施非公开检查。检查一般由两名以上与旅客同性别的民航安全检查员实施。

第三十六条　对有下列情形的，民航安检机构应当实施从严检查措施：

（一）经过人身检查复查后仍有疑点的；

（二）试图逃避安全检查的；

（三）旅客有其他可疑情形，正常检查无法排除疑点的。

从严检查措施应当由两名以上与旅客同性别的民航安全检查员在特别检查室实施。

第三十七条　旅客的随身行李物品应当经过民航行李安检设备检查。发现可疑物品时，民航安检机构应当实施开箱包检查等措施，排除疑点后方可放行。对没有疑点的随身行李物品可以实施开箱包抽查。实施开箱包检查时，旅客应当在场并确认箱包归属。

第三十八条　旅客的托运行李应当经过民航行李安检设备检查。发现可疑物品时，民航安检机构应当实施开箱包检查等措施，排除疑点后方可放行。对没有疑点的托运行李可以实施开箱包抽查。实施开箱包检查时旅客应当在场并确认箱包归属，但是公共航空运输企业与旅客有特殊约定的除外。

第三十九条　根据国家有关法律法规和民航危险品运输管理规定等相关要求，属于经公共航空运输企业批准方能作为随身行李物品或者托运行李运输的特殊物品，旅客凭公共航空运输企业同意承运证明，经安全检查确认安全后放行。

公共航空运输企业应当向旅客通告特殊物品目录及批准程序，并与民航安检机构明确特殊物品批准和信息传递程序。

第四十条　对液体、凝胶、气溶胶等液态物品的安全检查，按照民航局规定执行。

第四十一条　对禁止旅客随身携带但可以托运的物品，民航安检机构应当告知旅客可作为行李托运、自行处置或者暂存处理。

对于旅客提出需要暂存的物品，民用运输机场管理机构应当为其提供暂存服务。暂存物品的存放期限不超过 30 天。

民用运输机场管理机构应当提供条件，保管或处理旅客在民航安检工作中暂存、自弃、遗留的物品。

第四十二条　对来自境外，且在境内民用运输机场过站或中转的旅客及其行李物品，民航安检机构应当实施安全检查。但与中国签订互认航空安保标准条款的除外。

第四十三条　对来自境内，且在境内民用运输机场过站或中转的旅客及其行李物品，民航安检机构不再实施安全检查。但旅客及其行李物品离开候机隔离区或与未经安全检查的人员、物品相混或者接触的除外。

第四十四条　经过安全检查的旅客进入候机隔离区以前，民航安检机构应当对候机隔离区实施清场，实施民用运输机场控制区 24 小时持续安保管制的机场除外。

第三节　航空货物、航空邮件的安全检查

第四十五条　航空货物应当依照民航局规定，经过安全检查或者采取其他安全措施。

第四十六条　对航空货物实施安全检查前，航空货物托运人、航空货运销售代理人应当提交航空货物安检申报清单和经公共航空运输企业或者其地面服务代理人审核的航空货运单等民航局规定的航空货物运输文件资料。

第四十七条　航空货物应当依照航空货

物安检要求通过民航货物安检设备检查。检查无疑点的，民航安检机构应当加注验讫标识放行。

第四十八条　对通过民航货物安检设备检查有疑点、图像不清或者图像显示与申报不符的航空货物，民航安检机构应当采取开箱包检查等措施，排除疑点后加注验讫标识放行。无法排除疑点的，应当加注退运标识作退运处理。

开箱包检查时，托运人或者其代理人应当在场。

第四十九条　对单体超大、超重等无法通过航空货物安检设备检查的航空货物，装入航空器前应当采取隔离停放至少24小时安全措施，并实施爆炸物探测检查。

第五十条　对航空邮件实施安全检查前，邮政企业应当提交经公共航空运输企业或其地面服务代理人审核的邮包路单和详细邮件品名、数量清单等文件资料或者电子数据。

第五十一条　航空邮件应当依照航空邮件安检要求通过民航货物安检设备检查，检查无疑点的，民航安检机构应当加注验讫标识放行。

第五十二条　航空邮件通过民航货物安检设备检查有疑点、图像不清或者图像显示与申报不符的，民航安检机构应当会同邮政企业采取开箱包检查等措施，排除疑点后加注验讫标识放行。无法开箱包检查或无法排除疑点的，应当加注退运标识退回邮政企业。

第四节　其他人员、物品及车辆的安全检查

第五十三条　进入民用运输机场控制区的其他人员、物品及车辆，应当接受安全检查。拒绝接受安全检查的，不得进入民用运输机场控制区。

对其他人员及物品的安全检查方法与程序应当与对旅客及行李物品检查方法和程序一致，有特殊规定的除外。

第五十四条　对进入民用运输机场控制区的工作人员，民航安检机构应当核查民用运输机场控制区通行证件，并对其人身及携带物品进行安全检查。

第五十五条　对进入民用运输机场控制区的车辆，民航安检机构应当核查民用运输机场控制区车辆通行证件，并对其车身、车底及车上所载物品进行安全检查。

第五十六条　对进入民用运输机场控制区的工具、物料或者器材，民航安检机构应当根据相关单位提交的工具、物料或者器材清单进行安全检查、核对和登记，带出时予以核销。工具、物料和器材含有民航禁止运输物品或限制运输物品的，民航安检机构应当要求其同时提供民用运输机场管理机构同意证明。

第五十七条　执行飞行任务的机组人员进入民用运输机场控制区的，民航安检机构应当核查其民航空勤通行证件和民航局规定的其他文件，并对其人身及物品进行安全检查。

第五十八条　对进入民用运输机场控制区的民用航空监察员，民航安检机构应当核查其民航行政机关颁发的通行证并对其人身及物品进行安全检查。

第五十九条　对进入民用运输机场控制区的航空配餐和机上供应品，民航安检机构应当核查车厢是否锁闭，签封是否完好，签封编号与运输台帐记录是否一致。必要时可以进行随机抽查。

第六十条　民用运输机场管理机构应当对进入民用运输机场控制区的商品进行安全备案并进行监督检查，防止进入民用运输机场控制区内的商品含有危害民用航空安全的物品。

对进入民用运输机场控制区的商品，民航安检机构应当核对商品清单和民用运输机场商品安全备案目录一致，并对其进行安全检查。

第六章　民航安检工作特殊情况处置

第六十一条　民航安检机构应当依照本

机构突发事件处置预案，定期实施演练。

第六十二条 已经安全检查的人员、行李、物品与未经安全检查的人员、行李、物品不得相混或接触。如发生相混或接触，民用运输机场管理机构应当采取以下措施：

（一）对民用运输机场控制区相关区域进行清场和检查；

（二）对相关出港旅客及其随身行李物品再次安全检查；

（三）如旅客已进入航空器，应当对航空器客舱进行航空器安保检查。

第六十三条 有下列情形之一的，民航安检机构应当报告公安机关：

（一）使用伪造、变造的乘机身份证件或者乘机凭证的；

（二）冒用他人乘机身份证件或者乘机凭证的；

（三）随身携带或者托运属于国家法律法规规定的危险品、违禁品、管制物品的；

（四）随身携带或者托运本条第三项规定以外民航禁止运输、限制运输物品，经民航安检机构发现提示仍拒不改正，扰乱秩序的；

（五）在行李物品中隐匿携带本条第三项规定以外民航禁止运输、限制运输物品，扰乱秩序的；

（六）伪造、变造、冒用危险品航空运输条件鉴定报告或者使用伪造、变造的危险品航空运输条件鉴定报告的；

（七）伪报品名运输或者在航空货物中夹带危险品、违禁品、管制物品的；

（八）在航空邮件中隐匿、夹带运输危险品、违禁品、管制物品的；

（九）故意散播虚假非法干扰信息的；

（十）对民航安检工作现场及民航安检工作进行拍照、摄像，经民航安检机构警示拒不改正的；

（十一）逃避安全检查或者殴打辱骂民航安全检查员或者其他妨碍民航安检工作正常开展，扰乱民航安检工作现场秩序的；

（十二）清场、航空器安保检查、航空器安保搜查中发现可疑人员或者物品的；

（十三）发现民用机场公安机关布控的犯罪嫌疑人的；

（十四）其他危害民用航空安全或者违反治安管理行为的。

第六十四条 有下列情形之一的，民航安检机构应当采取紧急处置措施，并立即报告公安机关：

（一）发现爆炸物品、爆炸装置或者其他重大危险源的；

（二）冲闯、堵塞民航安检通道或者民用运输机场控制区安检道口的；

（三）在民航安检工作现场向民用运输机场控制区内传递物品的；

（四）破坏、损毁、占用民航安检设备设施、场地的；

（五）其他威胁民用航空安全，需要采取紧急处置措施行为的。

第六十五条 有下列情形之一的，民航安检机构应当报告有关部门处理：

（一）发现涉嫌走私人员或者物品的；

（二）发现违规运输航空货物的；

（三）发现不属于公安机关管理的危险品、违禁品、管制物品的。

第六十六条 威胁增加时，民航安检机构应当按照威胁等级管理办法的有关规定调整安全检查措施。

第六十七条 民航安检机构应当根据本机构实际情况，与相关单位建立健全应急信息传递及报告工作程序，并建立记录。

第七章 监督检查

第六十八条 民航行政机关及民用航空监察员依法对民航安检工作实施监督检查，行使以下职权：

（一）审查并持续监督民航安检机构的运行条件符合民航局有关规定；

（二）制定民航安检工作年度监督检查计划，并依据监督检查计划开展监督检查工作；

（三）进入民航安检机构及其设立单位

进行检查，调阅有关资料，向有关单位和人员了解情况；

（四）对检查中发现的问题，当场予以纠正或者规定限期改正；对依法应当给予行政处罚的行为，依法作出行政处罚决定；

（五）对检查中发现的安全隐患，规定有关单位及时处理，对重大安全隐患实施挂牌督办；

（六）对有根据认为不符合国家标准或者行业标准的设施、设备予以查封或者扣押，并依法作出处理决定；

（七）依法对民航安检机构及其设立单位的主要负责人、直接责任人进行行政约见或者警示性谈话。

第六十九条　民航安检机构及其设立单位应当积极配合民航行政机关依法履行监督检查职责，不得拒绝、阻挠。对民航行政机关依法作出的监督检查书面记录，被检查单位负责人应当签字，拒绝签字的，民用航空监察员应当将情况记录在案，并向民航行政机关报告。

第七十条　民航行政机关应当建立民航安检工作违法违规行为信息库，如实记录民航安检机构及其设立单位的违法行为信息。对违法行为情节严重的单位，应当纳入行业安全评价体系，并通报其上级政府主管部门。

第七十一条　民航行政机关应当建立民航安检工作奖励制度，对保障空防安全、地面安全以及在突发事件处置、应急救援等方面有突出贡献的集体和个人，按贡献给予不同级别的奖励。

第七十二条　民航行政机关应当建立举报制度，公开举报电话、信箱或者电子邮件地址，受理并负责调查民航安检工作违法违规行为的举报。

任何单位和个人发现民航安检机构运行存在安全隐患或者未按照规定实施民航安检工作的，有权向民航行政机关报告或者举报。

民航行政机关应当依照国家有关奖励办法，对报告重大安全隐患或者举报民航安检工作违法违规行为的有功人员，给予奖励。

第八章　法律责任

第七十三条　违反本规则第十条规定，民用运输机场管理机构设立的民航安检机构运行条件不符合本规则要求的，由民航行政机关责令民用运输机场限期改正；逾期不改正的或者经改正仍不符合要求的，由民航行政机关依据《民用机场管理条例》第六十八条对民用运输机场作出限制使用的决定，情节严重的，吊销民用运输机场使用许可证。

第七十四条　民航安检机构设立单位的决策机构、主要负责人不能保证民航安检机构正常运行所必需资金投入，致使民航安检机构不具备运行条件的，由民航行政机关依据《中华人民共和国安全生产法》第九十条责令限期改正，提供必需的资金；逾期未改正的，责令停产停业整顿。

第七十五条　有下列情形之一的，由民航行政机关依据《中华人民共和国安全生产法》第九十四条责令民航安检机构设立单位改正，可以处五万元以下的罚款；逾期未改正的，责令停产停业整顿，并处五万元以上十万元以下的罚款，对其直接负责的主管人员和其他直接责任人员处一万元以上二万元以下的罚款：

（一）违反第十二条规定，未按要求开展培训工作或者未如实记录民航安检培训情况的；

（二）违反第十四、十五条规定，民航安全检查员未按要求经过培训并具备岗位要求的理论和技能水平，上岗执勤的；

（三）违反第二十四条规定，人员未按要求经过培训，从事民航安检设备使用验收检测、定期检测工作的；

（四）违反第六十一条规定，未按要求制定突发事件处置预案或者未定期实施演练的。

第七十六条　有下列情形之一的，由民航行政机关依据《中华人民共和国安全生产法》第九十六条责令民航安检机构设立单位限期改正，可以处五万元以下的罚款；逾期未改正的，处五万元以上二十万元以下的罚款，对其直接负责的主管人员和其他直接责任人员处一万元以上二万元以下的罚款；情节严重的，责令停产停业整顿：

（一）违反第二十一、二十二条规定，民航安检设备的安装、使用、检测、改造不符合国家标准或者行业标准的；

（二）违反本规则第二十二条规定，使用定期检测不合格的民航安检设备的；

（三）违反第二十二条规定，未按要求对民航安检设备进行使用验收、维护、定期检测的。

第七十七条 违反本规则有关规定，民航安检机构或者民航安检机构设立单位未采取措施消除安全隐患的，由民航行政机关依据《中华人民共和国安全生产法》第九十九条责令民航安检机构设立单位立即消除或者限期消除；民航安检机构设立单位拒不执行的，责令停产停业整顿，并处十万元以上五十万元以下的罚款，对其直接负责的主管人员和其他直接责任人员处二万元以上五万元以下的罚款。

第七十八条 违反本规则第六十九条规定，民航安检机构或者民航安检机构设立单位拒绝、阻碍民航行政机关依法开展监督检查的，由民航行政机关依据《中华人民共和国安全生产法》第一百零五条责令改正；拒不改正的，处二万元以上二十万元以下的罚款；对其直接负责的主管人员和其他直接责任人员处一万元以上二万元以下的罚款。

第七十九条 有下列情形之一的，由民航行政机关责令民航安检机构设立单位限期改正，处一万元以下的罚款；逾期未改正的，处一万元以上三万元以下的罚款：

（一）违反第八条规定，未设置专门的民航安检机构的；

（二）违反第十二条规定，未依法制定或者实施民航安检工作质量控制管理制度或者未如实记录质量控制工作情况的；

（三）违反第十三条规定，未根据实际适时调整民航安检工作运行管理手册的；

（四）违反第十四条第二款规定，未及时调离不适合继续从事民航安检工作人员的；

（五）违反第十八条规定，X射线安检仪操作检查员工作时间制度不符合要求的；

（六）违反第十九、二十条规定，未依法提供劳动健康保护的；

（七）违反第二十三条规定，未按规定上报民航安检设备信息的；

（八）违反第二十五条规定，未按照民航安检工作运行管理手册组织实施民航安检工作的；

（九）违反第二十八条规定，未在民航安检工作现场设置禁止拍照、摄像警示标识的；

（十）违反第六十二、六十三、六十四、六十五、六十六条规定，未按要求采取民航安检工作特殊情况处置措施的；

（十一）违反第六十七条规定，未按要求建立或者运行应急信息传递及报告程序或者未按要求记录应急信息的。

第八十条 违反第二十六条规定，公共航空运输企业、民用运输机场管理机构未按要求宣传、告知民航安检工作规定的，由民航行政机关责令限期改正，处一万元以下的罚款；逾期未改正的，处一万元以上三万元以下的罚款。

第八十一条 违反第三十九条第二款规定，公共航空运输企业未按要求向旅客通告特殊物品目录及批准程序或者未按要求与民航安检机构建立特殊物品和信息传递程序的，由民航行政机关责令限期改正，处一万元以下的罚款；逾期未改正的，处一万元以上三万元以下的罚款。

第八十二条 有下列情形之一的，由民航行政机关责令民用运输机场管理机构限期改正，可以处一万元以上三万元以下的罚款；逾期未改正的，处一万元以上三万元以下的罚款：

（一）违反第四十一条第二款规定，民用运输机场管理机构未按要求为旅客提供暂存服务的；

（二）违反第四十一条第三款规定，民用运输机场管理机构未按要求提供条件，保管或者处理旅客暂存、自弃、遗留物品的；

（三）违反第六十条第一款规定，民用运输机场管理机构未按要求履行监督检查管理职责的。

第八十三条　有下列情形之一的，由民航安检机构予以纠正，民航安检机构不履行职责的，由民航行政机关责令改正，并处一万元以上三万元以下的罚款：

（一）违反第十六条规定，民航安全检查员执勤时着装或者佩戴标志不符合要求的；

（二）违反第十七条规定，民航安全检查员执勤时从事与民航安检工作无关活动的；

（三）违反第五章第二、三、四节规定，民航安全检查员不服从管理，违反规章制度或者操作规程的。

第八十四条　有下列情形之一的，由民航行政机关的上级部门或者监察机关责令改正，并根据情节对直接负责的主管人员和其他直接责任人员依法给予处分：

（一）违反第十一条规定，未按要求审核民航安检机构运行条件或者提供虚假审核意见的；

（二）违反第六十八条规定，未按要求有效履行监督检查职能的；

（三）违反第七十条规定，未按要求建立民航安检工作违法违规行为信息库的；

（四）违反第七十一条规定，未按要求建立或者运行民航安检工作奖励制度的；

（五）违反第七十二条规定，未按要求建立或者运行民航安检工作违法违规行为举报制度的。

第八十五条　民航安检机构设立单位及民航安全检查员违规开展民航安检工作，造成安全事故的，按照国家有关规定追究相关单位和责任人员的法律责任。

第八十六条　违反本规则有关规定，行为构成犯罪的，依法追究刑事责任。

第八十七条　违反本规则有关规定，行为涉及民事权利义务纠纷的，依照民事权利义务法律法规处理。

第九章　附　　则

第八十八条　本规则下列用语定义：

（一）“民用运输机场”，是指为从事旅客、货物运输等公共航空运输活动的民用航空器提供起飞、降落等服务的机场。包括民航运输机场和军民合用机场的民用部分。

（二）“民用航空安全检查工作”，是指对进入民用运输机场控制区的旅客及其行李物品，其他人员、车辆及物品和航空货物、航空邮件等进行安全检查的活动。

（三）“航空货物”，是指除航空邮件、凭“客票及行李票”运输的行李、航空危险品外，已由或者将由民用航空运输的物品，包括普通货物、特种货物、航空快件、凭航空货运单运输的行李等。

（四）“航空邮件”，是指邮政企业通过航空运输方式寄递的信件、包裹等。

（五）“民航安全检查员”，是指持有民航安全检查员国家职业资格证书并从事民航安检工作的人员。

（六）“民航安检现场值班领导岗位管理人员”，是指在民航安检工作现场，负责民航安检勤务实施管理和应急处置管理工作的岗位。民航安检工作现场包括旅客人身及随身行李物品安全检查工作现场、托运行李安全检查工作现场、航空货邮安全检查工作现场、其他人员安全检查工作现场及民用运输机场控制区道口安全检查工作现场等。

（七）“旅客”，是指经公共航空运输企业同意在民用航空器上载运的除机组成员以外的任何人。

（八）“其他人员”，是指除旅客以外的，因工作需要，经安全检查进入机场控制区或者民用航空器的人员，包括但不限于机组成员、工作人员、民用航空监察员等。

（九）“行李物品”，是指旅客在旅行中为了穿着、使用、舒适或者方便的需要而携带的物品和其他个人财物。包括随身行李物品、托运行李。

（十）“随身行李物品”，是指经公共航空运输企业同意，由旅客自行负责照管的行李和自行携带的零星小件物品。

（十一）“托运行李”，是指旅客交由公共航空运输企业负责照管和运输并填开行李票的行李。

（十二）“液态物品”，包括液体、凝胶、气溶胶等形态的液态物品。其包括但不限于水和其他饮料、汤品、糖浆、炖品、酱汁、酱膏；盖浇食品或汤类食品；油膏、乳液、化妆品和油类；香水；喷剂；发胶和沐浴胶等凝胶；剃须泡沫、其他泡沫和除臭剂等高压罐装物品（例如气溶胶）；牙膏等膏状物品；凝固体合剂；睫毛膏；唇彩或唇膏；或室温下稠度类似的任何其他物品。

（十三）“重大危险源”，是指具有严重破坏能力且必须立即采取防范措施的物质。

（十四）“航空器安保检查”，是指对旅客可能已经进入的航空器内部的检查和对货舱的检查，目的在于发现可疑物品、武器、爆炸物或其他装置、物品和物质。

（十五）“航空器安保搜查”，是指对航空器内部和外部进行彻底检查，目的在于发现可疑物品、武器、爆炸物或其他危险装置、物品和物质。

第八十九条 危险品航空运输按照民航局危险品航空运输有关规定执行。

第九十条 在民用运输机场运行的公务航空运输活动的安全检查，由民航局另行规定。

第九十一条 在民用运输机场控制区以外区域进行的安全检查活动，参照本规则有关规定执行。

第九十二条 本规则自 2017 年 1 月 1 日起施行。1999 年 6 月 1 日起施行的《中国民用航空安全检查规则》（民航总局令第 85 号）同时废止。

运输机场运行安全管理规定

（2007 年 12 月 17 日中国民用航空总局发布，根据 2018 年 11 月 16 日交通运输部《关于修改〈民用机场运行安全管理规定〉的决定》第一次修正，根据 2022 年 4 月 1 日交通运输部《关于修改〈运输机场运行安全管理规定〉的决定》第二次修正）

第一章 总 则

第一条 为了保障运输机场安全、正常运行，依据《中华人民共和国民用航空法》及其他有关法律法规，制定本规定。

第二条 本规定适用于运输机场（包括军民合用运输机场民用部分，以下简称机场）的运行安全管理。运输机场航空安全保卫管理的要求按照其他有关法律法规和涉及民航管理的规章的规定执行。

第三条 中国民用航空局（以下简称民航局）对全国机场的运行安全实施统一的监督管理。

中国民用航空地区管理局（以下简称民航地区管理局）对辖区内机场的运行安全实施监督管理。

机场管理机构对机场的运行安全实施统一管理，负责机场安全、正常运行的组织和协调，并承担相应的责任。

航空运输企业及其他驻场单位按照各自

的职责，共同维护机场的运行安全，并承担相应的责任。

第四条　机场管理机构与航空运输企业及其他驻场单位应当签订有关机场运行安全的协议，明确各自的权利、责任、义务。

第五条　机场管理机构、航空运输企业及其他驻场单位应当依据国家有关法律法规、涉及民航管理的规章和标准的要求，对各自的有关机场运行安全的设施设备及时进行维护，保持设施设备的持续适用。

第六条　在机场范围内的任何单位和个人，应当遵守有关机场管理的各项法律法规、涉及民航管理的规章以及机场管理机构为保障飞行安全和机场正常运行所制定的并经民用航空主管部门批准的各项管理规定。

第七条　机场管理机构应当组织成立机场安全管理委员会。机场安全管理委员会由机场管理机构、航空运输企业或其代理人及其他驻场单位负责安全工作的领导组成，负责人由机场管理机构负责安全工作的领导担任。机场安全管理委员会主要职责是：

（一）依据国家法律法规、涉及民航管理的规章，对机场运行安全工作进行指导；

（二）研究分析机场运行安全形势，评估机场运行安全状况；

（三）协调解决机场运行中的安全问题；

（四）对机场运行安全隐患和问题，提出整改措施，并督促有关单位落实。

机场安全管理委员会应当定期召开会议。

机场管理机构、航空运输企业或其代理人及其他驻场单位应当落实机场安全管理委员会提出的有关安全的整改意见和建议。

第八条　机场管理机构不得滥用本规定赋予的管理权限损害航空运输企业或其代理人及其他驻场单位的合法权益。

第二章　机场安全管理

第一节　机场安全管理体系

第九条　机场管理机构应当建立机场安全管理体系。

机场安全管理体系主要包括机场安全管理的政策、目标、组织机构及职责、安全教育与培训、文件管理、安全信息管理、风险管理、不安全事件调查、应急响应、机场安全监督与审核等。

第十条　机场安全管理体系应当包含在机场使用手册中。

机场管理机构应当根据机场运行的实际情况，适时组织评估机场安全管理体系的符合性和有效性，适时调整完善。

第二节　机场安全管理制度

第十一条　机场管理机构应当至少每月召开一次安全生产例会，分析、研究安全生产中的问题，部署安全生产工作；每季度、每半年、每年要分别召开安全生产分析会，对前一阶段的工作进行总结，对以后的工作进行部署；机场运行中出现不利于安全运行的因素或者已经出现安全生产事故时，应当及时召开安全生产会议，制定切实可行的安全措施。

第十二条　机场管理机构应当每年对机场的运行安全状况组织一次评估，内容包括机场管理机构和驻场运行保障单位履行职责情况以及机场设施设备的状况。对评估中发现的安全隐患，薄弱环节，相关单位应当制定整改计划，明确整改的部门和人员，机场管理机构负责跟踪督促落实整改计划。

机场管理机构可以组织具有机场运行管理经验的人员进行评估，也可以委托专业机构进行评估。承担评估工作的人员应当熟知相关规章标准，并具有机场运行管理的经验。

评估后由评估人员编写评估报告，评估人员应当在报告上签字。评估报告内容应当向驻场单位反馈，并及时报机场所在地民航地区管理局备案。该报告应当至少保存五年。

第十三条　机场管理机构应当严格按照民航局或民航地区管理局批准的机场开放使

用范围为航空器提供安全保障。

国家已明令禁止使用的设备及未经民航局审定合格的民用机场专用设备，不得在机场中使用。

第十四条 机场管理机构应当建立并及时更新和补充机场资料库，供员工查阅和使用。资料库应当包括国家有关法律法规、涉及民航管理的规章、标准及其他规范性文件；国际民用航空公约及相关附件、手册；机场建设和改（扩）建的设计图纸和文件资料；与机场运行安全相关的所有规定、标准、手册等文件；机场设施设备的技术资料以及运行和维护记录等。

第十五条 机场管理机构应当制定各项工作的记录，详细记录各项检查和维护情况。记录应当包括电子文件和纸质文件。纸质记录需保存两年以上，电子记录应当保存十年。

第十六条 机场管理机构应当依据《运输机场使用许可规定》的有关要求，就机场、跑道、滑行道、机坪关闭或临时关闭部分跑道、滑行道、机坪（以下简称机场关闭）制定具体管理规定，管理规定应当明确可能导致机场关闭的各种因素、导致机场关闭的因素的现场确认程序及人员、有权决定机场关闭的人员、与空中交通管理部门沟通协调及航行资料的发布程序等内容。临时关闭机场、跑道（或临时关闭部分跑道、滑行道、机坪），应当尽可能减少对航空器正常运行的影响，并应当立即采取积极措施消除相应因素，在最短时间内恢复相应设施的运行。

关闭的跑道、滑行道、机坪或其一部分应当按照《民用机场飞行区技术标准》设置相应的标志标识。

第十七条 新建或扩建的跑道、平行滑行道完工或部分完工但未投入使用前应当及时设置关闭标志、不适用地区标志物和不适用地区灯光标志，并发布航行通告。

第三节 人员资质及培训

第十八条 机场管理机构应当配备足够数量的合格人员从事机场运行保障的所有岗位。

第十九条 机场内所有与运行安全有关岗位的员工均应当持证上岗。与运行安全有关的岗位主要包括：场务维护工、场务机具维修工、运行指挥员、助航灯光电工、航站楼设备电工、航站楼设备机修工、特种车辆操作工、特种车辆维修工、特种车辆电气维修工等。

国家、民航局要求持有从业资格的岗位，该岗位人员应当持有相应的资格证书。

第二十条 机场管理机构应当建立员工培训和考核制度。

培训和考核制度应当包括方针和目标、组织机构、经费安排、方式和程序、内容及学时、上岗转岗在岗的培训要求、学历教育、考核办法以及奖励与处罚等。

培训和考核的内容应当与其岗位相适应，包括必备的安全知识、技术标准，机场运行安全的规章制度、岗位的操作规程和实际操作技能等。

机场管理机构应当建立员工培训和考核记录，并长期保存。

第二十一条 航空运输企业、其他运行保障单位应当对员工进行机场运行安全培训，保证员工具备必要的机场运行安全知识，熟悉机场运行安全相关的规章制度和操作规程，掌握本岗位的操作技能。

第二十二条 机场管理机构、航空运输企业及其他运行保障单位应当每年至少对其在机场控制区工作的员工进行一次复训和考核，复训时间不少于24学时。

第二十三条 在机场控制区工作的员工，一年内违章三次（含）的，应当重新进行培训和考核，培训时间不少于40学时；一年内违章五次（含）或者连续两年每年违章三次（含）的，机场管理机构应当收回违章人员的控制区证件。机场管理机构半年内不得受理该违章人员提出的控制区证件申请。半年后再次申请时，应当按照初始上岗员工的要求进行培训。

第三章　机场使用手册

第一节　机场使用手册的编制、批准

第二十四条　机场管理机构应当依据法律法规、涉及民航管理的规章和标准编制机场使用手册（以下简称“手册”）。手册应当满足机场运行安全管理工作需要，有利于不断提高机场的安全保障能力和运行效率。

编制手册应当广泛征求使用者的意见。

第二十五条　手册应当包括《运输机场使用许可规定》附件3所规定的内容。手册应当具有可操作性、实用性，并能保证机场的运行安全。

第二十六条　手册的语言文字应当符合下列要求：

（一）清晰、明确，不产生歧义；

（二）统一、简洁、严谨、规范。

第二十七条　手册的格式应当符合下列要求：

（一）采用便于修改的活页格式；

（二）预留修改记录空白页，应当至少包括修订章节编号、页码范围、生效日期、监察员签字、换页人签字、备注等栏目；

（三）预留机场使用许可证换证记录页，内容至少包括换证日期、许可证编号、有效期、批准文件号、换证原因、备注等栏目；

（四）编排形式便于编写、审查。

手册的具体格式要求见《〈民用机场使用手册〉编制与管理基本要求》。

第二十八条　手册的审查和生效程序按照《运输机场使用许可规定》的规定执行。

第二节　机场使用手册的发放和使用管理

第二十九条　手册是随同机场使用许可证一并生效的机场运行的基本依据。机场管理机构应当严格按照生效的手册运行和管理机场。

第三十条　机场管理机构应当建立手册的动态管理制度，对手册的编制、发布实施、发放范围、发放程序、修改程序、使用保管等做出规定，并指定部门和人员负责手册的动态管理工作，确保手册的有效性和完整性。

第三十一条　机场管理机构应当至少保存一本现行完整的手册，供局方检查。

第三十二条　机场管理机构应当将生效的手册的完整版本（包括电子版本）发放给驻场的航空运输企业或其代理人及其他运行保障单位，发放手册应当做记录。机场使用手册分发单位列表应当至少包括分发单位（部门）、联系人、联系电话等栏目。

第三十三条　机场管理机构、驻场的航空运输企业或其代理人及其他运行保障单位应当根据本单位各部门的工作职责，将手册的相关章节印发给各部门及相关岗位人员。

第三十四条　机场管理机构应当结合机场各部门、岗位的实际分工制定相应部门、岗位的手册实施细则。手册实施细则应当涵盖手册中与该部门、岗位职责相关的内容，并不得与手册相冲突。

驻场的航空运输企业或其代理人及其他运行保障单位应当将机场使用手册的相关部分纳入本单位的运行管理中。

第三十五条　机场管理机构、航空运输企业及其他运行保障单位的人员，应当熟知手册的相关内容，并严格遵守和执行手册的规定。

机场管理机构、航空运输企业及其他运行保障单位应当定期就手册组织对员工的培训和考核。考核不合格的人员，不得从事相应的工作。

第三节　机场使用手册的修改

第三十六条　机场管理机构应当确保手册与机场实际运行情况相符，并符合有关法律法规、涉及民航管理的规章和标准的

要求。

手册修改后，机场管理机构应当在其生效前印发至使用手册的相关单位并撤换已失效的部分。

第三十七条 有下列情况之一的，机场管理机构应当修改手册：

（一）民航局、民航地区管理局要求修改的；

（二）机场基础设施等发生变化，与手册内容不相符的；

（三）执行过程中，手册对同一事项的表述容易产生歧义的；

（四）手册规定的内容不能保证机场的设施设备得到有效维护的；

（五）手册规定的内容不能全面反映运行安全管理要求的；

（六）手册不符合有关法律法规、涉及民航管理的规章以及标准等最新规定的。

机场基础设施等发生变化的，应当在机场设施、运行状况变化前完成手册修改并生效；民航局、民航地区管理局要求修改手册的，应当在限定的时间内完成手册的修改；其他原因需要修改手册的，一般应当在 14 日内完成修改并生效。

第三十八条 使用手册的人员发现手册存在第三十七条第一款第（二）项至第（六）项情况时，应当及时按程序告知机场管理机构。机场管理机构组织论证后，确有问题的，应当及时修改手册。

机场管理机构应当至少每年组织相关驻场单位对手册的完整性、适用性、有效性等进行一次评估。发现手册存在问题时，应当及时予以修改。

第四章 飞行区管理

第一节 飞行区设施设备维护要求

第三十九条 机场跑道、滑行道、机坪的几何构型以及平面尺寸应当符合《民用机场飞行区技术标准》的要求。

超载使用跑道、滑行道和机坪的，机场管理机构应当报民航地区管理局批准。

第四十条 机场管理机构应当确保跑道、滑行道和机坪的道面（含道肩，下同）、升降带及跑道端安全地区、围界、巡场路和排水设施等始终处于适用状态。

第四十一条 机场管理机构应当根据跑道、滑行道和机坪道面的破损类型、部位等情况制定道面紧急抢修预案。道面出现破损时，应当及时按照抢修预案进行修补，尽量减少道面破损和修补对机场运行的影响。

道面破损的修补应当符合标准要求。

第四十二条 水泥混凝土道面必须完整、平坦，3 米范围内的高差不得大于 10 毫米；板块接缝错台不得大于 5 毫米；道面接缝封灌完好。沥青混凝土道面必须完整、平坦，3 米范围内的高差不得大于 15 毫米。

水泥混凝土道面出现松散、剥落、断裂、破损等现象，或者沥青混凝土道面出现轮辙、裂缝、坑洞、鼓包、泛油等破损现象时，应当在发现后 24 小时内予以修补或者处理。

跑道、快速出口滑行道表面在雨后不应有积水。

第四十三条 跑道表面摩擦系数低于规定的维护规划值时，应当及时清除道面的橡胶，或采取其他改善措施。

第四十四条 机场管理机构应当每年至少进行一次对飞行区状况的分析研究，总结维护经验和不足，掌握飞行区潜在的缺陷或隐患，并据此制定维护工作计划和修改相关的管理规定。

机场管理机构应当至少每五年对跑道、滑行道和机坪道面状况进行一次综合评价。当发现跑道、滑行道和机坪道面破损加剧时，应当及时对道面进行综合评价。机场管理机构应当按照评价报告的建议，及时采取防范措施。

第四十五条 道面的嵌缝料应当与道面粘结牢固，保持弹性，能防止雨水渗入。不能满足性能要求时，应当及时修补或者更换。

第四十六条　跑道、滑行道和机坪道面应当进行编号，并在道面一侧设置标记，便于检查记录位置。

第四十七条　与道面边缘相接的土面，不得高于道面边缘，并且不得低于道面边缘3厘米。

第四十八条　道面应当保持清洁。道面上有泥浆、污物、砂子、松散颗粒、垃圾、燃油、润滑油及其他污物时，应当立即清除。用化学物清洁道面时，应当符合国家环境保护的有关规定，并不得对道面造成损害。

第四十九条　航空器被道面异物损伤后，航空器营运人应当及时向机场管理机构通报情况。

第五十条　飞行区土面区尽可能植草，固定土面。

飞行区内草高一般不应超过30厘米，并且不得遮挡助航灯光和标记牌。植草应当选择不易吸引鸟类和其他野生动物的种类。

割下的草应当尽快清除出飞行区，临时存放在飞行区的草，不得存放在跑道、滑行道的道肩外15米范围内。

第五十一条　在升降带平整区内，用三米直尺测量，高差不得大于5厘米，并不应有积水和反坡。

在升降带平整区和跑道端安全地区内，除航行所需的助航设备或装置外，不得有突出于土面、对偏出跑道的航空器造成损害的物体和障碍物。

航行所需的助航设备或装置应当为易折件，并满足易折性的有关要求。

升降带平整区和跑道端安全地区内的混凝土、石砌及金属基座、各类井体及井盖等，除非功能需要，应当埋到土面以下30厘米深。

第五十二条　升降带平整区和跑道端安全地区的土质密实度不得低于87%（重型击实法）。对升降带平整区和跑道端安全地区的碾压和密实度测试，每年不得少于两次。

第五十三条　除非经空中交通管理部门特别许可，跑道开放使用期间，跑道中心线两侧75米、导航设备的敏感区和临界区以及跑道端安全地区范围内，严禁从事飞行区割草、碾压等维护工作。

第五十四条　飞行区围界应当完好，具备防钻防攀爬功能，能有效防止动物和人员进入飞行区。

飞行区围界破损后应当及时修复。破损部位修复前应当采取有效的安全措施。

第五十五条　巡场路路面应当完整、平坦、通畅、无积水。破损时，应当及时修补。

第五十六条　飞行区内排水系统应当保持完好、畅通。积水、淤塞、漏水、破损时，应当及时疏通和修缮。

强制式排水设施应当保持适用状态；渗水系统应当保持完好、通畅；位于冰冻地区的机场，冰冻期的排水沟内不得有大量积水。

第二节　巡视检查

第五十七条　机场管理机构应当商空中交通管理部门（塔台）依据有关规定，建立跑道、滑行道巡视检查工作制度和协调机制。该制度至少应当包括：

（一）每日巡视检查的次数和时间；

（二）跑道、滑行道巡视检查的通报程序；

（三）巡视检查人员与塔台管制员联系的标准用语；

（四）巡视检查跑道过程中发生紧急情况的处置程序等。

第五十八条　当跑道、滑行道、机坪上有外来物或者其他异常情况时，机场管理机构应当立即对上述区域进行检查。

第五十九条　每日跑道开放使用前，机场管理机构应当对跑道进行一次全面检查。当每条跑道日着陆大于15架次时，还应当进行中间检查，并不应少于3次。全面检查时，必须对跑道全宽度表面状况进行详细检查。

中间检查时间根据航空器起降时段、频度等情况确定。在航空器起降集中的时段前，应当安排一次中间检查。中间检查的区域应当至少包括跑道边灯以内的区域。

对跑道实施检查时，检查方向应当与航空器起飞或着陆的方向相反。采用驾车方式检查时，除驾驶员外车辆上应当至少有一名专业检查人员，并且车速不得大于45公里/小时。

设有能对跑道道面状况进行监控、及时发现跑道上的外来物和道面损坏的监控设施的，中间检查的次数可适当减少。

当跑道道面损坏加剧或者雨后遇连续高温天气时，应当适当增加中间检查的次数。

第六十条 对跑道、滑行道、机坪应当定期清扫。对跑道、滑行道的清扫每月不应少于一次。应当建立机坪每日动态巡查制度，及时清除外来物，对机坪每周至少全面清扫一次。

第六十一条 在跑道、滑行道或其附近区域进行不停航施工，施工车辆、人员需要通过正在对航空器开放使用的道面时，应当增加道面检查次数，确保不因外来物影响飞行安全，并应当制定具体措施，确保施工车辆、人员不影响航空器的正常运行。

第六十二条 每日应当至少对滑行道、机坪、升降带、跑道端安全地区、飞行区围界、巡场路巡视检查一次。

第六十三条 每季度应当对跑道、滑行道和机坪的铺筑面进行一次全面的步行检查。当道面破损处较多或者破损加剧时，应当适当增加步行检查的次数。

第六十四条 雨季来临前，应当对排水系统进行全面检查。暴雨期间，应当随时巡查排水系统。

雨后应当对升降带和跑道端安全地区进行检查，对积水、冲沟应当予以标记，并及时处理。

第六十五条 对铺筑面的每日检查应当至少包括：

（一）道面清洁情况。重点检查可能被航空器发动机吸入的物体，如损坏道面的碎片、嵌缝料老化碎片、石子、金属或塑料物体、鸟类或其他动物尸体、其他外来物等；

（二）道面损坏情况。包括破损的板块、掉边、掉角、拱起、错台等；

（三）雨后道面与相邻土面区的高差；

（四）灯具的损坏情况；

（五）道面标志的清晰程度；

（六）井盖完好情况和密合程度等。

第六十六条 对铺筑面的每季度检查应当至少包括：

（一）嵌缝料的失效情况；

（二）道面损坏位置、数量、类型的调查统计（含潜在的疲劳损坏裂缝、龟裂、细微的裂缝或断裂，并最好在雨后检查）；

（三）道面与相邻土面区的高差；

（四）道面标志的清晰程度；

（五）跑道接地带橡胶沉积情况。

第六十七条 土面区的每日检查应当包括：

（一）草高情况；

（二）标记牌和标志物的完好情况；

（三）是否有危及飞行安全的物体、杂物、障碍物等；

（四）土面区内各种灯、井基座与土面区的高差，土面区沉陷、冲沟、积水等情况；

（五）航空器气流侵蚀情况；

（六）允许存在的障碍物的障碍灯和标志是否有效。

第六十八条 当出现大风及其他不利气候条件时，应当增加对飞行区的巡视检查次数，发现问题应当及时处理。影响运行安全时，应当及时报告空中交通管理部门和其他相关部门，并发布航行通告。

第三节 检查程序及规则

第六十九条 从事飞行区维护、巡视检查的人员，应当熟知维护、巡视检查的程序和规则，并严格执行。

第七十条　检查人员在进入跑道、滑行道之前，应当得到塔台管制员的许可。进入该区域时，应当直接报告塔台管制员。检查人员及车辆应当在塔台管制员限定的时间内退出跑道。退出后，应当直接报告塔台管制员。

巡视检查的车辆应当安装黄色旋转灯标，并在检查期间始终开启。检查人员应当穿反光背心或外套。

未经塔台管制员许可，任何人员、车辆不得进入运行中的跑道、滑行道。

第七十一条　在实施机场低能见度程序运行时，不得对跑道、滑行道进行常规巡视检查。

第七十二条　巡视检查期间，检查人员应当配备有效的无线电对讲机，并在相应的无线电波道上时刻保持守听。下车检查时，检查人员离开车辆的距离不得超过100米（随身携带对讲机），检查车辆应当处于运行状态。当塔台管制员要求检查人员撤离时，检查人员及车辆应当立即撤离至管制员指定的位置，并不得进入升降带平整区、跑道端安全地区、导航设备的敏感区和临界区。撤离后，要及时通知塔台。

再次进入跑道之前应当再次申请并获得塔台管制员的许可。

第七十三条　当塔台管制员发现通信联系中断时，应当立即按照紧急情况的处置程序执行。当检查人员发现通信联系中断时，应当立即撤离跑道。

第七十四条　在巡视检查中，发现航空器零件、轮胎碎片、灯具碎片和动物尸体等时，检查人员应当立即通知塔台管制员和机场运行管理部门，做好记录，并将该物体交有关部门。

第七十五条　在巡视检查过程中发现下列情况时，检查人员应当立即通知塔台管制员停止该跑道的使用，并立即报告机场值班领导或相关部门，由相关人员按程序关闭跑道（或部分关闭跑道）和发布航行通告：

（一）跑道道面断裂，包括整块板或局部，并出现错台或局部松动的；

（二）跑道出现直径（长边）大于12厘米的掉块的；

（三）跑道出现直径（长边）小于12厘米的掉块，但深度大于7厘米，或坡度大于45度角的破损的。

第七十六条　在巡视检查过程中发现下列需要处理但暂时不影响航空器运行安全的情况时，检查人员应当报塔台管制员、机场值班领导或者相关部门，并适当增加该区域的检查频次，视情及时修补：

（一）跑道道面断裂，包括整块板及局部，但不出现错台，板块不松动的；

（二）跑道出现直径（长边）小于12厘米的掉块，但深度小于7厘米且坡度不大于45度角的破损的。

第七十七条　巡视检查完成后，检查人员应当向塔台管制员报告飞行区场地情况，并将检查开始时间、结束时间、检查人员姓名、飞行区场地情况记录在检查日志中。

第四节　跑道摩擦系数测试及维护

第七十八条　机场管理机构应当定期测试跑道摩擦系数。

第七十九条　跑道日航空器着陆架次大于210架次的，测试跑道摩擦系数的频率应当不少于每周一次；跑道日航空器着陆架次为151至210架次的，测试跑道摩擦系数的频率应当不少于每两周一次；跑道日航空器着陆架次为91至150架次的，测试跑道摩擦系数的频率应当不少于每月一次；跑道日航空器着陆架次为31至90架次的，测试跑道摩擦系数的频率应当不少于每三个月一次；跑道日航空器着陆架次为16至30架次的，测试跑道摩擦系数的频率应当不少于每半年一次；跑道日航空器着陆架次为15次以下的，测试跑道摩擦系数的频率应当不少于每年一次。

第八十条　跑道表面摩擦系数不得低于《民用机场飞行区技术标准》中规定的维护规划值。以连续100米长道面的摩擦系数为评价指标，在表面摩擦系数低于维护规划值或者测试曲线显示跑道多处存在表面摩擦系数（累计长度大于 100 米）低于最小的摩阻值时，机场管理机构应当立即采取措施改善道面摩阻特性。

第八十一条 出现下列情况后，机场管理机构应当立即测试跑道摩擦系数：

（一）遇大雨或者跑道结冰、积雪；

（二）在跑道上施洒除冰液或颗粒；

（三）航空器偏出、冲出跑道。

第八十二条 跑道日航空器着陆 15 架次以上的机场，应当配备跑道摩擦系数测试设备。

第八十三条 没有配备跑道摩擦系数测试设备的机场，应当依据第七十九条规定的频率检查跑道接地带橡胶沉积情况。当接地带跑道中线两侧被橡胶覆盖 80% 左右，并且橡胶呈现光泽时，应当及时除胶。在雨天应当进行道面表面径流深度的检查，并作口头评价。检查结束后，将结果报告空中交通管理部门，并记录备查。

第八十四条 当跑道上有积雪或者局部结冰时，如跑道摩擦系数低于 0.30，应当关闭跑道。

跑道开放运行期间下雪时，应当根据雪情确定测试跑道摩擦系数的时间间隔，并及时对跑道进行除冰雪作业，保证跑道摩擦系数不低于 0.30。

第八十五条 跑道摩擦系数测试应当在跑道中心线两侧 3 至 5 米范围内进行。跑道表面摩擦系数应当包括跑道每三分之一段的数值及跑道全长的平均值，并依航空器进近方向依次公布。

测试结果应当及时报告空中交通管理部门。测试原始记录凭证应当予以保存。

第八十六条 没有配备跑道摩擦系数测试设备的机场，当跑道上有积雪时，应当向塔台管制员通报积雪的种类（干雪、湿雪、雪浆和压实的雪）和厚度。航空器能否起降由飞行机组决定。

第五章 目视助航设施管理

第一节 目视助航设施的运行要求

第八十七条 目视助航设施包括风向标、各类道面（含机坪）标志、引导标记牌、助航灯光系统（含机坪照明）。

第八十八条 机场管理机构应当明确目视助航设施的运行维护单位，并确保目视助航设施始终处于适用状态。

第八十九条 机场管理机构应当提供符合在航行资料中公布的并与实际天气情况相适应的目视助航设施服务。

第九十条 各类标志物、标志线应当清晰有效，颜色正确；助航灯光系统和可供夜间使用的引导标记牌的光强、颜色、有效完好率、允许的失效时间，应当符合《民用机场飞行区技术标准》的要求。

第九十一条 机场管理机构应当按照以下频次或情况对机场目视助航设施进行评估，以避免因滑行引导灯光、标志物、标志线、标记牌等指示不清、设置位置不当产生混淆或错误指引，造成航空器误滑或者人员、车辆误入跑道、滑行道的事件：

（一）每三年；

（二）新开航机场或机场启用新跑道、滑行道、机坪、机位前以及运行三个月内；

（三）机场发生航空器误滑、人员、车辆误入跑道、滑行道等事件时；

（四）机场管理机构接到飞行员、管制员、勤务保障作业人员反映滑行引导灯光、标志物、标志线、标记牌等指示不清，容易产生混淆或者影响运行效率时。

评估人员由飞行员、管制员、勤务保障作业人员、机场管理机构人员组成。

对于评估发现的问题，机场管理机构应当及时采取整改措施。

第九十二条 在机场开放运行期间，目视助航设施因故不能满足本规定第八十九条、第九十条的要求时，机场管理机构应当及时向空中交通管理部门说明情况，并在出现问题的当日内采取有效措施，使目视助航设施恢复正常。在恢复正常前，至少应当保持下列设施设备的完好、适用：

（一）引导标志、标记牌

1. 跑道标志（应当符合航空器在本机场进近时的最低天气标准要求）；

2. 滑行道中线和边线标志；

3. 滑行引导标记牌；

4. 跑道等待位置标志和标记牌。

（二）助航灯光

1. 跑道灯光（应当符合航空器在本机场进近时的最低天气标准要求）；

2. 滑行道中线灯（或中线反光标志物）、滑行道边线灯（或边线反光标志物）。

第九十三条　在低能见度运行条件下，机场管理机构应当停止机场供电设施附近的所有施工或维护活动，并通知上级供电单位停止影响机场供电系统的施工或维护活动。

第二节　助航灯光系统的维护

第九十四条　机场管理机构应当定期对助航灯光系统的各类灯具进行检测，保证各类灯具的光强、颜色持续符合《民用机场飞行区技术标准》中规定的要求。

第九十五条　机场管理机构应当做好助航灯光系统的以下供电保障工作：

（一）按照当地供电系统的要求和维护规程，做好变配电设备的维护工作。

（二）做好备用发电机的定期检查、维护和试运行工作，使其持续保持适用状态。每周至少应当进行不少于15分钟的备用发电机加载试验，每月至少应当进行不少于30分钟的备用发电机加载试验。加载试验的主要内容包括：

1. 检查电压、频率表计读数，输出电压、频率应当符合技术要求；

2. 主供电源与备用电源之间的切换设备是否可靠；

3. 发电机试运行过程中是否有喘振或过热情况；

4. 内燃式发动机是否有渗油情况。

（三）每月至少进行一次主供电源与备用电源之间及主、备用电源与备用柴油发电机之间切换的传动试验。电源切换时间应当符合《民用机场飞行区技术标准》的要求。

第九十六条　助航灯光系统的日常运行、维护、检查工作应当严格按照《民用机场助航灯光系统运行维护规程》的要求进行。其他目视助航设施的运行、维护、检查工作可参照该规程的要求进行。主要维护检查项目应当不低于以下要求：

（一）立式进近、跑道、滑行道灯光系统和顺序闪光灯的基本维护：

1. 日维护：更换失效的灯泡和破损的玻璃透镜，确保透镜的干净、清洁，检查各个亮度等级上调光器输出电流是否符合技术标准；

2. 年维护：灯具紧固件的紧固，灯具锈蚀部分的处理，灯具仰角、水平的检查和调整，插接件的连接可靠性检查，并检查每个灯组的支架及基础情况；

3. 不定期维护：在大风和大雪后可能对助航灯光系统正常运行造成影响时，应当对助航灯光系统进行检查，并调整各类灯具的仰角及水平；清除遮蔽灯光的草或积雪。

（二）目视精密进近坡度指示器的基本维护：

除进行本条第（一）项的维护项目外，还应当按照有关规定进行空中校验及经民航局批准的地面校验设备的校验。

（三）嵌入式灯具的基本维护：

除进行本条款第（一）项的维护项目外，还需进行以下维护工作：

1. 月维护：检查灯具上盖的固定螺栓扭矩，并对松动的螺栓予以紧固；

2. 季维护：测试灯具的输出光强并更换不符合光强要求的灯具；

3. 年维护：检查和清洁灯具的棱镜和滤光镜，检查灯具的密闭性能，更换不符合上述要求的灯具。

第九十七条　机场管理机构应当对目视泊位引导系统及时维护，定期校验，保持系统的持续适用。

第六章 机坪运行管理

第一节 机坪检查及机位管理

第九十八条 机坪的物理特性、标志线、标记牌等应当持续符合《民用机场飞行区技术标准》及其他有关标准和规范的要求。

第九十九条 机场管理机构负责机坪的统一管理，机场管理机构应当建立机坪运行的检查制度，并指派相应的部门和人员对机坪运行实施全天动态检查。机场管理机构应当与航空运输企业签订协议，明确航空运输企业专有机坪的管理责任。

第一百条 机坪机位应当由机场管理机构统一管理。

机场管理机构应当合理调配机位，最大限度地利用廊桥和机位资源，方便旅客，方便地勤保障，尽可能减少因机位的临时调整给旅客及生产保障单位带来的影响，公平地为各航空运输企业提供服务。大型机场为各航空运输企业提供的机位应当相对固定，可为航空公司设置专用航站楼或专用候机区域。

第一百零一条 机位调配应当按照下列基本原则确定：

（一）发生紧急情况或执行急救等特殊任务的航空器优先于其他航空器；

（二）正常航班优先于不正常航班；

（三）大型航空器优先于中小型航空器；

（四）国际航班优先于国内航班。

机场管理机构应当根据实际情况制定机位调配细则。

第一百零二条 当机场发生应急救援、航班大面积延误、航班长时间延误、恶劣气象条件、专机保障以及航空器故障等情况时，机场管理机构有权指令航空运输企业或其代理人将航空器移动到指定位置。拒绝按指令移动航空器的，机场管理机构可强行移动该航空器，所发生的费用由航空运输企业或者其代理人承担。

第一百零三条 航空器进入机位前，该机位应当保持：

（一）除负责航空器入位协调的人员外，各类人员、车辆、设备、货物和行李均应当位于划定的机位安全线区域外或机位作业等待区内；

（二）车辆、设备必须制动或固定；有液压装置的保障作业车辆、设备，必须确保其液压装置处于回缩状态；

（三）保障作业车辆在等待时，驾驶员应当随车等候；所有设备必须有人看守；廊桥活动端必须处于廊桥回位点。

第一百零四条 接机人员应当至少在航空器入位前5分钟，对机位适用性进行检查。主要检查项目包括：

（一）机位是否清洁；

（二）人员、车辆及设备是否处于机位安全线区域外或机位作业等待区内；

（三）廊桥是否处于廊桥回位点；

（四）是否有其他影响航空器停靠的障碍物。

第一百零五条 在航空器进入机位过程中，任何车辆、人员不得从航空器和接机人员（或目视泊位引导系统）之间穿行。

第一百零六条 在航空器处于安全靠泊状态后，接机人员应当向廊桥操作人员或客梯车驾驶员发出可以对接航空器的指令。廊桥操作人员或客梯车驾驶员接到此指令后，方可操作廊桥或客梯车对接航空器。

航空器安全靠泊状态应当满足下列条件：

（一）发动机关闭；

（二）防撞灯关闭；

（三）轮挡按规范放置；

（四）航空器刹车松开。

第二节 航空器机坪运行管理

第一百零七条 航空器试车应当符合下列要求：

（一）一般情况下，航空器不得在机坪

试车；

（二）机场管理机构应当设立试车坪或者指定试车位置。试车坪或者指定试车位置应当设有航空器噪声消减设施，并应当具备安全防护措施；

（三）发动机大功率试车应当在试车坪或机场管理机构指定的位置进行，并且应当在机场管理机构指定的时间段内进行；

（四）发动机怠速运转、不推油门的慢车测试和以电源带动风扇旋转、发动机不输出功率的冷转测试，应当在机场管理机构指定的位置进行；

（五）任何类型的航空器试车，必须有专人负责试车现场的安全监控，并且应当根据试车种类设置醒目的“试车危险区”警示标志。无关人员和车辆不得进入试车危险区。

第一百零八条　航空器维修应当符合下列要求：

（一）除紧急情况外，任何单位不得在跑道、滑行道上实施航空器维修；

（二）在机坪内进行航空器维护、添加润滑油和液压油及其他保障工作时，不得影响机位的正常调配和机坪内其他保障工作的正常运行，并应当采取有效措施防止对机坪造成污染和腐蚀；对机坪造成污染和腐蚀所发生的治理费用由造成污染的单位承担；

（三）维修结束后，维修部门应当及时清理现场；

（四）清洗航空器应当在机场管理机构指定的位置进行。

第一百零九条　航空器除冰、防冰作业应当符合下列要求：

（一）航空器除冰作业应当在机场管理机构指定的地点进行；机场管理机构未指定除冰作业区，在机位上除冰时，机场管理机构应当制定除冰液回收措施，防止除冰液对道面的化学腐蚀或者冻融循环的物理损坏；

（二）在有条件的机场，机场管理机构应当建立专用除冰坪，并设置除冰液回收设施，减少对环境的污染；

（三）负责航空器除冰的航空运输企业、机场或者其他单位应当配备足够的航空器除冰设备，防止因除冰设备或者设施不足，延误航空器正常出港。

第一百一十条　航空器滑出或被推出机位前，送机人员必须确认：

（一）除牵引车外的其他车辆、设备及人员等均已撤离至机位安全区域外；

（二）廊桥已撤至廊桥回位点。

第一百一十一条　当遇到大风天气有可能对廊桥和停场航空器造成影响时，必须对廊桥和航空器进行系留。航空器营运人或者其代理人负责实施航空器的系留，操作廊桥的单位负责廊桥的系留。

第一百一十二条　机组在航空器进入设置目视泊位引导系统的机位时，发现有疑问的引导指示，或进入由人工引导入位的机位时发现地面接机人员未就位，应当立即停止航空器滑行，及时通报空中交通管理部门，并应当保持发动机运转，等待后续处置。空中交通管理部门应当及时通知机场运行部门进行处理。

第一百一十三条　航空器型别、注册号或航班计划变更时，航空器营运人应当立即向空中交通管理部门和机场管理机构通报。

第一百一十四条　航空器在跑道和滑行道区域发生故障时，机组应当及时向空中交通管理部门通报情况。航空器营运人及其代理人应当尽快使航空器脱离跑道、滑行道区域。

第一百一十五条　航空器长时间停放、过夜停放应当取得机场管理机构的同意。

第一百一十六条　航空器保障作业过程中出现任何意外情况，有关人员应当及时通知机场管理机构，航空器保障作业单位和机场管理机构应当及时采取措施予以处理。

第一百一十七条　旅客步行通过机坪上下航空器时，航空器营运人或者其代理人应当安排专人引导。旅客通行路线不得穿越航空器滑行路线，任何车辆不得横穿旅客队伍。

第三节 机坪车辆及设施设备管理

第一百一十八条 因保障作业需要放置于机坪内的特种车辆（含拖把）、集装箱、行李和集装箱托盘等特种设备，应当停泊或放置于指定的白色设备停放区和车辆停放区内。作业人员离开后，车辆、设备应当保持制动状态，并将启动钥匙与车辆、设备分离存放。保障工作结束后，各保障部门应当及时将所用设备放回原区域，并摆放整齐。

第一百一十九条 非保障作业需要、故障或已报废的车辆和设备应当及时清除出机坪。

第一百二十条 任何单位和人员不得损坏、挪用、占用、遮挡机坪基础设施和设备。

第一百二十一条 在廊桥活动端移动范围内应当采用红色线条设置廊桥活动区，禁止任何车辆和设备进入。廊桥活动区内应当标示廊桥回位点。廊桥处在非工作状态时，应当将廊桥停留在廊桥回位点。廊桥操作人员进行靠桥、撤桥作业时，禁止其他人员进入廊桥活动端。

第一百二十二条 机位应当设置白色机位作业等待区、红色机位安全线。车辆和设备与航空器应当保持足够的安全距离。

第一百二十三条 在航空器处于安全停泊状态后、廊桥或客梯车与航空器对接完成前，除电源车外，其他保障车辆、设备不得超越红色机位安全线，实施保障作业。

电源车、气源车和空调车为航空器提供服务时，不得妨碍廊桥的保障作业。

第一百二十四条 提供保障作业的车辆不得影响相邻机位及航空器机位滑行通道的使用。

第一百二十五条 在确认航空器处于安全停泊状态后，接机人员应当在距航空器发动机前端 1.5 米处、机尾和翼尖水平投影处地面设置醒目的反光锥形标志物（高度不小于50厘米，重量能防止 5 级风吹移。在预计机场风力超过 5 级时，机场管理机构应当通知航空器维修部门不再在航空器周围摆放反光锥形标志物）。航空器自行滑出的机位，在机头水平投影处地面也应当设置反光锥形标志物。

第一百二十六条 保障车辆对接航空器时的速度不得超过 5 千米/小时。保障车辆对接航空器前，必须在距航空器 15 米的距离先试刹车，确认刹车良好后方可实施对接。保障车辆、设备对接航空器时，应当与航空器发动机、舱门保持适当的安全距离。

第一百二十七条 车辆在机坪行驶路线、固定停放点之外倒车应当有人指挥，指挥信号和意图应当明确，确保安全。

第一百二十八条 保障车辆对接航空器后，应当处在制动状态，并设置轮挡。

液压升降车辆或设备对接航空器时，应当在液压升降筒或脚架升降到工作位置后，方可开始作业。

第一百二十九条 为航空器提供保障的单位，应当制定相应的作业规程，并严格按照作业规程实施保障作业。

各单位应当将车辆、设备在机坪保障作业的规程报机场管理机构备案。

第一百三十条 保障车辆、设备在为航空器提供地面保障作业时，其他车辆、设备不得进入该机位作业区域。

第一百三十一条 装卸平台车、行李传送带车在行驶中不得载运任何货物、行李和其他物品。

第一百三十二条 所有具有液压作业装置的车辆在行驶过程中均应当使液压作业装置处于收回状态。

第一百三十三条 民用航空器的牵引，应当符合《民用航空器维修地面安全》第 3 部分“民用航空器的牵引”的规定。

第一百三十四条 当航空器正在被推离机位时，在其后方行驶的车辆和人员必须避让航空器，不得妨碍推出航空器。

第一百三十五条 机坪范围内的加油井、消防井、电缆井、供水井及其他各类井的井盖本身及周边至少 20 厘米以内均应当涂刷成红色。

井盖开启时，应当在井旁设置醒目的反光锥型标志物。

车辆设备的停放处应当尽量避开井盖。

第一百三十六条　机位临时处于不适用状态时，应当设置不适用地区标志物，防止航空器、车辆误入该区域。

第一百三十七条　机坪内易被行驶车辆刮碰的建筑物、固定设施等，应当设置防撞警示标志、限高标志。重要的建筑物构件、设施设备应当设置防撞保护装置。

第一百三十八条　所有在机场空侧工作的人员在航空器活动区发现有疑似航空器零件的异物时，应当立即报告机场管理机构，机场管理机构应当立即设法判断零件的可能来源，若初步判断为航空器零件时，机场管理机构应当立即将信息告知空中交通管理部门和各航空器维修部门。

第一百三十九条　夜间使用的机坪（包括除冰坪和隔离机坪）应当定期检测机坪泛光照明的照度等，确保泛光照明设施持续有效。

第四节　机坪作业人员管理

第一百四十条　所有在机坪从事保障作业的人员，均应当接受机场运行安全知识、场内道路交通管理、岗位作业规程等方面的培训，并经考试合格后，方可在机坪从事相应的保障工作。

培训和考核的内容由机场管理机构确定，培训和考核的方式由机场管理机构与驻场单位协商确定。机场管理机构应当建立在空侧从事相关保障作业的所有人员的培训、考核记录档案，相关保障单位也应当建立本单位人员的培训、考核记录档案。

第一百四十一条　所有在机坪从事保障作业的人员，均应当按规定佩带工作证件，穿着工作服，并配有反光标识。

第一百四十二条　未经机场管理机构批准，任何人员不得在机坪内从事与保障作业无关的活动。

第一百四十三条　各保障单位应当按有关规定为员工配备足够的防护用品。

第五节　机坪环境卫生管理

第一百四十四条　机坪应当保持清洁，无道面损坏造成的残渣碎屑、机器零件、纸张以及其他影响飞行安全的杂物。

机场管理机构统一负责机坪日常保洁和卫生监督工作。航空运输企业及其他驻场单位自行使用的机坪，由机场管理机构和航空运输企业、其他驻场单位依据协议分工，确定机坪日常保洁及卫生监督责任。

第一百四十五条　机场管理机构应当在机坪上适当位置设置有盖的废弃物容器。任何人不得随地丢弃废物。

机坪保障作业人员发现垃圾或废弃物应当主动拾起，并放入垃圾桶。

运输或临时存放垃圾或废弃物时，应当加以遮盖，不得泄漏或逸出。

第一百四十六条　易燃液体应当用专用容器盛装，并不得倒入飞行区排水系统内。

第一百四十七条　各类油料、污水、有毒有害物及其它废弃物不得直接排放在机坪上。

发现污染物时应当及时进行清除，对于在地面上形成液态残留物的油料，应当先回收再清洗。

第一百四十八条　在机坪内不得进行垃圾分拣。

第六节　机坪消防管理

第一百四十九条　机场管理机构应当在机坪内适当位置设置醒目的“禁止烟火”标志，并公布火警报警电话号码。

第一百五十条　未经机场管理机构批准，任何人不得在飞行区内动用明火、释放烟雾和粉尘。

第一百五十一条　机坪内禁止吸烟。

第一百五十二条　机场管理机构应当按照《民用航空运输机场消防站消防装备配备标准》、《民用航空运输机场飞行区消防设施运行标准》和《民用航空器维修地面安全》第 10 部分“机坪防火”的规定为机坪配备相应的消防设施设备，并定期检查。

各单位应当按照《民用航空器维修地面安全》第 10 部分“机坪防火”的要求，为在机坪运行的勤务车辆和服务设备上配备灭火器。

任何单位和人员不得损坏、擅自挪动机坪消防设施设备。

第一百五十三条　机坪内的消防通道和消防设施设备应当予以醒目标识。车辆或设备的摆放不得影响消防通道、消防设备以及应急逃生通道的使用。

第一百五十四条　任何人员发现机坪内出现火情或火灾隐患时，均应当立即报告消防部门，并应当在消防部门到达现场前先行采取灭火措施。

机坪内火灾扑灭后，相关单位及人员应当保护好火灾现场，并及时报告公安消防管理部门，由公安消防管理部门进行火灾事故勘查。

第一百五十五条　在飞行区设置特种车辆加油站或在机坪上为特种车辆提供流动加油服务作业的，机场管理机构应当事先取得民航局同意。

第七章　机场净空和电磁环境保护

第一节　净空管理基本要求

第一百五十六条　机场管理机构应当依据《民用机场飞行区技术标准》，按照本机场远期总体规划，制作机场障碍物限制图。机场总体规划调整时，机场障碍物限制图也应当相应调整。

第一百五十七条　机场管理机构应当及时将最新的机场障碍物限制图报当地政府有关部门备案。

第一百五十八条　机场管理机构应当积极协调和配合当地政府城市规划行政主管部门按照相关法律法规、规章和标准的规定制定发布机场净空保护的具体管理规定，明确政府部门与机场的定期协调机制；在机场净空保护区域内的新建、改（扩）建建筑物或构筑物的审批程序、新增障碍物的处置程序；保持原有障碍物的标识清晰有效的管理办法等内容。

第二节　障碍物的限制

第一百五十九条　在机场净空保护区域内，机场管理机构应当采取措施，防止下列影响飞行安全的行为发生：

（一）修建可能在空中排放大量烟雾、粉尘而影响飞行安全的建筑物（构筑物）或者设施；

（二）修建靶场、爆炸物仓库等影响飞行安全的建筑物或者设施；

（三）设置影响机场目视助航设施使用的或者机组成员视线的灯光、标志、物体；

（四）种植影响飞行安全或者影响机场助航设施使用的植物；

（五）放飞影响飞行安全的鸟类动物、无人驾驶自由气球、系留气球和其他升空物体；

（六）焚烧产生大量烟雾的农作物秸秆、垃圾等物质，或者燃放烟花、焰火；

（七）设置易吸引鸟类及其他动物的露天垃圾场、屠宰场、养殖场等场所；

（八）其他可能影响飞行安全的活动。

第一百六十条　精密进近跑道的无障碍区域内（OFZ 由内进近面、内过渡面和复飞面所组成）不得存在固定物体，轻型、易折的助航设施设备除外。当跑道用于航空器进近时，移动物体不得高出这些限制面。

第一百六十一条　在精密进近跑道和非仪表跑道的保护区域内，新增物体或者现有物体的扩展，不得高出进近面、过渡面、锥形面和内水平面，除非经航行研究认为该物体或扩展的物体能够被一个已有的不能移动的物体所遮蔽。

第一百六十二条　非精密进近跑道的保护区域内，新增物体或者现有物体的扩展不得高出距内边 3000 米以内的进近面、过渡面、锥形面、内水平面，除非经航行研究认为该物体或扩展的物体能够被一个已有的不能移动的物体所遮蔽。

第一百六十三条 高出进近面、过渡面、锥形面和内水平面的现有物体应当被视为障碍物，并应当予以拆除，除非经航行研究认为该物体能够被一个已有的不能移动的物体所遮蔽，或者该物体不影响飞行安全或航空器正常运行的。

第一百六十四条 对于不高出进近面但对目视或非目视助航设施的性能可能产生不良影响的物体，应当消除该物体对这些设施的影响。

第一百六十五条 任何建筑物、构筑物经空中交通管理部门研究认为对航空器活动地区、内水平面或锥形面范围内的航空器的运行有危害时，应当被视为障碍物，并应当尽可能地予以拆除。

第一百六十六条 在机场障碍物限制面范围以外、距机场跑道中心线两侧各 10 公里，跑道端外 20 公里的区域内，高出原地面 30 米且高出机场标高 150 米的物体应当认为是障碍物，除非经专门的航行研究表明它们不会对航空器的运行构成危害。

第一百六十七条 在机场障碍物限制面范围以内或以外地区的障碍物，都应当按照《民用机场飞行区技术标准》的规定予以标志和照明。

第三节 障碍物的日常管理

第一百六十八条 机场管理机构应当建立机场净空保护区定期巡视检查制度。确保任何可能突出障碍物限制面的建筑活动或自然生长植物在影响机场运行之前被发现。

第一百六十九条 巡视检查制度应当包括巡视检查路线、检查周期、检查内容(包括障碍灯是否开启并正常工作)、通报程序和检查记录等。

第一百七十条 机场净空保护区范围内的巡视检查，每周应当不少于一次；机场内无障碍区的巡视检查，每日应当不少于一次。巡视检查内容至少应当包括：

（一）检查有无新增的、超高的建筑物、构筑物和自然生长的植物，并对可能超高的物体进行测量；

（二）检查有无影响净空环境的情况，如树木、烟尘、灯光、风筝和气球等；

（三）检查障碍物标志、标志物和障碍灯的有效性。

第一百七十一条 巡视检查情况应当记录和归档。巡视检查记录至少应当包括检查时间、检查人员、检查区域和检查情况等。

第一百七十二条 巡视检查中发现新的障碍物或净空条件发生变化时，应当及时将新障碍物的位置、高度等情况通报空中交通管理部门、当地城市规划行政主管部门和民航地区管理局，并尽可能迅速予以拆除。拆除前应当立即考虑以某种方式对航空器的运行加以限制，并设置适当的障碍物标志和障碍灯，并积极协调、研究解决办法。

第一百七十三条 机场管理机构应当建立机场净空管理档案。档案至少应当包括以下资料：

（一）障碍物限制图；

（二）巡视检查记录；

（三）障碍物测量资料；

（四）机场净空保护区域内的建筑物或构筑物的新建、迁建、改（扩）建审批资料；

（五）障碍物拆除、迁移和处置的资料。

第四节 电磁环境的管理

第一百七十四条 机场电磁环境保护区域包括设置在机场总体规划区域内的民用航空无线电台（站）电磁环境保护区和机场飞行区电磁环境保护区域。机场电磁环境保护区域由民航地区管理局配合机场所在地的地方无线电管理机构按照国家有关规定或者标准共同划定、调整。

民用航空无线电台（站）电磁环境保护区域，是指按照国家有关规定、标准或者技术规范划定的地域和空间范围。

机场飞行区电磁环境保护区域，是指影响民用航空器运行安全的机场电磁环境区域，即机场管制地带内从地表面向上的空间范围。

第一百七十五条　机场管理机构应当及时将最新的机场电磁环境保护区域报当地政府有关部门备案。

第一百七十六条　民航地区管理局应当积极协调和配合机场所在地的地方无线电管理机构制定机场电磁环境保护区的具体管理规定，并以适当的形式发布。

第一百七十七条　在机场飞行区电磁环境保护区域内设置工业、科技、医疗设施，修建电气化铁路、高压输电线路等设施不得干扰机场飞行区电磁环境。

第一百七十八条　机场管理机构应当建立机场电磁环境保护区巡检制度，发现下列有影响航空电磁环境的行为发生时应当立即报告民航地区管理局：

（一）修建可能影响航空电磁环境的高压输电线、架空金属线、铁路（电气化铁路）、公路、无线电发射设备试验发射场；

（二）存放金属堆积物；

（三）种植高大植物；

（四）掘土、采砂、采石等改变地形地貌的活动；

（五）修建其它可能影响机场电磁环境的建筑物或者设施以及进行可能影响航空电磁环境的活动。

第一百七十九条　机场管理机构发现机场电磁环境保护区域内民用航空无线电台（站）频率受到干扰时，应当立即报告民航地区管理局。

第八章　鸟害及动物侵入防范

第一节　基本要求

第一百八十条　机场管理机构应当采取综合措施，防止鸟类和其它动物对航空器运行安全产生危害，最大限度地避免鸟类和其它动物撞击航空器。

第一百八十一条　机场管理机构应当指定部门和人员负责鸟类和其它动物的危害防范工作，并配置必要的驱鸟设备。

第一百八十二条　机场管理机构应当每年至少对机场鸟类危害进行一次评估。评估内容包括：机场鸟害防范管理机构设置及职责落实情况、机场生态环境调研情况、鸟害防范措施的效果、鸟情信息的收集、分析、利用及报告等。

第一百八十三条　机场管理机构应当根据机场鸟害评估结果和鸟害防范的实际状况，制定并不断完善机场鸟害防范方案。方案至少应当包括：

（一）鸟害防范管理机构及其职责；

（二）生态环境调研制度和治理方案；

（三）鸟情巡视和驱鸟制度；

（四）驱鸟设备的配备和使用管理制度；

（五）重点防治的鸟种；

（六）鸟情信息的收集和分析；

（七）鸟情通报及鸟击报告制度。

第一百八十四条　机场管理机构应当不定期向机场周边居民宣传放养鸽子对飞行安全的危害，并配合当地政府发布限制放养鸽子的规定，积极协调当地政府有关行政主管部门，控制和减少机场附近区域内垃圾场、养殖场、农作物（植物）晾晒场、鱼塘、养鸽户的数量和吸引鸟类的农作物、树木等。

第一百八十五条　机场飞行区、围界、通道口和排水沟出口应当能防止动物侵入机场飞行区。

在机场围界外 5 米范围内禁止搭建任何建筑和种植树木。

第二节　生态环境调研和环境治理

第一百八十六条　机场管理机构应当持续地开展鸟害防范基础性调研，全面掌握机场内及其附近地区的生态环境、鸟类种群、数量、位置分布及其活动规律；绘制鸟类活动平面图；掌握机场内及其附近地区与鸟情动态密切相关的生物类群及影响因素的时间、空间分布情况，分析其中的关系；据此制定和不断完善鸟害防范实施方案，确定各阶段应当重点防范的对象，有针对性地实施鸟害防范措施。

第一百八十七条　机场鸟类活动平面图应当至少涵盖机场障碍物限制面的锥形面外边界所包含的范围，并应当包括：垃圾场、饲养场、屠宰场、农作物、灌木林、沟塘及其他吸引鸟类活动的设施或者场地的位置；大鸟和群鸟（含候鸟）的筑巢地、觅食地、飞行路线、飞行高度、出没时间等。

机场鸟类活动平面图应当根据实际情况及时调整和更新。

第一百八十八条　机场管理机构应当根据机场鸟情信息的分析结果，及时对机场围界内对飞行安全危害较大的鸟类巢穴、食物源、水源、栖息地、觅食地进行有效的整治，并应当积极协调配合地方人民政府对机场围界外的上述情况进行整治。

第一百八十九条　机场管理机构应当定期对机场范围内的草坪、树木进行灭虫处理。

第一百九十条　机场管理机构应当在机场围界内定期采取设置鼠夹和洒布药物等措施，灭杀老鼠、兔子等啮齿类动物。

设置的鼠夹和洒布的药物应当记录，并设置醒目的警示标志，防止伤及人员。洒布药物应当使用专用工具；应当指定人员对鼠夹和药物进行管理，及时补充药物和更换鼠夹。

第一百九十一条　机场管理机构应当定期巡视检查并清除机场建筑物角落和周边树上的鸟巢。

第一百九十二条　机场管理机构应当尽可能减少机场范围内的表面水，及时排除水坑、洼地上的积水，定期清理排水沟，避免昆虫和水生物的滋生。

第一百九十三条　飞行区内禁止种植农作物和吸引鸟类的其它植物、进行各类养殖活动、设置露天垃圾场和垃圾分拣场。

第一百九十四条　机场管理机构应当在其机场年度鸟类危害管理方案中明示机场内外的吸引鸟的主要因素，以及为实现生态环境管理目标所采取措施的先后次序及其起始与完成日期。

第三节　巡视驱鸟要求及驱鸟设备管理

第一百九十五条　机场管理机构应当在环境整治的基础上，根据鸟情特点，采取惊吓、设置障碍物、诱杀或捕捉等手段或其组合实施鸟害防范工作。所采取的驱鸟手段应当符合相关的法律法规和涉及民航管理的规章要求，并确保人身安全，避免污染环境。

第一百九十六条　在机场有飞行活动期间，机场管理机构应当不间断地进行巡视和驱鸟。

第一百九十七条　机场管理机构应当指定专人管理驱鸟枪、弹药、煤气炮、语音驱鸟设备、捕鸟网、视觉仿真装置等，确保设备完好并得到正确使用。

驱鸟枪支的使用和保管应当符合《中华人民共和国枪支管理法》及《民用机场驱鸟枪支管理办法》的规定。

第四节　鸟情信息的收集、分析与利用

第一百九十八条　鸟情巡视人员应当加强观察，记录观察到的鸟种、数量、飞行路线、飞行高度、活动目的及原因分析、采取的措施及效果。

第一百九十九条　鸟情巡视人员应当观察机场虫情、草情、鼠类等动物情况，并做好记录。

第二百条　机场管理机构应当根据鸟情巡视人员记录、鸟击信息、生态调研情况等基础资料建立鸟情信息库，并定期对鸟情信息资料进行分析比较，编制鸟情信息分析报告。该报告应当包括：

（一）可能危害飞行安全的主要鸟种以及出现的区域、时间段、原因、有效防范手段等；

（二）采取的控制措施对减少鸟类的种

类与数量的效果，如安装或修理防护栏、修剪树木、清除建筑残余物、施用杀虫剂或驱虫剂、施用灭鼠药、草的高度管理、在机库安装网以及消除积水等；

（三）与前期相比鸟的种群、数量的变化情况，产生变化的相应原因；

（四）生态环境的变化和可能带来的影响；

（五）下一阶段可能危及飞行安全的鸟的种群、数量；

（六）推荐的防治措施和需引起驱鸟员注意的事项；

（七）鸟害防范工作的成效和不足。

第二百零一条　机场管理机构应当根据鸟情信息分析报告和鸟害防范评估报告，每年末对下一年度机场鸟害、虫害、鼠害等进行预测，制定防治措施。

第二百零二条　机场管理机构应当将鸟情信息分析报告和鸟害防范评估报告提供给驻场航空运输企业。

对飞行安全有危害的鸟种及机场防范鸟害的主要措施应当在航行资料上公布。

第五节　鸟情和鸟击报告制度

第二百零三条　当鸟情巡视人员发现鸟情可能危及飞行安全或者发现有规律的鸟群迁徙时，应当立即向空中交通管理部门通报。空中交通管理部门应当视情发布航行通告。

第二百零四条　在机场及附近发生航空器遭鸟撞击的事件时，机场管理机构应当以快报形式，向机场所在地民航地区管理局报告航空器遭鸟撞击的有关情况（包括航空器遭鸟撞击的时间、地点、高度及相关情况），并尽可能搜集和保存鸟撞击航空器的物证材料（如鸟类的尸骸、残羽、照片等）。

机场管理机构应当在鸟击事件发生 24 小时内，按照中国民航鸟击报告格式将有关情况报中国民航鸟击航空器信息网。

在跑道上发现的被撞死鸟，亦应当按前款要求报中国民航鸟击航空器信息网。

第二百零五条　航空器维修部门、空中交通管理部门、航空运输企业发现航空器遭鸟撞击的情况后，应当及时向机场管理机构通报有关情况。

货物运输部门所载运的动物在机场内逃逸时，应当立即抓捕并及时通知机场管理机构。

第九章　除冰雪管理

第二百零六条　有降雪或者道面结冰情况的机场，机场管理机构应当成立机场除冰雪专门协调机构，负责对除冰雪工作进行指导和协调。该协调机构应当由机场管理机构、航空运输企业、空中交通管理部门等单位负责人组成。

第二百零七条　机场管理机构应当结合本机场的实际情况，制定除冰雪预案，并认真组织实施，最大限度地消除冰雪天气对机场正常运行的影响。

第二百零八条　除冰雪预案应当遵循跑道、滑行道、机坪、车辆服务通道能够同步开放使用的原则，避免因局部原因而影响机场的开放使用。

第二百零九条　除冰雪预案应当包括：

（一）除冰雪专门协调机构的人员组成；

（二）除冰雪作业责任单位、责任人及其相应职责；

（三）除冰雪过程中的信息传递程序和通信方式；

（四）因除冰雪而关闭跑道及其他设施的决定程序；

（五）针对干雪、湿雪、雪浆等以及不同气温的除冰雪作业程序、车辆设备和人员的作业组合方式；

（六）跑道摩擦系数的测试方法和公布程序；

（七）除冰雪车辆、设备及物资储备清单。

第二百一十条　机场管理机构应当在入冬前做好除冰雪的准备工作。准备工作主要包括：

（一）召开除冰雪协调会议，为冬季运

行做准备；

（二）对除冰雪人员进行培训；

（三）对除冰雪车辆及设备进行全面维护保养；

（四）按照机场除冰雪预案，对车辆设备、编队作业、协调指挥、通信程序进行模拟演练。演练应当在航班结束后在跑道、滑行道、机坪上实地进行，一般情况下每年入冬前演练次数不少于3次；

（五）对除冰液等物资的有效性和储备情况进行全面检查；

（六）确定堆雪场地。

第二百一十一条　目视助航设施上的积雪以及所有影响导航设备电磁信号的冰雪，应当予以清除。

第二百一十二条　除冰雪作业过程中，应当注意保护跑道、滑行道边灯及其他助航设备。雪和冰的临时堆放高度与航空器发动机底端或螺旋桨桨叶的垂直距离不得小于40厘米，与机翼的垂直距离不得小于1米。

第二百一十三条　降雪时应当及时清除跑道、滑行道、机坪、道肩上的积雪，防止道面产生冻胀和发生冻融破坏。

第二百一十四条　在航空器周边5米范围内，不得使用大型除雪设备。

第二百一十五条　机场管理机构应当根据本机场气候条件并参照过去5年的冰雪情况配备除冰雪设备。年旅客吞吐量500万人次以上的机场，除冰雪设备配备应当能够达到编队除雪，并且一次编队至少能够清除跑道上40米宽范围的积雪，具备边下雪边清除跑道积雪的能力，保证机场持续开放运行；年旅客吞吐量在200万至500万人次的机场，除冰雪设备配备应当能保证雪停后1小时内机场可开放运行；年旅客吞吐量200万人次以下的机场，除冰雪设备配备应当能保证雪停后2小时内机场可开放运行；日航班量少于2班的机场，除冰雪设备配备应当能保证雪停后4小时内机场可开放运行。

前款不适用偶尔有降雪的机场。偶尔有降雪的机场可参照上款执行。年旅客吞吐量200万人次以上、偶尔有降雪的机场应当配备除冰液洒布车。

第二百一十六条　为保证机场尽快开放使用，在滑行道、机坪积雪厚度小于5厘米时，可先仅清除标志上的积雪，以使航空器运行，但应当尽快清除全部积雪。

第二百一十七条　偶尔有降雪的机场，应当根据天气预报，在降雪前洒布除冰液。

第二百一十八条　利用航班间隙清除跑道、滑行道上的冰雪时，机场管理机构应当指定一名现场指挥员，负责除冰雪工作的协调，并与空中交通管理部门保持联络。所有除冰雪车辆应当与现场指挥员建立有效的通讯联系。

第二百一十九条　当机场某一区域除冰雪完毕后，机场管理机构应当对该区域进行检查，符合条件后，应当及时将开放的区域报告空中交通管理部门。

第二百二十条　位于经常降雪或降雪量较大地区的机场，机场管理机构应当事先确定冰雪堆放场地。在机坪上堆放冰雪，不得影响航空器、服务车辆的运行，并不得被航空器气流吹起。雪停后，应当及时将机坪上的冰雪全部清除。

第二百二十一条　位于经常降雪或降雪量较大地区、年旅客吞吐量200万人次以上的机场，应当设置航空器集中除冰坪。

除冰坪的设置应当符合《民用机场飞行区技术标准》的规定。

机场管理机构承担航空器除冰作业的，机场管理机构应当会同航空运输企业、空中交通管理部门结合本机场的实际情况，制定航空器除冰预案，配备必要的除冰车辆、设备和物资，并认真组织演练，最大限度地消除天气对航空器正常运行的影响。

第十章　不停航施工管理

第一节　基本要求

第二百二十二条　机场管理机构应当制定机场不停航施工管理规定，对不停航施工进行监督管理，最大限度地减少不停航施工对机场正常运行的影响，避免危及机场运行安全。

第二百二十三条 不停航施工是指在机场不关闭或者部分时段关闭并按照航班计划接收和放行航空器的情况下，在飞行区内实施工程施工。不停航施工不包括在飞行区内进行的日常维护工作。

机场不停航施工工程主要包括：

（一）飞行区土质地带大面积沉陷的处理工程，围界、飞行区排水设施的改造工程等；

（二）跑道、滑行道、机坪的改扩建工程；

（三）扩建或更新改造助航灯光及电缆的工程；

（四）影响民用航空器活动的其他工程。

第二百二十四条 机场管理机构负责机场航站区、停车楼等区域的施工（含装饰装修）的统一协调和管理。

对于航站区、停车楼等区域的施工（含装饰装修），机场管理机构应当会同建设单位、施工单位、公安消防部门及其他相关单位和部门共同编制施工组织管理方案。

施工组织管理方案应当参照不停航施工管理的要求对影响安全的情况采取必要的措施，并尽可能降低对运行的影响。

第二百二十五条 在机场近期总体规划范围内的工程施工，机场管理机构应当对原有地下管线进行核实，防止施工对机场运行安全造成影响。

第二百二十六条 未经民航地区管理局按照《民用机场管理条例》批准，不得在机场内进行不停航施工。

机场管理机构负责机场不停航施工期间的运行安全，并负责批准工程开工。实施不停航施工，应当服从机场管理机构的统一协调和管理。

机场管理机构应当会同建设单位、施工单位、空中交通管理部门及其他相关单位和部门共同编制施工组织管理方案。

第二百二十七条 施工组织管理方案应当包括：

（一）工程内容、分阶段和分区域的实施方案、建设工期；

（二）施工平面图和分区详图，包括施工区域、施工区与航空器活动区的分隔位置、围栏设置、临时目视助航设施设置、堆料场位置、大型机具停放位置、施工车辆和人员通行路线和进出道口等；

（三）影响航空器起降、滑行和停放的情况和采取的措施；

（四）影响跑道和滑行道标志和灯光的情况和采取的措施；

（五）需要跑道入口内移的，对道面标志、助航灯光的调整说明和调整图；

（六）对跑道端安全区、无障碍物区和其他净空限制面的保护措施，包括对施工设备高度的限制要求；

（七）影响导航设施正常工作的情况和所采取的措施；

（八）对施工人员和车辆进出飞行区出入口的控制措施和对车辆灯光和标识的要求；

（九）防止无关人员和动物进入飞行区的措施；

（十）防止污染道面的措施；

（十一）对沟渠和坑洞的覆盖要求；

（十二）对施工中的飘浮物、灰尘、施工噪音和其他污染的控制措施；

（十三）对无线电通信的要求；

（十四）需要停用供水管线或消防栓，或消防救援通道发生改变或被堵塞时，通知航空器救援和消防人员的程序和补救措施；

（十五）开挖施工时对电缆、输油管道、给排水管线和其他地下设施位置的确定和保护措施；

（十六）施工安全协调会议制度，所有施工安全相关方的代表姓名和联系电话；

（十七）对施工人员和车辆驾驶员的培训要求；

（十八）航行通告的发布程序、内容和要求；

（十九）各相关部门的职责和检查的要求。

第二百二十八条　机场管理机构对机场不停航施工的管理包括：

（一）对施工图设计和招标文件中应当遵守的有关不停航施工安全措施的内容进行审查；

（二）在施工前，召开由相关单位和部门参加的联席会议，落实施工组织管理方案；

（三）与建设单位签定安全责任书。工程建设单位为机场管理机构时，机场管理机构应当与施工单位签订安全责任书；

（四）建立由各相关单位和部门代表组成的协调工作制度，并确保施工组织管理方案中所列各相关单位联系人和电话信息准确无误；

（五）每周或者视情召开施工安全协调会议，协调施工活动。在跑道、滑行道进行的机场不停航施工，应当每日召开一次协调会；

（六）对施工单位的人员培训情况进行抽查；

（七）对施工单位遵守机场管理机构所制定的人员和车辆进出飞行区的管理规定以及车辆灯光、标识颜色是否符合标准的情况进行检查；

（八）经常对施工现场进行检查，及时消除安全隐患。

第二百二十九条　建设单位及施工单位应当：

（一）持有不停航施工组织管理方案的副本，遵守施工组织管理方案，确保所有施工人员熟悉施工组织管理方案中的相关规定和程序；

（二）至少配备两名接受过机场安全培训的施工安全检查员负责现场监督，并采用设置旗帜、路障、临时围栏或配备护卫人员等方式，将施工人员和车辆的活动限制在施工区域内。

第二节　不停航施工的批准程序

第二百三十条　在机场内进行的不停航施工，由机场管理机构负责统一向机场所在地民航地区管理局报批。

第二百三十一条　因机场不停航施工，需要调整航空器起降架次、航班运行时刻、机场飞行程序、起飞着陆最低标准的，机场管理机构应当按照民航局的有关规定办理报批手续。

第二百三十二条　机场管理机构向民航地区管理局申请机场不停航施工时，应当提交下列资料：

（一）工程项目建设的有关批准文件；

（二）机场管理机构与工程建设单位或者施工单位签订的安全保证责任书；

（三）施工组织管理方案及附图；

（四）各类应急预案；

（五）调整航空器起降架次、航班运行时刻、机场飞行程序、起飞着陆最低标准的有关批准文件。

第二百三十三条　民航地区管理局应当自收到不停航施工申请材料之日起15日内作出同意与否的决定。符合条件的，应当予以批准；不符合条件的，应当书面通知机场管理机构并说明理由。

第二百三十四条　机场不停航施工经批准后，机场管理机构应当按照有关规定及时向驻场空中交通管理部门提供相关基础资料，并由空中交通管理部门根据有关规定发布航行通告。

涉及机场飞行程序、起飞着陆最低标准等更改的，资料生效后，方可开始施工；不涉及机场飞行程序、起飞着陆最低标准等更改的，通告发布七天后方可开始施工。

第三节　一般规定

第二百三十五条　在跑道有飞行活动期间，禁止在跑道端之外300米以内、跑道中心线两侧75米以内的区域进行任何施工作业。

第二百三十六条 在跑道端之外300米以内、跑道中心线两侧75米以内的区域进行的任何施工作业，在航空器起飞、着陆前半小时，施工单位应当完成清理施工现场的工作，包括填平、夯实沟坑，将施工人员、机具、车辆全部撤离施工区域。

第二百三十七条 在跑道端300米以外区域进行施工的，施工机具、车辆的高度以及起重机悬臂作业高度不得穿透障碍物限制面。在跑道两侧升降带内进行施工的，施工机具、车辆、堆放物高度以及起重机悬臂作业高度不得穿透内过渡面和复飞面。施工机具、车辆的高度不得超过两米，并尽可能缩小施工区域。

第二百三十八条 在滑行道、机坪道面边以外进行施工的，当有航空器通过时，滑行道中线或机位滑行道中线至物体的最小安全距离范围内，不得存在影响航空器滑行安全的设备、人员或其他堆放物，并不得存在可能吸入发动机的松散物和其他可能危及航空器安全的物体。

第二百三十九条 临时关闭的跑道、滑行道或其一部分，应当按照《民用机场飞行区技术标准》的要求设置关闭标志。已关闭的跑道、滑行道或其一部分上的灯光不得开启。被关闭区域的进口处应当设置不适用地区标志物和不适用地区灯光标志。

第二百四十条 在机坪区域进行施工的，对不适宜于航空器活动的区域，必须设置不适用地区标志物和不适用地区灯光标志。

第二百四十一条 因不停航施工需要跑道入口内移的，应当按照《民用机场飞行区技术标准》设置或修改相应的灯光及标志。

第二百四十二条 施工区域与航空器活动区应当有明确而清晰的分隔，如设立施工临时围栏或其他醒目隔离设施。围栏应当能够承受航空器吹袭。围栏上应当设旗帜标志，夜晚应当予以照明。

第二百四十三条 施工区域内的地下电缆和各种管线应当设置醒目标识。施工作业不得对电缆和管线造成损坏。

第二百四十四条 在施工期间，应当定期实施检查，保持各种临时标志、标志物清晰有效，临时灯光工作正常。航空器活动区附近的临时标志物、标记牌和灯具应当易折，并尽可能接近地面。

第二百四十五条 邻近跑道端安全区和升降带平整区的开挖明沟和施工材料堆放处，必须用红色或桔黄色小旗标示以示警告。在低能见度天气和夜间，还应当加设红色恒定灯光。

第二百四十六条 未经机场消防管理部门批准，不得使用明火，不得使用电、气进行焊接和切割作业。

第二百四十七条 在导航台附近进行施工的，应当事先评估施工活动对导航台的影响。因施工需要关闭导航台或调整仪表进近最低标准的，应当按照民航局的其他有关规定履行批准手续，并在正式实施前发布航行通告。

第二百四十八条 施工期间，应当保护好导航设施临界区、敏感区的场地。航空器运行时，任何车辆、人员不得进入临界区、敏感区。不得使用可能对导航设施或航空器通信产生干扰的电气设备。

第二百四十九条 易飘浮的物体、堆放的材料应当加以遮盖，防止被风或航空器尾流吹散。

第二百五十条 在航班间隙或航班结束后进行施工，在提供航空器使用之前必须对该施工区域进行全面清洁。施工车辆和人员的进出路线穿越航空器开放使用区域，应当对穿越区域进行不间断检查。发现道面污染时，应当及时清洁。

第二百五十一条 因施工使原有排水系统不能正常运行的，应当采取临时排水措施，防止因排水不畅造成飞行区被淹没。

第二百五十二条 因施工而影响机场消防、应急救援通道和集结点正常使用时，应当采取临时措施。

第二百五十三条 进入飞行区从事施工

作业的人员，应当经过培训并申办通行证（包括车辆通行证）。人员和车辆进出飞行区出入口时，应当接受检查。飞行区施工临时设置的大门应当符合安全保卫的有关规定。

施工人员和车辆应当严格按照施工组织管理方案中规定的时间和路线进出施工区域。因临时进出施工区域，驾驶员没有经过培训的车辆，应当由持有场内车驾驶证的机场管理机构人员全程引领。

第二百五十四条　进入飞行区的施工车辆顶部应当设置黄色旋转灯标，并应当处于开启状态。

第二百五十五条　施工车辆、机具的停放区域和堆料场的设置不得阻挡机场管制塔台对跑道、滑行道和机坪的观察视线，也不得遮挡任何使用中的助航灯光、标记牌，并不得超过净空限制面。

第二百五十六条　施工单位应当与机场现场指挥机构建立可靠的通讯联系。施工期间应当派施工安全检查员现场值守和检查，并负责守听。安全检查员必须经过无线电通信培训，熟悉通信程序。

第十一章　航空油料供应安全管理

第一节　基本要求

第二百五十七条　在机场内从事航空油料供应的单位，应当按照国家有关规定取得成品油经营许可证书、危险化学品经营许可证、民用机场航空燃油供应安全运营许可证。

第二百五十八条　在机场内从事航空油料供应的单位，应当根据国家、民航局、地方政府有关部门的规定，结合本单位的实际，制定各项安全管理规章制度、操作规程、作业程序、应急预案等。

第二百五十九条　航空油料供应单位的主要负责人和安全生产管理人员应当具备相应的航空油料供应安全知识和管理能力。

航空油料供应单位应当对员工进行安全生产教育和培训。未经安全生产教育和培训合格的人员，不得上岗作业。

航空油料供应特有工种从业人员应当取得相应的职业技能鉴定资格证书，并持续有效。

第二百六十条　航空油料供应设施设备的采购、设计、制造、安装、使用、检测、维修、改造，应当符合有关规定和标准，满足安全要求，并经验收合格。

航空油料供应特种设备，应当按照国家有关规定，由专业生产单位生产，并经具有专业资质的检测、检验机构检测、检验合格，取得安全使用证或者安全检验合格标志，方可投入使用。

第二百六十一条　航空油料供应单位应当至少每年对本单位的运行安全状况进行评估。对评估中发现的安全隐患、薄弱环节，应当及时整改。

第二节　运行安全管理

第二百六十二条　航空油料供应单位应当对航空油料供应设施、设备进行经常性维护、保养，并定期检测，符合《民用航空油料设备完好标准》的要求，保证正常运转。

维护、保养、检测应当作好记录，并由有关人员签字。

第二百六十三条　航空油料供应单位应当建立油料质量监控体系，制定在接收、中转、储存、发出、加注、检验及掺配等各个环节的质量管理程序、质量要求，并符合《民用航空油料适航管理规定》等规定和标准。

第二百六十四条　航空器加油作业应当符合《飞机加油安全规范》的要求。

运油车、加（抽）油车的性能、状况应当符合民航专用设备相关标准的要求。

第二百六十五条　航空油料供应单位应当配备与业务量相适应的航空油料计量、监测设施设备。计量、监测设备应当按照有关规定定期检验合格。

航空油料的计量应当符合有关规定的

要求。

第二百六十六条 航空油料供应单位应当按照《中华人民共和国消防法》等有关法律法规以及公安部《作业场所灭火器材配置及管理规定》和民航有关规章，在航空油料供应场所内和设施上配备相应的消防设施设备。

消防设施设备应当定期检查、维护，保持正常、有效。

第二百六十七条 航空油料供应单位应当明确各级消防安全职责，落实消防安全责任。

第二百六十八条 航空油料供应单位应当在禁火区域设置醒目的“禁止烟火”、火警报警电话等标志。

第二百六十九条 航空油料供应单位应当制定特殊管理制度，在禁火区域内进行动火、用火作业，以及进入含有有害气体和蒸汽混合物的受限空间内进行特殊作业，应当按规定报批，经批准后方可按照规定的程序、操作要求进行作业。未经批准的，不得进行作业。

第二百七十条 航空油料供应单位应当按照有关规定、标准的要求，在航空油料供应场所内和设施上设置相应的防爆、防静电、防雷击设备和采取其他防范措施，并定期检查、维护，保证其完好、有效。

第二百七十一条 航空油料供应场所内的电器火源控制和消除以及防爆安全装置的使用等，应当符合国家和行业有关标准和规范的要求。

第二百七十二条 在航空油料供应场所进行工程施工，应当制定相应的管理规定，加强施工安全管理，保证航空油料供应安全。

第二百七十三条 航空油料供应单位应当制定航空油料供应场所的安全保卫和出入管理规定，并配置相应的安全保卫人员。

任何人员和车辆进出航空油料供应场所，应当遵守安全保卫和出入管理规定。

第二百七十四条 航空油料供应单位应当根据安全生产和防止职业性危害等需要，按照不同工种、不同劳动环境和条件，为员工配备相应的劳动防护用品，并采取防护措施。员工上岗时必须穿（佩）戴和使用有效的劳动防护用品，设施设备必须安装防护装置。

劳动防护用品应当符合《劳动防护用品选用规则》的规定。

第二百七十五条 清洗油料容器的污水、油罐的积水，应当通过污水处理等净化设施进行处理。未经处理的污水、废油不得直接排放。

污水、废油的排放应当符合环境保护有关规定。

第二百七十六条 跑、冒、滴、漏的油品应当及时回收，不得直接冲洗到生产作业单位以外。失效的泡沫液（粉）以及其他含油或有害物质等应当集中处理。民用航空油料储存运输容器的清洗应当符合有关规定的要求。

第三节 应急处置

第二百七十七条 航空油料供应单位应当按照国家和行业的有关规定，结合本单位实际，制定航空油料供应突发事件应急预案。

航空油料供应突发事件应急预案应当纳入机场应急救援预案体系。

第二百七十八条 航空油料供应突发事件主要指：

（一）油品质量导致的飞行事故；

（二）火灾、爆炸事故；

（三）溢油污染事故；

（四）加错油；

（五）加油过程中加油胶管（接头）爆裂；

（六）拉坏航空器（加油车）加油接头或刮碰航空器；

（七）人员伤亡事故；

（八）其他突发事件。

第二百七十九条 应急预案应当包括：

（一）制定应急预案的目的和适用

范围；

（二）应急指挥机构及相关部门职责和装备；

（三）生产作业单位基本情况。包括：主要油料设施、设备情况；航空油料的品名及正常储存数量；员工人数和排班情况；占地面积等；

（四）负责参与应急救援的单位负责人名册、联络方式和电话；

（五）应急处置程序、处置方案；

（六）紧急疏散及警戒设置；

（七）社会支援与协助措施等。

第二百八十条　航空油料供应单位应当按照规定，配备必要的应急设备和器材。

航空油料供应单位应当每年至少组织一次应急演练，并对相关人员进行应急培训。在演练中发现的问题要及时整改，并对应急预案进行修订和完善。

第二百八十一条　航空油料供应场所突发紧急事件时，生产作业单位应当立即向上一级单位以及机场管理机构报告，视情及时启动应急预案，并按照应急预案进行处置。

第二百八十二条　应急处置结束后，应当及时清理垃圾、废弃物等，减轻对环境的破坏。

第十二章　机场运行安全信息管理

第一节　基本要求

第二百八十三条　机场管理机构应当向民航地区管理局报告机场运行安全信息。运行安全信息包括机场使用细则资料的变更、安全生产建议、影响运行安全的事件或隐患等与安全生产有关的信息。

第二百八十四条　发生影响机场运行安全的事件或隐患时，各运行保障单位均应当立即报告机场管理机构。

第二百八十五条　机场管理机构应当与航空运输企业及其他驻场单位建立信息共享机制，相互提供必要的生产运营信息，为旅客和货主提供及时准确的信息和服务。

机场管理机构、航空运输企业及其他驻场运行保障单位均有免费提供信息的义务及使用信息的权利。任何单位不得将免费获得的信息用于商业经营。

第二百八十六条　机场管理机构应当建立统一的机场运行信息平台。航空运输企业和空中交通管理部门应当及时、准确地向机场管理机构提供航班计划、航班动态等信息，由机场管理机构根据机场的实际需要加以整理后发布，保证各生产保障单位、旅客和机场其他用户及时获得所需信息。上述信息均应当无偿提供。

第二节　机场运行安全信息报告制度

第二百八十七条　机场管理机构应当建立机场运行安全信息报告制度，包括航行资料报告制度、日常通报制度。

第二百八十八条　航行资料报告制度的要求如下：

当机场飞行区有下列情况之一的，机场管理机构应当及时向驻场空中交通管理部门提供航行资料。对可预见或事先有计划的资料更改，应当按《民用航空航行情报工作规则》中的有关规定提前提供；对不可预见的临时性的资料，应当及时提供。

（一）《机场使用细则》中的机场资料发生变更；

（二）跑道、滑行道、机坪或其部分的关闭、恢复或运行限制发生变化；

（三）跑道、滑行道、机坪的数量、运行限制及物理特性发生变化；

（四）跑道、滑行道、机坪道面标志线、标记牌发生变化；

（五）助航灯光设施、风斗发生变化；

（六）登机桥数量发生变化；

（七）飞行区和障碍物限制面内影响飞行安全的障碍物的增加、排除或变动，障碍灯发生变化；

（八）飞行区内不停航施工的开工和计划完工时间、每日施工开始和结束时间、施工区域的安全标志和灯光的设置发生变化；

（九）救援和消防保障等级发生变化（不含临时的变化）；

（十）机场通信、导航、雷达、气象设备发生变化；

（十一）其他情况发生变化需要发布航行通告的。

第二百八十九条 日常通报制度的要求如下：

发现可能影响航空器正常和安全运行的下列情况之一的，机场管理机构应当及时向空中交通管理部门（塔台管制员）通报。

（一）跑道、滑行道或机坪道面破损或者拱起；

（二）跑道、滑行道、机坪有积雪、雪浆或结冰；

（三）跑道摩擦系数低于标准要求的最低值；

（四）因积雪或者结冰而不开放使用的跑道、滑行道、机坪；

（五）跑道、滑行道或机坪上有液体化学物质；

（六）飞行区内有临时性障碍物，包括停放的航空器、施工机具、施工材料、车辆等；

（七）发现疑似航空器掉落的零部件；

（八）发现有航空器提前接地、冲出或偏出跑道的痕迹；

（九）目视助航设施（包括助航灯光、标记牌、风斗、障碍灯等）全部或部分失效或运行不正常；

（十）救援和消防保障水平发生变化；

（十一）净空保护区内发现新的障碍物、升空物体和影响航空安全的其他情况；

（十二）机场通信、导航、雷达、气象等设备发生故障、工作不正常、备份电源失效和其他变动情况；

（十三）有可能影响飞行安全的鸟群活动；

（十四）其他可能影响飞行安全的情况。

第二百九十条 航空运输企业及其他驻场单位在机场内发生不安全事件，或发现机场设施达不到标准时，应当通报机场管理机构并报告民航地区管理局。

第二百九十一条 空中交通管理部门在获知飞行员反映机场设施达不到标准、或者其他不便于航空器运行的情况时，应当及时通知机场管理机构及民航地区管理局。

第十三章 法律责任

第二百九十二条 机场管理机构未按照本规定的要求建立健全设施设备管理制度的，或未按要求进行巡视检查、检测、报告、维护，保持设施设备的持续适用的，或在设施设备出现问题时未采取有效措施及时修复的，由民航局或民航地区管理局处以5000 元以上 1 万元以下的罚款；情节严重的，处以 1 万元以上 3 万元以下的罚款。

第二百九十三条 航空运输企业及其他驻场单位未按照本规定的要求，对各自的有关机场运行安全的设施设备及时进行维护，保持设施设备的持续适用的，由民航局或民航地区管理局责令改正，并处以 5000 元以上 1 万元以下的罚款；情节严重的，民航局或民航地区管理局应当对责任单位处以 1 万元以上 3 万元以下的罚款。

第二百九十四条 航空运输企业及其他各驻场单位未遵守手册及机场管理机构为保障飞行安全和正常运营所制定的并经民用航空主管部门批准的管理规定的，由民航局或民航地区管理局给予警告；情节严重的，处以 1 万元以上 3 万元以下的罚款。

第二百九十五条 违反本规定第八条的规定，机场管理机构滥用管理权限损害航空运输企业或其代理人及其他驻场单位合法权益的，由民航局或民航地区管理局责令改正，并给予警告；情节严重的，处以 1 万元以上 3 万元以下的罚款。

第二百九十六条 违反本规定第十三条的规定，机场管理机构未按照民航局或民航地区管理局批准的机场开放使用范围为航空器提供安全保障的，由民航局或民航地区管理局责令改正，并给予警告；拒不改正的，处以1万元以上3万元以下的罚款。

第二百九十七条　机场管理机构、航空运输企业及其他运行保障单位未按照本规定第二章的要求组织员工安全生产培训的，由民航局或者民航地区管理局责令限期改正，并处以10万元以下的罚款；逾期未改正的，责令停产停业整顿，并处10万元以上20万元以下的罚款，对其直接负责的主管人员和其他直接责任人员处以2万元以上5万元以下的罚款。

第二百九十八条　机场管理机构未按照本规定第三章的要求管理手册，而导致机场运行安全隐患的，由民航局或民航地区管理局责令改正，并处以5000元以上1万元以下的罚款；情节严重的，处以1万元以上3万元以下的罚款。

第二百九十九条　违反本规定第四章第一节的要求，机场管理机构未履行飞行区设施设备维护职责的，由民航局或民航地区管理局责令改正，并给予警告；情节严重的，处以1万元以上3万元以下的罚款。

第三百条　违反本规定第七十条第三款的规定，未经塔台管制员许可，人员、车辆进入运行中的跑道、滑行道的，由民航局或民航地区管理局给予警告；情节严重的，对责任单位处以3万元的罚款。

第三百零一条　机场管理机构未按照本规定第四章第四节的要求进行跑道摩擦系数测试及维护，而导致机场运行安全隐患的，由民航局或民航地区管理局责令改正，并处以1万元以上3万元以下的罚款。

第三百零二条　机场管理机构未按照本规定第九十九条的要求指派相应的部门和人员对机坪运行实施全天动态检查的，由民航局或民航地区管理局处以1万元以下罚款；情节严重的，处以1万元以上3万元以下的罚款。

第三百零三条　机场管理机构未按照本规定第七章的要求履行净空和电磁环境保护职责，而导致机场运行安全隐患的，由民航局或民航地区管理局处以5000元以上1万元以下的罚款；情节严重的，处以1万元以上3万元以下的罚款。

第三百零四条　机场管理机构未按照本规定第八章的要求采取措施防范动物侵入，而导致机场运行安全隐患的，使机场运行安全受到影响的，由民航局或民航地区管理局责令改正，并给予警告；情节严重的，处以3万元以下罚款。

第三百零五条　机场管理机构未按照本规定第九章的要求履行除冰雪管理职责，而导致机场运行安全隐患的，由民航局或民航地区管理局处以5000元以上1万元以下的罚款；情节严重的，处以1万元以上3万元以下的罚款。

第三百零六条　机场管理机构未按照本规定的要求制定机场施工管理规定的，以及未按照本规定和机场施工管理规定落实施工管理工作的，民航局或民航地区管理局应当对机场管理机构处以1万元以上3万元以下的罚款。

第三百零七条　违反本规定第二百二十六条的要求，未经民航地区管理局批准，擅自实施不停航施工的，由民航地区管理局责令改正，处以10万元以上50万元以下的罚款。

第三百零八条　违反本规定第二百五十七条的要求，航空油料供应单位未取得航空油料供应的相关资质证书和许可证书，擅自在机场内从事航空油料供应的，由民航地区管理局责令改正，处以20万元以上100万元以下的罚款；有违法所得的，没收违法所得。

第三百零九条　机场管理机构、航空运输企业未按照本规定第十二章的要求履行机场运行安全信息报告和发布义务的，由民航局或民航地区管理局责令改正，并给予警告；拒不改正的，处以1万元以上3万元以下的罚款。

第十四章　附　　则

第三百一十条　本规定自2008年2月1日起施行。民航总局2000年12月18日颁布的《民用机场不停航施工管理规定》（民航总局令第97号）同时废止。

运输机场专业工程建设质量和安全生产监督管理规定

（2021年12月28日交通运输部第33次部务会议通过，2022年1月4日公布，自2022年3月15日起施行）

第一章　总　　则

第一条　为了加强运输机场专业工程建设质量和安全生产监督管理，保障工程建设质量和安全生产，根据《中华人民共和国民用航空法》、《中华人民共和国安全生产法》、《建设工程质量管理条例》、《建设工程安全生产管理条例》和《民用机场管理条例》等法律、行政法规，制定本规定。

第二条　从事运输机场专业工程（含军民合用机场民用部分，以下简称专业工程）新建、改建、扩建等活动及实施对专业工程建设质量和安全生产监督管理，应当遵守本规定。

第三条　专业工程范围按照国务院民用航空主管部门会同国务院建设主管部门公布的内容执行。

第四条　专业工程建设质量和安全生产工作应当以人为本，树牢安全发展理念，坚持安全第一、预防为主、质量至上、综合治理的方针。

第五条　中国民用航空局（以下简称民航局）负责全国专业工程建设质量和安全生产监督管理工作。

中国民用航空地区管理局（以下简称民航地区管理局）负责辖区内专业工程建设质量和安全生产监督管理工作。

民航局和民航地区管理局统称为民航行政机关。

民航行政机关可以委托民航专业工程质量监督机构（以下简称质量监督机构）具体实施专业工程建设质量监督管理和施工现场的安全监督检查。委托机关应当对受委托的质量监督机构加强监督。

第六条　专业工程参建单位和从业人员应当依法严格执行专业工程建设质量和安全生产法律、法规、规章、工程建设强制性标准等相关规定，对专业工程建设质量和安全生产负责。

建设、勘察、设计、监理、施工等单位的法定代表人应当指定项目负责人，签署授权委托书，明确项目负责人的职责权限。

第七条　专业工程建设发生质量或者生产安全事故时，有关单位应当立即启动应急预案，按照规定报告，组织力量抢救，妥善保护好现场。

第八条　鼓励和支持专业工程参建单位建立科学系统的工程质量和安全生产管理标准化体系。

鼓励和支持专业工程建设质量和安全生产领域新理念、新技术、新方法的推广应用。民航行政机关对专业工程智能建造与建筑工业化给予政策支持。

参建单位应当加强专业工程建设质量和安全生产日常精细化管理，积极打造实体质量、功能质量、外观质量俱佳的品质工程。

第九条　民航行政机关应当加强对专业工程建设质量和安全生产的信用管理，建立专业工程参建单位信用评价机制。

第二章　质量责任

第一节　建设单位

第十条　建设单位应当落实项目法人责任制，完善项目质量管理制度，严格执行质量责任制。

第十一条　建设单位应当将工程发包给具有相应资质等级的勘察、设计、监理、施工、试验检测等单位。

建设单位应当依法与勘察、设计、监理、施工、试验检测等单位在合同中明确质量目标、管理责任和要求，加强对涉及质量的关键人员、施工设备等方面的履约管理。

第十二条　建设单位应当科学确定并严格执行合理的工程建设周期，不得随意压缩。建设单位应当实施全过程的进度管控，督促有关参建单位严格执行施工工期。

第十三条　建设单位应当组织对有关参建单位质量管理工作的检查和工程质量的检测，责成有关参建单位及时整改，强化工程质量管理措施，实现工程质量目标。

第十四条　建设单位将施工图设计文件交付施工单位前，应当按照《运输机场建设管理规定》的要求完成对施工图设计文件的审查。

第十五条　开工前，建设单位应当组织勘察、设计单位对施工、监理、试验检测等参建单位进行勘察、设计交底。

勘察、设计文件与现场实际情况不符的，建设单位必要时应当组织勘察、设计、监理和施工单位及有关专家进行技术、经济论证。

专业工程的初步设计发生重大变更的，建设单位应当报原初步设计审批部门审查批准后实施。

第十六条　建设单位采购供应的工程材料、构配件和设备等，其质量应当符合国家规定、设计文件要求和合同约定。

第十七条　建设单位应当依法组织勘察、设计、监理、施工等有关单位进行工程竣工验收。竣工验收应当具备相关规定条件。

专业工程未经竣工验收或者竣工验收不合格的，不得交付使用。

第十八条　建设单位应当对新技术、新材料、新工艺、新设备应用可靠性的评估进行检查。

第二节　勘察、设计单位

第十九条　勘察、设计单位分别对专业工程建设项目勘察、设计工作质量负责。

从事专业工程勘察、设计的单位应当在其资质等级许可的范围内承揽工程，不得转包或者违法分包工程。

第二十条　勘察、设计单位应当建立健全质量管理制度，严格落实勘察、设计质量责任，加强质量管理。

第二十一条　勘察、设计单位应当按照工程建设强制性标准进行勘察、设计，保证勘察、设计工作深度和质量。

勘察单位提供的勘察成果文件应当真实、准确、完整，满足工程建设需求。

设计单位应当根据勘察成果文件进行初步设计，按照已批准的初步设计、国家和行业规定的编制内容及设计深度要求进行施工图设计。

第二十二条　勘察单位应当及时解决施工过程中的勘察问题，对现场地质情况进行确认，根据需要依法及时完成勘察成果文件的变更。

第二十三条　设计单位应当做好设计交底、设计变更、后续服务和动态设计等工作，保障设计意图在施工中得以贯彻落实，及时解决与设计有关的技术问题，参与相关质量问题的分析、论证及方案制定。

第二十四条　竣工验收前，勘察单位应当对工程建设内容是否符合勘察要求进行综合检查和分析评价，设计单位应当对工程建设内容是否满足设计要求、是否达到使用功能等方面进行综合检查和分析评价，分别向建设单位出具工程质量检查报告。

第二十五条　勘察、设计单位应当参加地基与基础的分部工程验收。

第三节　监理单位

第二十六条　监理单位对专业工程建设项目质量负监理责任。

从事专业工程监理的单位应当在其资质等级许可的范围内承揽工程监理业务，不得转让工程监理业务。

第二十七条　监理单位应当按照合同约定派驻项目监理机构。项目监理人员资格、专业、数量等条件应当满足监理工作的需要。

监理单位应当保证监理人员在岗履职。总监理工程师不得擅自变更；确需调整的，应当征得建设单位同意，并及时向民航行政机关委托的质量监督机构报送变更情况。

第二十八条　监理单位应当编制符合项目实际的监理规划和监理实施细则，并严格执行。

第二十九条　监理单位应当依照法律、法规以及有关技术标准、设计文件和合同约定，对施工质量、建设工期和建设资金使用等实施监理。

监理单位对其签署或者出具的审核结果负责。

第三十条　监理单位应当对工程进行严格质量控制，及时组织或者参加工程量测、质量检查和验收，定期进行工程质量情况分析，对发现的质量问题及时督促整改。

第三十一条　对进场检验不合格的工程材料、构配件和设备，监理单位不得予以签字确认。

第三十二条　监理单位应当进行定期或者不定期的巡视；根据合同约定、工程特点和行业规范要求进行旁站，旁站对象应当覆盖工程关键部位和关键工序；根据工程需要采用平行量测对工程质量进行验证。

第三十三条　监理单位应当组织竣工预验收，根据有关标准和规范要求对工程质量进行评定，编制监理工作总结和工程质量评估报告，提交建设单位。

监理单位应当督促责任单位对竣工预验收发现的质量问题进行整改。

第四节　施工单位

第三十四条　施工单位对专业工程建设项目的施工质量负责。

从事专业工程施工的单位应当在其资质等级许可的范围内承揽工程。禁止施工单位允许其他单位或者个人以本单位的名义承揽工程。施工单位不得转包或者违法分包工程。

第三十五条　专业工程实行总承包的，总承包单位应当对全部专业工程建设质量负责。总承包单位依法将专业工程分包给其他单位的，分包单位应当按照分包合同的约定对其分包工程质量向总承包单位负责，总承包单位与分包单位应当履行各方质量管理职责，并对分包工程质量承担连带责任。

以联合体形式总承包的，应当确定牵头单位。联合体各方应当按照合同约定及联合体协议履行各方质量管理职责，并对承包工程质量承担连带责任。

专业工程实行总承包的，应当保证总承包项目经理在岗履职。总承包项目经理不得擅自变更；确需调整的，应当征得建设单位同意且不低于合同约定的资格和条件，并及时向民航行政机关委托的质量监督机构报送变更情况。

第三十六条　施工单位应当建立健全项目质量管理体系，设置项目质量管理机构，落实项目施工质量责任制，制定项目施工质量管理制度，配备与项目相匹配的工程技术人员和管理人员，加强施工质量管理。

施工单位应当保证工程技术人员和管理人员在岗履职。项目负责人不得擅自变更；确需调整的，应当征得建设单位同意且不低于合同约定的资格和条件，并及时向民航行政机关委托的质量监督机构报送变更情况。

第三十七条　施工单位应当按照施工技术标准、施工图设计文件和合同约定施工。

第三十八条　施工单位应当对工程材

料、构配件、设备等进行检验，出具的试验检测结果必须真实、客观和准确。

施工单位设立的工地试验室应当按照施工技术标准、设计文件和合同约定开展试验检测，做好试验检测资料的签认和保存工作。

第三十九条　施工单位应当建立健全技术交底制度。

采用新技术、新材料、新工艺、新设备的工程应当进行专项技术交底。

第四十条　施工单位应当强化工序管理、质量自控、质量自检。出现质量问题或者验收不合格的工程，施工单位应当负责返工处理，未经质量验收合格不得进入下道工序。

施工单位的质量管理资料应当清晰、完整、可追溯，工程关键部位和关键工序施工还应当保留影像资料。

第四十一条　竣工验收申请前，施工单位应当完成设计和合同约定内容、施工质量自评、施工资料整理等工作，向建设单位提交工程竣工报告和工程保修书。

第五节　试验检测单位

第四十二条　试验检测单位应当在其资质范围内承担专业工程试验检测业务，不得转让试验检测业务，不得与被检测或者监测工程施工单位有隶属关系或者其他利害关系。

第四十三条　试验检测单位应当依照有关法律、法规、规章、技术标准、设计文件和合同约定等开展专业工程试验检测活动，对试验检测结果的真实性、客观性、准确性负责。当数据出现异常时，试验检测单位应当及时向委托方报告。

第三章　安全生产责任

第一节　安全生产条件的基本要求

第四十四条　建设、勘察、设计、监理、施工单位及其他参建单位依法承担专业工程建设安全生产责任。

建设单位应当对专业工程建设安全生产加强全面管理。

第四十五条　参建单位从事专业工程建设活动，应当具备法律、法规、规章和国家标准或者行业标准规定的安全生产条件。任何单位和个人不得降低安全生产条件。

第四十六条　施工合同应当明确项目安全管理目标、安全生产职责、安全生产条件、安全生产信用情况及专职安全生产管理人员配备等要求。

第四十七条　两个及以上参建单位在施工现场同一区域内进行作业，可能危及对方生产安全的，建设单位应当组织参建单位签订安全生产管理协议，明确各自的安全生产管理职责和应当采取的安全措施，指定专职安全生产管理人员进行安全检查与协调。

第四十八条　参建单位应当建立健全全员安全生产责任制，明确各岗位的责任人员、责任范围和考核标准等内容。

参建单位应当建立相应机制，加强对全员安全生产责任制落实情况的监督考核，保证全员安全生产责任制的落实。

第四十九条　参建单位应当依法对从业人员进行安全生产教育和培训。未经安全生产教育和培训合格的从业人员，不得上岗作业。

第五十条　进入专业工程施工现场从事特种作业的人员，应当具备相应资格。

第五十一条　施工中使用的施工机械、设施、机具和安全防护用品等应当具备相应的合格证明文件，设立专人查验、定期检查和更新，建立相应的资料档案。无查验合格记录的，不得投入使用。

第五十二条　特种设备使用应当建立特种设备安全技术档案，依法取得特种设备使用登记证书，将登记标志置于该特种设备的显著位置。

第五十三条　参建单位不得使用国家或者行业已淘汰的危及施工安全的工艺、设备和材料。

第五十四条　参建单位应当向从业人员提供符合国家标准或者行业标准要求的劳动

防护用品，教育、监督从业人员按照使用规则佩戴、使用。

第五十五条　参建单位应当保证安全生产条件所必需的资金投入。

建设单位在组织编制工程概算时，应当结合工程实际，合理确定安全生产费用，并不得低于国家规定的标准。

第五十六条　专业工程施工现场的办公、生活区在设置时应当与作业区分开，保持安全距离。

施工现场的工作和生活用房（包括临时建筑及装配式活动房屋）应当符合安全使用要求。

第五十七条　参建单位应当向从业人员书面告知作业场所和工作岗位的危险因素、操作规程、防范方法、事故应急措施。

施工作业点应当设置明显的安全警示标志和安全防护设施。

第五十八条　专业工程应当实施安全风险管理，按照阶段开展设计、施工安全风险分析，采取有效管控措施，实施安全风险公告警示。

第五十九条　建设、施工等单位应当针对工程项目特点、事故风险分析情况和应急资源等制定项目应急预案，定期开展培训、演练，做好应急管理工作。

第二节　建设单位

第六十条　建设单位应当依法设置安全生产管理机构或者配备专职安全生产管理人员，建立健全安全生产管理制度，组织审核安全生产条件，组织开展项目安全风险管理，编制应急预案，组织应急演练和有关培训，定期组织安全生产检查。

第六十一条　建设单位应当及时足额支付安全生产费用，严禁挪用。

建设单位应当定期组织审核施工单位安全生产费用的使用情况。

第六十二条　建设单位应当对有关参建单位从业人员的安全生产教育和培训工作进行检查。

第六十三条　建设单位应当按照本规定第五十八条的要求实施安全风险管理，必要时应当组织专家进行专项论证。

第六十四条　建设单位应当组织项目安全生产管理检查，检查参建单位和人员安全生产管理责任落实情况，确保发现的问题整改到位。

建设单位应当根据安全生产检查结果，定期组织项目安全形势分析，强化监控监测、预报预警。

第六十五条　建设单位应当对新技术、新材料、新工艺、新设备组织安全生产条件论证，掌握其安全技术特性，采取有效安全防护措施，组织专项安全生产教育和培训。

第三节　勘察、设计单位

第六十六条　勘察、设计单位在施工现场进行作业和服务时，应当采取安全保障措施。

第六十七条　勘察单位应当对可能引发工程施工安全问题的不良地质提出防治建议。

设计单位应当对危险性较大的专业工程和采用新结构、新材料、新工艺的专业工程以及特殊结构的专业工程提出保障安全生产的措施建议。

第六十八条　设计单位在设计阶段应当进行安全风险分析。

设计单位应当根据安全风险分析结果，对设计文件作出明确的技术说明，必要时报建设单位组织专家进行论证。

第四节　监理单位

第六十九条　监理单位应当对施工项目安全生产条件和施工单位的安全管理体系、施工组织设计、专项施工方案、安全生产管理人员配备等内容进行审核并及时报建设单位。

监理单位对其签署或者出具的审核结果负责。

第七十条　监理单位应当对施工单位的

安全风险管控方案等安全技术措施进行审核，提出审核建议，明确监理重点。

第七十一条　监理单位应当进行安全生产巡视；对危险性较大的工程以及安全风险管控方案中的重点工程部位和工序进行旁站。

第七十二条　监理单位发现专业工程安全事故隐患时，应当要求施工单位整改；隐患严重的，应当要求施工单位暂时停工或者局部停工，并及时报告建设单位。

施工单位拒不整改或者不停止施工的，监理单位应当书面报告民航行政机关及其委托的质量监督机构。

第五节　施工单位

第七十三条　施工单位应当依法设置安全生产管理机构，配备专职安全生产管理人员，落实项目全员安全生产责任制，制定项目安全生产管理制度和操作规程，保障项目施工安全生产条件，组织制定本合同段应急预案并定期演练。

第七十四条　专业工程实行总承包的，总承包单位应当对施工现场的安全生产负总责。总承包单位依法将专业工程分包给其他单位的，分包合同中应当明确各自的安全生产方面的权利、义务。总承包单位与分包单位应当履行各方安全生产管理职责，并对分包工程的安全生产承担连带责任。

分包单位应当服从总承包单位的安全生产管理，分包单位不服从管理导致生产安全事故的，由分包单位承担主要责任。

第七十五条　施工单位应当建立安全风险分级管控制度，定期进行安全风险分析，完善施工组织设计和专项施工方案，落实安全风险分级管控措施，加强安全生产教育和技能培训，按照工程需要设置安全风险警示标志，强化重大风险源监测和预警。

第七十六条　管理人员和作业人员接受安全生产教育和培训的时间、内容以及考核结果等情况，施工单位应当如实记录并建档备查。

第七十七条　施工单位应当建立健全安全生产技术分级交底制度，明确安全技术分级交底的原则、内容、方法及确认手续。

施工单位负责项目管理的技术人员应当结合施工安全的技术要求，向施工作业班组、作业人员作出详细说明，在专职安全生产管理人员监督下共同签字确认。

第七十八条　施工单位对危险性较大的工程，应当编制专项施工方案，附具安全验算结果；对超出一定规模的危险性较大的工程，应当组织专家对专项施工方案进行论证。

第七十九条　施工单位应当保障安全警示标志设置规范、充分、明显，安全防护用具及设施符合规定。暂时停止施工的，施工单位应当做好现场安全警示和安全防护。

第八十条　施工单位应当建立健全并落实生产安全事故隐患排查治理制度，建立职工参与的工作机制，对高度风险工程重点排查，对隐患排查、登记、治理等全过程闭合管理情况予以记录，并向从业人员通报事故隐患排查治理情况。其中，重大事故隐患排查治理情况应当及时向民航行政机关及其委托的质量监督机构报告。

第八十一条　施工单位应当指定专职安全生产管理人员对施工现场安全生产状况进行经常性检查，制止和纠正违章指挥、违章操作和违反劳动纪律的行为，现场处理检查中发现的安全问题；不能现场处理的安全问题应当按照规定上报。检查及处理情况应当如实记录备查。

第八十二条　施工单位应当按照国家有关规定足额及时提取和使用安全生产费用，确保专款专用。

第四章　监督管理

第八十三条　民航行政机关及其委托的质量监督机构依据有关法律、法规、规章，对专业工程建设的质量和安全生产情况开展监督管理。

第八十四条　民航行政机关委托的质量

监督机构应当满足以下基本条件：

（一）依法成立的管理公共事务的事业组织；

（二）从事监督检查的专业技术人员数量不少于质量监督机构职工总数的70%，专业结构应当配置合理，满足监督检查工作需要；

（三）具备开展监督检查的工作条件，按照实际工作需要配备监督检查所必要的检测设备、执法装备等；

（四）建立健全监督检查制度和工作机制，落实监督检查工作责任，加强业务培训。

第八十五条 民航行政机关或者其委托的质量监督机构根据专业工程规模、性质、风险和参建单位信誉等因素，对专业工程建设质量和安全生产实行分类监督。

第八十六条 在开工前，建设单位应当向民航行政机关或者其委托的质量监督机构办理工程质量和施工现场安全监督手续。

民航行政机关或者其委托的质量监督机构应当在收到有效齐全材料后10个工作日内完成监督手续办理。

第八十七条 民航行政机关或者其委托的质量监督机构应当自完成办理监督手续之日起，至专业工程竣工验收合格之日止，依法开展专业工程建设质量和安全生产监督管理工作。

第八十八条 民航行政机关及其委托的质量监督机构可以采取随机抽查、联合检查、专项检查等方式对参建单位实施监督检查。

民航行政机关及其委托的质量监督机构从事监督检查执法的人员应当取得行政执法证件。

第八十九条 民航行政机关或者其委托的质量监督机构履行监督检查职责时，有权采取下列措施：

（一）进入被检查单位和施工现场进行检查；

（二）要求被检查单位提供有关文件和资料；

（三）询问被检查单位工作人员，要求其说明有关情况；

（四）对发现的质量问题和事故隐患，依法责令改正、暂时停止施工，视情节对责任单位进行约谈；

（五）对工程材料、构配件、设备和工程实体质量等进行抽样检测；

（六）有关法律、法规、规章规定的其他措施。

第九十条 根据工程情况，质量监督机构可以聘请技术专家协助实施工程质量和施工安全监督检查。

第九十一条 各参建单位应当配合监督检查工作，如实回答监督人员询问，不得拖延、推诿或者拒绝。对所提供的有关资料负有解释、说明的义务，并对其真实性、有效性负责。

第九十二条 对民航行政机关或者其委托的质量监督机构出具的监督检查意见，建设单位应当组织有关参建单位在规定时间内完成有关整改工作并书面回复。

第九十三条 民航行政机关依照《中华人民共和国行政处罚法》的规定，可以在法定权限内书面委托符合条件的质量监督机构实施行政处罚。

对依法应当给予行政处罚的行为，民航行政机关或者其委托的质量监督机构依照有关法律、法规和规章对责任单位或者责任人员作出行政处罚决定。

第九十四条 因故需要停止施工时间大于30日的，建设单位应当向民航行政机关委托的质量监督机构书面报告中止施工，质量监督机构暂停相关质量和施工现场安全监督。

工程项目恢复施工，建设单位完成复工条件验收后，应当向质量监督机构报告恢复施工。

第九十五条 建设单位应当在工程竣工验收的5个工作日前，书面通知民航行政机关委托的质量监督机构。

对建设单位组织的竣工验收，质量监督机构应当重点监督工程竣工验收的组织形式、程序等。发现建设单位在竣工验收过程中有违反国家有关建设工程质量管理规定行为的，应当责令整改或者责令重新组织验收。

在收到建设单位提交的有效竣工验收报备材料后，质量监督机构应当向民航行政机关提交质量监督报告，并抄送建设单位。

第九十六条　竣工验收通过后，施工现场的安全监督自动终止。

第九十七条　民航行政机关委托的质量监督机构应当对项目监督资料进行收集和管理，形成监督工作档案。

第九十八条　任何单位或者个人对专业工程建设质量和安全事故、质量缺陷、安全隐患、违法违规行为，均有权如实向民航行政机关或者其委托的质量监督机构投诉、举报。

第五章　法律责任

第九十九条　建设单位违反本规定第十一条，将专业工程发包给不具有相应资质等级的勘察、设计、施工单位或者委托给不具有相应资质等级的监理单位的，依照《建设工程质量管理条例》第五十四条规定，由民航行政机关责令改正，按照以下标准处以罚款：

（一）尚未实质性开展工程建设活动的，处50万元以上65万元以下的罚款；

（二）已实质性开展工程建设活动，但未造成严重危害后果的，处65万元以上85万元以下的罚款；

（三）已实质性开展工程建设活动，且造成严重危害后果的，处85万元以上100万元以下的罚款。

第一百条　建设单位违反本规定第十二条，任意压缩合理工期的，依照《建设工程质量管理条例》第五十六条、《建设工程安全生产管理条例》第五十五条规定，由民航行政机关责令改正，未对工程质量和安全生产造成严重危害后果的，处20万元以上30万元以下的罚款；对工程质量和安全生产造成严重危害后果的，处30万元以上50万元以下的罚款。

第一百零一条　建设单位违反本规定第十七条，未组织竣工验收，擅自交付使用的；或者验收不合格，擅自交付使用的；或者对不合格的专业工程按照合格工程验收的，依照《建设工程质量管理条例》第五十八条规定，由民航行政机关责令改正，按照以下标准处以罚款：

（一）未对机场运行安全造成影响的，处工程合同价款2%的罚款；

（二）影响机场运行安全的，处工程合同价款2%以上3%以下的罚款；

（三）造成民用航空器事故的，处工程合同价款3%以上4%以下的罚款。

第一百零二条　勘察、设计、监理、施工单位违反本规定第十九条、第二十六条、第三十四条，超越本单位资质等级承揽工程的，依照《建设工程质量管理条例》第六十条规定，由民航行政机关责令停止违法行为，按照以下标准处以罚款；有违法所得的，予以没收：

（一）尚未实质性开展工程建设活动的，对勘察、设计单位或者监理单位处合同约定的勘察费、设计费或者监理酬金1倍的罚款，对施工单位处工程合同价款2%的罚款；

（二）已实质性开展工程建设活动，但未造成严重危害后果的，对勘察、设计单位或者监理单位处合同约定的勘察费、设计费或者监理酬金1倍以上2倍以下的罚款，对施工单位处工程合同价款2%以上4%以下的罚款；

（三）已实质性开展工程建设活动，且造成严重危害后果的，对勘察、设计单位或者监理单位处合同约定的勘察费、设计费或者监理酬金2倍的罚款，对施工单位处工程合同价款4%的罚款。

未取得资质证书承揽工程的，依照前款规定处以罚款；有违法所得的，予以没收。

以欺骗手段取得资质证书承揽工程的，依照本条第一款规定处以罚款；有违法所得的，予以没收。

第一百零三条 勘察、设计单位违反本规定第二十一条、第六十七条，有下列行为之一的，依照《建设工程质量管理条例》第六十三条、《建设工程安全生产管理条例》第五十六条规定，由民航行政机关责令改正，未对工程质量和安全生产造成严重危害后果的，处 10 万元以上 15 万元以下的罚款；对工程质量和安全生产造成严重危害后果的，处 15 万元以上 30 万元以下的罚款：

（一）勘察单位未按照工程建设强制性标准进行勘察的；

（二）设计单位未根据勘察成果文件进行工程设计的；

（三）设计单位未按照工程建设强制性标准进行设计的；

（四）采用新结构、新材料、新工艺的专业工程和特殊结构的专业工程，设计单位未在设计中提出保障施工作业人员安全和预防生产安全事故的措施建议的。

第一百零四条 勘察、设计单位违反本规定第二十一条、第二十五条、第六十七条，有下列行为之一的，由民航行政机关责令限期改正；情节严重的，处 1 万元以上 3 万元以下的罚款：

（一）设计单位未按照已批准的初步设计进行施工图设计的；

（二）勘察、设计单位未参加地基与基础的分部工程验收的；

（三）勘察单位未对可能引发工程施工安全问题的不良地质提出防治建议的；

（四）设计单位未对危险性较大的专业工程提出保障安全生产的措施建议的。

第一百零五条 监理单位违反本规定第二十七条，有下列行为之一的，由民航行政机关责令限期改正；情节严重的，处 1 万元以上 3 万元以下的罚款：

（一）项目监理人员未在岗履职的；

（二）擅自变更总监理工程师的。

第一百零六条 监理单位违反本规定第三十条、第三十一条，有下列行为之一的，依照《建设工程质量管理条例》第六十七条规定，由民航行政机关责令改正，未对工程质量和安全生产造成严重危害后果的，处 50 万元以上 85 万元以下的罚款；对工程质量和安全生产造成严重危害后果的，处 85 万元以上 100 万元以下的罚款；有违法所得的，予以没收：

（一）与建设单位或者施工单位串通，弄虚作假、降低工程质量的；

（二）将不合格的专业工程、工程材料、构配件和设备按照合格签字的。

第一百零七条 总承包单位或者总承包联合体的牵头单位违反本规定第三十五条，有下列行为之一的，由民航行政机关责令限期改正；情节严重的，处 1 万元以上 3 万元以下的罚款：

（一）总承包项目经理未在岗履职的；

（二）擅自变更总承包项目经理的。

第一百零八条 施工单位违反本规定第三十六条，有下列行为之一的，由民航行政机关责令限期改正；情节严重的，处 1 万元以上 3 万元以下的罚款：

（一）工程技术人员和管理人员未在岗履职的；

（二）擅自变更项目负责人的。

第一百零九条 试验检测单位违反本规定第四十二条、第四十三条，有下列行为之一的，由民航行政机关责令限期改正；情节严重的，处 1 万元以上 3 万元以下的罚款：

（一）超出资质范围承担专业工程试验检测业务的；

（二）转让试验检测业务的；

（三）伪造检测数据，出具虚假检测报告或者鉴定结论的；

（四）数据出现异常时，未及时向合同委托方报告的。

第一百一十条 监理单位违反本规定第六十九条、第七十条、第七十二条，有下列行为之一的，依照《建设工程安全生产管理条例》第五十七条规定，由民航行政机关责令限期改正；逾期未改正，未对工程质量和安全生产造成严重危害后果的，处10万元以上15万元以下的罚款；对工程质量和安全生产造成严重危害后果的，处15万元以上30万元以下的罚款：

（一）未对施工组织设计中的安全技术措施或者专项施工方案进行审查的；

（二）发现安全事故隐患未及时要求施工单位整改或者暂时停止施工的；

（三）施工单位拒不整改或者不停止施工，未及时向民航行政机关及其委托的质量监督机构报告的。

第一百一十一条　施工单位违反本规定第七十五条、第八十条，有下列行为之一的，依照《中华人民共和国安全生产法》第一百零一条规定，由民航行政机关责令限期改正，处10万元以下的罚款；逾期未改正的，责令停产停业整顿，并处10万元以上20万元以下的罚款，对其直接负责的主管人员和其他直接责任人员处2万元以上5万元以下的罚款：

（一）未建立安全风险分级管控制度或者未按照安全风险分级采取相应管控措施的；

（二）未建立事故隐患排查治理制度，或者重大事故隐患排查治理情况未及时向民航行政机关及其委托的质量监督机构报告的。

第一百一十二条　建设单位违反本规定第八十六条，未按照规定办理工程质量监督手续的。依照《建设工程质量管理条例》第五十六条规定，由民航行政机关责令改正，未对工程质量和安全生产造成严重危害后果的，处20万元以上30万元以下的罚款；对工程质量和安全生产造成严重危害后果的，处30万元以上50万元以下的罚款。

第一百一十三条　建设单位违反本规定第九十二条、第九十五条，有下列行为之一的，由民航行政机关责令限期改正；逾期未改正的，处1万元以上3万元以下的罚款：

（一）对民航行政机关或者其委托的质量监督机构出具的监督检查意见，未及时组织有关参建单位予以整改回复的；

（二）工程竣工验收前未按规定通知民航行政机关委托的质量监督机构的。

第一百一十四条　依照《建设工程质量管理条例》规定给予单位罚款处罚的，对单位直接负责的主管人员和其他直接责任人员处单位罚款数额5%以上10%以下的罚款。

第一百一十五条　参建单位违反本规定，依法应当降低其资质等级或者吊销其资质证书的，由民航行政机关向颁发资质证书的机关通报。

第一百一十六条　民航行政机关及其委托的质量监督机构的工作人员在专业工程建设质量和安全生产监督管理工作中玩忽职守、滥用职权、徇私舞弊的，依法给予处分；构成犯罪的，依法追究刑事责任。

第六章　附　　则

第一百一十七条　本规定所称参建单位，是指从事专业工程建设、勘察、设计、监理、施工、试验检测、施工图审查等工作的单位。

第一百一十八条　本规定自2022年3月15日起施行。原民航总局于2007年2月14日公布的《民航专业工程质量监督管理规定》（民航总局令第178号）同时废止。

公共航空旅客运输飞行中安全保卫工作规则

（2017 年 1 月 11 日交通运输部第 1 次部务会议通过，2017 年 2 月 7 日公布，自 2017 年 3 月 10 日起施行）

第一章 总 则

第一条 为了规范公共航空旅客运输飞行中的安全保卫工作，加强民航反恐怖主义工作，保障民用航空安全和秩序，根据《中华人民共和国民用航空法》《中华人民共和国安全生产法》《中华人民共和国反恐怖主义法》和《中华人民共和国民用航空安全保卫条例》的有关规定，制定本规则。

第二条 本规则适用于中华人民共和国境内设立的公共航空运输企业从事公共航空旅客运输的航空器飞行中驾驶舱和客舱的安全保卫工作。

前款规定的公共航空运输企业及其工作人员和旅客应当遵守本规则。

第三条 中国民用航空局（以下简称民航局）对全国范围内公共航空旅客运输飞行中的安全保卫工作实施指导、监督和检查。

中国民用航空地区管理局（以下简称地区管理局）对本辖区内公共航空旅客运输飞行中安全保卫工作实施指导、监督和检查。

第四条 公共航空运输企业对其从事旅客运输的航空器飞行中安全保卫工作承担主体责任。

第二章 工作职责

第五条 公共航空运输企业应当设立或指定专门的航空安保机构，负责飞行中安全保卫工作。

公共航空运输企业的分公司应当设立或指定相应的航空安保机构，基地等分支机构也应当设立或指定相应机构或配备人员，负责飞行中安全保卫工作。

第六条 公共航空运输企业应当按照相关规定配备和管理航空安全员队伍。

公共航空运输企业应当建立航空安全员技术等级制度，对航空安全员实行技术等级管理。

第七条 公共航空运输企业应当按照相关规定派遣航空安全员。

在航空安全员飞行值勤期，公共航空运输企业不得安排其从事其他岗位工作。

第八条 公共航空运输企业应当建立并严格执行飞行中安全保卫工作经费保障制度。经费保障应当满足飞行中安全保卫工作运行、培训、质量控制以及设施设备等方面的需要。

涉及到民航反恐怖主义工作的，应满足反恐怖主义专项经费保障制度的要求。

第九条 公共航空运输企业应当按照相关规定，为航空安全员配备装备，并对装备实施统一管理，明确管理责任，建立管理工作制度，确保装备齐全有效。

装备管理工作记录应当保留 12 个月以上。

第十条 机长在履行飞行中安全保卫职责时，行使下列权力：

（一）在航空器起飞前，发现未依法对航空器采取安全保卫措施的，有权拒绝起飞；

（二）对扰乱航空器内秩序，妨碍机组成员履行职责，不听劝阻的，可以要求机组成员对行为人采取必要的管束措施，或在起飞前、降落后要求其离机；

（三）对航空器上的非法干扰行为等严重危害飞行安全的行为，可以要求机组成员启动相应处置程序，采取必要的制止、制服措施；

（四）处置航空器上的扰乱行为或者非法干扰行为，必要时请求旅客协助；

（五）在航空器上出现扰乱行为或者非法干扰行为等严重危害飞行安全行为时，根据需要改变原定飞行计划或对航空器做出适当处置。

第十一条　机长统一负责飞行中的安全保卫工作。航空安全员在机长领导下，承担飞行中安全保卫的具体工作。机组其他成员应当协助机长、航空安全员共同做好飞行中安全保卫工作。

机组成员应当按照相关规定，履行下列职责：

（一）按照分工对航空器驾驶舱和客舱实施安保检查；

（二）根据安全保卫工作需要查验旅客及机组成员以外的工作人员的登机凭证；

（三）制止未经授权的人员或物品进入驾驶舱或客舱；

（四）对扰乱航空器内秩序或妨碍机组成员履行职责，且不听劝阻的，采取必要的管束措施，或在起飞前、降落后要求其离机；

（五）对严重危害飞行安全的行为，采取必要的措施；

（六）实施运输携带武器人员、押解犯罪嫌疑人、遣返人员等任务的飞行中安保措施；

（七）法律、行政法规和规章规定的其他职责。

第十二条　旅客应当遵守相关规定，保持航空器内的良好秩序；发现航空器上可疑情况时，可以向机组成员举报。旅客在协助机组成员处置扰乱行为或者非法干扰行为时，应当听从机组成员指挥。

第三章　工作措施

第十三条　公共航空运输企业应当根据本规则及其他相关规定，制定飞行中安全保卫措施，明确机组成员飞行中安全保卫职责，并纳入本单位航空安全保卫方案。

第十四条　公共航空运输企业应当建立并严格执行飞行中安全保卫工作值班制度和备勤制度，保证信息传递畅通，确保可以根据飞行中安全保卫工作的需要调整和增派人员。

第十五条　公共航空运输企业应当按照相关规定，在飞行中的航空器内配备安保资料，包括：

（一）适合本机型的客舱安保搜查单；

（二）发现爆炸物或可疑物时的处置程序；

（三）本机型航空器最低风险爆炸位置的相关资料；

（四）航空器客舱安保检查单；

（五）航班机组报警单；

（六）其他规定的安保资料。

机上安保资料应当注意妥善保管，严防丢失被盗；机组成员应当熟知机上安保资料的存放位置和使用要求。

第十六条　公共航空运输企业应当为航空安全员在航空器上预留座位，座位的安排应当紧邻过道以便于航空安全员执勤为原则，固定位置最长不得超过6个月。

第十七条　公共航空运输企业应当建立航前协同会制度。

机长负责召集机组全体成员参加航前协同会，明确飞行中安全保卫应急处置预案。

第十八条　公共航空运输企业应当建立并严格执行飞行中安全保卫工作执勤日志管理制度。

第十九条　国家警卫对象乘机时，公共航空运输企业应当按照国家相关规定采取飞行中安全保卫措施。

第二十条　携带武器人员、押解犯罪嫌疑人或遣返人员乘机的，公共航空运输企业应当按照国家相关规定，采取飞行中安全保卫措施。

第二十一条　公共航空运输企业应当严

格控制航空器上含酒精饮料的供应量，避免机上人员饮酒过量。

第二十二条　航空器驾驶舱和客舱的安保检查由机组成员在旅客登机前、下机后共同实施，防止航空器上留有未经授权的人员和武器、爆炸物等危险违禁物品。

第二十三条　机组成员应当对飞行中的航空器驾驶舱采取保护措施，除下列人员外，任何人不得进入飞行中的航空器驾驶舱：

（一）机组成员；

（二）正在执行任务的民航局或者地区管理局的监察员或委任代表；

（三）得到机长允许并且其进入驾驶舱对于安全运行是必需或者有益的人员；

（四）经机长允许，并经公共航空运输企业特别批准的其他人员。

第二十四条　机组成员应当按照机长授权处置扰乱行为和非法干扰行为。

根据机上案（事）件处置程序，发生扰乱行为时，机组成员应当口头予以制止，制止无效的，应当采取管束措施；发生非法干扰行为时，机组成员应当采取一切必要处置措施。

第二十五条　出现严重危害航空器及所载人员生命安全的紧急情况，机组成员无法与机长联系时，应当立即采取必要处置措施。

第二十六条　机组成员对扰乱行为或非法干扰行为处置，应当依照规定及时报案，移交证据材料。

第二十七条　国内民用航空旅客运输中发生非法干扰行为时，公共航空运输企业应当立即向民航局、企业所在地和事发地民航地区管理局报告，并在处置结束后15个工作日内按照相关规定书面报告民航地区管理局。

航空器起飞后发生的事件，提交给最先降落地机场所在地民航地区管理局；航空器未起飞时发生的事件，提交给起飞地机场所在地民航地区管理局。

国际民用航空旅客运输中发生非法干扰行为时，公共航空运输企业应当立即报告民航局，并在处置结束后15个工作日内将书面报告提交给民航局。

第二十八条　航空安全员应当按照相关规定，携带齐全并妥善保管执勤装备、证件及安保资料。

第二十九条　航空安全员在饮用含酒精饮料之后的8小时之内，或其呼出气体中所含酒精浓度达到或者超过0.04克/210升，或处在酒精作用状态之下，或受到药物影响损及工作能力时，不得在航空器上履行职责。

公共航空运输企业不得派遣存在前款所列情况的航空安全员在其航空器上履行飞行中安全保卫职责。

第三十条　航空安全员值勤、飞行值勤期、休息期的定义，飞行值勤期限制、累积飞行时间、值勤时间限制和休息时间的附加要求，依照《大型飞机公共航空运输承运人运行合格审定规则》中对客舱乘务员的规定执行。

其中，飞行值勤期限制规定中，航空安全员最低数量配备标准应当执行相关派遣规定的要求。

第三十一条　公共航空运输企业不得派遣航空安全员在超出本规定的值勤期限制、飞行时间限制或不符合休息期要求的情况下执勤。

航空安全员不得接受超出规定范围的执勤派遣。

第四章　培训质量控制

第三十二条　公共航空运输企业应当按照国家民用航空安全保卫培训方案和国家民用航空安全保卫质量控制计划，落实飞行中安全保卫工作的培训和质量控制要求。

公共航空运输企业每年至少应当组织一次驾驶员、乘务员和航空安全员共同参与的飞行中安全保卫实战演练。

第三十三条　公共航空运输企业应当按

照相关规定，提供满足机组成员飞行中安全保卫工作培训需要的场所、装备器械、设施、设备、教材、人员及其他保障。

第三十四条　公共航空运输企业应当按照相关规定，组织新招录航空安全员进行实习飞行。

实习飞行应当由经民航局培训的教员指导实施。

第三十五条　公共航空运输企业应当建立飞行中安全保卫业务培训考核机制，并为机组成员建立和保存飞行中安全保卫业务培训记录，该培训记录保存至少36个日历月。

航空安全员不再服务于该企业时，公共航空运输企业应当自其离职之日起，将前款要求的培训记录保存至少12个日历月。航空安全员自离职之日起11个日历月内提出要求时，公共航空运输企业应当在1个日历月之内向其提供飞行中安全保卫培训记录复印件。

第五章　法律责任

第三十六条　公共航空运输企业有下列行为之一的，由地区管理局责令限期改正；逾期未改正的，处以警告或一万元以下罚款：

（一）违反本规则第五条第二款，公共航空运输企业分公司或基地，未按规定设立或指定航空安保机构，配备人员的；

（二）违反本规则第九条第二款，未按规定保存航空安全员装备管理工作记录的；

（三）违反本规则第十五条第一款，未按规定配备齐全安保资料的；

（四）违反本规则第十六条，未按规定为航空安全员在航空器上预留座位的；

（五）违反本规则第三十三条，未按规定提供满足机组成员飞行中安全保卫工作培训需要的场所、装备器械、设施、设备、教材、人员及其他保障的；

（六）违反本规则第三十四条，未按规定组织实习飞行，或从事实习飞行带飞的教员不符合相关规定要求的；

（七）违反本规则第三十五条第二款，未按规定提供航空安全员飞行中安全保卫培训记录复印件的。

第三十七条　公共航空运输企业有下列行为之一的，由地区管理局责令限期改正；逾期未改正的，处以一万元以上三万元以下罚款：

（一）违反本规则第五条第一款，公共航空运输企业未按规定设立或指定专门航空安保机构的；

（二）违反本规则第六条，未按规定配备和管理航空安全员队伍，或未建立航空安全员技术等级制度的；

（三）违反本规则第十三条，未按规定制定飞行中安全保卫措施并将其纳入本单位航空安全保卫方案的；

（四）违反本规则第十四条，未建立有关值班制度和备勤制度或未严格执行的；

（五）违反本规则第十七条第一款，未建立航前协同会制度的；

（六）违反本规则第十八条，未按规定建立飞行中安全保卫工作执勤日志管理制度或未严格执行的。

第三十八条　公共航空运输企业违反本规则第七条第二款，在航空安全员飞行值勤期间，安排其从事其他岗位工作的；由地区管理局责令其停止违法行为，并处以警告或者一万元以下罚款。

第三十九条　公共航空运输企业有下列行为之一的，由地区管理局责令其停止违法行为，处以一万元以上三万元以下罚款：

（一）违反本规则第二十九条第二款，派遣不符合规定的航空安全员在航空器上履行飞行中安全保卫职责的；

（二）违反本规则第三十条、第三十一条第一款，未按规定执行航空安全员飞行值勤期限制、累积飞行时间、值勤时间限制和休息时间的。

第四十条　公共航空运输企业违反本规则第二十七条，迟报、漏报或者隐瞒不报信息的，由民航行政机关予以警告并处以一万元以上三万元以下罚款。

第四十一条 公共航空运输企业违反本规则第七条第一款，未按规定派遣航空安全员的，处以一万元以上三万元以下罚款；未按规定派遣航空安全员，且造成事故隐患的，由民航行政机关依据《中华人民共和国安全生产法》第九十九条责令公共航空运输企业立即消除或者限期消除；公共航空运输企业拒不执行的，责令停产停业整顿，并处十万元以上五十万元以下的罚款，对其直接负责的主管人员和其他直接责任人员处二万元以上五万元以下的罚款。

第四十二条 公共航空运输企业违反本规则第八条第一款，不能保证飞行中安全保卫工作经费，致使公共航空运输企业不具备安全运行条件的，由民航行政机关依据《中华人民共和国安全生产法》第九十条责令限期改正，提供必需的资金；逾期未改正的，责令停产停业整顿。

第四十三条 公共航空运输企业违反本规则第八条第二款、第九条第一款，安保经费保障未达到反恐怖主义工作专项经费保障制度相关要求的，或未按规定配备安保人员和相应设备设施，由具有管辖权公安机关，按照《中华人民共和国反恐怖主义法》第八十八条给予警告、并责令改正，拒不改正的，处十万元以下罚款，并对其直接负责的主管人员和其他直接责任人员处一万元以下罚款。

第四十四条 公共航空运输企业有下列情形之一的，由民航行政机关依据《中华人民共和国安全生产法》第九十四条责令公共航空运输企业限期改正，可以处五万元以下罚款；逾期未改正的，责令停产停业整顿，并处五万元以上十万元以下罚款，对其直接负责的主管人员和其他直接责任人员处一万元以上二万元以下罚款：

（一）违反本规则第三十二条第一款，未进行航空安保培训的；

（二）违反本规则第三十二条第二款，未按规定组织飞行中安全保卫实战演练的；

（三）违反本规则第三十五条第一款，未如实记录航空安保培训情况的。

第四十五条 机组成员违反本规则第十一条、第十五条第二款、第十七条第二款、第二十二条、第二十三条、第二十九条第一款，未按照本规则规定履行安全保卫职责的，由地区管理局处以警告或一千元以下罚款。

第四十六条 航空安全员有下列行为之一的，由地区管理局处以一千元以下罚款：

（一）违反本规则第二十八条，未按规定携带齐全、妥善保管执勤装备和安保资料的；

（二）违反本规则第三十一条第二款，接受超出规定范围的执勤派遣。

航空安全员违反本规则第二十八条未按规定携带证件，按照《中华人民共和国民用航空法》相关规定进行处罚。

第四十七条 旅客违反本规则有关规定，由具有管辖权的公安机关依据《中华人民共和国治安管理处罚法》给予处罚。

第四十八条 对公共航空运输企业的行政处罚、行政强制等处理措施及其执行情况记入守法信用信息记录，并按照有关规定进行公示。

第六章 附 则

第四十九条 本规则使用的部分术语定义如下：

飞行中，是指航空器从装载完毕、机舱外部各门均已关闭时起，直至打开任一机舱门以便卸载时为止。航空器强迫降落时，在主管当局接管对该航空器及其所载人员和财产的责任前，应当被认为仍在飞行中。

机组成员，是指在飞行中民用航空器上执行任务的驾驶员、乘务员、航空安全员和其他空勤人员。

航空安全员，是指为了保证航空器及其所载人员安全，在民用航空器上执行安全保卫任务，具有航空安全员资质的人员。

非法干扰行为，是指危害民用航空安全

的行为或未遂行为，主要包括：

（一）非法劫持航空器；

（二）毁坏使用中的航空器；

（三）在航空器上或机场扣留人质；

（四）强行闯入航空器、机场或航空设施场所；

（五）为犯罪目的而将武器或危险装置、材料带入航空器或机场；

（六）利用使用中的航空器造成死亡、严重人身伤害，或对财产或环境的严重破坏；

（七）散播危害飞行中或地面上的航空器、机场或民航设施场所内的旅客、机组、地面人员或大众安全的虚假信息。

扰乱行为，是指在民用机场或在航空器上不遵守规定，或不听从机场工作人员或机组成员指示，从而扰乱机场或航空器上良好秩序的行为。航空器上的扰乱行为主要包括：

（一）强占座位、行李架的；

（二）打架斗殴、寻衅滋事的；

（三）违规使用手机或其他禁止使用的电子设备的；

（四）盗窃、故意损坏或者擅自移动救生物品等航空设施设备或强行打开应急舱门的；

（五）吸烟（含电子香烟）、使用火种的；

（六）猥亵客舱内人员或性骚扰的；

（七）传播淫秽物品及其他非法印制物的；

（八）妨碍机组成员履行职责的；

（九）扰乱航空器上秩序的其他行为。

第五十条　本规则自2017年3月10日起施行。2016年4月4日起施行的《公共航空旅客运输飞行中安全保卫工作规则》（交通运输部令2016年第5号）同时废止。

公共航空运输企业航空安全保卫规则

（2016年4月21日交通运输部发布，根据2018年11月16日交通运输部《关于修改〈公共航空运输企业航空安全保卫规则〉的决定》修正）

第一章　总　　则

第一条　为了规范公共航空运输企业航空安全保卫工作，保证旅客、机组、航空器和公众的安全，根据《中华人民共和国民用航空安全保卫条例》，制定本规则。

第二条　本规则适用于在中华人民共和国境内依法设立的公共航空运输企业，在中华人民共和国境内从事公共航空运输的外国航空运输企业，以及与公共航空运输活动有关的单位和个人。

第三条　中国民用航空局（以下简称民航局）对公共航空运输企业航空安全保卫（以下简称航空安保）工作实施监督管理。其主要职责包括：

（一）督促和指导公共航空运输企业实施《国家民用航空安全保卫规划》，建立和运行航空安保管理体系；

（二）督促和指导公共航空运输企业的航空安保方案符合航空安保法规标准；

（三）规定公共航空运输企业航空安保职责，指导公共航空运输企业与机场管理机构等民航运营单位建立协调和沟通的渠道；

（四）督促公共航空运输企业为其航空安保工作提供必需的资源保障；

（五）指导、检查公共航空运输企业基础设施与建筑的设计及建设符合航空安保法规标准；

（六）指导公共航空运输企业制定航空安保培训计划，并监督执行；

（七）对公共航空运输企业及其所属单位的安保工作运行的有效性进行评估，查找并指出漏洞和缺陷，提出整改意见；

（八）收集、核实、分析关于潜在威胁和已发生事件的信息，负责对航空安全进行威胁评估，并指导、部署分级防范工作；

（九）开发和推广使用先进的管理和技术措施，促进公共航空运输企业及其航空安保部门采用这些措施；

（十）按规定组织或参与调查处理涉及公共航空运输企业的航空安保事件或其他重大事故。

第四条 民航地区管理局对本辖区公共航空运输企业航空安保工作实施指导、检查和监督，对违法、违规行为进行查处。其主要职责包括：

（一）对辖区内的公共航空运输企业执行航空安保法规标准的情况实施监督检查；

（二）审查公共航空运输企业航空安保方案并监督执行；

（三）审查辖区内公共航空运输企业预防和处置劫机、爆炸或其他严重非法干扰事件的预案，对落实情况进行监督检查；

（四）按规定组织或参与调查处理辖区内涉及公共航空运输企业的航空安保事件或其他重大事故；

（五）指导、监督和检查辖区内公共航空运输企业承担的民用航空安全检查工作；

（六）审查公共航空运输企业制定的航空安保质量控制方案和培训方案，并监督执行。

第五条 公共航空运输企业在运输过程中对其运输的旅客、行李、货物和邮件的航空安保工作承担直接责任。

第二章 一般规定

第一节 组织和管理

第六条 公共航空运输企业应当指定一名负责航空安保工作的副总经理，负责协调有关部门执行航空安保方案。

公共航空运输企业应当设置专门的航空安保机构，具体负责协调本企业航空安保工作。

公共航空运输企业应当设置满足航空安保工作需要的岗位并配备足够的人员。

第七条 公共航空运输企业的分公司应当设立相应的航空安保机构，基地等分支机构也应当设置相应机构或配备人员履行航空安保职责。

第八条 公共航空运输企业承担航空安保职责的人员应当按照《国家民用航空安全保卫培训方案》规定经过相应的培训，并培训合格。

第九条 公共航空运输企业应当在通航的机场指定或通过航空安保协议指定一名航空安保协调员，履行航空安保协调、信息通报等职责。

第十条 机长是航空器飞行中安全保卫工作的负责人，代表公共航空运输企业履行其航空安保方案中规定的相关职责。

第二节 航空安保管理体系

第十一条 公共航空运输企业应当建立、运行并维护符合民航局要求的航空安保管理体系，其内容应当包括目标管理体系、组织保障体系、风险管理体系和质量控制体系。

第十二条 航空安保管理体系应当在本企业航空安保方案中作出规定。

第十三条 公共航空运输企业应当根据其运行的实际情况，适时组织评估航空安保管理体系的符合性和有效性，及时调整完善。

第三节 质量控制

第十四条 公共航空运输企业应当按照《国家民用航空安全保卫质量控制计划》，制定、维护和执行本企业航空安保质量控制方案，并在航空安保方案中列明。

第十五条 公共航空运输企业应当按照民航局背景调查规定制定程序和措施，并在安保方案中列明。

第十六条　公共航空运输企业应当按照《国家民用航空安全保卫培训方案》要求，制定、维护和执行本企业安保培训方案，并在航空安保方案中列明。

第十七条　公共航空运输企业应当组织航空安保管理人员和新招录航空安保人员进行岗前培训，并定期进行岗位培训。

第十八条　公共航空运输企业从事航空安保培训的部门或委托的机构、教员和课程应当符合《国家民用航空安全保卫培训方案》的要求。

第四节　经费保障

第十九条　公共航空运输企业应当建立航空安保经费投入和保障制度，并在航空安保方案中列明。

第二十条　公共航空运输企业的经费保障应当满足航空安保运行、演练、培训以及设施设备等方面的需要。

第三章　航空安保方案

第一节　航空安保方案的制定

第二十一条　公共航空运输企业运行应当根据本规则及其他航空安保法规标准制定航空安保方案，并适时修订。

公共航空运输企业分公司应当根据公共航空运输企业的航空安保方案，制定相应的实施程序。

第二十二条　从事国际、地区和特殊管理航线运营的公共航空运输企业，其航空安保方案还应当符合相应规定。

第二节　航空安保方案的形式和内容

第二十三条　公共航空运输企业航空安保方案应当由企业法定代表人或其授权人员签署，并以书面形式独立成册、采用易于修订的活页形式，在修订过的每一页上注有最后一次修订的日期。

第二十四条　航空安保方案的内容应当包括：

（一）公共航空运输企业的基本情况；

（二）航空安保组织机构及职责，包括负责航空安保工作的公司副总经理及其替代人员、航空安保机构负责人的姓名，以及24小时联系方式；

（三）为满足本规则第二章、第三章、第四章、第五章规定内容所制定的制度及程序；

（四）为满足民用航空货物运输安保工作要求所制定的制度及程序；

（五）为满足其他航空安保法规标准要求所制定的制度及程序。

第三节　航空安保方案的报送

第二十五条　公共航空运输企业的航空安保方案应当符合民航局和民航地区管理局的规定。

第二十六条　公共航空运输企业分公司为执行本企业航空安保方案制定的实施程序应当报分公司所在地民航地区管理局备案。

第二十七条　新成立的公共航空运输企业的航空安保方案应当在申请运行合格证时一并报送。

第二十八条　民航地区管理局审查公共航空运输企业运行合格证时，一并审查公共航空运输企业安保方案。

第二十九条　民航局接到民航地区管理局审查意见后，应当在20个工作日内予以备案。

第三十条　航空安保方案具有约束力，公共航空运输企业及有关单位应当执行。

第四节　航空安保方案的修订

第三十一条　公共航空运输企业应当在下列情形下对航空安保方案进行修订，以确保其持续有效：

（一）负责公共航空运输企业安保工作的组织机构或其职责发生重大变更的；

（二）发生重大威胁或事件的；

（三）航空安保法规标准发生重大变

化的。

第三十二条 为了保护国家安全和公共利益的需要，民航局可以要求公共航空运输企业对其航空安保方案作出紧急修订。公共航空运输企业应当在收到通知后10个工作日内完成修订。

第三十三条 公共航空运输企业根据本规则第三十一条、第三十二条对航空安保方案作出修订的，应当在修订内容实施前至少5个工作日报民航地区管理局备案。

公共航空运输企业对航空安保方案作出其他修订的，应当在修订内容实施前至少20个工作日报民航地区管理局备案。

第五节 航空安保方案的保存和分发

第三十四条 公共航空运输企业在其运营基地至少保存一份完整的航空安保方案，在其每个通航的机场有一份可供随时查阅的航空安保方案或者相关部分。

第三十五条 公共航空运输企业应当向其通航的机场管理机构提交其航空安保方案的有关部分。

第三十六条 公共航空运输企业应当根据工作需要，将航空安保方案的相关内容分发给公共航空运输企业相关部门以及其他有安保业务关系的单位。

第三十七条 公共航空运输企业将安保业务外包给航空安保服务机构的，应当将方案中与外包安保业务相关的部分提供给航空安保服务机构。

第三十八条 公共航空运输企业应当将航空安保方案文本保存在便于安保工作人员查阅的地方。

第三十九条 航空安保方案为敏感信息，应当对其进行编号并做好登记，妥善保存。

第四十条 航空安保方案的分发、查阅范围必须受到限制，只限于履行职责需要此种信息的应知人员。

第六节 航空安保协议

第四十一条 公共航空运输企业应当与通航的境内机场、航空配餐、地面服务代理等签订航空安保协议，以便本企业航空安保方案中列明的措施和程序得到有效执行。

第四十二条 公共航空运输企业将安保业务外包的，应当签订航空安保协议，内容至少包括：

（一）航空安保责任的划分；

（二）对有关工作人员的安保要求；

（三）监督检查和质量控制程序。

公共航空运输企业签订的代码共享、湿租等协议，应当包含以上内容。

第四十三条 航空安保协议应当妥善保存，以便民航局、民航地区管理局检查。

第四章 运行安保措施

第一节 旅客订座和离港信息

第四十四条 公共航空运输企业应当将使用的旅客订座和离港信息系统的类型、供应商信息向民航地区管理局备案。

第四十五条 旅客订座和离港信息应当受到保护，不得被随意对外提供。

公共航空运输企业应当采取相应安保措施，防止旅客信息被窃取或非法泄露。

第四十六条 公共航空运输企业旅客订座系统应当按规定设置获取旅客身份证件信息的程序。

第二节 办理乘机手续

第四十七条 旅客办理乘机手续时，公共航空运输企业及其代理人应当采取措施核对乘机人的身份证件和行李。

第四十八条 公共航空运输企业应当制定程序，核对加入机组人员的身份证件、工作证件和乘机证明文件，确保人证相符。

第四十九条 旅客办理乘机手续时，公共航空运输企业及其代理人应当告知其相关安全保卫规定。

第三节　旅客及其手提行李

第五十条　公共航空运输企业应当制定程序，确保旅客及其手提行李在登机前经过安全检查。

第五十一条　公共航空运输企业不得运输拒绝接受安全检查的旅客，不得违反航空安保法规标准运输未经安全检查的行李。

第五十二条　旅客登机时，公共航空运输企业或其地面服务代理应当查验登机凭证，核对旅客人数。

第五十三条　已经安全检查和未经安全检查的人员不得相混或接触。如发生相混或接触，公共航空运输企业应当要求机场管理机构采取以下措施：

（一）对相应隔离区进行清场和检查；

（二）对相应旅客及其手提行李再次进行安全检查；

（三）如果旅客已进入航空器，应当对该航空器客舱实施安保搜查。

第五十四条　公共航空运输企业应当采取措施，防止旅客下机时将物品遗留在航空器上。

第四节　托运行李

第五十五条　公共航空运输企业应当确保只接收旅客本人的托运行李，以及公共航空运输企业的代理人或授权代表接收的托运行李。

第五十六条　对通过安全检查的托运行李，公共航空运输企业应当采取措施或要求机场管理机构采取措施，防止未经授权的人员接触，直至在目的地交还旅客或移交给另一承运人。

第五十七条　在机场办理乘机手续柜台以外地点托运的行李，已经过安全检查的，必须从托运地点开始实施安保控制直至装上航空器，防止未经授权的人员接触；未经过安全检查的，应当在机场采取相应的安检措施。

第五十八条　公共航空运输企业应当采取措施，对已经过安全检查的托运行李在地面存储和运输期间，保证有专人监管，防止未经授权的人员接触。

第五十九条　公共航空运输企业和机场管理机构应当采取措施，确保行李分拣、存放、装卸区仅允许授权人员持证进入，在装机前应当核对行李标签及数量，防止非本航班承运的行李装上航空器。

第六十条　公共航空运输企业及其地面服务代理人对转机的托运行李应当采取安保控制措施。

第六十一条　错运行李和无人认领行李的存放场所应当采取安保控制措施，直到行李被运走、认领或者处理完毕。

对国际航班到达的错运行李和无人认领行李在存放和装机前，应当进行安全检查。

第六十二条　公共航空运输企业对已经办理乘机手续而未登机旅客的行李，不得装入或者留在航空器上。旅客在航空器飞行中途中止旅行时，必须将其行李卸下。

第六十三条　对非旅客本人原因产生的无人陪伴行李经过安全检查后，承运人可以运输。

第六十四条　因安保原因或因拒绝接受安全检查而不准登机的旅客，其托运行李应当从航空器上卸下。

第五节　托运枪支弹药

第六十五条　无枪支运输许可证件的，公共航空运输企业不得接收托运枪支弹药。

第六十六条　公共航空运输企业运输托运的枪支弹药时应当：

（一）查验枪支弹药准运凭证；

（二）确认枪支和弹药分离；

（三）确认枪支弹药放置在安全可靠的封闭包装中，并保持锁闭；

（四）弹药运输应当符合危险品运输条件。

第六十七条　托运的枪支弹药在装卸期间实行专人全程安保监控，在运输途中应当存放在旅客接触不到的区域。

第六节　押解和遣返人员

第六十八条　公共航空运输企业运输因司法或行政强制措施而被押解的人员，应按照国家有关规定执行。

第六十九条　机场公安机关应当提前将押解计划通知公共航空运输企业航空安保部门。

第七十条　公共航空运输企业应当制定程序，确保：

（一）在接到押解计划后及时将该信息通报机长；

（二）被押解人员在其他旅客登机前登机，在其他旅客下机后下机；

（三）被押解人员的座位应当安排在客舱后部，位于押解人员之间，且不得靠近过道、紧急出口等位置；

（四）在航空器内不向被押解人员提供金属餐具和含酒精饮料；未经押解人员允许，不向被押解人员提供食品、饮料。

第七十一条　公共航空运输企业应当对遣返非法入境人员的运输申请进行安保评估，决定是否运输或是否在运输中采取额外的航空安保措施。

对不准入境人员的遣返运输，应当采取必要的航空安保措施。

运送遣返人员，应当在运输24小时前通知公共航空运输企业。

第七节　携带武器乘机

第七十二条　公共航空运输企业应当按照航空安保方案规定的程序，防止未经授权人员携带武器乘机。

第七十三条　除非同时满足以下条件，任何人员不得携带武器乘机：

（一）经国家警卫部门确定的警卫对象的警卫人员；

（二）持有工作证、持枪证、持枪证明信。

第七十四条　在接到警卫人员乘坐航空器的通知后，公共航空运输企业应当做好下列工作：

（一）在登机前告知警卫人员必须随时保管好其武器，不得将武器放在行李箱内，并遵守携带武器乘机的相关规定；

（二）通知机长航空器上警卫人员的数量及每个警卫人员的位置；

（三）不得向警卫人员提供含酒精饮料。

外方警卫人员在没有中方人员陪同乘坐境内公共航空运输企业航班的，应当遵守携带武器乘机的相关规定。

第八节　过站和转机

第七十五条　公共航空运输企业在其航空安保方案中应当包括适当措施，管控过站和转机旅客及其手提行李，防止过站和转机旅客将物品遗留在航空器上。

第七十六条　公共航空运输企业应当采取措施，防止过站和转机的人员与未经安全检查的其他人员接触。如果发生接触，则相关人员重新登机前必须再次经过安全检查。

第七十七条　乘坐国际、地区航线班机在境内机场过站和转机的人员及其行李，应当进行安全检查。但与中国签订互认航空安保标准条款的除外。

第九节　航空器地面的安保措施

第七十八条　公共航空运输企业应当采取措施，以便航空器执行飞行任务期间在地面停放时得到有效监护，监护措施及监护机构应当在其航空安保方案或者安保协议中列明。

第七十九条　公共航空运输企业应当采取措施，以便航空器在机场过夜或未执行航班飞行任务停放期间得到有效守护，守护机构及守护措施应当在其航空安保方案或者安保协议中列明。

第八十条　公共航空运输企业应当与航空器监护部门、机务维修部门、武警守卫部队等单位之间建立航空器监护和守护交接制度，并在其航空安保方案中列明。

第八十一条　对于未使用而长期停场的航空器，应当将所有进出口关闭，将舱口梯或者旅客登机桥撤走，防止未经授权人员接触航空器。

第八十二条　公共航空运输企业应当采取适当措施，确保每日始发和每航段的航空器经过航空器安保检查。

第十节　航空器清洁工作的安保措施

第八十三条　公共航空运输企业航空器清洁部门应当制定航空安保措施，其内容主要包括：

（一）对工作人员的安保培训；

（二）对清洁用品的安保措施；

（三）明确重点部位及检查程序；

（四）对旅客遗留物品的检查程序；

（五）发现可疑情况时的报告程序。

第八十四条　航空器清洁工作外包的，外包协议中应当包含上述安保要求，并存档备查。

第十一节　航空配餐和机上供应品

第八十五条　公共航空运输企业应当对航空配餐和机上供应品执行航空安保措施，并在其航空安保方案中列明。

第八十六条　航空配餐企业应当制定相应的航空安保方案，报民航地区管理局备案。

第八十七条　航空配餐企业航空安保措施的内容主要包括：

（一）对配餐工作区域实行分区封闭管理和通行管制，并实施有效监控，对进入人员、物品应当进行安全检查；

（二）对成餐和送餐库实施安保控制；

（三）提供航空配餐的企业应当对其采购的原材料和供应品实施安全检查；

（四）机上餐车应当加签封，封条应当有编号；运输餐食、供应品的车辆在运输过程中应当全程锁闭加签封，并有专人押运；

（五）地处机场控制区外的航空配餐企业应当采取航空安保措施，确保配餐供应品在制作、存储、运往机场途中受到保护。

第八十八条　机上供应品的储存和配送应采取相应的航空安保措施。

第八十九条　公共航空运输企业应当制定机组人员核对航空配餐和机上供应品的程序，确保程序得到有效实施。

第十二节　航线评估

第九十条　公共航空运输企业开通国际航线的，应当对拟飞往机场的安全状况作出安保评估，并报民航地区管理局备案。

第九十一条　公共航空运输企业应当对开航的国外机场进行持续的安保评估，根据评估，补充修改航空安保方案。

第九十二条　公共航空运输企业驻外运营机构应当密切关注通航机场安保情况，并及时上报公共航空运输企业。

第十三节　对外国航空运输企业的安保要求

第九十三条　通航我国的外国航空运输企业应当遵守双边通航协议中设定的航空安保条款。

第九十四条　通航我国的外国航空运输企业应当根据我国航空安保法规标准，制定本企业飞往中国境内航线航班的航空安保方案，并将方案及其中文版本报通航机场所在地民航地区管理局审查，民航地区管理局审查通过后报民航局备案。

第九十五条　外国航空运输企业空中安全保卫人员执行通航中国航班任务，按照双方签订的安保合作协议执行。

第九十六条　民航局、民航地区管理局应当依据面临的安保威胁，对通航我国的外国航空运输企业及相关机场实施持续的安保考察和评估。

第十四节　信息报告

第九十七条　公共航空运输企业应当建立航空安保信息报告制度。

第九十八条　发生以下情况之一，公共航空运输企业应当立即报告民航地区管理局：

（一）非法干扰事件；

（二）因安保原因造成的安全事故；

（三）重要威胁信息；

（四）重大空防安全隐患；

（五）其他紧急事件。

上述情况处理完毕后，公共航空运输企业应当在 15 个工作日内按照相关规定书面报告民航地区管理局。

第九十九条 公共航空运输企业应当每月向民航地区管理局报告以下情况：

（一）安保运行情况；

（二）非法干扰行为、扰乱行为以及其他违规行为情况；

（三）航空安保方案的执行和修订状况；

（四）其他应当报告的内容。

第一百条 公共航空运输企业在运行中发现机场、空管等单位不符合安保标准或要求，或者安保设施达不到标准时，应当及时通报机场管理机构、空管部门并报告其所在地民航地区管理局。

第十五节　其他规定

第一百零一条 公共航空运输企业承担的安全检查工作，按照《中国民用航空安全检查规则》执行。

第一百零二条 航空器驾驶舱和客舱的安保应当按照《公共航空旅客运输飞行中安全保卫规则》及公共航空运输企业航空安保方案规定的程序规定执行。

第一百零三条 威胁增加时的航空安保措施，按照安保等级管理有关规定执行。

第一百零四条 公共航空运输企业接受国际组织或机构、外国政府部门安保审计、评估、考察的，应当在活动开始前至少 20 个工作日内报告民航局，并按照局方有关规定执行。

公共航空运输企业接受外国航空运输企业、机场安保考察的，应当在活动开始前至少 20 个工作日内报告民航地区管理局，并按照局方有关规定执行。

公共航空运输企业应当在活动结束后 15 个工作日内将相关情况上报。

第五章　安保应急处置

第一百零五条 公共航空运输企业应当制定安保应急处置预案，并保证实施预案所需的设备、人员、资金等条件；

公共航空运输企业应当确保预案中包含的所有信息及时更新，并将更新内容告知相关单位、人员；公共航空运输企业应当按照其航空安保方案的规定，定期演练应急处置预案。

第一百零六条 公共航空运输企业应当制定程序，按照本企业所在地区和航线航班飞往地区的威胁等级，启动相应级别的航空安保措施。

第一百零七条 航空器受到非法干扰威胁时，公共航空运输企业应当采取以下措施：

（一）立即将威胁信息、对威胁的初步评估以及将要采取的措施通知给民航局和民航地区管理局、相关机场管理机构和相关航班机长；

（二）要求机长将威胁信息、对威胁的评估以及将要采取的措施通知所有机组成员；

（三）航空器降落后，立即通知机场管理机构组织对航空器实施安保搜查。

第一百零八条 民航局根据威胁评估结果或针对民用航空的具体威胁，有权发布安保指令和信息通告，采取应对措施。

公共航空运输企业应当遵守并执行民航局发布的安保指令和信息通告。

公共航空运输企业在收到安保指令和信息通告后，应当制定执行安保指令和信息通告各项措施的具体方法。

第一百零九条 公共航空运输企业没有能力执行安保指令中的措施的，应当在安保指令规定的时间内向民航地区管理局提交替代措施。

第一百一十条　公共航空运输企业可以向民航局提交相关证明材料，对安保指令提出修改意见。

第一百一十一条　公共航空运输企业以及收到安保指令或信息通告的人员应当对安保指令或信息通告中所含限制性信息采取保密措施，未经民航局书面同意，不得把安保指令、信息通告中所含信息透露给无关人员。

第一百一十二条　民航局发现有危及航空运输安全、需要立即采取行动的紧急情况，可以发布特别工作措施。

第一百一十三条　公共航空运输企业应当制定传递非法干扰行为机密信息的程序，不得擅自泄露信息。

第一百一十四条　公共航空运输企业应当采取适当措施，确保受到非法干扰的航空器上的旅客和机组的安全，直到其能够继续旅行。

第六章　监督管理

第一百一十五条　民航局、民航地区管理局依据职责对公共航空运输企业实施监督检查，以确保其符合：

（一）本规则的规定；

（二）本企业航空安保方案的规定；

（三）其他法规标准中有关航空安保的规定。

第一百一十六条　民航局、民航地区管理局实施监督检查，应当遵循公平、公正、公开的原则，不得妨碍公共航空运输企业正常的经营活动，不得索取或者收受公共航空运输企业的财物或者谋取其他利益，不得泄漏公共航空运输企业的商业秘密。

第一百一十七条　公共航空运输企业应当对民航局、民航地区管理局执法人员的监督检查给予积极配合，不得向执法人员隐瞒情况或者提供虚假情况。

第一百一十八条　民航局、民航地区管理局在对公共航空运输企业进行监督检查的过程中，发现其违反本规则有关规定的，可以先行召集其有关部门负责人进行警示谈话，或者行政约见其主要负责人或上级主管部门负责人。

第一百一十九条　民航局、民航地区管理局在检查中发现存在事故隐患的，依照《中华人民共和国安全生产法》规定执行。

第一百二十条　任何单位或者个人发现公共航空运输企业未按照规定执行航空安保措施的，均有权向民航局、民航地区管理局报告或者举报。

第七章　法律责任

第一百二十一条　违反本规则第六条、第七条、第八条、第九条规定，公共航空运输企业未按规定设置航空安保机构、配备安保人员、培训安保管理人员或指定安保协调员的，由民航地区管理局责令限期改正；逾期未改正的，处以1万元以上3万元以下罚款。

第一百二十二条　违反本规则规定，公共航空运输企业、航空配餐企业未按规定制定并实施航空安保方案，由民航地区管理局责令限期改正；逾期未改正的，处以1万元以上3万元以下罚款。

第一百二十三条　违反本规则第十四条规定，公共航空运输企业未按规定制定并实施质量控制方案的，由民航地区管理局责令限期改正；逾期未改正的，处以1万元以上3万元以下罚款。

第一百二十四条　违反本规则第十七条规定，公共航空运输企业未对从事航空安保工作人员进行初训、复训的或者未对航空安保管理人员或新招录的航空安保人员进行岗前培训的，责令限期改正；逾期未改正的，予以警告或处以1万元以上3万元以下罚款。

第一百二十五条　违反本规则第四十一条、第四十二条、第八十四条规定，公共航空运输企业不与有关单位签署航空安保协议，或者协议内容不符合本规则要求的，由民航地区管理局责令限期改正；逾期未改正的，处以1万元以上3万元以下罚款。

第一百二十六条　违反本规则第四十四

条，公共航空运输企业未按规定备案的，由民航地区管理局责令限期改正。

第一百二十七条 违反本规则第四十五条，公共航空运输企业未采取相应航空安保措施，造成非法泄露旅客订座和离港信息的，由民航地区管理局责令限期改正；逾期未改正的，予以警告，情节严重的，可以并处1万元以上3万元以下罚款。

第一百二十八条 违反本规则第四十七条、第五十二条、第五十九条规定，不核对旅客登机凭证、旅客人数和行李的，由民航地区管理局责令改正；逾期未改正的，可以依照《中华人民共和国民用航空安全保卫条例》并处5万元以下罚款。

第一百二十九条 违反本规则第四十九条规定，未告知旅客相关安全保卫规定的，由民航地区管理局责令限期改正；逾期未改正的，予以警告，情节严重的，可以并处1万元以上3万元以下罚款。

第一百三十条 违反本规则第七十八条、第七十九条、第八十条规定，造成航空器失控的，由民航地区管理局责令限期改正；逾期未改正的，可以依照《中华人民共和国民用航空安全保卫条例》并处5万元以下罚款。

第一百三十一条 违反本规则第八十一条规定，未将所有进出口关闭，将舱口梯或者旅客登机桥撤走的，由民航地区管理局责令限期改正；逾期未改正的，予以警告，情节严重的，可以并处1万元以上3万元以下罚款。

第一百三十二条 违反本规则规定，对装入航空器的机上供应品未按规定采取航空安保措施的，由民航地区管理局责令限期改正；逾期未改正的，可以依照《中华人民共和国民用航空安全保卫条例》并处5万元以下罚款；情节严重的，停业整顿。

第一百三十三条 违反本规则规定，对装入航空器配餐未按规定采取航空安保措施的，由民航地区管理局责令限期改正；逾期未改正的，予以警告，情节严重的，可以并处1万元以上3万元以下罚款。

第一百三十四条 违反本规则第九十四条规定，未按规定提供航空安保方案的，由民航地区管理局责令限期改正；逾期不提供的或提供的方案不能满足安全要求的，处以1万元以上3万元以下罚款。

第一百三十五条 违反本规则第九十八条规定，迟报、漏报或者隐瞒不报信息的，由民航地区管理局予以警告并处以1万元以上3万元以下罚款。

第一百三十六条 违反本规则第一百零四条规定，未按规定接受审计、评估、考察，或未按规定报告情况的，由民航地区管理局对公共航空运输企业予以警告；情节严重的，处以1万元以上3万元以下罚款。

第一百三十七条 违反本规则第一百零五条规定，未按规定制定应急处置预案、配备相应设施设备并定期开展演练的，由民航地区管理局责令限期改正；逾期未改正的，处以1万元以上3万元以下罚款。

第一百三十八条 违反本规则第一百一十七条规定，不接受、不配合监督检查的，由民航局、民航地区管理局予以警告；情节严重的，处以1万元以上3万元以下罚款。

第一百三十九条 违反本规则有关规定，不执行安保指令和信息通告的，由民航地区管理局责令限期改正。

第一百四十条 民航局、民航地区管理局工作人员工作过程中，有滥用职权、玩忽职守行为的，由有关部门依法予以处分。

第一百四十一条 违反本规则有关规定，构成犯罪的，依法追究刑事责任。

第八章 附 则

第一百四十二条 本规则中下列用语的含义：

非法干扰行为，是指危害民用航空安全的行为或未遂行为，包括但不限于：

（一）非法劫持航空器；

（二）毁坏使用中的航空器；

（三）在航空器上或机场扣留人质；

（四）强行闯入航空器、机场或航空设

施场所；

（五）为犯罪目的而将武器或危险装置、材料带入航空器或机场；

（六）利用使用中的航空器造成死亡、严重人身伤害，或对财产或环境的严重破坏；

（七）散播危害飞行中或地面上的航空器、机场或民航设施场所内的旅客、机组、地面人员或大众安全的虚假信息。

扰乱行为，是指在民用机场或在航空器上不遵守规定，或不听从机场工作人员或机组人员指示，从而扰乱机场或航空器上良好秩序的行为。

航空器安保检查，是指对旅客可能进入的航空器内部进行的检查，目的在于发现可疑物品、武器或其他危险的装置和物品。

航空器安保搜查，是指对航空器内部、外部的搜查，目的在于发现可疑物品、武器或其他危险的装置和物品。

第一百四十三条　香港特别行政区、澳门特别行政区和台湾地区的公共航空运输企业，参照本规则有关外国航空运输企业安保要求的规定执行。香港、澳门和台湾航线的安保要求，参照本规则有关国际和地区航线安保要求的规定执行。

第一百四十四条　本规则自2016年5月22日起施行。

八、个人信息保护类与反电信网络诈骗类规范

（一）个人信息保护类

中华人民共和国个人信息保护法

（2021 年 8 月 20 日第十三届全国人民代表大会常务委员会第三十次会议通过并公布，自 2021 年 11 月 1 日起施行）

第一章 总 则

第一条 为了保护个人信息权益，规范个人信息处理活动，促进个人信息合理利用，根据宪法，制定本法。

第二条 自然人的个人信息受法律保护，任何组织、个人不得侵害自然人的个人信息权益。

第三条 在中华人民共和国境内处理自然人个人信息的活动，适用本法。

在中华人民共和国境外处理中华人民共和国境内自然人个人信息的活动，有下列情形之一的，也适用本法：

（一）以向境内自然人提供产品或者服务为目的；

（二）分析、评估境内自然人的行为；

（三）法律、行政法规规定的其他情形。

第四条 个人信息是以电子或者其他方式记录的与已识别或者可识别的自然人有关的各种信息，不包括匿名化处理后的信息。

个人信息的处理包括个人信息的收集、存储、使用、加工、传输、提供、公开、删除等。

第五条 处理个人信息应当遵循合法、正当、必要和诚信原则，不得通过误导、欺诈、胁迫等方式处理个人信息。

第六条 处理个人信息应当具有明确、合理的目的，并应当与处理目的直接相关，采取对个人权益影响最小的方式。

收集个人信息，应当限于实现处理目的的最小范围，不得过度收集个人信息。

第七条 处理个人信息应当遵循公开、透明原则，公开个人信息处理规则，明示处理的目的、方式和范围。

第八条 处理个人信息应当保证个人信息的质量，避免因个人信息不准确、不完整对个人权益造成不利影响。

第九条 个人信息处理者应当对其个人信息处理活动负责，并采取必要措施保障所处理的个人信息的安全。

第十条 任何组织、个人不得非法收集、使用、加工、传输他人个人信息，不得非法买卖、提供或者公开他人个人信息；不得从事危害国家安全、公共利益的个人信息处理活动。

第十一条 国家建立健全个人信息保护制度，预防和惩治侵害个人信息权益的行为，加强个人信息保护宣传教育，推动形成政府、企业、相关社会组织、公众共同参与

个人信息保护的良好环境。

第十二条　国家积极参与个人信息保护国际规则的制定，促进个人信息保护方面的国际交流与合作，推动与其他国家、地区、国际组织之间的个人信息保护规则、标准等互认。

第二章　个人信息处理规则

第一节　一般规定

第十三条　符合下列情形之一的，个人信息处理者方可处理个人信息：

（一）取得个人的同意；

（二）为订立、履行个人作为一方当事人的合同所必需，或者按照依法制定的劳动规章制度和依法签订的集体合同实施人力资源管理所必需；

（三）为履行法定职责或者法定义务所必需；

（四）为应对突发公共卫生事件，或者紧急情况下为保护自然人的生命健康和财产安全所必需；

（五）为公共利益实施新闻报道、舆论监督等行为，在合理的范围内处理个人信息；

（六）依照本法规定在合理的范围内处理个人自行公开或者其他已经合法公开的个人信息；

（七）法律、行政法规规定的其他情形。

依照本法其他有关规定，处理个人信息应当取得个人同意，但是有前款第二项至第七项规定情形的，不需取得个人同意。

第十四条　基于个人同意处理个人信息的，该同意应当由个人在充分知情的前提下自愿、明确作出。法律、行政法规规定处理个人信息应当取得个人单独同意或者书面同意的，从其规定。

个人信息的处理目的、处理方式和处理的个人信息种类发生变更的，应当重新取得个人同意。

第十五条　基于个人同意处理个人信息的，个人有权撤回其同意。个人信息处理者应当提供便捷的撤回同意的方式。

个人撤回同意，不影响撤回前基于个人同意已进行的个人信息处理活动的效力。

第十六条　个人信息处理者不得以个人不同意处理其个人信息或者撤回同意为由，拒绝提供产品或者服务；处理个人信息属于提供产品或者服务所必需的除外。

第十七条　个人信息处理者在处理个人信息前，应当以显著方式、清晰易懂的语言真实、准确、完整地向个人告知下列事项：

（一）个人信息处理者的名称或者姓名和联系方式；

（二）个人信息的处理目的、处理方式，处理的个人信息种类、保存期限；

（三）个人行使本法规定权利的方式和程序；

（四）法律、行政法规规定应当告知的其他事项。

前款规定事项发生变更的，应当将变更部分告知个人。

个人信息处理者通过制定个人信息处理规则的方式告知第一款规定事项的，处理规则应当公开，并且便于查阅和保存。

第十八条　个人信息处理者处理个人信息，有法律、行政法规规定应当保密或者不需要告知的情形的，可以不向个人告知前条第一款规定的事项。

紧急情况下为保护自然人的生命健康和财产安全无法及时向个人告知的，个人信息处理者应当在紧急情况消除后及时告知。

第十九条　除法律、行政法规另有规定外，个人信息的保存期限应当为实现处理目的所必要的最短时间。

第二十条　两个以上的个人信息处理者共同决定个人信息的处理目的和处理方式的，应当约定各自的权利和义务。但是，该约定不影响个人向其中任何一个个人信息处理者要求行使本法规定的权利。

个人信息处理者共同处理个人信息，侵

害个人信息权益造成损害的，应当依法承担连带责任。

第二十一条　个人信息处理者委托处理个人信息的，应当与受托人约定委托处理的目的、期限、处理方式、个人信息的种类、保护措施以及双方的权利和义务等，并对受托人的个人信息处理活动进行监督。

受托人应当按照约定处理个人信息，不得超出约定的处理目的、处理方式等处理个人信息；委托合同不生效、无效、被撤销或者终止的，受托人应当将个人信息返还个人信息处理者或者予以删除，不得保留。

未经个人信息处理者同意，受托人不得转委托他人处理个人信息。

第二十二条　个人信息处理者因合并、分立、解散、被宣告破产等原因需要转移个人信息的，应当向个人告知接收方的名称或者姓名和联系方式。接收方应当继续履行个人信息处理者的义务。接收方变更原先的处理目的、处理方式的，应当依照本法规定重新取得个人同意。

第二十三条　个人信息处理者向其他个人信息处理者提供其处理的个人信息的，应当向个人告知接收方的名称或者姓名、联系方式、处理目的、处理方式和个人信息的种类，并取得个人的单独同意。接收方应当在上述处理目的、处理方式和个人信息的种类等范围内处理个人信息。接收方变更原先的处理目的、处理方式的，应当依照本法规定重新取得个人同意。

第二十四条　个人信息处理者利用个人信息进行自动化决策，应当保证决策的透明度和结果公平、公正，不得对个人在交易价格等交易条件上实行不合理的差别待遇。

通过自动化决策方式向个人进行信息推送、商业营销，应当同时提供不针对其个人特征的选项，或者向个人提供便捷的拒绝方式。

通过自动化决策方式作出对个人权益有重大影响的决定，个人有权要求个人信息处理者予以说明，并有权拒绝个人信息处理者仅通过自动化决策的方式作出决定。

第二十五条　个人信息处理者不得公开其处理的个人信息，取得个人单独同意的除外。

第二十六条　在公共场所安装图像采集、个人身份识别设备，应当为维护公共安全所必需，遵守国家有关规定，并设置显著的提示标识。所收集的个人图像、身份识别信息只能用于维护公共安全的目的，不得用于其他目的；取得个人单独同意的除外。

第二十七条　个人信息处理者可以在合理的范围内处理个人自行公开或者其他已经合法公开的个人信息；个人明确拒绝的除外。个人信息处理者处理已公开的个人信息，对个人权益有重大影响的，应当依照本法规定取得个人同意。

第二节　敏感个人信息的处理规则

第二十八条　敏感个人信息是一旦泄露或者非法使用，容易导致自然人的人格尊严受到侵害或者人身、财产安全受到危害的个人信息，包括生物识别、宗教信仰、特定身份、医疗健康、金融账户、行踪轨迹等信息，以及不满十四周岁未成年人的个人信息。

只有在具有特定的目的和充分的必要性，并采取严格保护措施的情形下，个人信息处理者方可处理敏感个人信息。

第二十九条　处理敏感个人信息应当取得个人的单独同意；法律、行政法规规定处理敏感个人信息应当取得书面同意的，从其规定。

第三十条　个人信息处理者处理敏感个人信息的，除本法第十七条第一款规定的事项外，还应当向个人告知处理敏感个人信息的必要性以及对个人权益的影响；依照本法规定可以不向个人告知的除外。

第三十一条　个人信息处理者处理不满十四周岁未成年人个人信息的，应当取得未成年人的父母或者其他监护人的同意。

个人信息处理者处理不满十四周岁未成

年人个人信息的，应当制定专门的个人信息处理规则。

第三十二条　法律、行政法规对处理敏感个人信息规定应当取得相关行政许可或者作出其他限制的，从其规定。

第三节　国家机关处理个人信息的特别规定

第三十三条　国家机关处理个人信息的活动，适用本法；本节有特别规定的，适用本节规定。

第三十四条　国家机关为履行法定职责处理个人信息，应当依照法律、行政法规规定的权限、程序进行，不得超出履行法定职责所必需的范围和限度。

第三十五条　国家机关为履行法定职责处理个人信息，应当依照本法规定履行告知义务；有本法第十八条第一款规定的情形，或者告知将妨碍国家机关履行法定职责的除外。

第三十六条　国家机关处理的个人信息应当在中华人民共和国境内存储；确需向境外提供的，应当进行安全评估。安全评估可以要求有关部门提供支持与协助。

第三十七条　法律、法规授权的具有管理公共事务职能的组织为履行法定职责处理个人信息，适用本法关于国家机关处理个人信息的规定。

第三章　个人信息跨境提供的规则

第三十八条　个人信息处理者因业务等需要，确需向中华人民共和国境外提供个人信息的，应当具备下列条件之一：

（一）依照本法第四十条的规定通过国家网信部门组织的安全评估；

（二）按照国家网信部门的规定经专业机构进行个人信息保护认证；

（三）按照国家网信部门制定的标准合同与境外接收方订立合同，约定双方的权利和义务；

（四）法律、行政法规或者国家网信部门规定的其他条件。

中华人民共和国缔结或者参加的国际条约、协定对向中华人民共和国境外提供个人信息的条件等有规定的，可以按照其规定执行。

个人信息处理者应当采取必要措施，保障境外接收方处理个人信息的活动达到本法规定的个人信息保护标准。

第三十九条　个人信息处理者向中华人民共和国境外提供个人信息的，应当向个人告知境外接收方的名称或者姓名、联系方式、处理目的、处理方式、个人信息的种类以及个人向境外接收方行使本法规定权利的方式和程序等事项，并取得个人的单独同意。

第四十条　关键信息基础设施运营者和处理个人信息达到国家网信部门规定数量的个人信息处理者，应当将在中华人民共和国境内收集和产生的个人信息存储在境内。确需向境外提供的，应当通过国家网信部门组织的安全评估；法律、行政法规和国家网信部门规定可以不进行安全评估的，从其规定。

第四十一条　中华人民共和国主管机关根据有关法律和中华人民共和国缔结或者参加的国际条约、协定，或者按照平等互惠原则，处理外国司法或者执法机构关于提供存储于境内个人信息的请求。非经中华人民共和国主管机关批准，个人信息处理者不得向外国司法或者执法机构提供存储于中华人民共和国境内的个人信息。

第四十二条　境外的组织、个人从事侵害中华人民共和国公民的个人信息权益，或者危害中华人民共和国国家安全、公共利益的个人信息处理活动的，国家网信部门可以将其列入限制或者禁止个人信息提供清单，予以公告，并采取限制或者禁止向其提供个人信息等措施。

第四十三条　任何国家或者地区在个人信息保护方面对中华人民共和国采取歧视性的禁止、限制或者其他类似措施的，中华人民共和国可以根据实际情况对该国家或者地区对等采取措施。

第四章　个人在个人信息处理活动中的权利

第四十四条　个人对其个人信息的处理享有知情权、决定权，有权限制或者拒绝他人对其个人信息进行处理；法律、行政法规另有规定的除外。

第四十五条　个人有权向个人信息处理者查阅、复制其个人信息；有本法第十八条第一款、第三十五条规定情形的除外。

个人请求查阅、复制其个人信息的，个人信息处理者应当及时提供。

个人请求将个人信息转移至其指定的个人信息处理者，符合国家网信部门规定条件的，个人信息处理者应当提供转移的途径。

第四十六条　个人发现其个人信息不准确或者不完整的，有权请求个人信息处理者更正、补充。

个人请求更正、补充其个人信息的，个人信息处理者应当对其个人信息予以核实，并及时更正、补充。

第四十七条　有下列情形之一的，个人信息处理者应当主动删除个人信息；个人信息处理者未删除的，个人有权请求删除：

（一）处理目的已实现、无法实现或者为实现处理目的不再必要；

（二）个人信息处理者停止提供产品或者服务，或者保存期限已届满；

（三）个人撤回同意；

（四）个人信息处理者违反法律、行政法规或者违反约定处理个人信息；

（五）法律、行政法规规定的其他情形。

法律、行政法规规定的保存期限未届满，或者删除个人信息从技术上难以实现的，个人信息处理者应当停止除存储和采取必要的安全保护措施之外的处理。

第四十八条　个人有权要求个人信息处理者对其个人信息处理规则进行解释说明。

第四十九条　自然人死亡的，其近亲属为了自身的合法、正当利益，可以对死者的相关个人信息行使本章规定的查阅、复制、更正、删除等权利；死者生前另有安排的除外。

第五十条　个人信息处理者应当建立便捷的个人行使权利的申请受理和处理机制。拒绝个人行使权利的请求的，应当说明理由。

个人信息处理者拒绝个人行使权利的请求的，个人可以依法向人民法院提起诉讼。

第五章　个人信息处理者的义务

第五十一条　个人信息处理者应当根据个人信息的处理目的、处理方式、个人信息的种类以及对个人权益的影响、可能存在的安全风险等，采取下列措施确保个人信息处理活动符合法律、行政法规的规定，并防止未经授权的访问以及个人信息泄露、篡改、丢失：

（一）制定内部管理制度和操作规程；

（二）对个人信息实行分类管理；

（三）采取相应的加密、去标识化等安全技术措施；

（四）合理确定个人信息处理的操作权限，并定期对从业人员进行安全教育和培训；

（五）制定并组织实施个人信息安全事件应急预案；

（六）法律、行政法规规定的其他措施。

第五十二条　处理个人信息达到国家网信部门规定数量的个人信息处理者应当指定个人信息保护负责人，负责对个人信息处理活动以及采取的保护措施等进行监督。

个人信息处理者应当公开个人信息保护负责人的联系方式，并将个人信息保护负责人的姓名、联系方式等报送履行个人信息保护职责的部门。

第五十三条　本法第三条第二款规定的中华人民共和国境外的个人信息处理者，应当在中华人民共和国境内设立专门机构或者指定代表，负责处理个人信息保护相关事务，并将有关机构的名称或者代表的姓名、联系方式等报送履行个人信息保护职责的部门。

第五十四条　个人信息处理者应当定期对其处理个人信息遵守法律、行政法规的情况进行合规审计。

第五十五条　有下列情形之一的，个人信息处理者应当事前进行个人信息保护影响评估，并对处理情况进行记录：

（一）处理敏感个人信息；

（二）利用个人信息进行自动化决策；

（三）委托处理个人信息、向其他个人信息处理者提供个人信息、公开个人信息；

（四）向境外提供个人信息；

（五）其他对个人权益有重大影响的个人信息处理活动。

第五十六条　个人信息保护影响评估应当包括下列内容：

（一）个人信息的处理目的、处理方式等是否合法、正当、必要；

（二）对个人权益的影响及安全风险；

（三）所采取的保护措施是否合法、有效并与风险程度相适应。

个人信息保护影响评估报告和处理情况记录应当至少保存三年。

第五十七条　发生或者可能发生个人信息泄露、篡改、丢失的，个人信息处理者应当立即采取补救措施，并通知履行个人信息保护职责的部门和个人。通知应当包括下列事项：

（一）发生或者可能发生个人信息泄露、篡改、丢失的信息种类、原因和可能造成的危害；

（二）个人信息处理者采取的补救措施和个人可以采取的减轻危害的措施；

（三）个人信息处理者的联系方式。

个人信息处理者采取措施能够有效避免信息泄露、篡改、丢失造成危害的，个人信息处理者可以不通知个人；履行个人信息保护职责的部门认为可能造成危害的，有权要求个人信息处理者通知个人。

第五十八条　提供重要互联网平台服务、用户数量巨大、业务类型复杂的个人信息处理者，应当履行下列义务：

（一）按照国家规定建立健全个人信息保护合规制度体系，成立主要由外部成员组成的独立机构对个人信息保护情况进行监督；

（二）遵循公开、公平、公正的原则，制定平台规则，明确平台内产品或者服务提供者处理个人信息的规范和保护个人信息的义务；

（三）对严重违反法律、行政法规处理个人信息的平台内的产品或者服务提供者，停止提供服务；

（四）定期发布个人信息保护社会责任报告，接受社会监督。

第五十九条　接受委托处理个人信息的受托人，应当依照本法和有关法律、行政法规的规定，采取必要措施保障所处理的个人信息的安全，并协助个人信息处理者履行本法规定的义务。

第六章　履行个人信息保护职责的部门

第六十条　国家网信部门负责统筹协调个人信息保护工作和相关监督管理工作。国务院有关部门依照本法和有关法律、行政法规的规定，在各自职责范围内负责个人信息保护和监督管理工作。

县级以上地方人民政府有关部门的个人信息保护和监督管理职责，按照国家有关规定确定。

前两款规定的部门统称为履行个人信息保护职责的部门。

第六十一条　履行个人信息保护职责的部门履行下列个人信息保护职责：

（一）开展个人信息保护宣传教育，指导、监督个人信息处理者开展个人信息保护工作；

（二）接受、处理与个人信息保护有关

的投诉、举报；

（三）组织对应用程序等个人信息保护情况进行测评，并公布测评结果；

（四）调查、处理违法个人信息处理活动；

（五）法律、行政法规规定的其他职责。

第六十二条 国家网信部门统筹协调有关部门依据本法推进下列个人信息保护工作：

（一）制定个人信息保护具体规则、标准；

（二）针对小型个人信息处理者、处理敏感个人信息以及人脸识别、人工智能等新技术、新应用，制定专门的个人信息保护规则、标准；

（三）支持研究开发和推广应用安全、方便的电子身份认证技术，推进网络身份认证公共服务建设；

（四）推进个人信息保护社会化服务体系建设，支持有关机构开展个人信息保护评估、认证服务；

（五）完善个人信息保护投诉、举报工作机制。

第六十三条 履行个人信息保护职责的部门履行个人信息保护职责，可以采取下列措施：

（一）询问有关当事人，调查与个人信息处理活动有关的情况；

（二）查阅、复制当事人与个人信息处理活动有关的合同、记录、账簿以及其他有关资料；

（三）实施现场检查，对涉嫌违法的个人信息处理活动进行调查；

（四）检查与个人信息处理活动有关的设备、物品；对有证据证明是用于违法个人信息处理活动的设备、物品，向本部门主要负责人书面报告并经批准，可以查封或者扣押。

履行个人信息保护职责的部门依法履行职责，当事人应当予以协助、配合，不得拒绝、阻挠。

第六十四条 履行个人信息保护职责的部门在履行职责中，发现个人信息处理活动存在较大风险或者发生个人信息安全事件的，可以按照规定的权限和程序对该个人信息处理者的法定代表人或者主要负责人进行约谈，或者要求个人信息处理者委托专业机构对其个人信息处理活动进行合规审计。个人信息处理者应当按照要求采取措施，进行整改，消除隐患。

履行个人信息保护职责的部门在履行职责中，发现违法处理个人信息涉嫌犯罪的，应当及时移送公安机关依法处理。

第六十五条 任何组织、个人有权对违法个人信息处理活动向履行个人信息保护职责的部门进行投诉、举报。收到投诉、举报的部门应当依法及时处理，并将处理结果告知投诉、举报人。

履行个人信息保护职责的部门应当公布接受投诉、举报的联系方式。

第七章 法律责任

第六十六条 违反本法规定处理个人信息，或者处理个人信息未履行本法规定的个人信息保护义务的，由履行个人信息保护职责的部门责令改正，给予警告，没收违法所得，对违法处理个人信息的应用程序，责令暂停或者终止提供服务；拒不改正的，并处一百万元以下罚款；对直接负责的主管人员和其他直接责任人员处一万元以上十万元以下罚款。

有前款规定的违法行为，情节严重的，由省级以上履行个人信息保护职责的部门责令改正，没收违法所得，并处五千万元以下或者上一年度营业额百分之五以下罚款，并可以责令暂停相关业务或者停业整顿、通报有关主管部门吊销相关业务许可或者吊销营业执照；对直接负责的主管人员和其他直接责任人员处十万元以上一百万元以下罚款，并可以决定禁止其在一定期限内担任相关企业的董事、监事、高级管理人员和个人信息保护负责人。

第六十七条　有本法规定的违法行为的，依照有关法律、行政法规的规定记入信用档案，并予以公示。

第六十八条　国家机关不履行本法规定的个人信息保护义务的，由其上级机关或者履行个人信息保护职责的部门责令改正；对直接负责的主管人员和其他直接责任人员依法给予处分。

履行个人信息保护职责的部门的工作人员玩忽职守、滥用职权、徇私舞弊，尚不构成犯罪的，依法给予处分。

第六十九条　处理个人信息侵害个人信息权益造成损害，个人信息处理者不能证明自己没有过错的，应当承担损害赔偿等侵权责任。

前款规定的损害赔偿责任按照个人因此受到的损失或者个人信息处理者因此获得的利益确定；个人因此受到的损失和个人信息处理者因此获得的利益难以确定的，根据实际情况确定赔偿数额。

第七十条　个人信息处理者违反本法规定处理个人信息，侵害众多个人的权益的，人民检察院、法律规定的消费者组织和由国家网信部门确定的组织可以依法向人民法院提起诉讼。

第七十一条　违反本法规定，构成违反治安管理行为的，依法给予治安管理处罚；构成犯罪的，依法追究刑事责任。

第八章　附　　则

第七十二条　自然人因个人或者家庭事务处理个人信息的，不适用本法。

法律对各级人民政府及其有关部门组织实施的统计、档案管理活动中的个人信息处理有规定的，适用其规定。

第七十三条　本法下列用语的含义：

（一）个人信息处理者，是指在个人信息处理活动中自主决定处理目的、处理方式的组织、个人。

（二）自动化决策，是指通过计算机程序自动分析、评估个人的行为习惯、兴趣爱好或者经济、健康、信用状况等，并进行决策的活动。

（三）去标识化，是指个人信息经过处理，使其在不借助额外信息的情况下无法识别特定自然人的过程。

（四）匿名化，是指个人信息经过处理无法识别特定自然人且不能复原的过程。

第七十四条　本法自 2021 年 11 月 1 日起施行。

中华人民共和国网络安全法

（2016 年 11 月 7 日第十二届全国人民代表大会常务委员会第二十四次会议通过并公布，自 2017 年 6 月 1 日起施行）

第一章　总　　则

第一条　为了保障网络安全，维护网络空间主权和国家安全、社会公共利益，保护公民、法人和其他组织的合法权益，促进经济社会信息化健康发展，制定本法。

第二条　在中华人民共和国境内建设、运营、维护和使用网络，以及网络安全的监督管理，适用本法。

第三条　国家坚持网络安全与信息化发展并重，遵循积极利用、科学发展、依法管理、确保安全的方针，推进网络基础设施建设和互联互通，鼓励网络技术创新和应用，支持培养网络安全人才，建立健全网络安全保障体系，提高网络安全保护能力。

第四条 国家制定并不断完善网络安全战略，明确保障网络安全的基本要求和主要目标，提出重点领域的网络安全政策、工作任务和措施。

第五条 国家采取措施，监测、防御、处置来源于中华人民共和国境内外的网络安全风险和威胁，保护关键信息基础设施免受攻击、侵入、干扰和破坏，依法惩治网络违法犯罪活动，维护网络空间安全和秩序。

第六条 国家倡导诚实守信、健康文明的网络行为，推动传播社会主义核心价值观，采取措施提高全社会的网络安全意识和水平，形成全社会共同参与促进网络安全的良好环境。

第七条 国家积极开展网络空间治理、网络技术研发和标准制定、打击网络违法犯罪等方面的国际交流与合作，推动构建和平、安全、开放、合作的网络空间，建立多边、民主、透明的网络治理体系。

第八条 国家网信部门负责统筹协调网络安全工作和相关监督管理工作。国务院电信主管部门、公安部门和其他有关机关依照本法和有关法律、行政法规的规定，在各自职责范围内负责网络安全保护和监督管理工作。

县级以上地方人民政府有关部门的网络安全保护和监督管理职责，按照国家有关规定确定。

第九条 网络运营者开展经营和服务活动，必须遵守法律、行政法规，尊重社会公德，遵守商业道德，诚实信用，履行网络安全保护义务，接受政府和社会的监督，承担社会责任。

第十条 建设、运营网络或者通过网络提供服务，应当依照法律、行政法规的规定和国家标准的强制性要求，采取技术措施和其他必要措施，保障网络安全、稳定运行，有效应对网络安全事件，防范网络违法犯罪活动，维护网络数据的完整性、保密性和可用性。

第十一条 网络相关行业组织按照章程，加强行业自律，制定网络安全行为规范，指导会员加强网络安全保护，提高网络安全保护水平，促进行业健康发展。

第十二条 国家保护公民、法人和其他组织依法使用网络的权利，促进网络接入普及，提升网络服务水平，为社会提供安全、便利的网络服务，保障网络信息依法有序自由流动。

任何个人和组织使用网络应当遵守宪法法律，遵守公共秩序，尊重社会公德，不得危害网络安全，不得利用网络从事危害国家安全、荣誉和利益，煽动颠覆国家政权、推翻社会主义制度，煽动分裂国家、破坏国家统一，宣扬恐怖主义、极端主义，宣扬民族仇恨、民族歧视，传播暴力、淫秽色情信息，编造、传播虚假信息扰乱经济秩序和社会秩序，以及侵害他人名誉、隐私、知识产权和其他合法权益等活动。

第十三条 国家支持研究开发有利于未成年人健康成长的网络产品和服务，依法惩治利用网络从事危害未成年人身心健康的活动，为未成年人提供安全、健康的网络环境。

第十四条 任何个人和组织有权对危害网络安全的行为向网信、电信、公安等部门举报。收到举报的部门应当及时依法作出处理；不属于本部门职责的，应当及时移送有权处理的部门。

有关部门应当对举报人的相关信息予以保密，保护举报人的合法权益。

第二章 网络安全支持与促进

第十五条 国家建立和完善网络安全标准体系。国务院标准化行政主管部门和国务院其他有关部门根据各自的职责，组织制定并适时修订有关网络安全管理以及网络产品、服务和运行安全的国家标准、行业标准。

国家支持企业、研究机构、高等学校、网络相关行业组织参与网络安全国家标准、行业标准的制定。

第十六条　国务院和省、自治区、直辖市人民政府应当统筹规划，加大投入，扶持重点网络安全技术产业和项目，支持网络安全技术的研究开发和应用，推广安全可信的网络产品和服务，保护网络技术知识产权，支持企业、研究机构和高等学校等参与国家网络安全技术创新项目。

第十七条　国家推进网络安全社会化服务体系建设，鼓励有关企业、机构开展网络安全认证、检测和风险评估等安全服务。

第十八条　国家鼓励开发网络数据安全保护和利用技术，促进公共数据资源开放，推动技术创新和经济社会发展。

国家支持创新网络安全管理方式，运用网络新技术，提升网络安全保护水平。

第十九条　各级人民政府及其有关部门应当组织开展经常性的网络安全宣传教育，并指导、督促有关单位做好网络安全宣传教育工作。

大众传播媒介应当有针对性地面向社会进行网络安全宣传教育。

第二十条　国家支持企业和高等学校、职业学校等教育培训机构开展网络安全相关教育与培训，采取多种方式培养网络安全人才，促进网络安全人才交流。

第三章　网络运行安全

第一节　一般规定

第二十一条　国家实行网络安全等级保护制度。网络运营者应当按照网络安全等级保护制度的要求，履行下列安全保护义务，保障网络免受干扰、破坏或者未经授权的访问，防止网络数据泄露或者被窃取、篡改：

（一）制定内部安全管理制度和操作规程，确定网络安全负责人，落实网络安全保护责任；

（二）采取防范计算机病毒和网络攻击、网络侵入等危害网络安全行为的技术措施；

（三）采取监测、记录网络运行状态、网络安全事件的技术措施，并按照规定留存相关的网络日志不少于六个月；

（四）采取数据分类、重要数据备份和加密等措施；

（五）法律、行政法规规定的其他义务。

第二十二条　网络产品、服务应当符合相关国家标准的强制性要求。网络产品、服务的提供者不得设置恶意程序；发现其网络产品、服务存在安全缺陷、漏洞等风险时，应当立即采取补救措施，按照规定及时告知用户并向有关主管部门报告。

网络产品、服务的提供者应当为其产品、服务持续提供安全维护；在规定或者当事人约定的期限内，不得终止提供安全维护。

网络产品、服务具有收集用户信息功能的，其提供者应当向用户明示并取得同意；涉及用户个人信息的，还应当遵守本法和有关法律、行政法规关于个人信息保护的规定。

第二十三条　网络关键设备和网络安全专用产品应当按照相关国家标准的强制性要求，由具备资格的机构安全认证合格或者安全检测符合要求后，方可销售或者提供。国家网信部门会同国务院有关部门制定、公布网络关键设备和网络安全专用产品目录，并推动安全认证和安全检测结果互认，避免重复认证、检测。

第二十四条　网络运营者为用户办理网络接入、域名注册服务，办理固定电话、移动电话等入网手续，或者为用户提供信息发布、即时通讯等服务，在与用户签订协议或者确认提供服务时，应当要求用户提供真实身份信息。用户不提供真实身份信息的，网络运营者不得为其提供相关服务。

国家实施网络可信身份战略，支持研究开发安全、方便的电子身份认证技术，推动不同电子身份认证之间的互认。

第二十五条 网络运营者应当制定网络安全事件应急预案，及时处置系统漏洞、计算机病毒、网络攻击、网络侵入等安全风险；在发生危害网络安全的事件时，立即启动应急预案，采取相应的补救措施，并按照规定向有关主管部门报告。

第二十六条 开展网络安全认证、检测、风险评估等活动，向社会发布系统漏洞、计算机病毒、网络攻击、网络侵入等网络安全信息，应当遵守国家有关规定。

第二十七条 任何个人和组织不得从事非法侵入他人网络、干扰他人网络正常功能、窃取网络数据等危害网络安全的活动；不得提供专门用于从事侵入网络、干扰网络正常功能及防护措施、窃取网络数据等危害网络安全活动的程序、工具；明知他人从事危害网络安全的活动的，不得为其提供技术支持、广告推广、支付结算等帮助。

第二十八条 网络运营者应当为公安机关、国家安全机关依法维护国家安全和侦查犯罪的活动提供技术支持和协助。

第二十九条 国家支持网络运营者之间在网络安全信息收集、分析、通报和应急处置等方面进行合作，提高网络运营者的安全保障能力。

有关行业组织建立健全本行业的网络安全保护规范和协作机制，加强对网络安全风险的分析评估，定期向会员进行风险警示，支持、协助会员应对网络安全风险。

第三十条 网信部门和有关部门在履行网络安全保护职责中获取的信息，只能用于维护网络安全的需要，不得用于其他用途。

第二节 关键信息基础设施的运行安全

第三十一条 国家对公共通信和信息服务、能源、交通、水利、金融、公共服务、电子政务等重要行业和领域，以及其他一旦遭到破坏、丧失功能或者数据泄露，可能严重危害国家安全、国计民生、公共利益的关键信息基础设施，在网络安全等级保护制度的基础上，实行重点保护。关键信息基础设施的具体范围和安全保护办法由国务院制定。

国家鼓励关键信息基础设施以外的网络运营者自愿参与关键信息基础设施保护体系。

第三十二条 按照国务院规定的职责分工，负责关键信息基础设施安全保护工作的部门分别编制并组织实施本行业、本领域的关键信息基础设施安全规划，指导和监督关键信息基础设施运行安全保护工作。

第三十三条 建设关键信息基础设施应当确保其具有支持业务稳定、持续运行的性能，并保证安全技术措施同步规划、同步建设、同步使用。

第三十四条 除本法第二十一条的规定外，关键信息基础设施的运营者还应当履行下列安全保护义务：

（一）设置专门安全管理机构和安全管理负责人，并对该负责人和关键岗位的人员进行安全背景审查；

（二）定期对从业人员进行网络安全教育、技术培训和技能考核；

（三）对重要系统和数据库进行容灾备份；

（四）制定网络安全事件应急预案，并定期进行演练；

（五）法律、行政法规规定的其他义务。

第三十五条 关键信息基础设施的运营者采购网络产品和服务，可能影响国家安全的，应当通过国家网信部门会同国务院有关部门组织的国家安全审查。

第三十六条 关键信息基础设施的运营者采购网络产品和服务，应当按照规定与提供者签订安全保密协议，明确安全和保密义务与责任。

第三十七条 关键信息基础设施的运营者在中华人民共和国境内运营中收集和产生的个人信息和重要数据应当在境内存储。因业务需要，确需向境外提供的，应当按照国家网信部门会同国务院有关部门制定的办法进行安全评估；法律、行政法规另有规定的，依照其规定。

第三十八条　关键信息基础设施的运营者应当自行或者委托网络安全服务机构对其网络的安全性和可能存在的风险每年至少进行一次检测评估，并将检测评估情况和改进措施报送相关负责关键信息基础设施安全保护工作的部门。

第三十九条　国家网信部门应当统筹协调有关部门对关键信息基础设施的安全保护采取下列措施：

（一）对关键信息基础设施的安全风险进行抽查检测，提出改进措施，必要时可以委托网络安全服务机构对网络存在的安全风险进行检测评估；

（二）定期组织关键信息基础设施的运营者进行网络安全应急演练，提高应对网络安全事件的水平和协同配合能力；

（三）促进有关部门、关键信息基础设施的运营者以及有关研究机构、网络安全服务机构等之间的网络安全信息共享；

（四）对网络安全事件的应急处置与网络功能的恢复等，提供技术支持和协助。

第四章　网络信息安全

第四十条　网络运营者应当对其收集的用户信息严格保密，并建立健全用户信息保护制度。

第四十一条　网络运营者收集、使用个人信息，应当遵循合法、正当、必要的原则，公开收集、使用规则，明示收集、使用信息的目的、方式和范围，并经被收集者同意。

网络运营者不得收集与其提供的服务无关的个人信息，不得违反法律、行政法规的规定和双方的约定收集、使用个人信息，并应当依照法律、行政法规的规定和与用户的约定，处理其保存的个人信息。

第四十二条　网络运营者不得泄露、篡改、毁损其收集的个人信息；未经被收集者同意，不得向他人提供个人信息。但是，经过处理无法识别特定个人且不能复原的除外。

网络运营者应当采取技术措施和其他必要措施，确保其收集的个人信息安全，防止信息泄露、毁损、丢失。在发生或者可能发生个人信息泄露、毁损、丢失的情况时，应当立即采取补救措施，按照规定及时告知用户并向有关主管部门报告。

第四十三条　个人发现网络运营者违反法律、行政法规的规定或者双方的约定收集、使用其个人信息的，有权要求网络运营者删除其个人信息；发现网络运营者收集、存储的其个人信息有错误的，有权要求网络运营者予以更正。网络运营者应当采取措施予以删除或者更正。

第四十四条　任何个人和组织不得窃取或者以其他非法方式获取个人信息，不得非法出售或者非法向他人提供个人信息。

第四十五条　依法负有网络安全监督管理职责的部门及其工作人员，必须对在履行职责中知悉的个人信息、隐私和商业秘密严格保密，不得泄露、出售或者非法向他人提供。

第四十六条　任何个人和组织应当对其使用网络的行为负责，不得设立用于实施诈骗，传授犯罪方法，制作或者销售违禁物品、管制物品等违法犯罪活动的网站、通讯群组，不得利用网络发布涉及实施诈骗，制作或者销售违禁物品、管制物品以及其他违法犯罪活动的信息。

第四十七条　网络运营者应当加强对其用户发布的信息的管理，发现法律、行政法规禁止发布或者传输的信息的，应当立即停止传输该信息，采取消除等处置措施，防止信息扩散，保存有关记录，并向有关主管部门报告。

第四十八条　任何个人和组织发送的电

子信息、提供的应用软件，不得设置恶意程序，不得含有法律、行政法规禁止发布或者传输的信息。

电子信息发送服务提供者和应用软件下载服务提供者，应当履行安全管理义务，知道其用户有前款规定行为的，应当停止提供服务，采取消除等处置措施，保存有关记录，并向有关主管部门报告。

第四十九条 网络运营者应当建立网络信息安全投诉、举报制度，公布投诉、举报方式等信息，及时受理并处理有关网络信息安全的投诉和举报。

网络运营者对网信部门和有关部门依法实施的监督检查，应当予以配合。

第五十条 国家网信部门和有关部门依法履行网络信息安全监督管理职责，发现法律、行政法规禁止发布或者传输的信息的，应当要求网络运营者停止传输，采取消除等处置措施，保存有关记录；对来源于中华人民共和国境外的上述信息，应当通知有关机构采取技术措施和其他必要措施阻断传播。

第五章 监测预警与应急处置

第五十一条 国家建立网络安全监测预警和信息通报制度。国家网信部门应当统筹协调有关部门加强网络安全信息收集、分析和通报工作，按照规定统一发布网络安全监测预警信息。

第五十二条 负责关键信息基础设施安全保护工作的部门，应当建立健全本行业、本领域的网络安全监测预警和信息通报制度，并按照规定报送网络安全监测预警信息。

第五十三条 国家网信部门协调有关部门建立健全网络安全风险评估和应急工作机制，制定网络安全事件应急预案，并定期组织演练。

负责关键信息基础设施安全保护工作的部门应当制定本行业、本领域的网络安全事件应急预案，并定期组织演练。

网络安全事件应急预案应当按照事件发生后的危害程度、影响范围等因素对网络安全事件进行分级，并规定相应的应急处置措施。

第五十四条 网络安全事件发生的风险增大时，省级以上人民政府有关部门应当按照规定的权限和程序，并根据网络安全风险的特点和可能造成的危害，采取下列措施：

（一）要求有关部门、机构和人员及时收集、报告有关信息，加强对网络安全风险的监测；

（二）组织有关部门、机构和专业人员，对网络安全风险信息进行分析评估，预测事件发生的可能性、影响范围和危害程度；

（三）向社会发布网络安全风险预警，发布避免、减轻危害的措施。

第五十五条 发生网络安全事件，应当立即启动网络安全事件应急预案，对网络安全事件进行调查和评估，要求网络运营者采取技术措施和其他必要措施，消除安全隐患，防止危害扩大，并及时向社会发布与公众有关的警示信息。

第五十六条 省级以上人民政府有关部门在履行网络安全监督管理职责中，发现网络存在较大安全风险或者发生安全事件的，可以按照规定的权限和程序对该网络的运营者的法定代表人或者主要负责人进行约谈。网络运营者应当按照要求采取措施，进行整改，消除隐患。

第五十七条 因网络安全事件，发生突发事件或者生产安全事故的，应当依照《中华人民共和国突发事件应对法》、《中华人民共和国安全生产法》等有关法律、行政法规的规定处置。

第五十八条 因维护国家安全和社会公共秩序，处置重大突发社会安全事件的需要，经国务院决定或者批准，可以在特定区域对网络通信采取限制等临时措施。

第六章　法律责任

第五十九条　网络运营者不履行本法第二十一条、第二十五条规定的网络安全保护义务的，由有关主管部门责令改正，给予警告；拒不改正或者导致危害网络安全等后果的，处一万元以上十万元以下罚款，对直接负责的主管人员处五千元以上五万元以下罚款。

关键信息基础设施的运营者不履行本法第三十三条、第三十四条、第三十六条、第三十八条规定的网络安全保护义务的，由有关主管部门责令改正，给予警告；拒不改正或者导致危害网络安全等后果的，处十万元以上一百万元以下罚款，对直接负责的主管人员处一万元以上十万元以下罚款。

第六十条　违反本法第二十二条第一款、第二款和第四十八条第一款规定，有下列行为之一的，由有关主管部门责令改正，给予警告；拒不改正或者导致危害网络安全等后果的，处五万元以上五十万元以下罚款，对直接负责的主管人员处一万元以上十万元以下罚款：

（一）设置恶意程序的；

（二）对其产品、服务存在的安全缺陷、漏洞等风险未立即采取补救措施，或者未按照规定及时告知用户并向有关主管部门报告的；

（三）擅自终止为其产品、服务提供安全维护的。

第六十一条　网络运营者违反本法第二十四条第一款规定，未要求用户提供真实身份信息，或者对不提供真实身份信息的用户提供相关服务的，由有关主管部门责令改正；拒不改正或者情节严重的，处五万元以上五十万元以下罚款，并可以由有关主管部门责令暂停相关业务、停业整顿、关闭网站、吊销相关业务许可证或者吊销营业执照，对直接负责的主管人员和其他直接责任人员处一万元以上十万元以下罚款。

第六十二条　违反本法第二十六条规定，开展网络安全认证、检测、风险评估等活动，或者向社会发布系统漏洞、计算机病毒、网络攻击、网络侵入等网络安全信息的，由有关主管部门责令改正，给予警告；拒不改正或者情节严重的，处一万元以上十万元以下罚款，并可以由有关主管部门责令暂停相关业务、停业整顿、关闭网站、吊销相关业务许可证或者吊销营业执照，对直接负责的主管人员和其他直接责任人员处五千元以上五万元以下罚款。

第六十三条　违反本法第二十七条规定，从事危害网络安全的活动，或者提供专门用于从事危害网络安全活动的程序、工具，或者为他人从事危害网络安全的活动提供技术支持、广告推广、支付结算等帮助，尚不构成犯罪的，由公安机关没收违法所得，处五日以下拘留，可以并处五万元以上五十万元以下罚款；情节较重的，处五日以上十五日以下拘留，可以并处十万元以上一百万元以下罚款。

单位有前款行为的，由公安机关没收违法所得，处十万元以上一百万元以下罚款，并对直接负责的主管人员和其他直接责任人员依照前款规定处罚。

违反本法第二十七条规定，受到治安管理处罚的人员，五年内不得从事网络安全管理和网络运营关键岗位的工作；受到刑事处罚的人员，终身不得从事网络安全管理和网络运营关键岗位的工作。

第六十四条　网络运营者、网络产品或者服务的提供者违反本法第二十二条第三款、第四十一条至第四十三条规定，侵害个人信息依法得到保护的权利的，由有关主管部门责令改正，可以根据情节单处或者并处警告、没收违法所得、处违法所得一倍以上十倍以下罚款，没有违法所得的，处一百万元以下罚款，对直接负责的主管人员和其他直接责任人员处一万元以上十万元以下罚款；情节严重的，并可以责令暂停相关业务、停业整顿、关闭网站、吊销相关业务许可证或者吊销营业执照。

违反本法第四十四条规定，窃取或者以其他非法方式获取、非法出售或者非法向他人提供个人信息，尚不构成犯罪的，由公安机关没收违法所得，并处违法所得一倍以上十倍以下罚款，没有违法所得的，处一百万元以下罚款。

第六十五条 关键信息基础设施的运营者违反本法第三十五条规定，使用未经安全审查或者安全审查未通过的网络产品或者服务的，由有关主管部门责令停止使用，处采购金额一倍以上十倍以下罚款；对直接负责的主管人员和其他直接责任人员处一万元以上十万元以下罚款。

第六十六条 关键信息基础设施的运营者违反本法第三十七条规定，在境外存储网络数据，或者向境外提供网络数据的，由有关主管部门责令改正，给予警告，没收违法所得，处五万元以上五十万元以下罚款，并可以责令暂停相关业务、停业整顿、关闭网站、吊销相关业务许可证或者吊销营业执照；对直接负责的主管人员和其他直接责任人员处一万元以上十万元以下罚款。

第六十七条 违反本法第四十六条规定，设立用于实施违法犯罪活动的网站、通讯群组，或者利用网络发布涉及实施违法犯罪活动的信息，尚不构成犯罪的，由公安机关处五日以下拘留，可以并处一万元以上十万元以下罚款；情节较重的，处五日以上十五日以下拘留，可以并处五万元以上五十万元以下罚款。关闭用于实施违法犯罪活动的网站、通讯群组。

单位有前款行为的，由公安机关处十万元以上五十万元以下罚款，并对直接负责的主管人员和其他直接责任人员依照前款规定处罚。

第六十八条 网络运营者违反本法第四十七条规定，对法律、行政法规禁止发布或者传输的信息未停止传输、采取消除等处置措施、保存有关记录的，由有关主管部门责令改正，给予警告，没收违法所得；拒不改正或者情节严重的，处十万元以上五十万元以下罚款，并可以责令暂停相关业务、停业整顿、关闭网站、吊销相关业务许可证或者吊销营业执照，对直接负责的主管人员和其他直接责任人员处一万元以上十万元以下罚款。

电子信息发送服务提供者、应用软件下载服务提供者，不履行本法第四十八条第二款规定的安全管理义务的，依照前款规定处罚。

第六十九条 网络运营者违反本法规定，有下列行为之一的，由有关主管部门责令改正；拒不改正或者情节严重的，处五万元以上五十万元以下罚款，对直接负责的主管人员和其他直接责任人员，处一万元以上十万元以下罚款：

（一）不按照有关部门的要求对法律、行政法规禁止发布或者传输的信息，采取停止传输、消除等处置措施的；

（二）拒绝、阻碍有关部门依法实施的监督检查的；

（三）拒不向公安机关、国家安全机关提供技术支持和协助的。

第七十条 发布或者传输本法第十二条第二款和其他法律、行政法规禁止发布或者传输的信息的，依照有关法律、行政法规的规定处罚。

第七十一条 有本法规定的违法行为的，依照有关法律、行政法规的规定记入信用档案，并予以公示。

第七十二条 国家机关政务网络的运营者不履行本法规定的网络安全保护义务的，由其上级机关或者有关机关责令改正；对直接负责的主管人员和其他直接责任人员依法给予处分。

第七十三条 网信部门和有关部门违反本法第三十条规定，将在履行网络安全保护职责中获取的信息用于其他用途的，对直接负责的主管人员和其他直接责任人员依法给予处分。

网信部门和有关部门的工作人员玩忽职守、滥用职权、徇私舞弊，尚不构成犯罪的，依法给予处分。

第七十四条　违反本法规定，给他人造成损害的，依法承担民事责任。

违反本法规定，构成违反治安管理行为的，依法给予治安管理处罚；构成犯罪的，依法追究刑事责任。

第七十五条　境外的机构、组织、个人从事攻击、侵入、干扰、破坏等危害中华人民共和国的关键信息基础设施的活动，造成严重后果的，依法追究法律责任；国务院公安部门和有关部门并可以决定对该机构、组织、个人采取冻结财产或者其他必要的制裁措施。

第七章　附　　则

第七十六条　本法下列用语的含义：

（一）网络，是指由计算机或者其他信息终端及相关设备组成的按照一定的规则和程序对信息进行收集、存储、传输、交换、处理的系统。

（二）网络安全，是指通过采取必要措施，防范对网络的攻击、侵入、干扰、破坏和非法使用以及意外事故，使网络处于稳定可靠运行的状态，以及保障网络数据的完整性、保密性、可用性的能力。

（三）网络运营者，是指网络的所有者、管理者和网络服务提供者。

（四）网络数据，是指通过网络收集、存储、传输、处理和产生的各种电子数据。

（五）个人信息，是指以电子或者其他方式记录的能够单独或者与其他信息结合识别自然人个人身份的各种信息，包括但不限于自然人的姓名、出生日期、身份证件号码、个人生物识别信息、住址、电话号码等。

第七十七条　存储、处理涉及国家秘密信息的网络的运行安全保护，除应当遵守本法外，还应当遵守保密法律、行政法规的规定。

第七十八条　军事网络的安全保护，由中央军事委员会另行规定。

第七十九条　本法自2017年6月1日起施行。

中华人民共和国电子商务法

（2018年8月31日第十三届全国人民代表大会常务委员会第五次会议通过并公布，自2019年1月1日起施行）

第一章　总　　则

第一条　为了保障电子商务各方主体的合法权益，规范电子商务行为，维护市场秩序，促进电子商务持续健康发展，制定本法。

第二条　中华人民共和国境内的电子商务活动，适用本法。

本法所称电子商务，是指通过互联网等信息网络销售商品或者提供服务的经营活动。

法律、行政法规对销售商品或者提供服务有规定的，适用其规定。金融类产品和服务，利用信息网络提供新闻信息、音视频节目、出版以及文化产品等内容方面的服务，不适用本法。

第三条　国家鼓励发展电子商务新业态，创新商业模式，促进电子商务技术研发和推广应用，推进电子商务诚信体系建设，营造有利于电子商务创新发展的市场环境，充分发挥电子商务在推动高质量发展、满足人民日益增长的美好生活需要、构建开放型经济方面的重要作用。

第四条 国家平等对待线上线下商务活动，促进线上线下融合发展，各级人民政府和有关部门不得采取歧视性的政策措施，不得滥用行政权力排除、限制市场竞争。

第五条 电子商务经营者从事经营活动，应当遵循自愿、平等、公平、诚信的原则，遵守法律和商业道德，公平参与市场竞争，履行消费者权益保护、环境保护、知识产权保护、网络安全与个人信息保护等方面的义务，承担产品和服务质量责任，接受政府和社会的监督。

第六条 国务院有关部门按照职责分工负责电子商务发展促进、监督管理等工作。县级以上地方各级人民政府可以根据本行政区域的实际情况，确定本行政区域内电子商务的部门职责划分。

第七条 国家建立符合电子商务特点的协同管理体系，推动形成有关部门、电子商务行业组织、电子商务经营者、消费者等共同参与的电子商务市场治理体系。

第八条 电子商务行业组织按照本组织章程开展行业自律，建立健全行业规范，推动行业诚信建设，监督、引导本行业经营者公平参与市场竞争。

第二章 电子商务经营者

第一节 一般规定

第九条 本法所称电子商务经营者，是指通过互联网等信息网络从事销售商品或者提供服务的经营活动的自然人、法人和非法人组织，包括电子商务平台经营者、平台内经营者以及通过自建网站、其他网络服务销售商品或者提供服务的电子商务经营者。

本法所称电子商务平台经营者，是指在电子商务中为交易双方或者多方提供网络经营场所、交易撮合、信息发布等服务，供交易双方或者多方独立开展交易活动的法人或者非法人组织。

本法所称平台内经营者，是指通过电子商务平台销售商品或者提供服务的电子商务经营者。

第十条 电子商务经营者应当依法办理市场主体登记。但是，个人销售自产农副产品、家庭手工业产品，个人利用自己的技能从事依法无须取得许可的便民劳务活动和零星小额交易活动，以及依照法律、行政法规不需要进行登记的除外。

第十一条 电子商务经营者应当依法履行纳税义务，并依法享受税收优惠。

依照前条规定不需要办理市场主体登记的电子商务经营者在首次纳税义务发生后，应当依照税收征收管理法律、行政法规的规定申请办理税务登记，并如实申报纳税。

第十二条 电子商务经营者从事经营活动，依法需要取得相关行政许可的，应当依法取得行政许可。

第十三条 电子商务经营者销售的商品或者提供的服务应当符合保障人身、财产安全的要求和环境保护要求，不得销售或者提供法律、行政法规禁止交易的商品或者服务。

第十四条 电子商务经营者销售商品或者提供服务应当依法出具纸质发票或者电子发票等购货凭证或者服务单据。电子发票与纸质发票具有同等法律效力。

第十五条 电子商务经营者应当在其首页显著位置，持续公示营业执照信息、与其经营业务有关的行政许可信息、属于依照本法第十条规定的不需要办理市场主体登记情形等信息，或者上述信息的链接标识。

前款规定的信息发生变更的，电子商务经营者应当及时更新公示信息。

第十六条 电子商务经营者自行终止从事电子商务的，应当提前三十日在首页显著位置持续公示有关信息。

第十七条 电子商务经营者应当全面、

真实、准确、及时地披露商品或者服务信息，保障消费者的知情权和选择权。电子商务经营者不得以虚构交易、编造用户评价等方式进行虚假或者引人误解的商业宣传，欺骗、误导消费者。

第十八条　电子商务经营者根据消费者的兴趣爱好、消费习惯等特征向其提供商品或者服务的搜索结果的，应当同时向该消费者提供不针对其个人特征的选项，尊重和平等保护消费者合法权益。

电子商务经营者向消费者发送广告的，应当遵守《中华人民共和国广告法》的有关规定。

第十九条　电子商务经营者搭售商品或者服务，应当以显著方式提请消费者注意，不得将搭售商品或者服务作为默认同意的选项。

第二十条　电子商务经营者应当按照承诺或者与消费者约定的方式、时限向消费者交付商品或者服务，并承担商品运输中的风险和责任。但是，消费者另行选择快递物流服务提供者的除外。

第二十一条　电子商务经营者按照约定向消费者收取押金的，应当明示押金退还的方式、程序，不得对押金退还设置不合理条件。消费者申请退还押金，符合押金退还条件的，电子商务经营者应当及时退还。

第二十二条　电子商务经营者因其技术优势、用户数量、对相关行业的控制能力以及其他经营者对该电子商务经营者在交易上的依赖程度等因素而具有市场支配地位的，不得滥用市场支配地位，排除、限制竞争。

第二十三条　电子商务经营者收集、使用其用户的个人信息，应当遵守法律、行政法规有关个人信息保护的规定。

第二十四条　电子商务经营者应当明示用户信息查询、更正、删除以及用户注销的方式、程序，不得对用户信息查询、更正、删除以及用户注销设置不合理条件。

电子商务经营者收到用户信息查询或者更正、删除的申请的，应当在核实身份后及时提供查询或者更正、删除用户信息。用户注销的，电子商务经营者应当立即删除该用户的信息；依照法律、行政法规的规定或者双方约定保存的，依照其规定。

第二十五条　有关主管部门依照法律、行政法规的规定要求电子商务经营者提供有关电子商务数据信息的，电子商务经营者应当提供。有关主管部门应当采取必要措施保护电子商务经营者提供的数据信息的安全，并对其中的个人信息、隐私和商业秘密严格保密，不得泄露、出售或者非法向他人提供。

第二十六条　电子商务经营者从事跨境电子商务，应当遵守进出口监督管理的法律、行政法规和国家有关规定。

第二节　电子商务平台经营者

第二十七条　电子商务平台经营者应当要求申请进入平台销售商品或者提供服务的经营者提交其身份、地址、联系方式、行政许可等真实信息，进行核验、登记，建立登记档案，并定期核验更新。

电子商务平台经营者为进入平台销售商品或者提供服务的非经营用户提供服务，应当遵守本节有关规定。

第二十八条　电子商务平台经营者应当按照规定向市场监督管理部门报送平台内经营者的身份信息，提示未办理市场主体登记的经营者依法办理登记，并配合市场监督管理部门，针对电子商务的特点，为应当办理市场主体登记的经营者办理登记提供便利。

电子商务平台经营者应当依照税收征收管理法律、行政法规的规定，向税务部门报送平台内经营者的身份信息和与纳税有关的信息，并应当提示依照本法第十条规定不需要办理市场主体登记的电子商务经营者依照本法第十一条第二款的规定办理税务登记。

第二十九条　电子商务平台经营者发现平台内的商品或者服务信息存在违反本法第

十二条、第十三条规定情形的，应当依法采取必要的处置措施，并向有关主管部门报告。

第三十条　电子商务平台经营者应当采取技术措施和其他必要措施保证其网络安全、稳定运行，防范网络违法犯罪活动，有效应对网络安全事件，保障电子商务交易安全。

电子商务平台经营者应当制定网络安全事件应急预案，发生网络安全事件时，应当立即启动应急预案，采取相应的补救措施，并向有关主管部门报告。

第三十一条　电子商务平台经营者应当记录、保存平台上发布的商品和服务信息、交易信息，并确保信息的完整性、保密性、可用性。商品和服务信息、交易信息保存时间自交易完成之日起不少于三年；法律、行政法规另有规定的，依照其规定。

第三十二条　电子商务平台经营者应当遵循公开、公平、公正的原则，制定平台服务协议和交易规则，明确进入和退出平台、商品和服务质量保障、消费者权益保护、个人信息保护等方面的权利和义务。

第三十三条　电子商务平台经营者应当在其首页显著位置持续公示平台服务协议和交易规则信息或者上述信息的链接标识，并保证经营者和消费者能够便利、完整地阅览和下载。

第三十四条　电子商务平台经营者修改平台服务协议和交易规则，应当在其首页显著位置公开征求意见，采取合理措施确保有关各方能够及时充分表达意见。修改内容应当至少在实施前七日予以公示。

平台内经营者不接受修改内容，要求退出平台的，电子商务平台经营者不得阻止，并按照修改前的服务协议和交易规则承担相关责任。

第三十五条　电子商务平台经营者不得利用服务协议、交易规则以及技术等手段，对平台内经营者在平台内的交易、交易价格以及与其他经营者的交易等进行不合理限制或者附加不合理条件，或者向平台内经营者收取不合理费用。

第三十六条　电子商务平台经营者依据平台服务协议和交易规则对平台内经营者违反法律、法规的行为实施警示、暂停或者终止服务等措施的，应当及时公示。

第三十七条　电子商务平台经营者在其平台上开展自营业务的，应当以显著方式区分标记自营业务和平台内经营者开展的业务，不得误导消费者。

电子商务平台经营者对其标记为自营的业务依法承担商品销售者或者服务提供者的民事责任。

第三十八条　电子商务平台经营者知道或者应当知道平台内经营者销售的商品或者提供的服务不符合保障人身、财产安全的要求，或者有其他侵害消费者合法权益行为，未采取必要措施的，依法与该平台内经营者承担连带责任。

对关系消费者生命健康的商品或者服务，电子商务平台经营者对平台内经营者的资质资格未尽到审核义务，或者对消费者未尽到安全保障义务，造成消费者损害的，依法承担相应的责任。

第三十九条　电子商务平台经营者应当建立健全信用评价制度，公示信用评价规则，为消费者提供对平台内销售的商品或者提供的服务进行评价的途径。

电子商务平台经营者不得删除消费者对其平台内销售的商品或者提供的服务的评价。

第四十条　电子商务平台经营者应当根据商品或者服务的价格、销量、信用等以多种方式向消费者显示商品或者服务的搜索结果；对于竞价排名的商品或者服务，应当显著标明“广告”。

第四十一条　电子商务平台经营者应当建立知识产权保护规则，与知识产权权利人加强合作，依法保护知识产权。

第四十二条　知识产权权利人认为其知识产权受到侵害的，有权通知电子商务平台经营者采取删除、屏蔽、断开链接、终止交易和服务等必要措施。通知应当包括构成侵权的初步证据。

电子商务平台经营者接到通知后，应当及时采取必要措施，并将该通知转送平台内经营者；未及时采取必要措施的，对损害的扩大部分与平台内经营者承担连带责任。

因通知错误造成平台内经营者损害的，依法承担民事责任。恶意发出错误通知，造成平台内经营者损失的，加倍承担赔偿责任。

第四十三条　平台内经营者接到转送的通知后，可以向电子商务平台经营者提交不存在侵权行为的声明。声明应当包括不存在侵权行为的初步证据。

电子商务平台经营者接到声明后，应当将该声明转送发出通知的知识产权权利人，并告知其可以向有关主管部门投诉或者向人民法院起诉。电子商务平台经营者在转送声明到达知识产权权利人后十五日内，未收到权利人已经投诉或者起诉通知的，应当及时终止所采取的措施。

第四十四条　电子商务平台经营者应当及时公示收到的本法第四十二条、第四十三条规定的通知、声明及处理结果。

第四十五条　电子商务平台经营者知道或者应当知道平台内经营者侵犯知识产权的，应当采取删除、屏蔽、断开链接、终止交易和服务等必要措施；未采取必要措施的，与侵权人承担连带责任。

第四十六条　除本法第九条第二款规定的服务外，电子商务平台经营者可以按照平台服务协议和交易规则，为经营者之间的电子商务提供仓储、物流、支付结算、交收等服务。电子商务平台经营者为经营者之间的电子商务提供服务，应当遵守法律、行政法规和国家有关规定，不得采取集中竞价、做市商等集中交易方式进行交易，不得进行标准化合约交易。

第三章　电子商务合同的订立与履行

第四十七条　电子商务当事人订立和履行合同，适用本章和《中华人民共和国民法总则》《中华人民共和国合同法》《中华人民共和国电子签名法》等法律的规定。

第四十八条　电子商务当事人使用自动信息系统订立或者履行合同的行为对使用该系统的当事人具有法律效力。

在电子商务中推定当事人具有相应的民事行为能力。但是，有相反证据足以推翻的除外。

第四十九条　电子商务经营者发布的商品或者服务信息符合要约条件的，用户选择该商品或者服务并提交订单成功，合同成立。当事人另有约定的，从其约定。

电子商务经营者不得以格式条款等方式约定消费者支付价款后合同不成立；格式条款等含有该内容的，其内容无效。

第五十条　电子商务经营者应当清晰、全面、明确地告知用户订立合同的步骤、注意事项、下载方法等事项，并保证用户能够便利、完整地阅览和下载。

电子商务经营者应当保证用户在提交订单前可以更正输入错误。

第五十一条　合同标的为交付商品并采用快递物流方式交付的，收货人签收时间为交付时间。合同标的为提供服务的，生成的电子凭证或者实物凭证中载明的时间为交付时间；前述凭证没有载明时间或者载明时间与实际提供服务时间不一致的，实际提供服务的时间为交付时间。

合同标的为采用在线传输方式交付的，合同标的进入对方当事人指定的特定系统并且能够检索识别的时间为交付时间。

合同当事人对交付方式、交付时间另有约定的，从其约定。

第五十二条　电子商务当事人可以约定采用快递物流方式交付商品。

快递物流服务提供者为电子商务提供快递物流服务，应当遵守法律、行政法规，并应当符合承诺的服务规范和时限。快递物流服务提供者在交付商品时，应当提示收货人当面查验；交由他人代收的，应当经收货人同意。

快递物流服务提供者应当按照规定使用环保包装材料，实现包装材料的减量化和再利用。

快递物流服务提供者在提供快递物流服务的同时，可以接受电子商务经营者的委托提供代收货款服务。

第五十三条　电子商务当事人可以约定采用电子支付方式支付价款。

电子支付服务提供者为电子商务提供电子支付服务，应当遵守国家规定，告知用户电子支付服务的功能、使用方法、注意事项、相关风险和收费标准等事项，不得附加不合理交易条件。电子支付服务提供者应当确保电子支付指令的完整性、一致性、可跟踪稽核和不可篡改。

电子支付服务提供者应当向用户免费提供对账服务以及最近三年的交易记录。

第五十四条　电子支付服务提供者提供电子支付服务不符合国家有关支付安全管理要求，造成用户损失的，应当承担赔偿责任。

第五十五条　用户在发出支付指令前，应当核对支付指令所包含的金额、收款人等完整信息。

支付指令发生错误的，电子支付服务提供者应当及时查找原因，并采取相关措施予以纠正。造成用户损失的，电子支付服务提供者应当承担赔偿责任，但能够证明支付错误非自身原因造成的除外。

第五十六条　电子支付服务提供者完成电子支付后，应当及时准确地向用户提供符合约定方式的确认支付的信息。

第五十七条　用户应当妥善保管交易密码、电子签名数据等安全工具。用户发现安全工具遗失、被盗用或者未经授权的支付的，应当及时通知电子支付服务提供者。

未经授权的支付造成的损失，由电子支付服务提供者承担；电子支付服务提供者能够证明未经授权的支付是因用户的过错造成的，不承担责任。

电子支付服务提供者发现支付指令未经授权，或者收到用户支付指令未经授权的通知时，应当立即采取措施防止损失扩大。电子支付服务提供者未及时采取措施导致损失扩大的，对损失扩大部分承担责任。

第四章　电子商务争议解决

第五十八条　国家鼓励电子商务平台经营者建立有利于电子商务发展和消费者权益保护的商品、服务质量担保机制。

电子商务平台经营者与平台内经营者协议设立消费者权益保证金的，双方应当就消费者权益保证金的提取数额、管理、使用和退还办法等作出明确约定。

消费者要求电子商务平台经营者承担先行赔偿责任以及电子商务平台经营者赔偿后向平台内经营者的追偿，适用《中华人民共和国消费者权益保护法》的有关规定。

第五十九条　电子商务经营者应当建立便捷、有效的投诉、举报机制，公开投诉、举报方式等信息，及时受理并处理投诉、举报。

第六十条　电子商务争议可以通过协商和解，请求消费者组织、行业协会或者其他依法成立的调解组织调解，向有关部门投诉，提请仲裁，或者提起诉讼等方式解决。

第六十一条　消费者在电子商务平台购买商品或者接受服务，与平台内经营者发生争议时，电子商务平台经营者应当积极协助消费者维护合法权益。

第六十二条　在电子商务争议处理中，电子商务经营者应当提供原始合同和交易记录。因电子商务经营者丢失、伪造、篡改、销毁、隐匿或者拒绝提供前述资料，致使人民法院、仲裁机构或者有关机关无法查明事实的，电子商务经营者应当承担相应的法律责任。

第六十三条　电子商务平台经营者可以建立争议在线解决机制，制定并公示争议解决规则，根据自愿原则，公平、公正地解决当事人的争议。

第五章　电子商务促进

第六十四条　国务院和省、自治区、直辖市人民政府应当将电子商务发展纳入国民经济和社会发展规划，制定科学合理的产业政策，促进电子商务创新发展。

第六十五条　国务院和县级以上地方人民政府及其有关部门应当采取措施，支持、推动绿色包装、仓储、运输，促进电子商务绿色发展。

第六十六条　国家推动电子商务基础设施和物流网络建设，完善电子商务统计制度，加强电子商务标准体系建设。

第六十七条　国家推动电子商务在国民经济各个领域的应用，支持电子商务与各产业融合发展。

第六十八条　国家促进农业生产、加工、流通等环节的互联网技术应用，鼓励各类社会资源加强合作，促进农村电子商务发展，发挥电子商务在精准扶贫中的作用。

第六十九条　国家维护电子商务交易安全，保护电子商务用户信息，鼓励电子商务数据开发应用，保障电子商务数据依法有序自由流动。

国家采取措施推动建立公共数据共享机制，促进电子商务经营者依法利用公共数据。

第七十条　国家支持依法设立的信用评价机构开展电子商务信用评价，向社会提供电子商务信用评价服务。

第七十一条　国家促进跨境电子商务发展，建立健全适应跨境电子商务特点的海关、税收、进出境检验检疫、支付结算等管理制度，提高跨境电子商务各环节便利化水平，支持跨境电子商务平台经营者等为跨境电子商务提供仓储物流、报关、报检等服务。

国家支持小型微型企业从事跨境电子商务。

第七十二条　国家进出口管理部门应当推进跨境电子商务海关申报、纳税、检验检疫等环节的综合服务和监管体系建设，优化监管流程，推动实现信息共享、监管互认、执法互助，提高跨境电子商务服务和监管效率。跨境电子商务经营者可以凭电子单证向国家进出口管理部门办理有关手续。

第七十三条　国家推动建立与不同国家、地区之间跨境电子商务的交流合作，参与电子商务国际规则的制定，促进电子签名、电子身份等国际互认。

国家推动建立与不同国家、地区之间的跨境电子商务争议解决机制。

第六章　法律责任

第七十四条　电子商务经营者销售商品或者提供服务，不履行合同义务或者履行合同义务不符合约定，或者造成他人损害的，依法承担民事责任。

第七十五条　电子商务经营者违反本法第十二条、第十三条规定，未取得相关行政许可从事经营活动，或者销售、提供法律、行政法规禁止交易的商品、服务，或者不履行本法第二十五条规定的信息提供义务，电子商务平台经营者违反本法第四十六条规定，采取集中交易方式进行交易，或者进行标准化合约交易的，依照有关法律、行政法规的规定处罚。

第七十六条　电子商务经营者违反本法规定，有下列行为之一的，由市场监督管理部门责令限期改正，可以处一万元以下的罚款，对其中的电子商务平台经营者，依照本法第八十一条第一款的规定处罚：

（一）未在首页显著位置公示营业执照信息、行政许可信息、属于不需要办理市场主体登记情形等信息，或者上述信息的链接标识的；

（二）未在首页显著位置持续公示终止电子商务的有关信息的；

（三）未明示用户信息查询、更正、删除以及用户注销的方式、程序，或者对用户信息查询、更正、删除以及用户注销设置不合理条件的。

电子商务平台经营者对违反前款规定的平台内经营者未采取必要措施的，由市场监督管理部门责令限期改正，可以处二万元以上十万元以下的罚款。

第七十七条 电子商务经营者违反本法第十八条第一款规定提供搜索结果，或者违反本法第十九条规定搭售商品、服务的，由市场监督管理部门责令限期改正，没收违法所得，可以并处五万元以上二十万元以下的罚款；情节严重的，并处二十万元以上五十万元以下的罚款。

第七十八条 电子商务经营者违反本法第二十一条规定，未向消费者明示押金退还的方式、程序，对押金退还设置不合理条件，或者不及时退还押金的，由有关主管部门责令限期改正，可以处五万元以上二十万元以下的罚款；情节严重的，处二十万元以上五十万元以下的罚款。

第七十九条 电子商务经营者违反法律、行政法规有关个人信息保护的规定，或者不履行本法第三十条和有关法律、行政法规规定的网络安全保障义务的，依照《中华人民共和国网络安全法》等法律、行政法规的规定处罚。

第八十条 电子商务平台经营者有下列行为之一的，由有关主管部门责令限期改正；逾期不改正的，处二万元以上十万元以下的罚款；情节严重的，责令停业整顿，并处十万元以上五十万元以下的罚款：

（一）不履行本法第二十七条规定的核验、登记义务的；

（二）不按照本法第二十八条规定向市场监督管理部门、税务部门报送有关信息的；

（三）不按照本法第二十九条规定对违法情形采取必要的处置措施，或者未向有关主管部门报告的；

（四）不履行本法第三十一条规定的商品和服务信息、交易信息保存义务的。

法律、行政法规对前款规定的违法行为的处罚另有规定的，依照其规定。

第八十一条 电子商务平台经营者违反本法规定，有下列行为之一的，由市场监督管理部门责令限期改正，可以处二万元以上十万元以下的罚款；情节严重的，处十万元以上五十万元以下的罚款：

（一）未在首页显著位置持续公示平台服务协议、交易规则信息或者上述信息的链接标识的；

（二）修改交易规则未在首页显著位置公开征求意见，未按照规定的时间提前公示修改内容，或者阻止平台内经营者退出的；

（三）未以显著方式区分标记自营业务和平台内经营者开展的业务的；

（四）未为消费者提供对平台内销售的商品或者提供的服务进行评价的途径，或者擅自删除消费者的评价的。

电子商务平台经营者违反本法第四十条规定，对竞价排名的商品或者服务未显著标明“广告”的，依照《中华人民共和国广告法》的规定处罚。

第八十二条 电子商务平台经营者违反本法第三十五条规定，对平台内经营者在平台内的交易、交易价格或者与其他经营者的交易等进行不合理限制或者附加不合理条件，或者向平台内经营者收取不合理费用的，由市场监督管理部门责令限期改正，可以处五万元以上五十万元以下的罚款；情节严重的，处五十万元以上二百万元以下的罚款。

第八十三条　电子商务平台经营者违反本法第三十八条规定，对平台内经营者侵害消费者合法权益行为未采取必要措施，或者对平台内经营者未尽到资质资格审核义务，或者对消费者未尽到安全保障义务的，由市场监督管理部门责令限期改正，可以处五万元以上五十万元以下的罚款；情节严重的，责令停业整顿，并处五十万元以上二百万元以下的罚款。

第八十四条　电子商务平台经营者违反本法第四十二条、第四十五条规定，对平台内经营者实施侵犯知识产权行为未依法采取必要措施的，由有关知识产权行政部门责令限期改正；逾期不改正的，处五万元以上五十万元以下的罚款；情节严重的，处五十万元以上二百万元以下的罚款。

第八十五条　电子商务经营者违反本法规定，销售的商品或者提供的服务不符合保障人身、财产安全的要求，实施虚假或者引人误解的商业宣传等不正当竞争行为，滥用市场支配地位，或者实施侵犯知识产权、侵害消费者权益等行为的，依照有关法律的规定处罚。

第八十六条　电子商务经营者有本法规定的违法行为的，依照有关法律、行政法规的规定记入信用档案，并予以公示。

第八十七条　依法负有电子商务监督管理职责的部门的工作人员，玩忽职守、滥用职权、徇私舞弊，或者泄露、出售或者非法向他人提供在履行职责中所知悉的个人信息、隐私和商业秘密的，依法追究法律责任。

第八十八条　违反本法规定，构成违反治安管理行为的，依法给予治安管理处罚；构成犯罪的，依法追究刑事责任。

第七章　附　　则

第八十九条　本法自 2019 年 1 月 1 日起施行。

中华人民共和国数据安全法

（2021 年 6 月 10 日第十三届全国人民代表大会常务委员会第二十九次会议通过并公布，自 2021 年 9 月 1 日起施行）

第一章　总　　则

第一条　为了规范数据处理活动，保障数据安全，促进数据开发利用，保护个人、组织的合法权益，维护国家主权、安全和发展利益，制定本法。

第二条　在中华人民共和国境内开展数据处理活动及其安全监管，适用本法。

在中华人民共和国境外开展数据处理活动，损害中华人民共和国国家安全、公共利益或者公民、组织合法权益的，依法追究法律责任。

第三条　本法所称数据，是指任何以电子或者其他方式对信息的记录。

数据处理，包括数据的收集、存储、使用、加工、传输、提供、公开等。

数据安全，是指通过采取必要措施，确保数据处于有效保护和合法利用的状态，以及具备保障持续安全状态的能力。

第四条　维护数据安全，应当坚持总体国家安全观，建立健全数据安全治理体系，提高数据安全保障能力。

第五条　中央国家安全领导机构负责国家数据安全工作的决策和议事协调，研究制定、指导实施国家数据安全战略和有关重大方针政策，统筹协调国家数据安全的重大事项和重要工作，建立国家数据安全工作协调机制。

第六条 各地区、各部门对本地区、本部门工作中收集和产生的数据及数据安全负责。

工业、电信、交通、金融、自然资源、卫生健康、教育、科技等主管部门承担本行业、本领域数据安全监管职责。

公安机关、国家安全机关等依照本法和有关法律、行政法规的规定，在各自职责范围内承担数据安全监管职责。

国家网信部门依照本法和有关法律、行政法规的规定，负责统筹协调网络数据安全和相关监管工作。

第七条 国家保护个人、组织与数据有关的权益，鼓励数据依法合理有效利用，保障数据依法有序自由流动，促进以数据为关键要素的数字经济发展。

第八条 开展数据处理活动，应当遵守法律、法规，尊重社会公德和伦理，遵守商业道德和职业道德，诚实守信，履行数据安全保护义务，承担社会责任，不得危害国家安全、公共利益，不得损害个人、组织的合法权益。

第九条 国家支持开展数据安全知识宣传普及，提高全社会的数据安全保护意识和水平，推动有关部门、行业组织、科研机构、企业、个人等共同参与数据安全保护工作，形成全社会共同维护数据安全和促进发展的良好环境。

第十条 相关行业组织按照章程，依法制定数据安全行为规范和团体标准，加强行业自律，指导会员加强数据安全保护，提高数据安全保护水平，促进行业健康发展。

第十一条 国家积极开展数据安全治理、数据开发利用等领域的国际交流与合作，参与数据安全相关国际规则和标准的制定，促进数据跨境安全、自由流动。

第十二条 任何个人、组织都有权对违反本法规定的行为向有关主管部门投诉、举报。收到投诉、举报的部门应当及时依法处理。

有关主管部门应当对投诉、举报人的相关信息予以保密，保护投诉、举报人的合法权益。

第二章 数据安全与发展

第十三条 国家统筹发展和安全，坚持以数据开发利用和产业发展促进数据安全，以数据安全保障数据开发利用和产业发展。

第十四条 国家实施大数据战略，推进数据基础设施建设，鼓励和支持数据在各行业、各领域的创新应用。

省级以上人民政府应当将数字经济发展纳入本级国民经济和社会发展规划，并根据需要制定数字经济发展规划。

第十五条 国家支持开发利用数据提升公共服务的智能化水平。提供智能化公共服务，应当充分考虑老年人、残疾人的需求，避免对老年人、残疾人的日常生活造成障碍。

第十六条 国家支持数据开发利用和数据安全技术研究，鼓励数据开发利用和数据安全等领域的技术推广和商业创新，培育、发展数据开发利用和数据安全产品、产业体系。

第十七条 国家推进数据开发利用技术和数据安全标准体系建设。国务院标准化行政主管部门和国务院有关部门根据各自的职责，组织制定并适时修订有关数据开发利用技术、产品和数据安全相关标准。国家支持企业、社会团体和教育、科研机构等参与标准制定。

第十八条 国家促进数据安全检测评估、认证等服务的发展，支持数据安全检测评估、认证等专业机构依法开展服务活动。

国家支持有关部门、行业组织、企业、教育和科研机构、有关专业机构等在数据安全风险评估、防范、处置等方面开展协作。

第十九条 国家建立健全数据交易管理

制度，规范数据交易行为，培育数据交易市场。

第二十条　国家支持教育、科研机构和企业等开展数据开发利用技术和数据安全相关教育和培训，采取多种方式培养数据开发利用技术和数据安全专业人才，促进人才交流。

第三章　数据安全制度

第二十一条　国家建立数据分类分级保护制度，根据数据在经济社会发展中的重要程度，以及一旦遭到篡改、破坏、泄露或者非法获取、非法利用，对国家安全、公共利益或者个人、组织合法权益造成的危害程度，对数据实行分类分级保护。国家数据安全工作协调机制统筹协调有关部门制定重要数据目录，加强对重要数据的保护。

关系国家安全、国民经济命脉、重要民生、重大公共利益等数据属于国家核心数据，实行更加严格的管理制度。

各地区、各部门应当按照数据分类分级保护制度，确定本地区、本部门以及相关行业、领域的重要数据具体目录，对列入目录的数据进行重点保护。

第二十二条　国家建立集中统一、高效权威的数据安全风险评估、报告、信息共享、监测预警机制。国家数据安全工作协调机制统筹协调有关部门加强数据安全风险信息的获取、分析、研判、预警工作。

第二十三条　国家建立数据安全应急处置机制。发生数据安全事件，有关主管部门应当依法启动应急预案，采取相应的应急处置措施，防止危害扩大，消除安全隐患，并及时向社会发布与公众有关的警示信息。

第二十四条　国家建立数据安全审查制度，对影响或者可能影响国家安全的数据处理活动进行国家安全审查。

依法作出的安全审查决定为最终决定。

第二十五条　国家对与维护国家安全和利益、履行国际义务相关的属于管制物项的数据依法实施出口管制。

第二十六条　任何国家或者地区在与数据和数据开发利用技术等有关的投资、贸易等方面对中华人民共和国采取歧视性的禁止、限制或者其他类似措施的，中华人民共和国可以根据实际情况对该国家或者地区对等采取措施。

第四章　数据安全保护义务

第二十七条　开展数据处理活动应当依照法律、法规的规定，建立健全全流程数据安全管理制度，组织开展数据安全教育培训，采取相应的技术措施和其他必要措施，保障数据安全。利用互联网等信息网络开展数据处理活动，应当在网络安全等级保护制度的基础上，履行上述数据安全保护义务。

重要数据的处理者应当明确数据安全负责人和管理机构，落实数据安全保护责任。

第二十八条　开展数据处理活动以及研究开发数据新技术，应当有利于促进经济社会发展，增进人民福祉，符合社会公德和伦理。

第二十九条　开展数据处理活动应当加强风险监测，发现数据安全缺陷、漏洞等风险时，应当立即采取补救措施；发生数据安全事件时，应当立即采取处置措施，按照规定及时告知用户并向有关主管部门报告。

第三十条　重要数据的处理者应当按照规定对其数据处理活动定期开展风险评估，并向有关主管部门报送风险评估报告。

风险评估报告应当包括处理的重要数据的种类、数量，开展数据处理活动的情况，面临的数据安全风险及其应对措施等。

第三十一条　关键信息基础设施的运营者在中华人民共和国境内运营中收集和产生的重要数据的出境安全管理，适用《中华人民共和国网络安全法》的规定；其他数据处理者在中华人民共和国境内运营中收集和产生的重要数据的出境安全管理办法，由国家网信部门会同国务院有关部门制定。

第三十二条　任何组织、个人收集数据，应当采取合法、正当的方式，不得窃取或者以其他非法方式获取数据。

法律、行政法规对收集、使用数据的目的、范围有规定的，应当在法律、行政法规规定的目的和范围内收集、使用数据。

第三十三条　从事数据交易中介服务的机构提供服务，应当要求数据提供方说明数据来源，审核交易双方的身份，并留存审核、交易记录。

第三十四条　法律、行政法规规定提供数据处理相关服务应当取得行政许可的，服务提供者应当依法取得许可。

第三十五条　公安机关、国家安全机关因依法维护国家安全或者侦查犯罪的需要调取数据，应当按照国家有关规定，经过严格的批准手续，依法进行，有关组织、个人应当予以配合。

第三十六条　中华人民共和国主管机关根据有关法律和中华人民共和国缔结或者参加的国际条约、协定，或者按照平等互惠原则，处理外国司法或者执法机构关于提供数据的请求。非经中华人民共和国主管机关批准，境内的组织、个人不得向外国司法或者执法机构提供存储于中华人民共和国境内的数据。

第五章　政务数据安全与开放

第三十七条　国家大力推进电子政务建设，提高政务数据的科学性、准确性、时效性，提升运用数据服务经济社会发展的能力。

第三十八条　国家机关为履行法定职责的需要收集、使用数据，应当在其履行法定职责的范围内依照法律、行政法规规定的条件和程序进行；对在履行职责中知悉的个人隐私、个人信息、商业秘密、保密商务信息等数据应当依法予以保密，不得泄露或者非法向他人提供。

第三十九条　国家机关应当依照法律、行政法规的规定，建立健全数据安全管理制度，落实数据安全保护责任，保障政务数据安全。

第四十条　国家机关委托他人建设、维护电子政务系统，存储、加工政务数据，应当经过严格的批准程序，并应当监督受托方履行相应的数据安全保护义务。受托方应当依照法律、法规的规定和合同约定履行数据安全保护义务，不得擅自留存、使用、泄露或者向他人提供政务数据。

第四十一条　国家机关应当遵循公正、公平、便民的原则，按照规定及时、准确地公开政务数据。依法不予公开的除外。

第四十二条　国家制定政务数据开放目录，构建统一规范、互联互通、安全可控的政务数据开放平台，推动政务数据开放利用。

第四十三条　法律、法规授权的具有管理公共事务职能的组织为履行法定职责开展数据处理活动，适用本章规定。

第六章　法律责任

第四十四条　有关主管部门在履行数据安全监管职责中，发现数据处理活动存在较大安全风险的，可以按照规定的权限和程序对有关组织、个人进行约谈，并要求有关组织、个人采取措施进行整改，消除隐患。

第四十五条　开展数据处理活动的组织、个人不履行本法第二十七条、第二十九条、第三十条规定的数据安全保护义务的，由有关主管部门责令改正，给予警告，可以并处五万元以上五十万元以下罚款，对直接负责的主管人员和其他直接责任人员可以处一万元以上十万元以下罚款；拒不改正或者造成大量数据泄露等严重后果的，处五十万元以上二百万元以下罚款，并可以责令暂停相关业务、停业整顿、吊销相关业务许可证或者吊销营业执照，对直接负责的主管人员和其他直接责任人员处五万元以上二十万元以下罚款。

违反国家核心数据管理制度，危害国家主权、安全和发展利益的，由有关主管部门处二百万元以上一千万元以下罚款，并根据情况责令暂停相关业务、停业整顿、吊销相关业务许可证或者吊销营业执照；构成犯罪的，依法追究刑事责任。

第四十六条　违反本法第三十一条规定，向境外提供重要数据的，由有关主管部门责令改正，给予警告，可以并处十万元以上一百万元以下罚款，对直接负责的主管人员和其他直接责任人员可以处一万元以上十万元以下罚款；情节严重的，处一百万元以上一千万元以下罚款，并可以责令暂停相关业务、停业整顿、吊销相关业务许可证或者吊销营业执照，对直接负责的主管人员和其他直接责任人员处十万元以上一百万元以下罚款。

第四十七条　从事数据交易中介服务的机构未履行本法第三十三条规定的义务的，由有关主管部门责令改正，没收违法所得，处违法所得一倍以上十倍以下罚款，没有违法所得或者违法所得不足十万元的，处十万元以上一百万元以下罚款，并可以责令暂停相关业务、停业整顿、吊销相关业务许可证或者吊销营业执照；对直接负责的主管人员和其他直接责任人员处一万元以上十万元以下罚款。

第四十八条　违反本法第三十五条规定，拒不配合数据调取的，由有关主管部门责令改正，给予警告，并处五万元以上五十万元以下罚款，对直接负责的主管人员和其他直接责任人员处一万元以上十万元以下罚款。

违反本法第三十六条规定，未经主管机关批准向外国司法或者执法机构提供数据的，由有关主管部门给予警告，可以并处十万元以上一百万元以下罚款，对直接负责的主管人员和其他直接责任人员可以处一万元以上十万元以下罚款；造成严重后果的，处一百万元以上五百万元以下罚款，并可以责令暂停相关业务、停业整顿、吊销相关业务许可证或者吊销营业执照，对直接负责的主管人员和其他直接责任人员处五万元以上五十万元以下罚款。

第四十九条　国家机关不履行本法规定的数据安全保护义务的，对直接负责的主管人员和其他直接责任人员依法给予处分。

第五十条　履行数据安全监管职责的国家工作人员玩忽职守、滥用职权、徇私舞弊的，依法给予处分。

第五十一条　窃取或者以其他非法方式获取数据，开展数据处理活动排除、限制竞争，或者损害个人、组织合法权益的，依照有关法律、行政法规的规定处罚。

第五十二条　违反本法规定，给他人造成损害的，依法承担民事责任。

违反本法规定，构成违反治安管理行为的，依法给予治安管理处罚；构成犯罪的，依法追究刑事责任。

第七章　附　　则

第五十三条　开展涉及国家秘密的数据处理活动，适用《中华人民共和国保守国家秘密法》等法律、行政法规的规定。

在统计、档案工作中开展数据处理活动，开展涉及个人信息的数据处理活动，还应当遵守有关法律、行政法规的规定。

第五十四条　军事数据安全保护的办法，由中央军事委员会依据本法另行制定。

第五十五条　本法自2021年9月1日起施行。

中华人民共和国密码法

（2019年10月26日第十三届全国人民代表大会常务委员会第十四次会议通过并公布，自2020年1月1日起施行）

第一章　总　　则

第一条　为了规范密码应用和管理，促进密码事业发展，保障网络与信息安全，维护国家安全和社会公共利益，保护公民、法人和其他组织的合法权益，制定本法。

第二条　本法所称密码，是指采用特定变换的方法对信息等进行加密保护、安全认证的技术、产品和服务。

第三条　密码工作坚持总体国家安全观，遵循统一领导、分级负责，创新发展、服务大局，依法管理、保障安全的原则。

第四条　坚持中国共产党对密码工作的领导。中央密码工作领导机构对全国密码工作实行统一领导，制定国家密码工作重大方针政策，统筹协调国家密码重大事项和重要工作，推进国家密码法治建设。

第五条　国家密码管理部门负责管理全国的密码工作。县级以上地方各级密码管理部门负责管理本行政区域的密码工作。

国家机关和涉及密码工作的单位在其职责范围内负责本机关、本单位或者本系统的密码工作。

第六条　国家对密码实行分类管理。

密码分为核心密码、普通密码和商用密码。

第七条　核心密码、普通密码用于保护国家秘密信息，核心密码保护信息的最高密级为绝密级，普通密码保护信息的最高密级为机密级。

核心密码、普通密码属于国家秘密。密码管理部门依照本法和有关法律、行政法规、国家有关规定对核心密码、普通密码实行严格统一管理。

第八条　商用密码用于保护不属于国家秘密的信息。

公民、法人和其他组织可以依法使用商用密码保护网络与信息安全。

第九条　国家鼓励和支持密码科学技术研究和应用，依法保护密码领域的知识产权，促进密码科学技术进步和创新。

国家加强密码人才培养和队伍建设，对在密码工作中作出突出贡献的组织和个人，按照国家有关规定给予表彰和奖励。

第十条　国家采取多种形式加强密码安全教育，将密码安全教育纳入国民教育体系和公务员教育培训体系，增强公民、法人和其他组织的密码安全意识。

第十一条　县级以上人民政府应当将密码工作纳入本级国民经济和社会发展规划，所需经费列入本级财政预算。

第十二条　任何组织或者个人不得窃取他人加密保护的信息或者非法侵入他人的密码保障系统。

任何组织或者个人不得利用密码从事危害国家安全、社会公共利益、他人合法权益等违法犯罪活动。

第二章　核心密码、普通密码

第十三条　国家加强核心密码、普通密码的科学规划、管理和使用，加强制度建设，完善管理措施，增强密码安全保障能力。

第十四条　在有线、无线通信中传递的国家秘密信息，以及存储、处理国家秘密信息的信息系统，应当依照法律、行政法规和国家有关规定使用核心密码、普通密码进行加密保护、安全认证。

第十五条　从事核心密码、普通密码科研、生产、服务、检测、装备、使用和销毁等工作的机构（以下统称密码工作机构）应当按照法律、行政法规、国家有关规定以及核心密码、普通密码标准的要求，建立健全安全管理制度，采取严格的保密措施和保密责任制，确保核心密码、普通密码的安全。

第十六条　密码管理部门依法对密码工作机构的核心密码、普通密码工作进行指导、监督和检查，密码工作机构应当配合。

第十七条　密码管理部门根据工作需要会同有关部门建立核心密码、普通密码的安全监测预警、安全风险评估、信息通报、重大事项会商和应急处置等协作机制，确保核心密码、普通密码安全管理的协同联动和有序高效。

密码工作机构发现核心密码、普通密码泄密或者影响核心密码、普通密码安全的重大问题、风险隐患的，应当立即采取应对措施，并及时向保密行政管理部门、密码管理部门报告，由保密行政管理部门、密码管理部门会同有关部门组织开展调查、处置，并指导有关密码工作机构及时消除安全隐患。

第十八条　国家加强密码工作机构建设，保障其履行工作职责。

国家建立适应核心密码、普通密码工作需要的人员录用、选调、保密、考核、培训、待遇、奖惩、交流、退出等管理制度。

第十九条　密码管理部门因工作需要，按照国家有关规定，可以提请公安、交通运输、海关等部门对核心密码、普通密码有关物品和人员提供免检等便利，有关部门应当予以协助。

第二十条　密码管理部门和密码工作机构应当建立健全严格的监督和安全审查制度，对其工作人员遵守法律和纪律等情况进行监督，并依法采取必要措施，定期或者不定期组织开展安全审查。

第三章　商用密码

第二十一条　国家鼓励商用密码技术的研究开发、学术交流、成果转化和推广应用，健全统一、开放、竞争、有序的商用密码市场体系，鼓励和促进商用密码产业发展。

各级人民政府及其有关部门应当遵循非歧视原则，依法平等对待包括外商投资企业在内的商用密码科研、生产、销售、服务、进出口等单位（以下统称商用密码从业单位）。国家鼓励在外商投资过程中基于自愿原则和商业规则开展商用密码技术合作。行政机关及其工作人员不得利用行政手段强制转让商用密码技术。

商用密码的科研、生产、销售、服务和进出口，不得损害国家安全、社会公共利益或者他人合法权益。

第二十二条　国家建立和完善商用密码标准体系。

国务院标准化行政主管部门和国家密码管理部门依据各自职责，组织制定商用密码国家标准、行业标准。

国家支持社会团体、企业利用自主创新技术制定高于国家标准、行业标准相关技术要求的商用密码团体标准、企业标准。

第二十三条　国家推动参与商用密码国际标准化活动，参与制定商用密码国际标准，推进商用密码中国标准与国外标准之间的转化运用。

国家鼓励企业、社会团体和教育、科研机构等参与商用密码国际标准化活动。

第二十四条　商用密码从业单位开展商用密码活动，应当符合有关法律、行政法规、商用密码强制性国家标准以及该从业单位公开标准的技术要求。

国家鼓励商用密码从业单位采用商用密码推荐性国家标准、行业标准，提升商用密码的防护能力，维护用户的合法权益。

第二十五条 国家推进商用密码检测认证体系建设，制定商用密码检测认证技术规范、规则，鼓励商用密码从业单位自愿接受商用密码检测认证，提升市场竞争力。

商用密码检测、认证机构应当依法取得相关资质，并依照法律、行政法规的规定和商用密码检测认证技术规范、规则开展商用密码检测认证。

商用密码检测、认证机构应当对其在商用密码检测认证中所知悉的国家秘密和商业秘密承担保密义务。

第二十六条 涉及国家安全、国计民生、社会公共利益的商用密码产品，应当依法列入网络关键设备和网络安全专用产品目录，由具备资格的机构检测认证合格后，方可销售或者提供。商用密码产品检测认证适用《中华人民共和国网络安全法》的有关规定，避免重复检测认证。

商用密码服务使用网络关键设备和网络安全专用产品的，应当经商用密码认证机构对该商用密码服务认证合格。

第二十七条 法律、行政法规和国家有关规定要求使用商用密码进行保护的关键信息基础设施，其运营者应当使用商用密码进行保护，自行或者委托商用密码检测机构开展商用密码应用安全性评估。商用密码应用安全性评估应当与关键信息基础设施安全检测评估、网络安全等级测评制度相衔接，避免重复评估、测评。

关键信息基础设施的运营者采购涉及商用密码的网络产品和服务，可能影响国家安全的，应当按照《中华人民共和国网络安全法》的规定，通过国家网信部门会同国家密码管理部门等有关部门组织的国家安全审查。

第二十八条 国务院商务主管部门、国家密码管理部门依法对涉及国家安全、社会公共利益且具有加密保护功能的商用密码实施进口许可，对涉及国家安全、社会公共利益或者中国承担国际义务的商用密码实施出口管制。商用密码进口许可清单和出口管制清单由国务院商务主管部门会同国家密码管理部门和海关总署制定并公布。

大众消费类产品所采用的商用密码不实行进口许可和出口管制制度。

第二十九条 国家密码管理部门对采用商用密码技术从事电子政务电子认证服务的机构进行认定，会同有关部门负责政务活动中使用电子签名、数据电文的管理。

第三十条 商用密码领域的行业协会等组织依照法律、行政法规及其章程的规定，为商用密码从业单位提供信息、技术、培训等服务，引导和督促商用密码从业单位依法开展商用密码活动，加强行业自律，推动行业诚信建设，促进行业健康发展。

第三十一条 密码管理部门和有关部门建立日常监管和随机抽查相结合的商用密码事中事后监管制度，建立统一的商用密码监督管理信息平台，推进事中事后监管与社会信用体系相衔接，强化商用密码从业单位自律和社会监督。

密码管理部门和有关部门及其工作人员不得要求商用密码从业单位和商用密码检测、认证机构向其披露源代码等密码相关专有信息，并对其在履行职责中知悉的商业秘密和个人隐私严格保密，不得泄露或者非法向他人提供。

第四章 法律责任

第三十二条 违反本法第十二条规定，窃取他人加密保护的信息，非法侵入他人的密码保障系统，或者利用密码从事危害国家安全、社会公共利益、他人合法权益等违法活动的，由有关部门依照《中华人民共和国网络安全法》和其他有关法律、行政法规的规定追究法律责任。

第三十三条 违反本法第十四条规定，

未按照要求使用核心密码、普通密码的，由密码管理部门责令改正或者停止违法行为，给予警告；情节严重的，由密码管理部门建议有关国家机关、单位对直接负责的主管人员和其他直接责任人员依法给予处分或者处理。

第三十四条　违反本法规定，发生核心密码、普通密码泄密案件的，由保密行政管理部门、密码管理部门建议有关国家机关、单位对直接负责的主管人员和其他直接责任人员依法给予处分或者处理。

违反本法第十七条第二款规定，发现核心密码、普通密码泄密或者影响核心密码、普通密码安全的重大问题、风险隐患，未立即采取应对措施，或者未及时报告的，由保密行政管理部门、密码管理部门建议有关国家机关、单位对直接负责的主管人员和其他直接责任人员依法给予处分或者处理。

第三十五条　商用密码检测、认证机构违反本法第二十五条第二款、第三款规定开展商用密码检测认证的，由市场监督管理部门会同密码管理部门责令改正或者停止违法行为，给予警告，没收违法所得；违法所得三十万元以上的，可以并处违法所得一倍以上三倍以下罚款；没有违法所得或者违法所得不足三十万元的，可以并处十万元以上三十万元以下罚款；情节严重的，依法吊销相关资质。

第三十六条　违反本法第二十六条规定，销售或者提供未经检测认证或者检测认证不合格的商用密码产品，或者提供未经认证或者认证不合格的商用密码服务的，由市场监督管理部门会同密码管理部门责令改正或者停止违法行为，给予警告，没收违法产品和违法所得；违法所得十万元以上的，可以并处违法所得一倍以上三倍以下罚款；没有违法所得或者违法所得不足十万元的，可以并处三万元以上十万元以下罚款。

第三十七条　关键信息基础设施的运营者违反本法第二十七条第一款规定，未按照要求使用商用密码，或者未按照要求开展商用密码应用安全性评估的，由密码管理部门责令改正，给予警告；拒不改正或者导致危害网络安全等后果的，处十万元以上一百万元以下罚款，对直接负责的主管人员处一万元以上十万元以下罚款。

关键信息基础设施的运营者违反本法第二十七条第二款规定，使用未经安全审查或者安全审查未通过的产品或者服务的，由有关主管部门责令停止使用，处采购金额一倍以上十倍以下罚款；对直接负责的主管人员和其他直接责任人员处一万元以上十万元以下罚款。

第三十八条　违反本法第二十八条实施进口许可、出口管制的规定，进出口商用密码的，由国务院商务主管部门或者海关依法予以处罚。

第三十九条　违反本法第二十九条规定，未经认定从事电子政务电子认证服务的，由密码管理部门责令改正或者停止违法行为，给予警告，没收违法产品和违法所得；违法所得三十万元以上的，可以并处违法所得一倍以上三倍以下罚款；没有违法所得或者违法所得不足三十万元的，可以并处十万元以上三十万元以下罚款。

第四十条　密码管理部门和有关部门、单位的工作人员在密码工作中滥用职权、玩忽职守、徇私舞弊，或者泄露、非法向他人提供在履行职责中知悉的商业秘密和个人隐私的，依法给予处分。

第四十一条　违反本法规定，构成犯罪的，依法追究刑事责任；给他人造成损害的，依法承担民事责任。

第五章　附　　则

第四十二条　国家密码管理部门依照法律、行政法规的规定，制定密码管理规章。

第四十三条　中国人民解放军和中国人

民武装警察部队的密码工作管理办法，由中央军事委员会根据本法制定。

第四十四条　本法自 2020 年 1 月 1 日起施行。

电信和互联网用户个人信息保护规定

（2013 年 6 月 28 日中华人民共和国工业和信息化部第 2 次部务会议审议通过，2013 年 7 月 16 日公布，自 2013 年 9 月 1 日起施行）

第一章　总　则

第一条　为了保护电信和互联网用户的合法权益，维护网络信息安全，根据《全国人民代表大会常务委员会关于加强网络信息保护的决定》、《中华人民共和国电信条例》和《互联网信息服务管理办法》等法律、行政法规，制定本规定。

第二条　在中华人民共和国境内提供电信服务和互联网信息服务过程中收集、使用用户个人信息的活动，适用本规定。

第三条　工业和信息化部和各省、自治区、直辖市通信管理局（以下统称电信管理机构）依法对电信和互联网用户个人信息保护工作实施监督管理。

第四条　本规定所称用户个人信息，是指电信业务经营者和互联网信息服务提供者在提供服务的过程中收集的用户姓名、出生日期、身份证件号码、住址、电话号码、账号和密码等能够单独或者与其他信息结合识别用户的信息以及用户使用服务的时间、地点等信息。

第五条　电信业务经营者、互联网信息服务提供者在提供服务的过程中收集、使用用户个人信息，应当遵循合法、正当、必要的原则。

第六条　电信业务经营者、互联网信息服务提供者对其在提供服务过程中收集、使用的用户个人信息的安全负责。

第七条　国家鼓励电信和互联网行业开展用户个人信息保护自律工作。

第二章　信息收集和使用规范

第八条　电信业务经营者、互联网信息服务提供者应当制定用户个人信息收集、使用规则，并在其经营或者服务场所、网站等予以公布。

第九条　未经用户同意，电信业务经营者、互联网信息服务提供者不得收集、使用用户个人信息。

电信业务经营者、互联网信息服务提供者收集、使用用户个人信息的，应当明确告知用户收集、使用信息的目的、方式和范围，查询、更正信息的渠道以及拒绝提供信息的后果等事项。

电信业务经营者、互联网信息服务提供者不得收集其提供服务所必需以外的用户个人信息或者将信息用于提供服务之外的目的，不得以欺骗、误导或者强迫等方式或者违反法律、行政法规以及双方的约定收集、使用信息。

电信业务经营者、互联网信息服务提供者在用户终止使用电信服务或者互联网信息服务后，应当停止对用户个人信息的收集和使用，并为用户提供注销号码或者账号的服务。

法律、行政法规对本条第一款至第四款规定的情形另有规定的，从其规定。

第十条　电信业务经营者、互联网信息服务提供者及其工作人员对在提供服务过程中收集、使用的用户个人信息应当严格保密，不得泄露、篡改或者毁损，不得出售或者非法向他人提供。

第十一条　电信业务经营者、互联网信息服务提供者委托他人代理市场销售和技术服务等直接面向用户的服务性工作，涉及收集、使用用户个人信息的，应当对代理人的用户个人信息保护工作进行监督和管理，不得委托不符合本规定有关用户个人信息保护要求的代理人代办相关服务。

第十二条　电信业务经营者、互联网信息服务提供者应当建立用户投诉处理机制，公布有效的联系方式，接受与用户个人信息保护有关的投诉，并自接到投诉之日起十五日内答复投诉人。

第三章　安全保障措施

第十三条　电信业务经营者、互联网信息服务提供者应当采取以下措施防止用户个人信息泄露、毁损、篡改或者丢失：

（一）确定各部门、岗位和分支机构的用户个人信息安全管理责任；

（二）建立用户个人信息收集、使用及其相关活动的工作流程和安全管理制度；

（三）对工作人员及代理人实行权限管理，对批量导出、复制、销毁信息实行审查，并采取防泄密措施；

（四）妥善保管记录用户个人信息的纸介质、光介质、电磁介质等载体，并采取相应的安全储存措施；

（五）对储存用户个人信息的信息系统实行接入审查，并采取防入侵、防病毒等措施；

（六）记录对用户个人信息进行操作的人员、时间、地点、事项等信息；

（七）按照电信管理机构的规定开展通信网络安全防护工作；

（八）电信管理机构规定的其他必要措施。

第十四条　电信业务经营者、互联网信息服务提供者保管的用户个人信息发生或者可能发生泄露、毁损、丢失的，应当立即采取补救措施；造成或者可能造成严重后果的，应当立即向准予其许可或者备案的电信管理机构报告，配合相关部门进行的调查处理。

电信管理机构应当对报告或者发现的可能违反本规定的行为的影响进行评估；影响特别重大的，相关省、自治区、直辖市通信管理局应当向工业和信息化部报告。电信管理机构在依据本规定作出处理决定前，可以要求电信业务经营者和互联网信息服务提供者暂停有关行为，电信业务经营者和互联网信息服务提供者应当执行。

第十五条　电信业务经营者、互联网信息服务提供者应当对其工作人员进行用户个人信息保护相关知识、技能和安全责任培训。

第十六条　电信业务经营者、互联网信息服务提供者应当对用户个人信息保护情况每年至少进行一次自查，记录自查情况，及时消除自查中发现的安全隐患。

第四章　监督检查

第十七条　电信管理机构应当对电信业务经营者、互联网信息服务提供者保护用户个人信息的情况实施监督检查。

电信管理机构实施监督检查时，可以要求电信业务经营者、互联网信息服务提供者提供相关材料，进入其生产经营场所调查情况，电信业务经营者、互联网信息服务提供者应当予以配合。

电信管理机构实施监督检查，应当记录监督检查的情况，不得妨碍电信业务经营者、互联网信息服务提供者正常的经营或者服务活动，不得收取任何费用。

第十八条　电信管理机构及其工作人员对在履行职责中知悉的用户个人信息应当予以保密，不得泄露、篡改或者毁损，不得出售或者非法向他人提供。

第十九条 电信管理机构实施电信业务经营许可及经营许可证年检时，应当对用户个人信息保护情况进行审查。

第二十条 电信管理机构应当将电信业务经营者、互联网信息服务提供者违反本规定的行为记入其社会信用档案并予以公布。

第二十一条 鼓励电信和互联网行业协会依法制定有关用户个人信息保护的自律性管理制度，引导会员加强自律管理，提高用户个人信息保护水平。

第五章　法律责任

第二十二条 电信业务经营者、互联网信息服务提供者违反本规定第八条、第十二条规定的，由电信管理机构依据职权责令限期改正，予以警告，可以并处一万元以下的罚款。

第二十三条 电信业务经营者、互联网信息服务提供者违反本规定第九条至第十一条、第十三条至第十六条、第十七条第二款规定的，由电信管理机构依据职权责令限期改正，予以警告，可以并处一万元以上三万元以下的罚款，向社会公告；构成犯罪的，依法追究刑事责任。

第二十四条 电信管理机构工作人员在对用户个人信息保护工作实施监督管理的过程中玩忽职守、滥用职权、徇私舞弊的，依法给予处理；构成犯罪的，依法追究刑事责任。

第六章　附　　则

第二十五条 本规定自 2013 年 9 月 1 日起施行。

App 违法违规收集使用个人信息行为认定方法

（2019 年 11 月 28 日国信办秘字〔2019〕191 号公布，自公布之日起施行）

根据《关于开展 App 违法违规收集使用个人信息专项治理的公告》，为监督管理部门认定 App 违法违规收集使用个人信息行为提供参考，为 App 运营者自查自纠和网民社会监督提供指引，落实《网络安全法》等法律法规，制定本方法。

一、以下行为可被认定为“未公开收集使用规则”

1. 在 App 中没有隐私政策，或者隐私政策中没有收集使用个人信息规则；

2. 在 App 首次运行时未通过弹窗等明显方式提示用户阅读隐私政策等收集使用规则；

3. 隐私政策等收集使用规则难以访问，如进入 App 主界面后，需多于 4 次点击等操作才能访问到；

4. 隐私政策等收集使用规则难以阅读，如文字过小过密、颜色过淡、模糊不清，或未提供简体中文版等。

二、以下行为可被认定为“未明示收集使用个人信息的目的、方式和范围”

1. 未逐一列出 App（包括委托的第三方或嵌入的第三方代码、插件）收集使用个人信息的目的、方式、范围等；

2. 收集使用个人信息的目的、方式、范围发生变化时，未以适当方式通知用户，适当方式包括更新隐私政策等收集使用规则并提醒用户阅读等；

3. 在申请打开可收集个人信息的权限，

或申请收集用户身份证号、银行账号、行踪轨迹等个人敏感信息时，未同步告知用户其目的，或者目的不明确、难以理解；

4. 有关收集使用规则的内容晦涩难懂、冗长繁琐，用户难以理解，如使用大量专业术语等。

三、以下行为可被认定为“未经用户同意收集使用个人信息”

1. 征得用户同意前就开始收集个人信息或打开可收集个人信息的权限；

2. 用户明确表示不同意后，仍收集个人信息或打开可收集个人信息的权限，或频繁征求用户同意、干扰用户正常使用；

3. 实际收集的个人信息或打开的可收集个人信息权限超出用户授权范围；

4. 以默认选择同意隐私政策等非明示方式征求用户同意；

5. 未经用户同意更改其设置的可收集个人信息权限状态，如 App 更新时自动将用户设置的权限恢复到默认状态；

6. 利用用户个人信息和算法定向推送信息，未提供非定向推送信息的选项；

7. 以欺诈、诱骗等不正当方式误导用户同意收集个人信息或打开可收集个人信息的权限，如故意欺瞒、掩饰收集使用个人信息的真实目的；

8. 未向用户提供撤回同意收集个人信息的途径、方式；

9. 违反其所声明的收集使用规则，收集使用个人信息。

四、以下行为可被认定为“违反必要原则，收集与其提供的服务无关的个人信息”

1. 收集的个人信息类型或打开的可收集个人信息权限与现有业务功能无关；

2. 因用户不同意收集非必要个人信息或打开非必要权限，拒绝提供业务功能；

3. App 新增业务功能申请收集的个人信息超出用户原有同意范围，若用户不同意，则拒绝提供原有业务功能，新增业务功能取代原有业务功能的除外；

4. 收集个人信息的频度等超出业务功能实际需要；

5. 仅以改善服务质量、提升用户体验、定向推送信息、研发新产品等为由，强制要求用户同意收集个人信息；

6. 要求用户一次性同意打开多个可收集个人信息的权限，用户不同意则无法使用。

五、以下行为可被认定为“未经同意向他人提供个人信息”

1. 既未经用户同意，也未做匿名化处理，App 客户端直接向第三方提供个人信息，包括通过客户端嵌入的第三方代码、插件等方式向第三方提供个人信息；

2. 既未经用户同意，也未做匿名化处理，数据传输至 App 后台服务器后，向第三方提供其收集的个人信息；

3. App 接入第三方应用，未经用户同意，向第三方应用提供个人信息。

六、以下行为可被认定为“未按法律规定提供删除或更正个人信息功能”或“未公布投诉、举报方式等信息”

1. 未提供有效的更正、删除个人信息及注销用户账号功能；

2. 为更正、删除个人信息或注销用户账号设置不必要或不合理条件；

3. 虽提供了更正、删除个人信息及注销用户账号功能，但未及时响应用户相应操作，需人工处理的，未在承诺时限内（承诺时限不得超过 15 个工作日，无承诺时限的，以 15 个工作日为限）完成核查和处理；

4. 更正、删除个人信息或注销用户账号等用户操作已执行完毕，但 App 后台并未完成的；

5. 未建立并公布个人信息安全投诉、举报渠道，或未在承诺时限内（承诺时限不得超过 15 个工作日，无承诺时限的，以 15 个工作日为限）受理并处理的。

互联网用户公众账号信息服务管理规定

（2021 年 1 月 22 日国家互联网信息办公室公布，自 2021 年 2 月 22 日起施行）

第一章 总　　则

第一条 为了规范互联网用户公众账号信息服务，维护国家安全和公共利益，保护公民、法人和其他组织的合法权益，根据《中华人民共和国网络安全法》《互联网信息服务管理办法》《网络信息内容生态治理规定》等法律法规和国家有关规定，制定本规定。

第二条 在中华人民共和国境内提供、从事互联网用户公众账号信息服务，应当遵守本规定。

第三条 国家网信部门负责全国互联网用户公众账号信息服务的监督管理执法工作。地方网信部门依据职责负责本行政区域内互联网用户公众账号信息服务的监督管理执法工作。

第四条 公众账号信息服务平台和公众账号生产运营者应当遵守法律法规，遵循公序良俗，履行社会责任，坚持正确舆论导向、价值取向，弘扬社会主义核心价值观，生产发布向上向善的优质信息内容，发展积极健康的网络文化，维护清朗网络空间。

鼓励各级党政机关、企事业单位和人民团体注册运营公众账号，生产发布高质量政务信息或者公共服务信息，满足公众信息需求，推动经济社会发展。

鼓励公众账号信息服务平台积极为党政机关、企事业单位和人民团体提升政务信息发布、公共服务和社会治理水平，提供充分必要的技术支持和安全保障。

第五条 公众账号信息服务平台提供互联网用户公众账号信息服务，应当取得国家法律、行政法规规定的相关资质。

公众账号信息服务平台和公众账号生产运营者向社会公众提供互联网新闻信息服务，应当取得互联网新闻信息服务许可。

第二章 公众账号信息服务平台

第六条 公众账号信息服务平台应当履行信息内容和公众账号管理主体责任，配备与业务规模相适应的管理人员和技术能力，设置内容安全负责人岗位，建立健全并严格落实账号注册、信息内容安全、生态治理、应急处置、网络安全、数据安全、个人信息保护、知识产权保护、信用评价等管理制度。

公众账号信息服务平台应当依据法律法规和国家有关规定，制定并公开信息内容生产、公众账号运营等管理规则、平台公约，与公众账号生产运营者签订服务协议，明确双方内容发布权限、账号管理责任等权利义务。

第七条 公众账号信息服务平台应当按照国家有关标准和规范，建立公众账号分类注册和分类生产制度，实施分类管理。

公众账号信息服务平台应当依据公众账号信息内容生产质量、信息传播能力、账号主体信用评价等指标，建立分级管理制度，实施分级管理。

公众账号信息服务平台应当将公众账号和内容生产与账号运营管理规则、平台公约、服务协议等向所在地省、自治区、直辖市网信部门备案；上线具有舆论属性或者社会动员能力的新技术新应用新功能，应当按照有关规定进行安全评估。

第八条　公众账号信息服务平台应当采取复合验证等措施，对申请注册公众账号的互联网用户进行基于移动电话号码、居民身份证号码或者统一社会信用代码等方式的真实身份信息认证，提高认证准确率。用户不提供真实身份信息的，或者冒用组织机构、他人真实身份信息进行虚假注册的，不得为其提供相关服务。

公众账号信息服务平台应当对互联网用户注册的公众账号名称、头像和简介等进行合法合规性核验，发现账号名称、头像和简介与注册主体真实身份信息不相符的，特别是擅自使用或者关联党政机关、企事业单位等组织机构或者社会知名人士名义的，应当暂停提供服务并通知用户限期改正，拒不改正的，应当终止提供服务；发现相关注册信息含有违法和不良信息的，应当依法及时处置。

公众账号信息服务平台应当禁止被依法依约关闭的公众账号以相同账号名称重新注册；对注册与其关联度高的账号名称，还应当对账号主体真实身份信息、服务资质等进行必要核验。

第九条　公众账号信息服务平台对申请注册从事经济、教育、医疗卫生、司法等领域信息内容生产的公众账号，应当要求用户在注册时提供其专业背景，以及依照法律、行政法规获得的职业资格或者服务资质等相关材料，并进行必要核验。

公众账号信息服务平台应当对核验通过后的公众账号加注专门标识，并根据用户的不同主体性质，公示内容生产类别、运营主体名称、注册运营地址、统一社会信用代码、联系方式等注册信息，方便社会监督查询。

公众账号信息服务平台应当建立动态核验巡查制度，适时核验生产运营者注册信息的真实性、有效性。

第十条　公众账号信息服务平台应当对同一主体在本平台注册公众账号的数量合理设定上限。对申请注册多个公众账号的用户，还应当对其主体性质、服务资质、业务范围、信用评价等进行必要核验。

公众账号信息服务平台对互联网用户注册后超过六个月不登录、不使用的公众账号，可以根据服务协议暂停或者终止提供服务。

公众账号信息服务平台应当健全技术手段，防范和处置互联网用户超限量注册、恶意注册、虚假注册等违规注册行为。

第十一条　公众账号信息服务平台应当依法依约禁止公众账号生产运营者违规转让公众账号。

公众账号生产运营者向其他用户转让公众账号使用权的，应当向平台提出申请。平台应当依据前款规定对受让方用户进行认证核验，并公示主体变更信息。平台发现生产运营者未经审核擅自转让公众账号的，应当及时暂停或者终止提供服务。

公众账号生产运营者自行停止账号运营，可以向平台申请暂停或者终止使用。平台应当按照服务协议暂停或者终止提供服务。

第十二条　公众账号信息服务平台应当建立公众账号监测评估机制，防范账号订阅数、用户关注度、内容点击率、转发评论量等数据造假行为。

公众账号信息服务平台应当规范公众账号推荐订阅关注机制，健全技术手段，及时发现、处置公众账号订阅关注数量的异常变动情况。未经互联网用户知情同意，不得以任何方式强制或者变相强制订阅关注其他用户公众账号。

第十三条　公众账号信息服务平台应当

建立生产运营者信用等级管理体系，根据信用等级提供相应服务。

公众账号信息服务平台应当建立健全网络谣言等虚假信息预警、发现、溯源、甄别、辟谣、消除等处置机制，对制作发布虚假信息的公众账号生产运营者降低信用等级或者列入黑名单。

第十四条 公众账号信息服务平台与生产运营者开展内容供给与账号推广合作，应当规范管理电商销售、广告发布、知识付费、用户打赏等经营行为，不得发布虚假广告、进行夸大宣传、实施商业欺诈及商业诋毁等，防止违法违规运营。

公众账号信息服务平台应当加强对原创信息内容的著作权保护，防范盗版侵权行为。

平台不得利用优势地位干扰生产运营者合法合规运营、侵犯用户合法权益。

第三章 公众账号生产运营者

第十五条 公众账号生产运营者应当按照平台分类管理规则，在注册公众账号时如实填写用户主体性质、注册地、运营地、内容生产类别、联系方式等基本信息，组织机构用户还应当注明主要经营或者业务范围。

公众账号生产运营者应当遵守平台内容生产和账号运营管理规则、平台公约和服务协议，按照公众账号登记的内容生产类别，从事相关行业领域的信息内容生产发布。

第十六条 公众账号生产运营者应当履行信息内容生产和公众账号运营管理主体责任，依法依规从事信息内容生产和公众账号运营活动。

公众账号生产运营者应当建立健全选题策划、编辑制作、发布推广、互动评论等全过程信息内容安全审核机制，加强信息内容导向性、真实性、合法性审核，维护网络传播良好秩序。

公众账号生产运营者应当建立健全公众账号注册使用、运营推广等全过程安全管理机制，依法、文明、规范运营公众账号，以优质信息内容吸引公众关注订阅和互动分享，维护公众账号良好社会形象。

公众账号生产运营者与第三方机构开展公众账号运营、内容供给等合作，应与第三方机构签订书面协议，明确第三方机构信息安全管理义务并督促履行。

第十七条 公众账号生产运营者转载信息内容的，应当遵守著作权保护相关法律法规，依法标注著作权人和可追溯信息来源，尊重和保护著作权人的合法权益。

公众账号生产运营者应当对公众账号留言、跟帖、评论等互动环节进行管理。平台可以根据公众账号的主体性质、信用等级等，合理设置管理权限，提供相关技术支持。

第十八条 公众账号生产运营者不得有下列违法违规行为：

（一）不以真实身份信息注册，或者注册与自身真实身份信息不相符的公众账号名称、头像、简介等；

（二）恶意假冒、仿冒或者盗用组织机构及他人公众账号生产发布信息内容；

（三）未经许可或者超越许可范围提供互联网新闻信息采编发布等服务；

（四）操纵利用多个平台账号，批量发布雷同低质信息内容，生成虚假流量数据，制造虚假舆论热点；

（五）利用突发事件煽动极端情绪，或者实施网络暴力损害他人和组织机构名誉，干扰组织机构正常运营，影响社会和谐稳定；

（六）编造虚假信息，伪造原创属性，标注不实信息来源，歪曲事实真相，误导社会公众；

（七）以有偿发布、删除信息等手段，实施非法网络监督、营销诈骗、敲诈勒索，谋取非法利益；

（八）违规批量注册、囤积或者非法交易买卖公众账号；

（九）制作、复制、发布违法信息，或者未采取措施防范和抵制制作、复制、发布不良信息；

（十）法律、行政法规禁止的其他行为。

第四章　监督管理

第十九条　公众账号信息服务平台应当加强对本平台公众账号信息服务活动的监督管理，及时发现和处置违法违规信息或者行为。

公众账号信息服务平台应当对违反本规定及相关法律法规的公众账号，依法依约采取警示提醒、限制账号功能、暂停信息更新、停止广告发布、关闭注销账号、列入黑名单、禁止重新注册等处置措施，保存有关记录，并及时向网信等有关主管部门报告。

第二十条　公众账号信息服务平台和生产运营者应当自觉接受社会监督。

公众账号信息服务平台应当在显著位置设置便捷的投诉举报入口和申诉渠道，公布投诉举报和申诉方式，健全受理、甄别、处置、反馈等机制，明确处理流程和反馈时限，及时处理公众投诉举报和生产运营者申诉。

鼓励互联网行业组织开展公众评议，推动公众账号信息服务平台和生产运营者严格自律，建立多方参与的权威调解机制，公平合理解决行业纠纷，依法维护用户合法权益。

第二十一条　各级网信部门会同有关主管部门建立健全协作监管等工作机制，监督指导公众账号信息服务平台和生产运营者依法依规从事相关信息服务活动。

公众账号信息服务平台和生产运营者应当配合有关主管部门依法实施监督检查，并提供必要的技术支持和协助。

公众账号信息服务平台和生产运营者违反本规定的，由网信部门和有关主管部门在职责范围内依照相关法律法规处理。

第五章　附　　则

第二十二条　本规定所称互联网用户公众账号，是指互联网用户在互联网站、应用程序等网络平台注册运营，面向社会公众生产发布文字、图片、音视频等信息内容的网络账号。

本规定所称公众账号信息服务平台，是指为互联网用户提供公众账号注册运营、信息内容发布与技术保障服务的网络信息服务提供者。

本规定所称公众账号生产运营者，是指注册运营公众账号从事内容生产发布的自然人、法人或者非法人组织。

第二十三条　本规定自2021年2月22日起施行。本规定施行之前颁布的有关规定与本规定不一致的，按照本规定执行。

全国人民代表大会常务委员会关于加强网络信息保护的决定

（2012年12月28日第十一届全国人民代表大会常务委员会第三十次会议通过并公布，自公布之日起施行）

为了保护网络信息安全，保障公民、法人和其他组织的合法权益，维护国家安全和社会公共利益，特作如下决定：

一、国家保护能够识别公民个人身份和

涉及公民个人隐私的电子信息。

任何组织和个人不得窃取或者以其他非法方式获取公民个人电子信息，不得出售或者非法向他人提供公民个人电子信息。

二、网络服务提供者和其他企业事业单位在业务活动中收集、使用公民个人电子信息，应当遵循合法、正当、必要的原则，明示收集、使用信息的目的、方式和范围，并经被收集者同意，不得违反法律、法规的规定和双方的约定收集、使用信息。

网络服务提供者和其他企业事业单位收集、使用公民个人电子信息，应当公开其收集、使用规则。

三、网络服务提供者和其他企业事业单位及其工作人员对在业务活动中收集的公民个人电子信息必须严格保密，不得泄露、篡改、毁损，不得出售或者非法向他人提供。

四、网络服务提供者和其他企业事业单位应当采取技术措施和其他必要措施，确保信息安全，防止在业务活动中收集的公民个人电子信息泄露、毁损、丢失。在发生或者可能发生信息泄露、毁损、丢失的情况时，应当立即采取补救措施。

五、网络服务提供者应当加强对其用户发布的信息的管理，发现法律、法规禁止发布或者传输的信息的，应当立即停止传输该信息，采取消除等处置措施，保存有关记录，并向有关主管部门报告。

六、网络服务提供者为用户办理网站接入服务，办理固定电话、移动电话等入网手续，或者为用户提供信息发布服务，应当在与用户签订协议或者确认提供服务时，要求用户提供真实身份信息。

七、任何组织和个人未经电子信息接收者同意或者请求，或者电子信息接收者明确表示拒绝的，不得向其固定电话、移动电话或者个人电子邮箱发送商业性电子信息。

八、公民发现泄露个人身份、散布个人隐私等侵害其合法权益的网络信息，或者受到商业性电子信息侵扰的，有权要求网络服务提供者删除有关信息或者采取其他必要措施予以制止。

九、任何组织和个人对窃取或者以其他非法方式获取、出售或者非法向他人提供公民个人电子信息的违法犯罪行为以及其他网络信息违法犯罪行为，有权向有关主管部门举报、控告；接到举报、控告的部门应当依法及时处理。被侵权人可以依法提起诉讼。

十、有关主管部门应当在各自职权范围内依法履行职责，采取技术措施和其他必要措施，防范、制止和查处窃取或者以其他非法方式获取、出售或者非法向他人提供公民个人电子信息的违法犯罪行为以及其他网络信息违法犯罪行为。有关主管部门依法履行职责时，网络服务提供者应当予以配合，提供技术支持。

国家机关及其工作人员对在履行职责中知悉的公民个人电子信息应当予以保密，不得泄露、篡改、毁损，不得出售或者非法向他人提供。

十一、对有违反本决定行为的，依法给予警告、罚款、没收违法所得、吊销许可证或者取消备案、关闭网站、禁止有关责任人员从事网络服务业务等处罚，记入社会信用档案并予以公布；构成违反治安管理行为的，依法给予治安管理处罚。构成犯罪的，依法追究刑事责任。侵害他人民事权益的，依法承担民事责任。

十二、本决定自公布之日起施行。

关于依法惩治网络暴力违法犯罪的指导意见

（2023年9月20日法发〔2023〕14号公布，自公布之日起施行）

为依法惩治网络暴力违法犯罪活动，有效维护公民人格权益和网络秩序，根据刑法、刑事诉讼法、民法典、民事诉讼法、个人信息保护法、治安管理处罚法及《最高人民法院、最高人民检察院关于办理利用信息网络实施诽谤等刑事案件适用法律若干问题的解释》等法律、司法解释规定，结合执法司法实践，制定本意见。

一、充分认识网络暴力的社会危害，依法维护公民权益和网络秩序

1. 在信息网络上针对个人肆意发布谩骂侮辱、造谣诽谤、侵犯隐私等信息的网络暴力行为，贬损他人人格，损害他人名誉，有的造成了他人"社会性死亡"甚至精神失常、自杀等严重后果；扰乱网络秩序，破坏网络生态，致使网络空间戾气横行，严重影响社会公众安全感。与传统违法犯罪不同，网络暴力往往针对素不相识的陌生人实施，受害人在确认侵害人、收集证据等方面存在现实困难，维权成本极高。人民法院、人民检察院、公安机关要充分认识网络暴力的社会危害，坚持严惩立场，依法能动履职，为受害人提供有效法律救济，维护公民合法权益，维护公众安全感，维护网络秩序。

二、准确适用法律，依法严惩网络暴力违法犯罪

2. 依法惩治网络诽谤行为。在信息网络上制造、散布谣言，贬损他人人格、损害他人名誉，情节严重，符合刑法第二百四十六条规定的，以诽谤罪定罪处罚。

3. 依法惩治网络侮辱行为。在信息网络上采取肆意谩骂、恶意诋毁、披露隐私等方式，公然侮辱他人，情节严重，符合刑法第二百四十六条规定的，以侮辱罪定罪处罚。

4. 依法惩治侵犯公民个人信息行为。组织"人肉搜索"，违法收集并向不特定多数人发布公民个人信息，情节严重，符合刑法第二百五十三条之一规定的，以侵犯公民个人信息罪定罪处罚；依照刑法和司法解释规定，同时构成其他犯罪的，依照处罚较重的规定定罪处罚。

5. 依法惩治借网络暴力事件实施的恶意营销炒作行为。基于蹭炒热度、推广引流等目的，利用互联网用户公众账号等推送、传播有关网络暴力违法犯罪的信息，符合刑法第二百八十七条之一规定的，以非法利用信息网络罪定罪处罚；依照刑法和司法解释规定，同时构成其他犯罪的，依照处罚较重的规定定罪处罚。

6. 依法惩治拒不履行信息网络安全管理义务行为。网络服务提供者对于所发现的有关网络暴力违法犯罪的信息不依法履行信息网络安全管理义务，经监管部门责令采取改正措施而拒不改正，致使违法信息大量传播或者有其他严重情节，符合刑法第二百八十六条之一规定的，以拒不履行信息网络安全管理义务罪定罪处罚；依照刑法和司法解释规定，同时构成其他犯罪的，依照处罚较重的规定定罪处罚。

7. 依法惩治网络暴力违法行为。实施网络侮辱、诽谤等网络暴力行为，尚不构成犯罪，符合治安管理处罚法等规定的，依法予以行政处罚。

8. 依法严惩网络暴力违法犯罪。对网络暴力违法犯罪，应当体现从严惩治精神，让人民群众充分感受到公平正义。坚持严格执法司法，对于网络暴力违法犯罪，依法严肃追究，切实矫正“法不责众”的错误倾向。要重点打击恶意发起者、组织者、恶意推波助澜者以及屡教不改者。实施网络暴力违法犯罪，具有下列情形之一的，依法从重处罚：

（1）针对未成年人、残疾人实施的；

（2）组织“水军”、“打手”或者其他人员实施的；

（3）编造“涉性”话题侵害他人人格尊严的；

（4）利用“深度合成”等生成式人工智能技术发布违法信息的；

（5）网络服务提供者发起、组织的。

9. 依法支持民事维权。针对他人实施网络暴力行为，侵犯他人名誉权、隐私权等人格权，受害人请求行为人承担民事责任的，人民法院依法予以支持。

10. 准确把握违法犯罪行为的认定标准。通过信息网络检举、揭发他人犯罪或者违法违纪行为，只要不是故意捏造事实或者明知是捏造的事实而故意散布的，不应当认定为诽谤违法犯罪。针对他人言行发表评论、提出批评，即使观点有所偏颇、言论有些偏激，只要不是肆意谩骂、恶意诋毁的，不应当认定为侮辱违法犯罪。

三、畅通诉讼程序，及时提供有效法律救济

11. 落实公安机关协助取证的法律规定。根据刑法第二百四十六条第三款的规定，对于被害人就网络侮辱、诽谤提起自诉的案件，人民法院经审查认为被害人提供证据确有困难的，可以要求公安机关提供协助。公安机关应当根据人民法院要求和案件具体情况，及时查明行为主体，收集相关侮辱、诽谤信息传播扩散情况及造成的影响等证据材料。网络服务提供者应当依法为公安机关取证提供必要的技术支持和协助。经公安机关协助取证，达到自诉案件受理条件的，人民法院应当决定立案；无法收集相关证据材料的，公安机关应当书面向人民法院说明情况。

12. 准确把握侮辱罪、诽谤罪的公诉条件。根据刑法第二百四十六条第二款的规定，实施侮辱、诽谤犯罪，严重危害社会秩序和国家利益的，应当依法提起公诉。对于网络侮辱、诽谤是否严重危害社会秩序，应当综合侵害对象、动机目的、行为方式、信息传播范围、危害后果等因素作出判定。

实施网络侮辱、诽谤行为，具有下列情形之一的，应当认定为刑法第二百四十六条第二款规定的“严重危害社会秩序”：

（1）造成被害人或者其近亲属精神失常、自杀等严重后果，社会影响恶劣的；

（2）随意以普通公众为侵害对象，相关信息在网络上大范围传播，引发大量低俗、恶意评论，严重破坏网络秩序，社会影响恶劣的；

（3）侮辱、诽谤多人或者多次散布侮辱、诽谤信息，社会影响恶劣的；

（4）组织、指使人员在多个网络平台大量散布侮辱、诽谤信息，社会影响恶劣的；

（5）其他严重危害社会秩序的情形。

13. 依法适用侮辱、诽谤刑事案件的公诉程序。对于严重危害社会秩序的网络侮辱、诽谤行为，公安机关应当依法及时立案。被害人同时向人民法院提起自诉的，人民法院可以请自诉人撤回自诉或者裁定不予受理；已经受理的，应当裁定终止审理，并将相关材料移送公安机关，原自诉人可以作为被害人参与诉讼。对于网络侮辱、诽谤行为，被害人在公安机关立案前提起自诉，人民法院经审查认为有关行为严重危害社会秩序的，应当将案件移送公安机关。

对于网络侮辱、诽谤行为，被害人或者

其近亲属向公安机关报案，公安机关经审查认为已构成犯罪但不符合公诉条件的，可以告知报案人向人民法院提起自诉。

14. 加强立案监督工作。人民检察院依照有关法律和司法解释的规定，对网络暴力犯罪案件加强立案监督工作。

上级公安机关应当加强对下级公安机关网络暴力案件立案工作的业务指导和内部监督。

15. 依法适用人格权侵害禁令制度。权利人有证据证明行为人正在实施或者即将实施侵害其人格权的违法行为，不及时制止将使其合法权益受到难以弥补的损害，依据民法典第九百九十七条向人民法院申请采取责令行为人停止有关行为的措施的，人民法院可以根据案件具体情况依法作出人格权侵害禁令。

16. 依法提起公益诉讼。网络暴力行为损害社会公共利益的，人民检察院可以依法向人民法院提起公益诉讼。

网络服务提供者对于所发现的网络暴力信息不依法履行信息网络安全管理义务，致使违法信息大量传播或者有其他严重情节，损害社会公共利益的，人民检察院可以依法向人民法院提起公益诉讼。

人民检察院办理网络暴力治理领域公益诉讼案件，可以依法要求网络服务提供者提供必要的技术支持和协助。

四、落实工作要求，促进强化综合治理

17. 有效保障受害人权益。办理网络暴力案件，应当及时告知受害人及其法定代理人或者近亲属有权委托诉讼代理人，并告知其有权依法申请法律援助。针对相关网络暴力信息传播范围广、社会危害大、影响消除难的现实情况，要依法及时向社会发布案件进展信息，澄清事实真相，有效消除不良影响。依法适用认罪认罚从宽制度，促使被告人认罪认罚，真诚悔罪，通过媒体公开道歉等方式，实现对受害人人格权的有效保护。对于被判处刑罚的被告人，可以依法宣告职业禁止或者禁止令。

18. 强化衔接配合。人民法院、人民检察院、公安机关要加强沟通协调，统一执法司法理念，有序衔接自诉程序与公诉程序，确保案件顺利侦查、起诉、审判。对重大、敏感、复杂案件，公安机关听取人民检察院意见建议的，人民检察院应当及时提供，确保案件依法稳妥处理。完善行政执法和刑事司法衔接机制，加强协调配合，形成各单位各司其职、高效联动的常态化工作格局，依法有效惩治、治理网络暴力违法犯罪。

19. 做好法治宣传。要认真贯彻“谁执法谁普法”普法责任制，充分发挥执法办案的规则引领、价值导向和行为规范作用。发布涉网络暴力典型案例，明确传导“网络空间不是法外之地”，教育引导广大网民自觉守法，引领社会文明风尚。

20. 促进网络暴力综合治理。立足执法司法职能，在依法办理涉网络暴力相关案件的基础上，做实诉源治理，深入分析滋生助推网络暴力发生的根源，通过提出司法建议、检察建议、公安提示函等方式，促进对网络暴力的多元共治，夯实网络信息服务提供者的主体责任，不断健全长效治理机制，从根本上减少网络暴力的发生，营造清朗网络空间。

中华人民共和国电信条例

（2000年9月25日中华人民共和国国务院令第291号公布，根据2014年7月29日《国务院关于修改部分行政法规的决定》（国务院令第653号）第一次修订，根据2016年2月6日《国务院关于修改部分行政法规的决定》（国务院令第666号）第二次修订）

第一章 总 则

第一条 为了规范电信市场秩序，维护电信用户和电信业务经营者的合法权益，保障电信网络和信息的安全，促进电信业的健康发展，制定本条例。

第二条 在中华人民共和国境内从事电信活动或者与电信有关的活动，必须遵守本条例。

本条例所称电信，是指利用有线、无线的电磁系统或者光电系统，传送、发射或者接收语音、文字、数据、图像以及其他任何形式信息的活动。

第三条 国务院信息产业主管部门依照本条例的规定对全国电信业实施监督管理。

省、自治区、直辖市电信管理机构在国务院信息产业主管部门的领导下，依照本条例的规定对本行政区域内的电信业实施监督管理。

第四条 电信监督管理遵循政企分开、破除垄断、鼓励竞争、促进发展和公开、公平、公正的原则。

电信业务经营者应当依法经营，遵守商业道德，接受依法实施的监督检查。

第五条 电信业务经营者应当为电信用户提供迅速、准确、安全、方便和价格合理的电信服务。

第六条 电信网络和信息的安全受法律保护。任何组织或者个人不得利用电信网络从事危害国家安全、社会公共利益或者他人合法权益的活动。

第二章 电信市场

第一节 电信业务许可

第七条 国家对电信业务经营按照电信业务分类，实行许可制度。

经营电信业务，必须依照本条例的规定取得国务院信息产业主管部门或者省、自治区、直辖市电信管理机构颁发的电信业务经营许可证。

未取得电信业务经营许可证，任何组织或者个人不得从事电信业务经营活动。

第八条 电信业务分为基础电信业务和增值电信业务。

基础电信业务，是指提供公共网络基础设施、公共数据传送和基本话音通信服务的业务。增值电信业务，是指利用公共网络基础设施提供的电信与信息服务的业务。

电信业务分类的具体划分在本条例所附的《电信业务分类目录》中列出。国务院信息产业主管部门根据实际情况，可以对目录所列电信业务分类项目作局部调整，重新公布。

第九条 经营基础电信业务，须经国务院信息产业主管部门审查批准，取得《基础电信业务经营许可证》。

经营增值电信业务，业务覆盖范围在两个以上省、自治区、直辖市的，须经国务院信息产业主管部门审查批准，取得《跨地区增值电信业务经营许可证》；业务覆盖范围在一个省、自治区、直辖市行政区域内的，须经省、自治区、直辖市电信管理机构审查批准，取得《增值电信业务经营许可证》。

运用新技术试办《电信业务分类目录》未列出的新型电信业务的，应当向省、自治区、直辖市电信管理机构备案。

第十条 经营基础电信业务，应当具备下列条件：

（一）经营者为依法设立的专门从事基础电信业务的公司，且公司中国有股权或者股份不少于51%；

（二）有可行性研究报告和组网技术方案；

（三）有与从事经营活动相适应的资金和专业人员；

（四）有从事经营活动的场地及相应的资源；

（五）有为用户提供长期服务的信誉或者能力；

（六）国家规定的其他条件。

第十一条 申请经营基础电信业务，应当向国务院信息产业主管部门提出申请，并提交本条例第十条规定的相关文件。国务院信息产业主管部门应当自受理申请之日起180日内审查完毕，作出批准或者不予批准的决定。予以批准的，颁发《基础电信业务经营许可证》；不予批准的，应当书面通知申请人并说明理由。

第十二条 国务院信息产业主管部门审查经营基础电信业务的申请时，应当考虑国家安全、电信网络安全、电信资源可持续利用、环境保护和电信市场的竞争状况等因素。

颁发《基础电信业务经营许可证》，应当按照国家有关规定采用招标方式。

第十三条 经营增值电信业务，应当具备下列条件：

（一）经营者为依法设立的公司；

（二）有与开展经营活动相适应的资金和专业人员；

（三）有为用户提供长期服务的信誉或者能力；

（四）国家规定的其他条件。

第十四条 申请经营增值电信业务，应当根据本条例第九条第二款的规定，向国务院信息产业主管部门或者省、自治区、直辖市电信管理机构提出申请，并提交本条例第十三条规定的相关文件。申请经营的增值电信业务，按照国家有关规定须经有关主管部门审批的，还应当提交有关主管部门审核同意的文件。国务院信息产业主管部门或者省、自治区、直辖市电信管理机构应当自收到申请之日起60日内审查完毕，作出批准或者不予批准的决定。予以批准的，颁发《跨地区增值电信业务经营许可证》或者《增值电信业务经营许可证》；不予批准的，应当书面通知申请人并说明理由。

第十五条 电信业务经营者在经营过程中，变更经营主体、业务范围或者停止经营的，应当提前90日向原颁发许可证的机关提出申请，并办理相应手续；停止经营的，还应当按照国家有关规定做好善后工作。

第十六条 专用电信网运营单位在所在地区经营电信业务的，应当依照本条例规定的条件和程序提出申请，经批准，取得电信业务经营许可证。

第二节 电信网间互联

第十七条 电信网之间应当按照技术可行、经济合理、公平公正、相互配合的原则，实现互联互通。

主导的电信业务经营者不得拒绝其他电信业务经营者和专用网运营单位提出的互联互通要求。

前款所称主导的电信业务经营者，是指控制必要的基础电信设施并且在电信业务市场中占有较大份额，能够对其他电信业务经营者进入电信业务市场构成实质性影响的经营者。

主导的电信业务经营者由国务院信息产业主管部门确定。

第十八条　主导的电信业务经营者应当按照非歧视和透明化的原则，制定包括网间互联的程序、时限、非捆绑网络元素目录等内容的互联规程。互联规程应当报国务院信息产业主管部门审查同意。该互联规程对主导的电信业务经营者的互联互通活动具有约束力。

第十九条　公用电信网之间、公用电信网与专用电信网之间的网间互联，由网间互联双方按照国务院信息产业主管部门的网间互联管理规定进行互联协商，并订立网间互联协议。

第二十条　网间互联双方经协商未能达成网间互联协议的，自一方提出互联要求之日起60日内，任何一方均可以按照网间互联覆盖范围向国务院信息产业主管部门或者省、自治区、直辖市电信管理机构申请协调；收到申请的机关应当依照本条例第十七条第一款规定的原则进行协调，促使网间互联双方达成协议；自网间互联一方或者双方申请协调之日起45日内经协调仍不能达成协议的，由协调机关随机邀请电信技术专家和其他有关方面专家进行公开论证并提出网间互联方案。协调机关应当根据专家论证结论和提出的网间互联方案作出决定，强制实现互联互通。

第二十一条　网间互联双方必须在协议约定或者决定规定的时限内实现互联互通。遵守网间互联协议和国务院信息产业主管部门的相关规定，保障网间通信畅通，任何一方不得擅自中断互联互通。网间互联遇有通信技术障碍的，双方应当立即采取有效措施予以消除。网间互联双方在互联互通中发生争议的，依照本条例第二十条规定的程序和办法处理。

网间互联的通信质量应当符合国家有关标准。主导的电信业务经营者向其他电信业务经营者提供网间互联，服务质量不得低于本网内的同类业务及向其子公司或者分支机构提供的同类业务质量。

第二十二条　网间互联的费用结算与分摊应当执行国家有关规定，不得在规定标准之外加收费用。

网间互联的技术标准、费用结算办法和具体管理规定，由国务院信息产业主管部门制定。

第三节　电信资费

第二十三条　电信资费实行市场调节价。电信业务经营者应当统筹考虑生产经营成本、电信市场供求状况等因素，合理确定电信业务资费标准。

第二十四条　国家依法加强对电信业务经营者资费行为的监管，建立健全监管规则，维护消费者合法权益。

第二十五条　电信业务经营者应当根据国务院信息产业主管部门和省、自治区、直辖市电信管理机构的要求，提供准确、完备的业务成本数据及其他有关资料。

第四节　电信资源

第二十六条　国家对电信资源统一规划、集中管理、合理分配，实行有偿使用制度。

前款所称电信资源，是指无线电频率、卫星轨道位置、电信网码号等用于实现电信功能且有限的资源。

第二十七条　电信业务经营者占有、使用电信资源，应当缴纳电信资源费。具体收费办法由国务院信息产业主管部门会同国务院财政部门、价格主管部门制定，报国务院批准后公布施行。

第二十八条　电信资源的分配，应当考虑电信资源规划、用途和预期服务能力。

分配电信资源，可以采取指配的方式，也可以采用拍卖的方式。

取得电信资源使用权的，应当在规定的时限内启用所分配的资源，并达到规定的最低使用规模。未经国务院信息产业主管部门或者省、自治区、直辖市电信管理机构批准，不得擅自使用、转让、出租电信资源或者改变电信资源的用途。

第二十九条　电信资源使用者依法取得电信网码号资源后，主导的电信业务经营者和其他有关单位有义务采取必要的技术措施，配合电信资源使用者实现其电信网码号资源的功能。

法律、行政法规对电信资源管理另有特别规定的，从其规定。

第三章　电信服务

第三十条　电信业务经营者应当按照国家规定的电信服务标准向电信用户提供服务。电信业务经营者提供服务的种类、范围、资费标准和时限，应当向社会公布，并报省、自治区、直辖市电信管理机构备案。

电信用户有权自主选择使用依法开办的各类电信业务。

第三十一条　电信用户申请安装、移装电信终端设备的，电信业务经营者应当在其公布的时限内保证装机开通；由于电信业务经营者的原因逾期未能装机开通的，应当每日按照收取的安装费、移装费或者其他费用数额1%的比例，向电信用户支付违约金。

第三十二条　电信用户申告电信服务障碍的，电信业务经营者应当自接到申告之日起，城镇48小时、农村72小时内修复或者调通；不能按期修复或者调通的，应当及时通知电信用户，并免收障碍期间的月租费用。但是，属于电信终端设备的原因造成电信服务障碍的除外。

第三十三条　电信业务经营者应当为电信用户交费和查询提供方便。电信用户要求提供国内长途通信、国际通信、移动通信和信息服务等收费清单的，电信业务经营者应当免费提供。

电信用户出现异常的巨额电信费用时，电信业务经营者一经发现，应当尽可能迅速告知电信用户，并采取相应的措施。

前款所称巨额电信费用，是指突然出现超过电信用户此前3个月平均电信费用5倍以上的费用。

第三十四条　电信用户应当按照约定的时间和方式及时、足额地向电信业务经营者交纳电信费用；电信用户逾期不交纳电信费用的，电信业务经营者有权要求补交电信费用，并可以按照所欠费用每日加收3‰的违约金。

对超过收费约定期限30日仍不交纳电信费用的电信用户，电信业务经营者可以暂停向其提供电信服务。电信用户在电信业务经营者暂停服务60日内仍未补交电信费用和违约金的，电信业务经营者可以终止提供服务，并可以依法追缴欠费和违约金。

经营移动电信业务的经营者可以与电信用户约定交纳电信费用的期限、方式，不受前款规定期限的限制。

电信业务经营者应当在迟延交纳电信费用的电信用户补足电信费用、违约金后的48小时内，恢复暂停的电信服务。

第三十五条　电信业务经营者因工程施工、网络建设等原因，影响或者可能影响正常电信服务的，必须按照规定的时限及时告知用户，并向省、自治区、直辖市电信管理机构报告。

因前款原因中断电信服务的，电信业务经营者应当相应减免用户在电信服务中断期间的相关费用。

出现本条第一款规定的情形，电信业务经营者未及时告知用户的，应当赔偿由此给用户造成的损失。

第三十六条　经营本地电话业务和移动电话业务的电信业务经营者，应当免费向用户提供火警、匪警、医疗急救、交通事故报警等公益性电信服务并保障通信线路畅通。

第三十七条　电信业务经营者应当及时

为需要通过中继线接入其电信网的集团用户，提供平等、合理的接入服务。

未经批准，电信业务经营者不得擅自中断接入服务。

第三十八条 电信业务经营者应当建立健全内部服务质量管理制度，并可以制定并公布施行高于国家规定的电信服务标准的企业标准。

电信业务经营者应当采取各种形式广泛听取电信用户意见，接受社会监督，不断提高电信服务质量。

第三十九条 电信业务经营者提供的电信服务达不到国家规定的电信服务标准或者其公布的企业标准的，或者电信用户对交纳电信费用持有异议的，电信用户有权要求电信业务经营者予以解决；电信业务经营者拒不解决或者电信用户对解决结果不满意的，电信用户有权向国务院信息产业主管部门或者省、自治区、直辖市电信管理机构或者其他有关部门申诉。收到申诉的机关必须对申诉及时处理，并自收到申诉之日起 30 日内向申诉者作出答复。

电信用户对交纳本地电话费用有异议的，电信业务经营者还应当应电信用户的要求免费提供本地电话收费依据，并有义务采取必要措施协助电信用户查找原因。

第四十条 电信业务经营者在电信服务中，不得有下列行为：

（一）以任何方式限定电信用户使用其指定的业务；

（二）限定电信用户购买其指定的电信终端设备或者拒绝电信用户使用自备的已经取得入网许可的电信终端设备；

（三）无正当理由拒绝、拖延或者中止对电信用户的电信服务；

（四）对电信用户不履行公开作出的承诺或者作容易引起误解的虚假宣传；

（五）以不正当手段刁难电信用户或者对投诉的电信用户打击报复。

第四十一条 电信业务经营者在电信业务经营活动中，不得有下列行为：

（一）以任何方式限制电信用户选择其他电信业务经营者依法开办的电信服务；

（二）对其经营的不同业务进行不合理的交叉补贴；

（三）以排挤竞争对手为目的，低于成本提供电信业务或者服务，进行不正当竞争。

第四十二条 国务院信息产业主管部门或者省、自治区、直辖市电信管理机构应当依据职权对电信业务经营者的电信服务质量和经营活动进行监督检查，并向社会公布监督抽查结果。

第四十三条 电信业务经营者必须按照国家有关规定履行相应的电信普遍服务义务。

国务院信息产业主管部门可以采取指定的或者招标的方式确定电信业务经营者具体承担电信普遍服务的义务。

电信普遍服务成本补偿管理办法，由国务院信息产业主管部门会同国务院财政部门、价格主管部门制定，报国务院批准后公布施行。

第四章 电信建设

第一节 电信设施建设

第四十四条 公用电信网、专用电信网、广播电视传输网的建设应当接受国务院信息产业主管部门的统筹规划和行业管理。

属于全国性信息网络工程或者国家规定限额以上建设项目的公用电信网、专用电信网、广播电视传输网建设，在按照国家基本建设项目审批程序报批前，应当征得国务院信息产业主管部门同意。

基础电信建设项目应当纳入地方各级人民政府城市建设总体规划和村镇、集镇建设总体规划。

第四十五条 城市建设和村镇、集镇建设应当配套设置电信设施。建筑物内的电信管线和配线设施以及建设项目用地范围内的电信管道，应当纳入建设项目的设计文件，并随建设项目同时施工与验收。所需经费应当纳入建设项目概算。

有关单位或者部门规划、建设道路、桥梁、隧道或者地下铁道等，应当事先通知省、自治区、直辖市电信管理机构和电信业务经营者，协商预留电信管线等事宜。

第四十六条　基础电信业务经营者可以在民用建筑物上附挂电信线路或者设置小型天线、移动通信基站等公用电信设施，但是应当事先通知建筑物产权人或者使用人，并按照省、自治区、直辖市人民政府规定的标准向该建筑物的产权人或者其他权利人支付使用费。

第四十七条　建设地下、水底等隐蔽电信设施和高空电信设施，应当按照国家有关规定设置标志。

基础电信业务经营者建设海底电信缆线，应当征得国务院信息产业主管部门同意，并征求有关部门意见后，依法办理有关手续。海底电信缆线由国务院有关部门在海图上标出。

第四十八条　任何单位或者个人不得擅自改动或者迁移他人的电信线路及其他电信设施；遇有特殊情况必须改动或者迁移的，应当征得该电信设施产权人同意，由提出改动或者迁移要求的单位或者个人承担改动或者迁移所需费用，并赔偿由此造成的经济损失。

第四十九条　从事施工、生产、种植树木等活动，不得危及电信线路或者其他电信设施的安全或者妨碍线路畅通；可能危及电信安全时，应当事先通知有关电信业务经营者，并由从事该活动的单位或者个人负责采取必要的安全防护措施。

违反前款规定，损害电信线路或者其他电信设施或者妨碍线路畅通的，应当恢复原状或者予以修复，并赔偿由此造成的经济损失。

第五十条　从事电信线路建设，应当与已建的电信线路保持必要的安全距离；难以避开或者必须穿越，或者需要使用已建电信管道的，应当与已建电信线路的产权人协商，并签订协议；经协商不能达成协议的，根据不同情况，由国务院信息产业主管部门或者省、自治区、直辖市电信管理机构协调解决。

第五十一条　任何组织或者个人不得阻止或者妨碍基础电信业务经营者依法从事电信设施建设和向电信用户提供公共电信服务；但是，国家规定禁止或者限制进入的区域除外。

第五十二条　执行特殊通信、应急通信和抢修、抢险任务的电信车辆，经公安交通管理机关批准，在保障交通安全畅通的前提下可以不受各种禁止机动车通行标志的限制。

第二节　电信设备进网

第五十三条　国家对电信终端设备、无线电通信设备和涉及网间互联的设备实行进网许可制度。

接入公用电信网的电信终端设备、无线电通信设备和涉及网间互联的设备，必须符合国家规定的标准并取得进网许可证。

实行进网许可制度的电信设备目录，由国务院信息产业主管部门会同国务院产品质量监督部门制定并公布施行。

第五十四条　办理电信设备进网许可证的，应当向国务院信息产业主管部门提出申请，并附送经国务院产品质量监督部门认可的电信设备检测机构出具的检测报告或者认证机构出具的产品质量认证证书。

国务院信息产业主管部门应当自收到电信设备进网许可申请之日起60日内，对申请及电信设备检测报告或者产品质量认证证书审查完毕。经审查合格的，颁发进网许可证；经审查不合格的，应当书面答复并说明理由。

第五十五条　电信设备生产企业必须保

证获得进网许可的电信设备的质量稳定、可靠，不得降低产品质量和性能。

电信设备生产企业应当在其生产的获得进网许可的电信设备上粘贴进网许可标志。

国务院产品质量监督部门应当会同国务院信息产业主管部门对获得进网许可证的电信设备进行质量跟踪和监督抽查，公布抽查结果。

第五章　电信安全

第五十六条　任何组织或者个人不得利用电信网络制作、复制、发布、传播含有下列内容的信息：

（一）反对宪法所确定的基本原则的；

（二）危害国家安全，泄露国家秘密，颠覆国家政权，破坏国家统一的；

（三）损害国家荣誉和利益的；

（四）煽动民族仇恨、民族歧视，破坏民族团结的；

（五）破坏国家宗教政策，宣扬邪教和封建迷信的；

（六）散布谣言，扰乱社会秩序，破坏社会稳定的；

（七）散布淫秽、色情、赌博、暴力、凶杀、恐怖或者教唆犯罪的；

（八）侮辱或者诽谤他人，侵害他人合法权益的；

（九）含有法律、行政法规禁止的其他内容的。

第五十七条　任何组织或者个人不得有下列危害电信网络安全和信息安全的行为：

（一）对电信网的功能或者存储、处理、传输的数据和应用程序进行删除或者修改；

（二）利用电信网从事窃取或者破坏他人信息、损害他人合法权益的活动；

（三）故意制作、复制、传播计算机病毒或者以其他方式攻击他人电信网络等电信设施；

（四）危害电信网络安全和信息安全的其他行为。

第五十八条　任何组织或者个人不得有下列扰乱电信市场秩序的行为：

（一）采取租用电信国际专线、私设转接设备或者其他方法，擅自经营国际或者香港特别行政区、澳门特别行政区和台湾地区电信业务；

（二）盗接他人电信线路，复制他人电信码号，使用明知是盗接、复制的电信设施或者码号；

（三）伪造、变造电话卡及其他各种电信服务有价凭证；

（四）以虚假、冒用的身份证件办理入网手续并使用移动电话。

第五十九条　电信业务经营者应当按照国家有关电信安全的规定，建立健全内部安全保障制度，实行安全保障责任制。

第六十条　电信业务经营者在电信网络的设计、建设和运行中，应当做到与国家安全和电信网络安全的需求同步规划，同步建设，同步运行。

第六十一条　在公共信息服务中，电信业务经营者发现电信网络中传输的信息明显属于本条例第五十六条所列内容的，应当立即停止传输，保存有关记录，并向国家有关机关报告。

第六十二条　使用电信网络传输信息的内容及其后果由电信用户负责。

电信用户使用电信网络传输的信息属于国家秘密信息的，必须依照保守国家秘密法的规定采取保密措施。

第六十三条　在发生重大自然灾害等紧急情况下，经国务院批准，国务院信息产业主管部门可以调用各种电信设施，确保重要通信畅通。

第六十四条　在中华人民共和国境内从事国际通信业务，必须通过国务院信息产业主管部门批准设立的国际通信出入口局进行。

我国内地与香港特别行政区、澳门特别行政区和台湾地区之间的通信，参照前款规定办理。

第六十五条　电信用户依法使用电信的自由和通信秘密受法律保护。除因国家安全或者追查刑事犯罪的需要，由公安机关、国家安全机关或者人民检察院依照法律规定的程序对电信内容进行检查外，任何组织或者个人不得以任何理由对电信内容进行检查。

电信业务经营者及其工作人员不得擅自向他人提供电信用户使用电信网络所传输信息的内容。

第六章　罚　　则

第六十六条　违反本条例第五十六条、第五十七条的规定，构成犯罪的，依法追究刑事责任；尚不构成犯罪的，由公安机关、国家安全机关依照有关法律、行政法规的规定予以处罚。

第六十七条　有本条例第五十八条第（二）、（三）、（四）项所列行为之一，扰乱电信市场秩序，构成犯罪的，依法追究刑事责任；尚不构成犯罪的，由国务院信息产业主管部门或者省、自治区、直辖市电信管理机构依据职权责令改正，没收违法所得，处违法所得3倍以上5倍以下罚款；没有违法所得或者违法所得不足1万元的，处1万元以上10万元以下罚款。

第六十八条　违反本条例的规定，伪造、冒用、转让电信业务经营许可证、电信设备进网许可证或者编造在电信设备上标注的进网许可证编号的，由国务院信息产业主管部门或者省、自治区、直辖市电信管理机构依据职权没收违法所得，处违法所得3倍以上5倍以下罚款；没有违法所得或者违法所得不足1万元的，处1万元以上10万元以下罚款。

第六十九条　违反本条例规定，有下列行为之一的，由国务院信息产业主管部门或者省、自治区、直辖市电信管理机构依据职权责令改正，没收违法所得，处违法所得3倍以上5倍以下罚款；没有违法所得或者违法所得不足5万元的，处10万元以上100万元以下罚款；情节严重的，责令停业整顿：

（一）违反本条例第七条第三款的规定或者有本条例第五十八条第（一）项所列行为，擅自经营电信业务的，或者超范围经营电信业务的；

（二）未通过国务院信息产业主管部门批准，设立国际通信出入口进行国际通信的；

（三）擅自使用、转让、出租电信资源或者改变电信资源用途的；

（四）擅自中断网间互联互通或者接入服务的；

（五）拒不履行普遍服务义务的。

第七十条　违反本条例的规定，有下列行为之一的，由国务院信息产业主管部门或者省、自治区、直辖市电信管理机构依据职权责令改正，没收违法所得，处违法所得1倍以上3倍以下罚款；没有违法所得或者违法所得不足1万元的，处1万元以上10万元以下罚款；情节严重的，责令停业整顿：

（一）在电信网间互联中违反规定加收费用的；

（二）遇有网间通信技术障碍，不采取有效措施予以消除的；

（三）擅自向他人提供电信用户使用电信网络所传输信息的内容的；

（四）拒不按照规定缴纳电信资源使用费的。

第七十一条　违反本条例第四十一条的规定，在电信业务经营活动中进行不正当竞争的，由国务院信息产业主管部门或者省、自治区、直辖市电信管理机构依据职权责令改正，处10万元以上100万元以下罚款；情节严重的，责令停业整顿。

第七十二条　违反本条例的规定，有下列行为之一的，由国务院信息产业主管部门或者省、自治区、直辖市电信管理机构依据职权责令改正，处5万元以上50万元以下罚款；情节严重的，责令停业整顿：

（一）拒绝其他电信业务经营者提出的互联互通要求的；

（二）拒不执行国务院信息产业主管部门或者省、自治区、直辖市电信管理机构依法作出的互联互通决定的；

（三）向其他电信业务经营者提供网间互联的服务质量低于本网及其子公司或者分支机构的。

第七十三条　违反本条例第三十三条第一款、第三十九条第二款的规定，电信业务经营者拒绝免费为电信用户提供国内长途通信、国际通信、移动通信和信息服务等收费清单，或者电信用户对交纳本地电话费用有异议并提出要求时，拒绝为电信用户免费提供本地电话收费依据的，由省、自治区、直辖市电信管理机构责令改正，并向电信用户赔礼道歉；拒不改正并赔礼道歉的，处以警告，并处5000元以上5万元以下的罚款。

第七十四条　违反本条例第四十条的规定，由省、自治区、直辖市电信管理机构责令改正，并向电信用户赔礼道歉，赔偿电信用户损失；拒不改正并赔礼道歉、赔偿损失的，处以警告，并处1万元以上10万元以下的罚款；情节严重的，责令停业整顿。

第七十五条　违反本条例的规定，有下列行为之一的，由省、自治区、直辖市电信管理机构责令改正，处1万元以上10万元以下的罚款：

（一）销售未取得进网许可的电信终端设备的；

（二）非法阻止或者妨碍电信业务经营者向电信用户提供公共电信服务的；

（三）擅自改动或者迁移他人的电信线路及其他电信设施的。

第七十六条　违反本条例的规定，获得电信设备进网许可证后降低产品质量和性能的，由产品质量监督部门依照有关法律、行政法规的规定予以处罚。

第七十七条　有本条例第五十六条、第五十七条和第五十八条所列禁止行为之一，情节严重的，由原发证机关吊销电信业务经营许可证。

国务院信息产业主管部门或者省、自治区、直辖市电信管理机构吊销电信业务经营许可证后，应当通知企业登记机关。

第七十八条　国务院信息产业主管部门或者省、自治区、直辖市电信管理机构工作人员玩忽职守、滥用职权、徇私舞弊，构成犯罪的，依法追究刑事责任；尚不构成犯罪的，依法给予行政处分。

第七章　附　　则

第七十九条　外国的组织或者个人在中华人民共和国境内投资与经营电信业务和香港特别行政区、澳门特别行政区与台湾地区的组织或者个人在内地投资与经营电信业务的具体办法，由国务院另行制定。

第八十条　本条例自公布之日起施行。

电话用户真实身份信息登记规定

（2013年6月28日中华人民共和国工业和信息化部第2次部务会议通过，2013年7月16日公布，自2013年9月1日起施行）

第一条　为了规范电话用户真实身份信息登记活动，保障电话用户和电信业务经营者的合法权益，维护网络信息安全，促进电信业的健康发展，根据《全国人民代表大会常务委员会关于加强网络信息保护的决定》和《中华人民共和国电信条例》，制定本规定。

第二条　中华人民共和国境内的电话用户真实身份信息登记活动，适用本规定。

第三条　本规定所称电话用户真实身份信息登记，是指电信业务经营者为用户办理固定电话、移动电话（含无线上网卡，下同）等入网手续，在与用户签订协议或者确认提供服务时，如实登记用户提供的真实身份信息的活动。

本规定所称入网，是指用户办理固定电话装机、移机、过户，移动电话开户、过户等。

第四条　工业和信息化部和各省、自治区、直辖市通信管理局（以下统称电信管理机构）依法对电话用户真实身份信息登记工作实施监督管理。

第五条　电信业务经营者应当依法登记和保护电话用户办理入网手续时提供的真实身份信息。

第六条　电信业务经营者为用户办理入网手续时，应当要求用户出示有效证件、提供真实身份信息，用户应当予以配合。

用户委托他人办理入网手续的，电信业务经营者应当要求受托人出示用户和受托人的有效证件，并提供用户和受托人的真实身份信息。

第七条　个人办理电话用户真实身份信息登记的，可以出示下列有效证件之一：

（一）居民身份证、临时居民身份证或者户口簿；

（二）中国人民解放军军人身份证件、中国人民武装警察身份证件；

（三）港澳居民来往内地通行证、台湾居民来往大陆通行证或者其他有效旅行证件；

（四）外国公民护照；

（五）法律、行政法规和国家规定的其他有效身份证件。

第八条　单位办理电话用户真实身份信息登记的，可以出示下列有效证件之一：

（一）组织机构代码证；

（二）营业执照；

（三）事业单位法人证书或者社会团体法人登记证书；

（四）法律、行政法规和国家规定的其他有效证件或者证明文件。

单位办理登记的，除出示以上证件之一外，还应当出示经办人的有效证件和单位的授权书。

第九条　电信业务经营者应当对用户出示的证件进行查验，并如实登记证件类别以及证件上所记载的姓名（名称）、号码、住址信息；对于用户委托他人办理入网手续的，应当同时查验受托人的证件并登记受托人的上述信息。

为了方便用户提供身份信息、办理入网手续，保护用户的合法权益，电信业务经营者复印用户身份证件的，应当在复印件上注明电信业务经营者名称、复印目的和日期。

第十条　用户拒绝出示有效证件，拒绝提供其证件上所记载的身份信息，冒用他人的证件，或者使用伪造、变造的证件的，电信业务经营者不得为其办理入网手续。

第十一条　电信业务经营者在向电话用户提供服务期间及终止向其提供服务后两年内，应当留存用户办理入网手续时提供的身份信息和相关材料。

第十二条　电信业务经营者应当建立健全用户真实身份信息保密管理制度。

电信业务经营者及其工作人员对在提供服务过程中登记的用户真实身份信息应当严格保密，不得泄露、篡改或者毁损，不得出售或者非法向他人提供，不得用于提供服务之外的目的。

第十三条　电话用户真实身份信息发生或者可能发生泄露、毁损、丢失的，电信业务经营者应当立即采取补救措施；造成或者可能造成严重后果的，应当立即向相关电信管理机构报告，配合相关部门进行的调查处理。

电信管理机构应当对报告或者发现的可能违反电话用户真实身份信息保护规定的行为的影响进行评估；影响特别重大的，相关省、自治区、直辖市通信管理局应当向工业和信息化部报告。电信管理机构在依据本规定作出处理决定前，可以要求电信业务经营者暂停有关行为，电信业务经营者应当执行。

第十四条 电信业务经营者委托他人代理电话入网手续、登记电话用户真实身份信息的，应当对代理人的用户真实身份信息登记和保护工作进行监督和管理，不得委托不符合本规定有关用户真实身份信息登记和保护要求的代理人代办相关手续。

第十五条 电信业务经营者应当对其电话用户真实身份信息登记和保护情况每年至少进行一次自查，并对其工作人员进行电话用户真实身份信息登记和保护相关知识、技能和安全责任培训。

第十六条 电信管理机构应当对电信业务经营者的电话用户真实身份信息登记和保护情况实施监督检查。电信管理机构实施监督检查时，可以要求电信业务经营者提供相关材料，进入其生产经营场所调查情况，电信业务经营者应当予以配合。

电信管理机构实施监督检查，应当记录监督检查的情况，不得妨碍电信业务经营者正常的经营或者服务活动，不得收取任何费用。

电信管理机构及其工作人员对在实施监督检查过程中知悉的电话用户真实身份信息应当予以保密，不得泄露、篡改或者毁损，不得出售或者非法向他人提供。

第十七条 电信业务经营者违反本规定第六条、第九条至第十五条的规定，或者不配合电信管理机构依照本规定开展的监督检查的，由电信管理机构依据职权责令限期改正，予以警告，可以并处一万元以上三万元以下罚款，向社会公告。其中，《中华人民共和国电信条例》规定法律责任的，依照其规定处理；构成犯罪的，依法追究刑事责任。

第十八条 用户以冒用、伪造、变造的证件办理入网手续的，电信业务经营者不得为其提供服务，并由相关部门依照《中华人民共和国居民身份证法》、《中华人民共和国治安管理处罚法》、《现役军人和人民武装警察居民身份证申领发放办法》等规定处理。

第十九条 电信管理机构工作人员在对电话用户真实身份信息登记工作实施监督管理的过程中玩忽职守、滥用职权、徇私舞弊的，依法给予处理；构成犯罪的，依法追究刑事责任。

第二十条 电信业务经营者应当通过电话、短信息、书面函件或者公告等形式告知用户并采取便利措施，为本规定施行前尚未提供真实身份信息或者所提供身份信息不全的电话用户补办登记手续。

电信业务经营者为电话用户补办登记手续，不得擅自加重用户责任。

电信业务经营者应当在向尚未提供真实身份信息的用户确认提供服务时，要求用户提供真实身份信息。

第二十一条 本规定自2013年9月1日起施行。

中华人民共和国保险法

（1995年6月30日第八届全国人民代表大会常务委员会第十四次会议通过，根据2002年10月28日第九届全国人民代表大会常务委员会第三十次会议《关于修改〈中华人民共和国保险法〉的决定》第一次修正，2009年2月28日第十一届全国人民代表大会常务委员会第七次会议修订，根据2014年8月31日第十二届全国人民代表大会常务委员会第十次会议《关于修改〈中华人民共和国保险法〉等五部法律的决定》第二次修正，根据2015年4月24日第十二届全国人民代表大会常务委员会第十四次会议《关于修改〈中华人民共和国计量法〉等五部法律的决定》第三次修正）

第一章　总　　则

第一条　为了规范保险活动，保护保险活动当事人的合法权益，加强对保险业的监督管理，维护社会经济秩序和社会公共利益，促进保险事业的健康发展，制定本法。

第二条　本法所称保险，是指投保人根据合同约定，向保险人支付保险费，保险人对于合同约定的可能发生的事故因其发生所造成的财产损失承担赔偿保险金责任，或者当被保险人死亡、伤残、疾病或者达到合同约定的年龄、期限等条件时承担给付保险金责任的商业保险行为。

第三条　在中华人民共和国境内从事保险活动，适用本法。

第四条　从事保险活动必须遵守法律、行政法规，尊重社会公德，不得损害社会公共利益。

第五条　保险活动当事人行使权利、履行义务应当遵循诚实信用原则。

第六条　保险业务由依照本法设立的保险公司以及法律、行政法规规定的其他保险组织经营，其他单位和个人不得经营保险业务。

第七条　在中华人民共和国境内的法人和其他组织需要办理境内保险的，应当向中华人民共和国境内的保险公司投保。

第八条　保险业和银行业、证券业、信托业实行分业经营、分业管理，保险公司与银行、证券、信托业务机构分别设立。国家另有规定的除外。

第九条　国务院保险监督管理机构依法对保险业实施监督管理。

国务院保险监督管理机构根据履行职责的需要设立派出机构。派出机构按照国务院保险监督管理机构的授权履行监督管理职责。

第二章　保险合同

第一节　一般规定

第十条　保险合同是投保人与保险人约定保险权利义务关系的协议。

投保人是指与保险人订立保险合同，并按照合同约定负有支付保险费义务的人。

保险人是指与投保人订立保险合同，并按照合同约定承担赔偿或者给付保险金责任的保险公司。

第十一条 订立保险合同，应当协商一致，遵循公平原则确定各方的权利和义务。

除法律、行政法规规定必须保险的外，保险合同自愿订立。

第十二条 人身保险的投保人在保险合同订立时，对被保险人应当具有保险利益。

财产保险的被保险人在保险事故发生时，对保险标的应当具有保险利益。

人身保险是以人的寿命和身体为保险标的的保险。

财产保险是以财产及其有关利益为保险标的的保险。

被保险人是指其财产或者人身受保险合同保障，享有保险金请求权的人。投保人可以为被保险人。

保险利益是指投保人或者被保险人对保险标的具有的法律上承认的利益。

第十三条 投保人提出保险要求，经保险人同意承保，保险合同成立。保险人应当及时向投保人签发保险单或者其他保险凭证。

保险单或者其他保险凭证应当载明当事人双方约定的合同内容。当事人也可以约定采用其他书面形式载明合同内容。

依法成立的保险合同，自成立时生效。投保人和保险人可以对合同的效力约定附条件或者附期限。

第十四条 保险合同成立后，投保人按照约定交付保险费，保险人按照约定的时间开始承担保险责任。

第十五条 除本法另有规定或者保险合同另有约定外，保险合同成立后，投保人可以解除合同，保险人不得解除合同。

第十六条 订立保险合同，保险人就保险标的或者被保险人的有关情况提出询问的，投保人应当如实告知。

投保人故意或者因重大过失未履行前款规定的如实告知义务，足以影响保险人决定是否同意承保或者提高保险费率的，保险人有权解除合同。

前款规定的合同解除权，自保险人知道有解除事由之日起，超过三十日不行使而消灭。自合同成立之日起超过二年的，保险人不得解除合同；发生保险事故的，保险人应当承担赔偿或者给付保险金的责任。

投保人故意不履行如实告知义务的，保险人对于合同解除前发生的保险事故，不承担赔偿或者给付保险金的责任，并不退还保险费。

投保人因重大过失未履行如实告知义务，对保险事故的发生有严重影响的，保险人对于合同解除前发生的保险事故，不承担赔偿或者给付保险金的责任，但应当退还保险费。

保险人在合同订立时已经知道投保人未如实告知的情况的，保险人不得解除合同；发生保险事故的，保险人应当承担赔偿或者给付保险金的责任。

保险事故是指保险合同约定的保险责任范围内的事故。

第十七条 订立保险合同，采用保险人提供的格式条款的，保险人向投保人提供的投保单应当附格式条款，保险人应当向投保人说明合同的内容。

对保险合同中免除保险人责任的条款，保险人在订立合同时应当在投保单、保险单或者其他保险凭证上作出足以引起投保人注意的提示，并对该条款的内容以书面或者口头形式向投保人作出明确说明；未作提示或者明确说明的，该条款不产生效力。

第十八条 保险合同应当包括下列事项：

（一）保险人的名称和住所；

（二）投保人、被保险人的姓名或者名称、住所，以及人身保险的受益人的姓名或者名称、住所；

（三）保险标的；

（四）保险责任和责任免除；

（五）保险期间和保险责任开始时间；

（六）保险金额；

（七）保险费以及支付办法；

（八）保险金赔偿或者给付办法；

（九）违约责任和争议处理；

（十）订立合同的年、月、日。

投保人和保险人可以约定与保险有关的其他事项。

受益人是指人身保险合同中由被保险人或者投保人指定的享有保险金请求权的人。投保人、被保险人可以为受益人。

保险金额是指保险人承担赔偿或者给付保险金责任的最高限额。

第十九条　采用保险人提供的格式条款订立的保险合同中的下列条款无效：

（一）免除保险人依法应承担的义务或者加重投保人、被保险人责任的；

（二）排除投保人、被保险人或者受益人依法享有的权利的。

第二十条　投保人和保险人可以协商变更合同内容。

变更保险合同的，应当由保险人在保险单或者其他保险凭证上批注或者附贴批单，或者由投保人和保险人订立变更的书面协议。

第二十一条　投保人、被保险人或者受益人知道保险事故发生后，应当及时通知保险人。故意或者因重大过失未及时通知，致使保险事故的性质、原因、损失程度等难以确定的，保险人对无法确定的部分，不承担赔偿或者给付保险金的责任，但保险人通过其他途径已经及时知道或者应当及时知道保险事故发生的除外。

第二十二条　保险事故发生后，按照保险合同请求保险人赔偿或者给付保险金时，投保人、被保险人或者受益人应当向保险人提供其所能提供的与确认保险事故的性质、原因、损失程度等有关的证明和资料。

保险人按照合同的约定，认为有关的证明和资料不完整的，应当及时一次性通知投保人、被保险人或者受益人补充提供。

第二十三条　保险人收到被保险人或者受益人的赔偿或者给付保险金的请求后，应当及时作出核定；情形复杂的，应当在三十日内作出核定，但合同另有约定的除外。保险人应当将核定结果通知被保险人或者受益人；对属于保险责任的，在与被保险人或者受益人达成赔偿或者给付保险金的协议后十日内，履行赔偿或者给付保险金义务。保险合同对赔偿或者给付保险金的期限有约定的，保险人应当按照约定履行赔偿或者给付保险金义务。

保险人未及时履行前款规定义务的，除支付保险金外，应当赔偿被保险人或者受益人因此受到的损失。

任何单位和个人不得非法干预保险人履行赔偿或者给付保险金的义务，也不得限制被保险人或者受益人取得保险金的权利。

第二十四条　保险人依照本法第二十三条的规定作出核定后，对不属于保险责任的，应当自作出核定之日起三日内向被保险人或者受益人发出拒绝赔偿或者拒绝给付保险金通知书，并说明理由。

第二十五条　保险人自收到赔偿或者给付保险金的请求和有关证明、资料之日起六十日内，对其赔偿或者给付保险金的数额不能确定的，应当根据已有证明和资料可以确定的数额先予支付；保险人最终确定赔偿或者给付保险金的数额后，应当支付相应的差额。

第二十六条　人寿保险以外的其他保险的被保险人或者受益人，向保险人请求赔偿或者给付保险金的诉讼时效期间为二年，自其知道或者应当知道保险事故发生之日起计算。

人寿保险的被保险人或者受益人向保险人请求给付保险金的诉讼时效期间为五年，自其知道或者应当知道保险事故发生之日起计算。

第二十七条　未发生保险事故，被保险人或者受益人谎称发生了保险事故，向保险人提出赔偿或者给付保险金请求的，保险人有权解除合同，并不退还保险费。

投保人、被保险人故意制造保险事故的，保险人有权解除合同，不承担赔偿或者给付保险金的责任；除本法第四十三条规定外，不退还保险费。

保险事故发生后，投保人、被保险人或者受益人以伪造、变造的有关证明、资料或者其他证据，编造虚假的事故原因或者夸大损失程度的，保险人对其虚报的部分不承担赔偿或者给付保险金的责任。

投保人、被保险人或者受益人有前三款规定行为之一，致使保险人支付保险金或者支出费用的，应当退回或者赔偿。

第二十八条　保险人将其承担的保险业务，以分保形式部分转移给其他保险人的，为再保险。

应再保险接受人的要求，再保险分出人应当将其自负责任及原保险的有关情况书面告知再保险接受人。

第二十九条　再保险接受人不得向原保险的投保人要求支付保险费。

原保险的被保险人或者受益人不得向再保险接受人提出赔偿或者给付保险金的请求。

再保险分出人不得以再保险接受人未履行再保险责任为由，拒绝履行或者迟延履行其原保险责任。

第三十条　采用保险人提供的格式条款订立的保险合同，保险人与投保人、被保险人或者受益人对合同条款有争议的，应当按照通常理解予以解释。对合同条款有两种以上解释的，人民法院或者仲裁机构应当作出有利于被保险人和受益人的解释。

第二节　人身保险合同

第三十一条　投保人对下列人员具有保险利益：

（一）本人；

（二）配偶、子女、父母；

（三）前项以外与投保人有抚养、赡养或者扶养关系的家庭其他成员、近亲属；

（四）与投保人有劳动关系的劳动者。

除前款规定外，被保险人同意投保人为其订立合同的，视为投保人对被保险人具有保险利益。

订立合同时，投保人对被保险人不具有保险利益的，合同无效。

第三十二条　投保人申报的被保险人年龄不真实，并且其真实年龄不符合合同约定的年龄限制的，保险人可以解除合同，并按照合同约定退还保险单的现金价值。保险人行使合同解除权，适用本法第十六条第三款、第六款的规定。

投保人申报的被保险人年龄不真实，致使投保人支付的保险费少于应付保险费的，保险人有权更正并要求投保人补交保险费，或者在给付保险金时按照实付保险费与应付保险费的比例支付。

投保人申报的被保险人年龄不真实，致使投保人支付的保险费多于应付保险费的，保险人应当将多收的保险费退还投保人。

第三十三条　投保人不得为无民事行为能力人投保以死亡为给付保险金条件的人身保险，保险人也不得承保。

父母为其未成年子女投保的人身保险，不受前款规定限制。但是，因被保险人死亡给付的保险金总和不得超过国务院保险监督管理机构规定的限额。

第三十四条　以死亡为给付保险金条件的合同，未经被保险人同意并认可保险金额的，合同无效。

按照以死亡为给付保险金条件的合同所签发的保险单，未经被保险人书面同意，不得转让或者质押。

父母为其未成年子女投保的人身保险，不受本条第一款规定限制。

第三十五条　投保人可以按照合同约定向保险人一次支付全部保险费或者分期支付保险费。

第三十六条　合同约定分期支付保险费，投保人支付首期保险费后，除合同另有约定外，投保人自保险人催告之日起超过三十日未支付当期保险费，或者超过约定的期限六十日未支付当期保险费的，合同效力中止，或者由保险人按照合同约定的条件减少保险金额。

被保险人在前款规定期限内发生保险事故的，保险人应当按照合同约定给付保险金，但可以扣减欠交的保险费。

第三十七条　合同效力依照本法第三十六条规定中止的，经保险人与投保人协商并达成协议，在投保人补交保险费后，合同效力恢复。但是，自合同效力中止之日起满二年双方未达成协议的，保险人有权解除合同。

保险人依照前款规定解除合同的，应当按照合同约定退还保险单的现金价值。

第三十八条　保险人对人寿保险的保险费，不得用诉讼方式要求投保人支付。

第三十九条　人身保险的受益人由被保险人或者投保人指定。

投保人指定受益人时须经被保险人同意。投保人为与其有劳动关系的劳动者投保人身保险，不得指定被保险人及其近亲属以外的人为受益人。

被保险人为无民事行为能力人或者限制民事行为能力人的，可以由其监护人指定受益人。

第四十条　被保险人或者投保人可以指定一人或者数人为受益人。

受益人为数人的，被保险人或者投保人可以确定受益顺序和受益份额；未确定受益份额的，受益人按照相等份额享有受益权。

第四十一条　被保险人或者投保人可以变更受益人并书面通知保险人。保险人收到变更受益人的书面通知后，应当在保险单或者其他保险凭证上批注或者附贴批单。

投保人变更受益人时须经被保险人同意。

第四十二条　被保险人死亡后，有下列情形之一的，保险金作为被保险人的遗产，由保险人依照《中华人民共和国继承法》的规定履行给付保险金的义务：

（一）没有指定受益人，或者受益人指定不明无法确定的；

（二）受益人先于被保险人死亡，没有其他受益人的；

（三）受益人依法丧失受益权或者放弃受益权，没有其他受益人的。

受益人与被保险人在同一事件中死亡，且不能确定死亡先后顺序的，推定受益人死亡在先。

第四十三条　投保人故意造成被保险人死亡、伤残或者疾病的，保险人不承担给付保险金的责任。投保人已交足二年以上保险费的，保险人应当按照合同约定向其他权利人退还保险单的现金价值。

受益人故意造成被保险人死亡、伤残、疾病的，或者故意杀害被保险人未遂的，该受益人丧失受益权。

第四十四条　以被保险人死亡为给付保险金条件的合同，自合同成立或者合同效力恢复之日起二年内，被保险人自杀的，保险人不承担给付保险金的责任，但被保险人自杀时为无民事行为能力人的除外。

保险人依照前款规定不承担给付保险金责任的，应当按照合同约定退还保险单的现金价值。

第四十五条　因被保险人故意犯罪或者抗拒依法采取的刑事强制措施导致其伤残或者死亡的，保险人不承担给付保险金的责任。投保人已交足二年以上保险费的，保险人应当按照合同约定退还保险单的现金价值。

第四十六条　被保险人因第三者的行为而发生死亡、伤残或者疾病等保险事故的，保险人向被保险人或者受益人给付保险金后，不享有向第三者追偿的权利，但被保险人或者受益人仍有权向第三者请求赔偿。

第四十七条 投保人解除合同的，保险人应当自收到解除合同通知之日起三十日内，按照合同约定退还保险单的现金价值。

第三节 财产保险合同

第四十八条 保险事故发生时，被保险人对保险标的不具有保险利益的，不得向保险人请求赔偿保险金。

第四十九条 保险标的转让的，保险标的的受让人承继被保险人的权利和义务。

保险标的转让的，被保险人或者受让人应当及时通知保险人，但货物运输保险合同和另有约定的合同除外。

因保险标的转让导致危险程度显著增加的，保险人自收到前款规定的通知之日起三十日内，可以按照合同约定增加保险费或者解除合同。保险人解除合同的，应当将已收取的保险费，按照合同约定扣除自保险责任开始之日起至合同解除之日止应收的部分后，退还投保人。

被保险人、受让人未履行本条第二款规定的通知义务的，因转让导致保险标的危险程度显著增加而发生的保险事故，保险人不承担赔偿保险金的责任。

第五十条 货物运输保险合同和运输工具航程保险合同，保险责任开始后，合同当事人不得解除合同。

第五十一条 被保险人应当遵守国家有关消防、安全、生产操作、劳动保护等方面的规定，维护保险标的的安全。

保险人可以按照合同约定对保险标的的安全状况进行检查，及时向投保人、被保险人提出消除不安全因素和隐患的书面建议。

投保人、被保险人未按照约定履行其对保险标的的安全应尽责任的，保险人有权要求增加保险费或者解除合同。

保险人为维护保险标的的安全，经被保险人同意，可以采取安全预防措施。

第五十二条 在合同有效期内，保险标的的危险程度显著增加的，被保险人应当按照合同约定及时通知保险人，保险人可以按照合同约定增加保险费或者解除合同。保险人解除合同的，应当将已收取的保险费，按照合同约定扣除自保险责任开始之日起至合同解除之日止应收的部分后，退还投保人。

被保险人未履行前款规定的通知义务的，因保险标的的危险程度显著增加而发生的保险事故，保险人不承担赔偿保险金的责任。

第五十三条 有下列情形之一的，除合同另有约定外，保险人应当降低保险费，并按日计算退还相应的保险费：

（一）据以确定保险费率的有关情况发生变化，保险标的的危险程度明显减少的；

（二）保险标的的保险价值明显减少的。

第五十四条 保险责任开始前，投保人要求解除合同的，应当按照合同约定向保险人支付手续费，保险人应当退还保险费。保险责任开始后，投保人要求解除合同的，保险人应当将已收取的保险费，按照合同约定扣除自保险责任开始之日起至合同解除之日止应收的部分后，退还投保人。

第五十五条 投保人和保险人约定保险标的的保险价值并在合同中载明的，保险标的发生损失时，以约定的保险价值为赔偿计算标准。

投保人和保险人未约定保险标的的保险价值的，保险标的发生损失时，以保险事故发生时保险标的的实际价值为赔偿计算标准。

保险金额不得超过保险价值。超过保险价值的，超过部分无效，保险人应当退还相应的保险费。

保险金额低于保险价值的，除合同另有约定外，保险人按照保险金额与保险价值的比例承担赔偿保险金的责任。

第五十六条 重复保险的投保人应当将重复保险的有关情况通知各保险人。

重复保险的各保险人赔偿保险金的总和不得超过保险价值。除合同另有约定外，各保险人按照其保险金额与保险金额总和的比例承担赔偿保险金的责任。

重复保险的投保人可以就保险金额总和超过保险价值的部分，请求各保险人按比例返还保险费。

重复保险是指投保人对同一保险标的、同一保险利益、同一保险事故分别与两个以上保险人订立保险合同，且保险金额总和超过保险价值的保险。

第五十七条　保险事故发生时，被保险人应当尽力采取必要的措施，防止或者减少损失。

保险事故发生后，被保险人为防止或者减少保险标的的损失所支付的必要的、合理的费用，由保险人承担；保险人所承担的费用数额在保险标的损失赔偿金额以外另行计算，最高不超过保险金额的数额。

第五十八条　保险标的发生部分损失的，自保险人赔偿之日起三十日内，投保人可以解除合同；除合同另有约定外，保险人也可以解除合同，但应当提前十五日通知投保人。

合同解除的，保险人应当将保险标的未受损失部分的保险费，按照合同约定扣除自保险责任开始之日起至合同解除之日止应收的部分后，退还投保人。

第五十九条　保险事故发生后，保险人已支付了全部保险金额，并且保险金额等于保险价值的，受损保险标的的全部权利归于保险人；保险金额低于保险价值的，保险人按照保险金额与保险价值的比例取得受损保险标的的部分权利。

第六十条　因第三者对保险标的的损害而造成保险事故的，保险人自向被保险人赔偿保险金之日起，在赔偿金额范围内代位行使被保险人对第三者请求赔偿的权利。

前款规定的保险事故发生后，被保险人已经从第三者取得损害赔偿的，保险人赔偿保险金时，可以相应扣减被保险人从第三者已取得的赔偿金额。

保险人依照本条第一款规定行使代位请求赔偿的权利，不影响被保险人就未取得赔偿的部分向第三者请求赔偿的权利。

第六十一条　保险事故发生后，保险人未赔偿保险金之前，被保险人放弃对第三者请求赔偿的权利的，保险人不承担赔偿保险金的责任。

保险人向被保险人赔偿保险金后，被保险人未经保险人同意放弃对第三者请求赔偿的权利的，该行为无效。

被保险人故意或者因重大过失致使保险人不能行使代位请求赔偿的权利的，保险人可以扣减或者要求返还相应的保险金。

第六十二条　除被保险人的家庭成员或者其组成人员故意造成本法第六十条第一款规定的保险事故外，保险人不得对被保险人的家庭成员或者其组成人员行使代位请求赔偿的权利。

第六十三条　保险人向第三者行使代位请求赔偿的权利时，被保险人应当向保险人提供必要的文件和所知道的有关情况。

第六十四条　保险人、被保险人为查明和确定保险事故的性质、原因和保险标的的损失程度所支付的必要的、合理的费用，由保险人承担。

第六十五条　保险人对责任保险的被保险人给第三者造成的损害，可以依照法律的规定或者合同的约定，直接向该第三者赔偿保险金。

责任保险的被保险人给第三者造成损害，被保险人对第三者应负的赔偿责任确定的，根据被保险人的请求，保险人应当直接向该第三者赔偿保险金。被保险人怠于请求的，第三者有权就其应获赔偿部分直接向保险人请求赔偿保险金。

责任保险的被保险人给第三者造成损害，被保险人未向该第三者赔偿的，保险人不得向被保险人赔偿保险金。

责任保险是指以被保险人对第三者依法应负的赔偿责任为保险标的的保险。

第六十六条 责任保险的被保险人因给第三者造成损害的保险事故而被提起仲裁或者诉讼的，被保险人支付的仲裁或者诉讼费用以及其他必要的、合理的费用，除合同另有约定外，由保险人承担。

第三章 保险公司

第六十七条 设立保险公司应当经国务院保险监督管理机构批准。

国务院保险监督管理机构审查保险公司的设立申请时，应当考虑保险业的发展和公平竞争的需要。

第六十八条 设立保险公司应当具备下列条件：

（一）主要股东具有持续盈利能力，信誉良好，最近三年内无重大违法违规记录，净资产不低于人民币二亿元；

（二）有符合本法和《中华人民共和国公司法》规定的章程；

（三）有符合本法规定的注册资本；

（四）有具备任职专业知识和业务工作经验的董事、监事和高级管理人员；

（五）有健全的组织机构和管理制度；

（六）有符合要求的营业场所和与经营业务有关的其他设施；

（七）法律、行政法规和国务院保险监督管理机构规定的其他条件。

第六十九条 设立保险公司，其注册资本的最低限额为人民币二亿元。

国务院保险监督管理机构根据保险公司的业务范围、经营规模，可以调整其注册资本的最低限额，但不得低于本条第一款规定的限额。

保险公司的注册资本必须为实缴货币资本。

第七十条 申请设立保险公司，应当向国务院保险监督管理机构提出书面申请，并提交下列材料：

（一）设立申请书，申请书应当载明拟设立的保险公司的名称、注册资本、业务范围等；

（二）可行性研究报告；

（三）筹建方案；

（四）投资人的营业执照或者其他背景资料，经会计师事务所审计的上一年度财务会计报告；

（五）投资人认可的筹备组负责人和拟任董事长、经理名单及本人认可证明；

（六）国务院保险监督管理机构规定的其他材料。

第七十一条 国务院保险监督管理机构应当对设立保险公司的申请进行审查，自受理之日起六个月内作出批准或者不批准筹建的决定，并书面通知申请人。决定不批准的，应当书面说明理由。

第七十二条 申请人应当自收到批准筹建通知之日起一年内完成筹建工作；筹建期间不得从事保险经营活动。

第七十三条 筹建工作完成后，申请人具备本法第六十八条规定的设立条件的，可以向国务院保险监督管理机构提出开业申请。

国务院保险监督管理机构应当自受理开业申请之日起六十日内，作出批准或者不批准开业的决定。决定批准的，颁发经营保险业务许可证；决定不批准的，应当书面通知申请人并说明理由。

第七十四条 保险公司在中华人民共和国境内设立分支机构，应当经保险监督管理机构批准。

保险公司分支机构不具有法人资格，其民事责任由保险公司承担。

第七十五条 保险公司申请设立分支机构，应当向保险监督管理机构提出书面申请，并提交下列材料：

（一）设立申请书；

（二）拟设机构三年业务发展规划和市场分析材料；

（三）拟任高级管理人员的简历及相关证明材料；

（四）国务院保险监督管理机构规定的其他材料。

第七十六条　保险监督管理机构应当对保险公司设立分支机构的申请进行审查，自受理之日起六十日内作出批准或者不批准的决定。决定批准的，颁发分支机构经营保险业务许可证；决定不批准的，应当书面通知申请人并说明理由。

第七十七条　经批准设立的保险公司及其分支机构，凭经营保险业务许可证向工商行政管理机关办理登记，领取营业执照。

第七十八条　保险公司及其分支机构自取得经营保险业务许可证之日起六个月内，无正当理由未向工商行政管理机关办理登记的，其经营保险业务许可证失效。

第七十九条　保险公司在中华人民共和国境外设立子公司、分支机构，应当经国务院保险监督管理机构批准。

第八十条　外国保险机构在中华人民共和国境内设立代表机构，应当经国务院保险监督管理机构批准。代表机构不得从事保险经营活动。

第八十一条　保险公司的董事、监事和高级管理人员，应当品行良好，熟悉与保险相关的法律、行政法规，具有履行职责所需的经营管理能力，并在任职前取得保险监督管理机构核准的任职资格。

保险公司高级管理人员的范围由国务院保险监督管理机构规定。

第八十二条　有《中华人民共和国公司法》第一百四十六条规定的情形或者下列情形之一的，不得担任保险公司的董事、监事、高级管理人员：

（一）因违法行为或者违纪行为被金融监督管理机构取消任职资格的金融机构的董事、监事、高级管理人员，自被取消任职资格之日起未逾五年的；

（二）因违法行为或者违纪行为被吊销执业资格的律师、注册会计师或者资产评估机构、验证机构等机构的专业人员，自被吊销执业资格之日起未逾五年的。

第八十三条　保险公司的董事、监事、高级管理人员执行公司职务时违反法律、行政法规或者公司章程的规定，给公司造成损失的，应当承担赔偿责任。

第八十四条　保险公司有下列情形之一的，应当经保险监督管理机构批准：

（一）变更名称；

（二）变更注册资本；

（三）变更公司或者分支机构的营业场所；

（四）撤销分支机构；

（五）公司分立或者合并；

（六）修改公司章程；

（七）变更出资额占有限责任公司资本总额百分之五以上的股东，或者变更持有股份有限公司股份百分之五以上的股东；

（八）国务院保险监督管理机构规定的其他情形。

第八十五条　保险公司应当聘用专业人员，建立精算报告制度和合规报告制度。

第八十六条　保险公司应当按照保险监督管理机构的规定，报送有关报告、报表、文件和资料。

保险公司的偿付能力报告、财务会计报告、精算报告、合规报告及其他有关报告、报表、文件和资料必须如实记录保险业务事项，不得有虚假记载、误导性陈述和重大遗漏。

第八十七条　保险公司应当按照国务院保险监督管理机构的规定妥善保管业务经营活动的完整账簿、原始凭证和有关资料。

前款规定的账簿、原始凭证和有关资料的保管期限，自保险合同终止之日起计算，保险期间在一年以下的不得少于五年，保险期间超过一年的不得少于十年。

第八十八条　保险公司聘请或者解聘会计师事务所、资产评估机构、资信评级机构等中介服务机构，应当向保险监督管理机构报告；解聘会计师事务所、资产评估机构、资信评级机构等中介服务机构，应当说明理由。

第八十九条 保险公司因分立、合并需要解散，或者股东会、股东大会决议解散，或者公司章程规定的解散事由出现，经国务院保险监督管理机构批准后解散。

经营有人寿保险业务的保险公司，除因分立、合并或者被依法撤销外，不得解散。

保险公司解散，应当依法成立清算组进行清算。

第九十条 保险公司有《中华人民共和国企业破产法》第二条规定情形的，经国务院保险监督管理机构同意，保险公司或者其债权人可以依法向人民法院申请重整、和解或者破产清算；国务院保险监督管理机构也可以依法向人民法院申请对该保险公司进行重整或者破产清算。

第九十一条 破产财产在优先清偿破产费用和共益债务后，按照下列顺序清偿：

（一）所欠职工工资和医疗、伤残补助、抚恤费用，所欠应当划入职工个人账户的基本养老保险、基本医疗保险费用，以及法律、行政法规规定应当支付给职工的补偿金；

（二）赔偿或者给付保险金；

（三）保险公司欠缴的除第（一）项规定以外的社会保险费用和所欠税款；

（四）普通破产债权。

破产财产不足以清偿同一顺序的清偿要求的，按照比例分配。

破产保险公司的董事、监事和高级管理人员的工资，按照该公司职工的平均工资计算。

第九十二条 经营有人寿保险业务的保险公司被依法撤销或者被依法宣告破产的，其持有的人寿保险合同及责任准备金，必须转让给其他经营有人寿保险业务的保险公司；不能同其他保险公司达成转让协议的，由国务院保险监督管理机构指定经营有人寿保险业务的保险公司接受转让。

转让或者由国务院保险监督管理机构指定接受转让前款规定的人寿保险合同及责任准备金的，应当维护被保险人、受益人的合法权益。

第九十三条 保险公司依法终止其业务活动，应当注销其经营保险业务许可证。

第九十四条 保险公司，除本法另有规定外，适用《中华人民共和国公司法》的规定。

第四章　保险经营规则

第九十五条 保险公司的业务范围：

（一）人身保险业务，包括人寿保险、健康保险、意外伤害保险等保险业务；

（二）财产保险业务，包括财产损失保险、责任保险、信用保险、保证保险等保险业务；

（三）国务院保险监督管理机构批准的与保险有关的其他业务。

保险人不得兼营人身保险业务和财产保险业务。但是，经营财产保险业务的保险公司经国务院保险监督管理机构批准，可以经营短期健康保险业务和意外伤害保险业务。

保险公司应当在国务院保险监督管理机构依法批准的业务范围内从事保险经营活动。

第九十六条 经国务院保险监督管理机构批准，保险公司可以经营本法第九十五条规定的保险业务的下列再保险业务：

（一）分出保险；

（二）分入保险。

第九十七条 保险公司应当按照其注册资本总额的百分之二十提取保证金，存入国务院保险监督管理机构指定的银行，除公司清算时用于清偿债务外，不得动用。

第九十八条 保险公司应当根据保障被保险人利益、保证偿付能力的原则，提取各项责任准备金。

保险公司提取和结转责任准备金的具体办法，由国务院保险监督管理机构制定。

第九十九条　保险公司应当依法提取公积金。

第一百条　保险公司应当缴纳保险保障基金。

保险保障基金应当集中管理，并在下列情形下统筹使用：

（一）在保险公司被撤销或者被宣告破产时，向投保人、被保险人或者受益人提供救济；

（二）在保险公司被撤销或者被宣告破产时，向依法接受其人寿保险合同的保险公司提供救济；

（三）国务院规定的其他情形。

保险保障基金筹集、管理和使用的具体办法，由国务院制定。

第一百零一条　保险公司应当具有与其业务规模和风险程度相适应的最低偿付能力。保险公司的认可资产减去认可负债的差额不得低于国务院保险监督管理机构规定的数额；低于规定数额的，应当按照国务院保险监督管理机构的要求采取相应措施达到规定的数额。

第一百零二条　经营财产保险业务的保险公司当年自留保险费，不得超过其实有资本金加公积金总和的四倍。

第一百零三条　保险公司对每一危险单位，即对一次保险事故可能造成的最大损失范围所承担的责任，不得超过其实有资本金加公积金总和的百分之十；超过的部分应当办理再保险。

保险公司对危险单位的划分应当符合国务院保险监督管理机构的规定。

第一百零四条　保险公司对危险单位的划分方法和巨灾风险安排方案，应当报国务院保险监督管理机构备案。

第一百零五条　保险公司应当按照国务院保险监督管理机构的规定办理再保险，并审慎选择再保险接受人。

第一百零六条　保险公司的资金运用必须稳健，遵循安全性原则。

保险公司的资金运用限于下列形式：

（一）银行存款；

（二）买卖债券、股票、证券投资基金份额等有价证券；

（三）投资不动产；

（四）国务院规定的其他资金运用形式。

保险公司资金运用的具体管理办法，由国务院保险监督管理机构依照前两款的规定制定。

第一百零七条　经国务院保险监督管理机构会同国务院证券监督管理机构批准，保险公司可以设立保险资产管理公司。

保险资产管理公司从事证券投资活动，应当遵守《中华人民共和国证券法》等法律、行政法规的规定。

保险资产管理公司的管理办法，由国务院保险监督管理机构会同国务院有关部门制定。

第一百零八条　保险公司应当按照国务院保险监督管理机构的规定，建立对关联交易的管理和信息披露制度。

第一百零九条　保险公司的控股股东、实际控制人、董事、监事、高级管理人员不得利用关联交易损害公司的利益。

第一百一十条　保险公司应当按照国务院保险监督管理机构的规定，真实、准确、完整地披露财务会计报告、风险管理状况、保险产品经营情况等重大事项。

第一百一十一条　保险公司从事保险销售的人员应当品行良好，具有保险销售所需的专业能力。保险销售人员的行为规范和管理办法，由国务院保险监督管理机构规定。

第一百一十二条　保险公司应当建立保险代理人登记管理制度，加强对保险代理人的培训和管理，不得唆使、诱导保险代理人进行违背诚信义务的活动。

第一百一十三条　保险公司及其分支机

构应当依法使用经营保险业务许可证，不得转让、出租、出借经营保险业务许可证。

第一百一十四条 保险公司应当按照国务院保险监督管理机构的规定，公平、合理拟订保险条款和保险费率，不得损害投保人、被保险人和受益人的合法权益。

保险公司应当按照合同约定和本法规定，及时履行赔偿或者给付保险金义务。

第一百一十五条 保险公司开展业务，应当遵循公平竞争的原则，不得从事不正当竞争。

第一百一十六条 保险公司及其工作人员在保险业务活动中不得有下列行为：

（一）欺骗投保人、被保险人或者受益人；

（二）对投保人隐瞒与保险合同有关的重要情况；

（三）阻碍投保人履行本法规定的如实告知义务，或者诱导其不履行本法规定的如实告知义务；

（四）给予或者承诺给予投保人、被保险人、受益人保险合同约定以外的保险费回扣或者其他利益；

（五）拒不依法履行保险合同约定的赔偿或者给付保险金义务；

（六）故意编造未曾发生的保险事故、虚构保险合同或者故意夸大已经发生的保险事故的损失程度进行虚假理赔，骗取保险金或者牟取其他不正当利益；

（七）挪用、截留、侵占保险费；

（八）委托未取得合法资格的机构从事保险销售活动；

（九）利用开展保险业务为其他机构或者个人牟取不正当利益；

（十）利用保险代理人、保险经纪人或者保险评估机构，从事以虚构保险中介业务或者编造退保等方式套取费用等违法活动；

（十一）以捏造、散布虚假事实等方式损害竞争对手的商业信誉，或者以其他不正当竞争行为扰乱保险市场秩序；

（十二）泄露在业务活动中知悉的投保人、被保险人的商业秘密；

（十三）违反法律、行政法规和国务院保险监督管理机构规定的其他行为。

第五章 保险代理人和保险经纪人

第一百一十七条 保险代理人是根据保险人的委托，向保险人收取佣金，并在保险人授权的范围内代为办理保险业务的机构或者个人。

保险代理机构包括专门从事保险代理业务的保险专业代理机构和兼营保险代理业务的保险兼业代理机构。

第一百一十八条 保险经纪人是基于投保人的利益，为投保人与保险人订立保险合同提供中介服务，并依法收取佣金的机构。

第一百一十九条 保险代理机构、保险经纪人应当具备国务院保险监督管理机构规定的条件，取得保险监督管理机构颁发的经营保险代理业务许可证、保险经纪业务许可证。

第一百二十条 以公司形式设立保险专业代理机构、保险经纪人，其注册资本最低限额适用《中华人民共和国公司法》的规定。

国务院保险监督管理机构根据保险专业代理机构、保险经纪人的业务范围和经营规模，可以调整其注册资本的最低限额，但不得低于《中华人民共和国公司法》规定的限额。

保险专业代理机构、保险经纪人的注册资本或者出资额必须为实缴货币资本。

第一百二十一条 保险专业代理机构、保险经纪人的高级管理人员，应当品行良好，熟悉保险法律、行政法规，具有履行职责所需的经营管理能力，并在任职前取得保险监督管理机构核准的任职资格。

第一百二十二条 个人保险代理人、保险代理机构的代理从业人员、保险经纪人的经纪从业人员，应当品行良好，具有从事保险代理业务或者保险经纪业务所需的专业能力。

第一百二十三条　保险代理机构、保险经纪人应当有自己的经营场所，设立专门账簿记载保险代理业务、经纪业务的收支情况。

第一百二十四条　保险代理机构、保险经纪人应当按照国务院保险监督管理机构的规定缴存保证金或者投保职业责任保险。

第一百二十五条　个人保险代理人在代为办理人寿保险业务时，不得同时接受两个以上保险人的委托。

第一百二十六条　保险人委托保险代理人代为办理保险业务，应当与保险代理人签订委托代理协议，依法约定双方的权利和义务。

第一百二十七条　保险代理人根据保险人的授权代为办理保险业务的行为，由保险人承担责任。

保险代理人没有代理权、超越代理权或者代理权终止后以保险人名义订立合同，使投保人有理由相信其有代理权的，该代理行为有效。保险人可以依法追究越权的保险代理人的责任。

第一百二十八条　保险经纪人因过错给投保人、被保险人造成损失的，依法承担赔偿责任。

第一百二十九条　保险活动当事人可以委托保险公估机构等依法设立的独立评估机构或者具有相关专业知识的人员，对保险事故进行评估和鉴定。

接受委托对保险事故进行评估和鉴定的机构和人员，应当依法、独立、客观、公正地进行评估和鉴定，任何单位和个人不得干涉。

前款规定的机构和人员，因故意或者过失给保险人或者被保险人造成损失的，依法承担赔偿责任。

第一百三十条　保险佣金只限于向保险代理人、保险经纪人支付，不得向其他人支付。

第一百三十一条　保险代理人、保险经纪人及其从业人员在办理保险业务活动中不得有下列行为：

（一）欺骗保险人、投保人、被保险人或者受益人；

（二）隐瞒与保险合同有关的重要情况；

（三）阻碍投保人履行本法规定的如实告知义务，或者诱导其不履行本法规定的如实告知义务；

（四）给予或者承诺给予投保人、被保险人或者受益人保险合同约定以外的利益；

（五）利用行政权力、职务或者职业便利以及其他不正当手段强迫、引诱或者限制投保人订立保险合同；

（六）伪造、擅自变更保险合同，或者为保险合同当事人提供虚假证明材料；

（七）挪用、截留、侵占保险费或者保险金；

（八）利用业务便利为其他机构或者个人牟取不正当利益；

（九）串通投保人、被保险人或者受益人，骗取保险金；

（十）泄露在业务活动中知悉的保险人、投保人、被保险人的商业秘密。

第一百三十二条　本法第八十六条第一款、第一百一十三条的规定，适用于保险代理机构和保险经纪人。

第六章　保险业监督管理

第一百三十三条　保险监督管理机构依照本法和国务院规定的职责，遵循依法、公开、公正的原则，对保险业实施监督管理，维护保险市场秩序，保护投保人、被保险人和受益人的合法权益。

第一百三十四条　国务院保险监督管理机构依照法律、行政法规制定并发布有关保险业监督管理的规章。

第一百三十五条　关系社会公众利益的

保险险种、依法实行强制保险的险种和新开发的人寿保险险种等的保险条款和保险费率，应当报国务院保险监督管理机构批准。国务院保险监督管理机构审批时，应当遵循保护社会公众利益和防止不正当竞争的原则。其他保险险种的保险条款和保险费率，应当报保险监督管理机构备案。

保险条款和保险费率审批、备案的具体办法，由国务院保险监督管理机构依照前款规定制定。

第一百三十六条 保险公司使用的保险条款和保险费率违反法律、行政法规或者国务院保险监督管理机构的有关规定的，由保险监督管理机构责令停止使用，限期修改；情节严重的，可以在一定期限内禁止申报新的保险条款和保险费率。

第一百三十七条 国务院保险监督管理机构应当建立健全保险公司偿付能力监管体系，对保险公司的偿付能力实施监控。

第一百三十八条 对偿付能力不足的保险公司，国务院保险监督管理机构应当将其列为重点监管对象，并可以根据具体情况采取下列措施：

（一）责令增加资本金、办理再保险；

（二）限制业务范围；

（三）限制向股东分红；

（四）限制固定资产购置或者经营费用规模；

（五）限制资金运用的形式、比例；

（六）限制增设分支机构；

（七）责令拍卖不良资产、转让保险业务；

（八）限制董事、监事、高级管理人员的薪酬水平；

（九）限制商业性广告；

（十）责令停止接受新业务。

第一百三十九条 保险公司未依照本法规定提取或者结转各项责任准备金，或者未依照本法规定办理再保险，或者严重违反本法关于资金运用的规定的，由保险监督管理机构责令限期改正，并可以责令调整负责人及有关管理人员。

第一百四十条 保险监督管理机构依照本法第一百三十九条的规定作出限期改正的决定后，保险公司逾期未改正的，国务院保险监督管理机构可以决定选派保险专业人员和指定该保险公司的有关人员组成整顿组，对公司进行整顿。

整顿决定应当载明被整顿公司的名称、整顿理由、整顿组成员和整顿期限，并予以公告。

第一百四十一条 整顿组有权监督被整顿保险公司的日常业务。被整顿公司的负责人及有关管理人员应当在整顿组的监督下行使职权。

第一百四十二条 整顿过程中，被整顿保险公司的原有业务继续进行。但是，国务院保险监督管理机构可以责令被整顿公司停止部分原有业务、停止接受新业务，调整资金运用。

第一百四十三条 被整顿保险公司经整顿已纠正其违反本法规定的行为，恢复正常经营状况的，由整顿组提出报告，经国务院保险监督管理机构批准，结束整顿，并由国务院保险监督管理机构予以公告。

第一百四十四条 保险公司有下列情形之一的，国务院保险监督管理机构可以对其实行接管：

（一）公司的偿付能力严重不足的；

（二）违反本法规定，损害社会公共利益，可能严重危及或者已经严重危及公司的偿付能力的。

被接管的保险公司的债权债务关系不因接管而变化。

第一百四十五条 接管组的组成和接管的实施办法，由国务院保险监督管理机构决定，并予以公告。

第一百四十六条 接管期限届满，国务院保险监督管理机构可以决定延长接管期限，但接管期限最长不得超过二年。

第一百四十七条　接管期限届满，被接管的保险公司已恢复正常经营能力的，由国务院保险监督管理机构决定终止接管，并予以公告。

第一百四十八条　被整顿、被接管的保险公司有《中华人民共和国企业破产法》第二条规定情形的，国务院保险监督管理机构可以依法向人民法院申请对该保险公司进行重整或者破产清算。

第一百四十九条　保险公司因违法经营被依法吊销经营保险业务许可证的，或者偿付能力低于国务院保险监督管理机构规定标准，不予撤销将严重危害保险市场秩序、损害公共利益的，由国务院保险监督管理机构予以撤销并公告，依法及时组织清算组进行清算。

第一百五十条　国务院保险监督管理机构有权要求保险公司股东、实际控制人在指定的期限内提供有关信息和资料。

第一百五十一条　保险公司的股东利用关联交易严重损害公司利益，危及公司偿付能力的，由国务院保险监督管理机构责令改正。在按照要求改正前，国务院保险监督管理机构可以限制其股东权利；拒不改正的，可以责令其转让所持的保险公司股权。

第一百五十二条　保险监督管理机构根据履行监督管理职责的需要，可以与保险公司董事、监事和高级管理人员进行监督管理谈话，要求其就公司的业务活动和风险管理的重大事项作出说明。

第一百五十三条　保险公司在整顿、接管、撤销清算期间，或者出现重大风险时，国务院保险监督管理机构可以对该公司直接负责的董事、监事、高级管理人员和其他直接责任人员采取以下措施：

（一）通知出境管理机关依法阻止其出境；

（二）申请司法机关禁止其转移、转让或者以其他方式处分财产，或者在财产上设定其他权利。

第一百五十四条　保险监督管理机构依法履行职责，可以采取下列措施：

（一）对保险公司、保险代理人、保险经纪人、保险资产管理公司、外国保险机构的代表机构进行现场检查；

（二）进入涉嫌违法行为发生场所调查取证；

（三）询问当事人及与被调查事件有关的单位和个人，要求其对与被调查事件有关的事项作出说明；

（四）查阅、复制与被调查事件有关的财产权登记等资料；

（五）查阅、复制保险公司、保险代理人、保险经纪人、保险资产管理公司、外国保险机构的代表机构以及与被调查事件有关的单位和个人的财务会计资料及其他相关文件和资料；对可能被转移、隐匿或者毁损的文件和资料予以封存；

（六）查询涉嫌违法经营的保险公司、保险代理人、保险经纪人、保险资产管理公司、外国保险机构的代表机构以及与涉嫌违法事项有关的单位和个人的银行账户；

（七）对有证据证明已经或者可能转移、隐匿违法资金等涉案财产或者隐匿、伪造、毁损重要证据的，经保险监督管理机构主要负责人批准，申请人民法院予以冻结或者查封。

保险监督管理机构采取前款第（一）项、第（二）项、第（五）项措施的，应当经保险监督管理机构负责人批准；采取第（六）项措施的，应当经国务院保险监督管理机构负责人批准。

保险监督管理机构依法进行监督检查或者调查，其监督检查、调查的人员不得少于二人，并应当出示合法证件和监督检查、调查通知书；监督检查、调查的人员少于二人或者未出示合法证件和监督检查、调查通知书的，被检查、调查的单位和个人有权拒绝。

第一百五十五条　保险监督管理机构依

法履行职责，被检查、调查的单位和个人应当配合。

第一百五十六条　保险监督管理机构工作人员应当忠于职守，依法办事，公正廉洁，不得利用职务便利牟取不正当利益，不得泄露所知悉的有关单位和个人的商业秘密。

第一百五十七条　国务院保险监督管理机构应当与中国人民银行、国务院其他金融监督管理机构建立监督管理信息共享机制。

保险监督管理机构依法履行职责，进行监督检查、调查时，有关部门应当予以配合。

第七章　法律责任

第一百五十八条　违反本法规定，擅自设立保险公司、保险资产管理公司或者非法经营商业保险业务的，由保险监督管理机构予以取缔，没收违法所得，并处违法所得一倍以上五倍以下的罚款；没有违法所得或者违法所得不足二十万元的，处二十万元以上一百万元以下的罚款。

第一百五十九条　违反本法规定，擅自设立保险专业代理机构、保险经纪人，或者未取得经营保险代理业务许可证、保险经纪业务许可证从事保险代理业务、保险经纪业务的，由保险监督管理机构予以取缔，没收违法所得，并处违法所得一倍以上五倍以下的罚款；没有违法所得或者违法所得不足五万元的，处五万元以上三十万元以下的罚款。

第一百六十条　保险公司违反本法规定，超出批准的业务范围经营的，由保险监督管理机构责令限期改正，没收违法所得，并处违法所得一倍以上五倍以下的罚款；没有违法所得或者违法所得不足十万元的，处十万元以上五十万元以下的罚款。逾期不改正或者造成严重后果的，责令停业整顿或者吊销业务许可证。

第一百六十一条　保险公司有本法第一百一十六条规定行为之一的，由保险监督管理机构责令改正，处五万元以上三十万元以下的罚款；情节严重的，限制其业务范围、责令停止接受新业务或者吊销业务许可证。

第一百六十二条　保险公司违反本法第八十四条规定的，由保险监督管理机构责令改正，处一万元以上十万元以下的罚款。

第一百六十三条　保险公司违反本法规定，有下列行为之一的，由保险监督管理机构责令改正，处五万元以上三十万元以下的罚款：

（一）超额承保，情节严重的；

（二）为无民事行为能力人承保以死亡为给付保险金条件的保险的。

第一百六十四条　违反本法规定，有下列行为之一的，由保险监督管理机构责令改正，处五万元以上三十万元以下的罚款；情节严重的，可以限制其业务范围、责令停止接受新业务或者吊销业务许可证：

（一）未按照规定提存保证金或者违反规定动用保证金的；

（二）未按照规定提取或者结转各项责任准备金的；

（三）未按照规定缴纳保险保障基金或者提取公积金的；

（四）未按照规定办理再保险的；

（五）未按照规定运用保险公司资金的；

（六）未经批准设立分支机构的；

（七）未按照规定申请批准保险条款、保险费率的。

第一百六十五条　保险代理机构、保险经纪人有本法第一百三十一条规定行为之一的，由保险监督管理机构责令改正，处五万元以上三十万元以下的罚款；情节严重的，吊销业务许可证。

第一百六十六条　保险代理机构、保险经纪人违反本法规定，有下列行为之一的，由保险监督管理机构责令改正，处二万元以上十万元以下的罚款；情节严重的，责令停业整顿或者吊销业务许可证：

（一）未按照规定缴存保证金或者投保职业责任保险的；

（二）未按照规定设立专门账簿记载业务收支情况的。

第一百六十七条　违反本法规定，聘任不具有任职资格的人员的，由保险监督管理机构责令改正，处二万元以上十万元以下的罚款。

第一百六十八条　违反本法规定，转让、出租、出借业务许可证的，由保险监督管理机构处一万元以上十万元以下的罚款；情节严重的，责令停业整顿或者吊销业务许可证。

第一百六十九条　违反本法规定，有下列行为之一的，由保险监督管理机构责令限期改正；逾期不改正的，处一万元以上十万元以下的罚款：

（一）未按照规定报送或者保管报告、报表、文件、资料的，或者未按照规定提供有关信息、资料的；

（二）未按照规定报送保险条款、保险费率备案的；

（三）未按照规定披露信息的。

第一百七十条　违反本法规定，有下列行为之一的，由保险监督管理机构责令改正，处十万元以上五十万元以下的罚款；情节严重的，可以限制其业务范围、责令停止接受新业务或者吊销业务许可证：

（一）编制或者提供虚假的报告、报表、文件、资料的；

（二）拒绝或者妨碍依法监督检查的；

（三）未按照规定使用经批准或者备案的保险条款、保险费率的。

第一百七十一条　保险公司、保险资产管理公司、保险专业代理机构、保险经纪人违反本法规定的，保险监督管理机构除分别依照本法第一百六十条至第一百七十条的规定对该单位给予处罚外，对其直接负责的主管人员和其他直接责任人员给予警告，并处一万元以上十万元以下的罚款；情节严重的，撤销任职资格。

第一百七十二条　个人保险代理人违反本法规定的，由保险监督管理机构给予警告，可以并处二万元以下的罚款；情节严重的，处二万元以上十万元以下的罚款。

第一百七十三条　外国保险机构未经国务院保险监督管理机构批准，擅自在中华人民共和国境内设立代表机构的，由国务院保险监督管理机构予以取缔，处五万元以上三十万元以下的罚款。

外国保险机构在中华人民共和国境内设立的代表机构从事保险经营活动的，由保险监督管理机构责令改正，没收违法所得，并处违法所得一倍以上五倍以下的罚款；没有违法所得或者违法所得不足二十万元的，处二十万元以上一百万元以下的罚款；对其首席代表可以责令撤换；情节严重的，撤销其代表机构。

第一百七十四条　投保人、被保险人或者受益人有下列行为之一，进行保险诈骗活动，尚不构成犯罪的，依法给予行政处罚：

（一）投保人故意虚构保险标的，骗取保险金的；

（二）编造未曾发生的保险事故，或者编造虚假的事故原因或者夸大损失程度，骗取保险金的；

（三）故意造成保险事故，骗取保险金的。

保险事故的鉴定人、评估人、证明人故意提供虚假的证明文件，为投保人、被保险人或者受益人进行保险诈骗提供条件的，依照前款规定给予处罚。

第一百七十五条　违反本法规定，给他人造成损害的，依法承担民事责任。

第一百七十六条　拒绝、阻碍保险监督管理机构及其工作人员依法行使监督检查、调查职权，未使用暴力、威胁方法的，依法给予治安管理处罚。

第一百七十七条　违反法律、行政法规的规定，情节严重的，国务院保险监督管理机构可以禁止有关责任人员一定期限直至终身进入保险业。

第一百七十八条　保险监督管理机构从事监督管理工作的人员有下列情形之一的，依法给予处分：

（一）违反规定批准机构的设立的；

（二）违反规定进行保险条款、保险费率审批的；

（三）违反规定进行现场检查的；

（四）违反规定查询账户或者冻结资金的；

（五）泄露其知悉的有关单位和个人的商业秘密的；

（六）违反规定实施行政处罚的；

（七）滥用职权、玩忽职守的其他行为。

第一百七十九条　违反本法规定，构成犯罪的，依法追究刑事责任。

第八章　附　　则

第一百八十条　保险公司应当加入保险行业协会。保险代理人、保险经纪人、保险公估机构可以加入保险行业协会。

保险行业协会是保险业的自律性组织，是社会团体法人。

第一百八十一条　保险公司以外的其他依法设立的保险组织经营的商业保险业务，适用本法。

第一百八十二条　海上保险适用《中华人民共和国海商法》的有关规定；《中华人民共和国海商法》未规定的，适用本法的有关规定。

第一百八十三条　中外合资保险公司、外资独资保险公司、外国保险公司分公司适用本法规定；法律、行政法规另有规定的，适用其规定。

第一百八十四条　国家支持发展为农业生产服务的保险事业。农业保险由法律、行政法规另行规定。

强制保险，法律、行政法规另有规定的，适用其规定。

第一百八十五条　本法自2009年10月1日起施行。

保险经纪人监管规定

（2018年1月17日中国保险监督管理委员会第6次主席办公会审议通过，2018年2月1日公布，自2018年5月1日起施行）

第一章　总　　则

第一条　为了规范保险经纪人的经营行为，保护投保人、被保险人和受益人的合法权益，维护市场秩序，根据《中华人民共和国保险法》（以下简称《保险法》）等法律、行政法规，制定本规定。

第二条　本规定所称保险经纪人是指基于投保人的利益，为投保人与保险公司订立保险合同提供中介服务，并依法收取佣金的机构，包括保险经纪公司及其分支机构。

本规定所称保险经纪从业人员是指在保险经纪人中，为投保人或者被保险人拟订投保方案、办理投保手续、协助索赔的人员，或者为委托人提供防灾防损、风险评估、风险管理咨询服务、从事再保险经纪等业务的人员。

第三条　保险经纪公司在中华人民共和国境内经营保险经纪业务，应当符合中国保险监督管理委员会（以下简称中国保监会）规定的条件，取得经营保险经纪业务许可证（以下简称许可证）。

第四条　保险经纪人应当遵守法律、行政法规和中国保监会有关规定，遵循自愿、诚实信用和公平竞争的原则。

第五条　中国保监会根据《保险法》和国务院授权，对保险经纪人履行监管职责。

中国保监会派出机构在中国保监会授权范围内履行监管职责。

第二章　市场准入

第一节　业务许可

第六条　除中国保监会另有规定外，保险经纪人应当采取下列组织形式：

（一）有限责任公司；

（二）股份有限公司。

第七条　保险经纪公司经营保险经纪业务，应当具备下列条件：

（一）股东符合本规定要求，且出资资金自有、真实、合法，不得用银行贷款及各种形式的非自有资金投资；

（二）注册资本符合本规定第十条要求，且按照中国保监会的有关规定托管；

（三）营业执照记载的经营范围符合中国保监会的有关规定；

（四）公司章程符合有关规定；

（五）公司名称符合本规定要求；

（六）高级管理人员符合本规定的任职资格条件；

（七）有符合中国保监会规定的治理结构和内控制度，商业模式科学合理可行；

（八）有与业务规模相适应的固定住所；

（九）有符合中国保监会规定的业务、财务信息管理系统；

（十）法律、行政法规和中国保监会规定的其他条件。

第八条　单位或者个人有下列情形之一的，不得成为保险经纪公司的股东：

（一）最近5年内受到刑罚或者重大行政处罚；

（二）因涉嫌重大违法犯罪正接受有关部门调查；

（三）因严重失信行为被国家有关单位确定为失信联合惩戒对象且应当在保险领域受到相应惩戒，或者最近5年内具有其他严重失信不良记录；

（四）依据法律、行政法规不能投资企业；

（五）中国保监会根据审慎监管原则认定的其他不适合成为保险经纪公司股东的情形。

第九条　保险公司的工作人员、保险专业中介机构的从业人员投资保险经纪公司的，应当提供其所在机构知晓投资的书面证明；保险公司、保险专业中介机构的董事、监事或者高级管理人员投资保险经纪公司的，应当根据有关规定取得股东会或者股东大会的同意。

第十条　经营区域不限于工商注册登记地所在省、自治区、直辖市、计划单列市的保险经纪公司的注册资本最低限额为5000万元。

经营区域为工商注册登记地所在省、自治区、直辖市、计划单列市的保险经纪公司的注册资本最低限额为1000万元。

保险经纪公司的注册资本必须为实缴货币资本。

第十一条　保险经纪人的名称中应当包含“保险经纪”字样。

保险经纪人的字号不得与现有的保险专业中介机构相同，与保险专业中介机构具有同一实际控制人的保险经纪人除外。

第十二条　保险经纪公司申请经营保险经纪业务，应当在领取营业执照后，及时按照中国保监会的要求提交申请材料，并进行相关信息披露。

中国保监会及其派出机构按照法定的职责和程序实施行政许可。

第十三条　中国保监会及其派出机构收到经营保险经纪业务申请后，应当采取谈话、函询、现场验收等方式了解、审查申请人股东的经营记录以及申请人的市场发展战略、业务发展计划、内控制度建设、人员结构、信息系统配置及运行等有关事项，并进行风险测试和提示。

第十四条 中国保监会及其派出机构依法作出批准保险经纪公司经营保险经纪业务的决定的，应当向申请人颁发许可证。申请人取得许可证后，方可开展保险经纪业务，并应当及时在中国保监会规定的监管信息系统中登记相关信息。

中国保监会及其派出机构决定不予批准的，应当作出书面决定并说明理由。申请人应当自收到中国保监会及其派出机构书面决定之日起 15 日内书面报告工商注册登记所在地的工商行政管理部门。公司继续存续的，不得从事保险经纪业务，并应当依法办理名称、营业范围和公司章程等事项的工商变更登记，确保其名称中无“保险经纪”字样。

第十五条 经营区域不限于工商注册登记地所在省、自治区、直辖市、计划单列市的保险经纪公司可以在中华人民共和国境内从事保险经纪活动。

经营区域不限于工商注册登记地所在省、自治区、直辖市、计划单列市的保险经纪公司向工商注册登记地以外派出保险经纪从业人员，为投保人或者被保险人是自然人的保险业务提供服务的，应当在当地设立分支机构。设立分支机构时应当首先设立省级分公司，指定其负责办理行政许可申请、监管报告和报表提交等相关事宜，并负责管理其他分支机构。

保险经纪公司分支机构包括分公司、营业部。

第十六条 保险经纪公司新设分支机构经营保险经纪业务，应当符合下列条件：

（一）保险经纪公司及其分支机构最近 1 年内没有受到刑罚或者重大行政处罚；

（二）保险经纪公司及其分支机构未因涉嫌违法犯罪正接受有关部门调查；

（三）保险经纪公司及其分支机构最近 1 年内未引发 30 人以上群访群诉事件或者 100 人以上非正常集中退保事件；

（四）最近 2 年内设立的分支机构不存在运营未满 1 年退出市场的情形；

（五）具备完善的分支机构管理制度；

（六）新设分支机构有符合要求的营业场所、业务财务信息系统，以及与经营业务相匹配的其他设施；

（七）新设分支机构主要负责人符合本规定的任职条件；

（八）中国保监会规定的其他条件。

保险经纪公司因严重失信行为被国家有关单位确定为失信联合惩戒对象且应当在保险领域受到相应惩戒的，或者最近 5 年内具有其他严重失信不良记录的，不得新设分支机构经营保险经纪业务。

第十七条 保险经纪公司分支机构应当在营业执照记载的登记之日起 15 日内，书面报告中国保监会派出机构，在中国保监会规定的监管信息系统中登记相关信息，按照规定进行公开披露，并提交主要负责人的任职资格核准申请材料或者报告材料。

第十八条 保险经纪人有下列情形之一的，应当自该情形发生之日起 5 日内，通过中国保监会规定的监管信息系统报告，并按照规定进行公开披露：

（一）变更名称、住所或者营业场所；

（二）变更股东、注册资本或者组织形式；

（三）股东变更姓名或者名称、出资额；

（四）修改公司章程；

（五）股权投资，设立境外保险类机构及非营业性机构；

（六）分立、合并、解散，分支机构终止保险经纪业务活动；

（七）变更省级分公司以外分支机构主要负责人；

（八）受到行政处罚、刑罚或者涉嫌违

法犯罪正接受调查；

（九）中国保监会规定的其他报告事项。

保险经纪人发生前款规定的相关情形，应当符合中国保监会相关规定。

第十九条　保险经纪公司变更事项涉及许可证记载内容的，应当按照《保险许可证管理办法》等有关规定办理许可证变更登记，交回原许可证，领取新许可证，并进行公告。

第二节　任职资格

第二十条　本规定所称保险经纪人高级管理人员是指下列人员：

（一）保险经纪公司的总经理、副总经理；

（二）省级分公司主要负责人；

（三）对公司经营管理行使重要职权的其他人员。

保险经纪人高级管理人员应当在任职前取得中国保监会派出机构核准的任职资格。

第二十一条　保险经纪人高级管理人员应当具备下列条件：

（一）大学专科以上学历；

（二）从事金融工作3年以上或者从事经济工作5年以上；

（三）具有履行职责所需的经营管理能力，熟悉保险法律、行政法规及中国保监会的相关规定；

（四）诚实守信，品行良好。

从事金融工作10年以上的人员，学历要求可以不受第一款第（一）项的限制。

保险经纪人任用的省级分公司以外分支机构主要负责人应当具备前两款规定的条件。

第二十二条　有下列情形之一的人员，不得担任保险经纪人高级管理人员和省级分公司以外分支机构主要负责人：

（一）担任因违法被吊销许可证的保险公司或者保险中介机构的董事、监事或者高级管理人员，并对被吊销许可证负有个人责任或者直接领导责任的，自许可证被吊销之日起未逾3年；

（二）因违法行为或者违纪行为被金融监管机构取消任职资格的金融机构的董事、监事或者高级管理人员，自被取消任职资格之日起未逾5年；

（三）被金融监管机构决定在一定期限内禁止进入金融行业的，期限未满；

（四）受金融监管机构警告或者罚款未逾2年；

（五）正在接受司法机关、纪检监察部门或者金融监管机构调查；

（六）因严重失信行为被国家有关单位确定为失信联合惩戒对象且应当在保险领域受到相应惩戒，或者最近5年内具有其他严重失信不良记录；

（七）法律、行政法规和中国保监会规定的其他情形。

第二十三条　保险经纪人应当与其高级管理人员、省级分公司以外分支机构主要负责人建立劳动关系，订立书面劳动合同。

第二十四条　保险经纪人高级管理人员和省级分公司以外分支机构主要负责人不得兼任2家以上分支机构的主要负责人。

保险经纪人高级管理人员和省级分公司以外分支机构主要负责人兼任其他经营管理职务的，应当具有必要的时间履行职务。

第二十五条　非经股东会或者股东大会批准，保险经纪人的高级管理人员和省级分公司以外分支机构主要负责人不得在存在利益冲突的机构中兼任职务。

第二十六条　保险经纪人向中国保监会派出机构提出高级管理人员任职资格核准申请的，应当如实填写申请表、提交相关材料。

中国保监会派出机构可以对保险经纪人拟任高级管理人员进行考察或者谈话。

第二十七条　保险经纪人高级管理人员应当通过中国保监会认可的保险法规及相关

知识测试。

第二十八条 保险经纪人的高级管理人员在同一保险经纪人内部调任、兼任其他职务，无须重新核准任职资格。

保险经纪人调整、免除高级管理人员和省级分公司以外分支机构主要负责人职务，应当自决定作出之日起 5 日内在中国保监会规定的监管信息系统中登记相关信息。

第二十九条 保险经纪人的高级管理人员和省级分公司以外分支机构主要负责人因涉嫌犯罪被起诉的，保险经纪人应当自其被起诉之日起 5 日内和结案之日起 5 日内在中国保监会规定的监管信息系统中登记相关信息。

第三十条 保险经纪人高级管理人员和省级分公司以外分支机构主要负责人有下列情形之一，保险经纪人已经任命的，应当免除其职务；经核准任职资格的，其任职资格自动失效：

（一）获得核准任职资格后，保险经纪人超过 2 个月未任命；

（二）从该保险经纪人离职；

（三）受到中国保监会禁止进入保险业的行政处罚；

（四）因贪污、受贿、侵占财产、挪用财产或者破坏社会主义市场秩序，被判处刑罚执行期满未逾 5 年，或者因犯罪被剥夺政治权利，执行期满未逾 5 年；

（五）担任破产清算的公司、企业的董事或者厂长、经理，对该公司、企业的破产负有个人责任的，自该公司、企业破产清算完结之日起未逾 3 年；

（六）担任因违法被吊销营业执照、责令关闭的公司、企业的法定代表人，并负有个人责任的，自该公司、企业被吊销营业执照之日起未逾 3 年；

（七）个人所负数额较大的债务到期未清偿。

第三十一条 保险经纪人出现下列情形之一，可以任命临时负责人，但临时负责人任职时间最长不得超过 3 个月，并且不得就同一职务连续任命临时负责人：

（一）原负责人辞职或者被撤职；

（二）原负责人因疾病、意外事故等原因无法正常履行工作职责；

（三）中国保监会认可的其他特殊情况。

临时负责人应当具有与履行职责相当的能力，并应当符合本规定第二十一条、第二十二条的相关要求。

保险经纪人任命临时负责人的，应当自决定作出之日起 5 日内在中国保监会规定的监管信息系统中登记相关信息。

第三节　从业人员

第三十二条 保险经纪人应当聘任品行良好的保险经纪从业人员。有下列情形之一的，保险经纪人不得聘任：

（一）因贪污、贿赂、侵占财产、挪用财产或者破坏社会主义市场经济秩序，被判处刑罚，执行期满未逾 5 年；

（二）被金融监管机构决定在一定期限内禁止进入金融行业，期限未满；

（三）因严重失信行为被国家有关单位确定为失信联合惩戒对象且应当在保险领域受到相应惩戒，或者最近 5 年内具有其他严重失信不良记录；

（四）法律、行政法规和中国保监会规定的其他情形。

第三十三条 保险经纪从业人员应当具有从事保险经纪业务所需的专业能力。保险经纪人应当加强对保险经纪从业人员的岗前培训和后续教育，培训内容至少应当包括业务知识、法律知识及职业道德。

保险经纪人可以委托保险中介行业自律组织或者其他机构组织培训。

保险经纪人应当建立完整的保险经纪从业人员培训档案。

第三十四条 保险经纪人应当按照规定为其保险经纪从业人员进行执业登记。

保险经纪从业人员只限于通过一家保险经纪人进行执业登记。

保险经纪从业人员变更所属保险经纪人的，新所属保险经纪人应当为其进行执业登记，原所属保险经纪人应当及时注销执业登记。

第三章　经营规则

第三十五条　保险经纪公司应当将许可证、营业执照置于住所或者营业场所显著位置。

保险经纪公司分支机构应当将加盖所属法人公章的许可证复印件、营业执照置于营业场所显著位置。

保险经纪人不得伪造、变造、出租、出借、转让许可证。

第三十六条　保险经纪人可以经营下列全部或者部分业务：

（一）为投保人拟订投保方案、选择保险公司以及办理投保手续；

（二）协助被保险人或者受益人进行索赔；

（三）再保险经纪业务；

（四）为委托人提供防灾、防损或者风险评估、风险管理咨询服务；

（五）中国保监会规定的与保险经纪有关的其他业务。

第三十七条　保险经纪人从事保险经纪业务不得超出承保公司的业务范围和经营区域；从事保险经纪业务涉及异地共保、异地承保和统括保单，中国保监会另有规定的，从其规定。

第三十八条　保险经纪人及其从业人员不得销售非保险金融产品，经相关金融监管部门审批的非保险金融产品除外。

保险经纪人及其从业人员销售符合条件的非保险金融产品前，应当具备相应的资质要求。

第三十九条　保险经纪人应当根据法律、行政法规和中国保监会的有关规定，依照职责明晰、强化制衡、加强风险管理的原则，建立完善的公司治理结构和制度；明确管控责任，构建合规体系，注重自我约束，加强内部追责，确保稳健运营。

第四十条　保险经纪从业人员应当在所属保险经纪人的授权范围内从事业务活动。

第四十一条　保险经纪人通过互联网经营保险经纪业务，应当符合中国保监会的规定。

第四十二条　保险经纪人应当建立专门账簿，记载保险经纪业务收支情况。

第四十三条　保险经纪人应当开立独立的客户资金专用账户。下列款项只能存放于客户资金专用账户：

（一）投保人支付给保险公司的保险费；

（二）为投保人、被保险人和受益人代领的退保金、保险金。

保险经纪人应当开立独立的佣金收取账户。

保险经纪人开立、使用其他银行账户的，应当符合中国保监会的规定。

第四十四条　保险经纪人应当建立完整规范的业务档案，业务档案至少应当包括下列内容：

（一）通过本机构签订保单的主要情况，包括保险人、投保人、被保险人名称或者姓名，保单号，产品名称，保险金额，保险费，缴费方式，投保日期，保险期间等；

（二）保险合同对应的佣金金额和收取方式等；

（三）保险费交付保险公司的情况，保险金或者退保金的代领以及交付投保人、被保险人或者受益人的情况；

（四）为保险合同签订提供经纪服务的从业人员姓名，领取报酬金额、领取报酬账户等；

（五）中国保监会规定的其他业务信息。

保险经纪人的记录应当真实、完整。

第四十五条 保险经纪人应当按照中国保监会的规定开展再保险经纪业务。

保险经纪人从事再保险经纪业务，应当设立专门部门，在业务流程、财务管理与风险管控等方面与其他保险经纪业务实行隔离。

第四十六条 保险经纪人从事再保险经纪业务，应当建立完整规范的再保险业务档案，业务档案至少应当包括下列内容：

（一）再保险安排确认书；

（二）再保险人接受分入比例。

保险经纪人应当对再保险经纪业务和其他保险经纪业务分别建立账簿记载业务收支情况。

第四十七条 保险经纪人应当向保险公司提供真实、完整的投保信息，并应当与保险公司依法约定对投保信息保密、合理使用等事项。

第四十八条 保险经纪人从事保险经纪业务，应当与委托人签订委托合同，依法约定双方的权利义务及其他事项。委托合同不得违反法律、行政法规及中国保监会有关规定。

第四十九条 保险经纪人从事保险经纪业务，涉及向保险公司解付保险费、收取佣金的，应当与保险公司依法约定解付保险费、支付佣金的时限和违约赔偿责任等事项。

第五十条 保险经纪人在开展业务过程中，应当制作并出示规范的客户告知书。客户告知书至少应当包括以下事项：

（一）保险经纪人的名称、营业场所、业务范围、联系方式；

（二）保险经纪人获取报酬的方式，包括是否向保险公司收取佣金等情况；

（三）保险经纪人及其高级管理人员与经纪业务相关的保险公司、其他保险中介机构是否存在关联关系；

（四）投诉渠道及纠纷解决方式。

第五十一条 保险经纪人应当妥善保管业务档案、会计账簿、业务台账、客户告知书以及佣金收入的原始凭证等有关资料，保管期限自保险合同终止之日起计算，保险期间在1年以下的不得少于5年，保险期间超过1年的不得少于10年。

第五十二条 保险经纪人为政策性保险业务、政府委托业务提供服务的，佣金收取不得违反中国保监会的规定。

第五十三条 保险经纪人向投保人提出保险建议的，应当根据客户的需求和风险承受能力等情况，在客观分析市场上同类保险产品的基础上，推荐符合其利益的保险产品。

保险经纪人应当按照中国保监会的要求向投保人披露保险产品相关信息。

第五十四条 保险经纪公司应当按规定将监管费交付到中国保监会指定账户。

第五十五条 保险经纪公司应当自取得许可证之日起20日内投保职业责任保险或者缴存保证金。

保险经纪公司应当自投保职业责任保险或者缴存保证金之日起10日内，将职业责任保险保单复印件或者保证金存款协议复印件、保证金入账原始凭证复印件报送中国保监会派出机构，并在中国保监会规定的监管信息系统中登记相关信息。

第五十六条 保险经纪公司投保职业责任保险的，该保险应当持续有效。

保险经纪公司投保的职业责任保险对一次事故的赔偿限额不得低于人民币100万元；一年期保单的累计赔偿限额不得低于人民币1000万元，且不得低于保险经纪人上年度的主营业务收入。

第五十七条 保险经纪公司缴存保证金的，应当按注册资本的5%缴存，保险经纪公司增加注册资本的，应当按比例增加保证金数额。

保险经纪公司应当足额缴存保证金。保证金应当以银行存款形式专户存储到商业银行，或者以中国保监会认可的其他形式缴存。

第五十八条　保险经纪公司有下列情形之一的，可以动用保证金：

（一）注册资本减少；

（二）许可证被注销；

（三）投保符合条件的职业责任保险；

（四）中国保监会规定的其他情形。

保险经纪公司应当自动用保证金之日起5日内书面报告中国保监会派出机构。

第五十九条　保险经纪公司应当在每一会计年度结束后聘请会计师事务所对本公司的资产、负债、利润等财务状况进行审计，并在每一会计年度结束后4个月内向中国保监会派出机构报送相关审计报告。

保险经纪公司应当根据规定向中国保监会派出机构提交专项外部审计报告。

第六十条　保险经纪人应当按照中国保监会的有关规定及时、准确、完整地报送报告、报表、文件和资料，并根据要求提交相关的电子文本。

保险经纪人报送的报告、报表、文件和资料应当由法定代表人、主要负责人或者其授权人签字，并加盖机构印章。

第六十一条　保险经纪人不得委托未通过本机构进行执业登记的个人从事保险经纪业务。

第六十二条　保险经纪人应当对保险经纪从业人员进行执业登记信息管理，及时登记个人信息及授权范围等事项以及接受处罚、聘任关系终止等情况，确保执业登记信息的真实、准确、完整。

第六十三条　保险经纪人及其从业人员在办理保险业务活动中不得有下列行为：

（一）欺骗保险人、投保人、被保险人或者受益人；

（二）隐瞒与保险合同有关的重要情况；

（三）阻碍投保人履行如实告知义务，或者诱导其不履行如实告知义务；

（四）给予或者承诺给予投保人、被保险人或者受益人保险合同约定以外的利益；

（五）利用行政权力、职务或者职业便利以及其他不正当手段强迫、引诱或者限制投保人订立保险合同；

（六）伪造、擅自变更保险合同，或者为保险合同当事人提供虚假证明材料；

（七）挪用、截留、侵占保险费或者保险金；

（八）利用业务便利为其他机构或者个人牟取不正当利益；

（九）串通投保人、被保险人或者受益人，骗取保险金；

（十）泄露在业务活动中知悉的保险人、投保人、被保险人的商业秘密。

第六十四条　保险经纪人及其从业人员在开展保险经纪业务过程中，不得索取、收受保险公司或者其工作人员给予的合同约定之外的酬金、其他财物，或者利用执行保险经纪业务之便牟取其他非法利益。

第六十五条　保险经纪人不得以捏造、散布虚假事实等方式损害竞争对手的商业信誉，不得以虚假广告、虚假宣传或者其他不正当竞争行为扰乱保险市场秩序。

第六十六条　保险经纪人不得与非法从事保险业务或者保险中介业务的机构或者个人发生保险经纪业务往来。

第六十七条　保险经纪人不得以缴纳费用或者购买保险产品作为招聘从业人员的条件，不得承诺不合理的高额回报，不得以直接或者间接发展人员的数量或者销售业绩作为从业人员计酬的主要依据。

第四章　市场退出

第六十八条　保险经纪公司经营保险经纪业务许可证的有效期为3年。

保险经纪公司应当在许可证有效期届满30日前，按照规定向中国保监会派出机构申请延续许可。

第六十九条　保险经纪公司申请延续许可证有效期的，中国保监会派出机构在许可证有效期届满前对保险经纪人前 3 年的经营情况进行全面审查和综合评价，并作出是否准予延续许可证有效期的决定。决定不予延续的，应当书面说明理由。

保险经纪公司不符合本规定第七条有关经营保险经纪业务的条件，或者不符合法律、行政法规、中国保监会规定的延续保险经纪业务许可应当具备的其他条件的，中国保监会派出机构不予延续许可证有效期。

第七十条 保险经纪公司应当自收到不予延续许可证有效期的决定之日起 10 日内向中国保监会派出机构缴回原证；准予延续有效期的，应当自收到决定之日起 10 日内领取新许可证。

第七十一条 保险经纪公司退出保险经纪市场，应当遵守法律、行政法规及其他相关规定。保险经纪公司有下列情形之一的，中国保监会派出机构依法注销许可证，并予以公告：

（一）许可证有效期届满未延续的；

（二）许可证依法被撤回、撤销或者吊销的；

（三）因解散或者被依法宣告破产等原因依法终止的；

（四）法律、行政法规规定的其他情形。

被注销许可证的保险经纪公司应当及时交回许可证原件；许可证无法交回的，中国保监会派出机构在公告中予以说明。

被注销许可证的保险经纪公司应当终止其保险经纪业务活动，并自许可证注销之日起 15 日内书面报告工商注册登记所在地的工商行政管理部门。公司继续存续的，不得从事保险经纪业务，并应当依法办理名称、营业范围和公司章程等事项的工商变更登记，确保其名称中无“保险经纪”字样。

第七十二条 有下列情形之一的，保险经纪人应当在 5 日内注销保险经纪从业人员执业登记：

（一）保险经纪从业人员受到禁止进入保险业的行政处罚的；

（二）保险经纪从业人员因其他原因终止执业的；

（三）保险经纪人停业、解散或者因其他原因不再继续经营保险经纪业务的；

（四）法律、行政法规和中国保监会规定的其他情形。

第七十三条 保险经纪人终止保险经纪业务活动，应当妥善处理债权债务关系，不得损害投保人、被保险人、受益人的合法权益。

第五章 行业自律

第七十四条 保险经纪人自愿加入保险中介行业自律组织。

保险中介行业自律组织依法制定保险经纪人自律规则，依据法律法规和自律规则，对保险经纪人实行自律管理。

保险中介行业自律组织依法制定章程，并按照规定报中国保监会或其派出机构备案。

第七十五条 保险中介行业自律组织应当根据法律法规、国家有关规定和自律组织章程，组织会员单位及其保险经纪从业人员进行教育培训。

第七十六条 保险中介行业自律组织应当通过互联网等渠道加强信息披露，并可以组织会员就保险经纪行业的发展、运作及有关内容进行研究，收集整理、发布保险经纪相关信息，提供会员服务，组织行业交流。

第六章 监督检查

第七十七条 中国保监会派出机构按照属地原则负责辖区内保险经纪人的监管。

中国保监会派出机构应当注重对辖区内保险经纪人的行为监管，依法进行现场检查和非现场监管，并实施行政处罚和其他监管措施。

第七十八条 中国保监会及其派出机构根据监管需要，可以对保险经纪人高级管理人员及相关人员进行监管谈话，要求其就经营活动中的重大事项作出说明。

第七十九条　中国保监会及其派出机构根据监管需要，可以委派监管人员列席保险经纪公司的股东会或者股东大会、董事会。

第八十条　保险经纪公司分支机构经营管理混乱，从事重大违法违规活动的，保险经纪公司应当根据中国保监会及其派出机构的监管要求，对分支机构采取限期整改、停业、撤销等措施。

第八十一条　中国保监会及其派出机构依法对保险经纪人进行现场检查，主要包括下列内容：

（一）业务许可及相关事项是否依法获得批准或者履行报告义务；

（二）资本金是否真实、足额；

（三）保证金是否符合规定；

（四）职业责任保险是否符合规定；

（五）业务经营是否合法；

（六）财务状况是否良好；

（七）向中国保监会及其派出机构提交的报告、报表及资料是否及时、完整和真实；

（八）内控制度是否符合中国保监会的有关规定；

（九）任用高级管理人员和省级分公司以外分支机构主要负责人是否符合规定；

（十）是否有效履行从业人员管理职责；

（十一）对外公告是否及时、真实；

（十二）业务、财务信息管理系统是否符合中国保监会的有关规定；

（十三）中国保监会规定的其他事项。

第八十二条　中国保监会及其派出机构依法履行职责，被检查、调查的单位和个人应当配合。

第八十三条　中国保监会及其派出机构可以在现场检查中，委托会计师事务所等社会中介机构提供相关服务；委托上述中介机构提供服务的，应当签订书面委托协议。

中国保监会及其派出机构应当将委托事项告知被检查的保险经纪人。

第七章　法律责任

第八十四条　未取得许可证，非法从事保险经纪业务的，由中国保监会及其派出机构予以取缔，没收违法所得，并处违法所得1倍以上5倍以下罚款；没有违法所得或者违法所得不足5万元的，处5万元以上30万元以下罚款。

第八十五条　行政许可申请人隐瞒有关情况或者提供虚假材料申请保险经纪业务许可或者申请其他行政许可的，中国保监会及其派出机构不予受理或者不予批准，并给予警告，申请人在1年内不得再次申请该行政许可。

第八十六条　被许可人通过欺骗、贿赂等不正当手段取得保险经纪业务许可或者其他行政许可的，由中国保监会及其派出机构予以撤销，并依法给予行政处罚；申请人在3年内不得再次申请该行政许可。

第八十七条　保险经纪人聘任不具有任职资格的人员的，由中国保监会及其派出机构责令改正，处2万元以上10万元以下罚款；对该机构直接负责的主管人员和其他直接责任人员，给予警告，并处1万元以上10万元以下罚款，情节严重的，撤销任职资格。

保险经纪人未按规定聘任省级分公司以外分支机构主要负责人或者未按规定任命临时负责人的，由中国保监会及其派出机构责令改正，给予警告，并处1万元以下罚款；对该机构直接负责的主管人员和其他直接责任人员，给予警告，并处1万元以下罚款。

第八十八条　保险经纪人未按规定聘任保险经纪从业人员，或者未按规定进行执业登记和管理的，由中国保监会及其派出机构责令改正，给予警告，并处1万元以下罚款；对该机构直接负责的主管人员和其他直接责任人员，给予警告，并处1万元以下罚款。

第八十九条　保险经纪人出租、出借或者转让许可证的，由中国保监会及其派出机构责令改正，处 1 万元以上 10 万元以下罚款；情节严重的，责令停业整顿或者吊销许可证；对该机构直接负责的主管人员和其他直接责任人员，给予警告，并处 1 万元以上 10 万元以下罚款，情节严重的，撤销任职资格。

第九十条　保险经纪人在许可证使用过程中，有下列情形之一的，由中国保监会及其派出机构责令改正，给予警告，没有违法所得的，处 1 万元以下罚款，有违法所得的，处违法所得 3 倍以下罚款，但最高不得超过 3 万元；对该机构直接负责的主管人员和其他直接责任人员，给予警告，并处 1 万元以下罚款：

（一）未按规定在住所或者营业场所放置许可证或者其复印件；

（二）未按规定办理许可证变更登记；

（三）未按规定交回许可证；

（四）未按规定进行公告。

第九十一条　保险经纪人有下列情形之一的，由中国保监会及其派出机构责令改正，处 2 万元以上 10 万元以下罚款；情节严重的，责令停业整顿或者吊销许可证；对该机构直接负责的主管人员和其他直接责任人员，给予警告，并处 1 万元以上 10 万元以下罚款，情节严重的，撤销任职资格：

（一）未按规定缴存保证金或者投保职业责任保险的；

（二）未按规定设立专门账簿记载业务收支情况的。

第九十二条　保险经纪人超出规定的业务范围、经营区域从事业务活动的，或者与非法从事保险业务或者保险中介业务的单位或者个人发生保险经纪业务往来的，由中国保监会及其派出机构责令改正，给予警告，没有违法所得的，处 1 万元以下罚款，有违法所得的，处违法所得 3 倍以下罚款，但最高不得超过 3 万元；对该机构直接负责的主管人员和其他直接责任人员，给予警告，并处 1 万元以下罚款。

第九十三条　保险经纪人违反本规定第三十七条，由中国保监会及其派出机构责令改正，给予警告，没有违法所得的，处 1 万元以下罚款，有违法所得的，处违法所得 3 倍以下罚款，但最高不得超过 3 万元；对该机构直接负责的主管人员和其他直接责任人员，给予警告，并处 1 万元以下罚款。

第九十四条　保险经纪人违反本规定第四十七条，由中国保监会及其派出机构责令改正，给予警告，并处 1 万元以下罚款；对该机构直接负责的主管人员和其他直接责任人员，给予警告，并处 1 万元以下罚款。

第九十五条　保险经纪人违反本规定第五十条，由中国保监会及其派出机构责令改正，给予警告，并处 1 万元以下罚款；对该机构直接负责的主管人员和其他直接责任人员，给予警告，并处 1 万元以下罚款。

第九十六条　保险经纪人有本规定第六十三条所列情形之一的，由中国保监会及其派出机构责令改正，处 5 万元以上 30 万元以下罚款；情节严重的，吊销许可证；对该机构直接负责的主管人员和其他直接责任人员，给予警告，并处 1 万元以上 10 万元以下罚款，情节严重的，撤销任职资格。

第九十七条　保险经纪人违反本规定第六十四条，由中国保监会及其派出机构责令改正，给予警告，并处 1 万元以下罚款；对该机构直接负责的主管人员和其他直接责任人员，给予警告，并处 1 万元以下罚款。

第九十八条　保险经纪人违反本规定第六十五条、第六十七条，由中国保监会及其派出机构责令改正，给予警告，没有违法所得的，处 1 万元以下罚款，有违法所得的，处违法所得 3 倍以下罚款，但最高不得超过 3 万元；对该机构直接负责的主管人员和其他直接责任人员，给予警告，并处 1 万元以下罚款。

第九十九条　保险经纪人未按本规定报送或者保管报告、报表、文件、资料的，或者未按规定提供有关信息、资料的，由中国保监会及其派出机构责令限期改正；逾期不改正的，处1万元以上10万元以下罚款；对该机构直接负责的主管人员和其他直接责任人员，给予警告，并处1万元以上10万元以下罚款，情节严重的，撤销任职资格。

第一百条 保险经纪人有下列情形之一的，由中国保监会及其派出机构责令改正，处10万元以上50万元以下罚款；情节严重的，可以限制其业务范围、责令停止接受新业务或者吊销许可证；对该机构直接负责的主管人员和其他直接责任人员，给予警告，并处1万元以上10万元以下罚款，情节严重的，撤销任职资格：

（一）编制或者提供虚假的报告、报表、文件或者资料；

（二）拒绝、妨碍依法监督检查。

第一百零一条 保险经纪人有下列情形之一的，由中国保监会及其派出机构责令改正，给予警告，没有违法所得的，处1万元以下罚款，有违法所得的，处违法所得3倍以下罚款，但最高不得超过3万元；对该机构直接负责的主管人员和其他直接责任人员，给予警告，并处1万元以下罚款：

（一）未按规定托管注册资本；

（二）未按规定设立分支机构经营保险经纪业务；

（三）未按规定开展互联网保险经纪业务；

（四）未按规定开展再保险经纪业务；

（五）未按规定建立或者管理业务档案；

（六）未按规定使用银行账户；

（七）违反规定动用保证金；

（八）未按规定进行信息披露；

（九）未按规定缴纳监管费。

第一百零二条 违反法律和行政法规的规定，情节严重的，中国保监会及其派出机构可以禁止有关责任人员一定期限直至终身进入保险业。

第一百零三条 保险经纪人的高级管理人员、省级分公司以外分支机构主要负责人或者从业人员，离职后被发现在原工作期间违反中国保监会及其派出机构有关规定的，应当依法追究其责任。

第八章 附 则

第一百零四条 本规定所称保险专业中介机构是指保险专业代理机构、保险经纪人和保险公估人。

本规定所称保险中介机构是指保险专业中介机构和保险兼业代理机构。

第一百零五条 经中国保监会批准经营保险经纪业务的外资保险经纪人适用本规定，我国参加的有关国际条约和中国保监会另有规定的，适用其规定。

采取公司以外的组织形式的保险经纪人的设立和管理参照适用本规定，中国保监会另有规定的，适用其规定。

第一百零六条 本规定施行前依法设立的保险经纪公司继续保留，不完全具备本规定条件的，具体适用办法由中国保监会另行规定。

第一百零七条 本规定要求提交的各种表格格式由中国保监会制定。

第一百零八条 本规定有关“5日”“10日”“15日”“20日”的规定是指工作日，不含法定节假日。

本规定所称“以上”“以下”均含本数。

第一百零九条 本规定自2018年5月1日起施行，中国保监会2009年9月25日发布的《保险经纪机构监管规定》（保监会令2009年第6号）、2013年1月6日发布的《保险经纪从业人员、保险公估从业人员监管办法》（保监会令2013年第3号）、2013年4月27日发布的《中国保险监督管理委员会关于修改〈保险经纪机构监管规定〉的决定》（保监会令2013年第6号）同时废止。

保险代理人监管规定

（2019 年 12 月 19 日中国银保监会 2019 年第 13 次委务会议通过，2020 年 11 月 12 日公布，自 2021 年 1 月 1 日起施行）

第一章 总 则

第一条 为了规范保险代理人的经营行为，保护投保人、被保险人和受益人的合法权益，维护市场秩序，根据《中华人民共和国保险法》（以下简称《保险法》）等法律、行政法规，制定本规定。

第二条 本规定所称保险代理人是指根据保险公司的委托，向保险公司收取佣金，在保险公司授权的范围内代为办理保险业务的机构或者个人，包括保险专业代理机构、保险兼业代理机构及个人保险代理人。

本规定所称保险专业代理机构是指依法设立的专门从事保险代理业务的保险代理公司及其分支机构。

本规定所称保险兼业代理机构是指利用自身主业与保险的相关便利性，依法兼营保险代理业务的企业，包括保险兼业代理法人机构及其分支机构。

本规定所称个人保险代理人是指与保险公司签订委托代理合同，从事保险代理业务的人员。

本规定所称保险代理机构从业人员是指在保险专业代理机构、保险兼业代理机构中，从事销售保险产品或者进行相关损失勘查、理赔等业务的人员。

第三条 保险专业代理公司、保险兼业代理法人机构在中华人民共和国境内经营保险代理业务，应当符合国务院保险监督管理机构规定的条件，取得相关经营保险代理业务的许可证（以下简称许可证）。

第四条 保险代理人应当遵守法律、行政法规和国务院保险监督管理机构有关规定，遵循自愿、诚实信用和公平竞争的原则。

第五条 国务院保险监督管理机构根据《保险法》和国务院授权，对保险代理人履行监管职责。

国务院保险监督管理机构派出机构在国务院保险监督管理机构授权范围内履行监管职责。

第二章 市场准入

第一节 业务许可

第六条 除国务院保险监督管理机构另有规定外，保险专业代理公司应当采取下列组织形式：

（一）有限责任公司；

（二）股份有限公司。

第七条 保险专业代理公司经营保险代理业务，应当具备下列条件：

（一）股东符合本规定要求，且出资资金自有、真实、合法，不得用银行贷款及各种形式的非自有资金投资；

（二）注册资本符合本规定第十条要求，且按照国务院保险监督管理机构的有关规定托管；

（三）营业执照记载的经营范围符合有关规定；

（四）公司章程符合有关规定；

（五）公司名称符合本规定要求；

（六）高级管理人员符合本规定的任职资格条件；

（七）有符合国务院保险监督管理机构规定的治理结构和内控制度，商业模式科学合理可行；

（八）有与业务规模相适应的固定住所；

（九）有符合国务院保险监督管理机构规定的业务、财务信息管理系统；

（十）法律、行政法规和国务院保险监督管理机构规定的其他条件。

第八条　单位或者个人有下列情形之一的，不得成为保险专业代理公司的股东：

（一）最近5年内受到刑罚或者重大行政处罚的；

（二）因涉嫌重大违法犯罪正接受有关部门调查的；

（三）因严重失信行为被国家有关单位确定为失信联合惩戒对象且应当在保险领域受到相应惩戒，或者最近5年内具有其他严重失信不良记录的；

（四）依据法律、行政法规不能投资企业的；

（五）国务院保险监督管理机构根据审慎监管原则认定的其他不适合成为保险专业代理公司股东的情形。

第九条　保险公司的工作人员、个人保险代理人和保险专业中介机构从业人员不得另行投资保险专业代理公司；保险公司、保险专业中介机构的董事、监事或者高级管理人员的近亲属经营保险代理业务的，应当符合履职回避的有关规定。

第十条　经营区域不限于注册登记地所在省、自治区、直辖市、计划单列市的保险专业代理公司的注册资本最低限额为5000万元。

经营区域为注册登记地所在省、自治区、直辖市、计划单列市的保险专业代理公司的注册资本最低限额为2000万元。

保险专业代理公司的注册资本必须为实缴货币资本。

第十一条　保险专业代理公司名称中应当包含“保险代理”字样。

保险专业代理公司的字号不得与现有的保险专业中介机构相同，与其他保险专业中介机构具有同一实际控制人的保险专业代理公司除外。

保险专业代理公司应当规范使用机构简称，清晰标识所属行业细分类别，不得混淆保险代理公司与保险公司概念，在宣传工作中应当明确标识“保险代理”字样。

第十二条　保险兼业代理机构经营保险代理业务，应当符合下列条件：

（一）有市场监督管理部门核发的营业执照，其主营业务依法须经批准的，应取得相关部门的业务许可；

（二）主业经营情况良好，最近2年内无重大行政处罚记录；

（三）有同主业相关的保险代理业务来源；

（四）有便民服务的营业场所或者销售渠道；

（五）具备必要的软硬件设施，保险业务信息系统与保险公司对接，业务、财务数据可独立于主营业务单独查询统计；

（六）有完善的保险代理业务管理制度和机制；

（七）有符合本规定条件的保险代理业务责任人；

（八）法律、行政法规和国务院保险监督管理机构规定的其他条件。

保险兼业代理机构因严重失信行为被国家有关单位确定为失信联合惩戒对象且应当在保险领域受到相应惩戒的，或者最近5年内具有其他严重失信不良记录的，不得经营保险代理业务。

第十三条　保险兼业代理法人机构及其根据本规定第二十条指定的分支机构应当分别委派本机构分管保险业务的负责人担任保险代理业务责任人。

保险代理业务责任人应当品行良好，熟悉保险法律、行政法规，具有履行职责所需的经营管理能力。

第十四条 保险专业代理公司申请经营保险代理业务，应当在领取营业执照后，及时按照国务院保险监督管理机构的要求提交申请材料，并进行相关信息披露。

保险兼业代理法人机构申请经营保险代理业务，应当及时按照国务院保险监督管理机构的要求提交申请材料，并进行相关信息披露。

国务院保险监督管理机构及其派出机构（以下统称保险监督管理机构）按照法定的职责和程序实施行政许可。

第十五条 保险专业代理公司申请经营保险代理业务的，保险监督管理机构应当采取谈话、询问、现场验收等方式了解、审查申请人股东的经营、诚信记录，以及申请人的市场发展战略、业务发展计划、内控制度建设、人员结构、信息系统配置及运行等有关事项，并进行风险测试和提示。

保险兼业代理法人机构申请经营保险代理业务具体办法由国务院保险监督管理机构另行规定。

第十六条 保险监督管理机构依法作出批准保险专业代理公司、保险兼业代理法人机构经营保险代理业务的决定的，应当向申请人颁发许可证。申请人取得许可证后，方可开展保险代理业务，并应当及时在国务院保险监督管理机构规定的监管信息系统中登记相关信息。

保险监督管理机构决定不予批准的，应当作出书面决定并说明理由。保险专业代理公司继续存续的，应当依法办理名称、营业范围和公司章程等事项的变更登记，确保其名称中无“保险代理”字样。

第十七条 经营区域不限于注册登记地所在省、自治区、直辖市、计划单列市的保险专业代理公司可以在中华人民共和国境内开展保险代理业务。

经营区域不限于注册登记地所在省、自治区、直辖市、计划单列市的保险专业代理公司在注册登记地以外开展保险代理业务的，应当在当地设立分支机构。设立分支机构时应当首先设立省级分公司，指定其负责办理行政许可申请、监管报告和报表提交等相关事宜，并负责管理其他分支机构。

保险专业代理公司分支机构包括分公司、营业部。

第十八条 保险专业代理公司新设分支机构经营保险代理业务，应当符合以下条件：

（一）保险专业代理公司及分支机构最近1年内没有受到刑罚或者重大行政处罚；

（二）保险专业代理公司及分支机构未因涉嫌违法犯罪正接受有关部门调查；

（三）保险专业代理公司及分支机构最近1年内未发生30人以上群访群诉事件或者100人以上非正常集中退保事件；

（四）最近2年内设立的分支机构不存在运营未满1年退出市场的情形；

（五）具备完善的分支机构管理制度；

（六）新设分支机构有符合要求的营业场所、业务财务信息管理系统，以及与经营业务相匹配的其他设施；

（七）新设分支机构主要负责人符合本规定的任职条件；

（八）国务院保险监督管理机构规定的其他条件。

保险专业代理公司因严重失信行为被国家有关单位确定为失信联合惩戒对象且应当在保险领域受到相应惩戒的，或者最近5年内具有其他严重失信不良记录的，不得新设分支机构经营保险代理业务。

第十九条 保险专业代理公司分支机构应当在营业执照记载的登记之日起15日内，书面报告保险监督管理机构，在国务院保险监督管理机构规定的监管信息系统中登记相关信息，按照规定进行公开披露，并提交主要负责人的任职资格核准申请材料或者报告材料。

第二十条 保险兼业代理分支机构获得

法人机构关于开展保险代理业务的授权后，可以开展保险代理业务，并应当及时通过国务院保险监督管理机构规定的监管信息系统报告相关情况。

保险兼业代理法人机构授权注册登记地以外的省、自治区、直辖市或者计划单列市的分支机构经营保险代理业务的，应当指定一家分支机构负责该区域全部保险代理业务管理事宜。

第二十一条　保险专业代理机构有下列情形之一的，应当自该情形发生之日起5日内，通过国务院保险监督管理机构规定的监管信息系统报告，并按照规定进行公开披露：

（一）变更名称、住所或者营业场所的；

（二）变更股东、注册资本或者组织形式的；

（三）变更股东姓名或者名称、出资额的；

（四）修改公司章程的；

（五）股权投资、设立境外保险类机构及非营业性机构的；

（六）分立、合并、解散，分支机构终止保险代理业务活动的；

（七）变更省级分公司以外分支机构主要负责人的；

（八）受到行政处罚、刑罚或者涉嫌违法犯罪正接受调查的；

（九）国务院保险监督管理机构规定的其他报告事项。

保险专业代理机构发生前款规定的相关情形，应当符合国务院保险监督管理机构相关规定。

第二十二条　保险兼业代理机构有下列情形之一的，应当自该情形发生之日起5日内，通过国务院保险监督管理机构规定的监管信息系统报告，并按照规定进行公开披露：

（一）变更名称、住所或者营业场所的；

（二）变更保险代理业务责任人的；

（三）变更对分支机构代理保险业务授权的；

（四）国务院保险监督管理机构规定的其他报告事项。

第二十三条　保险专业代理公司、保险兼业代理法人机构变更事项涉及许可证记载内容的，应当按照国务院保险监督管理机构有关规定办理许可证变更登记，交回原许可证，领取新许可证，并进行公告。

第二节　任职资格

第二十四条　本规定所称保险专业代理机构高级管理人员是指下列人员：

（一）保险专业代理公司的总经理、副总经理；

（二）省级分公司主要负责人；

（三）对公司经营管理行使重要职权的其他人员。

保险专业代理机构高级管理人员应当在任职前取得保险监督管理机构核准的任职资格。

第二十五条　保险专业代理机构高级管理人员应当具备下列条件：

（一）大学专科以上学历；

（二）从事金融工作3年以上或者从事经济工作5年以上；

（三）具有履行职责所需的经营管理能力，熟悉保险法律、行政法规及国务院保险监督管理机构的相关规定；

（四）诚实守信，品行良好。

从事金融工作10年以上的人员，学历要求可以不受第一款第（一）项的限制。

保险专业代理机构任用的省级分公司以外分支机构主要负责人应当具备前两款规定的条件。

第二十六条　有下列情形之一的人员，不得担任保险专业代理机构的高级管理人员和省级分公司以外分支机构主要负责人：

（一）无民事行为能力或者限制民事行为能力；

（二）因贪污、贿赂、侵占财产、挪用财产或者破坏社会主义市场秩序，被判处刑罚执行期满未逾5年，或者因犯罪被剥夺政治权利，执行期满未逾5年；

（三）担任破产清算的公司、企业的董事或者厂长、经理，对该公司、企业的破产负有个人责任的，自该公司、企业破产清算完结之日起未逾3年；

（四）担任因违法被吊销营业执照、责令关闭的公司、企业的法定代表人，并负有个人责任的，自该公司、企业被吊销营业执照之日起未逾3年；

（五）担任因违法被吊销许可证的保险公司或者保险中介机构的董事、监事或者高级管理人员，并对被吊销许可证负有个人责任或者直接领导责任的，自许可证被吊销之日起未逾3年；

（六）因违法行为或者违纪行为被金融监管机构取消任职资格的金融机构的董事、监事或者高级管理人员，自被取消任职资格之日起未逾5年；

（七）被金融监管机构决定在一定期限内禁止进入金融行业的，期限未满；

（八）受金融监管机构警告或者罚款未逾2年；

（九）正在接受司法机关、纪检监察部门或者金融监管机构调查；

（十）个人所负数额较大的债务到期未清偿；

（十一）因严重失信行为被国家有关单位确定为失信联合惩戒对象且应当在保险领域受到相应惩戒，或者最近5年内具有其他严重失信不良记录；

（十二）法律、行政法规和国务院保险监督管理机构规定的其他情形。

第二十七条 保险专业代理机构应当与高级管理人员、省级分公司以外分支机构主要负责人建立劳动关系，订立书面劳动合同。

第二十八条 保险专业代理机构高级管理人员、省级分公司以外分支机构主要负责人至多兼任2家分支机构的主要负责人。

保险专业代理机构高级管理人员和省级分公司以外分支机构主要负责人兼任其他经营管理职务的，应当具有必要的时间履行职务。

第二十九条 非经股东会或者股东大会批准，保险专业代理公司的高级管理人员和省级分公司以外分支机构主要负责人不得在存在利益冲突的机构中兼任职务。

第三十条 保险专业代理机构向保险监督管理机构提出高级管理人员任职资格核准申请的，应当如实填写申请表、提交相关材料。

保险监督管理机构可以对保险专业代理机构拟任高级管理人员进行考察或者谈话。

第三十一条 保险专业代理机构高级管理人员应当通过国务院保险监督管理机构认可的保险法规及相关知识测试。

第三十二条 保险专业代理机构高级管理人员在同一保险专业代理机构内部调任、兼任其他职务，无须重新核准任职资格。

保险专业代理机构调整、免除高级管理人员和省级分公司以外分支机构主要负责人职务，应当自决定作出之日起5日内在国务院保险监督管理机构规定的监管信息系统中登记相关信息，并按照规定进行公开披露。

第三十三条 保险专业代理机构的高级管理人员和省级分公司以外分支机构主要负责人因涉嫌犯罪被起诉的，保险专业代理机构应当自其被起诉之日起5日内和结案之日起5日内在国务院保险监督管理机构规定的监管信息系统中登记相关信息。

第三十四条 保险专业代理机构高级管理人员和省级分公司以外分支机构主要负责人有下列情形之一，保险专业代理机构已经任命的，应当免除其职务；经核准任职资格的，其任职资格自动失效：

（一）获得核准任职资格后，保险专业代理机构超过2个月未任命；

（二）从该保险专业代理机构离职；

（三）受到国务院保险监督管理机构禁止进入保险业的行政处罚；

（四）出现《中华人民共和国公司法》第一百四十六条规定的情形。

第三十五条　保险专业代理机构出现下列情形之一，可以指定临时负责人，但临时负责人任职时间最长不得超过3个月，并且不得就同一职务连续任命临时负责人：

（一）原负责人辞职或者被撤职；

（二）原负责人因疾病、意外事故等原因无法正常履行工作职责；

（三）国务院保险监督管理机构认可的其他特殊情况。

临时负责人应当具有与履行职责相当的能力，并应当符合本规定第二十五条、第二十六条的相关要求。

保险专业代理机构任命临时负责人的，应当自决定作出之日起5日内在国务院保险监督管理机构规定的监管信息系统中登记相关信息。

第三节　从业人员

第三十六条　保险公司应当委托品行良好的个人保险代理人。保险专业代理机构、保险兼业代理机构应当聘任品行良好的保险代理机构从业人员。

保险公司、保险专业代理机构、保险兼业代理机构应当加强对个人保险代理人、保险代理机构从业人员招录工作的管理，制定规范统一的招录政策、标准和流程。

有下列情形之一的，保险公司、保险专业代理机构、保险兼业代理机构不得聘任或者委托：

（一）因贪污、受贿、侵占财产、挪用财产或者破坏社会主义市场经济秩序，被判处刑罚，执行期满未逾5年的；

（二）被金融监管机构决定在一定期限内禁止进入金融行业，期限未满的；

（三）因严重失信行为被国家有关单位确定为失信联合惩戒对象且应当在保险领域受到相应惩戒，或者最近5年内具有其他严重失信不良记录的；

（四）法律、行政法规和国务院保险监督管理机构规定的其他情形。

第三十七条　个人保险代理人、保险代理机构从业人员应当具有从事保险代理业务所需的专业能力。保险公司、保险专业代理机构、保险兼业代理机构应当加强对个人保险代理人、保险代理机构从业人员的岗前培训和后续教育。培训内容至少应当包括业务知识、法律知识及职业道德。

保险公司、保险专业代理机构、保险兼业代理机构可以委托保险中介行业自律组织或者其他机构组织培训。

保险公司、保险专业代理机构、保险兼业代理机构应当建立完整的个人保险代理人、保险代理机构从业人员培训档案。

第三十八条　保险公司、保险专业代理机构、保险兼业代理机构应当按照规定为其个人保险代理人、保险代理机构从业人员进行执业登记。

个人保险代理人、保险代理机构从业人员只限于通过一家机构进行执业登记。

个人保险代理人、保险代理机构从业人员变更所属机构的，新所属机构应当为其进行执业登记，原所属机构应当在规定的时限内及时注销执业登记。

第三十九条　国务院保险监督管理机构对个人保险代理人实施分类管理，加快建立独立个人保险代理人制度。

第三章　经营规则

第四十条　保险专业代理公司应当将许可证、营业执照置于住所或者营业场所显著位置。

保险专业代理公司分支机构应当将加盖所属法人公章的许可证复印件、分支机构营业执照置于营业场所显著位置。

保险兼业代理机构应当按照国务院保险监督管理机构的有关规定放置许可证或者许可证复印件。

保险专业代理机构和兼业代理机构不得伪造、变造、出租、出借、转让许可证。

第四十一条 保险专业代理机构可以经营下列全部或者部分业务：

（一）代理销售保险产品；

（二）代理收取保险费；

（三）代理相关保险业务的损失勘查和理赔；

（四）国务院保险监督管理机构规定的其他相关业务。

第四十二条 保险兼业代理机构可以经营本规定第四十一条规定的第（一）、（二）项业务及国务院保险监督管理机构批准的其他业务。

保险公司兼营保险代理业务的，除同一保险集团内各保险子公司之间开展保险代理业务外，一家财产保险公司在一个会计年度内只能代理一家人身保险公司业务，一家人身保险公司在一个会计年度内只能代理一家财产保险公司业务。

第四十三条 保险代理人从事保险代理业务不得超出被代理保险公司的业务范围和经营区域；保险专业代理机构从事保险代理业务涉及异地共保、异地承保和统括保单，国务院保险监督管理机构另有规定的，从其规定。

除国务院保险监督管理机构另有规定外，保险兼业代理机构不得在主业营业场所外另设代理网点。

第四十四条 保险专业代理机构及其从业人员、个人保险代理人不得销售非保险金融产品，经相关金融监管部门审批的非保险金融产品除外。

保险专业代理机构及其从业人员、个人保险代理人销售符合条件的非保险金融产品前，应当具备相应的资质要求。

第四十五条 保险专业代理机构应当根据法律、行政法规和国务院保险监督管理机构的有关规定，依照职责明晰、强化制衡、加强风险管理的原则，建立完善的公司治理结构和制度；明确管控责任，构建合规体系，注重自我约束，加强内部追责，确保稳健运营。

第四十六条 个人保险代理人、保险代理机构从业人员应当在所属机构的授权范围内从事保险代理业务。

保险公司兼营保险代理业务的，其个人保险代理人可以根据授权，代为办理其他保险公司的保险业务。个人保险代理人所属保险公司应当及时变更执业登记，增加记载授权范围等事项。法律、行政法规和国务院保险监督管理机构另有规定的，适用其规定。

第四十七条 保险代理人通过互联网、电话经营保险代理业务，国务院保险监督管理机构另有规定的，适用其规定。

第四十八条 保险专业代理机构、保险兼业代理机构应当建立专门账簿，记载保险代理业务收支情况。

第四十九条 保险专业代理机构、保险兼业代理机构代收保险费的，应当开立独立的代收保险费账户进行结算。

保险专业代理机构、保险兼业代理机构应当开立独立的佣金收取账户。

保险专业代理机构、保险兼业代理机构开立、使用其他与经营保险代理业务有关银行账户的，应当符合国务院保险监督管理机构的规定。

第五十条 保险专业代理机构、保险兼业代理机构应当建立完整规范的业务档案。

保险专业代理机构业务档案至少应当包括下列内容：

（一）代理销售保单的基本情况，包括保险人、投保人、被保险人名称或者姓名，保单号，产品名称，保险金额，保险费，缴费方式，投保日期，保险期间等；

（二）保险费代收和交付被代理保险公

司的情况；

（三）保险代理佣金金额和收取情况；

（四）为保险合同签订提供代理服务的保险代理机构从业人员姓名、领取报酬金额、领取报酬账户等；

（五）国务院保险监督管理机构规定的其他业务信息。

保险兼业代理机构的业务档案至少应当包括前款第（一）至（三）项内容，并应当列明为保险合同签订提供代理服务的保险兼业代理机构从业人员姓名及其执业登记编号。

保险专业代理机构、保险兼业代理机构的记录应当真实、完整。

第五十一条　保险代理人应当加强信息化建设，通过业务信息系统等途径及时向保险公司提供真实、完整的投保信息，并应当与保险公司依法约定对投保信息保密、合理使用等事项。

第五十二条　保险代理人应当妥善管理和使用被代理保险公司提供的各种单证、材料；代理关系终止后，应当在30日内将剩余的单证及材料交付被代理保险公司。

第五十三条　保险代理人从事保险代理业务，应当与被代理保险公司签订书面委托代理合同，依法约定双方的权利义务，并明确解付保费、支付佣金的时限和违约赔偿责任等事项。委托代理合同不得违反法律、行政法规及国务院保险监督管理机构有关规定。

保险代理人根据保险公司的授权代为办理保险业务的行为，由保险公司承担责任。保险代理人没有代理权、超越代理权或者代理权终止后以保险公司名义订立合同，使投保人有理由相信其有代理权的，该代理行为有效。

个人保险代理人、保险代理机构从业人员开展保险代理活动有违法违规行为的，其所属保险公司、保险专业代理机构、保险兼业代理机构依法承担法律责任。

第五十四条　除国务院保险监督管理机构另有规定外，保险专业代理机构、保险兼业代理机构在开展业务过程中，应当制作并出示客户告知书。客户告知书至少应当包括以下事项：

（一）保险专业代理机构或者保险兼业代理机构及被代理保险公司的名称、营业场所、业务范围、联系方式；

（二）保险专业代理机构的高级管理人员与被代理保险公司或者其他保险中介机构是否存在关联关系；

（三）投诉渠道及纠纷解决方式。

第五十五条　保险专业代理机构、保险兼业代理机构应当对被代理保险公司提供的宣传资料进行记录存档。

保险代理人不得擅自修改被代理保险公司提供的宣传资料。

第五十六条　保险专业代理机构、保险兼业代理机构应当妥善保管业务档案、会计账簿、业务台账、客户告知书以及佣金收入的原始凭证等有关资料，保管期限自保险合同终止之日起计算，保险期间在1年以下的不得少于5年，保险期间超过1年的不得少于10年。

第五十七条　保险代理人为政策性保险业务、政府委托业务提供服务的，佣金收取不得违反国务院保险监督管理机构的规定。

第五十八条　保险代理人应当向投保人全面披露保险产品相关信息，并明确说明保险合同中保险责任、责任减轻或者免除、退保及其他费用扣除、现金价值、犹豫期等条款。

第五十九条　保险专业代理公司应当按规定将监管费交付到国务院保险监督管理机构指定账户。国务院保险监督管理机构对监管费另有规定的，适用其规定。

第六十条　保险专业代理公司应当自取得许可证之日起20日内投保职业责任保险或者缴存保证金。

保险专业代理公司应当自投保职业责任

保险或者缴存保证金之日起10日内，将职业责任保险保单复印件或者保证金存款协议复印件、保证金入账原始凭证复印件报送保险监督管理机构，并在国务院保险监督管理机构规定的监管信息系统中登记相关信息。

保险兼业代理机构应当按照国务院保险监督管理机构的规定投保职业责任保险或者缴存保证金。

第六十一条 保险专业代理公司投保职业责任保险，该保险应当持续有效。

保险专业代理公司投保的职业责任保险对一次事故的赔偿限额不得低于人民币100万元；一年期保单的累计赔偿限额不得低于人民币1000万元，且不得低于保险专业代理公司上年度的主营业务收入。

第六十二条 保险专业代理公司缴存保证金的，应当按照注册资本的5%缴存。保险专业代理公司增加注册资本的，应当按比例增加保证金数额。

保险专业代理公司应当足额缴存保证金。保证金应当以银行存款形式专户存储到商业银行，或者以国务院保险监督管理机构认可的其他形式缴存。

第六十三条 保险专业代理公司有下列情形之一的，可以动用保证金：

（一）注册资本减少；

（二）许可证被注销；

（三）投保符合条件的职业责任保险；

（四）国务院保险监督管理机构规定的其他情形。

保险专业代理公司应当自动用保证金之日起5日内书面报告保险监督管理机构。

第六十四条 保险专业代理公司应当在每一会计年度结束后聘请会计师事务所对本公司的资产、负债、利润等财务状况进行审计，并在每一会计年度结束后4个月内向保险监督管理机构报送相关审计报告。

保险专业代理公司应当根据规定向保险监督管理机构提交专项外部审计报告。

第六十五条 保险专业代理机构、保险兼业代理机构应当按照国务院保险监督管理机构的有关规定及时、准确、完整地报送报告、报表、文件和资料，并根据要求提交相关的电子文本。

保险专业代理机构、保险兼业代理机构报送的报告、报表、文件和资料应当由法定代表人、主要负责人或者其授权人签字，并加盖机构印章。

第六十六条 保险公司、保险专业代理机构、保险兼业代理机构不得委托未通过该机构进行执业登记的个人从事保险代理业务。国务院保险监督管理机构另有规定的除外。

第六十七条 保险公司、保险专业代理机构、保险兼业代理机构应当对个人保险代理人、保险代理机构从业人员进行执业登记信息管理，及时登记个人信息及授权范围等事项以及接受处罚、聘任或者委托关系终止等情况，确保执业登记信息的真实、准确、完整。

第六十八条 保险公司、保险专业代理机构、保险兼业代理机构应当承担对个人保险代理人、保险代理机构从业人员行为的管理责任，维护人员规范有序流动，强化日常管理、监测、追责，防范其超越授权范围或者从事违法违规活动。

第六十九条 保险公司应当制定个人保险代理人管理制度。明确界定负责团队组织管理的人员（以下简称团队主管）的职责，将个人保险代理人销售行为合规性与团队主管的考核、奖惩挂钩。个人保险代理人发生违法违规行为的，保险公司应当按照有关规定对团队主管追责。

第七十条 保险代理人及其从业人员在办理保险业务活动中不得有下列行为：

（一）欺骗保险人、投保人、被保险人或者受益人；

（二）隐瞒与保险合同有关的重要情况；

（三）阻碍投保人履行如实告知义务，

或者诱导其不履行如实告知义务；

（四）给予或者承诺给予投保人、被保险人或者受益人保险合同约定以外的利益；

（五）利用行政权力、职务或者职业便利以及其他不正当手段强迫、引诱或者限制投保人订立保险合同；

（六）伪造、擅自变更保险合同，或者为保险合同当事人提供虚假证明材料；

（七）挪用、截留、侵占保险费或者保险金；

（八）利用业务便利为其他机构或者个人牟取不正当利益；

（九）串通投保人、被保险人或者受益人，骗取保险金；

（十）泄露在业务活动中知悉的保险人、投保人、被保险人的商业秘密。

第七十一条　个人保险代理人、保险代理机构从业人员不得聘用或者委托其他人员从事保险代理业务。

第七十二条　保险代理人及保险代理机构从业人员在开展保险代理业务过程中，不得索取、收受保险公司或其工作人员给予的合同约定之外的酬金、其他财物，或者利用执行保险代理业务之便牟取其他非法利益。

第七十三条　保险代理人不得以捏造、散布虚假事实等方式损害竞争对手的商业信誉，不得以虚假广告、虚假宣传或者其他不正当竞争行为扰乱保险市场秩序。

第七十四条　保险代理人不得与非法从事保险业务或者保险中介业务的机构或者个人发生保险代理业务往来。

第七十五条　保险代理人不得将保险佣金从代收的保险费中直接扣除。

第七十六条　保险代理人及保险代理机构从业人员不得违反规定代替投保人签订保险合同。

第七十七条　保险公司、保险专业代理机构以及保险兼业代理机构不得以缴纳费用或者购买保险产品作为招聘从业人员的条件，不得承诺不合理的高额回报，不得以直接或者间接发展人员的数量作为从业人员计酬的主要依据。

第七十八条　保险代理人自愿加入保险中介行业自律组织。

保险中介行业自律组织依法制定保险代理人自律规则，依据法律法规和自律规则，对保险代理人实行自律管理。

保险中介行业自律组织依法制定章程，按照规定向批准其成立的登记管理机关申请审核，并报保险监督管理机构备案。

第四章　市场退出

第七十九条　保险专业代理公司、保险兼业代理法人机构退出保险代理市场，应当遵守法律、行政法规及其他相关规定。保险专业代理公司、保险兼业代理法人机构有下列情形之一的，保险监督管理机构依法注销许可证，并予以公告：

（一）许可证依法被撤回、撤销或者吊销的；

（二）因解散或者被依法宣告破产等原因依法终止的；

（三）法律、行政法规规定的其他情形。

被注销许可证的保险专业代理公司、保险兼业代理法人机构应当及时交回许可证原件；许可证无法交回的，保险监督管理机构在公告中予以说明。

被注销许可证的保险专业代理公司、保险兼业代理法人机构应当终止其保险代理业务活动。

第八十条　保险专业代理公司许可证注销后，公司继续存续的，不得从事保险代理业务，并应当依法办理名称、营业范围和公司章程等事项的变更登记，确保其名称中无“保险代理”字样。

保险兼业代理法人机构被保险监督管理机构依法吊销许可证的，3 年之内不得再次申请许可证；因其他原因被依法注销许可证的，1 年之内不得再次申请许可证。

第八十一条 有下列情形之一的，保险公司、保险专业代理机构、保险兼业代理机构应当在规定的时限内及时注销个人保险代理人、保险代理机构从业人员执业登记：

（一）个人保险代理人、保险代理机构从业人员受到禁止进入保险业的行政处罚；

（二）个人保险代理人、保险代理机构从业人员因其他原因终止执业；

（三）保险公司、保险专业代理机构、保险兼业代理机构停业、解散或者因其他原因不再继续经营保险代理业务；

（四）法律、行政法规和国务院保险监督管理机构规定的其他情形。

第八十二条 保险代理人终止保险代理业务活动，应妥善处理债权债务关系，不得损害投保人、被保险人、受益人的合法权益。

第五章 监督检查

第八十三条 国务院保险监督管理机构派出机构按照属地原则负责辖区内保险代理人的监管。

国务院保险监督管理机构派出机构应当注重对辖区内保险代理人的行为监管，依法进行现场检查和非现场监管，并实施行政处罚和采取其他监管措施。

国务院保险监督管理机构派出机构在依法对辖区内保险代理人实施行政处罚和采取其他监管措施时，应当同时依法对该行为涉及的保险公司实施行政处罚和采取其他监管措施。

第八十四条 保险监督管理机构根据监管需要，可以对保险专业代理机构的高级管理人员、省级分公司以外分支机构主要负责人或者保险兼业代理机构的保险代理业务责任人进行监管谈话，要求其就经营活动中的重大事项作出说明。

第八十五条 保险监督管理机构根据监管需要，可以委派监管人员列席保险专业代理公司的股东会或者股东大会、董事会。

第八十六条 保险专业代理公司、保险兼业代理法人机构的分支机构保险代理业务经营管理混乱，从事重大违法违规活动的，保险专业代理公司、保险兼业代理法人机构应当根据保险监督管理机构的监管要求，对分支机构采取限期整改、停业、撤销或者解除保险代理业务授权等措施。

第八十七条 保险监督管理机构依法对保险专业代理机构进行现场检查，主要包括下列内容：

（一）业务许可及相关事项是否依法获得批准或者履行报告义务；

（二）资本金是否真实、足额；

（三）保证金是否符合规定；

（四）职业责任保险是否符合规定；

（五）业务经营是否合法；

（六）财务状况是否真实；

（七）向保险监督管理机构提交的报告、报表及资料是否及时、完整和真实；

（八）内控制度是否符合国务院保险监督管理机构的有关规定；

（九）任用高级管理人员和省级分公司以外分支机构主要负责人是否符合规定；

（十）是否有效履行从业人员管理职责；

（十一）对外公告是否及时、真实；

（十二）业务、财务信息管理系统是否符合国务院保险监督管理机构的有关规定；

（十三）国务院保险监督管理机构规定的其他事项。

保险监督管理机构依法对保险兼业代理机构进行现场检查，主要包括前款规定除第（二）项、第（九）项以外的内容。

保险监督管理机构依法对保险公司是否有效履行对其个人保险代理人的管控职责进行现场检查。

第八十八条 保险监督管理机构依法履行职责，被检查、调查的单位和个人应当配合。

保险监督管理机构依法进行监督检查或者调查，其监督检查、调查的人员不得少于二人，并应当出示合法证件和监督检查、调查通知书；监督检查、调查的人员少于二人或者未出示合法证件和监督检查、调查通知书的，被检查、调查的单位和个人有权拒绝。

第八十九条　保险监督管理机构可以在现场检查中，委托会计师事务所等社会中介机构提供相关服务；保险监督管理机构委托上述中介机构提供服务的，应当签订书面委托协议。

保险监督管理机构应当将委托事项告知被检查的保险专业代理机构、保险兼业代理机构。

第六章　法律责任

第九十条　未取得许可证，非法从事保险代理业务的，由保险监督管理机构予以取缔，没收违法所得，并处违法所得1倍以上5倍以下罚款；没有违法所得或者违法所得不足5万元的，处5万元以上30万元以下罚款。

第九十一条　行政许可申请人隐瞒有关情况或者提供虚假材料申请相关保险代理业务许可或者申请其他行政许可的，保险监督管理机构不予受理或者不予批准，并给予警告，申请人在1年内不得再次申请该行政许可。

第九十二条　被许可人通过欺骗、贿赂等不正当手段取得保险代理业务许可或者其他行政许可的，由保险监督管理机构予以撤销，并依法给予行政处罚；申请人在3年内不得再次申请该行政许可。

第九十三条　保险专业代理机构聘任不具有任职资格的人员的，由保险监督管理机构责令改正，处2万元以上10万元以下罚款；对该机构直接负责的主管人员和其他直接责任人员，给予警告，并处1万元以上10万元以下罚款，情节严重的，撤销任职资格。

保险专业代理机构未按规定聘任省级分公司以外分支机构主要负责人或者未按规定任命临时负责人的，由保险监督管理机构责令改正，给予警告，并处1万元以下罚款；对该机构直接负责的主管人员和其他直接责任人员，给予警告，并处1万元以下罚款。

保险兼业代理机构未按规定指定保险代理业务责任人的，由保险监督管理机构责令改正，给予警告，并处1万元以下罚款；对该机构直接负责的主管人员和其他直接责任人员，给予警告，并处1万元以下罚款。

第九十四条　保险公司、保险专业代理机构、保险兼业代理机构未按规定委托或者聘任个人保险代理人、保险代理机构从业人员，或者未按规定进行执业登记和管理的，由保险监督管理机构责令改正，给予警告，并处1万元以下罚款；对该机构直接负责的主管人员和其他直接责任人员，给予警告，并处1万元以下罚款。

第九十五条　保险专业代理机构、保险兼业代理机构出租、出借或者转让许可证的，由保险监督管理机构责令改正，处1万元以上10万元以下罚款；情节严重的，责令停业整顿或者吊销许可证；对保险专业代理机构直接负责的主管人员和其他直接责任人员，给予警告，并处1万元以上10万元以下罚款，情节严重的，撤销任职资格；对保险兼业代理机构直接负责的主管人员和其他直接责任人员，给予警告，并处1万元以下罚款。

第九十六条　保险专业代理机构、保险兼业代理机构在许可证使用过程中，有下列情形之一的，由保险监督管理机构责令改正，给予警告，没有违法所得的，处1万元以下罚款，有违法所得的，处违法所得3倍以下罚款，但最高不得超过3万元；对该机构直接负责的主管人员和其他直接责任人员，给予警告，并处1万元以下罚款：

（一）未按规定放置许可证的；

（二）未按规定办理许可证变更登记的；

（三）未按规定交回许可证的；

（四）未按规定进行公告的。

第九十七条 保险专业代理机构、保险兼业代理机构有下列情形之一的，由保险监督管理机构责令改正，处 2 万元以上 10 万元以下罚款；情节严重的，责令停业整顿或者吊销许可证；对保险专业代理机构直接负责的主管人员和其他直接责任人员，给予警告，并处 1 万元以上 10 万元以下罚款，情节严重的，撤销任职资格；对保险兼业代理机构直接负责的主管人员和其他直接责任人员，给予警告，并处 1 万元以下罚款：

（一）未按照规定缴存保证金或者投保职业责任保险的；

（二）未按规定设立专门账簿记载业务收支情况的。

第九十八条 保险专业代理机构未按本规定设立分支机构或者保险兼业代理分支机构未按本规定获得法人机构授权经营保险代理业务的，由保险监督管理机构责令改正，给予警告，没有违法所得的，处 1 万元以下罚款，有违法所得的，处违法所得 3 倍以下的罚款，但最高不得超过 3 万元；对该机构直接负责的主管人员和其他直接责任人员，给予警告，并处 1 万元以下罚款。

第九十九条 保险专业代理机构、保险兼业代理机构有下列情形之一的，由保险监督管理机构责令改正，给予警告，没有违法所得的，处 1 万元以下罚款，有违法所得的，处违法所得 3 倍以下的罚款，但最高不得超过 3 万元；对该机构直接负责的主管人员和其他直接责任人员，给予警告，并处 1 万元以下罚款：

（一）超出规定的业务范围、经营区域从事保险代理业务活动的；

（二）与非法从事保险业务或者保险中介业务的机构或者个人发生保险代理业务往来的。

第一百条 保险专业代理机构、保险兼业代理机构违反本规定第四十三条的，由保险监督管理机构责令改正，给予警告，没有违法所得的，处 1 万元以下罚款，有违法所得的，处违法所得 3 倍以下罚款，但最高不得超过 3 万元；对该机构直接负责的主管人员和其他直接责任人员，给予警告，并处 1 万元以下罚款。

第一百零一条 保险专业代理机构、保险兼业代理机构违反本规定第五十一条、第五十四条的，由保险监督管理机构责令改正，给予警告，并处 1 万元以下罚款；对该机构直接负责的主管人员和其他直接责任人员，给予警告，并处 1 万元以下罚款。

第一百零二条 保险专业代理机构、保险兼业代理机构有本规定第七十条所列情形之一的，由保险监督管理机构责令改正，处 5 万元以上 30 万元以下罚款；情节严重的，吊销许可证；对保险专业代理机构直接负责的主管人员和其他直接责任人员，给予警告，并处 1 万元以上 10 万元以下罚款，情节严重的，撤销任职资格；对保险兼业代理机构直接负责的主管人员和其他直接责任人员，给予警告，并处 1 万元以下罚款。

第一百零三条 个人保险代理人、保险代理机构从业人员聘用或者委托其他人员从事保险代理业务的，由保险监督管理机构给予警告，没有违法所得的，处 1 万元以下罚款，有违法所得的，处违法所得 3 倍以下罚款，但最高不得超过 3 万元。

第一百零四条 保险专业代理机构、保险兼业代理机构违反本规定第七十二条的，由保险监督管理机构给予警告，没有违法所得的，处 1 万元以下罚款，有违法所得的，处违法所得 3 倍以下罚款，但最高不得超过 3 万元；对该机构直接负责的主管人员和其他直接责任人员，给予警告，并处 1 万元以下罚款。

第一百零五条 保险专业代理机构、保险兼业代理机构违反本规定第七十三条、第七十七条的，由保险监督管理机构给予警告，没有违法所得的，处 1 万元以下罚款，有违法所得的，处违法所得 3 倍以下罚款，但最高不得超过3万元；对该机构直接负责的主管人员和其他直接责任人员，给予警告，并处1万元以下罚款。

第一百零六条 保险专业代理机构、保险兼业代理机构未按本规定报送或者保管报告、报表、文件、资料的，或者未按照本规定提供有关信息、资料的，由保险监督管理机构责令限期改正；逾期不改正的，处1万元以上10万元以下罚款；对保险专业代理机构直接负责的主管人员和其他直接责任人员，给予警告，并处1万元以上10万元以下罚款，情节严重的，撤销任职资格；对保险兼业代理机构直接负责的主管人员和其他直接责任人员，给予警告，并处1万元以下罚款。

第一百零七条 保险专业代理机构、保险兼业代理机构有下列情形之一的，由保险监督管理机构责令改正，处10万元以上50万元以下罚款；情节严重的，可以限制其业务范围、责令停止接受新业务或者吊销许可证；对保险专业代理机构直接负责的主管人员和其他直接责任人员，给予警告，并处1万元以上10万元以下罚款，情节严重的，撤销任职资格；对保险兼业代理机构直接负责的主管人员和其他直接责任人员，给予警告，并处1万元以下罚款：

（一）编制或者提供虚假的报告、报表、文件或者资料的；

（二）拒绝或者妨碍依法监督检查的。

第一百零八条 保险专业代理机构、保险兼业代理机构有下列情形之一的，由保险监督管理机构责令改正，给予警告，没有违法所得的，处1万元以下罚款，有违法所得的，处违法所得3倍以下罚款，但最高不得超过3万元；对该机构直接负责的主管人员和其他直接责任人员，给予警告，并处1万元以下罚款：

（一）未按规定托管注册资本的；

（二）未按规定建立或者管理业务档案的；

（三）未按规定使用银行账户的；

（四）未按规定进行信息披露的；

（五）未按规定缴纳监管费的；

（六）违反规定代替投保人签订保险合同的；

（七）违反规定动用保证金的；

（八）违反规定开展互联网保险业务的；

（九）从代收保险费中直接扣除保险佣金的。

第一百零九条 个人保险代理人、保险代理机构从业人员违反本规定，依照《保险法》或者其他法律、行政法规应当予以处罚的，由保险监督管理机构依照相关法律、行政法规进行处罚；法律、行政法规未作规定的，由保险监督管理机构给予警告，没有违法所得的，处1万元以下罚款，有违法所得的，处违法所得3倍以下罚款，但最高不得超过3万元。

第一百一十条 保险公司违反本规定，由保险监督管理机构依照法律、行政法规进行处罚；法律、行政法规未作规定的，对保险公司给予警告，没有违法所得的，处1万元以下罚款，有违法所得的，处违法所得3倍以下罚款，但最高不得超过3万元；对其直接负责的主管人员和其他直接责任人员，给予警告，并处1万元以下罚款。

第一百一十一条 违反法律和行政法规的规定，情节严重的，国务院保险监督管理机构可以禁止有关责任人员一定期限直至终身进入保险业。

第一百一十二条 保险专业代理机构的高级管理人员或者从业人员，离职后被发现在原工作期间违反保险监督管理规定的，应当依法追究其责任。

第一百一十三条 保险监督管理机构从事监督管理工作的人员有下列情形之一的，依法给予行政处分；构成犯罪的，依法追究刑事责任：

（一）违反规定批准代理机构经营保险代理业务的；

（二）违反规定核准高级管理人员任职

资格的；

（三）违反规定对保险代理人进行现场检查的；

（四）违反规定对保险代理人实施行政处罚的；

（五）违反规定干预保险代理市场佣金水平的；

（六）滥用职权、玩忽职守的其他行为。

第七章　附　　则

第一百一十四条　本规定所称保险专业中介机构指保险专业代理机构、保险经纪人和保险公估人。

本规定所称保险中介机构是指保险专业中介机构和保险兼业代理机构。

第一百一十五条　经保险监督管理机构批准经营保险代理业务的外资保险专业代理机构适用本规定，法律、行政法规另有规定的，适用其规定。

采取公司以外的组织形式的保险专业代理机构的设立和管理参照本规定，国务院保险监督管理机构另有规定的，适用其规定。

第一百一十六条　本规定施行前依法设立的保险代理公司继续保留，不完全具备本规定条件的，具体适用办法由国务院保险监督管理机构另行规定。

第一百一十七条　本规定要求提交的各种表格格式由国务院保险监督管理机构制定。

第一百一十八条　本规定中有关“5日”、“10日”、“15日”、“20日”的规定是指工作日，不含法定节假日。

本规定所称“以上”、“以下”均含本数。

第一百一十九条　本规定自2021年1月1日起施行，原中国保监会2009年9月25日发布的《保险专业代理机构监管规定》（中国保险监督管理委员会令2009年第5号）、2013年1月6日发布的《保险销售从业人员监管办法》（中国保险监督管理委员会令2013年第2号）、2013年4月27日发布的《中国保险监督管理委员会关于修改〈保险专业代理机构监管规定〉的决定》（中国保险监督管理委员会令2013年第7号）、2000年8月4日发布的《保险兼业代理管理暂行办法》（保监发〔2000〕144号）同时废止。

中华人民共和国邮政法

（1986年12月2日第六届全国人民代表大会常务委员会第十八次会议通过，2009年4月24日第十一届全国人民代表大会常务委员会第八次会议修订，根据2012年10月26日第十一届全国人民代表大会常务委员会第二十九次会议《关于修改〈中华人民共和国邮政法〉的决定》第一次修正，根据2015年4月24日第十二届全国人民代表大会常务委员会第十四次会议《关于修改〈中华人民共和国义务教育法〉等五部法律的决定》第二次修正）

第一章　总　　则

第一条　为了保障邮政普遍服务，加强对邮政市场的监督管理，维护邮政通信与信息安全，保护通信自由和通信秘密，保护用户合法权益，促进邮政业健康发展，适应经济社会发展和人民生活需要，制定本法。

第二条　国家保障中华人民共和国境内的邮政普遍服务。

邮政企业按照国家规定承担提供邮政普遍服务的义务。

国务院和地方各级人民政府及其有关部门应当采取措施，支持邮政企业提供邮政普遍服务。

本法所称邮政普遍服务，是指按照国家规定的业务范围、服务标准，以合理的资费标准，为中华人民共和国境内所有用户持续提供的邮政服务。

第三条　公民的通信自由和通信秘密受法律保护。除因国家安全或者追查刑事犯罪的需要，由公安机关、国家安全机关或者检察机关依照法律规定的程序对通信进行检查外，任何组织或者个人不得以任何理由侵犯公民的通信自由和通信秘密。

除法律另有规定外，任何组织或者个人不得检查、扣留邮件、汇款。

第四条　国务院邮政管理部门负责对全国的邮政普遍服务和邮政市场实施监督管理。

省、自治区、直辖市邮政管理机构负责对本行政区域的邮政普遍服务和邮政市场实施监督管理。

按照国务院规定设立的省级以下邮政管理机构负责对本辖区的邮政普遍服务和邮政市场实施监督管理。

国务院邮政管理部门和省、自治区、直辖市邮政管理机构以及省级以下邮政管理机构（以下统称邮政管理部门）对邮政市场实施监督管理，应当遵循公开、公平、公正以及鼓励竞争、促进发展的原则。

第五条　国务院规定范围内的信件寄递业务，由邮政企业专营。

第六条　邮政企业应当加强服务质量管理，完善安全保障措施，为用户提供迅速、准确、安全、方便的服务。

第七条　邮政管理部门、公安机关、国家安全机关和海关应当相互配合，建立健全安全保障机制，加强对邮政通信与信息安全的监督管理，确保邮政通信与信息安全。

第二章　邮政设施

第八条　邮政设施的布局和建设应当满足保障邮政普遍服务的需要。

地方各级人民政府应当将邮政设施的布局和建设纳入城乡规划，对提供邮政普遍服务的邮政设施的建设给予支持，重点扶持农村边远地区邮政设施的建设。

建设城市新区、独立工矿区、开发区、住宅区或者对旧城区进行改建，应当同时建设配套的提供邮政普遍服务的邮政设施。

提供邮政普遍服务的邮政设施等组成的邮政网络是国家重要的通信基础设施。

第九条　邮政设施应当按照国家规定的标准设置。

较大的车站、机场、港口、高等院校和宾馆应当设置提供邮政普遍服务的邮政营业场所。

邮政企业设置、撤销邮政营业场所，应当事先书面告知邮政管理部门；撤销提供邮政普遍服务的邮政营业场所，应当经邮政管理部门批准并予以公告。

第十条　机关、企业事业单位应当设置接收邮件的场所。农村地区应当逐步设置村邮站或者其他接收邮件的场所。

建设城镇居民楼应当设置接收邮件的信报箱，并按照国家规定的标准验收。建设单位未按照国家规定的标准设置信报箱的，由邮政管理部门责令限期改正；逾期未改正的，由邮政管理部门指定其他单位设置信报箱，所需费用由该居民楼的建设单位承担。

第十一条　邮件处理场所的设计和建设，应当符合国家安全机关和海关依法履行职责的要求。

第十二条　征收邮政营业场所或者邮件处理场所的，城乡规划主管部门应当根据保障邮政普遍服务的要求，对邮政营业场所或者邮件处理场所的重新设置作出妥善安排；未作出妥善安排前，不得征收。

邮政营业场所或者邮件处理场所重新设置前，邮政企业应当采取措施，保证邮政普遍服务的正常进行。

第十三条 邮政企业应当对其设置的邮政设施进行经常性维护，保证邮政设施的正常使用。

任何单位和个人不得损毁邮政设施或者影响邮政设施的正常使用。

第三章 邮政服务

第十四条 邮政企业经营下列业务：

（一）邮件寄递；

（二）邮政汇兑、邮政储蓄；

（三）邮票发行以及集邮票品制作、销售；

（四）国内报刊、图书等出版物发行；

（五）国家规定的其他业务。

第十五条 邮政企业应当对信件、单件重量不超过五千克的印刷品、单件重量不超过十千克的包裹的寄递以及邮政汇兑提供邮政普遍服务。

邮政企业按照国家规定办理机要通信、国家规定报刊的发行，以及义务兵平常信函、盲人读物和革命烈士遗物的免费寄递等特殊服务业务。

未经邮政管理部门批准，邮政企业不得停止办理或者限制办理前两款规定的业务；因不可抗力或者其他特殊原因暂时停止办理或者限制办理的，邮政企业应当及时公告，采取相应的补救措施，并向邮政管理部门报告。

邮政普遍服务标准，由国务院邮政管理部门会同国务院有关部门制定；邮政普遍服务监督管理的具体办法，由国务院邮政管理部门制定。

第十六条 国家对邮政企业提供邮政普遍服务、特殊服务给予补贴，并加强对补贴资金使用的监督。

第十七条 国家设立邮政普遍服务基金。邮政普遍服务基金征收、使用和监督管理的具体办法由国务院财政部门会同国务院有关部门制定，报国务院批准后公布施行。

第十八条 邮政企业的邮政普遍服务业务与竞争性业务应当分业经营。

第十九条 邮政企业在城市每周的营业时间应当不少于六天，投递邮件每天至少一次；在乡、镇人民政府所在地每周的营业时间应当不少于五天，投递邮件每周至少五次。

邮政企业在交通不便的边远地区和乡、镇其他地区每周的营业时间以及投递邮件的频次，国务院邮政管理部门可以另行规定。

第二十条 邮政企业寄递邮件，应当符合国务院邮政管理部门规定的寄递时限和服务规范。

第二十一条 邮政企业应当在其营业场所公示或者以其他方式公布其服务种类、营业时间、资费标准、邮件和汇款的查询及损失赔偿办法以及用户对其服务质量的投诉办法。

第二十二条 邮政企业采用其提供的格式条款确定与用户的权利义务的，该格式条款适用《中华人民共和国合同法》关于合同格式条款的规定。

第二十三条 用户交寄邮件，应当清楚、准确地填写收件人姓名、地址和邮政编码。邮政企业应当在邮政营业场所免费为用户提供邮政编码查询服务。

邮政编码由邮政企业根据国务院邮政管理部门制定的编制规则编制。邮政管理部门依法对邮政编码的编制和使用实施监督。

第二十四条 邮政企业收寄邮件和用户交寄邮件，应当遵守法律、行政法规以及国务院和国务院有关部门关于禁止寄递或者限制寄递物品的规定。

第二十五条 邮政企业应当依法建立并执行邮件收寄验视制度。

对用户交寄的信件，必要时邮政企业可以要求用户开拆，进行验视，但不得检查信件内容。用户拒绝开拆的，邮政企业不予收寄。

对信件以外的邮件，邮政企业收寄时应当当场验视内件。用户拒绝验视的，邮政企业不予收寄。

第二十六条 邮政企业发现邮件内夹带禁止寄递或者限制寄递的物品的，应当按照国家有关规定处理。

进出境邮件中夹带国家禁止进出境或者限制进出境的物品的，由海关依法处理。

第二十七条 对提供邮政普遍服务的邮政企业交运的邮件，铁路、公路、水路、航空等运输企业应当优先安排运输，车站、港口、机场应当安排装卸场所和出入通道。

第二十八条 带有邮政专用标志的车船进出港口、通过渡口时，应当优先放行。

带有邮政专用标志的车辆运递邮件，确需通过公安机关交通管理部门划定的禁行路段或者确需在禁止停车的地点停车的，经公安机关交通管理部门同意，在确保安全的前提下，可以通行或者停车。

邮政企业不得利用带有邮政专用标志的车船从事邮件运递以外的经营性活动，不得以出租等方式允许其他单位或者个人使用带有邮政专用标志的车船。

第二十九条 邮件通过海上运输时，不参与分摊共同海损。

第三十条 海关依照《中华人民共和国海关法》的规定，对进出境的国际邮袋、邮件集装箱和国际邮递物品实施监管。

第三十一条 进出境邮件的检疫，由进出境检验检疫机构依法实施。

第三十二条 邮政企业采取按址投递、用户领取或者与用户协商的其他方式投递邮件。

机关、企业事业单位、住宅小区管理单位等应当为邮政企业投递邮件提供便利。单位用户地址变更的，应当及时通知邮政企业。

第三十三条 邮政企业对无法投递的邮件，应当退回寄件人。

无法投递又无法退回的信件，自邮政企业确认无法退回之日起超过六个月无人认领的，由邮政企业在邮政管理部门的监督下销毁。无法投递又无法退回的其他邮件，按照国务院邮政管理部门的规定处理；其中无法投递又无法退回的进境国际邮递物品，由海关依照《中华人民共和国海关法》的规定处理。

第三十四条 邮政汇款的收款人应当自收到汇款通知之日起六十日内，凭有效身份证件到邮政企业兑领汇款。

收款人逾期未兑领的汇款，由邮政企业退回汇款人。自兑领汇款期限届满之日起一年内无法退回汇款人，或者汇款人自收到退汇通知之日起一年内未领取的汇款，由邮政企业上缴国库。

第三十五条 任何单位和个人不得私自开拆、隐匿、毁弃他人邮件。

除法律另有规定外，邮政企业及其从业人员不得向任何单位或者个人泄露用户使用邮政服务的信息。

第三十六条 因国家安全或者追查刑事犯罪的需要，公安机关、国家安全机关或者检察机关可以依法检查、扣留有关邮件，并可以要求邮政企业提供相关用户使用邮政服务的信息。邮政企业和有关单位应当配合，并对有关情况予以保密。

第三十七条 任何单位和个人不得利用邮件寄递含有下列内容的物品：

（一）煽动颠覆国家政权、推翻社会主义制度或者分裂国家、破坏国家统一，危害国家安全的；

（二）泄露国家秘密的；

（三）散布谣言扰乱社会秩序，破坏社会稳定的；

（四）煽动民族仇恨、民族歧视，破坏民族团结的；

（五）宣扬邪教或者迷信的；

（六）散布淫秽、赌博、恐怖信息或者教唆犯罪的；

（七）法律、行政法规禁止的其他内容。

第三十八条 任何单位和个人不得有下列行为：

（一）扰乱邮政营业场所正常秩序；

（二）阻碍邮政企业从业人员投递邮件；

（三）非法拦截、强登、扒乘带有邮政专用标志的车辆；

（四）冒用邮政企业名义或者邮政专用标志；

（五）伪造邮政专用品或者倒卖伪造的邮政专用品。

第四章 邮政资费

第三十九条 实行政府指导价或者政府定价的邮政业务范围，以中央政府定价目录为依据，具体资费标准由国务院价格主管部门会同国务院财政部门、国务院邮政管理部门制定。

邮政企业的其他业务资费实行市场调节价，资费标准由邮政企业自主确定。

第四十条 国务院有关部门制定邮政业务资费标准，应当听取邮政企业、用户和其他有关方面的意见。

邮政企业应当根据国务院价格主管部门、国务院财政部门和国务院邮政管理部门的要求，提供准确、完备的业务成本数据和其他有关资料。

第四十一条 邮件资费的交付，以邮资凭证、证明邮资已付的戳记以及有关业务单据等表示。

邮资凭证包括邮票、邮资符志、邮资信封、邮资明信片、邮资邮简、邮资信卡等。

任何单位和个人不得伪造邮资凭证或者倒卖伪造的邮资凭证，不得擅自仿印邮票和邮资图案。

第四十二条 普通邮票发行数量由邮政企业按照市场需要确定，报国务院邮政管理部门备案；纪念邮票和特种邮票发行计划由邮政企业根据市场需要提出，报国务院邮政管理部门审定。国务院邮政管理部门负责纪念邮票的选题和图案审查。

邮政管理部门依法对邮票的印制、销售实施监督。

第四十三条 邮资凭证售出后，邮资凭证持有人不得要求邮政企业兑换现金。

停止使用邮资凭证，应当经国务院邮政管理部门批准，并在停止使用九十日前予以公告，停止销售。邮资凭证持有人可以自公告之日起一年内，向邮政企业换取等值的邮资凭证。

第四十四条 下列邮资凭证不得使用：

（一）经国务院邮政管理部门批准停止使用的；

（二）盖销或者划销的；

（三）污损、残缺或者褪色、变色，难以辨认的。

从邮资信封、邮资明信片、邮资邮简、邮资信卡上剪下的邮资图案，不得作为邮资凭证使用。

第五章 损失赔偿

第四十五条 邮政普遍服务业务范围内的邮件和汇款的损失赔偿，适用本章规定。

邮政普遍服务业务范围以外的邮件的损失赔偿，适用有关民事法律的规定。

邮件的损失，是指邮件丢失、损毁或者内件短少。

第四十六条 邮政企业对平常邮件的损失不承担赔偿责任。但是，邮政企业因故意或者重大过失造成平常邮件损失的除外。

第四十七条 邮政企业对给据邮件的损失依照下列规定赔偿：

（一）保价的给据邮件丢失或者全部损毁的，按照保价额赔偿；部分损毁或者内件短少的，按照保价额与邮件全部价值的比例对邮件的实际损失予以赔偿。

（二）未保价的给据邮件丢失、损毁或者内件短少的，按照实际损失赔偿，但最高赔偿额不超过所收取资费的三倍；挂号信件丢失、损毁的，按照所收取资费的三倍予以赔偿。

邮政企业应当在营业场所的告示中和提供给用户的给据邮件单据上，以足以引起用户注意的方式载明前款规定。

邮政企业因故意或者重大过失造成给据邮件损失，或者未履行前款规定义务的，无权援用本条第一款的规定限制赔偿责任。

第四十八条　因下列原因之一造成的给据邮件损失，邮政企业不承担赔偿责任：

（一）不可抗力，但因不可抗力造成的保价的给据邮件的损失除外；

（二）所寄物品本身的自然性质或者合理损耗；

（三）寄件人、收件人的过错。

第四十九条　用户交寄给据邮件后，对国内邮件可以自交寄之日起一年内持收据向邮政企业查询，对国际邮件可以自交寄之日起一百八十日内持收据向邮政企业查询。

查询国际邮件或者查询国务院邮政管理部门规定的边远地区的邮件的，邮政企业应当自用户查询之日起六十日内将查询结果告知用户；查询其他邮件的，邮政企业应当自用户查询之日起三十日内将查询结果告知用户。查复期满未查到邮件的，邮政企业应当依照本法第四十七条的规定予以赔偿。

用户在本条第一款规定的查询期限内未向邮政企业查询又未提出赔偿要求的，邮政企业不再承担赔偿责任。

第五十条　邮政汇款的汇款人自汇款之日起一年内，可以持收据向邮政企业查询。邮政企业应当自用户查询之日起二十日内将查询结果告知汇款人。查复期满未查到汇款的，邮政企业应当向汇款人退还汇款和汇款费用。

第六章　快递业务

第五十一条　经营快递业务，应当依照本法规定取得快递业务经营许可；未经许可，任何单位和个人不得经营快递业务。

外商不得投资经营信件的国内快递业务。

国内快递业务，是指从收寄到投递的全过程均发生在中华人民共和国境内的快递业务。

第五十二条　申请快递业务经营许可，应当具备下列条件：

（一）符合企业法人条件；

（二）在省、自治区、直辖市范围内经营的，注册资本不低于人民币五十万元，跨省、自治区、直辖市经营的，注册资本不低于人民币一百万元，经营国际快递业务的，注册资本不低于人民币二百万元；

（三）有与申请经营的地域范围相适应的服务能力；

（四）有严格的服务质量管理制度和完备的业务操作规范；

（五）有健全的安全保障制度和措施；

（六）法律、行政法规规定的其他条件。

第五十三条　申请快递业务经营许可，在省、自治区、直辖市范围内经营的，应当向所在地的省、自治区、直辖市邮政管理机构提出申请，跨省、自治区、直辖市经营或者经营国际快递业务的，应当向国务院邮政管理部门提出申请；申请时应当提交申请书和有关申请材料。

受理申请的邮政管理部门应当自受理申请之日起四十五日内进行审查，作出批准或者不予批准的决定。予以批准的，颁发快递业务经营许可证；不予批准的，书面通知申请人并说明理由。

邮政管理部门审查快递业务经营许可的申请，应当考虑国家安全等因素，并征求有关部门的意见。

申请人凭快递业务经营许可证向工商行

政管理部门依法办理登记后，方可经营快递业务。

第五十四条　邮政企业以外的经营快递业务的企业（以下称快递企业）设立分支机构或者合并、分立的，应当向邮政管理部门备案。

第五十五条　快递企业不得经营由邮政企业专营的信件寄递业务，不得寄递国家机关公文。

第五十六条　快递企业经营邮政企业专营业务范围以外的信件快递业务，应当在信件封套的显著位置标注信件字样。

快递企业不得将信件打包后作为包裹寄递。

第五十七条　经营国际快递业务应当接受邮政管理部门和有关部门依法实施的监管。邮政管理部门和有关部门可以要求经营国际快递业务的企业提供报关数据。

第五十八条　快递企业停止经营快递业务的，应当书面告知邮政管理部门，交回快递业务经营许可证，并对尚未投递的快件按照国务院邮政管理部门的规定妥善处理。

第五十九条　本法第六条、第二十一条、第二十二条、第二十四条、第二十五条、第二十六条第一款、第三十五条第二款、第三十六条关于邮政企业及其从业人员的规定，适用于快递企业及其从业人员；第十一条关于邮件处理场所的规定，适用于快件处理场所；第三条第二款、第二十六条第二款、第三十五条第一款、第三十六条、第三十七条关于邮件的规定，适用于快件；第四十五条第二款关于邮件的损失赔偿的规定，适用于快件的损失赔偿。

第六十条　经营快递业务的企业依法成立的行业协会，依照法律、行政法规及其章程规定，制定快递行业规范，加强行业自律，为企业提供信息、培训等方面的服务，促进快递行业的健康发展。

经营快递业务的企业应当对其从业人员加强法制教育、职业道德教育和业务技能培训。

第七章　监督检查

第六十一条　邮政管理部门依法履行监督管理职责，可以采取下列监督检查措施：

（一）进入邮政企业、快递企业或者涉嫌发生违反本法活动的其他场所实施现场检查；

（二）向有关单位和个人了解情况；

（三）查阅、复制有关文件、资料、凭证；

（四）经邮政管理部门负责人批准，查封与违反本法活动有关的场所，扣押用于违反本法活动的运输工具以及相关物品，对信件以外的涉嫌夹带禁止寄递或者限制寄递物品的邮件、快件开拆检查。

第六十二条　邮政管理部门根据履行监督管理职责的需要，可以要求邮政企业和快递企业报告有关经营情况。

第六十三条　邮政管理部门进行监督检查时，监督检查人员不得少于二人，并应当出示执法证件。对邮政管理部门依法进行的监督检查，有关单位和个人应当配合，不得拒绝、阻碍。

第六十四条　邮政管理部门工作人员对监督检查中知悉的商业秘密，负有保密义务。

第六十五条　邮政企业和快递企业应当及时、妥善处理用户对服务质量提出的异议。用户对处理结果不满意的，可以向邮政管理部门申诉，邮政管理部门应当及时依法处理，并自接到申诉之日起三十日内作出答复。

第六十六条　任何单位和个人对违反本法规定的行为，有权向邮政管理部门举报。邮政管理部门接到举报后，应当及时依法处理。

第八章　法律责任

第六十七条　邮政企业提供邮政普遍服务不符合邮政普遍服务标准的，由邮政管理部门责令改正，可以处一万元以下的罚款；

情节严重的，处一万元以上五万元以下的罚款；对直接负责的主管人员和其他直接责任人员给予处分。

第六十八条　邮政企业未经邮政管理部门批准，停止办理或者限制办理邮政普遍服务业务和特殊服务业务，或者撤销提供邮政普遍服务的邮政营业场所的，由邮政管理部门责令改正，可以处二万元以下的罚款；情节严重的，处二万元以上十万元以下的罚款；对直接负责的主管人员和其他直接责任人员给予处分。

第六十九条　邮政企业利用带有邮政专用标志的车船从事邮件运递以外的经营性活动，或者以出租等方式允许其他单位或者个人使用带有邮政专用标志的车船的，由邮政管理部门责令改正，没收违法所得，可以并处二万元以下的罚款；情节严重的，并处二万元以上十万元以下的罚款；对直接负责的主管人员和其他直接责任人员给予处分。

邮政企业从业人员利用带有邮政专用标志的车船从事邮件运递以外的活动的，由邮政企业责令改正，给予处分。

第七十条　邮政企业从业人员故意延误投递邮件的，由邮政企业给予处分。

第七十一条　冒领、私自开拆、隐匿、毁弃或者非法检查他人邮件、快件，尚不构成犯罪的，依法给予治安管理处罚。

第七十二条　未取得快递业务经营许可经营快递业务，或者邮政企业以外的单位或者个人经营由邮政企业专营的信件寄递业务或者寄递国家机关公文的，由邮政管理部门或者工商行政管理部门责令改正，没收违法所得，并处五万元以上十万元以下的罚款；情节严重的，并处十万元以上二十万元以下的罚款；对快递企业，还可以责令停业整顿直至吊销其快递业务经营许可证。

违反本法第五十一条第二款的规定，经营信件的国内快递业务的，依照前款规定处罚。

第七十三条　快递企业有下列行为之一的，由邮政管理部门责令改正，可以处一万元以下的罚款；情节严重的，处一万元以上五万元以下的罚款，并可以责令停业整顿：

（一）设立分支机构、合并、分立，未向邮政管理部门备案的；

（二）未在信件封套的显著位置标注信件字样的；

（三）将信件打包后作为包裹寄递的；

（四）停止经营快递业务，未书面告知邮政管理部门并交回快递业务经营许可证，或者未按照国务院邮政管理部门的规定妥善处理尚未投递的快件的。

第七十四条　邮政企业、快递企业未按照规定向用户明示其业务资费标准，或者有其他价格违法行为的，由政府价格主管部门依照《中华人民共和国价格法》的规定处罚。

第七十五条　邮政企业、快递企业不建立或者不执行收件验视制度，或者违反法律、行政法规以及国务院和国务院有关部门关于禁止寄递或者限制寄递物品的规定收寄邮件、快件的，对邮政企业直接负责的主管人员和其他直接责任人员给予处分；对快递企业，邮政管理部门可以责令停业整顿直至吊销其快递业务经营许可证。

用户在邮件、快件中夹带禁止寄递或者限制寄递的物品，尚不构成犯罪的，依法给予治安管理处罚。

有前两款规定的违法行为，造成人身伤害或者财产损失的，依法承担赔偿责任。

邮政企业、快递企业经营国际寄递业务，以及用户交寄国际邮递物品，违反《中华人民共和国海关法》及其他有关法律、行政法规的规定的，依照有关法律、行政法规的规定处罚。

第七十六条　邮政企业、快递企业违法提供用户使用邮政服务或者快递服务的信息，尚不构成犯罪的，由邮政管理部门责令改正，没收违法所得，并处一万元以上五万元以下的罚款；对邮政企业直接负责的主管人员和其他直接责任人员给予处分；对快递企业，邮政管理部门还可以责令停业整顿直至吊销其快递业务经营许可证。

邮政企业、快递企业从业人员有前款规定的违法行为，尚不构成犯罪的，由邮政管理部门责令改正，没收违法所得，并处五千元以上一万元以下的罚款。

第七十七条 邮政企业、快递企业拒绝、阻碍依法实施的监督检查，尚不构成犯罪的，依法给予治安管理处罚；对快递企业，邮政管理部门还可以责令停业整顿直至吊销其快递业务经营许可证。

第七十八条 邮政企业及其从业人员、快递企业及其从业人员在经营活动中有危害国家安全行为的，依法追究法律责任；对快递企业，并由邮政管理部门吊销其快递业务经营许可证。

第七十九条 冒用邮政企业名义或者邮政专用标志，或者伪造邮政专用品或者倒卖伪造的邮政专用品的，由邮政管理部门责令改正，没收伪造的邮政专用品以及违法所得，并处一万元以上五万元以下的罚款。

第八十条 有下列行为之一，尚不构成犯罪的，依法给予治安管理处罚：

（一）盗窃、损毁邮政设施或者影响邮政设施正常使用的；

（二）伪造邮资凭证或者倒卖伪造的邮资凭证的；

（三）扰乱邮政营业场所、快递企业营业场所正常秩序的；

（四）非法拦截、强登、扒乘运送邮件、快件的车辆的。

第八十一条 违反本法规定被吊销快递业务经营许可证的，自快递业务经营许可证被吊销之日起三年内，不得申请经营快递业务。

快递企业被吊销快递业务经营许可证的，应当依法向工商行政管理部门办理变更登记或者注销登记。

第八十二条 违反本法规定，构成犯罪的，依法追究刑事责任。

第八十三条 邮政管理部门工作人员在监督管理工作中滥用职权、玩忽职守、徇私舞弊，构成犯罪的，依法追究刑事责任；尚不构成犯罪的，依法给予处分。

第九章 附 则

第八十四条 本法下列用语的含义：

邮政企业，是指中国邮政集团公司及其提供邮政服务的全资企业、控股企业。

寄递，是指将信件、包裹、印刷品等物品按照封装上的名址递送给特定个人或者单位的活动，包括收寄、分拣、运输、投递等环节。

快递，是指在承诺的时限内快速完成的寄递活动。

邮件，是指邮政企业寄递的信件、包裹、汇款通知、报刊和其他印刷品等。

快件，是指快递企业递送的信件、包裹、印刷品等。

信件，是指信函、明信片。信函是指以套封形式按照名址递送给特定个人或者单位的缄封的信息载体，不包括书籍、报纸、期刊等。

包裹，是指按照封装上的名址递送给特定个人或者单位的独立封装的物品，其重量不超过五十千克，任何一边的尺寸不超过一百五十厘米，长、宽、高合计不超过三百厘米。

平常邮件，是指邮政企业在收寄时不出具收据，投递时不要求收件人签收的邮件。

给据邮件，是指邮政企业在收寄时向寄件人出具收据，投递时由收件人签收的邮件。

邮政设施，是指用于提供邮政服务的邮政营业场所、邮件处理场所、邮筒（箱）、邮政报刊亭、信报箱等。

邮件处理场所，是指邮政企业专门用于邮件分拣、封发、储存、交换、转运、投递等活动的场所。

国际邮递物品，是指中华人民共和国境内的用户与其他国家或者地区的用户相互寄递的包裹和印刷品等。

邮政专用品，是指邮政日戳、邮资机、邮政业务单据、邮政夹钳、邮袋和其他邮件专用容器。

第八十五条　本法公布前按照国家有关规定，经国务院对外贸易主管部门批准或者备案，并向工商行政管理部门依法办理登记后经营国际快递业务的国际货物运输代理企业，凭批准或者备案文件以及营业执照，到国务院邮政管理部门领取快递业务经营许可证。国务院邮政管理部门应当将企业领取快递业务经营许可证的情况向其原办理登记的工商行政管理部门通报。

除前款规定的企业外，本法公布前依法向工商行政管理部门办理登记后经营快递业务的企业，不具备本法规定的经营快递业务的条件的，应当在国务院邮政管理部门规定的期限内达到本法规定的条件，逾期达不到本法规定的条件的，不得继续经营快递业务。

第八十六条　省、自治区、直辖市应当根据本地区的实际情况，制定支持邮政企业提供邮政普遍服务的具体办法。

第八十七条　本法自 2009 年 10 月 1 日起施行。

快递暂行条例

（2018 年 3 月 2 日中华人民共和国国务院令第 697 号公布，根据 2019 年 3 月 2 日《国务院关于修改部分行政法规的决定》修订）

第一章　总　　则

第一条　为促进快递业健康发展，保障快递安全，保护快递用户合法权益，加强对快递业的监督管理，根据《中华人民共和国邮政法》和其他有关法律，制定本条例。

第二条　在中华人民共和国境内从事快递业务经营、接受快递服务以及对快递业实施监督管理，适用本条例。

第三条　地方各级人民政府应当创造良好的快递业营商环境，支持经营快递业务的企业创新商业模式和服务方式，引导经营快递业务的企业加强服务质量管理、健全规章制度、完善安全保障措施，为用户提供迅速、准确、安全、方便的快递服务。

地方各级人民政府应当确保政府相关行为符合公平竞争要求和相关法律法规，维护快递业竞争秩序，不得出台违反公平竞争、可能造成地区封锁和行业垄断的政策措施。

第四条　任何单位或者个人不得利用信件、包裹、印刷品以及其他寄递物品（以下统称快件）从事危害国家安全、社会公共利益或者他人合法权益的活动。

除有关部门依照法律对快件进行检查外，任何单位或者个人不得非法检查他人快件。任何单位或者个人不得私自开拆、隐匿、毁弃、倒卖他人快件。

第五条　国务院邮政管理部门负责对全国快递业实施监督管理。国务院公安、国家安全、海关、工商行政管理等有关部门在各自职责范围内负责相关的快递监督管理工作。

省、自治区、直辖市邮政管理机构和按照国务院规定设立的省级以下邮政管理机构负责对本辖区的快递业实施监督管理。县级以上地方人民政府有关部门在各自职责范围内负责相关的快递监督管理工作。

第六条　国务院邮政管理部门和省、自治区、直辖市邮政管理机构以及省级以下邮政管理机构（以下统称邮政管理部门）应当与公安、国家安全、海关、工商行政管理等有关部门相互配合，建立健全快递安全监管机制，加强对快递业安全运行的监测预警，收集、共享与快递业安全运行有关的信息，依法处理影响快递业安全运行的事件。

第七条 依法成立的快递行业组织应当保护企业合法权益，加强行业自律，促进企业守法、诚信、安全经营，督促企业落实安全生产主体责任，引导企业不断提高快递服务质量和水平。

第八条 国家加强快递业诚信体系建设，建立健全快递业信用记录、信息公开、信用评价制度，依法实施联合惩戒措施，提高快递业信用水平。

第九条 国家鼓励经营快递业务的企业和寄件人使用可降解、可重复利用的环保包装材料，鼓励经营快递业务的企业采取措施回收快件包装材料，实现包装材料的减量化利用和再利用。

第二章 发展保障

第十条 国务院邮政管理部门应当制定快递业发展规划，促进快递业健康发展。

县级以上地方人民政府应当将快递业发展纳入本级国民经济和社会发展规划，在城乡规划和土地利用总体规划中统筹考虑快件大型集散、分拣等基础设施用地的需要。

县级以上地方人民政府建立健全促进快递业健康发展的政策措施，完善相关配套规定，依法保障经营快递业务的企业及其从业人员的合法权益。

第十一条 国家支持和鼓励经营快递业务的企业在农村、偏远地区发展快递服务网络，完善快递末端网点布局。

第十二条 国家鼓励和引导经营快递业务的企业采用先进技术，促进自动化分拣设备、机械化装卸设备、智能末端服务设施、快递电子运单以及快件信息化管理系统等的推广应用。

第十三条 县级以上地方人民政府公安、交通运输等部门和邮政管理部门应当加强协调配合，建立健全快递运输保障机制，依法保障快递服务车辆通行和临时停靠的权利，不得禁止快递服务车辆依法通行。

邮政管理部门会同县级以上地方人民政府公安等部门，依法规范快递服务车辆的管理和使用，对快递专用电动三轮车的行驶时速、装载质量等作出规定，并对快递服务车辆加强统一编号和标识管理。经营快递业务的企业应当对其从业人员加强道路交通安全培训。

快递从业人员应当遵守道路交通安全法律法规的规定，按照操作规范安全、文明驾驶车辆。快递从业人员因执行工作任务造成他人损害的，由快递从业人员所属的经营快递业务的企业依照民事侵权责任相关法律的规定承担侵权责任。

第十四条 企业事业单位、住宅小区管理单位应当根据实际情况，采取与经营快递业务的企业签订合同、设置快件收寄投递专门场所等方式，为开展快递服务提供必要的便利。鼓励多个经营快递业务的企业共享末端服务设施，为用户提供便捷的快递末端服务。

第十五条 国家鼓励快递业与制造业、农业、商贸业等行业建立协同发展机制，推动快递业与电子商务融合发展，加强信息沟通，共享设施和网络资源。

国家引导和推动快递业与铁路、公路、水路、民航等行业的标准对接，支持在大型车站、码头、机场等交通枢纽配套建设快件运输通道和接驳场所。

第十六条 国家鼓励经营快递业务的企业依法开展进出境快递业务，支持在重点口岸建设进出境快件处理中心、在境外依法开办快递服务机构并设置快件处理场所。

海关、邮政管理等部门应当建立协作机制，完善进出境快件管理，推动实现快件便捷通关。

第三章　经营主体

第十七条　经营快递业务，应当依法取得快递业务经营许可。邮政管理部门应当根据《中华人民共和国邮政法》第五十二条、第五十三条规定的条件和程序核定经营许可的业务范围和地域范围，向社会公布取得快递业务经营许可的企业名单，并及时更新。

第十八条　经营快递业务的企业及其分支机构可以根据业务需要开办快递末端网点，并应当自开办之日起20日内向所在地邮政管理部门备案。快递末端网点无需办理营业执照。

第十九条　两个以上经营快递业务的企业可以使用统一的商标、字号或者快递运单经营快递业务。

前款规定的经营快递业务的企业应当签订书面协议明确各自的权利义务，遵守共同的服务约定，在服务质量、安全保障、业务流程等方面实行统一管理，为用户提供统一的快件跟踪查询和投诉处理服务。

用户的合法权益因快件延误、丢失、损毁或者内件短少而受到损害的，用户可以要求该商标、字号或者快递运单所属企业赔偿，也可以要求实际提供快递服务的企业赔偿。

第二十条　经营快递业务的企业应当依法保护其从业人员的合法权益。

经营快递业务的企业应当对其从业人员加强职业操守、服务规范、作业规范、安全生产、车辆安全驾驶等方面的教育和培训。

第四章　快递服务

第二十一条　经营快递业务的企业在寄件人填写快递运单前，应当提醒其阅读快递服务合同条款、遵守禁止寄递和限制寄递物品的有关规定，告知相关保价规则和保险服务项目。

寄件人交寄贵重物品的，应当事先声明；经营快递业务的企业可以要求寄件人对贵重物品予以保价。

第二十二条　寄件人交寄快件，应当如实提供以下事项：

（一）寄件人姓名、地址、联系电话；

（二）收件人姓名（名称）、地址、联系电话；

（三）寄递物品的名称、性质、数量。

除信件和已签订安全协议用户交寄的快件外，经营快递业务的企业收寄快件，应当对寄件人身份进行查验，并登记身份信息，但不得在快递运单上记录除姓名（名称）、地址、联系电话以外的用户身份信息。寄件人拒绝提供身份信息或者提供身份信息不实的，经营快递业务的企业不得收寄。

第二十三条　国家鼓励经营快递业务的企业在节假日期间根据业务量变化实际情况，为用户提供正常的快递服务。

第二十四条　经营快递业务的企业应当规范操作，防止造成快件损毁。

法律法规对食品、药品等特定物品的运输有特殊规定的，寄件人、经营快递业务的企业应当遵守相关规定。

第二十五条　经营快递业务的企业应当将快件投递到约定的收件地址、收件人或者收件人指定的代收人，并告知收件人或者代收人当面验收。收件人或者代收人有权当面验收。

第二十六条　快件无法投递的，经营快递业务的企业应当退回寄件人或者根据寄件人的要求进行处理；属于进出境快件的，经营快递业务的企业应当依法办理海关和检验检疫手续。

快件无法投递又无法退回的，依照下列规定处理：

（一）属于信件，自确认无法退回之日起超过6个月无人认领的，由经营快递业务的企业在所在地邮政管理部门的监督下销毁；

（二）属于信件以外其他快件的，经营快递业务的企业应当登记，并按照国务院邮政管理部门的规定处理；

（三）属于进境快件的，交由海关依法处理。

第二十七条　快件延误、丢失、损毁或者内件短少的，对保价的快件，应当按照经营快递业务的企业与寄件人约定的保价规则确定赔偿责任；对未保价的快件，依照民事法律的有关规定确定赔偿责任。

国家鼓励保险公司开发快件损失赔偿责任险种，鼓励经营快递业务的企业投保。

第二十八条　经营快递业务的企业应当实行快件寄递全程信息化管理，公布联系方式，保证与用户的联络畅通，向用户提供业务咨询、快件查询等服务。用户对快递服务质量不满意的，可以向经营快递业务的企业投诉，经营快递业务的企业应当自接到投诉之日起7日内予以处理并告知用户。

第二十九条　经营快递业务的企业停止经营的，应当提前10日向社会公告，书面告知邮政管理部门，交回快递业务经营许可证，并依法妥善处理尚未投递的快件。

经营快递业务的企业或者其分支机构因不可抗力或者其他特殊原因暂停快递服务的，应当及时向邮政管理部门报告，向社会公告暂停服务的原因和期限，并依法妥善处理尚未投递的快件。

第五章　快递安全

第三十条　寄件人交寄快件和经营快递业务的企业收寄快件应当遵守《中华人民共和国邮政法》第二十四条关于禁止寄递或者限制寄递物品的规定。

禁止寄递物品的目录及管理办法，由国务院邮政管理部门会同国务院有关部门制定并公布。

第三十一条　经营快递业务的企业收寄快件，应当依照《中华人民共和国邮政法》的规定验视内件，并作出验视标识。寄件人拒绝验视的，经营快递业务的企业不得收寄。

经营快递业务的企业受寄件人委托，长期、批量提供快递服务的，应当与寄件人签订安全协议，明确双方的安全保障义务。

第三十二条　经营快递业务的企业可以自行或者委托第三方企业对快件进行安全检查，并对经过安全检查的快件作出安全检查标识。经营快递业务的企业委托第三方企业对快件进行安全检查的，不免除委托方对快件安全承担的责任。

经营快递业务的企业或者接受委托的第三方企业应当使用符合强制性国家标准的安全检查设备，并加强对安全检查人员的背景审查和技术培训；经营快递业务的企业或者接受委托的第三方企业对安全检查人员进行背景审查，公安机关等相关部门应当予以配合。

第三十三条　经营快递业务的企业发现寄件人交寄禁止寄递物品的，应当拒绝收寄；发现已经收寄的快件中有疑似禁止寄递物品的，应当立即停止分拣、运输、投递。对快件中依法应当没收、销毁或者可能涉及违法犯罪的物品，经营快递业务的企业应当立即向有关部门报告并配合调查处理；对其他禁止寄递物品以及限制寄递物品，经营快递业务的企业应当按照法律、行政法规或者国务院和国务院有关主管部门的规定处理。

第三十四条　经营快递业务的企业应当建立快递运单及电子数据管理制度，妥善保管用户信息等电子数据，定期销毁快递运单，采取有效技术手段保证用户信息安全。具体办法由国务院邮政管理部门会同国务院有关部门制定。

经营快递业务的企业及其从业人员不得出售、泄露或者非法提供快递服务过程中知悉的用户信息。发生或者可能发生用户信息泄露的，经营快递业务的企业应当立即采取补救措施，并向所在地邮政管理部门报告。

第三十五条　经营快递业务的企业应当依法建立健全安全生产责任制，确保快递服务安全。

经营快递业务的企业应当依法制定突发事件应急预案，定期开展突发事件应急演练；发生突发事件的，应当按照应急预案及时、妥善处理，并立即向所在地邮政管理部门报告。

第六章　监督检查

第三十六条　邮政管理部门应当加强对快递业的监督检查。监督检查应当以下列事项为重点：

（一）从事快递活动的企业是否依法取得快递业务经营许可；

（二）经营快递业务的企业的安全管理制度是否健全并有效实施；

（三）经营快递业务的企业是否妥善处理用户的投诉、保护用户合法权益。

第三十七条　邮政管理部门应当建立和完善以随机抽查为重点的日常监督检查制度，公布抽查事项目录，明确抽查的依据、频次、方式、内容和程序，随机抽取被检查企业，随机选派检查人员。抽查情况和查处结果应当及时向社会公布。

邮政管理部门应当充分利用计算机网络等先进技术手段，加强对快递业务活动的日常监督检查，提高快递业管理水平。

第三十八条　邮政管理部门依法履行职责，有权采取《中华人民共和国邮政法》第六十一条规定的监督检查措施。邮政管理部门实施现场检查，有权查阅经营快递业务的企业管理快递业务的电子数据。

国家安全机关、公安机关为维护国家安全和侦查犯罪活动的需要依法开展执法活动，经营快递业务的企业应当提供技术支持和协助。

《中华人民共和国邮政法》第十一条规定的处理场所，包括快件处理场地、设施、设备。

第三十九条　邮政管理部门应当向社会公布本部门的联系方式，方便公众举报违法行为。

邮政管理部门接到举报的，应当及时依法调查处理，并为举报人保密。对实名举报的，邮政管理部门应当将处理结果告知举报人。

第七章　法律责任

第四十条　未取得快递业务经营许可从事快递活动的，由邮政管理部门依照《中华人民共和国邮政法》的规定予以处罚。

经营快递业务的企业或者其分支机构有下列行为之一的，由邮政管理部门责令改正，可以处1万元以下的罚款；情节严重的，处1万元以上5万元以下的罚款，并可以责令停业整顿：

（一）开办快递末端网点未向所在地邮政管理部门备案；

（二）停止经营快递业务，未提前10日向社会公告，未书面告知邮政管理部门并交回快递业务经营许可证，或者未依法妥善处理尚未投递的快件；

（三）因不可抗力或者其他特殊原因暂停快递服务，未及时向邮政管理部门报告并向社会公告暂停服务的原因和期限，或者未依法妥善处理尚未投递的快件。

第四十一条　两个以上经营快递业务的企业使用统一的商标、字号或者快递运单经营快递业务，未遵守共同的服务约定，在服务质量、安全保障、业务流程等方面未实行统一管理，或者未向用户提供统一的快件跟踪查询和投诉处理服务的，由邮政管理部门责令改正，处1万元以上5万元以下的罚款；情节严重的，处5万元以上10万元以下的罚款，并可以责令停业整顿。

第四十二条　冒领、私自开拆、隐匿、毁弃、倒卖或者非法检查他人快件，尚不构成犯罪的，依法给予治安管理处罚。

经营快递业务的企业有前款规定行为，或者非法扣留快件的，由邮政管理部门责令改正，没收违法所得，并处5万元以上10万元以下的罚款；情节严重的，并处10万元以上20万元以下的罚款，并可以责令停业整顿直至吊销其快递业务经营许可证。

第四十三条　经营快递业务的企业有下

列情形之一的，由邮政管理部门依照《中华人民共和国邮政法》、《中华人民共和国反恐怖主义法》的规定予以处罚：

（一）不建立或者不执行收寄验视制度；

（二）违反法律、行政法规以及国务院和国务院有关部门关于禁止寄递或者限制寄递物品的规定；

（三）收寄快件未查验寄件人身份并登记身份信息，或者发现寄件人提供身份信息不实仍予收寄；

（四）未按照规定对快件进行安全检查。

寄件人在快件中夹带禁止寄递的物品，尚不构成犯罪的，依法给予治安管理处罚。

第四十四条 经营快递业务的企业有下列行为之一的，由邮政管理部门责令改正，没收违法所得，并处1万元以上5万元以下的罚款；情节严重的，并处5万元以上10万元以下的罚款，并可以责令停业整顿直至吊销其快递业务经营许可证：

（一）未按照规定建立快递运单及电子数据管理制度；

（二）未定期销毁快递运单；

（三）出售、泄露或者非法提供快递服务过程中知悉的用户信息；

（四）发生或者可能发生用户信息泄露的情况，未立即采取补救措施，或者未向所在地邮政管理部门报告。

第四十五条 经营快递业务的企业及其从业人员在经营活动中有危害国家安全行为的，依法追究法律责任；对经营快递业务的企业，由邮政管理部门吊销其快递业务经营许可证。

第四十六条 邮政管理部门和其他有关部门的工作人员在监督管理工作中滥用职权、玩忽职守、徇私舞弊的，依法给予处分。

第四十七条 违反本条例规定，构成犯罪的，依法追究刑事责任；造成人身、财产或者其他损害的，依法承担赔偿责任。

第八章 附 则

第四十八条 本条例自2018年5月1日起施行。

快递市场管理办法

（2023年12月8日中华人民共和国交通运输部第28次部务会议通过，2023年12月17日公布，自2024年3月1日起施行）

第一章 总 则

第一条 为了加强快递市场监督管理，保障快递服务质量和安全，维护用户、快递从业人员和经营快递业务的企业的合法权益，促进快递业健康发展，根据《中华人民共和国邮政法》、《快递暂行条例》等法律、行政法规，制定本办法。

第二条 在中华人民共和国境内从事快递业务经营、使用快递服务以及对快递市场实施监督管理，适用本办法。

第三条 经营快递业务的企业应当遵守法律法规和公序良俗，依法节约资源、保护生态环境，为用户提供迅速、准确、安全、方便的快递服务。

第四条 两个以上经营快递业务的企业使用统一的商标、字号、快递运单及其配套的信息系统的，应当签订书面协议，明确各自的权利义务，遵守共同的服务约定，在服务质量、安全保障、业务流程、生态环保、从业人员权益保障等方面实行统一管理。

商标、字号、快递运单及其配套的信息系统的归属企业，简称为总部快递企业。

第五条　用户使用快递服务应当遵守法律、行政法规以及国务院和国务院有关部门关于禁止寄递或者限制寄递物品的规定，真实、准确地向经营快递业务的企业提供使用快递服务所必需的信息。

第六条　国务院邮政管理部门负责对全国快递市场实施监督管理。

省、自治区、直辖市邮政管理机构负责对本行政区域的快递市场实施监督管理。

按照国务院规定设立的省级以下邮政管理机构负责对本辖区的快递市场实施监督管理。

国务院邮政管理部门和省、自治区、直辖市邮政管理机构及省级以下邮政管理机构，统称为邮政管理部门。

第七条　邮政管理部门对快递市场实施监督管理应当公开、公正，鼓励公平竞争，支持高质量发展，加强线上线下一体化监督管理。

第八条　依法成立的快递行业组织应当维护经营快递业务的企业、快递末端网点和快递从业人员的合法权益，依照法律、法规以及组织章程规定，制定快递行业规范公约，加强行业自律，倡导企业守法、诚信、安全、绿色经营。

第九条　经营快递业务的企业应当坚持绿色低碳发展，落实生态环境保护责任。

经营快递业务的企业应当按照国家规定，推进快递包装标准化、循环化、减量化、无害化，避免过度包装。

第二章　发展保障

第十条　国务院邮政管理部门制定快递业发展规划，促进快递业高质量发展。

省、自治区、直辖市邮政管理机构可以结合地方实际制定本行政区域的快递业发展规划。

第十一条　邮政管理部门会同有关部门支持、引导经营快递业务的企业在城乡设置快件收投服务场所和智能收投设施。

邮政管理部门支持在公共服务设施布局中统筹建设具有公共服务属性的收投服务场所和智能收投设施。

邮政管理部门对快递服务类型和快递服务设施实施分类代码管理。

第十二条　国务院邮政管理部门会同国家有关部门支持建设进出境快件处理中心，在交通枢纽配套建设快件运输通道和接驳场所，优化快递服务网络布局。

第十三条　邮政管理部门支持创新快递商业模式和服务方式，引导快递市场新业态数字化、智能化、规范化发展，加强服务质量监督管理。

第三章　绿色低碳发展

第十四条　邮政管理部门应当引导用户使用绿色包装和减量包装，鼓励经营快递业务的企业开展绿色设计、选择绿色材料、实施绿色运输、使用绿色能源。

第十五条　经营快递业务的企业应当加强包装操作规范，运用信息技术，优化包装结构，优先使用产品原包装，在设计、生产、销售、使用等环节全链条推进快递包装绿色化。

第十六条　经营快递业务的企业应当优先采购有利于保护环境的产品，使用符合国家强制性标准的包装产品，不得使用国家禁止使用的塑料制品。

第十七条　经营快递业务的企业应当积极回收利用包装物，不断提高快递包装复用比例，推广应用可循环、易回收、可降解的快递包装。

第四章　市场秩序

第十八条　经营快递业务的企业应当在快递业务经营许可范围内依法经营快递业务，不得超越许可的业务范围和地域范围。

经营快递业务的企业设立分支机构，应当向邮政管理部门备案，报告分支机构的营业执照信息。

第十九条 经营快递业务的企业不得以任何方式委托未取得快递业务经营许可的企业经营快递业务。

经营快递业务的企业不得以任何方式超越许可范围委托、受托经营快递业务。

第二十条 总部快递企业依照法律、行政法规规定，对使用其商标、字号、快递运单及其配套的信息系统经营快递业务的企业实施统一管理，履行统一管理责任。

总部快递企业应当建立规范化标准化管理制度和机制，对使用其商标、字号、快递运单及其配套的信息系统经营快递业务的企业实施合理的管理措施，保障向用户正常提供快递服务。

第二十一条 经营快递业务的企业不得实施下列行为：

（一）明知他人从事危害国家安全、社会公共利益或者他人合法权益活动仍配合提供快递服务；

（二）违法虚构快递服务信息；

（三）出售、泄露或者非法提供快递服务过程中知悉的用户信息；

（四）法律、法规以及国家规定禁止的其他行为。

第五章　快递服务

第二十二条 经营快递业务的企业应当按照法律、行政法规的规定，在门户网站、营业场所公示或者以其他明显方式向社会公布其服务种类、服务地域、服务时限、营业时间、资费标准、快件查询、损失赔偿、投诉处理等服务事项。

经营快递业务的企业公示或者公布的服务地域，应当以建制村、社区为基本单元，明确服务地域范围。鼓励经营快递业务的企业以县级行政区域为基本单元公布资费标准，明确重量误差范围。

除不可抗力外，前两款规定的事项发生变更的，经营快递业务的企业应当提前 10 日向社会发布服务提示公告。

第二十三条 经营快递业务的企业为电子商务经营者交付商品提供快递服务的，应当书面告知电子商务经营者在其销售商品的网页上明示快递服务品牌，保障用户对快递服务的知情权。

第二十四条 经营快递业务的企业提供快递服务，应当与寄件人订立服务合同，明确权利和义务。经营快递业务的企业对不能提供服务的建制村、社区等区域，应当以醒目的方式提前告知寄件人。

第二十五条 经营快递业务的企业应当采取有效技术手段，保证用户、邮政管理部门能够通过快递运单码号或者信息系统查知下列内容：

（一）订立、履行快递服务合同所必需的用户个人信息范围以及处理个人信息前应当依法告知的事项；

（二）快递服务承诺事项以及投递方式和完成标准；

（三）快递物品的名称、数量、重量；

（四）该快件的快递服务费金额；

（五）服务纠纷的解决方式。

用户查询前款规定的信息的，经营快递业务的企业应当按照《中华人民共和国个人信息保护法》的要求采取措施防止未经授权的查询以及个人信息泄露。

第二十六条 经营快递业务的企业应当建立服务质量管理制度和业务操作规范，保障服务质量，并符合下列要求：

（一）提供快递服务时，恪守社会公德，诚信经营，保障用户的合法权益，不得设定不公平、不合理的交易条件，不得强制交易；

（二）提醒寄件人在提供快递运单信息前，认真阅读快递服务合同条款、遵守禁止寄递和限制寄递物品的有关规定，告知相关保价规则和保险服务项目；

（三）依法对寄件人身份进行查验，登记身份信息，寄件人拒绝提供身份信息或者提供身份信息不实的，不得收寄；

（四）对寄件人交寄的信件以外的物品进行查验，登记内件品名等信息，寄件人拒绝提供内件信息或者提供的内件信息与查验情况不符的，不得收寄；

（五）在快递运单上如实标注快件重量；

（六）寄件人提供的收寄地址与快件实际收寄地址不一致的，在快递运单上一并如实记录；

（七）按照快件的种类和时限分别处理、分区作业、规范操作，并按规定录入、上传处理信息；

（八）保障快件安全，防止快件丢失、损毁、内件短少，不得抛扔、踩踏快件；

（九）除因不可抗力因素外，按照约定在承诺的时限内将快件投递到收件地址、收件人；

（十）向用户提供快件寄递跟踪查询服务，不得将快件进行不合理绕行，不得隐瞒、虚构寄递流程信息，保证用户知悉其使用快递服务的真实情况；

（十一）法律、行政法规规定的其他要求。

第二十七条　经营快递业务的企业投递快件，应当告知收件人有权当面验收快件，查看内件物品与快递运单记载是否一致。快递包装出现明显破损或者内件物品为易碎品的，应当告知收件人可以查看内件物品或者拒收快件。

经营快递业务的企业与寄件人事先书面约定收件人查看内件物品具体方式的，经营快递业务的企业应当在快递运单上以醒目方式注明。

除法律、行政法规另有规定外，收件人收到来源不明的快件，要求经营快递业务的企业提供寄件人姓名（名称）、地址、联系电话等必要信息的，经营快递业务的企业应当提供其掌握的信息。

第二十八条　收件人可以签字或者其他易于辨认、保存的明示方式确认收到快件，也可指定代收人验收快件和确认收到快件。

收件人或者收件人指定的代收人不能当面验收快件的，经营快递业务的企业应当与用户另行约定快件投递服务方式和确认收到快件方式。

经营快递业务的企业未经用户同意，不得代为确认收到快件，不得擅自将快件投递到智能快件箱、快递服务站等快递末端服务设施。

第二十九条　经营快递业务的企业应当按照法律、行政法规处理无法投递又无法退回的快件（以下称无着快件），并建立无着快件的核实、保管和处理制度，将处理情况纳入快递业务经营许可年度报告。

经营快递业务的企业处理无着快件，不得有下列行为：

（一）在保管期限内停止查询服务；

（二）保管期限未届满擅自处置；

（三）牟取不正当利益；

（四）非法扣留应当予以没收或者销毁的物品；

（五）法律、行政法规禁止的其他行为。

第三十条　经营快递业务的企业应当建立健全用户投诉申诉处理制度，依法处理用户提出的快递服务质量异议。

用户对投诉处理结果不满意或者投诉没有得到及时处理的，可以提出快递服务质量申诉。

邮政管理部门对用户提出的快递服务质量申诉实施调解。经营快递业务的企业应当依法处理邮政管理部门转告的申诉事项并反馈结果。

第六章　安全发展

第三十一条　经营快递业务的企业应当建立健全安全生产责任制，加强从业人员安全生产教育和培训，履行法律、法规、规章规定的有关安全生产义务。

经营快递业务的企业的主要负责人是安全生产的第一责任人，对本单位的安全生产工作全面负责。其他负责人对职责范围内的安全生产工作负责。

总部快递企业应当督促其他使用与其统一的商标、字号、快递运单及其配套的信息系统经营快递业务的企业及其从业人员遵守安全自查、安全教育、安全培训等安全制度。

第三十二条 经营快递业务的企业应当遵守收寄验视、实名收寄、安全检查和禁止寄递物品管理制度。任何单位或者个人不得利用快递服务从事危害国家安全、社会公共利益、他人合法权益的活动。

第三十三条 新建快件处理场所投入使用的，经营快递业务的企业应当按照邮政管理部门的规定报告。

第三十四条 经营快递业务的企业使用快件处理场所，应当遵守下列规定：

（一）在有较大危险因素的快件处理场所和有关设施、设备上设置明显的安全警示标志，以及通信、报警、紧急制动等安全设备，并保证其处于适用状态；

（二）配备栅栏或者隔离桩等安全设备，并设置明显的人车分流安全警示标志；

（三）对场所设备、设施进行经常性维护、保养和定期检测，并将检查及处理情况形成书面记录；

（四）及时发现和整改安全隐患。

第三十五条 经营快递业务的企业在生产经营过程中，获取用户个人信息的范围，应当限于履行快递服务合同所必需，不得过度收集用户个人信息。

经营快递业务的企业应当依法建立用户个人信息安全管理制度和操作规程，不得实施下列行为：

（一）除法律、行政法规另有规定或者因向用户履行快递服务合同需要外，未经用户同意，收集、存储、使用、加工、传输、提供、公开用户信息；

（二）以概括授权、默认授权、拒绝服务等方式，强迫或者变相强迫用户同意，收集、使用与经营活动无关的用户信息；

（三）以非正当目的，向他人提供与用户关联的分析信息；

（四）法律、行政法规禁止的其他行为。

第三十六条 经营快递业务的企业应当建立快递运单（含电子运单）制作、使用、保管、销毁等管理制度和操作规程，采取加密、去标识化等安全技术措施保护快递运单信息安全。

经营快递业务的企业应当建立快递运单码号使用、销毁等管理制度，实行码号使用信息、用户信息、快递物品信息关联管理，保证快件可以跟踪查询。

任何单位和个人不得非法使用、倒卖快递运单。

第三十七条 经营快递业务的企业委托其他企业处理用户个人信息的，应当事前进行用户个人信息保护影响评估，并对受托企业处理个人信息的活动进行监督，不免除自身对用户个人信息安全承担的责任。

第三十八条 经营快递业务的企业应当及时向邮政管理部门报送生产经营过程中产生的与安全运营有关的数据信息。

经营快递业务的企业按照前款规定报送数据信息的，应当保证数据真实、准确、完整，报送方式符合国务院邮政管理部门的要求，不得漏报、错报、瞒报、谎报。

第三十九条 总部快递企业应当建立维护服务网络稳定工作制度，维护同网快递企业的服务网络稳定，并符合下列要求：

（一）实施服务网络运行监测预警和风险研判制度；

（二）建立健全应急预案；

（三）制定经营异常网点清单；

（四）及时有效排查化解企业内部矛盾纠纷，有效应对处置影响企业服务网络稳定的突发事件。

经营快递业务的企业发生服务网络阻断

的，应当在24小时内向邮政管理部门报告，并向社会公告。

第四十条 总部快递企业按照《快递暂行条例》的规定，在安全保障方面实施统一管理，督促使用与其统一的商标、字号、快递运单及其配套信息系统经营快递业务的企业及其从业人员遵守反恐、禁毒、安全生产、寄递安全、网络与信息安全以及应急管理等方面的规定，符合国务院邮政管理部门关于安全保障方面统一管理的要求。

第七章 监督管理

第四十一条 邮政管理部门依法履行快递市场监督管理职责，可以采取下列监督检查措施：

（一）进入被检查单位或者涉嫌发生违法活动的其他场所实施现场检查；

（二）向有关单位和个人了解情况；

（三）查阅、复制有关文件、资料、凭证、电子数据；

（四）经邮政管理部门负责人批准，依法查封与违法活动有关的场所，扣押用于违法活动的运输工具以及相关物品，对信件以外的涉嫌夹带禁止寄递或者限制寄递物品的快件开拆检查。

第四十二条 邮政管理部门以随机抽查的方式实施日常监督检查，可以依据经营快递业务的企业的信用情况，在抽查比例和频次等方面采取差异化措施。

用户申诉反映的快递服务问题涉嫌违反邮政管理的法律、行政法规、规章的，邮政管理部门应当依法调查和处理。

第四十三条 邮政管理部门工作人员对监督检查过程中知悉的商业秘密或者个人隐私，应当依法予以保密。

第四十四条 国务院邮政管理部门建立快递服务质量评价体系，组织开展快递服务质量评价工作。

邮政管理部门可以依法要求经营快递业务的企业报告从业人员、业务量、服务质量保障等经营情况。

第四十五条 邮政管理部门可以依法采取风险提示、约谈告诫、公示公告等方式指导和督促快递企业合法合规经营。

第四十六条 国务院邮政管理部门或者省、自治区、直辖市邮政管理机构对存在重大经营风险或者安全隐患的经营快递业务的企业实施重点检查，提出整改要求。

第四十七条 经营快递业务的企业快递服务行为发生异常、可能在特定地域范围内不具备提供正常服务的能力和条件的，应当向邮政管理部门报告，并向社会公告。

第八章 法律责任

第四十八条 经营快递业务的企业将快递业务委托给未取得快递业务经营许可的企业经营的，由邮政管理部门责令改正，处5000元以上1万元以下的罚款；情节严重的，处1万元以上3万元以下的罚款。

第四十九条 总部快递企业采取不合理的管理措施，导致使用其商标、字号、快递运单及其配套信息系统经营快递业务的企业不能向用户正常提供快递服务的，由邮政管理部门责令改正，予以警告或者通报批评，可以并处3000元以上1万元以下的罚款；情节严重的，处1万元以上3万元以下的罚款；涉嫌不正当竞争或者价格违法的，将线索移送有关部门。

第五十条 经营快递业务的企业未按规定公示、公布服务地域、服务时限，或者变更服务地域、服务时限未按规定提前向社会发布公告的，由邮政管理部门责令改正，予以警告或者通报批评，可以并处3000元以上1万元以下的罚款；情节严重的，处1万元以上3万元以下的罚款；涉嫌价格违法的，将线索移送有关部门。

第五十一条 经营快递业务的企业不按照公示、公布的服务地域投递快件的，由邮政管理部门责令改正，予以警告或者通报批评，可以并处快递服务费金额1倍至10倍的罚款。

第五十二条　经营快递业务的企业未采取有效技术手段保证用户、邮政管理部门通过快递运单码号或者信息系统查知本办法第二十五条规定的内容的，由邮政管理部门责令改正，予以警告或者通报批评，可以并处3000 元以上 1 万元以下的罚款。

第五十三条　经营快递业务的企业有下列情形之一的，由邮政管理部门责令改正，处 1 万元以下的罚款；情节严重的，处 1 万元以上 3 万元以下的罚款；涉嫌进行非法活动的，将线索移送有关部门：

（一）隐瞒、虚构寄递流程信息的；

（二）虚构快递物品的名称、数量、重量信息的；

（三）虚构快递服务费金额信息的；

（四）寄件人提供的收寄地址与快件实际收寄地址不一致，未在快递运单上一并如实记录的；

（五）未按本办法第二十七条规定向收件人提供寄件人信息的。

第五十四条　经营快递业务的企业有下列情形之一的，由邮政管理部门责令改正，予以警告或者通报批评，可以并处 1 万元以下的罚款；情节严重的，处 1 万元以上 3 万元以下的罚款：

（一）未经用户同意代为确认收到快件的；

（二）未经用户同意擅自使用智能快件箱、快递服务站等方式投递快件的；

（三）抛扔快件、踩踏快件的。

第五十五条　经营快递业务的企业未按规定配合邮政管理部门处理用户申诉的，由邮政管理部门责令改正，予以警告或者通报批评；情节严重的，并处3000 元以下的罚款。

第五十六条　经营快递业务的企业有下列情形之一的，由邮政管理部门责令改正；逾期未改正的，处 3000 元以下的罚款。法律、行政法规有规定的，从其规定：

（一）未按规定向邮政管理部门报送数据信息或者漏报、错报、瞒报、谎报的；

（二）可能在特定地域范围内不具备提供正常服务的能力和条件，未按规定报告、公告的。

第九章　附　　则

第五十七条　本办法自 2024 年 3 月 1 日起施行。交通运输部于 2013 年 1 月 11 日以交通运输部令 2013 年第 1 号公布的《快递市场管理办法》同时废止。

中华人民共和国居民身份证法

（2003 年 6 月 28 日第十届全国人民代表大会常务委员会第三次会议通过，2003 年 6 月 28 日中华人民共和国主席令第四号公布，根据 2011 年 10 月 29 日第十一届全国人民代表大会常务委员会第二十三次会议《关于修改〈中华人民共和国居民身份证法〉的决定》修正）

第一章　总　　则

第一条　为了证明居住在中华人民共和国境内的公民的身份，保障公民的合法权益，便利公民进行社会活动，维护社会秩序，制定本法。

第二条　居住在中华人民共和国境内的年满十六周岁的中国公民，应当依照本法的规定申请领取居民身份证；未满十六周岁的中国公民，可以依照本法的规定申请领取居民身份证。

第三条　居民身份证登记的项目包括：姓名、性别、民族、出生日期、常住户口所在地住址、公民身份号码、本人相片、指纹信息、证件的有效期和签发机关。

公民身份号码是每个公民唯一的、终身不变的身份代码，由公安机关按照公民身份号码国家标准编制。

公民申请领取、换领、补领居民身份证，应当登记指纹信息。

第四条　居民身份证使用规范汉字和符合国家标准的数字符号填写。

民族自治地方的自治机关根据本地区的实际情况，对居民身份证用汉字登记的内容，可以决定同时使用实行区域自治的民族的文字或者选用一种当地通用的文字。

第五条　十六周岁以上公民的居民身份证的有效期为十年、二十年、长期。十六周岁至二十五周岁的，发给有效期十年的居民身份证；二十六周岁至四十五周岁的，发给有效期二十年的居民身份证；四十六周岁以上的，发给长期有效的居民身份证。

未满十六周岁的公民，自愿申请领取居民身份证的，发给有效期五年的居民身份证。

第六条　居民身份证式样由国务院公安部门制定。居民身份证由公安机关统一制作、发放。

居民身份证具备视读与机读两种功能，视读、机读的内容限于本法第三条第一款规定的项目。

公安机关及其人民警察对因制作、发放、查验、扣押居民身份证而知悉的公民的个人信息，应当予以保密。

第二章　申领和发放

第七条　公民应当自年满十六周岁之日起三个月内，向常住户口所在地的公安机关申请领取居民身份证。

未满十六周岁的公民，由监护人代为申请领取居民身份证。

第八条　居民身份证由居民常住户口所在地的县级人民政府公安机关签发。

第九条　香港同胞、澳门同胞、台湾同胞迁入内地定居的，华侨回国定居的，以及外国人、无国籍人在中华人民共和国境内定居并被批准加入或者恢复中华人民共和国国籍的，在办理常住户口登记时，应当依照本法规定申请领取居民身份证。

第十条　申请领取居民身份证，应当填写《居民身份证申领登记表》，交验居民户口簿。

第十一条　国家决定换发新一代居民身份证、居民身份证有效期满、公民姓名变更或者证件严重损坏不能辨认的，公民应当换领新证；居民身份证登记项目出现错误的，公安机关应当及时更正，换发新证；领取新证时，必须交回原证。居民身份证丢失的，应当申请补领。

未满十六周岁公民的居民身份证有前款情形的，可以申请换领、换发或者补领新证。

公民办理常住户口迁移手续时，公安机关应当在居民身份证的机读项目中记载公民常住户口所在地住址变动的情况，并告知本人。

第十二条　公民申请领取、换领、补领居民身份证，公安机关应当按照规定及时予以办理。公安机关应当自公民提交《居民身份证申领登记表》之日起六十日内发放居民身份证；交通不便的地区，办理时间可以适当延长，但延长的时间不得超过三十日。

公民在申请领取、换领、补领居民身份证期间，急需使用居民身份证的，可以申请领取临时居民身份证，公安机关应当按照规定及时予以办理。具体办法由国务院公安部门规定。

第三章　使用和查验

第十三条　公民从事有关活动，需要证明身份的，有权使用居民身份证证明身份，有关单位及其工作人员不得拒绝。

有关单位及其工作人员对履行职责或者提供服务过程中获得的居民身份证记载的公民个人信息，应当予以保密。

第十四条　有下列情形之一的，公民应当出示居民身份证证明身份：

（一）常住户口登记项目变更；

（二）兵役登记；

（三）婚姻登记、收养登记；

（四）申请办理出境手续；

（五）法律、行政法规规定需要用居民身份证证明身份的其他情形。

依照本法规定未取得居民身份证的公民，从事前款规定的有关活动，可以使用符合国家规定的其他证明方式证明身份。

第十五条　人民警察依法执行职务，遇有下列情形之一的，经出示执法证件，可以查验居民身份证：

（一）对有违法犯罪嫌疑的人员，需要查明身份的；

（二）依法实施现场管制时，需要查明有关人员身份的；

（三）发生严重危害社会治安突发事件时，需要查明现场有关人员身份的；

（四）在火车站、长途汽车站、港口、码头、机场或者在重大活动期间设区的市级人民政府规定的场所，需要查明有关人员身份的；

（五）法律规定需要查明身份的其他情形。

有前款所列情形之一，拒绝人民警察查验居民身份证的，依照有关法律规定，分别不同情形，采取措施予以处理。

任何组织或者个人不得扣押居民身份证。但是，公安机关依照《中华人民共和国刑事诉讼法》执行监视居住强制措施的情形除外。

第四章　法律责任

第十六条　有下列行为之一的，由公安机关给予警告，并处二百元以下罚款，有违法所得的，没收违法所得：

（一）使用虚假证明材料骗领居民身份证的；

（二）出租、出借、转让居民身份证的；

（三）非法扣押他人居民身份证的。

第十七条　有下列行为之一的，由公安机关处二百元以上一千元以下罚款，或者处十日以下拘留，有违法所得的，没收违法所得：

（一）冒用他人居民身份证或者使用骗领的居民身份证的；

（二）购买、出售、使用伪造、变造的居民身份证的。

伪造、变造的居民身份证和骗领的居民身份证，由公安机关予以收缴。

第十八条　伪造、变造居民身份证的，依法追究刑事责任。

有本法第十六条、第十七条所列行为之一，从事犯罪活动的，依法追究刑事责任。

第十九条　国家机关或者金融、电信、交通、教育、医疗等单位的工作人员泄露在履行职责或者提供服务过程中获得的居民身份证记载的公民个人信息，构成犯罪的，依法追究刑事责任；尚不构成犯罪的，由公安机关处十日以上十五日以下拘留，并处五千元罚款，有违法所得的，没收违法所得。

单位有前款行为，构成犯罪的，依法追究刑事责任；尚不构成犯罪的，由公安机关对其直接负责的主管人员和其他直接责任人员，处十日以上十五日以下拘留，并处十万元以上五十万元以下罚款，有违法所得的，没收违法所得。

有前两款行为，对他人造成损害的，依法承担民事责任。

第二十条　人民警察有下列行为之一

的，根据情节轻重，依法给予行政处分；构成犯罪的，依法追究刑事责任：

（一）利用制作、发放、查验居民身份证的便利，收受他人财物或者谋取其他利益的；

（二）非法变更公民身份号码，或者在居民身份证上登载本法第三条第一款规定项目以外的信息或者故意登载虚假信息的；

（三）无正当理由不在法定期限内发放居民身份证的；

（四）违反规定查验、扣押居民身份证，侵害公民合法权益的；

（五）泄露因制作、发放、查验、扣押居民身份证而知悉的公民个人信息，侵害公民合法权益的。

第五章 附 则

第二十一条 公民申请领取、换领、补领居民身份证，应当缴纳证件工本费。居民身份证工本费标准，由国务院价格主管部门会同国务院财政部门核定。

对城市中领取最低生活保障金的居民、农村中有特殊生活困难的居民，在其初次申请领取和换领居民身份证时，免收工本费。对其他生活确有困难的居民，在其初次申请领取和换领居民身份证时，可以减收工本费。免收和减收工本费的具体办法，由国务院财政部门会同国务院价格主管部门规定。

公安机关收取的居民身份证工本费，全部上缴国库。

第二十二条 现役的人民解放军军人、人民武装警察申请领取和发放居民身份证的具体办法，由国务院和中央军事委员会另行规定。

第二十三条 本法自2004年1月1日起施行，《中华人民共和国居民身份证条例》同时废止。

依照《中华人民共和国居民身份证条例》领取的居民身份证，自2013年1月1日起停止使用。依照本法在2012年1月1日以前领取的居民身份证，在其有效期内，继续有效。

国家决定换发新一代居民身份证后，原居民身份证的停止使用日期由国务院决定。

中华人民共和国政府信息公开条例

（2007年4月5日中华人民共和国国务院令第492号公布，
2019年4月3日中华人民共和国国务院令第711号修订）

第一章 总 则

第一条 为了保障公民、法人和其他组织依法获取政府信息，提高政府工作的透明度，建设法治政府，充分发挥政府信息对人民群众生产、生活和经济社会活动的服务作用，制定本条例。

第二条 本条例所称政府信息，是指行政机关在履行行政管理职能过程中制作或者获取的，以一定形式记录、保存的信息。

第三条 各级人民政府应当加强对政府信息公开工作的组织领导。

国务院办公厅是全国政府信息公开工作的主管部门，负责推进、指导、协调、监督全国的政府信息公开工作。

县级以上地方人民政府办公厅（室）是本行政区域的政府信息公开工作主管部门，负责推进、指导、协调、监督本行政区域的政府信息公开工作。

实行垂直领导的部门的办公厅（室）

主管本系统的政府信息公开工作。

第四条 各级人民政府及县级以上人民政府部门应当建立健全本行政机关的政府信息公开工作制度，并指定机构（以下统称政府信息公开工作机构）负责本行政机关政府信息公开的日常工作。

政府信息公开工作机构的具体职能是：

（一）办理本行政机关的政府信息公开事宜；

（二）维护和更新本行政机关公开的政府信息；

（三）组织编制本行政机关的政府信息公开指南、政府信息公开目录和政府信息公开工作年度报告；

（四）组织开展对拟公开政府信息的审查；

（五）本行政机关规定的与政府信息公开有关的其他职能。

第五条 行政机关公开政府信息，应当坚持以公开为常态、不公开为例外，遵循公正、公平、合法、便民的原则。

第六条 行政机关应当及时、准确地公开政府信息。

行政机关发现影响或者可能影响社会稳定、扰乱社会和经济管理秩序的虚假或者不完整信息的，应当发布准确的政府信息予以澄清。

第七条 各级人民政府应当积极推进政府信息公开工作，逐步增加政府信息公开的内容。

第八条 各级人民政府应当加强政府信息资源的规范化、标准化、信息化管理，加强互联网政府信息公开平台建设，推进政府信息公开平台与政务服务平台融合，提高政府信息公开在线办理水平。

第九条 公民、法人和其他组织有权对行政机关的政府信息公开工作进行监督，并提出批评和建议。

第二章 公开的主体和范围

第十条 行政机关制作的政府信息，由制作该政府信息的行政机关负责公开。行政机关从公民、法人和其他组织获取的政府信息，由保存该政府信息的行政机关负责公开；行政机关获取的其他行政机关的政府信息，由制作或者最初获取该政府信息的行政机关负责公开。法律、法规对政府信息公开的权限另有规定的，从其规定。

行政机关设立的派出机构、内设机构依照法律、法规对外以自己名义履行行政管理职能的，可以由该派出机构、内设机构负责与所履行行政管理职能有关的政府信息公开工作。

两个以上行政机关共同制作的政府信息，由牵头制作的行政机关负责公开。

第十一条 行政机关应当建立健全政府信息公开协调机制。行政机关公开政府信息涉及其他机关的，应当与有关机关协商、确认，保证行政机关公开的政府信息准确一致。

行政机关公开政府信息依照法律、行政法规和国家有关规定需要批准的，经批准予以公开。

第十二条 行政机关编制、公布的政府信息公开指南和政府信息公开目录应当及时更新。

政府信息公开指南包括政府信息的分类、编排体系、获取方式和政府信息公开工作机构的名称、办公地址、办公时间、联系电话、传真号码、互联网联系方式等内容。

政府信息公开目录包括政府信息的索引、名称、内容概述、生成日期等内容。

第十三条 除本条例第十四条、第十五条、第十六条规定的政府信息外，政府信息应当公开。

行政机关公开政府信息，采取主动公开和依申请公开的方式。

第十四条 依法确定为国家秘密的政府信息，法律、行政法规禁止公开的政府信息，以及公开后可能危及国家安全、公共安全、经济安全、社会稳定的政府信息，不予公开。

第十五条　涉及商业秘密、个人隐私等公开会对第三方合法权益造成损害的政府信息，行政机关不得公开。但是，第三方同意公开或者行政机关认为不公开会对公共利益造成重大影响的，予以公开。

第十六条　行政机关的内部事务信息，包括人事管理、后勤管理、内部工作流程等方面的信息，可以不予公开。

行政机关在履行行政管理职能过程中形成的讨论记录、过程稿、磋商信函、请示报告等过程性信息以及行政执法案卷信息，可以不予公开。法律、法规、规章规定上述信息应当公开的，从其规定。

第十七条　行政机关应当建立健全政府信息公开审查机制，明确审查的程序和责任。

行政机关应当依照《中华人民共和国保守国家秘密法》以及其他法律、法规和国家有关规定对拟公开的政府信息进行审查。

行政机关不能确定政府信息是否可以公开的，应当依照法律、法规和国家有关规定报有关主管部门或者保密行政管理部门确定。

第十八条　行政机关应当建立健全政府信息管理动态调整机制，对本行政机关不予公开的政府信息进行定期评估审查，对因情势变化可以公开的政府信息应当公开。

第三章　主动公开

第十九条　对涉及公众利益调整、需要公众广泛知晓或者需要公众参与决策的政府信息，行政机关应当主动公开。

第二十条　行政机关应当依照本条例第十九条的规定，主动公开本行政机关的下列政府信息：

（一）行政法规、规章和规范性文件；

（二）机关职能、机构设置、办公地址、办公时间、联系方式、负责人姓名；

（三）国民经济和社会发展规划、专项规划、区域规划及相关政策；

（四）国民经济和社会发展统计信息；

（五）办理行政许可和其他对外管理服务事项的依据、条件、程序以及办理结果；

（六）实施行政处罚、行政强制的依据、条件、程序以及本行政机关认为具有一定社会影响的行政处罚决定；

（七）财政预算、决算信息；

（八）行政事业性收费项目及其依据、标准；

（九）政府集中采购项目的目录、标准及实施情况；

（十）重大建设项目的批准和实施情况；

（十一）扶贫、教育、医疗、社会保障、促进就业等方面的政策、措施及其实施情况；

（十二）突发公共事件的应急预案、预警信息及应对情况；

（十三）环境保护、公共卫生、安全生产、食品药品、产品质量的监督检查情况；

（十四）公务员招考的职位、名额、报考条件等事项以及录用结果；

（十五）法律、法规、规章和国家有关规定规定应当主动公开的其他政府信息。

第二十一条　除本条例第二十条规定的政府信息外，设区的市级、县级人民政府及其部门还应当根据本地方的具体情况，主动公开涉及市政建设、公共服务、公益事业、土地征收、房屋征收、治安管理、社会救助等方面的政府信息；乡（镇）人民政府还应当根据本地方的具体情况，主动公开贯彻落实农业农村政策、农田水利工程建设运营、农村土地承包经营权流转、宅基地使用情况审核、土地征收、房屋征收、筹资筹劳、社会救助等方面的政府信息。

第二十二条　行政机关应当依照本条例第二十条、第二十一条的规定，确定主动公开政府信息的具体内容，并按照上级行政机关的部署，不断增加主动公开的内容。

第二十三条　行政机关应当建立健全政府信息发布机制，将主动公开的政府信息通过政府公报、政府网站或者其他互联网政务媒体、新闻发布会以及报刊、广播、电视等途径予以公开。

第二十四条　各级人民政府应当加强依托政府门户网站公开政府信息的工作，利用统一的政府信息公开平台集中发布主动公开的政府信息。政府信息公开平台应当具备信息检索、查阅、下载等功能。

第二十五条　各级人民政府应当在国家档案馆、公共图书馆、政务服务场所设置政府信息查阅场所，并配备相应的设施、设备，为公民、法人和其他组织获取政府信息提供便利。

行政机关可以根据需要设立公共查阅室、资料索取点、信息公告栏、电子信息屏等场所、设施，公开政府信息。

行政机关应当及时向国家档案馆、公共图书馆提供主动公开的政府信息。

第二十六条　属于主动公开范围的政府信息，应当自该政府信息形成或者变更之日起20个工作日内及时公开。法律、法规对政府信息公开的期限另有规定的，从其规定。

第四章　依申请公开

第二十七条　除行政机关主动公开的政府信息外，公民、法人或者其他组织可以向地方各级人民政府、对外以自己名义履行行政管理职能的县级以上人民政府部门（含本条例第十条第二款规定的派出机构、内设机构）申请获取相关政府信息。

第二十八条　本条例第二十七条规定的行政机关应当建立完善政府信息公开申请渠道，为申请人依法申请获取政府信息提供便利。

第二十九条　公民、法人或者其他组织申请获取政府信息的，应当向行政机关的政府信息公开工作机构提出，并采用包括信件、数据电文在内的书面形式；采用书面形式确有困难的，申请人可以口头提出，由受理该申请的政府信息公开工作机构代为填写政府信息公开申请。

政府信息公开申请应当包括下列内容：

（一）申请人的姓名或者名称、身份证明、联系方式；

（二）申请公开的政府信息的名称、文号或者便于行政机关查询的其他特征性描述；

（三）申请公开的政府信息的形式要求，包括获取信息的方式、途径。

第三十条　政府信息公开申请内容不明确的，行政机关应当给予指导和释明，并自收到申请之日起7个工作日内一次性告知申请人作出补正，说明需要补正的事项和合理的补正期限。答复期限自行政机关收到补正的申请之日起计算。申请人无正当理由逾期不补正的，视为放弃申请，行政机关不再处理该政府信息公开申请。

第三十一条　行政机关收到政府信息公开申请的时间，按照下列规定确定：

（一）申请人当面提交政府信息公开申请的，以提交之日为收到申请之日；

（二）申请人以邮寄方式提交政府信息公开申请的，以行政机关签收之日为收到申请之日；以平常信函等无需签收的邮寄方式提交政府信息公开申请的，政府信息公开工作机构应当于收到申请的当日与申请人确认，确认之日为收到申请之日；

（三）申请人通过互联网渠道或者政府信息公开工作机构的传真提交政府信息公开申请的，以双方确认之日为收到申请之日。

第三十二条　依申请公开的政府信息公开会损害第三方合法权益的，行政机关应当书面征求第三方的意见。第三方应当自收到征求意见书之日起15个工作日内提出意见。第三方逾期未提出意见的，由行政机关依照本条例的规定决定是否公开。第三方不同意公开且有合理理由的，行政机关不予公开。行政机关认为不公开可能对公共利益造成重大影响的，可以决定予以公开，并将决定公开的政府信息内容和理由书面告知第三方。

第三十三条　行政机关收到政府信息公开申请，能够当场答复的，应当当场予以答复。

行政机关不能当场答复的，应当自收到申请之日起20个工作日内予以答复；需要延长答复期限的，应当经政府信息公开工作机构负责人同意并告知申请人，延长的期限最长不得超过20个工作日。

行政机关征求第三方和其他机关意见所需时间不计算在前款规定的期限内。

第三十四条　申请公开的政府信息由两个以上行政机关共同制作的，牵头制作的行政机关收到政府信息公开申请后可以征求相关行政机关的意见，被征求意见机关应当自收到征求意见书之日起15个工作日内提出意见，逾期未提出意见的视为同意公开。

第三十五条　申请人申请公开政府信息的数量、频次明显超过合理范围，行政机关可以要求申请人说明理由。行政机关认为申请理由不合理的，告知申请人不予处理；行政机关认为申请理由合理，但是无法在本条例第三十三条规定的期限内答复申请人的，可以确定延迟答复的合理期限并告知申请人。

第三十六条　对政府信息公开申请，行政机关根据下列情况分别作出答复：

（一）所申请公开信息已经主动公开的，告知申请人获取该政府信息的方式、途径；

（二）所申请公开信息可以公开的，向申请人提供该政府信息，或者告知申请人获取该政府信息的方式、途径和时间；

（三）行政机关依据本条例的规定决定不予公开的，告知申请人不予公开并说明理由；

（四）经检索没有所申请公开信息的，告知申请人该政府信息不存在；

（五）所申请公开信息不属于本行政机关负责公开的，告知申请人并说明理由；能够确定负责公开该政府信息的行政机关的，告知申请人该行政机关的名称、联系方式；

（六）行政机关已就申请人提出的政府信息公开申请作出答复、申请人重复申请公开相同政府信息的，告知申请人不予重复处理；

（七）所申请公开信息属于工商、不动产登记资料等信息，有关法律、行政法规对信息的获取有特别规定的，告知申请人依照有关法律、行政法规的规定办理。

第三十七条　申请公开的信息中含有不应当公开或者不属于政府信息的内容，但是能够作区分处理的，行政机关应当向申请人提供可以公开的政府信息内容，并对不予公开的内容说明理由。

第三十八条　行政机关向申请人提供的信息，应当是已制作或者获取的政府信息。除依照本条例第三十七条的规定能够作区分处理的外，需要行政机关对现有政府信息进行加工、分析的，行政机关可以不予提供。

第三十九条　申请人以政府信息公开申请的形式进行信访、投诉、举报等活动，行政机关应当告知申请人不作为政府信息公开申请处理并可以告知通过相应渠道提出。

申请人提出的申请内容为要求行政机关提供政府公报、报刊、书籍等公开出版物的，行政机关可以告知获取的途径。

第四十条　行政机关依申请公开政府信息，应当根据申请人的要求及行政机关保存政府信息的实际情况，确定提供政府信息的具体形式；按照申请人要求的形式提供政府信息，可能危及政府信息载体安全或者公开成本过高的，可以通过电子数据以及其他适当形式提供，或者安排申请人查阅、抄录相关政府信息。

第四十一条　公民、法人或者其他组织有证据证明行政机关提供的与其自身相关的政府信息记录不准确的，可以要求行政机关更正。有权更正的行政机关审核属实的，应当予以更正并告知申请人；不属于本行政机关职能范围的，行政机关可以转送有权更正的行政机关处理并告知申请人，或者告知申请人向有权更正的行政机关提出。

第四十二条 行政机关依申请提供政府信息，不收取费用。但是，申请人申请公开政府信息的数量、频次明显超过合理范围的，行政机关可以收取信息处理费。

行政机关收取信息处理费的具体办法由国务院价格主管部门会同国务院财政部门、全国政府信息公开工作主管部门制定。

第四十三条 申请公开政府信息的公民存在阅读困难或者视听障碍的，行政机关应当为其提供必要的帮助。

第四十四条 多个申请人就相同政府信息向同一行政机关提出公开申请，且该政府信息属于可以公开的，行政机关可以纳入主动公开的范围。

对行政机关依申请公开的政府信息，申请人认为涉及公众利益调整、需要公众广泛知晓或者需要公众参与决策的，可以建议行政机关将该信息纳入主动公开的范围。行政机关经审核认为属于主动公开范围的，应当及时主动公开。

第四十五条 行政机关应当建立健全政府信息公开申请登记、审核、办理、答复、归档的工作制度，加强工作规范。

第五章 监督和保障

第四十六条 各级人民政府应当建立健全政府信息公开工作考核制度、社会评议制度和责任追究制度，定期对政府信息公开工作进行考核、评议。

第四十七条 政府信息公开工作主管部门应当加强对政府信息公开工作的日常指导和监督检查，对行政机关未按照要求开展政府信息公开工作的，予以督促整改或者通报批评；需要对负有责任的领导人员和直接责任人员追究责任的，依法向有权机关提出处理建议。

公民、法人或者其他组织认为行政机关未按照要求主动公开政府信息或者对政府信息公开申请不依法答复处理的，可以向政府信息公开工作主管部门提出。政府信息公开工作主管部门查证属实的，应当予以督促整改或者通报批评。

第四十八条 政府信息公开工作主管部门应当对行政机关的政府信息公开工作人员定期进行培训。

第四十九条 县级以上人民政府部门应当在每年1月31日前向本级政府信息公开工作主管部门提交本行政机关上一年度政府信息公开工作年度报告并向社会公布。

县级以上地方人民政府的政府信息公开工作主管部门应当在每年3月31日前向社会公布本级政府上一年度政府信息公开工作年度报告。

第五十条 政府信息公开工作年度报告应当包括下列内容：

（一）行政机关主动公开政府信息的情况；

（二）行政机关收到和处理政府信息公开申请的情况；

（三）因政府信息公开工作被申请行政复议、提起行政诉讼的情况；

（四）政府信息公开工作存在的主要问题及改进情况，各级人民政府的政府信息公开工作年度报告还应当包括工作考核、社会评议和责任追究结果情况；

（五）其他需要报告的事项。

全国政府信息公开工作主管部门应当公布政府信息公开工作年度报告统一格式，并适时更新。

第五十一条 公民、法人或者其他组织认为行政机关在政府信息公开工作中侵犯其合法权益的，可以向上一级行政机关或者政府信息公开工作主管部门投诉、举报，也可以依法申请行政复议或者提起行政诉讼。

第五十二条　行政机关违反本条例的规定，未建立健全政府信息公开有关制度、机制的，由上一级行政机关责令改正；情节严重的，对负有责任的领导人员和直接责任人员依法给予处分。

第五十三条　行政机关违反本条例的规定，有下列情形之一的，由上一级行政机关责令改正；情节严重的，对负有责任的领导人员和直接责任人员依法给予处分；构成犯罪的，依法追究刑事责任：

（一）不依法履行政府信息公开职能；

（二）不及时更新公开的政府信息内容、政府信息公开指南和政府信息公开目录；

（三）违反本条例规定的其他情形。

第六章　附　　则

第五十四条　法律、法规授权的具有管理公共事务职能的组织公开政府信息的活动，适用本条例。

第五十五条　教育、卫生健康、供水、供电、供气、供热、环境保护、公共交通等与人民群众利益密切相关的公共企事业单位，公开在提供社会公共服务过程中制作、获取的信息，依照相关法律、法规和国务院有关主管部门或者机构的规定执行。全国政府信息公开工作主管部门根据实际需要可以制定专门的规定。

前款规定的公共企事业单位未依照相关法律、法规和国务院有关主管部门或者机构的规定公开在提供社会公共服务过程中制作、获取的信息，公民、法人或者其他组织可以向有关主管部门或者机构申诉，接受申诉的部门或者机构应当及时调查处理并将处理结果告知申诉人。

第五十六条　本条例自2019年5月15日起施行。

公安机关执法公开规定

（2018年8月23日公通字〔2018〕26号公布，自2018年12月1日起施行）

第一章　总　　则

第一条　为了规范公安机关执法公开行为，促进公安机关严格规范公正文明执法，保障公民、法人和其他组织依法获取执法信息，实现便民利民，制定本规定。

第二条　本规定适用于公安机关主动公开执法信息，以及开展网上公开办事。

公民、法人或者其他组织申请获取执法信息的，公安机关应当依照《中华人民共和国政府信息公开条例》的规定办理。

第三条　执法公开应当遵循合法有序、及时准确、便民利民的原则。

第四条　公安机关应当采取措施使社会广为知晓执法公开的范围、期限和途径，方便公民、法人和其他组织依法获取执法信息。

第五条　对涉及公共利益、公众普遍关注、需要社会知晓的执法信息，应当主动向社会公开；对不宜向社会公开，但涉及特定对象权利义务、需要特定对象知悉的执法信息，应当主动向特定对象告知或者提供查询服务。

第六条　公安机关不得公开涉及国家秘密或者警务工作秘密，以及可能影响国家安全、公共安全、经济安全和社会稳定或者妨害执法活动的执法信息。

公安机关不得向权利人以外的公民、法

人或者其他组织公开涉及商业秘密、个人隐私的执法信息。但是，权利人同意公开，或者公安机关认为不公开可能对公共利益造成重大影响的，可以公开。

第七条 公安机关公开执法信息涉及其他部门的，应当在公开前与有关部门确认；公开执法信息依照国家有关规定需要批准的，应当在批准后公开。

第八条 公安机关应当对执法公开情况进行检查评估。执法信息不应当公开而公开的，应当立即撤回；公开的执法信息错误或者发生变更的，应当立即纠正或者更新；执法信息公开后可能或者已经造成严重后果的，应当依法紧急处置。

第二章 向社会公开

第九条 公安机关应当主动向社会公开下列信息：

（一）公安机关的职责权限，人民警察的权利义务、纪律要求和职业道德规范；

（二）涉及公民、法人和其他组织权利义务的规范性文件；

（三）刑事、行政、行政复议、国家赔偿等案件的受理范围、受理部门及其联系方式、申请条件及要求、办理程序及期限和对外法律文书式样，以及当事人的权利义务和监督救济渠道；

（四）行政管理相对人的权利义务和监督救济渠道；

（五）与执法相关的便民服务措施；

（六）举报投诉的方式和途径；

（七）承担对外执法任务的内设机构和派出机构的名称及其职责权限；

（八）窗口单位的办公地址、工作时间、联系方式以及民警姓名、警号；

（九）固定式交通技术监控设备的设置信息；

（十）采取限制交通措施、交通管制和现场管制的方式、区域、起止时间等信息；

（十一）法律、法规、规章和其他规范性文件规定应当向社会公开的其他执法信息。

前款第一项至第五项所列执法信息，上级机关公开后，下级公安机关可以通过适当途径使社会广为知晓。

第十条 公安机关应当向社会公开涉及公共利益、社会高度关注的重大案事件调查进展和处理结果，以及打击违法犯罪活动的重大决策和行动。但公开后可能影响国家安全、公共安全、经济安全和社会稳定或者妨害正常执法活动的除外。

第十一条 公安机关可以向社会公开辖区治安状况、道路交通安全形势、安全防范预警等信息。

第十二条 公安机关应当逐步向社会公开行政处罚决定、行政复议结果的生效法律文书。适用简易程序作出的行政处罚决定生效法律文书可以不向社会公开。

第十三条 法律文书有下列情形之一的，不得向社会公开：

（一）案件事实涉及国家秘密或者警务工作秘密的；

（二）被行政处罚人、行政复议申请人是未成年人的；

（三）经本机关负责人批准不予公开的其他情形。

第十四条 向社会公开法律文书，应当对文书中载明的自然人姓名作隐名处理，保留姓氏，名字以“某”替代。

第十五条 向社会公开法律文书，应当删除文书中载明的下列信息：

（一）自然人的住所地详址、工作单位、家庭成员、联系方式、公民身份号码、健康状况、机动车号牌号码，以及其他能够判明其身份和具体财产的信息；

（二）法人或者其他组织的涉及具体财产的信息；

（三）涉及公民个人隐私和商业秘密的信息；

（四）案件事实中涉及有伤风化的内

容，以及可能诱发违法犯罪的细节描述；

（五）公安机关印章或者工作专用章；

（六）公安机关认为不宜公开的其他信息。

删除前款所列信息影响对文书正确理解的，可以用符号“×”作部分替代。

第十六条　向社会公开法律文书，除按照本规定第十四条、第十五条隐匿、删除相关信息外，应当保持与原文书内容一致。

第十七条　向社会公开执法信息，应当自该信息形成或者变更之日起20个工作日内进行。公众需要即时知晓的限制交通措施、交通管制和现场管制的信息，应当即时公开；辖区治安状况、道路交通安全形势和安全防范预警等信息，可以定期公开。法律、法规、规章和其他规范性文件对公开期限另有规定的，从其规定。

第十八条　向社会公开执法信息，应当通过互联网政府公开平台进行，同时可以通过公报、发布会、官方微博、移动客户端、自助终端，以及报刊、广播、电视等便于公众知晓的方式公布。

第十九条　向社会公开执法信息，由制作或者获取该信息的内设机构或者派出机构负责。必要时，征求政务公开、法制、保密部门的意见，并经本机关负责人批准。

第二十条　公安机关发现可能影响社会稳定、扰乱社会管理秩序的虚假或者不完整信息，应当在职责范围内及时发布准确信息予以澄清。

第三章　向特定对象公开

第二十一条　公安机关办理刑事、行政、行政复议、国家赔偿等案件，或者开展行政管理活动，法律、法规、规章和其他规范性文件规定向特定对象告知执法信息的，应当依照有关规定执行。

第二十二条　除按照本规定第二十一条向特定对象告知执法信息外，公安机关应当通过提供查询的方式，向报案或者控告的被害人、被侵害人或者其监护人、家属公开下列执法信息：

（一）办案单位名称、地址和联系方式；

（二）刑事立案、移送审查起诉、终止侦查、撤销案件等情况，对犯罪嫌疑人采取刑事强制措施的种类；

（三）行政案件受案、办理结果。

公安机关在接受报案时，应当告知报案或者控告的被害人、被侵害人或者其监护人、家属前款所列执法信息的查询方式和途径。

第二十三条　向特定对象提供执法信息查询服务，应当自该信息形成或者变更之日起5个工作日内进行。法律、法规和规范性文件对期限另有规定的，从其规定。

第二十四条　向特定对象提供执法信息查询服务，应当通过互联网政府公开平台进行，同时可以通过移动客户端、自助终端等方式进行。

第二十五条　向特定对象公开执法信息，由制作或者获取该信息的内设机构或者派出机构负责。

第四章　网上公开办事

第二十六条　公安机关应当开展行政许可、登记、备案等行政管理事项的网上办理。

除法律、法规、规章规定申请人应当到现场办理的事项或者环节外，公安机关不得要求申请人到现场办理。

第二十七条　网上公开办事应当提供下列服务：

（一）公开网上办事事项的名称、依据、申请条件、申请途径或者方式、申请需要提交材料清单、办理程序及期限，提供申请文书式样及示范文本；

（二）公开行政事业性收费事项的名称、依据、收费标准、办事程序和期限；

（三）网上咨询，解答相关法律政策、注意事项等常见问题；

（四）网上预约办理；

（五）申请文书的在线下载、网上制作，实现网上申请；

（六）受理情况、办理进展、办理结果等执法信息的网上查询。法律、法规、规章和其他规范性文件规定向申请人告知执法信息的，还应当依照有关规定告知。

公安机关在网上或者窗口单位接受办事事项申请时，应当告知申请人执法信息的查询方式和途径。

第二十八条 向申请人提供办事事项执法信息查询服务，应当自该信息形成或者变更之日起5个工作日内进行。法律、法规、规章和其他规范性文件另有规定的，从其规定。

第二十九条 开展网上公开办事，应当通过互联网政府网站进行，同时可以通过移动客户端、自助终端等方式进行。

向申请人告知办事事项执法信息，除依照法律、法规、规章和其他规范性文件规定的方式执行外，同时可以通过移动客户端、电话、电子邮件等方式告知。

第五章 监督和保障

第三十条 公安机关应当指定专门机构，负责组织、协调、推动执法公开工作，并为开展执法公开提供必要的人员、物质保障。

第三十一条 公安机关应当建立执法公开审核审批、保密审查、信息发布协调的程序和机制，实现执法公开规范化。

第三十二条 公安机关应当建设互联网政府公开平台，统一公开本机关执法信息。上级公安机关或者本级人民政府提供统一互联网公开平台的，可以通过该平台公开。

公安机关应当完善互联网政府网站办事服务功能，统一提供本机关网上办事服务。上级公安机关或者本级人民政府提供统一互联网办事服务载体的，可以通过该载体提供。

第三十三条 公安机关应当推动发展信息安全交互技术，为高效便捷开展执法公开提供技术支持。

第三十四条 公安机关应当开展执法公开满意度测评，可以通过互联网公开平台或者政府网站、移动客户端、自助终端、电话等方式进行，也可以在窗口单位现场进行。

第三十五条 公安机关可以委托第三方机构对执法公开情况进行评估，并参考评估结果改进工作。

第三十六条 公安机关应当将执法公开情况纳入执法质量考评和绩效考核范围，建立完善奖惩机制。

第三十七条 公民、法人或者其他组织认为公安机关未按照本规定履行执法公开义务的，可以向该公安机关或者其上一级公安机关投诉。

第三十八条 有下列情形之一的，应当立即改正；情节严重的，依照有关规定对主管人员和其他责任人员予以处理：

（一）未按照本规定履行执法公开义务的；

（二）公开的信息错误、不准确且不及时更正，或者弄虚作假的；

（三）公开不应当公开的信息且不及时撤回的；

（四）违反本规定的其他行为。

第六章 附　　则

第三十九条 各省、自治区、直辖市公安厅、局，新疆生产建设兵团公安局可以根据本规定，结合本地实际，制定实施细则。

第四十条 本规定未涉及的公开事项，依照有关法律、法规、规章和其他规范性文件的规定执行。

第四十一条 本规定自2018年12月1日起施行，2012年8月18日印发的《公安机关执法公开规定》同时废止。

（二）反电信网络诈骗类

中华人民共和国反电信网络诈骗法

（2022年9月2日第十三届全国人民代表大会常务委员会第三十六次会议通过并公布，自2022年12月1日起施行）

第一章　总　　则

第一条　为了预防、遏制和惩治电信网络诈骗活动，加强反电信网络诈骗工作，保护公民和组织的合法权益，维护社会稳定和国家安全，根据宪法，制定本法。

第二条　本法所称电信网络诈骗，是指以非法占有为目的，利用电信网络技术手段，通过远程、非接触等方式，诈骗公私财物的行为。

第三条　打击治理在中华人民共和国境内实施的电信网络诈骗活动或者中华人民共和国公民在境外实施的电信网络诈骗活动，适用本法。

境外的组织、个人针对中华人民共和国境内实施电信网络诈骗活动的，或者为他人针对境内实施电信网络诈骗活动提供产品、服务等帮助的，依照本法有关规定处理和追究责任。

第四条　反电信网络诈骗工作坚持以人民为中心，统筹发展和安全；坚持系统观念、法治思维，注重源头治理、综合治理；坚持齐抓共管、群防群治，全面落实打防管控各项措施，加强社会宣传教育防范；坚持精准防治，保障正常生产经营活动和群众生活便利。

第五条　反电信网络诈骗工作应当依法进行，维护公民和组织的合法权益。

有关部门和单位、个人应当对在反电信网络诈骗工作过程中知悉的国家秘密、商业秘密和个人隐私、个人信息予以保密。

第六条　国务院建立反电信网络诈骗工作机制，统筹协调打击治理工作。

地方各级人民政府组织领导本行政区域内反电信网络诈骗工作，确定反电信网络诈骗目标任务和工作机制，开展综合治理。

公安机关牵头负责反电信网络诈骗工作，金融、电信、网信、市场监管等有关部门依照职责履行监管主体责任，负责本行业领域反电信网络诈骗工作。

人民法院、人民检察院发挥审判、检察职能作用，依法防范、惩治电信网络诈骗活动。

电信业务经营者、银行业金融机构、非银行支付机构、互联网服务提供者承担风险防控责任，建立反电信网络诈骗内部控制机制和安全责任制度，加强新业务涉诈风险安全评估。

第七条　有关部门、单位在反电信网络诈骗工作中应当密切协作，实现跨行业、跨地域协同配合、快速联动，加强专业队伍建设，有效打击治理电信网络诈骗活动。

第八条　各级人民政府和有关部门应当加强反电信网络诈骗宣传，普及相关法律和知识，提高公众对各类电信网络诈骗方式的防骗意识和识骗能力。

教育行政、市场监管、民政等有关部门和村民委员会、居民委员会，应当结合电信网络诈骗受害群体的分布等特征，加强对老年人、青少年等群体的宣传教育，增强反电信网络诈骗宣传教育的针对性、精准性，开展反电信网络诈骗宣传教育进学校、进企业、进社区、进农村、进家庭等活动。

各单位应当加强内部防范电信网络诈骗工作，对工作人员开展防范电信网络诈骗教育；个人应当加强电信网络诈骗防范意识。单位、个人应当协助、配合有关部门依照本法规定开展反电信网络诈骗工作。

第二章　电信治理

第九条　电信业务经营者应当依法全面落实电话用户真实身份信息登记制度。

基础电信企业和移动通信转售企业应当承担对代理商落实电话用户实名制管理责任，在协议中明确代理商实名制登记的责任和有关违约处置措施。

第十条　办理电话卡不得超出国家有关规定限制的数量。

对经识别存在异常办卡情形的，电信业务经营者有权加强核查或者拒绝办卡。具体识别办法由国务院电信主管部门制定。

国务院电信主管部门组织建立电话用户开卡数量核验机制和风险信息共享机制，并为用户查询名下电话卡信息提供便捷渠道。

第十一条　电信业务经营者对监测识别的涉诈异常电话卡用户应当重新进行实名核验，根据风险等级采取有区别的、相应的核验措施。对未按规定核验或者核验未通过的，电信业务经营者可以限制、暂停有关电话卡功能。

第十二条　电信业务经营者建立物联网卡用户风险评估制度，评估未通过的，不得向其销售物联网卡；严格登记物联网卡用户身份信息；采取有效技术措施限定物联网卡开通功能、使用场景和适用设备。

单位用户从电信业务经营者购买物联网卡再将载有物联网卡的设备销售给其他用户的，应当核验和登记用户身份信息，并将销量、存量及用户实名信息传送给号码归属的电信业务经营者。

电信业务经营者对物联网卡的使用建立监测预警机制。对存在异常使用情形的，应当采取暂停服务、重新核验身份和使用场景或者其他合同约定的处置措施。

第十三条　电信业务经营者应当规范真实主叫号码传送和电信线路出租，对改号电话进行封堵拦截和溯源核查。

电信业务经营者应当严格规范国际通信业务出入口局主叫号码传送，真实、准确向用户提示来电号码所属国家或者地区，对网内和网间虚假主叫、不规范主叫进行识别、拦截。

第十四条　任何单位和个人不得非法制造、买卖、提供或者使用下列设备、软件：

（一）电话卡批量插入设备；

（二）具有改变主叫号码、虚拟拨号、互联网电话违规接入公用电信网络等功能的设备、软件；

（三）批量账号、网络地址自动切换系统，批量接收提供短信验证、语音验证的平台；

（四）其他用于实施电信网络诈骗等违法犯罪的设备、软件。

电信业务经营者、互联网服务提供者应当采取技术措施，及时识别、阻断前款规定的非法设备、软件接入网络，并向公安机关和相关行业主管部门报告。

第三章　金融治理

第十五条　银行业金融机构、非银行支付机构为客户开立银行账户、支付账户及提供支付结算服务，和与客户业务关系存续期间，应当建立客户尽职调查制度，依法识别受益所有人，采取相应风险管理措施，防范银行账户、支付账户等被用于电信网络诈骗活动。

第十六条　开立银行账户、支付账户不得超出国家有关规定限制的数量。

对经识别存在异常开户情形的，银行业金融机构、非银行支付机构有权加强核查或者拒绝开户。

中国人民银行、国务院银行业监督管理机构组织有关清算机构建立跨机构开户数量核验机制和风险信息共享机制，并为客户提供查询名下银行账户、支付账户的便捷渠道。银行业金融机构、非银行支付机构应当按照国家有关规定提供开户情况和有关风险信息。相关信息不得用于反电信网络诈骗以外的其他用途。

第十七条　银行业金融机构、非银行支付机构应当建立开立企业账户异常情形的风险防控机制。金融、电信、市场监管、税务等有关部门建立开立企业账户相关信息共享查询系统，提供联网核查服务。

市场主体登记机关应当依法对企业实名登记履行身份信息核验职责；依照规定对登记事项进行监督检查，对可能存在虚假登记、涉诈异常的企业重点监督检查，依法撤销登记的，依照前款的规定及时共享信息；为银行业金融机构、非银行支付机构进行客户尽职调查和依法识别受益所有人提供便利。

第十八条　银行业金融机构、非银行支付机构应当对银行账户、支付账户及支付结算服务加强监测，建立完善符合电信网络诈骗活动特征的异常账户和可疑交易监测机制。

中国人民银行统筹建立跨银行业金融机构、非银行支付机构的反洗钱统一监测系统，会同国务院公安部门完善与电信网络诈骗犯罪资金流转特点相适应的反洗钱可疑交易报告制度。

对监测识别的异常账户和可疑交易，银行业金融机构、非银行支付机构应当根据风险情况，采取核实交易情况、重新核验身份、延迟支付结算、限制或者中止有关业务等必要的防范措施。

银行业金融机构、非银行支付机构依照第一款规定开展异常账户和可疑交易监测时，可以收集异常客户互联网协议地址、网卡地址、支付受理终端信息等必要的交易信息、设备位置信息。上述信息未经客户授权，不得用于反电信网络诈骗以外的其他用途。

第十九条　银行业金融机构、非银行支付机构应当按照国家有关规定，完整、准确传输直接提供商品或者服务的商户名称、收付款客户名称及账号等交易信息，保证交易信息的真实、完整和支付全流程中的一致性。

第二十条　国务院公安部门会同有关部门建立完善电信网络诈骗涉案资金即时查询、紧急止付、快速冻结、及时解冻和资金返还制度，明确有关条件、程序和救济措施。

公安机关依法决定采取上述措施的，银行业金融机构、非银行支付机构应当予以配合。

第四章　互联网治理

第二十一条　电信业务经营者、互联网服务提供者为用户提供下列服务，在与用户签订协议或者确认提供服务时，应当依法要求用户提供真实身份信息，用户不提供真实身份信息的，不得提供服务：

（一）提供互联网接入服务；

（二）提供网络代理等网络地址转换服务；

（三）提供互联网域名注册、服务器托管、空间租用、云服务、内容分发服务；

（四）提供信息、软件发布服务，或者提供即时通讯、网络交易、网络游戏、网络直播发布、广告推广服务。

第二十二条　互联网服务提供者对监测识别的涉诈异常账号应当重新核验，根据国家有关规定采取限制功能、暂停服务等处置措施。

互联网服务提供者应当根据公安机关、电信主管部门要求，对涉案电话卡、涉诈异常电话卡所关联注册的有关互联网账号进行核验，根据风险情况，采取限期改正、限制功能、暂停使用、关闭账号、禁止重新注册等处置措施。

第二十三条 设立移动互联网应用程序应当按照国家有关规定向电信主管部门办理许可或者备案手续。

为应用程序提供封装、分发服务的，应当登记并核验应用程序开发运营者的真实身份信息，核验应用程序的功能、用途。

公安、电信、网信等部门和电信业务经营者、互联网服务提供者应当加强对分发平台以外途径下载传播的涉诈应用程序重点监测、及时处置。

第二十四条 提供域名解析、域名跳转、网址链接转换服务的，应当按照国家有关规定，核验域名注册、解析信息和互联网协议地址的真实性、准确性，规范域名跳转，记录并留存所提供相应服务的日志信息，支持实现对解析、跳转、转换记录的溯源。

第二十五条 任何单位和个人不得为他人实施电信网络诈骗活动提供下列支持或者帮助：

（一）出售、提供个人信息；

（二）帮助他人通过虚拟货币交易等方式洗钱；

（三）其他为电信网络诈骗活动提供支持或者帮助的行为。

电信业务经营者、互联网服务提供者应当依照国家有关规定，履行合理注意义务，对利用下列业务从事涉诈支持、帮助活动进行监测识别和处置：

（一）提供互联网接入、服务器托管、网络存储、通讯传输、线路出租、域名解析等网络资源服务；

（二）提供信息发布或者搜索、广告推广、引流推广等网络推广服务；

（三）提供应用程序、网站等网络技术、产品的制作、维护服务；

（四）提供支付结算服务。

第二十六条 公安机关办理电信网络诈骗案件依法调取证据的，互联网服务提供者应当及时提供技术支持和协助。

互联网服务提供者依照本法规定对有关涉诈信息、活动进行监测时，发现涉诈违法犯罪线索、风险信息的，应当依照国家有关规定，根据涉诈风险类型、程度情况移送公安、金融、电信、网信等部门。有关部门应当建立完善反馈机制，将相关情况及时告知移送单位。

第五章 综合措施

第二十七条 公安机关应当建立完善打击治理电信网络诈骗工作机制，加强专门队伍和专业技术建设，各警种、各地公安机关应当密切配合，依法有效惩处电信网络诈骗活动。

公安机关接到电信网络诈骗活动的报案或者发现电信网络诈骗活动，应当依照《中华人民共和国刑事诉讼法》的规定立案侦查。

第二十八条 金融、电信、网信部门依照职责对银行业金融机构、非银行支付机构、电信业务经营者、互联网服务提供者落实本法规定情况进行监督检查。有关监督检查活动应当依法规范开展。

第二十九条 个人信息处理者应当依照《中华人民共和国个人信息保护法》等法律规定，规范个人信息处理，加强个人信息保护，建立个人信息被用于电信网络诈骗的防范机制。

履行个人信息保护职责的部门、单位对可能被电信网络诈骗利用的物流信息、交易信息、贷款信息、医疗信息、婚介信息等实施重点保护。公安机关办理电信网络诈骗案件，应当同时查证犯罪所利用的个人信息来源，依法追究相关人员和单位责任。

第三十条　电信业务经营者、银行业金融机构、非银行支付机构、互联网服务提供者应当对从业人员和用户开展反电信网络诈骗宣传，在有关业务活动中对防范电信网络诈骗作出提示，对本领域新出现的电信网络诈骗手段及时向用户作出提醒，对非法买卖、出租、出借本人有关卡、账户、账号等被用于电信网络诈骗的法律责任作出警示。

新闻、广播、电视、文化、互联网信息服务等单位，应当面向社会有针对性地开展反电信网络诈骗宣传教育。

任何单位和个人有权举报电信网络诈骗活动，有关部门应当依法及时处理，对提供有效信息的举报人依照规定给予奖励和保护。

第三十一条　任何单位和个人不得非法买卖、出租、出借电话卡、物联网卡、电信线路、短信端口、银行账户、支付账户、互联网账号等，不得提供实名核验帮助；不得假冒他人身份或者虚构代理关系开立上述卡、账户、账号等。

对经设区的市级以上公安机关认定的实施前款行为的单位、个人和相关组织者，以及因从事电信网络诈骗活动或者关联犯罪受过刑事处罚的人员，可以按照国家有关规定记入信用记录，采取限制其有关卡、账户、账号等功能和停止非柜面业务、暂停新业务、限制入网等措施。对上述认定和措施有异议的，可以提出申诉，有关部门应当建立健全申诉渠道、信用修复和救济制度。具体办法由国务院公安部门会同有关主管部门规定。

第三十二条　国家支持电信业务经营者、银行业金融机构、非银行支付机构、互联网服务提供者研究开发有关电信网络诈骗反制技术，用于监测识别、动态封堵和处置涉诈异常信息、活动。

国务院公安部门、金融管理部门、电信主管部门和国家网信部门等应当统筹负责本行业领域反制技术措施建设，推进涉电信网络诈骗样本信息数据共享，加强涉诈用户信息交叉核验，建立有关涉诈异常信息、活动的监测识别、动态封堵和处置机制。

依据本法第十一条、第十二条、第十八条、第二十二条和前款规定，对涉诈异常情形采取限制、暂停服务等处置措施的，应当告知处置原因、救济渠道及需要提交的资料等事项，被处置对象可以向作出决定或者采取措施的部门、单位提出申诉。作出决定的部门、单位应当建立完善申诉渠道，及时受理申诉并核查，核查通过的，应当即时解除有关措施。

第三十三条　国家推进网络身份认证公共服务建设，支持个人、企业自愿使用，电信业务经营者、银行业金融机构、非银行支付机构、互联网服务提供者对存在涉诈异常的电话卡、银行账户、支付账户、互联网账号，可以通过国家网络身份认证公共服务对用户身份重新进行核验。

第三十四条　公安机关应当会同金融、电信、网信部门组织银行业金融机构、非银行支付机构、电信业务经营者、互联网服务提供者等建立预警劝阻系统，对预警发现的潜在被害人，根据情况及时采取相应劝阻措施。对电信网络诈骗案件应当加强追赃挽损，完善涉案资金处置制度，及时返还被害人的合法财产。对遭受重大生活困难的被害人，符合国家有关救助条件的，有关方面依照规定给予救助。

第三十五条　经国务院反电信网络诈骗工作机制决定或者批准，公安、金融、电信等部门对电信网络诈骗活动严重的特定地区，可以依照国家有关规定采取必要的临时风险防范措施。

第三十六条　对前往电信网络诈骗活动严重地区的人员，出境活动存在重大涉电信网络诈骗活动嫌疑的，移民管理机构可以决定不准其出境。

因从事电信网络诈骗活动受过刑事处罚的人员，设区的市级以上公安机关可以根据犯罪情况和预防再犯罪的需要，决定自处罚完毕之日起六个月至三年以内不准其出境，并通知移民管理机构执行。

第三十七条　国务院公安部门等会同外交部门加强国际执法司法合作，与有关国家、地区、国际组织建立有效合作机制，通过开展国际警务合作等方式，提升在信息交流、调查取证、侦查抓捕、追赃挽损等方面的合作水平，有效打击遏制跨境电信网络诈骗活动。

第六章　法律责任

第三十八条　组织、策划、实施、参与电信网络诈骗活动或者为电信网络诈骗活动提供帮助，构成犯罪的，依法追究刑事责任。

前款行为尚不构成犯罪的，由公安机关处十日以上十五日以下拘留；没收违法所得，处违法所得一倍以上十倍以下罚款，没有违法所得或者违法所得不足一万元的，处十万元以下罚款。

第三十九条　电信业务经营者违反本法规定，有下列情形之一的，由有关主管部门责令改正，情节较轻的，给予警告、通报批评，或者处五万元以上五十万元以下罚款；情节严重的，处五十万元以上五百万元以下罚款，并可以由有关主管部门责令暂停相关业务、停业整顿、吊销相关业务许可证或者吊销营业执照，对其直接负责的主管人员和其他直接责任人员，处一万元以上二十万元以下罚款：

（一）未落实国家有关规定确定的反电信网络诈骗内部控制机制的；

（二）未履行电话卡、物联网卡实名制登记职责的；

（三）未履行对电话卡、物联网卡的监测识别、监测预警和相关处置职责的；

（四）未对物联网卡用户进行风险评估，或者未限定物联网卡的开通功能、使用场景和适用设备的；

（五）未采取措施对改号电话、虚假主叫或者具有相应功能的非法设备进行监测处置的。

第四十条　银行业金融机构、非银行支付机构违反本法规定，有下列情形之一的，由有关主管部门责令改正，情节较轻的，给予警告、通报批评，或者处五万元以上五十万元以下罚款；情节严重的，处五十万元以上五百万元以下罚款，并可以由有关主管部门责令停止新增业务、缩减业务类型或者业务范围、暂停相关业务、停业整顿、吊销相关业务许可证或者吊销营业执照，对其直接负责的主管人员和其他直接责任人员，处一万元以上二十万元以下罚款：

（一）未落实国家有关规定确定的反电信网络诈骗内部控制机制的；

（二）未履行尽职调查义务和有关风险管理措施的；

（三）未履行对异常账户、可疑交易的风险监测和相关处置义务的；

（四）未按照规定完整、准确传输有关交易信息的。

第四十一条　电信业务经营者、互联网服务提供者违反本法规定，有下列情形之一的，由有关主管部门责令改正，情节较轻的，给予警告、通报批评，或者处五万元以上五十万元以下罚款；情节严重的，处五十万元以上五百万元以下罚款，并可以由有关主管部门责令暂停相关业务、停业整顿、关闭网站或者应用程序、吊销相关业务许可证或者吊销营业执照，对其直接负责的主管人员和其他直接责任人员，处一万元以上二十万元以下罚款：

（一）未落实国家有关规定确定的反电信网络诈骗内部控制机制的；

（二）未履行网络服务实名制职责，或者未对涉案、涉诈电话卡关联注册互联网账号进行核验的；

（三）未按照国家有关规定，核验域名注册、解析信息和互联网协议地址的真实性、准确性，规范域名跳转，或者记录并留存所提供相应服务的日志信息的；

（四）未登记核验移动互联网应用程序开发运营者的真实身份信息或者未核验应用

程序的功能、用途，为其提供应用程序封装、分发服务的；

（五）未履行对涉诈互联网账号和应用程序，以及其他电信网络诈骗信息、活动的监测识别和处置义务的；

（六）拒不依法为查处电信网络诈骗犯罪提供技术支持和协助，或者未按规定移送有关违法犯罪线索、风险信息的。

第四十二条　违反本法第十四条、第二十五条第一款规定的，没收违法所得，由公安机关或者有关主管部门处违法所得一倍以上十倍以下罚款，没有违法所得或者违法所得不足五万元的，处五十万元以下罚款；情节严重的，由公安机关并处十五日以下拘留。

第四十三条　违反本法第二十五条第二款规定，由有关主管部门责令改正，情节较轻的，给予警告、通报批评，或者处五万元以上五十万元以下罚款；情节严重的，处五十万元以上五百万元以下罚款，并可以由有关主管部门责令暂停相关业务、停业整顿、关闭网站或者应用程序，对其直接负责的主管人员和其他直接责任人员，处一万元以上二十万元以下罚款。

第四十四条　违反本法第三十一条第一款规定的，没收违法所得，由公安机关处违法所得一倍以上十倍以下罚款，没有违法所得或者违法所得不足二万元的，处二十万元以下罚款；情节严重的，并处十五日以下拘留。

第四十五条　反电信网络诈骗工作有关部门、单位的工作人员滥用职权、玩忽职守、徇私舞弊，或者有其他违反本法规定行为，构成犯罪的，依法追究刑事责任。

第四十六条　组织、策划、实施、参与电信网络诈骗活动或者为电信网络诈骗活动提供相关帮助的违法犯罪人员，除依法承担刑事责任、行政责任以外，造成他人损害的，依照《中华人民共和国民法典》等法律的规定承担民事责任。

电信业务经营者、银行业金融机构、非银行支付机构、互联网服务提供者等违反本法规定，造成他人损害的，依照《中华人民共和国民法典》等法律的规定承担民事责任。

第四十七条　人民检察院在履行反电信网络诈骗职责中，对于侵害国家利益和社会公共利益的行为，可以依法向人民法院提起公益诉讼。

第四十八条　有关单位和个人对依照本法作出的行政处罚和行政强制措施决定不服的，可以依法申请行政复议或者提起行政诉讼。

第七章　附　　则

第四十九条　反电信网络诈骗工作涉及的有关管理和责任制度，本法没有规定的，适用《中华人民共和国网络安全法》、《中华人民共和国个人信息保护法》、《中华人民共和国反洗钱法》等相关法律规定。

第五十条　本法自2022年12月1日起施行。

中华人民共和国反洗钱法

（2006年10月31日第十届全国人民代表大会常务委员会第二十四次会议通过并公布，自2007年1月1日起施行）

第一章　总　　则

第一条　为了预防洗钱活动，维护金融秩序，遏制洗钱犯罪及相关犯罪，制定本法。

第二条　本法所称反洗钱，是指为了预防通过各种方式掩饰、隐瞒毒品犯罪、黑社会性质的组织犯罪、恐怖活动犯罪、走私犯罪、贪污贿赂犯罪、破坏金融管理秩序犯罪、金融诈骗犯罪等犯罪所得及其收益的来源和性质的洗钱活动，依照本法规定采取相关措施的行为。

第三条 在中华人民共和国境内设立的金融机构和按照规定应当履行反洗钱义务的特定非金融机构，应当依法采取预防、监控措施，建立健全客户身份识别制度、客户身份资料和交易记录保存制度、大额交易和可疑交易报告制度，履行反洗钱义务。

第四条 国务院反洗钱行政主管部门负责全国的反洗钱监督管理工作。国务院有关部门、机构在各自的职责范围内履行反洗钱监督管理职责。

国务院反洗钱行政主管部门、国务院有关部门、机构和司法机关在反洗钱工作中应当相互配合。

第五条 对依法履行反洗钱职责或者义务获得的客户身份资料和交易信息，应当予以保密；非依法律规定，不得向任何单位和个人提供。

反洗钱行政主管部门和其他依法负有反洗钱监督管理职责的部门、机构履行反洗钱职责获得的客户身份资料和交易信息，只能用于反洗钱行政调查。

司法机关依照本法获得的客户身份资料和交易信息，只能用于反洗钱刑事诉讼。

第六条 履行反洗钱义务的机构及其工作人员依法提交大额交易和可疑交易报告，受法律保护。

第七条 任何单位和个人发现洗钱活动，有权向反洗钱行政主管部门或者公安机关举报。接受举报的机关应当对举报人和举报内容保密。

第二章 反洗钱监督管理

第八条 国务院反洗钱行政主管部门组织、协调全国的反洗钱工作，负责反洗钱的资金监测，制定或者会同国务院有关金融监督管理机构制定金融机构反洗钱规章，监督、检查金融机构履行反洗钱义务的情况，在职责范围内调查可疑交易活动，履行法律和国务院规定的有关反洗钱的其他职责。

国务院反洗钱行政主管部门的派出机构在国务院反洗钱行政主管部门的授权范围内，对金融机构履行反洗钱义务的情况进行监督、检查。

第九条 国务院有关金融监督管理机构参与制定所监督管理的金融机构反洗钱规章，对所监督管理的金融机构提出按照规定建立健全反洗钱内部控制制度的要求，履行法律和国务院规定的有关反洗钱的其他职责。

第十条 国务院反洗钱行政主管部门设立反洗钱信息中心，负责大额交易和可疑交易报告的接收、分析，并按照规定向国务院反洗钱行政主管部门报告分析结果，履行国务院反洗钱行政主管部门规定的其他职责。

第十一条 国务院反洗钱行政主管部门为履行反洗钱资金监测职责，可以从国务院有关部门、机构获取所必需的信息，国务院有关部门、机构应当提供。

国务院反洗钱行政主管部门应当向国务院有关部门、机构定期通报反洗钱工作情况。

第十二条 海关发现个人出入境携带的现金、无记名有价证券超过规定金额的，应当及时向反洗钱行政主管部门通报。

前款应当通报的金额标准由国务院反洗钱行政主管部门会同海关总署规定。

第十三条 反洗钱行政主管部门和其他依法负有反洗钱监督管理职责的部门、机构发现涉嫌洗钱犯罪的交易活动，应当及时向侦查机关报告。

第十四条 国务院有关金融监督管理机构审批新设金融机构或者金融机构增设分支机构时，应当审查新机构反洗钱内部控制制度的方案；对于不符合本法规定的设立申请，不予批准。

第三章 金融机构反洗钱义务

第十五条 金融机构应当依照本法规定建立健全反洗钱内部控制制度，金融机构的负责人应当对反洗钱内部控制制度的有效实施负责。

金融机构应当设立反洗钱专门机构或者指定内设机构负责反洗钱工作。

第十六条 金融机构应当按照规定建立客户身份识别制度。

金融机构在与客户建立业务关系或者为客户提供规定金额以上的现金汇款、现钞兑换、票据兑付等一次性金融服务时，应当要求客户出示真实有效的身份证件或者其他身份证明文件，进行核对并登记。

客户由他人代理办理业务的，金融机构应当同时对代理人和被代理人的身份证件或者其他身份证明文件进行核对并登记。

与客户建立人身保险、信托等业务关系，合同的受益人不是客户本人的，金融机构还应当对受益人的身份证件或者其他身份证明文件进行核对并登记。

金融机构不得为身份不明的客户提供服务或者与其进行交易，不得为客户开立匿名账户或者假名账户。

金融机构对先前获得的客户身份资料的真实性、有效性或者完整性有疑问的，应当重新识别客户身份。

任何单位和个人在与金融机构建立业务关系或者要求金融机构为其提供一次性金融服务时，都应当提供真实有效的身份证件或者其他身份证明文件。

第十七条 金融机构通过第三方识别客户身份的，应当确保第三方已经采取符合本法要求的客户身份识别措施；第三方未采取符合本法要求的客户身份识别措施的，由该金融机构承担未履行客户身份识别义务的责任。

第十八条 金融机构进行客户身份识别，认为必要时，可以向公安、工商行政管理等部门核实客户的有关身份信息。

第十九条 金融机构应当按照规定建立客户身份资料和交易记录保存制度。

在业务关系存续期间，客户身份资料发生变更的，应当及时更新客户身份资料。

客户身份资料在业务关系结束后、客户交易信息在交易结束后，应当至少保存五年。

金融机构破产和解散时，应当将客户身份资料和客户交易信息移交国务院有关部门指定的机构。

第二十条 金融机构应当按照规定执行大额交易和可疑交易报告制度。

金融机构办理的单笔交易或者在规定期限内的累计交易超过规定金额或者发现可疑交易的，应当及时向反洗钱信息中心报告。

第二十一条 金融机构建立客户身份识别制度、客户身份资料和交易记录保存制度的具体办法，由国务院反洗钱行政主管部门会同国务院有关金融监督管理机构制定。金融机构大额交易和可疑交易报告的具体办法，由国务院反洗钱行政主管部门制定。

第二十二条 金融机构应当按照反洗钱预防、监控制度的要求，开展反洗钱培训和宣传工作。

第四章 反洗钱调查

第二十三条 国务院反洗钱行政主管部门或者其省一级派出机构发现可疑交易活动，需要调查核实的，可以向金融机构进行调查，金融机构应当予以配合，如实提供有关文件和资料。

调查可疑交易活动时，调查人员不得少于二人，并出示合法证件和国务院反洗钱行政主管部门或者其省一级派出机构出具的调查通知书。调查人员少于二人或者未出示合法证件和调查通知书的，金融机构有权拒绝调查。

第二十四条 调查可疑交易活动，可以询问金融机构有关人员，要求其说明情况。

询问应当制作询问笔录。询问笔录应当交被询问人核对。记载有遗漏或者差错的，被询问人可以要求补充或者更正。被询问人确认笔录无误后，应当签名或者盖章；调查人员也应当在笔录上签名。

第二十五条 调查中需要进一步核查的，经国务院反洗钱行政主管部门或者其省一级派出机构的负责人批准，可以查阅、复制被调查对象的账户信息、交易记录和其他有关资料；对可能被转移、隐藏、篡改或者毁损的文件、资料，可以予以封存。

调查人员封存文件、资料，应当会同在场的金融机构工作人员查点清楚，当场开列清单一式二份，由调查人员和在场的金融机构工作人员签名或者盖章，一份交金融机构，一份附卷备查。

第二十六条 经调查仍不能排除洗钱嫌疑的，应当立即向有管辖权的侦查机关报案。客户要求将调查所涉及的账户资金转往境外的，经国务院反洗钱行政主管部门负责人批准，可以采取临时冻结措施。

侦查机关接到报案后，对已依照前款规定临时冻结的资金，应当及时决定是否继续冻结。侦查机关认为需要继续冻结的，依照刑事诉讼法的规定采取冻结措施；认为不需要继续冻结的，应当立即通知国务院反洗钱行政主管部门，国务院反洗钱行政主管部门应当立即通知金融机构解除冻结。

临时冻结不得超过四十八小时。金融机构在按照国务院反洗钱行政主管部门的要求采取临时冻结措施后四十八小时内，未接到侦查机关继续冻结通知的，应当立即解除冻结。

第五章　反洗钱国际合作

第二十七条 中华人民共和国根据缔结或者参加的国际条约，或者按照平等互惠原则，开展反洗钱国际合作。

第二十八条 国务院反洗钱行政主管部门根据国务院授权，代表中国政府与外国政府和有关国际组织开展反洗钱合作，依法与境外反洗钱机构交换与反洗钱有关的信息和资料。

第二十九条 涉及追究洗钱犯罪的司法协助，由司法机关依照有关法律的规定办理。

第六章　法律责任

第三十条 反洗钱行政主管部门和其他依法负有反洗钱监督管理职责的部门、机构从事反洗钱工作的人员有下列行为之一的，依法给予行政处分：

（一）违反规定进行检查、调查或者采取临时冻结措施的；

（二）泄露因反洗钱知悉的国家秘密、商业秘密或者个人隐私的；

（三）违反规定对有关机构和人员实施行政处罚的；

（四）其他不依法履行职责的行为。

第三十一条 金融机构有下列行为之一的，由国务院反洗钱行政主管部门或者其授权的设区的市一级以上派出机构责令限期改正；情节严重的，建议有关金融监督管理机构依法责令金融机构对直接负责的董事、高级管理人员和其他直接责任人员给予纪律处分：

（一）未按照规定建立反洗钱内部控制制度的；

（二）未按照规定设立反洗钱专门机构或者指定内设机构负责反洗钱工作的；

（三）未按照规定对职工进行反洗钱培训的。

第三十二条 金融机构有下列行为之一的，由国务院反洗钱行政主管部门或者其授权的设区的市一级以上派出机构责令限期改正；情节严重的，处二十万元以上五十万元以下罚款，并对直接负责的董事、高级管理人员和其他直接责任人员，处一万元以上五万元以下罚款：

（一）未按照规定履行客户身份识别义务的；

（二）未按照规定保存客户身份资料和交易记录的；

（三）未按照规定报送大额交易报告或者可疑交易报告的；

（四）与身份不明的客户进行交易或者为客户开立匿名账户、假名账户的；

（五）违反保密规定，泄露有关信息的；

（六）拒绝、阻碍反洗钱检查、调查的；

（七）拒绝提供调查材料或者故意提供虚假材料的。

金融机构有前款行为，致使洗钱后果发生的，处五十万元以上五百万元以下罚款，并对直接负责的董事、高级管理人员和其他直接责任人员处五万元以上五十万元以下罚款；情节特别严重的，反洗钱行政主管部门可以建议有关金融监督管理机构责令停业整顿或者吊销其经营许可证。

对有前两款规定情形的金融机构直接负责的董事、高级管理人员和其他直接责任人员，反洗钱行政主管部门可以建议有关金融监督管理机构依法责令金融机构给予纪律处分，或者建议依法取消其任职资格、禁止其从事有关金融行业工作。

第三十三条　违反本法规定，构成犯罪的，依法追究刑事责任。

第七章　附　　则

第三十四条　本法所称金融机构，是指依法设立的从事金融业务的政策性银行、商业银行、信用合作社、邮政储汇机构、信托投资公司、证券公司、期货经纪公司、保险公司以及国务院反洗钱行政主管部门确定并公布的从事金融业务的其他机构。

第三十五条　应当履行反洗钱义务的特定非金融机构的范围、其履行反洗钱义务和对其监督管理的具体办法，由国务院反洗钱行政主管部门会同国务院有关部门制定。

第三十六条　对涉嫌恐怖活动资金的监控适用本法；其他法律另有规定的，适用其规定。

第三十七条　本法自2007年1月1日起施行。

中国银保监会行政处罚办法

（2020年4月9日中国银保监会2020年第3次委务会议通过，2020年6月15日公布，自2020年8月1日起施行）

第一章　总　　则

第一条　为规范中国银行保险监督管理委员会（以下简称银保监会）及其派出机构行政处罚行为，维护银行业保险业市场秩序，根据《中华人民共和国行政处罚法》、《中华人民共和国银行业监督管理法》、《中华人民共和国商业银行法》、《中华人民共和国保险法》等相关法律，制定本办法。

第二条　银行保险机构、其他单位和个人（以下简称当事人）违反法律、行政法规和银行保险监管规定，银保监会及其派出机构依法给予行政处罚的，按照本办法实施。法律、行政法规另有规定的除外。

第三条　本办法所指的行政处罚包括：

（一）警告；

（二）罚款；

（三）没收违法所得；

（四）责令停业整顿；

（五）吊销金融、业务许可证；

（六）取消、撤销任职资格；

（七）限制保险业机构业务范围；

（八）责令保险业机构停止接受新业务；

（九）撤销外国银行代表处、撤销外国保险机构驻华代表机构；

（十）要求撤换外国银行首席代表、责令撤换外国保险机构驻华代表机构的首席代表；

（十一）禁止从事银行业工作或者禁止进入保险业；

（十二）法律、行政法规规定的其他行政处罚。

第四条 银保监会及其派出机构实施行政处罚，应当遵循以下原则：

（一）公平、公正、公开；

（二）程序合法；

（三）过罚相当；

（四）维护当事人的合法权益；

（五）处罚与教育相结合。

第五条 银保监会及其派出机构实行立案调查、审理和决定相分离的行政处罚制度，设立行政处罚委员会。

行政处罚委员会下设办公室，行政处罚委员会办公室设在银保监会及其派出机构的法律部门；暂未设立法律部门的，由相关部门履行其职责。

第六条 银保监会及其派出机构在处罚银行保险机构时，依法对相关责任人员采取责令纪律处分、行政处罚等方式追究法律责任。

第七条 当事人有下列情形之一的，应当依法从轻或者减轻行政处罚：

（一）主动消除或者减轻违法行为危害后果的；

（二）受他人胁迫有违法行为的；

（三）配合行政机关查处违法行为有立功表现的；

（四）其他依法从轻或者减轻行政处罚的。

违法行为轻微并及时纠正，没有造成危害后果的，不予行政处罚。

第八条 当事人有下列情形之一的，依法从重处罚：

（一）屡查屡犯的；

（二）不配合监管执法的；

（三）危害后果严重，造成较为恶劣社会影响的；

（四）其他依法从重行政处罚的情形。

第九条 银保监会及其派出机构参与行政处罚的工作人员有下列情形之一的，本人应当申请回避，当事人及其代理人也有权申请其回避：

（一）是案件当事人或其代理人的近亲属的；

（二）与案件有直接利害关系的；

（三）与案件当事人或其代理人有其他关系，可能影响案件公正处理的；

（四）根据法律、行政法规或者其他规定应当回避的。

当事人及其代理人提出回避申请的，应当说明理由。回避决定作出前，有关工作人员应当暂停对案件的调查审理，有特殊情况的除外。

第十条 案件调查人员及审理人员的回避由相关人员所在部门负责人决定，行政处罚委员会委员的回避由主任委员决定；主任委员的回避由所在银行保险监督管理机构的主要负责人决定，主要负责人担任主任委员的，其是否回避由上一级机构决定。

第十一条 当事人对银保监会及其派出机构作出的行政处罚，享有陈述权和申辩权。对行政处罚决定不服的，有权依法申请行政复议或者提起行政诉讼。

当事人提出的事实、理由和证据成立的，银保监会及其派出机构应当予以采纳，不得因当事人申辩而加重处罚。

第十二条 银保监会及其派出机构参与行政处罚的工作人员应当保守案件查办中获悉的国家秘密、商业秘密和个人隐私。

第二章　管　　辖

第十三条　银保监会对下列违法行为给予行政处罚：

（一）直接监管的银行业法人机构及其从业人员实施的；

（二）直接监管的保险业法人机构及其从业人员实施的；

（三）其他应当由银保监会给予行政处罚的违法行为。

第十四条　派出机构负责对辖区内的下列违法行为给予行政处罚：

（一）直接监管的银行业法人机构及其从业人员实施的；

（二）银行业法人机构的分支机构及其从业人员实施的；

（三）保险公司分支机构及其从业人员实施的；

（四）保险中介机构及其从业人员实施的；

（五）非法设立保险业机构，非法经营保险业务的；

（六）其他应由派出机构给予行政处罚的违法行为。

第十五条　异地实施违法行为的，由违法行为发生地的派出机构管辖。行为发生地的派出机构应当及时通知行为主体所在地的派出机构，行为主体所在地的派出机构应当积极配合违法行为的查处。

违法行为发生地的派出机构认为不宜行使管辖权的，可以移交行为主体所在地的派出机构管辖。

违法行为发生地的派出机构或行为主体所在地的派出机构作出行政处罚决定前可以征求对方意见，并应当书面告知处罚结果。

第十六条　因交叉检查（调查）或者跨区域检查（调查）发现违法行为需要给予行政处罚的，应当提请有管辖权的监督管理机构立案查处，并及时移交相关证据材料。

第十七条　派出机构发现不属于自己管辖的违法行为的，应当移送有管辖权的派出机构。两个以上派出机构对同一违法行为都有管辖权的，由最先立案的派出机构管辖。

对管辖权不明确或者有争议的，应当报请共同的上一级机构指定管辖。

第十八条　上级机构可以直接查处应由下级机构负责查处的违法行为，可以授权下级机构查处应由其负责查处的违法行为，也可以授权下级机构查处应由其他下级机构负责查处的违法行为。

授权管辖的，应当出具书面授权文件。

第十九条　派出机构管辖的电话销售保险违法行为，原则上按照下列要求确定具体管辖地：

（一）在对电话销售业务日常监管中发现的违法行为，由呼出地派出机构查处；

（二）在投诉、举报等工作中发现的违法行为，由投保人住所地派出机构查处，经与呼出地派出机构协商一致，也可以由呼出地派出机构查处。

第二十条　吊销银行业机构金融许可证的行政处罚案件，由颁发该金融许可证的监督管理机构管辖，处罚决定抄送批准该机构筹建的监督管理机构及银保监会相关部门。

责令银行业机构停业整顿的行政处罚案件，由批准该银行业机构开业的监督管理机构管辖，处罚决定抄送批准该机构筹建的监督管理机构及银保监会相关部门。

第三章　立案调查

第二十一条　银保监会及其派出机构发现当事人涉嫌违反法律、行政法规和银行保险监管规定，依法应当给予行政处罚且有管辖权的，应当予以立案。

第二十二条　立案应当由立案调查部门填写行政处罚立案审批表，由分管立案调查部门的负责人批准。

立案调查部门应当在立案之日起九十日以内完成调查工作。有特殊情况的，可以适当延长。

第二十三条 调查人员应当对案件事实进行全面、客观、公正的调查，并依法充分收集证据。

行政处罚立案前通过现场检查、调查、信访核查等方式依法获取的证明材料符合行政处罚证据要求的，可以作为行政处罚案件的证据，但应当在调查报告中载明上述情况。

第二十四条 在证据可能灭失或者以后难以取得的情况下，可以采取先行登记保存措施。采取先行登记保存措施，应当填写先行登记保存证据审批表，并由银保监会负责人或者派出机构负责人批准。

第二十五条 先行登记保存证据的，应当签发先行登记保存证据通知书，填写先行登记保存证据清单，由当事人签字或者盖章确认，并加封银保监会或者派出机构先行登记保存封条，就地由当事人保存。

登记保存证据期间，当事人或者有关人员不得损毁、销毁或者转移证据。对于先行登记保存的证据，应当在七日以内作出处理决定。

第二十六条 调查人员进行案件调查时不得少于二人，并应当向当事人或者有关单位和个人出示合法证件和调查（现场检查）通知书。

第二十七条 需要银保监会派出机构协助调查的，调查机构应当出具协助调查函。协助机构应当在调查机构要求的期限内完成调查。需要延期的，协助机构应当及时告知调查机构。

第二十八条 当事人违法行为不属于银保监会及其派出机构管辖的，立案调查部门应当依法及时向有关部门移送处理。

当事人违法行为涉嫌犯罪的，立案调查部门应当依照有关规定及时移送司法机关或者纪检监察机关。

第二十九条 立案调查部门在调查银行保险机构违法行为时，应当对相关责任人员的违法行为及其责任一并进行调查认定。

第三十条 调查终结后，立案调查部门应当制作调查报告。调查报告应当载明以下事项：

（一）案件来源；

（二）当事人的基本情况；

（三）调查取证过程；

（四）机构违法事实和相关证据；

（五）相关责任人员的违法事实、相关证据以及责任认定情况；

（六）行政处罚时效情况；

（七）当事人的陈述意见、采纳情况及理由；

（八）违法行为造成的风险、损失以及违法所得情况；

（九）从重、从轻、减轻的情形及理由；

（十）行政处罚建议、理由及依据。

第四章 取 证

第三十一条 行政处罚证据包括：

（一）书证；

（二）物证；

（三）视听资料；

（四）电子数据；

（五）证人证言；

（六）当事人陈述；

（七）鉴定意见；

（八）勘验笔录、现场笔录；

（九）法律、行政法规规定的其他证据。

第三十二条 调查人员应当全面收集当事人违法行为及其情节轻重的有关证据，证据应当符合以下要求：

（一）与被证明事实具有关联性；

（二）能够真实、客观反映被证明事实；

（三）收集证据行为符合法定程序。

第三十三条 调查人员收集书证，应当符合下列要求：

（一）收集书证的原件，收集原件确有困难的，可以收集与原件核对无误的复印件、扫描件、翻拍件、节录本等复制件；

（二）复印件、扫描件、翻拍件、节录本等复制件应当注明提供日期、出处，由提供者载明“与原件核对一致”，加盖单位公章或由提供者签章，页数较多的可以加盖骑缝章；

（三）收集报表、会计账册、专业技术资料等书证，应当说明具体证明事项。

第三十四条　调查人员收集物证时，应当收集原物。收集原物确有困难的，可以收集与原物核对无误的复制件或证明该物证的照片、录像等其他证据，但是应当附有制作过程、时间、制作人等情况的相关说明。

第三十五条　调查人员提取视听资料应当符合下列要求：

（一）提取视听资料的原始载体，提取原始载体有困难的，可以提取复制件，但是应附有制作过程、时间、制作人等内容的说明，并由原始载体持有人签字或者盖章；

（二）视听资料应当附有声音内容的文字记录。提取视听资料应当注明提取人、提取出处、提取时间和证明对象等。

第三十六条　调查人员可以直接提取电子计算机管理业务数据库中的数据，也可以采用转换、计算、分解等方式形成新的电子数据。调查人员收集电子数据，应当提取电子数据原始载体，并附有数据内容、收集时间和地点、收集过程、收集方法、收集人、证明对象等情况的说明，由原始数据持有人签名或者盖章。

无法提取原始载体或者提取确有困难的，可以提供电子数据复制件，但是应当附有复制过程、复制人、原始载体存放地点等情况的说明。

第三十七条　调查人员可以询问当事人或有关人员，询问应当分别进行，询问前应当告知其有如实陈述事实、提供证据的义务。

询问应当制作调查笔录，调查笔录应当交被询问人核对，对没有阅读能力的，应当向其宣读；笔录如有差错、遗漏，应当允许其更正或者补充，更正或补充部分由被询问人签字或盖章确认；经核对无误后，调查人员应当在笔录上签名，被询问人逐页签名或者盖章；被询问人拒绝签名或者盖章的，调查人员应当在笔录上注明。

第三十八条　当事人或有关人员拒绝接受调查、拒绝提供有关证据材料或者拒绝在证据材料上签名、盖章的，调查人员应当在调查笔录上载明或以录音、录像等视听资料加以证明。必要时，调查人员可以邀请无利害关系的第三方作为见证人。

通过上述方式获取的材料可以作为认定相关事实的证据。

第三十九条　调查人员对涉嫌违法的物品进行现场勘验时，应当有当事人在场，并制作现场勘验笔录；当事人拒绝到场的，应当在现场勘验笔录中注明。

第四十条　抽样取证，应当开具物品清单，由调查人员和当事人签名或者盖章。

第四十一条　现场检查事实确认书记载的有关违法事实，当事人予以确认的，可以作为认定违法事实的证据。现场检查事实确认书应当有相关检查取证材料作为佐证。

第四十二条　对司法机关或者其他行政执法机关保存、公布、移送的证据材料，符合证据要求的，可以作为行政处罚的证据。

第四十三条　调查人员应当制作证据目录，包括证据材料的序号、名称、证明目的、证据来源、证据形式、页码等。

第四十四条　其他有关收集和审查证据的要求，本办法没有规定的，可以按照其他法律、行政法规、规章规定或者参照有关司法解释规定执行。

第五章　审　　理

第四十五条　立案调查结束后，需要移送行政处罚委员会的，由立案调查部门提出处罚建议，将案件材料移交行政处罚委员会办公室。

其他案件由立案调查部门根据查审分离的原则，指派调查人员以外的工作人员进行审理，审理程序参照本章规定执行。行政处罚委员会办公室在立案调查部门认定的违法事实基础上，就处罚依据、处罚种类法律适用问题进行审核。

第四十六条 立案调查部门移交行政处罚委员会办公室的案件材料应当包括：

（一）立案审批表；

（二）调查（现场检查）通知等文书；

（三）案件调查报告书；

（四）证据、证据目录及相关说明；

（五）当事人的反馈材料；

（六）拟被处罚机构负责法律文书接收工作的联系人、联系方式；

（七）当事人送达地址确认书；

（八）移交审理表；

（九）其他必要材料。

第四十七条 立案调查部门移交审理的案件材料应当符合下列标准：

（一）材料齐全，内容完整，装订整齐，页码连续；

（二）证据目录格式规范，证据说明清晰，证据材料与违法事实内容一致；

（三）证据应当是原件，不能提供原件的，复制件应与原件一致。

立案调查部门对送审材料的真实性、准确性、完整性，以及执法的事实、证据、程序的合法性负责。

第四十八条 行政处罚委员会办公室收到立案调查部门移交的案件材料后，应当在三个工作日以内进行审查并作出是否接收的决定。

符合规定标准的，行政处罚委员会办公室应当办理接收手续，注明案件接收日期和案卷材料等有关情况。不符合接收标准的，应当退回立案调查部门并说明理由。

第四十九条 行政处罚委员会办公室接收案件材料后，应当基于调查报告载明的违法事实和责任人员，从调查程序、处罚时效、证据采信、事实认定、行为定性、处罚种类与幅度等方面进行审理，对案件审理意见负责。

第五十条 有下列情形之一的，行政处罚委员会办公室应当请立案调查部门书面说明或者退回补充调查：

（一）违法事实不清的；

（二）证据不足或不符合要求的；

（三）责任主体认定不清的；

（四）调查取证程序违法的；

（五）处罚建议不明确或明显不当的。

第五十一条 行政处罚委员会办公室应当自正式接收案件之日起九十日以内完成案件审理，形成审理报告提交行政处罚委员会审议。有特殊情况的，可以适当延长。

立案调查部门根据办公室意见需要补充材料的，自办公室收到完整补充材料之日起重新计算审理期限。

审理报告主要内容应当包括：

（一）当事人的基本情况；

（二）当事人违法事实与有关人员责任认定情况；

（三）拟处罚意见、理由和依据。

审理报告可以对调查报告载明的违法事实认定、行为定性、量罚依据、处罚幅度或种类等事项提出调整或者变更的意见或建议。

第六章 审 议

第五十二条 行政处罚委员会审议会议应当以审理报告为基础对案件进行审议，审议的主要内容包括：

（一）程序是否合法；

（二）事实是否清楚、证据是否确凿；

（三）行为定性是否准确；

（四）责任认定是否适当；

（五）量罚依据是否正确；

（六）处罚种类与幅度是否适当。

第五十三条 行政处罚委员会审议会议

由主任委员主持，每次参加审议会议的委员不得少于全体委员的三分之二。

第五十四条　参会委员应当以事实为依据，以法律为准绳，坚持专业判断，发表独立、客观、公正的审议意见。

第五十五条　行政处罚委员会审议会议采取记名投票方式，各委员对审理意见进行投票表决，全体委员超过半数同意的，按照审理意见作出决议，会议主持人当场宣布投票结果。

参会委员应当积极履行职责，不得投弃权票。

第五十六条　行政处罚委员会审议案件，可以咨询与案件无利益冲突的有关法官、律师、学者或专家的专业意见。

第七章　权利告知与听证

第五十七条　银保监会及其派出机构拟作出行政处罚决定的，应当制作行政处罚事先告知书，告知当事人拟作出行政处罚决定的事实、理由及依据，并告知当事人有权进行陈述和申辩。

第五十八条　行政处罚事先告知书应当载明下列内容：

（一）拟被处罚当事人的基本情况；

（二）拟被处罚当事人违法事实和相关证据；

（三）拟作出处罚的理由、依据；

（四）拟作出处罚的种类和幅度；

（五）当事人享有的陈述、申辩或者听证权利；

（六）拟作出处罚决定的机构名称、印章和日期。

第五十九条　当事人需要陈述和申辩的，应当自收到行政处罚事先告知书之日起十个工作日以内将陈述和申辩的书面材料提交拟作出处罚的银保监会或其派出机构。当事人逾期未行使陈述权、申辩权的，视为放弃权利。

第六十条　银保监会及其派出机构拟作出以下行政处罚决定前，应当在行政处罚事先告知书中告知当事人有要求举行听证的权利：

（一）作出较大数额的罚款；

（二）没收较大数额的违法所得；

（三）限制保险业机构业务范围、责令停止接受新业务；

（四）责令停业整顿；

（五）吊销金融、业务许可证；

（六）取消、撤销任职资格；

（七）撤销外国银行代表处、撤销外国保险机构驻华代表机构或要求撤换外国银行首席代表、责令撤换外国保险机构驻华代表机构的首席代表；

（八）禁止从事银行业工作或者禁止进入保险业。

前款所称较大数额的罚款是指：

（一）银保监会对实施银行业违法行为的单位作出的五百万元以上（不含本数，下同）罚款、对实施银行业违法行为的个人作出的五十万元以上罚款，对实施保险业违法行为的单位作出的一百五十万元以上罚款、对实施保险业违法行为的个人作出的十万元以上罚款；

（二）银保监局对实施银行业违法行为的单位作出的三百万元以上罚款、对实施银行业违法行为的个人作出的三十万元以上罚款，对实施保险业违法行为的单位作出的五十万元以上罚款、对实施保险业违法行为的个人作出的七万元以上罚款；

（三）银保监分局对实施银行业违法行为的单位作出的一百万元以上罚款、对实施银行业违法行为的个人作出的十万元以上罚款，对实施保险业违法行为的单位作出的三十万元以上罚款、对实施保险业违法行为的个人作出的五万元以上罚款。

本条第一款所称没收较大数额的违法所得是指银保监会作出的没收五百万元以上违法所得，银保监局作出的没收一百万元以上违法所得，银保监分局作出的没收五十万元以上违法所得。

第六十一条 当事人申请听证的，应当自收到行政处罚事先告知书之日起五个工作日以内，向银保监会或其派出机构提交经本人签字或盖章的听证申请书。听证申请书中应当载明下列内容：

（一）申请人的基本情况；

（二）具体的听证请求；

（三）申请听证的主要事实、理由和证据；

（四）申请日期和申请人签章。

当事人逾期不提出申请的，视为放弃听证权利。

当事人对违法事实有异议的，应当在提起听证申请时提交相关证据材料。

第六十二条 银保监会或者派出机构收到听证申请后，应依法进行审查，符合听证条件的，应当组织举行听证，并在举行听证七个工作日前，书面通知当事人举行听证的时间、地点。

第六十三条 行政处罚委员会办公室可以成立至少由三人组成的听证组进行听证。其中，听证主持人由行政处罚委员会办公室主任或其指定的人员担任，听证组其他成员由行政处罚委员会办公室的工作人员或者其他相关人员担任。

听证组应当指定专人作为记录员。

第六十四条 听证主持人履行下列职责：

（一）主持听证会，维持听证秩序；

（二）询问听证参加人；

（三）决定听证的延期、中止或终止；

（四）法律、行政法规和规章赋予的其他职权。

第六十五条 当事人在听证中享有下列权利：

（一）使用本民族的语言文字参加听证；

（二）申请不公开听证；

（三）申请回避；

（四）参加听证或者委托代理人参加听证；

（五）就听证事项进行陈述、申辩和举证、质证；

（六）听证结束前进行最后陈述；

（七）核对听证笔录；

（八）依法享有的其他权利。

第六十六条 当事人和其他听证参加人应当承担下列义务：

（一）按时参加听证；

（二）依法举证和质证；

（三）如实陈述和回答询问；

（四）遵守听证纪律；

（五）在核对无误的听证笔录上签名或盖章。

第六十七条 当事人可以委托一至二名代理人参加听证。

第六十八条 代理人参加听证的，应当提交授权委托书、委托人及代理人身份证明等相关材料。授权委托书应当载明如下事项：

（一）委托人及其代理人的基本情况；

（二）代理人的代理权限；

（三）委托日期及委托人签章。

第六十九条 调查人员应当参加听证，提出当事人违法的事实、证据和行政处罚建议，并进行质证。

第七十条 需要证人、鉴定人、勘验人、翻译人员等参加听证的，调查人员、当事人应当提出申请，并提供相关人员的基本情况。经听证主持人同意的，方可参加听证。

证人、鉴定人、勘验人不能亲自到场作证的，调查人员、当事人或其代理人可以提交相关书面材料，并当场宣读。

第七十一条 听证应当公开举行，但涉及国家秘密、商业秘密、个人隐私或影响金融稳定的除外。听证不公开举行的，应当由银保监会及其派出机构行政处罚委员会主任委员决定。

第七十二条 听证公开举行的，银保监会或者派出机构应当通过张贴纸质公告、网上公示等适当方式先期公告当事人姓名或者名称、案由、听证时间和地点。

公民、法人或者非法人组织可以申请参加旁听公开举行的听证；银保监会或其派出机构可以根据场地等条件，确定旁听人数。

第七十三条　听证开始前，记录员应当查明听证当事人和其他听证参加人是否到场，并宣布听证纪律。

对违反听证纪律的，听证主持人有权予以制止；情节严重的，责令其退场。

第七十四条　听证应当按照下列程序进行：

（一）听证主持人宣布听证开始，宣布案由；

（二）听证主持人核对听证参加人身份，宣布听证主持人、听证组成员、听证记录员名单，告知听证参加人在听证中的权利义务，询问当事人是否申请回避；

（三）案件调查人员陈述当事人违法的事实、证据、行政处罚的依据和建议等；

（四）当事人及其代理人就调查人员提出的违法事实、证据、行政处罚的依据和建议进行申辩，并可以出示无违法事实、违法事实较轻或者减轻、免除行政处罚的证据材料；

（五）经听证主持人允许，案件调查人员和当事人可以就有关证据相互质证，也可以向到场的证人、鉴定人、勘验人发问；

（六）当事人、案件调查人员作最后陈述；

（七）听证主持人宣布听证结束。

第七十五条　记录员应当制作听证笔录，听证笔录当场完成的，应当交由当事人核对；当事人核对无误后，应当逐页签名或盖章。

当事人认为听证笔录有差错、遗漏的，可以当场更正或补充；听证笔录不能当场完成的，听证主持人应指定日期和场所核对。

当事人拒绝在听证笔录上签名或盖章的，记录员应当在听证笔录中注明，并由听证主持人签名确认。

第七十六条　出现下列情形的，可以延期或者中止举行听证：

（一）当事人或其代理人因不可抗拒的事由无法参加听证的；

（二）当事人或其代理人在听证会上提出回避申请的；

（三）需要通知新的证人到场，调取新的证据，需要重新鉴定、调查，需要补充调查的；

（四）其他应当延期或者中止听证的情形。

第七十七条　延期、中止听证的情形消失后，应当恢复听证，并将听证的时间、地点通知听证参加人。

第七十八条　出现下列情形之一的，应当终止听证：

（一）当事人撤回听证要求的；

（二）当事人无正当理由不参加听证，或者未经听证主持人允许中途退场的；

（三）其他应当终止听证的情形。

当事人撤回听证要求的，听证记录员应当在听证笔录上记明，并由当事人签名或者盖章。

第七十九条　银保监会及其派出机构应当对当事人陈述、申辩或者听证意见进行研究。需要补充调查的，进行补充调查。

第八十条　采纳当事人陈述、申辩或者听证意见，对拟处罚决定作出重大调整的，应当重新对当事人进行行政处罚事先告知。

第八章　决定与执行

第八十一条　银保监会及其派出机构应当根据案件审理审议情况和当事人陈述、申辩情况，以及听证情况拟定行政处罚决定书。

第八十二条　行政处罚决定书应当载明下列内容：

（一）当事人的基本情况；

（二）违法事实和相关证据；

（三）处罚的依据、种类、幅度；

（四）处罚的履行方式和期限；

（五）申请行政复议或者提起行政诉讼的途径和期限；

（六）作出处罚决定的机构名称、印章和日期。

第八十三条 银保监会及其派出机构送达行政处罚决定书等行政处罚法律文书时，应当附送达回证，由受送达人在送达回证上记明收到日期，并签名或者盖章。

受送达人被羁押、留置的，可以通过采取相关措施的机关转交行政处罚法律文书，确保行政处罚程序正常进行。

送达的具体程序本办法没有规定的，参照民事诉讼法的有关规定执行。

第八十四条 行政处罚决定作出后，应当报送相应纪检监察部门，并按要求将相关责任人被处罚情况通报有关组织部门。涉及罚款或者没收违法所得的，同时将行政处罚决定抄送财会部门。

第八十五条 作出取消、撤销相关责任人员任职资格处罚的，应当将行政处罚决定书抄送核准其任职资格的监督管理机构和其所属的银行保险机构。

第八十六条 作出禁止从事银行业工作或者禁止进入保险业处罚的，应当将行政处罚决定书抄送被处罚责任人所属的银行保险机构。

第八十七条 银保监会及其派出机构作出的罚款、没收违法所得行政处罚决定，当事人应当自收到行政处罚决定书之日起十五日以内缴款。银保监会及其派出机构和执法人员不得自行收缴罚款。

第八十八条 银保监会及其派出机构作出停业整顿或者吊销金融、业务许可证行政处罚的，应当在银保监会官方网站或具有较大影响力的全国性媒体上公告，公告内容包括：

（一）银行保险机构的名称、地址；

（二）行政处罚决定、理由和法律依据；

（三）其他需要公告的事项。

第八十九条 立案调查部门负责行政处罚决定的监督执行。

第九十条 当事人确有经济困难，需要延期或者分期缴纳罚款的，经当事人申请，由分管立案调查部门的负责人批准，可以暂缓或者分期缴纳。

第九十一条 当事人逾期不履行行政处罚决定的，作出行政处罚决定的机构可以采取下列措施：

（一）到期不缴纳罚款的，每日按照罚款数额的百分之三加处罚款；

（二）经依法催告后当事人仍未履行义务的，申请人民法院强制执行；

（三）法律、行政法规规定的其他措施。

加处罚款的数额不得超出罚款数额。

第九十二条 行政处罚案件材料应当按照有关法律法规和档案管理规定归档保存。

第九十三条 银保监会及其派出机构应当按照规定在官方网站上公开行政处罚有关信息。

第九十四条 当事人对行政处罚决定不服的，可以在收到行政处罚决定书之日起六十日以内申请行政复议，也可以在收到行政处罚决定书之日起六个月以内直接向有管辖权的人民法院提起行政诉讼。

行政处罚委员会审议并作出处罚决定的案件，当事人申请行政复议或者提起行政诉讼的，法律部门应当做好复议答辩和应诉工作，立案调查部门予以配合。

无需移送行政处罚委员会的案件，当事人申请行政复议或者提起行政诉讼的，立案调查部门应当做好复议答辩和应诉工作，法律部门予以配合。

第九章 法律责任

第九十五条 对于滥用职权、徇私舞弊、玩忽职守、擅自改变行政处罚决定种类和幅度等严重违反行政处罚工作纪律的人员，依法给予行政处分；涉嫌犯罪的，依法移送纪检监察机关处理。

第九十六条　银保监会及其派出机构违法实施行政处罚给当事人造成损害的，应当依法予以赔偿。对有关责任人员应当依法给予行政处分；涉嫌犯罪的，依法移送纪检监察机关处理。

第九十七条　银保监会及其派出机构工作人员在行政处罚过程中，利用职务便利索取或者收受他人财物、收缴罚款据为己有的，依法给予行政处分；涉嫌犯罪的，依法移送纪检监察机关处理。

第十章　附　　则

第九十八条　银保监会及其派出机构应当为行政处罚工作提供必要的人力资源与财务经费保障。

第九十九条　银保监会建立行政处罚信息管理系统，加强行政处罚统计分析工作。

银保监会及其派出机构应当按照规定及时将行政处罚决定书等有关行政处罚信息录入行政处罚信息管理系统。必要时可向有关部门和机构披露银行保险机构和从业人员的处罚情况。

第一百条　本办法所称银行业机构，是指依法设立的商业银行、农村合作银行、农村信用社、村镇银行等吸收公众存款的金融机构和政策性银行，金融资产管理公司、信托公司、企业集团财务公司、金融租赁公司、汽车金融公司、消费金融公司，以及经银保监会及其派出机构批准设立的其他银行业机构。

本办法所称保险业机构，是指依法设立的保险集团（控股）公司、保险公司、保险资产管理公司、保险代理机构、保险经纪机构、保险公估机构、外国保险机构驻华代表机构，以及经银保监会及其派出机构批准设立的其他保险业机构。

第一百零一条　本办法所称“以内”皆包括本数或者本级。

第一百零二条　执行本办法所需要的法律文书式样，由银保监会制定。银保监会没有制定式样，执法工作中需要的其他法律文书，银保监局可以制定式样。

第一百零三条　本办法由银保监会负责解释。

第一百零四条　本办法自2020年8月1日起施行，《中国银监会行政处罚办法》（中国银监会令2015年第8号）、《中国保险监督管理委员会行政处罚程序规定》（中国保监会令2017年第1号）同时废止。

金融违法行为处罚办法

（1999年1月14日国务院第13次常务会议通过，1999年2月22日发布，自发布之日起施行）

第一条　为了惩处金融违法行为，维护金融秩序，防范金融风险，制定本办法。

第二条　金融机构违反国家有关金融管理的规定，有关法律、行政法规有处罚规定的，依照其规定给予处罚；有关法律、行政法规未作处罚规定或者有关行政法规的处罚规定与本办法不一致的，依照本办法给予处罚。

本办法所称金融机构，是指在中华人民共和国境内依法设立和经营金融业务的机构，包括银行、信用合作社、财务公司、信托投资公司、金融租赁公司等。

第三条　本办法规定的行政处罚，由中国人民银行决定；但是本办法第二十四条、

第二十五条规定的行政处罚，由国家外汇管理机关决定。

本办法规定的纪律处分，包括警告、记过、记大过、降级、撤职、留用察看、开除，由所在金融机构或者上级金融机构决定。

金融机构的工作人员依照本办法受到开除的纪律处分的，终身不得在金融机构工作，由中国人民银行通知各金融机构不得任用，并在全国性报纸上公告。金融机构的高级管理人员依照本办法受到撤职的纪律处分的，由中国人民银行决定在一定期限内直至终身不得在任何金融机构担任高级管理职务或者与原职务相当的职务，通知各金融机构不得任用，并在全国性报纸上公告。

本办法所称高级管理人员，是指金融机构的法定代表人和其他主要负责人，包括银行及其分支机构的董事长、副董事长、行长、副行长、主任、副主任；信用合作社的理事长、副理事长、主任、副主任；财务公司、信托投资公司、金融租赁公司等金融机构的董事长、副董事长、总经理、副总经理等。

第四条 金融机构的工作人员离开该金融机构工作后，被发现在该金融机构工作期间违反国家有关金融管理规定的，仍然应当依法追究责任。

第五条 金融机构设立、合并、撤销分支机构或者代表机构的，应当经中国人民银行批准。

未经中国人民银行批准，金融机构擅自设立、合并、撤销分支机构或者代表机构的，给予警告，并处5万元以上30万元以下的罚款；对该金融机构直接负责的高级管理人员，给予撤职直至开除的纪律处分。

第六条 金融机构有下列情形之一的，应当经中国人民银行批准：

（一）变更名称；

（二）变更注册资本；

（三）变更机构所在地；

（四）更换高级管理人员；

（五）中国人民银行规定的其他变更、更换情形。

金融机构未经中国人民银行批准，有前款所列情形之一的，给予警告，并处1万元以上10万元以下的罚款；有前款第（四）项所列情形的，对该金融机构直接负责的高级管理人员，给予撤职直至开除的纪律处分。

第七条 金融机构变更股东、转让股权或者调整股权结构的，应当经中国人民银行批准；涉及国有股权变动的，并应当按照规定经财政部门批准。

未经依法批准，金融机构擅自变更股东、转让股权或者调整股权结构的，给予警告，没收违法所得，并处违法所得1倍以上3倍以下的罚款，没有违法所得的，处5万元以上30万元以下的罚款；对该金融机构直接负责的高级管理人员，给予撤职直至开除的纪律处分。

第八条 金融机构不得虚假出资或者抽逃出资。

金融机构虚假出资或者抽逃出资的，责令停业整顿，并处虚假出资金额或者抽逃出资金额百分之五以上百分之十以下的罚款；对该金融机构直接负责的高级管理人员给予开除的纪律处分，对其他直接负责的主管人员和直接责任人员给予记过直至开除的纪律处分；情节严重的，吊销该金融机构的经营金融业务许可证；构成虚假出资、抽逃出资罪或者其他罪的，依法追究刑事责任。

第九条 金融机构不得超出中国人民银行批准的业务范围从事金融业务活动。

金融机构超出中国人民银行批准的业务范围从事金融业务活动的，给予警告，没收违法所得，并处违法所得1倍以上5倍以下的罚款，没有违法所得的，处10万元以上50万元以下的罚款；对该金融机构直接负责的高级管理人员给予撤职直至开除的纪律处分，对其他直接负责的主管人员和直接责任人员给予记过直至开除的纪律处分；情节严重的，责令该金融机构停业整顿或者吊销经营金融业务许可证；构成非法经营罪或者其他罪的，依法追究刑事责任。

第十条 金融机构的代表机构不得经营金融业务。

金融机构的代表机构经营金融业务的，给予警告，没收违法所得，并处违法所得1倍以上3倍以下的罚款，没有违法所得的，处5万元以上30万元以下的罚款；对该金融机构直接负责的高级管理人员给予撤职直至开除的纪律处分，对其他直接负责的主管人员和直接责任人员给予降级直至开除的纪律处分；情节严重的，撤销该代表机构。

第十一条 金融机构不得以下列方式从事账外经营行为：

（一）办理存款、贷款等业务不按照会计制度记账、登记，或者不在会计报表中反映；

（二）将存款与贷款等不同业务在同一账户内轧差处理；

（三）经营收入未列入会计账册；

（四）其他方式的账外经营行为。

金融机构违反前款规定的，给予警告，没收违法所得，并处违法所得1倍以上5倍以下的罚款，没有违法所得的，处10万元以上50万元以下的罚款；对该金融机构直接负责的高级管理人员、其他直接负责的主管人员和直接责任人员，给予开除的纪律处分；情节严重的，责令该金融机构停业整顿或者吊销经营金融业务许可证；构成用账外客户资金非法拆借、发放贷款罪或者其他罪的，依法追究刑事责任。

第十二条 金融机构不得提供虚假的或者隐瞒重要事实的财务会计报告、统计报告。

金融机构提供虚假的或者隐瞒重要事实的财务会计报告、统计报告的，给予警告，并处10万元以上50万元以下的罚款；对该金融机构直接负责的高级管理人员给予撤职直至开除的纪律处分，对其他直接负责的主管人员和直接责任人员给予记大过直至开除的纪律处分；情节严重的，责令该金融机构停业整顿或者吊销经营金融业务许可证；构成提供虚假财会报告罪或者其他罪的，依法追究刑事责任。

第十三条 金融机构不得出具与事实不符的信用证、保函、票据、存单、资信证明等金融票证。

金融机构弄虚作假，出具与事实不符的信用证、保函、票据、存单、资信证明等金融票证的，给予警告，没收违法所得，并处违法所得1倍以上5倍以下的罚款，没有违法所得的，处10万元以上50万元以下的罚款；对该金融机构直接负责的高级管理人员、其他直接负责的主管人员和直接责任人员，给予开除的纪律处分；构成非法出具金融票证罪或者其他罪的，依法追究刑事责任。

第十四条 金融机构对违反票据法规定的票据，不得承兑、贴现、付款或者保证。

金融机构对违反票据法规定的票据，予以承兑、贴现、付款或者保证的，给予警告，没收违法所得，并处违法所得1倍以上3倍以下的罚款，没有违法所得的，处5万元以上30万元以下的罚款；对该金融机构直接负责的高级管理人员、其他直接负责的主管人员和直接责任人员，给予记大过直至开除的纪律处分；造成资金损失的，对该金融机构直接负责的高级管理人员，给予撤职直至开除的纪律处分；构成对违法票据承兑、付款、保证罪或者其他罪的，依法追究刑事责任。

第十五条 金融机构办理存款业务，不得有下列行为：

（一）擅自提高利率或者变相提高利率，吸收存款；

（二）明知或者应知是单位资金，而允许以个人名义开立账户存储；

（三）擅自开办新的存款业务种类；

（四）吸收存款不符合中国人民银行规定的客户范围、期限和最低限额；

（五）违反规定为客户多头开立账户；

（六）违反中国人民银行规定的其他存款行为。

金融机构有前款所列行为之一的，给予警告，没收违法所得，并处违法所得1倍以上3倍以下的罚款，没有违法所得的，处5万元以上30万元以下的罚款；对该金融机构直接负责的高级管理人员给予撤职直至开除的纪律处分，对其他直接负责的主管人员和直接责任人员给予降级直至开除的纪律处分；情节严重的，责令该金融机构停业整顿或者吊销经营金融业务许可证。

第十六条 金融机构办理贷款业务，不得有下列行为：

（一）向关系人发放信用贷款；

（二）向关系人发放担保贷款的条件优于其他借款人同类贷款的条件；

（三）违反规定提高或者降低利率以及采用其他不正当手段发放贷款；

（四）违反中国人民银行规定的其他贷款行为。

金融机构有前款所列行为之一的，给予警告，没收违法所得，并处违法所得1倍以上5倍以下的罚款，没有违法所得的，处10万元以上50万元以下的罚款；对该金融机构直接负责的高级管理人员、其他直接负责的主管人员和直接责任人员，给予撤职直至开除的纪律处分；情节严重的，责令该金融机构停业整顿或者吊销经营金融业务许可证；构成违法向关系人发放贷款罪、违法发放贷款罪或者其他罪的，依法追究刑事责任。

第十七条 金融机构从事拆借活动，不得有下列行为：

（一）拆借资金超过最高限额；

（二）拆借资金超过最长期限；

（三）不具有同业拆借业务资格而从事同业拆借业务；

（四）在全国统一同业拆借网络之外从事同业拆借业务；

（五）违反中国人民银行规定的其他拆借行为。

金融机构有前款所列行为之一的，暂停或者停止该项业务，没收违法所得，并处违法所得1倍以上3倍以下的罚款，没有违法所得的，处5万元以上30万元以下的罚款；对该金融机构直接负责的高级管理人员、其他直接负责的主管人员和直接责任人员，给予记大过直至开除的纪律处分。

第十八条 金融机构不得违反国家规定从事证券、期货或者其他衍生金融工具交易，不得为证券、期货或者其他衍生金融工具交易提供信贷资金或者担保，不得违反国家规定从事非自用不动产、股权、实业等投资活动。

金融机构违反前款规定的，给予警告，没收违法所得，并处违法所得1倍以上5倍以下的罚款，没有违法所得的，处10万元以上50万元以下的罚款；对该金融机构直接负责的高级管理人员给予开除的纪律处分，对其他直接负责的主管人员和直接责任人员给予撤职直至开除的纪律处分；情节严重的，责令该金融机构停业整顿或者吊销经营金融业务许可证；构成非法经营罪、违法发放贷款罪或者其他罪的，依法追究刑事责任。

第十九条 金融机构应当遵守中国人民银行有关现金管理的规定，不得允许单位或者个人超限额提取现金。

金融机构违反中国人民银行有关现金管理的规定，允许单位或者个人超限额提取现金的，给予警告，并处5万元以上30万元以下的罚款；对该金融机构直接负责的高级管理人员、其他直接负责的主管人员和直接责任人员，给予记大过直至开除的纪律处分。

第二十条 金融机构应当遵守中国人民银行有关信用卡管理的规定，不得违反规定对持卡人透支或者帮助持卡人利用信用卡套取现金。

金融机构违反中国人民银行有关信用卡管理的规定，对持卡人透支或者帮助持卡人利用信用卡套取现金的，给予警告，并处5万元以上30万元以下的罚款；对该金融机构直接负责的高级管理人员、其他直接负责的主管人员和直接责任人员，给予记大过直至开除的纪律处分。

第二十一条　金融机构应当遵守中国人民银行有关资产负债比例管理的规定。

金融机构违反中国人民银行有关资产负债比例管理规定的，给予警告，没收违法所得，并处违法所得1倍以上3倍以下的罚款，没有违法所得的，处5万元以上30万元以下的罚款；对该金融机构直接负责的高级管理人员，给予记大过直至开除的纪律处分。

第二十二条　金融机构不得占压财政存款或者资金。

金融机构占压财政存款或者资金的，给予警告，没收违法所得，并处违法所得1倍以上3倍以下的罚款，没有违法所得的，处5万元以上30万元以下的罚款；对该金融机构直接负责的高级管理人员给予撤职直至开除的纪律处分，对其他直接负责的主管人员和直接责任人员给予降级直至开除的纪律处分。

第二十三条　金融机构应当依法协助税务机关、海关办理对纳税人存款的冻结、扣划。

金融机构违反前款规定，造成税款流失的，给予警告，并处10万元以上50万元以下的罚款；对该金融机构直接负责的高级管理人员、其他直接负责的主管人员和直接责任人员，给予撤职直至开除的纪律处分；构成违反治安管理行为的，依法给予治安管理处罚；构成妨害公务罪或者其他罪的，依法追究刑事责任。

第二十四条　经营外汇业务的金融机构应当遵守国家外汇管理规定。

经营外汇业务的金融机构违反国家外汇管理规定的，依照外汇管理条例的规定，给予行政处罚；对该金融机构直接负责的高级管理人员、其他直接负责的主管人员和直接责任人员，给予记过直至开除的纪律处分；情节严重的，对该金融机构直接负责的高级管理人员，给予撤职直至开除的纪律处分；构成犯罪的，依法追究刑事责任。

第二十五条　经营外汇业务的金融机构，不得有下列行为：

（一）对大额购汇、频繁购汇、存取大额外币现钞等异常情况不及时报告；

（二）未按照规定办理国际收支申报。

经营外汇业务的金融机构有前款所列行为之一的，给予警告，并处5万元以上30万元以下的罚款；对该金融机构直接负责的高级管理人员、其他直接负责的主管人员和直接责任人员，给予记过直至开除的纪律处分；情节严重的，对该金融机构直接负责的高级管理人员，给予撤职直至开除的纪律处分；构成签订、履行合同失职被骗罪或者其他罪的，依法追究刑事责任。

第二十六条　商业银行不得为证券、期货交易资金清算透支或者为新股申购透支。

商业银行为证券、期货交易资金清算透支或者为新股申购透支的，给予警告，没收违法所得，并处违法所得1倍以上5倍以下的罚款，没有违法所得的，处10万元以上50万元以下的罚款；对该商业银行直接负责的高级管理人员给予开除的纪律处分，对其他直接负责的主管人员和直接责任人员给予撤职直至开除的纪律处分。

第二十七条　财务公司不得有下列行为：

（一）超过中国人民银行批准的规模发行财务公司债券；

（二）吸收非集团成员单位存款或者向非集团成员单位发放贷款；

（三）违反规定向非集团成员单位提供

金融服务；

（四）违反中国人民银行规定的其他行为。

财务公司有前款所列行为之一的，给予警告，没收违法所得，并处违法所得1倍以上5倍以下的罚款，没有违法所得的，处10万元以上50万元以下的罚款；对该财务公司直接负责的高级管理人员、其他直接负责的主管人员和直接责任人员，给予记过直至开除的纪律处分；情节严重的，责令该财务公司停业整顿，对直接负责的高级管理人员给予撤职直至开除的纪律处分；构成非法吸收公众存款罪、擅自发行股票、公司企业债券罪或者其他罪的，依法追究刑事责任。

第二十八条 信托投资公司不得以办理委托、信托业务名义吸收公众存款、发放贷款，不得违反国家规定办理委托、信托业务。

信托投资公司违反前款规定的，给予警告，没收违法所得，并处违法所得1倍以上5倍以下的罚款，没有违法所得的，处10万元以上50万元以下的罚款；对该信托投资公司直接负责的高级管理人员、其他直接负责的主管人员和直接责任人员，给予记大过直至开除的纪律处分；情节严重的，暂停或者停止该项业务，对直接负责的高级管理人员给予撤职直至开除的纪律处分；构成非法吸收公众存款罪、集资诈骗罪或者其他罪的，依法追究刑事责任。

第二十九条 金融机构缴纳的罚款和被没收的违法所得，不得列入该金融机构的成本、费用。

第三十条 对中国人民银行所属从事金融业务的机构的金融违法行为的处罚，适用本办法。

第三十一条 对证券违法行为的处罚，依照国家有关证券管理的法律、行政法规执行，不适用本办法。

对保险违法行为的处罚，依照国家有关保险管理的法律、行政法规执行，不适用本办法。

第三十二条 本办法自发布之日起施行。

中华人民共和国银行业监督管理法

（2003年12月27日第十届全国人民代表大会常务委员会第六次会议通过，根据2006年10月31日第十届全国人民代表大会常务委员会第二十四次会议《关于修改〈中华人民共和国银行业监督管理法〉的决定》修正）

第一章 总 则

第一条 为了加强对银行业的监督管理，规范监督管理行为，防范和化解银行业风险，保护存款人和其他客户的合法权益，促进银行业健康发展，制定本法。

第二条 国务院银行业监督管理机构负责对全国银行业金融机构及其业务活动监督管理的工作。

本法所称银行业金融机构，是指在中华人民共和国境内设立的商业银行、城市信用合作社、农村信用合作社等吸收公众存款的金融机构以及政策性银行。

对在中华人民共和国境内设立的金融资产管理公司、信托投资公司、财务公司、金融租赁公司以及经国务院银行业监督管理机构批准设立的其他金融机构的监督管理，适用本法对银行业金融机构监督管理的规定。

国务院银行业监督管理机构依照本法有关规定，对经其批准在境外设立的金融机构以及前二款金融机构在境外的业务活动实施监督管理。

第三条　银行业监督管理的目标是促进银行业的合法、稳健运行，维护公众对银行业的信心。

银行业监督管理应当保护银行业公平竞争，提高银行业竞争能力。

第四条　银行业监督管理机构对银行业实施监督管理，应当遵循依法、公开、公正和效率的原则。

第五条　银行业监督管理机构及其从事监督管理工作的人员依法履行监督管理职责，受法律保护。地方政府、各级政府部门、社会团体和个人不得干涉。

第六条　国务院银行业监督管理机构应当和中国人民银行、国务院其他金融监督管理机构建立监督管理信息共享机制。

第七条　国务院银行业监督管理机构可以和其他国家或者地区的银行业监督管理机构建立监督管理合作机制，实施跨境监督管理。

第二章　监督管理机构

第八条　国务院银行业监督管理机构根据履行职责的需要设立派出机构。国务院银行业监督管理机构对派出机构实行统一领导和管理。

国务院银行业监督管理机构的派出机构在国务院银行业监督管理机构的授权范围内，履行监督管理职责。

第九条　银行业监督管理机构从事监督管理工作的人员，应当具备与其任职相适应的专业知识和业务工作经验。

第十条　银行业监督管理机构工作人员，应当忠于职守，依法办事，公正廉洁，不得利用职务便利牟取不正当的利益，不得在金融机构等企业中兼任职务。

第十一条　银行业监督管理机构工作人员，应当依法保守国家秘密，并有责任为其监督管理的银行业金融机构及当事人保守秘密。

国务院银行业监督管理机构同其他国家或者地区的银行业监督管理机构交流监督管理信息，应当就信息保密作出安排。

第十二条　国务院银行业监督管理机构应当公开监督管理程序，建立监督管理责任制度和内部监督制度。

第十三条　银行业监督管理机构在处置银行业金融机构风险、查处有关金融违法行为等监督管理活动中，地方政府、各级有关部门应当予以配合和协助。

第十四条　国务院审计、监察等机关，应当依照法律规定对国务院银行业监督管理机构的活动进行监督。

第三章　监督管理职责

第十五条　国务院银行业监督管理机构依照法律、行政法规制定并发布对银行业金融机构及其业务活动监督管理的规章、规则。

第十六条　国务院银行业监督管理机构依照法律、行政法规规定的条件和程序，审查批准银行业金融机构的设立、变更、终止以及业务范围。

第十七条　申请设立银行业金融机构，或者银行业金融机构变更持有资本总额或者股份总额达到规定比例以上的股东的，国务院银行业监督管理机构应当对股东的资金来源、财务状况、资本补充能力和诚信状况进行审查。

第十八条　银行业金融机构业务范围内的业务品种，应当按照规定经国务院银行业监督管理机构审查批准或者备案。需要审查批准或者备案的业务品种，由国务院银行业监督管理机构依照法律、行政法规作出规定并公布。

第十九条　未经国务院银行业监督管理机构批准，任何单位或者个人不得设立银行业金融机构或者从事银行业金融机构的业务活动。

第二十条 国务院银行业监督管理机构对银行业金融机构的董事和高级管理人员实行任职资格管理。具体办法由国务院银行业监督管理机构制定。

第二十一条 银行业金融机构的审慎经营规则，由法律、行政法规规定，也可以由国务院银行业监督管理机构依照法律、行政法规制定。

前款规定的审慎经营规则，包括风险管理、内部控制、资本充足率、资产质量、损失准备金、风险集中、关联交易、资产流动性等内容。

银行业金融机构应当严格遵守审慎经营规则。

第二十二条 国务院银行业监督管理机构应当在规定的期限，对下列申请事项作出批准或者不批准的书面决定；决定不批准的，应当说明理由：

（一）银行业金融机构的设立，自收到申请文件之日起六个月内；

（二）银行业金融机构的变更、终止，以及业务范围和增加业务范围内的业务品种，自收到申请文件之日起三个月内；

（三）审查董事和高级管理人员的任职资格，自收到申请文件之日起三十日内。

第二十三条 银行业监督管理机构应当对银行业金融机构的业务活动及其风险状况进行非现场监管，建立银行业金融机构监督管理信息系统，分析、评价银行业金融机构的风险状况。

第二十四条 银行业监督管理机构应当对银行业金融机构的业务活动及其风险状况进行现场检查。

国务院银行业监督管理机构应当制定现场检查程序，规范现场检查行为。

第二十五条 国务院银行业监督管理机构应当对银行业金融机构实行并表监督管理。

第二十六条 国务院银行业监督管理机构对中国人民银行提出的检查银行业金融机构的建议，应当自收到建议之日起三十日内予以回复。

第二十七条 国务院银行业监督管理机构应当建立银行业金融机构监督管理评级体系和风险预警机制，根据银行业金融机构的评级情况和风险状况，确定对其现场检查的频率、范围和需要采取的其他措施。

第二十八条 国务院银行业监督管理机构应当建立银行业突发事件的发现、报告岗位责任制度。

银行业监督管理机构发现可能引发系统性银行业风险、严重影响社会稳定的突发事件的，应当立即向国务院银行业监督管理机构负责人报告；国务院银行业监督管理机构负责人认为需要向国务院报告的，应当立即向国务院报告，并告知中国人民银行、国务院财政部门等有关部门。

第二十九条 国务院银行业监督管理机构应当会同中国人民银行、国务院财政部门等有关部门建立银行业突发事件处置制度，制定银行业突发事件处置预案，明确处置机构和人员及其职责、处置措施和处置程序，及时、有效地处置银行业突发事件。

第三十条 国务院银行业监督管理机构负责统一编制全国银行业金融机构的统计数据、报表，并按照国家有关规定予以公布。

第三十一条 国务院银行业监督管理机构对银行业自律组织的活动进行指导和监督。

银行业自律组织的章程应当报国务院银行业监督管理机构备案。

第三十二条 国务院银行业监督管理机构可以开展与银行业监督管理有关的国际交流、合作活动。

第四章 监督管理措施

第三十三条 银行业监督管理机构根据履行职责的需要，有权要求银行业金融机构按照规定报送资产负债表、利润表和其他财务会计、统计报表、经营管理资料以及注册会计师出具的审计报告。

第三十四条　银行业监督管理机构根据审慎监管的要求，可以采取下列措施进行现场检查：

（一）进入银行业金融机构进行检查；

（二）询问银行业金融机构的工作人员，要求其对有关检查事项作出说明；

（三）查阅、复制银行业金融机构与检查事项有关的文件、资料，对可能被转移、隐匿或者毁损的文件、资料予以封存；

（四）检查银行业金融机构运用电子计算机管理业务数据的系统。

进行现场检查，应当经银行业监督管理机构负责人批准。现场检查时，检查人员不得少于二人，并应当出示合法证件和检查通知书；检查人员少于二人或者未出示合法证件和检查通知书的，银行业金融机构有权拒绝检查。

第三十五条　银行业监督管理机构根据履行职责的需要，可以与银行业金融机构董事、高级管理人员进行监督管理谈话，要求银行业金融机构董事、高级管理人员就银行业金融机构的业务活动和风险管理的重大事项作出说明。

第三十六条　银行业监督管理机构应当责令银行业金融机构按照规定，如实向社会公众披露财务会计报告、风险管理状况、董事和高级管理人员变更以及其他重大事项等信息。

第三十七条　银行业金融机构违反审慎经营规则的，国务院银行业监督管理机构或者其省一级派出机构应当责令限期改正；逾期未改正的，或者其行为严重危及该银行业金融机构的稳健运行、损害存款人和其他客户合法权益的，经国务院银行业监督管理机构或者其省一级派出机构负责人批准，可以区别情形，采取下列措施：

（一）责令暂停部分业务、停止批准开办新业务；

（二）限制分配红利和其他收入；

（三）限制资产转让；

（四）责令控股股东转让股权或者限制有关股东的权利；

（五）责令调整董事、高级管理人员或者限制其权利；

（六）停止批准增设分支机构。

银行业金融机构整改后，应当向国务院银行业监督管理机构或者其省一级派出机构提交报告。国务院银行业监督管理机构或者其省一级派出机构经验收，符合有关审慎经营规则的，应当自验收完毕之日起三日内解除对其采取的前款规定的有关措施。

第三十八条　银行业金融机构已经或者可能发生信用危机，严重影响存款人和其他客户合法权益的，国务院银行业监督管理机构可以依法对该银行业金融机构实行接管或者促成机构重组，接管和机构重组依照有关法律和国务院的规定执行。

第三十九条　银行业金融机构有违法经营、经营管理不善等情形，不予撤销将严重危害金融秩序、损害公众利益的，国务院银行业监督管理机构有权予以撤销。

第四十条　银行业金融机构被接管、重组或者被撤销的，国务院银行业监督管理机构有权要求该银行业金融机构的董事、高级管理人员和其他工作人员，按照国务院银行业监督管理机构的要求履行职责。

在接管、机构重组或者撤销清算期间，经国务院银行业监督管理机构负责人批准，对直接负责的董事、高级管理人员和其他直接责任人员，可以采取下列措施：

（一）直接负责的董事、高级管理人员和其他直接责任人员出境将对国家利益造成重大损失的，通知出境管理机关依法阻止其出境；

（二）申请司法机关禁止其转移、转让财产或者对其财产设定其他权利。

第四十一条　经国务院银行业监督管理机构或者其省一级派出机构负责人批准，银行业监督管理机构有权查询涉嫌金融违法的银行业金融机构及其工作人员以及关联行为人的账户；对涉嫌转移或者隐匿违法资金的，经银行业监督管理机构负责人批准，可以申请司法机关予以冻结。

第四十二条 银行业监督管理机构依法对银行业金融机构进行检查时，经设区的市一级以上银行业监督管理机构负责人批准，可以对与涉嫌违法事项有关的单位和个人采取下列措施：

（一）询问有关单位或者个人，要求其对有关情况作出说明；

（二）查阅、复制有关财务会计、财产权登记等文件、资料；

（三）对可能被转移、隐匿、毁损或者伪造的文件、资料，予以先行登记保存。

银行业监督管理机构采取前款规定措施，调查人员不得少于二人，并应当出示合法证件和调查通知书；调查人员少于二人或者未出示合法证件和调查通知书的，有关单位或者个人有权拒绝。对依法采取的措施，有关单位和个人应当配合，如实说明有关情况并提供有关文件、资料，不得拒绝、阻碍和隐瞒。

第五章 法律责任

第四十三条 银行业监督管理机构从事监督管理工作的人员有下列情形之一的，依法给予行政处分；构成犯罪的，依法追究刑事责任：

（一）违反规定审查批准银行业金融机构的设立、变更、终止，以及业务范围和业务范围内的业务品种的；

（二）违反规定对银行业金融机构进行现场检查的；

（三）未依照本法第二十八条规定报告突发事件的；

（四）违反规定查询账户或者申请冻结资金的；

（五）违反规定对银行业金融机构采取措施或者处罚的；

（六）违反本法第四十二条规定对有关单位或者个人进行调查的；

（七）滥用职权、玩忽职守的其他行为。

银行业监督管理机构从事监督管理工作的人员贪污受贿，泄露国家秘密、商业秘密和个人隐私，构成犯罪的，依法追究刑事责任；尚不构成犯罪的，依法给予行政处分。

第四十四条 擅自设立银行业金融机构或者非法从事银行业金融机构的业务活动的，由国务院银行业监督管理机构予以取缔；构成犯罪的，依法追究刑事责任；尚不构成犯罪的，由国务院银行业监督管理机构没收违法所得，违法所得五十万元以上的，并处违法所得一倍以上五倍以下罚款；没有违法所得或者违法所得不足五十万元的，处五十万元以上二百万元以下罚款。

第四十五条 银行业金融机构有下列情形之一，由国务院银行业监督管理机构责令改正，有违法所得的，没收违法所得，违法所得五十万元以上的，并处违法所得一倍以上五倍以下罚款；没有违法所得或者违法所得不足五十万元的，处五十万元以上二百万元以下罚款；情节特别严重或者逾期不改正的，可以责令停业整顿或者吊销其经营许可证；构成犯罪的，依法追究刑事责任：

（一）未经批准设立分支机构的；

（二）未经批准变更、终止的；

（三）违反规定从事未经批准或者未备案的业务活动的；

（四）违反规定提高或者降低存款利率、贷款利率的。

第四十六条 银行业金融机构有下列情形之一，由国务院银行业监督管理机构责令改正，并处二十万元以上五十万元以下罚款；情节特别严重或者逾期不改正的，可以责令停业整顿或者吊销其经营许可证；构成犯罪的，依法追究刑事责任：

（一）未经任职资格审查任命董事、高级管理人员的；

（二）拒绝或者阻碍非现场监管或者现

场检查的；

（三）提供虚假的或者隐瞒重要事实的报表、报告等文件、资料的；

（四）未按照规定进行信息披露的；

（五）严重违反审慎经营规则的；

（六）拒绝执行本法第三十七条规定的措施的。

第四十七条 银行业金融机构不按照规定提供报表、报告等文件、资料的，由银行业监督管理机构责令改正，逾期不改正的，处十万元以上三十万元以下罚款。

第四十八条 银行业金融机构违反法律、行政法规以及国家有关银行业监督管理规定的，银行业监督管理机构除依照本法第四十四条至第四十七条规定处罚外，还可以区别不同情形，采取下列措施：

（一）责令银行业金融机构对直接负责的董事、高级管理人员和其他直接责任人员给予纪律处分；

（二）银行业金融机构的行为尚不构成犯罪的，对直接负责的董事、高级管理人员和其他直接责任人员给予警告，处五万元以上五十万元以下罚款；

（三）取消直接负责的董事、高级管理人员一定期限直至终身的任职资格，禁止直接负责的董事、高级管理人员和其他直接责任人员一定期限直至终身从事银行业工作。

第四十九条 阻碍银行业监督管理机构工作人员依法执行检查、调查职务的，由公安机关依法给予治安管理处罚；构成犯罪的，依法追究刑事责任。

第六章 附 则

第五十条 对在中华人民共和国境内设立的政策性银行、金融资产管理公司的监督管理，法律、行政法规另有规定的，依照其规定。

第五十一条 对在中华人民共和国境内设立的外资银行业金融机构、中外合资银行业金融机构、外国银行业金融机构的分支机构的监督管理，法律、行政法规另有规定的，依照其规定。

第五十二条 本法自2004年2月1日起施行。

中华人民共和国中国人民银行法

（1995年3月18日第八届全国人民代表大会第三次会议通过，根据2003年12月27日第十届全国人民代表大会常务委员会第六次会议《关于修改〈中华人民共和国中国人民银行法〉的决定》修正）

第一章 总 则

第一条 为了确立中国人民银行的地位，明确其职责，保证国家货币政策的正确制定和执行，建立和完善中央银行宏观调控体系，维护金融稳定，制定本法。

第二条 中国人民银行是中华人民共和国的中央银行。

中国人民银行在国务院领导下，制定和执行货币政策，防范和化解金融风险，维护金融稳定。

第三条 货币政策目标是保持货币币值的稳定，并以此促进经济增长。

第四条 中国人民银行履行下列职责：

（一）发布与履行其职责有关的命令和规章；

（二）依法制定和执行货币政策；

（三）发行人民币，管理人民币流通；

（四）监督管理银行间同业拆借市场和银行间债券市场；

（五）实施外汇管理，监督管理银行间外汇市场；

（六）监督管理黄金市场；

（七）持有、管理、经营国家外汇储备、黄金储备；

（八）经理国库；

（九）维护支付、清算系统的正常运行；

（十）指导、部署金融业反洗钱工作，负责反洗钱的资金监测；

（十一）负责金融业的统计、调查、分析和预测；

（十二）作为国家的中央银行，从事有关的国际金融活动；

（十三）国务院规定的其他职责。

中国人民银行为执行货币政策，可以依照本法第四章的有关规定从事金融业务活动。

第五条 中国人民银行就年度货币供应量、利率、汇率和国务院规定的其他重要事项作出的决定，报国务院批准后执行。

中国人民银行就前款规定以外的其他有关货币政策事项作出决定后，即予执行，并报国务院备案。

第六条 中国人民银行应当向全国人民代表大会常务委员会提出有关货币政策情况和金融业运行情况的工作报告。

第七条 中国人民银行在国务院领导下依法独立执行货币政策，履行职责，开展业务，不受地方政府、各级政府部门、社会团体和个人的干涉。

第八条 中国人民银行的全部资本由国家出资，属于国家所有。

第九条 国务院建立金融监督管理协调机制，具体办法由国务院规定。

第二章 组织机构

第十条 中国人民银行设行长一人，副行长若干人。

中国人民银行行长的人选，根据国务院总理的提名，由全国人民代表大会决定；全国人民代表大会闭会期间，由全国人民代表大会常务委员会决定，由中华人民共和国主席任免。中国人民银行副行长由国务院总理任免。

第十一条 中国人民银行实行行长负责制。行长领导中国人民银行的工作，副行长协助行长工作。

第十二条 中国人民银行设立货币政策委员会。货币政策委员会的职责、组成和工作程序，由国务院规定，报全国人民代表大会常务委员会备案。

中国人民银行货币政策委员会应当在国家宏观调控、货币政策制定和调整中，发挥重要作用。

第十三条 中国人民银行根据履行职责的需要设立分支机构，作为中国人民银行的派出机构。中国人民银行对分支机构实行统一领导和管理。

中国人民银行的分支机构根据中国人民银行的授权，维护本辖区的金融稳定，承办有关业务。

第十四条 中国人民银行的行长、副行长及其他工作人员应当恪尽职守，不得滥用职权、徇私舞弊，不得在任何金融机构、企业、基金会兼职。

第十五条 中国人民银行的行长、副行长及其他工作人员，应当依法保守国家秘密，并有责任为与履行其职责有关的金融机构及当事人保守秘密。

第三章 人民币

第十六条 中华人民共和国的法定货币是人民币。以人民币支付中华人民共和国境内的一切公共的和私人的债务，任何单位和个人不得拒收。

第十七条 人民币的单位为元，人民币辅币单位为角、分。

第十八条 人民币由中国人民银行统一

印制、发行。

中国人民银行发行新版人民币，应当将发行时间、面额、图案、式样、规格予以公告。

第十九条　禁止伪造、变造人民币。禁止出售、购买伪造、变造的人民币。禁止运输、持有、使用伪造、变造的人民币。禁止故意毁损人民币。禁止在宣传品、出版物或者其他商品上非法使用人民币图样。

第二十条　任何单位和个人不得印制、发售代币票券，以代替人民币在市场上流通。

第二十一条　残缺、污损的人民币，按照中国人民银行的规定兑换，并由中国人民银行负责收回、销毁。

第二十二条　中国人民银行设立人民币发行库，在其分支机构设立分支库。分支库调拨人民币发行基金，应当按照上级库的调拨命令办理。任何单位和个人不得违反规定，动用发行基金。

第四章　业　　务

第二十三条　中国人民银行为执行货币政策，可以运用下列货币政策工具：

（一）要求银行业金融机构按照规定的比例交存存款准备金；

（二）确定中央银行基准利率；

（三）为在中国人民银行开立账户的银行业金融机构办理再贴现；

（四）向商业银行提供贷款；

（五）在公开市场上买卖国债、其他政府债券和金融债券及外汇；

（六）国务院确定的其他货币政策工具。

中国人民银行为执行货币政策，运用前款所列货币政策工具时，可以规定具体的条件和程序。

第二十四条　中国人民银行依照法律、行政法规的规定经理国库。

第二十五条　中国人民银行可以代理国务院财政部门向各金融机构组织发行、兑付国债和其他政府债券。

第二十六条　中国人民银行可以根据需要，为银行业金融机构开立账户，但不得对银行业金融机构的账户透支。

第二十七条　中国人民银行应当组织或者协助组织银行业金融机构相互之间的清算系统，协调银行业金融机构相互之间的清算事项，提供清算服务。具体办法由中国人民银行制定。

中国人民银行会同国务院银行业监督管理机构制定支付结算规则。

第二十八条　中国人民银行根据执行货币政策的需要，可以决定对商业银行贷款的数额、期限、利率和方式，但贷款的期限不得超过一年。

第二十九条　中国人民银行不得对政府财政透支，不得直接认购、包销国债和其他政府债券。

第三十条　中国人民银行不得向地方政府、各级政府部门提供贷款，不得向非银行金融机构以及其他单位和个人提供贷款，但国务院决定中国人民银行可以向特定的非银行金融机构提供贷款的除外。

中国人民银行不得向任何单位和个人提供担保。

第五章　金融监督管理

第三十一条　中国人民银行依法监测金融市场的运行情况，对金融市场实施宏观调控，促进其协调发展。

第三十二条　中国人民银行有权对金融机构以及其他单位和个人的下列行为进行检查监督：

（一）执行有关存款准备金管理规定的行为；

（二）与中国人民银行特种贷款有关的行为；

（三）执行有关人民币管理规定的行为；

（四）执行有关银行间同业拆借市场、银行间债券市场管理规定的行为；

（五）执行有关外汇管理规定的行为；

（六）执行有关黄金管理规定的行为；

（七）代理中国人民银行经理国库的行为；

（八）执行有关清算管理规定的行为；

（九）执行有关反洗钱规定的行为。

前款所称中国人民银行特种贷款，是指国务院决定的由中国人民银行向金融机构发放的用于特定目的的贷款。

第三十三条 中国人民银行根据执行货币政策和维护金融稳定的需要，可以建议国务院银行业监督管理机构对银行业金融机构进行检查监督。国务院银行业监督管理机构应当自收到建议之日起三十日内予以回复。

第三十四条 当银行业金融机构出现支付困难，可能引发金融风险时，为了维护金融稳定，中国人民银行经国务院批准，有权对银行业金融机构进行检查监督。

第三十五条 中国人民银行根据履行职责的需要，有权要求银行业金融机构报送必要的资产负债表、利润表以及其他财务会计、统计报表和资料。

中国人民银行应当和国务院银行业监督管理机构、国务院其他金融监督管理机构建立监督管理信息共享机制。

第三十六条 中国人民银行负责统一编制全国金融统计数据、报表，并按照国家有关规定予以公布。

第三十七条 中国人民银行应当建立、健全本系统的稽核、检查制度，加强内部的监督管理。

第六章 财务会计

第三十八条 中国人民银行实行独立的财务预算管理制度。

中国人民银行的预算经国务院财政部门审核后，纳入中央预算，接受国务院财政部门的预算执行监督。

第三十九条 中国人民银行每一会计年度的收入减除该年度支出，并按照国务院财政部门核定的比例提取总准备金后的净利润，全部上缴中央财政。

中国人民银行的亏损由中央财政拨款弥补。

第四十条 中国人民银行的财务收支和会计事务，应当执行法律、行政法规和国家统一的财务、会计制度，接受国务院审计机关和财政部门依法分别进行的审计和监督。

第四十一条 中国人民银行应当于每一会计年度结束后的三个月内，编制资产负债表、损益表和相关的财务会计报表，并编制年度报告，按照国家有关规定予以公布。

中国人民银行的会计年度自公历1月1日起至12月31日止。

第七章 法律责任

第四十二条 伪造、变造人民币，出售伪造、变造的人民币，或者明知是伪造、变造的人民币而运输，构成犯罪的，依法追究刑事责任；尚不构成犯罪的，由公安机关处十五日以下拘留、一万元以下罚款。

第四十三条 购买伪造、变造的人民币或者明知是伪造、变造的人民币而持有、使用，构成犯罪的，依法追究刑事责任；尚不构成犯罪的，由公安机关处十五日以下拘留、一万元以下罚款。

第四十四条 在宣传品、出版物或者其他商品上非法使用人民币图样的，中国人民银行应当责令改正，并销毁非法使用的人民币图样，没收违法所得，并处五万元以下罚款。

第四十五条 印制、发售代币票券，以代替人民币在市场上流通的，中国人民银行应当责令停止违法行为，并处二十万元以下罚款。

第四十六条 本法第三十二条所列行为违反有关规定，有关法律、行政法规有处罚规定的，依照其规定给予处罚；有关法律、行政法规未作处罚规定的，由中国人民银行区别不同情形给予警告，没收违法所得，违法所得五十万元以上的，并处违法所得一倍以上五倍以下罚款；没有违法所得或者违法所得不足五十万元的，处五十万元以上二百万元以下罚款；对负有直接责任的董事、高级管理人员和其他直接责任人员给予警告，处五万元以上五十万元以下罚款；构成犯罪的，依法追究刑事责任。

第四十七条　当事人对行政处罚不服的，可以依照《中华人民共和国行政诉讼法》的规定提起行政诉讼。

第四十八条　中国人民银行有下列行为之一的，对负有直接责任的主管人员和其他直接责任人员，依法给予行政处分；构成犯罪的，依法追究刑事责任：

（一）违反本法第三十条第一款的规定提供贷款的；

（二）对单位和个人提供担保的；

（三）擅自动用发行基金的。

有前款所列行为之一，造成损失的，负有直接责任的主管人员和其他直接责任人员应当承担部分或者全部赔偿责任。

第四十九条　地方政府、各级政府部门、社会团体和个人强令中国人民银行及其工作人员违反本法第三十条的规定提供贷款或者担保的，对负有直接责任的主管人员和其他直接责任人员，依法给予行政处分；构成犯罪的，依法追究刑事责任；造成损失的，应当承担部分或者全部赔偿责任。

第五十条　中国人民银行的工作人员泄露国家秘密或者所知悉的商业秘密，构成犯罪的，依法追究刑事责任；尚不构成犯罪的，依法给予行政处分。

第五十一条　中国人民银行的工作人员贪污受贿、徇私舞弊、滥用职权、玩忽职守，构成犯罪的，依法追究刑事责任；尚不构成犯罪的，依法给予行政处分。

第八章　附　　则

第五十二条　本法所称银行业金融机构，是指在中华人民共和国境内设立的商业银行、城市信用合作社、农村信用合作社等吸收公众存款的金融机构以及政策性银行。

在中华人民共和国境内设立的金融资产管理公司、信托投资公司、财务公司、金融租赁公司以及经国务院银行业监督管理机构批准设立的其他金融机构，适用本法对银行业金融机构的规定。

第五十三条　本法自公布之日起施行。

中华人民共和国商业银行法

（1995年5月10日第八届全国人民代表大会常务委员会第十三次会议通过，根据2003年12月27日第十届全国人民代表大会常务委员会第六次会议《关于修改〈中华人民共和国商业银行法〉的决定》第一次修正，根据2015年8月29日第十二届全国人民代表大会常务委员会第十六次会议《关于修改〈中华人民共和国商业银行法〉的决定》第二次修正）

第一章　总　　则

第一条　为了保护商业银行、存款人和其他客户的合法权益，规范商业银行的行为，提高信贷资产质量，加强监督管理，保障商业银行的稳健运行，维护金融秩序，促进社会主义市场经济的发展，制定本法。

第二条　本法所称的商业银行是指依照本法和《中华人民共和国公司法》设立的吸收公众存款、发放贷款、办理结算等业务的企业法人。

第三条 商业银行可以经营下列部分或者全部业务：

（一）吸收公众存款；

（二）发放短期、中期和长期贷款；

（三）办理国内外结算；

（四）办理票据承兑与贴现；

（五）发行金融债券；

（六）代理发行、代理兑付、承销政府债券；

（七）买卖政府债券、金融债券；

（八）从事同业拆借；

（九）买卖、代理买卖外汇；

（十）从事银行卡业务；

（十一）提供信用证服务及担保；

（十二）代理收付款项及代理保险业务；

（十三）提供保管箱服务；

（十四）经国务院银行业监督管理机构批准的其他业务。

经营范围由商业银行章程规定，报国务院银行业监督管理机构批准。

商业银行经中国人民银行批准，可以经营结汇、售汇业务。

第四条 商业银行以安全性、流动性、效益性为经营原则，实行自主经营，自担风险，自负盈亏，自我约束。

商业银行依法开展业务，不受任何单位和个人的干涉。

商业银行以其全部法人财产独立承担民事责任。

第五条 商业银行与客户的业务往来，应当遵循平等、自愿、公平和诚实信用的原则。

第六条 商业银行应当保障存款人的合法权益不受任何单位和个人的侵犯。

第七条 商业银行开展信贷业务，应当严格审查借款人的资信，实行担保，保障按期收回贷款。

商业银行依法向借款人收回到期贷款的本金和利息，受法律保护。

第八条 商业银行开展业务，应当遵守法律、行政法规的有关规定，不得损害国家利益、社会公共利益。

第九条 商业银行开展业务，应当遵守公平竞争的原则，不得从事不正当竞争。

第十条 商业银行依法接受国务院银行业监督管理机构的监督管理，但法律规定其有关业务接受其他监督管理部门或者机构监督管理的，依照其规定。

第二章 商业银行的设立和组织机构

第十一条 设立商业银行，应当经国务院银行业监督管理机构审查批准。

未经国务院银行业监督管理机构批准，任何单位和个人不得从事吸收公众存款等商业银行业务，任何单位不得在名称中使用“银行”字样。

第十二条 设立商业银行，应当具备下列条件：

（一）有符合本法和《中华人民共和国公司法》规定的章程；

（二）有符合本法规定的注册资本最低限额；

（三）有具备任职专业知识和业务工作经验的董事、高级管理人员；

（四）有健全的组织机构和管理制度；

（五）有符合要求的营业场所、安全防范措施和与业务有关的其他设施。

设立商业银行，还应当符合其他审慎性条件。

第十三条 设立全国性商业银行的注册资本最低限额为十亿元人民币。设立城市商业银行的注册资本最低限额为一亿元人民币，设立农村商业银行的注册资本最低限额为五千万元人民币。注册资本应当是实缴资本。

国务院银行业监督管理机构根据审慎监管的要求可以调整注册资本最低限额，但不得少于前款规定的限额。

第十四条 设立商业银行，申请人应当向国务院银行业监督管理机构提交下列文件、资料：

（一）申请书，申请书应当载明拟设立的商业银行的名称、所在地、注册资本、业务范围等；

（二）可行性研究报告；

（三）国务院银行业监督管理机构规定提交的其他文件、资料。

第十五条　设立商业银行的申请经审查符合本法第十四条规定的，申请人应当填写正式申请表，并提交下列文件、资料：

（一）章程草案；

（二）拟任职的董事、高级管理人员的资格证明；

（三）法定验资机构出具的验资证明；

（四）股东名册及其出资额、股份；

（五）持有注册资本百分之五以上的股东的资信证明和有关资料；

（六）经营方针和计划；

（七）营业场所、安全防范措施和与业务有关的其他设施的资料；

（八）国务院银行业监督管理机构规定的其他文件、资料。

第十六条　经批准设立的商业银行，由国务院银行业监督管理机构颁发经营许可证，并凭该许可证向工商行政管理部门办理登记，领取营业执照。

第十七条　商业银行的组织形式、组织机构适用《中华人民共和国公司法》的规定。

本法施行前设立的商业银行，其组织形式、组织机构不完全符合《中华人民共和国公司法》规定的，可以继续沿用原有的规定，适用前款规定的日期由国务院规定。

第十八条　国有独资商业银行设立监事会。监事会的产生办法由国务院规定。

监事会对国有独资商业银行的信贷资产质量、资产负债比例、国有资产保值增值等情况以及高级管理人员违反法律、行政法规或者章程的行为和损害银行利益的行为进行监督。

第十九条　商业银行根据业务需要可以在中华人民共和国境内外设立分支机构。设立分支机构必须经国务院银行业监督管理机构审查批准。在中华人民共和国境内的分支机构，不按行政区划设立。

商业银行在中华人民共和国境内设立分支机构，应当按照规定拨付与其经营规模相适应的营运资金额。拨付各分支机构营运资金额的总和，不得超过总行资本金总额的百分之六十。

第二十条　设立商业银行分支机构，申请人应当向国务院银行业监督管理机构提交下列文件、资料：

（一）申请书，申请书应当载明拟设立的分支机构的名称、营运资金额、业务范围、总行及分支机构所在地等；

（二）申请人最近二年的财务会计报告；

（三）拟任职的高级管理人员的资格证明；

（四）经营方针和计划；

（五）营业场所、安全防范措施和与业务有关的其他设施的资料；

（六）国务院银行业监督管理机构规定的其他文件、资料。

第二十一条　经批准设立的商业银行分支机构，由国务院银行业监督管理机构颁发经营许可证，并凭该许可证向工商行政管理部门办理登记，领取营业执照。

第二十二条　商业银行对其分支机构实行全行统一核算，统一调度资金，分级管理的财务制度。

商业银行分支机构不具有法人资格，在总行授权范围内依法开展业务，其民事责任由总行承担。

第二十三条　经批准设立的商业银行及其分支机构，由国务院银行业监督管理机构予以公告。

商业银行及其分支机构自取得营业执照之日起无正当理由超过六个月未开业的，或者开业后自行停业连续六个月以上的，由国务院银行业监督管理机构吊销其经营许可证，并予以公告。

第二十四条　商业银行有下列变更事项之一的，应当经国务院银行业监督管理机构批准：

（一）变更名称；

（二）变更注册资本；

（三）变更总行或者分支行所在地；

（四）调整业务范围；

（五）变更持有资本总额或者股份总额百分之五以上的股东；

（六）修改章程；

（七）国务院银行业监督管理机构规定的其他变更事项。

更换董事、高级管理人员时，应当报经国务院银行业监督管理机构审查其任职资格。

第二十五条 商业银行的分立、合并，适用《中华人民共和国公司法》的规定。

商业银行的分立、合并，应当经国务院银行业监督管理机构审查批准。

第二十六条 商业银行应当依照法律、行政法规的规定使用经营许可证。禁止伪造、变造、转让、出租、出借经营许可证。

第二十七条 有下列情形之一的，不得担任商业银行的董事、高级管理人员：

（一）因犯有贪污、贿赂、侵占财产、挪用财产罪或者破坏社会经济秩序罪，被判处刑罚，或者因犯罪被剥夺政治权利的；

（二）担任因经营不善破产清算的公司、企业的董事或者厂长、经理，并对该公司、企业的破产负有个人责任的；

（三）担任因违法被吊销营业执照的公司、企业的法定代表人，并负有个人责任的；

（四）个人所负数额较大的债务到期未清偿的。

第二十八条 任何单位和个人购买商业银行股份总额百分之五以上的，应当事先经国务院银行业监督管理机构批准。

第三章 对存款人的保护

第二十九条 商业银行办理个人储蓄存款业务，应当遵循存款自愿、取款自由、存款有息、为存款人保密的原则。

对个人储蓄存款，商业银行有权拒绝任何单位或者个人查询、冻结、扣划，但法律另有规定的除外。

第三十条 对单位存款，商业银行有权拒绝任何单位或者个人查询，但法律、行政法规另有规定的除外；有权拒绝任何单位或者个人冻结、扣划，但法律另有规定的除外。

第三十一条 商业银行应当按照中国人民银行规定的存款利率的上下限，确定存款利率，并予以公告。

第三十二条 商业银行应当按照中国人民银行的规定，向中国人民银行交存存款准备金，留足备付金。

第三十三条 商业银行应当保证存款本金和利息的支付，不得拖延、拒绝支付存款本金和利息。

第四章 贷款和其他业务的基本规则

第三十四条 商业银行根据国民经济和社会发展的需要，在国家产业政策指导下开展贷款业务。

第三十五条 商业银行贷款，应当对借款人的借款用途、偿还能力、还款方式等情况进行严格审查。

商业银行贷款，应当实行审贷分离、分级审批的制度。

第三十六条 商业银行贷款，借款人应当提供担保。商业银行应当对保证人的偿还能力，抵押物、质物的权属和价值以及实现抵押权、质权的可行性进行严格审查。

经商业银行审查、评估，确认借款人资信良好，确能偿还贷款的，可以不提供担保。

第三十七条 商业银行贷款，应当与借款人订立书面合同。合同应当约定贷款种类、借款用途、金额、利率、还款期限、还款方式、违约责任和双方认为需要约定的其他事项。

第三十八条 商业银行应当按照中国人民银行规定的贷款利率的上下限，确定贷款利率。

第三十九条 商业银行贷款，应当遵守下列资产负债比例管理的规定：

（一）资本充足率不得低于百分之八；

（二）流动性资产余额与流动性负债余额的比例不得低于百分之二十五；

（三）对同一借款人的贷款余额与商业银行资本余额的比例不得超过百分之十；

（四）国务院银行业监督管理机构对资产负债比例管理的其他规定。

本法施行前设立的商业银行，在本法施行后，其资产负债比例不符合前款规定的，应当在一定的期限内符合前款规定。具体办法由国务院规定。

第四十条　商业银行不得向关系人发放信用贷款；向关系人发放担保贷款的条件不得优于其他借款人同类贷款的条件。

前款所称关系人是指：

（一）商业银行的董事、监事、管理人员、信贷业务人员及其近亲属；

（二）前项所列人员投资或者担任高级管理职务的公司、企业和其他经济组织。

第四十一条　任何单位和个人不得强令商业银行发放贷款或者提供担保。商业银行有权拒绝任何单位和个人强令要求其发放贷款或者提供担保。

第四十二条　借款人应当按期归还贷款的本金和利息。

借款人到期不归还担保贷款的，商业银行依法享有要求保证人归还贷款本金和利息或者就该担保物优先受偿的权利。商业银行因行使抵押权、质权而取得的不动产或者股权，应当自取得之日起二年内予以处分。

借款人到期不归还信用贷款的，应当按照合同约定承担责任。

第四十三条　商业银行在中华人民共和国境内不得从事信托投资和证券经营业务，不得向非自用不动产投资或者向非银行金融机构和企业投资，但国家另有规定的除外。

第四十四条　商业银行办理票据承兑、汇兑、委托收款等结算业务，应当按照规定的期限兑现，收付入账，不得压单、压票或者违反规定退票。有关兑现、收付入账期限的规定应当公布。

第四十五条　商业银行发行金融债券或者到境外借款，应当依照法律、行政法规的规定报经批准。

第四十六条　同业拆借，应当遵守中国人民银行的规定。禁止利用拆入资金发放固定资产贷款或者用于投资。

拆出资金限于交足存款准备金、留足备付金和归还中国人民银行到期贷款之后的闲置资金。拆入资金用于弥补票据结算、联行汇差头寸的不足和解决临时性周转资金的需要。

第四十七条　商业银行不得违反规定提高或者降低利率以及采用其他不正当手段，吸收存款，发放贷款。

第四十八条　企业事业单位可以自主选择一家商业银行的营业场所开立一个办理日常转账结算和现金收付的基本账户，不得开立两个以上基本账户。

任何单位和个人不得将单位的资金以个人名义开立账户存储。

第四十九条　商业银行的营业时间应当方便客户，并予以公告。商业银行应当在公告的营业时间内营业，不得擅自停止营业或者缩短营业时间。

第五十条　商业银行办理业务，提供服务，按照规定收取手续费。收费项目和标准由国务院银行业监督管理机构、中国人民银行根据职责分工，分别会同国务院价格主管部门制定。

第五十一条　商业银行应当按照国家有关规定保存财务会计报表、业务合同以及其他资料。

第五十二条　商业银行的工作人员应当遵守法律、行政法规和其他各项业务管理的规定，不得有下列行为：

（一）利用职务上的便利，索取、收受贿赂或者违反国家规定收受各种名义的回扣、手续费；

（二）利用职务上的便利，贪污、挪用、侵占本行或者客户的资金；

（三）违反规定徇私向亲属、朋友发放贷款或者提供担保；

（四）在其他经济组织兼职；

（五）违反法律、行政法规和业务管理规定的其他行为。

第五十三条　商业银行的工作人员不得泄

露其在任职期间知悉的国家秘密、商业秘密。

第五章　财务会计

第五十四条　商业银行应当依照法律和国家统一的会计制度以及国务院银行业监督管理机构的有关规定，建立、健全本行的财务、会计制度。

第五十五条　商业银行应当按照国家有关规定，真实记录并全面反映其业务活动和财务状况，编制年度财务会计报告，及时向国务院银行业监督管理机构、中国人民银行和国务院财政部门报送。商业银行不得在法定的会计账册外另立会计账册。

第五十六条　商业银行应当于每一会计年度终了三个月内，按照国务院银行业监督管理机构的规定，公布其上一年度的经营业绩和审计报告。

第五十七条　商业银行应当按照国家有关规定，提取呆账准备金，冲销呆账。

第五十八条　商业银行的会计年度自公历 1 月 1 日起至 12 月 31 日止。

第六章　监督管理

第五十九条　商业银行应当按照有关规定，制定本行的业务规则，建立、健全本行的风险管理和内部控制制度。

第六十条　商业银行应当建立、健全本行对存款、贷款、结算、呆账等各项情况的稽核、检查制度。

商业银行对分支机构应当进行经常性的稽核和检查监督。

第六十一条　商业银行应当按照规定向国务院银行业监督管理机构、中国人民银行报送资产负债表、利润表以及其他财务会计、统计报表和资料。

第六十二条　国务院银行业监督管理机构有权依照本法第三章、第四章、第五章的规定，随时对商业银行的存款、贷款、结算、呆账等情况进行检查监督。检查监督时，检查监督人员应当出示合法的证件。商业银行应当按照国务院银行业监督管理机构的要求，提供财务会计资料、业务合同和有关经营管理方面的其他信息。

中国人民银行有权依照《中华人民共和国中国人民银行法》第三十二条、第三十四条的规定对商业银行进行检查监督。

第六十三条　商业银行应当依法接受审计机关的审计监督。

第七章　接管和终止

第六十四条　商业银行已经或者可能发生信用危机，严重影响存款人的利益时，国务院银行业监督管理机构可以对该银行实行接管。

接管的目的是对被接管的商业银行采取必要措施，以保护存款人的利益，恢复商业银行的正常经营能力。被接管的商业银行的债权债务关系不因接管而变化。

第六十五条　接管由国务院银行业监督管理机构决定，并组织实施。国务院银行业监督管理机构的接管决定应当载明下列内容：

（一）被接管的商业银行名称；

（二）接管理由；

（三）接管组织；

（四）接管期限。

接管决定由国务院银行业监督管理机构予以公告。

第六十六条　接管自接管决定实施之日起开始。

自接管开始之日起，由接管组织行使商业银行的经营管理权力。

第六十七条　接管期限届满，国务院银行业监督管理机构可以决定延期，但接管期限最长不得超过二年。

第六十八条　有下列情形之一的，接管终止：

（一）接管决定规定的期限届满或者国务院银行业监督管理机构决定的接管延期届满；

（二）接管期限届满前，该商业银行已恢复正常经营能力；

（三）接管期限届满前，该商业银行被

合并或者被依法宣告破产。

第六十九条　商业银行因分立、合并或者出现公司章程规定的解散事由需要解散的，应当向国务院银行业监督管理机构提出申请，并附解散的理由和支付存款的本金和利息等债务清偿计划。经国务院银行业监督管理机构批准后解散。

商业银行解散的，应当依法成立清算组，进行清算，按照清偿计划及时偿还存款本金和利息等债务。国务院银行业监督管理机构监督清算过程。

第七十条　商业银行因吊销经营许可证被撤销的，国务院银行业监督管理机构应当依法及时组织成立清算组，进行清算，按照清偿计划及时偿还存款本金和利息等债务。

第七十一条　商业银行不能支付到期债务，经国务院银行业监督管理机构同意，由人民法院依法宣告其破产。商业银行被宣告破产的，由人民法院组织国务院银行业监督管理机构等有关部门和有关人员成立清算组，进行清算。

商业银行破产清算时，在支付清算费用、所欠职工工资和劳动保险费用后，应当优先支付个人储蓄存款的本金和利息。

第七十二条　商业银行因解散、被撤销和被宣告破产而终止。

第八章　法律责任

第七十三条　商业银行有下列情形之一，对存款人或者其他客户造成财产损害的，应当承担支付迟延履行的利息以及其他民事责任：

（一）无故拖延、拒绝支付存款本金和利息的；

（二）违反票据承兑等结算业务规定，不予兑现，不予收付入账，压单、压票或者违反规定退票的；

（三）非法查询、冻结、扣划个人储蓄存款或者单位存款的；

（四）违反本法规定对存款人或者其他客户造成损害的其他行为。

有前款规定情形的，由国务院银行业监督管理机构责令改正，有违法所得的，没收违法所得，违法所得五万元以上的，并处违法所得一倍以上五倍以下罚款；没有违法所得或者违法所得不足五万元的，处五万元以上五十万元以下罚款。

第七十四条　商业银行有下列情形之一，由国务院银行业监督管理机构责令改正，有违法所得的，没收违法所得，违法所得五十万元以上的，并处违法所得一倍以上五倍以下罚款；没有违法所得或者违法所得不足五十万元的，处五十万元以上二百万元以下罚款；情节特别严重或者逾期不改正的，可以责令停业整顿或者吊销其经营许可证；构成犯罪的，依法追究刑事责任：

（一）未经批准设立分支机构的；

（二）未经批准分立、合并或者违反规定对变更事项不报批的；

（三）违反规定提高或者降低利率以及采用其他不正当手段，吸收存款，发放贷款的；

（四）出租、出借经营许可证的；

（五）未经批准买卖、代理买卖外汇的；

（六）未经批准买卖政府债券或者发行、买卖金融债券的；

（七）违反国家规定从事信托投资和证券经营业务、向非自用不动产投资或者向非银行金融机构和企业投资的；

（八）向关系人发放信用贷款或者发放担保贷款的条件优于其他借款人同类贷款的条件的。

第七十五条　商业银行有下列情形之一，由国务院银行业监督管理机构责令改正，并处二十万元以上五十万元以下罚款；情节特别严重或者逾期不改正的，可以责令停业整顿或者吊销其经营许可证；构成犯罪的，依法追究刑事责任：

（一）拒绝或者阻碍国务院银行业监督管理机构检查监督的；

（二）提供虚假的或者隐瞒重要事实的

财务会计报告、报表和统计报表的；

（三）未遵守资本充足率、资产流动性比例、同一借款人贷款比例和国务院银行业监督管理机构有关资产负债比例管理的其他规定的。

第七十六条 商业银行有下列情形之一，由中国人民银行责令改正，有违法所得的，没收违法所得，违法所得五十万元以上的，并处违法所得一倍以上五倍以下罚款；没有违法所得或者违法所得不足五十万元的，处五十万元以上二百万元以下罚款；情节特别严重或者逾期不改正的，中国人民银行可以建议国务院银行业监督管理机构责令停业整顿或者吊销其经营许可证；构成犯罪的，依法追究刑事责任：

（一）未经批准办理结汇、售汇的；

（二）未经批准在银行间债券市场发行、买卖金融债券或者到境外借款的；

（三）违反规定同业拆借的。

第七十七条 商业银行有下列情形之一，由中国人民银行责令改正，并处二十万元以上五十万元以下罚款；情节特别严重或者逾期不改正的，中国人民银行可以建议国务院银行业监督管理机构责令停业整顿或者吊销其经营许可证；构成犯罪的，依法追究刑事责任：

（一）拒绝或者阻碍中国人民银行检查监督的；

（二）提供虚假的或者隐瞒重要事实的财务会计报告、报表和统计报表的；

（三）未按照中国人民银行规定的比例交存存款准备金的。

第七十八条 商业银行有本法第七十三条至第七十七条规定情形的，对直接负责的董事、高级管理人员和其他直接责任人员，应当给予纪律处分；构成犯罪的，依法追究刑事责任。

第七十九条 有下列情形之一，由国务院银行业监督管理机构责令改正，有违法所得的，没收违法所得，违法所得五万元以上的，并处违法所得一倍以上五倍以下罚款；没有违法所得或者违法所得不足五万元的，处五万元以上五十万元以下罚款：

（一）未经批准在名称中使用“银行”字样的；

（二）未经批准购买商业银行股份总额百分之五以上的；

（三）将单位的资金以个人名义开立账户存储的。

第八十条 商业银行不按照规定向国务院银行业监督管理机构报送有关文件、资料的，由国务院银行业监督管理机构责令改正，逾期不改正的，处十万元以上三十万元以下罚款。

商业银行不按照规定向中国人民银行报送有关文件、资料的，由中国人民银行责令改正，逾期不改正的，处十万元以上三十万元以下罚款。

第八十一条 未经国务院银行业监督管理机构批准，擅自设立商业银行，或者非法吸收公众存款、变相吸收公众存款，构成犯罪的，依法追究刑事责任；并由国务院银行业监督管理机构予以取缔。

伪造、变造、转让商业银行经营许可证，构成犯罪的，依法追究刑事责任。

第八十二条 借款人采取欺诈手段骗取贷款，构成犯罪的，依法追究刑事责任。

第八十三条 有本法第八十一条、第八十二条规定的行为，尚不构成犯罪的，由国务院银行业监督管理机构没收违法所得，违法所得五十万元以上的，并处违法所得一倍以上五倍以下罚款；没有违法所得或者违法所得不足五十万元的，处五十万元以上二百万元以下罚款。

第八十四条 商业银行工作人员利用职务上的便利，索取、收受贿赂或者违反国家规定收受各种名义的回扣、手续费，构成犯罪的，依法追究刑事责任；尚不构成犯罪的，应当给予纪律处分。

有前款行为，发放贷款或者提供担保造成损失的，应当承担全部或者部分赔偿责任。

第八十五条　商业银行工作人员利用职务上的便利，贪污、挪用、侵占本行或者客户资金，构成犯罪的，依法追究刑事责任；尚不构成犯罪的，应当给予纪律处分。

第八十六条　商业银行工作人员违反本法规定玩忽职守造成损失的，应当给予纪律处分；构成犯罪的，依法追究刑事责任。

违反规定徇私向亲属、朋友发放贷款或者提供担保造成损失的，应当承担全部或者部分赔偿责任。

第八十七条　商业银行工作人员泄露在任职期间知悉的国家秘密、商业秘密的，应当给予纪律处分；构成犯罪的，依法追究刑事责任。

第八十八条　单位或者个人强令商业银行发放贷款或者提供担保的，应当对直接负责的主管人员和其他直接责任人员或者个人给予纪律处分；造成损失的，应当承担全部或者部分赔偿责任。

商业银行的工作人员对单位或者个人强令其发放贷款或者提供担保未予拒绝的，应当给予纪律处分；造成损失的，应当承担相应的赔偿责任。

第八十九条　商业银行违反本法规定的，国务院银行业监督管理机构可以区别不同情形，取消其直接负责的董事、高级管理人员一定期限直至终身的任职资格，禁止直接负责的董事、高级管理人员和其他直接责任人员一定期限直至终身从事银行业工作。

商业银行的行为尚不构成犯罪的，对直接负责的董事、高级管理人员和其他直接责任人员，给予警告，处五万元以上五十万元以下罚款。

第九十条　商业银行及其工作人员对国务院银行业监督管理机构、中国人民银行的处罚决定不服的，可以依照《中华人民共和国行政诉讼法》的规定向人民法院提起诉讼。

第九章　附　　则

第九十一条　本法施行前，按照国务院的规定经批准设立的商业银行不再办理审批手续。

第九十二条　外资商业银行、中外合资商业银行、外国商业银行分行适用本法规定，法律、行政法规另有规定的，依照其规定。

第九十三条　城市信用合作社、农村信用合作社办理存款、贷款和结算等业务，适用本法有关规定。

第九十四条　邮政企业办理商业银行的有关业务，适用本法有关规定。

第九十五条　本法自 2015 年 10 月 1 日起施行。

九、反垄断类规范

中华人民共和国反垄断法

（2007 年 8 月 30 日第十届全国人民代表大会常务委员会第二十九次会议通过，根据 2022 年 6 月 24 日第十三届全国人民代表大会常务委员会第三十五次会议《关于修改〈中华人民共和国反垄断法〉的决定》修正）

第一章 总 则

第一条 为了预防和制止垄断行为，保护市场公平竞争，鼓励创新，提高经济运行效率，维护消费者利益和社会公共利益，促进社会主义市场经济健康发展，制定本法。

第二条 中华人民共和国境内经济活动中的垄断行为，适用本法；中华人民共和国境外的垄断行为，对境内市场竞争产生排除、限制影响的，适用本法。

第三条 本法规定的垄断行为包括：

（一）经营者达成垄断协议；

（二）经营者滥用市场支配地位；

（三）具有或者可能具有排除、限制竞争效果的经营者集中。

第四条 反垄断工作坚持中国共产党的领导。

国家坚持市场化、法治化原则，强化竞争政策基础地位，制定和实施与社会主义市场经济相适应的竞争规则，完善宏观调控，健全统一、开放、竞争、有序的市场体系。

第五条 国家建立健全公平竞争审查制度。

行政机关和法律、法规授权的具有管理公共事务职能的组织在制定涉及市场主体经济活动的规定时，应当进行公平竞争审查。

第六条 经营者可以通过公平竞争、自愿联合，依法实施集中，扩大经营规模，提高市场竞争能力。

第七条 具有市场支配地位的经营者，不得滥用市场支配地位，排除、限制竞争。

第八条 国有经济占控制地位的关系国民经济命脉和国家安全的行业以及依法实行专营专卖的行业，国家对其经营者的合法经营活动予以保护，并对经营者的经营行为及其商品和服务的价格依法实施监管和调控，维护消费者利益，促进技术进步。

前款规定行业的经营者应当依法经营，诚实守信，严格自律，接受社会公众的监督，不得利用其控制地位或者专营专卖地位损害消费者利益。

第九条 经营者不得利用数据和算法、技术、资本优势以及平台规则等从事本法禁止的垄断行为。

第十条 行政机关和法律、法规授权的具有管理公共事务职能的组织不得滥用行政权力，排除、限制竞争。

第十一条 国家健全完善反垄断规则制度，强化反垄断监管力量，提高监管能力和监管体系现代化水平，加强反垄断执法司法，依法公正高效审理垄断案件，健全行政执法和司法衔接机制，维护公平竞争秩序。

第十二条　国务院设立反垄断委员会，负责组织、协调、指导反垄断工作，履行下列职责：

（一）研究拟订有关竞争政策；

（二）组织调查、评估市场总体竞争状况，发布评估报告；

（三）制定、发布反垄断指南；

（四）协调反垄断行政执法工作；

（五）国务院规定的其他职责。

国务院反垄断委员会的组成和工作规则由国务院规定。

第十三条　国务院反垄断执法机构负责反垄断统一执法工作。

国务院反垄断执法机构根据工作需要，可以授权省、自治区、直辖市人民政府相应的机构，依照本法规定负责有关反垄断执法工作。

第十四条　行业协会应当加强行业自律，引导本行业的经营者依法竞争，合规经营，维护市场竞争秩序。

第十五条　本法所称经营者，是指从事商品生产、经营或者提供服务的自然人、法人和非法人组织。

本法所称相关市场，是指经营者在一定时期内就特定商品或者服务（以下统称商品）进行竞争的商品范围和地域范围。

第二章　垄断协议

第十六条　本法所称垄断协议，是指排除、限制竞争的协议、决定或者其他协同行为。

第十七条　禁止具有竞争关系的经营者达成下列垄断协议：

（一）固定或者变更商品价格；

（二）限制商品的生产数量或者销售数量；

（三）分割销售市场或者原材料采购市场；

（四）限制购买新技术、新设备或者限制开发新技术、新产品；

（五）联合抵制交易；

（六）国务院反垄断执法机构认定的其他垄断协议。

第十八条　禁止经营者与交易相对人达成下列垄断协议：

（一）固定向第三人转售商品的价格；

（二）限定向第三人转售商品的最低价格；

（三）国务院反垄断执法机构认定的其他垄断协议。

对前款第一项和第二项规定的协议，经营者能够证明其不具有排除、限制竞争效果的，不予禁止。

经营者能够证明其在相关市场的市场份额低于国务院反垄断执法机构规定的标准，并符合国务院反垄断执法机构规定的其他条件的，不予禁止。

第十九条　经营者不得组织其他经营者达成垄断协议或者为其他经营者达成垄断协议提供实质性帮助。

第二十条　经营者能够证明所达成的协议属于下列情形之一的，不适用本法第十七条、第十八条第一款、第十九条的规定：

（一）为改进技术、研究开发新产品的；

（二）为提高产品质量、降低成本、增进效率，统一产品规格、标准或者实行专业化分工的；

（三）为提高中小经营者经营效率，增强中小经营者竞争力的；

（四）为实现节约能源、保护环境、救灾救助等社会公共利益的；

（五）因经济不景气，为缓解销售量严重下降或者生产明显过剩的；

（六）为保障对外贸易和对外经济合作中的正当利益的；

（七）法律和国务院规定的其他情形。

属于前款第一项至第五项情形，不适用

本法第十七条、第十八条第一款、第十九条规定的，经营者还应当证明所达成的协议不会严重限制相关市场的竞争，并且能够使消费者分享由此产生的利益。

第二十一条 行业协会不得组织本行业的经营者从事本章禁止的垄断行为。

第三章 滥用市场支配地位

第二十二条 禁止具有市场支配地位的经营者从事下列滥用市场支配地位的行为：

（一）以不公平的高价销售商品或者以不公平的低价购买商品；

（二）没有正当理由，以低于成本的价格销售商品；

（三）没有正当理由，拒绝与交易相对人进行交易；

（四）没有正当理由，限定交易相对人只能与其进行交易或者只能与其指定的经营者进行交易；

（五）没有正当理由搭售商品，或者在交易时附加其他不合理的交易条件；

（六）没有正当理由，对条件相同的交易相对人在交易价格等交易条件上实行差别待遇；

（七）国务院反垄断执法机构认定的其他滥用市场支配地位的行为。

具有市场支配地位的经营者不得利用数据和算法、技术以及平台规则等从事前款规定的滥用市场支配地位的行为。

本法所称市场支配地位，是指经营者在相关市场内具有能够控制商品价格、数量或者其他交易条件，或者能够阻碍、影响其他经营者进入相关市场能力的市场地位。

第二十三条 认定经营者具有市场支配地位，应当依据下列因素：

（一）该经营者在相关市场的市场份额，以及相关市场的竞争状况；

（二）该经营者控制销售市场或者原材料采购市场的能力；

（三）该经营者的财力和技术条件；

（四）其他经营者对该经营者在交易上的依赖程度；

（五）其他经营者进入相关市场的难易程度；

（六）与认定该经营者市场支配地位有关的其他因素。

第二十四条 有下列情形之一的，可以推定经营者具有市场支配地位：

（一）一个经营者在相关市场的市场份额达到二分之一的；

（二）两个经营者在相关市场的市场份额合计达到三分之二的；

（三）三个经营者在相关市场的市场份额合计达到四分之三的。

有前款第二项、第三项规定的情形，其中有的经营者市场份额不足十分之一的，不应当推定该经营者具有市场支配地位。

被推定具有市场支配地位的经营者，有证据证明不具有市场支配地位的，不应当认定其具有市场支配地位。

第四章 经营者集中

第二十五条 经营者集中是指下列情形：

（一）经营者合并；

（二）经营者通过取得股权或者资产的方式取得对其他经营者的控制权；

（三）经营者通过合同等方式取得对其他经营者的控制权或者能够对其他经营者施加决定性影响。

第二十六条 经营者集中达到国务院规定的申报标准的，经营者应当事先向国务院反垄断执法机构申报，未申报的不得实施集中。

经营者集中未达到国务院规定的申报标准，但有证据证明该经营者集中具有或者可能具有排除、限制竞争效果的，国务院反垄断执法机构可以要求经营者申报。

经营者未依照前两款规定进行申报的，国务院反垄断执法机构应当依法进行调查。

第二十七条　经营者集中有下列情形之一的，可以不向国务院反垄断执法机构申报：

（一）参与集中的一个经营者拥有其他每个经营者百分之五十以上有表决权的股份或者资产的；

（二）参与集中的每个经营者百分之五十以上有表决权的股份或者资产被同一个未参与集中的经营者拥有的。

第二十八条　经营者向国务院反垄断执法机构申报集中，应当提交下列文件、资料：

（一）申报书；

（二）集中对相关市场竞争状况影响的说明；

（三）集中协议；

（四）参与集中的经营者经会计师事务所审计的上一会计年度财务会计报告；

（五）国务院反垄断执法机构规定的其他文件、资料。

申报书应当载明参与集中的经营者的名称、住所、经营范围、预定实施集中的日期和国务院反垄断执法机构规定的其他事项。

第二十九条　经营者提交的文件、资料不完备的，应当在国务院反垄断执法机构规定的期限内补交文件、资料。经营者逾期未补交文件、资料的，视为未申报。

第三十条　国务院反垄断执法机构应当自收到经营者提交的符合本法第二十八条规定的文件、资料之日起三十日内，对申报的经营者集中进行初步审查，作出是否实施进一步审查的决定，并书面通知经营者。国务院反垄断执法机构作出决定前，经营者不得实施集中。

国务院反垄断执法机构作出不实施进一步审查的决定或者逾期未作出决定的，经营者可以实施集中。

第三十一条　国务院反垄断执法机构决定实施进一步审查的，应当自决定之日起九十日内审查完毕，作出是否禁止经营者集中的决定，并书面通知经营者。作出禁止经营者集中的决定，应当说明理由。审查期间，经营者不得实施集中。

有下列情形之一的，国务院反垄断执法机构经书面通知经营者，可以延长前款规定的审查期限，但最长不得超过六十日：

（一）经营者同意延长审查期限的；

（二）经营者提交的文件、资料不准确，需要进一步核实的；

（三）经营者申报后有关情况发生重大变化的。

国务院反垄断执法机构逾期未作出决定的，经营者可以实施集中。

第三十二条　有下列情形之一的，国务院反垄断执法机构可以决定中止计算经营者集中的审查期限，并书面通知经营者：

（一）经营者未按照规定提交文件、资料，导致审查工作无法进行；

（二）出现对经营者集中审查具有重大影响的新情况、新事实，不经核实将导致审查工作无法进行；

（三）需要对经营者集中附加的限制性条件进一步评估，且经营者提出中止请求。

自中止计算审查期限的情形消除之日起，审查期限继续计算，国务院反垄断执法机构应当书面通知经营者。

第三十三条　审查经营者集中，应当考虑下列因素：

（一）参与集中的经营者在相关市场的市场份额及其对市场的控制力；

（二）相关市场的市场集中度；

（三）经营者集中对市场进入、技术进步的影响；

（四）经营者集中对消费者和其他有关经营者的影响；

（五）经营者集中对国民经济发展的影响；

（六）国务院反垄断执法机构认为应当考虑的影响市场竞争的其他因素。

第三十四条　经营者集中具有或者可能具有排除、限制竞争效果的，国务院反垄断执法机构应当作出禁止经营者集中的决定。但是，经营者能够证明该集中对竞争产生的有利影响明显大于不利影响，或者符合社会公共利益的，国务院反垄断执法机构可以作出对经营者集中不予禁止的决定。

第三十五条 对不予禁止的经营者集中，国务院反垄断执法机构可以决定附加减少集中对竞争产生不利影响的限制性条件。

第三十六条 国务院反垄断执法机构应当将禁止经营者集中的决定或者对经营者集中附加限制性条件的决定，及时向社会公布。

第三十七条 国务院反垄断执法机构应当健全经营者集中分类分级审查制度，依法加强对涉及国计民生等重要领域的经营者集中的审查，提高审查质量和效率。

第三十八条 对外资并购境内企业或者以其他方式参与经营者集中，涉及国家安全的，除依照本法规定进行经营者集中审查外，还应当按照国家有关规定进行国家安全审查。

第五章 滥用行政权力排除、限制竞争

第三十九条 行政机关和法律、法规授权的具有管理公共事务职能的组织不得滥用行政权力，限定或者变相限定单位或者个人经营、购买、使用其指定的经营者提供的商品。

第四十条 行政机关和法律、法规授权的具有管理公共事务职能的组织不得滥用行政权力，通过与经营者签订合作协议、备忘录等方式，妨碍其他经营者进入相关市场或者对其他经营者实行不平等待遇，排除、限制竞争。

第四十一条 行政机关和法律、法规授权的具有管理公共事务职能的组织不得滥用行政权力，实施下列行为，妨碍商品在地区之间的自由流通：

（一）对外地商品设定歧视性收费项目、实行歧视性收费标准，或者规定歧视性价格；

（二）对外地商品规定与本地同类商品不同的技术要求、检验标准，或者对外地商品采取重复检验、重复认证等歧视性技术措施，限制外地商品进入本地市场；

（三）采取专门针对外地商品的行政许可，限制外地商品进入本地市场；

（四）设置关卡或者采取其他手段，阻碍外地商品进入或者本地商品运出；

（五）妨碍商品在地区之间自由流通的其他行为。

第四十二条 行政机关和法律、法规授权的具有管理公共事务职能的组织不得滥用行政权力，以设定歧视性资质要求、评审标准或者不依法发布信息等方式，排斥或者限制经营者参加招标投标以及其他经营活动。

第四十三条 行政机关和法律、法规授权的具有管理公共事务职能的组织不得滥用行政权力，采取与本地经营者不平等待遇等方式，排斥、限制、强制或者变相强制外地经营者在本地投资或者设立分支机构。

第四十四条 行政机关和法律、法规授权的具有管理公共事务职能的组织不得滥用行政权力，强制或者变相强制经营者从事本法规定的垄断行为。

第四十五条 行政机关和法律、法规授权的具有管理公共事务职能的组织不得滥用行政权力，制定含有排除、限制竞争内容的规定。

第六章 对涉嫌垄断行为的调查

第四十六条 反垄断执法机构依法对涉嫌垄断行为进行调查。

对涉嫌垄断行为，任何单位和个人有权向反垄断执法机构举报。反垄断执法机构应当为举报人保密。

举报采用书面形式并提供相关事实和证据的，反垄断执法机构应当进行必要的调查。

第四十七条 反垄断执法机构调查涉嫌

垄断行为，可以采取下列措施：

（一）进入被调查的经营者的营业场所或者其他有关场所进行检查；

（二）询问被调查的经营者、利害关系人或者其他有关单位或者个人，要求其说明有关情况；

（三）查阅、复制被调查的经营者、利害关系人或者其他有关单位或者个人的有关单证、协议、会计账簿、业务函电、电子数据等文件、资料；

（四）查封、扣押相关证据；

（五）查询经营者的银行账户。

采取前款规定的措施，应当向反垄断执法机构主要负责人书面报告，并经批准。

第四十八条　反垄断执法机构调查涉嫌垄断行为，执法人员不得少于二人，并应当出示执法证件。

执法人员进行询问和调查，应当制作笔录，并由被询问人或者被调查人签字。

第四十九条　反垄断执法机构及其工作人员对执法过程中知悉的商业秘密、个人隐私和个人信息依法负有保密义务。

第五十条　被调查的经营者、利害关系人或者其他有关单位或者个人应当配合反垄断执法机构依法履行职责，不得拒绝、阻碍反垄断执法机构的调查。

第五十一条　被调查的经营者、利害关系人有权陈述意见。反垄断执法机构应当对被调查的经营者、利害关系人提出的事实、理由和证据进行核实。

第五十二条　反垄断执法机构对涉嫌垄断行为调查核实后，认为构成垄断行为的，应当依法作出处理决定，并可以向社会公布。

第五十三条　对反垄断执法机构调查的涉嫌垄断行为，被调查的经营者承诺在反垄断执法机构认可的期限内采取具体措施消除该行为后果的，反垄断执法机构可以决定中止调查。中止调查的决定应当载明被调查的经营者承诺的具体内容。

反垄断执法机构决定中止调查的，应当对经营者履行承诺的情况进行监督。经营者履行承诺的，反垄断执法机构可以决定终止调查。

有下列情形之一的，反垄断执法机构应当恢复调查：

（一）经营者未履行承诺的；

（二）作出中止调查决定所依据的事实发生重大变化的；

（三）中止调查的决定是基于经营者提供的不完整或者不真实的信息作出的。

第五十四条　反垄断执法机构依法对涉嫌滥用行政权力排除、限制竞争的行为进行调查，有关单位或者个人应当配合。

第五十五条　经营者、行政机关和法律、法规授权的具有管理公共事务职能的组织，涉嫌违反本法规定的，反垄断执法机构可以对其法定代表人或者负责人进行约谈，要求其提出改进措施。

第七章　法律责任

第五十六条　经营者违反本法规定，达成并实施垄断协议的，由反垄断执法机构责令停止违法行为，没收违法所得，并处上一年度销售额百分之一以上百分之十以下的罚款，上一年度没有销售额的，处五百万元以下的罚款；尚未实施所达成的垄断协议的，可以处三百万元以下的罚款。经营者的法定代表人、主要负责人和直接责任人员对达成垄断协议负有个人责任的，可以处一百万元以下的罚款。

经营者组织其他经营者达成垄断协议或者为其他经营者达成垄断协议提供实质性帮助的，适用前款规定。

经营者主动向反垄断执法机构报告达成垄断协议的有关情况并提供重要证据的，反垄断执法机构可以酌情减轻或者免除对该经营者的处罚。

行业协会违反本法规定，组织本行业的经营者达成垄断协议的，由反垄断执法机构责令改正，可以处三百万元以下的罚款；情节严重的，社会团体登记管理机关可以依法撤销登记。

第五十七条 经营者违反本法规定，滥用市场支配地位的，由反垄断执法机构责令停止违法行为，没收违法所得，并处上一年度销售额百分之一以上百分之十以下的罚款。

第五十八条 经营者违反本法规定实施集中，且具有或者可能具有排除、限制竞争效果的，由国务院反垄断执法机构责令停止实施集中、限期处分股份或者资产、限期转让营业以及采取其他必要措施恢复到集中前的状态，处上一年度销售额百分之十以下的罚款；不具有排除、限制竞争效果的，处五百万元以下的罚款。

第五十九条 对本法第五十六条、第五十七条、第五十八条规定的罚款，反垄断执法机构确定具体罚款数额时，应当考虑违法行为的性质、程度、持续时间和消除违法行为后果的情况等因素。

第六十条 经营者实施垄断行为，给他人造成损失的，依法承担民事责任。

经营者实施垄断行为，损害社会公共利益的，设区的市级以上人民检察院可以依法向人民法院提起民事公益诉讼。

第六十一条 行政机关和法律、法规授权的具有管理公共事务职能的组织滥用行政权力，实施排除、限制竞争行为的，由上级机关责令改正；对直接负责的主管人员和其他直接责任人员依法给予处分。反垄断执法机构可以向有关上级机关提出依法处理的建议。行政机关和法律、法规授权的具有管理公共事务职能的组织应当将有关改正情况书面报告上级机关和反垄断执法机构。

法律、行政法规对行政机关和法律、法规授权的具有管理公共事务职能的组织滥用行政权力实施排除、限制竞争行为的处理另有规定的，依照其规定。

第六十二条 对反垄断执法机构依法实施的审查和调查，拒绝提供有关材料、信息，或者提供虚假材料、信息，或者隐匿、销毁、转移证据，或者有其他拒绝、阻碍调查行为的，由反垄断执法机构责令改正，对单位处上一年度销售额百分之一以下的罚款，上一年度没有销售额或者销售额难以计算的，处五百万元以下的罚款；对个人处五十万元以下的罚款。

第六十三条 违反本法规定，情节特别严重、影响特别恶劣、造成特别严重后果的，国务院反垄断执法机构可以在本法第五十六条、第五十七条、第五十八条、第六十二条规定的罚款数额的二倍以上五倍以下确定具体罚款数额。

第六十四条 经营者因违反本法规定受到行政处罚的，按照国家有关规定记入信用记录，并向社会公示。

第六十五条 对反垄断执法机构依据本法第三十四条、第三十五条作出的决定不服的，可以先依法申请行政复议；对行政复议决定不服的，可以依法提起行政诉讼。

对反垄断执法机构作出的前款规定以外的决定不服的，可以依法申请行政复议或者提起行政诉讼。

第六十六条 反垄断执法机构工作人员滥用职权、玩忽职守、徇私舞弊或者泄露执法过程中知悉的商业秘密、个人隐私和个人信息的，依法给予处分。

第六十七条 违反本法规定，构成犯罪的，依法追究刑事责任。

第八章 附 则

第六十八条 经营者依照有关知识产权的法律、行政法规规定行使知识产权的行为，不适用本法；但是，经营者滥用知识产权，排除、限制竞争的行为，适用本法。

第六十九条 农业生产者及农村经济组织在农产品生产、加工、销售、运输、储存等经营活动中实施的联合或者协同行为，不适用本法。

第七十条 本法自 2008 年 8 月 1 日起施行。

禁止垄断协议规定

（2023年2月20日市场监管总局第2次局务会议通过，2023年3月10日公布，自2023年4月15日起施行）

第一条　为了预防和制止垄断协议，根据《中华人民共和国反垄断法》（以下简称反垄断法），制定本规定。

第二条　国家市场监督管理总局（以下简称市场监管总局）负责垄断协议的反垄断统一执法工作。

市场监管总局根据反垄断法第十三条第二款规定，授权各省、自治区、直辖市市场监督管理部门（以下称省级市场监管部门）负责本行政区域内垄断协议的反垄断执法工作。

本规定所称反垄断执法机构包括市场监管总局和省级市场监管部门。

第三条　市场监管总局负责查处下列垄断协议：

（一）跨省、自治区、直辖市的；

（二）案情较为复杂或者在全国有重大影响的；

（三）市场监管总局认为有必要直接查处的。

前款所列垄断协议，市场监管总局可以指定省级市场监管部门查处。

省级市场监管部门根据授权查处垄断协议时，发现不属于本部门查处范围，或者虽属于本部门查处范围，但有必要由市场监管总局查处的，应当及时向市场监管总局报告。

第四条　反垄断执法机构查处垄断协议时，应当平等对待所有经营者。

第五条　垄断协议是指排除、限制竞争的协议、决定或者其他协同行为。

协议或者决定可以是书面、口头等形式。

其他协同行为是指经营者之间虽未明确订立协议或者决定，但实质上存在协调一致的行为。

第六条　认定其他协同行为，应当考虑下列因素：

（一）经营者的市场行为是否具有一致性；

（二）经营者之间是否进行过意思联络或者信息交流；

（三）经营者能否对行为的一致性作出合理解释；

（四）相关市场的市场结构、竞争状况、市场变化等情况。

第七条　相关市场是指经营者在一定时期内就特定商品或者服务（以下统称商品）进行竞争的商品范围和地域范围，包括相关商品市场和相关地域市场。

界定相关市场应当从需求者角度进行需求替代分析。当供给替代对经营者行为产生的竞争约束类似于需求替代时，也应当考虑供给替代。

界定相关商品市场，从需求替代角度，可以考虑需求者对商品价格等因素变化的反应、商品的特征与用途、销售渠道等因素。从供给替代角度，可以考虑其他经营者转产的难易程度、转产后所提供商品的市场竞争力等因素。

界定平台经济领域相关商品市场，可以根据平台一边的商品界定相关商品市场，也可以根据平台所涉及的多边商品，将平台整体界定为一个相关商品市场，或者分别界定多个相关商品市场，并考虑各相关商品市场之间的相互关系和影响。

界定相关地域市场，从需求替代角度，可以考虑商品的运输特征与成本、多数需求者选择商品的实际区域、地域间的贸易壁垒等因素。从供给替代角度，可以考虑其他地域经营者供应商品的及时性与可行性等因素。

第八条 禁止具有竞争关系的经营者就固定或者变更商品价格达成下列垄断协议：

（一）固定或者变更价格水平、价格变动幅度、利润水平或者折扣、手续费等其他费用；

（二）约定采用据以计算价格的标准公式、算法、平台规则等；

（三）限制参与协议的经营者的自主定价权；

（四）通过其他方式固定或者变更价格。

本规定所称具有竞争关系的经营者，包括处于同一相关市场进行竞争的实际经营者和可能进入相关市场进行竞争的潜在经营者。

第九条 禁止具有竞争关系的经营者就限制商品的生产数量或者销售数量达成下列垄断协议：

（一）以限制产量、固定产量、停止生产等方式限制商品的生产数量，或者限制特定品种、型号商品的生产数量；

（二）以限制商品投放量等方式限制商品的销售数量，或者限制特定品种、型号商品的销售数量；

（三）通过其他方式限制商品的生产数量或者销售数量。

第十条 禁止具有竞争关系的经营者就分割销售市场或者原材料采购市场达成下列垄断协议：

（一）划分商品销售地域、市场份额、销售对象、销售收入、销售利润或者销售商品的种类、数量、时间；

（二）划分原料、半成品、零部件、相关设备等原材料的采购区域、种类、数量、时间或者供应商；

（三）通过其他方式分割销售市场或者原材料采购市场。

前款关于分割销售市场或者原材料采购市场的规定适用于数据、技术和服务等。

第十一条 禁止具有竞争关系的经营者就限制购买新技术、新设备或者限制开发新技术、新产品达成下列垄断协议：

（一）限制购买、使用新技术、新工艺；

（二）限制购买、租赁、使用新设备、新产品；

（三）限制投资、研发新技术、新工艺、新产品；

（四）拒绝使用新技术、新工艺、新设备、新产品；

（五）通过其他方式限制购买新技术、新设备或者限制开发新技术、新产品。

第十二条 禁止具有竞争关系的经营者就联合抵制交易达成下列垄断协议：

（一）联合拒绝向特定经营者供应或者销售商品；

（二）联合拒绝采购或者销售特定经营者的商品；

（三）联合限定特定经营者不得与其具有竞争关系的经营者进行交易；

（四）通过其他方式联合抵制交易。

第十三条 具有竞争关系的经营者不得利用数据和算法、技术以及平台规则等，通过意思联络、交换敏感信息、行为协调一致等方式，达成本规定第八条至第十二条规定的垄断协议。

第十四条 禁止经营者与交易相对人就商品价格达成下列垄断协议：

（一）固定向第三人转售商品的价格水平、价格变动幅度、利润水平或者折扣、手续费等其他费用；

（二）限定向第三人转售商品的最低价

格，或者通过限定价格变动幅度、利润水平或者折扣、手续费等其他费用限定向第三人转售商品的最低价格；

（三）通过其他方式固定转售商品价格或者限定转售商品最低价格。

对前款规定的协议，经营者能够证明其不具有排除、限制竞争效果的，不予禁止。

第十五条　经营者不得利用数据和算法、技术以及平台规则等，通过对价格进行统一、限定或者自动化设定转售商品价格等方式，达成本规定第十四条规定的垄断协议。

第十六条　不属于本规定第八条至第十五条所列情形的其他协议、决定或者协同行为，有证据证明排除、限制竞争的，应当认定为垄断协议并予以禁止。

前款规定的垄断协议由市场监管总局负责认定，认定时应当考虑下列因素：

（一）经营者达成、实施协议的事实；

（二）市场竞争状况；

（三）经营者在相关市场中的市场份额及其对市场的控制力；

（四）协议对商品价格、数量、质量等方面的影响；

（五）协议对市场进入、技术进步等方面的影响；

（六）协议对消费者、其他经营者的影响；

（七）与认定垄断协议有关的其他因素。

第十七条　经营者与交易相对人达成协议，经营者能够证明参与协议的经营者在相关市场的市场份额低于市场监管总局规定的标准，并符合市场监管总局规定的其他条件的，不予禁止。

第十八条　反垄断法第十九条规定的经营者组织其他经营者达成垄断协议，包括下列情形：

（一）经营者不属于垄断协议的协议方，在垄断协议达成或者实施过程中，对协议的主体范围、主要内容、履行条件等具有决定性或者主导作用；

（二）经营者与多个交易相对人签订协议，使具有竞争关系的交易相对人之间通过该经营者进行意思联络或者信息交流，达成本规定第八条至第十三条的垄断协议。

（三）通过其他方式组织其他经营者达成垄断协议。

反垄断法第十九条规定的经营者为其他经营者达成垄断协议提供实质性帮助，包括提供必要的支持、创造关键性的便利条件，或者其他重要帮助。

第十九条　经营者能够证明被调查的垄断协议属于反垄断法第二十条规定情形的，不适用本规定第八条至第十六条、第十八条的规定。

第二十条　反垄断执法机构认定被调查的垄断协议是否属于反垄断法第二十条规定的情形，应当考虑下列因素：

（一）协议实现该情形的具体形式和效果；

（二）协议与实现该情形之间的因果关系；

（三）协议是否是实现该情形的必要条件；

（四）其他可以证明协议属于相关情形的因素。

反垄断执法机构认定消费者能否分享协议产生的利益，应当考虑消费者是否因协议的达成、实施在商品价格、质量、种类等方面获得利益。

第二十一条　行业协会应当加强行业自律，引导本行业的经营者依法竞争，合规经营，维护市场竞争秩序。禁止行业协会从事下列行为：

（一）制定、发布含有排除、限制竞争内容的行业协会章程、规则、决定、通知、标准等；

（二）召集、组织或者推动本行业的经营者达成含有排除、限制竞争内容的协议、决议、纪要、备忘录等；

（三）其他组织本行业经营者达成或者实施垄断协议的行为。

本规定所称行业协会是指由同行业经济组织和个人组成，行使行业服务和自律管理职能的各种协会、学会、商会、联合会、促进会等社会团体法人。

第二十二条 反垄断执法机构依据职权，或者通过举报、上级机关交办、其他机关移送、下级机关报告、经营者主动报告等途径，发现涉嫌垄断协议。

第二十三条 举报采用书面形式并提供相关事实和证据的，反垄断执法机构应当进行必要的调查。书面举报一般包括下列内容：

（一）举报人的基本情况；

（二）被举报人的基本情况；

（三）涉嫌垄断协议的相关事实和证据；

（四）是否就同一事实已向其他行政机关举报或者向人民法院提起诉讼。

反垄断执法机构根据工作需要，可以要求举报人补充举报材料。

对于采用书面形式的实名举报，反垄断执法机构在案件调查处理完毕后，可以根据举报人的书面请求依法向其反馈举报处理结果。

第二十四条 反垄断执法机构经过对涉嫌垄断协议的必要调查，符合下列条件的，应当立案：

（一）有证据初步证明经营者达成垄断协议；

（二）属于本部门查处范围；

（三）在给予行政处罚的法定期限内。

省级市场监管部门应当自立案之日起七个工作日内向市场监管总局备案。

第二十五条 市场监管总局在查处垄断协议时，可以委托省级市场监管部门进行调查。

省级市场监管部门在查处垄断协议时，可以委托下级市场监管部门进行调查。

受委托的市场监管部门在委托范围内，以委托机关的名义实施调查，不得再委托其他行政机关、组织或者个人进行调查。

第二十六条 省级市场监管部门查处垄断协议时，可以根据需要商请相关省级市场监管部门协助调查，相关省级市场监管部门应当予以协助。

第二十七条 反垄断执法机构对垄断协议进行行政处罚的，应当在作出行政处罚决定之前，书面告知当事人拟作出的行政处罚内容及事实、理由、依据，并告知当事人依法享有的陈述权、申辩权和要求听证的权利。

第二十八条 反垄断执法机构在告知当事人拟作出的行政处罚决定后，应当充分听取当事人的意见，对当事人提出的事实、理由和证据进行复核。

第二十九条 反垄断执法机构对垄断协议作出行政处罚决定，应当依法制作行政处罚决定书，并加盖本部门印章。

行政处罚决定书的内容包括：

（一）当事人的姓名或者名称、地址等基本情况；

（二）案件来源及调查经过；

（三）违反法律、法规、规章的事实和证据；

（四）当事人陈述、申辩的采纳情况及理由；

（五）行政处罚的内容和依据；

（六）行政处罚的履行方式和期限；

（七）申请行政复议、提起行政诉讼的途径和期限；

（八）作出行政处罚决定的反垄断执法机构的名称和作出决定的日期。

第三十条 反垄断执法机构认定被调查的垄断协议属于反垄断法第二十条规定情形的，应当终止调查并制作终止调查决定书。终止调查决定书应当载明协议的基本情况、适用反垄断法第二十条的依据和理由等。

反垄断执法机构作出终止调查决定后，因情况发生重大变化，导致被调查的协议不再符合反垄断法第二十条规定情形的，反垄断执法机构应当依法开展调查。

第三十一条　涉嫌垄断协议的经营者在被调查期间，可以提出中止调查申请，承诺在反垄断执法机构认可的期限内采取具体措施消除行为影响。

中止调查申请应当以书面形式提出，并由经营者负责人签字并盖章。申请书应当载明下列事项：

（一）涉嫌垄断协议的事实；

（二）承诺采取消除行为后果的具体措施；

（三）履行承诺的时限；

（四）需要承诺的其他内容。

第三十二条　反垄断执法机构根据被调查经营者的中止调查申请，在考虑行为的性质、持续时间、后果、社会影响、经营者承诺的措施及其预期效果等具体情况后，决定是否中止调查。

反垄断执法机构对涉嫌垄断协议调查核实后，认为构成垄断协议的，不得中止调查，应当依法作出处理决定。

对于符合本规定第八条至第十条规定的涉嫌垄断协议，反垄断执法机构不得接受中止调查申请。

第三十三条　反垄断执法机构决定中止调查的，应当制作中止调查决定书。

中止调查决定书应当载明被调查经营者涉嫌达成垄断协议的事实、承诺的具体内容、消除影响的具体措施、履行承诺的时限以及未履行或者未完全履行承诺的法律后果等内容。

第三十四条　决定中止调查的，反垄断执法机构应当对经营者履行承诺的情况进行监督。

经营者应当在规定的时限内向反垄断执法机构书面报告承诺履行情况。

第三十五条　反垄断执法机构确定经营者已经履行承诺的，可以决定终止调查，并制作终止调查决定书。

终止调查决定书应当载明被调查经营者涉嫌垄断协议的事实、作出中止调查决定的情况、承诺的具体内容、履行承诺的情况、监督情况等内容。

有下列情形之一的，反垄断执法机构应当恢复调查：

（一）经营者未履行或者未完全履行承诺的；

（二）作出中止调查决定所依据的事实发生重大变化的；

（三）中止调查决定是基于经营者提供的不完整或者不真实的信息作出的。

第三十六条　经营者涉嫌违反本规定的，反垄断执法机构可以对其法定代表人或者负责人进行约谈。

约谈应当指出经营者涉嫌达成垄断协议的问题，听取情况说明，开展提醒谈话，并可以要求其提出改进措施，消除行为危害后果。

经营者应当按照反垄断执法机构要求进行改进，提出消除行为危害后果的具体措施、履行时限等，并提交书面报告。

第三十七条　经营者达成或者组织其他经营者达成垄断协议，或者为其他经营者达成垄断协议提供实质性帮助，主动向反垄断执法机构报告有关情况并提供重要证据的，可以申请依法减轻或者免除处罚。

经营者应当在反垄断执法机构行政处罚告知前，向反垄断执法机构提出申请。

申请材料应当包括以下内容：

（一）垄断协议有关情况的报告，包括但不限于参与垄断协议的经营者、涉及的商品范围、达成协议的内容和方式、协议的具体实施情况、是否向其他境外执法机构提出申请等；

（二）达成或者实施垄断协议的重要证据。重要证据是指反垄断执法机构尚未掌握的，能够对立案调查或者对认定垄断协议起到关键性作用的证据。

经营者的法定代表人、主要负责人和直接责任人员对达成垄断协议负有个人责任的，适用本条规定。

第三十八条　经营者根据本规定第三十七条提出申请的，反垄断执法机构应当根据经营者主动报告的时间顺序、提供证据的重要程度以及达成、实施垄断协议的有关情况，决定是否减轻或者免除处罚。

第三十九条　省级市场监管部门作出不予行政处罚决定、中止调查决定、恢复调查决定、终止调查决定或者行政处罚告知前，应当向市场监管总局报告，接受市场监管总局的指导和监督。

省级市场监管部门向被调查经营者送达不予行政处罚决定书、中止调查决定书、恢复调查决定书、终止调查决定书或者行政处罚决定书后，应当在七个工作日内向市场监管总局备案。

第四十条　反垄断执法机构作出行政处理决定后，依法向社会公布。行政处罚信息应当依法通过国家企业信用信息公示系统向社会公示。

第四十一条　市场监管总局应当加强对省级市场监管部门查处垄断协议的指导和监督，统一执法程序和标准。

省级市场监管部门应当严格按照市场监管总局相关规定查处垄断协议案件。

第四十二条　经营者违反本规定，达成并实施垄断协议的，由反垄断执法机构责令停止违法行为，没收违法所得，并处上一年度销售额百分之一以上百分之十以下的罚款，上一年度没有销售额的，处五百万元以下的罚款；尚未实施所达成的垄断协议的，可以处三百万元以下的罚款。

经营者的法定代表人、主要负责人和直接责任人员对达成垄断协议负有个人责任的，可以处一百万元以下的罚款。

第四十三条　经营者组织其他经营者达成垄断协议或者为其他经营者达成垄断协议提供实质性帮助的，适用本规定第四十二条规定。

第四十四条　行业协会违反本规定，组织本行业的经营者达成垄断协议的，由反垄断执法机构责令改正，可以处三百万元以下的罚款；情节严重的，反垄断执法机构可以提请社会团体登记管理机关依法撤销登记。

第四十五条　反垄断执法机构确定具体罚款数额时，应当考虑违法行为的性质、程度、持续时间和消除违法行为后果的情况等因素。

违反本规定，情节特别严重、影响特别恶劣、造成特别严重后果的，市场监管总局可以在本规定第四十二条、第四十三条、第四十四条规定的罚款数额的二倍以上五倍以下确定具体罚款数额。

第四十六条　经营者因行政机关和法律、法规授权的具有管理公共事务职能的组织滥用行政权力而达成垄断协议的，按照本规定第四十二条、第四十三条、第四十四条、第四十五条处理。经营者能够证明其受行政机关和法律、法规授权的具有管理公共事务职能的组织滥用行政权力强制或者变相强制达成垄断协议的，可以依法从轻或者减轻处罚。

第四十七条　经营者根据本规定第三十七条主动向反垄断执法机构报告达成垄断协议的有关情况并提供重要证据的，反垄断执法机构可以按照下列幅度减轻或者免除对其处罚：对于第一个申请者，反垄断执法机构可以免除处罚或者按照不低于百分之八十的幅度减轻处罚；对于第二个申请者，可以按照百分之三十至百分之五十的幅度减轻处罚；对于第三个申请者，可以按照百分之二十至百分之三十的幅度减轻处罚。

在垄断协议达成中起主要作用，或者胁迫其他经营者参与达成、实施垄断协议，或者妨碍其他经营者停止该违法行为的，反垄断执法机构不得免除对其处罚。

负有个人责任的经营者法定代表人、主

要负责人和直接责任人员，根据本规定第三十七条主动向反垄断执法机构报告达成垄断协议的有关情况并提供重要证据的，反垄断执法机构可以对其减轻百分之五十的处罚或者免除处罚。

第四十八条　反垄断执法机构工作人员滥用职权、玩忽职守、徇私舞弊或者泄露执法过程中知悉的商业秘密、个人隐私和个人信息的，依照有关规定处理。

第四十九条　反垄断执法机构在调查期间发现的公职人员涉嫌职务违法、职务犯罪问题线索，应当及时移交纪检监察机关。

第五十条　本规定对垄断协议调查、处罚程序未作规定的，依照《市场监督管理行政处罚程序规定》执行，有关时限、立案、案件管辖的规定除外。

反垄断执法机构组织行政处罚听证的，依照《市场监督管理行政处罚听证办法》执行。

第五十一条　本规定自2023年4月15日起施行。2019年6月26日国家市场监督管理总局令第10号公布的《禁止垄断协议暂行规定》同时废止。

公平竞争审查制度实施细则

（2021年6月29日国市监反垄规〔2021〕2号公布，自公布之日起施行）

第一章　总　　则

第一条　为全面落实公平竞争审查制度，健全公平竞争审查机制，规范有效开展审查工作，根据《中华人民共和国反垄断法》、《国务院关于在市场体系建设中建立公平竞争审查制度的意见》（国发〔2016〕34号，以下简称《意见》），制定本细则。

第二条　行政机关以及法律、法规授权的具有管理公共事务职能的组织（以下统称政策制定机关），在制定市场准入和退出、产业发展、招商引资、招标投标、政府采购、经营行为规范、资质标准等涉及市场主体经济活动的规章、规范性文件、其他政策性文件以及“一事一议”形式的具体政策措施（以下统称政策措施）时，应当进行公平竞争审查，评估对市场竞争的影响，防止排除、限制市场竞争。

经公平竞争审查认为不具有排除、限制竞争效果或者符合例外规定的，可以实施；具有排除、限制竞争效果且不符合例外规定的，应当不予出台或者调整至符合相关要求后出台；未经公平竞争审查的，不得出台。

第三条　涉及市场主体经济活动的行政法规、国务院制定的政策措施，以及政府部门负责起草的地方性法规、自治条例和单行条例，由起草部门在起草过程中按照本细则规定进行公平竞争审查。未经公平竞争审查的，不得提交审议。

以县级以上地方各级人民政府名义出台的政策措施，由起草部门或者本级人民政府指定的相关部门进行公平竞争审查。起草部门在审查过程中，可以会同本级市场监管部门进行公平竞争审查。未经审查的，不得提交审议。

以多个部门名义联合制定出台的政策措施，由牵头部门负责公平竞争审查，其他部门在各自职责范围内参与公平竞争审查。政策措施涉及其他部门职权的，政策制定机关在公平竞争审查中应当充分征求其意见。

第四条　市场监管总局、发展改革委、财政部、商务部会同有关部门，建立健全公平竞争审查工作部际联席会议制度，统筹协调和监督指导全国公平竞争审查工作。

县级以上地方各级人民政府负责建立健全本地区公平竞争审查工作联席会议制度（以下简称联席会议），统筹协调和监督指导本地区公平竞争审查工作，原则上由本级人民政府分管负责同志担任联席会议召集人。联席会议办公室设在市场监管部门，承担联席会议日常工作。

地方各级联席会议应当每年向本级人民政府和上一级联席会议报告本地区公平竞争审查制度实施情况，接受其指导和监督。

第二章　审查机制和程序

第五条　政策制定机关应当建立健全公平竞争内部审查机制，明确审查机构和程序，可以由政策制定机关的具体业务机构负责，也可以采取内部特定机构统一审查或者由具体业务机构初审后提交特定机构复核等方式。

第六条　政策制定机关开展公平竞争审查应当遵循审查基本流程（可参考附件1），识别相关政策措施是否属于审查对象、判断是否违反审查标准、分析是否适用例外规定。属于审查对象的，经审查后应当形成明确的书面审查结论。审查结论应当包括政策措施名称、涉及行业领域、性质类别、起草机构、审查机构、征求意见情况、审查结论、适用例外规定情况、审查机构主要负责人意见等内容（可参考附件2）。政策措施出台后，审查结论由政策制定机关存档备查。

未形成书面审查结论出台政策措施的，视为未进行公平竞争审查。

第七条　政策制定机关开展公平竞争审查，应当以适当方式征求利害关系人意见，或者通过政府部门网站、政务新媒体等便于社会公众知晓的方式公开征求意见，并在书面审查结论中说明征求意见情况。

在起草政策措施的其他环节已征求过利害关系人意见或者向社会公开征求意见的，可以不再专门就公平竞争审查问题征求意见。对出台前需要保密或者有正当理由需要限定知悉范围的政策措施，由政策制定机关按照相关法律法规处理。

利害关系人指参与相关市场竞争的经营者、上下游经营者、行业协会商会、消费者以及政策措施可能影响其公平参与市场竞争的其他市场主体。

第八条　政策制定机关进行公平竞争审查，可以咨询专家学者、法律顾问、专业机构的意见。征求上述方面意见的，应当在书面审查结论中说明有关情况。

各级联席会议办公室可以根据实际工作需要，建立公平竞争审查工作专家库，便于政策制定机关进行咨询。

第九条　政策制定机关可以就公平竞争审查中遇到的具体问题，向本级联席会议办公室提出咨询。提出咨询请求的政策制定机关，应当提供书面咨询函、政策措施文稿、起草说明、相关法律法规依据及其他相关材料。联席会议办公室应当在收到书面咨询函后及时研究回复。

对涉及重大公共利益，且在制定过程中被多个单位或者个人反映或者举报涉嫌排除、限制竞争的政策措施，本级联席会议办公室可以主动向政策制定机关提出公平竞争审查意见。

第十条　对多个部门联合制定或者涉及多个部门职责的政策措施，在公平竞争审查中出现较大争议或者部门意见难以协调一致时，政策制定机关可以提请本级联席会议协调。联席会议办公室认为确有必要的，可以根据相关工作规则召开会议进行协调。仍无法协调一致的，由政策制定机关提交上级机关决定。

第十一条　政策制定机关应当对本年度公平竞争审查工作进行总结，于次年1月15日前将书面总结报告报送本级联席会议办公室。

地方各级联席会议办公室汇总形成本级公平竞争审查工作总体情况，于次年1月20日前报送本级人民政府和上一级联席会议办公室，并以适当方式向社会公开。

第十二条　对经公平竞争审查后出台的政策措施，政策制定机关应当对其影响统一市场和公平竞争的情况进行定期评估。评估报告应当向社会公开征求意见，评估结果应当向社会公开。经评估认为妨碍统一市场和公平竞争的，应当及时废止或者修改完善。定期评估可以每三年进行一次，或者在定期清理规章、规范性文件时一并评估。

第三章　审查标准

第十三条　市场准入和退出标准。

（一）不得设置不合理或者歧视性的准入和退出条件，包括但不限于：

1. 设置明显不必要或者超出实际需要的准入和退出条件，排斥或者限制经营者参与市场竞争；

2. 没有法律、行政法规或者国务院规定依据，对不同所有制、地区、组织形式的经营者实施不合理的差别化待遇，设置不平等的市场准入和退出条件；

3. 没有法律、行政法规或者国务院规定依据，以备案、登记、注册、目录、年检、年报、监制、认定、认证、认可、检验、监测、审定、指定、配号、复检、复审、换证、要求设立分支机构以及其他任何形式，设定或者变相设定市场准入障碍；

4. 没有法律、行政法规或者国务院规定依据，对企业注销、破产、挂牌转让、搬迁转移等设定或者变相设定市场退出障碍；

5. 以行政许可、行政检查、行政处罚、行政强制等方式，强制或者变相强制企业转让技术，设定或者变相设定市场准入和退出障碍。

（二）未经公平竞争不得授予经营者特许经营权，包括但不限于：

1. 在一般竞争性领域实施特许经营或者以特许经营为名增设行政许可；

2. 未明确特许经营权期限或者未经法定程序延长特许经营权期限；

3. 未依法采取招标、竞争性谈判等竞争方式，直接将特许经营权授予特定经营者；

4. 设置歧视性条件，使经营者无法公平参与特许经营权竞争。

（三）不得限定经营、购买、使用特定经营者提供的商品和服务，包括但不限于：

1. 以明确要求、暗示、拒绝或者拖延行政审批、重复检查、不予接入平台或者网络、违法违规给予奖励补贴等方式，限定或者变相限定经营、购买、使用特定经营者提供的商品和服务；

2. 在招标投标、政府采购中限定投标人所在地、所有制形式、组织形式，或者设定其他不合理的条件排斥或者限制经营者参与招标投标、政府采购活动；

3. 没有法律、行政法规或者国务院规定依据，通过设置不合理的项目库、名录库、备选库、资格库等条件，排斥或限制潜在经营者提供商品和服务。

（四）不得设置没有法律、行政法规或者国务院规定依据的审批或者具有行政审批性质的事前备案程序，包括但不限于：

1. 没有法律、行政法规或者国务院规定依据，增设行政审批事项，增加行政审批环节、条件和程序；

2. 没有法律、行政法规或者国务院规定依据，设置具有行政审批性质的前置性备案程序。

（五）不得对市场准入负面清单以外的行业、领域、业务等设置审批程序，主要指没有法律、行政法规或者国务院规定依据，采取禁止进入、限制市场主体资质、限制股权比例、限制经营范围和商业模式等方式，限制或者变相限制市场准入。

第十四条　商品和要素自由流动标准。

（一）不得对外地和进口商品、服务实

行歧视性价格和歧视性补贴政策，包括但不限于：

1. 制定政府定价或者政府指导价时，对外地和进口同类商品、服务制定歧视性价格；

2. 对相关商品、服务进行补贴时，对外地同类商品、服务，国际经贸协定允许外的进口同类商品以及我国作出国际承诺的进口同类服务不予补贴或者给予较低补贴。

（二）不得限制外地和进口商品、服务进入本地市场或者阻碍本地商品运出、服务输出，包括但不限于：

1. 对外地商品、服务规定与本地同类商品、服务不同的技术要求、检验标准，或者采取重复检验、重复认证等歧视性技术措施；

2. 对进口商品规定与本地同类商品不同的技术要求、检验标准，或者采取重复检验、重复认证等歧视性技术措施；

3. 没有法律、行政法规或者国务院规定依据，对进口服务规定与本地同类服务不同的技术要求、检验标准，或者采取重复检验、重复认证等歧视性技术措施；

4. 设置专门针对外地和进口商品、服务的专营、专卖、审批、许可、备案，或者规定不同的条件、程序和期限等；

5. 在道路、车站、港口、航空港或者本行政区域边界设置关卡，阻碍外地和进口商品、服务进入本地市场或者本地商品运出和服务输出；

6. 通过软件或者互联网设置屏蔽以及采取其他手段，阻碍外地和进口商品、服务进入本地市场或者本地商品运出和服务输出。

（三）不得排斥或者限制外地经营者参加本地招标投标活动，包括但不限于：

1. 不依法及时、有效、完整地发布招标信息；

2. 直接规定外地经营者不能参与本地特定的招标投标活动；

3. 对外地经营者设定歧视性的资质资格要求或者评标评审标准；

4. 将经营者在本地区的业绩、所获得的奖项荣誉作为投标条件、加分条件、中标条件或者用于评价企业信用等级，限制或者变相限制外地经营者参加本地招标投标活动；

5. 没有法律、行政法规或者国务院规定依据，要求经营者在本地注册设立分支机构，在本地拥有一定办公面积，在本地缴纳社会保险等，限制或者变相限制外地经营者参加本地招标投标活动；

6. 通过设定与招标项目的具体特点和实际需要不相适应或者与合同履行无关的资格、技术和商务条件，限制或者变相限制外地经营者参加本地招标投标活动。

（四）不得排斥、限制或者强制外地经营者在本地投资或者设立分支机构，包括但不限于：

1. 直接拒绝外地经营者在本地投资或者设立分支机构；

2. 没有法律、行政法规或者国务院规定依据，对外地经营者在本地投资的规模、方式以及设立分支机构的地址、模式等进行限制；

3. 没有法律、行政法规或者国务院规定依据，直接强制外地经营者在本地投资或者设立分支机构；

4. 没有法律、行政法规或者国务院规定依据，将在本地投资或者设立分支机构作为参与本地招标投标、享受补贴和优惠政策等的必要条件，变相强制外地经营者在本地投资或者设立分支机构。

（五）不得对外地经营者在本地的投资或者设立的分支机构实行歧视性待遇，侵害其合法权益，包括但不限于：

1. 对外地经营者在本地的投资不给予与本地经营者同等的政策待遇；

2. 对外地经营者在本地设立的分支机构在经营规模、经营方式、税费缴纳等方面规定与本地经营者不同的要求；

3. 在节能环保、安全生产、健康卫生、工程质量、市场监管等方面，对外地经营者在本地设立的分支机构规定歧视性监管标准和要求。

第十五条　影响生产经营成本标准。

（一）不得违法给予特定经营者优惠政策，包括但不限于：

1. 没有法律、行政法规或者国务院规定依据，给予特定经营者财政奖励和补贴；

2. 没有专门的税收法律、法规和国务院规定依据，给予特定经营者税收优惠政策；

3. 没有法律、行政法规或者国务院规定依据，在土地、劳动力、资本、技术、数据等要素获取方面，给予特定经营者优惠政策；

4. 没有法律、行政法规或者国务院规定依据，在环保标准、排污权限等方面给予特定经营者特殊待遇；

5. 没有法律、行政法规或者国务院规定依据，对特定经营者减免、缓征或停征行政事业性收费、政府性基金、住房公积金等。

给予特定经营者的优惠政策应当依法公开。

（二）安排财政支出一般不得与特定经营者缴纳的税收或非税收入挂钩，主要指根据特定经营者缴纳的税收或者非税收入情况，采取列收列支或者违法违规采取先征后返、即征即退等形式，对特定经营者进行返还，或者给予特定经营者财政奖励或补贴、减免土地等自然资源有偿使用收入等优惠政策。

（三）不得违法违规减免或者缓征特定经营者应当缴纳的社会保险费用，主要指没有法律、行政法规或者国务院规定依据，根据经营者规模、所有制形式、组织形式、地区等因素，减免或者缓征特定经营者需要缴纳的基本养老保险费、基本医疗保险费、失业保险费、工伤保险费、生育保险费等。

（四）不得在法律规定之外要求经营者提供或扣留经营者各类保证金，包括但不限于：

1. 没有法律、行政法规依据或者经国务院批准，要求经营者交纳各类保证金；

2. 限定只能以现金形式交纳投标保证金或履约保证金；

3. 在经营者履行相关程序或者完成相关事项后，不依法退还经营者交纳的保证金及银行同期存款利息。

第十六条　影响生产经营行为标准。

（一）不得强制经营者从事《中华人民共和国反垄断法》禁止的垄断行为，主要指以行政命令、行政授权、行政指导等方式或者通过行业协会商会，强制、组织或者引导经营者达成垄断协议、滥用市场支配地位，以及实施具有或者可能具有排除、限制竞争效果的经营者集中等行为。

（二）不得违法披露或者违法要求经营者披露生产经营敏感信息，为经营者实施垄断行为提供便利条件。生产经营敏感信息是指除依据法律、行政法规或者国务院规定需要公开之外，生产经营者未主动公开，通过公开渠道无法采集的生产经营数据。主要包括：拟定价格、成本、营业收入、利润、生产数量、销售数量、生产销售计划、进出口数量、经销商信息、终端客户信息等。

（三）不得超越定价权限进行政府定价，包括但不限于：

1. 对实行政府指导价的商品、服务进行政府定价；

2. 对不属于本级政府定价目录范围内的商品、服务制定政府定价或者政府指导价；

3. 违反《中华人民共和国价格法》等法律法规采取价格干预措施。

（四）不得违法干预实行市场调节价的商品和服务的价格水平，包括但不限于：

1. 制定公布商品和服务的统一执行价、参考价；

2. 规定商品和服务的最高或者最低限价；

3. 干预影响商品和服务价格水平的手续费、折扣或者其他费用。

第四章　例外规定

第十七条　属于下列情形之一的政策措施，虽然在一定程度上具有限制竞争的效果，但在符合规定的情况下可以出台实施：

（一）维护国家经济安全、文化安全、科技安全或者涉及国防建设的；

（二）为实现扶贫开发、救灾救助等社会保障目的；

（三）为实现节约能源资源、保护生态环境、维护公共卫生健康安全等社会公共利益的；

（四）法律、行政法规规定的其他情形。

属于前款第一项至第三项情形的，政策制定机关应当说明相关政策措施对实现政策目的不可或缺，且不会严重限制市场竞争，并明确实施期限。

第十八条　政策制定机关应当在书面审查结论中说明政策措施是否适用例外规定。认为适用例外规定的，应当对符合适用例外规定的情形和条件进行详细说明。

第十九条　政策制定机关应当逐年评估适用例外规定的政策措施的实施效果，形成书面评估报告。实施期限到期或者未达到预期效果的政策措施，应当及时停止执行或者进行调整。

第五章　第三方评估

第二十条　政策制定机关可以根据工作实际，委托具备相应评估能力的高等院校、科研院所、专业咨询公司等第三方机构，对有关政策措施进行公平竞争评估，或者对公平竞争审查有关工作进行评估。

各级联席会议办公室可以委托第三方机构，对本地公平竞争审查制度总体实施情况开展评估。

第二十一条　政策制定机关在开展公平竞争审查工作的以下阶段和环节，均可以采取第三方评估方式进行：

（一）对拟出台的政策措施进行公平竞争审查；

（二）对经公平竞争审查出台的政策措施进行定期评估；

（三）对适用例外规定出台的政策措施进行逐年评估；

（四）对公平竞争审查制度实施情况进行综合评价；

（五）与公平竞争审查工作相关的其他阶段和环节。

第二十二条　对拟出台的政策措施进行公平竞争审查时，存在以下情形之一的，应当引入第三方评估：

（一）政策制定机关拟适用例外规定的；

（二）被多个单位或者个人反映或者举报涉嫌违反公平竞争审查标准的。

第二十三条　第三方评估结果作为政策制定机关开展公平竞争审查、评价制度实施成效、制定工作推进方案的重要参考。对拟出台的政策措施进行第三方评估的，政策制定机关应当在书面审查结论中说明评估情况。最终做出的审查结论与第三方评估结果不一致的，应当在书面审查结论中说明理由。

第二十四条　第三方评估经费纳入预算管理。政策制定机关依法依规做好第三方评估经费保障。

第六章　监督与责任追究

第二十五条　政策制定机关涉嫌未进行公平竞争审查或者违反审查标准出台政策措施的，任何单位和个人可以向政策制定机关反映，也可以向政策制定机关的上级机关或者本级及以上市场监管部门举报。反映或者举报采用书面形式并提供相关事实依据的，有关部门要及时予以处理。涉嫌违反《中华人民共和国反垄断法》的，由反垄断执法机构依法调查。

第二十六条　政策制定机关未进行公平竞争审查出台政策措施的，应当及时补做审查。发现存在违反公平竞争审查标准问题的，应当按照相关程序停止执行或者调整相关政策措施。停止执行或者调整相关政策措施的，应当依照《中华人民共和国政府信息公开条例》要求向社会公开。

第二十七条　政策制定机关的上级机关经核实认定政策制定机关未进行公平竞争审查或者违反审查标准出台政策措施的，应当责令其改正；拒不改正或者不及时改正的，对直接负责的主管人员和其他直接责任人员依据《中华人民共和国公务员法》、《中华人民共和国公职人员政务处分法》、《行政机关公务员处分条例》等法律法规给予处分。本级及以上市场监管部门可以向政策制定机关或者其上级机关提出整改建议；整改情况要及时向有关方面反馈。违反《中华人民共和国反垄断法》的，反垄断执法机构可以向有关上级机关提出依法处理的建议。相关处理决定和建议依法向社会公开。

第二十八条　市场监管总局负责牵头组织政策措施抽查，检查有关政策措施是否履行审查程序、审查流程是否规范、审查结论是否准确等。对市场主体反映比较强烈、问题比较集中、滥用行政权力排除限制竞争行为多发的行业和地区，进行重点抽查。抽查结果及时反馈被抽查单位，并以适当方式向社会公开。对抽查发现的排除、限制竞争问题，被抽查单位应当及时整改。

各地应当结合实际，建立本地区政策措施抽查机制。

第二十九条　县级以上地方各级人民政府建立健全公平竞争审查考核制度，对落实公平竞争审查制度成效显著的单位予以表扬激励，对工作推进不力的进行督促整改，对工作中出现问题并造成不良后果的依法依规严肃处理。

第七章　附　　则

第三十条　各地区、各部门在遵循《意见》和本细则规定的基础上，可以根据本地区、本行业实际情况，制定公平竞争审查工作办法和具体措施。

第三十一条　本细则自公布之日起实施。《公平竞争审查制度实施细则（暂行）》（发改价监〔2017〕1849号）同时废止。

中华人民共和国价格法

（1997年12月29日第八届全国人民代表大会常务委员会第二十九次会议通过并公布，自1998年5月1日起施行）

第一章　总　　则

第一条　为了规范价格行为，发挥价格合理配置资源的作用，稳定市场价格总水平，保护消费者和经营者的合法权益，促进社会主义市场经济健康发展，制定本法。

第二条　在中华人民共和国境内发生的价格行为，适用本法。

本法所称价格包括商品价格和服务价格。

商品价格是指各类有形产品和无形资产的价格。

服务价格是指各类有偿服务的收费。

第三条　国家实行并逐步完善宏观经济调控下主要由市场形成价格的机制。价格的制定应当符合价值规律，大多数商品和服务价格实行市场调节价，极少数商品和服务价格实行政府指导价或者政府定价。

市场调节价，是指由经营者自主制定，通过市场竞争形成的价格。

本法所称经营者是指从事生产、经营商品或者提供有偿服务的法人、其他组织和个人。

政府指导价，是指依照本法规定，由政府价格主管部门或者其他有关部门，按照定价权限和范围规定基准价及其浮动幅度，指导经营者制定的价格。

政府定价，是指依照本法规定，由政府价格主管部门或者其他有关部门，按照定价权限和范围制定的价格。

第四条　国家支持和促进公平、公开、合法的市场竞争，维护正常的价格秩序，对价格活动实行管理、监督和必要的调控。

第五条　国务院价格主管部门统一负责全国的价格工作。国务院其他有关部门在各自的职责范围内，负责有关的价格工作。

县级以上地方各级人民政府价格主管部门负责本行政区域内的价格工作。县级以上地方各级人民政府其他有关部门在各自的职责范围内，负责有关的价格工作。

第二章　经营者的价格行为

第六条　商品价格和服务价格，除依照本法第十八条规定适用政府指导价或者政府定价外，实行市场调节价，由经营者依照本法自主制定。

第七条　经营者定价，应当遵循公平、合法和诚实信用的原则。

第八条　经营者定价的基本依据是生产经营成本和市场供求状况。

第九条　经营者应当努力改进生产经营管理，降低生产经营成本，为消费者提供价格合理的商品和服务，并在市场竞争中获取合法利润。

第十条　经营者应当根据其经营条件建立、健全内部价格管理制度，准确记录与核定商品和服务的生产经营成本，不得弄虚作假。

第十一条　经营者进行价格活动，享有下列权利：

（一）自主制定属于市场调节的价格；

（二）在政府指导价规定的幅度内制定价格；

（三）制定属于政府指导价、政府定价产品范围内的新产品的试销价格，特定产品除外；

（四）检举、控告侵犯其依法自主定价权利的行为。

第十二条　经营者进行价格活动，应当遵守法律、法规，执行依法制定的政府指导价、政府定价和法定的价格干预措施、紧急措施。

第十三条　经营者销售、收购商品和提供服务，应当按照政府价格主管部门的规定明码标价，注明商品的品名、产地、规格、等级、计价单位、价格或者服务的项目、收费标准等有关情况。

经营者不得在标价之外加价出售商品，不得收取任何未予标明的费用。

第十四条　经营者不得有下列不正当价格行为：

（一）相互串通，操纵市场价格，损害其他经营者或者消费者的合法权益；

（二）在依法降价处理鲜活商品、季节性商品、积压商品等商品外，为了排挤竞争对手或者独占市场，以低于成本的价格倾销，扰乱正常的生产经营秩序，损害国家利益或者其他经营者的合法权益；

（三）捏造、散布涨价信息，哄抬价格，推动商品价格过高上涨的；

（四）利用虚假的或者使人误解的价格手段，诱骗消费者或者其他经营者与其进行交易；

（五）提供相同商品或者服务，对具有同等交易条件的其他经营者实行价格歧视；

（六）采取抬高等级或者压低等级等手

段收购、销售商品或者提供服务，变相提高或者压低价格；

（七）违反法律、法规的规定牟取暴利；

（八）法律、行政法规禁止的其他不正当价格行为。

第十五条　各类中介机构提供有偿服务收取费用，应当遵守本法的规定。法律另有规定的，按照有关规定执行。

第十六条　经营者销售进口商品、收购出口商品，应当遵守本章的有关规定，维护国内市场秩序。

第十七条　行业组织应当遵守价格法律、法规，加强价格自律，接受政府价格主管部门的工作指导。

第三章　政府的定价行为

第十八条　下列商品和服务价格，政府在必要时可以实行政府指导价或者政府定价：

（一）与国民经济发展和人民生活关系重大的极少数商品价格；

（二）资源稀缺的少数商品价格；

（三）自然垄断经营的商品价格；

（四）重要的公用事业价格；

（五）重要的公益性服务价格。

第十九条　政府指导价、政府定价的定价权限和具体适用范围，以中央的和地方的定价目录为依据。

中央定价目录由国务院价格主管部门制定、修订，报国务院批准后公布。

地方定价目录由省、自治区、直辖市人民政府价格主管部门按照中央定价目录规定的定价权限和具体适用范围制定，经本级人民政府审核同意，报国务院价格主管部门审定后公布。

省、自治区、直辖市人民政府以下各级地方人民政府不得制定定价目录。

第二十条　国务院价格主管部门和其他有关部门，按照中央定价目录规定的定价权限和具体适用范围制定政府指导价、政府定价；其中重要的商品和服务价格的政府指导价、政府定价，应当按照规定经国务院批准。

省、自治区、直辖市人民政府价格主管部门和其他有关部门，应当按照地方定价目录规定的定价权限和具体适用范围制定在本地区执行的政府指导价、政府定价。

市、县人民政府可以根据省、自治区、直辖市人民政府的授权，按照地方定价目录规定的定价权限和具体适用范围制定在本地区执行的政府指导价、政府定价。

第二十一条　制定政府指导价、政府定价，应当依据有关商品或者服务的社会平均成本和市场供求状况、国民经济与社会发展要求以及社会承受能力，实行合理的购销差价、批零差价、地区差价和季节差价。

第二十二条　政府价格主管部门和其他有关部门制定政府指导价、政府定价，应当开展价格、成本调查，听取消费者、经营者和有关方面的意见。

政府价格主管部门开展对政府指导价、政府定价的价格、成本调查时，有关单位应当如实反映情况，提供必需的帐簿、文件以及其他资料。

第二十三条　制定关系群众切身利益的公用事业价格、公益性服务价格、自然垄断经营的商品价格等政府指导价、政府定价，应当建立听证会制度，由政府价格主管部门主持，征求消费者、经营者和有关方面的意见，论证其必要性、可行性。

第二十四条　政府指导价、政府定价制定后，由制定价格的部门向消费者、经营者公布。

第二十五条　政府指导价、政府定价的具体适用范围、价格水平，应当根据经济运行情况，按照规定的定价权限和程序适时调整。

消费者、经营者可以对政府指导价、政府定价提出调整建议。

第四章 价格总水平调控

第二十六条 稳定市场价格总水平是国家重要的宏观经济政策目标。国家根据国民经济发展的需要和社会承受能力，确定市场价格总水平调控目标，列入国民经济和社会发展计划，并综合运用货币、财政、投资、进出口等方面的政策和措施，予以实现。

第二十七条 政府可以建立重要商品储备制度，设立价格调节基金，调控价格，稳定市场。

第二十八条 为适应价格调控和管理的需要，政府价格主管部门应当建立价格监测制度，对重要商品、服务价格的变动进行监测。

第二十九条 政府在粮食等重要农产品的市场购买价格过低时，可以在收购中实行保护价格，并采取相应的经济措施保证其实现。

第三十条 当重要商品和服务价格显著上涨或者有可能显著上涨，国务院和省、自治区、直辖市人民政府可以对部分价格采取限定差价率或者利润率、规定限价、实行提价申报制度和调价备案制度等干预措施。

省、自治区、直辖市人民政府采取前款规定的干预措施，应当报国务院备案。

第三十一条 当市场价格总水平出现剧烈波动等异常状态时，国务院可以在全国范围内或者部分区域内采取临时集中定价权限、部分或者全面冻结价格的紧急措施。

第三十二条 依照本法第三十条、第三十一条的规定实行干预措施、紧急措施的情形消除后，应当及时解除干预措施、紧急措施。

第五章 价格监督检查

第三十三条 县级以上各级人民政府价格主管部门，依法对价格活动进行监督检查，并依照本法的规定对价格违法行为实施行政处罚。

第三十四条 政府价格主管部门进行价格监督检查时，可以行使下列职权：

（一）询问当事人或者有关人员，并要求其提供证明材料和与价格违法行为有关的其他资料；

（二）查询、复制与价格违法行为有关的帐簿、单据、凭证、文件及其他资料，核对与价格违法行为有关的银行资料；

（三）检查与价格违法行为有关的财物，必要时可以责令当事人暂停相关营业；

（四）在证据可能灭失或者以后难以取得的情况下，可以依法先行登记保存，当事人或者有关人员不得转移、隐匿或者销毁。

第三十五条 经营者接受政府价格主管部门的监督检查时，应当如实提供价格监督检查所必需的帐簿、单据、凭证、文件以及其他资料。

第三十六条 政府部门价格工作人员不得将依法取得的资料或者了解的情况用于依法进行价格管理以外的任何其他目的，不得泄露当事人的商业秘密。

第三十七条 消费者组织、职工价格监督组织、居民委员会、村民委员会等组织以及消费者，有权对价格行为进行社会监督。政府价格主管部门应当充分发挥群众的价格监督作用。

新闻单位有权进行价格舆论监督。

第三十八条 政府价格主管部门应当建立对价格违法行为的举报制度。

任何单位和个人均有权对价格违法行为进行举报。政府价格主管部门应当对举报者给予鼓励，并负责为举报者保密。

第六章 法律责任

第三十九条 经营者不执行政府指导价、政府定价以及法定的价格干预措施、紧急措施的，责令改正，没收违法所得，可以并处违法所得五倍以下的罚款；没有违法所得的，可以处以罚款；情节严重的，责令停业整顿。

第四十条　经营者有本法第十四条所列行为之一的，责令改正，没收违法所得，可以并处违法所得五倍以下的罚款；没有违法所得的，予以警告，可以并处罚款；情节严重的，责令停业整顿，或者由工商行政管理机关吊销营业执照。有关法律对本法第十四条所列行为的处罚及处罚机关另有规定的，可以依照有关法律的规定执行。

有本法第十四条第（一）项、第（二）项所列行为，属于是全国性的，由国务院价格主管部门认定；属于是省及省以下区域性的，由省、自治区、直辖市人民政府价格主管部门认定。

第四十一条　经营者因价格违法行为致使消费者或者其他经营者多付价款的，应当退还多付部分；造成损害的，应当依法承担赔偿责任。

第四十二条　经营者违反明码标价规定的，责令改正，没收违法所得，可以并处五千元以下的罚款。

第四十三条　经营者被责令暂停相关营业而不停止的，或者转移、隐匿、销毁依法登记保存的财物的，处相关营业所得或者转移、隐匿、销毁的财物价值一倍以上三倍以下的罚款。

第四十四条　拒绝按照规定提供监督检查所需资料或者提供虚假资料的，责令改正，予以警告；逾期不改正的，可以处以罚款。

第四十五条　地方各级人民政府或者各级人民政府有关部门违反本法规定，超越定价权限和范围擅自制定、调整价格或者不执行法定的价格干预措施、紧急措施的，责令改正，并可以通报批评；对直接负责的主管人员和其他直接责任人员，依法给予行政处分。

第四十六条　价格工作人员泄露国家秘密、商业秘密以及滥用职权、徇私舞弊、玩忽职守、索贿受贿，构成犯罪的，依法追究刑事责任；尚不构成犯罪的，依法给予处分。

第七章　附　　则

第四十七条　国家行政机关的收费，应当依法进行，严格控制收费项目，限定收费范围、标准。收费的具体管理办法由国务院另行制定。

利率、汇率、保险费率、证券及期货价格，适用有关法律、行政法规的规定，不适用本法。

第四十八条　本法自1998年5月1日起施行。

价格违法行为行政处罚规定

（1999年7月10日国务院批准，1999年8月1日国家发展计划委员会发布，根据2006年2月21日《国务院关于修改〈价格违法行为行政处罚规定〉的决定》第一次修订，根据2008年1月13日《国务院关于修改〈价格违法行为行政处罚规定〉的决定》第二次修订，根据2010年12月4日《国务院关于修改〈价格违法行为行政处罚规定〉的决定》第三次修订）

第一条　为了依法惩处价格违法行为，维护正常的价格秩序，保护消费者和经营者的合法权益，根据《中华人民共和国价格法》（以下简称价格法）的有关规定，制定本规定。

第二条 县级以上各级人民政府价格主管部门依法对价格活动进行监督检查，并决定对价格违法行为的行政处罚。

第三条 价格违法行为的行政处罚由价格违法行为发生地的地方人民政府价格主管部门决定；国务院价格主管部门规定由其上级价格主管部门决定的，从其规定。

第四条 经营者违反价格法第十四条的规定，有下列行为之一的，责令改正，没收违法所得，并处违法所得 5 倍以下的罚款；没有违法所得的，处 10 万元以上 100 万元以下的罚款；情节严重的，责令停业整顿，或者由工商行政管理机关吊销营业执照：

（一）除依法降价处理鲜活商品、季节性商品、积压商品等商品外，为了排挤竞争对手或者独占市场，以低于成本的价格倾销，扰乱正常的生产经营秩序，损害国家利益或者其他经营者的合法权益的；

（二）提供相同商品或者服务，对具有同等交易条件的其他经营者实行价格歧视的。

第五条 经营者违反价格法第十四条的规定，相互串通，操纵市场价格，造成商品价格较大幅度上涨的，责令改正，没收违法所得，并处违法所得 5 倍以下的罚款；没有违法所得的，处 10 万元以上 100 万元以下的罚款，情节较重的处 100 万元以上 500 万元以下的罚款；情节严重的，责令停业整顿，或者由工商行政管理机关吊销营业执照。

除前款规定情形外，经营者相互串通，操纵市场价格，损害其他经营者或者消费者合法权益的，依照本规定第四条的规定处罚。

行业协会或者其他单位组织经营者相互串通，操纵市场价格的，对经营者依照前两款的规定处罚；对行业协会或者其他单位，可以处 50 万元以下的罚款，情节严重的，由登记管理机关依法撤销登记、吊销执照。

第六条 经营者违反价格法第十四条的规定，有下列推动商品价格过快、过高上涨行为之一的，责令改正，没收违法所得，并处违法所得 5 倍以下的罚款；没有违法所得的，处 5 万元以上 50 万元以下的罚款，情节较重的处 50 万元以上 300 万元以下的罚款；情节严重的，责令停业整顿，或者由工商行政管理机关吊销营业执照：

（一）捏造、散布涨价信息，扰乱市场价格秩序的；

（二）除生产自用外，超出正常的存储数量或者存储周期，大量囤积市场供应紧张、价格发生异常波动的商品，经价格主管部门告诫仍继续囤积的；

（三）利用其他手段哄抬价格，推动商品价格过快、过高上涨的。

行业协会或者为商品交易提供服务的单位有前款规定的违法行为的，可以处50 万元以下的罚款；情节严重的，由登记管理机关依法撤销登记、吊销执照。

前两款规定以外的其他单位散布虚假涨价信息，扰乱市场价格秩序，依法应当由其他主管机关查处的，价格主管部门可以提出依法处罚的建议，有关主管机关应当依法处罚。

第七条 经营者违反价格法第十四条的规定，利用虚假的或者使人误解的价格手段，诱骗消费者或者其他经营者与其进行交易的，责令改正，没收违法所得，并处违法所得 5 倍以下的罚款；没有违法所得的，处 5 万元以上 50 万元以下的罚款；情节严重的，责令停业整顿，或者由工商行政管理机关吊销营业执照。

第八条 经营者违反价格法第十四条的规定，采取抬高等级或者压低等级等手段销售、收购商品或者提供服务，变相提高或者压低价格的，责令改正，没收违法所得，并处违法所得 5 倍以下的罚款；没有违法所得的，处 2 万元以上 20 万元以下的罚款；情节严重的，责令停业整顿，或者由工商行政管理机关吊销营业执照。

第九条　经营者不执行政府指导价、政府定价，有下列行为之一的，责令改正，没收违法所得，并处违法所得5倍以下的罚款；没有违法所得的，处5万元以上50万元以下的罚款，情节较重的处50万元以上200万元以下的罚款；情节严重的，责令停业整顿：

（一）超出政府指导价浮动幅度制定价格的；

（二）高于或者低于政府定价制定价格的；

（三）擅自制定属于政府指导价、政府定价范围内的商品或者服务价格的；

（四）提前或者推迟执行政府指导价、政府定价的；

（五）自立收费项目或者自定标准收费的；

（六）采取分解收费项目、重复收费、扩大收费范围等方式变相提高收费标准的；

（七）对政府明令取消的收费项目继续收费的；

（八）违反规定以保证金、抵押金等形式变相收费的；

（九）强制或者变相强制服务并收费的；

（十）不按照规定提供服务而收取费用的；

（十一）不执行政府指导价、政府定价的其他行为。

第十条　经营者不执行法定的价格干预措施、紧急措施，有下列行为之一的，责令改正，没收违法所得，并处违法所得5倍以下的罚款；没有违法所得的，处10万元以上100万元以下的罚款，情节较重的处100万元以上500万元以下的罚款；情节严重的，责令停业整顿：

（一）不执行提价申报或者调价备案制度的；

（二）超过规定的差价率、利润率幅度的；

（三）不执行规定的限价、最低保护价的；

（四）不执行集中定价权限措施的；

（五）不执行冻结价格措施的；

（六）不执行法定的价格干预措施、紧急措施的其他行为。

第十一条　本规定第四条、第七条至第九条规定中经营者为个人的，对其没有违法所得的价格违法行为，可以处10万元以下的罚款。

本规定第五条、第六条、第十条规定中经营者为个人的，对其没有违法所得的价格违法行为，按照前款规定处罚；情节严重的，处10万元以上50万元以下的罚款。

第十二条　经营者违反法律、法规的规定牟取暴利的，责令改正，没收违法所得，可以并处违法所得5倍以下的罚款；情节严重的，责令停业整顿，或者由工商行政管理机关吊销营业执照。

第十三条　经营者违反明码标价规定，有下列行为之一的，责令改正，没收违法所得，可以并处5000元以下的罚款：

（一）不标明价格的；

（二）不按照规定的内容和方式明码标价的；

（三）在标价之外加价出售商品或者收取未标明的费用的；

（四）违反明码标价规定的其他行为。

第十四条　拒绝提供价格监督检查所需资料或者提供虚假资料的，责令改正，给予警告；逾期不改正的，可以处10万元以下的罚款，对直接负责的主管人员和其他直接责任人员给予纪律处分。

第十五条　政府价格主管部门进行价格监督检查时，发现经营者的违法行为同时具有下列三种情形的，可以依照价格法第三十四条第（三）项的规定责令其暂停相关营业：

（一）违法行为情节复杂或者情节严

重，经查明后可能给予较重处罚的；

（二）不暂停相关营业，违法行为将继续的；

（三）不暂停相关营业，可能影响违法事实的认定，采取其他措施又不足以保证查明的。

政府价格主管部门进行价格监督检查时，执法人员不得少于2人，并应当向经营者或者有关人员出示证件。

第十六条 本规定第四条至第十三条规定中的违法所得，属于价格法第四十一条规定的消费者或者其他经营者多付价款的，责令经营者限期退还。难以查找多付价款的消费者或者其他经营者的，责令公告查找。

经营者拒不按照前款规定退还消费者或者其他经营者多付的价款，以及期限届满没有退还消费者或者其他经营者多付的价款，由政府价格主管部门予以没收，消费者或者其他经营者要求退还时，由经营者依法承担民事责任。

第十七条 经营者有《中华人民共和国行政处罚法》第二十七条所列情形的，应当依法从轻或者减轻处罚。

经营者有下列情形之一的，应当从重处罚：

（一）价格违法行为严重或者社会影响较大的；

（二）屡查屡犯的；

（三）伪造、涂改或者转移、销毁证据的；

（四）转移与价格违法行为有关的资金或者商品的；

（五）经营者拒不按照本规定第十六条第一款规定退还消费者或者其他经营者多付价款的；

（六）应予从重处罚的其他价格违法行为。

第十八条 本规定中以违法所得计算罚款数额的，违法所得无法确定时，按照没有违法所得的规定处罚。

第十九条 有本规定所列价格违法行为严重扰乱市场秩序，构成犯罪的，依法追究刑事责任。

第二十条 经营者对政府价格主管部门作出的处罚决定不服的，应当先依法申请行政复议；对行政复议决定不服的，可以依法向人民法院提起诉讼。

第二十一条 逾期不缴纳罚款的，每日按罚款数额的3%加处罚款；逾期不缴纳违法所得的，每日按违法所得数额的2‰加处罚款。

第二十二条 任何单位和个人有本规定所列价格违法行为，情节严重，拒不改正的，政府价格主管部门除依照本规定给予处罚外，可以公告其价格违法行为，直至其改正。

第二十三条 有关法律对价格法第十四条所列行为的处罚及处罚机关另有规定的，可以依照有关法律的规定执行。

第二十四条 价格执法人员泄露国家秘密、经营者的商业秘密或者滥用职权、玩忽职守、徇私舞弊，构成犯罪的，依法追究刑事责任；尚不构成犯罪的，依法给予处分。

第二十五条 本规定自公布之日起施行。

禁止滥用市场支配地位行为规定

（2023年2月20日市场监管总局第2次局务会议通过，2023年3月10日公布，自2023年4月15日起施行）

第一条　为了预防和制止滥用市场支配地位行为，根据《中华人民共和国反垄断法》（以下简称反垄断法），制定本规定。

第二条　国家市场监督管理总局（以下简称市场监管总局）负责滥用市场支配地位行为的反垄断统一执法工作。

市场监管总局根据反垄断法第十三条第二款规定，授权各省、自治区、直辖市市场监督管理部门（以下称省级市场监管部门）负责本行政区域内滥用市场支配地位行为的反垄断执法工作。

本规定所称反垄断执法机构包括市场监管总局和省级市场监管部门。

第三条　市场监管总局负责查处下列滥用市场支配地位行为：

（一）跨省、自治区、直辖市的；

（二）案情较为复杂或者在全国有重大影响的；

（三）市场监管总局认为有必要直接查处的。

前款所列滥用市场支配地位行为，市场监管总局可以指定省级市场监管部门查处。

省级市场监管部门根据授权查处滥用市场支配地位行为时，发现不属于本部门查处范围，或者虽属于本部门查处范围，但有必要由市场监管总局查处的，应当及时向市场监管总局报告。

第四条　反垄断执法机构查处滥用市场支配地位行为时，应当平等对待所有经营者。

第五条　相关市场是指经营者在一定时期内就特定商品或者服务（以下统称商品）进行竞争的商品范围和地域范围，包括相关商品市场和相关地域市场。

界定相关市场应当从需求者角度进行需求替代分析。当供给替代对经营者行为产生的竞争约束类似于需求替代时，也应当考虑供给替代。

界定相关商品市场，从需求替代角度，可以考虑需求者对商品价格等因素变化的反应、商品的特征与用途、销售渠道等因素。从供给替代角度，可以考虑其他经营者转产的难易程度、转产后所提供商品的市场竞争力等因素。

界定平台经济领域相关商品市场，可以根据平台一边的商品界定相关商品市场，也可以根据平台所涉及的多边商品，将平台整体界定为一个相关商品市场，或者分别界定多个相关商品市场，并考虑各相关商品市场之间的相互关系和影响。

界定相关地域市场，从需求替代角度，可以考虑商品的运输特征与成本、多数需求者选择商品的实际区域、地域间的贸易壁垒等因素。从供给替代角度，可以考虑其他地域经营者供应商品的及时性与可行性等因素。

第六条　市场支配地位是指经营者在相关市场内具有能够控制商品价格、数量或者其他交易条件，或者能够阻碍、影响其他经营者进入相关市场能力的市场地位。

本条所称其他交易条件是指除商品价格、数量之外能够对市场交易产生实质影响的其他因素，包括商品品种、商品品质、付款条件、交付方式、售后服务、交易选择、技术约束等。

本条所称能够阻碍、影响其他经营者进入相关市场，包括排除其他经营者进入相关市场，或者延缓其他经营者在合理时间内进入相关市场，或者导致其他经营者虽能够进入该相关市场但进入成本大幅提高，无法与现有经营者开展有效竞争等情形。

第七条 根据反垄断法第二十三条第一项，确定经营者在相关市场的市场份额，可以考虑一定时期内经营者的特定商品销售金额、销售数量或者其他指标在相关市场所占的比重。

分析相关市场竞争状况，可以考虑相关市场的发展状况、现有竞争者的数量和市场份额、市场集中度、商品差异程度、创新和技术变化、销售和采购模式、潜在竞争者情况等因素。

第八条 根据反垄断法第二十三条第二项，确定经营者控制销售市场或者原材料采购市场的能力，可以考虑该经营者控制产业链上下游市场的能力，控制销售渠道或者采购渠道的能力，影响或者决定价格、数量、合同期限或者其他交易条件的能力，以及优先获得企业生产经营所必需的原料、半成品、零部件、相关设备以及需要投入的其他资源的能力等因素。

第九条 根据反垄断法第二十三条第三项，确定经营者的财力和技术条件，可以考虑该经营者的资产规模、盈利能力、融资能力、研发能力、技术装备、技术创新和应用能力、拥有的知识产权等，以及该财力和技术条件能够以何种方式和程度促进该经营者业务扩张或者巩固、维持市场地位等因素。

第十条 根据反垄断法第二十三条第四项，确定其他经营者对该经营者在交易上的依赖程度，可以考虑其他经营者与该经营者之间的交易关系、交易量、交易持续时间、在合理时间内转向其他交易相对人的难易程度等因素。

第十一条 根据反垄断法第二十三条第五项，确定其他经营者进入相关市场的难易程度，可以考虑市场准入、获取必要资源的难度、采购和销售渠道的控制情况、资金投入规模、技术壁垒、品牌依赖、用户转换成本、消费习惯等因素。

第十二条 根据反垄断法第二十三条和本规定第七条至第十一条规定认定平台经济领域经营者具有市场支配地位，还可以考虑相关行业竞争特点、经营模式、交易金额、交易数量、用户数量、网络效应、锁定效应、技术特性、市场创新、控制流量的能力、掌握和处理相关数据的能力及经营者在关联市场的市场力量等因素。

第十三条 认定两个以上的经营者具有市场支配地位，除考虑本规定第七条至第十二条规定的因素外，还应当考虑经营者行为一致性、市场结构、相关市场透明度、相关商品同质化程度等因素。

第十四条 禁止具有市场支配地位的经营者以不公平的高价销售商品或者以不公平的低价购买商品。

认定“不公平的高价”或者“不公平的低价”，可以考虑下列因素：

（一）销售价格或者购买价格是否明显高于或者明显低于其他经营者在相同或者相似市场条件下销售或者购买同种商品或者可比较商品的价格；

（二）销售价格或者购买价格是否明显高于或者明显低于同一经营者在其他相同或者相似市场条件区域销售或者购买同种商品或者可比较商品的价格；

（三）在成本基本稳定的情况下，是否超过正常幅度提高销售价格或者降低购买价格；

（四）销售商品的提价幅度是否明显高于成本增长幅度，或者购买商品的降价幅度是否明显高于交易相对人成本降低幅度；

（五）需要考虑的其他相关因素。

涉及平台经济领域，还可以考虑平台涉

及多边市场中各相关市场之间的成本关联情况及其合理性。

认定市场条件相同或者相似，应当考虑经营模式、销售渠道、供求状况、监管环境、交易环节、成本结构、交易情况、平台类型等因素。

第十五条　禁止具有市场支配地位的经营者没有正当理由，以低于成本的价格销售商品。

认定以低于成本的价格销售商品，应当重点考虑价格是否低于平均可变成本。平均可变成本是指随着生产的商品数量变化而变动的每单位成本。涉及平台经济领域，还可以考虑平台涉及多边市场中各相关市场之间的成本关联情况及其合理性。

本条所称“正当理由”包括：

（一）降价处理鲜活商品、季节性商品、有效期限即将到期的商品或者积压商品的；

（二）因清偿债务、转产、歇业降价销售商品的；

（三）在合理期限内为推广新商品进行促销的；

（四）能够证明行为具有正当性的其他理由。

第十六条　禁止具有市场支配地位的经营者没有正当理由，通过下列方式拒绝与交易相对人进行交易：

（一）实质性削减与交易相对人的现有交易数量；

（二）拖延、中断与交易相对人的现有交易；

（三）拒绝与交易相对人进行新的交易；

（四）通过设置交易相对人难以接受的价格、向交易相对人回购商品、与交易相对人进行其他交易等限制性条件，使交易相对人难以与其进行交易；

（五）拒绝交易相对人在生产经营活动中，以合理条件使用其必需设施。

在依据前款第五项认定经营者滥用市场支配地位时，应当综合考虑以合理的投入另行投资建设或者另行开发建造该设施的可行性、交易相对人有效开展生产经营活动对该设施的依赖程度、该经营者提供该设施的可能性以及对自身生产经营活动造成的影响等因素。

本条所称“正当理由”包括：

（一）因不可抗力等客观原因无法进行交易；

（二）交易相对人有不良信用记录或者出现经营状况恶化等情况，影响交易安全；

（三）与交易相对人进行交易将使经营者利益发生不当减损；

（四）交易相对人明确表示或者实际不遵守公平、合理、无歧视的平台规则；

（五）能够证明行为具有正当性的其他理由。

第十七条　禁止具有市场支配地位的经营者没有正当理由，从事下列限定交易行为：

（一）限定交易相对人只能与其进行交易；

（二）限定交易相对人只能与其指定的经营者进行交易；

（三）限定交易相对人不得与特定经营者进行交易。

从事上述限定交易行为可以是直接限定，也可以是采取惩罚性或者激励性措施等方式变相限定。

本条所称“正当理由”包括：

（一）为满足产品安全要求所必需；

（二）为保护知识产权、商业秘密或者数据安全所必需；

（三）为保护针对交易进行的特定投资所必需；

（四）为维护平台合理的经营模式所必需；

（五）能够证明行为具有正当性的其他理由。

第十八条 禁止具有市场支配地位的经营者没有正当理由搭售商品，或者在交易时附加其他不合理的交易条件：

（一）违背交易惯例、消费习惯或者无视商品的功能，利用合同条款或者弹窗、操作必经步骤等交易相对人难以选择、更改、拒绝的方式，将不同商品捆绑销售或者组合销售；

（二）对合同期限、支付方式、商品的运输及交付方式或者服务的提供方式等附加不合理的限制；

（三）对商品的销售地域、销售对象、售后服务等附加不合理的限制；

（四）交易时在价格之外附加不合理费用；

（五）附加与交易标的无关的交易条件。

本条所称“正当理由”包括：

（一）符合正当的行业惯例和交易习惯；

（二）为满足产品安全要求所必需；

（三）为实现特定技术所必需；

（四）为保护交易相对人和消费者利益所必需；

（五）能够证明行为具有正当性的其他理由。

第十九条 禁止具有市场支配地位的经营者没有正当理由，对条件相同的交易相对人在交易条件上实行下列差别待遇：

（一）实行不同的交易价格、数量、品种、品质等级；

（二）实行不同的数量折扣等优惠条件；

（三）实行不同的付款条件、交付方式；

（四）实行不同的保修内容和期限、维修内容和时间、零配件供应、技术指导等售后服务条件。

条件相同是指交易相对人之间在交易安全、交易成本、规模和能力、信用状况、所处交易环节、交易持续时间等方面不存在实质性影响交易的差别。交易中依法获取的交易相对人的交易数据、个体偏好、消费习惯等方面存在的差异不影响认定交易相对人条件相同。

本条所称“正当理由”包括：

（一）根据交易相对人实际需求且符合正当的交易习惯和行业惯例，实行不同交易条件；

（二）针对新用户的首次交易在合理期限内开展的优惠活动；

（三）基于公平、合理、无歧视的平台规则实施的随机性交易；

（四）能够证明行为具有正当性的其他理由。

第二十条 市场监管总局认定其他滥用市场支配地位行为，应当同时符合下列条件：

（一）经营者具有市场支配地位；

（二）经营者实施了排除、限制竞争行为；

（三）经营者实施相关行为不具有正当理由；

（四）经营者相关行为对市场竞争具有排除、限制影响。

第二十一条 具有市场支配地位的经营者不得利用数据和算法、技术以及平台规则等从事本规定第十四条至第二十条规定的滥用市场支配地位行为。

第二十二条 反垄断执法机构认定本规定第十四条所称的“不公平”和第十五条至第二十条所称的“正当理由”，还应当考虑下列因素：

（一）有关行为是否为法律、法规所规定；

（二）有关行为对国家安全、网络安全等方面的影响；

（三）有关行为对经济运行效率、经济发展的影响；

（四）有关行为是否为经营者正常经营

及实现正常效益所必需；

（五）有关行为对经营者业务发展、未来投资、创新方面的影响；

（六）有关行为是否能够使交易相对人或者消费者获益；

（七）有关行为对社会公共利益的影响。

第二十三条　供水、供电、供气、供热、电信、有线电视、邮政、交通运输等公用事业领域经营者应当依法经营，不得滥用其市场支配地位损害消费者利益和社会公共利益。

第二十四条　反垄断执法机构依据职权，或者通过举报、上级机关交办、其他机关移送、下级机关报告、经营者主动报告等途径，发现涉嫌滥用市场支配地位行为。

第二十五条　举报采用书面形式并提供相关事实和证据的，反垄断执法机构应当进行必要的调查。书面举报一般包括下列内容：

（一）举报人的基本情况；

（二）被举报人的基本情况；

（三）涉嫌滥用市场支配地位行为的相关事实和证据；

（四）是否就同一事实已向其他行政机关举报或者向人民法院提起诉讼。

反垄断执法机构根据工作需要，可以要求举报人补充举报材料。

对于采用书面形式的实名举报，反垄断执法机构在案件调查处理完毕后，可以根据举报人的书面请求依法向其反馈举报处理结果。

第二十六条　反垄断执法机构经过对涉嫌滥用市场支配地位行为的必要调查，符合下列条件的，应当立案：

（一）有证据初步证明存在滥用市场支配地位行为；

（二）属于本部门查处范围；

（三）在给予行政处罚的法定期限内。

省级市场监管部门应当自立案之日起七个工作日内向市场监管总局备案。

第二十七条　市场监管总局在查处滥用市场支配地位行为时，可以委托省级市场监管部门进行调查。

省级市场监管部门在查处滥用市场支配地位行为时，可以委托下级市场监管部门进行调查。

受委托的市场监管部门在委托范围内，以委托机关的名义实施调查，不得再委托其他行政机关、组织或者个人进行调查。

第二十八条　省级市场监管部门查处滥用市场支配地位行为时，可以根据需要商请相关省级市场监管部门协助调查，相关省级市场监管部门应当予以协助。

第二十九条　反垄断执法机构对滥用市场支配地位行为进行行政处罚的，应当在作出行政处罚决定之前，书面告知当事人拟作出的行政处罚内容及事实、理由、依据，并告知当事人依法享有的陈述权、申辩权和要求听证的权利。

第三十条　反垄断执法机构在告知当事人拟作出的行政处罚决定后，应当充分听取当事人的意见，对当事人提出的事实、理由和证据进行复核。

第三十一条　反垄断执法机构对滥用市场支配地位行为作出行政处罚决定，应当依法制作行政处罚决定书，并加盖本部门印章。

行政处罚决定书的内容包括：

（一）当事人的姓名或者名称、地址等基本情况；

（二）案件来源及调查经过；

（三）违反法律、法规、规章的事实和证据；

（四）当事人陈述、申辩的采纳情况及理由；

（五）行政处罚的内容和依据；

（六）行政处罚的履行方式和期限；

（七）申请行政复议、提起行政诉讼的途径和期限；

（八）作出行政处罚决定的反垄断执法

机构的名称和作出决定的日期。

第三十二条 涉嫌滥用市场支配地位的经营者在被调查期间，可以提出中止调查申请，承诺在反垄断执法机构认可的期限内采取具体措施消除行为影响。

中止调查申请应当以书面形式提出，并由经营者负责人签字并盖章。申请书应当载明下列事项：

（一）涉嫌滥用市场支配地位行为的事实；

（二）承诺采取消除行为后果的具体措施；

（三）履行承诺的时限；

（四）需要承诺的其他内容。

第三十三条 反垄断执法机构根据被调查经营者的中止调查申请，在考虑行为的性质、持续时间、后果、社会影响、经营者承诺的措施及其预期效果等具体情况后，决定是否中止调查。

反垄断执法机构对涉嫌滥用市场支配地位行为调查核实后，认为构成滥用市场支配地位行为的，不得中止调查，应当依法作出处理决定。

第三十四条 反垄断执法机构决定中止调查的，应当制作中止调查决定书。

中止调查决定书应当载明被调查经营者涉嫌滥用市场支配地位行为的事实、承诺的具体内容、消除影响的具体措施、履行承诺的时限以及未履行或者未完全履行承诺的法律后果等内容。

第三十五条 决定中止调查的，反垄断执法机构应当对经营者履行承诺的情况进行监督。

经营者应当在规定的时限内向反垄断执法机构书面报告承诺履行情况。

第三十六条 反垄断执法机构确定经营者已经履行承诺的，可以决定终止调查，并制作终止调查决定书。

终止调查决定书应当载明被调查经营者涉嫌滥用市场支配地位行为的事实、作出中止调查决定的情况、承诺的具体内容、履行承诺的情况、监督情况等内容。

有下列情形之一的，反垄断执法机构应当恢复调查：

（一）经营者未履行或者未完全履行承诺的；

（二）作出中止调查决定所依据的事实发生重大变化的；

（三）中止调查决定是基于经营者提供的不完整或者不真实的信息作出的。

第三十七条 经营者涉嫌违反本规定的，反垄断执法机构可以对其法定代表人或者负责人进行约谈。

约谈应当指出经营者涉嫌滥用市场支配地位的问题，听取情况说明，开展提醒谈话，并可以要求其提出改进措施，消除行为危害后果。

经营者应当按照反垄断执法机构要求进行改进，提出消除行为危害后果的具体措施、履行时限等，并提交书面报告。

第三十八条 省级市场监管部门作出不予行政处罚决定、中止调查决定、恢复调查决定、终止调查决定或者行政处罚告知前，应当向市场监管总局报告，接受市场监管总局的指导和监督。

省级市场监管部门向被调查经营者送达不予行政处罚决定书、中止调查决定书、恢复调查决定书、终止调查决定书或者行政处罚决定书后，应当在七个工作日内向市场监管总局备案。

第三十九条 反垄断执法机构作出行政处理决定后，依法向社会公布。行政处罚信息应当依法通过国家企业信用信息公示系统向社会公示。

第四十条 市场监管总局应当加强对省级市场监管部门查处滥用市场支配地位行为的指导和监督，统一执法程序和标准。

省级市场监管部门应当严格按照市场监管总局相关规定查处滥用市场支配地位行为。

第四十一条　经营者滥用市场支配地位的，由反垄断执法机构责令停止违法行为，没收违法所得，并处上一年度销售额百分之一以上百分之十以下的罚款。

反垄断执法机构确定具体罚款数额时，应当考虑违法行为的性质、程度、持续时间和消除违法行为后果的情况等因素。

违反本规定，情节特别严重、影响特别恶劣、造成特别严重后果的，市场监管总局可以在第一款规定的罚款数额的二倍以上五倍以下确定具体罚款数额。

经营者因行政机关和法律、法规授权的具有管理公共事务职能的组织滥用行政权力而滥用市场支配地位的，按照第一款规定处理。经营者能够证明其受行政机关和法律、法规授权的具有管理公共事务职能的组织滥用行政权力强制或者变相强制滥用市场支配地位的，可以依法从轻或者减轻处罚。

第四十二条　反垄断执法机构工作人员滥用职权、玩忽职守、徇私舞弊或者泄露执法过程中知悉的商业秘密、个人隐私和个人信息的，依照有关规定处理。

第四十三条　反垄断执法机构在调查期间发现的公职人员涉嫌职务违法、职务犯罪问题线索，应当及时移交纪检监察机关。

第四十四条　本规定对滥用市场支配地位行为调查、处罚程序未作规定的，依照《市场监督管理行政处罚程序规定》执行，有关时限、立案、案件管辖的规定除外。

反垄断执法机构组织行政处罚听证的，依照《市场监督管理行政处罚听证办法》执行。

第四十五条　本规定自2023年4月15日起施行。2019年6月26日国家市场监督管理总局令第11号公布的《禁止滥用市场支配地位行为暂行规定》同时废止。

经营者集中审查规定

（2023年2月20日市场监管总局第2次局务会议通过，2023年3月10日公布，自2023年4月15日起施行）

第一章　总　　则

第一条　为了规范经营者集中反垄断审查工作，根据《中华人民共和国反垄断法》（以下简称反垄断法）和《国务院关于经营者集中申报标准的规定》，制定本规定。

第二条　国家市场监督管理总局（以下简称市场监管总局）负责经营者集中反垄断审查工作，并对违法实施的经营者集中进行调查处理。

市场监管总局根据工作需要，可以委托省、自治区、直辖市市场监督管理部门（以下称省级市场监管部门）实施经营者集中审查。

市场监管总局加强对受委托的省级市场监管部门的指导和监督，健全审查人员培训管理制度，保障审查工作的科学性、规范性、一致性。

第三条　经营者可以通过公平竞争、自愿联合，依法实施集中，扩大经营规模，提高市场竞争能力。

市场监管总局开展经营者集中反垄断审查工作时，坚持公平公正，依法平等对待所有经营者。

第四条　本规定所称经营者集中，是指反垄断法第二十五条所规定的下列情形：

（一）经营者合并；

（二）经营者通过取得股权或者资产的方式取得对其他经营者的控制权；

（三）经营者通过合同等方式取得对其他经营者的控制权或者能够对其他经营者施加决定性影响。

第五条 判断经营者是否取得对其他经营者的控制权或者能够对其他经营者施加决定性影响，应当考虑下列因素：

（一）交易的目的和未来的计划；

（二）交易前后其他经营者的股权结构及其变化；

（三）其他经营者股东（大）会等权力机构的表决事项及其表决机制，以及其历史出席率和表决情况；

（四）其他经营者董事会等决策或者管理机构的组成及其表决机制，以及其历史出席率和表决情况；

（五）其他经营者高级管理人员的任免等；

（六）其他经营者股东、董事之间的关系，是否存在委托行使投票权、一致行动人等；

（七）该经营者与其他经营者是否存在重大商业关系、合作协议等；

（八）其他应当考虑的因素。

两个以上经营者均拥有对其他经营者的控制权或者能够对其他经营者施加决定性影响的，构成对其他经营者的共同控制。

第六条 市场监管总局健全经营者集中分类分级审查制度。

市场监管总局可以针对涉及国计民生等重要领域的经营者集中，制定具体的审查办法。

市场监管总局对经营者集中审查制度的实施效果进行评估，并根据评估结果改进审查工作。

第七条 市场监管总局强化经营者集中审查工作的信息化体系建设，充分运用技术手段，推进智慧监管，提升审查效能。

第二章 经营者集中申报

第八条 经营者集中达到国务院规定的申报标准（以下简称申报标准）的，经营者应当事先向市场监管总局申报，未申报或者申报后获得批准前不得实施集中。

经营者集中未达到申报标准，但有证据证明该经营者集中具有或者可能具有排除、限制竞争效果的，市场监管总局可以要求经营者申报并书面通知经营者。集中尚未实施的，经营者未申报或者申报后获得批准前不得实施集中；集中已经实施的，经营者应当自收到书面通知之日起一百二十日内申报，并采取暂停实施集中等必要措施减少集中对竞争的不利影响。

是否实施集中的判断因素包括但不限于是否完成市场主体登记或者权利变更登记、委派高级管理人员、实际参与经营决策和管理、与其他经营者交换敏感信息、实质性整合业务等。

第九条 营业额包括相关经营者上一会计年度内销售产品和提供服务所获得的收入，扣除相关税金及附加。

前款所称上一会计年度，是指集中协议签署日的上一会计年度。

第十条 参与集中的经营者的营业额，应当为该经营者以及申报时与该经营者存在直接或者间接控制关系的所有经营者的营业额总和，但是不包括上述经营者之间的营业额。

经营者取得其他经营者的组成部分时，出让方不再对该组成部分拥有控制权或者不能施加决定性影响的，目标经营者的营业额仅包括该组成部分的营业额。

参与集中的经营者之间或者参与集中的经营者和未参与集中的经营者之间有共同控制的其他经营者时，参与集中的经营者的营业额应当包括被共同控制的经营者与第三方经营者之间的营业额，此营业额只计算一次，且在有共同控制权的参与集中的经营者之间平均分配。

金融业经营者营业额的计算，按照金融业经营者集中申报营业额计算相关规定执行。

第十一条　相同经营者之间在两年内多次实施的未达到申报标准的经营者集中，应当视为一次集中，集中时间从最后一次交易算起，参与集中的经营者的营业额应当将多次交易合并计算。经营者通过与其有控制关系的其他经营者实施上述行为，依照本规定处理。

前款所称两年内，是指从第一次交易完成之日起至最后一次交易签订协议之日止的期间。

第十二条　市场监管总局加强对经营者集中申报的指导。在正式申报前，经营者可以以书面方式就集中申报事宜提出商谈申请，并列明拟商谈的具体问题。

第十三条　通过合并方式实施的经营者集中，合并各方均为申报义务人；其他情形的经营者集中，取得控制权或者能够施加决定性影响的经营者为申报义务人，其他经营者予以配合。

同一项经营者集中有多个申报义务人的，可以委托一个申报义务人申报。被委托的申报义务人未申报的，其他申报义务人不能免除申报义务。申报义务人未申报的，其他参与集中的经营者可以提出申报。

申报人可以自行申报，也可以依法委托他人代理申报。申报人应当严格审慎选择代理人。申报代理人应当诚实守信、合规经营。

第十四条　申报文件、资料应当包括如下内容：

（一）申报书。申报书应当载明参与集中的经营者的名称、住所（经营场所）、经营范围、预定实施集中的日期，并附申报人身份证件或者登记注册文件，境外申报人还须提交当地公证机关的公证文件和相关的认证文件。委托代理人申报的，应当提交授权委托书。

（二）集中对相关市场竞争状况影响的说明。包括集中交易概况；相关市场界定；参与集中的经营者在相关市场的市场份额及其对市场的控制力；主要竞争者及其市场份额；市场集中度；市场进入；行业发展现状；集中对市场竞争结构、行业发展、技术进步、创新、国民经济发展、消费者以及其他经营者的影响；集中对相关市场竞争影响的效果评估及依据。

（三）集中协议。包括各种形式的集中协议文件，如协议书、合同以及相应的补充文件等。

（四）参与集中的经营者经会计师事务所审计的上一会计年度财务会计报告。

（五）市场监管总局要求提交的其他文件、资料。

申报人应当对申报文件、资料的真实性、准确性、完整性负责。

申报代理人应当协助申报人对申报文件、资料的真实性、准确性、完整性进行审核。

第十五条　申报人应当对申报文件、资料中的商业秘密、未披露信息、保密商务信息、个人隐私或者个人信息进行标注，并且同时提交申报文件、资料的公开版本和保密版本。申报文件、资料应当使用中文。

第十六条　市场监管总局对申报人提交的文件、资料进行核查，发现申报文件、资料不完备的，可以要求申报人在规定期限内补交。申报人逾期未补交的，视为未申报。

第十七条　市场监管总局经核查认为申报文件、资料符合法定要求的，自收到完备的申报文件、资料之日予以受理并书面通知申报人。

第十八条　经营者集中未达到申报标准，参与集中的经营者自愿提出经营者集中申报，市场监管总局收到申报文件、资料后经核查认为有必要受理的，按照反垄断法予以审查并作出决定。

第十九条　符合下列情形之一的经营者集中，可以作为简易案件申报，市场监管总局按照简易案件程序进行审查：

（一）在同一相关市场，参与集中的经营者所占的市场份额之和小于百分之十五；在上下游市场，参与集中的经营者所占的市场份额均小于百分之二十五；不在同一相关市场也不存在上下游关系的参与集中的经营者，在与交易有关的每个市场所占的市场份额均小于百分之二十五；

（二）参与集中的经营者在中国境外设立合营企业，合营企业不在中国境内从事经济活动的；

（三）参与集中的经营者收购境外企业股权或者资产，该境外企业不在中国境内从事经济活动的；

（四）由两个以上经营者共同控制的合营企业，通过集中被其中一个或者一个以上经营者控制的。

第二十条　符合本规定第十九条但存在下列情形之一的经营者集中，不视为简易案件：

（一）由两个以上经营者共同控制的合营企业，通过集中被其中的一个经营者控制，该经营者与合营企业属于同一相关市场的竞争者，且市场份额之和大于百分之十五的；

（二）经营者集中涉及的相关市场难以界定的；

（三）经营者集中对市场进入、技术进步可能产生不利影响的；

（四）经营者集中对消费者和其他有关经营者可能产生不利影响的；

（五）经营者集中对国民经济发展可能产生不利影响的；

（六）市场监管总局认为可能对市场竞争产生不利影响的其他情形。

第二十一条　市场监管总局受理简易案件后，对案件基本信息予以公示，公示期为十日。公示的案件基本信息由申报人填报。

对于不符合简易案件标准的简易案件申报，市场监管总局予以退回，并要求申报人按非简易案件重新申报。

第三章　经营者集中审查

第二十二条　市场监管总局应当自受理之日起三十日内，对申报的经营者集中进行初步审查，作出是否实施进一步审查的决定，并书面通知申报人。

市场监管总局决定实施进一步审查的，应当自决定之日起九十日内审查完毕，作出是否禁止经营者集中的决定，并书面通知申报人。符合反垄断法第三十一条第二款规定情形的，市场监管总局可以延长本款规定的审查期限，最长不得超过六十日。

第二十三条　在审查过程中，出现反垄断法第三十二条规定情形的，市场监管总局可以决定中止计算经营者集中的审查期限并书面通知申报人，审查期限自决定作出之日起中止计算。

自中止计算审查期限的情形消除之日起，审查期限继续计算，市场监管总局应当书面通知申报人。

第二十四条　在审查过程中，申报人未按照规定提交文件、资料导致审查工作无法进行的，市场监管总局应当书面通知申报人在规定期限内补正。申报人未在规定期限内补正的，市场监管总局可以决定中止计算审查期限。

申报人按要求提交文件、资料后，审查期限继续计算。

第二十五条　在审查过程中，出现对经营者集中审查具有重大影响的新情况、新事实，不经核实将导致审查工作无法进行的，市场监管总局可以决定中止计算审查期限。

经核实，审查工作可以进行的，审查期限继续计算。

第二十六条　在市场监管总局对申报人提交的附加限制性条件承诺方案进行评估阶段，申报人提出中止计算审查期限请求，市场监管总局认为确有必要的，可以决定中止计算审查期限。

对附加限制性条件承诺方案评估完成后，审查期限继续计算。

第二十七条　在市场监管总局作出审查决定之前，申报人要求撤回经营者集中申报的，应当提交书面申请并说明理由。经市场监管总局同意，申报人可以撤回申报。

集中交易情况或者相关市场竞争状况发生重大变化，需要重新申报的，申报人应当申请撤回。

撤回经营者集中申报的，审查程序终止。市场监管总局同意撤回申报不视为对集中的批准。

第二十八条　在审查过程中，市场监管总局根据审查工作需要，可以要求申报人在规定期限内补充提供相关文件、资料，就申报有关事项与申报人及其代理人进行沟通。

申报人可以主动提供有助于对经营者集中进行审查和作出决定的有关文件、资料。

第二十九条　在审查过程中，参与集中的经营者可以通过信函、传真、电子邮件等方式向市场监管总局就有关申报事项进行书面陈述，市场监管总局应当听取。

第三十条　在审查过程中，市场监管总局根据审查工作需要，可以通过书面征求、座谈会、论证会、问卷调查、委托咨询、实地调研等方式听取有关政府部门、行业协会、经营者、消费者、专家学者等单位或者个人的意见。

第三十一条　审查经营者集中，应当考虑下列因素：

（一）参与集中的经营者在相关市场的市场份额及其对市场的控制力；

（二）相关市场的市场集中度；

（三）经营者集中对市场进入、技术进步的影响；

（四）经营者集中对消费者和其他有关经营者的影响；

（五）经营者集中对国民经济发展的影响；

（六）应当考虑的影响市场竞争的其他因素。

第三十二条　评估经营者集中的竞争影响，可以考察相关经营者单独或者共同排除、限制竞争的能力、动机及可能性。

集中涉及上下游市场或者关联市场的，可以考察相关经营者利用在一个或者多个市场的控制力，排除、限制其他市场竞争的能力、动机及可能性。

第三十三条　评估参与集中的经营者对市场的控制力，可以考虑参与集中的经营者在相关市场的市场份额、产品或者服务的替代程度、控制销售市场或者原材料采购市场的能力、财力和技术条件、掌握和处理数据的能力，以及相关市场的市场结构、其他经营者的生产能力、下游客户购买能力和转换供应商的能力、潜在竞争者进入的抵消效果等因素。

评估相关市场的市场集中度，可以考虑相关市场的经营者数量及市场份额等因素。

第三十四条　评估经营者集中对市场进入的影响，可以考虑经营者通过控制生产要素、销售和采购渠道、关键技术、关键设施、数据等方式影响市场进入的情况，并考虑进入的可能性、及时性和充分性。

评估经营者集中对技术进步的影响，可以考虑经营者集中对技术创新动力和能力、技术研发投入和利用、技术资源整合等方面的影响。

第三十五条　评估经营者集中对消费者的影响，可以考虑经营者集中对产品或者服务的数量、价格、质量、多样化等方面的影响。

评估经营者集中对其他有关经营者的影响，可以考虑经营者集中对同一相关市场、上下游市场或者关联市场经营者的市场进入、交易机会等竞争条件的影响。

第三十六条　评估经营者集中对国民经济发展的影响，可以考虑经营者集中对经济效率、经营规模及其对相关行业发展等方面的影响。

第三十七条 评估经营者集中的竞争影响，还可以综合考虑集中对公共利益的影响、参与集中的经营者是否为濒临破产的企业等因素。

第三十八条 市场监管总局认为经营者集中具有或者可能具有排除、限制竞争效果的，应当告知申报人，并设定一个允许参与集中的经营者提交书面意见的合理期限。

参与集中的经营者的书面意见应当包括相关事实和理由，并提供相应证据。参与集中的经营者逾期未提交书面意见的，视为无异议。

第三十九条 为减少集中具有或者可能具有的排除、限制竞争的效果，参与集中的经营者可以向市场监管总局提出附加限制性条件承诺方案。

市场监管总局应当对承诺方案的有效性、可行性和及时性进行评估，并及时将评估结果通知申报人。

市场监管总局认为承诺方案不足以减少集中对竞争的不利影响的，可以与参与集中的经营者就限制性条件进行磋商，要求其在合理期限内提出其他承诺方案。

第四十条 根据经营者集中交易具体情况，限制性条件可以包括如下种类：

（一）剥离有形资产，知识产权、数据等无形资产或者相关权益（以下简称剥离业务）等结构性条件；

（二）开放其网络或者平台等基础设施、许可关键技术（包括专利、专有技术或者其他知识产权）、终止排他性或者独占性协议、保持独立运营、修改平台规则或者算法、承诺兼容或者不降低互操作性水平等行为性条件；

（三）结构性条件和行为性条件相结合的综合性条件。

剥离业务一般应当具有在相关市场开展有效竞争所需要的所有要素，包括有形资产、无形资产、股权、关键人员以及客户协议或者供应协议等权益。剥离对象可以是参与集中经营者的子公司、分支机构或者业务部门等。

第四十一条 承诺方案存在不能实施的风险的，参与集中的经营者可以提出备选方案。备选方案应当在首选方案无法实施后生效，并且比首选方案的条件更为严格。

承诺方案为剥离，但存在下列情形之一的，参与集中的经营者可以在承诺方案中提出特定买方和剥离时间建议：

（一）剥离存在较大困难；

（二）剥离前维持剥离业务的竞争性和可销售性存在较大风险；

（三）买方身份对剥离业务能否恢复市场竞争具有重要影响；

（四）市场监管总局认为有必要的其他情形。

第四十二条 对于具有或者可能具有排除、限制竞争效果的经营者集中，参与集中的经营者提出的附加限制性条件承诺方案能够有效减少集中对竞争产生的不利影响的，市场监管总局可以作出附加限制性条件批准决定。

参与集中的经营者未能在规定期限内提出附加限制性条件承诺方案，或者所提出的承诺方案不能有效减少集中对竞争产生的不利影响的，市场监管总局应当作出禁止经营者集中的决定。

第四十三条 任何单位和个人发现未达申报标准但具有或者可能具有排除、限制竞争效果的经营者集中，可以向市场监管总局书面反映，并提供相关事实和证据。

市场监管总局经核查，对有证据证明未达申报标准的经营者集中具有或者可能具有排除、限制竞争效果的，依照本规定第八条进行处理。

第四章 限制性条件的监督和实施

第四十四条 对于附加限制性条件批准

的经营者集中，义务人应当严格履行审查决定规定的义务，并按规定向市场监管总局报告限制性条件履行情况。

市场监管总局可以自行或者通过受托人对义务人履行限制性条件的行为进行监督检查。通过受托人监督检查的，市场监管总局应当在审查决定中予以明确。受托人包括监督受托人和剥离受托人。

义务人，是指附加限制性条件批准经营者集中的审查决定中要求履行相关义务的经营者。

监督受托人，是指受义务人委托并经市场监管总局评估确定，负责对义务人实施限制性条件进行监督并向市场监管总局报告的自然人、法人或者非法人组织。

剥离受托人，是指受义务人委托并经市场监管总局评估确定，在受托剥离阶段负责出售剥离业务并向市场监管总局报告的自然人、法人或者非法人组织。

第四十五条　通过受托人监督检查的，义务人应当在市场监管总局作出审查决定之日起十五日内向市场监管总局提交监督受托人人选。限制性条件为剥离的，义务人应当在进入受托剥离阶段三十日前向市场监管总局提交剥离受托人人选。义务人应当严格审慎选择受托人人选并对相关文件、资料的真实性、完整性、准确性负责。受托人人选应当符合下列具体要求：

（一）诚实守信、合规经营；

（二）有担任受托人的意愿；

（三）独立于义务人和剥离业务的买方；

（四）具有履行受托人职责的专业团队，团队成员应当具有对限制性条件进行监督所需的专业知识、技能及相关经验；

（五）能够提出可行的工作方案；

（六）过去五年未在担任受托人过程中受到处罚；

（七）市场监管总局提出的其他要求。

义务人正式提交受托人人选后，受托人人选无正当理由不得放弃参与受托人评估。

一般情况下，市场监管总局应当从义务人提交的人选中择优评估确定受托人。但义务人未在规定期限内提交受托人人选且经再次书面通知后仍未按时提交，或者两次提交的人选均不符合要求，导致监督执行工作难以正常进行的，市场监管总局可以指导义务人选择符合条件的受托人。

受托人确定后，义务人应当与受托人签订书面协议，明确各自权利和义务，并报市场监管总局同意。受托人应当勤勉、尽职地履行职责。义务人支付受托人报酬，并为受托人提供必要的支持和便利。

第四十六条　限制性条件为剥离的，剥离义务人应当在审查决定规定的期限内，自行找到合适的剥离业务买方、签订出售协议，并报经市场监管总局批准后完成剥离。剥离义务人未能在规定期限内完成剥离的，市场监管总局可以要求义务人委托剥离受托人在规定的期限内寻找合适的剥离业务买方。剥离业务买方应当符合下列要求：

（一）独立于参与集中的经营者；

（二）拥有必要的资源、能力并有意愿使用剥离业务参与市场竞争；

（三）取得其他监管机构的批准；

（四）不得向参与集中的经营者融资购买剥离业务；

（五）市场监管总局根据具体案件情况提出的其他要求。

买方已有或者能够从其他途径获得剥离业务中的部分资产或者权益时，可以向市场监管总局申请对剥离业务的范围进行必要调整。

第四十七条　义务人提交市场监管总局审查的监督受托人、剥离受托人、剥离业务买方人选原则上各不少于三家。在特殊情况下，经市场监管总局同意，上述人选可少于三家。

市场监管总局应当对义务人提交的受托人及委托协议、剥离业务买方人选及出售协议进行审查，以确保其符合审查决定要求。

限制性条件为剥离的，市场监管总局上述审查所用时间不计入剥离期限。

第四十八条 审查决定未规定自行剥离期限的，剥离义务人应当在审查决定作出之日起六个月内找到适当的买方并签订出售协议。经剥离义务人申请并说明理由，市场监管总局可以酌情延长自行剥离期限，但延期最长不得超过三个月。

审查决定未规定受托剥离期限的，剥离受托人应当在受托剥离开始之日起六个月内找到适当的买方并签订出售协议。

第四十九条 剥离义务人应当在市场监管总局审查批准买方和出售协议后，与买方签订出售协议，并自签订之日起三个月内将剥离业务转移给买方，完成所有权转移等相关法律程序。经剥离义务人申请并说明理由，市场监管总局可以酌情延长业务转移的期限。

第五十条 经市场监管总局批准的买方购买剥离业务达到申报标准的，取得控制权的经营者应当将其作为一项新的经营者集中向市场监管总局申报。市场监管总局作出审查决定之前，剥离义务人不得将剥离业务出售给买方。

第五十一条 在剥离完成之前，为确保剥离业务的存续性、竞争性和可销售性，剥离义务人应当履行下列义务：

（一）保持剥离业务与其保留的业务之间相互独立，并采取一切必要措施以最符合剥离业务发展的方式进行管理；

（二）不得实施任何可能对剥离业务有不利影响的行为，包括聘用被剥离业务的关键员工，获得剥离业务的商业秘密或者其他保密信息等；

（三）指定专门的管理人，负责管理剥离业务。管理人在监督受托人的监督下履行职责，其任命和更换应当得到监督受托人的同意；

（四）确保潜在买方能够以公平合理的方式获得有关剥离业务的充分信息，评估剥离业务的商业价值和发展潜力；

（五）根据买方的要求向其提供必要的支持和便利，确保剥离业务的顺利交接和稳定经营；

（六）向买方及时移交剥离业务并履行相关法律程序。

第五十二条 监督受托人应当在市场监管总局的监督下履行下列职责：

（一）监督义务人履行本规定、审查决定及相关协议规定的义务；

（二）对剥离义务人推荐的买方人选、拟签订的出售协议进行评估，并向市场监管总局提交评估报告；

（三）监督剥离业务出售协议的执行，并定期向市场监管总局提交监督报告；

（四）协调剥离义务人与潜在买方就剥离事项产生的争议；

（五）按照市场监管总局的要求提交其他与义务人履行限制性条件有关的报告。

未经市场监管总局同意，监督受托人不得披露其在履行职责过程中向市场监管总局提交的各种报告及相关信息。

第五十三条 在受托剥离阶段，剥离受托人负责为剥离业务找到买方并达成出售协议。

剥离受托人有权以无底价方式出售剥离业务。

第五十四条 审查决定应当规定附加限制性条件的期限。

根据审查决定，限制性条件到期自动解除的，经市场监管总局核查确认，义务人未违反审查决定的，限制性条件自动解除。义务人存在违反审查决定情形的，市场监管总局可以适当延长附加限制性条件的期限，并及时向社会公布。

根据审查决定，限制性条件到期后义务人需要申请解除的，义务人应当提交书面申请并说明理由。市场监管总局评估后决定解除限制性条件的，应当及时向社会公布。

限制性条件为剥离，经市场监管总局核查确认，义务人履行完成所有义务的，限制性条件自动解除。

第五十五条　审查决定生效期间，市场监管总局可以主动或者应义务人申请对限制性条件进行重新审查，变更或者解除限制性条件。市场监管总局决定变更或者解除限制性条件的，应当及时向社会公布。

市场监管总局变更或者解除限制性条件时，应当考虑下列因素：

（一）集中交易方是否发生重大变化；

（二）相关市场竞争状况是否发生实质性变化；

（三）实施限制性条件是否无必要或者不可能；

（四）应当考虑的其他因素。

第五章　对违法实施经营者集中的调查

第五十六条　经营者集中达到申报标准，经营者未申报实施集中、申报后未经批准实施集中或者违反审查决定的，依照本章规定进行调查。

未达申报标准的经营者集中，经营者未按照本规定第八条进行申报的，市场监管总局依照本章规定进行调查。

第五十七条　对涉嫌违法实施经营者集中，任何单位和个人有权向市场监管总局举报。市场监管总局应当为举报人保密。

举报采用书面形式，并提供举报人和被举报人基本情况、涉嫌违法实施经营者集中的相关事实和证据等内容的，市场监管总局应当进行必要的核查。

对于采用书面形式的实名举报，市场监管总局可以根据举报人的请求向其反馈举报处理结果。

对举报处理工作中获悉的国家秘密以及公开后可能危及国家安全、公共安全、经济安全、社会稳定的信息，市场监管总局应当严格保密。

第五十八条　对有初步事实和证据表明存在违法实施经营者集中嫌疑的，市场监管总局应当予以立案，并书面通知被调查的经营者。

第五十九条　被调查的经营者应当在立案通知送达之日起三十日内，向市场监管总局提交是否属于经营者集中、是否达到申报标准、是否申报、是否违法实施等有关的文件、资料。

第六十条　市场监管总局应当自收到被调查的经营者依照本规定第五十九条提交的文件、资料之日起三十日内，对被调查的交易是否属于违法实施经营者集中完成初步调查。

属于违法实施经营者集中的，市场监管总局应当作出实施进一步调查的决定，并书面通知被调查的经营者。经营者应当停止违法行为。

不属于违法实施经营者集中的，市场监管总局应当作出不实施进一步调查的决定，并书面通知被调查的经营者。

第六十一条　市场监管总局决定实施进一步调查的，被调查的经营者应当自收到市场监管总局书面通知之日起三十日内，依照本规定关于经营者集中申报文件、资料的规定向市场监管总局提交相关文件、资料。

市场监管总局应当自收到被调查的经营者提交的符合前款规定的文件、资料之日起一百二十日内，完成进一步调查。

在进一步调查阶段，市场监管总局应当按照反垄断法及本规定，对被调查的交易是否具有或者可能具有排除、限制竞争效果进行评估。

第六十二条　在调查过程中，被调查的经营者、利害关系人有权陈述意见。市场监管总局应当对被调查的经营者、利害关系人提出的事实、理由和证据进行核实。

第六十三条　市场监管总局在作出行政处罚决定前，应当告知被调查的经营者拟作出的行政处罚内容及事实、理由、依据，并告知被调查的经营者依法享有的陈述、申辩、要求听证等权利。

被调查的经营者自告知书送达之日起五个工作日内，未行使陈述、申辩权，未要求听证的，视为放弃此权利。

第六十四条　市场监管总局对违法实施经营者集中应当依法作出处理决定，并可以向社会公布。

第六十五条　市场监管总局责令经营者采取必要措施恢复到集中前状态的，相关措施的监督和实施参照本规定第四章执行。

第六章　法律责任

第六十六条　经营者违反反垄断法规定实施集中的，依照反垄断法第五十八条规定予以处罚。

第六十七条　对市场监管总局依法实施的审查和调查，拒绝提供有关材料、信息，或者提供虚假材料、信息，或者隐匿、销毁、转移证据，或者有其他拒绝、阻碍调查行为的，由市场监管总局责令改正，对单位处上一年度销售额百分之一以下的罚款，上一年度没有销售额或者销售额难以计算的，处五百万元以下的罚款；对个人处五十万元以下的罚款。

第六十八条　市场监管总局在依据反垄断法和本规定对违法实施经营者集中进行调查处理时，应当考虑集中实施的时间，是否具有或者可能具有排除、限制竞争的效果及其持续时间，消除违法行为后果的情况等因素。

当事人主动报告市场监管总局尚未掌握的违法行为，主动消除或者减轻违法行为危害后果的，市场监管总局应当依据《中华人民共和国行政处罚法》第三十二条从轻或者减轻处罚。

第六十九条　市场监管总局依据反垄断法和本规定第六十六条、第六十七条对经营者予以行政处罚的，依照反垄断法第六十四条和国家有关规定记入信用记录，并向社会公示。

第七十条　申报人应当对代理行为加强管理并依法承担相应责任。

申报代理人故意隐瞒有关情况、提供虚假材料或者有其他行为阻碍经营者集中案件审查、调查工作的，市场监管总局依法调查处理并公开，可以向有关部门提出处理建议。

第七十一条　受托人不符合履职要求、无正当理由放弃履行职责、未按要求履行职责或者有其他行为阻碍经营者集中案件监督执行的，市场监管总局可以要求义务人更换受托人，并可以对受托人给予警告、通报批评，处十万元以下的罚款。

第七十二条　剥离业务的买方未按规定履行义务，影响限制性条件实施的，由市场监管总局责令改正，处十万元以下的罚款。

第七十三条　违反反垄断法第四章和本规定，情节特别严重、影响特别恶劣、造成特别严重后果的，市场监管总局可以在反垄断法第五十八条、第六十二条规定和本规定第六十六条、第六十七条规定的罚款数额的二倍以上五倍以下处以罚款。

第七十四条　反垄断执法机构工作人员滥用职权、玩忽职守、徇私舞弊或者泄露执法过程中知悉的商业秘密、个人隐私和个人信息的，依照有关规定处理。

反垄断执法机构在调查期间发现的公职人员涉嫌职务违法、职务犯罪问题线索，应当及时移交纪检监察机关。

第七章　附　　则

第七十五条　市场监管总局以及其他单位和个人对于知悉的商业秘密、未披露信息、保密商务信息、个人隐私和个人信息承担保密义务，但根据法律法规规定应当披露的或者事先取得权利人同意的除外。

第七十六条　本规定对违法实施经营者集中的调查、处罚程序未作规定的，依照《市场监督管理行政处罚程序规定》执行，有关时限、立案、案件管辖的规定除外。

在审查或者调查过程中，市场监管总局

可以组织听证。听证程序依照《市场监督管理行政许可程序暂行规定》《市场监督管理行政处罚听证办法》执行。

第七十七条　对于需要送达经营者的书面文件，送达方式参照《市场监督管理行政处罚程序规定》执行。

第七十八条　本规定自2023年4月15日起施行。2020年10月23日国家市场监督管理总局令第30号公布的《经营者集中审查暂行规定》同时废止。

制止滥用行政权力排除、限制竞争行为规定

（2023年2月20日市场监管总局第2次局务会议通过，2023年3月10日公布，自2023年4月15日起施行）

第一条　为了预防和制止滥用行政权力排除、限制竞争行为，根据《中华人民共和国反垄断法》（以下简称反垄断法），制定本规定。

第二条　国家市场监督管理总局（以下简称市场监管总局）负责滥用行政权力排除、限制竞争行为的反垄断统一执法工作。

市场监管总局根据反垄断法第十三条第二款规定，授权各省、自治区、直辖市人民政府市场监督管理部门（以下称省级市场监管部门）负责本行政区域内滥用行政权力排除、限制竞争行为的反垄断执法工作。

本规定所称反垄断执法机构包括市场监管总局和省级市场监管部门。

第三条　市场监管总局负责对下列滥用行政权力排除、限制竞争行为进行调查，提出依法处理的建议（以下简称查处）：

（一）在全国范围内有影响的；

（二）省级人民政府实施的；

（三）案情较为复杂或者市场监管总局认为有必要直接查处的。

前款所列的滥用行政权力排除、限制竞争行为，市场监管总局可以指定省级市场监管部门查处。

省级市场监管部门查处滥用行政权力排除、限制竞争行为时，发现不属于本部门查处范围，或者虽属于本部门查处范围，但有必要由市场监管总局查处的，应当及时报告市场监管总局。

第四条　行政机关和法律、法规授权的具有管理公共事务职能的组织不得滥用行政权力，实施下列行为，限定或者变相限定单位或者个人经营、购买、使用其指定的经营者提供的商品或者服务（以下统称商品）：

（一）以明确要求、暗示、拒绝或者拖延行政审批、备案、重复检查、不予接入平台或者网络等方式，限定或者变相限定经营、购买、使用特定经营者提供的商品；

（二）通过限制投标人所在地、所有制形式、组织形式等方式，限定或者变相限定经营、购买、使用特定经营者提供的商品；

（三）通过设置不合理的项目库、名录库、备选库、资格库等方式，限定或者变相限定经营、购买、使用特定经营者提供的商品；

（四）限定或者变相限定单位或者个人经营、购买、使用其指定的经营者提供的商品的其他行为。

第五条　行政机关和法律、法规授权的具有管理公共事务职能的组织不得滥用行政权力，通过与经营者签订合作协议、备忘录等方式，妨碍其他经营者进入相关市场或者对其他经营者实行不平等待遇，排除、限制竞争。

第六条　行政机关和法律、法规授权的

具有管理公共事务职能的组织不得滥用行政权力，实施下列行为，妨碍商品在地区之间的自由流通：

（一）对外地商品设定歧视性收费项目、实行歧视性收费标准，或者规定歧视性价格、实行歧视性补贴政策；

（二）对外地商品规定与本地同类商品不同的技术要求、检验标准，或者对外地商品采取重复检验、重复认证等歧视性技术措施，阻碍、限制外地商品进入本地市场；

（三）采取专门针对外地商品的行政许可，或者对外地商品实施行政许可时，设定不同的许可条件、程序、期限等，阻碍、限制外地商品进入本地市场；

（四）设置关卡、通过软件或者互联网设置屏蔽等手段，阻碍、限制外地商品进入或者本地商品运出；

（五）妨碍商品在地区之间自由流通的其他行为。

第七条 行政机关和法律、法规授权的具有管理公共事务职能的组织不得滥用行政权力，实施下列行为，排斥或者限制经营者参加招标投标以及其他经营活动：

（一）不依法发布招标投标等信息；

（二）排斥或者限制外地经营者参与本地特定的招标投标活动和其他经营活动；

（三）设定歧视性的资质要求或者评审标准；

（四）设定与实际需要不相适应或者与合同履行无关的资格、技术和商务条件；

（五）排斥或者限制经营者参加招标投标以及其他经营活动的其他行为。

第八条 行政机关和法律、法规授权的具有管理公共事务职能的组织不得滥用行政权力，实施下列行为，排斥、限制、强制或者变相强制外地经营者在本地投资或者设立分支机构：

（一）拒绝、强制或者变相强制外地经营者在本地投资或者设立分支机构；

（二）对外地经营者在本地投资的规模、方式以及设立分支机构的地址、商业模式等进行限制或者提出不合理要求；

（三）对外地经营者在本地的投资或者设立的分支机构在投资、经营规模、经营方式、税费缴纳等方面规定与本地经营者不同的要求，在安全生产、节能环保、质量标准、行政审批、备案等方面实行歧视性待遇；

（四）排斥、限制、强制或者变相强制外地经营者在本地投资或者设立分支机构的其他行为。

第九条 行政机关和法律、法规授权的具有管理公共事务职能的组织不得滥用行政权力，强制或者变相强制经营者从事反垄断法规定的垄断行为。

第十条 行政机关和法律、法规授权的具有管理公共事务职能的组织不得滥用行政权力，以办法、决定、公告、通知、意见、会议纪要、函件等形式，制定、发布含有排除、限制竞争内容的规定。

第十一条 反垄断执法机构依据职权，或者通过举报、上级机关交办、其他机关移送、下级机关报告等途径，发现涉嫌滥用行政权力排除、限制竞争行为。

第十二条 对涉嫌滥用行政权力排除、限制竞争行为，任何单位和个人有权向反垄断执法机构举报。反垄断执法机构应当为举报人保密。

第十三条 举报采用书面形式并提供相关事实和证据的，有关反垄断执法机构应当进行必要的调查。书面举报一般包括下列内容：

（一）举报人的基本情况；

（二）被举报人的基本情况；

（三）涉嫌滥用行政权力排除、限制竞争行为的相关事实和证据；

（四）是否就同一事实已向其他行政机关举报、申请行政复议或者向人民法院提起诉讼。

第十四条 反垄断执法机构负责所管辖案件的受理。省级以下市场监管部门收到举报材料或者发现案件线索的，应当在七个工作日内将相关材料报送省级市场监管部门。

对于被举报人信息不完整、相关事实不清晰的举报，受理机关可以通知举报人及时补正。

对于采用书面形式的实名举报，反垄断执法机构在案件调查处理完毕后，可以根据举报人的书面请求依法向其反馈举报处理结果。

第十五条　反垄断执法机构经过对涉嫌滥用行政权力排除、限制竞争行为的必要调查，决定是否立案。

被调查单位在上述调查期间已经采取措施停止相关行为，消除相关竞争限制的，可以不予立案。

省级市场监管部门应当自立案之日起七个工作日内向市场监管总局备案。

第十六条　立案后，反垄断执法机构应当及时进行调查，依法向有关单位和个人了解情况，收集、调取证据。有关单位或者个人应当配合调查。

第十七条　市场监管总局在查处涉嫌滥用行政权力排除、限制竞争行为时，可以委托省级市场监管部门进行调查。

省级市场监管部门在查处涉嫌滥用行政权力排除、限制竞争行为时，可以委托下级市场监管部门进行调查。

受委托的市场监管部门在委托范围内，以委托机关的名义进行调查，不得再委托其他行政机关、组织或者个人进行调查。

第十八条　省级市场监管部门查处涉嫌滥用行政权力排除、限制竞争行为时，可以根据需要商请相关省级市场监管部门协助调查，相关省级市场监管部门应当予以协助。

第十九条　被调查单位和个人有权陈述意见，提出事实、理由和相关证据。反垄断执法机构应当进行核实。

第二十条　经调查，反垄断执法机构认为构成滥用行政权力排除、限制竞争行为的，可以向有关上级机关提出依法处理的建议。

在调查期间，被调查单位主动采取措施停止相关行为，消除相关竞争限制的，反垄断执法机构可以结束调查。

经调查，反垄断执法机构认为不构成滥用行政权力排除、限制竞争行为的，应当结束调查。

第二十一条　反垄断执法机构向有关上级机关提出依法处理建议的，应当制作行政建议书，同时抄送被调查单位。行政建议书应当载明以下事项：

（一）主送单位名称；

（二）被调查单位名称；

（三）违法事实；

（四）被调查单位的陈述意见及采纳情况；

（五）处理建议及依据；

（六）被调查单位改正的时限及要求；

（七）反垄断执法机构名称、公章及日期。

前款第五项规定的处理建议应当能够消除相关竞争限制，并且具体、明确，可以包括停止实施有关行为、解除有关协议、停止执行有关备忘录、废止或者修改有关文件并向社会公开文件的废止或者修改情况等。

被调查单位应当按照行政建议书载明的处理建议，积极落实改正措施，并按照反垄断执法机构的要求，限期将有关改正情况书面报告上级机关和反垄断执法机构。

第二十二条　省级市场监管部门在提出依法处理的建议或者结束调查前，应当向市场监管总局报告。提出依法处理的建议后七个工作日内，向市场监管总局备案。

反垄断执法机构认为构成滥用行政权力排除、限制竞争行为的，依法向社会公布。

第二十三条　市场监管总局应当加强对省级市场监管部门查处滥用行政权力排除、限制竞争行为的指导和监督，统一执法标准。

省级市场监管部门应当严格按照市场监管总局相关规定查处滥用行政权力排除、限制竞争行为。

第二十四条　行政机关和法律、法规授权的具有管理公共事务职能的组织涉嫌违反反垄断法规定，滥用行政权力排除、限制竞争的，反垄断执法机构可以对其法定代表人或者负责人进行约谈。

约谈可以指出涉嫌滥用行政权力排除、限制竞争的问题，听取情况说明，要求其提出改进措施消除相关竞争限制。

约谈结束后，反垄断执法机构可以将约谈情况通报被约谈单位的有关上级机关。省级市场监管部门应当在七个工作日内将约谈情况向市场监管总局备案。

第二十五条 约谈应当经反垄断执法机构主要负责人批准。反垄断执法机构可以根据需要，邀请被约谈单位的有关上级机关共同实施约谈。

反垄断执法机构可以公开约谈情况，也可以邀请媒体、行业协会、专家学者、相关经营者、社会公众代表列席约谈。

第二十六条 对反垄断执法机构依法实施的调查，有关单位或者个人拒绝提供有关材料、信息，或者提供虚假材料、信息，或者隐匿、销毁、转移证据，或者有其他拒绝、阻碍调查行为的，反垄断执法机构依法作出处理，并可以向其有关上级机关、监察机关等反映情况。

第二十七条 反垄断执法机构工作人员滥用职权、玩忽职守、徇私舞弊或者泄露执法过程中知悉的商业秘密、个人隐私和个人信息的，依照有关规定处理。

第二十八条 反垄断执法机构在调查期间发现的公职人员涉嫌职务违法、职务犯罪问题线索，应当及时移交纪检监察机关。

第二十九条 行政机关和法律、法规授权的具有管理公共事务职能的组织，在制定涉及市场主体经济活动的规章、规范性文件和其他政策措施时，应当按照有关规定进行公平竞争审查，评估对市场竞争的影响，防止排除、限制市场竞争。涉嫌构成滥用行政权力排除、限制竞争行为的，由反垄断执法机构依法调查。

第三十条 各级市场监管部门可以通过以下方式，积极支持、促进行政机关和法律、法规授权的具有管理公共事务职能的组织强化公平竞争理念，改进有关政策措施，维护公平竞争市场环境：

（一）宣传公平竞争法律法规和政策；

（二）在政策措施制定过程中提供公平竞争咨询；

（三）组织开展有关政策措施实施的竞争影响评估，发布评估报告；

（四）组织开展培训交流；

（五）提供工作指导建议；

（六）其他有利于改进政策措施的竞争宣传倡导活动。

鼓励行政机关和法律、法规授权的具有管理公共事务职能的组织主动增强公平竞争意识，培育和弘扬公平竞争文化，提升公平竞争政策实施能力。

第三十一条 本规定自2023年4月15日起施行。2019年6月26日国家市场监督管理总局令第12号公布的《制止滥用行政权力排除、限制竞争行为暂行规定》同时废止。

十、文物和文化遗产保护类规范

中华人民共和国文物保护法

（1982年11月19日第五届全国人民代表大会常务委员会第二十五次会议通过，根据1991年6月29日第七届全国人民代表大会常务委员会第二十次会议《关于修改〈中华人民共和国文物保护法〉第三十条、第三十一条的决定》第一次修正，2002年10月28日第九届全国人民代表大会常务委员会第三十次会议第一次修订，根据2007年12月29日第十届全国人民代表大会常务委员会第三十一次会议《关于修改〈中华人民共和国文物保护法〉的决定》第二次修正，根据2013年6月29日第十二届全国人民代表大会常务委员会第三次会议《关于修改〈中华人民共和国文物保护法〉等十二部法律的决定》第三次修正，根据2015年4月24日第十二届全国人民代表大会常务委员会第十四次会议《关于修改〈中华人民共和国文物保护法〉的决定》第四次修正，根据2017年11月4日第十二届全国人民代表大会常务委员会第三十次会议《关于修改〈中华人民共和国会计法〉等十一部法律的决定》第五次修正，2024年11月8日第十四届全国人民代表大会常务委员会第十二次会议第二次修订）

第一章　总　　则

第一条　为了加强对文物的保护，传承中华民族优秀历史文化遗产，促进科学研究工作，进行爱国主义和革命传统教育，增强历史自觉、坚定文化自信，建设社会主义精神文明和物质文明，根据宪法，制定本法。

第二条　文物受国家保护。本法所称文物，是指人类创造的或者与人类活动有关的，具有历史、艺术、科学价值的下列物质遗存：

（一）古文化遗址、古墓葬、古建筑、石窟寺和古石刻、古壁画；

（二）与重大历史事件、革命运动或者著名人物有关的以及具有重要纪念意义、教育意义或者史料价值的近代现代重要史迹、实物、代表性建筑；

（三）历史上各时代珍贵的艺术品、工艺美术品；

（四）历史上各时代重要的文献资料、手稿和图书资料等；

（五）反映历史上各时代、各民族社会制度、社会生产、社会生活的代表性实物。

文物认定的主体、标准和程序，由国务院规定并公布。

具有科学价值的古脊椎动物化石和古人类化石同文物一样受国家保护。

第三条 文物分为不可移动文物和可移动文物。

古文化遗址、古墓葬、古建筑、石窟寺、古石刻、古壁画、近代现代重要史迹和代表性建筑等不可移动文物，分为文物保护单位和未核定公布为文物保护单位的不可移动文物（以下称未定级不可移动文物）；文物保护单位分为全国重点文物保护单位，省级文物保护单位，设区的市级、县级文物保护单位。

历史上各时代重要实物、艺术品、工艺美术品、文献资料、手稿、图书资料、代表性实物等可移动文物，分为珍贵文物和一般文物；珍贵文物分为一级文物、二级文物、三级文物。

第四条 文物工作坚持中国共产党的领导，坚持以社会主义核心价值观为引领，贯彻保护为主、抢救第一、合理利用、加强管理的方针。

第五条 中华人民共和国境内地下、内水和领海中遗存的一切文物，以及中国管辖的其他海域内遗存的起源于中国的和起源国不明的文物，属于国家所有。

古文化遗址、古墓葬、石窟寺属于国家所有。国家指定保护的纪念建筑物、古建筑、古石刻、古壁画、近代现代代表性建筑等不可移动文物，除国家另有规定的以外，属于国家所有。

国有不可移动文物的所有权不因其所依附的土地的所有权或者使用权的改变而改变。

第六条 下列可移动文物，属于国家所有：

（一）中国境内地下、内水和领海以及中国管辖的其他海域内出土、出水的文物，国家另有规定的除外；

（二）国有文物收藏单位以及其他国家机关、部队和国有企业、事业单位等收藏、保管的文物；

（三）国家征集、购买或者依法没收的文物；

（四）公民、组织捐赠给国家的文物；

（五）法律规定属于国家所有的其他文物。

国有可移动文物的所有权不因其收藏、保管单位的终止或者变更而改变。

第七条 国有文物所有权受法律保护，不容侵犯。

属于集体所有和私人所有的纪念建筑物、古建筑和祖传文物以及依法取得的其他文物，其所有权受法律保护。文物的所有者必须遵守国家有关文物保护的法律、法规的规定。

第八条 一切机关、组织和个人都有依法保护文物的义务。

第九条 国务院文物行政部门主管全国文物保护工作。

地方各级人民政府负责本行政区域内的文物保护工作。县级以上地方人民政府文物行政部门对本行政区域内的文物保护实施监督管理。

县级以上人民政府有关部门在各自的职责范围内，负责有关的文物保护工作。

第十条 国家发展文物保护事业，贯彻落实保护第一、加强管理、挖掘价值、有效利用、让文物活起来的工作要求。

第十一条 文物是不可再生的文化资源。各级人民政府应当重视文物保护，正确处理经济建设、社会发展与文物保护的关系，确保文物安全。

基本建设、旅游发展必须把文物保护放在第一位，严格落实文物保护与安全管理规定，防止建设性破坏和过度商业化。

第十二条 对与中国共产党各个历史时

期重大事件、重要会议、重要人物和伟大建党精神等有关的文物，各级人民政府应当采取措施加强保护。

第十三条　县级以上人民政府应当将文物保护事业纳入本级国民经济和社会发展规划，所需经费列入本级预算，确保文物保护事业发展与国民经济和社会发展水平相适应。

国有博物馆、纪念馆、文物保护单位等的事业性收入，纳入预算管理，用于文物保护事业，任何单位或者个人不得侵占、挪用。

国家鼓励通过捐赠等方式设立文物保护社会基金，专门用于文物保护，任何单位或者个人不得侵占、挪用。

第十四条　县级以上人民政府及其文物行政部门应当加强文物普查和专项调查，全面掌握文物资源及保护情况。

县级以上人民政府文物行政部门加强对国有文物资源资产的动态管理，按照国家有关规定，及时报送国有文物资源资产管理情况的报告。

第十五条　国家支持和规范文物价值挖掘阐释，促进中华文明起源与发展研究，传承中华优秀传统文化，弘扬革命文化，发展社会主义先进文化，铸牢中华民族共同体意识，提升中华文化影响力。

第十六条　国家加强文物保护的宣传教育，创新传播方式，增强全民文物保护的意识，营造自觉传承中华民族优秀历史文化遗产的社会氛围。

新闻媒体应当开展文物保护法律法规和文物保护知识的宣传报道，并依法对危害文物安全、破坏文物的行为进行舆论监督。

博物馆、纪念馆、文物保管所、考古遗址公园等有关单位应当结合参观游览内容有针对性地开展文物保护宣传教育活动。

第十七条　国家鼓励开展文物保护的科学研究，推广先进适用的文物保护技术，提高文物保护的科学技术水平。

国家加强文物保护信息化建设，鼓励开展文物保护数字化工作，推进文物资源数字化采集和展示利用。

国家加大考古、修缮、修复等文物保护专业人才培养力度，健全人才培养、使用、评价和激励机制。

第十八条　国家鼓励开展文物利用研究，在确保文物安全的前提下，坚持社会效益优先，有效利用文物资源，提供多样化多层次的文化产品与服务。

第十九条　国家健全社会参与机制，调动社会力量参与文化遗产保护的积极性，鼓励引导社会力量投入文化遗产保护。

第二十条　国家支持开展考古、修缮、修复、展览、科学研究、执法、司法等文物保护国际交流与合作，促进人类文明交流互鉴。

第二十一条　县级以上人民政府文物行政部门或者有关部门应当公开投诉、举报方式等信息，及时受理并处理涉及文物保护的投诉、举报。

第二十二条　有下列事迹之一的单位或者个人，按照国家有关规定给予表彰、奖励：

（一）认真执行文物保护法律、法规，保护文物成绩显著的；

（二）为保护文物与违法犯罪行为作坚决斗争的；

（三）将收藏的重要文物捐献给国家或者向文物保护事业捐赠的；

（四）发现文物及时上报或者上交，使文物得到保护的；

（五）在考古发掘、文物价值挖掘阐释等工作中做出重大贡献的；

（六）在文物保护科学技术方面有重要发明创造或者其他重要贡献的；

（七）在文物面临破坏危险时，抢救文物有功的；

（八）长期从事文物工作，做出显著成

绩的；

（九）组织、参与文物保护志愿服务，做出显著成绩的；

（十）在文物保护国际交流与合作中做出重大贡献的。

第二章　不可移动文物

第二十三条　在文物普查、专项调查或者其他相关工作中发现的不可移动文物，应当及时核定公布为文物保护单位或者登记公布为未定级不可移动文物。公民、组织可以提出核定公布文物保护单位或者登记公布未定级不可移动文物的建议。

国务院文物行政部门在省级和设区的市级、县级文物保护单位中，选择具有重大历史、艺术、科学价值的确定为全国重点文物保护单位，或者直接确定为全国重点文物保护单位，报国务院核定公布。

省级文物保护单位，由省、自治区、直辖市人民政府核定公布，并报国务院备案。

设区的市级和县级文物保护单位，分别由设区的市、自治州人民政府和县级人民政府核定公布，并报省、自治区、直辖市人民政府备案。

未定级不可移动文物，由县级人民政府文物行政部门登记，报本级人民政府和上一级人民政府文物行政部门备案，并向社会公布。

第二十四条　在旧城区改建、土地成片开发中，县级以上人民政府应当事先组织进行相关区域内不可移动文物调查，及时开展核定、登记、公布工作，并依法采取保护措施。未经调查，任何单位不得开工建设，防止建设性破坏。

第二十五条　保存文物特别丰富并且具有重大历史价值或者革命纪念意义的城市，由国务院核定公布为历史文化名城。

保存文物特别丰富并且具有重大历史价值或者革命纪念意义的城镇、街道、村庄，由省、自治区、直辖市人民政府核定公布为历史文化街区、村镇，并报国务院备案。

历史文化名城和历史文化街区、村镇所在地县级以上地方人民政府应当组织编制专门的历史文化名城和历史文化街区、村镇保护规划，并纳入有关规划。

历史文化名城和历史文化街区、村镇的保护办法，由国务院制定。

第二十六条　各级文物保护单位，分别由省、自治区、直辖市人民政府和设区的市级、县级人民政府划定公布必要的保护范围，作出标志说明，建立记录档案，并区别情况分别设置专门机构或者专人负责管理。全国重点文物保护单位的保护范围和记录档案，由省、自治区、直辖市人民政府文物行政部门报国务院文物行政部门备案。

未定级不可移动文物，由县级人民政府文物行政部门作出标志说明，建立记录档案，明确管理责任人。

县级以上地方人民政府文物行政部门应当根据不同文物的保护需要，制定文物保护单位和未定级不可移动文物的具体保护措施，向本级人民政府报告，并公告施行。

文物行政部门应当指导、鼓励基层群众性自治组织、志愿者等参与不可移动文物保护工作。

第二十七条　各级人民政府制定有关规划，应当根据文物保护的需要，事先由有关部门会同文物行政部门商定本行政区域内不可移动文物的保护措施，并纳入规划。

县级以上地方人民政府文物行政部门根据文物保护需要，组织编制本行政区域内不可移动文物的保护规划，经本级人民政府批准后公布实施，并报上一级人民政府文物行政部门备案；全国重点文物保护单位的保护规划由省、自治区、直辖市人民政府批准后公布实施，并报国务院文物行政部门备案。

第二十八条　在文物保护单位的保护范围内不得进行文物保护工程以外的其他建设工程或者爆破、钻探、挖掘等作业；因特殊情况需要进行的，必须保证文物保护单位的安全。

因特殊情况需要在省级或者设区的市级、县级文物保护单位的保护范围内进行前款规定的建设工程或者作业的，必须经核定公布该文物保护单位的人民政府批准，在批准前应当征得上一级人民政府文物行政部门同意；在全国重点文物保护单位的保护范围内进行前款规定的建设工程或者作业的，必须经省、自治区、直辖市人民政府批准，在批准前应当征得国务院文物行政部门同意。

第二十九条　根据保护文物的实际需要，经省、自治区、直辖市人民政府批准，可以在文物保护单位的周围划出一定的建设控制地带，并予以公布。

在文物保护单位的建设控制地带内进行建设工程，不得破坏文物保护单位的历史风貌；工程设计方案应当根据文物保护单位的级别和建设工程对文物保护单位历史风貌的影响程度，经国家规定的文物行政部门同意后，依法取得建设工程规划许可。

第三十条　在文物保护单位的保护范围和建设控制地带内，不得建设污染文物保护单位及其环境的设施，不得进行可能影响文物保护单位安全及其环境的活动。对已有的污染文物保护单位及其环境的设施，依照生态环境有关法律法规的规定处理。

第三十一条　建设工程选址，应当尽可能避开不可移动文物；因特殊情况不能避开的，应当尽可能实施原址保护。

实施原址保护的，建设单位应当事先确定原址保护措施，根据文物保护单位的级别报相应的文物行政部门批准；未定级不可移动文物的原址保护措施，报县级人民政府文物行政部门批准；未经批准的，不得开工建设。

无法实施原址保护，省级或者设区的市级、县级文物保护单位需要迁移异地保护或者拆除的，应当报省、自治区、直辖市人民政府批准；迁移或者拆除省级文物保护单位的，批准前必须征得国务院文物行政部门同意。全国重点文物保护单位不得拆除；需要迁移的，必须由省、自治区、直辖市人民政府报国务院批准。未定级不可移动文物需要迁移异地保护或者拆除的，应当报省、自治区、直辖市人民政府文物行政部门批准。

依照前款规定拆除国有不可移动文物，由文物行政部门监督实施，对具有收藏价值的壁画、雕塑、建筑构件等，由文物行政部门指定的文物收藏单位收藏。

本条规定的原址保护、迁移、拆除所需费用，由建设单位列入建设工程预算。

第三十二条　国有不可移动文物由使用人负责修缮、保养；非国有不可移动文物由所有人或者使用人负责修缮、保养，县级以上人民政府可以予以补助。

不可移动文物有损毁危险，所有人或者使用人不具备修缮能力的，县级以上人民政府应当给予帮助；所有人或者使用人具备修缮能力但拒不依法履行修缮义务的，县级以上人民政府可以给予抢救修缮，所需费用由所有人或者使用人承担。

对文物保护单位进行修缮，应当根据文物保护单位的级别报相应的文物行政部门批准；对未定级不可移动文物进行修缮，应当报县级人民政府文物行政部门批准。

文物保护单位的修缮、迁移、重建，由取得文物保护工程资质证书的单位承担。

对不可移动文物进行修缮、保养、迁移，必须遵守不改变文物原状和最小干预的原则，确保文物的真实性和完整性。

县级以上人民政府文物行政部门应当加强对不可移动文物保护的监督检查，及时发现问题隐患，防范安全风险，并督促指导不可移动文物所有人或者使用人履行保护职责。

第三十三条　不可移动文物已经全部毁坏的，应当严格实施遗址保护，不得在原址重建。因文物保护等特殊情况需要在原址重建的，由省、自治区、直辖市人民政府文物行政部门报省、自治区、直辖市人民政府批准；全国重点文物保护单位需要在原址重建的，由省、自治区、直辖市人民政府征得国务院文物行政部门同意后报国务院批准。

第三十四条 国有文物保护单位中的纪念建筑物或者古建筑，除可以建立博物馆、文物保管所或者辟为参观游览场所外，改作其他用途的，设区的市级、县级文物保护单位应当经核定公布该文物保护单位的人民政府文物行政部门征得上一级人民政府文物行政部门同意后，报核定公布该文物保护单位的人民政府批准；省级文物保护单位应当经核定公布该文物保护单位的省、自治区、直辖市人民政府文物行政部门审核同意后，报省、自治区、直辖市人民政府批准；全国重点文物保护单位应当由省、自治区、直辖市人民政府报国务院批准。国有未定级不可移动文物改作其他用途的，应当报告县级人民政府文物行政部门。

第三十五条 国有不可移动文物不得转让、抵押，国家另有规定的，依照其规定。建立博物馆、文物保管所或者辟为参观游览场所的国有不可移动文物，不得改作企业资产经营；其管理机构不得改由企业管理。

依托历史文化街区、村镇进行旅游等开发建设活动的，应当严格落实相关保护规划和保护措施，控制大规模搬迁，防止过度开发，加强整体保护和活态传承。

第三十六条 非国有不可移动文物不得转让、抵押给外国人、外国组织或者国际组织。

非国有不可移动文物转让、抵押或者改变用途的，应当报相应的文物行政部门备案。

第三十七条 县级以上人民政府及其有关部门应当采取措施，在确保文物安全的前提下，因地制宜推动不可移动文物有效利用。

文物保护单位应当尽可能向社会开放。文物保护单位向社会开放，应当合理确定开放时间和游客承载量，并向社会公布，积极为游客提供必要的便利。

为保护不可移动文物建立的博物馆、纪念馆、文物保管所、考古遗址公园等单位，应当加强对不可移动文物价值的挖掘阐释，开展有针对性的宣传讲解。

第三十八条 使用不可移动文物，必须遵守不改变文物原状和最小干预的原则，负责保护文物本体及其附属文物的安全，不得损毁、改建、添建或者拆除不可移动文物。

对危害不可移动文物安全、破坏不可移动文物历史风貌的建筑物、构筑物，当地人民政府应当及时调查处理；必要时，对该建筑物、构筑物依法予以拆除、迁移。

第三十九条 不可移动文物的所有人或者使用人应当加强用火、用电、用气等的消防安全管理，根据不可移动文物的特点，采取有针对性的消防安全措施，提高火灾预防和应急处置能力，确保文物安全。

第四十条 省、自治区、直辖市人民政府可以将地下埋藏、水下遗存的文物分布较为集中，需要整体保护的区域划定为地下文物埋藏区、水下文物保护区，制定具体保护措施，并公告施行。

地下文物埋藏区、水下文物保护区涉及两个以上省、自治区、直辖市的，或者涉及中国领海以外由中国管辖的其他海域的，由国务院文物行政部门划定并制定具体保护措施，报国务院核定公布。

第三章 考古发掘

第四十一条 一切考古发掘工作，必须履行报批手续；从事考古发掘的单位，应当取得国务院文物行政部门颁发的考古发掘资质证书。

地下埋藏和水下遗存的文物，任何单位或者个人都不得私自发掘。

第四十二条 从事考古发掘的单位，为了科学研究进行考古发掘，应当提出发掘计划，报国务院文物行政部门批准；对全国重点文物保护单位的考古发掘计划，应当经国务院文物行政部门审核后报国务院批准。国务院文物行政部门在批准或者审核前，应当征求社会科学研究机构及其他科研机构和有关专家的意见。

第四十三条　在可能存在地下文物的区域，县级以上地方人民政府进行土地出让或者划拨前，应当由省、自治区、直辖市人民政府文物行政部门组织从事考古发掘的单位进行考古调查、勘探。可能存在地下文物的区域，由省、自治区、直辖市人民政府文物行政部门及时划定并动态调整。

进行大型基本建设工程，或者在文物保护单位的保护范围、建设控制地带内进行建设工程，未依照前款规定进行考古调查、勘探的，建设单位应当事先报请省、自治区、直辖市人民政府文物行政部门组织从事考古发掘的单位在工程范围内有可能埋藏文物的地方进行考古调查、勘探。

考古调查、勘探中发现文物的，由省、自治区、直辖市人民政府文物行政部门根据文物保护的要求与建设单位共同商定保护措施；遇有重要发现的，由省、自治区、直辖市人民政府文物行政部门及时报国务院文物行政部门处理。由此导致停工或者工期延长，造成建设单位损失的，由县级以上地方人民政府文物行政部门会同有关部门听取建设单位意见后，提出处理意见，报本级人民政府批准。

第四十四条　需要配合进行考古发掘工作的，省、自治区、直辖市人民政府文物行政部门应当在勘探工作的基础上提出发掘计划，报国务院文物行政部门批准。国务院文物行政部门在批准前，应当征求社会科学研究机构及其他科研机构和有关专家的意见。

确因建设工期紧迫或者有自然破坏危险，对古文化遗址、古墓葬急需进行抢救发掘的，由省、自治区、直辖市人民政府文物行政部门组织发掘，并同时补办审批手续。

第四十五条　凡因进行基本建设和生产建设需要的考古调查、勘探、发掘，所需费用由建设单位列入建设工程预算。

县级以上人民政府可以通过适当方式对考古调查、勘探、发掘工作给予支持。

第四十六条　在建设工程、农业生产等活动中，任何单位或者个人发现文物或者疑似文物的，应当保护现场，立即报告当地文物行政部门；文物行政部门应当在接到报告后二十四小时内赶赴现场，并在七日内提出处理意见。文物行政部门应当采取措施保护现场，必要时可以通知公安机关或者海上执法机关协助；发现重要文物的，应当立即上报国务院文物行政部门，国务院文物行政部门应当在接到报告后十五日内提出处理意见。

依照前款规定发现的文物属于国家所有，任何单位或者个人不得哄抢、私分、藏匿。

第四十七条　未经国务院文物行政部门报国务院特别许可，任何外国人、外国组织或者国际组织不得在中国境内进行考古调查、勘探、发掘。

第四十八条　考古调查、勘探、发掘的结果，应当如实报告国务院文物行政部门和省、自治区、直辖市人民政府文物行政部门。

考古发掘的文物，应当登记造册，妥善保管，按照国家有关规定及时移交给由省、自治区、直辖市人民政府文物行政部门或者国务院文物行政部门指定的国有博物馆、图书馆或者其他国有收藏文物的单位收藏。经省、自治区、直辖市人民政府文物行政部门批准，从事考古发掘的单位可以保留少量出土、出水文物作为科研标本。

考古发掘的文物和考古发掘资料，任何单位或者个人不得侵占。

第四十九条　根据保证文物安全、进行科学研究和充分发挥文物作用的需要，省、自治区、直辖市人民政府文物行政部门经本级人民政府批准，可以调用本行政区域内的出土、出水文物；国务院文物行政部门经国务院批准，可以调用全国的重要出土、出水文物。

第四章 馆藏文物

第五十条 国家鼓励和支持文物收藏单位收藏、保护可移动文物，开展文物展览展示、宣传教育和科学研究等活动。

有关部门应当在设立条件、社会服务要求、财税扶持政策等方面，公平对待国有文物收藏单位和非国有文物收藏单位。

第五十一条 博物馆、图书馆和其他文物收藏单位对其收藏的文物（以下称馆藏文物），必须按照国家有关文物定级标准区分文物等级，设置档案，建立严格的管理制度，并报主管的文物行政部门备案。

县级以上地方人民政府文物行政部门应当建立本行政区域内的馆藏文物档案；国务院文物行政部门应当建立全国馆藏一级文物档案和其主管的国有文物收藏单位馆藏文物档案。

第五十二条 文物收藏单位可以通过下列方式取得文物：

（一）购买；

（二）接受捐赠；

（三）依法交换；

（四）法律、行政法规规定的其他方式。

国有文物收藏单位还可以通过文物行政部门指定收藏或者调拨方式取得文物。

文物收藏单位应当依法履行合理注意义务，对拟征集、购买文物来源的合法性进行了解、识别。

第五十三条 文物收藏单位应当根据馆藏文物的保护需要，按照国家有关规定建立、健全管理制度，并报主管的文物行政部门备案。未经批准，任何单位或者个人不得调取馆藏文物。

文物收藏单位的法定代表人或者主要负责人对馆藏文物的安全负责。文物收藏单位的法定代表人或者主要负责人离任时，应当按照馆藏文物档案办理馆藏文物移交手续。

第五十四条 国务院文物行政部门可以调拨全国的国有馆藏文物。省、自治区、直辖市人民政府文物行政部门可以调拨本行政区域内其主管的国有文物收藏单位馆藏文物；调拨国有馆藏一级文物，应当报国务院文物行政部门备案。

国有文物收藏单位可以申请调拨国有馆藏文物。

第五十五条 文物收藏单位应当改善服务条件，提高服务水平，充分发挥馆藏文物的作用，通过举办展览、科学研究、文化创意等活动，加强对中华民族优秀的历史文化和革命传统的宣传教育；通过借用、交换、在线展览等方式，提高馆藏文物利用效率。

文物收藏单位应当为学校、科研机构开展有关教育教学、科学研究等活动提供支持和帮助。

博物馆应当按照国家有关规定向公众开放，合理确定开放时间和接待人数并向社会公布，采用多种形式提供科学、准确、生动的文字说明和讲解服务。

第五十六条 国有文物收藏单位之间因举办展览、科学研究等需借用馆藏文物的，应当报主管的文物行政部门备案；借用馆藏一级文物的，应当同时报国务院文物行政部门备案。

非国有文物收藏单位和其他单位举办展览需借用国有馆藏文物的，应当报主管的文物行政部门批准；借用国有馆藏一级文物的，应当经国务院文物行政部门批准。

文物收藏单位之间借用文物的，应当签订借用协议，协议约定的期限不得超过三年。

第五十七条 已经依照本法规定建立馆藏文物档案、管理制度的国有文物收藏单位之间可以交换馆藏文物；交换馆藏文物的，应当经省、自治区、直辖市人民政府文物行政部门批准，并报国务院文物行政部门备案。

第五十八条　未依照本法规定建立馆藏文物档案、管理制度的国有文物收藏单位，不得依照本法第五十五条至第五十七条的规定借用、交换其馆藏文物。

第五十九条　依法调拨、交换、借用馆藏文物，取得文物的文物收藏单位可以对提供文物的文物收藏单位给予合理补偿。

文物收藏单位调拨、交换、出借文物所得的补偿费用，必须用于改善文物的收藏条件和收集新的文物，不得挪作他用；任何单位或者个人不得侵占。

调拨、交换、借用的文物必须严格保管，不得丢失、损毁。

第六十条　禁止国有文物收藏单位将馆藏文物赠与、出租、出售或者抵押、质押给其他单位、个人。

第六十一条　国有文物收藏单位不再收藏的文物退出馆藏的办法，由国务院文物行政部门制定并公布。

第六十二条　修复馆藏文物，不得改变馆藏文物的原状；复制、拍摄、拓印馆藏文物，不得对馆藏文物造成损害。修复、复制、拓印馆藏二级文物和馆藏三级文物的，应当报省、自治区、直辖市人民政府文物行政部门批准；修复、复制、拓印馆藏一级文物的，应当报国务院文物行政部门批准。

不可移动文物的单体文物的修复、复制、拍摄、拓印，适用前款规定。

第六十三条　博物馆、图书馆和其他收藏文物的单位应当按照国家有关规定配备防火、防盗、防自然损坏的设施，并采取相应措施，确保收藏文物的安全。

第六十四条　馆藏一级文物损毁的，应当报国务院文物行政部门核查处理。其他馆藏文物损毁的，应当报省、自治区、直辖市人民政府文物行政部门核查处理；省、自治区、直辖市人民政府文物行政部门应当将核查处理结果报国务院文物行政部门备案。

馆藏文物被盗、被抢或者丢失的，文物收藏单位应当立即向公安机关报案，并同时向主管的文物行政部门报告。

第六十五条　文物行政部门和国有文物收藏单位的工作人员不得借用国有文物，不得非法侵占国有文物。

第五章　民间收藏文物

第六十六条　国家鼓励公民、组织合法收藏，加强对民间收藏活动的指导、管理和服务。

第六十七条　文物收藏单位以外的公民、组织可以收藏通过下列方式取得的文物：

（一）依法继承或者接受赠与；

（二）从文物销售单位购买；

（三）通过经营文物拍卖的拍卖企业（以下称文物拍卖企业）购买；

（四）公民个人合法所有的文物相互交换或者依法转让；

（五）国家规定的其他合法方式。

文物收藏单位以外的公民、组织收藏的前款文物可以依法流通。

第六十八条　禁止买卖下列文物：

（一）国有文物，但是国家允许的除外；

（二）国有不可移动文物中的壁画、雕塑、建筑构件等，但是依法拆除的国有不可移动文物中的壁画、雕塑、建筑构件等不属于本法第三十一条第四款规定的应由文物收藏单位收藏的除外；

（三）非国有馆藏珍贵文物；

（四）国务院有关部门通报或者公告的被盗文物以及其他来源不符合本法第六十七条规定的文物；

（五）外国政府、相关国际组织按照有关国际公约通报或者公告的流失文物。

第六十九条　国家鼓励文物收藏单位以外的公民、组织将其收藏的文物捐赠给文物收藏单位或者出借给文物收藏单位展览和研究。

文物收藏单位应当尊重并按照捐赠人的

意愿，对受赠的文物妥善收藏、保管和展示。

国家禁止出境的文物，不得转让、出租、抵押、质押给境外组织或者个人。

第七十条 文物销售单位应当取得省、自治区、直辖市人民政府文物行政部门颁发的文物销售许可证。

文物销售单位不得从事文物拍卖经营活动，不得设立文物拍卖企业。

第七十一条 依法设立的拍卖企业经营文物拍卖的，应当取得省、自治区、直辖市人民政府文物行政部门颁发的文物拍卖许可证。

文物拍卖企业不得从事文物销售经营活动，不得设立文物销售单位。

第七十二条 文物行政部门的工作人员不得举办或者参与举办文物销售单位或者文物拍卖企业。

文物收藏单位及其工作人员不得举办或者参与举办文物销售单位或者文物拍卖企业。

禁止设立外商投资的文物销售单位或者文物拍卖企业。

除文物销售单位、文物拍卖企业外，其他单位或者个人不得从事文物商业经营活动。

第七十三条 文物销售单位不得销售、文物拍卖企业不得拍卖本法第六十八条规定的文物。

文物拍卖企业拍卖的文物，在拍卖前应当经省、自治区、直辖市人民政府文物行政部门依照前款规定进行审核，并报国务院文物行政部门备案。

文物销售单位销售文物、文物拍卖企业拍卖文物，应当如实表述文物的相关信息，不得进行虚假宣传。

第七十四条 省、自治区、直辖市人民政府文物行政部门应当建立文物购销、拍卖信息与信用管理系统，推动文物流通领域诚信建设。文物销售单位购买、销售文物，文物拍卖企业拍卖文物，应当按照国家有关规定作出记录，并于销售、拍卖文物后三十日内报省、自治区、直辖市人民政府文物行政部门备案。

拍卖文物时，委托人、买受人要求对其身份保密的，文物行政部门应当为其保密；法律、行政法规另有规定的除外。

第七十五条 文物行政部门在审核拟拍卖的文物时，可以指定国有文物收藏单位优先购买其中的珍贵文物。购买价格由国有文物收藏单位的代表与文物的委托人协商确定。

第七十六条 银行、冶炼厂、造纸厂以及废旧物资回收单位，应当与当地文物行政部门共同负责拣选掺杂在金银器和废旧物资中的文物。拣选文物除供银行研究所必需的历史货币可以由中国人民银行留用外，应当移交当地文物行政部门。移交拣选文物，应当给予合理补偿。

第六章 文物出境进境

第七十七条 国有文物、非国有文物中的珍贵文物和国家禁止出境的其他文物，不得出境；依照本法规定出境展览，或者因特殊需要经国务院批准出境的除外。

国家禁止出境的文物的具体范围，由国务院文物行政部门规定并公布。

第七十八条 文物出境，应当经国务院文物行政部门指定的文物进出境审核机构审核。经审核允许出境的文物，由国务院文物行政部门颁发文物出境许可证，从国务院文物行政部门指定的口岸出境。

任何单位或者个人运送、邮寄、携带文物出境，应当向海关申报；海关凭文物出境许可证放行。

第七十九条 文物出境展览，应当报国务院文物行政部门批准；一级文物超过国务院规定数量的，应当报国务院批准。

一级文物中的孤品和易损品，禁止出境展览。

出境展览的文物出境，由文物进出境审核机构审核、登记。海关凭国务院文物行政部门或者国务院的批准文件放行。出境展览的文物复进境，由原审核、登记的文物进出境审核机构审核查验。

第八十条　文物临时进境，应当向海关申报，并报文物进出境审核机构审核、登记。文物进出境审核机构发现临时进境的文物属于本法第六十八条规定的文物的，应当向国务院文物行政部门报告并通报海关。

临时进境的文物复出境，必须经原审核、登记的文物进出境审核机构审核查验；经审核查验无误的，由国务院文物行政部门颁发文物出境许可证，海关凭文物出境许可证放行。

第八十一条　国家加强文物追索返还领域的国际合作。国务院文物行政部门依法会同有关部门对因被盗、非法出境等流失境外的文物开展追索；对非法流入中国境内的外国文物，根据有关条约、协定、协议或者对等原则与相关国家开展返还合作。

国家对于因被盗、非法出境等流失境外的文物，保留收回的权利，且该权利不受时效限制。

第七章　法律责任

第八十二条　违反本法规定，地方各级人民政府和县级以上人民政府有关部门及其工作人员，以及其他依法履行公职的人员，滥用职权、玩忽职守、徇私舞弊的，对负有责任的领导人员和直接责任人员依法给予处分。

第八十三条　有下列行为之一的，由县级以上人民政府文物行政部门责令改正，给予警告；造成文物损坏或者其他严重后果的，对单位处五十万元以上五百万元以下的罚款，对个人处五万元以上五十万元以下的罚款，责令承担相关文物修缮和复原费用，由原发证机关降低资质等级；情节严重的，对单位可以处五百万元以上一千万元以下的罚款，由原发证机关吊销资质证书：

（一）擅自在文物保护单位的保护范围内进行文物保护工程以外的其他建设工程或者爆破、钻探、挖掘等作业；

（二）工程设计方案未经文物行政部门同意，擅自在文物保护单位的建设控制地带内进行建设工程；

（三）未制定不可移动文物原址保护措施，或者不可移动文物原址保护措施未经文物行政部门批准，擅自开工建设；

（四）擅自迁移、拆除不可移动文物；

（五）擅自修缮不可移动文物，明显改变文物原状；

（六）擅自在原址重建已经全部毁坏的不可移动文物；

（七）未取得文物保护工程资质证书，擅自从事文物修缮、迁移、重建；

（八）进行大型基本建设工程，或者在文物保护单位的保护范围、建设控制地带内进行建设工程，未依法进行考古调查、勘探。

损毁依照本法规定设立的不可移动文物保护标志的，由县级以上人民政府文物行政部门给予警告，可以并处五百元以下的罚款。

第八十四条　在文物保护单位的保护范围或者建设控制地带内建设污染文物保护单位及其环境的设施的，由生态环境主管部门依法给予处罚。

第八十五条　违反本法规定，有下列行为之一的，由县级以上人民政府文物行政部门责令改正，给予警告或者通报批评，没收违法所得；违法所得五千元以上的，并处违法所得二倍以上十倍以下的罚款；没有违法所得或者违法所得不足五千元的，并处一万元以上五万元以下的罚款：

（一）转让或者抵押国有不可移动文物；

（二）将建立博物馆、文物保管所或者

辟为参观游览场所的国有不可移动文物改作企业资产经营，或者将其管理机构改由企业管理；

（三）将非国有不可移动文物转让或者抵押给外国人、外国组织或者国际组织；

（四）擅自改变国有文物保护单位中的纪念建筑物或者古建筑的用途。

第八十六条　历史文化名城的布局、环境、历史风貌等遭到严重破坏的，由国务院撤销其历史文化名城称号；历史文化街区、村镇的布局、环境、历史风貌等遭到严重破坏的，由省、自治区、直辖市人民政府撤销其历史文化街区、村镇称号；对负有责任的领导人员和直接责任人员依法给予处分。

第八十七条　有下列行为之一的，由县级以上人民政府文物行政部门责令改正，给予警告或者通报批评，没收违法所得；违法所得五千元以上的，并处违法所得二倍以上十倍以下的罚款；没有违法所得或者违法所得不足五千元的，可以并处五万元以下的罚款：

（一）文物收藏单位未按照国家有关规定配备防火、防盗、防自然损坏的设施；

（二）文物收藏单位法定代表人或者主要负责人离任时未按照馆藏文物档案移交馆藏文物，或者所移交的馆藏文物与馆藏文物档案不符；

（三）国有文物收藏单位将馆藏文物赠与、出租、出售或者抵押、质押给其他单位、个人；

（四）违反本法规定借用、交换馆藏文物；

（五）挪用或者侵占依法调拨、交换、出借文物所得的补偿费用。

第八十八条　买卖国家禁止买卖的文物或者将国家禁止出境的文物转让、出租、抵押、质押给境外组织或者个人的，由县级以上人民政府文物行政部门责令改正，没收违法所得、非法经营的文物；违法经营额五千元以上的，并处违法经营额二倍以上十倍以下的罚款；没有违法经营额或者违法经营额不足五千元的，并处一万元以上五万元以下的罚款。

文物销售单位、文物拍卖企业有前款规定的违法行为的，由县级以上人民政府文物行政部门没收违法所得、非法经营的文物；违法经营额三万元以上的，并处违法经营额二倍以上十倍以下的罚款；没有违法经营额或者违法经营额不足三万元的，并处五万元以上二十五万元以下的罚款；情节严重的，由原发证机关吊销许可证书。

第八十九条　未经许可擅自从事文物商业经营活动的，由县级以上人民政府文物行政部门责令改正，给予警告或者通报批评，没收违法所得、非法经营的文物；违法经营额三万元以上的，并处违法经营额二倍以上十倍以下的罚款；没有违法经营额或者违法经营额不足三万元的，并处五万元以上二十五万元以下的罚款。

第九十条　有下列情形之一的，由县级以上人民政府文物行政部门责令改正，给予警告或者通报批评，没收违法所得、非法经营的文物；违法经营额三万元以上的，并处违法经营额二倍以上十倍以下的罚款；没有违法经营额或者违法经营额不足三万元的，并处五万元以上二十五万元以下的罚款；情节严重的，由原发证机关吊销许可证书：

（一）文物销售单位从事文物拍卖经营活动；

（二）文物拍卖企业从事文物销售经营活动；

（三）文物拍卖企业拍卖的文物，未经审核；

（四）文物收藏单位从事文物商业经营活动；

（五）文物销售单位、文物拍卖企业知假售假、知假拍假或者进行虚假宣传。

第九十一条　有下列行为之一的，由县级以上人民政府文物行政部门会同公安机关、海上执法机关追缴文物，给予警告；情节严重的，对单位处十万元以上三百万元以下的罚款，对个人处五千元以上五万元以下的罚款：

（一）发现文物隐匿不报或者拒不上交；

（二）未按照规定移交拣选文物。

第九十二条　文物进出境未依照本法规定申报的，由海关或者海上执法机关依法给予处罚。

第九十三条　有下列行为之一的，由县级以上人民政府文物行政部门责令改正；情节严重的，对单位处十万元以上三百万元以下的罚款，限制业务活动或者由原发证机关吊销许可证书，对个人处五千元以上五万元以下的罚款：

（一）改变国有未定级不可移动文物的用途，未依照本法规定报告；

（二）转让、抵押非国有不可移动文物或者改变其用途，未依照本法规定备案；

（三）国有不可移动文物的使用人具备修缮能力但拒不依法履行修缮义务；

（四）从事考古发掘的单位未经批准擅自进行考古发掘，或者不如实报告考古调查、勘探、发掘结果，或者未按照规定移交考古发掘的文物；

（五）文物收藏单位未按照国家有关规定建立馆藏文物档案、管理制度，或者未将馆藏文物档案、管理制度备案；

（六）未经批准擅自调取馆藏文物；

（七）未经批准擅自修复、复制、拓印文物；

（八）馆藏文物损毁未报文物行政部门核查处理，或者馆藏文物被盗、被抢或者丢失，文物收藏单位未及时向公安机关或者文物行政部门报告；

（九）文物销售单位销售文物或者文物拍卖企业拍卖文物，未按照国家有关规定作出记录或者未将所作记录报文物行政部门备案。

第九十四条　文物行政部门、文物收藏单位、文物销售单位、文物拍卖企业的工作人员，有下列行为之一的，依法给予处分；情节严重的，依法开除公职或者吊销其从业资格证书：

（一）文物行政部门和国有文物收藏单位的工作人员借用或者非法侵占国有文物；

（二）文物行政部门、文物收藏单位的工作人员举办或者参与举办文物销售单位或者文物拍卖企业；

（三）因不负责任造成文物保护单位、珍贵文物损毁或者流失；

（四）贪污、挪用文物保护经费。

前款被开除公职或者被吊销从业资格证书的人员，自被开除公职或者被吊销从业资格证书之日起十年内不得担任文物管理人员或者从事文物经营活动。

第九十五条　单位违反本法规定受到行政处罚，情节严重的，对单位直接负责的主管人员和其他直接责任人员处五千元以上五万元以下的罚款。

第九十六条　违反本法规定，损害他人民事权益的，依法承担民事责任；构成违反治安管理行为的，由公安机关依法给予治安管理处罚；构成犯罪的，依法追究刑事责任。

第九十七条　县级以上人民政府文物行政部门依法实施监督检查，可以采取下列措施：

（一）进入现场进行检查；

（二）查阅、复制有关文件资料，询问有关人员，对可能被转移、销毁或者篡改的文件资料予以封存；

（三）查封、扣押涉嫌违法活动的场所、设施或者财物；

（四）责令行为人停止侵害文物的行为。

第九十八条　监察委员会、人民法院、人民检察院、公安机关、海关、市场监督管理部门和海上执法机关依法没收的文物应当登记造册，妥善保管，结案后无偿移交文物行政部门，由文物行政部门指定的国有文物收藏单位收藏。

第九十九条　因违反本法规定造成文物严重损害或者存在严重损害风险，致使社会公共利益受到侵害的，人民检察院可以依照有关诉讼法的规定提起公益诉讼。

第八章　附　　则

第一百条　文物保护有关行政许可的条件、期限等，本法未作规定的，适用《中华人民共和国行政许可法》和有关法律、行政法规的规定。

第一百零一条　本法自 2025 年 3 月 1 日起施行。

中华人民共和国旅游法

（2013 年 4 月 25 日第十二届全国人民代表大会常务委员会第二次会议通过，根据 2016 年 11 月 7 日第十二届全国人民代表大会常务委员会第二十四次会议《关于修改〈中华人民共和国对外贸易法〉等十二部法律的决定》第一次修正，根据 2018 年 10 月 26 日第十三届全国人民代表大会常务委员会第六次会议《关于修改〈中华人民共和国野生动物保护法〉等十五部法律的决定》第二次修正）

第一章　总　　则

第一条　为保障旅游者和旅游经营者的合法权益，规范旅游市场秩序，保护和合理利用旅游资源，促进旅游业持续健康发展，制定本法。

第二条　在中华人民共和国境内的和在中华人民共和国境内组织到境外的游览、度假、休闲等形式的旅游活动以及为旅游活动提供相关服务的经营活动，适用本法。

第三条　国家发展旅游事业，完善旅游公共服务，依法保护旅游者在旅游活动中的权利。

第四条　旅游业发展应当遵循社会效益、经济效益和生态效益相统一的原则。国家鼓励各类市场主体在有效保护旅游资源的前提下，依法合理利用旅游资源。利用公共资源建设的游览场所应当体现公益性质。

第五条　国家倡导健康、文明、环保的旅游方式，支持和鼓励各类社会机构开展旅游公益宣传，对促进旅游业发展做出突出贡献的单位和个人给予奖励。

第六条　国家建立健全旅游服务标准和市场规则，禁止行业垄断和地区垄断。旅游经营者应当诚信经营，公平竞争，承担社会责任，为旅游者提供安全、健康、卫生、方便的旅游服务。

第七条　国务院建立健全旅游综合协调机制，对旅游业发展进行综合协调。

县级以上地方人民政府应当加强对旅游工作的组织和领导，明确相关部门或者机构，对本行政区域的旅游业发展和监督管理进行统筹协调。

第八条　依法成立的旅游行业组织，实行自律管理。

第二章　旅 游 者

第九条　旅游者有权自主选择旅游产品

和服务，有权拒绝旅游经营者的强制交易行为。

旅游者有权知悉其购买的旅游产品和服务的真实情况。

旅游者有权要求旅游经营者按照约定提供产品和服务。

第十条　旅游者的人格尊严、民族风俗习惯和宗教信仰应当得到尊重。

第十一条　残疾人、老年人、未成年人等旅游者在旅游活动中依照法律、法规和有关规定享受便利和优惠。

第十二条　旅游者在人身、财产安全遇有危险时，有请求救助和保护的权利。

旅游者人身、财产受到侵害的，有依法获得赔偿的权利。

第十三条　旅游者在旅游活动中应当遵守社会公共秩序和社会公德，尊重当地的风俗习惯、文化传统和宗教信仰，爱护旅游资源，保护生态环境，遵守旅游文明行为规范。

第十四条　旅游者在旅游活动中或者在解决纠纷时，不得损害当地居民的合法权益，不得干扰他人的旅游活动，不得损害旅游经营者和旅游从业人员的合法权益。

第十五条　旅游者购买、接受旅游服务时，应当向旅游经营者如实告知与旅游活动相关的个人健康信息，遵守旅游活动中的安全警示规定。

旅游者对国家应对重大突发事件暂时限制旅游活动的措施以及有关部门、机构或者旅游经营者采取的安全防范和应急处置措施，应当予以配合。

旅游者违反安全警示规定，或者对国家应对重大突发事件暂时限制旅游活动的措施、安全防范和应急处置措施不予配合的，依法承担相应责任。

第十六条　出境旅游者不得在境外非法滞留，随团出境的旅游者不得擅自分团、脱团。

入境旅游者不得在境内非法滞留，随团入境的旅游者不得擅自分团、脱团。

第三章　旅游规划和促进

第十七条　国务院和县级以上地方人民政府应当将旅游业发展纳入国民经济和社会发展规划。

国务院和省、自治区、直辖市人民政府以及旅游资源丰富的设区的市和县级人民政府，应当按照国民经济和社会发展规划的要求，组织编制旅游发展规划。对跨行政区域且适宜进行整体利用的旅游资源进行利用时，应当由上级人民政府组织编制或者由相关地方人民政府协商编制统一的旅游发展规划。

第十八条　旅游发展规划应当包括旅游业发展的总体要求和发展目标，旅游资源保护和利用的要求和措施，以及旅游产品开发、旅游服务质量提升、旅游文化建设、旅游形象推广、旅游基础设施和公共服务设施建设的要求和促进措施等内容。

根据旅游发展规划，县级以上地方人民政府可以编制重点旅游资源开发利用的专项规划，对特定区域内的旅游项目、设施和服务功能配套提出专门要求。

第十九条　旅游发展规划应当与土地利用总体规划、城乡规划、环境保护规划以及其他自然资源和文物等人文资源的保护和利用规划相衔接。

第二十条　各级人民政府编制土地利用总体规划、城乡规划，应当充分考虑相关旅游项目、设施的空间布局和建设用地要求。规划和建设交通、通信、供水、供电、环保等基础设施和公共服务设施，应当兼顾旅游业发展的需要。

第二十一条　对自然资源和文物等人文资源进行旅游利用，必须严格遵守有关法律、法规的规定，符合资源、生态保护和文物安全的要求，尊重和维护当地传统文化和习俗，维护资源的区域整体性、文化代表性和地域特殊性，并考虑军事设施保护的需要。有关主管部门应当加强对资源保护和旅游利用状况的监督检查。

第二十二条 各级人民政府应当组织对本级政府编制的旅游发展规划的执行情况进行评估，并向社会公布。

第二十三条 国务院和县级以上地方人民政府应当制定并组织实施有利于旅游业持续健康发展的产业政策，推进旅游休闲体系建设，采取措施推动区域旅游合作，鼓励跨区域旅游线路和产品开发，促进旅游与工业、农业、商业、文化、卫生、体育、科教等领域的融合，扶持少数民族地区、革命老区、边远地区和贫困地区旅游业发展。

第二十四条 国务院和县级以上地方人民政府应当根据实际情况安排资金，加强旅游基础设施建设、旅游公共服务和旅游形象推广。

第二十五条 国家制定并实施旅游形象推广战略。国务院旅游主管部门统筹组织国家旅游形象的境外推广工作，建立旅游形象推广机构和网络，开展旅游国际合作与交流。

县级以上地方人民政府统筹组织本地的旅游形象推广工作。

第二十六条 国务院旅游主管部门和县级以上地方人民政府应当根据需要建立旅游公共信息和咨询平台，无偿向旅游者提供旅游景区、线路、交通、气象、住宿、安全、医疗急救等必要信息和咨询服务。设区的市和县级人民政府有关部门应当根据需要在交通枢纽、商业中心和旅游者集中场所设置旅游咨询中心，在景区和通往主要景区的道路设置旅游指示标识。

旅游资源丰富的设区的市和县级人民政府可以根据本地的实际情况，建立旅游客运专线或者游客中转站，为旅游者在城市及周边旅游提供服务。

第二十七条 国家鼓励和支持发展旅游职业教育和培训，提高旅游从业人员素质。

第四章 旅游经营

第二十八条 设立旅行社，招徕、组织、接待旅游者，为其提供旅游服务，应当具备下列条件，取得旅游主管部门的许可，依法办理工商登记：

（一）有固定的经营场所；

（二）有必要的营业设施；

（三）有符合规定的注册资本；

（四）有必要的经营管理人员和导游；

（五）法律、行政法规规定的其他条件。

第二十九条 旅行社可以经营下列业务：

（一）境内旅游；

（二）出境旅游；

（三）边境旅游；

（四）入境旅游；

（五）其他旅游业务。

旅行社经营前款第二项和第三项业务，应当取得相应的业务经营许可，具体条件由国务院规定。

第三十条 旅行社不得出租、出借旅行社业务经营许可证，或者以其他形式非法转让旅行社业务经营许可。

第三十一条 旅行社应当按照规定交纳旅游服务质量保证金，用于旅游者权益损害赔偿和垫付旅游者人身安全遇有危险时紧急救助的费用。

第三十二条 旅行社为招徕、组织旅游者发布信息，必须真实、准确，不得进行虚假宣传，误导旅游者。

第三十三条 旅行社及其从业人员组织、接待旅游者，不得安排参观或者参与违反我国法律、法规和社会公德的项目或者活动。

第三十四条 旅行社组织旅游活动应当向合格的供应商订购产品和服务。

第三十五条 旅行社不得以不合理的低价组织旅游活动，诱骗旅游者，并通过安排购物或者另行付费旅游项目获取回扣等不正当利益。

旅行社组织、接待旅游者，不得指定具

体购物场所，不得安排另行付费旅游项目。但是，经双方协商一致或者旅游者要求，且不影响其他旅游者行程安排的除外。

发生违反前两款规定情形的，旅游者有权在旅游行程结束后三十日内，要求旅行社为其办理退货并先行垫付退货货款，或者退还另行付费旅游项目的费用。

第三十六条　旅行社组织团队出境旅游或者组织、接待团队入境旅游，应当按照规定安排领队或者导游全程陪同。

第三十七条　参加导游资格考试成绩合格，与旅行社订立劳动合同或者在相关旅游行业组织注册的人员，可以申请取得导游证。

第三十八条　旅行社应当与其聘用的导游依法订立劳动合同，支付劳动报酬，缴纳社会保险费用。

旅行社临时聘用导游为旅游者提供服务的，应当全额向导游支付本法第六十条第三款规定的导游服务费用。

旅行社安排导游为团队旅游提供服务的，不得要求导游垫付或者向导游收取任何费用。

第三十九条　从事领队业务，应当取得导游证，具有相应的学历、语言能力和旅游从业经历，并与委派其从事领队业务的取得出境旅游业务经营许可的旅行社订立劳动合同。

第四十条　导游和领队为旅游者提供服务必须接受旅行社委派，不得私自承揽导游和领队业务。

第四十一条　导游和领队从事业务活动，应当佩戴导游证，遵守职业道德，尊重旅游者的风俗习惯和宗教信仰，应当向旅游者告知和解释旅游文明行为规范，引导旅游者健康、文明旅游，劝阻旅游者违反社会公德的行为。

导游和领队应当严格执行旅游行程安排，不得擅自变更旅游行程或者中止服务活动，不得向旅游者索取小费，不得诱导、欺骗、强迫或者变相强迫旅游者购物或者参加另行付费旅游项目。

第四十二条　景区开放应当具备下列条件，并听取旅游主管部门的意见：

（一）有必要的旅游配套服务和辅助设施；

（二）有必要的安全设施及制度，经过安全风险评估，满足安全条件；

（三）有必要的环境保护设施和生态保护措施；

（四）法律、行政法规规定的其他条件。

第四十三条　利用公共资源建设的景区的门票以及景区内的游览场所、交通工具等另行收费项目，实行政府定价或者政府指导价，严格控制价格上涨。拟收费或者提高价格的，应当举行听证会，征求旅游者、经营者和有关方面的意见，论证其必要性、可行性。

利用公共资源建设的景区，不得通过增加另行收费项目等方式变相涨价；另行收费项目已收回投资成本的，应当相应降低价格或者取消收费。

公益性的城市公园、博物馆、纪念馆等，除重点文物保护单位和珍贵文物收藏单位外，应当逐步免费开放。

第四十四条　景区应当在醒目位置公示门票价格、另行收费项目的价格及团体收费价格。景区提高门票价格应当提前六个月公布。

将不同景区的门票或者同一景区内不同游览场所的门票合并出售的，合并后的价格不得高于各单项门票的价格之和，且旅游者有权选择购买其中的单项票。

景区内的核心游览项目因故暂停向旅游者开放或者停止提供服务的，应当公示并相应减少收费。

第四十五条　景区接待旅游者不得超过景区主管部门核定的最大承载量。景区应当公布景区主管部门核定的最大承载量，制定和实施旅游者流量控制方案，并可以采取门票预约等方式，对景区接待旅游者的数量进行控制。

旅游者数量可能达到最大承载量时，景区应当提前公告并同时向当地人民政府报告，景区和当地人民政府应当及时采取疏导、分流等措施。

第四十六条 城镇和乡村居民利用自有住宅或者其他条件依法从事旅游经营，其管理办法由省、自治区、直辖市制定。

第四十七条 经营高空、高速、水上、潜水、探险等高风险旅游项目，应当按照国家有关规定取得经营许可。

第四十八条 通过网络经营旅行社业务的，应当依法取得旅行社业务经营许可，并在其网站主页的显著位置标明其业务经营许可证信息。

发布旅游经营信息的网站，应当保证其信息真实、准确。

第四十九条 为旅游者提供交通、住宿、餐饮、娱乐等服务的经营者，应当符合法律、法规规定的要求，按照合同约定履行义务。

第五十条 旅游经营者应当保证其提供的商品和服务符合保障人身、财产安全的要求。

旅游经营者取得相关质量标准等级的，其设施和服务不得低于相应标准；未取得质量标准等级的，不得使用相关质量等级的称谓和标识。

第五十一条 旅游经营者销售、购买商品或者服务，不得给予或者收受贿赂。

第五十二条 旅游经营者对其在经营活动中知悉的旅游者个人信息，应当予以保密。

第五十三条 从事道路旅游客运的经营者应当遵守道路客运安全管理的各项制度，并在车辆显著位置明示道路旅游客运专用标识，在车厢内显著位置公示经营者和驾驶人信息、道路运输管理机构监督电话等事项。

第五十四条 景区、住宿经营者将其部分经营项目或者场地交由他人从事住宿、餐饮、购物、游览、娱乐、旅游交通等经营的，应当对实际经营者的经营行为给旅游者造成的损害承担连带责任。

第五十五条 旅游经营者组织、接待出入境旅游，发现旅游者从事违法活动或者有违反本法第十六条规定情形的，应当及时向公安机关、旅游主管部门或者我国驻外机构报告。

第五十六条 国家根据旅游活动的风险程度，对旅行社、住宿、旅游交通以及本法第四十七条规定的高风险旅游项目等经营者实施责任保险制度。

第五章 旅游服务合同

第五十七条 旅行社组织和安排旅游活动，应当与旅游者订立合同。

第五十八条 包价旅游合同应当采用书面形式，包括下列内容：

（一）旅行社、旅游者的基本信息；

（二）旅游行程安排；

（三）旅游团成团的最低人数；

（四）交通、住宿、餐饮等旅游服务安排和标准；

（五）游览、娱乐等项目的具体内容和时间；

（六）自由活动时间安排；

（七）旅游费用及其交纳的期限和方式；

（八）违约责任和解决纠纷的方式；

（九）法律、法规规定和双方约定的其他事项。

订立包价旅游合同时，旅行社应当向旅游者详细说明前款第二项至第八项所载内容。

第五十九条 旅行社应当在旅游行程开始前向旅游者提供旅游行程单。旅游行程单是包价旅游合同的组成部分。

第六十条 旅行社委托其他旅行社代理

销售包价旅游产品并与旅游者订立包价旅游合同的，应当在包价旅游合同中载明委托社和代理社的基本信息。

旅行社依照本法规定将包价旅游合同中的接待业务委托给地接社履行的，应当在包价旅游合同中载明地接社的基本信息。

安排导游为旅游者提供服务的，应当在包价旅游合同中载明导游服务费用。

第六十一条　旅行社应当提示参加团队旅游的旅游者按照规定投保人身意外伤害保险。

第六十二条　订立包价旅游合同时，旅行社应当向旅游者告知下列事项：

（一）旅游者不适合参加旅游活动的情形；

（二）旅游活动中的安全注意事项；

（三）旅行社依法可以减免责任的信息；

（四）旅游者应当注意的旅游目的地相关法律、法规和风俗习惯、宗教禁忌，依照中国法律不宜参加的活动等；

（五）法律、法规规定的其他应当告知的事项。

在包价旅游合同履行中，遇有前款规定事项的，旅行社也应当告知旅游者。

第六十三条　旅行社招徕旅游者组团旅游，因未达到约定人数不能出团的，组团社可以解除合同。但是，境内旅游应当至少提前七日通知旅游者，出境旅游应当至少提前三十日通知旅游者。

因未达到约定人数不能出团的，组团社经征得旅游者书面同意，可以委托其他旅行社履行合同。组团社对旅游者承担责任，受委托的旅行社对组团社承担责任。旅游者不同意的，可以解除合同。

因未达到约定的成团人数解除合同的，组团社应当向旅游者退还已收取的全部费用。

第六十四条　旅游行程开始前，旅游者可以将包价旅游合同中自身的权利义务转让给第三人，旅行社没有正当理由的不得拒绝，因此增加的费用由旅游者和第三人承担。

第六十五条　旅游行程结束前，旅游者解除合同的，组团社应当在扣除必要的费用后，将余款退还旅游者。

第六十六条　旅游者有下列情形之一的，旅行社可以解除合同：

（一）患有传染病等疾病，可能危害其他旅游者健康和安全的；

（二）携带危害公共安全的物品且不同意交有关部门处理的；

（三）从事违法或者违反社会公德的活动的；

（四）从事严重影响其他旅游者权益的活动，且不听劝阻、不能制止的；

（五）法律规定的其他情形。

因前款规定情形解除合同的，组团社应当在扣除必要的费用后，将余款退还旅游者；给旅行社造成损失的，旅游者应当依法承担赔偿责任。

第六十七条　因不可抗力或者旅行社、履行辅助人已尽合理注意义务仍不能避免的事件，影响旅游行程的，按照下列情形处理：

（一）合同不能继续履行的，旅行社和旅游者均可以解除合同。合同不能完全履行的，旅行社经向旅游者作出说明，可以在合理范围内变更合同；旅游者不同意变更的，可以解除合同。

（二）合同解除的，组团社应当在扣除已向地接社或者履行辅助人支付且不可退还的费用后，将余款退还旅游者；合同变更的，因此增加的费用由旅游者承担，减少的费用退还旅游者。

（三）危及旅游者人身、财产安全的，旅行社应当采取相应的安全措施，因此支出的费用，由旅行社与旅游者分担。

（四）造成旅游者滞留的，旅行社应当采取相应的安置措施。因此增加的食宿费用，由旅游者承担；增加的返程费用，由旅行社与旅游者分担。

第六十八条 旅游行程中解除合同的，旅行社应当协助旅游者返回出发地或者旅游者指定的合理地点。由于旅行社或者履行辅助人的原因导致合同解除的，返程费用由旅行社承担。

第六十九条 旅行社应当按照包价旅游合同的约定履行义务，不得擅自变更旅游行程安排。

经旅游者同意，旅行社将包价旅游合同中的接待业务委托给其他具有相应资质的地接社履行的，应当与地接社订立书面委托合同，约定双方的权利和义务，向地接社提供与旅游者订立的包价旅游合同的副本，并向地接社支付不低于接待和服务成本的费用。地接社应当按照包价旅游合同和委托合同提供服务。

第七十条 旅行社不履行包价旅游合同义务或者履行合同义务不符合约定的，应当依法承担继续履行、采取补救措施或者赔偿损失等违约责任；造成旅游者人身损害、财产损失的，应当依法承担赔偿责任。旅行社具备履行条件，经旅游者要求仍拒绝履行合同，造成旅游者人身损害、滞留等严重后果的，旅游者还可以要求旅行社支付旅游费用一倍以上三倍以下的赔偿金。

由于旅游者自身原因导致包价旅游合同不能履行或者不能按照约定履行，或者造成旅游者人身损害、财产损失的，旅行社不承担责任。

在旅游者自行安排活动期间，旅行社未尽到安全提示、救助义务的，应当对旅游者的人身损害、财产损失承担相应责任。

第七十一条 由于地接社、履行辅助人的原因导致违约的，由组团社承担责任；组团社承担责任后可以向地接社、履行辅助人追偿。

由于地接社、履行辅助人的原因造成旅游者人身损害、财产损失的，旅游者可以要求地接社、履行辅助人承担赔偿责任，也可以要求组团社承担赔偿责任；组团社承担责任后可以向地接社、履行辅助人追偿。但是，由于公共交通经营者的原因造成旅游者人身损害、财产损失的，由公共交通经营者依法承担赔偿责任，旅行社应当协助旅游者向公共交通经营者索赔。

第七十二条 旅游者在旅游活动中或者在解决纠纷时，损害旅行社、履行辅助人、旅游从业人员或者其他旅游者的合法权益的，依法承担赔偿责任。

第七十三条 旅行社根据旅游者的具体要求安排旅游行程，与旅游者订立包价旅游合同的，旅游者请求变更旅游行程安排，因此增加的费用由旅游者承担，减少的费用退还旅游者。

第七十四条 旅行社接受旅游者的委托，为其代订交通、住宿、餐饮、游览、娱乐等旅游服务，收取代办费用的，应当亲自处理委托事务。因旅行社的过错给旅游者造成损失的，旅行社应当承担赔偿责任。

旅行社接受旅游者的委托，为其提供旅游行程设计、旅游信息咨询等服务的，应当保证设计合理、可行，信息及时、准确。

第七十五条 住宿经营者应当按照旅游服务合同的约定为团队旅游者提供住宿服务。住宿经营者未能按照旅游服务合同提供服务的，应当为旅游者提供不低于原定标准的住宿服务，因此增加的费用由住宿经营者承担；但由于不可抗力、政府因公共利益需要采取措施造成不能提供服务的，住宿经营者应当协助安排旅游者住宿。

第六章 旅游安全

第七十六条 县级以上人民政府统一负责旅游安全工作。县级以上人民政府有关部门依照法律、法规履行旅游安全监管职责。

第七十七条 国家建立旅游目的地安全风险提示制度。旅游目的地安全风险提示的级别划分和实施程序，由国务院旅游主管部门会同有关部门制定。

县级以上人民政府及其有关部门应当将旅游安全作为突发事件监测和评估的重要内容。

第七十八条　县级以上人民政府应当依法将旅游应急管理纳入政府应急管理体系，制定应急预案，建立旅游突发事件应对机制。

突发事件发生后，当地人民政府及其有关部门和机构应当采取措施开展救援，并协助旅游者返回出发地或者旅游者指定的合理地点。

第七十九条　旅游经营者应当严格执行安全生产管理和消防安全管理的法律、法规和国家标准、行业标准，具备相应的安全生产条件，制定旅游者安全保护制度和应急预案。

旅游经营者应当对直接为旅游者提供服务的从业人员开展经常性应急救助技能培训，对提供的产品和服务进行安全检验、监测和评估，采取必要措施防止危害发生。

旅游经营者组织、接待老年人、未成年人、残疾人等旅游者，应当采取相应的安全保障措施。

第八十条　旅游经营者应当就旅游活动中的下列事项，以明示的方式事先向旅游者作出说明或者警示：

（一）正确使用相关设施、设备的方法；

（二）必要的安全防范和应急措施；

（三）未向旅游者开放的经营、服务场所和设施、设备；

（四）不适宜参加相关活动的群体；

（五）可能危及旅游者人身、财产安全的其他情形。

第八十一条　突发事件或者旅游安全事故发生后，旅游经营者应当立即采取必要的救助和处置措施，依法履行报告义务，并对旅游者作出妥善安排。

第八十二条　旅游者在人身、财产安全遇有危险时，有权请求旅游经营者、当地政府和相关机构进行及时救助。

中国出境旅游者在境外陷于困境时，有权请求我国驻当地机构在其职责范围内给予协助和保护。

旅游者接受相关组织或者机构的救助后，应当支付应由个人承担的费用。

第七章　旅游监督管理

第八十三条　县级以上人民政府旅游主管部门和有关部门依照本法和有关法律、法规的规定，在各自职责范围内对旅游市场实施监督管理。

县级以上人民政府应当组织旅游主管部门、有关主管部门和市场监督管理、交通等执法部门对相关旅游经营行为实施监督检查。

第八十四条　旅游主管部门履行监督管理职责，不得违反法律、行政法规的规定向监督管理对象收取费用。

旅游主管部门及其工作人员不得参与任何形式的旅游经营活动。

第八十五条　县级以上人民政府旅游主管部门有权对下列事项实施监督检查：

（一）经营旅行社业务以及从事导游、领队服务是否取得经营、执业许可；

（二）旅行社的经营行为；

（三）导游和领队等旅游从业人员的服务行为；

（四）法律、法规规定的其他事项。

旅游主管部门依照前款规定实施监督检查，可以对涉嫌违法的合同、票据、账簿以及其他资料进行查阅、复制。

第八十六条　旅游主管部门和有关部门依法实施监督检查，其监督检查人员不得少于二人，并应当出示合法证件。监督检查人员少于二人或者未出示合法证件的，被检查单位和个人有权拒绝。

监督检查人员对在监督检查中知悉的被检查单位的商业秘密和个人信息应当依法保密。

第八十七条 对依法实施的监督检查，有关单位和个人应当配合，如实说明情况并提供文件、资料，不得拒绝、阻碍和隐瞒。

第八十八条 县级以上人民政府旅游主管部门和有关部门，在履行监督检查职责中或者在处理举报、投诉时，发现违反本法规定行为的，应当依法及时作出处理；对不属于本部门职责范围的事项，应当及时书面通知并移交有关部门查处。

第八十九条 县级以上地方人民政府建立旅游违法行为查处信息的共享机制，对需要跨部门、跨地区联合查处的违法行为，应当进行督办。

旅游主管部门和有关部门应当按照各自职责，及时向社会公布监督检查的情况。

第九十条 依法成立的旅游行业组织依照法律、行政法规和章程的规定，制定行业经营规范和服务标准，对其会员的经营行为和服务质量进行自律管理，组织开展职业道德教育和业务培训，提高从业人员素质。

第八章 旅游纠纷处理

第九十一条 县级以上人民政府应当指定或者设立统一的旅游投诉受理机构。受理机构接到投诉，应当及时进行处理或者移交有关部门处理，并告知投诉者。

第九十二条 旅游者与旅游经营者发生纠纷，可以通过下列途径解决：

（一）双方协商；

（二）向消费者协会、旅游投诉受理机构或者有关调解组织申请调解；

（三）根据与旅游经营者达成的仲裁协议提请仲裁机构仲裁；

（四）向人民法院提起诉讼。

第九十三条 消费者协会、旅游投诉受理机构和有关调解组织在双方自愿的基础上，依法对旅游者与旅游经营者之间的纠纷进行调解。

第九十四条 旅游者与旅游经营者发生纠纷，旅游者一方人数众多并有共同请求的，可以推选代表人参加协商、调解、仲裁、诉讼活动。

第九章 法律责任

第九十五条 违反本法规定，未经许可经营旅行社业务的，由旅游主管部门或者市场监督管理部门责令改正，没收违法所得，并处一万元以上十万元以下罚款；违法所得十万元以上的，并处违法所得一倍以上五倍以下罚款；对有关责任人员，处二千元以上二万元以下罚款。

旅行社违反本法规定，未经许可经营本法第二十九条第一款第二项、第三项业务，或者出租、出借旅行社业务经营许可证，或者以其他方式非法转让旅行社业务经营许可的，除依照前款规定处罚外，并责令停业整顿；情节严重的，吊销旅行社业务经营许可证；对直接负责的主管人员，处二千元以上二万元以下罚款。

第九十六条 旅行社违反本法规定，有下列行为之一的，由旅游主管部门责令改正，没收违法所得，并处五千元以上五万元以下罚款；情节严重的，责令停业整顿或者吊销旅行社业务经营许可证；对直接负责的主管人员和其他直接责任人员，处二千元以上二万元以下罚款：

（一）未按照规定为出境或者入境团队旅游安排领队或者导游全程陪同的；

（二）安排未取得导游证的人员提供导游服务或者安排不具备领队条件的人员提供领队服务的；

（三）未向临时聘用的导游支付导游服务费用的；

（四）要求导游垫付或者向导游收取费用的。

第九十七条 旅行社违反本法规定，有下列行为之一的，由旅游主管部门或者有关部门责令改正，没收违法所得，并处五千元以上五万元以下罚款；违法所得五万元以上的，并处违法所得一倍以上五倍以下罚款；

情节严重的，责令停业整顿或者吊销旅行社业务经营许可证；对直接负责的主管人员和其他直接责任人员，处二千元以上二万元以下罚款：

（一）进行虚假宣传，误导旅游者的；

（二）向不合格的供应商订购产品和服务的；

（三）未按照规定投保旅行社责任保险的。

第九十八条 旅行社违反本法第三十五条规定的，由旅游主管部门责令改正，没收违法所得，责令停业整顿，并处三万元以上三十万元以下罚款；违法所得三十万元以上的，并处违法所得一倍以上五倍以下罚款；情节严重的，吊销旅行社业务经营许可证；对直接负责的主管人员和其他直接责任人员，没收违法所得，处二千元以上二万以下罚款，并暂扣或者吊销导游证。

第九十九条 旅行社未履行本法第五十五条规定的报告义务的，由旅游主管部门处五千元以上五万元以下罚款；情节严重的，责令停业整顿或者吊销旅行社业务经营许可证；对直接负责的主管人员和其他直接责任人员，处二千元以上二万元以下罚款，并暂扣或者吊销导游证。

第一百条 旅行社违反本法规定，有下列行为之一的，由旅游主管部门责令改正，处三万元以上三十万元以下罚款，并责令停业整顿；造成旅游者滞留等严重后果的，吊销旅行社业务经营许可证；对直接负责的主管人员和其他直接责任人员，处二千元以上二万元以下罚款，并暂扣或者吊销导游证：

（一）在旅游行程中擅自变更旅游行程安排，严重损害旅游者权益的；

（二）拒绝履行合同的；

（三）未征得旅游者书面同意，委托其他旅行社履行包价旅游合同的。

第一百零一条 旅行社违反本法规定，安排旅游者参观或者参与违反我国法律、法规和社会公德的项目或者活动的，由旅游主管部门责令改正，没收违法所得，责令停业整顿，并处二万元以上二十万元以下罚款；情节严重的，吊销旅行社业务经营许可证；对直接负责的主管人员和其他直接责任人员，处二千元以上二万元以下罚款，并暂扣或者吊销导游证。

第一百零二条 违反本法规定，未取得导游证或者不具备领队条件而从事导游、领队活动的，由旅游主管部门责令改正，没收违法所得，并处一千元以上一万元以下罚款，予以公告。

导游、领队违反本法规定，私自承揽业务的，由旅游主管部门责令改正，没收违法所得，处一千元以上一万元以下罚款，并暂扣或者吊销导游证。

导游、领队违反本法规定，向旅游者索取小费的，由旅游主管部门责令退还，处一千元以上一万元以下罚款；情节严重的，并暂扣或者吊销导游证。

第一百零三条 违反本法规定被吊销导游证的导游、领队和受到吊销旅行社业务经营许可证处罚的旅行社的有关管理人员，自处罚之日起未逾三年的，不得重新申请导游证或者从事旅行社业务。

第一百零四条 旅游经营者违反本法规定，给予或者收受贿赂的，由市场监督管理部门依照有关法律、法规的规定处罚；情节严重的，并由旅游主管部门吊销旅行社业务经营许可证。

第一百零五条 景区不符合本法规定的开放条件而接待旅游者的，由景区主管部门责令停业整顿直至符合开放条件，并处二万元以上二十万元以下罚款。

景区在旅游者数量可能达到最大承载量时，未依照本法规定公告或者未向当地人民政府报告，未及时采取疏导、分流等措施，或者超过最大承载量接待旅游者的，由景区主管部门责令改正，情节严重的，责令停业整顿一个月至六个月。

第一百零六条 景区违反本法规定，擅自提高门票或者另行收费项目的价格，或者有其他价格违法行为的，由有关主管部门依照有关法律、法规的规定处罚。

第一百零七条 旅游经营者违反有关安全生产管理和消防安全管理的法律、法规或者国家标准、行业标准的，由有关主管部门依照有关法律、法规的规定处罚。

第一百零八条 对违反本法规定的旅游经营者及其从业人员，旅游主管部门和有关部门应当记入信用档案，向社会公布。

第一百零九条 旅游主管部门和有关部门的工作人员在履行监督管理职责中，滥用职权、玩忽职守、徇私舞弊，尚不构成犯罪的，依法给予处分。

第一百一十条 违反本法规定，构成犯罪的，依法追究刑事责任。

第十章　附　　则

第一百一十一条 本法下列用语的含义：

（一）旅游经营者，是指旅行社、景区以及为旅游者提供交通、住宿、餐饮、购物、娱乐等服务的经营者。

（二）景区，是指为旅游者提供游览服务、有明确的管理界限的场所或者区域。

（三）包价旅游合同，是指旅行社预先安排行程，提供或者通过履行辅助人提供交通、住宿、餐饮、游览、导游或者领队等两项以上旅游服务，旅游者以总价支付旅游费用的合同。

（四）组团社，是指与旅游者订立包价旅游合同的旅行社。

（五）地接社，是指接受组团社委托，在目的地接待旅游者的旅行社。

（六）履行辅助人，是指与旅行社存在合同关系，协助其履行包价旅游合同义务，实际提供相关服务的法人或者自然人。

第一百一十二条 本法自2013年10月1日起施行。

中华人民共和国防震减灾法

（1997年12月29日第八届全国人民代表大会常务委员会第二十九次会议通过，2008年12月27日第十一届全国人民代表大会常务委员会第六次会议修订）

第一章　总　　则

第一条 为了防御和减轻地震灾害，保护人民生命和财产安全，促进经济社会的可持续发展，制定本法。

第二条 在中华人民共和国领域和中华人民共和国管辖的其他海域从事地震监测预报、地震灾害预防、地震应急救援、地震灾后过渡性安置和恢复重建等防震减灾活动，适用本法。

第三条 防震减灾工作，实行预防为主、防御与救助相结合的方针。

第四条 县级以上人民政府应当加强对防震减灾工作的领导，将防震减灾工作纳入本级国民经济和社会发展规划，所需经费列入财政预算。

第五条 在国务院的领导下，国务院地震工作主管部门和国务院经济综合宏观调控、建设、民政、卫生、公安以及其他有关部门，按照职责分工，各负其责，密切配合，共同做好防震减灾工作。

县级以上地方人民政府负责管理地震工作的部门或者机构和其他有关部门在本级人民政府领导下，按照职责分工，各负其责，密切配合，共同做好本行政区域的防震减灾工作。

第六条　国务院抗震救灾指挥机构负责统一领导、指挥和协调全国抗震救灾工作。县级以上地方人民政府抗震救灾指挥机构负责统一领导、指挥和协调本行政区域的抗震救灾工作。

国务院地震工作主管部门和县级以上地方人民政府负责管理地震工作的部门或者机构，承担本级人民政府抗震救灾指挥机构的日常工作。

第七条　各级人民政府应当组织开展防震减灾知识的宣传教育，增强公民的防震减灾意识，提高全社会的防震减灾能力。

第八条　任何单位和个人都有依法参加防震减灾活动的义务。

国家鼓励、引导社会组织和个人开展地震群测群防活动，对地震进行监测和预防。

国家鼓励、引导志愿者参加防震减灾活动。

第九条　中国人民解放军、中国人民武装警察部队和民兵组织，依照本法以及其他有关法律、行政法规、军事法规的规定和国务院、中央军事委员会的命令，执行抗震救灾任务，保护人民生命和财产安全。

第十条　从事防震减灾活动，应当遵守国家有关防震减灾标准。

第十一条　国家鼓励、支持防震减灾的科学技术研究，逐步提高防震减灾科学技术研究经费投入，推广先进的科学研究成果，加强国际合作与交流，提高防震减灾工作水平。

对在防震减灾工作中做出突出贡献的单位和个人，按照国家有关规定给予表彰和奖励。

第二章　防震减灾规划

第十二条　国务院地震工作主管部门会同国务院有关部门组织编制国家防震减灾规划，报国务院批准后组织实施。

县级以上地方人民政府负责管理地震工作的部门或者机构会同同级有关部门，根据上一级防震减灾规划和本行政区域的实际情况，组织编制本行政区域的防震减灾规划，报本级人民政府批准后组织实施，并报上一级人民政府负责管理地震工作的部门或者机构备案。

第十三条　编制防震减灾规划，应当遵循统筹安排、突出重点、合理布局、全面预防的原则，以震情和震害预测结果为依据，并充分考虑人民生命和财产安全及经济社会发展、资源环境保护等需要。

县级以上地方人民政府有关部门应当根据编制防震减灾规划的需要，及时提供有关资料。

第十四条　防震减灾规划的内容应当包括：震情形势和防震减灾总体目标，地震监测台网建设布局，地震灾害预防措施，地震应急救援措施，以及防震减灾技术、信息、资金、物资等保障措施。

编制防震减灾规划，应当对地震重点监视防御区的地震监测台网建设、震情跟踪、地震灾害预防措施、地震应急准备、防震减灾知识宣传教育等作出具体安排。

第十五条　防震减灾规划报送审批前，组织编制机关应当征求有关部门、单位、专家和公众的意见。

防震减灾规划报送审批文件中应当附具意见采纳情况及理由。

第十六条　防震减灾规划一经批准公布，应当严格执行；因震情形势变化和经济社会发展的需要确需修改的，应当按照原审批程序报送审批。

第三章　地震监测预报

第十七条　国家加强地震监测预报工作，建立多学科地震监测系统，逐步提高地震监测预报水平。

第十八条　国家对地震监测台网实行统一规划，分级、分类管理。

国务院地震工作主管部门和县级以上地方人民政府负责管理地震工作的部门或者机构，按照国务院有关规定，制定地震监测台网规划。

全国地震监测台网由国家级地震监测台网、省级地震监测台网和市、县级地震监测台网组成，其建设资金和运行经费列入财政预算。

第十九条 水库、油田、核电站等重大建设工程的建设单位，应当按照国务院有关规定，建设专用地震监测台网或者强震动监测设施，其建设资金和运行经费由建设单位承担。

第二十条 地震监测台网的建设，应当遵守法律、法规和国家有关标准，保证建设质量。

第二十一条 地震监测台网不得擅自中止或者终止运行。

检测、传递、分析、处理、存贮、报送地震监测信息的单位，应当保证地震监测信息的质量和安全。

县级以上地方人民政府应当组织相关单位为地震监测台网的运行提供通信、交通、电力等保障条件。

第二十二条 沿海县级以上地方人民政府负责管理地震工作的部门或者机构，应当加强海域地震活动监测预测工作。海域地震发生后，县级以上地方人民政府负责管理地震工作的部门或者机构，应当及时向海洋主管部门和当地海事管理机构等通报情况。

火山所在地的县级以上地方人民政府负责管理地震工作的部门或者机构，应当利用地震监测设施和技术手段，加强火山活动监测预测工作。

第二十三条 国家依法保护地震监测设施和地震观测环境。

任何单位和个人不得侵占、毁损、拆除或者擅自移动地震监测设施。地震监测设施遭到破坏的，县级以上地方人民政府负责管理地震工作的部门或者机构应当采取紧急措施组织修复，确保地震监测设施正常运行。

任何单位和个人不得危害地震观测环境。国务院地震工作主管部门和县级以上地方人民政府负责管理地震工作的部门或者机构会同同级有关部门，按照国务院有关规定划定地震观测环境保护范围，并纳入土地利用总体规划和城乡规划。

第二十四条 新建、扩建、改建建设工程，应当避免对地震监测设施和地震观测环境造成危害。建设国家重点工程，确实无法避免对地震监测设施和地震观测环境造成危害的，建设单位应当按照县级以上地方人民政府负责管理地震工作的部门或者机构的要求，增建抗干扰设施；不能增建抗干扰设施的，应当新建地震监测设施。

对地震观测环境保护范围内的建设工程项目，城乡规划主管部门在依法核发选址意见书时，应当征求负责管理地震工作的部门或者机构的意见；不需要核发选址意见书的，城乡规划主管部门在依法核发建设用地规划许可证或者乡村建设规划许可证时，应当征求负责管理地震工作的部门或者机构的意见。

第二十五条 国务院地震工作主管部门建立健全地震监测信息共享平台，为社会提供服务。

县级以上地方人民政府负责管理地震工作的部门或者机构，应当将地震监测信息及时报送上一级人民政府负责管理地震工作的部门或者机构。

专用地震监测台网和强震动监测设施的管理单位，应当将地震监测信息及时报送所在地省、自治区、直辖市人民政府负责管理地震工作的部门或者机构。

第二十六条 国务院地震工作主管部门和县级以上地方人民政府负责管理地震工作的部门或者机构，根据地震监测信息研究结果，对可能发生地震的地点、时间和震级作出预测。

其他单位和个人通过研究提出的地震预

测意见，应当向所在地或者所预测地的县级以上地方人民政府负责管理地震工作的部门或者机构书面报告，或者直接向国务院地震工作主管部门书面报告。收到书面报告的部门或者机构应当进行登记并出具接收凭证。

第二十七条　观测到可能与地震有关的异常现象的单位和个人，可以向所在地县级以上地方人民政府负责管理地震工作的部门或者机构报告，也可以直接向国务院地震工作主管部门报告。

国务院地震工作主管部门和县级以上地方人民政府负责管理地震工作的部门或者机构接到报告后，应当进行登记并及时组织调查核实。

第二十八条　国务院地震工作主管部门和省、自治区、直辖市人民政府负责管理地震工作的部门或者机构，应当组织召开震情会商会，必要时邀请有关部门、专家和其他有关人员参加，对地震预测意见和可能与地震有关的异常现象进行综合分析研究，形成震情会商意见，报本级人民政府；经震情会商形成地震预报意见的，在报本级人民政府前，应当进行评审，作出评审结果，并提出对策建议。

第二十九条　国家对地震预报意见实行统一发布制度。

全国范围内的地震长期和中期预报意见，由国务院发布。省、自治区、直辖市行政区域内的地震预报意见，由省、自治区、直辖市人民政府按照国务院规定的程序发布。

除发表本人或者本单位对长期、中期地震活动趋势的研究成果及进行相关学术交流外，任何单位和个人不得向社会散布地震预测意见。任何单位和个人不得向社会散布地震预报意见及其评审结果。

第三十条　国务院地震工作主管部门根据地震活动趋势和震害预测结果，提出确定地震重点监视防御区的意见，报国务院批准。

国务院地震工作主管部门应当加强地震重点监视防御区的震情跟踪，对地震活动趋势进行分析评估，提出年度防震减灾工作意见，报国务院批准后实施。

地震重点监视防御区的县级以上地方人民政府应当根据年度防震减灾工作意见和当地的地震活动趋势，组织有关部门加强防震减灾工作。

地震重点监视防御区的县级以上地方人民政府负责管理地震工作的部门或者机构，应当增加地震监测台网密度，组织做好震情跟踪、流动观测和可能与地震有关的异常现象观测以及群测群防工作，并及时将有关情况报上一级人民政府负责管理地震工作的部门或者机构。

第三十一条　国家支持全国地震烈度速报系统的建设。

地震灾害发生后，国务院地震工作主管部门应当通过全国地震烈度速报系统快速判断致灾程度，为指挥抗震救灾工作提供依据。

第三十二条　国务院地震工作主管部门和县级以上地方人民政府负责管理地震工作的部门或者机构，应当对发生地震灾害的区域加强地震监测，在地震现场设立流动观测点，根据震情的发展变化，及时对地震活动趋势作出分析、判定，为余震防范工作提供依据。

国务院地震工作主管部门和县级以上地方人民政府负责管理地震工作的部门或者机构、地震监测台网的管理单位，应当及时收集、保存有关地震的资料和信息，并建立完整的档案。

第三十三条　外国的组织或者个人在中华人民共和国领域和中华人民共和国管辖的其他海域从事地震监测活动，必须经国务院地震工作主管部门会同有关部门批准，并采取与中华人民共和国有关部门或者单位合作的形式进行。

第四章　地震灾害预防

第三十四条　国务院地震工作主管部门

负责制定全国地震烈度区划图或者地震动参数区划图。

国务院地震工作主管部门和省、自治区、直辖市人民政府负责管理地震工作的部门或者机构，负责审定建设工程的地震安全性评价报告，确定抗震设防要求。

第三十五条 新建、扩建、改建建设工程，应当达到抗震设防要求。

重大建设工程和可能发生严重次生灾害的建设工程，应当按照国务院有关规定进行地震安全性评价，并按照经审定的地震安全性评价报告所确定的抗震设防要求进行抗震设防。建设工程的地震安全性评价单位应当按照国家有关标准进行地震安全性评价，并对地震安全性评价报告的质量负责。

前款规定以外的建设工程，应当按照地震烈度区划图或者地震动参数区划图所确定的抗震设防要求进行抗震设防；对学校、医院等人员密集场所的建设工程，应当按照高于当地房屋建筑的抗震设防要求进行设计和施工，采取有效措施，增强抗震设防能力。

第三十六条 有关建设工程的强制性标准，应当与抗震设防要求相衔接。

第三十七条 国家鼓励城市人民政府组织制定地震小区划图。地震小区划图由国务院地震工作主管部门负责审定。

第三十八条 建设单位对建设工程的抗震设计、施工的全过程负责。

设计单位应当按照抗震设防要求和工程建设强制性标准进行抗震设计，并对抗震设计的质量以及出具的施工图设计文件的准确性负责。

施工单位应当按照施工图设计文件和工程建设强制性标准进行施工，并对施工质量负责。

建设单位、施工单位应当选用符合施工图设计文件和国家有关标准规定的材料、构配件和设备。

工程监理单位应当按照施工图设计文件和工程建设强制性标准实施监理，并对施工质量承担监理责任。

第三十九条 已经建成的下列建设工程，未采取抗震设防措施或者抗震设防措施未达到抗震设防要求的，应当按照国家有关规定进行抗震性能鉴定，并采取必要的抗震加固措施：

（一）重大建设工程；

（二）可能发生严重次生灾害的建设工程；

（三）具有重大历史、科学、艺术价值或者重要纪念意义的建设工程；

（四）学校、医院等人员密集场所的建设工程；

（五）地震重点监视防御区内的建设工程。

第四十条 县级以上地方人民政府应当加强对农村村民住宅和乡村公共设施抗震设防的管理，组织开展农村实用抗震技术的研究和开发，推广达到抗震设防要求、经济适用、具有当地特色的建筑设计和施工技术，培训相关技术人员，建设示范工程，逐步提高农村村民住宅和乡村公共设施的抗震设防水平。

国家对需要抗震设防的农村村民住宅和乡村公共设施给予必要支持。

第四十一条 城乡规划应当根据地震应急避难的需要，合理确定应急疏散通道和应急避难场所，统筹安排地震应急避难所必需的交通、供水、供电、排污等基础设施建设。

第四十二条 地震重点监视防御区的县级以上地方人民政府应当根据实际需要，在本级财政预算和物资储备中安排抗震救灾资金、物资。

第四十三条 国家鼓励、支持研究开发和推广使用符合抗震设防要求、经济实用的新技术、新工艺、新材料。

第四十四条 县级人民政府及其有关部门和乡、镇人民政府、城市街道办事处等基层组织，应当组织开展地震应急知识的宣传普及活动和必要的地震应急救援演练，提高公民在地震灾害中自救互救的能力。

机关、团体、企业、事业等单位，应当按照所在地人民政府的要求，结合各自实际情况，加强对本单位人员的地震应急知识宣传教育，开展地震应急救援演练。

学校应当进行地震应急知识教育，组织开展必要的地震应急救援演练，培养学生的安全意识和自救互救能力。

新闻媒体应当开展地震灾害预防和应急、自救互救知识的公益宣传。

国务院地震工作主管部门和县级以上地方人民政府负责管理地震工作的部门或者机构，应当指导、协助、督促有关单位做好防震减灾知识的宣传教育和地震应急救援演练等工作。

第四十五条　国家发展有财政支持的地震灾害保险事业，鼓励单位和个人参加地震灾害保险。

第五章　地震应急救援

第四十六条　国务院地震工作主管部门会同国务院有关部门制定国家地震应急预案，报国务院批准。国务院有关部门根据国家地震应急预案，制定本部门的地震应急预案，报国务院地震工作主管部门备案。

县级以上地方人民政府及其有关部门和乡、镇人民政府，应当根据有关法律、法规、规章、上级人民政府及其有关部门的地震应急预案和本行政区域的实际情况，制定本行政区域的地震应急预案和本部门的地震应急预案。省、自治区、直辖市和较大的市的地震应急预案，应当报国务院地震工作主管部门备案。

交通、铁路、水利、电力、通信等基础设施和学校、医院等人员密集场所的经营管理单位，以及可能发生次生灾害的核电、矿山、危险物品等生产经营单位，应当制定地震应急预案，并报所在地的县级人民政府负责管理地震工作的部门或者机构备案。

第四十七条　地震应急预案的内容应当包括：组织指挥体系及其职责，预防和预警机制，处置程序，应急响应和应急保障措施等。

地震应急预案应当根据实际情况适时修订。

第四十八条　地震预报意见发布后，有关省、自治区、直辖市人民政府根据预报的震情可以宣布有关区域进入临震应急期；有关地方人民政府应当按照地震应急预案，组织有关部门做好应急防范和抗震救灾准备工作。

第四十九条　按照社会危害程度、影响范围等因素，地震灾害分为一般、较大、重大和特别重大四级。具体分级标准按照国务院规定执行。

一般或者较大地震灾害发生后，地震发生地的市、县人民政府负责组织有关部门启动地震应急预案；重大地震灾害发生后，地震发生地的省、自治区、直辖市人民政府负责组织有关部门启动地震应急预案；特别重大地震灾害发生后，国务院负责组织有关部门启动地震应急预案。

第五十条　地震灾害发生后，抗震救灾指挥机构应当立即组织有关部门和单位迅速查清受灾情况，提出地震应急救援力量的配置方案，并采取以下紧急措施：

（一）迅速组织抢救被压埋人员，并组织有关单位和人员开展自救互救；

（二）迅速组织实施紧急医疗救护，协调伤员转移和接收与救治；

（三）迅速组织抢修毁损的交通、铁路、水利、电力、通信等基础设施；

（四）启用应急避难场所或者设置临时避难场所，设置救济物资供应点，提供救济物品、简易住所和临时住所，及时转移和安置受灾群众，确保饮用水消毒和水质安全，积极开展卫生防疫，妥善安排受灾群众生活；

（五）迅速控制危险源，封锁危险场

所，做好次生灾害的排查与监测预警工作，防范地震可能引发的火灾、水灾、爆炸、山体滑坡和崩塌、泥石流、地面塌陷，或者剧毒、强腐蚀性、放射性物质大量泄漏等次生灾害以及传染病疫情的发生；

（六）依法采取维持社会秩序、维护社会治安的必要措施。

第五十一条 特别重大地震灾害发生后，国务院抗震救灾指挥机构在地震灾区成立现场指挥机构，并根据需要设立相应的工作组，统一组织领导、指挥和协调抗震救灾工作。

各级人民政府及有关部门和单位、中国人民解放军、中国人民武装警察部队和民兵组织，应当按照统一部署，分工负责，密切配合，共同做好地震应急救援工作。

第五十二条 地震灾区的县级以上地方人民政府应当及时将地震震情和灾情等信息向上一级人民政府报告，必要时可以越级上报，不得迟报、谎报、瞒报。

地震震情、灾情和抗震救灾等信息按照国务院有关规定实行归口管理，统一、准确、及时发布。

第五十三条 国家鼓励、扶持地震应急救援新技术和装备的研究开发，调运和储备必要的应急救援设施、装备，提高应急救援水平。

第五十四条 国务院建立国家地震灾害紧急救援队伍。

省、自治区、直辖市人民政府和地震重点监视防御区的市、县人民政府可以根据实际需要，充分利用消防等现有队伍，按照一队多用、专职与兼职相结合的原则，建立地震灾害紧急救援队伍。

地震灾害紧急救援队伍应当配备相应的装备、器材，开展培训和演练，提高地震灾害紧急救援能力。

地震灾害紧急救援队伍在实施救援时，应当首先对倒塌建筑物、构筑物压埋人员进行紧急救援。

第五十五条 县级以上人民政府有关部门应当按照职责分工，协调配合，采取有效措施，保障地震灾害紧急救援队伍和医疗救治队伍快速、高效地开展地震灾害紧急救援活动。

第五十六条 县级以上地方人民政府及其有关部门可以建立地震灾害救援志愿者队伍，并组织开展地震应急救援知识培训和演练，使志愿者掌握必要的地震应急救援技能，增强地震灾害应急救援能力。

第五十七条 国务院地震工作主管部门会同有关部门和单位，组织协调外国救援队和医疗队在中华人民共和国开展地震灾害紧急救援活动。

国务院抗震救灾指挥机构负责外国救援队和医疗队的统筹调度，并根据其专业特长，科学、合理地安排紧急救援任务。

地震灾区的地方各级人民政府，应当对外国救援队和医疗队开展紧急救援活动予以支持和配合。

第六章 地震灾后过渡性安置和恢复重建

第五十八条 国务院或者地震灾区的省、自治区、直辖市人民政府应当及时组织对地震灾害损失进行调查评估，为地震应急救援、灾后过渡性安置和恢复重建提供依据。

地震灾害损失调查评估的具体工作，由国务院地震工作主管部门或者地震灾区的省、自治区、直辖市人民政府负责管理地震工作的部门或者机构和财政、建设、民政等有关部门按照国务院的规定承担。

第五十九条 地震灾区受灾群众需要过渡性安置的，应当根据地震灾区的实际情况，在确保安全的前提下，采取灵活多样的方式进行安置。

第六十条 过渡性安置点应当设置在交通条件便利、方便受灾群众恢复生产和生活的区域，并避开地震活动断层和可能发生严重次生灾害的区域。

过渡性安置点的规模应当适度，并采取相应的防灾、防疫措施，配套建设必要的基础设施和公共服务设施，确保受灾群众的安全和基本生活需要。

第六十一条　实施过渡性安置应当尽量保护农用地，并避免对自然保护区、饮用水水源保护区以及生态脆弱区域造成破坏。

过渡性安置用地按照临时用地安排，可以先行使用，事后依法办理有关用地手续；到期未转为永久性用地的，应当复垦后交还原土地使用者。

第六十二条　过渡性安置点所在地的县级人民政府，应当组织有关部门加强对次生灾害、饮用水水质、食品卫生、疫情等的监测，开展流行病学调查，整治环境卫生，避免对土壤、水环境等造成污染。

过渡性安置点所在地的公安机关，应当加强治安管理，依法打击各种违法犯罪行为，维护正常的社会秩序。

第六十三条　地震灾区的县级以上地方人民政府及其有关部门和乡、镇人民政府，应当及时组织修复毁损的农业生产设施，提供农业生产技术指导，尽快恢复农业生产；优先恢复供电、供水、供气等企业的生产，并对大型骨干企业恢复生产提供支持，为全面恢复农业、工业、服务业生产经营提供条件。

第六十四条　各级人民政府应当加强对地震灾后恢复重建工作的领导、组织和协调。

县级以上人民政府有关部门应当在本级人民政府领导下，按照职责分工，密切配合，采取有效措施，共同做好地震灾后恢复重建工作。

第六十五条　国务院有关部门应当组织有关专家开展地震活动对相关建设工程破坏机理的调查评估，为修订完善有关建设工程的强制性标准、采取抗震设防措施提供科学依据。

第六十六条　特别重大地震灾害发生后，国务院经济综合宏观调控部门会同国务院有关部门与地震灾区的省、自治区、直辖市人民政府共同组织编制地震灾后恢复重建规划，报国务院批准后组织实施；重大、较大、一般地震灾害发生后，由地震灾区的省、自治区、直辖市人民政府根据实际需要组织编制地震灾后恢复重建规划。

地震灾害损失调查评估获得的地质、勘察、测绘、土地、气象、水文、环境等基础资料和经国务院地震工作主管部门复核的地震动参数区划图，应当作为编制地震灾后恢复重建规划的依据。

编制地震灾后恢复重建规划，应当征求有关部门、单位、专家和公众特别是地震灾区受灾群众的意见；重大事项应当组织有关专家进行专题论证。

第六十七条　地震灾后恢复重建规划应当根据地质条件和地震活动断层分布以及资源环境承载能力，重点对城镇和乡村的布局、基础设施和公共服务设施的建设、防灾减灾和生态环境以及自然资源和历史文化遗产保护等作出安排。

地震灾区内需要异地新建的城镇和乡村的选址以及地震灾后重建工程的选址，应当符合地震灾后恢复重建规划和抗震设防、防灾减灾要求，避开地震活动断层或者生态脆弱和可能发生洪水、山体滑坡和崩塌、泥石流、地面塌陷等灾害的区域以及传染病自然疫源地。

第六十八条　地震灾区的地方各级人民政府应当根据地震灾后恢复重建规划和当地经济社会发展水平，有计划、分步骤地组织实施地震灾后恢复重建。

第六十九条　地震灾区的县级以上地方人民政府应当组织有关部门和专家，根据地震灾害损失调查评估结果，制定清理保护方案，明确典型地震遗址、遗迹和文物保护单位以及具有历史价值与民族特色的建筑物、构筑物的保护范围和措施。

对地震灾害现场的清理，按照清理保护方案分区、分类进行，并依照法律、行政法规和国家有关规定，妥善清理、转运和处置有关放射性物质、危险废物和有毒化学品，开展防疫工作，防止传染病和重大动物疫情的发生。

第七十条 地震灾后恢复重建，应当统筹安排交通、铁路、水利、电力、通信、供水、供电等基础设施和市政公用设施，学校、医院、文化、商贸服务、防灾减灾、环境保护等公共服务设施，以及住房和无障碍设施的建设，合理确定建设规模和时序。

乡村的地震灾后恢复重建，应当尊重村民意愿，发挥村民自治组织的作用，以群众自建为主，政府补助、社会帮扶、对口支援，因地制宜，节约和集约利用土地，保护耕地。

少数民族聚居的地方的地震灾后恢复重建，应当尊重当地群众的意愿。

第七十一条 地震灾区的县级以上地方人民政府应当组织有关部门和单位，抢救、保护与收集整理有关档案、资料，对因地震灾害遗失、毁损的档案、资料，及时补充和恢复。

第七十二条 地震灾后恢复重建应当坚持政府主导、社会参与和市场运作相结合的原则。

地震灾区的地方各级人民政府应当组织受灾群众和企业开展生产自救，自力更生、艰苦奋斗、勤俭节约，尽快恢复生产。

国家对地震灾后恢复重建给予财政支持、税收优惠和金融扶持，并提供物资、技术和人力等支持。

第七十三条 地震灾区的地方各级人民政府应当组织做好救助、救治、康复、补偿、抚慰、抚恤、安置、心理援助、法律服务、公共文化服务等工作。

各级人民政府及有关部门应当做好受灾群众的就业工作，鼓励企业、事业单位优先吸纳符合条件的受灾群众就业。

第七十四条 对地震灾后恢复重建中需要办理行政审批手续的事项，有审批权的人民政府及有关部门应当按照方便群众、简化手续、提高效率的原则，依法及时予以办理。

第七章 监督管理

第七十五条 县级以上人民政府依法加强对防震减灾规划和地震应急预案的编制与实施、地震应急避难场所的设置与管理、地震灾害紧急救援队伍的培训、防震减灾知识宣传教育和地震应急救援演练等工作的监督检查。

县级以上人民政府有关部门应当加强对地震应急救援、地震灾后过渡性安置和恢复重建的物资的质量安全的监督检查。

第七十六条 县级以上人民政府建设、交通、铁路、水利、电力、地震等有关部门应当按照职责分工，加强对工程建设强制性标准、抗震设防要求执行情况和地震安全性评价工作的监督检查。

第七十七条 禁止侵占、截留、挪用地震应急救援、地震灾后过渡性安置和恢复重建的资金、物资。

县级以上人民政府有关部门对地震应急救援、地震灾后过渡性安置和恢复重建的资金、物资以及社会捐赠款物的使用情况，依法加强管理和监督，予以公布，并对资金、物资的筹集、分配、拨付、使用情况登记造册，建立健全档案。

第七十八条 地震灾区的地方人民政府应当定期公布地震应急救援、地震灾后过渡性安置和恢复重建的资金、物资以及社会捐赠款物的来源、数量、发放和使用情况，接受社会监督。

第七十九条 审计机关应当加强对地震应急救援、地震灾后过渡性安置和恢复重建的资金、物资的筹集、分配、拨付、使用的审计，并及时公布审计结果。

第八十条 监察机关应当加强对参与防震减灾工作的国家行政机关和法律、法规授权的具有管理公共事务职能的组织及其工作人员的监察。

第八十一条　任何单位和个人对防震减灾活动中的违法行为，有权进行举报。

接到举报的人民政府或者有关部门应当进行调查，依法处理，并为举报人保密。

第八章　法律责任

第八十二条　国务院地震工作主管部门、县级以上地方人民政府负责管理地震工作的部门或者机构，以及其他依照本法规定行使监督管理权的部门，不依法作出行政许可或者办理批准文件的，发现违法行为或者接到对违法行为的举报后不予查处的，或者有其他未依照本法规定履行职责的行为的，对直接负责的主管人员和其他直接责任人员，依法给予处分。

第八十三条　未按照法律、法规和国家有关标准进行地震监测台网建设的，由国务院地震工作主管部门或者县级以上地方人民政府负责管理地震工作的部门或者机构责令改正，采取相应的补救措施；对直接负责的主管人员和其他直接责任人员，依法给予处分。

第八十四条　违反本法规定，有下列行为之一的，由国务院地震工作主管部门或者县级以上地方人民政府负责管理地震工作的部门或者机构责令停止违法行为，恢复原状或者采取其他补救措施；造成损失的，依法承担赔偿责任：

（一）侵占、毁损、拆除或者擅自移动地震监测设施的；

（二）危害地震观测环境的；

（三）破坏典型地震遗址、遗迹的。

单位有前款所列违法行为，情节严重的，处二万元以上二十万元以下的罚款；个人有前款所列违法行为，情节严重的，处二千元以下的罚款。构成违反治安管理行为的，由公安机关依法给予处罚。

第八十五条　违反本法规定，未按照要求增建抗干扰设施或者新建地震监测设施的，由国务院地震工作主管部门或者县级以上地方人民政府负责管理地震工作的部门或者机构责令限期改正；逾期不改正的，处二万元以上二十万元以下的罚款；造成损失的，依法承担赔偿责任。

第八十六条　违反本法规定，外国的组织或者个人未经批准，在中华人民共和国领域和中华人民共和国管辖的其他海域从事地震监测活动的，由国务院地震工作主管部门责令停止违法行为，没收监测成果和监测设施，并处一万元以上十万元以下的罚款；情节严重的，并处十万元以上五十万元以下的罚款。

外国人有前款规定行为的，除依照前款规定处罚外，还应当依照外国人入境出境管理法律的规定缩短其在中华人民共和国停留的期限或者取消其在中华人民共和国居留的资格；情节严重的，限期出境或者驱逐出境。

第八十七条　未依法进行地震安全性评价，或者未按照地震安全性评价报告所确定的抗震设防要求进行抗震设防的，由国务院地震工作主管部门或者县级以上地方人民政府负责管理地震工作的部门或者机构责令限期改正；逾期不改正的，处三万元以上三十万元以下的罚款。

第八十八条　违反本法规定，向社会散布地震预测意见、地震预报意见及其评审结果，或者在地震灾后过渡性安置、地震灾后恢复重建中扰乱社会秩序，构成违反治安管理行为的，由公安机关依法给予处罚。

第八十九条　地震灾区的县级以上地方人民政府迟报、谎报、瞒报地震震情、灾情等信息的，由上级人民政府责令改正；对直接负责的主管人员和其他直接责任人员，依法给予处分。

第九十条　侵占、截留、挪用地震应急救援、地震灾后过渡性安置或者地震灾后恢复重建的资金、物资的，由财政部门、审计机关在各自职责范围内，责令改正，追回被侵占、截留、挪用的资金、物资；有违法所得的，没收违法所得；对单位给予警告或者通报批评；对直接负责的主管人员和其他直接责任人员，依法给予处分。

第九十一条 违反本法规定，构成犯罪的，依法追究刑事责任。

第九章 附 则

第九十二条 本法下列用语的含义：

（一）地震监测设施，是指用于地震信息检测、传输和处理的设备、仪器和装置以及配套的监测场地。

（二）地震观测环境，是指按照国家有关标准划定的保障地震监测设施不受干扰、能够正常发挥工作效能的空间范围。

（三）重大建设工程，是指对社会有重大价值或者有重大影响的工程。

（四）可能发生严重次生灾害的建设工程，是指受地震破坏后可能引发水灾、火灾、爆炸，或者剧毒、强腐蚀性、放射性物质大量泄漏，以及其他严重次生灾害的建设工程，包括水库大坝和贮油、贮气设施，贮存易燃易爆或者剧毒、强腐蚀性、放射性物质的设施，以及其他可能发生严重次生灾害的建设工程。

（五）地震烈度区划图，是指以地震烈度（以等级表示的地震影响强弱程度）为指标，将全国划分为不同抗震设防要求区域的图件。

（六）地震动参数区划图，是指以地震动参数（以加速度表示地震作用强弱程度）为指标，将全国划分为不同抗震设防要求区域的图件。

（七）地震小区划图，是指根据某一区域的具体场地条件，对该区域的抗震设防要求进行详细划分的图件。

第九十三条 本法自 2009 年 5 月 1 日起施行。

中华人民共和国文物保护法实施条例

（2003 年 5 月 18 日中华人民共和国国务院令第 377 号公布，根据 2013 年 12 月 7 日《国务院关于修改部分行政法规的决定》第一次修订，根据 2016 年 2 月 6 日《国务院关于修改部分行政法规的决定》第二次修订，根据 2017 年 3 月 1 日《国务院关于修改和废止部分行政法规的决定》第三次修订，根据 2017 年 10 月 7 日《国务院关于修改部分行政法规的决定》第四次修订）

第一章 总 则

第一条 根据《中华人民共和国文物保护法》（以下简称文物保护法），制定本实施条例。

第二条 国家重点文物保护专项补助经费和地方文物保护专项经费，由县级以上人民政府文物行政主管部门、投资主管部门、财政部门按照国家有关规定共同实施管理。任何单位或者个人不得侵占、挪用。

第三条 国有的博物馆、纪念馆、文物保护单位等的事业性收入，应当用于下列用途：

（一）文物的保管、陈列、修复、征集；

（二）国有的博物馆、纪念馆、文物保护单位的修缮和建设；

（三）文物的安全防范；

（四）考古调查、勘探、发掘；

（五）文物保护的科学研究、宣传教育。

第四条　文物行政主管部门和教育、科技、新闻出版、广播电视行政主管部门，应当做好文物保护的宣传教育工作。

第五条　国务院文物行政主管部门和省、自治区、直辖市人民政府文物行政主管部门，应当制定文物保护的科学技术研究规划，采取有效措施，促进文物保护科技成果的推广和应用，提高文物保护的科学技术水平。

第六条　有文物保护法第十二条所列事迹之一的单位或者个人，由人民政府及其文物行政主管部门、有关部门给予精神鼓励或者物质奖励。

第二章　不可移动文物

第七条　历史文化名城，由国务院建设行政主管部门会同国务院文物行政主管部门报国务院核定公布。

历史文化街区、村镇，由省、自治区、直辖市人民政府城乡规划行政主管部门会同文物行政主管部门报本级人民政府核定公布。

县级以上地方人民政府组织编制的历史文化名城和历史文化街区、村镇的保护规划，应当符合文物保护的要求。

第八条　全国重点文物保护单位和省级文物保护单位自核定公布之日起1年内，由省、自治区、直辖市人民政府划定必要的保护范围，作出标志说明，建立记录档案，设置专门机构或者指定专人负责管理。

设区的市、自治州级和县级文物保护单位自核定公布之日起1年内，由核定公布该文物保护单位的人民政府划定保护范围，作出标志说明，建立记录档案，设置专门机构或者指定专人负责管理。

第九条　文物保护单位的保护范围，是指对文物保护单位本体及周围一定范围实施重点保护的区域。

文物保护单位的保护范围，应当根据文物保护单位的类别、规模、内容以及周围环境的历史和现实情况合理划定，并在文物保护单位本体之外保持一定的安全距离，确保文物保护单位的真实性和完整性。

第十条　文物保护单位的标志说明，应当包括文物保护单位的级别、名称、公布机关、公布日期、立标机关、立标日期等内容。民族自治地区的文物保护单位的标志说明，应当同时用规范汉字和当地通用的少数民族文字书写。

第十一条　文物保护单位的记录档案，应当包括文物保护单位本体记录等科学技术资料和有关文献记载、行政管理等内容。

文物保护单位的记录档案，应当充分利用文字、音像制品、图画、拓片、摹本、电子文本等形式，有效表现其所载内容。

第十二条　古文化遗址、古墓葬、石窟寺和属于国家所有的纪念建筑物、古建筑，被核定公布为文物保护单位的，由县级以上地方人民政府设置专门机构或者指定机构负责管理。其他文物保护单位，由县级以上地方人民政府设置专门机构或者指定机构、专人负责管理；指定专人负责管理的，可以采取聘请文物保护员的形式。

文物保护单位有使用单位的，使用单位应当设立群众性文物保护组织；没有使用单位的，文物保护单位所在地的村民委员会或者居民委员会可以设立群众性文物保护组织。文物行政主管部门应当对群众性文物保护组织的活动给予指导和支持。

负责管理文物保护单位的机构，应当建立健全规章制度，采取安全防范措施；其安全保卫人员，可以依法配备防卫器械。

第十三条　文物保护单位的建设控制地带，是指在文物保护单位的保护范围外，为保护文物保护单位的安全、环境、历史风貌对建设项目加以限制的区域。

文物保护单位的建设控制地带，应当根据文物保护单位的类别、规模、内容以及周围环境的历史和现实情况合理划定。

第十四条 全国重点文物保护单位的建设控制地带，经省、自治区、直辖市人民政府批准，由省、自治区、直辖市人民政府的文物行政主管部门会同城乡规划行政主管部门划定并公布。

省级、设区的市、自治州级和县级文物保护单位的建设控制地带，经省、自治区、直辖市人民政府批准，由核定公布该文物保护单位的人民政府的文物行政主管部门会同城乡规划行政主管部门划定并公布。

第十五条 承担文物保护单位的修缮、迁移、重建工程的单位，应当同时取得文物行政主管部门发给的相应等级的文物保护工程资质证书和建设行政主管部门发给的相应等级的资质证书。其中，不涉及建筑活动的文物保护单位的修缮、迁移、重建，应当由取得文物行政主管部门发给的相应等级的文物保护工程资质证书的单位承担。

第十六条 申领文物保护工程资质证书，应当具备下列条件：

（一）有取得文物博物专业技术职务的人员；

（二）有从事文物保护工程所需的技术设备；

（三）法律、行政法规规定的其他条件。

第十七条 申领文物保护工程资质证书，应当向省、自治区、直辖市人民政府文物行政主管部门或者国务院文物行政主管部门提出申请。省、自治区、直辖市人民政府文物行政主管部门或者国务院文物行政主管部门应当自收到申请之日起 30 个工作日内作出批准或者不批准的决定。决定批准的，发给相应等级的文物保护工程资质证书；决定不批准的，应当书面通知当事人并说明理由。文物保护工程资质等级的分级标准和审批办法，由国务院文物行政主管部门制定。

第十八条 文物行政主管部门在审批文物保护单位的修缮计划和工程设计方案前，应当征求上一级人民政府文物行政主管部门的意见。

第十九条 危害全国重点文物保护单位安全或者破坏其历史风貌的建筑物、构筑物，由省、自治区、直辖市人民政府负责调查处理。

危害省级、设区的市、自治州级、县级文物保护单位安全或者破坏其历史风貌的建筑物、构筑物，由核定公布该文物保护单位的人民政府负责调查处理。

危害尚未核定公布为文物保护单位的不可移动文物安全的建筑物、构筑物，由县级人民政府负责调查处理。

第三章 考古发掘

第二十条 申请从事考古发掘的单位，取得考古发掘资质证书，应当具备下列条件：

（一）有 4 名以上接受过考古专业训练且主持过考古发掘项目的人员；

（二）有取得文物博物专业技术职务的人员；

（三）有从事文物安全保卫的专业人员；

（四）有从事考古发掘所需的技术设备；

（五）有保障文物安全的设施和场所；

（六）法律、行政法规规定的其他条件。

第二十一条 申领考古发掘资质证书，应当向国务院文物行政主管部门提出申请。国务院文物行政主管部门应当自收到申请之日起 30 个工作日内作出批准或者不批准的决定。决定批准的，发给考古发掘资质证书；决定不批准的，应当书面通知当事人并说明理由。

第二十二条 考古发掘项目实行项目负责人负责制度。

第二十三条 配合建设工程进行的考古

调查、勘探、发掘，由省、自治区、直辖市人民政府文物行政主管部门组织实施。跨省、自治区、直辖市的建设工程范围内的考古调查、勘探、发掘，由建设工程所在地的有关省、自治区、直辖市人民政府文物行政主管部门联合组织实施；其中，特别重要的建设工程范围内的考古调查、勘探、发掘，由国务院文物行政主管部门组织实施。

建设单位对配合建设工程进行的考古调查、勘探、发掘，应当予以协助，不得妨碍考古调查、勘探、发掘。

第二十四条　国务院文物行政主管部门应当自收到文物保护法第三十条第一款规定的发掘计划之日起30个工作日内作出批准或者不批准决定。决定批准的，发给批准文件；决定不批准的，应当书面通知当事人并说明理由。

文物保护法第三十条第二款规定的抢救性发掘，省、自治区、直辖市人民政府文物行政主管部门应当自开工之日起10个工作日内向国务院文物行政主管部门补办审批手续。

第二十五条　考古调查、勘探、发掘所需经费的范围和标准，按照国家有关规定执行。

第二十六条　从事考古发掘的单位应当在考古发掘完成之日起30个工作日内向省、自治区、直辖市人民政府文物行政主管部门和国务院文物行政主管部门提交结项报告，并于提交结项报告之日起3年内向省、自治区、直辖市人民政府文物行政主管部门和国务院文物行政主管部门提交考古发掘报告。

第二十七条　从事考古发掘的单位提交考古发掘报告后，经省、自治区、直辖市人民政府文物行政主管部门批准，可以保留少量出土文物作为科研标本，并应当于提交发掘报告之日起6个月内将其他出土文物移交给由省、自治区、直辖市人民政府文物行政主管部门指定的国有的博物馆、图书馆或者其他国有文物收藏单位收藏。

第四章　馆藏文物

第二十八条　文物收藏单位应当建立馆藏文物的接收、鉴定、登记、编目和档案制度，库房管理制度，出入库、注销和统计制度，保养、修复和复制制度。

第二十九条　县级人民政府文物行政主管部门应当将本行政区域内的馆藏文物档案，按照行政隶属关系报设区的市、自治州级人民政府文物行政主管部门或者省、自治区、直辖市人民政府文物行政主管部门备案；设区的市、自治州级人民政府文物行政主管部门应当将本行政区域内的馆藏文物档案，报省、自治区、直辖市人民政府文物行政主管部门备案；省、自治区、直辖市人民政府文物行政主管部门应当将本行政区域内的一级文物藏品档案，报国务院文物行政主管部门备案。

第三十条　文物收藏单位之间借用馆藏文物，借用人应当对借用的馆藏文物采取必要的保护措施，确保文物的安全。

借用的馆藏文物的灭失、损坏风险，除当事人另有约定外，由借用该馆藏文物的文物收藏单位承担。

第三十一条　国有文物收藏单位未依照文物保护法第三十六条的规定建立馆藏文物档案并将馆藏文物档案报主管的文物行政主管部门备案的，不得交换、借用馆藏文物。

第三十二条　修复、复制、拓印馆藏二级文物和馆藏三级文物的，应当报省、自治区、直辖市人民政府文物行政主管部门批准；修复、复制、拓印馆藏一级文物的，应当报国务院文物行政主管部门批准。

第三十三条　从事馆藏文物修复、复制、拓印的单位，应当具备下列条件：

（一）有取得中级以上文物博物专业技术职务的人员；

（二）有从事馆藏文物修复、复制、拓印所需的场所和技术设备；

（三）法律、行政法规规定的其他条件。

第三十四条 从事馆藏文物修复、复制、拓印，应当向省、自治区、直辖市人民政府文物行政主管部门提出申请。省、自治区、直辖市人民政府文物行政主管部门应当自收到申请之日起30个工作日内作出批准或者不批准的决定。决定批准的，发给相应等级的资质证书；决定不批准的，应当书面通知当事人并说明理由。

第三十五条 为制作出版物、音像制品等拍摄馆藏文物的，应当征得文物收藏单位同意，并签署拍摄协议，明确文物保护措施和责任。文物收藏单位应当自拍摄工作完成后10个工作日内，将拍摄情况向文物行政主管部门报告。

第三十六条 馆藏文物被盗、被抢或者丢失的，文物收藏单位应当立即向公安机关报案，并同时向主管的文物行政主管部门报告；主管的文物行政主管部门应当在接到文物收藏单位的报告后24小时内，将有关情况报告国务院文物行政主管部门。

第三十七条 国家机关和国有的企业、事业组织等收藏、保管国有文物的，应当履行下列义务：

（一）建立文物藏品档案制度，并将文物藏品档案报所在地省、自治区、直辖市人民政府文物行政主管部门备案；

（二）建立、健全文物藏品的保养、修复等管理制度，确保文物安全；

（三）文物藏品被盗、被抢或者丢失的，应当立即向公安机关报案，并同时向所在地省、自治区、直辖市人民政府文物行政主管部门报告。

第五章 民间收藏文物

第三十八条 文物收藏单位以外的公民、法人和其他组织，可以依法收藏文物，其依法收藏的文物的所有权受法律保护。

公民、法人和其他组织依法收藏文物的，可以要求文物行政主管部门对其收藏的文物提供鉴定、修复、保管等方面的咨询。

第三十九条 设立文物商店，应当具备下列条件：

（一）有200万元人民币以上的注册资本；

（二）有5名以上取得中级以上文物博物专业技术职务的人员；

（三）有保管文物的场所、设施和技术条件；

（四）法律、行政法规规定的其他条件。

第四十条 设立文物商店，应当向省、自治区、直辖市人民政府文物行政主管部门提出申请。省、自治区、直辖市人民政府文物行政主管部门应当自收到申请之日起30个工作日内作出批准或者不批准的决定。决定批准的，发给批准文件；决定不批准的，应当书面通知当事人并说明理由。

第四十一条 依法设立的拍卖企业，从事文物拍卖经营活动的，应当有5名以上取得高级文物博物专业技术职务的文物拍卖专业人员，并取得省、自治区、直辖市人民政府文物行政主管部门发给的文物拍卖许可证。

第四十二条 依法设立的拍卖企业申领文物拍卖许可证，应当向省、自治区、直辖市人民政府文物行政主管部门提出申请。省、自治区、直辖市人民政府文物行政主管部门应当自收到申请之日起30个工作日内作出批准或者不批准的决定。决定批准的，发给文物拍卖许可证；决定不批准的，应当书面通知当事人并说明理由。

第四十三条 文物商店购买、销售文物，经营文物拍卖的拍卖企业拍卖文物，应当记录文物的名称、图录、来源、文物的出卖人、委托人和买受人的姓名或者名称、住所、有效身份证件号码或者有效证照号码以及成交价格，并报省、自治区、直辖市人民政府文物行政主管部门备案。接受备案的文物行政主管部门应当依法为其保密，并将该记录保存75年。

文物行政主管部门应当加强对文物商店和经营文物拍卖的拍卖企业的监督检查。

第六章　文物出境进境

第四十四条　国务院文物行政主管部门指定的文物进出境审核机构，应当有5名以上取得中级以上文物博物专业技术职务的文物进出境责任鉴定人员。

第四十五条　运送、邮寄、携带文物出境，应当在文物出境前依法报文物进出境审核机构审核。文物进出境审核机构应当自收到申请之日起15个工作日内作出是否允许出境的决定。

文物进出境审核机构审核文物，应当有3名以上文物博物专业技术人员参加；其中，应当有2名以上文物进出境责任鉴定人员。

文物出境审核意见，由文物进出境责任鉴定员共同签署；对经审核，文物进出境责任鉴定员一致同意允许出境的文物，文物进出境审核机构方可作出允许出境的决定。

文物出境审核标准，由国务院文物行政主管部门制定。

第四十六条　文物进出境审核机构应当对所审核进出境文物的名称、质地、尺寸、级别，当事人的姓名或者名称、住所、有效身份证件号码或者有效证照号码，以及进出境口岸、文物去向和审核日期等内容进行登记。

第四十七条　经审核允许出境的文物，由国务院文物行政主管部门发给文物出境许可证，并由文物进出境审核机构标明文物出境标识。经审核允许出境的文物，应当从国务院文物行政主管部门指定的口岸出境。海关查验文物出境标识后，凭文物出境许可证放行。

经审核不允许出境的文物，由文物进出境审核机构发还当事人。

第四十八条　文物出境展览的承办单位，应当在举办展览前6个月向国务院文物行政主管部门提出申请。国务院文物行政主管部门应当自收到申请之日起30个工作日内作出批准或者不批准的决定。决定批准的，发给批准文件；决定不批准的，应当书面通知当事人并说明理由。

一级文物展品超过120件（套）的，或者一级文物展品超过展品总数的20%的，应当报国务院批准。

第四十九条　一级文物中的孤品和易损品，禁止出境展览。禁止出境展览文物的目录，由国务院文物行政主管部门定期公布。

未曾在国内正式展出的文物，不得出境展览。

第五十条　文物出境展览的期限不得超过1年。因特殊需要，经原审批机关批准可以延期；但是，延期最长不得超过1年。

第五十一条　文物出境展览期间，出现可能危及展览文物安全情形的，原审批机关可以决定中止或者撤销展览。

第五十二条　临时进境的文物，经海关将文物加封后，交由当事人报文物进出境审核机构审核、登记。文物进出境审核机构查验海关封志完好无损后，对每件临时进境文物标明文物临时进境标识，并登记拍照。

临时进境文物复出境时，应当由原审核、登记的文物进出境审核机构核对入境登记拍照记录，查验文物临时进境标识无误后标明文物出境标识，并由国务院文物行政主管部门发给文物出境许可证。

未履行本条第一款规定的手续临时进境的文物复出境的，依照本章关于文物出境的规定办理。

第五十三条　任何单位或者个人不得擅自剥除、更换、挪用或者损毁文物出境标识、文物临时进境标识。

第七章　法律责任

第五十四条　公安机关、工商行政管理、文物、海关、城乡规划、建设等有关部门及其工作人员，违反本条例规定，滥用审批权限、不履行职责或者发现违法行为不予查处的，对负有责任的主管人员和其他直接责任人员依法给予行政处分；构成犯罪的，依法追究刑事责任。

第五十五条 违反本条例规定，未取得相应等级的文物保护工程资质证书，擅自承担文物保护单位的修缮、迁移、重建工程的，由文物行政主管部门责令限期改正；逾期不改正，或者造成严重后果的，处 5 万元以上 50 万元以下的罚款；构成犯罪的，依法追究刑事责任。

违反本条例规定，未取得建设行政主管部门发给的相应等级的资质证书，擅自承担含有建筑活动的文物保护单位的修缮、迁移、重建工程的，由建设行政主管部门依照有关法律、行政法规的规定予以处罚。

第五十六条 违反本条例规定，未取得资质证书，擅自从事馆藏文物的修复、复制、拓印活动的，由文物行政主管部门责令停止违法活动；没收违法所得和从事违法活动的专用工具、设备；造成严重后果的，并处 1 万元以上 10 万元以下的罚款；构成犯罪的，依法追究刑事责任。

第五十七条 文物保护法第六十六条第二款规定的罚款，数额为 200 元以下。

第五十八条 违反本条例规定，未经批准擅自修复、复制、拓印馆藏珍贵文物的，由文物行政主管部门给予警告；造成严重后果的，处 2000 元以上 2 万元以下的罚款；对负有责任的主管人员和其他直接责任人员依法给予行政处分。

文物收藏单位违反本条例规定，未在规定期限内将文物拍摄情况向文物行政主管部门报告的，由文物行政主管部门责令限期改正；逾期不改正的，对负有责任的主管人员和其他直接责任人员依法给予行政处分。

第五十九条 考古发掘单位违反本条例规定，未在规定期限内提交结项报告或者考古发掘报告的，由省、自治区、直辖市人民政府文物行政主管部门或者国务院文物行政主管部门责令限期改正；逾期不改正的，对负有责任的主管人员和其他直接责任人员依法给予行政处分。

第六十条 考古发掘单位违反本条例规定，未在规定期限内移交文物的，由省、自治区、直辖市人民政府文物行政主管部门或者国务院文物行政主管部门责令限期改正；逾期不改正，或者造成严重后果的，对负有责任的主管人员和其他直接责任人员依法给予行政处分。

第六十一条 违反本条例规定，文物出境展览超过展览期限的，由国务院文物行政主管部门责令限期改正；对负有责任的主管人员和其他直接责任人员依法给予行政处分。

第六十二条 依照文物保护法第六十六条、第七十三条的规定，单位被处以吊销许可证行政处罚的，应当依法到工商行政管理部门办理变更登记或者注销登记；逾期未办理的，由工商行政管理部门吊销营业执照。

第六十三条 违反本条例规定，改变国有的博物馆、纪念馆、文物保护单位等的事业性收入的用途的，对负有责任的主管人员和其他直接责任人员依法给予行政处分；构成犯罪的，依法追究刑事责任。

第八章 附　　则

第六十四条 本条例自 2003 年 7 月 1 日起施行。

中华人民共和国水下文物保护管理条例

（1989 年 10 月 20 日中华人民共和国国务院令第 42 号发布，根据 2011 年 1 月 8 日《国务院关于废止和修改部分行政法规的决定》第一次修订，2022 年 1 月 23 日中华人民共和国国务院令第 751 号第二次修订）

第一条　为了加强水下文物保护工作的管理，根据《中华人民共和国文物保护法》的有关规定，制定本条例。

第二条　本条例所称水下文物，是指遗存于下列水域的具有历史、艺术和科学价值的人类文化遗产：

（一）遗存于中国内水、领海内的一切起源于中国的、起源国不明的和起源于外国的文物；

（二）遗存于中国领海以外依照中国法律由中国管辖的其他海域内的起源于中国的和起源国不明的文物；

（三）遗存于外国领海以外的其他管辖海域以及公海区域内的起源于中国的文物。

前款规定内容不包括 1911 年以后的与重大历史事件、革命运动以及著名人物无关的水下遗存。

第三条　本条例第二条第一款第一项、第二项所规定的水下文物属于国家所有，国家对其行使管辖权；本条例第二条第一款第三项所规定的水下文物，遗存于外国领海以外的其他管辖海域以及公海区域内的起源国不明的文物，国家享有辨认器物物主的权利。

第四条　国务院文物主管部门负责全国水下文物保护工作。县级以上地方人民政府文物主管部门负责本行政区域内的水下文物保护工作。

县级以上人民政府其他有关部门在各自职责范围内，负责有关水下文物保护工作。

中国领海以外依照中国法律由中国管辖的其他海域内的水下文物，由国务院文物主管部门负责保护工作。

第五条　任何单位和个人都有依法保护水下文物的义务。

各级人民政府应当重视水下文物保护，正确处理经济社会发展与水下文物保护的关系，确保水下文物安全。

第六条　根据水下文物的价值，县级以上人民政府依照《中华人民共和国文物保护法》有关规定，核定公布文物保护单位，对未核定为文物保护单位的不可移动文物予以登记公布。

县级以上地方人民政府文物主管部门应当根据不同文物的保护需要，制定文物保护单位和未核定为文物保护单位的不可移动文物的具体保护措施，并公告施行。

第七条　省、自治区、直辖市人民政府可以将水下文物分布较为集中、需要整体保护的水域划定公布为水下文物保护区，并根据实际情况进行调整。水下文物保护区涉及两个以上省、自治区、直辖市或者涉及中国领海以外依照中国法律由中国管辖的其他海域的，由国务院文物主管部门划定和调整，报国务院核定公布。

划定和调整水下文物保护区，应当征求有关部门和水域使用权人的意见，听取专家和公众的意见，涉及军事管理区和军事用海的还应当征求有关军事机关的意见。

划定和调整水下文物保护区的单位应当制定保护规划。国务院文物主管部门或者省、自治区、直辖市人民政府文物主管部门应当根据保护规划明确标示水下文物保护区的范围和界线，制定具体保护措施并公告施行。

在水下文物保护区内，禁止进行危及水下文物安全的捕捞、爆破等活动。

第八条 严禁破坏、盗捞、哄抢、私分、藏匿、倒卖、走私水下文物等行为。

在中国管辖水域内开展科学考察、资源勘探开发、旅游、潜水、捕捞、养殖、采砂、排污、倾废等活动的，应当遵守有关法律、法规的规定，并不得危及水下文物的安全。

第九条 任何单位或者个人以任何方式发现疑似本条例第二条第一款第一项、第二项所规定的水下文物的，应当及时报告所在地或者就近的地方人民政府文物主管部门，并上交已经打捞出水的文物。

文物主管部门接到报告后，如无特殊情况，应当在24小时内赶赴现场，立即采取措施予以保护，并在7日内提出处理意见；发现水下文物已经移动位置或者遭受实际破坏的，应当进行抢救性保护，并作详细记录；对已经打捞出水的文物，应当及时登记造册、妥善保管。

文物主管部门应当保护水下文物发现现场，必要时可以会同公安机关或者海上执法机关开展保护工作，并将保护工作情况报本级人民政府和上一级人民政府文物主管部门；发现重要文物的，应当逐级报至国务院文物主管部门，国务院文物主管部门应当在接到报告后15日内提出处理意见。

第十条 任何单位或者个人以任何方式发现疑似本条例第二条第一款第三项所规定的水下文物的，应当及时报告就近的地方人民政府文物主管部门或者直接报告国务院文物主管部门。接到报告的地方人民政府文物主管部门应当逐级报至国务院文物主管部门。国务院文物主管部门应当及时提出处理意见并报国务院。

第十一条 在中国管辖水域内进行水下文物的考古调查、勘探、发掘活动，应当由具有考古发掘资质的单位向国务院文物主管部门提出申请。申请材料包括工作计划书和考古发掘资质证书。拟开展的考古调查、勘探、发掘活动在中国内水、领海内的，还应当提供活动所在地省、自治区、直辖市人民政府文物主管部门出具的意见。

国务院文物主管部门应当自收到申请材料之日起30日内，作出准予许可或者不予许可的决定。准予许可的，发给批准文件；不予许可的，应当书面告知申请人并说明理由。

国务院文物主管部门在作出决定前，应当征求有关科研机构和专家的意见，涉及军事管理区和军事用海的还应当征求有关军事机关的意见；涉及在中国领海以外依照中国法律由中国管辖的其他海域内进行水下文物的考古调查、勘探、发掘活动的，还应当报国务院同意。

第十二条 任何外国组织、国际组织在中国管辖水域内进行水下文物考古调查、勘探、发掘活动，都应当采取与中方单位合作的方式进行，并取得许可。中方单位应当具有考古发掘资质；外方单位应当是专业考古研究机构，有从事该课题方向或者相近方向研究的专家和一定的实际考古工作经历。

中外合作进行水下文物考古调查、勘探、发掘活动的，由中方单位向国务院文物主管部门提出申请。申请材料应当包括中外合作单位合作意向书、工作计划书，以及合作双方符合前款要求的有关材料。拟开展的考古调查、勘探、发掘活动在中国内水、领海内的，还应当提供活动所在地省、自治区、直辖市人民政府文物主管部门出具的意见。

国务院文物主管部门收到申请材料后，

应当征求有关科研机构和专家的意见，涉及军事管理区和军事用海的还应当征求有关军事机关的意见，并按照国家有关规定送请有关部门审查。审查合格的，报请国务院特别许可；审查不合格的，应当书面告知申请人并说明理由。

中外合作考古调查、勘探、发掘活动所取得的水下文物、自然标本以及考古记录的原始资料，均归中国所有。

第十三条　在中国管辖水域内进行大型基本建设工程，建设单位应当事先报请国务院文物主管部门或者省、自治区、直辖市人民政府文物主管部门组织在工程范围内有可能埋藏文物的地方进行考古调查、勘探；需要进行考古发掘的，应当依照《中华人民共和国文物保护法》有关规定履行报批程序。

第十四条　在中国管辖水域内进行水下文物的考古调查、勘探、发掘活动，应当以文物保护和科学研究为目的，并遵守相关法律、法规，接受有关主管部门的管理。

考古调查、勘探、发掘活动结束后，从事考古调查、勘探、发掘活动的单位应当向国务院文物主管部门和省、自治区、直辖市人民政府文物主管部门提交结项报告、考古发掘报告和取得的实物图片、有关资料复制件等。

考古调查、勘探、发掘活动中取得的全部出水文物应当及时登记造册、妥善保管，按照国家有关规定移交给由国务院文物主管部门或者省、自治区、直辖市人民政府文物主管部门指定的国有博物馆、图书馆或者其他国有收藏文物的单位收藏。

中外合作进行考古调查、勘探、发掘活动的，由中方单位提交前两款规定的实物和资料。

第十五条　严禁未经批准进行水下文物考古调查、勘探、发掘等活动。

严禁任何个人以任何形式进行水下文物考古调查、勘探、发掘等活动。

第十六条　文物主管部门、文物收藏单位等应当通过举办展览、开放参观、科学研究等方式，充分发挥水下文物的作用，加强中华优秀传统文化、水下文物保护法律制度等的宣传教育，提高全社会水下文物保护意识和参与水下文物保护的积极性。

第十七条　文物主管部门、公安机关、海上执法机关按照职责分工开展水下文物保护执法工作，加强执法协作。

县级以上人民政府文物主管部门应当在水下文物保护工作中加强与有关部门的沟通协调，共享水下文物执法信息。

第十八条　任何单位和个人有权向文物主管部门举报违反本条例规定、危及水下文物安全的行为。文物主管部门应当建立举报渠道并向社会公开，依法及时处理有关举报。

第十九条　保护水下文物有突出贡献的，按照国家有关规定给予精神鼓励或者物质奖励。

第二十条　文物主管部门和其他有关部门的工作人员，在水下文物保护工作中滥用职权、玩忽职守、徇私舞弊的，对直接负责的主管人员和其他直接责任人员依法给予处分；构成犯罪的，依法追究刑事责任。

第二十一条　擅自在文物保护单位的保护范围内进行建设工程或者爆破、钻探、挖掘等作业的，依照《中华人民共和国文物保护法》追究法律责任。

第二十二条　违反本条例规定，有下列行为之一的，由县级以上人民政府文物主管部门或者海上执法机关按照职责分工责令改正，追缴有关文物，并给予警告；有违法所得的，没收违法所得，违法经营额10万元以上的，并处违法经营额5倍以上15倍以下的罚款，违法经营额不足10万元的，并处10万元以上100万元以下的罚款；情节严重的，由原发证机关吊销资质证书，10年内不受理其相应申请：

（一）未经批准进行水下文物的考古调

查、勘探、发掘活动；

（二）考古调查、勘探、发掘活动结束后，不按照规定移交有关实物或者提交有关资料；

（三）未事先报请有关主管部门组织进行考古调查、勘探，在中国管辖水域内进行大型基本建设工程；

（四）发现水下文物后未及时报告。

第二十三条 本条例自 2022 年 4 月 1 日起施行。

中华人民共和国考古涉外工作管理办法

（1990 年 12 月 31 日国务院批准，1991 年 2 月 22 日国家文物局令第 1 号发布，根据 2011 年 1 月 8 日《国务院关于废止和修改部分行政法规的决定》第一次修订，根据 2016 年 2 月 6 日《国务院关于修改部分行政法规的决定》第二次修订）

第一条 为了加强考古涉外工作管理，保护我国的古代文化遗产，促进我国与外国的考古学术交流，制定本办法。

第二条 本办法适用于在中国境内陆地、内水和领海以及由中国管辖的其他海域，中国有关单位（以下简称中方）同外国组织和国际组织（以下简称外方）所进行的考古调查、勘探、发掘和与之有关的研究、科技保护及其他活动。

第三条 任何外国组织、国际组织在中国境内进行考古调查、勘探、发掘，都应当采取与中国合作的形式。

第四条 国家文物局统一管理全国考古涉外工作。

第五条 本办法下列用语的含义是：

（一）考古调查是指以获取考古资料为目的，对古文化遗址、古墓葬、古建筑、石窟寺和其他地下、水下文物进行的考古记录和收集文物、自然标本等活动；

（二）考古勘探是指为了解地下、水下历史文化遗存的性质、结构、范围等基本情况而进行的探测活动；

（三）考古发掘是指以获取考古资料为目的，对古文化遗址、古墓葬和其他地下、水下文物进行的科学揭露、考古记录和收集文物、自然标本等活动；

（四）考古记录是指系统的文字描述、测量、绘图、拓印、照相、拍摄电影和录像活动；

（五）自然标本是指考古调查、勘探、发掘中所获取的自然遗存物。

第六条 中外合作进行考古调查、勘探、发掘活动，应当遵守下列原则：

（一）合作双方共同实施考古调查、勘探、发掘项目，并组成联合考古队，由中方专家主持全面工作；

（二）合作双方应当在中国境内共同整理考古调查、勘探、发掘所获取的资料并编写报告。报告由合作双方共同署名，中方有权优先发表；

（三）合作考古调查、勘探、发掘活动所获取的文物、自然标本以及考古记录的原始资料，均归中国所有，并确保其安全；

（四）合作双方都应当遵守中国的法律、法规和规章。

第七条 外方申请与中方合作进行考古调查、勘探、发掘时，应当按照下列规定向国家文物局提出书面申请：

（一）合作意向；

（二）对象、范围和目的；

（三）组队方案；

（四）工作步骤和文物的安全、技术保护措施等；

（五）经费、设备的来源及管理方式；

（六）意外事故的处理及风险承担。

第八条　申请合作考古调查、勘探、发掘的项目应当同时具备下列条件：

（一）有利于促进中国文物保护和考古学研究，有利于促进国际文化学术交流；

（二）中方已有一定的工作基础和研究成果，有从事该课题方向研究的专家；

（三）外方应当是专业考古研究机构，有从事该课题方向或者相近方向研究的专家，并具有一定的实际考古工作经历；

（四）有可靠的措施使发掘后的文物得到保护。

第九条　国家文物局会同中国社会科学院对外方的申请进行初步审查后，由国家文物局按照国家有关规定送请国防、外交、公安、国家安全等有关部门审查，经审查合格的，由国家文物局报请国务院特别许可。

第十条　合作考古调查、勘探、发掘项目获得国务院特别许可的，合作双方应当就批准的合作项目的具体事宜签订协议书。

第十一条　合作考古调查、勘探、发掘的文物或者自然标本需要送到中国境外进行分析化验或者技术鉴定的，应当报经国家文物局批准。化验、鉴定完毕后，除测试损耗外，原标本应当全部运回中国境内。

第十二条　外国留学人员（含本科生、研究生和进修生）以及外国研究学者在中国学习、研究考古学的批准期限在1年以上者，可以随同学习所在单位参加中方单独或者中外合作进行的考古调查、勘探、发掘活动。但须由其学习、研究所在单位征得考古调查、勘探、发掘单位的同意后，报国家文物局批准。

第十三条　外国公民、外国组织和国际组织在中国境内参观尚未公开接待参观者的文物点，在开放地区的，需由文物点所在地的管理单位或者接待参观者的中央国家机关及其直属单位，在参观一个月以前向文物点所在地的省、自治区、直辖市人民政府文物行政管理部门申报参观计划，经批准后方可进行；在未开放地区的，需由文物点所在地的管理单位或者接待参观者的中央国家机关及其直属单位，在参观一个月以前向文物点所在地的省、自治区、直辖市人民政府文物行政管理部门申报参观计划，经批准并按照有关涉外工作管理规定向有关部门办理手续后方可进行。

参观正在进行工作的考古发掘现场，接待单位须征求主持发掘单位的意见，经考古发掘现场所在地的省、自治区、直辖市人民政府文物行政管理部门批准后方可进行。

外国公民、外国组织和国际组织在参观过程中不得收集任何文物、自然标本和进行考古记录。

第十四条　国家文物局可以对合作考古调查、勘探、发掘工作实施检查，对工作质量达不到《田野考古工作规程》或者其他有关技术规范的要求的，责令暂停作业，限期改正。

第十五条　违反本办法第六条、第七条、第八条、第十条、第十一条的规定，根据情节轻重，由国家文物局给予警告、暂停作业、撤销项目、罚款1000元至1万元、没收其非法所得文物或者责令赔偿损失。

第十六条　违反本办法第十二条的规定，擅自接收外国留学人员、研究学者参加考古调查、勘探、发掘活动或者延长其工作期限的，国家文物局可以给予警告或者暂停该接收单位的团体考古发掘资格。

第十七条　外国公民、外国组织和国际组织违反本办法第十三条的规定，擅自参观文物点或者擅自收集文物、自然标本、进行考古记录的，文物行政管理部门可以停止其参观，没收其收集的文物、自然标本和考古记录。

第十八条　违反本办法的规定，构成违反治安管理的，依照《中华人民共和国治安管理处罚法》的规定处罚；构成犯罪的，依法追究刑事责任。

第十九条 台湾、香港、澳门地区的考古团体与大陆合作进行考古调查、勘探、发掘，可以参照本办法执行。

第二十条 文物研究、科技保护涉外工作的管理办法，由国家文物局根据本办法的原则制定。

第二十一条 本办法由国家文物局负责解释。

第二十二条 本办法自发布之日起施行。

历史文化名城名镇名村保护条例

（2008年4月22日中华人民共和国国务院令第524号公布，根据2017年10月7日《国务院关于修改部分行政法规的决定》修订）

第一章 总　　则

第一条 为了加强历史文化名城、名镇、名村的保护与管理，继承中华民族优秀历史文化遗产，制定本条例。

第二条 历史文化名城、名镇、名村的申报、批准、规划、保护，适用本条例。

第三条 历史文化名城、名镇、名村的保护应当遵循科学规划、严格保护的原则，保持和延续其传统格局和历史风貌，维护历史文化遗产的真实性和完整性，继承和弘扬中华民族优秀传统文化，正确处理经济社会发展和历史文化遗产保护的关系。

第四条 国家对历史文化名城、名镇、名村的保护给予必要的资金支持。

历史文化名城、名镇、名村所在地的县级以上地方人民政府，根据本地实际情况安排保护资金，列入本级财政预算。

国家鼓励企业、事业单位、社会团体和个人参与历史文化名城、名镇、名村的保护。

第五条 国务院建设主管部门会同国务院文物主管部门负责全国历史文化名城、名镇、名村的保护和监督管理工作。

地方各级人民政府负责本行政区域历史文化名城、名镇、名村的保护和监督管理工作。

第六条 县级以上人民政府及其有关部门对在历史文化名城、名镇、名村保护工作中做出突出贡献的单位和个人，按照国家有关规定给予表彰和奖励。

第二章 申报与批准

第七条 具备下列条件的城市、镇、村庄，可以申报历史文化名城、名镇、名村：

（一）保存文物特别丰富；

（二）历史建筑集中成片；

（三）保留着传统格局和历史风貌；

（四）历史上曾经作为政治、经济、文化、交通中心或者军事要地，或者发生过重要历史事件，或者其传统产业、历史上建设的重大工程对本地区的发展产生过重要影响，或者能够集中反映本地区建筑的文化特色、民族特色。

申报历史文化名城的，在所申报的历史文化名城保护范围内还应当有2个以上的历史文化街区。

第八条 申报历史文化名城、名镇、名村，应当提交所申报的历史文化名城、名镇、名村的下列材料：

（一）历史沿革、地方特色和历史文化

价值的说明；

（二）传统格局和历史风貌的现状；

（三）保护范围；

（四）不可移动文物、历史建筑、历史文化街区的清单；

（五）保护工作情况、保护目标和保护要求。

第九条　申报历史文化名城，由省、自治区、直辖市人民政府提出申请，经国务院建设主管部门会同国务院文物主管部门组织有关部门、专家进行论证，提出审查意见，报国务院批准公布。

申报历史文化名镇、名村，由所在地县级人民政府提出申请，经省、自治区、直辖市人民政府确定的保护主管部门会同同级文物主管部门组织有关部门、专家进行论证，提出审查意见，报省、自治区、直辖市人民政府批准公布。

第十条　对符合本条例第七条规定的条件而没有申报历史文化名城的城市，国务院建设主管部门会同国务院文物主管部门可以向该城市所在地的省、自治区人民政府提出申报建议；仍不申报的，可以直接向国务院提出确定该城市为历史文化名城的建议。

对符合本条例第七条规定的条件而没有申报历史文化名镇、名村的镇、村庄，省、自治区、直辖市人民政府确定的保护主管部门会同同级文物主管部门可以向该镇、村庄所在地的县级人民政府提出申报建议；仍不申报的，可以直接向省、自治区、直辖市人民政府提出确定该镇、村庄为历史文化名镇、名村的建议。

第十一条　国务院建设主管部门会同国务院文物主管部门可以在已批准公布的历史文化名镇、名村中，严格按照国家有关评价标准，选择具有重大历史、艺术、科学价值的历史文化名镇、名村，经专家论证，确定为中国历史文化名镇、名村。

第十二条　已批准公布的历史文化名城、名镇、名村，因保护不力使其历史文化价值受到严重影响的，批准机关应当将其列入濒危名单，予以公布，并责成所在地城市、县人民政府限期采取补救措施，防止情况继续恶化，并完善保护制度，加强保护工作。

第三章　保护规划

第十三条　历史文化名城批准公布后，历史文化名城人民政府应当组织编制历史文化名城保护规划。

历史文化名镇、名村批准公布后，所在地县级人民政府应当组织编制历史文化名镇、名村保护规划。

保护规划应当自历史文化名城、名镇、名村批准公布之日起1年内编制完成。

第十四条　保护规划应当包括下列内容：

（一）保护原则、保护内容和保护范围；

（二）保护措施、开发强度和建设控制要求；

（三）传统格局和历史风貌保护要求；

（四）历史文化街区、名镇、名村的核心保护范围和建设控制地带；

（五）保护规划分期实施方案。

第十五条　历史文化名城、名镇保护规划的规划期限应当与城市、镇总体规划的规划期限相一致；历史文化名村保护规划的规划期限应当与村庄规划的规划期限相一致。

第十六条　保护规划报送审批前，保护规划的组织编制机关应当广泛征求有关部门、专家和公众的意见；必要时，可以举行听证。

保护规划报送审批文件中应当附具意见采纳情况及理由；经听证的，还应当附具听证笔录。

第十七条　保护规划由省、自治区、直辖市人民政府审批。

保护规划的组织编制机关应当将经依法

批准的历史文化名城保护规划和中国历史文化名镇、名村保护规划，报国务院建设主管部门和国务院文物主管部门备案。

第十八条 保护规划的组织编制机关应当及时公布经依法批准的保护规划。

第十九条 经依法批准的保护规划，不得擅自修改；确需修改的，保护规划的组织编制机关应当向原审批机关提出专题报告，经同意后，方可编制修改方案。修改后的保护规划，应当按照原审批程序报送审批。

第二十条 国务院建设主管部门会同国务院文物主管部门应当加强对保护规划实施情况的监督检查。

县级以上地方人民政府应当加强对本行政区域保护规划实施情况的监督检查，并对历史文化名城、名镇、名村保护状况进行评估；对发现的问题，应当及时纠正、处理。

第四章　保护措施

第二十一条 历史文化名城、名镇、名村应当整体保护，保持传统格局、历史风貌和空间尺度，不得改变与其相互依存的自然景观和环境。

第二十二条 历史文化名城、名镇、名村所在地县级以上地方人民政府应当根据当地经济社会发展水平，按照保护规划，控制历史文化名城、名镇、名村的人口数量，改善历史文化名城、名镇、名村的基础设施、公共服务设施和居住环境。

第二十三条 在历史文化名城、名镇、名村保护范围内从事建设活动，应当符合保护规划的要求，不得损害历史文化遗产的真实性和完整性，不得对其传统格局和历史风貌构成破坏性影响。

第二十四条 在历史文化名城、名镇、名村保护范围内禁止进行下列活动：

（一）开山、采石、开矿等破坏传统格局和历史风貌的活动；

（二）占用保护规划确定保留的园林绿地、河湖水系、道路等；

（三）修建生产、储存爆炸性、易燃性、放射性、毒害性、腐蚀性物品的工厂、仓库等；

（四）在历史建筑上刻划、涂污。

第二十五条 在历史文化名城、名镇、名村保护范围内进行下列活动，应当保护其传统格局、历史风貌和历史建筑；制订保护方案，并依照有关法律、法规的规定办理相关手续：

（一）改变园林绿地、河湖水系等自然状态的活动；

（二）在核心保护范围内进行影视摄制、举办大型群众性活动；

（三）其他影响传统格局、历史风貌或者历史建筑的活动。

第二十六条 历史文化街区、名镇、名村建设控制地带内的新建建筑物、构筑物，应当符合保护规划确定的建设控制要求。

第二十七条 对历史文化街区、名镇、名村核心保护范围内的建筑物、构筑物，应当区分不同情况，采取相应措施，实行分类保护。

历史文化街区、名镇、名村核心保护范围内的历史建筑，应当保持原有的高度、体量、外观形象及色彩等。

第二十八条 在历史文化街区、名镇、名村核心保护范围内，不得进行新建、扩建活动。但是，新建、扩建必要的基础设施和公共服务设施除外。

在历史文化街区、名镇、名村核心保护范围内，新建、扩建必要的基础设施和公共服务设施的，城市、县人民政府城乡规划主管部门核发建设工程规划许可证、乡村建设规划许可证前，应当征求同级文物主管部门的意见。

在历史文化街区、名镇、名村核心保护范围内，拆除历史建筑以外的建筑物、构筑物或者其他设施的，应当经城市、县人民政府城乡规划主管部门会同同级文物主管部门批准。

第二十九条　审批本条例第二十八条规定的建设活动，审批机关应当组织专家论证，并将审批事项予以公示，征求公众意见，告知利害关系人有要求举行听证的权利。公示时间不得少于20日。

利害关系人要求听证的，应当在公示期间提出，审批机关应当在公示期满后及时举行听证。

第三十条　城市、县人民政府应当在历史文化街区、名镇、名村核心保护范围的主要出入口设置标志牌。

任何单位和个人不得擅自设置、移动、涂改或者损毁标志牌。

第三十一条　历史文化街区、名镇、名村核心保护范围内的消防设施、消防通道，应当按照有关的消防技术标准和规范设置。确因历史文化街区、名镇、名村的保护需要，无法按照标准和规范设置的，由城市、县人民政府公安机关消防机构会同同级城乡规划主管部门制订相应的防火安全保障方案。

第三十二条　城市、县人民政府应当对历史建筑设置保护标志，建立历史建筑档案。

历史建筑档案应当包括下列内容：

（一）建筑艺术特征、历史特征、建设年代及稀有程度；

（二）建筑的有关技术资料；

（三）建筑的使用现状和权属变化情况；

（四）建筑的修缮、装饰装修过程中形成的文字、图纸、图片、影像等资料；

（五）建筑的测绘信息记录和相关资料。

第三十三条　历史建筑的所有权人应当按照保护规划的要求，负责历史建筑的维护和修缮。

县级以上地方人民政府可以从保护资金中对历史建筑的维护和修缮给予补助。

历史建筑有损毁危险，所有权人不具备维护和修缮能力的，当地人民政府应当采取措施进行保护。

任何单位或者个人不得损坏或者擅自迁移、拆除历史建筑。

第三十四条　建设工程选址，应当尽可能避开历史建筑；因特殊情况不能避开的，应当尽可能实施原址保护。

对历史建筑实施原址保护的，建设单位应当事先确定保护措施，报城市、县人民政府城乡规划主管部门会同同级文物主管部门批准。

因公共利益需要进行建设活动，对历史建筑无法实施原址保护、必须迁移异地保护或者拆除的，应当由城市、县人民政府城乡规划主管部门会同同级文物主管部门，报省、自治区、直辖市人民政府确定的保护主管部门会同同级文物主管部门批准。

本条规定的历史建筑原址保护、迁移、拆除所需费用，由建设单位列入建设工程预算。

第三十五条　对历史建筑进行外部修缮装饰、添加设施以及改变历史建筑的结构或者使用性质的，应当经城市、县人民政府城乡规划主管部门会同同级文物主管部门批准，并依照有关法律、法规的规定办理相关手续。

第三十六条　在历史文化名城、名镇、名村保护范围内涉及文物保护的，应当执行文物保护法律、法规的规定。

第五章　法律责任

第三十七条　违反本条例规定，国务院建设主管部门、国务院文物主管部门和县级以上地方人民政府及其有关主管部门的工作人员，不履行监督管理职责，发现违法行为不予查处或者有其他滥用职权、玩忽职守、徇私舞弊行为，构成犯罪的，依法追究刑事责任；尚不构成犯罪的，依法给予处分。

第三十八条　违反本条例规定，地方人民政府有下列行为之一的，由上级人民政府责令改正，对直接负责的主管人员和其他直接责任人员，依法给予处分：

（一）未组织编制保护规划的；

（二）未按照法定程序组织编制保护规划的；

（三）擅自修改保护规划的；

（四）未将批准的保护规划予以公布的。

第三十九条 违反本条例规定，省、自治区、直辖市人民政府确定的保护主管部门或者城市、县人民政府城乡规划主管部门，未按照保护规划的要求或者未按照法定程序履行本条例第二十八条、第三十四条、第三十五条规定的审批职责的，由本级人民政府或者上级人民政府有关部门责令改正，通报批评；对直接负责的主管人员和其他直接责任人员，依法给予处分。

第四十条 违反本条例规定，城市、县人民政府因保护不力，导致已批准公布的历史文化名城、名镇、名村被列入濒危名单的，由上级人民政府通报批评；对直接负责的主管人员和其他直接责任人员，依法给予处分。

第四十一条 违反本条例规定，在历史文化名城、名镇、名村保护范围内有下列行为之一的，由城市、县人民政府城乡规划主管部门责令停止违法行为、限期恢复原状或者采取其他补救措施；有违法所得的，没收违法所得；逾期不恢复原状或者不采取其他补救措施的，城乡规划主管部门可以指定有能力的单位代为恢复原状或者采取其他补救措施，所需费用由违法者承担；造成严重后果的，对单位并处 50 万元以上 100 万元以下的罚款，对个人并处 5 万元以上 10 万元以下的罚款；造成损失的，依法承担赔偿责任：

（一）开山、采石、开矿等破坏传统格局和历史风貌的；

（二）占用保护规划确定保留的园林绿地、河湖水系、道路等的；

（三）修建生产、储存爆炸性、易燃性、放射性、毒害性、腐蚀性物品的工厂、仓库等的。

第四十二条 违反本条例规定，在历史建筑上刻划、涂污的，由城市、县人民政府城乡规划主管部门责令恢复原状或者采取其他补救措施，处 50 元的罚款。

第四十三条 违反本条例规定，未经城乡规划主管部门会同同级文物主管部门批准，有下列行为之一的，由城市、县人民政府城乡规划主管部门责令停止违法行为、限期恢复原状或者采取其他补救措施；有违法所得的，没收违法所得；逾期不恢复原状或者不采取其他补救措施的，城乡规划主管部门可以指定有能力的单位代为恢复原状或者采取其他补救措施，所需费用由违法者承担；造成严重后果的，对单位并处 5 万元以上 10 万元以下的罚款，对个人并处 1 万元以上 5 万元以下的罚款；造成损失的，依法承担赔偿责任：

（一）拆除历史建筑以外的建筑物、构筑物或者其他设施的；

（二）对历史建筑进行外部修缮装饰、添加设施以及改变历史建筑的结构或者使用性质的。

有关单位或者个人进行本条例第二十五条规定的活动，或者经批准进行本条第一款规定的活动，但是在活动过程中对传统格局、历史风貌或者历史建筑构成破坏性影响的，依照本条第一款规定予以处罚。

第四十四条 违反本条例规定，损坏或者擅自迁移、拆除历史建筑的，由城市、县人民政府城乡规划主管部门责令停止违法行为、限期恢复原状或者采取其他补救措施；有违法所得的，没收违法所得；逾期不恢复原状或者不采取其他补救措施的，城乡规划主管部门可以指定有能力的单位代为恢复原状或者采取其他补救措施，所需费用由违法者承担；造成严重后果的，对单位并处 20 万元以上 50 万元以下的罚款，对个人并处

10万元以上20万元以下的罚款；造成损失的，依法承担赔偿责任。

第四十五条　违反本条例规定，擅自设置、移动、涂改或者损毁历史文化街区、名镇、名村标志牌的，由城市、县人民政府城乡规划主管部门责令限期改正；逾期不改正的，对单位处1万元以上5万元以下的罚款，对个人处1000元以上1万元以下的罚款。

第四十六条　违反本条例规定，对历史文化名城、名镇、名村中的文物造成损毁的，依照文物保护法律、法规的规定给予处罚；构成犯罪的，依法追究刑事责任。

第六章　附　　则

第四十七条　本条例下列用语的含义：

（一）历史建筑，是指经城市、县人民政府确定公布的具有一定保护价值，能够反映历史风貌和地方特色，未公布为文物保护单位，也未登记为不可移动文物的建筑物、构筑物。

（二）历史文化街区，是指经省、自治区、直辖市人民政府核定公布的保存文物特别丰富、历史建筑集中成片、能够较完整和真实地体现传统格局和历史风貌，并具有一定规模的区域。

历史文化街区保护的具体实施办法，由国务院建设主管部门会同国务院文物主管部门制定。

第四十八条　本条例自2008年7月1日起施行。

博物馆条例

（2015年1月14日国务院第78次常务会议通过，2015年2月9日公布，自2015年3月20日起施行）

第一章　总　　则

第一条　为了促进博物馆事业发展，发挥博物馆功能，满足公民精神文化需求，提高公民思想道德和科学文化素质，制定本条例。

第二条　本条例所称博物馆，是指以教育、研究和欣赏为目的，收藏、保护并向公众展示人类活动和自然环境的见证物，经登记管理机关依法登记的非营利组织。

博物馆包括国有博物馆和非国有博物馆。利用或者主要利用国有资产设立的博物馆为国有博物馆；利用或者主要利用非国有资产设立的博物馆为非国有博物馆。

国家在博物馆的设立条件、提供社会服务、规范管理、专业技术职称评定、财税扶持政策等方面，公平对待国有和非国有博物馆。

第三条　博物馆开展社会服务应当坚持为人民服务、为社会主义服务的方向和贴近实际、贴近生活、贴近群众的原则，丰富人民群众精神文化生活。

第四条　国家制定博物馆事业发展规划，完善博物馆体系。

国家鼓励企业、事业单位、社会团体和公民等社会力量依法设立博物馆。

第五条　国有博物馆的正常运行经费列入本级财政预算；非国有博物馆的举办者应当保障博物馆的正常运行经费。

国家鼓励设立公益性基金为博物馆提供经费，鼓励博物馆多渠道筹措资金促进自身发展。

第六条　博物馆依法享受税收优惠。

依法设立博物馆或者向博物馆提供捐赠

的，按照国家有关规定享受税收优惠。

第七条　国家文物主管部门负责全国博物馆监督管理工作。国务院其他有关部门在各自职责范围内负责有关的博物馆管理工作。

县级以上地方人民政府文物主管部门负责本行政区域的博物馆监督管理工作。县级以上地方人民政府其他有关部门在各自职责范围内负责本行政区域内有关的博物馆管理工作。

第八条　博物馆行业组织应当依法制定行业自律规范，维护会员的合法权益，指导、监督会员的业务活动，促进博物馆事业健康发展。

第九条　对为博物馆事业作出突出贡献的组织或者个人，按照国家有关规定给予表彰、奖励。

第二章　博物馆的设立、变更与终止

第十条　设立博物馆，应当具备下列条件：

（一）固定的馆址以及符合国家规定的展室、藏品保管场所；

（二）相应数量的藏品以及必要的研究资料，并能够形成陈列展览体系；

（三）与其规模和功能相适应的专业技术人员；

（四）必要的办馆资金和稳定的运行经费来源；

（五）确保观众人身安全的设施、制度及应急预案。

博物馆馆舍建设应当坚持新建馆舍和改造现有建筑相结合，鼓励利用名人故居、工业遗产等作为博物馆馆舍。新建、改建馆舍应当提高藏品展陈和保管面积占总面积的比重。

第十一条　设立博物馆，应当制定章程。博物馆章程应当包括下列事项：

（一）博物馆名称、馆址；

（二）办馆宗旨及业务范围；

（三）组织管理制度，包括理事会或者其他形式决策机构的产生办法、人员构成、任期、议事规则等；

（四）藏品展示、保护、管理、处置的规则；

（五）资产管理和使用规则；

（六）章程修改程序；

（七）终止程序和终止后资产的处理；

（八）其他需要由章程规定的事项。

第十二条　国有博物馆的设立、变更、终止依照有关事业单位登记管理法律、行政法规的规定办理，并应当向馆址所在地省、自治区、直辖市人民政府文物主管部门备案。

第十三条　藏品属于古生物化石的博物馆，其设立、变更、终止应当遵守有关古生物化石保护法律、行政法规的规定，并向馆址所在地省、自治区、直辖市人民政府文物主管部门备案。

第十四条　设立藏品不属于古生物化石的非国有博物馆的，应当向馆址所在地省、自治区、直辖市人民政府文物主管部门备案，并提交下列材料：

（一）博物馆章程草案；

（二）馆舍所有权或者使用权证明，展室和藏品保管场所的环境条件符合藏品展示、保护、管理需要的论证材料；

（三）藏品目录、藏品概述及藏品合法来源说明；

（四）出资证明或者验资报告；

（五）专业技术人员和管理人员的基本情况；

（六）陈列展览方案。

第十五条　设立藏品不属于古生物化石的非国有博物馆的，应当到有关登记管理机关依法办理法人登记手续。

前款规定的非国有博物馆变更、终止的，应当到有关登记管理机关依法办理变更登记、注销登记，并向馆址所在地省、自治区、直辖市人民政府文物主管部门备案。

第十六条　省、自治区、直辖市人民政府文物主管部门应当及时公布本行政区域内已备案的博物馆名称、地址、联系方式、主要藏品等信息。

第三章　博物馆管理

第十七条　博物馆应当完善法人治理结构，建立健全有关组织管理制度。

第十八条　博物馆专业技术人员按照国家有关规定评定专业技术职称。

第十九条　博物馆依法管理和使用的资产，任何组织或者个人不得侵占。

博物馆不得从事文物等藏品的商业经营活动。博物馆从事其他商业经营活动，不得违反办馆宗旨，不得损害观众利益。博物馆从事其他商业经营活动的具体办法由国家文物主管部门制定。

第二十条　博物馆接受捐赠的，应当遵守有关法律、行政法规的规定。

博物馆可以依法以举办者或者捐赠者的姓名、名称命名博物馆的馆舍或者其他设施；非国有博物馆还可以依法以举办者或者捐赠者的姓名、名称作为博物馆馆名。

第二十一条　博物馆可以通过购买、接受捐赠、依法交换等法律、行政法规规定的方式取得藏品，不得取得来源不明或者来源不合法的藏品。

第二十二条　博物馆应当建立藏品账目及档案。藏品属于文物的，应当区分文物等级，单独设置文物档案，建立严格的管理制度，并报文物主管部门备案。

未依照前款规定建账、建档的藏品，不得交换或者出借。

第二十三条　博物馆法定代表人对藏品安全负责。

博物馆法定代表人、藏品管理人员离任前，应当办结藏品移交手续。

第二十四条　博物馆应当加强对藏品的安全管理，定期对保障藏品安全的设备、设施进行检查、维护，保证其正常运行。对珍贵藏品和易损藏品应当设立专库或者专用设备保存，并由专人负责保管。

第二十五条　博物馆藏品属于国有文物、非国有文物中的珍贵文物和国家规定禁止出境的其他文物的，不得出境，不得转让、出租、质押给外国人。

国有博物馆藏品属于文物的，不得赠与、出租或者出售给其他单位和个人。

第二十六条　博物馆终止的，应当依照有关非营利组织法律、行政法规的规定处理藏品；藏品属于国家禁止买卖的文物的，应当依照有关文物保护法律、行政法规的规定处理。

第二十七条　博物馆藏品属于文物或者古生物化石的，其取得、保护、管理、展示、处置、进出境等还应当分别遵守有关文物保护、古生物化石保护的法律、行政法规的规定。

第四章　博物馆社会服务

第二十八条　博物馆应当自取得登记证书之日起6个月内向公众开放。

第二十九条　博物馆应当向公众公告具体开放时间。在国家法定节假日和学校寒暑假期间，博物馆应当开放。

第三十条　博物馆举办陈列展览，应当遵守下列规定：

（一）主题和内容应当符合宪法所确定的基本原则和维护国家安全与民族团结、弘扬爱国主义、倡导科学精神、普及科学知识、传播优秀文化、培养良好风尚、促进社会和谐、推动社会文明进步的要求；

（二）与办馆宗旨相适应，突出藏品特色；

（三）运用适当的技术、材料、工艺和表现手法，达到形式与内容的和谐统一；

（四）展品以原件为主，使用复制品、仿制品应当明示；

（五）采用多种形式提供科学、准确、生动的文字说明和讲解服务；

（六）法律、行政法规的其他有关规定。

陈列展览的主题和内容不适宜未成年人的，博物馆不得接纳未成年人。

第三十一条 博物馆举办陈列展览的，应当在陈列展览开始之日10个工作日前，将陈列展览主题、展品说明、讲解词等向陈列展览举办地的文物主管部门或者其他有关部门备案。

各级人民政府文物主管部门和博物馆行业组织应当加强对博物馆陈列展览的指导和监督。

第三十二条 博物馆应当配备适当的专业人员，根据不同年龄段的未成年人接受能力进行讲解；学校寒暑假期间，具备条件的博物馆应当增设适合学生特点的陈列展览项目。

第三十三条 国家鼓励博物馆向公众免费开放。县级以上人民政府应当对向公众免费开放的博物馆给予必要的经费支持。

博物馆未实行免费开放的，其门票、收费的项目和标准按照国家有关规定执行，并在收费地点的醒目位置予以公布。

博物馆未实行免费开放的，应当对未成年人、成年学生、教师、老年人、残疾人和军人等实行免费或者其他优惠。博物馆实行优惠的项目和标准应当向公众公告。

第三十四条 博物馆应当根据自身特点、条件，运用现代信息技术，开展形式多样、生动活泼的社会教育和服务活动，参与社区文化建设和对外文化交流与合作。

国家鼓励博物馆挖掘藏品内涵，与文化创意、旅游等产业相结合，开发衍生产品，增强博物馆发展能力。

第三十五条 国务院教育行政部门应当会同国家文物主管部门，制定利用博物馆资源开展教育教学、社会实践活动的政策措施。

地方各级人民政府教育行政部门应当鼓励学校结合课程设置和教学计划，组织学生到博物馆开展学习实践活动。

博物馆应当对学校开展各类相关教育教学活动提供支持和帮助。

第三十六条 博物馆应当发挥藏品优势，开展相关专业领域的理论及应用研究，提高业务水平，促进专业人才的成长。

博物馆应当为高等学校、科研机构和专家学者等开展科学研究工作提供支持和帮助。

第三十七条 公众应当爱护博物馆展品、设施及环境，不得损坏博物馆的展品、设施。

第三十八条 博物馆行业组织可以根据博物馆的教育、服务及藏品保护、研究和展示水平，对博物馆进行评估。具体办法由国家文物主管部门会同其他有关部门制定。

第五章 法律责任

第三十九条 博物馆取得来源不明或者来源不合法的藏品，或者陈列展览的主题、内容造成恶劣影响的，由省、自治区、直辖市人民政府文物主管部门或者有关登记管理机关按照职责分工，责令改正，有违法所得的，没收违法所得，并处违法所得2倍以上5倍以下罚款；没有违法所得的，处5000元以上2万元以下罚款；情节严重的，由登记管理机关撤销登记。

第四十条 博物馆从事文物藏品的商业经营活动的，由工商行政管理部门依照有关文物保护法律、行政法规的规定处罚。

博物馆从事非文物藏品的商业经营活动，或者从事其他商业经营活动违反办馆宗旨、损害观众利益的，由省、自治区、直辖市人民政府文物主管部门或者有关登记管理机关按照职责分工，责令改正，有违法所得的，没收违法所得，并处违法所得2倍以上5倍以下罚款；没有违法所得的，处5000元以上2万元以下罚款；情节严重的，由登记管理机关撤销登记。

第四十一条 博物馆自取得登记证书之日起6个月内未向公众开放，或者未依照本条例的规定实行免费或者其他优惠的，由省、自治区、直辖市人民政府文物主管部门责令改正；拒不改正的，由登记管理机关撤销登记。

第四十二条　博物馆违反有关价格法律、行政法规规定的，由馆址所在地县级以上地方人民政府价格主管部门依法给予处罚。

第四十三条　县级以上人民政府文物主管部门或者其他有关部门及其工作人员玩忽职守、滥用职权、徇私舞弊或者利用职务上的便利索取或者收受他人财物的，由本级人民政府或者上级机关责令改正，通报批评；对直接负责的主管人员和其他直接责任人员依法给予处分。

第四十四条　违反本条例规定，构成犯罪的，依法追究刑事责任。

第六章　附　　则

第四十五条　本条例所称博物馆不包括以普及科学技术为目的的科普场馆。

第四十六条　中国人民解放军所属博物馆依照军队有关规定进行管理。

第四十七条　本条例自2015年3月20日起施行。

博物馆管理办法

（2005年12月22日文化部部务会议审议通过并公布，
自2006年1月1日起施行）

第一章　总　　则

第一条　为贯彻落实科学发展观，规范博物馆管理工作，促进博物馆事业发展，根据《中华人民共和国文物保护法》、《中华人民共和国文物保护法实施条例》、《公共文化体育设施条例》、《事业单位登记管理暂行条例》和《民办非企业单位登记管理暂行条例》等相关法律法规，制定本办法。

第二条　本办法所称博物馆，是指收藏、保护、研究、展示人类活动和自然环境的见证物，经过文物行政部门审核、相关行政部门批准许可取得法人资格，向公众开放的非营利性社会服务机构。

利用或主要利用国有文物、标本、资料等资产设立的博物馆为国有博物馆。

利用或主要利用非国有文物、标本、资料等资产设立的博物馆为非国有博物馆。

第三条　国家扶持和发展博物馆事业，鼓励个人、法人和其他组织设立博物馆。

县级以上人民政府应当将博物馆事业纳入本级国民经济和社会发展规划，事业经费列入本级财政预算。

博物馆的数量、种类、规模以及布局，应当根据本地区国民经济和社会发展水平、文物等资源条件和公众精神文化需求，统筹兼顾，优化配置。鼓励优先设立填补博物馆门类空白和体现行业特性、区域特点的专题性博物馆。

第四条　国家鼓励博物馆发展相关文化产业，多渠道筹措资金，促进自身发展。

博物馆依法享受税收减免优惠，享有通过依法征集、购买、交换、接受捐赠和调拨等方式取得藏品的权利。

第五条　博物馆应当发挥社会教育功能，传播有益于社会进步的思想道德、科学技术和文化知识。

在博物馆参观或开展其他活动，应当爱护博物馆设施、展品和周边环境，遵守公共秩序。

第六条　国务院文物行政部门主管全国博物馆工作。

县级以上地方文物行政部门对本行政区域内的博物馆实施监督和管理。

第七条 县级以上文物行政部门应当促进博物馆行业组织建设，指导行业组织活动，逐步对博物馆实行分级、分类管理。

第八条 县级以上文物行政部门对发展博物馆事业做出突出贡献的机构、团体或个人，应当给予表彰或奖励。

第二章 博物馆设立、年检与终止

第九条 申请设立博物馆，应当具备下列条件：

（一）具有固定的馆址，设置专用的展厅（室）、库房和文物保护技术场所，展厅（室）面积与展览规模相适应，展览环境适宜对公众开放；

（二）具有必要的办馆资金和保障博物馆运行的经费；

（三）具有与办馆宗旨相符合、一定数量和成系统的藏品及必要的研究资料；

（四）具有与办馆宗旨相符合的专业技术和管理人员；

（五）具有符合国家规定的安全和消防设施；

（六）能够独立承担民事责任。

第十条 省级文物行政部门负责本行政区域内博物馆设立的审核工作。

博物馆名称一般不得冠以“中国”、“中华”、“国家”等字样（简称“中国”等字样）；特殊情况确需冠以“中国”等字样的，应由中央机构编制委员会办公室会同国务院文物行政部门审核同意。

非国有博物馆的名称不得冠以“中国”等字样。

第十一条 申请设立博物馆，应当由馆址所在地市（县）级文物行政部门初审后，向省级文物行政部门提交下列材料：

（一）博物馆设立申请书；

（二）馆舍所有权或使用权证明；

（三）资金来源证明或验资报告；

（四）藏品目录及合法来源说明；

（五）陈列展览大纲；

（六）拟任法定代表人的基本情况及身份证明；

（七）专业技术和管理人员的证明材料。

申请设立非国有博物馆的，应同时提交博物馆章程草案。章程草案应当包括下列主要事项：

（一）办馆宗旨及藏品收藏标准；

（二）博物馆理事会、董事会或其他形式决策机构的产生办法、人员构成、任期、议事规则等；

（三）出资人不要求取得经济回报的约定；

（四）博物馆终止时的藏品处置方式；

（五）章程修改程序。

第十二条 省级文物行政部门应当自收到博物馆设立申请材料之日起30个工作日内出具审核意见。审核同意的，应报国务院文物行政部门备案。审核不同意的，应当书面说明理由。

经审核同意设立博物馆的，申请人应持审核意见及其他申报材料，向相关行政部门申请取得博物馆法人资格。

博物馆应当自取得法人资格之日起6个月内向社会开放。

本办法实施前已批准设立的博物馆，应当在本办法实施之日起6个月内，向省级文物行政部门提交本办法第十一条第一款规定的除（一）项之外的全部材料；非国有博物馆应同时提交博物馆章程。

第十三条 博物馆的建筑设计应当符合国家和行业颁布的有关标准和规范。博物馆建筑应当划分为陈列展览区、藏品库房区、文物保护技术区、公众服务区和办公区等，相对自成系统。

第十四条 国有博物馆建设工程的设计方案，应当报请所在地省级文物行政部门组织论证。

第十五条　博物馆应当于每年3月31日前向所在地市（县）级文物行政部门报送上一年度的工作报告，接受年度检查。工作报告内容应当包括有关法律和其他规定的执行情况，藏品、展览、人员和机构的变动情况以及社会教育、安全、财务管理等情况。

市（县）级文物行政部门应当于每年4月30日前，将上一年度本行政区域内博物馆年度检查的初步意见报送省级文物行政部门。省级文物行政部门应当于每年5月31日前，将上一年度本行政区域内博物馆的年度检查情况进行审核，并汇总报国务院文物行政部门备案。

第十六条　博物馆的名称、馆址、藏品、基本陈列以及非国有博物馆的章程等重要事项发生变更前，应当报省级文物行政部门审核。

博物馆法定代表人发生变更的，应当自变更之日起10日内报省级文物行政部门备案。

第十七条　博物馆终止前，应当向省级文物行政部门提出终止申请及藏品处置方案，接受主管文物行政部门指导，完成博物馆资产清算工作。

省级文物行政部门应当自收到博物馆终止申请和藏品处置方案之日起30个工作日内出具审核意见。藏品处置方案等符合法定要求的，准予终止；藏品处置方案等不符合法定要求的，责令其改正后准予终止。相关行政部门根据省级文物行政部门的审核意见，给予办理博物馆法人资格注销登记手续。

第十八条　国有博物馆终止的，其藏品由所在地省级文物行政部门指定的国有博物馆接收。

非国有博物馆终止的，其藏品属于法律规定可以依法流通的，允许其以法律规定的方式流通；依法不能流通的藏品，应当转让给其他博物馆；接受捐赠的藏品，应当交由其他博物馆收藏，并告知捐赠人。

第三章　藏品管理

第十九条　博物馆藏品的收藏、保护、研究、展示等，应当依法建立、健全相关规章制度，并报所在地市（县）级文物行政部门备案。

博物馆应具有保障藏品安全的设备和设施。馆藏一级文物和其他易损易坏的珍贵文物，应设立专库或专柜并由专人负责保管。

第二十条　博物馆应建立藏品总帐、分类帐及每件藏品的档案，并依法办理备案手续。

博物馆通过依法征集、购买、交换、接受捐赠和调拨等方式取得的藏品，应在30日内登记入藏品总帐。

第二十一条　依法调拨、交换、借用国有博物馆藏品，取得藏品的博物馆可以对提供藏品的博物馆给予实物、技术、培训或资金方面的合理补偿。补偿数额的确定，应当考虑藏品保管、修复、研究、展示等过程中原收藏博物馆发生的实际费用。调拨、交换、借用国有博物馆藏品的申请文件，应当包括合理补偿的方案。

第二十二条　博物馆不够本馆收藏标准，或因腐蚀损毁等原因无法修复并无继续保存价值的藏品，经本馆或受委托的专家委员会评估认定后，可以向省级文物行政部门申请退出馆藏。

退出馆藏申请材料的内容，应当包括拟不再收藏的藏品名称、数量和退出馆藏的原因，并附有关藏品档案复制件。

第二十三条　国有博物馆所在地省级文物行政部门应当在收到退出馆藏申请材料的30个工作日内，组织专家委员会复审。专家委员会复审未通过的，终止该藏品的退出馆藏程序。

专家委员会复审通过的，省级文物行政部门应当将有关材料在国务院文物行政部门和有关省级文物行政部门的官方网站上公示30个工作日。期间如有其他国有文物收藏单位愿意接收有关藏品，则以调拨、交换等方式处理；期间如没有其他国有文物收藏单位愿意接收有关藏品，则由省级文物行政部门统一处置。处置方案报国务院文物行政部门批准后实施，处置所得资金应当用于博物馆事业发展。

国有博物馆应当建立退出馆藏物品专项档案，并报省级文物行政部门备案。专项档案应当保存 75 年以上。

第二十四条 非国有博物馆申请藏品退出馆藏，申请材料应附理事会、董事会或其他形式决策机构的书面意见。博物馆所在地省级文物行政部门应当在收到申请材料的 30 个工作日内作出是否允许退出馆藏的决定，并报国务院文物行政部门备案。

第二十五条 博物馆应当以本馆藏品为基础，开展有关专业学科及应用技术的研究，提高业务活动的学术含量，促进专业人才的成长。在确保藏品安全的前提下，博物馆应当为馆外人员研究本馆藏品提供便利。

第四章 展示与服务

第二十六条 博物馆举办陈列展览，应当遵循以下原则：

（一）与本馆性质和任务相适应，突出馆藏品特色、行业特性和区域特点，具有较高的学术和文化含量；

（二）合理运用现代技术、材料、工艺和表现手法，达到形式与内容的和谐统一；

（三）展品应以原件为主，复原陈列应当保持历史原貌，使用复制品、仿制品和辅助展品应予明示；

（四）展厅内具有符合标准的安全技术防范设备和防止展品遭受自然损害的展出设施；

（五）为公众提供文字说明和讲解服务；

（六）陈列展览的对外宣传活动及时、准确，形式新颖。

第二十七条 博物馆应当根据办馆宗旨，结合本馆特点开展形式多样、生动活泼的社会教育和服务活动，积极参与社区文化建设。

鼓励博物馆利用电影、电视、音像制品、出版物和互联网等途径传播藏品知识、陈列展览及研究成果。

第二十八条 博物馆对公众开放，应当遵守以下规定：

（一）公告服务项目和开放时间；变更服务项目和开放时间的，应当提前 7 日公告；

（二）开放时间应当与公众的工作、学习及休闲时间相协调；法定节假日和学校寒暑假期间，应当适当延长开放时间；

（三）无正当理由，国有博物馆全年开放时间不少于 10 个月，非国有博物馆全年开放时间不少于 8 个月。

第二十九条 博物馆应当逐步建立减免费开放制度，并向社会公告。

国有博物馆对未成年人集体参观实行免费制度，对老年人、残疾人、现役军人等特殊社会群体参观实行减免费制度。

第三十条 鼓励博物馆研发相关文化产品，传播科学文化知识，开展专业培训、科技成果转让等形式的有偿服务活动。

第五章 附 则

第三十一条 博物馆违反本办法规定，情节严重的，由所在地省级文物行政部门撤销审核同意意见，由相关行政部门撤销博物馆法人资格。

博物馆违反其他法律、法规规定的，依照有关法律、法规的规定处罚。

第三十二条 本办法自 2006 年 1 月 1 日起施行。

文物行政处罚程序暂行规定

（2004 年 12 月 16 日文化部部务会议审议通过，
2005 年 1 月 24 日公布，自公布之日起施行）

第一章　总　　则

第一条　为规范文物行政部门的行政处罚行为，保护公民、法人和其他组织的合法权益，根据《中华人民共和国行政处罚法》、《中华人民共和国文物保护法》及其他有关法律、行政法规的规定，制定本规定。

第二条　国务院文物行政部门以及县级以上地方各级文物行政部门，对违反文物保护法律、法规的行为实施行政处罚的，适用本规定。法律、法规另有规定的，从其规定。

第三条　文物行政部门实施行政处罚应当遵循以下原则：

（一）以法律、法规、规章为依据；

（二）遵循法定程序；

（三）公正、公平地行使法律赋予的行政职权；

（四）坚持处罚与教育相结合。

第四条　上级文物行政部门对下级文物行政部门实施的文物行政处罚行为进行监督。上级文物行政部门对下级文物行政部门违法作出的行政处罚决定，可责令其限期改正。逾期不改正的，上级文物行政部门有权依法对违法作出的行政处罚决定予以变更或者撤销。

第二章　管　　辖

第五条　文物行政处罚由违法行为发生地的县级以上地方文物行政部门管辖。法律、法规另有规定的除外。

第六条　国务院文物行政部门督查并指导地方文物行政部门处理全国范围有重大影响的行政处罚案件。

省级文物行政部门可依据有关规定和本地区实际情况，规定辖区内的级别管辖。

第七条　上级文物行政部门必要时可依法直接管辖下级文物行政部门管辖的行政处罚案件；下级文物行政部门对其管辖的行政处罚案件，认为需要由上级文物行政部门管辖时，可以报请上级文物行政部门决定。

第八条　两个以上地方文物行政部门对同一违法行为均有管辖权时，应当由先立案的文物行政部门管辖。

地方文物行政部门因管辖权发生争议的，由争议双方协商解决；协商不成的，报请共同的上一级文物行政部门指定管辖，其共同的上一级文物行政部门也可以直接指定管辖。

第九条　地方文物行政部门发现案件不属于本单位管辖或者主管的，应当将相关材料移送有管辖权的文物行政部门或者相关的行政部门处理，同时报上一级文物行政部门备案。受移送的文物行政部门应当将案件处理结果及时函告移送案件的文物行政部门。

受移送的文物行政部门如果认为移送不当，应当报请共同的上一级文物行政部门指定管辖，不得再次移送。

第三章　立　　案

第十条　文物行政部门对下列途径发现的违法案件应当及时处理：

（一）在检查中发现的；

（二）公民、法人及其他组织举报的；

（三）上级交办的，下级报请处理的，或者有关部门移送的。

第十一条 文物行政部门适用一般程序处理违法行为的，应当立案。

第十二条 文物行政部门发现违法行为具有下列情形的，应当在 5 日内立案：

（一）有明确的违法嫌疑人；

（二）有客观的违法事实；

（三）属于文物行政处罚的范围；

（四）属于本部门管辖。

决定立案的，应当填写立案审批表，报本部门主管负责人批准，并确定两名以上文物行政执法人员为案件承办人。

第十三条 文物行政执法人员在执法检查过程中，发现违法行为正在实施，情况紧急的，可以采取下列措施：

（一）对违法行为予以制止或者纠正；

（二）对涉案文物依法先行登记保存；

（三）收集、调取其他有关证据。

文物行政执法人员应当及时将有关情况和材料报告所属文物行政部门，并办理立案手续。

第十四条 有下列情形之一的文物行政执法人员，不能被确定为案件承办人：

（一）是案件当事人或者当事人近亲属的；

（二）与案件有直接利害关系的；

（三）与案件当事人有其他关系，可能影响案件公正处理的。

案件承办人具有上述情形之一的，应当自行申请回避。当事人认为案件承办人符合上述情形之一时，可以向文物行政部门申请回避。案件承办人的回避由本部门主管负责人决定。

第四章 调查取证

第十五条 案件立案后，案件承办人应当及时收集、调取证据。

第十六条 案件承办人调查案件，不得少于两人。案件承办人在调查取证时，应当出示执法证件。

对涉及国家机密、商业秘密和个人隐私的，案件承办人应当保守秘密。

第十七条 案件承办人可以对当事人及证明人进行询问。询问应当单独进行。询问前应当告知其如实陈述事实、提供证据。

询问应当制作笔录，并交被询问人核对；对没有阅读能力的，应当向其宣读。笔录如有差错、遗漏，应当允许其更正或者补充。经核对无误后，由被询问人逐页在笔录上签名或者盖章。案件承办人也应当在笔录上签名。被询问人拒绝签名或者盖章的，案件承办人应当在笔录上注明。

第十八条 案件承办人进行现场检查时，当事人应当在场。案件承办人应当制作现场检查笔录，当事人应当签名并注明对该笔录真实性的意见；当事人拒绝到场或者签名的，应当由案件承办人在现场笔录中注明。

第十九条 案件承办人可以要求当事人及证明人提供相关证明材料，并由材料提供人在有关材料上签名或者盖章。材料提供人拒绝签名或者盖章的，案件承办人应当在材料上注明。

第二十条 案件承办人调取的证据应当是原件、原物。调取原件、原物确有困难的，可由提交证据复制品的单位或者个人在复制品上盖章或者签名，并注明“与原件（物）相同”字样或者文字说明。

第二十一条 在证据可能灭失，或者以后难以取得的情况下，案件承办人应当填写先行登记保存证据审批表，报本部门主管负责人批准。先行登记保存证据时，案件承办人应当向当事人出具先行登记保存证据通知书。

第二十二条 文物行政部门实施先行登记保存证据时，应当有当事人在场。当事人拒绝到场的，案件承办人可以邀请有关人员参加。

对先行登记保存的证据应当开列物品清

单，由案件承办人、当事人或者其他有关人员签名或者盖章。

当事人拒绝签名、盖章或者接收物品清单的，应当由案件承办人在清单上签名并注明情况。

第二十三条 对于先行登记保存的证据，应当在7日内作出处理决定：

（一）需要进行技术检验或者鉴定的，送交检验或者鉴定；

（二）依法不需要没收的物品，退还当事人；

（三）依法应当移交有关部门处理的，移交有关部门。

法律另有规定的，从其规定。

第二十四条 文物行政部门在处理案件过程中，需要委托其他文物行政部门调查的，应当出具文物执法调查委托书。受委托的文物行政部门应当积极完成调查工作。

第二十五条 对案件处理过程中需要解决的专业性问题，文物行政部门应当委托专门机构或者聘请专业人员提出意见。

文物的鉴定，应当以办理案件的文物行政部门所在地省级文物鉴定机构的鉴定意见为准。国家文物鉴定机构可以根据办理案件的文物行政部门的申请，对省级文物鉴定机构的鉴定意见进行复核。

第五章 处罚决定

第一节 简易程序

第二十六条 对于违法事实清楚、证据确凿，依法应当作出下列行政处罚的，可以当场作出行政处罚决定：

（一）警告；

（二）对公民处以50元以下罚款；

（三）对法人或者其他组织处以1000元以下罚款。

第二十七条 文物行政执法人员当场作出行政处罚决定的，应当向当事人出示执法证件，并填写加盖文物行政部门公章的当场处罚决定书。

当场处罚决定书应当载明当事人的违法行为，行政处罚依据（适用的法律、法规、规章名称及具体条款），具体处罚的内容、时间、地点，不服行政处罚决定申请行政复议或者提起行政诉讼的途径，以及文物行政部门名称等内容。

当场处罚决定书由文物行政执法人员填写并签名后，当场交付当事人。

第二十八条 文物行政执法人员当场作出的行政处罚决定，应当报所属文物行政部门备案。

第二节 一般程序

第二十九条 违法行为经立案并调查终结后，案件承办人应当制作调查终结报告，报文物行政部门负责人审查。

第三十条 办理案件的文物行政部门负责人对调查结果进行审查，根据不同情况分别作出如下决定：

（一）确有应当受行政处罚的违法行为的，根据情节轻重及具体情况，作出行政处罚决定；

（二）违法行为轻微，依法可以不予行政处罚的，不予行政处罚；

（三）违法事实不能成立的，不得给予行政处罚；

（四）违法行为已构成犯罪的，移送司法机关。

对情节复杂或者重大违法行为给予较重的行政处罚，文物行政部门的负责人应当集体讨论决定。

第三十一条 文物行政部门拟作出行政处罚决定的，应当由本部门负责人签发行政处罚告知书。行政处罚告知书应当载明拟作出行政处罚决定的事实、理由和依据，并告知当事人依法享有的陈述权、申辩权和其他权利。

第三十二条 当事人要求陈述、申辩的，应当在收到行政处罚告知书后3日内，向文物行政部门提出陈述、申辩意见以及相应的事实、理由。当事人在此期间未行使陈述权、申辩权的，视为放弃权利。当事人放弃权利的，由文物行政部门负责人签发行政处罚决定书，并送达当事人。

第三十三条 案件承办人应当充分听取当事人的陈述、申辩意见，对当事人提出的事实、理由进行复核，并向文物行政部门负责人提交复核报告。

案件承办人不得因当事人的申辩加重对当事人的处罚。

第三十四条 文物行政部门负责人根据复核情况作出最终决定，并签发行政处罚决定书。行政处罚决定书应当载明下列事项：

（一）当事人的姓名或者名称、地址；

（二）违反法律、法规或者规章的事实和证据；

（三）行政处罚的种类和依据；

（四）行政处罚的履行方式和期限；

（五）不服行政处罚决定，申请行政复议或者提起行政诉讼的途径和期限；

（六）作出行政处罚决定的文物行政部门名称和作出决定的日期。

行政处罚决定书应当加盖作出行政处罚决定的文物行政部门的印章。

第三节 听证程序

第三十五条 文物行政部门作出责令停产停业、吊销许可证或者执照、较大数额罚款等行政处罚决定之前，应当告知当事人有要求举行听证的权利；当事人要求听证的，文物行政部门应当组织听证。

地方文物行政部门对较大数额罚款的界定，依照当地省级人大常委会或者人民政府的具体规定执行。

第三十六条 文物行政部门对于符合听证程序条件的案件，应当在作出行政处罚决定前，向当事人送达听证通知。

第三十七条 当事人在收到听证通知后3日内提出听证要求的，文物行政部门应当在当事人提出听证要求之日起3日内确定听证人员的组成、听证时间、地点和方式，并在举行听证7日前通知当事人。

第三十八条 除涉及国家秘密、商业秘密或者个人隐私外，听证应当公开举行。

第三十九条 文物行政部门主管负责人应当指定本部门非本案承办人员担任听证主持人和书记员。

当事人认为听证主持人和书记员与本案有利害关系的，有权申请回避。听证主持人和书记员的回避由文物行政部门主管负责人决定。

第四十条 当事人收到听证通知后，应当按时参加听证，也可以委托1至2人代理听证。委托他人代理听证的，应当向听证主持人提交由当事人签名或者盖章的委托书。

当事人无正当理由不按时参加听证的，视为放弃听证要求。

第四十一条 举行听证时，案件承办人应当提出当事人违法的事实、证据和行政处罚建议；当事人可以进行申辩和质证。

第四十二条 举行听证应当制作听证笔录。听证笔录应当载明下列事项：

（一）案由；

（二）听证参加人姓名或者名称、地址；

（三）听证主持人、书记员姓名；

（四）举行听证的时间、地点；

（五）案件承办人提出的事实、证据和行政处罚建议；

（六）当事人陈述、申辩和质证的内容；

（七）听证参加人签名或者盖章。

听证结束后，听证笔录应当交当事人和案件承办人审核无误后签名或者盖章。当事人拒绝签名或者盖章的，应当在听证笔录上注明。

第四十三条 听证结束后，文物行政部门依照本规定第三十条的规定，作出决定。

第六章 送达和执行

第四十四条 行政处罚决定书应当当场交付当事人；当事人不在场的，文物行政部门应当依照民事诉讼法的有关规定在7日内送达当事人。

第四十五条 行政处罚决定书送达后，当事人应当在规定期限内对处罚决定予以履行。

当事人确有经济困难，需要延期或者分期缴纳罚款的，经当事人提出书面申请，报文物行政部门负责人批准。

第四十六条 作出罚款和没收违法所得决定的文物行政部门应当与收缴罚没款的机构分离。除按规定当场收缴的罚款外，文物行政执法人员不得自行收缴罚没款。

第四十七条 当场作出行政处罚决定，有下列情形之一的，文物行政执法人员可以当场收缴罚款：

（一）依法给予20元以下罚款的；

（二）不当场收缴事后难以执行的。

第四十八条 在边远、水上、交通不便地区，文物行政执法人员依照本规定作出罚款决定后，当事人向指定的银行缴纳罚款确有困难，经当事人提出，文物行政执法人员可以当场收缴罚款。

第四十九条 文物行政执法人员当场收缴罚款的，应当向当事人出具省级财政部门统一制发的罚款收据。

文物行政执法人员当场收缴的罚款，应当自收缴罚款之日起2日内交至文物行政部门；文物行政部门应当在2日内将罚款缴付指定的银行。

第五十条 当事人逾期不履行行政处罚决定的，文物行政部门应当申请人民法院强制执行。

第五十一条 行政处罚决定履行或者执行后，案件承办人应当填写结案报告，报文物行政部门负责人批准。

第七章 附 则

第五十二条 行政处罚决定执行完毕后，文物行政部门应当及时将案件材料立卷归档。

第五十三条 本规定自发布之日起施行。

文物进出境审核管理办法

（2007年7月3日文化部部务会议审议通过，
2007年7月13日公布，自公布之日起施行）

第一条 为加强对文物进出境审核的管理，根据《中华人民共和国文物保护法》和《中华人民共和国文物保护法实施条例》，制定本办法。

第二条 国家文物局负责文物进出境审核管理工作，指定文物进出境审核机构承担文物进出境审核工作。

文物进出境审核机构是文物行政执法机构，依法独立行使职权，向国家文物局汇报工作，接受国家文物局业务指导。

第三条 文物进出境审核机构由国家文物局和省级人民政府联合组建。省级人民政府应当保障文物进出境审核机构的编制、办公场所及工作经费。国家文物局应当对文物进出境审核机构的业务经费予以补助。

第四条 文物进出境审核机构应当具备以下条件：

（一）有7名以上专职文物鉴定人员，其中文物进出境责任鉴定员不少于5名；

（二）有固定的办公场所和必要的技术设备；

（三）工作经费全额纳入财政预算。

第五条 国家文物局根据文物进出境审核工作的需要，指定具备条件的文物进出境审核机构承担文物进出境审核工作，使用文物出境标识和文物临时进境标识，对允许出境的文物发放文物出境许可证。

第六条 文物进出境审核机构的工作人员实行持证上岗制度，不得在文物商店或者拍卖企业任职、兼职。文物进出境审核机构的主要负责人应当取得国家文物局颁发的资格证书。

文物进出境责任鉴定员应当取得大学本科以上学历和文物博物专业中级以上职称，并经国家文物局考核合格。

第七条 文物进出境审核机构的日常管理工作由所在地省级文物主管部门负责。省级文物主管部门应当制定相关管理制度，并报国家文物局备案。

文物进出境审核机构应当采取措施，保证审核工作高效公正。

第八条 下列文物出境，应当经过审核：

（一）1949年（含）以前的各类艺术品、工艺美术品；

（二）1949年（含）以前的手稿、文献资料和图书资料；

（三）1949年（含）以前的与各民族社会制度、社会生产、社会生活有关的实物；

（四）1949年以后的与重大事件或著名人物有关的代表性实物；

（五）1949年以后的反映各民族生产活动、生活习俗、文化艺术和宗教信仰的代表性实物；

（六）国家文物局公布限制出境的已故现代著名书画家、工艺美术家作品；

（七）古猿化石、古人类化石，以及与人类活动有关的第四纪古脊椎动物化石。

文物出境审核标准，由国家文物局定期修订并公布。

第九条 运送、邮寄、携带文物出境，应当在文物出境前填写文物出境申请表，报文物进出境审核机构审核。

文物进出境审核机构应当自收到文物出境申请之日起15个工作日内作出是否允许出境的审核意见。

第十条 文物进出境审核机构审核文物，应当有3名以上专职文物鉴定人员参加，其中文物进出境责任鉴定员不得少于2名。

文物出境许可证，由参加审核的文物进出境责任鉴定员共同签署。文物进出境责任鉴定员一致同意允许出境的文物，文物进出境审核机构方可加盖文物出境审核专用章。

第十一条 经审核允许出境的文物，由文物进出境审核机构标明文物出境标识，发放文物出境许可证。海关查验文物出境标识后，凭文物出境许可证放行。

文物出境许可证一式三联，第一联由文物进出境审核机构留存，第二联由文物出境地海关留存，第三联由文物出境携运人留存。

经审核不允许出境的文物，由文物进出境审核机构登记并发还。

根据出境地海关或携运人的要求，文物进出境审核机构可以为经审核属于文物复仿制品的申报物品出具文物复仿制品证明。

第十二条 因修复、展览、销售、鉴定等原因临时进境的文物，经海关加封后，报文物进出境审核机构审核、登记。文物进出境审核机构查验海关封志完好无损后，对每件临时进境文物进行审核，标明文物临时进境标识并登记。

临时进境文物复出境时，应向原审核、登记的文物进出境审核机构申报。文物进出境审核机构应对照进境记录审核查验，确认文物临时进境标识无误后，标明文物出境标识，发给文物出境许可证。

第十三条 临时进境文物在境内滞留时间，除经海关和文物进出境审核机构批准外，不得超过6个月。

临时进境文物滞留境内逾期复出境，依照文物出境审核标准和程序进行审核。

第十四条　因展览、科研等原因临时出境的文物，出境前应向文物进出境审核机构申报。文物进出境审核机构应当按国家文物局的批准文件办理审核登记手续。

临时出境文物复进境时，由原审核登记的文物进出境审核机构审核查验。

第十五条　文物进出境审核机构在审核文物过程中，发现涉嫌非法持有文物或文物流失问题的，应立即向公安机关和国家文物局报告。

第十六条　文物出境标识、文物临时进境标识和文物出境许可证，由文物进出境审核机构指定专人保管。使用上述物品，由文物进出境审核机构负责人签字确认。

第十七条　违反本办法规定，造成文物流失的，依据有关规定追究责任人的责任。

第十八条　文物出境标识、文物临时进境标识、文物出境许可证、文物复仿制品证明和文物出境申请表，由国家文物局统一制作。

第十九条　尚未组建文物进出境审核机构的省、自治区、直辖市，应当根据本办法的规定组建文物进出境审核机构；组建前的文物进出境审核工作由国家文物局指定文物进出境审核机构承担。

第二十条　本办法自公布之日起施行，1989 年文化部发布的《文物出境鉴定管理办法》同日废止。

古人类化石和古脊椎动物化石保护管理办法

（2006 年 7 月 3 日文化部部务会议审议通过，
2006 年 8 月 7 日公布，自公布之日起施行）

第一条　为加强对古人类化石和古脊椎动物化石的保护和管理，根据《中华人民共和国文物保护法》制定本办法。

第二条　本办法所称古人类化石和古脊椎动物化石，指古猿化石、古人类化石及其与人类活动有关的第四纪古脊椎动物化石。

第三条　国务院文物行政部门主管全国古人类化石和古脊椎动物化石的保护和管理工作。

县级以上地方人民政府文物行政部门对本行政区域内的古人类化石和古脊椎动物化石的保护实施监督管理。

第四条　古人类化石和古脊椎动物化石分为珍贵化石和一般化石；珍贵化石分为三级。古人类化石、与人类有祖裔关系的古猿化石、代表性的与人类有旁系关系的古猿化石、代表性的与人类起源演化有关的第四纪古脊椎动物化石为一级化石；其他与人类有旁系关系的古猿化石、系统地位暂不能确定的古猿化石、其他重要的与人类起源演化有关的第四纪古脊椎动物化石为二级化石；其他有科学价值的与人类起源演化有关的第四纪古脊椎动物化石为三级化石。

一、二、三级化石和一般化石的保护和管理，按照国家有关一、二、三级文物和一般文物保护管理的规定实施。

第五条　古人类化石和古脊椎动物化石地点以及遗迹地点，纳入不可移动文物的保护和管理体系，并根据其价值，报请核定公布为各级文物保护单位。

第六条　古人类化石和古脊椎动物化石的考古调查、勘探和发掘工作，按照国家有关文物考古调查、勘探和发掘的管理规定实施管理。

地下埋藏的古人类化石和古脊椎动物化石，任何单位或者个人不得私自发掘。

古人类化石和古脊椎动物化石的考古发

掘项目，其领队及主要工作人员应当具有古生物学及其它相关学科的研究背景。

第七条 建设工程涉及地下可能埋藏古人类化石和古脊椎动物化石的调查、勘探和发掘工作的程序和要求，按照国家有关建设工程涉及地下可能埋藏文物的调查、勘探和发掘工作的规定执行。

第八条 在进行建设工程或者在农业生产中，任何单位或者个人发现古人类化石和古脊椎动物化石，应当保护现场，立即报告当地文物行政部门。文物行政部门应当按照《中华人民共和国文物保护法》第三十二条第一款规定的要求和程序进行处理。

第九条 除出境展览或者因特殊需要经国务院批准出境外，古人类化石和古脊椎动物化石不得出境。

古人类化石和古脊椎动物化石出境展览，按照国家有关文物出境展览的管理规定实施管理。

古人类化石和古脊椎动物化石临时进境，按照国家有关文物临时进境的管理规定实施管理。

第十条 对保护古人类化石和古脊椎动物化石作出突出贡献的单位或个人，由国家给予精神鼓励或者物质奖励。

第十一条 违反本办法规定的，依照有关规定追究法律责任。

第十二条 本办法自公布之日起施行。

文物保护工程管理办法

（2003年3月17日文化部部委会议审议通过，
2003年4月1日公布，自2003年5月1日起施行）

第一章 总 则

第一条 为进一步加强文物保护工程的管理，根据《中华人民共和国文物保护法》和《中华人民共和国建筑法》的有关规定，制定本办法。

第二条 本办法所称文物保护工程，是指对核定为文物保护单位的和其它具有文物价值的古文化遗址、古墓葬、古建筑、石窟寺和石刻、近现代重要史迹及代表性建筑、壁画等不可移动文物进行的保护工程。

第三条 文物保护工程必须遵守不改变文物原状的原则，全面地保存、延续文物的真实历史信息和价值；按照国际、国内公认的准则，保护文物本体及与之相关的历史、人文和自然环境。

第四条 文物保护单位应当制定专项的总体保护规划，文物保护工程应当依据批准的规划进行。

第五条 文物保护工程分为：保养维护工程、抢险加固工程、修缮工程、保护性设施建设工程、迁移工程等。

（一）保养维护工程，系指针对文物的轻微损害所作的日常性、季节性的养护。

（二）抢险加固工程，系指文物突发严重危险时，由于时间、技术、经费等条件的限制，不能进行彻底修缮而对文物采取具有可逆性的临时抢险加固措施的工程。

（三）修缮工程，系指为保护文物本体所必需的结构加固处理和维修，包括结合结构加固而进行的局部复原工程。

（四）保护性设施建设工程，系指为保护文物而附加安全防护设施的工程。

（五）迁移工程，系指因保护工作特别需要，并无其它更为有效的手段时所采取的将文物整体或局部搬迁、异地保护的工程。

第六条　国家文物局负责全国文物保护工程的管理，并组织制定文物保护工程的相关规范、标准和定额。

第七条　具有法人资格的文物管理或使用单位，包括经国家批准，使用文物保护单位的机关、团体、部队、学校、宗教组织和其它企事业单位，为文物保护工程的业主单位。

第八条　承担文物保护工程的勘察、设计、施工、监理单位必须具有国家文物局认定的文物保护工程资质。资质认定办法和分级标准由国家文物局另行制定。

第九条　文物保护工程管理主要指立项、勘察设计、施工、监理及验收管理。

第二章　立项与勘察设计

第十条　文物保护工程按照文物保护单位级别实行分级管理，并按以下规定履行报批程序：

（一）全国重点文物保护单位保护工程，以省、自治区、直辖市文物行政部门为申报机关，国家文物局为审批机关。

（二）省、自治区、直辖市级文物保护单位保护工程以文物所在地的市、县级文物行政部门为申报机关，省、自治区、直辖市文物行政部门为审批机关。

市县级文物保护单位及未核定为文物保护单位的不可移动文物的保护工程的申报机关、审批机关由省级文物行政部门确定。

第十一条　保养维护工程由文物使用单位列入每年的工作计划和经费预算，并报省、自治区、直辖市文物行政部门备案。

抢险加固工程、修缮工程、保护性设施建设工程的立项与勘察设计方案按本办法第十条的规定履行报批程序。抢险加固工程中确因情况紧急需要即刻实施的，可在实施的同时补报。

迁移工程按《中华人民共和国文物保护法》第二十条的规定获得批准后，按本办法第十条的规定报批勘察设计方案。

第十二条　因特殊情况需要在原址重建已经全部毁坏的不可移动文物的，按《中华人民共和国文物保护法》第二十二条的规定获得批准后，按本办法第十条的规定报批勘察设计方案。

第十三条　工程项目的立项申报资料包括以下内容：

（一）工程业主单位及上级主管部门名称；

（二）拟立项目名称、地点，文物保护单位级别、时代，保护范围与建设控制地带的划定、公布与执行情况；

（三）保护工程必要性与实施可能性的技术文件与形象资料录像或照片；

（四）经费估算、来源及计划工期安排；

（五）拟聘请的勘察设计单位名称及资信。

第十四条　已立项的文物保护工程应当申报勘察、方案设计和施工技术设计文件。重大工程要在方案获得批准后，再进行技术设计。

第十五条　勘察和方案设计文件包括：

（一）反映文物历史状况、固有特征和损害情况的勘察报告、实测图、照片；

（二）保护工程方案、设计图及相关技术文件；

（三）工程设计概算；

（四）必要时应提供考古勘探发掘资料、材料试验报告书、环境污染情况报告书、工程地质和水文地质资料及勘探报告。

第十六条　施工技术设计文件包括：

（一）施工图；

（二）设计说明书；

（三）施工图预算；

（四）相关材料试验报告及检测鉴定结果。

第三章　施工、监理与验收

第十七条　文物保护工程中的修缮工

程、保护性设施建设工程和迁移工程实行招投标和工程监理。

第十八条 重要文物保护工程按本办法第十条规定的程序报批招标文件及拟选用的施工单位。

第十九条 文物保护工程必须遵守国家有关施工的法律、法规和规章、规范，购置的工程材料应当符合文物保护工程质量的要求。施工单位应当严格按照设计文件的要求进行施工，其工作程序为：

（一）依据设计文件，编制施工方案；

（二）施工人员进场前要接受文物保护相关知识的培训；

（三）按文物保护工程的要求作好施工记录和施工统计文件，收集有关文物资料；

（四）进行质量自检，对工程的隐蔽部分必须与业主单位、设计单位、监理单位共同检验并做好记录；

（五）提交竣工资料；

（六）按合同约定负责保修，保修期限自竣工验收之日起计算，除保养维护、抢险加固工程以外，不少于五年。

第二十条 施工过程中如发现新的文物、有关资料或其它影响文物保护的重大问题，要立即记录，保护现场，并经原申报机关向原审批机关报告，请示处理办法。

第二十一条 施工过程中如需变更或补充已批准的技术设计，由工程业主单位、设计单位和施工单位共同现场洽商，并报原申报机关备案；如需变更已批准的工程项目或方案设计中的重要内容，必须经原申报机关报审批机关批准。

第二十二条 文物保护工程应当按工序分阶段验收。重大工程告一段落时，项目的审批机关应当组织或者委托有关单位进行阶段验收。

第二十三条 工程竣工后，由业主单位会同设计单位、施工单位、监理单位对工程质量进行验评，并提交工程总结报告、竣工报告、竣工图纸、财务决算书及说明等资料，经原申报机关初验合格后报审批机关。项目的审批机关视工程项目的实际情况成立验收小组或者委托有关单位，组织竣工验收。

第二十四条 对工程验收中发现的质量问题，由业主单位及时组织整改。

第二十五条 文物保护工程的业主单位、勘察设计单位、施工单位、申报机关和审批机关应当建立有关工程行政、技术和财务文件的档案管理制度。所有工程资料应当立卷存档并归入文物保护单位记录档案。

重要工程应当在验收后三年内发表技术报告。

第四章 奖励与处罚

第二十六条 文物保护工程设立优秀工程奖，具体办法由国家文物局制定。

第二十七条 违反本办法、或对文物造成破坏的，按《中华人民共和国文物保护法》及国务院有关规定处罚。

第五章 附 则

第二十八条 非国有不可移动文物的保护维修，参照执行本办法。

第二十九条 以前发布的规章与本办法相抵触的，以本办法的规定为准。

第三十条 本办法自 2003 年 5 月 1 日起施行。

世界文化遗产保护管理办法

（2006年11月14日文化部部务会议审议通过并公布，自公布之日起施行）

第一条　为了加强对世界文化遗产的保护和管理，履行对《保护世界文化与自然遗产公约》的责任和义务，传承人类文明，依据《中华人民共和国文物保护法》制定本办法。

第二条　本办法所称世界文化遗产，是指列入联合国教科文组织《世界遗产名录》的世界文化遗产和文化与自然混合遗产中的文化遗产部分。

第三条　世界文化遗产工作贯彻保护为主、抢救第一、合理利用、加强管理的方针，确保世界文化遗产的真实性和完整性。

第四条　国家文物局主管全国世界文化遗产工作，协调、解决世界文化遗产保护和管理中的重大问题，监督、检查世界文化遗产所在地的世界文化遗产工作。

县级以上地方人民政府及其文物主管部门依照本办法的规定，制定管理制度，落实工作措施，负责本行政区域内的世界文化遗产工作。

第五条　县级以上地方人民政府应当将世界文化遗产保护和管理所需的经费纳入本级财政预算。

公民、法人和其他组织可以通过捐赠等方式设立世界文化遗产保护基金，专门用于世界文化遗产保护。世界文化遗产保护基金的募集、使用和管理，依照国家有关法律、行政法规和部门规章的规定执行。

第六条　国家对世界文化遗产保护的重大事项实行专家咨询制度，由国家文物局建立专家咨询机制开展相关工作。

世界文化遗产保护专家咨询工作制度由国家文物局制定并公布。

第七条　公民、法人和其他组织都有依法保护世界文化遗产的义务。

国家鼓励公民、法人和其他组织参与世界文化遗产保护。

国家文物局、县级以上地方人民政府及其文物主管部门应当对在世界文化遗产保护中作出突出贡献的组织或者个人给予奖励。

省级文物主管部门应当建立世界文化遗产保护志愿者工作制度，开展志愿者的组织、指导和培训工作。

第八条　世界文化遗产保护规划由省级人民政府组织编制。承担世界文化遗产保护规划编制任务的机构，应当取得国家文物局颁发的资格证书。世界文化遗产保护规划应当明确世界文化遗产保护的标准和重点，分类确定保护措施，符合联合国教科文组织有关世界文化遗产的保护要求。

尚未编制保护规划，或者保护规划内容不符合本办法要求的世界文化遗产，应当自本办法施行之日起1年内编制、修改保护规划。

世界文化遗产保护规划由省级文物主管部门报国家文物局审定。经国家文物局审定的世界文化遗产保护规划，由省级人民政府公布并组织实施。世界文化遗产保护规划的要求，应当纳入县级以上地方人民政府的国民经济和社会发展规划、土地利用总体规划和城乡规划。

第九条　世界文化遗产中的不可移动文物，应当根据其历史、艺术和科学价值依法核定公布为文物保护单位。尚未核定公布为文物保护单位的不可移动文物，由县级文物主管部门予以登记并公布。

世界文化遗产中的不可移动文物，按照《中华人民共和国文物保护法》和《中华人民共和国文物保护法实施条例》的有关规定实施保护和管理。

第十条 世界文化遗产中的文物保护单位，应当根据世界文化遗产保护的需要依法划定保护范围和建设控制地带并予以公布。保护范围和建设控制地带的划定，应当符合世界文化遗产核心区和缓冲区的保护要求。

第十一条 省级人民政府应当为世界文化遗产作出标志说明。标志说明的设立不得对世界文化遗产造成损害。

世界文化遗产标志说明应当包括世界文化遗产的名称、核心区、缓冲区和保护机构等内容，并包含联合国教科文组织公布的世界遗产标志图案。

第十二条 省级人民政府应当为世界文化遗产建立保护记录档案，并由其文物主管部门报国家文物局备案。

国家文物局应当建立全国的世界文化遗产保护记录档案库，并利用高新技术建立世界文化遗产管理动态信息系统和预警系统。

第十三条 省级人民政府应当为世界文化遗产确定保护机构。保护机构应当对世界文化遗产进行日常维护和监测，并建立日志。发现世界文化遗产存在安全隐患的，保护机构应当采取控制措施，并及时向县级以上地方人民政府和省级文物主管部门报告。

世界文化遗产保护机构的工作人员实行持证上岗制度，主要负责人应当取得国家文物局颁发的资格证书。

第十四条 世界文化遗产辟为参观游览区，应当充分发挥文化遗产的宣传教育作用，并制定完善的参观游览服务管理办法。

世界文化遗产保护机构应当将参观游览服务管理办法报省级文物主管部门备案。省级文物主管部门应当对世界文化遗产的参观游览服务管理工作进行监督检查。

第十五条 在参观游览区内设置服务项目，应当符合世界文化遗产保护规划的管理要求，并与世界文化遗产的历史和文化属性相协调。

服务项目由世界文化遗产保护机构负责具体实施。实施服务项目，应当遵循公开、公平、公正和公共利益优先的原则，并维护当地居民的权益。

第十六条 各级文物主管部门和世界文化遗产保护机构应当组织开展文化旅游的调查和研究工作，发掘并展示世界文化遗产的历史和文化价值，保护并利用世界文化遗产工作中积累的知识产权。

第十七条 发生或可能发生危及世界文化遗产安全的突发事件时，保护机构应当立即采取必要的控制措施，并同时向县级以上地方人民政府和省级文物主管部门报告。省级文物主管部门应当在接到报告2小时内，向省级人民政府和国家文物局报告。

省级文物主管部门接到有关报告后，应当区别情况决定处理办法并负责实施。国家文物局应当督导并检查突发事件的及时处理，提出防范类似事件发生的具体要求，并向各世界文化遗产所在地省级人民政府通报突发事件的发生及处理情况。

第十八条 国家对世界文化遗产保护实行监测巡视制度，由国家文物局建立监测巡视机制开展相关工作。

世界文化遗产保护监测巡视工作制度由国家文物局制定并公布。

第十九条 因保护和管理不善，致使真实性和完整性受到损害的世界文化遗产，由国家文物局列入《中国世界文化遗产警示名单》予以公布。

列入《中国世界文化遗产警示名单》的世界文化遗产所在地省级人民政府，应当对保护和管理工作中存在的问题提出整改措施，限期改进保护管理工作。

第二十条 违反本办法规定，造成世界文化遗产损害的，依据有关规定追究责任人的责任。

第二十一条　列入《中国世界文化遗产预备名单》的文化遗产，参照本办法的规定实施保护和管理。

第二十二条　本办法自公布之日起施行。

大运河遗产保护管理办法

（2012年7月27日文化部部务会议审议通过，2012年8月14日公布，自2012年10月1日起施行）

第一条　为加强对大运河遗产的保护，规范大运河遗产的利用行为，促进大运河沿线经济社会全面协调可持续发展，根据《中华人民共和国文物保护法》，制定本办法。

第二条　本办法所称大运河遗产，包括隋唐运河、京杭大运河、浙东运河的水工遗存，各类伴生历史遗存、历史街区村镇，以及相关联的环境景观等。

近代以来兴建的大运河水工设施，凡具有文化代表性和突出价值的，属于本办法所称的大运河遗产。

第三条　大运河遗产保护实行统一规划、分级负责、分段管理，坚持真实性、完整性、延续性原则，依照国家有关法律、行政法规和本办法的规定执行。

第四条　国家设立的大运河保护和申遗省部际会商小组，协调大运河遗产保护中的重大事项，会商解决重大问题。

国务院文物主管部门主管大运河遗产的整体保护工作，并与国务院国土、环保、交通、水利等主管部门合作，依法在各自的职责范围内开展相关工作。

大运河沿线县级以上地方人民政府文物主管部门，负责本行政区域内的大运河遗产保护工作，依法与其他相关主管部门合作开展工作，并将大运河遗产保护经费纳入本级财政预算。

第五条　国家鼓励公民、法人和其他组织参与大运河遗产保护。

公民、法人和其他组织可以通过捐赠等方式设立大运河遗产保护基金，用于大运河遗产保护。大运河遗产保护基金的募集、使用和管理，依照国家有关法律、行政法规的规定执行。

国务院文物主管部门、大运河沿线县级以上地方人民政府文物主管部门，应当对在大运河遗产保护中作出突出贡献的组织或者个人给予奖励。

第六条　大运河沿线省级人民政府文物主管部门应当组织调查本行政区域内的大运河遗产。

属于大运河遗产的不可移动文物，县级以上地方文物主管部门应当依法予以认定，并报同级人民政府核定公布为文物保护单位。大运河遗产中具有重大历史、艺术、科学价值的不可移动文物，应当确定为全国重点文物保护单位，报国务院核定公布。

第七条　国家实行大运河遗产保护规划制度。大运河遗产保护规划由总体规划、省级规划和市级规划构成。

大运河遗产保护总体规划，由国务院文物主管部门会同国务院有关部门制订，经大运河保护和申遗省部际会商小组审定后报国务院批准公布。大运河遗产保护总体规划应当与国家水利、航运、环境等规划相协调。

大运河遗产保护省级规划和市级规划，分别由省级和市级文物主管部门会同同级有关部门制订，报省级和市级人民政府批准公布，并报上级文物主管部门备案。

第八条 大运河遗产保护规划应当明确大运河遗产的构成、保护标准和保护重点，分类制定保护措施。

在大运河遗产保护规划划定的保护范围和建设控制地带内进行工程建设，应当遵守《中华人民共和国文物保护法》的有关规定，并实行建设项目遗产影响评价制度。建设项目遗产影响评价制度，由国务院文物主管部门制定。

除防洪、航道疏浚、水工设施维护、输水河道工程外，任何单位或者个人不得在大运河遗产保护规划划定的保护范围内进行破坏大运河遗产本体的工程建设。

第九条 大运河沿线县级以上地方人民政府文物主管部门，应当建立大运河遗产所在地标识系统，并向公众提供真实、完整的大运河遗产信息。

第十条 将大运河遗产所在地辟为参观游览区，必须保障公众和大运河遗产的安全。

在参观游览区内设置服务项目，必须符合大运河遗产保护规划的要求。

大运河遗产参观游览区保护、展示、利用功能突出，示范意义显著的，可以公布为大运河遗产公园。

第十一条 大运河遗产跨行政区域边界的，其毗邻的县级以上地方人民政府文物主管部门应当定期召开协调会议，研究解决大运河遗产保护中的重大问题。

第十二条 国家实行大运河遗产监测巡视制度，由国务院文物主管部门组织实施，定期发布监测巡视报告。

大运河遗产监测由国家、省级和市级监测系统构成，包括日常监测、定期监测和反应性监测；大运河遗产巡视由国家和省级巡视系统构成，包括定期巡视和不定期巡视。

第十三条 因保护和管理不善，致使真实性、完整性和延续性受到损害的大运河遗产，由国务院文物主管部门列入《大运河遗产保护警示名单》予以公布。

列入《大运河遗产保护警示名单》的遗产所在地保护机构，必须对保护和管理工作中存在的问题制订并公布整改措施，限期改进保护管理工作。

第十四条 违反本办法规定，造成大运河遗产损害，构成犯罪的，依法追究刑事责任；尚不构成犯罪的，由主管机关依法给予处罚。

有关行政机关不履行法定职责的，由上级行政机关责令改正，通报批评；对负有责任的主管人员和其他直接责任人员，由主管机关依法处理。

第十五条 本办法自2012年10月1日起施行。

文物认定管理暂行办法

（2009年8月5日文化部部务会议审议通过，
2009年8月10日公布，自2009年10月1日起施行）

第一条 为规范文物认定管理工作，根据《中华人民共和国文物保护法》制定本办法。

本办法所称文物认定，是指文物行政部门将具有历史、艺术、科学价值的文化资源确认为文物的行政行为。

第二条 《中华人民共和国文物保护法》第二条第一款所列各项，应当认定为文物。

乡土建筑、工业遗产、农业遗产、商业老字号、文化线路、文化景观等特殊类型文物，按照本办法认定。

第三条　认定文物，由县级以上地方文物行政部门负责。认定文物发生争议的，由省级文物行政部门作出裁定。

省级文物行政部门应当根据国务院文物行政部门的要求，认定特定的文化资源为文物。

第四条　国务院文物行政部门应当定期发布指导意见，明确文物认定工作的范围和重点。

第五条　各级文物行政部门应当定期组织开展文物普查，并由县级以上地方文物行政部门对普查中发现的文物予以认定。

各级文物行政部门应当完善制度，鼓励公民、法人和其他组织在文物普查工作中发挥作用。

第六条　所有权人或持有人书面要求认定文物的，应当向县级以上地方文物行政部门提供其姓名或者名称、住所、有效身份证件号码或者有效证照号码，以及认定对象的来源说明。县级以上地方文物行政部门应当作出决定并予以答复。

县级以上地方文物行政部门应当告知文物所有权人或持有人依法承担的文物保护责任。

县级以上地方文物行政部门应当整理并保存上述工作的文件和资料。

第七条　公民、法人和其他组织书面要求认定不可移动文物的，应当向县级以上地方文物行政部门提供其姓名或者名称、住所、有效身份证件号码或者有效证照号码。县级以上地方文物行政部门应当通过听证会等形式听取公众意见并作出决定予以答复。

第八条　县级以上地方文物行政部门认定文物，应当开展调查研究，收集相关资料，充分听取专家意见，召集专门会议研究并作出书面决定。

县级以上地方文物行政部门可以委托或设置专门机构开展认定文物的具体工作。

第九条　不可移动文物的认定，自县级以上地方文物行政部门公告之日起生效。

可移动文物的认定，自县级以上地方文物行政部门作出决定之日起生效。列入文物收藏单位藏品档案的文物，自主管的文物行政部门备案之日起生效。

第十条　各级文物行政部门应当根据《中华人民共和国文物保护法》第三条的规定，组织开展经常性的文物定级工作。

第十一条　文物收藏单位收藏文物的定级，由主管的文物行政部门备案确认。

文物行政部门应当建立民间收藏文物定级的工作机制，组织开展民间收藏文物的定级工作。定级的民间收藏文物，由主管的地方文物行政部门备案。

第十二条　公民、法人和其他组织，以及所有权人书面要求对不可移动文物进行定级的，应当向有关文物行政部门提供其姓名或者名称、住所、有效身份证件号码或者有效证照号码。有关文物行政部门应当通过听证会等形式听取公众意见并予以答复。

第十三条　对文物认定和定级决定不服的，可以依法申请行政复议。

第十四条　国家实行文物登录制度，由县级以上文物行政部门委托或设置专门机构开展相关工作。

文物登录，应当对各类文物分别制定登录指标体系。登录指标体系应当满足文物保护、研究和公众教育等需要。

根据私有文物所有权人的要求，文物登录管理机构应当对其身份予以保密。

第十五条　违反本办法规定，造成文物破坏的，对负有责任的主管人员和其他直接责任人员依法给予处分；构成犯罪的，依法追究刑事责任。

第十六条　古猿化石、古人类化石、与人类活动有关的第四纪古脊椎动物化石，以及上述化石地点和遗迹地点的认定和定级工作，按照本办法的规定执行。

历史文化名城、街区及村镇的认定和定级工作，按照有关法律法规的规定执行。

第十七条　本办法自 2009 年 10 月 1 日起施行。

中华人民共和国非物质文化遗产法

（2011 年 2 月 25 日第十一届全国人民代表大会常务委员会第十九次会议通过并公布，自 2011 年 6 月 1 日起施行）

第一章　总　　则

第一条　为了继承和弘扬中华民族优秀传统文化，促进社会主义精神文明建设，加强非物质文化遗产保护、保存工作，制定本法。

第二条　本法所称非物质文化遗产，是指各族人民世代相传并视为其文化遗产组成部分的各种传统文化表现形式，以及与传统文化表现形式相关的实物和场所。包括：

（一）传统口头文学以及作为其载体的语言；

（二）传统美术、书法、音乐、舞蹈、戏剧、曲艺和杂技；

（三）传统技艺、医药和历法；

（四）传统礼仪、节庆等民俗；

（五）传统体育和游艺；

（六）其他非物质文化遗产。

属于非物质文化遗产组成部分的实物和场所，凡属文物的，适用《中华人民共和国文物保护法》的有关规定。

第三条　国家对非物质文化遗产采取认定、记录、建档等措施予以保存，对体现中华民族优秀传统文化，具有历史、文学、艺术、科学价值的非物质文化遗产采取传承、传播等措施予以保护。

第四条　保护非物质文化遗产，应当注重其真实性、整体性和传承性，有利于增强中华民族的文化认同，有利于维护国家统一和民族团结，有利于促进社会和谐和可持续发展。

第五条　使用非物质文化遗产，应当尊重其形式和内涵。

禁止以歪曲、贬损等方式使用非物质文化遗产。

第六条　县级以上人民政府应当将非物质文化遗产保护、保存工作纳入本级国民经济和社会发展规划，并将保护、保存经费列入本级财政预算。

国家扶持民族地区、边远地区、贫困地区的非物质文化遗产保护、保存工作。

第七条　国务院文化主管部门负责全国非物质文化遗产的保护、保存工作；县级以上地方人民政府文化主管部门负责本行政区域内非物质文化遗产的保护、保存工作。

县级以上人民政府其他有关部门在各自职责范围内，负责有关非物质文化遗产的保护、保存工作。

第八条　县级以上人民政府应当加强对非物质文化遗产保护工作的宣传，提高全社会保护非物质文化遗产的意识。

第九条　国家鼓励和支持公民、法人和其他组织参与非物质文化遗产保护工作。

第十条　对在非物质文化遗产保护工作中做出显著贡献的组织和个人，按照国家有关规定予以表彰、奖励。

第二章　非物质文化遗产的调查

第十一条　县级以上人民政府根据非物质文化遗产保护、保存工作需要，组织非物质文化遗产调查。非物质文化遗产调查由文化主管部门负责进行。

县级以上人民政府其他有关部门可以对其工作领域内的非物质文化遗产进行调查。

第十二条　文化主管部门和其他有关部门进行非物质文化遗产调查，应当对非物质文化遗产予以认定、记录、建档，建立健全调查信息共享机制。

文化主管部门和其他有关部门进行非物质文化遗产调查，应当收集属于非物质文化遗产组成部分的代表性实物，整理调查工作中取得的资料，并妥善保存，防止损毁、流失。其他有关部门取得的实物图片、资料复制件，应当汇交给同级文化主管部门。

第十三条　文化主管部门应当全面了解非物质文化遗产有关情况，建立非物质文化遗产档案及相关数据库。除依法应当保密的外，非物质文化遗产档案及相关数据信息应当公开，便于公众查阅。

第十四条　公民、法人和其他组织可以依法进行非物质文化遗产调查。

第十五条　境外组织或者个人在中华人民共和国境内进行非物质文化遗产调查，应当报经省、自治区、直辖市人民政府文化主管部门批准；调查在两个以上省、自治区、直辖市行政区域进行的，应当报经国务院文化主管部门批准；调查结束后，应当向批准调查的文化主管部门提交调查报告和调查中取得的实物图片、资料复制件。

境外组织在中华人民共和国境内进行非物质文化遗产调查，应当与境内非物质文化遗产学术研究机构合作进行。

第十六条　进行非物质文化遗产调查，应当征得调查对象的同意，尊重其风俗习惯，不得损害其合法权益。

第十七条　对通过调查或者其他途径发现的濒临消失的非物质文化遗产项目，县级人民政府文化主管部门应当立即予以记录并收集有关实物，或者采取其他抢救性保存措施；对需要传承的，应当采取有效措施支持传承。

第三章　非物质文化遗产代表性项目名录

第十八条　国务院建立国家级非物质文化遗产代表性项目名录，将体现中华民族优秀传统文化，具有重大历史、文学、艺术、科学价值的非物质文化遗产项目列入名录予以保护。

省、自治区、直辖市人民政府建立地方非物质文化遗产代表性项目名录，将本行政区域内体现中华民族优秀传统文化，具有历史、文学、艺术、科学价值的非物质文化遗产项目列入名录予以保护。

第十九条　省、自治区、直辖市人民政府可以从本省、自治区、直辖市非物质文化遗产代表性项目名录中向国务院文化主管部门推荐列入国家级非物质文化遗产代表性项目名录的项目。推荐时应当提交下列材料：

（一）项目介绍，包括项目的名称、历史、现状和价值；

（二）传承情况介绍，包括传承范围、传承谱系、传承人的技艺水平、传承活动的社会影响；

（三）保护要求，包括保护应当达到的目标和应当采取的措施、步骤、管理制度；

（四）有助于说明项目的视听资料等材料。

第二十条　公民、法人和其他组织认为某项非物质文化遗产体现中华民族优秀传统文化，具有重大历史、文学、艺术、科学价值的，可以向省、自治区、直辖市人民政府或者国务院文化主管部门提出列入国家级非物质文化遗产代表性项目名录的建议。

第二十一条　相同的非物质文化遗产项目，其形式和内涵在两个以上地区均保持完整的，可以同时列入国家级非物质文化遗产代表性项目名录。

第二十二条　国务院文化主管部门应当组织专家评审小组和专家评审委员会，对推荐或者建议列入国家级非物质文化遗产代表性项目名录的非物质文化遗产项目进行初评和审议。

初评意见应当经专家评审小组成员过半数通过。专家评审委员会对初评意见进行审议，提出审议意见。

评审工作应当遵循公开、公平、公正的原则。

第二十三条　国务院文化主管部门应当将拟列入国家级非物质文化遗产代表性项目名录的项目予以公示，征求公众意见。公示时间不得少于二十日。

第二十四条　国务院文化主管部门根据专家评审委员会的审议意见和公示结果，拟订国家级非物质文化遗产代表性项目名录，报国务院批准、公布。

第二十五条　国务院文化主管部门应当组织制定保护规划，对国家级非物质文化遗产代表性项目予以保护。

省、自治区、直辖市人民政府文化主管部门应当组织制定保护规划，对本级人民政府批准公布的地方非物质文化遗产代表性项目予以保护。

制定非物质文化遗产代表性项目保护规划，应当对濒临消失的非物质文化遗产代表性项目予以重点保护。

第二十六条　对非物质文化遗产代表性项目集中、特色鲜明、形式和内涵保持完整的特定区域，当地文化主管部门可以制定专项保护规划，报经本级人民政府批准后，实行区域性整体保护。确定对非物质文化遗产实行区域性整体保护，应当尊重当地居民的意愿，并保护属于非物质文化遗产组成部分的实物和场所，避免遭受破坏。

实行区域性整体保护涉及非物质文化遗产集中地村镇或者街区空间规划的，应当由当地城乡规划主管部门依据相关法规制定专项保护规划。

第二十七条　国务院文化主管部门和省、自治区、直辖市人民政府文化主管部门应当对非物质文化遗产代表性项目保护规划的实施情况进行监督检查；发现保护规划未能有效实施的，应当及时纠正、处理。

第四章　非物质文化遗产的传承与传播

第二十八条　国家鼓励和支持开展非物质文化遗产代表性项目的传承、传播。

第二十九条　国务院文化主管部门和省、自治区、直辖市人民政府文化主管部门对本级人民政府批准公布的非物质文化遗产代表性项目，可以认定代表性传承人。

非物质文化遗产代表性项目的代表性传承人应当符合下列条件：

（一）熟练掌握其传承的非物质文化遗产；

（二）在特定领域内具有代表性，并在一定区域内具有较大影响；

（三）积极开展传承活动。

认定非物质文化遗产代表性项目的代表性传承人，应当参照执行本法有关非物质文化遗产代表性项目评审的规定，并将所认定的代表性传承人名单予以公布。

第三十条　县级以上人民政府文化主管部门根据需要，采取下列措施，支持非物质文化遗产代表性项目的代表性传承人开展传承、传播活动：

（一）提供必要的传承场所；

（二）提供必要的经费资助其开展授徒、传艺、交流等活动；

（三）支持其参与社会公益性活动；

（四）支持其开展传承、传播活动的其他措施。

第三十一条　非物质文化遗产代表性项目的代表性传承人应当履行下列义务：

（一）开展传承活动，培养后继人才；

（二）妥善保存相关的实物、资料；

（三）配合文化主管部门和其他有关部门进行非物质文化遗产调查；

（四）参与非物质文化遗产公益性宣传。

非物质文化遗产代表性项目的代表性传承人无正当理由不履行前款规定义务的，文化主管部门可以取消其代表性传承人资格，重新认定该项目的代表性传承人；丧失传承能力的，文化主管部门可以重新认定该项目的代表性传承人。

第三十二条　县级以上人民政府应当结合实际情况，采取有效措施，组织文化主管部门和其他有关部门宣传、展示非物质文化遗产代表性项目。

第三十三条　国家鼓励开展与非物质文化遗产有关的科学技术研究和非物质文化遗产保护、保存方法研究，鼓励开展非物质文化遗产的记录和非物质文化遗产代表性项目的整理、出版等活动。

第三十四条　学校应当按照国务院教育主管部门的规定，开展相关的非物质文化遗产教育。

新闻媒体应当开展非物质文化遗产代表性项目的宣传，普及非物质文化遗产知识。

第三十五条　图书馆、文化馆、博物馆、科技馆等公共文化机构和非物质文化遗产学术研究机构、保护机构以及利用财政性资金举办的文艺表演团体、演出场所经营单位等，应当根据各自业务范围，开展非物质文化遗产的整理、研究、学术交流和非物质文化遗产代表性项目的宣传、展示。

第三十六条　国家鼓励和支持公民、法人和其他组织依法设立非物质文化遗产展示场所和传承场所，展示和传承非物质文化遗产代表性项目。

第三十七条　国家鼓励和支持发挥非物质文化遗产资源的特殊优势，在有效保护的基础上，合理利用非物质文化遗产代表性项目开发具有地方、民族特色和市场潜力的文化产品和文化服务。

开发利用非物质文化遗产代表性项目的，应当支持代表性传承人开展传承活动，保护属于该项目组成部分的实物和场所。

县级以上地方人民政府应当对合理利用非物质文化遗产代表性项目的单位予以扶持。单位合理利用非物质文化遗产代表性项目的，依法享受国家规定的税收优惠。

第五章　法律责任

第三十八条　文化主管部门和其他有关部门的工作人员在非物质文化遗产保护、保存工作中玩忽职守、滥用职权、徇私舞弊的，依法给予处分。

第三十九条　文化主管部门和其他有关部门的工作人员进行非物质文化遗产调查时侵犯调查对象风俗习惯，造成严重后果的，依法给予处分。

第四十条　违反本法规定，破坏属于非物质文化遗产组成部分的实物和场所的，依法承担民事责任；构成违反治安管理行为的，依法给予治安管理处罚。

第四十一条　境外组织违反本法第十五条规定的，由文化主管部门责令改正，给予警告，没收违法所得及调查中取得的实物、资料；情节严重的，并处十万元以上五十万元以下的罚款。

境外个人违反本法第十五条第一款规定的，由文化主管部门责令改正，给予警告，没收违法所得及调查中取得的实物、资料；情节严重的，并处一万元以上五万元以下的罚款。

第四十二条　违反本法规定，构成犯罪的，依法追究刑事责任。

第六章　附　　则

第四十三条　建立地方非物质文化遗产代表性项目名录的办法，由省、自治区、直辖市参照本法有关规定制定。

第四十四条　使用非物质文化遗产涉及知识产权的，适用有关法律、行政法规的规定。

对传统医药、传统工艺美术等的保护，其他法律、行政法规另有规定的，依照其规定。

第四十五条　本法自 2011 年 6 月 1 日起施行。

传统工艺美术保护条例

（1997年5月20日中华人民共和国国务院令第217号发布，根据2013年7月18日《国务院关于废止和修改部分行政法规的决定》修订）

第一条 为了保护传统工艺美术，促进传统工艺美术事业的繁荣与发展，制定本条例。

第二条 本条例所称传统工艺美术，是指百年以上，历史悠久，技艺精湛，世代相传，有完整的工艺流程，采用天然原材料制作，具有鲜明的民族风格和地方特色，在国内外享有声誉的手工艺品种和技艺。

第三条 国家对传统工艺美术品种和技艺实行保护、发展、提高的方针。

地方各级人民政府应当加强对传统工艺美术保护工作的领导，采取有效措施，扶持和促进本地区传统工艺美术事业的繁荣和发展。

第四条 国务院负责传统工艺美术保护工作的部门负责全国传统工艺美术保护工作。

第五条 国家对传统工艺美术品种和技艺实行认定制度。符合本条例第二条规定条件的工艺美术品种和技艺，依照本条例的规定认定为传统工艺美术品种和技艺。

第六条 传统工艺美术品种和技艺，由国务院负责传统工艺美术保护工作的部门聘请专家组成评审委员会进行评审；国务院负责传统工艺美术保护工作的部门根据评审委员会的评审结论，予以认定和公布。

第七条 制作传统工艺美术产品的企业和个人，可以向当地县级人民政府负责传统工艺美术保护工作的部门提出要求保护的品种和技艺的申请，由省、自治区、直辖市人民政府负责传统工艺美术保护工作的部门审核后，向国务院负责传统工艺美术保护工作的部门推荐。

第八条 申请认定传统工艺美术品种和技艺的企业和个人，应当按照国务院负责传统工艺美术保护工作的部门的规定，提交完整、详实的资料。

第九条 国家对认定的传统工艺美术技艺采取下列保护措施：

（一）搜集、整理、建立档案；

（二）征集、收藏优秀代表作品；

（三）对其工艺技术秘密确定密级，依法实施保密；

（四）资助研究，培养人才。

第十条 传统工艺美术品种中的卓越作品，经国务院负责传统工艺美术保护工作的部门聘请专家组成评审委员会进行评审后，由国务院负责传统工艺美术保护工作的部门命名为中国工艺美术珍品（以下简称珍品）。

第十一条 国家对珍品采取下列保护措施：

（一）国家征集、收购的珍品由中国工艺美术馆或者省、自治区、直辖市工艺美术馆、博物馆珍藏。

（二）珍品禁止出口。珍品出国展览必须经国务院负责传统工艺美术保护工作的部门会同国务院有关部门批准。

第十二条 符合下列条件并长期从事传统工艺美术制作的人员，由相关行业协会组织评审，可以授予中国工艺美术大师称号：

（一）成就卓越，在国内外享有声誉的；

（二）技艺精湛，自成流派的。

第十三条　县级以上人民政府有关部门对制作传统工艺美术品种特需的天然原料、材料，应当统筹规划、妥善安排。

第十四条　对制作传统工艺美术品种特需的宝石、玉石等珍稀矿种，国家依法加强保护，严禁乱采滥挖。

第十五条　国家鼓励地方各级人民政府根据本地区实际情况，采取必要措施，发掘和抢救传统工艺美术技艺，征集传统工艺美术精品，培养传统工艺美术技艺人才，资助传统工艺美术科学研究。

第十六条　对于制作经济效益不高、艺术价值很高并且面临失传的工艺美术品种的企业，各级人民政府应当采取必要措施，给予扶持和帮助。

第十七条　制作传统工艺美术产品的企业应当建立、健全传统工艺美术技艺的保护或者保密制度，切实加强对传统工艺美术技艺的管理。

从事传统工艺美术产品制作的人员，应当遵守国家有关法律、法规的规定，不得泄露在制作传统工艺美术产品过程中知悉的技术秘密和其他商业秘密。

第十八条　国家对在继承、保护、发展传统工艺美术事业中做出突出贡献的单位和个人，给予奖励。

第十九条　违反本条例规定，有下列行为之一的，由有关部门依照有关法律、行政法规的规定，给予行政处分或者行政处罚；构成犯罪的，依法追究刑事责任：

（一）窃取或者泄露传统工艺美术技艺秘密的；

（二）非法开采用于制作传统工艺美术的珍稀矿产资源或者盗卖用于制作传统工艺美术的珍稀矿产品的；

（三）私运珍品出境的。

制作、出售假冒中国工艺美术大师署名的传统工艺美术作品的，应当依法承担民事责任；有关部门可以依照有关法律、行政法规的规定给予行政处罚。

第二十条　本条例自发布之日起施行。

国家级非物质文化遗产保护与管理暂行办法

（2006年10月25日文化部部务会议审议通过，2006年11月2日公布，自2006年12月1日起施行）

第一条　为有效保护和传承国家级非物质文化遗产，加强保护工作的管管理，特制定本办法。

第二条　本办法所称“国家级非物质文化遗产”是指列入国务院批准公布的国家级非物质文化遗产名录中的所有非物质文化遗产项目。

第三条　国家级非物质文化遗产的保护，实行“保护为主、抢救第一、合理利用、传承发展”的方针，坚持真实性和整体性的保护原则。

第四条　国务院文化行政部门负责组织、协调和监督全国范围内国家级非物质文化遗产的保护工作。

省级人民政府文化行政部门负责组织、协调和监督本行政区域内国家级非物质文化遗产的保护工作。

国家级非物质文化遗产项目所在地人民政府文化行政部门，负责组织、监督该项目的具体保护工作。

第五条　国务院文化行政部门组织制定国家级非物质文化遗产保护整体规划，并定期对规划的实施情况进行检查。

省级人民政府文化行政部门组织制定本行政区域内国家级非物质文化遗产项目的保护规划，经国务院文化行政部门批准后组织实施，并于每年十一月底前向国务院文化行政部门提交保护规划本年度实施情况和下一年度保护工作计划。

第六条 国家级非物质文化遗产项目应当确定保护单位，具体承担该项目的保护与传承工作。保护单位的推荐名单由该项目的申报地区或者单位提出，经省级文化行政部门组织专家审议后，报国务院文化行政部门认定。

第七条 国家级非物质文化遗产项目保护单位应具备以下基本条件：

（一）有该项目代表性传承人或者相对完整的资料；

（二）有实施该项目保护计划的能力；

（三）有开展传承、展示活动的场所和条件。

第八条 国家级非物质文化遗产项目保护单位应当履行以下职责：

（一）全面收集该项目的实物、资料，并登记、整理、建档；

（二）为该项目的传承及相关活动提供必要条件；

（三）有效保护该项目相关的文化场所；

（四）积极开展该项目的展示活动；

（五）向负责该项目具体保护工作的当地人民政府文化行政部门报告项目保护实施情况，并接受监督。

第九条 国务院文化行政部门统一制作国家级非物质文化遗产项目标牌，由省级人民政府文化行政部门交该项目保护单位悬挂和保存。

第十条 国务院文化行政部门对国家级非物质文化遗产项目保护给予必要的经费资助。

县级以上人民政府文化行政部门应当积极争取当地政府的财政支持，对在本行政区域内的国家级非物质文化遗产项目的保护给予资助。

第十一条 国家级非物质文化遗产项目保护单位根据自愿原则，提出该项目代表性传承人的推荐名单，经省级人民政府文化行政部门组织专家评议后，报国务院文化行政部门批准。

第十二条 国家级非物质文化遗产项目代表性传承人应当符合以下条件：

（一）完整掌握该项目或者其特殊技能；

（二）具有该项目公认的代表性、权威性与影响力；

（三）积极开展传承活动，培养后继人才。

第十三条 国家级非物质文化遗产项目代表性传承人应当履行传承义务；丧失传承能力、无法履行传承义务的，应当按照程序另行认定该项目代表性传承人；怠于履行传承义务的，取消其代表性传承人的资格。

第十四条 国务院文化行政部门组织建立国家级非物质文化遗产数据库。有条件的地方，应建立国家级非物质文化遗产博物馆或者展示场所。

第十五条 国务院文化行政部门组织制定国家级非物质文化遗产实物资料等级标准和出入境标准。其中经文物部门认定为文物的，适用文物保护法律法规的有关规定。

第十六条 国家级非物质文化遗产项目保护单位和相关实物资料的保护机构应当建立健全规章制度，妥善保管实物资料，防止损毁和流失。

第十七条 县级以上人民政府文化行政部门应当鼓励、支持通过节日活动、展览、培训、教育、大众传媒等手段，宣传、普及国家级非物质文化遗产知识，促进其传承和社会共享。

第十八条 省级人民政府文化行政部门应当对国家级非物质文化遗产项目所依存的

文化场所划定保护范围，制作标识说明，进行整体性保护，并报国务院文化行政部门备案。

第十九条　省级人民政府文化行政部门可以选择本行政区域内的国家级非物质文化遗产项目，为申报联合国教科文组织“人类非物质文化遗产代表作”，向国务院文化行政部门提出申请。

第二十条　国家级非物质文化遗产项目的名称和保护单位不得擅自变更；未经国务院文化行政部门批准，不得对国家级非物质文化遗产项目标牌进行复制或者转让。

国家级非物质文化遗产项目的域名和商标注册和保护，依据相关法律法规执行。

第二十一条　利用国家级非物质文化遗产项目进行艺术创作、产品开发、旅游活动等，应当尊重其原真形式和文化内涵，防止歪曲与滥用。

第二十二条　国家级非物质文化遗产项目含有国家秘密的，应当按照国家保密法律法规的规定确定密级，予以保护；含有商业秘密的，按照国家有关法律法规执行。

第二十三条　各级人民政府文化行政部门应当鼓励和支持企事业单位、社会团体和个人捐赠国家级非物质文化遗产实物资料或者捐赠资金和实物，用于国家级非物质文化遗产保护。

第二十四条　国务院文化行政部门对在国家级非物质文化遗产保护工作中有突出贡献的单位和个人，给予表彰奖励。

第二十五条　国务院文化行政部门定期组织对国家级非物质文化遗产项目保护情况的检查。

国家级非物质文化遗产项目保护单位有下列行为之一的，由县级以上人民政府文化行政部门责令改正，并视情节轻重予以警告、严重警告，直至解除其保护单位资格：

（一）擅自复制或者转让标牌的；

（二）侵占国家级非物质文化遗产珍贵实物资料的；

（三）怠于履行保护职责的。

第二十六条　有下列行为之一的，对负有责任的主管人员和其他直接责任人员依法给予行政处分；构成犯罪的，依法追究刑事责任：

（一）擅自变更国家级非物质文化遗产项目名称或者保护单位的；

（二）玩忽职守，致使国家级非物质文化遗产所依存的文化场所及其环境造成破坏的；

（三）贪污、挪用国家级非物质文化遗产项目保护经费的。

第二十七条　本办法由国务院文化行政部门负责解释。

第二十八条　本办法自2006年12月1日起施行。

国家非物质文化遗产保护资金管理办法

（2021年12月30日财教〔2021〕314号公布，自公布之日起施行）

第一章　总　　则

第一条　为了规范和加强国家非物质文化遗产保护资金（以下简称保护资金）的管理与使用，提高资金使用效益，根据《中华人民共和国预算法》及其实施条例、《中华人民共和国非物质文化遗产法》等法律法规和国家预算管理有关规定，结合我国非物质文化遗产保护工作实际，制定本办法。

第二条 保护资金由中央财政设立，用于支持国家非物质文化遗产管理和保护工作。保护资金的年度预算根据国家非物质文化遗产保护工作总体规划、年度工作计划以及国家财力情况核定。保护资金实施期限根据公共文化领域中央与地方财政事权和支出责任划分改革方案、非物质文化遗产保护政策等确定。

各级财政应按照公共文化领域中央与地方财政事权和支出责任划分改革方案，落实支出责任，保障本行政区域非物质文化遗产保护传承经费。

第三条 保护资金管理和使用坚持“统筹安排、突出重点、中央补助、分级负责、加强监督、注重绩效”的原则。

第四条 保护资金由财政部、文化和旅游部按职责共同管理。文化和旅游部负责测算基础数据，对数据的真实性、准确性、及时性负责，负责审核申报文件和提出保护资金分配建议方案，监督指导保护资金的使用和绩效管理。财政部根据预算管理相关规定，会同文化和旅游部研究确定中央部门、各省（自治区、直辖市、计划单列市，以下统称省）保护资金预算、绩效目标，对保护资金使用情况进行监督，指导开展全过程绩效管理。

省级财政、文化和旅游主管部门负责明确省级及省以下各级财政、文化和旅游主管部门在数据审核、预算安排、资金使用、绩效管理等方面的责任，切实加强保护资金管理，提高资金使用效益。省级及省以下各级文化和旅游主管部门负责审核申报资料，对申报资料的真实性、完整性、合规性负责。

文化和旅游部、财政部共同建立非物质文化遗产保护资金项目库。保护资金项目库分为项目申报库、项目储备库、项目执行库，分别对应项目申报、项目审核、项目执行环节。

第五条 保护资金的管理和使用严格执行国家有关法律法规、财务规章制度和本办法的规定，并接受财政部门的监督以及审计、文化和旅游等部门的监督检查。

第二章 保护资金支出范围

第六条 保护资金分为中央本级项目资金和中央对地方补助资金，按照开支范围分为组织管理费和保护补助费。

中央本级项目资金包括文化和旅游部本级组织管理费和中央部门国家非物质文化遗产保护补助费，中央对地方补助资金为各省国家非物质文化遗产保护补助费。

第七条 组织管理费是指组织开展非物质文化遗产保护工作和管理工作所发生的支出，具体包括：调查研究、规划编制、宣传出版、咨询评审、交流培训、数据库建设等。

第八条 保护补助费是指补助国家级非物质文化遗产代表性项目（以下简称代表性项目）、国家级非物质文化遗产代表性传承人（以下简称代表性传承人）、国家级文化生态保护区等开展保护传承活动发生的支出。具体包括：

（一）代表性项目保护补助费，用于补助代表性项目相关的调查立档、研究出版、保护计划编制、开展传承和实践活动、展示展演和宣传普及、必要传承实践用具购置等支出。

（二）代表性传承人补助费，用于补助代表性传承人开展授徒、传艺、交流等传承活动的支出。

（三）国家级文化生态保护区建设补助费，用于补助国家级文化生态保护区相关的规划编制、研究出版、数字化保护、传承体验设施租借或修缮、普及教育、宣传推广等支出。

（四）中国非物质文化遗产传承人研修培训计划（以下简称研培计划）补助费，用于补助开展研培计划所发生的研修、培训等支出。

（五）代表性传承人记录补助费，用于

补助对代表性传承人实施系统记录的支出。

（六）财政部、文化和旅游部确定的其他支出。

中央部门国家非物质文化遗产保护补助费包括代表性项目保护补助费、代表性传承人补助费。

第九条　保护资金不得用于与非物质文化遗产保护传承无关的支出，不得用于支付各种罚款、捐款、赞助、投资等支出，不得用于偿还债务和基础设施建设，不得用于个人专著的出版，不得用于编制内在职人员工资性支出和离退休人员离退休费支出，不得用于国家规定禁止列支的其他支出。

第三章　中央本级项目资金分配与管理

第十条　中央本级项目资金按规定纳入中央有关部门预算管理，执行中央部门预算管理制度。

第十一条　有关中央部门根据年度中央部门预算编制通知、代表性项目保护需求、工作任务量，提出项目预算申请和绩效目标，于每年7月30日前报文化和旅游部。同时，有关中央部门应按照预算编制规定，申请将项目纳入中央部门预算项目库。未列入中央部门预算项目库的项目，不得安排预算。

第十二条　文化和旅游部根据非物质文化遗产保护年度工作计划、项目申报、以前年度结转结余、项目绩效等情况，提出下一年度中央本级项目资金安排建议方案。其中，文化和旅游部本级组织管理费、有关中央部门和港澳地区代表性传承人补助费，随文化和旅游部部门预算申请一并报送财政部；有关中央部门项目由文化和旅游部审核提出项目预算建议数，汇总报送财政部。同时，文化和旅游部负责将相关项目信息按要求录入保护资金项目库。

第十三条　财政部根据文化和旅游部申请，综合考虑中央本级当年财力、预算管理要求，按照部门预算管理规定批复下达项目预算、绩效目标。

第十四条　中央部门要严格按照批复的预算组织执行，切实强化预算约束，加强财务支出管理，做好绩效目标管理和运行监控。

第四章　中央对地方补助资金分配与管理

第十五条　中央对地方补助资金分为重点项目补助和一般项目补助。其中，重点项目补助用于国家级文化生态保护区建设，入选联合国教科文组织非物质文化遗产名录名册项目的履约保护，文化和旅游部、财政部共同确定实施方案的项目；一般项目补助用于其他代表性项目，代表性传承人，代表性传承人记录，研培计划等。

第十六条　重点项目补助实行项目法分配。项目补助金额根据各省申报情况、非物质文化遗产保护需求、工作任务量、项目预算执行和绩效情况等核定。

第十七条　一般项目补助实行因素法分配。分配因素包括代表性项目数量、代表性项目年度保护任务数、代表性传承人数量、代表性传承人记录数、研培计划任务数。其中，代表性项目数量根据国务院公布的名单确定；代表性项目年度保护任务数根据文化和旅游部对代表性项目年度预算评审情况确定；代表性传承人数量根据文化和旅游部公布的名单确定；代表性传承人记录数、研培计划任务数根据文化和旅游部年度工作任务确定。已列入重点项目的联合国教科文组织非物质文化遗产名录名册项目，不作为因素计算依据。

分配公式如下：某省补助资金＝代表性传承人数量×测算标准＋代表性传承人记录数×测算标准＋（该省代表性项目数量/各省代表性项目总数×45%＋该省代表性项目保护任务数/各省代表性项目保护任务总数×45%＋该省研培计划任务数/各省研培计划任务总数×10%）×各省代表性项目和研培计划补助数×绩效评价调节系数。

绩效评价调节系数如下：

序号	绩效评价结果	绩效评价调节系数
1	≥90分	1.2
2	≥85分且<90分	1.1
3	≥80分且<85分	1
4	≥70分且<80分	0.9
5	<70分	0.8

第十八条 代表性传承人传承活动测算标准为每人每年2万元，地方可根据文化和旅游部确定的代表性传承人传承活动评估结果和财力情况，适当增加或减少中央补助。其中，对传承活动评估结果优秀的传承人，增加中央补助不超过测算标准的25%；对传承活动评估结果不合格的传承人，不得安排传承活动中央补助。

代表性传承人记录项目测算标准为每个40万元，地方可根据实际工作开展和财力情况，统筹安排代表性传承人记录项目补助资金。原则上，同一代表性传承人记录项目5年内只安排一次。

中央财政给予补助的代表性传承人传承活动和记录项目数量，根据年度预算安排情况统筹确定。

第十九条 项目申报单位应当具备实施该项目保护计划的能力，以及开展传承展示活动的场所和条件。

项目申报单位应当保证申报材料真实、准确、完整，所申报项目应当具备实施条件，有明确的保护工作计划和合理的实施周期、分年度预算，短期内无法启动的项目不得申报。

第二十条 地方文化和旅游主管部门应当提前研究下一年度资金使用需求，谋划好相关项目，优化夯实项目储备。省级文化和旅游主管部门要结合属地实际，指导基层文化和旅游主管部门和项目实施单位编制区域绩效目标和项目绩效目标，绩效目标设置要具有科学性、合规性、前瞻性和可操作性，各项指标要符合实际，量化清晰，与任务数相对应，与资金量相匹配。

省级文化和旅游主管部门负责组织开展项目审核，并将项目内容、预算申请数、绩效目标、以前年度预算执行情况等信息列入项目申报库。对较为复杂的项目，可委托第三方机构或专家组进行预算评审。

第二十一条 省级财政、文化和旅游主管部门结合非物质文化遗产保护需求、工作任务量、项目预算执行和绩效管理等情况，提出下一年度项目预算申请和绩效目标，并区分轻重缓急对项目申报库进行排序，于每年8月31日前将申报文件报送财政部、文化和旅游部，抄送财政部当地监管局。

第二十二条 文化和旅游部负责组织对项目申报库进行项目评审，评审通过后列入项目储备库，未列入项目储备库的项目不得安排补助资金。项目评审可采取委托第三方或组织专家组的方式开展。项目评审中，要对各省申报文件、非物质文化遗产保护需求、工作任务量、项目预算执行和绩效情况等进行全面审核，确定项目预算控制数、年度支出计划、绩效目标和项目排序。

第二十三条 文化和旅游部根据国家非物质文化遗产保护工作总体规划、年度工作计划、项目评审、一般项目补助分配因素测算等情况，提出预算建议方案、整体绩效目标和区域绩效目标，报财政部审核。其中，分地区一般项目补助数不得高于项目储备库中该地区一般项目预算控制数，超出部分调减用于重点项目。

第二十四条 财政部根据文化和旅游部建议方案，综合考虑中央本级当年财力、预算管理要求，审核确定中央对地方补助资金分配方案、整体绩效目标和区域绩效目标。

财政部于每年全国人民代表大会批准中央预算后三十日内，下达中央对地方补助资金预算；每年10月31日前，提前下达下一年度预计数，并抄送财政部各地监管局。文化和旅游部根据资金下达情况，同步更新保护资金项目库信息。

第二十五条 省级财政、文化和旅游主管部门根据一般项目补助年度预算规模、项目排序、项目评审等情况，审核确定一般项目补助预算分配方案、绩效目标。省级财政部门在收到中央对地方补助资金预算后三十日内，按照预算级次合理分配、及时下达资金预算，抄送文化和旅游部、省级文化和旅游主管部门、财政部当地监管局。

第二十六条　省级文化和旅游主管部门根据资金下达情况，将项目从项目储备库转入项目执行库，同步更新项目预算控制数、年度支出计划和绩效目标，并于每年3月底之前，将上一年度项目预算执行、绩效目标完成情况录入项目执行库。

第五章　绩效管理与监督

第二十七条　各级财政、文化和旅游主管部门应当按照全面实施预算绩效管理的要求，建立健全预算绩效管理机制，对照绩效目标做好绩效监控、绩效评价，强化评价结果运用，做好绩效信息公开，提高保护资金配置效率和使用效益。

省级文化和旅游主管部门会同省级财政部门组织开展绩效自评，于每年3月底前将上一年度绩效自评报告报文化和旅游部汇总。自评报告内容主要包括项目总体绩效目标、各项绩效指标完成情况、预算执行情况、绩效自评表。对未完成绩效目标或偏离绩效目标较大的项目要分析原因，研究提出改进措施。绩效自评表应内容完整、权重合理、数据真实、结果客观。

财政部、文化和旅游部根据需要组织对保护资金开展重点绩效评价，将评价结果作为预算安排、完善政策和改进管理的依据。

第二十八条　省级文化和旅游主管部门组织开展项目验收，于每年6月底之前将上一年度实施完毕的项目验收结果报文化和旅游部备案，并更新项目执行库项目信息。

第二十九条　项目实施单位应当严格按照批准的保护资金支出范围和项目内容安排使用保护资金。如有特殊情况，需要调整一般项目保护资金支出范围和项目内容的，应当按预算管理规定报省级财政、文化和旅游主管部门批准。不足两年的结转资金可在下年继续使用，或由同级财政部门按规定统筹用于项目储备库其他项目；连续两年未用完的项目结转资金，应按照规定确认为结余资金，由项目实施单位同级财政部门按规定收回统筹使用。

在确保完成当年保护任务基础上，省级财政部门、文化和旅游主管部门可在项目储备库项目范围内统筹安排一般项目补助。同一项目分年度补助数不得超过该项目预算控制数。

第三十条　保护资金按照财政国库管理制度有关规定执行。属于政府采购管理范围的，应当按照国家政府采购法律规定制度执行。鼓励采取政府购买服务等方式，支持相关单位和组织参与非物质文化遗产保护。

第三十一条　项目相关培训支出应严格按照培训费管理有关规定执行。项目实施单位使用保护资金形成的资产属于国有资产的，应当按照国家国有资产管理有关规定管理。使用保护资金开展的活动，形成的项目成果（含专著、论文、研究报告、总结、数据资料、鉴定证书及成果报道等），均应注明“国家非物质文化遗产保护资金补助项目”。

第三十二条　各级财政、文化和旅游主管部门及其工作人员在保护资金分配、审核过程中存在违反本办法规定，以及其他滥用职权、玩忽职守、徇私舞弊等违法违规行为的，依法追究相应责任。

第三十三条　申报使用保护资金的部门、单位及个人在资金申报、使用过程中存在违法违规行为的，依照《中华人民共和国预算法》及其实施条例、《财政违法行为处罚处分条例》等国家有关规定追究相应责任。

第三十四条　本办法由财政部、文化和旅游部负责解释。省级财政、文化和旅游主管部门可根据本办法，结合各地实际，制定具体管理办法，并抄送财政部当地监管局。

第三十五条　本办法自2022年1月1日起施行。《财政部　文化部关于印发〈国家非物质文化遗产保护专项资金管理办法〉的通知》（财教〔2012〕45号）、《财政部文化部关于〈国家非物质文化遗产保护专项资金管理办法〉的补充通知》（财文〔2016〕29号）、《财政部　文化和旅游部关于〈国家非物质文化遗产保护专项资金管理办法〉的补充通知》（财文〔2018〕135号）同时废止。

中国非物质文化遗产标识管理办法

（2007 年 7 月 23 日办社图发〔2007〕14 号公布，自公布之日起施行）

第一条　为规范中国非物质文化遗产标识的使用和管理工作，制定本办法。

第二条　本办法所称中国非物质文化遗产标识是指由中华人民共和国文化部确定并发布的中国非物质文化遗产图形标识（见附件3）。

第三条　文化部是中国非物质文化遗产标识的权利人。文化部授权中国非物质文化遗产保护中心对中国非物质文化遗产标识及其使用进行保护和管理，维护中国非物质文化遗产标识权利人的权益。

中国非物质文化遗产保护中心应当依照相关法规，加强对中国非物质文化遗产标识的使用管理。

第四条　任何单位、组织和个人使用中国非物质文化遗产标识时应当遵守本办法的规定。

第五条　使用中国非物质文化遗产标识，应当根据本办法附件一规定的式样和颜色用于相应场合，按比例放大或缩小，不得更改图形的比例关系和样式。

第六条　中国非物质文化遗产标识可用于公益活动和商业活动。

中国非物质文化遗产标识权利人鼓励将标识用于非物质文化遗产保护公益活动。使用人将中国非物质文化遗产标识用于商业活动，应当事前向中国非物质文化遗产保护中心提出申请，并取得许可。

第七条　将中国非物质文化遗产标识用于商业活动，是指以营利为目的，以下列方式使用中国非物质文化遗产标识：

（一）制造或者销售中国非物质文化遗产标识；

（二）将中国非物质文化遗产标识用于服务项目；

（三）将中国非物质文化遗产标识用于广告宣传、商业展览和营业性演出活动；

（四）销售、出口含有中国非物质文化遗产标识的商品；

（五）将中国非物质文化遗产标识用于商品、商品包装或者容器以及商品交易文书；

（六）其他使用中国非物质文化遗产标识的相关商业行为。

第八条　将中国非物质文化遗产标识用于商业活动，应当向中国非物质文化遗产保护中心提交《中国非物质文化遗产标识使用申请书》（见附件2）一式两份，以及申请人法人营业执照或法人资格证明文件的副本原件或复印件，并加盖申请人公章。

经审核同意的，申请人应当与中国非物质文化遗产保护中心签订中国非物质文化遗产标识许可使用协议书。协议双方应当按照协议书的具体约定，行使权利，承担义务。

第九条　中国非物质文化遗产保护中心按照有关法律、行政法规和权利人的要求，处理中国非物质文化遗产标志用于商业活动的有关事务。所得收入，应当全部用于非物质文化遗产保护。

第十条　中国非物质文化遗产保护中心应当定期将中国非物质文化遗产标识使用和管理工作的情况报送中国非物质文化遗产标识权利人备案。

第十一条　本办法自发布之日起施行。

长城保护条例

（2006年9月20日国务院第150次常务会议通过，2006年10月11日公布，自2006年12月1日起施行）

第一条　为了加强对长城的保护，规范长城的利用行为，根据《中华人民共和国文物保护法》（以下简称文物保护法），制定本条例。

第二条　本条例所称长城，包括长城的墙体、城堡、关隘、烽火台、敌楼等。

受本条例保护的长城段落，由国务院文物主管部门认定并公布。

第三条　长城保护应当贯彻文物工作方针，坚持科学规划、原状保护的原则。

第四条　国家对长城实行整体保护、分段管理。

国务院文物主管部门负责长城整体保护工作，协调、解决长城保护中的重大问题，监督、检查长城所在地各地方的长城保护工作。

长城所在地县级以上地方人民政府及其文物主管部门依照文物保护法、本条例和其他有关行政法规的规定，负责本行政区域内的长城保护工作。

第五条　长城所在地县级以上地方人民政府应当将长城保护经费纳入本级财政预算。

国家鼓励公民、法人和其他组织通过捐赠等方式设立长城保护基金，专门用于长城保护。长城保护基金的募集、使用和管理，依照国家有关法律、行政法规的规定执行。

第六条　国家对长城保护实行专家咨询制度。制定长城保护总体规划、审批与长城有关的建设工程、决定与长城保护有关的其他重大事项，应当听取专家意见。

第七条　公民、法人和其他组织都有依法保护长城的义务。

国家鼓励公民、法人和其他组织参与长城保护。

第八条　国务院文物主管部门、长城所在地县级以上地方人民政府及其文物主管部门应当对在长城保护中作出突出贡献的组织或者个人给予奖励。

第九条　长城所在地省、自治区、直辖市人民政府应当对本行政区域内的长城进行调查；对认为属于长城的段落，应当报国务院文物主管部门认定，并自认定之日起1年内依法核定公布为省级文物保护单位。

本条例施行前已经认定为长城但尚未核定公布为全国重点文物保护单位或者省级文物保护单位的段落，应当自本条例施行之日起1年内依法核定公布为全国重点文物保护单位或者省级文物保护单位。

第十条　国家实行长城保护总体规划制度。

国务院文物主管部门会同国务院有关部门，根据文物保护法的规定和长城保护的实际需要，制定长城保护总体规划，报国务院批准后组织实施。长城保护总体规划应当明确长城的保护标准和保护重点，分类确定保护措施，并确定禁止在保护范围内进行工程建设的长城段落。

长城所在地县级以上地方人民政府制定本行政区域的国民经济和社会发展计划、土地利用总体规划和城乡规划，应当落实长城保护总体规划规定的保护措施。

第十一条　长城所在地省、自治区、直辖市人民政府应当按照长城保护总体规划的要求，划定本行政区域内长城的保护范围和建设控制地带，并予以公布。

省、自治区、直辖市人民政府文物主管部门应当将公布的保护范围和建设控制地带报国务院文物主管部门备案。

第十二条　任何单位或者个人不得在长城保护总体规划禁止工程建设的保护范围内进行工程建设。在建设控制地带或者长城保护总体规划未禁止工程建设的保护范围内进行工程建设，应当遵守文物保护法第十七条、第十八条的规定。

进行工程建设应当绕过长城。无法绕过的，应当采取挖掘地下通道的方式通过长城；无法挖掘地下通道的，应当采取架设桥梁的方式通过长城。任何单位或者个人进行工程建设，不得拆除、穿越、迁移长城。

第十三条　长城所在地省、自治区、直辖市人民政府应当在长城沿线的交通路口和其他需要提示公众的地段设立长城保护标志。设立长城保护标志不得对长城造成损坏。

长城保护标志应当载明长城段落的名称、修筑年代、保护范围、建设控制地带和保护机构。

第十四条　长城所在地省、自治区、直辖市人民政府应当建立本行政区域内的长城档案，其文物主管部门应当将长城档案报国务院文物主管部门备案。

国务院文物主管部门应当建立全国的长城档案。

第十五条　长城所在地省、自治区、直辖市人民政府应当为本行政区域内的长城段落确定保护机构；长城段落有利用单位的，该利用单位可以确定为保护机构。

保护机构应当对其所负责保护的长城段落进行日常维护和监测，并建立日志；发现安全隐患，应当立即采取控制措施，并及时向县级人民政府文物主管部门报告。

第十六条　地处偏远、没有利用单位的长城段落，所在地县级人民政府或者其文物主管部门可以聘请长城保护员对长城进行巡查、看护，并对长城保护员给予适当补助。

第十七条　长城段落为行政区域边界的，其毗邻的县级以上地方人民政府应当定期召开由相关部门参加的联席会议，研究解决长城保护中的重大问题。

第十八条　禁止在长城上从事下列活动：

（一）取土、取砖（石）或者种植作物；

（二）刻划、涂污；

（三）架设、安装与长城保护无关的设施、设备；

（四）驾驶交通工具，或者利用交通工具等跨越长城；

（五）展示可能损坏长城的器具；

（六）有组织地在未辟为参观游览区的长城段落举行活动；

（七）文物保护法禁止的其他活动。

第十九条　将长城段落辟为参观游览区，应当坚持科学规划、原状保护的原则，并应当具备下列条件：

（一）该长城段落的安全状况适宜公众参观游览；

（二）该长城段落有明确的保护机构，已依法划定保护范围、建设控制地带，并已建立保护标志、档案；

（三）符合长城保护总体规划的要求。

第二十条　将长城段落辟为参观游览区，应当自辟为参观游览区之日起5日内向所在地省、自治区、直辖市人民政府文物主管部门备案；长城段落属于全国重点文物保护单位的，应当自辟为参观游览区之日起5日内向国务院文物主管部门备案。备案材料应当包括参观游览区的旅游容量指标。

所在地省、自治区、直辖市人民政府文物主管部门和国务院文物主管部门，应当自收到备案材料之日起20日内按照职权划分核定参观游览区的旅游容量指标。

第二十一条　在参观游览区内举行活动，其人数不得超过核定的旅游容量指标。

在参观游览区内设置服务项目，应当符合长城保护总体规划的要求。

第二十二条　任何单位或者个人发现长城遭受损坏向保护机构或者所在地县级人民政府文物主管部门报告的，接到报告的保护机构或者县级人民政府文物主管部门应当立即采取控制措施，并向县级人民政府和上一级人民政府文物主管部门报告。

第二十三条 对长城进行修缮，应当依照文物保护法的规定办理审批手续，由依法取得文物保护工程资质证书的单位承担。长城的修缮，应当遵守不改变原状的原则。

长城段落已经损毁的，应当实施遗址保护，不得在原址重建。

长城段落因人为原因造成损坏的，其修缮费用由造成损坏的单位或者个人承担。

第二十四条 违反本条例规定，造成长城损毁，构成犯罪的，依法追究刑事责任；尚不构成犯罪，违反有关治安管理的法律规定的，由公安机关依法给予治安处罚。

第二十五条 违反本条例规定，有下列情形之一的，依照文物保护法第六十六条的规定责令改正，造成严重后果的，处5万元以上50万元以下的罚款；情节严重的，由原发证机关吊销资质证书：

（一）在禁止工程建设的长城段落的保护范围内进行工程建设的；

（二）在长城的保护范围或者建设控制地带内进行工程建设，未依法报批的；

（三）未采取本条例规定的方式进行工程建设，或者因工程建设拆除、穿越、迁移长城的。

第二十六条 将不符合本条例规定条件的长城段落辟为参观游览区的，由省级以上人民政府文物主管部门按照职权划分依法取缔，没收违法所得；造成长城损坏的，处5万元以上50万元以下的罚款。

将长城段落辟为参观游览区未按照本条例规定备案的，由省级以上人民政府文物主管部门按照职权划分责令限期改正，逾期不改正的，依照前款规定处罚。

在参观游览区内设置的服务项目不符合长城保护总体规划要求的，由县级人民政府文物主管部门责令改正，没收违法所得。

第二十七条 违反本条例规定，有下列情形之一的，由县级人民政府文物主管部门责令改正，造成严重后果的，对个人处1万元以上5万元以下的罚款，对单位处5万元以上50万元以下的罚款：

（一）在长城上架设、安装与长城保护无关的设施、设备的；

（二）在长城上驾驶交通工具，或者利用交通工具等跨越长城的；

（三）在长城上展示可能损坏长城的器具的；

（四）在参观游览区接待游客超过旅游容量指标的。

第二十八条 违反本条例规定，有下列情形之一的，由县级人民政府文物主管部门责令改正，给予警告；情节严重的，对个人并处1000元以上5000元以下的罚款，对单位并处1万元以上5万元以下的罚款：

（一）在长城上取土、取砖（石）或者种植作物的；

（二）有组织地在未辟为参观游览区的长城段落举行活动的。

第二十九条 行政机关有下列情形之一的，由上级行政机关责令改正，通报批评；对负有责任的主管人员和其他直接责任人员，依照文物保护法第七十六条的规定给予行政处分；情节严重的，依法开除公职：

（一）未依照本条例的规定，确定保护机构、划定保护范围或者建设控制地带、设立保护标志或者建立档案的；

（二）发现不符合条件的长城段落辟为参观游览区未依法查处的；

（三）有其他滥用职权、玩忽职守行为，造成长城损坏的。

第三十条 保护机构有下列情形之一的，由长城所在地省、自治区、直辖市人民政府文物主管部门责令改正，对负有责任的主管人员和其他直接责任人员依法给予行政处分；情节严重的，依法开除公职：

（一）未对长城进行日常维护、监测或者未建立日志的；

（二）发现长城存在安全隐患，未采取控制措施或者未及时报告的。

第三十一条 本条例自2006年12月1日起施行。

长城执法巡查办法

（2016年1月28日文物督发〔2016〕1号公布，自公布之日起施行）

第一条 为促进长城所在地县级以上地方人民政府及其文物主管部门依法履行长城保护职责，规范长城执法巡查工作，根据《中华人民共和国文物保护法》、《长城保护条例》等法律法规，制定本办法。

第二条 本办法所称长城执法巡查，是指各级文物主管部门，及依法被授权或受委托承担文物行政执法职能的机构（以下简称“执法机构”），对本行政区域内的长城及保护管理工作进行的监督检查活动。

第三条 各级文物主管部门、执法机构，应当对由国务院文物主管部门认定并公布的长城段落进行执法巡查。长城段落，包括长城的墙体、城堡、关隘、烽火台、敌楼等。

第四条 长城执法巡查按照整体保护、属地管理的原则，落实执法巡查主体。长城段落为行政区域边界的，由毗邻各方协商进行执法巡查。

第五条 国务院文物主管部门负责长城执法巡查整体工作，协调、解决长城执法巡查中的重大问题，组织开展长城执法专项督察及交叉执法巡查，监督检查长城所在地各级地方政府及文物主管部门的长城保护工作。

长城所在地省级文物主管部门、执法机构负责本行政区域内的长城执法巡查工作，每年对各地开展的长城执法巡查工作实地检查不少于一次。

长城所在地设区市文物主管部门、执法机构负责本行政区域内长城执法巡查工作，每年对所属区县开展的长城执法巡查工作实地检查不少于两次。

长城所在地县级文物主管部门、执法机构每年应制定本行政区域内的长城执法巡查工作方案并负责实施，每年对全部长城段落至少巡查一次，每月对重点长城段落进行抽查，并经常性检查长城保护机构、保护员工作开展情况。

第六条 文物主管部门、执法机构开展长城执法巡查，应当重点检查以下内容：

（一）长城段落公布为文物保护单位，划定保护范围和建设控制地带，作出标志说明，建立记录档案，设置专门机构或者指定专人进行巡查、看护等情况；

（二）破坏、损毁、拆除、穿越、迁移及擅自修缮、重建长城等情况；

（三）在长城的保护范围或者建设控制地带内进行建设工程或者爆破、钻探、挖掘等作业情况；

（四）辟为参观游览区的长城段落是否符合开放条件，接待游客是否超过旅游容量指标等情况；

（五）是否在长城上从事下列禁止性活动：

取土、取砖（石）或者种植作物；

刻划、涂污；

架设、安装与长城保护无关的设施、设备；

驾驶交通工具，或者利用交通工具等跨越长城；

展示可能损坏长城的器具；

有组织地在未辟为参观游览区的长城段落举行活动；

（六）破坏、损毁或擅自迁移、拆除长城保护标志和防护设施等情况；

（七）长城安全管理和安全防护措施落实情况；

（八）其他涉及长城的违法违规情况。

第七条 长城执法巡查采取定期检查、

重点抽查、上级督察、交叉巡查、联合巡查等方式进行。

长城执法巡查应积极利用遥感监测、无人机、信息通信等新技术、新手段开展工作。

第八条　各级文物主管部门、执法机构开展长城执法巡查，应如实做好长城执法巡查工作记录，发现违法行为及时进行处置。

巡查结束后，文物主管部门、执法机构应当及时将巡查结果书面反馈被检查单位，必要时可反馈地方政府。反馈意见应当明确指出存在的问题，并提出整改要求。

被检查单位对反馈意见应及时落实、限期整改，整改结果应书面报告检查单位。

第九条　长城执法巡查中发现的构成行政违法案件的违法行为，所在地文物主管部门、执法机构应当立案查处并按照规定上报；涉嫌犯罪的，应依法及时移交公安、司法机关处理。

第十条　文物主管部门、执法机构应及时将长城执法巡查记录、反馈意见、整改结果等文字和影像资料整理归档，建立电子和纸制档案。

第十一条　各级文物主管部门、执法机构应建立长城执法巡查信息定期报告制度。长城所在地省级文物主管部门、执法机构应将长城执法巡查情况纳入《文物安全与行政执法工作情况统计表》，按规定上报国务院文物主管部门。

第十二条　各级文物主管部门、执法机构要组织开展长城执法巡查人员业务培训，使长城执法人员掌握文物法律法规和规章制度，熟练使用配备的执法巡查设备。

第十三条　长城所在地县级以上人民政府应将长城执法巡查经费纳入长城保护经费，保障各级文物主管部门、执法机构开展执法巡查工作所需的交通、通讯、设备、宣传、培训等资金，为执法巡查人员购买必要的人身意外伤害保险。

第十四条　各级文物主管部门、执法机构应将长城执法巡查工作纳入文物工作考核内容。

县级以上文物主管部门、执法机构对长城执法巡查工作中成绩突出的单位和个人，应予以表彰和奖励。

第十五条　上级文物主管部门、执法机构对下级文物主管部门、执法机构开展长城执法巡查工作不力的，应对予以通报批评。单位、个人在开展长城执法巡查工作中有违纪违法行为的，应追究相应责任。

第十六条　国家和省级文物主管部门应为长城执法巡查工作提供数据、技术等支持，通过长城资源信息管理系统实现信息共享。

第十七条　鼓励社会监督，畅通监督渠道，“12359”文物违法举报平台设立长城保护专线。

第十八条　各地可根据自身实际制定长城执法巡查实施细则。

第十九条　本办法自印发之日起施行。

十一、特定群体权益保护类规范

（一）未成年人权益保障类

中华人民共和国未成年人保护法

（1991年9月4日第七届全国人民代表大会常务委员会第二十一次会议通过，2006年12月29日第十届全国人民代表大会常务委员会第二十五次会议第一次修订，根据2012年10月26日第十一届全国人民代表大会常务委员会第二十九次会议《关于修改〈中华人民共和国未成年人保护法〉的决定》第一次修正，2020年10月17日第十三届全国人民代表大会常务委员会第二十二次会议第二次修订，根据2024年4月26日第十四届全国人民代表大会常委委员会第九次会议《全国人民代表大会常委委员会关于修改〈中华人民共和国农业技术推广法〉、〈中华人民共和国未成年人保护法〉、〈中华人民共和国生物安全法〉的决定》第二次修正）

第一章 总 则

第一条 为了保护未成年人身心健康，保障未成年人合法权益，促进未成年人德智体美劳全面发展，培养有理想、有道德、有文化、有纪律的社会主义建设者和接班人，培养担当民族复兴大任的时代新人，根据宪法，制定本法。

第二条 本法所称未成年人是指未满十八周岁的公民。

第三条 国家保障未成年人的生存权、发展权、受保护权、参与权等权利。

未成年人依法平等地享有各项权利，不因本人及其父母或者其他监护人的民族、种族、性别、户籍、职业、宗教信仰、教育程度、家庭状况、身心健康状况等受到歧视。

第四条 保护未成年人，应当坚持最有利于未成年人的原则。处理涉及未成年人事项，应当符合下列要求：

（一）给予未成年人特殊、优先保护；

（二）尊重未成年人人格尊严；

（三）保护未成年人隐私权和个人信息；

（四）适应未成年人身心健康发展的规律和特点；

（五）听取未成年人的意见；

（六）保护与教育相结合。

第五条 国家、社会、学校和家庭应当对未成年人进行理想教育、道德教育、科学教育、文化教育、法治教育、国家安全教育、健康教育、劳动教育，加强爱国主义、集体主义和中国特色社会主义的教育，培养爱祖国、爱人民、爱劳动、爱科学、爱社会主义的公德，抵制资本主义、封建主义和其他腐朽思想的侵蚀，引导未成年人树立和践行社会主义核心价值观。

第六条　保护未成年人，是国家机关、武装力量、政党、人民团体、企业事业单位、社会组织、城乡基层群众性自治组织、未成年人的监护人以及其他成年人的共同责任。

国家、社会、学校和家庭应当教育和帮助未成年人维护自身合法权益，增强自我保护的意识和能力。

第七条　未成年人的父母或者其他监护人依法对未成年人承担监护职责。

国家采取措施指导、支持、帮助和监督未成年人的父母或者其他监护人履行监护职责。

第八条　县级以上人民政府应当将未成年人保护工作纳入国民经济和社会发展规划，相关经费纳入本级政府预算。

第九条　各级人民政府应当重视和加强未成年人保护工作。县级以上人民政府负责妇女儿童工作的机构，负责未成年人保护工作的组织、协调、指导、督促，有关部门在各种职责范围内做好相关工作。

第十条　共产主义青年团、妇女联合会、工会、残疾人联合会、关心下一代工作委员会、青年联合会、学生联合会、少年先锋队以及其他人民团体、有关社会组织，应当协助各级人民政府及其有关部门、人民检察院、人民法院做好未成年人保护工作，维护未成年人合法权益。

第十一条　任何组织或者个人发现不利于未成年人身心健康或者侵犯未成年人合法权益的情形，都有权劝阻、制止或者向公安、民政、教育等有关部门提出检举、控告。

国家机关、居民委员会、村民委员会、密切接触未成年人的单位及其工作人员，在工作中发现未成年人身心健康受到侵害、疑似受到侵害或者面临其他危险情形的，应当立即向公安、民政、教育等有关部门报告。

有关部门接到涉及未成年人的检举、控告或者报告，应当依法及时受理、处置，并以适当方式将处理结果告知相关单位和人员。

第十二条　国家鼓励和支持未成年人保护方面的科学研究，建设相关学科、设置相关专业，加强人才培养。

第十三条　国家建立健全未成年人统计调查制度，开展未成年人健康、受教育等状况的统计、调查和分析，发布未成年人保护的有关信息。

第十四条　国家对保护未成年人有显著成绩的组织和个人给予表彰和奖励。

第二章　家庭保护

第十五条　未成年人的父母或者其他监护人应当学习家庭教育知识，接受家庭教育指导，创造良好、和睦、文明的家庭环境。

共同生活的其他成年家庭成员应当协助未成年人的父母或者其他监护人抚养、教育和保护未成年人。

第十六条　未成年人的父母或者其他监护人应当履行下列监护职责：

（一）为未成年人提供生活、健康、安全等方面的保障；

（二）关注未成年人的生理、心理状况和情感需求；

（三）教育和引导未成年人遵纪守法、勤俭节约，养成良好的思想品德和行为习惯；

（四）对未成年人进行安全教育，提高未成年人的自我保护意识和能力；

（五）尊重未成年人受教育的权利，保障适龄未成年人依法接受并完成义务教育；

（六）保障未成年人休息、娱乐和体育

锻炼的时间，引导未成年人进行有益身心健康的活动；

（七）妥善管理和保护未成年人的财产；

（八）依法代理未成年人实施民事法律行为；

（九）预防和制止未成年人的不良行为和违法犯罪行为，并进行合理管教；

（十）其他应当履行的监护职责。

第十七条　未成年人的父母或者其他监护人不得实施下列行为：

（一）虐待、遗弃、非法送养未成年人或者对未成年人实施家庭暴力；

（二）放任、教唆或者利用未成年人实施违法犯罪行为；

（三）放任、唆使未成年人参与邪教、迷信活动或者接受恐怖主义、分裂主义、极端主义等侵害；

（四）放任、唆使未成年人吸烟（含电子烟，下同）、饮酒、赌博、流浪乞讨或者欺凌他人；

（五）放任或者迫使应当接受义务教育的未成年人失学、辍学；

（六）放任未成年人沉迷网络，接触危害或者可能影响其身心健康的图书、报刊、电影、广播电视节目、音像制品、电子出版物和网络信息等；

（七）放任未成年人进入营业性娱乐场所、酒吧、互联网上网服务营业场所等不适宜未成年人活动的场所；

（八）允许或者迫使未成年人从事国家规定以外的劳动；

（九）允许、迫使未成年人结婚或者为未成年人订立婚约；

（十）违法处分、侵吞未成年人的财产或者利用未成年人牟取不正当利益；

（十一）其他侵犯未成年人身心健康、财产权益或者不依法履行未成年人保护义务的行为。

第十八条　未成年人的父母或者其他监护人应当为未成年人提供安全的家庭生活环境，及时排除引发触电、烫伤、跌落等伤害的安全隐患；采取配备儿童安全座椅、教育未成年人遵守交通规则等措施，防止未成年人受到交通事故的伤害；提高户外安全保护意识，避免未成年人发生溺水、动物伤害等事故。

第十九条　未成年人的父母或者其他监护人应当根据未成年人的年龄和智力发展状况，在作出与未成年人权益有关的决定前，听取未成年人的意见，充分考虑其真实意愿。

第二十条　未成年人的父母或者其他监护人发现未成年人身心健康受到侵害、疑似受到侵害或者其他合法权益受到侵犯的，应当及时了解情况并采取保护措施；情况严重的，应当立即向公安、民政、教育等部门报告。

第二十一条　未成年人的父母或者其他监护人不得使未满八周岁或者由于身体、心理原因需要特别照顾的未成年人处于无人看护状态，或者将其交由无民事行为能力、限制民事行为能力、患有严重传染性疾病或者其他不适宜的人员临时照护。

未成年人的父母或者其他监护人不得使未满十六周岁的未成年人脱离监护单独生活。

第二十二条　未成年人的父母或者其他监护人因外出务工等原因在一定期限内不能完全履行监护职责的，应当委托具有照护能力的完全民事行为能力人代为照护；无正当理由的，不得委托他人代为照护。

未成年人的父母或者其他监护人在确定被委托人时，应当综合考虑其道德品质、家庭状况、身心健康状况、与未成年人生活情感上的联系等情况，并听取有表达意愿能力未成年人的意见。

具有下列情形之一的，不得作为被委托人：

（一）曾实施性侵害、虐待、遗弃、拐

卖、暴力伤害等违法犯罪行为；

（二）有吸毒、酗酒、赌博等恶习；

（三）曾拒不履行或者长期怠于履行监护、照护职责；

（四）其他不适宜担任被委托人的情形。

第二十三条　未成年人的父母或者其他监护人应当及时将委托照护情况书面告知未成年人所在学校、幼儿园和实际居住地的居民委员会、村民委员会，加强和未成年人所在学校、幼儿园的沟通；与未成年人、被委托人至少每周联系和交流一次，了解未成年人的生活、学习、心理等情况，并给予未成年人亲情关爱。

未成年人的父母或者其他监护人接到被委托人、居民委员会、村民委员会、学校、幼儿园等关于未成年人心理、行为异常的通知后，应当及时采取干预措施。

第二十四条　未成年人的父母离婚时，应当妥善处理未成年子女的抚养、教育、探望、财产等事宜，听取有表达意愿能力未成年人的意见。不得以抢夺、藏匿未成年子女等方式争夺抚养权。

未成年人的父母离婚后，不直接抚养未成年子女的一方应当依照协议、人民法院判决或者调解确定的时间和方式，在不影响未成年人学习、生活的情况下探望未成年子女，直接抚养的一方应当配合，但被人民法院依法中止探望权的除外。

第三章　学校保护

第二十五条　学校应当全面贯彻国家教育方针，坚持立德树人，实施素质教育，提高教育质量，注重培养未成年学生认知能力、合作能力、创新能力和实践能力，促进未成年学生全面发展。

学校应当建立未成年学生保护工作制度，健全学生行为规范，培养未成年学生遵纪守法的良好行为习惯。

第二十六条　幼儿园应当做好保育、教育工作，遵循幼儿身心发展规律，实施启蒙教育，促进幼儿在体质、智力、品德等方面和谐发展。

第二十七条　学校、幼儿园的教职员工应当尊重未成年人人格尊严，不得对未成年人实施体罚、变相体罚或者其他侮辱人格尊严的行为。

第二十八条　学校应当保障未成年学生受教育的权利，不得违反国家规定开除、变相开除未成年学生。

学校应当对尚未完成义务教育的辍学未成年学生进行登记并劝返复学；劝返无效的，应当及时向教育行政部门书面报告。

第二十九条　学校应当关心、爱护未成年学生，不得因家庭、身体、心理、学习能力等情况歧视学生。对家庭困难、身心有障碍的学生，应当提供关爱；对行为异常、学习有困难的学生，应当耐心帮助。

学校应当配合政府有关部门建立留守未成年学生、困境未成年学生的信息档案，开展关爱帮扶工作。

第三十条　学校应当根据未成年学生身心发展特点，进行社会生活指导、心理健康辅导、青春期教育和生命教育。

第三十一条　学校应当组织未成年学生参加与其年龄相适应的日常生活劳动、生产劳动和服务性劳动，帮助未成年学生掌握必要的劳动知识和技能，养成良好的劳动习惯。

第三十二条　学校、幼儿园应当开展勤俭节约、反对浪费、珍惜粮食、文明饮食等宣传教育活动，帮助未成年人树立浪费可耻、节约为荣的意识，养成文明健康、绿色环保的生活习惯。

第三十三条　学校应当与未成年学生的父母或者其他监护人互相配合，合理安排未成年学生的学习时间，保障其休息、娱乐和体育锻炼的时间。

学校不得占用国家法定节假日、休息日及寒暑假期，组织义务教育阶段的未成年学生集体补课，加重其学习负担。

幼儿园、校外培训机构不得对学龄前未成年人进行小学课程教育。

第三十四条 学校、幼儿园应当提供必要的卫生保健条件，协助卫生健康部门做好在校、在园未成年人的卫生保健工作。

第三十五条 学校、幼儿园应当建立安全管理制度，对未成年人进行安全教育，完善安保设施、配备安保人员，保障未成年人在校、在园期间的人身和财产安全。

学校、幼儿园不得在危及未成年人人身安全、身心健康的校舍和其他设施、场所中进行教育教学活动。

学校、幼儿园安排未成年人参加文化娱乐、社会实践等集体活动，应当保护未成年人的身心健康，防止发生人身伤害事故。

第三十六条 使用校车的学校、幼儿园应当建立健全校车安全管理制度，配备安全管理人员，定期对校车进行安全检查，对校车驾驶人进行安全教育，并向未成年人讲解校车安全乘坐知识，培养未成年人校车安全事故应急处理技能。

第三十七条 学校、幼儿园应当根据需要，制定应对自然灾害、事故灾难、公共卫生事件等突发事件和意外伤害的预案，配备相应设施并定期进行必要的演练。

未成年人在校内、园内或者本校、本园组织的校外、园外活动中发生人身伤害事故的，学校、幼儿园应当立即救护，妥善处理，及时通知未成年人的父母或者其他监护人，并向有关部门报告。

第三十八条 学校、幼儿园不得安排未成年人参加商业性活动，不得向未成年人及其父母或者其他监护人推销或者要求其购买指定的商品和服务。

学校、幼儿园不得与校外培训机构合作为未成年人提供有偿课程辅导。

第三十九条 学校应当建立学生欺凌防控工作制度，对教职员工、学生等开展防治学生欺凌的教育和培训。

学校对学生欺凌行为应当立即制止，通知实施欺凌和被欺凌未成年学生的父母或者其他监护人参与欺凌行为的认定和处理；对相关未成年学生及时给予心理辅导、教育和引导；对相关未成年学生的父母或者其他监护人给予必要的家庭教育指导。

对实施欺凌的未成年学生，学校应当根据欺凌行为的性质和程度，依法加强管教。对严重的欺凌行为，学校不得隐瞒，应当及时向公安机关、教育行政部门报告，并配合相关部门依法处理。

第四十条 学校、幼儿园应当建立预防性侵害、性骚扰未成年人工作制度。对性侵害、性骚扰未成年人等违法犯罪行为，学校、幼儿园不得隐瞒，应当及时向公安机关、教育行政部门报告，并配合相关部门依法处理。

学校、幼儿园应当对未成年人开展适合其年龄的性教育，提高未成年人防范性侵害、性骚扰的自我保护意识和能力。对遭受性侵害、性骚扰的未成年人，学校、幼儿园应当及时采取相关的保护措施。

第四十一条 婴幼儿照护服务机构、早期教育服务机构、校外培训机构、校外托管机构等应当参照本章有关规定，根据不同年龄阶段未成年人的成长特点和规律，做好未成年人保护工作。

第四章 社会保护

第四十二条 全社会应当树立关心、爱护未成年人的良好风尚。

国家鼓励、支持和引导人民团体、企业事业单位、社会组织以及其他组织和个人，开展有利于未成年人健康成长的社会活动和服务。

第四十三条 居民委员会、村民委员会应当设置专人专岗负责未成年人保护工作，协助政府有关部门宣传未成年人保护方面的法律法规，指导、帮助和监督未成年人的父母或者其他监护人依法履行监护职责，建立留守未成年人、困境未成年人的信息档案并给予关爱帮扶。

居民委员会、村民委员会应当协助政府有关部门监督未成年人委托照护情况，发现被委托人缺乏照护能力、怠于履行照护职责等情况，应当及时向政府有关部门报告，并告知未成年人的父母或者其他监护人，帮助、督促被委托人履行照护职责。

第四十四条　爱国主义教育基地、图书馆、青少年宫、儿童活动中心、儿童之家应当对未成年人免费开放；博物馆、纪念馆、科技馆、展览馆、美术馆、文化馆、社区公益性互联网上网服务场所以及影剧院、体育场馆、动物园、植物园、公园等场所，应当按照有关规定对未成年人免费或者优惠开放。

国家鼓励爱国主义教育基地、博物馆、科技馆、美术馆等公共场馆开设未成年人专场，为未成年人提供有针对性的服务。

国家鼓励国家机关、企业事业单位、部队等开发自身教育资源，设立未成年人开放日，为未成年人主题教育、社会实践、职业体验等提供支持。

国家鼓励科研机构和科技类社会组织对未成年人开展科学普及活动。

第四十五条　城市公共交通以及公路、铁路、水路、航空客运等应当按照有关规定对未成年人实施免费或者优惠票价。

第四十六条　国家鼓励大型公共场所、公共交通工具、旅游景区景点等设置母婴室、婴儿护理台以及方便幼儿使用的坐便器、洗手台等卫生设施，为未成年人提供便利。

第四十七条　任何组织或者个人不得违反有关规定，限制未成年人应当享有的照顾或者优惠。

第四十八条　国家鼓励创作、出版、制作和传播有利于未成年人健康成长的图书、报刊、电影、广播电视节目、舞台艺术作品、音像制品、电子出版物和网络信息等。

第四十九条　新闻媒体应当加强未成年人保护方面的宣传，对侵犯未成年人合法权益的行为进行舆论监督。新闻媒体采访报道涉及未成年人事件应当客观、审慎和适度，不得侵犯未成年人的名誉、隐私和其他合法权益。

第五十条　禁止制作、复制、出版、发布、传播含有宣扬淫秽、色情、暴力、邪教、迷信、赌博、引诱自杀、恐怖主义、分裂主义、极端主义等危害未成年人身心健康内容的图书、报刊、电影、广播电视节目、舞台艺术作品、音像制品、电子出版物和网络信息等。

第五十一条　任何组织或者个人出版、发布、传播的图书、报刊、电影、广播电视节目、舞台艺术作品、音像制品、电子出版物或者网络信息，包含可能影响未成年人身心健康内容的，应当以显著方式作出提示。

第五十二条　禁止制作、复制、发布、传播或者持有有关未成年人的淫秽色情物品和网络信息。

第五十三条　任何组织或者个人不得刊登、播放、张贴或者散发含有危害未成年人身心健康内容的广告；不得在学校、幼儿园播放、张贴或者散发商业广告；不得利用校服、教材等发布或者变相发布商业广告。

第五十四条　禁止拐卖、绑架、虐待、非法收养未成年人，禁止对未成年人实施性侵害、性骚扰。

禁止胁迫、引诱、教唆未成年人参加黑社会性质组织或者从事违法犯罪活动。

禁止胁迫、诱骗、利用未成年人乞讨。

第五十五条　生产、销售用于未成年人的食品、药品、玩具、用具和游戏游艺设备、游乐设施等，应当符合国家或者行业标准，不得危害未成年人的人身安全和身心健康。上述产品的生产者应当在显著位置标明注意事项，未标明注意事项的不得销售。

第五十六条　未成年人集中活动的公共场所应当符合国家或者行业安全标准，并采取相应安全保护措施。对可能存在安全风险的设施，应当定期进行维护，在显著位置设置安全警示标志并标明适龄范围和注意事项；必要时应当安排专门人员看管。

大型的商场、超市、医院、图书馆、博物馆、科技馆、游乐场、车站、码头、机场、旅游景区景点等场所运营单位应当设置搜寻走失未成年人的安全警报系统。场所运营单位接到求助后，应当立即启动安全警报系统，组织人员进行搜寻并向公安机关报告。

公共场所发生突发事件时，应当优先救护未成年人。

第五十七条 旅馆、宾馆、酒店等住宿经营者接待未成年人入住，或者接待未成年人和成年人共同入住时，应当询问父母或者其他监护人的联系方式、入住人员的身份关系等有关情况；发现有违法犯罪嫌疑的，应当立即向公安机关报告，并及时联系未成年人的父母或者其他监护人。

第五十八条 学校、幼儿园周边不得设置营业性娱乐场所、酒吧、互联网上网服务营业场所等不适宜未成年人活动的场所。营业性歌舞娱乐场所、酒吧、互联网上网服务营业场所等不适宜未成年人活动场所的经营者，不得允许未成年人进入；游艺娱乐场所设置的电子游戏设备，除国家法定节假日外，不得向未成年人提供。经营者应当在显著位置设置未成年人禁入、限入标志；对难以判明是否是未成年人的，应当要求其出示身份证件。

第五十九条 学校、幼儿园周边不得设置烟、酒、彩票销售网点。禁止向未成年人销售烟、酒、彩票或者兑付彩票奖金。烟、酒和彩票经营者应当在显著位置设置不向未成年人销售烟、酒或者彩票的标志；对难以判明是否是未成年人的，应当要求其出示身份证件。

任何人不得在学校、幼儿园和其他未成年人集中活动的公共场所吸烟、饮酒。

第六十条 禁止向未成年人提供、销售管制刀具或者其他可能致人严重伤害的器具等物品。经营者难以判明购买者是否是未成年人的，应当要求其出示身份证件。

第六十一条 任何组织或者个人不得招用未满十六周岁未成年人，国家另有规定的除外。

营业性娱乐场所、酒吧、互联网上网服务营业场所等不适宜未成年人活动的场所不得招用已满十六周岁的未成年人。

招用已满十六周岁未成年人的单位和个人应当执行国家在工种、劳动时间、劳动强度和保护措施等方面的规定，不得安排其从事过重、有毒、有害等危害未成年人身心健康的劳动或者危险作业。

任何组织或者个人不得组织未成年人进行危害其身心健康的表演等活动。经未成年人的父母或者其他监护人同意，未成年人参与演出、节目制作等活动，活动组织方应当根据国家有关规定，保障未成年人合法权益。

第六十二条 密切接触未成年人的单位招聘工作人员时，应当向公安机关、人民检察院查询应聘者是否具有性侵害、虐待、拐卖、暴力伤害等违法犯罪记录；发现其具有前述行为记录的，不得录用。

密切接触未成年人的单位应当每年定期对工作人员是否具有上述违法犯罪记录进行查询。通过查询或者其他方式发现其工作人员具有上述行为的，应当及时解聘。

第六十三条 任何组织或者个人不得隐匿、毁弃、非法删除未成年人的信件、日记、电子邮件或者其他网络通讯内容。

除下列情形外，任何组织或者个人不得开拆、查阅未成年人的信件、日记、电子邮件或者其他网络通讯内容：

（一）无民事行为能力未成年人的父母或者其他监护人代未成年人开拆、查阅；

（二）因国家安全或者追查刑事犯罪依法进行检查；

（三）紧急情况下为了保护未成年人本人的人身安全。

第五章　网络保护

第六十四条　国家、社会、学校和家庭应当加强未成年人网络素养宣传教育，培养和提高未成年人的网络素养，增强未成年人科学、文明、安全、合理使用网络的意识和能力，保障未成年人在网络空间的合法权益。

第六十五条　国家鼓励和支持有利于未成年人健康成长的网络内容的创作与传播，鼓励和支持专门以未成年人为服务对象、适合未成年人身心健康特点的网络技术、产品、服务的研发、生产和使用。

第六十六条　网信部门及其他有关部门应当加强对未成年人网络保护工作的监督检查，依法惩处利用网络从事危害未成年人身心健康的活动，为未成年人提供安全、健康的网络环境。

第六十七条　网信部门会同公安、文化和旅游、新闻出版、电影、广播电视等部门根据保护不同年龄阶段未成年人的需要，确定可能影响未成年人身心健康网络信息的种类、范围和判断标准。

第六十八条　新闻出版、教育、卫生健康、文化和旅游、网信等部门应当定期开展预防未成年人沉迷网络的宣传教育，监督网络产品和服务提供者履行预防未成年人沉迷网络的义务，指导家庭、学校、社会组织互相配合，采取科学、合理的方式对未成年人沉迷网络进行预防和干预。

任何组织或者个人不得以侵害未成年人身心健康的方式对未成年人沉迷网络进行干预。

第六十九条　学校、社区、图书馆、文化馆、青少年宫等场所为未成年人提供的互联网上网服务设施，应当安装未成年人网络保护软件或者采取其他安全保护技术措施。

智能终端产品的制造者、销售者应当在产品上安装未成年人网络保护软件，或者以显著方式告知用户未成年人网络保护软件的安装渠道和方法。

第七十条　学校应当合理使用网络开展教学活动。未经学校允许，未成年学生不得将手机等智能终端产品带入课堂，带入学校的应当统一管理。

学校发现未成年学生沉迷网络的，应当及时告知其父母或者其他监护人，共同对未成年学生进行教育和引导，帮助其恢复正常的学习生活。

第七十一条　未成年人的父母或者其他监护人应当提高网络素养，规范自身使用网络的行为，加强对未成年人使用网络行为的引导和监督。

未成年人的父母或者其他监护人应当通过在智能终端产品上安装未成年人网络保护软件、选择适合未成年人的服务模式和管理功能等方式，避免未成年人接触危害或者可能影响其身心健康的网络信息，合理安排未成年人使用网络的时间，有效预防未成年人沉迷网络。

第七十二条　信息处理者通过网络处理未成年人个人信息的，应当遵循合法、正当和必要的原则。处理不满十四周岁未成年人个人信息的，应当征得未成年人的父母或者其他监护人同意，但法律、行政法规另有规定的除外。

未成年人、父母或者其他监护人要求信息处理者更正、删除未成年人个人信息的，信息处理者应当及时采取措施予以更正、删除，但法律、行政法规另有规定的除外。

第七十三条　网络服务提供者发现未成年人通过网络发布私密信息的，应当及时提示，并采取必要的保护措施。

第七十四条　网络产品和服务提供者不得向未成年人提供诱导其沉迷的产品和服务。

网络游戏、网络直播、网络音视频、网络社交等网络服务提供者应当针对未成年人使用其服务设置相应的时间管理、权限管理、消费管理等功能。

以未成年人为服务对象的在线教育网络产品和服务，不得插入网络游戏链接，不得推送广告等与教学无关的信息。

第七十五条 网络游戏经依法审批后方可运营。

国家建立统一的未成年人网络游戏电子身份认证系统。网络游戏服务提供者应当要求未成年人以真实身份信息注册并登录网络游戏。

网络游戏服务提供者应当按照国家有关规定和标准，对游戏产品进行分类，作出适龄提示，并采取技术措施，不得让未成年人接触不适宜的游戏或者游戏功能。

网络游戏服务提供者不得在每日二十二时至次日八时向未成年人提供网络游戏服务。

第七十六条 网络直播服务提供者不得为未满十六周岁的未成年人提供网络直播发布者账号注册服务；为年满十六周岁的未成年人提供网络直播发布者账号注册服务时，应当对其身份信息进行认证，并征得其父母或者其他监护人同意。

第七十七条 任何组织或者个人不得通过网络以文字、图片、音视频等形式，对未成年人实施侮辱、诽谤、威胁或者恶意损害形象等网络欺凌行为。

遭受网络欺凌的未成年人及其父母或者其他监护人有权通知网络服务提供者采取删除、屏蔽、断开链接等措施。网络服务提供者接到通知后，应当及时采取必要的措施制止网络欺凌行为，防止信息扩散。

第七十八条 网络产品和服务提供者应当建立便捷、合理、有效的投诉和举报渠道，公开投诉、举报方式等信息，及时受理并处理涉及未成年人的投诉、举报。

第七十九条 任何组织或者个人发现网络产品、服务含有危害未成年人身心健康的信息，有权向网络产品和服务提供者或者网信、公安等部门投诉、举报。

第八十条 网络服务提供者发现用户发布、传播可能影响未成年人身心健康的信息且未作显著提示的，应当作出提示或者通知用户予以提示；未作出提示的，不得传输相关信息。

网络服务提供者发现用户发布、传播含有危害未成年人身心健康内容的信息的，应当立即停止传输相关信息，采取删除、屏蔽、断开链接等处置措施，保存有关记录，并向网信、公安等部门报告。

网络服务提供者发现用户利用其网络服务对未成年人实施违法犯罪行为的，应当立即停止向该用户提供网络服务，保存有关记录，并向公安机关报告。

第六章 政府保护

第八十一条 县级以上人民政府承担未成年人保护协调机制具体工作的职能部门应当明确相关内设机构或者专门人员，负责承担未成年人保护工作。

乡镇人民政府和街道办事处应当设立未成年人保护工作站或者指定专门人员，及时办理未成年人相关事务；支持、指导居民委员会、村民委员会设立专人专岗，做好未成年人保护工作。

第八十二条 各级人民政府应当将家庭教育指导服务纳入城乡公共服务体系，开展家庭教育知识宣传，鼓励和支持有关人民团体、企业事业单位、社会组织开展家庭教育指导服务。

第八十三条 各级人民政府应当保障未成年人受教育的权利，并采取措施保障留守未成年人、困境未成年人、残疾未成年人接受义务教育。

对尚未完成义务教育的辍学未成年学生，教育行政部门应当责令父母或者其他监护人将其送入学校接受义务教育。

第八十四条 各级人民政府应当发展托育、学前教育事业，办好婴幼儿照护服务机构、幼儿园，支持社会力量依法兴办母婴室、婴幼儿照护服务机构、幼儿园。

县级以上地方人民政府及其有关部门应当培养和培训婴幼儿照护服务机构、幼儿园的保教人员，提高其职业道德素质和业务能力。

第八十五条　各级人民政府应当发展职业教育，保障未成年人接受职业教育或者职业技能培训，鼓励和支持人民团体、企业事业单位、社会组织为未成年人提供职业技能培训服务。

第八十六条　各级人民政府应当保障具有接受普通教育能力、能适应校园生活的残疾未成年人就近在普通学校、幼儿园接受教育；保障不具有接受普通教育能力的残疾未成年人在特殊教育学校、幼儿园接受学前教育、义务教育和职业教育。

各级人民政府应当保障特殊教育学校、幼儿园的办学、办园条件，鼓励和支持社会力量举办特殊教育学校、幼儿园。

第八十七条　地方人民政府及其有关部门应当保障校园安全，监督、指导学校、幼儿园等单位落实校园安全责任，建立突发事件的报告、处置和协调机制。

第八十八条　公安机关和其他有关部门应当依法维护校园周边的治安和交通秩序，设置监控设备和交通安全设施，预防和制止侵害未成年人的违法犯罪行为。

第八十九条　地方人民政府应当建立和改善适合未成年人的活动场所和设施，支持公益性未成年人活动场所和设施的建设和运行，鼓励社会力量兴办适合未成年人的活动场所和设施，并加强管理。

地方人民政府应当采取措施，鼓励和支持学校在国家法定节假日、休息日及寒暑假期将文化体育设施对未成年人免费或者优惠开放。

地方人民政府应当采取措施，防止任何组织或者个人侵占、破坏学校、幼儿园、婴幼儿照护服务机构等未成年人活动场所的场地、房屋和设施。

第九十条　各级人民政府及其有关部门应当对未成年人进行卫生保健和营养指导，提供卫生保健服务。

卫生健康部门应当依法对未成年人的疫苗预防接种进行规范，防治未成年人常见病、多发病，加强传染病防治和监督管理，做好伤害预防和干预，指导和监督学校、幼儿园、婴幼儿照护服务机构开展卫生保健工作。

教育行政部门应当加强未成年人的心理健康教育，建立未成年人心理问题的早期发现和及时干预机制。卫生健康部门应当做好未成年人心理治疗、心理危机干预以及精神障碍早期识别和诊断治疗等工作。

第九十一条　各级人民政府及其有关部门对困境未成年人实施分类保障，采取措施满足其生活、教育、安全、医疗康复、住房等方面的基本需要。

第九十二条　具有下列情形之一的，民政部门应当依法对未成年人进行临时监护：

（一）未成年人流浪乞讨或者身份不明，暂时查找不到父母或者其他监护人；

（二）监护人下落不明且无其他人可以担任监护人；

（三）监护人因自身客观原因或者因发生自然灾害、事故灾难、公共卫生事件等突发事件不能履行监护职责，导致未成年人监护缺失；

（四）监护人拒绝或者怠于履行监护职责，导致未成年人处于无人照料的状态；

（五）监护人教唆、利用未成年人实施违法犯罪行为，未成年人需要被带离安置；

（六）未成年人遭受监护人严重伤害或者面临人身安全威胁，需要被紧急安置；

（七）法律规定的其他情形。

第九十三条　对临时监护的未成年人，民政部门可以采取委托亲属抚养、家庭寄养等方式进行安置，也可以交由未成年人救助保护机构或者儿童福利机构进行收留、抚养。

临时监护期间，经民政部门评估，监护人重新具备履行监护职责条件的，民政部门可以将未成年人送回监护人抚养。

第九十四条 具有下列情形之一的，民政部门应当依法对未成年人进行长期监护：

（一）查找不到未成年人的父母或者其他监护人；

（二）监护人死亡或者被宣告死亡且无其他人可以担任监护人；

（三）监护人丧失监护能力且无其他人可以担任监护人；

（四）人民法院判决撤销监护人资格并指定由民政部门担任监护人；

（五）法律规定的其他情形。

第九十五条 民政部门进行收养评估后，可以依法将其长期监护的未成年人交由符合条件的申请人收养。收养关系成立后，民政部门与未成年人的监护关系终止。

第九十六条 民政部门承担临时监护或者长期监护职责的，财政、教育、卫生健康、公安等部门应当根据各自职责予以配合。

县级以上人民政府及其民政部门应当根据需要设立未成年人救助保护机构、儿童福利机构，负责收留、抚养由民政部门监护的未成年人。

第九十七条 县级以上人民政府应当开通全国统一的未成年人保护热线，及时受理、转介侵犯未成年人合法权益的投诉、举报；鼓励和支持人民团体、企业事业单位、社会组织参与建设未成年人保护服务平台、服务热线、服务站点，提供未成年人保护方面的咨询、帮助。

第九十八条 国家建立性侵害、虐待、拐卖、暴力伤害等违法犯罪人员信息查询系统，向密切接触未成年人的单位提供免费查询服务。

第九十九条 地方人民政府应当培育、引导和规范有关社会组织、社会工作者参与未成年人保护工作，开展家庭教育指导服务，为未成年人的心理辅导、康复救助、监护及收养评估等提供专业服务。

第七章 司法保护

第一百条 公安机关、人民检察院、人民法院和司法行政部门应当依法履行职责，保障未成年人合法权益。

第一百零一条 公安机关、人民检察院、人民法院和司法行政部门应当确定专门机构或者指定专门人员，负责办理涉及未成年人案件。办理涉及未成年人案件的人员应当经过专门培训，熟悉未成年人身心特点。专门机构或者专门人员中，应当有女性工作人员。

公安机关、人民检察院、人民法院和司法行政部门应当对上述机构和人员实行与未成年人保护工作相适应的评价考核标准。

第一百零二条 公安机关、人民检察院、人民法院和司法行政部门办理涉及未成年人案件，应当考虑未成年人身心特点和健康成长的需要，使用未成年人能够理解的语言和表达方式，听取未成年人的意见。

第一百零三条 公安机关、人民检察院、人民法院、司法行政部门以及其他组织和个人不得披露有关案件中未成年人的姓名、影像、住所、就读学校以及其他可能识别出其身份的信息，但查找失踪、被拐卖未成年人等情形除外。

第一百零四条 对需要法律援助或者司法救助的未成年人，法律援助机构或者公安机关、人民检察院、人民法院和司法行政部门应当给予帮助，依法为其提供法律援助或者司法救助。

法律援助机构应当指派熟悉未成年人身心特点的律师为未成年人提供法律援助服务。

法律援助机构和律师协会应当对办理未成年人法律援助案件的律师进行指导和培训。

第一百零五条 人民检察院通过行使检察权，对涉及未成年人的诉讼活动等依法进行监督。

第一百零六条　未成年人合法权益受到侵犯，相关组织和个人未代为提起诉讼的，人民检察院可以督促、支持其提起诉讼；涉及公共利益的，人民检察院有权提起公益诉讼。

第一百零七条　人民法院审理继承案件，应当依法保护未成年人的继承权和受遗赠权。

人民法院审理离婚案件，涉及未成年子女抚养问题的，应当尊重已满八周岁未成年子女的真实意愿，根据双方具体情况，按照最有利于未成年子女的原则依法处理。

第一百零八条　未成年人的父母或者其他监护人不依法履行监护职责或者严重侵犯被监护的未成年人合法权益的，人民法院可以根据有关人员或者单位的申请，依法作出人身安全保护令或者撤销监护人资格。

被撤销监护人资格的父母或者其他监护人应当依法继续负担抚养费用。

第一百零九条　人民法院审理离婚、抚养、收养、监护、探望等案件涉及未成年人的，可以自行或者委托社会组织对未成年人的相关情况进行社会调查。

第一百一十条　公安机关、人民检察院、人民法院讯问未成年犯罪嫌疑人、被告人，询问未成年被害人、证人，应当依法通知其法定代理人或者其成年亲属、所在学校的代表等合适成年人到场，并采取适当方式，在适当场所进行，保障未成年人的名誉权、隐私权和其他合法权益。

人民法院开庭审理涉及未成年人案件，未成年被害人、证人一般不出庭作证；必须出庭的，应当采取保护其隐私的技术手段和心理干预等保护措施。

第一百一十一条　公安机关、人民检察院、人民法院应当与其他有关政府部门、人民团体、社会组织互相配合，对遭受性侵害或者暴力伤害的未成年被害人及其家庭实施必要的心理干预、经济救助、法律援助、转学安置等保护措施。

第一百一十二条　公安机关、人民检察院、人民法院办理未成年人遭受性侵害或者暴力伤害案件，在询问未成年被害人、证人时，应当采取同步录音录像等措施，尽量一次完成；未成年被害人、证人是女性的，应当由女性工作人员进行。

第一百一十三条　对违法犯罪的未成年人，实行教育、感化、挽救的方针，坚持教育为主、惩罚为辅的原则。

对违法犯罪的未成年人依法处罚后，在升学、就业等方面不得歧视。

第一百一十四条　公安机关、人民检察院、人民法院和司法行政部门发现有关单位未尽到未成年人教育、管理、救助、看护等保护职责的，应当向该单位提出建议。被建议单位应当在一个月内作出书面回复。

第一百一十五条　公安机关、人民检察院、人民法院和司法行政部门应当结合实际，根据涉及未成年人案件的特点，开展未成年人法治宣传教育工作。

第一百一十六条　国家鼓励和支持社会组织、社会工作者参与涉及未成年人案件中未成年人的心理干预、法律援助、社会调查、社会观护、教育矫治、社区矫正等工作。

第八章　法律责任

第一百一十七条　违反本法第十一条第二款规定，未履行报告义务造成严重后果的，由上级主管部门或者所在单位对直接负责的主管人员和其他直接责任人员依法给予处分。

第一百一十八条　未成年人的父母或者其他监护人不依法履行监护职责或者侵犯未成年人合法权益的，由其居住地的居民委员会、村民委员会予以劝诫、制止；情节严重的，居民委员会、村民委员会应当及时向公安机关报告。

公安机关接到报告或者公安机关、人民检察院、人民法院在办理案件过程中发现未成年人的父母或者其他监护人存在上述情形的，应当予以训诫，并可以责令其接受家庭教育指导。

第一百一十九条 学校、幼儿园、婴幼儿照护服务等机构及其教职员工违反本法第二十七条、第二十八条、第三十九条规定的，由公安、教育、卫生健康、市场监督管理等部门按照职责分工责令改正；拒不改正或者情节严重的，对直接负责的主管人员和其他直接责任人员依法给予处分。

第一百二十条 违反本法第四十四条、第四十五条、第四十七条规定，未给予未成年人免费或者优惠待遇的，由市场监督管理、文化和旅游、交通运输等部门按照职责分工责令限期改正，给予警告；拒不改正的，处一万元以上十万元以下罚款。

第一百二十一条 违反本法第五十条、第五十一条规定的，由新闻出版、广播电视、电影、网信等部门按照职责分工责令限期改正，给予警告，没收违法所得，可以并处十万元以下罚款；拒不改正或者情节严重的，责令暂停相关业务、停产停业或者吊销营业执照、吊销相关许可证，违法所得一百万元以上的，并处违法所得一倍以上十倍以下的罚款，没有违法所得或者违法所得不足一百万元的，并处十万元以上一百万元以下罚款。

第一百二十二条 场所运营单位违反本法第五十六条第二款规定、住宿经营者违反本法第五十七条规定的，由市场监督管理、应急管理、公安等部门按照职责分工责令限期改正，给予警告；拒不改正或者造成严重后果的，责令停业整顿或者吊销营业执照、吊销相关许可证，并处一万元以上十万元以下罚款。

第一百二十三条 相关经营者违反本法第五十八条、第五十九条第一款、第六十条规定的，由文化和旅游、市场监督管理、烟草专卖、公安等部门按照职责分工责令限期改正，给予警告，没收违法所得，可以并处五万元以下罚款；拒不改正或者情节严重的，责令停业整顿或者吊销营业执照、吊销相关许可证，可以并处五万元以上五十万元以下罚款。

第一百二十四条 违反本法第五十九条第二款规定，在学校、幼儿园和其他未成年人集中活动的公共场所吸烟、饮酒的，由卫生健康、教育、市场监督管理等部门按照职责分工责令改正，给予警告，可以并处五百元以下罚款；场所管理者未及时制止的，由卫生健康、教育、市场监督管理等部门按照职责分工给予警告，并处一万元以下罚款。

第一百二十五条 违反本法第六十一条规定的，由文化和旅游、人力资源和社会保障、市场监督管理等部门按照职责分工责令限期改正，给予警告，没收违法所得，可以并处十万元以下罚款；拒不改正或者情节严重的，责令停产停业或者吊销营业执照、吊销相关许可证，并处十万元以上一百万元以下罚款。

第一百二十六条 密切接触未成年人的单位违反本法第六十二条规定，未履行查询义务，或者招用、继续聘用具有相关违法犯罪记录人员的，由教育、人力资源和社会保障、市场监督管理等部门按照职责分工责令限期改正，给予警告，并处五万元以下罚款；拒不改正或者造成严重后果的，责令停业整顿或者吊销营业执照、吊销相关许可证，并处五万元以上五十万元以下罚款，对直接负责的主管人员和其他直接责任人员依法给予处分。

第一百二十七条 信息处理者违反本法第七十二条规定，或者网络产品和服务提供者违反本法第七十三条、第七十四条、第七十五条、第七十六条、第七十七条、第八十条规定的，由公安、网信、电信、新闻出版、广播电视、文化和旅游等有关部门按照职责分工责令改正，给予警告，没收违法所得，违法所得一百万元以上的，并处违法所得一倍以上十倍以下罚款，没有违法所得或者违法所得不足一百万元的，并处十万元以上一百万元以下罚款，对直接负责的主管人员和其他责任人员处一万元以上十万元以下罚款；拒不改正或者情节严重的，并可以责令暂停相关业务、停业整顿、关闭网站、吊销营业执照或者吊销相关许可证。

第一百二十八条　国家机关工作人员玩忽职守、滥用职权、徇私舞弊，损害未成年人合法权益的，依法给予处分。

第一百二十九条　违反本法规定，侵犯未成年人合法权益，造成人身、财产或者其他损害的，依法承担民事责任。

违反本法规定，构成违反治安管理行为的，依法给予治安管理处罚；构成犯罪的，依法追究刑事责任。

第九章　附　　则

第一百三十条　本法中下列用语的含义：

（一）密切接触未成年人的单位，是指学校、幼儿园等教育机构；校外培训机构；未成年人救助保护机构、儿童福利机构等未成年人安置、救助机构；婴幼儿照护服务机构、早期教育服务机构；校外托管、临时看护机构；家政服务机构；为未成年人提供医疗服务的医疗机构；其他对未成年人负有教育、培训、监护、救助、看护、医疗等职责的企业事业单位、社会组织等。

（二）学校，是指普通中小学、特殊教育学校、中等职业学校、专门学校。

（三）学生欺凌，是指发生在学生之间，一方蓄意或者恶意通过肢体、语言及网络等手段实施欺压、侮辱，造成另一方人身伤害、财产损失或者精神损害的行为。

第一百三十一条　对中国境内未满十八周岁的外国人、无国籍人，依照本法有关规定予以保护。

第一百三十二条　本法自2021年6月1日起施行。

未成年人网络保护条例

（2023年9月20日国务院第15次常务会议通过，2023年10月16日公布，自2024年1月1日起施行）

第一章　总　　则

第一条　为了营造有利于未成年人身心健康的网络环境，保障未成年人合法权益，根据《中华人民共和国未成年人保护法》、《中华人民共和国网络安全法》、《中华人民共和国个人信息保护法》等法律，制定本条例。

第二条　未成年人网络保护工作应当坚持中国共产党的领导，坚持以社会主义核心价值观为引领，坚持最有利于未成年人的原则，适应未成年人身心健康发展和网络空间的规律和特点，实行社会共治。

第三条　国家网信部门负责统筹协调未成年人网络保护工作，并依据职责做好未成年人网络保护工作。

国家新闻出版、电影部门和国务院教育、电信、公安、民政、文化和旅游、卫生健康、市场监督管理、广播电视等有关部门依据各自职责做好未成年人网络保护工作。

县级以上地方人民政府及其有关部门依据各自职责做好未成年人网络保护工作。

第四条　共产主义青年团、妇女联合会、工会、残疾人联合会、关心下一代工作委员会、青年联合会、学生联合会、少年先锋队以及其他人民团体、有关社会组织、基层群众性自治组织，协助有关部门做好未成年人网络保护工作，维护未成年人合法权益。

第五条 学校、家庭应当教育引导未成年人参加有益身心健康的活动，科学、文明、安全、合理使用网络，预防和干预未成年人沉迷网络。

第六条 网络产品和服务提供者、个人信息处理者、智能终端产品制造者和销售者应当遵守法律、行政法规和国家有关规定，尊重社会公德，遵守商业道德，诚实信用，履行未成年人网络保护义务，承担社会责任。

第七条 网络产品和服务提供者、个人信息处理者、智能终端产品制造者和销售者应当接受政府和社会的监督，配合有关部门依法实施涉及未成年人网络保护工作的监督检查，建立便捷、合理、有效的投诉、举报渠道，通过显著方式公布投诉、举报途径和方法，及时受理并处理公众投诉、举报。

第八条 任何组织和个人发现违反本条例规定的，可以向网信、新闻出版、电影、教育、电信、公安、民政、文化和旅游、卫生健康、市场监督管理、广播电视等有关部门投诉、举报。收到投诉、举报的部门应当及时依法作出处理；不属于本部门职责的，应当及时移送有权处理的部门。

第九条 网络相关行业组织应当加强行业自律，制定未成年人网络保护相关行业规范，指导会员履行未成年人网络保护义务，加强对未成年人的网络保护。

第十条 新闻媒体应当通过新闻报道、专题栏目（节目）、公益广告等方式，开展未成年人网络保护法律法规、政策措施、典型案例和有关知识的宣传，对侵犯未成年人合法权益的行为进行舆论监督，引导全社会共同参与未成年人网络保护。

第十一条 国家鼓励和支持在未成年人网络保护领域加强科学研究和人才培养，开展国际交流与合作。

第十二条 对在未成年人网络保护工作中作出突出贡献的组织和个人，按照国家有关规定给予表彰和奖励。

第二章 网络素养促进

第十三条 国务院教育部门应当将网络素养教育纳入学校素质教育内容，并会同国家网信部门制定未成年人网络素养测评指标。

教育部门应当指导、支持学校开展未成年人网络素养教育，围绕网络道德意识形成、网络法治观念培养、网络使用能力建设、人身财产安全保护等，培育未成年人网络安全意识、文明素养、行为习惯和防护技能。

第十四条 县级以上人民政府应当科学规划、合理布局，促进公益性上网服务均衡协调发展，加强提供公益性上网服务的公共文化设施建设，改善未成年人上网条件。

县级以上地方人民政府应当通过为中小学校配备具有相应专业能力的指导教师、政府购买服务或者鼓励中小学校自行采购相关服务等方式，为学生提供优质的网络素养教育课程。

第十五条 学校、社区、图书馆、文化馆、青少年宫等场所为未成年人提供互联网上网服务设施的，应当通过安排专业人员、招募志愿者等方式，以及安装未成年人网络保护软件或者采取其他安全保护技术措施，为未成年人提供上网指导和安全、健康的上网环境。

第十六条 学校应当将提高学生网络素养等内容纳入教育教学活动，并合理使用网络开展教学活动，建立健全学生在校期间上网的管理制度，依法规范管理未成年学生带入学校的智能终端产品，帮助学生养成良好上网习惯，培养学生网络安全和网络法治意识，增强学生对网络信息的获取和分析判断能力。

第十七条 未成年人的监护人应当加强

家庭家教家风建设，提高自身网络素养，规范自身使用网络的行为，加强对未成年人使用网络行为的教育、示范、引导和监督。

第十八条　国家鼓励和支持研发、生产和使用专门以未成年人为服务对象、适应未成年人身心健康发展规律和特点的网络保护软件、智能终端产品和未成年人模式、未成年人专区等网络技术、产品、服务，加强网络无障碍环境建设和改造，促进未成年人开阔眼界、陶冶情操、提高素质。

第十九条　未成年人网络保护软件、专门供未成年人使用的智能终端产品应当具有有效识别违法信息和可能影响未成年人身心健康的信息、保护未成年人个人信息权益、预防未成年人沉迷网络、便于监护人履行监护职责等功能。

国家网信部门会同国务院有关部门根据未成年人网络保护工作的需要，明确未成年人网络保护软件、专门供未成年人使用的智能终端产品的相关技术标准或者要求，指导监督网络相关行业组织按照有关技术标准和要求对未成年人网络保护软件、专门供未成年人使用的智能终端产品的使用效果进行评估。

智能终端产品制造者应当在产品出厂前安装未成年人网络保护软件，或者采用显著方式告知用户安装渠道和方法。智能终端产品销售者在产品销售前应当采用显著方式告知用户安装未成年人网络保护软件的情况以及安装渠道和方法。

未成年人的监护人应当合理使用并指导未成年人使用网络保护软件、智能终端产品等，创造良好的网络使用家庭环境。

第二十条　未成年人用户数量巨大或者对未成年人群体具有显著影响的网络平台服务提供者，应当履行下列义务：

（一）在网络平台服务的设计、研发、运营等阶段，充分考虑未成年人身心健康发展特点，定期开展未成年人网络保护影响评估；

（二）提供未成年人模式或者未成年人专区等，便利未成年人获取有益身心健康的平台内产品或者服务；

（三）按照国家规定建立健全未成年人网络保护合规制度体系，成立主要由外部成员组成的独立机构，对未成年人网络保护情况进行监督；

（四）遵循公开、公平、公正的原则，制定专门的平台规则，明确平台内产品或者服务提供者的未成年人网络保护义务，并以显著方式提示未成年人用户依法享有的网络保护权利和遭受网络侵害的救济途径；

（五）对违反法律、行政法规严重侵害未成年人身心健康或者侵犯未成年人其他合法权益的平台内产品或者服务提供者，停止提供服务；

（六）每年发布专门的未成年人网络保护社会责任报告，并接受社会监督。

前款所称的未成年人用户数量巨大或者对未成年人群体具有显著影响的网络平台服务提供者的具体认定办法，由国家网信部门会同有关部门另行制定。

第三章　网络信息内容规范

第二十一条　国家鼓励和支持制作、复制、发布、传播弘扬社会主义核心价值观和社会主义先进文化、革命文化、中华优秀传统文化，铸牢中华民族共同体意识，培养未成年人家国情怀和良好品德，引导未成年人养成良好生活习惯和行为习惯等的网络信息，营造有利于未成年人健康成长的清朗网络空间和良好网络生态。

第二十二条　任何组织和个人不得制作、复制、发布、传播含有宣扬淫秽、色情、暴力、邪教、迷信、赌博、引诱自残自杀、恐怖主义、分裂主义、极端主义等危害未成年人身心健康内容的网络信息。

任何组织和个人不得制作、复制、发布、传播或者持有有关未成年人的淫秽色情网络信息。

第二十三条 网络产品和服务中含有可能引发或者诱导未成年人模仿不安全行为、实施违反社会公德行为、产生极端情绪、养成不良嗜好等可能影响未成年人身心健康的信息的，制作、复制、发布、传播该信息的组织和个人应当在信息展示前予以显著提示。

国家网信部门会同国家新闻出版、电影部门和国务院教育、电信、公安、文化和旅游、广播电视等部门，在前款规定基础上确定可能影响未成年人身心健康的信息的具体种类、范围、判断标准和提示办法。

第二十四条 任何组织和个人不得在专门以未成年人为服务对象的网络产品和服务中制作、复制、发布、传播本条例第二十三条第一款规定的可能影响未成年人身心健康的信息。

网络产品和服务提供者不得在首页首屏、弹窗、热搜等处于产品或者服务醒目位置、易引起用户关注的重点环节呈现本条例第二十三条第一款规定的可能影响未成年人身心健康的信息。

网络产品和服务提供者不得通过自动化决策方式向未成年人进行商业营销。

第二十五条 任何组织和个人不得向未成年人发送、推送或者诱骗、强迫未成年人接触含有危害或者可能影响未成年人身心健康内容的网络信息。

第二十六条 任何组织和个人不得通过网络以文字、图片、音视频等形式，对未成年人实施侮辱、诽谤、威胁或者恶意损害形象等网络欺凌行为。

网络产品和服务提供者应当建立健全网络欺凌行为的预警预防、识别监测和处置机制，设置便利未成年人及其监护人保存遭受网络欺凌记录、行使通知权利的功能、渠道，提供便利未成年人设置屏蔽陌生用户、本人发布信息可见范围、禁止转载或者评论本人发布信息、禁止向本人发送信息等网络欺凌信息防护选项。

网络产品和服务提供者应当建立健全网络欺凌信息特征库，优化相关算法模型，采用人工智能、大数据等技术手段和人工审核相结合的方式加强对网络欺凌信息的识别监测。

第二十七条 任何组织和个人不得通过网络以文字、图片、音视频等形式，组织、教唆、胁迫、引诱、欺骗、帮助未成年人实施违法犯罪行为。

第二十八条 以未成年人为服务对象的在线教育网络产品和服务提供者，应当按照法律、行政法规和国家有关规定，根据不同年龄阶段未成年人身心发展特点和认知能力提供相应的产品和服务。

第二十九条 网络产品和服务提供者应当加强对用户发布信息的管理，采取有效措施防止制作、复制、发布、传播违反本条例第二十二条、第二十四条、第二十五条、第二十六条第一款、第二十七条规定的信息，发现违反上述条款规定的信息的，应当立即停止传输相关信息，采取删除、屏蔽、断开链接等处置措施，防止信息扩散，保存有关记录，向网信、公安等部门报告，并对制作、复制、发布、传播上述信息的用户采取警示、限制功能、暂停服务、关闭账号等处置措施。

网络产品和服务提供者发现用户发布、传播本条例第二十三条第一款规定的信息未予显著提示的，应当作出提示或者通知用户予以提示；未作出提示的，不得传输该信息。

第三十条 国家网信、新闻出版、电影部门和国务院教育、电信、公安、文化和旅游、广播电视等部门发现违反本条例第二十二条、第二十四条、第二十五条、第二十六条第一款、第二十七条规定的信息的，或者发现本条例第二十三条第一款规定的信息未予显著提示的，应当要求网络产品和服务提供者按照本条例第二十九条的规定予以处理；对来源于境外的上述信息，应当依法通知有关机构采取技术措施和其他必要措施阻断传播。

第四章　个人信息网络保护

第三十一条　网络服务提供者为未成年人提供信息发布、即时通讯等服务的，应当依法要求未成年人或者其监护人提供未成年人真实身份信息。未成年人或者其监护人不提供未成年人真实身份信息的，网络服务提供者不得为未成年人提供相关服务。

网络直播服务提供者应当建立网络直播发布者真实身份信息动态核验机制，不得向不符合法律规定情形的未成年人用户提供网络直播发布服务。

第三十二条　个人信息处理者应当严格遵守国家网信部门和有关部门关于网络产品和服务必要个人信息范围的规定，不得强制要求未成年人或者其监护人同意非必要的个人信息处理行为，不得因为未成年人或者其监护人不同意处理未成年人非必要个人信息或者撤回同意，拒绝未成年人使用其基本功能服务。

第三十三条　未成年人的监护人应当教育引导未成年人增强个人信息保护意识和能力、掌握个人信息范围、了解个人信息安全风险，指导未成年人行使其在个人信息处理活动中的查阅、复制、更正、补充、删除等权利，保护未成年人个人信息权益。

第三十四条　未成年人或者其监护人依法请求查阅、复制、更正、补充、删除未成年人个人信息的，个人信息处理者应当遵守以下规定：

（一）提供便捷的支持未成年人或者其监护人查阅未成年人个人信息种类、数量等的方法和途径，不得对未成年人或者其监护人的合理请求进行限制；

（二）提供便捷的支持未成年人或者其监护人复制、更正、补充、删除未成年人个人信息的功能，不得设置不合理条件；

（三）及时受理并处理未成年人或者其监护人查阅、复制、更正、补充、删除未成年人个人信息的申请，拒绝未成年人或者其监护人行使权利的请求的，应当书面告知申请人并说明理由。

对未成年人或者其监护人依法提出的转移未成年人个人信息的请求，符合国家网信部门规定条件的，个人信息处理者应当提供转移的途径。

第三十五条　发生或者可能发生未成年人个人信息泄露、篡改、丢失的，个人信息处理者应当立即启动个人信息安全事件应急预案，采取补救措施，及时向网信等部门报告，并按照国家有关规定将事件情况以邮件、信函、电话、信息推送等方式告知受影响的未成年人及其监护人。

个人信息处理者难以逐一告知的，应当采取合理、有效的方式及时发布相关警示信息，法律、行政法规另有规定的除外。

第三十六条　个人信息处理者对其工作人员应当以最小授权为原则，严格设定信息访问权限，控制未成年人个人信息知悉范围。工作人员访问未成年人个人信息的，应当经过相关负责人或者其授权的管理人员审批，记录访问情况，并采取技术措施，避免违法处理未成年人个人信息。

第三十七条　个人信息处理者应当自行或者委托专业机构每年对其处理未成年人个人信息遵守法律、行政法规的情况进行合规审计，并将审计情况及时报告网信等部门。

第三十八条　网络服务提供者发现未成年人私密信息或者未成年人通过网络发布的个人信息中涉及私密信息的，应当及时提示，并采取停止传输等必要保护措施，防止信息扩散。

网络服务提供者通过未成年人私密信息发现未成年人可能遭受侵害的，应当立即采取必要措施保存有关记录，并向公安机关报告。

第五章　网络沉迷防治

第三十九条　对未成年人沉迷网络进行

预防和干预，应当遵守法律、行政法规和国家有关规定。

教育、卫生健康、市场监督管理等部门依据各自职责对从事未成年人沉迷网络预防和干预活动的机构实施监督管理。

第四十条 学校应当加强对教师的指导和培训，提高教师对未成年学生沉迷网络的早期识别和干预能力。对于有沉迷网络倾向的未成年学生，学校应当及时告知其监护人，共同对未成年学生进行教育和引导，帮助其恢复正常的学习生活。

第四十一条 未成年人的监护人应当指导未成年人安全合理使用网络，关注未成年人上网情况以及相关生理状况、心理状况、行为习惯，防范未成年人接触危害或者可能影响其身心健康的网络信息，合理安排未成年人使用网络的时间，预防和干预未成年人沉迷网络。

第四十二条 网络产品和服务提供者应当建立健全防沉迷制度，不得向未成年人提供诱导其沉迷的产品和服务，及时修改可能造成未成年人沉迷的内容、功能和规则，并每年向社会公布防沉迷工作情况，接受社会监督。

第四十三条 网络游戏、网络直播、网络音视频、网络社交等网络服务提供者应当针对不同年龄阶段未成年人使用其服务的特点，坚持融合、友好、实用、有效的原则，设置未成年人模式，在使用时段、时长、功能和内容等方面按照国家有关规定和标准提供相应的服务，并以醒目便捷的方式为监护人履行监护职责提供时间管理、权限管理、消费管理等功能。

第四十四条 网络游戏、网络直播、网络音视频、网络社交等网络服务提供者应当采取措施，合理限制不同年龄阶段未成年人在使用其服务中的单次消费数额和单日累计消费数额，不得向未成年人提供与其民事行为能力不符的付费服务。

第四十五条 网络游戏、网络直播、网络音视频、网络社交等网络服务提供者应当采取措施，防范和抵制流量至上等不良价值倾向，不得设置以应援集资、投票打榜、刷量控评等为主题的网络社区、群组、话题，不得诱导未成年人参与应援集资、投票打榜、刷量控评等网络活动，并预防和制止其用户诱导未成年人实施上述行为。

第四十六条 网络游戏服务提供者应当通过统一的未成年人网络游戏电子身份认证系统等必要手段验证未成年人用户真实身份信息。

网络产品和服务提供者不得为未成年人提供游戏账号租售服务。

第四十七条 网络游戏服务提供者应当建立、完善预防未成年人沉迷网络的游戏规则，避免未成年人接触可能影响其身心健康的游戏内容或者游戏功能。

网络游戏服务提供者应当落实适龄提示要求，根据不同年龄阶段未成年人身心发展特点和认知能力，通过评估游戏产品的类型、内容与功能等要素，对游戏产品进行分类，明确游戏产品适合的未成年人用户年龄阶段，并在用户下载、注册、登录界面等位置予以显著提示。

第四十八条 新闻出版、教育、卫生健康、文化和旅游、广播电视、网信等部门应当定期开展预防未成年人沉迷网络的宣传教育，监督检查网络产品和服务提供者履行预防未成年人沉迷网络义务的情况，指导家庭、学校、社会组织互相配合，采取科学、合理的方式对未成年人沉迷网络进行预防和干预。

国家新闻出版部门牵头组织开展未成年人沉迷网络游戏防治工作，会同有关部门制定关于向未成年人提供网络游戏服务的时段、时长、消费上限等管理规定。

卫生健康、教育等部门依据各自职责指导有关医疗卫生机构、高等学校等，开展未成年人沉迷网络所致精神障碍和心理行为问题的基础研究和筛查评估、诊断、预防、干预等应用研究。

第四十九条　严禁任何组织和个人以虐待、胁迫等侵害未成年人身心健康的方式干预未成年人沉迷网络、侵犯未成年人合法权益。

第六章　法律责任

第五十条　地方各级人民政府和县级以上有关部门违反本条例规定，不履行未成年人网络保护职责的，由其上级机关责令改正；拒不改正或者情节严重的，对负有责任的领导人员和直接责任人员依法给予处分。

第五十一条　学校、社区、图书馆、文化馆、青少年宫等违反本条例规定，不履行未成年人网络保护职责的，由教育、文化和旅游等部门依据各自职责责令改正；拒不改正或者情节严重的，对负有责任的领导人员和直接责任人员依法给予处分。

第五十二条　未成年人的监护人不履行本条例规定的监护职责或者侵犯未成年人合法权益的，由未成年人居住地的居民委员会、村民委员会、妇女联合会，监护人所在单位，中小学校、幼儿园等有关密切接触未成年人的单位依法予以批评教育、劝诫制止、督促其接受家庭教育指导等。

第五十三条　违反本条例第七条、第十九条第三款、第三十八条第二款规定的，由网信、新闻出版、电影、教育、电信、公安、民政、文化和旅游、市场监督管理、广播电视等部门依据各自职责责令改正；拒不改正或者情节严重的，处5万元以上50万元以下罚款，对直接负责的主管人员和其他直接责任人员处1万元以上10万元以下罚款。

第五十四条　违反本条例第二十条第一款规定的，由网信、新闻出版、电信、公安、文化和旅游、广播电视等部门依据各自职责责令改正，给予警告，没收违法所得；拒不改正的，并处100万元以下罚款，对直接负责的主管人员和其他直接责任人员处1万元以上10万元以下罚款。

违反本条例第二十条第一款第一项和第五项规定，情节严重的，由省级以上网信、新闻出版、电信、公安、文化和旅游、广播电视等部门依据各自职责责令改正，没收违法所得，并处5000万元以下或者上一年度营业额百分之五以下罚款，并可以责令暂停相关业务或者停业整顿、通报有关部门依法吊销相关业务许可证或者吊销营业执照；对直接负责的主管人员和其他直接责任人员处10万元以上100万元以下罚款，并可以决定禁止其在一定期限内担任相关企业的董事、监事、高级管理人员和未成年人保护负责人。

第五十五条　违反本条例第二十四条、第二十五条规定的，由网信、新闻出版、电影、电信、公安、文化和旅游、市场监督管理、广播电视等部门依据各自职责责令限期改正，给予警告，没收违法所得，可以并处10万元以下罚款；拒不改正或者情节严重的，责令暂停相关业务、停产停业或者吊销相关业务许可证、吊销营业执照，违法所得100万元以上的，并处违法所得1倍以上10倍以下罚款，没有违法所得或者违法所得不足100万元的，并处10万元以上100万元以下罚款。

第五十六条　违反本条例第二十六条第二款和第三款、第二十八条、第二十九条第一款、第三十一条第二款、第三十六条、第三十八条第一款、第四十二条至第四十五条、第四十六条第二款、第四十七条规定的，由网信、新闻出版、电影、教育、电信、公安、文化和旅游、广播电视等部门依据各自职责责令改正，给予警告，没收违法所得，违法所得100万元以上的，并处违法所得1倍以上10倍以下罚款，没有违法所得或者违法所得不足100万元的，并处10万元以上100万元以下罚款，对直接负责的主管人员和其他直接责任人员处1万元以上10万元以下罚款；拒不改正或者情节严重的，并可以责令暂停相关业务、停业整顿、关闭网站、吊销相关业务许可证或者吊销营业执照。

第五十七条 网络产品和服务提供者违反本条例规定，受到关闭网站、吊销相关业务许可证或者吊销营业执照处罚的，5 年内不得重新申请相关许可，其直接负责的主管人员和其他直接责任人员 5 年内不得从事同类网络产品和服务业务。

第五十八条 违反本条例规定，侵犯未成年人合法权益，给未成年人造成损害的，依法承担民事责任；构成违反治安管理行为的，依法给予治安管理处罚；构成犯罪的，依法追究刑事责任。

第七章　附　　则

第五十九条 本条例所称智能终端产品，是指可以接入网络、具有操作系统、能够由用户自行安装应用软件的手机、计算机等网络终端产品。

第六十条 本条例自 2024 年 1 月 1 日起施行。

（二）妇女权益保障类

中华人民共和国妇女权益保障法

（1992 年 4 月 3 日第七届全国人民代表大会第五次会议通过，根据 2005 年 8 月 28 日第十届全国人民代表大会常务委员会第十七次会议《关于修改〈中华人民共和国妇女权益保障法〉的决定》第一次修正，根据 2018 年 10 月 26 日第十三届全国人民代表大会常务委员会第六次会议《关于修改〈中华人民共和国野生动物保护法〉等十五部法律的决定》第二次修正，2022 年 10 月 30 日第十三届全国人民代表大会常务委员会第三十七次会议修订）

第一章　总　　则

第一条 为了保障妇女的合法权益，促进男女平等和妇女全面发展，充分发挥妇女在全面建设社会主义现代化国家中的作用，弘扬社会主义核心价值观，根据宪法，制定本法。

第二条 男女平等是国家的基本国策。妇女在政治的、经济的、文化的、社会的和家庭的生活等各方面享有同男子平等的权利。

国家采取必要措施，促进男女平等，消除对妇女一切形式的歧视，禁止排斥、限制妇女依法享有和行使各项权益。

国家保护妇女依法享有的特殊权益。

第三条 坚持中国共产党对妇女权益保障工作的领导，建立政府主导、各方协同、社会参与的保障妇女权益工作机制。

各级人民政府应当重视和加强妇女权益的保障工作。

县级以上人民政府负责妇女儿童工作的机构，负责组织、协调、指导、督促有关部门做好妇女权益的保障工作。

县级以上人民政府有关部门在各自的职责范围内做好妇女权益的保障工作。

第四条　保障妇女的合法权益是全社会的共同责任。国家机关、社会团体、企业事业单位、基层群众性自治组织以及其他组织和个人，应当依法保障妇女的权益。

国家采取有效措施，为妇女依法行使权利提供必要的条件。

第五条　国务院制定和组织实施中国妇女发展纲要，将其纳入国民经济和社会发展规划，保障和促进妇女在各领域的全面发展。

县级以上地方各级人民政府根据中国妇女发展纲要，制定和组织实施本行政区域的妇女发展规划，将其纳入国民经济和社会发展规划。

县级以上人民政府应当将妇女权益保障所需经费列入本级预算。

第六条　中华全国妇女联合会和地方各级妇女联合会依照法律和中华全国妇女联合会章程，代表和维护各族各界妇女的利益，做好维护妇女权益、促进男女平等和妇女全面发展的工作。

工会、共产主义青年团、残疾人联合会等群团组织应当在各自的工作范围内，做好维护妇女权益的工作。

第七条　国家鼓励妇女自尊、自信、自立、自强，运用法律维护自身合法权益。

妇女应当遵守国家法律，尊重社会公德、职业道德和家庭美德，履行法律所规定的义务。

第八条　有关机关制定或者修改涉及妇女权益的法律、法规、规章和其他规范性文件，应当听取妇女联合会的意见，充分考虑妇女的特殊权益，必要时开展男女平等评估。

第九条　国家建立健全妇女发展状况统计调查制度，完善性别统计监测指标体系，定期开展妇女发展状况和权益保障统计调查和分析，发布有关信息。

第十条　国家将男女平等基本国策纳入国民教育体系，开展宣传教育，增强全社会的男女平等意识，培育尊重和关爱妇女的社会风尚。

第十一条　国家对保障妇女合法权益成绩显著的组织和个人，按照有关规定给予表彰和奖励。

第二章　政治权利

第十二条　国家保障妇女享有与男子平等的政治权利。

第十三条　妇女有权通过各种途径和形式，依法参与管理国家事务、管理经济和文化事业、管理社会事务。

妇女和妇女组织有权向各级国家机关提出妇女权益保障方面的意见和建议。

第十四条　妇女享有与男子平等的选举权和被选举权。

全国人民代表大会和地方各级人民代表大会的代表中，应当保证有适当数量的妇女代表。国家采取措施，逐步提高全国人民代表大会和地方各级人民代表大会的妇女代表的比例。

居民委员会、村民委员会成员中，应当保证有适当数量的妇女成员。

第十五条　国家积极培养和选拔女干部，重视培养和选拔少数民族女干部。

国家机关、群团组织、企业事业单位培养、选拔和任用干部，应当坚持男女平等的原则，并有适当数量的妇女担任领导成员。

妇女联合会及其团体会员，可以向国家机关、群团组织、企业事业单位推荐女干部。

国家采取措施支持女性人才成长。

第十六条　妇女联合会代表妇女积极参与国家和社会事务的民主协商、民主决策、民主管理和民主监督。

第十七条　对于有关妇女权益保障工作的批评或者合理可行的建议，有关部门应当听取和采纳；对于有关侵害妇女权益的申诉、控告和检举，有关部门应当查清事实，负责处理，任何组织和个人不得压制或者打击报复。

第三章 人身和人格权益

第十八条 国家保障妇女享有与男子平等的人身和人格权益。

第十九条 妇女的人身自由不受侵犯。禁止非法拘禁和以其他非法手段剥夺或者限制妇女的人身自由；禁止非法搜查妇女的身体。

第二十条 妇女的人格尊严不受侵犯。禁止用侮辱、诽谤等方式损害妇女的人格尊严。

第二十一条 妇女的生命权、身体权、健康权不受侵犯。禁止虐待、遗弃、残害、买卖以及其他侵害女性生命健康权益的行为。

禁止进行非医学需要的胎儿性别鉴定和选择性别的人工终止妊娠。

医疗机构施行生育手术、特殊检查或者特殊治疗时，应当征得妇女本人同意；在妇女与其家属或者关系人意见不一致时，应当尊重妇女本人意愿。

第二十二条 禁止拐卖、绑架妇女；禁止收买被拐卖、绑架的妇女；禁止阻碍解救被拐卖、绑架的妇女。

各级人民政府和公安、民政、人力资源和社会保障、卫生健康等部门及村民委员会、居民委员会按照各自的职责及时发现报告，并采取措施解救被拐卖、绑架的妇女，做好被解救妇女的安置、救助和关爱等工作。妇女联合会协助和配合做好有关工作。任何组织和个人不得歧视被拐卖、绑架的妇女。

第二十三条 禁止违背妇女意愿，以言语、文字、图像、肢体行为等方式对其实施性骚扰。

受害妇女可以向有关单位和国家机关投诉。接到投诉的有关单位和国家机关应当及时处理，并书面告知处理结果。

受害妇女可以向公安机关报案，也可以向人民法院提起民事诉讼，依法请求行为人承担民事责任。

第二十四条 学校应当根据女学生的年龄阶段，进行生理卫生、心理健康和自我保护教育，在教育、管理、设施等方面采取措施，提高其防范性侵害、性骚扰的自我保护意识和能力，保障女学生的人身安全和身心健康发展。

学校应当建立有效预防和科学处置性侵害、性骚扰的工作制度。对性侵害、性骚扰女学生的违法犯罪行为，学校不得隐瞒，应当及时通知受害未成年女学生的父母或者其他监护人，向公安机关、教育行政部门报告，并配合相关部门依法处理。

对遭受性侵害、性骚扰的女学生，学校、公安机关、教育行政部门等相关单位和人员应当保护其隐私和个人信息，并提供必要的保护措施。

第二十五条 用人单位应当采取下列措施预防和制止对妇女的性骚扰：

（一）制定禁止性骚扰的规章制度；

（二）明确负责机构或者人员；

（三）开展预防和制止性骚扰的教育培训活动；

（四）采取必要的安全保卫措施；

（五）设置投诉电话、信箱等，畅通投诉渠道；

（六）建立和完善调查处置程序，及时处置纠纷并保护当事人隐私和个人信息；

（七）支持、协助受害妇女依法维权，必要时为受害妇女提供心理疏导；

（八）其他合理的预防和制止性骚扰措施。

第二十六条 住宿经营者应当及时准确登记住宿人员信息，健全住宿服务规章制度，加强安全保障措施；发现可能侵害妇女权益的违法犯罪行为，应当及时向公安机关报告。

第二十七条 禁止卖淫、嫖娼；禁止组织、强迫、引诱、容留、介绍妇女卖淫或者对妇女进行猥亵活动；禁止组织、强迫、引诱、容留、介绍妇女在任何场所或者利用网络进行淫秽表演活动。

第二十八条 妇女的姓名权、肖像权、名誉权、荣誉权、隐私权和个人信息等人格权益受法律保护。

媒体报道涉及妇女事件应当客观、适度，不得通过夸大事实、过度渲染等方式侵害妇女的人格权益。

禁止通过大众传播媒介或者其他方式贬低损害妇女人格。未经本人同意，不得通过广告、商标、展览橱窗、报纸、期刊、图书、音像制品、电子出版物、网络等形式使用妇女肖像，但法律另有规定的除外。

第二十九条 禁止以恋爱、交友为由或者在终止恋爱关系、离婚之后，纠缠、骚扰妇女，泄露、传播妇女隐私和个人信息。

妇女遭受上述侵害或者面临上述侵害现实危险的，可以向人民法院申请人身安全保护令。

第三十条 国家建立健全妇女健康服务体系，保障妇女享有基本医疗卫生服务，开展妇女常见病、多发病的预防、筛查和诊疗，提高妇女健康水平。

国家采取必要措施，开展经期、孕期、产期、哺乳期和更年期的健康知识普及、卫生保健和疾病防治，保障妇女特殊生理时期的健康需求，为有需要的妇女提供心理健康服务支持。

第三十一条 县级以上地方人民政府应当设立妇幼保健机构，为妇女提供保健以及常见病防治服务。

国家鼓励和支持社会力量通过依法捐赠、资助或者提供志愿服务等方式，参与妇女卫生健康事业，提供安全的生理健康用品或者服务，满足妇女多样化、差异化的健康需求。

用人单位应当定期为女职工安排妇科疾病、乳腺疾病检查以及妇女特殊需要的其他健康检查。

第三十二条 妇女依法享有生育子女的权利，也有不生育子女的自由。

第三十三条 国家实行婚前、孕前、孕产期和产后保健制度，逐步建立妇女全生育周期系统保健制度。医疗保健机构应当提供安全、有效的医疗保健服务，保障妇女生育安全和健康。

有关部门应当提供安全、有效的避孕药具和技术，保障妇女的健康和安全。

第三十四条 各级人民政府在规划、建设基础设施时，应当考虑妇女的特殊需求，配备满足妇女需要的公共厕所和母婴室等公共设施。

第四章 文化教育权益

第三十五条 国家保障妇女享有与男子平等的文化教育权利。

第三十六条 父母或者其他监护人应当履行保障适龄女性未成年人接受并完成义务教育的义务。

对无正当理由不送适龄女性未成年人入学的父母或者其他监护人，由当地乡镇人民政府或者县级人民政府教育行政部门给予批评教育，依法责令其限期改正。居民委员会、村民委员会应当协助政府做好相关工作。

政府、学校应当采取有效措施，解决适龄女性未成年人就学存在的实际困难，并创造条件，保证适龄女性未成年人完成义务教育。

第三十七条 学校和有关部门应当执行国家有关规定，保障妇女在入学、升学、授予学位、派出留学、就业指导和服务等方面享有与男子平等的权利。

学校在录取学生时，除国家规定的特殊专业外，不得以性别为由拒绝录取女性或者提高对女性的录取标准。

各级人民政府应当采取措施，保障女性平等享有接受中高等教育的权利和机会。

第三十八条 各级人民政府应当依照规定把扫除妇女中的文盲、半文盲工作，纳入扫盲和扫盲后继续教育规划，采取符合妇女特点的组织形式和工作方法，组织、监督有关部门具体实施。

第三十九条 国家健全全民终身学习体系，为妇女终身学习创造条件。

各级人民政府和有关部门应当采取措施，根据城镇和农村妇女的需要，组织妇女接受职业教育和实用技术培训。

第四十条 国家机关、社会团体和企业事业单位应当执行国家有关规定，保障妇女从事科学、技术、文学、艺术和其他文化活动，享有与男子平等的权利。

第五章 劳动和社会保障权益

第四十一条 国家保障妇女享有与男子平等的劳动权利和社会保障权利。

第四十二条 各级人民政府和有关部门应当完善就业保障政策措施，防止和纠正就业性别歧视，为妇女创造公平的就业创业环境，为就业困难的妇女提供必要的扶持和援助。

第四十三条 用人单位在招录（聘）过程中，除国家另有规定外，不得实施下列行为：

（一）限定为男性或者规定男性优先；

（二）除个人基本信息外，进一步询问或者调查女性求职者的婚育情况；

（三）将妊娠测试作为入职体检项目；

（四）将限制结婚、生育或者婚姻、生育状况作为录（聘）用条件；

（五）其他以性别为由拒绝录（聘）用妇女或者差别化地提高对妇女录（聘）用标准的行为。

第四十四条 用人单位在录（聘）用女职工时，应当依法与其签订劳动（聘用）合同或者服务协议，劳动（聘用）合同或者服务协议中应当具备女职工特殊保护条款，并不得规定限制女职工结婚、生育等内容。

职工一方与用人单位订立的集体合同中应当包含男女平等和女职工权益保护相关内容，也可以就相关内容制定专章、附件或者单独订立女职工权益保护专项集体合同。

第四十五条 实行男女同工同酬。妇女在享受福利待遇方面享有与男子平等的权利。

第四十六条 在晋职、晋级、评聘专业技术职称和职务、培训等方面，应当坚持男女平等的原则，不得歧视妇女。

第四十七条 用人单位应当根据妇女的特点，依法保护妇女在工作和劳动时的安全、健康以及休息的权利。

妇女在经期、孕期、产期、哺乳期受特殊保护。

第四十八条 用人单位不得因结婚、怀孕、产假、哺乳等情形，降低女职工的工资和福利待遇，限制女职工晋职、晋级、评聘专业技术职称和职务，辞退女职工，单方解除劳动（聘用）合同或者服务协议。

女职工在怀孕以及依法享受产假期间，劳动（聘用）合同或者服务协议期满的，劳动（聘用）合同或者服务协议期限自动延续至产假结束。但是，用人单位依法解除、终止劳动（聘用）合同、服务协议，或者女职工依法要求解除、终止劳动（聘用）合同、服务协议的除外。

用人单位在执行国家退休制度时，不得以性别为由歧视妇女。

第四十九条 人力资源和社会保障部门应当将招聘、录取、晋职、晋级、评聘专业技术职称和职务、培训、辞退等过程中的性别歧视行为纳入劳动保障监察范围。

第五十条 国家发展社会保障事业，保障妇女享有社会保险、社会救助和社会福利等权益。

国家提倡和鼓励为帮助妇女而开展的社会公益活动。

第五十一条 国家实行生育保险制度，建立健全婴幼儿托育服务等与生育相关的其他保障制度。

国家建立健全职工生育休假制度，保障孕产期女职工依法享有休息休假权益。

地方各级人民政府和有关部门应当按照国家有关规定，为符合条件的困难妇女提供必要的生育救助。

第五十二条　各级人民政府和有关部门应当采取必要措施，加强贫困妇女、老龄妇女、残疾妇女等困难妇女的权益保障，按照有关规定为其提供生活帮扶、就业创业支持等关爱服务。

第六章　财产权益

第五十三条　国家保障妇女享有与男子平等的财产权利。

第五十四条　在夫妻共同财产、家庭共有财产关系中，不得侵害妇女依法享有的权益。

第五十五条　妇女在农村集体经济组织成员身份确认、土地承包经营、集体经济组织收益分配、土地征收补偿安置或者征用补偿以及宅基地使用等方面，享有与男子平等的权利。

申请农村土地承包经营权、宅基地使用权等不动产登记，应当在不动产登记簿和权属证书上将享有权利的妇女等家庭成员全部列明。征收补偿安置或者征用补偿协议应当将享有相关权益的妇女列入，并记载权益内容。

第五十六条　村民自治章程、村规民约，村民会议、村民代表会议的决定以及其他涉及村民利益事项的决定，不得以妇女未婚、结婚、离婚、丧偶、户无男性等为由，侵害妇女在农村集体经济组织中的各项权益。

因结婚男方到女方住所落户的，男方和子女享有与所在地农村集体经济组织成员平等的权益。

第五十七条　国家保护妇女在城镇集体所有财产关系中的权益。妇女依照法律、法规的规定享有相关权益。

第五十八条　妇女享有与男子平等的继承权。妇女依法行使继承权，不受歧视。

丧偶妇女有权依法处分继承的财产，任何组织和个人不得干涉。

第五十九条　丧偶儿媳对公婆尽了主要赡养义务的，作为第一顺序继承人，其继承权不受子女代位继承的影响。

第七章　婚姻家庭权益

第六十条　国家保障妇女享有与男子平等的婚姻家庭权利。

第六十一条　国家保护妇女的婚姻自主权。禁止干涉妇女的结婚、离婚自由。

第六十二条　国家鼓励男女双方在结婚登记前，共同进行医学检查或者相关健康体检。

第六十三条　婚姻登记机关应当提供婚姻家庭辅导服务，引导当事人建立平等、和睦、文明的婚姻家庭关系。

第六十四条　女方在怀孕期间、分娩后一年内或者终止妊娠后六个月内，男方不得提出离婚；但是，女方提出离婚或者人民法院认为确有必要受理男方离婚请求的除外。

第六十五条　禁止对妇女实施家庭暴力。

县级以上人民政府有关部门、司法机关、社会团体、企业事业单位、基层群众性自治组织以及其他组织，应当在各自的职责范围内预防和制止家庭暴力，依法为受害妇女提供救助。

第六十六条　妇女对夫妻共同财产享有与其配偶平等的占有、使用、收益和处分的权利，不受双方收入状况等情形的影响。

对夫妻共同所有的不动产以及可以联名登记的动产，女方有权要求在权属证书上记载其姓名；认为记载的权利人、标的物、权利比例等事项有错误的，有权依法申请更正登记或者异议登记，有关机构应当按照其申请依法办理相应登记手续。

第六十七条　离婚诉讼期间，夫妻一方申请查询登记在对方名下财产状况且确因客观原因不能自行收集的，人民法院应当进行调查取证，有关部门和单位应当予以协助。

离婚诉讼期间，夫妻双方均有向人民法院申报全部夫妻共同财产的义务。一方隐藏、转移、变卖、损毁、挥霍夫妻共同财产，或者伪造夫妻共同债务企图侵占另一方财产的，在离婚分割夫妻共同财产时，对该方可以少分或者不分财产。

第六十八条 夫妻双方应当共同负担家庭义务，共同照顾家庭生活。

女方因抚育子女、照料老人、协助男方工作等负担较多义务的，有权在离婚时要求男方予以补偿。补偿办法由双方协议确定；协议不成的，可以向人民法院提起诉讼。

第六十九条 离婚时，分割夫妻共有的房屋或者处理夫妻共同租住的房屋，由双方协议解决；协议不成的，可以向人民法院提起诉讼。

第七十条 父母双方对未成年子女享有平等的监护权。

父亲死亡、无监护能力或者有其他情形不能担任未成年子女的监护人的，母亲的监护权任何组织和个人不得干涉。

第七十一条 女方丧失生育能力的，在离婚处理子女抚养问题时，应当在最有利于未成年子女的条件下，优先考虑女方的抚养要求。

第八章 救济措施

第七十二条 对侵害妇女合法权益的行为，任何组织和个人都有权予以劝阻、制止或者向有关部门提出控告或者检举。有关部门接到控告或者检举后，应当依法及时处理，并为控告人、检举人保密。

妇女的合法权益受到侵害的，有权要求有关部门依法处理，或者依法申请调解、仲裁，或者向人民法院起诉。

对符合条件的妇女，当地法律援助机构或者司法机关应当给予帮助，依法为其提供法律援助或者司法救助。

第七十三条 妇女的合法权益受到侵害的，可以向妇女联合会等妇女组织求助。妇女联合会等妇女组织应当维护被侵害妇女的合法权益，有权要求并协助有关部门或者单位查处。有关部门或者单位应当依法查处，并予以答复；不予处理或者处理不当的，县级以上人民政府负责妇女儿童工作的机构、妇女联合会可以向其提出督促处理意见，必要时可以提请同级人民政府开展督查。

受害妇女进行诉讼需要帮助的，妇女联合会应当给予支持和帮助。

第七十四条 用人单位侵害妇女劳动和社会保障权益的，人力资源和社会保障部门可以联合工会、妇女联合会约谈用人单位，依法进行监督并要求其限期纠正。

第七十五条 妇女在农村集体经济组织成员身份确认等方面权益受到侵害的，可以申请乡镇人民政府等进行协调，或者向人民法院起诉。

乡镇人民政府应当对村民自治章程、村规民约，村民会议、村民代表会议的决定以及其他涉及村民利益事项的决定进行指导，对其中违反法律、法规和国家政策规定，侵害妇女合法权益的内容责令改正；受侵害妇女向农村土地承包仲裁机构申请仲裁或者向人民法院起诉的，农村土地承包仲裁机构或者人民法院应当依法受理。

第七十六条 县级以上人民政府应当开通全国统一的妇女权益保护服务热线，及时受理、移送有关侵害妇女合法权益的投诉、举报；有关部门或者单位接到投诉、举报后，应当及时予以处置。

鼓励和支持群团组织、企业事业单位、社会组织和个人参与建设妇女权益保护服务热线，提供妇女权益保护方面的咨询、帮助。

第七十七条 侵害妇女合法权益，导致社会公共利益受损的，检察机关可以发出检察建议；有下列情形之一的，检察机关可以依法提起公益诉讼：

（一）确认农村妇女集体经济组织成员身份时侵害妇女权益或者侵害妇女享有的农

村土地承包和集体收益、土地征收征用补偿分配权益和宅基地使用权益；

（二）侵害妇女平等就业权益；

（三）相关单位未采取合理措施预防和制止性骚扰；

（四）通过大众传播媒介或者其他方式贬低损害妇女人格；

（五）其他严重侵害妇女权益的情形。

第七十八条　国家机关、社会团体、企业事业单位对侵害妇女权益的行为，可以支持受侵害的妇女向人民法院起诉。

第九章　法律责任

第七十九条　违反本法第二十二条第二款规定，未履行报告义务的，依法对直接负责的主管人员和其他直接责任人员给予处分。

第八十条　违反本法规定，对妇女实施性骚扰的，由公安机关给予批评教育或者出具告诫书，并由所在单位依法给予处分。

学校、用人单位违反本法规定，未采取必要措施预防和制止性骚扰，造成妇女权益受到侵害或者社会影响恶劣的，由上级机关或者主管部门责令改正；拒不改正或者情节严重的，依法对直接负责的主管人员和其他直接责任人员给予处分。

第八十一条　违反本法第二十六条规定，未履行报告等义务的，依法给予警告、责令停业整顿或者吊销营业执照、吊销相关许可证，并处一万元以上五万元以下罚款。

第八十二条　违反本法规定，通过大众传播媒介或者其他方式贬低损害妇女人格的，由公安、网信、文化旅游、广播电视、新闻出版或者其他有关部门依据各自的职权责令改正，并依法给予行政处罚。

第八十三条　用人单位违反本法第四十三条和第四十八条规定的，由人力资源和社会保障部门责令改正；拒不改正或者情节严重的，处一万元以上五万元以下罚款。

第八十四条　违反本法规定，对侵害妇女权益的申诉、控告、检举，推诿、拖延、压制不予查处，或者对提出申诉、控告、检举的人进行打击报复的，依法责令改正，并对直接负责的主管人员和其他直接责任人员给予处分。

国家机关及其工作人员未依法履行职责，对侵害妇女权益的行为未及时制止或者未给予受害妇女必要帮助，造成严重后果的，依法对直接负责的主管人员和其他直接责任人员给予处分。

违反本法规定，侵害妇女人身和人格权益、文化教育权益、劳动和社会保障权益、财产权益以及婚姻家庭权益的，依法责令改正，直接负责的主管人员和其他直接责任人员属于国家工作人员的，依法给予处分。

第八十五条　违反本法规定，侵害妇女的合法权益，其他法律、法规规定行政处罚的，从其规定；造成财产损失或者人身损害的，依法承担民事责任；构成犯罪的，依法追究刑事责任。

第十章　附　　则

第八十六条　本法自 2023 年 1 月 1 日起施行。

中华人民共和国反家庭暴力法

（2015年12月27日第十二届全国人民代表大会常务委员会第十八次会议通过并公布，自2016年3月1日起施行）

第一章 总 则

第一条 为了预防和制止家庭暴力，保护家庭成员的合法权益，维护平等、和睦、文明的家庭关系，促进家庭和谐、社会稳定，制定本法。

第二条 本法所称家庭暴力，是指家庭成员之间以殴打、捆绑、残害、限制人身自由以及经常性谩骂、恐吓等方式实施的身体、精神等侵害行为。

第三条 家庭成员之间应当互相帮助，互相关爱，和睦相处，履行家庭义务。

反家庭暴力是国家、社会和每个家庭的共同责任。

国家禁止任何形式的家庭暴力。

第四条 县级以上人民政府负责妇女儿童工作的机构，负责组织、协调、指导、督促有关部门做好反家庭暴力工作。

县级以上人民政府有关部门、司法机关、人民团体、社会组织、居民委员会、村民委员会、企业事业单位，应当依照本法和有关法律规定，做好反家庭暴力工作。

各级人民政府应当对反家庭暴力工作给予必要的经费保障。

第五条 反家庭暴力工作遵循预防为主，教育、矫治与惩处相结合原则。

反家庭暴力工作应当尊重受害人真实意愿，保护当事人隐私。

未成年人、老年人、残疾人、孕期和哺乳期的妇女、重病患者遭受家庭暴力的，应当给予特殊保护。

第二章 家庭暴力的预防

第六条 国家开展家庭美德宣传教育，普及反家庭暴力知识，增强公民反家庭暴力意识。

工会、共产主义青年团、妇女联合会、残疾人联合会应当在各自工作范围内，组织开展家庭美德和反家庭暴力宣传教育。

广播、电视、报刊、网络等应当开展家庭美德和反家庭暴力宣传。

学校、幼儿园应当开展家庭美德和反家庭暴力教育。

第七条 县级以上人民政府有关部门、司法机关、妇女联合会应当将预防和制止家庭暴力纳入业务培训和统计工作。

医疗机构应当做好家庭暴力受害人的诊疗记录。

第八条 乡镇人民政府、街道办事处应当组织开展家庭暴力预防工作，居民委员会、村民委员会、社会工作服务机构应当予以配合协助。

第九条 各级人民政府应当支持社会工作服务机构等社会组织开展心理健康咨询、家庭关系指导、家庭暴力预防知识教育等服务。

第十条 人民调解组织应当依法调解家庭纠纷，预防和减少家庭暴力的发生。

第十一条 用人单位发现本单位人员有家庭暴力情况的，应当给予批评教育，并做好家庭矛盾的调解、化解工作。

第十二条　未成年人的监护人应当以文明的方式进行家庭教育，依法履行监护和教育职责，不得实施家庭暴力。

第三章　家庭暴力的处置

第十三条　家庭暴力受害人及其法定代理人、近亲属可以向加害人或者受害人所在单位、居民委员会、村民委员会、妇女联合会等单位投诉、反映或者求助。有关单位接到家庭暴力投诉、反映或者求助后，应当给予帮助、处理。

家庭暴力受害人及其法定代理人、近亲属也可以向公安机关报案或者依法向人民法院起诉。

单位、个人发现正在发生的家庭暴力行为，有权及时劝阻。

第十四条　学校、幼儿园、医疗机构、居民委员会、村民委员会、社会工作服务机构、救助管理机构、福利机构及其工作人员在工作中发现无民事行为能力人、限制民事行为能力人遭受或者疑似遭受家庭暴力的，应当及时向公安机关报案。公安机关应当对报案人的信息予以保密。

第十五条　公安机关接到家庭暴力报案后应当及时出警，制止家庭暴力，按照有关规定调查取证，协助受害人就医、鉴定伤情。

无民事行为能力人、限制民事行为能力人因家庭暴力身体受到严重伤害、面临人身安全威胁或者处于无人照料等危险状态的，公安机关应当通知并协助民政部门将其安置到临时庇护场所、救助管理机构或者福利机构。

第十六条　家庭暴力情节较轻，依法不给予治安管理处罚的，由公安机关对加害人给予批评教育或者出具告诫书。

告诫书应当包括加害人的身份信息、家庭暴力的事实陈述、禁止加害人实施家庭暴力等内容。

第十七条　公安机关应当将告诫书送交加害人、受害人，并通知居民委员会、村民委员会。

居民委员会、村民委员会、公安派出所应当对收到告诫书的加害人、受害人进行查访，监督加害人不再实施家庭暴力。

第十八条　县级或者设区的市级人民政府可以单独或者依托救助管理机构设立临时庇护场所，为家庭暴力受害人提供临时生活帮助。

第十九条　法律援助机构应当依法为家庭暴力受害人提供法律援助。

人民法院应当依法对家庭暴力受害人缓收、减收或者免收诉讼费用。

第二十条　人民法院审理涉及家庭暴力的案件，可以根据公安机关出警记录、告诫书、伤情鉴定意见等证据，认定家庭暴力事实。

第二十一条　监护人实施家庭暴力严重侵害被监护人合法权益的，人民法院可以根据被监护人的近亲属、居民委员会、村民委员会、县级人民政府民政部门等有关人员或者单位的申请，依法撤销其监护人资格，另行指定监护人。

被撤销监护人资格的加害人，应当继续负担相应的赡养、扶养、抚养费用。

第二十二条　工会、共产主义青年团、妇女联合会、残疾人联合会、居民委员会、村民委员会等应当对实施家庭暴力的加害人进行法治教育，必要时可以对加害人、受害人进行心理辅导。

第四章　人身安全保护令

第二十三条　当事人因遭受家庭暴力或者面临家庭暴力的现实危险，向人民法院申请人身安全保护令的，人民法院应当受理。

当事人是无民事行为能力人、限制民事行为能力人，或者因受到强制、威吓等原因无法申请人身安全保护令的，其近亲属、公安机关、妇女联合会、居民委员会、村民委员会、救助管理机构可以代为申请。

第二十四条 申请人身安全保护令应当以书面方式提出；书面申请确有困难的，可以口头申请，由人民法院记入笔录。

第二十五条 人身安全保护令案件由申请人或者被申请人居住地、家庭暴力发生地的基层人民法院管辖。

第二十六条 人身安全保护令由人民法院以裁定形式作出。

第二十七条 作出人身安全保护令，应当具备下列条件：

（一）有明确的被申请人；

（二）有具体的请求；

（三）有遭受家庭暴力或者面临家庭暴力现实危险的情形。

第二十八条 人民法院受理申请后，应当在七十二小时内作出人身安全保护令或者驳回申请；情况紧急的，应当在二十四小时内作出。

第二十九条 人身安全保护令可以包括下列措施：

（一）禁止被申请人实施家庭暴力；

（二）禁止被申请人骚扰、跟踪、接触申请人及其相关近亲属；

（三）责令被申请人迁出申请人住所；

（四）保护申请人人身安全的其他措施。

第三十条 人身安全保护令的有效期不超过六个月，自作出之日起生效。人身安全保护令失效前，人民法院可以根据申请人的申请撤销、变更或者延长。

第三十一条 申请人对驳回申请不服或者被申请人对人身安全保护令不服的，可以自裁定生效之日起五日内向作出裁定的人民法院申请复议一次。人民法院依法作出人身安全保护令的，复议期间不停止人身安全保护令的执行。

第三十二条 人民法院作出人身安全保护令后，应当送达申请人、被申请人、公安机关以及居民委员会、村民委员会等有关组织。人身安全保护令由人民法院执行，公安机关以及居民委员会、村民委员会等应当协助执行。

第五章　法律责任

第三十三条 加害人实施家庭暴力，构成违反治安管理行为的，依法给予治安管理处罚；构成犯罪的，依法追究刑事责任。

第三十四条 被申请人违反人身安全保护令，构成犯罪的，依法追究刑事责任；尚不构成犯罪的，人民法院应当给予训诫，可以根据情节轻重处以一千元以下罚款、十五日以下拘留。

第三十五条 学校、幼儿园、医疗机构、居民委员会、村民委员会、社会工作服务机构、救助管理机构、福利机构及其工作人员未依照本法第十四条规定向公安机关报案，造成严重后果的，由上级主管部门或者本单位对直接负责的主管人员和其他直接责任人员依法给予处分。

第三十六条 负有反家庭暴力职责的国家工作人员玩忽职守、滥用职权、徇私舞弊的，依法给予处分；构成犯罪的，依法追究刑事责任。

第六章　附　　则

第三十七条 家庭成员以外共同生活的人之间实施的暴力行为，参照本法规定执行。

第三十八条 本法自2016年3月1日起施行。

中华人民共和国母婴保健法

（1994年10月27日第八届全国人民代表大会常务委员会第十次会议通过，根据2009年8月27日第十一届全国人民代表大会常务委员会第十次会议《关于修改部分法律的决定》第一次修正，根据2017年11月4日第十二届全国人民代表大会常务委员会第三十次会议《关于修改〈中华人民共和国会计法〉等十一部法律的决定》第二次修正）

第一章　总　　则

第一条　为了保障母亲和婴儿健康，提高出生人口素质，根据宪法，制定本法。

第二条　国家发展母婴保健事业，提供必要条件和物质帮助，使母亲和婴儿获得医疗保健服务。

国家对边远贫困地区的母婴保健事业给予扶持。

第三条　各级人民政府领导母婴保健工作。

母婴保健事业应当纳入国民经济和社会发展计划。

第四条　国务院卫生行政部门主管全国母婴保健工作，根据不同地区情况提出分级分类指导原则，并对全国母婴保健工作实施监督管理。

国务院其他有关部门在各自职责范围内，配合卫生行政部门做好母婴保健工作。

第五条　国家鼓励、支持母婴保健领域的教育和科学研究，推广先进、实用的母婴保健技术，普及母婴保健科学知识。

第六条　对在母婴保健工作中做出显著成绩和在母婴保健科学研究中取得显著成果的组织和个人，应当给予奖励。

第二章　婚前保健

第七条　医疗保健机构应当为公民提供婚前保健服务。

婚前保健服务包括下列内容：

（一）婚前卫生指导：关于性卫生知识、生育知识和遗传病知识的教育；

（二）婚前卫生咨询：对有关婚配、生育保健等问题提供医学意见；

（三）婚前医学检查：对准备结婚的男女双方可能患影响结婚和生育的疾病进行医学检查。

第八条　婚前医学检查包括对下列疾病的检查：

（一）严重遗传性疾病；

（二）指定传染病；

（三）有关精神病。

经婚前医学检查，医疗保健机构应当出具婚前医学检查证明。

第九条　经婚前医学检查，对患指定传染病在传染期内或者有关精神病在发病期内的，医师应当提出医学意见；准备结婚的男女双方应当暂缓结婚。

第十条　经婚前医学检查，对诊断患医学上认为不宜生育的严重遗传性疾病的，医师应当向男女双方说明情况，提出医学意见；经男女双方同意，采取长效避孕措施或者施行结扎手术后不生育的，可以结婚。但《中华人民共和国婚姻法》规定禁止结婚的除外。

第十一条　接受婚前医学检查的人员对

检查结果持有异议的，可以申请医学技术鉴定，取得医学鉴定证明。

第十二条 男女双方在结婚登记时，应当持有婚前医学检查证明或者医学鉴定证明。

第十三条 省、自治区、直辖市人民政府根据本地区的实际情况，制定婚前医学检查制度实施办法。

省、自治区、直辖市人民政府对婚前医学检查应当规定合理的收费标准，对边远贫困地区或者交费确有困难的人员应当给予减免。

第三章 孕产期保健

第十四条 医疗保健机构应当为育龄妇女和孕产妇提供孕产期保健服务。

孕产期保健服务包括下列内容：

（一）母婴保健指导：对孕育健康后代以及严重遗传性疾病和碘缺乏病等地方病的发病原因、治疗和预防方法提供医学意见；

（二）孕妇、产妇保健：为孕妇、产妇提供卫生、营养、心理等方面的咨询和指导以及产前定期检查等医疗保健服务；

（三）胎儿保健：为胎儿生长发育进行监护，提供咨询和医学指导；

（四）新生儿保健：为新生儿生长发育、哺乳和护理提供医疗保健服务。

第十五条 对患严重疾病或者接触致畸物质，妊娠可能危及孕妇生命安全或者可能严重影响孕妇健康和胎儿正常发育的，医疗保健机构应当予以医学指导。

第十六条 医师发现或者怀疑患严重遗传性疾病的育龄夫妻，应当提出医学意见。育龄夫妻应当根据医师的医学意见采取相应的措施。

第十七条 经产前检查，医师发现或者怀疑胎儿异常的，应当对孕妇进行产前诊断。

第十八条 经产前诊断，有下列情形之一的，医师应当向夫妻双方说明情况，并提出终止妊娠的医学意见：

（一）胎儿患严重遗传性疾病的；

（二）胎儿有严重缺陷的；

（三）因患严重疾病，继续妊娠可能危及孕妇生命安全或者严重危害孕妇健康的。

第十九条 依照本法规定施行终止妊娠或者结扎手术，应当经本人同意，并签署意见。本人无行为能力的，应当经其监护人同意，并签署意见。

依照本法规定施行终止妊娠或者结扎手术的，接受免费服务。

第二十条 生育过严重缺陷患儿的妇女再次妊娠前，夫妻双方应当到县级以上医疗保健机构接受医学检查。

第二十一条 医师和助产人员应当严格遵守有关操作规程，提高助产技术和服务质量，预防和减少产伤。

第二十二条 不能住院分娩的孕妇应当由经过培训、具备相应接生能力的接生人员实行消毒接生。

第二十三条 医疗保健机构和从事家庭接生的人员按照国务院卫生行政部门的规定，出具统一制发的新生儿出生医学证明；有产妇和婴儿死亡以及新生儿出生缺陷情况的，应当向卫生行政部门报告。

第二十四条 医疗保健机构为产妇提供科学育儿、合理营养和母乳喂养的指导。

医疗保健机构对婴儿进行体格检查和预防接种，逐步开展新生儿疾病筛查、婴儿多发病和常见病防治等医疗保健服务。

第四章 技术鉴定

第二十五条 县级以上地方人民政府可以设立医学技术鉴定组织，负责对婚前医学检查、遗传病诊断和产前诊断结果有异议的进行医学技术鉴定。

第二十六条 从事医学技术鉴定的人员，必须具有临床经验和医学遗传学知识，并具有主治医师以上的专业技术职务。

医学技术鉴定组织的组成人员，由卫生行政部门提名，同级人民政府聘任。

第二十七条 医学技术鉴定实行回避制

度。凡与当事人有利害关系，可能影响公正鉴定的人员，应当回避。

第五章　行政管理

第二十八条　各级人民政府应当采取措施，加强母婴保健工作，提高医疗保健服务水平，积极防治由环境因素所致严重危害母亲和婴儿健康的地方性高发性疾病，促进母婴保健事业的发展。

第二十九条　县级以上地方人民政府卫生行政部门管理本行政区域内的母婴保健工作。

第三十条　省、自治区、直辖市人民政府卫生行政部门指定的医疗保健机构负责本行政区域内的母婴保健监测和技术指导。

第三十一条　医疗保健机构按照国务院卫生行政部门的规定，负责其职责范围内的母婴保健工作，建立医疗保健工作规范，提高医学技术水平，采取各种措施方便人民群众，做好母婴保健服务工作。

第三十二条　医疗保健机构依照本法规定开展婚前医学检查、遗传病诊断、产前诊断以及施行结扎手术和终止妊娠手术的，必须符合国务院卫生行政部门规定的条件和技术标准，并经县级以上地方人民政府卫生行政部门许可。

严禁采用技术手段对胎儿进行性别鉴定，但医学上确有需要的除外。

第三十三条　从事本法规定的遗传病诊断、产前诊断的人员，必须经过省、自治区、直辖市人民政府卫生行政部门的考核，并取得相应的合格证书。

从事本法规定的婚前医学检查、施行结扎手术和终止妊娠手术的人员，必须经过县级以上地方人民政府卫生行政部门的考核，并取得相应的合格证书。

第三十四条　从事母婴保健工作的人员应当严格遵守职业道德，为当事人保守秘密。

第六章　法律责任

第三十五条　未取得国家颁发的有关合格证书的，有下列行为之一，县级以上地方人民政府卫生行政部门应当予以制止，并可以根据情节给予警告或者处以罚款：

（一）从事婚前医学检查、遗传病诊断、产前诊断或者医学技术鉴定的；

（二）施行终止妊娠手术的；

（三）出具本法规定的有关医学证明的。

上款第（三）项出具的有关医学证明无效。

第三十六条　未取得国家颁发的有关合格证书，施行终止妊娠手术或者采取其他方法终止妊娠，致人死亡、残疾、丧失或者基本丧失劳动能力的，依照刑法有关规定追究刑事责任。

第三十七条　从事母婴保健工作的人员违反本法规定，出具有关虚假医学证明或者进行胎儿性别鉴定的，由医疗保健机构或者卫生行政部门根据情节给予行政处分；情节严重的，依法取消执业资格。

第七章　附　　则

第三十八条　本法下列用语的含义：

指定传染病，是指《中华人民共和国传染病防治法》中规定的艾滋病、淋病、梅毒、麻疯病以及医学上认为影响结婚和生育的其他传染病。

严重遗传性疾病，是指由于遗传因素先天形成，患者全部或者部分丧失自主生活能力，后代再现风险高，医学上认为不宜生育的遗传性疾病。

有关精神病，是指精神分裂症、躁狂抑郁型精神病以及其他重型精神病。

产前诊断，是指对胎儿进行先天性缺陷和遗传性疾病的诊断。

第三十九条　本法自 1995 年 6 月 1 日起施行。

中华人民共和国人口与计划生育法

（2001年12月29日第九届全国人民代表大会常务委员会第二十五次会议通过，根据2015年12月27日第十二届全国人民代表大会常务委员会第十八次会议《关于修改〈中华人民共和国人口与计划生育法〉的决定》第一次修正，根据2021年8月20日第十三届全国人民代表大会常务委员会第三十次会议《关于修改〈中华人民共和国人口与计划生育法〉的决定》第二次修正）

第一章 总 则

第一条 为了实现人口与经济、社会、资源、环境的协调发展，推行计划生育，维护公民的合法权益，促进家庭幸福、民族繁荣与社会进步，根据宪法，制定本法。

第二条 我国是人口众多的国家，实行计划生育是国家的基本国策。

国家采取综合措施，调控人口数量，提高人口素质，推动实现适度生育水平，优化人口结构，促进人口长期均衡发展。

国家依靠宣传教育、科学技术进步、综合服务、建立健全奖励和社会保障制度，开展人口与计划生育工作。

第三条 开展人口与计划生育工作，应当与增加妇女受教育和就业机会、增进妇女健康、提高妇女地位相结合。

第四条 各级人民政府及其工作人员在推行计划生育工作中应当严格依法行政，文明执法，不得侵犯公民的合法权益。

卫生健康主管部门及其工作人员依法执行公务受法律保护。

第五条 国务院领导全国的人口与计划生育工作。

地方各级人民政府领导本行政区域内的人口与计划生育工作。

第六条 国务院卫生健康主管部门负责全国计划生育工作和与计划生育有关的人口工作。

县级以上地方各级人民政府卫生健康主管部门负责本行政区域内的计划生育工作和与计划生育有关的人口工作。

县级以上各级人民政府其他有关部门在各自的职责范围内，负责有关的人口与计划生育工作。

第七条 工会、共产主义青年团、妇女联合会及计划生育协会等社会团体、企业事业组织和公民应当协助人民政府开展人口与计划生育工作。

第八条 国家对在人口与计划生育工作中作出显著成绩的组织和个人，给予奖励。

第二章 人口发展规划的制定与实施

第九条 国务院编制人口发展规划，并将其纳入国民经济和社会发展计划。

县级以上地方各级人民政府根据全国人口发展规划以及上一级人民政府人口发展规划，结合当地实际情况编制本行政区域的人口发展规划，并将其纳入国民经济和社会发展计划。

第十条 县级以上各级人民政府根据人口发展规划，制定人口与计划生育实施方案并组织实施。

县级以上各级人民政府卫生健康主管部

门负责实施人口与计划生育实施方案的日常工作。

乡、民族乡、镇的人民政府和城市街道办事处负责本管辖区域内的人口与计划生育工作，贯彻落实人口与计划生育实施方案。

第十一条　人口与计划生育实施方案应当规定调控人口数量，提高人口素质，推动实现适度生育水平，优化人口结构，加强母婴保健和婴幼儿照护服务，促进家庭发展的措施。

第十二条　村民委员会、居民委员会应当依法做好计划生育工作。

机关、部队、社会团体、企业事业组织应当做好本单位的计划生育工作。

第十三条　卫生健康、教育、科技、文化、民政、新闻出版、广播电视等部门应当组织开展人口与计划生育宣传教育。

大众传媒负有开展人口与计划生育的社会公益性宣传的义务。

学校应当在学生中，以符合受教育者特征的适当方式，有计划地开展生理卫生教育、青春期教育或者性健康教育。

第十四条　流动人口的计划生育工作由其户籍所在地和现居住地的人民政府共同负责管理，以现居住地为主。

第十五条　国家根据国民经济和社会发展状况逐步提高人口与计划生育经费投入的总体水平。各级人民政府应当保障人口与计划生育工作必要的经费。

各级人民政府应当对欠发达地区、少数民族地区开展人口与计划生育工作给予重点扶持。

国家鼓励社会团体、企业事业组织和个人为人口与计划生育工作提供捐助。

任何单位和个人不得截留、克扣、挪用人口与计划生育工作费用。

第十六条　国家鼓励开展人口与计划生育领域的科学研究和对外交流与合作。

第三章　生育调节

第十七条　公民有生育的权利，也有依法实行计划生育的义务，夫妻双方在实行计划生育中负有共同的责任。

第十八条　国家提倡适龄婚育、优生优育。一对夫妻可以生育三个子女。

符合法律、法规规定条件的，可以要求安排再生育子女。具体办法由省、自治区、直辖市人民代表大会或者其常务委员会规定。

少数民族也要实行计划生育，具体办法由省、自治区、直辖市人民代表大会或者其常务委员会规定。

夫妻双方户籍所在地的省、自治区、直辖市之间关于再生育子女的规定不一致的，按照有利于当事人的原则适用。

第十九条　国家创造条件，保障公民知情选择安全、有效、适宜的避孕节育措施。实施避孕节育手术，应当保证受术者的安全。

第二十条　育龄夫妻自主选择计划生育避孕节育措施，预防和减少非意愿妊娠。

第二十一条　实行计划生育的育龄夫妻免费享受国家规定的基本项目的计划生育技术服务。

前款规定所需经费，按照国家有关规定列入财政预算或者由社会保险予以保障。

第二十二条　禁止歧视、虐待生育女婴的妇女和不育的妇女。

禁止歧视、虐待、遗弃女婴。

第四章　奖励与社会保障

第二十三条　国家对实行计划生育的夫妻，按照规定给予奖励。

第二十四条　国家建立、健全基本养老保险、基本医疗保险、生育保险和社会福利等社会保障制度，促进计划生育。

国家鼓励保险公司举办有利于计划生育

的保险项目。

第二十五条　符合法律、法规规定生育子女的夫妻，可以获得延长生育假的奖励或者其他福利待遇。

国家支持有条件的地方设立父母育儿假。

第二十六条　妇女怀孕、生育和哺乳期间，按照国家有关规定享受特殊劳动保护并可以获得帮助和补偿。国家保障妇女就业合法权益，为因生育影响就业的妇女提供就业服务。

公民实行计划生育手术，享受国家规定的休假。

第二十七条　国家采取财政、税收、保险、教育、住房、就业等支持措施，减轻家庭生育、养育、教育负担。

第二十八条　县级以上各级人民政府综合采取规划、土地、住房、财政、金融、人才等措施，推动建立普惠托育服务体系，提高婴幼儿家庭获得服务的可及性和公平性。

国家鼓励和引导社会力量兴办托育机构，支持幼儿园和机关、企业事业单位、社区提供托育服务。

托育机构的设置和服务应当符合托育服务相关标准和规范。托育机构应当向县级人民政府卫生健康主管部门备案。

第二十九条　县级以上地方各级人民政府应当在城乡社区建设改造中，建设与常住人口规模相适应的婴幼儿活动场所及配套服务设施。

公共场所和女职工比较多的用人单位应当配置母婴设施，为婴幼儿照护、哺乳提供便利条件。

第三十条　县级以上各级人民政府应当加强对家庭婴幼儿照护的支持和指导，增强家庭的科学育儿能力。

医疗卫生机构应当按照规定为婴幼儿家庭开展预防接种、疾病防控等服务，提供膳食营养、生长发育等健康指导。

第三十一条　在国家提倡一对夫妻生育一个子女期间，自愿终身只生育一个子女的夫妻，国家发给《独生子女父母光荣证》。

获得《独生子女父母光荣证》的夫妻，按照国家和省、自治区、直辖市有关规定享受独生子女父母奖励。

法律、法规或者规章规定给予获得《独生子女父母光荣证》的夫妻奖励的措施中由其所在单位落实的，有关单位应当执行。

在国家提倡一对夫妻生育一个子女期间，按照规定应当享受计划生育家庭老年人奖励扶助的，继续享受相关奖励扶助，并在老年人福利、养老服务等方面给予必要的优先和照顾。

第三十二条　获得《独生子女父母光荣证》的夫妻，独生子女发生意外伤残、死亡的，按照规定获得扶助。县级以上各级人民政府建立、健全对上述人群的生活、养老、医疗、精神慰藉等全方位帮扶保障制度。

第三十三条　地方各级人民政府对农村实行计划生育的家庭发展经济，给予资金、技术、培训等方面的支持、优惠；对实行计划生育的贫困家庭，在扶贫贷款、以工代赈、扶贫项目和社会救济等方面给予优先照顾。

第三十四条　本章规定的奖励和社会保障措施，省、自治区、直辖市和设区的市、自治州的人民代表大会及其常务委员会或者人民政府可以依据本法和有关法律、行政法规的规定，结合当地实际情况，制定具体实施办法。

第五章　计划生育服务

第三十五条　国家建立婚前保健、孕产期保健制度，防止或者减少出生缺陷，提高出生婴儿健康水平。

第三十六条　各级人民政府应当采取措施，保障公民享有计划生育服务，提高公民的生殖健康水平。

第三十七条　医疗卫生机构应当针对育龄人群开展优生优育知识宣传教育，对育龄妇女开展围孕期、孕产期保健服务，承担计划生育、优生优育、生殖保健的咨询、指导和技术服务，规范开展不孕不育症诊疗。

第三十八条　计划生育技术服务人员应当指导实行计划生育的公民选择安全、有效、适宜的避孕措施。

国家鼓励计划生育新技术、新药具的研究、应用和推广。

第三十九条　严禁利用超声技术和其他技术手段进行非医学需要的胎儿性别鉴定；严禁非医学需要的选择性别的人工终止妊娠。

第六章　法律责任

第四十条　违反本法规定，有下列行为之一的，由卫生健康主管部门责令改正，给予警告，没收违法所得；违法所得一万元以上的，处违法所得二倍以上六倍以下的罚款；没有违法所得或者违法所得不足一万元的，处一万元以上三万元以下的罚款；情节严重的，由原发证机关吊销执业证书；构成犯罪的，依法追究刑事责任：

（一）非法为他人施行计划生育手术的；

（二）利用超声技术和其他技术手段为他人进行非医学需要的胎儿性别鉴定或者选择性别的人工终止妊娠的。

第四十一条　托育机构违反托育服务相关标准和规范的，由卫生健康主管部门责令改正，给予警告；拒不改正的，处五千元以上五万元以下的罚款；情节严重的，责令停止托育服务，并处五万元以上十万元以下的罚款。

托育机构有虐待婴幼儿行为的，其直接负责的主管人员和其他直接责任人员终身不得从事婴幼儿照护服务；构成犯罪的，依法追究刑事责任。

第四十二条　计划生育技术服务人员违章操作或者延误抢救、诊治，造成严重后果的，依照有关法律、行政法规的规定承担相应的法律责任。

第四十三条　国家机关工作人员在计划生育工作中，有下列行为之一，构成犯罪的，依法追究刑事责任；尚不构成犯罪的，依法给予处分；有违法所得的，没收违法所得：

（一）侵犯公民人身权、财产权和其他合法权益的；

（二）滥用职权、玩忽职守、徇私舞弊的；

（三）索取、收受贿赂的；

（四）截留、克扣、挪用、贪污计划生育经费的；

（五）虚报、瞒报、伪造、篡改或者拒报人口与计划生育统计数据的。

第四十四条　违反本法规定，不履行协助计划生育管理义务的，由有关地方人民政府责令改正，并给予通报批评；对直接负责的主管人员和其他直接责任人员依法给予处分。

第四十五条　拒绝、阻碍卫生健康主管部门及其工作人员依法执行公务的，由卫生健康主管部门给予批评教育并予以制止；构成违反治安管理行为的，依法给予治安管理处罚；构成犯罪的，依法追究刑事责任。

第四十六条　公民、法人或者其他组织认为行政机关在实施计划生育管理过程中侵犯其合法权益，可以依法申请行政复议或者提起行政诉讼。

第七章　附　　则

第四十七条　中国人民解放军和中国人民武装警察部队执行本法的具体办法，由中央军事委员会依据本法制定。

第四十八条　本法自 2002 年 9 月 1 日起施行。

女职工劳动保护特别规定

（2012 年 4 月 18 日国务院第 200 次常务会议通过，2012 年 4 月 28 日公布，自公布之日起施行）

第一条　为了减少和解决女职工在劳动中因生理特点造成的特殊困难，保护女职工健康，制定本规定。

第二条　中华人民共和国境内的国家机关、企业、事业单位、社会团体、个体经济组织以及其他社会组织等用人单位及其女职工，适用本规定。

第三条　用人单位应当加强女职工劳动保护，采取措施改善女职工劳动安全卫生条件，对女职工进行劳动安全卫生知识培训。

第四条　用人单位应当遵守女职工禁忌从事的劳动范围的规定。用人单位应当将本单位属于女职工禁忌从事的劳动范围的岗位书面告知女职工。

女职工禁忌从事的劳动范围由本规定附录列示。国务院安全生产监督管理部门会同国务院人力资源社会保障行政部门、国务院卫生行政部门根据经济社会发展情况，对女职工禁忌从事的劳动范围进行调整。

第五条　用人单位不得因女职工怀孕、生育、哺乳降低其工资、予以辞退、与其解除劳动或者聘用合同。

第六条　女职工在孕期不能适应原劳动的，用人单位应当根据医疗机构的证明，予以减轻劳动量或者安排其他能够适应的劳动。

对怀孕 7 个月以上的女职工，用人单位不得延长劳动时间或者安排夜班劳动，并应当在劳动时间内安排一定的休息时间。

怀孕女职工在劳动时间内进行产前检查，所需时间计入劳动时间。

第七条　女职工生育享受 98 天产假，其中产前可以休假 15 天；难产的，增加产假 15 天；生育多胞胎的，每多生育 1 个婴儿，增加产假 15 天。

女职工怀孕未满 4 个月流产的，享受 15 天产假；怀孕满 4 个月流产的，享受 42 天产假。

第八条　女职工产假期间的生育津贴，对已经参加生育保险的，按照用人单位上年度职工月平均工资的标准由生育保险基金支付；对未参加生育保险的，按照女职工产假前工资的标准由用人单位支付。

女职工生育或者流产的医疗费用，按照生育保险规定的项目和标准，对已经参加生育保险的，由生育保险基金支付；对未参加生育保险的，由用人单位支付。

第九条　对哺乳未满 1 周岁婴儿的女职工，用人单位不得延长劳动时间或者安排夜班劳动。

用人单位应当在每天的劳动时间内为哺乳期女职工安排 1 小时哺乳时间；女职工生育多胞胎的，每多哺乳 1 个婴儿每天增加 1 小时哺乳时间。

第十条　女职工比较多的用人单位应当根据女职工的需要，建立女职工卫生室、孕妇休息室、哺乳室等设施，妥善解决女职工在生理卫生、哺乳方面的困难。

第十一条　在劳动场所，用人单位应当预防和制止对女职工的性骚扰。

第十二条　县级以上人民政府人力资源社会保障行政部门、安全生产监督管理部门按照各自职责负责对用人单位遵守本规定的情况进行监督检查。

工会、妇女组织依法对用人单位遵守本

规定的情况进行监督。

第十三条 用人单位违反本规定第六条第二款、第七条、第九条第一款规定的，由县级以上人民政府人力资源社会保障行政部门责令限期改正，按照受侵害女职工每人1000元以上5000元以下的标准计算，处以罚款。

用人单位违反本规定附录第一条、第二条规定的，由县级以上人民政府安全生产监督管理部门责令限期改正，按照受侵害女职工每人1000元以上5000元以下的标准计算，处以罚款。用人单位违反本规定附录第三条、第四条规定的，由县级以上人民政府安全生产监督管理部门责令限期治理，处5万元以上30万元以下的罚款；情节严重的，责令停止有关作业，或者提请有关人民政府按照国务院规定的权限责令关闭。

第十四条 用人单位违反本规定，侵害女职工合法权益的，女职工可以依法投诉、举报、申诉，依法向劳动人事争议调解仲裁机构申请调解仲裁，对仲裁裁决不服的，依法向人民法院提起诉讼。

第十五条 用人单位违反本规定，侵害女职工合法权益，造成女职工损害的，依法给予赔偿；用人单位及其直接负责的主管人员和其他直接责任人员构成犯罪的，依法追究刑事责任。

第十六条 本规定自公布之日起施行。1988年7月21日国务院发布的《女职工劳动保护规定》同时废止。

（三）无障碍环境建设类

中华人民共和国无障碍环境建设法

（2023年6月28日第十四届全国人民代表大会常务委员会第三次会议通过并公布，自2023年9月1日起施行）

第一章 总 则

第一条 为了加强无障碍环境建设，保障残疾人、老年人平等、充分、便捷地参与和融入社会生活，促进社会全体人员共享经济社会发展成果，弘扬社会主义核心价值观，根据宪法和有关法律，制定本法。

第二条 国家采取措施推进无障碍环境建设，为残疾人、老年人自主安全地通行道路、出入建筑物以及使用其附属设施、搭乘公共交通运输工具，获取、使用和交流信息，获得社会服务等提供便利。

残疾人、老年人之外的其他人有无障碍需求的，可以享受无障碍环境便利。

第三条 无障碍环境建设应当坚持中国共产党的领导，发挥政府主导作用，调动市场主体积极性，引导社会组织和公众广泛参与，推动全社会共建共治共享。

第四条 无障碍环境建设应当与适老化改造相结合，遵循安全便利、实用易行、广泛受益的原则。

第五条 无障碍环境建设应当与经济社会发展水平相适应，统筹城镇和农村发展，逐步缩小城乡无障碍环境建设的差距。

第六条 县级以上人民政府应当将无障碍环境建设纳入国民经济和社会发展规划，

将所需经费纳入本级预算，建立稳定的经费保障机制。

第七条　县级以上人民政府应当统筹协调和督促指导有关部门在各自职责范围内做好无障碍环境建设工作。

县级以上人民政府住房和城乡建设、民政、工业和信息化、交通运输、自然资源、文化和旅游、教育、卫生健康等部门应当在各自职责范围内，开展无障碍环境建设工作。

乡镇人民政府、街道办事处应当协助有关部门做好无障碍环境建设工作。

第八条　残疾人联合会、老龄协会等组织依照法律、法规以及各自章程，协助各级人民政府及其有关部门做好无障碍环境建设工作。

第九条　制定或者修改涉及无障碍环境建设的法律、法规、规章、规划和其他规范性文件，应当征求残疾人、老年人代表以及残疾人联合会、老龄协会等组织的意见。

第十条　国家鼓励和支持企业事业单位、社会组织、个人等社会力量，通过捐赠、志愿服务等方式参与无障碍环境建设。

国家支持开展无障碍环境建设工作的国际交流与合作。

第十一条　对在无障碍环境建设工作中做出显著成绩的单位和个人，按照国家有关规定给予表彰和奖励。

第二章　无障碍设施建设

第十二条　新建、改建、扩建的居住建筑、居住区、公共建筑、公共场所、交通运输设施、城乡道路等，应当符合无障碍设施工程建设标准。

无障碍设施应当与主体工程同步规划、同步设计、同步施工、同步验收、同步交付使用，并与周边的无障碍设施有效衔接、实现贯通。

无障碍设施应当设置符合标准的无障碍标识，并纳入周边环境或者建筑物内部的引导标识系统。

第十三条　国家鼓励工程建设、设计、施工等单位采用先进的理念和技术，建设人性化、系统化、智能化并与周边环境相协调的无障碍设施。

第十四条　工程建设单位应当将无障碍设施建设经费纳入工程建设项目概预算。

工程建设单位不得明示或者暗示设计、施工单位违反无障碍设施工程建设标准；不得擅自将未经验收或者验收不合格的无障碍设施交付使用。

第十五条　工程设计单位应当按照无障碍设施工程建设标准进行设计。

依法需要进行施工图设计文件审查的，施工图审查机构应当按照法律、法规和无障碍设施工程建设标准，对无障碍设施设计内容进行审查；不符合有关规定的，不予审查通过。

第十六条　工程施工、监理单位应当按照施工图设计文件以及相关标准进行无障碍设施施工和监理。

住房和城乡建设等主管部门对未按照法律、法规和无障碍设施工程建设标准开展无障碍设施验收或者验收不合格的，不予办理竣工验收备案手续。

第十七条　国家鼓励工程建设单位在新建、改建、扩建建设项目的规划、设计和竣工验收等环节，邀请残疾人、老年人代表以及残疾人联合会、老龄协会等组织，参加意见征询和体验试用等活动。

第十八条　对既有的不符合无障碍设施工程建设标准的居住建筑、居住区、公共建筑、公共场所、交通运输设施、城乡道路等，县级以上人民政府应当根据实际情况，制定有针对性的无障碍设施改造计划并组织实施。

无障碍设施改造由所有权人或者管理人负责。所有权人、管理人和使用人之间约定改造责任的，由约定的责任人负责。

不具备无障碍设施改造条件的，责任人应当采取必要的替代性措施。

第十九条　县级以上人民政府应当支持、指导家庭无障碍设施改造。对符合条件的残疾人、老年人家庭应当给予适当补贴。

居民委员会、村民委员会、居住区管理服务单位以及业主委员会应当支持并配合家庭无障碍设施改造。

第二十条　残疾人集中就业单位应当按照有关标准和要求，建设和改造无障碍设施。

国家鼓励和支持用人单位开展就业场所无障碍设施建设和改造，为残疾人职工提供必要的劳动条件和便利。

第二十一条　新建、改建、扩建公共建筑、公共场所、交通运输设施以及居住区的公共服务设施，应当按照无障碍设施工程建设标准，配套建设无障碍设施；既有的上述建筑、场所和设施不符合无障碍设施工程建设标准的，应当进行必要的改造。

第二十二条　国家支持城镇老旧小区既有多层住宅加装电梯或者其他无障碍设施，为残疾人、老年人提供便利。

县级以上人民政府及其有关部门应当采取措施、创造条件，并发挥社区基层组织作用，推动既有多层住宅加装电梯或者其他无障碍设施。

房屋所有权人应当弘扬中华民族与邻为善、守望相助等传统美德，加强沟通协商，依法配合既有多层住宅加装电梯或者其他无障碍设施。

第二十三条　新建、改建、扩建和具备改造条件的城市主干路、主要商业区和大型居住区的人行天桥和人行地下通道，应当按照无障碍设施工程建设标准，建设或者改造无障碍设施。

城市主干路、主要商业区等无障碍需求比较集中的区域的人行道，应当按照标准设置盲道；城市中心区、残疾人集中就业单位和集中就读学校周边的人行横道的交通信号设施，应当按照标准安装过街音响提示装置。

第二十四条　停车场应当按照无障碍设施工程建设标准，设置无障碍停车位，并设置显著标志标识。

无障碍停车位优先供肢体残疾人驾驶或者乘坐的机动车使用。优先使用无障碍停车位的，应当在显著位置放置残疾人车辆专用标志或者提供残疾人证。

在无障碍停车位充足的情况下，其他行动不便的残疾人、老年人、孕妇、婴幼儿等驾驶或者乘坐的机动车也可以使用。

第二十五条　新投入运营的民用航空器、客运列车、客运船舶、公共汽电车、城市轨道交通车辆等公共交通运输工具，应当确保一定比例符合无障碍标准。

既有公共交通运输工具具备改造条件的，应当进行无障碍改造，逐步符合无障碍标准的要求；不具备改造条件的，公共交通运输工具的运营单位应当采取必要的替代性措施。

县级以上地方人民政府根据当地情况，逐步建立城市无障碍公交导乘系统，规划配置适量的无障碍出租汽车。

第二十六条　无障碍设施所有权人或者管理人应当对无障碍设施履行以下维护和管理责任，保障无障碍设施功能正常和使用安全：

（一）对损坏的无障碍设施和标识进行维修或者替换；

（二）对需改造的无障碍设施进行改造；

（三）纠正占用无障碍设施的行为；

（四）进行其他必要的维护和保养。

所有权人、管理人和使用人之间有约定的，由约定的责任人负责维护和管理。

第二十七条　因特殊情况设置的临时无障碍设施，应当符合无障碍设施工程建设标准。

第二十八条　任何单位和个人不得擅自改变无障碍设施的用途或者非法占用、损坏无障碍设施。

因特殊情况临时占用无障碍设施的，应当公告并设置护栏、警示标志或者信号设施，同时采取必要的替代性措施。临时占用期满，应当及时恢复原状。

第三章　无障碍信息交流

第二十九条　各级人民政府及其有关部门应当为残疾人、老年人获取公共信息提供便利；发布涉及自然灾害、事故灾难、公共卫生事件、社会安全事件等突发事件信息时，条件具备的同步采取语音、大字、盲文、手语等无障碍信息交流方式。

第三十条　利用财政资金设立的电视台应当在播出电视节目时配备同步字幕，条件具备的每天至少播放一次配播手语的新闻节目，并逐步扩大配播手语的节目范围。

国家鼓励公开出版发行的影视类录像制品、网络视频节目加配字幕、手语或者口述音轨。

第三十一条　国家鼓励公开出版发行的图书、报刊配备有声、大字、盲文、电子等无障碍格式版本，方便残疾人、老年人阅读。

国家鼓励教材编写、出版单位根据不同教育阶段实际，编写、出版盲文版、低视力版教学用书，满足盲人和其他有视力障碍的学生的学习需求。

第三十二条　利用财政资金建立的互联网网站、服务平台、移动互联网应用程序，应当逐步符合无障碍网站设计标准和国家信息无障碍标准。

国家鼓励新闻资讯、社交通讯、生活购物、医疗健康、金融服务、学习教育、交通出行等领域的互联网网站、移动互联网应用程序，逐步符合无障碍网站设计标准和国家信息无障碍标准。

国家鼓励地图导航定位产品逐步完善无障碍设施的标识和无障碍出行路线导航功能。

第三十三条　音视频以及多媒体设备、移动智能终端设备、电信终端设备制造者提供的产品，应当逐步具备语音、大字等无障碍功能。

银行、医院、城市轨道交通车站、民用运输机场航站区、客运站、客运码头、大型景区等的自助公共服务终端设备，应当具备语音、大字、盲文等无障碍功能。

第三十四条　电信业务经营者提供基础电信服务时，应当为残疾人、老年人提供必要的语音、大字信息服务或者人工服务。

第三十五条　政务服务便民热线和报警求助、消防应急、交通事故、医疗急救等紧急呼叫系统，应当逐步具备语音、大字、盲文、一键呼叫等无障碍功能。

第三十六条　提供公共文化服务的图书馆、博物馆、文化馆、科技馆等应当考虑残疾人、老年人的特点，积极创造条件，提供适合其需要的文献信息、无障碍设施设备和服务等。

第三十七条　国务院有关部门应当完善药品标签、说明书的管理规范，要求药品生产经营者提供语音、大字、盲文、电子等无障碍格式版本的标签、说明书。

国家鼓励其他商品的生产经营者提供语音、大字、盲文、电子等无障碍格式版本的标签、说明书，方便残疾人、老年人识别和使用。

第三十八条　国家推广和使用国家通用手语、国家通用盲文。

基本公共服务使用手语、盲文以及各类学校开展手语、盲文教育教学时，应当采用国家通用手语、国家通用盲文。

第四章　无障碍社会服务

第三十九条　公共服务场所应当配备必要的无障碍设备和辅助器具，标注指引无障碍设施，为残疾人、老年人提供无障碍服务。

公共服务场所涉及医疗健康、社会保障、金融业务、生活缴费等服务事项的，应当保留现场指导、人工办理等传统服务方式。

第四十条　行政服务机构、社区服务机构以及供水、供电、供气、供热等公共服务机构，应当设置低位服务台或者无障碍服务窗口，配备电子信息显示屏、手写板、语音提示等设备，为残疾人、老年人提供无障碍服务。

第四十一条　司法机关、仲裁机构、法律援助机构应当依法为残疾人、老年人参加诉讼、仲裁活动和获得法律援助提供无障碍服务。

国家鼓励律师事务所、公证机构、司法鉴定机构、基层法律服务所等法律服务机构，结合所提供的服务内容提供无障碍服务。

第四十二条　交通运输设施和公共交通运输工具的运营单位应当根据各类运输方式的服务特点，结合设施设备条件和所提供的服务内容，为残疾人、老年人设置无障碍服务窗口、专用等候区域、绿色通道和优先坐席，提供辅助器具、咨询引导、字幕报站、语音提示、预约定制等无障碍服务。

第四十三条　教育行政部门和教育机构应当加强教育场所的无障碍环境建设，为有残疾的师生、员工提供无障碍服务。

国家举办的教育考试、职业资格考试、技术技能考试、招录招聘考试以及各类学校组织的统一考试，应当为有残疾的考生提供便利服务。

第四十四条　医疗卫生机构应当结合所提供的服务内容，为残疾人、老年人就医提供便利。

与残疾人、老年人相关的服务机构应当配备无障碍设备，在生活照料、康复护理等方面提供无障碍服务。

第四十五条　国家鼓励文化、旅游、体育、金融、邮政、电信、交通、商业、餐饮、住宿、物业管理等服务场所结合所提供的服务内容，为残疾人、老年人提供辅助器具、咨询引导等无障碍服务。

国家鼓励邮政、快递企业为行动不便的残疾人、老年人提供上门收寄服务。

第四十六条　公共场所经营管理单位、交通运输设施和公共交通运输工具的运营单位应当为残疾人携带导盲犬、导听犬、辅助犬等服务犬提供便利。

残疾人携带服务犬出入公共场所、使用交通运输设施和公共交通运输工具的，应当遵守国家有关规定，为服务犬佩戴明显识别装备，并采取必要的防护措施。

第四十七条　应急避难场所的管理人在制定以及实施工作预案时，应当考虑残疾人、老年人的无障碍需求，视情况设置语音、大字、闪光等提示装置，完善无障碍服务功能。

第四十八条　组织选举的部门和单位应当采取措施，为残疾人、老年人选民参加投票提供便利和必要协助。

第四十九条　国家鼓励和支持无障碍信息服务平台建设，为残疾人、老年人提供远程实时无障碍信息服务。

第五章　保障措施

第五十条　国家开展无障碍环境理念的宣传教育，普及无障碍环境知识，传播无障碍环境文化，提升全社会的无障碍环境意识。

新闻媒体应当积极开展无障碍环境建设方面的公益宣传。

第五十一条　国家推广通用设计理念，建立健全国家标准、行业标准、地方标准，鼓励发展具有引领性的团体标准、企业标准，加强标准之间的衔接配合，构建无障碍环境建设标准体系。

地方结合本地实际制定的地方标准不得低于国家标准的相关技术要求。

第五十二条　制定或者修改涉及无障碍环境建设的标准，应当征求残疾人、老年人代表以及残疾人联合会、老龄协会等组织的意见。残疾人联合会、老龄协会等组织可以依法提出制定或者修改无障碍环境建设标准的建议。

第五十三条 国家建立健全无障碍设计、设施、产品、服务的认证和无障碍信息的评测制度，并推动结果采信应用。

第五十四条 国家通过经费支持、政府采购、税收优惠等方式，促进新科技成果在无障碍环境建设中的运用，鼓励无障碍技术、产品和服务的研发、生产、应用和推广，支持无障碍设施、信息和服务的融合发展。

第五十五条 国家建立无障碍环境建设相关领域人才培养机制。

国家鼓励高等学校、中等职业学校等开设无障碍环境建设相关专业和课程，开展无障碍环境建设理论研究、国际交流和实践活动。

建筑、交通运输、计算机科学与技术等相关学科专业应当增加无障碍环境建设的教学和实践内容，相关领域职业资格、继续教育以及其他培训的考试内容应当包括无障碍环境建设知识。

第五十六条 国家鼓励机关、企业事业单位、社会团体以及其他社会组织，对工作人员进行无障碍服务知识与技能培训。

第五十七条 文明城市、文明村镇、文明单位、文明社区、文明校园等创建活动，应当将无障碍环境建设情况作为重要内容。

第六章 监督管理

第五十八条 县级以上人民政府及其有关主管部门依法对无障碍环境建设进行监督检查，根据工作需要开展联合监督检查。

第五十九条 国家实施无障碍环境建设目标责任制和考核评价制度。县级以上地方人民政府根据本地区实际，制定具体考核办法。

第六十条 县级以上地方人民政府有关主管部门定期委托第三方机构开展无障碍环境建设评估，并将评估结果向社会公布，接受社会监督。

第六十一条 县级以上人民政府建立无障碍环境建设信息公示制度，定期发布无障碍环境建设情况。

第六十二条 任何组织和个人有权向政府有关主管部门提出加强和改进无障碍环境建设的意见和建议，对违反本法规定的行为进行投诉、举报。县级以上人民政府有关主管部门接到涉及无障碍环境建设的投诉和举报，应当及时处理并予以答复。

残疾人联合会、老龄协会等组织根据需要，可以聘请残疾人、老年人代表以及具有相关专业知识的人员，对无障碍环境建设情况进行监督。

新闻媒体可以对无障碍环境建设情况开展舆论监督。

第六十三条 对违反本法规定损害社会公共利益的行为，人民检察院可以提出检察建议或者提起公益诉讼。

第七章 法律责任

第六十四条 工程建设、设计、施工、监理单位未按照本法规定进行建设、设计、施工、监理的，由住房和城乡建设、民政、交通运输等相关主管部门责令限期改正；逾期未改正的，依照相关法律法规的规定进行处罚。

第六十五条 违反本法规定，有下列情形之一的，由住房和城乡建设、民政、交通运输等相关主管部门责令限期改正；逾期未改正的，对单位处一万元以上三万元以下罚款，对个人处一百元以上五百元以下罚款：

（一）无障碍设施责任人不履行维护和管理职责，无法保障无障碍设施功能正常和使用安全；

（二）设置临时无障碍设施不符合相关规定；

（三）擅自改变无障碍设施的用途或者非法占用、损坏无障碍设施。

第六十六条 违反本法规定，不依法履行无障碍信息交流义务的，由网信、工业和信息化、电信、广播电视、新闻出版等相关主管部门责令限期改正；逾期未改正的，予以通报批评。

第六十七条 电信业务经营者不依法提供无障碍信息服务的，由电信主管部门责令限期改正；逾期未改正的，处一万元以上十万元以下罚款。

第六十八条　负有公共服务职责的部门和单位未依法提供无障碍社会服务的，由本级人民政府或者上级主管部门责令限期改正；逾期未改正的，对直接负责的主管人员和其他直接责任人员依法给予处分。

第六十九条　考试举办者、组织者未依法向有残疾的考生提供便利服务的，由本级人民政府或者上级主管部门予以批评并责令改正；拒不改正的，对直接负责的主管人员和其他直接责任人员依法给予处分。

第七十条　无障碍环境建设相关主管部门、有关组织的工作人员滥用职权、玩忽职守、徇私舞弊的，依法给予处分。

第七十一条　违反本法规定，造成人身损害、财产损失的，依法承担民事责任；构成犯罪的，依法追究刑事责任。

第八章　附　　则

第七十二条　本法自 2023 年 9 月 1 日起施行。

无障碍环境建设条例

（2012 年 6 月 13 日国务院第 208 次常务会议通过，2012 年 6 月 28 日公布，自 2012 年 8 月 1 日起施行）

第一章　总　　则

第一条　为了创造无障碍环境，保障残疾人等社会成员平等参与社会生活，制定本条例。

第二条　本条例所称无障碍环境建设，是指为便于残疾人等社会成员自主安全地通行道路、出入相关建筑物、搭乘公共交通工具、交流信息、获得社区服务所进行的建设活动。

第三条　无障碍环境建设应当与经济和社会发展水平相适应，遵循实用、易行、广泛受益的原则。

第四条　县级以上人民政府负责组织编制无障碍环境建设发展规划并组织实施。

编制无障碍环境建设发展规划，应当征求残疾人组织等社会组织的意见。

无障碍环境建设发展规划应当纳入国民经济和社会发展规划以及城乡规划。

第五条　国务院住房和城乡建设主管部门负责全国无障碍设施工程建设活动的监督管理工作，会同国务院有关部门制定无障碍设施工程建设标准，并对无障碍设施工程建设的情况进行监督检查。

国务院工业和信息化主管部门等有关部门在各自职责范围内，做好无障碍环境建设工作。

第六条　国家鼓励、支持采用无障碍通用设计的技术和产品，推进残疾人专用的无障碍技术和产品的开发、应用和推广。

第七条　国家倡导无障碍环境建设理念，鼓励公民、法人和其他组织为无障碍环境建设提供捐助和志愿服务。

第八条　对在无障碍环境建设工作中作出显著成绩的单位和个人，按照国家有关规定给予表彰和奖励。

第二章　无障碍设施建设

第九条　城镇新建、改建、扩建道路、公共建筑、公共交通设施、居住建筑、居住区，应当符合无障碍设施工程建设标准。

乡、村庄的建设和发展，应当逐步达到无障碍设施工程建设标准。

第十条　无障碍设施工程应当与主体工程同步设计、同步施工、同步验收投入使用。新建的无障碍设施应当与周边的无障碍设施相衔接。

第十一条 对城镇已建成的不符合无障碍设施工程建设标准的道路、公共建筑、公共交通设施、居住建筑、居住区，县级以上人民政府应当制定无障碍设施改造计划并组织实施。

无障碍设施改造由所有权人或者管理人负责。

第十二条 县级以上人民政府应当优先推进下列机构、场所的无障碍设施改造：

（一）特殊教育、康复、社会福利等机构；

（二）国家机关的公共服务场所；

（三）文化、体育、医疗卫生等单位的公共服务场所；

（四）交通运输、金融、邮政、商业、旅游等公共服务场所。

第十三条 城市的主要道路、主要商业区和大型居住区的人行天桥和人行地下通道，应当按照无障碍设施工程建设标准配备无障碍设施，人行道交通信号设施应当逐步完善无障碍服务功能，适应残疾人等社会成员通行的需要。

第十四条 城市的大中型公共场所的公共停车场和大型居住区的停车场，应当按照无障碍设施工程建设标准设置并标明无障碍停车位。

无障碍停车位为肢体残疾人驾驶或者乘坐的机动车专用。

第十五条 民用航空器、客运列车、客运船舶、公共汽车、城市轨道交通车辆等公共交通工具应当逐步达到无障碍设施的要求。有关主管部门应当制定公共交通工具的无障碍技术标准并确定达标期限。

第十六条 视力残疾人携带导盲犬出入公共场所，应当遵守国家有关规定，公共场所的工作人员应当按照国家有关规定提供无障碍服务。

第十七条 无障碍设施的所有权人和管理人，应当对无障碍设施进行保护，有损毁或者故障及时进行维修，确保无障碍设施正常使用。

第三章 无障碍信息交流

第十八条 县级以上人民政府应当将无障碍信息交流建设纳入信息化建设规划，并采取措施推进信息交流无障碍建设。

第十九条 县级以上人民政府及其有关部门发布重要政府信息和与残疾人相关的信息，应当创造条件为残疾人提供语音和文字提示等信息交流服务。

第二十条 国家举办的升学考试、职业资格考试和任职考试，有视力残疾人参加的，应当为视力残疾人提供盲文试卷、电子试卷，或者由工作人员予以协助。

第二十一条 设区的市级以上人民政府设立的电视台应当创造条件，在播出电视节目时配备字幕，每周播放至少一次配播手语的新闻节目。

公开出版发行的影视类录像制品应当配备字幕。

第二十二条 设区的市级以上人民政府设立的公共图书馆应当开设视力残疾人阅览室，提供盲文读物、有声读物，其他图书馆应当逐步开设视力残疾人阅览室。

第二十三条 残疾人组织的网站应当达到无障碍网站设计标准，设区的市级以上人民政府网站、政府公益活动网站，应当逐步达到无障碍网站设计标准。

第二十四条 公共服务机构和公共场所应当创造条件为残疾人提供语音和文字提示、手语、盲文等信息交流服务，并对工作人员进行无障碍服务技能培训。

第二十五条 举办听力残疾人集中参加的公共活动，举办单位应当提供字幕或者手语服务。

第二十六条 电信业务经营者提供电信服务，应当创造条件为有需求的听力、言语残疾人提供文字信息服务，为有需求的视力残疾人提供语音信息服务。

电信终端设备制造者应当提供能够与无

障碍信息交流服务相衔接的技术、产品。

第四章　无障碍社区服务

第二十七条　社区公共服务设施应当逐步完善无障碍服务功能，为残疾人等社会成员参与社区生活提供便利。

第二十八条　地方各级人民政府应当逐步完善报警、医疗急救等紧急呼叫系统，方便残疾人等社会成员报警、呼救。

第二十九条　对需要进行无障碍设施改造的贫困家庭，县级以上地方人民政府可以给予适当补助。

第三十条　组织选举的部门应当为残疾人参加选举提供便利，为视力残疾人提供盲文选票。

第五章　法律责任

第三十一条　城镇新建、改建、扩建道路、公共建筑、公共交通设施、居住建筑、居住区，不符合无障碍设施工程建设标准的，由住房和城乡建设主管部门责令改正，依法给予处罚。

第三十二条　肢体残疾人驾驶或者乘坐的机动车以外的机动车占用无障碍停车位，影响肢体残疾人使用的，由公安机关交通管理部门责令改正，依法给予处罚。

第三十三条　无障碍设施的所有权人或者管理人对无障碍设施未进行保护或者及时维修，导致无法正常使用的，由有关主管部门责令限期维修；造成使用人人身、财产损害的，无障碍设施的所有权人或者管理人应当承担赔偿责任。

第三十四条　无障碍环境建设主管部门工作人员滥用职权、玩忽职守、徇私舞弊的，依法给予处分；构成犯罪的，依法追究刑事责任。

第六章　附　　则

第三十五条　本条例自2012年8月1日起施行。

中华人民共和国老年人权益保障法

（1996年8月29日第八届全国人民代表大会常务委员会第二十一次会议通过，根据2009年8月27日第十一届全国人民代表大会常务委员会第十次会议《关于修改部分法律的决定》第一次修正，2012年12月28日第十一届全国人民代表大会常务委员会第三十次会议修订，根据2015年4月24日第十二届全国人民代表大会常务委员会第十四次会议《关于修改〈中华人民共和国电力法〉等六部法律的决定》第二次修正，根据2018年12月29日第十三届全国人民代表大会常务委员会第七次会议《关于修改〈中华人民共和国劳动法〉等七部法律的决定》第三次修正）

第一章　总　　则

第一条　为了保障老年人合法权益，发展老龄事业，弘扬中华民族敬老、养老、助老的美德，根据宪法，制定本法。

第二条　本法所称老年人是指六十周岁

以上的公民。

第三条 国家保障老年人依法享有的权益。

老年人有从国家和社会获得物质帮助的权利，有享受社会服务和社会优待的权利，有参与社会发展和共享发展成果的权利。

禁止歧视、侮辱、虐待或者遗弃老年人。

第四条 积极应对人口老龄化是国家的一项长期战略任务。

国家和社会应当采取措施，健全保障老年人权益的各项制度，逐步改善保障老年人生活、健康、安全以及参与社会发展的条件，实现老有所养、老有所医、老有所为、老有所学、老有所乐。

第五条 国家建立多层次的社会保障体系，逐步提高对老年人的保障水平。

国家建立和完善以居家为基础、社区为依托、机构为支撑的社会养老服务体系。

倡导全社会优待老年人。

第六条 各级人民政府应当将老龄事业纳入国民经济和社会发展规划，将老龄事业经费列入财政预算，建立稳定的经费保障机制，并鼓励社会各方面投入，使老龄事业与经济、社会协调发展。

国务院制定国家老龄事业发展规划。县级以上地方人民政府根据国家老龄事业发展规划，制定本行政区域的老龄事业发展规划和年度计划。

县级以上人民政府负责老龄工作的机构，负责组织、协调、指导、督促有关部门做好老年人权益保障工作。

第七条 保障老年人合法权益是全社会的共同责任。

国家机关、社会团体、企业事业单位和其他组织应当按照各自职责，做好老年人权益保障工作。

基层群众性自治组织和依法设立的老年人组织应当反映老年人的要求，维护老年人合法权益，为老年人服务。

提倡、鼓励义务为老年人服务。

第八条 国家进行人口老龄化国情教育，增强全社会积极应对人口老龄化意识。

全社会应当广泛开展敬老、养老、助老宣传教育活动，树立尊重、关心、帮助老年人的社会风尚。

青少年组织、学校和幼儿园应当对青少年和儿童进行敬老、养老、助老的道德教育和维护老年人合法权益的法制教育。

广播、电影、电视、报刊、网络等应当反映老年人的生活，开展维护老年人合法权益的宣传，为老年人服务。

第九条 国家支持老龄科学研究，建立老年人状况统计调查和发布制度。

第十条 各级人民政府和有关部门对维护老年人合法权益和敬老、养老、助老成绩显著的组织、家庭或者个人，对参与社会发展做出突出贡献的老年人，按照国家有关规定给予表彰或者奖励。

第十一条 老年人应当遵纪守法，履行法律规定的义务。

第十二条 每年农历九月初九为老年节。

第二章 家庭赡养与扶养

第十三条 老年人养老以居家为基础，家庭成员应当尊重、关心和照料老年人。

第十四条 赡养人应当履行对老年人经济上供养、生活上照料和精神上慰藉的义务，照顾老年人的特殊需要。

赡养人是指老年人的子女以及其他依法负有赡养义务的人。

赡养人的配偶应当协助赡养人履行赡养义务。

第十五条 赡养人应当使患病的老年人及时得到治疗和护理；对经济困难的老年人，应当提供医疗费用。

对生活不能自理的老年人，赡养人应当承担照料责任；不能亲自照料的，可以按照老年人的意愿委托他人或者养老机构等照料。

第十六条　赡养人应当妥善安排老年人的住房，不得强迫老年人居住或者迁居条件低劣的房屋。

老年人自有的或者承租的住房，子女或者其他亲属不得侵占，不得擅自改变产权关系或者租赁关系。

老年人自有的住房，赡养人有维修的义务。

第十七条　赡养人有义务耕种或者委托他人耕种老年人承包的田地，照管或者委托他人照管老年人的林木和牲畜等，收益归老年人所有。

第十八条　家庭成员应当关心老年人的精神需求，不得忽视、冷落老年人。

与老年人分开居住的家庭成员，应当经常看望或者问候老年人。

用人单位应当按照国家有关规定保障赡养人探亲休假的权利。

第十九条　赡养人不得以放弃继承权或者其他理由，拒绝履行赡养义务。

赡养人不履行赡养义务，老年人有要求赡养人付给赡养费等权利。

赡养人不得要求老年人承担力不能及的劳动。

第二十条　经老年人同意，赡养人之间可以就履行赡养义务签订协议。赡养协议的内容不得违反法律的规定和老年人的意愿。

基层群众性自治组织、老年人组织或者赡养人所在单位监督协议的履行。

第二十一条　老年人的婚姻自由受法律保护。子女或者其他亲属不得干涉老年人离婚、再婚及婚后的生活。

赡养人的赡养义务不因老年人的婚姻关系变化而消除。

第二十二条　老年人对个人的财产，依法享有占有、使用、收益和处分的权利，子女或者其他亲属不得干涉，不得以窃取、骗取、强行索取等方式侵犯老年人的财产权益。

老年人有依法继承父母、配偶、子女或者其他亲属遗产的权利，有接受赠与的权利。子女或者其他亲属不得侵占、抢夺、转移、隐匿或者损毁应当由老年人继承或者接受赠与的财产。

老年人以遗嘱处分财产，应当依法为老年配偶保留必要的份额。

第二十三条　老年人与配偶有相互扶养的义务。

由兄、姐扶养的弟、妹成年后，有负担能力的，对年老无赡养人的兄、姐有扶养的义务。

第二十四条　赡养人、扶养人不履行赡养、扶养义务的，基层群众性自治组织、老年人组织或者赡养人、扶养人所在单位应当督促其履行。

第二十五条　禁止对老年人实施家庭暴力。

第二十六条　具备完全民事行为能力的老年人，可以在近亲属或者其他与自己关系密切、愿意承担监护责任的个人、组织中协商确定自己的监护人。监护人在老年人丧失或者部分丧失民事行为能力时，依法承担监护责任。

老年人未事先确定监护人的，其丧失或者部分丧失民事行为能力时，依照有关法律的规定确定监护人。

第二十七条　国家建立健全家庭养老支持政策，鼓励家庭成员与老年人共同生活或者就近居住，为老年人随配偶或者赡养人迁徙提供条件，为家庭成员照料老年人提供帮助。

第三章　社会保障

第二十八条　国家通过基本养老保险制度，保障老年人的基本生活。

第二十九条　国家通过基本医疗保险制度，保障老年人的基本医疗需要。享受最低生活保障的老年人和符合条件的低收入家庭中的老年人参加新型农村合作医疗和城镇居民基本医疗保险所需个人缴费部分，由政府给予补贴。

有关部门制定医疗保险办法，应当对老年人给予照顾。

第三十条 国家逐步开展长期护理保障工作，保障老年人的护理需求。

对生活长期不能自理、经济困难的老年人，地方各级人民政府应当根据其失能程度等情况给予护理补贴。

第三十一条 国家对经济困难的老年人给予基本生活、医疗、居住或者其他救助。

老年人无劳动能力、无生活来源、无赡养人和扶养人，或者其赡养人和扶养人确无赡养能力或者扶养能力的，由地方各级人民政府依照有关规定给予供养或者救助。

对流浪乞讨、遭受遗弃等生活无着的老年人，由地方各级人民政府依照有关规定给予救助。

第三十二条 地方各级人民政府在实施廉租住房、公共租赁住房等住房保障制度或者进行危旧房屋改造时，应当优先照顾符合条件的老年人。

第三十三条 国家建立和完善老年人福利制度，根据经济社会发展水平和老年人的实际需要，增加老年人的社会福利。

国家鼓励地方建立八十周岁以上低收入老年人高龄津贴制度。

国家建立和完善计划生育家庭老年人扶助制度。

农村可以将未承包的集体所有的部分土地、山林、水面、滩涂等作为养老基地，收益供老年人养老。

第三十四条 老年人依法享有的养老金、医疗待遇和其他待遇应当得到保障，有关机构必须按时足额支付，不得克扣、拖欠或者挪用。

国家根据经济发展以及职工平均工资增长、物价上涨等情况，适时提高养老保障水平。

第三十五条 国家鼓励慈善组织以及其他组织和个人为老年人提供物质帮助。

第三十六条 老年人可以与集体经济组织、基层群众性自治组织、养老机构等组织或者个人签订遗赠扶养协议或者其他扶助协议。

负有扶养义务的组织或者个人按照遗赠扶养协议，承担该老年人生养死葬的义务，享有受遗赠的权利。

第四章 社会服务

第三十七条 地方各级人民政府和有关部门应当采取措施，发展城乡社区养老服务，鼓励、扶持专业服务机构及其他组织和个人，为居家的老年人提供生活照料、紧急救援、医疗护理、精神慰藉、心理咨询等多种形式的服务。

对经济困难的老年人，地方各级人民政府应当逐步给予养老服务补贴。

第三十八条 地方各级人民政府和有关部门、基层群众性自治组织，应当将养老服务设施纳入城乡社区配套设施建设规划，建立适应老年人需要的生活服务、文化体育活动、日间照料、疾病护理与康复等服务设施和网点，就近为老年人提供服务。

发扬邻里互助的传统，提倡邻里间关心、帮助有困难的老年人。

鼓励慈善组织、志愿者为老年人服务。倡导老年人互助服务。

第三十九条 各级人民政府应当根据经济发展水平和老年人服务需求，逐步增加对养老服务的投入。

各级人民政府和有关部门在财政、税费、土地、融资等方面采取措施，鼓励、扶持企业事业单位、社会组织或者个人兴办、运营养老、老年人日间照料、老年文化体育活动等设施。

第四十条 地方各级人民政府和有关部门应当按照老年人口比例及分布情况，将养老服务设施建设纳入城乡规划和土地利用总体规划，统筹安排养老服务设施建设用地及所需物资。

公益性养老服务设施用地，可以依法使用国有划拨土地或者农民集体所有的土地。

养老服务设施用地，非经法定程序不得改变用途。

第四十一条　政府投资兴办的养老机构，应当优先保障经济困难的孤寡、失能、高龄等老年人的服务需求。

第四十二条　国务院有关部门制定养老服务设施建设、养老服务质量和养老服务职业等标准，建立健全养老机构分类管理和养老服务评估制度。

各级人民政府应当规范养老服务收费项目和标准，加强监督和管理。

第四十三条　设立公益性养老机构，应当依法办理相应的登记。

设立经营性养老机构，应当在市场监督管理部门办理登记。

养老机构登记后即可开展服务活动，并向县级以上人民政府民政部门备案。

第四十四条　地方各级人民政府加强对本行政区域养老机构管理工作的领导，建立养老机构综合监管制度。

县级以上人民政府民政部门负责养老机构的指导、监督和管理，其他有关部门依照职责分工对养老机构实施监督。

第四十五条　县级以上人民政府民政部门依法履行监督检查职责，可以采取以下措施：

（一）向养老机构和个人了解情况；

（二）进入涉嫌违法的养老机构进行现场检查；

（三）查阅或者复制有关合同、票据、账簿及其他有关资料；

（四）发现养老机构存在可能危及人身健康和生命财产安全风险的，责令限期改正，逾期不改正的，责令停业整顿。

县级以上人民政府民政部门调查养老机构涉嫌违法的行为，应当遵守《中华人民共和国行政强制法》和其他有关法律、行政法规的规定。

第四十六条　养老机构变更或者终止的，应当妥善安置收住的老年人，并依照规定到有关部门办理手续。有关部门应当为养老机构妥善安置老年人提供帮助。

第四十七条　国家建立健全养老服务人才培养、使用、评价和激励制度，依法规范用工，促进从业人员劳动报酬合理增长，发展专职、兼职和志愿者相结合的养老服务队伍。

国家鼓励高等学校、中等职业学校和职业培训机构设置相关专业或者培训项目，培养养老服务专业人才。

第四十八条　养老机构应当与接受服务的老年人或者其代理人签订服务协议，明确双方的权利、义务。

养老机构及其工作人员不得以任何方式侵害老年人的权益。

第四十九条　国家鼓励养老机构投保责任保险，鼓励保险公司承保责任保险。

第五十条　各级人民政府和有关部门应当将老年医疗卫生服务纳入城乡医疗卫生服务规划，将老年人健康管理和常见病预防等纳入国家基本公共卫生服务项目。鼓励为老年人提供保健、护理、临终关怀等服务。

国家鼓励医疗机构开设针对老年病的专科或者门诊。

医疗卫生机构应当开展老年人的健康服务和疾病防治工作。

第五十一条　国家采取措施，加强老年医学的研究和人才培养，提高老年病的预防、治疗、科研水平，促进老年病的早期发现、诊断和治疗。

国家和社会采取措施，开展各种形式的健康教育，普及老年保健知识，增强老年人自我保健意识。

第五十二条　国家采取措施，发展老龄产业，将老龄产业列入国家扶持行业目录。扶持和引导企业开发、生产、经营适应老年人需要的用品和提供相关的服务。

第五章　社会优待

第五十三条　县级以上人民政府及其有关部门根据经济社会发展情况和老年人的特殊需要，制定优待老年人的办法，逐步提高优待水平。

对常住在本行政区域内的外埠老年人给予同等优待。

第五十四条　各级人民政府和有关部门应当为老年人及时、便利地领取养老金、结算医疗费和享受其他物质帮助提供条件。

第五十五条　各级人民政府和有关部门办理房屋权属关系变更、户口迁移等涉及老年人权益的重大事项时，应当就办理事项是否为老年人的真实意思表示进行询问，并依法优先办理。

第五十六条　老年人因其合法权益受侵害提起诉讼交纳诉讼费确有困难的，可以缓交、减交或者免交；需要获得律师帮助，但无力支付律师费用的，可以获得法律援助。

鼓励律师事务所、公证处、基层法律服务所和其他法律服务机构为经济困难的老年人提供免费或者优惠服务。

第五十七条　医疗机构应当为老年人就医提供方便，对老年人就医予以优先。有条件的地方，可以为老年人设立家庭病床，开展巡回医疗、护理、康复、免费体检等服务。

提倡为老年人义诊。

第五十八条　提倡与老年人日常生活密切相关的服务行业为老年人提供优先、优惠服务。

城市公共交通、公路、铁路、水路和航空客运，应当为老年人提供优待和照顾。

第五十九条　博物馆、美术馆、科技馆、纪念馆、公共图书馆、文化馆、影剧院、体育场馆、公园、旅游景点等场所，应当对老年人免费或者优惠开放。

第六十条　农村老年人不承担兴办公益事业的筹劳义务。

第六章　宜居环境

第六十一条　国家采取措施，推进宜居环境建设，为老年人提供安全、便利和舒适的环境。

第六十二条　各级人民政府在制定城乡规划时，应当根据人口老龄化发展趋势、老年人口分布和老年人的特点，统筹考虑适合老年人的公共基础设施、生活服务设施、医疗卫生设施和文化体育设施建设。

第六十三条　国家制定和完善涉及老年人的工程建设标准体系，在规划、设计、施工、监理、验收、运行、维护、管理等环节加强相关标准的实施与监督。

第六十四条　国家制定无障碍设施工程建设标准。新建、改建和扩建道路、公共交通设施、建筑物、居住区等，应当符合国家无障碍设施工程建设标准。

各级人民政府和有关部门应当按照国家无障碍设施工程建设标准，优先推进与老年人日常生活密切相关的公共服务设施的改造。

无障碍设施的所有人和管理人应当保障无障碍设施正常使用。

第六十五条　国家推动老年宜居社区建设，引导、支持老年宜居住宅的开发，推动和扶持老年人家庭无障碍设施的改造，为老年人创造无障碍居住环境。

第七章　参与社会发展

第六十六条　国家和社会应当重视、珍惜老年人的知识、技能、经验和优良品德，发挥老年人的专长和作用，保障老年人参与经济、政治、文化和社会生活。

第六十七条　老年人可以通过老年人组织，开展有益身心健康的活动。

第六十八条　制定法律、法规、规章和公共政策，涉及老年人权益重大问题的，应当听取老年人和老年人组织的意见。

老年人和老年人组织有权向国家机关提

出老年人权益保障、老龄事业发展等方面的意见和建议。

第六十九条　国家为老年人参与社会发展创造条件。根据社会需要和可能，鼓励老年人在自愿和量力的情况下，从事下列活动：

（一）对青少年和儿童进行社会主义、爱国主义、集体主义和艰苦奋斗等优良传统教育；

（二）传授文化和科技知识；

（三）提供咨询服务；

（四）依法参与科技开发和应用；

（五）依法从事经营和生产活动；

（六）参加志愿服务、兴办社会公益事业；

（七）参与维护社会治安、协助调解民间纠纷；

（八）参加其他社会活动。

第七十条　老年人参加劳动的合法收入受法律保护。

任何单位和个人不得安排老年人从事危害其身心健康的劳动或者危险作业。

第七十一条　老年人有继续受教育的权利。

国家发展老年教育，把老年教育纳入终身教育体系，鼓励社会办好各类老年学校。

各级人民政府对老年教育应当加强领导，统一规划，加大投入。

第七十二条　国家和社会采取措施，开展适合老年人的群众性文化、体育、娱乐活动，丰富老年人的精神文化生活。

第八章　法律责任

第七十三条　老年人合法权益受到侵害的，被侵害人或者其代理人有权要求有关部门处理，或者依法向人民法院提起诉讼。

人民法院和有关部门，对侵犯老年人合法权益的申诉、控告和检举，应当依法及时受理，不得推诿、拖延。

第七十四条　不履行保护老年人合法权益职责的部门或者组织，其上级主管部门应当给予批评教育，责令改正。

国家工作人员违法失职，致使老年人合法权益受到损害的，由其所在单位或者上级机关责令改正，或者依法给予处分；构成犯罪的，依法追究刑事责任。

第七十五条　老年人与家庭成员因赡养、扶养或者住房、财产等发生纠纷，可以申请人民调解委员会或者其他有关组织进行调解，也可以直接向人民法院提起诉讼。

人民调解委员会或者其他有关组织调解前款纠纷时，应当通过说服、疏导等方式化解矛盾和纠纷；对有过错的家庭成员，应当给予批评教育。

人民法院对老年人追索赡养费或者扶养费的申请，可以依法裁定先予执行。

第七十六条　干涉老年人婚姻自由，对老年人负有赡养义务、扶养义务而拒绝赡养、扶养，虐待老年人或者对老年人实施家庭暴力的，由有关单位给予批评教育；构成违反治安管理行为的，依法给予治安管理处罚；构成犯罪的，依法追究刑事责任。

第七十七条　家庭成员盗窃、诈骗、抢夺、侵占、勒索、故意损毁老年人财物，构成违反治安管理行为的，依法给予治安管理处罚；构成犯罪的，依法追究刑事责任。

第七十八条　侮辱、诽谤老年人，构成违反治安管理行为的，依法给予治安管理处罚；构成犯罪的，依法追究刑事责任。

第七十九条　养老机构及其工作人员侵害老年人人身和财产权益，或者未按照约定提供服务的，依法承担民事责任；有关主管部门依法给予行政处罚；构成犯罪的，依法追究刑事责任。

第八十条　对养老机构负有管理和监督职责的部门及其工作人员滥用职权、玩忽职守、徇私舞弊的，对直接负责的主管人员和其他直接责任人员依法给予处分；构成犯罪的，依法追究刑事责任。

第八十一条 不按规定履行优待老年人义务的，由有关主管部门责令改正。

第八十二条 涉及老年人的工程不符合国家规定的标准或者无障碍设施所有人、管理人未尽到维护和管理职责的，由有关主管部门责令改正；造成损害的，依法承担民事责任；对有关单位、个人依法给予行政处罚；构成犯罪的，依法追究刑事责任。

第九章 附 则

第八十三条 民族自治地方的人民代表大会，可以根据本法的原则，结合当地民族风俗习惯的具体情况，依照法定程序制定变通的或者补充的规定。

第八十四条 本法施行前设立的养老机构不符合本法规定条件的，应当限期整改。具体办法由国务院民政部门制定。

第八十五条 本法自 2013 年 7 月 1 日起施行。

中华人民共和国残疾人保障法

（1990 年 12 月 28 日第七届全国人民代表大会常务委员会第十七次会议通过，2008 年 4 月 24 日第十一届全国人民代表大会常务委员会第二次会议修订，根据 2018 年 10 月 26 日第十三届全国人民代表大会常务委员会第六次会议《关于修改〈中华人民共和国野生动物保护法〉等十五部法律的决定》修正）

第一章 总 则

第一条 为了维护残疾人的合法权益，发展残疾人事业，保障残疾人平等地充分参与社会生活，共享社会物质文化成果，根据宪法，制定本法。

第二条 残疾人是指在心理、生理、人体结构上，某种组织、功能丧失或者不正常，全部或者部分丧失以正常方式从事某种活动能力的人。

残疾人包括视力残疾、听力残疾、言语残疾、肢体残疾、智力残疾、精神残疾、多重残疾和其他残疾的人。

残疾标准由国务院规定。

第三条 残疾人在政治、经济、文化、社会和家庭生活等方面享有同其他公民平等的权利。

残疾人的公民权利和人格尊严受法律保护。

禁止基于残疾的歧视。禁止侮辱、侵害残疾人。禁止通过大众传播媒介或者其他方式贬低损害残疾人人格。

第四条 国家采取辅助方法和扶持措施，对残疾人给予特别扶助，减轻或者消除残疾影响和外界障碍，保障残疾人权利的实现。

第五条 县级以上人民政府应当将残疾人事业纳入国民经济和社会发展规划，加强领导，综合协调，并将残疾人事业经费列入财政预算，建立稳定的经费保障机制。

国务院制定中国残疾人事业发展纲要，县级以上地方人民政府根据中国残疾人事业发展纲要，制定本行政区域的残疾人事业发展规划和年度计划，使残疾人事业与经济、社会协调发展。

县级以上人民政府负责残疾人工作的机

构，负责组织、协调、指导、督促有关部门做好残疾人事业的工作。

各级人民政府和有关部门，应当密切联系残疾人，听取残疾人的意见，按照各自的职责，做好残疾人工作。

第六条　国家采取措施，保障残疾人依照法律规定，通过各种途径和形式，管理国家事务，管理经济和文化事业，管理社会事务。

制定法律、法规、规章和公共政策，对涉及残疾人权益和残疾人事业的重大问题，应当听取残疾人和残疾人组织的意见。

残疾人和残疾人组织有权向各级国家机关提出残疾人权益保障、残疾人事业发展等方面的意见和建议。

第七条　全社会应当发扬人道主义精神，理解、尊重、关心、帮助残疾人，支持残疾人事业。

国家鼓励社会组织和个人为残疾人提供捐助和服务。

国家机关、社会团体、企业事业单位和城乡基层群众性自治组织，应当做好所属范围内的残疾人工作。

从事残疾人工作的国家工作人员和其他人员，应当依法履行职责，努力为残疾人服务。

第八条　中国残疾人联合会及其地方组织，代表残疾人的共同利益，维护残疾人的合法权益，团结教育残疾人，为残疾人服务。

中国残疾人联合会及其地方组织依照法律、法规、章程或者接受政府委托，开展残疾人工作，动员社会力量，发展残疾人事业。

第九条　残疾人的扶养人必须对残疾人履行扶养义务。

残疾人的监护人必须履行监护职责，尊重被监护人的意愿，维护被监护人的合法权益。

残疾人的亲属、监护人应当鼓励和帮助残疾人增强自立能力。

禁止对残疾人实施家庭暴力，禁止虐待、遗弃残疾人。

第十条　国家鼓励残疾人自尊、自信、自强、自立，为社会主义建设贡献力量。

残疾人应当遵守法律、法规，履行应尽的义务，遵守公共秩序，尊重社会公德。

第十一条　国家有计划地开展残疾预防工作，加强对残疾预防工作的领导，宣传、普及母婴保健和预防残疾的知识，建立健全出生缺陷预防和早期发现、早期治疗机制，针对遗传、疾病、药物、事故、灾害、环境污染和其他致残因素，组织和动员社会力量，采取措施，预防残疾的发生，减轻残疾程度。

国家建立健全残疾人统计调查制度，开展残疾人状况的统计调查和分析。

第十二条　国家和社会对残疾军人、因公致残人员以及其他为维护国家和人民利益致残的人员实行特别保障，给予抚恤和优待。

第十三条　对在社会主义建设中做出显著成绩的残疾人，对维护残疾人合法权益、发展残疾人事业、为残疾人服务做出显著成绩的单位和个人，各级人民政府和有关部门给予表彰和奖励。

第十四条　每年5月的第三个星期日为全国助残日。

第二章　康　　复

第十五条　国家保障残疾人享有康复服务的权利。

各级人民政府和有关部门应当采取措施，为残疾人康复创造条件，建立和完善残疾人康复服务体系，并分阶段实施重点康复项目，帮助残疾人恢复或者补偿功能，增强其参与社会生活的能力。

第十六条　康复工作应当从实际出发，将现代康复技术与我国传统康复技术相结合；以社区康复为基础，康复机构为骨干，残疾人家庭为依托；以实用、易行、受益广的康复内容为重点，优先开展残疾儿童抢救性治疗和康复；发展符合康复要求的科学技术，鼓励自主创新，加强康复新技术的研究、开发和应用，为残疾人提供有效的康复服务。

第十七条 各级人民政府鼓励和扶持社会力量兴办残疾人康复机构。

地方各级人民政府和有关部门，应当组织和指导城乡社区服务组织、医疗预防保健机构、残疾人组织、残疾人家庭和其他社会力量，开展社区康复工作。

残疾人教育机构、福利性单位和其他为残疾人服务的机构，应当创造条件，开展康复训练活动。

残疾人在专业人员的指导和有关工作人员、志愿工作者及亲属的帮助下，应当努力进行功能、自理能力和劳动技能的训练。

第十八条 地方各级人民政府和有关部门应当根据需要有计划地在医疗机构设立康复医学科室，举办残疾人康复机构，开展康复医疗与训练、人员培训、技术指导、科学研究等工作。

第十九条 医学院校和其他有关院校应当有计划地开设康复课程，设置相关专业，培养各类康复专业人才。

政府和社会采取多种形式对从事康复工作的人员进行技术培训；向残疾人、残疾人亲属、有关工作人员和志愿工作者普及康复知识，传授康复方法。

第二十条 政府有关部门应当组织和扶持残疾人康复器械、辅助器具的研制、生产、供应、维修服务。

第三章 教　　育

第二十一条 国家保障残疾人享有平等接受教育的权利。

各级人民政府应当将残疾人教育作为国家教育事业的组成部分，统一规划，加强领导，为残疾人接受教育创造条件。

政府、社会、学校应当采取有效措施，解决残疾儿童、少年就学存在的实际困难，帮助其完成义务教育。

各级人民政府对接受义务教育的残疾学生、贫困残疾人家庭的学生提供免费教科书，并给予寄宿生活费等费用补助；对接受义务教育以外其他教育的残疾学生、贫困残疾人家庭的学生按照国家有关规定给予资助。

第二十二条 残疾人教育，实行普及与提高相结合、以普及为重点的方针，保障义务教育，着重发展职业教育，积极开展学前教育，逐步发展高级中等以上教育。

第二十三条 残疾人教育应当根据残疾人的身心特性和需要，按照下列要求实施：

（一）在进行思想教育、文化教育的同时，加强身心补偿和职业教育；

（二）依据残疾类别和接受能力，采取普通教育方式或者特殊教育方式；

（三）特殊教育的课程设置、教材、教学方法、入学和在校年龄，可以有适度弹性。

第二十四条 县级以上人民政府应当根据残疾人的数量、分布状况和残疾类别等因素，合理设置残疾人教育机构，并鼓励社会力量办学、捐资助学。

第二十五条 普通教育机构对具有接受普通教育能力的残疾人实施教育，并为其学习提供便利和帮助。

普通小学、初级中等学校，必须招收能适应其学习生活的残疾儿童、少年入学；普通高级中等学校、中等职业学校和高等学校，必须招收符合国家规定的录取要求的残疾考生入学，不得因其残疾而拒绝招收；拒绝招收的，当事人或者其亲属、监护人可以要求有关部门处理，有关部门应当责令该学校招收。

普通幼儿教育机构应当接收能适应其生活的残疾幼儿。

第二十六条 残疾幼儿教育机构、普通幼儿教育机构附设的残疾儿童班、特殊教育机构的学前班、残疾儿童福利机构、残疾儿童家庭，对残疾儿童实施学前教育。

初级中等以下特殊教育机构和普通教育机构附设的特殊教育班，对不具有接受普通教育能力的残疾儿童、少年实施义务教育。

高级中等以上特殊教育机构、普通教育机构附设的特殊教育班和残疾人职业教育机构，对符合条件的残疾人实施高级中等以上文化教育、职业教育。

提供特殊教育的机构应当具备适合残疾人学习、康复、生活特点的场所和设施。

第二十七条　政府有关部门、残疾人所在单位和有关社会组织应当对残疾人开展扫除文盲、职业培训、创业培训和其他成人教育，鼓励残疾人自学成才。

第二十八条　国家有计划地举办各级各类特殊教育师范院校、专业，在普通师范院校附设特殊教育班，培养、培训特殊教育师资。普通师范院校开设特殊教育课程或者讲授有关内容，使普通教师掌握必要的特殊教育知识。

特殊教育教师和手语翻译，享受特殊教育津贴。

第二十九条　政府有关部门应当组织和扶持盲文、手语的研究和应用，特殊教育教材的编写和出版，特殊教育教学用具及其他辅助用品的研制、生产和供应。

第四章　劳动就业

第三十条　国家保障残疾人劳动的权利。

各级人民政府应当对残疾人劳动就业统筹规划，为残疾人创造劳动就业条件。

第三十一条　残疾人劳动就业，实行集中与分散相结合的方针，采取优惠政策和扶持保护措施，通过多渠道、多层次、多种形式，使残疾人劳动就业逐步普及、稳定、合理。

第三十二条　政府和社会举办残疾人福利企业、盲人按摩机构和其他福利性单位，集中安排残疾人就业。

第三十三条　国家实行按比例安排残疾人就业制度。

国家机关、社会团体、企业事业单位、民办非企业单位应当按照规定的比例安排残疾人就业，并为其选择适当的工种和岗位。达不到规定比例的，按照国家有关规定履行保障残疾人就业义务。国家鼓励用人单位超过规定比例安排残疾人就业。

残疾人就业的具体办法由国务院规定。

第三十四条　国家鼓励和扶持残疾人自主择业、自主创业。

第三十五条　地方各级人民政府和农村基层组织，应当组织和扶持农村残疾人从事种植业、养殖业、手工业和其他形式的生产劳动。

第三十六条　国家对安排残疾人就业达到、超过规定比例或者集中安排残疾人就业的用人单位和从事个体经营的残疾人，依法给予税收优惠，并在生产、经营、技术、资金、物资、场地等方面给予扶持。国家对从事个体经营的残疾人，免除行政事业性收费。

县级以上地方人民政府及其有关部门应当确定适合残疾人生产、经营的产品、项目，优先安排残疾人福利性单位生产或者经营，并根据残疾人福利性单位的生产特点确定某些产品由其专产。

政府采购，在同等条件下应当优先购买残疾人福利性单位的产品或者服务。

地方各级人民政府应当开发适合残疾人就业的公益性岗位。

对申请从事个体经营的残疾人，有关部门应当优先核发营业执照。

对从事各类生产劳动的农村残疾人，有关部门应当在生产服务、技术指导、农用物资供应、农副产品购销和信贷等方面，给予帮助。

第三十七条　政府有关部门设立的公共就业服务机构，应当为残疾人免费提供就业服务。

残疾人联合会举办的残疾人就业服务机

构，应当组织开展免费的职业指导、职业介绍和职业培训，为残疾人就业和用人单位招用残疾人提供服务和帮助。

第三十八条　国家保护残疾人福利性单位的财产所有权和经营自主权，其合法权益不受侵犯。

在职工的招用、转正、晋级、职称评定、劳动报酬、生活福利、休息休假、社会保险等方面，不得歧视残疾人。

残疾职工所在单位应当根据残疾职工的特点，提供适当的劳动条件和劳动保护，并根据实际需要对劳动场所、劳动设备和生活设施进行改造。

国家采取措施，保障盲人保健和医疗按摩人员从业的合法权益。

第三十九条　残疾职工所在单位应当对残疾职工进行岗位技术培训，提高其劳动技能和技术水平。

第四十条　任何单位和个人不得以暴力、威胁或者非法限制人身自由的手段强迫残疾人劳动。

第五章　文化生活

第四十一条　国家保障残疾人享有平等参与文化生活的权利。

各级人民政府和有关部门鼓励、帮助残疾人参加各种文化、体育、娱乐活动，积极创造条件，丰富残疾人精神文化生活。

第四十二条　残疾人文化、体育、娱乐活动应当面向基层，融于社会公共文化生活，适应各类残疾人的不同特点和需要，使残疾人广泛参与。

第四十三条　政府和社会采取下列措施，丰富残疾人的精神文化生活：

（一）通过广播、电影、电视、报刊、图书、网络等形式，及时宣传报道残疾人的工作、生活等情况，为残疾人服务；

（二）组织和扶持盲文读物、盲人有声读物及其他残疾人读物的编写和出版，根据盲人的实际需要，在公共图书馆设立盲文读物、盲人有声读物图书室；

（三）开办电视手语节目，开办残疾人专题广播栏目，推进电视栏目、影视作品加配字幕、解说；

（四）组织和扶持残疾人开展群众性文化、体育、娱乐活动，举办特殊艺术演出和残疾人体育运动会，参加国际性比赛和交流；

（五）文化、体育、娱乐和其他公共活动场所，为残疾人提供方便和照顾。有计划地兴办残疾人活动场所。

第四十四条　政府和社会鼓励、帮助残疾人从事文学、艺术、教育、科学、技术和其他有益于人民的创造性劳动。

第四十五条　政府和社会促进残疾人与其他公民之间的相互理解和交流，宣传残疾人事业和扶助残疾人的事迹，弘扬残疾人自强不息的精神，倡导团结、友爱、互助的社会风尚。

第六章　社会保障

第四十六条　国家保障残疾人享有各项社会保障的权利。

政府和社会采取措施，完善对残疾人的社会保障，保障和改善残疾人的生活。

第四十七条　残疾人及其所在单位应当按照国家有关规定参加社会保险。

残疾人所在城乡基层群众性自治组织、残疾人家庭，应当鼓励、帮助残疾人参加社会保险。

对生活确有困难的残疾人，按照国家有关规定给予社会保险补贴。

第四十八条　各级人民政府对生活确有困难的残疾人，通过多种渠道给予生活、教育、住房和其他社会救助。

县级以上地方人民政府对享受最低生活保障待遇后生活仍有特别困难的残疾人家庭，应当采取其他措施保障其基本生活。

各级人民政府对贫困残疾人的基本医疗、康复服务、必要的辅助器具的配置和更换，应当按照规定给予救助。

对生活不能自理的残疾人，地方各级人民政府应当根据情况给予护理补贴。

第四十九条　地方各级人民政府对无劳动能力、无扶养人或者扶养人不具有扶养能力、无生活来源的残疾人，按照规定予以供养。

国家鼓励和扶持社会力量举办残疾人供养、托养机构。

残疾人供养、托养机构及其工作人员不得侮辱、虐待、遗弃残疾人。

第五十条　县级以上人民政府对残疾人搭乘公共交通工具，应当根据实际情况给予便利和优惠。残疾人可以免费携带随身必备的辅助器具。

盲人持有效证件免费乘坐市内公共汽车、电车、地铁、渡船等公共交通工具。盲人读物邮件免费寄递。

国家鼓励和支持提供电信、广播电视服务的单位对盲人、听力残疾人、言语残疾人给予优惠。

各级人民政府应当逐步增加对残疾人的其他照顾和扶助。

第五十一条　政府有关部门和残疾人组织应当建立和完善社会各界为残疾人捐助和服务的渠道，鼓励和支持发展残疾人慈善事业，开展志愿者助残等公益活动。

第七章　无障碍环境

第五十二条　国家和社会应当采取措施，逐步完善无障碍设施，推进信息交流无障碍，为残疾人平等参与社会生活创造无障碍环境。

各级人民政府应当对无障碍环境建设进行统筹规划，综合协调，加强监督管理。

第五十三条　无障碍设施的建设和改造，应当符合残疾人的实际需要。

新建、改建和扩建建筑物、道路、交通设施等，应当符合国家有关无障碍设施工程建设标准。

各级人民政府和有关部门应当按照国家无障碍设施工程建设规定，逐步推进已建成设施的改造，优先推进与残疾人日常工作、生活密切相关的公共服务设施的改造。

对无障碍设施应当及时维修和保护。

第五十四条　国家采取措施，为残疾人信息交流无障碍创造条件。

各级人民政府和有关部门应当采取措施，为残疾人获取公共信息提供便利。

国家和社会研制、开发适合残疾人使用的信息交流技术和产品。

国家举办的各类升学考试、职业资格考试和任职考试，有盲人参加的，应当为盲人提供盲文试卷、电子试卷或者由专门的工作人员予以协助。

第五十五条　公共服务机构和公共场所应当创造条件，为残疾人提供语音和文字提示、手语、盲文等信息交流服务，并提供优先服务和辅助性服务。

公共交通工具应当逐步达到无障碍设施的要求。有条件的公共停车场应当为残疾人设置专用停车位。

第五十六条　组织选举的部门应当为残疾人参加选举提供便利；有条件的，应当为盲人提供盲文选票。

第五十七条　国家鼓励和扶持无障碍辅助设备、无障碍交通工具的研制和开发。

第五十八条　盲人携带导盲犬出入公共场所，应当遵守国家有关规定。

第八章　法律责任

第五十九条　残疾人的合法权益受到侵害的，可以向残疾人组织投诉，残疾人组织应当维护残疾人的合法权益，有权要求有关部门或者单位查处。有关部门或者单位应当依法查处，并予以答复。

残疾人组织对残疾人通过诉讼维护其合法权益需要帮助的，应当给予支持。

残疾人组织对侵害特定残疾人群体利益的行为，有权要求有关部门依法查处。

第六十条　残疾人的合法权益受到侵害的，有权要求有关部门依法处理，或者依法向仲裁机构申请仲裁，或者依法向人民法院提起诉讼。

对有经济困难或者其他原因确需法律援助或者司法救助的残疾人，当地法律援助机构或者人民法院应当给予帮助，依法为其提供法律援助或者司法救助。

第六十一条 违反本法规定，对侵害残疾人权益行为的申诉、控告、检举，推诿、拖延、压制不予查处，或者对提出申诉、控告、检举的人进行打击报复的，由其所在单位、主管部门或者上级机关责令改正，并依法对直接负责的主管人员和其他直接责任人员给予处分。

国家工作人员未依法履行职责，对侵害残疾人权益的行为未及时制止或者未给予受害残疾人必要帮助，造成严重后果的，由其所在单位或者上级机关依法对直接负责的主管人员和其他直接责任人员给予处分。

第六十二条 违反本法规定，通过大众传播媒介或者其他方式贬低损害残疾人人格的，由文化、广播电视、电影、新闻出版或者其他有关主管部门依据各自的职权责令改正，并依法给予行政处罚。

第六十三条 违反本法规定，有关教育机构拒不接收残疾学生入学，或者在国家规定的录取要求以外附加条件限制残疾学生就学的，由有关主管部门责令改正，并依法对直接负责的主管人员和其他直接责任人员给予处分。

第六十四条 违反本法规定，在职工的招用等方面歧视残疾人的，由有关主管部门责令改正；残疾人劳动者可以依法向人民法院提起诉讼。

第六十五条 违反本法规定，供养、托养机构及其工作人员侮辱、虐待、遗弃残疾人的，对直接负责的主管人员和其他直接责任人员依法给予处分；构成违反治安管理行为的，依法给予行政处罚。

第六十六条 违反本法规定，新建、改建和扩建建筑物、道路、交通设施，不符合国家有关无障碍设施工程建设标准，或者对无障碍设施未进行及时维修和保护造成后果的，由有关主管部门依法处理。

第六十七条 违反本法规定，侵害残疾人的合法权益，其他法律、法规规定行政处罚的，从其规定；造成财产损失或者其他损害的，依法承担民事责任；构成犯罪的，依法追究刑事责任。

第九章 附　　则

第六十八条 本法自2008年7月1日起施行。

残疾人教育条例

（1994年8月23日中华人民共和国国务院令第161号发布，根据2011年1月8日《国务院关于废止和修改部分行政法规的决定》修订，2017年1月11日国务院第161次常务会议修订）

第一章 总　　则

第一条 为了保障残疾人受教育的权利，发展残疾人教育事业，根据《中华人民共和国教育法》和《中华人民共和国残疾人保障法》，制定本条例。

第二条 国家保障残疾人享有平等接受教育的权利，禁止任何基于残疾的教育歧视。

残疾人教育应当贯彻国家的教育方针，并根据残疾人的身心特性和需要，全面提高其素质，为残疾人平等地参与社会生活创造条件。

第三条　残疾人教育是国家教育事业的组成部分。

发展残疾人教育事业，实行普及与提高相结合、以普及为重点的方针，保障义务教育，着重发展职业教育，积极开展学前教育，逐步发展高级中等以上教育。

残疾人教育应当提高教育质量，积极推进融合教育，根据残疾人的残疾类别和接受能力，采取普通教育方式或者特殊教育方式，优先采取普通教育方式。

第四条　县级以上人民政府应当加强对残疾人教育事业的领导，将残疾人教育纳入教育事业发展规划，统筹安排实施，合理配置资源，保障残疾人教育经费投入，改善办学条件。

第五条　国务院教育行政部门主管全国的残疾人教育工作，统筹规划、协调管理全国的残疾人教育事业；国务院其他有关部门在国务院规定的职责范围内负责有关的残疾人教育工作。

县级以上地方人民政府教育行政部门主管本行政区域内的残疾人教育工作；县级以上地方人民政府其他有关部门在各自的职责范围内负责有关的残疾人教育工作。

第六条　中国残疾人联合会及其地方组织应当积极促进和开展残疾人教育工作，协助相关部门实施残疾人教育，为残疾人接受教育提供支持和帮助。

第七条　学前教育机构、各级各类学校及其他教育机构应当依照本条例以及国家有关法律、法规的规定，实施残疾人教育；对符合法律、法规规定条件的残疾人申请入学，不得拒绝招收。

第八条　残疾人家庭应当帮助残疾人接受教育。

残疾儿童、少年的父母或者其他监护人应当尊重和保障残疾儿童、少年接受教育的权利，积极开展家庭教育，使残疾儿童、少年及时接受康复训练和教育，并协助、参与有关教育机构的教育教学活动，为残疾儿童、少年接受教育提供支持。

第九条　社会各界应当关心和支持残疾人教育事业。残疾人所在社区、相关社会组织和企事业单位，应当支持和帮助残疾人平等接受教育、融入社会。

第十条　国家对为残疾人教育事业作出突出贡献的组织和个人，按照有关规定给予表彰、奖励。

第十一条　县级以上人民政府负责教育督导的机构应当将残疾人教育实施情况纳入督导范围，并可以就执行残疾人教育法律法规情况、残疾人教育教学质量以及经费管理和使用情况等实施专项督导。

第二章　义务教育

第十二条　各级人民政府应当依法履行职责，保障适龄残疾儿童、少年接受义务教育的权利。

县级以上人民政府对实施义务教育的工作进行监督、指导、检查，应当包括对残疾儿童、少年实施义务教育工作的监督、指导、检查。

第十三条　适龄残疾儿童、少年的父母或者其他监护人，应当依法保证其残疾子女或者被监护人入学接受并完成义务教育。

第十四条　残疾儿童、少年接受义务教育的入学年龄和年限，应当与当地儿童、少年接受义务教育的入学年龄和年限相同；必要时，其入学年龄和在校年龄可以适当提高。

第十五条　县级人民政府教育行政部门应当会同卫生行政部门、民政部门、残疾人联合会，根据新生儿疾病筛查和学龄前儿童残疾筛查、残疾人统计等信息，对义务教育适龄残疾儿童、少年进行入学前登记，全面掌握本行政区域内义务教育适龄残疾儿童、少年的数量和残疾情况。

第十六条 县级人民政府应当根据本行政区域内残疾儿童、少年的数量、类别和分布情况，统筹规划，优先在部分普通学校中建立特殊教育资源教室，配备必要的设备和专门从事残疾人教育的教师及专业人员，指定其招收残疾儿童、少年接受义务教育；并支持其他普通学校根据需要建立特殊教育资源教室，或者安排具备相应资源、条件的学校为招收残疾学生的其他普通学校提供必要的支持。

县级人民政府应当为实施义务教育的特殊教育学校配备必要的残疾人教育教学、康复评估和康复训练等仪器设备，并加强九年一贯制义务教育特殊教育学校建设。

第十七条 适龄残疾儿童、少年能够适应普通学校学习生活、接受普通教育的，依照《中华人民共和国义务教育法》的规定就近到普通学校入学接受义务教育。

适龄残疾儿童、少年能够接受普通教育，但是学习生活需要特别支持的，根据身体状况就近到县级人民政府教育行政部门在一定区域内指定的具备相应资源、条件的普通学校入学接受义务教育。

适龄残疾儿童、少年不能接受普通教育的，由县级人民政府教育行政部门统筹安排进入特殊教育学校接受义务教育。

适龄残疾儿童、少年需要专人护理，不能到学校就读的，由县级人民政府教育行政部门统筹安排，通过提供送教上门或者远程教育等方式实施义务教育，并纳入学籍管理。

第十八条 在特殊教育学校学习的残疾儿童、少年，经教育、康复训练，能够接受普通教育的，学校可以建议残疾儿童、少年的父母或者其他监护人将其转入或者升入普通学校接受义务教育。

在普通学校学习的残疾儿童、少年，难以适应普通学校学习生活的，学校可以建议残疾儿童、少年的父母或者其他监护人将其转入指定的普通学校或者特殊教育学校接受义务教育。

第十九条 适龄残疾儿童、少年接受教育的能力和适应学校学习生活的能力应当根据其残疾类别、残疾程度、补偿程度以及学校办学条件等因素判断。

第二十条 县级人民政府教育行政部门应当会同卫生行政部门、民政部门、残疾人联合会，建立由教育、心理、康复、社会工作等方面专家组成的残疾人教育专家委员会。

残疾人教育专家委员会可以接受教育行政部门的委托，对适龄残疾儿童、少年的身体状况、接受教育的能力和适应学校学习生活的能力进行评估，提出入学、转学建议；对残疾人义务教育问题提供咨询，提出建议。

依照前款规定作出的评估结果属于残疾儿童、少年的隐私，仅可被用于对残疾儿童、少年实施教育、康复。教育行政部门、残疾人教育专家委员会、学校及其工作人员对在工作中了解的残疾儿童、少年评估结果及其他个人信息负有保密义务。

第二十一条 残疾儿童、少年的父母或者其他监护人与学校就入学、转学安排发生争议的，可以申请县级人民政府教育行政部门处理。

接到申请的县级人民政府教育行政部门应当委托残疾人教育专家委员会对残疾儿童、少年的身体状况、接受教育的能力和适应学校学习生活的能力进行评估并提出入学、转学建议，并根据残疾人教育专家委员会的评估结果和提出的入学、转学建议，综合考虑学校的办学条件和残疾儿童、少年及其父母或者其他监护人的意愿，对残疾儿童、少年的入学、转学安排作出决定。

第二十二条 招收残疾学生的普通学校应当将残疾学生合理编入班级；残疾学生较多的，可以设置专门的特殊教育班级。

招收残疾学生的普通学校应当安排专门

从事残疾人教育的教师或者经验丰富的教师承担随班就读或者特殊教育班级的教育教学工作，并适当缩减班级学生数额，为残疾学生入学后的学习、生活提供便利和条件，保障残疾学生平等参与教育教学和学校组织的各项活动。

第二十三条　在普通学校随班就读残疾学生的义务教育，可以适用普通义务教育的课程设置方案、课程标准和教材，但是对其学习要求可以有适度弹性。

第二十四条　残疾儿童、少年特殊教育学校（班）应当坚持思想教育、文化教育、劳动技能教育与身心补偿相结合，并根据学生残疾状况和补偿程度，实施分类教学；必要时，应当听取残疾学生父母或者其他监护人的意见，制定符合残疾学生身心特性和需要的个别化教育计划，实施个别教学。

第二十五条　残疾儿童、少年特殊教育学校（班）的课程设置方案、课程标准和教材，应当适合残疾儿童、少年的身心特性和需要。

残疾儿童、少年特殊教育学校（班）的课程设置方案、课程标准由国务院教育行政部门制订；教材由省级以上人民政府教育行政部门按照国家有关规定审定。

第二十六条　县级人民政府教育行政部门应当加强对本行政区域内的残疾儿童、少年实施义务教育工作的指导。

县级以上地方人民政府教育行政部门应当统筹安排支持特殊教育学校建立特殊教育资源中心，在一定区域内提供特殊教育指导和支持服务。特殊教育资源中心可以受教育行政部门的委托承担以下工作：

（一）指导、评价区域内的随班就读工作；

（二）为区域内承担随班就读教育教学任务的教师提供培训；

（三）派出教师和相关专业服务人员支持随班就读，为接受送教上门和远程教育的残疾儿童、少年提供辅导和支持；

（四）为残疾学生父母或者其他监护人提供咨询；

（五）其他特殊教育相关工作。

第三章　职业教育

第二十七条　残疾人职业教育应当大力发展中等职业教育，加快发展高等职业教育，积极开展以实用技术为主的中期、短期培训，以提高就业能力为主，培养技术技能人才，并加强对残疾学生的就业指导。

第二十八条　残疾人职业教育由普通职业教育机构和特殊职业教育机构实施，以普通职业教育机构为主。

县级以上地方人民政府应当根据需要，合理设置特殊职业教育机构，改善办学条件，扩大残疾人中等职业学校招生规模。

第二十九条　普通职业学校不得拒绝招收符合国家规定的录取标准的残疾人入学，普通职业培训机构应当积极招收残疾人入学。

县级以上地方人民政府应当采取措施，鼓励和支持普通职业教育机构积极招收残疾学生。

第三十条　实施残疾人职业教育的学校和培训机构，应当根据社会需要和残疾人的身心特性合理设置专业，并与企业合作设立实习实训基地，或者根据教学需要和条件办好实习基地。

第四章　学前教育

第三十一条　各级人民政府应当积极采取措施，逐步提高残疾幼儿接受学前教育的比例。

县级人民政府及其教育行政部门、民政部门等有关部门应当支持普通幼儿园创造条件招收残疾幼儿；支持特殊教育学校和具备办学条件的残疾儿童福利机构、残疾儿童康复机构等实施学前教育。

第三十二条　残疾幼儿的教育应当与保育、康复结合实施。

招收残疾幼儿的学前教育机构应当根据

自身条件配备必要的康复设施、设备和专业康复人员，或者与其他具有康复设施、设备和专业康复人员的特殊教育机构、康复机构合作对残疾幼儿实施康复训练。

第三十三条　卫生保健机构、残疾幼儿的学前教育机构、儿童福利机构和家庭，应当注重对残疾幼儿的早期发现、早期康复和早期教育。

卫生保健机构、残疾幼儿的学前教育机构、残疾儿童康复机构应当就残疾幼儿的早期发现、早期康复和早期教育为残疾幼儿家庭提供咨询、指导。

第五章　普通高级中等以上教育及继续教育

第三十四条　普通高级中等学校、高等学校、继续教育机构应当招收符合国家规定的录取标准的残疾考生入学，不得因其残疾而拒绝招收。

第三十五条　设区的市级以上地方人民政府可以根据实际情况举办实施高级中等以上教育的特殊教育学校，支持高等学校设置特殊教育学院或者相关专业，提高残疾人的受教育水平。

第三十六条　县级以上人民政府教育行政部门以及其他有关部门、学校应当充分利用现代信息技术，以远程教育等方式为残疾人接受成人高等教育、高等教育自学考试等提供便利和帮助，根据实际情况开设适合残疾人学习的专业、课程，采取灵活开放的教学和管理模式，支持残疾人顺利完成学业。

第三十七条　残疾人所在单位应当对本单位的残疾人开展文化知识教育和技术培训。

第三十八条　扫除文盲教育应当包括对年满15周岁以上的未丧失学习能力的文盲、半文盲残疾人实施的扫盲教育。

第三十九条　国家、社会鼓励和帮助残疾人自学成才。

第六章　教　　师

第四十条　县级以上人民政府应当重视从事残疾人教育的教师培养、培训工作，并采取措施逐步提高他们的地位和待遇，改善他们的工作环境和条件，鼓励教师终身从事残疾人教育事业。

县级以上人民政府可以采取免费教育、学费减免、助学贷款代偿等措施，鼓励具备条件的高等学校毕业生到特殊教育学校或者其他特殊教育机构任教。

第四十一条　从事残疾人教育的教师，应当热爱残疾人教育事业，具有社会主义的人道主义精神，尊重和关爱残疾学生，并掌握残疾人教育的专业知识和技能。

第四十二条　专门从事残疾人教育工作的教师（以下称特殊教育教师）应当符合下列条件：

（一）依照《中华人民共和国教师法》的规定取得教师资格；

（二）特殊教育专业毕业或者经省、自治区、直辖市人民政府教育行政部门组织的特殊教育专业培训并考核合格。

从事听力残疾人教育的特殊教育教师应当达到国家规定的手语等级标准，从事视力残疾人教育的特殊教育教师应当达到国家规定的盲文等级标准。

第四十三条　省、自治区、直辖市人民政府可以根据残疾人教育发展的需求，结合当地实际为特殊教育学校和指定招收残疾学生的普通学校制定教职工编制标准。

县级以上地方人民政府教育行政部门应当会同其他有关部门，在核定的编制总额内，为特殊教育学校配备承担教学、康复等工作的特殊教育教师和相关专业人员；在指定招收残疾学生的普通学校设置特殊教育教师等专职岗位。

第四十四条　国务院教育行政部门和省、自治区、直辖市人民政府应当根据残疾人教育发展的需要有计划地举办特殊教育师范院校，支持普通师范院校和综合性院校设置相关院系或者专业，培养特殊教育教师。

普通师范院校和综合性院校的师范专业应当设置特殊教育课程，使学生掌握必要的特殊教育的基本知识和技能，以适应对随班就读的残疾学生的教育教学需要。

第四十五条　县级以上地方人民政府教育行政部门应当将特殊教育教师的培训纳入教师培训计划，以多种形式组织在职特殊教育教师进修提高专业水平；在普通教师培训中增加一定比例的特殊教育内容和相关知识，提高普通教师的特殊教育能力。

第四十六条　特殊教育教师和其他从事特殊教育的相关专业人员根据国家有关规定享受特殊岗位补助津贴及其他待遇；普通学校的教师承担残疾学生随班就读教学、管理工作的，应当将其承担的残疾学生教学、管理工作纳入其绩效考核内容，并作为核定工资待遇和职务评聘的重要依据。

县级以上人民政府教育行政部门、人力资源社会保障部门在职务评聘、培训进修、表彰奖励等方面，应当为特殊教育教师制定优惠政策、提供专门机会。

第七章　条件保障

第四十七条　省、自治区、直辖市人民政府应当根据残疾人教育的特殊情况，依据国务院有关行政主管部门的指导性标准，制定本行政区域内特殊教育学校的建设标准、经费开支标准、教学仪器设备配备标准等。

义务教育阶段普通学校招收残疾学生，县级人民政府财政部门及教育行政部门应当按照特殊教育学校生均预算内公用经费标准足额拨付费用。

第四十八条　各级人民政府应当按照有关规定安排残疾人教育经费，并将所需经费纳入本级政府预算。

县级以上人民政府根据需要可以设立专项补助款，用于发展残疾人教育。

地方各级人民政府用于义务教育的财政拨款和征收的教育费附加，应当有一定比例用于发展残疾儿童、少年义务教育。

地方各级人民政府可以按照有关规定将依法征收的残疾人就业保障金用于特殊教育学校开展各种残疾人职业教育。

第四十九条　县级以上地方人民政府应当根据残疾人教育发展的需要统筹规划、合理布局，设置特殊教育学校，并按照国家有关规定配备必要的残疾人教育教学、康复评估和康复训练等仪器设备。

特殊教育学校的设置，由教育行政部门按照国家有关规定审批。

第五十条　新建、改建、扩建各级各类学校应当符合《无障碍环境建设条例》的要求。

县级以上地方人民政府及其教育行政部门应当逐步推进各级各类学校无障碍校园环境建设。

第五十一条　招收残疾学生的学校对经济困难的残疾学生，应当按照国家有关规定减免学费和其他费用，并按照国家资助政策优先给予补助。

国家鼓励有条件的地方优先为经济困难的残疾学生提供免费的学前教育和高中教育，逐步实施残疾学生高中阶段免费教育。

第五十二条　残疾人参加国家教育考试，需要提供必要支持条件和合理便利的，可以提出申请。教育考试机构、学校应当按照国家有关规定予以提供。

第五十三条　国家鼓励社会力量举办特殊教育机构或者捐资助学；鼓励和支持民办学校或者其他教育机构招收残疾学生。

县级以上地方人民政府及其有关部门对民办特殊教育机构、招收残疾学生的民办学校，应当按照国家有关规定予以支持。

第五十四条　国家鼓励开展残疾人教育的科学研究，组织和扶持盲文、手语的研究和应用，支持特殊教育教材的编写和出版。

第五十五条　县级以上人民政府及其有关部门应当采取优惠政策和措施，支持研究、生产残疾人教育教学专用仪器设备、教具、学具、软件及其他辅助用品，扶持特殊教育机构兴办和发展福利企业和辅助性就业机构。

第八章 法律责任

第五十六条 地方各级人民政府及其有关部门违反本条例规定，未履行残疾人教育相关职责的，由上一级人民政府或者其有关部门责令限期改正；情节严重的，予以通报批评，并对直接负责的主管人员和其他直接责任人员依法给予处分。

第五十七条 学前教育机构、学校、其他教育机构及其工作人员违反本条例规定，有下列情形之一的，由其主管行政部门责令改正，对直接负责的主管人员和其他直接责任人员依法给予处分；构成违反治安管理行为的，由公安机关依法给予治安管理处罚；构成犯罪的，依法追究刑事责任：

（一）拒绝招收符合法律、法规规定条件的残疾学生入学的；

（二）歧视、侮辱、体罚残疾学生，或者放任对残疾学生的歧视言行，对残疾学生造成身心伤害的；

（三）未按照国家有关规定对经济困难的残疾学生减免学费或者其他费用的。

第九章 附 则

第五十八条 本条例下列用语的含义：

融合教育是指将对残疾学生的教育最大程度地融入普通教育。

特殊教育资源教室是指在普通学校设置的装备有特殊教育和康复训练设施设备的专用教室。

第五十九条 本条例自2017年5月1日起施行。

残疾预防和残疾人康复条例

（2017年2月7日国务院令第675号公布，根据2018年9月18日《国务院关于修改部分行政法规的决定》修正）

第一章 总 则

第一条 为了预防残疾的发生、减轻残疾程度，帮助残疾人恢复或者补偿功能，促进残疾人平等、充分地参与社会生活，发展残疾预防和残疾人康复事业，根据《中华人民共和国残疾人保障法》，制定本条例。

第二条 本条例所称残疾预防，是指针对各种致残因素，采取有效措施，避免个人心理、生理、人体结构上某种组织、功能的丧失或者异常，防止全部或者部分丧失正常参与社会活动的能力。

本条例所称残疾人康复，是指在残疾发生后综合运用医学、教育、职业、社会、心理和辅助器具等措施，帮助残疾人恢复或者补偿功能，减轻功能障碍，增强生活自理和社会参与能力。

第三条 残疾预防和残疾人康复工作应当坚持以人为本，从实际出发，实行预防为主、预防与康复相结合的方针。

国家采取措施为残疾人提供基本康复服务，支持和帮助其融入社会。禁止基于残疾的歧视。

第四条 县级以上人民政府领导残疾预防和残疾人康复工作，将残疾预防和残疾人康复工作纳入国民经济和社会发展规划，完善残疾预防和残疾人康复服务和保障体系，建立政府主导、部门协作、社会参与的工作机制，实行工作责任制，对有关部门承担的残疾预防和残疾人康复工作进行考核和监督。乡镇人民政府和街道办事处根据本地区的实际情况，组织开展残疾预防和残疾人康复工作。

县级以上人民政府负责残疾人工作的机构，负责残疾预防和残疾人康复工作的组织实施与监督。县级以上人民政府有关部门在各自的职责范围内做好残疾预防和残疾人康复有关工作。

第五条　中国残疾人联合会及其地方组织依照法律、法规、章程或者接受政府委托，开展残疾预防和残疾人康复工作。

工会、共产主义青年团、妇女联合会、红十字会等依法做好残疾预防和残疾人康复工作。

第六条　国家机关、社会组织、企业事业单位和城乡基层群众性自治组织应当做好所属范围内的残疾预防和残疾人康复工作。从事残疾预防和残疾人康复工作的人员应当依法履行职责。

第七条　社会各界应当关心、支持和参与残疾预防和残疾人康复事业。

新闻媒体应当积极开展残疾预防和残疾人康复的公益宣传。

国家鼓励和支持组织、个人提供残疾预防和残疾人康复服务，捐助残疾预防和残疾人康复事业，兴建相关公益设施。

第八条　国家鼓励开展残疾预防和残疾人康复的科学研究和应用，提高残疾预防和残疾人康复的科学技术水平。

国家鼓励开展残疾预防和残疾人康复领域的国际交流与合作。

第九条　对在残疾预防和残疾人康复工作中作出显著成绩的组织和个人，按照国家有关规定给予表彰、奖励。

第二章　残疾预防

第十条　残疾预防工作应当覆盖全人群和全生命周期，以社区和家庭为基础，坚持普遍预防和重点防控相结合。

第十一条　县级以上人民政府组织有关部门、残疾人联合会等开展下列残疾预防工作：

（一）实施残疾监测，定期调查残疾状况，分析致残原因，对遗传、疾病、药物、事故等主要致残因素实施动态监测；

（二）制定并实施残疾预防工作计划，针对主要致残因素实施重点预防，对致残风险较高的地区、人群、行业、单位实施优先干预；

（三）做好残疾预防宣传教育工作，普及残疾预防知识。

第十二条　卫生主管部门在开展孕前和孕产期保健、产前筛查、产前诊断以及新生儿疾病筛查，传染病、地方病、慢性病、精神疾病等防控，心理保健指导等工作时，应当做好残疾预防工作，针对遗传、疾病、药物等致残因素，采取相应措施消除或者降低致残风险，加强临床早期康复介入，减少残疾的发生。

公安、安全生产监督管理、食品安全监督管理、药品监督管理、生态环境、防灾减灾救灾等部门在开展交通安全、生产安全、食品安全、药品安全、生态环境保护、防灾减灾救灾等工作时，应当针对事故、环境污染、灾害等致残因素，采取相应措施，减少残疾的发生。

第十三条　国务院卫生、教育、民政等有关部门和中国残疾人联合会在履行职责时应当收集、汇总残疾人信息，实现信息共享。

第十四条　承担新生儿疾病和未成年人残疾筛查、诊断的医疗卫生机构应当按照规定将残疾和患有致残性疾病的未成年人信息，向所在地县级人民政府卫生主管部门报告。接到报告的卫生主管部门应当按照规定及时将相关信息与残疾人联合会共享，并共同组织开展早期干预。

第十五条　具有高度致残风险的用人单位应当对职工进行残疾预防相关知识培训，告知作业场所和工作岗位存在的致残风险，并采取防护措施，提供防护设施和防护用品。

第十六条 国家鼓励公民学习残疾预防知识和技能，提高自我防护意识和能力。

未成年人的监护人应当保证未成年人及时接受政府免费提供的疾病和残疾筛查，努力使有出生缺陷或者致残性疾病的未成年人及时接受治疗和康复服务。未成年人、老年人的监护人或者家庭成员应当增强残疾预防意识，采取有针对性的残疾预防措施。

第三章 康复服务

第十七条 县级以上人民政府应当组织卫生、教育、民政等部门和残疾人联合会整合从事残疾人康复服务的机构（以下称康复机构）、设施和人员等资源，合理布局，建立和完善以社区康复为基础、康复机构为骨干、残疾人家庭为依托的残疾人康复服务体系，以实用、易行、受益广的康复内容为重点，为残疾人提供综合性的康复服务。

县级以上人民政府应当优先开展残疾儿童康复工作，实行康复与教育相结合。

第十八条 县级以上人民政府根据本行政区域残疾人数量、分布状况、康复需求等情况，制定康复机构设置规划，举办公益性康复机构，将康复机构设置纳入基本公共服务体系规划。

县级以上人民政府支持社会力量投资康复机构建设，鼓励多种形式举办康复机构。

社会力量举办的康复机构和政府举办的康复机构在准入、执业、专业技术人员职称评定、非营利组织的财税扶持、政府购买服务等方面执行相同的政策。

第十九条 康复机构应当具有符合无障碍环境建设要求的服务场所以及与所提供康复服务相适应的专业技术人员、设施设备等条件，建立完善的康复服务管理制度。

康复机构应当依照有关法律、法规和标准、规范的规定，为残疾人提供安全、有效的康复服务。鼓励康复机构为所在区域的社区、学校、家庭提供康复业务指导和技术支持。

康复机构的建设标准、服务规范、管理办法由国务院有关部门商中国残疾人联合会制定。

县级以上人民政府有关部门应当依据各自职责，加强对康复机构的监督管理。残疾人联合会应当及时汇总、发布康复机构信息，为残疾人接受康复服务提供便利，各有关部门应当予以支持。残疾人联合会接受政府委托对康复机构及其服务质量进行监督。

第二十条 各级人民政府应当将残疾人社区康复纳入社区公共服务体系。

县级以上人民政府有关部门、残疾人联合会应当利用社区资源，根据社区残疾人数量、类型和康复需求等设立康复场所，或者通过政府购买服务方式委托社会组织，组织开展康复指导、日常生活能力训练、康复护理、辅助器具配置、信息咨询、知识普及和转介等社区康复工作。

城乡基层群众性自治组织应当鼓励和支持残疾人及其家庭成员参加社区康复活动，融入社区生活。

第二十一条 提供残疾人康复服务，应当针对残疾人的健康、日常活动、社会参与等需求进行评估，依据评估结果制定个性化康复方案，并根据实施情况对康复方案进行调整优化。制定、实施康复方案，应当充分听取、尊重残疾人及其家属的意见，告知康复措施的详细信息。

提供残疾人康复服务，应当保护残疾人隐私，不得歧视、侮辱残疾人。

第二十二条 从事残疾人康复服务的人员应当具有人道主义精神，遵守职业道德，学习掌握必要的专业知识和技能并能够熟练运用；有关法律、行政法规规定需要取得相应资格的，还应当依法取得相应的资格。

第二十三条 康复机构应当对其工作人员开展在岗培训，组织学习康复专业知识和技能，提高业务水平和服务能力。

第二十四条 各级人民政府和县级以上

人民政府有关部门、残疾人联合会以及康复机构等应当为残疾人及其家庭成员学习掌握康复知识和技能提供便利条件，引导残疾人主动参与康复活动，残疾人的家庭成员应当予以支持和帮助。

第四章　保障措施

第二十五条　各级人民政府应当按照社会保险的有关规定将残疾人纳入基本医疗保险范围，对纳入基本医疗保险支付范围的医疗康复费用予以支付；按照医疗救助的有关规定，对家庭经济困难的残疾人参加基本医疗保险给予补贴，并对经基本医疗保险、大病保险和其他补充医疗保险支付医疗费用后仍有困难的给予医疗救助。

第二十六条　国家建立残疾儿童康复救助制度，逐步实现0－6岁视力、听力、言语、肢体、智力等残疾儿童和孤独症儿童免费得到手术、辅助器具配置和康复训练等服务；完善重度残疾人护理补贴制度；通过实施重点康复项目为城乡贫困残疾人、重度残疾人提供基本康复服务，按照国家有关规定对基本型辅助器具配置给予补贴。具体办法由国务院有关部门商中国残疾人联合会根据经济社会发展水平和残疾人康复需求等情况制定。

国家多渠道筹集残疾人康复资金，鼓励、引导社会力量通过慈善捐赠等方式帮助残疾人接受康复服务。工伤保险基金、残疾人就业保障金等按照国家有关规定用于残疾人康复。

有条件的地区应当根据本地实际情况提高保障标准，扩大保障范围，实施高于国家规定水平的残疾人康复保障措施。

第二十七条　各级人民政府应当根据残疾预防和残疾人康复工作需要，将残疾预防和残疾人康复工作经费列入本级政府预算。

从事残疾预防和残疾人康复服务的机构依法享受有关税收优惠政策。县级以上人民政府有关部门对相关机构给予资金、设施设备、土地使用等方面的支持。

第二十八条　国家加强残疾预防和残疾人康复专业人才的培养；鼓励和支持高等学校、职业学校设置残疾预防和残疾人康复相关专业或者开设相关课程，培养专业技术人员。

县级以上人民政府卫生、教育等有关部门应当将残疾预防和残疾人康复知识、技能纳入卫生、教育等相关专业技术人员的继续教育。

第二十九条　国务院人力资源社会保障部门应当会同国务院有关部门和中国残疾人联合会，根据残疾预防和残疾人康复工作需要，完善残疾预防和残疾人康复专业技术人员职业能力水平评价体系。

第三十条　省级以上人民政府及其有关部门应当积极支持辅助器具的研发、推广和应用。

辅助器具研发、生产单位依法享受有关税收优惠政策。

第三十一条　各级人民政府和县级以上人民政府有关部门按照国家有关规定，保障残疾预防和残疾人康复工作人员的待遇。县级以上人民政府人力资源社会保障等部门应当在培训进修、表彰奖励等方面，对残疾预防和残疾人康复工作人员予以倾斜。

第五章　法律责任

第三十二条　地方各级人民政府和县级以上人民政府有关部门未依照本条例规定履行残疾预防和残疾人康复工作职责，或者滥用职权、玩忽职守、徇私舞弊的，依法对负有责任的领导人员和直接责任人员给予处分。

各级残疾人联合会有违反本条例规定的情形的，依法对负有责任的领导人员和直接责任人员给予处分。

第三十三条　医疗卫生机构、康复机构及其工作人员未依照本条例规定开展残疾预防和残疾人康复工作的，由有关主管部门按照各自职责分工责令改正，给予警告；情节严重的，责令暂停相关执业活动，依法对负有责任的领导人员和直接责任人员给予处分。

第三十四条　具有高度致残风险的用人单位未履行本条例第十五条规定的残疾预防义务，违反安全生产、职业病防治等法律、行政法规规定的，依照有关法律、行政法规的规定给予处罚；有关法律、行政法规没有规定的，由有关主管部门按照各自职责分工责令改正，给予警告；拒不改正的，责令停产停业整顿。用人单位还应当依法承担救治、保障等义务。

第三十五条　违反本条例规定，构成犯罪的，依法追究刑事责任；造成人身、财产损失的，依法承担赔偿责任。

第六章　附　　则

第三十六条　本条例自 2017 年 7 月 1 日起施行。

中华人民共和国公共文化服务保障法

（2016 年 12 月 25 日第十二届全国人民代表大会常务委员会第二十五次会议通过并公布，自 2017 年 3 月 1 日起施行）

第一章　总　　则

第一条　为了加强公共文化服务体系建设，丰富人民群众精神文化生活，传承中华优秀传统文化，弘扬社会主义核心价值观，增强文化自信，促进中国特色社会主义文化繁荣发展，提高全民族文明素质，制定本法。

第二条　本法所称公共文化服务，是指由政府主导、社会力量参与，以满足公民基本文化需求为主要目的而提供的公共文化设施、文化产品、文化活动以及其他相关服务。

第三条　公共文化服务应当坚持社会主义先进文化前进方向，坚持以人民为中心，坚持以社会主义核心价值观为引领；应当按照“百花齐放、百家争鸣”的方针，支持优秀公共文化产品的创作生产，丰富公共文化服务内容。

第四条　县级以上人民政府应当将公共文化服务纳入本级国民经济和社会发展规划，按照公益性、基本性、均等性、便利性的要求，加强公共文化设施建设，完善公共文化服务体系，提高公共文化服务效能。

第五条　国务院根据公民基本文化需求和经济社会发展水平，制定并调整国家基本公共文化服务指导标准。

省、自治区、直辖市人民政府根据国家基本公共文化服务指导标准，结合当地实际需求、财政能力和文化特色，制定并调整本行政区域的基本公共文化服务实施标准。

第六条　国务院建立公共文化服务综合协调机制，指导、协调、推动全国公共文化服务工作。国务院文化主管部门承担综合协调具体职责。

地方各级人民政府应当加强对公共文化服务的统筹协调，推动实现共建共享。

第七条　国务院文化主管部门、新闻出版广电主管部门依照本法和国务院规定的职责负责全国的公共文化服务工作；国务院其他有关部门在各自职责范围内负责相关公共文化服务工作。

县级以上地方人民政府文化、新闻出版广电主管部门根据其职责负责本行政区域内的公共文化服务工作；县级以上地方人民政府其他有关部门在各自职责范围内负责相关公共文化服务工作。

第八条　国家扶助革命老区、民族地区、边疆地区、贫困地区的公共文化服务，促进公共文化服务均衡协调发展。

第九条　各级人民政府应当根据未成年人、老年人、残疾人和流动人口等群体的特点与需求，提供相应的公共文化服务。

第十条　国家鼓励和支持公共文化服务与学校教育相结合，充分发挥公共文化服务的社会教育功能，提高青少年思想道德和科学文化素质。

第十一条　国家鼓励和支持发挥科技在公共文化服务中的作用，推动运用现代信息技术和传播技术，提高公众的科学素养和公共文化服务水平。

第十二条　国家鼓励和支持在公共文化服务领域开展国际合作与交流。

第十三条　国家鼓励和支持公民、法人和其他组织参与公共文化服务。

对在公共文化服务中作出突出贡献的公民、法人和其他组织，依法给予表彰和奖励。

第二章　公共文化设施建设与管理

第十四条　本法所称公共文化设施是指用于提供公共文化服务的建筑物、场地和设备，主要包括图书馆、博物馆、文化馆（站）、美术馆、科技馆、纪念馆、体育场馆、工人文化宫、青少年宫、妇女儿童活动中心、老年人活动中心、乡镇（街道）和村（社区）基层综合性文化服务中心、农家（职工）书屋、公共阅报栏（屏）、广播电视播出传输覆盖设施、公共数字文化服务点等。

县级以上地方人民政府应当将本行政区域内的公共文化设施目录及有关信息予以公布。

第十五条　县级以上地方人民政府应当将公共文化设施建设纳入本级城乡规划，根据国家基本公共文化服务指导标准、省级基本公共文化服务实施标准，结合当地经济社会发展水平、人口状况、环境条件、文化特色，合理确定公共文化设施的种类、数量、规模以及布局，形成场馆服务、流动服务和数字服务相结合的公共文化设施网络。

公共文化设施的选址，应当征求公众意见，符合公共文化设施的功能和特点，有利于发挥其作用。

第十六条　公共文化设施的建设用地，应当符合土地利用总体规划和城乡规划，并依照法定程序审批。

任何单位和个人不得侵占公共文化设施建设用地或者擅自改变其用途。因特殊情况需要调整公共文化设施建设用地的，应当重新确定建设用地。调整后的公共文化设施建设用地不得少于原有面积。

新建、改建、扩建居民住宅区，应当按照有关规定、标准，规划和建设配套的公共文化设施。

第十七条　公共文化设施的设计和建设，应当符合实用、安全、科学、美观、环保、节约的要求和国家规定的标准，并配置无障碍设施设备。

第十八条　地方各级人民政府可以采取新建、改建、扩建、合建、租赁、利用现有公共设施等多种方式，加强乡镇（街道）、村（社区）基层综合性文化服务中心建设，推动基层有关公共设施的统一管理、综合利用，并保障其正常运行。

第十九条　任何单位和个人不得擅自拆除公共文化设施，不得擅自改变公共文化设施的功能、用途或者妨碍其正常运行，不得侵占、挪用公共文化设施，不得将公共文化设施用于与公共文化服务无关的商业经营活动。

因城乡建设确需拆除公共文化设施，或者改变其功能、用途的，应当依照有关法律、行政法规的规定重建、改建，并坚持先建设后拆除或者建设拆除同时进行的原则。重建、改建的公共文化设施的设施配置标准、建筑面积等不得降低。

第二十条　公共文化设施管理单位应当

按照国家规定的标准，配置和更新必需的服务内容和设备，加强公共文化设施经常性维护管理工作，保障公共文化设施的正常使用和运转。

第二十一条 公共文化设施管理单位应当建立健全管理制度和服务规范，建立公共文化设施资产统计报告制度和公共文化服务开展情况的年报制度。

第二十二条 公共文化设施管理单位应当建立健全安全管理制度，开展公共文化设施及公众活动的安全评价，依法配备安全保护设备和人员，保障公共文化设施和公众活动安全。

第二十三条 各级人民政府应当建立有公众参与的公共文化设施使用效能考核评价制度，公共文化设施管理单位应当根据评价结果改进工作，提高服务质量。

第二十四条 国家推动公共图书馆、博物馆、文化馆等公共文化设施管理单位根据其功能定位建立健全法人治理结构，吸收有关方面代表、专业人士和公众参与管理。

第二十五条 国家鼓励和支持公民、法人和其他组织兴建、捐建或者与政府部门合作建设公共文化设施，鼓励公民、法人和其他组织依法参与公共文化设施的运营和管理。

第二十六条 公众在使用公共文化设施时，应当遵守公共秩序，爱护公共设施，不得损坏公共设施设备和物品。

第三章 公共文化服务提供

第二十七条 各级人民政府应当充分利用公共文化设施，促进优秀公共文化产品的提供和传播，支持开展全民阅读、全民普法、全民健身、全民科普和艺术普及、优秀传统文化传承活动。

第二十八条 设区的市级、县级地方人民政府应当根据国家基本公共文化服务指导标准和省、自治区、直辖市基本公共文化服务实施标准，结合当地实际，制定公布本行政区域公共文化服务目录并组织实施。

第二十九条 公益性文化单位应当完善服务项目、丰富服务内容，创造条件向公众提供免费或者优惠的文艺演出、陈列展览、电影放映、广播电视节目收听收看、阅读服务、艺术培训等，并为公众开展文化活动提供支持和帮助。

国家鼓励经营性文化单位提供免费或者优惠的公共文化产品和文化活动。

第三十条 基层综合性文化服务中心应当加强资源整合，建立完善公共文化服务网络，充分发挥统筹服务功能，为公众提供书报阅读、影视观赏、戏曲表演、普法教育、艺术普及、科学普及、广播播送、互联网上网和群众性文化体育活动等公共文化服务，并根据其功能特点，因地制宜提供其他公共服务。

第三十一条 公共文化设施应当根据其功能、特点，按照国家有关规定，向公众免费或者优惠开放。

公共文化设施开放收取费用的，应当每月定期向中小学生免费开放。

公共文化设施开放或者提供培训服务等收取费用的，应当报经县级以上人民政府有关部门批准；收取的费用，应当用于公共文化设施的维护、管理和事业发展，不得挪作他用。

公共文化设施管理单位应当公示服务项目和开放时间；临时停止开放的，应当及时公告。

第三十二条 国家鼓励和支持机关、学校、企业事业单位的文化体育设施向公众开放。

第三十三条 国家统筹规划公共数字文化建设，构建标准统一、互联互通的公共数字文化服务网络，建设公共文化信息资源库，实现基层网络服务共建共享。

国家支持开发数字文化产品，推动利用宽带互联网、移动互联网、广播电视网和卫星网络提供公共文化服务。

地方各级人民政府应当加强基层公共文化设施的数字化和网络建设，提高数字化和网络服务能力。

第三十四条　地方各级人民政府应当采取多种方式，因地制宜提供流动文化服务。

第三十五条　国家重点增加农村地区图书、报刊、戏曲、电影、广播电视节目、网络信息内容、节庆活动、体育健身活动等公共文化产品供给，促进城乡公共文化服务均等化。

面向农村提供的图书、报刊、电影等公共文化产品应当符合农村特点和需求，提高针对性和时效性。

第三十六条　地方各级人民政府应当根据当地实际情况，在人员流动量较大的公共场所、务工人员较为集中的区域以及留守妇女儿童较为集中的农村地区，配备必要的设施，采取多种形式，提供便利可及的公共文化服务。

第三十七条　国家鼓励公民主动参与公共文化服务，自主开展健康文明的群众性文化体育活动；地方各级人民政府应当给予必要的指导、支持和帮助。

居民委员会、村民委员会应当根据居民的需求开展群众性文化体育活动，并协助当地人民政府有关部门开展公共文化服务相关工作。

国家机关、社会组织、企业事业单位应当结合自身特点和需要，组织开展群众性文化体育活动，丰富职工文化生活。

第三十八条　地方各级人民政府应当加强面向在校学生的公共文化服务，支持学校开展适合在校学生特点的文化体育活动，促进德智体美教育。

第三十九条　地方各级人民政府应当支持军队基层文化建设，丰富军营文化体育活动，加强军民文化融合。

第四十条　国家加强民族语言文字文化产品的供给，加强优秀公共文化产品的民族语言文字译制及其在民族地区的传播，鼓励和扶助民族文化产品的创作生产，支持开展具有民族特色的群众性文化体育活动。

第四十一条　国务院和省、自治区、直辖市人民政府制定政府购买公共文化服务的指导性意见和目录。国务院有关部门和县级以上地方人民政府应当根据指导性意见和目录，结合实际情况，确定购买的具体项目和内容，及时向社会公布。

第四十二条　国家鼓励和支持公民、法人和其他组织通过兴办实体、资助项目、赞助活动、提供设施、捐赠产品等方式，参与提供公共文化服务。

第四十三条　国家倡导和鼓励公民、法人和其他组织参与文化志愿服务。

公共文化设施管理单位应当建立文化志愿服务机制，组织开展文化志愿服务活动。

县级以上地方人民政府有关部门应当对文化志愿活动给予必要的指导和支持，并建立管理评价、教育培训和激励保障机制。

第四十四条　任何组织和个人不得利用公共文化设施、文化产品、文化活动以及其他相关服务，从事危害国家安全、损害社会公共利益和其他违反法律法规的活动。

第四章　保障措施

第四十五条　国务院和地方各级人民政府应当根据公共文化服务的事权和支出责任，将公共文化服务经费纳入本级预算，安排公共文化服务所需资金。

第四十六条　国务院和省、自治区、直辖市人民政府应当增加投入，通过转移支付等方式，重点扶助革命老区、民族地区、边疆地区、贫困地区开展公共文化服务。

国家鼓励和支持经济发达地区对革命老区、民族地区、边疆地区、贫困地区的公共文化服务提供援助。

第四十七条　免费或者优惠开放的公共文化设施，按照国家规定享受补助。

第四十八条　国家鼓励社会资本依法投入公共文化服务，拓宽公共文化服务资金来源渠道。

第四十九条 国家采取政府购买服务等措施，支持公民、法人和其他组织参与提供公共文化服务。

第五十条 公民、法人和其他组织通过公益性社会团体或者县级以上人民政府及其部门，捐赠财产用于公共文化服务的，依法享受税收优惠。

国家鼓励通过捐赠等方式设立公共文化服务基金，专门用于公共文化服务。

第五十一条 地方各级人民政府应当按照公共文化设施的功能、任务和服务人口规模，合理设置公共文化服务岗位，配备相应专业人员。

第五十二条 国家鼓励和支持文化专业人员、高校毕业生和志愿者到基层从事公共文化服务工作。

第五十三条 国家鼓励和支持公民、法人和其他组织依法成立公共文化服务领域的社会组织，推动公共文化服务社会化、专业化发展。

第五十四条 国家支持公共文化服务理论研究，加强多层次专业人才教育和培训。

第五十五条 县级以上人民政府应当建立健全公共文化服务资金使用的监督和统计公告制度，加强绩效考评，确保资金用于公共文化服务。任何单位和个人不得侵占、挪用公共文化服务资金。

审计机关应当依法加强对公共文化服务资金的审计监督。

第五十六条 各级人民政府应当加强对公共文化服务工作的监督检查，建立反映公众文化需求的征询反馈制度和有公众参与的公共文化服务考核评价制度，并将考核评价结果作为确定补贴或者奖励的依据。

第五十七条 各级人民政府及有关部门应当及时公开公共文化服务信息，主动接受社会监督。

新闻媒体应当积极开展公共文化服务的宣传报道，并加强舆论监督。

第五章 法律责任

第五十八条 违反本法规定，地方各级人民政府和县级以上人民政府有关部门未履行公共文化服务保障职责的，由其上级机关或者监察机关责令限期改正；情节严重的，对直接负责的主管人员和其他直接责任人员依法给予处分。

第五十九条 违反本法规定，地方各级人民政府和县级以上人民政府有关部门，有下列行为之一的，由其上级机关或者监察机关责令限期改正；情节严重的，对直接负责的主管人员和其他直接责任人员依法给予处分：

（一）侵占、挪用公共文化服务资金的；

（二）擅自拆除、侵占、挪用公共文化设施，或者改变其功能、用途，或者妨碍其正常运行的；

（三）未依照本法规定重建公共文化设施的；

（四）滥用职权、玩忽职守、徇私舞弊的。

第六十条 违反本法规定，侵占公共文化设施的建设用地或者擅自改变其用途的，由县级以上地方人民政府土地主管部门、城乡规划主管部门依据各自职责责令限期改正；逾期不改正的，由作出决定的机关依法强制执行，或者依法申请人民法院强制执行。

第六十一条 违反本法规定，公共文化设施管理单位有下列情形之一的，由其主管部门责令限期改正；造成严重后果的，对直接负责的主管人员和其他直接责任人员，依法给予处分：

（一）未按照规定对公众开放的；

（二）未公示服务项目、开放时间等事项的；

（三）未建立安全管理制度的；

（四）因管理不善造成损失的。

第六十二条 违反本法规定，公共文化设施管理单位有下列行为之一的，由其主管部门或者价格主管部门责令限期改正，没收违法所得，违法所得五千元以上的，并处违法所得两倍以上五倍以下罚款；没有违法所得或者违法所得五千元以下的，可以处一万元以下的罚款；对直接负责的主管人员和其他直接责任人员，依法给予处分：

（一）开展与公共文化设施功能、用途不符的服务活动的；

（二）对应当免费开放的公共文化设施收费或者变相收费的；

（三）收取费用未用于公共文化设施的维护、管理和事业发展，挪作他用的。

第六十三条　违反本法规定，损害他人民事权益的，依法承担民事责任；构成违反治安管理行为的，由公安机关依法给予治安管理处罚；构成犯罪的，依法追究刑事责任。

第六章　附　　则

第六十四条　境外自然人、法人和其他组织在中国境内从事公共文化服务的，应当符合相关法律、行政法规的规定。

第六十五条　本法自2017年3月1日起施行。

（四）军人地位和权益保障类

中华人民共和国军人地位和权益保障法

（2021年6月10日第十三届全国人民代表大会常务委员会第二十九次会议通过，2021年6月10日公布，自2021年8月1日起施行）

第一章　总　　则

第一条　为了保障军人地位和合法权益，激励军人履行职责使命，让军人成为全社会尊崇的职业，促进国防和军队现代化建设，根据宪法，制定本法。

第二条　本法所称军人，是指在中国人民解放军服现役的军官、军士、义务兵等人员。

第三条　军人肩负捍卫国家主权、安全、发展利益和保卫人民的和平劳动的神圣职责和崇高使命。

第四条　军人是全社会尊崇的职业。国家和社会尊重、优待军人，保障军人享有与其职业特点、担负职责使命和所做贡献相称的地位和权益，经常开展各种形式的拥军优属活动。

一切国家机关和武装力量、各政党和群团组织、企业事业单位、社会组织和其他组织都有依法保障军人地位和权益的责任，全体公民都应当依法维护军人合法权益。

第五条　军人地位和权益保障工作，坚持中国共产党的领导，以服务军队战斗力建设为根本目的，遵循权利与义务相统一、物质保障与精神激励相结合、保障水平与国民经济和社会发展相适应的原则。

第六条　中央军事委员会政治工作部门、国务院退役军人工作主管部门以及中央和国家有关机关、中央军事委员会有关部门按照职责分工做好军人地位和权益保障工作。

县级以上地方各级人民政府负责本行政区域内有关军人地位和权益保障工作。军队团级以上单位政治工作部门负责本单位的军人地位和权益保障工作。

省军区（卫戍区、警备区）、军分区（警备区）和县、自治县、市、市辖区的人民武装部，负责所在行政区域人民政府与军队单位之间军人地位和权益保障方面的联系协调工作，并根据需要建立工作协调机制。

乡镇人民政府、街道办事处、基层群众性自治组织应当按照职责做好军人地位和权益保障工作。

第七条　军人地位和权益保障所需经费，由中央和地方按照事权和支出责任相适应的原则列入预算。

第八条　中央和国家有关机关、县级以上地方人民政府及其有关部门、军队各级机关，应当将军人地位和权益保障工作情况作为拥军优属、拥政爱民等工作评比和有关单位负责人以及工作人员考核评价的重要内容。

第九条　国家鼓励和引导群团组织、企业事业单位、社会组织、个人等社会力量依法通过捐赠、志愿服务等方式为军人权益保障提供支持，符合规定条件的，依法享受税收优惠等政策。

第十条　每年8月1日为中国人民解放军建军节。各级人民政府和军队单位应当在建军节组织开展庆祝、纪念等活动。

第十一条　对在军人地位和权益保障工作中做出突出贡献的单位和个人，按照国家有关规定给予表彰、奖励。

第二章　军人地位

第十二条　军人是中国共产党领导的国家武装力量基本成员，必须忠于祖国，忠于中国共产党，听党指挥，坚决服从命令，认真履行巩固中国共产党的领导和社会主义制度的重要职责使命。

第十三条　军人是人民子弟兵，应当热爱人民，全心全意为人民服务，保卫人民生命财产安全，当遇到人民群众生命财产受到严重威胁时，挺身而出、积极救助。

第十四条　军人是捍卫国家主权、统一、领土完整的坚强力量，应当具备巩固国防、抵抗侵略、保卫祖国所需的战斗精神和能力素质，按照实战要求始终保持戒备状态，苦练杀敌本领，不怕牺牲，能打胜仗，坚决完成任务。

第十五条　军人是中国特色社会主义现代化建设的重要力量，应当积极投身全面建设社会主义现代化国家的事业，依法参加突发事件的应急救援和处置工作。

第十六条　军人享有宪法和法律规定的政治权利，依法参加国家权力机关组成人员选举，依法参加管理国家事务、管理经济和文化事业、管理社会事务。

第十七条　军队实行官兵一致，军人之间在政治和人格上一律平等，应当互相尊重、平等对待。

军队建立健全军人代表会议、军人委员会等民主制度，保障军人知情权、参与权、建议权和监督权。

第十八条　军人必须模范遵守宪法和法律，认真履行宪法和法律规定的公民义务，严格遵守军事法规、军队纪律，作风优良，带头践行社会主义核心价值观。

第十九条　国家为军人履行职责提供保障，军人依法履行职责的行为受法律保护。

军人因执行任务给公民、法人或者其他组织的合法权益造成损害的，按照有关规定由国家予以赔偿或者补偿。

公民、法人和其他组织应当为军人依法履行职责提供必要的支持和协助。

第二十条　军人因履行职责享有的特定权益、承担的特定义务，由本法和有关法律法规规定。

第三章　荣誉维护

第二十一条　军人荣誉是国家、社会对军人献身国防和军队建设、社会主义现代化建设的褒扬和激励，是鼓舞军人士气、提升军队战斗力的精神力量。

国家维护军人荣誉，激励军人崇尚和珍惜荣誉。

第二十二条　军队加强爱国主义、集体主义、革命英雄主义教育，强化军人的荣誉意识，培育有灵魂、有本事、有血性、有品德的新时代革命军人，锻造具有铁一般信仰、铁一般信念、铁一般纪律、铁一般担当的过硬部队。

第二十三条　国家采取多种形式的宣传教育、奖励激励和保障措施，培育军人的职业使命感、自豪感和荣誉感，激发军人建功立业、报效国家的积极性、主动性、创造性。

第二十四条　全社会应当学习中国人民解放军光荣历史，宣传军人功绩和牺牲奉献精神，营造维护军人荣誉的良好氛围。

各级各类学校设置的国防教育课程中，应当包括中国人民解放军光荣历史、军人英雄模范事迹等内容。

第二十五条　国家建立健全军人荣誉体系，通过授予勋章、荣誉称号和记功、嘉奖、表彰、颁发纪念章等方式，对做出突出成绩和贡献的军人给予功勋荣誉表彰，褒扬军人为国家和人民做出的奉献和牺牲。

第二十六条　军人经军队单位批准可以接受地方人民政府、群团组织和社会组织等授予的荣誉，以及国际组织和其他国家、军队等授予的荣誉。

第二十七条　获得功勋荣誉表彰的军人享受相应礼遇和待遇。军人执行作战任务获得功勋荣誉表彰的，按照高于平时的原则享受礼遇和待遇。

获得功勋荣誉表彰和执行作战任务的军人的姓名和功绩，按照规定载入功勋簿、荣誉册、地方志等史志。

第二十八条　中央和国家有关机关、地方和军队各级有关机关，以及广播、电视、报刊、互联网等媒体，应当积极宣传军人的先进典型和英勇事迹。

第二十九条　国家和社会尊崇、铭记为国家、人民、民族牺牲的军人，尊敬、礼遇其遗属。

国家建立英雄烈士纪念设施供公众瞻仰，悼念缅怀英雄烈士，开展纪念和教育活动。

国家推进军人公墓建设。军人去世后，符合规定条件的可以安葬在军人公墓。

第三十条　国家建立军人礼遇仪式制度。在公民入伍、军人退出现役等时机，应当举行相应仪式；在烈士和因公牺牲军人安葬等场合，应当举行悼念仪式。

各级人民政府应当在重大节日和纪念日组织开展走访慰问军队单位、军人家庭和烈士、因公牺牲军人、病故军人的遗属等活动，在举行重要庆典、纪念活动时邀请军人、军人家属和烈士、因公牺牲军人、病故军人的遗属代表参加。

第三十一条　地方人民政府应当为军人和烈士、因公牺牲军人、病故军人的遗属的家庭悬挂光荣牌。军人获得功勋荣誉表彰，由当地人民政府有关部门和军事机关给其家庭送喜报，并组织做好宣传工作。

第三十二条　军人的荣誉和名誉受法律保护。

军人获得的荣誉由其终身享有，非因法定事由、非经法定程序不得撤销。

任何组织和个人不得以任何方式诋毁、贬损军人的荣誉，侮辱、诽谤军人的名誉，不得故意毁损、玷污军人的荣誉标识。

第四章　待遇保障

第三十三条　国家建立军人待遇保障制度，保证军人履行职责使命，保障军人及其家庭的生活水平。

对执行作战任务和重大非战争军事行动任务的军人，以及在艰苦边远地区、特殊岗位工作的军人，待遇保障从优。

第三十四条 国家建立相对独立、特色鲜明、具有比较优势的军人工资待遇制度。军官和军士实行工资制度，义务兵实行供给制生活待遇制度。军人享受个人所得税优惠政策。

国家建立军人工资待遇正常增长机制。

军人工资待遇的结构、标准及其调整办法，由中央军事委员会规定。

第三十五条 国家采取军队保障、政府保障与市场配置相结合，实物保障与货币补贴相结合的方式，保障军人住房待遇。

军人符合规定条件的，享受军队公寓住房或者安置住房保障。

国家建立健全军人住房公积金制度和住房补贴制度。军人符合规定条件购买住房的，国家给予优惠政策支持。

第三十六条 国家保障军人按照规定享受免费医疗和疾病预防、疗养、康复等待遇。

军人在地方医疗机构就医所需费用，符合规定条件的，由军队保障。

第三十七条 国家实行体现军人职业特点、与社会保险制度相衔接的军人保险制度，适时补充军人保险项目，保障军人的保险待遇。

国家鼓励和支持商业保险机构为军人及其家庭成员提供专属保险产品。

第三十八条 军人享有年休假、探亲假等休息休假的权利。对确因工作需要未休假或者未休满假的，给予经济补偿。

军人配偶、子女与军人两地分居的，可以前往军人所在部队探亲。军人配偶前往部队探亲的，其所在单位应当按照规定安排假期并保障相应的薪酬待遇，不得因其享受探亲假期而辞退、解聘或者解除劳动关系。符合规定条件的军人配偶、未成年子女和不能独立生活的成年子女的探亲路费，由军人所在部队保障。

第三十九条 国家建立健全军人教育培训体系，保障军人的受教育权利，组织和支持军人参加专业和文化学习培训，提高军人履行职责的能力和退出现役后的就业创业能力。

第四十条 女军人的合法权益受法律保护。军队应当根据女军人的特点，合理安排女军人的工作任务和休息休假，在生育、健康等方面为女军人提供特别保护。

第四十一条 国家对军人的婚姻给予特别保护，禁止任何破坏军人婚姻的行为。

第四十二条 军官和符合规定条件的军士，其配偶、未成年子女和不能独立生活的成年子女可以办理随军落户；符合规定条件的军人父母可以按照规定办理随子女落户。夫妻双方均为军人的，其子女可以选择父母中的一方随军落户。

军人服现役所在地发生变动的，已随军的家属可以随迁落户，或者选择将户口迁至军人、军人配偶原户籍所在地或者军人父母、军人配偶父母户籍所在地。

地方人民政府有关部门、军队有关单位应当及时高效地为军人家属随军落户办理相关手续。

第四十三条 国家保障军人、军人家属的户籍管理和相关权益。

公民入伍时保留户籍。

符合规定条件的军人，可以享受服现役所在地户籍人口在教育、养老、医疗、住房保障等方面的相关权益。

军人户籍管理和相关权益保障办法，由国务院和中央军事委员会规定。

第四十四条 国家对依法退出现役的军人，依照退役军人保障法律法规的有关规定，给予妥善安置和相应优待保障。

第五章 抚恤优待

第四十五条 国家和社会尊重军人、军人家庭为国防和军队建设做出的奉献和牺牲，优待军人、军人家属，抚恤优待烈士、因公牺牲军人、病故军人的遗属，保障残疾军人的生活。

国家建立抚恤优待保障体系，合理确定抚恤优待标准，逐步提高抚恤优待水平。

第四十六条　军人家属凭有关部门制发的证件享受法律法规规定的优待保障。具体办法由国务院和中央军事委员会有关部门制定。

第四十七条　各级人民政府应当保障抚恤优待对象享受公民普惠待遇，同时享受相应的抚恤优待待遇。

第四十八条　国家实行军人死亡抚恤制度。

军人死亡后被评定为烈士的，国家向烈士遗属颁发烈士证书，保障烈士遗属享受规定的烈士褒扬金、抚恤金和其他待遇。

军人因公牺牲、病故的，国家向其遗属颁发证书，保障其遗属享受规定的抚恤金和其他待遇。

第四十九条　国家实行军人残疾抚恤制度。

军人因战、因公、因病致残的，按照国家有关规定评定残疾等级并颁发证件，享受残疾抚恤金和其他待遇，符合规定条件的以安排工作、供养、退休等方式妥善安置。

第五十条　国家对军人家属和烈士、因公牺牲军人、病故军人的遗属予以住房优待。

军人家属和烈士、因公牺牲军人、病故军人的遗属，符合规定条件申请保障性住房的，或者居住农村且住房困难的，由当地人民政府优先解决。

烈士、因公牺牲军人、病故军人的遗属符合前款规定情形的，当地人民政府给予优惠。

第五十一条　公立医疗机构应当为军人就医提供优待服务。军人家属和烈士、因公牺牲军人、病故军人的遗属，在军队医疗机构和公立医疗机构就医享受医疗优待。

国家鼓励民营医疗机构为军人、军人家属和烈士、因公牺牲军人、病故军人的遗属就医提供优待服务。

国家和社会对残疾军人的医疗依法给予特别保障。

第五十二条　国家依法保障军人配偶就业安置权益。机关、群团组织、企业事业单位、社会组织和其他组织，应当依法履行接收军人配偶就业安置的义务。

军人配偶随军前在机关或者事业单位工作的，由安置地人民政府按照有关规定安排到相应的工作单位；在其他单位工作或者无工作单位的，由安置地人民政府提供就业指导和就业培训，优先协助就业。烈士、因公牺牲军人的遗属和符合规定条件的军人配偶，当地人民政府应当优先安排就业。

第五十三条　国家鼓励有用工需求的用人单位优先安排随军家属就业。国有企业在新招录职工时，应当按照用工需求的适当比例聘用随军家属；有条件的民营企业在新招录职工时，可以按照用工需求的适当比例聘用随军家属。

第五十四条　国家鼓励和扶持军人配偶自主就业、自主创业。军人配偶从事个体经营的，按照国家有关优惠政策给予支持。

第五十五条　国家对军人子女予以教育优待。地方各级人民政府及其有关部门应当为军人子女提供当地优质教育资源，创造接受良好教育的条件。

军人子女入读公办义务教育阶段学校和普惠性幼儿园，可以在本人、父母、祖父母、外祖父母或者其他法定监护人户籍所在地，或者父母居住地、部队驻地入学，享受当地军人子女教育优待政策。

军人子女报考普通高中、中等职业学校，同等条件下优先录取；烈士、因公牺牲军人的子女和符合规定条件的军人子女，按照当地军人子女教育优待政策享受录取等方面的优待。

因公牺牲军人的子女和符合规定条件的军人子女报考高等学校，按照国家有关规定优先录取；烈士子女享受加分等优待。

烈士子女和符合规定条件的军人子女按照规定享受奖学金、助学金和有关费用免除等学生资助政策。

国家鼓励和扶持具备条件的民办学校，为军人子女和烈士、因公牺牲军人的子女提供教育优待。

第五十六条 军人家属和烈士、因公牺牲军人、病故军人的遗属，符合规定条件申请在国家兴办的光荣院、优抚医院集中供养、住院治疗、短期疗养的，享受优先、优惠待遇；申请到公办养老机构养老的，同等条件下优先安排。

第五十七条 军人、军人家属和烈士、因公牺牲军人、病故军人的遗属，享受参观游览公园、博物馆、纪念馆、展览馆、名胜古迹以及文化和旅游等方面的优先、优惠服务。

军人免费乘坐市内公共汽车、电车、轮渡和轨道交通工具。军人和烈士、因公牺牲军人、病故军人的遗属，以及与其随同出行的家属，乘坐境内运行的火车、轮船、长途公共汽车以及民航班机享受优先购票、优先乘车（船、机）等服务，残疾军人享受票价优惠。

第五十八条 地方人民政府和军队单位对因自然灾害、意外事故、重大疾病等原因，基本生活出现严重困难的军人家庭，应当给予救助和慰问。

第五十九条 地方人民政府和军队单位对在未成年子女入学入托、老年人养老等方面遇到困难的军人家庭，应当给予必要的帮扶。

国家鼓励和支持企业事业单位、社会组织和其他组织以及个人为困难军人家庭提供援助服务。

第六十条 军人、军人家属和烈士、因公牺牲军人、病故军人遗属的合法权益受到侵害的，有权向有关国家机关和军队单位提出申诉、控告。负责受理的国家机关和军队单位，应当依法及时处理，不得推诿、拖延。依法向人民法院提起诉讼的，人民法院应当优先立案、审理和执行，人民检察院可以支持起诉。

第六十一条 军人、军人家属和烈士、因公牺牲军人、病故军人的遗属维护合法权益遇到困难的，法律援助机构应当依法优先提供法律援助，司法机关应当依法优先提供司法救助。

第六十二条 侵害军人荣誉、名誉和其他相关合法权益，严重影响军人有效履行职责使命，致使社会公共利益受到损害的，人民检察院可以根据民事诉讼法、行政诉讼法的相关规定提起公益诉讼。

第六章 法律责任

第六十三条 国家机关及其工作人员、军队单位及其工作人员违反本法规定，在军人地位和权益保障工作中滥用职权、玩忽职守、徇私舞弊的，由其所在单位、主管部门或者上级机关责令改正；对负有责任的领导人员和直接责任人员，依法给予处分。

第六十四条 群团组织、企业事业单位、社会组织和其他组织违反本法规定，不履行优待义务的，由有关部门责令改正；对直接负责的主管人员和其他直接责任人员，依法给予处分。

第六十五条 违反本法规定，通过大众传播媒介或者其他方式，诋毁、贬损军人荣誉，侮辱、诽谤军人名誉，或者故意毁损、玷污军人的荣誉标识的，由公安、文化和旅游、新闻出版、电影、广播电视、网信或者其他有关主管部门依据各自的职权责令改正，并依法予以处理；造成精神损害的，受害人有权请求精神损害赔偿。

第六十六条 冒领或者以欺诈、伪造证明材料等手段骗取本法规定的相关荣誉、待遇或者抚恤优待的，由有关部门予以取消，依法给予没收违法所得等行政处罚。

第六十七条 违反本法规定，侵害军人的合法权益，造成财产损失或者其他损害的，依法承担民事责任。

违反本法规定，构成违反治安管理行为的，依法给予治安管理处罚；构成犯罪的，依法追究刑事责任。

第七章　附　　则

第六十八条　本法所称军人家属，是指军人的配偶、父母（扶养人）、未成年子女、不能独立生活的成年子女。

本法所称烈士、因公牺牲军人、病故军人的遗属，是指烈士、因公牺牲军人、病故军人的配偶、父母（扶养人）、子女，以及由其承担抚养义务的兄弟姐妹。

第六十九条　中国人民武装警察部队服现役的警官、警士和义务兵等人员，适用本法。

第七十条　省、自治区、直辖市可以结合本地实际情况，根据本法制定保障军人地位和权益的具体办法。

第七十一条　本法自2021年8月1日起施行。

中华人民共和国现役军官法

（1988年9月5日第七届全国人民代表大会常务委员会第三次会议通过，根据1994年5月12日第八届全国人民代表大会常务委员会第七次会议《关于修改〈中国人民解放军现役军官服役条例〉的决定》修正，根据2000年12月28日第九届全国人民代表大会常务委员会第十九次会议《关于修改〈中国人民解放军现役军官服役条例〉的决定》第二次修正）

第一章　总　　则

第一条　为了建设一支革命化、年轻化、知识化、专业化的现役军官队伍，以利于人民解放军完成国家赋予的任务，制定本法。

第二条　人民解放军现役军官（以下简称军官）是被任命为排级以上职务或者初级以上专业技术职务，并被授予相应军衔的现役军人。

军官按照职务性质分为军事军官、政治军官、后勤军官、装备军官和专业技术军官。

第三条　军官是国家工作人员的组成部分。

军官履行宪法和法律赋予的神圣职责，在社会生活中享有与其职责相应的地位和荣誉。

国家依法保障军官的合法权益。

第四条　军官的选拔和使用，坚持任人唯贤、德才兼备、注重实绩、适时交流的原则，实行民主监督，尊重群众公论。

第五条　国家按照优待现役军人的原则，确定军官的各种待遇。

第六条　军官符合本法规定的退出现役条件的，应当退出现役。

第七条　人民解放军总政治部主管全军的军官管理工作，团级以上单位的政治机关主管本单位的军官管理工作。

第二章　军官的基本条件、来源和培训

第八条　军官必须具备下列基本条件：

（一）忠于祖国，忠于中国共产党，有坚定的革命理想、信念，全心全意为人民服务，自觉献身国防事业；

（二）遵守宪法和法律、法规，执行国

家的方针、政策和军队的规章、制度，服从命令，听从指挥；

（三）具有胜任本职工作所必需的理论、政策水平，现代军事、科学文化、专业知识，组织、指挥能力，经过院校培训并取得相应学历，身体健康；

（四）爱护士兵，以身作则，公道正派，廉洁奉公，艰苦奋斗，不怕牺牲。

第九条 军官的来源：

（一）选拔优秀士兵和普通中学毕业生入军队院校学习毕业；

（二）接收普通高等学校毕业生；

（三）由文职干部改任；

（四）招收军队以外的专业技术人员和其他人员。

战时根据需要，可以从士兵、征召的预备役军官和非军事部门的人员中直接任命军官。

第十条 人民解放军实行经院校培训提拔军官的制度。

军事、政治、后勤、装备军官每晋升一级指挥职务，应当经过相应的院校或者其他训练机构培训。担任营级以下指挥职务的军官，应当经过初级指挥院校培训；担任团级和师级指挥职务的军官，应当经过中级指挥院校培训；担任军级以上指挥职务的军官，应当经过高级指挥院校培训。

在机关任职的军官应当经过相应的院校培训。

专业技术军官每晋升一级专业技术职务，应当经过与其所从事专业相应的院校培训；院校培训不能满足需要时，应当通过其他方式，完成规定的继续教育任务。

第三章　军官的考核和职务任免

第十一条 各级首长和政治机关应当按照分工对所属军官进行考核。

考核军官，应当实行领导和群众相结合，根据军官的基本条件和中央军事委员会规定的军官考核标准、程序、方法，以工作实绩为主，全面考核。考核结果分为优秀、称职、不称职三个等次，并作为任免军官职务的主要依据。考核结果应当告知本人。

任免军官职务，应当先经考核；未经考核不得任免。

第十二条 军官职务的任免权限：

（一）总参谋长、总政治部主任至正师职军官职务，由中央军事委员会主席任免；

（二）副师职（正旅职）、正团职（副旅职）军官职务和高级专业技术军官职务，由总参谋长、总政治部主任、总后勤部部长和政治委员、总装备部部长和政治委员、大军区及军兵种或者相当大军区级单位的正职首长任免，副大军区级单位的正团职（副旅职）军官职务由副大军区级单位的正职首长任免；

（三）副团职、正营职军官职务和中级专业技术军官职务，由集团军或者其他有任免权的军级单位的正职首长任免，独立师的正营职军官职务由独立师的正职首长任免；

（四）副营职以下军官职务和初级专业技术军官职务，由师（旅）或者其他有任免权的师（旅）级单位的正职首长任免。

前款所列军官职务的任免，按照中央军事委员会规定的程序办理。

第十三条 在执行作战、抢险救灾等紧急任务时，上级首长有权暂时免去违抗命令、不履行职责或者不称职的所属军官的职务，并可以临时指派其他军人代理；因其他原因，军官职务出现空缺时，上级首长也可以临时指派军人代理。

依照前款规定暂时免去或者临时指派军人代理军官职务，应当尽快报请有任免权的上级审核决定，履行任免手续。

第十四条 作战部队的军事、政治、后勤、装备军官平时任职的最高年龄分别为：

（一）担任排级职务的，三十岁；

（二）担任连级职务的，三十五岁；

（三）担任营级职务的，四十岁；

（四）担任团级职务的，四十五岁；

（五）担任师级职务的，五十岁；

（六）担任军级职务的，五十五岁；

（七）担任大军区级职务的，副职六十三岁，正职六十五岁。

在舰艇上服役的营级和团级职务军官，任职的最高年龄分别为四十五岁和五十岁；从事飞行的团级职务军官，任职的最高年龄为五十岁。

作战部队的师级和军级职务军官，少数工作需要的，按照任免权限经过批准，任职的最高年龄可以适当延长，但是师级和正军职军官延长的年龄最多不得超过五岁，副军职军官延长的年龄最多不得超过三岁。

第十五条　作战部队以外单位的副团职以下军官和大军区级职务军官，任职的最高年龄依照本法第十四条第一款的相应规定执行；正团职军官，任职的最高年龄为五十岁；师级职务军官，任职的最高年龄为五十五岁；副军职和正军职军官，任职的最高年龄分别为五十八岁和六十岁。

第十六条　专业技术军官平时任职的最高年龄分别为：

（一）担任初级专业技术职务的，四十岁；

（二）担任中级专业技术职务的，五十岁；

（三）担任高级专业技术职务的，六十岁。

担任高级专业技术职务的军官，少数工作需要的，按照任免权限经过批准，任职的最高年龄可以适当延长，但是延长的年龄最多不得超过五岁。

第十七条　担任排、连、营、团、师（旅）、军级主官职务的军官，平时任职的最低年限分别为三年。

第十八条　机关和院校的股长、科长、处长、局长、部长及相当领导职务的军官，任职的最低年限参照本法第十七条的规定执行。

机关和院校的参谋、干事、秘书、助理员、教员等军官，每个职务等级任职的最低年限为三年。

第十九条　专业技术军官平时任职的最低年限，按照中央军事委员会的有关规定执行。

第二十条　军官任职满最低年限后，才能根据编制缺额和本人德才条件逐职晋升。

军官德才优秀、实绩显著、工作需要的，可以提前晋升；特别优秀的，可以越职晋升。

第二十一条　军官晋升职务，应当具备拟任职务所要求的任职经历、文化程度、院校培训等资格。具体条件由中央军事委员会规定。

第二十二条　军官职务应当按照编制员额和编制职务等级任命。

第二十三条　军官经考核不称职的，应当调任下级职务或者改做其他工作，并按照新任职务确定待遇。

第二十四条　担任师、军、大军区级职务的军官，正职和副职平时任职的最高年限分别为十年。任职满最高年限的，应当免去现任职务。

第二十五条　根据国防建设的需要，军队可以向非军事部门派遣军官，执行军队交付的任务。

第二十六条　军官可以按照中央军事委员会的规定改任文职干部。

第四章　军官的交流和回避

第二十七条　军官应当在不同岗位或者不同单位之间进行交流，具体办法由中央军事委员会根据本法规定。

第二十八条　军官在一个岗位任职满下列年限的，应当交流：

（一）作战部队担任师级以下主官职务的，四年；担任军级主官职务的，五年；

（二）作战部队以外单位担任军级以下主官职务的，五年；

（三）机关担任股长、科长、处长及相

当领导职务的，四年；担任局长、部长及相当领导职务的，五年；但是少数专业性强和工作特别需要的除外。

担任师级和军级领导职务的军官，在本单位连续工作分别满二十五年和三十年的，应当交流。

担任其他职务的军官，也应当根据需要进行交流。

第二十九条 在艰苦地区工作的军官向其他地区交流，按照中央军事委员会的有关规定执行。

第三十条 军官之间有夫妻关系、直系血亲关系、三代以内旁系血亲关系以及近姻亲关系的，不得担任有直接上下级或者间隔一级领导关系的职务，不得在同一单位担任双方直接隶属于同一首长的职务，也不得在担任领导职务一方的机关任职。

第三十一条 军官不得在其原籍所在地的军分区（师级警备区）和县、市、市辖区的人民武装部担任主官职务，但是工作特别需要的除外。

第三十二条 军官在执行职务时，涉及本人或者涉及与本人有本法第三十条所列亲属关系人员的利益关系的，应当回避，但是执行作战任务和其他紧急任务的除外。

第五章 军官的奖励和处分

第三十三条 军官在作战和军队建设中做出突出贡献或者取得显著成绩，以及为国家和人民做出其他较大贡献的，按照中央军事委员会的规定给予奖励。

奖励分为：嘉奖、三等功、二等功、一等功、荣誉称号以及中央军事委员会规定的其他奖励。

第三十四条 军官违反军纪的，按照中央军事委员会的规定给予处分。

处分分为：警告、严重警告、记过、记大过、降职（级）或者降衔、撤职、开除军籍以及中央军事委员会规定的其他处分。

第三十五条 对被撤职的军官，根据其所犯错误的具体情况，任命新的职务；未任命新的职务的，应当确定职务等级待遇。

第三十六条 军官违反法律，构成犯罪的，依法追究刑事责任。

第六章 军官的待遇

第三十七条 军官实行职务军衔等级工资制和定期增资制度，按照国家和军队的有关规定享受津贴和补贴，并随着国民经济的发展适时调整。具体标准和办法由中央军事委员会规定。

军官按照规定离职培训、休假、治病疗养以及免职待分配期间，工资照发。

第三十八条 军官享受公费医疗待遇。有关部门应当做好军官的医疗保健工作，妥善安排军官的治病和疗养。

军官按照国家和军队的有关规定享受军人保险待遇。

第三十九条 军官住房实行公寓住房与自有住房相结合的保障制度。军官按照规定住用公寓住房或者购买自有住房，享受相应的住房补贴和优惠待遇。

第四十条 军官享受休假待遇。上级首长应当每年按照规定安排军官休假。

执行作战任务部队的军官停止休假。

国家发布动员令后，按照动员令应当返回部队的正在休假的军官，应当自动结束休假，立即返回本部。

第四十一条 军官的家属随军、就业、工作调动和子女教育，享受国家和社会优待。

军官具备家属随军条件的，经师（旅）级以上单位的政治机关批准，其配偶和未成年子女、无独立生活能力的子女可以随军，是农村户口的，转为城镇户口。

部队移防或者军官工作调动的，随军家属可以随调。

军官年满五十岁、身边无子女的，可以调一名有工作的子女到军官所在地。所调子女已婚的，其配偶和未成年子女、无独立生活能力的子女可以随调。

随军的军官家属、随调的军官子女及其配偶的就业和工作调动，按照国务院和中央军事委员会的有关规定办理。

第四十二条　军官牺牲、病故后，其随军家属移交政府安置管理。具体办法由国务院和中央军事委员会规定。

第七章　军官退出现役

第四十三条　军事、政治、后勤、装备军官平时服现役的最低年限分别为：

（一）担任排级职务的，八年；

（二）担任连级职务的，副职十年，正职十二年；

（三）担任营级职务的，副职十四年，正职十六年；

（四）担任团级职务的，副职十八年，正职二十年。

第四十四条　专业技术军官平时服现役的最低年限分别为：

（一）担任初级专业技术职务的，十二年；

（二）担任中级专业技术职务的，十六年；

（三）担任高级专业技术职务的，二十年。

第四十五条　军官未达到平时服现役的最低年限的，不得退出现役。但是有下列情形之一的，应当提前退出现役：

（一）伤病残不能坚持正常工作的；

（二）经考核不称职又不宜作其他安排的；

（三）犯有严重错误不适合继续服现役的；

（四）调离军队，到非军事部门工作的；

（五）因军队体制编制调整精简需要退出现役的。

军官未达到平时服现役的最低年限，要求提前退出现役未获批准，经教育仍坚持退出现役的，给予降职（级）处分或者取消其军官身份后，可以作出退出现役处理。

第四十六条　军官达到平时服现役的最高年龄的，应当退出现役。

军官平时服现役的最高年龄分别为：

（一）担任正团职职务的，五十岁；

（二）担任师级职务的，五十五岁；

（三）担任军级职务的，副职五十八岁，正职六十岁；

（四）担任其他职务的，服现役的最高年龄与任职的最高年龄相同。

第四十七条　军官未达到平时服现役的最高年龄，有下列情形之一的，应当退出现役：

（一）任职满最高年限后需要退出现役的；

（二）伤病残不能坚持正常工作的；

（三）受军队编制员额限制，不能调整使用的；

（四）调离军队，到非军事部门工作的；

（五）有其他原因需要退出现役的。

第四十八条　军官退出现役的批准权限与军官职务的任免权限相同。

第四十九条　军官退出现役后，采取转业由政府安排工作和职务，或者由政府协助就业、发给退役金的方式安置；有的也可以采取复员或者退休的方式安置。

担任师级以上职务和高级专业技术职务的军官，退出现役后作退休安置，有的也可以作转业安置或者其他安置。

担任团级以下职务和初级、中级专业技术职务的军官，退出现役后作转业安置或者其他安置。

对退出现役由政府安排工作和职务以及由政府协助就业、发给退役金的军官，政府应当根据需要进行职业培训。

未达到服现役的最高年龄，基本丧失工作能力的军官，退出现役后作退休安置。

服现役满三十年以上或者服现役和参加

工作满三十年以上，或者年满五十岁以上的军官，担任师级以上职务，本人提出申请，经组织批准的，退出现役后可以作退休安置；担任团级职务，不宜作转业或者其他安置的，可以由组织批准退出现役后作退休安置。

第五十条 军官达到服现役的最高年龄，符合国家规定的离休条件的，可以离职休养。因工作需要或者其他原因，经过批准，可以提前或者推迟离休。

第五十一条 军官退出现役后的安置管理具体办法由国务院和中央军事委员会规定。

军官离职休养和军级以上职务军官退休后，按照国务院和中央军事委员会的有关规定安置管理。

第八章 附 则

第五十二条 人民解放军总政治部根据本法制定实施办法，报国务院和中央军事委员会批准后施行。

第五十三条 中国人民武装警察部队现役警官适用本法，具体办法由国务院和中央军事委员会规定。

第五十四条 本法（原称《中国人民解放军现役军官服役条例》）自1989年1月1日起施行。1978年8月18日第五届全国人民代表大会常务委员会批准、1978年8月19日国务院和中央军事委员会颁布的《中国人民解放军干部服役条例》同时废止。

中华人民共和国兵役法

（1984年5月31日第六届全国人民代表大会第二次会议通过，根据1998年12月29日第九届全国人民代表大会常务委员会第六次会议《关于修改〈中华人民共和国兵役法〉的决定》第一次修正，根据2009年8月27日第十一届全国人民代表大会常务委员会第十次会议《关于修改部分法律的决定》第二次修正，根据2011年10月29日第十一届全国人民代表大会常务委员会第二十三次会议《关于修改〈中华人民共和国兵役法〉的决定》第三次修正，2021年8月20日第十三届全国人民代表大会常务委员会第三十次会议修订）

第一章 总 则

第一条 为了规范和加强国家兵役工作，保证公民依法服兵役，保障军队兵员补充和储备，建设巩固国防和强大军队，根据宪法，制定本法。

第二条 保卫祖国、抵抗侵略是中华人民共和国每一个公民的神圣职责。

第三条 中华人民共和国实行以志愿兵役为主体的志愿兵役与义务兵役相结合的兵役制度。

第四条 兵役工作坚持中国共产党的领导，贯彻习近平强军思想，贯彻新时代军事战略方针，坚持与国家经济社会发展相协调，坚持与国防和军队建设相适应，遵循服从国防需要、聚焦备战打仗、彰显服役光荣、体现权利和义务一致的原则。

第五条 中华人民共和国公民，不分民族、种族、职业、家庭出身、宗教信仰和教育程度，都有义务依照本法的规定服兵役。

有严重生理缺陷或者严重残疾不适合服兵役的公民，免服兵役。

依照法律被剥夺政治权利的公民，不得服兵役。

第六条 兵役分为现役和预备役。在中国人民解放军服现役的称军人；预编到现役部队或者编入预备役部队服预备役的，称预备役人员。

第七条 军人和预备役人员，必须遵守宪法和法律，履行公民的义务，同时享有公民的权利；由于服兵役而产生的权利和义务，由本法和其他相关法律法规规定。

第八条 军人必须遵守军队的条令和条例，忠于职守，随时为保卫祖国而战斗。

预备役人员必须按照规定参加军事训练、担负战备勤务、执行非战争军事行动任务，随时准备应召参战，保卫祖国。

军人和预备役人员入役时应当依法进行服役宣誓。

第九条 全国的兵役工作，在国务院、中央军事委员会领导下，由国防部负责。

省军区（卫戍区、警备区）、军分区（警备区）和县、自治县、不设区的市、市辖区的人民武装部，兼各该级人民政府的兵役机关，在上级军事机关和同级人民政府领导下，负责办理本行政区域的兵役工作。

机关、团体、企业事业组织和乡、民族乡、镇的人民政府，依照本法的规定完成兵役工作任务。兵役工作业务，在设有人民武装部的单位，由人民武装部办理；不设人民武装部的单位，确定一个部门办理。普通高等学校应当有负责兵役工作的机构。

第十条 县级以上地方人民政府兵役机关应当会同相关部门，加强对本行政区域内兵役工作的组织协调和监督检查。

县级以上地方人民政府和同级军事机关应当将兵役工作情况作为拥军优属、拥政爱民评比和有关单位及其负责人考核评价的内容。

第十一条 国家加强兵役工作信息化建设，采取有效措施实现有关部门之间信息共享，推进兵役信息收集、处理、传输、存储等技术的现代化，为提高兵役工作质量效益提供支持。

兵役工作有关部门及其工作人员应当对收集的个人信息严格保密，不得泄露或者向他人非法提供。

第十二条 国家采取措施，加强兵役宣传教育，增强公民依法服兵役意识，营造服役光荣的良好社会氛围。

第十三条 军人和预备役人员建立功勋的，按照国家和军队关于功勋荣誉表彰的规定予以褒奖。

组织和个人在兵役工作中作出突出贡献的，按照国家和军队有关规定予以表彰和奖励。

第二章 兵役登记

第十四条 国家实行兵役登记制度。兵役登记包括初次兵役登记和预备役登记。

第十五条 每年十二月三十一日以前年满十八周岁的男性公民，都应当按照兵役机关的安排在当年进行初次兵役登记。

机关、团体、企业事业组织和乡、民族乡、镇的人民政府，应当根据县、自治县、不设区的市、市辖区人民政府兵役机关的安排，负责组织本单位和本行政区域的适龄男性公民进行初次兵役登记。

初次兵役登记可以采取网络登记的方式进行，也可以到兵役登记站（点）现场登记。进行兵役登记，应当如实填写个人信息。

第十六条 经过初次兵役登记的未服现役的公民，符合预备役条件的，县、自治县、不设区的市、市辖区人民政府兵役机关可以根据需要，对其进行预备役登记。

第十七条 退出现役的士兵自退出现役之日起四十日内，退出现役的军官自确定安置地之日起三十日内，到安置地县、自治县、不设区的市、市辖区人民政府兵役机关进行兵役登记信息变更；其中，符合预备役条件，经部队确定需要办理预备役登记的，还应当办理预备役登记。

第十八条　县级以上地方人民政府兵役机关负责本行政区域兵役登记工作。

县、自治县、不设区的市、市辖区人民政府兵役机关每年组织兵役登记信息核验，会同有关部门对公民兵役登记情况进行查验，确保兵役登记及时，信息准确完整。

第三章　平时征集

第十九条　全国每年征集服现役的士兵的人数、次数、时间和要求，由国务院和中央军事委员会的命令规定。

县级以上地方各级人民政府组织兵役机关和有关部门组成征集工作机构，负责组织实施征集工作。

第二十条　年满十八周岁的男性公民，应当被征集服现役；当年未被征集的，在二十二周岁以前仍可以被征集服现役。普通高等学校毕业生的征集年龄可以放宽至二十四周岁，研究生的征集年龄可以放宽至二十六周岁。

根据军队需要，可以按照前款规定征集女性公民服现役。

根据军队需要和本人自愿，可以征集年满十七周岁未满十八周岁的公民服现役。

第二十一条　经初次兵役登记并初步审查符合征集条件的公民，称应征公民。

在征集期间，应征公民应当按照县、自治县、不设区的市、市辖区征集工作机构的通知，按时参加体格检查等征集活动。

应征公民符合服现役条件，并经县、自治县、不设区的市、市辖区征集工作机构批准的，被征集服现役。

第二十二条　在征集期间，应征公民被征集服现役，同时被机关、团体、企业事业组织招录或者聘用的，应当优先履行服兵役义务；有关机关、团体、企业事业组织应当服从国防和军队建设的需要，支持兵员征集工作。

第二十三条　应征公民是维持家庭生活唯一劳动力的，可以缓征。

第二十四条　应征公民因涉嫌犯罪正在被依法监察调查、侦查、起诉、审判或者被判处徒刑、拘役、管制正在服刑的，不征集。

第四章　士兵的现役和预备役

第二十五条　现役士兵包括义务兵役制士兵和志愿兵役制士兵，义务兵役制士兵称义务兵，志愿兵役制士兵称军士。

第二十六条　义务兵服现役的期限为二年。

第二十七条　义务兵服现役期满，根据军队需要和本人自愿，经批准可以选改为军士；服现役期间表现特别优秀的，经批准可以提前选改为军士。根据军队需要，可以直接从非军事部门具有专业技能的公民中招收军士。

军士实行分级服现役制度。军士服现役的期限一般不超过三十年，年龄不超过五十五周岁。

军士分级服现役的办法和直接从非军事部门招收军士的办法，按照国家和军队有关规定执行。

第二十八条　士兵服现役期满，应当退出现役。

士兵因国家建设或者军队编制调整需要退出现役的，经军队医院诊断证明本人健康状况不适合继续服现役的，或者因其他特殊原因需要退出现役的，经批准可以提前退出现役。

第二十九条　士兵服现役的时间自征集工作机构批准入伍之日起算。

士兵退出现役的时间为部队下达退出现役命令之日。

第三十条　依照本法第十七条规定经过预备役登记的退出现役的士兵，由部队会同兵役机关根据军队需要，遴选确定服士兵预备役；经过考核，适合担任预备役军官职务的，服军官预备役。

第三十一条　依照本法第十六条规定经过预备役登记的公民，符合士兵预备役条件的，由部队会同兵役机关根据军队需要，遴选确定服士兵预备役。

第三十二条　预备役士兵服预备役的最高年龄，依照其他有关法律规定执行。

预备役士兵达到服预备役最高年龄的，退出预备役。

第五章　军官的现役和预备役

第三十三条　现役军官从下列人员中选拔、招收：

（一）军队院校毕业学员；

（二）普通高等学校应届毕业生；

（三）表现优秀的现役士兵；

（四）军队需要的专业技术人员和其他人员。

战时根据需要，可以从现役士兵、军队院校学员、征召的预备役军官和其他人员中直接任命军官。

第三十四条　预备役军官包括下列人员：

（一）确定服军官预备役的退出现役的军官；

（二）确定服军官预备役的退出现役的士兵；

（三）确定服军官预备役的专业技术人员和其他人员。

第三十五条　军官服现役和服预备役的最高年龄，依照其他有关法律规定执行。

第三十六条　现役军官按照规定服现役已满最高年龄或者衔级最高年限的，退出现役；需要延长服现役或者暂缓退出现役的，依照有关法律规定执行。

现役军官按照规定服现役未满最高年龄或者衔级最高年限，因特殊情况需要退出现役的，经批准可以退出现役。

第三十七条　依照本法第十七条规定经过预备役登记的退出现役的军官、依照本法第十六条规定经过预备役登记的公民，符合军官预备役条件的，由部队会同兵役机关根据军队需要，遴选确定服军官预备役。

预备役军官按照规定服预备役已满最高年龄的，退出预备役。

第六章　军队院校从青年学生中招收的学员

第三十八条　根据军队建设的需要，军队院校可以从青年学生中招收学员。招收学员的年龄，不受征集服现役年龄的限制。

第三十九条　学员完成学业达到军队培养目标的，由院校发给毕业证书；按照规定任命为现役军官或者军士。

第四十条　学员未达到军队培养目标或者不符合军队培养要求的，由院校按照国家和军队有关规定发给相应证书，并采取多种方式分流；其中，回入学前户口所在地的学员，就读期间其父母已办理户口迁移手续的，可以回父母现户口所在地，由县、自治县、不设区的市、市辖区的人民政府按照国家有关规定接收安置。

第四十一条　学员被开除学籍的，回入学前户口所在地；就读期间其父母已办理户口迁移手续的，可以回父母现户口所在地，由县、自治县、不设区的市、市辖区的人民政府按照国家有关规定办理。

第四十二条　军队院校从现役士兵中招收的学员，适用本法第三十九条、第四十条、第四十一条的规定。

第七章　战时兵员动员

第四十三条　为了应对国家主权、统一、领土完整、安全和发展利益遭受的威胁，抵抗侵略，各级人民政府、各级军事机关，在平时必须做好战时兵员动员的准备工作。

第四十四条　在国家发布动员令或者国

务院、中央军事委员会依照《中华人民共和国国防动员法》采取必要的国防动员措施后，各级人民政府、各级军事机关必须依法迅速实施动员，军人停止退出现役，休假、探亲的军人立即归队，预备役人员随时准备应召服现役，经过预备役登记的公民做好服预备役被征召的准备。

第四十五条 战时根据需要，国务院和中央军事委员会可以决定适当放宽征召男性公民服现役的年龄上限，可以决定延长公民服现役的期限。

第四十六条 战争结束后，需要复员的军人，根据国务院和中央军事委员会的复员命令，分期分批地退出现役，由各级人民政府妥善安置。

第八章 服役待遇和抚恤优待

第四十七条 国家保障军人享有符合军事职业特点、与其履行职责相适应的工资、津贴、住房、医疗、保险、休假、疗养等待遇。军人的待遇应当与国民经济发展相协调，与社会进步相适应。

女军人的合法权益受法律保护。军队应当根据女军人的特点，合理安排女军人的工作任务和休息休假，在生育、健康等方面为女军人提供特别保护。

第四十八条 预备役人员参战、参加军事训练、担负战备勤务、执行非战争军事行动任务，享受国家规定的伙食、交通等补助。预备役人员是机关、团体、企业事业组织工作人员的，参战、参加军事训练、担负战备勤务、执行非战争军事行动任务期间，所在单位应当保持其原有的工资、奖金和福利待遇。预备役人员的其他待遇保障依照有关法律法规和国家有关规定执行。

第四十九条 军人按照国家有关规定，在医疗、金融、交通、参观游览、法律服务、文化体育设施服务、邮政服务等方面享受优待政策。公民入伍时保留户籍。

军人因战、因公、因病致残的，按照国家规定评定残疾等级，发给残疾军人证，享受国家规定的待遇、优待和残疾抚恤金。因工作需要继续服现役的残疾军人，由所在部队按照规定发给残疾抚恤金。

军人牺牲、病故，国家按照规定发给其遗属抚恤金。

第五十条 国家建立义务兵家庭优待金制度。义务兵家庭优待金标准由地方人民政府制定，中央财政给予定额补助。具体补助办法由国务院退役军人工作主管部门、财政部门会同中央军事委员会机关有关部门制定。

义务兵和军士入伍前是机关、团体、事业单位或者国有企业工作人员的，退出现役后可以选择复职复工。

义务兵和军士入伍前依法取得的农村土地承包经营权，服现役期间应当保留。

第五十一条 现役军官和军士的子女教育，家属的随军、就业创业以及工作调动，享受国家和社会的优待。

符合条件的军人家属，其住房、医疗、养老按照有关规定享受优待。

军人配偶随军未就业期间，按照国家有关规定享受相应的保障待遇。

第五十二条 预备役人员因参战、参加军事训练、担负战备勤务、执行非战争军事行动任务致残、牺牲的，由当地人民政府依照有关规定给予抚恤优待。

第九章 退役军人的安置

第五十三条 对退出现役的义务兵，国家采取自主就业、安排工作、供养等方式妥善安置。

义务兵退出现役自主就业的，按照国家规定发给一次性退役金，由安置地的县级以上地方人民政府接收，根据当地的实际情况，可以发给经济补助。国家根据经济社会发展，适时调整退役金的标准。

服现役期间平时获得二等功以上荣誉或者战时获得三等功以上荣誉以及属于烈士子女的义务兵退出现役，由安置地的县级以上地方人民政府安排工作；待安排工作期间由当地人民政府按照国家有关规定发给生活补助费；根据本人自愿，也可以选择自主就业。

因战、因公、因病致残的义务兵退出现役，按照国家规定的评定残疾等级采取安排工作、供养等方式予以妥善安置；符合安排工作条件的，根据本人自愿，也可以选择自主就业。

第五十四条　对退出现役的军士，国家采取逐月领取退役金、自主就业、安排工作、退休、供养等方式妥善安置。

军士退出现役，服现役满规定年限的，采取逐月领取退役金方式予以妥善安置。

军士退出现役，服现役满十二年或者符合国家规定的其他条件的，由安置地的县级以上地方人民政府安排工作；待安排工作期间由当地人民政府按照国家有关规定发给生活补助费；根据本人自愿，也可以选择自主就业。

军士服现役满三十年或者年满五十五周岁或者符合国家规定的其他条件的，作退休安置。

因战、因公、因病致残的军士退出现役，按照国家规定的评定残疾等级采取安排工作、退休、供养等方式予以妥善安置；符合安排工作条件的，根据本人自愿，也可以选择自主就业。

军士退出现役，不符合本条第二款至第五款规定条件的，依照本法第五十三条规定的自主就业方式予以妥善安置。

第五十五条　对退出现役的军官，国家采取退休、转业、逐月领取退役金、复员等方式妥善安置；其安置方式的适用条件，依照有关法律法规的规定执行。

第五十六条　残疾军人、患慢性病的军人退出现役后，由安置地的县级以上地方人民政府按照国务院、中央军事委员会的有关规定负责接收安置；其中，患过慢性病旧病复发需要治疗的，由当地医疗机构负责给予治疗，所需医疗和生活费用，本人经济困难的，按照国家规定给予补助。

第十章　法律责任

第五十七条　有服兵役义务的公民有下列行为之一的，由县级人民政府责令限期改正；逾期不改正的，由县级人民政府强制其履行兵役义务，并处以罚款：

（一）拒绝、逃避兵役登记的；

（二）应征公民拒绝、逃避征集服现役的；

（三）预备役人员拒绝、逃避参加军事训练、担负战备勤务、执行非战争军事行动任务和征召的。

有前款第二项行为，拒不改正的，不得录用为公务员或者参照《中华人民共和国公务员法》管理的工作人员，不得招录、聘用为国有企业和事业单位工作人员，两年内不准出境或者升学复学，纳入履行国防义务严重失信主体名单实施联合惩戒。

第五十八条　军人以逃避服兵役为目的，拒绝履行职责或者逃离部队的，按照中央军事委员会的规定给予处分。

军人有前款行为被军队除名、开除军籍或者被依法追究刑事责任的，依照本法第五十七条第二款的规定处罚；其中，被军队除名的，并处以罚款。

明知是逃离部队的军人而招录、聘用的，由县级人民政府责令改正，并处以罚款。

第五十九条　机关、团体、企业事业组织拒绝完成本法规定的兵役工作任务的，阻挠公民履行兵役义务的，或者有其他妨害兵役工作行为的，由县级以上地方人民政府责令改正，并可以处以罚款；对单位负有责任的领导人员、直接负责的主管人员和其他直接责任人员，依法予以处罚。

第六十条　扰乱兵役工作秩序，或者阻碍兵役工作人员依法执行职务的，依照《中华人民共和国治安管理处罚法》的规定处罚。

第六十一条 国家工作人员和军人在兵役工作中，有下列行为之一的，依法给予处分：

（一）贪污贿赂的；

（二）滥用职权或者玩忽职守的；

（三）徇私舞弊，接送不合格兵员的；

（四）泄露或者向他人非法提供兵役个人信息的。

第六十二条 违反本法规定，构成犯罪的，依法追究刑事责任。

第六十三条 本法第五十七条、第五十八条、第五十九条规定的处罚，由县级以上地方人民政府兵役机关会同有关部门查明事实，经同级地方人民政府作出处罚决定后，由县级以上地方人民政府兵役机关、发展改革、公安、退役军人工作、卫生健康、教育、人力资源和社会保障等部门按照职责分工具体执行。

第十一章 附　　则

第六十四条 本法适用于中国人民武装警察部队。

第六十五条 本法自 2021 年 10 月 1 日起施行。

中华人民共和国退役军人保障法

（2020 年 11 月 11 日第十三届全国人民代表大会常务委员会第二十三次会议通过，2020 年 11 月 11 日公布，自 2021 年 1 月 1 日起施行）

第一章 总　　则

第一条 为了加强退役军人保障工作，维护退役军人合法权益，让军人成为全社会尊崇的职业，根据宪法，制定本法。

第二条 本法所称退役军人，是指从中国人民解放军依法退出现役的军官、军士和义务兵等人员。

第三条 退役军人为国防和军队建设做出了重要贡献，是社会主义现代化建设的重要力量。

尊重、关爱退役军人是全社会的共同责任。国家关心、优待退役军人，加强退役军人保障体系建设，保障退役军人依法享有相应的权益。

第四条 退役军人保障工作坚持中国共产党的领导，坚持为经济社会发展服务、为国防和军队建设服务的方针，遵循以人为本、分类保障、服务优先、依法管理的原则。

第五条 退役军人保障应当与经济发展相协调，与社会进步相适应。

退役军人安置工作应当公开、公平、公正。

退役军人的政治、生活等待遇与其服现役期间所做贡献挂钩。

国家建立参战退役军人特别优待机制。

第六条 退役军人应当继续发扬人民军队优良传统，模范遵守宪法和法律法规，保守军事秘密，践行社会主义核心价值观，积极参加社会主义现代化建设。

第七条 国务院退役军人工作主管部门负责全国的退役军人保障工作。县级以上地方人民政府退役军人工作主管部门负责本行政区域的退役军人保障工作。

中央和国家有关机关、中央军事委员会有关部门、地方各级有关机关应当在各自职责范围内做好退役军人保障工作。

军队各级负责退役军人有关工作的部门与县级以上人民政府退役军人工作主管部门应当密切配合，做好退役军人保障工作。

第八条　国家加强退役军人保障工作信息化建设，为退役军人建档立卡，实现有关部门之间信息共享，为提高退役军人保障能力提供支持。

国务院退役军人工作主管部门应当与中央和国家有关机关、中央军事委员会有关部门密切配合，统筹做好信息数据系统的建设、维护、应用和信息安全管理等工作。

第九条　退役军人保障工作所需经费由中央和地方财政共同负担。退役安置、教育培训、抚恤优待资金主要由中央财政负担。

第十条　国家鼓励和引导企业、社会组织、个人等社会力量依法通过捐赠、设立基金、志愿服务等方式为退役军人提供支持和帮助。

第十一条　对在退役军人保障工作中做出突出贡献的单位和个人，按照国家有关规定给予表彰、奖励。

第二章　移交接收

第十二条　国务院退役军人工作主管部门、中央军事委员会政治工作部门、中央和国家有关机关应当制定全国退役军人的年度移交接收计划。

第十三条　退役军人原所在部队应当将退役军人移交安置地人民政府退役军人工作主管部门，安置地人民政府退役军人工作主管部门负责接收退役军人。

退役军人的安置地，按照国家有关规定确定。

第十四条　退役军人应当在规定时间内，持军队出具的退役证明到安置地人民政府退役军人工作主管部门报到。

第十五条　安置地人民政府退役军人工作主管部门在接收退役军人时，向退役军人发放退役军人优待证。

退役军人优待证全国统一制发、统一编号，管理使用办法由国务院退役军人工作主管部门会同有关部门制定。

第十六条　军人所在部队在军人退役时，应当及时将其人事档案移交安置地人民政府退役军人工作主管部门。

安置地人民政府退役军人工作主管部门应当按照国家人事档案管理有关规定，接收、保管并向有关单位移交退役军人人事档案。

第十七条　安置地人民政府公安机关应当按照国家有关规定，及时为退役军人办理户口登记，同级退役军人工作主管部门应当予以协助。

第十八条　退役军人原所在部队应当按照有关法律法规规定，及时将退役军人及随军未就业配偶的养老、医疗等社会保险关系和相应资金，转入安置地社会保险经办机构。

安置地人民政府退役军人工作主管部门应当与社会保险经办机构、军队有关部门密切配合，依法做好有关社会保险关系和相应资金转移接续工作。

第十九条　退役军人移交接收过程中，发生与其服现役有关的问题，由原所在部队负责处理；发生与其安置有关的问题，由安置地人民政府负责处理；发生其他移交接收方面问题的，由安置地人民政府负责处理，原所在部队予以配合。

退役军人原所在部队撤销或者转隶、合并的，由原所在部队的上级单位或者转隶、合并后的单位按照前款规定处理。

第三章　退役安置

第二十条　地方各级人民政府应当按照移交接收计划，做好退役军人安置工作，完成退役军人安置任务。

机关、群团组织、企业事业单位和社会组织应当依法接收安置退役军人，退役军人应当接受安置。

第二十一条　对退役的军官，国家采取退休、转业、逐月领取退役金、复员等方式妥善安置。

以退休方式移交人民政府安置的，由安置地人民政府按照国家保障与社会化服务相结合的方式，做好服务管理工作，保障其待遇。

以转业方式安置的，由安置地人民政府根据其德才条件以及服现役期间的职务、等级、所做贡献、专长等和工作需要安排工作岗位，确定相应的职务职级。

服现役满规定年限，以逐月领取退役金方式安置的，按照国家有关规定逐月领取退役金。

以复员方式安置的，按照国家有关规定领取复员费。

第二十二条 对退役的军士，国家采取逐月领取退役金、自主就业、安排工作、退休、供养等方式妥善安置。

服现役满规定年限，以逐月领取退役金方式安置的，按照国家有关规定逐月领取退役金。

服现役不满规定年限，以自主就业方式安置的，领取一次性退役金。

以安排工作方式安置的，由安置地人民政府根据其服现役期间所做贡献、专长等安排工作岗位。

以退休方式安置的，由安置地人民政府按照国家保障与社会化服务相结合的方式，做好服务管理工作，保障其待遇。

以供养方式安置的，由国家供养终身。

第二十三条 对退役的义务兵，国家采取自主就业、安排工作、供养等方式妥善安置。

以自主就业方式安置的，领取一次性退役金。

以安排工作方式安置的，由安置地人民政府根据其服现役期间所做贡献、专长等安排工作岗位。

以供养方式安置的，由国家供养终身。

第二十四条 退休、转业、逐月领取退役金、复员、自主就业、安排工作、供养等安置方式的适用条件，按照相关法律法规执行。

第二十五条 转业军官、安排工作的军士和义务兵，由机关、群团组织、事业单位和国有企业接收安置。对下列退役军人，优先安置：

（一）参战退役军人；

（二）担任作战部队师、旅、团、营级单位主官的转业军官；

（三）属于烈士子女、功臣模范的退役军人；

（四）长期在艰苦边远地区或者特殊岗位服现役的退役军人。

第二十六条 机关、群团组织、事业单位接收安置转业军官、安排工作的军士和义务兵的，应当按照国家有关规定给予编制保障。

国有企业接收安置转业军官、安排工作的军士和义务兵的，应当按照国家规定与其签订劳动合同，保障相应待遇。

前两款规定的用人单位依法裁减人员时，应当优先留用接收安置的转业和安排工作的退役军人。

第二十七条 以逐月领取退役金方式安置的退役军官和军士，被录用为公务员或者聘用为事业单位工作人员的，自被录用、聘用下月起停发退役金，其待遇按照公务员、事业单位工作人员管理相关法律法规执行。

第二十八条 国家建立伤病残退役军人指令性移交安置、收治休养制度。军队有关部门应当及时将伤病残退役军人移交安置地人民政府安置。安置地人民政府应当妥善解决伤病残退役军人的住房、医疗、康复、护理和生活困难。

第二十九条 各级人民政府加强拥军优属工作，为军人和家属排忧解难。

符合条件的军官和军士退出现役时，其配偶和子女可以按照国家有关规定随调随迁。

随调配偶在机关或者事业单位工作，符

合有关法律法规规定的，安置地人民政府负责安排到相应的工作单位；随调配偶在其他单位工作或者无工作单位的，安置地人民政府应当提供就业指导，协助实现就业。

随迁子女需要转学、入学的，安置地人民政府教育行政部门应当予以及时办理。对下列退役军人的随迁子女，优先保障：

（一）参战退役军人；

（二）属于烈士子女、功臣模范的退役军人；

（三）长期在艰苦边远地区或者特殊岗位服现役的退役军人；

（四）其他符合条件的退役军人。

第三十条　军人退役安置的具体办法由国务院、中央军事委员会制定。

第四章　教育培训

第三十一条　退役军人的教育培训应当以提高就业质量为导向，紧密围绕社会需求，为退役军人提供有特色、精细化、针对性强的培训服务。

国家采取措施加强对退役军人的教育培训，帮助退役军人完善知识结构，提高思想政治水平、职业技能水平和综合职业素养，提升就业创业能力。

第三十二条　国家建立学历教育和职业技能培训并行并举的退役军人教育培训体系，建立退役军人教育培训协调机制，统筹规划退役军人教育培训工作。

第三十三条　军人退役前，所在部队在保证完成军事任务的前提下，可以根据部队特点和条件提供职业技能储备培训，组织参加高等教育自学考试和各类高等学校举办的高等学历继续教育，以及知识拓展、技能培训等非学历继续教育。

部队所在地县级以上地方人民政府退役军人工作主管部门应当为现役军人所在部队开展教育培训提供支持和协助。

第三十四条　退役军人在接受学历教育时，按照国家有关规定享受学费和助学金资助等国家教育资助政策。

高等学校根据国家统筹安排，可以通过单列计划、单独招生等方式招考退役军人。

第三十五条　现役军人入伍前已被普通高等学校录取或者是正在普通高等学校就学的学生，服现役期间保留入学资格或者学籍，退役后两年内允许入学或者复学，可以按照国家有关规定转入本校其他专业学习。达到报考研究生条件的，按照国家有关规定享受优惠政策。

第三十六条　国家依托和支持普通高等学校、职业院校（含技工院校）、专业培训机构等教育资源，为退役军人提供职业技能培训。退役军人未达到法定退休年龄需要就业创业的，可以享受职业技能培训补贴等相应扶持政策。

军人退出现役，安置地人民政府应当根据就业需求组织其免费参加职业教育、技能培训，经考试考核合格的，发给相应的学历证书、职业资格证书或者职业技能等级证书并推荐就业。

第三十七条　省级人民政府退役军人工作主管部门会同有关部门加强动态管理，定期对为退役军人提供职业技能培训的普通高等学校、职业院校（含技工院校）、专业培训机构的培训质量进行检查和考核，提高职业技能培训质量和水平。

第五章　就业创业

第三十八条　国家采取政府推动、市场引导、社会支持相结合的方式，鼓励和扶持退役军人就业创业。

第三十九条　各级人民政府应当加强对退役军人就业创业的指导和服务。

县级以上地方人民政府退役军人工作主管部门应当加强对退役军人就业创业的宣传、组织、协调等工作，会同有关部门采取退役军人专场招聘会等形式，开展就业推荐、职业指导，帮助退役军人就业。

第四十条　服现役期间因战、因公、因病致残被评定残疾等级和退役后补评或者重新评定残疾等级的残疾退役军人，有劳动能力和就业意愿的，优先享受国家规定的残疾人就业优惠政策。

第四十一条 公共人力资源服务机构应当免费为退役军人提供职业介绍、创业指导等服务。

国家鼓励经营性人力资源服务机构和社会组织为退役军人就业创业提供免费或者优惠服务。

退役军人未能及时就业的，在人力资源和社会保障部门办理求职登记后，可以按照规定享受失业保险待遇。

第四十二条 机关、群团组织、事业单位和国有企业在招录或者招聘人员时，对退役军人的年龄和学历条件可以适当放宽，同等条件下优先招录、招聘退役军人。退役的军士和义务兵服现役经历视为基层工作经历。

退役的军士和义务兵入伍前是机关、群团组织、事业单位或者国有企业人员的，退役后可以选择复职复工。

第四十三条 各地应当设置一定数量的基层公务员职位，面向服现役满五年的高校毕业生退役军人招考。

服现役满五年的高校毕业生退役军人可以报考面向服务基层项目人员定向考录的职位，同服务基层项目人员共享公务员定向考录计划。

各地应当注重从优秀退役军人中选聘党的基层组织、社区和村专职工作人员。

军队文职人员岗位、国防教育机构岗位等，应当优先选用符合条件的退役军人。

国家鼓励退役军人参加稳边固边等边疆建设工作。

第四十四条 退役军人服现役年限计算为工龄，退役后与所在单位工作年限累计计算。

第四十五条 县级以上地方人民政府投资建设或者与社会共建的创业孵化基地和创业园区，应当优先为退役军人创业提供服务。有条件的地区可以建立退役军人创业孵化基地和创业园区，为退役军人提供经营场地、投资融资等方面的优惠服务。

第四十六条 退役军人创办小微企业，可以按照国家有关规定申请创业担保贷款，并享受贷款贴息等融资优惠政策。

退役军人从事个体经营，依法享受税收优惠政策。

第四十七条 用人单位招用退役军人符合国家规定的，依法享受税收优惠等政策。

第六章 抚恤优待

第四十八条 各级人民政府应当坚持普惠与优待叠加的原则，在保障退役军人享受普惠性政策和公共服务基础上，结合服现役期间所做贡献和各地实际情况给予优待。

对参战退役军人，应当提高优待标准。

第四十九条 国家逐步消除退役军人抚恤优待制度城乡差异、缩小地区差异，建立统筹平衡的抚恤优待量化标准体系。

第五十条 退役军人依法参加养老、医疗、工伤、失业、生育等社会保险，并享受相应待遇。

退役军人服现役年限与入伍前、退役后参加职工基本养老保险、职工基本医疗保险、失业保险的缴费年限依法合并计算。

第五十一条 退役军人符合安置住房优待条件的，实行市场购买与军地集中统建相结合，由安置地人民政府统筹规划、科学实施。

第五十二条 军队医疗机构、公立医疗机构应当为退役军人就医提供优待服务，并对参战退役军人、残疾退役军人给予优惠。

第五十三条 退役军人凭退役军人优待证等有效证件享受公共交通、文化和旅游等优待，具体办法由省级人民政府制定。

第五十四条 县级以上人民政府加强优抚医院、光荣院建设，充分利用现有医疗和养老服务资源，收治或者集中供养孤老、生活不能自理的退役军人。

各类社会福利机构应当优先接收老年退役军人和残疾退役军人。

第五十五条 国家建立退役军人帮扶援助机制，在养老、医疗、住房等方面，对生活困难的退役军人按照国家有关规定给予帮扶援助。

第五十六条 残疾退役军人依法享受抚恤。

残疾退役军人按照残疾等级享受残疾抚恤金，标准由国务院退役军人工作主管部门会同国务院财政部门综合考虑国家经济社会发展水平、消费物价水平、全国城镇单位就业人员工资水平、国家财力情况等因素确定。残疾抚恤金由县级人民政府退役军人工作主管部门发放。

第七章 褒扬激励

第五十七条 国家建立退役军人荣誉激励机制，对在社会主义现代化建设中做出突出贡献的退役军人予以表彰、奖励。退役军人服现役期间获得表彰、奖励的，退役后按照国家有关规定享受相应待遇。

第五十八条 退役军人安置地人民政府在接收退役军人时，应当举行迎接仪式。迎接仪式由安置地人民政府退役军人工作主管部门负责实施。

第五十九条 地方人民政府应当为退役军人家庭悬挂光荣牌，定期开展走访慰问活动。

第六十条 国家、地方和军队举行重大庆典活动时，应当邀请退役军人代表参加。

被邀请的退役军人参加重大庆典活动时，可以穿着退役时的制式服装，佩戴服现役期间和退役后荣获的勋章、奖章、纪念章等徽章。

第六十一条 国家注重发挥退役军人在爱国主义教育和国防教育活动中的积极作用。机关、群团组织、企业事业单位和社会组织可以邀请退役军人协助开展爱国主义教育和国防教育。县级以上人民政府教育行政部门可以邀请退役军人参加学校国防教育培训，学校可以聘请退役军人参与学生军事训练。

第六十二条 县级以上人民政府退役军人工作主管部门应当加强对退役军人先进事迹的宣传，通过制作公益广告、创作主题文艺作品等方式，弘扬爱国主义精神、革命英雄主义精神和退役军人敬业奉献精神。

第六十三条 县级以上地方人民政府负责地方志工作的机构应当将本行政区域内下列退役军人的名录和事迹，编辑录入地方志：

（一）参战退役军人；

（二）荣获二等功以上奖励的退役军人；

（三）获得省部级或者战区级以上表彰的退役军人；

（四）其他符合条件的退役军人。

第六十四条 国家统筹规划烈士纪念设施建设，通过组织开展英雄烈士祭扫纪念活动等多种形式，弘扬英雄烈士精神。退役军人工作主管部门负责烈士纪念设施的修缮、保护和管理。

国家推进军人公墓建设。符合条件的退役军人去世后，可以安葬在军人公墓。

第八章 服务管理

第六十五条 国家加强退役军人服务机构建设，建立健全退役军人服务体系。县级以上人民政府设立退役军人服务中心，乡镇、街道、农村和城市社区设立退役军人服务站点，提升退役军人服务保障能力。

第六十六条 退役军人服务中心、服务站点等退役军人服务机构应当加强与退役军人联系沟通，做好退役军人就业创业扶持、优抚帮扶、走访慰问、权益维护等服务保障工作。

第六十七条 县级以上人民政府退役军人工作主管部门应当加强退役军人思想政治教育工作，及时掌握退役军人的思想情况和工作生活状况，指导接收安置单位和其他组织做好退役军人的思想政治工作和有关保障工作。

接收安置单位和其他组织应当结合退役军人工作和生活状况，做好退役军人思想政治工作和有关保障工作。

第六十八条 县级以上人民政府退役军人工作主管部门、接收安置单位和其他组织应当加强对退役军人的保密教育和管理。

第六十九条 县级以上人民政府退役军人工作主管部门应当通过广播、电视、报刊、网络等多种渠道宣传与退役军人相关的法律法规和政策制度。

第七十条 县级以上人民政府退役军人工作主管部门应当建立健全退役军人权益保障机制，畅通诉求表达渠道，为退役军人维护其合法权益提供支持和帮助。退役军人的合法权益受到侵害，应当依法解决。公共法律服务有关机构应当依法为退役军人提供法律援助等必要的帮助。

第七十一条 县级以上人民政府退役军人工作主管部门应当依法指导、督促有关部门和单位做好退役安置、教育培训、就业创业、抚恤优待、褒扬激励、拥军优属等工作，监督检查退役军人保障相关法律法规和政策措施落实情况，推进解决退役军人保障工作中存在的问题。

第七十二条 国家实行退役军人保障工作责任制和考核评价制度。县级以上人民政府应当将退役军人保障工作完成情况，纳入对本级人民政府负责退役军人有关工作的部门及其负责人、下级人民政府及其负责人的考核评价内容。

对退役军人保障政策落实不到位、工作推进不力的地区和单位，由省级以上人民政府退役军人工作主管部门会同有关部门约谈该地区人民政府主要负责人或者该单位主要负责人。

第七十三条 退役军人工作主管部门及其工作人员履行职责，应当自觉接受社会监督。

第七十四条 对退役军人保障工作中违反本法行为的检举、控告，有关机关和部门应当依法及时处理，并将处理结果告知检举人、控告人。

第九章 法律责任

第七十五条 退役军人工作主管部门及其工作人员有下列行为之一的，由其上级主管部门责令改正，对直接负责的主管人员和其他直接责任人员依法给予处分：

（一）未按照规定确定退役军人安置待遇的；

（二）在退役军人安置工作中出具虚假文件的；

（三）为不符合条件的人员发放退役军人优待证的；

（四）挪用、截留、私分退役军人保障工作经费的；

（五）违反规定确定抚恤优待对象、标准、数额或者给予退役军人相关待遇的；

（六）在退役军人保障工作中利用职务之便为自己或者他人谋取私利的；

（七）在退役军人保障工作中失职渎职的；

（八）有其他违反法律法规行为的。

第七十六条 其他负责退役军人有关工作的部门及其工作人员违反本法有关规定的，由其上级主管部门责令改正，对直接负责的主管人员和其他直接责任人员依法给予处分。

第七十七条 违反本法规定，拒绝或者无故拖延执行退役军人安置任务的，由安置地人民政府退役军人工作主管部门责令限期改正；逾期不改正的，予以通报批评。对该单位主要负责人和直接责任人员，由有关部门依法给予处分。

第七十八条 退役军人弄虚作假骗取退役相关待遇的，由县级以上地方人民政府退役军人工作主管部门取消相关待遇，追缴非法所得，并由其所在单位或者有关部门依法给予处分。

第七十九条　退役军人违法犯罪的，由省级人民政府退役军人工作主管部门按照国家有关规定中止、降低或者取消其退役相关待遇，报国务院退役军人工作主管部门备案。

退役军人对省级人民政府退役军人工作主管部门作出的中止、降低或者取消其退役相关待遇的决定不服的，可以依法申请行政复议或者提起行政诉讼。

第八十条　违反本法规定，构成违反治安管理行为的，依法给予治安管理处罚；构成犯罪的，依法追究刑事责任。

第十章　附　　则

第八十一条　中国人民武装警察部队依法退出现役的警官、警士和义务兵等人员，适用本法。

第八十二条　本法有关军官的规定适用于文职干部。

军队院校学员依法退出现役的，参照本法有关规定执行。

第八十三条　参试退役军人参照本法有关参战退役军人的规定执行。

参战退役军人、参试退役军人的范围和认定标准、认定程序，由中央军事委员会有关部门会同国务院退役军人工作主管部门等部门规定。

第八十四条　军官离职休养和军级以上职务军官退休后，按照国务院和中央军事委员会的有关规定安置管理。

本法施行前已经按照自主择业方式安置的退役军人的待遇保障，按照国务院和中央军事委员会的有关规定执行。

第八十五条　本法自2021年1月1日起施行。

军人抚恤优待条例

（2004年8月1日中华人民共和国国务院、中华人民共和国中央军事委员会令第413号公布，根据2011年7月29日《国务院、中央军事委员会关于修改〈军人抚恤优待条例〉的决定》第一次修订，根据2019年3月2日《国务院关于修改部分行政法规的决定》第二次修订，2024年8月5日中华人民共和国国务院、中华人民共和国中央军事委员会令第788号第三次修订）

第一章　总　　则

第一条　为了保障国家对军人的抚恤优待，激励军人保卫祖国、建设祖国的献身精神，加强国防和军队现代化建设，让军人成为全社会尊崇的职业，根据《中华人民共和国国防法》、《中华人民共和国兵役法》、《中华人民共和国军人地位和权益保障法》、《中华人民共和国退役军人保障法》等有关法律，制定本条例。

第二条　本条例所称抚恤优待对象包括：

（一）军人；

（二）服现役和退出现役的残疾军人；

（三）烈士遗属、因公牺牲军人遗属、病故军人遗属；

（四）军人家属；

（五）退役军人。

第三条 军人抚恤优待工作坚持中国共产党的领导。

军人抚恤优待工作应当践行社会主义核心价值观，贯彻待遇与贡献匹配、精神与物质并重、关爱与服务结合的原则，分类保障，突出重点，逐步推进抚恤优待制度城乡统筹，健全抚恤优待标准动态调整机制，确保抚恤优待保障水平与经济社会发展水平、国防和军队建设需要相适应。

第四条 国家保障抚恤优待对象享受社会保障和基本公共服务等公民普惠待遇，同时享受相应的抚恤优待待遇。

在审核抚恤优待对象是否符合享受相应社会保障和基本公共服务等条件时，抚恤金、补助金和优待金不计入抚恤优待对象个人和家庭收入。

第五条 国务院退役军人工作主管部门负责全国的军人抚恤优待工作；县级以上地方人民政府退役军人工作主管部门负责本行政区域内的军人抚恤优待工作。

中央和国家有关机关、中央军事委员会有关部门、地方各级有关机关应当在各自职责范围内做好军人抚恤优待工作。

第六条 按照中央与地方财政事权和支出责任划分原则，军人抚恤优待所需经费主要由中央财政负担，适度加大省级财政投入力度，减轻基层财政压力。

县级以上地方人民政府应当对军人抚恤优待工作经费予以保障。

中央和地方财政安排的军人抚恤优待所需经费和工作经费，实施全过程预算绩效管理，并接受财政、审计部门的监督。

第七条 国家鼓励和引导群团组织、企业事业单位、社会组织、个人等社会力量依法通过捐赠、设立基金、志愿服务等方式为军人抚恤优待工作提供支持和帮助。

全社会应当关怀、尊重抚恤优待对象，开展各种形式的拥军优属活动，营造爱国拥军、尊崇军人浓厚氛围。

第八条 国家推进军人抚恤优待工作信息化，加强抚恤优待对象综合信息平台建设，加强部门协同配合、信息共享，实现对抚恤优待对象的精准识别，提升军人抚恤优待工作服务能力和水平。

国家建立享受定期抚恤补助对象年度确认制度和冒领待遇追责机制，确保抚恤优待资金准确发放。

第九条 对在军人抚恤优待工作中做出显著成绩的单位和个人，按照国家有关规定给予表彰和奖励。

第二章 军人死亡抚恤

第十条 烈士遗属享受烈士褒扬金、一次性抚恤金，并可以按照规定享受定期抚恤金、丧葬补助、一次性特别抚恤金等。

因公牺牲军人遗属、病故军人遗属享受一次性抚恤金，并可以按照规定享受定期抚恤金、丧葬补助、一次性特别抚恤金等。

第十一条 军人牺牲，符合下列情形之一的，评定为烈士：

（一）对敌作战牺牲，或者对敌作战负伤在医疗终结前因伤牺牲的；

（二）因执行任务遭敌人或者犯罪分子杀害，或者被俘、被捕后不屈遭敌人杀害或者被折磨牺牲的；

（三）为抢救和保护国家财产、集体财产、公民生命财产或者执行反恐怖任务和处置突发事件牺牲的；

（四）因执行军事演习、战备航行飞行、空降和导弹发射训练、试航试飞任务以及参加武器装备科研试验牺牲的；

（五）在执行外交任务或者国家派遣的对外援助、维持国际和平任务中牺牲的；

（六）其他牺牲情节特别突出，堪为楷模的。

军人在执行对敌作战、维持国际和平、边海防执勤或者抢险救灾等任务中失踪，被宣告死亡的，按照烈士对待。

评定烈士，属于因战牺牲的，由军队团级以上单位政治工作部门批准；属于非因战牺牲的，由军队军级以上单位政治工作部门批准；属于本条第一款第六项规定情形的，由中央军事委员会政治工作部批准。

第十二条　军人死亡，符合下列情形之一的，确认为因公牺牲：

（一）在执行任务中、工作岗位上或者在上下班途中，由于意外事件死亡的；

（二）被认定为因战、因公致残后因旧伤复发死亡的；

（三）因患职业病死亡的；

（四）在执行任务中或者在工作岗位上因病猝然死亡的；

（五）其他因公死亡的。

军人在执行对敌作战、维持国际和平、边海防执勤或者抢险救灾以外的其他任务中失踪，被宣告死亡的，按照因公牺牲对待。

军人因公牺牲，由军队团级以上单位政治工作部门确认；属于本条第一款第五项规定情形的，由军队军级以上单位政治工作部门确认。

第十三条　军人除本条例第十二条第一款第三项、第四项规定情形以外，因其他疾病死亡的，确认为病故。

军人非执行任务死亡，或者失踪被宣告死亡的，按照病故对待。

军人病故，由军队团级以上单位政治工作部门确认。

第十四条　军人牺牲被评定为烈士、确认为因公牺牲或者病故后，由军队有关部门或者单位向烈士遗属、因公牺牲军人遗属、病故军人遗属户籍所在地县级人民政府退役军人工作主管部门发送《烈士评定通知书》、《军人因公牺牲通知书》、《军人病故通知书》和《军人因公牺牲证明书》、《军人病故证明书》。烈士证书的颁发按照《烈士褒扬条例》的规定执行，《军人因公牺牲证明书》、《军人病故证明书》由本条规定的县级人民政府退役军人工作主管部门发给因公牺牲军人遗属、病故军人遗属。

遗属均为军人且无户籍的，军人单位所在地作为遗属户籍地。

第十五条　烈士褒扬金由领取烈士证书的烈士遗属户籍所在地县级人民政府退役军人工作主管部门，按照烈士牺牲时上一年度全国城镇居民人均可支配收入30倍的标准发给其遗属。战时，参战牺牲的烈士褒扬金标准可以适当提高。

军人死亡，根据其死亡性质和死亡时的月基本工资标准，由收到《烈士评定通知书》、《军人因公牺牲通知书》、《军人病故通知书》的县级人民政府退役军人工作主管部门，按照以下标准发给其遗属一次性抚恤金：烈士和因公牺牲的，为上一年度全国城镇居民人均可支配收入的20倍加本人40个月的基本工资；病故的，为上一年度全国城镇居民人均可支配收入的2倍加本人40个月的基本工资。月基本工资或者津贴低于少尉军官基本工资标准的，按照少尉军官基本工资标准计算。被追授军衔的，按照所追授的军衔等级以及相应待遇级别确定月基本工资标准。

第十六条　服现役期间获得功勋荣誉表彰的军人被评定为烈士、确认为因公牺牲或者病故的，其遗属在应当享受的一次性抚恤金的基础上，由县级人民政府退役军人工作主管部门按照下列比例增发一次性抚恤金：

（一）获得勋章或者国家荣誉称号的，增发40%；

（二）获得党中央、国务院、中央军事委员会单独或者联合授予荣誉称号的，增发35%；

（三）立一等战功、获得一级表彰或者获得中央军事委员会授权的单位授予荣誉称号的，增发30%；

（四）立二等战功、一等功或者获得二级表彰并经批准的，增发25%；

（五）立三等战功或者二等功的，增发15%；

（六）立四等战功或者三等功的，增发5%。

军人死亡后被追授功勋荣誉表彰的，比照前款规定增发一次性抚恤金。

服现役期间多次获得功勋荣誉表彰的烈士、因公牺牲军人、病故军人，其遗属由县级人民政府退役军人工作主管部门按照其中最高的增发比例，增发一次性抚恤金。

第十七条　对生前作出特殊贡献的烈士、因公牺牲军人、病故军人，除按照本条例规定发给其遗属一次性抚恤金外，军队可以按照有关规定发给其遗属一次性特别抚恤金。

第十八条　烈士褒扬金发给烈士的父母（抚养人）、配偶、子女；没有父母（抚养人）、配偶、子女的，发给未满 18 周岁的兄弟姐妹和已满 18 周岁但无生活费来源且由该军人生前供养的兄弟姐妹。

一次性抚恤金发给烈士遗属、因公牺牲军人遗属、病故军人遗属，遗属的范围按照前款规定确定。

第十九条　对符合下列条件的烈士遗属、因公牺牲军人遗属、病故军人遗属，由其户籍所在地县级人民政府退役军人工作主管部门依据其申请，在审核确认其符合条件当月起发给定期抚恤金：

（一）父母（抚养人）、配偶无劳动能力、无生活费来源，或者收入水平低于当地居民平均生活水平的；

（二）子女未满 18 周岁或者已满 18 周岁但因上学或者残疾无生活费来源的；

（三）兄弟姐妹未满 18 周岁或者已满 18 周岁但因上学无生活费来源且由该军人生前供养的。

定期抚恤金标准应当参照上一年度全国居民人均可支配收入水平确定，具体标准及其调整办法，由国务院退役军人工作主管部门会同国务院财政部门规定。

第二十条　烈士、因公牺牲军人、病故军人生前的配偶再婚后继续赡养烈士、因公牺牲军人、病故军人父母（抚养人），继续抚养烈士、因公牺牲军人、病故军人生前供养的未满 18 周岁或者已满 18 周岁但无劳动能力且无生活费来源的兄弟姐妹的，由其户籍所在地县级人民政府退役军人工作主管部门继续发放定期抚恤金。

第二十一条　对领取定期抚恤金后生活仍有特殊困难的烈士遗属、因公牺牲军人遗属、病故军人遗属，县级以上地方人民政府可以增发抚恤金或者采取其他方式予以困难补助。

第二十二条　享受定期抚恤金的烈士遗属、因公牺牲军人遗属、病故军人遗属死亡的，继续发放 6 个月其原享受的定期抚恤金，作为丧葬补助。

第二十三条　军人失踪被宣告死亡的，在其被评定为烈士、确认为因公牺牲或者病故后，又经法定程序撤销对其死亡宣告的，由原评定或者确认机关取消其烈士、因公牺牲军人或者病故军人资格，并由发证机关收回有关证件，终止其家属原享受的抚恤待遇。

第三章　军人残疾抚恤

第二十四条　残疾军人享受残疾抚恤金，并可以按照规定享受供养待遇、护理费等。

第二十五条　军人残疾，符合下列情形之一的，认定为因战致残：

（一）对敌作战负伤致残的；

（二）因执行任务遭敌人或者犯罪分子伤害致残，或者被俘、被捕后不屈遭敌人伤害或者被折磨致残的；

（三）为抢救和保护国家财产、集体财产、公民生命财产或者执行反恐怖任务和处置突发事件致残的；

（四）因执行军事演习、战备航行飞行、空降和导弹发射训练、试航试飞任务以及参加武器装备科研试验致残的；

（五）在执行外交任务或者国家派遣的对外援助、维持国际和平任务中致残的；

（六）其他因战致残的。

军人残疾，符合下列情形之一的，认定为因公致残：

（一）在执行任务中、工作岗位上或者在上下班途中，由于意外事件致残的；

（二）因患职业病致残的；

（三）在执行任务中或者在工作岗位上突发疾病受伤致残的；

（四）其他因公致残的。

义务兵和初级军士除前款第二项、第三项规定情形以外，因其他疾病导致残疾的，认定为因病致残。

第二十六条　残疾的等级，根据劳动功能障碍程度和生活自理障碍程度确定，由重到轻分为一级至十级。

残疾等级的具体评定标准由国务院退役军人工作主管部门会同国务院人力资源社会保障部门、卫生健康部门和军队有关部门规定。

第二十七条　军人因战、因公致残经治疗伤情稳定后，符合评定残疾等级条件的，应当及时评定残疾等级。义务兵和初级军士因病致残经治疗病情稳定后，符合评定残疾等级条件的，本人（无民事行为能力人或者限制民事行为能力人由其监护人）或者所在单位应当及时提出申请，在服现役期间评定残疾等级。

因战、因公致残，残疾等级被评定为一级至十级的，享受抚恤；因病致残，残疾等级被评定为一级至六级的，享受抚恤。评定残疾等级的，从批准当月起发给残疾抚恤金。

第二十八条　因战、因公、因病致残性质的认定和残疾等级的评定权限是：

（一）义务兵和初级军士的残疾，由军队军级以上单位卫生部门会同相关部门认定和评定；

（二）军官、中级以上军士的残疾，由军队战区级以上单位卫生部门会同相关部门认定和评定；

（三）退出现役的军人和移交政府安置的军队离休退休干部、退休军士需要认定残疾性质和评定残疾等级的，由省级人民政府退役军人工作主管部门认定和评定。

评定残疾等级，应当依据医疗卫生专家小组出具的残疾等级医学鉴定意见。

残疾军人由认定残疾性质和评定残疾等级的机关发给《中华人民共和国残疾军人证》。

第二十九条　军人因战、因公致残，未及时评定残疾等级，退出现役后，本人（无民事行为能力人或者限制民事行为能力人由其监护人）应当及时申请补办评定残疾等级；凭原始档案记载及原始病历能够证明服现役期间的残情和伤残性质符合评定残疾等级条件的，可以评定残疾等级。

被诊断、鉴定为职业病或者因体内残留弹片致残，符合残疾等级评定条件的，可以补办评定残疾等级。

军人被评定残疾等级后，在服现役期间或者退出现役后原致残部位残疾情况发生明显变化，原定残疾等级与残疾情况明显不符，本人（无民事行为能力人或者限制民事行为能力人由其监护人）申请或者军队卫生部门、地方人民政府退役军人工作主管部门提出需要调整残疾等级的，可以重新评定残疾等级。申请调整残疾等级应当在上一次评定残疾等级1年后提出。

第三十条　退出现役的残疾军人或者向政府移交的残疾军人，应当自军队办理退役手续或者移交手续后60日内，向户籍迁入地县级人民政府退役军人工作主管部门申请转入抚恤关系，按照残疾性质和等级享受残疾抚恤金。其退役或者向政府移交当年的残疾抚恤金由所在部队发给，迁入地县级人民政府退役军人工作主管部门从下一年起按照当地的标准发给。

因工作需要继续服现役的残疾军人，经军队军级以上单位批准，由所在部队按照规定发给残疾抚恤金。

第三十一条　残疾军人的抚恤金标准应

当参照上一年度全国城镇单位就业人员年平均工资水平确定。残疾抚恤金的标准以及一级至十级残疾军人享受残疾抚恤金的具体办法，由国务院退役军人工作主管部门会同国务院财政部门规定。

对领取残疾抚恤金后生活仍有特殊困难的残疾军人，县级以上地方人民政府可以增发抚恤金或者采取其他方式予以困难补助。

第三十二条 退出现役的因战、因公致残的残疾军人因旧伤复发死亡的，由县级人民政府退役军人工作主管部门按照因公牺牲军人的抚恤金标准发给其遗属一次性抚恤金，其遗属按照国家规定享受因公牺牲军人遗属定期抚恤金待遇。

退出现役的残疾军人因病死亡的，对其遗属继续发放 12 个月其原享受的残疾抚恤金，作为丧葬补助；其中，因战、因公致残的一级至四级残疾军人因病死亡的，其遗属按照国家规定享受病故军人遗属定期抚恤金待遇。

第三十三条 退出现役时为一级至四级的残疾军人，由国家供养终身；其中，对需要长年医疗或者独身一人不便分散供养的，经省级人民政府退役军人工作主管部门批准，可以集中供养。

第三十四条 对退出现役时分散供养的一级至四级、退出现役后补办或者调整为一级至四级、服现役期间因患精神障碍评定为五级至六级的残疾军人发给护理费，护理费的标准为：

（一）因战、因公一级和二级残疾的，为当地上一年度城镇单位就业人员月平均工资的 50%；

（二）因战、因公三级和四级残疾的，为当地上一年度城镇单位就业人员月平均工资的 40%；

（三）因病一级至四级残疾的，为当地上一年度城镇单位就业人员月平均工资的 30%；

（四）因精神障碍五级至六级残疾的，为当地上一年度城镇单位就业人员月平均工资的 25%。

退出现役并移交地方的残疾军人的护理费，由县级以上地方人民政府退役军人工作主管部门发给。未退出现役或者未移交地方的残疾军人的护理费，由所在部队按照军队有关规定发给。移交政府安置的离休退休残疾军人的护理费，按照国家和军队有关规定执行。

享受护理费的残疾军人在优抚医院集中收治期间，护理费由优抚医院统筹使用。享受护理费的残疾军人在部队期间，由单位从地方购买照护服务的，护理费按照规定由单位纳入购买社会服务费用统一管理使用。

第三十五条 残疾军人因残情需要配制假肢、轮椅、助听器等康复辅助器具，正在服现役的，由军队军级以上单位负责解决；退出现役的，由省级人民政府退役军人工作主管部门负责解决，所需经费由省级人民政府保障。

第四章 优　　待

第三十六条 抚恤优待对象依法享受家庭优待金、荣誉激励、关爱帮扶，以及教育、医疗、就业、住房、养老、交通、文化等方面的优待。

第三十七条 国家完善抚恤优待对象表彰、奖励办法，构建精神与物质并重的荣誉激励制度体系，建立抚恤优待对象荣誉激励机制，健全邀请参加重大庆典活动、开展典型宣传、悬挂光荣牌、制发优待证、送喜报、载入地方志、组织短期疗养等政策制度。

第三十八条 国家建立抚恤优待对象关爱帮扶机制，逐步完善抚恤优待对象生活状况信息档案登记制度，有条件的地方可以设立退役军人关爱基金，充分利用退役军人关爱基金等开展帮扶援助，加大对生活发生重大变故、遇到特殊困难的抚恤优待对象的关爱帮扶力度。

乡镇人民政府、街道办事处通过入户走访等方式，主动了解本行政区域抚恤优待对象的生活状况，及时发现生活困难的抚恤优待对象，提供协助申请、组织帮扶等服务。基层群众性自治组织应当协助做好抚恤优待对象的走访帮扶工作。鼓励发挥社会组织、社会工作者和志愿者作用，为抚恤优待对象提供心理疏导、精神抚慰、法律援助、人文关怀等服务。县级以上人民政府应当采取措施，为乡镇人民政府、街道办事处以及基层群众性自治组织开展相关工作提供条件和支持。

第三十九条　国家对烈士遗属逐步加大教育、医疗、就业、养老、住房、交通、文化等方面的优待力度。

国务院有关部门、军队有关部门和地方人民政府应当关心烈士遗属的生活情况，开展走访慰问，及时给予烈士遗属荣誉激励和精神抚慰。

烈士子女符合公务员、社区专职工作人员考录、聘用条件的，在同等条件下优先录用或者聘用。

第四十条　烈士、因公牺牲军人、病故军人的子女、兄弟姐妹以及军人子女，本人自愿应征并且符合征兵条件的，优先批准服现役；报考军队文职人员的，按照规定享受优待。

第四十一条　国家兴办优抚医院、光荣院，按照规定为抚恤优待对象提供优待服务。县级以上人民政府应当充分利用现有医疗和养老服务资源，因地制宜加强优抚医院、光荣院建设，收治或者集中供养孤老、生活不能自理的退役军人。

参战退役军人、烈士遗属、因公牺牲军人遗属、病故军人遗属和军人家属，符合规定条件申请在国家兴办的优抚医院、光荣院集中供养、住院治疗、短期疗养的，享受优先、优惠待遇。

各类社会福利机构应当优先接收抚恤优待对象。烈士遗属、因公牺牲军人遗属、病故军人遗属和军人家属，符合规定条件申请入住公办养老机构的，同等条件下优先安排。

第四十二条　国家建立中央和地方财政分级负担的义务兵家庭优待金制度，义务兵服现役期间，其家庭由批准入伍地县级人民政府发给优待金，同时按照规定享受其他优待。

义务兵和军士入伍前依法取得的农村土地承包经营权，服现役期间应当保留。

义务兵从部队发出的平信，免费邮递。

第四十三条　烈士子女报考普通高中、中等职业学校、高等学校，按照《烈士褒扬条例》等法律法规和国家有关规定享受优待。在公办幼儿园和公办学校就读的，按照国家有关规定享受各项学生资助等政策。

因公牺牲军人子女、一级至四级残疾军人子女报考普通高中、中等职业学校、高等学校，在录取时按照国家有关规定给予优待；接受学历教育的，按照国家有关规定享受各项学生资助等政策。

军人子女入读公办义务教育阶段学校和普惠性幼儿园，可以在本人、父母、祖父母、外祖父母或者其他法定监护人户籍所在地，或者父母居住地、部队驻地入学，享受当地军人子女教育优待政策；报考普通高中、中等职业学校、高等学校，按照国家有关规定优先录取；接受学历教育的，按照国家有关规定享受各项学生资助等政策。地方各级人民政府及其有关部门应当按照法律法规和国家有关规定为军人子女创造接受良好教育的条件。

残疾军人、义务兵和初级军士退出现役后，报考中等职业学校和高等学校，按照国家有关规定享受优待。优先安排残疾军人参加学习培训，按照规定享受国家资助政策。退役军人按照规定免费参加教育培训。符合条件的退役大学生士兵复学、转专业、攻读硕士研究生等，按照国家有关规定享受优待政策。

抚恤优待对象享受教育优待的具体办法由国务院退役军人工作主管部门会同国务院教育部门规定。

第四十四条 国家对一级至六级残疾军人的医疗费用按照规定予以保障，其中参加工伤保险的一级至六级残疾军人旧伤复发的医疗费用，由工伤保险基金支付。

七级至十级残疾军人旧伤复发的医疗费用，已经参加工伤保险的，由工伤保险基金支付；未参加工伤保险，有工作单位的由工作单位解决，没有工作单位的由当地县级以上地方人民政府负责解决。七级至十级残疾军人旧伤复发以外的医疗费用，未参加医疗保险且本人支付有困难的，由当地县级以上地方人民政府酌情给予补助。

抚恤优待对象在军队医疗卫生机构和政府举办的医疗卫生机构按照规定享受优待服务，国家鼓励社会力量举办的医疗卫生机构为抚恤优待对象就医提供优待服务。参战退役军人、残疾军人按照规定享受医疗优惠。

抚恤优待对象享受医疗优待和优惠的具体办法由国务院退役军人工作主管部门和中央军事委员会后勤保障部会同国务院财政、卫生健康、医疗保障等部门规定。

中央财政对地方给予适当补助，用于帮助解决抚恤优待对象的医疗费用困难问题。

第四十五条 义务兵和军士入伍前是机关、群团组织、事业单位或者国有企业工作人员，退出现役后以自主就业方式安置的，可以选择复职复工，其工资、福利待遇不得低于本单位同等条件工作人员的平均水平；服现役期间，其家属继续享受该单位工作人员家属的有关福利待遇。

残疾军人、义务兵和初级军士退出现役后，报考公务员的，按照国家有关规定享受优待。

第四十六条 国家依法保障军人配偶就业安置权益。机关、群团组织、企业事业单位、社会组织和其他组织，应当依法履行接收军人配偶就业安置的义务。经军队团级以上单位政治工作部门批准随军的军官家属、军士家属，由驻军所在地公安机关办理落户手续。

军人配偶随军前在机关或者事业单位工作的，由安置地人民政府及其主管部门按照国家有关规定，安排到相应的工作单位。其中，随军前是公务员的，采取转任等方式，在规定的编制限额和职数内，结合当地和随军家属本人实际情况，原则上安置到机关相应岗位；随军前是事业单位工作人员的，采取交流方式，在规定的编制限额和设置的岗位数内，结合当地和随军家属本人实际情况，原则上安置到事业单位相应岗位。经个人和接收单位双向选择，也可以按照规定安置到其他单位适宜岗位。

军人配偶随军前在其他单位工作或者无工作单位且有就业能力和就业意愿的，由安置地人民政府提供职业指导、职业介绍、职业培训等就业服务，按照规定落实相关扶持政策，帮助其实现就业。

烈士遗属、因公牺牲军人遗属和符合规定条件的军人配偶，当地人民政府应当优先安排就业。符合条件的军官和军士退出现役时，其配偶和子女可以按照国家有关规定随调随迁。

第四十七条 国家鼓励有用工需求的用人单位优先安排随军家属就业。国有企业在新招录职工时，应当按照用工需求的适当比例聘用随军家属；有条件的民营企业在新招录职工时，可以按照用工需求的适当比例聘用随军家属。

国家鼓励和扶持有条件、有意愿的军人配偶自主就业、自主创业，按照规定落实相关扶持政策。

第四十八条 驻边疆国境的县（市）、沙漠区、国家确定的边远地区中的三类地区和军队确定的特、一、二类岛屿部队的军官、军士，其符合随军条件无法随军的家属，可以选择在军人、军人配偶原户籍所在地或者军人父母、军人配偶父母户籍所在地自愿落户，所在地人民政府应当妥善安置。

第四十九条　随军的烈士遗属、因公牺牲军人遗属、病故军人遗属，移交地方人民政府安置的，享受本条例和当地人民政府规定的优待。

第五十条　退出现役后，在机关、群团组织、企业事业单位和社会组织工作的残疾军人，享受与所在单位工伤人员同等的生活福利和医疗待遇。所在单位不得因其残疾将其辞退、解除聘用合同或者劳动合同。

第五十一条　国家适应住房保障制度改革发展要求，逐步完善抚恤优待对象住房优待办法，适当加大对参战退役军人、烈士遗属、因公牺牲军人遗属、病故军人遗属的优待力度。符合当地住房保障条件的抚恤优待对象承租、购买保障性住房的，县级以上地方人民政府有关部门应当给予优先照顾。居住农村的符合条件的抚恤优待对象，同等条件下优先纳入国家或者地方实施的农村危房改造相关项目范围。

第五十二条　军人凭军官证、军士证、义务兵证、学员证等有效证件，残疾军人凭《中华人民共和国残疾军人证》，烈士遗属、因公牺牲军人遗属、病故军人遗属凭优待证，乘坐境内运行的铁路旅客列车、轮船、长途客运班车和民航班机，享受购票、安检、候乘、通行等优先服务，随同出行的家属可以一同享受优先服务；残疾军人享受减收国内运输经营者对外公布票价50%的优待。

军人、残疾军人凭证免费乘坐市内公共汽车、电车、轮渡和轨道交通工具。

第五十三条　抚恤优待对象参观游览图书馆、博物馆、美术馆、科技馆、纪念馆、体育场馆等公共文化设施和公园、展览馆、名胜古迹等按照规定享受优待及优惠服务。

第五十四条　军人依法享受个人所得税优惠政策。退役军人从事个体经营或者企业招用退役军人，符合条件的，依法享受税收优惠。

第五章　法律责任

第五十五条　军人抚恤优待管理单位及其工作人员挪用、截留、私分军人抚恤优待所需经费和工作经费，构成犯罪的，依法追究相关责任人员的刑事责任；尚不构成犯罪的，对相关责任人员依法给予处分。被挪用、截留、私分的军人抚恤优待所需经费和工作经费，由上一级人民政府退役军人工作主管部门、军队有关部门责令追回。

第五十六条　军人抚恤优待管理单位及其工作人员、参与军人抚恤优待工作的单位及其工作人员有下列行为之一的，由其上级主管部门责令改正；情节严重，构成犯罪的，依法追究相关责任人员的刑事责任；尚不构成犯罪的，对相关责任人员依法给予处分：

（一）违反规定审批军人抚恤待遇的；

（二）在审批军人抚恤待遇工作中出具虚假诊断、鉴定、证明的；

（三）不按照规定的标准、数额、对象审批或者发放抚恤金、补助金、优待金的；

（四）在军人抚恤优待工作中利用职权谋取私利的；

（五）有其他违反法律法规行为的。

第五十七条　负有军人优待义务的单位不履行优待义务的，由县级以上地方人民政府退役军人工作主管部门责令限期履行义务；逾期仍未履行的，处以2万元以上5万元以下罚款；对直接负责的主管人员和其他直接责任人员，依法给予处分。因不履行优待义务使抚恤优待对象受到损失的，应当依法承担赔偿责任。

第五十八条　抚恤优待对象及其他人员有下列行为之一的，由县级以上地方人民政府退役军人工作主管部门、军队有关部门取消相关待遇、追缴违法所得，并由其所在单位或者有关部门依法给予处分；构成犯罪的，依法追究刑事责任：

（一）冒领抚恤金、补助金、优待金的；

（二）伪造残情、伤情、病情骗取医药费等费用或者相关抚恤优待待遇的；

（三）出具虚假证明，伪造证件、印章骗取抚恤金、补助金、优待金的；

（四）其他弄虚作假骗取抚恤优待待遇的。

第五十九条　抚恤优待对象被判处有期徒刑、剥夺政治权利或者被通缉期间，中止发放抚恤金、补助金；被判处死刑、无期徒刑以及被军队开除军籍的，取消其抚恤优待资格。

抚恤优待对象有前款规定情形的，由省级人民政府退役军人工作主管部门按照国家有关规定中止或者取消其抚恤优待相关待遇，报国务院退役军人工作主管部门备案。

第六章　附　　则

第六十条　本条例适用于中国人民武装警察部队。

第六十一条　军队离休退休干部和退休军士的抚恤优待，按照本条例有关军人抚恤优待的规定执行。

参试退役军人参照本条例有关参战退役军人的规定执行。

因参战以及参加非战争军事行动、军事训练和执行军事勤务伤亡的预备役人员、民兵、民工、其他人员的抚恤，参照本条例的有关规定办理。

第六十二条　国家按照规定为符合条件的参战退役军人、带病回乡退役军人、年满60周岁农村籍退役士兵、1954 年 10 月 31 日之前入伍后经批准退出现役的人员，以及居住在农村和城镇无工作单位且年满 60 周岁、在国家建立定期抚恤金制度时已满 18 周岁的烈士子女，发放定期生活补助。

享受国家定期生活补助的参战退役军人去世后，继续发放 6 个月其原享受的定期生活补助，作为丧葬补助。

第六十三条　深化国防和军队改革期间现役军人转改的文职人员，按照本条例有关军人抚恤优待的规定执行。

其他文职人员因在作战和有作战背景的军事行动中承担支援保障任务、参加非战争军事行动以及军级以上单位批准且列入军事训练计划的军事训练伤亡的抚恤优待，参照本条例的有关规定办理。

第六十四条　本条例自 2024 年 10 月 1 日起施行。

十二、新领域规范

（一）综　　合

关于积极稳妥拓展公益诉讼案件范围的指导意见

（2020年9月18日）

党的十九届四中全会通过的《中共中央关于坚持和完善中国特色社会主义制度推进国家治理体系和治理能力现代化若干重大问题的决定》，在“加强对法律实施的监督”中明确要求“拓展公益诉讼案件范围”。这是检察机关的一项重大政治要务、重点改革任务、重要检察业务，是对公益诉讼检察“以诉的形式履行法律监督本职”新的更高要求。为规范和引导新领域案件办理工作，积极稳妥拓展公益诉讼案件范围，特提出以下指导意见。

一、坚持积极稳妥的指导原则

1. 正确理解“积极稳妥”的内在要求。最高人民检察院及时将探索办理公益诉讼新领域案件的指导原则，从“稳妥、积极”调整为“积极、稳妥”。“积极”就是要坚持在政治站位上对人民高度负责、勇于担当作为。“稳妥”就是要秉持法治、理性精神，立足公益诉讼检察职能定位，把握办案程序和实体的规范性，聚焦重点领域，注重办案质效；做足做实调查取证、研究论证、民意舆情研判等工作，争取各方支持。

2. 自觉遵循改革的规律规则。坚持统一部署、统筹协调，加强顶层设计和对下指导，充分发挥省级检察院的调度作用，提倡省级检察院指定若干条件相对成熟的地方，分类、集中开展相关新领域的理论研究和实践探索。充分发挥基层首创作用，通过个案办理、类案监督、专项治理，促成行政机关健全强化监管的制度机制，帮助相关行业优化自律自治。对经过实践检验、办案效果好的新领域案件办理经验及时进行总结、提炼和推广。

3. 科学合理设置新领域案件考评体系。突出公益诉讼办案重点，注重办好法定领域案件，在确保生态环境和资源保护、食品药品安全等领域案件全覆盖的基础上，因地制宜、量力而行办理新领域案件。公益保护同时涉及法定领域和新领域的，原则上作为法定领域案件立案办理。反对专门就办理新领域案件下数量指标。

二、准确把握新领域案件的重点范围

4. 突出办理全国人大及其常委会明确要求的新领域案件。认真贯彻落实《第十三届全国人民代表大会第三次会议关于最高人民检察院工作报告的决议》批准的下一阶段工作安排中明确提出的“积极、稳妥办理安全生产、公共卫生、生物安全、

妇女儿童及残疾人权益保护、网络侵害、扶贫、文物和文化遗产保护等领域公益损害案件”，紧紧围绕全国人大常委会立法工作计划、监督工作计划，重点办理拟出台、修订的法律或者执法检查涉及的新领域案件，主动回应、不断满足人民群众美好生活需要。

5. 办好地方性法规支持探索的新领域案件。结合当地实际，注意办好有地方立法权的人大常委会通过地方立法、专项决定等明确支持探索的检察公益诉讼新领域案件。辖区检察机关特别是省级检察院应当主动加强与同级法院的沟通协调，争取就人大支持的相关新领域案件的审判管辖、起诉标准、举证责任、诉讼请求、裁判执行等达成共识，推动诉前与诉讼程序有效衔接。新领域案件办理进展和成效适时向同级人大常委会报告。

6. 注意办理中央层面改革文件等要求研究探索的其他新领域案件。目前主要包括：《中共中央国务院关于推进安全生产领域改革发展的意见》提出的“研究建立安全生产民事和行政公益诉讼制度”；《国务院关于完善进出口商品质量安全风险预警和快速反应监管体系切实保护消费者权益的意见》提出的“加强重点领域质量安全公益诉讼工作”；最高人民法院《关于为设立科创板并试点注册制改革提供司法保障的若干意见》提出的“研究探索建立证券民事、行政公益诉讼制度”；最高人民检察院、全国妇联《关于建立共同推动保护妇女儿童权益工作合作机制的通知》提出的“针对国家机关、事业单位招聘工作中涉嫌就业性别歧视，相关组织、个人通过大众传播媒介或者其他方式贬低损害妇女人格等问题，检察机关可以发出检察建议，或者提起公益诉讼”；最高人民检察院、中央军委政法委员会《关于加强军地检察机关公益诉讼协作工作的意见》提出的“积极稳妥探索办理在国防动员、国防教育、国防资产、军事行动、军队形象声誉、军人地位和权益保护等方面的公益诉讼案件”；《2020年推动长江经济带发展工作要点》提出的“探索开展危化、尾矿、交通等安全生产领域公益诉讼检察工作”。

7. 参照指导性案例、借鉴典型案例办理同类新领域案件。最高人民检察院根据年度公益诉讼检察工作要点，顺应公益保护形势发展需要，适时分批分类发布新领域指导性案例和典型案例。2020年重点发布安全生产、文物和文化遗产保护、网络侵害（个人信息保护）等新领域典型案例。各省级检察院应当加强案例学习培训，指导辖区检察机关参照办理同类新领域案件。

三、严格把握新领域案件的立案条件

8. 从严把握新领域案件的立案条件。新领域案件立案应当同时满足以下条件：（一）国家利益或者社会公共利益遭受严重侵害或者存在重大侵害危险，人民群众反映强烈；（二）侵害行为违反法律强制性规定，具有明显的违法性；（三）现有行政执法制度机制严重失灵或者存在明显短板，难以有效解决公益侵害问题；（四）没有其他适格主体可以提起诉讼，难以通过普通民事、行政、刑事诉讼有效实现公益保护。

9. 注意把握新领域案件立案的界限。经评估新领域案件线索具有以下情形之一的，不宜立案：（一）通过私益诉讼可以有效解决权利救济的；（二）保护特定公共利益可能影响其他公共利益，容易引发或者加剧社会矛盾的；（三）存在重大争议的新生事物或者历史遗留问题，相关行政法规缺位或者如何治理有待进一步凝聚共识的；（四）行政机关对所涉公益侵害事实正在依法履职，有明确处理意见或具体处理措施的。

四、强化办理新领域案件的程序保障

10. 加强调查核实。坚持以起诉案件的

证据标准，扎实开展新领域案件的调查核实工作。在公益诉讼专家咨询平台和专家库建设中充分考虑办理新领域案件需要。重点加强新领域案件证据收集、固定以及评估鉴定、整改计划、修复方案、验收标准等专业知识的专家咨询和技术支持工作。探索采取司法辅助事务社会化服务外包等方式，补强检察机关在新领域办案经验、力量、技术方面的弱项。

11. 加强与行政机关的磋商。新领域行政公益诉讼案件立案后应当及时与被监督行政机关就法定监管职责、履职尽责标准、整改落实方案等进行磋商，争取形成共识。同时涉及若干被监督行政机关的，可以通过圆桌会议共同磋商。新领域民事公益诉讼案件立案前可以主动与负有监管职责的行政机关进行磋商，重点磋商针对民事违法主体是否穷尽行政执法手段，获取相关执法信息，并征求相关专业领域的意见建议。为及时有效保护受侵害的公益或者应急处置重大侵害危险，充分发挥检察公益诉讼的预防功能，推动源头治理、系统治理，对于承担一定公共管理职能和重要社会责任的网络运营者、电子商务平台经营者，以及在防止和减少生产安全事故中承担主体责任的生产经营单位，可以探索提出民事公益诉讼诉前检察建议，督促其整改。

12. 加强研究论证。办理重大疑难复杂的新领域案件，提倡通过专家咨询论证或者委托社会调查征集民意，辅助检察机关判断新领域案件线索反映问题是否确属严重损害公共利益，是否确有必要启动检察公益诉讼程序，征求对检察建议、诉讼请求必要性与可行性的意见建议。

13. 自觉接受监督。行政机关、社会组织、新闻媒体等对检察机关办理的新领域案件提出书面意见的，应当由相应的省级检察院以适当方式作出回应。必要时召开听证会或者启动人民监督员监督程序。

14. 规范审批备案。新领域案件的立案，应当由省级检察院审批。超出4至7条所列范围的新领域案件，以及《最高人民检察院关于重大敏感案件请示报告和指导办理工作规定》要求报批的案件，应当层报最高人民检察院审批。经审批立案的案件，后续的相关法律文书，应当及时层报审批检察院备案。办理与最高人民检察院发布的指导性案例、典型案例，或者经省级以上检察院批复同意立案的同类新领域案件，可以备案替代审批。

五、统筹安排新领域案件宣传工作

15. 加强宣传策划。提倡配合国家有关立法、执法检查、专项报告、专项整治等集中开展涉及新领域案件及其改革探索的专题宣传。专题宣传由最高人民检察院统一部署。各省级检察院召开办理新领域案件专题新闻发布会，或者部署新领域专项行动的，应当报经最高人民检察院同意。

16. 做好宣传预案。宣传新领域案件，应当报请审批立案的检察院统筹安排。宣传方案应当包含风险评估和舆情应对预案。防止为争“首例”放松对案件宣传质效的要求。落实案件承办人“谁执法谁普法”责任制，由承办新领域案件的检察官负责提供并核实案件宣传所需细节、素材。

17. 充分发掘信息价值。加强新领域案件的检察信息工作，充分发挥新领域治理问题和对策研究的决策参谋作用。基于涉及重大敏感（事件）问题、特殊主体、涉外等因素不宜公开宣传的新领域案件，有关典型经验、问题类信息可以在检察系统内部交流；对中央决策、立法完善等顶层设计具有重要参考价值的，经最高人民检察院审核，通过内参方式报送中央机关或者主管部门参阅。

（二）国防和军事利益保护类

中华人民共和国国防法

（1997年3月14日第八届全国人民代表大会第五次会议通过，根据2009年8月27日第十一届全国人民代表大会常务委员会第十次会议《关于修改部分法律的决定》修正，2020年12月26日第十三届全国人民代表大会常务委员会第二十四次会议修订）

第一章　总　　则

第一条　为了建设和巩固国防，保障改革开放和社会主义现代化建设的顺利进行，实现中华民族伟大复兴，根据宪法，制定本法。

第二条　国家为防备和抵抗侵略，制止武装颠覆和分裂，保卫国家主权、统一、领土完整、安全和发展利益所进行的军事活动，以及与军事有关的政治、经济、外交、科技、教育等方面的活动，适用本法。

第三条　国防是国家生存与发展的安全保障。

国家加强武装力量建设，加强边防、海防、空防和其他重大安全领域防卫建设，发展国防科研生产，普及全民国防教育，完善国防动员体系，实现国防现代化。

第四条　国防活动坚持以马克思列宁主义、毛泽东思想、邓小平理论、“三个代表”重要思想、科学发展观、习近平新时代中国特色社会主义思想为指导，贯彻习近平强军思想，坚持总体国家安全观，贯彻新时代军事战略方针，建设与我国国际地位相称、与国家安全和发展利益相适应的巩固国防和强大武装力量。

第五条　国家对国防活动实行统一的领导。

第六条　中华人民共和国奉行防御性国防政策，独立自主、自力更生地建设和巩固国防，实行积极防御，坚持全民国防。

国家坚持经济建设和国防建设协调、平衡、兼容发展，依法开展国防活动，加快国防和军队现代化，实现富国和强军相统一。

第七条　保卫祖国、抵抗侵略是中华人民共和国每一个公民的神圣职责。

中华人民共和国公民应当依法履行国防义务。

一切国家机关和武装力量、各政党和各人民团体、企业事业组织、社会组织和其他组织，都应当支持和依法参与国防建设，履行国防职责，完成国防任务。

第八条　国家和社会尊重、优待军人，保障军人的地位和合法权益，开展各种形式的拥军优属活动，让军人成为全社会尊崇的职业。

中国人民解放军和中国人民武装警察部队开展拥政爱民活动，巩固军政军民团结。

第九条　中华人民共和国积极推进国际军事交流与合作，维护世界和平，反对侵略扩张行为。

第十条　对在国防活动中作出贡献的组织和个人，依照有关法律、法规的规定给予表彰和奖励。

第十一条　任何组织和个人违反本法和有关法律，拒绝履行国防义务或者危害国防利益的，依法追究法律责任。

公职人员在国防活动中，滥用职权、玩忽职守、徇私舞弊的，依法追究法律责任。

第二章　国家机构的国防职权

第十二条　全国人民代表大会依照宪法规定，决定战争和和平的问题，并行使宪法规定的国防方面的其他职权。

全国人民代表大会常务委员会依照宪法规定，决定战争状态的宣布，决定全国总动员或者局部动员，并行使宪法规定的国防方面的其他职权。

第十三条　中华人民共和国主席根据全国人民代表大会的决定和全国人民代表大会常务委员会的决定，宣布战争状态，发布动员令，并行使宪法规定的国防方面的其他职权。

第十四条　国务院领导和管理国防建设事业，行使下列职权：

（一）编制国防建设的有关发展规划和计划；

（二）制定国防建设方面的有关政策和行政法规；

（三）领导和管理国防科研生产；

（四）管理国防经费和国防资产；

（五）领导和管理国民经济动员工作和人民防空、国防交通等方面的建设和组织实施工作；

（六）领导和管理拥军优属工作和退役军人保障工作；

（七）与中央军事委员会共同领导民兵的建设，征兵工作，边防、海防、空防和其他重大安全领域防卫的管理工作；

（八）法律规定的与国防建设事业有关的其他职权。

第十五条　中央军事委员会领导全国武装力量，行使下列职权：

（一）统一指挥全国武装力量；

（二）决定军事战略和武装力量的作战方针；

（三）领导和管理中国人民解放军、中国人民武装警察部队的建设，制定规划、计划并组织实施；

（四）向全国人民代表大会或者全国人民代表大会常务委员会提出议案；

（五）根据宪法和法律，制定军事法规，发布决定和命令；

（六）决定中国人民解放军、中国人民武装警察部队的体制和编制，规定中央军事委员会机关部门、战区、军兵种和中国人民武装警察部队等单位的任务和职责；

（七）依照法律、军事法规的规定，任免、培训、考核和奖惩武装力量成员；

（八）决定武装力量的武器装备体制，制定武器装备发展规划、计划，协同国务院领导和管理国防科研生产；

（九）会同国务院管理国防经费和国防资产；

（十）领导和管理人民武装动员、预备役工作；

（十一）组织开展国际军事交流与合作；

（十二）法律规定的其他职权。

第十六条　中央军事委员会实行主席负责制。

第十七条　国务院和中央军事委员会建立协调机制，解决国防事务的重大问题。

中央国家机关与中央军事委员会机关有关部门可以根据情况召开会议，协调解决有关国防事务的问题。

第十八条　地方各级人民代表大会和县级以上地方各级人民代表大会常务委员会在本行政区域内，保证有关国防事务的法律、法规的遵守和执行。

地方各级人民政府依照法律规定的权

限，管理本行政区域内的征兵、民兵、国民经济动员、人民防空、国防交通、国防设施保护，以及退役军人保障和拥军优属等工作。

第十九条 地方各级人民政府和驻地军事机关根据需要召开军地联席会议，协调解决本行政区域内有关国防事务的问题。

军地联席会议由地方人民政府的负责人和驻地军事机关的负责人共同召集。军地联席会议的参加人员由会议召集人确定。

军地联席会议议定的事项，由地方人民政府和驻地军事机关根据各自职责和任务分工办理，重大事项应当分别向上级报告。

第三章 武装力量

第二十条 中华人民共和国的武装力量属于人民。它的任务是巩固国防，抵抗侵略，保卫祖国，保卫人民的和平劳动，参加国家建设事业，全心全意为人民服务。

第二十一条 中华人民共和国的武装力量受中国共产党领导。武装力量中的中国共产党组织依照中国共产党章程进行活动。

第二十二条 中华人民共和国的武装力量，由中国人民解放军、中国人民武装警察部队、民兵组成。

中国人民解放军由现役部队和预备役部队组成，在新时代的使命任务是为巩固中国共产党领导和社会主义制度，为捍卫国家主权、统一、领土完整，为维护国家海外利益，为促进世界和平与发展，提供战略支撑。现役部队是国家的常备军，主要担负防卫作战任务，按照规定执行非战争军事行动任务。预备役部队按照规定进行军事训练、执行防卫作战任务和非战争军事行动任务；根据国家发布的动员令，由中央军事委员会下达命令转为现役部队。

中国人民武装警察部队担负执勤、处置突发社会安全事件、防范和处置恐怖活动、海上维权执法、抢险救援和防卫作战以及中央军事委员会赋予的其他任务。

民兵在军事机关的指挥下，担负战备勤务、执行非战争军事行动任务和防卫作战任务。

第二十三条 中华人民共和国的武装力量必须遵守宪法和法律。

第二十四条 中华人民共和国武装力量建设坚持走中国特色强军之路，坚持政治建军、改革强军、科技强军、人才强军、依法治军，加强军事训练，开展政治工作，提高保障水平，全面推进军事理论、军队组织形态、军事人员和武器装备现代化，构建中国特色现代作战体系，全面提高战斗力，努力实现党在新时代的强军目标。

第二十五条 中华人民共和国武装力量的规模应当与保卫国家主权、安全、发展利益的需要相适应。

第二十六条 中华人民共和国的兵役分为现役和预备役。军人和预备役人员的服役制度由法律规定。

中国人民解放军、中国人民武装警察部队依照法律规定实行衔级制度。

第二十七条 中国人民解放军、中国人民武装警察部队在规定岗位实行文职人员制度。

第二十八条 中国人民解放军军旗、军徽是中国人民解放军的象征和标志。中国人民武装警察部队旗、徽是中国人民武装警察部队的象征和标志。

公民和组织应当尊重中国人民解放军军旗、军徽和中国人民武装警察部队旗、徽。

中国人民解放军军旗、军徽和中国人民武装警察部队旗、徽的图案、样式以及使用管理办法由中央军事委员会规定。

第二十九条 国家禁止任何组织或者个人非法建立武装组织，禁止非法武装活动，禁止冒充军人或者武装力量组织。

第四章 边防、海防、空防和其他重大安全领域防卫

第三十条 中华人民共和国的领陆、领

水、领空神圣不可侵犯。国家建设强大稳固的现代边防、海防和空防，采取有效的防卫和管理措施，保卫领陆、领水、领空的安全，维护国家海洋权益。

国家采取必要的措施，维护在太空、电磁、网络空间等其他重大安全领域的活动、资产和其他利益的安全。

第三十一条　中央军事委员会统一领导边防、海防、空防和其他重大安全领域的防卫工作。

中央国家机关、地方各级人民政府和有关军事机关，按照规定的职权范围，分工负责边防、海防、空防和其他重大安全领域的管理和防卫工作，共同维护国家的安全和利益。

第三十二条　国家根据边防、海防、空防和其他重大安全领域防卫的需要，加强防卫力量建设，建设作战、指挥、通信、测控、导航、防护、交通、保障等国防设施。各级人民政府和军事机关应当依照法律、法规的规定，保障国防设施的建设，保护国防设施的安全。

第五章　国防科研生产和军事采购

第三十三条　国家建立和完善国防科技工业体系，发展国防科研生产，为武装力量提供性能先进、质量可靠、配套完善、便于操作和维修的武器装备以及其他适用的军用物资，满足国防需要。

第三十四条　国防科技工业实行军民结合、平战结合、军品优先、创新驱动、自主可控的方针。

国家统筹规划国防科技工业建设，坚持国家主导、分工协作、专业配套、开放融合，保持规模适度、布局合理的国防科研生产能力。

第三十五条　国家充分利用全社会优势资源，促进国防科学技术进步，加快技术自主研发，发挥高新技术在武器装备发展中的先导作用，增加技术储备，完善国防知识产权制度，促进国防科技成果转化，推进科技资源共享和协同创新，提高国防科研能力和武器装备技术水平。

第三十六条　国家创造有利的环境和条件，加强国防科学技术人才培养，鼓励和吸引优秀人才进入国防科研生产领域，激发人才创新活力。

国防科学技术工作者应当受到全社会的尊重。国家逐步提高国防科学技术工作者的待遇，保护其合法权益。

第三十七条　国家依法实行军事采购制度，保障武装力量所需武器装备和物资、工程、服务的采购供应。

第三十八条　国家对国防科研生产实行统一领导和计划调控；注重发挥市场机制作用，推进国防科研生产和军事采购活动公平竞争。

国家为承担国防科研生产任务和接受军事采购的组织和个人依法提供必要的保障条件和优惠政策。地方各级人民政府应当依法对承担国防科研生产任务和接受军事采购的组织和个人给予协助和支持。

承担国防科研生产任务和接受军事采购的组织和个人应当保守秘密，及时高效完成任务，保证质量，提供相应的服务保障。

国家对供应武装力量的武器装备和物资、工程、服务，依法实行质量责任追究制度。

第六章　国防经费和国防资产

第三十九条　国家保障国防事业的必要经费。国防经费的增长应当与国防需求和国民经济发展水平相适应。

国防经费依法实行预算管理。

第四十条　国家为武装力量建设、国防科研生产和其他国防建设直接投入的资金、划拨使用的土地等资源，以及由此形成的用于国防目的的武器装备和设备设施、物资器材、技术成果等属于国防资产。

国防资产属于国家所有。

第四十一条 国家根据国防建设和经济建设的需要，确定国防资产的规模、结构和布局，调整和处分国防资产。

国防资产的管理机构和占有、使用单位，应当依法管理国防资产，充分发挥国防资产的效能。

第四十二条 国家保护国防资产不受侵害，保障国防资产的安全、完整和有效。

禁止任何组织或者个人破坏、损害和侵占国防资产。未经国务院、中央军事委员会或者国务院、中央军事委员会授权的机构批准，国防资产的占有、使用单位不得改变国防资产用于国防的目的。国防资产中的技术成果，在坚持国防优先、确保安全的前提下，可以根据国家有关规定用于其他用途。

国防资产的管理机构或者占有、使用单位对不再用于国防目的的国防资产，应当按照规定报批，依法改作其他用途或者进行处置。

第七章 国防教育

第四十三条 国家通过开展国防教育，使全体公民增强国防观念、强化忧患意识、掌握国防知识、提高国防技能、发扬爱国主义精神，依法履行国防义务。

普及和加强国防教育是全社会的共同责任。

第四十四条 国防教育贯彻全民参与、长期坚持、讲求实效的方针，实行经常教育与集中教育相结合、普及教育与重点教育相结合、理论教育与行为教育相结合的原则。

第四十五条 国防教育主管部门应当加强国防教育的组织管理，其他有关部门应当按照规定的职责做好国防教育工作。

军事机关应当支持有关机关和组织开展国防教育工作，依法提供有关便利条件。

一切国家机关和武装力量、各政党和各人民团体、企业事业组织、社会组织和其他组织，都应当组织本地区、本部门、本单位开展国防教育。

学校的国防教育是全民国防教育的基础。各级各类学校应当设置适当的国防教育课程，或者在有关课程中增加国防教育的内容。普通高等学校和高中阶段学校应当按照规定组织学生军事训练。

公职人员应当积极参加国防教育，提升国防素养，发挥在全民国防教育中的模范带头作用。

第四十六条 各级人民政府应当将国防教育纳入国民经济和社会发展计划，保障国防教育所需的经费。

第八章 国防动员和战争状态

第四十七条 中华人民共和国的主权、统一、领土完整、安全和发展利益遭受威胁时，国家依照宪法和法律规定，进行全国总动员或者局部动员。

第四十八条 国家将国防动员准备纳入国家总体发展规划和计划，完善国防动员体制，增强国防动员潜力，提高国防动员能力。

第四十九条 国家建立战略物资储备制度。战略物资储备应当规模适度、储存安全、调用方便、定期更换，保障战时的需要。

第五十条 国家国防动员领导机构、中央国家机关、中央军事委员会机关有关部门按照职责分工，组织国防动员准备和实施工作。

一切国家机关和武装力量、各政党和各人民团体、企业事业组织、社会组织、其他组织和公民，都必须依照法律规定完成国防动员准备工作；在国家发布动员令后，必须完成规定的国防动员任务。

第五十一条 国家根据国防动员需要，可以依法征收、征用组织和个人的设备设施、交通工具、场所和其他财产。

县级以上人民政府对被征收、征用者因征收、征用所造成的直接经济损失，按照国家有关规定给予公平、合理的补偿。

第五十二条　国家依照宪法规定宣布战争状态，采取各种措施集中人力、物力和财力，领导全体公民保卫祖国、抵抗侵略。

第九章　公民、组织的国防义务和权利

第五十三条　依照法律服兵役和参加民兵组织是中华人民共和国公民的光荣义务。

各级兵役机关和基层人民武装机构应当依法办理兵役工作，按照国务院和中央军事委员会的命令完成征兵任务，保证兵员质量。有关国家机关、人民团体、企业事业组织、社会组织和其他组织，应当依法完成民兵和预备役工作，协助完成征兵任务。

第五十四条　企业事业组织和个人承担国防科研生产任务或者接受军事采购，应当按照要求提供符合质量标准的武器装备或者物资、工程、服务。

企业事业组织和个人应当按照国家规定在与国防密切相关的建设项目中贯彻国防要求，依法保障国防建设和军事行动的需要。车站、港口、机场、道路等交通设施的管理、运营单位应当为军人和军用车辆、船舶的通行提供优先服务，按照规定给予优待。

第五十五条　公民应当接受国防教育。

公民和组织应当保护国防设施，不得破坏、危害国防设施。

公民和组织应当遵守保密规定，不得泄露国防方面的国家秘密，不得非法持有国防方面的秘密文件、资料和其他秘密物品。

第五十六条　公民和组织应当支持国防建设，为武装力量的军事训练、战备勤务、防卫作战、非战争军事行动等活动提供便利条件或者其他协助。

国家鼓励和支持符合条件的公民和企业投资国防事业，保障投资者的合法权益并依法给予政策优惠。

第五十七条　公民和组织有对国防建设提出建议的权利，有对危害国防利益的行为进行制止或者检举的权利。

第五十八条　民兵、预备役人员和其他公民依法参加军事训练，担负战备勤务、防卫作战、非战争军事行动等任务时，应当履行自己的职责和义务；国家和社会保障其享有相应的待遇，按照有关规定对其实行抚恤优待。

公民和组织因国防建设和军事活动在经济上受到直接损失的，可以依照国家有关规定获得补偿。

第十章　军人的义务和权益

第五十九条　军人必须忠于祖国，忠于中国共产党，履行职责，英勇战斗，不怕牺牲，捍卫祖国的安全、荣誉和利益。

第六十条　军人必须模范地遵守宪法和法律，遵守军事法规，执行命令，严守纪律。

第六十一条　军人应当发扬人民军队的优良传统，热爱人民，保护人民，积极参加社会主义现代化建设，完成抢险救灾等任务。

第六十二条　军人应当受到全社会的尊崇。

国家建立军人功勋荣誉表彰制度。

国家采取有效措施保护军人的荣誉、人格尊严，依照法律规定对军人的婚姻实行特别保护。

军人依法履行职责的行为受法律保护。

第六十三条　国家和社会优待军人。

国家建立与军事职业相适应、与国民经济发展相协调的军人待遇保障制度。

第六十四条　国家建立退役军人保障制度，妥善安置退役军人，维护退役军人的合法权益。

第六十五条　国家和社会抚恤优待残疾军人，对残疾军人的生活和医疗依法给予特别保障。

因战、因公致残或者致病的残疾军人退出现役后，县级以上人民政府应当及时接收安置，并保障其生活不低于当地的平均生活水平。

第六十六条 国家和社会优待军人家属，抚恤优待烈士家属和因公牺牲、病故军人的家属。

第十一章 对外军事关系

第六十七条 中华人民共和国坚持互相尊重主权和领土完整、互不侵犯、互不干涉内政、平等互利、和平共处五项原则，维护以联合国为核心的国际体系和以国际法为基础的国际秩序，坚持共同、综合、合作、可持续的安全观，推动构建人类命运共同体，独立自主地处理对外军事关系，开展军事交流与合作。

第六十八条 中华人民共和国遵循以联合国宪章宗旨和原则为基础的国际关系基本准则，依照国家有关法律运用武装力量，保护海外中国公民、组织、机构和设施的安全，参加联合国维和、国际救援、海上护航、联演联训、打击恐怖主义等活动，履行国际安全义务，维护国家海外利益。

第六十九条 中华人民共和国支持国际社会实施的有利于维护世界和地区和平、安全、稳定的与军事有关的活动，支持国际社会为公正合理地解决国际争端以及国际军备控制、裁军和防扩散所做的努力，参与安全领域多边对话谈判，推动制定普遍接受、公正合理的国际规则。

第七十条 中华人民共和国在对外军事关系中遵守同外国、国际组织缔结或者参加的有关条约和协定。

第十二章 附　　则

第七十一条 本法所称军人，是指在中国人民解放军服现役的军官、军士、义务兵等人员。

本法关于军人的规定，适用于人民武装警察。

第七十二条 中华人民共和国特别行政区的防务，由特别行政区基本法和有关法律规定。

第七十三条 本法自2021年1月1日起施行。

中华人民共和国军事设施保护法

（1990年2月23日第七届全国人民代表大会常务委员会第十二次会议通过，根据2009年8月27日第十一届全国人民代表大会常务委员会第十次会议《关于修改部分法律的决定》第一次修正，根据2014年6月27日第十二届全国人民代表大会常务委员会第九次会议《关于修改〈中华人民共和国军事设施保护法〉的决定》第二次修正，2021年6月10日第十三届全国人民代表大会常务委员会第二十九次会议修订）

第一章 总　　则

第一条 为了保护军事设施的安全，保障军事设施的使用效能和军事活动的正常进行，加强国防现代化建设，巩固国防，抵御侵略，根据宪法，制定本法。

第二条 本法所称军事设施，是指国家直接用于军事目的的下列建筑、场地和设备：

（一）指挥机关，地上和地下的指挥工

程、作战工程；

（二）军用机场、港口、码头；

（三）营区、训练场、试验场；

（四）军用洞库、仓库；

（五）军用信息基础设施，军用侦察、导航、观测台站，军用测量、导航、助航标志；

（六）军用公路、铁路专用线，军用输电线路，军用输油、输水、输气管道；

（七）边防、海防管控设施；

（八）国务院和中央军事委员会规定的其他军事设施。

前款规定的军事设施，包括军队为执行任务必需设置的临时设施。

第三条　军事设施保护工作坚持中国共产党的领导。各级人民政府和军事机关应当共同保护军事设施，维护国防利益。

国务院、中央军事委员会按照职责分工，管理全国的军事设施保护工作。地方各级人民政府会同有关军事机关，管理本行政区域内的军事设施保护工作。

有关军事机关应当按照规定的权限和程序，提出需要地方人民政府落实的军事设施保护需求，地方人民政府应当会同有关军事机关制定具体保护措施并予以落实。

设有军事设施的地方，有关军事机关和县级以上地方人民政府应当建立军地军事设施保护协调机制，相互配合，监督、检查军事设施的保护工作，协调解决军事设施保护工作中的问题。

第四条　中华人民共和国的组织和公民都有保护军事设施的义务。

禁止任何组织或者个人破坏、危害军事设施。

任何组织或者个人对破坏、危害军事设施的行为，都有权检举、控告。

第五条　国家统筹兼顾经济建设、社会发展和军事设施保护，促进经济社会发展和军事设施保护相协调。

第六条　国家对军事设施实行分类保护、确保重点的方针。军事设施的分类和保护标准，由国务院和中央军事委员会规定。

第七条　国家对因设有军事设施、经济建设受到较大影响的地方，采取相应扶持政策和措施。具体办法由国务院和中央军事委员会规定。

第八条　对在军事设施保护工作中做出突出贡献的组织和个人，依照有关法律、法规的规定给予表彰和奖励。

第二章　军事禁区、军事管理区的划定

第九条　军事禁区、军事管理区根据军事设施的性质、作用、安全保密的需要和使用效能的要求划定，具体划定标准和确定程序，由国务院和中央军事委员会规定。

本法所称军事禁区，是指设有重要军事设施或者军事设施安全保密要求高、具有重大危险因素，需要国家采取特殊措施加以重点保护，依照法定程序和标准划定的军事区域。

本法所称军事管理区，是指设有较重要军事设施或者军事设施安全保密要求较高、具有较大危险因素，需要国家采取特殊措施加以保护，依照法定程序和标准划定的军事区域。

第十条　军事禁区、军事管理区由国务院和中央军事委员会确定，或者由有关军事机关根据国务院和中央军事委员会的规定确定。

军事禁区、军事管理区的撤销或者变更，依照前款规定办理。

第十一条　陆地和水域的军事禁区、军事管理区的范围，由省、自治区、直辖市人民政府和有关军级以上军事机关共同划定，或者由省、自治区、直辖市人民政府、国务院有关部门和有关军级以上军事机关共同划定。空中军事禁区和特别重要的陆地、水域军事禁区的范围，由国务院和中央军事委员会划定。

军事禁区、军事管理区的范围调整，依

照前款规定办理。

第十二条 军事禁区、军事管理区应当由县级以上地方人民政府按照国家统一规定的样式设置标志牌。

第十三条 军事禁区、军事管理区范围的划定或者调整，应当在确保军事设施安全保密和使用效能的前提下，兼顾经济建设、生态环境保护和当地居民的生产生活。

因军事设施建设需要划定或者调整军事禁区、军事管理区范围的，应当在军事设施建设项目开工建设前完成。但是，经战区级以上军事机关批准的除外。

第十四条 军事禁区、军事管理区范围的划定或者调整，需要征收、征用土地、房屋等不动产，压覆矿产资源，或者使用海域、空域等的，依照有关法律、法规的规定办理。

第十五条 军队为执行任务设置的临时军事设施需要划定陆地、水域临时军事禁区、临时军事管理区范围的，由县级以上地方人民政府和有关团级以上军事机关共同划定，并各自向上一级机关备案。其中，涉及有关海事管理机构职权的，应当在划定前征求其意见。划定之后，由县级以上地方人民政府或者有关海事管理机构予以公告。

军队执行任务结束后，应当依照前款规定的程序及时撤销划定的陆地、水域临时军事禁区、临时军事管理区。

第三章　军事禁区的保护

第十六条 军事禁区管理单位应当根据具体条件，按照划定的范围，为陆地军事禁区修筑围墙、设置铁丝网等障碍物，为水域军事禁区设置障碍物或者界线标志。

水域军事禁区的范围难以在实际水域设置障碍物或者界线标志的，有关海事管理机构应当向社会公告水域军事禁区的位置和边界。海域的军事禁区应当在海图上标明。

第十七条 禁止陆地、水域军事禁区管理单位以外的人员、车辆、船舶等进入军事禁区，禁止航空器在陆地、水域军事禁区上空进行低空飞行，禁止对军事禁区进行摄影、摄像、录音、勘察、测量、定位、描绘和记述。但是，经有关军事机关批准的除外。

禁止航空器进入空中军事禁区，但依照国家有关规定获得批准的除外。

使用军事禁区的摄影、摄像、录音、勘察、测量、定位、描绘和记述资料，应当经有关军事机关批准。

第十八条 在陆地军事禁区内，禁止建造、设置非军事设施，禁止开发利用地下空间。但是，经战区级以上军事机关批准的除外。

在水域军事禁区内，禁止建造、设置非军事设施，禁止从事水产养殖、捕捞以及其他妨碍军用舰船行动、危害军事设施安全和使用效能的活动。

第十九条 在陆地、水域军事禁区内采取的防护措施不足以保证军事设施安全保密和使用效能，或者陆地、水域军事禁区内的军事设施具有重大危险因素的，省、自治区、直辖市人民政府和有关军事机关，或者省、自治区、直辖市人民政府、国务院有关部门和有关军事机关根据军事设施性质、地形和当地经济建设、社会发展情况，可以在共同划定陆地、水域军事禁区范围的同时，在禁区外围共同划定安全控制范围，并在其外沿设置安全警戒标志。

安全警戒标志由县级以上地方人民政府按照国家统一规定的样式设置，地点由军事禁区管理单位和当地县级以上地方人民政府共同确定。

水域军事禁区外围安全控制范围难以在实际水域设置安全警戒标志的，依照本法第十六条第二款的规定执行。

第二十条 划定陆地、水域军事禁区外围安全控制范围，不改变原土地及土地附着物、水域的所有权。在陆地、水域军事禁区外围安全控制范围内，当地居民可以照常生产生活，但是不得进行爆破、射击以及其他危害军事设施安全和使用效能的活动。

因划定军事禁区外围安全控制范围影响不动产所有权人或者用益物权人行使权利的，依照有关法律、法规的规定予以补偿。

第四章　军事管理区的保护

第二十一条　军事管理区管理单位应当根据具体条件，按照划定的范围，为军事管理区修筑围墙、设置铁丝网或者界线标志。

第二十二条　军事管理区管理单位以外的人员、车辆、船舶等进入军事管理区，或者对军事管理区进行摄影、摄像、录音、勘察、测量、定位、描绘和记述，必须经军事管理区管理单位批准。

第二十三条　在陆地军事管理区内，禁止建造、设置非军事设施，禁止开发利用地下空间。但是，经军级以上军事机关批准的除外。

在水域军事管理区内，禁止从事水产养殖；未经军级以上军事机关批准，不得建造、设置非军事设施；从事捕捞或者其他活动，不得影响军用舰船的战备、训练、执勤等行动。

第二十四条　划为军事管理区的军民合用港口的水域，实行军地分区管理；在地方管理的水域内需要新建非军事设施的，必须事先征得军事设施管理单位的同意。

划为军事管理区的军民合用机场、港口、码头的管理办法，由国务院和中央军事委员会规定。

第五章　没有划入军事禁区、军事管理区的军事设施的保护

第二十五条　没有划入军事禁区、军事管理区的军事设施，军事设施管理单位应当采取措施予以保护；军队团级以上管理单位也可以委托当地人民政府予以保护。

第二十六条　在没有划入军事禁区、军事管理区的军事设施一定距离内进行采石、取土、爆破等活动，不得危害军事设施的安全和使用效能。

第二十七条　没有划入军事禁区、军事管理区的作战工程外围应当划定安全保护范围。作战工程的安全保护范围，应当根据作战工程性质、地形和当地经济建设、社会发展情况，由省、自治区、直辖市人民政府和有关军事机关共同划定，或者由省、自治区、直辖市人民政府、国务院有关部门和有关军事机关共同划定。在作战工程布局相对集中的地区，作战工程安全保护范围可以连片划定。县级以上地方人民政府应当按照有关规定为作战工程安全保护范围设置界线标志。

作战工程安全保护范围的撤销或者调整，依照前款规定办理。

第二十八条　划定作战工程安全保护范围，不改变原土地及土地附着物的所有权。在作战工程安全保护范围内，当地居民可以照常生产生活，但是不得进行开山采石、采矿、爆破；从事修筑建筑物、构筑物、道路和进行农田水利基本建设、采伐林木等活动，不得危害作战工程安全和使用效能。

因划定作战工程安全保护范围影响不动产所有权人或者用益物权人行使权利的，依照有关法律、法规的规定予以补偿。

禁止私自开启封闭的作战工程，禁止破坏作战工程的伪装，禁止阻断进出作战工程的通道。未经作战工程管理单位师级以上的上级主管军事机关批准，不得对作战工程进行摄影、摄像、录音、勘察、测量、定位、描绘和记述，不得在作战工程内存放非军用物资器材或者从事种植、养殖等生产活动。

新建工程和建设项目，确实难以避开作战工程的，应当按照国家有关规定提出拆除或者迁建、改建作战工程的申请；申请未获批准的，不得拆除或者迁建、改建作战工程。

第二十九条　在军用机场净空保护区域

内，禁止修建超出机场净空标准的建筑物、构筑物或者其他设施，不得从事影响飞行安全和机场助航设施使用效能的活动。

军用机场管理单位应当定期检查机场净空保护情况，发现修建的建筑物、构筑物或者其他设施超过军用机场净空保护标准的，应当及时向有关军事机关和当地人民政府主管部门报告。有关军事机关和当地人民政府主管部门应当依照本法规定及时处理。

第三十条 有关军事机关应当向地方人民政府通报当地军用机场净空保护有关情况和需求。

地方人民政府应当向有关军事机关通报可能影响军用机场净空保护的当地有关国土空间规划和高大建筑项目建设计划。

地方人民政府应当制定保护措施，督促有关单位对军用机场净空保护区域内的高大建筑物、构筑物或者其他设施设置飞行障碍标志。

第三十一条 军民合用机场以及由军队管理的保留旧机场、直升机起落坪的净空保护工作，适用军用机场净空保护的有关规定。

公路飞机跑道的净空保护工作，参照军用机场净空保护的有关规定执行。

第三十二条 地方各级人民政府和有关军事机关采取委托看管、分段负责等方式，实行军民联防，保护军用管线安全。

地下军用管线应当设立路由标石或者永久性标志，易遭损坏的路段、部位应当设置标志牌。已经公布具体位置、边界和路由的海域水下军用管线应当在海图上标明。

第三十三条 在军用无线电固定设施电磁环境保护范围内，禁止建造、设置影响军用无线电固定设施使用效能的设备和电磁障碍物体，不得从事影响军用无线电固定设施电磁环境的活动。

军用无线电固定设施电磁环境的保护措施，由军地无线电管理机构按照国家无线电管理相关规定和标准共同确定。

军事禁区、军事管理区内无线电固定设施电磁环境的保护，适用前两款规定。

军用无线电固定设施电磁环境保护涉及军事系统与非军事系统间的无线电管理事宜的，按照国家无线电管理的有关规定执行。

第三十四条 未经国务院和中央军事委员会批准或者国务院和中央军事委员会授权的机关批准，不得拆除、移动边防、海防管控设施，不得在边防、海防管控设施上搭建、设置民用设施。在边防、海防管控设施周边安排建设项目，不得危害边防、海防管控设施安全和使用效能。

第三十五条 任何组织和个人不得损毁或者擅自移动军用测量标志。在军用测量标志周边安排建设项目，不得危害军用测量标志安全和使用效能。

军用测量标志的保护，依照有关法律、法规的规定执行。

第六章 管理职责

第三十六条 县级以上地方人民政府编制国民经济和社会发展规划、安排可能影响军事设施保护的建设项目，国务院有关部门、地方人民政府编制国土空间规划等规划，应当兼顾军事设施保护的需要，并按照规定书面征求有关军事机关的意见。必要时，可以由地方人民政府会同有关部门、有关军事机关对建设项目进行评估。

国务院有关部门或者县级以上地方人民政府有关部门审批前款规定的建设项目，应当审查征求军事机关意见的情况；对未按规定征求军事机关意见的，应当要求补充征求意见；建设项目内容在审批过程中发生的改变可能影响军事设施保护的，应当再次征求有关军事机关的意见。

有关军事机关应当自收到征求意见函之日起三十日内提出书面答复意见；需要请示上级军事机关或者需要勘察、测量、测试的，答复时间可以适当延长，但通常不得超过九十日。

第三十七条　军队编制军事设施建设规划、组织军事设施项目建设，应当考虑地方经济建设、生态环境保护和社会发展的需要，符合国土空间规划等规划的总体要求，并进行安全保密环境评估和环境影响评价。涉及国土空间规划等规划的，应当征求国务院有关部门、地方人民政府的意见，尽量避开生态保护红线、自然保护地、地方经济建设热点区域和民用设施密集区域。确实不能避开，需要将生产生活设施拆除或者迁建的，应当依法进行。

第三十八条　县级以上地方人民政府安排建设项目或者开辟旅游景点，应当避开军事设施。确实不能避开，需要将军事设施拆除、迁建或者改作民用的，由省、自治区、直辖市人民政府或者国务院有关部门和战区级军事机关商定，并报国务院和中央军事委员会批准或者国务院和中央军事委员会授权的机关批准；需要将军事设施改建的，由有关军事机关批准。

因前款原因将军事设施拆除、迁建、改建或者改作民用的，由提出需求的地方人民政府依照有关规定给予有关军事机关政策支持或者经费补助。将军事设施迁建、改建涉及用地用海用岛的，地方人民政府应当依法及时办理相关手续。

第三十九条　军事设施因军事任务调整、周边环境变化和自然损毁等原因，失去使用效能并无需恢复重建的，军事设施管理单位应当按照规定程序及时报国务院和中央军事委员会批准或者国务院和中央军事委员会授权的机关批准，予以拆除或者改作民用。

军队执行任务结束后，应当及时将设置的临时军事设施拆除。

第四十条　军用机场、港口实行军民合用的，需经国务院和中央军事委员会批准。军用码头实行军民合用的，需经省、自治区、直辖市人民政府或者国务院有关部门会同战区级军事机关批准。

第四十一条　军事禁区、军事管理区和没有划入军事禁区、军事管理区的军事设施，县级以上地方人民政府应当会同军事设施管理单位制定具体保护措施，可以公告施行。

划入军事禁区、军事管理区的军事设施的具体保护措施，应当随军事禁区、军事管理区范围划定方案一并报批。

第四十二条　各级军事机关应当严格履行保护军事设施的职责，教育军队人员爱护军事设施，保守军事设施秘密，建立健全保护军事设施的规章制度，监督、检查、解决军事设施保护工作中的问题。

有关军事机关应当支持配合军事设施保护执法、司法活动。

第四十三条　军事设施管理单位应当认真执行有关保护军事设施的规章制度，建立军事设施档案，对军事设施进行检查、维护。

军事设施管理单位对军事设施的重要部位应当采取安全监控和技术防范措施，并及时根据军事设施保护需要和科技进步升级完善。

军事设施管理单位不得将军事设施用于非军事目的，但因执行应急救援等紧急任务的除外。

第四十四条　军事设施管理单位应当了解掌握军事设施周边建设项目等情况，发现可能危害军事设施安全和使用效能的，应当及时向有关军事机关和当地人民政府主管部门报告，并配合有关部门依法处理。

第四十五条　军事禁区、军事管理区的管理单位应当依照有关法律、法规的规定，保护军事禁区、军事管理区内的生态环境、自然资源和文物。

第四十六条　军事设施管理单位必要时应当向县级以上地方人民政府提供地下、水下军用管线的位置资料。地方进行建设时，当地人民政府应当对地下、水下军用管线予以保护。

第四十七条 各级人民政府应当加强国防和军事设施保护教育，使全体公民增强国防观念，保护军事设施，保守军事设施秘密，制止破坏、危害军事设施的行为。

第四十八条 县级以上地方人民政府应当会同有关军事机关，定期组织检查和评估本行政区域内军事设施保护情况，督促限期整改影响军事设施保护的隐患和问题，完善军事设施保护措施。

第四十九条 国家实行军事设施保护目标责任制和考核评价制度，将军事设施保护目标完成情况作为对地方人民政府、有关军事机关和军事设施管理单位及其负责人考核评价的内容。

第五十条 军事禁区、军事管理区需要公安机关协助维护治安管理秩序的，经国务院和中央军事委员会决定或者由有关军事机关提请省、自治区、直辖市公安机关批准，可以设立公安机构。

第五十一条 违反本法规定，有下列情形之一的，军事设施管理单位的执勤人员应当予以制止：

（一）非法进入军事禁区、军事管理区或者在陆地、水域军事禁区上空低空飞行的；

（二）对军事禁区、军事管理区非法进行摄影、摄像、录音、勘察、测量、定位、描绘和记述的；

（三）进行破坏、危害军事设施的活动的。

第五十二条 有本法第五十一条所列情形之一，不听制止的，军事设施管理单位依照国家有关规定，可以采取下列措施：

（一）强制带离、控制非法进入军事禁区、军事管理区或者驾驶、操控航空器在陆地、水域军事禁区上空低空飞行的人员，对违法情节严重的人员予以扣留并立即移送公安、国家安全等有管辖权的机关；

（二）立即制止信息传输等行为，扣押用于实施违法行为的器材、工具或者其他物品，并移送公安、国家安全等有管辖权的机关；

（三）在紧急情况下，清除严重危害军事设施安全和使用效能的障碍物；

（四）在危及军事设施安全或者执勤人员生命安全等紧急情况下依法使用武器。

军人、军队文职人员和军队其他人员有本法第五十一条所列情形之一的，依照军队有关规定处理。

第七章 法律责任

第五十三条 违反本法第十七条、第十八条、第二十三条规定，擅自进入水域军事禁区，在水域军事禁区内从事水产养殖、捕捞，在水域军事管理区内从事水产养殖，或者在水域军事管理区内从事捕捞等活动影响军用舰船行动的，由交通运输、渔业等主管部门给予警告，责令离开，没收渔具、渔获物。

第五十四条 违反本法第十八条、第二十三条、第二十四条规定，在陆地、水域军事禁区、军事管理区内建造、设置非军事设施，擅自开发利用陆地军事禁区、军事管理区地下空间，或者在划为军事管理区的军民合用港口地方管理的水域未征得军事设施管理单位同意建造、设置非军事设施的，由住房和城乡建设、自然资源、交通运输、渔业等主管部门责令停止兴建活动，对已建成的责令限期拆除。

第五十五条 违反本法第二十八条第一款规定，在作战工程安全保护范围内开山采石、采矿、爆破的，由自然资源、生态环境等主管部门以及公安机关责令停止违法行为，没收采出的产品和违法所得；修筑建筑物、构筑物、道路或者进行农田水利基本建设影响作战工程安全和使用效能的，由自然资源、生态环境、交通运输、农业农村、住房和城乡建设等主管部门给予警告，责令限期改正。

第五十六条 违反本法第二十八条第三

款规定，私自开启封闭的作战工程，破坏作战工程伪装，阻断作战工程通道，将作战工程用于存放非军用物资器材或者种植、养殖等生产活动的，由公安机关以及自然资源等主管部门责令停止违法行为，限期恢复原状。

第五十七条　违反本法第二十八条第四款、第三十四条规定，擅自拆除、迁建、改建作战工程，或者擅自拆除、移动边防、海防管控设施的，由住房和城乡建设主管部门、公安机关等责令停止违法行为，限期恢复原状。

第五十八条　违反本法第二十九条第一款规定，在军用机场净空保护区域内修建超出军用机场净空保护标准的建筑物、构筑物或者其他设施的，由住房和城乡建设、自然资源主管部门责令限期拆除超高部分。

第五十九条　违反本法第三十三条规定，在军用无线电固定设施电磁环境保护范围内建造、设置影响军用无线电固定设施使用效能的设备和电磁障碍物体，或者从事影响军用无线电固定设施电磁环境的活动的，由自然资源、生态环境等主管部门以及无线电管理机构给予警告，责令限期改正；逾期不改正的，查封干扰设备或者强制拆除障碍物。

第六十条　有下列行为之一的，适用《中华人民共和国治安管理处罚法》第二十三条的处罚规定：

（一）非法进入军事禁区、军事管理区或者驾驶、操控航空器在陆地、水域军事禁区上空低空飞行，不听制止的；

（二）在军事禁区外围安全控制范围内，或者在没有划入军事禁区、军事管理区的军事设施一定距离内，进行危害军事设施安全和使用效能的活动，不听制止的；

（三）在军用机场净空保护区域内，进行影响飞行安全和机场助航设施使用效能的活动，不听制止的；

（四）对军事禁区、军事管理区非法进行摄影、摄像、录音、勘察、测量、定位、描绘和记述，不听制止的；

（五）其他扰乱军事禁区、军事管理区管理秩序和危害军事设施安全的行为，情节轻微，尚不够刑事处罚的。

第六十一条　违反国家规定，故意干扰军用无线电设施正常工作的，或者对军用无线电设施产生有害干扰，拒不按照有关主管部门的要求改正的，依照《中华人民共和国治安管理处罚法》第二十八条的规定处罚。

第六十二条　毁坏边防、海防管控设施以及军事禁区、军事管理区的围墙、铁丝网、界线标志或者其他军事设施的，依照《中华人民共和国治安管理处罚法》第三十三条的规定处罚。

第六十三条　有下列行为之一，构成犯罪的，依法追究刑事责任：

（一）破坏军事设施的；

（二）过失损坏军事设施，造成严重后果的；

（三）盗窃、抢夺、抢劫军事设施的装备、物资、器材的；

（四）泄露军事设施秘密，或者为境外的机构、组织、人员窃取、刺探、收买、非法提供军事设施秘密的；

（五）破坏军用无线电固定设施电磁环境，干扰军用无线电通讯，情节严重的；

（六）其他扰乱军事禁区、军事管理区管理秩序和危害军事设施安全的行为，情节严重的。

第六十四条　军人、军队文职人员和军队其他人员有下列行为之一，按照军队有关规定给予处分；构成犯罪的，依法追究刑事责任：

（一）有本法第五十三条至第六十三条规定行为的；

（二）擅自将军事设施用于非军事目的，或者有其他滥用职权行为的；

（三）擅离职守或者玩忽职守的。

第六十五条　公职人员在军事设施保护

工作中有玩忽职守、滥用职权、徇私舞弊等行为的，依法给予处分；构成犯罪的，依法追究刑事责任。

第六十六条 违反本法规定，破坏、危害军事设施的，属海警机构职权范围的，由海警机构依法处理。

违反本法规定，有其他破坏、危害军事设施行为的，由有关主管部门依法处理。

第六十七条 违反本法规定，造成军事设施损失的，依法承担赔偿责任。

第六十八条 战时违反本法的，依法从重追究法律责任。

第八章 附 则

第六十九条 中国人民武装警察部队所属军事设施的保护，适用本法。

第七十条 国防科技工业重要武器装备的科研、生产、试验、存储等设施的保护，参照本法有关规定执行。具体办法和设施目录由国务院和中央军事委员会规定。

第七十一条 国务院和中央军事委员会根据本法制定实施办法。

第七十二条 本法自 2021 年 8 月 1 日起施行。

中华人民共和国国防交通法

（2016 年 9 月 3 日第十二届全国人民代表大会常务委员会第二十二次会议通过并公布，自 2017 年 1 月 1 日起施行）

第一章 总 则

第一条 为了加强国防交通建设，促进交通领域军民融合发展，保障国防活动顺利进行，制定本法。

第二条 以满足国防需要为目的，在铁路、道路、水路、航空、管道以及邮政等交通领域进行的规划、建设、管理和资源使用活动，适用本法。

第三条 国家坚持军民融合发展战略，推动军地资源优化配置、合理共享，提高国防交通平时服务、急时应急、战时应战的能力，促进经济建设和国防建设协调发展。

国防交通工作遵循统一领导、分级负责、统筹规划、平战结合的原则。

第四条 国家国防交通主管机构负责规划、组织、指导和协调全国的国防交通工作。国家国防交通主管机构的设置和工作职责，由国务院、中央军事委员会规定。

县级以上地方人民政府国防交通主管机构负责本行政区域的国防交通工作。

县级以上人民政府有关部门和有关军事机关按照职责分工，负责有关的国防交通工作。

省级以上人民政府有关部门和军队有关部门建立国防交通军民融合发展会商机制，相互通报交通建设和国防需求等情况，研究解决国防交通重大问题。

第五条 公民和组织应当依法履行国防交通义务。

国家鼓励公民和组织依法参与国防交通建设，并按照有关规定给予政策和经费支持。

第六条 国防交通经费按照事权划分的原则，列入政府预算。

企业事业单位用于开展国防交通日常工作的合理支出，列入本单位预算，计入成本。

第七条 县级以上人民政府根据国防需要，可以依法征用民用运载工具、交通设施、交通物资等民用交通资源，有关组织和个人应当予以配合，履行相关义务。

民用交通资源征用的组织实施和补偿，依照有关法律、行政法规执行。

第八条　各级人民政府应当将国防交通教育纳入全民国防教育，通过多种形式开展国防交通宣传活动，普及国防交通知识，增强公民的国防交通观念。

各级铁路、道路、水路、航空、管道、邮政等行政管理部门（以下统称交通主管部门）和相关企业事业单位应当对本系统、本单位的人员进行国防交通教育。

设有交通相关专业的院校应当将国防交通知识纳入相关专业课程或者单独开设国防交通相关课程。

第九条　任何组织和个人对在国防交通工作中知悉的国家秘密和商业秘密负有保密义务。

第十条　对在国防交通工作中作出突出贡献的组织和个人，按照国家有关规定给予表彰和奖励。

第十一条　国家加强国防交通信息化建设，为提高国防交通保障能力提供支持。

第十二条　战时和平时特殊情况下，需要在交通领域采取行业管制、为武装力量优先提供交通保障等国防动员措施的，依照《中华人民共和国国防法》、《中华人民共和国国防动员法》等有关法律执行。

武装力量组织进行军事演习、训练，需要对交通采取临时性管制措施的，按照国务院、中央军事委员会的有关规定执行。

第十三条　战时和平时特殊情况下，国家根据需要，设立国防交通联合指挥机构，统筹全国或者局部地区的交通运输资源，统一组织指挥全国或者局部地区的交通运输以及交通设施设备的抢修、抢建与防护。相关组织和个人应当服从统一指挥。

第二章　国防交通规划

第十四条　国防交通规划包括国防交通工程设施建设规划、国防交通专业保障队伍建设规划、国防交通物资储备规划、国防交通科研规划等。

编制国防交通规划应当符合下列要求：

（一）满足国防需要，有利于平战快速转换，保障国防活动顺利进行；

（二）兼顾经济社会发展需要，突出重点，注重效益，促进资源融合共享；

（三）符合城乡规划和土地利用总体规划，与国家综合交通运输体系发展规划相协调；

（四）有利于加强边防、海防交通基础设施建设，扶持沿边、沿海经济欠发达地区交通运输发展；

（五）保护环境，节约土地、能源等资源。

第十五条　县级以上人民政府应当将国防交通建设纳入国民经济和社会发展规划。

国务院及其有关部门和省、自治区、直辖市人民政府制定交通行业以及相关领域的发展战略、产业政策和规划交通网络布局，应当兼顾国防需要，提高国家综合交通运输体系保障国防活动的能力。

国务院有关部门应当将有关国防要求纳入交通设施、设备的技术标准和规范。有关国防要求由国家国防交通主管机构征求军队有关部门意见后汇总提出。

第十六条　国防交通工程设施建设规划，由县级以上人民政府国防交通主管机构会同本级人民政府交通主管部门编制，经本级人民政府发展改革部门审核后，报本级人民政府批准。

下级国防交通工程设施建设规划应当依据上一级国防交通工程设施建设规划编制。

编制国防交通工程设施建设规划，应当征求有关军事机关和本级人民政府有关部门的意见。县级以上人民政府有关部门编制综合交通运输体系发展规划和交通工程设施建设规划，应当征求本级人民政府国防交通主管机构的意见，并纳入国防交通工程设施建设的相关内容。

第十七条 国防交通专业保障队伍建设规划，由国家国防交通主管机构会同国务院有关部门和军队有关部门编制。

第十八条 国防交通物资储备规划，由国防交通主管机构会同军地有关部门编制。

中央储备的国防交通物资，由国家国防交通主管机构会同国务院交通主管部门和军队有关部门编制储备规划。

地方储备的国防交通物资，由省、自治区、直辖市人民政府国防交通主管机构会同本级人民政府有关部门和有关军事机关编制储备规划。

第十九条 国防交通科研规划，由国家国防交通主管机构会同国务院有关部门和军队有关部门编制。

第三章 交通工程设施

第二十条 建设国防交通工程设施，应当以国防交通工程设施建设规划为依据，保障战时和平时特殊情况下国防交通畅通。

建设其他交通工程设施，应当依法贯彻国防要求，在建设中采用增强其国防功能的工程技术措施，提高国防交通保障能力。

第二十一条 国防交通工程设施应当按照基本建设程序、相关技术标准和规范以及国防要求进行设计、施工和竣工验收。相关人民政府国防交通主管机构组织军队有关部门参与项目的设计审定、竣工验收等工作。

交通工程设施建设中为增加国防功能修建的项目应当与主体工程同步设计、同步建设、同步验收。

第二十二条 国防交通工程设施在满足国防活动需要的前提下，应当为经济社会活动提供便利。

第二十三条 国防交通工程设施管理单位负责国防交通工程设施的维护和管理，保持其国防功能。

国防交通工程设施需要改变用途或者作报废处理的，由国防交通工程设施管理单位逐级上报国家国防交通主管机构或者其授权的国防交通主管机构批准。

县级以上人民政府应当加强对国防交通工程设施维护管理工作的监督检查。

第二十四条 任何组织和个人进行生产和其他活动，不得影响国防交通工程设施的正常使用，不得危及国防交通工程设施的安全。

第二十五条 县级以上人民政府国防交通主管机构负责向本级人民政府交通主管部门以及相关企业事业单位了解交通工程设施建设项目的立项、设计、施工等情况；有关人民政府交通主管部门以及相关企业事业单位应当予以配合。

第二十六条 县级以上人民政府国防交通主管机构应当及时向有关军事机关通报交通工程设施建设情况，并征求其贯彻国防要求的意见，汇总后提出需要贯彻国防要求的具体项目。

第二十七条 对需要贯彻国防要求的交通工程设施建设项目，由有关人民政府国防交通主管机构会同本级人民政府发展改革部门、财政部门、交通主管部门和有关军事机关，与建设单位协商确定贯彻国防要求的具体事宜。

交通工程设施新建、改建、扩建项目因贯彻国防要求增加的费用由国家承担。有关部门应当对项目的实施予以支持和保障。

第二十八条 各级人民政府对国防交通工程设施建设项目和贯彻国防要求的交通工程设施建设项目，在土地使用、城乡规划、财政、税费等方面，按照国家有关规定给予政策支持。

第四章 民用运载工具

第二十九条 国家国防交通主管机构应当根据国防需要，会同国务院有关部门和军队有关部门，确定需要贯彻国防要求的民用运载工具的类别和范围，及时向社会公布。

国家鼓励公民和组织建造、购置、经营

前款规定的类别和范围内的民用运载工具及其相关设备。

第三十条　县级以上人民政府国防交通主管机构应当向民用运载工具登记管理部门和建造、购置人了解需要贯彻国防要求的民用运载工具的建造、购置、使用等情况，有关公民和组织应当予以配合。

第三十一条　县级以上人民政府国防交通主管机构应当及时将掌握的民用运载工具基本情况通报有关军事机关，并征求其贯彻国防要求的意见，汇总后提出需要贯彻国防要求的民用运载工具的具体项目。

第三十二条　对需要贯彻国防要求的民用运载工具的具体项目，由县级以上人民政府国防交通主管机构会同本级人民政府财政部门、交通主管部门和有关军事机关，与有关公民和组织协商确定贯彻国防要求的具体事宜，并签订相关协议。

第三十三条　民用运载工具因贯彻国防要求增加的费用由国家承担。有关部门应当对民用运载工具贯彻国防要求的实施予以支持和保障。

各级人民政府对贯彻国防要求的民用运载工具在服务采购、运营范围等方面，按照有关规定给予政策支持。

第三十四条　贯彻国防要求的民用运载工具所有权人、承租人、经营人负责民用运载工具的维护和管理，保障其使用效能。

第五章　国防运输

第三十五条　县级以上人民政府交通主管部门会同军队有关交通运输部门按照统一计划、集中指挥、迅速准确、安全保密的原则，组织国防运输。

承担国防运输任务的公民和组织应当优先安排国防运输任务。

第三十六条　国家以大中型运输企业为主要依托，组织建设战略投送支援力量，增强战略投送能力，为快速组织远距离、大规模国防运输提供有效支持。

承担战略投送支援任务的企业负责编组人员和装备，根据有关规定制定实施预案，进行必要的训练、演练，提高执行战略投送任务的能力。

第三十七条　各级人民政府和军事机关应当加强国防运输供应、装卸等保障设施建设。

县级以上地方人民政府和相关企业事业单位，应当根据国防运输的需要提供饮食饮水供应、装卸作业、医疗救护、通行与休整、安全警卫等方面的必要的服务或者保障。

第三十八条　国家驻外机构和我国从事国际运输业务的企业及其境外机构，应当为我国实施国际救援、海上护航和维护国家海外利益的军事行动的船舶、飞机、车辆和人员的补给、休整提供协助。

国家有关部门应当对前款规定的机构和企业为海外军事行动提供协助所需的人员和运输工具、货物等的出境入境提供相关便利。

第三十九条　公民和组织完成国防运输任务所发生的费用，由使用单位按照不低于市场价格的原则支付。具体办法由国务院财政部门、交通主管部门和中央军事委员会后勤保障部规定。

第四十条　军队根据需要，可以在相关交通企业或者交通企业较为集中的地区派驻军事代表，会同有关单位共同完成国防运输和交通保障任务。

军事代表驻在单位和驻在地人民政府有关部门，应当为军事代表开展工作提供便利。

军事代表的派驻和工作职责，按照国务院、中央军事委员会的有关规定执行。

第六章　国防交通保障

第四十一条　各级国防交通主管机构组织人民政府有关部门和有关军事机关制定国防交通保障方案，明确重点交通目标、线路以及保障原则、任务、技术措施和组织措施。

第四十二条 国务院有关部门和县级以上地方人民政府按照职责分工，组织有关企业事业单位实施交通工程设施抢修、抢建和运载工具抢修，保障国防活动顺利进行。有关军事机关应当给予支持和协助。

第四十三条 国防交通保障方案确定的重点交通目标的管理单位和预定承担保障任务的单位，应当根据有关规定编制重点交通目标保障预案，并做好相关准备。

第四十四条 重点交通目标的管理单位和预定承担保障任务的单位，在重点交通目标受到破坏威胁时，应当立即启动保障预案，做好相应准备；在重点交通目标遭受破坏时，应当按照任务分工，迅速组织实施工程加固和抢修、抢建，尽快恢复交通。

与国防运输有关的其他交通工程设施遭到破坏的，其管理单位应当及时按照管理关系向上级报告，同时组织修复。

第四十五条 县级以上人民政府国防交通主管机构会同本级人民政府国土资源、城乡规划等主管部门确定预定抢建重要国防交通工程设施的土地，作为国防交通控制范围，纳入土地利用总体规划和城乡规划。

未经县级以上人民政府国土资源主管部门、城乡规划主管部门和国防交通主管机构批准，任何组织和个人不得占用作为国防交通控制范围的土地。

第四十六条 重点交通目标的对空、对海防御，由军队有关部门纳入对空、对海防御计划，统一组织实施。

重点交通目标的地面防卫，由其所在地县级以上人民政府和有关军事机关共同组织实施。

重点交通目标的工程技术防护，由其所在地县级以上人民政府交通主管部门会同本级人民政府国防交通主管机构、人民防空主管部门，组织指导其管理单位和保障单位实施。

重点交通目标以外的其他交通设施的防护，由其所在地县级以上人民政府按照有关规定执行。

第四十七条 因重大军事行动和国防科研生产试验以及与国防相关的保密物资、危险品运输等特殊需要，县级以上人民政府有关部门应当按照规定的权限和程序，在相关地区的陆域、水域、空域采取必要的交通管理措施和安全防护措施。有关军事机关应当给予协助。

第四十八条 县级以上人民政府交通主管部门和有关军事机关、国防交通主管机构应当根据需要，组织相关企业事业单位开展国防交通专业保障队伍的训练、演练。

国防交通专业保障队伍由企业事业单位按照有关规定组建。

参加训练、演练的国防交通专业保障队伍人员的生活福利待遇，参照民兵参加军事训练的有关规定执行。

第四十九条 国防交通专业保障队伍执行国防交通工程设施抢修、抢建、防护和民用运载工具抢修以及人员物资抢运等任务，由县级以上人民政府国防交通主管机构会同本级人民政府交通主管部门统一调配。

国防交通专业保障队伍的车辆、船舶和其他机动设备，执行任务时按照国家国防交通主管机构的规定设置统一标志，可以优先通行。

第五十条 各级人民政府对承担国防交通保障任务的企业和个人，按照有关规定给予政策支持。

第七章 国防交通物资储备

第五十一条 国家建立国防交通物资储备制度，保证战时和平时特殊情况下国防交通顺畅的需要。

国防交通物资储备应当布局合理、规模适度，储备的物资应当符合国家规定的质量标准。

国防交通储备物资的品种由国家国防交

通主管机构会同国务院有关部门和军队有关部门规定。

第五十二条　国务院交通主管部门和省、自治区、直辖市人民政府国防交通主管机构，应当按照有关规定确定国防交通储备物资储存管理单位，监督检查国防交通储备物资管理工作。

国防交通储备物资储存管理单位应当建立健全管理制度，按照国家有关规定和标准对储备物资进行保管、维护和更新，保证储备物资的使用效能和安全，不得挪用、损坏和丢失储备物资。

第五十三条　战时和平时特殊情况下执行交通防护和抢修、抢建任务，或者组织重大军事演习，抢险救灾以及国防交通专业保障队伍训练、演练等需要的，可以调用国防交通储备物资。

调用中央储备的国防交通物资，由国家国防交通主管机构批准；调用地方储备的国防交通物资，由省、自治区、直辖市人民政府国防交通主管机构批准。

国防交通储备物资储存管理单位，应当严格执行储备物资调用指令，不得拒绝或者拖延。

未经批准，任何组织和个人不得动用国防交通储备物资。

第五十四条　国防交通储备物资因产品技术升级、更新换代或者主要技术性能低于使用维护要求，丧失储备价值的，可以改变用途或者作报废处理。

中央储备的国防交通物资需要改变用途或者作报废处理的，由国家国防交通主管机构组织技术鉴定并审核后，报国务院财政部门审批。

地方储备的国防交通物资需要改变用途或者作报废处理的，由省、自治区、直辖市人民政府国防交通主管机构组织技术鉴定并审核后，报本级人民政府财政部门审批。

中央和地方储备的国防交通物资改变用途或者报废获得的收益，应当上缴本级国库，纳入财政预算管理。

第八章　法律责任

第五十五条　违反本法规定，有下列行为之一的，由县级以上人民政府交通主管部门或者国防交通主管机构责令限期改正，对负有直接责任的主管人员和其他直接责任人员依法给予处分；有违法所得的，予以没收，并处违法所得一倍以上五倍以下罚款：

（一）擅自改变国防交通工程设施用途或者作报废处理的；

（二）拒绝或者故意拖延执行国防运输任务的；

（三）拒绝或者故意拖延执行重点交通目标抢修、抢建任务的；

（四）拒绝或者故意拖延执行国防交通储备物资调用命令的；

（五）擅自改变国防交通储备物资用途或者作报废处理的；

（六）擅自动用国防交通储备物资的；

（七）未按照规定保管、维护国防交通储备物资，造成损坏、丢失的。

上述违法行为造成财产损失的，依法承担赔偿责任。

第五十六条　国防交通主管机构、有关军事机关以及交通主管部门和其他相关部门的工作人员违反本法规定，有下列情形之一的，对负有直接责任的主管人员和其他直接责任人员依法给予处分：

（一）滥用职权或者玩忽职守，给国防交通工作造成严重损失的；

（二）贪污、挪用国防交通经费、物资的；

（三）泄露在国防交通工作中知悉的国家秘密和商业秘密的；

（四）在国防交通工作中侵害公民或者组织合法权益的。

第五十七条　违反本法规定，构成违反治安管理行为的，依法给予治安管理处罚；构成犯罪的，依法追究刑事责任。

第九章 附 则

第五十八条 本法所称国防交通工程设施，是指国家为国防目的修建的交通基础设施以及国防交通专用的指挥、检修、装卸、仓储等工程设施。

本法所称国防运输，是指政府和军队为国防目的运用军民交通运输资源，运送人员、装备、物资的活动。军队运用自身资源进行的运输活动，按照中央军事委员会有关规定执行。

第五十九条 与国防交通密切相关的信息设施、设备和专业保障队伍的建设、管理、使用活动，适用本法。

国家对信息动员另有规定的，从其规定。

第六十条 本法自2017年1月1日起施行。

中华人民共和国国防教育法

（2001年4月28日第九届全国人民代表大会常务委员会第二十一次会议通过，根据2018年4月27日第十三届全国人民代表大会常务委员会第二次会议《关于修改〈中华人民共和国国境卫生检疫法〉等六部法律的决定》修正，2024年9月13日第十四届全国人民代表大会常务委员会第十一次会议修订）

第一章 总 则

第一条 为了普及和加强国防教育，发扬爱国主义精神，促进国防建设和社会主义精神文明建设，根据宪法和《中华人民共和国国防法》、《中华人民共和国教育法》，制定本法。

第二条 国家在全体公民中开展以爱国主义为核心，以履行国防义务为目的，与国防和军队建设有关的理论、知识、技能以及科技、法律、心理等方面的国防教育。

国防教育是建设和巩固国防的基础，是增强民族凝聚力、提高全民素质的重要途径。

第三条 国防教育坚持以马克思列宁主义、毛泽东思想、邓小平理论、“三个代表”重要思想、科学发展观、习近平新时代中国特色社会主义思想为指导，坚持总体国家安全观，培育和践行社会主义核心价值观，铸牢中华民族共同体意识，使全体公民增强国防观念、强化忧患意识、掌握国防知识、提高国防技能，依法履行国防义务。

第四条 坚持中国共产党对国防教育工作的领导，建立集中统一、分工负责、军地协同的国防教育领导体制。

第五条 中央全民国防教育主管部门负责全国国防教育工作的指导、监督和统筹协调。中央国家机关各部门在各自的职责范围内负责国防教育工作。中央军事委员会机关有关部门按照职责分工，协同中央全民国防教育主管部门开展国防教育。

县级以上地方全民国防教育主管部门负责本行政区域内国防教育工作的指导、监督和统筹协调；其他有关部门在规定的职责范围内开展国防教育工作。驻地军事机关协同地方全民国防教育主管部门开展国防教育。

第六条 国防教育贯彻全民参与、长期坚持、讲求实效的方针，实行经常教育与集中教育相结合、普及教育与重点教育相结合、理论教育与行为教育相结合的原则，针对不同对象确定相应的教育内容分类组织实施。

第七条　中华人民共和国公民都有接受国防教育的权利和义务。

普及和加强国防教育是全社会的共同责任。

一切国家机关和武装力量、各政党和各人民团体、企业事业组织、社会组织和其他组织，都应当组织本地区、本部门、本单位开展国防教育。

第八条　国防动员、兵役、退役军人事务、国防科研生产、边防海防、人民防空、国防交通等工作的主管部门，依照本法和有关法律、法规的规定，开展国防教育。

工会、共产主义青年团、妇女联合会和其他群团组织，应当在各自的工作范围内开展国防教育。

第九条　中国人民解放军、中国人民武装警察部队按照中央军事委员会的有关规定开展国防教育。

第十条　国家支持、鼓励社会组织和个人开展有益于国防教育的活动。

第十一条　对在国防教育工作中做出突出贡献的组织和个人，按照国家有关规定给予表彰、奖励。

第十二条　每年九月的第三个星期六为全民国防教育日。

第二章　学校国防教育

第十三条　学校国防教育是全民国防教育的基础，是实施素质教育的重要内容。

教育行政部门应当将国防教育列入工作计划，加强对学校国防教育的组织、指导和监督，并对学校国防教育工作定期进行考核。

学校应当将国防教育列入学校的工作和教学计划，采取有效措施，保证国防教育的质量和效果。

第十四条　小学和初级中学应当将国防教育的内容纳入有关课程，将课堂教学与课外活动相结合，使小学生具备一定的国防意识、初中学生掌握初步的国防知识和国防技能。

小学和初级中学可以组织学生开展以国防教育为主题的少年军校活动。教育行政部门、共产主义青年团和其他有关部门应当加强对少年军校活动的指导与管理。

小学和初级中学可以根据需要聘请校外辅导员，协助学校开展多种形式的国防教育活动。

第十五条　高中阶段学校应当在有关课程中安排专门的国防教育内容，将课堂教学与军事训练相结合，使学生掌握基本的国防理论、知识和技能，具备基本的国防观念。

普通高等学校应当设置国防教育课程，加强国防教育相关学科建设，开展形式多样的国防教育活动，使学生掌握必要的国防理论、知识和技能，具备较强的国防观念。

第十六条　学校国防教育应当与兵役宣传教育相结合，增强学生依法服兵役的意识，营造服兵役光荣的良好氛围。

第十七条　普通高等学校、高中阶段学校应当按照规定组织学生军事训练。

普通高等学校、高中阶段学校学生的军事训练，由学校负责军事训练的机构或者军事教员组织实施。

学校组织军事训练活动，应当采取措施，加强安全保障。

驻地军事机关应当协助学校组织学生军事训练。

第十八条　中央全民国防教育主管部门、国务院教育行政部门、中央军事委员会机关有关部门负责全国学生军事训练工作。

县级以上地方人民政府教育行政部门和驻地军事机关应当加强对学生军事训练工作的组织、指导和监督。

第十九条　普通高等学校、高中阶段学校应当按照学生军事训练大纲，加强军事技能训练，磨练学生意志品质，增强组织纪律性，提高军事训练水平。

学生军事训练大纲由国务院教育行政部门、中央军事委员会机关有关部门共同制定。

第三章　社会国防教育

第二十条　国家机关应当根据各自的工作性质和特点，采取多种形式对工作人员进行国防教育。

国家机关工作人员应当具备较高的国防素养，发挥在全民国防教育中的模范带头作用。从事国防建设事业的国家机关工作人员，应当学习和掌握履行职责所必需的国防理论、知识和技能等。

各地区、各部门的领导人员应当依法履行组织、领导本地区、本部门开展国防教育的职责。

第二十一条　负责培训国家工作人员的各类教育机构，应当将国防教育纳入培训计划，设置适当的国防教育课程。

国家根据需要选送地方和部门的负责人到有关军事院校接受培训，学习和掌握履行领导职责所必需的国防理论、知识和技能等。

第二十二条　企业事业组织应当将国防教育列入职工教育计划，结合政治教育、业务培训、文化体育等活动，对职工进行国防教育。

承担国防科研生产、国防设施建设、国防交通保障等任务的企业事业组织，应当根据所担负的任务，制定相应的国防教育计划，有针对性地对职工进行国防教育。

社会组织应当根据各自的活动特点开展国防教育。

第二十三条　省军区（卫戍区、警备区）、军分区（警备区）和县、自治县、不设区的市、市辖区的人民武装部按照国家和军队的有关规定，结合政治教育和组织整顿、军事训练、执行勤务、征兵工作以及重大节日、纪念日活动，对民兵进行国防教育。

民兵国防教育，应当以基干民兵和担任领导职务的民兵为重点，建立和完善制度，保证受教育的人员、教育时间和教育内容的落实。

预备役人员所在单位应当按照有关规定开展预备役人员教育训练。

第二十四条　居民委员会、村民委员会应当将国防教育纳入社会主义精神文明建设的内容，结合征兵工作、拥军优属以及重大节日、纪念日活动，对居民、村民进行国防教育。

居民委员会、村民委员会可以聘请退役军人协助开展国防教育。

第二十五条　文化和旅游、新闻出版、广播电视、电影、网信等部门和单位应当根据形势和任务的要求，创新宣传报道方式，通过发挥红色资源教育功能、推出优秀文艺作品、宣传发布先进典型、运用新平台新技术新产品等形式和途径开展国防教育。

中央和省、自治区、直辖市以及设区的市的广播电台、电视台、报刊、新闻网站等媒体应当开设国防教育节目或者栏目，普及国防知识。

第二十六条　各地区、各部门应当利用重大节日、纪念日和重大主题活动等，广泛开展群众性国防教育活动；在全民国防教育日集中开展主题鲜明、形式多样的国防教育活动。

第二十七条　英雄烈士纪念设施、革命旧址和其他具有国防教育功能的博物馆、纪念馆、科技馆、文化馆、青少年宫等场所，应当为公民接受国防教育提供便利，对有组织的国防教育活动实行免费或者优惠。

国防教育基地应当对军队人员、退役军人和学生免费开放，在全民国防教育日向社会免费开放。

第四章　国防教育保障

第二十八条　县级以上人民政府应当将国防教育纳入国民经济和社会发展规划以及

年度计划，将国防教育经费纳入预算。

国家机关、事业组织、群团组织开展国防教育所需经费，在本单位预算经费内列支。

企业开展国防教育所需经费，在本单位职工教育经费中列支。

学校组织学生军事训练所需经费，按照国家有关规定执行。

第二十九条　国家鼓励企业事业组织、社会组织和个人捐赠财产，资助国防教育的开展。

企业事业组织、社会组织和个人资助国防教育的财产，由国防教育领域相关组织依法管理。

国家鼓励企业事业组织、社会组织和个人提供或者捐赠所收藏的具有国防教育意义的实物用于国防教育。使用单位对提供使用的实物应当妥善保管，使用完毕，及时归还。

第三十条　国防教育经费和企业事业组织、社会组织、个人资助国防教育的财产，必须用于国防教育事业，任何单位或者个人不得侵占、挪用、克扣。

第三十一条　具备下列条件的场所，可以由设区的市级以上全民国防教育主管部门会同同级军事机关命名为国防教育基地：

（一）有明确的国防教育主题内容；

（二）有健全的管理机构和规章制度；

（三）有相应的国防教育设施；

（四）有必要的经费保障；

（五）有显著的社会教育效果。

国防教育基地应当加强建设，不断完善，充分发挥国防教育功能。

各级全民国防教育主管部门会同有关部门加强对国防教育基地的规划、建设和管理，并为其发挥作用提供必要的保障。

被命名的国防教育基地不再具备本条第一款规定条件的，由命名机关撤销命名。

第三十二条　各级人民政府应当加强对具有国防教育意义的文物的调查、登记和保护工作。

第三十三条　全民国防教育使用统一的国防教育大纲。国防教育大纲由中央全民国防教育主管部门组织制定。

适用于不同类别、不同地区教育对象的国防教育教材，应当依据国防教育大纲由有关部门或者地方结合本部门、本地区的特点组织编写、审核。

第三十四条　各级全民国防教育主管部门应当组织、协调有关部门做好国防教育教员的选拔、培训和管理工作，加强国防教育师资队伍建设。

国防教育教员应当从热爱国防教育事业、具有扎实的国防理论、知识和必要的军事技能的人员中选拔，同等条件下优先招录、招聘退役军人。

第三十五条　中国人民解放军、中国人民武装警察部队应当根据需要，按照有关规定为有组织的国防教育活动选派军事教员，提供必要的军事训练场地、设施、器材和其他便利条件。

经批准的军营应当按照军队有关规定向社会开放。

第五章　法律责任

第三十六条　国家机关、人民团体、企业事业组织以及社会组织和其他组织违反本法规定，拒不开展国防教育活动的，由有关部门或者上级机关给予批评教育，并责令限期改正；拒不改正，造成恶劣影响的，对负有责任的领导人员和直接责任人员依法给予处分。

第三十七条　违反本法规定，侵占、挪用、克扣国防教育经费或者企业事业组织、社会组织、个人资助的国防教育财产的，由有关主管部门责令限期归还；对负有责任的领导人员和直接责任人员依法给予处分。不适用处分的人员，由有关主管部门依法予以处理。

第三十八条　侵占、破坏国防教育基地设施，损毁展品、器材的，由有关主管部门给予批评教育，并责令限期改正；有关责任人应当依法承担相应的民事责任；构成违反治安管理行为的，依法给予治安管理处罚。

第三十九条 寻衅滋事，扰乱国防教育工作和活动秩序的，或者盗用国防教育名义骗取钱财的，由有关主管部门给予批评教育，并予以制止；造成人身、财产或者其他损害的，应当依法承担相应的民事责任；构成违反治安管理行为的，依法给予治安管理处罚。

第四十条 负责国防教育的公职人员滥用职权、玩忽职守、徇私舞弊的，依法给予处分。

第四十一条 违反本法规定，构成犯罪的，依法追究刑事责任。

第六章 附 则

第四十二条 本法自 2024 年 9 月 21 日起施行。

中华人民共和国军事设施保护法实施办法

（2001 年 1 月 12 日中华人民共和国国务院、中华人民共和国中央军事委员会令第 298 号公布，自公布之日起施行）

第一章 总 则

第一条 根据《中华人民共和国军事设施保护法》（以下简称军事设施保护法）的规定，制定本办法。

第二条 设有军事设施的地方，县级以上地方人民政府和驻地有关军事机关共同成立军事设施保护委员会，负责协调、指导本行政区域内的军事设施保护工作。

军事设施保护委员会的办事机构设在省军区（卫戍区、警备区）、军分区（警备区）、县（自治县、市、市辖区）人民武装部，具体办理军事设施保护委员会的日常工作。

第三条 军事设施保护委员会履行下列职责：

（一）依照军事设施保护法律、法规和国家的方针、政策，制定军事设施保护措施；

（二）组织指导本行政区域内的军事设施保护工作，协调解决军事设施保护工作的有关事宜；

（三）组织开展军事设施保护的宣传教育工作；

（四）组织开展军事设施保护法律、法规执行情况的监督检查。

第四条 中国人民解放军总参谋部在国务院和中央军事委员会的领导下，主管全国的军事设施保护工作，指导各级军事设施保护委员会的工作。

军区司令机关主管辖区内的军事设施保护工作，指导辖区内各级军事设施保护委员会的工作。

上级军事设施保护委员会指导下级军事设施保护委员会的工作。

第五条 国务院有关部门在各自的职责范围内，负责军事设施保护的有关工作，并协助军事机关落实军事设施保护措施。

县级以上地方人民政府负责本行政区域内军事设施保护的有关工作，并协助驻地军事机关落实军事设施保护措施。

第六条 军事机关应当向驻地人民政府介绍军事设施的有关情况，听取驻地人民政府的意见；地方人民政府应当向驻地军事机关介绍经济建设的有关情况，听取驻地军事机关的意见。

第七条　各级人民政府和军事机关对在军事设施保护工作中做出显著成绩的组织和个人，给予表彰、奖励。

第二章　军事禁区、军事管理区的保护

第八条　军事禁区、军事管理区的确定及其范围的划定，以及军事禁区外围安全控制范围的划定，依照军事设施保护法和国务院、中央军事委员会的有关规定办理。

第九条　在水域军事禁区内，禁止非军用船只进入，禁止建筑、设置非军事设施，禁止从事水产养殖、捕捞以及其他有碍军用舰船行动和安全保密的活动。

第十条　在水域军事管理区内，禁止建筑、设置非军事设施，禁止从事水产养殖；从事捕捞或者其他活动，不得影响军用舰船的行动。

第十一条　划为军事管理区的军民合用港口的水域，实行军地分区管理；在地方管理的水域内需要新建非军事设施的，必须事先征得有关军事设施管理单位的同意。

第十二条　军事禁区、军事管理区应当设立标志牌。标志牌的样式、质地和规格由省、自治区、直辖市军事设施保护委员会规定，标志牌由县级以上地方人民政府负责设立。

水域军事禁区、军事管理区的范围难以在实际水域设置界线标志或者障碍物表示的，由当地交通、渔业行政主管部门共同向社会公告，并由测绘主管部门在海图上标明。

第三章　作战工程的保护

第十三条　军事设施保护法所称作战工程，包括坑道、永备工事以及配套的专用道路、桥涵以及水源、供电、战备用房等附属设施。

第十四条　未划入军事禁区、军事管理区的作战工程应当在作战工程外围划定安全保护范围。作战工程的安全保护范围，根据工程部署、地形和当地经济建设情况，由省军区或者作战工程管理单位的上级军级以上主管军事机关提出方案，报军区和省、自治区、直辖市人民政府批准。

在作战工程布局相对集中的地区，作战工程安全保护范围可以连片划定。

第十五条　作战工程安全保护范围的划定，不影响安全保护范围内的土地及其附着物的所有权、使用权，安全保护范围内的单位、居民可以照常生产、生活，但不得危害军事设施的安全保密和使用效能。

第十六条　在作战工程安全保护范围内，禁止开山采石、采矿、爆破，禁止采伐林木；修筑建筑物、构筑物、道路和进行农田水利基本建设，应当征得作战工程管理单位的上级主管军事机关和当地军事设施保护委员会同意，并不得影响作战工程的安全保密和使用效能。

第十七条　禁止私自开启封闭的作战工程，禁止破坏作战工程的伪装，禁止阻断入出作战工程的通道。

未经作战工程管理单位的上级师级以上主管军事机关批准，不得对作战工程进行摄影、摄像、勘察、测量、描绘和记述，不得在作战工程内存放非军用物资器材或者从事种植、养殖等生产活动。

第十八条　新建工程和建设项目，确实难以避开作战工程的，应当按照国家有关规定提出拆除或者迁建、改建作战工程的申请；申请未获批准，不得拆除或者迁建、改建作战工程。

第四章　军用机场净空的保护

第十九条　本办法所称军用机场净空，是指为保证军用飞机（含直升机）起飞、着陆和复飞的安全，在飞行场地周围划定的限制物体高度的空间区域。

军用机场净空保护标准按照国家有关规定执行。

第二十条 在军用机场净空保护区域内，禁止修建超出机场净空标准的建筑物、构筑物或者其他设施。

第二十一条 在军用机场净空保护区域内种植植物，设置灯光或者物体，排放烟尘、粉尘、火焰、废气或者从事其他类似活动，不得影响飞行安全和机场助航设施的使用效能。

第二十二条 军用机场管理单位应当了解当地城市规划和村庄、集镇规划和高大建筑项目建设计划，提供军用机场净空保护技术咨询。

第二十三条 在军用机场净空保护区域内建设高大建筑物、构筑物或者其他设施的，建设单位必须在申请立项前书面征求军用机场管理单位的军级以上主管军事机关的意见；未征求军事机关意见或者建设项目设计高度超过军用机场净空保护标准的，国务院有关部门、地方人民政府有关部门不予办理建设许可手续。

第二十四条 军用机场管理单位应当定期检查机场净空保护情况，发现擅自修建超过军用机场净空保护标准的建筑物、构筑物或者其他设施的，应当及时向上级和当地军事设施保护委员会报告。

地方人民政府应当掌握当地军用机场净空保护有关情况，制定保护措施，督促有关单位对军用机场净空保护区域内的高大建筑物、构筑物或者其他设施设置飞行障碍标志。

第二十五条 在军用机场侧净空保护区域内原有自然障碍物附近新建高大建筑物、构筑物或者其他设施，必须符合国家有关机场净空的规定。

第二十六条 军民合用机场以及由军队管理的保留旧机场、公路飞行跑道的净空保护工作，适用军用机场净空保护的有关规定。

第五章 军用通信、输电线路和军用输油、输水管道的保护

第二十七条 军事设施保护法所称军用通信、输电线路包括：

（一）架空线路：电杆（杆塔）、电线（缆），变压器、配电室以及其他附属设施；

（二）埋设线路：地下、水底电（光）缆，管道、检查井、标石、水线标志牌，无人值守载波增音站，电缆充气站以及其他附属设施；

（三）无线线路：无人值守微波站、微波无源反射板、各类无线电固定台（站）天线以及其他附属设施。

第二十八条 军事设施保护法所称军用输油、输水管道，是指专供军队使用的地面或者地下、水下输油、输水管道和管道沿线的加压站、计量站、处理场、油库、阀室、标志物以及其他附属设施。

第二十九条 军用通信、输电线路和军用输油、输水管道（以下简称军用管线）管理单位，应当加强维护管理工作，坚持巡查和测试检查制度；必要时，可以组织武装巡查，发现问题，及时处理。

第三十条 地方各级人民政府和驻地军事机关，应当根据实际情况组织军用管线沿线群众实行军民联防护线，采取委托看管、分段负责等形式，保护军用管线的安全。

第三十一条 地下军用管线应当设立路由标石或者永久性标志，易遭损坏的路段（部位）应当设置标志牌。水下军用管线应当在海图上标明。

第三十二条 军用管线的具体保护要求以及军用管线与其他设施相互妨碍的处理，按照国务院、中央军事委员会的有关规定执行。

第六章 军用无线电固定设施电磁环境的保护

第三十三条 本办法所称军用无线电固定设施电磁环境（以下简称军用电磁环境），是指为保证军用无线电收（发）信、侦察、测向、雷达、导航定位等固定设施正常工作，在其周围划定的限制电磁干扰信号

和电磁障碍物体的区域。

军用电磁环境的具体保护要求，按照国家规定的有关标准执行。

第三十四条　在军用电磁环境保护范围内，禁止建设、设置或者使用发射、辐射电磁信号的设备和电磁障碍物体。

第三十五条　地方在军用电磁环境保护范围内安排建设项目，对军用电磁环境可能产生影响的，应当按照规定征求有关军事机关的意见；必要时，可以由军事设施管理单位和地方有关部门共同对其干扰程度和电磁障碍物的影响情况进行测试和论证。

第三十六条　各级人民政府有关部门审批和验收军用电磁环境保护范围内的建设项目，应当审查发射、辐射电磁信号设备和电磁障碍物的状况，以及征求军事机关意见的情况；未征求军事机关意见或者不符合国家电磁环境保护标准的，不予办理建设或者使用许可手续。

第三十七条　军用无线电固定设施管理单位，应当掌握军用电磁环境保护情况，发现问题及时向上级军事机关和当地军事设施保护委员会报告。

第七章　边防设施和军用测量标志的保护

第三十八条　本办法所称边防设施，是指边防巡逻路、边境铁丝网（铁栅栏）、边境监控设备、边境管理辅助标志以及边防直升机起降场、边防船艇停泊点等由边防部队使用、管理的军事设施。

第三十九条　任何组织或者个人未经边防设施管理单位同意，不得擅自拆除或者移动边防设施。

第四十条　边境地区开辟口岸、互市贸易区、旅游景点或者修建道路、管线、桥梁等项目涉及边防设施的，应当按照有关规定征求军事机关的意见；需要迁建、改建边防设施的，应当报有关省、自治区、直辖市军事设施保护委员会批准；迁建、改建的边防设施的位置、质量、标准必须符合国家有关规定。

第四十一条　军用测量标志的保护，依照国家有关法律、法规的规定办理。

第八章　强制措施和法律责任

第四十二条　军事设施管理单位执勤人员遇有军事设施保护法第三十条所列违法行为，可以采取下列强制措施，予以制止：

（一）驱逐非法进入军事禁区的人员离开军事禁区；

（二）对用于实施违法行为的器材、工具或者其他物品予以扣押，对违法情节严重的人员予以扣留，立即移送公安机关或者国家安全机关；

（三）在紧急情况下，清除严重危害军事设施安全和使用效能的障碍物。

第四十三条　违反本办法第九条、第十条、第十一条的规定，在水域军事禁区、军事管理区内或者军民合用港口的水域建筑、设置非军事设施的，由城市规划、交通、渔业行政主管部门依据各自的职权责令停止兴建活动；已建成的，责令限期拆除。

第四十四条　违反本办法第九条、第十条的规定，擅自进入水域军事禁区，在水域军事禁区内从事水产养殖、捕捞，或者在水域军事管理区内从事水产养殖的，由交通、渔业行政主管部门依据各自的职权给予警告，责令离开，可以没收渔具、渔获物。

第四十五条　违反本办法第十六条的规定，在作战工程安全保护范围内开山采石、采矿、爆破、采伐林木的，由公安机关以及国土资源、林业行政主管部门依据各自的职权责令停止违法行为，没收采出的产品和违法所得；造成损失的，依法赔偿损失。

第四十六条　违反本办法第十六条的规定，擅自在作战工程安全保护范围内修筑建筑物、构筑物、道路或者进行农田水利基本建设的，由城市规划、交通、农业行政主管部门依据各自的职权给予警告，责令限期改正；造成损失的，依法赔偿损失。

第四十七条　违反本办法第十七条的规定，破坏作战工程封闭伪装，阻断作战工程通道，或者将作战工程用于堆物、种植、养殖的，由公安机关责令停止违法行为，限期恢复原状；造成损失的，依法赔偿损失。

第四十八条　违反本办法第二十条、第二十五条的规定，在军用机场净空保护区域内修建超出军用机场净空保护标准的建筑物、构筑物或者其他设施的，由城市规划行政主管部门责令限期拆除超高部分。

第四十九条　违反本办法第三十四条的规定，在军用电磁环境保护范围内建设、设置或者使用发射、辐射电磁信号的设备和电磁障碍物体的，由城市规划、信息产业行政主管部门依据各自的职权给予警告，责令限期改正；拒不改正的，查封干扰设备或者强制拆除障碍物。

第五十条　违反本办法第十八条、第三十九条、第四十条的规定，擅自拆除、迁建、改建作战工程、边防设施或者擅自移动边防设施的，由城市规划行政主管部门责令停止违法行为，限期恢复原状；造成损失的，依法赔偿损失。

第五十一条　违反本办法，构成违反治安管理行为的，由公安机关依法处罚；构成犯罪的，依法追究刑事责任。

第九章　附　　则

第五十二条　中国人民武装警察部队所属军事设施的保护，适用军事设施保护法和本办法。

第五十三条　本办法自公布之日起施行。

（三）金融证券类

中华人民共和国信托法

（2001年4月28日第九届全国人民代表大会常务委员会第二十一次会议通过并公布，自2001年10月1日起施行）

第一章　总　　则

第一条　为了调整信托关系，规范信托行为，保护信托当事人的合法权益，促进信托事业的健康发展，制定本法。

第二条　本法所称信托，是指委托人基于对受托人的信任，将其财产权委托给受托人，由受托人按委托人的意愿以自己的名义，为受益人的利益或者特定目的，进行管理或者处分的行为。

第三条　委托人、受托人、受益人（以下统称信托当事人）在中华人民共和国境内进行民事、营业、公益信托活动，适用本法。

第四条　受托人采取信托机构形式从事信托活动，其组织和管理由国务院制定具体办法。

第五条　信托当事人进行信托活动，必须遵守法律、行政法规，遵循自愿、公平和诚实信用原则，不得损害国家利益和社会公共利益。

第二章　信托的设立

第六条　设立信托，必须有合法的信托目的。

第七条　设立信托，必须有确定的信托财产，并且该信托财产必须是委托人合法所有的财产。

本法所称财产包括合法的财产权利。

第八条　设立信托，应当采取书面形式。

书面形式包括信托合同、遗嘱或者法律、行政法规规定的其他书面文件等。

采取信托合同形式设立信托的，信托合同签订时，信托成立。采取其他书面形式设立信托的，受托人承诺信托时，信托成立。

第九条　设立信托，其书面文件应当载明下列事项：

（一）信托目的；

（二）委托人、受托人的姓名或者名称、住所；

（三）受益人或者受益人范围；

（四）信托财产的范围、种类及状况；

（五）受益人取得信托利益的形式、方法。

除前款所列事项外，可以载明信托期限、信托财产的管理方法、受托人的报酬、新受托人的选任方式、信托终止事由等事项。

第十条　设立信托，对于信托财产，有关法律、行政法规规定应当办理登记手续的，应当依法办理信托登记。

未依照前款规定办理信托登记的，应当补办登记手续；不补办的，该信托不产生效力。

第十一条　有下列情形之一的，信托无效：

（一）信托目的违反法律、行政法规或者损害社会公共利益；

（二）信托财产不能确定；

（三）委托人以非法财产或者本法规定不得设立信托的财产设立信托；

（四）专以诉讼或者讨债为目的设立信托；

（五）受益人或者受益人范围不能确定；

（六）法律、行政法规规定的其他情形。

第十二条　委托人设立信托损害其债权人利益的，债权人有权申请人民法院撤销该信托。

人民法院依照前款规定撤销信托的，不影响善意受益人已经取得的信托利益。

本条第一款规定的申请权，自债权人知道或者应当知道撤销原因之日起一年内不行使的，归于消灭。

第十三条　设立遗嘱信托，应当遵守继承法关于遗嘱的规定。

遗嘱指定的人拒绝或者无能力担任受托人的，由受益人另行选任受托人；受益人为无民事行为能力人或者限制民事行为能力人的，依法由其监护人代行选任。遗嘱对选任受托人另有规定的，从其规定。

第三章　信托财产

第十四条　受托人因承诺信托而取得的财产是信托财产。

受托人因信托财产的管理运用、处分或者其他情形而取得的财产，也归入信托财产。

法律、行政法规禁止流通的财产，不得作为信托财产。

法律、行政法规限制流通的财产，依法经有关主管部门批准后，可以作为信托财产。

第十五条　信托财产与委托人未设立信托的其他财产相区别。设立信托后，委托人死亡或者依法解散、被依法撤销、被宣告破产时，委托人是唯一受益人的，信托终止，信托财产作为其遗产或者清算财产；委托人不是唯一受益人的，信托存续，信托财产不作为其遗产或者清算财产；但作为共同受益人的委托人死亡或者依法解散、被依法撤销、被宣告破产时，其信托受益权作为其遗产或者清算财产。

第十六条 信托财产与属于受托人所有的财产（以下简称固有财产）相区别，不得归入受托人的固有财产或者成为固有财产的一部分。

受托人死亡或者依法解散、被依法撤销、被宣告破产而终止，信托财产不属于其遗产或者清算财产。

第十七条 除因下列情形之一外，对信托财产不得强制执行：

（一）设立信托前债权人已对该信托财产享有优先受偿的权利，并依法行使该权利的；

（二）受托人处理信托事务所产生债务，债权人要求清偿该债务的；

（三）信托财产本身应担负的税款；

（四）法律规定的其他情形。

对于违反前款规定而强制执行信托财产，委托人、受托人或者受益人有权向人民法院提出异议。

第十八条 受托人管理运用、处分信托财产所产生的债权，不得与其固有财产产生的债务相抵销。

受托人管理运用、处分不同委托人的信托财产所产生的债权债务，不得相互抵销。

第四章 信托当事人

第一节 委托人

第十九条 委托人应当是具有完全民事行为能力的自然人、法人或者依法成立的其他组织。

第二十条 委托人有权了解其信托财产的管理运用、处分及收支情况，并有权要求受托人作出说明。

委托人有权查阅、抄录或者复制与其信托财产有关的信托帐目以及处理信托事务的其他文件。

第二十一条 因设立信托时未能预见的特别事由，致使信托财产的管理方法不利于实现信托目的或者不符合受益人的利益时，委托人有权要求受托人调整该信托财产的管理方法。

第二十二条 受托人违反信托目的处分信托财产或者因违背管理职责、处理信托事务不当致使信托财产受到损失的，委托人有权申请人民法院撤销该处分行为，并有权要求受托人恢复信托财产的原状或者予以赔偿；该信托财产的受让人明知是违反信托目的而接受该财产的，应当予以返还或者予以赔偿。

前款规定的申请权，自委托人知道或者应当知道撤销原因之日起一年内不行使的，归于消灭。

第二十三条 受托人违反信托目的处分信托财产或者管理运用、处分信托财产有重大过失的，委托人有权依照信托文件的规定解任受托人，或者申请人民法院解任受托人。

第二节 受托人

第二十四条 受托人应当是具有完全民事行为能力的自然人、法人。

法律、行政法规对受托人的条件另有规定的，从其规定。

第二十五条 受托人应当遵守信托文件的规定，为受益人的最大利益处理信托事务。

受托人管理信托财产，必须恪尽职守，履行诚实、信用、谨慎、有效管理的义务。

第二十六条 受托人除依照本法规定取得报酬外，不得利用信托财产为自己谋取利益。

受托人违反前款规定，利用信托财产为自己谋取利益的，所得利益归入信托财产。

第二十七条 受托人不得将信托财产转为其固有财产。受托人将信托财产转为其固有财产的，必须恢复该信托财产的原状；造成信托财产损失的，应当承担赔偿责任。

第二十八条　受托人不得将其固有财产与信托财产进行交易或者将不同委托人的信托财产进行相互交易，但信托文件另有规定或者经委托人或者受益人同意，并以公平的市场价格进行交易的除外。

受托人违反前款规定，造成信托财产损失的，应当承担赔偿责任。

第二十九条　受托人必须将信托财产与其固有财产分别管理、分别记帐，并将不同委托人的信托财产分别管理、分别记帐。

第三十条　受托人应当自己处理信托事务，但信托文件另有规定或者有不得已事由的，可以委托他人代为处理。

受托人依法将信托事务委托他人代理的，应当对他人处理信托事务的行为承担责任。

第三十一条　同一信托的受托人有两个以上的，为共同受托人。

共同受托人应当共同处理信托事务，但信托文件规定对某些具体事务由受托人分别处理的，从其规定。

共同受托人共同处理信托事务，意见不一致时，按信托文件规定处理；信托文件未规定的，由委托人、受益人或者其利害关系人决定。

第三十二条　共同受托人处理信托事务对第三人所负债务，应当承担连带清偿责任。第三人对共同受托人之一所作的意思表示，对其他受托人同样有效。

共同受托人之一违反信托目的处分信托财产或者因违背管理职责、处理信托事务不当致使信托财产受到损失的，其他受托人应当承担连带赔偿责任。

第三十三条　受托人必须保存处理信托事务的完整记录。

受托人应当每年定期将信托财产的管理运用、处分及收支情况，报告委托人和受益人。

受托人对委托人、受益人以及处理信托事务的情况和资料负有依法保密的义务。

第三十四条　受托人以信托财产为限向受益人承担支付信托利益的义务。

第三十五条　受托人有权依照信托文件的约定取得报酬。信托文件未作事先约定的，经信托当事人协商同意，可以作出补充约定；未作事先约定和补充约定的，不得收取报酬。

约定的报酬经信托当事人协商同意，可以增减其数额。

第三十六条　受托人违反信托目的处分信托财产或者因违背管理职责、处理信托事务不当致使信托财产受到损失的，在未恢复信托财产的原状或者未予赔偿前，不得请求给付报酬。

第三十七条　受托人因处理信托事务所支出的费用、对第三人所负债务，以信托财产承担。受托人以其固有财产先行支付的，对信托财产享有优先受偿的权利。

受托人违背管理职责或者处理信托事务不当对第三人所负债务或者自己所受到的损失，以其固有财产承担。

第三十八条　设立信托后，经委托人和受益人同意，受托人可以辞任。本法对公益信托的受托人辞任另有规定的，从其规定。

受托人辞任的，在新受托人选出前仍应履行管理信托事务的职责。

第三十九条　受托人有下列情形之一的，其职责终止：

（一）死亡或者被依法宣告死亡；

（二）被依法宣告为无民事行为能力人或者限制民事行为能力人；

（三）被依法撤销或者被宣告破产；

（四）依法解散或者法定资格丧失；

（五）辞任或者被解任；

（六）法律、行政法规规定的其他情形。

受托人职责终止时，其继承人或者遗产管理人、监护人、清算人应当妥善保管信托财产，协助新受托人接管信托事务。

第四十条 受托人职责终止的，依照信托文件规定选任新受托人；信托文件未规定的，由委托人选任；委托人不指定或者无能力指定的，由受益人选任；受益人为无民事行为能力人或者限制民事行为能力人的，依法由其监护人代行选任。

原受托人处理信托事务的权利和义务，由新受托人承继。

第四十一条 受托人有本法第三十九条第一款第（三）项至第（六）项所列情形之一，职责终止的，应当作出处理信托事务的报告，并向新受托人办理信托财产和信托事务的移交手续。

前款报告经委托人或者受益人认可，原受托人就报告中所列事项解除责任。但原受托人有不正当行为的除外。

第四十二条 共同受托人之一职责终止的，信托财产由其他受托人管理和处分。

第三节 受益人

第四十三条 受益人是在信托中享有信托受益权的人。受益人可以是自然人、法人或者依法成立的其他组织。

委托人可以是受益人，也可以是同一信托的唯一受益人。

受托人可以是受益人，但不得是同一信托的唯一受益人。

第四十四条 受益人自信托生效之日起享有信托受益权。信托文件另有规定的，从其规定。

第四十五条 共同受益人按照信托文件的规定享受信托利益。信托文件对信托利益的分配比例或者分配方法未作规定的，各受益人按照均等的比例享受信托利益。

第四十六条 受益人可以放弃信托受益权。

全体受益人放弃信托受益权的，信托终止。

部分受益人放弃信托受益权的，被放弃的信托受益权按下列顺序确定归属：

（一）信托文件规定的人；

（二）其他受益人；

（三）委托人或者其继承人。

第四十七条 受益人不能清偿到期债务的，其信托受益权可以用于清偿债务，但法律、行政法规以及信托文件有限制性规定的除外。

第四十八条 受益人的信托受益权可以依法转让和继承，但信托文件有限制性规定的除外。

第四十九条 受益人可以行使本法第二十条至第二十三条规定的委托人享有的权利。受益人行使上述权利，与委托人意见不一致时，可以申请人民法院作出裁定。

受托人有本法第二十二条第一款所列行为，共同受益人之一申请人民法院撤销该处分行为的，人民法院所作出的撤销裁定，对全体共同受益人有效。

第五章 信托的变更与终止

第五十条 委托人是唯一受益人的，委托人或者其继承人可以解除信托。信托文件另有规定的，从其规定。

第五十一条 设立信托后，有下列情形之一的，委托人可以变更受益人或者处分受益人的信托受益权：

（一）受益人对委托人有重大侵权行为；

（二）受益人对其他共同受益人有重大侵权行为；

（三）经受益人同意；

（四）信托文件规定的其他情形。

有前款第（一）项、第（三）项、第（四）项所列情形之一的，委托人可以解除信托。

第五十二条 信托不因委托人或者受托人的死亡、丧失民事行为能力、依法解散、被依法撤销或者被宣告破产而终止，也不因受托人的辞任而终止。但本法或者信托文件另有规定的除外。

第五十三条 有下列情形之一的，信托终止：

（一）信托文件规定的终止事由发生；

（二）信托的存续违反信托目的；

（三）信托目的已经实现或者不能实现；

（四）信托当事人协商同意；

（五）信托被撤销；

（六）信托被解除。

第五十四条　信托终止的，信托财产归属于信托文件规定的人；信托文件未规定的，按下列顺序确定归属：

（一）受益人或者其继承人；

（二）委托人或者其继承人。

第五十五条　依照前条规定，信托财产的归属确定后，在该信托财产转移给权利归属人的过程中，信托视为存续，权利归属人视为受益人。

第五十六条　信托终止后，人民法院依据本法第十七条的规定对原信托财产进行强制执行的，以权利归属人为被执行人。

第五十七条　信托终止后，受托人依照本法规定行使请求给付报酬、从信托财产中获得补偿的权利时，可以留置信托财产或者对信托财产的权利归属人提出请求。

第五十八条　信托终止的，受托人应当作出处理信托事务的清算报告。受益人或者信托财产的权利归属人对清算报告无异议的，受托人就清算报告所列事项解除责任。但受托人有不正当行为的除外。

第六章　公益信托

第五十九条　公益信托适用本章规定。本章未规定的，适用本法及其他相关法律的规定。

第六十条　为了下列公共利益目的之一而设立的信托，属于公益信托：

（一）救济贫困；

（二）救助灾民；

（三）扶助残疾人；

（四）发展教育、科技、文化、艺术、体育事业；

（五）发展医疗卫生事业；

（六）发展环境保护事业，维护生态环境；

（七）发展其他社会公益事业。

第六十一条　国家鼓励发展公益信托。

第六十二条　公益信托的设立和确定其受托人，应当经有关公益事业的管理机构（以下简称公益事业管理机构）批准。

未经公益事业管理机构的批准，不得以公益信托的名义进行活动。

公益事业管理机构对于公益信托活动应当给予支持。

第六十三条　公益信托的信托财产及其收益，不得用于非公益目的。

第六十四条　公益信托应当设置信托监察人。

信托监察人由信托文件规定。信托文件未规定的，由公益事业管理机构指定。

第六十五条　信托监察人有权以自己的名义，为维护受益人的利益，提起诉讼或者实施其他法律行为。

第六十六条　公益信托的受托人未经公益事业管理机构批准，不得辞任。

第六十七条　公益事业管理机构应当检查受托人处理公益信托事务的情况及财产状况。

受托人应当至少每年一次作出信托事务处理情况及财产状况报告，经信托监察人认可后，报公益事业管理机构核准，并由受托人予以公告。

第六十八条　公益信托的受托人违反信托义务或者无能力履行其职责的，由公益事业管理机构变更受托人。

第六十九条　公益信托成立后，发生设立信托时不能预见的情形，公益事业管理机构可以根据信托目的，变更信托文件中的有关条款。

第七十条　公益信托终止的，受托人应当于终止事由发生之日起十五日内，将终止事由和终止日期报告公益事业管理机构。

第七十一条　公益信托终止的，受托人作出的处理信托事务的清算报告，应当经信托监察人认可后，报公益事业管理机构核准，并由受托人予以公告。

第七十二条 公益信托终止，没有信托财产权利归属人或者信托财产权利归属人是不特定的社会公众的，经公益事业管理机构批准，受托人应当将信托财产用于与原公益目的相近似的目的，或者将信托财产转移给具有近似目的的公益组织或者其他公益信托。

第七十三条 公益事业管理机构违反本法规定的，委托人、受托人或者受益人有权向人民法院起诉。

第七章 附 则

第七十四条 本法自2001年10月1日起施行。

信托公司管理办法

（2006年12月28日中国银行业监督管理委员会第55次主席会议通过，2007年1月23日公布，自2007年3月1日起施行）

第一章 总 则

第一条 为加强对信托公司的监督管理，规范信托公司的经营行为，促进信托业的健康发展，根据《中华人民共和国信托法》、《中华人民共和国银行业监督管理法》等法律法规，制定本办法。

第二条 本办法所称信托公司，是指依照《中华人民共和国公司法》和本办法设立的主要经营信托业务的金融机构。

本办法所称信托业务，是指信托公司以营业和收取报酬为目的，以受托人身份承诺信托和处理信托事务的经营行为。

第三条 信托财产不属于信托公司的固有财产，也不属于信托公司对受益人的负债。信托公司终止时，信托财产不属于其清算财产。

第四条 信托公司从事信托活动，应当遵守法律法规的规定和信托文件的约定，不得损害国家利益、社会公共利益和受益人的合法权益。

第五条 中国银行业监督管理委员会对信托公司及其业务活动实施监督管理。

第二章 机构的设立、变更与终止

第六条 设立信托公司，应当采取有限责任公司或者股份有限公司的形式。

第七条 设立信托公司，应当经中国银行业监督管理委员会批准，并领取金融许可证。

未经中国银行业监督管理委员会批准，任何单位和个人不得经营信托业务，任何经营单位不得在其名称中使用“信托公司”字样。法律法规另有规定的除外。

第八条 设立信托公司，应当具备下列条件：

（一）有符合《中华人民共和国公司法》和中国银行业监督管理委员会规定的公司章程；

（二）有具备中国银行业监督管理委员会规定的入股资格的股东；

（三）具有本办法规定的最低限额的注册资本；

（四）有具备中国银行业监督管理委员会规定任职资格的董事、高级管理人员和与其业务相适应的信托从业人员；

（五）具有健全的组织机构、信托业务操作规程和风险控制制度；

（六）有符合要求的营业场所、安全防范措施和与业务有关的其他设施；

（七）中国银行业监督管理委员会规定的其他条件。

第九条　中国银行业监督管理委员会依照法律法规和审慎监管原则对信托公司的设立申请进行审查，作出批准或者不予批准的决定；不予批准的，应说明理由。

第十条　信托公司注册资本最低限额为3亿元人民币或等值的可自由兑换货币，注册资本为实缴货币资本。

申请经营企业年金基金、证券承销、资产证券化等业务，应当符合相关法律法规规定的最低注册资本要求。

中国银行业监督管理委员会根据信托公司行业发展的需要，可以调整信托公司注册资本最低限额。

第十一条　未经中国银行业监督管理委员会批准，信托公司不得设立或变相设立分支机构。

第十二条　信托公司有下列情形之一的，应当经中国银行业监督管理委员会批准：

（一）变更名称；

（二）变更注册资本；

（三）变更公司住所；

（四）改变组织形式；

（五）调整业务范围；

（六）更换董事或高级管理人员；

（七）变更股东或者调整股权结构，但持有上市公司流通股份未达到公司总股份5%的除外；

（八）修改公司章程；

（九）合并或者分立；

（十）中国银行业监督管理委员会规定的其他情形。

第十三条　信托公司出现分立、合并或者公司章程规定的解散事由，申请解散的，经中国银行业监督管理委员会批准后解散，并依法组织清算组进行清算。

第十四条　信托公司不能清偿到期债务，且资产不足以清偿债务或明显缺乏清偿能力的，经中国银行业监督管理委员会同意，可向人民法院提出破产申请。

中国银行业监督管理委员会可以向人民法院直接提出对该信托公司进行重整或破产清算的申请。

第十五条　信托公司终止时，其管理信托事务的职责同时终止。清算组应当妥善保管信托财产，作出处理信托事务的报告并向新受托人办理信托财产的移交。信托文件另有约定的，从其约定。

第三章　经营范围

第十六条　信托公司可以申请经营下列部分或者全部本外币业务：

（一）资金信托；

（二）动产信托；

（三）不动产信托；

（四）有价证券信托；

（五）其他财产或财产权信托；

（六）作为投资基金或者基金管理公司的发起人从事投资基金业务；

（七）经营企业资产的重组、购并及项目融资、公司理财、财务顾问等业务；

（八）受托经营国务院有关部门批准的证券承销业务；

（九）办理居间、咨询、资信调查等业务；

（十）代保管及保管箱业务；

（十一）法律法规规定或中国银行业监督管理委员会批准的其他业务。

第十七条　信托公司可以根据《中华人民共和国信托法》等法律法规的有关规定开展公益信托活动。

第十八条　信托公司可以根据市场需要，按照信托目的、信托财产的种类或者对信托财产管理方式的不同设置信托业务品种。

第十九条　信托公司管理运用或处分信托财产时，可以依照信托文件的约定，采取投资、出售、存放同业、买入返售、租赁、贷款等方式进行。中国银行业监督管理委员会另有规定的，从其规定。

信托公司不得以卖出回购方式管理运用信托财产。

第二十条　信托公司固有业务项下可以开展存放同业、拆放同业、贷款、租赁、投资等业务。投资业务限定为金融类公司股权投资、金融产品投资和自用固定资产投资。

信托公司不得以固有财产进行实业投资，但中国银行业监督管理委员会另有规定的除外。

第二十一条　信托公司不得开展除同业拆入业务以外的其他负债业务，且同业拆入余额不得超过其净资产的20%。中国银行业监督管理委员会另有规定的除外。

第二十二条　信托公司可以开展对外担保业务，但对外担保余额不得超过其净资产的50%。

第二十三条　信托公司经营外汇信托业务，应当遵守国家外汇管理的有关规定，并接受外汇主管部门的检查、监督。

第四章　经营规则

第二十四条　信托公司管理运用或者处分信托财产，必须恪尽职守，履行诚实、信用、谨慎、有效管理的义务，维护受益人的最大利益。

第二十五条　信托公司在处理信托事务时应当避免利益冲突，在无法避免时，应向委托人、受益人予以充分的信息披露，或拒绝从事该项业务。

第二十六条　信托公司应当亲自处理信托事务。信托文件另有约定或有不得已事由时，可委托他人代为处理，但信托公司应尽足够的监督义务，并对他人处理信托事务的行为承担责任。

第二十七条　信托公司对委托人、受益人以及所处理信托事务的情况和资料负有依法保密的义务，但法律法规另有规定或者信托文件另有约定的除外。

第二十八条　信托公司应当妥善保存处理信托事务的完整记录，定期向委托人、受益人报告信托财产及其管理运用、处分及收支的情况。

委托人、受益人有权向信托公司了解对其信托财产的管理运用、处分及收支情况，并要求信托公司作出说明。

第二十九条　信托公司应当将信托财产与其固有财产分别管理、分别记账，并将不同委托人的信托财产分别管理、分别记账。

第三十条　信托公司应当依法建账，对信托业务与非信托业务分别核算，并对每项信托业务单独核算。

第三十一条　信托公司的信托业务部门应当独立于公司的其他部门，其人员不得与公司其他部门的人员相互兼职，业务信息不得与公司的其他部门共享。

第三十二条　以信托合同形式设立信托时，信托合同应当载明以下事项：

（一）信托目的；

（二）委托人、受托人的姓名或者名称、住所；

（三）受益人或者受益人范围；

（四）信托财产的范围、种类及状况；

（五）信托当事人的权利义务；

（六）信托财产管理中风险的揭示和承担；

（七）信托财产的管理方式和受托人的经营权限；

（八）信托利益的计算，向受益人交付信托利益的形式、方法；

（九）信托公司报酬的计算及支付；

（十）信托财产税费的承担和其他费用的核算；

（十一）信托期限和信托的终止；

（十二）信托终止时信托财产的归属；

（十三）信托事务的报告；

（十四）信托当事人的违约责任及纠纷解决方式；

（十五）新受托人的选任方式；

（十六）信托当事人认为需要载明的其他事项。

以信托合同以外的其他书面文件设立信托时，书面文件的载明事项按照有关法律法规规定执行。

第三十三条　信托公司开展固有业务，不得有下列行为：

（一）向关联方融出资金或转移财产；

（二）为关联方提供担保；

（三）以股东持有的本公司股权作为质押进行融资。

信托公司的关联方按照《中华人民共和国公司法》和企业会计准则的有关标准界定。

第三十四条　信托公司开展信托业务，不得有下列行为：

（一）利用受托人地位谋取不当利益；

（二）将信托财产挪用于非信托目的的用途；

（三）承诺信托财产不受损失或者保证最低收益；

（四）以信托财产提供担保；

（五）法律法规和中国银行业监督管理委员会禁止的其他行为。

第三十五条　信托公司开展关联交易，应以公平的市场价格进行，逐笔向中国银行业监督管理委员会事前报告，并按照有关规定进行信息披露。

第三十六条　信托公司经营信托业务，应依照信托文件约定以手续费或者佣金的方式收取报酬，中国银行业监督管理委员会另有规定的除外。

信托公司收取报酬，应当向受益人公开，并向受益人说明收费的具体标准。

第三十七条　信托公司违反信托目的处分信托财产，或者因违背管理职责、处理信托事务不当致使信托财产受到损失的，在恢复信托财产的原状或者予以赔偿前，信托公司不得请求给付报酬。

第三十八条　信托公司因处理信托事务而支出的费用、负担的债务，以信托财产承担，但应在信托合同中列明或明确告知受益人。信托公司以其固有财产先行支付的，对信托财产享有优先受偿的权利。因信托公司违背管理职责或者管理信托事务不当所负债务及所受到的损害，以其固有财产承担。

第三十九条　信托公司违反信托目的处分信托财产，或者管理运用、处分信托财产有重大过失的，委托人或受益人有权依照信托文件的约定解任该信托公司，或者申请人民法院解任该信托公司。

第四十条　受托人职责依法终止的，新受托人依照信托文件的约定选任；信托文件未规定的，由委托人选任；委托人不能选任的，由受益人选任；受益人为无民事行为能力人或者限制民事行为能力人的，依法由其监护人代行选任。新受托人未产生前，中国银行业监督管理委员会可以指定临时受托人。

第四十一条　信托公司经营信托业务，有下列情形之一的，信托终止：

（一）信托文件约定的终止事由发生；

（二）信托的存续违反信托目的；

（三）信托目的已经实现或者不能实现；

（四）信托当事人协商同意；

（五）信托期限届满；

（六）信托被解除；

（七）信托被撤销；

（八）全体受益人放弃信托受益权。

第四十二条　信托终止的，信托公司应当依照信托文件的约定作出处理信托事务的清算报告。受益人或者信托财产的权利归属人对清算报告无异议的，信托公司就清算报告所列事项解除责任，但信托公司有不当行为的除外。

第五章 监督管理

第四十三条 信托公司应当建立以股东（大）会、董事会、监事会、高级管理层等为主体的组织架构，明确各自的职责划分，保证相互之间独立运行、有效制衡，形成科学高效的决策、激励与约束机制。

第四十四条 信托公司应当按照职责分离的原则设立相应的工作岗位，保证公司对风险能够进行事前防范、事中控制、事后监督和纠正，形成健全的内部约束机制和监督机制。

第四十五条 信托公司应当按规定制订本公司的信托业务及其他业务规则，建立、健全本公司的各项业务管理制度和内部控制制度，并报中国银行业监督管理委员会备案。

第四十六条 信托公司应当按照国家有关规定建立、健全本公司的财务会计制度，真实记录并全面反映其业务活动和财务状况。公司年度财务会计报表应当经具有良好资质的中介机构审计。

第四十七条 中国银行业监督管理委员会可以定期或者不定期对信托公司的经营活动进行检查；必要时，可以要求信托公司提供由具有良好资质的中介机构出具的相关审计报告。

信托公司应当按照中国银行业监督管理委员会的要求提供有关业务、财务等报表和资料，并如实介绍有关业务情况。

第四十八条 中国银行业监督管理委员会对信托公司实行净资本管理。具体办法由中国银行业监督管理委员会另行制定。

第四十九条 信托公司每年应当从税后利润中提取5%作为信托赔偿准备金，但该赔偿准备金累计总额达到公司注册资本的20%时，可不再提取。

信托公司的赔偿准备金应存放于经营稳健、具有一定实力的境内商业银行，或者用于购买国债等低风险高流动性证券品种。

第五十条 中国银行业监督管理委员会对信托公司的董事、高级管理人员实行任职资格审查制度。未经中国银行业监督管理委员会任职资格审查或者审查不合格的，不得任职。

信托公司对拟离任的董事、高级管理人员，应当进行离任审计，并将审计结果报中国银行业监督管理委员会备案。信托公司的法定代表人变更时，在新的法定代表人经中国银行业监督管理委员会核准任职资格前，原法定代表人不得离任。

第五十一条 中国银行业监督管理委员会对信托公司的信托从业人员实行信托业务资格管理制度。符合条件的，颁发信托从业人员资格证书；未取得信托从业人员资格证书的，不得经办信托业务。

第五十二条 信托公司的董事、高级管理人员和信托从业人员违反法律、行政法规或中国银行业监督管理委员会有关规定的，中国银行业监督管理委员会有权取消其任职资格或者从业资格。

第五十三条 中国银行业监督管理委员会根据履行职责的需要，可以与信托公司董事、高级管理人员进行监督管理谈话，要求信托公司董事、高级管理人员就信托公司的业务活动和风险管理的重大事项作出说明。

第五十四条 信托公司违反审慎经营规则的，中国银行业监督管理委员会责令限期改正；逾期未改正的，或者其行为严重危及信托公司的稳健运行、损害受益人合法权益的，中国银行业监督管理委员会可以区别情形，依据《中华人民共和国银行业监督管理法》等法律法规的规定，采取暂停业务、限制股东权利等监管措施。

第五十五条 信托公司已经或者可能发生信用危机，严重影响受益人合法权益的，中国银行业监督管理委员会可以依法对该信托公司实行接管或者督促机构重组。

第五十六条 中国银行业监督管理委员会在批准信托公司设立、变更、终止后，发现原申请材料有隐瞒、虚假的情形，可以责令补正或者撤销批准。

第五十七条　信托公司可以加入中国信托业协会，实行行业自律。

中国信托业协会开展活动，应当接受中国银行业监督管理委员会的指导和监督。

第六章　罚　　则

第五十八条　未经中国银行业监督管理委员会批准，擅自设立信托公司的，由中国银行业监督管理委员会依法予以取缔；构成犯罪的，依法追究刑事责任；尚不构成犯罪的，由中国银行业监督管理委员会没收违法所得，违法所得五十万元以上的，并处违法所得一倍以上五倍以下罚款；没有违法所得或者违法所得不足五十万元的，处五十万元以上二百万元以下罚款。

第五十九条　未经中国银行业监督管理委员会批准，信托公司擅自设立分支机构或开展本办法第十九条、第二十条、第二十一条、第二十二条、第三十三条和第三十四条禁止的业务的，由中国银行业监督管理委员会责令改正，有违法所得的，没收违法所得，违法所得五十万元以上的，并处违法所得一倍以上五倍以下罚款；没有违法所得或者违法所得不足五十万元的，处五十万元以上二百万元以下罚款；情节特别严重或者逾期不改正的，责令停业整顿或者吊销其金融许可证；构成犯罪的，依法追究刑事责任。

第六十条　信托公司违反本办法其他规定的，中国银行业监督管理委员会根据《中华人民共和国银行业监督管理法》等法律法规的规定，采取相应的处罚措施。

第六十一条　信托公司有违法经营、经营管理不善等情形，不予撤销将严重危害金融秩序、损害公众利益的，由中国银行业监督管理委员会依法予以撤销。

第六十二条　对信托公司违规负有直接责任的董事、高级管理人员和其他直接责任人员，中国银行业监督管理委员会可以区别不同情形，根据《中华人民共和国银行业监督管理法》等法律法规的规定，采取罚款、取消任职资格或从业资格等处罚措施。

第六十三条　对中国银行业监督管理委员会的处罚决定不服的，可以依法提请行政复议或者向人民法院提起行政诉讼。

第七章　附　　则

第六十四条　信托公司处理信托事务不履行亲自管理职责，即不承担投资管理人职责的，其注册资本不得低于1亿元人民币或等值的可自由兑换货币。对该类信托公司的监督管理参照本办法执行。

第六十五条　本办法由中国银行业监督管理委员会负责解释。

第六十六条　本办法自2007年3月1日起施行，原《信托投资公司管理办法》(中国人民银行令〔2002〕第5号)不再适用。

金融资产管理公司条例

(2000年11月1日国务院第32次常务会议通过，2000年11月10日公布，自公布之日起施行)

第一章　总　　则

第一条　为了规范金融资产管理公司的活动，依法处理国有银行不良贷款，促进国有银行和国有企业的改革和发展，制定本条例。

第二条　金融资产管理公司，是指经国务院决定设立的收购国有银行不良贷款，管理和处置因收购国有银行不良贷款形成的资产的国有独资非银行金融机构。

第三条 金融资产管理公司以最大限度保全资产、减少损失为主要经营目标，依法独立承担民事责任。

第四条 中国人民银行、财政部和中国证券监督管理委员会依据各自的法定职责对金融资产管理公司实施监督管理。

第二章 公司的设立和业务范围

第五条 金融资产管理公司的注册资本为人民币100亿元，由财政部核拨。

第六条 金融资产管理公司由中国人民银行颁发《金融机构法人许可证》，并向工商行政管理部门依法办理登记。

第七条 金融资产管理公司设立分支机构，须经财政部同意，并报中国人民银行批准，由中国人民银行颁发《金融机构营业许可证》，并向工商行政管理部门依法办理登记。

第八条 金融资产管理公司设总裁1人、副总裁若干人。总裁、副总裁由国务院任命。总裁对外代表金融资产管理公司行使职权，负责金融资产管理公司的经营管理。

金融资产管理公司的高级管理人员须经中国人民银行审查任职资格。

第九条 金融资产管理公司监事会的组成、职责和工作程序，依照《国有重点金融机构监事会暂行条例》执行。

第十条 金融资产管理公司在其收购的国有银行不良贷款范围内，管理和处置因收购国有银行不良贷款形成的资产时，可以从事下列业务活动：

（一）追偿债务；

（二）对所收购的不良贷款形成的资产进行租赁或者以其他形式转让、重组；

（三）债权转股权，并对企业阶段性持股；

（四）资产管理范围内公司的上市推荐及债券、股票承销；

（五）发行金融债券，向金融机构借款；

（六）财务及法律咨询，资产及项目评估；

（七）中国人民银行、中国证券监督管理委员会批准的其他业务活动。

金融资产管理公司可以向中国人民银行申请再贷款。

第三章 收购不良贷款的范围、额度及资金来源

第十一条 金融资产管理公司按照国务院确定的范围和额度收购国有银行不良贷款；超出确定的范围或者额度收购的，须经国务院专项审批。

第十二条 在国务院确定的额度内，金融资产管理公司按照账面价值收购有关贷款本金和相对应的计入损益的应收未收利息；对未计入损益的应收未收利息，实行无偿划转。

第十三条 金融资产管理公司收购不良贷款后，即取得原债权人对债务人的各项权利。原借款合同的债务人、担保人及有关当事人应当继续履行合同规定的义务。

第十四条 金融资产管理公司收购不良贷款的资金来源包括：

（一）划转中国人民银行发放给国有独资商业银行的部分再贷款；

（二）发行金融债券。

中国人民银行发放给国有独资商业银行的再贷款划转给金融资产管理公司，实行固定利率，年利率为2.25%。

第十五条 金融资产管理公司发行金融债券，由中国人民银行会同财政部审批。

第四章 债权转股权

第十六条 金融资产管理公司可以将收购国有银行不良贷款取得的债权转为对借款企业的股权。

金融资产管理公司持有的股权，不受本

公司净资产额或者注册资本的比例限制。

第十七条　实施债权转股权，应当贯彻国家产业政策，有利于优化经济结构，促进有关企业的技术进步和产品升级。

第十八条　实施债权转股权的企业，由国家经济贸易委员会向金融资产管理公司推荐。金融资产管理公司对被推荐的企业进行独立评审，制定企业债权转股权的方案并与企业签订债权转股权协议。债权转股权的方案和协议由国家经济贸易委员会会同财政部、中国人民银行审核，报国务院批准后实施。

第十九条　实施债权转股权的企业，应当按照现代企业制度的要求，转换经营机制，建立规范的公司法人治理结构，加强企业管理。有关地方人民政府应当帮助企业减员增效、下岗分流，分离企业办社会的职能。

第二十条　金融资产管理公司的债权转股权后，作为企业的股东，可以派员参加企业董事会、监事会，依法行使股东权利。

第二十一条　金融资产管理公司持有的企业股权，可以按照国家有关规定向境内外投资者转让，也可以由债权转股权企业依法回购。

第二十二条　企业实施债权转股权后，应当按照国家有关规定办理企业产权变更等有关登记。

第二十三条　国家经济贸易委员会负责组织、指导、协调企业债权转股权工作。

第五章　公司的经营和管理

第二十四条　金融资产管理公司实行经营目标责任制。

财政部根据不良贷款质量的情况，确定金融资产管理公司处置不良贷款的经营目标，并进行考核和监督。

第二十五条　金融资产管理公司应当根据不良贷款的特点，制定经营方针和有关措施，完善内部治理结构，建立内部约束机制和激励机制。

第二十六条　金融资产管理公司管理、处置因收购国有银行不良贷款形成的资产，应当按照公开、竞争、择优的原则运作。

金融资产管理公司转让资产，主要采取招标、拍卖等方式。

金融资产管理公司的债权因债务人破产等原因得不到清偿的，按照国务院的规定处理。

金融资产管理公司资产处置管理办法由财政部制定。

第二十七条　金融资产管理公司根据业务需要，可以聘请具有会计、资产评估和法律服务等资格的中介机构协助开展业务。

第二十八条　金融资产管理公司免交在收购国有银行不良贷款和承接、处置因收购国有银行不良贷款形成的资产的业务活动中的税收。具体办法由财政部会同国家税务总局制定。

金融资产管理公司免交工商登记注册费等行政性收费。

第二十九条　金融资产管理公司应当按照中国人民银行、财政部和中国证券监督管理委员会等有关部门的要求，报送财务、统计报表和其他有关材料。

第三十条　金融资产管理公司应当依法接受审计机关的审计监督。

金融资产管理公司应当聘请财政部认可的注册会计师对其财务状况进行年度审计，并将审计报告及时报送各有关监督管理部门。

第六章　公司的终止和清算

第三十一条　金融资产管理公司终止时，由财政部组织清算组，进行清算。

第三十二条　金融资产管理公司处置不良贷款形成的最终损失，由财政部提出解决方案，报国务院批准执行。

第七章 附 则

第三十三条 金融资产管理公司违反金融法律、行政法规的，由中国人民银行依照有关法律和《金融违法行为处罚办法》给予处罚；违反其他有关法律、行政法规的，由有关部门依法给予处罚；构成犯罪的，依法追究刑事责任。

第三十四条 本条例自公布之日起施行。

金融租赁公司管理办法

（2024年9月14日国家金融监督管理总局令2024年第6号公布，自2024年11月1日起施行）

第一章 总 则

第一条 为规范金融租赁公司经营行为，防范金融风险，促进金融租赁公司稳健经营和高质量发展，根据《中华人民共和国民法典》《中华人民共和国公司法》《中华人民共和国银行业监督管理法》等法律法规，制定本办法。

第二条 本办法所称金融租赁公司，是指经国家金融监督管理总局批准设立的，以经营融资租赁业务为主的非银行金融机构。

金融租赁公司名称中应当标明“金融租赁”字样。未经国家金融监督管理总局批准，任何组织和个人不得设立金融租赁公司，任何组织不得在其名称中使用“金融租赁”字样。

第三条 本办法所称专业子公司，是指经国家金融监督管理总局批准，金融租赁公司设立的从事特定领域融资租赁业务或以特定业务模式开展融资租赁业务的专业化租赁子公司。

本办法所称项目公司，是指金融租赁公司、专业子公司为从事某类具体融资租赁业务等特定目的而专门设立的项目子公司。

第四条 本办法所称融资租赁，是指金融租赁公司作为出租人，根据承租人对出卖人、租赁物的选择，向出卖人购买租赁物，提供给承租人使用，承租人支付租金的交易活动，同时具有资金融通性质和租赁物所有权由出卖人转移至出租人的特点。

本办法所称售后回租业务，是指承租人和出卖人为同一人的融资租赁业务，即承租人将自有资产出卖给出租人，同时与出租人签订融资租赁合同，再将该资产从出租人处租回的融资租赁业务。

第五条 金融租赁公司开展融资租赁业务的租赁物类型，包括设备资产、生产性生物资产以及国家金融监督管理总局认可的其他资产。

第六条 国家金融监督管理总局及其派出机构依法对金融租赁公司、金融租赁公司专业子公司以及所设立的项目公司实施监督管理。

第二章 机构设立及变更

第一节 金融租赁公司设立及变更

第七条 申请设立金融租赁公司，应当具备以下条件：

（一）有符合《中华人民共和国公司法》和国家金融监督管理总局规定的公司章程；

（二）有符合规定条件的主要出资人；

（三）注册资本为一次性实缴货币资

本，最低限额为10亿元人民币或等值的可自由兑换货币，国家金融监督管理总局根据金融租赁公司的发展情况和审慎监管的需要，可以提高金融租赁公司注册资本金的最低限额；

（四）有符合任职资格条件的董事、高级管理人员，从业人员中具有金融或融资租赁工作经历3年以上的人员应当不低于总人数的50%，并且在风险管理、资金管理、合规及内控管理等关键岗位上至少各有1名具有3年以上相关金融从业经验的人员；

（五）建立有效的公司治理、内部控制和风险管理体系；

（六）建立与业务经营和监管要求相适应的信息科技架构，具有支撑业务经营的必要、安全且合规的信息系统，具备保障业务持续运营的技术与措施；

（七）有与业务经营相适应的营业场所、安全防范措施和其他设施；

（八）国家金融监督管理总局规章规定的其他审慎性条件。

第八条　金融租赁公司的主要出资人，包括在中国境内外注册的具有独立法人资格的商业银行，在中国境内外注册的主营业务为制造适合融资租赁交易产品的大型企业，在中国境外注册的具有独立法人资格的融资租赁公司，依法设立或授权的国有（金融）资本投资、运营公司以及国家金融监督管理总局认可的其他出资人。

金融租赁公司应当有一名符合第十条至第十三条规定的主要出资人，且其出资比例不低于拟设金融租赁公司全部股本的51%。

根据国务院授权持有金融股权的投资主体、银行业金融机构，法律法规另有规定的主体，以及投资人经国家金融监督管理总局批准并购重组高风险金融租赁公司，不受本条前款规定限制。

第九条　金融租赁公司主要出资人，应当具备以下条件：

（一）具有良好的公司治理结构、健全的风险管理制度和内部控制机制；

（二）为拟设立金融租赁公司确定了明确的发展战略和清晰的盈利模式；

（三）最近2年内未发生重大案件或重大违法违规行为；

（四）有良好的社会声誉、诚信记录和纳税记录；

（五）入股资金为自有资金，不得以委托资金、债务资金等非自有资金入股；

（六）注册地位于境外的，应遵守注册地法律法规；

（七）国家金融监督管理总局规章规定的其他审慎性条件。

第十条　在中国境内外注册的具有独立法人资格的商业银行作为金融租赁公司主要出资人，除适用本办法第九条规定的条件外，还应当具备以下条件：

（一）监管评级良好；

（二）最近1个会计年度末总资产不低于5000亿元人民币或等值的可自由兑换货币；

（三）财务状况良好，最近2个会计年度连续盈利；

（四）权益性投资余额原则上不得超过本行净资产的50%（含本次投资金额）；

（五）具有有效的反洗钱和反恐怖融资措施；

（六）境外商业银行所在国家或地区的监管当局已经与国家金融监督管理总局建立良好的监督管理合作机制；

（七）满足所在国家或地区监管当局的审慎监管要求；

（八）国家金融监督管理总局规章规定的其他审慎性条件。

第十一条　在中国境内外注册的主营业务为制造适合融资租赁交易产品的大型企业作为金融租赁公司主要出资人，除适用本办法第九条规定的条件外，还应当具备以下条件：

（一）最近1个会计年度的营业收入不

低于 500 亿元人民币或等值的可自由兑换货币；

（二）最近 1 个会计年度末净资产不低于总资产的 40%；

（三）最近 1 个会计年度主营业务销售收入占全部营业收入的 80% 以上；

（四）财务状况良好，最近 3 个会计年度连续盈利；

（五）权益性投资余额原则上不得超过本公司净资产的 40%（含本次投资金额）；

（六）国家金融监督管理总局规章规定的其他审慎性条件。

企业根据经营管理需要，通过集团内投资、运营公司持有金融租赁公司股权的，可以按照集团合并报表数据认定本条规定条件。

第十二条 在中国境外注册的具有独立法人资格的融资租赁公司作为金融租赁公司主要出资人，除适用本办法第九条规定的条件外，还应当具备以下条件：

（一）在业务资源、人才储备、管理经验等方面具备明显优势，在融资租赁业务开展等方面具有成熟经验；

（二）最近 1 个会计年度末总资产不低于 200 亿元人民币或等值的可自由兑换货币；

（三）财务状况良好，最近 3 个会计年度连续盈利；

（四）权益性投资余额原则上不得超过本公司净资产的 40%（含本次投资金额）；

（五）接受金融监管的融资租赁公司需满足所在国家或地区监管当局的审慎监管要求；

（六）国家金融监督管理总局规章规定的其他审慎性条件。

第十三条 依法设立或授权的国有（金融）资本投资、运营公司作为金融租赁公司主要出资人，除适用本办法第九条规定的条件外，还应当具备以下条件：

（一）国有资本投资、运营公司最近 1 个会计年度末总资产不低于 3000 亿元人民币或等值的可自由兑换货币且注册资本不低于 30 亿元，国有金融资本投资、运营公司最近 1 个会计年度末总资产不低于 5000 亿元人民币或等值的可自由兑换货币且注册资本不低于 50 亿元；

（二）财务状况良好，最近 3 个会计年度连续盈利；

（三）国家金融监督管理总局规章规定的其他审慎性条件。

第十四条 其他金融机构作为金融租赁公司一般出资人，适用本办法第九条第一项、第三项、第四项、第五项、第六项、第七项及第十条第一项、第三项、第四项、第五项、第六项和第七项规定的条件。

其他非金融企业作为金融租赁公司一般出资人，除适用本办法第九条第一项、第三项、第四项、第五项、第六项、第七项外，还应当符合最近 2 个会计年度连续盈利、最近 1 个会计年度末净资产不低于总资产的 30%、权益性投资余额原则上不得超过本公司净资产的 50%（含本次投资金额）的条件。

第十五条 有以下情形之一的企业，不得作为金融租赁公司的出资人：

（一）公司治理结构与机制存在明显缺陷；

（二）关联企业众多、股权关系复杂且不透明、关联交易频繁且异常；

（三）核心主业不突出且其经营范围涉及行业过多；

（四）现金流量波动受经济景气影响较大；

（五）资产负债率、财务杠杆率高于行业平均水平；

（六）被相关部门纳入严重失信主体名单；

（七）存在恶意逃废金融债务行为；

（八）提供虚假材料或者作不实声明；

（九）因违法违规行为被金融监管部门

或政府有关部门查处，造成恶劣影响；

（十）其他可能会对金融租赁公司产生重大不利影响的情况。

第十六条　金融租赁公司的公司性质、组织形式及组织机构应当符合《中华人民共和国公司法》及其他有关法律法规的规定，并应当在公司章程中载明。

第十七条　金融租赁公司董事和高级管理人员实行任职资格核准制度。

第十八条　金融租赁公司有下列变更事项之一的，应当向国家金融监督管理总局或其派出机构申请批准：

（一）变更名称；

（二）调整业务范围；

（三）变更注册资本；

（四）变更股权或调整股权结构；

（五）修改公司章程；

（六）变更住所；

（七）变更董事、高级管理人员；

（八）分立或合并；

（九）国家金融监督管理总局规定的其他变更事项。

第二节　专业子公司设立及变更

第十九条　经国家金融监督管理总局批准，金融租赁公司可以在中国境内保税地区、自由贸易试验区、自由贸易港等境内区域以及境外区域设立专业子公司。涉及境外投资事项的，应当符合我国境外投资管理相关规定。

第二十条　专业子公司的业务领域包括飞机（含发动机）、船舶（含集装箱）以及经国家金融监督管理总局认可的其他融资租赁业务领域。经国家金融监督管理总局批准，金融租赁公司可以设立专门从事厂商租赁业务模式的专业子公司。

专业子公司开展融资租赁业务所涉及业务领域或厂商租赁等业务模式，应当与其公司名称中所体现的特定业务领域或特定业务模式相匹配。

第二十一条　金融租赁公司申请设立境内专业子公司，除适用本办法第九条及第十条第一项、第三项、第四项、第五项规定的条件外，还应当具备以下条件：

（一）具有良好的并表管理能力；

（二）在业务存量、人才储备等方面具备一定优势，在专业化管理、项目公司业务开展等方面具有成熟的经验，能够有效支持专业子公司稳健可持续发展；

（三）各项监管指标符合本办法规定；

（四）国家金融监督管理总局规章规定的其他审慎性条件。

第二十二条　金融租赁公司申请设立境外专业子公司，除适用本办法第二十一条规定的条件外，还应当具备以下条件：

（一）确有业务发展需要，具备清晰的海外发展战略；

（二）内部管理水平和风险管控能力与境外业务发展相适应；

（三）具备与境外经营环境相适应的专业人才队伍；

（四）所提申请符合有关国家或地区的法律法规。

第二十三条　金融租赁公司设立的专业子公司，应当具备以下条件：

（一）有符合规定条件的出资人；

（二）注册资本最低限额为 3 亿元人民币或等值的可自由兑换货币；

（三）有符合任职资格条件的董事、高级管理人员和熟悉融资租赁业务的从业人员；

（四）有健全的公司治理、内部控制和风险管理体系，以及与业务经营相适应的管理信息系统；

（五）有与业务经营相适应的营业场所、安全防范措施和其他设施；

（六）境内专业子公司需有符合《中华人民共和国公司法》和国家金融监督管理总局规定的公司章程；

（七）国家金融监督管理总局规章规定

的其他审慎性条件。

第二十四条　金融租赁公司设立专业子公司原则上应当100%控股，有特殊情况需要引进其他投资者的，金融租赁公司的持股比例不得低于51%。

引进的投资者原则上应当符合本办法第十条至第十三条规定的主要出资人条件，熟悉专业子公司经营的特定领域，且在业务开拓、租赁物管理等方面具有比较优势，有助于提升专业子公司的专业化发展能力和风险管理水平。

第二十五条　金融租赁公司专业子公司有下列变更事项之一的，应当按规定向国家金融监督管理总局或其派出机构申请批准或报告：

（一）变更名称；

（二）变更注册资本；

（三）变更股权或调整股权结构；

（四）修改公司章程；

（五）变更董事、高级管理人员；

（六）国家金融监督管理总局规定的其他事项。

第二十六条　专业子公司董事和高级管理人员实行任职资格核准制度。

第二十七条　金融租赁公司可以在其业务范围内，根据审慎原则对所设立专业子公司的业务范围进行授权，并在授权后十个工作日内向金融租赁公司所在地的国家金融监督管理总局省级派出机构报告，抄报境内专业子公司所在地的国家金融监督管理总局省级派出机构。

金融租赁公司不得将同业拆借和固定收益类投资业务向专业子公司授权。

第三章　业务范围

第二十八条　金融租赁公司可以经营下列本外币业务：

（一）融资租赁业务；

（二）转让和受让融资租赁资产；

（三）向非银行股东借入3个月（含）以上借款；

（四）同业拆借；

（五）向金融机构融入资金；

（六）发行非资本类债券；

（七）接受租赁保证金；

（八）租赁物变卖及处理业务。

第二十九条　符合条件的金融租赁公司可以向国家金融监督管理总局及其派出机构申请经营下列本外币业务：

（一）在境内设立项目公司开展融资租赁业务；

（二）在境外设立项目公司开展融资租赁业务；

（三）向专业子公司、项目公司发放股东借款，为专业子公司、项目公司提供融资担保、履约担保；

（四）固定收益类投资业务；

（五）资产证券化业务；

（六）从事套期保值类衍生产品交易；

（七）提供融资租赁相关咨询服务；

（八）经国家金融监督管理总局批准的其他业务。

金融租赁公司开办前款所列业务的具体条件和程序，按照国家金融监督管理总局有关规定执行。

第三十条　金融租赁公司业务经营中涉及外汇管理事项的，应当遵守国家外汇管理有关规定。

第四章　公司治理

第三十一条　国有金融租赁公司应当按照有关规定，将党建工作要求写入公司章程，落实党组织在公司治理结构中的法定地位。坚持和完善“双向进入、交叉任职”的领导体制，将党的领导融入公司治理各个环节。

民营金融租赁公司应当按照党组织设置有关规定，建立党的组织机构，加强政治引领，建设先进企业文化，促进金融租赁公司持续健康发展。

第三十二条　金融租赁公司股东除按照相关法律法规及监管规定履行股东义务外，还应当承担以下股东义务：

（一）使用来源合法的自有资金入股，不得以委托资金、债务资金等非自有资金入股，法律法规或者国务院另有规定的除外；

（二）持股比例和持股机构数量符合监管规定，不得委托他人或者接受他人委托持有金融租赁公司股份；

（三）如实向金融租赁公司告知财务信息、股权结构、入股资金来源、控股股东、实际控制人、关联方、一致行动人、最终受益人、投资其他金融机构以及其他重大变化情况等信息；

（四）股东的控股股东、实际控制人、关联方、一致行动人、最终受益人发生变化的，相关股东应当按照法律法规及监管规定，及时将变更情况书面告知金融租赁公司；

（五）股东发生合并、分立，被采取责令停业整顿、指定托管、接管、撤销等措施，或者进入解散、清算、破产程序，或者其法定代表人、公司名称、经营场所、经营范围及其他重大事项发生变化的，应当按照法律法规及监管规定，及时将相关情况书面告知金融租赁公司；

（六）股东所持金融租赁公司股份涉及诉讼、仲裁、被司法机关等采取法律强制措施、被质押或者解质押的，应当按照法律法规及监管规定，及时将相关情况书面告知金融租赁公司；

（七）股东与金融租赁公司开展关联交易的，应当遵守法律法规及监管规定，不得损害其他股东和金融租赁公司利益；

（八）股东及其控股股东、实际控制人不得滥用股东权利或者利用关联关系，损害金融租赁公司、其他股东及利益相关者的合法权益，不得干预董事会、高级管理层根据公司章程享有的决策权和管理权，不得越过董事会、高级管理层直接干预金融租赁公司经营管理；

（九）金融租赁公司发生重大案件、风险事件或者重大违规行为的，股东应当配合监管机构开展调查和风险处置；

（十）主要股东自取得股权之日起5年内不得转让所持有的股权，经国家金融监督管理总局批准采取风险处置措施、责令转让、涉及司法强制执行或者在同一出资人控制的不同主体间转让股权等情形除外；

（十一）主要股东承诺不将所持有的金融租赁公司股权质押或设立信托；

（十二）主要股东应当在必要时向金融租赁公司补充资本，在公司出现支付困难时给予流动性支持；

（十三）法律法规、监管规定及公司章程规定股东应当承担的其他义务。

金融租赁公司应当在公司章程中列明上述股东义务，并明确发生重大风险时相应的损失吸收与风险抵御机制。

金融租赁公司大股东应当通过公司治理程序正当行使股东权利，支持中小股东获得有效参加股东会和投票的机会，不得阻挠或指使金融租赁公司阻挠中小股东参加股东会，或对中小股东参加股东会设置其他障碍。

第三十三条　金融租赁公司应当按照法律法规及监管规定，建立包括股东会、董事会、高级管理层等治理主体在内的公司治理架构，明确各治理主体的职责边界、履职要求，不断提升公司治理水平。

第三十四条　金融租赁公司应当按照全面、审慎、有效、独立原则，建立健全内部控制制度，持续开展内部控制监督、评价与整改，防范、控制和化解风险，并加强专业子公司并表管理，保障公司安全稳健运行。

第三十五条　金融租赁公司应当建立指标科学完备、流程清晰规范的绩效考评机制。金融租赁公司应当建立稳健的薪酬管理制度，设置合理的绩效薪酬延期支付和追索扣回机制。

第三十六条 金融租赁公司应当按照国家有关规定建立健全公司财务和会计制度，遵循审慎的会计原则，真实记录并全面反映其业务活动和财务状况。

金融租赁公司开展的融资租赁业务，应当根据《企业会计准则第21号——租赁》相关规定，按照融资租赁或经营租赁分别进行会计核算。

第三十七条 金融租赁公司应当建立健全覆盖所有业务和全部流程的信息系统，加强对业务和管理活动的系统控制功能建设，及时、准确记录经营管理信息，确保信息的真实、完整、连续、准确和可追溯。

第三十八条 金融租赁公司应当建立年度信息披露管理制度，编写年度信息披露报告，每年4月30日前通过官方网站向社会公众披露机构基本信息、财务会计报告、风险管理信息、公司治理信息、客户咨询投诉渠道信息、重大事项信息等相关信息。

第三十九条 金融租赁公司应当建立健全内部审计制度，审查评价并改善经营活动、风险状况、内部控制和公司治理效果，促进合法经营和稳健发展。

第五章 资本与风险管理

第四十条 金融租赁公司应当按照国家金融监督管理总局的相关规定构建资本管理体系，合理评估资本充足状况，建立审慎、规范的资本补充、约束机制。

第四十一条 金融租赁公司应当根据组织架构、业务规模和复杂程度建立全面的风险管理体系，对信用风险、市场风险、流动性风险、操作风险、国别风险、声誉风险、战略风险、信息科技风险等各类风险进行持续有效的识别、计量、监测和控制，同时应当及时识别和管理与融资租赁业务相关的特定风险。

第四十二条 金融租赁公司应当对租赁应收款建立以预期信用损失为基础的资产质量分类制度，及时、准确进行资产质量分类。

第四十三条 金融租赁公司应当建立准备金制度，及时足额计提资产减值损失准备，增强风险抵御能力。未提足准备或资本充足率不达标的，不得进行现金分红。

第四十四条 金融租赁公司应当建立健全集中度风险管理体系，有效防范和分散经营风险。

第四十五条 金融租赁公司应当建立与自身业务规模、性质相适应的流动性风险管理体系，定期开展流动性压力测试，制定并完善流动性风险应急计划，及时消除流动性风险隐患。

第四十六条 金融租赁公司应当根据业务流程、人员岗位、信息系统建设和外包管理等情况建立科学的操作风险管理体系，制定规范员工行为和道德操守的相关制度，加强员工行为管理和案件风险防控，确保有效识别、评估、监测和控制操作风险。

第四十七条 金融租赁公司应当加强关联交易管理，制定完善关联交易管理制度，明确审批程序和标准、内外部审计监督、信息披露等内容。

关联交易应当按照商业原则，以不优于非关联方同类交易的条件进行，确保交易的透明性和公允性，严禁通过掩盖关联关系、拆分交易、嵌套交易拉长融资链条等方式规避关联交易监管制度规定。

第四十八条 金融租赁公司的重大关联交易应当经董事会批准。

重大关联交易是指金融租赁公司与单个关联方之间单笔交易金额达到金融租赁公司上季末资本净额5%以上，或累计达到金融租赁公司上季末资本净额10%以上的交易。

金融租赁公司与单个关联方的交易金额累计达到前款标准后，其后发生的关联交易，每累计达到上季末资本净额5%以上，应当重新认定为重大关联交易。

第四十九条 金融租赁公司与其设立的控股专业子公司、项目公司之间的交易，金融租赁公司专业子公司与其设立的项目公司之间的交易，不适用关联交易相关监管要求。

金融租赁公司从股东及其关联方获取的各类融资，以及出卖人为股东或其关联方的非售后回租业务，可以按照金融监管部门关于统一交易协议相关规定进行管理。

第六章　业务经营规则

第五十条　金融租赁公司可以在全国范围内开展业务。

涉及境外承租人的，符合条件的金融租赁公司可以在境内、境外设立项目公司开展相关融资租赁业务。其中，租赁物为飞机（含发动机）或船舶（含集装箱）且项目公司需设在境外的，原则上应当由专业子公司开展相关业务。

第五十一条　专业子公司可以在境内、境外设立项目公司开展融资租赁及相关业务。

涉及境外投资事项的，应当符合我国境外投资管理相关规定。

第五十二条　金融租赁公司应当选择适格的租赁物，确保租赁物权属清晰、特定化、可处置、具有经济价值并能够产生使用收益。

金融租赁公司不得以低值易耗品作为租赁物，不得以小微型载客汽车之外的消费品作为租赁物，不得接受已设置抵押、权属存在争议或已被司法机关查封、扣押的财产或所有权存在瑕疵的财产作为租赁物。

第五十三条　金融租赁公司应当合法取得租赁物的所有权。

租赁物属于未经登记不得对抗善意第三人的财产类别，金融租赁公司应当依法办理相关登记。

除前款规定情形外，金融租赁公司应当在国务院指定的动产和权利担保统一登记机构办理融资租赁登记，采取有效措施保障对租赁物的合法权益。

第五十四条　金融租赁公司应当在签订融资租赁合同或明确融资租赁业务意向的前提下，按照承租人要求购置租赁物。特殊情况下需提前购置租赁物的，应当与自身现有业务领域或业务规划保持一致，且具有相应的专业技能和风险管理能力。

第五十五条　金融租赁公司以设备资产作为租赁物的，同一租赁合同项下与设备安装、使用和处置不可分割的必要的配件、附属设施可纳入设备类资产管理，其中配件、附属设施价值合计不得超过设备资产价值。

第五十六条　售后回租业务的租赁物必须由承租人真实拥有并有权处分。

第五十七条　金融租赁公司应当按照评购分离、评处分离、集体审查的原则，优化内部部门设置和岗位职责分工，负责评估和定价的部门及人员原则上应当与负责购买和处置租赁物的部门及人员分离。

金融租赁公司应当建立健全租赁物价值评估体系，制定租赁物评估管理办法，明确评估程序、评估影响因素和评估方法，合理确定租赁物资产价值，不得低值高买。

第五十八条　金融租赁公司的评估工作人员应当具备评估专业资质。需要委托第三方机构评估的，应当对相关评估方法的合理性及可信度进行分析论证，不得简单以外部评估结果代替自身调查、取证和分析工作。

第五十九条　金融租赁公司应当持续提升租赁物管理能力，强化租赁物风险缓释作用，充分利用信息科技手段，密切监测租赁物运行状态、租赁物价值波动及其对融资租赁债权的风险覆盖水平，制定有效的风险管理措施，降低租赁物持有期风险。

第六十条　金融租赁公司应当加强租赁物未担保余值的评估管理，定期评估未担保余值，并开展减值测试。当租赁物未担保余值出现减值迹象时，应当按照会计准则要求计提减值准备。

第六十一条　金融租赁公司应当加强未担保余值风险的限额管理，根据业务规模、业务性质、复杂程度和市场状况，对未担保余值比例较高的融资租赁资产设定风险限额。

第六十二条 金融租赁公司应当加强对租赁期限届满返还或因承租人违约而取回的租赁物的风险管理，建立完善的租赁物变卖及处理的制度和程序。

第六十三条 金融租赁公司应当建立健全覆盖各类员工的管理制度，加大对员工异常行为的监督力度，强化业务全流程管理。加强对注册地所在省（自治区、直辖市、计划单列市）以外的部门或团队的权限、业务及其风险管理，提高内部审计和异常行为排查的频率。

第六十四条 金融租赁公司与具备从事融资租赁业务资质的机构开展联合租赁业务，应当按照“信息共享、独立审批、自主决策、风险自担”的原则，自主确定融资租赁行为，按实际出资比例或按约定享有租赁物份额以及其他相应权利、履行相应义务。相关业务参照国家金融监督管理总局关于银团贷款业务监管规则执行。

第六十五条 符合条件的金融租赁公司可以申请发行资本工具，并应当符合监管要求的相关合格标准。

第六十六条 金融租赁公司基于流动性管理和资产配置需要，可以与具备从事融资租赁业务资质的机构开展融资租赁资产转让和受让业务，并依法通知承租人。如转让方或受让方为境外机构，应当符合相关法律法规规定。

金融租赁公司开展融资租赁资产转让和受让业务时，应当确保租赁债权及租赁物所有权真实、完整、洁净转移，不得签订任何显性或隐性的回购条款、差额补足条款或抽屉协议。

金融租赁公司作为受让方，应当按照自身业务准入标准开展尽职调查和审查审批工作。

第六十七条 金融租赁公司基于流动性管理需要，可以通过有追索权保理方式将租赁应收款转让给商业银行。金融租赁公司应当按照原租赁应收款全额计提资本，进行风险分类并计提拨备，不得终止确认。

第六十八条 金融租赁公司基于流动性管理需要，可以开展固定收益类投资业务。

投资范围包括：国债、中央银行票据、金融债券、同业存单、货币市场基金、公募债券型投资基金、固定收益类理财产品、AAA级信用债券以及国家金融监督管理总局认可的其他资产。

第六十九条 金融租赁公司提供融资租赁相关咨询服务，应当遵守国家价格主管部门和国家金融监督管理总局关于金融服务收费的相关规定。坚持质价相符等原则，不得要求承租人接受不合理的咨询服务，未提供实质性服务不得向承租人收费，不得以租收费。

第七十条 金融租赁公司应当对合作机构实行名单制管理，建立合作机构准入、退出标准，定期开展后评价，动态调整合作机构名单。

金融租赁公司应当按照适度分散原则审慎选择合作机构，防范对单一合作机构过于依赖而产生的风险。金融租赁公司应当要求合作机构不得以金融租赁公司名义向承租人推介或者销售产品和服务，确保合作机构与合作事项符合法律法规和监管要求。

第七十一条 金融租赁公司出于风险防范需要，可以依法收取承租人或融资租赁业务相关方的保证金，合理确定保证金比例，规范保证金的收取方式，放款时不得在融资总额中直接或变相扣除保证金。

第七十二条 金融租赁公司应当充分尊重承租人的公平交易权，对与融资租赁业务有关的担保、保险等事项进行明确约定，并如实向承租人披露所提供的各类金融服务内容和实质。

金融租赁公司不得接受无担保资质、不符合信用保险和保证保险经营资质的合作机构提供的直接或变相增信服务，不得因引入担保增信放松资产质量管控。

第七十三条　金融租赁公司以自然人作为承租人的，应当充分履行告知义务，保障承租人知情权等各项基本权利，遵循真实性、准确性、完整性和及时性原则，向承租人充分披露年化综合成本等可能影响其重大决策的关键信息，严禁强制捆绑销售、不当催收、滥用承租人信息等行为。

金融租赁公司应当使用通俗易懂的语言和有利于承租人接收、理解的方式进行产品和服务信息披露，经承租人确认后，对销售过程进行录音录像等可回溯管理，完整客观记录关键信息提示、承租人确认和反馈等环节。

第七章　监督管理

第七十四条　金融租赁公司应当依法向国家金融监督管理总局及其派出机构报送财务会计报告、统计报表以及其他与经营管理有关的文件、资料，确保相关材料真实、准确、完整。

第七十五条　金融租赁公司应当遵守以下监管指标的规定：

（一）资本充足率。各级资本净额与风险加权资产的比例不得低于国家金融监督管理总局对各级资本充足率的监管要求。

（二）杠杆率。一级资本净额与调整后的表内外资产余额的比例不得低于6%。

（三）财务杠杆倍数。总资产不得超过净资产的10倍。

（四）同业拆借比例。同业拆入和同业拆出资金余额均不得超过资本净额的100%。

（五）拨备覆盖率。租赁应收款损失准备与不良租赁应收款余额之比不得低于100%。

（六）租赁应收款拨备率。租赁应收款损失准备与租赁应收款余额之比不得低于2.5%。

（七）单一客户融资集中度。对单一承租人的融资余额不得超过上季末资本净额的30%。

（八）单一集团客户融资集中度。对单一集团的融资余额不得超过上季末资本净额的50%。

（九）单一客户关联度。对一个关联方的融资余额不得超过上季末资本净额的30%。

（十）全部关联度。对全部关联方的融资余额不得超过上季末资本净额的50%。

（十一）单一股东关联度。对单一股东及其全部关联方的融资余额不得超过该股东在金融租赁公司的出资额，且同时满足单一客户关联度的规定。

（十二）流动性风险监管指标。流动性比例、流动性覆盖率等指标应当符合国家金融监督管理总局的相关监管要求。

（十三）固定收益类投资比例。固定收益类投资余额原则上不得超过上季末资本净额的20%，金融租赁公司投资本公司发行的资产支持证券的风险自留部分除外。

经国家金融监督管理总局认可，特定行业和企业的单一客户融资集中度、单一集团客户融资集中度、单一客户关联度、全部关联度和单一股东关联度要求可以适当调整。

第七十六条　金融租赁公司应当根据国家金融监督管理总局发布的鼓励清单和负面清单及时调整业务发展规划，不得开展负面清单所列相关业务。

第七十七条　金融租赁公司应当建立定期外部审计制度，并在每个会计年度结束后的4个月内，将经法定代表人签名确认的年度审计报告报送国家金融监督管理总局派出机构。

第七十八条　金融租赁公司应当按照国家金融监督管理总局的规定制定恢复和处置计划，并组织实施。

第七十九条　国家金融监督管理总局及其派出机构根据审慎监管的要求，有权依照有关程序和规定对金融租赁公司进行现场检查，有权依法对与涉嫌违法事项有关的单位和个人进行调查。

第八十条 国家金融监督管理总局及其派出机构根据监管需要对金融租赁公司开展监管评级，评级结果作为衡量金融租赁公司经营状况、风险程度和风险管理能力，制定监管规划、配置监管资源、采取监管措施、市场准入以及调整监管指标标准的重要依据。

第八十一条 国家金融监督管理总局及其派出机构有权根据金融租赁公司与股东关联交易的风险状况，要求金融租赁公司降低对股东及其控股股东、实际控制人、关联方、一致行动人、最终受益人融资余额占其资本净额的比例，限制或禁止金融租赁公司与股东及其控股股东、实际控制人、关联方、一致行动人、最终受益人开展交易。

第八十二条 金融租赁公司及其股东违反本办法有关规定的，国家金融监督管理总局及其派出机构有权依法责令限期改正；逾期未改正的，或者其行为严重危及该金融租赁公司的稳健运行、损害客户合法权益的，可以区别情形，依照法律法规，采取暂停业务、限制分配红利和其他收入、限制股东权利、责令控股股东转让股权等监管措施。

第八十三条 凡违反本办法有关规定的，国家金融监督管理总局及其派出机构有权依照《中华人民共和国银行业监督管理法》等有关法律法规进行处罚。

第八章 风险处置与市场退出

第八十四条 金融租赁公司已经或者可能发生信用危机，严重影响债权人和其他客户合法权益的，国家金融监督管理总局有权依法对金融租赁公司实行接管或者促成机构重组，接管和机构重组依照有关法律和国务院的规定执行。

第八十五条 金融租赁公司存在《中华人民共和国银行业监督管理法》规定的应当吊销经营许可证情形的，由国家金融监督管理总局或其派出机构依法吊销其经营许可证。

第八十六条 金融租赁公司有违法经营、经营管理不善等情形，不予撤销将严重危害金融秩序、损害公众利益的，国家金融监督管理总局有权予以撤销。

第八十七条 金融租赁公司出现下列情况时，经国家金融监督管理总局批准后，予以解散：

（一）公司章程规定的营业期限届满或者公司章程规定的其他解散事由出现；

（二）股东会决议解散；

（三）因公司合并或者分立需要解散；

（四）依法被吊销营业执照或者被撤销；

（五）其他法定事由。

第八十八条 金融租赁公司解散的，应当依法成立清算组，按照法定程序进行清算，并对未到期债务及相关责任承接等作出明确安排。国家金融监督管理总局监督清算过程。清算结束后，清算组应当按规定向国家金融监督管理总局及其派出机构提交清算报告等相关材料。

清算组在清算中发现金融租赁公司的资产不足以清偿其债务时，应当立即停止清算，并向国家金融监督管理总局报告，经国家金融监督管理总局同意，依法向人民法院申请该金融租赁公司破产清算。

第八十九条 金融租赁公司符合《中华人民共和国企业破产法》规定的破产情形的，经国家金融监督管理总局同意，金融租赁公司或其债权人可以依法向人民法院提出重整、和解或者破产清算申请。

国家金融监督管理总局派出机构应当根据进入破产程序金融租赁公司的业务活动和风险状况，依法对其采取暂停相关业务等监管措施。

第九十条 金融租赁公司被接管、重组、被撤销的，国家金融监督管理总局有权要求该金融租赁公司的董事、高级管理人员和其他工作人员继续履行相关职责。

第九十一条　金融租赁公司因解散、被撤销和被宣告破产而终止的，按规定完成清算工作后，依法向市场监督管理部门办理注销登记。

第九章　附　　则

第九十二条　本办法所称主要股东，是指持有或控制金融租赁公司5%以上股份或表决权，或持有资本总额或股份总额不足5%但对金融租赁公司经营管理有重大影响的股东。

前款中的“重大影响”，包括但不限于向金融租赁公司提名或派出董事、高级管理人员，通过协议或其他方式影响金融租赁公司的财务和经营管理决策，以及国家金融监督管理总局或其派出机构认定的其他情形。

本办法所称大股东，是指符合国家金融监督管理总局相关规定认定标准的股东。

本办法所称厂商租赁业务模式，是指金融租赁公司与制造适合融资租赁交易产品的厂商、经销商及设备流转过程中的专业服务商合作，以其生产或销售的相应产品，与承租人开展融资租赁交易的经营模式。

本办法所称合作机构，是指与金融租赁公司在营销获客、资产评估、信息科技、逾期清收等方面开展合作的各类机构。

本办法所称资本净额，是指金融租赁公司按照国家金融监督管理总局资本管理有关规定，计算出的各级资本与对应资本扣减项的差值。

第九十三条　本办法所列的各项财务指标、持股比例等要求，除特别说明外，均为合并会计报表口径，“以上”均含本数，“不足”不含本数。

金融租赁公司法人口径、并表口径均需符合本办法第七十五条所列各项监管指标。

金融租赁公司、专业子公司应当将所设立的项目公司纳入法人口径统计。

第九十四条　专业子公司参照适用本办法第四章至第八章相关监管规定，涉及集中度监管指标以及国家金融监督管理总局另有规定的除外。

第九十五条　金融租赁公司在香港特别行政区、澳门特别行政区和台湾地区设立的专业子公司、项目公司，比照境外专业子公司、项目公司进行管理。我国法律、行政法规另有规定的，依照其规定执行。

境外专业子公司、境外项目公司应当在遵守注册地所在国家或地区法律法规的前提下，执行本办法的有关规定。

第九十六条　金融租赁公司及其专业子公司的设立、变更、终止、调整业务范围、董事及高级管理人员任职资格核准的行政许可程序，按照国家金融监督管理总局相关规定执行。

第九十七条　本办法颁布前设立的金融租赁公司、专业子公司凡不符合本办法规定的，原则上应当在规定期限内进行规范整改。具体要求由国家金融监督管理总局另行规定。

第九十八条　本办法由国家金融监督管理总局负责解释。

第九十九条　本办法自2024年11月1日起施行。《金融租赁公司管理办法》（中国银监会令2014年第3号）同时废止。

融资担保公司监督管理条例

（2017年6月21日国务院第177次常务会议通过，2017年8月2日公布，自2017年10月1日起施行）

第一章 总 则

第一条 为了支持普惠金融发展，促进资金融通，规范融资担保公司的行为，防范风险，制定本条例。

第二条 本条例所称融资担保，是指担保人为被担保人借款、发行债券等债务融资提供担保的行为；所称融资担保公司，是指依法设立、经营融资担保业务的有限责任公司或者股份有限公司。

第三条 融资担保公司开展业务，应当遵守法律法规，审慎经营，诚实守信，不得损害国家利益、社会公共利益和他人合法权益。

第四条 省、自治区、直辖市人民政府确定的部门（以下称监督管理部门）负责对本地区融资担保公司的监督管理。

省、自治区、直辖市人民政府负责制定促进本地区融资担保行业发展的政策措施、处置融资担保公司风险，督促监督管理部门严格履行职责。

国务院建立融资性担保业务监管部际联席会议，负责拟订融资担保公司监督管理制度，协调解决融资担保公司监督管理中的重大问题，督促指导地方人民政府对融资担保公司进行监督管理和风险处置。融资性担保业务监管部际联席会议由国务院银行业监督管理机构牵头，国务院有关部门参加。

第五条 国家推动建立政府性融资担保体系，发展政府支持的融资担保公司，建立政府、银行业金融机构、融资担保公司合作机制，扩大为小微企业和农业、农村、农民提供融资担保业务的规模并保持较低的费率水平。

各级人民政府财政部门通过资本金投入、建立风险分担机制等方式，对主要为小微企业和农业、农村、农民服务的融资担保公司提供财政支持，具体办法由国务院财政部门制定。

第二章 设立、变更和终止

第六条 设立融资担保公司，应当经监督管理部门批准。

融资担保公司的名称中应当标明融资担保字样。

未经监督管理部门批准，任何单位和个人不得经营融资担保业务，任何单位不得在名称中使用融资担保字样。国家另有规定的除外。

第七条 设立融资担保公司，应当符合《中华人民共和国公司法》的规定，并具备下列条件：

（一）股东信誉良好，最近3年无重大违法违规记录；

（二）注册资本不低于人民币2000万元，且为实缴货币资本；

（三）拟任董事、监事、高级管理人员熟悉与融资担保业务相关的法律法规，具有履行职责所需的从业经验和管理能力；

（四）有健全的业务规范和风险控制等内部管理制度。

省、自治区、直辖市根据本地区经济发展水平和融资担保行业发展的实际情况，可以提高前款规定的注册资本最低限额。

第八条　申请设立融资担保公司，应当向监督管理部门提交申请书和证明其符合本条例第七条规定条件的材料。

监督管理部门应当自受理申请之日起30日内作出批准或者不予批准的决定。决定批准的，颁发融资担保业务经营许可证；不予批准的，书面通知申请人并说明理由。

经批准设立的融资担保公司由监督管理部门予以公告。

第九条　融资担保公司合并、分立或者减少注册资本，应当经监督管理部门批准。

融资担保公司在住所地所在省、自治区、直辖市范围内设立分支机构，变更名称，变更持有5%以上股权的股东或者变更董事、监事、高级管理人员，应当自分支机构设立之日起或者变更相关事项之日起30日内向监督管理部门备案；变更后的相关事项应当符合本条例第六条第二款、第七条的规定。

第十条　融资担保公司跨省、自治区、直辖市设立分支机构，应当具备下列条件，并经拟设分支机构所在地监督管理部门批准：

（一）注册资本不低于人民币10亿元；

（二）经营融资担保业务3年以上，且最近2个会计年度连续盈利；

（三）最近2年无重大违法违规记录。

拟设分支机构所在地监督管理部门审批的程序和期限，适用本条例第八条的规定。

融资担保公司应当自分支机构设立之日起30日内，将有关情况报告公司住所地监督管理部门。

融资担保公司跨省、自治区、直辖市设立的分支机构的日常监督管理，由分支机构所在地监督管理部门负责，融资担保公司住所地监督管理部门应当予以配合。

第十一条　融资担保公司解散的，应当依法成立清算组进行清算，并对未到期融资担保责任的承接作出明确安排。清算过程应当接受监督管理部门的监督。

融资担保公司解散或者被依法宣告破产的，应当将融资担保业务经营许可证交监督管理部门注销，并由监督管理部门予以公告。

第三章　经营规则

第十二条　除经营借款担保、发行债券担保等融资担保业务外，经营稳健、财务状况良好的融资担保公司还可以经营投标担保、工程履约担保、诉讼保全担保等非融资担保业务以及与担保业务有关的咨询等服务业务。

第十三条　融资担保公司应当按照审慎经营原则，建立健全融资担保项目评审、担保后管理、代偿责任追偿等方面的业务规范以及风险管理等内部控制制度。

政府支持的融资担保公司应当增强运用大数据等现代信息技术手段的能力，为小微企业和农业、农村、农民的融资需求服务。

第十四条　融资担保公司应当按照国家规定的风险权重，计量担保责任余额。

第十五条　融资担保公司的担保责任余额不得超过其净资产的10倍。

对主要为小微企业和农业、农村、农民服务的融资担保公司，前款规定的倍数上限可以提高至15倍。

第十六条　融资担保公司对同一被担保人的担保责任余额与融资担保公司净资产的比例不得超过10%，对同一被担保人及其关联方的担保责任余额与融资担保公司净资产的比例不得超过15%。

第十七条　融资担保公司不得为其控股股东、实际控制人提供融资担保，为其他关联方提供融资担保的条件不得优于为非关联方提供同类担保的条件。

融资担保公司为关联方提供融资担保的，应当自提供担保之日起30日内向监督管理部门报告，并在会计报表附注中予以披露。

第十八条　融资担保公司应当按照国家有关规定提取相应的准备金。

第十九条　融资担保费率由融资担保公司与被担保人协商确定。

纳入政府推动建立的融资担保风险分担机制的融资担保公司，应当按照国家有关规定降低对小微企业和农业、农村、农民的融资担保费率。

第二十条　被担保人或者第三人以抵押、质押方式向融资担保公司提供反担保，依法需要办理登记的，有关登记机关应当依法予以办理。

第二十一条　融资担保公司有权要求被担保人提供与融资担保有关的业务活动和财务状况等信息。

融资担保公司应当向被担保人的债权人提供与融资担保有关的业务活动和财务状况等信息。

第二十二条　融资担保公司自有资金的运用，应当符合国家有关融资担保公司资产安全性、流动性的规定。

第二十三条　融资担保公司不得从事下列活动：

（一）吸收存款或者变相吸收存款；

（二）自营贷款或者受托贷款；

（三）受托投资。

第四章　监督管理

第二十四条　监督管理部门应当建立健全监督管理工作制度，运用大数据等现代信息技术手段实时监测风险，加强对融资担保公司的非现场监管和现场检查，并与有关部门建立监督管理协调机制和信息共享机制。

第二十五条　监督管理部门应当根据融资担保公司的经营规模、主要服务对象、内部管理水平、风险状况等，对融资担保公司实施分类监督管理。

第二十六条　监督管理部门应当按照国家有关融资担保统计制度的要求，向本级人民政府和国务院银行业监督管理机构报送本地区融资担保公司统计数据。

第二十七条　监督管理部门应当分析评估本地区融资担保行业发展和监督管理情况，按年度向本级人民政府和国务院银行业监督管理机构报告，并向社会公布。

第二十八条　监督管理部门进行现场检查，可以采取下列措施：

（一）进入融资担保公司进行检查；

（二）询问融资担保公司的工作人员，要求其对有关检查事项作出说明；

（三）检查融资担保公司的计算机信息管理系统；

（四）查阅、复制与检查事项有关的文件、资料，对可能被转移、隐匿或者毁损的文件、资料、电子设备予以封存。

进行现场检查，应当经监督管理部门负责人批准。检查人员不得少于 2 人，并应当出示合法证件和检查通知书。

第二十九条　监督管理部门根据履行职责的需要，可以与融资担保公司的董事、监事、高级管理人员进行监督管理谈话，要求其就融资担保公司业务活动和风险管理的重大事项作出说明。

监督管理部门可以向被担保人的债权人通报融资担保公司的违法违规行为或者风险情况。

第三十条　监督管理部门发现融资担保公司的经营活动可能形成重大风险的，经监督管理部门主要负责人批准，可以区别情形，采取下列措施：

（一）责令其暂停部分业务；

（二）限制其自有资金运用的规模和方式；

（三）责令其停止增设分支机构。

融资担保公司应当及时采取措施，消除重大风险隐患，并向监督管理部门报告有关情况。经监督管理部门验收，确认重大风险隐患已经消除的，监督管理部门应当自验收完毕之日起 3 日内解除前款规定的措施。

第三十一条　融资担保公司应当按照要求向监督管理部门报送经营报告、财务报告以及注册会计师出具的年度审计报告等文件和资料。

融资担保公司跨省、自治区、直辖市开展业务的，应当按季度向住所地监督管理部门和业务发生地监督管理部门报告业务开展情况。

第三十二条　融资担保公司对监督管理部门依法实施的监督检查应当予以配合，不得拒绝、阻碍。

第三十三条　监督管理部门应当建立健全融资担保公司信用记录制度。融资担保公司信用记录纳入全国信用信息共享平台。

第三十四条　监督管理部门应当会同有关部门建立融资担保公司重大风险事件的预警、防范和处置机制，制定融资担保公司重大风险事件应急预案。

融资担保公司发生重大风险事件的，应当立即采取应急措施，并及时向监督管理部门报告。监督管理部门应当及时处置，并向本级人民政府、国务院银行业监督管理机构和中国人民银行报告。

第三十五条　监督管理部门及其工作人员对监督管理工作中知悉的商业秘密，应当予以保密。

第五章　法律责任

第三十六条　违反本条例规定，未经批准擅自设立融资担保公司或者经营融资担保业务的，由监督管理部门予以取缔或者责令停止经营，处50万元以上100万元以下的罚款，有违法所得的，没收违法所得；构成犯罪的，依法追究刑事责任。

违反本条例规定，未经批准在名称中使用融资担保字样的，由监督管理部门责令限期改正；逾期不改正的，处5万元以上10万元以下的罚款，有违法所得的，没收违法所得。

第三十七条　融资担保公司有下列情形之一的，由监督管理部门责令限期改正，处10万元以上50万元以下的罚款，有违法所得的，没收违法所得；逾期不改正的，责令停业整顿，情节严重的，吊销其融资担保业务经营许可证：

（一）未经批准合并或者分立；

（二）未经批准减少注册资本；

（三）未经批准跨省、自治区、直辖市设立分支机构。

第三十八条　融资担保公司变更相关事项，未按照本条例规定备案，或者变更后的相关事项不符合本条例规定的，由监督管理部门责令限期改正；逾期不改正的，处5万元以上10万元以下的罚款，情节严重的，责令停业整顿。

第三十九条　融资担保公司受托投资的，由监督管理部门责令限期改正，处50万元以上100万元以下的罚款，有违法所得的，没收违法所得；逾期不改正的，责令停业整顿，情节严重的，吊销其融资担保业务经营许可证。

融资担保公司吸收公众存款或者变相吸收公众存款、从事自营贷款或者受托贷款的，依照有关法律、行政法规予以处罚。

第四十条　融资担保公司有下列情形之一的，由监督管理部门责令限期改正；逾期不改正的，处10万元以上50万元以下的罚款，有违法所得的，没收违法所得，并可以责令停业整顿，情节严重的，吊销其融资担保业务经营许可证：

（一）担保责任余额与其净资产的比例不符合规定；

（二）为控股股东、实际控制人提供融资担保，或者为其他关联方提供融资担保的条件优于为非关联方提供同类担保的条件；

（三）未按照规定提取相应的准备金；

（四）自有资金的运用不符合国家有关融资担保公司资产安全性、流动性的规定。

第四十一条　融资担保公司未按照要求向监督管理部门报送经营报告、财务报告、年度审计报告等文件、资料或者业务开展情况，或者未报告其发生的重大风险事件的，由监督管理部门责令限期改正，处5万元以上20万元以下的罚款；逾期不改正的，责令停业整顿，情节严重的，吊销其融资担保业务经营许可证。

第四十二条 融资担保公司有下列情形之一的，由监督管理部门责令限期改正，处20万元以上50万元以下的罚款；逾期不改正的，责令停业整顿，情节严重的，吊销其融资担保业务经营许可证；构成违反治安管理行为的，依照《中华人民共和国治安管理处罚法》予以处罚；构成犯罪的，依法追究刑事责任：

（一）拒绝、阻碍监督管理部门依法实施监督检查；

（二）向监督管理部门提供虚假的经营报告、财务报告、年度审计报告等文件、资料；

（三）拒绝执行监督管理部门依照本条例第三十条第一款规定采取的措施。

第四十三条 依照本条例规定对融资担保公司处以罚款的，根据具体情形，可以同时对负有直接责任的董事、监事、高级管理人员处5万元以下的罚款。

融资担保公司违反本条例规定，情节严重的，监督管理部门对负有直接责任的董事、监事、高级管理人员，可以禁止其在一定期限内担任或者终身禁止其担任融资担保公司的董事、监事、高级管理人员。

第四十四条 监督管理部门的工作人员在融资担保公司监督管理工作中滥用职权、玩忽职守、徇私舞弊的，依法给予处分；构成犯罪的，依法追究刑事责任。

第六章 附 则

第四十五条 融资担保行业组织依照法律法规和章程的规定，发挥服务、协调和行业自律作用，引导融资担保公司依法经营，公平竞争。

第四十六条 政府性基金或者政府部门为促进就业创业等直接设立运营机构开展融资担保业务，按照国家有关规定执行。

农村互助式融资担保组织开展担保业务、林业经营主体间开展林权收储担保业务，不适用本条例。

第四十七条 融资再担保公司的管理办法，由国务院银行业监督管理机构会同国务院有关部门另行制定，报国务院批准。

第四十八条 本条例施行前设立的融资担保公司，不符合本条例规定条件的，应当在监督管理部门规定的期限内达到本条例规定的条件；逾期仍不符合规定条件的，不得开展新的融资担保业务。

第四十九条 本条例自2017年10月1日起施行。

中华人民共和国期货和衍生品法

（2022年4月20日第十三届全国人民代表大会常务委员会第三十四次会议通过并公布，自2022年8月1日起施行）

第一章 总 则

第一条 为了规范期货交易和衍生品交易行为，保障各方合法权益，维护市场秩序和社会公共利益，促进期货市场和衍生品市场服务国民经济，防范化解金融风险，维护国家经济安全，制定本法。

第二条 在中华人民共和国境内，期货交易和衍生品交易及相关活动，适用本法。

在中华人民共和国境外的期货交易和衍生品交易及相关活动，扰乱中华人民共和国境内市场秩序，损害境内交易者合法权益的，依照本法有关规定处理并追究法律责任。

第三条　本法所称期货交易，是指以期货合约或者标准化期权合约为交易标的的交易活动。

本法所称衍生品交易，是指期货交易以外的，以互换合约、远期合约和非标准化期权合约及其组合为交易标的的交易活动。

本法所称期货合约，是指期货交易场所统一制定的、约定在将来某一特定的时间和地点交割一定数量标的物的标准化合约。

本法所称期权合约，是指约定买方有权在将来某一时间以特定价格买入或者卖出约定标的物（包括期货合约）的标准化或非标准化合约。

本法所称互换合约，是指约定在将来某一特定时间内相互交换特定标的物的金融合约。

本法所称远期合约，是指期货合约以外的，约定在将来某一特定的时间和地点交割一定数量标的物的金融合约。

第四条　国家支持期货市场健康发展，发挥发现价格、管理风险、配置资源的功能。

国家鼓励利用期货市场和衍生品市场从事套期保值等风险管理活动。

国家采取措施推动农产品期货市场和衍生品市场发展，引导国内农产品生产经营。

本法所称套期保值，是指交易者为管理因其资产、负债等价值变化产生的风险而达成与上述资产、负债等基本吻合的期货交易和衍生品交易的活动。

第五条　期货市场和衍生品市场应当建立和完善风险的监测监控与化解处置制度机制，依法限制过度投机行为，防范市场系统性风险。

第六条　期货交易和衍生品交易活动，应当遵守法律、行政法规和国家有关规定，遵循公开、公平、公正的原则，禁止欺诈、操纵市场和内幕交易的行为。

第七条　参与期货交易和衍生品交易活动的各方具有平等的法律地位，应当遵守自愿、有偿、诚实信用的原则。

第八条　国务院期货监督管理机构依法对全国期货市场实行集中统一监督管理。国务院对利率、汇率期货的监督管理另有规定的，适用其规定。

衍生品市场由国务院期货监督管理机构或者国务院授权的部门按照职责分工实行监督管理。

第九条　期货和衍生品行业协会依法实行自律管理。

第十条　国家审计机关依法对期货经营机构、期货交易场所、期货结算机构、国务院期货监督管理机构进行审计监督。

第二章　期货交易和衍生品交易

第一节　一般规定

第十一条　期货交易应当在依法设立的期货交易所或者国务院期货监督管理机构依法批准组织开展期货交易的其他期货交易场所（以下统称期货交易场所），采用公开的集中交易方式或者国务院期货监督管理机构批准的其他方式进行。

禁止在期货交易场所之外进行期货交易。

衍生品交易，可以采用协议交易或者国务院规定的其他交易方式进行。

第十二条　任何单位和个人不得操纵期货市场或者衍生品市场。

禁止以下列手段操纵期货市场，影响或者意图影响期货交易价格或者期货交易量：

（一）单独或者合谋，集中资金优势、持仓优势或者利用信息优势联合或者连续买卖合约；

（二）与他人串通，以事先约定的时间、价格和方式相互进行期货交易；

（三）在自己实际控制的账户之间进行期货交易；

（四）利用虚假或者不确定的重大信息，诱导交易者进行期货交易；

（五）不以成交为目的，频繁或者大量申报并撤销申报；

（六）对相关期货交易或者合约标的物的交易作出公开评价、预测或者投资建议，并进行反向操作或者相关操作；

（七）为影响期货市场行情囤积现货；

（八）在交割月或者临近交割月，利用不正当手段规避持仓限额，形成持仓优势；

（九）利用在相关市场的活动操纵期货市场；

（十）操纵期货市场的其他手段。

第十三条 期货交易和衍生品交易的内幕信息的知情人和非法获取内幕信息的人，在内幕信息公开前不得从事相关期货交易或者衍生品交易，明示、暗示他人从事与内幕信息有关的期货交易或者衍生品交易，或者泄露内幕信息。

第十四条 本法所称内幕信息，是指可能对期货交易或者衍生品交易的交易价格产生重大影响的尚未公开的信息。

期货交易的内幕信息包括：

（一）国务院期货监督管理机构以及其他相关部门正在制定或者尚未发布的对期货交易价格可能产生重大影响的政策、信息或者数据；

（二）期货交易场所、期货结算机构作出的可能对期货交易价格产生重大影响的决定；

（三）期货交易场所会员、交易者的资金和交易动向；

（四）相关市场中的重大异常交易信息；

（五）国务院期货监督管理机构规定的对期货交易价格有重大影响的其他信息。

第十五条 本法所称内幕信息的知情人，是指由于经营地位、管理地位、监督地位或者职务便利等，能够接触或者获得内幕信息的单位和个人。

期货交易的内幕信息的知情人包括：

（一）期货经营机构、期货交易场所、期货结算机构、期货服务机构的有关人员；

（二）国务院期货监督管理机构和其他有关部门的工作人员；

（三）国务院期货监督管理机构规定的可以获取内幕信息的其他单位和个人。

第十六条 禁止任何单位和个人编造、传播虚假信息或者误导性信息，扰乱期货市场和衍生品市场。

禁止期货经营机构、期货交易场所、期货结算机构、期货服务机构及其从业人员，组织、开展衍生品交易的场所、机构及其从业人员，期货和衍生品行业协会、国务院期货监督管理机构、国务院授权的部门及其工作人员，在期货交易和衍生品交易及相关活动中作出虚假陈述或者信息误导。

各种传播媒介传播期货市场和衍生品市场信息应当真实、客观，禁止误导。传播媒介及其从事期货市场和衍生品市场信息报道的工作人员不得从事与其工作职责发生利益冲突的期货交易和衍生品交易及相关活动。

第二节 期货交易

第十七条 期货合约品种和标准化期权合约品种的上市应当符合国务院期货监督管理机构的规定，由期货交易场所依法报经国务院期货监督管理机构注册。

期货合约品种和标准化期权合约品种的中止上市、恢复上市、终止上市应当符合国务院期货监督管理机构的规定，由期货交易场所决定并向国务院期货监督管理机构备案。

期货合约品种和标准化期权合约品种应当具有经济价值，合约不易被操纵，符合社会公共利益。

第十八条 期货交易实行账户实名制。交易者进行期货交易的，应当持有证明身份的合法证件，以本人名义申请开立账户。

任何单位和个人不得违反规定，出借自己的期货账户或者借用他人的期货账户从事期货交易。

第十九条　在期货交易场所进行期货交易的，应当是期货交易场所会员或者符合国务院期货监督管理机构规定的其他参与者。

第二十条　交易者委托期货经营机构进行交易的，可以通过书面、电话、自助终端、网络等方式下达交易指令。交易指令应当明确、具体、全面。

第二十一条　通过计算机程序自动生成或者下达交易指令进行程序化交易的，应当符合国务院期货监督管理机构的规定，并向期货交易场所报告，不得影响期货交易场所系统安全或者正常交易秩序。

第二十二条　期货交易实行保证金制度，期货结算机构向结算参与人收取保证金，结算参与人向交易者收取保证金。保证金用于结算和履约保障。

保证金的形式包括现金，国债、股票、基金份额、标准仓单等流动性强的有价证券，以及国务院期货监督管理机构规定的其他财产。以有价证券等作为保证金的，可以依法通过质押等具有履约保障功能的方式进行。

期货结算机构、结算参与人收取的保证金的形式、比例等应当符合国务院期货监督管理机构的规定。

交易者进行标准化期权合约交易的，卖方应当缴纳保证金，买方应当支付权利金。

前款所称权利金是指买方支付的用于购买标准化期权合约的资金。

第二十三条　期货交易实行持仓限额制度，防范合约持仓过度集中的风险。

从事套期保值等风险管理活动的，可以申请持仓限额豁免。

持仓限额、套期保值的管理办法由国务院期货监督管理机构制定。

第二十四条　期货交易实行交易者实际控制关系报备管理制度。交易者应当按照国务院期货监督管理机构的规定向期货经营机构或者期货交易场所报备实际控制关系。

第二十五条　期货交易的收费应当合理，收费项目、收费标准和管理办法应当公开。

第二十六条　依照期货交易场所依法制定的业务规则进行的交易，不得改变其交易结果，本法第八十九条第二款规定的除外。

第二十七条　期货交易场所会员和交易者应当按照国务院期货监督管理机构的规定，报告有关交易、持仓、保证金等重大事项。

第二十八条　任何单位和个人不得违规使用信贷资金、财政资金进行期货交易。

第二十九条　期货经营机构、期货交易场所、期货结算机构、期货服务机构等机构及其从业人员对发现的禁止的交易行为，应当及时向国务院期货监督管理机构报告。

第三节　衍生品交易

第三十条　依法设立的场所，经国务院授权的部门或者国务院期货监督管理机构审批，可以组织开展衍生品交易。

组织开展衍生品交易的场所制定的交易规则，应当公平保护交易参与各方合法权益和防范市场风险，并报国务院授权的部门或者国务院期货监督管理机构批准。

第三十一条　金融机构开展衍生品交易业务，应当依法经过批准或者核准，履行交易者适当性管理义务，并应当遵守国家有关监督管理规定。

第三十二条　衍生品交易采用主协议方式的，主协议、主协议项下的全部补充协议以及交易双方就各项具体交易作出的约定等，共同构成交易双方之间一个完整的单一协议，具有法律约束力。

第三十三条　本法第三十二条规定的主协议等合同范本，应当按照国务院授权的部门或者国务院期货监督管理机构的规定报送备案。

第三十四条　进行衍生品交易，可以依法通过质押等方式提供履约保障。

第三十五条 依法采用主协议方式从事衍生品交易的，发生约定的情形时，可以依照协议约定终止交易，并按净额对协议项下的全部交易盈亏进行结算。

依照前款规定进行的净额结算，不因交易任何一方依法进入破产程序而中止、无效或者撤销。

第三十六条 国务院授权的部门、国务院期货监督管理机构应当建立衍生品交易报告库，对衍生品交易标的、规模、对手方等信息进行集中收集、保存、分析和管理，并按照规定及时向市场披露有关信息。具体办法由国务院授权的部门、国务院期货监督管理机构规定。

第三十七条 衍生品交易，由国务院授权的部门或者国务院期货监督管理机构批准的结算机构作为中央对手方进行集中结算的，可以依法进行终止净额结算；结算财产应当优先用于结算和交割，不得被查封、冻结、扣押或者强制执行；在结算和交割完成前，任何人不得动用。

依法进行的集中结算，不因参与结算的任何一方依法进入破产程序而中止、无效或者撤销。

第三十八条 对衍生品交易及相关活动进行规范和监督管理的具体办法，由国务院依照本法的原则规定。

第三章 期货结算与交割

第三十九条 期货交易实行当日无负债结算制度。在期货交易场所规定的时间，期货结算机构应当在当日按照结算价对结算参与人进行结算；结算参与人应当根据期货结算机构的结算结果对交易者进行结算。结算结果应当在当日及时通知结算参与人和交易者。

第四十条 期货结算机构、结算参与人收取的保证金、权利金等，应当与其自有资金分开，按照国务院期货监督管理机构的规定，在期货保证金存管机构专户存放，分别管理，禁止违规挪用。

第四十一条 结算参与人的保证金不符合期货结算机构业务规则规定标准的，期货结算机构应当按照业务规则的规定通知结算参与人在规定时间内追加保证金或者自行平仓；结算参与人未在规定时间内追加保证金或者自行平仓的，通知期货交易场所强行平仓。

交易者的保证金不符合结算参与人与交易者约定标准的，结算参与人应当按照约定通知交易者在约定时间内追加保证金或者自行平仓；交易者未在约定时间内追加保证金或者自行平仓的，按照约定强行平仓。

以有价证券等作为保证金，期货结算机构、结算参与人按照前两款规定强行平仓的，可以对有价证券等进行处置。

第四十二条 结算参与人在结算过程中违约的，期货结算机构按照业务规则动用结算参与人的保证金、结算担保金以及结算机构的风险准备金、自有资金等完成结算；期货结算机构以其风险准备金、自有资金等完成结算的，可以依法对该结算参与人进行追偿。

交易者在结算过程中违约的，其委托的结算参与人按照合同约定动用该交易者的保证金以及结算参与人的风险准备金和自有资金完成结算；结算参与人以其风险准备金和自有资金完成结算的，可以依法对该交易者进行追偿。

本法所称结算担保金，是指结算参与人以自有资金向期货结算机构缴纳的，用于担保履约的资金。

第四十三条 期货结算机构依照其业务规则收取和提取的保证金、权利金、结算担保金、风险准备金等资产，应当优先用于结算和交割，不得被查封、冻结、扣押或者强制执行。

在结算和交割完成之前，任何人不得动用用于担保履约和交割的保证金、进入交割环节的交割财产。

依法进行的结算和交割，不因参与结算的任何一方依法进入破产程序而中止、无效或者撤销。

第四十四条　期货合约到期时，交易者应当通过实物交割或者现金交割，了结到期未平仓合约。

在标准化期权合约规定的时间，合约的买方有权以约定的价格买入或者卖出标的物，或者按照约定进行现金差价结算，合约的卖方应当按照约定履行相应的义务。标准化期权合约的行权，由期货结算机构组织进行。

第四十五条　期货合约采取实物交割的，由期货结算机构负责组织货款与标准仓单等合约标的物权利凭证的交付。

期货合约采取现金交割的，由期货结算机构以交割结算价为基础，划付持仓双方的盈亏款项。

本法所称标准仓单，是指交割库开具并经期货交易场所登记的标准化提货凭证。

第四十六条　期货交易的实物交割在期货交易场所指定的交割库、交割港口或者其他符合期货交易场所要求的地点进行。实物交割不得限制交割总量。采用标准仓单以外的单据凭证或者其他方式进行实物交割的，期货交易场所应当明确规定交割各方的权利和义务。

第四十七条　结算参与人在交割过程中违约的，期货结算机构有权对结算参与人的标准仓单等合约标的物权利凭证进行处置。

交易者在交割过程中违约的，结算参与人有权对交易者的标准仓单等合约标的物权利凭证进行处置。

第四十八条　不符合结算参与人条件的期货经营机构可以委托结算参与人代为其客户进行结算。不符合结算参与人条件的期货经营机构与结算参与人、交易者之间的权利义务关系，参照本章关于结算参与人与交易者之间权利义务的规定执行。

第四章　期货交易者

第四十九条　期货交易者是指依照本法从事期货交易，承担交易结果的自然人、法人和非法人组织。

期货交易者从事期货交易，除国务院期货监督管理机构另有规定外，应当委托期货经营机构进行。

第五十条　期货经营机构向交易者提供服务时，应当按照规定充分了解交易者的基本情况、财产状况、金融资产状况、交易知识和经验、专业能力等相关信息；如实说明服务的重要内容，充分揭示交易风险；提供与交易者上述状况相匹配的服务。

交易者在参与期货交易和接受服务时，应当按照期货经营机构明示的要求提供前款所列真实信息。拒绝提供或者未按照要求提供信息的，期货经营机构应当告知其后果，并按照规定拒绝提供服务。

期货经营机构违反第一款规定导致交易者损失的，应当承担相应的赔偿责任。

第五十一条　根据财产状况、金融资产状况、交易知识和经验、专业能力等因素，交易者可以分为普通交易者和专业交易者。专业交易者的标准由国务院期货监督管理机构规定。

普通交易者与期货经营机构发生纠纷的，期货经营机构应当证明其行为符合法律、行政法规以及国务院期货监督管理机构的规定，不存在误导、欺诈等情形。期货经营机构不能证明的，应当承担相应的赔偿责任。

第五十二条　参与期货交易的法人和非法人组织，应当建立与其交易合约类型、规模、目的等相适应的内部控制制度和风险控制制度。

第五十三条　期货经营机构、期货交易场所、期货结算机构的从业人员，国务院期货监督管理机构、期货业协会的工作人员，以及法律、行政法规和国务院期货监督管理机构规定禁止参与期货交易的其他人员，不得进行期货交易。

第五十四条　交易者有权查询其委托记

录、交易记录、保证金余额、与其接受服务有关的其他重要信息。

第五十五条 期货经营机构、期货交易场所、期货结算机构、期货服务机构及其工作人员应当依法为交易者的信息保密，不得非法买卖、提供或者公开交易者的信息。

期货经营机构、期货交易场所、期货结算机构、期货服务机构及其工作人员不得泄露所知悉的商业秘密。

第五十六条 交易者与期货经营机构等发生纠纷的，双方可以向行业协会等申请调解。普通交易者与期货经营机构发生期货业务纠纷并提出调解请求的，期货经营机构不得拒绝。

第五十七条 交易者提起操纵市场、内幕交易等期货民事赔偿诉讼时，诉讼标的是同一种类，且当事人一方人数众多的，可以依法推选代表人进行诉讼。

第五十八条 国家设立期货交易者保障基金。期货交易者保障基金的筹集、管理和使用的具体办法，由国务院期货监督管理机构会同国务院财政部门制定。

第五章 期货经营机构

第五十九条 期货经营机构是指依照《中华人民共和国公司法》和本法设立的期货公司以及国务院期货监督管理机构核准从事期货业务的其他机构。

第六十条 设立期货公司，应当具备下列条件，并经国务院期货监督管理机构核准：

（一）有符合法律、行政法规规定的公司章程；

（二）主要股东及实际控制人具有良好的财务状况和诚信记录，净资产不低于国务院期货监督管理机构规定的标准，最近三年无重大违法违规记录；

（三）注册资本不低于人民币一亿元，且应当为实缴货币资本；

（四）从事期货业务的人员符合本法规定的条件，董事、监事和高级管理人员具备相应的任职条件；

（五）有良好的公司治理结构、健全的风险管理制度和完善的内部控制制度；

（六）有合格的经营场所、业务设施和信息技术系统；

（七）法律、行政法规和国务院期货监督管理机构规定的其他条件。

国务院期货监督管理机构根据审慎监管原则和各项业务的风险程度，可以提高注册资本最低限额。

国务院期货监督管理机构应当自受理期货公司设立申请之日起六个月内依照法定条件、法定程序和审慎监管原则进行审查，作出核准或者不予核准的决定，并通知申请人；不予核准的，应当说明理由。

第六十一条 期货公司应当在其名称中标明“期货”字样，国务院期货监督管理机构另有规定的除外。

第六十二条 期货公司办理下列事项，应当经国务院期货监督管理机构核准：

（一）合并、分立、停业、解散或者申请破产；

（二）变更主要股东或者公司的实际控制人；

（三）变更注册资本且调整股权结构；

（四）变更业务范围；

（五）国务院期货监督管理机构规定的其他重大事项。

前款第三项、第五项所列事项，国务院期货监督管理机构应当自受理申请之日起二十日内作出核准或者不予核准的决定；前款所列其他事项，国务院期货监督管理机构应当自受理申请之日起六十日内作出核准或者不予核准的决定。

第六十三条 期货公司经国务院期货监督管理机构核准可以从事下列期货业务：

（一）期货经纪；

（二）期货交易咨询；

（三）期货做市交易；

（四）其他期货业务。

期货公司从事资产管理业务的，应当符合《中华人民共和国证券投资基金法》等法律、行政法规的规定。

未经国务院期货监督管理机构核准，任何单位和个人不得设立或者变相设立期货公司，经营或者变相经营期货经纪业务、期货交易咨询业务，也不得以经营为目的使用“期货”、“期权”或者其他可能产生混淆或者误导的名称。

第六十四条　期货公司的董事、监事、高级管理人员，应当正直诚实、品行良好，熟悉期货法律、行政法规，具有履行职责所需的经营管理能力。期货公司任免董事、监事、高级管理人员，应当报国务院期货监督管理机构备案。

有下列情形之一的，不得担任期货公司的董事、监事、高级管理人员：

（一）存在《中华人民共和国公司法》规定的不得担任公司董事、监事和高级管理人员的情形；

（二）因违法行为或者违纪行为被解除职务的期货经营机构的董事、监事、高级管理人员，或者期货交易场所、期货结算机构的负责人，自被解除职务之日起未逾五年；

（三）因违法行为或者违纪行为被吊销执业证书或者被取消资格的注册会计师、律师或者其他期货服务机构的专业人员，自被吊销执业证书或者被取消资格之日起未逾五年。

第六十五条　期货经营机构应当依法经营，勤勉尽责，诚实守信。期货经营机构应当建立健全内部控制制度，采取有效隔离措施，防范经营机构与客户之间、不同客户之间的利益冲突。

期货经营机构应当将其期货经纪业务、期货做市交易业务、资产管理业务和其他相关业务分开办理，不得混合操作。

期货经营机构应当依法建立并执行反洗钱制度。

第六十六条　期货经营机构接受交易者委托为其进行期货交易，应当签订书面委托合同，以自己的名义为交易者进行期货交易，交易结果由交易者承担。

期货经营机构从事经纪业务，不得接受交易者的全权委托。

第六十七条　期货经营机构从事资产管理业务，接受客户委托，运用客户资产进行投资的，应当公平对待所管理的不同客户资产，不得违背受托义务。

第六十八条　期货经营机构不得违反规定为其股东、实际控制人或者股东、实际控制人的关联人提供融资或者担保，不得违反规定对外担保。

第六十九条　期货经营机构从事期货业务的人员应当正直诚实、品行良好，具备从事期货业务所需的专业能力。

期货经营机构从事期货业务的人员不得私下接受客户委托从事期货交易。

期货经营机构从事期货业务的人员在从事期货业务活动中，执行所属的期货经营机构的指令或者利用职务违反期货交易规则的，由所属的期货经营机构承担全部责任。

第七十条　国务院期货监督管理机构应当制定期货经营机构持续性经营规则，对期货经营机构及其分支机构的经营条件、风险管理、内部控制、保证金存管、合规管理、风险监管指标、关联交易等方面作出规定。期货经营机构应当符合持续性经营规则。

第七十一条　期货经营机构应当按照规定向国务院期货监督管理机构报送业务、财务等经营管理信息和资料。国务院期货监督管理机构有权要求期货经营机构及其主要股东、实际控制人、其他关联人在指定的期限内提供有关信息、资料。

期货经营机构及其主要股东、实际控制人或者其他关联人向国务院期货监督管理机构报送或者提供的信息、资料，应当真实、准确、完整。

第七十二条　期货经营机构涉及重大诉

讼、仲裁，股权被冻结或者用于担保，以及发生其他重大事件时，应当自该事件发生之日起五日内向国务院期货监督管理机构提交书面报告。

期货经营机构的控股股东或者实际控制人应当配合期货经营机构履行前款规定的义务。

第七十三条 期货经营机构不符合持续性经营规则或者出现经营风险的，国务院期货监督管理机构应当责令其限期改正；期货经营机构逾期未改正的，或者其行为严重危及该期货经营机构的稳健运行、损害交易者合法权益的，或者涉嫌严重违法违规正在被国务院期货监督管理机构调查的，国务院期货监督管理机构可以区别情形，对其采取下列措施：

（一）限制或者暂停部分业务；

（二）停止核准新增业务；

（三）限制分配红利，限制向董事、监事、高级管理人员支付报酬、提供福利；

（四）限制转让财产或者在财产上设定其他权利；

（五）责令更换董事、监事、高级管理人员或者有关业务部门、分支机构的负责人员，或者限制其权利；

（六）限制期货经营机构自有资金或者风险准备金的调拨和使用；

（七）认定负有责任的董事、监事、高级管理人员为不适当人选；

（八）责令负有责任的股东转让股权，限制负有责任的股东行使股东权利。

对经过整改符合有关法律、行政法规规定以及持续性经营规则要求的期货经营机构，国务院期货监督管理机构应当自验收完毕之日起三日内解除对其采取的有关措施。

对经过整改仍未达到持续性经营规则要求，严重影响正常经营的期货经营机构，国务院期货监督管理机构有权撤销其部分或者全部期货业务许可、关闭其部分或者全部分支机构。

第七十四条 期货经营机构违法经营或者出现重大风险，严重危害期货市场秩序、损害交易者利益的，国务院期货监督管理机构可以对该期货经营机构采取责令停业整顿、指定其他机构托管或者接管等监督管理措施。

期货经营机构有前款所列情形，经国务院期货监督管理机构批准，可以对该期货经营机构直接负责的董事、监事、高级管理人员和其他直接责任人员采取以下措施：

（一）决定并通知出境入境管理机关依法阻止其出境；

（二）申请司法机关禁止其转移、转让或者以其他方式处分财产，或者在财产上设定其他权利。

第七十五条 期货经营机构的股东有虚假出资、抽逃出资行为的，国务院期货监督管理机构应当责令其限期改正，并可责令其转让所持期货经营机构的股权。

在股东依照前款规定的要求改正违法行为、转让所持期货经营机构的股权前，国务院期货监督管理机构可以限制其股东权利。

第七十六条 期货经营机构有下列情形之一的，国务院期货监督管理机构应当依法办理相关业务许可证注销手续：

（一）营业执照被依法吊销；

（二）成立后无正当理由超过三个月未开始营业，或者开业后无正当理由停业连续三个月以上；

（三）主动提出注销申请；

（四）《中华人民共和国行政许可法》和国务院期货监督管理机构规定应当注销行政许可的其他情形。

期货经营机构在注销相关业务许可证前，应当结清相关期货业务，并依法返还交易者的保证金和其他资产。

第七十七条 国务院期货监督管理机构认为必要时，可以委托期货服务机构对期货经营机构的财务状况、内部控制状况、资产价值进行审计或者评估。具体办法由国务院期货监督管理机构会同有关主管部门制定。

第七十八条　禁止期货经营机构从事下列损害交易者利益的行为：

（一）向交易者作出保证其资产本金不受损失或者取得最低收益承诺；

（二）与交易者约定分享利益、共担风险；

（三）违背交易者委托进行期货交易；

（四）隐瞒重要事项或者使用其他不正当手段，诱骗交易者交易；

（五）以虚假或者不确定的重大信息为依据向交易者提供交易建议；

（六）向交易者提供虚假成交回报；

（七）未将交易者交易指令下达到期货交易场所；

（八）挪用交易者保证金；

（九）未依照规定在期货保证金存管机构开立保证金账户，或者违规划转交易者保证金；

（十）利用为交易者提供服务的便利，获取不正当利益或者转嫁风险；

（十一）其他损害交易者权益的行为。

第六章　期货交易场所

第七十九条　期货交易场所应当遵循社会公共利益优先原则，为期货交易提供场所和设施，组织和监督期货交易，维护市场的公平、有序和透明，实行自律管理。

第八十条　设立、变更和解散期货交易所，应当由国务院期货监督管理机构批准。

设立期货交易所应当制定章程。期货交易所章程的制定和修改，应当经国务院期货监督管理机构批准。

第八十一条　期货交易所应当在其名称中标明“商品交易所”或者“期货交易所”等字样。其他任何单位或者个人不得使用期货交易所或者其他可能产生混淆或者误导的名称。

第八十二条　期货交易所可以采取会员制或者公司制的组织形式。

会员制期货交易所的组织机构由其章程规定。

第八十三条　期货交易所依照法律、行政法规和国务院期货监督管理机构的规定，制定有关业务规则；其中交易规则的制定和修改应当报国务院期货监督管理机构批准。

期货交易所业务规则应当体现公平保护会员、交易者等市场相关各方合法权益的原则。

在期货交易所从事期货交易及相关活动，应当遵守期货交易所依法制定的业务规则。违反业务规则的，由期货交易所给予纪律处分或者采取其他自律管理措施。

第八十四条　期货交易所的负责人由国务院期货监督管理机构提名或者任免。

有《中华人民共和国公司法》规定的不适合担任公司董事、监事、高级管理人员的情形或者下列情形之一的，不得担任期货交易所的负责人：

（一）因违法行为或者违纪行为被解除职务的期货经营机构的董事、监事、高级管理人员，或者期货交易场所、期货结算机构的负责人，自被解除职务之日起未逾五年；

（二）因违法行为或者违纪行为被吊销执业证书或者被取消资格的注册会计师、律师或者其他期货服务机构的专业人员，自被吊销执业证书或者被取消资格之日起未逾五年。

第八十五条　期货交易场所应当依照本法和国务院期货监督管理机构的规定，加强对交易活动的风险控制和对会员以及交易场所工作人员的监督管理，依法履行下列职责：

（一）提供交易的场所、设施和服务；

（二）设计期货合约、标准化期权合约品种，安排期货合约、标准化期权合约品种上市；

（三）对期货交易进行实时监控和风险监测；

（四）依照章程和业务规则对会员、交

易者、期货服务机构等进行自律管理；

（五）开展交易者教育和市场培育工作；

（六）国务院期货监督管理机构规定的其他职责。

期货交易场所不得直接或者间接参与期货交易。未经国务院批准，期货交易场所不得从事信托投资、股票投资、非自用不动产投资等与其职责无关的业务。

第八十六条 期货交易所的所得收益按照国家有关规定管理和使用，应当首先用于保证期货交易的场所、设施的运行和改善。

第八十七条 期货交易场所应当加强对期货交易的风险监测，出现异常情况的，期货交易场所可以依照业务规则，单独或者会同期货结算机构采取下列紧急措施，并立即报告国务院期货监督管理机构：

（一）调整保证金；

（二）调整涨跌停板幅度；

（三）调整会员、交易者的交易限额或持仓限额标准；

（四）限制开仓；

（五）强行平仓；

（六）暂时停止交易；

（七）其他紧急措施。

异常情况消失后，期货交易场所应当及时取消紧急措施。

第八十八条 期货交易场所应当实时公布期货交易即时行情，并按交易日制作期货市场行情表，予以公布。

期货交易行情的权益由期货交易场所享有。未经期货交易场所许可，任何单位和个人不得发布期货交易行情。

期货交易场所不得发布价格预测信息。

期货交易场所应当依照国务院期货监督管理机构的规定，履行信息报告义务。

第八十九条 因突发性事件影响期货交易正常进行时，为维护期货交易正常秩序和市场公平，期货交易场所可以按照本法和业务规则规定采取必要的处置措施，并应当及时向国务院期货监督管理机构报告。

因前款规定的突发性事件导致期货交易结果出现重大异常，按交易结果进行结算、交割将对期货交易正常秩序和市场公平造成重大影响的，期货交易场所可以按照业务规则采取取消交易等措施，并应当及时向国务院期货监督管理机构报告并公告。

第九十条 期货交易场所对其依照本法第八十七条、第八十九条规定采取措施造成的损失，不承担民事赔偿责任，但存在重大过错的除外。

第七章　期货结算机构

第九十一条 期货结算机构是指依法设立，为期货交易提供结算、交割服务，实行自律管理的法人。

期货结算机构包括内部设有结算部门的期货交易场所、独立的期货结算机构和经国务院期货监督管理机构批准从事与证券业务相关的期货交易结算、交割业务的证券结算机构。

第九十二条 独立的期货结算机构的设立、变更和解散，应当经国务院期货监督管理机构批准。

设立独立的期货结算机构，应当具备下列条件：

（一）具备良好的财务状况，注册资本最低限额符合国务院期货监督管理机构的规定；

（二）有具备任职专业知识和业务工作经验的高级管理人员；

（三）具备完善的治理结构、内部控制制度和风险控制制度；

（四）具备符合要求的营业场所、信息技术系统以及与期货交易的结算有关的其他设施；

（五）国务院期货监督管理机构规定的其他条件。

承担期货结算机构职责的期货交易场所，应当具备本条第二款规定的条件。

国务院期货监督管理机构应当根据审慎监管原则进行审查，在六个月内作出批准或者不予批准的决定。

第九十三条　期货结算机构作为中央对手方，是结算参与人共同对手方，进行净额结算，为期货交易提供集中履约保障。

第九十四条　期货结算机构履行下列职责：

（一）组织期货交易的结算、交割；

（二）按照章程和业务规则对交易者、期货经营机构、期货服务机构、非期货经营机构结算参与人等进行自律管理；

（三）办理与期货交易的结算、交割有关的信息查询业务；

（四）国务院期货监督管理机构规定的其他职责。

第九十五条　期货结算机构应当按照国务院期货监督管理机构的规定，在其业务规则中规定结算参与人制度、风险控制制度、信息安全管理制度、违规违约处理制度、应急处理及临时处置措施等事项。期货结算机构制定和修改章程、业务规则，应当经国务院期货监督管理机构批准。参与期货结算，应当遵守期货结算机构制定的业务规则。

期货结算机构制定和执行业务规则，应当与期货交易场所的相关制度衔接、协调。

第九十六条　期货结算机构应当建立流动性管理制度，保障结算活动的稳健运行。

第九十七条　本法第八十四条，第八十五条第二款，第八十六条，第八十八条第三款、第四款的规定，适用于独立的期货结算机构和经批准从事期货交易结算、交割业务的证券结算机构。

第八章　期货服务机构

第九十八条　会计师事务所、律师事务所、资产评估机构、期货保证金存管机构、交割库、信息技术服务机构等期货服务机构，应当勤勉尽责、恪尽职守，按照相关业务规则为期货交易及相关活动提供服务，并按照国务院期货监督管理机构的要求提供相关资料。

第九十九条　会计师事务所、律师事务所、资产评估机构等期货服务机构接受期货经营机构、期货交易场所、期货结算机构的委托出具审计报告、法律意见书等文件，应当对所依据的文件资料内容的真实性、准确性、完整性进行核查和验证。

第一百条　交割库包括交割仓库和交割厂库等。交割库为期货交易的交割提供相关服务，应当符合期货交易场所规定的条件。期货交易场所应当与交割库签订协议，明确双方的权利和义务。

交割库不得有下列行为：

（一）出具虚假仓单；

（二）违反期货交易场所的业务规则，限制交割商品的出库、入库；

（三）泄露与期货交易有关的商业秘密；

（四）违反国家有关规定参与期货交易；

（五）违反国务院期货监督管理机构规定的其他行为。

第一百零一条　为期货交易及相关活动提供信息技术系统服务的机构，应当符合国家及期货行业信息安全相关的技术管理规定和标准，并向国务院期货监督管理机构备案。

国务院期货监督管理机构可以依法要求信息技术服务机构提供前款规定的信息技术系统的相关材料。

第九章　期货业协会

第一百零二条　期货业协会是期货行业的自律性组织，是社会团体法人。

期货经营机构应当加入期货业协会。期货服务机构可以加入期货业协会。

第一百零三条　期货业协会的权力机构为会员大会。

期货业协会的章程由会员大会制定，并

报国务院期货监督管理机构备案。

期货业协会设理事会。理事会成员依照章程的规定选举产生。

第一百零四条 期货业协会履行下列职责：

（一）制定和实施行业自律规则，监督、检查会员的业务活动及从业人员的执业行为，对违反法律、行政法规、国家有关规定、协会章程和自律规则的，按照规定给予纪律处分或者实施其他自律管理措施；

（二）对会员之间、会员与交易者之间发生的纠纷进行调解；

（三）依法维护会员的合法权益，向国务院期货监督管理机构反映会员的建议和要求；

（四）组织期货从业人员的业务培训，开展会员间的业务交流；

（五）教育会员和期货从业人员遵守期货法律法规和政策，组织开展行业诚信建设，建立行业诚信激励约束机制；

（六）开展交易者教育和保护工作，督促会员落实交易者适当性管理制度，开展期货市场宣传；

（七）对会员的信息安全工作实行自律管理，督促会员执行国家和行业信息安全相关规定和技术标准；

（八）组织会员就期货行业的发展、运作及有关内容进行研究，收集整理、发布期货相关信息，提供会员服务，组织行业交流，引导行业创新发展；

（九）期货业协会章程规定的其他职责。

第十章 监督管理

第一百零五条 国务院期货监督管理机构依法对期货市场实行监督管理，维护期货市场公开、公平、公正，防范系统性风险，维护交易者合法权益，促进期货市场健康发展。

国务院期货监督管理机构在对期货市场实施监督管理中，依法履行下列职责：

（一）制定有关期货市场监督管理的规章、规则，并依法进行审批、核准、注册，办理备案；

（二）对品种的上市、交易、结算、交割等期货交易及相关活动，进行监督管理；

（三）对期货经营机构、期货交易场所、期货结算机构、期货服务机构和非期货经营机构结算参与人等市场相关参与者的期货业务活动，进行监督管理；

（四）制定期货从业人员的行为准则，并监督实施；

（五）监督检查期货交易的信息公开情况；

（六）维护交易者合法权益、开展交易者教育；

（七）对期货违法行为进行查处；

（八）监测监控并防范、处置期货市场风险；

（九）对期货行业金融科技和信息安全进行监管；

（十）对期货业协会的自律管理活动进行指导和监督；

（十一）法律、行政法规规定的其他职责。

国务院期货监督管理机构根据需要可以设立派出机构，依照授权履行监督管理职责。

第一百零六条 国务院期货监督管理机构依法履行职责，有权采取下列措施：

（一）对期货经营机构、期货交易场所、期货结算机构进行现场检查，并要求其报送有关的财务会计、业务活动、内部控制等资料；

（二）进入涉嫌违法行为发生场所调查取证；

（三）询问当事人和与被调查事件有关的单位和个人，要求其对与被调查事件有关的事项作出说明，或者要求其按照指定的方式报送与被调查事件有关的文件和资料；

（四）查阅、复制与被调查事件有关的财产权登记、通讯记录等文件和资料；

（五）查阅、复制当事人和与被调查事件有关的单位和个人的期货交易记录、财务会计资料及其他相关文件和资料；对可能被转移、隐匿或者毁损的文件资料，可以予以封存、扣押；

（六）查询当事人和与被调查事件有关的单位和个人的保证金账户和银行账户以及其他具有支付、托管、结算等功能的账户信息，可以对有关文件和资料进行复制；对有证据证明已经或者可能转移或者隐匿违法资金等涉案财产或者隐匿、伪造、毁损重要证据的，经国务院期货监督管理机构主要负责人或者其授权的其他负责人批准，可以冻结、查封，期限为六个月；因特殊原因需要延长的，每次延长期限不得超过三个月，最长期限不得超过二年；

（七）在调查操纵期货市场、内幕交易等重大违法行为时，经国务院期货监督管理机构主要负责人或者其授权的其他负责人批准，可以限制被调查事件当事人的交易，但限制的时间不得超过三个月；案情复杂的，可以延长三个月；

（八）决定并通知出境入境管理机关依法阻止涉嫌违法人员、涉嫌违法单位的主管人员和其他直接责任人员出境。

为防范期货市场风险，维护市场秩序，国务院期货监督管理机构可以采取责令改正、监管谈话、出具警示函等措施。

第一百零七条　国务院期货监督管理机构依法履行职责，进行监督检查或者调查，其监督检查、调查的人员不得少于二人，并应当出示执法证件和检查、调查、查询等相关执法文书。监督检查、调查的人员少于二人或者未出示执法证件和有关执法文书的，被检查、调查的单位或者个人有权拒绝。

第一百零八条　国务院期货监督管理机构的工作人员，应当依法办事，忠于职守，公正廉洁，保守国家秘密和有关当事人的商业秘密，不得利用职务便利牟取不正当利益。

第一百零九条　国务院期货监督管理机构依法履行职责，被检查、调查的单位和个人应当配合，如实作出说明或者提供有关文件和资料，不得拒绝、阻碍和隐瞒。

国务院期货监督管理机构与其他相关部门，应当建立信息共享等监督管理协调配合机制。国务院期货监督管理机构依法履行职责，进行监督检查或者调查时，有关部门应当予以配合。

第一百一十条　对涉嫌期货违法、违规行为，任何单位和个人有权向国务院期货监督管理机构举报。

对涉嫌重大违法、违规行为的实名举报线索经查证属实的，国务院期货监督管理机构按照规定给予举报人奖励。

国务院期货监督管理机构应当对举报人的身份信息保密。

第一百一十一条　国务院期货监督管理机构制定的规章、规则和监督管理工作制度应当依法公开。

国务院期货监督管理机构依据调查结果，对期货违法行为作出的处罚决定，应当依法公开。

第一百一十二条　国务院期货监督管理机构对涉嫌期货违法的单位或者个人进行调查期间，被调查的当事人书面申请，承诺在国务院期货监督管理机构认可的期限内纠正涉嫌违法行为，赔偿有关交易者损失，消除损害或者不良影响的，国务院期货监督管理机构可以决定中止调查。被调查的当事人履行承诺的，国务院期货监督管理机构可以决定终止调查；被调查的当事人未履行承诺或者有国务院规定的其他情形的，应当恢复调查。具体办法由国务院规定。

国务院期货监督管理机构中止或者终止调查的，应当按照规定公开相关信息。

第一百一十三条　国务院期货监督管理机构依法将有关期货市场主体遵守本法的情

况纳入期货市场诚信档案。

第一百一十四条 国务院期货监督管理机构依法履行职责，发现期货违法行为涉嫌犯罪的，应当依法将案件移送司法机关处理；发现公职人员涉嫌职务违法或者职务犯罪的，应当依法移送监察机关处理。

第一百一十五条 国务院期货监督管理机构应当建立健全期货市场监测监控制度，通过专门机构加强保证金安全存管监控。

第一百一十六条 为防范交易及结算的风险，期货经营机构、期货交易场所、期货结算机构和非期货经营机构结算参与人应当从业务收入中按照国务院期货监督管理机构、国务院财政部门的规定提取、管理和使用风险准备金。

第一百一十七条 期货经营机构、期货交易场所、期货结算机构、期货服务机构和非期货经营机构结算参与人等应当按照规定妥善保存与业务经营相关的资料和信息，任何人不得泄露、隐匿、伪造、篡改或者毁损。期货经营机构、期货交易场所、期货结算机构和非期货经营机构结算参与人的信息和资料的保存期限不得少于二十年；期货服务机构的信息和资料的保存期限不得少于十年。

第十一章 跨境交易与监管协作

第一百一十八条 境外期货交易场所向境内单位或者个人提供直接接入该交易场所交易系统进行交易服务的，应当向国务院期货监督管理机构申请注册，接受国务院期货监督管理机构的监督管理，国务院期货监督管理机构另有规定的除外。

第一百一十九条 境外期货交易场所上市的期货合约、期权合约和衍生品合约，以境内期货交易场所上市的合约价格进行挂钩结算的，应当符合国务院期货监督管理机构的规定。

第一百二十条 境内单位或者个人从事境外期货交易，应当委托具有境外期货经纪业务资格的境内期货经营机构进行，国务院另有规定的除外。

境内期货经营机构转委托境外期货经营机构从事境外期货交易的，该境外期货经营机构应当向国务院期货监督管理机构申请注册，接受国务院期货监督管理机构的监督管理，国务院期货监督管理机构另有规定的除外。

第一百二十一条 境外期货交易场所在境内设立代表机构的，应当向国务院期货监督管理机构备案。

境外期货交易场所代表机构及其工作人员，不得从事或者变相从事任何经营活动。

第一百二十二条 境外机构在境内从事期货市场营销、推介及招揽活动，应当经国务院期货监督管理机构批准，适用本法的相关规定。

境内机构为境外机构在境内从事期货市场营销、推介及招揽活动，应当经国务院期货监督管理机构批准。

任何单位或者个人不得从事违反前两款规定的期货市场营销、推介及招揽活动。

第一百二十三条 国务院期货监督管理机构可以和境外期货监督管理机构建立监督管理合作机制，或者加入国际组织，实施跨境监督管理。

国务院期货监督管理机构应境外期货监督管理机构请求提供协助的，应当遵循国家法律、法规的规定和对等互惠的原则，不得泄露国家秘密，不得损害国家利益和社会公共利益。

第一百二十四条 国务院期货监督管理机构可以按照与境外期货监督管理机构达成的监管合作安排，接受境外期货监督管理机构的请求，依照本法规定的职责和程序为其进行调查取证。境外期货监督管理机构应当提供有关案件材料，并说明其正在就被调查当事人涉嫌违反请求方当地期货法律法规的行为进行调查。境外期货监督管理机构不得在中华人民共和国境内直接进行调查取证等活动。

未经国务院期货监督管理机构和国务院

有关主管部门同意，任何单位和个人不得擅自向境外监督管理机构提供与期货业务活动有关的文件和资料。

国务院期货监督管理机构可以依照与境外期货监督管理机构达成的监管合作安排，请求境外期货监督管理机构进行调查取证。

第十二章　法律责任

第一百二十五条　违反本法第十二条的规定，操纵期货市场或者衍生品市场的，责令改正，没收违法所得，并处以违法所得一倍以上十倍以下的罚款；没有违法所得或者违法所得不足一百万元的，处以一百万元以上一千万元以下的罚款。单位操纵市场的，还应当对直接负责的主管人员和其他直接责任人员给予警告，并处以五十万元以上五百万元以下的罚款。

操纵市场行为给交易者造成损失的，应当依法承担赔偿责任。

第一百二十六条　违反本法第十三条的规定从事内幕交易的，责令改正，没收违法所得，并处以违法所得一倍以上十倍以下的罚款；没有违法所得或者违法所得不足五十万元的，处以五十万元以上五百万元以下的罚款。单位从事内幕交易的，还应当对直接负责的主管人员和其他直接责任人员给予警告，并处以二十万元以上二百万元以下的罚款。

国务院期货监督管理机构、国务院授权的部门、期货交易场所、期货结算机构的工作人员从事内幕交易的，从重处罚。

内幕交易行为给交易者造成损失的，应当依法承担赔偿责任。

第一百二十七条　违反本法第十六条第一款、第三款的规定，编造、传播虚假信息或者误导性信息，扰乱期货市场、衍生品市场的，没收违法所得，并处以违法所得一倍以上十倍以下的罚款；没有违法所得或者违法所得不足二十万元的，处以二十万元以上二百万元以下的罚款。对直接负责的主管人员和其他直接责任人员给予警告，并处以十万元以上一百万元以下的罚款。

违反本法第十六条第二款的规定，在期货交易、衍生品交易活动中作出虚假陈述或者信息误导的，责令改正，处以二十万元以上二百万元以下的罚款；属于国家工作人员的，还应当依法给予处分。

传播媒介及其从事期货市场、衍生品市场信息报道的工作人员违反本法第十六条第三款的规定，从事与其工作职责发生利益冲突的期货交易、衍生品交易的，没收违法所得，并处以违法所得一倍以下的罚款，没有违法所得或者违法所得不足十万元的，处以十万元以下的罚款。

编造、传播有关期货交易、衍生品交易的虚假信息，或者在期货交易、衍生品交易中作出信息误导，给交易者造成损失的，应当依法承担赔偿责任。

第一百二十八条　违反本法第十八条第二款的规定，出借自己的期货账户或者借用他人的期货账户从事期货交易的，责令改正，给予警告，可以处五十万元以下的罚款。

第一百二十九条　违反本法第二十一条的规定，采取程序化交易影响期货交易场所系统安全或者正常交易秩序的，责令改正，并处以五十万元以上五百万元以下的罚款。对直接负责的主管人员和其他直接责任人员给予警告，并处以十万元以上一百万元以下的罚款。

第一百三十条　违反本法第二十七条规定，未报告有关重大事项的，责令改正，给予警告，可以处一百万元以下的罚款。

第一百三十一条　法律、行政法规和国务院期货监督管理机构规定禁止参与期货交易的人员，违反本法第五十三条的规定，直接或者以化名、借他人名义参与期货交易的，责令改正，给予警告，没收违法所得，并处以五万元以上五十万元以下的罚款；属于国家工作人员的，还应当依法给予处分。

第一百三十二条　非法设立期货公司，或者未经核准从事相关期货业务的，予以取缔，没收违法所得，并处以违法所得一倍以上十倍以下的罚款；没有违法所得或者违法所得不足一百万元的，处以一百万元以上一千万元以下的罚款。对直接负责的主管人员和其他直接责任人员给予警告，并处以二十万元以上二百万元以下的罚款。

第一百三十三条 提交虚假申请文件或者采取其他欺诈手段骗取期货公司设立许可、重大事项变更核准或者期货经营机构期货业务许可的，撤销相关许可，没收违法所得，并处以违法所得一倍以上十倍以下的罚款；没有违法所得或者违法所得不足二十万元的，处以二十万元以上二百万元以下的罚款。对直接负责的主管人员和其他直接责任人员给予警告，并处以二十万元以上二百万元以下的罚款。

第一百三十四条 期货经营机构违反本法第四十条、第六十二条、第六十五条、第六十八条、第七十一条、第七十二条的，责令改正，给予警告，没收违法所得，并处以违法所得一倍以上十倍以下的罚款；没有违法所得或者违法所得不足二十万元的，处以二十万元以上二百万元以下的罚款；情节严重的，责令停业整顿或者吊销期货业务许可证。对直接负责的主管人员和其他直接责任人员给予警告，并处以五万元以上五十万元以下的罚款。

期货经营机构有前款所列违法情形，给交易者造成损失的，应当依法承担赔偿责任。

期货经营机构的主要股东、实际控制人或者其他关联人违反本法第七十一条规定的，依照本条第一款的规定处罚。

第一百三十五条 期货经营机构违反本法第五十条交易者适当性管理规定，或者违反本法第六十六条规定从事经纪业务接受交易者全权委托，或者有第七十八条损害交易者利益行为的，责令改正，给予警告，没收违法所得，并处以违法所得一倍以上十倍以下的罚款；没有违法所得或者违法所得不足五十万元的，处以五十万元以上五百万元以下的罚款；情节严重的，吊销相关业务许可。对直接负责的主管人员和其他直接责任人员给予警告，并处以二十万元以上二百万元以下的罚款。

期货经营机构有本法第七十八条规定的行为，给交易者造成损失的，应当依法承担赔偿责任。

第一百三十六条 违反本法第十一条、第八十条、第九十二条规定，非法设立期货交易场所、期货结算机构，或者以其他形式组织期货交易的，没收违法所得，并处以违法所得一倍以上十倍以下的罚款；没有违法所得或者违法所得不足一百万元的，处以一百万元以上一千万元以下的罚款。对直接负责的主管人员和其他直接责任人员给予警告，并处以二十万元以上二百万元以下的罚款。非法设立期货交易场所的，由县级以上人民政府予以取缔。

违反本法第三十条规定，未经批准组织开展衍生品交易的，或者金融机构违反本法第三十一条规定，未经批准、核准开展衍生品交易的，依照前款规定处罚。

第一百三十七条 期货交易场所、期货结算机构违反本法第十七条、第四十条、第八十五条第二款规定的，责令改正，给予警告，没收违法所得，并处以违法所得一倍以上十倍以下的罚款；没有违法所得或者违法所得不足二十万元的，处以二十万元以上二百万元以下的罚款；情节严重的，责令停业整顿。对直接负责的主管人员和其他直接责任人员处以五万元以上五十万元以下的罚款。

第一百三十八条 期货交易场所、期货结算机构违反本法第八十八条第三款规定发布价格预测信息的，责令改正，给予警告，并处以二十万元以上二百万元以下的罚款。对直接负责的主管人员和其他直接责任人员处以五万元以上五十万元以下的罚款。

第一百三十九条 期货服务机构违反本法第九十八条的规定，从事期货服务业务未按照要求提供相关资料的，责令改正，可以处二十万元以下的罚款。

第一百四十条　会计师事务所、律师事务所、资产评估机构等期货服务机构违反本法第九十九条的规定，未勤勉尽责，所制作、出具的文件有虚假记载、误导性陈述或者重大遗漏的，责令改正，没收业务收入，并处以业务收入一倍以上十倍以下的罚款；没有业务收入或者业务收入不足五十万元的，处以五十万元以上五百万元以下的罚款。对直接负责的主管人员和其他直接责任人员给予警告，并处以二十万元以上二百万元以下的罚款。

期货服务机构有前款所列违法行为，给他人造成损失的，依法承担赔偿责任。

第一百四十一条　交割库有本法第一百条所列行为之一的，责令改正，给予警告，没收违法所得，并处以违法所得一倍以上十倍以下的罚款；没有违法所得或者违法所得不足十万元的，处以十万元以上一百万元以下的罚款；情节严重的，责令期货交易场所暂停或者取消其交割库资格。对直接负责的主管人员和其他直接责任人员给予警告，并处以五万元以上五十万元以下的罚款。

第一百四十二条　信息技术服务机构违反本法第一百零一条规定未报备案的，责令改正，可以处二十万元以下的罚款。

信息技术服务机构违反本法第一百零一条规定，提供的服务不符合国家及期货行业信息安全相关的技术管理规定和标准的，责令改正，没收业务收入，并处以业务收入一倍以上十倍以下的罚款；没有业务收入或者业务收入不足五十万元的，处以五十万元以上五百万元以下的罚款。对直接负责的主管人员和其他直接责任人员给予警告，并处以二十万元以上二百万元以下的罚款。

第一百四十三条　违反本法第一百一十六条的规定，期货经营机构、期货交易场所、期货结算机构和非期货经营机构结算参与人未按照规定提取、管理和使用风险准备金的，责令改正，给予警告。对直接负责的主管人员和其他直接责任人员给予警告，并处以十万元以上一百万元以下的罚款。

第一百四十四条　违反本法第一百一十七条的规定，期货经营机构、期货交易场所、期货结算机构、期货服务机构和非期货经营机构结算参与人等未按照规定妥善保存与业务经营相关的资料和信息的，责令改正，给予警告，并处以十万元以上一百万元以下的罚款；泄露、隐匿、伪造、篡改或者毁损有关文件资料的，责令改正，给予警告，并处以二十万元以上二百万元以下的罚款；情节严重的，处以五十万元以上五百万元以下的罚款，并暂停、吊销相关业务许可或者禁止从事相关业务。对直接负责的主管人员和其他直接责任人员给予警告，并处以十万元以上一百万元以下的罚款。

第一百四十五条　境外期货交易场所和期货经营机构违反本法第一百一十八条和第一百二十条的规定，未向国务院期货监督管理机构申请注册的，责令改正，没收违法所得，并处以违法所得一倍以上十倍以下的罚款；没有违法所得或者违法所得不足五十万元的，处以五十万元以上五百万元以下的罚款。对直接负责的主管人员和其他直接责任人员给予警告，并处以十万元以上一百万元以下的罚款。

第一百四十六条　境内单位或者个人违反本法第一百二十条第一款规定的，责令改正，给予警告，没收违法所得，并处以十万元以上一百万元以下的罚款；情节严重的，暂停其境外期货交易。对直接负责的主管人员和其他直接责任人员给予警告，并处以五万元以上五十万元以下的罚款。

第一百四十七条　境外期货交易场所在境内设立的代表机构及其工作人员违反本法第一百二十一条的规定，从事或者变相从事任何经营活动的，责令改正，给予警告，没收违法所得，并处以违法所得一倍以上十倍以下的罚款；没有违法所得或者违法所得不足五十万元的，处以五十万元以上五百万元以下的罚款。对直接负责的主管人员和其他直接责任人员给予警告，并处以十万元以上一百万元以下的罚款。

第一百四十八条 违反本法第一百二十二条的规定在境内从事市场营销、推介及招揽活动的，责令改正，给予警告，没收违法所得，并处以违法所得一倍以上十倍以下的罚款；没有违法所得或者违法所得不足五十万元的，处以五十万元以上五百万元以下的罚款。对直接负责的主管人员和其他直接责任人员给予警告，并处以十万元以上一百万元以下的罚款。

第一百四十九条 拒绝、阻碍国务院期货监督管理机构或者国务院授权的部门及其工作人员依法行使监督检查、调查职权的，责令改正，处以十万元以上一百万元以下的罚款，并由公安机关依法给予治安管理处罚。

第一百五十条 违反法律、行政法规或者国务院期货监督管理机构的有关规定，情节严重的，国务院期货监督管理机构可以对有关责任人员采取期货市场禁入的措施。

前款所称期货市场禁入，是指在一定期限内直至终身不得进行期货交易、从事期货业务，不得担任期货经营机构、期货交易场所、期货结算机构的董事、监事、高级管理人员或者负责人的制度。

第一百五十一条 本法规定的行政处罚，由国务院期货监督管理机构、国务院授权的部门按照国务院规定的职责分工作出决定；法律、行政法规另有规定的，适用其规定。

第一百五十二条 国务院期货监督管理机构或者国务院授权的部门的工作人员，不履行本法规定的职责，滥用职权、玩忽职守，利用职务便利牟取不正当利益，或者泄露所知悉的有关单位和个人的商业秘密的，依法追究法律责任。

第一百五十三条 违反本法规定，构成犯罪的，依法追究刑事责任。

第一百五十四条 违反本法规定，应当承担民事赔偿责任和缴纳罚款、罚金、违法所得，违法行为人的财产不足以支付的，优先用于承担民事赔偿责任。

第十三章 附　　则

第一百五十五条 本法自2022年8月1日起施行。

期货交易管理条例

（2007年3月6日中华人民共和国国务院令第489号公布，根据2012年10月24日《国务院关于修改〈期货交易管理条例〉的决定》第一次修订，根据2013年7月18日《国务院关于废止和修改部分行政法规的决定》第二次修订，根据2016年2月6日《国务院关于修改部分行政法规的决定》第三次修订，根据2017年3月1日《国务院关于修改和废止部分行政法规的决定》第四次修订）

第一章 总　　则

第一条 为了规范期货交易行为，加强对期货交易的监督管理，维护期货市场秩序，防范风险，保护期货交易各方的合法权益和社会公共利益，促进期货市场积极稳妥发展，制定本条例。

第二条　任何单位和个人从事期货交易及其相关活动，应当遵守本条例。

本条例所称期货交易，是指采用公开的集中交易方式或者国务院期货监督管理机构批准的其他方式进行的以期货合约或者期权合约为交易标的的交易活动。

本条例所称期货合约，是指期货交易场所统一制定的、规定在将来某一特定的时间和地点交割一定数量标的物的标准化合约。期货合约包括商品期货合约和金融期货合约及其他期货合约。

本条例所称期权合约，是指期货交易场所统一制定的、规定买方有权在将来某一时间以特定价格买入或者卖出约定标的物（包括期货合约）的标准化合约。

第三条　从事期货交易活动，应当遵循公开、公平、公正和诚实信用的原则。禁止欺诈、内幕交易和操纵期货交易价格等违法行为。

第四条　期货交易应当在依照本条例第六条第一款规定设立的期货交易所、国务院批准的或者国务院期货监督管理机构批准的其他期货交易场所进行。

禁止在前款规定的期货交易场所之外进行期货交易。

第五条　国务院期货监督管理机构对期货市场实行集中统一的监督管理。

国务院期货监督管理机构派出机构依照本条例的有关规定和国务院期货监督管理机构的授权，履行监督管理职责。

第二章　期货交易所

第六条　设立期货交易所，由国务院期货监督管理机构审批。

未经国务院批准或者国务院期货监督管理机构批准，任何单位或者个人不得设立期货交易场所或者以任何形式组织期货交易及其相关活动。

第七条　期货交易所不以营利为目的，按照其章程的规定实行自律管理。期货交易所以其全部财产承担民事责任。期货交易所的负责人由国务院期货监督管理机构任免。

期货交易所的管理办法由国务院期货监督管理机构制定。

第八条　期货交易所会员应当是在中华人民共和国境内登记注册的企业法人或者其他经济组织。

期货交易所可以实行会员分级结算制度。实行会员分级结算制度的期货交易所会员由结算会员和非结算会员组成。

第九条　有《中华人民共和国公司法》第一百四十六条规定的情形或者下列情形之一的，不得担任期货交易所的负责人、财务会计人员：

（一）因违法行为或者违纪行为被解除职务的期货交易所、证券交易所、证券登记结算机构的负责人，或者期货公司、证券公司的董事、监事、高级管理人员，以及国务院期货监督管理机构规定的其他人员，自被解除职务之日起未逾5年；

（二）因违法行为或者违纪行为被撤销资格的律师、注册会计师或者投资咨询机构、财务顾问机构、资信评级机构、资产评估机构、验证机构的专业人员，自被撤销资格之日起未逾5年。

第十条　期货交易所应当依照本条例和国务院期货监督管理机构的规定，建立、健全各项规章制度，加强对交易活动的风险控制和对会员以及交易所工作人员的监督管理。期货交易所履行下列职责：

（一）提供交易的场所、设施和服务；

（二）设计合约，安排合约上市；

（三）组织并监督交易、结算和交割；

（四）为期货交易提供集中履约担保；

（五）按照章程和交易规则对会员进行监督管理；

（六）国务院期货监督管理机构规定的其他职责。

期货交易所不得直接或者间接参与期货

交易。未经国务院期货监督管理机构审核并报国务院批准，期货交易所不得从事信托投资、股票投资、非自用不动产投资等与其职责无关的业务。

第十一条 期货交易所应当按照国家有关规定建立、健全下列风险管理制度：

（一）保证金制度；

（二）当日无负债结算制度；

（三）涨跌停板制度；

（四）持仓限额和大户持仓报告制度；

（五）风险准备金制度；

（六）国务院期货监督管理机构规定的其他风险管理制度。

实行会员分级结算制度的期货交易所，还应当建立、健全结算担保金制度。

第十二条 当期货市场出现异常情况时，期货交易所可以按照其章程规定的权限和程序，决定采取下列紧急措施，并应当立即报告国务院期货监督管理机构：

（一）提高保证金；

（二）调整涨跌停板幅度；

（三）限制会员或者客户的最大持仓量；

（四）暂时停止交易；

（五）采取其他紧急措施。

前款所称异常情况，是指在交易中发生操纵期货交易价格的行为或者发生不可抗拒的突发事件以及国务院期货监督管理机构规定的其他情形。

异常情况消失后，期货交易所应当及时取消紧急措施。

第十三条 期货交易所办理下列事项，应当经国务院期货监督管理机构批准：

（一）制定或者修改章程、交易规则；

（二）上市、中止、取消或者恢复交易品种；

（三）国务院期货监督管理机构规定的其他事项。

国务院期货监督管理机构批准期货交易所上市新的交易品种，应当征求国务院有关部门的意见。

第十四条 期货交易所的所得收益按照国家有关规定管理和使用，但应当首先用于保证期货交易场所、设施的运行和改善。

第三章 期货公司

第十五条 期货公司是依照《中华人民共和国公司法》和本条例规定设立的经营期货业务的金融机构。设立期货公司，应当在公司登记机关登记注册，并经国务院期货监督管理机构批准。

未经国务院期货监督管理机构批准，任何单位或者个人不得设立或者变相设立期货公司，经营期货业务。

第十六条 申请设立期货公司，应当符合《中华人民共和国公司法》的规定，并具备下列条件：

（一）注册资本最低限额为人民币3000万元；

（二）董事、监事、高级管理人员具备任职条件，从业人员具有期货从业资格；

（三）有符合法律、行政法规规定的公司章程；

（四）主要股东以及实际控制人具有持续盈利能力，信誉良好，最近3年无重大违法违规记录；

（五）有合格的经营场所和业务设施；

（六）有健全的风险管理和内部控制制度；

（七）国务院期货监督管理机构规定的其他条件。

国务院期货监督管理机构根据审慎监管原则和各项业务的风险程度，可以提高注册资本最低限额。注册资本应当是实缴资本。股东应当以货币或者期货公司经营必需的非货币财产出资，货币出资比例不得低于85%。

国务院期货监督管理机构应当在受理期货公司设立申请之日起6个月内，根据审慎监管原则进行审查，作出批准或者不批准的决定。

未经国务院期货监督管理机构批准，任

何单位和个人不得委托或者接受他人委托持有或者管理期货公司的股权。

第十七条　期货公司业务实行许可制度，由国务院期货监督管理机构按照其商品期货、金融期货业务种类颁发许可证。期货公司除申请经营境内期货经纪业务外，还可以申请经营境外期货经纪、期货投资咨询以及国务院期货监督管理机构规定的其他期货业务。

期货公司不得从事与期货业务无关的活动，法律、行政法规或者国务院期货监督管理机构另有规定的除外。

期货公司不得从事或者变相从事期货自营业务。

期货公司不得为其股东、实际控制人或者其他关联人提供融资，不得对外担保。

第十八条　期货公司从事经纪业务，接受客户委托，以自己的名义为客户进行期货交易，交易结果由客户承担。

第十九条　期货公司办理下列事项，应当经国务院期货监督管理机构批准：

（一）合并、分立、停业、解散或者破产；

（二）变更业务范围；

（三）变更注册资本且调整股权结构；

（四）新增持有5%以上股权的股东或者控股股东发生变化；

（五）国务院期货监督管理机构规定的其他事项。

前款第三项、第五项所列事项，国务院期货监督管理机构应当自受理申请之日起20日内作出批准或者不批准的决定；前款所列其他事项，国务院期货监督管理机构应当自受理申请之日起2个月内作出批准或者不批准的决定。

第二十条　期货公司或者其分支机构有《中华人民共和国行政许可法》第七丨条规定的情形或者下列情形之一的，国务院期货监督管理机构应当依法办理期货业务许可证注销手续：

（一）营业执照被公司登记机关依法注销；

（二）成立后无正当理由超过3个月未开始营业，或者开业后无正当理由停业连续3个月以上；

（三）主动提出注销申请；

（四）国务院期货监督管理机构规定的其他情形。

期货公司在注销期货业务许可证前，应当结清相关期货业务，并依法返还客户的保证金和其他资产。期货公司分支机构在注销经营许可证前，应当终止经营活动，妥善处理客户资产。

第二十一条　期货公司应当建立、健全并严格执行业务管理规则、风险管理制度，遵守信息披露制度，保障客户保证金的存管安全，按照期货交易所的规定，向期货交易所报告大户名单、交易情况。

第二十二条　其他期货经营机构从事期货投资咨询业务，应当遵守国务院期货监督管理机构的规定。

第四章　期货交易基本规则

第二十三条　在期货交易所进行期货交易的，应当是期货交易所会员。

符合规定条件的境外机构，可以在期货交易所从事特定品种的期货交易。具体办法由国务院期货监督管理机构制定。

第二十四条　期货公司接受客户委托为其进行期货交易，应当事先向客户出示风险说明书，经客户签字确认后，与客户签订书面合同。期货公司不得未经客户委托或者不按照客户委托内容，擅自进行期货交易。

期货公司不得向客户作获利保证；不得在经纪业务中与客户约定分享利益或者共担风险。

第二十五条　下列单位和个人不得从事期货交易，期货公司不得接受其委托为其进行期货交易：

（一）国家机关和事业单位；

（二）国务院期货监督管理机构、期货

交易所、期货保证金安全存管监控机构和期货业协会的工作人员；

（三）证券、期货市场禁止进入者；

（四）未能提供开户证明材料的单位和个人；

（五）国务院期货监督管理机构规定不得从事期货交易的其他单位和个人。

第二十六条　客户可以通过书面、电话、互联网或者国务院期货监督管理机构规定的其他方式，向期货公司下达交易指令。客户的交易指令应当明确、全面。

期货公司不得隐瞒重要事项或者使用其他不正当手段诱骗客户发出交易指令。

第二十七条　期货交易所应当及时公布上市品种合约的成交量、成交价、持仓量、最高价与最低价、开盘价与收盘价和其他应当公布的即时行情，并保证即时行情的真实、准确。期货交易所不得发布价格预测信息。

未经期货交易所许可，任何单位和个人不得发布期货交易即时行情。

第二十八条　期货交易应当严格执行保证金制度。期货交易所向会员、期货公司向客户收取的保证金，不得低于国务院期货监督管理机构、期货交易所规定的标准，并应当与自有资金分开，专户存放。

期货交易所向会员收取的保证金，属于会员所有，除用于会员的交易结算外，严禁挪作他用。

期货公司向客户收取的保证金，属于客户所有，除下列可划转的情形外，严禁挪作他用：

（一）依据客户的要求支付可用资金；

（二）为客户交存保证金，支付手续费、税款；

（三）国务院期货监督管理机构规定的其他情形。

第二十九条　期货公司应当为每一个客户单独开立专门账户、设置交易编码，不得混码交易。

第三十条　期货公司经营期货经纪业务又同时经营其他期货业务的，应当严格执行业务分离和资金分离制度，不得混合操作。

第三十一条　期货交易所、期货公司、非期货公司结算会员应当按照国务院期货监督管理机构、财政部门的规定提取、管理和使用风险准备金，不得挪用。

第三十二条　期货交易的收费项目、收费标准和管理办法由国务院有关主管部门统一制定并公布。

第三十三条　期货交易的结算，由期货交易所统一组织进行。

期货交易所实行当日无负债结算制度。期货交易所应当在当日及时将结算结果通知会员。

期货公司根据期货交易所的结算结果对客户进行结算，并应当将结算结果按照与客户约定的方式及时通知客户。客户应当及时查询并妥善处理自己的交易持仓。

第三十四条　期货交易所会员的保证金不足时，应当及时追加保证金或者自行平仓。会员未在期货交易所规定的时间内追加保证金或者自行平仓的，期货交易所应当将该会员的合约强行平仓，强行平仓的有关费用和发生的损失由该会员承担。

客户保证金不足时，应当及时追加保证金或者自行平仓。客户未在期货公司规定的时间内及时追加保证金或者自行平仓的，期货公司应当将该客户的合约强行平仓，强行平仓的有关费用和发生的损失由该客户承担。

第三十五条　期货交易的交割，由期货交易所统一组织进行。

交割仓库由期货交易所指定。期货交易所不得限制实物交割总量，并应当与交割仓库签订协议，明确双方的权利和义务。交割仓库不得有下列行为：

（一）出具虚假仓单；

（二）违反期货交易所业务规则，限制交割商品的入库、出库；

（三）泄露与期货交易有关的商业秘密；

（四）违反国家有关规定参与期货交易；

（五）国务院期货监督管理机构规定的其他行为。

第三十六条　会员在期货交易中违约的，期货交易所先以该会员的保证金承担违约责任；保证金不足的，期货交易所应当以风险准备金和自有资金代为承担违约责任，并由此取得对该会员的相应追偿权。

客户在期货交易中违约的，期货公司先以该客户的保证金承担违约责任；保证金不足的，期货公司应当以风险准备金和自有资金代为承担违约责任，并由此取得对该客户的相应追偿权。

第三十七条　实行会员分级结算制度的期货交易所，应当向结算会员收取结算担保金。期货交易所只对结算会员结算，收取和追收保证金，以结算担保金、风险准备金、自有资金代为承担违约责任，以及采取其他相关措施；对非结算会员的结算、收取和追收保证金、代为承担违约责任，以及采取其他相关措施，由结算会员执行。

第三十八条　期货交易所、期货公司和非期货公司结算会员应当保证期货交易、结算、交割资料的完整和安全。

第三十九条　任何单位或者个人不得编造、传播有关期货交易的虚假信息，不得恶意串通、联手买卖或者以其他方式操纵期货交易价格。

第四十条　任何单位或者个人不得违规使用信贷资金、财政资金进行期货交易。

银行业金融机构从事期货交易融资或者担保业务的资格，由国务院银行业监督管理机构批准。

第四十一条　国有以及国有控股企业进行境内外期货交易，应当遵循套期保值的原则，严格遵守国务院国有资产监督管理机构以及其他有关部门关于企业以国有资产进入期货市场的有关规定。

第四十二条　境外期货项下购汇、结汇以及外汇收支，应当符合国家外汇管理有关规定。

境内单位或者个人从事境外期货交易的办法，由国务院期货监督管理机构会同国务院商务主管部门、国有资产监督管理机构、银行业监督管理机构、外汇管理部门等有关部门制订，报国务院批准后施行。

第五章　期货业协会

第四十三条　期货业协会是期货业的自律性组织，是社会团体法人。

期货公司以及其他专门从事期货经营的机构应当加入期货业协会，并缴纳会员费。

第四十四条　期货业协会的权力机构为全体会员组成的会员大会。

期货业协会的章程由会员大会制定，并报国务院期货监督管理机构备案。

期货业协会设理事会。理事会成员按照章程的规定选举产生。

第四十五条　期货业协会履行下列职责：

（一）教育和组织会员遵守期货法律法规和政策；

（二）制定会员应当遵守的行业自律性规则，监督、检查会员行为，对违反协会章程和自律性规则的，按照规定给予纪律处分；

（三）负责期货从业人员资格的认定、管理以及撤销工作；

（四）受理客户与期货业务有关的投诉，对会员之间、会员与客户之间发生的纠纷进行调解；

（五）依法维护会员的合法权益，向国务院期货监督管理机构反映会员的建议和要求；

（六）组织期货从业人员的业务培训，开展会员间的业务交流；

（七）组织会员就期货业的发展、运作

以及有关内容进行研究；

（八）期货业协会章程规定的其他职责。

期货业协会的业务活动应当接受国务院期货监督管理机构的指导和监督。

第六章 监督管理

第四十六条 国务院期货监督管理机构对期货市场实施监督管理，依法履行下列职责：

（一）制定有关期货市场监督管理的规章、规则，并依法行使审批权；

（二）对品种的上市、交易、结算、交割等期货交易及其相关活动，进行监督管理；

（三）对期货交易所、期货公司及其他期货经营机构、非期货公司结算会员、期货保证金安全存管监控机构、期货保证金存管银行、交割仓库等市场相关参与者的期货业务活动，进行监督管理；

（四）制定期货从业人员的资格标准和管理办法，并监督实施；

（五）监督检查期货交易的信息公开情况；

（六）对期货业协会的活动进行指导和监督；

（七）对违反期货市场监督管理法律、行政法规的行为进行查处；

（八）开展与期货市场监督管理有关的国际交流、合作活动；

（九）法律、行政法规规定的其他职责。

第四十七条 国务院期货监督管理机构依法履行职责，可以采取下列措施：

（一）对期货交易所、期货公司及其他期货经营机构、非期货公司结算会员、期货保证金安全存管监控机构和交割仓库进行现场检查。

（二）进入涉嫌违法行为发生场所调查取证。

（三）询问当事人和与被调查事件有关的单位和个人，要求其对与被调查事件有关的事项作出说明。

（四）查阅、复制与被调查事件有关的财产权登记等资料。

（五）查阅、复制当事人和与被调查事件有关的单位和个人的期货交易记录、财务会计资料以及其他相关文件和资料；对可能被转移、隐匿或者毁损的文件和资料，可以予以封存。

（六）查询与被调查事件有关的单位的保证金账户和银行账户。

（七）在调查操纵期货交易价格、内幕交易等重大期货违法行为时，经国务院期货监督管理机构主要负责人批准，可以限制被调查事件当事人的期货交易，但限制的时间不得超过15个交易日；案情复杂的，可以延长至30个交易日。

（八）法律、行政法规规定的其他措施。

第四十八条 期货交易所、期货公司及其他期货经营机构、期货保证金安全存管监控机构，应当向国务院期货监督管理机构报送财务会计报告、业务资料和其他有关资料。

对期货公司及其他期货经营机构报送的年度报告，国务院期货监督管理机构应当指定专人进行审核，并制作审核报告。审核人员应当在审核报告上签字。审核中发现问题的，国务院期货监督管理机构应当及时采取相应措施。

必要时，国务院期货监督管理机构可以要求非期货公司结算会员、交割仓库，以及期货公司股东、实际控制人或者其他关联人报送相关资料。

第四十九条 国务院期货监督管理机构依法履行职责，进行监督检查或者调查时，被检查、调查的单位和个人应当配合，如实提供有关文件和资料，不得拒绝、阻碍和隐瞒；其他有关部门和单位应当给予支持和配合。

第五十条　国家根据期货市场发展的需要，设立期货投资者保障基金。

期货投资者保障基金的筹集、管理和使用的具体办法，由国务院期货监督管理机构会同国务院财政部门制定。

第五十一条　国务院期货监督管理机构应当建立、健全保证金安全存管监控制度，设立期货保证金安全存管监控机构。

客户和期货交易所、期货公司及其他期货经营机构、非期货公司结算会员以及期货保证金存管银行，应当遵守国务院期货监督管理机构有关保证金安全存管监控的规定。

第五十二条　期货保证金安全存管监控机构依照有关规定对保证金安全实施监控，进行每日稽核，发现问题应当立即报告国务院期货监督管理机构。国务院期货监督管理机构应当根据不同情况，依照本条例有关规定及时处理。

第五十三条　国务院期货监督管理机构对期货交易所和期货保证金安全存管监控机构的董事、监事、高级管理人员，实行资格管理制度。

第五十四条　国务院期货监督管理机构应当制定期货公司持续性经营规则，对期货公司的净资本与净资产的比例，净资本与境内期货经纪、境外期货经纪等业务规模的比例，流动资产与流动负债的比例等风险监管指标作出规定；对期货公司及其分支机构的经营条件、风险管理、内部控制、保证金存管、关联交易等方面提出要求。

第五十五条　期货公司及其分支机构不符合持续性经营规则或者出现经营风险的，国务院期货监督管理机构可以对期货公司及其董事、监事和高级管理人员采取谈话、提示、记入信用记录等监管措施或者责令期货公司限期整改，并对其整改情况进行检查验收。

期货公司逾期未改正，其行为严重危及期货公司的稳健运行、损害客户合法权益，或者涉嫌严重违法违规正在被国务院期货监督管理机构调查的，国务院期货监督管理机构可以区别情形，对其采取下列措施：

（一）限制或者暂停部分期货业务；

（二）停止批准新增业务；

（三）限制分配红利，限制向董事、监事、高级管理人员支付报酬、提供福利；

（四）限制转让财产或者在财产上设定其他权利；

（五）责令更换董事、监事、高级管理人员或者有关业务部门、分支机构的负责人员，或者限制其权利；

（六）限制期货公司自有资金或者风险准备金的调拨和使用；

（七）责令控股股东转让股权或者限制有关股东行使股东权利。

对经过整改符合有关法律、行政法规规定以及持续性经营规则要求的期货公司，国务院期货监督管理机构应当自验收完毕之日起3日内解除对其采取的有关措施。

对经过整改仍未达到持续性经营规则要求，严重影响正常经营的期货公司，国务院期货监督管理机构有权撤销其部分或者全部期货业务许可、关闭其分支机构。

第五十六条　期货公司违法经营或者出现重大风险，严重危害期货市场秩序、损害客户利益的，国务院期货监督管理机构可以对该期货公司采取责令停业整顿、指定其他机构托管或者接管等监管措施。经国务院期货监督管理机构批准，可以对该期货公司直接负责的董事、监事、高级管理人员和其他直接责任人员采取以下措施：

（一）通知出境管理机关依法阻止其出境；

（二）申请司法机关禁止其转移、转让或者以其他方式处分财产，或者在财产上设定其他权利。

第五十七条　期货公司的股东有虚假出资或者抽逃出资行为的，国务院期货监督管理机构应当责令其限期改正，并可责令其转让所持期货公司的股权。

在股东按照前款要求改正违法行为、转让所持期货公司的股权前，国务院期货监督管理机构可以限制其股东权利。

第五十八条 当期货市场出现异常情况时，国务院期货监督管理机构可以采取必要的风险处置措施。

第五十九条 期货公司的交易软件、结算软件，应当满足期货公司审慎经营和风险管理以及国务院期货监督管理机构有关保证金安全存管监控规定的要求。期货公司的交易软件、结算软件不符合要求的，国务院期货监督管理机构有权要求期货公司予以改进或者更换。

国务院期货监督管理机构可以要求期货公司的交易软件、结算软件的供应商提供该软件的相关资料，供应商应当予以配合。国务院期货监督管理机构对供应商提供的相关资料负有保密义务。

第六十条 期货公司涉及重大诉讼、仲裁，或者股权被冻结或者用于担保，以及发生其他重大事件时，期货公司及其相关股东、实际控制人应当自该事件发生之日起5日内向国务院期货监督管理机构提交书面报告。

第六十一条 会计师事务所、律师事务所、资产评估机构等中介服务机构向期货交易所和期货公司等市场相关参与者提供相关服务时，应当遵守期货法律、行政法规以及国家有关规定，并按照国务院期货监督管理机构的要求提供相关资料。

第六十二条 国务院期货监督管理机构应当与有关部门建立监督管理的信息共享和协调配合机制。

国务院期货监督管理机构可以和其他国家或者地区的期货监督管理机构建立监督管理合作机制，实施跨境监督管理。

第六十三条 国务院期货监督管理机构、期货交易所、期货保证金安全存管监控机构和期货保证金存管银行等相关单位的工作人员，应当忠于职守，依法办事，公正廉洁，保守国家秘密和有关当事人的商业秘密，不得利用职务便利牟取不正当的利益。

第七章 法律责任

第六十四条 期货交易所、非期货公司结算会员有下列行为之一的，责令改正，给予警告，没收违法所得：

（一）违反规定接纳会员的；

（二）违反规定收取手续费的；

（三）违反规定使用、分配收益的；

（四）不按照规定公布即时行情的，或者发布价格预测信息的；

（五）不按照规定向国务院期货监督管理机构履行报告义务的；

（六）不按照规定向国务院期货监督管理机构报送有关文件、资料的；

（七）不按照规定建立、健全结算担保金制度的；

（八）不按照规定提取、管理和使用风险准备金的；

（九）违反国务院期货监督管理机构有关保证金安全存管监控规定的；

（十）限制会员实物交割总量的；

（十一）任用不具备资格的期货从业人员的；

（十二）违反国务院期货监督管理机构规定的其他行为。

有前款所列行为之一的，对直接负责的主管人员和其他直接责任人员给予纪律处分，处1万元以上10万元以下的罚款。

有本条第一款第二项所列行为的，应当责令退还多收取的手续费。

期货保证金安全存管监控机构有本条第一款第五项、第六项、第九项、第十一项、第十二项所列行为的，依照本条第一款、第二款的规定处罚、处分。期货保证金存管银行有本条第一款第九项、第十二项所列行为的，依照本条第一款、第二款的规定处罚、处分。

第六十五条　期货交易所有下列行为之一的，责令改正，给予警告，没收违法所得，并处违法所得1倍以上5倍以下的罚款；没有违法所得或者违法所得不满10万元的，并处10万元以上50万元以下的罚款；情节严重的，责令停业整顿：

（一）未经批准，擅自办理本条例第十三条所列事项的；

（二）允许会员在保证金不足的情况下进行期货交易的；

（三）直接或者间接参与期货交易，或者违反规定从事与其职责无关的业务的；

（四）违反规定收取保证金，或者挪用保证金的；

（五）伪造、涂改或者不按照规定保存期货交易、结算、交割资料的；

（六）未建立或者未执行当日无负债结算、涨跌停板、持仓限额和大户持仓报告制度的；

（七）拒绝或者妨碍国务院期货监督管理机构监督检查的；

（八）违反国务院期货监督管理机构规定的其他行为。

有前款所列行为之一的，对直接负责的主管人员和其他直接责任人员给予纪律处分，处1万元以上10万元以下的罚款。

非期货公司结算会员有本条第一款第二项、第四项至第八项所列行为之一的，依照本条第一款、第二款的规定处罚、处分。

期货保证金安全存管监控机构有本条第一款第三项、第七项、第八项所列行为的，依照本条第一款、第二款的规定处罚、处分。

第六十六条　期货公司有下列行为之一的，责令改正，给予警告，没收违法所得，并处违法所得1倍以上3倍以下的罚款；没有违法所得或者违法所得不满10万元的，并处10万元以上30万元以下的罚款；情节严重的，责令停业整顿或者吊销期货业务许可证：

（一）接受不符合规定条件的单位或者个人委托的；

（二）允许客户在保证金不足的情况下进行期货交易的；

（三）未经批准，擅自办理本条例第十九条所列事项的；

（四）违反规定从事与期货业务无关的活动的；

（五）从事或者变相从事期货自营业务的；

（六）为其股东、实际控制人或者其他关联人提供融资，或者对外担保的；

（七）违反国务院期货监督管理机构有关保证金安全存管监控规定的；

（八）不按照规定向国务院期货监督管理机构履行报告义务或者报送有关文件、资料的；

（九）交易软件、结算软件不符合期货公司审慎经营和风险管理以及国务院期货监督管理机构有关保证金安全存管监控规定的要求的；

（十）不按照规定提取、管理和使用风险准备金的；

（十一）伪造、涂改或者不按照规定保存期货交易、结算、交割资料的；

（十二）任用不具备资格的期货从业人员的；

（十三）伪造、变造、出租、出借、买卖期货业务许可证或者经营许可证的；

（十四）进行混码交易的；

（十五）拒绝或者妨碍国务院期货监督管理机构监督检查的；

（十六）违反国务院期货监督管理机构规定的其他行为。

期货公司有前款所列行为之一的，对直接负责的主管人员和其他直接责任人员给予警告，并处1万元以上5万元以下的罚款；情节严重的，暂停或者撤销期货从业人员资格。

期货公司之外的其他期货经营机构有本

条第一款第八项、第十二项、第十三项、第十五项、第十六项所列行为的，依照本条第一款、第二款的规定处罚。

期货公司的股东、实际控制人或者其他关联人未经批准擅自委托他人或者接受他人委托持有或者管理期货公司股权的，拒不配合国务院期货监督管理机构的检查，拒不按照规定履行报告义务、提供有关信息和资料，或者报送、提供的信息和资料有虚假记载、误导性陈述或者重大遗漏的，依照本条第一款、第二款的规定处罚。

第六十七条　期货公司有下列欺诈客户行为之一的，责令改正，给予警告，没收违法所得，并处违法所得1倍以上5倍以下的罚款；没有违法所得或者违法所得不满10万元的，并处10万元以上50万元以下的罚款；情节严重的，责令停业整顿或者吊销期货业务许可证：

（一）向客户作获利保证或者不按照规定向客户出示风险说明书的；

（二）在经纪业务中与客户约定分享利益、共担风险的；

（三）不按照规定接受客户委托或者不按照客户委托内容擅自进行期货交易的；

（四）隐瞒重要事项或者使用其他不正当手段，诱骗客户发出交易指令的；

（五）向客户提供虚假成交回报的；

（六）未将客户交易指令下达到期货交易所的；

（七）挪用客户保证金的；

（八）不按照规定在期货保证金存管银行开立保证金账户，或者违规划转客户保证金的；

（九）国务院期货监督管理机构规定的其他欺诈客户的行为。

期货公司有前款所列行为之一的，对直接负责的主管人员和其他直接责任人员给予警告，并处1万元以上10万元以下的罚款；情节严重的，暂停或者撤销期货从业人员资格。

任何单位或者个人编造并且传播有关期货交易的虚假信息，扰乱期货交易市场的，依照本条第一款、第二款的规定处罚。

第六十八条　期货公司及其他期货经营机构、非期货公司结算会员、期货保证金存管银行提供虚假申请文件或者采取其他欺诈手段隐瞒重要事实骗取期货业务许可的，撤销其期货业务许可，没收违法所得。

第六十九条　期货交易内幕信息的知情人或者非法获取期货交易内幕信息的人，在对期货交易价格有重大影响的信息尚未公开前，利用内幕信息从事期货交易，或者向他人泄露内幕信息，使他人利用内幕信息进行期货交易的，没收违法所得，并处违法所得1倍以上5倍以下的罚款；没有违法所得或者违法所得不满10万元的，处10万元以上50万元以下的罚款。单位从事内幕交易的，还应当对直接负责的主管人员和其他直接责任人员给予警告，并处3万元以上30万元以下的罚款。

国务院期货监督管理机构、期货交易所和期货保证金安全存管监控机构的工作人员进行内幕交易的，从重处罚。

第七十条　任何单位或者个人有下列行为之一，操纵期货交易价格的，责令改正，没收违法所得，并处违法所得1倍以上5倍以下的罚款；没有违法所得或者违法所得不满20万元的，处20万元以上100万元以下的罚款：

（一）单独或者合谋，集中资金优势、持仓优势或者利用信息优势联合或者连续买卖合约，操纵期货交易价格的；

（二）蓄意串通，按事先约定的时间、价格和方式相互进行期货交易，影响期货交易价格或者期货交易量的；

（三）以自己为交易对象，自买自卖，影响期货交易价格或者期货交易量的；

（四）为影响期货市场行情囤积现货的；

（五）国务院期货监督管理机构规定的

其他操纵期货交易价格的行为。

单位有前款所列行为之一的，对直接负责的主管人员和其他直接责任人员给予警告，并处1万元以上10万元以下的罚款。

第七十一条　交割仓库有本条例第三十五条第二款所列行为之一的，责令改正，给予警告，没收违法所得，并处违法所得1倍以上5倍以下的罚款；没有违法所得或者违法所得不满10万元的，并处10万元以上50万元以下的罚款；情节严重的，责令期货交易所暂停或者取消其交割仓库资格。对直接负责的主管人员和其他直接责任人员给予警告，并处1万元以上10万元以下的罚款。

第七十二条　国有以及国有控股企业违反本条例和国务院国有资产监督管理机构以及其他有关部门关于企业以国有资产进入期货市场的有关规定进行期货交易，或者单位、个人违规使用信贷资金、财政资金进行期货交易的，给予警告，没收违法所得，并处违法所得1倍以上5倍以下的罚款；没有违法所得或者违法所得不满10万元的，并处10万元以上50万元以下的罚款。对直接负责的主管人员和其他直接责任人员给予降级直至开除的纪律处分。

第七十三条　境内单位或者个人违反规定从事境外期货交易的，责令改正，给予警告，没收违法所得，并处违法所得1倍以上5倍以下的罚款；没有违法所得或者违法所得不满20万元的，并处20万元以上100万元以下的罚款；情节严重的，暂停其境外期货交易。对单位直接负责的主管人员和其他直接责任人员给予警告，并处1万元以上10万元以下的罚款。

第七十四条　非法设立期货交易场所或者以其他形式组织期货交易活动的，由所在地县级以上地方人民政府予以取缔，没收违法所得，并处违法所得1倍以上5倍以下的罚款；没有违法所得或者违法所得不满20万元的，处20万元以上100万元以下的罚款。对单位直接负责的主管人员和其他直接责任人员给予警告，并处1万元以上10万元以下的罚款。

非法设立期货公司及其他期货经营机构，或者擅自从事期货业务的，予以取缔，没收违法所得，并处违法所得1倍以上5倍以下的罚款；没有违法所得或者违法所得不满20万元的，处20万元以上100万元以下的罚款。对单位直接负责的主管人员和其他直接责任人员给予警告，并处1万元以上10万元以下的罚款。

第七十五条　期货公司的交易软件、结算软件供应商拒不配合国务院期货监督管理机构调查，或者未按照规定向国务院期货监督管理机构提供相关软件资料，或者提供的软件资料有虚假、重大遗漏的，责令改正，处3万元以上10万元以下的罚款。对直接负责的主管人员和其他直接责任人员给予警告，并处1万元以上5万元以下的罚款。

第七十六条　会计师事务所、律师事务所、资产评估机构等中介服务机构未勤勉尽责，所出具的文件有虚假记载、误导性陈述或者重大遗漏的，责令改正，没收业务收入，暂停或者撤销相关业务许可，并处业务收入1倍以上5倍以下的罚款。对直接负责的主管人员和其他直接责任人员给予警告，并处3万元以上10万元以下的罚款。

第七十七条　任何单位或者个人违反本条例规定，情节严重的，由国务院期货监督管理机构宣布该个人、该单位或者该单位的直接责任人员为期货市场禁止进入者。

第七十八条　国务院期货监督管理机构、期货交易所、期货保证金安全存管监控机构和期货保证金存管银行等相关单位的工作人员，泄露知悉的国家秘密或者会员、客户商业秘密，或者徇私舞弊、玩忽职守、滥用职权、收受贿赂的，依法给予行政处分或者纪律处分。

第七十九条　违反本条例规定，构成犯罪的，依法追究刑事责任。

第八十条　对本条例规定的违法行为的

行政处罚，除本条例已有规定的外，由国务院期货监督管理机构决定；涉及其他有关部门法定职权的，国务院期货监督管理机构应当会同其他有关部门处理；属于其他有关部门法定职权的，国务院期货监督管理机构应当移交其他有关部门处理。

第八章　附　　则

第八十一条　本条例下列用语的含义：

（一）商品期货合约，是指以农产品、工业品、能源和其他商品及其相关指数产品为标的物的期货合约。

（二）金融期货合约，是指以有价证券、利率、汇率等金融产品及其相关指数产品为标的物的期货合约。

（三）保证金，是指期货交易者按照规定交纳的资金或者提交的价值稳定、流动性强的标准仓单、国债等有价证券，用于结算和保证履约。

（四）结算，是指根据期货交易所公布的结算价格对交易双方的交易结果进行的资金清算和划转。

（五）交割，是指合约到期时，按照期货交易所的规则和程序，交易双方通过该合约所载标的物所有权的转移，或者按照规定结算价格进行现金差价结算，了结到期未平仓合约的过程。

（六）平仓，是指期货交易者买入或者卖出与其所持合约的品种、数量和交割月份相同但交易方向相反的合约，了结期货交易的行为。

（七）持仓量，是指期货交易者所持有的未平仓合约的数量。

（八）持仓限额，是指期货交易所对期货交易者的持仓量规定的最高数额。

（九）标准仓单，是指交割仓库开具并经期货交易所认定的标准化提货凭证。

（十）涨跌停板，是指合约在 1 个交易日中的交易价格不得高于或者低于规定的涨跌幅度，超出该涨跌幅度的报价将被视为无效，不能成交。

（十一）内幕信息，是指可能对期货交易价格产生重大影响的尚未公开的信息，包括：国务院期货监督管理机构以及其他相关部门制定的对期货交易价格可能发生重大影响的政策，期货交易所作出的可能对期货交易价格发生重大影响的决定，期货交易所会员、客户的资金和交易动向以及国务院期货监督管理机构认定的对期货交易价格有显著影响的其他重要信息。

（十二）内幕信息的知情人员，是指由于其管理地位、监督地位或者职业地位，或者作为雇员、专业顾问履行职务，能够接触或者获得内幕信息的人员，包括：期货交易所的管理人员以及其他由于任职可获取内幕信息的从业人员，国务院期货监督管理机构和其他有关部门的工作人员以及国务院期货监督管理机构规定的其他人员。

第八十二条　国务院期货监督管理机构可以批准设立期货专门结算机构，专门履行期货交易所的结算以及相关职责，并承担相应法律责任。

第八十三条　境外机构在境内设立、收购或者参股期货经营机构，以及境外期货经营机构在境内设立分支机构（含代表处）的管理办法，由国务院期货监督管理机构会同国务院商务主管部门、外汇管理部门等有关部门制订，报国务院批准后施行。

第八十四条　在期货交易所之外的国务院期货监督管理机构批准的交易场所进行的期货交易，依照本条例的有关规定执行。

第八十五条　不属于期货交易的商品或者金融产品的其他交易活动，由国家有关部门监督管理，不适用本条例。

第八十六条　本条例自 2007 年 4 月 15 日起施行。1999 年 6 月 2 日国务院发布的《期货交易管理暂行条例》同时废止。

中华人民共和国证券法

（1998年12月29日第九届全国人民代表大会常务委员会第六次会议通过，根据2004年8月28日第十届全国人民代表大会常务委员会第十一次会议《关于修改〈中华人民共和国证券法〉的决定》第一次修正，2005年10月27日第十届全国人民代表大会常务委员会第十八次会议第一次修订，根据2013年6月29日第十二届全国人民代表大会常务委员会第三次会议，《关于修改〈中华人民共和国文物保护法〉等十二部法律的决定》第二次修正，根据2014年8月31日第十二届全国人民代表大会常务委员会第十次会议，《关于修改〈中华人民共和国保险法〉等五部法律的决定》第三次修正，2019年12月28日第十三届全国人民代表大会常务委员会第十五次会议第二次修订）

第一章　总　　则

第一条　为了规范证券发行和交易行为，保护投资者的合法权益，维护社会经济秩序和社会公共利益，促进社会主义市场经济的发展，制定本法。

第二条　在中华人民共和国境内，股票、公司债券、存托凭证和国务院依法认定的其他证券的发行和交易，适用本法；本法未规定的，适用《中华人民共和国公司法》和其他法律、行政法规的规定。

政府债券、证券投资基金份额的上市交易，适用本法；其他法律、行政法规另有规定的，适用其规定。

资产支持证券、资产管理产品发行、交易的管理办法，由国务院依照本法的原则规定。

在中华人民共和国境外的证券发行和交易活动，扰乱中华人民共和国境内市场秩序，损害境内投资者合法权益的，依照本法有关规定处理并追究法律责任。

第三条　证券的发行、交易活动，必须遵循公开、公平、公正的原则。

第四条　证券发行、交易活动的当事人具有平等的法律地位，应当遵守自愿、有偿、诚实信用的原则。

第五条　证券的发行、交易活动，必须遵守法律、行政法规；禁止欺诈、内幕交易和操纵证券市场的行为。

第六条　证券业和银行业、信托业、保险业实行分业经营、分业管理，证券公司与银行、信托、保险业务机构分别设立。国家另有规定的除外。

第七条　国务院证券监督管理机构依法对全国证券市场实行集中统一监督管理。

国务院证券监督管理机构根据需要可以设立派出机构，按照授权履行监督管理职责。

第八条　国家审计机关依法对证券交易场所、证券公司、证券登记结算机构、证券监督管理机构进行审计监督。

第二章　证券发行

第九条　公开发行证券，必须符合法律、行政法规规定的条件，并依法报经国务院证券监督管理机构或者国务院授权的部门注册。未经依法注册，任何单位和个人不得公开发行证券。证券发行注册制的具体范围、实施步骤，由国务院规定。

有下列情形之一的，为公开发行：

（一）向不特定对象发行证券；

（二）向特定对象发行证券累计超过二百人，但依法实施员工持股计划的员工人数不计算在内；

（三）法律、行政法规规定的其他发行行为。

非公开发行证券，不得采用广告、公开劝诱和变相公开方式。

第十条　发行人申请公开发行股票、可转换为股票的公司债券，依法采取承销方式的，或者公开发行法律、行政法规规定实行保荐制度的其他证券的，应当聘请证券公司担任保荐人。

保荐人应当遵守业务规则和行业规范，诚实守信，勤勉尽责，对发行人的申请文件和信息披露资料进行审慎核查，督导发行人规范运作。

保荐人的管理办法由国务院证券监督管理机构规定。

第十一条　设立股份有限公司公开发行股票，应当符合《中华人民共和国公司法》规定的条件和经国务院批准的国务院证券监督管理机构规定的其他条件，向国务院证券监督管理机构报送募股申请和下列文件：

（一）公司章程；

（二）发起人协议；

（三）发起人姓名或者名称，发起人认购的股份数、出资种类及验资证明；

（四）招股说明书；

（五）代收股款银行的名称及地址；

（六）承销机构名称及有关的协议。

依照本法规定聘请保荐人的，还应当报送保荐人出具的发行保荐书。

法律、行政法规规定设立公司必须报经批准的，还应当提交相应的批准文件。

第十二条　公司首次公开发行新股，应当符合下列条件：

（一）具备健全且运行良好的组织机构；

（二）具有持续经营能力；

（三）最近三年财务会计报告被出具无保留意见审计报告；

（四）发行人及其控股股东、实际控制人最近三年不存在贪污、贿赂、侵占财产、挪用财产或者破坏社会主义市场经济秩序的刑事犯罪；

（五）经国务院批准的国务院证券监督管理机构规定的其他条件。

上市公司发行新股，应当符合经国务院批准的国务院证券监督管理机构规定的条件，具体管理办法由国务院证券监督管理机构规定。

公开发行存托凭证的，应当符合首次公开发行新股的条件以及国务院证券监督管理机构规定的其他条件。

第十三条　公司公开发行新股，应当报送募股申请和下列文件：

（一）公司营业执照；

（二）公司章程；

（三）股东大会决议；

（四）招股说明书或者其他公开发行募集文件；

（五）财务会计报告；

（六）代收股款银行的名称及地址。

依照本法规定聘请保荐人的，还应当报送保荐人出具的发行保荐书。依照本法规定实行承销的，还应当报送承销机构名称及有关的协议。

第十四条　公司对公开发行股票所募集资金，必须按照招股说明书或者其他公开发行募集文件所列资金用途使用；改变资金用途，必须经股东大会作出决议。擅自改变用途，未作纠正的，或者未经股东大会认可的，不得公开发行新股。

第十五条　公开发行公司债券，应当符合下列条件：

（一）具备健全且运行良好的组织机构；

（二）最近三年平均可分配利润足以支付公司债券一年的利息；

（三）国务院规定的其他条件。

公开发行公司债券筹集的资金，必须按照公司债券募集办法所列资金用途使用；改变资金用途，必须经债券持有人会议作出决议。公开发行公司债券筹集的资金，不得用于弥补亏损和非生产性支出。

上市公司发行可转换为股票的公司债券，除应当符合第一款规定的条件外，还应当遵守本法第十二条第二款的规定。但是，按照公司债券募集办法，上市公司通过收购本公司股份的方式进行公司债券转换的除外。

第十六条　申请公开发行公司债券，应当向国务院授权的部门或者国务院证券监督管理机构报送下列文件：

（一）公司营业执照；

（二）公司章程；

（三）公司债券募集办法；

（四）国务院授权的部门或者国务院证券监督管理机构规定的其他文件。

依照本法规定聘请保荐人的，还应当报送保荐人出具的发行保荐书。

第十七条　有下列情形之一的，不得再次公开发行公司债券：

（一）对已公开发行的公司债券或者其他债务有违约或者延迟支付本息的事实，仍处于继续状态；

（二）违反本法规定，改变公开发行公司债券所募资金的用途。

第十八条　发行人依法申请公开发行证券所报送的申请文件的格式、报送方式，由依法负责注册的机构或者部门规定。

第十九条　发行人报送的证券发行申请文件，应当充分披露投资者作出价值判断和投资决策所必需的信息，内容应当真实、准确、完整。

为证券发行出具有关文件的证券服务机构和人员，必须严格履行法定职责，保证所出具文件的真实性、准确性和完整性。

第二十条　发行人申请首次公开发行股票的，在提交申请文件后，应当按照国务院证券监督管理机构的规定预先披露有关申请文件。

第二十一条　国务院证券监督管理机构或者国务院授权的部门依照法定条件负责证券发行申请的注册。证券公开发行注册的具体办法由国务院规定。

按照国务院的规定，证券交易所等可以审核公开发行证券申请，判断发行人是否符合发行条件、信息披露要求，督促发行人完善信息披露内容。

依照前两款规定参与证券发行申请注册的人员，不得与发行申请人有利害关系，不得直接或者间接接受发行申请人的馈赠，不得持有所注册的发行申请的证券，不得私下与发行申请人进行接触。

第二十二条　国务院证券监督管理机构或者国务院授权的部门应当自受理证券发行申请文件之日起三个月内，依照法定条件和法定程序作出予以注册或者不予注册的决定，发行人根据要求补充、修改发行申请文件的时间不计算在内。不予注册的，应当说明理由。

第二十三条　证券发行申请经注册后，发行人应当依照法律、行政法规的规定，在证券公开发行前公告公开发行募集文件，并将该文件置备于指定场所供公众查阅。

发行证券的信息依法公开前，任何知情人不得公开或者泄露该信息。

发行人不得在公告公开发行募集文件前发行证券。

第二十四条　国务院证券监督管理机构或者国务院授权的部门对已作出的证券发行注册的决定，发现不符合法定条件或者法定程序，尚未发行证券的，应当予以撤销，停止发行。已经发行尚未上市的，撤销发行注册决定，发行人应当按照发行价并加算银行同期存款利息返还证券持有人；发行人的控股股东、实际控制人以及保荐人，应当与发行人承担连带责任，但是能够证明自己没有过错的除外。

股票的发行人在招股说明书等证券发行文件中隐瞒重要事实或者编造重大虚假内容，已经发行并上市的，国务院证券监督管理机构可以责令发行人回购证券，或者责令负有责任的控股股东、实际控制人买回证券。

第二十五条 股票依法发行后，发行人经营与收益的变化，由发行人自行负责；由此变化引致的投资风险，由投资者自行负责。

第二十六条 发行人向不特定对象发行的证券，法律、行政法规规定应当由证券公司承销的，发行人应当同证券公司签订承销协议。证券承销业务采取代销或者包销方式。

证券代销是指证券公司代发行人发售证券，在承销期结束时，将未售出的证券全部退还给发行人的承销方式。

证券包销是指证券公司将发行人的证券按照协议全部购入或者在承销期结束时将售后剩余证券全部自行购入的承销方式。

第二十七条 公开发行证券的发行人有权依法自主选择承销的证券公司。

第二十八条 证券公司承销证券，应当同发行人签订代销或者包销协议，载明下列事项：

（一）当事人的名称、住所及法定代表人姓名；

（二）代销、包销证券的种类、数量、金额及发行价格；

（三）代销、包销的期限及起止日期；

（四）代销、包销的付款方式及日期；

（五）代销、包销的费用和结算办法；

（六）违约责任；

（七）国务院证券监督管理机构规定的其他事项。

第二十九条 证券公司承销证券，应当对公开发行募集文件的真实性、准确性、完整性进行核查。发现有虚假记载、误导性陈述或者重大遗漏的，不得进行销售活动；已经销售的，必须立即停止销售活动，并采取纠正措施。

证券公司承销证券，不得有下列行为：

（一）进行虚假的或者误导投资者的广告宣传或者其他宣传推介活动；

（二）以不正当竞争手段招揽承销业务；

（三）其他违反证券承销业务规定的行为。

证券公司有前款所列行为，给其他证券承销机构或者投资者造成损失的，应当依法承担赔偿责任。

第三十条 向不特定对象发行证券聘请承销团承销的，承销团应当由主承销和参与承销的证券公司组成。

第三十一条 证券的代销、包销期限最长不得超过九十日。

证券公司在代销、包销期内，对所代销、包销的证券应当保证先行出售给认购人，证券公司不得为本公司预留所代销的证券和预先购入并留存所包销的证券。

第三十二条 股票发行采取溢价发行的，其发行价格由发行人与承销的证券公司协商确定。

第三十三条 股票发行采用代销方式，代销期限届满，向投资者出售的股票数量未达到拟公开发行股票数量百分之七十的，为发行失败。发行人应当按照发行价并加算银行同期存款利息返还股票认购人。

第三十四条 公开发行股票，代销、包销期限届满，发行人应当在规定的期限内将股票发行情况报国务院证券监督管理机构备案。

第三章　证券交易

第一节　一般规定

第三十五条　证券交易当事人依法买卖的证券，必须是依法发行并交付的证券。

非依法发行的证券，不得买卖。

第三十六条　依法发行的证券，《中华人民共和国公司法》和其他法律对其转让期限有限制性规定的，在限定的期限内不得转让。

上市公司持有百分之五以上股份的股东、实际控制人、董事、监事、高级管理人员，以及其他持有发行人首次公开发行前发行的股份或者上市公司向特定对象发行的股份的股东，转让其持有的本公司股份的，不得违反法律、行政法规和国务院证券监督管理机构关于持有期限、卖出时间、卖出数量、卖出方式、信息披露等规定，并应当遵守证券交易所的业务规则。

第三十七条　公开发行的证券，应当在依法设立的证券交易所上市交易或者在国务院批准的其他全国性证券交易场所交易。

非公开发行的证券，可以在证券交易所、国务院批准的其他全国性证券交易场所、按照国务院规定设立的区域性股权市场转让。

第三十八条　证券在证券交易所上市交易，应当采用公开的集中交易方式或者国务院证券监督管理机构批准的其他方式。

第三十九条　证券交易当事人买卖的证券可以采用纸面形式或者国务院证券监督管理机构规定的其他形式。

第四十条　证券交易场所、证券公司和证券登记结算机构的从业人员，证券监督管理机构的工作人员以及法律、行政法规规定禁止参与股票交易的其他人员，在任期或者法定限期内，不得直接或者以化名、借他人名义持有、买卖股票或者其他具有股权性质的证券，也不得收受他人赠送的股票或者其他具有股权性质的证券。

任何人在成为前款所列人员时，其原已持有的股票或者其他具有股权性质的证券，必须依法转让。

实施股权激励计划或者员工持股计划的证券公司的从业人员，可以按照国务院证券监督管理机构的规定持有、卖出本公司股票或者其他具有股权性质的证券。

第四十一条　证券交易场所、证券公司、证券登记结算机构、证券服务机构及其工作人员应当依法为投资者的信息保密，不得非法买卖、提供或者公开投资者的信息。

证券交易场所、证券公司、证券登记结算机构、证券服务机构及其工作人员不得泄露所知悉的商业秘密。

第四十二条　为证券发行出具审计报告或者法律意见书等文件的证券服务机构和人员，在该证券承销期内和期满后六个月内，不得买卖该证券。

除前款规定外，为发行人及其控股股东、实际控制人，或者收购人、重大资产交易方出具审计报告或者法律意见书等文件的证券服务机构和人员，自接受委托之日起至上述文件公开后五日内，不得买卖该证券。实际开展上述有关工作之日早于接受委托之日的，自实际开展上述有关工作之日起至上述文件公开后五日内，不得买卖该证券。

第四十三条　证券交易的收费必须合理，并公开收费项目、收费标准和管理办法。

第四十四条　上市公司、股票在国务院批准的其他全国性证券交易场所交易的公司持有百分之五以上股份的股东、董事、监事、高级管理人员，将其持有的该公司的股票或者其他具有股权性质的证券在买入后六个月内卖出，或者在卖出后六个月内又买入，由此所得收益归该公司所有，公司董事会应当收回其所得收益。但是，证券公司因购入包销售后剩余股票而持有百分之五以上股份，以及有国务院证券监督管理机构规定的其他情形的除外。

前款所称董事、监事、高级管理人员、自然人股东持有的股票或者其他具有股权性质的证券，包括其配偶、父母、子女持有的及利用他人账户持有的股票或者其他具有股权性质的证券。

公司董事会不按照第一款规定执行的，股东有权要求董事会在三十日内执行。公司董事会未在上述期限内执行的，股东有权为了公司的利益以自己的名义直接向人民法院提起诉讼。

公司董事会不按照第一款的规定执行的，负有责任的董事依法承担连带责任。

第四十五条 通过计算机程序自动生成或者下达交易指令进行程序化交易的，应当符合国务院证券监督管理机构的规定，并向证券交易所报告，不得影响证券交易所系统安全或者正常交易秩序。

第二节 证券上市

第四十六条 申请证券上市交易，应当向证券交易所提出申请，由证券交易所依法审核同意，并由双方签订上市协议。

证券交易所根据国务院授权的部门的决定安排政府债券上市交易。

第四十七条 申请证券上市交易，应当符合证券交易所上市规则规定的上市条件。

证券交易所上市规则规定的上市条件，应当对发行人的经营年限、财务状况、最低公开发行比例和公司治理、诚信记录等提出要求。

第四十八条 上市交易的证券，有证券交易所规定的终止上市情形的，由证券交易所按照业务规则终止其上市交易。

证券交易所决定终止证券上市交易的，应当及时公告，并报国务院证券监督管理机构备案。

第四十九条 对证券交易所作出的不予上市交易、终止上市交易决定不服的，可以向证券交易所设立的复核机构申请复核。

第三节 禁止的交易行为

第五十条 禁止证券交易内幕信息的知情人和非法获取内幕信息的人利用内幕信息从事证券交易活动。

第五十一条 证券交易内幕信息的知情人包括：

（一）发行人及其董事、监事、高级管理人员；

（二）持有公司百分之五以上股份的股东及其董事、监事、高级管理人员，公司的实际控制人及其董事、监事、高级管理人员；

（三）发行人控股或者实际控制的公司及其董事、监事、高级管理人员；

（四）由于所任公司职务或者因与公司业务往来可以获取公司有关内幕信息的人员；

（五）上市公司收购人或者重大资产交易方及其控股股东、实际控制人、董事、监事和高级管理人员；

（六）因职务、工作可以获取内幕信息的证券交易场所、证券公司、证券登记结算机构、证券服务机构的有关人员；

（七）因职责、工作可以获取内幕信息的证券监督管理机构工作人员；

（八）因法定职责对证券的发行、交易或者对上市公司及其收购、重大资产交易进行管理可以获取内幕信息的有关主管部门、监管机构的工作人员；

（九）国务院证券监督管理机构规定的可以获取内幕信息的其他人员。

第五十二条 证券交易活动中，涉及发行人的经营、财务或者对该发行人证券的市场价格有重大影响的尚未公开的信息，为内幕信息。

本法第八十条第二款、第八十一条第二款所列重大事件属于内幕信息。

第五十三条 证券交易内幕信息的知情人和非法获取内幕信息的人，在内幕信息公开前，不得买卖该公司的证券，或者泄露该信息，或者建议他人买卖该证券。

持有或者通过协议、其他安排与他人共同持有公司百分之五以上股份的自然人、法人、非法人组织收购上市公司的股份，本法另有规定的，适用其规定。

内幕交易行为给投资者造成损失的，应当依法承担赔偿责任。

第五十四条　禁止证券交易场所、证券公司、证券登记结算机构、证券服务机构和其他金融机构的从业人员、有关监管部门或者行业协会的工作人员，利用因职务便利获取的内幕信息以外的其他未公开的信息，违反规定，从事与该信息相关的证券交易活动，或者明示、暗示他人从事相关交易活动。

利用未公开信息进行交易给投资者造成损失的，应当依法承担赔偿责任。

第五十五条　禁止任何人以下列手段操纵证券市场，影响或者意图影响证券交易价格或者证券交易量：

（一）单独或者通过合谋，集中资金优势、持股优势或者利用信息优势联合或者连续买卖；

（二）与他人串通，以事先约定的时间、价格和方式相互进行证券交易；

（三）在自己实际控制的账户之间进行证券交易；

（四）不以成交为目的，频繁或者大量申报并撤销申报；

（五）利用虚假或者不确定的重大信息，诱导投资者进行证券交易；

（六）对证券、发行人公开作出评价、预测或者投资建议，并进行反向证券交易；

（七）利用在其他相关市场的活动操纵证券市场；

（八）操纵证券市场的其他手段。

操纵证券市场行为给投资者造成损失的，应当依法承担赔偿责任。

第五十六条　禁止任何单位和个人编造、传播虚假信息或者误导性信息，扰乱证券市场。

禁止证券交易场所、证券公司、证券登记结算机构、证券服务机构及其从业人员，证券业协会、证券监督管理机构及其工作人员，在证券交易活动中作出虚假陈述或者信息误导。

各种传播媒介传播证券市场信息必须真实、客观，禁止误导。传播媒介及其从事证券市场信息报道的工作人员不得从事与其工作职责发生利益冲突的证券买卖。

编造、传播虚假信息或者误导性信息，扰乱证券市场，给投资者造成损失的，应当依法承担赔偿责任。

第五十七条　禁止证券公司及其从业人员从事下列损害客户利益的行为：

（一）违背客户的委托为其买卖证券；

（二）不在规定时间内向客户提供交易的确认文件；

（三）未经客户的委托，擅自为客户买卖证券，或者假借客户的名义买卖证券；

（四）为牟取佣金收入，诱使客户进行不必要的证券买卖；

（五）其他违背客户真实意思表示，损害客户利益的行为。

违反前款规定给客户造成损失的，应当依法承担赔偿责任。

第五十八条　任何单位和个人不得违反规定，出借自己的证券账户或者借用他人的证券账户从事证券交易。

第五十九条　依法拓宽资金入市渠道，禁止资金违规流入股市。

禁止投资者违规利用财政资金、银行信贷资金买卖证券。

第六十条　国有独资企业、国有独资公司、国有资本控股公司买卖上市交易的股票，必须遵守国家有关规定。

第六十一条　证券交易场所、证券公司、证券登记结算机构、证券服务机构及其从业人员对证券交易中发现的禁止的交易行为，应当及时向证券监督管理机构报告。

第四章　上市公司的收购

第六十二条　投资者可以采取要约收购、协议收购及其他合法方式收购上市公司。

第六十三条　通过证券交易所的证券交易，投资者持有或者通过协议、其他安排与他人共同持有一个上市公司已发行的有表决权股份达到百分之五时，应当在该事实发生之日起三日内，向国务院证券监督管理机构、证券交易所作出书面报告，通知该上市公司，并予公告，在上述期限内不得再行买卖该上市公司的股票，但国务院证券监督管理机构规定的情形除外。

投资者持有或者通过协议、其他安排与他人共同持有一个上市公司已发行的有表决权股份达到百分之五后，其所持该上市公司已发行的有表决权股份比例每增加或者减少百分之五，应当依照前款规定进行报告和公告，在该事实发生之日起至公告后三日内，不得再行买卖该上市公司的股票，但国务院证券监督管理机构规定的情形除外。

投资者持有或者通过协议、其他安排与他人共同持有一个上市公司已发行的有表决权股份达到百分之五后，其所持该上市公司已发行的有表决权股份比例每增加或者减少百分之一，应当在该事实发生的次日通知该上市公司，并予公告。

违反第一款、第二款规定买入上市公司有表决权的股份的，在买入后的三十六个月内，对该超过规定比例部分的股份不得行使表决权。

第六十四条　依照前条规定所作的公告，应当包括下列内容：

（一）持股人的名称、住所；

（二）持有的股票的名称、数额；

（三）持股达到法定比例或者持股增减变化达到法定比例的日期、增持股份的资金来源；

（四）在上市公司中拥有有表决权的股份变动的时间及方式。

第六十五条　通过证券交易所的证券交易，投资者持有或者通过协议、其他安排与他人共同持有一个上市公司已发行的有表决权股份达到百分之三十时，继续进行收购的，应当依法向该上市公司所有股东发出收购上市公司全部或者部分股份的要约。

收购上市公司部分股份的要约应当约定，被收购公司股东承诺出售的股份数额超过预定收购的股份数额的，收购人按比例进行收购。

第六十六条　依照前条规定发出收购要约，收购人必须公告上市公司收购报告书，并载明下列事项：

（一）收购人的名称、住所；

（二）收购人关于收购的决定；

（三）被收购的上市公司名称；

（四）收购目的；

（五）收购股份的详细名称和预定收购的股份数额；

（六）收购期限、收购价格；

（七）收购所需资金额及资金保证；

（八）公告上市公司收购报告书时持有被收购公司股份数占该公司已发行的股份总数的比例。

第六十七条　收购要约约定的收购期限不得少于三十日，并不得超过六十日。

第六十八条　在收购要约确定的承诺期限内，收购人不得撤销其收购要约。收购人需要变更收购要约的，应当及时公告，载明具体变更事项，且不得存在下列情形：

（一）降低收购价格；

（二）减少预定收购股份数额；

（三）缩短收购期限；

（四）国务院证券监督管理机构规定的其他情形。

第六十九条　收购要约提出的各项收购条件，适用于被收购公司的所有股东。

上市公司发行不同种类股份的，收购人

可以针对不同种类股份提出不同的收购条件。

第七十条　采取要约收购方式的，收购人在收购期限内，不得卖出被收购公司的股票，也不得采取要约规定以外的形式和超出要约的条件买入被收购公司的股票。

第七十一条　采取协议收购方式的，收购人可以依照法律、行政法规的规定同被收购公司的股东以协议方式进行股份转让。

以协议方式收购上市公司时，达成协议后，收购人必须在三日内将该收购协议向国务院证券监督管理机构及证券交易所作出书面报告，并予公告。

在公告前不得履行收购协议。

第七十二条　采取协议收购方式的，协议双方可以临时委托证券登记结算机构保管协议转让的股票，并将资金存放于指定的银行。

第七十三条　采取协议收购方式的，收购人收购或者通过协议、其他安排与他人共同收购一个上市公司已发行的有表决权股份达到百分之三十时，继续进行收购的，应当依法向该上市公司所有股东发出收购上市公司全部或者部分股份的要约。但是，按照国务院证券监督管理机构的规定免除发出要约的除外。

收购人依照前款规定以要约方式收购上市公司股份，应当遵守本法第六十五条第二款、第六十六条至第七十条的规定。

第七十四条　收购期限届满，被收购公司股权分布不符合证券交易所规定的上市交易要求的，该上市公司的股票应当由证券交易所依法终止上市交易；其余仍持有被收购公司股票的股东，有权向收购人以收购要约的同等条件出售其股票，收购人应当收购。

收购行为完成后，被收购公司不再具备股份有限公司条件的，应当依法变更企业形式。

第七十五条　在上市公司收购中，收购人持有的被收购的上市公司的股票，在收购行为完成后的十八个月内不得转让。

第七十六条　收购行为完成后，收购人与被收购公司合并，并将该公司解散的，被解散公司的原有股票由收购人依法更换。

收购行为完成后，收购人应当在十五日内将收购情况报告国务院证券监督管理机构和证券交易所，并予公告。

第七十七条　国务院证券监督管理机构依照本法制定上市公司收购的具体办法。

上市公司分立或者被其他公司合并，应当向国务院证券监督管理机构报告，并予公告。

第五章　信息披露

第七十八条　发行人及法律、行政法规和国务院证券监督管理机构规定的其他信息披露义务人，应当及时依法履行信息披露义务。

信息披露义务人披露的信息，应当真实、准确、完整，简明清晰，通俗易懂，不得有虚假记载、误导性陈述或者重大遗漏。

证券同时在境内境外公开发行、交易的，其信息披露义务人在境外披露的信息，应当在境内同时披露。

第七十九条　上市公司、公司债券上市交易的公司、股票在国务院批准的其他全国性证券交易场所交易的公司，应当按照国务院证券监督管理机构和证券交易场所规定的内容和格式编制定期报告，并按照以下规定报送和公告：

（一）在每一会计年度结束之日起四个月内，报送并公告年度报告，其中的年度财务会计报告应当经符合本法规定的会计师事务所审计；

（二）在每一会计年度的上半年结束之日起二个月内，报送并公告中期报告。

第八十条　发生可能对上市公司、股票在国务院批准的其他全国性证券交易场所交易的公司的股票交易价格产生较大影响的重大事件，投资者尚未得知时，公司应当立即将有关该重大事件的情况向国务院证券监督管理机构和证券交易场所报送临时报告，并予公告，说明事件的起因、目前的状态和可能产生的法律后果。

前款所称重大事件包括：

（一）公司的经营方针和经营范围的重大变化；

（二）公司的重大投资行为，公司在一年内购买、出售重大资产超过公司资产总额百分之三十，或者公司营业用主要资产的抵押、质押、出售或者报废一次超过该资产的百分之三十；

（三）公司订立重要合同、提供重大担保或者从事关联交易，可能对公司的资产、负债、权益和经营成果产生重要影响；

（四）公司发生重大债务和未能清偿到期重大债务的违约情况；

（五）公司发生重大亏损或者重大损失；

（六）公司生产经营的外部条件发生的重大变化；

（七）公司的董事、三分之一以上监事或者经理发生变动，董事长或者经理无法履行职责；

（八）持有公司百分之五以上股份的股东或者实际控制人持有股份或者控制公司的情况发生较大变化，公司的实际控制人及其控制的其他企业从事与公司相同或者相似业务的情况发生较大变化；

（九）公司分配股利、增资的计划，公司股权结构的重要变化，公司减资、合并、分立、解散及申请破产的决定，或者依法进入破产程序、被责令关闭；

（十）涉及公司的重大诉讼、仲裁，股东大会、董事会决议被依法撤销或者宣告无效；

（十一）公司涉嫌犯罪被依法立案调查，公司的控股股东、实际控制人、董事、监事、高级管理人员涉嫌犯罪被依法采取强制措施；

（十二）国务院证券监督管理机构规定的其他事项。

公司的控股股东或者实际控制人对重大事件的发生、进展产生较大影响的，应当及时将其知悉的有关情况书面告知公司，并配合公司履行信息披露义务。

第八十一条 发生可能对上市交易公司债券的交易价格产生较大影响的重大事件，投资者尚未得知时，公司应当立即将有关该重大事件的情况向国务院证券监督管理机构和证券交易场所报送临时报告，并予公告，说明事件的起因、目前的状态和可能产生的法律后果。

前款所称重大事件包括：

（一）公司股权结构或者生产经营状况发生重大变化；

（二）公司债券信用评级发生变化；

（三）公司重大资产抵押、质押、出售、转让、报废；

（四）公司发生未能清偿到期债务的情况；

（五）公司新增借款或者对外提供担保超过上年末净资产的百分之二十；

（六）公司放弃债权或者财产超过上年末净资产的百分之十；

（七）公司发生超过上年末净资产百分之十的重大损失；

（八）公司分配股利，作出减资、合并、分立、解散及申请破产的决定，或者依法进入破产程序、被责令关闭；

（九）涉及公司的重大诉讼、仲裁；

（十）公司涉嫌犯罪被依法立案调查，公司的控股股东、实际控制人、董事、监事、高级管理人员涉嫌犯罪被依法采取强制措施；

（十一）国务院证券监督管理机构规定的其他事项。

第八十二条 发行人的董事、高级管理人员应当对证券发行文件和定期报告签署书面确认意见。

发行人的监事会应当对董事会编制的证券发行文件和定期报告进行审核并提出书面审核意见。监事应当签署书面确认意见。

发行人的董事、监事和高级管理人员应当保证发行人及时、公平地披露信息，所披露的信息真实、准确、完整。

董事、监事和高级管理人员无法保证证券发行文件和定期报告内容的真实性、准确性、完整性或者有异议的，应当在书面确认意见中发表意见并陈述理由，发行人应当披露。发行人不予披露的，董事、监事和高级管理人员可以直接申请披露。

第八十三条　信息披露义务人披露的信息应当同时向所有投资者披露，不得提前向任何单位和个人泄露。但是，法律、行政法规另有规定的除外。

任何单位和个人不得非法要求信息披露义务人提供依法需要披露但尚未披露的信息。任何单位和个人提前获知的前述信息，在依法披露前应当保密。

第八十四条　除依法需要披露的信息之外，信息披露义务人可以自愿披露与投资者作出价值判断和投资决策有关的信息，但不得与依法披露的信息相冲突，不得误导投资者。

发行人及其控股股东、实际控制人、董事、监事、高级管理人员等作出公开承诺的，应当披露。不履行承诺给投资者造成损失的，应当依法承担赔偿责任。

第八十五条　信息披露义务人未按照规定披露信息，或者公告的证券发行文件、定期报告、临时报告及其他信息披露资料存在虚假记载、误导性陈述或者重大遗漏，致使投资者在证券交易中遭受损失的，信息披露义务人应当承担赔偿责任；发行人的控股股东、实际控制人、董事、监事、高级管理人员和其他直接责任人员以及保荐人、承销的证券公司及其直接责任人员，应当与发行人承担连带赔偿责任，但是能够证明自己没有过错的除外。

第八十六条　依法披露的信息，应当在证券交易场所的网站和符合国务院证券监督管理机构规定条件的媒体发布，同时将其置备于公司住所、证券交易场所，供社会公众查阅。

第八十七条　国务院证券监督管理机构对信息披露义务人的信息披露行为进行监督管理。

证券交易场所应当对其组织交易的证券的信息披露义务人的信息披露行为进行监督，督促其依法及时、准确地披露信息。

第六章　投资者保护

第八十八条　证券公司向投资者销售证券、提供服务时，应当按照规定充分了解投资者的基本情况、财产状况、金融资产状况、投资知识和经验、专业能力等相关信息；如实说明证券、服务的重要内容，充分揭示投资风险；销售、提供与投资者上述状况相匹配的证券、服务。

投资者在购买证券或者接受服务时，应当按照证券公司明示的要求提供前款所列真实信息。拒绝提供或者未按照要求提供信息的，证券公司应当告知其后果，并按照规定拒绝向其销售证券、提供服务。

证券公司违反第一款规定导致投资者损失的，应当承担相应的赔偿责任。

第八十九条　根据财产状况、金融资产状况、投资知识和经验、专业能力等因素，投资者可以分为普通投资者和专业投资者。专业投资者的标准由国务院证券监督管理机构规定。

普通投资者与证券公司发生纠纷的，证券公司应当证明其行为符合法律、行政法规以及国务院证券监督管理机构的规定，不存在误导、欺诈等情形。证券公司不能证明的，应当承担相应的赔偿责任。

第九十条　上市公司董事会、独立董事、持有百分之一以上有表决权股份的股东或者依照法律、行政法规或者国务院证券监督管理机构的规定设立的投资者保护机构（以下简称投资者保护机构），可以作为征集人，自行或者委托证券公司、证券服务机构，公开请求上市公司股东委托其代为出席股东大会，并代为行使提案权、表决权等股东权利。

依照前款规定征集股东权利的，征集人应当披露征集文件，上市公司应当予以配合。

禁止以有偿或者变相有偿的方式公开征集股东权利。

公开征集股东权利违反法律、行政法规或者国务院证券监督管理机构有关规定，导致上市公司或者其股东遭受损失的，应当依法承担赔偿责任。

第九十一条 上市公司应当在章程中明确分配现金股利的具体安排和决策程序，依法保障股东的资产收益权。

上市公司当年税后利润，在弥补亏损及提取法定公积金后有盈余的，应当按照公司章程的规定分配现金股利。

第九十二条 公开发行公司债券的，应当设立债券持有人会议，并应当在募集说明书中说明债券持有人会议的召集程序、会议规则和其他重要事项。

公开发行公司债券的，发行人应当为债券持有人聘请债券受托管理人，并订立债券受托管理协议。受托管理人应当由本次发行的承销机构或者其他经国务院证券监督管理机构认可的机构担任，债券持有人会议可以决议变更债券受托管理人。债券受托管理人应当勤勉尽责，公正履行受托管理职责，不得损害债券持有人利益。

债券发行人未能按期兑付债券本息的，债券受托管理人可以接受全部或者部分债券持有人的委托，以自己名义代表债券持有人提起、参加民事诉讼或者清算程序。

第九十三条 发行人因欺诈发行、虚假陈述或者其他重大违法行为给投资者造成损失的，发行人的控股股东、实际控制人、相关的证券公司可以委托投资者保护机构，就赔偿事宜与受到损失的投资者达成协议，予以先行赔付。先行赔付后，可以依法向发行人以及其他连带责任人追偿。

第九十四条 投资者与发行人、证券公司等发生纠纷的，双方可以向投资者保护机构申请调解。普通投资者与证券公司发生证券业务纠纷，普通投资者提出调解请求的，证券公司不得拒绝。

投资者保护机构对损害投资者利益的行为，可以依法支持投资者向人民法院提起诉讼。

发行人的董事、监事、高级管理人员执行公司职务时违反法律、行政法规或者公司章程的规定给公司造成损失，发行人的控股股东、实际控制人等侵犯公司合法权益给公司造成损失，投资者保护机构持有该公司股份的，可以为公司的利益以自己的名义向人民法院提起诉讼，持股比例和持股期限不受《中华人民共和国公司法》规定的限制。

第九十五条 投资者提起虚假陈述等证券民事赔偿诉讼时，诉讼标的是同一种类，且当事人一方人数众多的，可以依法推选代表人进行诉讼。

对按照前款规定提起的诉讼，可能存在有相同诉讼请求的其他众多投资者的，人民法院可以发出公告，说明该诉讼请求的案件情况，通知投资者在一定期间向人民法院登记。人民法院作出的判决、裁定，对参加登记的投资者发生效力。

投资者保护机构受五十名以上投资者委托，可以作为代表人参加诉讼，并为经证券登记结算机构确认的权利人依照前款规定向人民法院登记，但投资者明确表示不愿意参加该诉讼的除外。

第七章 证券交易场所

第九十六条 证券交易所、国务院批准的其他全国性证券交易场所为证券集中交易提供场所和设施，组织和监督证券交易，实行自律管理，依法登记，取得法人资格。

证券交易所、国务院批准的其他全国性

证券交易场所的设立、变更和解散由国务院决定。

国务院批准的其他全国性证券交易场所的组织机构、管理办法等，由国务院规定。

第九十七条　证券交易所、国务院批准的其他全国性证券交易场所可以根据证券品种、行业特点、公司规模等因素设立不同的市场层次。

第九十八条　按照国务院规定设立的区域性股权市场为非公开发行证券的发行、转让提供场所和设施，具体管理办法由国务院规定。

第九十九条　证券交易所履行自律管理职能，应当遵守社会公共利益优先原则，维护市场的公平、有序、透明。

设立证券交易所必须制定章程。证券交易所章程的制定和修改，必须经国务院证券监督管理机构批准。

第一百条　证券交易所必须在其名称中标明证券交易所字样。其他任何单位或者个人不得使用证券交易所或者近似的名称。

第一百零一条　证券交易所可以自行支配的各项费用收入，应当首先用于保证其证券交易场所和设施的正常运行并逐步改善。

实行会员制的证券交易所的财产积累归会员所有，其权益由会员共同享有，在其存续期间，不得将其财产积累分配给会员。

第一百零二条　实行会员制的证券交易所设理事会、监事会。

证券交易所设总经理一人，由国务院证券监督管理机构任免。

第一百零三条　有《中华人民共和国公司法》第一百四十六条规定的情形或者下列情形之一的，不得担任证券交易所的负责人：

（一）因违法行为或者违纪行为被解除职务的证券交易场所、证券登记结算机构的负责人或者证券公司的董事、监事、高级管理人员，自被解除职务之日起未逾五年；

（二）因违法行为或者违纪行为被吊销执业证书或者被取消资格的律师、注册会计师或者其他证券服务机构的专业人员，自被吊销执业证书或者被取消资格之日起未逾五年。

第一百零四条　因违法行为或者违纪行为被开除的证券交易场所、证券公司、证券登记结算机构、证券服务机构的从业人员和被开除的国家机关工作人员，不得招聘为证券交易所的从业人员。

第一百零五条　进入实行会员制的证券交易所参与集中交易的，必须是证券交易所的会员。证券交易所不得允许非会员直接参与股票的集中交易。

第一百零六条　投资者应当与证券公司签订证券交易委托协议，并在证券公司实名开立账户，以书面、电话、自助终端、网络等方式，委托该证券公司代其买卖证券。

第一百零七条　证券公司为投资者开立账户，应当按照规定对投资者提供的身份信息进行核对。

证券公司不得将投资者的账户提供给他人使用。

投资者应当使用实名开立的账户进行交易。

第一百零八条　证券公司根据投资者的委托，按照证券交易规则提出交易申报，参与证券交易所场内的集中交易，并根据成交结果承担相应的清算交收责任。证券登记结算机构根据成交结果，按照清算交收规则，与证券公司进行证券和资金的清算交收，并为证券公司客户办理证券的登记过户手续。

第一百零九条　证券交易所应当为组织公平的集中交易提供保障，实时公布证券交易即时行情，并按交易日制作证券市场行情表，予以公布。

证券交易即时行情的权益由证券交易所依法享有。未经证券交易所许可，任何单位和个人不得发布证券交易即时行情。

第一百一十条　上市公司可以向证券交易所申请其上市交易股票的停牌或者复牌，但不得滥用停牌或者复牌损害投资者的合法权益。

证券交易所可以按照业务规则的规定，决定上市交易股票的停牌或者复牌。

第一百一十一条 因不可抗力、意外事件、重大技术故障、重大人为差错等突发性事件而影响证券交易正常进行时，为维护证券交易正常秩序和市场公平，证券交易所可以按照业务规则采取技术性停牌、临时停市等处置措施，并应当及时向国务院证券监督管理机构报告。

因前款规定的突发性事件导致证券交易结果出现重大异常，按交易结果进行交收将对证券交易正常秩序和市场公平造成重大影响的，证券交易所按照业务规则可以采取取消交易、通知证券登记结算机构暂缓交收等措施，并应当及时向国务院证券监督管理机构报告并公告。

证券交易所对其依照本条规定采取措施造成的损失，不承担民事赔偿责任，但存在重大过错的除外。

第一百一十二条 证券交易所对证券交易实行实时监控，并按照国务院证券监督管理机构的要求，对异常的交易情况提出报告。

证券交易所根据需要，可以按照业务规则对出现重大异常交易情况的证券账户的投资者限制交易，并及时报告国务院证券监督管理机构。

第一百一十三条 证券交易所应当加强对证券交易的风险监测，出现重大异常波动的，证券交易所可以按照业务规则采取限制交易、强制停牌等处置措施，并向国务院证券监督管理机构报告；严重影响证券市场稳定的，证券交易所可以按照业务规则采取临时停市等处置措施并公告。

证券交易所对其依照本条规定采取措施造成的损失，不承担民事赔偿责任，但存在重大过错的除外。

第一百一十四条 证券交易所应当从其收取的交易费用和会员费、席位费中提取一定比例的金额设立风险基金。风险基金由证券交易所理事会管理。

风险基金提取的具体比例和使用办法，由国务院证券监督管理机构会同国务院财政部门规定。

证券交易所应当将收存的风险基金存入开户银行专门账户，不得擅自使用。

第一百一十五条 证券交易所依照法律、行政法规和国务院证券监督管理机构的规定，制定上市规则、交易规则、会员管理规则和其他有关业务规则，并报国务院证券监督管理机构批准。

在证券交易所从事证券交易，应当遵守证券交易所依法制定的业务规则。违反业务规则的，由证券交易所给予纪律处分或者采取其他自律管理措施。

第一百一十六条 证券交易所的负责人和其他从业人员执行与证券交易有关的职务时，与其本人或者其亲属有利害关系的，应当回避。

第一百一十七条 按照依法制定的交易规则进行的交易，不得改变其交易结果，但本法第一百一十一条第二款规定的除外。对交易中违规交易者应负的民事责任不得免除；在违规交易中所获利益，依照有关规定处理。

第八章　证券公司

第一百一十八条 设立证券公司，应当具备下列条件，并经国务院证券监督管理机构批准：

（一）有符合法律、行政法规规定的公司章程；

（二）主要股东及公司的实际控制人具有良好的财务状况和诚信记录，最近三年无重大违法违规记录；

（三）有符合本法规定的公司注册资本；

（四）董事、监事、高级管理人员、从业人员符合本法规定的条件；

（五）有完善的风险管理与内部控制

制度；

（六）有合格的经营场所、业务设施和信息技术系统；

（七）法律、行政法规和经国务院批准的国务院证券监督管理机构规定的其他条件。

未经国务院证券监督管理机构批准，任何单位和个人不得以证券公司名义开展证券业务活动。

第一百一十九条　国务院证券监督管理机构应当自受理证券公司设立申请之日起六个月内，依照法定条件和法定程序并根据审慎监管原则进行审查，作出批准或者不予批准的决定，并通知申请人；不予批准的，应当说明理由。

证券公司设立申请获得批准的，申请人应当在规定的期限内向公司登记机关申请设立登记，领取营业执照。

证券公司应当自领取营业执照之日起十五日内，向国务院证券监督管理机构申请经营证券业务许可证。未取得经营证券业务许可证，证券公司不得经营证券业务。

第一百二十条　经国务院证券监督管理机构核准，取得经营证券业务许可证，证券公司可以经营下列部分或者全部证券业务：

（一）证券经纪；

（二）证券投资咨询；

（三）与证券交易、证券投资活动有关的财务顾问；

（四）证券承销与保荐；

（五）证券融资融券；

（六）证券做市交易；

（七）证券自营；

（八）其他证券业务。

国务院证券监督管理机构应当自受理前款规定事项申请之日起三个月内，依照法定条件和程序进行审查，作出核准或者不予核准的决定，并通知申请人；不予核准的，应当说明理由。

证券公司经营证券资产管理业务的，应当符合《中华人民共和国证券投资基金法》等法律、行政法规的规定。

除证券公司外，任何单位和个人不得从事证券承销、证券保荐、证券经纪和证券融资融券业务。

证券公司从事证券融资融券业务，应当采取措施，严格防范和控制风险，不得违反规定向客户出借资金或者证券。

第一百二十一条　证券公司经营本法第一百二十条第一款第（一）项至第（三）项业务的，注册资本最低限额为人民币五千万元；经营第（四）项至第（八）项业务之一的，注册资本最低限额为人民币一亿元；经营第（四）项至第（八）项业务中两项以上的，注册资本最低限额为人民币五亿元。证券公司的注册资本应当是实缴资本。

国务院证券监督管理机构根据审慎监管原则和各项业务的风险程度，可以调整注册资本最低限额，但不得少于前款规定的限额。

第一百二十二条　证券公司变更证券业务范围，变更主要股东或者公司的实际控制人，合并、分立、停业、解散、破产，应当经国务院证券监督管理机构核准。

第一百二十三条　国务院证券监督管理机构应当对证券公司净资本和其他风险控制指标作出规定。

证券公司除依照规定为其客户提供融资融券外，不得为其股东或者股东的关联人提供融资或者担保。

第一百二十四条　证券公司的董事、监事、高级管理人员，应当正直诚实、品行良好，熟悉证券法律、行政法规，具有履行职责所需的经营管理能力。证券公司任免董事、监事、高级管理人员，应当报国务院证券监督管理机构备案。

有《中华人民共和国公司法》第一百四十六条规定的情形或者下列情形之一的，不得担任证券公司的董事、监事、高级管理人员：

（一）因违法行为或者违纪行为被解除职务的证券交易场所、证券登记结算机构的负责人或者证券公司的董事、监事、高级管理人员，自被解除职务之日起未逾五年；

（二）因违法行为或者违纪行为被吊销执业证书或者被取消资格的律师、注册会计师或者其他证券服务机构的专业人员，自被吊销执业证书或者被取消资格之日起未逾五年。

第一百二十五条 证券公司从事证券业务的人员应当品行良好，具备从事证券业务所需的专业能力。

因违法行为或者违纪行为被开除的证券交易场所、证券公司、证券登记结算机构、证券服务机构的从业人员和被开除的国家机关工作人员，不得招聘为证券公司的从业人员。

国家机关工作人员和法律、行政法规规定的禁止在公司中兼职的其他人员，不得在证券公司中兼任职务。

第一百二十六条 国家设立证券投资者保护基金。证券投资者保护基金由证券公司缴纳的资金及其他依法筹集的资金组成，其规模以及筹集、管理和使用的具体办法由国务院规定。

第一百二十七条 证券公司从每年的业务收入中提取交易风险准备金，用于弥补证券经营的损失，其提取的具体比例由国务院证券监督管理机构会同国务院财政部门规定。

第一百二十八条 证券公司应当建立健全内部控制制度，采取有效隔离措施，防范公司与客户之间、不同客户之间的利益冲突。

证券公司必须将其证券经纪业务、证券承销业务、证券自营业务、证券做市业务和证券资产管理业务分开办理，不得混合操作。

第一百二十九条 证券公司的自营业务必须以自己的名义进行，不得假借他人名义或者以个人名义进行。

证券公司的自营业务必须使用自有资金和依法筹集的资金。

证券公司不得将其自营账户借给他人使用。

第一百三十条 证券公司应当依法审慎经营，勤勉尽责，诚实守信。

证券公司的业务活动，应当与其治理结构、内部控制、合规管理、风险管理以及风险控制指标、从业人员构成等情况相适应，符合审慎监管和保护投资者合法权益的要求。

证券公司依法享有自主经营的权利，其合法经营不受干涉。

第一百三十一条 证券公司客户的交易结算资金应当存放在商业银行，以每个客户的名义单独立户管理。

证券公司不得将客户的交易结算资金和证券归入其自有财产。禁止任何单位或者个人以任何形式挪用客户的交易结算资金和证券。证券公司破产或者清算时，客户的交易结算资金和证券不属于其破产财产或者清算财产。非因客户本身的债务或者法律规定的其他情形，不得查封、冻结、扣划或者强制执行客户的交易结算资金和证券。

第一百三十二条 证券公司办理经纪业务，应当置备统一制定的证券买卖委托书，供委托人使用。采取其他委托方式的，必须作出委托记录。

客户的证券买卖委托，不论是否成交，其委托记录应当按照规定的期限，保存于证券公司。

第一百三十三条 证券公司接受证券买卖的委托，应当根据委托书载明的证券名称、买卖数量、出价方式、价格幅度等，按照交易规则代理买卖证券，如实进行交易记录；买卖成交后，应当按照规定制作买卖成交报告单交付客户。

证券交易中确认交易行为及其交易结果

的对账单必须真实，保证账面证券余额与实际持有的证券相一致。

第一百三十四条　证券公司办理经纪业务，不得接受客户的全权委托而决定证券买卖、选择证券种类、决定买卖数量或者买卖价格。

证券公司不得允许他人以证券公司的名义直接参与证券的集中交易。

第一百三十五条　证券公司不得对客户证券买卖的收益或者赔偿证券买卖的损失作出承诺。

第一百三十六条　证券公司的从业人员在证券交易活动中，执行所属的证券公司的指令或者利用职务违反交易规则的，由所属的证券公司承担全部责任。

证券公司的从业人员不得私下接受客户委托买卖证券。

第一百三十七条　证券公司应当建立客户信息查询制度，确保客户能够查询其账户信息、委托记录、交易记录以及其他与接受服务或者购买产品有关的重要信息。

证券公司应当妥善保存客户开户资料、委托记录、交易记录和与内部管理、业务经营有关的各项信息，任何人不得隐匿、伪造、篡改或者毁损。上述信息的保存期限不得少于二十年。

第一百三十八条　证券公司应当按照规定向国务院证券监督管理机构报送业务、财务等经营管理信息和资料。国务院证券监督管理机构有权要求证券公司及其主要股东、实际控制人在指定的期限内提供有关信息、资料。

证券公司及其主要股东、实际控制人向国务院证券监督管理机构报送或者提供的信息、资料，必须真实、准确、完整。

第一百三十九条　国务院证券监督管理机构认为有必要时，可以委托会计师事务所、资产评估机构对证券公司的财务状况、内部控制状况、资产价值进行审计或者评估。具体办法由国务院证券监督管理机构会同有关主管部门制定。

第一百四十条　证券公司的治理结构、合规管理、风险控制指标不符合规定的，国务院证券监督管理机构应当责令其限期改正；逾期未改正，或者其行为严重危及该证券公司的稳健运行、损害客户合法权益的，国务院证券监督管理机构可以区别情形，对其采取下列措施：

（一）限制业务活动，责令暂停部分业务，停止核准新业务；

（二）限制分配红利，限制向董事、监事、高级管理人员支付报酬、提供福利；

（三）限制转让财产或者在财产上设定其他权利；

（四）责令更换董事、监事、高级管理人员或者限制其权利；

（五）撤销有关业务许可；

（六）认定负有责任的董事、监事、高级管理人员为不适当人选；

（七）责令负有责任的股东转让股权，限制负有责任的股东行使股东权利。

证券公司整改后，应当向国务院证券监督管理机构提交报告。国务院证券监督管理机构经验收，治理结构、合规管理、风险控制指标符合规定的，应当自验收完毕之日起三日内解除对其采取的前款规定的有关限制措施。

第一百四十一条　证券公司的股东有虚假出资、抽逃出资行为的，国务院证券监督管理机构应当责令其限期改正，并可责令其转让所持证券公司的股权。

在前款规定的股东按照要求改正违法行为、转让所持证券公司的股权前，国务院证券监督管理机构可以限制其股东权利。

第一百四十二条　证券公司的董事、监事、高级管理人员未能勤勉尽责，致使证券公司存在重大违法违规行为或者重大风险的，国务院证券监督管理机构可以责令证券公司予以更换。

第一百四十三条　证券公司违法经营或

者出现重大风险，严重危害证券市场秩序、损害投资者利益的，国务院证券监督管理机构可以对该证券公司采取责令停业整顿、指定其他机构托管、接管或者撤销等监管措施。

第一百四十四条　在证券公司被责令停业整顿、被依法指定托管、接管或者清算期间，或者出现重大风险时，经国务院证券监督管理机构批准，可以对该证券公司直接负责的董事、监事、高级管理人员和其他直接责任人员采取以下措施：

（一）通知出境入境管理机关依法阻止其出境；

（二）申请司法机关禁止其转移、转让或者以其他方式处分财产，或者在财产上设定其他权利。

第九章　证券登记结算机构

第一百四十五条　证券登记结算机构为证券交易提供集中登记、存管与结算服务，不以营利为目的，依法登记，取得法人资格。

设立证券登记结算机构必须经国务院证券监督管理机构批准。

第一百四十六条　设立证券登记结算机构，应当具备下列条件：

（一）自有资金不少于人民币二亿元；

（二）具有证券登记、存管和结算服务所必须的场所和设施；

（三）国务院证券监督管理机构规定的其他条件。

证券登记结算机构的名称中应当标明证券登记结算字样。

第一百四十七条　证券登记结算机构履行下列职能：

（一）证券账户、结算账户的设立；

（二）证券的存管和过户；

（三）证券持有人名册登记；

（四）证券交易的清算和交收；

（五）受发行人的委托派发证券权益；

（六）办理与上述业务有关的查询、信息服务；

（七）国务院证券监督管理机构批准的其他业务。

第一百四十八条　在证券交易所和国务院批准的其他全国性证券交易场所交易的证券的登记结算，应当采取全国集中统一的运营方式。

前款规定以外的证券，其登记、结算可以委托证券登记结算机构或者其他依法从事证券登记、结算业务的机构办理。

第一百四十九条　证券登记结算机构应当依法制定章程和业务规则，并经国务院证券监督管理机构批准。证券登记结算业务参与人应当遵守证券登记结算机构制定的业务规则。

第一百五十条　在证券交易所或者国务院批准的其他全国性证券交易场所交易的证券，应当全部存管在证券登记结算机构。

证券登记结算机构不得挪用客户的证券。

第一百五十一条　证券登记结算机构应当向证券发行人提供证券持有人名册及有关资料。

证券登记结算机构应当根据证券登记结算的结果，确认证券持有人持有证券的事实，提供证券持有人登记资料。

证券登记结算机构应当保证证券持有人名册和登记过户记录真实、准确、完整，不得隐匿、伪造、篡改或者毁损。

第一百五十二条　证券登记结算机构应当采取下列措施保证业务的正常进行：

（一）具有必备的服务设备和完善的数据安全保护措施；

（二）建立完善的业务、财务和安全防范等管理制度；

（三）建立完善的风险管理系统。

第一百五十三条　证券登记结算机构应当妥善保存登记、存管和结算的原始凭证及有关文件和资料。其保存期限不得少于二十年。

第一百五十四条　证券登记结算机构应当设立证券结算风险基金，用于垫付或者弥补因违约交收、技术故障、操作失误、不可抗力造成的证券登记结算机构的损失。

证券结算风险基金从证券登记结算机构的业务收入和收益中提取，并可以由结算参与人按照证券交易业务量的一定比例缴纳。

证券结算风险基金的筹集、管理办法，由国务院证券监督管理机构会同国务院财政部门规定。

第一百五十五条　证券结算风险基金应当存入指定银行的专门账户，实行专项管理。

证券登记结算机构以证券结算风险基金赔偿后，应当向有关责任人追偿。

第一百五十六条　证券登记结算机构申请解散，应当经国务院证券监督管理机构批准。

第一百五十七条　投资者委托证券公司进行证券交易，应当通过证券公司申请在证券登记结算机构开立证券账户。证券登记结算机构应当按照规定为投资者开立证券账户。

投资者申请开立账户，应当持有证明中华人民共和国公民、法人、合伙企业身份的合法证件。国家另有规定的除外。

第一百五十八条　证券登记结算机构作为中央对手方提供证券结算服务的，是结算参与人共同的清算交收对手，进行净额结算，为证券交易提供集中履约保障。

证券登记结算机构为证券交易提供净额结算服务时，应当要求结算参与人按照货银对付的原则，足额交付证券和资金，并提供交收担保。

在交收完成之前，任何人不得动用用于交收的证券、资金和担保物。

结算参与人未按时履行交收义务的，证券登记结算机构有权按照业务规则处理前款所述财产。

第一百五十九条　证券登记结算机构按照业务规则收取的各类结算资金和证券，必须存放于专门的清算交收账户，只能按业务规则用于已成交的证券交易的清算交收，不得被强制执行。

第十章　证券服务机构

第一百六十条　会计师事务所、律师事务所以及从事证券投资咨询、资产评估、资信评级、财务顾问、信息技术系统服务的证券服务机构，应当勤勉尽责、恪尽职守，按照相关业务规则为证券的交易及相关活动提供服务。

从事证券投资咨询服务业务，应当经国务院证券监督管理机构核准；未经核准，不得为证券的交易及相关活动提供服务。从事其他证券服务业务，应当报国务院证券监督管理机构和国务院有关主管部门备案。

第一百六十一条　证券投资咨询机构及其从业人员从事证券服务业务不得有下列行为：

（一）代理委托人从事证券投资；

（二）与委托人约定分享证券投资收益或者分担证券投资损失；

（三）买卖本证券投资咨询机构提供服务的证券；

（四）法律、行政法规禁止的其他行为。

有前款所列行为之一，给投资者造成损失的，应当依法承担赔偿责任。

第一百六十二条　证券服务机构应当妥善保存客户委托文件、核查和验证资料、工作底稿以及与质量控制、内部管理、业务经营有关的信息和资料，任何人不得泄露、隐匿、伪造、篡改或者毁损。上述信息和资料的保存期限不得少于十年，自业务委托结束之日起算。

第一百六十三条　证券服务机构为证券的发行、上市、交易等证券业务活动制作、出具审计报告及其他鉴证报告、资产评估报告、财务顾问报告、资信评级报告或者法律意见书等文件，应当勤勉尽责，对所依据的文件资料内容的真实性、准确性、完整性进行核查和验证。其制作、出具的文件有虚假记载、误导性陈述或者重大遗漏，给他人造成损失的，应当与委托人承担连带赔偿责任，但是能够证明自己没有过错的除外。

第十一章　证券业协会

第一百六十四条　证券业协会是证券业的自律性组织，是社会团体法人。

证券公司应当加入证券业协会。

证券业协会的权力机构为全体会员组成的会员大会。

第一百六十五条　证券业协会章程由会员大会制定，并报国务院证券监督管理机构备案。

第一百六十六条　证券业协会履行下列职责：

（一）教育和组织会员及其从业人员遵守证券法律、行政法规，组织开展证券行业诚信建设，督促证券行业履行社会责任；

（二）依法维护会员的合法权益，向证券监督管理机构反映会员的建议和要求；

（三）督促会员开展投资者教育和保护活动，维护投资者合法权益；

（四）制定和实施证券行业自律规则，监督、检查会员及其从业人员行为，对违反法律、行政法规、自律规则或者协会章程的，按照规定给予纪律处分或者实施其他自律管理措施；

（五）制定证券行业业务规范，组织从业人员的业务培训；

（六）组织会员就证券行业的发展、运作及有关内容进行研究，收集整理、发布证券相关信息，提供会员服务，组织行业交流，引导行业创新发展；

（七）对会员之间、会员与客户之间发生的证券业务纠纷进行调解；

（八）证券业协会章程规定的其他职责。

第一百六十七条　证券业协会设理事会。理事会成员依章程的规定由选举产生。

第十二章　证券监督管理机构

第一百六十八条　国务院证券监督管理机构依法对证券市场实行监督管理，维护证券市场公开、公平、公正，防范系统性风险，维护投资者合法权益，促进证券市场健康发展。

第一百六十九条　国务院证券监督管理机构在对证券市场实施监督管理中履行下列职责：

（一）依法制定有关证券市场监督管理的规章、规则，并依法进行审批、核准、注册，办理备案；

（二）依法对证券的发行、上市、交易、登记、存管、结算等行为，进行监督管理；

（三）依法对证券发行人、证券公司、证券服务机构、证券交易场所、证券登记结算机构的证券业务活动，进行监督管理；

（四）依法制定从事证券业务人员的行为准则，并监督实施；

（五）依法监督检查证券发行、上市、交易的信息披露；

（六）依法对证券业协会的自律管理活动进行指导和监督；

（七）依法监测并防范、处置证券市场风险；

（八）依法开展投资者教育；

（九）依法对证券违法行为进行查处；

（十）法律、行政法规规定的其他职责。

第一百七十条　国务院证券监督管理机构依法履行职责，有权采取下列措施：

（一）对证券发行人、证券公司、证券服务机构、证券交易场所、证券登记结算机构进行现场检查；

（二）进入涉嫌违法行为发生场所调查取证；

（三）询问当事人和与被调查事件有关的单位和个人，要求其对与被调查事件有关的事项作出说明；或者要求其按照指定的方式报送与被调查事件有关的文件和资料；

（四）查阅、复制与被调查事件有关的财产权登记、通讯记录等文件和资料；

（五）查阅、复制当事人和与被调查事件有关的单位和个人的证券交易记录、登记过户记录、财务会计资料及其他相关文件和资料；对可能被转移、隐匿或者毁损的文件和资料，可以予以封存、扣押；

（六）查询当事人和与被调查事件有关的单位和个人的资金账户、证券账户、银行账户以及其他具有支付、托管、结算等功能的账户信息，可以对有关文件和资料进行复制；对有证据证明已经或者可能转移或者隐匿违法资金、证券等涉案财产或者隐匿、伪造、毁损重要证据的，经国务院证券监督管理机构主要负责人或者其授权的其他负责人批准，可以冻结或者查封，期限为六个月；因特殊原因需要延长的，每次延长期限不得超过三个月，冻结、查封期限最长不得超过二年；

（七）在调查操纵证券市场、内幕交易等重大证券违法行为时，经国务院证券监督管理机构主要负责人或者其授权的其他负责人批准，可以限制被调查的当事人的证券买卖，但限制的期限不得超过三个月；案情复杂的，可以延长三个月；

（八）通知出境入境管理机关依法阻止涉嫌违法人员、涉嫌违法单位的主管人员和其他直接责任人员出境。

为防范证券市场风险，维护市场秩序，国务院证券监督管理机构可以采取责令改正、监管谈话、出具警示函等措施。

第一百七十一条　国务院证券监督管理机构对涉嫌证券违法的单位或者个人进行调查期间，被调查的当事人书面申请，承诺在国务院证券监督管理机构认可的期限内纠正涉嫌违法行为，赔偿有关投资者损失，消除损害或者不良影响的，国务院证券监督管理机构可以决定中止调查。被调查的当事人履行承诺的，国务院证券监督管理机构可以决定终止调查；被调查的当事人未履行承诺或者有国务院规定的其他情形的，应当恢复调查。具体办法由国务院规定。

国务院证券监督管理机构决定中止或者终止调查的，应当按照规定公开相关信息。

第一百七十二条　国务院证券监督管理机构依法履行职责，进行监督检查或者调查，其监督检查、调查的人员不得少于二人，并应当出示合法证件和监督检查、调查通知书或者其他执法文书。监督检查、调查的人员少于二人或者未出示合法证件和监督检查、调查通知书或者其他执法文书的，被检查、调查的单位和个人有权拒绝。

第一百七十三条　国务院证券监督管理机构依法履行职责，被检查、调查的单位和个人应当配合，如实提供有关文件和资料，不得拒绝、阻碍和隐瞒。

第一百七十四条　国务院证券监督管理机构制定的规章、规则和监督管理工作制度应当依法公开。

国务院证券监督管理机构依据调查结果，对证券违法行为作出的处罚决定，应当公开。

第一百七十五条　国务院证券监督管理机构应当与国务院其他金融监督管理机构建立监督管理信息共享机制。

国务院证券监督管理机构依法履行职责，进行监督检查或者调查时，有关部门应当予以配合。

第一百七十六条　对涉嫌证券违法、违规行为，任何单位和个人有权向国务院证券监督管理机构举报。

对涉嫌重大违法、违规行为的实名举报线索经查证属实的，国务院证券监督管理机构按照规定给予举报人奖励。

国务院证券监督管理机构应当对举报人的身份信息保密。

第一百七十七条 国务院证券监督管理机构可以和其他国家或者地区的证券监督管理机构建立监督管理合作机制，实施跨境监督管理。

境外证券监督管理机构不得在中华人民共和国境内直接进行调查取证等活动。未经国务院证券监督管理机构和国务院有关主管部门同意，任何单位和个人不得擅自向境外提供与证券业务活动有关的文件和资料。

第一百七十八条 国务院证券监督管理机构依法履行职责，发现证券违法行为涉嫌犯罪的，应当依法将案件移送司法机关处理；发现公职人员涉嫌职务违法或者职务犯罪的，应当依法移送监察机关处理。

第一百七十九条 国务院证券监督管理机构工作人员必须忠于职守、依法办事、公正廉洁，不得利用职务便利牟取不正当利益，不得泄露所知悉的有关单位和个人的商业秘密。

国务院证券监督管理机构工作人员在任职期间，或者离职后在《中华人民共和国公务员法》规定的期限内，不得到与原工作业务直接相关的企业或者其他营利性组织任职，不得从事与原工作业务直接相关的营利性活动。

第十三章 法律责任

第一百八十条 违反本法第九条的规定，擅自公开或者变相公开发行证券的，责令停止发行，退还所募资金并加算银行同期存款利息，处以非法所募资金金额百分之五以上百分之五十以下的罚款；对擅自公开或者变相公开发行证券设立的公司，由依法履行监督管理职责的机构或者部门会同县级以上地方人民政府予以取缔。对直接负责的主管人员和其他直接责任人员给予警告，并处以五十万元以上五百万元以下的罚款。

第一百八十一条 发行人在其公告的证券发行文件中隐瞒重要事实或者编造重大虚假内容，尚未发行证券的，处以二百万元以上二千万元以下的罚款；已经发行证券的，处以非法所募资金金额百分之十以上一倍以下的罚款。对直接负责的主管人员和其他直接责任人员，处以一百万元以上一千万元以下的罚款。

发行人的控股股东、实际控制人组织、指使从事前款违法行为的，没收违法所得，并处以违法所得百分之十以上一倍以下的罚款；没有违法所得或者违法所得不足二千万元的，处以二百万元以上二千万元以下的罚款。对直接负责的主管人员和其他直接责任人员，处以一百万元以上一千万元以下的罚款。

第一百八十二条 保荐人出具有虚假记载、误导性陈述或者重大遗漏的保荐书，或者不履行其他法定职责的，责令改正，给予警告，没收业务收入，并处以业务收入一倍以上十倍以下的罚款；没有业务收入或者业务收入不足一百万元的，处以一百万元以上一千万元以下的罚款；情节严重的，并处暂停或者撤销保荐业务许可。对直接负责的主管人员和其他直接责任人员给予警告，并处以五十万元以上五百万元以下的罚款。

第一百八十三条 证券公司承销或者销售擅自公开发行或者变相公开发行的证券的，责令停止承销或者销售，没收违法所得，并处以违法所得一倍以上十倍以下的罚款；没有违法所得或者违法所得不足一百万元的，处以一百万元以上一千万元以下的罚款；情节严重的，并处暂停或者撤销相关业务许可。给投资者造成损失的，应当与发行人承担连带赔偿责任。对直接负责的主管人员和其他直接责任人员给予警告，并处以五十万元以上五百万元以下的罚款。

第一百八十四条 证券公司承销证券违反本法第二十九条规定的，责令改正，给予警告，没收违法所得，可以并处五十万元以上五百万元以下的罚款；情节严重的，暂停或者撤销相关业务许可。对直接负责的主管人员和其他直接责任人员给予警告，可以并处二十万元以上二百万元以下的罚款；情节严重的，并处以五十万元以上五百万元以下的罚款。

第一百八十五条　发行人违反本法第十四条、第十五条的规定擅自改变公开发行证券所募集资金的用途的，责令改正，处以五十万元以上五百万元以下的罚款；对直接负责的主管人员和其他直接责任人员给予警告，并处以十万元以上一百万元以下的罚款。

发行人的控股股东、实际控制人从事或者组织、指使从事前款违法行为的，给予警告，并处以五十万元以上五百万元以下的罚款；对直接负责的主管人员和其他直接责任人员，处以十万元以上一百万元以下的罚款。

第一百八十六条　违反本法第三十六条的规定，在限制转让期内转让证券，或者转让股票不符合法律、行政法规和国务院证券监督管理机构规定的，责令改正，给予警告，没收违法所得，并处以买卖证券等值以下的罚款。

第一百八十七条　法律、行政法规规定禁止参与股票交易的人员，违反本法第四十条的规定，直接或者以化名、借他人名义持有、买卖股票或者其他具有股权性质的证券的，责令依法处理非法持有的股票、其他具有股权性质的证券，没收违法所得，并处以买卖证券等值以下的罚款；属于国家工作人员的，还应当依法给予处分。

第一百八十八条　证券服务机构及其从业人员，违反本法第四十二条的规定买卖证券的，责令依法处理非法持有的证券，没收违法所得，并处以买卖证券等值以下的罚款。

第一百八十九条　上市公司、股票在国务院批准的其他全国性证券交易场所交易的公司的董事、监事、高级管理人员、持有该公司百分之五以上股份的股东，违反本法第四十四条的规定，买卖该公司股票或者其他具有股权性质的证券的，给予警告，并处以十万元以上一百万元以下的罚款。

第一百九十条　违反本法第四十五条的规定，采取程序化交易影响证券交易所系统安全或者正常交易秩序的，责令改正，并处以五十万元以上五百万元以下的罚款。对直接负责的主管人员和其他直接责任人员给予警告，并处以十万元以上一百万元以下的罚款。

第一百九十一条　证券交易内幕信息的知情人或者非法获取内幕信息的人违反本法第五十三条的规定从事内幕交易的，责令依法处理非法持有的证券，没收违法所得，并处以违法所得一倍以上十倍以下的罚款；没有违法所得或者违法所得不足五十万元的，处以五十万元以上五百万元以下的罚款。单位从事内幕交易的，还应当对直接负责的主管人员和其他直接责任人员给予警告，并处以二十万元以上二百万元以下的罚款。国务院证券监督管理机构工作人员从事内幕交易的，从重处罚。

违反本法第五十四条的规定，利用未公开信息进行交易的，依照前款的规定处罚。

第一百九十二条　违反本法第五十五条的规定，操纵证券市场的，责令依法处理其非法持有的证券，没收违法所得，并处以违法所得一倍以上十倍以下的罚款；没有违法所得或者违法所得不足一百万元的，处以一百万元以上一千万元以下的罚款。单位操纵证券市场的，还应当对直接负责的主管人员和其他直接责任人员给予警告，并处以五十万元以上五百万元以下的罚款。

第一百九十三条　违反本法第五十六条第一款、第三款的规定，编造、传播虚假信息或者误导性信息，扰乱证券市场的，没收违法所得，并处以违法所得一倍以上十倍以下的罚款；没有违法所得或者违法所得不足二十万元的，处以二十万元以上二百万元以下的罚款。

违反本法第五十六条第二款的规定，在证券交易活动中作出虚假陈述或者信息误导的，责令改正，处以二十万元以上二百万元以下的罚款；属于国家工作人员的，还应当依法给予处分。

传播媒介及其从事证券市场信息报道的工作人员违反本法第五十六条第三款的规定，从事与其工作职责发生利益冲突的证券买卖的，没收违法所得，并处以买卖证券等值以下的罚款。

第一百九十四条 证券公司及其从业人员违反本法第五十七条的规定，有损害客户利益的行为的，给予警告，没收违法所得，并处以违法所得一倍以上十倍以下的罚款；没有违法所得或者违法所得不足十万元的，处以十万元以上一百万元以下的罚款；情节严重的，暂停或者撤销相关业务许可。

第一百九十五条 违反本法第五十八条的规定，出借自己的证券账户或者借用他人的证券账户从事证券交易的，责令改正，给予警告，可以处五十万元以下的罚款。

第一百九十六条 收购人未按照本法规定履行上市公司收购的公告、发出收购要约义务的，责令改正，给予警告，并处以五十万元以上五百万元以下的罚款。对直接负责的主管人员和其他直接责任人员给予警告，并处以二十万元以上二百万元以下的罚款。

收购人及其控股股东、实际控制人利用上市公司收购，给被收购公司及其股东造成损失的，应当依法承担赔偿责任。

第一百九十七条 信息披露义务人未按照本法规定报送有关报告或者履行信息披露义务的，责令改正，给予警告，并处以五十万元以上五百万元以下的罚款；对直接负责的主管人员和其他直接责任人员给予警告，并处以二十万元以上二百万元以下的罚款。发行人的控股股东、实际控制人组织、指使从事上述违法行为，或者隐瞒相关事项导致发生上述情形的，处以五十万元以上五百万元以下的罚款；对直接负责的主管人员和其他直接责任人员，处以二十万元以上二百万元以下的罚款。

信息披露义务人报送的报告或者披露的信息有虚假记载、误导性陈述或者重大遗漏的，责令改正，给予警告，并处以一百万元以上一千万元以下的罚款；对直接负责的主管人员和其他直接责任人员给予警告，并处以五十万元以上五百万元以下的罚款。发行人的控股股东、实际控制人组织、指使从事上述违法行为，或者隐瞒相关事项导致发生上述情形的，处以一百万元以上一千万元以下的罚款；对直接负责的主管人员和其他直接责任人员，处以五十万元以上五百万元以下的罚款。

第一百九十八条 证券公司违反本法第八十八条的规定未履行或者未按照规定履行投资者适当性管理义务的，责令改正，给予警告，并处以十万元以上一百万元以下的罚款。对直接负责的主管人员和其他直接责任人员给予警告，并处以二十万元以下的罚款。

第一百九十九条 违反本法第九十条的规定征集股东权利的，责令改正，给予警告，可以处五十万元以下的罚款。

第二百条 非法开设证券交易场所的，由县级以上人民政府予以取缔，没收违法所得，并处以违法所得一倍以上十倍以下的罚款；没有违法所得或者违法所得不足一百万元的，处以一百万元以上一千万元以下的罚款。对直接负责的主管人员和其他直接责任人员给予警告，并处以二十万元以上二百万元以下的罚款。

证券交易所违反本法第一百零五条的规定，允许非会员直接参与股票的集中交易的，责令改正，可以并处五十万元以下的罚款。

第二百零一条 证券公司违反本法第一百零七条第一款的规定，未对投资者开立账户提供的身份信息进行核对的，责令改正，给予警告，并处以五万元以上五十万元以下的罚款。对直接负责的主管人员和其他直接责任人员给予警告，并处以十万元以下的罚款。

证券公司违反本法第一百零七条第二款的规定，将投资者的账户提供给他人使用的，责令改正，给予警告，并处以十万元以上一百万元以下的罚款。对直接负责的主管人员和其他直接责任人员给予警告，并处以二十万元以下的罚款。

第二百零二条　违反本法第一百一十八条、第一百二十条第一款、第四款的规定，擅自设立证券公司、非法经营证券业务或者未经批准以证券公司名义开展证券业务活动的，责令改正，没收违法所得，并处以违法所得一倍以上十倍以下的罚款；没有违法所得或者违法所得不足一百万元的，处以一百万元以上一千万元以下的罚款。对直接负责的主管人员和其他直接责任人员给予警告，并处以二十万元以上二百万元以下的罚款。对擅自设立的证券公司，由国务院证券监督管理机构予以取缔。

证券公司违反本法第一百二十条第五款规定提供证券融资融券服务的，没收违法所得，并处以融资融券等值以下的罚款；情节严重的，禁止其在一定期限内从事证券融资融券业务。对直接负责的主管人员和其他直接责任人员给予警告，并处以二十万元以上二百万元以下的罚款。

第二百零三条　提交虚假证明文件或者采取其他欺诈手段骗取证券公司设立许可、业务许可或者重大事项变更核准的，撤销相关许可，并处以一百万元以上一千万元以下的罚款。对直接负责的主管人员和其他直接责任人员给予警告，并处以二十万元以上二百万元以下的罚款。

第二百零四条　证券公司违反本法第一百二十二条的规定，未经核准变更证券业务范围，变更主要股东或者公司的实际控制人，合并、分立、停业、解散、破产的，责令改正，给予警告，没收违法所得，并处以违法所得一倍以上十倍以下的罚款；没有违法所得或者违法所得不足五十万元的，处以五十万元以上五百万元以下的罚款；情节严重的，并处撤销相关业务许可。对直接负责的主管人员和其他直接责任人员给予警告，并处以二十万元以上二百万元以下的罚款。

第二百零五条　证券公司违反本法第一百二十三条第二款的规定，为其股东或者股东的关联人提供融资或者担保的，责令改正，给予警告，并处以五十万元以上五百万元以下的罚款。对直接负责的主管人员和其他直接责任人员给予警告，并处以十万元以上一百万元以下的罚款。股东有过错的，在按照要求改正前，国务院证券监督管理机构可以限制其股东权利；拒不改正的，可以责令其转让所持证券公司股权。

第二百零六条　证券公司违反本法第一百二十八条的规定，未采取有效隔离措施防范利益冲突，或者未分开办理相关业务、混合操作的，责令改正，给予警告，没收违法所得，并处以违法所得一倍以上十倍以下的罚款；没有违法所得或者违法所得不足五十万元的，处以五十万元以上五百万元以下的罚款；情节严重的，并处撤销相关业务许可。对直接负责的主管人员和其他直接责任人员给予警告，并处以二十万元以上二百万元以下的罚款。

第二百零七条　证券公司违反本法第一百二十九条的规定从事证券自营业务的，责令改正，给予警告，没收违法所得，并处以违法所得一倍以上十倍以下的罚款；没有违法所得或者违法所得不足五十万元的，处以五十万元以上五百万元以下的罚款；情节严重的，并处撤销相关业务许可或者责令关闭。对直接负责的主管人员和其他直接责任人员给予警告，并处以二十万元以上二百万元以下的罚款。

第二百零八条　违反本法第一百三十一条的规定，将客户的资金和证券归入自有财产，或者挪用客户的资金和证券的，责令改正，给予警告，没收违法所得，并处以违法所得一倍以上十倍以下的罚款；没有违法所得或者违法所得不足一百万元的，处以一百万元以上一千万元以下的罚款；情节严重的，并处撤销相关业务许可或者责令关闭。对直接负责的主管人员和其他直接责任人员给予警告，并处以五十万元以上五百万元以下的罚款。

第二百零九条 证券公司违反本法第一百三十四条第一款的规定接受客户的全权委托买卖证券的，或者违反本法第一百三十五条的规定对客户的收益或者赔偿客户的损失作出承诺的，责令改正，给予警告，没收违法所得，并处以违法所得一倍以上十倍以下的罚款；没有违法所得或者违法所得不足五十万元的，处以五十万元以上五百万元以下的罚款；情节严重的，并处撤销相关业务许可。对直接负责的主管人员和其他直接责任人员给予警告，并处以二十万元以上二百万元以下的罚款。

证券公司违反本法第一百三十四条第二款的规定，允许他人以证券公司的名义直接参与证券的集中交易的，责令改正，可以并处五十万元以下的罚款。

第二百一十条 证券公司的从业人员违反本法第一百三十六条的规定，私下接受客户委托买卖证券的，责令改正，给予警告，没收违法所得，并处以违法所得一倍以上十倍以下的罚款；没有违法所得的，处以五十万元以下的罚款。

第二百一十一条 证券公司及其主要股东、实际控制人违反本法第一百三十八条的规定，未报送、提供信息和资料，或者报送、提供的信息和资料有虚假记载、误导性陈述或者重大遗漏的，责令改正，给予警告，并处以一百万元以下的罚款；情节严重的，并处撤销相关业务许可。对直接负责的主管人员和其他直接责任人员，给予警告，并处以五十万元以下的罚款。

第二百一十二条 违反本法第一百四十五条的规定，擅自设立证券登记结算机构的，由国务院证券监督管理机构予以取缔，没收违法所得，并处以违法所得一倍以上十倍以下的罚款；没有违法所得或者违法所得不足五十万元的，处以五十万元以上五百万元以下的罚款。对直接负责的主管人员和其他直接责任人员给予警告，并处以二十万元以上二百万元以下的罚款。

第二百一十三条 证券投资咨询机构违反本法第一百六十条第二款的规定擅自从事证券服务业务，或者从事证券服务业务有本法第一百六十一条规定行为的，责令改正，没收违法所得，并处以违法所得一倍以上十倍以下的罚款；没有违法所得或者违法所得不足五十万元的，处以五十万元以上五百万元以下的罚款。对直接负责的主管人员和其他直接责任人员，给予警告，并处以二十万元以上二百万元以下的罚款。

会计师事务所、律师事务所以及从事资产评估、资信评级、财务顾问、信息技术系统服务的机构违反本法第一百六十条第二款的规定，从事证券服务业务未报备案的，责令改正，可以处二十万元以下的罚款。

证券服务机构违反本法第一百六十三条的规定，未勤勉尽责，所制作、出具的文件有虚假记载、误导性陈述或者重大遗漏的，责令改正，没收业务收入，并处以业务收入一倍以上十倍以下的罚款，没有业务收入或者业务收入不足五十万元的，处以五十万元以上五百万元以下的罚款；情节严重的，并处暂停或者禁止从事证券服务业务。对直接负责的主管人员和其他直接责任人员给予警告，并处以二十万元以上二百万元以下的罚款。

第二百一十四条 发行人、证券登记结算机构、证券公司、证券服务机构未按照规定保存有关文件和资料的，责令改正，给予警告，并处以十万元以上一百万元以下的罚款；泄露、隐匿、伪造、篡改或者毁损有关文件和资料的，给予警告，并处以二十万元以上二百万元以下的罚款；情节严重的，处以五十万元以上五百万元以下的罚款，并处暂停、撤销相关业务许可或者禁止从事相关业务。对直接负责的主管人员和其他直接责任人员给予警告，并处以十万元以上一百万元以下的罚款。

第二百一十五条　国务院证券监督管理机构依法将有关市场主体遵守本法的情况纳入证券市场诚信档案。

第二百一十六条　国务院证券监督管理机构或者国务院授权的部门有下列情形之一的，对直接负责的主管人员和其他直接责任人员，依法给予处分：

（一）对不符合本法规定的发行证券、设立证券公司等申请予以核准、注册、批准的；

（二）违反本法规定采取现场检查、调查取证、查询、冻结或者查封等措施的；

（三）违反本法规定对有关机构和人员采取监督管理措施的；

（四）违反本法规定对有关机构和人员实施行政处罚的；

（五）其他不依法履行职责的行为。

第二百一十七条　国务院证券监督管理机构或者国务院授权的部门的工作人员，不履行本法规定的职责，滥用职权、玩忽职守，利用职务便利牟取不正当利益，或者泄露所知悉的有关单位和个人的商业秘密的，依法追究法律责任。

第二百一十八条　拒绝、阻碍证券监督管理机构及其工作人员依法行使监督检查、调查职权，由证券监督管理机构责令改正，处以十万元以上一百万元以下的罚款，并由公安机关依法给予治安管理处罚。

第二百一十九条　违反本法规定，构成犯罪的，依法追究刑事责任。

第二百二十条　违反本法规定，应当承担民事赔偿责任和缴纳罚款、罚金、违法所得，违法行为人的财产不足以支付的，优先用于承担民事赔偿责任。

第二百二十一条　违反法律、行政法规或者国务院证券监督管理机构的有关规定，情节严重的，国务院证券监督管理机构可以对有关责任人员采取证券市场禁入的措施。

前款所称证券市场禁入，是指在一定期限内直至终身不得从事证券业务、证券服务业务，不得担任证券发行人的董事、监事、高级管理人员，或者一定期限内不得在证券交易所、国务院批准的其他全国性证券交易场所交易证券的制度。

第二百二十二条　依照本法收缴的罚款和没收的违法所得，全部上缴国库。

第二百二十三条　当事人对证券监督管理机构或者国务院授权的部门的处罚决定不服的，可以依法申请行政复议，或者依法直接向人民法院提起诉讼。

第十四章　附　　则

第二百二十四条　境内企业直接或者间接到境外发行证券或者将其证券在境外上市交易，应当符合国务院的有关规定。

第二百二十五条　境内公司股票以外币认购和交易的，具体办法由国务院另行规定。

第二百二十六条　本法自2020年3月1日起施行。

国务院关于加强监管防范风险推动资本市场高质量发展的若干意见

（2024 年 4 月 4 日国发〔2024〕10 号公布，自公布之日起施行）

各省、自治区、直辖市人民政府，国务院各部委、各直属机构：

党的十八大以来，我国资本市场快速发展，在促进资源优化配置、推动经济快速发展和社会长期稳定、支持科技创新等方面发挥了重要作用。为深入贯彻中央金融工作会议精神，进一步推动资本市场高质量发展，现提出以下意见。

一、总体要求

以习近平新时代中国特色社会主义思想为指导，全面贯彻党的二十大和二十届二中全会精神，贯彻新发展理念，紧紧围绕打造安全、规范、透明、开放、有活力、有韧性的资本市场，坚持把资本市场的一般规律同中国国情市情相结合，坚守资本市场工作的政治性、人民性，以强监管、防风险、促高质量发展为主线，以完善资本市场基础制度为重点，更好发挥资本市场功能作用，推进金融强国建设，服务中国式现代化大局。

深刻把握资本市场高质量发展的主要内涵，在服务国家重大战略和推动经济社会高质量发展中实现资本市场稳定健康发展。必须坚持和加强党的领导，充分发挥党的政治优势、组织优势、制度优势，确保资本市场始终保持正确的发展方向；必须始终践行金融为民的理念，突出以人民为中心的价值取向，更加有效保护投资者特别是中小投资者合法权益，助力更好满足人民群众日益增长的财富管理需求；必须全面加强监管、有效防范化解风险，稳为基调、严字当头，确保监管“长牙带刺”、有棱有角；必须始终坚持市场化法治化原则，突出目标导向、问题导向，进一步全面深化资本市场改革，统筹好开放和安全；必须牢牢把握高质量发展的主题，守正创新，更加有力服务国民经济重点领域和现代化产业体系建设。

未来 5 年，基本形成资本市场高质量发展的总体框架。投资者保护的制度机制更加完善。上市公司质量和结构明显优化，证券基金期货机构实力和服务能力持续增强。资本市场监管能力和有效性大幅提高。资本市场良好生态加快形成。到 2035 年，基本建成具有高度适应性、竞争力、普惠性的资本市场，投资者合法权益得到更加有效的保护。投融资结构趋于合理，上市公司质量显著提高，一流投资银行和投资机构建设取得明显进展。资本市场监管体制机制更加完备。到本世纪中叶，资本市场治理体系和治理能力现代化水平进一步提高，建成与金融强国相匹配的高质量资本市场。

二、严把发行上市准入关

进一步完善发行上市制度。提高主板、创业板上市标准，完善科创板科创属性评价标准。提高发行上市辅导质效，扩大对在审企业及相关中介机构现场检查覆盖面。明确上市时要披露分红政策。将上市前突击“清仓式”分红等情形纳入发行上市负面清单。从严监管分拆上市。严格再融资审核把关。

强化发行上市全链条责任。进一步压实交易所审核主体责任，完善股票上市委员会组建方式和运行机制，加强对委员履职的全过程监督。建立审核回溯问责追责机制。进一步压实发行人第一责任和中介机构“看门人”责任，建立中介机构“黑名单”制度。坚持“申报即担责”，严查欺诈发行等违法违规问题。

加大发行承销监管力度。强化新股发行询价定价配售各环节监管，整治高价超募、抱团压价等市场乱象。从严加强募投项目信息披露监管。依法规范和引导资本健康发展，加强穿透式监管和监管协同，严厉打击违规代持、以异常价格突击入股、利益输送等行为。

三、严格上市公司持续监管

加强信息披露和公司治理监管。构建资本市场防假打假综合惩防体系，严肃整治财务造假、资金占用等重点领域违法违规行为。督促上市公司完善内控体系。切实发挥独立董事监督作用，强化履职保障约束。

全面完善减持规则体系。出台上市公司减持管理办法，对不同类型股东分类施策。严格规范大股东尤其是控股股东、实际控制人减持，按照实质重于形式的原则坚决防范各类绕道减持。责令违规主体购回违规减持股份并上缴价差。严厉打击各类违规减持。

强化上市公司现金分红监管。对多年未分红或分红比例偏低的公司，限制大股东减持、实施风险警示。加大对分红优质公司的激励力度，多措并举推动提高股息率。增强分红稳定性、持续性和可预期性，推动一年多次分红、预分红、春节前分红。

推动上市公司提升投资价值。制定上市公司市值管理指引。研究将上市公司市值管理纳入企业内外部考核评价体系。引导上市公司回购股份后依法注销。鼓励上市公司聚焦主业，综合运用并购重组、股权激励等方式提高发展质量。依法从严打击以市值管理为名的操纵市场、内幕交易等违法违规行为。

四、加大退市监管力度

深化退市制度改革，加快形成应退尽退、及时出清的常态化退市格局。进一步严格强制退市标准。建立健全不同板块差异化的退市标准体系。科学设置重大违法退市适用范围。收紧财务类退市指标。完善市值标准等交易类退市指标。加大规范类退市实施力度。进一步畅通多元退市渠道。完善吸收合并等政策规定，鼓励引导头部公司立足主业加大对产业链上市公司的整合力度。进一步削减“壳”资源价值。加强并购重组监管，强化主业相关性，严把注入资产质量关，加大对“借壳上市”的监管力度，精准打击各类违规“保壳”行为。进一步强化退市监管。严格退市执行，严厉打击财务造假、操纵市场等恶意规避退市的违法行为。健全退市过程中的投资者赔偿救济机制，对重大违法退市负有责任的控股股东、实际控制人、董事、高管等要依法赔偿投资者损失。

五、加强证券基金机构监管，推动行业回归本源、做优做强

推动证券基金机构高质量发展。引导行业机构树立正确经营理念，处理好功能性和盈利性关系。加强行业机构股东、业务准入管理，完善高管人员任职条件与备案管理制度。完善对衍生品、融资融券等重点业务的监管制度。推动行业机构加强投行能力和财富管理能力建设。支持头部机构通过并购重组、组织创新等方式提升核心竞争力，鼓励中小机构差异化发展、特色化经营。

积极培育良好的行业文化和投资文化。完善与经营绩效、业务性质、贡献水平、合规风控、社会文化相适应的证券基金行业薪酬管理制度。持续开展行业文化综合治理，建立健全从业人员分类名单制度和执业声誉管理机制，坚决纠治拜金主义、奢靡享乐、急功近利、“炫富”等不良风气。

六、加强交易监管，增强资本市场内在稳定性

促进市场平稳运行。强化股市风险综合研判。加强战略性力量储备和稳定机制建设。集中整治私募基金领域突出风险隐患。完善市场化法治化多元化的债券违约风险处置机制，坚决打击逃废债行为。探索适应中国发展阶段的期货监管制度和业务模式。做好跨市场跨行业跨境风险监测应对。

加强交易监管。完善对异常交易、操纵市场的监管标准。出台程序化交易监管规定，加强对高频量化交易监管。制定私募证券基金运作规则。强化底线思维，完善极端情形的应对措施。严肃查处操纵市场恶意做空等违法违规行为，强化震慑警示。

健全预期管理机制。将重大经济或非经济政策对资本市场的影响评估内容纳入宏观政策取向一致性评估框架，建立重大政策信息发布协调机制。

七、大力推动中长期资金入市，持续壮大长期投资力量

建立培育长期投资的市场生态，完善适配长期投资的基础制度，构建支持“长钱长投”的政策体系。大力发展权益类公募基金，大幅提升权益类基金占比。建立交易型开放式指数基金（ETF）快速审批通道，推动指数化投资发展。全面加强基金公司投研能力建设，丰富公募基金可投资产类别和投资组合，从规模导向向投资者回报导向转变。稳步降低公募基金行业综合费率，研究规范基金经理薪酬制度。修订基金管理人分类评价制度，督促树牢理性投资、价值投资、长期投资理念。支持私募证券投资基金和私募资管业务稳健发展，提升投资行为稳定性。

优化保险资金权益投资政策环境，落实并完善国有保险公司绩效评价办法，更好鼓励开展长期权益投资。完善保险资金权益投资监管制度，优化上市保险公司信息披露要求。完善全国社会保障基金、基本养老保险基金投资政策。提升企业年金、个人养老金投资灵活度。鼓励银行理财和信托资金积极参与资本市场，提升权益投资规模。

八、进一步全面深化改革开放，更好服务高质量发展

着力做好科技金融、绿色金融、普惠金融、养老金融、数字金融五篇大文章。推动股票发行注册制走深走实，增强资本市场制度竞争力，提升对新产业新业态新技术的包容性，更好服务科技创新、绿色发展、国资国企改革等国家战略实施和中小企业、民营企业发展壮大，促进新质生产力发展。加大对符合国家产业政策导向、突破关键核心技术企业的股债融资支持。加大并购重组改革力度，多措并举活跃并购重组市场。健全上市公司可持续信息披露制度。

完善多层次资本市场体系。坚持主板、科创板、创业板和北交所错位发展，深化新三板改革，促进区域性股权市场规范发展。进一步畅通“募投管退”循环，发挥好创业投资、私募股权投资支持科技创新作用。推动债券和不动产投资信托基金（REITs）市场高质量发展。稳慎有序发展期货和衍生品市场。

坚持统筹资本市场高水平制度型开放和安全。拓展优化资本市场跨境互联互通机制。拓宽企业境外上市融资渠道，提升境外上市备案管理质效。加强开放条件下的监管能力建设。深化国际证券监管合作。

九、推动形成促进资本市场高质量发展的合力

推动加强资本市场法治建设，大幅提升违法违规成本。推动修订证券投资基金法。出台上市公司监督管理条例，修订证券公司监督管理条例，加快制定公司债券管理条例，研究制定不动产投资信托基金

管理条例。推动出台背信损害上市公司利益罪的司法解释、内幕交易和操纵市场等民事赔偿的司法解释，以及打击挪用私募基金资金、背信运用受托财产等犯罪行为的司法文件。

加大对证券期货违法犯罪的联合打击力度。健全线索发现、举报奖励等机制。完善证券执法司法体制机制，提高行政刑事衔接效率。强化行政监管、行政审判、行政检察之间的高效协同。加大行政、民事、刑事立体化追责力度，依法从严查处各类违法违规行为。加大证券纠纷特别代表人诉讼制度适用力度，完善行政执法当事人承诺制度。探索开展检察机关提起证券民事公益诉讼试点。进一步加强资本市场诚信体系建设。

深化央地、部际协调联动。强化宏观政策协同，促进实体经济和产业高质量发展，为资本市场健康发展营造良好的环境。落实并完善上市公司股权激励、中长期资金、私募股权创投基金、不动产投资信托基金等税收政策，健全有利于创新资本形成和活跃市场的财税体系。建立央地和跨部门监管数据信息共享机制。压实地方政府在提高上市公司质量以及化解处置债券违约、私募机构风险等方面的责任。

打造政治过硬、能力过硬、作风过硬的监管铁军。把政治建设放在更加突出位置，深入推进全面从严治党，锻造忠诚干净担当的高素质专业化的资本市场干部人才队伍。坚决破除“例外论”、“精英论”、“特殊论”等错误思想。从严从紧完善离职人员管理，整治“影子股东”、不当入股、政商“旋转门”、“逃逸式辞职”等问题。铲除腐败问题产生的土壤和条件，坚决惩治腐败与风险交织、资本与权力勾连等腐败问题，营造风清气正的政治生态。

中华人民共和国证券投资基金法

（2003 年 10 月 28 日第十届全国人民代表大会常务委员会第五次会议通过，2012 年 12 月 28 日第十一届全国人民代表大会常务委员会第三十次会议修订，根据 2015 年 4 月 24 日第十二届全国人民代表大会常务委员会第十四次会议《关于修改〈中华人民共和国港口法〉等七部法律的决定》修正）

第一章　总　　则

第一条　为了规范证券投资基金活动，保护投资人及相关当事人的合法权益，促进证券投资基金和资本市场的健康发展，制定本法。

第二条　在中华人民共和国境内，公开或者非公开募集资金设立证券投资基金（以下简称基金），由基金管理人管理，基金托管人托管，为基金份额持有人的利益，进行证券投资活动，适用本法；本法未规定的，适用《中华人民共和国信托法》、《中华人民共和国证券法》和其他有关法律、行政法规的规定。

第三条　基金管理人、基金托管人和基金份额持有人的权利、义务，依照本法在基金合同中约定。

基金管理人、基金托管人依照本法和基金合同的约定，履行受托职责。

通过公开募集方式设立的基金（以下简称公开募集基金）的基金份额持有人按其所持基金份额享受收益和承担风险，通过非公开募集方式设立的基金（以下简称非公开募集基金）的收益分配和风险承担由基金合同约定。

第四条 从事证券投资基金活动，应当遵循自愿、公平、诚实信用的原则，不得损害国家利益和社会公共利益。

第五条 基金财产的债务由基金财产本身承担，基金份额持有人以其出资为限对基金财产的债务承担责任。但基金合同依照本法另有约定的，从其约定。

基金财产独立于基金管理人、基金托管人的固有财产。基金管理人、基金托管人不得将基金财产归入其固有财产。

基金管理人、基金托管人因基金财产的管理、运用或者其他情形而取得的财产和收益，归入基金财产。

基金管理人、基金托管人因依法解散、被依法撤销或者被依法宣告破产等原因进行清算的，基金财产不属于其清算财产。

第六条 基金财产的债权，不得与基金管理人、基金托管人固有财产的债务相抵销；不同基金财产的债权债务，不得相互抵销。

第七条 非因基金财产本身承担的债务，不得对基金财产强制执行。

第八条 基金财产投资的相关税收，由基金份额持有人承担，基金管理人或者其他扣缴义务人按照国家有关税收征收的规定代扣代缴。

第九条 基金管理人、基金托管人管理、运用基金财产，基金服务机构从事基金服务活动，应当恪尽职守，履行诚实信用、谨慎勤勉的义务。

基金管理人运用基金财产进行证券投资，应当遵守审慎经营规则，制定科学合理的投资策略和风险管理制度，有效防范和控制风险。

基金从业人员应当具备基金从业资格，遵守法律、行政法规，恪守职业道德和行为规范。

第十条 基金管理人、基金托管人和基金服务机构，应当依照本法成立证券投资基金行业协会（以下简称基金行业协会），进行行业自律，协调行业关系，提供行业服务，促进行业发展。

第十一条 国务院证券监督管理机构依法对证券投资基金活动实施监督管理；其派出机构依照授权履行职责。

第二章 基金管理人

第十二条 基金管理人由依法设立的公司或者合伙企业担任。

公开募集基金的基金管理人，由基金管理公司或者经国务院证券监督管理机构按照规定核准的其他机构担任。

第十三条 设立管理公开募集基金的基金管理公司，应当具备下列条件，并经国务院证券监督管理机构批准：

（一）有符合本法和《中华人民共和国公司法》规定的章程；

（二）注册资本不低于一亿元人民币，且必须为实缴货币资本；

（三）主要股东应当具有经营金融业务或者管理金融机构的良好业绩、良好的财务状况和社会信誉，资产规模达到国务院规定的标准，最近三年没有违法记录；

（四）取得基金从业资格的人员达到法定人数；

（五）董事、监事、高级管理人员具备相应的任职条件；

（六）有符合要求的营业场所、安全防范设施和与基金管理业务有关的其他设施；

（七）有良好的内部治理结构、完善的内部稽核监控制度、风险控制制度；

（八）法律、行政法规规定的和经国务院批准的国务院证券监督管理机构规定的其他条件。

第十四条 国务院证券监督管理机构应当自受理基金管理公司设立申请之日起六个月内依照本法第十三条规定的条件和审慎监管原则进行审查，作出批准或者不予批准的决定，并通知申请人；不予批准的，应当说明理由。

基金管理公司变更持有百分之五以上股权的股东，变更公司的实际控制人，或者变更其他重大事项，应当报经国务院证券监督管理机构批准。国务院证券监督管理机构应当自受理申请之日起六十日内作出批准或者不予批准的决定，并通知申请人；不予批准的，应当说明理由。

第十五条　有下列情形之一的，不得担任公开募集基金的基金管理人的董事、监事、高级管理人员和其他从业人员：

（一）因犯有贪污贿赂、渎职、侵犯财产罪或者破坏社会主义市场经济秩序罪，被判处刑罚的；

（二）对所任职的公司、企业因经营不善破产清算或者因违法被吊销营业执照负有个人责任的董事、监事、厂长、高级管理人员，自该公司、企业破产清算终结或者被吊销营业执照之日起未逾五年的；

（三）个人所负债务数额较大，到期未清偿的；

（四）因违法行为被开除的基金管理人、基金托管人、证券交易所、证券公司、证券登记结算机构、期货交易所、期货公司及其他机构的从业人员和国家机关工作人员；

（五）因违法行为被吊销执业证书或者被取消资格的律师、注册会计师和资产评估机构、验证机构的从业人员、投资咨询从业人员；

（六）法律、行政法规规定不得从事基金业务的其他人员。

第十六条　公开募集基金的基金管理人的董事、监事和高级管理人员，应当熟悉证券投资方面的法律、行政法规，具有三年以上与其所任职务相关的工作经历；高级管理人员还应当具备基金从业资格。

第十七条　公开募集基金的基金管理人的董事、监事、高级管理人员和其他从业人员，其本人、配偶、利害关系人进行证券投资，应当事先向基金管理人申报，并不得与基金份额持有人发生利益冲突。

公开募集基金的基金管理人应当建立前款规定人员进行证券投资的申报、登记、审查、处置等管理制度，并报国务院证券监督管理机构备案。

第十八条　公开募集基金的基金管理人的董事、监事、高级管理人员和其他从业人员，不得担任基金托管人或者其他基金管理人的任何职务，不得从事损害基金财产和基金份额持有人利益的证券交易及其他活动。

第十九条　公开募集基金的基金管理人应当履行下列职责：

（一）依法募集资金，办理基金份额的发售和登记事宜；

（二）办理基金备案手续；

（三）对所管理的不同基金财产分别管理、分别记账，进行证券投资；

（四）按照基金合同的约定确定基金收益分配方案，及时向基金份额持有人分配收益；

（五）进行基金会计核算并编制基金财务会计报告；

（六）编制中期和年度基金报告；

（七）计算并公告基金资产净值，确定基金份额申购、赎回价格；

（八）办理与基金财产管理业务活动有关的信息披露事项；

（九）按照规定召集基金份额持有人大会；

（十）保存基金财产管理业务活动的记录、账册、报表和其他相关资料；

（十一）以基金管理人名义，代表基金份额持有人利益行使诉讼权利或者实施其他法律行为；

（十二）国务院证券监督管理机构规定的其他职责。

第二十条　公开募集基金的基金管理人及其董事、监事、高级管理人员和其他从业人员不得有下列行为：

（一）将其固有财产或者他人财产混同于基金财产从事证券投资；

（二）不公平地对待其管理的不同基金财产；

（三）利用基金财产或者职务之便为基金份额持有人以外的人牟取利益；

（四）向基金份额持有人违规承诺收益或者承担损失；

（五）侵占、挪用基金财产；

（六）泄露因职务便利获取的未公开信息、利用该信息从事或者明示、暗示他人从事相关的交易活动；

（七）玩忽职守，不按照规定履行职责；

（八）法律、行政法规和国务院证券监督管理机构规定禁止的其他行为。

第二十一条 公开募集基金的基金管理人应当建立良好的内部治理结构，明确股东会、董事会、监事会和高级管理人员的职责权限，确保基金管理人独立运作。

公开募集基金的基金管理人可以实行专业人士持股计划，建立长效激励约束机制。

公开募集基金的基金管理人的股东、董事、监事和高级管理人员在行使权利或者履行职责时，应当遵循基金份额持有人利益优先的原则。

第二十二条 公开募集基金的基金管理人应当从管理基金的报酬中计提风险准备金。

公开募集基金的基金管理人因违法违规、违反基金合同等原因给基金财产或者基金份额持有人合法权益造成损失，应当承担赔偿责任的，可以优先使用风险准备金予以赔偿。

第二十三条 公开募集基金的基金管理人的股东、实际控制人应当按照国务院证券监督管理机构的规定及时履行重大事项报告义务，并不得有下列行为：

（一）虚假出资或者抽逃出资；

（二）未依法经股东会或者董事会决议擅自干预基金管理人的基金经营活动；

（三）要求基金管理人利用基金财产为自己或者他人牟取利益，损害基金份额持有人利益；

（四）国务院证券监督管理机构规定禁止的其他行为。

公开募集基金的基金管理人的股东、实际控制人有前款行为或者股东不再符合法定条件的，国务院证券监督管理机构应当责令其限期改正，并可视情节责令其转让所持有或者控制的基金管理人的股权。

在前款规定的股东、实际控制人按照要求改正违法行为、转让所持有或者控制的基金管理人的股权前，国务院证券监督管理机构可以限制有关股东行使股东权利。

第二十四条 公开募集基金的基金管理人违法违规，或者其内部治理结构、稽核监控和风险控制管理不符合规定的，国务院证券监督管理机构应当责令其限期改正；逾期未改正，或者其行为严重危及该基金管理人的稳健运行、损害基金份额持有人合法权益的，国务院证券监督管理机构可以区别情形，对其采取下列措施：

（一）限制业务活动，责令暂停部分或者全部业务；

（二）限制分配红利，限制向董事、监事、高级管理人员支付报酬、提供福利；

（三）限制转让固有财产或者在固有财产上设定其他权利；

（四）责令更换董事、监事、高级管理人员或者限制其权利；

（五）责令有关股东转让股权或者限制有关股东行使股东权利。

公开募集基金的基金管理人整改后，应当向国务院证券监督管理机构提交报告。国务院证券监督管理机构经验收，符合有关要求的，应当自验收完毕之日起三日内解除对其采取的有关措施。

第二十五条 公开募集基金的基金管理

人的董事、监事、高级管理人员未能勤勉尽责，致使基金管理人存在重大违法违规行为或者重大风险的，国务院证券监督管理机构可以责令更换。

第二十六条　公开募集基金的基金管理人违法经营或者出现重大风险，严重危害证券市场秩序、损害基金份额持有人利益的，国务院证券监督管理机构可以对该基金管理人采取责令停业整顿、指定其他机构托管、接管、取消基金管理资格或者撤销等监管措施。

第二十七条　在公开募集基金的基金管理人被责令停业整顿、被依法指定托管、接管或者清算期间，或者出现重大风险时，经国务院证券监督管理机构批准，可以对该基金管理人直接负责的董事、监事、高级管理人员和其他直接责任人员采取下列措施：

（一）通知出境管理机关依法阻止其出境；

（二）申请司法机关禁止其转移、转让或者以其他方式处分财产，或者在财产上设定其他权利。

第二十八条　有下列情形之一的，公开募集基金的基金管理人职责终止：

（一）被依法取消基金管理资格；

（二）被基金份额持有人大会解任；

（三）依法解散、被依法撤销或者被依法宣告破产；

（四）基金合同约定的其他情形。

第二十九条　公开募集基金的基金管理人职责终止的，基金份额持有人大会应当在六个月内选任新基金管理人；新基金管理人产生前，由国务院证券监督管理机构指定临时基金管理人。

公开募集基金的基金管理人职责终止的，应当妥善保管基金管理业务资料，及时办理基金管理业务的移交手续，新基金管理人或者临时基金管理人应当及时接收。

第三十条　公开募集基金的基金管理人职责终止的，应当按照规定聘请会计师事务所对基金财产进行审计，并将审计结果予以公告，同时报国务院证券监督管理机构备案。

第三十一条　对非公开募集基金的基金管理人进行规范的具体办法，由国务院金融监督管理机构依照本章的原则制定。

第三章　基金托管人

第三十二条　基金托管人由依法设立的商业银行或者其他金融机构担任。

商业银行担任基金托管人的，由国务院证券监督管理机构会同国务院银行业监督管理机构核准；其他金融机构担任基金托管人的，由国务院证券监督管理机构核准。

第三十三条　担任基金托管人，应当具备下列条件：

（一）净资产和风险控制指标符合有关规定；

（二）设有专门的基金托管部门；

（三）取得基金从业资格的专职人员达到法定人数；

（四）有安全保管基金财产的条件；

（五）有安全高效的清算、交割系统；

（六）有符合要求的营业场所、安全防范设施和与基金托管业务有关的其他设施；

（七）有完善的内部稽核监控制度和风险控制制度；

（八）法律、行政法规规定的和经国务院批准的国务院证券监督管理机构、国务院银行业监督管理机构规定的其他条件。

第三十四条　本法第十五条、第十七条、第十八条的规定，适用于基金托管人的专门基金托管部门的高级管理人员和其他从业人员。

本法第十六条的规定，适用于基金托管人的专门基金托管部门的高级管理人员。

第三十五条　基金托管人与基金管理人不得为同一机构，不得相互出资或者持有股份。

第三十六条　基金托管人应当履行下列

职责：

（一）安全保管基金财产；

（二）按照规定开设基金财产的资金账户和证券账户；

（三）对所托管的不同基金财产分别设置账户，确保基金财产的完整与独立；

（四）保存基金托管业务活动的记录、账册、报表和其他相关资料；

（五）按照基金合同的约定，根据基金管理人的投资指令，及时办理清算、交割事宜；

（六）办理与基金托管业务活动有关的信息披露事项；

（七）对基金财务会计报告、中期和年度基金报告出具意见；

（八）复核、审查基金管理人计算的基金资产净值和基金份额申购、赎回价格；

（九）按照规定召集基金份额持有人大会；

（十）按照规定监督基金管理人的投资运作；

（十一）国务院证券监督管理机构规定的其他职责。

第三十七条 基金托管人发现基金管理人的投资指令违反法律、行政法规和其他有关规定，或者违反基金合同约定的，应当拒绝执行，立即通知基金管理人，并及时向国务院证券监督管理机构报告。

基金托管人发现基金管理人依据交易程序已经生效的投资指令违反法律、行政法规和其他有关规定，或者违反基金合同约定的，应当立即通知基金管理人，并及时向国务院证券监督管理机构报告。

第三十八条 本法第二十条、第二十二条的规定，适用于基金托管人。

第三十九条 基金托管人不再具备本法规定的条件，或者未能勤勉尽责，在履行本法规定的职责时存在重大失误的，国务院证券监督管理机构、国务院银行业监督管理机构应当责令其改正；逾期未改正，或者其行为严重影响所托管基金的稳健运行、损害基金份额持有人利益的，国务院证券监督管理机构、国务院银行业监督管理机构可以区别情形，对其采取下列措施：

（一）限制业务活动，责令暂停办理新的基金托管业务；

（二）责令更换负有责任的专门基金托管部门的高级管理人员。

基金托管人整改后，应当向国务院证券监督管理机构、国务院银行业监督管理机构提交报告；经验收，符合有关要求的，应当自验收完毕之日起三日内解除对其采取的有关措施。

第四十条 国务院证券监督管理机构、国务院银行业监督管理机构对有下列情形之一的基金托管人，可以取消其基金托管资格：

（一）连续三年没有开展基金托管业务的；

（二）违反本法规定，情节严重的；

（三）法律、行政法规规定的其他情形。

第四十一条 有下列情形之一的，基金托管人职责终止：

（一）被依法取消基金托管资格；

（二）被基金份额持有人大会解任；

（三）依法解散、被依法撤销或者被依法宣告破产；

（四）基金合同约定的其他情形。

第四十二条 基金托管人职责终止的，基金份额持有人大会应当在六个月内选任新基金托管人；新基金托管人产生前，由国务院证券监督管理机构指定临时基金托管人。

基金托管人职责终止的，应当妥善保管基金财产和基金托管业务资料，及时办理基金财产和基金托管业务的移交手续，新基金托管人或者临时基金托管人应当及时接收。

第四十三条 基金托管人职责终止的，应当按照规定聘请会计师事务所对基金财产进行审计，并将审计结果予以公告，同时报国务院证券监督管理机构备案。

第四章 基金的运作方式和组织

第四十四条 基金合同应当约定基金的运作方式。

第四十五条 基金的运作方式可以采用封闭式、开放式或者其他方式。

采用封闭式运作方式的基金（以下简称封闭式基金），是指基金份额总额在基金合同期限内固定不变，基金份额持有人不得申请赎回的基金；采用开放式运作方式的基金（以下简称开放式基金），是指基金份额总额不固定，基金份额可以在基金合同约定的时间和场所申购或者赎回的基金。

采用其他运作方式的基金的基金份额发售、交易、申购、赎回的办法，由国务院证券监督管理机构另行规定。

第四十六条 基金份额持有人享有下列权利：

（一）分享基金财产收益；

（二）参与分配清算后的剩余基金财产；

（三）依法转让或者申请赎回其持有的基金份额；

（四）按照规定要求召开基金份额持有人大会或者召集基金份额持有人大会；

（五）对基金份额持有人大会审议事项行使表决权；

（六）对基金管理人、基金托管人、基金服务机构损害其合法权益的行为依法提起诉讼；

（七）基金合同约定的其他权利。

公开募集基金的基金份额持有人有权查阅或者复制公开披露的基金信息资料；非公开募集基金的基金份额持有人对涉及自身利益的情况，有权查阅基金的财务会计账簿等财务资料。

第四十七条 基金份额持有人大会由全体基金份额持有人组成，行使下列职权：

（一）决定基金扩募或者延长基金合同期限；

（二）决定修改基金合同的重要内容或者提前终止基金合同；

（三）决定更换基金管理人、基金托管人；

（四）决定调整基金管理人、基金托管人的报酬标准；

（五）基金合同约定的其他职权。

第四十八条 按照基金合同约定，基金份额持有人大会可以设立日常机构，行使下列职权：

（一）召集基金份额持有人大会；

（二）提请更换基金管理人、基金托管人；

（三）监督基金管理人的投资运作、基金托管人的托管活动；

（四）提请调整基金管理人、基金托管人的报酬标准；

（五）基金合同约定的其他职权。

前款规定的日常机构，由基金份额持有人大会选举产生的人员组成；其议事规则，由基金合同约定。

第四十九条 基金份额持有人大会及其日常机构不得直接参与或者干涉基金的投资管理活动。

第五章 基金的公开募集

第五十条 公开募集基金，应当经国务院证券监督管理机构注册。未经注册，不得公开或者变相公开募集基金。

前款所称公开募集基金，包括向不特定对象募集资金、向特定对象募集资金累计超过二百人，以及法律、行政法规规定的其他情形。

公开募集基金应当由基金管理人管理，基金托管人托管。

第五十一条 注册公开募集基金，由拟任基金管理人向国务院证券监督管理机构提交下列文件：

（一）申请报告；

（二）基金合同草案；

（三）基金托管协议草案；

（四）招募说明书草案；

（五）律师事务所出具的法律意见书；

（六）国务院证券监督管理机构规定提交的其他文件。

第五十二条　公开募集基金的基金合同应当包括下列内容：

（一）募集基金的目的和基金名称；

（二）基金管理人、基金托管人的名称和住所；

（三）基金的运作方式；

（四）封闭式基金的基金份额总额和基金合同期限，或者开放式基金的最低募集份额总额；

（五）确定基金份额发售日期、价格和费用的原则；

（六）基金份额持有人、基金管理人和基金托管人的权利、义务；

（七）基金份额持有人大会召集、议事及表决的程序和规则；

（八）基金份额发售、交易、申购、赎回的程序、时间、地点、费用计算方式，以及给付赎回款项的时间和方式；

（九）基金收益分配原则、执行方式；

（十）基金管理人、基金托管人报酬的提取、支付方式与比例；

（十一）与基金财产管理、运用有关的其他费用的提取、支付方式；

（十二）基金财产的投资方向和投资限制；

（十三）基金资产净值的计算方法和公告方式；

（十四）基金募集未达到法定要求的处理方式；

（十五）基金合同解除和终止的事由、程序以及基金财产清算方式；

（十六）争议解决方式；

（十七）当事人约定的其他事项。

第五十三条　公开募集基金的基金招募说明书应当包括下列内容：

（一）基金募集申请的准予注册文件名称和注册日期；

（二）基金管理人、基金托管人的基本情况；

（三）基金合同和基金托管协议的内容摘要；

（四）基金份额的发售日期、价格、费用和期限；

（五）基金份额的发售方式、发售机构及登记机构名称；

（六）出具法律意见书的律师事务所和审计基金财产的会计师事务所的名称和住所；

（七）基金管理人、基金托管人报酬及其他有关费用的提取、支付方式与比例；

（八）风险警示内容；

（九）国务院证券监督管理机构规定的其他内容。

第五十四条　国务院证券监督管理机构应当自受理公开募集基金的募集注册申请之日起六个月内依照法律、行政法规及国务院证券监督管理机构的规定进行审查，作出注册或者不予注册的决定，并通知申请人；不予注册的，应当说明理由。

第五十五条　基金募集申请经注册后，方可发售基金份额。

基金份额的发售，由基金管理人或者其委托的基金销售机构办理。

第五十六条　基金管理人应当在基金份额发售的三日前公布招募说明书、基金合同及其他有关文件。

前款规定的文件应当真实、准确、完整。

对基金募集所进行的宣传推介活动，应当符合有关法律、行政法规的规定，不得有本法第七十七条所列行为。

第五十七条　基金管理人应当自收到准予注册文件之日起六个月内进行基金募集。超过六个月开始募集，原注册的事项未发生实质性变化的，应当报国务院证券监督管理机构备案；发生实质性变化的，应当向国务院证券监督管理机构重新提交注册申请。

基金募集不得超过国务院证券监督管理机构准予注册的基金募集期限。基金募集期限自基金份额发售之日起计算。

第五十八条　基金募集期限届满，封闭式基金募集的基金份额总额达到准予注册规模的百分之八十以上，开放式基金募集的基金份额总额超过准予注册的最低募集份额总额，并且基金份额持有人人数符合国务院证券监督管理机构规定的，基金管理人应当自募集期限届满之日起十日内聘请法定验资机构验资，自收到验资报告之日起十日内，向国务院证券监督管理机构提交验资报告，办理基金备案手续，并予以公告。

第五十九条　基金募集期间募集的资金应当存入专门账户，在基金募集行为结束前，任何人不得动用。

第六十条　投资人交纳认购的基金份额的款项时，基金合同成立；基金管理人依照本法第五十八条的规定向国务院证券监督管理机构办理基金备案手续，基金合同生效。

基金募集期限届满，不能满足本法第五十八条规定的条件的，基金管理人应当承担下列责任：

（一）以其固有财产承担因募集行为而产生的债务和费用；

（二）在基金募集期限届满后三十日内返还投资人已交纳的款项，并加计银行同期存款利息。

第六章　公开募集基金的基金份额的交易、申购与赎回

第六十一条　申请基金份额上市交易，基金管理人应当向证券交易所提出申请，证券交易所依法审核同意的，双方应当签订上市协议。

第六十二条　基金份额上市交易，应当符合下列条件：

（一）基金的募集符合本法规定；

（二）基金合同期限为五年以上；

（三）基金募集金额不低于二亿元人民币；

（四）基金份额持有人不少于一千人；

（五）基金份额上市交易规则规定的其他条件。

第六十三条　基金份额上市交易规则由证券交易所制定，报国务院证券监督管理机构批准。

第六十四条　基金份额上市交易后，有下列情形之一的，由证券交易所终止其上市交易，并报国务院证券监督管理机构备案：

（一）不再具备本法第六十二条规定的上市交易条件；

（二）基金合同期限届满；

（三）基金份额持有人大会决定提前终止上市交易；

（四）基金合同约定的或者基金份额上市交易规则规定的终止上市交易的其他情形。

第六十五条　开放式基金的基金份额的申购、赎回、登记，由基金管理人或者其委托的基金服务机构办理。

第六十六条　基金管理人应当在每个工作日办理基金份额的申购、赎回业务；基金合同另有约定的，从其约定。

投资人交付申购款项，申购成立；基金份额登记机构确认基金份额时，申购生效。

基金份额持有人递交赎回申请，赎回成立；基金份额登记机构确认赎回时，赎回生效。

第六十七条　基金管理人应当按时支付赎回款项，但是下列情形除外：

（一）因不可抗力导致基金管理人不能支付赎回款项；

（二）证券交易场所依法决定临时停市，导致基金管理人无法计算当日基金资产净值；

（三）基金合同约定的其他特殊情形。

发生上述情形之一的，基金管理人应当在当日报国务院证券监督管理机构备案。

本条第一款规定的情形消失后，基金管理人应当及时支付赎回款项。

第六十八条　开放式基金应当保持足够的现金或者政府债券，以备支付基金份额持有人的赎回款项。基金财产中应当保持的现金或者政府债券的具体比例，由国务院证券监督管理机构规定。

第六十九条　基金份额的申购、赎回价格，依据申购、赎回日基金份额净值加、减有关费用计算。

第七十条　基金份额净值计价出现错误时，基金管理人应当立即纠正，并采取合理的措施防止损失进一步扩大。计价错误达到基金份额净值百分之零点五时，基金管理人应当公告，并报国务院证券监督管理机构备案。

因基金份额净值计价错误造成基金份额持有人损失的，基金份额持有人有权要求基金管理人、基金托管人予以赔偿。

第七章　公开募集基金的投资与信息披露

第七十一条　基金管理人运用基金财产进行证券投资，除国务院证券监督管理机构另有规定外，应当采用资产组合的方式。

资产组合的具体方式和投资比例，依照本法和国务院证券监督管理机构的规定在基金合同中约定。

第七十二条　基金财产应当用于下列投资：

（一）上市交易的股票、债券；

（二）国务院证券监督管理机构规定的其他证券及其衍生品种。

第七十三条　基金财产不得用于下列投资或者活动：

（一）承销证券；

（二）违反规定向他人贷款或者提供担保；

（三）从事承担无限责任的投资；

（四）买卖其他基金份额，但是国务院证券监督管理机构另有规定的除外；

（五）向基金管理人、基金托管人出资；

（六）从事内幕交易、操纵证券交易价格及其他不正当的证券交易活动；

（七）法律、行政法规和国务院证券监督管理机构规定禁止的其他活动。

运用基金财产买卖基金管理人、基金托管人及其控股股东、实际控制人或者与其有其他重大利害关系的公司发行的证券或承销期内承销的证券，或者从事其他重大关联交易的，应当遵循基金份额持有人利益优先的原则，防范利益冲突，符合国务院证券监督管理机构的规定，并履行信息披露义务。

第七十四条　基金管理人、基金托管人和其他基金信息披露义务人应当依法披露基金信息，并保证所披露信息的真实性、准确性和完整性。

第七十五条　基金信息披露义务人应当确保应予披露的基金信息在国务院证券监督管理机构规定时间内披露，并保证投资人能够按照基金合同约定的时间和方式查阅或者复制公开披露的信息资料。

第七十六条　公开披露的基金信息包括：

（一）基金招募说明书、基金合同、基金托管协议；

（二）基金募集情况；

（三）基金份额上市交易公告书；

（四）基金资产净值、基金份额净值；

（五）基金份额申购、赎回价格；

（六）基金财产的资产组合季度报告、财务会计报告及中期和年度基金报告；

（七）临时报告；

（八）基金份额持有人大会决议；

（九）基金管理人、基金托管人的专门基金托管部门的重大人事变动；

（十）涉及基金财产、基金管理业务、基金托管业务的诉讼或者仲裁；

（十一）国务院证券监督管理机构规定应予披露的其他信息。

第七十七条　公开披露基金信息，不得有下列行为：

（一）虚假记载、误导性陈述或者重大遗漏；

（二）对证券投资业绩进行预测；

（三）违规承诺收益或者承担损失；

（四）诋毁其他基金管理人、基金托管人或者基金销售机构；

（五）法律、行政法规和国务院证券监督管理机构规定禁止的其他行为。

第八章　公开募集基金的基金合同的变更、终止与基金财产清算

第七十八条　按照基金合同的约定或者基金份额持有人大会的决议，基金可以转换运作方式或者与其他基金合并。

第七十九条　封闭式基金扩募或者延长基金合同期限，应当符合下列条件，并报国务院证券监督管理机构备案：

（一）基金运营业绩良好；

（二）基金管理人最近二年内没有因违法违规行为受到行政处罚或者刑事处罚；

（三）基金份额持有人大会决议通过；

（四）本法规定的其他条件。

第八十条　有下列情形之一的，基金合同终止：

（一）基金合同期限届满而未延期；

（二）基金份额持有人大会决定终止；

（三）基金管理人、基金托管人职责终止，在六个月内没有新基金管理人、新基金托管人承接；

（四）基金合同约定的其他情形。

第八十一条　基金合同终止时，基金管理人应当组织清算组对基金财产进行清算。

清算组由基金管理人、基金托管人以及相关的中介服务机构组成。

清算组作出的清算报告经会计师事务所审计，律师事务所出具法律意见书后，报国务院证券监督管理机构备案并公告。

第八十二条　清算后的剩余基金财产，应当按照基金份额持有人所持份额比例进行分配。

第九章　公开募集基金的基金份额持有人权利行使

第八十三条　基金份额持有人大会由基金管理人召集。基金份额持有人大会设立日常机构的，由该日常机构召集；该日常机构未召集的，由基金管理人召集。基金管理人未按规定召集或者不能召集的，由基金托管人召集。

代表基金份额百分之十以上的基金份额持有人就同一事项要求召开基金份额持有人大会，而基金份额持有人大会的日常机构、基金管理人、基金托管人都不召集的，代表基金份额百分之十以上的基金份额持有人有权自行召集，并报国务院证券监督管理机构备案。

第八十四条　召开基金份额持有人大会，召集人应当至少提前三十日公告基金份额持有人大会的召开时间、会议形式、审议事项、议事程序和表决方式等事项。

基金份额持有人大会不得就未经公告的事项进行表决。

第八十五条　基金份额持有人大会可以采取现场方式召开，也可以采取通讯等方式召开。

每一基金份额具有一票表决权，基金份额持有人可以委托代理人出席基金份额持有人大会并行使表决权。

第八十六条　基金份额持有人大会应当有代表二分之一以上基金份额的持有人参加，方可召开。

参加基金份额持有人大会的持有人的基金份额低于前款规定比例的，召集人可以在原公告的基金份额持有人大会召开时间的三

个月以后、六个月以内，就原定审议事项重新召集基金份额持有人大会。重新召集的基金份额持有人大会应当有代表三分之一以上基金份额的持有人参加，方可召开。

基金份额持有人大会就审议事项作出决定，应当经参加大会的基金份额持有人所持表决权的二分之一以上通过；但是，转换基金的运作方式、更换基金管理人或者基金托管人、提前终止基金合同、与其他基金合并，应当经参加大会的基金份额持有人所持表决权的三分之二以上通过。

基金份额持有人大会决定的事项，应当依法报国务院证券监督管理机构备案，并予以公告。

第十章　非公开募集基金

第八十七条　非公开募集基金应当向合格投资者募集，合格投资者累计不得超过二百人。

前款所称合格投资者，是指达到规定资产规模或者收入水平，并且具备相应的风险识别能力和风险承担能力、其基金份额认购金额不低于规定限额的单位和个人。

合格投资者的具体标准由国务院证券监督管理机构规定。

第八十八条　除基金合同另有约定外，非公开募集基金应当由基金托管人托管。

第八十九条　担任非公开募集基金的基金管理人，应当按照规定向基金行业协会履行登记手续，报送基本情况。

第九十条　未经登记，任何单位或者个人不得使用“基金”或者“基金管理”字样或者近似名称进行证券投资活动；但是，法律、行政法规另有规定的除外。

第九十一条　非公开募集基金，不得向合格投资者之外的单位和个人募集资金，不得通过报刊、电台、电视台、互联网等公众传播媒体或者讲座、报告会、分析会等方式向不特定对象宣传推介。

第九十二条　非公开募集基金，应当制定并签订基金合同。基金合同应当包括下列内容：

（一）基金份额持有人、基金管理人、基金托管人的权利、义务；

（二）基金的运作方式；

（三）基金的出资方式、数额和认缴期限；

（四）基金的投资范围、投资策略和投资限制；

（五）基金收益分配原则、执行方式；

（六）基金承担的有关费用；

（七）基金信息提供的内容、方式；

（八）基金份额的认购、赎回或者转让的程序和方式；

（九）基金合同变更、解除和终止的事由、程序；

（十）基金财产清算方式；

（十一）当事人约定的其他事项。

基金份额持有人转让基金份额的，应当符合本法第八十七条、第九十一条的规定。

第九十三条　按照基金合同约定，非公开募集基金可以由部分基金份额持有人作为基金管理人负责基金的投资管理活动，并在基金财产不足以清偿其债务时对基金财产的债务承担无限连带责任。

前款规定的非公开募集基金，其基金合同还应载明：

（一）承担无限连带责任的基金份额持有人和其他基金份额持有人的姓名或者名称、住所；

（二）承担无限连带责任的基金份额持有人的除名条件和更换程序；

（三）基金份额持有人增加、退出的条件、程序以及相关责任；

（四）承担无限连带责任的基金份额持有人和其他基金份额持有人的转换程序。

第九十四条　非公开募集基金募集完毕，基金管理人应当向基金行业协会备案。对募集的资金总额或者基金份额持有人的人数达到规定标准的基金，基金行业协会应当向国务院证券监督管理机构报告。

非公开募集基金财产的证券投资，包括买卖公开发行的股份有限公司股票、债券、基金份额，以及国务院证券监督管理机构规定的其他证券及其衍生品种。

第九十五条　基金管理人、基金托管人应当按照基金合同的约定，向基金份额持有人提供基金信息。

第九十六条　专门从事非公开募集基金管理业务的基金管理人，其股东、高级管理人员、经营期限、管理的基金资产规模等符合规定条件的，经国务院证券监督管理机构核准，可以从事公开募集基金管理业务。

第十一章　基金服务机构

第九十七条　从事公开募集基金的销售、销售支付、份额登记、估值、投资顾问、评价、信息技术系统服务等基金服务业务的机构，应当按照国务院证券监督管理机构的规定进行注册或者备案。

第九十八条　基金销售机构应当向投资人充分揭示投资风险，并根据投资人的风险承担能力销售不同风险等级的基金产品。

第九十九条　基金销售支付机构应当按照规定办理基金销售结算资金的划付，确保基金销售结算资金安全、及时划付。

第一百条　基金销售结算资金、基金份额独立于基金销售机构、基金销售支付机构或者基金份额登记机构的自有财产。基金销售机构、基金销售支付机构或者基金份额登记机构破产或者清算时，基金销售结算资金、基金份额不属于其破产财产或者清算财产。非因投资人本身的债务或者法律规定的其他情形，不得查封、冻结、扣划或者强制执行基金销售结算资金、基金份额。

基金销售机构、基金销售支付机构、基金份额登记机构应当确保基金销售结算资金、基金份额的安全、独立，禁止任何单位或者个人以任何形式挪用基金销售结算资金、基金份额。

第一百零一条　基金管理人可以委托基金服务机构代为办理基金的份额登记、核算、估值、投资顾问等事项，基金托管人可以委托基金服务机构代为办理基金的核算、估值、复核等事项，但基金管理人、基金托管人依法应当承担的责任不因委托而免除。

第一百零二条　基金份额登记机构以电子介质登记的数据，是基金份额持有人权利归属的根据。基金份额持有人以基金份额出质的，质权自基金份额登记机构办理出质登记时设立。

基金份额登记机构应当妥善保存登记数据，并将基金份额持有人名称、身份信息及基金份额明细等数据备份至国务院证券监督管理机构认定的机构。其保存期限自基金账户销户之日起不得少于二十年。

基金份额登记机构应当保证登记数据的真实、准确、完整，不得隐匿、伪造、篡改或者毁损。

第一百零三条　基金投资顾问机构及其从业人员提供基金投资顾问服务，应当具有合理的依据，对其服务能力和经营业绩进行如实陈述，不得以任何方式承诺或者保证投资收益，不得损害服务对象的合法权益。

第一百零四条　基金评价机构及其从业人员应当客观公正，按照依法制定的业务规则开展基金评价业务，禁止误导投资人，防范可能发生的利益冲突。

第一百零五条　基金管理人、基金托管人、基金服务机构的信息技术系统，应当符合规定的要求。国务院证券监督管理机构可以要求信息技术系统服务机构提供该信息技术系统的相关资料。

第一百零六条　律师事务所、会计师事务所接受基金管理人、基金托管人的委托，为有关基金业务活动出具法律意见书、审计报告、内部控制评价报告等文件，应当勤勉尽责，对所依据的文件资料内容的真实性、准确性、完整性进行核查和验证。其制作、出具的文件有虚假记载、误导性陈述或者重大遗漏，给他人财产造成损失的，应当与委托人承担连带赔偿责任。

第一百零七条 基金服务机构应当勤勉尽责、恪尽职守，建立应急等风险管理制度和灾难备份系统，不得泄露与基金份额持有人、基金投资运作相关的非公开信息。

第十二章 基金行业协会

第一百零八条 基金行业协会是证券投资基金行业的自律性组织，是社会团体法人。

基金管理人、基金托管人应当加入基金行业协会，基金服务机构可以加入基金行业协会。

第一百零九条 基金行业协会的权力机构为全体会员组成的会员大会。

基金行业协会设理事会。理事会成员依章程的规定由选举产生。

第一百一十条 基金行业协会章程由会员大会制定，并报国务院证券监督管理机构备案。

第一百一十一条 基金行业协会履行下列职责：

（一）教育和组织会员遵守有关证券投资的法律、行政法规，维护投资人合法权益；

（二）依法维护会员的合法权益，反映会员的建议和要求；

（三）制定和实施行业自律规则，监督、检查会员及其从业人员的执业行为，对违反自律规则和协会章程的，按照规定给予纪律处分；

（四）制定行业执业标准和业务规范，组织基金从业人员的从业考试、资质管理和业务培训；

（五）提供会员服务，组织行业交流，推动行业创新，开展行业宣传和投资人教育活动；

（六）对会员之间、会员与客户之间发生的基金业务纠纷进行调解；

（七）依法办理非公开募集基金的登记、备案；

（八）协会章程规定的其他职责。

第十三章 监督管理

第一百一十二条 国务院证券监督管理机构依法履行下列职责：

（一）制定有关证券投资基金活动监督管理的规章、规则，并行使审批、核准或者注册权；

（二）办理基金备案；

（三）对基金管理人、基金托管人及其他机构从事证券投资基金活动进行监督管理，对违法行为进行查处，并予以公告；

（四）制定基金从业人员的资格标准和行为准则，并监督实施；

（五）监督检查基金信息的披露情况；

（六）指导和监督基金行业协会的活动；

（七）法律、行政法规规定的其他职责。

第一百一十三条 国务院证券监督管理机构依法履行职责，有权采取下列措施：

（一）对基金管理人、基金托管人、基金服务机构进行现场检查，并要求其报送有关的业务资料；

（二）进入涉嫌违法行为发生场所调查取证；

（三）询问当事人和与被调查事件有关的单位和个人，要求其对与被调查事件有关的事项作出说明；

（四）查阅、复制与被调查事件有关的财产权登记、通讯记录等资料；

（五）查阅、复制当事人和与被调查事件有关的单位和个人的证券交易记录、登记过户记录、财务会计资料及其他相关文件和资料；对可能被转移、隐匿或者毁损的文件和资料，可以予以封存；

（六）查询当事人和与被调查事件有关的单位和个人的资金账户、证券账户和银行账户；对有证据证明已经或者可能转移或者隐匿违法资金、证券等涉案财产或者隐匿、伪造、毁损重要证据的，经国务院证券监督管理机构主要负责人批准，可以冻结或者查封；

（七）在调查操纵证券市场、内幕交易等重大证券违法行为时，经国务院证券监督管理机构主要负责人批准，可以限制被调查事件当事人的证券买卖，但限制的期限不得超过十五个交易日；案情复杂的，可以延长十五个交易日。

第一百一十四条　国务院证券监督管理机构工作人员依法履行职责，进行调查或者检查时，不得少于二人，并应当出示合法证件；对调查或者检查中知悉的商业秘密负有保密的义务。

第一百一十五条　国务院证券监督管理机构工作人员应当忠于职守，依法办事，公正廉洁，接受监督，不得利用职务牟取私利。

第一百一十六条　国务院证券监督管理机构依法履行职责时，被调查、检查的单位和个人应当配合，如实提供有关文件和资料，不得拒绝、阻碍和隐瞒。

第一百一十七条　国务院证券监督管理机构依法履行职责，发现违法行为涉嫌犯罪的，应当将案件移送司法机关处理。

第一百一十八条　国务院证券监督管理机构工作人员在任职期间，或者离职后在《中华人民共和国公务员法》规定的期限内，不得在被监管的机构中担任职务。

第十四章　法律责任

第一百一十九条　违反本法规定，未经批准擅自设立基金管理公司或者未经核准从事公开募集基金管理业务的，由证券监督管理机构予以取缔或者责令改正，没收违法所得，并处违法所得一倍以上五倍以下罚款；没有违法所得或者违法所得不足一百万元的，并处十万元以上一百万元以下罚款。对直接负责的主管人员和其他直接责任人员给予警告，并处三万元以上三十万元以下罚款。

基金管理公司违反本法规定，擅自变更持有百分之五以上股权的股东、实际控制人或者其他重大事项的，责令改正，没收违法所得，并处违法所得一倍以上五倍以下罚款；没有违法所得或者违法所得不足五十万元的，并处五万元以上五十万元以下罚款。对直接负责的主管人员给予警告，并处三万元以上十万元以下罚款。

第一百二十条　基金管理人的董事、监事、高级管理人员和其他从业人员，基金托管人的专门基金托管部门的高级管理人员和其他从业人员，未按照本法第十七条第一款规定申报的，责令改正，处三万元以上十万元以下罚款。

基金管理人、基金托管人违反本法第十七条第二款规定的，责令改正，处十万元以上一百万元以下罚款；对直接负责的主管人员和其他直接责任人员给予警告，暂停或者撤销基金从业资格，并处三万元以上三十万元以下罚款。

第一百二十一条　基金管理人的董事、监事、高级管理人员和其他从业人员，基金托管人的专门基金托管部门的高级管理人员和其他从业人员违反本法第十八条规定的，责令改正，没收违法所得，并处违法所得一倍以上五倍以下罚款；没有违法所得或者违法所得不足一百万元的，并处十万元以上一百万元以下罚款；情节严重的，撤销基金从业资格。

第一百二十二条　基金管理人、基金托管人违反本法规定，未对基金财产实行分别管理或者分账保管，责令改正，处五万元以上五十万元以下罚款；对直接负责的主管人员和其他直接责任人员给予警告，暂停或者撤销基金从业资格，并处三万元以上三十万元以下罚款。

第一百二十三条　基金管理人、基金托管人及其董事、监事、高级管理人员和其他从业人员有本法第二十条所列行为之一的，责令改正，没收违法所得，并处违法所得一倍以上五倍以下罚款；没有违法所得或者违法所得不足一百万元的，并处十万元以上一百万元以下罚款；基金管理人、基金托管人有上述行为的，还应当对其直接负责的主管人员和其他直接责任人员给予警告，暂停或者撤销基金从业资格，并处三万元以上三十万元以下罚款。

基金管理人、基金托管人及其董事、监事、高级管理人员和其他从业人员侵占、挪用基金财产而取得的财产和收益，归入基金财产。但是，法律、行政法规另有规定的，依照其规定。

第一百二十四条 基金管理人的股东、实际控制人违反本法第二十三条规定的，责令改正，没收违法所得，并处违法所得一倍以上五倍以下罚款；没有违法所得或者违法所得不足一百万元的，并处十万元以上一百万元以下罚款；对直接负责的主管人员和其他直接责任人员给予警告，暂停或者撤销基金或证券从业资格，并处三万元以上三十万元以下罚款。

第一百二十五条 未经核准，擅自从事基金托管业务的，责令停止，没收违法所得，并处违法所得一倍以上五倍以下罚款；没有违法所得或者违法所得不足一百万元的，并处十万元以上一百万元以下罚款；对直接负责的主管人员和其他直接责任人员给予警告，并处三万元以上三十万元以下罚款。

第一百二十六条 基金管理人、基金托管人违反本法规定，相互出资或者持有股份的，责令改正，可以处十万元以下罚款。

第一百二十七条 违反本法规定，擅自公开或者变相公开募集基金的，责令停止，返还所募资金和加计的银行同期存款利息，没收违法所得，并处所募资金金额百分之一以上百分之五以下罚款。对直接负责的主管人员和其他直接责任人员给予警告，并处五万元以上五十万元以下罚款。

第一百二十八条 违反本法第五十九条规定，动用募集的资金的，责令返还，没收违法所得，并处违法所得一倍以上五倍以下罚款；没有违法所得或者违法所得不足五十万元的，并处五万元以上五十万元以下罚款；对直接负责的主管人员和其他直接责任人员给予警告，并处三万元以上三十万元以下罚款。

第一百二十九条 基金管理人、基金托管人有本法第七十三条第一款第一项至第五项和第七项所列行为之一，或者违反本法第七十三条第二款规定的，责令改正，处十万元以上一百万元以下罚款；对直接负责的主管人员和其他直接责任人员给予警告，暂停或者撤销基金从业资格，并处三万元以上三十万元以下罚款。

基金管理人、基金托管人有前款行为，运用基金财产而取得的财产和收益，归入基金财产。但是，法律、行政法规另有规定的，依照其规定。

第一百三十条 基金管理人、基金托管人有本法第七十三条第一款第六项规定行为的，除依照《中华人民共和国证券法》的有关规定处罚外，对直接负责的主管人员和其他直接责任人员暂停或者撤销基金从业资格。

第一百三十一条 基金信息披露义务人不依法披露基金信息或者披露的信息有虚假记载、误导性陈述或者重大遗漏的，责令改正，没收违法所得，并处十万元以上一百万元以下罚款；对直接负责的主管人员和其他直接责任人员给予警告，暂停或者撤销基金从业资格，并处三万元以上三十万元以下罚款。

第一百三十二条 基金管理人或者基金托管人不按照规定召集基金份额持有人大会的，责令改正，可以处五万元以下罚款；对直接负责的主管人员和其他直接责任人员给予警告，暂停或者撤销基金从业资格。

第一百三十三条　违反本法规定，未经登记，使用“基金”或者“基金管理”字样或者近似名称进行证券投资活动的，没收违法所得，并处违法所得一倍以上五倍以下罚款；没有违法所得或者违法所得不足一百万元的，并处十万元以上一百万元以下罚款。对直接负责的主管人员和其他直接责任人员给予警告，并处三万元以上三十万元以下罚款。

第一百三十四条　违反本法规定，非公开募集基金募集完毕，基金管理人未备案的，处十万元以上三十万元以下罚款。对直接负责的主管人员和其他直接责任人员给予警告，并处三万元以上十万元以下罚款。

第一百三十五条　违反本法规定，向合格投资者之外的单位或者个人非公开募集资金或者转让基金份额的，没收违法所得，并处违法所得一倍以上五倍以下罚款；没有违法所得或者违法所得不足一百万元的，并处十万元以上一百万元以下罚款。对直接负责的主管人员和其他直接责任人员给予警告，并处三万元以上三十万元以下罚款。

第一百三十六条　违反本法规定，擅自从事公开募集基金的基金服务业务的，责令改正，没收违法所得，并处违法所得一倍以上五倍以下罚款；没有违法所得或者违法所得不足三十万元的，并处十万元以上三十万元以下罚款。对直接负责的主管人员和其他直接责任人员给予警告，并处三万元以上十万元以下罚款。

第一百三十七条　基金销售机构未向投资人充分揭示投资风险并误导其购买与其风险承担能力不相当的基金产品的，处十万元以上三十万元以下罚款；情节严重的，责令其停止基金服务业务。对直接负责的主管人员和其他直接责任人员给予警告，撤销基金从业资格，并处三万元以上十万元以下罚款。

第一百三十八条　基金销售支付机构未按照规定划付基金销售结算资金的，处十万元以上三十万元以下罚款；情节严重的，责令其停止基金服务业务。对直接负责的主管人员和其他直接责任人员给予警告，撤销基金从业资格，并处三万元以上十万元以下罚款。

第一百三十九条　挪用基金销售结算资金或者基金份额的，责令改正，没收违法所得，并处违法所得一倍以上五倍以下罚款；没有违法所得或者违法所得不足一百万元的，并处十万元以上一百万元以下罚款。对直接负责的主管人员和其他直接责任人员给予警告，并处三万元以上三十万元以下罚款。

第一百四十条　基金份额登记机构未妥善保存或者备份基金份额登记数据的，责令改正，给予警告，并处十万元以上三十万元以下罚款；情节严重的，责令其停止基金服务业务。对直接负责的主管人员和其他直接责任人员给予警告，撤销基金从业资格，并处三万元以上十万元以下罚款。

基金份额登记机构隐匿、伪造、篡改、毁损基金份额登记数据的，责令改正，处十万元以上一百万元以下罚款，并责令其停止基金服务业务。对直接负责的主管人员和其他直接责任人员给予警告，撤销基金从业资格，并处三万元以上三十万元以下罚款。

第一百四十一条　基金投资顾问机构、基金评价机构及其从业人员违反本法规定开展投资顾问、基金评价服务的，处十万元以上三十万元以下罚款；情节严重的，责令其停止基金服务业务。对直接负责的主管人员和其他直接责任人员给予警告，撤销基金从业资格，并处三万元以上十万元以下罚款。

第一百四十二条　信息技术系统服务机构未按照规定向国务院证券监督管理机构提供相关信息技术系统资料，或者提供的信息技术系统资料虚假、有重大遗漏的，责令改正，处三万元以上十万元以下罚款。对直接负责的主管人员和其他直接责任人员给予警告，并处一万元以上三万元以下罚款。

第一百四十三条 会计师事务所、律师事务所未勤勉尽责，所出具的文件有虚假记载、误导性陈述或者重大遗漏的，责令改正，没收业务收入，暂停或者撤销相关业务许可，并处业务收入一倍以上五倍以下罚款。对直接负责的主管人员和其他直接责任人员给予警告，并处三万元以上十万元以下罚款。

第一百四十四条 基金服务机构未建立应急等风险管理制度和灾难备份系统，或者泄露与基金份额持有人、基金投资运作相关的非公开信息的，处十万元以上三十万元以下罚款；情节严重的，责令其停止基金服务业务。对直接负责的主管人员和其他直接责任人员给予警告，撤销基金从业资格，并处三万元以上十万元以下罚款。

第一百四十五条 违反本法规定，给基金财产、基金份额持有人或者投资人造成损害的，依法承担赔偿责任。

基金管理人、基金托管人在履行各自职责的过程中，违反本法规定或者基金合同约定，给基金财产或者基金份额持有人造成损害的，应当分别对各自的行为依法承担赔偿责任；因共同行为给基金财产或者基金份额持有人造成损害的，应当承担连带赔偿责任。

第一百四十六条 证券监督管理机构工作人员玩忽职守、滥用职权、徇私舞弊或者利用职务上的便利索取或者收受他人财物的，依法给予行政处分。

第一百四十七条 拒绝、阻碍证券监督管理机构及其工作人员依法行使监督检查、调查职权未使用暴力、威胁方法的，依法给予治安管理处罚。

第一百四十八条 违反法律、行政法规或者国务院证券监督管理机构的有关规定，情节严重的，国务院证券监督管理机构可以对有关责任人员采取证券市场禁入的措施。

第一百四十九条 违反本法规定，构成犯罪的，依法追究刑事责任。

第一百五十条 违反本法规定，应当承担民事赔偿责任和缴纳罚款、罚金，其财产不足以同时支付时，先承担民事赔偿责任。

第一百五十一条 依照本法规定，基金管理人、基金托管人、基金服务机构应当承担的民事赔偿责任和缴纳的罚款、罚金，由基金管理人、基金托管人、基金服务机构以其固有财产承担。

依法收缴的罚款、罚金和没收的违法所得，应当全部上缴国库。

第十五章 附 则

第一百五十二条 在中华人民共和国境内募集投资境外证券的基金，以及合格境外投资者在境内进行证券投资，应当经国务院证券监督管理机构批准，具体办法由国务院证券监督管理机构会同国务院有关部门规定，报国务院批准。

第一百五十三条 公开或者非公开募集资金，以进行证券投资活动为目的设立的公司或者合伙企业，资产由基金管理人或者普通合伙人管理的，其证券投资活动适用本法。

第一百五十四条 本法自2013年6月1日起施行。

证券期货违法行为行政处罚办法

（2021 年 7 月 8 日中国证券监督管理委员会 2021 年第 5 次委务会议审议通过，2021 年 7 月 14 日公布，自公布之日起施行）

第一条　为了规范中国证券监督管理委员会（以下简称中国证监会）及其派出机构行政处罚的实施，维护证券期货市场秩序，保护公民、法人和其他组织的合法权益，根据《中华人民共和国行政处罚法》、《中华人民共和国证券法》、《中华人民共和国证券投资基金法》、《期货交易管理条例》等法律、法规，制定本办法。

第二条　中国证监会依法对全国证券期货市场实行集中统一监督管理。中国证监会派出机构按照授权，依法履行行政处罚职责。

第三条　自然人、法人或者其他组织违反证券期货法律、法规和规章规定，应当给予行政处罚的，中国证监会及其派出机构依照有关法律、法规、规章和本办法规定的程序实施。

第四条　中国证监会及其派出机构实施行政处罚，遵循公开、公平、公正、效率和审慎监管原则，依法、全面、客观地调查、收集有关证据。

第五条　中国证监会及其派出机构作出的行政处罚决定，应当事实清楚、证据确凿、依据正确、程序合法、处罚适当。

第六条　中国证监会及其派出机构发现自然人、法人或者其他组织涉嫌违反证券期货法律、法规和规章，符合下列条件，且不存在依法不予行政处罚等情形的，应当立案：

（一）有明确的违法行为主体。

（二）有证明违法事实的证据。

（三）法律、法规、规章规定有明确的行政处罚法律责任。

（四）尚未超过二年行政处罚时效。涉及金融安全且有危害后果的，尚未超过五年行政处罚时效。

第七条　中国证监会及其派出机构通过文字记录等形式对行政处罚进行全过程记录，归档保存。根据需要，可以对容易引发争议的行政处罚过程进行音像记录，被调查的单位和个人不配合的，执法人员对相关情况进行文字说明。

第八条　中国证监会及其派出机构执法人员必须忠于职守，依法办事，公正廉洁，不得滥用权力，或者利用职务便利牟取不正当利益；严格遵守保密规定，不得泄露案件查办信息，不得泄露所知悉的国家秘密、商业秘密和个人隐私；对于依法取得的个人信息，应当确保信息安全。

第九条　中国证监会及其派出机构进行调查时，执法人员不得少于二人，并应当出示执法证和调查通知书等执法文书。执法人员少于二人或者未出示执法证和调查通知书等执法文书的，被调查的单位和个人有权拒绝。

执法人员应当在询问笔录或现场笔录等材料中对出示情况进行记录。

第十条　被调查的单位和个人应当配合调查，如实回答询问，按要求提供有关文件和资料，不得拒绝、阻碍和隐瞒。

第十一条　中国证监会及其派出机构调查、收集的证据包括：

（一）书证；

（二）物证；

（三）视听资料；

（四）电子数据；

（五）证人证言；

（六）当事人的陈述；

（七）鉴定意见；

（八）勘验笔录、现场笔录。

证据必须经查证属实，方可作为认定案件事实的根据。

以非法手段取得的证据，不得作为认定案件事实的根据。

第十二条 书证原则上应当收集原件。收集原件确有困难的，可以收集与原件核对无误的复印件、照片、节录本。复印件、照片、节录本由证据提供人核对无误后注明与原件一致，同时由证据提供人逐页签名或者盖章。提供复印内容较多且连续编码的，可以在首尾页及骑缝处签名、盖章。

第十三条 物证原则上应当收集原物。收集原物确有困难的，可以收集与原物核对无误的复制品或者证明该物证的照片、录像等其他证据。原物为数量较多的种类物的，可以收集其中一部分。收集复制品或者影像资料的，应当在现场笔录中说明取证情况。

第十四条 视听资料原则上应当收集有关资料的原始载体。收集原始载体确有困难的，可以收集与原始载体核对无误的复制件，并以现场笔录或其他方式注明制作方法、制作时间、制作人和证明对象等。声音资料应当附有该录音内容的文字记录。

第十五条 电子数据原则上应当收集有关数据的原始载体。收集电子数据原始载体确有困难的，可以制作复制件，并以现场笔录或其他方式记录参与人员、技术方法、收集对象、步骤和过程等。具备条件的，可以采取拍照或录像等方式记录取证过程。对于电子数据的关键内容，可以直接打印或者截屏打印，并由证据提供人签字确认。

第十六条 当事人的陈述、证人证言可以通过询问笔录、书面说明等方式调取。询问应当分别单独进行。询问笔录应当由被询问人员及至少二名参与询问的执法人员逐页签名并注明日期；如有修改，应当由被询问人签字确认。

通过书面说明方式调取的，书面说明应当由提供人逐页签名或者盖章并注明日期。

第十七条 对于涉众型违法行为，在能够充分证明基本违法事实的前提下，执法人员可以按一定比例收集和调取书证、证人证言等证据。

第十八条 下列证据材料，经审查符合真实性、合法性及关联性要求的，可以作为行政处罚的证据：

（一）中国证监会及其派出机构在立案前调查或者监督检查过程中依法取得的证据材料；

（二）司法机关、纪检监察机关、其他行政机关等保存、公布、移交的证据材料；

（三）中国证监会及其派出机构通过依法建立的跨境监督管理合作机制获取的证据材料；

（四）其他符合真实性、合法性及关联性要求的证据材料。

第十九条 中国证监会及其派出机构根据案情需要，可以委托下列单位和人员提供协助：

（一）委托具有法定鉴定资质的鉴定机构对涉案相关事项进行鉴定，鉴定意见应有鉴定人签名和鉴定机构盖章；

（二）委托会计师事务所、资产评估事务所、律师事务所等中介机构以及专家顾问提供专业支持；

（三）委托证券期货交易场所、登记结算机构等检验、测算相关数据或提供与其职能有关的其他协助。

第二十条 中国证监会及其派出机构可以依法要求当事人或与被调查事件有关的单位和个人，在指定的合理期限内，通过纸质、电子邮件、光盘等指定方式报送与被调查事件有关的文件和资料。

第二十一条 中国证监会及其派出机构

依法需要采取冻结、查封、扣押、限制证券买卖等措施的，按照《中华人民共和国行政强制法》等法律、法规以及中国证监会的有关规定办理。

第二十二条　中国证监会及其派出机构依法需要采取封存、先行登记保存措施的，应当经单位负责人批准。

遇有紧急情况，需要立即采取上述措施的，执法人员应当在二十四小时内向单位负责人报告，并补办批准手续。单位负责人认为不应当采取的，应当立即解除。

第二十三条　采取封存、先行登记保存措施的，应当当场清点，出具决定书或通知书，开列清单并制作现场笔录。

对于封存、先行登记保存的证据，中国证监会及其派出机构可以自行或采取委托第三方等其他适当方式保管，当事人和有关人员不得隐藏、转移、变卖或者毁损。

第二十四条　对于先行登记保存的证据，应当在七日内采取下列措施：

（一）根据情况及时采取记录、复制、拍照、录像、提取电子数据等证据保全措施；

（二）需要检查、检验、鉴定、评估的，送交检查、检验、鉴定、评估；

（三）依据有关法律、法规可以采取查封、扣押、封存等措施的，作出查封、扣押、封存等决定；

（四）违法事实不成立，或者违法事实成立但依法不应予以查封、扣押、封存的，决定解除先行登记保存措施。

第二十五条　执法人员制作现场笔录的，应当载明时间、地点和事件等内容，并由执法人员和当事人等在场有关人员签名或者盖章。

当事人或者有关人员拒绝或不能在现场笔录、询问笔录、证据材料上签名、盖章的，执法人员应当在现场笔录、询问笔录、证据材料上说明或以录音录像等形式加以证明。必要时，执法人员可以请无利害关系第三方作为见证人签名。

第二十六条　实施行政处罚过程中，有下列情形之一的，中国证监会可以通知出境入境管理机关依法阻止涉嫌违法人员、涉嫌违法单位的主管人员和其他直接责任人员出境：

（一）相关人员涉嫌违法行为情节严重、影响恶劣，或存在本办法第三十八条规定的行为，出境后可能对行政处罚的实施产生不利影响的；

（二）相关人员涉嫌构成犯罪，可能承担刑事责任的；

（三）存在有必要阻止出境的其他情形的。

阻止出境的期限按照出境入境管理机关的规定办理，需要延长期限的，应当通知出境入境管理机关。到期不通知的，由出境入境管理机关按规定解除阻止出境措施。

经调查、审理，被阻止出境人员不属于涉嫌违法人员或责任人员，或者中国证监会认为没有必要继续阻止出境的，应当通知出境入境管理机关依法解除对相关人员的阻止出境措施。

第二十七条　案件调查终结，中国证监会及其派出机构根据案件不同情况，依法报单位负责人批准后，分别作出如下决定：

（一）确有应受行政处罚的违法行为的，根据情节轻重及具体情况，作出行政处罚决定；

（二）违法行为轻微，依法可以不予行政处罚的，不予行政处罚；

（三）违法事实不能成立的，不予行政处罚；

（四）违法行为涉嫌犯罪的，依法移送司法机关。

对情节复杂或者重大违法行为给予行政处罚，中国证监会及其派出机构负责人应当集体讨论决定。

第二十八条　中国证监会设立行政处罚委员会，对按照规定向其移交的案件提出审理意见、依法进行法制审核，报单位负责人批准后作出处理决定。

中国证监会派出机构负责人作出行政处罚的决定之前，依法由从事行政处罚决定法制审核的人员进行法制审核。

第二十九条　中国证监会及其派出机构在行政处罚过程中发现违法行为涉嫌犯罪的，应当依法、及时将案件移送司法机关处理。

司法机关依法不追究刑事责任或者免予刑事处罚，但应当给予行政处罚的，中国证监会及其派出机构依法作出行政处罚决定。

第三十条　行政处罚决定作出前，中国证监会及其派出机构应当向当事人送达行政处罚事先告知书，载明下列内容：

（一）拟作出行政处罚的事实、理由和依据；

（二）拟作出的行政处罚决定；

（三）当事人依法享有陈述和申辩的权利；

（四）符合《中国证券监督管理委员会行政处罚听证规则》所规定条件的，当事人享有要求听证的权利。

第三十一条　当事人要求听证的，按照听证相关规定办理。

当事人要求陈述、申辩但未要求听证的，应当在行政处罚事先告知书送达后五日内提出，并在行政处罚事先告知书送达后十五日内提出陈述、申辩意见。当事人书面申请延长陈述、申辩期限的，经同意后可以延期。

当事人存在下列情形的，视为明确放弃陈述、申辩、听证权利：

（一）当事人未按前两款规定提出听证要求或陈述、申辩要求的；

（二）要求听证的当事人未按听证通知书载明的时间、地点参加听证，截至听证当日也未提出陈述、申辩意见的；

（三）要求陈述、申辩但未要求听证的当事人，未在规定时间内提出陈述、申辩意见的。

第三十二条　中国证监会及其派出机构对已经送达的行政处罚事先告知书认定的主要事实、理由、依据或者拟处罚决定作出调整的，应当重新向当事人送达行政处罚事先告知书，但作出对当事人有利变更的除外。

第三十三条　当事人收到行政处罚事先告知书后，可以申请查阅涉及本人行政处罚事项的证据，但涉及国家秘密、他人的商业秘密和个人隐私的内容除外。

第三十四条　证券期货违法行为的违法所得，是指通过违法行为所获利益或者避免的损失，应根据违法行为的不同性质予以认定，具体规则由中国证监会另行制定。

第三十五条　中国证监会及其派出机构应当自立案之日起一年内作出行政处罚决定。有特殊情况需要延长的，应当报经单位负责人批准，每次延长期限不得超过六个月。

中国证监会及其派出机构作出行政处罚决定的，应当依照《中华人民共和国行政处罚法》的规定，在七日内将行政处罚决定书送达当事人，并按照政府信息公开等规定予以公开。

第三十六条　行政执法文书可以采取《中华人民共和国民事诉讼法》规定的方式送达当事人。当事人同意的，可以采用传真、电子邮件等方式送达。

第三十七条　申请适用行政执法当事人承诺制度的，按照有关规定办理。

第三十八条　有下列拒绝、阻碍执法情形之一的，按照《证券法》第二百一十八条的规定追究责任：

（一）殴打、围攻、推搡、抓挠、威胁、侮辱、谩骂执法人员的；

（二）限制执法人员人身自由的；

（三）抢夺、毁损执法装备及执法人员个人物品的；

（四）抢夺、毁损、伪造、隐藏证据材料的；

（五）不按要求报送文件资料，且无正

当理由的；

（六）转移、变卖、毁损、隐藏被依法冻结、查封、扣押、封存的资金或涉案财产的；

（七）躲避推脱、拒不接受、无故离开等不配合执法人员询问，或在询问时故意提供虚假陈述、谎报案情的；

（八）其他不履行配合义务的情形。

第三十九条　本办法所称派出机构，是指中国证监会派驻各省、自治区、直辖市和计划单列市监管局。

中国证监会稽查总队、证券监管专员办事处根据职责或授权对证券期货违法行为进行立案、调查的，依照本办法执行。

第四十条　行政处罚相关信息记入证券期货市场诚信档案数据库。

第四十一条　本办法自公布之日起施行。

证券发行上市保荐业务管理办法

（2008年8月14日中国证券监督管理委员会第235次主席办公会议审议通过，根据2009年5月13日中国证券监督管理委员会《关于修改〈证券发行上市保荐业务管理办法〉的决定》修订，根据2017年12月7日中国证券监督管理委员会《关于修改〈证券登记结算管理办法〉等七部规章的决定》修正，2020年6月1日中国证券监督管理委员会2020年第5次委务会议修订，2023年2月17日中国证券监督管理委员会2023年第2次委务会议修订）

第一章　总　　则

第一条　为了规范证券发行上市保荐业务，提高上市公司质量和证券公司执业水平，保护投资者的合法权益，促进证券市场健康发展，根据《中华人民共和国证券法》（以下简称《证券法》）、《证券公司监督管理条例》等有关法律、行政法规，制定本办法。

第二条　发行人申请从事下列发行事项，依法采取承销方式的，应当聘请具有保荐业务资格的证券公司履行保荐职责：

（一）首次公开发行股票；

（二）向不特定合格投资者公开发行股票并在北京证券交易所（以下简称北交所）上市；

（三）上市公司发行新股、可转换公司债券；

（四）公开发行存托凭证；

（五）中国证券监督管理委员会（以下简称中国证监会）认定的其他情形。

发行人申请公开发行法律、行政法规规定实行保荐制度的其他证券的，依照前款规定办理。

上述已发行证券的上市保荐事项由证券交易所规定。

第三条　证券公司从事证券发行上市保荐业务，应当依照本办法规定向中国证监会申请保荐业务资格。

未经中国证监会核准，任何机构不得从事保荐业务。

第四条　保荐机构履行保荐职责，应当指定品行良好、具备组织实施保荐项目专业能力的保荐代表人具体负责保荐工作。保荐代表人应当熟练掌握保荐业务相关的法律、会计、财务管理、税务、审计等专业知识，最近五年内具备三十六个月以上保荐相关业务经历、最近十二个月持续从事保荐相关业务，最近十二个月内未受到证券交易所等自律组织的重大纪律处分或者中国证监会的重大监管措施，最近三十六个月内未受到中国证监会的行政处罚。

中国证券业协会制定保荐代表人自律管理规范，组织非准入型的水平评价测试，保障和提高保荐代表人的专业能力水平。

第五条　保荐机构及其保荐代表人、其他从事保荐业务的人员应当遵守法律、行政法规和中国证监会、证券交易所、中国证券业协会的相关规定，恪守业务规则和行业规范，诚实守信，勤勉尽责，廉洁从业，尽职推荐发行人证券发行上市，持续督导发行人履行规范运作、信守承诺、信息披露等义务。

保荐机构及其保荐代表人、其他从事保荐业务的人员不得通过从事保荐业务谋取任何不正当利益。

第六条　保荐代表人应当遵守职业道德准则，珍视和维护保荐代表人职业声誉，保持应有的职业谨慎，保持和提高专业胜任能力。

保荐代表人应当维护发行人的合法利益，对从事保荐业务过程中获知的发行人信息保密。保荐代表人应当恪守独立履行职责的原则，不因迎合发行人或者满足发行人的不当要求而丧失客观、公正的立场，不得唆使、协助或者参与发行人及证券服务机构等实施非法的或者具有欺诈性的行为。

保荐代表人及其配偶不得以任何名义或者方式持有发行人的股份。

保荐代表人、保荐业务负责人、内核负责人、保荐业务部门负责人及其他保荐业务人员应当保持独立、客观、审慎，与接受其服务的发行人及其关联方不存在利害关系，不存在妨碍其进行独立专业判断的情形。

第七条　同次发行的证券，其发行保荐和上市保荐应当由同一保荐机构承担。保荐机构依法对发行人申请文件、证券发行募集文件进行核查，向中国证监会、证券交易所出具保荐意见。保荐机构应当保证所出具的文件真实、准确、完整。

证券发行规模达到一定数量的，可以采用联合保荐，但参与联合保荐的保荐机构不得超过二家。

证券发行的主承销商可以由该保荐机构担任，也可以由其他具有保荐业务资格的证券公司与该保荐机构共同担任。

第八条　发行人及其控股股东、实际控制人、董事、监事、高级管理人员，为证券发行上市制作、出具有关文件的会计师事务所、律师事务所、资产评估机构等证券服务机构及其签字人员，应当依照法律、行政法规和中国证监会、证券交易所的规定，配合保荐机构及其保荐代表人履行保荐职责，并承担相应的责任。

保荐机构及其保荐代表人履行保荐职责，不能减轻或者免除发行人及其控股股东、实际控制人、董事、监事、高级管理人员、证券服务机构及其签字人员的责任。

第九条　中国证监会依法对保荐机构及其保荐代表人、其他从事保荐业务的人员进行监督管理。

证券交易所、中国证券业协会对保荐机构及其保荐代表人、其他从事保荐业务的人员进行自律管理。对违反相关自律管理规则的保荐机构和责任人员，证券交易所、中国证券业协会可以采取一定期限内不接受与证券发行相关的文件、认定不适合从事相关业务等自律管理措施或者纪律处分。

第二章　保荐业务的资格管理

第十条　证券公司申请保荐业务资格，应当具备下列条件：

（一）注册资本、净资本符合规定；

（二）具有完善的公司治理和内部控制制度，风险控制指标符合相关规定；

（三）保荐业务部门具有健全的业务规程、内部风险评估和控制系统，内部机构设置合理，具备相应的研究能力、销售能力等后台支持；

（四）具有良好的保荐业务团队且专业结构合理，从业人员不少于三十五人，其中最近三年从事保荐相关业务的人员不少于二十人；

（五）保荐代表人不少于四人；

（六）最近二年未因重大违法违规行为而受到处罚，最近一年未被采取重大监管措施，无因涉嫌重大违法违规正受到有关机关或者行业自律组织调查的情形；

（七）中国证监会规定的其他条件。

第十一条　证券公司应当保证申请文件真实、准确、完整。申请期间，申请文件内容发生重大变化的，应当自变化之日起二个工作日内向中国证监会提交更新资料。

第十二条　中国证监会依法受理、审查申请文件。对保荐业务资格的申请，自受理之日起三个月内做出核准或者不予核准的书面决定。

第十三条　证券公司取得保荐业务资格后，应当持续符合本办法第十条规定的条件。保荐机构因重大违法违规行为受到行政处罚的，中国证监会撤销其保荐业务资格；不再具备第十条规定其他条件的，中国证监会可以责令其限期整改，逾期仍然不符合要求的，中国证监会撤销其保荐业务资格。

第十四条　保荐机构出现下列情况的，应当在五个工作日内向其住所地的中国证监会派出机构报告：

（一）保荐业务负责人、内核负责人、保荐业务部门负责人发生变化；

（二）保荐业务部门机构设置发生重大变化；

（三）保荐业务执业情况发生重大不利变化；

（四）中国证监会要求的其他事项。

第十五条　保荐机构应当在证券公司年度报告中报送年度执业情况。年度执业情况应当包括以下内容：

（一）保荐机构、保荐代表人年度执业情况的说明；

（二）保荐机构对保荐代表人尽职调查工作日志检查情况的说明；

（三）保荐机构对保荐代表人的年度考核、评定情况；

（四）保荐机构、保荐代表人其他重大事项的说明；

（五）保荐机构对年度执业情况真实性、准确性、完整性承担责任的承诺函，并应由其法定代表人签字；

（六）中国证监会要求的其他事项。

第三章　保荐职责

第十六条　保荐机构应当尽职推荐发行人证券发行上市。

发行人证券上市后，保荐机构应当持续督导发行人履行规范运作、信守承诺、信息披露等义务。

第十七条　保荐机构推荐发行人证券发行上市，应当遵循诚实守信、勤勉尽责的原则，按照中国证监会对保荐机构尽职调查工作的要求，对发行人进行全面调查，充分了解发行人的经营状况及其面临的风险和问题。

第十八条　保荐机构在推荐发行人首次公开发行股票并上市和推荐发行人向不特定合格投资者公开发行股票并在北交所上市前，应当对发行人进行辅导。辅导内容包括，对发行人的董事、监事和高级管理人员、持有百分之五以上股份的股东和实际控制人（或者其法定代表人）进行系统的法规知识、证券市场知识培训，使其全面掌握发行上市、规范运作等方面的有关法律法规和规则，知悉信息披露和履行承诺等方面的责任和义务，树立进入证券市场的诚信意识、自律意识和法制意识，以及中国证监会规定的其他事项。

第十九条 保荐机构辅导工作完成后，应当由发行人所在地的中国证监会派出机构进行辅导验收。发行人所在地在境外的，应当由发行人境内主营业地或境内证券事务机构所在地的中国证监会派出机构进行辅导验收。

第二十条 保荐机构应当与发行人签订保荐协议，明确双方的权利和义务，按照行业规范协商确定履行保荐职责的相关费用。

保荐协议签订后，保荐机构应当在五个工作日内向承担辅导验收职责的中国证监会派出机构报告。

第二十一条 保荐机构应当确信发行人符合法律、行政法规和中国证监会、证券交易所的有关规定，方可推荐其证券发行上市。

保荐机构决定推荐发行人证券发行上市的，可以根据发行人的委托，组织编制申请文件并出具推荐文件。

第二十二条 对发行人申请文件、证券发行募集文件中有证券服务机构及其签字人员出具专业意见的内容，保荐机构可以合理信赖，对相关内容应当保持职业怀疑、运用职业判断进行分析，存在重大异常、前后重大矛盾，或者与保荐机构获得的信息存在重大差异的，保荐机构应当对有关事项进行调查、复核，并可聘请其他证券服务机构提供专业服务。

第二十三条 对发行人申请文件、证券发行募集文件中无证券服务机构及其签字人员专业意见支持的内容，保荐机构应当获得充分的尽职调查证据，在对各种证据进行综合分析的基础上对发行人提供的资料和披露的内容进行独立判断，并有充分理由确信所作的判断与发行人申请文件、证券发行募集文件的内容不存在实质性差异。

第二十四条 保荐机构推荐发行人发行证券，应当向证券交易所提交发行保荐书、保荐代表人专项授权书以及中国证监会要求的其他与保荐业务有关的文件。发行保荐书应当包括下列内容：

（一）逐项说明本次发行是否符合《中华人民共和国公司法》《证券法》规定的发行条件和程序；

（二）逐项说明本次发行是否符合中国证监会的有关规定，并载明得出每项结论的查证过程及事实依据；

（三）发行人存在的主要风险；

（四）对发行人发展前景的评价；

（五）保荐机构内部审核程序简介及内核意见；

（六）保荐机构及其关联方与发行人及其关联方之间的利害关系及主要业务往来情况；

（七）相关承诺事项；

（八）中国证监会要求的其他事项。

第二十五条 在发行保荐书中，保荐机构应当就下列事项做出承诺：

（一）有充分理由确信发行人符合法律法规及中国证监会有关证券发行上市的相关规定；

（二）有充分理由确信发行人申请文件和信息披露资料不存在虚假记载、误导性陈述或者重大遗漏；

（三）有充分理由确信发行人及其董事在申请文件和信息披露资料中表达意见的依据充分合理；

（四）有充分理由确信申请文件和信息披露资料与证券服务机构发表的意见不存在实质性差异；

（五）保证所指定的保荐代表人及本保荐机构的相关人员已勤勉尽责，对发行人申请文件和信息披露资料进行了尽职调查、审慎核查；

（六）保证保荐书、与履行保荐职责有关的其他文件不存在虚假记载、误导性陈述或者重大遗漏；

（七）保证对发行人提供的专业服务和出具的专业意见符合法律、行政法规、中国证监会的规定和行业规范；

（八）自愿接受中国证监会依照本办法采取的监管措施；

（九）中国证监会规定的其他事项。

第二十六条 保荐机构推荐发行人证券上市，应当按照证券交易所的规定提交上市保荐书及其他与保荐业务有关的文件。

第二十七条 保荐机构提交发行保荐书、上市保荐书后，应当配合证券交易所、中国证监会的发行上市审核和注册工作，并承担下列工作：

（一）组织发行人及证券服务机构对证券交易所、中国证监会的意见进行答复；

（二）按照证券交易所、中国证监会的要求对涉及本次证券发行上市的特定事项进行尽职调查或者核查；

（三）指定保荐代表人与证券交易所、中国证监会职能部门进行专业沟通，接受上市委员会问询；

（四）证券交易所、中国证监会规定的其他工作。

第二十八条 保荐机构应当针对发行人的具体情况，确定证券发行上市后持续督导的内容，督导发行人履行有关上市公司规范运作、信守承诺和信息披露等义务，审阅信息披露文件及向中国证监会、证券交易所提交的其他文件，并承担下列工作：

（一）督导发行人有效执行并完善防止控股股东、实际控制人、其他关联方违规占用发行人资源的制度；

（二）督导发行人有效执行并完善防止其董事、监事、高级管理人员利用职务之便损害发行人利益的内控制度；

（三）督导发行人有效执行并完善保障关联交易公允性和合规性的制度，并对关联交易发表意见；

（四）持续关注发行人募集资金的专户存储、投资项目的实施等承诺事项；

（五）持续关注发行人为他人提供担保等事项，并发表意见；

（六）中国证监会、证券交易所规定及保荐协议约定的其他工作。

第二十九条 持续督导的期间由证券交易所规定。

持续督导期届满，如有尚未完结的保荐工作，保荐机构应当继续完成。

保荐机构在履行保荐职责期间未勤勉尽责的，其责任不因持续督导期届满而免除或者终止。

第四章 保荐业务规程

第三十条 保荐机构应当建立分工合理、权责明确、相互制衡、有效监督的内部控制组织体系，发挥项目承做、质量控制、内核合规风控等的全流程内部控制作用，形成科学、合理、有效的保荐业务决策、执行和监督等机制，确保保荐业务纳入公司整体合规管理和风险控制范围。

第三十一条 保荐机构应当建立健全并执行覆盖全部保荐业务流程和全体保荐业务人员的内部控制制度，包括但不限于立项制度、质量控制制度、问核制度、内核制度、反馈意见报告制度、风险事件报告制度、合规检查制度、应急处理制度等，定期对保荐业务内部控制的有效性进行全面评估，保证保荐业务负责人、内核负责人、保荐业务部门负责人、保荐代表人、项目协办人及其他保荐业务相关人员勤勉尽责，严格控制风险，提高保荐业务整体质量。

第三十二条 保荐机构应当建立健全内部问责机制，明确保荐业务人员履职规范和问责措施。

保荐业务人员被采取自律管理措施、纪律处分、监管措施、证券市场禁入措施、行政处罚、刑事处罚等的，保荐机构应当进行内部问责。

保荐机构应当在劳动合同、内部制度中

明确，保荐业务人员出现前款情形的，应当退还相关违规行为发生当年除基本工资外的其他部分或全部薪酬。

第三十三条 保荐机构对外提交和报送的发行上市申请文件、反馈意见、披露文件等重要材料和文件应当履行内核程序，由内核机构审议决策。未通过内核程序的保荐业务项目不得以公司名义对外提交或者报送相关文件。

第三十四条 保荐机构应当根据保荐业务特点制定科学、合理的薪酬考核体系，综合考量业务人员的专业胜任能力、执业质量、合规情况、业务收入等各项因素，不得以业务包干等承包方式开展保荐业务，或者以其他形式实施过度激励。

第三十五条 保荐机构从事保荐业务应当综合评估项目执行成本与风险责任，合理确定报价，不得以明显低于行业定价水平等不正当竞争方式招揽业务。

第三十六条 保荐机构应当建立健全保荐业务制度体系，细化尽职调查、辅导、文件申报、持续督导等各个环节的执业标准和操作流程，提高制度的针对性和可执行性。

保荐机构应当根据监管要求、制度执行等情况，及时更新和完善保荐业务制度体系。

第三十七条 保荐机构应当建立健全廉洁从业管理内控体系，加强对工作人员的管理，不得在开展保荐业务的过程中谋取或输送不正当利益。

第三十八条 保荐机构应当根据保荐业务类型和业务环节的不同，细化反洗钱要求，加强对客户身份的识别、可疑报告、客户资料及交易记录保存、反洗钱培训与宣传等工作。

第三十九条 保荐机构应当建立健全对保荐代表人及其他保荐业务相关人员的持续培训制度。

第四十条 保荐机构应当建立健全工作底稿制度，按规定建设应用工作底稿电子化管理系统。

保荐机构应当为每一项目建立独立的保荐工作底稿。保荐代表人必须为其具体负责的每一项目建立尽职调查工作日志，作为保荐工作底稿的一部分存档备查；保荐机构应当定期对尽职调查工作日志进行检查。

保荐工作底稿应当真实、准确、完整地反映保荐工作的全过程，保存期不少于二十年。

第四十一条 保荐机构及其控股股东、实际控制人、重要关联方持有发行人股份的，或者发行人持有、控制保荐机构股份的，保荐机构在推荐发行人证券发行上市时，应当进行利益冲突审查，出具合规审核意见，并按规定充分披露。通过披露仍不能消除影响的，保荐机构应联合一家无关联保荐机构共同履行保荐职责，且该无关联保荐机构为第一保荐机构。

第四十二条 刊登证券发行募集文件前终止保荐协议的，保荐机构和发行人应当自终止之日起五个工作日内分别向中国证监会、证券交易所报告，并说明原因。

第四十三条 刊登证券发行募集文件以后直至持续督导工作结束，保荐机构和发行人不得终止保荐协议，但存在合理理由的情形除外。发行人因再次申请发行证券另行聘请保荐机构、保荐机构被中国证监会撤销保荐业务资格的，应当终止保荐协议。

终止保荐协议的，保荐机构和发行人应当自终止之日起五个工作日内向中国证监会、证券交易所报告，说明原因。

第四十四条 持续督导期间，保荐机构被撤销保荐业务资格的，发行人应当在一个月内另行聘请保荐机构，未在规定期限内另行聘请的，中国证监会可以为其指定保荐机构。

第四十五条 另行聘请的保荐机构应当完成原保荐机构未完成的持续督导工作。

因原保荐机构被撤销保荐业务资格而另行聘请保荐机构的，另行聘请的保荐机构持续督导的时间不得少于一个完整的会计年度。

另行聘请的保荐机构应当自保荐协议签订之日起开展保荐工作并承担相应的责任。原保荐机构在履行保荐职责期间未勤勉尽责的，其责任不因保荐机构的更换而免除或者终止。

第四十六条　保荐机构应当指定二名保荐代表人具体负责一家发行人的保荐工作，出具由法定代表人签字的专项授权书，并确保保荐机构有关部门和人员有效分工协作。保荐机构可以指定一名项目协办人。

第四十七条　证券发行后，保荐机构不得更换保荐代表人，但因保荐代表人离职或者不符合保荐代表人要求的，应当更换保荐代表人。

保荐机构更换保荐代表人的，应当通知发行人，并在五个工作日内向中国证监会、证券交易所报告，说明原因。原保荐代表人在具体负责保荐工作期间未勤勉尽责的，其责任不因保荐代表人的更换而免除或者终止。

第四十八条　保荐机构法定代表人、保荐业务负责人、内核负责人、保荐业务部门负责人、保荐代表人和项目协办人应当在发行保荐书上签字，保荐机构法定代表人、保荐代表人应当同时在证券发行募集文件上签字。

第四十九条　保荐机构应当将履行保荐职责时发表的意见及时告知发行人，同时在保荐工作底稿中保存，并可以依照本办法规定公开发表声明、向中国证监会或者证券交易所报告。

第五十条　持续督导工作结束后，保荐机构应当在发行人公告年度报告之日起的十个工作日内向中国证监会、证券交易所报送保荐总结报告书。保荐机构法定代表人和保荐代表人应当在保荐总结报告书上签字。保荐总结报告书应当包括下列内容：

（一）发行人的基本情况；

（二）保荐工作概述；

（三）履行保荐职责期间发生的重大事项及处理情况；

（四）对发行人配合保荐工作情况的说明及评价；

（五）对证券服务机构参与证券发行上市相关工作情况的说明及评价；

（六）中国证监会、证券交易所要求的其他事项。

第五十一条　保荐代表人及其他保荐业务相关人员属于内幕信息的知情人员，应当遵守法律、行政法规和中国证监会的规定，不得利用内幕信息直接或者间接为保荐机构、本人或者他人谋取不正当利益。

第五章　保荐业务协调

第五十二条　发行人应当为保荐机构及时提供真实、准确、完整的财务会计资料和其他资料，全面配合保荐机构开展尽职调查和其他相关工作。

发行人的控股股东、实际控制人、董事、监事、高级管理人员应当全面配合保荐机构开展尽职调查和其他相关工作，不得要求或者协助发行人隐瞒应当披露的信息。

第五十三条　保荐机构及其保荐代表人履行保荐职责，可以对发行人行使下列权利：

（一）要求发行人按照本办法规定和保荐协议约定的方式，及时通报信息；

（二）定期或者不定期对发行人进行回访，查阅保荐工作需要的发行人材料；

（三）列席发行人的股东大会、董事会和监事会；

（四）对发行人的信息披露文件及向中国证监会、证券交易所提交的其他文件进行事前审阅；

（五）对有关部门关注的发行人相关事项进行核查，必要时可聘请相关证券服务机构配合；

（六）按照中国证监会、证券交易所信

息披露规定，对发行人违法违规的事项发表公开声明；

（七）中国证监会、证券交易所规定或者保荐协议约定的其他权利。

第五十四条 发行人有下列情形之一的，应当及时通知或者咨询保荐机构，并将相关文件送交保荐机构：

（一）变更募集资金及投资项目等承诺事项；

（二）发生关联交易、为他人提供担保等事项；

（三）涉及重大诉讼、资产发生重大损失；

（四）公司财务状况及生产经营的外部条件发生重大变化；

（五）重大投资行为和重大购置资产的决定；

（六）股东及董事、监事、高级管理人员的变动；

（七）召开董事会、监事会、股东大会；

（八）履行信息披露义务或者向中国证监会、证券交易所报告有关事项；

（九）发生违法违规行为或者其他重大事项；

（十）中国证监会、证券交易所规定或者保荐协议约定的其他事项。

第五十五条 证券发行前，发行人及其控股股东、实际控制人、董事、监事、高级管理人员不配合保荐机构履行保荐职责的，保荐机构应当发表保留意见，并在发行保荐书中予以说明；情节严重的，应当不予保荐，已保荐的应当撤销保荐。

第五十六条 证券发行后，保荐机构有充分理由确信发行人可能存在违法违规行为以及其他不当行为的，应当督促发行人作出说明并限期纠正；情节严重的，应当向中国证监会、证券交易所报告。

第五十七条 保荐机构应当组织协调证券服务机构及其签字人员参与证券发行上市的相关工作。

发行人为证券发行上市聘用的会计师事务所、律师事务所、资产评估机构以及其他证券服务机构，保荐机构有充分理由认为其专业能力存在明显缺陷的，可以向发行人建议更换。

第五十八条 保荐机构对证券服务机构及其签字人员出具的专业意见存有疑义的，应当主动与证券服务机构进行协商，并可要求其作出解释或者出具依据。

第五十九条 保荐机构有充分理由确信证券服务机构及其签字人员出具的专业意见可能存在虚假记载、误导性陈述或重大遗漏等违法违规情形或者其他不当情形的，应当及时发表意见；情节严重的，应当向中国证监会、证券交易所报告。

第六十条 证券服务机构及其签字人员应当严格按照依法制定的业务规则和行业自律规范，审慎履行职责，作出专业判断与认定，对保荐机构提出的疑义或者意见，应当保持专业独立性，进行审慎的复核判断，并向保荐机构、发行人及时发表意见。

证券服务机构应当建立并保持有效的质量控制体系，保护投资者合法权益。证券服务机构应当妥善保存客户委托文件、核查和验证资料、工作底稿以及与质量控制、内部管理、业务经营有关的信息和资料。

第六章 监管措施和法律责任

第六十一条 中国证监会可以对保荐机构及其与发行上市保荐工作相关的人员，证券服务机构、发行人及其与证券发行上市工作相关的人员等进行定期或者不定期现场检查，相关主体应当积极配合检查，如实提供有关资料，不得拒绝、阻挠、逃避检查，不得谎报、隐匿、销毁相关证据材料。

第六十二条 中国证监会对保荐机构及其相关人员进行持续动态的跟踪管理，记录其业务资格、执业情况、违法违规行为、其他不良行为以及对其采取的监管措施等，对保荐机构业务质量进行评价。

保荐信用记录和质量评价结果向社会公开。

第六十三条　证券公司提交的保荐业务资格申请文件存在虚假记载、误导性陈述或者重大遗漏的，中国证监会不予受理或者不予核准，并给予警告；已核准的，撤销其保荐业务资格。

第六十四条　保荐机构、保荐代表人、保荐业务负责人、内核负责人、保荐业务部门负责人及其他保荐业务相关人员违反本办法，未诚实守信、勤勉尽责地履行相关义务的，中国证监会可以对其采取重点关注、责令进行业务学习、出具警示函、责令公开说明、责令改正、责令增加内部合规检查的次数并提交合规检查报告、监管谈话、责令处分有关责任人员并报告结果、依法认定为不适当人选等监管措施；依法应给予行政处罚的，依照有关规定进行处罚；情节严重涉嫌犯罪的，依法移送司法机关，追究其刑事责任。

第六十五条　出现下列情形之一的，中国证监会可以视情节轻重，对保荐机构、保荐代表人采取出具警示函、责令改正、监管谈话等监管措施；情节严重的，中国证监会可以采取暂停保荐机构的保荐业务、依法认定保荐代表人为不适当人选三个月到十二个月的监管措施：

（一）制作或者出具的文件不齐备或者不符合要求；

（二）擅自改动申请文件、信息披露资料或者其他已提交文件；

（三）申请文件或者信息披露资料存在相互矛盾或者同一事实表述不一致且有实质性差异；

（四）文件披露的内容表述不清，逻辑混乱，严重影响投资者理解；

（五）未及时报告或者未及时披露重大事项；

（六）指定不符合本办法第四条规定要求的人员具体负责保荐工作；

（七）未通过内核程序，以公司名义对外提交或披露保荐业务项目文件；

（八）采取业务包干等承包方式或其他形式进行过度激励；

（九）以显著低于行业定价水平等不正当竞争方式招揽业务，违反公平竞争、破坏市场秩序。

第六十六条　保荐机构出现下列情形之一的，中国证监会可以视情节轻重，暂停保荐业务三个月到三十六个月，并可以责令保荐机构更换董事、监事、高级管理人员或者限制其权利；情节特别严重的，撤销其保荐业务资格：

（一）向中国证监会、证券交易所提交的与保荐工作相关的文件存在虚假记载、误导性陈述或者重大遗漏；

（二）重大事项未报告、未披露；

（三）内部控制制度存在重大缺陷或者未有效执行；

（四）尽职调查制度、内部核查制度、持续督导制度、保荐工作底稿制度等保荐业务制度存在重大缺陷或者未有效执行；

（五）廉洁从业管理内控体系、反洗钱制度存在重大缺陷或者未有效执行；

（六）保荐工作底稿存在虚假记载、误导性陈述或者重大遗漏；

（七）唆使、协助或者参与发行人及证券服务机构提供存在虚假记载、误导性陈述或者重大遗漏的文件；

（八）唆使、协助或者参与发行人干扰中国证监会、证券交易所及其上市委员会的审核、注册工作；

（九）通过从事保荐业务谋取不正当利益；

（十）伪造或者变造签字、盖章；

（十一）严重违反诚实守信、勤勉尽责、廉洁从业义务的其他情形。

第六十七条　保荐代表人出现下列情形之一的，中国证监会可以根据情节轻重，依法采取认定为不适当人选三个月到三十六个月的监管措施：

（一）尽职调查工作日志缺失或者遗漏、隐瞒重要问题；

（二）未完成或者未参加辅导工作；

（三）重大事项未报告、未披露；

（四）未参加持续督导工作，或者持续督导工作严重未勤勉尽责；

（五）因保荐业务或其具体负责保荐工作的发行人在保荐期间内受到证券交易所、中国证券业协会公开谴责；

（六）唆使、协助或者参与发行人干扰中国证监会、证券交易所及其上市委员会的审核、注册工作；

（七）伪造或者变造签字、盖章；

（八）严重违反诚实守信、勤勉尽责、廉洁从业义务的其他情形。

第六十八条 保荐代表人出现下列情形之一的，中国证监会可以依法采取认定为不适当人选的监管措施；情节严重的，对其采取证券市场禁入的措施：

（一）在与保荐工作相关文件上签字推荐发行人证券发行上市，但未参加尽职调查工作，或者尽职调查工作不彻底、不充分，明显不符合业务规则和行业规范；

（二）通过从事保荐业务谋取不正当利益；

（三）本人及其配偶以任何名义或者方式持有发行人的股份；

（四）唆使、协助或者参与发行人及证券服务机构提供存在虚假记载、误导性陈述或者重大遗漏的文件；

（五）参与组织编制的与保荐工作相关文件存在虚假记载、误导性陈述或者重大遗漏。

第六十九条 发行人出现下列情形之一的，中国证监会可以暂停保荐机构的保荐业务十二个月到三十六个月，责令保荐机构更换相关负责人，对保荐代表人依法采取认定为不适当人选的监管措施；情节严重的，撤销保荐业务资格，对相关责任人采取证券市场禁入的措施：

（一）证券发行募集文件等申请文件存在虚假记载、误导性陈述或者重大遗漏；

（二）持续督导期间信息披露文件存在虚假记载、误导性陈述或者重大遗漏。

第七十条 发行人在持续督导期间出现下列情形之一的，中国证监会可以根据情节轻重，对保荐机构及其相关责任人员采取出具警示函、责令改正、监管谈话、对保荐代表人依法认定为不适当人选、暂停保荐机构的保荐业务等监管措施：

（一）首次公开发行股票并在主板上市和主板上市公司向不特定对象公开发行证券并上市当年营业利润比上年下滑百分之五十以上；

（二）首次公开发行股票并上市、股票向不特定合格投资者公开发行并在北交所上市和上市公司向不特定对象公开发行证券并上市当年即亏损且选取的上市标准含净利润标准；

（三）首次公开发行股票并上市和股票向不特定合格投资者公开发行并在北交所上市之日起十二个月内控股股东或者实际控制人发生变更；

（四）证券上市当年累计百分之五十以上募集资金的用途与承诺不符；

（五）首次公开发行股票并上市和股票向不特定合格投资者公开发行并在北交所上市之日起十二个月内累计百分之五十以上资产或者主营业务发生重组；

（六）上市公司向不特定对象公开发行证券并上市之日起十二个月内累计百分之五十以上资产或者主营业务发生重组，且未在证券发行募集文件中披露；

（七）实际盈利低于盈利预测达百分之二十以上；

（八）关联交易显失公允或者程序违规，涉及金额较大；

（九）控股股东、实际控制人或其他关联方违规占用发行人资源，涉及金额较大；

（十）违规为他人提供担保，涉及金额

较大；

（十一）违规购买或出售资产、借款、委托资产管理等，涉及金额较大；

（十二）董事、监事、高级管理人员侵占发行人利益受到行政处罚或者被追究刑事责任；

（十三）违反上市公司规范运作和信息披露等有关法律法规，情节严重的；

（十四）中国证监会规定的其他情形。

前款涉及的净利润以扣除非经常性损益前后孰低者为计算依据。

第七十一条　保荐代表人被依法采取认定为不适当人选的监管措施的，对已受理的该保荐代表人具体负责推荐的项目，保荐机构应当更换保荐代表人，并指派与本项目无关的人员进行复核；对负有责任的保荐业务负责人、内核负责人、保荐业务部门负责人等人员，保荐机构应当根据内部管理规定进行问责惩戒，情节严重的，应当予以更换。

第七十二条　保荐机构、保荐业务负责人、内核负责人或者保荐业务部门负责人在一个自然年度内被采取本办法第六十四条规定的监管措施累计五次以上，中国证监会可以暂停保荐机构的保荐业务三个月，依法责令保荐机构更换保荐业务负责人、内核负责人或者保荐业务部门负责人。

保荐代表人在二个自然年度内被采取本办法第六十四条规定的监管措施累计二次以上，中国证监会可以依法对相关保荐代表人采取认定为不适当人选六个月的监管措施。

第七十三条　对中国证监会拟采取的监管措施，保荐机构及其保荐代表人提出申辩的，如有充分证据证明下列事实且理由成立，中国证监会予以采纳：

（一）发行人或者其董事、监事、高级管理人员故意隐瞒重大事实，保荐机构和保荐代表人已履行勤勉尽责义务；

（二）发行人已在证券发行募集文件中做出特别提示，保荐机构和保荐代表人已履行勤勉尽责义务；

（三）发行人因不可抗力致使业绩、募集资金运用等出现异常或者未能履行承诺；

（四）发行人及其董事、监事、高级管理人员在持续督导期间故意违法违规，保荐机构和保荐代表人主动予以揭示，已履行勤勉尽责义务；

（五）保荐机构、保荐代表人已履行勤勉尽责义务的其他情形。

第七十四条　发行人违反本办法规定，持续督导期间违法违规且拒不纠正，发生重大事项未及时通知保荐机构，出现应当变更保荐机构情形未及时予以变更，或者发生其他严重不配合保荐工作情形的，中国证监会可以责令改正，予以公布并可以根据情节轻重采取下列措施：

（一）要求发行人每月向中国证监会报告接受保荐机构督导的情况；

（二）要求发行人披露月度财务报告、相关资料；

（三）指定证券服务机构进行核查；

（四）要求证券交易所对发行人证券的交易实行特别提示；

（五）对有关责任人员采取证券市场禁入措施。

第七十五条　发行人及其控股股东、实际控制人、董事、监事、高级管理人员未有效配合保荐机构及其保荐代表人开展尽职调查和其他相关工作的，中国证监会可以对相关单位和责任人员采取重点关注、出具警示函、责令公开说明、责令改正、监管谈话等监管措施。情节严重的，对有关责任人采取证券市场禁入的措施。

第七十六条　证券服务机构及其签字人员违反本办法规定的，中国证监会可以对相关机构和责任人员采取重点关注、出具警示函、责令公开说明、责令改正、监管谈话等监管措施，情节严重的可以对有关责任人员采取证券市场禁入的措施。

第七十七条　证券服务机构及其签字人

员出具的专业意见存在虚假记载、误导性陈述或重大遗漏，或者因不配合保荐工作而导致严重后果的，中国证监会可以对有关责任人员采取证券市场禁入的措施，并将处理结果予以公布。

第七十八条 发行人及其控股股东、实际控制人、董事、监事、高级管理人员、证券服务机构及其签字人员违反法律、行政法规，依法应予行政处罚的，依照有关规定进行处罚；涉嫌犯罪的，依法移送司法机关，追究其刑事责任。

第七章 附 则

第七十九条 本办法所称“保荐机构”，是指《证券法》第十条所指“保荐人”。

第八十条 本办法自公布之日起施行。

证券交易所管理办法

（2021年10月28日中国证券监督管理委员会2121年第6次委务会议审议通过，2021年10月30日公布，自公布之日起施行）

第一章 总 则

第一条 为加强对证券交易所的管理，促进证券交易所依法全面履行一线监管职能和服务职能，维护证券市场的正常秩序，保护投资者的合法权益，促进证券市场的健康稳定发展，根据《中华人民共和国证券法》（以下简称《证券法》）、《中华人民共和国公司法》（以下简称《公司法》），制定本办法。

第二条 本办法所称的证券交易所是指经国务院决定设立的证券交易所。

第三条 证券交易所根据《中国共产党章程》设立党组织，发挥领导作用，把方向、管大局、保落实，依照规定讨论和决定交易所重大事项，保证监督党和国家的方针、政策在交易所得到全面贯彻落实。

第四条 证券交易所由中国证券监督管理委员会（以下简称中国证监会）监督管理。

第五条 证券交易所的名称，应当标明证券交易所字样。其他任何单位和个人不得使用证券交易所或者近似名称。

第二章 证券交易所的职能

第六条 证券交易所组织和监督证券交易，实施自律管理，应当遵循社会公共利益优先原则，维护市场的公平、有序、透明。

第七条 证券交易所的职能包括：

（一）提供证券交易的场所、设施和服务；

（二）制定和修改证券交易所的业务规则；

（三）依法审核公开发行证券申请；

（四）审核、安排证券上市交易，决定证券终止上市和重新上市；

（五）提供非公开发行证券转让服务；

（六）组织和监督证券交易；

（七）对会员进行监管；

（八）对证券上市交易公司及相关信息披露义务人进行监管；

（九）对证券服务机构为证券上市、交易等提供服务的行为进行监管；

（十）管理和公布市场信息；

（十一）开展投资者教育和保护；

（十二）法律、行政法规规定的以及中

国证监会许可、授权或者委托的其他职能。

第八条　证券交易所不得直接或者间接从事：

（一）新闻出版业；

（二）发布对证券价格进行预测的文字和资料；

（三）为他人提供担保；

（四）未经中国证监会批准的其他业务。

第九条　证券交易所可以根据证券市场发展的需要，创新交易品种和交易方式，设立不同的市场层次。

第十条　证券交易所制定或者修改业务规则，应当符合法律、行政法规、部门规章对其自律管理职责的要求。

证券交易所制定或者修改下列业务规则时，应当由证券交易所理事会或者董事会通过，并报中国证监会批准：

（一）证券交易、上市、会员管理和其他有关业务规则；

（二）涉及上市新的证券交易品种或者对现有上市证券交易品种作出较大调整；

（三）以联网等方式为非本所上市的品种提供交易服务；

（四）涉及证券交易方式的重大创新或者对现有证券交易方式作出较大调整；

（五）涉及港澳台及境外机构的重大事项；

（六）中国证监会认为需要批准的其他业务规则。

对于非会员理事的反对或者弃权表决意见，证券交易所应当在向中国证监会报送的请示或者报告中作出说明。

第十一条　证券交易所制定的业务规则对证券交易业务活动的各参与主体具有约束力。对违反业务规则的行为，证券交易所给予纪律处分或者采取其他自律管理措施。

第十二条　证券交易所应当按照章程、协议以及业务规则的规定，对违法违规行为采取自律监管措施或者纪律处分，履行自律管理职责。

第十三条　证券交易所应当在业务规则中明确自律监管措施或者纪律处分的具体类型、适用情形和适用程序。

证券交易所采取纪律处分的，应当依据纪律处分委员会的审核意见作出。纪律处分决定作出前，当事人按照业务规则的规定申请听证的，证券交易所应当组织听证。

第十四条　市场参与主体对证券交易所作出的相关自律监管措施或者纪律处分不服的，可以按照证券交易所业务规则的规定申请复核。

证券交易所应当设立复核委员会，依据其审核意见作出复核决定。

第十五条　证券交易所应当建立风险管理和风险监测机制，依法监测、监控、预警并防范市场风险，维护证券市场安全稳定运行。

证券交易所应当以风险基金、一般风险准备等形式储备充足的风险准备资源，用于垫付或者弥补因技术故障、操作失误、不可抗力及其他风险事件造成的损失。

第十六条　证券交易所应当同其他交易场所、登记结算机构、行业协会等证券期货业组织建立资源共享、相互配合的长效合作机制，联合依法监察证券市场违法违规行为。

第三章　证券交易所的组织

第十七条　实行会员制的证券交易所设会员大会、理事会、总经理和监事会。

实行有限责任公司制的证券交易所设股东会、董事会、总经理和监事会。证券交易所为一人有限责任公司的，不设股东会，由股东行使股东会的职权。

第十八条　会员大会为会员制证券交易所的最高权力机构。会员大会行使下列职权：

（一）制定和修改证券交易所章程；

（二）选举和罢免会员理事、会员

监事；

（三）审议和通过理事会、监事会和总经理的工作报告；

（四）审议和通过证券交易所的财务预算、决算报告；

（五）法律、行政法规、部门规章和证券交易所章程规定的其他重大事项。

股东会为公司制证券交易所的最高权力机构。股东会行使下列职权：

（一）修改证券交易所章程；

（二）选举和更换非由职工代表担任的董事、监事；

（三）审议和通过董事会、监事会的工作报告；

（四）审议和通过证券交易所的财务预算、决算报告；

（五）法律、行政法规、部门规章和证券交易所章程规定的其他职权。

第十九条 会员制证券交易所章程应当包括下列事项：

（一）设立目的；

（二）名称；

（三）主要办公及交易场所和设施所在地；

（四）职能范围；

（五）会员的资格和加入、退出程序；

（六）会员的权利和义务；

（七）对会员的纪律处分；

（八）组织机构及其职权；

（九）理事、监事、高级管理人员的产生、任免及其职责；

（十）资本和财务事项；

（十一）解散的条件和程序；

（十二）其他需要在章程中规定的事项。

公司制证券交易所章程应当包括下列事项：

（一）前款第（一）项至第（四）项、第（八）项、第（十）项和第（十一）项规定的事项；

（二）董事、监事、高级管理人员的产生、任免及其职责；

（三）其他需要在章程中规定的事项。

会员制证券交易所章程的制定和修改经会员大会通过后，报中国证监会批准。公司制证券交易所的章程由股东共同制定，并报中国证监会批准；章程的修改由股东会通过后，报中国证监会批准。

第二十条 会员大会每年召开一次，由理事会召集，理事长主持。理事长因故不能履行职责时，由理事长指定的副理事长或者其他理事主持。有下列情形之一的，应当召开临时会员大会：

（一）理事人数不足本办法规定的最低人数；

（二）三分之一以上会员提议；

（三）理事会或者监事会认为必要。

股东会会议由董事会召集。股东会会议的召开应当符合证券交易所章程的规定。

第二十一条 会员大会应当有三分之二以上的会员出席，其决议须经出席会议的会员过半数表决通过。

股东会会议的议事规则应当符合证券交易所章程的规定。

会员大会或者股东会会议结束后十个工作日内，证券交易所应当将大会全部文件及有关情况向中国证监会报告。

第二十二条 理事会是会员制证券交易所的决策机构，行使下列职权：

（一）召集会员大会，并向会员大会报告工作；

（二）执行会员大会的决议；

（三）审定总经理提出的工作计划；

（四）审定总经理提出的年度财务预算、决算方案；

（五）审定对会员的接纳和退出；

（六）审定取消会员资格的纪律处分；

（七）审定证券交易所业务规则；

（八）审定证券交易所上市新的证券交易品种或者对现有上市证券交易品种作出较

大调整；

（九）审定证券交易所收费项目、收费标准及收费管理办法；

（十）审定证券交易所重大财务管理事项；

（十一）审定证券交易所重大风险管理和处置事项，管理证券交易所风险基金；

（十二）审定重大投资者教育和保护工作事项；

（十三）决定高级管理人员的聘任、解聘及薪酬事项，但中国证监会任免的除外；

（十四）会员大会授予和证券交易所章程规定的其他职权。

董事会是公司制证券交易所的决策机构，行使下列职权：

（一）召集股东会会议，并向股东会报告工作；

（二）执行股东会的决议；

（三）制订年度财务预算、决算方案；

（四）前款第（三）项、第（五）项至第（十三）项规定的职权；

（五）股东会授予和证券交易所章程规定的其他职权。

第二十三条　证券交易所理事会由七至十三人组成，其中非会员理事人数不少于理事会成员总数的三分之一，不超过理事会成员总数的二分之一。

理事每届任期三年。会员理事由会员大会选举产生，非会员理事由中国证监会委派。

董事会由三至十三人组成。董事每届任期不得超过三年。

第二十四条　理事会会议至少每季度召开一次。会议须有三分之二以上理事出席，其决议应当经出席会议的三分之二以上理事表决同意方为有效。理事会决议应当在会议结束后两个工作日内向中国证监会报告。

董事会会议的召开和议事规则应当符合证券交易所章程的规定。董事会决议应当在会议结束后两个工作日内向中国证监会报告。

第二十五条　理事会设理事长一人，可以设副理事长一至二人。总经理应当是理事会成员。

董事会设董事长一人，可以设副董事长一至二人。总经理应当是董事会成员。董事长、副董事长的任免，由中国证监会提名，董事会通过。

理事长、董事长是证券交易所的法定代表人。

第二十六条　理事长负责召集和主持理事会会议。理事长因故临时不能履行职责时，由副理事长或者其他理事代其履行职责。

董事长负责召集和主持董事会会议。董事长因故临时不能履行职责时，由副董事长代为履行职责；副董事长不能履行职责时，由半数以上董事共同推举一名董事召集和主持。

理事长、董事长不得兼任证券交易所总经理。

第二十七条　证券交易所的总经理、副总经理、首席专业技术管理人员每届任期三年。总经理由中国证监会任免。副总经理按照中国证监会相关规定任免或者聘任。

总经理因故临时不能履行职责时，由总经理指定的副总经理代其履行职责。

第二十八条　会员制证券交易所的总经理行使下列职权：

（一）执行会员大会和理事会决议，并向其报告工作；

（二）主持证券交易所的日常工作；

（三）拟订并组织实施证券交易所工作计划；

（四）拟订证券交易所年度财务预算、决算方案；

（五）审定业务细则及其他制度性规定；

（六）审定除取消会员资格以外的其他纪律处分；

（七）审定除应当由理事会审定外的其他财务管理事项；

（八）理事会授予和证券交易所章程规定的其他职权。

公司制证券交易所的总经理行使下列职权：

（一）执行董事会决议，并向其报告工作；

（二）前款第（二）项至第（六）项规定的职权；

（三）审定除应当由董事会审定外的其他财务管理事项；

（四）董事会授予和证券交易所章程规定的其他职权。

第二十九条 监事会是证券交易所的监督机构，行使下列职权：

（一）检查证券交易所财务；

（二）检查证券交易所风险基金的使用和管理；

（三）监督证券交易所理事或者董事、高级管理人员执行职务行为；

（四）监督证券交易所遵守法律、行政法规、部门规章和证券交易所章程、协议、业务规则以及风险预防与控制的情况；

（五）当理事或者董事、高级管理人员的行为损害证券交易所利益时，要求理事或者董事、高级管理人员予以纠正；

（六）提议召开临时会员大会或者股东会会议；

（七）提议会员制证券交易所召开临时理事会；

（八）向会员大会或者股东会会议提出提案；

（九）会员大会或者股东会授予和证券交易所章程规定的其他职权。

第三十条 证券交易所监事会人员不得少于五人，其中职工监事不得少于两名，专职监事不得少于一名。

监事每届任期三年。职工监事由职工大会、职工代表大会或者其他形式民主选举产生，专职监事由中国证监会委派。证券交易所理事或者董事、高级管理人员不得兼任监事。

会员制证券交易所的监事会，会员监事不得少于两名，由会员大会选举产生。

第三十一条 监事会设监事长一人，由中国证监会提名，监事会通过。

监事长负责召集和主持监事会会议。会员制证券交易所监事长因故不能履行职责时，由其指定的专职监事或者其他监事代为履行职务。公司制证券交易所监事长因故不能履行职责时，由半数以上监事共同推举一名监事代为履行职务。

第三十二条 会员制证券交易所的监事会至少每六个月召开一次会议。监事长、三分之一以上监事可以提议召开临时监事会会议。监事会决议应当经半数以上监事通过。

公司制证券交易所监事会会议的召开和议事规则应当符合《公司法》及证券交易所章程的规定。

监事会决议应当在会议结束后两个工作日内向中国证监会报告。

第三十三条 理事会、董事会、监事会根据需要设立专门委员会。各专门委员会的职责、任期和人员组成等事项，由证券交易所章程具体规定。

各专门委员会的经费应当纳入证券交易所的预算。

第三十四条 证券交易所的从业人员应当正直诚实、品行良好、具备履行职责所必需的专业知识与能力。因违法行为或者违纪行为被开除的证券交易场所、证券公司、证券登记结算机构、证券服务机构的从业人员和被开除的国家机关工作人员，不得招聘为证券交易所的从业人员。

有《公司法》第一百四十六条规定的情形或者下列情形之一的，不得担任证券交易所理事、董事、监事、高级管理人员：

（一）犯有贪污、贿赂、侵占财产、挪用财产罪或者破坏社会经济秩序罪，或者因犯罪被剥夺政治权利；

（二）因违法行为或者违纪行为被解除职务的证券交易场所、证券登记结算机构的负责人，自被解除职务之日起未逾五年；

（三）因违法行为或者违纪行为被解除职务的证券公司董事、监事、高级管理人员，自被解除职务之日起未逾五年；

（四）因违法行为或者违纪行为被吊销执业证书或者被取消资格的律师、注册会计师或者其他证券服务机构的专业人员，自被吊销执业证书或者被取消资格之日起未逾五年；

（五）担任因违法行为被吊销营业执照的公司、企业的法定代表人并对该公司、企业被吊销营业执照负有个人责任的，自被吊销营业执照之日起未逾五年；

（六）担任因经营管理不善而破产的公司、企业的董事、厂长或者经理并对该公司、企业的破产负有个人责任的，自破产之日起未逾五年；

（七）法律、行政法规、部门规章规定的其他情形。

第三十五条　证券交易所理事、董事、监事、高级管理人员的产生、聘任有不正当情况，或者前述人员在任期内有违反法律、行政法规、部门规章和证券交易所章程、业务规则的行为，或者由于其他原因，不适宜继续担任其所担任的职务时，中国证监会有权解除或者提议证券交易所解除有关人员的职务，并按照规定任命新的人选。

第四章　证券交易所对证券交易活动的监管

第三十六条　证券交易所应当制定具体的交易规则。其内容包括：

（一）证券交易的基本原则；

（二）证券交易的场所、品种和时间；

（三）证券交易方式、交易流程、风险控制和规范事项；

（四）证券交易监督；

（五）清算交收事项；

（六）交易纠纷的解决；

（七）暂停、恢复与取消交易；

（八）交易异常情况的认定和处理；

（九）投资者准入和适当性管理的基本要求；

（十）对违反交易规则行为的处理规定；

（十一）证券交易信息的提供和管理；

（十二）指数的编制方法和公布方式；

（十三）其他需要在交易规则中规定的事项。

第三十七条　参与证券交易所集中交易的，必须是证券交易所的会员，非会员不得直接参与股票的集中交易。会员应当依据证券交易所相关业务规则，对客户证券交易行为进行管理。

第三十八条　证券交易所应当实时公布即时行情，并按日制作证券市场行情表，记载并公布下列事项：

（一）上市证券的名称；

（二）开盘价、最高价、最低价、收盘价；

（三）与前一交易日收盘价比较后的涨跌情况；

（四）成交量、成交金额的分计及合计；

（五）证券交易所市场基准指数及其涨跌情况；

（六）中国证监会要求公布或者证券交易所认为需要公布的其他事项。

证券交易所即时行情的权益由证券交易所依法享有。证券交易所对市场交易形成的基础信息和加工产生的信息产品享有专属权利。未经证券交易所同意，任何单位和个人不得发布证券交易即时行情，不得以商业目的使用。经许可使用交易信息的机构和个人，未经证券交易所同意，不得将该信息提供给其他机构和个人使用。

第三十九条　证券交易所应当就其市场

内的成交情况编制日报表、周报表、月报表和年报表，并及时向市场公布。

证券交易所可以根据监管需要，对其市场内特定证券的成交情况进行分类统计，并向市场公布。

第四十条 证券交易所应当保证投资者有平等机会获取证券市场的交易行情和其他公开披露的信息，并有平等的交易机会。

第四十一条 因不可抗力、意外事件、重大技术故障、重大人为差错等突发性事件而影响证券交易正常进行时，为维护证券交易正常秩序和市场公平，证券交易所可以按照业务规则采取技术性停牌、临时停市等处置措施，并应当及时向中国证监会报告。

因前款规定的突发性事件导致证券交易结果出现重大异常，按交易结果进行交收将对证券交易正常秩序和市场公平造成重大影响的，证券交易所按照业务规则可以采取取消交易、通知证券登记结算机构暂缓交收等措施，并应当及时向中国证监会报告并公告。

第四十二条 证券交易所对证券交易进行实时监控，及时发现和处理违反业务规则的异常交易行为。

证券交易所应当对可能误导投资者投资决策、可能对证券交易价格或证券交易量产生不当影响等异常交易行为进行重点监控。

第四十三条 证券交易所应当按照维护市场交易秩序，保障市场稳定运行，保证投资者公平交易机会，防范和化解市场风险的原则，制定异常交易行为认定和处理的业务规则，并报中国证监会批准。

第四十四条 对于严重影响证券交易秩序或者交易公平的异常交易行为，证券交易所可以按照业务规则实施限制投资者交易等措施，并向中国证监会报告。

证券交易所发现异常交易行为涉嫌违反法律、行政法规、部门规章的，应当及时向中国证监会报告。

第四十五条 证券交易所应当加强对证券交易的风险监测。出现重大异常波动的，证券交易所可以按照业务规则采取限制交易、强制停牌等处置措施，并向中国证监会报告；严重影响证券市场稳定的，证券交易所可以按照业务规则采取临时停市等处置措施并公告。

第四十六条 证券交易所应当妥善保存证券交易中产生的交易记录，并制定相应的保密管理措施。交易记录等重要文件的保存期不少于二十年。

证券交易所应当要求并督促会员妥善保存与证券交易有关的委托资料、交易记录、清算文件等，并建立相应的查询和保密制度。

第四十七条 证券交易所应当建立符合证券市场监管和实时监控要求的技术系统，并设立负责证券市场监管工作的专门机构。

证券交易所应当保障交易系统、通信系统及相关信息技术系统的安全、稳定和持续运行。

第四十八条 通过计算机程序自动生成或者下达交易指令进行程序化交易的，应当符合中国证监会的规定，并向证券交易所报告，不得影响证券交易所系统安全或者正常交易秩序。证券交易所应当制定业务规则，对程序化交易进行监管。

第五章 证券交易所对会员的监管

第四十九条 证券交易所应当制定会员管理规则。其内容包括：

（一）会员资格的取得和管理；

（二）席位（如有）与交易单元管理；

（三）与证券交易业务有关的会员合规管理及风险控制要求；

（四）会员客户交易行为管理、适当性管理及投资者教育要求；

（五）会员业务报告制度；

（六）对会员的日常管理和监督检查；

（七）对会员采取的收取惩罚性违约

金、取消会员资格等自律监管措施和纪律处分；

（八）其他需要在会员管理规则中规定的事项。

第五十条　证券交易所接纳的会员应当是经批准设立并具有法人地位的境内证券经营机构。

境外证券经营机构设立的驻华代表处，经申请可以成为证券交易所的特别会员。

证券交易所的会员种类，会员资格及权利、义务由证券交易所章程和业务规则规定。

第五十一条　证券交易所决定接纳或者开除会员应当在决定后的五个工作日内向中国证监会报告。

第五十二条　证券交易所应当限定席位（如有）的数量。

会员可以通过购买或者受让的方式取得席位。经证券交易所同意，席位可以转让，但不得用于出租和质押。

第五十三条　证券交易所应当对交易单元实施严格管理，设定、调整和限制会员参与证券交易的品种及方式。

会员参与证券交易的，应当向证券交易所申请设立交易单元。经证券交易所同意，会员将交易单元提供给他人使用的，会员应当对其进行管理。会员不得允许他人以其名义直接参与证券的集中交易。具体管理办法由证券交易所规定。

第五十四条　证券交易所应当制定技术管理规范，明确会员交易系统接入证券交易所和运行管理等技术要求，督促会员按照技术要求规范运作，保障交易及相关系统的安全稳定。

证券交易所为了防范系统性风险，可以要求会员建立和实施相应的风险控制系统和监测模型。

第五十五条　证券交易所应当按照章程、业务规则的规定，对会员遵守证券交易所章程和业务规则的情况进行检查，并将检查结果报告中国证监会。

证券交易所可以根据章程、业务规则要求会员提供与证券交易活动有关的业务报表、账册、交易记录和其他文件资料。

第五十六条　证券交易所应当建立会员客户交易行为管理制度，要求会员了解客户并在协议中约定对委托交易指令的核查和对异常交易指令的拒绝等内容，指导和督促会员完善客户交易行为监控系统，并定期进行考核评价。

会员管理的客户出现严重异常交易行为或者在一定时期内多次出现异常交易行为的，证券交易所应当对会员客户交易行为管理情况进行现场或者非现场检查，并将检查结果报告中国证监会。

会员未按规定履行客户管理职责的，证券交易所可以采取自律监管措施或者纪律处分。

第五十七条　证券交易所应当按照章程、业务规则对会员通过证券自营及资产管理等业务进行的证券交易实施监管。

证券交易所应当按照章程、业务规则要求会员报备其通过自营及资产管理账户开展产品业务创新的具体情况以及账户实际控制人的有关文件资料。

第五十八条　证券交易所应当督促会员建立并执行客户适当性管理制度，要求会员向客户推荐产品或者服务时充分揭示风险，并不得向客户推荐与其风险承受能力不适应的产品或者服务。

第五十九条　会员出现违法违规行为的，证券交易所可以按照章程、业务规则的规定采取暂停受理或者办理相关业务、限制交易权限、收取惩罚性违约金、取消会员资格等自律监管措施或者纪律处分。

第六十条　证券交易所会员应当接受证券交易所的监管，并主动报告有关问题。

第六章　证券交易所对证券上市交易公司的监管

第六十一条　证券交易所应当制定证券

上市规则。其内容包括：

（一）证券上市的条件、程序和披露要求；

（二）信息披露的主体、内容及具体要求；

（三）证券停牌、复牌的标准和程序；

（四）终止上市、重新上市的条件和程序；

（五）对违反上市规则行为的处理规定；

（六）其他需要在上市规则中规定的事项。

第六十二条 证券交易所应当与申请证券上市交易的公司订立上市协议，确定相互间的权利义务关系。上市协议的内容与格式应当符合法律、行政法规、部门规章的规定。

上市协议应当包括下列内容：

（一）上市证券的品种、名称、代码、数量和上市时间；

（二）上市费用的收取；

（三）证券交易所对证券上市交易公司及相关主体进行自律管理的主要手段和方式，包括现场和非现场检查等内容；

（四）违反上市协议的处理，包括惩罚性违约金等内容；

（五）上市协议的终止情形；

（六）争议解决方式；

（七）证券交易所认为需要在上市协议中明确的其他内容。

第六十三条 证券交易所应当依法建立上市保荐制度。

证券交易所应当监督保荐人及相关人员的业务行为，督促其切实履行法律、行政法规、部门规章以及业务规则中规定的相关职责。

第六十四条 证券交易所按照章程、协议以及上市规则决定证券终止上市和重新上市。

证券交易所按照业务规则对出现终止上市情形的证券实施退市，督促证券上市交易公司充分揭示终止上市风险，并应当及时公告，报中国证监会备案。

第六十五条 证券交易所应当按照章程、协议以及业务规则，督促证券上市交易公司及相关信息披露义务人依法披露上市公告书、定期报告、临时报告等信息披露文件。

证券交易所对信息披露文件进行审核，可以要求证券上市交易公司及相关信息披露义务人、上市保荐人、证券服务机构等作出补充说明并予以公布，发现问题应当按照有关规定及时处理，情节严重的，报告中国证监会。

第六十六条 证券交易所应当依据业务规则和证券上市交易公司的申请，决定上市交易证券的停牌或者复牌。证券上市交易的公司不得滥用停牌或复牌损害投资者合法权益。

证券交易所为维护市场秩序可以根据业务规则拒绝证券上市交易公司的停复牌申请，或者决定证券强制停复牌。

中国证监会为维护市场秩序可以要求证券交易所对证券实施停复牌。

第六十七条 证券交易所应当按照章程、协议以及业务规则，对上市公司控股股东、持股百分之五以上股东、其他相关股东以及董事、监事、高级管理人员等持有本公司股票的变动及信息披露情况进行监管。

第六十八条 发行人、证券上市交易公司及相关信息披露义务人等出现违法违规行为的，证券交易所可以按照章程、协议以及业务规则的规定，采取通报批评、公开谴责、收取惩罚性违约金、向相关主管部门出具监管建议函等自律监管措施或者纪律处分。

第六十九条 证券交易所应当比照本章的有关规定，对证券在本证券交易所发行或者交易的其他主体进行监管。

第七章 管理与监督

第七十条 证券交易所不得以任何方式转让其依照本办法取得的设立及业务许可。

第七十一条 证券交易所的理事、董事、监事、高级管理人员对其任职机构负有诚实信用的义务。

证券交易所的总经理离任时，应当按照有关规定接受离任审计。

第七十二条 证券交易所的总经理、副总经理未经批准，不得在任何营利性组织、团体和机构以及公益性社会团体、基金会、高等院校和科研院所中兼职。会员制证券交易所的非会员理事和非会员监事、公司制证券交易所的董事和监事以及其他工作人员不得以任何形式在证券交易所会员公司兼职。

第七十三条 证券交易所的理事、董事、监事、高级管理人员及其他工作人员不得以任何方式泄露或者利用内幕信息，不得以任何方式违规从证券交易所的会员、证券上市交易公司获取利益。

第七十四条 证券交易所的理事、董事、监事、高级管理人员及其他工作人员在履行职责时，遇到与本人或者其亲属等有利害关系情形的，应当回避。具体回避事项由其章程、业务规则规定。

第七十五条 证券交易所应当建立健全财务管理制度，收取的各种资金和费用应当严格按照规定用途使用，不得挪作他用。

证券交易所的各项收益安排应当以保证交易场所和设施安全运行为前提，合理设置利润留成项目，做好长期资金安排。

会员制证券交易所的收支结余不得分配给会员。

第七十六条 证券交易所应当履行下列报告义务：

（一）证券交易所经符合《证券法》规定的会计师事务所审计的年度财务报告，该报告应于每一财政年度终了后三个月内向中国证监会提交；

（二）关于业务情况的季度和年度工作报告，应当分别于每一季度结束后十五日内和每一年度结束后三十日内向中国证监会报告；

（三）法律、行政法规、部门规章及本办法其他条款中规定的报告事项；

（四）中国证监会要求报告的其他事项。

第七十七条 遇有重大事项，证券交易所应当随时向中国证监会报告。

前款所称重大事项包括：

（一）发现证券交易所会员、证券上市交易公司、投资者和证券交易所工作人员存在或者可能存在严重违反法律、行政法规、部门规章的行为；

（二）发现证券市场中存在产生严重违反法律、行政法规、部门规章行为的潜在风险；

（三）证券市场中出现法律、行政法规、部门规章未作明确规定，但会对证券市场产生重大影响的事项；

（四）执行法律、行政法规、部门规章过程中，需由证券交易所作出重大决策的事项；

（五）证券交易所认为需要报告的其他事项；

（六）中国证监会规定的其他事项。

第七十八条 遇有以下事项之一的，证券交易所应当及时向中国证监会报告，同时抄报交易所所在地人民政府，并采取适当方式告知交易所会员和投资者：

（一）发生影响证券交易所安全运转的情况；

（二）因不可抗力、意外事件、重大技术故障、重大人为差错等突发性事件而影响证券交易正常进行时，证券交易所为维护证券交易正常秩序和市场公平采取技术性停牌、临时停市、取消交易或者通知证券登记结算机构暂缓交收等处理措施；

（三）因重大异常波动，证券交易所为维护市场稳定，采取限制交易、强制停牌、临时停市等处置措施。

第七十九条　中国证监会有权要求证券交易所提供证券市场信息、业务文件以及其他有关的数据、资料。

第八十条　中国证监会有权要求证券交易所对其章程和业务规则进行修改。

第八十一条　中国证监会有权对证券交易所业务规则制定与执行情况、自律管理职责的履行情况、信息技术系统建设维护情况以及财务和风险管理等制度的建立及执行情况进行评估和检查。

中国证监会开展前款所述评估和检查，可以采取要求证券交易所进行自查、要求证券交易所聘请中国证监会认可的专业机构进行核查、中国证监会组织现场核查等方式进行。

第八十二条　中国证监会依法查处证券市场的违法违规行为时，证券交易所应当予以配合。

第八十三条　证券交易所涉及诉讼或者证券交易所理事、董事、监事、高级管理人员因履行职责涉及诉讼或者依照法律、行政法规、部门规章应当受到解除职务的处分时，证券交易所应当及时向中国证监会报告。

第八章　法律责任

第八十四条　证券交易所违反本办法第八条的规定，从事未经中国证监会批准的其他业务的，由中国证监会责令限期改正；构成犯罪的，由司法机关依法追究刑事责任。

第八十五条　证券交易所违反本办法第十条的规定，上市新的证券交易品种或者对现有上市证券交易品种作出较大调整未制定修改业务规则或者未履行相关程序的，由中国证监会责令停止该交易品种的交易，并对有关负责人采取处理措施。

第八十六条　证券交易所违反本办法第十条的规定，制定或者修改业务规则应当报中国证监会批准而未履行相关程序的，中国证监会有权要求证券交易所进行修改、暂停适用或者予以废止，并对有关负责人采取处理措施。

第八十七条　证券交易所违反规定，允许非会员直接参与股票集中交易的，中国证监会依据《证券法》作出行政处罚。

第八十八条　证券交易所违反本办法规定，在监管工作中不履行职责，或者不履行本办法规定的有关报告义务，中国证监会可以采取监管谈话、出具警示函、通报批评、责令限期改正等监管措施。

第八十九条　证券交易所存在下列情况时，由中国证监会对有关高级管理人员视情节轻重分别给予警告、记过、记大过、撤职等行政处分，并责令证券交易所对有关的业务部门负责人给予纪律处分；造成严重后果的，由中国证监会按本办法第三十五条的规定处理；构成犯罪的，由司法机关依法追究有关责任人员的刑事责任：

（一）对国家有关法律、法规、规章、政策和中国证监会颁布的制度、办法、规定不传达、不执行；

（二）对工作不负责任，管理混乱，致使有关业务制度和操作规程不健全、不落实；

（三）对中国证监会的监督检查工作不接受、不配合，对工作中发现的重大隐患、漏洞不重视、不报告、不及时解决；

（四）对在证券交易所内发生的违规行为未能及时采取有效措施予以制止或者查处不力。

第九十条　证券交易所的任何工作人员有责任拒绝执行任何人员向其下达的违反法律、行政法规、部门规章和证券交易所有关规定的工作任务，并有责任向其更高一级领导和中国证监会报告具体情况。没有拒绝执行上述工作任务，或者虽拒绝执行但没有报告的，应当承担相应责任。

第九十一条　证券交易所会员、证券上市交易公司违反法律、行政法规、部门规章和证券交易所章程、业务规则的规定，并且证券交易所没有履行规定的监管责任的，中国证监会有权按照本办法的有关规定，追究证券交易所和证券交易所有关理事、董事、监事、高级管理人员和直接责任人的责任。

第九十二条　证券交易所应当在其职责范围内，及时向中国证监会报告其会员、证券上市交易公司及其他人员违反法律、行政法规、部门规章的情况；按照证券交易所章程、业务规则等证券交易所可以采取自律监管措施和纪律处分的，证券交易所有权按照有关规定予以处理，并报中国证监会备案；法律、行政法规、部门规章规定由中国证监会处罚的，证券交易所可以向中国证监会提出处罚建议。

中国证监会可以要求证券交易所按照业务规则对其会员、证券上市交易公司等采取自律监管措施或者纪律处分。

第九十三条　证券交易所、证券交易所会员、证券上市交易公司违反本办法规定，直接责任人以及与直接责任人有直接利益关系者因此而形成非法获利或者避损的，由中国证监会依法予以行政处罚。

第九章　附　　则

第九十四条　本办法由中国证监会负责解释。

第九十五条　本办法自公布之日起施行。2017 年 11 月 17 日中国证监会公布的《证券交易所管理办法》同时废止。

证券公司融资融券业务管理办法

（2015 年 6 月 3 日中国证券监督管理委员会第 96 次主席办公会议审议通过，2015 年 7 月 1 日公布，自公布之日起施行）

第一章　总　　则

第一条　为了规范证券公司融资融券业务活动，完善证券交易机制，防范证券公司的风险，保护证券投资者的合法权益和社会公共利益，促进证券市场平稳健康发展，制定本办法。

第二条　证券公司开展融资融券业务，应当遵守法律、行政法规和本办法的规定，加强内部控制，严格防范和控制风险，切实维护客户合法权益。

本办法所称融资融券业务，是指向客户出借资金供其买入证券或者出借证券供其卖出，并收取担保物的经营活动。

第三条　证券公司开展融资融券业务，必须经中国证券监督管理委员会（以下简称证监会）批准。未经证监会批准，任何证券公司不得向客户融资、融券，也不得为客户与客户、客户与他人之间的融资融券活动提供任何便利和服务。

第四条　证券公司经营融资融券业务不得有以下行为：

（一）诱导不适当的客户开展融资融券业务；

（二）未向客户充分揭示风险；

（三）违规挪用客户担保物；

（四）进行利益输送和商业贿赂；

（五）为客户进行内幕交易、操纵市场、规避信息披露义务及其他不正当交易活动提供便利；

（六）法律、行政法规和证监会规定禁止的其他行为。

第五条　证监会及其派出机构依照法律、行政法规和本办法的规定，对证券公司融资融券业务活动进行监督管理。

中国证券业协会、证券交易所、证券登

记结算机构按照本机构的章程和规则，对证券公司融资融券业务活动进行自律管理。中国证券金融公司对证券公司融资融券业务和客户融资融券交易情况进行监测监控。

第六条 证监会建立健全融资融券业务的逆周期调节机制，对融资融券业务实施宏观审慎管理。

证券交易所建立融资融券业务风险控制指标浮动管理机制，对融资融券业务实施逆周期调节。

第二章 业务许可

第七条 证券公司申请融资融券业务资格，应当具备下列条件：

（一）具有证券经纪业务资格；

（二）公司治理健全，内部控制有效，能有效识别、控制和防范业务经营风险和内部管理风险；

（三）公司最近2年内不存在因涉嫌违法违规正被证监会立案调查或者正处于整改期间的情形；

（四）财务状况良好，最近2年各项风险控制指标持续符合规定，注册资本和净资本符合增加融资融券业务后的规定；

（五）客户资产安全、完整，客户交易结算资金第三方存管有效实施，客户资料完整真实；

（六）已建立完善的客户投诉处理机制，能够及时、妥善处理与客户之间的纠纷；

（七）已建立符合监管规定和自律要求的客户适当性制度，实现客户与产品的适当性匹配管理；

（八）信息系统安全稳定运行，最近1年未发生因公司管理问题导致的重大事件，融资融券业务技术系统已通过证券交易所、证券登记结算机构组织的测试；

（九）有拟负责融资融券业务的高级管理人员和适当数量的专业人员；

（十）证监会规定的其他条件。

第八条 证券公司申请融资融券业务资格，应当向证监会提交下列材料，同时抄报住所地证监会派出机构：

（一）融资融券业务资格申请书；

（二）股东会（股东大会）关于经营融资融券业务的决议；

（三）融资融券业务方案、内部管理制度文本和按照本办法第十二条制定的选择客户的标准；

（四）负责融资融券业务的高级管理人员与业务人员的名册及资格证明文件；

（五）证券交易所、证券登记结算机构出具的关于融资融券业务技术系统已通过测试的证明文件；

（六）证监会要求提交的其他文件。

证券公司的法定代表人和经营管理的主要负责人应当在融资融券业务资格申请书上签字，承诺申请材料的内容真实、准确、完整，并对申请材料中存在的虚假记载、误导性陈述和重大遗漏承担相应的法律责任。

第九条 获得批准的证券公司应当按照规定，向公司登记机关申请业务范围变更登记，向证监会申请换发《经营证券业务许可证》。

取得证监会换发的《经营证券业务许可证》后，证券公司方可开展融资融券业务。

第三章 业务规则

第十条 证券公司经营融资融券业务，应当以自己的名义，在证券登记结算机构分别开立融券专用证券账户、客户信用交易担保证券账户、信用交易证券交收账户和信用交易资金交收账户。

融券专用证券账户用于记录证券公司持有的拟向客户融出的证券和客户归还的证券，不得用于证券买卖；客户信用交易担保证券账户用于记录客户委托证券公司持有、担保证券公司因向客户融资融券所生债权的证券；信用交易证券交收账户用于客户融资融券交易的证券结算；信用交易资金交收账户用于客户融资融券交易的资金结算。

第十一条　证券公司经营融资融券业务，应当以自己的名义，在商业银行分别开立融资专用资金账户和客户信用交易担保资金账户。

融资专用资金账户用于存放证券公司拟向客户融出的资金及客户归还的资金；客户信用交易担保资金账户用于存放客户交存的、担保证券公司因向客户融资融券所生债权的资金。

第十二条　证券公司在向客户融资、融券前，应当办理客户征信，了解客户的身份、财产与收入状况、证券投资经验和风险偏好、诚信合规记录等情况，做好客户适当性管理工作，并以书面或者电子方式予以记载、保存。

对未按照要求提供有关情况、从事证券交易时间不足半年、缺乏风险承担能力、最近20个交易日日均证券类资产低于50万元或者有重大违约记录的客户，以及本公司的股东、关联人，证券公司不得为其开立信用账户。

专业机构投资者参与融资、融券，可不受前款从事证券交易时间、证券类资产的条件限制。

本条第二款所称股东，不包括仅持有上市证券公司5%以下流通股份的股东。

证券公司应当按照适当性制度要求，制定符合本条规定的选择客户的具体标准。

第十三条　证券公司在向客户融资、融券前，应当与其签订载有中国证券业协会规定的必备条款的融资融券合同，明确约定下列事项：

（一）融资、融券的额度、期限、利率（费率）、利息（费用）的计算方式；

（二）保证金比例、维持担保比例、可充抵保证金的证券的种类及折算率、担保债权范围；

（三）追加保证金的通知方式、追加保证金的期限；

（四）客户清偿债务的方式及证券公司对担保物的处分权利；

（五）融资买入证券和融券卖出证券的权益处理；

（六）违约责任；

（七）纠纷解决途径；

（八）其他有关事项。

第十四条　融资融券合同应当约定，证券公司客户信用交易担保证券账户内的证券和客户信用交易担保资金账户内的资金，为担保证券公司因融资融券所生对客户债权的信托财产。

证券公司与客户约定的融资、融券期限不得超过证券交易所规定的期限；融资利率、融券费率由证券公司与客户自主商定。

合约到期前，证券公司可以根据客户的申请为客户办理展期，每次展期期限不得超过证券交易所规定的期限。

证券公司在为客户办理合约展期前，应当对客户的信用状况、负债情况、维持担保比例水平等进行评估。

第十五条　证券公司与客户签订融资融券合同前，应当采用适当的方式向客户讲解业务规则和合同内容，明确告知客户权利、义务及风险，特别是关于违约处置的风险控制安排，并将融资融券交易风险揭示书交由客户书面确认。

第十六条　证券公司与客户签订融资融券合同后，应当根据客户的申请，按照证券登记结算机构的规定，为其开立实名信用证券账户。客户信用证券账户与其普通证券账户的开户人姓名或者名称应当一致。

客户信用证券账户是证券公司客户信用交易担保证券账户的二级账户，用于记载客户委托证券公司持有的担保证券的明细数据。

证券公司应当委托证券登记结算机构根据清算、交收结果等，对客户信用证券账户内的数据进行变更。

第十七条 证券公司应当参照客户交易结算资金第三方存管的方式，与其客户及商业银行签订客户信用资金存管协议。

证券公司在与客户签订融资融券合同后，应当通知商业银行根据客户的申请，为其开立实名信用资金账户。

客户信用资金账户是证券公司客户信用交易担保资金账户的二级账户，用于记载客户交存的担保资金的明细数据。

商业银行根据证券公司提供的清算、交收结果等，对客户信用资金账户内的数据进行变更。

第十八条 证券公司向客户融资，只能使用融资专用资金账户内的资金；向客户融券，只能使用融券专用证券账户内的证券。

客户融资买入、融券卖出的证券，不得超出证券交易所规定的范围。

客户在融券期间卖出其持有的、与所融入证券相同的证券的，应当符合证券交易所的规定，不得以违反规定卖出该证券的方式操纵市场。

第十九条 证券公司经营融资融券业务，按照客户委托发出证券交易、证券划转指令的，应当保证指令真实、准确。因证券公司的过错导致指令错误，造成客户损失的，客户可以依法要求证券公司赔偿，但不影响证券交易所、证券登记结算机构正在执行或者已经完成的业务操作。

第二十条 证券公司融资融券的金额不得超过其净资本的4倍。

证券公司向单一客户或者单一证券的融资、融券的金额占其净资本的比例等风险控制指标，应当符合证监会和证券交易所的规定。

第二十一条 客户融资买入证券的，应当以卖券还款或者直接还款的方式偿还向证券公司融入的资金。

客户融券卖出的，应当以买券还券或者直接还券的方式偿还向证券公司融入的证券。

客户融券卖出的证券暂停交易的，可以按照约定以现金等方式偿还向证券公司融入的证券。

第二十二条 客户融资买入或者融券卖出的证券暂停交易，且交易恢复日在融资融券债务到期日之后的，融资融券的期限顺延。融资融券合同另有约定的，从其约定。

第二十三条 客户融资买入或者融券卖出的证券预定终止交易，且最后交易日在融资融券债务到期日之前的，融资融券的期限缩短至最后交易日的前一交易日。融资融券合同另有约定的，从其约定。

第四章 债权担保

第二十四条 证券公司向客户融资、融券，应当向客户收取一定比例的保证金。保证金可以证券充抵。

第二十五条 证券公司应当将收取的保证金以及客户融资买入的全部证券和融券卖出所得全部价款，分别存放在客户信用交易担保证券账户和客户信用交易担保资金账户，作为对该客户融资融券所生债权的担保物。

第二十六条 证券公司应当在符合证券交易所规定的前提下，根据客户信用状况、担保物质量等情况，与客户约定最低维持担保比例、补足担保物的期限以及违约处置方式等。

证券公司应当逐日计算客户交存的担保物价值与其所欠债务的比例。当该比例低于约定的维持担保比例时，应当通知客户在约定的期限内补交担保物，客户经证券公司认可后，可以提交除可充抵保证金证券以外的其他证券、不动产、股权等资产。

客户未能按期交足担保物或者到期未偿还债务的，证券公司可以按照约定处分其担保物。

第二十七条　本办法第二十四条规定的保证金比例和可充抵保证金的证券的种类、折算率，第二十六条规定的最低维持担保比例和客户补交担保物的期限，由证券交易所规定。

证券交易所应当对可充抵保证金的各类证券制定不同的折算率要求。

证券公司在符合证券交易所规定的前提下，应当对可充抵保证金的证券折算率实行动态管理和差异化控制。

第二十八条　除下列情形外，任何人不得动用证券公司客户信用交易担保证券账户内的证券和客户信用交易担保资金账户内的资金：

（一）为客户进行融资融券交易的结算；

（二）收取客户应当归还的资金、证券；

（三）收取客户应当支付的利息、费用、税款；

（四）按照本办法的规定以及与客户的约定处分担保物；

（五）收取客户应当支付的违约金；

（六）客户提取还本付息、支付税费及违约金后的剩余证券和资金；

（七）法律、行政法规和本办法规定的其他情形。

第二十九条　客户交存的担保物价值与其债务的比例，超过证券交易所规定水平的，客户可以按照证券交易所的规定和融资融券合同的约定，提取担保物。

第三十条　司法机关依法对客户信用证券账户或者信用资金账户记载的权益采取财产保全或者强制执行措施的，证券公司应当处分担保物，实现因向客户融资融券所生债权，并协助司法机关执行。

第五章　权益处理

第三十一条　证券登记结算机构依据证券公司客户信用交易担保证券账户内的记录，确认证券公司受托持有证券的事实，并以证券公司为名义持有人，登记于证券持有人名册。

第三十二条　对客户信用交易担保证券账户记录的证券，由证券公司以自己的名义，为客户的利益，行使对证券发行人的权利。证券公司行使对证券发行人的权利，应当事先征求客户的意见，并按照其意见办理。客户未表达意见的，证券公司不得行使对发行人的权利。

前款所称对证券发行人的权利，是指请求召开证券持有人会议、参加证券持有人会议、提案、表决、配售股份的认购、请求分配投资收益等因持有证券而产生的权利。

第三十三条　证券登记结算机构受证券发行人委托以证券形式分派投资收益的，应当将分派的证券记录在证券公司客户信用交易担保证券账户内，并相应变更客户信用证券账户的明细数据。

证券登记结算机构受证券发行人委托以现金形式分派投资收益的，应当将分派的资金划入证券公司信用交易资金交收账户。证券公司应当在资金到账后，通知商业银行对客户信用资金账户的明细数据进行变更。

第三十四条　客户融入证券后、归还证券前，证券发行人分配投资收益、向证券持有人配售或者无偿派发证券、发行证券持有人有优先认购权的证券的，客户应当按照融资融券合同的约定，在偿还债务时，向证券公司支付与所融入证券可得利益相等的证券或者资金。

第三十五条　证券公司通过客户信用交易担保证券账户持有的股票不计入其自有股票，证券公司无须因该账户内股票数量的变动而履行相应的信息报告、披露或者要约收购义务。

客户及其一致行动人通过普通证券账户和信用证券账户合计持有一家上市公司股票及其权益的数量或者其增减变动达到规定的

比例时，应当依法履行相应的信息报告、披露或者要约收购义务。

第六章 监督管理

第三十六条 证券交易所应当根据市场发展情况，对融资融券业务保证金比例、标的证券范围、可充抵保证金的证券种类及折算率、最低维持担保比例等进行动态调整，实施逆周期调节。

证券交易所可以对单一证券的市场融资买入量、融券卖出量和担保物持有量占其市场流通量的比例、融券卖出的价格作出限制性规定。

证券公司应当在符合监管要求的前提下，根据市场情况、客户和自身风险承受能力，对融资融券业务保证金比例、标的证券范围、可充抵保证金的证券种类及折算率、最低维持担保比例和业务集中度等进行动态调整和差异化控制。

业务集中度包括：向全体客户融资、融券的金额占净资本的比例，单一证券的融资、融券的金额占净资本的比例，接受单只担保证券的市值占该证券总市值的比例，单一客户提交单只担保证券的市值占该客户担保物市值的比例等。

第三十七条 证券公司开展融资融券业务，应当建立完备的管理制度、操作流程和风险识别、评估与控制体系，确保风险可测、可控、可承受。

证券公司应当对融资融券业务实行集中统一管理。融资融券业务的决策和主要管理职责应当由证券公司总部承担。

证券公司应当建立健全融资融券业务压力测试机制，定期、不定期对融资融券业务的流动性风险、信用风险、市场风险、技术系统风险等进行压力测试，根据压力测试结果对本办法第三十六条第三款所规定的本公司相关指标进行优化和调整。

第三十八条 证券交易所应当按照业务规则，采取措施，对融资融券交易的指令进行前端检查，对买卖证券的种类、融券卖出的价格等违反规定的交易指令，予以拒绝。

单一证券的市场融资买入量、融券卖出量或者担保物持有量占其市场流通量的比例达到规定的最高限制比例的，证券交易所可以暂停接受该种证券的融资买入指令或者融券卖出指令。

第三十九条 融资融券交易活动出现异常，已经或者可能危及市场稳定，有必要暂停交易的，证券交易所应当按照业务规则的规定，暂停部分或者全部证券的融资融券交易并公告。

第四十条 证券登记结算机构应当按照业务规则，对与融资融券交易有关的证券划转和证券公司信用交易资金交收账户内的资金划转情况进行监督。对违反规定的证券和资金划转指令，予以拒绝；发现异常情况的，应当要求证券公司作出说明，并向证监会及该公司住所地证监会派出机构报告。

第四十一条 中国证券金融公司应当按照业务规则，要求证券公司及时、准确、真实、完整报送融资融券业务有关数据信息；对证券公司融资融券数据进行统计分析，编制定期报告和专项报告，报送证监会；监测监控融资融券业务风险，对发现的重大业务风险情况，及时报告证监会。

第四十二条 证券公司融资融券业务涉及的客户信用交易资金应当纳入证券市场交易结算资金监控系统，证券公司、存管银行、登记结算机构等应当按要求向中国证券投资者保护基金公司报送相关数据信息。

第四十三条 负责客户信用资金存管的商业银行应当按照客户信用资金存管协议的约定，对证券公司违反规定的资金划拨指令予以拒绝；发现异常情况的，应当要求证券公司作出说明，并向证监会及该公司住所地证监会派出机构报告。

第四十四条　证券公司应当按照融资融券合同约定的方式，向客户送交对账单，并为其提供信用证券账户和信用资金账户内数据的查询服务。

证券登记结算机构应当为客户提供其信用证券账户内数据的查询服务。负责客户信用资金存管的商业银行应当按照客户信用资金存管协议的约定，为客户提供其信用资金账户内数据的查询服务。

第四十五条　证券公司应当通过有效的途径，及时告知客户融资、融券的收费标准及其变动情况。

第四十六条　证券公司应当按照证券交易所的规定，在每日收市后向其报告当日客户融资融券交易的有关信息。证券交易所应当对证券公司报送的信息进行汇总、统计，并在次一交易日开市前予以公告。

第四十七条　证监会及其派出机构、中国证券业协会、证券交易所、证券登记结算机构、中国证券金融公司依照规定履行证券公司融资融券业务监管、自律或者监测分析职责，可以要求证券公司提供与融资融券业务有关的信息、资料。

第四十八条　证监会派出机构按照辖区监管责任制的要求，依法对证券公司及其分支机构的融资融券业务活动中涉及的客户选择、合同签订、授信额度的确定、担保物的收取和管理、补交担保物的通知，以及处分担保物等事项进行非现场检查和现场检查。

第四十九条　对违反本办法规定的证券公司或者其分支机构，证监会或者其派出机构可采取责令改正、监管谈话、出具警示函、责令公开说明、责令参加培训、责令定期报告、暂不受理与行政许可有关的文件、暂停部分或者全部业务、撤销业务许可等相关监管措施；依法应予行政处罚的，依照《证券法》、《行政处罚法》等法律法规和证监会的有关规定进行处罚；涉嫌犯罪的，依法移送司法机关，追究其刑事责任。

第七章　附　　则

第五十条　负责客户信用资金存管的商业银行，应当是按照规定可以存管证券公司客户交易结算资金的商业银行。

第五十一条　本办法所称专业机构投资者是指：经国家金融监管部门批准设立的金融机构，包括商业银行、证券公司、基金管理公司、期货公司、信托公司和保险公司等；上述金融机构管理的金融产品；经证监会或者其授权机构登记备案的私募基金管理机构及其管理的私募基金产品；证监会认可的其他投资者。

第五十二条　证券交易所、证券登记结算机构和中国证券业协会依照本办法的规定，制定融资融券的业务规则和自律规则，报证监会批准后实施。

第五十三条　本办法自公布之日起施行。2011 年 10 月 26 日发布的《证券公司融资融券业务管理办法》（证监会公告〔2011〕31 号）同时废止。

（四）知识产权保护类

中华人民共和国商标法

（1982年8月23日第五届全国人民代表大会常务委员会第二十四次会议通过，根据1993年2月22日第七届全国人民代表大会常务委员会第三十次会议《关于修改〈中华人民共和国商标法〉的决定》第一次修正，根据2001年10月27日第九届全国人民代表大会常务委员会第二十四次会议《关于修改〈中华人民共和国商标法〉的决定》第二次修正，根据2013年8月30日第十二届全国人民代表大会常务委员会第四次会议《关于修改〈中华人民共和国商标法〉的决定》第三次修正，根据2019年4月23日第十三届全国人民代表大会常务委员会第十次会议《关于修改〈中华人民共和国建筑法〉等八部法律的决定》第四次修正）

第一章 总 则

第一条 为了加强商标管理，保护商标专用权，促使生产、经营者保证商品和服务质量，维护商标信誉，以保障消费者和生产、经营者的利益，促进社会主义市场经济的发展，特制定本法。

第二条 国务院工商行政管理部门商标局主管全国商标注册和管理的工作。

国务院工商行政管理部门设立商标评审委员会，负责处理商标争议事宜。

第三条 经商标局核准注册的商标为注册商标，包括商品商标、服务商标和集体商标、证明商标；商标注册人享有商标专用权，受法律保护。

本法所称集体商标，是指以团体、协会或者其他组织名义注册，供该组织成员在商事活动中使用，以表明使用者在该组织中的成员资格的标志。

本法所称证明商标，是指由对某种商品或者服务具有监督能力的组织所控制，而由该组织以外的单位或者个人使用于其商品或者服务，用以证明该商品或者服务的原产地、原料、制造方法、质量或者其他特定品质的标志。

集体商标、证明商标注册和管理的特殊事项，由国务院工商行政管理部门规定。

第四条 自然人、法人或者其他组织在生产经营活动中，对其商品或者服务需要取得商标专用权的，应当向商标局申请商标注册。不以使用为目的的恶意商标注册申请，应当予以驳回。

本法有关商品商标的规定，适用于服务商标。

第五条 两个以上的自然人、法人或者其他组织可以共同向商标局申请注册同一商标，共同享有和行使该商标专用权。

第六条 法律、行政法规规定必须使用注册商标的商品，必须申请商标注册，未经核准注册的，不得在市场销售。

第七条 申请注册和使用商标，应当遵循诚实信用原则。

商标使用人应当对其使用商标的商品质量负责。各级工商行政管理部门应当通过商标管理，制止欺骗消费者的行为。

第八条 任何能够将自然人、法人或者其他组织的商品与他人的商品区别开的标志，包括文字、图形、字母、数字、三维标志、颜色组合和声音等，以及上述要素的组合，均可以作为商标申请注册。

第九条 申请注册的商标，应当有显著特征，便于识别，并不得与他人在先取得的合法权利相冲突。

商标注册人有权标明“注册商标”或者注册标记。

第十条 下列标志不得作为商标使用：

（一）同中华人民共和国的国家名称、国旗、国徽、国歌、军旗、军徽、军歌、勋章等相同或者近似的，以及同中央国家机关的名称、标志、所在地特定地点的名称或者标志性建筑物的名称、图形相同的；

（二）同外国的国家名称、国旗、国徽、军旗等相同或者近似的，但经该国政府同意的除外；

（三）同政府间国际组织的名称、旗帜、徽记等相同或者近似的，但经该组织同意或者不易误导公众的除外；

（四）与表明实施控制、予以保证的官方标志、检验印记相同或者近似的，但经授权的除外；

（五）同“红十字”、“红新月”的名称、标志相同或者近似的；

（六）带有民族歧视性的；

（七）带有欺骗性，容易使公众对商品的质量等特点或者产地产生误认的；

（八）有害于社会主义道德风尚或者有其他不良影响的。

县级以上行政区划的地名或者公众知晓的外国地名，不得作为商标。但是，地名具有其他含义或者作为集体商标、证明商标组成部分的除外；已经注册的使用地名的商标继续有效。

第十一条 下列标志不得作为商标注册：

（一）仅有本商品的通用名称、图形、型号的；

（二）仅直接表示商品的质量、主要原料、功能、用途、重量、数量及其他特点的；

（三）其他缺乏显著特征的。

前款所列标志经过使用取得显著特征，并便于识别的，可以作为商标注册。

第十二条 以三维标志申请注册商标的，仅由商品自身的性质产生的形状、为获得技术效果而需有的商品形状或者使商品具有实质性价值的形状，不得注册。

第十三条 为相关公众所熟知的商标，持有人认为其权利受到侵害时，可以依照本法规定请求驰名商标保护。

就相同或者类似商品申请注册的商标是复制、摹仿或者翻译他人未在中国注册的驰名商标，容易导致混淆的，不予注册并禁止使用。

就不相同或者不相类似商品申请注册的商标是复制、摹仿或者翻译他人已经在中国注册的驰名商标，误导公众，致使该驰名商标注册人的利益可能受到损害的，不予注册并禁止使用。

第十四条 驰名商标应当根据当事人的请求，作为处理涉及商标案件需要认定的事实进行认定。认定驰名商标应当考虑下列因素：

（一）相关公众对该商标的知晓程度；

（二）该商标使用的持续时间；

（三）该商标的任何宣传工作的持续时间、程度和地理范围；

（四）该商标作为驰名商标受保护的记录；

（五）该商标驰名的其他因素。

在商标注册审查、工商行政管理部门查处商标违法案件过程中，当事人依照本法第十三条规定主张权利的，商标局根据审查、处理案件的需要，可以对商标驰名情况作出认定。

在商标争议处理过程中，当事人依照本法第十三条规定主张权利的，商标评审委员会根据处理案件的需要，可以对商标驰名情况作出认定。

在商标民事、行政案件审理过程中，当事人依照本法第十三条规定主张权利的，最高人民法院指定的人民法院根据审理案件的需要，可以对商标驰名情况作出认定。

生产、经营者不得将“驰名商标”字样用于商品、商品包装或者容器上，或者用于广告宣传、展览以及其他商业活动中。

第十五条　未经授权，代理人或者代表人以自己的名义将被代理人或者被代表人的商标进行注册，被代理人或者被代表人提出异议的，不予注册并禁止使用。

就同一种商品或者类似商品申请注册的商标与他人在先使用的未注册商标相同或者近似，申请人与该他人具有前款规定以外的合同、业务往来关系或者其他关系而明知该他人商标存在，该他人提出异议的，不予注册。

第十六条　商标中有商品的地理标志，而该商品并非来源于该标志所标示的地区，误导公众的，不予注册并禁止使用；但是，已经善意取得注册的继续有效。

前款所称地理标志，是指标示某商品来源于某地区，该商品的特定质量、信誉或者其他特征，主要由该地区的自然因素或者人文因素所决定的标志。

第十七条　外国人或者外国企业在中国申请商标注册的，应当按其所属国和中华人民共和国签订的协议或者共同参加的国际条约办理，或者按对等原则办理。

第十八条　申请商标注册或者办理其他商标事宜，可以自行办理，也可以委托依法设立的商标代理机构办理。

外国人或者外国企业在中国申请商标注册和办理其他商标事宜的，应当委托依法设立的商标代理机构办理。

第十九条　商标代理机构应当遵循诚实信用原则，遵守法律、行政法规，按照被代理人的委托办理商标注册申请或者其他商标事宜；对在代理过程中知悉的被代理人的商业秘密，负有保密义务。

委托人申请注册的商标可能存在本法规定不得注册情形的，商标代理机构应当明确告知委托人。

商标代理机构知道或者应当知道委托人申请注册的商标属于本法第四条、第十五条和第三十二条规定情形的，不得接受其委托。

商标代理机构除对其代理服务申请商标注册外，不得申请注册其他商标。

第二十条　商标代理行业组织应当按照章程规定，严格执行吸纳会员的条件，对违反行业自律规范的会员实行惩戒。商标代理行业组织对其吸纳的会员和对会员的惩戒情况，应当及时向社会公布。

第二十一条　商标国际注册遵循中华人民共和国缔结或者参加的有关国际条约确立的制度，具体办法由国务院规定。

第二章　商标注册的申请

第二十二条　商标注册申请人应当按规定的商品分类表填报使用商标的商品类别和商品名称，提出注册申请。

商标注册申请人可以通过一份申请就多个类别的商品申请注册同一商标。

商标注册申请等有关文件，可以以书面方式或者数据电文方式提出。

第二十三条　注册商标需要在核定使用范围之外的商品上取得商标专用权的，应当另行提出注册申请。

第二十四条　注册商标需要改变其标志的，应当重新提出注册申请。

第二十五条　商标注册申请人自其商标在外国第一次提出商标注册申请之日起六个月内，又在中国就相同商品以同一商标提出商标注册申请的，依照该外国同中国签订的协议或者共同参加的国际条约，或者按照相互承认优先权的原则，可以享有优先权。

依照前款要求优先权的，应当在提出商标注册申请的时候提出书面声明，并且在三个月内提交第一次提出的商标注册申请文件的副本；未提出书面声明或者逾期未提交商标注册申请文件副本的，视为未要求优先权。

第二十六条　商标在中国政府主办的或者承认的国际展览会展出的商品上首次使用的，自该商品展出之日起六个月内，该商标的注册申请人可以享有优先权。

依照前款要求优先权的，应当在提出商标注册申请的时候提出书面声明，并且在三个月内提交展出其商品的展览会名称、在展出商品上使用该商标的证据、展出日期等证明文件；未提出书面声明或者逾期未提交证明文件的，视为未要求优先权。

第二十七条　为申请商标注册所申报的事项和所提供的材料应当真实、准确、完整。

第三章　商标注册的审查和核准

第二十八条　对申请注册的商标，商标局应当自收到商标注册申请文件之日起九个月内审查完毕，符合本法有关规定的，予以初步审定公告。

第二十九条　在审查过程中，商标局认为商标注册申请内容需要说明或者修正的，可以要求申请人做出说明或者修正。申请人未做出说明或者修正的，不影响商标局做出审查决定。

第三十条　申请注册的商标，凡不符合本法有关规定或者同他人在同一种商品或者类似商品上已经注册的或者初步审定的商标相同或者近似的，由商标局驳回申请，不予公告。

第三十一条　两个或者两个以上的商标注册申请人，在同一种商品或者类似商品上，以相同或者近似的商标申请注册的，初步审定并公告申请在先的商标；同一天申请的，初步审定并公告使用在先的商标，驳回其他人的申请，不予公告。

第三十二条　申请商标注册不得损害他人现有的在先权利，也不得以不正当手段抢先注册他人已经使用并有一定影响的商标。

第三十三条　对初步审定公告的商标，自公告之日起三个月内，在先权利人、利害关系人认为违反本法第十三条第二款和第三款、第十五条、第十六条第一款、第三十条、第三十一条、第三十二条规定的，或者任何人认为违反本法第四条、第十条、第十一条、第十二条、第十九条第四款规定的，可以向商标局提出异议。公告期满无异议的，予以核准注册，发给商标注册证，并予公告。

第三十四条　对驳回申请、不予公告的商标，商标局应当书面通知商标注册申请人。商标注册申请人不服的，可以自收到通知之日起十五日内向商标评审委员会申请复审。商标评审委员会应当自收到申请之日起九个月内做出决定，并书面通知申请人。有特殊情况需要延长的，经国务院工商行政管理部门批准，可以延长三个月。当事人对商标评审委员会的决定不服的，可以自收到通知之日起三十日内向人民法院起诉。

第三十五条　对初步审定公告的商标提出异议的，商标局应当听取异议人和被异议人陈述事实和理由，经调查核实后，自公告期满之日起十二个月内做出是否准予注册的决定，并书面通知异议人和被异议人。有特殊情况需要延长的，经国务院工商行政管理部门批准，可以延长六个月。

商标局做出准予注册决定的，发给商标注册证，并予公告。异议人不服的，可以依照本法第四十四条、第四十五条的规定向商标评审委员会请求宣告该注册商标无效。

商标局做出不予注册决定，被异议人不服的，可以自收到通知之日起十五日内向商标评审委员会申请复审。商标评审委员会应当自收到申请之日起十二个月内做出复审决定，并书面通知异议人和被异议人。有特殊情况需要延长的，经国务院工商行政管理部门批准，可以延长六个月。被异议人对商标评审委员会的决定不服的，可以自收到通知之日起三十日内向人民法院起诉。人民法院应当通知异议人作为第三人参加诉讼。

商标评审委员会在依照前款规定进行复审的过程中，所涉及的在先权利的确定必须以人民法院正在审理或者行政机关正在处理的另一案件的结果为依据的，可以中止审查。中止原因消除后，应当恢复审查程序。

第三十六条 法定期限届满，当事人对商标局做出的驳回申请决定、不予注册决定不申请复审或者对商标评审委员会做出的复审决定不向人民法院起诉的，驳回申请决定、不予注册决定或者复审决定生效。

经审查异议不成立而准予注册的商标，商标注册申请人取得商标专用权的时间自初步审定公告三个月期满之日起计算。自该商标公告期满之日起至准予注册决定做出前，对他人在同一种或者类似商品上使用与该商标相同或者近似的标志的行为不具有追溯力；但是，因该使用人的恶意给商标注册人造成的损失，应当给予赔偿。

第三十七条 对商标注册申请和商标复审申请应当及时进行审查。

第三十八条 商标注册申请人或者注册人发现商标申请文件或者注册文件有明显错误的，可以申请更正。商标局依法在其职权范围内作出更正，并通知当事人。

前款所称更正错误不涉及商标申请文件或者注册文件的实质性内容。

第四章 注册商标的续展、变更、转让和使用许可

第三十九条 注册商标的有效期为十年，自核准注册之日起计算。

第四十条 注册商标有效期满，需要继续使用的，商标注册人应当在期满前十二个月内按照规定办理续展手续；在此期间未能办理的，可以给予六个月的宽展期。每次续展注册的有效期为十年，自该商标上一届有效期满次日起计算。期满未办理续展手续的，注销其注册商标。

商标局应当对续展注册的商标予以公告。

第四十一条 注册商标需要变更注册人的名义、地址或者其他注册事项的，应当提出变更申请。

第四十二条 转让注册商标的，转让人和受让人应当签订转让协议，并共同向商标局提出申请。受让人应当保证使用该注册商标的商品质量。

转让注册商标的，商标注册人对其在同一种商品上注册的近似的商标，或者在类似商品上注册的相同或者近似的商标，应当一并转让。

对容易导致混淆或者有其他不良影响的转让，商标局不予核准，书面通知申请人并说明理由。

转让注册商标经核准后，予以公告。受让人自公告之日起享有商标专用权。

第四十三条 商标注册人可以通过签订商标使用许可合同，许可他人使用其注册商标。许可人应当监督被许可人使用其注册商标的商品质量。被许可人应当保证使用该注册商标的商品质量。

经许可使用他人注册商标的，必须在使用该注册商标的商品上标明被许可人的名称和商品产地。

许可他人使用其注册商标的，许可人应

当将其商标使用许可报商标局备案，由商标局公告。商标使用许可未经备案不得对抗善意第三人。

第五章　注册商标的无效宣告

第四十四条　已经注册的商标，违反本法第四条、第十条、第十一条、第十二条、第十九条第四款规定的，或者是以欺骗手段或者其他不正当手段取得注册的，由商标局宣告该注册商标无效；其他单位或者个人可以请求商标评审委员会宣告该注册商标无效。

商标局做出宣告注册商标无效的决定，应当书面通知当事人。当事人对商标局的决定不服的，可以自收到通知之日起十五日内向商标评审委员会申请复审。商标评审委员会应当自收到申请之日起九个月内做出决定，并书面通知当事人。有特殊情况需要延长的，经国务院工商行政管理部门批准，可以延长三个月。当事人对商标评审委员会的决定不服的，可以自收到通知之日起三十日内向人民法院起诉。

其他单位或者个人请求商标评审委员会宣告注册商标无效的，商标评审委员会收到申请后，应当书面通知有关当事人，并限期提出答辩。商标评审委员会应当自收到申请之日起九个月内做出维持注册商标或者宣告注册商标无效的裁定，并书面通知当事人。有特殊情况需要延长的，经国务院工商行政管理部门批准，可以延长三个月。当事人对商标评审委员会的裁定不服的，可以自收到通知之日起三十日内向人民法院起诉。人民法院应当通知商标裁定程序的对方当事人作为第三人参加诉讼。

第四十五条　已经注册的商标，违反本法第十三条第二款和第三款、第十五条、第十六条第一款、第三十条、第三十一条、第三十二条规定的，自商标注册之日起五年内，在先权利人或者利害关系人可以请求商标评审委员会宣告该注册商标无效。对恶意注册的，驰名商标所有人不受五年的时间限制。

商标评审委员会收到宣告注册商标无效的申请后，应当书面通知有关当事人，并限期提出答辩。商标评审委员会应当自收到申请之日起十二个月内做出维持注册商标或者宣告注册商标无效的裁定，并书面通知当事人。有特殊情况需要延长的，经国务院工商行政管理部门批准，可以延长六个月。当事人对商标评审委员会的裁定不服的，可以自收到通知之日起三十日内向人民法院起诉。人民法院应当通知商标裁定程序的对方当事人作为第三人参加诉讼。

商标评审委员会在依照前款规定对无效宣告请求进行审查的过程中，所涉及的在先权利的确定必须以人民法院正在审理或者行政机关正在处理的另一案件的结果为依据的，可以中止审查。中止原因消除后，应当恢复审查程序。

第四十六条　法定期限届满，当事人对商标局宣告注册商标无效的决定不申请复审或者对商标评审委员会的复审决定、维持注册商标或者宣告注册商标无效的裁定不向人民法院起诉的，商标局的决定或者商标评审委员会的复审决定、裁定生效。

第四十七条　依照本法第四十四条、第四十五条的规定宣告无效的注册商标，由商标局予以公告，该注册商标专用权视为自始即不存在。

宣告注册商标无效的决定或者裁定，对宣告无效前人民法院做出并已执行的商标侵权案件的判决、裁定、调解书和工商行政管理部门做出并已执行的商标侵权案件的处理决定以及已经履行的商标转让或者使用许可合同不具有追溯力。但是，因商标注册人的恶意给他人造成的损失，应当给予赔偿。

依照前款规定不返还商标侵权赔偿金、商标转让费、商标使用费，明显违反公平原则的，应当全部或者部分返还。

第六章　商标使用的管理

第四十八条　本法所称商标的使用，是指将商标用于商品、商品包装或者容器以及商品交易文书上，或者将商标用于广告宣传、展览以及其他商业活动中，用于识别商品来源的行为。

第四十九条　商标注册人在使用注册商标的过程中，自行改变注册商标、注册人名义、地址或者其他注册事项的，由地方工商行政管理部门责令限期改正；期满不改正的，由商标局撤销其注册商标。

注册商标成为其核定使用的商品的通用名称或者没有正当理由连续三年不使用的，任何单位或者个人可以向商标局申请撤销该注册商标。商标局应当自收到申请之日起九个月内做出决定。有特殊情况需要延长的，经国务院工商行政管理部门批准，可以延长三个月。

第五十条　注册商标被撤销、被宣告无效或者期满不再续展的，自撤销、宣告无效或者注销之日起一年内，商标局对与该商标相同或者近似的商标注册申请，不予核准。

第五十一条　违反本法第六条规定的，由地方工商行政管理部门责令限期申请注册，违法经营额五万元以上的，可以处违法经营额百分之二十以下的罚款，没有违法经营额或者违法经营额不足五万元的，可以处一万元以下的罚款。

第五十二条　将未注册商标冒充注册商标使用的，或者使用未注册商标违反本法第十条规定的，由地方工商行政管理部门予以制止，限期改正，并可以予以通报，违法经营额五万元以上的，可以处违法经营额百分之二十以下的罚款，没有违法经营额或者违法经营额不足五万元的，可以处一万元以下的罚款。

第五十三条　违反本法第十四条第五款规定的，由地方工商行政管理部门责令改正，处十万元罚款。

第五十四条　对商标局撤销或者不予撤销注册商标的决定，当事人不服的，可以自收到通知之日起十五日内向商标评审委员会申请复审。商标评审委员会应当自收到申请之日起九个月内做出决定，并书面通知当事人。有特殊情况需要延长的，经国务院工商行政管理部门批准，可以延长三个月。当事人对商标评审委员会的决定不服的，可以自收到通知之日起三十日内向人民法院起诉。

第五十五条　法定期限届满，当事人对商标局做出的撤销注册商标的决定不申请复审或者对商标评审委员会做出的复审决定不向人民法院起诉的，撤销注册商标的决定、复审决定生效。

被撤销的注册商标，由商标局予以公告，该注册商标专用权自公告之日起终止。

第七章　注册商标专用权的保护

第五十六条　注册商标的专用权，以核准注册的商标和核定使用的商品为限。

第五十七条　有下列行为之一的，均属侵犯注册商标专用权：

（一）未经商标注册人的许可，在同一种商品上使用与其注册商标相同的商标的；

（二）未经商标注册人的许可，在同一种商品上使用与其注册商标近似的商标，或者在类似商品上使用与其注册商标相同或者近似的商标，容易导致混淆的；

（三）销售侵犯注册商标专用权的商品的；

（四）伪造、擅自制造他人注册商标标识或者销售伪造、擅自制造的注册商标标识的；

（五）未经商标注册人同意，更换其注册商标并将该更换商标的商品又投入市场的；

（六）故意为侵犯他人商标专用权行为提供便利条件，帮助他人实施侵犯商标专用权行为的；

（七）给他人的注册商标专用权造成其他损害的。

第五十八条　将他人注册商标、未注册的驰名商标作为企业名称中的字号使用，误导公众，构成不正当竞争行为的，依照《中华人民共和国反不正当竞争法》处理。

第五十九条　注册商标中含有的本商品的通用名称、图形、型号，或者直接表示商品的质量、主要原料、功能、用途、重量、数量及其他特点，或者含有的地名，注册商标专用权人无权禁止他人正当使用。

三维标志注册商标中含有的商品自身的性质产生的形状、为获得技术效果而需有的商品形状或者使商品具有实质性价值的形状，注册商标专用权人无权禁止他人正当使用。

商标注册人申请商标注册前，他人已经在同一种商品或者类似商品上先于商标注册人使用与注册商标相同或者近似并有一定影响的商标的，注册商标专用权人无权禁止该使用人在原使用范围内继续使用该商标，但可以要求其附加适当区别标识。

第六十条　有本法第五十七条所列侵犯注册商标专用权行为之一，引起纠纷的，由当事人协商解决；不愿协商或者协商不成的，商标注册人或者利害关系人可以向人民法院起诉，也可以请求工商行政管理部门处理。

工商行政管理部门处理时，认定侵权行为成立的，责令立即停止侵权行为，没收、销毁侵权商品和主要用于制造侵权商品、伪造注册商标标识的工具，违法经营额五万元以上的，可以处违法经营额五倍以下的罚款，没有违法经营额或者违法经营额不足五万元的，可以处二十五万元以下的罚款。对五年内实施两次以上商标侵权行为或者有其他严重情节的，应当从重处罚。销售不知道是侵犯注册商标专用权的商品，能证明该商品是自己合法取得并说明提供者的，由工商行政管理部门责令停止销售。

对侵犯商标专用权的赔偿数额的争议，当事人可以请求进行处理的工商行政管理部门调解，也可以依照《中华人民共和国民事诉讼法》向人民法院起诉。经工商行政管理部门调解，当事人未达成协议或者调解书生效后不履行的，当事人可以依照《中华人民共和国民事诉讼法》向人民法院起诉。

第六十一条　对侵犯注册商标专用权的行为，工商行政管理部门有权依法查处；涉嫌犯罪的，应当及时移送司法机关依法处理。

第六十二条　县级以上工商行政管理部门根据已经取得的违法嫌疑证据或者举报，对涉嫌侵犯他人注册商标专用权的行为进行查处时，可以行使下列职权：

（一）询问有关当事人，调查与侵犯他人注册商标专用权有关的情况；

（二）查阅、复制当事人与侵权活动有关的合同、发票、账簿以及其他有关资料；

（三）对当事人涉嫌从事侵犯他人注册商标专用权活动的场所实施现场检查；

（四）检查与侵权活动有关的物品；对有证据证明是侵犯他人注册商标专用权的物品，可以查封或者扣押。

工商行政管理部门依法行使前款规定的职权时，当事人应当予以协助、配合，不得拒绝、阻挠。

在查处商标侵权案件过程中，对商标权属存在争议或者权利人同时向人民法院提起商标侵权诉讼的，工商行政管理部门可以中止案件的查处。中止原因消除后，应当恢复或者终结案件查处程序。

第六十三条　侵犯商标专用权的赔偿数额，按照权利人因被侵权所受到的实际损失确定；实际损失难以确定的，可以按照侵权人因侵权所获得的利益确定；权利人的损失或者侵权人获得的利益难以确定的，参照该商标许可使用费的倍数合理确定。对恶意侵犯商标专用权，情节严重的，可以在按照上述方法确定数额的一倍以上五倍以下确定赔偿数额。赔偿数额应当包括权利人为制止侵权行为所支付的合理开支。

人民法院为确定赔偿数额，在权利人已经尽力举证，而与侵权行为相关的账簿、资料主要由侵权人掌握的情况下，可以责令侵权人提供与侵权行为相关的账簿、资料；侵权人不提供或者提供虚假的账簿、资料的，人民法院可以参考权利人的主张和提供的证据判定赔偿数额。

权利人因被侵权所受到的实际损失、侵权人因侵权所获得的利益、注册商标许可使用费难以确定的，由人民法院根据侵权行为的情节判决给予五百万元以下的赔偿。

人民法院审理商标纠纷案件，应权利人请求，对属于假冒注册商标的商品，除特殊情况外，责令销毁；对主要用于制造假冒注册商标的商品的材料、工具，责令销毁，且不予补偿；或者在特殊情况下，责令禁止前述材料、工具进入商业渠道，且不予补偿。

假冒注册商标的商品不得在仅去除假冒注册商标后进入商业渠道。

第六十四条 注册商标专用权人请求赔偿，被控侵权人以注册商标专用权人未使用注册商标提出抗辩的，人民法院可以要求注册商标专用权人提供此前三年内实际使用该注册商标的证据。注册商标专用权人不能证明此前三年内实际使用过该注册商标，也不能证明因侵权行为受到其他损失的，被控侵权人不承担赔偿责任。

销售不知道是侵犯注册商标专用权的商品，能证明该商品是自己合法取得并说明提供者的，不承担赔偿责任。

第六十五条 商标注册人或者利害关系人有证据证明他人正在实施或者即将实施侵犯其注册商标专用权的行为，如不及时制止将会使其合法权益受到难以弥补的损害的，可以依法在起诉前向人民法院申请采取责令停止有关行为和财产保全的措施。

第六十六条 为制止侵权行为，在证据可能灭失或者以后难以取得的情况下，商标注册人或者利害关系人可以依法在起诉前向人民法院申请保全证据。

第六十七条 未经商标注册人许可，在同一种商品上使用与其注册商标相同的商标，构成犯罪的，除赔偿被侵权人的损失外，依法追究刑事责任。

伪造、擅自制造他人注册商标标识或者销售伪造、擅自制造的注册商标标识，构成犯罪的，除赔偿被侵权人的损失外，依法追究刑事责任。

销售明知是假冒注册商标的商品，构成犯罪的，除赔偿被侵权人的损失外，依法追究刑事责任。

第六十八条 商标代理机构有下列行为之一的，由工商行政管理部门责令限期改正，给予警告，处一万元以上十万元以下的罚款；对直接负责的主管人员和其他直接责任人员给予警告，处五千元以上五万元以下的罚款；构成犯罪的，依法追究刑事责任：

（一）办理商标事宜过程中，伪造、变造或者使用伪造、变造的法律文件、印章、签名的；

（二）以诋毁其他商标代理机构等手段招徕商标代理业务或者以其他不正当手段扰乱商标代理市场秩序的；

（三）违反本法第四条、第十九条第三款和第四款规定的。

商标代理机构有前款规定行为的，由工商行政管理部门记入信用档案；情节严重的，商标局、商标评审委员会并可以决定停止受理其办理商标代理业务，予以公告。

商标代理机构违反诚实信用原则，侵害委托人合法利益的，应当依法承担民事责任，并由商标代理行业组织按照章程规定予以惩戒。

对恶意申请商标注册的，根据情节给予警告、罚款等行政处罚；对恶意提起商标诉讼的，由人民法院依法给予处罚。

第六十九条　从事商标注册、管理和复审工作的国家机关工作人员必须秉公执法，廉洁自律，忠于职守，文明服务。

商标局、商标评审委员会以及从事商标注册、管理和复审工作的国家机关工作人员不得从事商标代理业务和商品生产经营活动。

第七十条　工商行政管理部门应当建立健全内部监督制度，对负责商标注册、管理和复审工作的国家机关工作人员执行法律、行政法规和遵守纪律的情况，进行监督检查。

第七十一条　从事商标注册、管理和复审工作的国家机关工作人员玩忽职守、滥用职权、徇私舞弊，违法办理商标注册、管理和复审事项，收受当事人财物，牟取不正当利益，构成犯罪的，依法追究刑事责任；尚不构成犯罪的，依法给予处分。

第八章　附　　则

第七十二条　申请商标注册和办理其他商标事宜的，应当缴纳费用，具体收费标准另定。

第七十三条　本法自1983年3月1日起施行。1963年4月10日国务院公布的《商标管理条例》同时废止；其他有关商标管理的规定，凡与本法抵触的，同时失效。

本法施行前已经注册的商标继续有效。

中华人民共和国商标法实施条例

（2002年8月3日中华人民共和国国务院令第358号公布，2014年4月29日中华人民共和国国务院令第651号修订）

第一章　总　　则

第一条　根据《中华人民共和国商标法》（以下简称商标法），制定本条例。

第二条　本条例有关商品商标的规定，适用于服务商标。

第三条　商标持有人依照商标法第十三条规定请求驰名商标保护的，应当提交其商标构成驰名商标的证据材料。商标局、商标评审委员会应当依照商标法第十四条的规定，根据审查、处理案件的需要以及当事人提交的证据材料，对其商标驰名情况作出认定。

第四条　商标法第十六条规定的地理标志，可以依照商标法和本条例的规定，作为证明商标或者集体商标申请注册。

以地理标志作为证明商标注册的，其商品符合使用该地理标志条件的自然人、法人或者其他组织可以要求使用该证明商标，控制该证明商标的组织应当允许。以地理标志作为集体商标注册的，其商品符合使用该地理标志条件的自然人、法人或者其他组织，可以要求参加以该地理标志作为集体商标注册的团体、协会或者其他组织，该团体、协会或者其他组织应当依据其章程接纳为会员；不要求参加以该地理标志作为集体商标注册的团体、协会或者其他组织的，也可以正当使用该地理标志，该团体、协会或者其他组织无权禁止。

第五条　当事人委托商标代理机构申请商标注册或者办理其他商标事宜，应当提交代理委托书。代理委托书应当载明代理内容及权限；外国人或者外国企业的代理委托书还应当载明委托人的国籍。

外国人或者外国企业的代理委托书及与其有关的证明文件的公证、认证手续，按照对等原则办理。

申请商标注册或者转让商标，商标注册申请人或者商标转让受让人为外国人或者外国企业的，应当在申请书中指定中国境内接收人负责接收商标局、商标评审委员会后继商标业务的法律文件。商标局、商标评审委员会后继商标业务的法律文件向中国境内接收人送达。

商标法第十八条所称外国人或者外国企业，是指在中国没有经常居所或者营业所的外国人或者外国企业。

第六条 申请商标注册或者办理其他商标事宜，应当使用中文。

依照商标法和本条例规定提交的各种证件、证明文件和证据材料是外文的，应当附送中文译文；未附送的，视为未提交该证件、证明文件或者证据材料。

第七条 商标局、商标评审委员会工作人员有下列情形之一的，应当回避，当事人或者利害关系人可以要求其回避：

（一）是当事人或者当事人、代理人的近亲属的；

（二）与当事人、代理人有其他关系，可能影响公正的；

（三）与申请商标注册或者办理其他商标事宜有利害关系的。

第八条 以商标法第二十二条规定的数据电文方式提交商标注册申请等有关文件，应当按照商标局或者商标评审委员会的规定通过互联网提交。

第九条 除本条例第十八条规定的情形外，当事人向商标局或者商标评审委员会提交文件或者材料的日期，直接递交的，以递交日为准；邮寄的，以寄出的邮戳日为准；邮戳日不清晰或者没有邮戳的，以商标局或者商标评审委员会实际收到日为准，但是当事人能够提出实际邮戳日证据的除外。通过邮政企业以外的快递企业递交的，以快递企业收寄日为准；收寄日不明确的，以商标局或者商标评审委员会实际收到日为准，但是当事人能够提出实际收寄日证据的除外。以数据电文方式提交的，以进入商标局或者商标评审委员会电子系统的日期为准。

当事人向商标局或者商标评审委员会邮寄文件，应当使用给据邮件。

当事人向商标局或者商标评审委员会提交文件，以书面方式提交的，以商标局或者商标评审委员会所存档案记录为准；以数据电文方式提交的，以商标局或者商标评审委员会数据库记录为准，但是当事人确有证据证明商标局或者商标评审委员会档案、数据库记录有错误的除外。

第十条 商标局或者商标评审委员会的各种文件，可以通过邮寄、直接递交、数据电文或者其他方式送达当事人；以数据电文方式送达当事人的，应当经当事人同意。当事人委托商标代理机构的，文件送达商标代理机构视为送达当事人。

商标局或者商标评审委员会向当事人送达各种文件的日期，邮寄的，以当事人收到的邮戳日为准；邮戳日不清晰或者没有邮戳的，自文件发出之日起满 15 日视为送达当事人，但是当事人能够证明实际收到日的除外；直接递交的，以递交日为准；以数据电文方式送达的，自文件发出之日起满 15 日视为送达当事人，但是当事人能够证明文件进入其电子系统日期的除外。文件通过上述方式无法送达的，可以通过公告方式送达，自公告发布之日起满 30 日，该文件视为送达当事人。

第十一条 下列期间不计入商标审查、审理期限：

（一）商标局、商标评审委员会文件公告送达的期间；

（二）当事人需要补充证据或者补正文件的期间以及因当事人更换需要重新答辩的期间；

（三）同日申请提交使用证据及协商、抽签需要的期间；

（四）需要等待优先权确定的期间；

（五）审查、审理过程中，依案件申请人的请求等待在先权利案件审理结果的期间。

第十二条　除本条第二款规定的情形外，商标法和本条例规定的各种期限开始的当日不计算在期限内。期限以年或者月计算的，以期限最后一月的相应日为期限届满日；该月无相应日的，以该月最后一日为期限届满日；期限届满日是节假日的，以节假日后的第一个工作日为期限届满日。

商标法第三十九条、第四十条规定的注册商标有效期从法定日开始起算，期限最后一月相应日的前一日为期限届满日，该月无相应日的，以该月最后一日为期限届满日。

第二章　商标注册的申请

第十三条　申请商标注册，应当按照公布的商品和服务分类表填报。每一件商标注册申请应当向商标局提交《商标注册申请书》1份、商标图样1份；以颜色组合或者着色图样申请商标注册的，应当提交着色图样，并提交黑白稿1份；不指定颜色的，应当提交黑白图样。

商标图样应当清晰，便于粘贴，用光洁耐用的纸张印制或者用照片代替，长和宽应当不大于10厘米，不小于5厘米。

以三维标志申请商标注册的，应当在申请书中予以声明，说明商标的使用方式，并提交能够确定三维形状的图样，提交的商标图样应当至少包含三面视图。

以颜色组合申请商标注册的，应当在申请书中予以声明，说明商标的使用方式。

以声音标志申请商标注册的，应当在申请书中予以声明，提交符合要求的声音样本，对申请注册的声音商标进行描述，说明商标的使用方式。对声音商标进行描述，应当以五线谱或者简谱对申请用作商标的声音加以描述并附加文字说明；无法以五线谱或者简谱描述的，应当以文字加以描述；商标描述与声音样本应当一致。

申请注册集体商标、证明商标的，应当在申请书中予以声明，并提交主体资格证明文件和使用管理规则。

商标为外文或者包含外文的，应当说明含义。

第十四条　申请商标注册的，申请人应当提交其身份证明文件。商标注册申请人的名义与所提交的证明文件应当一致。

前款关于申请人提交其身份证明文件的规定适用于向商标局提出的办理变更、转让、续展、异议、撤销等其他商标事宜。

第十五条　商品或者服务项目名称应当按照商品和服务分类表中的类别号、名称填写；商品或者服务项目名称未列入商品和服务分类表的，应当附送对该商品或者服务的说明。

商标注册申请等有关文件以纸质方式提出的，应当打字或者印刷。

本条第二款规定适用于办理其他商标事宜。

第十六条　共同申请注册同一商标或者办理其他共有商标事宜的，应当在申请书中指定一个代表人；没有指定代表人的，以申请书中顺序排列的第一人为代表人。

商标局和商标评审委员会的文件应当送达代表人。

第十七条　申请人变更其名义、地址、代理人、文件接收人或者删减指定的商品的，应当向商标局办理变更手续。

申请人转让其商标注册申请的，应当向商标局办理转让手续。

第十八条　商标注册的申请日期以商标局收到申请文件的日期为准。

商标注册申请手续齐备、按照规定填写申请文件并缴纳费用的，商标局予以受理并书面通知申请人；申请手续不齐备、未按照规定填写申请文件或者未缴纳费用的，商标局不予受理，书面通知申请人并说明理由。申请手续基本齐备或者申请文件基本符合规定，但是需要补正的，商标局通知申请人予以补正，限其自收到通知之日起30日内，按照指定内容补正并交回商标局。在规定期限内补正并交回商标局的，保留申请日期；期满未补正的或者不按照要求进行补正的，商标局不予受理并书面通知申请人。

本条第二款关于受理条件的规定适用于办理其他商标事宜。

第十九条 两个或者两个以上的申请人，在同一种商品或者类似商品上，分别以相同或者近似的商标在同一天申请注册的，各申请人应当自收到商标局通知之日起30日内提交其申请注册前在先使用该商标的证据。同日使用或者均未使用的，各申请人可以自收到商标局通知之日起30日内自行协商，并将书面协议报送商标局；不愿协商或者协商不成的，商标局通知各申请人以抽签的方式确定一个申请人，驳回其他人的注册申请。商标局已经通知但申请人未参加抽签的，视为放弃申请，商标局应当书面通知未参加抽签的申请人。

第二十条 依照商标法第二十五条规定要求优先权的，申请人提交的第一次提出商标注册申请文件的副本应当经受理该申请的商标主管机关证明，并注明申请日期和申请号。

第三章 商标注册申请的审查

第二十一条 商标局对受理的商标注册申请，依照商标法及本条例的有关规定进行审查，对符合规定或者在部分指定商品上使用商标的注册申请符合规定的，予以初步审定，并予以公告；对不符合规定或者在部分指定商品上使用商标的注册申请不符合规定的，予以驳回或者驳回在部分指定商品上使用商标的注册申请，书面通知申请人并说明理由。

第二十二条 商标局对一件商标注册申请在部分指定商品上予以驳回的，申请人可以将该申请中初步审定的部分申请分割成另一件申请，分割后的申请保留原申请的申请日期。

需要分割的，申请人应当自收到商标局《商标注册申请部分驳回通知书》之日起15日内，向商标局提出分割申请。

商标局收到分割申请后，应当将原申请分割为两件，对分割出来的初步审定申请生成新的申请号，并予以公告。

第二十三条 依照商标法第二十九条规定，商标局认为对商标注册申请内容需要说明或者修正的，申请人应当自收到商标局通知之日起15日内作出说明或者修正。

第二十四条 对商标局初步审定予以公告的商标提出异议的，异议人应当向商标局提交下列商标异议材料一式两份并标明正、副本：

（一）商标异议申请书；

（二）异议人的身份证明；

（三）以违反商标法第十三条第二款和第三款、第十五条、第十六条第一款、第三十条、第三十一条、第三十二条规定为由提出异议的，异议人作为在先权利人或者利害关系人的证明。

商标异议申请书应当有明确的请求和事实依据，并附送有关证据材料。

第二十五条 商标局收到商标异议申请书后，经审查，符合受理条件的，予以受理，向申请人发出受理通知书。

第二十六条 商标异议申请有下列情形的，商标局不予受理，书面通知申请人并说明理由：

（一）未在法定期限内提出的；

（二）申请人主体资格、异议理由不符合商标法第三十三条规定的；

（三）无明确的异议理由、事实和法律依据的；

（四）同一异议人以相同的理由、事实和法律依据针对同一商标再次提出异议申请的。

第二十七条 商标局应当将商标异议材料副本及时送交被异议人，限其自收到商标异议材料副本之日起30日内答辩。被异议人不答辩的，不影响商标局作出决定。

当事人需要在提出异议申请或者答辩后补充有关证据材料的，应当在商标异议申请书或者答辩书中声明，并自提交商标异议申请书或者答辩书之日起3个月内提交；期满未提交的，视为当事人放弃补充有关证据材料。但是，在期满后生成或者当事人有其他正当理由未能在期满前提交的证据，在期满后提交的，商标局将证据交对方当事人并质证后可以采信。

第二十八条 商标法第三十五条第三款和第三十六条第一款所称不予注册决定，包括在部分指定商品上不予注册决定。

被异议商标在商标局作出准予注册决定或者不予注册决定前已经刊发注册公告的，撤销该注册公告。经审查异议不成立而准予注册的，在准予注册决定生效后重新公告。

第二十九条 商标注册申请人或者商标注册人依照商标法第三十八条规定提出更正申请的，应当向商标局提交更正申请书。符合更正条件的，商标局核准后更正相关内容；不符合更正条件的，商标局不予核准，书面通知申请人并说明理由。

已经刊发初步审定公告或者注册公告的商标经更正的，刊发更正公告。

第四章 注册商标的变更、转让、续展

第三十条 变更商标注册人名义、地址或者其他注册事项的，应当向商标局提交变更申请书。变更商标注册人名义的，还应当提交有关登记机关出具的变更证明文件。商标局核准的，发给商标注册人相应证明，并予以公告；不予核准的，应当书面通知申请人并说明理由。

变更商标注册人名义或者地址的，商标注册人应当将其全部注册商标一并变更；未一并变更的，由商标局通知其限期改正；期满未改正的，视为放弃变更申请，商标局应当书面通知申请人。

第三十一条 转让注册商标的，转让人和受让人应当向商标局提交转让注册商标申请书。转让注册商标申请手续应当由转让人和受让人共同办理。商标局核准转让注册商标申请的，发给受让人相应证明，并予以公告。

转让注册商标，商标注册人对其在同一种或者类似商品上注册的相同或者近似的商标未一并转让的，由商标局通知其限期改正；期满未改正的，视为放弃转让该注册商标的申请，商标局应当书面通知申请人。

第三十二条 注册商标专用权因转让以外的继承等其他事由发生移转的，接受该注册商标专用权的当事人应当凭有关证明文件或者法律文书到商标局办理注册商标专用权移转手续。

注册商标专用权移转的，注册商标专用权人在同一种或者类似商品上注册的相同或者近似的商标，应当一并移转；未一并移转的，由商标局通知其限期改正；期满未改正的，视为放弃该移转注册商标的申请，商标局应当书面通知申请人。

商标移转申请经核准的，予以公告。接受该注册商标专用权移转的当事人自公告之日起享有商标专用权。

第三十三条 注册商标需要续展注册的，应当向商标局提交商标续展注册申请书。商标局核准商标注册续展申请的，发给相应证明并予以公告。

第五章 商标国际注册

第三十四条 商标法第二十一条规定的商标国际注册，是指根据《商标国际注册马德里协定》（以下简称马德里协定）、《商标国际注册马德里协定有关议定书》（以下简称马德里议定书）及《商标国际注册马德里协定及该协定有关议定书的共同实施细则》的规定办理的马德里商标国际注册。

马德里商标国际注册申请包括以中国为

原属国的商标国际注册申请、指定中国的领土延伸申请及其他有关的申请。

第三十五条 以中国为原属国申请商标国际注册的，应当在中国设有真实有效的营业所，或者在中国有住所，或者拥有中国国籍。

第三十六条 符合本条例第三十五条规定的申请人，其商标已在商标局获得注册的，可以根据马德里协定申请办理该商标的国际注册。

符合本条例第三十五条规定的申请人，其商标已在商标局获得注册，或者已向商标局提出商标注册申请并被受理的，可以根据马德里议定书申请办理该商标的国际注册。

第三十七条 以中国为原属国申请商标国际注册的，应当通过商标局向世界知识产权组织国际局（以下简称国际局）申请办理。

以中国为原属国的，与马德里协定有关的商标国际注册的后期指定、放弃、注销，应当通过商标局向国际局申请办理；与马德里协定有关的商标国际注册的转让、删减、变更、续展，可以通过商标局向国际局申请办理，也可以直接向国际局申请办理。

以中国为原属国的，与马德里议定书有关的商标国际注册的后期指定、转让、删减、放弃、注销、变更、续展，可以通过商标局向国际局申请办理，也可以直接向国际局申请办理。

第三十八条 通过商标局向国际局申请商标国际注册及办理其他有关申请的，应当提交符合国际局和商标局要求的申请书和相关材料。

第三十九条 商标国际注册申请指定的商品或者服务不得超出国内基础申请或者基础注册的商品或者服务的范围。

第四十条 商标国际注册申请手续不齐备或者未按照规定填写申请书的，商标局不予受理，申请日不予保留。

申请手续基本齐备或者申请书基本符合规定，但需要补正的，申请人应当自收到补正通知书之日起 30 日内予以补正，逾期未补正的，商标局不予受理，书面通知申请人。

第四十一条 通过商标局向国际局申请商标国际注册及办理其他有关申请的，应当按照规定缴纳费用。

申请人应当自收到商标局缴费通知单之日起 15 日内，向商标局缴纳费用。期满未缴纳的，商标局不受理其申请，书面通知申请人。

第四十二条 商标局在马德里协定或者马德里议定书规定的驳回期限（以下简称驳回期限）内，依照商标法和本条例的有关规定对指定中国的领土延伸申请进行审查，作出决定，并通知国际局。商标局在驳回期限内未发出驳回或者部分驳回通知的，该领土延伸申请视为核准。

第四十三条 指定中国的领土延伸申请人，要求将三维标志、颜色组合、声音标志作为商标保护或者要求保护集体商标、证明商标的，自该商标在国际局国际注册簿登记之日起 3 个月内，应当通过依法设立的商标代理机构，向商标局提交本条例第十三条规定的相关材料。未在上述期限内提交相关材料的，商标局驳回该领土延伸申请。

第四十四条 世界知识产权组织对商标国际注册有关事项进行公告，商标局不再另行公告。

第四十五条 对指定中国的领土延伸申请，自世界知识产权组织《国际商标公告》出版的次月 1 日起 3 个月内，符合商标法第三十三条规定条件的异议人可以向商标局提出异议申请。

商标局在驳回期限内将异议申请的有关情况以驳回决定的形式通知国际局。

被异议人可以自收到国际局转发的驳回通知书之日起 30 日内进行答辩，答辩书及相关证据材料应当通过依法设立的商标代理机构向商标局提交。

第四十六条　在中国获得保护的国际注册商标，有效期自国际注册日或者后期指定日起算。在有效期届满前，注册人可以向国际局申请续展，在有效期内未申请续展的，可以给予6个月的宽展期。商标局收到国际局的续展通知后，依法进行审查。国际局通知未续展的，注销该国际注册商标。

第四十七条　指定中国的领土延伸申请办理转让的，受让人应当在缔约方境内有真实有效的营业所，或者在缔约方境内有住所，或者是缔约方国民。

转让人未将其在相同或者类似商品或者服务上的相同或者近似商标一并转让的，商标局通知注册人自发出通知之日起3个月内改正；期满未改正或者转让容易引起混淆或者有其他不良影响的，商标局作出该转让在中国无效的决定，并向国际局作出声明。

第四十八条　指定中国的领土延伸申请办理删减，删减后的商品或者服务不符合中国有关商品或者服务分类要求或者超出原指定商品或者服务范围的，商标局作出该删减在中国无效的决定，并向国际局作出声明。

第四十九条　依照商标法第四十九条第二款规定申请撤销国际注册商标，应当自该商标国际注册申请的驳回期限届满之日起满3年后向商标局提出申请；驳回期限届满时仍处在驳回复审或者异议相关程序的，应当自商标局或者商标评审委员会作出的准予注册决定生效之日起满3年后向商标局提出申请。

依照商标法第四十四条第一款规定申请宣告国际注册商标无效的，应当自该商标国际注册申请的驳回期限届满后向商标评审委员会提出申请；驳回期限届满时仍处在驳回复审或者异议相关程序的，应当自商标局或者商标评审委员会作出的准予注册决定生效后向商标评审委员会提出申请。

依照商标法第四十五条第一款规定申请宣告国际注册商标无效的，应当自该商标国际注册申请的驳回期限届满之日起5年内向商标评审委员会提出申请；驳回期限届满时仍处在驳回复审或者异议相关程序的，应当自商标局或者商标评审委员会作出的准予注册决定生效之日起5年内向商标评审委员会提出申请。对恶意注册的，驰名商标所有人不受5年的时间限制。

第五十条　商标法和本条例下列条款的规定不适用于办理商标国际注册相关事宜：

（一）商标法第二十八条、第三十五条第一款关于审查和审理期限的规定；

（二）本条例第二十二条、第三十条第二款；

（三）商标法第四十二条及本条例第三十一条关于商标转让由转让人和受让人共同申请并办理手续的规定。

第六章　商标评审

第五十一条　商标评审是指商标评审委员会依照商标法第三十四条、第三十五条、第四十四条、第四十五条、第五十四条的规定审理有关商标争议事宜。当事人向商标评审委员会提出商标评审申请，应当有明确的请求、事实、理由和法律依据，并提供相应证据。

商标评审委员会根据事实，依法进行评审。

第五十二条　商标评审委员会审理不服商标局驳回商标注册申请决定的复审案件，应当针对商标局的驳回决定和申请人申请复审的事实、理由、请求及评审时的事实状态进行审理。

商标评审委员会审理不服商标局驳回商标注册申请决定的复审案件，发现申请注册的商标有违反商标法第十条、第十一条、第十二条和第十六条第一款规定情形，商标局并未依据上述条款作出驳回决定的，可以依据上述条款作出驳回申请的复审决定。商标评审委员会作出复审决定前应当听取申请人的意见。

第五十三条　商标评审委员会审理不服

商标局不予注册决定的复审案件，应当针对商标局的不予注册决定和申请人申请复审的事实、理由、请求及原异议人提出的意见进行审理。

商标评审委员会审理不服商标局不予注册决定的复审案件，应当通知原异议人参加并提出意见。原异议人的意见对案件审理结果有实质影响的，可以作为评审的依据；原异议人不参加或者不提出意见的，不影响案件的审理。

第五十四条 商标评审委员会审理依照商标法第四十四条、第四十五条规定请求宣告注册商标无效的案件，应当针对当事人申请和答辩的事实、理由及请求进行审理。

第五十五条 商标评审委员会审理不服商标局依照商标法第四十四条第一款规定作出宣告注册商标无效决定的复审案件，应当针对商标局的决定和申请人申请复审的事实、理由及请求进行审理。

第五十六条 商标评审委员会审理不服商标局依照商标法第四十九条规定作出撤销或者维持注册商标决定的复审案件，应当针对商标局作出撤销或者维持注册商标决定和当事人申请复审时所依据的事实、理由及请求进行审理。

第五十七条 申请商标评审，应当向商标评审委员会提交申请书，并按照对方当事人的数量提交相应份数的副本；基于商标局的决定书申请复审的，还应当同时附送商标局的决定书副本。

商标评审委员会收到申请书后，经审查，符合受理条件的，予以受理；不符合受理条件的，不予受理，书面通知申请人并说明理由；需要补正的，通知申请人自收到通知之日起30日内补正。经补正仍不符合规定的，商标评审委员会不予受理，书面通知申请人并说明理由；期满未补正的，视为撤回申请，商标评审委员会应当书面通知申请人。

商标评审委员会受理商标评审申请后，发现不符合受理条件的，予以驳回，书面通知申请人并说明理由。

第五十八条 商标评审委员会受理商标评审申请后应当及时将申请书副本送交对方当事人，限其自收到申请书副本之日起30日内答辩；期满未答辩的，不影响商标评审委员会的评审。

第五十九条 当事人需要在提出评审申请或者答辩后补充有关证据材料的，应当在申请书或者答辩书中声明，并自提交申请书或者答辩书之日起3个月内提交；期满未提交的，视为放弃补充有关证据材料。但是，在期满后生成或者当事人有其他正当理由未能在期满前提交的证据，在期满后提交的，商标评审委员会将证据交对方当事人并质证后可以采信。

第六十条 商标评审委员会根据当事人的请求或者实际需要，可以决定对评审申请进行口头审理。

商标评审委员会决定对评审申请进行口头审理的，应当在口头审理15日前书面通知当事人，告知口头审理的日期、地点和评审人员。当事人应当在通知书指定的期限内作出答复。

申请人不答复也不参加口头审理的，其评审申请视为撤回，商标评审委员会应当书面通知申请人；被申请人不答复也不参加口头审理的，商标评审委员会可以缺席评审。

第六十一条 申请人在商标评审委员会作出决定、裁定前，可以书面向商标评审委员会要求撤回申请并说明理由，商标评审委员会认为可以撤回的，评审程序终止。

第六十二条 申请人撤回商标评审申请的，不得以相同的事实和理由再次提出评审申请。商标评审委员会对商标评审申请已经作出裁定或者决定的，任何人不得以相同的事实和理由再次提出评审申请。但是，经不予注册复审程序予以核准注册后向商标评审委员会提起宣告注册商标无效的除外。

第七章　商标使用的管理

第六十三条　使用注册商标，可以在商品、商品包装、说明书或者其他附着物上标明“注册商标”或者注册标记。

注册标记包括㊟和Ⓡ。使用注册标记，应当标注在商标的右上角或者右下角。

第六十四条　《商标注册证》遗失或者破损的，应当向商标局提交补发《商标注册证》申请书。《商标注册证》遗失的，应当在《商标公告》上刊登遗失声明。破损的《商标注册证》，应当在提交补发申请时交回商标局。

商标注册人需要商标局补发商标变更、转让、续展证明，出具商标注册证明，或者商标申请人需要商标局出具优先权证明文件的，应当向商标局提交相应申请书。符合要求的，商标局发给相应证明；不符合要求的，商标局不予办理，通知申请人并告知理由。

伪造或者变造《商标注册证》或者其他商标证明文件的，依照刑法关于伪造、变造国家机关证件罪或者其他罪的规定，依法追究刑事责任。

第六十五条　有商标法第四十九条规定的注册商标成为其核定使用的商品通用名称情形的，任何单位或者个人可以向商标局申请撤销该注册商标，提交申请时应当附送证据材料。商标局受理后应当通知商标注册人，限其自收到通知之日起2个月内答辩；期满未答辩的，不影响商标局作出决定。

第六十六条　有商标法第四十九条规定的注册商标无正当理由连续3年不使用情形的，任何单位或者个人可以向商标局申请撤销该注册商标，提交申请时应当说明有关情况。商标局受理后应当通知商标注册人，限其自收到通知之日起2个月内提交该商标在撤销申请提出前使用的证据材料或者说明不使用的正当理由；期满未提供使用的证据材料或者证据材料无效并没有正当理由的，由商标局撤销其注册商标。

前款所称使用的证据材料，包括商标注册人使用注册商标的证据材料和商标注册人许可他人使用注册商标的证据材料。

以无正当理由连续3年不使用为由申请撤销注册商标的，应当自该注册商标注册公告之日起满3年后提出申请。

第六十七条　下列情形属于商标法第四十九条规定的正当理由：

（一）不可抗力；

（二）政府政策性限制；

（三）破产清算；

（四）其他不可归责于商标注册人的正当事由。

第六十八条　商标局、商标评审委员会撤销注册商标或者宣告注册商标无效，撤销或者宣告无效的理由仅及于部分指定商品的，对在该部分指定商品上使用的商标注册予以撤销或者宣告无效。

第六十九条　许可他人使用其注册商标的，许可人应当在许可合同有效期内向商标局备案并报送备案材料。备案材料应当说明注册商标使用许可人、被许可人、许可期限、许可使用的商品或者服务范围等事项。

第七十条　以注册商标专用权出质的，出质人与质权人应当签订书面质权合同，并共同向商标局提出质权登记申请，由商标局公告。

第七十一条　违反商标法第四十三条第二款规定的，由工商行政管理部门责令限期改正；逾期不改正的，责令停止销售，拒不停止销售的，处10万元以下的罚款。

第七十二条　商标持有人依照商标法第十三条规定请求驰名商标保护的，可以向工商行政管理部门提出请求。经商标局依照商标法第十四条规定认定为驰名商标的，由工商行政管理部门责令停止违反商标法第十三条规定使用商标的行为，收缴、销毁违法使用的商标标识；商标标识与商品难以分离的，一并收缴、销毁。

第七十三条 商标注册人申请注销其注册商标或者注销其商标在部分指定商品上的注册的，应当向商标局提交商标注销申请书，并交回原《商标注册证》。

商标注册人申请注销其注册商标或者注销其商标在部分指定商品上的注册，经商标局核准注销的，该注册商标专用权或者该注册商标专用权在该部分指定商品上的效力自商标局收到其注销申请之日起终止。

第七十四条 注册商标被撤销或者依照本条例第七十三条的规定被注销的，原《商标注册证》作废，并予以公告；撤销该商标在部分指定商品上的注册的，或者商标注册人申请注销其商标在部分指定商品上的注册的，重新核发《商标注册证》，并予以公告。

第八章 注册商标专用权的保护

第七十五条 为侵犯他人商标专用权提供仓储、运输、邮寄、印制、隐匿、经营场所、网络商品交易平台等，属于商标法第五十七条第六项规定的提供便利条件。

第七十六条 在同一种商品或者类似商品上将与他人注册商标相同或者近似的标志作为商品名称或者商品装潢使用，误导公众的，属于商标法第五十七条第二项规定的侵犯注册商标专用权的行为。

第七十七条 对侵犯注册商标专用权的行为，任何人可以向工商行政管理部门投诉或者举报。

第七十八条 计算商标法第六十条规定的违法经营额，可以考虑下列因素：

（一）侵权商品的销售价格；

（二）未销售侵权商品的标价；

（三）已查清侵权商品实际销售的平均价格；

（四）被侵权商品的市场中间价格；

（五）侵权人因侵权所产生的营业收入；

（六）其他能够合理计算侵权商品价值的因素。

第七十九条 下列情形属于商标法第六十条规定的能证明该商品是自己合法取得的情形：

（一）有供货单位合法签章的供货清单和货款收据且经查证属实或者供货单位认可的；

（二）有供销双方签订的进货合同且经查证已真实履行的；

（三）有合法进货发票且发票记载事项与涉案商品对应的；

（四）其他能够证明合法取得涉案商品的情形。

第八十条 销售不知道是侵犯注册商标专用权的商品，能证明该商品是自己合法取得并说明提供者的，由工商行政管理部门责令停止销售，并将案件情况通报侵权商品提供者所在地工商行政管理部门。

第八十一条 涉案注册商标权属正在商标局、商标评审委员会审理或者人民法院诉讼中，案件结果可能影响案件定性的，属于商标法第六十二条第三款规定的商标权属存在争议。

第八十二条 在查处商标侵权案件过程中，工商行政管理部门可以要求权利人对涉案商品是否为权利人生产或者其许可生产的产品进行辨认。

第九章 商标代理

第八十三条 商标法所称商标代理，是指接受委托人的委托，以委托人的名义办理商标注册申请、商标评审或者其他商标事宜。

第八十四条 商标法所称商标代理机构，包括经工商行政管理部门登记从事商标代理业务的服务机构和从事商标代理业务的律师事务所。

商标代理机构从事商标局、商标评审委员会主管的商标事宜代理业务的，应当按照下列规定向商标局备案：

（一）交验工商行政管理部门的登记证明文件或者司法行政部门批准设立律师事务所的证明文件并留存复印件；

（二）报送商标代理机构的名称、住所、负责人、联系方式等基本信息；

（三）报送商标代理从业人员名单及联系方式。

工商行政管理部门应当建立商标代理机构信用档案。商标代理机构违反商标法或者本条例规定的，由商标局或者商标评审委员会予以公开通报，并记入其信用档案。

第八十五条　商标法所称商标代理从业人员，是指在商标代理机构中从事商标代理业务的工作人员。

商标代理从业人员不得以个人名义自行接受委托。

第八十六条　商标代理机构向商标局、商标评审委员会提交的有关申请文件，应当加盖该代理机构公章并由相关商标代理从业人员签字。

第八十七条　商标代理机构申请注册或者受让其代理服务以外的其他商标，商标局不予受理。

第八十八条　下列行为属于商标法第六十八条第一款第二项规定的以其他不正当手段扰乱商标代理市场秩序的行为：

（一）以欺诈、虚假宣传、引人误解或者商业贿赂等方式招徕业务的；

（二）隐瞒事实，提供虚假证据，或者威胁、诱导他人隐瞒事实，提供虚假证据的；

（三）在同一商标案件中接受有利益冲突的双方当事人委托的。

第八十九条　商标代理机构有商标法第六十八条规定行为的，由行为人所在地或者违法行为发生地县级以上工商行政管理部门进行查处并将查处情况通报商标局。

第九十条　商标局、商标评审委员会依照商标法第六十八条规定停止受理商标代理机构办理商标代理业务的，可以作出停止受理该商标代理机构商标代理业务6个月以上直至永久停止受理的决定。停止受理商标代理业务的期间届满，商标局、商标评审委员会应当恢复受理。

商标局、商标评审委员会作出停止受理或者恢复受理商标代理的决定应当在其网站予以公告。

第九十一条　工商行政管理部门应当加强对商标代理行业组织的监督和指导。

第十章　附　　则

第九十二条　连续使用至1993年7月1日的服务商标，与他人在相同或者类似的服务上已注册的服务商标相同或者近似的，可以继续使用；但是，1993年7月1日后中断使用3年以上的，不得继续使用。

已连续使用至商标局首次受理新放开商品或者服务项目之日的商标，与他人在新放开商品或者服务项目相同或者类似的商品或者服务上已注册的商标相同或者近似的，可以继续使用；但是，首次受理之日后中断使用3年以上的，不得继续使用。

第九十三条　商标注册用商品和服务分类表，由商标局制定并公布。

申请商标注册或者办理其他商标事宜的文件格式，由商标局、商标评审委员会制定并公布。

商标评审委员会的评审规则由国务院工商行政管理部门制定并公布。

第九十四条　商标局设置《商标注册簿》，记载注册商标及有关注册事项。

第九十五条　《商标注册证》及相关证明是权利人享有注册商标专用权的凭证。《商标注册证》记载的注册事项，应当与《商标注册簿》一致；记载不一致的，除有证据证明《商标注册簿》确有错误外，以《商标注册簿》为准。

第九十六条　商标局发布《商标公告》，刊发商标注册及其他有关事项。

《商标公告》采用纸质或者电子形式发布。

除送达公告外，公告内容自发布之日起视为社会公众已经知道或者应当知道。

第九十七条 申请商标注册或者办理其他商标事宜，应当缴纳费用。缴纳费用的项目和标准，由国务院财政部门、国务院价格主管部门分别制定。

第九十八条 本条例自 2014 年 5 月 1 日起施行。

集体商标、证明商标注册和管理办法

（2003 年 4 月 17 日中华人民共和国国家工商行政管理总局令第 6 号公布，自 2003 年 6 月 1 日起施行）

第一条 根据《中华人民共和国商标法》（以下简称商标法）第三条的规定，制定本办法。

第二条 集体商标、证明商标的注册和管理，依照商标法、《中华人民共和国商标法实施条例》（以下简称实施条例）和本办法的有关规定进行。

第三条 本办法有关商品的规定，适用于服务。

第四条 申请集体商标注册的，应当附送主体资格证明文件并应当详细说明该集体组织成员的名称和地址；以地理标志作为集体商标申请注册的，应当附送主体资格证明文件并应当详细说明其所具有的或者其委托的机构具有的专业技术人员、专业检测设备等情况，以表明其具有监督使用该地理标志商品的特定品质的能力。

申请以地理标志作为集体商标注册的团体、协会或者其他组织，应当由来自该地理标志标示的地区范围内的成员组成。

第五条 申请证明商标注册的，应当附送主体资格证明文件并应当详细说明其所具有的或者其委托的机构具有的专业技术人员、专业检测设备等情况，以表明其具有监督该证明商标所证明的特定商品品质的能力。

第六条 申请以地理标志作为集体商标、证明商标注册的，还应当附送管辖该地理标志所标示地区的人民政府或者行业主管部门的批准文件。

外国人或者外国企业申请以地理标志作为集体商标、证明商标注册的，申请人应当提供该地理标志以其名义在其原属国受法律保护的证明。

第七条 以地理标志作为集体商标、证明商标注册的，应当在申请书件中说明下列内容：

（一）该地理标志所标示的商品的特定质量、信誉或者其他特征；

（二）该商品的特定质量、信誉或者其他特征与该地理标志所标示的地区的自然因素和人文因素的关系；

（三）该地理标志所标示的地区的范围。

第八条 作为集体商标、证明商标申请注册的地理标志，可以是该地理标志标示地区的名称，也可以是能够标示某商品来源于该地区的其他可视性标志。

前款所称地区无需与该地区的现行行政区划名称、范围完全一致。

第九条 多个葡萄酒地理标志构成同音字或者同形字的，在这些地理标志能够彼此区分且不误导公众的情况下，每个地理标志都可以作为集体商标或者证明商标申请注册。

第十条 集体商标的使用管理规则应当包括：

（一）使用集体商标的宗旨；

（二）使用该集体商标的商品的品质；

（三）使用该集体商标的手续；

（四）使用该集体商标的权利、义务；

（五）成员违反其使用管理规则应当承担的责任；

（六）注册人对使用该集体商标商品的检验监督制度。

第十一条　证明商标的使用管理规则应当包括：

（一）使用证明商标的宗旨；

（二）该证明商标证明的商品的特定品质；

（三）使用该证明商标的条件；

（四）使用该证明商标的手续；

（五）使用该证明商标的权利、义务；

（六）使用人违反该使用管理规则应当承担的责任；

（七）注册人对使用该证明商标商品的检验监督制度。

第十二条　使用他人作为集体商标、证明商标注册的葡萄酒、烈性酒地理标志标示并非来源于该地理标志所标示地区的葡萄酒、烈性酒，即使同时标出了商品的真正来源地，或者使用的是翻译文字，或者伴有诸如某某“种”、某某“型”、某某“式”、某某“类”等表述的，适用商标法第十六条的规定。

第十三条　集体商标、证明商标的初步审定公告的内容，应当包括该商标的使用管理规则的全文或者摘要。

集体商标、证明商标注册人对使用管理规则的任何修改，应报经商标局审查核准，并自公告之日起生效。

第十四条　集体商标注册人的成员发生变化的，注册人应当向商标局申请变更注册事项，由商标局公告。

第十五条　证明商标注册人准许他人使用其商标的，注册人应当在一年内报商标局备案，由商标局公告。

第十六条　申请转让集体商标、证明商标的，受让人应当具备相应的主体资格，并符合商标法、实施条例和本办法的规定。

集体商标、证明商标发生移转的，权利继受人应当具备相应的主体资格，并符合商标法、实施条例和本办法的规定。

第十七条　集体商标注册人的集体成员，在履行该集体商标使用管理规则规定的手续后，可以使用该集体商标。

集体商标不得许可非集体成员使用。

第十八条　凡符合证明商标使用管理规则规定条件的，在履行该证明商标使用管理规则规定的手续后，可以使用该证明商标，注册人不得拒绝办理手续。

实施条例第六条第二款中的正当使用该地理标志是指正当使用该地理标志中的地名。

第十九条　使用集体商标的，注册人应发给使用人《集体商标使用证》；使用证明商标的，注册人应发给使用人《证明商标使用证》。

第二十条　证明商标的注册人不得在自己提供的商品上使用该证明商标。

第二十一条　集体商标、证明商标注册人没有对该商标的使用进行有效管理或者控制，致使该商标使用的商品达不到其使用管理规则的要求，对消费者造成损害的，由工商行政管理部门责令限期改正；拒不改正的，处以违法所得三倍以下的罚款，但最高不超过三万元；没有违法所得的，处以一万元以下的罚款。

第二十二条　违反实施条例第六条、本办法第十四条、第十五条、第十七条、第十八条、第二十条规定的，由工商行政管理部门责令限期改正；拒不改正的，处以违法所得三倍以下的罚款，但最高不超过三万元；没有违法所得的，处以一万元以下的罚款。

第二十三条　本办法自 2003 年 6 月 1 日起施行。国家工商行政管理局 1994 年 12 月 30 日发布的《集体商标、证明商标注册和管理办法》同时废止。

地理标志产品保护规定

（2005 年 5 月 16 日国家质量监督检验检疫总局局务会议审议通过，2005 年 6 月 7 日公布，自 2005 年 7 月 15 日起施行）

第一章 总 则

第一条 为了有效保护我国的地理标志产品，规范地理标志产品名称和专用标志的使用，保证地理标志产品的质量和特色，根据《中华人民共和国产品质量法》、《中华人民共和国标准化法》、《中华人民共和国进出口商品检验法》等有关规定，制定本规定。

第二条 本规定所称地理标志产品，是指产自特定地域，所具有的质量、声誉或其他特性本质上取决于该产地的自然因素和人文因素，经审核批准以地理名称进行命名的产品。地理标志产品包括：

（一）来自本地区的种植、养殖产品。

（二）原材料全部来自本地区或部分来自其他地区，并在本地区按照特定工艺生产和加工的产品。

第三条 本规定适用于对地理标志产品的申请受理、审核批准、地理标志专用标志注册登记和监督管理工作。

第四条 国家质量监督检验检疫总局（以下简称“国家质检总局”）统一管理全国的地理标志产品保护工作。各地出入境检验检疫局和质量技术监督局（以下简称各地质检机构）依照职能开展地理标志产品保护工作。

第五条 申请地理标志产品保护，应依照本规定经审核批准。使用地理标志产品专用标志，必须依照本规定经注册登记，并接受监督管理。

第六条 地理标志产品保护遵循申请自愿，受理及批准公开的原则。

第七条 申请地理标志保护的产品应当符合安全、卫生、环保的要求，对环境、生态、资源可能产生危害的产品，不予受理和保护。

第二章 申请及受理

第八条 地理标志产品保护申请，由当地县级以上人民政府指定的地理标志产品保护申请机构或人民政府认定的协会和企业（以下简称申请人）提出，并征求相关部门意见。

第九条 申请保护的产品在县域范围内的，由县级人民政府提出产地范围的建议；跨县域范围的，由地市级人民政府提出产地范围的建议；跨地市范围的，由省级人民政府提出产地范围的建议。

第十条 申请人应提交以下资料：

（一）有关地方政府关于划定地理标志产品产地范围的建议。

（二）有关地方政府成立申请机构或认定协会、企业作为申请人的文件。

（三）地理标志产品的证明材料，包括：

1. 地理标志产品保护申请书；

2. 产品名称、类别、产地范围及地理特征的说明；

3. 产品的理化、感官等质量特色及其与产地的自然因素和人文因素之间关系的说明；

4. 产品生产技术规范（包括产品加工工艺、安全卫生要求、加工设备的技术要求等）；

5. 产品的知名度，产品生产、销售情况及历史渊源的说明。

（四）拟申请的地理标志产品的技术标准。

第十一条　出口企业的地理标志产品的保护申请向本辖区内出入境检验检疫部门提出；按地域提出的地理标志产品的保护申请和其他地理标志产品的保护申请向当地（县级或县级以上）质量技术监督部门提出。

第十二条　省级质量技术监督局和直属出入境检验检疫局，按照分工，分别负责对拟申报的地理标志产品的保护申请提出初审意见，并将相关文件、资料上报国家质检总局。

第三章　审核及批准

第十三条　国家质检总局对收到的申请进行形式审查。审查合格的，由国家质检总局在国家质检总局公报、政府网站等媒体上向社会发布受理公告；审查不合格的，应书面告知申请人。

第十四条　有关单位和个人对申请有异议的，可在公告后的 2 个月内向国家质检总局提出。

第十五条　国家质检总局按照地理标志产品的特点设立相应的专家审查委员会，负责地理标志产品保护申请的技术审查工作。

第十六条　国家质检总局组织专家审查委员会对没有异议或者有异议但被驳回的申请进行技术审查，审查合格的，由国家质检总局发布批准该产品获得地理标志产品保护的公告。

第四章　标准制订及专用标志使用

第十七条　拟保护的地理标志产品，应根据产品的类别、范围、知名度、产品的生产销售等方面的因素，分别制订相应的国家标准、地方标准或管理规范。

第十八条　国家标准化行政主管部门组织草拟并发布地理标志保护产品的国家标准；省级地方人民政府标准化行政主管部门组织草拟并发布地理标志保护产品的地方标准。

第十九条　地理标志保护产品的质量检验由省级质量技术监督部门、直属出入境检验检疫部门指定的检验机构承担。必要时，国家质检总局将组织予以复检。

第二十条　地理标志产品产地范围内的生产者使用地理标志产品专用标志，应向当地质量技术监督局或出入境检验检疫局提出申请，并提交以下资料：

（一）地理标志产品专用标志使用申请书。

（二）由当地政府主管部门出具的产品产自特定地域的证明。

（三）有关产品质量检验机构出具的检验报告。

上述申请经省级质量技术监督局或直属出入境检验检疫局审核，并经国家质检总局审查合格注册登记后，发布公告，生产者即可在其产品上使用地理标志产品专用标志，获得地理标志产品保护。

第五章　保护和监督

第二十一条　各地质检机构依法对地理标志保护产品实施保护。对于擅自使用或伪造地理标志名称及专用标志的；不符合地理标志产品标准和管理规范要求而使用该地理标志产品的名称的；或者使用与专用标志相近、易产生误解的名称或标识及可能误导消费者的文字或图案标志，使消费者将该产品误认为地理标志保护产品的行为，质量技术监督部门和出入境检验检疫部门将依法进行查处。社会团体、企业和个人可监督、举报。

第二十二条　各地质检机构对地理标志产品的产地范围，产品名称，原材料，生产技术工艺，质量特色，质量等级、数量、包装、标识，产品专用标志的印刷、发放、数量、使用情况，产品生产环境、生产设备，产品的标准符合性等方面进行日常监督管理。

第二十三条 获准使用地理标志产品专用标志资格的生产者，未按相应标准和管理规范组织生产的，或者在2年内未在受保护的地理标志产品上使用专用标志的，国家质检总局将注销其地理标志产品专用标志使用注册登记，停止其使用地理标志产品专用标志并对外公告。

第二十四条 违反本规定的，由质量技术监督行政部门和出入境检验检疫部门依据《中华人民共和国产品质量法》、《中华人民共和国标准化法》、《中华人民共和国进出口商品检验法》等有关法律予以行政处罚。

第二十五条 从事地理标志产品保护工作的人员应忠于职守，秉公办事，不得滥用职权、以权谋私，不得泄露技术秘密。违反以上规定的，予以行政纪律处分；构成犯罪的依法追究刑事责任。

第六章 附 则

第二十六条 国家质检总局接受国外地理标志产品在中华人民共和国的注册并实施保护。具体办法另外规定。

第二十七条 本规定由国家质检总局负责解释。

第二十八条 本规定自2005年7月15日起施行。原国家质量技术监督局公布的《原产地域产品保护规定》同时废止。原国家出入境检验检疫局公布的《原产地标记管理规定》、《原产地标记管理规定实施办法》中关于地理标志的内容与本规定不一致的，以本规定为准。

地理标志专用标志使用管理办法（试行）

（2020年4月3日国家知识产权局公告第354号公布，自公布之日起施行）

第一条 为加强我国地理标志保护，统一和规范地理标志专用标志使用，依据《中华人民共和国民法总则》《中华人民共和国商标法》《中华人民共和国产品质量法》《中华人民共和国标准化法》《中华人民共和国商标法实施条例》《地理标志产品保护规定》《集体商标、证明商标注册和管理办法》《国外地理标志产品保护办法》，制定本办法。

第二条 本办法所称的地理标志专用标志，是指适用在按照相关标准、管理规范或者使用管理规则组织生产的地理标志产品上的官方标志。

第三条 国家知识产权局负责统一制定发布地理标志专用标志使用管理要求，组织实施地理标志专用标志使用监督管理。地方知识产权管理部门负责地理标志专用标志使用的日常监管。

第四条 地理标志专用标志合法使用人应当遵循诚实信用原则，履行如下义务：

（一）按照相关标准、管理规范和使用管理规则组织生产地理标志产品；

（二）按照地理标志专用标志的使用要求，规范标示地理标志专用标志；

（三）及时向社会公开并定期向所在地知识产权管理部门报送地理标志专用标志使用情况。

第五条 地理标志专用标志的合法使用人包括下列主体：

（一）经公告核准使用地理标志产品专

用标志的生产者；

（二）经公告地理标志已作为集体商标注册的注册人的集体成员；

（三）经公告备案的已作为证明商标注册的地理标志的被许可人；

（四）经国家知识产权局登记备案的其他使用人。

第六条 地理标志专用标志的使用要求如下：

（一）地理标志保护产品和作为集体商标、证明商标注册的地理标志使用地理标志专用标志的，应在地理标志专用标志的指定位置标注统一社会信用代码。国外地理标志保护产品使用地理标志专用标志的，应在地理标志专用标志的指定位置标注经销商统一社会信用代码。图样如下：（略）

（二）地理标志保护产品使用地理标志专用标志的，应同时使用地理标志专用标志和地理标志名称，并在产品标签或包装物上标注所执行的地理标志标准代号或批准公告号。

（三）作为集体商标、证明商标注册的地理标志使用地理标志专用标志的，应同时使用地理标志专用标志和该集体商标或证明商标，并加注商标注册号。

第七条 地理标志专用标志合法使用人可在国家知识产权局官方网站下载基本图案矢量图。地理标志专用标志矢量图可按比例缩放，标注应清晰可识，不得更改专用标志的图案形状、构成、文字字体、图文比例、色值等。

第八条 地理标志专用标志合法使用人可采用的地理标志专用标志标示方法有：

（一）采取直接贴附、刻印、烙印或者编织等方式将地理标志专用标志附着在产品本身、产品包装、容器、标签等上；

（二）使用在产品附加标牌、产品说明书、介绍手册等上；

（三）使用在广播、电视、公开发行的出版物等媒体上，包括以广告牌、邮寄广告或者其他广告方式为地理标志进行的广告宣传；

（四）使用在展览会、博览会上，包括在展览会、博览会上提供的使用地理标志专用标志的印刷品及其他资料；

（五）将地理标志专用标志使用于电子商务网站、微信、微信公众号、微博、二维码、手机应用程序等互联网载体上；

（六）其他合乎法律法规规定的标示方法。

第九条 地理标志专用标志合法使用人未按相应标准、管理规范或相关使用管理规则组织生产的，或者在 2 年内未在地理标志保护产品上使用专用标志的，知识产权管理部门停止其地理标志专用标志使用资格。

第十条 对于未经公告擅自使用或伪造地理标志专用标志的；或者使用与地理标志专用标志相近、易产生误解的名称或标识及可能误导消费者的文字或图案标志，使消费者将该产品误认为地理标志的行为，知识产权管理部门及相关执法部门依照法律法规和相关规定进行调查处理。

第十一条 省级知识产权管理部门应加强本辖区地理标志专用标志使用日常监管，定期向国家知识产权局报送上一年使用和监管信息。鼓励地理标志专用标志使用和日常监管信息通过地理标志保护信息平台向社会公开。

第十二条 原相关地理标志专用标志使用过渡期至 2020 年 12 月 31 日。在 2020 年 12 月 31 日前生产的使用原标志的产品可以继续在市场流通。

第十三条 本办法由国家知识产权局负责解释。

第十四条 本办法自发布之日起实施。

中华人民共和国种子法

（2000年7月8日第九届全国人民代表大会常务委员会第十六次会议通过，根据2004年8月28日第十届全国人民代表大会常务委员会第十一次会议《关于修改〈中华人民共和国种子法〉的决定》第一次修正，根据2013年6月29日第十二届全国人民代表大会常务委员会第三次会议《关于修改〈中华人民共和国文物保护法〉等十二部法律的决定》第二次修正，2015年11月4日第十二届全国人民代表大会常务委员会第十七次会议修订，根据2021年12月24日第十三届全国人民代表大会常务委员会第三十二次会议《关于修改〈中华人民共和国种子法〉的决定》第三次修正）

第一章 总 则

第一条 为了保护和合理利用种质资源，规范品种选育、种子生产经营和管理行为，加强种业科学技术研究，鼓励育种创新，保护植物新品种权，维护种子生产经营者、使用者的合法权益，提高种子质量，发展现代种业，保障国家粮食安全，促进农业和林业的发展，制定本法。

第二条 在中华人民共和国境内从事品种选育、种子生产经营和管理等活动，适用本法。

本法所称种子，是指农作物和林木的种植材料或者繁殖材料，包括籽粒、果实、根、茎、苗、芽、叶、花等。

第三条 国务院农业农村、林业草原主管部门分别主管全国农作物种子和林木种子工作；县级以上地方人民政府农业农村、林业草原主管部门分别主管本行政区域内农作物种子和林木种子工作。

各级人民政府及其有关部门应当采取措施，加强种子执法和监督，依法惩处侵害农民权益的种子违法行为。

第四条 国家扶持种质资源保护工作和选育、生产、更新、推广使用良种，鼓励品种选育和种子生产经营相结合，奖励在种质资源保护工作和良种选育、推广等工作中成绩显著的单位和个人。

第五条 省级以上人民政府应当根据科教兴农方针和农业、林业发展的需要制定种业发展规划并组织实施。

第六条 省级以上人民政府建立种子储备制度，主要用于发生灾害时的生产需要及余缺调剂，保障农业和林业生产安全。对储备的种子应当定期检验和更新。种子储备的具体办法由国务院规定。

第七条 转基因植物品种的选育、试验、审定和推广应当进行安全性评价，并采取严格的安全控制措施。国务院农业农村、林业草原主管部门应当加强跟踪监管并及时公告有关转基因植物品种审定和推广的信息。具体办法由国务院规定。

第二章 种质资源保护

第八条 国家依法保护种质资源，任何单位和个人不得侵占和破坏种质资源。

禁止采集或者采伐国家重点保护的天然

种质资源。因科研等特殊情况需要采集或者采伐的，应当经国务院或者省、自治区、直辖市人民政府的农业农村、林业草原主管部门批准。

第九条　国家有计划地普查、收集、整理、鉴定、登记、保存、交流和利用种质资源，重点收集珍稀、濒危、特有资源和特色地方品种，定期公布可供利用的种质资源目录。具体办法由国务院农业农村、林业草原主管部门规定。

第十条　国务院农业农村、林业草原主管部门应当建立种质资源库、种质资源保护区或者种质资源保护地。省、自治区、直辖市人民政府农业农村、林业草原主管部门可以根据需要建立种质资源库、种质资源保护区、种质资源保护地。种质资源库、种质资源保护区、种质资源保护地的种质资源属公共资源，依法开放利用。

占用种质资源库、种质资源保护区或者种质资源保护地的，需经原设立机关同意。

第十一条　国家对种质资源享有主权。任何单位和个人向境外提供种质资源，或者与境外机构、个人开展合作研究利用种质资源的，应当报国务院农业农村、林业草原主管部门批准，并同时提交国家共享惠益的方案。国务院农业农村、林业草原主管部门可以委托省、自治区、直辖市人民政府农业农村、林业草原主管部门接收申请材料。国务院农业农村、林业草原主管部门应当将批准情况通报国务院生态环境主管部门。

从境外引进种质资源的，依照国务院农业农村、林业草原主管部门的有关规定办理。

第三章　品种选育、审定与登记

第十二条　国家支持科研院所及高等院校重点开展育种的基础性、前沿性和应用技术研究以及生物育种技术研究，支持常规作物、主要造林树种育种和无性繁殖材料选育等公益性研究。

国家鼓励种子企业充分利用公益性研究成果，培育具有自主知识产权的优良品种；鼓励种子企业与科研院所及高等院校构建技术研发平台，开展主要粮食作物、重要经济作物育种攻关，建立以市场为导向、利益共享、风险共担的产学研相结合的种业技术创新体系。

国家加强种业科技创新能力建设，促进种业科技成果转化，维护种业科技人员的合法权益。

第十三条　由财政资金支持形成的育种发明专利权和植物新品种权，除涉及国家安全、国家利益和重大社会公共利益的外，授权项目承担者依法取得。

由财政资金支持为主形成的育种成果的转让、许可等应当依法公开进行，禁止私自交易。

第十四条　单位和个人因林业草原主管部门为选育林木良种建立测定林、试验林、优树收集区、基因库等而减少经济收入的，批准建立的林业草原主管部门应当按照国家有关规定给予经济补偿。

第十五条　国家对主要农作物和主要林木实行品种审定制度。主要农作物品种和主要林木品种在推广前应当通过国家级或者省级审定。由省、自治区、直辖市人民政府林业草原主管部门确定的主要林木品种实行省级审定。

申请审定的品种应当符合特异性、一致性、稳定性要求。

主要农作物品种和主要林木品种的审定办法由国务院农业农村、林业草原主管部门规定。审定办法应当体现公正、公开、科学、效率的原则，有利于产量、品质、抗性等的提高与协调，有利于适应市场和生活消费需要的品种的推广。在制定、修改审定办法时，应当充分听取育种者、种子使用者、生产经营者和相关行业代表意见。

第十六条　国务院和省、自治区、直辖市人民政府的农业农村、林业草原主管部门分别设立由专业人员组成的农作物品种和林木品种审定委员会。品种审定委员会承担主要农作物品种和主要林木品种的审定工作，建立包括申请文件、品种审定试验数据、种子样品、审定意见和审定结论等内容的审定档案，保证可追溯。在审定通过的品种依法公布的相关信息中应当包括审定意见情况，接受监督。

品种审定实行回避制度。品种审定委员会委员、工作人员及相关测试、试验人员应当忠于职守，公正廉洁。对单位和个人举报或者监督检查发现的上述人员的违法行为，省级以上人民政府农业农村、林业草原主管部门和有关机关应当及时依法处理。

第十七条 实行选育生产经营相结合，符合国务院农业农村、林业草原主管部门规定条件的种子企业，对其自主研发的主要农作物品种、主要林木品种可以按照审定办法自行完成试验，达到审定标准的，品种审定委员会应当颁发审定证书。种子企业对试验数据的真实性负责，保证可追溯，接受省级以上人民政府农业农村、林业草原主管部门和社会的监督。

第十八条 审定未通过的农作物品种和林木品种，申请人有异议的，可以向原审定委员会或者国家级审定委员会申请复审。

第十九条 通过国家级审定的农作物品种和林木良种由国务院农业农村、林业草原主管部门公告，可以在全国适宜的生态区域推广。通过省级审定的农作物品种和林木良种由省、自治区、直辖市人民政府农业农村、林业草原主管部门公告，可以在本行政区域内适宜的生态区域推广；其他省、自治区、直辖市属于同一适宜生态区的地域引种农作物品种、林木良种的，引种者应当将引种的品种和区域报所在省、自治区、直辖市人民政府农业农村、林业草原主管部门备案。

引种本地区没有自然分布的林木品种，应当按照国家引种标准通过试验。

第二十条 省、自治区、直辖市人民政府农业农村、林业草原主管部门应当完善品种选育、审定工作的区域协作机制，促进优良品种的选育和推广。

第二十一条 审定通过的农作物品种和林木良种出现不可克服的严重缺陷等情形不宜继续推广、销售的，经原审定委员会审核确认后，撤销审定，由原公告部门发布公告，停止推广、销售。

第二十二条 国家对部分非主要农作物实行品种登记制度。列入非主要农作物登记目录的品种在推广前应当登记。

实行品种登记的农作物范围应当严格控制，并根据保护生物多样性、保证消费安全和用种安全的原则确定。登记目录由国务院农业农村主管部门制定和调整。

申请者申请品种登记应当向省、自治区、直辖市人民政府农业农村主管部门提交申请文件和种子样品，并对其真实性负责，保证可追溯，接受监督检查。申请文件包括品种的种类、名称、来源、特性、育种过程以及特异性、一致性、稳定性测试报告等。

省、自治区、直辖市人民政府农业农村主管部门自受理品种登记申请之日起二十个工作日内，对申请者提交的申请文件进行书面审查，符合要求的，报国务院农业农村主管部门予以登记公告。

对已登记品种存在申请文件、种子样品不实的，由国务院农业农村主管部门撤销该品种登记，并将该申请者的违法信息记入社会诚信档案，向社会公布；给种子使用者和其他种子生产经营者造成损失的，依法承担赔偿责任。

对已登记品种出现不可克服的严重缺陷等情形的，由国务院农业农村主管部门撤销登记，并发布公告，停止推广。

非主要农作物品种登记办法由国务院农业农村主管部门规定。

第二十三条 应当审定的农作物品种未经审定的，不得发布广告、推广、销售。

应当审定的林木品种未经审定通过的，

不得作为良种推广、销售，但生产确需使用的，应当经林木品种审定委员会认定。

应当登记的农作物品种未经登记的，不得发布广告、推广，不得以登记品种的名义销售。

第二十四条　在中国境内没有经常居所或者营业场所的境外机构、个人在境内申请品种审定或者登记的，应当委托具有法人资格的境内种子企业代理。

第四章　新品种保护

第二十五条　国家实行植物新品种保护制度。对国家植物品种保护名录内经过人工选育或者发现的野生植物加以改良，具备新颖性、特异性、一致性、稳定性和适当命名的植物品种，由国务院农业农村、林业草原主管部门授予植物新品种权，保护植物新品种权所有人的合法权益。植物新品种权的内容和归属、授予条件、申请和受理、审查与批准，以及期限、终止和无效等依照本法、有关法律和行政法规规定执行。

国家鼓励和支持种业科技创新、植物新品种培育及成果转化。取得植物新品种权的品种得到推广应用的，育种者依法获得相应的经济利益。

第二十六条　一个植物新品种只能授予一项植物新品种权。两个以上的申请人分别就同一个品种申请植物新品种权的，植物新品种权授予最先申请的人；同时申请的，植物新品种权授予最先完成该品种育种的人。

对违反法律，危害社会公共利益、生态环境的植物新品种，不授予植物新品种权。

第二十七条　授予植物新品种权的植物新品种名称，应当与相同或者相近的植物属或者种中已知品种的名称相区别。该名称经授权后即为该植物新品种的通用名称。

下列名称不得用于授权品种的命名：

（一）仅以数字表示的；

（二）违反社会公德的；

（三）对植物新品种的特征、特性或者育种者身份等容易引起误解的。

同一植物品种在申请新品种保护、品种审定、品种登记、推广、销售时只能使用同一个名称。生产推广、销售的种子应当与申请植物新品种保护、品种审定、品种登记时提供的样品相符。

第二十八条　植物新品种权所有人对其授权品种享有排他的独占权。植物新品种权所有人可以将植物新品种权许可他人实施，并按照合同约定收取许可使用费；许可使用费可以采取固定价款、从推广收益中提成等方式收取。

任何单位或者个人未经植物新品种权所有人许可，不得生产、繁殖和为繁殖而进行处理、许诺销售、销售、进口、出口以及为实施上述行为储存该授权品种的繁殖材料，不得为商业目的将该授权品种的繁殖材料重复使用于生产另一品种的繁殖材料。本法、有关法律、行政法规另有规定的除外。

实施前款规定的行为，涉及由未经许可使用授权品种的繁殖材料而获得的收获材料的，应当得到植物新品种权所有人的许可；但是，植物新品种权所有人对繁殖材料已有合理机会行使其权利的除外。

对实质性派生品种实施第二款、第三款规定行为的，应当征得原始品种的植物新品种权所有人的同意。

实质性派生品种制度的实施步骤和办法由国务院规定。

第二十九条　在下列情况下使用授权品种的，可以不经植物新品种权所有人许可，不向其支付使用费，但不得侵犯植物新品种权所有人依照本法、有关法律、行政法规享有的其他权利：

（一）利用授权品种进行育种及其他科研活动；

（二）农民自繁自用授权品种的繁殖材料。

第三十条　为了国家利益或者社会公共利益，国务院农业农村、林业草原主管部门可以作出实施植物新品种权强制许可的决定，并予以登记和公告。

取得实施强制许可的单位或者个人不享有独占的实施权，并且无权允许他人实施。

第五章　种子生产经营

第三十一条　从事种子进出口业务的种子生产经营许可证，由国务院农业农村、林业草原主管部门核发。国务院农业农村、林业草原主管部门可以委托省、自治区、直辖市人民政府农业农村、林业草原主管部门接收申请材料。

从事主要农作物杂交种子及其亲本种子、林木良种繁殖材料生产经营的，以及符合国务院农业农村主管部门规定条件的实行选育生产经营相结合的农作物种子企业的种子生产经营许可证，由省、自治区、直辖市人民政府农业农村、林业草原主管部门核发。

前两款规定以外的其他种子的生产经营许可证，由生产经营者所在地县级以上地方人民政府农业农村、林业草原主管部门核发。

只从事非主要农作物种子和非主要林木种子生产的，不需要办理种子生产经营许可证。

第三十二条　申请取得种子生产经营许可证的，应当具有与种子生产经营相适应的生产经营设施、设备及专业技术人员，以及法规和国务院农业农村、林业草原主管部门规定的其他条件。

从事种子生产的，还应当同时具有繁殖种子的隔离和培育条件，具有无检疫性有害生物的种子生产地点或者县级以上人民政府林业草原主管部门确定的采种林。

申请领取具有植物新品种权的种子生产经营许可证的，应当征得植物新品种权所有人的书面同意。

第三十三条　种子生产经营许可证应当载明生产经营者名称、地址、法定代表人、生产种子的品种、地点和种子经营的范围、有效期限、有效区域等事项。

前款事项发生变更的，应当自变更之日起三十日内，向原核发许可证机关申请变更登记。

除本法另有规定外，禁止任何单位和个人无种子生产经营许可证或者违反种子生产经营许可证的规定生产、经营种子。禁止伪造、变造、买卖、租借种子生产经营许可证。

第三十四条　种子生产应当执行种子生产技术规程和种子检验、检疫规程，保证种子符合净度、纯度、发芽率等质量要求和检疫要求。

县级以上人民政府农业农村、林业草原主管部门应当指导、支持种子生产经营者采用先进的种子生产技术，改进生产工艺，提高种子质量。

第三十五条　在林木种子生产基地内采集种子的，由种子生产基地的经营者组织进行，采集种子应当按照国家有关标准进行。

禁止抢采掠青、损坏母树，禁止在劣质林内、劣质母树上采集种子。

第三十六条　种子生产经营者应当建立和保存包括种子来源、产地、数量、质量、销售去向、销售日期和有关责任人员等内容的生产经营档案，保证可追溯。种子生产经营档案的具体载明事项，种子生产经营档案及种子样品的保存期限由国务院农业农村、林业草原主管部门规定。

第三十七条　农民个人自繁自用的常规种子有剩余的，可以在当地集贸市场上出售、串换，不需要办理种子生产经营许可证。

第三十八条　种子生产经营许可证的有效区域由发证机关在其管辖范围内确定。种子生产经营者在种子生产经营许可证载明的有效区域设立分支机构的，专门经营不再分装的包装种子的，或者受具有种子生产经营许可证的种子生产经营者以书面委托生产、代销其种子的，不需要办理种子生产经营许可证，但应当向当地农业农村、林业草原主管部门备案。

实行选育生产经营相结合，符合国务院农业农村、林业草原主管部门规定条件的种子企业的生产经营许可证的有效区域为全国。

第三十九条　销售的种子应当加工、分级、包装。但是不能加工、包装的除外。

大包装或者进口种子可以分装；实行分装的，应当标注分装单位，并对种子质量负责。

第四十条　销售的种子应当符合国家或者行业标准，附有标签和使用说明。标签和使用说明标注的内容应当与销售的种子相符。种子生产经营者对标注内容的真实性和种子质量负责。

标签应当标注种子类别、品种名称、品种审定或者登记编号、品种适宜种植区域及季节、生产经营者及注册地、质量指标、检疫证明编号、种子生产经营许可证编号和信息代码，以及国务院农业农村、林业草原主管部门规定的其他事项。

销售授权品种种子的，应当标注品种权号。

销售进口种子的，应当附有进口审批文号和中文标签。

销售转基因植物品种种子的，必须用明显的文字标注，并应当提示使用时的安全控制措施。

种子生产经营者应当遵守有关法律、法规的规定，诚实守信，向种子使用者提供种子生产者信息、种子的主要性状、主要栽培措施、适应性等使用条件的说明、风险提示与有关咨询服务，不得作虚假或者引人误解的宣传。

任何单位和个人不得非法干预种子生产经营者的生产经营自主权。

第四十一条　种子广告的内容应当符合本法和有关广告的法律、法规的规定，主要性状描述等应当与审定、登记公告一致。

第四十二条　运输或者邮寄种子应当依照有关法律、行政法规的规定进行检疫。

第四十三条　种子使用者有权按照自己的意愿购买种子，任何单位和个人不得非法干预。

第四十四条　国家对推广使用林木良种造林给予扶持。国家投资或者国家投资为主的造林项目和国有林业单位造林，应当根据林业草原主管部门制定的计划使用林木良种。

第四十五条　种子使用者因种子质量问题或者因种子的标签和使用说明标注的内容不真实，遭受损失的，种子使用者可以向出售种子的经营者要求赔偿，也可以向种子生产者或者其他经营者要求赔偿。赔偿额包括购种价款、可得利益损失和其他损失。属于种子生产者或者其他经营者责任的，出售种子的经营者赔偿后，有权向种子生产者或者其他经营者追偿；属于出售种子的经营者责任的，种子生产者或者其他经营者赔偿后，有权向出售种子的经营者追偿。

第六章　种子监督管理

第四十六条　农业农村、林业草原主管部门应当加强对种子质量的监督检查。种子质量管理办法、行业标准和检验方法，由国务院农业农村、林业草原主管部门制定。

农业农村、林业草原主管部门可以采用国家规定的快速检测方法对生产经营的种子品种进行检测，检测结果可以作为行政处罚依据。被检查人对检测结果有异议的，可以申请复检，复检不得采用同一检测方法。因检测结果错误给当事人造成损失的，依法承担赔偿责任。

第四十七条　农业农村、林业草原主管部门可以委托种子质量检验机构对种子质量进行检验。

承担种子质量检验的机构应当具备相应的检测条件、能力，并经省级以上人民政府有关主管部门考核合格。

种子质量检验机构应当配备种子检验员。种子检验员应当具有中专以上有关专业学历，具备相应的种子检验技术能力和水平。

第四十八条 禁止生产经营假、劣种子。农业农村、林业草原主管部门和有关部门依法打击生产经营假、劣种子的违法行为，保护农民合法权益，维护公平竞争的市场秩序。

下列种子为假种子：

（一）以非种子冒充种子或者以此种品种种子冒充其他品种种子的；

（二）种子种类、品种与标签标注的内容不符或者没有标签的。

下列种子为劣种子：

（一）质量低于国家规定标准的；

（二）质量低于标签标注指标的；

（三）带有国家规定的检疫性有害生物的。

第四十九条 农业农村、林业草原主管部门是种子行政执法机关。种子执法人员依法执行公务时应当出示行政执法证件。农业农村、林业草原主管部门依法履行种子监督检查职责时，有权采取下列措施：

（一）进入生产经营场所进行现场检查；

（二）对种子进行取样测试、试验或者检验；

（三）查阅、复制有关合同、票据、账簿、生产经营档案及其他有关资料；

（四）查封、扣押有证据证明违法生产经营的种子，以及用于违法生产经营的工具、设备及运输工具等；

（五）查封违法从事种子生产经营活动的场所。

农业农村、林业草原主管部门依照本法规定行使职权，当事人应当协助、配合，不得拒绝、阻挠。

农业农村、林业草原主管部门所属的综合执法机构或者受其委托的种子管理机构，可以开展种子执法相关工作。

第五十条 种子生产经营者依法自愿成立种子行业协会，加强行业自律管理，维护成员合法权益，为成员和行业发展提供信息交流、技术培训、信用建设、市场营销和咨询等服务。

第五十一条 种子生产经营者可自愿向具有资质的认证机构申请种子质量认证。经认证合格的，可以在包装上使用认证标识。

第五十二条 由于不可抗力原因，为生产需要必须使用低于国家或者地方规定标准的农作物种子的，应当经用种地县级以上地方人民政府批准。

第五十三条 从事品种选育和种子生产经营以及管理的单位和个人应当遵守有关植物检疫法律、行政法规的规定，防止植物危险性病、虫、杂草及其他有害生物的传播和蔓延。

禁止任何单位和个人在种子生产基地从事检疫性有害生物接种试验。

第五十四条 省级以上人民政府农业农村、林业草原主管部门应当在统一的政府信息发布平台上发布品种审定、品种登记、新品种保护、种子生产经营许可、监督管理等信息。

国务院农业农村、林业草原主管部门建立植物品种标准样品库，为种子监督管理提供依据。

第五十五条 农业农村、林业草原主管部门及其工作人员，不得参与和从事种子生产经营活动。

第七章 种子进出口和对外合作

第五十六条 进口种子和出口种子必须实施检疫，防止植物危险性病、虫、杂草及其他有害生物传入境内和传出境外，具体检疫工作按照有关植物进出境检疫法律、行政法规的规定执行。

第五十七条 从事种子进出口业务的，应当具备种子生产经营许可证；其中，从事农作物种子进出口业务的，还应当按照国家有关规定取得种子进出口许可。

从境外引进农作物、林木种子的审定权限，农作物种子的进口审批办法，引进转基因植物品种的管理办法，由国务院规定。

第五十八条　进口种子的质量，应当达到国家标准或者行业标准。没有国家标准或者行业标准的，可以按照合同约定的标准执行。

第五十九条　为境外制种进口种子的，可以不受本法第五十七条第一款的限制，但应当具有对外制种合同，进口的种子只能用于制种，其产品不得在境内销售。

从境外引进农作物或者林木试验用种，应当隔离栽培，收获物也不得作为种子销售。

第六十条　禁止进出口假、劣种子以及属于国家规定不得进出口的种子。

第六十一条　国家建立种业国家安全审查机制。境外机构、个人投资、并购境内种子企业，或者与境内科研院所、种子企业开展技术合作，从事品种研发、种子生产经营的审批管理依照有关法律、行政法规的规定执行。

第八章　扶持措施

第六十二条　国家加大对种业发展的支持。对品种选育、生产、示范推广、种质资源保护、种子储备以及制种大县给予扶持。

国家鼓励推广使用高效、安全制种采种技术和先进适用的制种采种机械，将先进适用的制种采种机械纳入农机具购置补贴范围。

国家积极引导社会资金投资种业。

第六十三条　国家加强种业公益性基础设施建设，保障育种科研设施用地合理需求。

对优势种子繁育基地内的耕地，划入永久基本农田。优势种子繁育基地由国务院农业农村主管部门商所在省、自治区、直辖市人民政府确定。

第六十四条　对从事农作物和林木品种选育、生产的种子企业，按照国家有关规定给予扶持。

第六十五条　国家鼓励和引导金融机构为种子生产经营和收储提供信贷支持。

第六十六条　国家支持保险机构开展种子生产保险。省级以上人民政府可以采取保险费补贴等措施，支持发展种业生产保险。

第六十七条　国家鼓励科研院所及高等院校与种子企业开展育种科技人员交流，支持本单位的科技人员到种子企业从事育种成果转化活动；鼓励育种科研人才创新创业。

第六十八条　国务院农业农村、林业草原主管部门和异地繁育种子所在地的省、自治区、直辖市人民政府应当加强对异地繁育种子工作的管理和协调，交通运输部门应当优先保证种子的运输。

第九章　法律责任

第六十九条　农业农村、林业草原主管部门不依法作出行政许可决定，发现违法行为或者接到对违法行为的举报不予查处，或者有其他未依照本法规定履行职责的行为的，由本级人民政府或者上级人民政府有关部门责令改正，对负有责任的主管人员和其他直接责任人员依法给予处分。

违反本法第五十五条规定，农业农村、林业草原主管部门工作人员从事种子生产经营活动的，依法给予处分。

第七十条　违反本法第十六条规定，品种审定委员会委员和工作人员不依法履行职责，弄虚作假、徇私舞弊的，依法给予处分；自处分决定作出之日起五年内不得从事品种审定工作。

第七十一条　品种测试、试验和种子质量检验机构伪造测试、试验、检验数据或者出具虚假证明的，由县级以上人民政府农业农村、林业草原主管部门责令改正，对单位处五万元以上十万元以下罚款，对直接负责的主管人员和其他直接责任人员处一万元以上五万元以下罚款；有违法所得的，并处没收违法所得；给种子使用者和其他种子生产经营者造成损失的，与种子生产经营者承担连带责任；情节严重的，由省级以上人民政府有关主管部门取消种子质量检验资格。

第七十二条 违反本法第二十八条规定，有侵犯植物新品种权行为的，由当事人协商解决，不愿协商或者协商不成的，植物新品种权所有人或者利害关系人可以请求县级以上人民政府农业农村、林业草原主管部门进行处理，也可以直接向人民法院提起诉讼。

县级以上人民政府农业农村、林业草原主管部门，根据当事人自愿的原则，对侵犯植物新品种权所造成的损害赔偿可以进行调解。调解达成协议的，当事人应当履行；当事人不履行协议或者调解未达成协议的，植物新品种权所有人或者利害关系人可以依法向人民法院提起诉讼。

侵犯植物新品种权的赔偿数额按照权利人因被侵权所受到的实际损失确定；实际损失难以确定的，可以按照侵权人因侵权所获得的利益确定。权利人的损失或者侵权人获得的利益难以确定的，可以参照该植物新品种权许可使用费的倍数合理确定。故意侵犯植物新品种权，情节严重的，可以在按照上述方法确定数额的一倍以上五倍以下确定赔偿数额。

权利人的损失、侵权人获得的利益和植物新品种权许可使用费均难以确定的，人民法院可以根据植物新品种权的类型、侵权行为的性质和情节等因素，确定给予五百万元以下的赔偿。

赔偿数额应当包括权利人为制止侵权行为所支付的合理开支。

县级以上人民政府农业农村、林业草原主管部门处理侵犯植物新品种权案件时，为了维护社会公共利益，责令侵权人停止侵权行为，没收违法所得和种子；货值金额不足五万元的，并处一万元以上二十五万元以下罚款；货值金额五万元以上的，并处货值金额五倍以上十倍以下罚款。

假冒授权品种的，由县级以上人民政府农业农村、林业草原主管部门责令停止假冒行为，没收违法所得和种子；货值金额不足五万元的，并处一万元以上二十五万元以下罚款；货值金额五万元以上的，并处货值金额五倍以上十倍以下罚款。

第七十三条 当事人就植物新品种的申请权和植物新品种权的权属发生争议的，可以向人民法院提起诉讼。

第七十四条 违反本法第四十八条规定，生产经营假种子的，由县级以上人民政府农业农村、林业草原主管部门责令停止生产经营，没收违法所得和种子，吊销种子生产经营许可证；违法生产经营的货值金额不足二万元的，并处二万元以上二十万元以下罚款；货值金额二万元以上的，并处货值金额十倍以上二十倍以下罚款。

因生产经营假种子犯罪被判处有期徒刑以上刑罚的，种子企业或者其他单位的法定代表人、直接负责的主管人员自刑罚执行完毕之日起五年内不得担任种子企业的法定代表人、高级管理人员。

第七十五条 违反本法第四十八条规定，生产经营劣种子的，由县级以上人民政府农业农村、林业草原主管部门责令停止生产经营，没收违法所得和种子；违法生产经营的货值金额不足二万元的，并处一万元以上十万元以下罚款；货值金额二万元以上的，并处货值金额五倍以上十倍以下罚款；情节严重的，吊销种子生产经营许可证。

因生产经营劣种子犯罪被判处有期徒刑以上刑罚的，种子企业或者其他单位的法定代表人、直接负责的主管人员自刑罚执行完毕之日起五年内不得担任种子企业的法定代表人、高级管理人员。

第七十六条 违反本法第三十二条、第三十三条、第三十四条规定，有下列行为之一的，由县级以上人民政府农业农村、林业草原主管部门责令改正，没收违法所得和种子；违法生产经营的货值金额不足一万元的，并处三千元以上三万元以下罚款；货值金额一万元以上的，并处货值金额三倍以上五倍以下罚款；可以吊销种子生产经营许可证：

（一）未取得种子生产经营许可证生产经营种子的；

（二）以欺骗、贿赂等不正当手段取得种子生产经营许可证的；

（三）未按照种子生产经营许可证的规定生产经营种子的；

（四）伪造、变造、买卖、租借种子生产经营许可证的；

（五）不再具有繁殖种子的隔离和培育条件，或者不再具有无检疫性有害生物的种子生产地点或者县级以上人民政府林业草原主管部门确定的采种林，继续从事种子生产的；

（六）未执行种子检验、检疫规程生产种子的。

被吊销种子生产经营许可证的单位，其法定代表人、直接负责的主管人员自处罚决定作出之日起五年内不得担任种子企业的法定代表人、高级管理人员。

第七十七条　违反本法第二十一条、第二十二条、第二十三条规定，有下列行为之一的，由县级以上人民政府农业农村、林业草原主管部门责令停止违法行为，没收违法所得和种子，并处二万元以上二十万元以下罚款：

（一）对应当审定未经审定的农作物品种进行推广、销售的；

（二）作为良种推广、销售应当审定未经审定的林木品种的；

（三）推广、销售应当停止推广、销售的农作物品种或者林木良种的；

（四）对应当登记未经登记的农作物品种进行推广，或者以登记品种的名义进行销售的；

（五）对已撤销登记的农作物品种进行推广，或者以登记品种的名义进行销售的。

违反本法第二十三条、第四十一条规定，对应当审定未经审定或者应当登记未经登记的农作物品种发布广告，或者广告中有关品种的主要性状描述的内容与审定、登记公告不一致的，依照《中华人民共和国广告法》的有关规定追究法律责任。

第七十八条　违反本法第五十七条、第五十九条、第六十条规定，有下列行为之一的，由县级以上人民政府农业农村、林业草原主管部门责令改正，没收违法所得和种子；违法生产经营的货值金额不足一万元的，并处三千元以上三万元以下罚款；货值金额一万元以上的，并处货值金额三倍以上五倍以下罚款；情节严重的，吊销种子生产经营许可证：

（一）未经许可进出口种子的；

（二）为境外制种的种子在境内销售的；

（三）从境外引进农作物或者林木种子进行引种试验的收获物作为种子在境内销售的；

（四）进出口假、劣种子或者属于国家规定不得进出口的种子的。

第七十九条　违反本法第三十六条、第三十八条、第三十九条、第四十条规定，有下列行为之一的，由县级以上人民政府农业农村、林业草原主管部门责令改正，处二千元以上二万元以下罚款：

（一）销售的种子应当包装而没有包装的；

（二）销售的种子没有使用说明或者标签内容不符合规定的；

（三）涂改标签的；

（四）未按规定建立、保存种子生产经营档案的；

（五）种子生产经营者在异地设立分支机构、专门经营不再分装的包装种子或者受委托生产、代销种子，未按规定备案的。

第八十条　违反本法第八条规定，侵占、破坏种质资源，私自采集或者采伐国家重点保护的天然种质资源的，由县级以上人民政府农业农村、林业草原主管部门责令停止违法行为，没收种质资源和违法所得，并处五千元以上五万元以下罚款；造成损失的，依法承担赔偿责任。

第八十一条 违反本法第十一条规定，向境外提供或者从境外引进种质资源，或者与境外机构、个人开展合作研究利用种质资源的，由国务院或者省、自治区、直辖市人民政府的农业农村、林业草原主管部门没收种质资源和违法所得，并处二万元以上二十万元以下罚款。

未取得农业农村、林业草原主管部门的批准文件携带、运输种质资源出境的，海关应当将该种质资源扣留，并移送省、自治区、直辖市人民政府农业农村、林业草原主管部门处理。

第八十二条 违反本法第三十五条规定，抢采掠青、损坏母树或者在劣质林内、劣质母树上采种的，由县级以上人民政府林业草原主管部门责令停止采种行为，没收所采种子，并处所采种子货值金额二倍以上五倍以下罚款。

第八十三条 违反本法第十七条规定，种子企业有造假行为的，由省级以上人民政府农业农村、林业草原主管部门处一百万元以上五百万元以下罚款；不得再依照本法第十七条的规定申请品种审定；给种子使用者和其他种子生产经营者造成损失的，依法承担赔偿责任。

第八十四条 违反本法第四十四条规定，未根据林业草原主管部门制定的计划使用林木良种的，由同级人民政府林业草原主管部门责令限期改正；逾期未改正的，处三千元以上三万元以下罚款。

第八十五条 违反本法第五十三条规定，在种子生产基地进行检疫性有害生物接种试验的，由县级以上人民政府农业农村、林业草原主管部门责令停止试验，处五千元以上五万元以下罚款。

第八十六条 违反本法第四十九条规定，拒绝、阻挠农业农村、林业草原主管部门依法实施监督检查的，处二千元以上五万元以下罚款，可以责令停产停业整顿；构成违反治安管理行为的，由公安机关依法给予治安管理处罚。

第八十七条 违反本法第十三条规定，私自交易育种成果，给本单位造成经济损失的，依法承担赔偿责任。

第八十八条 违反本法第四十三条规定，强迫种子使用者违背自己的意愿购买、使用种子，给使用者造成损失的，应当承担赔偿责任。

第八十九条 违反本法规定，构成犯罪的，依法追究刑事责任。

第十章 附 则

第九十条 本法下列用语的含义是：

（一）种质资源是指选育植物新品种的基础材料，包括各种植物的栽培种、野生种的繁殖材料以及利用上述繁殖材料人工创造的各种植物的遗传材料。

（二）品种是指经过人工选育或者发现并经过改良，形态特征和生物学特性一致，遗传性状相对稳定的植物群体。

（三）主要农作物是指稻、小麦、玉米、棉花、大豆。

（四）主要林木由国务院林业草原主管部门确定并公布；省、自治区、直辖市人民政府林业草原主管部门可以在国务院林业草原主管部门确定的主要林木之外确定其他八种以下的主要林木。

（五）林木良种是指通过审定的主要林木品种，在一定的区域内，其产量、适应性、抗性等方面明显优于当前主栽材料的繁殖材料和种植材料。

（六）新颖性是指申请植物新品种权的品种在申请日前，经申请权人自行或者同意销售、推广其种子，在中国境内未超过一年；在境外，木本或者藤本植物未超过六年，其他植物未超过四年。

本法施行后新列入国家植物品种保护名录的植物的属或者种，从名录公布之日起一年内提出植物新品种权申请的，在境内销售、推广该品种种子未超过四年的，具备新颖性。

除销售、推广行为丧失新颖性外，下列情形视为已丧失新颖性：

1. 品种经省、自治区、直辖市人民政府农业农村、林业草原主管部门依据播种面积确认已经形成事实扩散的；

2. 农作物品种已审定或者登记两年以上未申请植物新品种权的。

（七）特异性是指一个植物品种有一个以上性状明显区别于已知品种。

（八）一致性是指一个植物品种的特性除可预期的自然变异外，群体内个体间相关的特征或者特性表现一致。

（九）稳定性是指一个植物品种经过反复繁殖后或者在特定繁殖周期结束时，其主要性状保持不变。

（十）实质性派生品种是指由原始品种实质性派生，或者由该原始品种的实质性派生品种派生出来的品种，与原始品种有明显区别，并且除派生引起的性状差异外，在表达由原始品种基因型或者基因型组合产生的基本性状方面与原始品种相同。

（十一）已知品种是指已受理申请或者已通过品种审定、品种登记、新品种保护，或者已经销售、推广的植物品种。

（十二）标签是指印制、粘贴、固定或者附着在种子、种子包装物表面的特定图案及文字说明。

第九十一条　国家加强中药材种质资源保护，支持开展中药材育种科学技术研究。

草种、烟草种、中药材种、食用菌菌种的种质资源管理和选育、生产经营、管理等活动，参照本法执行。

第九十二条　本法自2016年1月1日起施行。

中华人民共和国植物新品种保护条例

（1997年3月20日中华人民共和国国务院令第213号公布，根据2013年1月31日《国务院关于修改〈中华人民共和国植物新品种保护条例〉的决定》第一次修订，根据2014年7月29日《国务院关于修改部分行政法规的决定》第二次修订）

第一章　总　　则

第一条　为了保护植物新品种权，鼓励培育和使用植物新品种，促进农业、林业的发展，制定本条例。

第二条　本条例所称植物新品种，是指经过人工培育的或者对发现的野生植物加以开发，具备新颖性、特异性、一致性和稳定性并有适当命名的植物品种。

第三条　国务院农业、林业行政部门（以下统称审批机关）按照职责分工共同负责植物新品种权申请的受理和审查并对符合本条例规定的植物新品种授予植物新品种权（以下称品种权）。

第四条　完成关系国家利益或者公共利益并有重大应用价值的植物新品种育种的单位或者个人，由县级以上人民政府或者有关部门给予奖励。

第五条　生产、销售和推广被授予品种权的植物新品种（以下称授权品种），应当按照国家有关种子的法律、法规的规定审定。

第二章 品种权的内容和归属

第六条 完成育种的单位或者个人对其授权品种，享有排他的独占权。任何单位或者个人未经品种权所有人（以下称品种权人）许可，不得为商业目的生产或者销售该授权品种的繁殖材料，不得为商业目的将该授权品种的繁殖材料重复使用于生产另一品种的繁殖材料；但是，本条例另有规定的除外。

第七条 执行本单位的任务或者主要是利用本单位的物质条件所完成的职务育种，植物新品种的申请权属于该单位；非职务育种，植物新品种的申请权属于完成育种的个人。申请被批准后，品种权属于申请人。

委托育种或者合作育种，品种权的归属由当事人在合同中约定；没有合同约定的，品种权属于受委托完成或者共同完成育种的单位或者个人。

第八条 一个植物新品种只能授予一项品种权。两个以上的申请人分别就同一个植物新品种申请品种权的，品种权授予最先申请的人；同时申请的，品种权授予最先完成该植物新品种育种的人。

第九条 植物新品种的申请权和品种权可以依法转让。

中国的单位或者个人就其在国内培育的植物新品种向外国人转让申请权或者品种权的，应当经审批机关批准。

国有单位在国内转让申请权或者品种权的，应当按照国家有关规定报经有关行政主管部门批准。

转让申请权或者品种权的，当事人应当订立书面合同，并向审批机关登记，由审批机关予以公告。

第十条 在下列情况下使用授权品种的，可以不经品种权人许可，不向其支付使用费，但是不得侵犯品种权人依照本条例享有的其他权利：

（一）利用授权品种进行育种及其他科研活动；

（二）农民自繁自用授权品种的繁殖材料。

第十一条 为了国家利益或者公共利益，审批机关可以作出实施植物新品种强制许可的决定，并予以登记和公告。

取得实施强制许可的单位或者个人应当付给品种权人合理的使用费，其数额由双方商定；双方不能达成协议的，由审批机关裁决。

品种权人对强制许可决定或者强制许可使用费的裁决不服的，可以自收到通知之日起3个月内向人民法院提起诉讼。

第十二条 不论授权品种的保护期是否届满，销售该授权品种应当使用其注册登记的名称。

第三章 授予品种权的条件

第十三条 申请品种权的植物新品种应当属于国家植物品种保护名录中列举的植物的属或者种。植物品种保护名录由审批机关确定和公布。

第十四条 授予品种权的植物新品种应当具备新颖性。新颖性，是指申请品种权的植物新品种在申请日前该品种繁殖材料未被销售，或者经育种者许可，在中国境内销售该品种繁殖材料未超过1年；在中国境外销售藤本植物、林木、果树和观赏树木品种繁殖材料未超过6年，销售其他植物品种繁殖材料未超过4年。

第十五条 授予品种权的植物新品种应当具备特异性。特异性，是指申请品种权的植物新品种应当明显区别于在递交申请以前已知的植物品种。

第十六条 授予品种权的植物新品种应当具备一致性。一致性，是指申请品种权的植物新品种经过繁殖，除可以预见的变异外，其相关的特征或者特性一致。

第十七条　授予品种权的植物新品种应当具备稳定性。稳定性，是指申请品种权的植物新品种经过反复繁殖后或者在特定繁殖周期结束时，其相关的特征或者特性保持不变。

第十八条　授予品种权的植物新品种应当具备适当的名称，并与相同或者相近的植物属或者种中已知品种的名称相区别。该名称经注册登记后即为该植物新品种的通用名称。

下列名称不得用于品种命名：

（一）仅以数字组成的；

（二）违反社会公德的；

（三）对植物新品种的特征、特性或者育种者的身份等容易引起误解的。

第四章　品种权的申请和受理

第十九条　中国的单位和个人申请品种权的，可以直接或者委托代理机构向审批机关提出申请。

中国的单位和个人申请品种权的植物新品种涉及国家安全或者重大利益需要保密的，应当按照国家有关规定办理。

第二十条　外国人、外国企业或者外国其他组织在中国申请品种权的，应当按其所属国和中华人民共和国签订的协议或者共同参加的国际条约办理，或者根据互惠原则，依照本条例办理。

第二十一条　申请品种权的，应当向审批机关提交符合规定格式要求的请求书、说明书和该品种的照片。

申请文件应当使用中文书写。

第二十二条　审批机关收到品种权申请文件之日为申请日；申请文件是邮寄的，以寄出的邮戳日为申请日。

第二十三条　申请人自在外国第一次提出品种权申请之日起12个月内，又在中国就该植物新品种提出品种权申请的，依照该外国同中华人民共和国签订的协议或者共同参加的国际条约，或者根据相互承认优先权的原则，可以享有优先权。

申请人要求优先权的，应当在申请时提出书面说明，并在3个月内提交经原受理机关确认的第一次提出的品种权申请文件的副本；未依照本条例规定提出书面说明或者提交申请文件副本的，视为未要求优先权。

第二十四条　对符合本条例第二十一条规定的品种权申请，审批机关应当予以受理，明确申请日、给予申请号，并自收到申请之日起1个月内通知申请人缴纳申请费。

对不符合或者经修改仍不符合本条例第二十一条规定的品种权申请，审批机关不予受理，并通知申请人。

第二十五条　申请人可以在品种权授予前修改或者撤回品种权申请。

第二十六条　中国的单位或者个人将国内培育的植物新品种向国外申请品种权的，应当按照职责分工向省级人民政府农业、林业行政部门登记。

第五章　品种权的审查与批准

第二十七条　申请人缴纳申请费后，审批机关对品种权申请的下列内容进行初步审查：

（一）是否属于植物品种保护名录列举的植物属或者种的范围；

（二）是否符合本条例第二十条的规定；

（三）是否符合新颖性的规定；

（四）植物新品种的命名是否适当。

第二十八条　审批机关应当自受理品种权申请之日起6个月内完成初步审查。对经初步审查合格的品种权申请，审批机关予以公告，并通知申请人在3个月内缴纳审查费。

对经初步审查不合格的品种权申请，审批机关应当通知申请人在3个月内陈述意见或者予以修正；逾期未答复或者修正后仍然不合格的，驳回申请。

第二十九条　申请人按照规定缴纳审查

费后，审批机关对品种权申请的特异性、一致性和稳定性进行实质审查。

申请人未按照规定缴纳审查费的，品种权申请视为撤回。

第三十条 审批机关主要依据申请文件和其他有关书面材料进行实质审查。审批机关认为必要时，可以委托指定的测试机构进行测试或者考察业已完成的种植或者其他试验的结果。

因审查需要，申请人应当根据审批机关的要求提供必要的资料和该植物新品种的繁殖材料。

第三十一条 对经实质审查符合本条例规定的品种权申请，审批机关应当作出授予品种权的决定，颁发品种权证书，并予以登记和公告。

对经实质审查不符合本条例规定的品种权申请，审批机关予以驳回，并通知申请人。

第三十二条 审批机关设立植物新品种复审委员会。

对审批机关驳回品种权申请的决定不服的，申请人可以自收到通知之日起3个月内，向植物新品种复审委员会请求复审。植物新品种复审委员会应当自收到复审请求书之日起6个月内作出决定，并通知申请人。

申请人对植物新品种复审委员会的决定不服的，可以自接到通知之日起15日内向人民法院提起诉讼。

第三十三条 品种权被授予后，在自初步审查合格公告之日起至被授予品种权之日止的期间，对未经申请人许可，为商业目的生产或者销售该授权品种的繁殖材料的单位和个人，品种权人享有追偿的权利。

第六章 期限、终止和无效

第三十四条 品种权的保护期限，自授权之日起，藤本植物、林木、果树和观赏树木为20年，其他植物为15年。

第三十五条 品种权人应当自被授予品种权的当年开始缴纳年费，并且按照审批机关的要求提供用于检测的该授权品种的繁殖材料。

第三十六条 有下列情形之一的，品种权在其保护期限届满前终止：

（一）品种权人以书面声明放弃品种权的；

（二）品种权人未按照规定缴纳年费的；

（三）品种权人未按照审批机关的要求提供检测所需的该授权品种的繁殖材料的；

（四）经检测该授权品种不再符合被授予品种权时的特征和特性的。

品种权的终止，由审批机关登记和公告。

第三十七条 自审批机关公告授予品种权之日起，植物新品种复审委员会可以依据职权或者依据任何单位或者个人的书面请求，对不符合本条例第十四条、第十五条、第十六条和第十七条规定的，宣告品种权无效；对不符合本条例第十八条规定的，予以更名。宣告品种权无效或者更名的决定，由审批机关登记和公告，并通知当事人。

对植物新品种复审委员会的决定不服的，可以自收到通知之日起3个月内向人民法院提起诉讼。

第三十八条 被宣告无效的品种权视为自始不存在。

宣告品种权无效的决定，对在宣告前人民法院作出并已执行的植物新品种侵权的判决、裁定，省级以上人民政府农业、林业行政部门作出并已执行的植物新品种侵权处理决定，以及已经履行的植物新品种实施许可合同和植物新品种权转让合同，不具有追溯力；但是，因品种权人的恶意给他人造成损失的，应当给予合理赔偿。

依照前款规定，品种权人或者品种权转让人不向被许可实施人或者受让人返还使用费或者转让费，明显违反公平原则的，品种权人或者品种权转让人应当向被许可实施人或者受让人返还全部或者部分使用费或者转让费。

第七章　罚　　则

第三十九条　未经品种权人许可，以商业目的生产或者销售授权品种的繁殖材料的，品种权人或者利害关系人可以请求省级以上人民政府农业、林业行政部门依据各自的职权进行处理，也可以直接向人民法院提起诉讼。

省级以上人民政府农业、林业行政部门依据各自的职权，根据当事人自愿的原则，对侵权所造成的损害赔偿可以进行调解。调解达成协议的，当事人应当履行；调解未达成协议的，品种权人或者利害关系人可以依照民事诉讼程序向人民法院提起诉讼。

省级以上人民政府农业、林业行政部门依据各自的职权处理品种权侵权案件时，为维护社会公共利益，可以责令侵权人停止侵权行为，没收违法所得和植物品种繁殖材料；货值金额5万元以上的，可处货值金额1倍以上5倍以下的罚款；没有货值金额或者货值金额5万元以下的，根据情节轻重，可处25万元以下的罚款。

第四十条　假冒授权品种的，由县级以上人民政府农业、林业行政部门依据各自的职权责令停止假冒行为，没收违法所得和植物品种繁殖材料；货值金额5万元以上的，处货值金额1倍以上5倍以下的罚款；没有货值金额或者货值金额5万元以下的，根据情节轻重，处25万元以下的罚款；情节严重，构成犯罪的，依法追究刑事责任。

第四十一条　省级以上人民政府农业、林业行政部门依据各自的职权在查处品种权侵权案件和县级以上人民政府农业、林业行政部门依据各自的职权在查处假冒授权品种案件时，根据需要，可以封存或者扣押与案件有关的植物品种的繁殖材料，查阅、复制或者封存与案件有关的合同、账册及有关文件。

第四十二条　销售授权品种未使用其注册登记的名称的，由县级以上人民政府农业、林业行政部门依据各自的职权责令限期改正，可以处1000元以下的罚款。

第四十三条　当事人就植物新品种的申请权和品种权的权属发生争议的，可以向人民法院提起诉讼。

第四十四条　县级以上人民政府农业、林业行政部门的及有关部门的工作人员滥用职权、玩忽职守、徇私舞弊、索贿受贿，构成犯罪的，依法追究刑事责任；尚不构成犯罪的，依法给予行政处分。

第八章　附　　则

第四十五条　审批机关可以对本条例施行前首批列入植物品种保护名录的和本条例施行后新列入植物品种保护名录的植物属或者种的新颖性要求作出变通性规定。

第四十六条　本条例自1997年10月1日起施行。

中华人民共和国著作权法

（1990年9月7日第七届全国人民代表大会常务委员会第十五次会议通过，根据2001年10月27日第九届全国人民代表大会常务委员会第二十四次会议《关于修改〈中华人民共和国著作权法〉的决定》第一次修正，根据2010年2月26日第十一届全国人民代表大会常务委员会第十三次会议《关于修改〈中华人民共和国著作权法〉的决定》第二次修正，根据2020年11月11日第十三届全国人民代表大会常务委员会第二十三次会议《关于修改〈中华人民共和国著作权法〉的决定》第三次修正）

第一条　为保护文学、艺术和科学作品作者的著作权，以及与著作权有关的权益，鼓励有益于社会主义精神文明、物质文明建设的作品的创作和传播，促进社会主义文化和科学事业的发展与繁荣，根据宪法制定本法。

第二条　中国公民、法人或者非法人组织的作品，不论是否发表，依照本法享有著作权。

外国人、无国籍人的作品根据其作者所属国或者经常居住地国同中国签订的协议或者共同参加的国际条约享有的著作权，受本法保护。

外国人、无国籍人的作品首先在中国境内出版的，依照本法享有著作权。

未与中国签订协议或者共同参加国际条约的国家的作者以及无国籍人的作品首次在中国参加的国际条约的成员国出版的，或者在成员国和非成员国同时出版的，受本法保护。

第三条　本法所称的作品，是指文学、艺术和科学领域内具有独创性并能以一定形式表现的智力成果，包括：

（一）文字作品；

（二）口述作品；

（三）音乐、戏剧、曲艺、舞蹈、杂技艺术作品；

（四）美术、建筑作品；

（五）摄影作品；

（六）视听作品；

（七）工程设计图、产品设计图、地图、示意图等图形作品和模型作品；

（八）计算机软件；

（九）符合作品特征的其他智力成果。

第四条　著作权人和与著作权有关的权利人行使权利，不得违反宪法和法律，不得损害公共利益。国家对作品的出版、传播依法进行监督管理。

第五条　本法不适用于：

（一）法律、法规，国家机关的决议、决定、命令和其他具有立法、行政、司法性质的文件，及其官方正式译文；

（二）单纯事实消息；

（三）历法、通用数表、通用表格和公式。

第六条　民间文学艺术作品的著作权保护办法由国务院另行规定。

第七条　国家著作权主管部门负责全国

的著作权管理工作；县级以上地方主管著作权的部门负责本行政区域的著作权管理工作。

第八条　著作权人和与著作权有关的权利人可以授权著作权集体管理组织行使著作权或者与著作权有关的权利。依法设立的著作权集体管理组织是非营利法人，被授权后可以以自己的名义为著作权人和与著作权有关的权利人主张权利，并可以作为当事人进行涉及著作权或者与著作权有关的权利的诉讼、仲裁、调解活动。

著作权集体管理组织根据授权向使用者收取使用费。使用费的收取标准由著作权集体管理组织和使用者代表协商确定，协商不成的，可以向国家著作权主管部门申请裁决，对裁决不服的，可以向人民法院提起诉讼；当事人也可以直接向人民法院提起诉讼。

著作权集体管理组织应当将使用费的收取和转付、管理费的提取和使用、使用费的未分配部分等总体情况定期向社会公布，并应当建立权利信息查询系统，供权利人和使用者查询。国家著作权主管部门应当依法对著作权集体管理组织进行监督、管理。

著作权集体管理组织的设立方式、权利义务、使用费的收取和分配，以及对其监督和管理等由国务院另行规定。

第二章　著作权

第一节　著作权人及其权利

第九条　著作权人包括：

（一）作者；

（二）其他依照本法享有著作权的自然人、法人或者非法人组织。

第十条　著作权包括下列人身权和财产权：

（一）发表权，即决定作品是否公之于众的权利；

（二）署名权，即表明作者身份，在作品上署名的权利；

（三）修改权，即修改或者授权他人修改作品的权利；

（四）保护作品完整权，即保护作品不受歪曲、篡改的权利；

（五）复制权，即以印刷、复印、拓印、录音、录像、翻录、翻拍、数字化等方式将作品制作一份或者多份的权利；

（六）发行权，即以出售或者赠与方式向公众提供作品的原件或者复制件的权利；

（七）出租权，即有偿许可他人临时使用视听作品、计算机软件的原件或者复制件的权利，计算机软件不是出租的主要标的的除外；

（八）展览权，即公开陈列美术作品、摄影作品的原件或者复制件的权利；

（九）表演权，即公开表演作品，以及用各种手段公开播送作品的表演的权利；

（十）放映权，即通过放映机、幻灯机等技术设备公开再现美术、摄影、视听作品等的权利；

（十一）广播权，即以有线或者无线方式公开传播或者转播作品，以及通过扩音器或者其他传送符号、声音、图像的类似工具向公众传播广播的作品的权利，但不包括本款第十二项规定的权利；

（十二）信息网络传播权，即以有线或者无线方式向公众提供，使公众可以在其选定的时间和地点获得作品的权利；

（十三）摄制权，即以摄制视听作品的方法将作品固定在载体上的权利；

（十四）改编权，即改变作品，创作出具有独创性的新作品的权利；

（十五）翻译权，即将作品从一种语言文字转换成另一种语言文字的权利；

（十六）汇编权，即将作品或者作品的片段通过选择或者编排，汇集成新作品的权利；

（十七）应当由著作权人享有的其他权利。

著作权人可以许可他人行使前款第五项

至第十七项规定的权利，并依照约定或者本法有关规定获得报酬。

著作权人可以全部或者部分转让本条第一款第五项至第十七项规定的权利，并依照约定或者本法有关规定获得报酬。

第二节　著作权归属

第十一条　著作权属于作者，本法另有规定的除外。

创作作品的自然人是作者。

由法人或者非法人组织主持，代表法人或者非法人组织意志创作，并由法人或者非法人组织承担责任的作品，法人或者非法人组织视为作者。

第十二条　在作品上署名的自然人、法人或者非法人组织为作者，且该作品上存在相应权利，但有相反证明的除外。

作者等著作权人可以向国家著作权主管部门认定的登记机构办理作品登记。

与著作权有关的权利参照适用前两款规定。

第十三条　改编、翻译、注释、整理已有作品而产生的作品，其著作权由改编、翻译、注释、整理人享有，但行使著作权时不得侵犯原作品的著作权。

第十四条　两人以上合作创作的作品，著作权由合作作者共同享有。没有参加创作的人，不能成为合作作者。

合作作品的著作权由合作作者通过协商一致行使；不能协商一致，又无正当理由的，任何一方不得阻止他方行使除转让、许可他人专有使用、出质以外的其他权利，但是所得收益应当合理分配给所有合作作者。

合作作品可以分割使用的，作者对各自创作的部分可以单独享有著作权，但行使著作权时不得侵犯合作作品整体的著作权。

第十五条　汇编若干作品、作品的片段或者不构成作品的数据或者其他材料，对其内容的选择或者编排体现独创性的作品，为汇编作品，其著作权由汇编人享有，但行使著作权时，不得侵犯原作品的著作权。

第十六条　使用改编、翻译、注释、整理、汇编已有作品而产生的作品进行出版、演出和制作录音录像制品，应当取得该作品的著作权人和原作品的著作权人许可，并支付报酬。

第十七条　视听作品中的电影作品、电视剧作品的著作权由制作者享有，但编剧、导演、摄影、作词、作曲等作者享有署名权，并有权按照与制作者签订的合同获得报酬。

前款规定以外的视听作品的著作权归属由当事人约定；没有约定或者约定不明确的，由制作者享有，但作者享有署名权和获得报酬的权利。

视听作品中的剧本、音乐等可以单独使用的作品的作者有权单独行使其著作权。

第十八条　自然人为完成法人或者非法人组织工作任务所创作的作品是职务作品，除本条第二款的规定以外，著作权由作者享有，但法人或者非法人组织有权在其业务范围内优先使用。作品完成两年内，未经单位同意，作者不得许可第三人以与单位使用的相同方式使用该作品。

有下列情形之一的职务作品，作者享有署名权，著作权的其他权利由法人或者非法人组织享有，法人或者非法人组织可以给予作者奖励：

（一）主要是利用法人或者非法人组织的物质技术条件创作，并由法人或者非法人组织承担责任的工程设计图、产品设计图、地图、示意图、计算机软件等职务作品；

（二）报社、期刊社、通讯社、广播电台、电视台的工作人员创作的职务作品；

（三）法律、行政法规规定或者合同约定著作权由法人或者非法人组织享有的职务作品。

第十九条　受委托创作的作品，著作权的归属由委托人和受托人通过合同约定。合同未作明确约定或者没有订立合同的，著作权属于受托人。

第二十条　作品原件所有权的转移，不改变作品著作权的归属，但美术、摄影作品原件的展览权由原件所有人享有。

作者将未发表的美术、摄影作品的原件所有权转让给他人，受让人展览该原件不构成对作者发表权的侵犯。

第二十一条　著作权属于自然人的，自然人死亡后，其本法第十条第一款第五项至第十七项规定的权利在本法规定的保护期内，依法转移。

著作权属于法人或者非法人组织的，法人或者非法人组织变更、终止后，其本法第十条第一款第五项至第十七项规定的权利在本法规定的保护期内，由承受其权利义务的法人或者非法人组织享有；没有承受其权利义务的法人或者非法人组织的，由国家享有。

第三节　权利的保护期

第二十二条　作者的署名权、修改权、保护作品完整权的保护期不受限制。

第二十三条　自然人的作品，其发表权、本法第十条第一款第五项至第十七项规定的权利的保护期为作者终生及其死亡后五十年，截止于作者死亡后第五十年的12月31日；如果是合作作品，截止于最后死亡的作者死亡后第五十年的12月31日。

法人或者非法人组织的作品、著作权（署名权除外）由法人或者非法人组织享有的职务作品，其发表权的保护期为五十年，截止于作品创作完成后第五十年的12月31日；本法第十条第一款第五项至第十七项规定的权利的保护期为五十年，截止于作品首次发表后第五十年的12月31日，但作品自创作完成后五十年内未发表的，本法不再保护。

视听作品，其发表权的保护期为五十年，截止于作品创作完成后第五十年的12月31日；本法第十条第一款第五项至第十七项规定的权利的保护期为五十年，截止于作品首次发表后第五十年的12月31日，但作品自创作完成后五十年内未发表的，本法不再保护。

第四节　权利的限制

第二十四条　在下列情况下使用作品，可以不经著作权人许可，不向其支付报酬，但应当指明作者姓名或者名称、作品名称，并且不得影响该作品的正常使用，也不得不合理地损害著作权人的合法权益：

（一）为个人学习、研究或者欣赏，使用他人已经发表的作品；

（二）为介绍、评论某一作品或者说明某一问题，在作品中适当引用他人已经发表的作品；

（三）为报道新闻，在报纸、期刊、广播电台、电视台等媒体中不可避免地再现或者引用已经发表的作品；

（四）报纸、期刊、广播电台、电视台等媒体刊登或者播放其他报纸、期刊、广播电台、电视台等媒体已经发表的关于政治、经济、宗教问题的时事性文章，但著作权人声明不许刊登、播放的除外；

（五）报纸、期刊、广播电台、电视台等媒体刊登或者播放在公众集会上发表的讲话，但作者声明不许刊登、播放的除外；

（六）为学校课堂教学或者科学研究，翻译、改编、汇编、播放或者少量复制已经发表的作品，供教学或者科研人员使用，但不得出版发行；

（七）国家机关为执行公务在合理范围内使用已经发表的作品；

（八）图书馆、档案馆、纪念馆、博物馆、美术馆、文化馆等为陈列或者保存版本的需要，复制本馆收藏的作品；

（九）免费表演已经发表的作品，该表演未向公众收取费用，也未向表演者支付报酬，且不以营利为目的；

（十）对设置或者陈列在公共场所的艺术作品进行临摹、绘画、摄影、录像；

（十一）将中国公民、法人或者非法人组织已经发表的以国家通用语言文字创作的作品翻译成少数民族语言文字作品在国内出版发行；

（十二）以阅读障碍者能够感知的无障碍方式向其提供已经发表的作品；

（十三）法律、行政法规规定的其他情形。

前款规定适用于对与著作权有关的权利的限制。

第二十五条 为实施义务教育和国家教育规划而编写出版教科书，可以不经著作权人许可，在教科书中汇编已经发表的作品片段或者短小的文字作品、音乐作品或者单幅的美术作品、摄影作品、图形作品，但应当按照规定向著作权人支付报酬，指明作者姓名或者名称、作品名称，并且不得侵犯著作权人依照本法享有的其他权利。

前款规定适用于对与著作权有关的权利的限制。

第三章 著作权许可使用和转让合同

第二十六条 使用他人作品应当同著作权人订立许可使用合同，本法规定可以不经许可的除外。

许可使用合同包括下列主要内容：

（一）许可使用的权利种类；

（二）许可使用的权利是专有使用权或者非专有使用权；

（三）许可使用的地域范围、期间；

（四）付酬标准和办法；

（五）违约责任；

（六）双方认为需要约定的其他内容。

第二十七条 转让本法第十条第一款第五项至第十七项规定的权利，应当订立书面合同。

权利转让合同包括下列主要内容：

（一）作品的名称；

（二）转让的权利种类、地域范围；

（三）转让价金；

（四）交付转让价金的日期和方式；

（五）违约责任；

（六）双方认为需要约定的其他内容。

第二十八条 以著作权中的财产权出质的，由出质人和质权人依法办理出质登记。

第二十九条 许可使用合同和转让合同中著作权人未明确许可、转让的权利，未经著作权人同意，另一方当事人不得行使。

第三十条 使用作品的付酬标准可以由当事人约定，也可以按照国家著作权主管部门会同有关部门制定的付酬标准支付报酬。当事人约定不明确的，按照国家著作权主管部门会同有关部门制定的付酬标准支付报酬。

第三十一条 出版者、表演者、录音录像制作者、广播电台、电视台等依照本法有关规定使用他人作品的，不得侵犯作者的署名权、修改权、保护作品完整权和获得报酬的权利。

第四章 与著作权有关的权利

第一节 图书、报刊的出版

第三十二条 图书出版者出版图书应当和著作权人订立出版合同，并支付报酬。

第三十三条 图书出版者对著作权人交付出版的作品，按照合同约定享有的专有出版权受法律保护，他人不得出版该作品。

第三十四条 著作权人应当按照合同约定期限交付作品。图书出版者应当按照合同约定的出版质量、期限出版图书。

图书出版者不按照合同约定期限出版，应当依照本法第六十一条的规定承担民事责任。

图书出版者重印、再版作品的，应当通知著作权人，并支付报酬。图书脱销后，图书出版者拒绝重印、再版的，著作权人有权终止合同。

第三十五条 著作权人向报社、期刊社投稿的，自稿件发出之日起十五日内未收到报社通知决定刊登的，或者自稿件发出之日起三十日内未收到期刊社通知决定刊登的，可以将同一作品向其他报社、期刊社投稿。双方另有约定的除外。

作品刊登后，除著作权人声明不得转载、摘编的外，其他报刊可以转载或者作为文摘、资料刊登，但应当按照规定向著作权人支付报酬。

第三十六条　图书出版者经作者许可，可以对作品修改、删节。

报社、期刊社可以对作品作文字性修改、删节。对内容的修改，应当经作者许可。

第三十七条　出版者有权许可或者禁止他人使用其出版的图书、期刊的版式设计。

前款规定的权利的保护期为十年，截止于使用该版式设计的图书、期刊首次出版后第十年的12月31日。

第二节　表　　演

第三十八条　使用他人作品演出，表演者应当取得著作权人许可，并支付报酬。演出组织者组织演出，由该组织者取得著作权人许可，并支付报酬。

第三十九条　表演者对其表演享有下列权利：

（一）表明表演者身份；

（二）保护表演形象不受歪曲；

（三）许可他人从现场直播和公开传送其现场表演，并获得报酬；

（四）许可他人录音录像，并获得报酬；

（五）许可他人复制、发行、出租录有其表演的录音录像制品，并获得报酬；

（六）许可他人通过信息网络向公众传播其表演，并获得报酬。

被许可人以前款第三项至第六项规定的方式使用作品，还应当取得著作权人许可，并支付报酬。

第四十条　演员为完成本演出单位的演出任务进行的表演为职务表演，演员享有表明身份和保护表演形象不受歪曲的权利，其他权利归属由当事人约定。当事人没有约定或者约定不明确的，职务表演的权利由演出单位享有。

职务表演的权利由演员享有的，演出单位可以在其业务范围内免费使用该表演。

第四十一条　本法第三十九条第一款第一项、第二项规定的权利的保护期不受限制。

本法第三十九条第一款第三项至第六项规定的权利的保护期为五十年，截止于该表演发生后第五十年的12月31日。

第三节　录音录像

第四十二条　录音录像制作者使用他人作品制作录音录像制品，应当取得著作权人许可，并支付报酬。

录音制作者使用他人已经合法录制为录音制品的音乐作品制作录音制品，可以不经著作权人许可，但应当按照规定支付报酬；著作权人声明不许使用的不得使用。

第四十三条　录音录像制作者制作录音录像制品，应当同表演者订立合同，并支付报酬。

第四十四条　录音录像制作者对其制作的录音录像制品，享有许可他人复制、发行、出租、通过信息网络向公众传播并获得报酬的权利；权利的保护期为五十年，截止于该制品首次制作完成后第五十年的12月31日。

被许可人复制、发行、通过信息网络向公众传播录音录像制品，应当同时取得著作权人、表演者许可，并支付报酬；被许可人出租录音录像制品，还应当取得表演者许可，并支付报酬。

第四十五条　将录音制品用于有线或者无线公开传播，或者通过传送声音的技术设备向公众公开播送的，应当向录音制作者支付报酬。

第四节 广播电台、电视台播放

第四十六条 广播电台、电视台播放他人未发表的作品，应当取得著作权人许可，并支付报酬。

广播电台、电视台播放他人已发表的作品，可以不经著作权人许可，但应当按照规定支付报酬。

第四十七条 广播电台、电视台有权禁止未经其许可的下列行为：

（一）将其播放的广播、电视以有线或者无线方式转播；

（二）将其播放的广播、电视录制以及复制；

（三）将其播放的广播、电视通过信息网络向公众传播。

广播电台、电视台行使前款规定的权利，不得影响、限制或者侵害他人行使著作权或者与著作权有关的权利。

本条第一款规定的权利的保护期为五十年，截止于该广播、电视首次播放后第五十年的12月31日。

第四十八条 电视台播放他人的视听作品、录像制品，应当取得视听作品著作权人或者录像制作者许可，并支付报酬；播放他人的录像制品，还应当取得著作权人许可，并支付报酬。

第五章 著作权和与著作权有关的权利的保护

第四十九条 为保护著作权和与著作权有关的权利，权利人可以采取技术措施。

未经权利人许可，任何组织或者个人不得故意避开或者破坏技术措施，不得以避开或者破坏技术措施为目的制造、进口或者向公众提供有关装置或者部件，不得故意为他人避开或者破坏技术措施提供技术服务。但是，法律、行政法规规定可以避开的情形除外。

本法所称的技术措施，是指用于防止、限制未经权利人许可浏览、欣赏作品、表演、录音录像制品或者通过信息网络向公众提供作品、表演、录音录像制品的有效技术、装置或者部件。

第五十条 下列情形可以避开技术措施，但不得向他人提供避开技术措施的技术、装置或者部件，不得侵犯权利人依法享有的其他权利：

（一）为学校课堂教学或者科学研究，提供少量已经发表的作品，供教学或者科研人员使用，而该作品无法通过正常途径获取；

（二）不以营利为目的，以阅读障碍者能够感知的无障碍方式向其提供已经发表的作品，而该作品无法通过正常途径获取；

（三）国家机关依照行政、监察、司法程序执行公务；

（四）对计算机及其系统或者网络的安全性能进行测试；

（五）进行加密研究或者计算机软件反向工程研究。

前款规定适用于对与著作权有关的权利的限制。

第五十一条 未经权利人许可，不得进行下列行为：

（一）故意删除或者改变作品、版式设计、表演、录音录像制品或者广播、电视上的权利管理信息，但由于技术上的原因无法避免的除外；

（二）知道或者应当知道作品、版式设计、表演、录音录像制品或者广播、电视上的权利管理信息未经许可被删除或者改变，仍然向公众提供。

第五十二条 有下列侵权行为的，应当根据情况，承担停止侵害、消除影响、赔礼道歉、赔偿损失等民事责任：

（一）未经著作权人许可，发表其作品的；

（二）未经合作作者许可，将与他人合作创作的作品当作自己单独创作的作品发表的；

（三）没有参加创作，为谋取个人名利，在他人作品上署名的；

（四）歪曲、篡改他人作品的；

（五）剽窃他人作品的；

（六）未经著作权人许可，以展览、摄制视听作品的方法使用作品，或者以改编、翻译、注释等方式使用作品的，本法另有规定的除外；

（七）使用他人作品，应当支付报酬而未支付的；

（八）未经视听作品、计算机软件、录音录像制品的著作权人、表演者或者录音录像制作者许可，出租其作品或者录音录像制品的原件或者复制件的，本法另有规定的除外；

（九）未经出版者许可，使用其出版的图书、期刊的版式设计的；

（十）未经表演者许可，从现场直播或者公开传送其现场表演，或者录制其表演的；

（十一）其他侵犯著作权以及与著作权有关的权利的行为。

第五十三条　有下列侵权行为的，应当根据情况，承担本法第五十二条规定的民事责任；侵权行为同时损害公共利益的，由主管著作权的部门责令停止侵权行为，予以警告，没收违法所得，没收、无害化销毁处理侵权复制品以及主要用于制作侵权复制品的材料、工具、设备等，违法经营额五万元以上的，可以并处违法经营额一倍以上五倍以下的罚款；没有违法经营额、违法经营额难以计算或者不足五万元的，可以并处二十五万元以下的罚款；构成犯罪的，依法追究刑事责任：

（一）未经著作权人许可，复制、发行、表演、放映、广播、汇编、通过信息网络向公众传播其作品的，本法另有规定的除外；

（二）出版他人享有专有出版权的图书的；

（三）未经表演者许可，复制、发行录有其表演的录音录像制品，或者通过信息网络向公众传播其表演的，本法另有规定的除外；

（四）未经录音录像制作者许可，复制、发行、通过信息网络向公众传播其制作的录音录像制品的，本法另有规定的除外；

（五）未经许可，播放、复制或者通过信息网络向公众传播广播、电视的，本法另有规定的除外；

（六）未经著作权人或者与著作权有关的权利人许可，故意避开或者破坏技术措施的，故意制造、进口或者向他人提供主要用于避开、破坏技术措施的装置或者部件的，或者故意为他人避开或者破坏技术措施提供技术服务的，法律、行政法规另有规定的除外；

（七）未经著作权人或者与著作权有关的权利人许可，故意删除或者改变作品、版式设计、表演、录音录像制品或者广播、电视上的权利管理信息的，知道或者应当知道作品、版式设计、表演、录音录像制品或者广播、电视上的权利管理信息未经许可被删除或者改变，仍然向公众提供的，法律、行政法规另有规定的除外；

（八）制作、出售假冒他人署名的作品的。

第五十四条　侵犯著作权或者与著作权有关的权利的，侵权人应当按照权利人因此受到的实际损失或者侵权人的违法所得给予赔偿；权利人的实际损失或者侵权人的违法所得难以计算的，可以参照该权利使用费给予赔偿。对故意侵犯著作权或者与著作权有关的权利，情节严重的，可以在按照上述方法确定数额的一倍以上五倍以下给予赔偿。

权利人的实际损失、侵权人的违法所得、权利使用费难以计算的，由人民法院根据侵权行为的情节，判决给予五百元以上五百万元以下的赔偿。

赔偿数额还应当包括权利人为制止侵权行为所支付的合理开支。

人民法院为确定赔偿数额，在权利人已经尽了必要举证责任，而与侵权行为相关的账簿、资料等主要由侵权人掌握的，可以责令侵权人提供与侵权行为相关的账簿、资料等；侵权人不提供，或者提供虚假的账簿、资料等的，人民法院可以参考权利人的主张和提供的证据确定赔偿数额。

人民法院审理著作权纠纷案件，应权利人请求，对侵权复制品，除特殊情况外，责令销毁；对主要用于制造侵权复制品的材料、工具、设备等，责令销毁，且不予补偿；或者在特殊情况下，责令禁止前述材料、工具、设备等进入商业渠道，且不予补偿。

第五十五条 主管著作权的部门对涉嫌侵犯著作权和与著作权有关的权利的行为进行查处时，可以询问有关当事人，调查与涉嫌违法行为有关的情况；对当事人涉嫌违法行为的场所和物品实施现场检查；查阅、复制与涉嫌违法行为有关的合同、发票、账簿以及其他有关资料；对于涉嫌违法行为的场所和物品，可以查封或者扣押。

主管著作权的部门依法行使前款规定的职权时，当事人应当予以协助、配合，不得拒绝、阻挠。

第五十六条 著作权人或者与著作权有关的权利人有证据证明他人正在实施或者即将实施侵犯其权利、妨碍其实现权利的行为，如不及时制止将会使其合法权益受到难以弥补的损害的，可以在起诉前依法向人民法院申请采取财产保全、责令作出一定行为或者禁止作出一定行为等措施。

第五十七条 为制止侵权行为，在证据可能灭失或者以后难以取得的情况下，著作权人或者与著作权有关的权利人可以在起诉前依法向人民法院申请保全证据。

第五十八条 人民法院审理案件，对于侵犯著作权或者与著作权有关的权利的，可以没收违法所得、侵权复制品以及进行违法活动的财物。

第五十九条 复制品的出版者、制作者不能证明其出版、制作有合法授权的，复制品的发行者或者视听作品、计算机软件、录音录像制品的复制品的出租者不能证明其发行、出租的复制品有合法来源的，应当承担法律责任。

在诉讼程序中，被诉侵权人主张其不承担侵权责任的，应当提供证据证明已经取得权利人的许可，或者具有本法规定的不经权利人许可而可以使用的情形。

第六十条 著作权纠纷可以调解，也可以根据当事人达成的书面仲裁协议或者著作权合同中的仲裁条款，向仲裁机构申请仲裁。

当事人没有书面仲裁协议，也没有在著作权合同中订立仲裁条款的，可以直接向人民法院起诉。

第六十一条 当事人因不履行合同义务或者履行合同义务不符合约定而承担民事责任，以及当事人行使诉讼权利、申请保全等，适用有关法律的规定。

第六章 附 则

第六十二条 本法所称的著作权即版权。

第六十三条 本法第二条所称的出版，指作品的复制、发行。

第六十四条 计算机软件、信息网络传播权的保护办法由国务院另行规定。

第六十五条 摄影作品，其发表权、本法第十条第一款第五项至第十七项规定的权利的保护期在 2021 年 6 月 1 日前已经届满，但依据本法第二十三条第一款的规定仍在保护期内的，不再保护。

第六十六条 本法规定的著作权人和出版者、表演者、录音录像制作者、广播电台、电视台的权利，在本法施行之日尚未超过本法规定的保护期的，依照本法予以保护。

本法施行前发生的侵权或者违约行为，依照侵权或者违约行为发生时的有关规定处理。

第六十七条 本法自 1991 年 6 月 1 日起施行。

中华人民共和国专利法

（1984 年 3 月 12 日第六届全国人民代表大会常务委员会第四次会议通过，根据 1992 年 9 月 4 日第七届全国人民代表大会常务委员会第二十七次会议《关于修改〈中华人民共和国专利法〉的决定》第一次修正，根据 2000 年 8 月 25 日第九届全国人民代表大会常务委员会第十七次会议《关于修改〈中华人民共和国专利法〉的决定》第二次修正，根据 2008 年 12 月 27 日第十一届全国人民代表大会常务委员会第六次会议《关于修改〈中华人民共和国专利法〉的决定》第三次修正，根据 2020 年 10 月 17 日第十三届全国人民代表大会常务委员会第二十二次会议《关于修改〈中华人民共和国专利法〉的决定》第四次修正）

第一章　总　　则

第一条　为了保护专利权人的合法权益，鼓励发明创造，推动发明创造的应用，提高创新能力，促进科学技术进步和经济社会发展，制定本法。

第二条　本法所称的发明创造是指发明、实用新型和外观设计。

发明，是指对产品、方法或者其改进所提出的新的技术方案。

实用新型，是指对产品的形状、构造或者其结合所提出的适于实用的新的技术方案。

外观设计，是指对产品的整体或者局部的形状、图案或者其结合以及色彩与形状、图案的结合所作出的富有美感并适于工业应用的新设计。

第三条　国务院专利行政部门负责管理全国的专利工作；统一受理和审查专利申请，依法授予专利权。

省、自治区、直辖市人民政府管理专利工作的部门负责本行政区域内的专利管理工作。

第四条　申请专利的发明创造涉及国家安全或者重大利益需要保密的，按照国家有关规定办理。

第五条　对违反法律、社会公德或者妨害公共利益的发明创造，不授予专利权。

对违反法律、行政法规的规定获取或者利用遗传资源，并依赖该遗传资源完成的发明创造，不授予专利权。

第六条　执行本单位的任务或者主要是利用本单位的物质技术条件所完成的发明创造为职务发明创造。职务发明创造申请专利的权利属于该单位，申请被批准后，该单位为专利权人。该单位可以依法处置其职务发明创造申请专利的权利和专利权，促进相关发明创造的实施和运用。

非职务发明创造，申请专利的权利属于发明人或者设计人；申请被批准后，该发明人或者设计人为专利权人。

利用本单位的物质技术条件所完成的发明创造，单位与发明人或者设计人订有合同，对申请专利的权利和专利权的归属作出约定的，从其约定。

第七条　对发明人或者设计人的非职务

发明创造专利申请，任何单位或者个人不得压制。

第八条 两个以上单位或者个人合作完成的发明创造、一个单位或者个人接受其他单位或者个人委托所完成的发明创造，除另有协议的以外，申请专利的权利属于完成或者共同完成的单位或者个人；申请被批准后，申请的单位或者个人为专利权人。

第九条 同样的发明创造只能授予一项专利权。但是，同一申请人同日对同样的发明创造既申请实用新型专利又申请发明专利，先获得的实用新型专利权尚未终止，且申请人声明放弃该实用新型专利权的，可以授予发明专利权。

两个以上的申请人分别就同样的发明创造申请专利的，专利权授予最先申请的人。

第十条 专利申请权和专利权可以转让。

中国单位或者个人向外国人、外国企业或者外国其他组织转让专利申请权或者专利权的，应当依照有关法律、行政法规的规定办理手续。

转让专利申请权或者专利权的，当事人应当订立书面合同，并向国务院专利行政部门登记，由国务院专利行政部门予以公告。专利申请权或者专利权的转让自登记之日起生效。

第十一条 发明和实用新型专利权被授予后，除本法另有规定的以外，任何单位或者个人未经专利权人许可，都不得实施其专利，即不得为生产经营目的制造、使用、许诺销售、销售、进口其专利产品，或者使用其专利方法以及使用、许诺销售、销售、进口依照该专利方法直接获得的产品。

外观设计专利权被授予后，任何单位或者个人未经专利权人许可，都不得实施其专利，即不得为生产经营目的制造、许诺销售、销售、进口其外观设计专利产品。

第十二条 任何单位或者个人实施他人专利的，应当与专利权人订立实施许可合同，向专利权人支付专利使用费。被许可人无权允许合同规定以外的任何单位或者个人实施该专利。

第十三条 发明专利申请公布后，申请人可以要求实施其发明的单位或者个人支付适当的费用。

第十四条 专利申请权或者专利权的共有人对权利的行使有约定的，从其约定。没有约定的，共有人可以单独实施或者以普通许可方式许可他人实施该专利；许可他人实施该专利的，收取的使用费应当在共有人之间分配。

除前款规定的情形外，行使共有的专利申请权或者专利权应当取得全体共有人的同意。

第十五条 被授予专利权的单位应当对职务发明创造的发明人或者设计人给予奖励；发明创造专利实施后，根据其推广应用的范围和取得的经济效益，对发明人或者设计人给予合理的报酬。

国家鼓励被授予专利权的单位实行产权激励，采取股权、期权、分红等方式，使发明人或者设计人合理分享创新收益。

第十六条 发明人或者设计人有权在专利文件中写明自己是发明人或者设计人。

专利权人有权在其专利产品或者该产品的包装上标明专利标识。

第十七条 在中国没有经常居所或者营业所的外国人、外国企业或者外国其他组织在中国申请专利的，依照其所属国同中国签订的协议或者共同参加的国际条约，或者依照互惠原则，根据本法办理。

第十八条 在中国没有经常居所或者营业所的外国人、外国企业或者外国其他组织在中国申请专利和办理其他专利事务的，应当委托依法设立的专利代理机构办理。

中国单位或者个人在国内申请专利和办理其他专利事务的，可以委托依法设立的专利代理机构办理。

专利代理机构应当遵守法律、行政法

规，按照被代理人的委托办理专利申请或者其他专利事务；对被代理人发明创造的内容，除专利申请已经公布或者公告的以外，负有保密责任。专利代理机构的具体管理办法由国务院规定。

第十九条　任何单位或者个人将在中国完成的发明或者实用新型向外国申请专利的，应当事先报经国务院专利行政部门进行保密审查。保密审查的程序、期限等按照国务院的规定执行。

中国单位或者个人可以根据中华人民共和国参加的有关国际条约提出专利国际申请。申请人提出专利国际申请的，应当遵守前款规定。

国务院专利行政部门依照中华人民共和国参加的有关国际条约、本法和国务院有关规定处理专利国际申请。

对违反本条第一款规定向外国申请专利的发明或者实用新型，在中国申请专利的，不授予专利权。

第二十条　申请专利和行使专利权应当遵循诚实信用原则。不得滥用专利权损害公共利益或者他人合法权益。

滥用专利权，排除或者限制竞争，构成垄断行为的，依照《中华人民共和国反垄断法》处理。

第二十一条　国务院专利行政部门应当按照客观、公正、准确、及时的要求，依法处理有关专利的申请和请求。

国务院专利行政部门应当加强专利信息公共服务体系建设，完整、准确、及时发布专利信息，提供专利基础数据，定期出版专利公报，促进专利信息传播与利用。

在专利申请公布或者公告前，国务院专利行政部门的工作人员及有关人员对其内容负有保密责任。

第二章　授予专利权的条件

第二十二条　授予专利权的发明和实用新型，应当具备新颖性、创造性和实用性。

新颖性，是指该发明或者实用新型不属于现有技术；也没有任何单位或者个人就同样的发明或者实用新型在申请日以前向国务院专利行政部门提出过申请，并记载在申请日以后公布的专利申请文件或者公告的专利文件中。

创造性，是指与现有技术相比，该发明具有突出的实质性特点和显著的进步，该实用新型具有实质性特点和进步。

实用性，是指该发明或者实用新型能够制造或者使用，并且能够产生积极效果。

本法所称现有技术，是指申请日以前在国内外为公众所知的技术。

第二十三条　授予专利权的外观设计，应当不属于现有设计；也没有任何单位或者个人就同样的外观设计在申请日以前向国务院专利行政部门提出过申请，并记载在申请日以后公告的专利文件中。

授予专利权的外观设计与现有设计或者现有设计特征的组合相比，应当具有明显区别。

授予专利权的外观设计不得与他人在申请日以前已经取得的合法权利相冲突。

本法所称现有设计，是指申请日以前在国内外为公众所知的设计。

第二十四条　申请专利的发明创造在申请日以前六个月内，有下列情形之一的，不丧失新颖性：

（一）在国家出现紧急状态或者非常情况时，为公共利益目的首次公开的；

（二）在中国政府主办或者承认的国际展览会上首次展出的；

（三）在规定的学术会议或者技术会议上首次发表的；

（四）他人未经申请人同意而泄露其内容的。

第二十五条　对下列各项，不授予专利权：

（一）科学发现；

（二）智力活动的规则和方法；

（三）疾病的诊断和治疗方法；

（四）动物和植物品种；

（五）原子核变换方法以及用原子核变换方法获得的物质；

（六）对平面印刷品的图案、色彩或者二者的结合作出的主要起标识作用的设计。

对前款第（四）项所列产品的生产方法，可以依照本法规定授予专利权。

第三章 专利的申请

第二十六条 申请发明或者实用新型专利的，应当提交请求书、说明书及其摘要和权利要求书等文件。

请求书应当写明发明或者实用新型的名称，发明人的姓名，申请人姓名或者名称、地址，以及其他事项。

说明书应当对发明或者实用新型作出清楚、完整的说明，以所属技术领域的技术人员能够实现为准；必要的时候，应当有附图。摘要应当简要说明发明或者实用新型的技术要点。

权利要求书应当以说明书为依据，清楚、简要地限定要求专利保护的范围。

依赖遗传资源完成的发明创造，申请人应当在专利申请文件中说明该遗传资源的直接来源和原始来源；申请人无法说明原始来源的，应当陈述理由。

第二十七条 申请外观设计专利的，应当提交请求书、该外观设计的图片或者照片以及对该外观设计的简要说明等文件。

申请人提交的有关图片或者照片应当清楚地显示要求专利保护的产品的外观设计。

第二十八条 国务院专利行政部门收到专利申请文件之日为申请日。如果申请文件是邮寄的，以寄出的邮戳日为申请日。

第二十九条 申请人自发明或者实用新型在外国第一次提出专利申请之日起十二个月内，或者自外观设计在外国第一次提出专利申请之日起六个月内，又在中国就相同主题提出专利申请的，依照该外国同中国签订的协议或者共同参加的国际条约，或者依照相互承认优先权的原则，可以享有优先权。

申请人自发明或者实用新型在中国第一次提出专利申请之日起十二个月内，或者自外观设计在中国第一次提出专利申请之日起六个月内，又向国务院专利行政部门就相同主题提出专利申请的，可以享有优先权。

第三十条 申请人要求发明、实用新型专利优先权的，应当在申请的时候提出书面声明，并且在第一次提出申请之日起十六个月内，提交第一次提出的专利申请文件的副本。

申请人要求外观设计专利优先权的，应当在申请的时候提出书面声明，并且在三个月内提交第一次提出的专利申请文件的副本。

申请人未提出书面声明或者逾期未提交专利申请文件副本的，视为未要求优先权。

第三十一条 一件发明或者实用新型专利申请应当限于一项发明或者实用新型。属于一个总的发明构思的两项以上的发明或者实用新型，可以作为一件申请提出。

一件外观设计专利申请应当限于一项外观设计。同一产品两项以上的相似外观设计，或者用于同一类别并且成套出售或者使用的产品的两项以上外观设计，可以作为一件申请提出。

第三十二条 申请人可以在被授予专利权之前随时撤回其专利申请。

第三十三条 申请人可以对其专利申请文件进行修改，但是，对发明和实用新型专利申请文件的修改不得超出原说明书和权利要求书记载的范围，对外观设计专利申请文件的修改不得超出原图片或者照片表示的范围。

第四章 专利申请的审查和批准

第三十四条 国务院专利行政部门收到发明专利申请后，经初步审查认为符合本法要求的，自申请日起满十八个月，即行公布。国务院专利行政部门可以根据申请人的请求早日公布其申请。

第三十五条　发明专利申请自申请日起三年内，国务院专利行政部门可以根据申请人随时提出的请求，对其申请进行实质审查；申请人无正当理由逾期不请求实质审查的，该申请即被视为撤回。

国务院专利行政部门认为必要的时候，可以自行对发明专利申请进行实质审查。

第三十六条　发明专利的申请人请求实质审查的时候，应当提交在申请日前与其发明有关的参考资料。

发明专利已经在外国提出过申请的，国务院专利行政部门可以要求申请人在指定期限内提交该国为审查其申请进行检索的资料或者审查结果的资料；无正当理由逾期不提交的，该申请即被视为撤回。

第三十七条　国务院专利行政部门对发明专利申请进行实质审查后，认为不符合本法规定的，应当通知申请人，要求其在指定的期限内陈述意见，或者对其申请进行修改；无正当理由逾期不答复的，该申请即被视为撤回。

第三十八条　发明专利申请经申请人陈述意见或者进行修改后，国务院专利行政部门仍然认为不符合本法规定的，应当予以驳回。

第三十九条　发明专利申请经实质审查没有发现驳回理由的，由国务院专利行政部门作出授予发明专利权的决定，发给发明专利证书，同时予以登记和公告。发明专利权自公告之日起生效。

第四十条　实用新型和外观设计专利申请经初步审查没有发现驳回理由的，由国务院专利行政部门作出授予实用新型专利权或者外观设计专利权的决定，发给相应的专利证书，同时予以登记和公告。实用新型专利权和外观设计专利权自公告之日起生效。

第四十一条　专利申请人对国务院专利行政部门驳回申请的决定不服的，可以自收到通知之日起三个月内向国务院专利行政部门请求复审。国务院专利行政部门复审后，作出决定，并通知专利申请人。

专利申请人对国务院专利行政部门的复审决定不服的，可以自收到通知之日起三个月内向人民法院起诉。

第五章　专利权的期限、终止和无效

第四十二条　发明专利权的期限为二十年，实用新型专利权的期限为十年，外观设计专利权的期限为十五年，均自申请日起计算。

自发明专利申请日起满四年，且自实质审查请求之日起满三年后授予发明专利权的，国务院专利行政部门应专利权人的请求，就发明专利在授权过程中的不合理延迟给予专利权期限补偿，但由申请人引起的不合理延迟除外。

为补偿新药上市审评审批占用的时间，对在中国获得上市许可的新药相关发明专利，国务院专利行政部门应专利权人的请求给予专利权期限补偿。补偿期限不超过五年，新药批准上市后总有效专利权期限不超过十四年。

第四十三条　专利权人应当自被授予专利权的当年开始缴纳年费。

第四十四条　有下列情形之一的，专利权在期限届满前终止：

（一）没有按照规定缴纳年费的；

（二）专利权人以书面声明放弃其专利权的。

专利权在期限届满前终止的，由国务院专利行政部门登记和公告。

第四十五条　自国务院专利行政部门公告授予专利权之日起，任何单位或者个人认为该专利权的授予不符合本法有关规定的，可以请求国务院专利行政部门宣告该专利权无效。

第四十六条　国务院专利行政部门对宣告专利权无效的请求应当及时审查和作出决定，并通知请求人和专利权人。宣告专利权无效的决定，由国务院专利行政部门登记和公告。

对国务院专利行政部门宣告专利权无效或者维持专利权的决定不服的，可以自收到通知之日起三个月内向人民法院起诉。人民法院应当通知无效宣告请求程序的对方当事人作为第三人参加诉讼。

第四十七条 宣告无效的专利权视为自始即不存在。

宣告专利权无效的决定，对在宣告专利权无效前人民法院作出并已执行的专利侵权的判决、调解书，已经履行或者强制执行的专利侵权纠纷处理决定，以及已经履行的专利实施许可合同和专利权转让合同，不具有追溯力。但是因专利权人的恶意给他人造成的损失，应当给予赔偿。

依照前款规定不返还专利侵权赔偿金、专利使用费、专利权转让费，明显违反公平原则的，应当全部或者部分返还。

第六章 专利实施的特别许可

第四十八条 国务院专利行政部门、地方人民政府管理专利工作的部门应当会同同级相关部门采取措施，加强专利公共服务，促进专利实施和运用。

第四十九条 国有企业事业单位的发明专利，对国家利益或者公共利益具有重大意义的，国务院有关主管部门和省、自治区、直辖市人民政府报经国务院批准，可以决定在批准的范围内推广应用，允许指定的单位实施，由实施单位按照国家规定向专利权人支付使用费。

第五十条 专利权人自愿以书面方式向国务院专利行政部门声明愿意许可任何单位或者个人实施其专利，并明确许可使用费支付方式、标准的，由国务院专利行政部门予以公告，实行开放许可。就实用新型、外观设计专利提出开放许可声明的，应当提供专利权评价报告。

专利权人撤回开放许可声明的，应当以书面方式提出，并由国务院专利行政部门予以公告。开放许可声明被公告撤回的，不影响在先给予的开放许可的效力。

第五十一条 任何单位或者个人有意愿实施开放许可的专利的，以书面方式通知专利权人，并依照公告的许可使用费支付方式、标准支付许可使用费后，即获得专利实施许可。

开放许可实施期间，对专利权人缴纳专利年费相应给予减免。

实行开放许可的专利权人可以与被许可人就许可使用费进行协商后给予普通许可，但不得就该专利给予独占或者排他许可。

第五十二条 当事人就实施开放许可发生纠纷的，由当事人协商解决；不愿协商或者协商不成的，可以请求国务院专利行政部门进行调解，也可以向人民法院起诉。

第五十三条 有下列情形之一的，国务院专利行政部门根据具备实施条件的单位或者个人的申请，可以给予实施发明专利或者实用新型专利的强制许可：

（一）专利权人自专利权被授予之日起满三年，且自提出专利申请之日起满四年，无正当理由未实施或者未充分实施其专利的；

（二）专利权人行使专利权的行为被依法认定为垄断行为，为消除或者减少该行为对竞争产生的不利影响的。

第五十四条 在国家出现紧急状态或者非常情况时，或者为了公共利益的目的，国务院专利行政部门可以给予实施发明专利或者实用新型专利的强制许可。

第五十五条 为了公共健康目的，对取得专利权的药品，国务院专利行政部门可以给予制造并将其出口到符合中华人民共和国参加的有关国际条约规定的国家或者地区的强制许可。

第五十六条 一项取得专利权的发明或者实用新型比前已经取得专利权的发明或者实用新型具有显著经济意义的重大技术进

步，其实施又有赖于前一发明或者实用新型的实施的，国务院专利行政部门根据后一专利权人的申请，可以给予实施前一发明或者实用新型的强制许可。

在依照前款规定给予实施强制许可的情形下，国务院专利行政部门根据前一专利权人的申请，也可以给予实施后一发明或者实用新型的强制许可。

第五十七条　强制许可涉及的发明创造为半导体技术的，其实施限于公共利益的目的和本法第五十三条第（二）项规定的情形。

第五十八条　除依照本法第五十三条第（二）项、第五十五条规定给予的强制许可外，强制许可的实施应当主要为了供应国内市场。

第五十九条　依照本法第五十三条第（一）项、第五十六条规定申请强制许可的单位或者个人应当提供证据，证明其以合理的条件请求专利权人许可其实施专利，但未能在合理的时间内获得许可。

第六十条　国务院专利行政部门作出的给予实施强制许可的决定，应当及时通知专利权人，并予以登记和公告。

给予实施强制许可的决定，应当根据强制许可的理由规定实施的范围和时间。强制许可的理由消除并不再发生时，国务院专利行政部门应当根据专利权人的请求，经审查后作出终止实施强制许可的决定。

第六十一条　取得实施强制许可的单位或者个人不享有独占的实施权，并且无权允许他人实施。

第六十二条　取得实施强制许可的单位或者个人应当付给专利权人合理的使用费，或者依照中华人民共和国参加的有关国际条约的规定处理使用费问题。付给使用费的，其数额由双方协商；双方不能达成协议的，由国务院专利行政部门裁决。

第六十三条　专利权人对国务院专利行政部门关于实施强制许可的决定不服的，专利权人和取得实施强制许可的单位或者个人对国务院专利行政部门关于实施强制许可的使用费的裁决不服的，可以自收到通知之日起三个月内向人民法院起诉。

第七章　专利权的保护

第六十四条　发明或者实用新型专利权的保护范围以其权利要求的内容为准，说明书及附图可以用于解释权利要求的内容。

外观设计专利权的保护范围以表示在图片或者照片中的该产品的外观设计为准，简要说明可以用于解释图片或者照片所表示的该产品的外观设计。

第六十五条　未经专利权人许可，实施其专利，即侵犯其专利权，引起纠纷的，由当事人协商解决；不愿协商或者协商不成的，专利权人或者利害关系人可以向人民法院起诉，也可以请求管理专利工作的部门处理。管理专利工作的部门处理时，认定侵权行为成立的，可以责令侵权人立即停止侵权行为，当事人不服的，可以自收到处理通知之日起十五日内依照《中华人民共和国行政诉讼法》向人民法院起诉；侵权人期满不起诉又不停止侵权行为的，管理专利工作的部门可以申请人民法院强制执行。进行处理的管理专利工作的部门应当事人的请求，可以就侵犯专利权的赔偿数额进行调解；调解不成的，当事人可以依照《中华人民共和国民事诉讼法》向人民法院起诉。

第六十六条　专利侵权纠纷涉及新产品制造方法的发明专利的，制造同样产品的单位或者个人应当提供其产品制造方法不同于专利方法的证明。

专利侵权纠纷涉及实用新型专利或者外观设计专利的，人民法院或者管理专利工作的部门可以要求专利权人或者利害关系人出具由国务院专利行政部门对相关实用新型或者外观设计进行检索、分析和评价后作出的专利权评价报告，作为审理、处理专利侵权纠纷的证据；专利权人、利害关系人或者被控侵权人也可以主动出具专利权评价报告。

第六十七条　在专利侵权纠纷中，被控侵权人有证据证明其实施的技术或者设计属于现有技术或者现有设计的，不构成侵犯专利权。

第六十八条　假冒专利的，除依法承担民事责任外，由负责专利执法的部门责令改正并予公告，没收违法所得，可以处违法所得五倍以下的罚款；没有违法所得或者违法所得在五万元以下的，可以处二十五万元以下的罚款；构成犯罪的，依法追究刑事责任。

第六十九条　负责专利执法的部门根据已经取得的证据，对涉嫌假冒专利行为进行查处时，有权采取下列措施：

（一）询问有关当事人，调查与涉嫌违法行为有关的情况；

（二）对当事人涉嫌违法行为的场所实施现场检查；

（三）查阅、复制与涉嫌违法行为有关的合同、发票、账簿以及其他有关资料；

（四）检查与涉嫌违法行为有关的产品；

（五）对有证据证明是假冒专利的产品，可以查封或者扣押。

管理专利工作的部门应专利权人或者利害关系人的请求处理专利侵权纠纷时，可以采取前款第（一）项、第（二）项、第（四）项所列措施。

负责专利执法的部门、管理专利工作的部门依法行使前两款规定的职权时，当事人应当予以协助、配合，不得拒绝、阻挠。

第七十条　国务院专利行政部门可以应专利权人或者利害关系人的请求处理在全国有重大影响的专利侵权纠纷。

地方人民政府管理专利工作的部门应专利权人或者利害关系人请求处理专利侵权纠纷，对在本行政区域内侵犯其同一专利权的案件可以合并处理；对跨区域侵犯其同一专利权的案件可以请求上级地方人民政府管理专利工作的部门处理。

第七十一条　侵犯专利权的赔偿数额按照权利人因被侵权所受到的实际损失或者侵权人因侵权所获得的利益确定；权利人的损失或者侵权人获得的利益难以确定的，参照该专利许可使用费的倍数合理确定。对故意侵犯专利权，情节严重的，可以在按照上述方法确定数额的一倍以上五倍以下确定赔偿数额。

权利人的损失、侵权人获得的利益和专利许可使用费均难以确定的，人民法院可以根据专利权的类型、侵权行为的性质和情节等因素，确定给予三万元以上五百万元以下的赔偿。

赔偿数额还应当包括权利人为制止侵权行为所支付的合理开支。

人民法院为确定赔偿数额，在权利人已经尽力举证，而与侵权行为相关的账簿、资料主要由侵权人掌握的情况下，可以责令侵权人提供与侵权行为相关的账簿、资料；侵权人不提供或者提供虚假的账簿、资料的，人民法院可以参考权利人的主张和提供的证据判定赔偿数额。

第七十二条　专利权人或者利害关系人有证据证明他人正在实施或者即将实施侵犯专利权、妨碍其实现权利的行为，如不及时制止将会使其合法权益受到难以弥补的损害的，可以在起诉前依法向人民法院申请采取财产保全、责令作出一定行为或者禁止作出一定行为的措施。

第七十三条　为了制止专利侵权行为，在证据可能灭失或者以后难以取得的情况下，专利权人或者利害关系人可以在起诉前依法向人民法院申请保全证据。

第七十四条　侵犯专利权的诉讼时效为三年，自专利权人或者利害关系人知道或者应当知道侵权行为以及侵权人之日起计算。

发明专利申请公布后至专利权授予前使用该发明未支付适当使用费的，专利权人要求支付使用费的诉讼时效为三年，自专利权人知道或者应当知道他人使用其发明之日起计算，但是，专利权人于专利权授予之日前即已知道或者应当知道的，自专利权授予之日起计算。

第七十五条　有下列情形之一的，不视为侵犯专利权：

（一）专利产品或者依照专利方法直接获得的产品，由专利权人或者经其许可的单位、个人售出后，使用、许诺销售、销售、进口该产品的；

（二）在专利申请日前已经制造相同产品、使用相同方法或者已经作好制造、使用的必要准备，并且仅在原有范围内继续制造、使用的；

（三）临时通过中国领陆、领水、领空的外国运输工具，依照其所属国同中国签订的协议或者共同参加的国际条约，或者依照互惠原则，为运输工具自身需要而在其装置和设备中使用有关专利的；

（四）专为科学研究和实验而使用有关专利的；

（五）为提供行政审批所需要的信息，制造、使用、进口专利药品或者专利医疗器械的，以及专门为其制造、进口专利药品或者专利医疗器械的。

第七十六条　药品上市审评审批过程中，药品上市许可申请人与有关专利权人或者利害关系人，因申请注册的药品相关的专利权产生纠纷的，相关当事人可以向人民法院起诉，请求就申请注册的药品相关技术方案是否落入他人药品专利权保护范围作出判决。国务院药品监督管理部门在规定的期限内，可以根据人民法院生效裁判作出是否暂停批准相关药品上市的决定。

药品上市许可申请人与有关专利权人或者利害关系人也可以就申请注册的药品相关的专利权纠纷，向国务院专利行政部门请求行政裁决。

国务院药品监督管理部门会同国务院专利行政部门制定药品上市许可审批与药品上市许可申请阶段专利权纠纷解决的具体衔接办法，报国务院同意后实施。

第七十七条　为生产经营目的使用、许诺销售或者销售不知道是未经专利权人许可而制造并售出的专利侵权产品，能证明该产品合法来源的，不承担赔偿责任。

第七十八条　违反本法第十九条规定向外国申请专利，泄露国家秘密的，由所在单位或者上级主管机关给予行政处分；构成犯罪的，依法追究刑事责任。

第七十九条　管理专利工作的部门不得参与向社会推荐专利产品等经营活动。

管理专利工作的部门违反前款规定的，由其上级机关或者监察机关责令改正，消除影响，有违法收入的予以没收；情节严重的，对直接负责的主管人员和其他直接责任人员依法给予处分。

第八十条　从事专利管理工作的国家机关工作人员以及其他有关国家机关工作人员玩忽职守、滥用职权、徇私舞弊，构成犯罪的，依法追究刑事责任；尚不构成犯罪的，依法给予处分。

第八章　附　　则

第八十一条　向国务院专利行政部门申请专利和办理其他手续，应当按照规定缴纳费用。

第八十二条　本法自 1985 年 4 月 1 日起施行。

出版管理条例

（2001 年 12 月 25 日中华人民共和国国务院令第 343 号公布，根据 2011 年 3 月 19 日《国务院关于修改〈出版管理条例〉的决定》第一次修订，根据 2013 年 7 月 18 日《国务院关于废止和修改部分行政法规的决定》第二次修订，根据 2014 年 7 月 29 日《国务院关于修改部分行政法规的决定》第三次修订，根据 2016 年 2 月 6 日《国务院关于修改部分行政法规的决定》第四次修订，根据 2020 年 11 月 29 日《国务院关于修改和废止部分行政法规的决定》第五次修订）

第一章 总 则

第一条 为了加强对出版活动的管理，发展和繁荣有中国特色社会主义出版产业和出版事业，保障公民依法行使出版自由的权利，促进社会主义精神文明和物质文明建设，根据宪法，制定本条例。

第二条 在中华人民共和国境内从事出版活动，适用本条例。

本条例所称出版活动，包括出版物的出版、印刷或者复制、进口、发行。

本条例所称出版物，是指报纸、期刊、图书、音像制品、电子出版物等。

第三条 出版活动必须坚持为人民服务、为社会主义服务的方向，坚持以马克思列宁主义、毛泽东思想、邓小平理论和“三个代表”重要思想为指导，贯彻落实科学发展观，传播和积累有益于提高民族素质、有益于经济发展和社会进步的科学技术和文化知识，弘扬民族优秀文化，促进国际文化交流，丰富和提高人民的精神生活。

第四条 从事出版活动，应当将社会效益放在首位，实现社会效益与经济效益相结合。

第五条 公民依法行使出版自由的权利，各级人民政府应当予以保障。

公民在行使出版自由的权利的时候，必须遵守宪法和法律，不得反对宪法确定的基本原则，不得损害国家的、社会的、集体的利益和其他公民的合法的自由和权利。

第六条 国务院出版行政主管部门负责全国的出版活动的监督管理工作。国务院其他有关部门按照国务院规定的职责分工，负责有关的出版活动的监督管理工作。

县级以上地方各级人民政府负责出版管理的部门（以下简称出版行政主管部门）负责本行政区域内出版活动的监督管理工作。县级以上地方各级人民政府其他有关部门在各自的职责范围内，负责有关的出版活动的监督管理工作。

第七条 出版行政主管部门根据已经取得的违法嫌疑证据或者举报，对涉嫌违法从事出版物出版、印刷或者复制、进口、发行等活动的行为进行查处时，可以检查与涉嫌违法活动有关的物品和经营场所；对有证据证明是与违法活动有关的物品，可以查封或者扣押。

第八条 出版行业的社会团体按照其章程，在出版行政主管部门的指导下，实行自律管理。

第二章　出版单位的设立与管理

第九条　报纸、期刊、图书、音像制品和电子出版物等应当由出版单位出版。

本条例所称出版单位，包括报社、期刊社、图书出版社、音像出版社和电子出版物出版社等。

法人出版报纸、期刊，不设立报社、期刊社的，其设立的报纸编辑部、期刊编辑部视为出版单位。

第十条　国务院出版行政主管部门制定全国出版单位总量、结构、布局的规划，指导、协调出版产业和出版事业发展。

第十一条　设立出版单位，应当具备下列条件：

（一）有出版单位的名称、章程；

（二）有符合国务院出版行政主管部门认定的主办单位及其主管机关；

（三）有确定的业务范围；

（四）有30万元以上的注册资本和固定的工作场所；

（五）有适应业务范围需要的组织机构和符合国家规定的资格条件的编辑出版专业人员；

（六）法律、行政法规规定的其他条件。

审批设立出版单位，除依照前款所列条件外，还应当符合国家关于出版单位总量、结构、布局的规划。

第十二条　设立出版单位，由其主办单位向所在地省、自治区、直辖市人民政府出版行政主管部门提出申请；省、自治区、直辖市人民政府出版行政主管部门审核同意后，报国务院出版行政主管部门审批。设立的出版单位为事业单位的，还应当办理机构编制审批手续。

第十三条　设立出版单位的申请书应当载明下列事项：

（一）出版单位的名称、地址；

（二）出版单位的主办单位及其主管机关的名称、地址；

（三）出版单位的法定代表人或者主要负责人的姓名、住址、资格证明文件；

（四）出版单位的资金来源及数额。

设立报社、期刊社或者报纸编辑部、期刊编辑部的，申请书还应当载明报纸或者期刊的名称、刊期、开版或者开本、印刷场所。

申请书应当附具出版单位的章程和设立出版单位的主办单位及其主管机关的有关证明材料。

第十四条　国务院出版行政主管部门应当自受理设立出版单位的申请之日起60日内，作出批准或者不批准的决定，并由省、自治区、直辖市人民政府出版行政主管部门书面通知主办单位；不批准的，应当说明理由。

第十五条　设立出版单位的主办单位应当自收到批准决定之日起60日内，向所在地省、自治区、直辖市人民政府出版行政主管部门登记，领取出版许可证。登记事项由国务院出版行政主管部门规定。

出版单位领取出版许可证后，属于事业单位法人的，持出版许可证向事业单位登记管理机关登记，依法领取事业单位法人证书；属于企业法人的，持出版许可证向工商行政管理部门登记，依法领取营业执照。

第十六条　报社、期刊社、图书出版社、音像出版社和电子出版物出版社等应当具备法人条件，经核准登记后，取得法人资格，以其全部法人财产独立承担民事责任。

依照本条例第九条第三款的规定，视为出版单位的报纸编辑部、期刊编辑部不具有法人资格，其民事责任由其主办单位承担。

第十七条　出版单位变更名称、主办单位或者其主管机关、业务范围、资本结构，合并或者分立，设立分支机构，出版新的报纸、期刊，或者报纸、期刊变更名称的，应当依照本条例第十二条、第十三条的规定办理审批手续。出版单位属于事业单位法人的，还应当持批准文件到事业单位登记管理机关办理相应的登记手续；属于企业法人的，还应当持批准文件到工商行政管理部门办理相应的登记手续。

出版单位除前款所列变更事项外的其他事项的变更，应当经主办单位及其主管机关审查同意，向所在地省、自治区、直辖市人民政府出版行政主管部门申请变更登记，并报国务院出版行政主管部门备案。出版单位属于事业单位法人的，还应当持批准文件到事业单位登记管理机关办理变更登记；属于企业法人的，还应当持批准文件到工商行政管理部门办理变更登记。

第十八条 出版单位中止出版活动的，应当向所在地省、自治区、直辖市人民政府出版行政主管部门备案并说明理由和期限；出版单位中止出版活动不得超过180日。

出版单位终止出版活动的，由主办单位提出申请并经主管机关同意后，由主办单位向所在地省、自治区、直辖市人民政府出版行政主管部门办理注销登记，并报国务院出版行政主管部门备案。出版单位属于事业单位法人的，还应当持批准文件到事业单位登记管理机关办理注销登记；属于企业法人的，还应当持批准文件到工商行政管理部门办理注销登记。

第十九条 图书出版社、音像出版社和电子出版物出版社自登记之日起满180日未从事出版活动的，报社、期刊社自登记之日起满90日未出版报纸、期刊的，由原登记的出版行政主管部门注销登记，并报国务院出版行政主管部门备案。

因不可抗力或者其他正当理由发生前款所列情形的，出版单位可以向原登记的出版行政主管部门申请延期。

第二十条 图书出版社、音像出版社和电子出版物出版社的年度出版计划及涉及国家安全、社会安定等方面的重大选题，应当经所在地省、自治区、直辖市人民政府出版行政主管部门审核后报国务院出版行政主管部门备案；涉及重大选题，未在出版前报备案的出版物，不得出版。具体办法由国务院出版行政主管部门制定。

期刊社的重大选题，应当依照前款规定办理备案手续。

第二十一条 出版单位不得向任何单位或者个人出售或者以其他形式转让本单位的名称、书号、刊号或者版号、版面，并不得出租本单位的名称、刊号。

出版单位及其从业人员不得利用出版活动谋取其他不正当利益。

第二十二条 出版单位应当按照国家有关规定向国家图书馆、中国版本图书馆和国务院出版行政主管部门免费送交样本。

第三章 出版物的出版

第二十三条 公民可以依照本条例规定，在出版物上自由表达自己对国家事务、经济和文化事业、社会事务的见解和意愿，自由发表自己从事科学研究、文学艺术创作和其他文化活动的成果。

合法出版物受法律保护，任何组织和个人不得非法干扰、阻止、破坏出版物的出版。

第二十四条 出版单位实行编辑责任制度，保障出版物刊载的内容符合本条例的规定。

第二十五条 任何出版物不得含有下列内容：

（一）反对宪法确定的基本原则的；

（二）危害国家统一、主权和领土完整的；

（三）泄露国家秘密、危害国家安全或者损害国家荣誉和利益的；

（四）煽动民族仇恨、民族歧视，破坏民族团结，或者侵害民族风俗、习惯的；

（五）宣扬邪教、迷信的；

（六）扰乱社会秩序，破坏社会稳定的；

（七）宣扬淫秽、赌博、暴力或者教唆

犯罪的；

（八）侮辱或者诽谤他人，侵害他人合法权益的；

（九）危害社会公德或者民族优秀文化传统的；

（十）有法律、行政法规和国家规定禁止的其他内容的。

第二十六条　以未成年人为对象的出版物不得含有诱发未成年人模仿违反社会公德的行为和违法犯罪的行为的内容，不得含有恐怖、残酷等妨害未成年人身心健康的内容。

第二十七条　出版物的内容不真实或者不公正，致使公民、法人或者其他组织的合法权益受到侵害的，其出版单位应当公开更正，消除影响，并依法承担其他民事责任。

报纸、期刊发表的作品内容不真实或者不公正，致使公民、法人或者其他组织的合法权益受到侵害的，当事人有权要求有关出版单位更正或者答辩，有关出版单位应当在其近期出版的报纸、期刊上予以发表；拒绝发表的，当事人可以向人民法院提起诉讼。

第二十八条　出版物必须按照国家的有关规定载明作者、出版者、印刷者或者复制者、发行者的名称、地址，书号、刊号或者版号，在版编目数据，出版日期、刊期以及其他有关事项。

出版物的规格、开本、版式、装帧、校对等必须符合国家标准和规范要求，保证出版物的质量。

出版物使用语言文字必须符合国家法律规定和有关标准、规范。

第二十九条　任何单位和个人不得伪造、假冒出版单位名称或者报纸、期刊名称出版出版物。

第三十条　中学小学教科书由国务院教育行政主管部门审定；其出版、发行单位应当具有适应教科书出版、发行业务需要的资金、组织机构和人员等条件，并取得国务院出版行政主管部门批准的教科书出版、发行资质。纳入政府采购范围的中学小学教科书，其发行单位按照《中华人民共和国政府采购法》的有关规定确定。其他任何单位或者个人不得从事中学小学教科书的出版、发行业务。

第四章　出版物的印刷或者复制和发行

第三十一条　从事出版物印刷或者复制业务的单位，应当向所在地省、自治区、直辖市人民政府出版行政主管部门提出申请，经审核许可，并依照国家有关规定到工商行政管理部门办理相关手续后，方可从事出版物的印刷或者复制。

未经许可并办理相关手续的，不得印刷报纸、期刊、图书，不得复制音像制品、电子出版物。

第三十二条　出版单位不得委托未取得出版物印刷或者复制许可的单位印刷或者复制出版物。

出版单位委托印刷或者复制单位印刷或者复制出版物的，必须提供符合国家规定的印刷或者复制出版物的有关证明，并依法与印刷或者复制单位签订合同。

印刷或者复制单位不得接受非出版单位和个人的委托印刷报纸、期刊、图书或者复制音像制品、电子出版物，不得擅自印刷、发行报纸、期刊、图书或者复制、发行音像制品、电子出版物。

第三十三条　印刷或者复制单位经所在地省、自治区、直辖市人民政府出版行政主管部门批准，可以承接境外出版物的印刷或者复制业务；但是，印刷或者复制的境外出版物必须全部运输出境，不得在境内发行。

境外委托印刷或者复制的出版物的内容，应当经省、自治区、直辖市人民政府出版行政主管部门审核。委托人应当持有著作权人授权书，并向著作权行政管理部门登记。

第三十四条　印刷或者复制单位应当自完成出版物的印刷或者复制之日起2年内，

留存一份承接的出版物样本备查。

第三十五条 单位从事出版物批发业务的，须经省、自治区、直辖市人民政府出版行政主管部门审核许可，取得《出版物经营许可证》。

单位和个体工商户从事出版物零售业务的，须经县级人民政府出版行政主管部门审核许可，取得《出版物经营许可证》。

第三十六条 通过互联网等信息网络从事出版物发行业务的单位或者个体工商户，应当依照本条例规定取得《出版物经营许可证》。

提供网络交易平台服务的经营者应当对申请通过网络交易平台从事出版物发行业务的单位或者个体工商户的经营主体身份进行审查，验证其《出版物经营许可证》。

第三十七条 从事出版物发行业务的单位和个体工商户变更《出版物经营许可证》登记事项，或者兼并、合并、分立的，应当依照本条例第三十五条的规定办理审批手续。

从事出版物发行业务的单位和个体工商户终止经营活动的，应当向原批准的出版行政主管部门备案。

第三十八条 出版单位可以发行本出版单位出版的出版物，不得发行其他出版单位出版的出版物。

第三十九条 国家允许设立从事图书、报纸、期刊、电子出版物发行业务的外商投资企业。

第四十条 印刷或者复制单位、发行单位或者个体工商户不得印刷或者复制、发行有下列情形之一的出版物：

（一）含有本条例第二十五条、第二十六条禁止内容的；

（二）非法进口的；

（三）伪造、假冒出版单位名称或者报纸、期刊名称的；

（四）未署出版单位名称的；

（五）中学小学教科书未经依法审定的；

（六）侵犯他人著作权的。

第五章 出版物的进口

第四十一条 出版物进口业务，由依照本条例设立的出版物进口经营单位经营；其他单位和个人不得从事出版物进口业务。

第四十二条 设立出版物进口经营单位，应当具备下列条件：

（一）有出版物进口经营单位的名称、章程；

（二）有符合国务院出版行政主管部门认定的主办单位及其主管机关；

（三）有确定的业务范围；

（四）具有进口出版物内容审查能力；

（五）有与出版物进口业务相适应的资金；

（六）有固定的经营场所；

（七）法律、行政法规和国家规定的其他条件。

第四十三条 设立出版物进口经营单位，应当向国务院出版行政主管部门提出申请，经审查批准，取得国务院出版行政主管部门核发的出版物进口经营许可证后，持证到工商行政管理部门依法领取营业执照。

设立出版物进口经营单位，还应当依照对外贸易法律、行政法规的规定办理相应手续。

第四十四条 出版物进口经营单位变更名称、业务范围、资本结构、主办单位或者其主管机关，合并或者分立，设立分支机构，应当依照本条例第四十二条、第四十三条的规定办理审批手续，并持批准文件到工商行政管理部门办理相应的登记手续。

第四十五条 出版物进口经营单位进口的出版物，不得含有本条例第二十五条、第二十六条禁止的内容。

出版物进口经营单位负责对其进口的出版物进行内容审查。省级以上人民政府出版行政主管部门可以对出版物进口经营单位进口的出版物直接进行内容审查。出版物进口经营单位无法判断其进口的出版物是否含有本条例第二十五条、第二十六条禁止内容的，可以请求省级以上人民政府出版行政主管部门进行内容审查。省级以上人民政府出版行政主管部门应出版物进口经营单位的请求，对其进口的出版物进行内容审查的，可以按照国务院价格主管部门批准的标准收取费用。

国务院出版行政主管部门可以禁止特定出版物的进口。

第四十六条　出版物进口经营单位应当在进口出版物前将拟进口的出版物目录报省级以上人民政府出版行政主管部门备案；省级以上人民政府出版行政主管部门发现有禁止进口的或者暂缓进口的出版物的，应当及时通知出版物进口经营单位并通报海关。对通报禁止进口或者暂缓进口的出版物，出版物进口经营单位不得进口，海关不得放行。

出版物进口备案的具体办法由国务院出版行政主管部门制定。

第四十七条　发行进口出版物的，必须从依法设立的出版物进口经营单位进货。

第四十八条　出版物进口经营单位在境内举办境外出版物展览，必须报经国务院出版行政主管部门批准。未经批准，任何单位和个人不得举办境外出版物展览。

依照前款规定展览的境外出版物需要销售的，应当按照国家有关规定办理相关手续。

第六章　监督与管理

第四十九条　出版行政主管部门应当加强对本行政区域内出版单位出版活动的日常监督管理；出版单位的主办单位及其主管机关对所属出版单位出版活动负有直接管理责任，并应当配合出版行政主管部门督促所属出版单位执行各项管理规定。

出版单位和出版物进口经营单位应当按照国务院出版行政主管部门的规定，将从事出版活动和出版物进口活动的情况向出版行政主管部门提出书面报告。

第五十条　出版行政主管部门履行下列职责：

（一）对出版物的出版、印刷、复制、发行、进口单位进行行业监管，实施准入和退出管理；

（二）对出版活动进行监管，对违反本条例的行为进行查处；

（三）对出版物内容和质量进行监管；

（四）根据国家有关规定对出版从业人员进行管理。

第五十一条　出版行政主管部门根据有关规定和标准，对出版物的内容、编校、印刷或者复制、装帧设计等方面质量实施监督检查。

第五十二条　国务院出版行政主管部门制定出版单位综合评估办法，对出版单位分类实施综合评估。

出版物的出版、印刷或者复制、发行和进口经营单位不再具备行政许可的法定条件的，由出版行政主管部门责令限期改正；逾期仍未改正的，由原发证机关撤销行政许可。

第五十三条　国家对在出版单位从事出版专业技术工作的人员实行职业资格制度；出版专业技术人员通过国家专业技术人员资格考试取得专业技术资格。具体办法由国务院人力资源社会保障主管部门、国务院出版行政主管部门共同制定。

第七章　保障与奖励

第五十四条　国家制定有关政策，保障、促进出版产业和出版事业的发展与繁荣。

第五十五条　国家支持、鼓励下列优秀的、重点的出版物的出版：

（一）对阐述、传播宪法确定的基本原则有重大作用的；

（二）对弘扬社会主义核心价值体系，

在人民中进行爱国主义、集体主义、社会主义和民族团结教育以及弘扬社会公德、职业道德、家庭美德有重要意义的；

（三）对弘扬民族优秀文化，促进国际文化交流有重大作用的；

（四）对推进文化创新，及时反映国内外新的科学文化成果有重大贡献的；

（五）对服务农业、农村和农民，促进公共文化服务有重大作用的；

（六）其他具有重要思想价值、科学价值或者文化艺术价值的。

第五十六条　国家对教科书的出版发行，予以保障。

国家扶持少数民族语言文字出版物和盲文出版物的出版发行。

国家对在少数民族地区、边疆地区、经济不发达地区和在农村发行出版物，实行优惠政策。

第五十七条　报纸、期刊交由邮政企业发行的，邮政企业应当保证按照合同约定及时、准确发行。

承运出版物的运输企业，应当对出版物的运输提供方便。

第五十八条　对为发展、繁荣出版产业和出版事业作出重要贡献的单位和个人，按照国家有关规定给予奖励。

第五十九条　对非法干扰、阻止和破坏出版物出版、印刷或者复制、进口、发行的行为，县级以上各级人民政府出版行政主管部门及其他有关部门，应当及时采取措施，予以制止。

第八章　法律责任

第六十条　出版行政主管部门或者其他有关部门的工作人员，利用职务上的便利收受他人财物或者其他好处，批准不符合法定条件的申请人取得许可证、批准文件，或者不履行监督职责，或者发现违法行为不予查处，造成严重后果的，依法给予降级直至开除的处分；构成犯罪的，依照刑法关于受贿罪、滥用职权罪、玩忽职守罪或者其他罪的规定，依法追究刑事责任。

第六十一条　未经批准，擅自设立出版物的出版、印刷或者复制、进口单位，或者擅自从事出版物的出版、印刷或者复制、进口、发行业务，假冒出版单位名称或者伪造、假冒报纸、期刊名称出版出版物的，由出版行政主管部门、工商行政管理部门依照法定职权予以取缔；依照刑法关于非法经营罪的规定，依法追究刑事责任；尚不够刑事处罚的，没收出版物、违法所得和从事违法活动的专用工具、设备，违法经营额1万元以上的，并处违法经营额5倍以上10倍以下的罚款，违法经营额不足1万元的，可以处5万元以下的罚款；侵犯他人合法权益的，依法承担民事责任。

第六十二条　有下列行为之一，触犯刑律的，依照刑法有关规定，依法追究刑事责任；尚不够刑事处罚的，由出版行政主管部门责令限期停业整顿，没收出版物、违法所得，违法经营额1万元以上的，并处违法经营额5倍以上10倍以下的罚款；违法经营额不足1万元的，可以处5万元以下的罚款；情节严重的，由原发证机关吊销许可证：

（一）出版、进口含有本条例第二十五条、第二十六条禁止内容的出版物的；

（二）明知或者应知出版物含有本条例第二十五条、第二十六条禁止内容而印刷或者复制、发行的；

（三）明知或者应知他人出版含有本条例第二十五条、第二十六条禁止内容的出版物而向其出售或者以其他形式转让本出版单位的名称、书号、刊号、版号、版面，或者出租本单位的名称、刊号的。

第六十三条　有下列行为之一的，由出版行政主管部门责令停止违法行为，没收出版物、违法所得，违法经营额1万元以上的，并处违法经营额5倍以上10倍以下的罚款；违法经营额不足1万元的，可以处5万元以下的罚款；情节严重的，责令限期停业整顿或者由原发证机关吊销许可证：

（一）进口、印刷或者复制、发行国务院出版行政主管部门禁止进口的出版物的；

（二）印刷或者复制走私的境外出版物的；

（三）发行进口出版物未从本条例规定的出版物进口经营单位进货的。

第六十四条　走私出版物的，依照刑法关于走私罪的规定，依法追究刑事责任；尚不够刑事处罚的，由海关依照海关法的规定给予行政处罚。

第六十五条　有下列行为之一的，由出版行政主管部门没收出版物、违法所得，违法经营额1万元以上的，并处违法经营额5倍以上10倍以下的罚款；违法经营额不足1万元的，可以处5万元以下的罚款；情节严重的，责令限期停业整顿或者由原发证机关吊销许可证：

（一）出版单位委托未取得出版物印刷或者复制许可的单位印刷或者复制出版物的；

（二）印刷或者复制单位未取得印刷或者复制许可而印刷或者复制出版物的；

（三）印刷或者复制单位接受非出版单位和个人的委托印刷或者复制出版物的；

（四）印刷或者复制单位未履行法定手续印刷或者复制境外出版物的，印刷或者复制的境外出版物没有全部运输出境的；

（五）印刷或者复制单位、发行单位或者个体工商户印刷或者复制、发行未署出版单位名称的出版物的；

（六）印刷或者复制单位、发行单位或者个体工商户印刷或者复制、发行伪造、假冒出版单位名称或者报纸、期刊名称的出版物的；

（七）出版、印刷、发行单位出版、印刷、发行未经依法审定的中学小学教科书，或者非依照本条例规定确定的单位从事中学小学教科书的出版、发行业务的。

第六十六条　出版单位有下列行为之一的，由出版行政主管部门责令停止违法行为，给予警告，没收违法经营的出版物、违法所得，违法经营额1万元以上的，并处违法经营额5倍以上10倍以下的罚款；违法经营额不足1万元的，可以处5万元以下的罚款；情节严重的，责令限期停业整顿或者由原发证机关吊销许可证：

（一）出售或者以其他形式转让本出版单位的名称、书号、刊号、版号、版面，或者出租本单位的名称、刊号的；

（二）利用出版活动谋取其他不正当利益的。

第六十七条　有下列行为之一的，由出版行政主管部门责令改正，给予警告；情节严重的，责令限期停业整顿或者由原发证机关吊销许可证：

（一）出版单位变更名称、主办单位或者其主管机关、业务范围，合并或者分立，出版新的报纸、期刊，或者报纸、期刊改变名称，以及出版单位变更其他事项，未依照本条例的规定到出版行政主管部门办理审批、变更登记手续的；

（二）出版单位未将其年度出版计划和涉及国家安全、社会安定等方面的重大选题备案的；

（三）出版单位未依照本条例的规定送交出版物的样本的；

（四）印刷或者复制单位未依照本条例的规定留存备查的材料的；

（五）出版进口经营单位未将其进口的出版物目录报送备案的；

（六）出版单位擅自中止出版活动超过180日的；

（七）出版物发行单位、出版物进口经营单位未依照本条例的规定办理变更审批手续的；

（八）出版物质量不符合有关规定和标准的。

第六十八条　未经批准，举办境外出版物展览的，由出版行政主管部门责令停止违法行为，没收出版物、违法所得；情节严重的，责令限期停业整顿或者由原发证机关吊销许可证。

第六十九条 印刷或者复制、批发、零售、出租、散发含有本条例第二十五条、第二十六条禁止内容的出版物或者其他非法出版物的，当事人对非法出版物的来源作出说明、指认，经查证属实的，没收出版物、违法所得，可以减轻或者免除其他行政处罚。

第七十条 单位违反本条例被处以吊销许可证行政处罚的，其法定代表人或者主要负责人自许可证被吊销之日起10年内不得担任出版、印刷或者复制、进口、发行单位的法定代表人或者主要负责人。

出版从业人员违反本条例规定，情节严重的，由原发证机关吊销其资格证书。

第七十一条 依照本条例的规定实施罚款的行政处罚，应当依照有关法律、行政法规的规定，实行罚款决定与罚款收缴分离；收缴的罚款必须全部上缴国库。

第九章 附 则

第七十二条 行政法规对音像制品和电子出版物的出版、复制、进口、发行另有规定的，适用其规定。

接受境外机构或者个人赠送出版物的管理办法、订户订购境外出版物的管理办法、网络出版审批和管理办法，由国务院出版行政主管部门根据本条例的原则另行制定。

第七十三条 本条例自2002年2月1日起施行。1997年1月2日国务院发布的《出版管理条例》同时废止。

期刊出版管理规定

（2005年9月30日新闻出版总署令第31号公布，自2005年12月1日起施行，根据2017年12月11日国家新闻出版广电总局令第13号《关于废止、修改和宣布失效部分规章、规范性文件的决定》修订）

第一章 总 则

第一条 为了促进我国期刊业的繁荣和发展，规范期刊出版活动，加强期刊出版管理，根据国务院《出版管理条例》及相关法律法规，制定本规定。

第二条 在中华人民共和国境内从事期刊出版活动，适用本规定。

期刊由依法设立的期刊出版单位出版。期刊出版单位出版期刊，必须经新闻出版总署批准，持有国内统一连续出版物号，领取《期刊出版许可证》。

本规定所称期刊又称杂志，是指有固定名称，用卷、期或者年、季、月顺序编号，按照一定周期出版的成册连续出版物。

本规定所称期刊出版单位，是指依照国家有关规定设立，经新闻出版总署批准并履行登记注册手续的期刊社。法人出版期刊不设立期刊社的，其设立的期刊编辑部视为期刊出版单位。

第三条 期刊出版必须坚持马克思列宁主义、毛泽东思想、邓小平理论和“三个代表”重要思想，坚持正确的舆论导向和出版方向，坚持把社会效益放在首位、社会效益和经济效益相统一的原则，传播和积累有益于提高民族素质、经济发展和社会进步的科学技术和文化知识，弘扬中华民族优秀文化，促进国际文化交流，丰富人民群众的精神文化生活。

第四条　期刊发行分公开发行和内部发行。

内部发行的期刊只能在境内按指定范围发行，不得在社会上公开发行、陈列。

第五条　新闻出版总署负责全国期刊出版活动的监督管理工作，制定并实施全国期刊出版的总量、结构、布局的规划，建立健全期刊出版质量评估制度、期刊年度核验制度以及期刊出版退出机制等监督管理制度。

地方各级新闻出版行政部门负责本行政区域内的期刊出版活动的监督管理工作。

第六条　期刊出版单位负责期刊的编辑、出版等期刊出版活动。

期刊出版单位合法的出版活动受法律保护。任何组织和个人不得非法干扰、阻止、破坏期刊的出版。

第七条　新闻出版总署对为我国期刊业繁荣和发展做出突出贡献的期刊出版单位及个人实施奖励。

第八条　期刊出版行业的社会团体按照其章程，在新闻出版行政部门的指导下，实行自律管理。

第二章　期刊创办和期刊出版单位设立

第九条　创办期刊、设立期刊出版单位，应当具备下列条件：

（一）有确定的、不与已有期刊重复的名称；

（二）有期刊出版单位的名称、章程；

（三）有符合新闻出版总署认定条件的主管、主办单位；

（四）有确定的期刊出版业务范围；

（五）有 30 万元以上的注册资本；

（六）有适应期刊出版活动需要的组织机构和符合国家规定资格条件的编辑专业人员；

（七）有与主办单位在同一行政区域的固定的工作场所；

（八）有确定的法定代表人或者主要负责人，该法定代表人或者主要负责人必须是在境内长久居住的中国公民；

（九）法律、行政法规规定的其他条件。

除前款所列条件外，还须符合国家对期刊及期刊出版单位总量、结构、布局的总体规划。

第十条　中央在京单位创办期刊并设立期刊出版单位，经主管单位审核同意后，由主办单位报新闻出版总署审批。

中国人民解放军和中国人民武装警察部队系统创办期刊并设立期刊出版单位，由中国人民解放军总政治部宣传部新闻出版局审核同意后报新闻出版总署审批。

其他单位创办期刊并设立期刊出版单位，经主管单位审核同意后，由主办单位向所在地省、自治区、直辖市新闻出版行政部门提出申请，省、自治区、直辖市新闻出版行政部门审核同意后，报新闻出版总署审批。

第十一条　两个以上主办单位合办期刊，须确定一个主要主办单位，并由主要主办单位提出申请。

期刊的主要主办单位应为其主管单位的隶属单位。期刊出版单位和主要主办单位须在同一行政区域。

第十二条　创办期刊、设立期刊出版单位，由期刊出版单位的主办单位提出申请，并提交以下材料：

（一）按要求填写的《期刊出版申请表》；

（二）主管单位、主办单位的有关资质证明材料；

（三）拟任出版单位法定代表人或主要负责人简历、身份证明文件及国家有关部门颁发的职业资格证书；

（四）编辑出版人员的职业资格证书；

（五）办刊资金来源、数额及相关的证明文件；

（六）期刊出版单位的章程；

（七）工作场所使用证明；

（八）期刊出版可行性论证报告。

第十三条 新闻出版总署应当自收到创办期刊、设立期刊出版单位的申请之日起90日内，作出批准或者不批准的决定，并直接或者由省、自治区、直辖市新闻出版行政部门书面通知主办单位；不批准的，应当说明理由。

第十四条 期刊主办单位应当自收到新闻出版总署批准决定之日起60日内办理注册登记手续：

（一）持批准文件到所在地省、自治区、直辖市新闻出版行政部门领取《期刊出版登记表》，填写一式五份，经期刊主管单位审核签章后，报所在地省、自治区、直辖市新闻出版行政部门，省、自治区、直辖市新闻出版行政部门应在15日内，将《期刊出版登记表》报送新闻出版总署备案；

（二）公开发行的期刊，可以向ISSN中国国家中心申领国际标准连续出版物号，并向新闻出版总署条码中心申领条型码；

（三）省、自治区、直辖市新闻出版行政部门对《期刊出版登记表》审核无误后，在10日内向主办单位发放《期刊出版许可证》；

（四）期刊出版单位持《期刊出版许可证》到工商行政管理部门办理登记手续，依法领取营业执照。

《期刊出版登记表》由期刊出版单位、主办单位、主管单位及所在地省、自治区、直辖市新闻出版行政部门各留存一份。

第十五条 期刊主办单位自收到新闻出版总署的批准文件之日起60日内未办理注册登记手续，批准文件自行失效，登记机关不再受理登记，期刊主办单位须把有关批准文件缴回新闻出版总署。

期刊出版单位自登记之日起满90日未出版期刊的，由新闻出版总署撤销《期刊出版许可证》，并由原登记的新闻出版行政部门注销登记。

因不可抗力或者其他正当理由发生前款所列情形的，期刊出版单位可以向原登记的新闻出版行政部门申请延期。

第十六条 期刊社应当具备法人条件，经核准登记后，取得法人资格，以其全部法人财产独立承担民事责任。

期刊编辑部不具有法人资格，其民事责任由其主办单位承担。

第十七条 期刊出版单位变更名称、合并或者分立、改变资本结构，出版新的期刊，依照本规定第十条至第十四条的规定办理审批、登记手续。

第十八条 期刊变更名称、主办单位或主管单位、业务范围、刊期的，依照本规定第十条至第十四条的规定办理审批、登记手续。

期刊变更登记地，经主管、主办单位同意后，由期刊出版单位到新登记地省、自治区、直辖市新闻出版行政部门办理登记手续。

期刊变更刊期，新闻出版总署可以委托省、自治区、直辖市新闻出版行政部门审批。

本规定所称期刊业务范围包括办刊宗旨、文种。

第十九条 期刊出版单位变更期刊开本、法定代表人或者主要负责人、在同一登记地内变更地址，经其主办单位审核同意后，由期刊出版单位在15日内向所在地省、自治区、直辖市新闻出版行政部门备案。

第二十条 期刊休刊，期刊出版单位须向所在地省、自治区、直辖市新闻出版行政部门备案并说明休刊理由和期限。

期刊休刊时间不得超过一年。休刊超过一年的，由新闻出版总署撤销《期刊出版许可证》，所在地省、自治区、直辖市新闻出版行政部门注销登记。

第二十一条 期刊出版单位终止期刊出版活动的，经主管单位同意后，由其主办单位向所在地省、自治区、直辖市新闻出版行政部门办理注销登记，并由省、自治区、直辖市新闻出版行政部门报新闻出版总署备案。

第二十二条　期刊注销登记，以同一名称设立的期刊出版单位须与期刊同时注销，并到原登记的工商行政管理部门办理注销登记。

注销登记的期刊和期刊出版单位不得再以该名称从事出版、经营活动。

第二十三条　中央期刊出版单位组建期刊集团，由新闻出版总署批准；地方期刊出版单位组建期刊集团，向所在地省、自治区、直辖市新闻出版行政部门提出申请，经审核同意后，报新闻出版总署批准。

第三章　期刊的出版

第二十四条　期刊出版实行编辑责任制度，保障期刊刊载内容符合国家法律、法规的规定。

第二十五条　期刊不得刊载《出版管理条例》和其他有关法律、法规以及国家规定的禁止内容。

第二十六条　期刊刊载的内容不真实、不公正，致使公民、法人或者其他组织的合法权益受到侵害的，期刊出版单位应当公开更正，消除影响，并依法承担其他民事责任。

期刊刊载的内容不真实、不公正，致使公民、法人或者其他组织的合法权益受到侵害的，当事人有权要求期刊出版单位更正或者答辩，期刊出版单位应当在其最近出版的一期期刊上予以发表；拒绝发表的，当事人可以向人民法院提出诉讼。

期刊刊载的内容不真实、不公正，损害公共利益的，新闻出版总署或者省、自治区、直辖市新闻出版行政部门可以责令该期刊出版单位更正。

第二十七条　期刊刊载涉及国家安全、社会安定等重大选题的内容，须按照重大选题备案管理规定办理备案手续。

第二十八条　公开发行的期刊不得转载、摘编内部发行出版物的内容。

期刊转载、摘编互联网上的内容，必须按照有关规定对其内容进行核实，并在刊发的明显位置标明下载文件网址、下载日期等。

第二十九条　期刊出版单位与境外出版机构开展合作出版项目，须经新闻出版总署批准，具体办法另行规定。

第三十条　期刊出版质量须符合国家标准和行业标准。期刊使用语言文字须符合国家有关规定。

第三十一条　期刊须在封底或版权页上刊载以下版本记录：期刊名称、主管单位、主办单位、出版单位、印刷单位、发行单位、出版日期、总编辑（主编）姓名、发行范围、定价、国内统一连续出版物号、广告经营许可证号等。

领取国际标准连续出版物号的期刊须同时刊印国际标准连续出版物号。

第三十二条　期刊须在封面的明显位置刊载期刊名称和年、月、期、卷等顺序编号，不得以总期号代替年、月、期号。

期刊封面其他文字标识不得明显于刊名。

期刊的外文刊名须是中文刊名的直译。外文期刊封面上必须同时刊印中文刊名；少数民族文种期刊封面上必须同时刊印汉语刊名。

第三十三条　一个国内统一连续出版物号只能对应出版一种期刊，不得用同一国内统一连续出版物号出版不同版本的期刊。

出版不同版本的期刊，须按创办新期刊办理审批手续。

第三十四条　期刊可以在正常刊期之外出版增刊。每种期刊每年可以出版两期增刊。

期刊出版单位出版增刊，应当经其主管单位审核同意后，由主办单位报所在地省、自治区、直辖市新闻出版行政部门备案。备案文件应当说明拟出增刊的出版理由、出版时间、文章编目、期数、页码、印数、印刷单位等；所在地省、自治区、直辖市新闻出版行政部门备案后，发给备案证明文件，配发增刊备案号。

增刊内容必须符合正刊的业务范围，开本和发行范围必须与正刊一致；增刊除刊印本规定第三十一条所列版本纪录外，还须刊印增刊备案号，并在封面刊印正刊名称和注明“增刊”。

第三十五条 期刊合订本须按原期刊出版顺序装订，不得对期刊内容另行编排，并在其封面明显位置标明期刊名称及“合订本”字样。

期刊因内容违法被新闻出版行政部门给予行政处罚的，该期期刊的相关篇目不得收入合订本。

被注销登记的期刊，不得制作合订本。

第三十六条 期刊出版单位不得出卖、出租、转让本单位名称及所出版期刊的刊号、名称、版面，不得转借、转让、出租和出卖《期刊出版许可证》。

第三十七条 期刊出版单位利用其期刊开展广告业务，必须遵守广告法律规定，发布广告须依法查验有关证明文件，核实广告内容，不得刊登有害的、虚假的等违法广告。

期刊的广告经营者限于在合法授权范围内开展广告经营、代理业务，不得参与期刊的采访、编辑等出版活动。

第三十八条 期刊采编业务与经营业务必须严格分开。

禁止以采编报道相威胁，以要求被报道对象做广告、提供赞助、加入理事会等损害被报道对象利益的行为牟取不正当利益。

期刊不得刊登任何形式的有偿新闻。

第三十九条 期刊出版单位的新闻采编人员从事新闻采访活动，必须持有新闻出版总署统一核发的新闻记者证，并遵守新闻出版总署《新闻记者证管理办法》的有关规定。

第四十条 具有新闻采编业务的期刊出版单位在登记地以外的地区设立记者站，参照新闻出版总署《报社记者站管理办法》审批、管理。其他期刊出版单位一律不得设立记者站。

期刊出版单位是否具有新闻采编业务由新闻出版总署认定。

第四十一条 期刊出版单位不得以不正当竞争行为或者方式开展经营活动，不得利用权力摊派发行期刊。

第四十二条 期刊出版单位须遵守国家统计法规，依法向新闻出版行政部门报送统计资料。

期刊出版单位应配合国家认定的出版物发行数据调查机构进行期刊发行量数据调查，提供真实的期刊发行数据。

第四十三条 期刊出版单位须在每期期刊出版30日内，分别向新闻出版总署、中国版本图书馆、国家图书馆以及所在地省、自治区、直辖市新闻出版行政部门缴送样刊3本。

第四章 监督管理

第四十四条 期刊出版活动的监督管理实行属地原则。

省、自治区、直辖市新闻出版行政部门依法负责对本行政区域期刊和期刊出版单位的登记、年度核验、质量评估、行政处罚等工作，对本行政区域的期刊出版活动进行监督管理。

其他地方新闻出版行政部门依法对本行政区域内期刊出版单位及其期刊出版活动进行监督管理。

第四十五条 期刊出版管理实施期刊出版事后审读制度、期刊出版质量评估制度、期刊年度核验制度和期刊出版从业人员资格管理制度。

期刊出版单位应当按照新闻出版总署的规定，将从事期刊出版活动的情况向新闻出版行政部门提出书面报告。

第四十六条　新闻出版总署负责全国期刊审读工作。地方各级新闻出版行政部门负责对本行政区域内出版的期刊进行审读。下级新闻出版行政部门要定期向上一级新闻出版行政部门提交审读报告。

主管单位须对其主管的期刊进行审读，定期向所在地新闻出版行政部门报送审读报告。

期刊出版单位应建立期刊阅评制度，定期写出阅评报告。新闻出版行政部门根据管理工作的需要，可以随时调阅、检查期刊出版单位的阅评报告。

第四十七条　新闻出版总署制定期刊出版质量综合评估标准体系，对期刊出版质量进行全面评估。

经期刊出版质量综合评估，期刊出版质量未达到规定标准或者不能维持正常出版活动的，由新闻出版总署撤销《期刊出版许可证》，所在地省、自治区、直辖市新闻出版行政部门注销登记。

第四十八条　省、自治区、直辖市新闻出版行政部门负责对本行政区域的期刊实施年度核验。年度核验内容包括期刊出版单位及其所出版期刊登记项目、出版质量、遵纪守法情况等。

第四十九条　年度核验按照以下程序进行：

（一）期刊出版单位提出年度自检报告，填写由新闻出版总署统一印制的《期刊登记项目年度核验表》，经期刊主办单位、主管单位审核盖章后，连同本年度出版的样刊报省、自治区、直辖市新闻出版行政部门；

（二）省、自治区、直辖市新闻出版行政部门对期刊出版单位自检报告、《期刊登记项目年度核验表》及样刊进行审核查验；

（三）经核验符合规定标准的，省、自治区、直辖市新闻出版行政部门在《期刊出版许可证》上加盖年度核验章；《期刊出版许可证》上加盖年度核验章即为通过年度核验，期刊出版单位可以继续从事期刊出版活动；

（四）省、自治区、直辖市新闻出版行政部门在完成期刊年度核验工作30日内向新闻出版总署提交期刊年度核验工作报告。

第五十条　有下列情形之一的，暂缓年度核验：

（一）正在限期停业整顿的；

（二）经审核发现有违法情况应予处罚的；

（三）主管单位、主办单位未履行管理责任，导致期刊出版管理混乱的；

（四）存在其他违法嫌疑需要进一步核查的。

暂缓年度核验的期限由省、自治区、直辖市新闻出版行政部门确定，报新闻出版总署备案。缓验期满，按本规定第四十八条、第四十九条重新办理年度核验。

第五十一条　期刊有下列情形之一的，不予通过年度核验：

（一）违法行为被查处后拒不改正或者没有明显整改效果的；

（二）期刊出版质量长期达不到规定标准的；

（三）经营恶化已经资不抵债的；

（四）已经不具备本规定第九条规定条件的。

不予通过年度核验的，由新闻出版总署撤销《期刊出版许可证》，所在地省、自治区、直辖市新闻出版行政部门注销登记。

未通过年度核验的，期刊出版单位自第二年起停止出版该期刊。

第五十二条　《期刊出版许可证》加盖年度核验章后方可继续使用。有关部门在办理期刊出版、印刷、发行等手续时，对未加盖年度核验章的《期刊出版许可证》不予采用。

不按规定参加年度核验的期刊出版单位，经催告仍未参加年度核验的，由新闻出版总署撤销《期刊出版许可证》，所在地省、自治区、直辖市新闻出版行政部门注销登记。

第五十三条　年度核验结果，核验机关可以向社会公布。

第五十四条　期刊出版从业人员，应具备国家规定的新闻出版职业资格条件。

第五十五条　期刊出版单位的社长、总编辑须符合国家规定的任职资格和条件。

期刊出版单位的社长、总编辑须参加新闻出版行政部门组织的岗位培训。

期刊出版单位的新任社长、总编辑须经过岗位培训合格后才能上岗。

第五章　法律责任

第五十六条　期刊出版单位违反本规定的，新闻出版行政部门视其情节轻重，可以采取下列行政措施：

（一）下达警示通知书；

（二）通报批评；

（三）责令公开检讨；

（四）责令改正；

（五）责令停止印制、发行期刊；

（六）责令收回期刊；

（七）责成主办单位、主管单位监督期刊出版单位整改。

警示通知书由新闻出版总署制定统一格式，由新闻出版总署或者省、自治区、直辖市新闻出版行政部门下达给违法的期刊出版单位，并抄送违法期刊出版单位的主办单位及其主管单位。

本条所列行政措施可以并用。

第五十七条　未经批准，擅自设立期刊出版单位，或者擅自从事期刊出版业务，假冒期刊出版单位名称或者伪造、假冒期刊名称出版期刊的，依照《出版管理条例》第六十一条处罚。

期刊出版单位未履行备案手续擅自出版增刊、擅自与境外出版机构开展合作出版项目的，按前款处罚。

第五十八条　出版含有《出版管理条例》和其他有关法律、法规以及国家规定禁载内容期刊的，依照《出版管理条例》第六十二条处罚。

第五十九条　期刊出版单位违反本规定第三十六条的，依照《出版管理条例》第六十六条处罚。

期刊出版单位允许或者默认广告经营者参与期刊采访、编辑等出版活动的，按前款处罚。

第六十条　期刊出版单位有下列行为之一的，依照《出版管理条例》第六十七条处罚：

（一）期刊变更名称、主办单位或主管单位、业务范围、刊期，未依照本规定办理审批手续的；

（二）期刊出版单位变更名称、合并或分立、改变资本结构、出版新的期刊，未依照本规定办理审批手续的；

（三）期刊出版单位未将涉及国家安全、社会安定等方面的重大选题备案的；

（四）期刊出版单位未依照本规定缴送样刊的。

第六十一条　期刊出版单位违反本规定第四条第二款的，依照新闻出版总署《出版物市场管理规定》第四十八条处罚。

第六十二条　期刊出版单位有下列行为之一的，由新闻出版总署或者省、自治区、直辖市新闻出版行政部门给予警告，并处3万元以下罚款：

（一）期刊出版单位变更期刊开本、法定代表人或者主要负责人、在同一登记地内变更地址，未按本规定第十九条报送备案的；

（二）期刊休刊未按本规定第二十条报送备案的；

（三）刊载损害公共利益的虚假或者失实报道，拒不执行新闻出版行政部门更正命令的；

（四）公开发行的期刊转载、摘编内部

发行出版物内容的；

（五）期刊转载、摘编互联网上的内容，违反本规定第二十八条第二款的；

（六）未按照本规定第三十一条刊载期刊版本记录的；

（七）违反本规定第三十二条关于期刊封面标识的规定的；

（八）违反本规定第三十三条，“一号多刊”的；

（九）出版增刊违反本规定第三十四条第三款的；

（十）违反本规定第三十五条制作期刊合订本的；

（十一）刊登有偿新闻或者违反本规定第三十八条其他规定的；

（十二）违反本规定第四十一条，以不正当竞争行为开展经营活动或者利用权力摊派发行的。

第六十三条 期刊出版单位新闻采编人员违反新闻记者证的有关规定，依照新闻出版总署《新闻记者证管理办法》的规定处罚。

第六十四条 期刊出版单位违反记者站的有关规定，依照新闻出版总署《报社记者站管理办法》的规定处罚。

第六十五条 对期刊出版单位做出行政处罚，新闻出版行政部门应告知其主办单位和主管单位，可以通过媒体向社会公布。

对期刊出版单位做出行政处罚，新闻出版行政部门可以建议其主办单位或者主管单位对直接责任人和主要负责人予以行政处分或者调离岗位。

第六章 附 则

第六十六条 本规定施行后，新闻出版署《期刊管理暂行规定》和《〈期刊管理暂行规定〉行政处罚实施办法》同时废止，此前新闻出版行政部门对期刊出版活动的其他规定，凡与本规定不一致的，以本规定为准。

第六十七条 本规定自2005年12月1日起施行。

图书出版管理规定

（2008年2月21日新闻出版总署令第36号公布，根据2015年8月28日国家新闻出版广电总局令第3号《关于修订部分规章和规范性文件的决定》修订）

第一章 总 则

第一条 为了规范图书出版，加强对图书出版的监督管理，促进图书出版的发展和繁荣，根据国务院《出版管理条例》及相关法律法规，制定本规定。

第二条 在中华人民共和国境内从事图书出版，适用本规定。

本规定所称图书，是指书籍、地图、年画、图片、画册，以及含有文字、图画内容的年历、月历、日历，以及由新闻出版总署认定的其他内容载体形式。

第三条 图书出版必须坚持为人民服务、为社会主义服务的方向，坚持马克思列宁主义、毛泽东思想、邓小平理论和“三个代表”重要思想，坚持科学发展观，坚持正确的舆论导向和出版方向，坚持把社会效益放在首位、社会效益和经济效益相统一的原则，传播和积累有益于提高民族素质、推动经济发展、促进社会和谐与进步的科学技术和文化知识，弘扬民族优秀文化，促进国际文化交流，丰富人民群众的精神文化生活。

第四条　新闻出版总署负责全国图书出版的监督管理工作，建立健全监督管理制度，制定并实施全国图书出版总量、结构、布局的规划。

省、自治区、直辖市新闻出版行政部门负责本行政区域内图书出版的监督管理工作。

第五条　图书出版单位依法从事图书的编辑、出版等活动。

图书出版单位合法的出版活动受法律保护，任何组织和个人不得非法干扰、阻止、破坏。

第六条　新闻出版总署对为发展、繁荣我国图书出版事业作出重要贡献的图书出版单位及个人给予奖励，并评选奖励优秀图书。

第七条　图书出版行业的社会团体按照其章程，在新闻出版行政部门的指导下，实行自律管理。

第二章　图书出版单位的设立

第八条　图书由依法设立的图书出版单位出版。设立图书出版单位须经新闻出版总署批准，取得图书出版许可证。

本规定所称图书出版单位，是指依照国家有关法规设立，经新闻出版总署批准并履行登记注册手续的图书出版法人实体。

第九条　设立图书出版单位，应当具备下列条件：

（一）有图书出版单位的名称、章程；

（二）有符合新闻出版总署认定条件的主办单位、主管单位；

（三）有确定的图书出版业务范围；

（四）有30万元以上的注册资本；

（五）有适应图书出版需要的组织机构和符合国家规定资格条件的编辑出版专业人员；

（六）有确定的法定代表人或者主要负责人，该法定代表人或者主要负责人必须是在境内长久居住的具有完全行为能力的中国公民；

（七）有与主办单位在同一省级行政区域的固定工作场所；

（八）法律、行政法规规定的其他条件。

设立图书出版单位，除前款所列条件外，还应当符合国家关于图书出版单位总量、结构、布局的规划。

第十条　中央在京单位设立图书出版单位，由主办单位提出申请，经主管单位审核同意后，由主办单位报新闻出版总署审批。

中国人民解放军和中国人民武装警察部队系统设立图书出版单位，由主办单位提出申请，经中国人民解放军总政治部宣传部新闻出版局审核同意后，报新闻出版总署审批。

其他单位设立图书出版单位，经主管单位审核同意后，由主办单位向所在地省、自治区、直辖市新闻出版行政部门提出申请，省、自治区、直辖市新闻出版行政部门审核同意后，报新闻出版总署审批。

第十一条　申请设立图书出版单位，须提交以下材料：

（一）按要求填写的设立图书出版单位申请表；

（二）主管单位、主办单位的有关资质证明材料；

（三）拟任图书出版单位法定代表人或者主要负责人简历、身份证明文件；

（四）编辑出版人员的出版专业职业资格证书；

（五）注册资本数额、来源及性质证明；

（六）图书出版单位的章程；

（七）工作场所使用证明；

（八）设立图书出版单位的可行性论证报告。

第十二条　新闻出版总署应当自收到设

立图书出版单位申请之日起90日内，作出批准或者不批准的决定，并直接或者由省、自治区、直辖市新闻出版行政部门书面通知主办单位；不批准的，应当说明理由。

第十三条 申请设立图书出版单位的主办单位应当自收到新闻出版总署批准文件之日起60日内办理如下注册登记手续：

（一）持批准文件到所在地省、自治区、直辖市新闻出版行政部门领取图书出版单位登记表，经主管单位审核签章后，报所在地省、自治区、直辖市新闻出版行政部门；

（二）图书出版单位登记表一式五份，图书出版单位、主办单位、主管单位及省、自治区、直辖市新闻出版行政部门各存一份，另一份由省、自治区、直辖市新闻出版行政部门在收到之日起15日内，报送新闻出版总署备案；

（三）新闻出版总署对图书出版单位登记表审核后，在10日内通过中国标准书号中心分配其出版者号并通知省、自治区、直辖市新闻出版行政部门；

（四）省、自治区、直辖市新闻出版行政部门对图书出版单位登记表审核后，在10日内向主办单位发放图书出版许可证；

（五）图书出版单位持图书出版许可证到工商行政管理部门办理登记手续，依法领取营业执照。

第十四条 图书出版单位的主办单位自收到新闻出版总署批准文件之日起60日内未办理注册登记手续，批准文件自行失效，登记机关不再受理登记，图书出版单位的主办单位须将有关批准文件缴回新闻出版总署。

图书出版单位自登记之日起满180日未从事图书出版的，由原登记的新闻出版行政部门注销登记，收回图书出版许可证，并报新闻出版总署备案。

因不可抗力或者其他正当理由发生前款所列情形的，图书出版单位可以向原登记的新闻出版行政部门申请延期。

第十五条 图书出版单位应当具备法人条件，经核准登记后，取得法人资格，以其全部法人财产独立承担民事责任。

第十六条 图书出版单位变更名称、主办单位或者主管单位、业务范围，合并或者分立，改变资本结构，依照本规定第九条至第十三条的规定办理审批、登记手续。

图书出版单位除前款所列变更事项外的其他事项的变更，应当经其主办单位和主管单位审查同意后，向所在地省、自治区、直辖市新闻出版行政部门申请变更登记，由省、自治区、直辖市新闻出版行政部门报新闻出版总署备案。

第十七条 图书出版单位终止图书出版的，由主办单位提出申请并经主管单位同意后，由主办单位向所在地省、自治区、直辖市新闻出版行政部门办理注销登记，并由省、自治区、直辖市新闻出版行政部门报新闻出版总署备案。

第十八条 组建图书出版集团，参照本规定第十条办理。

第三章 图书的出版

第十九条 任何图书不得含有《出版管理条例》和其他有关法律、法规以及国家规定禁止的内容。

第二十条 图书出版实行编辑责任制度，保障图书内容符合国家法律规定。

第二十一条 出版辞书、地图、中小学教科书等类别的图书，实行资格准入制度，出版单位须按照新闻出版总署批准的业务范围出版。具体办法由新闻出版总署另行规定。

第二十二条 图书出版实行重大选题备案制度。涉及国家安全、社会安定等方面的重大选题，涉及重大革命题材和重大历史题材的选题，应当按照新闻出版总署有关选题备案管理的规定办理备案手续。未经备案的重大选题，不得出版。

第二十三条 图书出版实行年度出版计划备案制度。图书出版单位的年度出版计划，须经省、自治区、直辖市新闻出版行政部门审核后报新闻出版总署备案。

第二十四条 图书出版单位实行选题论证制度、图书稿件三审责任制度、责任编辑制度、责任校对制度、图书重版前审读制度、稿件及图书资料归档制度等管理制度，保障图书出版质量。

第二十五条 图书使用语言文字须符合国家语言文字法律规定。

图书出版质量须符合国家标准、行业标准和新闻出版总署关于图书出版质量的管理规定。

第二十六条 图书使用中国标准书号或者全国统一书号、图书条码以及图书在版编目数据须符合有关标准和规定。

第二十七条 图书出版单位不得向任何单位或者个人出售或者以其他形式转让本单位的名称、中国标准书号或者全国统一书号。

第二十八条 图书出版单位不得以一个中国标准书号或者全国统一书号出版多种图书，不得以中国标准书号或者全国统一书号出版期刊。中国标准书号使用管理办法由新闻出版总署另行规定。

第二十九条 图书出版单位租型出版图书、合作出版图书、出版自费图书须按照新闻出版总署的有关规定执行。

第三十条 图书出版单位与境外出版机构在境内开展合作出版，在合作出版的图书上双方共同署名，须经新闻出版总署批准。

第三十一条 图书出版单位须按照国家有关规定在其出版的图书上载明图书版本记录事项。

第三十二条 图书出版单位应当委托依法设立的出版物印刷单位印刷图书，并按照国家规定使用印刷委托书。

第三十三条 图书出版单位须遵守国家统计规定，依法向新闻出版行政部门报送统计资料。

第三十四条 图书出版单位在图书出版30日内，应当按照国家有关规定向国家图书馆、中国版本图书馆、新闻出版总署免费送交样书。

第四章 监督管理

第三十五条 图书出版的监督管理实行属地原则。

省、自治区、直辖市新闻出版行政部门依法对本行政区域内的图书出版进行监督管理，负责本行政区域内图书出版单位的审核登记、年度核验及其出版图书的审读、质量评估等管理工作。

第三十六条 图书出版管理实行审读制度、质量保障管理制度、出版单位分级管理制度、出版单位年度核验制度和出版从业人员职业资格管理制度。

第三十七条 新闻出版总署负责全国图书审读工作。省、自治区、直辖市新闻出版行政部门负责对本行政区域内出版的图书进行审读，并定期向新闻出版总署提交审读报告。

第三十八条 新闻出版行政部门可以根据新闻出版总署《图书质量管理规定》等规定，对图书质量进行检查，并予以奖惩。

第三十九条 新闻出版总署制定图书出版单位等级评估办法，对图书出版单位进行评估，并实行分级管理。

第四十条 图书出版单位实行年度核验制度，年度核验每两年进行一次。

年度核验按照以下程序进行：

（一）图书出版单位提出年度自查报告，填写由新闻出版总署统一印制的图书出版年度核验表，经图书出版单位的主办单位、主管单位审核盖章后，在规定时间内报所在地省、自治区、直辖市新闻出版行政部门；

（二）省、自治区、直辖市新闻出版行政部门在收到图书出版单位自查报告、图书出版年度核验表等年度核验材料30日内予以审核查验、出具审核意见，报送新闻出版总署；

（三）新闻出版总署在收到省、自治区、直辖市新闻出版行政部门报送的图书出版单位年度核验材料和审核意见60日内作出是否予以通过年度核验的批复；

（四）图书出版单位持新闻出版总署予以通过年度核验的批复文件、图书出版许可证副本等相关材料，到所在地省、自治区、直辖市新闻出版行政部门办理登记手续。

第四十一条　图书出版单位有下列情形之一的，暂缓年度核验：

（一）正在限期停业整顿的；

（二）经审核发现有违法情况应予处罚的；

（三）主管单位、主办单位未认真履行管理责任，导致图书出版管理混乱的；

（四）所报年度核验自查报告内容严重失实的；

（五）存在其他违法嫌疑需要进一步核查的。

暂缓年度核验的期限为6个月。在暂缓年度核验期间，图书出版单位除教科书、在印图书可继续出版外，其他图书出版一律停止。缓验期满，按照本规定重新办理年度核验手续。

第四十二条　图书出版单位有下列情形之一的，不予通过年度核验：

（一）出版导向严重违反管理规定并未及时纠正的；

（二）违法行为被查处后拒不改正或者在整改期满后没有明显效果的；

（三）图书出版质量长期达不到规定标准的；

（四）经营恶化已经资不抵债的；

（五）已经不具备本规定第九条规定条件的；

（六）暂缓登记期满，仍未符合年度核验基本条件的；

（七）不按规定参加年度核验，经催告仍未参加的；

（八）存在其他严重违法行为的。

对不予通过年度核验的图书出版单位，由新闻出版总署撤销图书出版许可证，所在地省、自治区、直辖市新闻出版行政部门注销登记。

第四十三条　年度核验结果，新闻出版总署和省、自治区、直辖市新闻出版行政部门可以向社会公布。

第四十四条　图书出版从业人员，应具备国家规定的出版职业资格条件。

第四十五条　图书出版单位的社长、总编辑须符合国家规定的任职资格和条件。

图书出版单位的社长、总编辑须参加新闻出版行政部门组织的岗位培训，取得岗位培训合格证书后才能上岗。

第五章　法律责任

第四十六条　图书出版单位违反本规定的，新闻出版总署或者省、自治区、直辖市新闻出版行政部门可以采取下列行政措施：

（一）下达警示通知书；

（二）通报批评；

（三）责令公开检讨；

（四）责令改正；

（五）核减中国标准书号数量；

（六）责令停止印制、发行图书；

（七）责令收回图书；

（八）责成主办单位、主管单位监督图书出版单位整改。

警示通知书由新闻出版总署制定统一格式，由新闻出版总署或者省、自治区、直辖市新闻出版行政部门下达给违法的图书出版单位，并抄送违法图书出版单位的主办单位及其主管单位。

本条所列行政措施可以并用。

第四十七条　未经批准，擅自设立图书出版单位，或者擅自从事图书出版业务，假冒、伪造图书出版单位名称出版图书的，依照《出版管理条例》第五十五条处罚。

第四十八条　图书出版单位出版含有《出版管理条例》和其他有关法律、法规以及国家规定禁止内容图书的，由新闻出版总署或者省、自治区、直辖市新闻出版行政部门依照《出版管理条例》第五十六条处罚。

第四十九条 图书出版单位违反本规定第二十七条的，由新闻出版总署或者省、自治区、直辖市新闻出版行政部门依照《出版管理条例》第六十条处罚。

第五十条 图书出版单位有下列行为之一的，由新闻出版总署或者省、自治区、直辖市新闻出版行政部门依照《出版管理条例》第六十一条处罚：

（一）变更名称、主办单位或者其主管单位、业务范围、合并或分立、改变资本结构，未依法办理审批手续的；

（二）未按规定将其年度出版计划备案的；

（三）未按规定履行重大选题备案的；

（四）未按规定送交样书的。

第五十一条 图书出版单位有下列行为之一的，由新闻出版总署或者省、自治区、直辖市新闻出版行政部门给予警告，并处3万元以下罚款：

（一）未按规定使用中国标准书号或者全国统一书号、图书条码、图书在版编目数据的；

（二）图书出版单位违反本规定第二十八条的；

（三）图书出版单位擅自在境内与境外出版机构开展合作出版，在合作出版的图书上双方共同署名的；

（四）未按规定载明图书版本记录事项的；

（五）图书出版单位委托非依法设立的出版物印刷单位印刷图书的，或者未按照国家规定使用印刷委托书的。

第五十二条 图书出版单位租型出版图书、合作出版图书、出版自费图书，违反新闻出版总署有关规定的，由新闻出版总署或者省、自治区、直辖市新闻出版行政部门给予警告，并处3万元以下罚款。

第五十三条 图书出版单位出版质量不合格的图书，依据新闻出版总署《图书质量管理规定》处罚。

第五十四条 图书出版单位未依法向新闻出版行政部门报送统计资料的，依据新闻出版总署、国家统计局联合颁布的《新闻出版统计管理办法》处罚。

第五十五条 对图书出版单位作出行政处罚，新闻出版行政部门应告知其主办单位和主管单位，可以通过媒体向社会公布。

对图书出版单位作出行政处罚，新闻出版行政部门可以建议其主办单位或者主管单位对直接责任人和主要负责人予以行政处分或者调离岗位。

第六章　附　　则

第五十六条 本规定自2008年5月1日起施行。

自本规定施行起，此前新闻出版行政部门对图书出版的其他规定，凡与本规定不一致的，以本规定为准。

报纸出版管理规定

（2005年9月20日新闻出版总署第1次署务会议通过，2005年9月30日公布，自2005年12月1日起施行）

第一章　总　　则

第一条 为促进我国报业的发展与繁荣，规范报纸出版活动，加强报纸出版管理，根据国务院《出版管理条例》及相关法律法规，制定本规定。

第二条　在中华人民共和国境内从事报纸出版活动，适用本规定。

报纸由依法设立的报纸出版单位出版。报纸出版单位出版报纸，必须经新闻出版总署批准，持有国内统一连续出版物号，领取《报纸出版许可证》。

本规定所称报纸，是指有固定名称、刊期、开版，以新闻与时事评论为主要内容，每周至少出版一期的散页连续出版物。

本规定所称报纸出版单位，是指依照国家有关规定设立，经新闻出版总署批准并履行登记注册手续的报社。法人出版报纸不设立报社的，其设立的报纸编辑部视为报纸出版单位。

第三条　报纸出版必须坚持马克思列宁主义、毛泽东思想、邓小平理论和“三个代表”重要思想，坚持正确的舆论导向和出版方向，坚持把社会效益放在首位、社会效益和经济效益相统一和贴近实际、贴近群众、贴近生活的原则，为建设中国特色社会主义营造良好氛围，丰富广大人民群众的精神文化生活。

第四条　新闻出版总署负责全国报纸出版活动的监督管理工作，制定并实施全国报纸出版的总量、结构、布局的规划，建立健全报纸出版质量综合评估制度、报纸年度核验制度以及报纸出版退出机制等监督管理制度。

地方各级新闻出版行政部门负责本行政区域内的报纸出版活动的监督管理工作。

第五条　报纸出版单位负责报纸的编辑、出版等报纸出版活动。

报纸出版单位合法的出版活动受法律保护。任何组织和个人不得非法干扰、阻止、破坏报纸的出版。

第六条　新闻出版总署对为我国报业繁荣和发展做出突出贡献的报纸出版单位及个人实施奖励。

第七条　报纸出版行业的社会团体按照其章程，在新闻出版行政部门的指导下，实行自律管理。

第二章　报纸创办与报纸出版单位设立

第八条　创办报纸、设立报纸出版单位，应当具备下列条件：

（一）有确定的、不与已有报纸重复的名称；

（二）有报纸出版单位的名称、章程；

（三）有符合新闻出版总署认定条件的主管、主办单位；

（四）有确定的报纸出版业务范围；

（五）有 30 万元以上的注册资本；

（六）有适应业务范围需要的组织机构和符合国家规定资格条件的新闻采编专业人员；

（七）有与主办单位在同一行政区域的固定的工作场所；

（八）有符合规定的法定代表人或者主要负责人，该法定代表人或者主要负责人必须是在境内长久居住的中国公民；

（九）法律、行政法规规定的其他条件。

除前款所列条件外，还须符合国家对报纸及报纸出版单位总量、结构、布局的规划。

第九条　中央在京单位创办报纸并设立报纸出版单位，经主管单位同意后，由主办单位报新闻出版总署审批。

中国人民解放军和中国人民武装警察部队系统创办报纸并设立报纸出版单位，由中国人民解放军总政治部宣传部新闻出版局审核同意后报新闻出版总署审批。

其他单位创办报纸并设立报纸出版单位，经主管单位同意后，由主办单位向所在地省、自治区、直辖市新闻出版行政部门提出申请，省、自治区、直辖市新闻出版行政部门审核同意后，报新闻出版总署审批。

第十条　两个以上主办单位合办报纸，须确定一个主要主办单位，并由主要主办单位提出申请。

报纸的主要主办单位应为其主管单位的隶属单位。报纸出版单位和主要主办单位须在同一行政区域。

第十一条 创办报纸、设立报纸出版单位，由报纸出版单位的主办单位提出申请，并提交以下材料：

（一）按要求填写的《报纸出版申请表》；

（二）主办单位、主管单位的有关资质证明材料；

（三）拟任报纸出版单位法定代表人或者主要负责人的简历、身份证明文件及国家有关部门颁发的职业资格证书；

（四）新闻采编人员的职业资格证书；

（五）报纸出版单位办报资金来源及数额的相关证明文件；

（六）报纸出版单位的章程；

（七）工作场所使用证明；

（八）报纸出版可行性论证报告。

第十二条 新闻出版总署自收到创办报纸、设立报纸出版单位申请之日起 90 日内，作出批准或者不批准的决定，并直接或者由省、自治区、直辖市新闻出版行政部门书面通知主办单位；不批准的，应当说明理由。

第十三条 报纸主办单位应当自收到新闻出版总署批准决定之日起 60 日内办理注册登记手续：

（一）持批准文件到所在地省、自治区、直辖市新闻出版行政部门领取并填写《报纸出版登记表》，经主管单位审核签章后，报所在地省、自治区、直辖市新闻出版行政部门；

（二）《报纸出版登记表》一式五份，由报纸出版单位、主办单位、主管单位及省、自治区、直辖市新闻出版行政部门各存一份，另一份由省、自治区、直辖市新闻出版行政部门在 15 日内报送新闻出版总署备案；

（三）省、自治区、直辖市新闻出版行政部门对《报纸出版登记表》审核无误后，在 10 日内向主办单位发放《报纸出版许可证》，并编入国内统一连续出版物号；

（四）报纸出版单位持《报纸出版许可证》到工商行政管理部门办理登记手续，依法领取营业执照。

第十四条 报纸主办单位自收到新闻出版总署的批准文件之日起 60 日内未办理注册登记手续，批准文件自行失效，登记机关不再受理登记，报纸主办单位须把有关批准文件缴回新闻出版总署。

报纸出版单位自登记之日起满 90 日未出版报纸的，由新闻出版总署撤销《报纸出版许可证》，并由原登记的新闻出版行政部门注销登记。

因不可抗力或者其他正当理由发生前款所列情形的，报纸出版单位的主办单位可以向原登记的新闻出版行政部门申请延期。

第十五条 报社应当具备法人条件，经核准登记后，取得法人资格，以其全部法人财产独立承担民事责任。

报纸编辑部不具有法人资格，其民事责任由其主办单位承担。

第十六条 报纸出版单位变更名称、合并或者分立，改变资本结构，出版新的报纸，依照本规定第九条至第十三条的规定办理审批、登记手续。

第十七条 报纸变更名称、主办单位、主管单位、刊期、业务范围，依照本规定第九条至第十三条的规定办理审批、登记手续。

报纸变更刊期，新闻出版总署可以委托省、自治区、直辖市新闻出版行政部门审批。

本规定所称业务范围包括办报宗旨、文种。

第十八条 报纸变更开版，经主办单位审核同意后，由报纸出版单位报所在地省、自治区、直辖市新闻出版行政部门批准。

第十九条 报纸出版单位变更单位地址、法定代表人或者主要负责人、报纸承印单位，经其主办单位审核同意后，由报纸出版单位在15日内向所在地省、自治区、直辖市新闻出版行政部门备案。

第二十条　报纸休刊连续超过10日的，报纸出版单位须向所在地省、自治区、直辖市新闻出版行政部门办理休刊备案手续，说明休刊理由和休刊期限。

报纸休刊时间不得超过180日。报纸休刊超过180日仍不能正常出版的，由新闻出版总署撤销《报纸出版许可证》，并由所在地省、自治区、直辖市新闻出版行政部门注销登记。

第二十一条　报纸出版单位终止出版活动的，经主管单位同意后，由主办单位向所在地省、自治区、直辖市新闻出版行政部门办理注销登记，并由省、自治区、直辖市新闻出版行政部门报新闻出版总署备案。

第二十二条　报纸注销登记，以同一名称设立的报纸出版单位须与报纸同时注销，并到原登记的工商行政管理部门办理注销登记。

注销登记的报纸和报纸出版单位不得再以该名称从事出版、经营活动。

第二十三条　中央报纸出版单位组建报业集团，由新闻出版总署批准；地方报纸出版单位组建报业集团，向所在地省、自治区、直辖市新闻出版行政部门提出申请，经审核同意后，报新闻出版总署批准。

第三章　报纸的出版

第二十四条　报纸出版实行编辑责任制度，保障报纸刊载内容符合国家法律、法规的规定。

第二十五条　报纸不得刊载《出版管理条例》和其他有关法律、法规以及国家规定的禁止内容。

第二十六条　报纸开展新闻报道必须坚持真实、全面、客观、公正的原则，不得刊载虚假、失实报道。

报纸刊载虚假、失实报道，致使公民、法人或者其他组织的合法权益受到侵害的，其出版单位应当公开更正，消除影响，并依法承担相应民事责任。

报纸刊载虚假、失实报道，致使公民、法人或者其他组织的合法权益受到侵害的，当事人有权要求更正或者答辩，报纸应当予以发表；拒绝发表的，当事人可以向人民法院提出诉讼。

报纸因刊载虚假、失实报道而发表的更正或者答辩应自虚假、失实报道发现或者当事人要求之日起，在其最近出版的一期报纸的相同版位上发表。

报纸刊载虚假或者失实报道，损害公共利益的，新闻出版总署或者省、自治区、直辖市新闻出版行政部门可以责令该报纸出版单位更正。

第二十七条　报纸发表或者摘转涉及国家重大政策、民族宗教、外交、军事、保密等内容，应严格遵守有关规定。

报纸转载、摘编互联网上的内容，必须按照有关规定对其内容进行核实，并在刊发的明显位置标明下载文件网址、下载日期等。

第二十八条　报纸发表新闻报道，必须刊载作者的真实姓名。

第二十九条　报纸出版质量须符合国家标准和行业标准。报纸使用语言文字须符合国家有关规定。

第三十条　报纸出版须与《报纸出版许可证》的登记项目相符，变更登记项目须按本规定办理审批或者备案手续。

第三十一条　报纸出版时须在每期固定位置标示以下版本记录：

（一）报纸名称；

（二）报纸出版单位、主办单位、主管单位名称；

（三）国内统一连续出版物号；

（四）总编辑（社长）姓名；

（五）出版日期、总期号、版数、版序；

（六）报纸出版单位地址、电话、邮政编码；

（七）报纸定价（号外须注明“免费赠阅”字样）；

（八）印刷单位名称、地址；

（九）广告经营许可证号；

（十）国家规定的涉及公共利益或者行业标准的其他标识。

第三十二条 一个国内统一连续出版物号只能对应出版一种报纸，不得用同一国内统一连续出版物号出版不同版本的报纸。

出版报纸地方版、少数民族文字版、外文版等不同版本（文种）的报纸，须按创办新报纸办理审批手续。

第三十三条 同一种报纸不得以不同开版出版。

报纸所有版页须作为一个整体出版发行，各版页不得单独发行。

第三十四条 报纸专版、专刊的内容应与报纸的宗旨、业务范围相一致，专版、专刊的刊头字样不得明显于报纸名称。

第三十五条 报纸在正常刊期之外可出版增期。出版增期应按变更刊期办理审批手续。

增期的内容应与报纸的业务范围相一致；增期的开版、文种、发行范围、印数应与主报一致，并随主报发行。

第三十六条 报纸出版单位因重大事件可出版号外；出版号外须在报头注明“号外”字样，号外连续出版不得超过 3 天。

报纸出版单位须在号外出版后 15 日内向所在地省、自治区、直辖市新闻出版行政部门备案，并提交所有号外样报。

第三十七条 报纸出版单位不得出卖、出租、转让本单位名称及所出版报纸的刊号、名称、版面，不得转借、转让、出租和出卖《报纸出版许可证》。

第三十八条 报纸刊登广告须在报纸明显位置注明“广告”字样，不得以新闻形式刊登广告。

报纸出版单位发布广告应依据法律、行政法规查验有关证明文件，核实广告内容，不得刊登有害的、虚假的等违法广告。

报纸的广告经营者限于在合法授权范围内开展广告经营、代理业务，不得参与报纸的采访、编辑等出版活动。

第三十九条 报纸出版单位不得在报纸上刊登任何形式的有偿新闻。

报纸出版单位及其工作人员不得利用新闻报道牟取不正当利益，不得索取、接受采访报道对象及其利害关系人的财物或者其他利益。

第四十条 报纸采编业务和经营业务必须严格分开。

新闻采编业务部门及其工作人员不得从事报纸发行、广告等经营活动；经营部门及其工作人员不得介入新闻采编业务。

第四十一条 报纸出版单位的新闻采编人员从事新闻采访活动，必须持有新闻出版总署统一核发的新闻记者证，并遵守新闻出版总署《新闻记者证管理办法》的有关规定。

第四十二条 报纸出版单位根据新闻采访工作的需要，可以依照新闻出版总署《报社记者站管理办法》设立记者站，开展新闻业务活动。

第四十三条 报纸出版单位不得以不正当竞争行为或者方式开展经营活动，不得利用权力摊派发行报纸。

第四十四条 报纸出版单位须遵守国家统计法规，依法向新闻出版行政部门报送统计资料。

报纸出版单位应配合国家认定的出版物发行数据调查机构进行报纸发行量数据调查，提供真实的报纸发行数据。

第四十五条 报纸出版单位须按照国家有关规定向国家图书馆、中国版本图书馆和新闻出版总署以及所在地省、自治区、直辖市新闻出版行政部门缴送报纸样本。

第四章 监督管理

第四十六条 报纸出版活动的监督管理实行属地原则。

省、自治区、直辖市新闻出版行政部门依法负责本行政区域报纸和报纸出版单位的登记、年度核验、质量评估、行政处罚等工作，对本行政区域的报纸出版活动进行监督管理。

其他地方新闻出版行政部门依法对本行政区域内报纸出版单位及其报纸出版活动进行监督管理。

第四十七条　报纸出版管理实施报纸出版事后审读制度、报纸出版质量评估制度、报纸出版年度核验制度和报纸出版从业人员资格管理制度。

报纸出版单位应当按照新闻出版总署的规定，将从事报纸出版活动的情况向新闻出版行政部门提出书面报告。

第四十八条　新闻出版总署负责全国报纸审读工作。地方各级新闻出版行政部门负责对本行政区域内出版的报纸进行审读。下级新闻出版行政部门要定期向上一级新闻出版行政部门提交审读报告。

主管单位须对其主管的报纸进行审读，定期向所在地新闻出版行政部门报送审读报告。

报纸出版单位应建立报纸阅评制度，定期写出阅评报告。新闻出版行政部门根据管理工作需要，可以随时调阅、检查报纸出版单位的阅评报告。

第四十九条　新闻出版总署制定报纸出版质量综合评估标准体系，对报纸出版质量进行全面评估。

经报纸出版质量综合评估，报纸出版质量未达到规定标准或者不能维持正常出版活动的，由新闻出版总署撤销《报纸出版许可证》，所在地省、自治区、直辖市新闻出版行政部门注销登记。

第五十条　省、自治区、直辖市新闻出版行政部门负责对本行政区域的报纸出版单位实施年度核验。年度核验内容包括报纸出版单位及其所出版报纸登记项目、出版质量、遵纪守法情况、新闻记者证和记者站管理等。

第五十一条　年度核验按照以下程序进行：

（一）报纸出版单位提出年度自检报告，填写由新闻出版总署统一印制的《报纸出版年度核验表》，经报纸主办单位、主管单位审核盖章后，连同核验之日前连续出版的30期样报，在规定时间内报所在地省、自治区、直辖市新闻出版行政部门；

（二）省、自治区、直辖市新闻出版行政部门对报纸出版单位自检报告、《报纸出版年度核验表》等送检材料审核查验；

（三）经核验符合规定标准的，省、自治区、直辖市新闻出版行政部门在其《报纸出版许可证》上加盖年度核验章；《报纸出版许可证》上加盖年度核验章即为通过年度核验，报纸出版单位可以继续从事报纸出版活动；

（四）省、自治区、直辖市新闻出版行政部门自完成报纸出版年度核验工作后的30日内，向新闻出版总署提交报纸年度核验工作报告。

第五十二条　有下列情形之一的，暂缓年度核验：

（一）正在限期停刊整顿的；

（二）经审核发现有违法情况应予处罚的；

（三）主管单位、主办单位未履行管理责任，导致报纸出版管理混乱的；

（四）存在其他违法嫌疑需要进一步核查的。

暂缓年度核验的期限由省、自治区、直辖市新闻出版行政部门确定，报新闻出版总署备案。缓验期满，按照本规定第五十条、第五十一条重新办理年度核验。

第五十三条　有下列情形之一的，不予通过年度核验：

（一）违法行为被查处后拒不改正或者没有明显整改效果的；

（二）报纸出版质量长期达不到规定标准的；

（三）经营恶化已经资不抵债的；

（四）已经不具备本规定第八条规定条

件的。

不予通过年度核验的，由新闻出版总署撤销《报纸出版许可证》，所在地省、自治区、直辖市新闻出版行政部门注销登记。

未通过年度核验的，报纸出版单位自第二年起停止出版该报纸。

第五十四条 《报纸出版许可证》加盖年度核验章后方可继续使用。有关部门在办理报纸出版、印刷、发行等手续时，对未加盖年度核验章的《报纸出版许可证》不予采用。

不按规定参加年度核验的报纸出版单位，经催告仍未参加年度核验的，由新闻出版总署撤销《报纸出版许可证》，所在地省、自治区、直辖市新闻出版行政部门注销登记。

第五十五条 年度核验结果，核验机关可以向社会公布。

第五十六条 报纸出版从业人员，应具备国家规定的新闻出版职业资格条件。

第五十七条 报纸出版单位的社长、总编辑须符合国家规定的任职资格和条件。

报纸出版单位的社长、总编辑须参加新闻出版行政部门组织的岗位培训。

报纸出版单位的新任社长、总编辑须经过岗位培训合格后才能上岗。

第五章　法律责任

第五十八条 报纸出版单位违反本规定的，新闻出版行政部门视其情节轻重，可采取下列行政措施：

（一）下达警示通知书；

（二）通报批评；

（三）责令公开检讨；

（四）责令改正；

（五）责令停止印制、发行报纸；

（六）责令收回报纸；

（七）责成主办单位、主管单位监督报纸出版单位整改。

警示通知书由新闻出版总署制定统一格式，由新闻出版总署或者省、自治区、直辖市新闻出版行政部门下达给违法的报纸出版单位，并抄送违法报纸出版单位的主办单位及其主管单位。

本条所列行政措施可以并用。

第五十九条 未经批准，擅自设立报纸出版单位，或者擅自从事报纸出版业务，假冒报纸出版单位名称或者伪造、假冒报纸名称出版报纸的，依照《出版管理条例》第五十五条处罚。

第六十条 出版含有《出版管理条例》和其他有关法律、法规以及国家规定禁载内容报纸的，依照《出版管理条例》第五十六条处罚。

第六十一条 报纸出版单位违反本规定第三十七条的，依照《出版管理条例》第六十条处罚。

报纸出版单位允许或者默认广告经营者参与报纸的采访、编辑等出版活动，按前款处罚。

第六十二条 报纸出版单位有下列行为之一的，依照《出版管理条例》第六十一条处罚：

（一）报纸出版单位变更名称、合并或者分立，改变资本结构，出版新的报纸，未依照本规定办理审批手续的；

（二）报纸变更名称、主办单位、主管单位、刊期、业务范围、开版，未依照本规定办理审批手续的；

（三）报纸出版单位未依照本规定缴送报纸样本的。

第六十三条 报纸出版单位有下列行为之一的，由新闻出版总署或者省、自治区、直辖市新闻出版行政部门给予警告，并处3万元以下罚款：

（一）报纸出版单位变更单位地址、法定代表人或者主要负责人、承印单位，未按照本规定第十九条报送备案的；

（二）报纸休刊，未按照本规定第二十条报送备案的；

（三）刊载损害公共利益的虚假或者失

实报道，拒不执行新闻出版行政部门更正命令的；

（四）在其报纸上发表新闻报道未登载作者真实姓名的；

（五）违反本规定第二十七条发表或者摘转有关文章的；

（六）未按照本规定第三十一条刊登报纸版本记录的；

（七）违反本规定第三十二条，“一号多版”的；

（八）违反本规定第三十三条，出版不同开版的报纸或者部分版页单独发行的；

（九）违反本规定关于出版报纸专版、专刊、增期、号外的规定的；

（十）报纸刊登广告未在明显位置注明“广告”字样，或者以新闻形式刊登广告的；

（十一）刊登有偿新闻或者违反本规定第三十九条其他规定的；

（十二）违反本规定第四十三条，以不正当竞争行为开展经营活动或者利用权力摊派发行的。

第六十四条　报纸出版单位新闻采编人员违反新闻记者证的有关规定，依照新闻出版总署《新闻记者证管理办法》的规定处罚。

第六十五条　报纸出版单位违反报社记者站的有关规定，依照新闻出版总署《报社记者站管理办法》的规定处罚。

第六十六条　对报纸出版单位做出行政处罚，应告知其主办单位和主管单位，可以通过媒体向社会公布。

对报纸出版单位做出行政处罚，新闻出版行政部门可以建议其主办单位或者主管单位对直接责任人和主要负责人予以行政处分或者调离岗位。

第六章　附　　则

第六十七条　以非新闻性内容为主或者出版周期超过一周，持有国内统一连续出版物号的其他散页连续出版物，也适用本规定。

第六十八条　本规定施行后，新闻出版署《报纸管理暂行规定》同时废止，此前新闻出版行政部门对报纸出版活动的其他规定，凡与本规定不一致的，以本规定为准。

第六十九条　本规定自2005年12月1日起施行。

音像制品管理条例

（2001年12月25日中华人民共和国国务院令第341号公布，根据2011年3月19日《国务院关于修改〈音像制品管理条例〉的决定》第一次修订，根据2013年12月7日《国务院关于修改部分行政法规的决定》第二次修订，根据2016年2月6日《国务院关于修改部分行政法规的决定》第三次修订，根据2020年11月29日《国务院关于修改和废止部分行政法规的决定》第四次修订）

第一章　总　　则

第一条　为了加强音像制品的管理，促进音像业的健康发展和繁荣，丰富人民群众的文化生活，促进社会主义物质文明和精神文明建设，制定本条例。

第二条 本条例适用于录有内容的录音带、录像带、唱片、激光唱盘和激光视盘等音像制品的出版、制作、复制、进口、批发、零售、出租等活动。

音像制品用于广播电视播放的，适用广播电视法律、行政法规。

第三条 出版、制作、复制、进口、批发、零售、出租音像制品，应当遵守宪法和有关法律、法规，坚持为人民服务和为社会主义服务的方向，传播有益于经济发展和社会进步的思想、道德、科学技术和文化知识。

音像制品禁止载有下列内容：

（一）反对宪法确定的基本原则的；

（二）危害国家统一、主权和领土完整的；

（三）泄露国家秘密、危害国家安全或者损害国家荣誉和利益的；

（四）煽动民族仇恨、民族歧视，破坏民族团结，或者侵害民族风俗、习惯的；

（五）宣扬邪教、迷信的；

（六）扰乱社会秩序，破坏社会稳定的；

（七）宣扬淫秽、赌博、暴力或者教唆犯罪的；

（八）侮辱或者诽谤他人，侵害他人合法权益的；

（九）危害社会公德或者民族优秀文化传统的；

（十）有法律、行政法规和国家规定禁止的其他内容的。

第四条 国务院出版行政主管部门负责全国音像制品的出版、制作、复制、进口、批发、零售和出租的监督管理工作；国务院其他有关行政部门按照国务院规定的职责分工，负责有关的音像制品经营活动的监督管理工作。

县级以上地方人民政府负责出版管理的行政主管部门（以下简称出版行政主管部门）负责本行政区域内音像制品的出版、制作、复制、进口、批发、零售和出租的监督管理工作；县级以上地方人民政府其他有关行政部门在各自的职责范围内负责有关的音像制品经营活动的监督管理工作。

第五条 国家对出版、制作、复制、进口、批发、零售音像制品，实行许可制度；未经许可，任何单位和个人不得从事音像制品的出版、制作、复制、进口、批发、零售等活动。

依照本条例发放的许可证和批准文件，不得出租、出借、出售或者以其他任何形式转让。

第六条 国务院出版行政主管部门负责制定音像业的发展规划，确定全国音像出版单位、音像复制单位的总量、布局和结构。

第七条 音像制品经营活动的监督管理部门及其工作人员不得从事或者变相从事音像制品经营活动，并不得参与或者变相参与音像制品经营单位的经营活动。

第二章 出　　版

第八条 设立音像出版单位，应当具备下列条件：

（一）有音像出版单位的名称、章程；

（二）有符合国务院出版行政主管部门认定的主办单位及其主管机关；

（三）有确定的业务范围；

（四）有适应业务范围需要的组织机构和符合国家规定的资格条件的音像出版专业人员；

（五）有适应业务范围需要的资金、设备和工作场所；

（六）法律、行政法规规定的其他条件。

审批设立音像出版单位，除依照前款所列条件外，还应当符合音像出版单位总量、布局和结构的规划。

第九条 申请设立音像出版单位，由所在地省、自治区、直辖市人民政府出版行政主管部门审核同意后，报国务院出版行政主管部门审批。国务院出版行政主管部门应当自受理申请之日起60日内作出批准或者不批准的决定，并通知申请人。批准的，发给《音像制品出版许可证》，由申请人持《音像制品出版许可证》到工商行政管理部门登记，依法领取营业执照；不批准的，应当说明理由。

申请书应当载明下列内容：

（一）音像出版单位的名称、地址；

（二）音像出版单位的主办单位及其主管机关的名称、地址；

（三）音像出版单位的法定代表人或者主要负责人的姓名、住址、资格证明文件；

（四）音像出版单位的资金来源和数额。

第十条　音像出版单位变更名称、主办单位或者其主管机关、业务范围，或者兼并其他音像出版单位，或者因合并、分立而设立新的音像出版单位的，应当依照本条例第九条的规定办理审批手续，并到原登记的工商行政管理部门办理相应的登记手续。

音像出版单位变更地址、法定代表人或者主要负责人，或者终止出版经营活动的，应当到原登记的工商行政管理部门办理变更登记或者注销登记，并向国务院出版行政主管部门备案。

第十一条　音像出版单位的年度出版计划和涉及国家安全、社会安定等方面的重大选题，应当经所在地省、自治区、直辖市人民政府出版行政主管部门审核后报国务院出版行政主管部门备案；重大选题音像制品未在出版前报备案的，不得出版。

第十二条　音像出版单位应当在其出版的音像制品及其包装的明显位置，标明出版单位的名称、地址和音像制品的版号、出版时间、著作权人等事项；出版进口的音像制品，还应当标明进口批准文号。

音像出版单位应当按照国家有关规定向国家图书馆、中国版本图书馆和国务院出版行政主管部门免费送交样本。

第十三条　音像出版单位不得向任何单位或者个人出租、出借、出售或者以其他任何形式转让本单位的名称，不得向任何单位或者个人出售或者以其他形式转让本单位的版号。

第十四条　任何单位和个人不得以购买、租用、借用、擅自使用音像出版单位的名称或者购买、伪造版号等形式从事音像制品出版活动。

图书出版社、报社、期刊社、电子出版物出版社，不得出版非配合本版出版物的音像制品；但是，可以按照国务院出版行政主管部门的规定，出版配合本版出版物的音像制品，并参照音像出版单位享有权利、承担义务。

第十五条　音像出版单位可以与香港特别行政区、澳门特别行政区、台湾地区或者外国的组织、个人合作制作音像制品。具体办法由国务院出版行政主管部门制定。

第十六条　音像出版单位实行编辑责任制度，保证音像制品的内容符合本条例的规定。

第十七条　音像出版单位以外的单位设立的独立从事音像制品制作业务的单位（以下简称音像制作单位）申请从事音像制品制作业务，由所在地省、自治区、直辖市人民政府出版行政主管部门审批。省、自治区、直辖市人民政府出版行政主管部门应当自受理申请之日起60日内作出批准或者不批准的决定，并通知申请人。批准的，发给《音像制品制作许可证》；不批准的，应当说明理由。广播、电视节目制作经营单位的设立，依照有关法律、行政法规的规定办理。

申请书应当载明下列内容：

（一）音像制作单位的名称、地址；

（二）音像制作单位的法定代表人或者主要负责人的姓名、住址、资格证明文件；

（三）音像制作单位的资金来源和数额。

审批从事音像制品制作业务申请，除依照前款所列条件外，还应当兼顾音像制作单位总量、布局和结构。

第十八条 音像制作单位变更名称、业务范围，或者兼并其他音像制作单位，或者因合并、分立而设立新的音像制作单位的，应当依照本条例第十七条的规定办理审批手续。

音像制作单位变更地址、法定代表人或者主要负责人，或者终止制作经营活动的，应当向所在地省、自治区、直辖市人民政府出版行政主管部门备案。

第十九条 音像出版单位不得委托未取得《音像制品制作许可证》的单位制作音像制品。

音像制作单位接受委托制作音像制品的，应当按照国家有关规定，与委托的出版单位订立制作委托合同；验证委托的出版单位的《音像制品出版许可证》或者本版出版物的证明及由委托的出版单位盖章的音像制品制作委托书。

音像制作单位不得出版、复制、批发、零售音像制品。

第三章 复 制

第二十条 申请从事音像制品复制业务应当具备下列条件：

（一）有音像复制单位的名称、章程；

（二）有确定的业务范围；

（三）有适应业务范围需要的组织机构和人员；

（四）有适应业务范围需要的资金、设备和复制场所；

（五）法律、行政法规规定的其他条件。

审批从事音像制品复制业务申请，除依照前款所列条件外，还应当符合音像复制单位总量、布局和结构的规划。

第二十一条 申请从事音像制品复制业务，由所在地省、自治区、直辖市人民政府出版行政主管部门审批。省、自治区、直辖市人民政府出版行政主管部门应当自受理申请之日起20日内作出批准或者不批准的决定，并通知申请人。批准的，发给《复制经营许可证》；不批准的，应当说明理由。

申请书应当载明下列内容：

（一）音像复制单位的名称、地址；

（二）音像复制单位的法定代表人或者主要负责人的姓名、住址；

（三）音像复制单位的资金来源和数额。

第二十二条 音像复制单位变更业务范围，或者兼并其他音像复制单位，或者因合并、分立而设立新的音像复制单位的，应当依照本条例第二十一条的规定办理审批手续。

音像复制单位变更名称、地址、法定代表人或者主要负责人，或者终止复制经营活动的，应当向所在地省、自治区、直辖市人民政府出版行政主管部门备案。

第二十三条 音像复制单位接受委托复制音像制品的，应当按照国家有关规定，与委托的出版单位订立复制委托合同；验证委托的出版单位的《音像制品出版许可证》、营业执照副本、盖章的音像制品复制委托书以及出版单位取得的授权书；接受委托复制的音像制品属于非卖品的，应当验证委托单位的身份证明和委托单位出具的音像制品非卖品复制委托书。

音像复制单位应当自完成音像制品复制之日起2年内，保存委托合同和所复制的音像制品的样本以及验证的有关证明文件的副本，以备查验。

第二十四条 音像复制单位不得接受非音像出版单位或者个人的委托复制经营性的音像制品；不得自行复制音像制品；不得批发、零售音像制品。

第二十五条 从事光盘复制的音像复制单位复制光盘，必须使用蚀刻有国务院出版行政主管部门核发的激光数码储存片来源识别码的注塑模具。

第二十六条 音像复制单位接受委托复制境外音像制品的，应当经省、自治区、直辖市人民政府出版行政主管部门批准，并持著作权人的授权书依法到著作权行政管理部门登记；复制的音像制品应当全部运输出境，不得在境内发行。

第四章 进 口

第二十七条 音像制品成品进口业务由国务院出版行政主管部门批准的音像制品成品进口经营单位经营；未经批准，任何单位或者个人不得经营音像制品成品进口业务。

第二十八条 进口用于出版的音像制品，以及进口用于批发、零售、出租等的音像制品成品，应当报国务院出版行政主管部门进行内容审查。

国务院出版行政主管部门应当自收到音像制品内容审查申请书之日起30日内作出批准或者不批准的决定，并通知申请人。批准的，发给批准文件；不批准的，应当说明理由。

进口用于出版的音像制品的单位、音像制品成品进口经营单位应当持国务院出版行政主管部门的批准文件到海关办理进口手续。

第二十九条 进口用于出版的音像制品，其著作权事项应当向国务院著作权行政管理部门登记。

第三十条 进口供研究、教学参考的音像制品，应当委托音像制品成品进口经营单位依照本条例第二十八条的规定办理。

进口用于展览、展示的音像制品，经国务院出版行政主管部门批准后，到海关办理临时进口手续。

依照本条规定进口的音像制品，不得进行经营性复制、批发、零售、出租和放映。

第五章 批发、零售和出租

第三十一条 申请从事音像制品批发、零售业务，应当具备下列条件：

（一）有音像制品批发、零售单位的名称、章程；

（二）有确定的业务范围；

（三）有适应业务范围需要的组织机构和人员；

（四）有适应业务范围需要的资金和场所；

（五）法律、行政法规规定的其他条件。

第三十二条 申请从事音像制品批发业务，应当报所在地省、自治区、直辖市人民政府出版行政主管部门审批。申请从事音像制品零售业务，应当报县级地方人民政府出版行政主管部门审批。出版行政主管部门应当自受理申请书之日起30日内作出批准或者不批准的决定，并通知申请人。批准的，应当发给《出版物经营许可证》；不批准的，应当说明理由。

《出版物经营许可证》应当注明音像制品经营活动的种类。

第三十三条 音像制品批发、零售单位变更名称、业务范围，或者兼并其他音像制品批发、零售单位，或者因合并、分立而设立新的音像制品批发、零售单位的，应当依照本条例第三十二条的规定办理审批手续。

音像制品批发、零售单位变更地址、法定代表人或者主要负责人或者终止经营活动，从事音像制品零售经营活动的个体工商户变更业务范围、地址或者终止经营活动的，应当向原批准的出版行政主管部门备案。

第三十四条 音像出版单位可以按照国家有关规定，批发、零售本单位出版的音像制品。从事非本单位出版的音像制品的批发、零售业务的，应当依照本条例第三十二条的规定办理审批手续。

第三十五条 国家允许设立从事音像制品发行业务的外商投资企业。

第三十六条 音像制品批发单位和从事

音像制品零售、出租等业务的单位或者个体工商户，不得经营非音像出版单位出版的音像制品或者非音像复制单位复制的音像制品，不得经营未经国务院出版行政主管部门批准进口的音像制品，不得经营侵犯他人著作权的音像制品。

第六章　罚　　则

第三十七条　出版行政主管部门或者其他有关行政部门及其工作人员，利用职务上的便利收受他人财物或者其他好处，批准不符合法定条件的申请人取得许可证、批准文件，或者不履行监督职责，或者发现违法行为不予查处，造成严重后果的，对负有责任的主管人员和其他直接责任人员依法给予降级直至开除的处分；构成犯罪的，依照刑法关于受贿罪、滥用职权罪、玩忽职守罪或者其他罪的规定，依法追究刑事责任。

第三十八条　音像制品经营活动的监督管理部门的工作人员从事或者变相从事音像制品经营活动的，参与或者变相参与音像制品经营单位的经营活动的，依法给予撤职或者开除的处分。

音像制品经营活动的监督管理部门有前款所列行为的，对负有责任的主管人员和其他直接责任人员依照前款规定处罚。

第三十九条　未经批准，擅自设立音像制品出版、进口单位，擅自从事音像制品出版、制作、复制业务或者进口、批发、零售经营活动的，由出版行政主管部门、工商行政管理部门依照法定职权予以取缔；依照刑法关于非法经营罪的规定，依法追究刑事责任；尚不够刑事处罚的，没收违法经营的音像制品和违法所得以及进行违法活动的专用工具、设备；违法经营额 1 万元以上的，并处违法经营额 5 倍以上 10 倍以下的罚款；违法经营额不足 1 万元的，可以处 5 万元以下的罚款。

第四十条　出版含有本条例第三条第二款禁止内容的音像制品，或者制作、复制、批发、零售、出租、放映明知或者应知含有本条例第三条第二款禁止内容的音像制品的，依照刑法有关规定，依法追究刑事责任；尚不够刑事处罚的，由出版行政主管部门、公安部门依据各自职权责令停业整顿，没收违法经营的音像制品和违法所得；违法经营额 1 万元以上的，并处违法经营额 5 倍以上 10 倍以下的罚款；违法经营额不足 1 万元的，可以处 5 万元以下的罚款；情节严重的，并由原发证机关吊销许可证。

第四十一条　走私音像制品的，依照刑法关于走私罪的规定，依法追究刑事责任；尚不够刑事处罚的，由海关依法给予行政处罚。

第四十二条　有下列行为之一的，由出版行政主管部门责令停止违法行为，给予警告，没收违法经营的音像制品和违法所得；违法经营额 1 万元以上的，并处违法经营额 5 倍以上 10 倍以下的罚款；违法经营额不足 1 万元的，可以处 5 万元以下的罚款；情节严重的，并责令停业整顿或者由原发证机关吊销许可证：

（一）音像出版单位向其他单位、个人出租、出借、出售或者以其他任何形式转让本单位的名称，出售或者以其他形式转让本单位的版号的；

（二）音像出版单位委托未取得《音像制品制作许可证》的单位制作音像制品，或者委托未取得《复制经营许可证》的单位复制音像制品的；

（三）音像出版单位出版未经国务院出版行政主管部门批准擅自进口的音像制品的；

（四）音像制作单位、音像复制单位未依照本条例的规定验证音像出版单位的委托书、有关证明的；

（五）音像复制单位擅自复制他人的音像制品，或者接受非音像出版单位、个人的委托复制经营性的音像制品，或者自行复制音像制品的。

第四十三条　音像出版单位违反国家有关规定与香港特别行政区、澳门特别行政区、台湾地区或者外国的组织、个人合作制作音像制品，音像复制单位违反国家有关规定接受委托复制境外音像制品，未经省、自治区、直辖市人民政府出版行政主管部门审核同意，或者未将复制的境外音像制品全部运输出境的，由省、自治区、直辖市人民政府出版行政主管部门责令改正，没收违法经营的音像制品和违法所得；违法经营额1万元以上的，并处违法经营额5倍以上10倍以下的罚款；违法经营额不足1万元的，可以处5万元以下的罚款；情节严重的，并由原发证机关吊销许可证。

第四十四条　有下列行为之一的，由出版行政主管部门责令改正，给予警告；情节严重的，并责令停业整顿或者由原发证机关吊销许可证：

（一）音像出版单位未将其年度出版计划和涉及国家安全、社会安定等方面的重大选题报国务院出版行政主管部门备案的；

（二）音像制品出版、制作、复制、批发、零售单位变更名称、地址、法定代表人或者主要负责人、业务范围等，未依照本条例规定办理审批、备案手续的；

（三）音像出版单位未在其出版的音像制品及其包装的明显位置标明本条例规定的内容的；

（四）音像出版单位未依照本条例的规定送交样本的；

（五）音像复制单位未依照本条例的规定留存备查的材料的；

（六）从事光盘复制的音像复制单位复制光盘，使用未蚀刻国务院出版行政主管部门核发的激光数码储存片来源识别码的注塑模具的。

第四十五条　有下列行为之一的，由出版行政主管部门责令停止违法行为，给予警告，没收违法经营的音像制品和违法所得；违法经营额1万元以上的，并处违法经营额5倍以上10倍以下的罚款；违法经营额不足1万元的，可以处5万元以下的罚款；情节严重的，并责令停业整顿或者由原发证机关吊销许可证：

（一）批发、零售、出租、放映非音像出版单位出版的音像制品或者非音像复制单位复制的音像制品的；

（二）批发、零售、出租或者放映未经国务院出版行政主管部门批准进口的音像制品的；

（三）批发、零售、出租、放映供研究、教学参考或者用于展览、展示的进口音像制品的。

第四十六条　单位违反本条例的规定，被处以吊销许可证行政处罚的，其法定代表人或者主要负责人自许可证被吊销之日起10年内不得担任音像制品出版、制作、复制、进口、批发、零售单位的法定代表人或者主要负责人。

从事音像制品零售业务的个体工商户违反本条例的规定，被处以吊销许可证行政处罚的，自许可证被吊销之日起10年内不得从事音像制品零售业务。

第四十七条　依照本条例的规定实施罚款的行政处罚，应当依照有关法律、行政法规的规定，实行罚款决定与罚款收缴分离；收缴的罚款必须全部上缴国库。

第七章　附　　则

第四十八条　除本条例第三十五条外，电子出版物的出版、制作、复制、进口、批发、零售等活动适用本条例。

第四十九条　依照本条例发放许可证，除按照法定标准收取成本费外，不得收取其他任何费用。

第五十条　本条例自2002年2月1日起施行。1994年8月25日国务院发布的《音像制品管理条例》同时废止。

网络出版服务管理规定

（2015年8月20日国家新闻出版广电总局局务会议通过，并经工业和信息化部同意，2016年2月4日公布，自2016年3月10日起施行）

第一章 总 则

第一条 为了规范网络出版服务秩序，促进网络出版服务业健康有序发展，根据《出版管理条例》、《互联网信息服务管理办法》及相关法律法规，制定本规定。

第二条 在中华人民共和国境内从事网络出版服务，适用本规定。

本规定所称网络出版服务，是指通过信息网络向公众提供网络出版物。

本规定所称网络出版物，是指通过信息网络向公众提供的，具有编辑、制作、加工等出版特征的数字化作品，范围主要包括：

（一）文学、艺术、科学等领域内具有知识性、思想性的文字、图片、地图、游戏、动漫、音视频读物等原创数字化作品；

（二）与已出版的图书、报纸、期刊、音像制品、电子出版物等内容相一致的数字化作品；

（三）将上述作品通过选择、编排、汇集等方式形成的网络文献数据库等数字化作品；

（四）国家新闻出版广电总局认定的其他类型的数字化作品。

网络出版服务的具体业务分类另行制定。

第三条 从事网络出版服务，应当遵守宪法和有关法律、法规，坚持为人民服务、为社会主义服务的方向，坚持社会主义先进文化的前进方向，弘扬社会主义核心价值观，传播和积累一切有益于提高民族素质、推动经济发展、促进社会进步的思想道德、科学技术和文化知识，满足人民群众日益增长的精神文化需要。

第四条 国家新闻出版广电总局作为网络出版服务的行业主管部门，负责全国网络出版服务的前置审批和监督管理工作。工业和信息化部作为互联网行业主管部门，依据职责对全国网络出版服务实施相应的监督管理。

地方人民政府各级出版行政主管部门和各省级电信主管部门依据各自职责对本行政区域内网络出版服务及接入服务实施相应的监督管理工作并做好配合工作。

第五条 出版行政主管部门根据已经取得的违法嫌疑证据或者举报，对涉嫌违法从事网络出版服务的行为进行查处时，可以检查与涉嫌违法行为有关的物品和经营场所；对有证据证明是与违法行为有关的物品，可以查封或者扣押。

第六条 国家鼓励图书、音像、电子、报纸、期刊出版单位从事网络出版服务，加快与新媒体的融合发展。

国家鼓励组建网络出版服务行业协会，按照章程，在出版行政主管部门的指导下制定行业自律规范，倡导网络文明，传播健康有益内容，抵制不良有害内容。

第二章 网络出版服务许可

第七条 从事网络出版服务，必须依法经过出版行政主管部门批准，取得《网络出版服务许可证》。

第八条　图书、音像、电子、报纸、期刊出版单位从事网络出版服务，应当具备以下条件：

（一）有确定的从事网络出版业务的网站域名、智能终端应用程序等出版平台；

（二）有确定的网络出版服务范围；

（三）有从事网络出版服务所需的必要的技术设备，相关服务器和存储设备必须存放在中华人民共和国境内。

第九条　其他单位从事网络出版服务，除第八条所列条件外，还应当具备以下条件：

（一）有确定的、不与其他出版单位相重复的，从事网络出版服务主体的名称及章程；

（二）有符合国家规定的法定代表人和主要负责人，法定代表人必须是在境内长久居住的具有完全行为能力的中国公民，法定代表人和主要负责人至少1人应当具有中级以上出版专业技术人员职业资格；

（三）除法定代表人和主要负责人外，有适应网络出版服务范围需要的8名以上具有国家新闻出版广电总局认可的出版及相关专业技术职业资格的专职编辑出版人员，其中具有中级以上职业资格的人员不得少于3名；

（四）有从事网络出版服务所需的内容审校制度；

（五）有固定的工作场所；

（六）法律、行政法规和国家新闻出版广电总局规定的其他条件。

第十条　中外合资经营、中外合作经营和外资经营的单位不得从事网络出版服务。

网络出版服务单位与境内中外合资经营、中外合作经营、外资经营企业或境外组织及个人进行网络出版服务业务的项目合作，应当事前报国家新闻出版广电总局审批。

第十一条　申请从事网络出版服务，应当向所在地省、自治区、直辖市出版行政主管部门提出申请，经审核同意后，报国家新闻出版广电总局审批。国家新闻出版广电总局应当自受理申请之日起60日内，作出批准或者不予批准的决定。不批准的，应当说明理由。

第十二条　从事网络出版服务的申报材料，应该包括下列内容：

（一）《网络出版服务许可证申请表》；

（二）单位章程及资本来源性质证明；

（三）网络出版服务可行性分析报告，包括资金使用、产品规划、技术条件、设备配备、机构设置、人员配备、市场分析、风险评估、版权保护措施等；

（四）法定代表人和主要负责人的简历、住址、身份证明文件；

（五）编辑出版等相关专业技术人员的国家认可的职业资格证明和主要从业经历及培训证明；

（六）工作场所使用证明；

（七）网站域名注册证明、相关服务器存放在中华人民共和国境内的承诺。

本规定第八条所列单位从事网络出版服务的，仅提交前款（一）、（六）、（七）项规定的材料。

第十三条　设立网络出版服务单位的申请者应自收到批准决定之日起30日内办理注册登记手续：

（一）持批准文件到所在地省、自治区、直辖市出版行政主管部门领取并填写《网络出版服务许可登记表》；

（二）省、自治区、直辖市出版行政主管部门对《网络出版服务许可登记表》审核无误后，在10日内向申请者发放《网络出版服务许可证》；

（三）《网络出版服务许可登记表》一式三份，由申请者和省、自治区、直辖市出版行政主管部门各存一份，另一份由省、自治区、直辖市出版行政主管部门在15日内报送国家新闻出版广电总局备案。

第十四条　《网络出版服务许可证》

有效期为 5 年。有效期届满，需继续从事网络出版服务活动的，应于有效期届满 60 日前按本规定第十一条的程序提出申请。出版行政主管部门应当在该许可有效期届满前作出是否准予延续的决定。批准的，换发《网络出版服务许可证》。

第十五条 网络出版服务经批准后，申请者应持批准文件、《网络出版服务许可证》到所在地省、自治区、直辖市电信主管部门办理相关手续。

第十六条 网络出版服务单位变更《网络出版服务许可证》许可登记事项、资本结构，合并或者分立，设立分支机构的，应依据本规定第十一条办理审批手续，并应持批准文件到所在地省、自治区、直辖市电信主管部门办理相关手续。

第十七条 网络出版服务单位中止网络出版服务的，应当向所在地省、自治区、直辖市出版行政主管部门备案，并说明理由和期限；网络出版服务单位中止网络出版服务不得超过 180 日。

网络出版服务单位终止网络出版服务的，应当自终止网络出版服务之日起 30 日内，向所在地省、自治区、直辖市出版行政主管部门办理注销手续后到省、自治区、直辖市电信主管部门办理相关手续。省、自治区、直辖市出版行政主管部门将相关信息报国家新闻出版广电总局备案。

第十八条 网络出版服务单位自登记之日起满 180 日未开展网络出版服务的，由原登记的出版行政主管部门注销登记，并报国家新闻出版广电总局备案。同时，通报相关省、自治区、直辖市电信主管部门。

因不可抗力或者其他正当理由发生上述所列情形的，网络出版服务单位可以向原登记的出版行政主管部门申请延期。

第十九条 网络出版服务单位应当在其网站首页上标明出版行政主管部门核发的《网络出版服务许可证》编号。

互联网相关服务提供者在为网络出版服务单位提供人工干预搜索排名、广告、推广等服务时，应当查验服务对象的《网络出版服务许可证》及业务范围。

第二十条 网络出版服务单位应当按照批准的业务范围从事网络出版服务，不得超出批准的业务范围从事网络出版服务。

第二十一条 网络出版服务单位不得转借、出租、出卖《网络出版服务许可证》或以任何形式转让网络出版服务许可。

网络出版服务单位允许其他网络信息服务提供者以其名义提供网络出版服务，属于前款所称禁止行为。

第二十二条 网络出版服务单位实行特殊管理股制度，具体办法由国家新闻出版广电总局另行制定。

第三章 网络出版服务管理

第二十三条 网络出版服务单位实行编辑责任制度，保障网络出版物内容合法。

网络出版服务单位实行出版物内容审核责任制度、责任编辑制度、责任校对制度等管理制度，保障网络出版物出版质量。

在网络上出版其他出版单位已在境内合法出版的作品且不改变原出版物内容的，须在网络出版物的相应页面显著标明原出版单位名称以及书号、刊号、网络出版物号或者网址信息。

第二十四条 网络出版物不得含有以下内容.

（一）反对宪法确定的基本原则的；

（二）危害国家统一、主权和领土完整的；

（三）泄露国家秘密、危害国家安全或者损害国家荣誉和利益的；

（四）煽动民族仇恨、民族歧视，破坏民族团结，或者侵害民族风俗、习惯的；

（五）宣扬邪教、迷信的；

（六）散布谣言，扰乱社会秩序，破坏社会稳定的；

（七）宣扬淫秽、色情、赌博、暴力或

者教唆犯罪的；

（八）侮辱或者诽谤他人，侵害他人合法权益的；

（九）危害社会公德或者民族优秀文化传统的；

（十）有法律、行政法规和国家规定禁止的其他内容的。

第二十五条　为保护未成年人合法权益，网络出版物不得含有诱发未成年人模仿违反社会公德和违法犯罪行为的内容，不得含有恐怖、残酷等妨害未成年人身心健康的内容，不得含有披露未成年人个人隐私的内容。

第二十六条　网络出版服务单位出版涉及国家安全、社会安定等方面重大选题的内容，应当按照国家新闻出版广电总局有关重大选题备案管理的规定办理备案手续。未经备案的重大选题内容，不得出版。

第二十七条　网络游戏上网出版前，必须向所在地省、自治区、直辖市出版行政主管部门提出申请，经审核同意后，报国家新闻出版广电总局审批。

第二十八条　网络出版物的内容不真实或不公正，致使公民、法人或者其他组织合法权益受到侵害的，相关网络出版服务单位应当停止侵权，公开更正，消除影响，并依法承担其他民事责任。

第二十九条　国家对网络出版物实行标识管理，具体办法由国家新闻出版广电总局另行制定。

第三十条　网络出版物必须符合国家的有关规定和标准要求，保证出版物质量。

网络出版物使用语言文字，必须符合国家法律规定和有关标准规范。

第三十一条　网络出版服务单位应当按照国家有关规定或技术标准，配备应用必要的设备和系统，建立健全各项管理制度，保障信息安全、内容合法，并为出版行政主管部门依法履行监督管理职责提供技术支持。

第三十二条　网络出版服务单位在网络上提供境外出版物，应当取得著作权合法授权。其中，出版境外著作权人授权的网络游戏，须按本规定第二十七条办理审批手续。

第三十三条　网络出版服务单位发现其出版的网络出版物含有本规定第二十四条、第二十五条所列内容的，应当立即删除，保存有关记录，并向所在地县级以上出版行政主管部门报告。

第三十四条　网络出版服务单位应记录所出版作品的内容及其时间、网址或者域名，记录应当保存60日，并在国家有关部门依法查询时，予以提供。

第三十五条　网络出版服务单位须遵守国家统计规定，依法向出版行政主管部门报送统计资料。

第四章　监督管理

第三十六条　网络出版服务的监督管理实行属地管理原则。

各地出版行政主管部门应当加强对本行政区域内的网络出版服务单位及其出版活动的日常监督管理，履行下列职责：

（一）对网络出版服务单位进行行业监管，对网络出版服务单位违反本规定的情况进行查处并报告上级出版行政主管部门；

（二）对网络出版服务进行监管，对违反本规定的行为进行查处并报告上级出版行政主管部门；

（三）对网络出版物内容和质量进行监管，定期组织内容审读和质量检查，并将结果向上级出版行政主管部门报告；

（四）对网络出版从业人员进行管理，定期组织岗位、业务培训和考核；

（五）配合上级出版行政主管部门、协调相关部门、指导下级出版行政主管部门开展工作。

第三十七条　出版行政主管部门应当加强监管队伍和机构建设，采取必要的技术手段对网络出版服务进行管理。出版行政主管部门依法履行监督检查等执法职责时，网络出版服务单位应当予以配合，不得拒绝、阻挠。

各省、自治区、直辖市出版行政主管部门应当定期将本行政区域内的网络出版服务监督管理情况向国家新闻出版广电总局提交书面报告。

第三十八条 网络出版服务单位实行年度核验制度，年度核验每年进行一次。省、自治区、直辖市出版行政主管部门负责对本行政区域内的网络出版服务单位实施年度核验并将有关情况报国家新闻出版广电总局备案。年度核验内容包括网络出版服务单位的设立条件、登记项目、出版经营情况、出版质量、遵守法律规范、内部管理情况等。

第三十九条 年度核验按照以下程序进行：

（一）网络出版服务单位提交年度自检报告，内容包括：本年度政策法律执行情况，奖惩情况，网站出版、管理、运营绩效情况，网络出版物目录，对年度核验期内的违法违规行为的整改情况，编辑出版人员培训管理情况等；并填写由国家新闻出版广电总局统一印制的《网络出版服务年度核验登记表》，与年度自检报告一并报所在地省、自治区、直辖市出版行政主管部门；

（二）省、自治区、直辖市出版行政主管部门对本行政区域内的网络出版服务单位的设立条件、登记项目、开展业务及执行法规等情况进行全面审核，并在收到网络出版服务单位的年度自检报告和《网络出版服务年度核验登记表》等年度核验材料的45日内完成全面审核查验工作。对符合年度核验要求的网络出版服务单位予以登记，并在其《网络出版服务许可证》上加盖年度核验章；

（三）省、自治区、直辖市出版行政主管部门应于完成全面审核查验工作的15日内将年度核验情况及有关书面材料报国家新闻出版广电总局备案。

第四十条 有下列情形之一的，暂缓年度核验：

（一）正在停业整顿的；

（二）违反出版法规规章，应予处罚的；

（三）未按要求执行出版行政主管部门相关管理规定的；

（四）内部管理混乱，无正当理由未开展实质性网络出版服务活动的；

（五）存在侵犯著作权等其他违法嫌疑需要进一步核查的。

暂缓年度核验的期限由省、自治区、直辖市出版行政主管部门确定，报国家新闻出版广电总局备案，最长不得超过180日。暂缓年度核验期间，须停止网络出版服务。

暂缓核验期满，按本规定重新办理年度核验手续。

第四十一条 已经不具备本规定第八条、第九条规定条件的，责令限期改正；逾期仍未改正的，不予通过年度核验，由国家新闻出版广电总局撤销《网络出版服务许可证》，所在地省、自治区、直辖市出版行政主管部门注销登记，并通知当地电信主管部门依法处理。

第四十二条 省、自治区、直辖市出版行政主管部门可根据实际情况，对本行政区域内的年度核验事项进行调整，相关情况报国家新闻出版广电总局备案。

第四十三条 省、自治区、直辖市出版行政主管部门可以向社会公布年度核验结果。

第四十四条 从事网络出版服务的编辑出版等相关专业技术人员及其负责人应当符合国家关于编辑出版等相关专业技术人员职业资格管理的有关规定。

网络出版服务单位的法定代表人或主要负责人应按照有关规定参加出版行政主管部门组织的岗位培训，并取得国家新闻出版广电总局统一印制的《岗位培训合格证书》。未按规定参加岗位培训或培训后未取得《岗位培训合格证书》的，不得继续担任法定代表人或主要负责人。

第五章　保障与奖励

第四十五条　国家制定有关政策，保障、促进网络出版服务业的发展与繁荣。鼓励宣传科学真理、传播先进文化、倡导科学精神、塑造美好心灵、弘扬社会正气等有助于形成先进网络文化的网络出版服务，推动健康文化、优秀文化产品的数字化、网络化传播。

网络出版服务单位依法从事网络出版服务，任何组织和个人不得干扰、阻止和破坏。

第四十六条　国家支持、鼓励下列优秀的、重点的网络出版物的出版：

（一）对阐述、传播宪法确定的基本原则有重大作用的；

（二）对弘扬社会主义核心价值观，进行爱国主义、集体主义、社会主义和民族团结教育以及弘扬社会公德、职业道德、家庭美德、个人品德有重要意义的；

（三）对弘扬民族优秀文化，促进国际文化交流有重大作用的；

（四）具有自主知识产权和优秀文化内涵的；

（五）对推进文化创新，及时反映国内外新的科学文化成果有重大贡献的；

（六）对促进公共文化服务有重大作用的；

（七）专门以未成年人为对象、内容健康的或者其他有利于未成年人健康成长的；

（八）其他具有重要思想价值、科学价值或者文化艺术价值的。

第四十七条　对为发展、繁荣网络出版服务业作出重要贡献的单位和个人，按照国家有关规定给予奖励。

第四十八条　国家保护网络出版物著作权人的合法权益。网络出版服务单位应当遵守《中华人民共和国著作权法》、《信息网络传播权保护条例》、《计算机软件保护条例》等著作权法律法规。

第四十九条　对非法干扰、阻止和破坏网络出版物出版的行为，出版行政主管部门及其他有关部门，应当及时采取措施，予以制止。

第六章　法律责任

第五十条　网络出版服务单位违反本规定的，出版行政主管部门可以采取下列行政措施：

（一）下达警示通知书；

（二）通报批评、责令改正；

（三）责令公开检讨；

（四）责令删除违法内容。

警示通知书由国家新闻出版广电总局制定统一格式，由出版行政主管部门下达给相关网络出版服务单位。

本条所列的行政措施可以并用。

第五十一条　未经批准，擅自从事网络出版服务，或者擅自上网出版网络游戏（含境外著作权人授权的网络游戏），根据《出版管理条例》第六十一条、《互联网信息服务管理办法》第十九条的规定，由出版行政主管部门、工商行政管理部门依照法定职权予以取缔，并由所在地省级电信主管部门依据有关部门的通知，按照《互联网信息服务管理办法》第十九条的规定给予责令关闭网站等处罚；已经触犯刑法的，依法追究刑事责任；尚不够刑事处罚的，删除全部相关网络出版物，没收违法所得和从事违法出版活动的主要设备、专用工具，违法经营额1万元以上的，并处违法经营额5倍以上10倍以下的罚款；违法经营额不足1万元的，可以处5万元以下的罚款；侵犯他人合法权益的，依法承担民事责任。

第五十二条　出版、传播含有本规定第二十四条、第二十五条禁止内容的网络出版物的，根据《出版管理条例》第六十二条、《互联网信息服务管理办法》第二十条的规定，由出版行政主管部门责令删除相关内容并限期改正，没收违法所得，违法经营额 1 万元以上的，并处违法经营额 5 倍以上 10 倍以下罚款；违法经营额不足 1 万元的，可以处 5 万元以下罚款；情节严重的，责令限期停业整顿或者由国家新闻出版广电总局吊销《网络出版服务许可证》，由电信主管部门依据出版行政主管部门的通知吊销其电信业务经营许可或者责令关闭网站；构成犯罪的，依法追究刑事责任。

为从事本条第一款行为的网络出版服务单位提供人工干预搜索排名、广告、推广等相关服务的，由出版行政主管部门责令其停止提供相关服务。

第五十三条 违反本规定第二十一条的，根据《出版管理条例》第六十六条的规定，由出版行政主管部门责令停止违法行为，给予警告，没收违法所得，违法经营额 1 万元以上的，并处违法经营额 5 倍以上 10 倍以下的罚款；违法经营额不足 1 万元的，可以处 5 万元以下的罚款；情节严重的，责令限期停业整顿或者由国家新闻出版广电总局吊销《网络出版服务许可证》。

第五十四条 有下列行为之一的，根据《出版管理条例》第六十七条的规定，由出版行政主管部门责令改正，给予警告；情节严重的，责令限期停业整顿或者由国家新闻出版广电总局吊销《网络出版服务许可证》：

（一）网络出版服务单位变更《网络出版服务许可证》登记事项、资本结构，超出批准的服务范围从事网络出版服务，合并或者分立，设立分支机构，未依据本规定办理审批手续的；

（二）网络出版服务单位未按规定出版涉及重大选题出版物的；

（三）网络出版服务单位擅自中止网络出版服务超过 180 日的；

（四）网络出版物质量不符合有关规定和标准的。

第五十五条 违反本规定第三十四条的，根据《互联网信息服务管理办法》第二十一条的规定，由省级电信主管部门责令改正；情节严重的，责令停业整顿或者暂时关闭网站。

第五十六条 网络出版服务单位未依法向出版行政主管部门报送统计资料的，依据《新闻出版统计管理办法》处罚。

第五十七条 网络出版服务单位违反本规定第二章规定，以欺骗或者贿赂等不正当手段取得许可的，由国家新闻出版广电总局撤销其相应许可。

第五十八条 有下列行为之一的，由出版行政主管部门责令改正，予以警告，并处 3 万元以下罚款：

（一）违反本规定第十条，擅自与境内外中外合资经营、中外合作经营和外资经营的企业进行涉及网络出版服务业务的合作的；

（二）违反本规定第十九条，未标明有关许可信息或者未核验有关网站的《网络出版服务许可证》的；

（三）违反本规定第二十三条，未按规定实行编辑责任制度等管理制度的；

（四）违反本规定第三十一条，未按规定或标准配备应用有关系统、设备或未健全有关管理制度的；

（五）未按本规定要求参加年度核验的；

（六）违反本规定第四十四条，网络出版服务单位的法定代表人或主要负责人未取得《岗位培训合格证书》的；

（七）违反出版行政主管部门关于网络出版其他管理规定的。

第五十九条 网络出版服务单位违反本规定被处以吊销许可证行政处罚的，其法定代表人或者主要负责人自许可证被吊销之日起 10 年内不得担任网络出版服务单位的法定代表人或者主要负责人。

从事网络出版服务的编辑出版等相关专业技术人员及其负责人违反本规定，情节严重的，由原发证机关吊销其资格证书。

第七章　附　　则

第六十条　本规定所称出版物内容审核责任制度、责任编辑制度、责任校对制度等管理制度，参照《图书质量保障体系》的有关规定执行。

第六十一条　本规定自2016年3月10日起施行。原国家新闻出版总署、信息产业部2002年6月27日颁布的《互联网出版管理暂行规定》同时废止。

信息网络传播权保护条例

（2006年5月18日中华人民共和国国务院令第468号公布，根据2013年1月30日《国务院关于修改〈信息网络传播权保护条例〉的决定》修订）

第一条　为保护著作权人、表演者、录音录像制作者（以下统称权利人）的信息网络传播权，鼓励有益于社会主义精神文明、物质文明建设的作品的创作和传播，根据《中华人民共和国著作权法》（以下简称著作权法），制定本条例。

第二条　权利人享有的信息网络传播权受著作权法和本条例保护。除法律、行政法规另有规定的外，任何组织或者个人将他人的作品、表演、录音录像制品通过信息网络向公众提供，应当取得权利人许可，并支付报酬。

第三条　依法禁止提供的作品、表演、录音录像制品，不受本条例保护。

权利人行使信息网络传播权，不得违反宪法和法律、行政法规，不得损害公共利益。

第四条　为了保护信息网络传播权，权利人可以采取技术措施。

任何组织或者个人不得故意避开或者破坏技术措施，不得故意制造、进口或者向公众提供主要用于避开或者破坏技术措施的装置或者部件，不得故意为他人避开或者破坏技术措施提供技术服务。但是，法律、行政法规规定可以避开的除外。

第五条　未经权利人许可，任何组织或者个人不得进行下列行为：

（一）故意删除或者改变通过信息网络向公众提供的作品、表演、录音录像制品的权利管理电子信息，但由于技术上的原因无法避免删除或者改变的除外；

（二）通过信息网络向公众提供明知或者应知未经权利人许可被删除或者改变权利管理电子信息的作品、表演、录音录像制品。

第六条　通过信息网络提供他人作品，属于下列情形的，可以不经著作权人许可，不向其支付报酬：

（一）为介绍、评论某一作品或者说明某一问题，在向公众提供的作品中适当引用已经发表的作品；

（二）为报道时事新闻，在向公众提供的作品中不可避免地再现或者引用已经发表的作品；

（三）为学校课堂教学或者科学研究，向少数教学、科研人员提供少量已经发表的作品；

（四）国家机关为执行公务，在合理范围内向公众提供已经发表的作品；

（五）将中国公民、法人或者其他组织已经发表的、以汉语言文字创作的作品翻译成的少数民族语言文字作品，向中国境内少数民族提供；

（六）不以营利为目的，以盲人能够感知的独特方式向盲人提供已经发表的文字作品；

（七）向公众提供在信息网络上已经发表的关于政治、经济问题的时事性文章；

（八）向公众提供在公众集会上发表的讲话。

第七条　图书馆、档案馆、纪念馆、博物馆、美术馆等可以不经著作权人许可，通过信息网络向本馆馆舍内服务对象提供本馆收藏的合法出版的数字作品和依法为陈列或者保存版本的需要以数字化形式复制的作品，不向其支付报酬，但不得直接或者间接获得经济利益。当事人另有约定的除外。

前款规定的为陈列或者保存版本需要以数字化形式复制的作品，应当是已经损毁或者濒临损毁、丢失或者失窃，或者其存储格式已经过时，并且在市场上无法购买或者只能以明显高于标定的价格购买的作品。

第八条　为通过信息网络实施九年制义务教育或者国家教育规划，可以不经著作权人许可，使用其已经发表作品的片断或者短小的文字作品、音乐作品或者单幅的美术作品、摄影作品制作课件，由制作课件或者依法取得课件的远程教育机构通过信息网络向注册学生提供，但应当向著作权人支付报酬。

第九条　为扶助贫困，通过信息网络向农村地区的公众免费提供中国公民、法人或者其他组织已经发表的种植养殖、防病治病、防灾减灾等与扶助贫困有关的作品和适应基本文化需求的作品，网络服务提供者应当在提供前公告拟提供的作品及其作者、拟支付报酬的标准。自公告之日起30日内，著作权人不同意提供的，网络服务提供者不得提供其作品；自公告之日起满30日，著作权人没有异议的，网络服务提供者可以提供其作品，并按照公告的标准向著作权人支付报酬。网络服务提供者提供著作权人的作品后，著作权人不同意提供的，网络服务提供者应当立即删除著作权人的作品，并按照公告的标准向著作权人支付提供作品期间的报酬。

依照前款规定提供作品的，不得直接或者间接获得经济利益。

第十条　依照本条例规定不经著作权人许可、通过信息网络向公众提供其作品的，还应当遵守下列规定：

（一）除本条例第六条第一项至第六项、第七条规定的情形外，不得提供作者事先声明不许提供的作品；

（二）指明作品的名称和作者的姓名（名称）；

（三）依照本条例规定支付报酬；

（四）采取技术措施，防止本条例第七条、第八条、第九条规定的服务对象以外的其他人获得著作权人的作品，并防止本条例第七条规定的服务对象的复制行为对著作权人利益造成实质性损害；

（五）不得侵犯著作权人依法享有的其他权利。

第十一条　通过信息网络提供他人表演、录音录像制品的，应当遵守本条例第六条至第十条的规定。

第十二条　属于下列情形的，可以避开技术措施，但不得向他人提供避开技术措施的技术、装置或者部件，不得侵犯权利人依法享有的其他权利：

（一）为学校课堂教学或者科学研究，通过信息网络向少数教学、科研人员提供已经发表的作品、表演、录音录像制品，而该作品、表演、录音录像制品只能通过信息网络获取；

（二）不以营利为目的，通过信息网络以盲人能够感知的独特方式向盲人提供已经发表的文字作品，而该作品只能通过信息网络获取；

（三）国家机关依照行政、司法程序执行公务；

（四）在信息网络上对计算机及其系统或者网络的安全性能进行测试。

第十三条　著作权行政管理部门为了查处侵犯信息网络传播权的行为，可以要求网络服务提供者提供涉嫌侵权的服务对象的姓名（名称）、联系方式、网络地址等资料。

第十四条　对提供信息存储空间或者提供搜索、链接服务的网络服务提供者，权利人认为其服务所涉及的作品、表演、录音录像制品，侵犯自己的信息网络传播权或者被删除、改变了自己的权利管理电子信息的，可以向该网络服务提供者提交书面通知，要求网络服务提供者删除该作品、表演、录音录像制品，或者断开与该作品、表演、录音录像制品的链接。通知书应当包含下列内容：

（一）权利人的姓名（名称）、联系方式和地址；

（二）要求删除或者断开链接的侵权作品、表演、录音录像制品的名称和网络地址；

（三）构成侵权的初步证明材料。

权利人应当对通知书的真实性负责。

第十五条　网络服务提供者接到权利人的通知书后，应当立即删除涉嫌侵权的作品、表演、录音录像制品，或者断开与涉嫌侵权的作品、表演、录音录像制品的链接，并同时将通知书转送提供作品、表演、录音录像制品的服务对象；服务对象网络地址不明、无法转送的，应当将通知书的内容同时在信息网络上公告。

第十六条　服务对象接到网络服务提供者转送的通知书后，认为其提供的作品、表演、录音录像制品未侵犯他人权利的，可以向网络服务提供者提交书面说明，要求恢复被删除的作品、表演、录音录像制品，或者恢复与被断开的作品、表演、录音录像制品的链接。书面说明应当包含下列内容：

（一）服务对象的姓名（名称）、联系方式和地址；

（二）要求恢复的作品、表演、录音录像制品的名称和网络地址；

（三）不构成侵权的初步证明材料。

服务对象应当对书面说明的真实性负责。

第十七条　网络服务提供者接到服务对象的书面说明后，应当立即恢复被删除的作品、表演、录音录像制品，或者可以恢复与被断开的作品、表演、录音录像制品的链接，同时将服务对象的书面说明转送权利人。权利人不得再通知网络服务提供者删除该作品、表演、录音录像制品，或者断开与该作品、表演、录音录像制品的链接。

第十八条　违反本条例规定，有下列侵权行为之一的，根据情况承担停止侵害、消除影响、赔礼道歉、赔偿损失等民事责任；同时损害公共利益的，可以由著作权行政管理部门责令停止侵权行为，没收违法所得，非法经营额5万元以上的，可处非法经营额1倍以上5倍以下的罚款；没有非法经营额或者非法经营额5万元以下的，根据情节轻重，可处25万元以下的罚款；情节严重的，著作权行政管理部门可以没收主要用于提供网络服务的计算机等设备；构成犯罪的，依法追究刑事责任：

（一）通过信息网络擅自向公众提供他人的作品、表演、录音录像制品的；

（二）故意避开或者破坏技术措施的；

（三）故意删除或者改变通过信息网络向公众提供的作品、表演、录音录像制品的权利管理电子信息，或者通过信息网络向公众提供明知或者应知未经权利人许可而被删除或者改变权利管理电子信息的作品、表演、录音录像制品的；

（四）为扶助贫困通过信息网络向农村地区提供作品、表演、录音录像制品超过规定范围，或者未按照公告的标准支付报酬，或者在权利人不同意提供其作品、表演、录音录像制品后未立即删除的；

（五）通过信息网络提供他人的作品、

表演、录音录像制品，未指明作品、表演、录音录像制品的名称或者作者、表演者、录音录像制作者的姓名（名称），或者未支付报酬，或者未依照本条例规定采取技术措施防止服务对象以外的其他人获得他人的作品、表演、录音录像制品，或者未防止服务对象的复制行为对权利人利益造成实质性损害的。

第十九条　违反本条例规定，有下列行为之一的，由著作权行政管理部门予以警告，没收违法所得，没收主要用于避开、破坏技术措施的装置或者部件；情节严重的，可以没收主要用于提供网络服务的计算机等设备；非法经营额 5 万元以上的，可处非法经营额 1 倍以上 5 倍以下的罚款；没有非法经营额或者非法经营额 5 万元以下的，根据情节轻重，可处 25 万元以下的罚款；构成犯罪的，依法追究刑事责任：

（一）故意制造、进口或者向他人提供主要用于避开、破坏技术措施的装置或者部件，或者故意为他人避开或者破坏技术措施提供技术服务的；

（二）通过信息网络提供他人的作品、表演、录音录像制品，获得经济利益的；

（三）为扶助贫困通过信息网络向农村地区提供作品、表演、录音录像制品，未在提供前公告作品、表演、录音录像制品的名称和作者、表演者、录音录像制作者的姓名（名称）以及报酬标准的。

第二十条　网络服务提供者根据服务对象的指令提供网络自动接入服务，或者对服务对象提供的作品、表演、录音录像制品提供自动传输服务，并具备下列条件的，不承担赔偿责任：

（一）未选择并且未改变所传输的作品、表演、录音录像制品；

（二）向指定的服务对象提供该作品、表演、录音录像制品，并防止指定的服务对象以外的其他人获得。

第二十一条　网络服务提供者为提高网络传输效率，自动存储从其他网络服务提供者获得的作品、表演、录音录像制品，根据技术安排自动向服务对象提供，并具备下列条件的，不承担赔偿责任：

（一）未改变自动存储的作品、表演、录音录像制品；

（二）不影响提供作品、表演、录音录像制品的原网络服务提供者掌握服务对象获取该作品、表演、录音录像制品的情况；

（三）在原网络服务提供者修改、删除或者屏蔽该作品、表演、录音录像制品时，根据技术安排自动予以修改、删除或者屏蔽。

第二十二条　网络服务提供者为服务对象提供信息存储空间，供服务对象通过信息网络向公众提供作品、表演、录音录像制品，并具备下列条件的，不承担赔偿责任：

（一）明确标示该信息存储空间是为服务对象所提供，并公开网络服务提供者的名称、联系人、网络地址；

（二）未改变服务对象所提供的作品、表演、录音录像制品；

（三）不知道也没有合理的理由应当知道服务对象提供的作品、表演、录音录像制品侵权；

（四）未从服务对象提供作品、表演、录音录像制品中直接获得经济利益；

（五）在接到权利人的通知书后，根据本条例规定删除权利人认为侵权的作品、表演、录音录像制品。

第二十三条　网络服务提供者为服务对象提供搜索或者链接服务，在接到权利人的通知书后，根据本条例规定断开与侵权的作品、表演、录音录像制品的链接的，不承担赔偿责任；但是，明知或者应知所链接的作品、表演、录音录像制品侵权的，应当承担共同侵权责任。

第二十四条　因权利人的通知导致网络服务提供者错误删除作品、表演、录音录像制品，或者错误断开与作品、表演、录音录像制品的链接，给服务对象造成损失的，权利人应当承担赔偿责任。

第二十五条　网络服务提供者无正当理由拒绝提供或者拖延提供涉嫌侵权的服务对象的姓名（名称）、联系方式、网络地址等资料的，由著作权行政管理部门予以警告；情节严重的，没收主要用于提供网络服务的计算机等设备。

第二十六条　本条例下列用语的含义：

信息网络传播权，是指以有线或者无线方式向公众提供作品、表演或者录音录像制品，使公众可以在其个人选定的时间和地点获得作品、表演或者录音录像制品的权利。

技术措施，是指用于防止、限制未经权利人许可浏览、欣赏作品、表演、录音录像制品的或者通过信息网络向公众提供作品、表演、录音录像制品的有效技术、装置或者部件。

权利管理电子信息，是指说明作品及其作者、表演及其表演者、录音录像制品及其制作者的信息，作品、表演、录音录像制品权利人的信息和使用条件的信息，以及表示上述信息的数字或者代码。

第二十七条　本条例自2006年7月1日起施行。

复制管理办法

（2009年6月30日新闻出版总署令第42号公布，根据2015年8月28日国家新闻出版广电总局令第3号《国家新闻出版广电总局关于修订部分规章和规范性文件的决定》修订）

第一章　总　　则

第一条　为了加强管理，促进我国复制业健康发展，根据《出版管理条例》和《音像制品管理条例》的有关规定，制定本办法。

第二条　本办法适用于光盘、磁带磁盘以及新闻出版总署认定的其他存储介质形态（以下简称其他介质）的复制经营活动。

本办法所称光盘包括只读类光盘和可录类光盘。其中，只读类光盘是指存储有内容的光盘；可录类光盘是指空白光盘。

本办法所称复制经营活动，包括经营性的光盘复制生产和存储有内容的磁带磁盘复制等活动。

本办法所称复制单位是指从事光盘、磁带磁盘和其他介质复制经营活动的单位。

第三条　任何单位和个人禁止复制含有以下内容的复制品：

（一）反对宪法确定的基本原则的；

（二）危害国家统一、主权和领土完整的；

（三）泄露国家秘密、危害国家安全或者损害国家荣誉和利益的；

（四）煽动民族仇恨、民族歧视，破坏民族团结，或者侵害民族风俗、习惯的；

（五）宣扬邪教、迷信的；

（六）扰乱社会秩序，破坏社会稳定的；

（七）宣扬淫秽、赌博、暴力或者教唆犯罪的；

（八）侮辱或者诽谤他人，侵害他人合法权益的；

（九）危害社会公德或者民族优秀文化传统的；

（十）有法律、行政法规和国家规定禁止的其他内容的。

第四条　新闻出版总署主管全国光盘、

磁带磁盘以及其他介质复制经营活动的监督管理工作，负责只读类光盘设立的审批。

县级以上地方新闻出版行政部门负责本行政区域内光盘、磁带磁盘以及其他介质复制经营活动的监督管理工作。其中，省级新闻出版行政部门负责可录类光盘生产单位和磁带磁盘复制单位设立的审批。

第五条 新闻出版行政部门根据已经取得的违法嫌疑证据或者举报，对涉嫌违法从事复制经营活动的行为进行查处时，可以检查与违法活动有关的物品；对有证据证明是与违法活动有关的物品，可以查封或者扣押。

第六条 复制单位应当建立质量保障体系，健全各项管理制度。

第七条 复制行业的社会团体按照其章程，在新闻出版行政部门的指导下，实行自律管理。

第二章 复制单位的设立

第八条 国家对复制经营活动实行许可制度；未经许可，任何单位和个人不得从事复制经营活动。

设立复制单位须由新闻出版行政部门审批，核发复制经营许可证，并经工商行政部门登记注册后方可进行生产。设立外商投资复制单位，除由新闻出版行政部门批准外，还须报商务部审批并颁发外商投资企业批准证书。

第九条 设立复制单位应当具备下列条件：

（一）有复制单位的名称、章程；

（二）有确定的业务范围；

（三）有适应业务范围需要的生产经营场所和必要的资金、设备等生产经营条件；

（四）有适应业务范围需要的组织机构和人员；

（五）有关法律、行政法规规定的其他条件。

审批设立复制单位，除依照前款规定外，还应当符合国家有关复制单位总量、结构和布局的规划。

第十条 设立复制单位，应当向所在地省级新闻出版行政部门提出申请，并提交下列申请文件：

（一）按要求填写的申请表；

（二）企业章程；

（三）可行性研究报告；

（四）法定代表人或者主要负责人的身份证明和履历证明；

（五）注册资本数额、来源及性质证明；

（六）经营场所和必备的生产条件证明；

（七）新设立企业的，须提交工商部门核发的企业名称预先核准通知书。

第十一条 申请设立只读类光盘复制单位的，由所在地省级新闻出版行政部门审核同意后，报新闻出版总署审批，并提交省级新闻出版行政部门的初审文件和本办法第十条规定的申请文件。新闻出版总署应自受理之日起60日内作出批准或不批准的决定，并由省级新闻出版行政部门通知申请人；不批准的，应当说明理由。

申请设立可录类光盘生产单位和磁带磁盘复制单位的，省级新闻出版行政部门应自受理之日起20日内作出批准或不批准的决定，并通知申请人；不批准的，应当说明理由。

第十二条 国家允许设立外商投资可录类光盘生产单位，允许设立中外合资经营、中外合作经营只读类光盘和磁带磁盘复制单位，但中方必须控股或占主导地位。国家禁止设立外商独资只读类光盘和磁带磁盘复制单位。

第十三条 经新闻出版行政部门批准设立的复制单位，其复制生产设备安装调试完毕，经所在地省级新闻出版行政部门验收合格并发给复制经营许可证后，方可投产。

复制单位应当在60日内持新闻出版行

政部门有关批准文件或复制经营许可证到所在地工商行政部门办理登记手续。

第十四条　复制单位申请兼营或者变更业务范围，或者兼并其他复制单位，或者因合并、分立而设立新的复制单位，应当依照本办法第九条至第十一条的规定办理审批登记手续。

复制单位变更名称、地址、法定代表人或者主要负责人或者终止复制经营活动的，应当到原登记的工商行政部门办理变更登记或者注销登记。由省级新闻出版行政部门批准设立的复制单位，应在工商机关登记后30日内直接向省级新闻出版行政部门备案；由新闻出版总署批准设立的复制单位，应在工商机关登记后20日内向省级新闻出版行政部门提交备案申请，省级新闻出版行政部门在接到申请之日起20日内向新闻出版总署备案；备案机关进行备案后变更或者注销复制经营许可证。

第三章　复制生产设备管理

第十五条　国家对光盘复制生产设备实行审批管理。

本办法所称的光盘复制生产设备是指从事光盘母盘刻录生产和子盘复制生产的设备。包括下列主要部分：用于光盘生产的金属母盘生产设备、精密注塑机、真空金属溅镀机、粘合机、保护胶涂覆机、染料层旋涂机、专用模具、盘面印刷机和光盘质量在线检测仪、离线检测仪等。

增加、进口、购买、变更光盘复制生产设备，须由新闻出版行政部门审批。其中增加、进口、购买、变更只读类光盘复制生产设备，由新闻出版总署审批；增加、进口、购买、变更可录类光盘生产设备，由所在地省级新闻出版行政部门审批，报新闻出版总署备案。

第十六条　光盘复制生产设备进口管理流程依据新闻出版总署、商务部、海关总署有关规定执行。

禁止进口旧（二手）光盘复制生产设备，禁止旧（二手）光盘复制生产设备进入出口加工区、保税区等海关监管特殊区域。

第十七条　被查处关闭光盘复制单位和被查缴的光盘复制生产设备的处理，由所在地省级新闻出版行政部门在本辖区内定向审批。需要跨省处理的，所在地省级新闻出版行政部门可报新闻出版总署在省际之间调剂，由同意接收或收购的光盘复制单位所在地省级新闻出版行政部门审批。接收或收购上述光盘复制生产设备的单位，必须是现有的合法光盘复制单位在许可经营的范围内接收或收购对应的生产设备，超出原许可经营范围的，应按本办法第十四条的规定办理审批手续。

被查处关闭光盘复制单位的光盘复制生产设备的价格，由买卖双方协商解决；被查缴的光盘复制生产设备的价格，由有关部门评估定价。

省级新闻出版行政部门应在审批后20日内向新闻出版总署备案。

申请单位向所在地省级新闻出版行政部门提出申请，经批准后，凭新闻出版行政部门的批准文件按上述程序办理有关设备的交接手续。

第十八条　进口用于国产设备制造或者其他科研用途的光盘复制生产设备的，依照本办法第十五条、第十六条的规定办理相关手续。

第十九条　国家对国产光盘复制生产设备的生产和销售实行备案管理。国产光盘复制生产设备生产和销售后，应分别在30日内向所在地省级新闻出版行政部门备案。备案内容包括生产和销售国产光盘复制生产设备的时间、设备名称、设备编号、设备数量和销售对象等。

第二十条　从事只读类光盘复制，必须使用蚀刻有新闻出版总署核发的光盘来源识别码（SID码）的注塑模具。

光盘复制单位蚀刻SID码，应当向所在地省级新闻出版行政部门提出申请，由所在地省级新闻出版部门报新闻出版总署核发SID码；复制单位应于收到核发文件之日起20日内到指定刻码单位进行蚀刻，并在刻码后按有关规定向光盘生产源鉴定机构报送样盘。

刻码单位应将蚀刻SID码的情况通报新闻出版总署，光盘生产源鉴定机构应将样盘报送情况通报新闻出版总署。

第二十一条　复制生产设备的技术、质量指标应当符合国家或者行业标准。

第四章　复制经营活动管理

第二十二条　复制单位必须严格按所批准的经营范围进行复制经营，不得超范围复制经营。

第二十三条　国家对复制经营活动实行复制委托书制度。

复制单位接受委托复制音像制品或者电子出版物的，应当验证委托的出版单位盖章的复制委托书及其他法定文书。

接受委托复制属于非卖品或计算机软件的，应当验证经省级新闻出版行政部门核发并由委托单位盖章的复制委托书。

第二十四条　复制单位接受委托复制境外产品的，应当事先将该样品及有关证明文件报经所在地省级新闻出版行政部门审核同意；复制的产品除样品外应当全部出境。

加工贸易项下只读类光盘的进出口管理，依照国家有关规定执行。

第二十五条　复制单位不得接受非音像出版单位、电子出版物出版单位或者个人的委托复制经营性的音像制品、电子出版物；不得擅自复制音像制品、电子出版物、计算机软件、音像非卖品、电子出版物非卖品等。

第二十六条　复制单位应该建立和保存完整清晰的复制业务档案，包括委托方按本办法有关规定所提交的复制委托书和其他法定文书以及复制样品、生产单据、发货记录等。保存期为2年，以备查验。

第二十七条　复制单位对委托加工的产品除样品外必须全部交付委托单位，不得擅自加制，不得将委托单位提供的母盘、母带、样品等以任何方式转让或出售、复制给任何单位和个人。

第二十八条　复制单位所复制的产品质量应符合国家或者行业标准。

第二十九条　复制单位必须依照国家有关统计法规和规定按时填报有关统计报表，并由省级新闻出版行政部门审核汇总后上报新闻出版总署。

第三十条　复制单位在复制生产过程中，如发现所复制的产品涉及本办法第三条内容或与委托证明文件所规定的内容不符，或复制的产品被新闻出版行政部门明令查禁、停止复制的，应立即停止复制，及时报告新闻出版行政部门，并按要求上缴或封存，不得拖延或隐匿。

第三十一条　复制单位的法定代表人或者主要负责人应当接受所在地省级新闻出版行政部门组织的岗位培训。

第三十二条　复制单位实行年度核验制度，年度核验每两年逢单数年进行一次。新闻出版总署负责指导年度核验，省级新闻出版行政部门负责对本行政区域内的复制单位实施年度核验。核验内容包括复制单位的登记项目、设立条件、经营状况、资产变化、技术设备、产品质量、人员培训、遵纪守法情况等。

第三十三条　复制单位进行年度核验，应提交以下材料：

（一）复制单位年度核验登记表；

（二）复制单位按照年度核验要求提交的自检报告；

（三）复制经营许可证、营业执照等有关企业证明文件的复印件。

第三十四条　复制单位年度核验程序：

（一）复制单位应于核验年度1月15日前向所在地省级新闻出版行政部门提交年

度核验材料；

（二）各省级新闻出版行政部门对本行政区域内复制单位情况进行全面审核，并于该年度2月底前完成年度核验工作。对符合要求的单位予以通过年度核验；对不符合要求的单位暂缓年度核验；

（三）各省级新闻出版行政部门应于该年度3月底前将年度核验情况报送新闻出版总署备案。

第三十五条　复制单位有下列情形之一的，暂缓年度核验：

（一）不具备本办法第九条规定条件的；

（二）因违反规定正在限期停业整顿的；

（三）发现有违法行为应予处罚的；

（四）经营恶化不能正常开展复制经营活动的；

（五）存在其他违法嫌疑活动需要进一步核查的。

暂缓年度核验的期限由省级新闻出版行政部门确定，最长不得超过3个月。期间，省级新闻出版行政部门应当督促、指导暂缓年度核验的复制单位进行整改。暂缓年度核验期满，达到要求的复制单位予以通过年度核验；仍未达到要求的复制单位，所在地省级新闻出版行政部门提出注销登记意见，由原发证机关撤销复制经营许可证。

第三十六条　不按规定参加年度核验的复制单位，经书面催告仍未参加年度核验的，所在地省级新闻出版行政部门提出注销登记意见，由原发证机关撤销复制经营许可证。

第三十七条　对非法干扰、阻止和破坏复制经营活动的，县级以上新闻出版行政部门及其他有关部门，应当及时采取措施，予以制止。

第五章　法律责任

第三十八条　未经批准，擅自设立复制单位或擅自从事复制业务的，由新闻出版行政部门、工商行政部门依照法定职权予以取缔；触犯刑律的，依照刑法有关规定，依法追究刑事责任；尚不够刑事处罚的，没收违法经营的复制产品和违法所得以及进行违法活动的专用工具、设备；违法经营额1万元以上的，并处违法经营额5倍以上10倍以下的罚款；违法经营额不足1万元的，并处5万元以下的罚款。

第三十九条　复制明知或者应知含有本办法第三条所列内容产品或其他非法出版物的，依照刑法有关规定，依法追究刑事责任；尚不够刑事处罚的，由新闻出版行政部门责令限期停业整顿，没收违法所得，违法经营额1万元以上的，并处违法经营额5倍以上10倍以下的罚款；违法经营额不足1万元的，可以并处5万元以下罚款；情节严重的，由批准设立的新闻出版行政部门吊销其复制经营许可证。如果当事人对所复制产品的来源作出说明、指认，经查证属实的，没收出版物、违法所得，可以减轻或者免除其他行政处罚。

第四十条　有下列行为之一的，由新闻出版行政部门责令停止违法行为，给予警告，没收违法经营的产品和违法所得；违法经营额1万元以上的，并处违法经营额5倍以上10倍以下的罚款；违法经营额不足1万元的，并处1万元以上5万元以下罚款；情节严重的，并责令停业整顿或者由新闻出版总署吊销其复制经营许可证：

（一）复制单位未依照本办法的规定验证复制委托书及其他法定文书的；

（二）复制单位擅自复制他人的只读类光盘和磁带磁盘的；

（三）复制单位接受非音像出版单位、电子出版物单位或者个人委托复制经营性的音像制品、电子出版物或者自行复制音像制品、电子出版物的；

（四）复制单位未履行法定手续复制境外产品的，或者复制的境外产品没有全部运输出境的。

第四十一条 有下列行为之一的，由新闻出版行政部门责令改正，给予警告；情节严重的，并责令停业整顿或者由新闻出版总署吊销其复制经营许可证：

（一）复制单位变更名称、地址、法定代表人或者主要负责人、业务范围等，未依照本办法规定办理审批、备案手续的；

（二）复制单位未依照本办法的规定留存备查的材料的；

（三）光盘复制单位使用未蚀刻或者未按本办法规定蚀刻SID码的注塑模具复制只读类光盘的。

第四十二条 有下列行为之一的，由新闻出版行政部门责令停止违法行为，给予警告，并处3万元以下的罚款：

（一）光盘复制单位违反本办法第十五条的规定，未经审批，擅自增加、进口、购买、变更光盘复制生产设备的；

（二）国产光盘复制生产设备的生产商未按本办法第十九条的要求报送备案的；

（三）光盘复制单位未按本办法第二十条规定报送样盘的；

（四）复制生产设备或复制产品不符合国家或行业标准的；

（五）复制单位的有关人员未按本办法第三十一条参加岗位培训的；

（六）违反本办法的其他行为。

第四十三条 复制单位违反本办法被处以吊销许可证行政处罚的，其法定代表人或者主要负责人自许可证被吊销之日起10年内不得担任复制单位法定代表人或者主要负责人。

第六章 附 则

第四十四条 本办法自2009年8月1日起施行。1996年2月1日新闻出版署发布的《音像制品复制管理办法》同时废止。其他有关复制管理规定，凡与本办法相抵触的，以本办法为准。

计算机软件保护条例

（2001年12月20日中华人民共和国国务院令第339号公布，根据2011年1月8日《国务院关于废止和修改部分行政法规的决定》第一次修订，根据2013年1月30日《国务院关于修改〈计算机软件保护条例〉的决定》第二次修订）

第一章 总 则

第一条 为了保护计算机软件著作权人的权益，调整计算机软件在开发、传播和使用中发生的利益关系，鼓励计算机软件的开发与应用，促进软件产业和国民经济信息化的发展，根据《中华人民共和国著作权法》，制定本条例。

第二条 本条例所称计算机软件（以下简称软件），是指计算机程序及其有关文档。

第三条 本条例下列用语的含义：

（一）计算机程序，是指为了得到某种结果而可以由计算机等具有信息处理能力的装置执行的代码化指令序列，或者可以被自动转换成代码化指令序列的符号化指令序列或者符号化语句序列。同一计算机程序的源程序和目标程序为同一作品。

（二）文档，是指用来描述程序的内容、组成、设计、功能规格、开发情况、测试结果及使用方法的文字资料和图表等，如程序设计说明书、流程图、用户手册等。

（三）软件开发者，是指实际组织开发、直接进行开发，并对开发完成的软件承担责任的法人或者其他组织；或者依靠自己具有的条件独立完成软件开发，并对软件承担责任的自然人。

（四）软件著作权人，是指依照本条例的规定，对软件享有著作权的自然人、法人或者其他组织。

第四条　受本条例保护的软件必须由开发者独立开发，并已固定在某种有形物体上。

第五条　中国公民、法人或者其他组织对其所开发的软件，不论是否发表，依照本条例享有著作权。

外国人、无国籍人的软件首先在中国境内发行的，依照本条例享有著作权。

外国人、无国籍人的软件，依照其开发者所属国或者经常居住地国同中国签订的协议或者依照中国参加的国际条约享有的著作权，受本条例保护。

第六条　本条例对软件著作权的保护不延及开发软件所用的思想、处理过程、操作方法或者数学概念等。

第七条　软件著作权人可以向国务院著作权行政管理部门认定的软件登记机构办理登记。软件登记机构发放的登记证明文件是登记事项的初步证明。

办理软件登记应当缴纳费用。软件登记的收费标准由国务院著作权行政管理部门会同国务院价格主管部门规定。

第二章　软件著作权

第八条　软件著作权人享有下列各项权利：

（一）发表权，即决定软件是否公之于众的权利；

（二）署名权，即表明开发者身份，在软件上署名的权利；

（三）修改权，即对软件进行增补、删节，或者改变指令、语句顺序的权利；

（四）复制权，即将软件制作一份或者多份的权利；

（五）发行权，即以出售或者赠与方式向公众提供软件的原件或者复制件的权利；

（六）出租权，即有偿许可他人临时使用软件的权利，但是软件不是出租的主要标的的除外；

（七）信息网络传播权，即以有线或者无线方式向公众提供软件，使公众可以在其个人选定的时间和地点获得软件的权利；

（八）翻译权，即将原软件从一种自然语言文字转换成另一种自然语言文字的权利；

（九）应当由软件著作权人享有的其他权利。

软件著作权人可以许可他人行使其软件著作权，并有权获得报酬。

软件著作权人可以全部或者部分转让其软件著作权，并有权获得报酬。

第九条　软件著作权属于软件开发者，本条例另有规定的除外。

如无相反证明，在软件上署名的自然人、法人或者其他组织为开发者。

第十条　由两个以上的自然人、法人或者其他组织合作开发的软件，其著作权的归属由合作开发者签订书面合同约定。无书面合同或者合同未作明确约定，合作开发的软件可以分割使用的，开发者对各自开发的部分可以单独享有著作权；但是，行使著作权时，不得扩展到合作开发的软件整体的著作权。合作开发的软件不能分割使用的，其著作权由各合作开发者共同享有，通过协商一致行使；不能协商一致，又无正当理由的，任何一方不得阻止他方行使除转让权以外的其他权利，但是所得收益应当合理分配给所有合作开发者。

第十一条　接受他人委托开发的软件，其著作权的归属由委托人与受托人签订书面合同约定；无书面合同或者合同未作明确约定的，其著作权由受托人享有。

第十二条 由国家机关下达任务开发的软件，著作权的归属与行使由项目任务书或者合同规定；项目任务书或者合同中未作明确规定的，软件著作权由接受任务的法人或者其他组织享有。

第十三条 自然人在法人或者其他组织中任职期间所开发的软件有下列情形之一的，该软件著作权由该法人或者其他组织享有，该法人或者其他组织可以对开发软件的自然人进行奖励：

（一）针对本职工作中明确指定的开发目标所开发的软件；

（二）开发的软件是从事本职工作活动所预见的结果或者自然的结果；

（三）主要使用了法人或者其他组织的资金、专用设备、未公开的专门信息等物质技术条件所开发并由法人或者其他组织承担责任的软件。

第十四条 软件著作权自软件开发完成之日起产生。

自然人的软件著作权，保护期为自然人终生及其死亡后50年，截止于自然人死亡后第50年的12月31日；软件是合作开发的，截止于最后死亡的自然人死亡后第50年的12月31日。

法人或者其他组织的软件著作权，保护期为50年，截止于软件首次发表后第50年的12月31日，但软件自开发完成之日起50年内未发表的，本条例不再保护。

第十五条 软件著作权属于自然人的，该自然人死亡后，在软件著作权的保护期内，软件著作权的继承人可以依照《中华人民共和国继承法》的有关规定，继承本条例第八条规定的除署名权以外的其他权利。

软件著作权属于法人或者其他组织的，法人或者其他组织变更、终止后，其著作权在本条例规定的保护期内由承受其权利义务的法人或者其他组织享有；没有承受其权利义务的法人或者其他组织的，由国家享有。

第十六条 软件的合法复制品所有人享有下列权利：

（一）根据使用的需要把该软件装入计算机等具有信息处理能力的装置内；

（二）为了防止复制品损坏而制作备份复制品。这些备份复制品不得通过任何方式提供给他人使用，并在所有人丧失该合法复制品的所有权时，负责将备份复制品销毁；

（三）为了把该软件用于实际的计算机应用环境或者改进其功能、性能而进行必要的修改；但是，除合同另有约定外，未经该软件著作权人许可，不得向任何第三方提供修改后的软件。

第十七条 为了学习和研究软件内含的设计思想和原理，通过安装、显示、传输或者存储软件等方式使用软件的，可以不经软件著作权人许可，不向其支付报酬。

第三章 软件著作权的许可使用和转让

第十八条 许可他人行使软件著作权的，应当订立许可使用合同。

许可使用合同中软件著作权人未明确许可的权利，被许可人不得行使。

第十九条 许可他人专有行使软件著作权的，当事人应当订立书面合同。

没有订立书面合同或者合同中未明确约定为专有许可的，被许可行使的权利应当视为非专有权利。

第二十条 转让软件著作权的，当事人应当订立书面合同。

第二十一条 订立许可他人专有行使软件著作权的许可合同，或者订立转让软件著作权合同，可以向国务院著作权行政管理部门认定的软件登记机构登记。

第二十二条 中国公民、法人或者其他组织向外国人许可或者转让软件著作权的，应当遵守《中华人民共和国技术进出口管理条例》的有关规定。

第四章　法律责任

第二十三条　除《中华人民共和国著作权法》或者本条例另有规定外，有下列侵权行为的，应当根据情况，承担停止侵害、消除影响、赔礼道歉、赔偿损失等民事责任：

（一）未经软件著作权人许可，发表或者登记其软件的；

（二）将他人软件作为自己的软件发表或者登记的；

（三）未经合作者许可，将与他人合作开发的软件作为自己单独完成的软件发表或者登记的；

（四）在他人软件上署名或者更改他人软件上的署名的；

（五）未经软件著作权人许可，修改、翻译其软件的；

（六）其他侵犯软件著作权的行为。

第二十四条　除《中华人民共和国著作权法》、本条例或者其他法律、行政法规另有规定外，未经软件著作权人许可，有下列侵权行为的，应当根据情况，承担停止侵害、消除影响、赔礼道歉、赔偿损失等民事责任；同时损害社会公共利益的，由著作权行政管理部门责令停止侵权行为，没收违法所得，没收、销毁侵权复制品，可以并处罚款；情节严重的，著作权行政管理部门并可以没收主要用于制作侵权复制品的材料、工具、设备等；触犯刑律的，依照刑法关于侵犯著作权罪、销售侵权复制品罪的规定，依法追究刑事责任：

（一）复制或者部分复制著作权人的软件的；

（二）向公众发行、出租、通过信息网络传播著作权人的软件的；

（三）故意避开或者破坏著作权人为保护其软件著作权而采取的技术措施的；

（四）故意删除或者改变软件权利管理电子信息的；

（五）转让或者许可他人行使著作权人的软件著作权的。

有前款第一项或者第二项行为的，可以并处每件100元或者货值金额1倍以上5倍以下的罚款；有前款第三项、第四项或者第五项行为的，可以并处20万元以下的罚款。

第二十五条　侵犯软件著作权的赔偿数额，依照《中华人民共和国著作权法》第四十九条的规定确定。

第二十六条　软件著作权人有证据证明他人正在实施或者即将实施侵犯其权利的行为，如不及时制止，将会使其合法权益受到难以弥补的损害的，可以依照《中华人民共和国著作权法》第五十条的规定，在提起诉讼前向人民法院申请采取责令停止有关行为和财产保全的措施。

第二十七条　为了制止侵权行为，在证据可能灭失或者以后难以取得的情况下，软件著作权人可以依照《中华人民共和国著作权法》第五十一条的规定，在提起诉讼前向人民法院申请保全证据。

第二十八条　软件复制品的出版者、制作者不能证明其出版、制作有合法授权的，或者软件复制品的发行者、出租者不能证明其发行、出租的复制品有合法来源的，应当承担法律责任。

第二十九条　软件开发者开发的软件，由于可供选用的表达方式有限而与已经存在的软件相似的，不构成对已经存在的软件的著作权的侵犯。

第三十条　软件的复制品持有人不知道也没有合理理由应当知道该软件是侵权复制品的，不承担赔偿责任；但是，应当停止使用、销毁该侵权复制品。如果停止使用并销毁该侵权复制品将给复制品使用人造成重大损失的，复制品使用人可以在向软件著作权人支付合理费用后继续使用。

第三十一条 软件著作权侵权纠纷可以调解。

软件著作权合同纠纷可以依据合同中的仲裁条款或者事后达成的书面仲裁协议，向仲裁机构申请仲裁。

当事人没有在合同中订立仲裁条款，事后又没有书面仲裁协议的，可以直接向人民法院提起诉讼。

第五章 附 则

第三十二条 本条例施行前发生的侵权行为，依照侵权行为发生时的国家有关规定处理。

第三十三条 本条例自2002年1月1日起施行。1991年6月4日国务院发布的《计算机软件保护条例》同时废止。

中华人民共和国电影产业促进法

（2016年11月7日第十二届全国人民代表大会常务委员会第二十四次会议通过并公布，自2017年3月1日起施行）

第一章 总 则

第一条 为了促进电影产业健康繁荣发展，弘扬社会主义核心价值观，规范电影市场秩序，丰富人民群众精神文化生活，制定本法。

第二条 在中华人民共和国境内从事电影创作、摄制、发行、放映等活动（以下统称电影活动），适用本法。

本法所称电影，是指运用视听技术和艺术手段摄制、以胶片或者数字载体记录、由表达一定内容的有声或者无声的连续画面组成、符合国家规定的技术标准、用于电影院等固定放映场所或者流动放映设备公开放映的作品。

通过互联网、电信网、广播电视网等信息网络传播电影的，还应当遵守互联网、电信网、广播电视网等信息网络管理的法律、行政法规的规定。

第三条 从事电影活动，应当坚持为人民服务、为社会主义服务，坚持社会效益优先，实现社会效益与经济效益相统一。

第四条 国家坚持以人民为中心的创作导向，坚持百花齐放、百家争鸣的方针，尊重和保障电影创作自由，倡导电影创作贴近实际、贴近生活、贴近群众，鼓励创作思想性、艺术性、观赏性相统一的优秀电影。

第五条 国务院应当将电影产业发展纳入国民经济和社会发展规划。县级以上地方人民政府根据当地实际情况将电影产业发展纳入本级国民经济和社会发展规划。

国家制定电影及其相关产业政策，引导形成统一开放、公平竞争的电影市场，促进电影市场繁荣发展。

第六条 国家鼓励电影科技的研发、应用，制定并完善电影技术标准，构建以企业为主体、市场为导向、产学研相结合的电影技术创新体系。

第七条 与电影有关的知识产权受法律保护，任何组织和个人不得侵犯。

县级以上人民政府负责知识产权执法的部门应当采取措施，保护与电影有关的知识产权，依法查处侵犯与电影有关的知识产权的行为。

从事电影活动的公民、法人和其他组织应当增强知识产权意识，提高运用、保护和管理知识产权的能力。

国家鼓励公民、法人和其他组织依法开

发电影形象产品等衍生产品。

第八条　国务院电影主管部门负责全国的电影工作；县级以上地方人民政府电影主管部门负责本行政区域内的电影工作。

县级以上人民政府其他有关部门在各自职责范围内，负责有关的电影工作。

第九条　电影行业组织依法制定行业自律规范，开展业务交流，加强职业道德教育，维护其成员的合法权益。

演员、导演等电影从业人员应当坚持德艺双馨，遵守法律法规，尊重社会公德，恪守职业道德，加强自律，树立良好社会形象。

第十条　国家支持建立电影评价体系，鼓励开展电影评论。

对优秀电影以及为促进电影产业发展作出突出贡献的组织、个人，按照国家有关规定给予表彰和奖励。

第十一条　国家鼓励开展平等、互利的电影国际合作与交流，支持参加境外电影节（展）。

第二章　电影创作、摄制

第十二条　国家鼓励电影剧本创作和题材、体裁、形式、手段等创新，鼓励电影学术研讨和业务交流。

县级以上人民政府电影主管部门根据电影创作的需要，为电影创作人员深入基层、深入群众、体验生活等提供必要的便利和帮助。

第十三条　拟摄制电影的法人、其他组织应当将电影剧本梗概向国务院电影主管部门或者省、自治区、直辖市人民政府电影主管部门备案；其中，涉及重大题材或者国家安全、外交、民族、宗教、军事等方面题材的，应当按照国家有关规定将电影剧本报送审查。

电影剧本梗概或者电影剧本符合本法第十六条规定的，由国务院电影主管部门将拟摄制电影的基本情况予以公告，并由国务院电影主管部门或者省、自治区、直辖市人民政府电影主管部门出具备案证明文件或者颁发批准文件。具体办法由国务院电影主管部门制定。

第十四条　法人、其他组织经国务院电影主管部门批准，可以与境外组织合作摄制电影；但是，不得与从事损害我国国家尊严、荣誉和利益，危害社会稳定，伤害民族感情等活动的境外组织合作，也不得聘用有上述行为的个人参加电影摄制。

合作摄制电影符合创作、出资、收益分配等方面比例要求的，该电影视同境内法人、其他组织摄制的电影。

境外组织不得在境内独立从事电影摄制活动；境外个人不得在境内从事电影摄制活动。

第十五条　县级以上人民政府电影主管部门应当协调公安、文物保护、风景名胜区管理等部门，为法人、其他组织依照本法从事电影摄制活动提供必要的便利和帮助。

从事电影摄制活动的，应当遵守有关环境保护、文物保护、风景名胜区管理和安全生产等方面的法律、法规，并在摄制过程中采取必要的保护、防护措施。

第十六条　电影不得含有下列内容：

（一）违反宪法确定的基本原则，煽动抗拒或者破坏宪法、法律、行政法规实施；

（二）危害国家统一、主权和领土完整，泄露国家秘密，危害国家安全，损害国家尊严、荣誉和利益，宣扬恐怖主义、极端主义；

（三）诋毁民族优秀文化传统，煽动民族仇恨、民族歧视，侵害民族风俗习惯，歪曲民族历史或者民族历史人物，伤害民族感情，破坏民族团结；

（四）煽动破坏国家宗教政策，宣扬邪教、迷信；

（五）危害社会公德，扰乱社会秩序，破坏社会稳定，宣扬淫秽、赌博、吸毒，渲染暴力、恐怖，教唆犯罪或者传授犯罪方法；

（六）侵害未成年人合法权益或者损害未成年人身心健康；

（七）侮辱、诽谤他人或者散布他人隐私，侵害他人合法权益；

（八）法律、行政法规禁止的其他内容。

第十七条　法人、其他组织应当将其摄制完成的电影送国务院电影主管部门或者省、自治区、直辖市人民政府电影主管部门审查。

国务院电影主管部门或者省、自治区、直辖市人民政府电影主管部门应当自受理申请之日起三十日内作出审查决定。对符合本法规定的，准予公映，颁发电影公映许可证，并予以公布；对不符合本法规定的，不准予公映，书面通知申请人并说明理由。

国务院电影主管部门应当根据本法制定完善电影审查的具体标准和程序，并向社会公布。制定完善电影审查的具体标准应当向社会公开征求意见，并组织专家进行论证。

第十八条　进行电影审查应当组织不少于五名专家进行评审，由专家提出评审意见。法人、其他组织对专家评审意见有异议的，国务院电影主管部门或者省、自治区、直辖市人民政府电影主管部门可以另行组织专家再次评审。专家的评审意见应当作为作出审查决定的重要依据。

前款规定的评审专家包括专家库中的专家和根据电影题材特别聘请的专家。专家遴选和评审的具体办法由国务院电影主管部门制定。

第十九条　取得电影公映许可证的电影需要变更内容的，应当依照本法规定重新报送审查。

第二十条　摄制电影的法人、其他组织应当将取得的电影公映许可证标识置于电影的片头处；电影放映可能引起未成年人等观众身体或者心理不适的，应当予以提示。

未取得电影公映许可证的电影，不得发行、放映，不得通过互联网、电信网、广播电视网等信息网络进行传播，不得制作为音像制品；但是，国家另有规定的，从其规定。

第二十一条　摄制完成的电影取得电影公映许可证，方可参加电影节（展）。拟参加境外电影节（展）的，送展法人、其他组织应当在该境外电影节（展）举办前，将相关材料报国务院电影主管部门或者省、自治区、直辖市人民政府电影主管部门备案。

第二十二条　公民、法人和其他组织可以承接境外电影的洗印、加工、后期制作等业务，并报省、自治区、直辖市人民政府电影主管部门备案，但是不得承接含有损害我国国家尊严、荣誉和利益，危害社会稳定，伤害民族感情等内容的境外电影的相关业务。

第二十三条　国家设立的电影档案机构依法接收、收集、整理、保管并向社会开放电影档案。

国家设立的电影档案机构应当配置必要的设备，采用先进技术，提高电影档案管理现代化水平。

摄制电影的法人、其他组织依照《中华人民共和国档案法》的规定，做好电影档案保管工作，并向国家设立的电影档案机构移交、捐赠、寄存电影档案。

第三章　电影发行、放映

第二十四条　企业具有与所从事的电影发行活动相适应的人员、资金条件的，经国务院电影主管部门或者所在地省、自治区、直辖市人民政府电影主管部门批准，可以从事电影发行活动。

企业、个体工商户具有与所从事的电影放映活动相适应的人员、场所、技术和设备等条件的，经所在地县级人民政府电影主管部门批准，可以从事电影院等固定放映场所电影放映活动。

第二十五条　依照本法规定负责电影发行、放映活动审批的电影主管部门，应当自受理申请之日起三十日内，作出批准或者不批准的决定。对符合条件的，予以批准，颁发电影发行经营许可证或者电影放映经营许可证，并予以公布；对不符合条件的，不予批准，书面通知申请人并说明理由。

第二十六条　企业、个人从事电影流动放映活动，应当将企业名称或者经营者姓名、地址、联系方式、放映设备等向经营区域所在地县级人民政府电影主管部门备案。

第二十七条　国家加大对农村电影放映的扶持力度，由政府出资建立完善农村电影公益放映服务网络，积极引导社会资金投资农村电影放映，不断改善农村地区观看电影条件，统筹保障农村地区群众观看电影需求。

县级以上人民政府应当将农村电影公益放映纳入农村公共文化服务体系建设，按照国家有关规定对农村电影公益放映活动给予补贴。

从事农村电影公益放映活动的，不得以虚报、冒领等手段骗取农村电影公益放映补贴资金。

第二十八条　国务院教育、电影主管部门可以共同推荐有利于未成年人健康成长的电影，并采取措施支持接受义务教育的学生免费观看，由所在学校组织安排。

国家鼓励电影院以及从事电影流动放映活动的企业、个人采取票价优惠、建设不同条件的放映厅、设立社区放映点等多种措施，为未成年人、老年人、残疾人、城镇低收入居民以及进城务工人员等观看电影提供便利；电影院以及从事电影流动放映活动的企业、个人所在地人民政府可以对其发放奖励性补贴。

第二十九条　电影院应当合理安排由境内法人、其他组织所摄制电影的放映场次和时段，并且放映的时长不得低于年放映电影时长总和的三分之二。

电影院以及从事电影流动放映活动的企业、个人应当保障电影放映质量。

第三十条　电影院的设施、设备以及用于流动放映的设备应当符合电影放映技术的国家标准。

电影院应当按照国家有关规定安装计算机售票系统。

第三十一条　未经权利人许可，任何人不得对正在放映的电影进行录音录像。发现进行录音录像的，电影院工作人员有权予以制止，并要求其删除；对拒不听从的，有权要求其离场。

第三十二条　国家鼓励电影院在向观众明示的电影开始放映时间之前放映公益广告。

电影院在向观众明示的电影开始放映时间之后至电影放映结束前，不得放映广告。

第三十三条　电影院应当遵守治安、消防、公共场所卫生等法律、行政法规，维护放映场所的公共秩序和环境卫生，保障观众的安全与健康。

任何人不得携带爆炸性、易燃性、放射性、毒害性、腐蚀性物品进入电影院等放映场所，不得非法携带枪支、弹药、管制器具进入电影院等放映场所；发现非法携带上述物品的，有关工作人员应当拒绝其进入，并向有关部门报告。

第三十四条　电影发行企业、电影院等应当如实统计电影销售收入，提供真实准确的统计数据，不得采取制造虚假交易、虚报瞒报销售收入等不正当手段，欺骗、误导观众，扰乱电影市场秩序。

第三十五条　在境内举办涉外电影节（展），须经国务院电影主管部门或者省、自治区、直辖市人民政府电影主管部门批准。

第四章　电影产业支持、保障

第三十六条　国家支持下列电影的创作、摄制：

（一）传播中华优秀文化、弘扬社会主义核心价值观的重大题材电影；

（二）促进未成年人健康成长的电影；

（三）展现艺术创新成果、促进艺术进步的电影；

（四）推动科学教育事业发展和科学技术普及的电影；

（五）其他符合国家支持政策的电影。

第三十七条 国家引导相关文化产业专项资金、基金加大对电影产业的投入力度，根据不同阶段和时期电影产业的发展情况，结合财力状况和经济社会发展需要，综合考虑、统筹安排财政资金对电影产业的支持，并加强对相关资金、基金使用情况的审计。

第三十八条 国家实施必要的税收优惠政策，促进电影产业发展，具体办法由国务院财税主管部门依照税收法律、行政法规的规定制定。

第三十九条 县级以上地方人民政府应当依据人民群众需求和电影市场发展需要，将电影院建设和改造纳入国民经济和社会发展规划、土地利用总体规划和城乡规划等。

县级以上地方人民政府应当按照国家有关规定，有效保障电影院用地需求，积极盘活现有电影院用地资源，支持电影院建设和改造。

第四十条 国家鼓励金融机构为从事电影活动以及改善电影基础设施提供融资服务，依法开展与电影有关的知识产权质押融资业务，并通过信贷等方式支持电影产业发展。

国家鼓励保险机构依法开发适应电影产业发展需要的保险产品。

国家鼓励融资担保机构依法向电影产业提供融资担保，通过再担保、联合担保以及担保与保险相结合等方式分散风险。

对国务院电影主管部门依照本法规定公告的电影的摄制，按照国家有关规定合理确定贷款期限和利率。

第四十一条 国家鼓励法人、其他组织通过到境外合作摄制电影等方式进行跨境投资，依法保障其对外贸易、跨境融资和投资等合理用汇需求。

第四十二条 国家实施电影人才扶持计划。

国家支持有条件的高等学校、中等职业学校和其他教育机构、培训机构等开设与电影相关的专业和课程，采取多种方式培养适应电影产业发展需要的人才。

国家鼓励从事电影活动的法人和其他组织参与学校相关人才培养。

第四十三条 国家采取措施，扶持农村地区、边疆地区、贫困地区和民族地区开展电影活动。

国家鼓励、支持少数民族题材电影创作，加强电影的少数民族语言文字译制工作，统筹保障民族地区群众观看电影需求。

第四十四条 国家对优秀电影的外语翻译制作予以支持，并综合利用外交、文化、教育等对外交流资源开展电影的境外推广活动。

国家鼓励公民、法人和其他组织从事电影的境外推广。

第四十五条 国家鼓励社会力量以捐赠、资助等方式支持电影产业发展，并依法给予优惠。

第四十六条 县级以上人民政府电影主管部门应当加强对电影活动的日常监督管理，受理对违反本法规定的行为的投诉、举报，并及时核实、处理、答复；将从事电影活动的单位和个人因违反本法规定受到行政处罚的情形记入信用档案，并向社会公布。

第五章 法律责任

第四十七条 违反本法规定擅自从事电影摄制、发行、放映活动的，由县级以上人民政府电影主管部门予以取缔，没收电影片和违法所得以及从事违法活动的专用工具、设备；违法所得五万元以上的，并处违法所得五倍以上十倍以下的罚款；没有违法所得或者违法所得不足五万元的，可以并处二十五万元以下的罚款。

第四十八条　有下列情形之一的，由原发证机关吊销有关许可证、撤销有关批准或者证明文件；县级以上人民政府电影主管部门没收违法所得；违法所得五万元以上的，并处违法所得五倍以上十倍以下的罚款；没有违法所得或者违法所得不足五万元的，可以并处二十五万元以下的罚款：

（一）伪造、变造、出租、出借、买卖本法规定的许可证、批准或者证明文件，或者以其他形式非法转让本法规定的许可证、批准或者证明文件的；

（二）以欺骗、贿赂等不正当手段取得本法规定的许可证、批准或者证明文件的。

第四十九条　有下列情形之一的，由原发证机关吊销许可证；县级以上人民政府电影主管部门没收电影片和违法所得；违法所得五万元以上的，并处违法所得十倍以上二十倍以下的罚款；没有违法所得或者违法所得不足五万元的，可以并处五十万元以下的罚款：

（一）发行、放映未取得电影公映许可证的电影的；

（二）取得电影公映许可证后变更电影内容，未依照规定重新取得电影公映许可证擅自发行、放映、送展的；

（三）提供未取得电影公映许可证的电影参加电影节（展）的。

第五十条　承接含有损害我国国家尊严、荣誉和利益，危害社会稳定，伤害民族感情等内容的境外电影的洗印、加工、后期制作等业务的，由县级以上人民政府电影主管部门责令停止违法活动，没收电影片和违法所得；违法所得五万元以上的，并处违法所得三倍以上五倍以下的罚款；没有违法所得或者违法所得不足五万元的，可以并处十五万元以下的罚款。情节严重的，由电影主管部门通报工商行政管理部门，由工商行政管理部门吊销营业执照。

第五十一条　电影发行企业、电影院等有制造虚假交易、虚报瞒报销售收入等行为，扰乱电影市场秩序的，由县级以上人民政府电影主管部门责令改正，没收违法所得，处五万元以上五十万元以下的罚款；违法所得五十万元以上的，处违法所得一倍以上五倍以下的罚款。情节严重的，责令停业整顿；情节特别严重的，由原发证机关吊销许可证。

电影院在向观众明示的电影开始放映时间之后至电影放映结束前放映广告的，由县级人民政府电影主管部门给予警告，责令改正；情节严重的，处一万元以上五万元以下的罚款。

第五十二条　法人或者其他组织未经许可擅自在境内举办涉外电影节（展）的，由国务院电影主管部门或者省、自治区、直辖市人民政府电影主管部门责令停止违法活动，没收参展的电影片和违法所得；违法所得五万元以上的，并处违法所得五倍以上十倍以下的罚款；没有违法所得或者违法所得不足五万元的，可以并处二十五万元以下的罚款；情节严重的，自受到处罚之日起五年内不得举办涉外电影节（展）。

个人擅自在境内举办涉外电影节（展），或者擅自提供未取得电影公映许可证的电影参加电影节（展）的，由国务院电影主管部门或者省、自治区、直辖市人民政府电影主管部门责令停止违法活动，没收参展的电影片和违法所得；违法所得五万元以上的，并处违法所得五倍以上十倍以下的罚款；没有违法所得或者违法所得不足五万元的，可以并处二十五万元以下的罚款；情节严重的，自受到处罚之日起五年内不得从事相关电影活动。

第五十三条　法人、其他组织或者个体工商户因违反本法规定被吊销许可证的，自吊销许可证之日起五年内不得从事该项业务活动；其法定代表人或者主要负责人自吊销许可证之日起五年内不得担任从事电影活动的法人、其他组织的法定代表人或者主要负责人。

第五十四条　有下列情形之一的，依照有关法律、行政法规及国家有关规定予以处罚：

（一）违反国家有关规定，擅自将未取得电影公映许可证的电影制作为音像制品的；

（二）违反国家有关规定，擅自通过互联网、电信网、广播电视网等信息网络传播未取得电影公映许可证的电影的；

（三）以虚报、冒领等手段骗取农村电影公益放映补贴资金的；

（四）侵犯与电影有关的知识产权的；

（五）未依法接收、收集、整理、保管、移交电影档案的。

电影院有前款第四项规定行为，情节严重的，由原发证机关吊销许可证。

第五十五条　县级以上人民政府电影主管部门或者其他有关部门的工作人员有下列情形之一，尚不构成犯罪的，依法给予处分：

（一）利用职务上的便利收受他人财物或者其他好处的；

（二）违反本法规定进行审批活动的；

（三）不履行监督职责的；

（四）发现违法行为不予查处的；

（五）贪污、挪用、截留、克扣农村电影公益放映补贴资金或者相关专项资金、基金的；

（六）其他违反本法规定滥用职权、玩忽职守、徇私舞弊的情形。

第五十六条　违反本法规定，造成人身、财产损害的，依法承担民事责任；构成犯罪的，依法追究刑事责任。

因违反本法规定二年内受到二次以上行政处罚，又有依照本法规定应当处罚的违法行为的，从重处罚。

第五十七条　县级以上人民政府电影主管部门及其工作人员应当严格依照本法规定的处罚种类和幅度，根据违法行为的性质和具体情节行使行政处罚权，具体办法由国务院电影主管部门制定。

县级以上人民政府电影主管部门对有证据证明违反本法规定的行为进行查处时，可以依法查封与违法行为有关的场所、设施或者查封、扣押用于违法行为的财物。

第五十八条　当事人对县级以上人民政府电影主管部门以及其他有关部门依照本法作出的行政行为不服的，可以依法申请行政复议或者提起行政诉讼。其中，对国务院电影主管部门作出的不准予电影公映的决定不服的，应当先依法申请行政复议，对行政复议决定不服的可以提起行政诉讼。

第六章　附　　则

第五十九条　境外资本在中华人民共和国境内设立从事电影活动的企业的，按照国家有关规定执行。

第六十条　本法自2017年3月1日起施行。

（五）反不正当竞争类

中华人民共和国反不正当竞争法

（1993 年 9 月 2 日第八届全国人民代表大会常务委员会第三次会议通过，2017 年 11 月 4 日第十二届全国人民代表大会常务委员会第三十次会议修订，根据 2019 年 4 月 23 日第十三届全国人民代表大会常务委员会第十次会议《关于修改〈中华人民共和国建筑法〉等八部法律的决定》修正）

第一章　总　　则

第一条　为了促进社会主义市场经济健康发展，鼓励和保护公平竞争，制止不正当竞争行为，保护经营者和消费者的合法权益，制定本法。

第二条　经营者在生产经营活动中，应当遵循自愿、平等、公平、诚信的原则，遵守法律和商业道德。

本法所称的不正当竞争行为，是指经营者在生产经营活动中，违反本法规定，扰乱市场竞争秩序，损害其他经营者或者消费者的合法权益的行为。

本法所称的经营者，是指从事商品生产、经营或者提供服务（以下所称商品包括服务）的自然人、法人和非法人组织。

第三条　各级人民政府应当采取措施，制止不正当竞争行为，为公平竞争创造良好的环境和条件。

国务院建立反不正当竞争工作协调机制，研究决定反不正当竞争重大政策，协调处理维护市场竞争秩序的重大问题。

第四条　县级以上人民政府履行工商行政管理职责的部门对不正当竞争行为进行查处；法律、行政法规规定由其他部门查处的，依照其规定。

第五条　国家鼓励、支持和保护一切组织和个人对不正当竞争行为进行社会监督。

国家机关及其工作人员不得支持、包庇不正当竞争行为。

行业组织应当加强行业自律，引导、规范会员依法竞争，维护市场竞争秩序。

第二章　不正当竞争行为

第六条　经营者不得实施下列混淆行为，引人误认为是他人商品或者与他人存在特定联系：

（一）擅自使用与他人有一定影响的商品名称、包装、装潢等相同或者近似的标识；

（二）擅自使用他人有一定影响的企业名称（包括简称、字号等）、社会组织名称（包括简称等）、姓名（包括笔名、艺名、译名等）；

（三）擅自使用他人有一定影响的域名主体部分、网站名称、网页等；

（四）其他足以引人误认为是他人商品或者与他人存在特定联系的混淆行为。

第七条　经营者不得采用财物或者其他手段贿赂下列单位或者个人，以谋取交易机会或者竞争优势：

（一）交易相对方的工作人员；

（二）受交易相对方委托办理相关事务的单位或者个人；

（三）利用职权或者影响力影响交易的单位或者个人。

经营者在交易活动中，可以以明示方式向交易相对方支付折扣，或者向中间人支付佣金。经营者向交易相对方支付折扣、向中间人支付佣金的，应当如实入账。接受折扣、佣金的经营者也应当如实入账。

经营者的工作人员进行贿赂的，应当认定为经营者的行为；但是，经营者有证据证明该工作人员的行为与为经营者谋取交易机会或者竞争优势无关的除外。

第八条　经营者不得对其商品的性能、功能、质量、销售状况、用户评价、曾获荣誉等作虚假或者引人误解的商业宣传，欺骗、误导消费者。

经营者不得通过组织虚假交易等方式，帮助其他经营者进行虚假或者引人误解的商业宣传。

第九条　经营者不得实施下列侵犯商业秘密的行为：

（一）以盗窃、贿赂、欺诈、胁迫、电子侵入或者其他不正当手段获取权利人的商业秘密；

（二）披露、使用或者允许他人使用以前项手段获取的权利人的商业秘密；

（三）违反保密义务或者违反权利人有关保守商业秘密的要求，披露、使用或者允许他人使用其所掌握的商业秘密；

（四）教唆、引诱、帮助他人违反保密义务或者违反权利人有关保守商业秘密的要求，获取、披露、使用或者允许他人使用权利人的商业秘密。

经营者以外的其他自然人、法人和非法人组织实施前款所列违法行为的，视为侵犯商业秘密。

第三人明知或者应知商业秘密权利人的员工、前员工或者其他单位、个人实施本条第一款所列违法行为，仍获取、披露、使用或者允许他人使用该商业秘密的，视为侵犯商业秘密。

本法所称的商业秘密，是指不为公众所知悉、具有商业价值并经权利人采取相应保密措施的技术信息、经营信息等商业信息。

第十条　经营者进行有奖销售不得存在下列情形：

（一）所设奖的种类、兑奖条件、奖金金额或者奖品等有奖销售信息不明确，影响兑奖；

（二）采用谎称有奖或者故意让内定人员中奖的欺骗方式进行有奖销售；

（三）抽奖式的有奖销售，最高奖的金额超过五万元。

第十一条　经营者不得编造、传播虚假信息或者误导性信息，损害竞争对手的商业信誉、商品声誉。

第十二条　经营者利用网络从事生产经营活动，应当遵守本法的各项规定。

经营者不得利用技术手段，通过影响用户选择或者其他方式，实施下列妨碍、破坏其他经营者合法提供的网络产品或者服务正常运行的行为：

（一）未经其他经营者同意，在其合法提供的网络产品或者服务中，插入链接、强制进行目标跳转；

（二）误导、欺骗、强迫用户修改、关闭、卸载其他经营者合法提供的网络产品或者服务；

（三）恶意对其他经营者合法提供的网络产品或者服务实施不兼容；

（四）其他妨碍、破坏其他经营者合法提供的网络产品或者服务正常运行的行为。

第三章　对涉嫌不正当竞争行为的调查

第十三条　监督检查部门调查涉嫌不正当竞争行为，可以采取下列措施：

（一）进入涉嫌不正当竞争行为的经营

场所进行检查；

（二）询问被调查的经营者、利害关系人及其他有关单位、个人，要求其说明有关情况或者提供与被调查行为有关的其他资料；

（三）查询、复制与涉嫌不正当竞争行为有关的协议、账簿、单据、文件、记录、业务函电和其他资料；

（四）查封、扣押与涉嫌不正当竞争行为有关的财物；

（五）查询涉嫌不正当竞争行为的经营者的银行账户。

采取前款规定的措施，应当向监督检查部门主要负责人书面报告，并经批准。采取前款第四项、第五项规定的措施，应当向设区的市级以上人民政府监督检查部门主要负责人书面报告，并经批准。

监督检查部门调查涉嫌不正当竞争行为，应当遵守《中华人民共和国行政强制法》和其他有关法律、行政法规的规定，并应当将查处结果及时向社会公开。

第十四条　监督检查部门调查涉嫌不正当竞争行为，被调查的经营者、利害关系人及其他有关单位、个人应当如实提供有关资料或者情况。

第十五条　监督检查部门及其工作人员对调查过程中知悉的商业秘密负有保密义务。

第十六条　对涉嫌不正当竞争行为，任何单位和个人有权向监督检查部门举报，监督检查部门接到举报后应当依法及时处理。

监督检查部门应当向社会公开受理举报的电话、信箱或者电子邮件地址，并为举报人保密。对实名举报并提供相关事实和证据的，监督检查部门应当将处理结果告知举报人。

第四章　法律责任

第十七条　经营者违反本法规定，给他人造成损害的，应当依法承担民事责任。

经营者的合法权益受到不正当竞争行为损害的，可以向人民法院提起诉讼。

因不正当竞争行为受到损害的经营者的赔偿数额，按照其因被侵权所受到的实际损失确定；实际损失难以计算的，按照侵权人因侵权所获得的利益确定。经营者恶意实施侵犯商业秘密行为，情节严重的，可以在按照上述方法确定数额的一倍以上五倍以下确定赔偿数额。赔偿数额还应当包括经营者为制止侵权行为所支付的合理开支。

经营者违反本法第六条、第九条规定，权利人因被侵权所受到的实际损失、侵权人因侵权所获得的利益难以确定的，由人民法院根据侵权行为的情节判决给予权利人五百万元以下的赔偿。

第十八条　经营者违反本法第六条规定实施混淆行为的，由监督检查部门责令停止违法行为，没收违法商品。违法经营额五万元以上的，可以并处违法经营额五倍以下的罚款；没有违法经营额或者违法经营额不足五万元的，可以并处二十五万元以下的罚款。情节严重的，吊销营业执照。

经营者登记的企业名称违反本法第六条规定的，应当及时办理名称变更登记；名称变更前，由原企业登记机关以统一社会信用代码代替其名称。

第十九条　经营者违反本法第七条规定贿赂他人的，由监督检查部门没收违法所得，处十万元以上三百万元以下的罚款。情节严重的，吊销营业执照。

第二十条　经营者违反本法第八条规定对其商品作虚假或者引人误解的商业宣传，或者通过组织虚假交易等方式帮助其他经营者进行虚假或者引人误解的商业宣传的，由监督检查部门责令停止违法行为，处二十万元以上一百万元以下的罚款；情节严重的，处一百万元以上二百万元以下的罚款，可以吊销营业执照。

经营者违反本法第八条规定，属于发布虚假广告的，依照《中华人民共和国广告法》的规定处罚。

第二十一条　经营者以及其他自然人、法人和非法人组织违反本法第九条规定侵犯商业秘密的，由监督检查部门责令停止违法行为，没收违法所得，处十万元以上一百万元以下的罚款；情节严重的，处五十万元以上五百万元以下的罚款。

第二十二条　经营者违反本法第十条规定进行有奖销售的，由监督检查部门责令停止违法行为，处五万元以上五十万元以下的罚款。

第二十三条　经营者违反本法第十一条规定损害竞争对手商业信誉、商品声誉的，由监督检查部门责令停止违法行为、消除影响，处十万元以上五十万元以下的罚款；情节严重的，处五十万元以上三百万元以下的罚款。

第二十四条　经营者违反本法第十二条规定妨碍、破坏其他经营者合法提供的网络产品或者服务正常运行的，由监督检查部门责令停止违法行为，处十万元以上五十万元以下的罚款；情节严重的，处五十万元以上三百万元以下的罚款。

第二十五条　经营者违反本法规定从事不正当竞争，有主动消除或者减轻违法行为危害后果等法定情形的，依法从轻或者减轻行政处罚；违法行为轻微并及时纠正，没有造成危害后果的，不予行政处罚。

第二十六条　经营者违反本法规定从事不正当竞争，受到行政处罚的，由监督检查部门记入信用记录，并依照有关法律、行政法规的规定予以公示。

第二十七条　经营者违反本法规定，应当承担民事责任、行政责任和刑事责任，其财产不足以支付的，优先用于承担民事责任。

第二十八条　妨害监督检查部门依照本法履行职责，拒绝、阻碍调查的，由监督检查部门责令改正，对个人可以处五千元以下的罚款，对单位可以处五万元以下的罚款，并可以由公安机关依法给予治安管理处罚。

第二十九条　当事人对监督检查部门作出的决定不服的，可以依法申请行政复议或者提起行政诉讼。

第三十条　监督检查部门的工作人员滥用职权、玩忽职守、徇私舞弊或者泄露调查过程中知悉的商业秘密的，依法给予处分。

第三十一条　违反本法规定，构成犯罪的，依法追究刑事责任。

第三十二条　在侵犯商业秘密的民事审判程序中，商业秘密权利人提供初步证据，证明其已经对所主张的商业秘密采取保密措施，且合理表明商业秘密被侵犯，涉嫌侵权人应当证明权利人所主张的商业秘密不属于本法规定的商业秘密。

商业秘密权利人提供初步证据合理表明商业秘密被侵犯，且提供以下证据之一的，涉嫌侵权人应当证明其不存在侵犯商业秘密的行为：

（一）有证据表明涉嫌侵权人有渠道或者机会获取商业秘密，且其使用的信息与该商业秘密实质上相同；

（二）有证据表明商业秘密已经被涉嫌侵权人披露、使用或者有被披露、使用的风险；

（三）有其他证据表明商业秘密被涉嫌侵权人侵犯。

第五章　附　　则

第三十三条　本法自2018年1月1日起施行。

网络反不正当竞争暂行规定

（2024 年 5 月 6 日国家市场监督管理总局令第 91 号公布，自 2024 年 9 月 1 日起施行）

第一章　总　则

第一条　为了预防和制止网络不正当竞争行为，维护公平竞争的市场秩序，鼓励创新，保护经营者和消费者的合法权益，促进数字经济规范持续健康发展，根据《中华人民共和国反不正当竞争法》（以下简称反不正当竞争法）、《中华人民共和国电子商务法》（以下简称电子商务法）等法律、行政法规，制定本规定。

第二条　鼓励和支持经营者依法开展经营活动，公平参与市场竞争。经营者通过互联网等信息网络（以下简称网络）从事生产经营活动，应当遵循自愿、平等、公平、诚信的原则，遵守法律法规规章，遵守商业道德。

经营者不得实施网络不正当竞争行为，扰乱市场竞争秩序，影响市场公平交易，损害其他经营者或者消费者的合法权益。

第三条　国家市场监督管理总局负责监督指导全国网络反不正当竞争工作，组织查处全国范围内有重大影响的网络不正当竞争案件。

县级以上地方市场监督管理部门依法对网络不正当竞争行为进行查处。

市场监督管理部门在查处违法行为过程中，应当坚持依法行政，保证严格、规范、公正、文明执法。

第四条　市场监督管理部门应当会同反不正当竞争工作协调机制各成员单位，贯彻落实网络反不正当竞争重大政策措施，研究网络反不正当竞争工作重大问题，联合查处重大案件，协同推进综合治理。

反不正当竞争工作协调机制各成员单位应当按照职责分工，依法加强金融、传媒、电信等行业管理，采取有效措施，预防和制止网络不正当竞争行为。

第五条　国家鼓励、支持和保护一切组织和个人对网络不正当竞争行为进行社会监督。对涉嫌网络不正当竞争行为，任何单位和个人有权依法向市场监督管理部门举报，市场监督管理部门接到举报后应当及时处理。

行业组织应当加强行业自律，引导、规范会员依法合规竞争。

第六条　平台经营者应当加强对平台内竞争行为的规范管理，发现平台内经营者采取不正当竞争方式，违法销售商品、提供服务，或者侵害消费者合法权益的行为，应当及时采取必要的处置措施，保存有关记录，并按规定向平台经营者住所地县级以上市场监督管理部门报告。记录保存时间自作出处置措施之日起计算，不少于三年。

第二章　网络不正当竞争行为

第七条　经营者不得利用网络实施下列混淆行为，引人误以为是他人商品（本规定所称商品包括服务）或者与他人存在特定联系：

（一）擅自使用与他人有一定影响的域名主体部分、网站名称、网页等相同或者近似的标识；

（二）擅自将他人有一定影响的商品名称、企业名称（包括简称、字号等）、社会组织名称（包括简称等）、姓名（包括笔名、艺名、译名等）作为域名主体部分等网络经营活动标识；

（三）擅自使用与他人有一定影响的应用软件、网店、客户端、小程序、公众号、游戏界面等的页面设计、名称、图标、形状等相同或者近似的标识；

（四）擅自使用他人有一定影响的网络代称、网络符号、网络简称等标识；

（五）生产销售足以引人误认为是他人商品或者与他人存在特定联系的商品；

（六）通过提供网络经营场所等便利条件，与其他经营者共同实施混淆行为；

（七）其他利用网络实施的足以引人误认为是他人商品或者与他人存在特定联系的混淆行为。

擅自将他人有一定影响的商业标识设置为搜索关键词，足以引人误认为是他人商品或者与他人存在特定联系的，属于前款规定的混淆行为。

第八条　经营者不得采取下列方式，对商品生产经营主体以及商品性能、功能、质量、来源、曾获荣誉、资格资质等作虚假或者引人误解的商业宣传，欺骗、误导消费者或者相关公众：

（一）通过网站、客户端、小程序、公众号等进行展示、演示、说明、解释、推介或者文字标注；

（二）通过直播、平台推荐、网络文案等方式，实施商业营销活动；

（三）通过热搜、热评、热转、榜单等方式，实施商业营销活动；

（四）其他虚假或者引人误解的商业宣传。

经营者不得帮助其他经营者实施前款虚假或者引人误解的商业宣传行为。

第九条　经营者不得实施下列行为，对商品生产经营主体以及商品销售状况、交易信息、经营数据、用户评价等作虚假或者引人误解的商业宣传，欺骗、误导消费者或者相关公众：

（一）虚假交易、虚假排名；

（二）虚构交易额、成交量、预约量等与经营有关的数据信息；

（三）采用谎称现货、虚构预订、虚假抢购等方式进行营销；

（四）编造用户评价，或者采用误导性展示等方式隐匿差评、将好评前置、差评后置、不显著区分不同商品的评价等；

（五）以返现、红包、卡券等方式利诱用户作出指定好评、点赞、定向投票等互动行为；

（六）虚构收藏量、点击量、关注量、点赞量、阅读量、订阅量、转发量等流量数据；

（七）虚构投票量、收听量、观看量、播放量、票房、收视率等互动数据；

（八）虚构升学率、考试通过率、就业率等教育培训效果；

（九）采用伪造口碑、炮制话题、制造虚假舆论热点、虚构网络就业者收入等方式进行营销；

（十）其他虚假或者引人误解的商业宣传行为。

经营者不得通过组织虚假交易、组织虚假排名等方式，帮助其他经营者实施前款虚假或者引人误解的商业宣传行为。

第十条　经营者不得采用财物或者其他手段，贿赂平台工作人员、对交易有影响的单位或者个人，以谋取交易机会或者在流量、排名、跟帖服务等方面的竞争优势。

前款所称的财物，包括现金、物品、网络虚拟财产以及礼券、基金、股份、债务免除等其他财产权益。

第十一条　经营者不得利用网络编造、传播虚假信息或者误导性信息，实施下列损害或者可能损害竞争对手的商业信誉、商品声誉的行为：

（一）组织、指使他人对竞争对手的商品进行恶意评价；

（二）利用或者组织、指使他人通过网络散布虚假或者误导性信息；

（三）利用网络传播含有虚假或者误导性信息的风险提示、告客户书、警告函或者举报信等；

（四）其他编造、传播虚假或者误导性信息，损害竞争对手商业信誉、商品声誉的行为。

客户端、小程序、公众号运营者以及提供跟帖评论服务的组织或者个人，不得故意与经营者共同实施前款行为。

本条所称的商业信誉，是指经营者在商业活动中的信用和名誉，包括相关公众对该经营者的资信状况、商业道德、技术水平、经济实力等方面的评价。

本条所称的商品声誉，是指商品在质量、品牌等方面的美誉度和知名度。

第十二条　经营者不得利用互联网、大数据、算法等技术手段，通过影响用户选择或者其他方式，实施流量劫持、干扰、恶意不兼容等行为，妨碍、破坏其他经营者合法提供的网络产品或者服务正常运行。

前款所称的影响用户选择，包括违背用户意愿和选择权、增加操作复杂性、破坏使用连贯性等。

判定是否构成第一款规定的不正当竞争行为，应当充分考虑是否有利于技术创新和行业发展等因素。

第十三条　未经其他经营者同意，经营者不得利用技术手段，实施下列插入链接或者强制进行目标跳转等行为，妨碍、破坏其他经营者合法提供的网络产品或者服务正常运行：

（一）在其他经营者合法提供的网络产品或者服务中，插入跳转链接、嵌入自己或者他人的产品或者服务；

（二）利用关键词联想、设置虚假操作选项等方式，设置指向自身产品或者服务的链接，欺骗或者误导用户点击；

（三）其他插入链接或者强制进行目标跳转的行为。

第十四条　经营者不得利用技术手段，误导、欺骗、强迫用户修改、关闭、卸载其他经营者合法提供的设备、功能或者其他程序等网络产品或者服务。

第十五条　经营者不得利用技术手段，恶意对其他经营者合法提供的网络产品或者服务实施不兼容。

判定经营者是否恶意对其他经营者合法提供的网络产品或者服务实施不兼容，可以综合考虑以下因素：

（一）是否知道或者应当知道不兼容行为会妨碍、破坏其他经营者合法提供的网络产品或者服务正常运行；

（二）不兼容行为是否影响其他经营者合法提供的网络产品或者服务正常运行，是否影响网络生态开放共享；

（三）不兼容行为是否针对特定对象，是否违反公平、合理、无歧视原则；

（四）不兼容行为对消费者、使用该网络产品或者服务的第三方经营者合法权益以及社会公共利益的影响；

（五）不兼容行为是否符合行业惯例、从业规范、自律公约等；

（六）不兼容行为是否导致其他经营者合法提供的网络产品或者服务成本不合理增加；

（七）是否有正当理由。

第十六条　经营者不得利用技术手段，直接、组织或者通过第三方实施以下行为，妨碍、破坏其他经营者合法提供的网络产品或者服务正常运行：

（一）故意在短期内与其他经营者发生大规模、高频次交易，或者给予好评等，使其他经营者受到搜索降权、降低信用等级、商品下架、断开链接、停止服务等处置；

（二）恶意在短期内批量拍下商品不付款；

（三）恶意批量购买后退货或者拒绝收货等。

第十七条　经营者不得针对特定经营者，拦截、屏蔽其合法提供的信息内容以及页面，妨碍、破坏其他经营者合法提供的网络产品或者服务正常运行，扰乱市场公平竞争秩序。拦截、屏蔽非法信息，频繁弹出干扰用户正常使用的信息以及不提供关闭方式的漂浮视窗等除外。

第十八条　经营者不得利用技术手段，通过影响用户选择、限流、屏蔽、搜索降权、商品下架等方式，干扰其他经营者之间的正常交易，妨碍、破坏其他经营者合法提供的网络产品或者服务的正常运行，扰乱市场公平竞争秩序。

经营者不得利用技术手段，通过限制交易对象、销售区域或者时间、参与促销推广活动等，影响其他经营者的经营选择，妨碍、破坏交易相对方合法提供的网络产品或者服务的正常运行，扰乱市场公平交易秩序。

第十九条　经营者不得利用技术手段，非法获取、使用其他经营者合法持有的数据，妨碍、破坏其他经营者合法提供的网络产品或者服务的正常运行，扰乱市场公平竞争秩序。

第二十条　经营者不得利用技术手段，对条件相同的交易相对方不合理地提供不同的交易条件，侵害交易相对方的选择权、公平交易权等，妨碍、破坏其他经营者合法提供的网络产品或者服务正常运行，扰乱市场公平交易秩序。

以下情形不属于前款规定的不正当竞争行为：

（一）根据交易相对人实际需求且符合正当的交易习惯和行业惯例，实行不同交易条件；

（二）针对新用户在合理期限内开展的优惠活动；

（三）基于公平、合理、无歧视的规则实施的随机性交易。

第二十一条　经营者不得利用技术手段，通过下列方式，实施妨碍、破坏其他经营者合法提供的网络产品或者服务正常运行的行为：

（一）违背用户意愿下载、安装、运行应用程序；

（二）无正当理由，对其他经营者合法提供的网络产品或者服务实施拦截、拖延审查、下架，以及其他干扰下载、安装、运行、更新、传播等行为；

（三）对相关设备运行非必需的应用程序不提供卸载功能或者对应用程序卸载设置不合理障碍；

（四）无正当理由，对其他经营者合法提供的网络产品或者服务，实施搜索降权、限制服务内容、调整搜索结果的自然排序等行为；

（五）其他妨碍、破坏其他经营者合法提供的网络产品或者服务正常运行的行为。

第二十二条　经营者不得违反本规定，实施其他网络不正当竞争行为，扰乱市场竞争秩序，影响市场公平交易，损害其他经营者或者消费者合法权益。

第二十三条　具有竞争优势的平台经营者没有正当理由，不得利用技术手段，滥用后台交易数据、流量等信息优势以及管理规则，通过屏蔽第三方经营信息、不正当干扰商品展示顺序等方式，妨碍、破坏其他经营者合法提供的网络产品或者服务正常运行，扰乱市场公平竞争秩序。

第二十四条　平台经营者不得利用服务协议、交易规则等手段，对平台内经营者在平台内的交易、交易价格以及与其他经营者的交易等进行不合理限制或者附加不合理条件。主要包括以下情形：

（一）强制平台内经营者签订排他性协议；

（二）对商品的价格、销售对象、销售区域或者销售时间进行不合理的限制；

（三）不合理设定扣取保证金，削减补贴、优惠和流量资源等限制；

（四）利用服务协议、交易规则对平台内经营者的交易进行其他不合理限制或者附加不合理条件。

第二十五条 平台经营者应当在服务协议、交易规则中公平合理确定收费标准，不得违背商业道德、行业惯例，向平台内经营者收取不合理的服务费用。

第二十六条 判定构成妨碍、破坏其他经营者合法提供的网络产品或者服务正常运行，可以综合考虑下列因素：

（一）其他经营者合法提供的网络产品或者服务是否无法正常使用；

（二）其他经营者合法提供的网络产品或者服务是否无法正常下载、安装、更新或者卸载；

（三）其他经营者合法提供的网络产品或者服务成本是否不合理增加；

（四）其他经营者合法提供的网络产品或者服务的用户或者访问量是否不合理减少；

（五）用户合法利益是否遭受损失，或者用户体验和满意度是否下降；

（六）行为频次、持续时间；

（七）行为影响的地域范围、时间范围等；

（八）是否利用其他经营者的网络产品或者服务牟取不正当利益。

第三章 监督检查

第二十七条 对网络不正当竞争案件的管辖适用《市场监督管理行政处罚程序规定》。

网络不正当竞争行为举报较为集中，或者引发严重后果或者其他不良影响的，可以由实际经营地、违法结果发生地的设区的市级以上地方市场监督管理部门管辖。

第二十八条 市场监督管理部门应当加强对网络不正当竞争行为的监测，发现违法行为的，依法予以查处。

市场监督管理部门在查办网络不正当竞争案件过程中，被调查的经营者、利害关系人及其他有关单位、个人应当如实提供有关资料或者情况，不得伪造、销毁涉案数据以及相关资料，不得妨害市场监督管理部门依法履行职责，不得拒绝、阻碍调查。

第二十九条 市场监督管理部门基于案件办理的需要，可以委托第三方专业机构对与案件相关的电子证据进行取证、固定，对财务数据进行审计。

第三十条 对于新型、疑难案件，市场监督管理部门可以委派专家观察员参与协助调查。专家观察员可以依据自身专业知识、业务技能、实践经验等，对经营者的竞争行为是否有促进创新、提高效率、保护消费者合法权益等正当理由提出建议。

第三十一条 市场监督管理部门及其工作人员、第三方专业机构、专家观察员等对参与调查过程中知悉的商业秘密负有保密义务。

市场监督管理部门的工作人员滥用职权、玩忽职守、徇私舞弊或者泄露调查过程中知悉的商业秘密的，依法给予处分。

第四章 法律责任

第三十二条 平台经营者违反本规定第六条，未按规定保存信息，或者对平台内经营者侵害消费者合法权益行为未采取必要措施的，由市场监督管理部门依照电子商务法第八十条、第八十三条的规定处罚。

第三十三条 经营者违反本规定第七条的，由市场监督管理部门依照反不正当竞争法第十八条的规定处罚。

第三十四条 经营者违反本规定第八条、第九条的，由市场监督管理部门依照反不正当竞争法第二十条的规定处罚。

第三十五条 经营者违反本规定第十条的，由市场监督管理部门依照反不正当竞争法第十九条的规定处罚。

第三十六条 经营者违反本规定第十一条的，由市场监督管理部门依照反不正当竞争法第二十三条的规定处罚。

第三十七条 经营者违反本规定第十二

条至第二十三条，妨害、破坏其他经营者合法提供的网络产品或者服务正常运行的，由市场监督管理部门依照反不正当竞争法第二十四条的规定处罚。

第三十八条 平台经营者违反本规定第二十四条、第二十五条的，由市场监督管理部门依照电子商务法第八十二条的规定处罚。

第三十九条 经营者违反本规定第二十八条的，由市场监督管理部门依照反不正当竞争法第二十八条的规定处罚。

第四十条 法律、行政法规对网络不正当竞争行为的查处另有规定的，依照其规定。

经营者利用网络排除、限制竞争，构成垄断行为的，依照《中华人民共和国反垄断法》处理。

第四十一条 经营者违反本规定，有违法所得的，依照《中华人民共和国行政处罚法》第二十八条的规定，除依法应当退赔的外，应当予以没收。

第四十二条 违反本规定涉嫌构成犯罪，依法需要追究刑事责任的，市场监督管理部门应当按照有关规定及时将案件移送公安机关处理。

第五章 附　　则

第四十三条 本规定自 2024 年 9 月 1 日起施行。

中华人民共和国产品质量法

（1993 年 2 月 22 日第七届全国人民代表大会常务委员会第三十次会议通过，根据 2000 年 7 月 8 日第九届全国人民代表大会常务委员会第十六次会议《关于修改〈中华人民共和国产品质量法〉的决定》第一次修正，根据 2009 年 8 月 27 日第十一届全国人民代表大会常务委员会第十次会议《关于修改部分法律的决定》第二次修正，根据 2018 年 12 月 29 日第十三届全国人民代表大会常务委员会第七次会议《关于修改〈中华人民共和国产品质量法〉等五部法律的决定》第三次修正）

第一章 总　　则

第一条 为了加强对产品质量的监督管理，提高产品质量水平，明确产品质量责任，保护消费者的合法权益，维护社会经济秩序，制定本法。

第二条 在中华人民共和国境内从事产品生产、销售活动，必须遵守本法。

本法所称产品是指经过加工、制作，用于销售的产品。

建设工程不适用本法规定；但是，建设工程使用的建筑材料、建筑构配件和设备，属于前款规定的产品范围的，适用本法规定。

第三条 生产者、销售者应当建立健全内部产品质量管理制度，严格实施岗位质量规范、质量责任以及相应的考核办法。

第四条 生产者、销售者依照本法规定承担产品质量责任。

第五条 禁止伪造或者冒用认证标志等质量标志；禁止伪造产品的产地，伪造或者冒用他人的厂名、厂址；禁止在生产、销售的产品中掺杂、掺假，以假充真，以次充好。

第六条　国家鼓励推行科学的质量管理方法，采用先进的科学技术，鼓励企业产品质量达到并且超过行业标准、国家标准和国际标准。

对产品质量管理先进和产品质量达到国际先进水平、成绩显著的单位和个人，给予奖励。

第七条　各级人民政府应当把提高产品质量纳入国民经济和社会发展规划，加强对产品质量工作的统筹规划和组织领导，引导、督促生产者、销售者加强产品质量管理，提高产品质量，组织各有关部门依法采取措施，制止产品生产、销售中违反本法规定的行为，保障本法的施行。

第八条　国务院市场监督管理部门主管全国产品质量监督工作。国务院有关部门在各自的职责范围内负责产品质量监督工作。

县级以上地方市场监督管理部门主管本行政区域内的产品质量监督工作。县级以上地方人民政府有关部门在各自的职责范围内负责产品质量监督工作。

法律对产品质量的监督部门另有规定的，依照有关法律的规定执行。

第九条　各级人民政府工作人员和其他国家机关工作人员不得滥用职权、玩忽职守或者徇私舞弊，包庇、放纵本地区、本系统发生的产品生产、销售中违反本法规定的行为，或者阻挠、干预依法对产品生产、销售中违反本法规定的行为进行查处。

各级地方人民政府和其他国家机关有包庇、放纵产品生产、销售中违反本法规定的行为的，依法追究其主要负责人的法律责任。

第十条　任何单位和个人有权对违反本法规定的行为，向市场监督管理部门或者其他有关部门检举。

市场监督管理部门和有关部门应当为检举人保密，并按照省、自治区、直辖市人民政府的规定给予奖励。

第十一条　任何单位和个人不得排斥非本地区或者非本系统企业生产的质量合格产品进入本地区、本系统。

第二章　产品质量的监督

第十二条　产品质量应当检验合格，不得以不合格产品冒充合格产品。

第十三条　可能危及人体健康和人身、财产安全的工业产品，必须符合保障人体健康和人身、财产安全的国家标准、行业标准；未制定国家标准、行业标准的，必须符合保障人体健康和人身、财产安全的要求。

禁止生产、销售不符合保障人体健康和人身、财产安全的标准和要求的工业产品。具体管理办法由国务院规定。

第十四条　国家根据国际通用的质量管理标准，推行企业质量体系认证制度。企业根据自愿原则可以向国务院市场监督管理部门认可的或者国务院市场监督管理部门授权的部门认可的认证机构申请企业质量体系认证。经认证合格的，由认证机构颁发企业质量体系认证证书。

国家参照国际先进的产品标准和技术要求，推行产品质量认证制度。企业根据自愿原则可以向国务院市场监督管理部门认可的或者国务院市场监督管理部门授权的部门认可的认证机构申请产品质量认证。经认证合格的，由认证机构颁发产品质量认证证书，准许企业在产品或者其包装上使用产品质量认证标志。

第十五条　国家对产品质量实行以抽查为主要方式的监督检查制度，对可能危及人体健康和人身、财产安全的产品，影响国计民生的重要工业产品以及消费者、有关组织反映有质量问题的产品进行抽查。抽查的样品应当在市场上或者企业成品仓库内的待销产品中随机抽取。监督抽查工作由国务院市场监督管理部门规划和组织。县级以上地方市场监督管理部门在本行政区域内也可以组织监督抽查。法律对产品质量的监督检查另有规定的，依照有关法律的规定执行。

国家监督抽查的产品，地方不得另行重复抽查；上级监督抽查的产品，下级不得另行重复抽查。

根据监督抽查的需要，可以对产品进行检验。检验抽取样品的数量不得超过检验的合理需要，并不得向被检查人收取检验费用。监督抽查所需检验费用按照国务院规定列支。

生产者、销售者对抽查检验的结果有异议的，可以自收到检验结果之日起十五日内向实施监督抽查的市场监督管理部门或者其上级市场监督管理部门申请复检，由受理复检的市场监督管理部门作出复检结论。

第十六条 对依法进行的产品质量监督检查，生产者、销售者不得拒绝。

第十七条 依照本法规定进行监督抽查的产品质量不合格的，由实施监督抽查的市场监督管理部门责令其生产者、销售者限期改正。逾期不改正的，由省级以上人民政府市场监督管理部门予以公告；公告后经复查仍不合格的，责令停业，限期整顿；整顿期满后经复查产品质量仍不合格的，吊销营业执照。

监督抽查的产品有严重质量问题的，依照本法第五章的有关规定处罚。

第十八条 县级以上市场监督管理部门根据已经取得的违法嫌疑证据或者举报，对涉嫌违反本法规定的行为进行查处时，可以行使下列职权：

（一）对当事人涉嫌从事违反本法的生产、销售活动的场所实施现场检查；

（二）向当事人的法定代表人、主要负责人和其他有关人员调查、了解与涉嫌从事违反本法的生产、销售活动有关的情况；

（三）查阅、复制当事人有关的合同、发票、帐簿以及其他有关资料；

（四）对有根据认为不符合保障人体健康和人身、财产安全的国家标准、行业标准的产品或者有其他严重质量问题的产品，以及直接用于生产、销售该项产品的原辅材料、包装物、生产工具，予以查封或者扣押。

第十九条 产品质量检验机构必须具备相应的检测条件和能力，经省级以上人民政府市场监督管理部门或者其授权的部门考核合格后，方可承担产品质量检验工作。法律、行政法规对产品质量检验机构另有规定的，依照有关法律、行政法规的规定执行。

第二十条 从事产品质量检验、认证的社会中介机构必须依法设立，不得与行政机关和其他国家机关存在隶属关系或者其他利益关系。

第二十一条 产品质量检验机构、认证机构必须依法按照有关标准，客观、公正地出具检验结果或者认证证明。

产品质量认证机构应当依照国家规定对准许使用认证标志的产品进行认证后的跟踪检查；对不符合认证标准而使用认证标志的，要求其改正；情节严重的，取消其使用认证标志的资格。

第二十二条 消费者有权就产品质量问题，向产品的生产者、销售者查询；向市场监督管理部门及有关部门申诉，接受申诉的部门应当负责处理。

第二十三条 保护消费者权益的社会组织可以就消费者反映的产品质量问题建议有关部门负责处理，支持消费者对因产品质量造成的损害向人民法院起诉。

第二十四条 国务院和省、自治区、直辖市人民政府的市场监督管理部门应当定期发布其监督抽查的产品的质量状况公告。

第二十五条 市场监督管理部门或者其他国家机关以及产品质量检验机构不得向社会推荐生产者的产品；不得以对产品进行监制、监销等方式参与产品经营活动。

第三章　生产者、销售者的产品质量责任和义务

第一节　生产者的产品质量责任和义务

第二十六条 生产者应当对其生产的产

品质量负责。

产品质量应当符合下列要求：

（一）不存在危及人身、财产安全的不合理的危险，有保障人体健康和人身、财产安全的国家标准、行业标准的，应当符合该标准；

（二）具备产品应当具备的使用性能，但是，对产品存在使用性能的瑕疵作出说明的除外；

（三）符合在产品或者其包装上注明采用的产品标准，符合以产品说明、实物样品等方式表明的质量状况。

第二十七条　产品或者其包装上的标识必须真实，并符合下列要求：

（一）有产品质量检验合格证明；

（二）有中文标明的产品名称、生产厂厂名和厂址；

（三）根据产品的特点和使用要求，需要标明产品规格、等级、所含主要成份的名称和含量的，用中文相应予以标明；需要事先让消费者知晓的，应当在外包装上标明，或者预先向消费者提供有关资料；

（四）限期使用的产品，应当在显著位置清晰地标明生产日期和安全使用期或者失效日期；

（五）使用不当，容易造成产品本身损坏或者可能危及人身、财产安全的产品，应当有警示标志或者中文警示说明。

裸装的食品和其他根据产品的特点难以附加标识的裸装产品，可以不附加产品标识。

第二十八条　易碎、易燃、易爆、有毒、有腐蚀性、有放射性等危险物品以及储运中不能倒置和其他有特殊要求的产品，其包装质量必须符合相应要求，依照国家有关规定作出警示标志或者中文警示说明，标明储运注意事项。

第二十九条　生产者不得生产国家明令淘汰的产品。

第三十条　生产者不得伪造产地，不得伪造或者冒用他人的厂名、厂址。

第三十一条　生产者不得伪造或者冒用认证标志等质量标志。

第三十二条　生产者生产产品，不得掺杂、掺假，不得以假充真、以次充好，不得以不合格产品冒充合格产品。

第二节　销售者的产品质量责任和义务

第三十三条　销售者应当建立并执行进货检查验收制度，验明产品合格证明和其他标识。

第三十四条　销售者应当采取措施，保持销售产品的质量。

第三十五条　销售者不得销售国家明令淘汰并停止销售的产品和失效、变质的产品。

第三十六条　销售者销售的产品的标识应当符合本法第二十七条的规定。

第三十七条　销售者不得伪造产地，不得伪造或者冒用他人的厂名、厂址。

第三十八条　销售者不得伪造或者冒用认证标志等质量标志。

第三十九条　销售者销售产品，不得掺杂、掺假，不得以假充真、以次充好，不得以不合格产品冒充合格产品。

第四章　损害赔偿

第四十条　售出的产品有下列情形之一的，销售者应当负责修理、更换、退货；给购买产品的消费者造成损失的，销售者应当赔偿损失：

（一）不具备产品应当具备的使用性能而事先未作说明的；

（二）不符合在产品或者其包装上注明采用的产品标准的；

（三）不符合以产品说明、实物样品等方式表明的质量状况的。

销售者依照前款规定负责修理、更换、退货、赔偿损失后，属于生产者的责任或者属于向销售者提供产品的其他销售者（以下简称供货者）的责任的，销售者有权向生产者、供货者追偿。

销售者未按照第一款规定给予修理、更换、退货或者赔偿损失的，由市场监督管理部门责令改正。

生产者之间，销售者之间，生产者与销售者之间订立的买卖合同、承揽合同有不同约定的，合同当事人按照合同约定执行。

第四十一条 因产品存在缺陷造成人身、缺陷产品以外的其他财产（以下简称他人财产）损害的，生产者应当承担赔偿责任。

生产者能够证明有下列情形之一的，不承担赔偿责任：

（一）未将产品投入流通的；

（二）产品投入流通时，引起损害的缺陷尚不存在的；

（三）将产品投入流通时的科学技术水平尚不能发现缺陷的存在的。

第四十二条 由于销售者的过错使产品存在缺陷，造成人身、他人财产损害的，销售者应当承担赔偿责任。

销售者不能指明缺陷产品的生产者也不能指明缺陷产品的供货者的，销售者应当承担赔偿责任。

第四十三条 因产品存在缺陷造成人身、他人财产损害的，受害人可以向产品的生产者要求赔偿，也可以向产品的销售者要求赔偿。属于产品的生产者的责任，产品的销售者赔偿的，产品的销售者有权向产品的生产者追偿。属于产品的销售者的责任，产品的生产者赔偿的，产品的生产者有权向产品的销售者追偿。

第四十四条 因产品存在缺陷造成受害人人身伤害的，侵害人应当赔偿医疗费、治疗期间的护理费、因误工减少的收入等费用；造成残疾的，还应当支付残疾者生活自助具费、生活补助费、残疾赔偿金以及由其扶养的人所必需的生活费等费用；造成受害人死亡的，并应当支付丧葬费、死亡赔偿金以及由死者生前扶养的人所必需的生活费等费用。

因产品存在缺陷造成受害人财产损失的，侵害人应当恢复原状或者折价赔偿。受害人因此遭受其他重大损失的，侵害人应当赔偿损失。

第四十五条 因产品存在缺陷造成损害要求赔偿的诉讼时效期间为二年，自当事人知道或者应当知道其权益受到损害时起计算。

因产品存在缺陷造成损害要求赔偿的请求权，在造成损害的缺陷产品交付最初消费者满十年丧失；但是，尚未超过明示的安全使用期的除外。

第四十六条 本法所称缺陷，是指产品存在危及人身、他人财产安全的不合理的危险；产品有保障人体健康和人身、财产安全的国家标准、行业标准的，是指不符合该标准。

第四十七条 因产品质量发生民事纠纷时，当事人可以通过协商或者调解解决。当事人不愿通过协商、调解解决或者协商、调解不成的，可以根据当事人各方的协议向仲裁机构申请仲裁；当事人各方没有达成仲裁协议或者仲裁协议无效的，可以直接向人民法院起诉。

第四十八条 仲裁机构或者人民法院可以委托本法第十九条规定的产品质量检验机构，对有关产品质量进行检验。

第五章 罚 则

第四十九条 生产、销售不符合保障人体健康和人身、财产安全的国家标准、行业标准的产品的，责令停止生产、销售，没收违法生产、销售的产品，并处违法生产、销售产品（包括已售出和未售出的产品，下同）货值金额等值以上三倍以下的罚款；有违法所得的，并处没收违法所得；情节严重的，吊销营业执照；构成犯罪的，依法追究刑事责任。

第五十条 在产品中掺杂、掺假，以假充真，以次充好，或者以不合格产品冒充合格产品的，责令停止生产、销售，没收违法生产、销售的产品，并处违法生产、销售产品货值金额百分之五十以上三倍以下的罚款；有违法所得的，并处没收违法所得；情节严重的，吊销营业执照；构成犯罪的，依法追究刑事责任。

第五十一条　生产国家明令淘汰的产品的，销售国家明令淘汰并停止销售的产品的，责令停止生产、销售，没收违法生产、销售的产品，并处违法生产、销售产品货值金额等值以下的罚款；有违法所得的，并处没收违法所得；情节严重的，吊销营业执照。

第五十二条　销售失效、变质的产品的，责令停止销售，没收违法销售的产品，并处违法销售产品货值金额二倍以下的罚款；有违法所得的，并处没收违法所得；情节严重的，吊销营业执照；构成犯罪的，依法追究刑事责任。

第五十三条　伪造产品产地的，伪造或者冒用他人厂名、厂址的，伪造或者冒用认证标志等质量标志的，责令改正，没收违法生产、销售的产品，并处违法生产、销售产品货值金额等值以下的罚款；有违法所得的，并处没收违法所得；情节严重的，吊销营业执照。

第五十四条　产品标识不符合本法第二十七条规定的，责令改正；有包装的产品标识不符合本法第二十七条第（四）项、第（五）项规定，情节严重的，责令停止生产、销售，并处违法生产、销售产品货值金额百分之三十以下的罚款；有违法所得的，并处没收违法所得。

第五十五条　销售者销售本法第四十九条至第五十三条规定禁止销售的产品，有充分证据证明其不知道该产品为禁止销售的产品并如实说明其进货来源的，可以从轻或者减轻处罚。

第五十六条　拒绝接受依法进行的产品质量监督检查的，给予警告，责令改正；拒不改正的，责令停业整顿；情节特别严重的，吊销营业执照。

第五十七条　产品质量检验机构、认证机构伪造检验结果或者出具虚假证明的，责令改正，对单位处五万元以上十万元以下的罚款，对直接负责的主管人员和其他直接责任人员处一万元以上五万元以下的罚款；有违法所得的，并处没收违法所得；情节严重的，取消其检验资格、认证资格；构成犯罪的，依法追究刑事责任。

产品质量检验机构、认证机构出具的检验结果或者证明不实，造成损失的，应当承担相应的赔偿责任；造成重大损失的，撤销其检验资格、认证资格。

产品质量认证机构违反本法第二十一条第二款的规定，对不符合认证标准而使用认证标志的产品，未依法要求其改正或者取消其使用认证标志资格的，对因产品不符合认证标准给消费者造成的损失，与产品的生产者、销售者承担连带责任；情节严重的，撤销其认证资格。

第五十八条　社会团体、社会中介机构对产品质量作出承诺、保证，而该产品又不符合其承诺、保证的质量要求，给消费者造成损失的，与产品的生产者、销售者承担连带责任。

第五十九条　在广告中对产品质量作虚假宣传，欺骗和误导消费者的，依照《中华人民共和国广告法》的规定追究法律责任。

第六十条　对生产者专门用于生产本法第四十九条、第五十一条所列的产品或者以假充真的产品的原辅材料、包装物、生产工具，应当予以没收。

第六十一条　知道或者应当知道属于本法规定禁止生产、销售的产品而为其提供运输、保管、仓储等便利条件的，或者为以假充真的产品提供制假生产技术的，没收全部运输、保管、仓储或者提供制假生产技术的收入，并处违法收入百分之五十以上三倍以下的罚款；构成犯罪的，依法追究刑事责任。

第六十二条 服务业的经营者将本法第四十九条至第五十二条规定禁止销售的产品用于经营性服务的，责令停止使用；对知道或者应当知道所使用的产品属于本法规定禁止销售的产品的，按照违法使用的产品（包括已使用和尚未使用的产品）的货值金额，依照本法对销售者的处罚规定处罚。

第六十三条 隐匿、转移、变卖、损毁被市场监督管理部门查封、扣押的物品的，处被隐匿、转移、变卖、损毁物品货值金额等值以上三倍以下的罚款；有违法所得的，并处没收违法所得。

第六十四条 违反本法规定，应当承担民事赔偿责任和缴纳罚款、罚金，其财产不足以同时支付时，先承担民事赔偿责任。

第六十五条 各级人民政府工作人员和其他国家机关工作人员有下列情形之一的，依法给予行政处分；构成犯罪的，依法追究刑事责任：

（一）包庇、放纵产品生产、销售中违反本法规定行为的；

（二）向从事违反本法规定的生产、销售活动的当事人通风报信，帮助其逃避查处的；

（三）阻挠、干预市场监督管理部门依法对产品生产、销售中违反本法规定的行为进行查处，造成严重后果的。

第六十六条 市场监督管理部门在产品质量监督抽查中超过规定的数量索取样品或者向被检查人收取检验费用的，由上级市场监督管理部门或者监察机关责令退还；情节严重的，对直接负责的主管人员和其他直接责任人员依法给予行政处分。

第六十七条 市场监督管理部门或者其他国家机关违反本法第二十五条的规定，向社会推荐生产者的产品或者以监制、监销等方式参与产品经营活动的，由其上级机关或者监察机关责令改正，消除影响，有违法收入的予以没收；情节严重的，对直接负责的主管人员和其他直接责任人员依法给予行政处分。

产品质量检验机构有前款所列违法行为的，由市场监督管理部门责令改正，消除影响，有违法收入的予以没收，可以并处违法收入一倍以下的罚款；情节严重的，撤销其质量检验资格。

第六十八条 市场监督管理部门的工作人员滥用职权、玩忽职守、徇私舞弊，构成犯罪的，依法追究刑事责任；尚不构成犯罪的，依法给予行政处分。

第六十九条 以暴力、威胁方法阻碍市场监督管理部门的工作人员依法执行职务的，依法追究刑事责任；拒绝、阻碍未使用暴力、威胁方法的，由公安机关依照治安管理处罚法的规定处罚。

第七十条 本法第四十九条至第五十七条、第六十条至第六十三条规定的行政处罚由市场监督管理部门决定。法律、行政法规对行使行政处罚权的机关另有规定的，依照有关法律、行政法规的规定执行。

第七十一条 对依照本法规定没收的产品，依照国家有关规定进行销毁或者采取其他方式处理。

第七十二条 本法第四十九条至第五十四条、第六十二条、第六十三条所规定的货值金额以违法生产、销售产品的标价计算；没有标价的，按照同类产品的市场价格计算。

第六章　附　　则

第七十三条 军工产品质量监督管理办法，由国务院、中央军事委员会另行制定。

因核设施、核产品造成损害的赔偿责任，法律、行政法规另有规定的，依照其规定。

第七十四条 本法自1993年9月1日起施行。

规范促销行为暂行规定

（2020 年 1 月 15 日国家市场监督管理总局 2020 年第 1 次局务会议审议通过，2020 年 10 月 29 日公布，自 2020 年 12 月 1 日起施行）

第一章　总　　则

第一条　为了规范经营者的促销行为，维护公平竞争的市场秩序，保护消费者、经营者合法权益，根据《中华人民共和国反不正当竞争法》（以下简称反不正当竞争法）、《中华人民共和国价格法》（以下简称价格法）、《中华人民共和国消费者权益保护法》（以下简称消费者权益保护法）等法律和行政法规，制定本规定。

第二条　经营者在中华人民共和国境内以销售商品、提供服务（以下所称商品包括提供服务）或者获取竞争优势为目的，通过有奖销售、价格、免费试用等方式开展促销，应当遵守本规定。

第三条　县级以上市场监督管理部门依法对经营者的促销行为进行监督检查，对违反本规定的行为实施行政处罚。

第四条　鼓励、支持和保护一切组织和个人对促销活动中的违法行为进行社会监督。

第二章　促销行为一般规范

第五条　经营者开展促销活动，应当真实准确，清晰醒目标示活动信息，不得利用虚假商业信息、虚构交易或者评价等方式作虚假或者引人误解的商业宣传，欺骗、误导消费者或者相关公众（以下简称消费者）。

第六条　经营者通过商业广告、产品说明、销售推介、实物样品或者通知、声明、店堂告示等方式作出优惠承诺的，应当履行承诺。

第七条　卖场、商场、市场、电子商务平台经营者等交易场所提供者（以下简称交易场所提供者）统一组织场所内（平台内）经营者开展促销的，应当制定相应方案，公示促销规则、促销期限以及对消费者不利的限制性条件，向场所内（平台内）经营者提示促销行为注意事项。

第八条　交易场所提供者发现场所内（平台内）经营者在统一组织的促销中出现违法行为的，应当依法采取必要处置措施，保存有关信息记录，依法承担相应义务和责任，并协助市场监督管理部门查处违法行为。

第九条　经营者不得假借促销等名义，通过财物或者其他手段贿赂他人，以谋取交易机会或者竞争优势。

第十条　经营者在促销活动中提供的奖品或者赠品必须符合国家有关规定，不得以侵权或者不合格产品、国家明令淘汰并停止销售的商品等作为奖品或者赠品。

国家对禁止用于促销活动的商品有规定的，依照其规定。

第三章　有奖销售行为规范

第十一条　本规定所称有奖销售，是指经营者以销售商品或者获取竞争优势为目的，向消费者提供奖金、物品或者其他利益的行为，包括抽奖式和附赠式等有奖销售。

抽奖式有奖销售是指经营者以抽签、摇号、游戏等带有偶然性或者不确定性的方法，决定消费者是否中奖的有奖销售行为。

附赠式有奖销售是指经营者向满足一定条件的消费者提供奖金、物品或者其他利益的有奖销售行为。

经政府或者政府有关部门依法批准的有奖募捐及其他彩票发售活动，不适用本规定。

第十二条 经营者为了推广移动客户端、招揽客户、提高知名度、获取流量、提高点击率等，附带性地提供物品、奖金或者其他利益的行为，属于本规定所称的有奖销售。

第十三条 经营者在有奖销售前，应当明确公布奖项种类、参与条件、参与方式、开奖时间、开奖方式、奖金金额或者奖品价格、奖品品名、奖品种类、奖品数量或者中奖概率、兑奖时间、兑奖条件、兑奖方式、奖品交付方式、弃奖条件、主办方及其联系方式等信息，不得变更，不得附加条件，不得影响兑奖，但有利于消费者的除外。

在现场即时开奖的有奖销售活动中，对超过五百元奖项的兑奖情况，应当随时公示。

第十四条 奖品为积分、礼券、兑换券、代金券等形式的，应当公布兑换规则、使用范围、有效期限以及其他限制性条件等详细内容；需要向其他经营者兑换的，应当公布其他经营者的名称、兑换地点或者兑换途径。

第十五条 经营者进行有奖销售，不得采用以下谎称有奖的方式：

（一）虚构奖项、奖品、奖金金额等；

（二）仅在活动范围中的特定区域投放奖品；

（三）在活动期间将带有中奖标志的商品、奖券不投放、未全部投放市场；

（四）将带有不同奖金金额或者奖品标志的商品、奖券按不同时间投放市场；

（五）未按照向消费者明示的信息兑奖；

（六）其他谎称有奖的方式。

第十六条 经营者进行有奖销售，不得采用让内部员工、指定单位或者个人中奖等故意让内定人员中奖的欺骗方式。

第十七条 抽奖式有奖销售最高奖的金额不得超过五万元。有下列情形之一的，认定为最高奖的金额超过五万元：

（一）最高奖设置多个中奖者的，其中任意一个中奖者的最高奖金额超过五万元；

（二）同一奖券或者购买一次商品具有两次或者两次以上获奖机会的，累计金额超过五万元；

（三）以物品使用权、服务等形式作为奖品的，该物品使用权、服务等的市场价格超过五万元；

（四）以游戏装备、账户等网络虚拟物品作为奖品的，该物品市场价格超过五万元；

（五）以降价、优惠、打折等方式作为奖品的，降价、优惠、打折等利益折算价格超过五万元；

（六）以彩票、抽奖券等作为奖品的，该彩票、抽奖券可能的最高奖金额超过五万元；

（七）以提供就业机会、聘为顾问等名义，并以给付薪金等方式设置奖励，最高奖的金额超过五万元；

（八）以其他形式进行抽奖式有奖销售，最高奖金额超过五万元。

第十八条 经营者以非现金形式的物品或者其他利益作为奖品的，按照同期市场同类商品的价格计算其金额。

第十九条 经营者应当建立档案，如实、准确、完整地记录设奖规则、公示信息、兑奖结果、获奖人员等内容，妥善保存两年并依法接受监督检查。

第四章 价格促销行为规范

第二十条 经营者开展价格促销活动有附加条件的，应当显著标明条件。经营者开展限时减价、折价等价格促销活动的，应当显著标明期限。

第二十一条 经营者折价、减价，应当标明或者通过其他方便消费者认知的方式表明折价、减价的基准。

未标明或者表明基准的，其折价、减价应当以同一经营者在同一经营场所内，在本次促销活动前七日内最低成交价格为基准。如果前七日内没有交易的，折价、减价应当以本次促销活动前最后一次交易价格为基准。

第二十二条　经营者通过积分、礼券、兑换券、代金券等折抵价款的，应当以显著方式标明或者通过店堂告示等方式公开折价计算的具体办法。

未标明或者公开折价计算具体办法的，应当以经营者接受兑换时的标价作为折价计算基准。

第五章　法律责任

第二十三条　违反本规定第五条，构成虚假宣传的，由市场监督管理部门依据反不正当竞争法第二十条的规定进行处罚。

第二十四条　违反本规定第六条、第八条、第十条，法律法规有规定的，从其规定；法律法规没有规定的，由县级以上市场监督管理部门责令改正；可处违法所得三倍以下罚款，但最高不超过三万元；没有违法所得的，可处一万元以下罚款。

第二十五条　违反本规定第七条，未公示促销规则、促销期限以及对消费者不利的限制性条件，法律法规有规定的，从其规定；法律法规没有规定的，由县级以上市场监督管理部门责令改正，可以处一万元以下罚款。

第二十六条　违反本规定第九条，构成商业贿赂的，由市场监督管理部门依据反不正当竞争法第十九条的规定进行处罚。

第二十七条　违反本规定第十三条第一款、第十四条、第十五条、第十六条、第十七条，由市场监督管理部门依据反不正当竞争法第二十二条的规定进行处罚。

第二十八条　违反本规定第十三条第二款、第十九条，由县级以上市场监督管理部门责令改正，可以处一万元以下罚款。

第二十九条　违反本规定第二十条、第二十一条、第二十二条，构成价格违法行为的，由市场监督管理部门依据价格监管法律法规进行处罚。

第三十条　市场监督管理部门作出行政处罚决定后，应当依法通过国家企业信用信息公示系统向社会公示。

第六章　附　　则

第三十一条　本规定自2020年12月1日起施行。1993年12月24日原国家工商行政管理局令第19号发布的《关于禁止有奖销售活动中不正当竞争行为的若干规定》同时废止。

中华人民共和国促进科技成果转化法

（1996年5月15日第八届全国人民代表大会常务委员会第十九次会议通过，根据2015年8月29日第十二届全国人民代表大会常务委员会第十六次会议《关于修改〈中华人民共和国促进科技成果转化法〉的决定》修正）

第一条　为了促进科技成果转化为现实生产力，规范科技成果转化活动，加速科学技术进步，推动经济建设和社会发展，制定本法。

第二条 本法所称科技成果，是指通过科学研究与技术开发所产生的具有实用价值的成果。职务科技成果，是指执行研究开发机构、高等院校和企业等单位的工作任务，或者主要是利用上述单位的物质技术条件所完成的科技成果。

本法所称科技成果转化，是指为提高生产力水平而对科技成果所进行的后续试验、开发、应用、推广直至形成新技术、新工艺、新材料、新产品，发展新产业等活动。

第三条 科技成果转化活动应当有利于加快实施创新驱动发展战略，促进科技与经济的结合，有利于提高经济效益、社会效益和保护环境、合理利用资源，有利于促进经济建设、社会发展和维护国家安全。

科技成果转化活动应当尊重市场规律，发挥企业的主体作用，遵循自愿、互利、公平、诚实信用的原则，依照法律法规规定和合同约定，享有权益，承担风险。科技成果转化活动中的知识产权受法律保护。

科技成果转化活动应当遵守法律法规，维护国家利益，不得损害社会公共利益和他人合法权益。

第四条 国家对科技成果转化合理安排财政资金投入，引导社会资金投入，推动科技成果转化资金投入的多元化。

第五条 国务院和地方各级人民政府应当加强科技、财政、投资、税收、人才、产业、金融、政府采购、军民融合等政策协同，为科技成果转化创造良好环境。

地方各级人民政府根据本法规定的原则，结合本地实际，可以采取更加有利于促进科技成果转化的措施。

第六条 国家鼓励科技成果首先在中国境内实施。中国单位或者个人向境外的组织、个人转让或者许可其实施科技成果的，应当遵守相关法律、行政法规以及国家有关规定。

第七条 国家为了国家安全、国家利益和重大社会公共利益的需要，可以依法组织实施或者许可他人实施相关科技成果。

第八条 国务院科学技术行政部门、经济综合管理部门和其他有关行政部门依照国务院规定的职责，管理、指导和协调科技成果转化工作。

地方各级人民政府负责管理、指导和协调本行政区域内的科技成果转化工作。

第二章 组织实施

第九条 国务院和地方各级人民政府应当将科技成果的转化纳入国民经济和社会发展计划，并组织协调实施有关科技成果的转化。

第十条 利用财政资金设立应用类科技项目和其他相关科技项目，有关行政部门、管理机构应当改进和完善科研组织管理方式，在制定相关科技规划、计划和编制项目指南时应当听取相关行业、企业的意见；在组织实施应用类科技项目时，应当明确项目承担者的科技成果转化义务，加强知识产权管理，并将科技成果转化和知识产权创造、运用作为立项和验收的重要内容和依据。

第十一条 国家建立、完善科技报告制度和科技成果信息系统，向社会公布科技项目实施情况以及科技成果和相关知识产权信息，提供科技成果信息查询、筛选等公益服务。公布有关信息不得泄露国家秘密和商业秘密。对不予公布的信息，有关部门应当及时告知相关科技项目承担者。

利用财政资金设立的科技项目的承担者应当按照规定及时提交相关科技报告，并将科技成果和相关知识产权信息汇交到科技成果信息系统。

国家鼓励利用非财政资金设立的科技项目的承担者提交相关科技报告，将科技成果和相关知识产权信息汇交到科技成果信息系统，县级以上人民政府负责相关工作的部门应当为其提供方便。

第十二条 对下列科技成果转化项目，国家通过政府采购、研究开发资助、发布产业技术指导目录、示范推广等方式予以支持：

（一）能够显著提高产业技术水平、经济效益或者能够形成促进社会经济健康发展的新产业的；

（二）能够显著提高国家安全能力和公共安全水平的；

（三）能够合理开发和利用资源、节约能源、降低消耗以及防治环境污染、保护生态、提高应对气候变化和防灾减灾能力的；

（四）能够改善民生和提高公共健康水平的；

（五）能够促进现代农业或者农村经济发展的；

（六）能够加快民族地区、边远地区、贫困地区社会经济发展的。

第十三条　国家通过制定政策措施，提倡和鼓励采用先进技术、工艺和装备，不断改进、限制使用或者淘汰落后技术、工艺和装备。

第十四条　国家加强标准制定工作，对新技术、新工艺、新材料、新产品依法及时制定国家标准、行业标准，积极参与国际标准的制定，推动先进适用技术推广和应用。

国家建立有效的军民科技成果相互转化体系，完善国防科技协同创新体制机制。军品科研生产应当依法优先采用先进适用的民用标准，推动军用、民用技术相互转移、转化。

第十五条　各级人民政府组织实施的重点科技成果转化项目，可以由有关部门组织采用公开招标的方式实施转化。有关部门应当对中标单位提供招标时确定的资助或者其他条件。

第十六条　科技成果持有者可以采用下列方式进行科技成果转化：

（一）自行投资实施转化；

（二）向他人转让该科技成果；

（三）许可他人使用该科技成果；

（四）以该科技成果作为合作条件，与他人共同实施转化；

（五）以该科技成果作价投资，折算股份或者出资比例；

（六）其他协商确定的方式。

第十七条　国家鼓励研究开发机构、高等院校采取转让、许可或者作价投资等方式，向企业或者其他组织转移科技成果。

国家设立的研究开发机构、高等院校应当加强对科技成果转化的管理、组织和协调，促进科技成果转化队伍建设，优化科技成果转化流程，通过本单位负责技术转移工作的机构或者委托独立的科技成果转化服务机构开展技术转移。

第十八条　国家设立的研究开发机构、高等院校对其持有的科技成果，可以自主决定转让、许可或者作价投资，但应当通过协议定价、在技术交易市场挂牌交易、拍卖等方式确定价格。通过协议定价的，应当在本单位公示科技成果名称和拟交易价格。

第十九条　国家设立的研究开发机构、高等院校所取得的职务科技成果，完成人和参加人在不变更职务科技成果权属的前提下，可以根据与本单位的协议进行该项科技成果的转化，并享有协议规定的权益。该单位对上述科技成果转化活动应当予以支持。

科技成果完成人或者课题负责人，不得阻碍职务科技成果的转化，不得将职务科技成果及其技术资料和数据占为己有，侵犯单位的合法权益。

第二十条　研究开发机构、高等院校的主管部门以及财政、科学技术等相关行政部门应当建立有利于促进科技成果转化的绩效考核评价体系，将科技成果转化情况作为对相关单位及人员评价、科研资金支持的重要内容和依据之一，并对科技成果转化绩效突出的相关单位及人员加大科研资金支持。

国家设立的研究开发机构、高等院校应当建立符合科技成果转化工作特点的职称评定、岗位管理和考核评价制度，完善收入分配激励约束机制。

第二十一条 国家设立的研究开发机构、高等院校应当向其主管部门提交科技成果转化情况年度报告，说明本单位依法取得的科技成果数量、实施转化情况以及相关收入分配情况，该主管部门应当按照规定将科技成果转化情况年度报告报送财政、科学技术等相关行政部门。

第二十二条 企业为采用新技术、新工艺、新材料和生产新产品，可以自行发布信息或者委托科技中介服务机构征集其所需的科技成果，或者征寻科技成果转化的合作者。

县级以上地方各级人民政府科学技术行政部门和其他有关部门应当根据职责分工，为企业获取所需的科技成果提供帮助和支持。

第二十三条 企业依法有权独立或者与境内外企业、事业单位和其他合作者联合实施科技成果转化。

企业可以通过公平竞争，独立或者与其他单位联合承担政府组织实施的科技研究开发和科技成果转化项目。

第二十四条 对利用财政资金设立的具有市场应用前景、产业目标明确的科技项目，政府有关部门、管理机构应当发挥企业在研究开发方向选择、项目实施和成果应用中的主导作用，鼓励企业、研究开发机构、高等院校及其他组织共同实施。

第二十五条 国家鼓励研究开发机构、高等院校与企业相结合，联合实施科技成果转化。

研究开发机构、高等院校可以参与政府有关部门或者企业实施科技成果转化的招标投标活动。

第二十六条 国家鼓励企业与研究开发机构、高等院校及其他组织采取联合建立研究开发平台、技术转移机构或者技术创新联盟等产学研合作方式，共同开展研究开发、成果应用与推广、标准研究与制定等活动。

合作各方应当签订协议，依法约定合作的组织形式、任务分工、资金投入、知识产权归属、权益分配、风险分担和违约责任等事项。

第二十七条 国家鼓励研究开发机构、高等院校与企业及其他组织开展科技人员交流，根据专业特点、行业领域技术发展需要，聘请企业及其他组织的科技人员兼职从事教学和科研工作，支持本单位的科技人员到企业及其他组织从事科技成果转化活动。

第二十八条 国家支持企业与研究开发机构、高等院校、职业院校及培训机构联合建立学生实习实践培训基地和研究生科研实践工作机构，共同培养专业技术人才和高技能人才。

第二十九条 国家鼓励农业科研机构、农业试验示范单位独立或者与其他单位合作实施农业科技成果转化。

第三十条 国家培育和发展技术市场，鼓励创办科技中介服务机构，为技术交易提供交易场所、信息平台以及信息检索、加工与分析、评估、经纪等服务。

科技中介服务机构提供服务，应当遵循公正、客观的原则，不得提供虚假的信息和证明，对其在服务过程中知悉的国家秘密和当事人的商业秘密负有保密义务。

第三十一条 国家支持根据产业和区域发展需要建设公共研究开发平台，为科技成果转化提供技术集成、共性技术研究开发、中间试验和工业性试验、科技成果系统化和工程化开发、技术推广与示范等服务。

第三十二条 国家支持科技企业孵化器、大学科技园等科技企业孵化机构发展，为初创期科技型中小企业提供孵化场地、创业辅导、研究开发与管理咨询等服务。

第三章 保障措施

第三十三条 科技成果转化财政经费，主要用于科技成果转化的引导资金、贷款贴息、补助资金和风险投资以及其他促进科技成果转化的资金用途。

第三十四条　国家依照有关税收法律、行政法规规定对科技成果转化活动实行税收优惠。

第三十五条　国家鼓励银行业金融机构在组织形式、管理机制、金融产品和服务等方面进行创新，鼓励开展知识产权质押贷款、股权质押贷款等贷款业务，为科技成果转化提供金融支持。

国家鼓励政策性金融机构采取措施，加大对科技成果转化的金融支持。

第三十六条　国家鼓励保险机构开发符合科技成果转化特点的保险品种，为科技成果转化提供保险服务。

第三十七条　国家完善多层次资本市场，支持企业通过股权交易、依法发行股票和债券等直接融资方式为科技成果转化项目进行融资。

第三十八条　国家鼓励创业投资机构投资科技成果转化项目。

国家设立的创业投资引导基金，应当引导和支持创业投资机构投资初创期科技型中小企业。

第三十九条　国家鼓励设立科技成果转化基金或者风险基金，其资金来源由国家、地方、企业、事业单位以及其他组织或者个人提供，用于支持高投入、高风险、高产出的科技成果的转化，加速重大科技成果的产业化。

科技成果转化基金和风险基金的设立及其资金使用，依照国家有关规定执行。

第四章　技术权益

第四十条　科技成果完成单位与其他单位合作进行科技成果转化的，应当依法由合同约定该科技成果有关权益的归属。合同未作约定的，按照下列原则办理：

（一）在合作转化中无新的发明创造的，该科技成果的权益，归该科技成果完成单位；

（二）在合作转化中产生新的发明创造的，该新发明创造的权益归合作各方共有；

（三）对合作转化中产生的科技成果，各方都有实施该项科技成果的权利，转让该科技成果应经合作各方同意。

第四十一条　科技成果完成单位与其他单位合作进行科技成果转化的，合作各方应当就保守技术秘密达成协议；当事人不得违反协议或者违反权利人有关保守技术秘密的要求，披露、允许他人使用该技术。

第四十二条　企业、事业单位应当建立健全技术秘密保护制度，保护本单位的技术秘密。职工应当遵守本单位的技术秘密保护制度。

企业、事业单位可以与参加科技成果转化的有关人员签订在职期间或者离职、离休、退休后一定期限内保守本单位技术秘密的协议；有关人员不得违反协议约定，泄露本单位的技术秘密和从事与原单位相同的科技成果转化活动。

职工不得将职务科技成果擅自转让或者变相转让。

第四十三条　国家设立的研究开发机构、高等院校转化科技成果所获得的收入全部留归本单位，在对完成、转化职务科技成果做出重要贡献的人员给予奖励和报酬后，主要用于科学技术研究开发与成果转化等相关工作。

第四十四条　职务科技成果转化后，由科技成果完成单位对完成、转化该项科技成果做出重要贡献的人员给予奖励和报酬。

科技成果完成单位可以规定或者与科技人员约定奖励和报酬的方式、数额和时限。单位制定相关规定，应当充分听取本单位科技人员的意见，并在本单位公开相关规定。

第四十五条　科技成果完成单位未规定、也未与科技人员约定奖励和报酬的方式和数额的，按照下列标准对完成、转化职务科技成果做出重要贡献的人员给予奖励和报酬：

（一）将该项职务科技成果转让、许可给他人实施的，从该项科技成果转让净收入或者许可净收入中提取不低于百分之五十的比例；

（二）利用该项职务科技成果作价投资的，从该项科技成果形成的股份或者出资比例中提取不低于百分之五十的比例；

（三）将该项职务科技成果自行实施或者与他人合作实施的，应当在实施转化成功投产后连续三至五年，每年从实施该项科技成果的营业利润中提取不低于百分之五的比例。

国家设立的研究开发机构、高等院校规定或者与科技人员约定奖励和报酬的方式和数额应当符合前款第一项至第三项规定的标准。

国有企业、事业单位依照本法规定对完成、转化职务科技成果做出重要贡献的人员给予奖励和报酬的支出计入当年本单位工资总额，但不受当年本单位工资总额限制、不纳入本单位工资总额基数。

第五章　法律责任

第四十六条　利用财政资金设立的科技项目的承担者未依照本法规定提交科技报告、汇交科技成果和相关知识产权信息的，由组织实施项目的政府有关部门、管理机构责令改正；情节严重的，予以通报批评，禁止其在一定期限内承担利用财政资金设立的科技项目。

国家设立的研究开发机构、高等院校未依照本法规定提交科技成果转化情况年度报告的，由其主管部门责令改正；情节严重的，予以通报批评。

第四十七条　违反本法规定，在科技成果转化活动中弄虚作假，采取欺骗手段，骗取奖励和荣誉称号、诈骗钱财、非法牟利的，由政府有关部门依照管理职责责令改正，取消该奖励和荣誉称号，没收违法所得，并处以罚款。给他人造成经济损失的，依法承担民事赔偿责任。构成犯罪的，依法追究刑事责任。

第四十八条　科技服务机构及其从业人员违反本法规定，故意提供虚假的信息、实验结果或者评估意见等欺骗当事人，或者与当事人一方串通欺骗另一方当事人的，由政府有关部门依照管理职责责令改正，没收违法所得，并处以罚款；情节严重的，由工商行政管理部门依法吊销营业执照。给他人造成经济损失的，依法承担民事赔偿责任；构成犯罪的，依法追究刑事责任。

科技中介服务机构及其从业人员违反本法规定泄露国家秘密或者当事人的商业秘密的，依照有关法律、行政法规的规定承担相应的法律责任。

第四十九条　科学技术行政部门和其他有关部门及其工作人员在科技成果转化中滥用职权、玩忽职守、徇私舞弊的，由任免机关或者监察机关对直接负责的主管人员和其他直接责任人员依法给予处分；构成犯罪的，依法追究刑事责任。

第五十条　违反本法规定，以唆使窃取、利诱胁迫等手段侵占他人的科技成果，侵犯他人合法权益的，依法承担民事赔偿责任，可以处以罚款；构成犯罪的，依法追究刑事责任。

第五十一条　违反本法规定，职工未经单位允许，泄露本单位的技术秘密，或者擅自转让、变相转让职务科技成果的，参加科技成果转化的有关人员违反与本单位的协议，在离职、离休、退休后约定的期限内从事与原单位相同的科技成果转化活动，给本单位造成经济损失的，依法承担民事赔偿责任；构成犯罪的，依法追究刑事责任。

第六章　附　　则

第五十二条　本法自1996年10月1日起施行。

（六）生物安全与公共卫生类

中华人民共和国生物安全法

（2020年10月17日第十三届全国人民代表大会常务委员会第二十二次会议通过，根据2024年4月26日第十四届全国人民代表大会常务委员会第九次会议《关于修改〈中华人民共和国农业技术推广法〉、〈中华人民共和国未成年人保护法〉、〈中华人民共和国生物安全法〉的决定》修正）

第一章　总　　则

第一条　为了维护国家安全，防范和应对生物安全风险，保障人民生命健康，保护生物资源和生态环境，促进生物技术健康发展，推动构建人类命运共同体，实现人与自然和谐共生，制定本法。

第二条　本法所称生物安全，是指国家有效防范和应对危险生物因子及相关因素威胁，生物技术能够稳定健康发展，人民生命健康和生态系统相对处于没有危险和不受威胁的状态，生物领域具备维护国家安全和持续发展的能力。

从事下列活动，适用本法：

（一）防控重大新发突发传染病、动植物疫情；

（二）生物技术研究、开发与应用；

（三）病原微生物实验室生物安全管理；

（四）人类遗传资源与生物资源安全管理；

（五）防范外来物种入侵与保护生物多样性；

（六）应对微生物耐药；

（七）防范生物恐怖袭击与防御生物武器威胁；

（八）其他与生物安全相关的活动。

第三条　生物安全是国家安全的重要组成部分。维护生物安全应当贯彻总体国家安全观，统筹发展和安全，坚持以人为本、风险预防、分类管理、协同配合的原则。

第四条　坚持中国共产党对国家生物安全工作的领导，建立健全国家生物安全领导体制，加强国家生物安全风险防控和治理体系建设，提高国家生物安全治理能力。

第五条　国家鼓励生物科技创新，加强生物安全基础设施和生物科技人才队伍建设，支持生物产业发展，以创新驱动提升生物科技水平，增强生物安全保障能力。

第六条　国家加强生物安全领域的国际合作，履行中华人民共和国缔结或者参加的国际条约规定的义务，支持参与生物科技交流合作与生物安全事件国际救援，积极参与生物安全国际规则的研究与制定，推动完善全球生物安全治理。

第七条　各级人民政府及其有关部门应当加强生物安全法律法规和生物安全知识宣传普及工作，引导基层群众性自治组织、社会组织开展生物安全法律法规和生物安全知识宣传，促进全社会生物安全意识的提升。

相关科研院校、医疗机构以及其他企业事业单位应当将生物安全法律法规和生物安全知识纳入教育培训内容，加强学生、从业人员生物安全意识和伦理意识的培养。

新闻媒体应当开展生物安全法律法规和生物安全知识公益宣传，对生物安全违法行为进行舆论监督，增强公众维护生物安全的社会责任意识。

第八条 任何单位和个人不得危害生物安全。

任何单位和个人有权举报危害生物安全的行为；接到举报的部门应当及时依法处理。

第九条 对在生物安全工作中做出突出贡献的单位和个人，县级以上人民政府及其有关部门按照国家规定予以表彰和奖励。

第二章 生物安全风险防控体制

第十条 中央国家安全领导机构负责国家生物安全工作的决策和议事协调，研究制定、指导实施国家生物安全战略和有关重大方针政策，统筹协调国家生物安全的重大事项和重要工作，建立国家生物安全工作协调机制。

省、自治区、直辖市建立生物安全工作协调机制，组织协调、督促推进本行政区域内生物安全相关工作。

第十一条 国家生物安全工作协调机制由国务院卫生健康、农业农村、科学技术、外交等主管部门和有关军事机关组成，分析研判国家生物安全形势，组织协调、督促推进国家生物安全相关工作。国家生物安全工作协调机制设立办公室，负责协调机制的日常工作。

国家生物安全工作协调机制成员单位和国务院其他有关部门根据职责分工，负责生物安全相关工作。

第十二条 国家生物安全工作协调机制设立专家委员会，为国家生物安全战略研究、政策制定及实施提供决策咨询。

国务院有关部门组织建立相关领域、行业的生物安全技术咨询专家委员会，为生物安全工作提供咨询、评估、论证等技术支撑。

第十三条 地方各级人民政府对本行政区域内生物安全工作负责。

县级以上地方人民政府有关部门根据职责分工，负责生物安全相关工作。

基层群众性自治组织应当协助地方人民政府以及有关部门做好生物安全风险防控、应急处置和宣传教育等工作。

有关单位和个人应当配合做好生物安全风险防控和应急处置等工作。

第十四条 国家建立生物安全风险监测预警制度。国家生物安全工作协调机制组织建立国家生物安全风险监测预警体系，提高生物安全风险识别和分析能力。

第十五条 国家建立生物安全风险调查评估制度。国家生物安全工作协调机制应当根据风险监测的数据、资料等信息，定期组织开展生物安全风险调查评估。

有下列情形之一的，有关部门应当及时开展生物安全风险调查评估，依法采取必要的风险防控措施：

（一）通过风险监测或者接到举报发现可能存在生物安全风险；

（二）为确定监督管理的重点领域、重点项目，制定、调整生物安全相关名录或者清单；

（三）发生重大新发突发传染病、动植物疫情等危害生物安全的事件；

（四）需要调查评估的其他情形。

第十六条 国家建立生物安全信息共享制度。国家生物安全工作协调机制组织建立统一的国家生物安全信息平台，有关部门应当将生物安全数据、资料等信息汇交国家生物安全信息平台，实现信息共享。

第十七条 国家建立生物安全信息发布制度。国家生物安全总体情况、重大生物安全风险警示信息、重大生物安全事件及其调查处理信息等重大生物安全信息，由国家生物安全工作协调机制成员单位根据职责分工发布；其他生物安全信息由国务院有关部门和县级以上地方人民政府及其有关部门根据职责权限发布。

任何单位和个人不得编造、散布虚假的生物安全信息。

第十八条　国家建立生物安全名录和清单制度。国务院及其有关部门根据生物安全工作需要，对涉及生物安全的材料、设备、技术、活动、重要生物资源数据、传染病、动植物疫病、外来入侵物种等制定、公布名录或者清单，并动态调整。

第十九条　国家建立生物安全标准制度。国务院标准化主管部门和国务院其他有关部门根据职责分工，制定和完善生物安全领域相关标准。

国家生物安全工作协调机制组织有关部门加强不同领域生物安全标准的协调和衔接，建立和完善生物安全标准体系。

第二十条　国家建立生物安全审查制度。对影响或者可能影响国家安全的生物领域重大事项和活动，由国务院有关部门进行生物安全审查，有效防范和化解生物安全风险。

第二十一条　国家建立统一领导、协同联动、有序高效的生物安全应急制度。

国务院有关部门应当组织制定相关领域、行业生物安全事件应急预案，根据应急预案和统一部署开展应急演练、应急处置、应急救援和事后恢复等工作。

县级以上地方人民政府及其有关部门应当制定并组织、指导和督促相关企业事业单位制定生物安全事件应急预案，加强应急准备、人员培训和应急演练，开展生物安全事件应急处置、应急救援和事后恢复等工作。

中国人民解放军、中国人民武装警察部队按照中央军事委员会的命令，依法参加生物安全事件应急处置和应急救援工作。

第二十二条　国家建立生物安全事件调查溯源制度。发生重大新发突发传染病、动植物疫情和不明原因的生物安全事件，国家生物安全工作协调机制应当组织开展调查溯源，确定事件性质，全面评估事件影响，提出意见建议。

第二十三条　国家建立首次进境或者暂停后恢复进境的动植物、动植物产品、高风险生物因子国家准入制度。

进出境的人员、运输工具、集装箱、货物、物品、包装物和国际航行船舶压舱水排放等应当符合我国生物安全管理要求。

海关对发现的进出境和过境生物安全风险，应当依法处置。经评估为生物安全高风险的人员、运输工具、货物、物品等，应当从指定的国境口岸进境，并采取严格的风险防控措施。

第二十四条　国家建立境外重大生物安全事件应对制度。境外发生重大生物安全事件的，海关依法采取生物安全紧急防控措施，加强证件核验，提高查验比例，暂停相关人员、运输工具、货物、物品等进境。必要时经国务院同意，可以采取暂时关闭有关口岸、封锁有关国境等措施。

第二十五条　县级以上人民政府有关部门应当依法开展生物安全监督检查工作，被检查单位和个人应当配合，如实说明情况，提供资料，不得拒绝、阻挠。

涉及专业技术要求较高、执法业务难度较大的监督检查工作，应当有生物安全专业技术人员参加。

第二十六条　县级以上人民政府有关部门实施生物安全监督检查，可以依法采取下列措施：

（一）进入被检查单位、地点或者涉嫌实施生物安全违法行为的场所进行现场监测、勘查、检查或者核查；

（二）向有关单位和个人了解情况；

（三）查阅、复制有关文件、资料、档案、记录、凭证等；

（四）查封涉嫌实施生物安全违法行为

的场所、设施；

（五）扣押涉嫌实施生物安全违法行为的工具、设备以及相关物品；

（六）法律法规规定的其他措施。

有关单位和个人的生物安全违法信息应当依法纳入全国信用信息共享平台。

第三章 防控重大新发突发传染病、动植物疫情

第二十七条 国务院卫生健康、农业农村、林业草原、海关、生态环境主管部门应当建立新发突发传染病、动植物疫情、进出境检疫、生物技术环境安全监测网络，组织监测站点布局、建设，完善监测信息报告系统，开展主动监测和病原检测，并纳入国家生物安全风险监测预警体系。

第二十八条 疾病预防控制机构、动物疫病预防控制机构、植物病虫害预防控制机构（以下统称专业机构）应当对传染病、动植物疫病和列入监测范围的不明原因疾病开展主动监测，收集、分析、报告监测信息，预测新发突发传染病、动植物疫病的发生、流行趋势。

国务院有关部门、县级以上地方人民政府及其有关部门应当根据预测和职责权限及时发布预警，并采取相应的防控措施。

第二十九条 任何单位和个人发现传染病、动植物疫病的，应当及时向医疗机构、有关专业机构或者部门报告。

医疗机构、专业机构及其工作人员发现传染病、动植物疫病或者不明原因的聚集性疾病的，应当及时报告，并采取保护性措施。

依法应当报告的，任何单位和个人不得瞒报、谎报、缓报、漏报，不得授意他人瞒报、谎报、缓报，不得阻碍他人报告。

第三十条 国家建立重大新发突发传染病、动植物疫情联防联控机制。

发生重大新发突发传染病、动植物疫情，应当依照有关法律法规和应急预案的规定及时采取控制措施；国务院卫生健康、农业农村、林业草原主管部门应当立即组织疫情会商研判，将会商研判结论向中央国家安全领导机构和国务院报告，并通报国家生物安全工作协调机制其他成员单位和国务院其他有关部门。

发生重大新发突发传染病、动植物疫情，地方各级人民政府统一履行本行政区域内疫情防控职责，加强组织领导，开展群防群控、医疗救治，动员和鼓励社会力量依法有序参与疫情防控工作。

第三十一条 国家加强国境、口岸传染病和动植物疫情联合防控能力建设，建立传染病、动植物疫情防控国际合作网络，尽早发现、控制重大新发突发传染病、动植物疫情。

第三十二条 国家保护野生动物，加强动物防疫，防止动物源性传染病传播。

第三十三条 国家加强对抗生素药物等抗微生物药物使用和残留的管理，支持应对微生物耐药的基础研究和科技攻关。

县级以上人民政府卫生健康主管部门应当加强对医疗机构合理用药的指导和监督，采取措施防止抗微生物药物的不合理使用。县级以上人民政府农业农村、林业草原主管部门应当加强对农业生产中合理用药的指导和监督，采取措施防止抗微生物药物的不合理使用，降低在农业生产环境中的残留。

国务院卫生健康、农业农村、林业草原、生态环境等主管部门和药品监督管理部门应当根据职责分工，评估抗微生物药物残留对人体健康、环境的危害，建立抗微生物药物污染物指标评价体系。

第四章 生物技术研究、开发与应用安全

第三十四条 国家加强对生物技术研究、开发与应用活动的安全管理，禁止从事危及公众健康、损害生物资源、破坏生态系统和生物多样性等危害生物安全的生物技术研究、开发与应用活动。

从事生物技术研究、开发与应用活动，应当符合伦理原则。

第三十五条　从事生物技术研究、开发与应用活动的单位应当对本单位生物技术研究、开发与应用的安全负责，采取生物安全风险防控措施，制定生物安全培训、跟踪检查、定期报告等工作制度，强化过程管理。

第三十六条　国家对生物技术研究、开发活动实行分类管理。根据对公众健康、工业农业、生态环境等造成危害的风险程度，将生物技术研究、开发活动分为高风险、中风险、低风险三类。

生物技术研究、开发活动风险分类标准及名录由国务院科学技术、卫生健康、农业农村等主管部门根据职责分工，会同国务院其他有关部门制定、调整并公布。

第三十七条　从事生物技术研究、开发活动，应当遵守国家生物技术研究开发安全管理规范。

从事生物技术研究、开发活动，应当进行风险类别判断，密切关注风险变化，及时采取应对措施。

第三十八条　从事高风险、中风险生物技术研究、开发活动，应当由在我国境内依法成立的法人组织进行，并依法取得批准或者进行备案。

从事高风险、中风险生物技术研究、开发活动，应当进行风险评估，制定风险防控计划和生物安全事件应急预案，降低研究、开发活动实施的风险。

第三十九条　国家对涉及生物安全的重要设备和特殊生物因子实行追溯管理。购买或者引进列入管控清单的重要设备和特殊生物因子，应当进行登记，确保可追溯，并报国务院有关部门备案。

个人不得购买或者持有列入管控清单的重要设备和特殊生物因子。

第四十条　从事生物医学新技术临床研究，应当通过伦理审查，并在具备相应条件的医疗机构内进行；进行人体临床研究操作的，应当由符合相应条件的卫生专业技术人员执行。

第四十一条　国务院有关部门依法对生物技术应用活动进行跟踪评估，发现存在生物安全风险的，应当及时采取有效补救和管控措施。

第五章　病原微生物实验室生物安全

第四十二条　国家加强对病原微生物实验室生物安全的管理，制定统一的实验室生物安全标准。病原微生物实验室应当符合生物安全国家标准和要求。

从事病原微生物实验活动，应当严格遵守有关国家标准和实验室技术规范、操作规程，采取安全防范措施。

第四十三条　国家根据病原微生物的传染性、感染后对人和动物的个体或者群体的危害程度，对病原微生物实行分类管理。

从事高致病性或者疑似高致病性病原微生物样本采集、保藏、运输活动，应当具备相应条件，符合生物安全管理规范。具体办法由国务院卫生健康、农业农村主管部门制定。

第四十四条　设立病原微生物实验室，应当依法取得批准或者进行备案。

个人不得设立病原微生物实验室或者从事病原微生物实验活动。

第四十五条　国家根据对病原微生物的生物安全防护水平，对病原微生物实验室实行分等级管理。

从事病原微生物实验活动应当在相应等级的实验室进行。低等级病原微生物实验室不得从事国家病原微生物目录规定应当在高等级病原微生物实验室进行的病原微生物实验活动。

第四十六条　高等级病原微生物实验室从事高致病性或者疑似高致病性病原微生物实验活动，应当经省级以上人民政府卫生健康或者农业农村主管部门批准，并将实验活动情况向批准部门报告。

对我国尚未发现或者已经宣布消灭的病原微生物，未经批准不得从事相关实验活动。

第四十七条　病原微生物实验室应当采取措施，加强对实验动物的管理，防止实验动物逃逸，对使用后的实验动物按照国家规定进行无害化处理，实现实验动物可追溯。禁止将使用后的实验动物流入市场。

病原微生物实验室应当加强对实验活动废弃物的管理，依法对废水、废气以及其他废弃物进行处置，采取措施防止污染。

第四十八条　病原微生物实验室的设立单位负责实验室的生物安全管理，制定科学、严格的管理制度，定期对有关生物安全规定的落实情况进行检查，对实验室设施、设备、材料等进行检查、维护和更新，确保其符合国家标准。

病原微生物实验室设立单位的法定代表人和实验室负责人对实验室的生物安全负责。

第四十九条　病原微生物实验室的设立单位应当建立和完善安全保卫制度，采取安全保卫措施，保障实验室及其病原微生物的安全。

国家加强对高等级病原微生物实验室的安全保卫。高等级病原微生物实验室应当接受公安机关等部门有关实验室安全保卫工作的监督指导，严防高致病性病原微生物泄漏、丢失和被盗、被抢。

国家建立高等级病原微生物实验室人员进入审核制度。进入高等级病原微生物实验室的人员应当经实验室负责人批准。对可能影响实验室生物安全的，不予批准；对批准进入的，应当采取安全保障措施。

第五十条　病原微生物实验室的设立单位应当制定生物安全事件应急预案，定期组织开展人员培训和应急演练。发生高致病性病原微生物泄漏、丢失和被盗、被抢或者其他生物安全风险的，应当按照应急预案的规定及时采取控制措施，并按照国家规定报告。

第五十一条　病原微生物实验室所在地省级人民政府及其卫生健康主管部门应当加强实验室所在地感染性疾病医疗资源配置，提高感染性疾病医疗救治能力。

第五十二条　企业对涉及病原微生物操作的生产车间的生物安全管理，依照有关病原微生物实验室的规定和其他生物安全管理规范进行。

涉及生物毒素、植物有害生物及其他生物因子操作的生物安全实验室的建设和管理，参照有关病原微生物实验室的规定执行。

第六章　人类遗传资源与生物资源安全

第五十三条　国家加强对我国人类遗传资源和生物资源采集、保藏、利用、对外提供等活动的管理和监督，保障人类遗传资源和生物资源安全。

国家对我国人类遗传资源和生物资源享有主权。

第五十四条　国家开展人类遗传资源和生物资源调查。

国务院卫生健康主管部门组织开展我国人类遗传资源调查，制定重要遗传家系和特定地区人类遗传资源申报登记办法。

国务院卫生健康、科学技术、自然资源、生态环境、农业农村、林业草原、中医药主管部门根据职责分工，组织开展生物资源调查，制定重要生物资源申报登记办法。

第五十五条　采集、保藏、利用、对外提供我国人类遗传资源，应当符合伦理原则，不得危害公众健康、国家安全和社会公共利益。

第五十六条　从事下列活动，应当经国务院卫生健康主管部门批准：

（一）采集我国重要遗传家系、特定地区人类遗传资源或者采集国务院卫生健康主管部门规定的种类、数量的人类遗传资源；

（二）保藏我国人类遗传资源；

（三）利用我国人类遗传资源开展国际科学研究合作；

（四）将我国人类遗传资源材料运送、邮寄、携带出境。

前款规定不包括以临床诊疗、采供血服务、查处违法犯罪、兴奋剂检测和殡葬等为目的采集、保藏人类遗传资源及开展的相关活动。

为了取得相关药品和医疗器械在我国上市许可，在临床试验机构利用我国人类遗传资源开展国际合作临床试验、不涉及人类遗传资源出境的，不需要批准；但是，在开展临床试验前应当将拟使用的人类遗传资源种类、数量及用途向国务院卫生健康主管部门备案。

境外组织、个人及其设立或者实际控制的机构不得在我国境内采集、保藏我国人类遗传资源，不得向境外提供我国人类遗传资源。

第五十七条　将我国人类遗传资源信息向境外组织、个人及其设立或者实际控制的机构提供或者开放使用的，应当向国务院卫生健康主管部门事先报告并提交信息备份。

第五十八条　采集、保藏、利用、运输出境我国珍贵、濒危、特有物种及其可用于再生或者繁殖传代的个体、器官、组织、细胞、基因等遗传资源，应当遵守有关法律法规。

境外组织、个人及其设立或者实际控制的机构获取和利用我国生物资源，应当依法取得批准。

第五十九条　利用我国生物资源开展国际科学研究合作，应当依法取得批准。

利用我国人类遗传资源和生物资源开展国际科学研究合作，应当保证中方单位及其研究人员全过程、实质性地参与研究，依法分享相关权益。

第六十条　国家加强对外来物种入侵的防范和应对，保护生物多样性。国务院农业农村主管部门会同国务院其他有关部门制定外来入侵物种名录和管理办法。

国务院有关部门根据职责分工，加强对外来入侵物种的调查、监测、预警、控制、评估、清除以及生态修复等工作。

任何单位和个人未经批准，不得擅自引进、释放或者丢弃外来物种。

第七章　防范生物恐怖与生物武器威胁

第六十一条　国家采取一切必要措施防范生物恐怖与生物武器威胁。

禁止开发、制造或者以其他方式获取、储存、持有和使用生物武器。

禁止以任何方式唆使、资助、协助他人开发、制造或者以其他方式获取生物武器。

第六十二条　国务院有关部门制定、修改、公布可被用于生物恐怖活动、制造生物武器的生物体、生物毒素、设备或者技术清单，加强监管，防止其被用于制造生物武器或者恐怖目的。

第六十三条　国务院有关部门和有关军事机关根据职责分工，加强对可被用于生物恐怖活动、制造生物武器的生物体、生物毒素、设备或者技术进出境、进出口、获取、制造、转移和投放等活动的监测、调查，采取必要的防范和处置措施。

第六十四条　国务院有关部门、省级人民政府及其有关部门负责组织遭受生物恐怖袭击、生物武器攻击后的人员救治与安置、环境消毒、生态修复、安全监测和社会秩序恢复等工作。

国务院有关部门、省级人民政府及其有关部门应当有效引导社会舆论科学、准确报道生物恐怖袭击和生物武器攻击事件，及时发布疏散、转移和紧急避难等信息，对应急处置与恢复过程中遭受污染的区域和人员进行长期环境监测和健康监测。

第六十五条　国家组织开展对我国境内战争遗留生物武器及其危害结果、潜在影响的调查。

国家组织建设存放和处理战争遗留生物

武器设施，保障对战争遗留生物武器的安全处置。

第八章　生物安全能力建设

第六十六条　国家制定生物安全事业发展规划，加强生物安全能力建设，提高应对生物安全事件的能力和水平。

县级以上人民政府应当支持生物安全事业发展，按照事权划分，将支持下列生物安全事业发展的相关支出列入政府预算：

（一）监测网络的构建和运行；

（二）应急处置和防控物资的储备；

（三）关键基础设施的建设和运行；

（四）关键技术和产品的研究、开发；

（五）人类遗传资源和生物资源的调查、保藏；

（六）法律法规规定的其他重要生物安全事业。

第六十七条　国家采取措施支持生物安全科技研究，加强生物安全风险防御与管控技术研究，整合优势力量和资源，建立多学科、多部门协同创新的联合攻关机制，推动生物安全核心关键技术和重大防御产品的成果产出与转化应用，提高生物安全的科技保障能力。

第六十八条　国家统筹布局全国生物安全基础设施建设。国务院有关部门根据职责分工，加快建设生物信息、人类遗传资源保藏、菌（毒）种保藏、动植物遗传资源保藏、高等级病原微生物实验室等方面的生物安全国家战略资源平台，建立共享利用机制，为生物安全科技创新提供战略保障和支撑。

第六十九条　国务院有关部门根据职责分工，加强生物基础科学研究人才和生物领域专业技术人才培养，推动生物基础科学学科建设和科学研究。

国家生物安全基础设施重要岗位的从业人员应当具备符合要求的资格，相关信息应当向国务院有关部门备案，并接受岗位培训。

第七十条　国家加强重大新发突发传染病、动植物疫情等生物安全风险防控的物资储备。

国家加强生物安全应急药品、装备等物资的研究、开发和技术储备。国务院有关部门根据职责分工，落实生物安全应急药品、装备等物资研究、开发和技术储备的相关措施。

国务院有关部门和县级以上地方人民政府及其有关部门应当保障生物安全事件应急处置所需的医疗救护设备、救治药品、医疗器械等物资的生产、供应和调配；交通运输主管部门应当及时组织协调运输经营单位优先运送。

第七十一条　国家对从事高致病性病原微生物实验活动、生物安全事件现场处置等高风险生物安全工作的人员，提供有效的防护措施和医疗保障。

第九章　法律责任

第七十二条　违反本法规定，履行生物安全管理职责的工作人员在生物安全工作中滥用职权、玩忽职守、徇私舞弊或者有其他违法行为的，依法给予处分。

第七十三条　违反本法规定，医疗机构、专业机构或者其工作人员瞒报、谎报、缓报、漏报，授意他人瞒报、谎报、缓报，或者阻碍他人报告传染病、动植物疫病或者不明原因的聚集性疾病的，由县级以上人民政府有关部门责令改正，给予警告；对法定代表人、主要负责人、直接负责的主管人员和其他直接责任人员，依法给予处分，并可以依法暂停一定期限的执业活动直至吊销相关执业证书。

违反本法规定，编造、散布虚假的生物安全信息，构成违反治安管理行为的，由公安机关依法给予治安管理处罚。

第七十四条　违反本法规定，从事国家禁止的生物技术研究、开发与应用活动的，由县级以上人民政府卫生健康、科学技术、农业农村主管部门根据职责分工，责令停止违法行为，没收违法所得、技术资料和用于违法行为的工具、设备、原材料等物品，处一百万元以上一千万元以下的罚款，违法所得在一百万元以上的，处违法所得十倍以上二十倍以下的罚款，并可以依法禁止一定期限内从事相应的生物技术研究、开发与应用活动，吊销相关许可证件；对法定代表人、主要负责人、直接负责的主管人员和其他直接责任人员，依法给予处分，处十万元以上二十万元以下的罚款，十年直至终身禁止从事相应的生物技术研究、开发与应用活动，依法吊销相关执业证书。

第七十五条　违反本法规定，从事生物技术研究、开发活动未遵守国家生物技术研究开发安全管理规范的，由县级以上人民政府有关部门根据职责分工，责令改正，给予警告，可以并处二万元以上二十万元以下的罚款；拒不改正或者造成严重后果的，责令停止研究、开发活动，并处二十万元以上二百万元以下的罚款。

第七十六条　违反本法规定，从事病原微生物实验活动未在相应等级的实验室进行，或者高等级病原微生物实验室未经批准从事高致病性、疑似高致病性病原微生物实验活动的，由县级以上地方人民政府卫生健康、农业农村主管部门根据职责分工，责令停止违法行为，监督其将用于实验活动的病原微生物销毁或者送交保藏机构，给予警告；造成传染病传播、流行或者其他严重后果的，对法定代表人、主要负责人、直接负责的主管人员和其他直接责任人员依法给予撤职、开除处分。

第七十七条　违反本法规定，将使用后的实验动物流入市场的，由县级以上人民政府科学技术主管部门责令改正，没收违法所得，并处二十万元以上一百万元以下的罚款，违法所得在二十万元以上的，并处违法所得五倍以上十倍以下的罚款；情节严重的，由发证部门吊销相关许可证件。

第七十八条　违反本法规定，有下列行为之一的，由县级以上人民政府有关部门根据职责分工，责令改正，没收违法所得，给予警告，可以并处十万元以上一百万元以下的罚款：

（一）购买或者引进列入管控清单的重要设备、特殊生物因子未进行登记，或者未报国务院有关部门备案；

（二）个人购买或者持有列入管控清单的重要设备或者特殊生物因子；

（三）个人设立病原微生物实验室或者从事病原微生物实验活动；

（四）未经实验室负责人批准进入高等级病原微生物实验室。

第七十九条　违反本法规定，未经批准，采集、保藏我国人类遗传资源或者利用我国人类遗传资源开展国际科学研究合作的，由国务院卫生健康主管部门责令停止违法行为，没收违法所得和违法采集、保藏的人类遗传资源，并处五十万元以上五百万元以下的罚款，违法所得在一百万元以上的，并处违法所得五倍以上十倍以下的罚款；情节严重的，对法定代表人、主要负责人、直接负责的主管人员和其他直接责任人员，依法给予处分，五年内禁止从事相应活动。

第八十条　违反本法规定，境外组织、个人及其设立或者实际控制的机构在我国境内采集、保藏我国人类遗传资源，或者向境外提供我国人类遗传资源的，由国务院卫生健康主管部门责令停止违法行为，没收违法所得和违法采集、保藏的人类遗传资源，并处一百万元以上一千万元以下的罚款；违法所得在一百万元以上的，并处违法所得十倍以上二十倍以下的罚款。

第八十一条　违反本法规定，未经批准，擅自引进外来物种的，由县级以上人民政府有关部门根据职责分工，没收引进的外来物种，并处五万元以上二十五万元以下的罚款。

违反本法规定，未经批准，擅自释放或者丢弃外来物种的，由县级以上人民政府有关部门根据职责分工，责令限期捕回、找回释放或者丢弃的外来物种，处一万元以上五万元以下的罚款。

第八十二条 违反本法规定，构成犯罪的，依法追究刑事责任；造成人身、财产或者其他损害的，依法承担民事责任。

第八十三条 违反本法规定的生物安全违法行为，本法未规定法律责任，其他有关法律、行政法规有规定的，依照其规定。

第八十四条 境外组织或者个人通过运输、邮寄、携带危险生物因子入境或者以其他方式危害我国生物安全的，依法追究法律责任，并可以采取其他必要措施。

第十章 附 则

第八十五条 本法下列术语的含义：

（一）生物因子，是指动物、植物、微生物、生物毒素及其他生物活性物质。

（二）重大新发突发传染病，是指我国境内首次出现或者已经宣布消灭再次发生，或者突然发生，造成或者可能造成公众健康和生命安全严重损害，引起社会恐慌，影响社会稳定的传染病。

（三）重大新发突发动物疫情，是指我国境内首次发生或者已经宣布消灭的动物疫病再次发生，或者发病率、死亡率较高的潜伏动物疫病突然发生并迅速传播，给养殖业生产安全造成严重威胁、危害，以及可能对公众健康和生命安全造成危害的情形。

（四）重大新发突发植物疫情，是指我国境内首次发生或者已经宣布消灭的严重危害植物的真菌、细菌、病毒、昆虫、线虫、杂草、害鼠、软体动物等再次引发病虫害，或者本地有害生物突然大范围发生并迅速传播，对农作物、林木等植物造成严重危害的情形。

（五）生物技术研究、开发与应用，是指通过科学和工程原理认识、改造、合成、利用生物而从事的科学研究、技术开发与应用等活动。

（六）病原微生物，是指可以侵犯人、动物引起感染甚至传染病的微生物，包括病毒、细菌、真菌、立克次体、寄生虫等。

（七）植物有害生物，是指能够对农作物、林木等植物造成危害的真菌、细菌、病毒、昆虫、线虫、杂草、害鼠、软体动物等生物。

（八）人类遗传资源，包括人类遗传资源材料和人类遗传资源信息。人类遗传资源材料是指含有人体基因组、基因等遗传物质的器官、组织、细胞等遗传材料。人类遗传资源信息是指利用人类遗传资源材料产生的数据等信息资料。

（九）微生物耐药，是指微生物对抗微生物药物产生抗性，导致抗微生物药物不能有效控制微生物的感染。

（十）生物武器，是指类型和数量不属于预防、保护或者其他和平用途所正当需要的、任何来源或者任何方法产生的微生物剂、其他生物剂以及生物毒素；也包括为将上述生物剂、生物毒素使用于敌对目的或者武装冲突而设计的武器、设备或者运载工具。

（十一）生物恐怖，是指故意使用致病性微生物、生物毒素等实施袭击，损害人类或者动植物健康，引起社会恐慌，企图达到特定政治目的的行为。

第八十六条 生物安全信息属于国家秘密的，应当依照《中华人民共和国保守国家秘密法》和国家其他有关保密规定实施保密管理。

第八十七条 中国人民解放军、中国人民武装警察部队的生物安全活动，由中央军事委员会依照本法规定的原则另行规定。

第八十八条 本法自 2021 年 4 月 15 日起施行。

中华人民共和国传染病防治法

（1989年2月21日第七届全国人民代表大会常务委员会第六次会议通过，2004年8月28日第十届全国人民代表大会常务委员会第十一次会议修订，根据2013年6月29日第十二届全国人民代表大会常务委员会第三次会议《关于修改〈中华人民共和国文物保护法〉等十二部法律的决定》修正）

第一章　总　　则

第一条　为了预防、控制和消除传染病的发生与流行，保障人体健康和公共卫生，制定本法。

第二条　国家对传染病防治实行预防为主的方针，防治结合、分类管理、依靠科学、依靠群众。

第三条　本法规定的传染病分为甲类、乙类和丙类。

甲类传染病是指：鼠疫、霍乱。

乙类传染病是指：传染性非典型肺炎、艾滋病、病毒性肝炎、脊髓灰质炎、人感染高致病性禽流感、麻疹、流行性出血热、狂犬病、流行性乙型脑炎、登革热、炭疽、细菌性和阿米巴性痢疾、肺结核、伤寒和副伤寒、流行性脑脊髓膜炎、百日咳、白喉、新生儿破伤风、猩红热、布鲁氏菌病、淋病、梅毒、钩端螺旋体病、血吸虫病、疟疾。

丙类传染病是指：流行性感冒、流行性腮腺炎、风疹、急性出血性结膜炎、麻风病、流行性和地方性斑疹伤寒、黑热病、包虫病、丝虫病，除霍乱、细菌性和阿米巴性痢疾、伤寒和副伤寒以外的感染性腹泻病。

国务院卫生行政部门根据传染病暴发、流行情况和危害程度，可以决定增加、减少或者调整乙类、丙类传染病病种并予以公布。

第四条　对乙类传染病中传染性非典型肺炎、炭疽中的肺炭疽和人感染高致病性禽流感，采取本法所称甲类传染病的预防、控制措施。其他乙类传染病和突发原因不明的传染病需要采取本法所称甲类传染病的预防、控制措施的，由国务院卫生行政部门及时报经国务院批准后予以公布、实施。

需要解除依照前款规定采取的甲类传染病预防、控制措施的，由国务院卫生行政部门报经国务院批准后予以公布。

省、自治区、直辖市人民政府对本行政区域内常见、多发的其他地方性传染病，可以根据情况决定按照乙类或者丙类传染病管理并予以公布，报国务院卫生行政部门备案。

第五条　各级人民政府领导传染病防治工作。

县级以上人民政府制定传染病防治规划并组织实施，建立健全传染病防治的疾病预防控制、医疗救治和监督管理体系。

第六条　国务院卫生行政部门主管全国传染病防治及其监督管理工作。县级以上地方人民政府卫生行政部门负责本行政区域内的传染病防治及其监督管理工作。

县级以上人民政府其他部门在各自的职责范围内负责传染病防治工作。

军队的传染病防治工作，依照本法和国家有关规定办理，由中国人民解放军卫生主管部门实施监督管理。

第七条　各级疾病预防控制机构承担传

染病监测、预测、流行病学调查、疫情报告以及其他预防、控制工作。

医疗机构承担与医疗救治有关的传染病防治工作和责任区域内的传染病预防工作。城市社区和农村基层医疗机构在疾病预防控制机构的指导下，承担城市社区、农村基层相应的传染病防治工作。

第八条 国家发展现代医学和中医药等传统医学，支持和鼓励开展传染病防治的科学研究，提高传染病防治的科学技术水平。

国家支持和鼓励开展传染病防治的国际合作。

第九条 国家支持和鼓励单位和个人参与传染病防治工作。各级人民政府应当完善有关制度，方便单位和个人参与防治传染病的宣传教育、疫情报告、志愿服务和捐赠活动。

居民委员会、村民委员会应当组织居民、村民参与社区、农村的传染病预防与控制活动。

第十条 国家开展预防传染病的健康教育。新闻媒体应当无偿开展传染病防治和公共卫生教育的公益宣传。

各级各类学校应当对学生进行健康知识和传染病预防知识的教育。

医学院校应当加强预防医学教育和科学研究，对在校学生以及其他与传染病防治相关人员进行预防医学教育和培训，为传染病防治工作提供技术支持。

疾病预防控制机构、医疗机构应当定期对其工作人员进行传染病防治知识、技能的培训。

第十一条 对在传染病防治工作中做出显著成绩和贡献的单位和个人，给予表彰和奖励。

对因参与传染病防治工作致病、致残、死亡的人员，按照有关规定给予补助、抚恤。

第十二条 在中华人民共和国领域内的一切单位和个人，必须接受疾病预防控制机构、医疗机构有关传染病的调查、检验、采集样本、隔离治疗等预防、控制措施，如实提供有关情况。疾病预防控制机构、医疗机构不得泄露涉及个人隐私的有关信息、资料。

卫生行政部门以及其他有关部门、疾病预防控制机构和医疗机构因违法实施行政管理或者预防、控制措施，侵犯单位和个人合法权益的，有关单位和个人可以依法申请行政复议或者提起诉讼。

第二章　传染病预防

第十三条 各级人民政府组织开展群众性卫生活动，进行预防传染病的健康教育，倡导文明健康的生活方式，提高公众对传染病的防治意识和应对能力，加强环境卫生建设，消除鼠害和蚊、蝇等病媒生物的危害。

各级人民政府农业、水利、林业行政部门按照职责分工负责指导和组织消除农田、湖区、河流、牧场、林区的鼠害与血吸虫危害，以及其他传播传染病的动物和病媒生物的危害。

铁路、交通、民用航空行政部门负责组织消除交通工具以及相关场所的鼠害和蚊、蝇等病媒生物的危害。

第十四条 地方各级人民政府应当有计划地建设和改造公共卫生设施，改善饮用水卫生条件，对污水、污物、粪便进行无害化处置。

第十五条 国家实行有计划的预防接种制度。国务院卫生行政部门和省、自治区、直辖市人民政府卫生行政部门，根据传染病预防、控制的需要，制定传染病预防接种规划并组织实施。用于预防接种的疫苗必须符合国家质量标准。

国家对儿童实行预防接种证制度。国家免疫规划项目的预防接种实行免费。医疗机构、疾病预防控制机构与儿童的监护人应当相互配合，保证儿童及时接受预防接种。具体办法由国务院制定。

第十六条　国家和社会应当关心、帮助传染病病人、病原携带者和疑似传染病病人，使其得到及时救治。任何单位和个人不得歧视传染病病人、病原携带者和疑似传染病病人。

传染病病人、病原携带者和疑似传染病病人，在治愈前或者在排除传染病嫌疑前，不得从事法律、行政法规和国务院卫生行政部门规定禁止从事的易使该传染病扩散的工作。

第十七条　国家建立传染病监测制度。

国务院卫生行政部门制定国家传染病监测规划和方案。省、自治区、直辖市人民政府卫生行政部门根据国家传染病监测规划和方案，制定本行政区域的传染病监测计划和工作方案。

各级疾病预防控制机构对传染病的发生、流行以及影响其发生、流行的因素，进行监测；对国外发生、国内尚未发生的传染病或者国内新发生的传染病，进行监测。

第十八条　各级疾病预防控制机构在传染病预防控制中履行下列职责：

（一）实施传染病预防控制规划、计划和方案；

（二）收集、分析和报告传染病监测信息，预测传染病的发生、流行趋势；

（三）开展对传染病疫情和突发公共卫生事件的流行病学调查、现场处理及其效果评价；

（四）开展传染病实验室检测、诊断、病原学鉴定；

（五）实施免疫规划，负责预防性生物制品的使用管理；

（六）开展健康教育、咨询，普及传染病防治知识；

（七）指导、培训下级疾病预防控制机构及其工作人员开展传染病监测工作；

（八）开展传染病防治应用性研究和卫生评价，提供技术咨询。

国家、省级疾病预防控制机构负责对传染病发生、流行以及分布进行监测，对重大传染病流行趋势进行预测，提出预防控制对策，参与并指导对暴发的疫情进行调查处理，开展传染病病原学鉴定，建立检测质量控制体系，开展应用性研究和卫生评价。

设区的市和县级疾病预防控制机构负责传染病预防控制规划、方案的落实，组织实施免疫、消毒、控制病媒生物的危害，普及传染病防治知识，负责本地区疫情和突发公共卫生事件监测、报告，开展流行病学调查和常见病原微生物检测。

第十九条　国家建立传染病预警制度。

国务院卫生行政部门和省、自治区、直辖市人民政府根据传染病发生、流行趋势的预测，及时发出传染病预警，根据情况予以公布。

第二十条　县级以上地方人民政府应当制定传染病预防、控制预案，报上一级人民政府备案。

传染病预防、控制预案应当包括以下主要内容：

（一）传染病预防控制指挥部的组成和相关部门的职责；

（二）传染病的监测、信息收集、分析、报告、通报制度；

（三）疾病预防控制机构、医疗机构在发生传染病疫情时的任务与职责；

（四）传染病暴发、流行情况的分级以及相应的应急工作方案；

（五）传染病预防、疫点疫区现场控制，应急设施、设备、救治药品和医疗器械以及其他物资和技术的储备与调用。

地方人民政府和疾病预防控制机构接到国务院卫生行政部门或者省、自治区、直辖市人民政府发出的传染病预警后，应当按照传染病预防、控制预案，采取相应的预防、控制措施。

第二十一条　医疗机构必须严格执行国务院卫生行政部门规定的管理制度、操作规范，防止传染病的医源性感染和医院感染。

医疗机构应当确定专门的部门或者人员，承担传染病疫情报告、本单位的传染病预防、控制以及责任区域内的传染病预防工作；承担医疗活动中与医院感染有关的危险因素监测、安全防护、消毒、隔离和医疗废物处置工作。

疾病预防控制机构应当指定专门人员负责对医疗机构内传染病预防工作进行指导、考核，开展流行病学调查。

第二十二条 疾病预防控制机构、医疗机构的实验室和从事病原微生物实验的单位，应当符合国家规定的条件和技术标准，建立严格的监督管理制度，对传染病病原体样本按照规定的措施实行严格监督管理，严防传染病病原体的实验室感染和病原微生物的扩散。

第二十三条 采供血机构、生物制品生产单位必须严格执行国家有关规定，保证血液、血液制品的质量。禁止非法采集血液或者组织他人出卖血液。

疾病预防控制机构、医疗机构使用血液和血液制品，必须遵守国家有关规定，防止因输入血液、使用血液制品引起经血液传播疾病的发生。

第二十四条 各级人民政府应当加强艾滋病的防治工作，采取预防、控制措施，防止艾滋病的传播。具体办法由国务院制定。

第二十五条 县级以上人民政府农业、林业行政部门以及其他有关部门，依据各自的职责负责与人畜共患传染病有关的动物传染病的防治管理工作。

与人畜共患传染病有关的野生动物、家畜家禽，经检疫合格后，方可出售、运输。

第二十六条 国家建立传染病菌种、毒种库。

对传染病菌种、毒种和传染病检测样本的采集、保藏、携带、运输和使用实行分类管理，建立健全严格的管理制度。

对可能导致甲类传染病传播的以及国务院卫生行政部门规定的菌种、毒种和传染病检测样本，确需采集、保藏、携带、运输和使用的，须经省级以上人民政府卫生行政部门批准。具体办法由国务院制定。

第二十七条 对被传染病病原体污染的污水、污物、场所和物品，有关单位和个人必须在疾病预防控制机构的指导下或者按照其提出的卫生要求，进行严格消毒处理；拒绝消毒处理的，由当地卫生行政部门或者疾病预防控制机构进行强制消毒处理。

第二十八条 在国家确认的自然疫源地计划兴建水利、交通、旅游、能源等大型建设项目的，应当事先由省级以上疾病预防控制机构对施工环境进行卫生调查。建设单位应当根据疾病预防控制机构的意见，采取必要的传染病预防、控制措施。施工期间，建设单位应当设专人负责工地上的卫生防疫工作。工程竣工后，疾病预防控制机构应当对可能发生的传染病进行监测。

第二十九条 用于传染病防治的消毒产品、饮用水供水单位供应的饮用水和涉及饮用水卫生安全的产品，应当符合国家卫生标准和卫生规范。

饮用水供水单位从事生产或者供应活动，应当依法取得卫生许可证。

生产用于传染病防治的消毒产品的单位和生产用于传染病防治的消毒产品，应当经省级以上人民政府卫生行政部门审批。具体办法由国务院制定。

第二章 疫情报告、通报和公布

第三十条 疾病预防控制机构、医疗机构和采供血机构及其执行职务的人员发现本法规定的传染病疫情或者发现其他传染病暴发、流行以及突发原因不明的传染病时，应当遵循疫情报告属地管理原则，按照国务院规定的或者国务院卫生行政部门规定的内容、程序、方式和时限报告。

军队医疗机构向社会公众提供医疗服务，发现前款规定的传染病疫情时，应当按照国务院卫生行政部门的规定报告。

第三十一条　任何单位和个人发现传染病病人或者疑似传染病病人时，应当及时向附近的疾病预防控制机构或者医疗机构报告。

第三十二条　港口、机场、铁路疾病预防控制机构以及国境卫生检疫机关发现甲类传染病病人、病原携带者、疑似传染病病人时，应当按照国家有关规定立即向国境口岸所在地的疾病预防控制机构或者所在地县级以上地方人民政府卫生行政部门报告并互相通报。

第三十三条　疾病预防控制机构应当主动收集、分析、调查、核实传染病疫情信息。接到甲类、乙类传染病疫情报告或者发现传染病暴发、流行时，应当立即报告当地卫生行政部门，由当地卫生行政部门立即报告当地人民政府，同时报告上级卫生行政部门和国务院卫生行政部门。

疾病预防控制机构应当设立或者指定专门的部门、人员负责传染病疫情信息管理工作，及时对疫情报告进行核实、分析。

第三十四条　县级以上地方人民政府卫生行政部门应当及时向本行政区域内的疾病预防控制机构和医疗机构通报传染病疫情以及监测、预警的相关信息。接到通报的疾病预防控制机构和医疗机构应当及时告知本单位的有关人员。

第三十五条　国务院卫生行政部门应当及时向国务院其他有关部门和各省、自治区、直辖市人民政府卫生行政部门通报全国传染病疫情以及监测、预警的相关信息。

毗邻的以及相关的地方人民政府卫生行政部门，应当及时互相通报本行政区域的传染病疫情以及监测、预警的相关信息。

县级以上人民政府有关部门发现传染病疫情时，应当及时向同级人民政府卫生行政部门通报。

中国人民解放军卫生主管部门发现传染病疫情时，应当向国务院卫生行政部门通报。

第三十六条　动物防疫机构和疾病预防控制机构，应当及时互相通报动物间和人间发生的人畜共患传染病疫情以及相关信息。

第三十七条　依照本法的规定负有传染病疫情报告职责的人民政府有关部门、疾病预防控制机构、医疗机构、采供血机构及其工作人员，不得隐瞒、谎报、缓报传染病疫情。

第三十八条　国家建立传染病疫情信息公布制度。

国务院卫生行政部门定期公布全国传染病疫情信息。省、自治区、直辖市人民政府卫生行政部门定期公布本行政区域的传染病疫情信息。

传染病暴发、流行时，国务院卫生行政部门负责向社会公布传染病疫情信息，并可以授权省、自治区、直辖市人民政府卫生行政部门向社会公布本行政区域的传染病疫情信息。

公布传染病疫情信息应当及时、准确。

第四章　疫情控制

第三十九条　医疗机构发现甲类传染病时，应当及时采取下列措施：

（一）对病人、病原携带者，予以隔离治疗，隔离期限根据医学检查结果确定；

（二）对疑似病人，确诊前在指定场所单独隔离治疗；

（三）对医疗机构内的病人、病原携带者、疑似病人的密切接触者，在指定场所进行医学观察和采取其他必要的预防措施。

拒绝隔离治疗或者隔离期未满擅自脱离隔离治疗的，可以由公安机关协助医疗机构采取强制隔离治疗措施。

医疗机构发现乙类或者丙类传染病病人，应当根据病情采取必要的治疗和控制传播措施。

医疗机构对本单位内被传染病病原体污染的场所、物品以及医疗废物，必须依照法律、法规的规定实施消毒和无害化处置。

第四十条 疾病预防控制机构发现传染病疫情或者接到传染病疫情报告时，应当及时采取下列措施：

（一）对传染病疫情进行流行病学调查，根据调查情况提出划定疫点、疫区的建议，对被污染的场所进行卫生处理，对密切接触者，在指定场所进行医学观察和采取其他必要的预防措施，并向卫生行政部门提出疫情控制方案；

（二）传染病暴发、流行时，对疫点、疫区进行卫生处理，向卫生行政部门提出疫情控制方案，并按照卫生行政部门的要求采取措施；

（三）指导下级疾病预防控制机构实施传染病预防、控制措施，组织、指导有关单位对传染病疫情的处理。

第四十一条 对已经发生甲类传染病病例的场所或者该场所内的特定区域的人员，所在地的县级以上地方人民政府可以实施隔离措施，并同时向上一级人民政府报告；接到报告的上级人民政府应当即时作出是否批准的决定。上级人民政府作出不予批准决定的，实施隔离措施的人民政府应当立即解除隔离措施。

在隔离期间，实施隔离措施的人民政府应当对被隔离人员提供生活保障；被隔离人员有工作单位的，所在单位不得停止支付其隔离期间的工作报酬。

隔离措施的解除，由原决定机关决定并宣布。

第四十二条 传染病暴发、流行时，县级以上地方人民政府应当立即组织力量，按照预防、控制预案进行防治，切断传染病的传播途径，必要时，报经上一级人民政府决定，可以采取下列紧急措施并予以公告：

（一）限制或者停止集市、影剧院演出或者其他人群聚集的活动；

（二）停工、停业、停课；

（三）封闭或者封存被传染病病原体污染的公共饮用水源、食品以及相关物品；

（四）控制或者扑杀染疫野生动物、家畜家禽；

（五）封闭可能造成传染病扩散的场所。

上级人民政府接到下级人民政府关于采取前款所列紧急措施的报告时，应当即时作出决定。

紧急措施的解除，由原决定机关决定并宣布。

第四十三条 甲类、乙类传染病暴发、流行时，县级以上地方人民政府报经上一级人民政府决定，可以宣布本行政区域部分或者全部为疫区；国务院可以决定并宣布跨省、自治区、直辖市的疫区。县级以上地方人民政府可以在疫区内采取本法第四十二条规定的紧急措施，并可以对出入疫区的人员、物资和交通工具实施卫生检疫。

省、自治区、直辖市人民政府可以决定对本行政区域内的甲类传染病疫区实施封锁；但是，封锁大、中城市的疫区或者封锁跨省、自治区、直辖市的疫区，以及封锁疫区导致中断干线交通或者封锁国境的，由国务院决定。

疫区封锁的解除，由原决定机关决定并宣布。

第四十四条 发生甲类传染病时，为了防止该传染病通过交通工具及其乘运的人员、物资传播，可以实施交通卫生检疫。具体办法由国务院制定。

第四十五条 传染病暴发、流行时，根据传染病疫情控制的需要，国务院有权在全国范围或者跨省、自治区、直辖市范围内，县级以上地方人民政府有权在本行政区域内紧急调集人员或者调用储备物资，临时征用房屋、交通工具以及相关设施、设备。

紧急调集人员的，应当按照规定给予合理报酬。临时征用房屋、交通工具以及相关设施、设备的，应当依法给予补偿；能返还的，应当及时返还。

第四十六条 患甲类传染病、炭疽死亡的，应当将尸体立即进行卫生处理，就近火化。患其他传染病死亡的，必要时，应当将尸体进行卫生处理后火化或者按照规定深埋。

为了查找传染病病因，医疗机构在必要时可以按照国务院卫生行政部门的规定，对传染病病人尸体或者疑似传染病病人尸体进行解剖查验，并应当告知死者家属。

第四十七条　疫区中被传染病病原体污染或者可能被传染病病原体污染的物品，经消毒可以使用的，应当在当地疾病预防控制机构的指导下，进行消毒处理后，方可使用、出售和运输。

第四十八条　发生传染病疫情时，疾病预防控制机构和省级以上人民政府卫生行政部门指派的其他与传染病有关的专业技术机构，可以进入传染病疫点、疫区进行调查、采集样本、技术分析和检验。

第四十九条　传染病暴发、流行时，药品和医疗器械生产、供应单位应当及时生产、供应防治传染病的药品和医疗器械。铁路、交通、民用航空经营单位必须优先运送处理传染病疫情的人员以及防治传染病的药品和医疗器械。县级以上人民政府有关部门应当做好组织协调工作。

第五章　医疗救治

第五十条　县级以上人民政府应当加强和完善传染病医疗救治服务网络的建设，指定具备传染病救治条件和能力的医疗机构承担传染病救治任务，或者根据传染病救治需要设置传染病医院。

第五十一条　医疗机构的基本标准、建筑设计和服务流程，应当符合预防传染病医院感染的要求。

医疗机构应当按照规定对使用的医疗器械进行消毒；对按照规定一次使用的医疗器具，应当在使用后予以销毁。

医疗机构应当按照国务院卫生行政部门规定的传染病诊断标准和治疗要求，采取相应措施，提高传染病医疗救治能力。

第五十二条　医疗机构应当对传染病病人或者疑似传染病病人提供医疗救护、现场救援和接诊治疗，书写病历记录以及其他有关资料，并妥善保管。

医疗机构应当实行传染病预检、分诊制度；对传染病病人、疑似传染病病人，应当引导至相对隔离的分诊点进行初诊。医疗机构不具备相应救治能力的，应当将患者及其病历记录复印件一并转至具备相应救治能力的医疗机构。具体办法由国务院卫生行政部门规定。

第六章　监督管理

第五十三条　县级以上人民政府卫生行政部门对传染病防治工作履行下列监督检查职责：

（一）对下级人民政府卫生行政部门履行本法规定的传染病防治职责进行监督检查；

（二）对疾病预防控制机构、医疗机构的传染病防治工作进行监督检查；

（三）对采供血机构的采供血活动进行监督检查；

（四）对用于传染病防治的消毒产品及其生产单位进行监督检查，并对饮用水供水单位从事生产或者供应活动以及涉及饮用水卫生安全的产品进行监督检查；

（五）对传染病菌种、毒种和传染病检测样本的采集、保藏、携带、运输、使用进行监督检查；

（六）对公共场所和有关单位的卫生条件和传染病预防、控制措施进行监督检查。

省级以上人民政府卫生行政部门负责组织对传染病防治重大事项的处理。

第五十四条　县级以上人民政府卫生行政部门在履行监督检查职责时，有权进入被检查单位和传染病疫情发生现场调查取证，查阅或者复制有关的资料和采集样本。被检查单位应当予以配合，不得拒绝、阻挠。

第五十五条 县级以上地方人民政府卫生行政部门在履行监督检查职责时，发现被传染病病原体污染的公共饮用水源、食品以及相关物品，如不及时采取控制措施可能导致传染病传播、流行的，可以采取封闭公共饮用水源、封存食品以及相关物品或者暂停销售的临时控制措施，并予以检验或者进行消毒。经检验，属于被污染的食品，应当予以销毁；对未被污染的食品或者经消毒后可以使用的物品，应当解除控制措施。

第五十六条 卫生行政部门工作人员依法执行职务时，应当不少于两人，并出示执法证件，填写卫生执法文书。

卫生执法文书经核对无误后，应当由卫生执法人员和当事人签名。当事人拒绝签名的，卫生执法人员应当注明情况。

第五十七条 卫生行政部门应当依法建立健全内部监督制度，对其工作人员依据法定职权和程序履行职责的情况进行监督。

上级卫生行政部门发现下级卫生行政部门不及时处理职责范围内的事项或者不履行职责的，应当责令纠正或者直接予以处理。

第五十八条 卫生行政部门及其工作人员履行职责，应当自觉接受社会和公民的监督。单位和个人有权向上级人民政府及其卫生行政部门举报违反本法的行为。接到举报的有关人民政府或者其卫生行政部门，应当及时调查处理。

第七章 保障措施

第五十九条 国家将传染病防治工作纳入国民经济和社会发展计划，县级以上地方人民政府将传染病防治工作纳入本行政区域的国民经济和社会发展计划。

第六十条 县级以上地方人民政府按照本级政府职责负责本行政区域内传染病预防、控制、监督工作的日常经费。

国务院卫生行政部门会同国务院有关部门，根据传染病流行趋势，确定全国传染病预防、控制、救治、监测、预测、预警、监督检查等项目。中央财政对困难地区实施重大传染病防治项目给予补助。

省、自治区、直辖市人民政府根据本行政区域内传染病流行趋势，在国务院卫生行政部门确定的项目范围内，确定传染病预防、控制、监督等项目，并保障项目的实施经费。

第六十一条 国家加强基层传染病防治体系建设，扶持贫困地区和少数民族地区的传染病防治工作。

地方各级人民政府应当保障城市社区、农村基层传染病预防工作的经费。

第六十二条 国家对患有特定传染病的困难人群实行医疗救助，减免医疗费用。具体办法由国务院卫生行政部门会同国务院财政部门等部门制定。

第六十三条 县级以上人民政府负责储备防治传染病的药品、医疗器械和其他物资，以备调用。

第六十四条 对从事传染病预防、医疗、科研、教学、现场处理疫情的人员，以及在生产、工作中接触传染病病原体的其他人员，有关单位应当按照国家规定，采取有效的卫生防护措施和医疗保健措施，并给予适当的津贴。

第八章 法律责任

第六十五条 地方各级人民政府未依照本法的规定履行报告职责，或者隐瞒、谎报、缓报传染病疫情，或者在传染病暴发、流行时，未及时组织救治、采取控制措施的，由上级人民政府责令改正，通报批评；造成传染病传播、流行或者其他严重后果的，对负有责任的主管人员，依法给予行政处分；构成犯罪的，依法追究刑事责任。

第六十六条 县级以上人民政府卫生行政部门违反本法规定，有下列情形之一的，由本级人民政府、上级人民政府卫生行政部门责令改正，通报批评；造成传染病传播、流行或者其他严重后果的，对负有责任的主管人员和其他直接责任人员，依法给予行政处分；构成犯罪的，依法追究刑事责任：

（一）未依法履行传染病疫情通报、报告或者公布职责，或者隐瞒、谎报、缓报传染病疫情的；

（二）发生或者可能发生传染病传播时未及时采取预防、控制措施的；

（三）未依法履行监督检查职责，或者发现违法行为不及时查处的；

（四）未及时调查、处理单位和个人对下级卫生行政部门不履行传染病防治职责的举报的；

（五）违反本法的其他失职、渎职行为。

第六十七条 县级以上人民政府有关部门未依照本法的规定履行传染病防治和保障职责的，由本级人民政府或者上级人民政府有关部门责令改正，通报批评；造成传染病传播、流行或者其他严重后果的，对负有责任的主管人员和其他直接责任人员，依法给予行政处分；构成犯罪的，依法追究刑事责任。

第六十八条 疾病预防控制机构违反本法规定，有下列情形之一的，由县级以上人民政府卫生行政部门责令限期改正，通报批评，给予警告；对负有责任的主管人员和其他直接责任人员，依法给予降级、撤职、开除的处分，并可以依法吊销有关责任人员的执业证书；构成犯罪的，依法追究刑事责任：

（一）未依法履行传染病监测职责的；

（二）未依法履行传染病疫情报告、通报职责，或者隐瞒、谎报、缓报传染病疫情的；

（三）未主动收集传染病疫情信息，或者对传染病疫情信息和疫情报告未及时进行分析、调查、核实的；

（四）发现传染病疫情时，未依据职责及时采取本法规定的措施的；

（五）故意泄露传染病病人、病原携带者、疑似传染病病人、密切接触者涉及个人隐私的有关信息、资料的。

第六十九条 医疗机构违反本法规定，有下列情形之一的，由县级以上人民政府卫生行政部门责令改正，通报批评，给予警告；造成传染病传播、流行或者其他严重后果的，对负有责任的主管人员和其他直接责任人员，依法给予降级、撤职、开除的处分，并可以依法吊销有关责任人员的执业证书；构成犯罪的，依法追究刑事责任：

（一）未按照规定承担本单位的传染病预防、控制工作、医院感染控制任务和责任区域内的传染病预防工作的；

（二）未按照规定报告传染病疫情，或者隐瞒、谎报、缓报传染病疫情的；

（三）发现传染病疫情时，未按照规定对传染病病人、疑似传染病病人提供医疗救护、现场救援、接诊、转诊的，或者拒绝接受转诊的；

（四）未按照规定对本单位内被传染病病原体污染的场所、物品以及医疗废物实施消毒或者无害化处置的；

（五）未按照规定对医疗器械进行消毒，或者对按照规定一次使用的医疗器具未予销毁，再次使用的；

（六）在医疗救治过程中未按照规定保管医学记录资料的；

（七）故意泄露传染病病人、病原携带者、疑似传染病病人、密切接触者涉及个人隐私的有关信息、资料的。

第七十条 采供血机构未按照规定报告传染病疫情，或者隐瞒、谎报、缓报传染病疫情，或者未执行国家有关规定，导致因输入血液引起经血液传播疾病发生的，由县级以上人民政府卫生行政部门责令改正，通报批评，给予警告；造成传染病传播、流行或者其他严重后果的，对负有责任的主管人员和其他直接责任人员，依法给予降级、撤职、开除的处分，并可以依法吊销采供血机构的执业许可证；构成犯罪的，依法追究刑事责任。

非法采集血液或者组织他人出卖血液的，由县级以上人民政府卫生行政部门予以取缔，没收违法所得，可以并处十万元以下的罚款；构成犯罪的，依法追究刑事责任。

第七十一条 国境卫生检疫机关、动物防疫机构未依法履行传染病疫情通报职责的，由有关部门在各自职责范围内责令改正，通报批评；造成传染病传播、流行或者其他严重后果的，对负有责任的主管人员和其他直接责任人员，依法给予降级、撤职、开除的处分；构成犯罪的，依法追究刑事责任。

第七十二条 铁路、交通、民用航空经营单位未依照本法的规定优先运送处理传染病疫情的人员以及防治传染病的药品和医疗器械的，由有关部门责令限期改正，给予警告；造成严重后果的，对负有责任的主管人员和其他直接责任人员，依法给予降级、撤职、开除的处分。

第七十三条 违反本法规定，有下列情形之一，导致或者可能导致传染病传播、流行的，由县级以上人民政府卫生行政部门责令限期改正，没收违法所得，可以并处五万元以下的罚款；已取得许可证的，原发证部门可以依法暂扣或者吊销许可证；构成犯罪的，依法追究刑事责任：

（一）饮用水供水单位供应的饮用水不符合国家卫生标准和卫生规范的；

（二）涉及饮用水卫生安全的产品不符合国家卫生标准和卫生规范的；

（三）用于传染病防治的消毒产品不符合国家卫生标准和卫生规范的；

（四）出售、运输疫区中被传染病病原体污染或者可能被传染病病原体污染的物品，未进行消毒处理的；

（五）生物制品生产单位生产的血液制品不符合国家质量标准的。

第七十四条 违反本法规定，有下列情形之一的，由县级以上地方人民政府卫生行政部门责令改正，通报批评，给予警告，已取得许可证的，可以依法暂扣或者吊销许可证；造成传染病传播、流行以及其他严重后果的，对负有责任的主管人员和其他直接责任人员，依法给予降级、撤职、开除的处分，并可以依法吊销有关责任人员的执业证书；构成犯罪的，依法追究刑事责任：

（一）疾病预防控制机构、医疗机构和从事病原微生物实验的单位，不符合国家规定的条件和技术标准，对传染病病原体样本未按照规定进行严格管理，造成实验室感染和病原微生物扩散的；

（二）违反国家有关规定，采集、保藏、携带、运输和使用传染病菌种、毒种和传染病检测样本的；

（三）疾病预防控制机构、医疗机构未执行国家有关规定，导致因输入血液、使用血液制品引起经血液传播疾病发生的。

第七十五条 未经检疫出售、运输与人畜共患传染病有关的野生动物、家畜家禽的，由县级以上地方人民政府畜牧兽医行政部门责令停止违法行为，并依法给予行政处罚。

第七十六条 在国家确认的自然疫源地兴建水利、交通、旅游、能源等大型建设项目，未经卫生调查进行施工的，或者未按照疾病预防控制机构的意见采取必要的传染病预防、控制措施的，由县级以上人民政府卫生行政部门责令限期改正，给予警告，处五千元以上三万元以下的罚款；逾期不改正的，处三万元以上十万元以下的罚款，并可以提请有关人民政府依据职责权限，责令停建、关闭。

第七十七条 单位和个人违反本法规定，导致传染病传播、流行，给他人人身、财产造成损害的，应当依法承担民事责任。

第九章 附 则

第七十八条 本法中下列用语的含义：

（一）传染病病人、疑似传染病病人：指根据国务院卫生行政部门发布的《中华人民共和国传染病防治法规定管理的传染病诊断标准》，符合传染病病人和疑似传染病病人诊断标准的人。

（二）病原携带者：指感染病原体无临床症状但能排出病原体的人。

（三）流行病学调查：指对人群中疾病或者健康状况的分布及其决定因素进行调查研究，提出疾病预防控制措施及保健对策。

（四）疫点：指病原体从传染源向周围播散的范围较小或者单个疫源地。

（五）疫区：指传染病在人群中暴发、流行，其病原体向周围播散时所能波及的地区。

（六）人畜共患传染病：指人与脊椎动物共同罹患的传染病，如鼠疫、狂犬病、血吸虫病等。

（七）自然疫源地：指某些可引起人类传染病的病原体在自然界的野生动物中长期存在和循环的地区。

（八）病媒生物：指能够将病原体从人或者其他动物传播给人的生物，如蚊、蝇、蚤类等。

（九）医源性感染：指在医学服务中，因病原体传播引起的感染。

（十）医院感染：指住院病人在医院内获得的感染，包括在住院期间发生的感染和在医院内获得出院后发生的感染，但不包括入院前已开始或者入院时已处于潜伏期的感染。医院工作人员在医院内获得的感染也属医院感染。

（十一）实验室感染：指从事实验室工作时，因接触病原体所致的感染。

（十二）菌种、毒种：指可能引起本法规定的传染病发生的细菌菌种、病毒毒种。

（十三）消毒：指用化学、物理、生物的方法杀灭或者消除环境中的病原微生物。

（十四）疾病预防控制机构：指从事疾病预防控制活动的疾病预防控制中心以及与上述机构业务活动相同的单位。

（十五）医疗机构：指按照《医疗机构管理条例》取得医疗机构执业许可证，从事疾病诊断、治疗活动的机构。

第七十九条 传染病防治中有关食品、药品、血液、水、医疗废物和病原微生物的管理以及动物防疫和国境卫生检疫，本法未规定的，分别适用其他有关法律、行政法规的规定。

第八十条 本法自2004年12月1日起施行。

中华人民共和国传染病防治法实施办法

（1991年10月4日国务院国函〔1991〕66号批准，1991年12月6日发布，自发布之日起施行）

第一章 总 则

第一条 根据《中华人民共和国传染病防治法》（以下简称《传染病防治法》）的规定，制定本办法。

第二条 国家对传染病实行预防为主的方针，各级政府在制定社会经济发展规划时，必须包括传染病防治目标，并组织有关部门共同实施。

第三条 各级政府卫生行政部门对传染病防治工作实施统一监督管理。

受国务院卫生行政部门委托的其他有关部门卫生主管机构，在本系统内行使《传染病防治法》第三十二条第一款所列职权。

军队的传染病防治工作，依照《传染

病防治法》和本办法中的有关规定以及国家其他有关规定，由中国人民解放军卫生主管部门实施监督管理。

第四条　各级各类卫生防疫机构按照专业分工承担传染病监测管理的责任和范围，由省级政府卫生行政部门确定。

铁路、交通、民航、厂（场）矿的卫生防疫机构，承担本系统传染病监测管理工作，并接受本系统上级卫生主管机构和省级政府卫生行政部门指定的卫生防疫机构的业务指导。

第五条　各级各类医疗保健机构承担传染病防治管理的责任和范围，由当地政府卫生行政部门确定。

第六条　各级政府对预防、控制传染病做出显著成绩和贡献的单位和个人，应当给予奖励。

第二章　预　　防

第七条　各级政府应当组织有关部门，开展传染病预防知识和防治措施的卫生健康教育。

第八条　各级政府组织开展爱国卫生活动。

铁路、交通、民航部门负责组织消除交通工具的鼠害和各种病媒昆虫的危害。

农业、林业部门负责组织消除农田、牧场及林区的鼠害。

国务院各有关部委消除钉螺危害的分工，按照国务院的有关规定办理。

第九条　集中式供水必须符合国家《生活饮用水卫生标准》。

各单位自备水源，未经城市建设部门和卫生行政部门批准，不得与城镇集中式供水系统连接。

第十条　地方各级政府应当有计划地建设和改造公共卫生设施。

城市应当按照城市环境卫生设施标准修建公共厕所、垃圾粪便的无害化处理场和污水、雨水排放处理系统等公共卫生设施。

农村应当逐步改造厕所，对粪便进行无害化处理，加强对公共生活用水的卫生管理，建立必要的卫生管理制度。饮用水水源附近禁止有污水池、粪堆（坑）等污染源。禁止在饮用水水源附近洗刷便器和运输粪便的工具。

第十一条　国家实行有计划的预防接种制度。

中华人民共和国境内的任何人均应按照有关规定接受预防接种。

各省、自治区、直辖市政府卫生行政部门可以根据当地传染病的流行情况，增加预防接种项目。

第十二条　国家对儿童实行预防接种证制度。

适龄儿童应当按照国家有关规定，接受预防接种。适龄儿童的家长或者监护人应当及时向医疗保健机构申请办理预防接种证。

托幼机构、学校在办理入托、入学手续时，应当查验预防接种证，未按规定接种的儿童应当及时补种。

第十三条　各级各类医疗保健机构的预防保健组织或者人员，在本单位及责任地段内承担下列工作：

（一）传染病疫情报告和管理；

（二）传染病预防和控制工作；

（三）卫生行政部门指定的卫生防疫机构交付的传染病防治和监测任务。

第十四条　医疗保健机构必须按照国务院卫生行政部门的有关规定，严格执行消毒隔离制度，防止医院内感染和医源性感染。

第十五条　卫生防疫机构和从事致病性微生物实验的科研、教学、生产等单位必须做到：

（一）建立健全防止致病性微生物扩散的制度和人体防护措施；

（二）严格执行实验操作规程，对实验后的样品、器材、污染物品等，按照有关规定严格消毒后处理。

（三）实验动物必须按照国家有关规定

进行管理。

第十六条　传染病的菌（毒）种分为下列三类：

一类：鼠疫耶尔森氏菌、霍乱弧菌；天花病毒、艾滋病病毒；

二类：布氏菌、炭疽菌、麻风杆菌；肝炎病毒、狂犬病毒、出血热病毒、登革热病毒；斑疹伤寒立克次体；

三类：脑膜炎双球菌、链球菌、淋病双球菌、结核杆菌、百日咳嗜血杆菌、白喉棒状杆菌、沙门氏菌、志贺氏菌、破伤风梭状杆菌；钩端螺旋体、梅毒螺旋体；乙型脑炎病毒、脊髓灰质炎病毒、流感病毒、流行性腮腺炎病毒、麻疹病毒、风疹病毒。

国务院卫生行政部门可以根据情况增加或者减少菌（毒）种的种类。

第十七条　国家对传染病菌（毒）种的保藏、携带、运输实行严格管理：

（一）菌（毒）种的保藏由国务院卫生行政部门指定的单位负责。

（二）一、二类菌（毒）种的供应由国务院卫生行政部门指定的保藏管理单位供应。三类菌（毒）种由设有专业实验室的单位或者国务院卫生行政部门指定的保藏管理单位供应。

（三）使用一类菌（毒）种的单位，必须经国务院卫生行政部门批准；使用二类菌（毒）种的单位必须经省级政府卫生行政部门批准；使用三类菌（毒）种的单位，应当经县级政府卫生行政部门批准。

（四）一、二类菌（毒）种，应派专人向供应单位领取，不得邮寄；三类菌（毒）种的邮寄必须持有邮寄单位的证明，并按照菌（毒）种邮寄与包装的有关规定办理。

第十八条　对患有下列传染病的病人或者病原携带者予以必要的隔离治疗，直至医疗保健机构证明其不具有传染性时，方可恢复工作：

（一）鼠疫、霍乱；

（二）艾滋病、病毒性肝炎、细菌性和阿米巴痢疾、伤寒和副伤寒、炭疽、斑疹伤寒、麻疹、百日咳、白喉、脊髓灰质炎、流行性脑脊髓膜炎、猩红热、流行性出血热、登革热、淋病、梅毒；

（三）肺结核、麻风病、流行性腮腺炎、风疹、急性出血性结膜炎。

第十九条　从事饮水、饮食、整容、保育等易使传染病扩散工作的从业人员，必须按照国家有关规定取得健康合格证后方可上岗。

第二十条　招用流动人员二百人以上的用工单位，应当向当地政府卫生行政部门指定的卫生防疫机构报告，并按照要求采取预防控制传染病的卫生措施。

第二十一条　被甲类传染病病原体污染的污水、污物、粪便，有关单位和个人必须在卫生防疫人员的指导监督下，按照下列要求进行处理：

（一）被鼠疫病原体污染

1. 被污染的室内空气、地面、四壁必须进行严格消毒，被污染的物品必须严格消毒或者焚烧处理；

2. 彻底消除鼠疫疫区内的鼠类、蚤类；发现病鼠、死鼠应当送检；解剖检验后的鼠尸必须焚化；

3. 疫区内啮齿类动物的皮毛不能就地进行有效的消毒处理时，必须在卫生防疫机构的监督下焚烧。

（二）被霍乱病原体污染

1. 被污染的饮用水，必须进行严格消毒处理；

2. 污水经消毒处理后排放；

3. 被污染的食物要就地封存，消毒处理；

4. 粪便消毒处理达到无害化；

5. 被污染的物品，必须进行严格消毒或者焚烧处理。

第二十二条　被伤寒和副伤寒、细菌性痢疾、脊髓灰质炎、病毒性肝炎病原体污染的水、物品、粪便，有关单位和个人应当按照下列要求进行处理：

（一）被污染的饮用水，应当进行严格消毒处理；

（二）污水经消毒处理后排放；

（三）被污染的物品，应当进行严格消毒处理或者焚烧处理；

（四）粪便消毒处理达到无害化。

死于炭疽的动物尸体必须就地焚化，被污染的用具必须消毒处理，被污染的土地、草皮消毒后，必须将10厘米厚的表层土铲除，并在远离水源及河流的地方深埋。

第二十三条 出售、运输被传染病病原体污染或者来自疫区可能被传染病病原体污染的皮毛、旧衣物及生活用品等，必须按照卫生防疫机构的要求进行必要的卫生处理。

第二十四条 用于预防传染病的菌苗、疫苗等生物制品，由各省、自治区、直辖市卫生防疫机构统一向生物制品生产单位订购，其他任何单位和个人不得经营。

用于预防传染病的菌苗、疫苗等生物制品必须在卫生防疫机构监督指导下使用。

第二十五条 凡从事可能导致经血液传播传染病的美容、整容等单位和个人，必须执行国务院卫生行政部门的有关规定。

第二十六条 血站（库）、生物制品生产单位，必须严格执行国务院卫生行政部门的有关规定，保证血液、血液制品的质量，防止因输入血液、血液制品引起病毒性肝炎、艾滋病、疟疾等疾病的发生。任何单位和个人不准使用国务院卫生行政部门禁止进口的血液和血液制品。

第二十七条 生产、经营、使用消毒药剂和消毒器械、卫生用品、卫生材料、一次性医疗器材、隐形眼镜、人造器官等必须符合国家有关标准，不符合国家有关标准的不得生产、经营和使用。

第二十八条 发现人畜共患传染病已在人、畜间流行时，卫生行政部门与畜牧兽医部门应当深入疫区，按照职责分别对人、畜开展防治工作。

传染病流行区的家畜家禽，未经畜牧兽医部门检疫不得外运。

进入鼠疫自然疫源地捕猎旱獭应按照国家有关规定执行。

第二十九条 狂犬病的防治管理工作按照下列规定分工负责：

（一）公安部门负责县以上城市养犬的审批与违章养犬的处理，捕杀狂犬、野犬。

（二）畜牧兽医部门负责兽用狂犬病疫苗的研制、生产和供应；对城乡经批准的养犬进行预防接种、登记和发放“家犬免疫证”；对犬类狂犬病的疫情进行监测和负责进出口犬类的检疫、免疫及管理。

（三）乡（镇）政府负责辖区内养犬的管理，捕杀狂犬、野犬。

（四）卫生部门负责人用狂犬病疫苗的供应、接种和病人的诊治。

第三十条 自然疫源地或者可能是自然疫源地的地区计划兴建大型建设项目时，建设单位在设计任务书批准后，应当向当地卫生防疫机构申请对施工环境进行卫生调查，并根据卫生防疫机构的意见采取必要的卫生防疫措施后，方可办理开工手续。

兴建城市规划内的建设项目，属于在自然疫源地和可能是自然疫源地范围内的，城市规划主管部门在核发建设工程规划许可证明中，必须有卫生防疫部门提出的有关意见及结论。建设单位在施工过程中，必须采取预防传染病传播和扩散的措施。

第三十一条 卫生防疫机构接到在自然疫源地和可能是自然疫源地范围内兴办大型建设项目的建设单位的卫生调查申请后，应当及时组成调查组到现场进行调查，并提出该地区自然环境中可能存在的传染病病种、流行范围、流行强度及预防措施等意见和结论。

第三十二条 在自然疫源地或者可能是自然疫源地内施工的建设单位，应当设立预防保健组织负责施工期间的卫生防疫工作。

第三十三条 凡在生产、工作中接触传染病病原体的工作人员，可以按照国家有关规定申领卫生防疫津贴。

第三章 疫情报告

第三十四条 执行职务的医疗保健人员、卫生防疫人员为责任疫情报告人。

责任疫情报告人应当按照本办法第三十五条规定的时限向卫生行政部门指定的卫生防疫机构报告疫情，并做疫情登记。

第三十五条 责任疫情报告人发现甲类传染病和乙类传染病中的艾滋病、肺炭疽的病人、病原携带者和疑似传染病病人时，城镇于六小时内，农村于十二小时内，以最快的通讯方式向发病地的卫生防疫机构报告，并同时报出传染病报告卡。

责任疫情报告人发现乙类传染病病人、病原携带者和疑似传染病病人时，城镇于十二小时内，农村于二十四小时内向发病地的卫生防疫机构报出传染病报告卡。

责任疫情报告人在丙类传染病监测区内发现丙类传染病病人时，应当在二十四小时内向发病地的卫生防疫机构报出传染病报告卡。

第三十六条 传染病暴发、流行时，责任疫情报告人应当以最快的通讯方式向当地卫生防疫机构报告疫情。接到疫情报告的卫生防疫机构应当以最快的通讯方式报告上级卫生防疫机构和当地政府卫生行政部门，卫生行政部门接到报告后，应当立即报告当地政府。

省级政府卫生行政部门接到发现甲类传染病和发生传染病暴发、流行的报告后，应当于六小时内报告国务院卫生行政部门。

第三十七条 流动人员中的传染病病人、病原携带者和疑似传染病病人的传染病报告、处理由诊治地负责，其疫情登记、统计由户口所在地负责。

第三十八条 铁路、交通、民航、厂（场）矿的卫生防疫机构，应当定期向所在地卫生行政部门指定的卫生防疫机构报告疫情。

第三十九条 军队的传染病疫情，由中国人民解放军卫生主管部门根据军队有关规定向国务院卫生行政部门报告。

军队的医疗保健和卫生防疫机构，发现地方就诊的传染病病人、病原携带者、疑似传染病病人时，应当按照本办法第三十五条的规定报告疫情，并接受当地卫生防疫机构的业务指导。

第四十条 国境口岸所在地卫生行政部门指定的卫生防疫机构和港口、机场、铁路卫生防疫机构和国境卫生检疫机关在发现国境卫生检疫法规定的检疫传染病时，应当互相通报疫情。

发现人畜共患传染病时，卫生防疫机构和畜牧兽医部门应当互相通报疫情。

第四十一条 各级政府卫生行政部门指定的卫生防疫机构应当对辖区内各类医疗保健机构的疫情登记报告和管理情况定期进行核实、检查、指导。

第四十二条 传染病报告卡片邮寄信封应当印有明显的“红十字”标志及写明××卫生防疫机构收的字样。

邮电部门应当及时传递疫情报告的电话或者信卡，并实行邮资总付。

第四十三条 医务人员未经县级以上政府卫生行政部门批准，不得将就诊的淋病、梅毒、麻风病、艾滋病病人和艾滋病病原携带者及其家属的姓名、住址和个人病史公开。

第四章 控 制

第四十四条 卫生防疫机构和医疗保健机构传染病的疫情处理实行分级分工管理。

第四十五条 艾滋病的监测管理按照国务院有关规定执行。

第四十六条 淋病、梅毒病人应当在医疗保健机构、卫生防疫机构接受治疗。尚未治愈前，不得进入公共浴池、游泳池。

第四十七条 医疗保健机构或者卫生防疫机构在诊治中发现甲类传染病的疑似病人，应当在二日内作出明确诊断。

第四十八条 甲类传染病病人和病原携带者以及乙类传染病中的艾滋病、淋病、梅毒病人的密切接触者必须按照有关规定接受检疫、医学检查和防治措施。

前款以外的乙类传染病病人及病原携带者的密切接触者，应当接受医学检查和防治措施。

第四十九条 甲类传染病疑似病人或者病原携带者的密切接触者，经留验排除是病人或者病原携带者后，留验期间的工资福利待遇由所属单位按出勤照发。

第五十条 发现甲类传染病病人、病原携带者或者疑似病人的污染场所，卫生防疫机构接到疫情报告后，应立即进行严格的卫生处理。

第五十一条 地方各级政府卫生行政部门发现本地区发生从未有过的传染病或者国家已宣布消除的传染病时，应当立即采取措施，必要时，向当地政府报告。

第五十二条 在传染病暴发、流行区域、当地政府应当根据传染病疫情控制的需要，组织卫生、医药、公安、工商、交通、水利、城建、农业、商业、民政、邮电、广播电视等部门采取下列预防、控制措施：

（一）对病人进行抢救、隔离治疗；

（二）加强粪便管理，清除垃圾、污物；

（三）加强自来水和其他饮用水的管理，保护饮用水源；

（四）消除病媒昆虫、钉螺、鼠类及其他染疫动物；

（五）加强易使传染病传播扩散活动的卫生管理；

（六）开展防病知识的宣传；

（七）组织对传染病病人、病原携带者、染疫动物密切接触人群的检疫、预防服药、应急接种等；

（八）供应用于预防和控制疫情所必需的药品、生物制品、消毒药品、器械等；

（九）保证居民生活必需品的供应。

第五十三条 县级以上政府接到下一级政府关于采取《传染病防治法》第二十五条规定的紧急措施报告时，应当在二十四小时内做出决定。下一级政府在上一级政府作出决定前，必要时，可以临时采取《传染病防治法》第二十五条第一款第（一）、（四）项紧急措施，但不得超过二十四小时。

第五十四条 撤销采取《传染病防治法》第二十五条紧急措施的条件是：

（一）甲类传染病病人、病原携带者全部治愈，乙类传染病病人、病原携带者得到有效的隔离治疗；病人尸体得到严格消毒处理；

（二）污染的物品及环境已经过消毒等卫生处理；有关病媒昆虫、染疫动物基本消除；

（三）暴发、流行的传染病病种，经过最长潜伏期后，未发现新的传染病病人，疫情得到有效的控制。

第五十五条 因患鼠疫、霍乱和炭疽病死亡的病人尸体，由治疗病人的医疗单位负责消毒处理，处理后应当立即火化。

患病毒性肝炎、伤寒和副伤寒、艾滋病、白喉、炭疽、脊髓灰质炎死亡的病人尸体，由治疗病人的医疗单位或者当地卫生防疫机构消毒处理后火化。

不具备火化条件的农村、边远地区，由治疗病人的医疗单位或者当地卫生防疫机构负责消毒后，可选远离居民点五百米以外、远离饮用水源五十米以外的地方，将尸体在距地面两米以下深埋。

民族自治地方执行前款的规定，依照《传染病防治法》第二十八条第三款的规定办理。

第五十六条 医疗保健机构、卫生防疫机构经县级以上政府卫生行政部门的批准可以对传染病病人尸体或者疑似传染病病人的尸体进行解剖查验。

第五十七条 卫生防疫机构处理传染病疫情的人员，可以凭当地政府卫生行政部门出具的处理疫情证明及有效的身份证明，优先在铁路、交通、民航部门购票，铁路、交通、民航部门应当保证售给最近一次通往目的地的车、船、机票。

交付运输的处理疫情的物品应当有明显标志，铁路、交通、民航部门应当保证用最快通往目的地的交通工具运出。

第五十八条　用于传染病监督控制的车辆，其标志由国务院卫生行政部门会同有关部门统一制定。任何单位和个人不得阻拦依法执行处理疫情任务的车辆和人员。

第五章　监　　督

第五十九条　地方各级政府卫生行政部门、卫生防疫机构和受国务院卫生行政部门委托的其他有关部门卫生主管机构推荐的传染病管理监督员，由省级以上政府卫生行政部门聘任并发给证件。

省级政府卫生行政部门聘任的传染病管理监督员，报国务院卫生行政部门备案。

第六十条　传染病管理监督员执行下列任务：

（一）监督检查《传染病防治法》及本办法的执行情况；

（二）进行现场调查，包括采集必需的标本及查阅、索取、翻印复制必要的文字、图片、声象资料等，并根据调查情况写出书面报告；

（三）对违法单位或者个人提出处罚建议；

（四）执行卫生行政部门或者其他有关部门卫生主管机构交付的任务；

（五）及时提出预防和控制传染病措施的建议。

第六十一条　各级各类医疗保健机构内设立的传染病管理检查员，由本单位推荐，经县级以上政府卫生行政部门或受国务院卫生行政部门委托的其他部门卫生主管机构批准并发给证件。

第六十二条　传染病管理检查员执行下列任务：

（一）宣传《传染病防治法》及本办法，检查本单位和责任地段的传染病防治措施的实施和疫情报告执行情况；

（二）对本单位和责任地段的传染病防治工作进行技术指导；

（三）执行卫生行政部门和卫生防疫机构对本单位及责任地段提出的改进传染病防治管理工作的意见；

（四）定期向卫生行政部门指定的卫生防疫机构汇报工作情况，遇到紧急情况及时报告。

第六十三条　传染病管理监督员、传染病管理检查员执行任务时，有关单位和个人必须给予协助。

第六十四条　传染病管理监督员的解聘和传染病管理检查员资格的取消，由原发证机关决定，并通知其所在单位和个人。

第六十五条　县级以上政府卫生行政部门和受国务院卫生行政部门委托的部门，可以成立传染病技术鉴定组织。

第六章　罚　　则

第六十六条　有下列行为之一的，由县级以上政府卫生行政部门责令限期改正，可以处五千元以下的罚款；情节较严重的，可以处五千元以上二万元以下的罚款，对主管人员和直接责任人员由其所在单位或者上级机关给予行政处分：

（一）集中式供水单位供应的饮用水不符合国家规定的《生活饮用水卫生标准》的；

（二）单位自备水源未经批准与城镇供水系统连接的；

（三）未按城市环境卫生设施标准修建公共卫生设施致使垃圾、粪便、污水不能进行无害化处理的；

（四）对被传染病病原体污染的污水、污物、粪便不按规定进行消毒处理的；

（五）对被甲类和乙类传染病病人、病

原携带者、疑似传染病病人污染的场所、物品未按照卫生防疫机构的要求实施必要的卫生处理的；

（六）造成传染病的医源性感染、医院内感染、实验室感染和致病性微生物扩散的；

（七）生产、经营、使用消毒药剂和消毒器械、卫生用品、卫生材料、一次性医疗器材、隐形眼镜、人造器官等不符合国家卫生标准，可能造成传染病的传播、扩散或者造成传染病的传播、扩散的；

（八）准许或者纵容传染病病人、病原携带者和疑似传染病病人，从事国务院卫生行政部门规定禁止从事的易使该传染病扩散的工作的；

（九）传染病病人、病原携带者故意传播传染病，造成他人感染的；

（十）甲类传染病病人、病原携带者或者疑似传染病病人，乙类传染病中艾滋病、肺炭疽病人拒绝进行隔离治疗的；

（十一）招用流动人员的用工单位，未向卫生防疫机构报告并未采取卫生措施，造成传染病传播、流行的；

（十二）违章养犬或者拒绝、阻挠捕杀违章犬，造成咬伤他人或者导致人群中发生狂犬病的。

前款所称情节较严重的，是指下列情形之一：

（一）造成甲类传染病、艾滋病、肺炭疽传播危险的；

（二）造成除艾滋病、肺炭疽之外的乙、丙类传染病暴发、流行的；

（三）造成传染病菌（毒）种扩散的；

（四）造成病人残疾、死亡的；

（五）拒绝执行《传染病防治法》及本办法的规定，屡经教育仍继续违法的。

第六十七条 在自然疫源地和可能是自然疫源地的地区兴建大型建设项目未经卫生调查即进行施工的，由县级以上政府卫生行政部门责令限期改正，可以处二千元以上二万元以下的罚款。

第六十八条 单位和个人出售、运输被传染病病原体污染和来自疫区可能被传染病病原体污染的皮毛、旧衣物及生物用品的，由县级以上政府卫生行政部门责令限期进行卫生处理，可以处出售金额一倍以下的罚款；造成传染病流行的，根据情节，可以处相当出售金额三倍以下的罚款，危害严重，出售金额不满二千元的，以二千元计算；对主管人员和直接责任人员由所在单位或者上级机关给予行政处分。

第六十九条 单位和个人非法经营、出售用于预防传染病菌苗、疫苗等生物制品的，县级以上政府卫生行政部门可以处相当出售金额三倍以下的罚款，危害严重，出售金额不满五千元的，以五千元计算；对主管人员和直接责任人员由所在单位或者上级机关根据情节，可以给予行政处分。

第七十条 有下列行为之一的单位和个人，县级以上政府卫生行政部门报请同级政府批准，对单位予以通报批评；对主管人员和直接责任人员由所在单位或者上级机关给予行政处分。

（一）传染病暴发、流行时，妨碍或者拒绝执行政府采取紧急措施的；

（二）传染病暴发、流行时，医疗保健人员、卫生防疫人员拒绝执行各级政府卫生行政部门调集其参加控制疫情的决定的；

（三）对控制传染病暴发、流行负有责任的部门拒绝执行政府有关控制疫情决定的；

（四）无故阻止和拦截依法执行处理疫情任务的车辆和人员的。

第七十一条 执行职务的医疗保健人员、卫生防疫人员和责任单位，不报、漏报、迟报传染病疫情的，由县级以上政府卫生行政部门责令限期改正，对主管人员和直接责任人员由其所在单位或者上级机关根据情节，可以给予行政处分。

个体行医人员在执行职务时，不报、漏报、迟报传染病疫情的，由县级以上政府卫生行政部门责令限期改正，限期内不改的，可以处一百元以上五百元以下罚款；对造成传染病传播流行的，可以处二百元以上二千元以下罚款。

第七十二条　县级政府卫生行政部门可以作出处一万元以下罚款的决定；决定处一万元以上罚款的，须报上一级政府卫生行政部门批准。

受国务院卫生行政部门委托的有关部门卫生主管机构可以作出处二千元以下罚款的决定；决定处二千元以上罚款的，须报当地县级以上政府卫生行政部门批准。

县级以上政府卫生行政部门在收取罚款时，应当出具正式的罚款收据。罚款全部上缴国库。

第七章　附　　则

第七十三条　《传染病防治法》及本办法的用语含义如下：

传染病病人、疑似传染病病人：指根据国务院卫生行政部门发布的《中华人民共和国传染病防治法规定管理的传染病诊断标准》，符合传染病病人和疑似传染病病人诊断标准的人。

病原携带者：指感染病原体无临床症状但能排出病原体的人。

暴发：指在一个局部地区，短期内，突然发生多例同一种传染病病人。

流行：指一个地区某种传染病发病率显著超过该病历年的一般发病率水平。

重大传染病疫情：指《传染病防治法》第二十五条所称的传染病的暴发、流行。

传染病监测：指对人群传染病的发生、流行及影响因素进行有计划地、系统地长期观察。

疫区：指传染病在人群中暴发或者流行，其病原体向周围传播时可能波及的地区。

人畜共患传染病：指鼠疫、流行性出血热、狂犬病、钩端螺旋体病、布鲁氏菌病、炭疽、流行性乙型脑炎、黑热病、包虫病、血吸虫病。

自然疫源地：指某些传染病的病原体在自然界的野生动物中长期保存并造成动物间流行的地区。

可能是自然疫源地：指在自然界中具有自然疫源性疾病存在的传染源和传播媒介，但尚未查明的地区。

医源性感染：指在医学服务中，因病原体传播引起的感染。

医院内感染：指就诊患者在医疗保健机构内受到的感染。

实验室感染：指从事实验室工作时，因接触病原体所致的感染。

消毒：指用化学、物理、生物的方式杀灭或者消除环境中的致病性微生物。

卫生处理：指消毒、杀虫、灭鼠等卫生措施以及隔离、留验、就地检验等医学措施。

卫生防疫机构：指卫生防疫站、结核病防治研究所（院）、寄生虫病防治研究所（站）、血吸虫病防治研究所（站）、皮肤病性病防治研究所（站）、地方病防治研究所（站）、鼠疫防治站（所）、乡镇预防保健站（所）及与上述机构专业相同的单位。

医疗保健机构：指医院、卫生院（所）、门诊部（所）、疗养院（所）、妇幼保健院（站）及与上述机构业务活动相同的单位。

第七十四条　省、自治区、直辖市政府可以根据《传染病防治法》和本办法制定实施细则。

第七十五条　本办法由国务院卫生行政部门负责解释。

第七十六条　本办法自发布之日起施行。

突发公共卫生事件应急条例

（2003年5月9日中华人民共和国国务院令第376号公布，根据2011年1月8日国务院令第588号《国务院关于废止和修改部分行政法规的决定》修订）

第一章 总 则

第一条 为了有效预防、及时控制和消除突发公共卫生事件的危害，保障公众身体健康与生命安全，维护正常的社会秩序，制定本条例。

第二条 本条例所称突发公共卫生事件（以下简称突发事件），是指突然发生，造成或者可能造成社会公众健康严重损害的重大传染病疫情、群体性不明原因疾病、重大食物和职业中毒以及其他严重影响公众健康的事件。

第三条 突发事件发生后，国务院设立全国突发事件应急处理指挥部，由国务院有关部门和军队有关部门组成，国务院主管领导人担任总指挥，负责对全国突发事件应急处理的统一领导、统一指挥。

国务院卫生行政主管部门和其他有关部门，在各自的职责范围内做好突发事件应急处理的有关工作。

第四条 突发事件发生后，省、自治区、直辖市人民政府成立地方突发事件应急处理指挥部，省、自治区、直辖市人民政府主要领导人担任总指挥，负责领导、指挥本行政区域内突发事件应急处理工作。

县级以上地方人民政府卫生行政主管部门，具体负责组织突发事件的调查、控制和医疗救治工作。

县级以上地方人民政府有关部门，在各自的职责范围内做好突发事件应急处理的有关工作。

第五条 突发事件应急工作，应当遵循预防为主、常备不懈的方针，贯彻统一领导、分级负责、反应及时、措施果断、依靠科学、加强合作的原则。

第六条 县级以上各级人民政府应当组织开展防治突发事件相关科学研究，建立突发事件应急流行病学调查、传染源隔离、医疗救护、现场处置、监督检查、监测检验、卫生防护等有关物资、设备、设施、技术与人才资源储备，所需经费列入本级政府财政预算。

国家对边远贫困地区突发事件应急工作给予财政支持。

第七条 国家鼓励、支持开展突发事件监测、预警、反应处理有关技术的国际交流与合作。

第八条 国务院有关部门和县级以上地方人民政府及其有关部门，应当建立严格的突发事件防范和应急处理责任制，切实履行各自的职责，保证突发事件应急处理工作的正常进行。

第九条 县级以上各级人民政府及其卫生行政主管部门，应当对参加突发事件应急处理的医疗卫生人员，给予适当补助和保健津贴；对参加突发事件应急处理作出贡献的人员，给予表彰和奖励；对因参与应急处理工作致病、致残、死亡的人员，按照国家有关规定，给予相应的补助和抚恤。

第二章 预防与应急准备

第十条 国务院卫生行政主管部门按照分类指导、快速反应的要求，制定全国突发事件应急预案，报请国务院批准。

省、自治区、直辖市人民政府根据全国突发事件应急预案，结合本地实际情况，制定本行政区域的突发事件应急预案。

第十一条 全国突发事件应急预案应当包括以下主要内容：

（一）突发事件应急处理指挥部的组成和相关部门的职责；

（二）突发事件的监测与预警；

（三）突发事件信息的收集、分析、报告、通报制度；

（四）突发事件应急处理技术和监测机构及其任务；

（五）突发事件的分级和应急处理工作方案；

（六）突发事件预防、现场控制，应急设施、设备、救治药品和医疗器械以及其他物资和技术的储备与调度；

（七）突发事件应急处理专业队伍的建设和培训。

第十二条 突发事件应急预案应当根据突发事件的变化和实施中发现的问题及时进行修订、补充。

第十三条 地方各级人民政府应当依照法律、行政法规的规定，做好传染病预防和其他公共卫生工作，防范突发事件的发生。

县级以上各级人民政府卫生行政主管部门和其他有关部门，应当对公众开展突发事件应急知识的专门教育，增强全社会对突发事件的防范意识和应对能力。

第十四条 国家建立统一的突发事件预防控制体系。

县级以上地方人民政府应当建立和完善突发事件监测与预警系统。

县级以上各级人民政府卫生行政主管部门，应当指定机构负责开展突发事件的日常监测，并确保监测与预警系统的正常运行。

第十五条 监测与预警工作应当根据突发事件的类别，制定监测计划，科学分析、综合评价监测数据。对早期发现的潜在隐患以及可能发生的突发事件，应当依照本条例规定的报告程序和时限及时报告。

第十六条 国务院有关部门和县级以上地方人民政府及其有关部门，应当根据突发事件应急预案的要求，保证应急设施、设备、救治药品和医疗器械等物资储备。

第十七条 县级以上各级人民政府应当加强急救医疗服务网络的建设，配备相应的医疗救治药物、技术、设备和人员，提高医疗卫生机构应对各类突发事件的救治能力。

设区的市级以上地方人民政府应当设置与传染病防治工作需要相适应的传染病专科医院，或者指定具备传染病防治条件和能力的医疗机构承担传染病防治任务。

第十八条 县级以上地方人民政府卫生行政主管部门，应当定期对医疗卫生机构和人员开展突发事件应急处理相关知识、技能的培训，定期组织医疗卫生机构进行突发事件应急演练，推广最新知识和先进技术。

第三章 报告与信息发布

第十九条 国家建立突发事件应急报告制度。

国务院卫生行政主管部门制定突发事件应急报告规范，建立重大、紧急疫情信息报告系统。

有下列情形之一的，省、自治区、直辖市人民政府应当在接到报告1小时内，向国务院卫生行政主管部门报告：

（一）发生或者可能发生传染病暴发、流行的；

（二）发生或者发现不明原因的群体性疾病的；

（三）发生传染病菌种、毒种丢失的；

（四）发生或者可能发生重大食物和职业中毒事件的。

国务院卫生行政主管部门对可能造成重大社会影响的突发事件，应当立即向国务院报告。

第二十条 突发事件监测机构、医疗卫生机构和有关单位发现有本条例第十九条规定情形之一的，应当在2小时内向所在地县级人民政府卫生行政主管部门报告；接到报告的卫生行政主管部门应当在2小时内向本级人民政府报告，并同时向上级人民政府卫生行政主管部门和国务院卫生行政主管部门报告。

县级人民政府应当在接到报告后2小时内向设区的市级人民政府或者上一级人民政府报告；设区的市级人民政府应当在接到报告后2小时内向省、自治区、直辖市人民政府报告。

第二十一条 任何单位和个人对突发事件，不得隐瞒、缓报、谎报或者授意他人隐瞒、缓报、谎报。

第二十二条 接到报告的地方人民政府、卫生行政主管部门依照本条例规定报告的同时，应当立即组织力量对报告事项调查核实、确证，采取必要的控制措施，并及时报告调查情况。

第二十三条 国务院卫生行政主管部门应当根据发生突发事件的情况，及时向国务院有关部门和各省、自治区、直辖市人民政府卫生行政主管部门以及军队有关部门通报。

突发事件发生地的省、自治区、直辖市人民政府卫生行政主管部门，应当及时向毗邻省、自治区、直辖市人民政府卫生行政主管部门通报。

接到通报的省、自治区、直辖市人民政府卫生行政主管部门，必要时应当及时通知本行政区域内的医疗卫生机构。

县级以上地方人民政府有关部门，已经发生或者发现可能引起突发事件的情形时，应当及时向同级人民政府卫生行政主管部门通报。

第二十四条 国家建立突发事件举报制度，公布统一的突发事件报告、举报电话。

任何单位和个人有权向人民政府及其有关部门报告突发事件隐患，有权向上级人民政府及其有关部门举报地方人民政府及其有关部门不履行突发事件应急处理职责，或者不按照规定履行职责的情况。接到报告、举报的有关人民政府及其有关部门，应当立即组织对突发事件隐患、不履行或者不按照规定履行突发事件应急处理职责的情况进行调查处理。

对举报突发事件有功的单位和个人，县级以上各级人民政府及其有关部门应当予以奖励。

第二十五条 国家建立突发事件的信息发布制度。

国务院卫生行政主管部门负责向社会发布突发事件的信息。必要时，可以授权省、自治区、直辖市人民政府卫生行政主管部门向社会发布本行政区域内突发事件的信息。

信息发布应当及时、准确、全面。

第四章 应急处理

第二十六条 突发事件发生后，卫生行政主管部门应当组织专家对突发事件进行综合评估，初步判断突发事件的类型，提出是否启动突发事件应急预案的建议。

第二十七条 在全国范围内或者跨省、自治区、直辖市范围内启动全国突发事件应急预案，由国务院卫生行政主管部门报国务院批准后实施。省、自治区、直辖市启动突发事件应急预案，由省、自治区、直辖市人民政府决定，并向国务院报告。

第二十八条 全国突发事件应急处理指挥部对突发事件应急处理工作进行督察和指导，地方各级人民政府及其有关部门应当予以配合。

省、自治区、直辖市突发事件应急处理指挥部对本行政区域内突发事件应急处理工作进行督察和指导。

第二十九条 省级以上人民政府卫生行政主管部门或者其他有关部门指定的突发事件应急处理专业技术机构，负责突发事件的技术调查、确证、处置、控制和评价工作。

第三十条　国务院卫生行政主管部门对新发现的突发传染病，根据危害程度、流行强度，依照《中华人民共和国传染病防治法》的规定及时宣布为法定传染病；宣布为甲类传染病的，由国务院决定。

第三十一条　应急预案启动前，县级以上各级人民政府有关部门应当根据突发事件的实际情况，做好应急处理准备，采取必要的应急措施。

应急预案启动后，突发事件发生地的人民政府有关部门，应当根据预案规定的职责要求，服从突发事件应急处理指挥部的统一指挥，立即到达规定岗位，采取有关的控制措施。

医疗卫生机构、监测机构和科学研究机构，应当服从突发事件应急处理指挥部的统一指挥，相互配合、协作，集中力量开展相关的科学研究工作。

第三十二条　突发事件发生后，国务院有关部门和县级以上地方人民政府及其有关部门，应当保证突发事件应急处理所需的医疗救护设备、救治药品、医疗器械等物资的生产、供应；铁路、交通、民用航空行政主管部门应当保证及时运送。

第三十三条　根据突发事件应急处理的需要，突发事件应急处理指挥部有权紧急调集人员、储备的物资、交通工具以及相关设施、设备；必要时，对人员进行疏散或者隔离，并可以依法对传染病疫区实行封锁。

第三十四条　突发事件应急处理指挥部根据突发事件应急处理的需要，可以对食物和水源采取控制措施。

县级以上地方人民政府卫生行政主管部门应当对突发事件现场等采取控制措施，宣传突发事件防治知识，及时对易受感染的人群和其他易受损害的人群采取应急接种、预防性投药、群体防护等措施。

第三十五条　参加突发事件应急处理的工作人员，应当按照预案的规定，采取卫生防护措施，并在专业人员的指导下进行工作。

第三十六条　国务院卫生行政主管部门或者其他有关部门指定的专业技术机构，有权进入突发事件现场进行调查、采样、技术分析和检验，对地方突发事件的应急处理工作进行技术指导，有关单位和个人应当予以配合；任何单位和个人不得以任何理由予以拒绝。

第三十七条　对新发现的突发传染病、不明原因的群体性疾病、重大食物和职业中毒事件，国务院卫生行政主管部门应当尽快组织力量制定相关的技术标准、规范和控制措施。

第三十八条　交通工具上发现根据国务院卫生行政主管部门的规定需要采取应急控制措施的传染病病人、疑似传染病病人，其负责人应当以最快的方式通知前方停靠点，并向交通工具的营运单位报告。交通工具的前方停靠点和营运单位应当立即向交通工具营运单位行政主管部门和县级以上地方人民政府卫生行政主管部门报告。卫生行政主管部门接到报告后，应当立即组织有关人员采取相应的医学处置措施。

交通工具上的传染病病人密切接触者，由交通工具停靠点的县级以上各级人民政府卫生行政主管部门或者铁路、交通、民用航空行政主管部门，根据各自的职责，依照传染病防治法律、行政法规的规定，采取控制措施。

涉及国境口岸和入出境的人员、交通工具、货物、集装箱、行李、邮包等需要采取传染病应急控制措施的，依照国境卫生检疫法律、行政法规的规定办理。

第三十九条　医疗卫生机构应当对因突发事件致病的人员提供医疗救护和现场救援，对就诊病人必须接诊治疗，并书写详细、完整的病历记录；对需要转送的病人，应当按照规定将病人及其病历记录的复印件转送至接诊的或者指定的医疗机构。

医疗卫生机构内应当采取卫生防护措施，防止交叉感染和污染。

医疗卫生机构应当对传染病病人密切接触者采取医学观察措施，传染病病人密切接触者应当予以配合。

医疗机构收治传染病病人、疑似传染病病人，应当依法报告所在地的疾病预防控制机构。接到报告的疾病预防控制机构应当立即对可能受到危害的人员进行调查，根据需要采取必要的控制措施。

第四十条 传染病暴发、流行时，街道、乡镇以及居民委员会、村民委员会应当组织力量，团结协作，群防群治，协助卫生行政主管部门和其他有关部门、医疗卫生机构做好疫情信息的收集和报告、人员的分散隔离、公共卫生措施的落实工作，向居民、村民宣传传染病防治的相关知识。

第四十一条 对传染病暴发、流行区域内流动人口，突发事件发生地的县级以上地方人民政府应当做好预防工作，落实有关卫生控制措施；对传染病病人和疑似传染病病人，应当采取就地隔离、就地观察、就地治疗的措施。对需要治疗和转诊的，应当依照本条例第三十九条第一款的规定执行。

第四十二条 有关部门、医疗卫生机构应当对传染病做到早发现、早报告、早隔离、早治疗，切断传播途径，防止扩散。

第四十三条 县级以上各级人民政府应当提供必要资金，保障因突发事件致病、致残的人员得到及时、有效的救治。具体办法由国务院财政部门、卫生行政主管部门和劳动保障行政主管部门制定。

第四十四条 在突发事件中需要接受隔离治疗、医学观察措施的病人、疑似病人和传染病病人密切接触者在卫生行政主管部门或者有关机构采取医学措施时应当予以配合；拒绝配合的，由公安机关依法协助强制执行。

第五章 法律责任

第四十五条 县级以上地方人民政府及其卫生行政主管部门未依照本条例的规定履行报告职责，对突发事件隐瞒、缓报、谎报或者授意他人隐瞒、缓报、谎报的，对政府主要领导人及其卫生行政主管部门主要负责人，依法给予降级或者撤职的行政处分；造成传染病传播、流行或者对社会公众健康造成其他严重危害后果的，依法给予开除的行政处分；构成犯罪的，依法追究刑事责任。

第四十六条 国务院有关部门、县级以上地方人民政府及其有关部门未依照本条例的规定，完成突发事件应急处理所需要的设施、设备、药品和医疗器械等物资的生产、供应、运输和储备的，对政府主要领导人和政府部门主要负责人依法给予降级或者撤职的行政处分；造成传染病传播、流行或者对社会公众健康造成其他严重危害后果的，依法给予开除的行政处分；构成犯罪的，依法追究刑事责任。

第四十七条 突发事件发生后，县级以上地方人民政府及其有关部门对上级人民政府有关部门的调查不予配合，或者采取其他方式阻碍、干涉调查的，对政府主要领导人和政府部门主要负责人依法给予降级或者撤职的行政处分；构成犯罪的，依法追究刑事责任。

第四十八条 县级以上各级人民政府卫生行政主管部门和其他有关部门在突发事件调查、控制、医疗救治工作中玩忽职守、失职、渎职的，由本级人民政府或者上级人民政府有关部门责令改正、通报批评、给予警告；对主要负责人、负有责任的主管人员和其他责任人员依法给予降级、撤职的行政处分；造成传染病传播、流行或者对社会公众健康造成其他严重危害后果的，依法给予开除的行政处分；构成犯罪的，依法追究刑事责任。

第四十九条 县级以上各级人民政府有关部门拒不履行应急处理职责的，由同级人民政府或者上级人民政府有关部门责令改正、通报批评、给予警告；对主要负责人、负有责任的主管人员和其他责任人员依法给予降级、撤职的行政处分；造成传染病传播、流行或者对社会公众健康造成其他严重危害后果的，依法给予开除的行政处分；构成犯罪的，依法追究刑事责任。

第五十条 医疗卫生机构有下列行为之

一的，由卫生行政主管部门责令改正、通报批评、给予警告；情节严重的，吊销《医疗机构执业许可证》；对主要负责人、负有责任的主管人员和其他直接责任人员依法给予降级或者撤职的纪律处分；造成传染病传播、流行或者对社会公众健康造成其他严重危害后果，构成犯罪的，依法追究刑事责任：

（一）未依照本条例的规定履行报告职责，隐瞒、缓报或者谎报的；

（二）未依照本条例的规定及时采取控制措施的；

（三）未依照本条例的规定履行突发事件监测职责的；

（四）拒绝接诊病人的；

（五）拒不服从突发事件应急处理指挥部调度的。

第五十一条　在突发事件应急处理工作中，有关单位和个人未依照本条例的规定履行报告职责，隐瞒、缓报或者谎报，阻碍突发事件应急处理工作人员执行职务，拒绝国务院卫生行政主管部门或者其他有关部门指定的专业技术机构进入突发事件现场，或者不配合调查、采样、技术分析和检验的，对有关责任人员依法给予行政处分或者纪律处分；触犯《中华人民共和国治安管理处罚法》，构成违反治安管理行为的，由公安机关依法予以处罚；构成犯罪的，依法追究刑事责任。

第五十二条　在突发事件发生期间，散布谣言、哄抬物价、欺骗消费者，扰乱社会秩序、市场秩序的，由公安机关或者工商行政管理部门依法给予行政处罚；构成犯罪的，依法追究刑事责任。

第六章　附　　则

第五十三条　中国人民解放军、武装警察部队医疗卫生机构参与突发事件应急处理的，依照本条例的规定和军队的相关规定执行。

第五十四条　本条例自公布之日起施行。

中华人民共和国国境卫生检疫法

（1986 年 12 月 2 日第六届全国人民代表大会常务委员会第十八次会议通过，根据 2007 年 12 月 29 日第十届全国人民代表大会常务委员会第三十一次会议《关于修改〈中华人民共和国国境卫生检疫法〉的决定》第一次修正，根据 2009 年 8 月 27 日第十一届全国人民代表大会常务委员会第十次会议《关于修改部分法律的决定》第二次修正，根据 2018 年 4 月 27 日第十三届全国人民代表大会常务委员会第二次会议《关于修改〈中华人民共和国国境卫生检疫法〉等六部法律的决定》第三次修正，2024 年 6 月 28 日第十四届全国人民代表大会常务委员会第十次会议修订）

第一章　总　　则

第一条　为了加强国境卫生检疫工作，防止传染病跨境传播，保障公众生命安全和身体健康，防范和化解公共卫生风险，根据宪法，制定本法。

第二条　国境卫生检疫及相关活动，适用本法。

在中华人民共和国对外开放的口岸（以下简称口岸），海关依照本法规定履行检疫查验、传染病监测、卫生监督和应急处置等国境卫生检疫职责。

第三条　本法所称传染病，包括检疫传染病、监测传染病和其他需要在口岸采取相应卫生检疫措施的新发传染病、突发原因不明的传染病。

检疫传染病目录，由国务院疾病预防控制部门会同海关总署编制、调整，报国务院批准后公布。监测传染病目录，由国务院疾病预防控制部门会同海关总署编制、调整并公布。

检疫传染病目录、监测传染病目录应当根据境内外传染病暴发、流行情况和危害程度及时调整。

第四条　国境卫生检疫工作坚持中国共产党的领导，坚持风险管理、科学施策、高效处置的原则，健全常态和应急相结合的口岸传染病防控体系。

第五条　海关总署统一管理全国国境卫生检疫工作。国务院卫生健康主管部门、国务院疾病预防控制部门和其他有关部门依据各自职责做好国境卫生检疫相关工作。

口岸所在地县级以上地方人民政府应当将国境卫生检疫工作纳入传染病防治规划，加大对国境卫生检疫工作的支持力度。

海关、卫生健康、疾病预防控制和其他有关部门在国境卫生检疫工作中应当密切配合，建立部门协调机制，强化信息共享和协同联动。

国家依法强化边境管控措施，严密防范非法入境行为导致的传染病输入风险。

第六条　海关依法履行国境卫生检疫职责，有关单位和个人应当予以配合，不得拒绝或者阻碍。

海关履行国境卫生检疫职责，应当依法保护商业秘密、个人隐私和个人信息，不得侵犯有关单位和个人的合法权益。

第七条　国家采取多种措施，加强口岸公共卫生能力建设，不断提升国境卫生检疫工作水平。

第八条　国家加强与其他国家或者地区以及有关国际组织在国境卫生检疫领域的交流合作。

第二章　检疫查验

第九条　进境出境的人员、交通运输工具，集装箱等运输设备、货物、行李、邮包等物品及外包装（以下统称货物、物品），应当依法接受检疫查验，经海关准许，方可进境出境。

享有外交、领事特权与豁免等相关待遇的人员，以及享有外交、领事特权与豁免等相关待遇的机构和人员的物品进境出境，在不影响其依法享有特权与豁免的前提下，应当依法接受检疫查验。

第十条　进境出境的人员、交通运输工具、货物、物品，应当分别在最先到达的口岸和最后离开的口岸接受检疫查验；货物、物品也可以在海关指定的其他地点接受检疫查验。

来自境外的交通运输工具因不可抗力或者其他紧急原因停靠、降落在境内口岸以外地区的，交通运输工具负责人应当立即向就近的海关报告，接到报告的海关应当立即派员到场处理，必要时可以请求当地人民政府疾病预防控制部门予以协助；除避险等紧急情况外，未经海关准许，该交通运输工具不得装卸货物、物品，不得上下引航员以外的人员。

第十一条　对进境出境人员，海关可以要求如实申报健康状况及相关信息，进行体温检测、医学巡查，必要时可以查阅旅行证件。

除前款规定的检疫查验措施外，海关还可以根据情况对有关进境出境人员实施下列检疫查验措施：

（一）要求提供疫苗接种证明或者其他预防措施证明并进行核查；

（二）进行流行病学调查、医学检查；

（三）法律、行政法规规定的其他检疫查验措施。

进境的外国人拒绝接受本条规定的检疫查验措施的，海关可以作出不准其进境的决定，并同时通知移民管理机构。

第十二条　海关依据检疫医师提供的检疫查验结果，对判定为检疫传染病染疫人、疑似染疫人的，应当立即采取有效的现场防控措施，并及时通知口岸所在地县级以上地方人民政府疾病预防控制部门。接到通知的疾病预防控制部门应当及时组织将检疫传染病染疫人、疑似染疫人接送至县级以上地方人民政府指定的医疗机构或者其他场所实施隔离治疗或者医学观察。有关医疗机构和场所应当及时接收。

对可能患有监测传染病的人员，海关应当发给就诊方便卡，并及时通知口岸所在地县级以上地方人民政府疾病预防控制部门。对持有就诊方便卡的人员，医疗机构应当优先诊治。

第十三条　进境出境交通运输工具负责人应当按照规定向海关如实申报与检疫查验有关的事项。

第十四条　海关可以登临交通运输工具进行检疫查验，对符合规定条件的，可以采取电讯方式进行检疫查验。

除避险等紧急情况外，进境的交通运输工具在检疫查验结束前、出境的交通运输工具在检疫查验结束后至出境前，未经海关准许，不得驶离指定的检疫查验地点，不得装卸货物、物品，不得上下引航员以外的人员。

第十五条　进境出境交通运输工具有下列情形之一的，应当实施卫生处理，并接受海关监督；必要时，海关可以会同有关部门对交通运输工具实施隔离：

（一）受到检疫传染病污染；

（二）发现与人类健康有关的病媒生物；

（三）存在传播检疫传染病风险的其他情形。

外国交通运输工具的负责人拒绝实施卫生处理的，除特殊情况外，海关应当责令该交通运输工具在其监督下立即离境。

第十六条　海关依据检疫医师提供的检疫查验结果，对没有传播检疫传染病风险或者已经实施有效卫生处理的交通运输工具，签发进境检疫证或者出境检疫证。

第十七条　已经实施检疫查验的交通运输工具在口岸停留期间，发现检疫传染病染疫人、疑似染疫人或者有人非因意外伤害死亡且死因不明的，交通运输工具负责人应当立即向海关报告，海关应当依照本法规定采取相应的措施。

第十八条　海关对过境的交通运输工具不实施检疫查验，但有证据表明该交通运输工具存在传播检疫传染病风险的除外。

过境的交通运输工具在中国境内不得装卸货物、物品或者上下人员；添加燃料、饮用水、食品和供应品的，应当停靠在指定地点，在海关监督下进行。

第十九条　进境出境货物、物品的收发货人、收寄件人、携运人（携带人）、承运人或者其代理人应当按照规定向海关如实申报与检疫查验有关的事项。

第二十条　对有本法第十五条第一款规定情形的货物、物品，应当实施卫生处理，并接受海关监督；卫生处理完成前，相关货物、物品应当单独存放，未经海关准许不得移运或者提离。

对有本法第十五条第一款规定情形但无法实施有效卫生处理的货物、物品，海关可以决定不准其进境或者出境，或者予以退运、销毁；对境内公共卫生安全可能造成重大危害的，海关可以暂停相关货物的进口。

第二十一条　托运尸体、骸骨进境出境的，托运人或者其代理人应当按照规定向海关如实申报，经检疫查验合格后，方可进境出境。

因患检疫传染病死亡的，尸体应当就近火化。

第二十二条 血液等人体组织、病原微生物、生物制品等关系公共卫生安全的货物、物品进境出境，除纳入药品、兽药、医疗器械管理的外，应当由海关事先实施卫生检疫审批，并经检疫查验合格后方可进境出境。

第二十三条 海关根据检疫查验需要，可以请求有关部门和单位协助查询进境出境的人员、交通运输工具、货物、物品等的相关信息，有关部门和单位应当予以协助。海关对查询所获得的信息，不得用于卫生检疫以外的用途。

第二十四条 海关总署应当根据境内外传染病监测和风险评估情况，不断优化检疫查验流程。

第三章 传染病监测

第二十五条 海关总署会同国务院疾病预防控制部门，建立跨境传播传染病监测制度，制定口岸传染病监测规划和方案。

海关总署在国际公共卫生合作框架下，完善传染病监测网络布局，加强对境外传染病疫情的监测。

第二十六条 各地海关应当按照口岸传染病监测规划和方案，结合对进境出境的人员、交通运输工具、货物、物品等实施检疫查验，系统持续地收集、核对和分析相关数据，对可能跨境传播的传染病的发生、流行及影响因素、发展趋势等进行评估。

海关开展传染病监测，应当充分利用现代信息技术，拓宽监测渠道，提升监测效能。

第二十七条 各地海关发现传染病，应当采取相应的控制措施，并及时向海关总署报告，同时向口岸所在地县级以上地方人民政府疾病预防控制部门以及移民管理机构通报。县级以上地方人民政府疾病预防控制部门发现传染病，应当及时向当地海关、移民管理机构通报。

任何单位和个人发现口岸或者进境出境的人员、交通运输工具、货物、物品等存在传播传染病风险的，应当及时向就近的海关或者口岸所在地疾病预防控制机构报告。

第二十八条 海关总署、国务院卫生健康主管部门、国务院疾病预防控制部门应当依据职责及时互相通报传染病相关信息。

国务院有关部门根据我国缔结或者参加的国境卫生检疫国际条约，依据职责与有关国家或者地区、国际组织互相通报传染病相关信息。

第二十九条 海关总署应当根据境外传染病监测情况，对境外传染病疫情风险进行评估，并及时发布相关风险提示信息。

第四章 卫生监督

第三十条 海关依照本法以及有关法律、行政法规和国家规定的卫生标准，对口岸和停留在口岸的进境出境交通运输工具的卫生状况实施卫生监督，履行下列职责：

（一）开展病媒生物监测，监督和指导有关单位和人员对病媒生物的防除；

（二）监督食品生产经营、饮用水供应、公共场所的卫生状况以及从业人员健康状况；

（三）监督固体、液体废弃物和船舶压舱水的处理；

（四）法律、行政法规规定的其他卫生监督职责。

第三十一条 口岸运营单位应当建立健全并严格落实相关卫生制度，保证口岸卫生状况符合法律、行政法规和国家规定的卫生标准的要求。

进境出境交通运输工具负责人应当采取有效措施，保持交通运输工具清洁卫生，保持无污染状态。

第三十二条 在口岸内从事食品生产经

营、饮用水供应服务、公共场所经营的，由海关依法实施卫生许可；食品生产经营者取得卫生许可的，无需另行取得食品生产经营许可。

第三十三条　海关实施卫生监督，发现口岸或者进境出境交通运输工具的卫生状况不符合法律、行政法规和国家规定的卫生标准要求的，有权要求有关单位和个人进行整改，必要时要求其实施卫生处理。

第五章　应急处置

第三十四条　发生重大传染病疫情，需要在口岸采取应急处置措施的，适用本章规定。

第三十五条　发生重大传染病疫情，需要在口岸采取应急处置措施的，海关总署、国务院卫生健康主管部门、国务院疾病预防控制部门应当提请国务院批准启动应急响应。海关总署、国务院卫生健康主管部门、国务院疾病预防控制部门和其他有关部门应当依据各自职责，密切配合开展相关的应急处置工作。

口岸所在地县级以上地方人民政府应当为应急处置提供场所、设施、设备、物资以及人力和技术等支持。

第三十六条　根据重大传染病疫情应急处置需要，经国务院决定，可以采取下列措施：

（一）对来自特定国家或者地区的人员实施采样检验；

（二）禁止特定货物、物品进境出境；

（三）指定进境出境口岸；

（四）暂时关闭有关口岸或者暂停有关口岸部分功能；

（五）暂时封锁有关国境；

（六）其他必要的应急处置措施。

采取前款规定的应急处置措施，应当事先公布。

第三十七条　采取本章规定的应急处置措施，应当根据重大传染病疫情防控的实际情况，及时调整或者解除，并予以公布。

第六章　保障措施

第三十八条　海关总署会同国务院有关部门制定并组织实施口岸公共卫生能力建设规划。

国务院有关部门、口岸所在地县级以上地方人民政府、口岸运营单位以及其他有关单位应当积极支持口岸公共卫生能力建设。

第三十九条　国家将国境卫生检疫工作纳入传染病防治体系。

国境卫生检疫工作所需经费纳入预算，口岸重大传染病疫情应急处置所需物资纳入国家公共卫生应急物资保障体系。

第四十条　国境卫生检疫基础设施建设应当统筹兼顾国境卫生检疫日常工作和重大传染病疫情应急处置的需要。

国境卫生检疫基础设施建设应当纳入口岸建设规划。新建、改建、扩建口岸应当统筹建设国境卫生检疫基础设施，有关建设方案应当经海关审核同意。

国境卫生检疫基础设施应当符合规定的建设标准，不符合建设标准的，不得投入使用。国境卫生检疫基础设施建设标准和管理办法由海关总署会同国务院有关部门制定。海关对国境卫生检疫基础设施建设标准的执行实施监督。

第四十一条　国家鼓励、支持国境卫生检疫领域的科学研究、技术创新和信息化建设，推动新技术、新设备、新产品和信息化成果的应用，提高国境卫生检疫工作的技术和信息化水平。

第四十二条　海关应当加强国境卫生检疫技术机构建设，为国境卫生检疫工作提供技术和服务支撑。

第四十三条　国境卫生检疫工作人员应当具备与履行职责相适应的专业知识和业务技能。

海关应当加强国境卫生检疫队伍建设，组织开展继续教育和职业培训，持续提升国境卫生检疫工作人员的专业知识和业务技能水平。

第七章　法律责任

第四十四条　违反本法规定，进境出境人员不如实申报健康状况、相关信息或者拒绝接受检疫查验的，由海关责令改正，可以给予警告或者处一万元以下的罚款；情节严重的，处一万元以上五万元以下的罚款。

第四十五条　违反本法规定，有下列情形之一的，对交通运输工具负责人，由海关责令改正，给予警告，可以并处五万元以下的罚款；情节严重的，并处五万元以上三十万元以下的罚款：

（一）未按照规定向海关申报与检疫查验有关的事项或者不如实申报有关事项；

（二）拒绝接受对交通运输工具的检疫查验或者拒绝实施卫生处理；

（三）未取得进境检疫证或者出境检疫证，交通运输工具擅自进境或者出境；

（四）未经海关准许，交通运输工具驶离指定的检疫查验地点，装卸货物、物品或者上下人员；

（五）已经实施检疫查验的交通运输工具在口岸停留期间，发现检疫传染病染疫人、疑似染疫人或者有人非因意外伤害死亡且死因不明的，未立即向海关报告；

（六）过境的交通运输工具在中国境内装卸货物、物品或者上下人员，或者添加燃料、饮用水、食品和供应品不接受海关监督。

有下列情形之一的，依照前款规定给予处罚：

（一）进境出境货物、物品的收发货人、收寄件人、携运人（携带人）、承运人或者其代理人未按照规定向海关申报与检疫查验有关的事项或者不如实申报有关事项，或者拒绝接受检疫查验、拒绝实施卫生处理，或者未经海关准许移运或者提离货物、物品；

（二）托运尸体、骸骨进境出境的托运人或者其代理人未按照规定向海关申报或者不如实申报，或者未经检疫查验合格擅自进境出境。

第四十六条　违反本法规定，血液等人体组织、病原微生物、生物制品等关系公共卫生安全的货物、物品进境出境未经检疫审批或者未经检疫查验合格擅自进境出境的，由海关责令改正，给予警告，没收违法所得，并处一万元以上五十万元以下的罚款；情节严重的，并处五十万元以上二百万元以下的罚款。

第四十七条　违反本法规定，未经许可在口岸从事食品生产经营、饮用水供应服务、公共场所经营的，由海关依照《中华人民共和国食品安全法》等有关法律、行政法规的规定给予处罚。

违反本法有关卫生监督的其他规定，或者拒绝接受卫生监督的，由海关责令改正，给予警告，可以并处十万元以下的罚款；情节严重的，并处十万元以上三十万元以下的罚款。

第四十八条　使用买卖、出借或者伪造、变造的国境卫生检疫单证的，由海关责令改正，处二万元以上十万元以下的罚款。

第四十九条　海关等有关部门、地方人民政府及其工作人员在国境卫生检疫工作中玩忽职守、滥用职权、徇私舞弊的，由上级机关或者所在单位责令改正，对负有责任的领导人员和直接责任人员依法给予处分。

第五十条　违反本法规定，构成违反治安管理行为的，由公安机关依法给予治安管理处罚；构成犯罪的，依法追究刑事责任。

第八章　附　　则

第五十一条　本法中下列用语的含义：

（一）检疫查验，是指对进境出境的人员、交通运输工具、货物、物品、尸体、骸骨等采取检查措施、实施医学措施。

（二）医学巡查，是指检疫医师在口岸进境出境旅客通道，观察进境出境人员是否有传染病临床症状，并对有临床症状的人员进行询问的活动。

（三）医学检查，是指检疫医师对进境出境人员检查医学证明文件，实施必要的体格检查、采样检验的活动。

（四）卫生处理，是指消毒、杀虫、灭鼠、除污等措施。

第五十二条　中华人民共和国缔结或者参加的有关卫生检疫的国际条约同本法有不同规定的，适用该国际条约的规定，但中华人民共和国声明保留的条款除外。

第五十三条　从口岸以外经国务院或者国务院授权的部门批准的地点进境出境的人员、交通运输工具、货物、物品的卫生检疫，我国与有关国家或者地区有双边协议的，按照协议办理；没有协议的，按照国家有关规定办理。

第五十四条　经国务院批准，海关总署可以根据境内外传染病监测和风险评估情况，对有关口岸的卫生检疫措施作出便利化安排。

第五十五条　国境卫生检疫及相关活动，本法未作规定的，适用《中华人民共和国传染病防治法》等有关法律、行政法规的规定。

第五十六条　中国人民解放军、中国人民武装警察部队的人员、交通运输工具和装备物资进境出境的卫生检疫工作，依照本法和国务院、中央军事委员会的有关规定办理。

第五十七条　本法自2025年1月1日起施行。

中华人民共和国国境卫生检疫法实施细则

（1989年2月10日国务院批准，1989年3月6日卫生部令第2号公布，根据2010年4月24日《国务院关于修改〈中华人民共和国国境卫生检疫法实施细则〉的决定》第一次修订，根据2016年2月6日《国务院关于修改部分行政法规的决定》第二次修订，根据2019年3月2日《国务院关于修改部分行政法规的决定》第三次修订）

第一章　一般规定

第一条　根据《中华人民共和国国境卫生检疫法》（以下称《国境卫生检疫法》）的规定，制定本细则。

第二条　《国境卫生检疫法》和本细则所称：

“查验”指国境卫生检疫机关（以下称卫生检疫机关）实施的医学检查和卫生检查。

“染疫人”指正在患检疫传染病的人，或者经卫生检疫机关初步诊断，认为已经感染检疫传染病或者已经处于检疫传染病潜伏期的人。

“染疫嫌疑人”指接触过检疫传染病的感染环境，并且可能传播检疫传染病的人。

“隔离”指将染疫人收留在指定的处所，限制其活动并进行治疗，直到消除传染病传播的危险。

“留验”指将染疫嫌疑人收留在指定的处所进行诊察和检验。

“就地诊验”指一个人在卫生检疫机关

指定的期间，到就近的卫生检疫机关或者其他医疗卫生单位去接受诊察和检验；或者卫生检疫机关、其他医疗卫生单位到该人员的居留地，对其进行诊察和检验。

“运输设备”指货物集装箱。

“卫生处理”指隔离、留验和就地诊验等医学措施，以及消毒、除鼠、除虫等卫生措施。

“传染病监测”指对特定环境、人群进行流行病学、血清学、病原学、临床症状以及其他有关影响因素的调查研究，预测有关传染病的发生、发展和流行。

“卫生监督”指执行卫生法规和卫生标准所进行的卫生检查、卫生鉴定、卫生评价和采样检验。

“交通工具”指船舶、航空器、列车和其他车辆。

“国境口岸”指国际通航的港口、机场、车站、陆地边境和国界江河的关口。

第三条　卫生检疫机关在国境口岸工作的范围，是指为国境口岸服务的涉外宾馆、饭店、俱乐部，为入境、出境交通工具提供饮食、服务的单位和对入境、出境人员、交通工具、集装箱和货物实施检疫、监测、卫生监督的场所。

第四条　入境、出境的人员、交通工具和集装箱，以及可能传播检疫传染病的行李、货物、邮包等，均应当按照本细则的规定接受检疫，经卫生检疫机关许可，方准入境或者出境。

第五条　卫生检疫机关发现染疫人时，应当立即将其隔离，防止任何人遭受感染，并按照本细则第八章的规定处理。

卫生检疫机关发现染疫嫌疑人时，应当按照本细则第八章的规定处理。但对第八章规定以外的其他病种染疫嫌疑人，可以从该人员离开感染环境的时候算起，实施不超过该传染病最长潜伏期的就地诊验或者留验以及其他的卫生处理。

第六条　卫生检疫机关应当阻止染疫人、染疫嫌疑人出境，但是对来自国外并且在到达时受就地诊验的人，本人要求出境的，可以准许出境；如果乘交通工具出境，检疫医师应当将这种情况在出境检疫证上签注，同时通知交通工具负责人采取必要的预防措施。

第七条　在国境口岸以及停留在该场所的入境、出境交通工具上，所有非因意外伤害而死亡并死因不明的尸体，必须经卫生检疫机关查验，并签发尸体移运许可证后，方准移运。

第八条　来自国内疫区的交通工具，或者在国内航行中发现检疫传染病、疑似检疫传染病，或者有人非因意外伤害而死亡并死因不明的，交通工具负责人应当向到达的国境口岸卫生检疫机关报告，接受临时检疫。

第九条　在国内或者国外检疫传染病大流行的时候，国务院卫生行政部门应当立即报请国务院决定采取下列检疫措施的一部或者全部：

（一）下令封锁陆地边境、国界江河的有关区域；

（二）指定某些物品必须经过消毒、除虫，方准由国外运进或者由国内运出；

（三）禁止某些物品由国外运进或者由国内运出；

（四）指定第一入境港口、降落机场。对来自国外疫区的船舶、航空器，除因遇险或者其他特殊原因外，没有经第一入境港口、机场检疫的，不准进入其他港口和机场。

第十条　入境、出境的集装箱、货物、废旧物等物品在到达口岸的时候，承运人、代理人或者货主，必须向卫生检疫机关申报并接受卫生检疫。对来自疫区的、被传染病污染的以及可能传播检疫传染病或者发现与人类健康有关的啮齿动物和病媒昆虫的集装箱、货物、废旧物等物品，应当实施消毒、除鼠、除虫或者其他必要的卫生处理。

集装箱、货物、废旧物等物品的货主要

求在其他地方实施卫生检疫、卫生处理的，卫生检疫机关可以给予方便，并按规定办理。

第十一条　入境、出境的微生物、人体组织、生物制品、血液及其制品等特殊物品的携带人、托运人或者邮递人，必须向卫生检疫机关申报并接受卫生检疫，凭卫生检疫机关签发的特殊物品审批单办理通关手续。未经卫生检疫机关许可，不准入境、出境。

第十二条　入境、出境的旅客、员工个人携带或者托运可能传播传染病的行李和物品，应当接受卫生检查。卫生检疫机关对来自疫区或者被传染病污染的各种食品、饮料、水产品等应当实施卫生处理或者销毁，并签发卫生处理证明。

第十三条　卫生检疫机关对应当实施卫生检疫的邮包进行卫生检查和必要的卫生处理时，邮政部门应予配合。未经卫生检疫机关许可，邮政部门不得运递。

第十四条　卫生检疫单、证的种类、式样和签发办法，由海关总署规定。

第二章　疫情通报

第十五条　在国境口岸以及停留在国境口岸的交通工具上，发现检疫传染病、疑似检疫传染病，或者有人非因意外伤害而死亡并死因不明时，国境口岸有关单位以及交通工具的负责人，应当立即向卫生检疫机关报告。

第十六条　卫生检疫机关发现检疫传染病、监测传染病、疑似检疫传染病时，应当向当地卫生行政部门和卫生防疫机构通报；发现检疫传染病时，还应当用最快的办法向国务院卫生行政部门报告。

当地卫生防疫机构发现检疫传染病、监测传染病时，应当向卫生检疫机关通报。

第十七条　在国内或者国外某一地区发生检疫传染病流行时，国务院卫生行政部门可以宣布该地区为疫区。

第三章　卫生检疫机关

第十八条　卫生检疫机关根据工作需要，可以设立派出机构。卫生检疫机关的设立、合并或者撤销，按照有关规定执行。

第十九条　卫生检疫机关的职责：

（一）执行《国境卫生检疫法》及其实施细则和国家有关卫生法规；

（二）收集、整理、报告国际和国境口岸传染病的发生、流行和终息情况；

（三）对国境口岸的卫生状况实施卫生监督；对入境、出境的交通工具、人员、集装箱、尸体、骸骨以及可能传播检疫传染病的行李、货物、邮包等实施检疫查验、传染病监测、卫生监督和卫生处理；

（四）对入境、出境的微生物、生物制品、人体组织、血液及其制品等特殊物品以及能传播人类传染病的动物，实施卫生检疫；

（五）对入境、出境人员进行预防接种、健康检查、医疗服务、国际旅行健康咨询和卫生宣传；

（六）签发卫生检疫证件；

（七）进行流行病学调查研究，开展科学实验；

（八）执行海关总署、国务院卫生行政部门指定的其他工作。

第二十条　国境口岸卫生监督员的职责：

（一）对国境口岸和停留在国境口岸的入境、出境交通工具进行卫生监督和卫生宣传；

（二）在消毒、除鼠、除虫等卫生处理方面进行技术指导；

（三）对造成传染病传播、啮齿动物和病媒昆虫扩散、食物中毒、食物污染等事故进行调查，并提出控制措施。

第二十一条　卫生检疫机关工作人员、国境口岸卫生监督员在执行任务时，应当穿着检疫制服，佩戴检疫标志；卫生检疫机关的交通工具在执行任务期间，应当悬挂检疫旗帜。

检疫制服、标志、旗帜的式样和使用办法由海关总署会同有关部门制定，报国务院审批。

第四章　海港检疫

第二十二条　船舶的入境检疫，必须在港口的检疫锚地或者经卫生检疫机关同意的指定地点实施。

检疫锚地由港务监督机关和卫生检疫机关会商确定，报国务院交通运输主管部门和海关总署备案。

第二十三条　船舶代理应当在受入境检疫的船舶到达以前，尽早向卫生检疫机关通知下列事项：

（一）船名、国籍、预定到达检疫锚地的日期和时间；

（二）发航港、最后寄港；

（三）船员和旅客人数；

（四）货物种类。

港务监督机关应当将船舶确定到达检疫锚地的日期和时间尽早通知卫生检疫机关。

第二十四条　受入境检疫的船舶，在航行中，发现检疫传染病、疑似检疫传染病，或者有人非因意外伤害而死亡并死因不明的，船长必须立即向实施检疫港口的卫生检疫机关报告下列事项：

（一）船名、国籍、预定到达检疫锚地的日期和时间；

（二）发航港、最后寄港；

（三）船员和旅客人数；

（四）货物种类；

（五）病名或者主要症状、患病人数、死亡人数；

（六）船上有无船医。

第二十五条　受入境检疫的船舶，必须按照下列规定悬挂检疫信号等候查验，在卫生检疫机关发给入境检疫证前，不得降下检疫信号。

昼间在明显处所悬挂国际通语信号旗：

（一）“Q”字旗表示：本船没有染疫，请发给入境检疫证；

（二）“QQ”字旗表示：本船有染疫或者染疫嫌疑，请即刻实施检疫。

夜间在明显处所垂直悬挂灯号：

（一）红灯三盏表示：本船没有染疫，请发给入境检疫证；

（二）红、红、白、红灯四盏表示：本船有染疫或者染疫嫌疑，请即刻实施检疫。

第二十六条　悬挂检疫信号的船舶，除引航员和经卫生检疫机关许可的人员外，其他人员不准上船，不准装卸行李、货物、邮包等物品，其他船舶不准靠近；船上的人员，除因船舶遇险外，未经卫生检疫机关许可，不准离船；引航员不得将船引离检疫锚地。

第二十七条　申请电讯检疫的船舶，首先向卫生检疫机关申请卫生检查，合格者发给卫生证书。该证书自签发之日起12个月内可以申请电讯检疫。

第二十八条　持有效卫生证书的船舶在入境前24小时，应当向卫生检疫机关报告下列事项：

（一）船名、国籍、预定到达检疫锚地的日期和时间；

（二）发航港、最后寄港；

（三）船员和旅客人数及健康状况；

（四）货物种类；

（五）船舶卫生证书的签发日期和编号、除鼠证书或者免予除鼠证书的签发日期和签发港，以及其他卫生证件。

经卫生检疫机关对上述报告答复同意后，即可进港。

第二十九条　对船舶的入境检疫，在日出后到日落前的时间内实施；凡具备船舶夜航条件，夜间可靠离码头和装卸作业的港口口岸，应实行24小时检疫。对来自疫区的船舶，不实行夜间检疫。

第三十条　受入境检疫船舶的船长，在检疫医师到达船上时，必须提交由船长签字或者有船医附签的航海健康申报书、船员名单、旅客名单、载货申报单，并出示除鼠证书或者免予除鼠证书。

在查验中，检疫医师有权查阅航海日志和其他有关证件；需要进一步了解船舶航行中卫生情况时，检疫医师可以向船长、船医提出询问，船长、船医必须如实回答。用书面回答时，须经船长签字和船医附签。

第三十一条　船舶实施入境查验完毕以后，对没有染疫的船舶，检疫医师应当立即签发入境检疫证；如果该船有受卫生处理或者限制的事项，应当在入境检疫证上签注，并按照签注事项办理。对染疫船舶、染疫嫌疑船舶，除通知港务监督机关外，对该船舶还应当发给卫生处理通知书，该船舶上的引航员和经卫生检疫机关许可上船的人员应当视同员工接受有关卫生处理，在卫生处理完毕以后，再发给入境检疫证。

船舶领到卫生检疫机关签发的入境检疫证后，可以降下检疫信号。

第三十二条　船舶代理应当在受出境检疫的船舶启航以前，尽早向卫生检疫机关通知下列事项：

（一）船名、国籍、预定开航的日期和时间；

（二）目的港、最初寄港；

（三）船员名单和旅客名单；

（四）货物种类。

港务监督机关应当将船舶确定开航的日期和时间尽早通知卫生检疫机关。

船舶的入境、出境检疫在同一港口实施时，如果船员、旅客没有变动，可以免报船员名单和旅客名单；有变动的，报变动船员、旅客名单。

第三十三条　受出境检疫的船舶，船长应当向卫生检疫机关出示除鼠证书或者免予除鼠证书和其他有关检疫证件。检疫医师可以向船长、船医提出有关船员、旅客健康情况和船上卫生情况的询问，船长、船医对上述询问应当如实回答。

第三十四条　对船舶实施出境检疫完毕以后，检疫医师应当按照检疫结果立即签发出境检疫证，如果因卫生处理不能按原定时间启航，应当及时通知港务监督机关。

第三十五条　对船舶实施出境检疫完毕以后，除引航员和经卫生检疫机关许可的人员外，其他人员不准上船，不准装卸行李、货物、邮包等物品。如果违反上述规定，该船舶必须重新实施出境检疫。

第五章　航空检疫

第三十六条　航空器在飞行中，不得向下投掷或者任其坠下能传播传染病的任何物品。

第三十七条　实施卫生检疫机场的航空站，应当在受入境检疫的航空器到达以前，尽早向卫生检疫机关通知下列事项：

（一）航空器的国籍、机型、号码、识别标志、预定到达时间；

（二）出发站、经停站；

（三）机组和旅客人数。

第三十八条　受入境检疫的航空器，如果在飞行中发现检疫传染病、疑似检疫传染病，或者有人非因意外伤害而死亡并死因不明时，机长应当立即通知到达机场的航空站，向卫生检疫机关报告下列事项：

（一）航空器的国籍、机型、号码、识别标志、预定到达时间；

（二）出发站、经停站；

（三）机组和旅客人数；

（四）病名或者主要症状、患病人数、死亡人数。

第三十九条　受入境检疫的航空器到达机场以后，检疫医师首先登机。机长或者其授权的代理人，必须向卫生检疫机关提交总申报单、旅客名单、货物仓单和有效的灭蚊证书，以及其他有关检疫证件；对检疫医师提出的有关航空器上卫生状况的询问，机长或者其授权的代理人应当如实回答。在检疫没有结束之前，除经卫生检疫机关许可外，任何人不得上下航空器，不准装卸行李、货物、邮包等物品。

第四十条 入境旅客必须在指定的地点，接受入境查验，同时用书面或者口头回答检疫医师提出的有关询问。在此期间，入境旅客不得离开查验场所。

第四十一条 对入境航空器查验完毕以后，根据查验结果，对没有染疫的航空器，检疫医师应当签发入境检疫证；如果该航空器有受卫生处理或者限制的事项，应当在入境检疫证上签注，由机长或者其授权的代理人负责执行；对染疫或者有染疫嫌疑的航空器，除通知航空站外，对该航空器应当发给卫生处理通知单，在规定的卫生处理完毕以后，再发给入境检疫证。

第四十二条 实施卫生检疫机场的航空站，应当在受出境检疫的航空器起飞以前，尽早向卫生检疫机关提交总申报单、货物仓单和其他有关检疫证件，并通知下列事项：

（一）航空器的国籍、机型、号码、识别标志、预定起飞时间；

（二）经停站、目的站；

（三）机组和旅客人数。

第四十三条 对出境航空器查验完毕以后，如果没有染疫，检疫医师应当签发出境检疫证或者在必要的卫生处理完毕以后，再发给出境检疫证；如果该航空器因卫生处理不能按原定时间起飞，应当及时通知航空站。

第六章 陆地边境检疫

第四十四条 实施卫生检疫的车站，应当在受入境检疫的列车到达之前，尽早向卫生检疫机关通知下列事项：

（一）列车的车次，预定到达的时间；

（二）始发站；

（三）列车编组情况。

第四十五条 受入境检疫的列车和其他车辆到达车站、关口后，检疫医师首先登车，列车长或者其他车辆负责人，应当口头或者书面向卫生检疫机关申报该列车或者其他车辆上人员的健康情况，对检疫医师提出有关卫生状况和人员健康的询问，应当如实回答。

第四十六条 受入境检疫的列车和其他车辆到达车站、关口，在实施入境检疫而未取得入境检疫证以前，未经卫生检疫机关许可，任何人不准上下列车或者其他车辆，不准装卸行李、货物、邮包等物品。

第四十七条 实施卫生检疫的车站，应当在受出境检疫列车发车以前，尽早向卫生检疫机关通知下列事项：

（一）列车的车次，预定发车的时间；

（二）终到站；

（三）列车编组情况。

第四十八条 应当受入境、出境检疫的列车和其他车辆，如果在行程中发现检疫传染病、疑似检疫传染病，或者有人非因意外伤害而死亡并死因不明的，列车或者其他车辆到达车站、关口时，列车长或者其他车辆负责人应当向卫生检疫机关报告。

第四十九条 受入境、出境检疫的列车，在查验中发现检疫传染病或者疑似检疫传染病，或者因受卫生处理不能按原定时间发车，卫生检疫机关应当及时通知车站的站长。如果列车在原停车地点不宜实施卫生处理，站长可以选择站内其他地点实施卫生处理。在处理完毕之前，未经卫生检疫机关许可，任何人不准上下列车，不准装卸行李、货物、邮包等物品。

为了保证入境直通列车的正常运输，卫生检疫机关可以派员随车实施检疫，列车长应当提供方便。

第五十条 对列车或者其他车辆实施入境、出境检疫完毕后，检疫医师应当根据检疫结果分别签发入境、出境检疫证，或者在必要的卫生处理完毕后，再分别签发入境、出境检疫证。

第五十一条 徒步入境、出境的人员，必须首先在指定的场所接受入境、出境查验，未经卫生检疫机关许可，不准离开指定的场所。

第五十二条　受入境、出境检疫的列车以及其他车辆，载有来自疫区、有染疫或者染疫嫌疑或者夹带能传播传染病的病媒昆虫和啮齿动物的货物，应当接受卫生检查和必要的卫生处理。

第七章　卫生处理

第五十三条　卫生检疫机关的工作人员在实施卫生处理时，必须注意下列事项：

（一）防止对任何人的健康造成危害；

（二）防止对交通工具的结构和设备造成损害；

（三）防止发生火灾；

（四）防止对行李、货物造成损害。

第五十四条　入境、出境的集装箱、行李、货物、邮包等物品需要卫生处理的，由卫生检疫机关实施。

入境、出境的交通工具有下列情形之一的，应当由卫生检疫机关实施消毒、除鼠、除虫或者其他卫生处理：

（一）来自检疫传染病疫区的；

（二）被检疫传染病污染的；

（三）发现有与人类健康有关的啮齿动物或者病媒昆虫，超过国家卫生标准的。

第五十五条　由国外起运经过中华人民共和国境内的货物，如果不在境内换装，除发生在流行病学上有重要意义的事件，需要实施卫生处理外，在一般情况下不实施卫生处理。

第五十六条　卫生检疫机关对入境、出境的废旧物品和曾行驶于境外港口的废旧交通工具，根据污染程度，分别实施消毒、除鼠、除虫，对污染严重的实施销毁。

第五十七条　入境、出境的尸体、骸骨托运人或者代理人应当申请卫生检疫，并出示死亡证明或者其他有关证件，对不符合卫生要求的，必须接受卫生检疫机关实施的卫生处理。经卫生检疫合格后，方准运进或者运出。

对因患检疫传染病而死亡的病人尸体，必须就近火化，不准移运。

第五十八条　卫生检疫机关对已在到达本口岸前的其他口岸实施卫生处理的交通工具不再重复实施卫生处理。但有下列情形之一的，仍需实施卫生处理：

（一）在原实施卫生处理的口岸或者该交通工具上，发生流行病学上有重要意义的事件，需要进一步实施卫生处理的；

（二）在到达本口岸前的其他口岸实施的卫生处理没有实际效果的。

第五十九条　在国境口岸或者交通工具上发现啮齿动物有反常死亡或者死因不明的，国境口岸有关单位或者交通工具的负责人，必须立即向卫生检疫机关报告，迅速查明原因，实施卫生处理。

第六十条　国际航行船舶的船长，必须每隔6个月向卫生检疫机关申请一次鼠患检查，卫生检疫机关根据检查结果实施除鼠或者免予除鼠，并且分别发给除鼠证书或者免予除鼠证书。该证书自签发之日起6个月内有效。

第六十一条　卫生检疫机关只有在下列之一情况下，经检查确认船舶无鼠害的，方可签发免予除鼠证书：

（一）空舱；

（二）舱内虽然装有压舱物品或者其他物品，但是这些物品不引诱鼠类，放置情况又不妨碍实施鼠患检查。

对油轮在实舱时进行检查，可以签发免予除鼠证书。

第六十二条　对船舶的鼠患检查或者除鼠，应当尽量在船舶空舱的时候进行。如果船舶因故不宜按期进行鼠患检查或者蒸熏除鼠，并且该船又开往便于实施鼠患检查或者蒸熏除鼠的港口，可以准许该船原有的除鼠证书或者免予除鼠证书的有效期延长1个月，并签发延长证明。

第六十三条　对国际航行的船舶，按照国家规定的标准，应当用蒸熏的方法除鼠时，如果该船的除鼠证书或者免予除鼠证书尚未失效，除该船染有鼠疫或者鼠疫嫌疑外，卫生检疫机关应当将除鼠理由通知船长。船长应当按照要求执行。

第六十四条　船舶在港口停靠期间，船长应当负责采取下列的措施：

（一）缆绳上必须使用有效的防鼠板，或者其他防鼠装置；

（二）夜间放置扶梯、桥板时，应当用强光照射；

（三）在船上发现死鼠或者捕获到鼠类时，应当向卫生检疫机关报告。

第六十五条　在国境口岸停留的国内航行的船舶如果存在鼠患，船方应当进行除鼠。根据船方申请，也可由卫生检疫机关实施除鼠。

第六十六条　国务院卫生行政部门认为必要时，可以要求来自国外或者国外某些地区的人员在入境时，向卫生检疫机关出示有效的某种预防接种证书或者健康证明。

第六十七条　预防接种的有效期如下：

（一）黄热病疫苗自接种后第10日起，10年内有效。如果前次接种不满10年又经复种，自复种的当日起，10年内有效；

（二）其他预防接种的有效期，按照有关规定执行。

第八章　检疫传染病管理

第一节　鼠　　疫

第六十八条　鼠疫的潜伏期为6日。

第六十九条　船舶、航空器在到达时，有下列情形之一的，为染有鼠疫：

（一）船舶、航空器上有鼠疫病例的；

（二）船舶、航空器上发现有感染鼠疫的啮齿动物的；

（三）船舶上曾经有人在上船6日以后患鼠疫的。

第七十条　船舶在到达时，有下列情形之一的，为染有鼠疫嫌疑：

（一）船舶上没有鼠疫病例，但曾经有人在上船后6日以内患鼠疫的；

（二）船上啮齿动物有反常死亡，并且死因不明的。

第七十一条　对染有鼠疫的船舶、航空器应当实施下列卫生处理：

（一）对染疫人实施隔离；

（二）对染疫嫌疑人实施除虫，并且从到达时算起，实施不超过6日的就地诊验或者留验。在此期间，船上的船员除因工作需要并且经卫生检疫机关许可外，不准上岸；

（三）对染疫人、染疫嫌疑人的行李、使用过的其他物品和卫生检疫机关认为有污染嫌疑的物品，实施除虫，必要时实施消毒；

（四）对染疫人占用过的部位和卫生检疫机关认为有污染嫌疑的部位，实施除虫，必要时实施消毒；

（五）船舶、航空器上有感染鼠疫的啮齿动物，卫生检疫机关必须实施除鼠。如果船舶上发现只有未感染鼠疫的啮齿动物，卫生检疫机关也可以实施除鼠。实施除鼠可以在隔离的情况下进行。对船舶的除鼠应当在卸货以前进行；

（六）卸货应当在卫生检疫机关的监督下进行，并且防止卸货的工作人员遭受感染，必要时，对卸货的工作人员从卸货完毕时算起，实施不超过6日的就地诊验或者留验。

第七十二条　对染有鼠疫嫌疑的船舶，应当实施本细则第七十一条第（二）至第（六）项规定的卫生处理。

第七十三条　对没有染疫的船舶、航空器，如果来自鼠疫疫区，卫生检疫机关认为必要时，可以实施下列卫生处理：

（一）对离船、离航空器的染疫嫌疑人，从船舶、航空器离开疫区的时候算起，实施不超过6日的就地诊验或者留验；

（二）在特殊情况下，对船舶、航空器实施除鼠。

第七十四条　对到达的时候载有鼠疫病例的列车和其他车辆，应当实施下列卫生处理：

（一）本细则第七十一条第（一）、第（三）、第（四）、第（六）项规定的卫生处理；

（二）对染疫嫌疑人实施除虫，并且从到达时算起，实施不超过6日的就地诊验或者留验；

（三）必要时，对列车和其他车辆实施除鼠。

第二节　霍　　乱

第七十五条　霍乱潜伏期为5日。

第七十六条　船舶在到达的时候载有霍乱病例，或者在到达前5日以内，船上曾经有霍乱病例发生，为染有霍乱。

船舶在航行中曾经有霍乱病例发生，但是在到达前5日以内，没有发生新病例，为染有霍乱嫌疑。

第七十七条　航空器在到达的时候载有霍乱病例，为染有霍乱。

航空器在航行中曾经有霍乱病例发生，但在到达以前该病员已经离去，为染有霍乱嫌疑。

第七十八条　对染有霍乱的船舶、航空器，应当实施下列卫生处理：

（一）对染疫人实施隔离；

（二）对离船、离航空器的员工、旅客，从卫生处理完毕时算起，实施不超过5日的就地诊验或者留验；从船舶到达时算起5日内，船上的船员除因工作需要，并且经卫生检疫机关许可外，不准上岸；

（三）对染疫人、染疫嫌疑人的行李，使用过的其他物品和有污染嫌疑的物品、食品实施消毒；

（四）对染疫人占用的部位，污染嫌疑部位，实施消毒；

（五）对污染或者有污染嫌疑的饮用水，应当实施消毒后排放，并在储水容器消毒后再换清洁饮用水；

（六）人的排泄物、垃圾、废水、废物和装自霍乱疫区的压舱水，未经消毒，不准排放和移下；

（七）卸货必须在卫生检疫机关监督下进行，并且防止工作人员遭受感染，必要时，对卸货工作人员从卸货完毕时算起，实施不超过5日的就地诊验或者留验。

第七十九条　对染有霍乱嫌疑的船舶、航空器应当实施下列卫生处理：

（一）本细则第七十八条第（二）至第（七）项规定的卫生处理；

（二）对离船、离航空器的员工、旅客从到达时算起，实施不超过5日的就地诊验或者留验。在此期间，船上的船员除因工作需要，并经卫生检疫机关许可外，不准离开口岸区域；或者对离船、离航空器的员工、旅客，从离开疫区时算起，实施不超过5日的就地诊验或者留验。

第八十条　对没有染疫的船舶、航空器，如果来自霍乱疫区，卫生检疫机关认为必要时，可以实施下列卫生处理：

（一）本细则第七十八条第（五）、第（六）项规定的卫生处理；

（二）对离船、离航空器的员工、旅客，从离开疫区时算起，实施不超过5日的就地诊验或者留验。

第八十一条　对到达时载有霍乱病例的列车和其他车辆应当实施下列卫生处理：

（一）按本细则第七十八条第（一）、第（三）、第（四）、第（五）、第（七）项规定的卫生处理；

（二）对染疫嫌疑人从到达时算起，实施不超过5日的就地诊验或者留验。

第八十二条　对来自霍乱疫区的或者染有霍乱嫌疑的交通工具，卫生检疫机关认为必要时，可以实施除虫、消毒；如果交通工具载有水产品、水果、蔬菜、饮料及其他食品，除装在密封容器内没有被污染外，未经卫生检疫机关许可，不准卸下，必要时可以实施卫生处理。

第八十三条　对来自霍乱疫区的水产品、水果、蔬菜、饮料以及装有这些制品的邮包，卫生检疫机关在查验时，为了判明是否被污染，可以抽样检验，必要时可以实施卫生处理。

第三节　黄热病

第八十四条　黄热病的潜伏期为6日。

第八十五条　来自黄热病疫区的人员，在入境时，必须向卫生检疫机关出示有效的黄热病预防接种证书。

对无有效的黄热病预防接种证书的人员，卫生检疫机关可以从该人员离开感染环境的时候算起，实施6日的留验，或者实施预防接种并留验到黄热病预防接种证书生效时为止。

第八十六条　航空器到达时载有黄热病病例，为染有黄热病。

第八十七条　来自黄热病疫区的航空器，应当出示在疫区起飞前的灭蚊证书；如果在到达时不出示灭蚊证书，或者卫生检疫机关认为出示的灭蚊证书不符合要求，并且在航空器上发现活蚊，为染有黄热病嫌疑。

第八十八条　船舶在到达时载有黄热病病例，或者在航行中曾经有黄热病病例发生，为染有黄热病。

船舶在到达时，如果离开黄热病疫区没有满6日，或者没有满30日并且在船上发现埃及伊蚊或者其他黄热病媒介，为染有黄热病嫌疑。

第八十九条　对染有黄热病的船舶、航空器，应当实施下列卫生处理：

（一）对染疫人实施隔离；

（二）对离船、离航空器又无有效的黄热病预防接种证书的员工、旅客，实施本细则第八十五条规定的卫生处理；

（三）彻底杀灭船舶、航空器上的埃及伊蚊及其虫卵、幼虫和其他黄热病媒介，并且在没有完成灭蚊以前限制该船与陆地和其他船舶的距离不少于400米；

（四）卸货应当在灭蚊以后进行，如果在灭蚊以前卸货，应当在卫生检疫机关监督下进行，并且采取预防措施，使卸货的工作人员免受感染，必要时，对卸货的工作人员，从卸货完毕时算起，实施6日的就地诊验或者留验。

第九十条　对染有黄热病嫌疑的船舶、航空器，应当实施本细则第八十九条第（二）至第（四）项规定的卫生处理。

第九十一条　对没有染疫的船舶、航空器，如果来自黄热病疫区，卫生检疫机关认为必要时，可以实施本细则第八十九条第（三）项规定的卫生处理。

第九十二条　对到达的时候载有黄热病病例的列车和其他车辆，或者来自黄热病疫区的列车和其他车辆，应当实施本细则第八十九条第（一）、第（四）项规定的卫生处理；对列车、车辆彻底杀灭成蚊及其虫卵、幼虫；对无有效黄热病预防接种证书的员工、旅客，应当实施本细则第八十五条规定的卫生处理。

第四节　就地诊验、留验和隔离

第九十三条　卫生检疫机关对受就地诊验的人员，应当发给就地诊验记录簿，必要的时候，可以在该人员出具履行就地诊验的保证书以后，再发给其就地诊验记录簿。

受就地诊验的人员应当携带就地诊验记录簿，按照卫生检疫机关指定的期间、地点，接受医学检查；如果就地诊验的结果没有染疫，就地诊验期满的时候，受就地诊验的人员应当将就地诊验记录簿退还卫生检疫机关。

第九十四条　卫生检疫机关应当将受就地诊验人员的情况，用最快的方法通知受就地诊验人员的旅行停留地的卫生检疫机关或者其他医疗卫生单位。

卫生检疫机关、医疗卫生单位遇有受就

地诊验的人员请求医学检查时，应当视同急诊给予医学检查，并将检查结果在就地诊验记录簿上签注；如果发现其患检疫传染病或者监测传染病、疑似检疫传染病或者疑似监测传染病时，应当立即采取必要的卫生措施，将其就地诊验记录簿收回存查，并且报告当地卫生防疫机构和签发就地诊验记录簿的卫生检疫机关。

第九十五条　受留验的人员必须在卫生检疫机关指定的场所接受留验；但是有下列情形之一的，经卫生检疫机关同意，可以在船上留验：

（一）船长请求船员在船上留验的；

（二）旅客请求在船上留验，经船长同意，并且船上有船医和医疗、消毒设备的。

第九十六条　受留验的人员在留验期间如果出现检疫传染病的症状，卫生检疫机关应当立即对该人员实施隔离，对与其接触的其他受留验的人员，应当实施必要的卫生处理，并且从卫生处理完毕时算起，重新计算留验时间。

第九章　传染病监测

第九十七条　入境、出境的交通工具、人员、食品、饮用水和其他物品以及病媒昆虫、动物，均为传染病监测的对象。

第九十八条　传染病监测内容是：

（一）首发病例的个案调查；

（二）暴发流行的流行病学调查；

（三）传染源调查；

（四）国境口岸内监测传染病的回顾性调查；

（五）病原体的分离、鉴定，人群、有关动物血清学调查以及流行病学调查；

（六）有关动物、病媒昆虫、食品、饮用水和环境因素的调查；

（七）消毒、除鼠、除虫的效果观察与评价；

（八）国境口岸以及国内外监测传染病疫情的收集、整理、分析和传递；

（九）对监测对象开展健康检查和对监测传染病病人、疑似病人、密切接触人员的管理。

第九十九条　卫生检疫机关应当阻止患有严重精神病、传染性肺结核病或者有可能对公共卫生造成重大危害的其他传染病的外国人入境。

第一百条　受入境、出境检疫的人员，必须根据检疫医师的要求，如实填报健康申明卡，出示某种有效的传染病预防接种证书、健康证明或者其他有关证件。

第一百零一条　卫生检疫机关对国境口岸的涉外宾馆、饭店内居住的入境、出境人员及工作人员实施传染病监测，并区别情况采取必要的预防、控制措施。

对来自检疫传染病和监测传染病疫区的人员，检疫医师可以根据流行病学和医学检查结果，发给就诊方便卡。

卫生检疫机关、医疗卫生单位遇到持有就诊方便卡的人员请求医学检查时，应当视同急诊给予医学检查；如果发现其患检疫传染病或者监测传染病，疑似检疫传染病或者疑似监测传染病，应当立即实施必要的卫生措施，并且将情况报告当地卫生防疫机构和签发就诊方便卡的卫生检疫机关。

第一百零二条　凡申请出境居住1年以上的中国籍人员，必须持有卫生检疫机关签发的健康证明。中国公民出境、入境管理机关凭卫生检疫机关签发的健康证明办理出境手续。

凡在境外居住1年以上的中国籍人员，入境时必须向卫生检疫机关申报健康情况，并在入境后1个月内到就近的卫生检疫机关或者县级以上的医院进行健康检查。公安机关凭健康证明办理有关手续。健康证明的副本应当寄送到原入境口岸的卫生检疫机关备案。

国际通行交通工具上的中国籍员工，应当持有卫生检疫机关或者县级以上医院出具的健康证明。健康证明的项目、格式由海关总署统一规定，有效期为12个月。

第一百零三条 卫生检疫机关在国境口岸内设立传染病监测点时，有关单位应当给予协助并提供方便。

第十章 卫生监督

第一百零四条 卫生检疫机关依照《国境卫生检疫法》第十八条、第十九条规定的内容，对国境口岸和交通工具实施卫生监督。

第一百零五条 对国境口岸的卫生要求是：

（一）国境口岸和国境口岸内涉外的宾馆、生活服务单位以及候船、候车、候机厅（室）应当有健全的卫生制度和必要的卫生设施，并保持室内外环境整洁、通风良好；

（二）国境口岸有关部门应当采取切实可行的措施，控制啮齿动物、病媒昆虫，使其数量降低到不足为害的程度。仓库、货场必须具有防鼠设施；

（三）国境口岸的垃圾、废物、污水、粪便必须进行无害化处理，保持国境口岸环境整洁卫生。

第一百零六条 对交通工具的卫生要求是：

（一）交通工具上的宿舱、车厢必须保持清洁卫生，通风良好；

（二）交通工具上必须备有足够的消毒、除鼠、除虫药物及器械，并备有防鼠装置；

（三）交通工具上的货舱、行李舱、货车车厢在装货前或者卸货后应当进行彻底清扫，有毒物品和食品不得混装，防止污染；

（四）对不符合卫生要求的入境、出境交通工具，必须接受卫生检疫机关的督导立即进行改进。

第一百零七条 对饮用水、食品及从业人员的卫生要求是：

（一）国境口岸和交通工具上的食品、饮用水必须符合有关的卫生标准；

（二）国境口岸内的涉外宾馆，以及向入境、出境的交通工具提供饮食服务的部门，必须取得卫生检疫机关发放的卫生许可证；

（三）国境口岸内涉外的宾馆和入境、出境交通工具上的食品、饮用水从业人员应当持有有效健康证明。

第一百零八条 国境口岸有关单位和交通工具负责人应当遵守下列事项：

（一）遵守《国境卫生检疫法》和本细则及有关卫生法规的规定；

（二）接受卫生监督员的监督和检查，并为其工作提供方便；

（三）按照卫生监督员的建议，对国境口岸和交通工具的卫生状况及时采取改进措施。

第十一章 罚　　则

第一百零九条 《国境卫生检疫法》和本细则所规定的应当受行政处罚的行为是指：

（一）应当受入境检疫的船舶，不悬挂检疫信号的；

（二）入境、出境的交通工具，在入境检疫之前或者在出境检疫之后，擅自上下人员，装卸行李、货物、邮包等物品的；

（三）拒绝接受检疫或者抵制卫生监督，拒不接受卫生处理的；

（四）伪造或者涂改检疫单、证、不如实申报疫情的；

（五）瞒报携带禁止进口的微生物、人体组织、生物制品、血液及其制品或者其他可能引起传染病传播的动物和物品的；

（六）未经检疫的入境、出境交通工具，擅自离开检疫地点，逃避查验的；

（七）隐瞒疫情或者伪造情节的；

（八）未经卫生检疫机关实施卫生处理，擅自排放压舱水，移下垃圾、污物等控制的物品的；

（九）未经卫生检疫机关实施卫生处理，擅自移运尸体、骸骨的；

（十）废旧物品、废旧交通工具，未向卫生检疫机关申报，未经卫生检疫机关实施卫生处理和签发卫生检疫证书而擅自入境、出境或者使用、拆卸的；

（十一）未经卫生检疫机关检查，从交通工具上移下传染病病人造成传染病传播危险的。

第一百一十条　具有本细则第一百零九条所列第（一）至第（五）项行为的，处以警告或者100元以上5000元以下的罚款；

具有本细则第一百零九条所列第（六）至第（九）项行为的，处以1000元以上1万元以下的罚款；

具有本细则第一百零九条所列第（十）、第（十一）项行为的，处以5000元以上3万元以下的罚款。

第一百一十一条　卫生检疫机关在收取罚款时，应当出具正式的罚款收据。罚款全部上交国库。

第十二章　附　　则

第一百一十二条　国境卫生检疫机关实施卫生检疫的收费标准，由海关总署会同国务院财政、物价部门共同制定。

第一百一十三条　本细则自发布之日起施行。

国内交通卫生检疫条例

（1998年11月28日中华人民共和国国务院令第254号公布，自1999年3月1日起施行）

第一条　为了控制检疫传染病通过交通工具及其乘运的人员、物资传播，防止检疫传染病流行，保障人体健康，依照《中华人民共和国传染病防治法》（以下简称传染病防治法）的规定，制定本条例。

第二条　列车、船舶、航空器和其他车辆（以下简称交通工具）出入检疫传染病疫区和在非检疫传染病疫区的交通工具上发现检疫传染病疫情时，依照本条例对交通工具及其乘运的人员、物资实施交通卫生检疫。

在中华人民共和国国际通航的港口、机场以及陆地边境和国界江河口岸的国境卫生检疫，依照《中华人民共和国国境卫生检疫法》的规定执行。

第三条　本条例所称检疫传染病，是指鼠疫、霍乱以及国务院确定并公布的其他传染病。

检疫传染病的诊断标准，按照国家有关卫生标准和国务院卫生行政部门的规定执行。

第四条　国务院卫生行政部门主管全国国内交通卫生检疫监督管理工作。

县级以上地方人民政府卫生行政部门负责本行政区域内的国内交通卫生检疫监督管理工作。

铁路、交通、民用航空行政主管部门的卫生主管机构，根据有关法律、法规和国务院卫生行政部门分别会同国务院铁路、交通、民用航空行政主管部门规定的职责划分，负责各自职责范围内的国内交通卫生检疫工作。

第五条　省、自治区、直辖市人民政府依照传染病防治法的规定，确定检疫传染病疫区，并决定对出入疫区的交通工具及其乘运的人员、物资实施交通卫生检疫。

第六条　对出入检疫传染病疫区的交通工具及其乘运的人员、物资，县级以上地方人民政府卫生行政部门或者铁路、交通、民用航空行政主管部门的卫生主管机构根据各自的职责，有权采取下列相应的交通卫生检疫措施：

（一）对出入检疫传染病疫区的人员、交通工具及其承运的物资进行查验；

（二）对检疫传染病病人、病原携带者、疑似检疫传染病病人和与其密切接触者，实施临时隔离、医学检查及其他应急医学措施；

（三）对被检疫传染病病原体污染或者可能被污染的物品，实施控制和卫生处理；

（四）对通过该疫区的交通工具及其停靠场所，实施紧急卫生处理；

（五）需要采取的其他卫生检疫措施。

采取前款所列交通卫生检疫措施的期间自决定实施时起至决定解除时止。

第七条 非检疫传染病疫区的交通工具上发现下列情形之一时，县级以上地方人民政府卫生行政部门或者铁路、交通、民用航空行政主管部门的卫生主管机构根据各自的职责，有权对交通工具及其乘运的人员、物资实施交通卫生检疫：

（一）发现有感染鼠疫的啮齿类动物或者啮齿类动物反常死亡，并且死因不明；

（二）发现鼠疫、霍乱病人、病原携带者和疑似鼠疫、霍乱病人；

（三）发现国务院确定并公布的需要实施国内交通卫生检疫的其他传染病。

跨省、自治区、直辖市在非检疫传染病疫区运行的列车、船舶、航空器上发现前款所列情形之一时，国务院卫生行政部门分别会同国务院铁路、交通、民用航空行政主管部门，可以决定对该列车、船舶、航空器实施交通卫生检疫和指令列车、船舶、航空器不得停靠或者通过港口、机场、车站；但是，因实施交通卫生检疫导致中断干线交通或者封锁国境的，须由国务院决定。

第八条 在非检疫传染病疫区的交通工具上，发现检疫传染病病人、病原携带者、疑似检疫传染病病人时，交通工具负责人应当组织有关人员采取下列临时措施：

（一）以最快的方式通知前方停靠点，并向交通工具营运单位的主管部门报告；

（二）对检疫传染病病人、病原携带者、疑似检疫传染病病人和与其密切接触者实施隔离；

（三）封锁已经污染或者可能污染的区域，采取禁止向外排放污物等卫生处理措施；

（四）在指定的停靠点将检疫传染病病人、病原携带者、疑似检疫传染病病人和与其密切接触者以及其他需要跟踪观察的旅客名单，移交当地县级以上地方人民政府卫生行政部门；

（五）对承运过检疫传染病病人、病原携带者、疑似检疫传染病病人的交通工具和可能被污染的环境实施卫生处理。

交通工具停靠地的县级以上地方人民政府卫生行政部门或者铁路、交通、民用航空行政主管部门的卫生主管机构，应当根据各自的职责，依照传染病防治法的规定，采取控制措施。

第九条 县级以上地方人民政府卫生行政部门或者铁路、交通、民用航空行政主管部门的卫生主管机构，根据各自的职责，对出入检疫传染病疫区的或者在非检疫传染病疫区发现检疫传染病疫情的交通工具及其乘运的人员、物资，实施交通卫生检疫；经检疫合格的，签发检疫合格证明。交通工具及其乘运的人员、物资凭检疫合格证明，方可通行。

检疫合格证明的格式，由国务院卫生行政部门商国务院铁路、交通、民用航空行政主管部门制定。

第十条 对拒绝隔离、治疗、留验的检疫传染病病人、病原携带者、疑似检疫传染病病人和与其密切接触者，以及拒绝检查和卫生处理的可能传播检疫传染病的交通工具、停靠场所及物资，县级以上地方人民政府卫生行政部门或者铁路、交通、民用航空行政主管部门的卫生主管机构根据各自的职责，应当依照传染病防治法的规定，采取强制检疫措施；必要时，由当地县级以上人民政府组织公安部门予以协助。

第十一条　检疫传染病疫情发生后，疫区所在地的省、自治区、直辖市人民政府卫生行政部门应当向有关铁路、交通、民用航空行政主管部门的卫生主管机构通报疫情。铁路、交通、民用航空行政主管部门的卫生主管机构接到疫情通报后，应当及时通知有关交通工具的营运单位。

检疫传染病疫情的报告、通报和公布，依照传染病防治法及其实施办法的规定执行。

第十二条　国务院卫生行政部门应当依照传染病防治法的规定，加强对检疫传染病防治的监督管理，会同国务院铁路、交通、民用航空行政主管部门，依照本条例的规定，拟订国内交通卫生检疫实施方案。

第十三条　检疫传染病病人、病原携带者、疑似检疫传染病病人和与其密切接触者隐瞒真实情况、逃避交通卫生检疫的，由县级以上地方人民政府卫生行政部门或者铁路、交通、民用航空行政主管部门的卫生主管机构，根据各自的职责分工，责令限期改正，给予警告，可以并处1000元以下的罚款；拒绝接受查验和卫生处理的，给予警告，并处1000元以上5000元以下的罚款；情节严重，引起检疫传染病传播或者有传播严重危险，构成犯罪的，依法追究刑事责任。

第十四条　在非检疫传染病疫区的交通工具上发现检疫传染病病人、病原携带者、疑似检疫传染病病人时，交通工具负责人未依照本条例规定采取措施的，由县级以上地方人民政府卫生行政部门或者铁路、交通、民用航空行政主管部门的卫生主管机构，根据各自的职责，责令改正，给予警告，并处1000元以上5000元以下的罚款；情节严重，引起检疫传染病传播或者有传播严重危险，构成犯罪的，依法追究刑事责任。

第十五条　县级以上地方人民政府卫生行政部门或者铁路、交通、民用航空行政主管部门的卫生主管机构，对发现的检疫传染病病人、病原携带者、疑似检疫传染病病人和与其密切接触者，未依法实施临时隔离、医学检查和其他应急医学措施的，以及对被检疫传染病病原体污染或者可能被污染的物品、交通工具及其停靠场所未依法进行必要的控制和卫生处理的，由其上级行政主管部门责令限期改正，对直接负责的主管人员和其他直接责任人员依法给予行政处分；情节严重，引起检疫传染病传播或者有传播严重危险，构成犯罪的，依法追究刑事责任。

第十六条　本条例自1999年3月1日起施行。1985年9月19日国务院批准、1985年10月12日铁道部、卫生部公布的《铁路交通检疫管理办法》同时废止。

中华人民共和国国境口岸卫生监督办法

（1981年12月30日国务院批准，1982年2月4日卫生部、交通部、中国民用航空总局、铁道部发布，根据2011年1月8日《国务院关于废止和修改部分行政法规的决定》第一次修订，根据2019年3月2日《国务院关于修改部分行政法规的决定》第二次修订）

第一章　总　　则

第一条　为了加强国境口岸和国际航行交通工具的卫生监督工作，改善国境口岸和交通工具的卫生面貌，控制和消灭传染源，切断传播途径，防止传染病由国外传入和由国内传出，保障人民身体健康，制定本办法。

第二条　本办法适用于对外开放的港口、机场、车站、关口（下称国境口岸）和停留在这些处所的国际航行的船舶、飞机和车辆（下称交通工具）。

第二章　国境口岸的卫生要求

第三条　国境口岸应当建立卫生清扫制度，消灭蚊蝇孳生场所，设置污物箱，定期进行清理，保持环境整洁。

第四条　国境口岸的生活垃圾应当日产日清，设置的固定垃圾场，应当定期清除；生活污水不得任意排放，应当做到无害化处理，以防止污染环境和水源。

第五条　对国境口岸的建筑物，有关部门应当采取切实可行的措施，控制病媒昆虫、啮齿动物，使其数量降低到不足为害的程度。

第六条　候船室、候机室、候车室、候检室应当做到地面整洁、墙壁无尘土、窗明几净、通风良好，并备有必要的卫生设施。

第七条　国境口岸的餐厅、食堂、厨房、小卖部应当建立和健全卫生制度，经常保持整洁，做到墙壁、天花板、桌椅清洁无尘土；应当有防蚊、防蝇、防鼠和冷藏设备，做到室内无蚊、无蝇、无鼠、无蟑螂。

第八条　国境口岸的厕所和浴室应当有专人管理，及时打扫，保持整洁，做到无蝇、无臭味。

第九条　国境口岸的仓库、货场应当保持清洁、整齐；发现鼠类有反常死亡时，应当及时向卫生检疫机关或地方卫生防疫部门报告。

第十条　做好国境口岸水源保护，在水源周围直径30米内，不得修建厕所、渗井等污染水源设施。

第三章　交通工具的卫生要求

第十一条　交通工具上必须备有急救药物、急救设备及消毒、杀虫、灭鼠药物。必要时，船舶上还需安排临时隔离室。

第十二条　交通工具上的病媒昆虫和啮齿动物的防除：

（一）船舶、飞机、列车上，应当备有足够数量有效的防鼠装置；保持无鼠或鼠类数量保持不足为害的程度。

（二）应当保持无蚊、无蝇、无其他有害昆虫，一旦发现应当采取杀灭措施。

第十三条　交通工具上的厕所、浴室必须保持整洁，无臭味。

第十四条　交通工具上的粪便、垃圾、污水处理的卫生要求：

（一）生活垃圾应当集中放在带盖的容器内，禁止向港区、机场、站区随意倾倒，应当由污物专用车（船）集中送往指定地点进行无害化处理。必要时，粪便、污水须经过卫生处理后方能排放；

（二）来自鼠疫疫区交通工具上的固体垃圾必须进行焚化处理，来自霍乱疫区交通工具上的粪便、压舱水、污水，必要时实施消毒。

第十五条　交通工具的货舱、行李车、邮政车和货车的卫生要求：

（一）货舱、行李车、邮政车、货车应当消灭蚊、蝇、蟑螂、鼠等病媒昆虫和有害动物及其孳生条件；在装货前或卸货后应当进行彻底清扫，做到无粪便、垃圾；

（二）凡装载有毒物品和食品的货车，应当分开按指定地点存放，防止污染，货物卸空后应当进行彻底洗刷；

（三）来自疫区的行李、货物，要严格检查，防止带有病媒昆虫和啮齿动物。

第十六条　交通工具上的客舱、宿舱、客车的卫生要求：

（一）客舱、宿舱和客车应当随时擦洗，保持无垃圾尘土，通风良好；

（二）卧具每次使用后必须换洗。卧具上不得有虱子、跳蚤、臭虫等病媒昆虫。

第四章　食品、饮用水及从业人员的卫生要求

第十七条　供应国境口岸和交通工具上的食品必须符合《中华人民共和国食品安全法》的规定和食品安全标准。

第十八条　凡供应国境口岸和交通工具

上的饮用水必须符合我国规定的“生活饮用水卫生标准”。供应饮用水的运输工具、储存容器及输水管道等设备都应当经常冲洗干净，保持清洁。

第十九条　供应食品、饮用水的从业人员的卫生要求：

（一）患有肠道传染病的患者或带菌者，以及活动性结核病、化脓性渗出性皮肤病患者，不得从事食品和饮用水供应工作；

（二）从事食品、饮用水供应工作的人员，应当每年进行一次健康检查，新参加工作的人员，应当首先进行健康检查，经检查合格者，发给健康证；

（三）从事食品、饮用水供应工作的人员，要养成良好卫生习惯，工作时要着装整洁，严格遵守卫生操作制度。

第五章　国境口岸和交通工具的负责人的责任

第二十条　国境口岸和交通工具的负责人在卫生工作方面的责任是：

（一）应当经常抓好卫生工作，接受卫生监督人员的监督和检查，并为其开展工作提供方便条件；

（二）应当模范地遵守本办法和其他卫生法令、条例和规定；

（三）应当按照卫生监督人员的建议，对国境口岸和交通工具的不卫生状况，及时采取措施，加以改进；

（四）在发现检疫传染病和监测传染病时，应当向国境卫生检疫机关或地方防疫部门报告，并立即采取防疫措施。

第六章　卫生监督机关的职责

第二十一条　国境口岸卫生检疫机关对国境口岸和交通工具进行卫生监督，其主要职责是：

（一）监督和指导国境口岸有关部门和交通工具的负责人对病媒昆虫、啮齿动物进行防除；

（二）对停留在国境口岸出入国境的交通工具上的食品、饮用水实施检验，并对运输、供应、贮存设施等系统进行卫生监督；

（三）对国境口岸和交通工具上的所有非因意外伤害致死的尸体，实施检查、监督和卫生处理；

（四）监督国境口岸有关部门和交通工具的负责人对粪便、垃圾、污水进行清除和无害化处理；

（五）对与检疫传染病、监测传染病有流行病学意义的环境因素实施卫生监督；

（六）监督国境口岸周围内采取防蚊措施的执行；

（七）开展卫生宣传教育，普及卫生知识，提高国境口岸和交通工具上的人员遵守和执行本办法的自觉性。

第二十二条　国境口岸卫生检疫机关设国境口岸卫生监督员1至5名，执行卫生监督任务，发给统一式样的执法证件。

第二十三条　国境口岸卫生监督员持其证件，有权对国境口岸和交通工具的负责人，进行卫生监督、检查和技术指导；配合有关部门，对卫生工作情况不良或引起传染病传播的单位或个人，提出改进意见，协同有关部门采取必要措施，进行处理。

第七章　奖励和惩罚

第二十四条　国境口岸卫生检疫机关，对贯彻执行本办法和国家有关卫生法令、条例、规定，做出显著成绩的单位和个人，应当给予表扬和奖励。

第二十五条　国境口岸卫生检疫机关，对违犯本办法和有关卫生法令、条例、规定的单位和个人，应当根据不同情况，给予警告、罚款，直至提请司法机关依法惩处。

第八章　附　　则

第二十六条　本办法自发布之日起施行。

中华人民共和国进出境动植物检疫法

（1991年10月30日第七届全国人民代表大会常务委员会第二十二次会议通过，1991年10月30日中华人民共和国主席令第五十三号公布，根据2009年8月27日中华人民共和国主席令第十八号第十一届全国人民代表大会常务委员会第十次会议《关于修改部分法律的决定》修正）

第一章　总　　则

第一条　为防止动物传染病、寄生虫病和植物危险性病、虫、杂草以及其他有害生物（以下简称病虫害）传入、传出国境，保护农、林、牧、渔业生产和人体健康，促进对外经济贸易的发展，制定本法。

第二条　进出境的动植物、动植物产品和其他检疫物，装载动植物、动植物产品和其他检疫物的装载容器、包装物，以及来自动植物疫区的运输工具，依照本法规定实施检疫。

第三条　国务院设立动植物检疫机关（以下简称国家动植物检疫机关），统一管理全国进出境动植物检疫工作。国家动植物检疫机关在对外开放的口岸和进出境动植物检疫业务集中的地点设立的口岸动植物检疫机关，依照本法规定实施进出境动植物检疫。

贸易性动物产品出境的检疫机关，由国务院根据情况规定。

国务院农业行政主管部门主管全国进出境动植物检疫工作。

第四条　口岸动植物检疫机关在实施检疫时可以行使下列职权：

（一）依照本法规定登船、登车、登机实施检疫；

（二）进入港口、机场、车站、邮局以及检疫物的存放、加工、养殖、种植场所实施检疫，并依照规定采样；

（三）根据检疫需要，进入有关生产、仓库等场所，进行疫情监测、调查和检疫监督管理；

（四）查阅、复制、摘录与检疫物有关的运行日志、货运单、合同、发票及其他单证。

第五条　国家禁止下列各物进境：

（一）动植物病原体（包括菌种、毒种等）、害虫及其他有害生物；

（二）动植物疫情流行的国家和地区的有关动植物、动植物产品和其他检疫物；

（三）动物尸体；

（四）土壤。

口岸动植物检疫机关发现有前款规定的禁止进境物的，作退回或者销毁处理。

因科学研究等特殊需要引进本条第一款规定的禁止进境物的，必须事先提出申请，经国家动植物检疫机关批准。

本条第一款第二项规定的禁止进境物的名录，由国务院农业行政主管部门制定并公布。

第六条　国外发生重大动植物疫情并可能传入中国时，国务院应当采取紧急预防措施，必要时可以下令禁止来自动植物疫区的运输工具进境或者封锁有关口岸；受动植物疫情威胁地区的地方人民政府和有关口岸动植物检疫机关，应当立即采取紧急措施，同时向上级人民政府和国家动植物检疫机关报告。

邮电、运输部门对重大动植物疫情报告和送检材料应当优先传送。

第七条 国家动植物检疫机关和口岸动植物检疫机关对进出境动植物、动植物产品的生产、加工、存放过程，实行检疫监督制度。

第八条 口岸动植物检疫机关在港口、机场、车站、邮局执行检疫任务时，海关、交通、民航、铁路、邮电等有关部门应当配合。

第九条 动植物检疫机关检疫人员必须忠于职守，秉公执法。动植物检疫机关检疫人员依法执行公务，任何单位和个人不得阻挠。

第二章 进境检疫

第十条 输入动物、动物产品、植物种子、种苗及其他繁殖材料的，必须事先提出申请，办理检疫审批手续。

第十一条 通过贸易、科技合作、交换、赠送、援助等方式输入动植物、动植物产品和其他检疫物的，应当在合同或者协议中订明中国法定的检疫要求，并订明必须附有输出国家或者地区政府动植物检疫机关出具的检疫证书。

第十二条 货主或者其代理人应当在动植物、动植物产品和其他检疫物进境前或者进境时持输出国家或者地区的检疫证书、贸易合同等单证，向进境口岸动植物检疫机关报检。

第十三条 装载动物的运输工具抵达口岸时，口岸动植物检疫机关应当采取现场预防措施，对上下运输工具或者接近动物的人员、装载动物的运输工具和被污染的场地作防疫消毒处理。

第十四条 输入动植物、动植物产品和其他检疫物，应当在进境口岸实施检疫。未经口岸动植物检疫机关同意，不得卸离运输工具。

输入动植物，需隔离检疫的，在口岸动植物检疫机关指定的隔离场所检疫。

因口岸条件限制等原因，可以由国家动植物检疫机关决定将动植物、动植物产品和其他检疫物运往指定地点检疫。在运输、装卸过程中，货主或者其代理人应当采取防疫措施。指定的存放、加工和隔离饲养或者隔离种植的场所，应当符合动植物检疫和防疫的规定。

第十五条 输入动植物、动植物产品和其他检疫物，经检疫合格的，准予进境；海关凭口岸动植物检疫机关签发的检疫单证或者在报关单上加盖的印章验放。

输入动植物、动植物产品和其他检疫物，需调离海关监管区检疫的，海关凭口岸动植物检疫机关签发的《检疫调离通知单》验放。

第十六条 输入动物，经检疫不合格的，由口岸动植物检疫机关签发《检疫处理通知单》，通知货主或者其代理人作如下处理：

（一）检出一类传染病、寄生虫病的动物，连同其同群动物全群退回或者全群扑杀并销毁尸体；

（二）检出二类传染病、寄生虫病的动物，退回或者扑杀，同群其他动物在隔离场或者其他指定地点隔离观察。

输入动物产品和其他检疫物经检疫不合格的，由口岸动植物检疫机关签发《检疫处理通知单》，通知货主或者其代理人作除害、退回或者销毁处理。经除害处理合格的，准予进境。

第十七条 输入植物、植物产品和其他检疫物，经检疫发现有植物危险性病、虫、杂草的，由口岸动植物检疫机关签发《检疫处理通知单》，通知货主或者其代理人作除害、退回或者销毁处理。经除害处理合格的，准予进境。

第十八条 本法第十六条第一款第一项、第二项所称一类、二类动物传染病、寄生虫病的名录和本法第十七条所称植物危险性病、虫、杂草的名录，由国务院农业行政主管部门制定并公布。

第十九条 输入动植物、动植物产品和其他检疫物，经检疫发现有本法第十八条规定的名录之外，对农、林、牧、渔业有严重危害的其他病虫害的，由口岸动植物检疫机关依照国务院农业行政主管部门的规定，通知货主或者其代理人作除害、退回或者销毁处理。经除害处理合格的，准予进境。

第三章 出境检疫

第二十条 货主或者其代理人在动植物、动植物产品和其他检疫物出境前，向口岸动植物检疫机关报检。

出境前需经隔离检疫的动物，在口岸动植物检疫机关指定的隔离场所检疫。

第二十一条 输出动植物、动植物产品和其他检疫物，由口岸动植物检疫机关实施检疫，经检疫合格或者经除害处理合格的，准予出境；海关凭口岸动植物检疫机关签发的检疫证书或者在报关单上加盖的印章验放。检疫不合格又无有效方法作除害处理的，不准出境。

第二十二条 经检疫合格的动植物、动植物产品和其他检疫物，有下列情形之一的，货主或者其代理人应当重新报检：

（一）更改输入国家或者地区，更改后的输入国家或者地区又有不同检疫要求的；

（二）改换包装或者原未拼装后来拼装的；

（三）超过检疫规定有效期限的。

第四章 过境检疫

第二十三条 要求运输动物过境的，必须事先商得中国国家动植物检疫机关同意，并按照指定的口岸和路线过境。装载过境动物的运输工具、装载容器、饲料和铺垫材料，必须符合中国动植物检疫的规定。

第二十四条 运输动植物、动植物产品和其他检疫物过境的，由承运人或者押运人持货运单和输出国家或者地区政府动植物检疫机关出具的检疫证书，在进境时向口岸动植物检疫机关报检，出境口岸不再检疫。

第二十五条 过境的动物经检疫合格的，准予过境；发现有本法第十八条规定的名录所列的动物传染病、寄生虫病的，全群动物不准过境。

过境动物的饲料受病虫害污染的，作除害、不准过境或者销毁处理。

过境的动物的尸体、排泄物、铺垫材料及其他废弃物，必须按照动植物检疫机关的规定处理，不得擅自抛弃。

第二十六条 对过境植物、动植物产品和其他检疫物，口岸动植物检疫机关检查运输工具或者包装，经检疫合格的，准予过境；发现有本法第十八条规定的名录所列的病虫害的，作除害处理或者不准过境。

第二十七条 动植物、动植物产品和其他检疫物过境期间，未经动植物检疫机关批准，不得开拆包装或者卸离运输工具。

第五章 携带、邮寄物检疫

第二十八条 携带、邮寄植物种子、种苗及其他繁殖材料进境的，必须事先提出申请，办理检疫审批手续。

第二十九条 禁止携带、邮寄进境的动植物、动植物产品和其他检疫物的名录，由国务院农业行政主管部门制定并公布。

携带、邮寄前款规定的名录所列的动植物、动植物产品和其他检疫物进境的，作退回或者销毁处理。

第三十条 携带本法第二十九条规定的名录以外的动植物、动植物产品和其他检疫物进境的，在进境时向海关申报并接受口岸动植物检疫机关检疫。

携带动物进境的，必须持有输出国家或者地区的检疫证书等证件。

第三十一条 邮寄本法第二十九条规定的名录以外的动植物、动植物产品和其他检疫物进境的，由口岸动植物检疫机关在国际邮件互换局实施检疫，必要时可以取回口岸动植物检疫机关检疫；未经检疫不得运递。

第三十二条　邮寄进境的动植物、动植物产品和其他检疫物，经检疫或者除害处理合格后放行；经检疫不合格又无有效方法作除害处理的，作退回或者销毁处理，并签发《检疫处理通知单》。

第三十三条　携带、邮寄出境的动植物、动植物产品和其他检疫物，物主有检疫要求的，由口岸动植物检疫机关实施检疫。

第六章　运输工具检疫

第三十四条　来自动植物疫区的船舶、飞机、火车抵达口岸时，由口岸动植物检疫机关实施检疫。发现有本法第十八条规定的名录所列的病虫害的，作不准带离运输工具、除害、封存或者销毁处理。

第三十五条　进境的车辆，由口岸动植物检疫机关作防疫消毒处理。

第三十六条　进出境运输工具上的泔水、动植物性废弃物，依照口岸动植物检疫机关的规定处理，不得擅自抛弃。

第三十七条　装载出境的动植物、动植物产品和其他检疫物的运输工具，应当符合动植物检疫和防疫的规定。

第三十八条　进境供拆船用的废旧船舶，由口岸动植物检疫机关实施检疫，发现有本法第十八条规定的名录所列的病虫害的，作除害处理。

第七章　法律责任

第三十九条　违反本法规定，有下列行为之一的，由口岸动植物检疫机关处以罚款：

（一）未报检或者未依法办理检疫审批手续的；

（二）未经口岸动植物检疫机关许可擅自将进境动植物、动植物产品或者其他检疫物卸离运输工具或者运递的；

（三）擅自调离或者处理在口岸动植物检疫机关指定的隔离场所中隔离检疫的动植物的。

第四十条　报检的动植物、动植物产品或者其他检疫物与实际不符的，由口岸动植物检疫机关处以罚款；已取得检疫单证的，予以吊销。

第四十一条　违反本法规定，擅自开拆过境动植物、动植物产品或者其他检疫物的包装的，擅自将过境动植物、动植物产品或者其他检疫物卸离运输工具的，擅自抛弃过境动物的尸体、排泄物、铺垫材料或者其他废弃物的，由动植物检疫机关处以罚款。

第四十二条　违反本法规定，引起重大动植物疫情的，依照刑法有关规定追究刑事责任。

第四十三条　伪造、变造检疫单证、印章、标志、封识，依照刑法有关规定追究刑事责任。

第四十四条　当事人对动植物检疫机关的处罚决定不服的，可以在接到处罚通知之日起十五日内向作出处罚决定的机关的上一级机关申请复议；当事人也可以在接到处罚通知之日起十五日内直接向人民法院起诉。

复议机关应当在接到复议申请之日起六十日内作出复议决定。当事人对复议决定不服的，可以在接到复议决定之日起十五日内向人民法院起诉。复议机关逾期不作出复议决定的，当事人可以在复议期满之日起十五日内向人民法院起诉。

当事人逾期不申请复议也不向人民法院起诉、又不履行处罚决定的，作出处罚决定的机关可以申请人民法院强制执行。

第四十五条　动植物检疫机关检疫人员滥用职权，徇私舞弊，伪造检疫结果，或者玩忽职守，延误检疫出证，构成犯罪的，依法追究刑事责任；不构成犯罪的，给予行政处分。

第八章 附 则

第四十六条 本法下列用语的含义是：

（一）“动物”是指饲养、野生的活动物，如畜、禽、兽、蛇、龟、鱼、虾、蟹、贝、蚕、蜂等；

（二）“动物产品”是指来源于动物未经加工或者虽经加工但仍有可能传播疫病的产品，如生皮张、毛类、肉类、脏器、油脂、动物水产品、奶制品、蛋类、血液、精液、胚胎、骨、蹄、角等；

（三）“植物”是指栽培植物、野生植物及其种子、种苗及其他繁殖材料等；

（四）“植物产品”是指来源于植物未经加工或者虽经加工但仍有可能传播病虫害的产品，如粮食、豆、棉花、油、麻、烟草、籽仁、干果、鲜果、蔬菜、生药材、木材、饲料等；

（五）“其他检疫物”是指动物疫苗、血清、诊断液、动植物性废弃物等。

第四十七条 中华人民共和国缔结或者参加的有关动植物检疫的国际条约与本法有不同规定的，适用该国际条约的规定。但是，中华人民共和国声明保留的条款除外。

第四十八条 口岸动植物检疫机关实施检疫依照规定收费。收费办法由国务院农业行政主管部门会同国务院物价等有关主管部门制定。

第四十九条 国务院根据本法制定实施条例。

第五十条 本法自1992年4月1日起施行。1982年6月4日国务院发布的《中华人民共和国进出口动植物检疫条例》同时废止。

中华人民共和国进出境动植物检疫法实施条例

（1996年12月2日中华人民共和国国务院令第206号公布，自1997年1月1日起施行）

第一章 总 则

第一条 根据《中华人民共和国进出境动植物检疫法》（以下简称进出境动植物检疫法）的规定，制定本条例。

第二条 下列各物，依照进出境动植物检疫法和本条例的规定实施检疫：

（一）进境、出境、过境的动植物、动植物产品和其他检疫物；

（二）装载动植物、动植物产品和其他检疫物的装载容器、包装物、铺垫材料；

（三）来自动植物疫区的运输工具；

（四）进境拆解的废旧船舶；

（五）有关法律、行政法规、国际条约规定或者贸易合同约定应当实施进出境动植物检疫的其他货物、物品。

第三条 国务院农业行政主管部门主管全国进出境动植物检疫工作。

中华人民共和国动植物检疫局（以下简称国家动植物检疫局）统一管理全国进出境动植物检疫工作，收集国内外重大动植物疫情，负责国际间进出境动植物检疫的合作与交流。

国家动植物检疫局在对外开放的口岸和进出境动植物检疫业务集中的地点设立的口岸动植物检疫机关，依照进出境动植物检疫法和本条例的规定，实施进出境动植物检疫。

第四条 国（境）外发生重大动植物疫情并可能传入中国时，根据情况采取下列紧急预防措施：

（一）国务院可以对相关边境区域采取控制措施，必要时下令禁止来自动植物疫区的运输工具进境或者封锁有关口岸；

（二）国务院农业行政主管部门可以公布禁止从动植物疫情流行的国家和地区进境的动植物、动植物产品和其他检疫物的名录；

（三）有关口岸动植物检疫机关可以对可能受病虫害污染的本条例第二条所列进境各物采取紧急检疫处理措施；

（四）受动植物疫情威胁地区的地方人民政府可以立即组织有关部门制定并实施应急方案，同时向上级人民政府和国家动植物检疫局报告。

邮电、运输部门对重大动植物疫情报告和送检材料应当优先传送。

第五条 享有外交、领事特权与豁免的外国机构和人员公用或者自用的动植物、动植物产品和其他检疫物进境，应当依照进出境动植物检疫法和本条例的规定实施检疫；口岸动植物检疫机关查验时，应当遵守有关法律的规定。

第六条 海关依法配合口岸动植物检疫机关，对进出境动植物、动植物产品和其他检疫物实行监管。具体办法由国务院农业行政主管部门会同海关总署制定。

第七条 进出境动植物检疫法所称动植物疫区和动植物疫情流行的国家与地区的名录，由国务院农业行政主管部门确定并公布。

第八条 对贯彻执行进出境动植物检疫法和本条例做出显著成绩的单位和个人，给予奖励。

第二章 检疫审批

第九条 输入动物、动物产品和进出境动植物检疫法第五条第一款所列禁止进境物的检疫审批，由国家动植物检疫局或者其授权的口岸动植物检疫机关负责。

输入植物种子、种苗及其他繁殖材料的检疫审批，由植物检疫条例规定的机关负责。

第十条 符合下列条件的，方可办理进境检疫审批手续：

（一）输出国家或者地区无重大动植物疫情；

（二）符合中国有关动植物检疫法律、法规、规章的规定；

（三）符合中国与输出国家或者地区签订的有关双边检疫协定（含检疫协议、备忘录等，下同）。

第十一条 检疫审批手续应当在贸易合同或者协议签订前办妥。

第十二条 携带、邮寄植物种子、种苗及其他繁殖材料进境的，必须事先提出申请，办理检疫审批手续；因特殊情况无法事先办理的，携带人或者邮寄人应当在口岸补办检疫审批手续，经审批机关同意并经检疫合格后方准进境。

第十三条 要求运输动物过境的，货主或者其代理人必须事先向国家动植物检疫局提出书面申请，提交输出国家或者地区政府动植物检疫机关出具的疫情证明、输入国家或者地区政府动植物检疫机关出具的准许该动物进境的证件，并说明拟过境的路线，国家动植物检疫局审查同意后，签发《动物过境许可证》。

第十四条 因科学研究等特殊需要，引进进出境动植物检疫法第五条第一款所列禁止进境物的，办理禁止进境物特许检疫审批手续时，货主、物主或者其代理人必须提交书面申请，说明其数量、用途、引进方式、进境后的防疫措施，并附具有关口岸动植物检疫机关签署的意见。

第十五条 办理进境检疫审批手续后，有下列情况之一的，货主、物主或者其代理人应当重新申请办理检疫审批手续：

（一）变更进境物的品种或者数量的；

（二）变更输出国家或者地区的；

（三）变更进境口岸的；

（四）超过检疫审批有效期的。

第三章 进境检疫

第十六条 进出境动植物检疫法第十一条所称中国法定的检疫要求，是指中国的法律、行政法规和国务院农业行政主管部门规定的动植物检疫要求。

第十七条 国家对向中国输出动植物产品的国外生产、加工、存放单位，实行注册登记制度。具体办法由国务院农业行政主管部门制定。

第十八条 输入动植物、动植物产品和其他检疫物的，货主或者其代理人应当在进境前或者进境时向进境口岸动植物检疫机关报检。属于调离海关监管区检疫的，运达指定地点时，货主或者其代理人应当通知有关口岸动植物检疫机关。属于转关货物的，货主或者其代理人应当在进境时向进境口岸动植物检疫机关申报；到达指运地时，应当向指运地口岸动植物检疫机关报检。

输入种畜禽及其精液、胚胎的，应当在进境前30日报检；输入其他动物的，应当在进境前15日报检；输入植物种子、种苗及其他繁殖材料的，应当在进境前7日报检。

动植物性包装物、铺垫材料进境时，货主或者其代理人应当及时向口岸动植物检疫机关申报；动植物检疫机关可以根据具体情况对申报物实施检疫。

前款所称动植物性包装物、铺垫材料，是指直接用作包装物、铺垫材料的动物产品和植物、植物产品。

第十九条 向口岸动植物检疫机关报检时，应当填写报检单，并提交输出国家或者地区政府动植物检疫机关出具的检疫证书、产地证书和贸易合同、信用证、发票等单证；依法应当办理检疫审批手续的，还应当提交检疫审批单。无输出国家或者地区政府动植物检疫机关出具的有效检疫证书，或者未依法办理检疫审批手续的，口岸动植物检疫机关可以根据具体情况，作退回或者销毁处理。

第二十条 输入的动植物、动植物产品和其他检疫物运达口岸时，检疫人员可以到运输工具上和货物现场实施检疫，核对货、证是否相符，并可以按照规定采取样品。承运人、货主或者其代理人应当向检疫人员提供装载清单和有关资料。

第二十一条 装载动物的运输工具抵达口岸时，上下运输工具或者接近动物的人员，应当接受口岸动植物检疫机关实施的防疫消毒，并执行其采取的其他现场预防措施。

第二十二条 检疫人员应当按照下列规定实施现场检疫：

（一）动物：检查有无疫病的临床症状。发现疑似感染传染病或者已死亡的动物时，在货主或者押运人的配合下查明情况，立即处理。动物的铺垫材料、剩余饲料和排泄物等，由货主或者其代理人在检疫人员的监督下，作除害处理。

（二）动物产品：检查有无腐败变质现象，容器、包装是否完好。符合要求的，允许卸离运输工具。发现散包、容器破裂的，由货主或者其代理人负责整理完好，方可卸离运输工具。根据情况，对运输工具的有关部位及装载动物产品的容器、外表包装、铺垫材料、被污染场地等进行消毒处理。需要实施实验室检疫的，按照规定采取样品。对易滋生植物害虫或者混藏杂草种子的动物产品，同时实施植物检疫。

（三）植物、植物产品：检查货物和包装物有无病虫害，并按照规定采取样品。发现病虫害并有扩散可能时，及时对该批货物、运输工具和装卸现场采取必要的防疫措施。对来自动物传染病疫区或者易带动物传染病和寄生虫病病原体并用作动物饲料的植物产品，同时实施动物检疫。

（四）动植物性包装物、铺垫材料：检

查是否携带病虫害、混藏杂草种子、沾带土壤，并按照规定采取样品。

（五）其他检疫物：检查包装是否完好及是否被病虫害污染。发现破损或者被病虫害污染时，作除害处理。

第二十三条　对船舶、火车装运的大宗动植物产品，应当就地分层检查；限于港口、车站的存放条件，不能就地检查的，经口岸动植物检疫机关同意，也可以边卸载边疏运，将动植物产品运往指定的地点存放。在卸货过程中经检疫发现疫情时，应当立即停止卸货，由货主或者其代理人按照口岸动植物检疫机关的要求，对已卸和未卸货物作除害处理，并采取防止疫情扩散的措施；对被病虫害污染的装卸工具和场地，也应当作除害处理。

第二十四条　输入种用大中家畜的，应当在国家动植物检疫局设立的动物隔离检疫场所隔离检疫45日；输入其他动物的，应当在口岸动植物检疫机关指定的动物隔离检疫场所隔离检疫30日。动物隔离检疫场所管理办法，由国务院农业行政主管部门制定。

第二十五条　进境的同一批动植物产品分港卸货时，口岸动植物检疫机关只对本港卸下的货物进行检疫，先期卸货港的口岸动植物检疫机关应当将检疫及处理情况及时通知其他分卸港的口岸动植物检疫机关；需要对外出证的，由卸毕港的口岸动植物检疫机关汇总后统一出具检疫证书。

在分卸港实施检疫中发现疫情并必须进行船上熏蒸、消毒时，由该分卸港的口岸动植物检疫机关统一出具检疫证书，并及时通知其他分卸港的口岸动植物检疫机关。

第二十六条　对输入的动植物、动植物产品和其他检疫物，按照中国的国家标准、行业标准以及国家动植物检疫局的有关规定实施检疫。

第二十七条　输入动植物、动植物产品和其他检疫物，经检疫合格的，由口岸动植物检疫机关在报关单上加盖印章或者签发《检疫放行通知单》；需要调离进境口岸海关监管区检疫的，由进境口岸动植物检疫机关签发《检疫调离通知单》。货主或者其代理人凭口岸动植物检疫机关在报关单上加盖的印章或者签发的《检疫放行通知单》、《检疫调离通知单》办理报关、运递手续。海关对输入的动植物、动植物产品和其他检疫物，凭口岸动植物检疫机关在报关单上加盖的印章或者签发的《检疫放行通知单》、《检疫调离通知单》验放。运输、邮电部门凭单运递，运递期间国内其他检疫机关不再检疫。

第二十八条　输入动植物、动植物产品和其他检疫物，经检疫不合格的，由口岸动植物检疫机关签发《检疫处理通知单》，通知货主或者其代理人在口岸动植物检疫机关的监督和技术指导下，作除害处理；需要对外索赔的，由口岸动植物检疫机关出具检疫证书。

第二十九条　国家动植物检疫局根据检疫需要，并商输出动植物、动植物产品国家或者地区政府有关机关同意，可以派检疫人员进行预检、监装或者产地疫情调查。

第三十条　海关、边防等部门截获的非法进境的动植物、动植物产品和其他检疫物，应当就近交由口岸动植物检疫机关检疫。

第四章　出境检疫

第三十一条　货主或者其代理人依法办理动植物、动植物产品和其他检疫物的出境报检手续时，应当提供贸易合同或者协议。

第三十二条　对输入国要求中国对向其输出的动植物、动植物产品和其他检疫物的生产、加工、存放单位注册登记的，口岸动植物检疫机关可以实行注册登记，并报国家动植物检疫局备案。

第三十三条　输出动物，出境前需经隔离检疫的，在口岸动植物检疫机关指定的隔离场所检疫。输出植物、动植物产品和其他检疫物的，在仓库或者货场实施检疫；根据需要，也可以在生产、加工过程中实施检疫。

待检出境植物、动植物产品和其他检疫物，应当数量齐全、包装完好、堆放整齐、唛头标记明显。

第三十四条 输出动植物、动植物产品和其他检疫物的检疫依据：

（一）输入国家或者地区和中国有关动植物检疫规定；

（二）双边检疫协定；

（三）贸易合同中订明的检疫要求。

第三十五条 经启运地口岸动植物检疫机关检疫合格的动植物、动植物产品和其他检疫物，运达出境口岸时，按照下列规定办理：

（一）动物应当经出境口岸动植物检疫机关临床检疫或者复检；

（二）植物、动植物产品和其他检疫物从启运地随原运输工具出境的，由出境口岸动植物检疫机关验证放行；改换运输工具出境的，换证放行；

（三）植物、动植物产品和其他检疫物到达出境口岸后拼装的，因变更输入国家或者地区而有不同检疫要求的，或者超过规定的检疫有效期的，应当重新报检。

第三十六条 输出动植物、动植物产品和其他检疫物，经启运地口岸动植物检疫机关检疫合格的，运达出境口岸时，运输、邮电部门凭启运地口岸动植物检疫机关签发的检疫单证运递，国内其他检疫机关不再检疫。

第五章 过境检疫

第三十七条 运输动植物、动植物产品和其他检疫物过境（含转运，下同）的，承运人或者押运人应当持货运单和输出国家或者地区政府动植物检疫机关出具的证书，向进境口岸动植物检疫机关报检；运输动物过境的，还应当同时提交国家动植物检疫局签发的《动物过境许可证》。

第三十八条 过境动物运达进境口岸时，由进境口岸动植物检疫机关对运输工具、容器的外表进行消毒并对动物进行临床检疫，经检疫合格的，准予过境。进境口岸动植物检疫机关可以派检疫人员监运至出境口岸，出境口岸动植物检疫机关不再检疫。

第三十九条 装载过境植物、动植物产品和其他检疫物的运输工具和包装物、装载容器必须完好。经口岸动植物检疫机关检查，发现运输工具或者包装物、装载容器有可能造成途中散漏的，承运人或者押运人应当按照口岸动植物检疫机关的要求，采取密封措施；无法采取密封措施的，不准过境。

第六章 携带、邮寄物检疫

第四十条 携带、邮寄植物种子、种苗及其他繁殖材料进境，未依法办理检疫审批手续的，由口岸动植物检疫机关作退回或者销毁处理。邮件作退回处理的，由口岸动植物检疫机关在邮件及发递单上批注退回原因；邮件作销毁处理的，由口岸动植物检疫机关签发通知单，通知寄件人。

第四十一条 携带动植物、动植物产品和其他检疫物进境的，进境时必须向海关申报并接受口岸动植物检疫机关检疫。海关应当将申报或者查获的动植物、动植物产品和其他检疫物及时交由口岸动植物检疫机关检疫。未经检疫的，不得携带进境。

第四十二条 口岸动植物检疫机关可以在港口、机场、车站的旅客通道、行李提取处等现场进行检查，对可能携带动植物、动植物产品和其他检疫物而未申报的，可以进行查询并抽检其物品，必要时可以开包（箱）检查。

旅客进出境检查现场应当设立动植物检疫台位和标志。

第四十三条 携带动物进境的，必须持有输出动物的国家或者地区政府动植物检疫机关出具的检疫证书，经检疫合格后放行；

携带犬、猫等宠物进境的，还必须持有疫苗接种证书。没有检疫证书、疫苗接种证书的，由口岸动植物检疫机关作限期退回或者没收销毁处理。作限期退回处理的，携带人必须在规定的时间内持口岸动植物检疫机关签发的截留凭证，领取并携带出境；逾期不领取的，作自动放弃处理。

携带植物、动植物产品和其他检疫物进境，经现场检疫合格的，当场放行；需要作实验室检疫或者隔离检疫的，由口岸动植物检疫机关签发截留凭证。截留检疫合格的，携带人持截留凭证向口岸动植物检疫机关领回；逾期不领回的，作自动放弃处理。

禁止携带、邮寄进出境动植物检疫法第二十九条规定的名录所列动植物、动植物产品和其他检疫物进境。

第四十四条　邮寄进境的动植物、动植物产品和其他检疫物，由口岸动植物检疫机关在国际邮件互换局（含国际邮件快递公司及其他经营国际邮件的单位，以下简称邮局）实施检疫。邮局应当提供必要的工作条件。

经现场检疫合格的，由口岸动植物检疫机关加盖检疫放行章，交邮局运递。需要作实验室检疫或者隔离检疫的，口岸动植物检疫机关应当向邮局办理交接手续；检疫合格的，加盖检疫放行章，交邮局运递。

第四十五条　携带、邮寄进境的动植物、动植物产品和其他检疫物，经检疫不合格又无有效方法作除害处理的，作退回或者销毁处理，并签发《检疫处理通知单》交携带人、寄件人。

第七章　运输工具检疫

第四十六条　口岸动植物检疫机关对来自动植物疫区的船舶、飞机、火车，可以登船、登机、登车实施现场检疫。有关运输工具负责人应当接受检疫人员的询问并在询问记录上签字，提供运行日志和装载货物的情况，开启舱室接受检疫。

口岸动植物检疫机关应当对前款运输工具可能隐藏病虫害的餐车、配餐间、厨房、储藏室、食品舱等动植物产品存放、使用场所和泔水、动植物性废弃物的存放场所以及集装箱箱体等区域或者部位，实施检疫；必要时，作防疫消毒处理。

第四十七条　来自动植物疫区的船舶、飞机、火车，经检疫发现有进出境动植物检疫法第十八条规定的名录所列病虫害的，必须作熏蒸、消毒或者其他除害处理。发现有禁止进境的动植物、动植物产品和其他检疫物的，必须作封存或者销毁处理；作封存处理的，在中国境内停留或者运行期间，未经口岸动植物检疫机关许可，不得启封动用。对运输工具上的泔水、动植物性废弃物及其存放场所、容器，应当在口岸动植物检疫机关的监督下作除害处理。

第四十八条　来自动植物疫区的进境车辆，由口岸动植物检疫机关作防疫消毒处理。装载进境动植物、动植物产品和其他检疫物的车辆，经检疫发现病虫害的，连同货物一并作除害处理。装运供应香港、澳门地区的动物的回空车辆，实施整车防疫消毒。

第四十九条　进境拆解的废旧船舶，由口岸动植物检疫机关实施检疫。发现病虫害的，在口岸动植物检疫机关监督下作除害处理。发现有禁止进境的动植物、动植物产品和其他检疫物的，在口岸动植物检疫机关的监督下作销毁处理。

第五十条　来自动植物疫区的进境运输工具经检疫或者经消毒处理合格后，运输工具负责人或者其代理人要求出证的，由口岸动植物检疫机关签发《运输工具检疫证书》或者《运输工具消毒证书》。

第五十一条　进境、过境运输工具在中国境内停留期间，交通员工和其他人员不得将所装载的动植物、动植物产品和其他检疫物带离运输工具；需要带离时，应当向口岸动植物检疫机关报检。

第五十二条　装载动物出境的运输工

具，装载前应当在口岸动植物检疫机关监督下进行消毒处理。

装载植物、动植物产品和其他检疫物出境的运输工具，应当符合国家有关动植物防疫和检疫的规定。发现危险性病虫害或者超过规定标准的一般性病虫害的，作除害处理后方可装运。

第八章 检疫监督

第五十三条 国家动植物检疫局和口岸动植物检疫机关对进出境动植物、动植物产品的生产、加工、存放过程，实行检疫监督制度。具体办法由国务院农业行政主管部门制定。

第五十四条 进出境动物和植物种子、种苗及其他繁殖材料，需要隔离饲养、隔离种植的，在隔离期间，应当接受口岸动植物检疫机关的检疫监督。

第五十五条 从事进出境动植物检疫熏蒸、消毒处理业务的单位和人员，必须经口岸动植物检疫机关考核合格。

口岸动植物检疫机关对熏蒸、消毒工作进行监督、指导，并负责出具熏蒸、消毒证书。

第五十六条 口岸动植物检疫机关可以根据需要，在机场、港口、车站、仓库、加工厂、农场等生产、加工、存放进出境动植物、动植物产品和其他检疫物的场所实施动植物疫情监测，有关单位应当配合。

未经口岸动植物检疫机关许可，不得移动或者损坏动植物疫情监测器具。

第五十七条 口岸动植物检疫机关根据需要，可以对运载进出境动植物、动植物产品和其他检疫物的运输工具、装载容器加施动植物检疫封识或者标志；未经口岸动植物检疫机关许可，不得开拆或者损毁检疫封识、标志。

动植物检疫封识和标志由国家动植物检疫局统一制发。

第五十八条 进境动植物、动植物产品和其他检疫物，装载动植物、动植物产品和其他检疫物的装载容器、包装物，运往保税区（含保税工厂、保税仓库等）的，在进境口岸依法实施检疫；口岸动植物检疫机关可以根据具体情况实施检疫监督；经加工复运出境的，依照进出境动植物检疫法和本条例有关出境检疫的规定办理。

第九章 法律责任

第五十九条 有下列违法行为之一的，由口岸动植物检疫机关处5000元以下的罚款：

（一）未报检或者未依法办理检疫审批手续或者未按检疫审批的规定执行的；

（二）报检的动植物、动植物产品和其他检疫物与实际不符的。

有前款第（二）项所列行为，已取得检疫单证的，予以吊销。

第六十条 有下列违法行为之一的，由口岸动植物检疫机关处3000元以上3万元以下的罚款：

（一）未经口岸动植物检疫机关许可擅自将进境、过境动植物、动植物产品和其他检疫物卸离运输工具或者运递的；

（二）擅自调离或者处理在口岸动植物检疫机关指定的隔离场所中隔离检疫的动植物的；

（三）擅自开拆过境动植物、动植物产品和其他检疫的包装，或者擅自开拆、损毁动植物检疫封识或者标志的；

（四）擅自抛弃过境动物的尸体、排泄物、铺垫材料或者其他废弃物，或者未按规定处理运输工具上的泔水、动植物性废弃物的。

第六十一条 依照本法第十七条、第三十二条的规定注册登记的生产、加工、存放动植物、动植物产品和其他检疫物的单位，进出境的上述物品经检疫不合格的，除依照本法有关规定作退回、销毁或者除害处理外，情节严重的，由口岸动植物检疫机关注销注册登记。

第六十二条　有下列违法行为之一的，依法追究刑事责任；尚不构成犯罪或者犯罪情节显著轻微依法不需要判处刑罚的，由口岸动植物检疫机关处2万元以上5万元以下的罚款：

（一）引起重大动植物疫情的；

（二）伪造、变造动植物检疫单证、印章、标志、封识的。

第六十三条　从事进出境动植物检疫熏蒸、消毒处理业务的单位和人员，不按照规定进行熏蒸和消毒处理的，口岸动植物检疫机关可以视情节取消其熏蒸、消毒资格。

第十章　附　　则

第六十四条　进出境动植物检疫法和本条例下列用语的含义：

（一）“植物种子、种苗及其他繁殖材料”，是指栽培、野生的可供繁殖的植物全株或者部分，如植株、苗木（含试管苗）、果实、种子、砧木、接穗、插条、叶片、芽体、块根、块茎、鳞茎、球茎、花粉、细胞培养材料等；

（二）“装载容器”，是指可以多次使用、易受病虫害污染并用于装载进出境货物的容器，如笼、箱、桶、筐等；

（三）“其他有害生物”，是指动物传染病、寄生虫病和植物危险性病、虫、杂草以外的各种危害动植物的生物有机体、病原微生物，以及软体类、啮齿类、螨类、多足虫类动物和危险性病虫的中间寄主、媒介生物等；

（四）“检疫证书”，是指动植物检疫机关出具的关于动植物、动植物产品和其他检疫物健康或者卫生状况的具有法律效力的文件，如《动物检疫证书》、《植物检疫证书》、《动物健康证书》、《兽医卫生证书》、《熏蒸/消毒证书》等。

第六十五条　对进出境动植物、动植物产品和其他检疫物因实施检疫或者按照规定作熏蒸、消毒、退回、销毁等处理所需费用或者招致的损失，由货主、物主或者其代理人承担。

第六十六条　口岸动植物检疫机关依法实施检疫，需要采取样品时，应当出具采样凭单；验余的样品，货主、物主或者其代理人应当在规定的期限内领回；逾期不领回的，由口岸动植物检疫机关按照规定处理。

第六十七条　贸易性动物产品出境的检疫机关，由国务院根据情况规定。

第六十八条　本条例自1997年1月1日起施行。

中华人民共和国进出境动植物检疫行政处罚实施办法

（1997年10月10日中华人民共和国农业部令第26号公布，自公布之日起施行）

第一条　根据《中华人民共和国进出境动植物检疫法》（以下简称《进出境动植物检疫法》）、《中华人民共和国进出境动植物检疫法实施条例》（以下简称《进出境动植物检疫法实施条例》）和《中华人民共和国行政处罚法》（以下简称《行政处罚法》）等规定，制定本办法。

第二条　对违反《进出境动植物检疫

法》、《进出境动植物检疫法实施条例》及其他有关进出境动植物检疫法律法规的行为应当给予行政处罚的，适用本办法。

第三条　有下列行为之一的，对当事人处以人民币1000元以下的罚款；情节严重的，对当事人处以人民币1000元以上至5000元以下的罚款：

（一）携带动植物、动植物产品和其他检疫物进境，未申报或者未接受口岸动植物检疫机关检疫的；

（二）携带、邮寄植物种子、种苗和其他繁殖材料进境，未依法办理检疫审批的；

（三）动植物性包装物、铺垫材料进境，未向口岸动植物检疫机关申报检疫的；

（四）携带、邮寄《进出境动植物检疫法》第五条规定的国家禁止进境物进境，未依法办理检疫审批的。

第四条　有下列行为之一的，对当事人处以人民币1000元以上至5000元以下的罚款：

（一）输入动物、动物产品、植物种子、种苗及其他繁殖材料或国家禁止进境物，未事先办理检疫审批手续；或虽已办理检疫审批手续，但未按检疫审批规定执行的；

（二）动植物、动植物产品和其他检疫物进境、出境或者过境，未按规定向口岸动植物检疫机关报检的；转关货物进境时未向进境口岸动植物检疫机关申报；或虽已办理报检、申报手续，但未接受口岸动植物检疫机关检疫的；

（三）报检的动植物、动植物产品或者其他检疫物的品名、数量、重量、产地、生产加工单位、货值等与实际不符的；

（四）运输动物过境未报请国家动植物检疫局审批并获得《动物过境许可证》，或者未按规定的要求和指定的口岸、路线过境的。

有前款第三项所列行为，已取得检疫单证的，予以吊销。

第五条　有下列行为之一的，对当事人处以人民币3000元以上至30000元以下的罚款：

（一）违反规定擅自处理运输工具上的泔水、动植物性废弃物的；

（二）未经口岸动植物检疫机关许可擅自将进境、过境动植物、动植物产品或者其他检疫物卸离运输工具或者擅自运递的；

（三）擅自开拆过境动植物、动植物产品和其他检疫物的包装的；

（四）擅自抛弃过境动物尸体、排泄物、铺垫材料或者其他废弃物的；

（五）擅自调离或者处理在口岸动植物检疫机关指定的隔离场所中隔离检疫的动植物的；

（六）擅自调离或者处理未经口岸动植物检疫机关检疫合格的动植物、动植物产品或其他检疫物的；

（七）擅自开拆、损毁动植物检疫机关加施的封识或者标志的。

第六条　有下列行为之一的，依法追究刑事责任；尚不构成犯罪或者犯罪情节显著轻微依法不需要判处刑罚的，对当事人处以人民币20000元以上至50000元以下的罚款：

（一）违反《进出境动植物检疫法》、《进出境动植物检疫法实施条例》规定，引起重大动植物疫情的；

（二）伪造、变造动植物检疫单证、印章、标志、封识的。

第七条　注册登记单位进出境动植物、动植物产品及其他检疫物经检疫不合格的，除依法作退回、销毁或除害处理外，情节严重的，由口岸动植物检疫机关注销注册登记。对于不按照规定进行熏蒸和消毒处理的，口岸动植物检疫机关可以视情节取消其熏蒸、消毒资格。

第八条　货主或者其代理人违反《进出境动植物检疫法》、《进出境动植物检疫法实施条例》规定，由货主或其代理人负连带责任。

第九条　有多项违法行为的，可以合并处罚。

第十条　对违反《进出境动植物检疫法》、《进出境动植物检疫法实施条例》行为的处罚由口岸动植物检疫机关执行。口岸动植物检疫机关对违法行为作出处罚时，应当按照行政处罚程序规定执行。

第十一条　本办法下列用语的含义是：

（一）“以上”、“以下”均包括本数在内；

（二）“输入”、“输出”是指携带、邮寄方式以外的进境和出境；

（三）“当事人”是指有违反《进出境动植物检疫法》、《进出境动植物检疫法实施条例》具体行为的公民、法人或其他组织。

第十二条　本办法由农业部负责解释。

第十三条　本办法自1998年1月1日起施行。1992年农业部发布的《中华人民共和国进出境动植物检疫法行政处罚实施办法》同时废止。

重大动物疫情应急条例

（2015年11月18日中华人民共和国国务院令第450号发布，根据2017年10月7日《国务院关于修改部分行政法规的决定》修订）

第一章　总　　则

第一条　为了迅速控制、扑灭重大动物疫情，保障养殖业生产安全，保护公众身体健康与生命安全，维护正常的社会秩序，根据《中华人民共和国动物防疫法》，制定本条例。

第二条　本条例所称重大动物疫情，是指高致病性禽流感等发病率或者死亡率高的动物疫病突然发生，迅速传播，给养殖业生产安全造成严重威胁、危害，以及可能对公众身体健康与生命安全造成危害的情形，包括特别重大动物疫情。

第三条　重大动物疫情应急工作应当坚持加强领导、密切配合，依靠科学、依法防治，群防群控、果断处置的方针，及时发现，快速反应，严格处理，减少损失。

第四条　重大动物疫情应急工作按照属地管理的原则，实行政府统一领导、部门分工负责，逐级建立责任制。

县级以上人民政府兽医主管部门具体负责组织重大动物疫情的监测、调查、控制、扑灭等应急工作。

县级以上人民政府林业主管部门、兽医主管部门按照职责分工，加强对陆生野生动物疫源疫病的监测。

县级以上人民政府其他有关部门在各自的职责范围内，做好重大动物疫情的应急工作。

第五条　出入境检验检疫机关应当及时收集境外重大动物疫情信息，加强进出境动物及其产品的检验检疫工作，防止动物疫病传入和传出。兽医主管部门要及时向出入境检验检疫机关通报国内重大动物疫情。

第六条　国家鼓励、支持开展重大动物疫情监测、预防、应急处理等有关技术的科学研究和国际交流与合作。

第七条　县级以上人民政府应当对参加重大动物疫情应急处理的人员给予适当补助，对作出贡献的人员给予表彰和奖励。

第八条　对不履行或者不按照规定履行重大动物疫情应急处理职责的行为，任何单位和个人有权检举控告。

第二章 应急准备

第九条 国务院兽医主管部门应当制定全国重大动物疫情应急预案，报国务院批准，并按照不同动物疫病病种及其流行特点和危害程度，分别制定实施方案，报国务院备案。

县级以上地方人民政府根据本地区的实际情况，制定本行政区域的重大动物疫情应急预案，报上一级人民政府兽医主管部门备案。县级以上地方人民政府兽医主管部门，应当按照不同动物疫病病种及其流行特点和危害程度，分别制定实施方案。

重大动物疫情应急预案及其实施方案应当根据疫情的发展变化和实施情况，及时修改、完善。

第十条 重大动物疫情应急预案主要包括下列内容：

（一）应急指挥部的职责、组成以及成员单位的分工；

（二）重大动物疫情的监测、信息收集、报告和通报；

（三）动物疫病的确认、重大动物疫情的分级和相应的应急处理工作方案；

（四）重大动物疫情疫源的追踪和流行病学调查分析；

（五）预防、控制、扑灭重大动物疫情所需资金的来源、物资和技术的储备与调度；

（六）重大动物疫情应急处理设施和专业队伍建设。

第十一条 国务院有关部门和县级以上地方人民政府及其有关部门，应当根据重大动物疫情应急预案的要求，确保应急处理所需的疫苗、药品、设施设备和防护用品等物资的储备。

第十二条 县级以上人民政府应当建立和完善重大动物疫情监测网络和预防控制体系，加强动物防疫基础设施和乡镇动物防疫组织建设，并保证其正常运行，提高对重大动物疫情的应急处理能力。

第十三条 县级以上地方人民政府根据重大动物疫情应急需要，可以成立应急预备队，在重大动物疫情应急指挥部的指挥下，具体承担疫情的控制和扑灭任务。

应急预备队由当地兽医行政管理人员、动物防疫工作人员、有关专家、执业兽医等组成；必要时，可以组织动员社会上有一定专业知识的人员参加。公安机关、中国人民武装警察部队应当依法协助其执行任务。

应急预备队应当定期进行技术培训和应急演练。

第十四条 县级以上人民政府及其兽医主管部门应当加强对重大动物疫情应急知识和重大动物疫病科普知识的宣传，增强全社会的重大动物疫情防范意识。

第三章 监测、报告和公布

第十五条 动物防疫监督机构负责重大动物疫情的监测，饲养、经营动物和生产、经营动物产品的单位和个人应当配合，不得拒绝和阻碍。

第十六条 从事动物隔离、疫情监测、疫病研究与诊疗、检验检疫以及动物饲养、屠宰加工、运输、经营等活动的有关单位和个人，发现动物出现群体发病或者死亡的，应当立即向所在地的县（市）动物防疫监督机构报告。

第十七条 县（市）动物防疫监督机构接到报告后，应当立即赶赴现场调查核实。初步认为属于重大动物疫情的，应当在2小时内将情况逐级报省、自治区、直辖市动物防疫监督机构，并同时报所在地人民政府兽医主管部门；兽医主管部门应当及时通报同级卫生主管部门。

省、自治区、直辖市动物防疫监督机构应当在接到报告后1小时内，向省、自治区、直辖市人民政府兽医主管部门和国务院兽医主管部门所属的动物防疫监督机构报告。

省、自治区、直辖市人民政府兽医主管部门应当在接到报告后1小时内报本级人民政府和国务院兽医主管部门。

重大动物疫情发生后，省、自治区、直辖市人民政府和国务院兽医主管部门应当在4小时内向国务院报告。

第十八条　重大动物疫情报告包括下列内容：

（一）疫情发生的时间、地点；

（二）染疫、疑似染疫动物种类和数量、同群动物数量、免疫情况、死亡数量、临床症状、病理变化、诊断情况；

（三）流行病学和疫源追踪情况；

（四）已采取的控制措施；

（五）疫情报告的单位、负责人、报告人及联系方式。

第十九条　重大动物疫情由省、自治区、直辖市人民政府兽医主管部门认定；必要时，由国务院兽医主管部门认定。

第二十条　重大动物疫情由国务院兽医主管部门按照国家规定的程序，及时准确公布；其他任何单位和个人不得公布重大动物疫情。

第二十一条　重大动物疫病应当由动物防疫监督机构采集病料。其他单位和个人采集病料的，应当具备以下条件：

（一）重大动物疫病病料采集目的、病原微生物的用途应当符合国务院兽医主管部门的规定；

（二）具有与采集病料相适应的动物病原微生物实验室条件；

（三）具有与采集病料所需要的生物安全防护水平相适应的设备，以及防止病原感染和扩散的有效措施。

从事重大动物疫病病原分离的，应当遵守国家有关生物安全管理规定，防止病原扩散。

第二十二条　国务院兽医主管部门应当及时向国务院有关部门和军队有关部门以及各省、自治区、直辖市人民政府兽医主管部门通报重大动物疫情的发生和处理情况。

第二十三条　发生重大动物疫情可能感染人群时，卫生主管部门应当对疫区内易受感染的人群进行监测，并采取相应的预防、控制措施。卫生主管部门和兽医主管部门应当及时相互通报情况。

第二十四条　有关单位和个人对重大动物疫情不得瞒报、谎报、迟报，不得授意他人瞒报、谎报、迟报，不得阻碍他人报告。

第二十五条　在重大动物疫情报告期间，有关动物防疫监督机构应当立即采取临时隔离控制措施；必要时，当地县级以上地方人民政府可以作出封锁决定并采取扑杀、销毁等措施。有关单位和个人应当执行。

第四章　应急处理

第二十六条　重大动物疫情发生后，国务院和有关地方人民政府设立的重大动物疫情应急指挥部统一领导、指挥重大动物疫情应急工作。

第二十七条　重大动物疫情发生后，县级以上地方人民政府兽医主管部门应当立即划定疫点、疫区和受威胁区，调查疫源，向本级人民政府提出启动重大动物疫情应急指挥系统、应急预案和对疫区实行封锁的建议，有关人民政府应当立即作出决定。

疫点、疫区和受威胁区的范围应当按照不同动物疫病病种及其流行特点和危害程度划定，具体划定标准由国务院兽医主管部门制定。

第二十八条　国家对重大动物疫情应急处理实行分级管理，按照应急预案确定的疫情等级，由有关人民政府采取相应的应急控制措施。

第二十九条　对疫点应当采取下列措施：

（一）扑杀并销毁染疫动物和易感染的动物及其产品；

（二）对病死的动物、动物排泄物、被污染饲料、垫料、污水进行无害化处理；

（三）对被污染的物品、用具、动物圈舍、场地进行严格消毒。

第三十条 对疫区应当采取下列措施：

（一）在疫区周围设置警示标志，在出入疫区的交通路口设置临时动物检疫消毒站，对出入的人员和车辆进行消毒；

（二）扑杀并销毁染疫和疑似染疫动物及其同群动物，销毁染疫和疑似染疫的动物产品，对其他易感染的动物实行圈养或者在指定地点放养，役用动物限制在疫区内使役；

（三）对易感染的动物进行监测，并按照国务院兽医主管部门的规定实施紧急免疫接种，必要时对易感染的动物进行扑杀；

（四）关闭动物及动物产品交易市场，禁止动物进出疫区和动物产品运出疫区；

（五）对动物圈舍、动物排泄物、垫料、污水和其他可能受污染的物品、场地，进行消毒或者无害化处理。

第三十一条 对受威胁区应当采取下列措施：

（一）对易感染的动物进行监测；

（二）对易感染的动物根据需要实施紧急免疫接种。

第三十二条 重大动物疫情应急处理中设置临时动物检疫消毒站以及采取隔离、扑杀、销毁、消毒、紧急免疫接种等控制、扑灭措施的，由有关重大动物疫情应急指挥部决定，有关单位和个人必须服从；拒不服从的，由公安机关协助执行。

第三十三条 国家对疫区、受威胁区内易感染的动物免费实施紧急免疫接种；对因采取扑杀、销毁等措施给当事人造成的已经证实的损失，给予合理补偿。紧急免疫接种和补偿所需费用，由中央财政和地方财政分担。

第三十四条 重大动物疫情应急指挥部根据应急处理需要，有权紧急调集人员、物资、运输工具以及相关设施、设备。

单位和个人的物资、运输工具以及相关设施、设备被征集使用的，有关人民政府应当及时归还并给予合理补偿。

第三十五条 重大动物疫情发生后，县级以上人民政府兽医主管部门应当及时提出疫点、疫区、受威胁区的处理方案，加强疫情监测、流行病学调查、疫源追踪工作，对染疫和疑似染疫动物及其同群动物和其他易感染动物的扑杀、销毁进行技术指导，并组织实施检验检疫、消毒、无害化处理和紧急免疫接种。

第三十六条 重大动物疫情应急处理中，县级以上人民政府有关部门应当在各自的职责范围内，做好重大动物疫情应急所需的物资紧急调度和运输、应急经费安排、疫区群众救济、人的疫病防治、肉食品供应、动物及其产品市场监管、出入境检验检疫和社会治安维护等工作。

中国人民解放军、中国人民武装警察部队应当支持配合驻地人民政府做好重大动物疫情的应急工作。

第三十七条 重大动物疫情应急处理中，乡镇人民政府、村民委员会、居民委员会应当组织力量，向村民、居民宣传动物疫病防治的相关知识，协助做好疫情信息的收集、报告和各项应急处理措施的落实工作。

第三十八条 重大动物疫情发生地的人民政府和毗邻地区的人民政府应当通力合作，相互配合，做好重大动物疫情的控制、扑灭工作。

第三十九条 有关人民政府及其有关部门对参加重大动物疫情应急处理的人员，应当采取必要的卫生防护和技术指导等措施。

第四十条 自疫区内最后一头（只）发病动物及其同群动物处理完毕起，经过一个潜伏期以上的监测，未出现新的病例的，彻底消毒后，经上一级动物防疫监督机构验收合格，由原发布封锁令的人民政府宣布解除封锁，撤销疫区；由原批准机关撤销在该疫区设立的临时动物检疫消毒站。

第四十一条 县级以上人民政府应当将重大动物疫情确认、疫区封锁、扑杀及其补偿、消毒、无害化处理、疫源追踪、疫情监测以及应急物资储备等应急经费列入本级财政预算。

第五章　法律责任

第四十二条　违反本条例规定，兽医主管部门及其所属的动物防疫监督机构有下列行为之一的，由本级人民政府或者上级人民政府有关部门责令立即改正、通报批评、给予警告；对主要负责人、负有责任的主管人员和其他责任人员，依法给予记大过、降级、撤职直至开除的行政处分；构成犯罪的，依法追究刑事责任：

（一）不履行疫情报告职责，瞒报、谎报、迟报或者授意他人瞒报、谎报、迟报，阻碍他人报告重大动物疫情的；

（二）在重大动物疫情报告期间，不采取临时隔离控制措施，导致动物疫情扩散的；

（三）不及时划定疫点、疫区和受威胁区，不及时向本级人民政府提出应急处理建议，或者不按照规定对疫点、疫区和受威胁区采取预防、控制、扑灭措施的；

（四）不向本级人民政府提出启动应急指挥系统、应急预案和对疫区的封锁建议的；

（五）对动物扑杀、销毁不进行技术指导或者指导不力，或者不组织实施检验检疫、消毒、无害化处理和紧急免疫接种的；

（六）其他不履行本条例规定的职责，导致动物疫病传播、流行，或者对养殖业生产安全和公众身体健康与生命安全造成严重危害的。

第四十三条　违反本条例规定，县级以上人民政府有关部门不履行应急处理职责，不执行对疫点、疫区和受威胁区采取的措施，或者对上级人民政府有关部门的疫情调查不予配合或者阻碍、拒绝的，由本级人民政府或者上级人民政府有关部门责令立即改正、通报批评、给予警告；对主要负责人、负有责任的主管人员和其他责任人员，依法给予记大过、降级、撤职直至开除的行政处分；构成犯罪的，依法追究刑事责任。

第四十四条　违反本条例规定，有关地方人民政府阻碍报告重大动物疫情，不履行应急处理职责，不按照规定对疫点、疫区和受威胁区采取预防、控制、扑灭措施，或者对上级人民政府有关部门的疫情调查不予配合或者阻碍、拒绝的，由上级人民政府责令立即改正、通报批评、给予警告；对政府主要领导人依法给予记大过、降级、撤职直至开除的行政处分；构成犯罪的，依法追究刑事责任。

第四十五条　截留、挪用重大动物疫情应急经费，或者侵占、挪用应急储备物资的，按照《财政违法行为处罚处分条例》的规定处理；构成犯罪的，依法追究刑事责任。

第四十六条　违反本条例规定，拒绝、阻碍动物防疫监督机构进行重大动物疫情监测，或者发现动物出现群体发病或者死亡，不向当地动物防疫监督机构报告的，由动物防疫监督机构给予警告，并处2000元以上5000元以下的罚款；构成犯罪的，依法追究刑事责任。

第四十七条　违反本条例规定，不符合相应条件采集重大动物疫病病料，或者在重大动物疫病病原分离时不遵守国家有关生物安全管理规定的，由动物防疫监督机构给予警告，并处5000元以下的罚款；构成犯罪的，依法追究刑事责任。

第四十八条　在重大动物疫情发生期间，哄抬物价、欺骗消费者，散布谣言、扰乱社会秩序和市场秩序的，由价格主管部门、工商行政管理部门或者公安机关依法给予行政处罚；构成犯罪的，依法追究刑事责任。

第六章　附　　则

第四十九条　本条例自公布之日起施行。

植物检疫条例

（1983年1月3日国务院发布，根据1992年5月13日《国务院关于修改〈植物检疫条例〉的决定》第一次修订，根据2017年10月7日《国务院关于修改部分行政法规的决定》第二次修订）

第一条　为了防止危害植物的危险性病、虫、杂草传播蔓延，保护农业、林业生产安全，制定本条例。

第二条　国务院农业主管部门、林业主管部门主管全国的植物检疫工作，各省、自治区、直辖市农业主管部门、林业主管部门主管本地区的植物检疫工作。

第三条　县级以上地方各级农业主管部门、林业主管部门所属的植物检疫机构，负责执行国家的植物检疫任务。

植物检疫人员进入车站、机场、港口、仓库以及其他有关场所执行植物检疫任务，应穿着检疫制服和佩带检疫标志。

第四条　凡局部地区发生的危险性大、能随植物及其产品传播的病、虫、杂草，应定为植物检疫对象。农业、林业植物检疫对象和应施检疫的植物、植物产品名单，由国务院农业主管部门、林业主管部门制定。各省、自治区、直辖市农业主管部门、林业主管部门可以根据本地区的需要，制定本省、自治区、直辖市的补充名单，并报国务院农业主管部门、林业主管部门备案。

第五条　局部地区发生植物检疫对象的，应划为疫区，采取封锁、消灭措施，防止植物检疫对象传出；发生地区已比较普遍的，则应将未发生地区划为保护区，防止植物检疫对象传入。

疫区应根据植物检疫对象的传播情况、当地的地理环境、交通状况以及采取封锁、消灭措施的需要来划定，其范围应严格控制。

在发生疫情的地区，植物检疫机构可以派人参加当地的道路联合检查站或者木材检查站；发生特大疫情时，经省、自治区、直辖市人民政府批准，可以设立植物检疫检查站，开展植物检疫工作。

第六条　疫区和保护区的划定，由省、自治区、直辖市农业主管部门、林业主管部门提出，报省、自治区、直辖市人民政府批准，并报国务院农业主管部门、林业主管部门备案。

疫区和保护区的范围涉及两省、自治区、直辖市以上的，由有关省、自治区、直辖市农业主管部门、林业主管部门共同提出，报国务院农业主管部门、林业主管部门批准后划定。

疫区、保护区的改变和撤销的程序，与划定时同。

第七条　调运植物和植物产品，属于下列情况的，必须经过检疫：

（一）列入应施检疫的植物、植物产品名单的，运出发生疫情的县级行政区域之前，必须经过检疫；

（二）凡种子、苗木和其他繁殖材料，不论是否列入应施检疫的植物、植物产品名单和运往何地，在调运之前，都必须经过检疫。

第八条　按照本条例第七条的规定必须检疫的植物和植物产品，经检疫未发现植物检疫对象的，发给植物检疫证书。发现有植物检疫对象，但能彻底消毒处理的，托运人应按植物检疫机构的要求，在指定地点作消毒处理，经检查合格后发给植物检疫证书；无法消毒处理的，应停止调运。

植物检疫证书的格式由国务院农业主管部门、林业主管部门制定。

对可能被植物检疫对象污染的包装材料、运载工具、场地、仓库等，也应实施检疫。如已被污染，托运人应按植物检疫机构的要求处理。

因实施检疫需要的车船停留、货物搬运、开拆、取样、储存、消毒处理等费用，由托运人负责。

第九条　按照本条例第七条的规定必须检疫的植物和植物产品，交通运输部门和邮政部门一律凭植物检疫证书承运或收寄。植物检疫证书应随货运寄。具体办法由国务院农业主管部门、林业主管部门会同铁道、交通、民航、邮政部门制定。

第十条　省、自治区、直辖市间调运本条例第七条规定必须经过检疫的植物和植物产品的，调入单位必须事先征得所在地的省、自治区、直辖市植物检疫机构同意，并向调出单位提出检疫要求；调出单位必须根据该检疫要求向所在地的省、自治区、直辖市植物检疫机构申请检疫。对调入的植物和植物产品，调入单位所在地的省、自治区、直辖市的植物检疫机构应当查验检疫证书，必要时可以复检。

省、自治区、直辖市内调运植物和植物产品的检疫办法，由省、自治区、直辖市人民政府规定。

第十一条　种子、苗木和其他繁殖材料的繁育单位，必须有计划地建立无植物检疫对象的种苗繁育基地、母树林基地。试验、推广的种子、苗木和其他繁殖材料，不得带有植物检疫对象。植物检疫机构应实施产地检疫。

第十二条　从国外引进种子、苗木，引进单位应当向所在地的省、自治区、直辖市植物检疫机构提出申请，办理检疫审批手续。但是，国务院有关部门所属的在京单位从国外引进种子、苗木，应当向国务院农业主管部门、林业主管部门所属的植物检疫机构提出申请，办理检疫审批手续。具体办法由国务院农业主管部门、林业主管部门制定。

从国外引进、可能潜伏有危险性病、虫的种子、苗木和其他繁殖材料，必须隔离试种，植物检疫机构应进行调查、观察和检疫，证明确实不带危险性病、虫的，方可分散种植。

第十三条　农林院校和试验研究单位对植物检疫对象的研究，不得在检疫对象的非疫区进行。因教学、科研确需在非疫区进行时，应当遵守国务院农业主管部门、林业主管部门的规定。

第十四条　植物检疫机构对于新发现的检疫对象和其他危险性病、虫、杂草，必须及时查清情况，立即报告省、自治区、直辖市农业主管部门、林业主管部门，采取措施，彻底消灭，并报告国务院农业主管部门、林业主管部门。

第十五条　疫情由国务院农业主管部门、林业主管部门发布。

第十六条　按照本条例第五条第一款和第十四条的规定，进行疫情调查和采取消灭措施所需的紧急防治费和补助费，由省、自治区、直辖市在每年的植物保护费、森林保护费或者国营农场生产费中安排。特大疫情的防治费，国家酌情给予补助。

第十七条　在植物检疫工作中作出显著成绩的单位和个人，由人民政府给予奖励。

第十八条　有下列行为之一的，植物检疫机构应当责令纠正，可以处以罚款；造成损失的，应当负责赔偿；构成犯罪的，由司法机关依法追究刑事责任：

（一）未依照本条例规定办理植物检疫证书或者在报检过程中弄虚作假的；

（二）伪造、涂改、买卖、转让植物检

疫单证、印章、标志、封识的；

（三）未依照本条例规定调运、隔离试种或者生产应施检疫的植物、植物产品的；

（四）违反本条例规定，擅自开拆植物、植物产品包装，调换植物、植物产品，或者擅自改变植物、植物产品的规定用途的；

（五）违反本条例规定，引起疫情扩散的。

有前款第（一）、（二）、（三）、（四）项所列情形之一，尚不构成犯罪的，植物检疫机构可以没收非法所得。

对违反本条例规定调运的植物和植物产品，植物检疫机构有权予以封存、没收、销毁或者责令改变用途。销毁所需费用由责任人承担。

第十九条 植物检疫人员在植物检疫工作中，交通运输部门和邮政部门有关工作人员在植物、植物产品的运输、邮寄工作中，徇私舞弊、玩忽职守的，由其所在单位或者上级主管机关给予行政处分；构成犯罪的，由司法机关依法追究刑事责任。

第二十条 当事人对植物检疫机构的行政处罚决定不服的，可以自接到处罚决定通知书之日起十五日内，向作出行政处罚决定的植物检疫机构的上级机构申请复议；对复议决定不服的，可以自接到复议决定书之日起十五日内向人民法院提起诉讼。当事人逾期不申请复议或者不起诉又不履行行政处罚决定的，植物检疫机构可以申请人民法院强制执行或者依法强制执行。

第二十一条 植物检疫机构执行检疫任务可以收取检疫费，具体办法由国务院农业主管部门、林业主管部门制定。

第二十二条 进出口植物的检疫，按照《中华人民共和国进出境动植物检疫法》的规定执行。

第二十三条 本条例的实施细则由国务院农业主管部门、林业主管部门制定。各省、自治区、直辖市可根据本条例及其实施细则，结合当地具体情况，制定实施办法。

第二十四条 本条例自发布之日起施行。国务院批准，农业部一九五七年十二月四日发布的《国内植物检疫试行办法》同时废止。

艾滋病防治条例

（2006 年 1 月 29 日中华人民共和国国务院令第 457 号公布，根据 2019 年 3 月 2 日《国务院关于修改部分行政法规的决定》修订）

第一章 总　　则

第一条 为了预防、控制艾滋病的发生与流行，保障人体健康和公共卫生，根据传染病防治法，制定本条例。

第二条 艾滋病防治工作坚持预防为主、防治结合的方针，建立政府组织领导、部门各负其责、全社会共同参与的机制，加强宣传教育，采取行为干预和关怀救助等措施，实行综合防治。

第三条 任何单位和个人不得歧视艾滋病病毒感染者、艾滋病病人及其家属。艾滋病病毒感染者、艾滋病病人及其家属享有的婚姻、就业、就医、入学等合法权益受法律保护。

第四条 县级以上人民政府统一领导艾

滋病防治工作，建立健全艾滋病防治工作协调机制和工作责任制，对有关部门承担的艾滋病防治工作进行考核、监督。

县级以上人民政府有关部门按照职责分工负责艾滋病防治及其监督管理工作。

第五条　国务院卫生主管部门会同国务院其他有关部门制定国家艾滋病防治规划；县级以上地方人民政府依照本条例规定和国家艾滋病防治规划，制定并组织实施本行政区域的艾滋病防治行动计划。

第六条　国家鼓励和支持工会、共产主义青年团、妇女联合会、红十字会等团体协助各级人民政府开展艾滋病防治工作。

居民委员会和村民委员会应当协助地方各级人民政府和政府有关部门开展有关艾滋病防治的法律、法规、政策和知识的宣传教育，发展有关艾滋病防治的公益事业，做好艾滋病防治工作。

第七条　各级人民政府和政府有关部门应当采取措施，鼓励和支持有关组织和个人依照本条例规定以及国家艾滋病防治规划和艾滋病防治行动计划的要求，参与艾滋病防治工作，对艾滋病防治工作提供捐赠，对有易感染艾滋病病毒危险行为的人群进行行为干预，对艾滋病病毒感染者、艾滋病病人及其家属提供关怀和救助。

第八条　国家鼓励和支持开展与艾滋病预防、诊断、治疗等有关的科学研究，提高艾滋病防治的科学技术水平；鼓励和支持开展传统医药以及传统医药与现代医药相结合防治艾滋病的临床治疗与研究。

国家鼓励和支持开展艾滋病防治工作的国际合作与交流。

第九条　县级以上人民政府和政府有关部门对在艾滋病防治工作中做出显著成绩和贡献的单位和个人，给予表彰和奖励。

对因参与艾滋病防治工作或者因执行公务感染艾滋病病毒，以及因此致病、丧失劳动能力或者死亡的人员，按照有关规定给予补助、抚恤。

第二章　宣传教育

第十条　地方各级人民政府和政府有关部门应当组织开展艾滋病防治以及关怀和不歧视艾滋病病毒感染者、艾滋病病人及其家属的宣传教育，提倡健康文明的生活方式，营造良好的艾滋病防治的社会环境。

第十一条　地方各级人民政府和政府有关部门应当在车站、码头、机场、公园等公共场所以及旅客列车和从事旅客运输的船舶等公共交通工具显著位置，设置固定的艾滋病防治广告牌或者张贴艾滋病防治公益广告，组织发放艾滋病防治宣传材料。

第十二条　县级以上人民政府卫生主管部门应当加强艾滋病防治的宣传教育工作，对有关部门、组织和个人开展艾滋病防治的宣传教育工作提供技术支持。

医疗卫生机构应当组织工作人员学习有关艾滋病防治的法律、法规、政策和知识；医务人员在开展艾滋病、性病等相关疾病咨询、诊断和治疗过程中，应当对就诊者进行艾滋病防治的宣传教育。

第十三条　县级以上人民政府教育主管部门应当指导、督促高等院校、中等职业学校和普通中学将艾滋病防治知识纳入有关课程，开展有关课外教育活动。

高等院校、中等职业学校和普通中学应当组织学生学习艾滋病防治知识。

第十四条　县级以上人民政府卫生主管部门应当利用计划生育宣传和技术服务网络，组织开展艾滋病防治的宣传教育。

计划生育技术服务机构向育龄人群提供计划生育技术服务和生殖健康服务时，应当开展艾滋病防治的宣传教育。

第十五条　县级以上人民政府有关部门和从事劳务中介服务的机构，应当对进城务工人员加强艾滋病防治的宣传教育。

第十六条　出入境检验检疫机构应当在出入境口岸加强艾滋病防治的宣传教育工作，对出入境人员有针对性地提供艾滋病防治咨询和指导。

第十七条　国家鼓励和支持妇女联合会、红十字会开展艾滋病防治的宣传教育，将艾滋病防治的宣传教育纳入妇女儿童工作内容，提高妇女预防艾滋病的意识和能力，组织红十字会会员和红十字会志愿者开展艾滋病防治的宣传教育。

第十八条　地方各级人民政府和政府有关部门应当采取措施，鼓励和支持有关组织和个人对有易感染艾滋病病毒危险行为的人群开展艾滋病防治的咨询、指导和宣传教育。

第十九条　广播、电视、报刊、互联网等新闻媒体应当开展艾滋病防治的公益宣传。

第二十条　机关、团体、企业事业单位、个体经济组织应当组织本单位从业人员学习有关艾滋病防治的法律、法规、政策和知识，支持本单位从业人员参与艾滋病防治的宣传教育活动。

第二十一条　县级以上地方人民政府应当在医疗卫生机构开通艾滋病防治咨询服务电话，向公众提供艾滋病防治咨询服务和指导。

第三章　预防与控制

第二十二条　国家建立健全艾滋病监测网络。

国务院卫生主管部门制定国家艾滋病监测规划和方案。省、自治区、直辖市人民政府卫生主管部门根据国家艾滋病监测规划和方案，制定本行政区域的艾滋病监测计划和工作方案，组织开展艾滋病监测和专题调查，掌握艾滋病疫情变化情况和流行趋势。

疾病预防控制机构负责对艾滋病发生、流行以及影响其发生、流行的因素开展监测活动。

出入境检验检疫机构负责对出入境人员进行艾滋病监测，并将监测结果及时向卫生主管部门报告。

第二十三条　国家实行艾滋病自愿咨询和自愿检测制度。

县级以上地方人民政府卫生主管部门指定的医疗卫生机构，应当按照国务院卫生主管部门会同国务院其他有关部门制定的艾滋病自愿咨询和检测办法，为自愿接受艾滋病咨询、检测的人员免费提供咨询和初筛检测。

第二十四条　国务院卫生主管部门会同国务院其他有关部门根据预防、控制艾滋病的需要，可以规定应当进行艾滋病检测的情形。

第二十五条　省级以上人民政府卫生主管部门根据医疗卫生机构布局和艾滋病流行情况，按照国家有关规定确定承担艾滋病检测工作的实验室。

国家出入境检验检疫机构按照国务院卫生主管部门规定的标准和规范，确定承担出入境人员艾滋病检测工作的实验室。

第二十六条　县级以上地方人民政府和政府有关部门应当依照本条例规定，根据本行政区域艾滋病的流行情况，制定措施，鼓励和支持居民委员会、村民委员会以及其他有关组织和个人推广预防艾滋病的行为干预措施，帮助有易感染艾滋病病毒危险行为的人群改变行为。

有关组织和个人对有易感染艾滋病病毒危险行为的人群实施行为干预措施，应当符合本条例的规定以及国家艾滋病防治规划和艾滋病防治行动计划的要求。

第二十七条　县级以上人民政府应当建立艾滋病防治工作与禁毒工作的协调机制，组织有关部门落实针对吸毒人群的艾滋病防治措施。

省、自治区、直辖市人民政府卫生、公安和药品监督管理部门应当互相配合，根据本行政区域艾滋病流行和吸毒者的情况，积极稳妥地开展对吸毒成瘾者的药物维持治疗工作，并有计划地实施其他干预措施。

第二十八条　县级以上人民政府卫生、

市场监督管理、药品监督管理、广播电视等部门应当组织推广使用安全套，建立和完善安全套供应网络。

第二十九条 省、自治区、直辖市人民政府确定的公共场所的经营者应当在公共场所内放置安全套或者设置安全套发售设施。

第三十条 公共场所的服务人员应当依照《公共场所卫生管理条例》的规定，定期进行相关健康检查，取得健康合格证明；经营者应当查验其健康合格证明，不得允许未取得健康合格证明的人员从事服务工作。

第三十一条 公安、司法行政机关对被依法逮捕、拘留和在监狱中执行刑罚以及被依法收容教育、强制戒毒和劳动教养的艾滋病病毒感染者和艾滋病病人，应当采取相应的防治措施，防止艾滋病传播。

对公安、司法行政机关依照前款规定采取的防治措施，县级以上地方人民政府应当给予经费保障，疾病预防控制机构应当予以技术指导和配合。

第三十二条 对卫生技术人员和在执行公务中可能感染艾滋病病毒的人员，县级以上人民政府卫生主管部门和其他有关部门应当组织开展艾滋病防治知识和专业技能的培训，有关单位应当采取有效的卫生防护措施和医疗保健措施。

第三十三条 医疗卫生机构和出入境检验检疫机构应当按照国务院卫生主管部门的规定，遵守标准防护原则，严格执行操作规程和消毒管理制度，防止发生艾滋病医院感染和医源性感染。

第三十四条 疾病预防控制机构应当按照属地管理的原则，对艾滋病病毒感染者和艾滋病病人进行医学随访。

第三十五条 血站、单采血浆站应当对采集的人体血液、血浆进行艾滋病检测；不得向医疗机构和血液制品生产单位供应未经艾滋病检测或者艾滋病检测阳性的人体血液、血浆。

血液制品生产单位应当在原料血浆投料生产前对每一份血浆进行艾滋病检测；未经艾滋病检测或者艾滋病检测阳性的血浆，不得作为原料血浆投料生产。

医疗机构应当对因应急用血而临时采集的血液进行艾滋病检测，对临床用血艾滋病检测结果进行核查；对未经艾滋病检测、核查或者艾滋病检测阳性的血液，不得采集或者使用。

第三十六条 采集或者使用人体组织、器官、细胞、骨髓等的，应当进行艾滋病检测；未经艾滋病检测或者艾滋病检测阳性的，不得采集或者使用。但是，用于艾滋病防治科研、教学的除外。

第三十七条 进口人体血液制品，应当依照药品管理法的规定，经国务院药品监督管理部门批准，取得进口药品注册证书。

禁止进出口用于临床医疗的人体血液、血浆、组织、器官、细胞、骨髓等。但是，出于人道主义、救死扶伤目的，可以进出口临床急需、捐献配型的特殊血型血液、骨髓造血干细胞、外周血造血干细胞、脐带血造血干细胞，由中国红十字会总会办理出入境手续；具体办法由国务院卫生主管部门会同国家出入境检验检疫机构制定。

依照前款规定进出口的特殊血型血液、骨髓造血干细胞、外周血造血干细胞、脐带血造血干细胞，应当依照国境卫生检疫法律、行政法规的有关规定，接受出入境检验检疫机构的检疫。未经检疫或者检疫不合格的，不得进出口。

第三十八条 艾滋病病毒感染者和艾滋病病人应当履行下列义务：

（一）接受疾病预防控制机构或者出入境检验检疫机构的流行病学调查和指导；

（二）将感染或者发病的事实及时告知与其有性关系者；

（三）就医时，将感染或者发病的事实如实告知接诊医生；

（四）采取必要的防护措施，防止感染他人。

艾滋病病毒感染者和艾滋病病人不得以任何方式故意传播艾滋病。

第三十九条　疾病预防控制机构和出入境检验检疫机构进行艾滋病流行病学调查时，被调查单位和个人应当如实提供有关情况。

未经本人或者其监护人同意，任何单位或者个人不得公开艾滋病病毒感染者、艾滋病病人及其家属的姓名、住址、工作单位、肖像、病史资料以及其他可能推断出其具体身份的信息。

第四十条　县级以上人民政府卫生主管部门和出入境检验检疫机构可以封存有证据证明可能被艾滋病病毒污染的物品，并予以检验或者进行消毒。经检验，属于被艾滋病病毒污染的物品，应当进行卫生处理或者予以销毁；对未被艾滋病病毒污染的物品或者经消毒后可以使用的物品，应当及时解除封存。

第四章　治疗与救助

第四十一条　医疗机构应当为艾滋病病毒感染者和艾滋病病人提供艾滋病防治咨询、诊断和治疗服务。

医疗机构不得因就诊的病人是艾滋病病毒感染者或者艾滋病病人，推诿或者拒绝对其其他疾病进行治疗。

第四十二条　对确诊的艾滋病病毒感染者和艾滋病病人，医疗卫生机构的工作人员应当将其感染或者发病的事实告知本人；本人为无行为能力人或者限制行为能力人的，应当告知其监护人。

第四十三条　医疗卫生机构应当按照国务院卫生主管部门制定的预防艾滋病母婴传播技术指导方案的规定，对孕产妇提供艾滋病防治咨询和检测，对感染艾滋病病毒的孕产妇及其婴儿，提供预防艾滋病母婴传播的咨询、产前指导、阻断、治疗、产后访视、婴儿随访和检测等服务。

第四十四条　县级以上人民政府应当采取下列艾滋病防治关怀、救助措施：

（一）向农村艾滋病病人和城镇经济困难的艾滋病病人免费提供抗艾滋病病毒治疗药品；

（二）对农村和城镇经济困难的艾滋病病毒感染者、艾滋病病人适当减免抗机会性感染治疗药品的费用；

（三）向接受艾滋病咨询、检测的人员免费提供咨询和初筛检测；

（四）向感染艾滋病病毒的孕产妇免费提供预防艾滋病母婴传播的治疗和咨询。

第四十五条　生活困难的艾滋病病人遗留的孤儿和感染艾滋病病毒的未成年人接受义务教育的，应当免收杂费、书本费；接受学前教育和高中阶段教育的，应当减免学费等相关费用。

第四十六条　县级以上地方人民政府应当对生活困难并符合社会救助条件的艾滋病病毒感染者、艾滋病病人及其家属给予生活救助。

第四十七条　县级以上地方人民政府有关部门应当创造条件，扶持有劳动能力的艾滋病病毒感染者和艾滋病病人，从事力所能及的生产和工作。

第五章　保障措施

第四十八条　县级以上人民政府应当将艾滋病防治工作纳入国民经济和社会发展规划，加强和完善艾滋病预防、检测、控制、治疗和救助服务网络的建设，建立健全艾滋病防治专业队伍。

各级人民政府应当根据艾滋病防治工作需要，将艾滋病防治经费列入本级财政预算。

第四十九条　县级以上地方人民政府按照本级政府的职责，负责艾滋病预防、控制、监督工作所需经费。

国务院卫生主管部门会同国务院其他有关部门，根据艾滋病流行趋势，确定全国与艾滋病防治相关的宣传、培训、监测、检测、流行病学调查、医疗救治、应急处置以及监督检查等项目。中央财政对在艾滋病流行严重地区和贫困地区实施的艾滋病防治重大项目给予补助。

省、自治区、直辖市人民政府根据本行政区域的艾滋病防治工作需要和艾滋病流行趋势，确定与艾滋病防治相关的项目，并保障项目的实施经费。

第五十条　县级以上人民政府应当根据艾滋病防治工作需要和艾滋病流行趋势，储备抗艾滋病病毒治疗药品、检测试剂和其他物资。

第五十一条　地方各级人民政府应当制定扶持措施，对有关组织和个人开展艾滋病防治活动提供必要的资金支持和便利条件。有关组织和个人参与艾滋病防治公益事业，依法享受税收优惠。

第六章　法律责任

第五十二条　地方各级人民政府未依照本条例规定履行组织、领导、保障艾滋病防治工作职责，或者未采取艾滋病防治和救助措施的，由上级人民政府责令改正，通报批评；造成艾滋病传播、流行或者其他严重后果的，对负有责任的主管人员依法给予行政处分；构成犯罪的，依法追究刑事责任。

第五十三条　县级以上人民政府卫生主管部门违反本条例规定，有下列情形之一的，由本级人民政府或者上级人民政府卫生主管部门责令改正，通报批评；造成艾滋病传播、流行或者其他严重后果的，对负有责任的主管人员和其他直接责任人员依法给予行政处分；构成犯罪的，依法追究刑事责任：

（一）未履行艾滋病防治宣传教育职责的；

（二）对有证据证明可能被艾滋病病毒污染的物品，未采取控制措施的；

（三）其他有关失职、渎职行为。

出入境检验检疫机构有前款规定情形的，由其上级主管部门依照本条规定予以处罚。

第五十四条　县级以上人民政府有关部门未依照本条例规定履行宣传教育、预防控制职责的，由本级人民政府或者上级人民政府有关部门责令改正，通报批评；造成艾滋病传播、流行或者其他严重后果的，对负有责任的主管人员和其他直接责任人员依法给予行政处分；构成犯罪的，依法追究刑事责任。

第五十五条　医疗卫生机构未依照本条例规定履行职责，有下列情形之一的，由县级以上人民政府卫生主管部门责令限期改正，通报批评，给予警告；造成艾滋病传播、流行或者其他严重后果的，对负有责任的主管人员和其他直接责任人员依法给予降级、撤职、开除的处分，并可以依法吊销有关机构或者责任人员的执业许可证件；构成犯罪的，依法追究刑事责任：

（一）未履行艾滋病监测职责的；

（二）未按照规定免费提供咨询和初筛检测的；

（三）对临时应急采集的血液未进行艾滋病检测，对临床用血艾滋病检测结果未进行核查，或者将艾滋病检测阳性的血液用于临床的；

（四）未遵守标准防护原则，或者未执行操作规程和消毒管理制度，发生艾滋病医院感染或者医源性感染的；

（五）未采取有效的卫生防护措施和医疗保健措施的；

（六）推诿、拒绝治疗艾滋病病毒感染者或者艾滋病病人的其他疾病，或者对艾滋病病毒感染者、艾滋病病人未提供咨询、诊断和治疗服务的；

（七）未对艾滋病病毒感染者或者艾滋病病人进行医学随访的；

（八）未按照规定对感染艾滋病病毒的孕产妇及其婴儿提供预防艾滋病母婴传播技术指导的。

出入境检验检疫机构有前款第（一）项、第（四）项、第（五）项规定情形的，由其上级主管部门依照前款规定予以处罚。

第五十六条　医疗卫生机构违反本条例第三十九条第二款规定，公开艾滋病病毒感染者、艾滋病病人或者其家属的信息的，依照传染病防治法的规定予以处罚。

出入境检验检疫机构、计划生育技术服务机构或者其他单位、个人违反本条例第三十九条第二款规定，公开艾滋病病毒感染者、艾滋病病人或者其家属的信息的，由其上级主管部门责令改正，通报批评，给予警告，对负有责任的主管人员和其他直接责任人员依法给予处分；情节严重的，由原发证部门吊销有关机构或者责任人员的执业许可证件。

第五十七条　血站、单采血浆站违反本条例规定，有下列情形之一，构成犯罪的，依法追究刑事责任；尚不构成犯罪的，由县级以上人民政府卫生主管部门依照献血法和《血液制品管理条例》的规定予以处罚；造成艾滋病传播、流行或者其他严重后果的，对负有责任的主管人员和其他直接责任人员依法给予降级、撤职、开除的处分，并可以依法吊销血站、单采血浆站的执业许可证：

（一）对采集的人体血液、血浆未进行艾滋病检测，或者发现艾滋病检测阳性的人体血液、血浆仍然采集的；

（二）将未经艾滋病检测的人体血液、血浆，或者艾滋病检测阳性的人体血液、血浆供应给医疗机构和血液制品生产单位的。

第五十八条　违反本条例第三十六条规定采集或者使用人体组织、器官、细胞、骨髓等的，由县级人民政府卫生主管部门责令改正，通报批评，给予警告；情节严重的，责令停业整顿，有执业许可证件的，由原发证部门暂扣或者吊销其执业许可证件。

第五十九条　对不符合本条例第三十七条第二款规定进出口的人体血液、血浆、组织、器官、细胞、骨髓等，进出口口岸出入境检验检疫机构应当禁止出入境或者监督销毁。提供、使用未经出入境检验检疫机构检疫的进口人体血液、血浆、组织、器官、细胞、骨髓等的，由县级以上人民政府卫生主管部门没收违法物品以及违法所得，并处违法物品货值金额3倍以上5倍以下的罚款；对负有责任的主管人员和其他直接责任人员由其所在单位或者上级主管部门依法给予处分。

未经国务院药品监督管理部门批准，进口血液制品的，依照药品管理法的规定予以处罚。

第六十条　血站、单采血浆站、医疗卫生机构和血液制品生产单位违反法律、行政法规的规定，造成他人感染艾滋病病毒的，应当依法承担民事赔偿责任。

第六十一条　公共场所的经营者未查验服务人员的健康合格证明或者允许未取得健康合格证明的人员从事服务工作，省、自治区、直辖市人民政府确定的公共场所的经营者未在公共场所内放置安全套或者设置安全套发售设施的，由县级以上人民政府卫生主管部门责令限期改正，给予警告，可以并处500元以上5000元以下的罚款；逾期不改正的，责令停业整顿；情节严重的，由原发证部门依法吊销其执业许可证件。

第六十二条　艾滋病病毒感染者或者艾滋病病人故意传播艾滋病的，依法承担民事赔偿责任；构成犯罪的，依法追究刑事责任。

第七章　附　　则

第六十三条　本条例下列用语的含义：

艾滋病，是指人类免疫缺陷病毒（艾滋病病毒）引起的获得性免疫缺陷综合征。

对吸毒成瘾者的药物维持治疗，是指在批准开办戒毒治疗业务的医疗卫生机构中，选用合适的药物，对吸毒成瘾者进行维持治疗，以减轻对毒品的依赖，减少注射吸毒引起艾滋病病毒的感染和扩散，减少毒品成瘾引起的疾病、死亡和引发的犯罪。

标准防护原则，是指医务人员将所有病人的血液、其他体液以及被血液、其他体液污染的物品均视为具有传染性的病原物质，医务人员在接触这些物质时，必须采取防护措施。

有易感染艾滋病病毒危险行为的人群，是指有卖淫、嫖娼、多性伴、男性同性性行为、注射吸毒等危险行为的人群。

艾滋病监测，是指连续、系统地收集各类人群中艾滋病（或者艾滋病病毒感染）及其相关因素的分布资料，对这些资料综合分析，为有关部门制定预防控制策略和措施提供及时可靠的信息和依据，并对预防控制措施进行效果评价。

艾滋病检测，是指采用实验室方法对人体血液、其他体液、组织器官、血液衍生物等进行艾滋病病毒、艾滋病病毒抗体及相关免疫指标检测，包括监测、检验检疫、自愿咨询检测、临床诊断、血液及血液制品筛查工作中的艾滋病检测。

行为干预措施，是指能够有效减少艾滋病传播的各种措施，包括：针对经注射吸毒传播艾滋病的美沙酮维持治疗等措施；针对经性传播艾滋病的安全套推广使用措施，以及规范、方便的性病诊疗措施；针对母婴传播艾滋病的抗病毒药物预防和人工代乳品喂养等措施；早期发现感染者和有助于危险行为改变的自愿咨询检测措施；健康教育措施；提高个人规范意识以及减少危险行为的针对性同伴教育措施。

第六十四条　本条例自2006年3月1日起施行。1987年12月26日经国务院批准，1988年1月14日由卫生部、外交部、公安部、原国家教育委员会、国家旅游局、原中国民用航空局、国家外国专家局发布的《艾滋病监测管理的若干规定》同时废止。

病原微生物实验室生物安全管理条例

（2004年11月12日中华人民共和国国务院令第424号公布，根据2016年2月6日《国务院关于修改部分行政法规的决定》第一次修订，根据2018年3月19日《国务院关于修改和废止部分行政法规的决定》第二次修订）

第一章　总　　则

第一条　为了加强病原微生物实验室（以下称实验室）生物安全管理，保护实验室工作人员和公众的健康，制定本条例。

第二条　对中华人民共和国境内的实验室及其从事实验活动的生物安全管理，适用本条例。

本条例所称病原微生物，是指能够使人或者动物致病的微生物。

本条例所称实验活动，是指实验室从事与病原微生物菌（毒）种、样本有关的研究、教学、检测、诊断等活动。

第三条　国务院卫生主管部门主管与人体健康有关的实验室及其实验活动的生物安全监督工作。

国务院兽医主管部门主管与动物有关的实验室及其实验活动的生物安全监督工作。

国务院其他有关部门在各自职责范围内负责实验室及其实验活动的生物安全管理工作。

县级以上地方人民政府及其有关部门在各自职责范围内负责实验室及其实验活动的生物安全管理工作。

第四条 国家对病原微生物实行分类管理，对实验室实行分级管理。

第五条 国家实行统一的实验室生物安全标准。实验室应当符合国家标准和要求。

第六条 实验室的设立单位及其主管部门负责实验室日常活动的管理，承担建立健全安全管理制度，检查、维护实验设施、设备，控制实验室感染的职责。

第二章 病原微生物的分类和管理

第七条 国家根据病原微生物的传染性、感染后对个体或者群体的危害程度，将病原微生物分为四类：

第一类病原微生物，是指能够引起人类或者动物非常严重疾病的微生物，以及我国尚未发现或者已经宣布消灭的微生物。

第二类病原微生物，是指能够引起人类或者动物严重疾病，比较容易直接或者间接在人与人、动物与人、动物与动物间传播的微生物。

第三类病原微生物，是指能够引起人类或者动物疾病，但一般情况下对人、动物或者环境不构成严重危害，传播风险有限，实验室感染后很少引起严重疾病，并且具备有效治疗和预防措施的微生物。

第四类病原微生物，是指在通常情况下不会引起人类或者动物疾病的微生物。

第一类、第二类病原微生物统称为高致病性病原微生物。

第八条 人间传染的病原微生物名录由国务院卫生主管部门商国务院有关部门后制定、调整并予以公布；动物间传染的病原微生物名录由国务院兽医主管部门商国务院有关部门后制定、调整并予以公布。

第九条 采集病原微生物样本应当具备下列条件：

（一）具有与采集病原微生物样本所需要的生物安全防护水平相适应的设备；

（二）具有掌握相关专业知识和操作技能的工作人员；

（三）具有有效的防止病原微生物扩散和感染的措施；

（四）具有保证病原微生物样本质量的技术方法和手段。

采集高致病性病原微生物样本的工作人员在采集过程中应当防止病原微生物扩散和感染，并对样本的来源、采集过程和方法等作详细记录。

第十条 运输高致病性病原微生物菌（毒）种或者样本，应当通过陆路运输；没有陆路通道，必须经水路运输的，可以通过水路运输；紧急情况下或者需要将高致病性病原微生物菌（毒）种或者样本运往国外的，可以通过民用航空运输。

第十一条 运输高致病性病原微生物菌（毒）种或者样本，应当具备下列条件：

（一）运输目的、高致病性病原微生物的用途和接收单位符合国务院卫生主管部门或者兽医主管部门的规定；

（二）高致病性病原微生物菌（毒）种或者样本的容器应当密封，容器或者包装材料还应当符合防水、防破损、防外泄、耐高（低）温、耐高压的要求；

（三）容器或者包装材料上应当印有国务院卫生主管部门或者兽医主管部门规定的生物危险标识、警告用语和提示用语。

运输高致病性病原微生物菌（毒）种或者样本，应当经省级以上人民政府卫生主管部门或者兽医主管部门批准。在省、自治区、直辖市行政区域内运输的，由省、自治区、直辖市人民政府卫生主管部门或者兽医主管部门批准；需要跨省、自治区、直辖市运输或者运往国外的，由出发地的省、自治区、直辖市人民政府卫生主管部门或者兽医主管部门进行初审后，分别报国务院卫生主管部门或者兽医主管部门批准。

出入境检验检疫机构在检验检疫过程中需要运输病原微生物样本的，由国务院出入境检验检疫部门批准，并同时向国务院卫生主管部门或者兽医主管部门通报。

通过民用航空运输高致病性病原微生物菌（毒）种或者样本的，除依照本条第二款、第三款规定取得批准外，还应当经国务院民用航空主管部门批准。

有关主管部门应当对申请人提交的关于运输高致病性病原微生物菌（毒）种或者样本的申请材料进行审查，对符合本条第一款规定条件的，应当即时批准。

第十二条　运输高致病性病原微生物菌（毒）种或者样本，应当由不少于2人的专人护送，并采取相应的防护措施。

有关单位或者个人不得通过公共电（汽）车和城市铁路运输病原微生物菌（毒）种或者样本。

第十三条　需要通过铁路、公路、民用航空等公共交通工具运输高致病性病原微生物菌（毒）种或者样本的，承运单位应当凭本条例第十一条规定的批准文件予以运输。

承运单位应当与护送人共同采取措施，确保所运输的高致病性病原微生物菌（毒）种或者样本的安全，严防发生被盗、被抢、丢失、泄漏事件。

第十四条　国务院卫生主管部门或者兽医主管部门指定的菌（毒）种保藏中心或者专业实验室（以下称保藏机构），承担集中储存病原微生物菌（毒）种和样本的任务。

保藏机构应当依照国务院卫生主管部门或者兽医主管部门的规定，储存实验室送交的病原微生物菌（毒）种和样本，并向实验室提供病原微生物菌（毒）种和样本。

保藏机构应当制定严格的安全保管制度，作好病原微生物菌（毒）种和样本进出和储存的记录，建立档案制度，并指定专人负责。对高致病性病原微生物菌（毒）种和样本应当设专库或者专柜单独储存。

保藏机构储存、提供病原微生物菌（毒）种和样本，不得收取任何费用，其经费由同级财政在单位预算中予以保障。

保藏机构的管理办法由国务院卫生主管部门会同国务院兽医主管部门制定。

第十五条　保藏机构应当凭实验室依照本条例的规定取得的从事高致病性病原微生物相关实验活动的批准文件，向实验室提供高致病性病原微生物菌（毒）种和样本，并予以登记。

第十六条　实验室在相关实验活动结束后，应当依照国务院卫生主管部门或者兽医主管部门的规定，及时将病原微生物菌（毒）种和样本就地销毁或者送交保藏机构保管。

保藏机构接受实验室送交的病原微生物菌（毒）种和样本，应当予以登记，并开具接收证明。

第十七条　高致病性病原微生物菌（毒）种或者样本在运输、储存中被盗、被抢、丢失、泄漏的，承运单位、护送人、保藏机构应当采取必要的控制措施，并在2小时内分别向承运单位的主管部门、护送人所在单位和保藏机构的主管部门报告，同时向所在地的县级人民政府卫生主管部门或者兽医主管部门报告，发生被盗、被抢、丢失的，还应当向公安机关报告；接到报告的卫生主管部门或者兽医主管部门应当在2小时内向本级人民政府报告，并同时向上级人民政府卫生主管部门或者兽医主管部门和国务院卫生主管部门或者兽医主管部门报告。

县级人民政府应当在接到报告后2小时内向设区的市级人民政府或者上一级人民政府报告；设区的市级人民政府应当在接到报告后2小时内向省、自治区、直辖市人民政府报告。省、自治区、直辖市人民政府应当在接到报告后1小时内，向国务院卫生主管部门或者兽医主管部门报告。

任何单位和个人发现高致病性病原微生物菌（毒）种或者样本的容器或者包装材料，应当及时向附近的卫生主管部门或者兽医主管部门报告；接到报告的卫生主管部门或者兽医主管部门应当及时组织调查核实，并依法采取必要的控制措施。

第三章 实验室的设立与管理

第十八条 国家根据实验室对病原微生物的生物安全防护水平，并依照实验室生物安全国家标准的规定，将实验室分为一级、二级、三级、四级。

第十九条 新建、改建、扩建三级、四级实验室或者生产、进口移动式三级、四级实验室应当遵守下列规定：

（一）符合国家生物安全实验室体系规划并依法履行有关审批手续；

（二）经国务院科技主管部门审查同意；

（三）符合国家生物安全实验室建筑技术规范；

（四）依照《中华人民共和国环境影响评价法》的规定进行环境影响评价并经环境保护主管部门审查批准；

（五）生物安全防护级别与其拟从事的实验活动相适应。

前款规定所称国家生物安全实验室体系规划，由国务院投资主管部门会同国务院有关部门制定。制定国家生物安全实验室体系规划应当遵循总量控制、合理布局、资源共享的原则，并应当召开听证会或者论证会，听取公共卫生、环境保护、投资管理和实验室管理等方面专家的意见。

第二十条 三级、四级实验室应当通过实验室国家认可。

国务院认证认可监督管理部门确定的认可机构应当依照实验室生物安全国家标准以及本条例的有关规定，对三级、四级实验室进行认可；实验室通过认可的，颁发相应级别的生物安全实验室证书。证书有效期为5年。

第二十一条 一级、二级实验室不得从事高致病性病原微生物实验活动。三级、四级实验室从事高致病性病原微生物实验活动，应当具备下列条件：

（一）实验目的和拟从事的实验活动符合国务院卫生主管部门或者兽医主管部门的规定；

（二）通过实验室国家认可；

（三）具有与拟从事的实验活动相适应的工作人员；

（四）工程质量经建筑主管部门依法检测验收合格。

第二十二条 三级、四级实验室，需要从事某种高致病性病原微生物或者疑似高致病性病原微生物实验活动的，应当依照国务院卫生主管部门或者兽医主管部门的规定报省级以上人民政府卫生主管部门或者兽医主管部门批准。实验活动结果以及工作情况应当向原批准部门报告。

实验室申报或者接受与高致病性病原微生物有关的科研项目，应当符合科研需要和生物安全要求，具有相应的生物安全防护水平。与动物间传染的高致病性病原微生物有关的科研项目，应当经国务院兽医主管部门同意；与人体健康有关的高致病性病原微生物科研项目，实验室应当将立项结果告知省级以上人民政府卫生主管部门。

第二十三条 出入境检验检疫机构、医疗卫生机构、动物防疫机构在实验室开展检测、诊断工作时，发现高致病性病原微生物或者疑似高致病性病原微生物，需要进一步从事这类高致病性病原微生物相关实验活动的，应当依照本条例的规定经批准同意，并在具备相应条件的实验室中进行。

专门从事检测、诊断的实验室应当严格依照国务院卫生主管部门或者兽医主管部门的规定，建立健全规章制度，保证实验室生物安全。

第二十四条 省级以上人民政府卫生主管部门或者兽医主管部门应当自收到需要从事高致病性病原微生物相关实验活动的申请之日起15日内作出是否批准的决定。

对出入境检验检疫机构为了检验检疫工作的紧急需要，申请在实验室对高致病性病原微生物或者疑似高致病性病原微生物开展进一步实验活动的，省级以上人民政府卫生主管部门或者兽医主管部门应当自收到申请之时起2小时内作出是否批准的决定；2小时内未作出决定的，实验室可以从事相应的实验活动。

省级以上人民政府卫生主管部门或者兽医主管部门应当为申请人通过电报、电传、传真、电子数据交换和电子邮件等方式提出申请提供方便。

第二十五条　新建、改建或者扩建一级、二级实验室，应当向设区的市级人民政府卫生主管部门或者兽医主管部门备案。设区的市级人民政府卫生主管部门或者兽医主管部门应当每年将备案情况汇总后报省、自治区、直辖市人民政府卫生主管部门或者兽医主管部门。

第二十六条　国务院卫生主管部门和兽医主管部门应当定期汇总并互相通报实验室数量和实验室设立、分布情况，以及三级、四级实验室从事高致病性病原微生物实验活动的情况。

第二十七条　已经建成并通过实验室国家认可的三级、四级实验室应当向所在地的县级人民政府环境保护主管部门备案。环境保护主管部门依照法律、行政法规的规定对实验室排放的废水、废气和其他废物处置情况进行监督检查。

第二十八条　对我国尚未发现或者已经宣布消灭的病原微生物，任何单位和个人未经批准不得从事相关实验活动。

为了预防、控制传染病，需要从事前款所指病原微生物相关实验活动的，应当经国务院卫生主管部门或者兽医主管部门批准，并在批准部门指定的专业实验室中进行。

第二十九条　实验室使用新技术、新方法从事高致病性病原微生物相关实验活动的，应当符合防止高致病性病原微生物扩散、保证生物安全和操作者人身安全的要求，并经国家病原微生物实验室生物安全专家委员会论证；经论证可行的，方可使用。

第三十条　需要在动物体上从事高致病性病原微生物相关实验活动的，应当在符合动物实验室生物安全国家标准的三级以上实验室进行。

第三十一条　实验室的设立单位负责实验室的生物安全管理。

实验室的设立单位应当依照本条例的规定制定科学、严格的管理制度，并定期对有关生物安全规定的落实情况进行检查，定期对实验室设施、设备、材料等进行检查、维护和更新，以确保其符合国家标准。

实验室的设立单位及其主管部门应当加强对实验室日常活动的管理。

第三十二条　实验室负责人为实验室生物安全的第一责任人。

实验室从事实验活动应当严格遵守有关国家标准和实验室技术规范、操作规程。实验室负责人应当指定专人监督检查实验室技术规范和操作规程的落实情况。

第三十三条　从事高致病性病原微生物相关实验活动的实验室的设立单位，应当建立健全安全保卫制度，采取安全保卫措施，严防高致病性病原微生物被盗、被抢、丢失、泄漏，保障实验室及其病原微生物的安全。实验室发生高致病性病原微生物被盗、被抢、丢失、泄漏的，实验室的设立单位应当依照本条例第十七条的规定进行报告。

从事高致病性病原微生物相关实验活动的实验室应当向当地公安机关备案，并接受公安机关有关实验室安全保卫工作的监督指导。

第三十四条　实验室或者实验室的设立单位应当每年定期对工作人员进行培训，保证其掌握实验室技术规范、操作规程、生物安全防护知识和实际操作技能，并进行考核。工作人员经考核合格的，方可上岗。

从事高致病性病原微生物相关实验活动的实验室，应当每半年将培训、考核其工作人员的情况和实验室运行情况向省、自治区、直辖市人民政府卫生主管部门或者兽医主管部门报告。

第三十五条 从事高致病性病原微生物相关实验活动应当有2名以上的工作人员共同进行。

进入从事高致病性病原微生物相关实验活动的实验室的工作人员或者其他有关人员，应当经实验室负责人批准。实验室应当为其提供符合防护要求的防护用品并采取其他职业防护措施。从事高致病性病原微生物相关实验活动的实验室，还应当对实验室工作人员进行健康监测，每年组织对其进行体检，并建立健康档案；必要时，应当对实验室工作人员进行预防接种。

第三十六条 在同一个实验室的同一个独立安全区域内，只能同时从事一种高致病性病原微生物的相关实验活动。

第三十七条 实验室应当建立实验档案，记录实验室使用情况和安全监督情况。实验室从事高致病性病原微生物相关实验活动的实验档案保存期，不得少于20年。

第三十八条 实验室应当依照环境保护的有关法律、行政法规和国务院有关部门的规定，对废水、废气以及其他废物进行处置，并制定相应的环境保护措施，防止环境污染。

第三十九条 三级、四级实验室应当在明显位置标示国务院卫生主管部门和兽医主管部门规定的生物危险标识和生物安全实验室级别标志。

第四十条 从事高致病性病原微生物相关实验活动的实验室应当制定实验室感染应急处置预案，并向该实验室所在地的省、自治区、直辖市人民政府卫生主管部门或者兽医主管部门备案。

第四十一条 国务院卫生主管部门和兽医主管部门会同国务院有关部门组织病原学、免疫学、检验医学、流行病学、预防兽医学、环境保护和实验室管理等方面的专家，组成国家病原微生物实验室生物安全专家委员会。该委员会承担从事高致病性病原微生物相关实验活动的实验室的设立与运行的生物安全评估和技术咨询、论证工作。

省、自治区、直辖市人民政府卫生主管部门和兽医主管部门会同同级人民政府有关部门组织病原学、免疫学、检验医学、流行病学、预防兽医学、环境保护和实验室管理等方面的专家，组成本地区病原微生物实验室生物安全专家委员会。该委员会承担本地区实验室设立和运行的技术咨询工作。

第四章 实验室感染控制

第四十二条 实验室的设立单位应当指定专门的机构或者人员承担实验室感染控制工作，定期检查实验室的生物安全防护、病原微生物菌（毒）种和样本保存与使用、安全操作、实验室排放的废水和废气以及其他废物处置等规章制度的实施情况。

负责实验室感染控制工作的机构或者人员应当具有与该实验室中的病原微生物有关的传染病防治知识，并定期调查、了解实验室工作人员的健康状况。

第四十三条 实验室工作人员出现与本实验室从事的高致病性病原微生物相关实验活动有关的感染临床症状或者体征时，实验室负责人应当向负责实验室感染控制工作的机构或者人员报告，同时派专人陪同及时就诊；实验室工作人员应当将近期所接触的病原微生物的种类和危险程度如实告知诊治医疗机构。接诊的医疗机构应当及时救治；不具备相应救治条件的，应当依照规定将感染的实验室工作人员转诊至具备相应传染病救治条件的医疗机构；具备相应传染病救治条件的医疗机构应当接诊治疗，不得拒绝救治。

第四十四条 实验室发生高致病性病原微生物泄漏时，实验室工作人员应当立即采取控制措施，防止高致病性病原微生物扩散，并同时向负责实验室感染控制工作的机构或者人员报告。

第四十五条 负责实验室感染控制工作的机构或者人员接到本条例第四十三条、第四十四条规定的报告后，应当立即启动实验室感染应急处置预案，并组织人员对该实验室生物安全状况等情况进行调查；确认发生实验室感染或者高致病性病原微生物泄漏的，应当依照本条例第十七条的规定进行报告，并同时采取控制措施，对有关人员进行医学观察或者隔离治疗，封闭实验室，防止扩散。

第四十六条　卫生主管部门或者兽医主管部门接到关于实验室发生工作人员感染事故或者病原微生物泄漏事件的报告，或者发现实验室从事病原微生物相关实验活动造成实验室感染事故的，应当立即组织疾病预防控制机构、动物防疫监督机构和医疗机构以及其他有关机构依法采取下列预防、控制措施：

（一）封闭被病原微生物污染的实验室或者可能造成病原微生物扩散的场所；

（二）开展流行病学调查；

（三）对病人进行隔离治疗，对相关人员进行医学检查；

（四）对密切接触者进行医学观察；

（五）进行现场消毒；

（六）对染疫或者疑似染疫的动物采取隔离、扑杀等措施；

（七）其他需要采取的预防、控制措施。

第四十七条　医疗机构或者兽医医疗机构及其执行职务的医务人员发现由于实验室感染而引起的与高致病性病原微生物相关的传染病病人、疑似传染病病人或者患有疫病、疑似患有疫病的动物，诊治的医疗机构或者兽医医疗机构应当在2小时内报告所在地的县级人民政府卫生主管部门或者兽医主管部门；接到报告的卫生主管部门或者兽医主管部门应当在2小时内通报实验室所在地的县级人民政府卫生主管部门或者兽医主管部门。接到通报的卫生主管部门或者兽医主管部门应当依照本条例第四十六条的规定采取预防、控制措施。

第四十八条　发生病原微生物扩散，有可能造成传染病暴发、流行时，县级以上人民政府卫生主管部门或者兽医主管部门应当依照有关法律、行政法规的规定以及实验室感染应急处置预案进行处理。

第五章　监督管理

第四十九条　县级以上地方人民政府卫生主管部门、兽医主管部门依照各自分工，履行下列职责：

（一）对病原微生物菌（毒）种、样本的采集、运输、储存进行监督检查；

（二）对从事高致病性病原微生物相关实验活动的实验室是否符合本条例规定的条件进行监督检查；

（三）对实验室或者实验室的设立单位培训、考核其工作人员以及上岗人员的情况进行监督检查；

（四）对实验室是否按照有关国家标准、技术规范和操作规程从事病原微生物相关实验活动进行监督检查。

县级以上地方人民政府卫生主管部门、兽医主管部门，应当主要通过检查反映实验室执行国家有关法律、行政法规以及国家标准和要求的记录、档案、报告，切实履行监督管理职责。

第五十条　县级以上人民政府卫生主管部门、兽医主管部门、环境保护主管部门在履行监督检查职责时，有权进入被检查单位和病原微生物泄漏或者扩散现场调查取证、采集样品，查阅复制有关资料。需要进入从事高致病性病原微生物相关实验活动的实验室调查取证、采集样品的，应当指定或者委托专业机构实施。被检查单位应当予以配合，不得拒绝、阻挠。

第五十一条　国务院认证认可监督管理部门依照《中华人民共和国认证认可条例》的规定对实验室认可活动进行监督检查。

第五十二条　卫生主管部门、兽医主管部门、环境保护主管部门应当依据法定的职权和程序履行职责，做到公正、公平、公开、文明、高效。

第五十三条 卫生主管部门、兽医主管部门、环境保护主管部门的执法人员执行职务时，应当有2名以上执法人员参加，出示执法证件，并依照规定填写执法文书。

现场检查笔录、采样记录等文书经核对无误后，应当由执法人员和被检查人、被采样人签名。被检查人、被采样人拒绝签名的，执法人员应当在自己签名后注明情况。

第五十四条 卫生主管部门、兽医主管部门、环境保护主管部门及其执法人员执行职务，应当自觉接受社会和公民的监督。公民、法人和其他组织有权向上级人民政府及其卫生主管部门、兽医主管部门、环境保护主管部门举报地方人民政府及其有关主管部门不依照规定履行职责的情况。接到举报的有关人民政府或者其卫生主管部门、兽医主管部门、环境保护主管部门，应当及时调查处理。

第五十五条 上级人民政府卫生主管部门、兽医主管部门、环境保护主管部门发现属于下级人民政府卫生主管部门、兽医主管部门、环境保护主管部门职责范围内需要处理的事项的，应当及时告知该部门处理；下级人民政府卫生主管部门、兽医主管部门、环境保护主管部门不及时处理或者不积极履行本部门职责的，上级人民政府卫生主管部门、兽医主管部门、环境保护主管部门应当责令其限期改正；逾期不改正的，上级人民政府卫生主管部门、兽医主管部门、环境保护主管部门有权直接予以处理。

第六章 法律责任

第五十六条 三级、四级实验室未经批准从事某种高致病性病原微生物或者疑似高致病性病原微生物实验活动的，由县级以上地方人民政府卫生主管部门、兽医主管部门依照各自职责，责令停止有关活动，监督其将用于实验活动的病原微生物销毁或者送交保藏机构，并给予警告；造成传染病传播、流行或者其他严重后果的，由实验室的设立单位对主要负责人、直接负责的主管人员和其他直接责任人员，依法给予撤职、开除的处分；构成犯罪的，依法追究刑事责任。

第五十七条 卫生主管部门或者兽医主管部门违反本条例的规定，准予不符合本条例规定条件的实验室从事高致病性病原微生物相关实验活动的，由作出批准决定的卫生主管部门或者兽医主管部门撤销原批准决定，责令有关实验室立即停止有关活动，并监督其将用于实验活动的病原微生物销毁或者送交保藏机构，对直接负责的主管人员和其他直接责任人员依法给予行政处分；构成犯罪的，依法追究刑事责任。

因违法作出批准决定给当事人的合法权益造成损害的，作出批准决定的卫生主管部门或者兽医主管部门应当依法承担赔偿责任。

第五十八条 卫生主管部门或者兽医主管部门对出入境检验检疫机构为了检验检疫工作的紧急需要，申请在实验室对高致病性病原微生物或者疑似高致病性病原微生物开展进一步检测活动，不在法定期限内作出是否批准决定的，由其上级行政机关或者监察机关责令改正，给予警告；造成传染病传播、流行或者其他严重后果的，对直接负责的主管人员和其他直接责任人员依法给予撤职、开除的行政处分；构成犯罪的，依法追究刑事责任。

第五十九条 违反本条例规定，在不符合相应生物安全要求的实验室从事病原微生物相关实验活动的，由县级以上地方人民政府卫生主管部门、兽医主管部门依照各自职责，责令停止有关活动，监督其将用于实验活动的病原微生物销毁或者送交保藏机构，并给予警告；造成传染病传播、流行或者其他严重后果的，由实验室的设立单位对主要负责人、直接负责的主管人员和其他直接责任人员，依法给予撤职、开除的处分；构成犯罪的，依法追究刑事责任。

第六十条 实验室有下列行为之一的，由县级以上地方人民政府卫生主管部门、兽医主管部门依照各自职责，责令限期改正，给予警告；逾期不改正的，由实验室的设立单位对主要负责人、直接负责的主管人员和其他直接责任人员，依法给予撤职、开除的处分；有许可证件的，并由原发证部门吊销有关许可证件：

（一）未依照规定在明显位置标示国务院卫生主管部门和兽医主管部门规定的生物危险标识和生物安全实验室级别标志的；

（二）未向原批准部门报告实验活动结果以及工作情况的；

（三）未依照规定采集病原微生物样本，或者对所采集样本的来源、采集过程和方法等未作详细记录的；

（四）新建、改建或者扩建一级、二级实验室未向设区的市级人民政府卫生主管部门或者兽医主管部门备案的；

（五）未依照规定定期对工作人员进行培训，或者工作人员考核不合格允许其上岗，或者批准未采取防护措施的人员进入实验室的；

（六）实验室工作人员未遵守实验室生物安全技术规范和操作规程的；

（七）未依照规定建立或者保存实验档案的；

（八）未依照规定制定实验室感染应急处置预案并备案的。

第六十一条　经依法批准从事高致病性病原微生物相关实验活动的实验室的设立单位未建立健全安全保卫制度，或者未采取安全保卫措施的，由县级以上地方人民政府卫生主管部门、兽医主管部门依照各自职责，责令限期改正；逾期不改正，导致高致病性病原微生物菌（毒）种、样本被盗、被抢或者造成其他严重后果的，责令停止该项实验活动，该实验室2年内不得申请从事高致病性病原微生物实验活动；造成传染病传播、流行的，该实验室设立单位的主管部门还应当对该实验室的设立单位的直接负责的主管人员和其他直接责任人员，依法给予降级、撤职、开除的处分；构成犯罪的，依法追究刑事责任。

第六十二条　未经批准运输高致病性病原微生物菌（毒）种或者样本，或者承运单位经批准运输高致病性病原微生物菌（毒）种或者样本未履行保护义务，导致高致病性病原微生物菌（毒）种或者样本被盗、被抢、丢失、泄漏的，由县级以上地方人民政府卫生主管部门、兽医主管部门依照各自职责，责令采取措施，消除隐患，给予警告；造成传染病传播、流行或者其他严重后果的，由托运单位和承运单位的主管部门对主要负责人、直接负责的主管人员和其他直接责任人员，依法给予撤职、开除的处分；构成犯罪的，依法追究刑事责任。

第六十三条　有下列行为之一的，由实验室所在地的设区的市级以上地方人民政府卫生主管部门、兽医主管部门依照各自职责，责令有关单位立即停止违法活动，监督其将病原微生物销毁或者送交保藏机构；造成传染病传播、流行或者其他严重后果的，由其所在单位或者其上级主管部门对主要负责人、直接负责的主管人员和其他直接责任人员，依法给予撤职、开除的处分；有许可证件的，并由原发证部门吊销有关许可证件；构成犯罪的，依法追究刑事责任：

（一）实验室在相关实验活动结束后，未依照规定及时将病原微生物菌（毒）种和样本就地销毁或者送交保藏机构保管的；

（二）实验室使用新技术、新方法从事高致病性病原微生物相关实验活动未经国家病原微生物实验室生物安全专家委员会论证的；

（三）未经批准擅自从事在我国尚未发现或者已经宣布消灭的病原微生物相关实验活动的；

（四）在未经指定的专业实验室从事在我国尚未发现或者已经宣布消灭的病原微生物相关实验活动的；

（五）在同一个实验室的同一个独立安全区域内同时从事两种或者两种以上高致病性病原微生物的相关实验活动的。

第六十四条 认可机构对不符合实验室生物安全国家标准以及本条例规定条件的实验室予以认可，或者对符合实验室生物安全国家标准以及本条例规定条件的实验室不予认可的，由国务院认证认可监督管理部门责令限期改正，给予警告；造成传染病传播、流行或者其他严重后果的，由国务院认证认可监督管理部门撤销其认可资格，有上级主管部门的，由其上级主管部门对主要负责人、直接负责的主管人员和其他直接责任人员依法给予撤职、开除的处分；构成犯罪的，依法追究刑事责任。

第六十五条 实验室工作人员出现该实验室从事的病原微生物相关实验活动有关的感染临床症状或者体征，以及实验室发生高致病性病原微生物泄漏时，实验室负责人、实验室工作人员、负责实验室感染控制的专门机构或者人员未依照规定报告，或者未依照规定采取控制措施的，由县级以上地方人民政府卫生主管部门、兽医主管部门依照各自职责，责令限期改正，给予警告；造成传染病传播、流行或者其他严重后果的，由其设立单位对实验室主要负责人、直接负责的主管人员和其他直接责任人员，依法给予撤职、开除的处分；有许可证件的，并由原发证部门吊销有关许可证件；构成犯罪的，依法追究刑事责任。

第六十六条 拒绝接受卫生主管部门、兽医主管部门依法开展有关高致病性病原微生物扩散的调查取证、采集样品等活动或者依照本条例规定采取有关预防、控制措施的，由县级以上人民政府卫生主管部门、兽医主管部门依照各自职责，责令改正，给予警告；造成传染病传播、流行以及其他严重后果的，由实验室的设立单位对实验室主要负责人、直接负责的主管人员和其他直接责任人员，依法给予降级、撤职、开除的处分；有许可证件的，并由原发证部门吊销有关许可证件；构成犯罪的，依法追究刑事责任。

第六十七条 发生病原微生物被盗、被抢、丢失、泄漏，承运单位、护送人、保藏机构和实验室的设立单位未依照本条例的规定报告的，由所在地的县级人民政府卫生主管部门或者兽医主管部门给予警告；造成传染病传播、流行或者其他严重后果的，由实验室的设立单位或者承运单位、保藏机构的上级主管部门对主要负责人、直接负责的主管人员和其他直接责任人员，依法给予撤职、开除的处分；构成犯罪的，依法追究刑事责任。

第六十八条 保藏机构未依照规定储存实验室送交的菌（毒）种和样本，或者未依照规定提供菌（毒）种和样本的，由其指定部门责令限期改正，收回违法提供的菌（毒）种和样本，并给予警告；造成传染病传播、流行或者其他严重后果的，由其所在单位或者其上级主管部门对主要负责人、直接负责的主管人员和其他直接责任人员，依法给予撤职、开除的处分；构成犯罪的，依法追究刑事责任。

第六十九条 县级以上人民政府有关主管部门，未依照本条例的规定履行实验室及其实验活动监督检查职责的，由有关人民政府在各自职责范围内责令改正，通报批评；造成传染病传播、流行或者其他严重后果的，对直接负责的主管人员，依法给予行政处分；构成犯罪的，依法追究刑事责任。

第七章 附 则

第七十条 军队实验室由中国人民解放军卫生主管部门参照本条例负责监督管理。

第七十一条 本条例施行前设立的实验室，应当自本条例施行之日起6个月内，依照本条例的规定，办理有关手续。

第七十二条 本条例自公布之日起施行。

农业转基因生物安全管理条例

（2001年5月23日中华人民共和国国务院令第304号发布，根据2011年1月8日《国务院关于废止和修改部分行政法规的决定》修订，根据2017年10月7日《国务院关于修改部分行政法规的决定》修订）

第一章　总　　则

第一条　为了加强农业转基因生物安全管理，保障人体健康和动植物、微生物安全，保护生态环境，促进农业转基因生物技术研究，制定本条例。

第二条　在中华人民共和国境内从事农业转基因生物的研究、试验、生产、加工、经营和进口、出口活动，必须遵守本条例。

第三条　本条例所称农业转基因生物，是指利用基因工程技术改变基因组构成，用于农业生产或者农产品加工的动植物、微生物及其产品，主要包括：

（一）转基因动植物（含种子、种畜禽、水产苗种）和微生物；

（二）转基因动植物、微生物产品；

（三）转基因农产品的直接加工品；

（四）含有转基因动植物、微生物或者其产品成分的种子、种畜禽、水产苗种、农药、兽药、肥料和添加剂等产品。

本条例所称农业转基因生物安全，是指防范农业转基因生物对人类、动植物、微生物和生态环境构成的危险或者潜在风险。

第四条　国务院农业行政主管部门负责全国农业转基因生物安全的监督管理工作。

县级以上地方各级人民政府农业行政主管部门负责本行政区域内的农业转基因生物安全的监督管理工作。

县级以上各级人民政府有关部门依照《中华人民共和国食品安全法》的有关规定，负责转基因食品安全的监督管理工作。

第五条　国务院建立农业转基因生物安全管理部际联席会议制度。

农业转基因生物安全管理部际联席会议由农业、科技、环境保护、卫生、外经贸、检验检疫等有关部门的负责人组成，负责研究、协调农业转基因生物安全管理工作中的重大问题。

第六条　国家对农业转基因生物安全实行分级管理评价制度。

农业转基因生物按照其对人类、动植物、微生物和生态环境的危险程度，分为Ⅰ、Ⅱ、Ⅲ、Ⅳ四个等级。具体划分标准由国务院农业行政主管部门制定。

第七条　国家建立农业转基因生物安全评价制度。

农业转基因生物安全评价的标准和技术规范，由国务院农业行政主管部门制定。

第八条　国家对农业转基因生物实行标识制度。

实施标识管理的农业转基因生物目录，由国务院农业行政主管部门商国务院有关部门制定、调整并公布。

第二章　研究与试验

第九条　国务院农业行政主管部门应当加强农业转基因生物研究与试验的安全评价管理工作，并设立农业转基因生物安全委员会，负责农业转基因生物的安全评价工作。

农业转基因生物安全委员会由从事农业转基因生物研究、生产、加工、检验检疫以及卫生、环境保护等方面的专家组成。

第十条 国务院农业行政主管部门根据农业转基因生物安全评价工作的需要，可以委托具备检测条件和能力的技术检测机构对农业转基因生物进行检测。

第十一条 从事农业转基因生物研究与试验的单位，应当具备与安全等级相适应的安全设施和措施，确保农业转基因生物研究与试验的安全，并成立农业转基因生物安全小组，负责本单位农业转基因生物研究与试验的安全工作。

第十二条 从事Ⅲ、Ⅳ级农业转基因生物研究的，应当在研究开始前向国务院农业行政主管部门报告。

第十三条 农业转基因生物试验，一般应当经过中间试验、环境释放和生产性试验三个阶段。中间试验，是指在控制系统内或者控制条件下进行的小规模试验。环境释放，是指在自然条件下采取相应安全措施所进行的中规模的试验。生产性试验，是指在生产和应用前进行的较大规模的试验。

第十四条 农业转基因生物在实验室研究结束后，需要转入中间试验的，试验单位应当向国务院农业行政主管部门报告。

第十五条 农业转基因生物试验需要从上一试验阶段转入下一试验阶段的，试验单位应当向国务院农业行政主管部门提出申请；经农业转基因生物安全委员会进行安全评价合格的，由国务院农业行政主管部门批准转入下一试验阶段。

试验单位提出前款申请，应当提供下列材料：

（一）农业转基因生物的安全等级和确定安全等级的依据；

（二）农业转基因生物技术检测机构出具的检测报告；

（三）相应的安全管理、防范措施；

（四）上一试验阶段的试验报告。

第十六条 从事农业转基因生物试验的单位在生产性试验结束后，可以向国务院农业行政主管部门申请领取农业转基因生物安全证书。

试验单位提出前款申请，应当提供下列材料：

（一）农业转基因生物的安全等级和确定安全等级的依据；

（二）生产性试验的总结报告；

（三）国务院农业行政主管部门规定的试验材料、检测方法等其他材料。

国务院农业行政主管部门收到申请后，应当委托具备检测条件和能力的技术检测机构进行检测，并组织农业转基因生物安全委员会进行安全评价；安全评价合格的，方可颁发农业转基因生物安全证书。

第十七条 转基因植物种子、种畜禽、水产苗种，利用农业转基因生物生产的或者含有农业转基因生物成分的种子、种畜禽、水产苗种、农药、兽药、肥料和添加剂等，在依照有关法律、行政法规的规定进行审定、登记或者评价、审批前，应当依照本条例第十六条的规定取得农业转基因生物安全证书。

第十八条 中外合作、合资或者外方独资在中华人民共和国境内从事农业转基因生物研究与试验的，应当经国务院农业行政主管部门批准。

第三章 生产与加工

第十九条 生产转基因植物种子、种畜禽、水产苗种，应当取得国务院农业行政主管部门颁发的种子、种畜禽、水产苗种生产许可证。

生产单位和个人申请转基因植物种子、种畜禽、水产苗种生产许可证，除应当符合有关法律、行政法规规定的条件外，还应当符合下列条件：

（一）取得农业转基因生物安全证书并

通过品种审定；

（二）在指定的区域种植或者养殖；

（三）有相应的安全管理、防范措施；

（四）国务院农业行政主管部门规定的其他条件。

第二十条　生产转基因植物种子、种畜禽、水产苗种的单位和个人，应当建立生产档案，载明生产地点、基因及其来源、转基因的方法以及种子、种畜禽、水产苗种流向等内容。

第二十一条　单位和个人从事农业转基因生物生产、加工的，应当由国务院农业行政主管部门或者省、自治区、直辖市人民政府农业行政主管部门批准。具体办法由国务院农业行政主管部门制定。

第二十二条　从事农业转基因生物生产、加工的单位和个人，应当按照批准的品种、范围、安全管理要求和相应的技术标准组织生产、加工，并定期向所在地县级人民政府农业行政主管部门提供生产、加工、安全管理情况和产品流向的报告。

第二十三条　农业转基因生物在生产、加工过程中发生基因安全事故时，生产、加工单位和个人应当立即采取安全补救措施，并向所在地县级人民政府农业行政主管部门报告。

第二十四条　从事农业转基因生物运输、贮存的单位和个人，应当采取与农业转基因生物安全等级相适应的安全控制措施，确保农业转基因生物运输、贮存的安全。

第四章　经　　营

第二十五条　经营转基因植物种子、种畜禽、水产苗种的单位和个人，应当取得国务院农业行政主管部门颁发的种子、种畜禽、水产苗种经营许可证。

经营单位和个人申请转基因植物种子、种畜禽、水产苗种经营许可证，除应当符合有关法律、行政法规规定的条件外，还应当符合下列条件：

（一）有专门的管理人员和经营档案；

（二）有相应的安全管理、防范措施；

（三）国务院农业行政主管部门规定的其他条件。

第二十六条　经营转基因植物种子、种畜禽、水产苗种的单位和个人，应当建立经营档案，载明种子、种畜禽、水产苗种的来源、贮存，运输和销售去向等内容。

第二十七条　在中华人民共和国境内销售列入农业转基因生物目录的农业转基因生物，应当有明显的标识。

列入农业转基因生物目录的农业转基因生物，由生产、分装单位和个人负责标识；未标识的，不得销售。经营单位和个人在进货时，应当对货物和标识进行核对。经营单位和个人拆开原包装进行销售的，应当重新标识。

第二十八条　农业转基因生物标识应当载明产品中含有转基因成分的主要原料名称；有特殊销售范围要求的，还应当载明销售范围，并在指定范围内销售。

第二十九条　农业转基因生物的广告，应当经国务院农业行政主管部门审查批准后，方可刊登、播放、设置和张贴。

第五章　进口与出口

第三十条　从中华人民共和国境外引进农业转基因生物用于研究、试验的，引进单位应当向国务院农业行政主管部门提出申请；符合下列条件的，国务院农业行政主管部门方可批准：

（一）具有国务院农业行政主管部门规定的申请资格；

（二）引进的农业转基因生物在国（境）外已经进行了相应的研究、试验；

（三）有相应的安全管理、防范措施。

第三十一条　境外公司向中华人民共和国出口转基因植物种子、种畜禽、水产苗种和利用农业转基因生物生产的或者含有农业转基因生物成分的植物种子、种畜禽、水产苗种、农药、兽药、肥料和添加剂的，应当向国务院农业行政主管部门提出申请；符合下列条件的，国务院农业行政主管部门方可批准试验材料入境并依照本条例的规定进行中间试验、环境释放和生产性试验：

（一）输出国家或者地区已经允许作为相应用途并投放市场；

（二）输出国家或者地区经过科学试验证明对人类、动植物、微生物和生态环境无害；

（三）有相应的安全管理、防范措施。

生产性试验结束后，经安全评价合格，并取得农业转基因生物安全证书后，方可依照有关法律、行政法规的规定办理审定、登记或者评价、审批手续。

第三十二条 境外公司向中华人民共和国出口农业转基因生物用作加工原料的，应当向国务院农业行政主管部门提出申请，提交国务院农业行政主管部门要求的试验材料、检测方法等材料；符合下列条件，经国务院农业行政主管部门委托的、具备检测条件和能力的技术检测机构检测确认对人类、动植物、微生物和生态环境不存在危险，并经安全评价合格的，由国务院农业行政主管部门颁发农业转基因生物安全证书：

（一）输出国家或者地区已经允许作为相应用途并投放市场；

（二）输出国家或者地区经过科学试验证明对人类、动植物、微生物和生态环境无害；

（三）有相应的安全管理、防范措施。

第三十三条 从中华人民共和国境外引进农业转基因生物的，或者向中华人民共和国出口农业转基因生物的，引进单位或者境外公司应当凭国务院农业行政主管部门颁发的农业转基因生物安全证书和相关批准文件，向口岸出入境检验检疫机构报检；经检疫合格后，方可向海关申请办理有关手续。

第三十四条 农业转基因生物在中华人民共和国过境转移的，应当遵守中华人民共和国有关法律、行政法规的规定。

第三十五条 国务院农业行政主管部门应当自收到申请人申请之日起 270 日内作出批准或者不批准的决定，并通知申请人。

第三十六条 向中华人民共和国境外出口农产品，外方要求提供非转基因农产品证明的，由口岸出入境检验检疫机构根据国务院农业行政主管部门发布的转基因农产品信息，进行检测并出具非转基因农产品证明。

第三十七条 进口农业转基因生物，没有国务院农业行政主管部门颁发的农业转基因生物安全证书和相关批准文件的，或者与证书、批准文件不符的，作退货或者销毁处理。进口农业转基因生物不按照规定标识的，重新标识后方可入境。

第六章 监督检查

第三十八条 农业行政主管部门履行监督检查职责时，有权采取下列措施：

（一）询问被检查的研究、试验、生产、加工、经营或者进口、出口的单位和个人、利害关系人、证明人，并要求其提供与农业转基因生物安全有关的证明材料或者其他资料；

（二）查阅或者复制农业转基因生物研究、试验、生产、加工、经营或者进口、出口的有关档案、账册和资料等；

（三）要求有关单位和个人就有关农业转基因生物安全的问题作出说明；

（四）责令违反农业转基因生物安全管理的单位和个人停止违法行为；

（五）在紧急情况下，对非法研究、试验、生产、加工，经营或者进口、出口的农业转基因生物实施封存或者扣押。

第三十九条 农业行政主管部门工作人员在监督检查时，应当出示执法证件。

第四十条 有关单位和个人对农业行政主管部门的监督检查，应当予以支持、配合，不得拒绝、阻碍监督检查人员依法执行职务。

第四十一条 发现农业转基因生物对人类、动植物和生态环境存在危险时，国务院农业行政主管部门有权宣布禁止生产、加工、经营和进口，收回农业转基因生物安全证书，销毁有关存在危险的农业转基因生物。

第七章 罚 则

第四十二条 违反本条例规定，从事Ⅲ、Ⅳ级农业转基因生物研究或者进行中间试验，未向国务院农业行政主管部门报告的，由国务院农业行政主管部门责令暂停研究或者中间试验，限期改正。

第四十三条 违反本条例规定，未经批准擅自从事环境释放、生产性试验的，已获批准但未按照规定采取安全管理、防范措施的，或者超过批准范围进行试验的，由国务院农业行政主管部门或者省、自治区、直辖市人民政府农业行政主管部门依据职权，责令停止试验，并处1万元以上5万元以下的罚款。

第四十四条 违反本条例规定，在生产性试验结束后，未取得农业转基因生物安全证书，擅自将农业转基因生物投入生产和应用的，由国务院农业行政主管部门责令停止生产和应用，并处2万元以上10万元以下的罚款。

第四十五条 违反本条例第十八条规定，未经国务院农业行政主管部门批准，从事农业转基因生物研究与试验的，由国务院农业行政主管部门责令立即停止研究与试验，限期补办审批手续。

第四十六条 违反本条例规定，未经批准生产、加工农业转基因生物或者未按照批准的品种、范围、安全管理要求和技术标准生产、加工的，由国务院农业行政主管部门或者省、自治区、直辖市人民政府农业行政主管部门依据职权，责令停止生产或者加工，没收违法生产或者加工的产品及违法所得；违法所得10万元以上的，并处违法所得1倍以上5倍以下的罚款；没有违法所得或者违法所得不足10万元的，并处10万元以上20万元以下的罚款。

第四十七条 违反本条例规定，转基因植物种子、种畜禽、水产苗种的生产、经营单位和个人，未按照规定制作、保存生产、经营档案的，由县级以上人民政府农业行政主管部门依据职权，责令改正，处1000元以上1万元以下的罚款。

第四十八条 违反本条例规定，未经国务院农业行政主管部门批准，擅自进口农业转基因生物的，由国务院农业行政主管部门责令停止进口，没收已进口的产品和违法所得；违法所得10万元以上的，并处违法所得1倍以上5倍以下的罚款；没有违法所得或者违法所得不足10万元的，并处10万元以上20万元以下的罚款。

第四十九条 违反本条例规定，进口、携带、邮寄农业转基因生物未向口岸出入境检验检疫机构报检的，由口岸出入境检验检疫机构比照进出境动植物检疫法的有关规定处罚。

第五十条 违反本条例关于农业转基因生物标识管理规定的，由县级以上人民政府农业行政主管部门依据职权，责令限期改正，可以没收非法销售的产品和违法所得，并可以处1万元以上5万元以下的罚款。

第五十一条 假冒、伪造、转让或者买卖农业转基因生物有关证明文书的，由县级以上人民政府农业行政主管部门依据职权，收缴相应的证明文书，并处2万元以上10万元以下的罚款；构成犯罪的，依法追究刑事责任。

第五十二条 违反本条例规定，在研究、试验、生产、加工、贮存、运输、销售或者进口、出口农业转基因生物过程中发生基因安全事故，造成损害的，依法承担赔偿责任。

第五十三条 国务院农业行政主管部门或者省、自治区、直辖市人民政府农业行政主管部门违反本条例规定核发许可证、农业转基因生物安全证书以及其他批准文件的，或者核发许可证、农业转基因生物安全证书以及其他批准文件后不履行监督管理职责的，对直接负责的主管人员和其他直接责任人员依法给予行政处分；构成犯罪的，依法追究刑事责任。

第八章 附 则

第五十四条 本条例自公布之日起施行。

实验动物管理条例

（1988年10月31日国务院批准，1988年11月14日国家科学技术委员会令第2号发布，根据2011年1月8日《国务院关于废止和修改部分行政法规的决定》第一次修订，根据2013年7月18日《国务院关于废止和修改部分行政法规的决定》第二次修订，根据2017年3月1日《国务院关于修改和废止部分行政法规的决定》第三次修订）

第一章 总 则

第一条 为了加强实验动物的管理工作，保证实验动物质量，适应科学研究、经济建设和社会发展的需要，制定本条例。

第二条 本条例所称实验动物，是指经人工饲育，对其携带的微生物实行控制，遗传背景明确或者来源清楚的，用于科学研究、教学、生产、检定以及其他科学实验的动物。

第三条 本条例适用于从事实验动物的研究、保种、饲育、供应、应用、管理和监督的单位和个人。

第四条 实验动物的管理，应当遵循统一规划、合理分工，有利于促进实验动物科学研究和应用的原则。

第五条 国家科学技术委员会主管全国实验动物工作。

省、自治区、直辖市科学技术委员会主管本地区的实验动物工作。

国务院各有关部门负责管理本部门的实验动物工作。

第六条 国家实行实验动物的质量监督和质量合格认证制度。具体办法由国家科学技术委员会另行制定。

第七条 实验动物遗传学、微生物学、营养学和饲育环境等方面的国家标准由国家技术监督局制定。

第二章 实验动物的饲育管理

第八条 从事实验动物饲育工作的单位，必须根据遗传学、微生物学、营养学和饲育环境方面的标准，定期对实验动物进行质量监测。各项作业过程和监测数据应有完整、准确的记录，并建立统计报告制度。

第九条 实验动物的饲育室、实验室应设在不同区域，并进行严格隔离。

实验动物饲育室、实验室要有科学的管理制度和操作规程。

第十条 实验动物的保种、饲育应采用国内或国外认可的品种、品系，并持有效的合格证书。

第十一条 实验动物必须按照不同来源，不同品种、品系和不同的实验目的，分开饲养。

第十二条 实验动物分为四级：一级，普通动物；二级，清洁动物；三级，无特定病原体动物；四级，无菌动物。

对不同等级的实验动物，应当按照相应的微生物控制标准进行管理。

第十三条 实验动物必须饲喂质量合格的全价饲料。霉烂、变质、虫蛀、污染的饲料，不得用于饲喂实验动物。直接用作饲料的蔬菜、水果等，要经过清洗消毒，并保持新鲜。

第十四条 一级实验动物的饮水，应当符合城市生活饮水的卫生标准。二、三、四级实验动物的饮水，应当符合城市生活饮水的卫生标准并经灭菌处理。

第十五条 实验动物的垫料应当按照不同等级实验动物的需要，进行相应处理，达到清洁、干燥、吸水、无毒、无虫、无感染源、无污染。

第三章 实验动物的检疫和传染病控制

第十六条 对引入的实验动物，必须进行隔离检疫。

为补充种源或开发新品种而捕捉的野生动物，必须在当地进行隔离检疫，并取得动物检疫部门出具的证明。野生动物运抵实验动物处所，需经再次检疫，方可进入实验动物饲育室。

第十七条 对必须进行预防接种的实验动物，应当根据实验要求或者按照《中华人民共和国动物防疫法》的有关规定，进行预防接种，但用作生物制品原料的实验动物除外。

第十八条 实验动物患病死亡的，应当及时查明原因，妥善处理，并记录在案。

实验动物患有传染性疾病的，必须立即视情况分别予以销毁或者隔离治疗。对可能被传染的实验动物，进行紧急预防接种，对饲育室内外可能被污染的区域采取严格消毒措施，并报告上级实验动物管理部门和当地动物检疫、卫生防疫单位，采取紧急预防措施，防止疫病蔓延。

第四章 实验动物的应用

第十九条 应用实验动物应当根据不同的实验目的，选用相应的合格实验动物。申报科研课题和鉴定科研成果，应当把应用合格实验动物作为基本条件。应用不合格实验动物取得的检定或者安全评价结果无效，所生产的制品不得使用。

第二十条 供应用的实验动物应当具备下列完整的资料：

（一）品种、品系及亚系的确切名称；

（二）遗传背景或其来源；

（三）微生物检测状况；

（四）合格证书；

（五）饲育单位负责人签名。

无上述资料的实验动物不得应用。

第二十一条 实验动物的运输工作应当有专人负责。实验动物的装运工具应当安全、可靠。不得将不同品种、品系或者不同等级的实验动物混合装运。

第五章 实验动物的进口与出口管理

第二十二条 从国外进口作为原种的实验动物，应附有饲育单位负责人签发的品系和亚系名称以及遗传和微生物状况等资料。

无上述资料的实验动物不得进口和应用。

第二十三条 出口应用国家重点保护的野生动物物种开发的实验动物，必须按照国家的有关规定，取得出口许可证后，方可办理出口手续。

第二十四条 进口、出口实验动物的检疫工作，按照《中华人民共和国进出境动植物检疫法》的规定办理。

第六章 从事实验动物工作的人员

第二十五条 实验动物工作单位应当根据需要，配备科技人员和经过专业培训的饲育人员。各类人员都要遵守实验动物饲育管理的各项制度，熟悉、掌握操作规程。

第二十六条 实验动物工作单位对直接接触实验动物的工作人员，必须定期组织体格检查。对患有传染性疾病，不宜承担所做工作的人员，应当及时调换工作。

第二十七条 从事实验动物工作的人员对实验动物必须爱护，不得戏弄或虐待。

第七章 奖励与处罚

第二十八条 对长期从事实验动物饲育管理，取得显著成绩的单位或者个人，由管理实验动物工作的部门给予表彰或奖励。

第二十九条 对违反本条例规定的单位，由管理实验动物工作的部门视情节轻重，分别给予警告、限期改进、责令关闭的行政处罚。

第三十条 对违反本条例规定的有关工作人员，由其所在单位视情节轻重，根据国家有关规定，给予行政处分。

第八章 附 则

第三十一条 省、自治区、直辖市人民政府和国务院有关部门，可以根据本条例，结合具体情况，制定实施办法。

军队系统的实验动物管理工作参照本条例执行。

第三十二条 本条例由国家科学技术委员会负责解释。

第三十三条 本条例自发布之日起施行。

血液制品管理条例

（1996年12月30日中华人民共和国国务院令第208号发布，根据2016年2月6日《国务院关于修改部分行政法规的决定》修订）

第一章 总 则

第一条 为了加强血液制品管理，预防和控制经血液途径传播的疾病，保证血液制品的质量，根据药品管理法和传染病防治法，制定本条例。

第二条 本条例适用于在中华人民共和国境内从事原料血浆的采集、供应以及血液制品的生产、经营活动。

第三条 国务院卫生行政部门对全国的原料血浆的采集、供应和血液制品的生产、经营活动实施监督管理。

县级以上地方各级人民政府卫生行政部门对本行政区域内的原料血浆的采集、供应和血液制品的生产、经营活动，依照本条例第三十条规定的职责实施监督管理。

第二章 原料血浆的管理

第四条 国家实行单采血浆站统一规划、设置的制度。

国务院卫生行政部门根据核准的全国生产用原料血浆的需求，对单采血浆站的布局、数量和规模制定总体规划。省、自治区、直辖市人民政府卫生行政部门根据总体规划制定本行政区域内单采血浆站设置规划和采集血浆的区域规划，并报国务院卫生行政部门备案。

第五条 单采血浆站由血液制品生产单

位设置或者由县级人民政府卫生行政部门设置，专门从事单采血浆活动，具有独立法人资格。其他任何单位和个人不得从事单采血浆活动。

第六条　设置单采血浆站，必须具备下列条件：

（一）符合单采血浆站布局、数量、规模的规划；

（二）具有与所采集原料血浆相适应的卫生专业技术人员；

（三）具有与所采集原料血浆相适应的场所及卫生环境；

（四）具有识别供血浆者的身份识别系统；

（五）具有与所采集原料血浆相适应的单采血浆机械及其他设施；

（六）具有对所采集原料血浆进行质量检验的技术人员以及必要的仪器设备。

第七条　申请设置单采血浆站的，由县级人民政府卫生行政部门初审，经设区的市、自治州人民政府卫生行政部门或者省、自治区人民政府设立的派出机关的卫生行政机构审查同意，报省、自治区、直辖市人民政府卫生行政部门审批；经审查符合条件的，由省、自治区、直辖市人民政府卫生行政部门核发《单采血浆许可证》，并报国务院卫生行政部门备案。

单采血浆站只能对省、自治区、直辖市人民政府卫生行政部门划定区域内的供血浆者进行筛查和采集血浆。

第八条　《单采血浆许可证》应当规定有效期。

第九条　在一个采血浆区域内，只能设置一个单采血浆站。

严禁单采血浆站采集非划定区域内的供血浆者和其他人员的血浆。

第十条　单采血浆站必须对供血浆者进行健康检查；检查合格的，由县级人民政府卫生行政部门核发《供血浆证》。

供血浆者健康检查标准，由国务院卫生行政部门制定。

第十一条　《供血浆证》由省、自治区、直辖市人民政府卫生行政部门负责设计和印制。《供血浆证》不得涂改、伪造、转让。

第十二条　单采血浆站在采集血浆前，必须对供血浆者进行身份识别并核实其《供血浆证》，确认无误的，方可按照规定程序进行健康检查和血液化验；对检查、化验合格的，按照有关技术操作标准及程序采集血浆，并建立供血浆者健康检查及供血浆记录档案；对检查、化验不合格的，由单采血浆站收缴《供血浆证》，并由所在地县级人民政府卫生行政部门监督销毁。

严禁采集无《供血浆证》者的血浆。

血浆采集技术操作标准及程序，由国务院卫生行政部门制定。

第十三条　单采血浆站只能向一个与其签订质量责任书的血液制品生产单位供应原料血浆，严禁向其他任何单位供应原料血浆。

第十四条　单采血浆站必须使用单采血浆机械采集血浆，严禁手工操作采集血浆。采集的血浆必须按单人份冰冻保存，不得混浆。

严禁单采血浆站采集血液或者将所采集的原料血浆用于临床。

第十五条　单采血浆站必须使用有产品批准文号并经国家药品生物制品检定机构逐批检定合格的体外诊断试剂以及合格的一次性采血浆器材。

采血浆器材等一次性消耗品使用后，必须按照国家有关规定予以销毁，并作记录。

第十六条　单采血浆站采集的原料血浆的包装、储存、运输，必须符合国家规定的卫生标准和要求。

第十七条　单采血浆站必须依照传染病防治法及其实施办法等有关规定，严格执行消毒管理及疫情上报制度。

第十八条　单采血浆站应当每半年向所

在地的县级人民政府卫生行政部门报告有关原料血浆采集情况，同时抄报设区的市、自治州人民政府卫生行政部门或者省、自治区人民政府设立的派出机关的卫生行政机构及省、自治区、直辖市人民政府卫生行政部门。省、自治区、直辖市人民政府卫生行政部门应当每年向国务院卫生行政部门汇总报告本行政区域内原料血浆的采集情况。

第十九条　国家禁止出口原料血浆。

第三章　血液制品生产经营单位管理

第二十条　新建、改建或者扩建血液制品生产单位，经国务院卫生行政部门根据总体规划进行立项审查同意后，由省、自治区、直辖市人民政府卫生行政部门依照药品管理法的规定审核批准。

第二十一条　血液制品生产单位必须达到国务院卫生行政部门制定的《药品生产质量管理规范》规定的标准，经国务院卫生行政部门审查合格，并依法向工商行政管理部门申领营业执照后，方可从事血液制品的生产活动。

第二十二条　血液制品生产单位应当积极开发新品种，提高血浆综合利用率。

血液制品生产单位生产国内已经生产的品种，必须依法向国务院卫生行政部门申请产品批准文号；国内尚未生产的品种，必须按照国家有关新药审批的程序和要求申报。

第二十三条　严禁血液制品生产单位出让、出租、出借以及与他人共用《药品生产企业许可证》和产品批准文号。

第二十四条　血液制品生产单位不得向无《单采血浆许可证》的单采血浆站或者未与其签订质量责任书的单采血浆站及其他任何单位收集原料血浆。

血液制品生产单位不得向其他任何单位供应原料血浆。

第二十五条　血液制品生产单位在原料血浆投料生产前，必须使用有产品批准文号并经国家药品生物制品检定机构逐批检定合格的体外诊断试剂，对每一人份血浆进行全面复检，并作检测记录。

原料血浆经复检不合格的，不得投料生产，并必须在省级药品监督员监督下按照规定程序和方法予以销毁，并作记录。

原料血浆经复检发现有经血液途径传播的疾病的，必须通知供应血浆的单采血浆站，并及时上报所在地省、自治区、直辖市人民政府卫生行政部门。

第二十六条　血液制品出厂前，必须经过质量检验；经检验不符合国家标准的，严禁出厂。

第二十七条　开办血液制品经营单位，由省、自治区、直辖市人民政府卫生行政部门审核批准。

第二十八条　血液制品经营单位应当具备与所经营的产品相适应的冷藏条件和熟悉所经营品种的业务人员。

第二十九条　血液制品生产经营单位生产、包装、储存、运输、经营血液制品，应当符合国家规定的卫生标准和要求。

第四章　监督管理

第三十条　县级以上地方各级人民政府卫生行政部门依照本条例的规定负责本行政区域内的单采血浆站、供血浆者、原料血浆的采集及血液制品经营单位的监督管理。

省、自治区、直辖市人民政府卫生行政部门依照本条例的规定负责本行政区域内的血液制品生产单位的监督管理。

县级以上地方各级人民政府卫生行政部门的监督人员执行职务时，可以按照国家有关规定抽取样品和索取有关资料，有关单位不得拒绝和隐瞒。

第三十一条　省、自治区、直辖市人民政府卫生行政部门每年组织1次对本行政区域内单采血浆站的监督检查并进行年度注册。

设区的市、自治州人民政府卫生行政部门或者省、自治区人民政府设立的派出机关的卫生行政机构每半年对本行政区域内的单采血浆站进行1次检查。

第三十二条　国家药品生物制品检定机构及国务院卫生行政部门指定的省级药品检验机构，应当依照本条例和国家规定的标准和要求，对血液制品生产单位生产的产品定期进行检定。

第三十三条　国务院卫生行政部门负责全国进出口血液制品的审批及监督管理。

第五章　罚　　则

第三十四条　违反本条例规定，未取得省、自治区、直辖市人民政府卫生行政部门核发的《单采血浆许可证》，非法从事组织、采集、供应、倒卖原料血浆活动的，由县级以上地方人民政府卫生行政部门予以取缔，没收违法所得和从事违法活动的器材、设备，并处违法所得5倍以上10倍以下的罚款，没有违法所得的，并处5万元以上10万元以下的罚款；造成经血液途径传播的疾病传播、人身伤害等危害，构成犯罪的，依法追究刑事责任。

第三十五条　单采血浆站有下列行为之一的，由县级以上地方人民政府卫生行政部门责令限期改正，处5万元以上10万元以下的罚款；有第八项所列行为的，或者有下列其他行为并且情节严重的，由省、自治区、直辖市人民政府卫生行政部门吊销《单采血浆许可证》；构成犯罪的，对负有直接责任的主管人员和其他直接责任人员依法追究刑事责任：

（一）采集血浆前，未按照国务院卫生行政部门颁布的健康检查标准对供血浆者进行健康检查和血液化验的；

（二）采集非划定区域内的供血浆者或者其他人员的血浆的，或者不对供血浆者进行身份识别，采集冒名顶替者、健康检查不合格者或者无《供血浆证》者的血浆的；

（三）违反国务院卫生行政部门制定的血浆采集技术操作标准和程序，过频过量采集血浆的；

（四）向医疗机构直接供应原料血浆或者擅自采集血液的；

（五）未使用单采血浆机械进行血浆采集的；

（六）未使用有产品批准文号并经国家药品生物制品检定机构逐批检定合格的体外诊断试剂以及合格的一次性采血浆器材的；

（七）未按照国家规定的卫生标准和要求包装、储存、运输原料血浆的；

（八）对国家规定检测项目检测结果呈阳性的血浆不清除、不及时上报的；

（九）对污染的注射器、采血浆器材及不合格血浆等不经消毒处理，擅自倾倒，污染环境，造成社会危害的；

（十）重复使用一次性采血浆器材的；

（十一）向与其签订质量责任书的血液制品生产单位以外的其他单位供应原料血浆的。

第三十六条　单采血浆站已知其采集的血浆检测结果呈阳性，仍向血液制品生产单位供应的，由省、自治区、直辖市人民政府卫生行政部门吊销《单采血浆许可证》，由县级以上地方人民政府卫生行政部门没收违法所得，并处10万元以上30万元以下的罚款；造成经血液途径传播的疾病传播、人身伤害等危害，构成犯罪的，对负有直接责任的主管人员和其他直接责任人员依法追究刑事责任。

第三十七条　涂改、伪造、转让《供血浆证》的，由县级人民政府卫生行政部门收缴《供血浆证》，没收违法所得，并处违法所得3倍以上5倍以下的罚款，没有违法所得的，并处1万元以下的罚款；构成犯罪的，依法追究刑事责任。

第三十八条　血液制品生产单位有下列行为之一的，由省级以上人民政府卫生行政部门依照药品管理法及其实施办法等有关规定，按照生产假药、劣药予以处罚；构成犯罪的，对负有直接责任的主管人员和其他直接责任人员依法追究刑事责任：

（一）使用无《单采血浆许可证》的单

采血浆站或者未与其签订质量责任书的单采血浆站及其他任何单位供应的原料血浆的，或者非法采集原料血浆的；

（二）投料生产前未对原料血浆进行复检的，或者使用没有产品批准文号或者未经国家药品生物制品检定机构逐批检定合格的体外诊断试剂进行复检的，或者将检测不合格的原料血浆投入生产的；

（三）擅自更改生产工艺和质量标准的，或者将检验不合格的产品出厂的；

（四）与他人共用产品批准文号的。

第三十九条 血液制品生产单位违反本条例规定，擅自向其他单位出让、出租、出借以及与他人共用《药品生产企业许可证》、产品批准文号或者供应原料血浆的，由省级以上人民政府卫生行政部门没收违法所得，并处违法所得 5 倍以上 10 倍以下的罚款，没有违法所得的，并处 5 万元以上 10 万元以下的罚款。

第四十条 违反本条例规定，血液制品生产经营单位生产、包装、储存、运输、经营血液制品不符合国家规定的卫生标准和要求的，由省、自治区、直辖市人民政府卫生行政部门责令改正，可以处 1 万元以下的罚款。

第四十一条 在血液制品生产单位成品库待出厂的产品中，经抽检有一批次达不到国家规定的指标，经复检仍不合格的，由国务院卫生行政部门撤销该血液制品批准文号。

第四十二条 违反本条例规定，擅自进出口血液制品或者出口原料血浆的，由省级以上人民政府卫生行政部门没收所进出口的血液制品或者所出口的原料血浆和违法所得，并处所进出口的血液制品或者所出口的原料血浆总值 3 倍以上 5 倍以下的罚款。

第四十三条 血液制品检验人员虚报、瞒报、涂改、伪造检验报告及有关资料的，依法给予行政处分；构成犯罪的，依法追究刑事责任。

第四十四条 卫生行政部门工作人员滥用职权、玩忽职守、徇私舞弊、索贿受贿，构成犯罪的，依法追究刑事责任；尚不构成犯罪的，依法给予行政处分。

第六章　附　　则

第四十五条 本条例下列用语的含义：

血液制品，是特指各种人血浆蛋白制品。

原料血浆，是指由单采血浆站采集的专用于血液制品生产原料的血浆。

供血浆者，是指提供血液制品生产用原料血浆的人员。

单采血浆站，是指根据地区血源资源，按照有关标准和要求并经严格审批设立，采集供应血液制品生产用原料血浆的单位。

第四十六条 本条例施行前已经设立的单采血浆站和血液制品生产经营单位应当自本条例施行之日起 6 个月内，依照本条例的规定重新办理审批手续；凡不符合本条例规定的，一律予以关闭。

本条例施行前已经设立的单采血浆站适用本条例第六条第五项的时间，由国务院卫生行政部门另行规定。

第四十七条 本条例自发布之日起施行。

中华人民共和国人类遗传资源管理条例

（2019 年 5 月 28 日中华人民共和国国务院令第 717 号公布，根据 2024 年 3 月 10 日《国务院关于修改和废止部分行政法规的决定》修订）

第一章　总　　则

第一条　为了有效保护和合理利用我国人类遗传资源，维护公众健康、国家安全和社会公共利益，制定本条例。

第二条　本条例所称人类遗传资源包括人类遗传资源材料和人类遗传资源信息。

人类遗传资源材料是指含有人体基因组、基因等遗传物质的器官、组织、细胞等遗传材料。

人类遗传资源信息是指利用人类遗传资源材料产生的数据等信息资料。

第三条　采集、保藏、利用、对外提供我国人类遗传资源，应当遵守本条例。

为临床诊疗、采供血服务、查处违法犯罪、兴奋剂检测和殡葬等活动需要，采集、保藏器官、组织、细胞等人体物质及开展相关活动，依照相关法律、行政法规规定执行。

第四条　国务院卫生健康主管部门负责全国人类遗传资源管理工作；国务院其他有关部门在各自的职责范围内，负责有关人类遗传资源管理工作。

省、自治区、直辖市人民政府人类遗传资源主管部门负责本行政区域人类遗传资源管理工作；省、自治区、直辖市人民政府其他有关部门在各自的职责范围内，负责本行政区域有关人类遗传资源管理工作。

第五条　国家加强对我国人类遗传资源的保护，开展人类遗传资源调查，对重要遗传家系和特定地区人类遗传资源实行申报登记制度。

国务院卫生健康主管部门负责组织我国人类遗传资源调查，制定重要遗传家系和特定地区人类遗传资源申报登记具体办法。

第六条　国家支持合理利用人类遗传资源开展科学研究、发展生物医药产业、提高诊疗技术，提高我国生物安全保障能力，提升人民健康保障水平。

第七条　外国组织、个人及其设立或者实际控制的机构不得在我国境内采集、保藏我国人类遗传资源，不得向境外提供我国人类遗传资源。

第八条　采集、保藏、利用、对外提供我国人类遗传资源，不得危害我国公众健康、国家安全和社会公共利益。

第九条　采集、保藏、利用、对外提供我国人类遗传资源，应当符合伦理原则，并按照国家有关规定进行伦理审查。

采集、保藏、利用、对外提供我国人类遗传资源，应当尊重人类遗传资源提供者的隐私权，取得其事先知情同意，并保护其合法权益。

采集、保藏、利用、对外提供我国人类遗传资源，应当遵守国务院卫生健康主管部门制定的技术规范。

第十条　禁止买卖人类遗传资源。

为科学研究依法提供或者使用人类遗传资源并支付或者收取合理成本费用，不视为买卖。

第二章　采集和保藏

第十一条　采集我国重要遗传家系、特定地区人类遗传资源或者采集国务院卫生健康主管部门规定种类、数量的人类遗传资源的，应当符合下列条件，并经国务院卫生健康主管部门批准：

（一）具有法人资格；

（二）采集目的明确、合法；

（三）采集方案合理；

（四）通过伦理审查；

（五）具有负责人类遗传资源管理的部门和管理制度；

（六）具有与采集活动相适应的场所、设施、设备和人员。

第十二条 采集我国人类遗传资源，应当事先告知人类遗传资源提供者采集目的、采集用途、对健康可能产生的影响、个人隐私保护措施及其享有的自愿参与和随时无条件退出的权利，征得人类遗传资源提供者书面同意。

在告知人类遗传资源提供者前款规定的信息时，必须全面、完整、真实、准确，不得隐瞒、误导、欺骗。

第十三条 国家加强人类遗传资源保藏工作，加快标准化、规范化的人类遗传资源保藏基础平台和人类遗传资源大数据建设，为开展相关研究开发活动提供支撑。

国家鼓励科研机构、高等学校、医疗机构、企业根据自身条件和相关研究开发活动需要开展人类遗传资源保藏工作，并为其他单位开展相关研究开发活动提供便利。

第十四条 保藏我国人类遗传资源、为科学研究提供基础平台的，应当符合下列条件，并经国务院卫生健康主管部门批准：

（一）具有法人资格；

（二）保藏目的明确、合法；

（三）保藏方案合理；

（四）拟保藏的人类遗传资源来源合法；

（五）通过伦理审查；

（六）具有负责人类遗传资源管理的部门和保藏管理制度；

（七）具有符合国家人类遗传资源保藏技术规范和要求的场所、设施、设备和人员。

第十五条 保藏单位应当对所保藏的人类遗传资源加强管理和监测，采取安全措施，制定应急预案，确保保藏、使用安全。

保藏单位应当完整记录人类遗传资源保藏情况，妥善保存人类遗传资源的来源信息和使用信息，确保人类遗传资源的合法使用。

保藏单位应当就本单位保藏人类遗传资源情况向国务院卫生健康主管部门提交年度报告。

第十六条 国家人类遗传资源保藏基础平台和数据库应当依照国家有关规定向有关科研机构、高等学校、医疗机构、企业开放。

为公众健康、国家安全和社会公共利益需要，国家可以依法使用保藏单位保藏的人类遗传资源。

第三章 利用和对外提供

第十七条 国务院卫生健康主管部门和省、自治区、直辖市人民政府人类遗传资源主管部门应当会同本级人民政府有关部门对利用人类遗传资源开展科学研究、发展生物医药产业统筹规划，合理布局，加强创新体系建设，促进生物科技和产业创新、协调发展。

第十八条 科研机构、高等学校、医疗机构、企业利用人类遗传资源开展研究开发活动，对其研究开发活动以及成果的产业化依照法律、行政法规和国家有关规定予以支持。

第十九条 国家鼓励科研机构、高等学校、医疗机构、企业根据自身条件和相关研究开发活动需要，利用我国人类遗传资源开展国际合作科学研究，提升相关研究开发能力和水平。

第二十条 利用我国人类遗传资源开展

生物技术研究开发活动或者开展临床试验的，应当遵守有关生物技术研究、临床应用管理法律、行政法规和国家有关规定。

第二十一条　外国组织及外国组织、个人设立或者实际控制的机构（以下称外方单位）需要利用我国人类遗传资源开展科学研究活动的，应当遵守我国法律、行政法规和国家有关规定，并采取与我国科研机构、高等学校、医疗机构、企业（以下称中方单位）合作的方式进行。

第二十二条　利用我国人类遗传资源开展国际合作科学研究的，应当符合下列条件，并由合作双方共同提出申请，经国务院卫生健康主管部门批准：

（一）对我国公众健康、国家安全和社会公共利益没有危害；

（二）合作双方为具有法人资格的中方单位、外方单位，并具有开展相关工作的基础和能力；

（三）合作研究目的和内容明确、合法，期限合理；

（四）合作研究方案合理；

（五）拟使用的人类遗传资源来源合法，种类、数量与研究内容相符；

（六）通过合作双方各自所在国（地区）的伦理审查；

（七）研究成果归属明确，有合理明确的利益分配方案。

为获得相关药品和医疗器械在我国上市许可，在临床机构利用我国人类遗传资源开展国际合作临床试验、不涉及人类遗传资源材料出境的，不需要审批。但是，合作双方在开展临床试验前应当将拟使用的人类遗传资源种类、数量及其用途向国务院卫生健康主管部门备案。国务院卫生健康主管部门和省、自治区、直辖市人民政府人类遗传资源主管部门加强对备案事项的监管。

第二十三条　在利用我国人类遗传资源开展国际合作科学研究过程中，合作方、研究目的、研究内容、合作期限等重大事项发生变更的，应当办理变更审批手续。

第二十四条　利用我国人类遗传资源开展国际合作科学研究，应当保证中方单位及其研究人员在合作期间全过程、实质性地参与研究，研究过程中的所有记录以及数据信息等完全向中方单位开放并向中方单位提供备份。

利用我国人类遗传资源开展国际合作科学研究，产生的成果申请专利的，应当由合作双方共同提出申请，专利权归合作双方共有。研究产生的其他科技成果，其使用权、转让权和利益分享办法由合作双方通过合作协议约定；协议没有约定的，合作双方都有使用的权利，但向第三方转让须经合作双方同意，所获利益按合作双方贡献大小分享。

第二十五条　利用我国人类遗传资源开展国际合作科学研究，合作双方应当按照平等互利、诚实信用、共同参与、共享成果的原则，依法签订合作协议，并依照本条例第二十四条的规定对相关事项作出明确、具体的约定。

第二十六条　利用我国人类遗传资源开展国际合作科学研究，合作双方应当在国际合作活动结束后6个月内共同向国务院卫生健康主管部门提交合作研究情况报告。

第二十七条　利用我国人类遗传资源开展国际合作科学研究，或者因其他特殊情况确需将我国人类遗传资源材料运送、邮寄、携带出境的，应当符合下列条件，并取得国务院卫生健康主管部门出具的人类遗传资源材料出境证明：

（一）对我国公众健康、国家安全和社会公共利益没有危害；

（二）具有法人资格；

（三）有明确的境外合作方和合理的出境用途；

（四）人类遗传资源材料采集合法或者来自合法的保藏单位；

（五）通过伦理审查。

利用我国人类遗传资源开展国际合作科学研究，需要将我国人类遗传资源材料运送、邮寄、携带出境的，可以单独提出申请，也可以在开展国际合作科学研究申请中列明出境计划一并提出申请，由国务院卫生健康主管部门合并审批。

将我国人类遗传资源材料运送、邮寄、携带出境的，凭人类遗传资源材料出境证明办理海关手续。

第二十八条 将人类遗传资源信息向外国组织、个人及其设立或者实际控制的机构提供或者开放使用，不得危害我国公众健康、国家安全和社会公共利益；可能影响我国公众健康、国家安全和社会公共利益的，应当通过国务院卫生健康主管部门组织的安全审查。

将人类遗传资源信息向外国组织、个人及其设立或者实际控制的机构提供或者开放使用的，应当向国务院卫生健康主管部门备案并提交信息备份。

利用我国人类遗传资源开展国际合作科学研究产生的人类遗传资源信息，合作双方可以使用。

第四章 服务和监督

第二十九条 国务院卫生健康主管部门应当加强电子政务建设，方便申请人利用互联网办理审批、备案等事项。

第三十条 国务院卫生健康主管部门应当制定并及时发布有关采集、保藏、利用、对外提供我国人类遗传资源的审批指南和示范文本，加强对申请人办理有关审批、备案等事项的指导。

第三十一条 国务院卫生健康主管部门应当聘请生物技术、医药、卫生、伦理、法律等方面的专家组成专家评审委员会，对依照本条例规定提出的采集、保藏我国人类遗传资源，开展国际合作科学研究以及将我国人类遗传资源材料运送、邮寄、携带出境的申请进行技术评审。评审意见作为作出审批决定的参考依据。

第三十二条 国务院卫生健康主管部门应当自受理依照本条例规定提出的采集、保藏我国人类遗传资源，开展国际合作科学研究以及将我国人类遗传资源材料运送、邮寄、携带出境申请之日起 20 个工作日内，作出批准或者不予批准的决定；不予批准的，应当说明理由。因特殊原因无法在规定期限内作出审批决定的，经国务院卫生健康主管部门负责人批准，可以延长 10 个工作日。

第三十三条 国务院卫生健康主管部门和省、自治区、直辖市人民政府人类遗传资源主管部门应当加强对采集、保藏、利用、对外提供人类遗传资源活动各环节的监督检查，发现违反本条例规定的，及时依法予以处理并向社会公布检查、处理结果。

第三十四条 国务院卫生健康主管部门和省、自治区、直辖市人民政府人类遗传资源主管部门进行监督检查，可以采取下列措施：

（一）进入现场检查；

（二）询问相关人员；

（三）查阅、复制有关资料；

（四）查封、扣押有关人类遗传资源。

第三十五条 任何单位和个人对违反本条例规定的行为，有权向国务院卫生健康主管部门和省、自治区、直辖市人民政府人类遗传资源主管部门投诉、举报。

国务院卫生健康主管部门和省、自治区、直辖市人民政府人类遗传资源主管部门应当公布投诉、举报电话和电子邮件地址，接受相关投诉、举报。对查证属实的，给予举报人奖励。

第五章 法律责任

第三十六条 违反本条例规定，有下列情形之一的，由国务院卫生健康主管部门责令停止违法行为，没收违法采集、保藏的人类遗传资源和违法所得，处 50 万元以上 500 万元以下罚款，违法所得在 100 万元以上的，处违法所得5倍以上10倍以下罚款：

（一）未经批准，采集我国重要遗传家系、特定地区人类遗传资源，或者采集国务院卫生健康主管部门规定种类、数量的人类遗传资源；

（二）未经批准，保藏我国人类遗传资源；

（三）未经批准，利用我国人类遗传资源开展国际合作科学研究；

（四）未通过安全审查，将可能影响我国公众健康、国家安全和社会公共利益的人类遗传资源信息向外国组织、个人及其设立或者实际控制的机构提供或者开放使用；

（五）开展国际合作临床试验前未将拟使用的人类遗传资源种类、数量及其用途向国务院卫生健康主管部门备案。

第三十七条　提供虚假材料或者采取其他欺骗手段取得行政许可的，由国务院卫生健康主管部门撤销已经取得的行政许可，处50万元以上500万元以下罚款，5年内不受理相关责任人及单位提出的许可申请。

第三十八条　违反本条例规定，未经批准将我国人类遗传资源材料运送、邮寄、携带出境的，由海关依照法律、行政法规的规定处罚。人类遗传资源主管部门应当配合海关开展鉴定等执法协助工作。海关应当将依法没收的人类遗传资源材料移送省、自治区、直辖市人民政府人类遗传资源主管部门进行处理。

第三十九条　违反本条例规定，有下列情形之一的，由省、自治区、直辖市人民政府人类遗传资源主管部门责令停止开展相关活动，没收违法采集、保藏的人类遗传资源和违法所得，处50万元以上100万元以下罚款，违法所得在100万元以上的，处违法所得5倍以上10倍以下罚款：

（一）采集、保藏、利用、对外提供我国人类遗传资源未通过伦理审查；

（二）采集我国人类遗传资源未经人类遗传资源提供者事先知情同意，或者采取隐瞒、误导、欺骗等手段取得人类遗传资源提供者同意；

（三）采集、保藏、利用、对外提供我国人类遗传资源违反相关技术规范；

（四）将人类遗传资源信息向外国组织、个人及其设立或者实际控制的机构提供或者开放使用，未向国务院卫生健康主管部门备案或者提交信息备份。

第四十条　违反本条例规定，有下列情形之一的，由国务院卫生健康主管部门责令改正，给予警告，可以处50万元以下罚款：

（一）保藏我国人类遗传资源过程中未完整记录并妥善保存人类遗传资源的来源信息和使用信息；

（二）保藏我国人类遗传资源未提交年度报告；

（三）开展国际合作科学研究未及时提交合作研究情况报告。

第四十一条　外国组织、个人及其设立或者实际控制的机构违反本条例规定，在我国境内采集、保藏我国人类遗传资源，利用我国人类遗传资源开展科学研究，或者向境外提供我国人类遗传资源的，由国务院卫生健康主管部门责令停止违法行为，没收违法采集、保藏的人类遗传资源和违法所得，处100万元以上1000万元以下罚款，违法所得在100万元以上的，处违法所得5倍以上10倍以下罚款。

第四十二条　违反本条例规定，买卖人类遗传资源的，由国务院卫生健康主管部门责令停止违法行为，没收违法采集、保藏的人类遗传资源和违法所得，处100万元以上1000万元以下罚款，违法所得在100万元以上的，处违法所得5倍以上10倍以下罚款。

第四十三条　对有本条例第三十六条、第三十九条、第四十一条、第四十二条规定违法行为的单位，情节严重的，由国务院卫生健康主管部门或者省、自治区、直辖市人民政府人类遗传资源主管部门依据职责禁止其1至5年内从事采集、保藏、利用、对外提供我国人类遗传资源的活动；情节特别严重的，永久禁止其从事采集、保藏、利用、对外提供我国人类遗传资源的活动。

对有本条例第三十六条至第三十九条、第四十一条、第四十二条规定违法行为的单位的法定代表人、主要负责人、直接负责的主管人员以及其他责任人员，依法给予处分，并由国务院卫生健康主管部门或者省、自治区、直辖市人民政府人类遗传资源主管部门依据职责没收其违法所得，处50万元以下罚款；情节严重的，禁止其1至5年内从事采集、保藏、利用、对外提供我国人类遗传资源的活动；情节特别严重的，永久禁止其从事采集、保藏、利用、对外提供我国人类遗传资源的活动。

单位和个人有本条例规定违法行为的，记入信用记录，并依照有关法律、行政法规的规定向社会公示。

第四十四条 违反本条例规定，侵害他人合法权益的，依法承担民事责任；构成犯罪的，依法追究刑事责任。

第四十五条 国务院卫生健康主管部门和省、自治区、直辖市人民政府人类遗传资源主管部门的工作人员违反本条例规定，不履行职责或者滥用职权、玩忽职守、徇私舞弊的，依法给予处分；构成犯罪的，依法追究刑事责任。

第六章 附 则

第四十六条 人类遗传资源相关信息属于国家秘密的，应当依照《中华人民共和国保守国家秘密法》和国家其他有关保密规定实施保密管理。

第四十七条 本条例自2019年7月1日起施行。

中华人民共和国生物两用品及相关设备和技术出口管制条例

（2002年10月14日中华人民共和国国务院令第365号公布，自2002年12月1日起施行）

第一条 为了加强对生物两用品及相关设备和技术出口的管制，维护国家安全和社会公共利益，制定本条例。

第二条 本条例所称生物两用品及相关设备和技术出口，是指本条例附件《生物两用品及相关设备和技术出口管制清单》（以下简称《管制清单》）所列的生物两用品及相关设备和技术的贸易性出口以及对外交流、交换、赠送、展览、援助、服务和以其他方式进行的技术转移。

第三条 生物两用品及相关设备和技术出口应当遵守国家有关法律、行政法规和本条例规定，不得损害国家安全和社会公共利益。

第四条 国家对生物两用品及相关设备和技术出口实行严格管制，防止《管制清单》所列的生物两用品及相关设备和技术用于生物武器目的。

第五条 国家对《管制清单》所列的生物两用品及相关设备和技术出口实行许可制度。未经许可，任何单位或者个人不得以任何方式出口《管制清单》所列的生物两用品及相关设备和技术。

第六条 从事生物两用品及相关设备和技术出口的经营者，须经国务院对外经济贸易主管部门（以下简称国务院外经贸主管部门）登记。未经登记，任何单位或者个人不得经营生物两用品及相关设备和技术出口。具体登记办法由国务院外经贸主管部门规定。

第七条　生物两用品及相关设备和技术出口的接受方应当保证：

（一）所进口的生物两用品及相关设备和技术不用于生物武器目的；

（二）未经中国政府允许，不将中国供应的生物两用品及相关设备和技术用于申明的最终用途以外的其他用途；

（三）未经中国政府允许，不将中国供应的生物两用品及相关设备和技术向申明的最终用户以外的第三方转让。

第八条　出口《管制清单》所列的生物两用品及相关设备和技术，应当向国务院外经贸主管部门提出申请，填写生物两用品及相关设备和技术出口申请表（以下简称出口申请表），并提交下列文件：

（一）申请人的法定代表人、主要经营管理人以及经办人的身份证明；

（二）合同、协议的副本或者其他证明文件；

（三）生物两用品及相关设备和技术的技术说明；

（四）最终用户证明和最终用途证明；

（五）本条例第七条规定的保证文书；

（六）国务院外经贸主管部门规定提交的其他文件。

第九条　申请人应当如实填写出口申请表。

出口申请表由国务院外经贸主管部门统一印制。

第十条　国务院外经贸主管部门应当自收到出口申请表和本条例第八条规定的文件之日起进行审查，或者会同有关部门进行审查。《管制清单》第一部分的出口申请，国务院外经贸主管部门应当在15个工作日内作出许可或者不予许可的决定；《管制清单》第二部分的出口申请，国务院外经贸主管部门应当在45个工作日内作出许可或者不予许可的决定。

第十一条　对国家安全、社会公共利益有重大影响的生物两用品及相关设备和技术出口，国务院外经贸主管部门应当会同有关部门报国务院批准。

生物两用品及相关设备和技术出口报国务院批准的，不受本条例第十条规定时限的限制。

第十二条　生物两用品及相关设备和技术出口申请经审查许可的，由国务院外经贸主管部门向申请人颁发生物两用品及相关设备和技术出口许可证件（以下简称出口许可证件），并书面通知海关。

第十三条　出口许可证件持有人改变原申请的生物两用品及相关设备和技术出口的，应当交回原出口许可证件，并依照本条例的有关规定，重新申请出口许可。

第十四条　生物两用品及相关设备和技术出口时，出口单位或者个人应当向海关出具出口许可证件，依照海关法的规定办理海关手续，并接受海关监管。

第十五条　接受方违反其依照本条例第七条规定作出的保证，或者出现《管制清单》所列的可用于生物武器目的的生物两用品及相关设备和技术扩散的危险时，国务院外经贸主管部门应当对已经颁发的出口许可证件予以中止或者撤销，并书面通知海关。

第十六条　任何单位或者个人知道或者应当知道所出口的生物两用品及相关设备和技术将被接受方直接用于生物武器目的的，无论该生物两用品及相关设备和技术是否列入《管制清单》，都不应当出口。

第十七条　经国务院批准，国务院外经贸主管部门会同有关部门，可以临时决定对《管制清单》以外的特定生物两用品及相关设备和技术的出口依照本条例实施管制。

第十八条　未经许可擅自出口生物两用品及相关设备和技术的，或者擅自超出许可的范围出口生物两用品及相关设备和技术的，依照刑法关于走私罪、非法经营罪、泄露国家秘密罪或者其他罪的规定，依法追究刑事责任；尚不够刑事处罚的，区别不同情况，依照海关法的有关规定处罚，或者由国务院外经贸主管部门给予警告，没收违法所得，处 5 万元以上 25 万元以下的罚款；国务院外经贸主管部门并可以暂停直至撤销其对外贸易经营许可。

第十九条 伪造、变造或者买卖生物两用品及相关设备和技术出口许可证件的，依照刑法关于非法经营罪或者伪造、变造、买卖国家机关公文、证件、印章罪的规定，依法追究刑事责任；尚不够刑事处罚的，依照海关法的有关规定处罚；国务院外经贸主管部门并可以撤销其对外贸易经营许可。

第二十条 以欺骗或者其他不正当手段获取生物两用品及相关设备和技术出口许可证件的，由国务院外经贸主管部门收缴其出口许可证件，没收违法所得，处 2 万元以上 10 万元以下的罚款，暂停直至撤销其对外贸易经营许可。

第二十一条 违反本条例第六条规定，未经登记擅自经营生物两用品及相关设备和技术出口的，由国务院外经贸主管部门依法取缔其非法活动，并由国家有关主管部门依照有关法律和行政法规的规定给予处罚。

第二十二条 对生物两用品及相关设备和技术出口实施管制的国家工作人员滥用职权、玩忽职守或者利用职务上的便利索取、收受他人财物的，依照刑法关于滥用职权罪、玩忽职守罪、受贿罪或者其他罪的规定，依法追究刑事责任；尚不够刑事处罚的，依法给予行政处分。

第二十三条 国务院外经贸主管部门会同有关部门，可以根据实际情况对《管制清单》进行调整，报国务院批准后执行。

第二十四条 《管制清单》所列生物两用品及相关设备和技术进口后再出口的，适用本条例的规定。

第二十五条 本条例自 2002 年 12 月 1 日起施行。